Die Briefe des Paulus an die Galater und die Epheser

erklärt von
Adolf Pohl und Eberhard Hahn

Die Briefe des Paulus an die Philipper, an die Kolosser und an die Thessalonicher

erklärt von
Werner de Boor

Die Briefe des Paulus an Timotheus, an Titus und an Philemon

erklärt von
Hans Bürki

R. BROCKHAUS VERLAG

Der Brief des Paulus an die Galater

erklärt von

Adolf Pohl

R. BROCKHAUS VERLAG

INHALTSVERZEICHNIS

ABKÜRZUNGS-VERZEICHNIS

Die Abkürzungen folgen weitgehend dem von S. Schwertner für die Theologische Realenzyklopädie (TRE) zusammengestellten Abkürzungsverzeichnis.

Die Schreibweise der bibl. Bücher und – mit wenigen Ausnahmen – der bibl. Orts- und Personennamen folgt der Luther-Übersetzung 1984.

1. Abkürzungen der biblischen Bücher

a) Altes Testament

1Mo = 1. Mose
2Mo usw. = 2. Mose usw.
Jos = Josua
Ri = Richter
Rt = Rut
1Sam = 1. Buch Samuel
2Sam = 2. Buch Samuel
1Kön = 1. Buch der Könige
2Kön = 2. Buch der Könige
1Chr = 1. Buch der Chronik
2Chr = 2. Buch der Chronik
Esr = Esra
Neh = Nehemia
Est = Esther
Hi = Hiob
Ps = Psalter
Spr = Sprüche
Pred = Prediger
Hld = Hohelied
Jes = Jesaja
Jer = Jeremia
Klgl = Klagelieder
Hes = Hesekiel
Dan = Daniel
Hos = Hosea
Joel = Joel
Am = Amos
Obd = Obadja
Jona = Jona
Mi = Micha
Nah = Nahum
Hab = Habakuk
Zef = Zefanja
Hag = Haggai
Sach = Sacharja
Mal = Maleachi

b) Neues Testament

Mt = Matthäus
Mk = Markus
Lk = Lukas
Joh = Johannes
Apg = Apostelgeschichte
Röm = Römer
1Kor = 1. Korinther
2Kor = 2. Korinther
Gal = Galater
Eph = Epheser
Phil = Philipper
Kol = Kolosser
1Thess = 1. Thessalonicher
2Thess = 2. Thessalonicher
1Tim = 1. Timotheus
2Tim = 2. Timotheus
Tit = Titus
Phlm = Philemon
1Petr = 1. Petrus
2Petr = 2. Petrus
1Joh = 1. Johannes
2Joh = 2. Johannes
3Joh = 3. Johannes
Hebr = Hebräer
Jak = Jakobus
Jud = Judas
Offb = Offenbarung

2. Abkürzungen der außerkanonischen Schriften

Apk.Petr. Petrus-Apokalypse
Apk.Eliae Elias-Apokalypse
äthHen äthiopisches Henochbuch
grBar griechische Baruch-Apokalypse
1.2Clem 1./2. Clemensbrief
Did Didache
3.4Esr 3./4. Esrabuch
grHen griechisches Henochbuch
hebrHen hebräisches Henochbuch
IgnMagn Brief des Ignatius – an die Magnesier
IgnPhld – an die Philadelphier
IgnRöm – an die Römer
Jdt Judit
Jub Jubiläenbuch
1-4Makk 1.-4. Makkabäerbuch
OrMan Gebet Manasses
Sir Jesus Sirach
slHen slawisches Henochbuch

syrBar	syrische Baruch-Apokalypse
Tob	Tobias/Tobit
Weish	Weisheit Salomos
ZusDav	Zusätze zu David
ZusEst	Zusätze zu Ester

3. Sonstige Abkürzungen

a.a.O.	am angegebenen Ort
ägypt.	ägyptisch
Anm.	Anmerkung
aram.	aramäisch
assyr.	assyrisch
AT	Altes Testament
ATD	Altes Testament Deutsch
AThANT	Abhandlungen zur Theologie des Alten und Neuen Testamentes
äthiop.	äthiopisch
atl.	alttestamentlich
babylon.	babylonisch
BAT	Botschaft des Alten Testaments
Bd.(e.)	Band (Bände)
BDR	Blass/Debrunner/Rehkopf Grammatik des ntl. Griechisch
BHH	Biblisch-historisches Handwörterbuch
Bill.	H.L. Strack, P. Billerbeck: Kommentar zum Neuen Testament aus Talmud und Midrasch
BKAT	Biblischer Kommentar Altes Testament
BSt	Biblische Studien
BWAT	Beiträge zur Wissenschaft vom Alten Testament
BZAW	Beihefte zur Zeitschrift für die alttestamentliche Wissenschaft
bzgl.	bezüglich
bzw.	beziehungsweise
ca.	circa
christl.	christlich
cm	Zentimeter
d. h.	das heißt
d. i.	das ist
d. s.	das sind
dt.	deutsch
EKK	Evangelisch-katholischer Kommentar zum Neuen Testament
erg.	ergänzend
EvTh	Evangelische Theologie
evtl.	eventuell
Evv.	Evangelien
EWNT	Exegetisches Wörterbuch zum NT
EÜ	Einheitsübersetzung
f(f)	folgender/(folgende)
griech.	griechisch
ha	Hektar
HAT	Handbuch zum Alten Testament
hebr.	hebräisch
Hrsg.	Herausgeber
hrsg.	herausgegeben
Hs(s.)	Handschrift(en)
HThK	Herders Theologischer Kommentar
JBL	Journal of biblical literature
Jh.	Jahrhundert(e)
Jt.	Jahrtausend(e)
jüd.	jüdisch
Kap.	Kapitel
KAT	Kommentar zum Alten Testament
KEK	Kritisch-exegetischer Kommentar über das Neue Testament
km	Kilometer
KNT	Kommentar zum NT
latein.	lateinisch
LÜ	Lutherübersetzung, revidierte, 1984
LXX	Septuaginta (griech. Übersetzung des AT)
LzB	Lexikon zur Bibel, hrsg. von F. Rienecker
m	Meter
MT	Masoretischer Text
n. Chr.	nach Christus
NF	Neue Folge
nördl.	nördlich
NS	New Series (Neue Reihe)
NT	Neues Testament
NTD	Das Neue Testament Deutsch
ntl.	neutestamentlich
o.	oder
o. g.	oben genannt
östl.	östlich
palästin.	palästinisch
par.	und Parallelstelle(n)
Pers.	Person
Peschitta	syrische Bibelübersetzung
pl.	Plural
RAC	Reallexikon für Antike und Christentum
RevEB	revidierte Elberfelder Bibel
röm.	römisch
S.	Seite(n)
s.	siehe
s. a.	siehe auch
semit.	semitisch
sg.	Singular
s. o.	siehe oben

Abkürzungen

sog.	sogenannte
Sp.	Spalte
s. u.	siehe unten
südl.	südlich
TBLNT	Theologisches Begriffslexikon zum NT
THAT	Theologisches Handwörterbuch zum Alten Testament
ThB	Theologische Bücherei
ThBl	Theologische Blätter
ThWAT	Theologisches Wörterbuch zum Alten Testament
ThWNT	Theologisches Wörterbuch zum Neuen Testament
ThR	Theologische Rundschau
ThZ	Theologische Zeitschrift
TRE	Theologische Realenzyklopädie
übers.	übersetzen
u. a.	unter anderem(-n)
u. a. m.	und andere mehr
u. ä.	und ähnliche
u. ö.	und öfter
u. U.	unter Umständen
V.	Vers(e)
v. a.	vor allem
v. Chr.	vor Christus
Verf.	Verfasser
vgl.	vergleiche
VT	Vetus Testamentum
Vulg.	Vulgata (latein. Übersetzung der Bibel)
w.	wohl
westl.	westlich
wörtl.	wörtlich
WStB	Wuppertaler Studienbibel
WUNT	Wissenschaftliche Untersuchungen zum Neuen Testament
Z.	Zeile(n)
ZAW	Zeitschrift für alttestamentliche Wissenschaft
z. B.	zum Beispiel
ZBK	Zürcher Bibelkommentar
ZNW	Zeitschrift für neutestamentliche Wissenschaft
z. St.	zur Stelle
z. T.	zum Teil
ZÜ	Zürcher Bibel
z. Zt.	zur Zeit

Griechisch

α = a	ι = i	ϱ = r	ῥ = rh
β = b	ϰ = k	σ,ς = s	ʽ = h
γ = g	λ = l	τ = t	γξ = nx
δ = d	μ = m	υ = y	γγ = ng
ε = e	ν = n	φ = ph	αυ = au
ζ = z	ξ = x	χ = ch	ευ = eu
η = ē	ο = o	ψ = ps	ου = ou [ū]
ϑ = th	π = p	ω = ō	υι = yi

VORWORT

Wer in ländlicher Umgebung wohnt und des Nachts vor die Haustür tritt, sieht zunächst wie in einen schwarzen Schrank. Erst allmählich gewöhnt sich das Auge an die Dunkelheit, bis Garten, Bäume, Straße, Himmel und Erde klar umrissen hervortreten. So kann es einem mit dem Galaterbrief gehen. Zunächst wird nicht recht faßbar, was hier so erregt. Es scheint, als führe Paulus einen mächtigen Ringkampf mit Luft, nämlich mit einer Frage, die für heutiges Gemeindeleben gegenstandslos ist: Müssen christliche Männer sich beschneiden lassen? Wer sich aber mit diesem Schreiben zusammenlebt, erfährt zunehmend das Hervortreten glasklarer Wahrheit. Es ist die »Wahrheit des Evangeliums«, und zwar in einer inneren Konsequenz, die unweigerlich auch in das Elend unserer Verfremdungen und Vermischungen hineinfährt.

Da sind die »unverständigen Galater« heute wie damals. Es sind Christen, denen Gott durch seinen Geist den Ruf, den Freiheitsschrei: »Herr ist Jesus!« eingestiftet hat. Aber als sich danach wieder Elemente der alten Weltzeit vor ihnen aufreckten, haben diese Freigelassenen Gottes tatsächlich ihre Hälse hingehalten und sich wieder das Joch auflegen lassen. Der Name dieser Elemente ist Legion, denn ihrer sind viele, lauter mitgekreuzigte Sachen und Systeme, Normen und Formen. Aber sie gelten jetzt so recht als I-Punkt zum Evangelium. Mit glänzenden Augen wird ihnen gedient, wobei der Herr Jesus bitte helfen soll. Wer aber den Herrn der Herren auf diese Weise zum Zweithöchsten macht, stürzt ihn vom Thron.

Daß uns durch dieses Stück Bibel die ganze Bibel und ihre Botschaft lieb werden und uns die Gerechtigkeit Christi, die Freiheit Gottes und die Wahrheit des Heiligen Geistes dämmern möge, ist der Wunsch, der hinter dieser Auslegung steht.

Buckow (Märkische Schweiz) Adolf Pohl

A. Einleitungsfragen

Wir besitzen von Paulus keinen Briefwechsel, sondern nur Briefe, also nur eine Art halbierter Zwiegespräche. Was das bedeutet, vergegenwärtigen wir uns an einem halbierten Telefongespräch. Wir hören also, was unser Freund in den Apparat spricht, seine Fragen und Antworten, seine Erheiterung oder Erregung. Obwohl wir uns daraus schon einen Vers machen können, erkundigen wir uns anschließend: Wer war das? Was wollte er? Erst die Erläuterung einiger Umstände am anderen Ende der Leitung machen uns die Äußerungen des Freundes, die wir mitgehört haben, vollends verständlich.

Solch ein Erfragen der Umstände eines vorliegenden Briefes ist die Aufgabe der sogenannten »Einleitungsfragen«, die zu jeder Auslegung gehören. Es sind solche W-Fragen: Wer schrieb wann und wo, aber vor allem, wem schrieb er und warum und wozu? Wer war es z. B., den Paulus hier dermaßen attackiert? Was vertrat dieser? Als Hilfsmittel dienen vorzüglich die benachbarten Schriften des NT. Aber auch genaue Vergleiche der Anhaltspunkte, die das Dokument selbst liefert, erlauben Rückschlüsse. Wie gesagt, sind die Fragen nach Empfängern oder Gegnern von besonderem Gewicht, fast wichtiger als die nach dem Verfasser. In unserm Fall ist ja der Verfasser durch viele andere Briefe und Nachrichten längst ein Begriff.

1. Wie ist der überlieferte Text beschaffen?

a) Umfang

Der Gal gehört zu den kürzeren Briefen des Paulus. Seine Schreiben an die Korinther oder Römer sind zwei- bis dreimal so lang. Dennoch ist der Gal für antike Briefe, die im Schnitt noch nicht einmal an den kleinen Phlm heranreichen, ungewöhnlich lang. Das Medium »Brief« wurde hier also zerdehnt, zu vergleichen etwa mit einem überlangen Telefongespräch. Der Gal mußte notgedrungen einen fälligen Besuch ersetzen: »Ich wollte, ich könnte jetzt bei euch sein!« (4,20).

b) Qualität

Vorrang haben die griechischen Handschriften, weil das Original wie bei allen ntl. Schriften griechisch geschrieben war. Eine besonders ehrwürdige und höchst wertvolle griechische Handschrift, ein wahrer Glücksfall an Überlieferung, ist der Papyrus 46 aus der Zeit um 200, der erst 1930 auftauchte. Er enthält neben anderen ntl. Briefen auch den Gal mit nur geringfügigen Lücken. Einige Jahre später erschien Papyrus 51 aus der Zeit um 400 mit einigen Versen aus Gal 1. Ab 400 setzte sich zunehmend das Pergament als Material zum Beschreiben durch. Für den Gal besitzen wir gut 20 Pergamenthandschriften aus dem 4.-9. Jahrhundert (Majuskeln), von denen[1] zehn das Prädikat »besondere Qualität« verdienen. Hinzu kommt die Masse jüngerer Handschriften (Minuskeln), nicht zu vergessen die Fülle lateinischer und anderssprachiger Übersetzungen, die auch ihren Wert besitzen. Selbstverständlich weisen all diese Handschriften Abweichungen voneinander auf (Varianten), aber keine von ihnen hat inhaltliches Gewicht. »Der Gal ist im wesentlichen unversehrt überliefert.«[2]

2. Wer war der Verfasser?

Er nennt sich mit dem ersten Wort seines Briefes »Paulus« und wiederholt in 5,2: »Siehe, ich, Paulus, sage euch.« In allen seinen Briefen verwendet er diesen römischen Beinamen, den er sicher von Kindheit an trug.[3] Nur in der Apg erfahren wir seinen hebräischen Namen »Saul«. Die Bezweiflung dieser Verfasserangabe ist in unserm Jahrhundert praktisch verstummt. Der Gal ist »das Echteste vom Echten, was wir von Paulus haben.«[4]

Verfasserschaft des Paulus bedeutet allerdings nicht, daß er den Brief mit eigener Hand geschrieben hat. Der ausdrücklich selbst geschriebene Briefschluß in 6,11-18 setzt für den Rest, wie es im Altertum die Regel war, die Mitarbeit eines Sekretärs voraus.[5] Dieser könnte einer der in 1,2 erwähnten Mitabsender gewesen sein. In welchem Maße diese Männer für die Endgestalt des Schreibens mitverantwortlich waren, läßt sich nicht beantworten. Die Frage könnte verwickelter sein, als wir Heutigen annehmen.[6] Aber wenn wir immer wieder lesen: »Siehe, ich, Paulus, sage euch; ich will reden; ich bitte euch; ich erkläre euch; ich schreibe euch mit eigener Hand; sagt mir« (1,11; 3,15; 4,1.12.15.21; 5,16; 6,11), ist an der entscheidenden Rolle des Apostels nicht zu zweifeln.

3. Wer waren die Empfänger?

3.1 Ein Gemeindeverband

Nach 1,2 ist der Brief »an die Gemeinden in Galatien« gerichtet. Die Mehrzahl »Gemeinden« läßt mindestens an zwei, eher an drei und mehr Christengruppen denken. So ist der Brief eine Art Zirkularschreiben, das unter den christlichen Versammlungen einer Region die Runde machte und dort öffentlich verlesen wurde. Der Brauch, Apostelbriefe im Gottesdienst zu verlesen, begegnet in 1Thess 5,27: »Ich

1 nach Aland, S. 167ff
2 Oepke, S. 168; anders O'Neill 1972, bei Mußner, S. 33, Anm. 142
3 EWNT III, S. 141
4 Feine-Behm, S. 149
5 vgl. die Einführung dort: »Briefschlüsse im Altertum und bei Paulus«
6 H.D. Betz, S. 34

beschwöre euch beim Herrn, daß ihr diesen Brief lesen laßt vor allen Brüdern«, (was damals die Frauen einschloß). Ein Vorleser wird Offb 1,3 erwähnt. Kol 4,16 belegt den Austausch von Briefen unter Nachbargemeinden.

Die hier angeschriebenen Gemeinden waren offensichtlich eng miteinander verbunden. In diesem Sinn sprechen wir von einem Gemeindeverband. Sie hatten soviel Gemeinsames, daß auf sie alle derselbe Brief zutraf. Darin unterschieden sie sich z. B. von den Gemeinden einer anderen bekannten Provinz, nämlich von den sieben Gemeinden in Asia, die im Rahmen der Offb je eine gesonderte Anrede empfingen. Aus jenen »Sendschreiben« geht ihre unterschiedliche Lage und Verfassung auch deutlich hervor. In Galatien war das anders. Dorthin konnte Paulus z. B. allen zusammen solche Sätze wie 4,13-15 schreiben, also handfeste gemeinsame Erinnerungen an seinen ersten Besuch abrufen. Gemeinsam war ihnen ferner, daß bei ihnen inzwischen Missionare eines »anderen Evangeliums« wirkten, schließlich auch die gleiche erschütternde Anfälligkeit dafür (1,6; 3,1). Dieser Gleichschritt des Erlebens nötigt, an einen überschaubaren gemeinsamen Lebensraum zu denken. Vielleicht handelte es sich um Hausgemeinden einer einzigen Stadt, die aus einer ersten Hausgemeinde hervorgegangen waren.[7] Auch in Jerusalem gab es einen ganzen Kranz von Hausgemeinden (Apg 2,46), ähnlich vielleicht in Korinth (1Kor 1,16; 16,15).

Schließlich spricht in diesem Fall für solch eine Stadtmission, daß Paulus auf griechisch schrieb und durchaus geistige Ansprüche stellte. In ländlichen Gegenden Galatiens hielt sich noch lange die keltische Sprache. Paulus setzte also gebildete, städtische Leser voraus, etwa wie die in der Provinzhauptstadt Ankyra, heute Ankara, die Hauptstadt der Türkei.

3.2 Galatien

a) Problemanzeige

»O ihr unverständigen Galater!« ruft Paulus 3,1 aus. *galatai* ist die jüngere Form von *keltai* (Kelten) und lautet latinisiert *galli*, also Gallier. Wir stutzen. Schrieb Paulus nach Gallien, also nach Frankreich? Wenn er 2Tim 4,10 berichtet: »Kreszens ging nach Galatien«, haben tatsächlich nicht wenige Abschreiber dort in »Gallien« geändert. Weil Paulus in unserem Fall aber an von ihm selbst gegründete Gemeinden schrieb, kommt nur das Galatien in Kleinasien in Betracht, denn in Frankreich hat er nie missioniert.

Wo in Kleinasien suchen wir das dortige Galatien? Die Frage ist weniger einfach zu beantworten, als es zunächst scheinen mag. Es existierten dort nämlich zwei Gebilde dieses Namens, die sich räumlich nur zum Teil deckten, nämlich das kleinere als Landschaft und das größere als Provinz. In der Karte (S. 17) findet man deswegen »Galatien« zweimal, einmal waagerecht und in Kleinschrift (Landschaftsbezeichnung) und einmal senkrecht in Großschrift (Provinzbezeichnung). Entsprechend gibt es auch zwei Antworten. Zur Klärung ist ein gewisser Aufwand notwendig.

[7] weiteres zur Entstehung erörtert 4a: »Die Verwirrung der Gemeinden«

Die kleinasiatischen Galater haben sich aufgrund ihrer Eroberungslust nie auf ihr eigentliches Siedlungsgebiet im Inneren der heutigen Türkei beschränkt. Schon als dieses Gebiet 25 v. Chr. römische Provinz wurde, gehörten westliche und östliche Randgebiete dazu. Auch danach gab es fließende Grenzen. In ihren besten Zeiten zog sich die Provinz bis tief in den Süden hinab. Doch bedeutete diese Ausdehnung nicht, daß überall Galater saßen oder daß die Galater mit den einbezogenen Völkerschaften zu einer Einheit verschmolzen. Das spiegelt sich z. B. darin wider, daß die Provinz nach amtlichem Sprachgebrauch nicht Galatien hieß, sondern einen aus mehreren Landschaftsbezeichnungen zusammengesetzten Namen trug. Lediglich einige Schriftsteller konnten sie der Kürze halber einmal »Galatien« nennen (so wahrscheinlich auch 1Petr 1,1). In der Umgangssprache haftete »Galatien« jedoch nach wie vor am alten Stammland der Galater um Ankyra herum. Diese Umstände sind für die Frage nach den Empfängern des Briefes wichtig.

b) Lösungsvorschläge

Bis in die Mitte des letzten Jahrhunderts bezog man »Galatien« selbstverständlich auf die Landschaft im Norden mit der Provinzhauptstadt Ankyra, und auch heute vertreten die meisten Forscher, vor allem im deutschen Sprachbereich, diese Lösung (nordgalatische oder Landschaftshypothese). Doch seit gut hundert Jahren erkannte man dank der aufblühenden Geschichtswissenschaft die Möglichkeit, den Begriff auf die Provinz zu beziehen (südgalatische oder Provinzhypothese). Danach hätte Paulus seinen Brief auch (oder nur) an jene vier Gemeinden gerichtet, die er auf seiner ersten Missionsreise gegründet hatte, nämlich im pisidischen Antiochien und im lykaonischen Ikonien, Lystra und Derbe (Apg 13,13-14,25).

Beide Standpunkte wurden im Laufe der Jahre sorgfältig begründet. Doch die Argumente – wir können sie und ihre Diskussion hier nicht sämtlich nachzeichnen – mögen auf beiden Seiten beeindruckend sein, zwingend sind sie nicht. Wenn es auch einmal im Eifer heißen kann, die Gegenmeinung sei »unmöglich«[8], liegt doch über jeder Entscheidung, ob in dieser oder in jener Richtung, etwas Mühsames. Ich kann hier nur die drei hauptsächlichen Punkte nennen, die mich bewogen haben, bei der alten nordgalatischen Deutung zu bleiben.

Erstens ist es der Umstand, daß der Gal jene weitgehende Gemeinsamkeit der Empfängergemeinden voraussetzt (s. 3.1: »Ein Gemeindeverband«). Sie betraf sehr konkret ihre Entstehung, dann ihre schwere Störung durch fremde Agitation und ihren gefährdeten Zustand in der Gegenwart. Eben das läßt sich aber von den vier Gemeinden im Süden der Provinz kaum behaupten. Trat Paulus etwa an allen vier Orten als kranker Missionar auf und haben sie ihn viermal wie einen Engel aufgenommen, woran Paulus doch 4,13-14 erinnert? Und wie passen die Stellen 4,15; vgl. 3,4-5, wonach die Anfangszeit von Seligpreisungen und großartigen pneumatischen Erfahrungen geprägt war, zu den Anfängen in den vier Städten des Südens? Nach Apg 13,45.50; 14,2.19; 2Tim 3,11

[8] Feine-Behm, S. 143

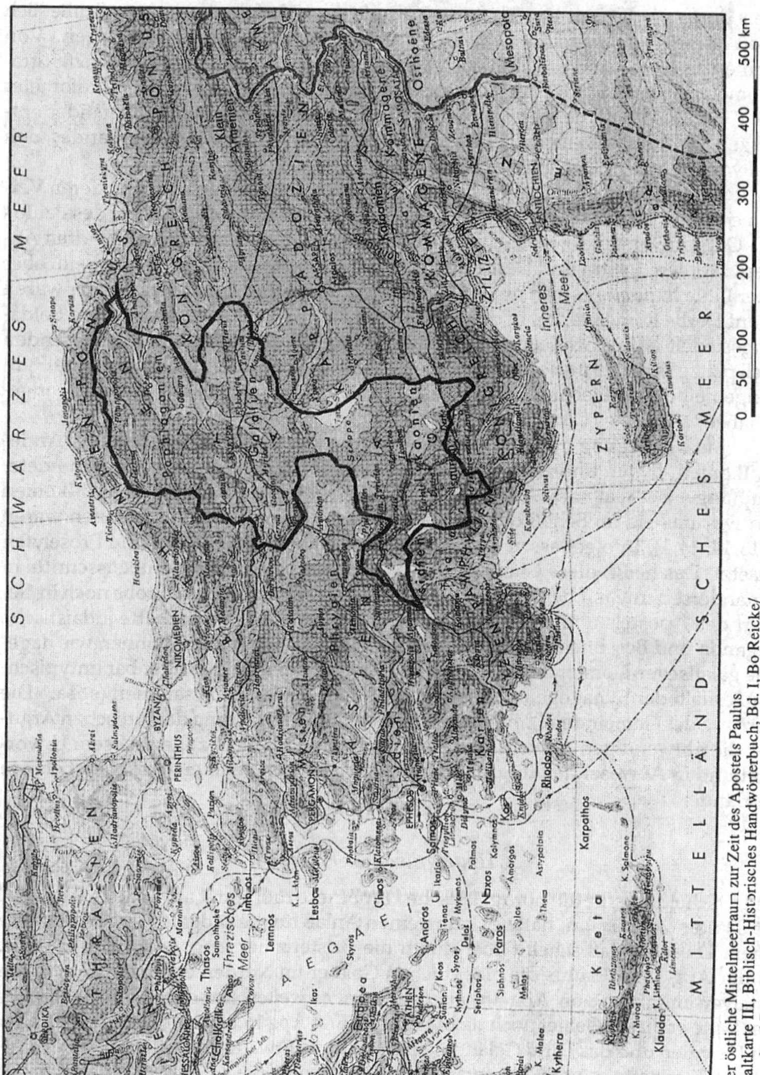

Der östliche Mittelmeerraum zur Zeit des Apostels Paulus
(Faltkarte III, Biblisch-Historisches Handwörterbuch, Bd. I, Bo Reicke/
Leonhard Rost [Hrsg.], Vandenhoeck & Ruprecht, Göttingen 1962/1980)

Land und Provinz Galatien

brachen dort von Beginn an erbitterte Kämpfe und Verfolgungen aus. Schließlich trennten diese vier Gemeinden auch beträchtliche räumliche Entfernungen. Von Antiochien bis Derbe sind es schon nach heutigem Straßenverlauf mindestens 286 Straßenkilometer (Jewelt, S. 104). Im Altertum legte man am Tag nur etwa 24-32 Kilometer zurück (S. 102), so daß die vier Städte jeweils mehrere Tagesreisen voneinander entfernt lagen. So ergibt sich nicht das Bild eines geschlossenen Gemeindeverbandes, den der Gal voraussetzt.

Zum zweiten gibt es für die südgalatische Theorie einen Stolperstein, den deren Vertreter nie so recht aus dem Wege räumen konnten. Es geht um den Ausruf des Paulus in 3,1: »O ihr unverständigen Galater!« Nun mögen in den vier südlichen Städten Antiochien, Ikonien, Lystra und Derbe auch einige Galater ansässig geworden sein, aber in erster Linie handelte es sich um einheimische Pisidier und Lykaonier. Ferner waren es bis auf Derbe Römerstädte, in denen Rom seit langem römische Beamte und Soldaten angesiedelt hatte. Schließlich hatten auch jüdische Händler diese bedeutenden Handelsplätze erreicht und dort, wie die Texte erkennen lassen, einflußreiche Synagogengemeinden aufgebaut. Diese alle sollte Paulus so drastisch mit »Galater!« angeredet haben?

Noch eine Überlegung macht es schwer, sich die vier südlichen Gemeinden (Antiochien, Ikonien, Lystra und Derbe), die Paulus auf der ersten Missionsreise gründete, als Empfänger des Gal vorzustellen. Von den Gemeinden in Antiochien und Ikonien wissen wir, daß sie im Schoß der dortigen Synagogengemeinden entstanden waren (Apg 13,14; 14,1). Infolgedessen waren sie stark von bekehrten Juden und Proselyten durchsetzt. Das heißt, diese Gläubigen mußten schon ihre ersten Glaubensschritte in Auseinandersetzung mit dem Judentum tun. Aber sie konnten diese Probe noch in Gegenwart des Apostels und unter seinem Beistand bestehen. Kaum hätte judaistische Propaganda und Beschneidungsforderung sie dermaßen verwirren können wie dagegen die galatischen Gemeinden im Norden (1,7). Diese entstanden offenbar untypisch, also außerhalb der Synagoge, und setzten sich rein heidnisch zusammen (s. 4a: »Die Verwirrung der Gemeinden«). Ihnen fehlte noch die Verarbeitung der jüdischen Argumente; die notwendigen Abwehrkräfte waren ihnen noch nicht zugewachsen. Unvorbereitet und in Abwesenheit ihres Gründers fielen sie den geübten jüdischen Lehrern in die Hände.

c) Hintergründe der Frage

Die Entscheidung für die nordgalatische Hypothese fußt somit auf dem Text des Gal selbst. Hätten wir nur ihn, hätte es kaum einen Anlaß für die südgalatische Hypothese gegeben. Dieser Anlaß scheint aber durch die Existenz der Apg vorhanden zu sein. Nach der Apg kann Paulus die eigentlichen Galater im Norden erst nach der großen Apostelversammlung von Apg 15, also auf seiner zweiten Reise, missioniert haben; vorher hatte er dieses Gebiet noch nicht berührt. Erst Apg 16,6 heißt es: »Sie zogen aber durch Phrygien und das Land Galatien«, freilich ohne Erwähnung einer Missionstätigkeit. Doch hier hätte seinen Platz, was Paulus in seinem Brief 4,13 anzudeuten scheint:

Wegen einer Erkrankung konnte er nicht weiterreisen, und es kam bei diesem unfreiwilligen Aufenthalt zur Predigt des Evangeliums. Im genannten Vers bemerkt er zugleich, daß es sich um seinen Erstbesuch gehandelt habe. Folglich muß er danach und noch vor Abfassung des Briefes ein zweites Mal dort erschienen sein. Davon könnte Apg 18,23 sprechen, wo der Bericht über die dritte Reise beginnt: »Und nachdem er einige Zeit (in Antiochien) geblieben war, brach er wieder auf und durchzog das galatische Land und Phrygien und stärkte die Jünger.« Also auch durch die Apg erfahren wir, wenn auch nachträglich, daß es in Galatien bereits vor dieser dritten Missionsreise zu Gemeindegründungen gekommen war.

Soweit paßt alles gut zusammen. Nun aber meldet sich eine unerwartete Schwierigkeit. Nach Lukas war Paulus bis zu diesem Zeitpunkt (Apg 18,23, zweiter Besuch in Galatien) bereits dreimal in Jerusalem gewesen: 9,26-30; 11,29-12,25 und 15,2-30. Dagegen beteuert er selbst in Gal (»Gott weiß, ich lüge nicht!« 1,20), er sei zwischen seiner Bekehrung und der Gegenwart, in der er schreibt, nur zweimal in Jerusalem gewesen (1,18 u. 2,1).

Eben diese Schwierigkeit scheint sich zu lösen, wenn die Gal 1,2 angeschrieben »Gemeinden Galatiens« im Süden der Provinz zu suchen wären. Die dortigen vier Gemeinden entstanden bekanntlich schon auf der ersten Missionsreise (Apg 13 u. 14), als Paulus erst zweimal in Jerusalem gewesen war. Gleich auf dem Rückweg besuchte Paulus sie das zweite Mal (14,21), was mit dem zweiten Aufenthalt identisch wäre, der aus Gal 4,13 zu schlußfolgern ist. Dabei fand der Apostel noch alles in Ordnung. Erst danach machten schlimme Nachrichten den Gal notwendig, also noch vor dem dritten Jerusalem-Besuch anläßlich der Apostelversammlung nach Apg 15. In diesem Fall gibt es also zwischen Gal und Apg kein Problem. Das erste Mal besuchte Paulus Jerusalem einige Zeit nach seiner Bekehrung (Apg 9,26-30 = Gal 1,18), das zweite Mal vierzehn Jahre später (Apg 11,30-12,25 = Gal 2,1), während der dritte Besuch von Apg 15 bei Abfassung des Gal erst noch bevorstand.

Aber die so erreichte Stimmigkeit kostet einen hohen Preis. Erstens: Wenn wir den Besuch Gal 2,1-10 als in der Notiz Apg 11,30 erwähnt ansehen, müssen wir sehr viel hineinlesen. Es hätte in Jerusalem zwei Apostelversammlungen gegeben, die zweimal die Heidenmission legitimierten, nämlich die von Paulus in Gal 2 berichtete und die von Lukas in Apg 15 berichtete. Zweitens: Die Merkmale des Gal selbst, die doch so eindeutig auf das echte Galatien im Norden hinweisen, wären verdrängt. Verdrängung aber ist keine Auslegung mehr. Wir hätten weder bei der Apg noch bei Gal richtig zugehört. Die Auslegung wäre einem kurzatmigen Harmoniebedürfnis geopfert.

d) Zur Eigenart der Apostelgeschichte

Wir sind an dieser Stelle genötigt, einen Blick auf dieses Buch zu werfen, wie sein Verfasser es selbst sah.

– *Seine Quellenabhängigkeit.* Er äußert sich zu seinem Doppelwerk von Evangelium und Apostelgeschichte in Lk 1,1-4. Aus diesem Vorwort geht sein erklärter Wille hervor, alte Überlieferungen zu sammeln und zu ordnen und sie so seiner Zeit zu erschließen. Wahrheitsgemäß beruft er sich nicht auf übernatürliche Informationen, sondern auf Quellenstudium. Er unterscheidet sich ausdrücklich von den Augenzeugen, abgesehen von den Wir-Stücken in der Schlußphase der Apg. Als Mann der dritten Generation stand er den Ereignissen um Jahrzehnte ferner als z. B. Paulus. Und er stand nicht über den Überlieferungen, sondern war von ihnen abhängig. Ihre Lücken waren auch seine Lücken. Die Paulusbriefe konnte er nicht verwenden, weil sie vor der Zeit lagen, in der er ständiger Begleiter des Paulus war, und weil sie sich jetzt bei den Empfängern befanden.

– *Seine Sorgfalt*. In diesem Rahmen verfuhr Lukas »sorgfältig« (Lk 1,3). Der erste Teil, also das Lukasevangelium, gestattet Zeile um Zeile einen Vergleich mit den Parallelen bei Mt und Mk und beweist seine Behutsamkeit und Gewissenhaftigkeit. Wir haben keinen Grund zu der Annahme, daß er sich im zweiten Teil, also der Apostelgeschichte, weitgehend freien Erfindungen verschrieb. William R. Ramsay (1851-1939), der praktisch sein ganzes Leben der archäologischen Erforschung Kleinasiens widmete, bestätigt, daß Lukas auch erstaunliche sachtechnische Kenntnisse besaß und z. B. zuverlässig durch das Gewirr der Amtsbezeichnungen prominenter Persönlichkeiten seines Werkes hindurchführt. Er verstand sich nicht plötzlich als Künstler, der mit Erfindung von Fakten und Personen seinen eigenen Ideen diente. Er schrieb keinen Roman über die Urchristenheit.

– *Sein Wille zu einem Gesamtentwurf*. Neben seiner Überlieferungstreue beanspruchte er allerdings in einer Hinsicht Originalität. Anlaß war eine gewisse Besorgnis angesichts der Überlieferungslage, die er Lk 1,3 so ausdrückt: »Nun habe auch ich mich entschlossen, allem (!) von Grund auf sorgfältig nachzugehen ...« Er stand vor einer Vielzahl von zwar wertvollen und maßgeblichen, aber zersplitterten Stücken, die mehr oder weniger eine Einzelexistenz führten. Das reichte mit zunehmender Entfernung von den Ereignissen immer weniger aus und führte zu einer Verunsicherung der Glaubenden (vgl. V. 4: »damit du sicheren Grund der Lehre erfahrest, in der du unterrichtet bist«). Man stelle sich ein unvollständiges Puzzle vor. An bestimmten Stellen konnte man sich damit kaum gegen Mißverständnisse, aber auch gegen Mißbräuche durch Irrlehrer wehren. Was fehlte, war also eine Revision des ganzen Materials zum Zweck eines Gesamtentwurfs.

Lukas scheint gezögert zu haben, bis er sich entschloß, diese nicht leichte Aufgabe anzupacken. So manches Mal ließen ihn dann auch die zur Verfügung stehenden Unterlagen im Stich, und er mußte selbst nach bestem Wissen und Gewissen kombinieren und überbrücken. Man merkt es z. B., wenn derselbe Lukas, der in seiner Genauigkeit an 56 Stellen Zeitangaben präzise nach Tagen, Monaten und Jahren liefert, an 36 Stellen verallgemeinern muß: »nach wenigen, nach vielen Tagen«[9]. Wenn eine solche Darstellung dann neben den Augenzeugenbericht eines Paulus zu liegen kommt, können sich verständlicherweise bei Lukas Verzerrungen herausstellen. Zeiträume sind verkürzt oder überdehnt, Ereignisse haben sich verrückt und Schwerpunkte verlagert. Verwunderung darüber ergibt sich aber nicht von seinem Selbstverständnis her, son-

[9] Jewett, S. 44f

dern nur von an ihn herangetragenen Theorien her, die er nicht geteilt haben würde. Man sollte bei seiner Vorrede in Lk 1,1-4 nicht nur mit halbem Ohr zuhören.[10]

– *Historischer Wert des lukanischen Werkes.* Hoffentlich wurde sichtbar, daß wir mit diesen Erwägungen von einer Hau-den-Lukas-Mentalität weit entfernt sind. Zwar fanden so manche Forscher kein Verhältnis zum Gesamtentwurf dieses Mannes, zu seiner heilsgeschichtlichen Schau, seinem Apostelbegriff, seiner Lehre vom Heiligen Geist und seinem Zeugnis von der konkreten Gemeinde. Das alles harmonierte nicht mit dem eigenen philosophischen Christentum. Von daher verkörperte Lukas angeblich nicht genuin urchristliche Tradition, sondern nur späteren Niedergang. Seiner Arbeit wird darum ein wesentlicher Geschichtswert abgesprochen. Nur noch eine natürlich-erbauliche Erzählgabe wird an ihm bewundert. In Wahrheit aber kommt kein Kritiker für sein Bild von der Urchristenheit und von Paulus ohne Anleihen bei ihm aus. Viele tun ihn ab, aber alle brauchen und benutzen ihn, wenn er ihnen paßt. Sein Werk bleibt von unschätzbarem, unverzichtbarem Nutzen für unser Wissen von den ersten drei Jahrzehnten nach Ostern.

4. Welchen Anlaß hatte der Brief?

a) Die Verwirrung der Gemeinde

Die Anfangszeit der Gemeinden war offenbar ein wahrer geistlicher Frühling. Abschnitte wie 3,3-4 und 4,12-16 machen das anschaulich. Die Gläubigen glichen Sprintern, die gut vom Start weggekommen sind und in wünschenswerter Weise ihren Laufstil gefunden haben (5,7). Dieser verhältnismäßig problemlose Anfang könnte damit zusammengehangen haben, daß im Unterschied zu den Anfängen in Antiochien, Ikonien oder Lystra (Apg 13,45.50; 14,2.5.19) keine sofortigen jüdischen Querwirkungen einsetzten. Obwohl auch für die Landschaft Galatien eine Judenschaft bezeugt ist, scheint Paulus in diesem Fall aufgrund seiner Erkrankung (4,13) von seiner Regel abgewichen zu sein, zuerst die Synagoge aufzusuchen. Die Wiege der galatischen Gemeinden mag in irgendeinem heidnischen Privathaus gestanden haben, wo der Pflegebedürftige Aufnahme fand. Die Anreden im Brief erwecken nicht den Eindruck, daß sich unter ihnen Judenchristen befanden (4,8; 5,2; 6,12). Kaum hätte sonst die Beschneidungsfrage den Rang einer aufregenden Neuheit gewinnen und so verwirren können. Diese rein heidenchristlichen Gemeinden scheinen auf diesen Vorstoß nicht vorbereitet gewesen zu sein und waren darum auch so hilflos.

Auch der in 4,13 vorausgesetzte zweite Besuch zerstörte nicht das günstige Bild. Dann aber erlebte Paulus ein Wechselbad. »Ich wundere mich, daß ihr so schnell abtrünnig werdet« (1,6). Nur kurze Zeit nach seiner Abreise traten Unruhen auf. Kaum kamen sie aus den eigenen Reihen, denn sooft Paulus von den Urhebern spricht,

[10] Wie sich dies alles zur Lehre von der Schriftinspiration verhält, hat Werner de Boor in seiner Auslegung der Apg behandelt (Wuppertaler Studienbibel, Die Apostelgeschichte, 1983, S. 21f); vgl. auch A. Pohl, Staunen, daß Gott redet. Die Bibel im Rahmen der Offenbarung Gottes, Wuppertal 1988, S. 60-62.

spricht er sie nie an. Sonst konnte er durchaus mit Namensnennung ermahnen, wie Phil 4,2 zeigt, aber hier liegt ein Hauch von Fremdheit zwischen Paulus und den Gegnern. So wird es sich bei ihnen um fremde Wanderprediger gehandelt haben. Ihre Tätigkeit kennzeichnet er mit folgenden Verben:

- Sie »verkündigen das Evangelium«, wobei sie es allerdings »verkehren«, also seines Sinnes berauben (1,7).
- Sie »verwirren« die Galater, also verunsichern sie lehrmäßig (1,7; 5,10).
- Sie »hemmen« den schönen Lauf der Galater (5,7) und bringen sie damit völlig aus dem Gleichgewicht.
- Sie »überreden« (5,8), ja »zwingen« sie unter Einsatz psychischen Drucks (6,12).
- Sie versuchen sie »auszuschließen«, also von Paulus zu isolieren und von seinem Missionswerk abzukoppeln (4,17).
- Sie »wiegeln auf« gegen den Apostel (5,12). Nach 4,16 scheinen sich auch schon unter den Galatern Feindseligkeiten gegen den Apostel aufzubauen.

Noch zur Zeit der Abfassung des Briefes arbeiten diese Männer mit voller Kraft und sind fast am Ziel. Die Gemeinden stehen im Begriff, endgültig zu ihnen überzulaufen (1,6; 3,3-4; 4,9.11.21). Schon blieben die von Paulus eingesetzten Lehrer ohne Versorgung, worauf die Mahnung 6,6-10 schließen läßt. Dieser Hintergrund erklärt die aus dem Rahmen fallende Schärfe des Apostels. Der ganze galatische Gemeindeverband, kaum fünf Jahre alt, drohte, sich unabsichtlich aber tatsächlich vom Christentum zu verabschieden.

Auf der anderen Seite fand sich auch eine Minderheit, in der die Verbundenheit mit Paulus nachwirkte. Das Wort vom »sich untereinander beißen und fressen« in 5,15 vgl. V. 26 weist auf miteinander ringende Parteien. Die Paulus-Treuen müssen ihn auch informiert haben, so daß er vollständig im Bilde war und keine Nachfrage mehr für nötig hielt. Die Fakten zwischen ihm und den Empfängern waren so wenig strittig, daß der heutige Leser sich erst bis ins vierte und fünfte Kapitel hindurchlesen muß, um überhaupt Inhaltliches über das »andere Evangelium« der Eindringlinge zu erfahren (4,9-10; 5,2). Jedenfalls kann Paulus gleich mit den ersten Sätzen Stellung beziehen. Freilich wäre ein persönlicher Besuch angemessen gewesen (4,20). Aber im Augenblick war es ihm nicht möglich (1Kor 16,8-9), die Fußreise von immerhin über vierhundert Kilometer durch zerklüftetes Land anzutreten. So kam es zu diesem ungewöhnlichen Brief.

b) Die Gegner des Paulus (die »Judaisten«)

Sie stammten, wie gesagt, von auswärts, erschienen aber nicht als normaler Besuch oder Zugezogene, sondern als Agitatoren. Sie »wollten« etwas (1,7; 4,17; 6,12-13). Was wollten sie? Wie Paulus wollten sie Heidenmission, sonst wären sie nicht in diese heidenchristlichen Gemeinden gekommen. Doch nun spezieller: Sie spürten eine Sendung zur Nachmission, zum Nachbessern dort, wo Paulus vor ihnen gewirkt hatte. Seit Jahren erlebte Paulus, daß in den von ihm gegründeten Gemeinden nach kurzer Zeit Leute mit dieser Absicht anreisten, so in Galatien über Philippi bis nach Korinth. Die betreffenden Briefe belegen es. Später, im Römerbrief, rechnete er auch für Rom mit ihrem Einfluß. Nach 2,4-5 erlebte er ihre geistigen Vorgänger schon vor fünf Jahren in Antiochien (vgl. mit Apg 15,1f): »Falschbrüder«, die sich »einschlichen« und hinter ihm her »spionierten«. Ihre Hintermänner saßen in Jerusalem. Vielleicht wurden auch Empfehlungsbriefe von dort vorgewiesen (vgl. 2Kor 3,1; 10,12).

Sicher handelte es sich um Juden, wenigstens pochten sie nach 2Kor 11,23 darauf, daß sie sich »Hebräer, Israeliten, Nachkommen Abrahams« nennen konnten. Genauer bezeichnen wir sie mit der Mehrzahl der Ausleger als »Judaisten«. Zu 1,13-14 und 2,14 ist der Ausdruck zu erläutern. Hier schalten wir zwei allgemeine Klarstellungen vor. Erstens kennt Paulus einen doppelten Judaismus-Begriff. In 1,13-14 spricht er von einem *jüdischen* Judaismus, dem er selbst einmal angehörte. In unserm Fall dagegen (vgl. 2,14) geht es um eine innerchristliche Erscheinung, um einen radikalen Flügel der Juden*christen*, die dem Gesetz wieder ein Übergewicht über das Evangelium verschafften. Da es sich aber um Christen handelte, ist bei ihnen nicht mit der jüdisch-pharisäischen, sondern mit einer Gesetzlichkeit eigener Art zu rechnen. Zweitens darf das, was Paulus gegen diese christlichen Judaisten schreibt, nicht auf die Juden überhaupt bezogen werden. Sein Kampf atmet keinesfalls Antisemitismus. Leider hat hier antike und moderne Ungenauigkeit alles in einen Topf geworfen. Bei ihm selbst fehlte die Abqualifizierung des erwählten Volkes völlig.

Welche inhaltlichen Anliegen der Judaisten läßt der Brief erkennen? Es sind drei Stoßrichtungen, die den drei großen Briefteilen des Gal entsprechen.

Die erste Stoßrichtung: Die Judaisten untergruben des Paulus Autorität als Apostel Jesu Christi. Dazu verunklarten sie auch sein Verhältnis zu den Uraposteln und den Jerusalemern in verschiedener Weise. Auch vor gedankenlosen Behauptungen oder gar Verleumdungen scheuten sie dabei nicht zurück. Sie brachten in Umlauf, Paulus sei gefallsüchtig (1,10) und doppelzüngig (5,11), um recht viel Anhang zu gewinnen. Diese Seite ihrer Agitation hatte mehr vorbereitenden Charakter, denn der Verkündiger wurde ja nur deswegen angegriffen, um seine Verkündigung zu Fall zu bringen. Aber Paulus nahm sie so wichtig, daß er ihr in großer Bewegtheit den ganzen ersten Briefteil widmete.

Die zweite Stoßrichtung: Die Judaisten bekämpften verbissen die Gesetzesfreiheit des Evangeliums. Allerdings wird der Galaterbrief in dieser Hinsicht oft zu flott gelesen und vorausgesetzt, daß diese christlichen Judaisten den Standpunkt eines streng pharisäischen Judentums eingenommen hätten und das ganze Netz von pharisäischen Satzungen über die Galater werfen wollten.

Um Anschauung zu gewinnen, erinnern wir uns an den Pharisäismus in den Evangelien, mit dem Jesus zu tun bekam. Die Pharisäer bildeten eine Gemeinschaft, die den ganzen Alltag ihrer Glieder von der Wiege bis zur Bahre durch Gesetzesgehorsam geheiligt wissen wollte. Dabei sollte kein Schlupfloch bleiben. Jeder mögliche Fall wurde zu diesem Zweck durchdacht und erfaßt. Dazu zählten sie nicht nur sorgfältig die im AT erwähnten 613 Gebote (365 Gebote und 248 Verbote), sondern umgaben diese noch mit einem Kranz zusätzlicher Bestimmungen, Unterbestimmungen und Unter-Unterbestimmungen. Das waren die »Satzungen der Ältesten«, die in Mk 7,1-13 fünfmal erwähnt werden und die Jesus den wirklichen Gottesgeboten gegenüberstellte. Beispiel: In dem Bestreben, jedem deutlich zu sagen, was unter das Verbot der Sabbat-Arbeit falle, formulierten sie allein neununddreißig Hauptarbeiten, dazu zahllose Unterarbeiten. Die Summe dessen, was der Mensch Gottes wissen muß, um dem Willen Gottes gemäß leben zu können, wurde immer größer. Diese gewaltige Last hatte Jesus im Auge, wenn er sagte: »Sie binden schwere und unerträgliche Bürden und legen sie den Menschen auf die Schultern« (Mt 23,4; vgl. Apg 15,10), und wenn er rief: »Kommt her zu mir alle, die ihr mühselig und beladen seid ... Nehmt auf euch mein Joch und lernt von mir ... denn mein Joch ist sanft und meine Last ist leicht« (Mt 11,28-30).

Damit zurück zu den christlichen Judaisten und ihrer Propaganda in Galatien. Hätten sie dort wirklich diesen riesigen Gesetzesapparat einführen wollen, hätte sich das im Brief widerspiegeln müssen. Paulus sagt von ihnen aber etwas anderes: Sie wollten beschwichtigend nicht das ganze, sondern nur ein »bißchen« Gesetz einführen (5,9; vgl. 3,15), eine ganze Geringfügigkeit. In 6,13 finden wir die klare Aussage, daß auch sie selber nicht das ganze Gesetz hielten: »Denn auch sie selbst, die die Beschneidung pflegen, halten das Gesetz nicht.« Auf welche Stücke beschränkten sie sich? Sichten wir den Galaterbrief, sind es mindestens zwei, wahrscheinlich drei:

1) Ihre zentrale Forderung war die Beschneidung (5,2-3; 6,12-13, vgl. 2,3-4). Darum nennt Paulus sie auch in 6,13 Leute, die die Beschneidung pflegen, eben »Beschneidungsleute«.
2) Dazu kam nach 4,10 das Halten der jüdischen Feste, sicher vor allem des Sabbats.
3) Als Drittes gehören die jüdischen Speisegebote dazu. Das wäre aus 2,11-12 zu erschließen. Direkt gesagt wird es dort aber von Antiochien.

Daß die Judaisten aus der Fülle von Geboten und Satzungen gerade diese drei auferlegten, geschah durchaus nicht aus Willkür. Vielmehr lehnten sie sich hierin an eine große Vorgeschichte an, die bis in das 6. Jh. vor Christus zurückreicht, nämlich bis ins babylonische Exil.

Damals entstand unter den Entwurzelten und Verschleppten eine Bewegung, einer Erweckung vergleichbar: Wir wollen jetzt erst recht treu sein und Gottes Volk bleiben! Also sonderten sie sich ab, um nicht vom umgebenden Heidentum aufgesogen zu werden. Es traten für sie solche gesetzlichen Vorschriften in den Vordergrund, die diese Tendenz unterstützten, die sich also durch ihre Auffälligkeit als Unterscheidungsmerkmale eigneten und die Trennung von den Heiden bekennerhaft unterstrichen. Der Sabbat, Woche um Woche gefeiert, machte eine jüdische Familie im heidnischen Wohnviertel unübersehbar. Ferner waren genaue Speisegebote dazu angetan, jeden engeren gesellschaftlichen Verkehr mit Heiden abzuwürgen. Vor allem ragte die Beschneidung heraus. In Palästina hatte sie nicht so auffällig gewirkt, denn dort übten auch Nachbarvölker diesen Ritus. Dagegen war er im fernen Babylonien unbekannt und ohne Parallele. Er machte also den Juden unverkennbar, sonderte ihn ab und gliederte ihn ein in das auserwählte Volk. Ohne Beschneidung sind Menschen nur Masse, dieser Akt jedoch hob aus der grauen Masse heraus.

So wurden dort gerade diese drei sichtbaren Rituale das eigentlich Jüdische für jeden, der mit Ernst Jude sein wollte. Als die babylonischen Juden wieder nach Jerusalem heimkehren durften, brachten sie dieses Erbe mit und pflegten es weiter. Weiter lag größter Nachdruck auf solchen Teilen des Gesetzes, die von den heidnischen Völkern trennten. Ja, während das Gesetz im AT einen Reichtum an Hilfen für einen menschlichen Alltag mit Juden und Fremden enthielt, wurde jetzt sein eigentlicher Sinn in der Trennfunktion gesehen. Danach hatte Gott das Gesetz gegeben, um die Juden »mit einem undurchdringlichen Gehege und mit einer ehernen Mauer« zu umgeben, damit sie »mit keinem der anderen Völker irgendeine Gemeinschaft pflegten«.[11] Unter diesen Umständen traten die schlichten Gehorsamsakte im Alltag zugunsten der vorzeigbaren und kontrollierbaren Riten zurück. Zugleich zog die Gefahr der Veräußerlichung herauf, nämlich die Versuchung, Gehorsam durch Symbolhandlungen zu ersetzen.

Damit zurück zu den judaisierenden Christen in Galatien. Es ist unverkennbar, daß sie sich mit ihren Forderungen der Beschneidung, des Sabbats und der Speisegebote an die große jüdische Tradition anlehnten. Zugleich ist jetzt auch ihr inneres Anliegen deutlich. Es ging ihnen bei diesen drei Dingen um nicht weniger als um das Heil, d. h. um die Zugehörigkeit zum einzigen Heilsvolk der Erde, den Juden. Das Hinzutreten zu diesem Heilsvolk aber konnten sie sich nicht anders vorstellen als eben durch Übernahme dieser drei bekenntnishaften Rituale. Das, nur dies »bißchen«, meinten die Judaisten in die paulinische Heidenmission hineintragen zu müssen.[12]

Paulus machte den schon beschneidungswilligen Galatern jedoch klar, daß es dieses »bißchen« ohne das Ganze nicht gibt. Sollte das Bundeszeichen der Beschneidung überhaupt einen Sinn haben, gehörte die Übernahme des gesamten Mosebundes dazu. Die Lösung mit dem reduzierten Gesetz ist fadenscheinig. Als studierter Rabbi hält er ihnen 5,2 vor: »Wer sich beschneiden läßt, ist verpflichtet, das ganze Gesetz zu halten.« Dafür gibt es keinen Ersatz. Auch Beschneidung ist nicht Ersatz, so daß man von den restlichen Verpflichtungen frei wäre (Röm 2,25), sondern sie stellt unweigerlich unter eine Gesamtverpflichtung. Beschneidung wollen heißt praktisch das Gesetz und Gesetzesgerechtigkeit wollen und die Christusgnade verwerfen, ob man sich dessen nun klar ist oder nicht (5,2-4). In diesem Sinn kann er seinen Lesern in 4,21 etwas spitz unterstellen: »Ihr wollt unter das Gesetz.« Wir stehen hier vor einer bezeichnenden Methode des Paulus. Er holt einen Streitpunkt aus seiner Isoliertheit heraus und durchstößt ihn in Richtung auf das Grundsätzliche. In Antiochien geschah das nach 2,11-21 vom Speisegebot aus, in Galatien von der Beschneidungsforderung aus. Paulus zeigt, was mit dieser Einzelforderung, die das Christsein angeblich überhaupt nicht beeinträchtigt, auf dem Spiel steht: Das ganze System Gesetz wird eingeführt und damit das »System« Evangelium alternativ aufgehoben.

Die Frage der Zugehörigkeit zum Heilsvolk nahm Paulus genauso wichtig wie seine Gegner, beantwortete sie aber in 3,1-14 aufgrund der Schrift völlig anders.

11 Aristeasbrief im 1. Jh. v. Chr., bei Bill III, 127.588

12 Vgl. auch in der Einführung zu 5,1-6 Nr. 3: »Die Beschneidung im Judentum und in der jüdischen Proselytenwerbung.« Zur Frage eines politischen Motivs der Judaisten s. zu 6,12.

Die dritte Stoßrichtung: Die Judaisten verfügten noch über einen weiteren Hebel, die Galater zu verunsichern, nämlich mit der Frage der sittlichen Defizite in den eigenen Reihen. In diesem Fall müssen wir etwas ausholen.

Der große Galater-Kommentar von Hans Dieter Betz (deutsch 1988) zeigt S. 35f, daß dieser Brief nicht etwa auf naive Gemüter aus abgelegenen Bergtälern Galatiens, in denen noch keltisch gesprochen wurde, gemünzt ist. Vielmehr setzt er in bezug auf Sprache, Gedankengang und Kenntnisse Leser aus der Bildungsschicht voraus. Er genügt hohen geistigen Anforderungen. Er könnte an Stadtmenschen aus der damaligen Provinzhauptstadt Ankyra gerichtet gewesen sein (vgl. oben 3.1). Als solche berührte sie auch die damalige Kulturkrise. Was uns dabei interessiert, ist das ethische Vakuum, das im urchristlichen Jahrhundert viele geistig wache Menschen angähnte. Bei allem Glanz war die Kultur erschöpft. Die bisher bewahrenden Ordnungen, Sitten und Gebräuche zerfielen. Soziale Formen wie Ehe, Familie, Nachbarschaft und Bürgerschaft trugen nicht mehr. Die Tempel leerten sich und drohten nur noch als Museen dazustehen, wahre Frömmigkeit wurde selten. Immer weniger Leute hatten Lust zum Heiraten und Kinderzeugen oder auch zu Arbeit und Verantwortung. Übersättigung, Ausgelaugtheit und Verdruß mit ihren entsittlichenden Folgen wurden übermächtig. Wir kennen den Seufzer: »Zustände wie im alten Rom!« womit auf den moralischen Sumpf der damaligen Welthauptstadt angespielt wird, auf Luxus und Prasserei, Bestechung und Heimtücke, Gemeinheit und Egoismus, Süchte und Laster (vgl. Röm 1,24-26; 6,1; 13,12-13).

Allerdings fehlten auch nicht, was für solche Zeiten typisch ist, Reformangebote. Der Stoizismus etwa propagierte strenge Pflichterfüllung und vernünftiges Maßhalten. Er beeindruckte auch durch wahre Vorbilder. Tatsächlich bildete sich später eine gewisse Bundesgenossenschaft zwischen Stoa und Christentum.

Wichtiger ist in unserm Zusammenhang jedoch die Existenz des Auslandsjudentums (Diaspora). In fast jeder Stadt des Römischen Reiches gab es eine oder mehrere Synagogen. In ihrem Mittelpunkt befand sich kein aufdringliches Götzenbild, auch kein Altar, kein blutiger Opferbetrieb unter süßlichem Weihrauchgeruch, keine Priesterschaft in aufwendigen, glitzernden Ornaten, sondern wohltuend nüchtern nichts als die einmalige jüdische Bibel, der Tenach (= AT). Unermüdlich wurde sie vorgelesen, auswendig gelernt, studiert und diskutiert. Auf diese Weise erbaute sich um das mosaische Gesetz herum eine Menschengemeinschaft, die durch ehrbaren Wandel, vernünftige Lebensweise, Familiensinn, sozialen Zusammenhalt, Wohlstand und Geborgenheit abstach. Dieses Stück heile Welt zog damals nicht wenige suchende Heiden an, die sich solch einer Gemeinde durch Beschneidung rechtskräftig anschlossen (Proselyten; Luther: »Judengenossen«) oder ihr in lockerer Form zugehörten, ohne sich beschneiden zu lassen (»Gottesfürchtige«).

In dieser Situation trat Paulus auf den Plan und gründete gesetzesfreie heidenchristliche Gemeinden. Seine Erfolge überraschten oder überraschten auch nicht. Denn was Wunder, daß es ihm immer wieder gelang, vor allem im Freundeskreis der Synagogen Fuß zu fassen. Die Apg zeigt es wiederholt. Er ersparte ihnen ja die hohe Hürde der Beschneidung. Nach seiner Lehre konnte man allein durch den Glauben, der in der Liebe tätig ist, Abrahams Sohn und Glied des Volkes Gottes werden.

Wie wehrte sich das Judentum gegen diese Konkurrenz? Zunächst durch Verdächtigungen. Man unterstellte dem Paulus direkt die Absicht, die Menschen durch herabgesetzte Preise in seine Gemeinden zu locken. Empfindlicher war eine andere Kritik. Man beobachtete die ethischen Auswirkungen dieses gesetzesfreien Evangeliums, das Paulus verkündete. Wie stand es mit dessen angeblich umwandelnder Kraft? Sobald diese Gemeinden einige Zeit existierten, zeigte sich in ihnen auch die Zählebigkeit des heidnischen Erbes. Sämtliche ntl. Gemeindebriefe und nicht zuletzt die Sendschreiben der Offenbarung belegen sehr realistisch sittliche Mängel unter den Christen. Da gab es Lauheit, Irrtum und bösen Rückfall. Das gehört eben auch zur Realität einer Missionsgemeinde, damals wie heute.

Diese christlichen Defizite konnten schon verunsichern. Hatte bei Paulus doch etwas gefehlt? Geht es bei Normalverbrauchern so ganz ohne Gesetz, ohne zusätzliches, stabilisierendes Element? Bekommt dem Menschen überhaupt völlige Freiheit, braucht er nicht wenigstens einen gelinden Druck? Liegt über dem paulinischen Dogma von der christlichen Freiheit nicht der Geruch von Anarchie, und muß solch ein Unternehmen nicht im Fiasko enden?

Dazu mag der Hinweis auf die gesegnete Macht, die das Gesetz nachweislich im Judentum entfaltet hatte, ein übriges getan haben. Man kann sich gut vorstellen, daß eine gestandene gesetzesfromme Synagogenfamilie frischbekehrte Heidenchristen an sittlichen Früchten durchaus übertraf. Von daher erfuhr die exegetisch-theologische Begründung der eingedrungenen Judaisten, von der wir vorhin sprachen, eine existentielle Unterstützung. Die ethischen Defizite, mit denen die jungen Gemeinde noch nicht christlich umzugehen wußten, verstärkten die Verlockung, dem jüdischen Heilsverband durch Übernahme der Beschneidung und ein paar Zugeständnisse beizutreten. Warum sollte der Christusglaube nicht mit ein bißchen Gesetzesdruck harmonieren, nicht geradezu nach dieser Ergänzung verlangen?

An dieser Stelle ist den Judaisten in Galatien ein Verdienst zuzugestehen. Sie veranlaßten Paulus, seinem Brief in Kap. 5-6 einen großen ethischen Teil anzufügen, die grundsätzlichste Äußerung zu diesem Thema, die wir aus seiner Feder besitzen. Dieser dritte Briefteil bildet in einer Hinsicht sogar den Höhepunkt des Briefes, liefert er doch die Nagelprobe für die Botschaft des Paulus.

5. Wann und wo wurde der Brief geschrieben?

Der Galaterbrief, die beiden Korintherbriefe und der Römerbrief sind innerhalb eines Zeitraumes von allerhöchstens vier Jahren entstanden, nämlich auf der dritten Missionsreise. Paulus stand auf der Höhe seines Wirkens und plante, sich dem Westen zuzuwenden. In dieser Lage erhoben sich aber in den zuvor gegründeten Gemeinden Schwierigkeiten grundsätzlicher Art. Ernsthaft konkurrierende Anschauungen nötigten ihn, seine Verkündigung zu durchdenken und abzuklären. Es galt das Evangelium von Überfremdungsversuchen freizukämpfen.

Damit treten wir den genaueren zeitlichen Verhältnissen des Gal näher, und zwar unter der Voraussetzung der nordgalatischen Hypothese (s. 3.2b). Nach einer Datierung, die breite Zustimmung genießt, war es frühestens Frühjahr 52 n. Chr., als Paulus vom syrischen Antiochien aus zur dritten Missionsreise aufbrach. Zuerst besuchte er die Gemeinden in Galatien (Gal 4,13; Apg 18,23) und in Phrygien. Schwerpunkt wurde dann ein zweieinhalbjähriges Wirken in Ephesus (Apg 19,8-10, ab Jahreswechsel 52/53 bis 55). Von dort führte ihn der Weg über Mazedonien nach Korinth, wo er im Winter 56 drei Monate verbrachte. Dann machte er sich auf den Rückweg, um die eingesammelte Kollekte nach Jerusalem zu überbringen. Die Reise führte ihn wieder durch Mazedonien, wo er sich in Philippi einschiffte. Nach verschiedenen Landaufenthalten unterwegs traf er mit seinen Begleitern im Frühjahr 57 in Jerusalem ein. Zu welchem Zeitpunkt dieser Reise entstand der Galaterbrief?

Unter der Voraussetzung, daß Gal 2,1-10 sich mit der Apostelversammlung nach Apg 15 deckt (um die Zeit 48/49), schrieb Paulus den Brief jedenfalls nach diesem Datum, eben auf der dritten Missionsreise. Eine zweite Überlegung führt noch weiter. Zu Beginn dieser Reise machte er Station in den galatischen Gemeinden und fand dort noch alles in Ordnung (4,13). Erst nach seiner Weiterreise nach Ephesus (Apg 19,1), aber dann sehr bald (vgl. das »so schnell« in 1,6) tauchten die fremden Lehrer auf. Sicher benötigten sie Monate (Winter 52/53), um die Paulusgemeinde zu sich herumzulenken. Die Nachricht davon wird Paulus noch in Ephesus erreicht haben. Natürlich hat er dann sofort reagiert, so daß man auf die Abfassungszeit 53/54 kommt, rund fünf Jahre nach Gemeindegründung. Das ist die häufigste Annahme.

Nach 1Kor 16,1 hatte Paulus den Galatern bereits die gleiche Kollektenanweisung erteilt wie jetzt den Korinthern. Wäre das in unserm Brief geschehen, wäre die Korinther-Stelle eine Berufung auf den Gal, und dieser wäre eindeutig vor dem 1Kor geschrieben worden. Da der 1Kor nach 16,8 noch in Ephesus entstand, das Paulus im Jahre 55 verließ, käme man für die Entstehung des Gal wieder wie oben nach der Apg ungefähr auf das Jahr 54. Nun steht aber im Gal nichts von solch einer Anordnung. Darum muß hier keine Bezugnahme auf diesen Brief vorliegen, sondern irgendein anderer mündlicher oder schriftlicher Vorgang ist im Sinn. Der Brief könnte auch nach dem 1Kor verfaßt sein, also später als 55 zu datieren zu sein. Auch wer sich dieser Spätdatierung nicht anschließt, wird aber zugeben, daß 1Kor 16,1 keinen sicheren Anhaltspunkt liefert.

6. Wie ist der Brief theologisch einzuordnen?

Paulus hatte ohne Frage eine unter den anderen Aposteln herausstechende heilsgeschichtliche Funktion übertragen bekommen. Daraus erklärt sich beides: daß er ungewöhnlich stark angefragt wurde und auch umstritten war und daß er ungewöhnlich nachhaltig für sein Apostolat eintreten mußte. Diese beiden Umstände spiegeln sich in den meisten seiner Briefe lebhaft wider. Sie wären aber fehlgedeutet, wenn am Ende ein von der Urchristenheit isolierter Paulus herauskäme, fast Gründer eines eigenen Christentums. Ob dieser ausgegrenzte Paulus dann als Verderber des Christentums verurteilt oder als Spitze der Entwicklung verehrt würde – beide Deutungen sind unannehmbar. Paulus war viel stärker gemeinchristlich bestimmt, als es auf den ersten Blick scheint. Er respektierte die christlichen Bekenntnisse und stand in Selbstverständlichkeit in der Glaubenstradition vor ihm und neben ihm.

Was den Gal anbetrifft, hat Franz Mußner auf S. 36-38 über 80 Wendungen des Briefes aufgelistet, die vorpaulinisch sein dürften, mit denen Paulus sich also in der damals gemeinchristlichen Sprache bewegte.[13] Wer diese Basis bei ihm nicht wahrnimmt, wird auch nicht Deuter seiner Eigenaussagen sein können.

In Anlehnung an 2Kor 3,16 (Einheitsübersetzung) darf man einmal sagen: Sobald sich aber jemand dem Herrn zuwendet, wird für ihn die Hülle vom Galaterbrief entfernt. Das Besondere dieses kleinen Briefes liegt gerade in seiner christologischen Geschlossenheit. Er ist ein überlanger Zeigefinger auf den Gekreuzigten in seiner umfassenden Wahrheit. Diese Funktion erfüllen im Grunde alle sechs Kapitel, gleich welche Frage an der Reihe ist. Der Gekreuzigte ist die Wirklichkeit, die hier alles trägt und ohne die unsere ganze Welt zugrunde ginge. Sie ist gleichsam das Meer der Wahrheit, das uns von allen Seiten umspült.

[13] vgl. Bruce, S. 33ff, Betz, S. 72f

B. Auslegung

Die Überschrift in den griechischen Handschriften: Sie lautet **An die Galater**[14] und wurde in den alten griechischen Bibelausgaben am Kopf einer jeden Seite in dieser Form wiederholt, so daß man sich beim Blättern im Kodex schnell orientieren konnte. Auffällig ist das Fragmentarische dieser Briefüberschrift. Sie besteht lediglich aus einer kurzen Empfängernotiz, ohne Angabe des Verfassers und der Gattung Brief; deutsche Bibelausgaben füllen hier auf (z. B. die Elberfelder Bibel: »Der Brief an die Galater«). Und zwar verfuhren die Handschriften einheitlich so bei sämtlichen 14 Briefen der paulinischen Briefsammlung (der Hebräerbrief wurde unter die Paulus-Briefe gezählt). Mit der anschließenden Briefsammlung von sieben Briefen (die sog. Kirchenbriefe oder Katholischen Briefe) geschah es dagegen anders; sie wurden durch eine Verfasserangabe gekennzeichnet. Diese ganze Art verrät die Betreuung durch eine spätere Generation, für die die abgeschlossenen Sammlungen schon vorlagen und die sie irgendwie ordnen und kenntlich machen mußte. Dabei machte der Gesichtspunkt, daß alles auch praktisch sein sollte, die Sache kurz. So gehörte diese Überschrift nicht zum Original des Paulus selbst, sondern stammt aus dem zweiten Jahrhundert.

Briefkopf (Präskript): 1,1-5

1 **Paulus, Apostel[a] – nicht von Menschen her und nicht durch einen Menschen, sondern durch Jesus Christus und (durch) Gott, den Vater, der ihn auferweckt hat aus den Toten –**
2 **und die mit mir[b] (im Missionsdienst verbundenen) Brüder alle den Gemeinden der (Landschaft) Galatien.**
3 **Gnade euch und Friede von Gott unserm Vater und dem Herrn Jesus Christus,**
4 **der sich selbst gegeben hat für unsere Sünden, damit er uns herausreiße[c] aus der gegenwärtigen[d] bösen Weltzeit[e] nach dem Willen Gottes, unseres Vaters,**
5 **welchem (ist) die Herrlichkeit (bis) in die Weltzeiten der Weltzeiten[f]. Amen.**

14 Zur Betonung des Eigennamens »Galater«: Im Deutschen wie auch im Griechischen fällt der Ton auf die zweitletzte Silbe: *Galáter*. Dagegen betont man in Theologenkreisen üblicherweise die erste Silbe: *Gálater*. Das entspricht der Betonungsregel im Lateinischen: Ist die vorletzte Silbe kurz (dieser Fall trifft hier zu), rückt der Ton auf die drittletzte Silbe. Latein war für weit über tausend Jahre die Kirchen- und Gelehrtensprache, und der offizielle Kirchentext war die lateinische Bibel (Vulgata).

Zur Übersetzung

[a] *apostolos* ließe sich übersetzen: Abgesandter, Bote. Dann würde es sich um eine Funktionsbezeichnung handeln, die auf die Dauer der Tätigkeit beschränkt ist. Hier aber liegt wie bei der Masse der ntl. *apostolos*-Stellen eine speziell christliche Verwendung dieser Vokabel vor, nämlich für einen einmaligen Personenkreis in der Christusgemeinde aller Zeiten und Orte. Dessen Funktion erlischt nie. Auch nach ihrem Sterben reden die Glieder dieses Kreises noch durch die Schriften des NT. Sie sind die Garanten des unverfälschten Evangeliums und bilden den Felsen, auf dem die Gemeinde gründet (Mt 16,18; Eph 2,20; Offb 21,14). Ist dieser präzise Sinn gemeint, empfiehlt es sich, *apostolos* als Fremdwort stehenzulassen.

[b] »die mit mir« ist eine stehende Redewendung, die nicht zufällig Anwesende meint, sondern engere Beziehungen ins Auge faßt: Reisebegleiter und Mitarbeiter (Apg 22,9; Gal 2,3), Gefolgschaft, Leibgarde (Mk 2,26), Arbeitsteam (Lk 5,9), Parteigenossen (Apg 5,17.21). Darum scheidet die Auslegung aus, wonach Paulus sich hier auf die ganze Ortsgemeinde beriefe (etwa in Ephesus), mit der er alles durchgesprochen und durchbetet hätte.

[c] Die wörtliche Übersetzung von *exhaireomai* mit »herausnehmen« wäre hier zu schwach: In Mt 5,29; 18,9 steht das Wort für gewaltsames Herausreißen eines Auges, in Apg 23,27 für Rettung aus der Hand der rasenden Volksmenge. Nach Apg 7,10.34; 12,11 handelt es sich um eine alte Erlösungsvokabel, neben *sôzô* und *rhyomai*.

[d] *aiôn* ist eine lange, aber nicht unbegrenzte Zeit. Die Begrenztheit wird hier durch das »gegenwärtig« unterstrichen, vgl. aber dasselbe Wort im folgenden Vers.

[e] Paulus bringt die Zeiterfahrung vielfältig zum Ausdruck. Allein in diesem kurzen Brief spricht er, abgesehen von »Stunde, Tag, Monat, Jahr, jetzt«, vom Zeitalter bzw. von der Weltzeit (*aiôn, aiônios*: 1,4.5; 6,8), vom Zeitverlauf (*chronos*: 4,1.4) und vom Zeitpunkt (*kairos*: 4,10; 6,9.10).

[f] Dieser doppelte Ausdruck »Weltzeiten der Weltzeiten« umschreibt und betont natürlich Endlosigkeit, Ewigkeit. Es wäre absurd, Gott eine nur befristete Herrlichkeit zuzusprechen.

Vorbemerkung

1. *Der Briefkopf in der griechisch-römischen Tradition.* Selbst der eigenwilligste Briefschreiber bequemt sich wenigstens im Gröbsten den Sitten seiner Zeit an, so daß seine Niederschrift eben als Brief erkennbar ist. Diese Bindung an ein übliches Schema galt im Altertum vermehrt. Etwa 15 000 Funde von Originalbriefen belegen das. Für über tausend Jahre blieben gewisse Eigentümlichkeiten konstant. Adolf Deißmann hat 26 Kostproben solcher alten Briefe mitgeteilt.

Hier im Zusammenhang interessiert der Briefkopf (zum Briefschluß s. zu 6,11-18), doch schicken wir eine Bemerkung zur Adresse voraus. Sie gehörte auf die Außenseite des Brieföllchens oder auf die Umhüllung des zusammengefalteten Blattes, etwa: »Zu bringen nach der Töpferwerkstatt, zu übergeben dem Nautias oder Thrasykles oder dem Sohn« (Deißmann, S. 120). Später, bei der Bildung von Briefsammlungen, wurden solche Beförderungshinweise natürlich gegenstandslos. Sie sind uns leider von keinem ntl. Brief erhalten.

Im Unterschied zu heute fehlte im Briefkopf (Präskript) das Datum. Man hielt sich in strenger Sachlichkeit an drei Punkte, die zumeist in je einem einzigen Wort bestanden. Zunächst als »Überschrift« (superscriptio) der Absender, den wir in unseren Briefen erst als Unterschrift unter das Ganze setzen. Es folgt die »Zuschrift« (adscriptio) in Form des Empfängernamens und schließlich die »Begrüßung« (salutatio), die aus einem einzigen floskelhaften Grußwort bestand. So beginnt ein Sohn an seinen Vater: »Polykrates dem Vater: Gruß!« oder eine Frau an ihren Mann: »Isias dem Hephastion, dem Bruder: Gruß!« oder ein Vater an seinen Sohn: »Herax dem süßesten Sohn: viele Grüße!« Im vertraulichen Brief konnte es also zu geringfügigen Erweiterungen der drei Grundelemente kommen, jedoch gebremst durch die Mühsal des Schreibens im Altertum.[15]

Gelegentlich konnte sich an das Präskript, das mit einer Zeile erledigt war, eine mehr poetische Vorrede anschließen (Vielhauer, S. 65), das Proömium, eigentlich »Vorgesang«. Sie bot Höflichkeiten und Schmeicheleien Platz, oft auch dem Gesundheitswunsch: »Vor allem wünsche ich dir Gesundheit!« (vgl. 3Joh 2). Paulus spricht an dieser Stelle meist von seiner Fürbitte, und vor allem sagt er Gott Dank. Wie wenig er dabei heuchelt, beweist der Gal: Das Proömium fehlt!

Bei ihm sind alle Eigentümlichkeiten der Briefe seiner Umwelt nachzuweisen, bis ins Grammatikalische hinein. Aber immer wieder fallen seine wohlbedachten Erweiterungen auf. Im Gal wurden z. B. aus den üblichen drei Wörtern fünf inhaltsreiche Verse. Vor allem hat er das trockene Schema christlich beatmet. Seine Briefe waren ja auch Ersatz für persönliches Auftreten in der Gemeindeversammlung und für seine Predigt (Gal 4,20; 1Thess 5,27), zum öffentlichen Vorlesen bestimmt. So erklärt sich die Länge der Schreiben und auch das Auftauchen gottesdienstlicher Elemente in Eröffnung und Schluß. Diese Schreiben wuchsen über Privatbriefe hinaus, schufen einen Sondertyp christlicher Literaturform – zuerst bei Paulus, gefolgt von den anderen ntl. Briefen.

2. *Die gegenwärtige Zeit nach Paulus (V. 4).* Oberflächlich betrachtet spricht Paulus über die Gegenwart widersprüchlich. Aber er treibt kein dialektisches Spiel. Die Dinge haben bei ihm ihren organischen Zusammenhang.

Das gegenwärtige Zeitalter ist einerseits Unheilszeit, also böse (1,4). Doch es ist am Verenden (1Kor 7,29; 10,11). Seine Macht, die noch bleiern über der Menschheit lagert, ist gleichsam schon porös geworden, durchbrochen, durchschossen von den Strahlen der Christusherrlichkeit. Darum liegt für Paulus der Einsatzpunkt auch nicht in den Negativaussagen. Seine Herztöne vernehmen wir im Jubel von 2Kor 6,2: »Jetzt ist die angenehme Zeit, siehe, jetzt ist die Zeit des Heils!« Gewiß zählt er anschließend faustdicke Unannehmlichkeiten auf, die für ihn aber nicht das Urteil aufheben, daß unsere Zeit ideale Zeit ist,

[15] Zur Frage des Briefdiktats s. die Einführung zu 6,11-18: »Briefschluß im Altertum und bei Paulus«.

nämlich den Herrn anzurufen, erhört zu werden und Rettung zu erfahren. Die finsteren Zeiten, in denen das Heil noch verborgen war, sind endlich vorbei. »Jetzt ist das Evangelium nach dem Willen des ewigen Gottes offenbart worden« (Röm 16,26); »In der Jetzt-Zeit will Gott seine Gerechtigkeit erweisen« (Röm 3,26). Weil die Gegenwart Unvergleichliches zu bieten hat, sollen die Christen sie auch »auskaufen« (Eph 5,15; Kol 4,5). Ja, er kann Röm 12,11 formulieren: »Dient der Zeit!« Weiht euch eurer Gegenwart und überlaßt anderen Nostalgie, Utopie oder Zeitflucht! Die Gegenwart ist füllige, wertvolle Zeit, weil Gott in sie eintrat wie in keinen anderen Abschnitt der Geschichte. Er sandte seinen Sohn in die Welt und den Geist seines Sohnes in Menschenherzen (4,4-6). Christus wurde unser Zeitgenosse und ist bei uns alle Tage bis an das Ende des Zeitalters. So ist die gegenwärtige Zeit Christuszeit, Missionszeit, Gemeindezeit und Zeit des Heiligen Geistes.

In diesen Rahmen sind die Aussagen von der bösen Gegenwart einzutragen. Gerade weil die Gegenwart so real Christuszeit ist, ist sie auch Zeit des Antichristus. Im Unterschied zur jüdischen Auffassung verlaufen Unheilszeit und Heilszeit also nicht streng zeitlich nacheinander, sondern die helle Zukunft ist mit ihrer Spitze in die Gegenwart hineingestoßen, so daß jetzt beide Zeiten im Widerspiel zueinander stehen. Dabei arbeitet die antichristliche Macht mit der Doppeltaktik von Verfolgung und Verführung. Als »Gott des Zeitalters« will sie den Ungläubigen das Evangelium verschließen, so daß für sie das Licht nicht mehr hell ist (2Kor 4,4). Selbst der »Weisheit dieses Zeitalters«, also ihrer geistigen Elite, ihren Wortführern, erscheint das Evangelium als unverzeihliche Dummheit (1Kor 2,6.8; 3,18; 1,20). Es bildet sich ein Überlegenheitsgefühl. Dämonische Mächte produzieren ein Klima, in dem sich der Mensch bei regelrechter Sündenfreudigkeit und allem Sündenelend zum Trotz rundum geborgen fühlt. Doch mit dieser Darstellung ist das eigentliche Böse am Zeitgeist noch nicht berührt, dazu s. die Auslegung zu V. 4.

1 Sprachlich hart hämmert Paulus die ersten Angaben in den Raum. Hier läßt er sich nichts abmarkten. Als erstes Wort des Briefes schreibt er den Hauptverfasser hin: **Paulus**. Mit diesem seinem lateinischen Beinamen bezeichnet er sich regelmäßig. Seinen jüdischen Namen erfahren wir nur durch die Apg, nämlich neunmal in der atl. Form »Saul« und 15mal in der griechischen Form »Saulos«. Die Wende vom jüdischen Namen zum lateinischen Beinamen lag nicht etwa bei seinem Christwerden vor Damaskus, sondern nach Apg 13,9 erst bei der ersten Heidenbekehrung unter seiner Mitwirkung, über die berichtet wurde. Von hier an nennt Lukas ihn nur noch »Paulus«. Unter diesem Namen wurde und ist er als Heidenapostel in aller Welt bekannt.

Mit dem zweiten Wort erweitert Paulus schon die übliche Verfasserangabe: **Apostel**. Weder als der fromme noch als der kluge Paulus tritt er vor seine Leser. Überhaupt fühlt er sich beim Schreiben nicht für eine Sekunde als Privatmann, der sich freischaffend seine Gedanken macht, sondern als Apostel Jesu Christi, völlig vom Sendenden vereinnahmt: »Zwang liegt auf mir. Wehe mir, wenn ich das Evangelium nicht verkündige!« (1Kor 9,16).

Wie in keinem zweiten Briefeingang schält er die besondere Art seiner Autorität heraus, sicher herausgefordert durch das autoritäre Auftreten der fremden Lehrer in Galatien (s. zu 6,12). Zweifach stellt er zu diesem Zweck den Menschen beiseite: **nicht von Menschen her** ist Paulus Apostel. In der Urchristenheit gab es auch »Apostel *der Gemeinden*« (2Kor 8,23), die als solche durchaus angesehene Leute waren (vgl. 2,12). Doch in diese Reihe gehört Paulus nicht. Er ist nicht der Exponent einer Christengruppe, etwa der Jerusalemer Gemeinde. Ab V. 16 wird er das nachweisen. Er ist auch **nicht durch einen Menschen** mit seiner Botschaft betraut worden, etwa durch Petrus. Sein Verhältnis zu Petrus wird er V. 18 einordnen.

In V. 10-11 fügt Paulus noch sage und schreibe vier weitere Negationen des Menschen hinzu: Nicht für Menschenzustimmung (V. 10a), nicht Menschen zu Gefallen (V. 10b), nicht nach Menschenart (V. 11) und nicht von Menschen empfangen und unterrichtet (V. 12). Warum wird der Mensch in dieser Sache so säuberlich ausgeschaltet? Um des Menschen willen, damit ihm das Evangelium *Gottes* erhalten bleibe. Die Predigt des Paulus ist kein nur zwischenmenschliches Ereignis. Der Mensch hat es bei ihr nicht mit sich selber zu tun, telefoniert nicht mit sich selber, zieht sich nicht selber am Schopf aus dem Sumpf heraus.

Der zweifachen Ausschaltung des Menschen folgt eine zweifache positive Auskunft, zunächst: **sondern durch Jesus Christus**. Er steht unter einer unmittelbar durch Christus ergangenen Sendung. Hinter seinem Mund steht geradewegs der Mund des Herrn, und zwar des erhöhten Herrn. Darum zweitens: **und (durch) Gott den Vater, der ihn auferweckt hat aus den Toten**. Im Grundtext erscheint »auferwecken« durch seine grammatische Form wie ein Beiname zu »Vater«, wörtlich: »durch den ihn aus den Toten auferweckenden Vater«. Gottes Vatertum wird hier christologisch aufgeladen: In der Auferweckung Jesu leuchtet wie sonst nirgends die »Herrlichkeit des Vaters« auf (Röm 6,4). Das ist nun in bezug auf die Grundlage des Apostolats gesagt. Wer Apostel sagt, sagt Ostern. Ebenso stellt Paulus in 1Kor 9,1 beides ursächlich zusammen: »Bin ich nicht ein Apostel? Habe ich nicht Jesus, unsern Herrn gesehen?« Auch Lukas datiert den Ursprung des Apostolats immer wieder auf die Erscheinungen des Auferstandenen.[a]

[a] Apg 2,32 3,15; 5,32 10,41; 13,31

Das Evangelium, das Paulus also den Galatern in diesem Brief neu bezeugen will, hat einen Quellgrund in dieser herrlichen Auferstehungsmacht Gottes des Vaters.

Mächtig dringt Paulus schon mit dem ersten Vers auf seine Leser ein. Auch wir haben hier nicht den Beitrag eines interessanten Theologen aus dem 1. Jahrhundert vor uns, sondern empfangen Offenbarungswort eines Apostels Jesu Christi, unseres Herrn.

2 Paulus erweitert seine Absenderangabe noch einmal: **und die mit mir (im Missionsdienst verbundenen) Brüder alle**. Wie in acht weiteren Briefen und abstechend von den Gepflogenheiten seiner Zeit nennt er Mitabsender, wenn auch in diesem Fall nicht namentlich. Freilich ist Mitabsenderschaft nicht Mitverfasserschaft, denn es duldet keinen Zweifel, daß der Gal ganz und gar sein persönliches Werk ist. Dennoch fand Paulus seine Stellung zum galatischen Problem nicht im Alleingang. Gemeinsames Durchdenken und Beraten ist vorausgegangen, und die Brüder tragen Mitverantwortung. So bewußt Paulus sich seiner Apostelschaft war (V. 1), so wenig führte ihn dies Bewußtsein in Richtung auf ein monarchisches Bischofsamt. Ein Apostel »bittet an Christi Statt« (2Kor 5,20), aber regiert nicht an Christi Statt. Mit bitterer Ironie kann Paulus einmal das »Herrschen« gewisser Brüder registrieren (1Kor 4,8). Für ihn selbst schloß Autorität nicht gliedhaftes Verhalten aus. Urteile der Brüder hatten für ihn Gewicht. Für den Inhalt des Gal lag also Übereinstimmung vor: Alle Mitarbeiter stehen hinter mir! Das machte den Brief zur »Bekenntnisschrift einer Glaubensgemeinschaft« (J. A. Bengel) und gab gleichzeitig den Galatern zu verstehen, in welche Isolation sie sich zu begeben im Begriff waren.

Zum Schluß des zweiten Verses erscheint endlich die Empfängerangabe: **den Gemeinden der (Landschaft) Galatien**. Nicht jede der dortigen Gemeinden erhält ihren eigenen Brief, sondern der eine Brief soll unter ihnen zirkulieren. Zugleich läßt der Briefkopf erkennen: Sie sind für Paulus noch christliche Gemeinden. Wie ehrlich er das meint, werden die Verse 3-5 zeigen und darüber hinaus der ganze Brief. In 3,26 heißt es ausdrücklich: »Ihr seid Kinder Gottes«, »ihr gehört Christus.« Neunmal spricht er sie mit »Brüder« an, und: »Ich habe Vertrauen zu euch« (5,10). Darum fühlt Schlatter richtig (S. 9): »Ein Strom von Empfindungen geht warm durch den Brief.« Gewiß handelt es sich stellenweise um einen Brief im Zorn, aber auch in Liebe. Trotzdem will geklärt sein, warum er sich hier wie sonst in seinen Briefen zu keiner Beifügung aufschwingt, etwa wie Röm 1,7: »Allen Geliebten Gottes und berufenen Heiligen in Rom«. Warum fehlt jeder anbetende Dank, der bei ihm sonst so überquellen kann? Dazu gibt es psychologische Erklärungen, etwa: Eine gereizte Stimmung habe ihn so frostig beginnen lassen. Zum geistlichen Format dieses Briefes fügt sich aber besser eine andere Auskunft: Ihn, der sonst so gern zu Lob und Dank bereit war, verließ eben doch nicht die Unbestechlichkeit. Geistliche Liebe verbirgt nicht, wozu sie nein sagt. »Sie freut sich nicht an der Ungerechtigkeit, sie freut sich aber an der Wahrheit« (1Kor 13,6). Dann mag ihn auch die drängende Verantwortung bewogen haben, rasch zur

Sache zu kommen. Der Briefkopf sagt alles Notwendige, aber auch nur das Notwendige.

Dieser Eingangsgruß verdient zunächst einen Überblick. Jeder Leser bemerkt hier den gottesdienstlichen Klang. Wir hören feierliche Wendungen, die schon vor Abfassung dieses Briefes und danach und bis heute immer wieder in den Versammlungen des Volkes Gottes erklingen. Wenn Paulus sie also vorausschickt, ist das bereits geistliche Gemeinschaft im Vollzug. Unter der Verlesung dieser vertrauten Klänge mögen die Galater die Lippen mitbewegt haben und unwillkürlich in das abschließende Amen eingefallen sein, ebenso beim Briefschluß 6,18. Daß es sich hier um gemeinchristliches Formelgut handelt, sei kurz untermauert: 3-5

– Zunächst ist die Häufigkeit und die breite Streuung dieser Wendungen im NT zu beachten. Das Segenswort V. 3 ist uns von den Eröffnungen fast sämtlicher ntl. Briefe bekannt, gleich welcher Verfasser. Auch kennen wir gut den Klang der Doxologie (Anbetung) in V. 5. Für das Heilswort in V. 4 gibt es eine Fülle von Parallelen oder Anklängen. Es handelt sich eben um Wortprägungen, die für Predigt, Lied und Gebet allgemein zur Verfügung standen.

– Zweitens spricht für diese Verwendung auch die Tatsache, daß die Sätze rhythmisch gebaut, ebenmäßig gegliedert und ausgewogen gestaltet sind, vgl. z. B. den vollen Titel »Herr Jesus Christus« hier in V. 3, der erst im ebenfalls feierlichen Schluß 6,14.18 wiederkehrt.

– Schließlich enthält V. 4 einige Vokabeln, die wir sonst bei Paulus nicht antreffen, was nur bestätigt, daß er hier nicht individuell und eigens für die Galater formuliert hat, sondern zitiert. Nur hier lesen wir bei ihm »herausreißen« *(exhaireô)*, sonst dafür 29mal »retten« *(sôzô)* und 11mal »erlösen« *(rhyomai)*. Ferner spricht Paulus in der Regel von »Sünde« in Einzahl, als Sündenmacht, hier aber von »Sünden« als eine Mehrzahl von sündigen Akten. Drittes Beispiel: Paulus sagt sonst siebenmal »dieser Äon« statt »gegenwärtiger Äon« wie hier.[16]

Natürlich werten wir die Tatsache, daß Paulus sich hier formelhafter Wendungen bedient, nicht negativ. Er sagt diese Worte deswegen nicht halbherzig her, sondern sie bleiben voll auszulegen als Zeugnis dessen, was ihn erfüllt.

Der ausführliche Segensgruß (salutatio) beginnt, der sich ähnlich in etwa zehn Paulusbriefen findet. Die Vorbemerkung 1 legte dar, wie damalige Briefschreiber sich an dieser Stelle mit einem einzigen Wortstummel begnügten. Aber Paulus spult nicht das Übliche ab, sondern nutzt die Gelegenheit, schon beim Grüßen etwas hineinzulegen und etwas zu geben. Dadurch empfangen wir einen der schönsten Sätze, 3

[16] Vgl. weiter Mußner, S. 50, Anm. 38.

die zu Menschen gesagt werden können. Aber woher hat er dies Schöne und Wunderbare?

Paulus antwortet: **von Gott unserm Vater**, um mit erhobener Stimme fortzufahren: **und dem Herrn Jesus Christus**. Gott ist dadurch Vater und Quell aller guten Gaben, daß Jesus der **Herr** ist. Wenn Jesus Herr ist, hat er also Karriere gemacht. Aber es war Karriere nach unten. Er hat als gehorsamer Knecht den untersten Platz in der Menschheit eingenommen, den Sünderplatz und den Platz des Gerichteten. Aber aus diesem Knechtsein strömt sein Herrsein und daraus das herrliche Vatersein Gottes. Aus dieser Herrlichkeit stammte nach V. 1 auch schon der Aposteldienst des Paulus. Jetzt erfahren wir, was er von dorther mitbringt, worin die Summe seines Dienstes besteht: **Gnade euch**. »Gnade« klingt im Griechischen gewiß an das damals übliche, abgegriffene und inhaltslos gewordene Grußwort an (*chairein*, davon hier *charis*, Gnade). »Gnade« ist Herabneigung und gibt es auch von Mensch zu Mensch. Aber »Gnade von Gott unserm Vater« sprengt unser Vorstellungsvermögen. Es ist so, als ob sich ein Dom mit seiner Spitze ganz tief zu einem Gräslein hinunterneigt, das da unten in den Ritzen des Pflasters sein Dasein fristet. So und noch viel unglaublicher erfreut uns Gott mit sich selbst: Da bin ich, bei euch bin ich, euer bin ich, ihr seid mein! (Näheres zum Begriff der Gnade, der im Brief siebenmal erscheint, s. zu 1,6.) Hebr 10,29 spricht vom »Geist der Gnade«. Sie ist somit eine pneumatische Erfahrung. Gott pumpt mit dem Gnadengruß nicht nur Gedanken in unsere Gehirnwindungen, sondern Geist Gottes kommt wohltuend über Geist, Leib und Seele.

Sinnvoll schließt sich an: **und Friede**. Das griechische *eiränä*, das wir hier vor uns haben, ist in der LXX Übersetzungswort für das hebräische *schalom*, noch heute als jüdisches Grußwort bekannt. So vereinigt Paulus den griechischen mit dem semitischen Gruß. Vor lauter Gnade also Frieden, d. h. Heilwerden. Der Mensch wird wieder Mensch. Krankmachende Erinnerungen, aber auch gegenwärtige Blockaden und schließlich Verschlossenheit nach vorn werden abgebaut. Der hohe, starke, von Gott und Christus her stammende Friede überflutet die Widerstände, so widerständig sie auch sein mögen.

Nur fromme Wünsche? Jesus sagt Mt 10,12-13: »Wenn ihr in ein Haus kommt und das Haus ist es wert, soll der Friede, den ihr wünscht, bei ihnen einkehren.« So wesentlich darf das Grüßen eines Boten Jesu sein. Ein Haus, das sich unter das Evangelium stellt, ist den Frieden wert und erfährt ihn durch apostolischen Zuspruch. Dies Evangelium wird im folgenden Vers angerissen, wobei deutlich erkennbar ist, wie der Satz hier endlich seinen angesteuerten Landeplatz findet.

4 Um mehr als eine Kurzform des Evangeliums kann es in einer Briefeinleitung noch nicht gehen. Wenn dafür aber nur ein einziger Satz zur

Verfügung steht, was muß dann unbedingt hinein? Die verschiedenen Hoheitstitel Jesu? Sein vorweltliches Dasein? Seine Geburt, seine Taufe, seine Taten oder Lehren, sein Beten und Glauben? Nein, der Höhepunkt seines Lebens war sein Sterben: **der sich selbst gegeben hat** (in den Tod) **für unsere Sünden**. Wir verdanken Martin Luther zu diesem Vers das schöne Wort: »Er gab. Was? Nicht Gold, nicht Silber, nicht Opfertiere, nicht Osterlämmer, nicht einen Engel, sondern sich selbst. Wofür? Nicht für eine Krone, nicht für ein Königreich, nicht für unsere Heiligkeit oder Gerechtigkeit, sondern für unsere Sünden.«[17]

Den ersten Anstoß zu dieser unerhörten Sicht empfingen die Apostel schon durch ihren Meister. Nach Mk 10,45 hatte sein Kommen erklärtermaßen den Sinn, »sein Leben zu geben als Lösegeld für viele«. Ohne diese Vollendung seines Wirkens in Tod (und Auferstehung) kann Jesus nicht verstanden werden. Alles andere war Hinführung, der nicht die Spitze abgebrochen werden darf. Hier ist Mitte und Norm alles Christlichen. Darum 1Kor 15,11: »So predigen wir (alle), es sei nun ich oder jene.« Demgemäß bezeugt auch das NT in allen seinen Teilen als zentrales Geschehen den Tod Jesu als Heilstod. Über vierzig Stellen haben dieses »für uns, für euch, für den Bruder, für mich, für alle, für viele, für die Welt« oder häufig auch sachbezogen wie hier: **für unsere Sünden**. Nichts wird so oft und einmütig vom Sterben unseres Herrn gesagt, als daß es ein Für-Tod gewesen sei. Er starb nicht einen Privattod für sich selbst, sondern trat sterbend an den Platz der hoffnungslos verschuldeten Menschheit, indem er sich unschuldig als schuldig hinrichten ließ, damit Schuldige den Platz des Gerechten einnehmen. Dieser »wunderbare Tausch« (Luther) ist aller Rede wert. Er ist die Grundoffenbarung über Gott. Solch einen Gott hat die Welt, dem seine Geschöpfe teurer sind als sein Teuerstes, der für seine Geschöpfe eintritt und lieber sich selbst verliert als sie.[18] 3,13 gibt Anlaß, dem »für uns« weiter nachzugehen.

An dieser Stelle ziehen wir die Schlußwendung des Verses vor, die ein Mißverständnis aus dem Wege räumen kann. Die Selbsthingabe Jesu und unsere Erlösung geschahen nach **dem Willen Gottes, unseres Vaters**. Wir haben keinen Zuschauergott, der das grausige Menschen-

[17] bei Oepke, S. 19

[18] Die Urchristenheit scheute keine Mühe, im Wissen um die Grenzen des Verstandes dennoch bis an die Grenzen des Verstandes zu gehen und dieses »für uns« menschlichem Verstehen nahezubringen. Dazu griff sie ins volle Leben und zog aus den irdischen Erfahrungsbereichen immer neue Vergleiche herbei: aus dem Familienrecht (Loskauf durch einen Verwandten), aus dem Völkerrecht (Freikauf eines verschleppten Volkes), aus dem Zivilrecht (Freispruch aufgrund einer Fürsprache, stellvertretendes Strafleiden, Sklavenfreikauf, Schuldbrieftilgung), aus dem Kriegsrecht (Sieg und Friedensschluß), aus dem sozialen Zusammenleben (Liebe, Hingabe, Versöhnung) und vor allem aus dem Sakralrecht (Opfer, Sühne, Passalamm, Blutvergießen). In allen Fällen handelt es sich nur um annähernde Vergleiche, nie um Gleichheit. Streng genommen ist das Geschehen von Karfreitag analogielos.

opfer finster betrachtet und gegen seinen Willen schließlich doch milde gestimmt wird; Menschenopfer sind eine schon nach dem AT ausdrücklich verabscheute »greuliche Sitte der Heiden« (1Kön 16,3). Man muß vielmehr die Selbsthingabe des Sohnes und das aktive Hingeben des Vaters in eins sehen – beides im Schmerz der Liebe zur Welt. Die göttliche Liebe zu uns schonte nicht den Sohn, aber auch nicht den Vater, so daß Gott selbst litt, Gott selbst opferte und einen vollen Einsatz leistete: »Gott war in Christus« (2Kor 5,19). – Zu Recht urteilt Oepke zu unserm Vers: »Paulus macht also den Sühnegedanken zur Grundlage seines Briefes.« Von hier aus hebelte er die Position der eingedrungenen fremden Lehrer aus.[b]

[b] Gal 2,19-21; 3,1.13; 4,4f; 5,11.24; 6,12.14

[c] Röm 8,9; 2Kor 5,15.21; Eph 5,25f; 1Thess 5,10; Tit 2,14; 1Petr 2,24

Der Vers mündet in einen Zwecksatz, der die beabsichtigte Wirkung der Heilstat nennt: **Damit er …** Ähnliche Damit-Sätze finden sich auch 3,13-14; 4,4-5.[c] Zusammengefaßt ergeben sie einen gewaltigen Freiheitsjubel. An dieser Stelle ist das Übel, dem Christus entreißt, **die gegenwärtige böse Weltzeit**. Flüchtig gelesen, ergeben das AT und das NT eine oft sehr dunkle Schau dieser Weltzeit. Die Vorbemerkung 2 zu diesem Abschnitt versucht, die Dinge ins rechte Verhältnis zu setzen. Dort werden auch verschiedene paulinische Aussagen über das Böse in der gegenwärtigen Weltzeit verwertet. Jetzt gilt es, zusätzlich den engen Zusammenhang unserer Stelle mit der vorausgegangenen Vershälfte (V. 4a) einzubringen. Sie schlug nämlich das Thema **»unsere Sünden«** an. Hier berühren wir den eigentlichen Stachel der Bosheit unserer Zeit. Sie herrscht über uns nicht einfach durch überlegene Macht – dann könnten wir uns wenigstens als von den Verhältnissen abhängige, schwache Wesen bedauern –, sondern immer auch mit einem inneren Recht. Sie macht das Sündigen zwar erst einmal leicht, federleicht, aber dann gewährt sie von den Folgen nicht den geringsten Nachlaß. Ohne Erbarmen werden sie eingeklagt. Der »Gott dieser Welt« vergibt nichts. Wer Sünde tut, gehört nun rechtens der Sünde, ist ihr Sklave. So ist unser Elend bei aller Abhängigkeit von den Verhältnissen immer auch in unserer eigenen Schuld begründet. Unser Unheil ist im Entscheidenden Schuld und Verurteilung. Jede unserer Sünden versetzt die Macht des Bösen in die Lage, das Verderbenswerk, das sie sowieso betreibt, nun sogar legitim betreiben zu können. Hier liegt unsere Ausweglosigkeit. Wir stehen zum Bösen in einem fatalen Rechtsverhältnis, aus dem wir uns nicht selber entlassen können. Wir haben keine begründete Handhabe. Da sind ja immer auch unsere Sünden, und nichts gehört so zu uns wie eben diese *»unsere Sünden«*. Wer darum seine Sünde noch nicht ernstgenommen hat, hat noch nicht angefangen, sich selbst ernstzunehmen.

Der einzige, der uns und unsere Sünden wirklich ernstnimmt, ist Gott. Durch einen vollen Einsatz griff er ein und riß uns heraus: durch die Hingabe Jesu für unsere Sünden. Karfreitag hat den Herrscher dieser Weltzeit entmachtet, indem er ihn in seiner Tiefe entrechtete. Der Ausdruck »herausreißen« könnte zwar an einen nackten Gewaltakt denken lassen, wird aber in 3,13 und 4,5 durch die Rede vom »Loskauf«, also einem Rechtsakt, ergänzt. So gibt es seit Karfreitag eine saubere Lösung jener verzweifelten Situation, die auch bei allseitiger Beleuchtung in Ordnung geht, sowohl vor unserem Gewissen und Verstand als auch vor dem Gesetz Gottes und vor den Engeln im Himmel. Kol 1,13-14 zeigt diese Wende in Großaufnahme. Für die Glaubenden ist dies »böse gegenwärtige Zeitalter« nicht mehr die eigentliche Wirklichkeit. Obwohl sie zeitlich noch in ihm leben, auch von ihm angefochten werden, sind sie rechtlich aus ihm ausgebürgert »und versetzt in das Reich des Sohnes der Liebe« (V. 13).

Wie oft nach Erwähnungen von Gottes großen Taten läßt Paulus 5
auch hier eine Doxologie folgen[d]: **Welchem (ist) die Herrlichkeit (bis) in die Weltzeiten der Weltzeiten**. Doxologien (von *doxa*, Herrlichkeit) sind nicht eigentlich Dank, sondern gehen schon einen Schritt weiter. Sie schreiten von der Betrachtung der Tat weiter zur Huldigung an den Täter. Es wird begriffen: Gott handelte nicht nur so, sondern er ist auch so. Sein Handeln floß aus seinem unveränderlichen Sein. Darum bleibt er auch gegen allen Protest bei seinem Gesalbten (Ps 2,1-6) und wird niemals das Evangelium ändern. Im Hintergrund mag schon die Abwehr des »anderen Evangeliums« in V. 6 stehen.

[d] Röm 11,36 Eph 3,20f Phil 4,20 2Tim 1,17

Zum Lobpreis Gottes gehört seit jeher das **Amen** der Gemeinde. In Neh 8,6 läßt sich das schön ablesen: »Und Esra lobte den Herrn, den großen Gott. Und das Volk sagte: Amen! Amen! und sie hoben ihre Hände empor und neigten sich und beteten den Herrn an mit dem Antlitz zur Erde.« Dieses antwortende und bestätigende Amen wurde auch im urchristlichen Gottesdienst Gepflogenheit. Darum konnte Paulus annehmen, daß sich bei der Verlesung des Briefes an dieser Stelle die ganze Versammlung bewegte. So erhoffte er sich eine Befestigung ihrer Gemeinschaft vor Gott.

Rückblick auf V. 3-5: Alle Kommentare heben zu Recht hervor, daß im Gal die sonst bei Paulus übliche Danksagung ausbleibt. Gern wird auch herausgestrichen, er falle in V. 6 mit seinem Tadel wie mit der Tür ins Haus. Doch das trifft so nicht zu. Er öffnet die Tür sorgfältig. Es gilt wahrzunehmen, worin das *Zusätzliche* des Gal gegenüber sämtlichen anderen Briefen des Paulus besteht. Nirgendwo sonst hat Paulus den Gruß durch Heilswort, Doxologie und Gemeinde-Amen erweitert wie hier. Dadurch schuf er die geistliche Basis für sein wuchtiges Auftreten im folgenden.

Anklage auf Abfall und Gerichtsankündigung für die Verführer: 1,6-9

6 Ich wundere mich, daß ihr so schnell abtrünnig werdet[a] von dem, der euch gerufen hat durch[b] die Gnade Christi, zu einem anderen Evangelium[c],
7 (wo) es (doch) kein anderes gibt[d], außer daß es einige gibt, die euch verwirren und wollen verkehren[e] das Evangelium Christi.
8 Aber auch wenn wir oder ein Engel vom Himmel ein Evangelium verkünden würden[f] entgegen[g] dem, was wir verkündet haben, der sei Anathema[h]!
9 Wie wir früher (schon einmal) gesagt haben, sage ich auch jetzt wieder: Wenn jemand euch Evangelium verkündet entgegen dem, was ihr übernommen habt, der sei Anathema!

Zur Übersetzung

[a] *metatithemai*, ursprünglich: von einem Platz zu einem anderen überwechseln (vgl. Überläufer), übertragen verwendet für politischen und religiösen Gesinnungswandel. Hier im Präsens: Der Prozeß läuft gerade ab.

[b] Einige übersetzen plastisch: in die Gnade hinein (Schlier, Ridderbos, Luther, Gute Nachricht), was auch einen guten Sinn ergäbe. Gottes Ruf ist ein Hereinrufen zu sich in den Raum der Gnade wie in einen Festsaal (vgl. Mt 22,3; Röm 5,2; Gal 5,4 Offb 19,9). Trotzdem empfiehlt sich in diesem Fall aus sprachlichen Gründen die Mehrheitsauffassung, daß hier nicht das örtliche Ziel des Rufens angegeben wird. Der Text lautet nun einmal »in/durch Gnade« und nicht »in die Gnade hinein«. Zwar konnte das griechische Wort »in« gelegentlich an die Stelle des »in hinein« treten, aber das ist »im NT nur ganz vereinzelt zu konstatieren« (BDR §218), kann also nicht so schnell vorausgesetzt werden. Schließlich steht »Gnade« im Zusammenhang mit »rufen« im gleichen Kapitel noch einmal und dort eindeutig als adverbiale Bestimmung zum Rufen (1,15). Das Rufen geschieht rein gnadenhaft, ohne Verdienst und Würdigkeit des Gerufenen (vgl. Mußner; Delling, ThWNT VIII, S. 501, Anm. 65; ähnlich Oepke).

[c] Zu »Evangelium« s. WStB, A. Pohl, Markus, S. 70-71.

[d] Wörtlich: »welches andere es nicht gibt«. Die Übersetzung in glattes Deutsch ist schwierig. Oepke, Mußner, Büchsel, ThWNT I, S. 265, sagen: »das kein anderes ist«, also darstellt. Schlier überspringt »anderes«: »Das es gar nicht gibt«. Interessant ist die Umschreibung bei H. D. Betz: »was (doch) auf nichts anderes hinauskommt, als daß es gewisse Leute gibt, die ...« Er löst also den Bezug von »anderes« auf Evangelium auf. Aber dadurch verschwindet die Gegenüberstellung im Text: »es gibt nicht – es gibt nur einige, die«. Hier mit der Elberfelder Übersetzung, ähnlich Menge.

[e] Das Partizip malt Andauer. Sie sind z. Zt. am Werke. Die Vorsilbe *meta* steht oft für totale Umwandlung (z. B. *metanoeô, metamorphoô*): pervertieren, seines eigentlichen Sinnes berauben, ins Gegenteil ändern.

[f] Der Konjunktiv formuliert einen nur denkbaren Fall, der ja auch im Blick auf die eigene Person des Paulus (»wenn wir«) durchaus nicht real vorliegt. Dagegen geht Paulus im nächsten Vers zu einem realen Fall über (Indikativ und Einzahl).

[g] Die Übersetzung »anders als wir das Evangelium euch verkündet haben« (so W. Köhler, EWNT III, Sp. 31), ist angesichts von V. 7 zu schwach. Hier muß das adversative Verständnis von *para* eintreten: Sie predigen im Widerspruch zu Paulus (mit Oepke; vgl. den Gebrauch von *para* in Röm 1,26: »gegen die Natur«, oder 16,17: »gegen die Lehre«).

[h] Ich lasse hier das griechische Wort als Fremdwort stehen, um Näheres weiter unten zu erörtern. Die übliche Übersetzung von *anathema* in V. 8 und 9 mit »verflucht« könnte uns Heutige auf eine falsche Fährte führen. In unserm Alltag wird leicht und viel geflucht, etwa im Sinne einer leidenschaftlichen Entladung von Verärgerung oder gar Gehässigkeit. Dieses Verständnis träfe hier daneben. Zweitens ist die Wiedergabe mit »Fluch« zwar lexikalisch richtig, doch in seiner Allgemeinheit unbefriedigend. Für »fluchen« stellt das Hebräische wie das Griechische ein ganzes Sortiment von Ausdrücken zur Verfügung. Im urchristlichen Fluchverbot (Lk 6,28; Röm 12,14; vgl. Jak 3,9), gegen das Paulus durchaus nicht verstößt, steht z. B. regelmäßig eine völlig andere Vokabel als hier, nämlich *kataraomai* (das Substantiv davon Gal 3,10.13): jemanden verwünschen, ihm ausdrücklich Schaden und Verderben anwünschen. Dagegen bedeutet *anathema* (jüngere Form von *anathäma*) wörtlich »das (im Tempel) Aufgestellte«, dem Menschen entzogen und Gott anheimgestellt. In der LXX ist es das hauptsächliche Übersetzungswort für das hebr. *cheräm*, etwa 75mal im AT. Die Hälfte der Stellen verwenden es positiv: in Gottes Wohlgefallen gestellt (so auch Lk 21,5 für Weihegeschenk). Die andere Hälfte der Stellen im AT und auch die vier restlichen ntl. Vorkommen betreffen dagegen den negativen Fall: dem Gericht Gottes geweiht. Heißt es von einem Menschen: »Er ist Anathema!« ist er damit dem Gerichtszorn Gottes überantwortet. Das liegt aber auf einer anderen Ebene als das Anwünschen von Unheil.

Vorbemerkung

»Er sei Anathema!« (V. 8 u. 9) Zum Sprachlichen s. die Anm. zur Übersetzung von V. 8. Die Klärung der sachlichen Zusammenhänge leidet darunter, daß die Formel allzu rasch in das Licht des späteren Gebrauchs im Judentum oder in der Alten Kirche gerät.

a) Judentum.– Im Judentum war die Verhängung des Anathema ein scharfes Zuchtmittel, das vom Gerichtshof einer örtlichen Synagoge nach ganz bestimmten Rechtsvorschriften verhängt wurde (frühestens für das 3. Jh. n. Chr. belegt! Fluchformeln bei Bill III, S. 446). Es richtete sich gegen Gemeindeglieder, die sich schwerer Vergehen schuldig gemacht hatten und sich wiederholt nicht warnen ließen. Man entzog derart Gebannten den Umgang und schloß sie vom Genuß ihrer Rechte aus. Doch kam diese Maßnahme nicht etwa einer Ausstoßung überhaupt gleich. Sie war auch keine Verdammung zum ewigen Verderben, sondern gehört in den Rahmen der Besserungsstrafen. In bezug auf Gal 1,8-9 ist nicht daran zu denken, daß Paulus sich bewußt an synagogale Gebräuche anlehnt. »Es scheint geradezu Absicht zu sein, daß Paulus sich bei Zuchtmaßnahmen, die dem jüdischen Brauch am meisten ähneln, des Ausdrucks Anathema nicht bedient« (K. Hofmann, RAC 1, Sp. 429; vgl. Mt 18,15-17; 1Kor 5,2.11; 2Thess 3,14; Tit 3,10; 2Joh 10f).

b) Alte Kirche.– Genausowenig darf das paulinische Anathema mit dem Anathema in der Alten und später in der katholischen Kirche gleichgesetzt werden, wo es als Zentralbegriff der Kirchenzucht den Ausschluß aus der kirchengemeindlichen Mitgliedschaft bezeichnete, wenn man sich dabei auch gern auf Gal 1,8-9 berief. Besonders Irrlehrer wurden mit dieser Formel ausgeschlossen (erster Beleg erst auf der Synode von Gangra im Jahre 343! Als Ersatzausdruck auch »Exkommunikation«). Als der Bischof Cyprian von Karthago um die Mitte des 3. Jh.s seine berühmten Sätze prägte: »Außerhalb der (rechtmäßigen katholischen) Kirche kein Heil« und: »Wer die Kirche nicht zur Mutter hat, hat auch nicht Gott zum Vater«, hatte eine Entwicklung eingesetzt, wonach Kirchenausschluß auch den Verlust des Seelenheils bezeichnete. In der Neuzeit entschärften theologische Erklärungen die harten Dogmen. Man ist heute nicht mehr so verdammungsfreudig wie das Mittelalter; das Konzil zu Trient verabschiedete z. B. noch insgesamt 130 Damnationen. Aber im vulgären Verständnis wirkt diese mittelalterliche Einstellung noch heute nach.

c) Paulus.– Wir sollten diese späteren Entwicklungen also nicht unwillkürlich in das urchristliche Jahrhundert und hier in den Galaterbrief zurücktragen, wie es z. B. die »Gute Nachricht« mit ihrer Umschreibung zu tun scheint: »Der soll verflucht sein, auf ewig von Gott getrennt.« Paulus bediente sich bei seinem Anathema keines kirchenrechtlichen Mittels. Dafür fehlten schon förmlich verfaßte Gemeinden, ausgebaute Ämter und Gremien. Ein Ausschlußverfahren schied schon deswegen aus, weil es sich bei den fremden Wandermissionaren um Eindringlinge handelte, nicht aber um Glieder einer galatischen Ortsgemeinde. Schließlich spricht gegen ein solches Verständnis in V. 8 die Einbeziehung eines Engels vom Himmel, der natürlich nicht irdischen Rechtssprüchen unterliegen würde.

Es liegt methodisch nahe, die Formel: »Er sei Anathema!« durch die beiden Parallelen bei Paulus selbst aufzuhellen. Sie finden sich beide im 1Kor, den Paulus ungefähr zur selben Zeit wie den Gal schrieb. In 1Kor 12,3 ist es allerdings ein Pseudoprophet, der ein Anathema ausruft. Immerhin läßt die Stelle erkennen, daß es nicht um einen kirchenrechtlichen Akt der Gemeinde geht, sondern um einen Rufer in der gottesdienstlichen Versammlung, der den Anspruch auf geistliche Eingebung und prophetische Vollmacht erhebt. Am Ende des Briefes in 16,22 ist Paulus selbst der Sprecher eines Anathemas, wobei die Ausführlichkeit der Stelle für uns hilfreich ist. Der Spruch trifft dort einen Menschen, der mit einer grundsätzlichen Störung in seinem Christusverhältnis lebt: »Wenn jemand den Herrn nicht lieb hat, sei er Anathema!« Auf dieser Ebene liegt ja auch der Vorwurf des Paulus gegen die galatischen Irrlehrer. Was sie mit der Gesetzespredigt betreiben, geht nach seiner Überzeugung auf Kosten der Geltung Christi selbst, macht ihn und sein Werk überflüssig und verächtlich

(2,17.21; 4,19; 5,2.4; 6,12). Nun ist in der Korinther-Stelle das Anathema mit einem Maranatha = »Unser Herr, komm doch!« verbunden, d.h. mit dem Appell an den zukünftigen Richter. G. Bornkamm hat überzeugend nachgewiesen, daß an dieser Stelle Bruderkuß, Anathema und Maranatha als Teile des sonntäglich gefeierten Herrenmahls zusammengehörten (S. 123-132). Paulus konnte davon ausgehen, daß auch in Korinth im Anschluß an die Verlesung seines Briefes die Mahlfeier begann. Im Mahl aber findet eben die ungeheuchelte Liebe zu Christus und zu seiner Gemeinde ihren Ausdruck. Deswegen erscholl regelmäßig das Anathema, wie im Gal mit einem Wenn-Satz eingeleitet: »Wenn jemand ...« Damit waren alle Anwesenden zur Selbstprüfung aufgefordert, so daß die Verantwortung ganz dem innerlich Angeredeten zufiel, vgl. 1Kor 11,28: »Der Mensch prüfe aber sich selbst ...« Jeder sollte sich auf seine Liebe zum Herrn prüfen und ob sich bei ihm nicht gemeindezerstörerisches Wesen eingenistet hat. Um eine Maßnahme der Gemeindezucht konnte es sich nach Lage der Dinge nicht handeln, ging es doch um Dinge, die für die Gemeinde selber nicht faßbar waren und die sie deswegen an den göttlichen Richter abgab. Weder Ausschluß noch ewiges Verderben wurde zugesprochen. Im Gegenteil, der Zweck war die ernstliche Selbstprüfung in der Gegenwart des Herrn, und die Hoffnung auf Sinnesänderung blieb.

Bevor Paulus seine Anklage gegen die Galater auf den Punkt bringt, 6
bekundet er seine Fassungslosigkeit. **Ich wundere mich.** In einer Hinsicht ist es überhaupt nicht verwunderlich, wenn sich Menschen in dieser Welt von Gott abwenden. Sein Wort ist für sie so unglaublich, daß Glaube wahrhaftig nicht naheliegt. Zu erwarten ist eher Unglaube (2Mo 4,1-9), Glaube allemal das Wunder. Es verdankt sich einem außerordentlichen Bemühen Gottes. Wiederum: Wo dieses einmal geschehen und Glaube geweckt ist, verschwindet das Recht auf Skepsis und wird umgekehrt Unglaube verwunderlich: »Wie lange will dies Volk mich verwerfen und wie lange will es mir nicht glauben bei all den Zeichen, die ich in ihrer Mitte getan habe?« (4Mo 14,11; vgl. Jes 1,3; Jer 2,32). Auch Jesus verwunderte sich in diesem Sinne über Unglauben in seiner Umgebung.[a] Paulus erinnert die Galater in 3,4 an die Machterweise des Geistes in ihrer Mitte und fragt sie fassungslos: »So Gewaltiges habt ihr vergeblich erfahren?« Seine Erschütterung soll auch sie erschüttern. Das Maß des apostolischen Schmerzes (vgl. 5,19) möge ihnen ihre Katastrophe bewußt machen. Sie wird beschrieben: **daß ihr so schnell abtrünnig werdet**. Welch rätselhafter Mangel an Widerstandskraft! Kaum zum Kampf angetreten und schon von den Beinen geholt. Es war ganz so wie mit dem alten Bundesvolk, das am Sinai die Herrlichkeit des Herrn erfuhr und nur 40 Tage später vor einem dummen Kalb auf den Knien lag. »Sie sind schnell von dem Wege gewichen, den ich ihnen geboten habe« (2Mo 32,8; 5Mo 9,16). **So schnell!** Auch die Galater flohen förmlich von Gott weg und flogen auf

[a] Mk 4,40 6,6; 8,17f

ein imaginäres Evangelium. Das mochte ihnen jetzt selbst unheimlich erscheinen – hoffentlich.

Die Umkehr des verlorenen Sohnes begann mit der Erinnerung an die Fülle beim Vater (Lk 15,17). Ähnlich sollen sich auch die Galater erinnern. Gott war doch der, **der euch durch die Gnade Christi gerufen hat**. Grundsinn von »Gnade«: sich herabzuneigen »in freiem, unerzwingbarem, glückhaft geschenktem Offensein«[19]. Dabei erfährt der Gerufene zugleich Gottes Schöpfermacht: »Er ruft das, was nicht ist, ins Dasein« (Röm 4,17). Gerechtgesprochen und wieder mit der vollen Menschenwürde ausgestattet sieht er sich dastehen (Röm 8,30). Zugleich ist der Gnadenruf zukunftsträchtig. Wem Gott gnädig ist, dem ist er gnädig für immer (Röm 9,15). In der einen Gnade steckt ein »Gott aller Gnaden«. »Gott ist treu, durch den ihr gerufen seid zur Gemeinschaft seines Sohnes Jesus Christus, unseres Herrn«; »Er wird's auch tun«; »Er wird vollbereiten, stärken, kräftigen und gründen« (1Kor 1,9; 1Thess 5,24; 1Petr 5,10).

Dieses Rufen geschah für die Galater durch das Evangelium. Wie konnten sie sich nur so hastig davon absetzen **zu einem anderen Evangelium!** »Was läufst du so leichtfertig bald hierhin, bald dorthin!« (Jer 2,36). Verwunderung über Verwunderung.

7 Paulus präzisiert zunächst seine Ausdrucksweise. Nur in einem vorläufigen Sinn sprach er soeben von einem »anderen Evangelium«, **(wo) es (doch) kein anderes gibt**. Gott hat in Jesus Christus sein letztes Wort gesprochen (Hebr 1,1): erschöpfend, endgültig, eindeutig und verbindlich. Jedes andere, davon abweichende Evangelium ist schlicht gegenstandslos. Damit wendet Paulus sich von den Verführten denen zu, die dafür verantwortlich sind: **außer daß es einige gibt**, einige dahergelaufene, unmaßgebliche, selbsternannte Nichtse. »Einige« kann im Griechischen diesen herabsetzenden Klang annehmen und unliebsame Personen bezeichnen. Auch wenn er ihren Namen kennt, will er ihnen nicht die Ehre antun, ihn zu nennen.[20]

Was ihr Pseudoevangelium angerichtet hatte: **euch zu verwirren**. Der Ausdruck zielt hier wie auch 5,10 auf Lehrunsicherheit: **Sie wollen das Evangelium Christi verkehren.** Wieso »wollten« sie das? Keinesfalls trugen sie dieses Ziel gleichsam auf einem Transparent vor sich her. Nicht einmal ihre verborgene Absicht wird das gewesen sein. Aber Paulus schlußfolgert aus ihrem praktischen Auftreten einen

[19] K. Berger, EWNT III, Sp. 1096; vgl. auch hier zu 1,3.

[20] Ignatius, der zu Beginn des 2. Jh.s an die Gemeinde in Smyrna schrieb, gab folgenden Grund an, warum er seine Gegner nicht namentlich erwähnt: »Ihre Namen aber aufzuzeichnen, schien mir nicht angebracht. Ja nicht einmal ihrer erinnern möchte ich mich, bis sie sich bekehrt haben …« (5,3). Paulus schnitt diese Männer also (vgl. 5,7.10.12; 6,12-13). Sie haben sich für ihn außerhalb der Bruderschaft gestellt.

stummen Willen, der sich in dieser Richtung auswirken mußte (vom indirekten »Wollen« der Gegner spricht Paulus ähnlich in 4,17; 6,12-13, vgl. 4,21). Unweigerlich machten sie das Evangelium, an dem die Existenz der Gemeinden hing, zu einem Nicht-Evangelium. Das geschah eben dadurch, daß sie das Vorzeichen der Gnade löschten. Sie befrachteten es so mit Auflagen, daß sein Opfertod nicht mehr die alles in den Schatten stellende Größe war. Die Leser sollen es jedenfalls deutlich gesagt bekommen: Mit diesen Agitatoren sind unter der Fahne eines angeblichen »Evangeliums« Sklavenfänger hereinmarschiert (vgl. 2,4; 5,1).

Der Apostel stellt die fremden Lehrer zunächst in einen allgemei- 8
neren Rahmen: **Anathema** radikal gegen jeden, der das Evangelium pervertiert! Zur Beurteilung dieser Schärfe sollte dreierlei mitbedacht werden:

– Erstens hat Paulus seine persönliche Demut wie auch seine Großherzigkeit gegen Andersdenkende und selbst gegen Gegner oft unter Beweis gestellt.[b] 1Kor 12,31b setzt er an: »Ich zeige euch jetzt einen andern Weg, der alles übersteigt«, und es folgt das »Hohelied der Liebe«. Diesen Weg ist er auch selber gegangen.

[b] Röm 14,3f.; 14-18 1Kor 3,5-10 8,9-13 Phil 1,5-18

– Zweitens darf diese Stelle nicht zu einer einmaligen »Entgleisung« des Apostels hochstilisiert werden. Sie ist nicht härter als 1Kor 1,18, wo das Wort vom Kreuz auch zur Gerichtsmacht werden kann, oder als 2Kor 2,16, wo Paulus sich als »ein Geruch des Todes zum Tode« weiß. Man vergleiche auch 1Kor 3,17: »Wenn jemand den Tempel Gottes zerstört, zerstören wird ihn Gott«, oder dort 16,22: »Wer den Herrn nicht lieb hat, sei Anathema.« Das Evangelium versetzt den Glaubenden aus dem Fluchbereich in den Segensbereich, aber durch seinen Abfall wählt der Gesegnete wieder seinen Platz im Bereich des Fluches. Richtig arbeitet P. von der Osten-Sacken, S. 124, heraus: »Das Aussprechen dieses Fluches ist darum gewissermaßen die Kehrseite der Verkündigung des Evangeliums als Rettungsbotschaft.«

– Schließlich will hier zusätzlich die besondere Lage des Apostels gesehen werden. Warum läßt er sich hier nicht noch einmal auf Ermahnen ein wie in Röm 16,17? Oder warum fordert er die Gemeinde nicht wie in 1Kor 5,4.7.13 zu einem regelrechten Verfahren gegen die Verführer auf? Die Antwort lautet: Paulus steht hier mit dem Rücken zur Wand. Bei der rasanten Abfallbewegung in Galatien würde die Aufforderung zu einer bereinigenden Gemeindeversammlung nicht mehr greifen. So bleibt ihm nur noch die öffentliche Übertragung des Falles unmittelbar an den göttlichen Richter (vgl. Vorbemerkung).

Nun ist bemerkenswert, daß er auch seine eigene Person und selbst die Engel einbezieht: **Aber auch wenn wir oder ein Engel vom Himmel ein Evangelium verkünden würden entgegen dem, was wir verkün-**

det haben, der sei Anathema. Martin Luther schrieb 1522 zum Jakobusbrief überspitzend: »Was Christus nicht lehrt, ist nicht apostolisch, selbst wenn Petrus und Paulus die Lehrer sind. Andererseits, was Christus lehrt, das ist apostolisch, und wenn es Judas, Hannas, Pilatus oder Herodes täten.« Eine Überspitzung liegt auch hier im Hinweis auf den Engel vom Himmel. Niemals würde der Himmel einen Boten mit einem zweiten Evangelium senden. Dennoch wird so der Grundsinn deutlich: Himmel und Erde hängen daran, daß es beim einen Evangelium bleibt. Sonst wäre Gott nicht mehr Gott, denn sein letztes Wort würde zu einem zweitletzten Wort degradiert. Zum anderen geschähe der Menschheit kein Gefallen, beraubte man sie doch der einzigen Rettung, und schließlich zerstörte man die Gemeinde, die sich ganz allein diesem Evangelium verdankt. Darum ist hier das Anathema am Platz. Paulus spricht es in der Gemeindeöffentlichkeit. Damit sind die Irrlehrer vor aller Ohren als Gerichtskandidaten gekennzeichnet. Jedermann trenne sich von ihnen! Den Betroffenen aber mag dies Vorgehen helfen, sich zu besinnen.

9 Paulus scheut nicht die Anwendung auf den dort eingetretenen Ernstfall. Dabei erinnert er daran, daß er damit nicht überrascht. **Wie wir früher (schon einmal) gesagt haben, sage ich auch jetzt wieder.** Keine Gemeindegründung ohne gründliche Unterweisung (Mt 28,20) und auch ohne deutliche Worte über die Gefährdungen der Gemeinde (Apg 20,29). Im Unterschied zu V. 8 wird jetzt ein »jemand« ins Visier genommen: **Wenn jemand euch Evangelium verkündet entgegen dem, was ihr übernommen habt, der sei Anathema.** Im vorigen Anathema-Satz galt als Maßstab für das Evangelium, »was wir verkündigt haben«, hier das, »was ihr übernommen habt«. Beides gehört zusammen. Da war ein Übergeben und Übernehmen des Evangeliums in Form eines festen, bestimmbaren Lehr- und Lernstoffs. In den urchristlichen Gemeinden herrschte offenbar ein bemerkenswertes Überlieferungsklima.[c] Wer zu Christus kam, fand sich sogleich auf der Schulbank wieder. Getaufte »hielten sich beharrlich an die Lehre der Apostel« (Apg 2,42; Mt 28,20). Für das Werk in Galatien war zweifelsfrei Paulus mit seinem Mitarbeiterstab der gottgesandte Überlieferer. Der Herr »hat uns für zuverlässig erachtet, uns das Evangelium anzuvertrauen. In seinem Auftrag reden wir«, heißt es 1Thess 2,4. Darum darf er die Gemeinden auch so auf seine Lehre verpflichten. Das ist nur sachgemäß, mit persönlicher Unduldsamkeit hat das nichts zu schaffen.

[c] Röm 6,17; 16,17; 1Kor 11,23; 15,1-5; Eph 4,20f; Phil 4,9; 1Thess 2,13; 4,1; 2Thess 2,15; 3,6

Abwehr von Verleumdungen und die Gegenthese: 1,10-12

10 **Geht es mir jetzt also um Zustimmung[a] der Menschen oder Gottes? Oder suche ich Menschen zu gefallen? Wenn ich noch Menschen zu Gefallen lebte, wäre ich nicht Sklave Christi.**
11 **Ich erkläre euch nämlich, Brüder: das Evangelium, das durch mich als Evangelium verkündet wurde, ist nicht nach Menschen(art).**
12 **Ich[b] habe es nämlich nicht von einem Menschen empfangen noch bin ich unterrichtet worden, sondern (ich empfing es) durch Offenbarung Jesu Christi.**

Zur Übersetzung

[a] Es ließe sich schlicht übersetzen: »Überrede ich *(peithô)* jetzt also Menschen oder Gott?« Allerdings muß es sich hier bei den Überredungsversuchen gegenüber Menschen (im Gegensatz zu dem in 2Kor 5,11) um etwas Negatives handeln, greift Paulus doch einen Vorwurf der Gegner auf. Tatsächlich kann *peithô* einen abschätzigen Klang annehmen: mit Schmeichelreden beschwätzen (vgl. 5,8). Gegen diese Verdächtigung mußte Paulus sich schon in 1Thess 2,5 verteidigen. Allerdings paßt dieser Sinn hier nicht auf das zweite Objekt, auf Gott. Wie löst sich das Problem? Mußner, S. 63, erklärt es so: Es liegt eine besondere grammatische Stilfigur aus der Reihe der abgekürzten Redeweisen vor, das Zeugma (vgl. BDR §479,2). Ein Verb, das sich auf zwei Objekte bezieht, paßt genau genommen nur auf das erste. Z. B. 1Kor 3,2: »Milch habe ich euch zu trinken gegeben und nicht feste Speise«, sachgemäß zu ergänzen: habe ich euch *zu essen* gegeben (feste Speise trinkt man nicht). So darf verkürzen, wer mit verständigen Lesern rechnet. Hier werden die Leser das negativ geladene »überreden« natürlich nicht auf Gott beziehen, sondern vielleicht ergänzen: »oder will ich Gott gefallen?« – Eine andere Lösungsmöglichkeit ist einfacher: Man umschreibt *peithô* so, daß es zur Not auf beide Objekte paßt, etwa mit »geneigt machen« (Oepke, Maurer, W. Bauer) oder mit »zu gewinnen suchen« (A. Sand, EWNT III, Sp. 149) oder mit »Zustimmung suchen« (Schlatter, Schenk, Wilckens, Zink, Einheitsübersetzung).

[b] Das »ich« ist hier herausgehoben. Paulus setzt sich gegen andere Missionare ab.

Vorbemerkung

Nicht nur Veränderungen des Evangeliums standen im Raum (V. 8 9), sondern auch persönliche Verunglimpfungen. Aber Paulus hat dafür nur zwei kurze Gegenfragen, um sich wieder dem Thema »Evangelium« zuzuwenden. Er weiß, daß seine persönliche Glaubwürdigkeit nur deswegen untergraben werden soll, um seine Verkündigung aus den Angeln zu heben. So putzt er mit einer wichtigen Erklärung gewissermaßen sein Evangelium blank, wie man einen Spiegel poliert und von jedem Belag reinigt. Das Evangelium soll wieder als blanker Spiegel der Gnade Gottes vor ihnen stehen. In diesem Sinn haben wir hier die Grundthese mindestens des ersten großen Briefteils 1,6-2,21.

10 Paulus wehrt Angriffe auf seine persönliche Lauterkeit ab.– Zwar sind Verdächtigungen für einen Missionar nach Mt 5,11; Apg 7,52 fast »normal«; sie hefteten sich auch Paulus überall an die Fersen.[a] Aber in Galatien hatten sich offenbar schon ganze Gemeinden auf dieses negative Bild von ihm eingelassen, so daß dort das Missionswerk zu kippen drohte. Darum jetzt ein harter Griff, um das Lügennetz zu zerreißen. Diese Briefstelle bot dazu eine günstige Gelegenheit. Paulus nutzt den Schock, in den sein rückhaltloses Anathema von soeben seine Leser versetzt haben muß. **Geht es mir jetzt also um Zustimmung der Menschen oder Gottes? Oder suche ich Menschen zu gefallen?** Jetzt, angesichts der eben bewiesenen Kompromißlosigkeit! Was sollen da die Verdächtigungen, er wolle sich bei Menschen anbiedern, indem er nur die verlockende Seite des Evangeliums zeige und den Ernst und die Heiligkeit Gottes unterschlage! Gerade haben sie den echten Paulus erlebt.

[a] 1Kor 4,12 2Kor 4,2 5,11; 6,8 2Thess 2,4-6

Doch weiter: **Wenn ich noch Menschen zu Gefallen lebte, wäre ich nicht Sklave Christi.** Offenbar sprach man ihm nicht den Dienst für Christus ab. Die Taktik lief anders. Man ließ ihn herablassend gelten. Immerhin waren die Gemeinden in Galatien durch ihn entstanden. Aber sein Dienst war angeblich nur Vorstufe. Daran knüpft Paulus an. Anerkennen sie ihn als einen Sklaven Jesu, und hat ein Sklave seinen Lebenssinn darin, seinem Herrn zu gefallen, wie können sie dann sein Tun auf die Formel Menschengefälligkeit bringen? Sie müßten ihn schon folgerichtig total fallenlassen und ihre grundsätzliche Gegnerschaft zugeben. Seinen Dienst angeblich gelten lassen und doch untergraben – beides zugleich geht nicht. Ihre Propaganda ist brüchig.

11 Nachdem der gegnerische Widersinn weggeräumt ist, ist Platz für die eigene Aussage. Mit Gewicht (ähnlich 1Kor 12,3; 15,1) gibt Paulus feierlich eine zentrale Erklärung ab, die er ab V. 13 untermauern wird. **Ich erkläre euch nämlich, Brüder: Das Evangelium, das durch mich als Evangelium** euch Heiden **verkündet wurde, ist nicht nach Menschen(art).** Die Bruderanrede an dieser Stelle verleiht Nachdruck. Die Aussage selber war den Galatern ja nicht neu, aber sie hatten sie verdrängt oder verdrängen lassen. Paulus verschafft ihr aufs neue Geltung.

12 Man erwartet zu V. 11 die Ergänzung: sondern nach Gottes Art. Doch Paulus zögert diesen positiven Schluß hinaus, um noch einmal die Abwehr des Negativen zu verstärken: **Ich habe es nämlich nicht von einem Menschen empfangen noch** – um die Aussage zu vertiefen – **bin ich (von Menschen) unterrichtet worden**. Diese sorgfältige Ausschaltung des Menschen um des Menschen willen wurde schon zu 1,1 erörtert. Jetzt kann Paulus sein Evangelium an höchster Stelle anbinden: **sondern durch Offenbarung Jesu Christi**. Die Grammatik erlaubt

hier zwei Auffassungen, in die sich die Ausleger teilen (Genitivus subjectivus und objectivus): (a) Die Offenbarung des gesetzesfreien Evangeliums an Paulus geschah »durch Jesus Christus« als den Offenbarer. Damit steht Christus den menschlichen Lehrern, von denen die erste Vershälfte sprach, gegenüber. Oder es handelt sich (b) um eine Offenbarung »von/über Jesus Christus«. Nun ist Christus der Offenbarte. – Sicher bilden die beiden Verständnisse sachlich kein Entweder-Oder. Die Frage ist nur die, was für Paulus an dieser Stelle im Vordergrund stand. Da scheint der Gedankengang doch eher auf (a) zuzusteuern, denn nicht der Inhalt des Evangeliums steht hier zur Debatte, sondern die Frage, wie Paulus ans Predigen gelangt ist, durch wen er ermächtigt wurde, allen Völkern das gesetzesfreie Evangelium zu verkünden. Die Antwort lautet: nicht durch Menschen, sondern durch den Herrn selbst. Die Galater haben mit dem Evangelium des Paulus eine unbedingte Größe vor sich, an der nichts zu revidieren, zu mindern oder aufzustocken ist. Darauf sollen sie bestehen, keinem Unterjochungsversuch sich beugen, sondern: »Zur Freiheit hat uns Christus (!) befreit. So steht nun fest und laßt euch nicht wieder das Joch der Knechtschaft auflegen« (5,1).

Paulus wurde von keinem Menschen unterrichtet? Hat er sich nicht an anderen Stellen achtungsvoll auf Überlieferung berufen, die ihm durch gläubige Menschen vermittelt worden war? Im 1Kor, der ungefähr zur gleichen Zeit wie der Gal entstand, kann er schreiben: »Denn vor allem habe ich euch weitergegeben, was ich auch empfangen habe« (15,1). Er betrachtet sich also als Zwischenglied einer Überlieferungskette innerhalb der Christenheit. Dabei bezeichnet er dort den Inhalt der Überlieferung genauso wie hier den Inhalt der Offenbarung als »Evangelium« (V. 1). Wie verhält sich das nun: durch Menschen oder nicht durch Menschen? Zu 2,2 soll vertieft werden, wie wichtig ihm die Überlieferung der urchristlichen Gemeinschaft war, und zu 2,9, was speziell ihm durch unmittelbare Offenbarung von Gott anvertraut war.

ERSTER BRIEFTEIL: 1,13-2,21

Das gesetzesfreie Evangelium des Paulus stammt von Gott selbst und fand die Anerkennung der Urgemeinde in Jerusalem

Das Wörtchen »denn« im ersten Vers stellt einen Begründungszusammenhang zur vorangegangenen These in 1,12 her, Paulus habe sein Evangelium durch Offenbarung empfangen. Solch eine Behauptung läßt sich nicht unmittelbar beweisen, wohl aber durch das Gewicht geschichtlicher Tatsachen begründen. Eben das unternimmt Paulus jetzt, und zwar in restloser Ehrlichkeit: »Siehe, Gott weiß, daß ich nicht lüge« (1,20). In diesem Sinn zählt er eine genaue Indizienkette auf, jedes Kettenglied eingeleitet durch eine Zeitbestimmung: »früher« (V. 13), »als« (V. 15), »nicht sofort« (V. 17), »darauf« (V. 18), »darauf« (2,1) und »als« (2,11). Man spürt, wie hier Fakt für Fakt festgezurrt werden soll. Die Gegner sollen es mit ihren Verleumdungen bei den Galatern nicht so leicht haben.

Dabei ist das Erzählte den Galatern nicht neu. »Ihr habt gehört«, kann er 1,13 einleiten. Die spektakuläre Wende wurde selbstverständlich immer wieder Gesprächsthema (Gal 1,23f; Apg 9,21). Auch in Korinth konnte Paulus seinen aufsehenerregenden Werdegang als bekannt voraussetzen, indem er z. B. einen einzelnen Punkt nur kurz zu berühren brauchte: »Habe ich nicht Jesus, unsern Herrn, gesehen?« (1Kor 9,1). Zu Recht nennt R. Pesch zum Schluß seines großen Kommentars zur Apostelgeschichte die Umwandlung des Verfolgers Saulus zum bedeutendsten Zeugen und Missionar »das größte Wunder der Kirchengeschichte« im ersten Jahrhundert (1986, Teil 2, S. 319). Offenbar war seine Bekehrung auch Bestandteil seines eigenen Zeugnisses in den Missionsgemeinden, wußte er sich doch als Vorführmodell Gottes (1Tim 1,16: *hypotypôsis*, Muster, Urbild).[21]

Daß Paulus auch in Galatien Kenntnisse voraussetzen konnte, zeigt sich in der Art seines Berichtes. Manches erwähnt er nur beiläufig. Grammatikalisch gesehen bringt er seine Bekehrung in einem Nebensatz unter (V. 16). Daß sie sich in der Gegend um Damaskus zutrug, kommt erst nachträglich in V. 17 zur Sprache. Daß er sein Wirken im Anschluß an den Aufenthalt in Syrien und Zilizien (V. 21) nach Antiochien verlegte, geht erst aus 2,11 hervor. So liefert er nicht eine lückenlose Biographie, sondern stellt die Ereignisse unter einem bestimmten Gesichtspunkt zusammen. Alles soll dem Nachweis dienen, daß sein Evangelium entgegen den Entstellungen nicht Menschenüberlieferung ist, sondern Offenbarungscharakter trägt (V. 12.16). Christus selbst ist für die gesetzesfreie Botschaft des Paulus verantwortlich.

[21] Nicht selten berührte er diesen Punkt auch in seinen Briefen (1Kor 15,8-10; Eph 3,8; Phil 3,4-11; 1Tim 1,11-16).

a) Paulus war vor seiner Berufung völlig unempfänglich für christliche Einflüsse: 1,13-14

13 Denn ihr habt gehört von meiner Lebensführung früher im Judaismus[a], daß ich im Übermaß verfolgte[b] die Gemeinde Gottes und sie zu zerstören[c] suchte,
14 und (daß) ich Fortschritte im Judaismus machte mehr als viele Gleichaltrige in meinem Volk, indem ich über die Maßen ein Eiferer war für meine[d] väterlichen Überlieferungen.

Zur Übersetzung

[a] Die Lexika schlagen als Übersetzung »Judentum, Judesein« vor. Aber befriedigt sie hier? Mindestens weckt sie beim deutschen Leser Mißverständnisse. In seinem Judesein, als biologische Volkszugehörigkeit verstanden, hätte Paulus nicht Fortschritte machen können (V. 14a). Dies Judesein gehörte auch nach seinem Christwerden durchaus nicht der Vergangenheit an. Auch im religiösen Sinn hat er sich immer als wahrer Jude, also dem Judentum zugehörig gewußt. Hier jedoch geht es um eine spezielle Art, Judentum zu praktizieren. Diese Art war es, die für ihn durch Christus gerichtet worden war und wovon er sich gründlich abgewandt hatte, nämlich von einer gewalttätigen, agitatorischen Gesetzlichkeit (Näheres dazu s. Vorbemerkung 2: »Judaismus«). Diesen Judaismus konnte ein Jude in der Tat fallenlassen, ohne sein Judesein zu verlieren, indem er etwa unreine Speise aß (4Makk 4,26). Um diesen speziellen Sinn bewußt zu machen, empfiehlt sich die Eindeutschung des Ausdrucks als Fremdwort: »Judaismus«, »Judaisten«.

[b] Das Imperfekt malt Hartnäckigkeit und Dauer.

[c] Hier drückt das Imperfekt Absicht und Versuch aus. Das Wort wird auch für die Verwüstung von Ländern und Städten verwendet.

[d] Mit diesem besitzanzeigenden Fürwort »meine« hat Th. Zahn die Vermutung gestützt, »väterlich« beziehe sich hier auf den leiblichen Vater, wie der nächste Vers die leibliche Mutter erwähnt. Ihm folgen Oepke, Schlier und Schrenk, ThWNT V,1024. Doch kann bei »väterlich« auch die ganze Kette der Vorfahren im Blick sein, einschließlich des leiblichen Vaters. In Israel hatten die Vorfahren als »Väter« eine einmalige Bedeutung. Der Glaubende lebte zutiefst vom Vätererbe und rief Gott als »Gott der Väter« an (vgl. Apg 24,14; 22,3; 8,17). Von einer »sinnlosen, von den (heidnischen) Vätern ererbten Lebensweise« schreibt 1Petr 1,18.

Vorbemerkung

1. *Paulus als früherer »Eiferer«* (V. 14). Luther hat die Selbstbezeichnung des Paulus in V. 14b (vgl. Phil 3,6; Apg 22,3): »Ich war über die Maßen ein *zälôtäs* (Zelot, Eiferer) für die Satzungen der Väter« aufgelöst: »Ich eiferte über die Maßen ...« Aber Paulus wollte hier nicht allgemein von seiner Leidenschaftlichkeit sprechen, sondern sich einer konkreten Gruppierung, einer altisrae-

litischen Tradition zuordnen. Man könnte es so umschreiben: Ich gehörte zum radikalen Flügel des Pharisäismus. Der Pharisäismus vor 70 n. Chr. war in sich sehr vielfältig, wenn auch in all seinen Schattierungen grundsätzlich an die Tora (das Gesetz) gebunden. Den milden, humanen Flügel vertrat nach Apg 5,34 (vgl. 23,9) Gamaliel. Bei Auftauchen der Jesusbewegung empfahl er: Laufen lassen und abwarten! Von diesem seinem ehemaligen Professor hatte sich Paulus offenbar wegentwickelt und sich zum linken Flügel geschlagen. Er selber spricht einmal von der »allerstrengsten Richtung« des Pharisäismus, der er angehörte (Apg 26,5). Für diese Gruppe spielte eben der Ehrentitel »Zelot/ Eiferer« eine Rolle.

Wir denken bei »Zeloten« sofort an die politischen Widerstandskämpfer gegen Rom zur Zeit Jesu. Aber das war wiederum eine Sonderentwicklung in einer bestimmten geschichtlichen Stunde, erst im 1. Jh. n. Chr. Paulus aber hat weder vor noch nach seiner Bekehrung gegen Rom geeifert. Wenn er sich dennoch als ehemaliger Zelot bezeichnete, meinte er nicht eine politische, sondern eine theologische Richtung innerhalb der jüdischen Gemeinde. Dieser Zelotismus reicht weit in die Bibel zurück. Drei markante Stellen:

– 4Mo 25 verunreinigten sich die Israeliten durch Götzendienst und Vermischung mit den Moabiterinnen. Dann V. 7f: »Als aber Pinhas das sah, stand er auf aus der Gemeinde und nahm einen Spieß in seine Hand und ging dem israelitischen Mann nach in die Kammer [also einem besonders frechen Sünder] und durchstach sie beide, den israelitischen Mann und die moabitische Frau, durch ihren Leib.« Dafür, daß er die Gemeinde Gottes durch Gewalt gereinigt hatte, wird dann in V. 11 lobend von seinem »Eifer« um Gott gesprochen. Er hatte durch diese Sühnung die Gemeinde gerettet, die Gott sonst hätte vertilgen müssen. Pinhas war damit gewissermaßen der Stammvater der Eiferer/Zeloten. Auch Ps 106,30-31 rühmt seine Tat.

– 1Kön 19,10.14 ist vom gleichen »Eifer« des Elia die Rede, weil er – ebenfalls mittels Gewalt – Israel gereinigt hatte, nämlich durch Abschlachtung der Baalspriester.

– 1Makk 2 (zum katholischen Bibelkanon gehörig) lesen wir vom frommen Priester Mattathias. Zu seiner Zeit versuchte der syrische König in großem Stil, die Juden zum Abfall vom Gesetz zu zwingen. Da überkam den Mattathias der »Eifer« (V. 24.26). Er erschlug nicht nur den königlichen Beamten, der mit diesem Ansinnen ins Dorf gekommen war, sondern vor allem auch einen jüdischen Mann, der dem heidnischen Befehl schon nachkommen wollte. V. 27 lesen wir, wie Mattathias anschließend das ganze Volk zum »Eifer« aufforderte, also Eiferer/Zeloten zu werden. Sie taten es. Es kam zur allgemeinen Erhebung. Das ganze Land wurde vom Heidentum gereinigt, ein gesetzestreuer Judenstaat aufgerichtet.

Die drei Beispiele zeigen das Entscheidende an dieser Zeloten-Tradition: Ihr ging es nicht allein um *persönliche* Treue zum Gesetz, sondern speziell um die glühende Bereitschaft zur Gewalt für die Reinerhaltung der *Gemeinde*.

Dieser Zelotismus mußte sich auch gegen die Judenchristen richten, die sich besonders gesetzesfrei gaben (der Stephanuskreis – ein anderer Teil der Christen durfte in Jerusalem bleiben, Apg 8,1). Unerträglich war an ihnen schon die

Verkündigung eines Messias, der als Gekreuzigter nach dem Gesetz vor Gott verflucht war (5Mo 21,22-23, vgl. Gal 3,13). Wenn diese Jesusanhänger dann noch dazu übergingen, Heiden zu missionieren, ja diese unbeschnitten aufnahmen und damit Israel verunreinigten, war das Maß voll. Daß gerade die Heidenmission die Gesetzesproblematik aufwarf, zeigt Lukas in Apg 11,1-2; 15,1-2.5. Auch nach Röm 11 verstockte sich Israel unmittelbar im Zusammenhang mit der Heidenmission (z. B. V. 25 u. 28). Die jüdische Qumran-Sekte dagegen wurde trotz einer gewissen Gesetzeskritik nicht von den Pharisäern verfolgt, weil ihr jede Heidenmission fernlag.

Schon Jesus sagte seinen Jüngern eine zelotistische Reaktion im jüdischen Volk voraus, Joh 16,2: »Es kommt aber die Zeit, daß, wer euch tötet, meinen wird, er tue Gott damit einen Dienst.« Diese Voraussage erfüllte sich unter anderem durch den Rabbi Saul von Tarsus. Als mit der Steinigung des Stephanus und der Vertreibung seiner Anhänger gelungen war, die Heilige Stadt von dieser Irrlehre zu säubern, wollte dieser Eiferer auch noch das Heilige Land ausfegen, so daß er den vertriebenen Christen mit Schnauben und Morden bis Damaskus nachsetzte.

2. *Der frühere »Judaismus« des Paulus* (V. 13 u. 14). Der Abschnitt über den »Eiferer« Paulus vermittelte schon einen Begriff von seinem »Judaismus«. Es ging dabei eben nicht um ein blasses »Judesein« oder »Judentum« (vgl. Anm. zu V. 13). Der Begriff will schärfer erfaßt sein. Zwei zusätzliche Hinweise, ein sprachlicher und ein historischer, können dazu nützlich sein.

– Das dazugehörige Verb *ioudaizein* (»judaisieren«, z. B. 2,14) gehört zu den Verben auf *-izein*, die »besonders gern gebildet werden im Sinne von ›sich gebärden‹« (BDR § 108,3). Der Vergleich mit der ähnlichen Wortbildung *näpiazein* ist erhellend. Sie bedeutet eben nicht »wie ein Kind leben«, sondern sich wie ein Kind gebärden, sich kindisch verhalten (vgl. 1Kor 14,20). In einem derartigen Verhalten liegt also etwas Künstliches, Gewolltes und Auffallendes. So besteht auch ein Unterschied zwischen Jude sein und judaisieren. In letzterem liegt etwas Herausgekehrtes, Demonstratives und Agitatorisches. Das Verb steht 4Makk 4,26 und auch Gal 2,14 (vgl. 6,12) bezeichnenderweise mit »zwingen« zusammen (vgl. O. Betz, EWNT II, Sp. 470; H. D. Betz, S. 211; von der Osten-Sacken, S. 155f).

– Zweitens ist es für die Atmosphäre dieses Begriffs wichtig, daß er zuerst im 2. Jh. v. Chr. im harten Abwehrkampf der Juden gegen hellenistische Überfremdungsversuche gebildet worden ist (O. Betz, EWNT II, Sp. 471). Er gehört also zum Kampf-Vokabular. Das zeigen die Vorkommen in 2Makk 2,21; 8,1; 14,38. In solchen Zusammenhängen konzentriert sich Judesein auf wenige Bekenntnisakte, vor allem auf Beschneidungsforderung und Speisegebote.

Paulus erinnert die Leser an die Phase seines Lebens, als er noch auf 13
der Seite seiner heutigen Widersacher stand: **Denn ihr habt gehört von meiner Lebensführung früher im Judaismus**. Bemerkenswert ist nun, was er am Judaismus hervorhebt, nämlich eine antichristliche Tendenz: **daß ich im Übermaß verfolgte die Gemeinde Gottes und sie zu**

zerstören suchte. Aus seinem Judaismus heraus mußte er diesen Jesus lästern und darum auch seine Gemeinde verfolgen (beides liegt ineinander, Apg 9,4), ausräuchern, Männer und Frauen in ihren Wohnungen verhaften, fesseln, einkerkern, verhören, bedrohen, der synagogalen Auspeitschung unterziehen, die in manchen Fällen nicht überlebt wurde, sie womöglich zum Widerruf zwingen und schließlich den Geflüchteten bis Damaskus folgen.[a] Die häufigste Feststellung des NT über den vorchristlichen Paulus ist die, daß er die christliche Gemeinde »verfolgte«. Er erinnert somit an Pharao, der das erlöste Gottesvolk »verfolgte« (2Mo 14,4.8; 9,23), und an den Drachen in Offb 12,13, der die Frau mit dem messianischen Kind »verfolgte«.

[a] Apg 8,3; 9,1.4f 22,4f.19 26,10f 1Tim 1,13

Dabei hat ihn das Zeugnis der verhörten Christen kein bißchen beeindruckt noch das Martyrium des Stephanus ihn erschüttert (Apg 7,58; 22,20). Es stimmt nicht, was Bultmann auf S. 188f behauptet, Paulus sei »durch das Kerygma der hellenistischen Gemeinden für den christlichen Glauben gewonnen worden«. Nur um so heftiger packte ihn der »Gotteseifer« (Röm 10,2), wie er ihn damals verstand. Im vermeintlichen Dienst für Gott verfolgte er die **Gemeinde Gottes**, d. h. das erwählte Israel, wie jeder Jude den Ausdruck verstand. Dabei unterstreicht der Singular (»die Gemeinde«, nicht einzelne »Gemeinden«) das Grundsätzliche und Ungeheuerliche seines Tuns. Wie ist das zu begreifen: Paulus, Gott ergeben und doch ein wilder Rebell gegen Gottes heilige Sache? Die Antwort liefert uns der nächsten Vers.

14 Man beachte, wie Paulus die Rede vom Übermaß aus V. 13 hier wieder aufnimmt und dadurch eine Verbindung knüpft: Die maßlosen Verfolgungen fließen aus dem maßlosen Eifer für die väterlichen Überlieferungen (vgl. Phil 3,6). Nicht obwohl er ein untadeliger Musterjude, ein Vollblutpharisäer (Phil 3,5f; Apg 22,3) war, sondern gerade weil er es war, entpuppte er sich als kompromißlosen Bestreiter des Evangeliums. **Ich machte im Judaismus Fortschritte mehr als viele Gleichaltrige in meinem Volk, indem ich über die Maßen ein Eiferer war für meine väterlichen Überlieferungen.** Er spürte eben die im Evangelium enthaltene Gesetzeskritik und reagierte. Vielleicht sah er den Gegensatz schon klarer als selbst manche Christen.

Die **väterlichen Überlieferungen** schlossen die schriftlichen Gebote des Mose gewiß ein, aber darüber hinaus Tausende von nachgewachsenen mündlichen Ausführungsbestimmungen, die tief ins Alltagsleben des frommen Juden eingriffen. Am besten lernt man diese Welt in Mk 7,3-13 kennen, wo unser Wort (*paradosis*) fünfmal in diesem Sinne erscheint (Luther: Satzungen; jüdisches Fachwort: Halacha). Die Logik verlief so: Wer das Gesetz des Mose (die Tora) wirklich liebt und dessen Verletzung aufs äußerste scheut, wird daran zu erkennen sein, daß er auch diese Zusatzbestimmungen einhält. Daraus ergab sich eine solche Konzentration auf die Zusätze, daß diese praktisch das Übergewicht erlangten. Die Halacha überflügelte die Tora.

Von diesem Ideal war Paulus total besetzt. Es entsprach seiner tiefsten Glaubenseinsicht und war ihm damals keine Last, sondern nach Phil 3,7 ein »Gewinn«. Von einer verzweifelten Krise, von aufkeimender Sehnsucht nach Erlösung bezeugt er nichts. Unsinnig, sie trotzdem vorauszusetzen. (Röm 7 ist von einer höheren Warte aus und in der Rückschau geschrieben.) Vor seiner Damaskus-Erfahrung hatte er am Gesetz nichts auszusetzen. Christwerden erschien ihm damals nur als Schritt in die Verdammnis. Wenn es bei ihm eine Entwicklung gab, dann »eine Entwicklung weg vom Christentum und nicht auf das Christentum hin«.[22] Daß der gleiche Mann eines Tages doch den Herrn Jesus Christus verkündigte, ist unbegreiflich, weil es sich innerweltlich nicht herleiten läßt. An dieses Ergebnis sollten die beiden Verse heranführen.

b) Die Berufung des Paulus geschah unmittelbar durch Gott und ohne anschließenden Unterricht von Menschen: 1,15-17

15 Als es aber Gott gefiel, der mich ausgesondert hat von meiner Mutter Leib an und gerufen hat durch seine Gnade,
16 mir[a] seinen Sohn zu offenbaren, damit ich ihn verkünde als Evangelium unter den Heiden, da sogleich (war meine Entscheidung getroffen)[b], ich legte (mein Evangelium) nicht Fleisch und Blut[c] (zur Begutachtung) vor[d],
17 auch ging ich nicht hinauf nach Jerusalem zu denen, die vor mir Apostel waren, sondern ging fort in die Arabia[e] und kehrte wieder zurück nach Damaskus.

Zur Übersetzung

[a] Die wörtliche Übersetzung »in mir« verleitet zur Vorstellung eines rein innerseelischen Prozesses, in dessen Verlauf Gott dem Paulus den wahren Christus enthüllte. Das träfe aber nicht den Sinn von 1Kor 9,1; 15,8; Apg 9,1ff, wonach Paulus den Herrn mit seinen physischen Augen sah. Darum empfiehlt sich, das »in« an dieser Stelle als Hebraismus zu verstehen. Es steht dann für den einfachen Dativ, wie er sich im gleichen Sachzusammenhang auch in 1Kor 15,8 findet: »mir« (so BDR §220,1; WB, Sp. 526; Oepke, Kommentar und ThWNT II, S. 535; Schlier, Mußner und H. D. Betz). Damit ist freilich ein gleichzeitig innerseelisches Geschehen nicht ausgeschlossen (vgl. 2,20 u. 4,6).

[b] Durch die Klammer wird die ungewöhnliche Wortstellung von »sogleich« verständlich (mit Zahn, Schlier).

[22] H. D. Betz, S. 139

[c] Eine beachtenswerte Parallele bietet Mt 16,17: »Nicht Fleisch und Blut haben dir das offenbart« steht auch dort der Offenbarung des Sohnes durch Gott selbst gegenüber.

[d] *prosanatithemai*, urspr. »etwas auch noch jemand anderem vorlegen«, und zwar mit der Bitte um Rat: konsultieren. In Gal 2,6 bekommt die gleiche Vokabel allerdings eine andere Bedeutung.

[e] »Arabia« ist hier stehengelassen worden, um nicht die Vorstellung an die heutige arabische Halbinsel mit ihren unbewohnbaren Sandwüsten zu wecken. In ntl. Zeit bezeichnete »Arabia« das Königreich der Nabatäer (einer arabischen Stammesgruppe), ein Handelsstaat, der das ganze Ostjordanland bis hinab zum Sinai (Gal 4,25) mit zahlreichen blühenden Städten umfaßte. Diese Kenntnisse bewahren davor, hier von einem Rückzug des Paulus in Wüste und Einsamkeit zu reden, »damit sie ihm zum Gebetskämmerlein werde« (Oepke, S. 34) – eine verbreitete, aber voreilige Annahme. Das Gleiche gilt gegenüber der Vorstellung, er habe sich dort in dreijähriger Muße sein eigenes, völlig neues theologisches System erdacht, mit dem er in Gegensatz zur Jerusalemer Urchristenheit trat – eine These, die F. Chr. Baur erfand und die nachwirkt bis hin zu Schlier u. a. (dagegen z. B. auch G. Bornkamm, S. 49; Rebell, S. 47). Es ist sogar die These aufgestellt worden, Paulus sei in jenen Jahren in der klösterlichen Gemeinschaft mit den Essenern untergetaucht und habe von ihnen seine Lehrbegriffe übernommen – ganz gegen seine eigene Versicherung in V. 12: »Ich bin nicht von Menschen gelehrt worden.«

Vorbemerkung

»Bekehrung« und »Berufung«. Paulus hat sich nicht vom Atheisten zum Gläubigen bekehrt. Er hatte unter dem Gesetz auch nicht wegen eines unmoralischen Lebenswandels langsam ein schlechtes Gewissen bekommen und sich endlich zu einem moralischen Leben bekehrt. In Phil 3,6 blickte er auf seinen »untadeligen« Gesetzesgehorsam zurück! »Man kann nicht einmal sagen, er habe sich vom Judentum zum Christentum bekehrt, denn Christentum gab es damals noch gar nicht als eigenständige, vom Judentum abgetrennte Größe ...« (J. Blank, S. 20f). In der Tat hielt Paulus sich nach Damaskus viele Jahre weiter zur Synagoge, und das nicht nur aus Taktik. Die Gemeinschaft mit seinen jüdischen Brüdern war ihm so wichtig, daß er sogar Synagogenstrafen in Kauf nahm, die gegen »Gesetzesfrevel« verhängt wurden: »fünfmal die neununddreißig Geißelhiebe, dreimal ausgepeitscht« (2Kor 11,24). Bezeichnend auch, daß weder die Apg noch Paulus selbst im Blick auf jene Wende von »Bekehrung« sprechen, sondern eine Offenbarung, Erwählung, Sendung oder Berufung beschreiben. Das geschieht z. B. in unserm Abschnitt in deutlicher Anlehnung an den Bericht über die Prophetenberufung des Jeremia, der ebenfalls schon im »Mutterleib« erwählt und »für die Völker berufen« war (Jer 1,4-5; vgl. Jes 49,1).

Und doch ist die herkömmliche Rede von einer »Bekehrung des Paulus« vor Damaskus nicht einfach falsch. Ohne Frage unterscheidet sich seine Wende dann doch von einer Prophetenberufung. Er wurde durch sie eben nicht jüdischer Prophet, sondern Apostel Jesu Christi, was einen tiefen Bruch mit dem Messias-, Gesetzes- und Schriftverständnis seines Volkes ankündigte. Sonst hätte ihn die Synagoge auch nicht prompt angegriffen (Apg 9,23), der Galaterbrief wäre nie notwendig geworden. Paulus ist eben doch nicht von einer jüdischen Bewegung, nämlich der der Pharisäer, zu einer anderen, der der Christen, übergetreten. So mag es höchstens von außen erscheinen. Insofern bleibt auch das Wort »Bekehrung« am Platz.

In unserm Zusammenhang ist aber dem Akzent zu folgen, den Paulus hier setzt, wenn er von seiner »Berufung« spricht. In einer »Berufung« tritt das eigene Geschick zurück. Sie lenkt den Blick auf die Beanspruchung des Lebens für einen bestimmten Dienst. Paulus bekehrte sich zu Christus, aber er wurde berufen zu einem Apostel. Er wurde aus einem Gemeindezerstörer nicht nur ein Gemeindeglied, sondern darüber hinaus auch der maßstabsetzende Gemeindegründer unter den Heiden.

Ein gegensätzliches **aber** kündigt den unglaublichen Umschwung 15
an, ohne jedes vorbereitende Aufdämmern im eigenen Gemüt: **Als es aber Gott gefiel.** Der Ton liegt auf dem freien Ermessen Gottes, abhängig von nichts außer ihm selbst. Gott »rief Nichtseiendes ins Dasein« (Röm 4,17). Der Vergleich mit dem ersten Schöpfungsmorgen legt sich nahe: »Denn Gott, der sprach: Aus Finsternis soll Licht aufleuchten!, der ist in unseren Herzen aufgeleuchtet, damit wir erleuchtet werden zur Erkenntnis des göttlichen Glanzes auf dem [österlichen] Antlitz Christi« (2Kor 4,6). Dieses große Neue ließ für ihn alles Bisherige alt aussehen. Wenn die Sonne aufgeht, erbleichen die Sterne.

Bevor Paulus ausführlicher wird, schiebt er noch einen Nebensatz ein. So unvermittelt es auch für ihn und seine Umgebung geschah, ließ Gott sich doch nicht von einem zusammenhanglosen Einfall leiten oder gar von einer Freude am Absurden. Er verfolgte einen weit zurückreichenden Plan: **Der mich ausgesondert hat von meiner Mutter Leib an.** An seiner Berufung erkennt er seine Erwählung. Nachträglich steht Paulus überwältigt vor dieser Hintergrundgeschichte seines Lebens. Schon an der Wurzel seiner Existenz hatte Gott seine Hand auf ihn gelegt, ihn herausgeschnitten aus seinem Umfeld, ausgegrenzt zum Dienst für sich. Zum gegebenen Zeitpunkt trat zur Erwählung die Berufung: **Gerufen durch seine Gnade.** Unermüdlich bekennt Paulus die unableitbare Gnade Gottes als Fundament seines Apostelamtes.[a]

[a] Gal 2,9 Röm 1,5 12,3; 15,15 1Kor 3,10 15,10 2Kor 1,12 12,9 Eph 3,7-9

Erst jetzt beginnt die Hauptaussage. Was gefiel Gott zu tun? **Mir sei-** 16
nen Sohn zu offenbaren. Das war der Kern der Erfahrung: vor mir, vor meinen physischen Augen, aber auch in mir, eben von allen Seiten überwältigend – der Sohn! Das griechische Wort für »Offenbarung«, *apokalypsis*, hängt mit *kalymma*, Hülle, zusammen. Eine Hülle, die ihm bis dahin Wahrheit und Wirklichkeit des Gekreuzigten verschleiert hatte, rauschte hernieder. 2Kor 3,16.18 schreibt er: »Sobald sich aber

einer dem Herrn zuwendet, wird die Hülle entfernt« (Einheitsübersetzung).

Aber steht nicht im Gesetz: »Ein Gehenkter ist verflucht (durch Gott)«? (5Mo 21,23; vgl. Gal 3,13). Wie kann der nach dem Gesetz verfluchte Nazarener für Paulus mit einem Mal dennoch der Sohn sein? Die Antwort ist einfach: *Er lebte!* Paulus hörte ihn sprechen: »Ich bin« (Apg 9,5). Das war eindeutig: Der »Verfluchte« lebt, also ist er der Gerechte, denn die Schrift sagt: Der Gerechte wird leben (Hab 2,4). Die Auferweckung Jesu aus den Toten erweist ihn als den Gerechten, als den angenommenen lieben Sohn. Auch in Röm 1,4 heißt es so: Jesus wurde »eingesetzt als Sohn Gottes in Macht durch die Auferweckung aus den Toten«. (Zum Sohnes-Titel s. zu 2,20.)

Wir stehen an einem Angelpunkt paulinischer Theologie. Durch die Auferstehung Jesu ist der tiefe heilsgeschichtliche Einschnitt geschehen: Das Gesetz, nach dem er doch verworfen war, ist abgelöst. Der Bringer des neuen Gesetzes und des neuen Bundes von Jer 31,31-33 ist da. Diese Einsicht ist in dem großen Gesetzes-Abschnitt ab 3,15 tragend und wird in Röm 10,4 auf die Formel gebracht: »Christus ist des Gesetzes Ende.« So enthält das Evangelium von Jesus Christus unmittelbar die gesetzeskritische Tendenz.[23] Indem die Hülle wich, zerbrach das pharisäische Verständnis. Von Christus her liest man die Schrift ganz neu und denkt über das Gesetz ganz neu. Die Gesetzesfreiheit erweist sich als ein wesentlicher Teil der Christusoffenbarung.

Daß dies die Gedanken des Paulus sind, kommt in der Fortsetzung ans Licht. Aus der Offenbarung des Sohnes fließt für ihn unmittelbar die Verkündigung des gesetzesfreien Evangeliums, die Berufung zum Heidenmissionar. **Damit ich ihn verkünde als Evangelium unter den Heiden.** Die Zentraloffenbarung Gottes im Sohn beendete die Zwischenoffenbarung in Mose. Sie knüpfte über Mose hinweg voll an den Abraham-Bund an. Jene Fluchgestalt ist nämlich der wahre Nachkomme Abrahams (3,16) und damit der Segensträger, in welchem sich die Verheißung erfüllt: »In dir sollen gesegnet werden alle Heiden« (1Mo 12,3; Gal 3,8). Konkret geschah das im Empfang des Geistes unter den Heiden – ohne Gesetzeskenntnis und Gesetzespraxis, allein aus dem Glauben (3,2.14).

Was hier in gedrängter Kürze aufgezeigt wurde, entfaltet sich bei Paulus im exegetischen Briefteil ab Kap. 3. Der Rückgang auf Abraham – über Mose hinweg – war für Paulus typisch und wurde nicht von allen Judenchristen mitgetragen (Apg 21,20-21). Solche Kreise unterstellten ihm, er mißachte das Gesetz vom Sinai, während es ihm selbst nur um dessen rechte Einordnung ging. Innerhalb des heilsgeschicht-

[23] Stuhlmacher, Das Gesetz, S. 270f

lichen Rahmens konnte er das Mosegesetz auch positiv würdigen. Das zeigt nicht erst der Römerbrief, sondern schon Gal 3,19-21 und 5,14.

Weil Paulus das Gesetz einmal fälschlich als Gottes letztes Wort betrachtet hatte, war er Gott auch in falscher Weise treu gewesen. Er hatte ihm zu dienen geglaubt, indem er den gesalbten Segensträger der Welt im Namen des Mose verfolgte. Zwar standen auch seine Mitapostel einmal glaubenslos vor dem Kreuz, aber Paulus war darüber hinaus aktiver Zerstörer des Glaubens gewesen. Darum 1Kor 15,9: »Ich bin der Geringste unter allen Aposteln, der ich nicht wert bin, daß ich ein Apostel heiße, weil ich die Gemeinde Gottes verfolgt habe.« Eigentlich schied er aus der Reihe der Kandidaten aus. »Aber durch Gottes Gnade bin ich, was ich bin, ... Gnade ... Gnade« (V. 10). Diese durch nichts begründete freie Zuwendung des Herrn verpflichtete ihn doppelt zur Hingabe für Menschen gleich ihm ohne jeden geistlichen Ansatzpunkt, also zur Heidenmission. Er spürte dazu einen förmlichen »Zwang« (1Kor 9,16). In Apg 26,14 lesen wir in diesem Sinn von einem »Stachel«, mit dem er fortan rechnen mußte. Der Treiber sticht einem widerspenstigen Zugtier unerbittlich in die Seite, und wenn es noch so ausschlägt. Aber Paulus wollte nicht ausschlagen, sondern mit allen seinen Möglichkeiten gehorchen. Bei ihm finden wir auch ein entfaltetes theologisches Interesse an den Heidenvölkern (s. zu 2,9). Wie keiner ist er »Apostel der Heiden«.[b]

[b] Gal 2,2.8f Apg 9,15 13,46; 26,17 Röm 1,5 15,16-18 Eph 3,1-10 Kol 1,27 1Tim 2,7 2Tim 4,17

Er bezeugt seinen unverzüglichen Gehorsam: **Da sogleich (war meine Entscheidung getroffen): Ich legte (mein Evangelium) nicht Fleisch und Blut (zur Begutachtung) vor.** Das, was sich ihm enthüllt hatte und für das der Herr selbst verantwortlich zeichnete, stellte er nicht noch einmal unter Menschen zur Diskussion. So wertvoll ihm Bruderschaft war (1,2.18), behielt er den Durchblick und ließ sich unbeirrbar von ihm leiten.

Paulus scheute nicht die volle Konsequenz. **Auch ging ich nicht hinauf nach Jerusalem zu denen, die vor mir Apostel waren.** Der Ruf: »Hinauf nach Jerusalem!« lag jedem frommen Juden im Blut und ließ die Herzen höher schlagen. Doch des Paulus Platz war nicht mehr zu den Füßen der Mitapostel dort in der heiligen Stadt. Ihren zeitlichen Vorsprung anerkannte er, auch ihre besondere Ehrwürde (2,2), aber den Weg in die Abhängigkeit von ihnen in Sachen Heidenmission hatte Gott selbst ihm verlegt. 17

Dieses Ferngebliebensein von der Unterrichtung durch die Jerusalemer war ihm hier im Zusammenhang wichtig. **Sondern ich ging fort in die Arabia.** Was tat er dort? Weil es im Zusammenhang um den Erweis seines sofortigen Gehorsams gegenüber dem Missionsauftrag geht, legt sich nahe, daß er predigte. Wahrscheinlich hat er sich dadurch auch in der Arabia wie an fast allen Orten seines Wirkens mißliebig gemacht (Apg 9,22-25; 2Kor 11,32-33). Das wäre kaum der Fall gewesen, hätte er dort nur in der Einsamkeit meditiert. **Und kehrte wieder zurück nach Damaskus.** »Wieder«, heißt es: Er hatte die Stadt also schon vorher betreten, übereinstimmend mit Apg 9,8-25; 22,11-16; 26,20, und durfte bei seinen Lesern solche Kenntnisse voraussetzen. Doch so unstet und flüchtig er auch war, mied er Jerusalem. Mit dem räumlichen Abstand hielt er auch einen persönlichen Abstand von den anderen Autoritäten ein. »Sein« Evangelium ist eigenständig und gleichrangig.

c) In späteren Jahren knüpfte sich ein brüderliches Verhältnis zu Petrus, Jakobus und zu den judäischen Gemeinden: 1,18-24

18 Danach nach drei Jahren[a] ging ich hinauf nach Jerusalem, Kephas (persönlich) kennenzulernen[b], und blieb bei ihm fünfzehn Tage.
19 Einen anderen von den Aposteln sah ich nicht, sondern[c] (ich sah von der Leitung) Jakobus, den Bruder des Herrn.
20 Was ich euch aber schreibe, siehe, vor Gott (schwöre ich): Ich lüge nicht!
21 Danach ging ich in die Gegenden von Syrien und Zilizien.
22 Ich blieb aber unbekannt dem Angesicht nach den Gemeinden Judäas, (die) in Christus (sind).
23 Nur aber Hörende waren sie: Unser früherer Verfolger – jetzt verkündet er im Evangelium den Glauben, den er früher zerstören wollte!
24 Und sie priesen (wegen des Waltens Gottes) an mir Gott.

Zur Übersetzung

[a] Für diese alte Zählweise zählt jedes angebrochene und jedes abgebrochene Jahr als volles Jahr, auch wenn es sich dabei nur um Tage handelte. Theoretisch könnte hier also ein Zeitraum von nur etwas über einem Jahr umrissen sein, nämlich der Rest des Anfangsjahres, das volle mittlere Jahr und dazu noch den Beginn des dritten Jahres. Genauso verhält es sich bei der bekannten Wendung »nach drei Tagen« in Mk 8,31, die Lukas in 9,22 mit »am dritten Tag« wiedergibt. Die dort in Betracht kommende Zeitspanne reichte bekanntlich von Freitag nachmittag bis Sonntag früh, also zeitmäßig nur etwa anderthalb Tage. Wer mit diesen Zahlenangaben rechnen will, vermeide die Extremwerte und wähle in unserem Fall den Mittelwert von zwei Jahren.

[b] *historeô* erscheint in der ganzen Bibel nur hier. Wozu diese ungewöhnliche Wortwahl? Nur um etwas ganz Gewöhnliches auszudrücken, für das es auch andere Ausdrücke gab? Zu gern wüßte man genauer, was Paulus auf diese Reise nach Jerusalem trieb, wofür er immerhin zweimal einen einwöchigen

Weg zurücklegte und wozu Petrus ihn für 15 Tage in sein Haus nahm. Kein Wunder, daß die Forschung sich alle erdenkliche Mühe gab, dies Wörtchen aufzuhellen. Die Übersetzung hier vertrat sinngemäß schon Th. Zahn, und sie wurde m. E. durchschlagend 1984 von O. Hofius begründet.

[c] *ei mä*, Grundbedeutung: wenn nicht, könnte inklusive Bedeutung haben: Ich sah keinen Apostel, »wenn nicht«, d. h. außer dem (Apostel!) Jakobus. Aber Jakobus ist hier ausdrücklich der Bruder des Herrn, nicht der Zwölferapostel. So bleibt nur die adversative Möglichkeit: keinen Apostel, sondern (von den Leitern der Gemeinde) den Herrenbruder Jakobus (semitisch, vgl. Mußner, S. 96, Anm. 93).

Vorbemerkung

In vielen Kommentaren geht das eigene Anliegen dieser Verse unter. Paulus habe im Bestreben, seine Unabhängigkeit zu erweisen, die späteren Kontakte heruntergespielt. Sie seien dürftig genug gewesen und hätten sich auf zwei Personen und auf zwei Wochen beschränkt (dieser Ton etwa bei Oepke, Schlier, Mußner, Rebell S. 45, Anm. 115). Dabei wird aber die Wende ab V. 18 übersehen. Zwar nimmt Paulus sein bisheriges Anliegen (die Selbständigkeit) nicht zurück, ergänzt es aber durch ein zweites, wobei dies zweite ihm genauso am Herzen lag wie das erste. Seine Selbständigkeit sollte nicht dahin mißverstanden werden, als vertrete er ein anderes Christentum als die Jerusalemer. Immerhin bezeichnete er die Gemeinden in Judäa achtungsvoll als »Gemeinde Gottes« und »in Christus« (V. 13.23). Auf keinen Fall strebte er ein Gebilde daneben an. Zu Jerusalem verhältnislos zu stehen, wäre für sein Werk tödlich gewesen (2,2). Auch wollte er nicht gegen die anderen Apostel ausgespielt werden, wie er etwa zur gleichen Zeit leidenschaftlich 1Kor 1,11-13 ausführt, um weiter unten 15,11 festzustellen: »Ob nun ich verkündige oder die andern: das ist unsere Botschaft, und das ist der Glaube, den ihr angenommen habt.« Er verband apostolische Eigenständigkeit mit apostolischer Kollegialität.

Man würdige also den Zielsatz unseres Abschnitts: »Und sie priesen Gott über mir« (V. 24) als Vorklang von 2,9: »Sie erkannten die Gnade, die mir gegeben war ... und gaben mir die rechte Hand der Gemeinschaft und wurden mit uns eins.« Paulus wollte den Galatern die Übereinstimmung in dem einen Evangelium (V. 7) genauso nachdrücklich zur Kenntnis bringen wie die Herkunft »seines« Evangeliums aus Offenbarung. Er war durchaus kein Verächter der gemeinchristlichen Überlieferung und wollte auch nicht als isolierter Einzelgänger erscheinen.

Paulus überspringt die Einzelheiten der Zeit nach Damaskus. Einiges davon wissen wir aus Apg 9,20-25; 2Kor 11,32-33. Hier beschäftigt eine andere Entwicklung: **Danach nach drei Jahren.** Er knüpft noch einmal zeitlich an seine Berufung an – nicht etwa an die Rückkehr aus Arabien, denn der Gedanke läuft so: Nicht sofort nach meiner Berufung, aber einige Jahre danach **ging ich hinauf nach Jerusalem**. Absichtsvoll nahm er die etwa einwöchige Wegstrecke auf sich: **Kephas kennenzulernen**. 18

»Kephas« heißt »Stein, Fels« und ist nach Mk 3,16 Beiname des Simon, des Sohnes des Johannes. Dafür wurde im NT die Übersetzung ins Griechische »Petrus« üblich (154 Stellen!). Paulus als einziger blieb bei der alten aramäischen Namensform, wie sie aus dem Munde des irdischen Jesus stammte (achtmal, Ausnahme nur Gal 2,7-8). Vielleicht lag schon darin die Art seiner Wertschätzung des Petrus. Er huldigte ihm nicht als dem »Oberhaupt der Kirche«, wie katholisierende Auslegung alter und neuer Zeit es will, sondern ehrte in ihm den Begleiter des irdischen Herrn und ersten Zeugen seiner Auferstehung. Letzteres belegt die Erscheinungsliste in 1Kor 15,5. Er gestand diesem Kephas durchaus die heilsgeschichtliche Priorität zu. Der »letzte« der Apostel grüßte den Apostel »vor ihm« (1Kor 15,8-9; Gal 1,17; weiteres zur Einschätzung des Petrus s. zu 2,2.6.9). Den Heidenchristen schärfte er ein, daß sie den »Heiligen in Jerusalem« ihren Anteil an den »geistlichen Gütern« verdankten (Röm 15,27). Darunter verstand er jedenfalls die Überlieferung vom irdischen Jesus, besonders die von seiner Passion, aber auch die Herrenworte, die Paulus gewichtig in die Gemeindepraxis hineinsprach.[a] Die Herrenworte klangen nicht nur »gelegentlich« an[24], sondern konnten ein ganzes Kapitel wie Röm 12 unterströmen. Paulus war sich also bewußt, was er mit »allen Gemeinden« gerade Jerusalem verdankte. »Oder ist das Wort Gottes von euch ausgegangen?« konnte er in 1Kor 14,33b-36 vorwurfsvoll fragen. Offenbar spielte er auf Prophetien wie Jes 2,3 oder Mi 4,2 an, nach denen die Weisung von Jerusalem ausgehen wird.[25]

[a] 1Kor 7,10.12.25.39 9,14; 11,23 14,37

Das alles ist Hintergrund für dieses: **Hinauf nach Jerusalem!** und: Kephas kennenlernen! Aber keinesfalls wollte er sich erst noch von Petrus mit dem Evangelium betrauen lassen. Für ihn, der schon zwei oder drei Jahre Christus verkündigt hatte (V. 17), ging es gewiß nicht darum, in einem Schnellkurs des Petrus Schüler zu werden.

Aufschlußreich ist die Fortsetzung über den Erfolg seiner Kontaktsuche bei Petrus: **Und ich blieb bei ihm fünfzehn Tage**, also eine gar nicht so ganz kurze Zeit. Sie akzeptierten sich gegenseitig: Paulus nahm die beschwerliche Reise auf sich, Petrus nahm ihn zwei Wochen in sein Haus. Das war von der einen Seite mehr als ein kleiner Höflichkeitsbesuch und von der anderen Seite mehr als pflichtgemäße Gastlichkeit. Jetzt ergibt sich auch eine Füllung für den Ausdruck »persönlich kennenlernen«. Zwei Wochen lang geht es nicht ohne sachlichen Inhalt. K. F. Ulrichs meint zwar zu wissen, der Gegenstand des Besuches sei »nicht im entferntesten« Evangelium und Apostolat gewesen

[24] Bultmann, Theologie, S. 190
[25] Riesner, Jesus als Lehrer, 1987, S. 67

(S. 267). Aber was denn sonst? Viel näher liegt dies: Der begnadete Heidenapostel Paulus bringt die Antithese von Gesetz und Evangelium auf den Begriff, während der erwählte Urzeuge Petrus die Verankerung der Botschaft in der Jesusüberlieferung garantiert, also die Identität des Auferstandenen mit dem vorösterlichen Herrn bis hin zu seiner Kreuzigung. Sicher spielte jeder die ihm eigene Rolle, und einer brauchte den anderen. Was an Spannungen zum Ausdruck gekommen sein mag, was an Belehrung hin und her stattfand und an Lernbereitschaft unter Beweis gestellt wurde, ist zweitrangig und vor allem reine Spekulation, die nicht hierher gehört. Sinn dieses Berichtes bleibt: Der Aufenthalt in Jerusalem war ein Zeichen elementarer Bruderschaft, die von Paulus gesucht wurde und die Petrus finden ließ. Damit bestätigt sich nicht die Sicht Th. Zahns, Paulus spreche von seinem Besuch in einem »möglichst kühlen Ton« (S. 71), noch das Urteil M. Hengels, diese Verse seien »in dem Bestreben geschrieben, jede Verbindung mit anderen Gemeinden und Autoritäten auf ein Minimum zu reduzieren« (S. 73). Kaum wäre dann der Lobpreis der Gemeinden in Judäa (V. 24) so spontan aufgebrochen.

Zu einer offiziellen Begegnung und zu Verhandlungen mit der Lei- 19
tung der Jerusalemer Gemeinde kam es damals noch nicht: **Einen anderen von den Aposteln sah ich nicht, sondern (ich sah von der Leitung) Jakobus, den Bruder des Herrn.** Sie besonders zu sprechen, lag nach V. 18 nicht in der Absicht des Paulus, woraus man natürlich nicht machen darf, er hätte sie meiden wollen. Paulus wäre bereit gewesen, auch sie zu begrüßen, aber die Notwendigkeit zur großen Lösung wie dann in 2,1ff sah er damals noch nicht. Erst nach weiteren Jahren gesetzesfreier Heidenmission und nach Gründung von immer mehr gemischten Gemeinden wurde sie notwendig. Wenn es hier dennoch zu einem Treffen mit Jakobus und nur mit ihm kam (zu seiner Person s. zu 2,9), scheint das zufällig geschehen zu sein. Die anderen waren vielleicht gerade nicht in der Stadt.[26] Wohl nur aus Gewissenhaftigkeit erwähnt Paulus die Begegnung mit Jakobus, denn er setzt sie im Ausdruck deutlich ab gegen das Kennenlernen mit Petrus. Auch in 1Kor 16,7 meint »sehen« einen nur flüchtigen Besuch auf der Durchreise im Unterschied zu gezielter und intensiver Gemeinschaft.

In diesem Zusammenhang gibt Paulus eine eidesstattliche Erklä- 20
rung: **Was ich euch aber schreibe, siehe, vor Gott (schwöre ich): Ich lüge nicht!** Der soeben dargestellte Sachverhalt gehörte offenbar zu einem empfindlichen Bereich. Hier muß Gegenpropaganda Gift gestreut haben. Paulus trat ihr entgegen, aber mußte mit einem starken

[26] Rengstorf, ThWNT I, S. 432; Borse

Befremden bei den irregeleiteten Galatern rechnen. So manches Mal mußte er sich durch Verleumdungen hindurchkämpfen (Röm 9,1; 2Kor 11,31; 1Tim 2,7). In solchen Fällen ist restlose Ehrlichkeit vor Himmel und Erde der beste Schutz. Im übrigen konnte er nur hoffen, durch die innere Logik des Dargestellten Vertrauen zu wecken.

21 Nur summarisch behandelt er die anschließende Epoche von über zehn Jahren. Wichtig ist ihm dabei, daß seine Arbeit ihn weit weg von Jerusalem hielt: **Danach ging ich** missionierend (V. 23!) **in die Gegenden von Syrien und Zilizien**. Obwohl wir aus dieser Wirksamkeit noch keinen Paulusbrief besitzen und auch Lukas nicht ausführlich wird (Apg 9,30; 15,23.41), wird sie nicht erfolglos geblieben sein. Das legen die Verse 23 und 24 nahe.

22 Das Gebiet Judäas hatte der missionierende Paulus ausgeklammert: **Ich blieb aber unbekannt dem Angesicht nach den Gemeinden in Judäa.** Daß sie ihn nicht schon vor seiner Bekehrung gesehen hatten, bestätigt Apg 9,21 und 8,3, wonach sich seine Verfolgertätigkeit auf Jerusalem beschränkt hatte. Wenn er diese ältesten Gemeinden jetzt umging, bedeutete das keinesfalls Geringschätzung, sind sie für ihn doch Gemeinde **in Christus**. Diese Kennzeichnung ist nicht auf unsern abgegriffenen Ausdruck »christliche Gemeinde« herabzustufen. Sie ist für Paulus geladen mit Inhalt und eine hohe Würdigung (der Ausdruck im Gal sechsmal, s. zu 3,14). Vielmehr wird ihn der Grundsatz geleitet haben, den er Röm 15,20 niederlegte: »Dabei habe ich meine Ehre darein gesetzt, daß Evangelium nicht dort zu verkünden, wo der Name Christi schon bekannt gemacht war, damit ich nicht auf einem fremden Grund baute ...« Wohl kaum vereinnahmte Paulus an unserer Stelle unter »Judäa« auch Jerusalem. Die Sonderrolle der Stadt war für Juden und Christen sehr stark ausgeprägt. Außerdem hatte er gerade von seinem zweiwöchigen Besuch in der Stadt und seinen dortigen Begegnungen berichtet und nach Apg 9,26-30 dort auch gepredigt.

23 Nur eingeschränkt war Paulus den judäischen Gemeinden als christlicher Verkündiger ein Begriff: **Nur aber Hörende waren sie: Unser früherer Verfolger – jetzt verkündigt er im Evangelium den Glauben, den er früher zerstören wollte.** Die nicht landläufige Bekehrung spricht sich in den judäischen Gemeinden herum. Ein höherer Eingriff wird erkannt und auf eine prägnante Formel gebracht.

24 **Und sie priesen (wegen des Waltens Gottes) an mir Gott.** Ein schöneres Zeugnis christlicher Übereinstimmung im Glauben konnte es für Paulus nicht geben. Er hält es den Galatern vor.

d) Angesichts judaistischer Angriffe fand Paulus für seine gesetzesfreie Heidenmission offizielle Anerkennung durch die Jerusalemer Urgemeinde: 2,1-10

1 Danach, nach Verlauf von vierzehn Jahren[a], ging ich wieder hinauf nach Jerusalem, zusammen mit[b] Barnabas und unter Mitnahme des Titus.
2 Ich zog aber hinauf aufgrund einer Offenbarung. Und ich legte ihnen das Evangelium vor[c], das ich unter den Heiden ausrufe[d], im besonderen[e] aber den Angesehenen[f], (in der Besorgnis), daß ich etwa ins Leere laufe oder gelaufen wäre.
3 Aber auch nicht (einmal) Titus, ein Grieche, der bei mir war, wurde gezwungen, sich beschneiden zu lassen.
4 Aber wegen der eingeschleusten[g] Falschbrüder, die hineingekommen waren, argwöhnisch zu beobachten[h] unsere Freiheit, die wir in Christus Jesus haben, damit sie uns unterjochten.[i]
5 Ihnen wichen wir auch nicht eine Stunde durch Unterwerfung, damit die Wahrheit des Evangeliums Bestand habe unter euch.
6 Von denen aber, die das Ansehen haben, etwas zu sein – welcherlei (Leute) auch immer sie waren, ist für mich nicht von Wichtigkeit, Gott achtet das Ansehen des Menschen nicht[j], die Angesehenen (also) auferlegten[k] mir nämlich nichts,
7 sondern im Gegenteil: sehend, daß ich anvertraut bekommen habe das Evangelium an die Vorhaut[l] wie Petrus[m] (das Evangelium) an die Beschneidung[n/o]
8 – der nämlich, der wirksam war an Petrus zum Apostedienst an der Beschneidung, der war auch an mir wirksam in bezug auf die Heiden[p] –
9 und erkennend die mir gegebene Gnade gaben Jakobus und Kephas und Johannes, die angesehen sind, Säulen zu sein, mir und Barnabas die rechte (Hand) der Gemeinschaft mit der Bestimmung: wir für die Heiden, sie für die Beschneidung;
10 allein, daß wir (fürsorglich) an die Armen dächten, was ich mich auch bemüht habe, gerade dies zu tun.

Zur Übersetzung

[a] Vgl. zur Zählung die Anm. zu 1,18. Die Zeitspanne hier kann also von knapp über zwölf bis hin zu vollen vierzehn Jahren betragen. Als Mittelwert sind dreizehn Jahre anzusetzen. Diese Zeit rechnet sicher vom ersten Jerusalem-Besuch, nicht noch einmal von der Bekehrung an, weil Paulus hier sagt, daß er »wieder« nach Jerusalem hinaufging, und zwischendurch kein Besuch dort stattfand. Seit der Bekehrung des Paulus kommen die zwei Jahre von 1,18 dazu (Mittelwert), so daß seitdem etwa fünfzehn Jahre verflossen sind.

[b] *meta*, mit, drückt stärker als etwa *syn*, mit, die innere Gemeinschaft und gleichberechtigte Partnerschaft aus (vgl. Zahn, S. 79), so daß ein deutlicher Unterschied zur »Mitnahme« des Titus entsteht (*syn-*; wie auch V. 3).

[c] *anatithemai*, von *prosanatithemai* in 1,16 zu unterscheiden

[d] *käryssô* (von *käryx*, Herold), amtlich bekanntmachen, proklamieren

[e] *kat' idian*, privatim, im Gegensatz zu »öffentlich« (BDR § 286; WB Sp. 753; vgl. den Gebrauch in Mt 14,23; Mk 4,34). Das folgende »aber« stellt diese Sonderversammlung mit den Angesehenen absichtsvoll der vorher erwähnten Vollversammlung (»ihnen«) gegenüber.

[f] Von *dokeô*, intransitiv: für etwas gelten, angesehen sein. Das Wort steht hier und auch V. 6.9 für wirklich vorhandene, nicht bloß eingebildete Geltung (Kittel, ThWNT II, S. 236).

[g] Abgeleitet von *pareisagomai*, eingeführt werden, mit dem Beiklang des Illegalen und Heimtückischen (z. B. 2Petr 2,1), auch von Geheimagenten.

[h] *kataskopeô*, aus dem Militärischen: feindselig ausspähen, spionieren

[i] Hier bricht der Satz ab. Er wäre sinngemäß weiterzuführen: gab es einen heißen Kampf.

[j] Wörtlich: »Gott nimmt nicht das Gesicht des Menschen«, eine im NT häufige Redewendung, in deren Hintergrund das hebräische *nasa panim* steht: das Gesicht (eines anderen) hochheben. Dazu E. Lohse, ThWNT VI, S. 780: »Die Wendungen erklären sich aus der ehrfürchtigen orientalischen Begrüßung, bei der man das Antlitz demütig zu Boden senkt oder zur Erde niederfällt. Wenn die auf diese Weise begrüßte Persönlichkeit das Antlitz des Mannes aufhebt, so ist damit ein Zeichen der Anerkennung und Wertschätzung gegeben.« Bei einem Richter darf diese persönliche Gunsterweisung allerdings nicht ins Spiel kommen. Er muß unparteiisch und unbestechlich urteilen, ohne Günstlingswirtschaft. Weil dieser Hintergrund dem deutschen Leser nicht bekannt ist, umschreiben unsere Übersetzungen zumeist.

[k] *prosanatithemai* hier im Unterschied zu 1,16 transitiv und mit Objekt: jemand etwas als Last (nicht zur Begutachtung) auferlegen.

[l] *akrobystia*, Vorhaut, das Stück, das bei der Beschneidung als »unrein« abgetrennt und verächtlich weggeworfen wurde. Im NT 20mal, im Gal dreimal, in zweifacher Bedeutung: in 5,6 und 6,15 für den Stand des Unbeschnittenseins, des Nicht-Judeseins; an unserer Stelle für die Menschen selber, die das Hautstück noch besaßen, im Deutschen gewöhnlich schonend umschrieben mit »Heiden« (so auch Paulus selbst in V. 8 u. 9) oder mit »Unbeschnittene«.

[m] Hier und in V. 8 heißt es plötzlich »Petrus«, während Paulus in seinen Briefen sonst immer »Kephas« schreibt (vgl. Auslegung zu 1,18). Man hat vorgeschlagen, diese Auffälligkeit damit zu erklären, daß Paulus hier aus einem Sitzungsprotokoll zitiert (Cullmann, ThWNT VI, S. 100, Anm. 6; ausführlich bei H. D. Betz, S. 185f).

[n] *peritomä*, im Gal sieben Stellen in dreifacher Bedeutung: ursprünglich für den Akt der Beschneidung (5,11), dann für den Stand des Beschnittenseins, also des Judeseins (2,9.12; 5,6; 6,15), schließlich für den oder die Beschnittenen, also die Juden (2,7.8).

[o] Der Satz wird in V. 9 fortgesetzt. V. 8 ist ein Einschub.
[p] s. zu 1,16

Vorbemerkung

1. *Zur besonderen Form des Abschnitts.* V. 6-10 bilden im Grundtext einen einzigen, überaus verschlungenen Satz, der mehrfach den Gedanken abbricht oder durch Erweiterungen oder Zusatzerweiterungen unterbricht (Borse, S. 87f). Die nicht geglättete Übersetzung soll den Eindruck eines immer noch erregten Briefdiktats durch Paulus vermitteln, obwohl das Ereignis schon fünf oder sechs Jahre zurückliegt.

2. *Das Apostelkonzil in Apg 15 und Gal 2,1-10.* Hat Gal 2,1-10 überhaupt etwas mit Apg 15 zu tun? Die überwiegende Zahl der Forscher bezieht beide Berichte, wie auch hier vertreten, auf das gleiche Ereignis, wenn auch nicht ohne umfängliche Erörterungen. Natürlich werden zwei Menschen – in diesem Fall Lukas und Paulus – über ein und dasselbe Geschehen immer unterschiedlich berichten, haben sie doch nicht denselben Standort, nicht die gleiche Nähe oder Ferne zum Ereignis. Auch hat jeder von beiden sein spezielles Interesse, welche Seite des Ereignisses er in den Blick seiner Leser rücken möchte. Schließlich weiß niemand alles, oder er sagt nicht alles, was er weiß. Über Abweichungen dieser Art zwischen Lukas und Paulus erübrigen sich deswegen viele Worte.

An wichtigen Differenzen bleiben nur zwei: Erstens die Tatsache, daß die Reise zu dieser Beratung nach Gal 2,1 erst der zweite Jerusalem-Aufenthalt des Paulus war, dagegen nach der Apg der dritte (dazu Einleitungsfragen 3.2c u. d). Vor allem aber versichert Paulus nach Gal 2,6 ausdrücklich: »Die Angesehenen auferlegten mir nichts.« Zwar kann es Apg 15,19 ganz ähnlich heißen: »Ich halte es für richtig, den Heiden, die sich zu Gott bekehren, *keine Lasten* aufzubürden«, aber dieses Zugeständnis wird im nächsten Vers dann doch an eine Bedingung geknüpft (das sogenannte Aposteldekret): »Aber man weise sie an, Verunreinigung durch Götzenopferfleisch und Unzucht zu meiden und weder Ersticktes noch Blut zu essen.« Beides wiederholt sich V. 28f: Neben »keine weitere Lasten« steht wieder »diese notwendigen Dinge«. Auf diese Schwierigkeit verwenden die Kommentare viel Scharfsinn. Aber in unserm Rahmen können wir nur auf zehn entscheidende Berührungspunkte verweisen, die trotzdem zu dem Schluß nötigen, daß Paulus und Lukas vom gleichen Ereignis berichten:

(1) Anlaß der Beratung in Jerusalem: Judaistische Eindringlinge sind in den paulinischen Gemeinden mit der Beschneidungsforderung aufgetreten: Apg 15,1.24; vgl. Gal 2,4.

(2) Herkunftsort der paulinischen Delegation: Antiochien, wohin sie auch wieder zurückkehrt: Apg 15,2.30; vgl. in Gal Rückschluß aus 1,21 und 2,11.

(3) Form der Beratung: Sowohl im Plenum als auch im kleinen Leiterkreis: Apg 15,4.6; vgl. Gal 2,2.

(4) Wortführer: Auf Jerusalemer Seite Petrus (Hauptsprecher) und Jakobus, auf antiochenischer Seite Paulus (Hauptsprecher) und Barnabas: Apg 15,7.13; vgl. Gal 2,1.9.

(5) Zwischenfall: Auftreten einer dritten Gruppierung während der Beratung, nämlich der Judaisten mit erneuter Beschneidungsforderung: Apg 15,5; vgl. Gal 2,5.

(6) Fallenlassen der Beschneidungsforderung gegenüber bekehrten Heiden: Apg 15,19.28; vgl. Gal 2,3.

(7) Zuspitzung der Beratung: Das Wesen des Evangeliums und der Glaube an Jesus Christus stehen auf dem Spiel: Apg 15,7-11; vgl. Gal 2,2.4.5.7.

(8) Entscheidungshilfe: Beeindruckende Berichte über göttliche Manifestationen in der Heidenmission: Apg 15,12; vgl. Gal 2,7-9.

(9) Grundsatzentscheidung: Volle Anerkennung der gesetzesfreien Heidenmission: Apg 15,10.19.28; vgl. Gal 2,6-8.

(10) Endergebnis: Rettung der Einheit unter dem einen Evangelium: Apg 15,23.25.28; vgl. Gal 2,9-10.

1 Mit einem **danach** knüpft Paulus noch einmal an seinen ersten Besuch in Jerusalem von 1,18 an. Ohne Frage bestätigte das Treffen mit Petrus auch seinen weiteren Missionsdienst in Syrien und Zilizien. Dabei sollen sich die Leser vergegenwärtigen, daß dieser sich über eine Zeitspanne von immerhin etwa dreizehn Jahren erstreckte. Das bedeutet der Ausdruck **nach Verlauf von vierzehn Jahren**. Zusammen mit den zwei Jahren in der Arabia (1,17) ergeben sich demnach fünfzehn Jahre, d. h. bald ein halbes Lebenswerk, das Paulus eigenständig, aber von Jerusalem unangefochten, auf der Grundlage, die in jenen denkwürdigen Wochen im Hause des Petrus sichtbar geworden war, und im geistlichen Einvernehmen mit allen Gemeinden in Judäa vollbracht hat (1,18-24). Während dieses Zeitraums wußte man nicht nur voneinander, wie 1,23f erkennen läßt, sondern stand darüber hinaus in persönlicher Verbindung. Sie wurde durch einen Jerusalemer Vertrauensmann wie Barnabas, aber auch durch Johannes Markus gewährleistet (Apg 11,22; 12,25; 13,13) und durch tätige Bruderliebe besiegelt (Apg 11,27-29). Zwischen Antiochien und Jerusalem hatte alles seine christliche Ordnung. Doch wie V. 2 begründen wird, trat dann eine Lage ein, die eine zweite Reise zur Muttergemeinde nötig machte.

Ich ging wieder hinauf nach Jerusalem. Dieses »hinauf nach Jerusalem« (vgl. V. 17 u. 18) hatte für den Juden Paulus seit jeher einen erhebenden Unterton. Auch nach seinem Christwerden verband sich für ihn mit dieser Stadt etwas Besonderes. Was sein Herz jetzt höher schlagen ließ, war aber nicht mehr das Heiligtum dort, sondern die dortigen »Heiligen«, also die Muttergemeinde. In 2Kor 8,4; 9,12 kann er von diesen »Heiligen« ohne jeden Zusatz sprechen. Jeder Christ irgendwo in der Welt kannte sie und verehrte sie in Dank und Liebe, denn von ihnen war ja das Evangelium ausgegangen (Röm 15,27). Dort war der große heilsgeschichtliche Anfang geschehen, und Anfängen muß man treu sein.

Die Zusammensetzung der Delegation war sprechend. Paulus zog **mit Barnabas** hinauf. Barnabas war eine vorzügliche Stütze für die Sache der Heidenmission in der ersten Zeit, bekannt und anerkannt selbst in Gemeinden, denen er persönlich nicht nahegetreten war (1Kor 9,6; Gal 2,1.9.13; Kol 4,10). **Und unter Mitnahme des Titus.** Der Ausdruck *symparalambanô*, »mitsichnehmen«, bezieht sich auch in Apg 12,25; 15,37f auf das Verfügen über einen Gehilfen. Titus steht also nicht gleichrangig neben den beiden, wird auch in V. 9 nicht unter den »Vertragspartnern« aufgezählt. Und doch war die Anwesenheit dieses »Griechen«, wie V. 3 hervorhebt, denkbar wichtig. Er stellte die vielleicht bedeutendste Persönlichkeit heidnischer Herkunft im Werk des Paulus dar. Dreizehnmal erwähnt dieser ihn in seinen Briefen. Dagegen mag er den Jerusalemern weniger bekannt gewesen sein. Mit der Mitnahme dieses Mannes wagte Paulus also einen Test. Würde dieser Unbeschnittene während der Jerusalemer Tage brüderliche Aufnahme finden? Würde er z. B. an den gemeinsamen Mahlzeiten teilnehmen? Gal 2,12 wird zeigen, daß sich an diesem Punkt haushohe Probleme ergeben konnten. »Als eines der jüdischen Grundgesetze stellt die Beschneidung in hellenistisch-römischer Zeit eine der Voraussetzungen dar, ohne die ein enges Zusammenleben (eines Heiden) mit Juden nicht denkbar ist« (Meyer, ThWNT VI, S. 78; vgl. Apg 11,3!).

Es folgt der Anlaß für dieses »Hinauf nach Jerusalem!« zu diesem 2
Zeitpunkt. **Ich zog aber hinauf aufgrund einer Offenbarung.** Richtig bemerkt H. D. Betz (S. 165), daß diese Offenbarung äußere Anlässe nicht ausschloß. Inzwischen war diese Lage eingetreten: In den judäischen Gemeinden herrschte Paulus gegenüber nicht mehr das schöne Klima von 1,24. Von der Jerusalemer Gemeinde wissen wir, daß sie schon von Beginn an spannungsvoll zusammengesetzt war (Apg 6,1). Es gab die tempelfreie Richtung, die aber mit Stephanus ihren glänzenden Vertreter verloren hatte (Apg 6,13; 7,48). Dagegen erstarkte die Gruppe der »Eiferer für das Gesetz« (Apg 21,20), die Paulus gegenüber schnell zur Skepsis neigten. Es schälte sich zunehmend eine antipaulinische Opposition heraus, die schließlich begann, Agitatoren in die paulinischen Gemeinden zu entsenden (Apg 15,24). Ihre Stoßrichtung gibt Apg 15,1 so wieder: »Wenn ihr euch nicht nach dem Gebrauch des Mose beschneiden laßt, könnt ihr nicht gerettet werden.« Das war genau die Parole, die in der Gegenwart auch die galatischen Gemeinden erreichte.[a] Angesichts fortgesetzter Intrigen damals in Antiochien genügte das Brudergespräch von 1,18 immer weniger (Apg 15,2). Handlungsbedarf war gegeben. Eine offizielle Klärung in Jerusalem wurde dringlich.

[a] Gal 5,2.3 6,12.13

Eine Offenbarung machte die Entscheidung klar. Deren Form hier mitzuteilen, hatte Paulus kein Bedürfnis. Ob sie ihm im Traum oder in einer Vision (Apg 16,9; 18,9), unter einer Verzückung (2Kor 12,2.7), durch einen schlichten geistlichen Impuls (Apg 16,6.7; 20,22) oder schließlich durch einen urchristlichen Propheten zuteil wurde (Apg 13,2; 20,23; 21,4.11), ist belanglos. Wichtig nur, daß er sich bei seiner Reise nach Jerusalem und bei seinem Vorgehen dort »im Einklang mit dem Geist« befand (5,25).

Es folgt der unmittelbare Zweck des Besuchs: **Ich legte ihnen das Evangelium vor, das ich unter den Heiden ausrufe.** Für die Vokabel ist auszugehen von der Bedeutung »vorlegen« im Sinne von »mitteilen« und »berichten«.[27] In Apg 25,14 legte der römische Statthalter Festus dem jüdischen König Agrippa einen Rechtsfall vor (*anatithemai* wie hier), ohne daß der Römer dadurch etwa in ein Gehorsamsverhältnis zum Juden geriet. So erschien auch Paulus in Jerusalem »nicht als kleiner Bittsteller, sondern als zäher Verhandlungspartner«.[28] Er drängte jetzt auf eine allseitige Gegenüberstellung. Vor allem sollten die Urautoritäten nicht ausweichen. Darum holt er sie zusammen und legt der Gemeindeversammlung und im besonderen den Angesehenen sein Evangelium vor. Zwar konnte er bei ihnen Übereinstimmung voraussetzen (1,18f), aber als die »Säulen« (V. 9) sollten sie jetzt auch öffentlich reden, sich unzweideutig und verbindlich erklären und rückhaltlos durchsetzen. Gerade von ihrer Seite mußte endlich ein klares Wort kommen, die Freiheit des Evangeliums zu schützen und jene falschen Brüder in aller Form abzuweisen.

Bei der viermaligen Bezeichnung der Apostel als **die Angesehenen** (V. 2.6.9), die für Paulus sonst nicht typisch ist, mag es sich ursprünglich um einen etwas dick aufgetragenen Lieblingsausdruck seiner Gegner gehandelt haben, mit dem sie auch in Antiochien gearbeitet haben. Insofern, als es sich um Personenkult handelte, scheint hier bei Paulus eine leichte Ironie das Wort zu führen.[29] Aber grundsätzlich anerkannte und ehrte Paulus die Apostel durchaus und konnte sich ihnen gegenüber als den »geringsten« bezeichnen (1Kor 15,9). Gerade im vorliegenden Zusammenhang lag ihm an ihrer Autorität. Wozu sonst die Reise zu ihnen?

Der Schluß des Verses liefert die innere Begründung der Reise. Es ist die Besorgnis, **daß ich etwa ins Leere laufe oder gelaufen wäre**. Er ist wie ein Läufer auf den Beinen, auszurichten, wozu Gott ihn gesandt hat, nämlich »zu verkündigen den Heiden den unausforschlichen Reichtum Christi und für alle ans Licht zu bringen, wie Gott seinen geheimen Ratschluß ausführt, der von Ewigkeit her verborgen war in

27 Rhode; Suhl; Behm, ThWNT I, S. 355
28 H. D. Betz, S. 167
29 mit K. L. Schmidt, ThWNT III, S. 510; auch Zahn, Wilckens, Roloff, gegen Bornkamm, S. 59

ihm, ... durch die (aus Juden- und Heidenchristen bestehende) Gemeinde« (Eph 3,8-10). Was ihn jetzt aber umtreibt, ist der angebliche Widerspruch zwischen Jerusalem und Antiochien, d. h. die drohende Spaltung des apostolischen Ursprungszeugnisses zwischen ihm selbst auf der einen Seite und Petrus, Jakobus und Johannes auf der anderen Seite. Der Ursprung darf nicht zerspalten sein, wie Christus unmöglich zerspalten ist (1Kor 1,13). Deswegen war für Paulus auch der Vorwurf, ein Außenseiter zu sein, dessen Verkündigung nicht mit dem einen rettenden Evangelium der Apostel konform gehe, so schwerwiegend, daß er z. B. in 1Kor 15,1-5 und V. 11 seine Verankerung in der urchristlichen Überlieferung und seine Übereinstimmung mit den Aposteln auf das stärkste herausstrich. In ein eigenes, abgesondertes Christentum hineinzuführen, hieße für ihn, ins Leere zu laufen und ins Leere zu führen.

Paulus nimmt für seine Leser, denen nach 6,12 gerade die Beschnei- 3
dung aufgezwungen werden sollte, ein hochwichtiges Ergebnis der
Verhandlungen vorweg. **Aber auch nicht (einmal) Titus, ein Grieche,
der bei mir war, wurde gezwungen, sich beschneiden zu lassen.**
Obwohl Teile der Urgemeinde die Beschneidung forderten (Apg 15,5
und hier V. 4-5), bestanden die »Angesehenen« die Herausforderung,
die in der Mitnahme dieses unbeschnittenen Heidenchristen durch
Paulus gelegen hatte. Damit war im Grundsatz das ganze Heiden-
christentum brüderlich angenommen. Paulus lief richtig!

Zur Klarstellung: Wenn Paulus die Forderung der Beschneidung für die Heiden abwies, stellte er damit nicht die Gegenforderung der Nichtbeschneidung auf. Wie das mosaische Gesetz so war auch das Beschnittensein nach diesem Gesetz für ihn nichts Böses, in bezug auf Judenchristen sogar etwas Selbstverständliches. »Ist jemand als Beschnittener berufen, der bleibe bei der Beschneidung, [der mache sie nicht wie damals viele verweltlichte Juden durch einen operativen Eingriff rückgängig]. Ist jemand aber als Unbeschnittener berufen, der lasse sich nicht beschneiden. Beschnitten sein ist nichts, und unbeschnitten sein ist nichts, sondern: Gottes Gebot halten. Jeder bleibe bei der Berufung, in der er berufen wurde« (1Kor 7,18-20). In Apg 16,1-3, wo er den Timotheus beschneiden ließ, lag der Fall anders. Timotheus galt durch seine jüdische Mutter als Jude. Für Juden, auch für Judenchristen, hat Paulus den Ritus vorausgesetzt, schon um die Möglichkeit der Judenmission nicht zu verbauen. Man muß »den Juden wie ein Jude werden«, damit Juden gewonnen werden können (1Kor 9,20). So befolgten Judenchristen den Ritus, aber nur als Sitte, nicht als Heil. Das Heil hing für sie weder am Beschnittensein noch am Unbeschnittensein, sondern am Christusglauben (5,6; 6,15). Somit gilt es zwischen einer Beschneidung als Akt missionarischer Anpassung und einem »die Beschneidung *verkündigen*« (5,11) zu unterscheiden.

Im folgenden schildert Paulus nicht etwa zusammenhängend den Ablauf der Verhandlungen, sondern greift zwei Brennpunkte heraus, nämlich in V. 4-5 den Zusammenprall mit den »Falschbrüdern« und in V. 6-10 die Einigung mit den »Angesehenen«.

4 Zunächst charakterisiert er das Auftreten der Gegner. Noch nachzitternde Empörung gestattet ihm dazu nur einen abgebrochenen Satz: **Aber wegen der eingeschleusten Falschbrüder, die hineingekommen waren, argwöhnisch zu beobachten unsere Freiheit, die wir in Christus Jesus haben, damit sie uns unterjochten –.** Als »Brüder« waren sie jedenfalls Glieder der christlichen Gemeinde. Aber sie handelten nicht als Brüder. Wie militärische Spione waren sie mit einem bestimmten Auftrag **eingeschleust** und **hineingekommen**. Es muß Unehrlichkeit im Spiel gewesen sein; sie gaben sich als Sendlinge der Apostel in Jerusalem aus. Paulus hat das offensichtlich vorgebracht, denn nach Apg 15,24 distanzierten sich die Apostel von diesen »Brüdern«.

Ihre Aktivitäten faßt Paulus zusammen: **(argwöhnisch) zu beobachten unsere Freiheit**. Das griechische Wort für dies feindselige »beobachten« *(kataskopeô)* steht vielleicht absichtsvoll dem in den Gemeinden wohlbekannten fürsorglichen »beobachten« gegenüber *(episkeptomai)*. Es ist beide Male derselbe Stamm, nur mit einer anderen Präposition verbunden. Von *episkeptomai* ist der Begriff *episkopos*, Aufseher, abgeleitet, woraus unser Lehnwort »Bischof« entstanden ist, wie Luther es auch gern übersetzte. In 1Petr 2,25 ist Christus selbst dieser Aufseher oder »Bischof«. Die Falschbrüder mögen sich also bischöflich aufgespielt haben: »Kommt, vertraut euch uns an. Wir meinen es gut mit euch!« Paulus reißt ihnen diese Maske ab: Ihr seid keine väterlichen Freunde, sondern spionierende Feinde. Ihr sammelt nur Material und plant Böses: **damit sie uns unterjochten**. Auf die Rückkehr unter das alte Joch wird er ausführlicher 4,9; 5,1 zu sprechen kommen.

In diesem Zusammenhang klingt im Brief das erste Mal das Stichwort **Freiheit** auf. Mit dreizehn Stellen übertrifft er die viel umfänglicheren Schreiben an die Römer oder 1Korinther (beide nur je sieben Stellen). Die Eigentümlichkeiten dieser Freiheit »bestehen nach 1Kor 9,19-23 darin, sich an überhaupt keine äußeren Lebensformen zu binden, sondern den Jude ein Jude und den Griechen ein Grieche zu werden. Paulus steht also dem Gesetz so frei gegenüber, daß er es weder zu halten braucht noch dazu verpflichtet ist, es zu brechen und ein ungesetzliches Leben zu führen, sondern er hat die Freiheit, je nach den gegebenen Umständen das jüdische Gesetz zu beobachten oder seine Beobachtung zu unterlassen.«[30] So etwa läßt sich die Außenseite ihrer Freiheit beschreiben. Wichtig ist hier aber der Nachsatz: **die wir in**

[30] Rohde, S. 82

Christus Jesus haben. Wir haben sie nur christusabhängig. Der freie Christenmensch ist nicht der laufengelassene Mensch, sondern derjenige, der mit seinem Befreier und für seinen Befreier lebt. Außerhalb der Christusherrschaft ist Freiheit eine Illusion. Man würde lediglich seine Lüste und Begierden mit einem großen Wort bemänteln (vgl. 5,13).

Paulus reagierte klarsichtig und unerbittlich: **Ihnen wichen wir auch** 5
nicht eine Stunde durch Unterwerfung. Er war sonst ein Seelsorger von zartester Rücksichtnahme auf Irrende, Ängstliche, Verzagende oder Versagende. Eine Kostprobe findet sich auch in unserm Brief 6,1, wo jedes Wort behutsam gesetzt ist. Er wollte allen alles sein. Er paßte sich jedem Menschen an, um ihn zu gewinnen. Aber er paßte keinem Menschen die Botschaft an. Darum diesen Judaisten gegenüber dies Nein ohne jedes Ja. Sie »stießen bei Paulus auf einen harten Felsen … Forderten sie, daß der Sabbat gelte, so hielt er ihn nicht. Verlangten sie reine Speise, so achtete er nichts für unrein. Wollten sie Beschneidung haben, so nannte er die Glaubenden mitsamt ihrer Vorhaut Gottes Eigentum« (Schlatter, S. 31). Das Ziel seines Vorgehens ist klar: **damit die Wahrheit des Evangeliums Bestand habe**. Dieser Ausdruck ist für Paulus kennzeichnend, sein Leitbegriff, den er V. 14 wiederholen wird. Wie wohl kein zweiter Apostel begriff er die inneren Konsequenzen des Christusheils in seiner ganzen Reichweite. Er entdeckte seine kritische Kraft, hier auf das mosaische Gesetz bezogen. Zur »Wahrheit des Evangeliums« gehört unbedingt jene »Freiheit (vom Gesetz) in Christus Jesus« von V. 4.

Es geht um das Evangelium **unter euch**, den Galatern (und allen Heidenchristen). Paulus schlägt einen großen Bogen und stellt den Zusammenhang her zwischen dem Apostelkonzil damals und der aktuellen Lage jetzt in Galatien. Punkt für Punkt ließen sich die Parallelen ziehen. Es war im Grunde die gleiche Front, die gleiche Gefährdung und die gleiche Herausforderung zum Widerstand.

Die folgenden fünf Verse behandeln die Einigung mit den Jerusale- 6
mer Autoritäten. Wieder erfahren wir nicht den Ablauf der Verhandlungen, sondern nur ihr Ergebnis, das Paulus allerdings schon in V. 3 angedeutet hatte. In V. 6 bestimmt Paulus wohlbedacht sein Verhältnis zu seinen Verhandlungspartnern. **Von denen aber, die das Ansehen haben, etwas zu sein** – Die Achtung des Paulus vor den Urzeugen kam schon zum Ausdruck (s. zu 1,12.17.18; 2,2). Hätte er sie nicht geachtet, wäre seine Reise reine Taktik und der Handschlag der Gemeinschaft in V. 9 Heuchelei gewesen. Doch als was achtete er sie? Offenbar gab es eine Apostelbewunderung, der er sich nicht anschloß, sondern die er zur Zielscheibe seiner Kritik machen mußte. **Welcherlei (Leute) auch immer sie waren, ist für mich nicht von Wichtigkeit.** Sie waren

Augen- und Ohrenzeugen des irdischen Jesus gewesen und ragten als solche gewiß ehrfurchtgebietend in die Gegenwart der Gemeinde hinein. Aber das allein konnte nicht ihre geistliche Bedeutung ausmachen. Tatsachenzeugen allein waren auch Pilatus oder das Hinrichtungskommando auf Golgatha und viele damalige Juden und Heiden, die der Gemeinde jetzt gleichgültig sein durften (vgl. 2Kor 5,16). Die entscheidende Frage ist, ob sie auch Wahrheitszeugen waren. Sonst konnte Paulus ihnen, wie 2,14 zeigen wird, öffentlich entgegentreten. Augenzeugen an sich mochten noch so spannend aus ihren Erinnerungen plaudern, aber Paulus würde sich gelangweilt von ihnen abwenden, wenn sie nicht die »Wahrheit des Evangeliums« (V. 5.14) bezeugten. Niemals könnten sie, wenn es um Wege und Maßstäbe der Gemeinde Gottes ging, mitreden. Personenkult aufgrund von Dabeigewesensein und aufgrund von bloßem Faktenwissen gilt nicht. Für dies recht schroff vorgebrachte Urteil beruft Paulus sich auf die Art Gottes: **Gott achtet das Ansehen des Menschen nicht.** Soweit die Distanzierung von einem gewissen Apostelkult. Der Apostel hat sich restlos dem Evangelium verschrieben (1,8). Aber Paulus war sich im Blick auf Petrus und Jakobus eines Besseren gewiß (vgl. 1,18f und 2,3). Insofern brauchte er ihre Hilfe, um wirksam der judaistischen Gefahr begegnen zu können. Er erhielt sie: **Die Angesehenen auferlegten mir nichts.** Wie von Paulus gewünscht, forderten sie für Heidenchristen keine Beschneidung (V. 3).

7 Dieser Vers kündigt die positive Seite ihrer Stellungnahme an: **Sondern im Gegenteil.** Sie kommt aber erst in V. 9b zur Sprache, nach zwei parallel vorgelagerten Partizipialsätzen (»sehend«: V. 7-8, und »erkennend«: V. 9a). Zuerst erfahren wir den Grund für ihre Anerkennung des Paulus. **Sehend, daß ich anvertraut bekommen habe das Evangelium an die Vorhaut wie Petrus (das Evangelium) an die Beschneidung** – Dieses »sehen« war ein inneres Einsehen, vielleicht verbunden mit einer Läuterung bisher noch unklarer Empfindungen. Bis zu dieser Begegnung mögen in den Jerusalemern tatsächlich gewisse Bedenken gegen diese freie und stürmische Heidenmission geschlummert haben (man lasse Apg 15,7.12-18 auf sich wirken!). Ging dieser ehemalige Gemeindezerstörer jetzt als Gemeindegründer nicht doch ein bißchen zu weit? Stand er mit ihnen wirklich in der Mitte des Werkes? Falls diese so anders geprägten Männer gegenüber Paulus Distanzgefühle gehegt haben, was denkbar und psychologisch verständlich wäre, haben sie jedenfalls in diesen Tagen geistliche Wandlungsfähigkeit bewiesen. Die skeptischen Untertöne wurden ausgeräumt. Der Geist Gottes ließ die Versammlung begreifen: Das ist nicht ein anderes Evangelium, wenn auch Evangelium anders. Eine andere Zielgruppe der Verkündigung erfordert auch andere Darbietung, Gewichtung und Konzentration.

Ein weiterer Einschub nennt das Mittel Gottes, das diesen Durchbruch bei den Uraposteln erzielte. **Nämlich der, der wirksam war an Petrus zum Apostedienst an der Beschneidung, der war auch an mir wirksam in bezug auf die Heiden.** In den unterschiedlichen Wirkweisen der beiden Apostel zeigte sich das Wirken desselben Gottes, erkennbar an Manifestationen des Heiligen Geistes. Nach Apg 15,12 beachteten sie die »großen Zeichen und Wunder« in der Heidenmission. Dort nach V. 8 erinnerte auch Petrus sie an seine Erfahrung im Hause des heidnischen Kornelius: augenfällige pneumatische Gaben begleiteten den Geistempfang, und dieser war es, der ihn den Satz sprechen ließ: »Wenn nun Gott ihnen die gleiche Gabe gegeben hat wie auch uns, die wir zum Glauben an den Herrn Jesus Christus gekommen sind: wer war ich, daß ich Gott wehren konnte?« (11,17). Paulus wird hier nicht ausführlich, aber nach seinen Briefen lagen ihm solche Gesichtspunkte nicht fern. »Zeichen und Wunder« waren für ihn keine Fremdwörter[b] (s. zu 3,4). Von der Existenz geisterfüllter Gemeinden, die auf sein Wirken zurückgingen, konnte er ableiten: »Ihr seid unser Empfehlungsschreiben ... alle Menschen können es lesen ... unverkennbar ... ausgefertigt durch unsern Dienst ... mit dem Geist des lebendigen Gottes«, und: »Ihr seid das Siegel meines Apostelamtes« (2Kor 3,2f; 1Kor 9,2). 8

[b] Röm 15,18f 2Kor12,12 Gal 3,4

Ein zweiter Partizipialsatz faßt die Einschübe ab V. 7 zusammen: **Und erkennend die mir gegebene Gnade.** Das Gottesurteil, das sich in seinem Missionswerk ausgesprochen hatte, wurde anerkannt: Paulus hat die Apostelgnade empfangen. Hier fehlt zwar die Vokabel »Apostel«, aber andere Stellen zeigen immer wieder die Nähe von »Apostelamt« und »Gnade« (s. zu 1,15). Mit Bedacht ist Barnabas hier nicht erwähnt. Nur Paulus war, wenn auch als Nachzügler, einer Erscheinung des Herrn gewürdigt worden (1Kor 15,8) und damit zum Apostel berufen. Zu V. 9b werden wir noch genauer auf diese Apostelgnade für Paulus eingehen. 9

Endlich kann Paulus den V. 7 begonnenen, nach den ersten Worten aber unterbrochenen Satz vollenden und das positive Ergebnis der Verhandlung nennen. **Es gaben Jakobus und Kephas und Johannes, die angesehen sind, Säulen zu sein, mir und Barnabas die rechte (Hand) der Gemeinschaft.**

Die **Säule** war im Altertum als Bild für besonders bewährte Menschen bekannt. Im Judentum[31] und deutlich im NT geht es aber bei diesem Vergleich um mehr als um Anerkennung menschlicher Zuverlässigkeit. Für die »Säulen« in Offb 3,12 und 1Tim 3,15 ist es wichtig, daß sie in einem geistlichen Tempel stehen. Es handelt sich also um

[31] Bill I, S. 537, vgl. Jer 1,18

Menschen, die Gott selbst als maßgebliche Offenbarungsträger dort hingestellt hatte. Damit tritt der Gedanke an menschliche Qualitäten zurück. Der Ton liegt auf gottgeschenkter Autorität ihres Dienstes. Diese Autorität gesteht Paulus also den drei hier Genannten ehrlich zu. Sie veranlaßte seine Reise nach Jerusalem (V. 2, vgl. 1,18), um ihretwillen strebte er dies feierliche Übereinkommen an. Darum hat es auch Überzeugungskraft für die Galater.

Bei **Jakobus** handelt es sich hier wie 1,19; Apg 15,13 und 1Kor 15,7 nicht um den Zwölferapostel, der schon Jahre vor dem Apostelkonzil den Märtyrertod erlitten hatte (Apg 12,2), sondern um den Bruder des Herrn. Während aber nach Gal 1,18f noch eindeutig Petrus als der führende Mann in Jerusalem erscheint, steht hier – über ein Jahrzehnt später – dieser Jakobus an erster Stelle. Wohl seit Apg 12,17, wo Petrus wegen einer Verfolgung durch Agrippa I. Stadt und Gemeinde verlassen mußte, war die Leitung auf Jakobus übergegangen. Apg 21,18 zeigt ihn in Funktion – zugleich die letzte Nachricht über ihn. Nach der Überlieferung wurde er im Jahre 62 gesteinigt. Daß er und andere Christen damals in Jerusalem bleiben konnten, hing sicher mit ihrer Frömmigkeitspraxis zusammen, die im deutlichen Unterschied zum Kreis um Stephanus Tempel und Gesetz naheblieb. Darum duldete sie die Synagoge trotz des Bekenntnisses zu Jesus als dem Messias. Mochten diese Christen ihrer Sonderanschauung leben, wenn nur das Gesetz als gemeinsame Grundlage gewahrt schien. Keinesfalls jedoch gehörte Jakobus zu den Judaisten. In Apg 21,18-25 spricht Jakobus doch recht distanziert von jener innergemeindlichen Gruppe von Gesetzeseiferern und will offenkundig zwischen ihnen und Paulus eine Brücke bauen. Wohl wurde er von jener Seite mißbraucht (Apg 15,24; Gal 2,12), war aber in Wahrheit ein Mann des Ausgleichs und versuchte in Sorge um das Überleben der Gemeinde zwischen Heidenchristen, Judenchristen und Synagoge zu vermitteln. Auffällig noch, daß eben, in V. 7-8, wo von Verkündigung die Rede war, Jakobus überhaupt nicht erwähnt wird, sondern nur Petrus. Doch hier, wo eine rechtsverbindliche Regelung anstand, geht er voran. Sein Schwergewicht lag auf der Gabe der Leitung, weniger auf der der Lehre. Diese Grundhaltung spiegelt auch der Jakobusbrief wider. Er ist aufs Praktische gerichtet, dabei aber frei von judaistischen Tendenzen. Beschneidung, Sabbat oder Speisegebote spielen dort keine Rolle. Vielmehr vertritt er eine »gemäßigte Linie«. »Man sollte einer scharfen Jakobus-Paulus-Opposition ... den Abschied geben, ohne die dialektische Spannungsbreite zu leugnen« (Popkes, Jakobusbrief, S. 106.186).

Von diesen drei Urautoritäten heißt es, daß sie Paulus und Barnabas **die rechte (Hand)** reichten. Sie gaben nicht von oben herab die Fingerspitzen der Überheblichkeit, sondern die volle Rechte **der Gemein-**

schaft. Auf den Anblick dieser Gemeinschaft läuft der ganze Abschnitt zu: Die Säulen von Jerusalem schließen Paulus und Barnabas nicht aus, wie die Judaisten wünschten, sondern anerkennen die Säulen von Antiochien als ebenbürtig. Sie besiegelten ihre elementare Gemeinschaft demonstrativ durch den rechtskräftigen Handschlag. Dieses Bild ist auch für das Verständnis von 2,11-21 festzuhalten.

Grundlage dieser Gemeinschaft war die gegenseitige Respektierung unterschiedlicher Sendungen. Die Einigungsformel lautet: **Wir für die Heiden, sie für die Beschneidung.** Natürlich ist in beiden Fällen ein Tätigkeitswort zu ergänzen: Wir verkünden das Evangelium – sie verkünden das Evangelium. Darin lag ihr Gemeinsames. Wenn sich nun auf dieser Basis Unterschiede auftaten, bedeutete das nicht Zerfall, sondern Entfaltung dieses einen Evangeliums. Wichtig bleibt der Wille zur Einheit, der sich darin zeigt, daß nicht einer die Arbeit des anderen durchkreuzt.

Doch was war es genauer, was auf Paulus und Petrus aufgeteilt wurde? Wohlgemerkt ist die Formel dem Zusammenhang nach nicht eine Regel erst für die Zukunft, sondern wurde als schon in Kraft befindlich von der bisherigen Missionsgeschichte abgelesen. Gottes Führen und Wirken in der Vergangenheit wurde begriffen und jetzt bewußt anerkannt. Dies tiefere Verständnis konnte in Zukunft vor Mißverständnissen und Spaltungen bewahren. Was war denn bisher gewesen? Zuerst zwei negative Feststellungen:

– Es gab bisher keine *geographische* Arbeitsteilung, keine Aufteilung der Missionsgebiete. Der Versuch wäre schon daran gescheitert, daß die Judenschaft damals wie heute nur zum kleinsten Teil in geschlossenen Siedlungsgebieten lebte (etwa in Jerusalem und Judäa). Der weitaus größte Teil war unter alle Völker zerstreut. Tatsächlich tauchte der missionierende Petrus auch außerhalb Judäas auf, nämlich nach Apg 10 in Cäsarea, nach Gal 2,11 in Antiochien, nach 1Petr in Kleinasien, nach 1Kor in Griechenland und nach der Überlieferung in Rom.

– Aber es herrschte auch keine *ethnologische* Aufteilung, obwohl nach V. 8 scheinbar die Volkstümer zugeteilt wurden. Paulus hatte aber das Zeugnis gegenüber Israel nie unterlassen. Man vergleiche seine Praxis nach der Apostelgeschichte und grundsätzliche Selbstaussagen wie 1Kor 9,20 und vor allem Röm 1,14: »Ich bin ein Schuldner der Griechen und der Nichtgriechen«, vgl. Apg 9,14. Eine andere Lösung scheiterte schon am gemischten Zustand der meisten urchristlichen Gemeinden. Überall bildeten bekehrte Juden und Heiden *eine* Gemeinde, was Paulus auch aus geistlichen Gründen wichtig war (z. B. Gal 3,28). Auf der anderen Seite hatte auch Petrus Einfluß in paulinischen Gemeinden.

– Der Zusammenhang führt auf eine andere Spur. Die Einigungsformel betrifft weder die geographische noch die ethnologische, sondern die *theologische Zuständigkeit*. In V. 9a war von der »Gnade« die Rede, die Gott dem Paulus »gegeben« hatte. Gnade ist hier mehr als allgemeine Huldzuwendung, nämlich zugleich konkrete Gnaden*gabe*. Die Jerusalemer hatten sich von seiner besonderen Befähigung zur Lehre überzeugt. Zu dieser seiner Gabe äußert er sich Eph 3,2-8 ausführlich. Der Kursivdruck zeigt die Berührungspunkte mit unserm Text: »Ihr habt doch gehört, welches Amt die *Gnade* Gottes mir für euch *gegeben* hat. Durch eine Offenbarung wurde mir das Geheimnis [von der Mitberufung der Heiden] mitgeteilt, das ich soeben kurz beschrieben habe. Wenn ihr das lest, könnt ihr sehen, welche Einsicht in das Geheimnis Christi mir *gegeben* ist ... Jetzt ist es durch den Geist offenbart worden: daß nämlich die Heiden Miterben sind, zu demselben Leib gehören und an derselben Verheißung in Christus Jesus teilhaben durch das Evangelium. Ihm diene ich dank der *Gnade*, die mir durch Gottes mächtiges Wirken *gegeben* wurde. Mir, dem Geringsten unter allen Heiligen, wurde diese *Gnade gegeben*: Ich soll den Heiden als Evangelium den unergründlichen Reichtum Christi verkündigen ...« Der Abschnitt liest sich wie eine Auslegung zu unserm Vers.

Die Gnadengabe des Paulus, theologisch helfen zu können und den Knoten zu durchschlagen, erwies sich auf dem Apostelkonzil zunächst an der damals so brennenden Beschneidungsfrage. Unter seinem Einfluß wurde sie so gelöst, daß die Heidenchristen von dieser Forderung freiblieben, die Judenchristen sich ihr aber weiterhin verpflichtet wußten. Jedoch erschöpfte sich die Bedeutung der Einigung nicht in dieser praktischen Regelung. Paulus nennt sich in 1Kor 3,10 nicht umsonst einen »weisen Architekten« (auch wieder unter Hinweis auf die ihm gegebene Gnade Gottes!). Dies Bild überragt einzelne Problemlösungen und stellt einen umfassenden und grundsätzlichen Dienst vor Augen, der den Gesamtentwurf eines Baus betrifft. So betrifft auch die Einigungsformel hier in V. 9 die grundsätzlichen Fragen der Verkündigung. Am Beispiel: Den Heidenvölkern ist an Stelle der Götzen ein ihnen bisher unbekannter Gott zu verkünden (Apg 17,23). Bei Israel ist das grundsätzlich anders. Als auserwähltes Volk besitzt es einen unermeßlichen Vorteil: Seit Jahrtausenden hat es den wahren Gott erfahren. Zu ihm hat Gott geredet, ihm den Bund, das Gesetz und die Verheißungen gegeben und damit eine andere Seinsart eröffnet. Die Juden sind objektiv »im Gesetz« *(ennomoi)*, die Heiden »ohne Gesetz« (*anomoi*, vgl. 1Kor 9,20f). Daraus ergibt sich der strukturelle Unterschied zwischen beiden Verkündigungen. Um es anschaulich zu machen: Paulus fordert seine heidnischen Hörer in Ephesus auf, ihre Zauberbücher (im Griechischen: ihre »Bibeln«!) zu verbrennen (Apg 19,19). In der Judenmission ist eine entsprechende Aufforderung undenkbar. Vielmehr werden die Schriften Israels von der christlichen Mission als heilige Schriften bestätigt. Sie sind nicht zu verbrennen, sondern nach 2Kor 3,14 zu »ent-decken«. Jüdische Hörer sollen Jesus Christus als Mitte und Ziel ihrer Schrift erkennen. Ferner hängt mit dem Status Israels als Volk der Gnadenwahl auch ein höherer Grad der Verantwortlichkeit zusammen. Darum muß zu Israel auch anders über Sünde, Verlorenheit, Umkehr und Versöhnung gesprochen werden. Vor allem die Erstverkündigung an Juden und Heiden unterscheidet sich beträchtlich und ist eine theologische Herausforderung ersten Ranges.

Damit ist der besondere Beitrag des Paulus, den er ohne Menschenvermittlung vom Herrn selbst empfangen hatte (1,11.16), bestimmt. In Paulus kam die volle theologische Erfassung des Opfertodes Jesu als Erlösung »für viele, für alle, für die Welt« zum Durchbruch. Darum konnte er in V. 2 (vgl. 1,11) so betonen: »das Evangelium, das durch *mich* ausgerufen wird«, und im Röm zuspitzen: »*mein* Evangelium«.[c]

[c] Röm 2,16 16,25 2Tim 2,8

Dieser ganze Komplex kam auf dem Apostelkonzil der versammelten Gemeinschaft zum Bewußtsein. Das theologische Charisma des Paulus bewährte sich. Er war offensichtlich ein auserwähltes Werkzeug des Herrn, ein »Architekt« heilsgeschichtlicher und darum auch missionarischer Theologie, die Maßstäbe setzte. Nur er vermochte später einen Römerbrief zu schreiben. Die Mitapostel beugten sich unter seine durchdringenden und unbestechlichen Ableitungen aus dem gemeinsamen urchristlichen Bekenntnis. Sie erkannten zunehmend, daß die zunächst so ungewohnt klingende Lehre dieses Bruders aus Antiochien »Wahrheit des Evangeliums« war. Sie vernahmen in seiner Botschaft die Stimme ihres Herrn und ließen ihn darum vorangehen.

Die neu besiegelte Gemeinschaft wird mit einer Zusatzvereinbarung 10
versehen. **Allein, daß wir (fürsorglich) an die Armen dächten.** Ohne jede Beifügung konnte Paulus von den »Armen« sprechen, und die Galater wie auch die noch weiter entfernten Römer (Röm 15,26) wußten, daß damit die Christen der Urgemeinde gemeint waren. Wahrscheinlich war es deren Selbstbezeichnung auf dem Hintergrund von Jes 61,1f, die von allen Gemeinden ehrfürchtig mitgesprochen wurde. Die soziale Armut wird geistlich verklärt. Die Bedürftigen wissen sich dem Heil besonders nahe, denn »den Armen« werden Evangelium und Seligpreisungen gesagt (Mt 5,3, Lk 6,20; 7,22).

Die grammatische Form des Präsens zeigt eine fortdauernde Einrichtung an. Aber deswegen an ein von Paulus anerkanntes Besteuerungsrecht der Jerusalemer zu denken, wäre abwegig. Das NT weiß nichts davon, daß jede irgendwo entstehende christliche Gemeinde gegenüber der Urgemeinde abgabepflichtig war. Außerdem liefe dieser Sinn der Tendenz des Berichtes entgegen, wonach gerade eine Gemeinschaft Ebenbürtiger begründet wurde. Dem Gedankengang nach wurde von den Jerusalemern eine herzliche Bitte um Hilfe nachgeschoben, nicht eine Bedingung vorgeschoben. Paulus hat diese Hilfe gern zugesagt. Nach Röm 15,26f; 1Kor 16,3; 2Kor 8,3.8.24; 9,5 haben diese Sammlungen den Charakter des Dankes, der Gnade, der Freiwilligkeit, des Liebeserweises und der Segensgabe. Sie sind das freie Gastgeschenk, das die Heiden, die sich in Israel zu Hause fühlen dürfen, mitbringen. Andererseits: Indem die Urgemeinde das Geschenk annimmt, akzeptiert sie Paulus und sein Werk.

Paulus versichert abschließend seinen eigenen Eifer in dieser Sache. **Was ich mich auch bemüht habe, gerade dies zu tun.** Für Barnabas kann er in diesem Fall nicht sprechen, denn sie haben sich inzwischen getrennt. Aber für seine eigene Person kann er sagen, daß ihm auch diese Zusatzvereinbarung Herzenssache geblieben ist. Die Galater konnten es nach 1Kor 16,1-4 bestätigen. Mehr noch: durch ihre Teilnahme daran sind sie selbst jener Gemeinschaft beigetreten. Sie sollten nicht gestatten, daß die Judaisten einen Keil dazwischentreiben.

Zum weiteren Weg der Judaisten. Calvin meinte drastisch, das Apostelkonzil habe wohl genügt, daß die Hunde zu bellen aufhörten, nicht aber, sie zu bändigen. Der nächste Abschnitt wird das bestätigen (2,12). Offenbar begannen diese Kräfte eine förmliche Gegenmission. Spuren davon finden sich in allen Hauptbriefen des Paulus und im Phil und Kol, was die Reichweite dieser Bestrebungen beeindruckend belegt. Noch Ignatius mußte zu Beginn des 2. Jh.s diesen Kampf des Paulus gegen den »Judaismus« weiterführen (IgnMagn 8,1; 10,3 IgnPhld 6,1). Auch in Jerusalem selbst erstarkte diese Partei, zumal nach dem Märtyrertod des ausgleichenden Jakobus (s. zu V. 9). Dennoch zerbrach im Zusammenhang mit dem Jüdisch-Römischen Krieg auch das einigermaßen erträgliche Verhältnis dieser Gruppe zum Judentum völlig. Die Flucht aus der Stadt noch vor dem Untergang der Stadt im Jahre 70 und die Übersiedlung nach Pella im Ostjordanland wurde der Gemeinde als Verrat am jüdischen Patriotismus angerechnet. Seitdem war sie endgültig aus der Synagoge ausgeschlossen, trotz ihrer Gesetzestreue. Gegen Ende des Jahrhunderts nahmen die Juden sogar eine Verfluchung aller zum Christentum abtrünnigen Brüder in ihr tägliches Gebet auf (Schrage, ThWNT VII, S. 848, 4).

Vermutlich von Pella aus entstanden neue rein judenchristliche Gemeinden in Palästina und Syrien. Sie nannten sich weiterhin »die Armen« (hebräisch: Ebioniten). Vielleicht hatten sie auch Zuzug durch Essener (Bammel, ThWNT VI, S. 912, 18ff). Doch ihre Isolierung nach allen Seiten, sowohl vom Heidenchristentum als auch von der Synagoge, ließ sie zunehmend Opfer religiöser Zeitströmungen werden. In ihrem Schrifttum kommen unter Verlust christlicher Substanz deutlich gnostische Elemente zur Herrschaft. Sie verehrten Jesus vornehmlich als Propheten, auf Kosten seiner Gottessohnschaft. Seine Erscheinungen als Auferstandener, auf die Paulus sein Apostelamt gründete, wurden entwertet (Friedrich, ThWNT VI, S. 860, 1ff; Cullmann, dort S. 104, 10ff). Ihr Schrifttum sind etwa das Hebräer-Evangelium, das Nazarener-Evangelium, die Pseudoclementinen und das Thomas-Evangelium. Diese Gemeinden hielten sich anscheinend noch bis zum siebten Jahrhundert im Ostjordanland, in Syrien und Ägypten und wurden schließlich vom Islam aufgesogen. (Zum Ganzen vgl. Kümmel, RGG III, S. 967; Hengel, Geschichtsschreibung, S. 101f; Albertz II, S. 287ff; F. F. Bruce, Zeitgeschichte, II, S. 197f.)

e) Vor der Gemeindeöffentlichkeit in Antiochien stand er unerschütterlich zur Wahrheit des Evangeliums, als sogar Petrus schwankte: 2,11-21

11 Als aber Kephas nach Antiochien kam, widerstand ich ihm ins Angesicht[a], weil er der Verurteilung verfallen war[b].

12 Denn vor dem Kommen einiger von Jakobus her pflegte er mit den Heiden(christen) zusammen zu essen. Als sie aber kamen, verstellte er sich[c] und sonderte sich ab, weil er sich vor denen aus der Beschneidung fürchtete,

13 und mit ihm gemeinsam heuchelten auch die übrigen Juden(christen), so daß auch Barnabas sich mit fortreißen ließ durch ihre Heuchelei[d].

14 Als ich aber sah, daß sie nicht feststanden[e] gemäß der Wahrheit des Evangeliums, sagte ich Petrus vor allen: Wenn du, der du ein Jude bist, heidnisch lebst und nicht jüdisch, wie zwingst du (dann) die Heiden(christen) zu judaisieren[f]?

15 Wir, von Natur Juden, und nicht Sünder aus den Heiden[g] –

16 wissend aber, daß der Mensch nicht gerechtgesprochen wird aus Werken des Gesetzes, sondern (nur) durch den Glauben an[h] Jesus Christus – auch (sogar) wir unsererseits sind zum Glauben an Christus Jesus gekommen, damit wir gerechtgesprochen werden aus[i] Christusglauben und nicht aus Werken des Gesetzes, denn aus Werken des Gesetzes »wird kein Fleisch gerechtgesprochen werden« (Psalm 143,2).

17 Wenn aber wir beim Suchen, gerechtgesprochen zu werden in Christus, befunden wurden, auch gerade wir (Judenchristen), als Sünder, ist Christus (dann etwa) der Sünde Diener? Ausgeschlossen![j]

18 Wenn ich nämlich das, was ich (früher) niedergerissen habe, wieder aufbaue, stelle ich mich selbst als Übertreter hin.

19 Ich (für meine Person), ich bin nämlich durch das Gesetz dem Gesetz gestorben, damit ich (für) Gott lebe. Mit Christus bin ich gekreuzigt.

20 Ich lebe aber nicht mehr[k], ich (für mich), es lebt vielmehr[l] in mir Christus. Was ich aber jetzt lebe im Fleisch[m], im Glauben lebe ich

(es) an den Sohn Gottes, der mich geliebt hat und sich selbst hingegeben hat für mich.

21 Ich setze nicht außer Geltung[n] die Gnade Gottes, wenn nämlich durch das Gesetz Gerechtigkeit (kommt), wäre folglich Christus zwecklos gestorben.

Zur Übersetzung

[a] Das Gegenteil wäre: hinter dem Rücken widerstehen; Paulus aber bezeugt sein ungescheutes Auftreten ohne Ansehen der Person (vgl. V. 6). Auch das Moment der Schonungslosigkeit spricht mit: unumwunden, ohne jede Verhüllung.

[b] Perfekt von *kataginôskô*, verurteilen. Wörtlich: »weil er ein Verurteilter geworden war, sich ins Unrecht gesetzt hatte«, nämlich schon bevor Paulus ihm öffentlich das Urteil sprach. Die Übersetzung hier mit Menge.

[c] *hypostellô* wird allgemein übersetzt: »zog sich zurück«. Nur fehlt dann beim nächsten Verb (»sonderte sich ab«) der Gedankenfortschritt, denn wer sich zurückzieht, hat sich bereits abgesondert. Darum empfiehlt sich hier mit Cullmann die Übersetzung: sich verstellen (ThWNT VI, S. 110, 16; Petrus, S. 42; vgl. Borse, S. 103). Diese Fassung erklärt auch aufs beste den Vorwurf der Heuchelei im nächsten Vers.

[d] *hypokrisis*, im Altertum für die hochgeehrte Schauspielkunst verwendet. Nur gelegentlich kennzeichnete man damit einen trügerischen Menschen. Doch in der LXX erscheint dieses Wort regelmäßig in seinem negativen Sinn, und zwar für Glieder des Volkes Gottes, die nur Gottes Volk spielen (vgl. jemand spielt Soldat), sich Gott also entfremdet haben und im Existenzwiderspruch leben (so auch 16mal bei Mt). Die moralische Ebene wird auf ein theologisches Urteil hin durchstoßen.

[e] *orthopodeô* von *orthopous*, geradfüßig. Das Verb bezeichnet nicht eine Gangart, sondern eine Standart: eine stabile Stehweise einnehmen, nicht wanken und umfallen (Preisker, ThWNT V, S. 452; auch Zahn, S. 118: »Das Wort drückt in keinem seiner Teile eine Bewegung aus.«).

[f] Das hier im Text stehende Verb *ioudaizein* hat einen etwas anderen Sinn als der Ausdruck, den Paulus gerade zuvor für das Verhalten des Petrus verwendet: »(nicht) jüdisch leben«. Letzteres stellt neutral fest, daß jemand als Jude die jüdischen Speisesitten einhält. Es ist aber ein Unterschied, ob ein Jude jüdisch lebt, oder ob ein Heide, agitatorisch gedrängt (»du zwingst«), dazu als zu einem Bekenntnisakt übergeht.

[g] Es handelt sich nicht um einen prädikatslosen Nominalsatz, sondern der Satz geht nach Einschub von V. 16a weiter.

[h] Wörtlich: »durch Glauben Jesu Christi«, was sprachlich auch heißen könnte: durch den Glauben (d. h. durch die Treue, wie 5,22), den Jesus Christus übte. Aber sicher ist Christus in diesem Vers jedesmal Glaubens*objekt*, wie die Fortsetzung sofort klarmacht: »auch wir sind zum Glauben *an* Christus Jesus gekommen«. Außerdem steht die Wendung deutlich den »Werken des Gesetzes« gegenüber, ebenfalls als Genitivus objectivus zu verstehen: nicht Werke,

die das Gesetz tut, sondern die der Mensch im Hinblick auf das Gesetz und dem Gesetz gemäß tut.

[i] Der Wechsel von »durch *(dia)* Glauben« im Versanfang zu »aus *(ek)* dem Glauben« hier mag sich durch die Anlehnung an den Wortlaut von Hab 2,4 erklären, eine Stelle, die Paulus wichtig war (Röm 1,17; Gal 3,11; vgl. Hebr 10,38). Im Gal findet sich »durch den Glauben« (Glaube als Werkzeug) noch 3,14.26; sonst meist »aus dem Glauben« (Glaube als Ursprung) in 3,7-8.9.11.12.22.24; 5,5. Doch sollte man aus den Präpositionen nicht zuviel machen, da sie sich weithin überschnitten. Die Wendung mit »aus« klang altertümlicher.

[j] *mä genoito* (im Gal noch 3,21; 6,14), Verweigerung eines Amen. Das hebr. *amen* = »Es steht fest!« (Bekräftigungsformel, s. zu 1,5) wurde nämlich in der LXX mit *genoito* übersetzt (Schlier, ThWNT I, S. 340). Verbunden mit einer Verneinung wie hier drückt es schärfste Distanzierung von einer Gotteslästerung aus.

[k] Das »nicht mehr« könnte auch zum folgenden »ich« (nach dem Komma) gezogen werden, wie wir es durch die Luther-Übersetzung gewohnt sind: »Ich lebe, aber nicht mehr ich.« Wir folgen der anderen Möglichkeit, die sich besonders gut in die Gedankenführung von Vers 19 her einfügt: »Ich bin gestorben, ich bin gekreuzigt, ich lebe nicht mehr« (mit Menge, Elberfelder, Einheitsübersetzung, Wilckens, Tillmann, Albrecht, auch in maßgeblichen englischen Bibelausgaben).

[l] Adversatives (gegensätzliches) *de,* im Unterschied zum *de* in V. 20a und c (dort nur mit einem leichten »aber« zu übersetzen).

[m] *sarx,* 18mal im Gal, und zwar in dreifacher Bedeutung: (1) Fleisch als Gegenbegriff zum allmächtigen Schöpfer, also der Mensch in seiner schwachen Geschöpflichkeit (1,16; 2,16; 4,13.14.23.29; 6,12.13; vielleicht gehört auch 3,3 hierher, s. auch unter Punkt (3); (2) Fleisch als Gegenbegriff zu Himmel, Ewigkeit und Herrlichkeit, also das irdische, vergängliche und glanzlose Dasein. So hier in 2,20 (vgl. 2Kor 10,3; Phil 1,22.24); (3) Fleisch als Gegenbegriff zum Geist Gottes, also Anti-Geist, Widerspruchsgeist, Sündensphäre: 3,3; 5,13.16.17 (zweimal). 19.24; 6,8 (zweimal). Hierzu vgl. Vorbemerkung zu 5,13-15.

[n] *atheteô* bedeutet, ein *theton* zu einem *atheton* zu machen, also etwas Festgesetztes (ein Gesetz, einen Bund oder einen Beschluß) wieder in ein Ungesetztes zu verwandeln, in juristischer Sprache also: etwas annullieren (z. B. Gal 3,15). Oft aber tritt noch der Vorwurf eines illegalen und verräterischen Handelns hinzu: Treubruch verüben, abtrünnig sein, ungehorsam sein (besonders deutlich in Lk 7,30).

Vorbemerkung

1. Ein Gipfelabschnitt. Der Vergleich mit 2,1-10 zeigt deutlich eine Steigerung. Schon in Jerusalem mündete ein konkretes Problem in eine grundsätzliche Erörterung der »Wahrheit des Evangeliums« (V. 5 und 14); dort löste die Beschneidungsforderung sie aus, im diesem Fall die Frage der Speisegebote. Der Unterschied bestand allerdings in den Widersachern. In Jerusalem mußte Paulus Amt und Botschaft gegen Falschbrüder behaupten, in Antiochien jedoch gegen einen der Urapostel, dazu gegen seinen engsten Verbündeten Barnabas. Ihnen hatte er doch nach V. 9 die »Hand der Gemeinschaft« gereicht, mit ihnen verband ihn auch jetzt eine elementare Gemeinschaft. Mithin hatte es der Protest gegen die Entleerung des Evangeliums diesmal weit schwerer, die Probe war unendlich härter. Würde Paulus auch jetzt dem Evangelium treu sein oder gegen seinen eigenen Wahlspruch von V. 6 verstoßen: »Kein Ansehen der Person!«? So haben wir hier den Gipfel des ersten Briefteils, auch sein theologisches Kernstück. Allerdings sind die Aussagen noch ganz durch die Kampfsituation geprägt, wie Felsbrocken hingeworfen. Erst im zweiten Briefteil ab 3,6 geht Paulus auf die exegetischen Einzelheiten und auf verschiedene sich ergebende Gesichtspunkte ein.

2. *Zur Abgrenzung des Abschnitts.* Wie weit reicht die öffentliche Rede des Paulus damals in Antiochien an Petrus? Nicht wenige Ausleger, z. B. auch die Ausgabe der Revidierten Lutherbibel von 1984, machen nach V. 14 einen Absatz, so daß nur der Halbvers 14b in Antiochien zu Petrus gesagt wäre und Paulus sich schon ab V. 15 erläuternd den Galatern zuwendete. H. D. Betz läßt mit 2,15 sogar einen eigenen Hauptteil des Briefes beginnen. Doch ist es von vornherein unwahrscheinlich, daß Paulus den Galatern nicht mehr als dieses Sätzchen aus seinem in V. 11 so groß angekündigten Auftreten gegen Petrus mitteilen wollte. Außerdem läßt sich V. 14-21 durchaus als einheitliche Anrede an Petrus verstehen. In V. 14 spricht Paulus ihn betont als einen Juden an, V. 15 erweitert er dann: »wir Juden«, und V. 16 und 17 halten an diesem »wir« fest. Die heidenchristlichen Briefempfänger in Galatien sind hier also noch nicht einbegriffen. Auch V. 18 mit dem Vorwurf eines vollzogenen Rückfalls paßt besser auf Petrus in Antiochien als auf die Leser in Galatien, die doch erst im Begriff waren, endgültig auf die Seite der Judaisten zu treten. Ein tatsächlicher Einschnitt zeigt sich erst bei 3,1. Dort wechselt der Text deutlich von der Ebene der Erzählung auf die der Anrede. Das »du« zu Petrus weicht dem »O ihr!« an die Galater. Im übrigen versucht hier die Auslegung Vers für Vers vorzuführen, wie nahe Paulus an der Situation in Antiochien bleibt, während der direkte Bezug auf die Galater sehr komplizierte Gedankengänge erforderte und den Text rätselhaft machte.

3. *Zur zeitlichen Einordnung des Vorfalls in Antiochien.* Bisher, ab 1,13, erzählte Paulus der Reihe nach Ereignisse seines Lebens. Darum ist es das natürlichste Verständnis, daß auch der Zwischenfall von Antiochien zu einem nicht genannten Zeitpunkt dem Apostelkonzil von 2,1-10 folgte. Trotzdem hat es schon der Kirchenvater Augustin anders gesehen, und in neuerer Zeit behaupten z. B. Theodor Zahn und jetzt F. F. Bruce die umgekehrte Reihenfolge. Dabei spielen apologetische Gründe eine Rolle.

Man geht vom Aposteldekret in Apg 15,20.29 aus, das den Heidenchristen in Antiochien, Syrien und Zilizien unter anderem die Auflage machte, Götzenopferfleisch und Blutgenuß in jeder Form zu meiden. »Wenn ihr euch davor hütet, handelt ihr richtig«, schloß das Schreiben, hinter dem auch Jakobus stand. Mehr wurde nicht erwartet. Wie konnten nun die Sendboten des gleichen Jakobus nach 2,12 an den gemeinsamen Mahlzeiten in Antiochien Anstoß nehmen? Haben die Antiochener etwa – unter Billigung des Paulus – nicht gehorcht, sich über das feierliche Dekret hinweggesetzt und Götzenopferfleisch oder Ersticktes gegessen? Aber dann hätte doch Petrus den Paulus ermahnen müssen, nicht umgekehrt! Dieser Ungereimtheit entgeht man eben, wenn der antiochenische Vorfall dem Jerusalemer Beschluß vorausging, mag er auch von Paulus erst an zweiter Stelle berichtet worden sein. Dort in Jerusalem wurde dann das hier aufgebrochene Problem verhandelt und im Sinne des erwähnten Dekrets geregelt. Auf diese Weise ist alles stimmig.

Zunächst ist die Voraussetzung zu prüfen, ob bei den Mahlzeiten in Antiochien überhaupt gegen das Dekret verstoßen wurde. Wurde dort bedenkenlos Götzenopferfleisch verzehrt? Nach allem, was wir von Paulus wissen, hat er in den Gemeinden den Genuß von Götzenopferfleisch im Endergebnis sowieso nicht gebilligt (1Kor 8,9-13). Immer konnte da ein Bruder sein, ob nun Heiden- oder Judenchrist, der Anstoß nahm. Rücksichtnahme war Paulus heilig. Er konnte sogar so weit gehen, aus diesem Grunde überhaupt von Fleischgenuß Abstand zu nehmen (V. 13). Hätte für die Jakobusleute hier der Ansatzpunkt gelegen, wäre Paulus demnach sofort auf ihre Seite getreten, einmütig auch mit Petrus und Barnabas. Es gab ihn also nicht.

Bleibt die andere Auflage: Verbot jeden Blutgenusses, etwa im Fleisch, das nicht nach jüdischer Weise geschlachtet worden und ausgeblutet war (zum jüdischen Schächten: 3Mo 17,10-14; 5Mo 12,23-24). Aber wurde bei diesen gemeinsamen Mahlen überhaupt Fleisch gegessen? Im Altertum gehörte Fleischgenuß nicht in dieser Selbstverständlichkeit zur Nahrung wie im heutigen Europa. Man ernährte sich in der Regel von Mehlspeisen, in älterer Zeit in Form von Brei, später auch in Form von Brot. Fleisch war Delikatesse. Bürger mit niedrigem Sozialstand – und dazu gehörte sicher die Masse der Christen – bekamen sie nur bei zwei Gelegenheiten: bei Einladungen durch Wohlhabende und bei öffentlichen Festen mit Fleischverteilung durch die Regierung.[32] Die Gemeindemahle darf man sich dagegen recht einfach vorstellen, mehr in Nähe zu Armenspeisungen. An Privatessen ist hier sowieso nicht gedacht. Somit ist die Annahme einer Kollision mit dem Aposteldekret voreilig, gewaltsame Textoperationen erübrigen sich.

Woran streng jüdisch lebende Christen aber abgesehen von diesen Punkten des Dekrets Anstoß nehmen konnten, war immer noch genug. Schon vor Beginn der Mahlzeit war da die Pflicht zum rituellen Händewaschen, ebenso zu einer Weihung aller verwendeten Becher, Krüge und Töpfe (Mk 7,3f), ferner zum Verzehnten der Speisen bis hin zu Minze, Dill und Kümmel (Mt 23,23). Auch in die Auswahl der nichtfleischlichen Speisen griffen die Satzungen ein. Früchte junger Obstbäume waren während der ersten drei Jahre untersagt (3Mo 19,23-25), ebenso Nahrungsmittel, die in fremden (»unreinen«) Ländern erzeugt worden waren.[33] Für strenggläubige Juden war es das beste, von solchen Veranstaltungen überhaupt fernzubleiben (vgl. V. 12).

[32] G. Theißen, S. 272-289

[33] Bill IV, S. 367.374-378; Hauck-Meyer, ThWNT III, S. 419-424

Hier also lagen die Anstöße für die Jakobusleute, nicht bei dem Dekret von Jerusalem. Nichts hindert darum, den Bericht des Paulus in der Ereignisfolge so zu nehmen, wie er sich gibt.

4. *Rehabilitierung des Petrus?* Von den Kirchenvätern an bis heute zieht sich durch die Auslegung ein starker Strang, der Petrus gegen den scharfen Vorwurf des Paulus in Schutz nehmen möchte. Die Motive unterscheiden sich; wir können ihnen hier nicht nachgehen. In der gegenwärtigen Literatur wird die eigentliche Schuld nicht selten dem Apostelkonzil zugewiesen. Die Verantwortlichen hätten sich einer »gewissen illusionären Betrachtungsweise« hingegeben (Mußner, S. 134), also am wirklichen Problem vorbeigeredet. Man hätte zwar geklärt, wie ein Jude als Christ leben solle (mit dem Gesetz) und wie ein bekehrter Heide als Christ leben dürfe (ohne das Gesetz), aber nicht, wie sie beide zusammen in einer Gemeinde leben könnten. Die Jakobusleute seien nach Antiochien gekommen, um die dortige christliche Judenschaft, für die sie sich zu Recht verantwortlich fühlten (vgl. die Einigungsformel in V. 9), wieder auf die abgesprochene Linie zu bringen (die Übertretung des Dekrets wird von diesen Auslegern also vorausgesetzt, dazu hier Punkt 3). Das sei ihnen gelungen. Petrus voran, seien die Judenchristen auf den Boden des Konzils zurückgekehrt. Darum habe Petrus den Vorwurf der Verstellung und Heuchelei nicht verdient. »Man wird dem Petrus die Ehrenhaftigkeit und Gewissenhaftigkeit seiner Entscheidung nicht bestreiten dürfen« (Schmithals bei Mußner, S. 164).

Diese Deutung unterschätzt die Väter des Jerusalemer Konzils weit. Sie befaßten sich durchaus mit der Frage der gemischten Gemeinden. Gerade in Antiochien war sie unausweichlich geworden (Apg 11,19-26) und eigentlicher Anlaß für eine grundsätzliche Klärung. Zudem hatte Paulus das Problem durch Mitnahme des Titus ausdrücklich präsent gemacht und auf diese Weise eine Behandlung aufgenötigt. Schließlich beweist auch die erste Zeit des Petrus in Antiochien, bevor die Jakobusleute erschienen, daß die auf dem Konzil getroffene Lösung funktionierte, daß Juden- und Heidenchristen reibungslos und »fein und lieblich beieinander wohnten« (Ps 133,1). Doch jene Sendboten hatten sich ihrerseits wieder hinter den Konzilsbeschluß zurückentwickelt. Damit trübten sie die Eintracht der Gemeinde und die Wahrheit des Evangeliums. Petrus gab ihrem suggestiven Druck nach, so daß der Vorwurf des Paulus gerechtfertigt war. Petrus hatte sich durch sein Verhalten »ins Unrecht gesetzt« (V. 11).

5. *Der Stellenwert der Speisegebote im Judentum.* Die jüdischen Speisegebote liegen dem heutigen Europäer fast so fern wie die Beschneidungsforderung, so daß in diesem Punkt ein Informationsbedarf angezeigt ist. Schon die bekannte Geschichte in Daniel 1 zeigt anschaulich, wie der fromme Jude um der Speisereinheit willen Leib und Leben aufs Spiel setzte. In urchristlicher Zeit stand dieses Thema riesig zwischen Juden und Heiden. Nicht umsonst widmete Paulus ihm im Römerbrief 36 Verse und im 1Kor etwa 24 Verse (Röm 14,1-15,13; 1Kor 8,1-13; 10,23-32). Die grundsätzliche Aufhebung dieser Trennung bei Tisch war aber nicht eine Neuerung erst des Paulus. Vor ihm wurde bereits Petrus auf diese Linie geführt, wie Apg 10 und 11 breit erzählt. Mehr noch: Schon der

irdische Jesus zog das Murren der Repräsentanten jüdischer Frömmigkeit auf sich, weil er mit Leuten (»Sündern«!), die sich über die jüdischen Satzungen hinwegsetzten, zusammen aß (Mk 12,16; Lk 15,2). Markus stellt das Thema in 7,1-23 groß heraus. Höhepunkt ist Jesu Proklamation der Speisefreiheit durch ein Machtwort in V. 18f, das Markus so kommentiert: »Wodurch er alle Speise für rein erklärte« (V. 19c). Eine Barriere war niedergelegt.

Bezeichnenderweise schließt sich dort die Geschichte von der heidnischen Mutter an, in der auch das Thema gemeinsamen Essens aller von einem Tisch antönt. Diese Geschichte weist prophetisch auf Heidenmission hin. Botschaft an alle gibt es erst, wenn man zusammen essen kann. Die Speisegebote wirken gemeinschaftshindernd und untergraben damit die Voraussetzung aller Mission, die Nächstenliebe. Darum wurde »zusammen essen« geradezu ein urchristliches Programmwort. Doch Programm ist noch nicht Praxis. Nur mühsam setzte sich auf diesem Gebiet die »Freiheit, die wir in Christus Jesus haben« (Gal 2,4) im ersten Jahrhundert durch. Die Belege für diesen Prozeß sind über die ganze Briefliteratur des NT verstreut. Außer den Stellen in Gal, Röm und 1Kor sind noch zu nennen: Kol 2,16-23; 1Tim 4,3-5; Tit 1,14f; Hebr 9,10; 13,9.

Paulus bringt einen Zusammenprall mit dem rückfälligen Petrus vor 11
etwa fünf Jahren zur Sprache. Wieder waren Judaisten aufgetaucht und wollten der christlichen Gemeinde jüdische Lebensweisen auferlegen, wieder mußte Paulus diesem Versuch ohne Ansehen der Person entgegentreten. Durch dieses Stück schafft er den unmittelbaren Anschluß an die gegenwärtige Situation der Galater, stehen sie doch ebenfalls in der Gefahr des Rückfalls.

Ein erster Satz faßt das Ereignis zusammen: **Als aber Kephas nach Antiochien kam.** Jede nähere Erläuterung der Reiseumstände fehlt, nur der neue Ort der Handlung wird benannt: Antiochien am Orontes in Syrien, (zu unterscheiden von Antiochien in Pisidien in Kleinasien, Apg 13,50). Nach Rom und Alexandrien haben wir hier die drittwichtigste Stadt der antiken Welt, die damals in ihrer Blüte stand. In ihrem bunten Völkergemisch wirkte inzwischen eine vitale christliche Gemeinde, von Judenchristen gegründet, aber bald zur Heidenmission übergehend und mit großem Wachstum gesegnet (Apg 11,19-26; 12,24). Hier wirkten begabte Führer und Diener der Gemeinde einmütig zusammen, unter ihnen Barnabas und Paulus (Apg 13,1). Aber auch Petrus erschien eines Tages. Nachdem die Verfolgung des Königs Agrippa I. ihn gezwungen hatte, aus der Leitung der Muttergemeinde auszuscheiden und seinen ständigen Wohnsitz in Jerusalem aufzugeben (Apg 12,17) – am Apostelkonzil nahm er nur noch als Besucher teil –, verlagerte er seinen Schwerpunkt auf die auswärtige Missionstätigkeit (vgl. 1Kor 9,5). Unter diesen Umständen mußte es für ihn wichtig sein, Beziehungen gerade zu dieser Gemeinde aufzubauen, dem sich herausschälenden neuen Mittelpunkt der christlichen Mission.

In dieser positiven Phase zwischen Petrus und der Gemeinde gab es allerdings auch einen schlimmen Rückschlag: **Ich widerstand ihm ins Angesicht.** Das für »widerstehen« verwendete Wort erscheint im NT an bezeichnenden Stellen: »Widersteht dem Teufel!« (Jak 4,7); »Widersteht ihm fest im Glauben!« (1Petr 5,8); »Ergreift die Waffenrüstung Gottes, damit ihr am bösen Tag Widerstand leisten könnt!« (Eph 6,13). Also der Böse, der das Werk Gottes zerstören will, ist klassisches Objekt des Widerstandes. Schon einmal hatte Petrus sich von diesem Bösen mißbrauchen lassen, so daß der Herr ihm scharf entgegentreten mußte: »Geh weg von mir, Satan!« (Mk 8,33). Damit blitzt hier die Tragweite des Geschehens zwischen Paulus und Petrus auf, von Paulus sofort begriffen. Mitten ins Gesicht widerstand er Petrus, so unmißverständlich wie möglich und ohne Rücksicht auf dessen hohes Ansehen oder auch seine eigene Beliebtheit. Er sieht in diesem Augenblick nicht Fleisch und Blut, sondern die Strategie des satanischen Gemeindezerstörers. »Es ist uns wohl bewußt, was er im Sinn hat« (2Kor 2,11).

Überleitend zum genaueren Bericht fügt Paulus hinzu: Petrus war **der Verurteilung verfallen**. Für viele, vielleicht für die Mehrheit der Zeugen des Vorfalls war es mit Händen zu greifen, daß dieser Apostel, der »Felsen« der Gemeinde (Mt 16,18), sich unmöglich gemacht hatte. Erschüttert wagte niemand etwas zu sagen. Da wagte es Paulus und überführte den Schuldiggewordenen vor allen. Dadurch bewährte er sich als glaubwürdiger Apostel des Herrn Jesus Christus.

12 Zwei Verse schildern jetzt den Tatbestand, zunächst die Vorgeschichte. Während seines offenbar längeren Aufenthalts in Antiochien **pflegte er** (Petrus) **mit den Heiden(christen) zusammen zu essen.** Weil die folgende Szene Öffentlichkeit voraussetzt, ist auch hier weniger an private Einladungen in den Häusern als vielmehr an Gemeindemahle zu denken, wie sie etwa 1Kor 11,17-34 bezeugt und die vielleicht auch wie in Korinth in der Feier des Herrenmahles ausmündeten. Dabei konnten Worte fallen wie: »Wir viele sind *ein* Leib; denn wir alle haben Teil an dem *einen* Brot« (1Kor 10,17). Sowieso ist der außerordentliche Solidarisierungseffekt einer Mahlzeit im Orient in Ansatz zu bringen (vgl. 1Kor 5,11). Um so mehr gilt es zu ermessen, welche gewaltige geistliche Umschulung dieses Zusammen-Essen mit Heiden für einen Judenchristen voraussetzte. In der jüdischen Schrift »Jubiläen« aus dem 2. Jh. v. Chr. heißt es: »Trenne dich von den Völkern und iß nicht mit ihnen … Sei nicht ihr Genosse, denn all ihr Werk ist Unreinheit und all ihre Wege sind Befleckung, Greuel und Abscheulichkeit« (22,16). Ganz in diesem Sinne konnte noch der Christ Petrus einmal bekennen: »Ich habe noch nie etwas Verbotenes und Unreines gegessen.« Doch noch am selben Tag speiste er zusammen mit Heiden und zwei Tage später betrat er ein heidnisches Haus, um dort den »Frieden durch

Jesus Christus« auszurufen und zu praktizieren (Apg 10,14.23.36; 11,3; vgl. dagegen Joh 18,28). Insofern war Petrus für die Mahlgemeinschaften in Antiochien vorbereitet. Er feierte mit, erfüllt von einem klaren Glaubenswissen, an das Paulus ihn in V. 16 auch erinnert. Hier galt, was Paulus im nächsten Kapitel so ausdrückt: »Hier ist nicht Jude noch Grieche ... denn ihr seid allesamt einer in Christus« (Gal 3,28).

In diesen Frieden platzte also das **Kommen einiger von Jakobus** herein. Die Apg zeigt, daß es von der Muttergemeinde aus so etwas wie Inspektionsreisen zu den Tochtergemeinden gab.[a] Darin lag nichts Ungewöhnliches, und Paulus läßt hier auch keinen Zweifel an der Autorisierung dieser Sendlinge durch Jakobus erkennen, im Unterschied etwa zu 2,4. Er nennt sie nicht »Feinde des Kreuzes« (vgl. Phil 3,18) und klagt weder sie noch Jakobus, sondern Petrus an. Tatsächlich verlautet auch nichts von Forderungen ihrerseits, vor denen Petrus umgefallen sein soll.

[a] Apg 8,14 9,32; 15,22

Die Darstellung seiner Schuld ist äußerst knapp: **Als sie aber kamen, verstellte er sich.** Natürlich war es für Petrus aussichtslos, sich vor den Antiochenern zu verstellen, denn ihnen war seine Beteiligung an den gemeinsamen Essen nur zu gut bekannt. Aber die auswärtigen Gäste versuchte er gar nicht erst merken zu lassen, wie er sich bisher verhalten hatte. Gegen seine Einsicht **sonderte er sich ab, weil er sich vor denen aus der Beschneidung fürchtete**. Als ob er es nie anders getan hätte, hielt er vor ihren Augen wieder die jüdischen Vorschriften, getrennt von seinen Brüdern und Schwestern aus den Heiden. Eine menschliche Selbstabsonderung, wo doch sein Herr die Trennwand beseitigt hatte (Mk 7,19c)! Wie nach Mk 14,66-69 eine neugierige Magd genügte, genügte jetzt das Erscheinen würdiger Bärte, die ihm die geschlossene Wucht der judenchristlichen Gemeinde zu Jerusalem derartig vergegenwärtigten, daß er seinen Herrn verleugnete. Letzten Endes war es Furcht vor Freiheit, die ihn umfallen ließ. Der Mensch ist nicht ohne weiteres frei für Freiheit. Der Schritt ins Freie kann schon verunsichern. Ängstlichkeit treibt zurück in den Schutz alter, mächtiger Traditionen.

In tragischer Weise wird jetzt die Autorität des Urapostels wirksam. 13
Mit seinem Schritt verursachte er einen Sog: **Und mit ihm gemeinsam heuchelten auch die übrigen Juden(christen).** Besonders Ärgernis erregend, daß sogar ein führender Vertreter der gesetzesfreien Heidenmission und Vertragspartner von 2,9 keine Widerstandskraft zeigte: **daß auch Barnabas sich mit fortreißen ließ durch ihre Heuchelei.** Man spürt die Enttäuschung. Wohlgemerkt: Heuchelei ist Handeln wider besseres Wissen. Petrus und Barnabas hatten ihre Überzeugung nicht geändert. Sie stehen weiter wie Paulus auf der Seite völliger Speisefreiheit. Das macht ja auch diesen Konflikt so überaus schmerzlich.

Jedenfalls sind sie für ihn nicht »Falschbrüder« nach 2,4. Daraus ergibt sich für ihn auch eine andere Reaktion. Er sagt ihnen kein Anathema wie in 1,8f, sondern spricht mit ihnen argumentativ.

14 Bevor Paulus den Galatern sein Auftreten schildert, schickt er voraus, wie er ihr Verhalten theologisch einschätzte: **Als ich aber sah, daß sie nicht feststanden gemäß der Wahrheit des Evangeliums.** Sie waren nicht vom Evangelium abgefallen, wohl aber von seiner »Wahrheit« (vgl. zu V. 5). Der Einzahlbegriff ist zu hören: Wahrheit, nicht Wahrheiten. Paulus denkt jetzt nicht an dogmatische Richtigkeiten, wie sie ein Glaubensbekenntnis aufzählt, sondern an die eine Urwahrheit, die in allen Einzelwahrheiten auf dem Spiel steht und ohne die sie im Grunde gegenstandslos werden: an das herrliche Herrsein Jesu Christi und darum auch an das herrliche Freisein der Glaubenden. Eben im Vertrauen zu dieser eigentlichen Wahrheitskraft des Evangeliums waren sie ins Schwanken gekommen. Sie schütteten die gewaltige Neuheit der Botschaft wieder in alte Schläuche, die natürlich zerreißen mußten (Mk 2,22), das heißt, sie schütteten das Evangelium ins Leere. Der abgesonderte Petrus und Barnabas saßen nun mit einem leeren, mit einem folgenlosen Evangelium unter sich.

Es folgt die Redeeinleitung: **Sagte ich zu Petrus vor allen.** Einerseits zeigte sich die hohe Einschätzung, die Paulus dem Petrus auch noch in dieser Lage entgegenbrachte; obwohl er alle wanken sah, spricht er allein den Urapostel an. Auf der anderen Seite demonstriert er hier den unbedingten Primat des Evangeliums in der Gemeinde, auch gegenüber dem Apostelfürsten. Sogar gegen einen Engel vom Himmel und gegen sich selbst hätte er dies Evangelium ins Feld geführt (1,8). Alle sollen es wissen, was in der Gemeinde Jesu Christi gilt, sollen es mithören, Judenchristen und Heidenchristen. Auch die Abgeordneten aus Jerusalem hatten ein Recht, nicht hinters Licht geführt zu werden, mochte man alles dem Jakobus melden. Aber in der Gemeinde regiert die »Wahrheit des Evangeliums«.

Es folgt die Rede vor der Vollversammlung der Gemeinde. Für die Wiedergabe einer längeren Rede kam im Altertum aus schreibtechnischen Gründen sowieso nur ein Extrakt in Frage (vgl. Apg 2,40: »auch mit vielen anderen Worten«). Aber diese Verse bis V. 21 wirken noch so impulsiv, daß man sicher ganz dicht an den Ereignissen dran ist. Die wichtigsten Formulierungen, mit denen Paulus damals den Knoten durchschlug, hatten sich seinem Gedächtnis eingebrannt.

In Form einer Frage hält er Petrus den Selbstwiderspruch vor: **Wenn du, der du ein Jude bist, heidnisch lebst und nicht jüdisch, wie zwingst du (dann) die Heiden(christen) zu judaisieren?** Damit ist dem Petrus zunächst vor den Jakobusleuten die Maske abgerissen. Sie erfahren, daß Petrus längst voll und ganz Mahlgemeinschaft mit den heidnischen Brüdern eingegangen war und wo er innerlich stand. Die Heidenchristen aber wußten es sowieso. Doch entgegen dem, was er bisher gelehrt und vorgelebt hatte und was sie befreit angenommen hatten, nötigte er sie jetzt (parallel zu 2,3!) durch sein Verhalten zu verbissen ernster Übernahme jüdischer Riten. Das Hinübergehen des Urapostels zum Tisch der Juden mußte für alle einen Gewissensdruck schaffen. Praktisch nötigte er freie Kinder Gottes, ihre Hälse hinzuhalten und sich das »Joch des Gesetzes« auflegen zu lassen (Apg 15,10). Damit gab er zu verstehen: Was Christus für euch und in euch getan hat, war »zwecklos« (V. 21), es bleibt doch bei dem himmelhohen Zaun zwischen uns Juden und euch Heiden (gegen 3,28!). So entkräftete Petrus die Wahrheit des Evangeliums; der Grund unter den Füßen wankte. Daß eine christliche Gemeinde nämlich in zwei Gruppen zerfällt, die nicht miteinander essen können, ist auf die Dauer untragbar.

Soweit der Vorwurf. Ab V. 15 beginnt das Ringen des Paulus um eine neue Befestigung des Petrus im Evangelium. Dazu verläßt er die Du-Anrede und wechselt über in das solidarische Wir, aber wohlgemerkt: wir *Juden*christen! Die Heidenchristen in Antiochien und jetzt in Galatien sind für Momente Zuschauer eines atemberaubenden Ringens, wie ihre jüdischen Brüder, von denen sie das Evangelium empfangen hatten, selber mit diesem Evangelium ins Reine zu kommen hatten.

Es beginnt die Aufzählung der Punkte, in denen Paulus mit allen **15**
Judenchristen Übereinstimmung annehmen darf: **Wir, von Natur Juden.** Wie die folgende Gegenüberstellung zu den Heiden zeigt, atmet die Selbstbezeichnung »Juden« hier hohes Erwählungsbewußtsein. An zahlreichen Stellen hat Paulus den heilsgeschichtlichen Vorzug Israels entfaltet.[b] Als Erwählte aber waren sie auch Geheiligte im Sinne »für Gott ausgesondert«. Damit liegt hier ein durchaus objektiver Heiligkeitsbegriff vor. Was die subjektive Seite anbetrifft, wird sich kein Jude für sündlos gehalten haben. Aber Juden wußten sich durch das Gesetz vor dem Schlimmsten, vor groben Lastern, bewahrt. Darüber hinaus gab ihnen das Gesetz für gelegentliche Vergehen genügend Mittel der Reinigung an die Hand.

[b] Röm 1,16 2,17-20; 3,1f 9,4f; 11,1 2Kor 11,22 Phil 3,5

Anders die Nichtjuden: **Und nicht Sünder aus den Heiden.** »Sünder« meint hier ebenfalls einen objektiven Zustand, der mit dem Heidesein in jedem Fall gegeben ist. Heidentum ist nicht erwählt, also nicht geheiligt, nicht durch das Gesetz bewahrt und gereinigt, so daß »Heide« und »Sünder« praktisch bedeutungsgleich wurden. Bei dieser Beurteilung des Heidentums spielte die Subjektivität des einzelnen Heiden, vielleicht seine Aufrichtigkeit oder edle Gesinnung, keine Rolle. Paulus kannte »edles« Heidentum (Röm 2,14f), doch auch in diesem Fall blieb es bei der Unkenntnis des mosaischen Gesetzes und damit unwissend bei ständigen Gebotsübertretungen. Juden gingen immer davon aus, daß Nichtjuden auch beim besten Willen in einer allgemeinen sittlichen und religiösen »Umweltverschmutzung«, eben in der Gesetzlosigkeit leben. In der jüdischen Schrift Weisheit Salomos aus dem 1. Jh. v. Chr. heißt es abrundend über die Heiden: »Bei allen ohne Unterschied herrscht Blutvergießen und Totschlag, Diebstahl und Betrug, Verführung und Treulosigkeit, Aufruhr und Meineid, Beunruhigung der Guten und Undankbarkeit, Befleckung der Seelen und unnatürlicher Geschlechtsverkehr, Zerrüttung der Ehen, Ehebruch und Unzucht« (14,25-26). So weiß der Jude um seinen unbestreitbaren Vorteil. Doch sowohl Petrus als auch Paulus sind Juden*christen*. Wie der Beginn des folgenden Verses zum Ausdruck bringt, verfügen sie noch über ein anderes Wissen, wonach sie überhaupt keinen Vorzug genießen. Man vergleiche die grundverschiedenen Antworten auf die Frage nach dem Vorzug der Juden in Röm 3. Nach V. 1f ist er »groß in jeder Hinsicht«, nach V. 9 gibt es ihn überhaupt nicht: »Gar keinen!«

16 Dieser Vers bringt den Grundentscheid des Gal. Er wird geradezu eingehämmert, dargeboten in dreifacher Ausführung: V. 16a unterbricht den zeugnishaften Stil von V. 15 und formuliert in Form eines Partizipialsatzes die dogmatische These. V. 16b bringt dieselbe Wahrheit in Zeugnisform, als Erfahrung der eigenen Geschichte. V. 16c untermauert die These mit einem Schrifthinweis.

Selbstverständlich hat es Auslegung mit Begriffen zu tun. Aber hier werden uns die Begriffe nur verwirren und schließlich ermüden, wenn wir nicht ihre Hinordnung auf den Herrn **Jesus Christus** erfassen und ständig im Sinn behalten. Nicht umsonst bringt dieser Vers dreimal seinen Namen. Er ist das grundstürzende Ereignis, das in Leben, Denken und Glauben jener Juden eintrat und sie zu Christen machte. Er ist nach V. 21 »die Gnade Gottes« und das eigentliche Energiezentrum paulinischer Rechtfertigungslehre.

V. 16a: *Die dogmatische These*. Paulus formuliert das neue Wissen, das mit der Christuswirklichkeit in das Denken dieser Juden hereingebrochen ist: **Wissend aber, daß der Mensch nicht gerechtgesprochen wird aus Werken des Gesetzes, sondern (nur) durch den Glauben an Jesus Christus.**

Nach der krassen Entgegensetzung von Juden und Heiden in V. 15 heißt es jetzt bezeichnenderweise: **Der Mensch** (am Versende: »alles Fleisch«). Unter dem Evangelium taucht die Einheit des Menschengeschlechtes wieder auf. Zeitlos wird festgestellt: Der Mensch wird durch Gott **nicht gerechtgesprochen**. Gemeinsame Verlorenheit im Gericht umschlingt sie alle, Juden und Heiden. Aber nicht nur für die Verlorenheit, auch für die Rettung gilt diese Unterschiedslosigkeit. Beim Ertönen des Evangeliums lautet die Unterscheidung nicht mehr Juden und Heiden, sondern Glaube und Unglaube.

Weil hier im Brief »gerechtsprechen« das erste Mal auftaucht (insgesamt achtmal), ist eine Einführung in diesen wichtigen Begriff am Platz.

(a) Auszugehen ist vom juristischen Gebrauch. Es geht um den Richterspruch, daß jemand gegenüber einer Anklage im Recht ist und darum freigesprochen wird. Diese richterliche Erklärung durch Gott erhoffen Juden, aber auch Christen im *Endgericht*: »Wir erwarten die (Erfüllung der) Hoffnung auf Gerechtigkeit« (Gal 5,5). Beide kennen aber auch einen *gegenwärtigen* Freispruch, der Jude z. B., wenn er für ein Vergehen das gesetzlich vorgeschriebene Sühnemittel in Anspruch genommen hat.[34] Neu für den Juden ist jedoch die christliche Erfahrung einer grundlegenden Gerechterklärung durch Gott in der persönlichen *Vergangenheit*. Dann ist »gerechtgesprochen werden« einer der Ausdrücke für das Christwerden, so ganz deutlich Röm 5,9; 6,7: »Wir *wurden* gerechtgesprochen« – wir haben unser »Endgericht« schon hinter uns.

(b) Doch wird in der Bibel dieser juristische Sinn entschieden angereichert. Der Begriff »gerecht« kann in der Bibel nicht weit und lebendig genug gefaßt werden. Der »Gerechte« stimmt nicht nur mit objektiven Normen überein, sondern vor allem sind seine personalen Verhältnisse, seine Gemeinschaftsverhältnisse in Ordnung: mit Gott, Eltern, Geschwistern, Ehepartnern, Kindern, Nachbarn und Mitbürgern. »Sind des Menschen Verhältnisse in Ordnung, dann ist es auch der Mensch selber.«[35] Er darf leben. Gerechterklärung ist so die »zentrale menschliche Lebensfrage«[36], ist schlechthin Lebenszusage. Ein irdischer Richter verändert durch den Freispruch nur die Geltung des Angeklagten, Gott aber auch das Sein. Gottes Freispruch ist geladen mit umschaffender, heilschaffender Macht. Gerechtsprechung ohne Gerechtmachung, also ohne Sündenvergebung, wäre ein Widerspruch in sich selbst. Darum stellt Paulus in 1Kor 6,11 diese Ausdrücke zusammen: »Ihr seid abgewaschen, ihr seid geheiligt, ihr seid gerechtgesprochen.«

Und weiter: Wenn ein irdischer Richter einen Angeklagten, dem Todesstrafe drohte, aufgrund eines Gnadenerlasses freispricht, wird dieser aus der Haft entlassen und kann weiterleben. Aber mehr auch nicht. Mehr, z. B. daß es auch ein *neues* Leben wird, steht nicht in der Macht des Richters. Vielleicht beginnt für den Begnadigten nur das alte Leben noch einmal neu, weil ihm sämtliche bisherigen Probleme wieder nachschleichen. Vom Anklagepunkt befreit, ist er wieder sich

[34] Sanders, S. 470
[35] Blank, S. 53
[36] ebd. S. 56

selbst überlassen. Göttlicher Freispruch ist dagegen zugleich ewige Liebeserklärung, Eröffnung eines neuen Gottesverhältnisses. Biblisch gehören Anklagefreiheit und Gotteskindschaft zusammen. Paulus schreibt Röm 5,18 von der »Gerechtsprechung, die Leben gibt« (wörtlich: »Gerechtsprechung des Lebens«). Auch hier setzt er das Gerechtigkeitsthema in den folgenden Versen 19-20 mühelos in das Lebensthema um: »Die wir in Christus gerecht zu werden suchen, ... leben für Gott ... Christus lebt in mir ... ich lebe im Glauben.«

Allerdings werden diese Dinge hier von einer schrillen Polemik begleitet: gerechtgesprochen **nicht aus Werken des Gesetzes**. Wieder haben wir innerhalb des Briefes den Erstgebrauch eines wichtigen Wortes vor uns. 32mal wird Paulus von jetzt ab im Gal vom **Gesetz** sprechen. In seinen großen exegetischen Darlegungen 3,10-4,7.21-31 werden wir seine Lehre über Wesen, Aufgabe, Wirkweise, Ziel und Ende des Gesetzes hören, auch Seitenblicke auf den Beitrag des Römerbriefes werfen. Das alles soll nicht vorweggenommen werden. Aber eine gewisse Grundlegung ist am Platz.

(a) *Unteilbarkeit des Gesetzes.* Wir vergegenwärtigen uns, daß damals in Antiochien nur ein Teilstück des mosaischen Gesetzes zur Debatte stand, nämlich speziell die Speisereinheit. Paulus jedoch erörtert diese Frage überhaupt nicht. Er hält Petrus nach V. 14 nur sein heuchlerisches Verhalten vor und verlagert das Thema sofort auf eine andere Ebene, vertieft den Konflikt zur Grundsatzfrage: *Gesetz überhaupt*. Und das ist typisch für ihn. Immer drängt und lenkt er vom Einzelgebot zum Gesamtgesetz als einem unteilbaren Ganzen (5Mo 13,1). Die Judaisten dagegen scheinen bei ihrer Agitation die Sache nicht immer so tiefsinnig genommen zu haben, sondern spießten ihre Hörer mehr suggestiv am einzelnen, äußeren Gehorsamsakt auf. In Kol 2,21 imitiert Paulus sie: »Berühre das nicht, iß nicht davon, faß das nicht an!« Man könnte in diesem Sinn fortfahren: »Laß dich beschneiden, halte den Sabbat!« Paulus wischt diese Vorhaltungen wie mit einer Handbewegung weg. Die Gemeinden sollen sich nicht von ihnen fixieren lassen. Diese Gebote sind keine eigenen Größen, sondern sie stehen und fallen mit dem Mosegesetz schlechthin.

(b) *Der Bund als Voraussetzung des Gesetzes*. Ist diese Einordnung gelungen, folgt daraus für den Schrifttheologen eine zweite. Nach der Schrift ist ein Gesetz ohne einen grundlegenden Bund nicht vorstellbar (Weinfeld, ThWAT I, S. 802). Gesetze sind nicht einfach in die Luft gesetzt. Das Mosegesetz ist z. B. eine Regelung für das Leben im Sinai-Bund. Neben diesem Bund wäre es bezugslos und gegenstandslos. Nach der Schrift gab es mancherlei Bünde Gottes mit ihren jeweiligen Bestimmungen. Da ist z. B. der Noah-Bund für die ganze Menschheit. Aber schon mit seinem erwählten Volk hat Gott außer dem Sinai-Bund noch andere Bünde geschlossen: den Abraham-Bund, den David-Bund, den Neuen Bund. Auf Einzelheiten werden wir bei der Auslegung des nächsten Briefteils noch zurückkommen. Hier war festzustellen, daß Paulus mit der Einordnung der Speisegebote in das mosaische Gesetz und mit der Einordnung dieses Gesetzes in den Sinai-Bund den heilsgeschichtlichen Horizont zurückgewinnt, den die christliche Gemeinde unter den gesetzlichen Sticheleien zu verlieren droht. Sie soll sich den Kopf freihalten für Gottes ewige Ziele und Pläne, für seine befristeten Setzungen, für seine Zeiten, vor allem für die Sendung seines Sohnes in der Fülle der Zeit (4,4-7). So erst zeigen sich die zutreffenden Maßstäbe.

(c) *Gesetzesverständnis im frühen Judentum.* Bisher griffen wir für das Gesetzesverständnis nur auf das AT zurück. Aber die Geschichte Israels mit dem Sinai-Gesetz ging weiter, und Paulus traf wohlgemerkt auf das letzte Stadium, als die Rolle des Gesetzes eine tiefgreifende Veränderung durchgemacht hatte. Vor allem in der Zeit zwischen den Testamenten traten Wandlungen ein, die deutlich Umweltspuren trugen, nämlich Vermischungen mit griechischen Philosophien (besonders der Stoa). Um einmal die Endstufe vorwegzunehmen: Der geschichtliche Rahmen, in den das mosaische Gesetz biblisch gefaßt war, platzte im Judentum weithin ab. Es wurde eine von Tempel, Priester, Land, Staat und Geschichte unabhängige Größe. Es existierte angeblich schon längst vor Mose, ja vor der Schöpfung als erstes aller Werke Gottes und ging Gott schon bei der Schaffung der Welt als Mitschöpfer zur Hand. Es ist darum nicht nur Licht und Leben Israels, sondern der Welt, Weltgesetz. Schließlich »bleibt es in Ewigkeit«. Auch der Messias wird nicht etwa ein neues Gesetz bringen, sondern wird sitzen und fleißig dies zeitlose Sinai-Gesetz studieren, um es genau halten zu können. So ist es Willensausdruck Gottes von geschichtsloser Gültigkeit, sein erstes und letztes Wort, sein alles (Gutbrod, ThWNT IV, S. 1040-1050; Bill I, S. 245.732; II, S. 353f; IV, S. 435). Darum können im Judentum auch preisende Aussagen über das Gesetz fallen, die geradezu an Aussagen des NT über Christus erinnern. Unter diesem Vorzeichen ist es natürlich unannehmbar, von einem »Ende des Gesetzes« zu sprechen (Bill III, S. 129-131: Gesetz als Quelle von Heil und Leben).

Nicht zuletzt bekam mit dem Verblassen der heilsgeschichtlichen Voraussetzungen unversehens auch das Tun des Gesetzes eine veränderte Bedeutung. Es diente nicht mehr dem Bleiben im gnädig geschenkten Gottesbund, sondern der intensiven Bearbeitung des Gottesverhältnisses oder sogar seiner Erarbeitung: Ich halte das Gesetz, damit Gott mir gnädig wird. Diese kosmologische Aufladung des Sinai-Gesetzes hat der Rabbi Paulus nach seiner Bekehrung fallengelassen. Für ihn ist das Gesetz nicht mehr Gottes erstes und letztes

Wort und die Sendung Christi nicht nur eine Notmaßnahme, um an gewissen Stellen, wo das Gesetz ein wenig zu streng und der Mensch eben zu schwach war, nachzuhelfen. Umgekehrt: Christus ist Gottes Eigentliches, und das Gesetz dient nur vorübergehend einem bestimmten Zweck.

Damit wenden wir uns der These in der ersten Zeile dieses Verses zu: Gott spricht nicht gerecht **aus Werken des Gesetzes**. Diese volle Wendung findet sich nur bei Paulus, nicht im übrigen NT oder im AT oder auch im Judentum; und auch bei Paulus findet sie sich nur in bestimmten Kapiteln.[c]

[c] Gal 2,16 3,2.5.10 Röm 3,20.28

Nach den Zusammenhängen geht es nicht um Werke, die das Gesetz seinerseits im Menschen zustande bringt (Genitivus subjectivus), sondern die der Mensch im Hinblick auf das Gesetz und gemäß diesem Gesetz selber tut (Genitivus objectivus), und zwar richtet er dieses Tun wie ein Instrument auf Gott, um ihn damit zu bearbeiten. Er will durch solche dem Gesetz entsprechenden Werke »gerecht werden vor Gott« (Röm 3,20). Wohlgemerkt, Paulus spricht nicht vom schwachen Menschen und seinen fehlenden Werken. Sie sind vielmehr durchaus vorhanden. Er kritisiert solche Werke des Gesetzes selbst. Sie bringen nicht an die Wahrheit des Lebens heran, sie versetzen nicht ins rechte Verhältnis zu Gott, denn dazu war das Mosegesetz niemals gegeben.

Die Gegenformel lautet: gerechtgesprochen **durch den Glauben an Jesus Christus**. Gott spricht den Menschen nicht als einen Täter gerecht, und wenn dieser die hochheiligsten Gebote tut. Tadellose Gesetzeserfüllung bewirkt immer nur die »eigene Gerechtigkeit« von Röm 10,3 oder »meine Gerechtigkeit« von Phil 3,9, die Paulus dort im Rückblick dreimal als »Schaden« bezeichnen kann (V. 8f). Im Trachten nach der eigenen Gerechtigkeit kommt nur ein Menschsein zum Ausdruck, das unter der Parole der Selbstverwirklichung steht und dafür das heilige Gesetz Gottes vorspannen möchte, also mißbraucht. Gott will aber von der Schöpfung an und auch in der Erlösung ganz anders Gott sein, nämlich fürsorglicher Vater, der seinerseits für den Menschen aufkommt – ungeahnt und umfassend. Dieser ursprüngliche Gotteswille ist in Jesus Christus, besonders in dem Christus der Passion, in Fülle ans Licht getreten. Was es um diesen Glauben ist, wird Paulus in 3,6-9 und 12 vertiefen.

Soweit die beiden gegensätzlichen Thesen zur Erlangung der Gerechtigkeit vor Gott, wie Paulus sie hier in voller Länge einander gegenüberstellt. Nun kann er sie auch einmal verkürzen: »nicht gerechtgesprochen aus Werken« (ohne »des Gesetzes«, z.B. in Röm 4,2.5), bzw. »gerechtgesprochen aus Glauben« (ohne »an Jesus Christus«)[d], so daß jetzt »Werke« und »Glaube« ein Gegensatzpaar zu sein scheinen. Dann ist es nicht unwichtig, diese Kurzform als solche zu

[d] Gal 3,8.24 Röm 3,28.30 5,1

erkennen, um nicht dem Fehlurteil zu verfallen, Paulus lege auf Werke kein Gewicht, ja sei gegen Werke. Das Gegenteil, seine Hochschätzung der Werke, läßt sich leicht belegen (in unserm Brief schon 5,6.14; vgl. Vorbemerkung zu 6,6-10). Genausowenig darf in dieser Gegenüberstellung »Glaube« zur bloßen Gläubigkeit verkommen, etwa zu einer allgemeinen Haltung des zuversichtlichen Vertrauens ins Leben und in die Zukunft, ohne persönliches Christusverhältnis. Wir umkreisen, beobachten, betasten nicht ständig unser Gläubigsein. Wir glauben nicht an unsern Glauben. Gläubigkeit an sich wäre auch gar nicht das Unterscheidende gegenüber anderen Religionen, denn selbstverständlich haben sie alle ihre Gläubigen. Christlicher Glaube ist anders einzuordnen: Er rechtfertigt nicht, aber er empfängt die Gerechtigkeit. Er ist nicht selber Heilsgrund, sondern nur das geöffnete Ohr, die geöffnete Hand.– So sind »Werke« und »Glaube« oft nur Kürzel für zwei gegensätzliche Heilswege.

Eine letzte Frage zu diesem Kernstück des Paulus steht an. Im Gesetz war er selber einmal guter Dinge gewesen. Es funktionierte für ihn, so daß er es für »Gewinn« erachtete (Phil 3,7) und noch jetzt von der »Herrlichkeit« des Mosedienstes sprechen konnte (2Kor 3,7-11). Wie konnte dies gute, gerechte und heilige Gesetz für ihn auf die Negativseite zu stehen kommen? Die Antithese »Gesetz – Evangelium« mußte (und muß) in den Ohren frommer Juden ungeheuerlich klingen. Die Krise der Gesetzesfrömmigkeit wurde für Paulus auch nicht durch irgendetwas innerhalb ihrer selbst verursacht. Diese war wirklich in sich stimmig. Allein eine Außengröße ließ sie fragwürdig werden und den ungebrochenen Gesetzeseifer des Paulus dann doch umgebrochen werden. Es ist das grundstürzende Faktum von 1,16: »Gott offenbarte mir seinen Sohn«, das hier in dem dreimaligen **Christus** nachzittert. Erst angesichts dieses neuen Gegenübers verlor das Gesetz für ihn seinen Glanz: »Gegenüber der überschwenglichen Erkenntnis Christi Jesu, meines Herrn, erachte ich alles für Schaden« (Phil 3,8). Die Christusoffenbarung geschah wohlgemerkt durch denselben Gott, der einst seinem Volk am Sinai das Gesetz gegeben hatte. Das heißt, »Paulus will das Unerhörte sagen, daß der Geber der Tora selbst von der Tora absieht« (Eichholz, S. 245). Er für seine Person hätte derartiges nie gewagt. Aber im Angesicht Jesu Christi und nach dem erst jetzt richtig verstandenen Zeugnis der Schrift leuchtete ihm ein, daß das Gesetz von Gott her gar nicht Gipfel und Ziel der Offenbarungsgeschichte sein sollte, daß Gott jetzt, in der Zeit der Erfüllung (4,4), darüber hinausgeführt hat: Christus ist des Gesetzes Ende (Röm 10,4). Wenn nun trotzdem jemand daherkam und mit wichtiger Miene der christlichen Gemeinde irgendwelche herausgezupften Werke des Gesetzes notwendig machen wollte, war das für Paulus einfach zeitwidrig.

Paulus argumentiert also gegen das Gesetz mit nichts anderem als mit dem Ausschließlichkeitsanspruch Jesu Christi (Sanders, S. 465). Weil Christus unsere ganze Gerechtigkeit ist (1Kor 1,31; 2Kor 5,11), sind es nicht die Werke des Gesetzes, durch die wir unsere Gerechtigkeit erlangen. Weil Christus alles ist, ist das Gesetz nichts. Dieses zugespitzte Urteil über das Gesetz gilt allerdings nur innerhalb dieser Gegenüberstellung. Kapitel 3 wird zeigen, welchen positiven Sinn das Gesetz dagegen vor, bis und außer Christus besitzt.

In der Forschung wird breit erörtert, ob Paulus mit seiner Gesetzeskritik wirklich das eigene Verständnis des Judentums seiner Zeit getroffen habe. Unter Berufung auf Teile des jüdisches Schrifttums belegt man, wie fern den Schriftgelehrten solch eine einseitige Leistungsreligion gelegen, wieviel sie daneben auch von Gnade gewußt hätten. Man sollte mit diesen Hinweisen aufhören, weil sie zu selbstverständlich sind. Die Urteile des Paulus waren und sind ja vom Boden des Gesetzes aus nicht nachvollziehbar. »Paulus käme es nie in den Sinn zu behaupten, was er entdeckt habe, hätte auch durch das Gesetz entdeckt werden können. Seine Einschätzung des Gesetzes geschieht auf der Grundlage der Christuserfahrung, die für ihn alles änderte. Das Urteil, Paulus habe das Gesetz mißverstanden, argumentiert demgegenüber stets auf dem Boden des Gesetzes« (Weder, S. 22).

Die christologische Relativierung des Gesetzes, dort in Antiochien verkündet, bestimmt Paulus nun auch in seinem Brief an die Galater: radikales Umdenken von der Heilsmacht Christi her, die alle Mächte aushebelt! Dabei steht diese Macht unter einem unauslöschlichen Zeichen: Jesus wurde dieser machtvolle Herr über alle Dinge durch seine Selbsthingabe für unsere Sünden (1,4, vgl. Röm 14,9; 2Kor 5,15). So hebt Paulus in diesem Brief immer wieder die gesetzeskritische Kraft gerade des Kreuzes hervor.[e] Doch auch an den anderen Stellen, wo nur der Name Jesus Christus genannt wird, ist jedesmal sein Kreuzestod unausgesprochen gegenwärtig.

[e] Gal 2,19; 3,1; 4,5; 5,11.24; 6,12.14

V. 16b: *Persönliches Zeugnis*. Noch einmal nimmt Paulus das betonte »wir« von V. 15 auf: Wohlgemerkt **auch wir**, nämlich wir Judenchristen, **sind zum Glauben an Christus Jesus gekommen, damit wir gerechtgesprochen werden aus Christusglauben und nicht aus Werken des Gesetzes.** Ihr eigener Weg sagte im Grunde alles, was Petrus brauchte, um überführt zu werden. Ihr Leben mit Gott beruht auf ihrem Leben mit Christus (s. zu V. 20). Christus ist jetzt das Fundament des Volkes Gottes, nicht Mose.

V. 16c: *Schriftbeleg*. Eine Anspielung auf das Schriftwort in Ps 143,2 rundet den Vers ab: **denn aus Werken des Gesetzes wird kein Fleisch gerechtgesprochen werden**. Der atl. Bußpsalm sagt allerdings statt »kein Fleisch« »kein Lebendiger«, was jedoch übereinstimmend bedeutet: kein Mensch. Wohl streicht der Ausdruck **kein Fleisch** zusätzlich einen Kontrast heraus. Es wird ja auf des Menschen Geschöpflichkeit und damit auf seine Schwäche angespielt. Damit tritt der Abstand zu Gott noch krasser hervor. Gott ist nicht Fleisch, sondern Geist. Fleisch und Geist passen nicht zusammen. So verleiht Paulus dem Klagewort des Psalms eine ungewöhnliche Tiefe. Der Gesetzesfromme verzagt, auch angesichts aller Sühnemittel des Mosebundes. Man hört den Hebräerbrief, etwa 9,9f: »Es werden da Gaben und Opfer dargebracht, die nicht im Gewissen vollkommen machen können ... Es handelt sich nur um Speisen und Getränke und allerlei Waschungen, äußerliche Vorschriften, die bis zu der Zeit einer besseren Ordnung auferlegt worden sind.« Oder 10,4: »Das Blut von Stieren und Böcken kann unmöglich Sünden wegnehmen!« Fleisch kann das Reich Gottes nicht ererben (1Kor 15,50).

In Röm 3,20 wiederholt Paulus diesen Bezug auf Ps 143. Daraus erhellt, daß dieses Schriftwort ihm eine Entdeckung war, nämlich eine Stelle im AT, die tiefer greift als der Mosebund und sich dem einfügt, was Paulus an der Christusoffenbarung aufgegangen war. Um die Kluft zwischen Gott und Fleisch zu überwinden, konnte die Sendung des Mose nicht genügen, sondern Gott kam selbst in das Fleisch. Jesus ist der »Gott bei uns« (Mt 1,23). Durch den Glauben an ihn haben wir wahrhaftig Gott in unserm Leben.

In Frageform macht Paulus den Irrsinn eines schlechten Gewissens 17
bei der Nichtbeachtung der Speisegesetze seitens der Judenchristen klar. **Wenn aber wir beim Suchen, gerechtgesprochen zu werden in Christus, befunden wurden, auch gerade wir (Judenchristen), als Sünder ...** Es gibt nicht nur den einmal geschehenen Freispruch beim Christwerden, sondern auch immer neue Bestätigungen Gottes im Laufe der Nachfolge: Du bist mir recht! Der Glaubende **sucht** sie zu erlangen, besonders an Wegkreuzungen, an denen er nach dem Willen Gottes fragt. Nun spielt Paulus auf den gerade geschehenen Umfall der Judenchristen in Antiochien an. Dabei versetzt er sich als guter Lehrer so in ihre Lage, daß er »wir« sagen kann, obwohl er persönlich daran keinen Anteil hatte. Also: Haben wir durch unser Essen mit den Heiden gesündigt? Unsere Rückkehr zu den jüdischen Speisevorschriften verrät jedenfalls ein schlechtes Gewissen und Selbstanklage.

Doch nun ist mit vollem Recht auf das Vorzeichen unseres damaligen Handelns hinzuweisen: Es geschah doch **in Christus!** Hat uns damals also Christus in Sünde hineingeführt? **Ist Christus (dann etwa) der Sünde Diener?** Mehrmals in seinen Briefen gestattet Paulus irgendwelchen Absurditäten ein kurzes Auftauchen an die Oberfläche, um ihnen sofort eine entschiedene Abfuhr zu erteilen: **Ausgeschlossen!** (noch 3,21, häufig im Röm). Im Bruchteil einer Sekunde prallt die irre

Frage an dem lebendigen Jesusbild der Urchristenheit ab. Er ein Sünder? Noch immer fragt Jesus in die Runde: »Wer unter euch kann mich einer Sünde zeihen?« (Joh 8,46). Noch immer antwortet jedes Gewissen: »Ich finde keine Schuld an ihm!« (Joh 18,38; 19,4.6). Niemals ist Jesus Handlanger der Sünde. Was wir auf seine Weisung hin taten (Mk 7,19c; Röm 14,14), ist niemals Sünde.

18 Jetzt kehrt Paulus den Spieß um. Nicht Christus verleitete Petrus zur Sünde, als er ihn die jüdische Trennung bei Tisch niederlegen ließ, sondern Petrus selbst war schuld, daß er jetzt als Übertreter dasteht. **Wenn ich nämlich das, was ich (früher) niedergerissen habe, wieder aufbaue, stelle ich mich selbst als Übertreter hin.** Paulus legt größte Zartheit an den Tag, wenn er jetzt vor der Gemeindeversammlung dies Empfindliche zur Sprache bringt. Er tut es nicht in direkter Du-Anrede, sondern um Petrus und die anderen zu schonen, überträgt er den Fall beispielhaft auf sich selbst und sagt »ich«. Also: Ich selber habe durch die Wiedereinführung der Sonderung mein vorheriges Niederreißen für voreilig, falsch und schuldhaft erklärt, nicht Gott. Gott bleibt bei seinem Christus. Nur ich habe geschwankt. Ich stand nicht fest in der »Wahrheit des Evangeliums« (V. 14).

19-21 Ab jetzt behandelt Paulus das Thema der Gesetzesfreiheit auf einer neuen Ebene. Bisher hatte er sie denkbar einfach und wuchtig mit Offenbarung begründet. Die Christuswirklichkeit leuchete auf und machte alles klar. So hatte er es existentiell erfahren. Nicht auf dem Wege des Nachdenkens gelangte er zur Gesetzesfreiheit. Das schloß aber nicht aus, daß er über sein Damaskus dann auch nachgedacht hätte. Es ging bei ihm so, wie es später der große Anselm von Canterbury (1033-1109) auf die Formel brachte: *credo ut intelligam*, »ich glaube, um zu erkennen.« Der Glaubende geht, mobilisiert durch die Offenbarung, bis an die Grenze seines Verstandes, um das Offenbarte auf den Begriff zu bringen, sowohl zur Selbstvergewisserung als auch zum Weitersagen. In diesem Sinne beginnt Paulus hier, was er in Kap. 3 und 4 im einzelnen fortsetzen wird, nämlich mit der theologischen Darlegung seiner Grundposition.

Allerdings geschieht das noch ganz im Ich-Stil, Zeile für Zeile. Dabei regieren aber nicht mehr wie eben in V. 18 pädagogische Gründe, sondern ab jetzt haben wir ein echtes hochpersönliches Zeugnis vor uns (Rohde, S. 115). Mit V. 20 kommt dieses Bekenntnis zu einem ganz ungewöhnlichen Höhepunkt, der sich befriedigend nur aus der Situation in Antiochien erklärt. Er stand dort mit dem Rücken zur Wand, die ganze Judenchristenschaft gegen sich. So sah er sich genötigt, selber in die Waagschale zu springen (V. 19): **Ich (für meine Person).** Dennoch liefert er auch dabei einen Sachbeitrag. Was er von sich sagt, ist nicht so persönlich, daß die Nachvollziehbarkeit für seine Hörer und für die

Galater entfiele. Er führt kein einsames Ausnahmechristentum, keine Hochfrömmigkeit vor, zu der der Rest nur noch staunend emporblikken kann. Zu sehr weiß er sich bei allem als von Gott vor aller Welt hochgehobenes Orientierungsmuster für die anderen. »Darum ist mir Barmherzigkeit widerfahren, daß Christus Jesus an mir als erstem seine ganze Langmut erweise, zum Vorbild *(hypotypôsis)* für alle, die in Zukunft an ihn glauben sollten zum ewigen Leben« (1Tim 1,16; vgl. 2Thess 3,9). Oder Phil 3,17: »Ihr habt uns als Vorprägung *(typos)*.« Er spricht hier also von Dingen, die für jeden normalen Christen in Frage kommen. Er sagt »ich«, damit alle Hörer und Leser es nachsprechen und durch Gottes Gnade sagen können: So auch wir!

Paulus findet für seine Freiheit vom Gesetz ein starkes Bild. **Ich (für** 19
meine Person), ich bin nämlich ... dem Gesetz gestorben. (Das hier zunächst ausgelassene Stück erörtern wir zum Schluß der Versauslegung.) Die Redeweise vom geistlichen Sterben findet sich der Sache nach schon bei Jesus (Mk 8,34 und in zahlreichen Abwandlungen) und häufig bei Paulus, und zwar in verschiedenen Zusammenhängen (noch 5,24 und 6,14 in diesem Brief[f]). Die Verwendung allerorts spricht dafür, daß dieses Bild damals als erhellend empfunden wurde, verstehbar für jedermann. Heute scheinen Mißverständnisse fast näher zu liegen. Wir denken beim Sterben unwillkürlich an das biologische Geschehen, etwa an einen abgestorbenen Baum, dessen Säfte und Kräfte vertrocknet sind. Nun übertragen wir so: Wir sind der Sünde abgestorben; in uns ist jedes Gelüste, jede Begierde und Empfänglichkeit für sie erloschen. Dann aber erfahren wir nach wie vor die »Begierden des Fleisches« nach Gal 5,16-17. Damit scheint die Unwirksamkeit Christi und unseres Glaubens erwiesen zu sein. Resigniert stellen wir fest, daß das paulinische Zeugnis vom geistlichen Sterben höchstens auf eine christliche Elite zutreffen mag, der wir uns nicht zurechnen mögen.

[f] Röm 6,3-11; 7,4.10; 8,10; 1Kor 15,31; 2Kor 4,11f; 5,14; 6,9; Phil 3,10; Kol 2,12.20; 3,3; 2Tim 2,11

Der Fehler liegt darin, daß wir nicht genau genug nach dem Vergleichspunkt des Bildes fragten, der Paulus vorschwebte. Eine ganze Skala von Möglichkeiten bietet sich an. Sterben hat eben nicht nur den biologischen, sondern z.B. auch einen medizinischen, psychologischen, sozialen und juristischen Aspekt. An einer Stelle, an der Paulus das Bild vom geistlichen Sterben breit ausmalt, wird unmißverständlich klar, daß ihn dabei der letztgenannte Punkt und nur er interessiert. In Röm 7,1-4 erörtert er nämlich, wie eine Frau juristisch unanfechtbar von der rechtlichen Bindung an ihren Ehemann frei werden und einen anderen Mann heiraten könne, und findet die Antwort: nur durch den Tod. »Wenn ihr Mann stirbt, ist sie frei vom Gesetz.« Dann überträgt Paulus das Bild aufs Geistliche: »Ebenso seid auch ihr, meine Brüder, dem Gesetz getötet, so daß ihr einem anderen gehört.« Man geht hier irre, wenn man nicht ganz eng beim Vergleichspunkt bleibt, den Paulus vor Augen hat, nämlich speziell die juristischen Wirkung eines Todesfalles. Der Tod löst Rechtsverhältnisse. »Wer gestorben ist, ist rechtskräftig frei« von anderen Herrschaftsansprüchen (Röm 6,7). Einem Leichnam gegenüber verlieren alle Verpflichtungen ihre Kraft. Die Rabbinen lehrten, daß Tote auch von der Pflicht der Gesetzeserfüllung frei sind (Michel, Römerbrief, S. 131). »Der Tod scheidet«, er entpflichtet und gliedert aus Verhältnissen und Abläufen aus. Er bürgert uns aus. Er ist die Schere, die unweigerlich die Bindungen zerschneidet. So »herrscht das Gesetz (an anderer Stelle: die Sünde, Röm 6,2) nur über den Menschen, solange er lebt« (Röm 7,1).

Freilich ist das nur die eine Hälfte der Sache. Nach der Befreiung vom Gesetz gähnt nicht die Bindungslosigkeit, etwa das Sich-selbst-leben von 2Kor 5,15 (vgl. Röm 14,7). Sonst wäre die Freiheit im Nu abgewürgt, zum Egoismus verkommen (5,13). An die Stelle des Alten tritt auf keinen Fall das Nichts, sondern »etwa Neues« (dort V. 17). So auch hier: Paulus sagt, er sei dem Gesetz gestorben, **damit ich Gott lebe**. Hinter dem Ende der Gesetzesherrschaft taucht als Sinn der Sache sofort ein Herrschaftswechsel auf. Christus tauscht mit dem Gesetz den Platz. Darauf zielt auch die erwähnte ausführliche Parallele in Röm 7: »Ihr seid tot für das Gesetz, so daß ihr einem anderen (Christus) gehört, damit wir Gott Frucht bringen ... wir sind frei geworden vom Gesetz, an das wir gebunden waren, so daß wir dienen in der neuen Wirklichkeit des Geistes« (V. 4-6). Ähnlich Röm 6,11: »Ihr seid tot für die Sünde, aber lebt für Gott in Christus Jesus.«

Jetzt wird eine Frage brennend: Wie geschieht dies geistliche Sterben und dieser Herrschaftswechsel? Hier kann der zweite Satz des persönlichen Bekenntnisses des Apostels weiterhelfen (V. 19b): **Ich bin mit Christus gekreuzigt.** Zwei Verstehenshilfen bieten sich an. Erstens ist schon die Vorsilbe »mit« außerordentlich wichtig. Sie entreißt unsere ganze geistliche Existenz in allen ihren Zuständen der Isolierung, wie wir es bei Paulus immer wieder finden: mitleiden, mitsterben, mitgekreuzigt werden, mitbegraben werden, mitauferweckt und lebendig werden, mitverherrlicht werden, miterben und mitherrschen. So steht auch geistliches Sterben im Zeichen der Gemeinschaft. Zweitens gewinnt hier unser Sterben genauere Konturen seiner Art nach. Weil es ein Sterben mit Christus ist, er aber am Kreuz starb, ist demnach auch unser Sterben ein Gekreuzigtwerden. Das heißt, wir tun uns nicht selbst Gewalt an. Eine Selbstkreuzigung wäre ja ein technisch ganz unmögliches Bild. Wir würgen also unser altes Leben unter der Sünde nicht selbst ab, vielleicht durch Askese, durch mystische Verrenkungen, durch seelische Selbstquälereien bis zur Verkrampfung, auch nicht durch die Änderung unserer Körperhaltung beim

Gebet oder durch die Lautstärke unseres Betens oder durch die Dauer unseres Weinens. Vielmehr ist Tod durch Kreuzigung ein Außeneingriff.

Damit kommen wir zum positiven Weg, wie er uns in 3,1-5 gewiesen wird: Wir setzen uns dem Evangelium aus. So fängt es an und anders geht es auch nicht weiter. Dieser Weg ist ohne Unterlaß zu gehen, auf ihm kommt Gott uns entgegen und spricht uns durch den Heiligen Geist mit Christus zusammen, so daß sein Geschick – sein Sterben, Begrabenwerden und Auferstehen – unser Geschick wird, nach dem Wort: »Alles, was mein ist, ist dein« (Lk 15,31; vgl. Joh 17,10).

Schließlich bleibt noch der Hinweis in V. 19a, den wir vorerst ausgelassen hatten: Das geistliche Sterben mit Christus geschieht **durch das Gesetz**. Christus seinerseits wurde »unter das Gesetz getan« (4,4), und zwar bis in seinen Tod hinein. Das gilt zunächst vordergründig. Die Passionsgeschichten der Evangelien betonen die Beflissenheit der jüdischen Behörden, in allen Phasen ihres Handelns Übereinstimmung mit dem Gesetz zu demonstrieren. »Wir haben ein Gesetz, nach diesem Gesetz muß er sterben« (Joh 19,7). Auch Pilatus gebärdete sich rechtsstaatlich. Darüber hinaus aber war es Gott selbst, der das heilige Gesetz an Jesus zum Zuge kommen ließ, indem er ihm die Todesstrafe zuerteilte. So starb er geistlich gesprochen völlig rechtmäßig. Mit diesem Tod setzte aber auf der Stelle auch seine Freiheit vom Gesetz ein (s. o.). Es hat nun jeden weiteren Anspruch auf ihn verloren. Eben dasselbe gilt auch für die, die mit ihm gestorben sind. Auch sie sind durch das Gesetz dem Gesetz gestorben, d. h. legitim frei. In 3,13-14 bringt Paulus diese Wahrheit in Großaufnahme.

Die Tatsache, daß Paulus mit diesem »ich starb« auf ein bestimmtes, einmaliges Ereignis seiner Vergangenheit verweist, macht einen Nachtrag nötig. Die meisten Kommentare legen dieses Ereignis auf den Moment seiner Taufe fest. Wenn das der Gedanke des Paulus gewesen sein soll, wie konnte er es bei dieser zentralen Stelle unterlassen, ihn zu äußern und klar und ausdrücklich von seiner Taufe zu sprechen? Warum nicht auch bei den beiden anderen Stellen vom Mitgekreuzigtsein in 5,24; 6,14? Und warum in 3,27, wo er nun wirklich von der Taufe spricht, nichts von diesem geistlichen Sterben? »Dies kann nicht Zufall sein«, bemerkt H. D. Betz zu Recht.[37] Offenbar müssen wir uns hier vor einer traditionellen Überfremdung des Paulus hüten. Innerhalb seiner Gedankenkette steht »ich starb« parallel zu »wir kamen zum Glauben an Jesus Christus« in V. 16. Als Christus ihm offenbart wurde und er Christus im Glauben empfing, war er auch mit ihm dem Gesetz und der Welt gestorben.

[37] S. 229; vgl. auch Borse, S. 117

20a Der Sinn dieses Verses ist deutlich. Er liefert die nähere Beschreibung des »Lebens für Gott« nach V. 19, indem er die Lebens-Vokabel breit entfaltet (viermal »leben«). Zunächst quittiert Paulus noch einmal die Aussage von V. 19, wonach er einen geistlichen Tod gestorben ist: **Ich lebe aber nicht mehr.** Natürlich lebt er noch biologisch; ein Toter schreibt keine Briefe. In der zweiten Vershälfte heißt es ja auch: »ich lebe noch«. In welcher Weise bei ihm von einem Nichtleben zu sprechen ist, deutet das nachgestellte und betonte Wörtchen **ich** an: ich für mich, als abgekapseltes Ich. Ich bin nicht mehr das isolierte Einzelwesen. Jenes fatale Solo unter der Knechtschaft von Gesetz und Sünde hat aufgehört. Die positive Aussage folgt. Dazu knüpft Paulus noch einmal an die eben in V. 19 bezeugte Christusgemeinschaft an, vertieft aber das dortige »mit« durch ein »in mir«: **Es lebt vielmehr in mir Christus.** Paulus weiß von Christus als von einer innewohnenden Macht. Er ist sein Herr bis ins eigene Herz hinein, so daß er ihm willig und aufrichtig gehört. Dieser Vers spricht deutlich vom pneumatischen Christus, ein Thema, das sogleich in 3,1-5 kräftig durchbricht.

20b Schon nach V. 19 hat die Christusgemeinschaft ihr Echtheitszeichen: Sie ist Kreuzesgemeinschaft. Das kann nicht anders sein. Wer ihn, der alle Tage seines Lebens in vielfältiger Weise litt und der als Gekreuzigter verkündet wird (3,1), im Herzen trägt, wird auch ein Kreuz auf der Schulter tragen. So wehrt Paulus auch hier eine euphorische Vorstellung vom Christsein ab, wenn er fortfährt: **Ich lebe aber im Fleisch.** Nach 2Kor 10,3 unterscheidet er sehr wohl ein Leben »*nach* dem Fleisch«, also nach ungöttlichen Maßstäben, von einem Leben »*im* Fleisch«, also in irdischer Leiblichkeit. Um letzteres geht es hier: Ich lebe noch nicht im Himmel, sondern durchaus in geschöpflich-irdischen Zuständen. Ich bin als »Erdling« von Erde genommen, muß wieder Erde werden und bin dazwischen immer »geerdet«. Er vergegenwärtigt durch diesen kurzen Ausdruck, daß nichts an ihm vorbeigeht. Christsein ist für ihn nicht die Kunst, sich über den Alltag emporzuschwingen oder sich an irdischen Erfahrungen vorbeizuschlängeln, um in den Zwischenräumen selig zu sein. Aber dies ist für ihn Christsein: **Im Glauben lebe ich!** Er nimmt diese Dinge in den Glauben hinein. Er liefert seine Verhältnisse an den Herrn aus und den Herrn an die Verhältnisse. Er konfrontiert sie mit Jesus. Im Fleisch leben und im Glauben leben beißt sich für ihn nicht.

An dieser Stelle überrascht ein Wechsel in der Personenbezeichnung. Während es eben in V. 16 dreimal um den Glauben an »Christus« ging und noch hier in der ersten Vershälfte um »Christus«, bezeugt Paulus plötzlich seinen Glauben **an den Sohn Gottes.** Vielleicht kommt ihm an dieser Stelle ein geläufiger urchristlicher Hymnus auf die Lippen, der so lautete. Durch diese Hoheitsbezeichnung schließen Glaubende ihren Herrn aufs engste mit Gott selbst zusammen. Der Sohn ist ja der Geliebte (Mk 1,11; 8,7; 12,6), der Einzige (Joh 1,14.18; 3,16.18; 1Joh 4,9), der Erstgeborene (Röm 8,29; Kol 1,15.18; Hebr 1,6; Offb 1,5). Wenn es darum 4,4 heißt: »Gott sandte seinen Sohn«, war das so, wie wenn er selber gegangen wäre. Jesus ist der Gott-Selbst, der Immanuel (Mt 1,23).

Doch diese zwischen dem Vater und dem Sohn schwingende Liebe weitete sich aus und bezog die Welt ein: **Der mich geliebt hat.** Er wollte leidenschaftlich uns und noch einmal uns. Dafür war er rücksichtslos gegen sich selbst. Weder den Vater noch den Sohn schonend, offenbarte sich die göttliche Liebe überströmend bis zum Selbstopfer: **und sich selbst für mich hingegeben hat**. Wir waren Gott teurer als sein Teuerstes.

Mit dieser Auslegung sind wir allerdings gegen den Text in den Wir-Stil verfallen. Dieser ist aber sonst im NT in diesem Zusammenhang üblich, heißt es doch an ungezählten Stellen vom Opfertod Jesu: »für *uns*« (vgl. zu 1,4). Nur in unserer Textstelle macht Paulus die einzige Ausnahme und schmilzt das geläufige urchristliche »für uns« um in ein »für mich«. Doch das gehörte aus dem Munde dieses Mannes und an dieser Stelle zur Sache. Jesu Liebe nahm gegenüber dem klassischen Christusverfolger und Gemeindezerstörer gewissermaßen ihre klassische Form an. Ihr gegenüber zerbrach sein früherer Gesetzeseifer. Unmöglich konnte das Mosegesetz noch der entscheidende Liebesbeweis Gottes und die Zentralsonne seiner Offenbarung sein. Paulus wurde in eine neue Umlaufbahn hineingerissen: Jesus Christus, Gottes Sohn!

Auf diese Weise brachte der Apostel in Antiochien in die Situation allgemeinen Schwankens etwas Festes und Unbedingtes hinein. Der Ton ungeteilter Entschlossenheit setzt sich fort:

Noch einmal kehrt Paulus zum Thema der Gerechtigkeit vor Gott zu- 21
rück: **Ich setze nicht außer Geltung die Gnade Gottes.** Was er gerade in V. 20 darlegte, war für ihn ein Gnadengeschehen. Die zweite Vershälfte wird es noch einmal benennen: Christi Tod für uns. Diese Grundlage der christlichen Gemeinde will er nicht verleugnen, nicht annullieren oder von anderen annullieren lassen. Vielleicht begehrten die Judaisten an solchen Stellen auf: Wir sind völlig mißverstanden! Wir entwerten doch nicht den Christusbund, wir ordnen ihn doch nur dem ewigen Mosebund ein! Doch Paulus hält an seinem Entweder-Oder fest: **Wenn nämlich durch das Gesetz Gerechtigkeit (kommt), wäre folglich Christus zwecklos gestorben.** Würde der Mosebund das leisten, was die Judaisten ihm zusprechen, wozu dann der Aufwand mit Christus? Er wäre überflüssig. Oder umgekehrt: Wenn Christus heilswirksam gestorben ist, ergibt sich im Rückwärtsschluß die Ein- und Unterordnung des Gesetzes.

Christus zwecklos gestorben – ja oder nein? Wie der Wenn-Satz verrät, war Paulus imstande, beide Möglichkeit in Gedanken durchzuspielen (vgl. 1Kor 15,17). Mit dieser denkbar schroffen Herausforderung entläßt er seine Hörer damals und heute. Hier haben wir den Kernpunkt, den Schlüssel, ihn überhaupt zu verstehen. Auch nach 1Kor 1,17 ist die Nicht-Entleerung des Kreuzes sein leitender Gesichtspunkt, die Mitte und Norm für das, was wahrhaft christlich ist. Eine Botschaft mag in hellsten Schalmeientönen oder in erschütternder Ehrwürde ergehen, aber macht sie das Wort vom Kreuz überflüssig?

Zum Ausgang des Vorfalls in Antiochien: Der Abschnitt läßt die historische Frage offen, welcher Erfolg dem Auftreten des Paulus damals in Antiochien beschieden war. Jedenfalls bringt er keine Erwiderung des Petrus oder Reaktion der Judaisten. Diese Lücke beflügelte in der Auslegungsgeschichte die weiterspinnende Phantasie. Blieb vielleicht Petrus der Sieger und Paulus wurde von der Gemeindeversammlung fallengelassen? Verlor er damit Antiochien als Stützpunkt, und wurde er fortan in die von ihm gegründeten Gemeinden und dann nach Europa abgedrängt? Oder konnte vielmehr Paulus sich durchsetzen, so daß auch Petrus umkehrte? Eine ausführliche Darstellung dieses Streites vom kirchlichen Altertum an bis in die Neuzeit bringt Rohde, S. 118-126.

Was spricht dafür, daß die elementare Gemeinschaft zwischen Paulus und Petrus von 1,18 und 2,9 auch durch diese erschütternde Probe hindurchtrug und dank einer Umkehr des Petrus erneuert werden konnte?

(1) Das wichtigste Argument dafür ergibt sich aus der Logik des Gal selbst. Paulus wollte durch diesen Brief das Ansehen seines Apostelamtes und seines Evangeliums in den galatischen Gemeinden wiederherstellen. Nach Lage der Dinge mußte ihm dazu die Darstellung seiner Gemeinschaft mit Petrus wichtig sein. Welches Interesse sollte er dann aber haben, als krönenden Abschluß seines Beweisganges gerade an seinen Bruch mit Petrus zu erinnern? Hätte dieser Bruch wirklich stattgefunden, hätte Paulus doch möglichst nicht daran gerührt, um nicht mit eigener Hand seine Position zu untergraben. Also darf man vom Gegenteil ausgehen. Es war ihm in Antiochien gelungen, gewissenüberzeugend für das Evangelium einzutreten. Weil sich dieser Sinn des Abschnitts zwingend aus dem Gedankengang nahelegt und weil dieser Ausgang den damaligen Gemeinden auch grundsätzlich bewußt war, erübrigte sich hier seine ausdrückliche Erwähnung.

(2) Diese Sicht wird durch das ganze NT bestätigt. In den folgenden Paulusbriefen wird nirgendwo Polemik gegen Petrus sichtbar. In 1Kor 9,5f (vgl. 1,12f) fallen die Namen von Petrus und Barnabas, ohne daß etwas von einem Bruch mit ihnen antönt. Auch »die große Ehrfurcht für Paulus in der Apg und in den Briefen des Bischofs von Antiochien Ignatius (zu Beginn des zweiten Jahrhunderts) ist schwer zu verstehen, wenn solch ein Ausschluß (des Paulus in Antiochien) stattgefunden hätte« (H. D. Betz, S. 210). Ferner wurde Silas (Silvanus), ein angesehenes Glied der Jerusalemer Gemeinde und Zeuge der Vorgänge in Antiochien, Begleiter des Paulus auf den nächsten Missionsreisen. Schließlich

würde die große Kollektenaktion des Paulus mit seiner Reise nach Jerusalem unverständlich, wenn er dort nur Feinde gehabt hätte, wogegen auch Apg 21,18ff spricht. Was Petrus anbetrifft, läßt besonders 1Petr 1,1 ihn eingegliedert in das heidenchristliche Werk des Paulus erscheinen. Auch tauchen Mitarbeiter des Paulus in seiner Umgebung auf. So wird sein Umfallen nicht von Dauer gewesen sein.

(3) Maßgebliche Vertreter der folgenden Generation erwähnen die beiden Apostel gleichgeachtet und spannungsfrei nebeneinander und verehren sie als Autoritäten der Kirche Jesu Christi, an die man sich gegenüber auftretenden Irrlehren zu halten hat (1Clem 5; IgnRöm 4,3).

ZWEITER BRIEFTEIL: 3,1-5,12

Das gesetzesfreie Evangelium des Paulus stimmt mit der Schrift überein

1. *Das neue Thema und die neue Argumentationsweise.* Im ersten Briefteil bestand Paulus auf dem wahren *Ursprung* seines Evangeliums: Es stammt nicht von Menschen, sondern von Gott, d.h. es beruht auf Offenbarung. Diese Tatsache konnte er nur zeugnishaft belegen. Jetzt wendet er sich der *Norm* des Evangeliums zu. Schon in 1,10-12 hatte er diese Frage gestreift: Das Evangelium ist nicht »nach Menschen (norm)« *(kata anthrôpon)*, positiv gewendet: Es ist »nach der Schrift« (*kata graphas*, so z.B. 1Kor 15,3.4). Offenbarung und Schrift stimmen überein. Dementsprechend argumentiert er ab jetzt fünfmal: »Es steht geschrieben« (3,6.10.13; 4,22.27) und flicht insgesamt zehn Zitate ein (3,6.8.10.11.12.13.16; 4,27.30; 5,14; dazu in 4,22 ein allgemeiner Hinweis auf Schriftaussagen). So beherrschen im zweiten großen Briefteil exegetische Ausführungen das Feld.

2. *Die Schrift nach Paulus.* Für einen Marcion (2. Jh.) war das Evangelium die Offenbarung eines bis dahin völlig unbekannten Gottes, von dem auch Mose und die Propheten noch nichts wußten. Christwerden hieß daher, sich vom AT zu lösen. Paulus dagegen legte nach der Christusoffenbarung vor Damaskus die Heilige Schrift, die er bisher als jüdischer Rabbi studiert hatte, durchaus nicht beiseite. Den Vorwurf, vom Glauben Israels abtrünnig geworden zu sein, hätte er empört zurückgewiesen. Vielmehr war Damaskus für ihn eine neue Offenbarung des alten Gottes, dem er schon von seinen Vorfahren her diente (2Tim 1,3). Die Dahingabe Jesu ans Kreuz und seine Erhebung zum Herrn über alles in der Auferweckung erkannte er als das große endgeschichtliche Treuegeschehen, das Gott in den Verheißungen der Schrift versprochen und auf das er, Paulus, gewartet hatte – wenn auch mit Unverstand. Wie mit einem Ruck war für ihn von dieser Schrift eine Hülle weggerissen worden (vgl. 2Kor 3,14-16). Im Licht der Erfüllung wurde ihm jetzt ihr Sinn glasklar. Im Gegenüber zum offenbaren Herrn erwachte sie zu ihrem eigentlichen Dienst, wurde unerhört lichtvoll, machtvoll und aktuell. Dieser Einklang zwischen Schrift und Evangelium diente dem Vollklang beider Seiten, sowohl dem Vollklang der Schrift als auch dem Vollklang des Evangeliums.

Darum lebte Paulus jetzt erst recht im AT. Es umgab ihn auf Schritt und Tritt, kam ihm wie selbstverständlich auf die Lippen, ob in Randfragen oder bei Herzstücken des Evangeliums. In seinen Briefen ertönen Stellen aus 19 verschiedenen atl. Schriften, davon z.B. 31mal aus Jes, 30mal aus Mose, 21mal aus den Ps. Er muß die Schrift weithin auswendig gewußt haben, denn kaum standen ihm auf Reisen und in Gefängnissen, wo immer er seine Briefe schrieb, Schriftrollen zum Nachschlagen zur Verfügung.

3. *Das Alte Testament auch in der Heidenmission?* Verwendet er die Schrift vielleicht gegenüber seinen jüdischen Gegnern so ausführlich, die ihrerseits die Autorität des AT ins Feld führten? Tatsächlich zitiert Paulus das AT nur in Röm, 1 und 2Kor und Gal, also dort, wo er sich mit Judaisten auseinanderzusetzen hatte. Aber diese Erklärung befriedigt nicht. Wiederholt bringt er seine Überzeugung zum Ausdruck, daß die Schrift in der christlichen Gemeinde überhaupt, gleich ob juden- oder heidenchristlich, ihren eigentlichen Adressaten gefunden habe. Er kann vom AT sagen: »Gott redet überall unsertwegen«, »geschrieben um unsertwillen«, »uns zur Belehrung«, »uns zur Warnung« (1Kor 9,9f; Röm 4,23f; 15,4; 1Kor 10,11). Dementsprechend findet sich die Masse der Schriftbezüge auch in den Briefen an die überwiegend heidenchristlichen Kreise in Rom und Galatien. Offensichtlich konnte er sie ihnen zumuten, und sie waren ihnen gewachsen. So fällt Licht auf die Arbeitsweise der urchristlichen Mission selbst. Wohin sie Jesus brachte, brachte sie auch das AT. Leichter machte sie es den Neubekehrten nicht. Zum Christwerden und vor allem zum Christbleiben gehörte selbstverständlich ein ernsthaftes Studium des AT.

Heute besitzen wir auch den neutestamentlichen Kanon. Aber das NT ist dermaßen im AT verwurzelt, daß sein Gebrauch ohne ständigen Rückgriff auf das AT oberflächlich wäre. Die Vorteile, die man unter Einsparung des AT beim heutigen Menschen einheimste, wären nur kurzfristig.

Abschnitt 1: Nicht das Gesetz, sondern Christi Tod brachte den verheißenen Segen (3,1-14)

a) Was sagt die eigene Erfahrung der Galater? 3,1-5

1 O ihr unverständigen Galater, wer hat euch bezaubert[a], denen Jesus Christus (öffentlich) vor die Augen hingeschrieben wurde[b] (als) Gekreuzigter?
2 Das allein will ich von euch lernen[c]: Habt ihr den Geist empfangen aus Werken des Gesetzes oder aus der Glaubensverkündigung[d]?
3 Dermaßen unverständig seid ihr? Angefangen habend im Geist, »vollendet«[e] ihr jetzt im Fleisch?
4 So Gewaltiges[f] habt ihr vergeblich erfahren[g]? Wenn denn schon wirklich vergeblich!

5 **Folglich: Der euch den Geist (immer wieder) gewährt[h] und wirkt Machterweise[i] unter euch[j], (tut er es) aufgrund von Werken des Gesetzes oder aufgrund der Glaubensverkündigung?**

Zur Übersetzung

[a] *baskainô*, von *bazô*, sprechen, schwatzen, kann für buchstäbliches Besprechen und magisches Behexen stehen. Doch die dämonologische Auslegung an dieser Stelle (z. B. Schlier), ein Dämon hätte die Galater besetzt, ist anzufragen. Nirgendwo im Brief reagiert Paulus exorzistisch (gebietet er Dämonen auszufahren), sondern überall argumentativ. Er appelliert an Verstand und Gedächtnis. Die Galater sollen besser in der Bibel nachlesen und besser nachdenken. Er denkt also nicht an reales Zauberwesen, dem die Galater zum Opfer gefallen wären, sondern verwendet das Wort übertragen, rhetorisch-ironisch (mit H. D. Betz).

[b] *prographô*. Das Simplex *graphô*, schreiben (also ohne die Vorsilbe *pro*) kann zwar auch »malen« heißen, was aber für das hier verwendete Kompositum nicht belegt ist. Darum dürfte nicht an eine phantasievolle, plastische Ausmalung der Kreuzigung Jesu gedacht sein. Das Wort ist nämlich gut bezeugt für öffentliches Hinschreiben von Erlassen, für den Aushang von Verordnungen, Steckbriefen oder Vorladungen. Man vergleiche bei uns die Veröffentlichung im Gesetzblatt, wodurch eine Verordnung in Kraft tritt.

[c] *manthanô* wird an dieser Stelle gern abgeblaßt mit »erfahren« übersetzt. Aus guten Gründen empfiehlt es sich jedoch, hier mit G. Nebe, EWNT II, S. 944, bei »lernen« zu bleiben.

[d] Diese Wiedergabe der Genitiv-Verbindung *akoäs pisteôs* hier und in V. 5 legt also den Ton auf die Verkündigung des Glaubens, nicht so sehr auf das Glauben des Verkündigten. – Beim ersten Begriff *akoä* handelt es sich um ein Wort aus der Missionssprache (noch V. 5; Röm 10,16f; 1Thess 2,13; Hebr 4,2, vielleicht aus Jes 53,1 nach der LXX). Es meint eigentlich etwas »Gehörtes«, ist also vom Standpunkt des Zuhörers gedacht. Eine Verdeutschung, die diesen Grundsinn bewahrt, fällt schwer. Man müßte schon umständlich umschreiben: das zu Gehör Gebrachte. Die üblichen Übersetzungswörter verlagern den Ton vom Zuhörer auf den Sprecher: »Kunde«, »Verkündigung« oder »Predigt«. Der zweite Begriff *pisteôs*, des Glaubens, kann den Akt des Glaubens bezeichnen, aber auch den Glaubensinhalt. Im ersten Fall wäre das gläubige Anhören der Predigt betont (so Bengel, Zahn, Schlatter, Goppelt, Ridderbos, Borse); dem Tun unter dem Gesetz stände dann das Gläubigwerden unter der Predigt gegenüber. Aber sollte hier wirklich ein menschlicher Akt nur durch einen anderen ersetzt werden, nicht vielmehr durch die Aktion Gottes, die für die Galater in der Evangeliumsverkündigung hereintrat? So empfiehlt es sich, an dieser Stelle an den Glaubens*inhalt* zu denken.

[e] *epiteleomai* wird hier von einigen ohne besondere Rücksicht auf die Vorsilbe *epi-* im Sinne von beendigen übersetzt: Beendet ihr jetzt (eurer Christsein) im Fleisch? Wollt ihr mit eurem Glauben Schluß machen? (Delling, ThWNT VIII, S. 63; Mußner, Schlier und Borse). Nach anderer Auffassung gewinnt das

Kompositum (Verstärkung durch *epi*!) an dieser Stelle einen volltönenden Klang: eine Sache gänzlich erfüllen (z. B. ein Gelübde). Bei diesem Verständnis setzt Paulus das Wort gewissermaßen in Anführungsstriche: Gebt ihr euch wirklich dem Wahn hin, euer Christsein mit Hilfe der fremden Lehrer zu »vollenden«, also qualitativ anzureichern und auf seine volle Höhe zu führen?

[f] Wörtlich: so Vieles, so Großes. Der Plural scheint aber die Sache noch einmal zu steigern (wie wir »herzlichen Gruß« steigern durch »herzliche Grüße«), und rechtfertigt die Übersetzung oben (mit WB; vgl. Joh 12,37: »So gewaltige Zeichen«).

[g] *paschô* hat die Grundbedeutung »erfahren, erleben, durchmachen«. Erst wenn es sich um etwas Schlechtes handelt, entsteht als abgeleitete Bedeutung der Sinn von »erleiden«, wie häufig im NT. Seit alter Zeit wurden auch hier für die Galater Verfolgungsleiden angenommen (Luther, Calvin, Zahn, Schlatter). Aber weder hier noch im Briefganzen deutet sich derartiges für die Galater an, so daß wir bei der Grundbedeutung bleiben.

[h] *epichorägeô*, von *chorus*, Chor. Ein *chorägos* ist ein wohltätiger Geldgeber für einen Chor. Das Verb bekam aber auch die allgemeine Bedeutung: etwas gütigerweise zur Verfügung stellen, darreichen, gewähren, schenken (vgl. Phil 1,19; 2Petr 1,11).

[i] *dynamis* hat die Grundbedeutung des Fähigseins (Grundmann, ThWNT II, S. 286), kann aber auch Taten bezeichnen, in denen sich Können und Fähigkeit beweist, also Machterweise.

[j] *en hymin* könnte auch heißen: in euch (innerseelisch). Hier aber liegt obige Übersetzung näher, weil doch gerade sichtbare Machterweise vorausgesetzt wurden.

Vorbemerkung

1. *Die Jury selber im Zeugenstand.* Im letzten Vers (2,21) hatte Paulus alles auf ein Entweder-Oder zugespitzt: Entweder das Gesetz gilt noch, dann aber ist das Evangelium gegenstandslos; oder Christus gilt, dann hat das Gesetz ausgedient. Die Judaisten traten leidenschaftlich für eine Synthese ein, doch Paulus tritt den exegetischen Beweisgang an. H. D. Betz, S. 79 und 238f, hat diese Auseinandersetzung mit einer Gerichtsverhandlung verglichen. Die Judaisten sind die Kläger, Paulus der Verklagte, die Galater die Jury. Zu Beginn geschieht allerdings etwas Ungewöhnliches. Paulus nötigt die Jury in den Zeugenstand, ja zerrt sie geradezu hinein, was in fünf aufeinander folgenden Fragen zum Ausdruck kommt. Die Richter selber sind in der verhandelten Sache gewichtige Zeugen und sollen Aussage machen.

2. *Zur Pneumatologie des Galaterbriefs.* Scheinbar unvermittelt und ohne eine Erklärung für notwendig zu halten spricht Paulus statt wie erwartet vom Gläubigwerden der Galater von ihrem Geistempfang. Das Stichwort *pneuma*/Geist erscheint gleich dreimal (V. 2.3.5) und im restlichen Brief noch fünfzehnmal, dazu einmal das Adverb »geistlich«. Wort und Sache spielen im Brief eine so große Rolle, daß man ihn ohne Beachtung seiner Pneumatologie kaum erfaßt. Die Schlüsselstellung dieses Themas für Paulus und damit sein Einsatz gerade

mit diesem Punkt ergibt sich so: Die Judaisten bestanden für jeden, der wahrhaft zum Gottesvolk gehören wollte, auf der Beschneidungsforderung. Demgegenüber aber ist für Paulus das Gottesvolk eine pneumatische Größe, und zwar von Abraham an (s. zu 4,23) und ganz überwältigend in der messianischen Erneuerung, so auch nach der atl. Endzeitprophetie. Dann aber mußte die Gabe des Geistes zum Hauptargument für die Freiheit von der Beschneidung und vom Gesetz überhaupt werden. Schon im AT gehören die endgeschichtliche Gabe des Geistes und Freiheit zusammen (Jes 61,1f; vgl. Lk 4,18). »Wo der Geist des Herrn ist, da ist Freiheit« (2Kor 3,17).

Es schien nur so, als komme Paulus in den ersten beiden Kapiteln und vor allem im Themavers 2,16 von der Rechtfertigung aus dem Glauben ohne Pneumatologie aus. Jetzt zeigt sich, daß er dies Thema nicht für eine Sekunde geistlos verstand, sondern Glaube und Geist für ihn in einem höchst intimen Verhältnis stehen. Mit dem einen ist praktisch das andere immer schon mitgesagt. Wer im Christusglauben steht, lebt im Geist. Wer im Geist lebt, hängt Jesus am Hals. Glaube und Geist zusammen, eng miteinander verschlungen, bilden die eine große Segnung (vgl. 3,14!). Sie verdankt sich vollmächtiger Verkündigung des Gekreuzigten. – Zu den einzelnen Gesichtspunkten der Pneumatologie im Galaterbrief siehe die Auslegung zu:

3,2.14; 4,6.29: Geist und Christwerden
3,3; 5,25: Geist und Christbleiben
3,4: Geist und Charismen
5,16-6,10: Geist und Ethik

1 Mit Schärfe gibt Paulus seiner Enttäuschung Ausdruck: **O ihr unverständigen Galater!** Die Anrede ist eingebettet in eine neunmalige Bruderanrede in diesem Brief (s. zu 6,18) und darum keine Beschimpfung. Sie gehört zur Sache und hat ihre Funktion. Paulus vermißt bei diesen Brüdern den Gebrauch ihrer Denkfähigkeit. Wem so vollmächtig und befreiend Christus verkündet wurde (vgl. zweite Vershälfte!), der sollte sich wohl durch einen ganz neuen Wirklichkeitssinn auszeichnen. Er müßte sich unter seinen unerleuchteten Mitmenschen wie ein Nüchterner unter lauter Trunkenen bewegen. Aber rätselhafterweise funktionierte das bei den Galatern nicht.

Derselbe Vorwurf traf wiederholt auch die Jünger des irdischen Jesus: »Seid ihr so unverständig?«; »Die Kinder dieser Welt sind klüger als die Kinder des Lichts« (Mk 7,18; Lk 16,8). So auch der Auferstandene: »O ihr Unverständigen, zu trägen Herzens, alles zu glauben!« (Lk 24,25). Diese Klage verlängert sich dann in den apostolischen Briefen: »Seid doch nicht Kinder im Verstand!«; »Ich rede doch (hoffentlich) zu verständigen Menschen.«[a] Unverstand im Volk Gottes ist ein doppeltes Trauerspiel (vgl. zu 1,6).

[a] 1Kor 10,15; 14,20; Eph 5,17; 2Thess 2,28

Wer hat euch bezaubert? Daß Paulus hier keinen Namen nennt, muß nicht heißen, daß er keinen kennt. Vielmehr erklärt er seinen Widersacher auf diese Weise zu einem Niemand, zu einem Herrn Unwichtig (vgl. zu 1,7), wie er auch dessen Verkündigung als ein Beschwätzen disqualifiziert. Um so schlimmer für die Galater. Dies Geschwätz vermochte bei ihnen die Kreuzesbotschaft in den Schatten zu stellen. Davon ließen sie sich beeindrucken, quasi hypnotisieren, statt Widerstand zu leisten wie etwa Paulus nach 2,5 und 14. Das alles ist hier natürlich sehr provozierend gesagt. Es soll die Galater rütteln und schütteln. In ähnlichem Ton redet Paulus zu den Korinthern (2Kor 11,19f): »Ihr laßt euch die Narren ja gern gefallen, ihr klugen Leute. Denn ihr nehmt es hin, wenn jemand euch versklavt, ausbeutet und in seine Gewalt bringt, wenn jemand anmaßend auftritt und euch ins Gesicht schlägt.«

Denen Jesus Christus (öffentlich) vor die Augen hingeschrieben wurde. Wie die Anm. zur Übersetzung darlegt, erinnert Paulus nicht an seine Fähigkeit zu packender Predigtweise. Vielmehr beschäftigt ihn der juristische Gesichtspunkt, d. h. die göttliche Rechtskräftigkeit seiner Erstverkündigung in Galatien. Wenn im Altertum auf dem Marktplatz vor den Augen der gaffenden Menge ein Plakat mit einem kaiserlichen Edikt hochgezogen wurde, war damit eine neue Rechtssituation eingetreten. Von diesem Augenblick an stand diese Verfügung in Kraft. Übertretung hatte Folgen. Ihre Veröffentlichung war ein Ereignis, das gestaltend in das Leben eingriff. So trat etwa fünf Jahre zuvor für die Leser dieses Briefes die Predigt des Paulus unwidersprechlich in den Raum, beglaubigt durch pneumatische Manifestationen und Früchte (V. 4-5). Das Evangelium erwies sich als Macht und schuf aus dem Nichts neues Sein, nämlich eine glaubende, eine jubelnde Gemeinde (4,15). So etwas vergißt man doch nicht! Ähnlich schrieb Paulus über die Geburtsstunde der Gemeinde in Korinth: »Das Zeugnis von Christus ist unter euch (rechts)kräftig geworden« (1Kor 1,6).[b] Hier war nichts wegzureden, es sei denn, man war nicht ganz bei Verstand. Aber das waren die Galater augenscheinlich.

[b] Mk 16,20 1Kor 2,4f 1Thess 1,5 Hebr 2,2-4

In diesem Zusammenhang bietet Paulus eine Kurzcharakterisierung seiner Missionspredigt: **Jesus Christus (als) Gekreuzigter.** Es waren nicht allgemeine Bibelvorträge über dies und das, sondern eine themabewußte Bekanntmachung. Ein wenig betroffen stehen wir vor einer solch gezielten Direktheit. In 1Kor 2,2 kann er noch zuspitzen: »Ich hielt es für richtig, unter euch nichts zu wissen *als allein* Jesus Christus, und zwar als den Gekreuzigten.«

Allerdings ist hier das Mißverständnis fernzuhalten, Paulus habe von der Auferstehung nichts gewußt: Keine Isolierung des Kreuzes von seiner Nachgeschichte! Paulus hat Jesus nie als einen toten Mann verkündet, also nie die Dinge am Kreuz angehalten und die Auferstehung weggedacht. Ohne sie gäbe es für ihn gar kein »Wort vom Kreuz«, kein Sterbenswörtchen, und der christliche Glaube wäre gegenstandslos (1Kor 15,17). Aber nun das Entscheidende: Ostern hob bei ihm das Kreuz nicht auf, machte es nicht vergessen, sondern im Gegenteil unvergeßlich. Es verewigte das Kreuz, vergegenwärtigte es als ständige Wirklichkeit. Der lebendige Christus regiert die Welt sozusagen vom Kreuz herab. Die Narben in seinen durchbohrten Händen sind seine königlichen Insignien. Ohne Bild: Die gekreuzigte Liebe ist jetzt die höchste Instanz und setzt die Maßstäbe.

Aber woher dann die zahlenmäßige Unausgewogenheit der Kreuzes- und der Auferstehungsstellen gerade im Gal? Vom Kreuz oder vom Sterben Jesu sprechen bald zehn Stellen[c], vom Auferstandenen nur 1,4. Die Antwort wird darin liegen, daß gerade das Kreuz die gesetzeskritische Kraft in sich birgt (s. zu 1,16).

[c] Gal 1,4
2,19.20
3,1.13; 4,5
6,12.14

Schließlich lag Paulus auch an der besonderen Todesart des Herrn, daß er gerade am *Kreuz* starb (statt etwa durch Steinigung). Sprechend ist in Phil 2,8 ein Zusatz, den er offenbar mit erhobener Stimme einbringt: »gehorsam bis zum Tode, *ja zum Tode am Kreuz*«. Immer wieder hat dieser Apostel dieses Hinrichtungsinstrument theologisch bedacht, darum auch das gesamte Christuszeugnis als »Wort vom Kreuz« gebündelt.[d] Das Besondere an einer solchen Hinrichtung war das Höchstmaß an Schande und Verachtung. »Verflucht (durch Gott!) ist jeder, der am Kreuz hängt« (3,13 nach 5Mo 27,26). Kreuz macht unglaubwürdig. Darum konnten die Vorübergehenden nach Mt 27,39-43 nur den Kopf schütteln: »Ist er der König von Israel, so steige er vom Kreuz herab, dann wollen wir an ihn glauben.« Wie kann »Kreuz« dennoch ein Heilswort, Bestandteil einer Glaubensbotschaft für die Welt werden? Nichts in uns Menschen ist auf diese Botschaft angelegt, innerweltlich läßt sie sich nicht plausibel machen (zum »Ärgernis des Kreuzes« s. zu 5,11). Erst in einer pneumatischen Erfahrung wird Jesus unser Herr. Dafür ruft Paulus die Galater zu Zeugen auf.

[d] 1Kor 1,18
1,17.23
2,2.8
2Kor 13,4
Gal 3,1.13f
5,11.24
6,12.14
Eph 2,16
Phil 3,18
Kol 1,20; 2,14

2 Ungeachtet ihres augenblicklichen Unverstandes hätten sie mindestens zu einem einzigen Punkt etwas Richtiges und Wichtiges zu sagen: **Das allein will ich von euch lernen.** Wie ein Schüler läßt Paulus sich zu ihren Füßen nieder. Als Judenchrist gesteht er Heidenchristen eine unmittelbare Kompetenz in der verhandelten Sache zu. Sie sollen nur einmal zu Verstand kommen und sich selbst ernstnehmen. Sie selbst sind Beweis für die Wahrheit des gesetzesfreien Evangeliums.

Habt ihr den Geist empfangen ...? Bevor wir dem Gedankengang weiter folgen, halten wir drei Beiträge allgemeinerer Art zum Geist-Thema fest, wie sie sich hier ergeben:

a) Die Rede vom Geistempfang gehört in die normale Beschreibung vom Christwerden: Man bekommt Anteil am Geist Jesu Christi. »Wer dem Herrn anhängt, der ist *ein* Geist mit ihm« (1Kor 6,17; vgl. Hebr 6,4: »ist Teilhaber des Geistes geworden«). Und die Kehrseite: »Wer den Geist

Christi nicht hat, der ist nicht sein« (Röm 8,9b). So direkt kann man davon sprechen, ohne es sofort problematisieren zu müssen. Es liegt nichts Überspanntes darin.

b) Genauso selbstverständlich gilt: *Der Geistempfang ist mit der Kreuzesbotschaft verknüpft*. Das Kreuz Christi als ausdrücklicher Zusammenhang erschien nicht nur im vorigen Satz, sondern war schon seit 2,19 Vers für Vers Orientierungspunkt. Das urchristliche Zeugnis vom Heiligen Geist kann von diesem Zusammenhang einfach nicht absehen. Hier liegt *der* fruchtbare Mutterboden, *das* Kraftfeld für pneumatische Erfahrung.

c) *Geistempfang ist eine Erfahrung, die ins Bewußtsein tritt*. Sie ist im Vollsinn des Wortes ein Erlebnis und hat wie andere Erlebnisse ihren Sitz in der Biographie eines Menschen, so daß es aus seiner Erinnerung abgerufen werden kann. Auf Befragen gibt der Christ Auskunft, wie es hier vorausgesetzt wird.[38]

Niemand sollte leugnen, daß Gott in der Verborgenheit des Herzens beginnt, menschlichem Bewußtsein entzogen. Aber Gott versteckt sich dort nicht. Er will Öffentlichkeit. Sein Geist erfüllt Leib und Seele, bricht aus in Wort und Tat. Darum wird niemand Christ, ohne es zu merken. Unser Brief nennt Merkmale des Geistempfangs. Nach 4,6 gibt es das Wunder heilsgewissen Betens, nach 4,14-15 und 3,28 Stiftung von bisher ungekannter Gemeinschaft zwischen bisher wildfremden Menschen, nach 5,1 ein unvergeßliches Hinaustreten ins Freie. Hier in V. 4 faßt Paulus alles dahin zusammen, daß die Galater »Gewaltiges erfahren« hatten (und noch erfuhren, V. 5). Natürlich sind diese Merkmale für den Skeptiker keine Beweise, aber sie sind als Erscheinungen vorhanden, die bezweifelt werden *können*. Christwerden geschieht nicht prinzipiell jenseitig.[39]

Wir folgen jetzt wieder dem Gedankenfaden in V. 2. Die Galater sollen den Quellort ihres Geistempfangs als Erweis ihrer Gerechtsprechung und Gottesgemeinschaft angeben. Paulus legt ihnen die beiden

[38] Vgl. Oepke, Kommentar zur Stelle und ThWNT II, S. 335, 28: »empirisch psychologisch faßbar«; Mußner zur Stelle: »eine sichere Erfahrung«; E. Schweizer, ThWNT VI, S. 420, 27: »etwas, dessen Empfang man konstatieren kann«, vgl. Stalder, S. 318; Mühlen zitiert auf S. 80 Schnackenburg: »erkennbar und spürbar empfangen«; Schlatter, Dogmatik, S. 348: »Gegenstand der Wahrnehmung«.

[39] Wenn die Kommentare an dieser Stelle den Geistempfang an einem konkreten Punkt festmachen wollen, nennen sie gern die Taufe. Schlier sagt zwar einleitend und auch wieder am Schluß (S. 118 u. 126): »Die Glaubensverkündigung vermittelt den Geist«, aber dazwischen kann es bei ihm heißen: »Die Taufe vermittelt den Geist.« Mußner spricht S. 376 vom »Taufpneuma« (richtig z. B. Zahn, S. 143, und Stalder, S. 79). Doch keine Stelle im NT spricht in klaren Worten vom zeitlichen Ineinanderfallen von Taufe und Geistempfang. Dagegen wird grundsätzlich auseinandergehalten: Der messianische Herr tauft mit Geist, aber *nicht* mit Wasser, und sein Knecht tauft *nur* mit Wasser, aber nicht mit Geist (Mt 3,11; Mk 1,8; Lk 3,16; Joh 1,33; Apg 1,5; 11,16). Die sechsfache Überlieferung gerade dieses Wortes spricht für sich. – Man vergleiche auch den Schluß der Auslegung zu 2,19.

Möglichkeiten vor, die vertreten werden: **Habt ihr den Geist** (a) **aus den Werken des Gesetzes empfangen oder** (b) **aus der Glaubensverkündigung?** Diese Frage beantwortet sich im Fall der Galater von selbst. Sie erlebten das Heil besonders eindeutig am mosaischen Gesetz vorbei. Im Unterschied zu Judenchristen hatten sie es vorher noch gar nicht gekannt, es also auch nicht praktizieren können. Von dort her hätten sie also auch niemals den Geist empfangen können. Sie empfingen ihn rein aus der Verkündigung des Glaubens an Christus.

Das war es also, was man bei den Galatern wie bei keinem Judenchristen »lernen« konnte. Evangelium allein – auf diesem »allein« liegt der Ton –, ohne Übernahme irgendwelcher jüdischen Zeremonien, erwies sich als heilswirksam. Daraus nachträglich ein »Evangelium plus Gesetzwerk« zu machen, wäre in Wahrheit ein Minus für das Evangelium, ja seine Aufhebung durch ein anderes Evangelium (1,7; 2,21; 5,3-4). Darum zerschlägt Paulus dieses judaistische Plus.

3 Jetzt kann Paulus die Leser vor die Frage ihrer Konsequenz stellen und damit auch ihrer Vernunft. **Dermaßen unverständig seid ihr?** Es ist unvernünftig, im Selbstwiderspruch zu leben: **Angefangen habend im Geist, »vollendet« ihr jetzt im Fleisch?**

»Geist« ist hier Schöpfergeist, der anfängt und Grund legt, ohne auf irgendeinen Vorlauf angewiesen zu sein. Er ruft aus dem Nichts das Wunder des Glaubens hervor. Christen an diesen Anfang zu erinnern, ist nicht nur möglich, sondern auch wichtig. »Wisset ihr nicht, daß ihr Gottes Tempel seid und der Geist Gottes in euch wohnt?« mahnte Paulus die Korinther, die es schon nicht mehr so recht wußten und darum ethisch versagten (1Kor 3,16). So setzt wahre christliche Seelsorge an. Sie ermutigt im Blick auf die gegebene Innewohnung des lebenschaffenden Geistes. Was für Christwerden grundlegend war, bleibt auch grundlegend für das Christbleiben.

Das Verlangen nach geistlichem Wachstum ist legitim. Das NT spricht vom Zunehmen im Glauben, vom Wachsen in der Erkenntnis, in der Gerechtigkeit, Heiligung, Liebe, Arbeit und Hingabe. Aber es müßte folgerichtig geschehen, so wie es Phil 1,6 sagt: »Der in euch angefangen hat das gute Werk, *der* wird's auch vollenden.« Die Bibel hält viel von Gedächtnis und Erinnerung, vom Nicht-Vergessen früherer Wohltaten (Ps 103,1-5) und dann vom logischen Fortsetzen. Die törichten Galater jedoch ließen es an dieser Logik fehlen. Sie suchten Vervollkommnung des angefangenen Guten und Geistlichen ausgerechnet »durch Fleisch« (zum Begriff vgl. Einführung zu 5,13-15), also außerhalb des schöpferischen Geschehens durch den Geist Christi (V. 2). Sie begaben sich in Menschenhände, die an ihnen Zeremonien ausübten wie z. B. die Beschneidung. Sie folgten Speiseanweisungen, Festvorschriften, also »ohnmächtigen und dürftigen Elementen« (4,9), um damit Gottes Werk zu krönen. Diese Rangordnung, die vom Geist zum Fleisch »aufsteigt«, ist doch einfach absurd. Ein trauriger Fortschritt rückwärts!

In den galatischen Gemeinden blühte also das fromme Fleisch. Die Endprodukte dieser Entwicklung lassen sich Kap. 5 entnehmen. Gegenseitiges Beißen und Fressen, Prahlereien, Verletzungen und endloses Parteiengezänk ließen nicht auf sich warten (5,15.26). Am Ende steht die Scham über offenkundige Schändlichkeiten in den eigenen Reihen (dort V. 19-21). Es bewahrheitet sich 6,8: »Wer auf sein Fleisch sät, wird vom Fleisch das Verderben ernten.«

Paulus bleibt nicht beim Geistempfang der Galater stehen, sondern 4
zieht für seine Vorhaltungen jetzt auch das Gebiet der Geistesgaben, ja der Zeichen und Wunder heran: **So Gewaltiges habt ihr vergeblich erfahren?** Der nächste Vers wird die »Machttaten« unter den Galatern erwähnen. Paulus hat für Gemeindegründungen offenbar das Geschehen von Zeichen und Wundern vorausgesetzt (Röm 15,18f). Obwohl er erstaunlich wenig Aufhebens von diesen Dingen machte und sie wahrlich nicht im Mittelpunkt seiner Briefe standen, findet sich bei ihm unbedingt ein positives Wunderverständnis (vgl. schon zu 2,8).[40]

Auch in Galatien hatte es überprüfbare Zeichen für die Macht des gekreuzigten Herrn gegeben. Aber die fremden Missionare hatten es fertiggebracht, die Gemeinde mit einer Theologie der Vergeßlichkeit und dann der Undankbarkeit zu benebeln. Sie erweckten in den Gläubigen das Gefühl, es sei noch nichts gewesen, um dann selber ganz groß als Beglücker und Vollender herauszukommen.

Alles vergeblich? Diese Anfechtung gehört zu den apostolischen Leiden (vgl. die Auslegung zu 1,6, dazu 1Kor 15,2). Aber Paulus kämpft sich da durch. **Wenn denn schon wirklich vergeblich!** Er kann, er will es nicht glauben, daß seine Appelle in den Wind gesprochen sind. »Die Liebe hofft alles« (1Kor 13,7; vgl. Hebr 6,9).

Noch einmal lenkt Paulus das Auge auf den Existenzgrund der Ge- 5
meinde. **Folglich: Der euch den Geist (immer wieder) gewährt und wirkt Machterweise unter euch, tut er es aufgrund von Werken des Gesetzes oder aufgrund der Glaubensverkündigung?** In V. 2 hatte

[40] Zu Recht würdigt W. Rebell auf S. 120f diesen Sachverhalt und behandelt noch 1Kor 1,22f; 12,6.10a.28f; 2Kor 12,12. Die ganze Urchristenheit bejahte vorzeigbare Legitimationszeichen für ihre Boten (Apg 2,43; Hebr 2,4; 6,5). Nach Mk 16,17-20 heißen sie Begleitzeichen der Verkündigung. Sie stellen gewiß nicht das Eigentliche dar, aber sie machen alle Welt auf das aufmerksam, was sie begleiten, auf das Evangelium. Ohne sie erscheint für Außenstehende die Verkündigung als gegenstandslos, vgl. die skeptischen Schriftgelehrten in Mk 2,1-12 gegenüber der von Jesus zugesprochenen Sündenvergebung. Daraufhin vollzog Jesus die Heilung mit dem ausdrücklichen Zweck: *»Damit ihr aber wißt*, daß der Menschensohn Vollmacht hat, Sünden zu vergeben, ...« Als Parallele aus dem AT kann 2Mo 4,1-9 gelten. Dort bietet Gott wiederholt Zeichen an, »wenn sie (der Botschaft des Mose) nicht glauben«. Diese Zeichen zwingen nicht zum Glauben, aber sie hüllen jedermann in eine Atmosphäre der Kraft (D. Schneider, S. 130).

Paulus nur den Anfang des geistlichen Lebens erfragt, jetzt nimmt er die ständige Versorgung der Gemeinde mit Kraft und Leben hinzu. Die Gemeinde lebte noch, ungeachtet aufkommender Gesetzlichkeit, weil Gott der Schenkende blieb und weil sein Geist Stehvermögen hat. Er verläßt sein Werk nicht kurzschlüssig. »Mein Geist soll bei euch bleiben. Fürchtet euch nicht!« (Hag 2,5). Selbst zur Gemeinde in Laodizea redete der Geist noch (Offb 3,20.22).

b) Nach der Schrift gehören Abrahamskindschaft und der Segen Abrahams den Glaubenden: 3,6-9

6 **Wie (geschrieben steht)[a]: Abraham »glaubte Gott[b], und es wurde ihm angerechnet[c] zur Gerechtigkeit«** (1Mo 15,6).
7 **Erkennt also: Die (Menschen) aus[d] Glauben, (genau) diese sind Söhne[e] Abrahams.**
8 **Die Schrift aber, voraussehend, daß Gott die Völker[f] aufgrund des Glaubens gerechtspricht, hat Abraham im voraus (Freudenbotschaft) verkündet[g]: »In dir sollen alle Völker gesegnet[h] werden«** (1Mo 12,3; 18,18).
9 **Somit werden die (Menschen) des Glaubens gesegnet zusammen mit dem glaubenden Abraham.**

Zur Übersetzung

[a] Die Einfügung »geschrieben steht« legt sich nahe, weil *kathôs* im NT oft ein Schriftzitat einleitet, was ja auch hier tatsächlich geschieht. Schon alte Handschriften haben hier so ergänzt.

[b] »glauben« ist hier mit dem einfachen Dativ von »Gott« verbunden, an anderen Stellen mit »auf *(epi)* Gott« (z. B. Hebr 6,2). Im letzten Fall kommt das Sich-Verlassen auf Gott besonders kräftig zum Ausdruck. Dagegen heißt es in bezug auf Christus durchgängig: »an *(eis)* Christus glauben«. Beides fügt sich zusammen: Man verläßt sich auf Gott im Hinblick auf Christus, in dem Gottes Hilfsbereitschaft erschienen ist.

[c] *logizomai* stammt aus der Handelssprache und bedeutet dort das Anrechnen von Wert und Schuld: auf die Rechnung setzen, in Rechnung stellen, verbuchen. Für das Bibelgriechisch tritt das Kaufmännische zurück. Das Nicht-anrechnen kann z. B. in Röm 4,7f sinngleich neben Vergeben stehen. Es ist ein liebendes Zuerkennen und Anerkennen, bei dem Gott nicht im Bild des Kaufmanns oder des Richters, sondern des Vaters erscheint (Heidland, ThWNT IV, S. 295,1). Aber der ursprüngliche Ton sachlicher Korrektheit bleibt beachtenswert. Auch bei der Liebe Gottes hat alles seine Ordnung.

[d] Es handelt sich um das *ek* der Zugehörigkeit, vgl. »die aus dem Gesetz« (Röm 4,16) oder »die aus der Beschneidung« (Gal 2,12).

[e] »Sohn« ist mit etwa 5000 Belegen das häufigste Substantiv des AT. Schon das läßt ahnen, über welche Bedeutungsbreite das Wort im Hebräischen verfügen muß. Auch Töchter können eingeschlossen sein. Wenn es z.B. 1Mo 3,16 heißt, daß die Frau mit Schmerzen »Söhne« gebären wird, betrifft das natürlich auch die Entbindung von Töchtern. Gerade der Plural »Söhne« schließt oft Kinder, Kindeskinder und überhaupt Nachkommen ein, vgl. den häufigen Ausdruck »Söhne Israels« (Luther darum: »Kinder Israels«).

[f] »Völker« beschränkt sich hier nicht auf die Heidenvölker wie etwa in 1,16; 2,2.7.9, sondern umfaßt betont »*alle* Völker«. In Röm 4,16 handelt Paulus von derselben Verheißung und bezieht sie gleichermaßen auf Juden und Heiden.

[g] Das mit »verkünden« übersetzte Wort *(proeuangelizomai)* enthält sprachlich »evangelisieren, gute Nachricht bringen« (vgl. Elberfelder Übersetzung).

[h] *eneulogeô* verstärkt *eulogeô*, segnen. Das entsprechende hebräische Wort meint glückbringende Kraft, die im Aussprechen feierlicher Worte gewünscht wird. Die griechische Vokabel heißt eigentlich »gut reden«.

Vorbemerkung

1. *Abraham im Neuen Testament*. Nach den Galatern selbst betritt jetzt der Hauptzeuge, die Schrift, den Zeugenstand. Dabei bezieht sich die neue Vernehmung wieder auf den bisherigen Gegenstand. Das letzte Wort soeben lautete »Glaube« (V. 5; vgl. V. 2), und mit dem Glauben geht es jetzt weiter. Es folgt ein Schlüsselvers vom Anfang der Bibel über den glaubenden Abraham, dazu eine Kette von vier Exegesen: 3,6-9.10-12.13-14 und 15-18. Der Name des Erzvaters beherrscht das ganze Kapitel: V. 6.7.8.9.14.16.18.24. Die Abraham-Thematik erweist sich als erhellend für das Zusammenspiel solcher Heilsbegriffe wie »Glaube, Gerechtigkeit, Segen, Verheißung, Geist, Erbe, Sohnschaft«.

Die Rede von Abraham ist im Zusammenhang mit der Heilsfrage nicht weit hergeholt. Bei Gott gibt es nur diese eine Heilslinie, die über Abraham läuft. Was sich nicht in sie einfügt, gilt nicht. Nicht umsonst nennt das NT keine zweite Gestalt des Alten Bundes so häufig wie Abraham (73mal). Er war nicht einer von vielen in Israel, sondern »Vater« des Volkes (Jes 51,1f), ja »Erbe der Welt« (Röm 4,13). Mit ihm begann nach der Fluchgeschichte von 1Mo 3-11 die Geschichte der Hoffnung für die Menschheit. Auch Stephanus setzte daher für seinen heilsgeschichtlichen Abriß bei ihm ein: »Der Gott der Herrlichkeit erschien unserm Vater Abraham« (Apg 7,2).

Die umfangreichen exegetischen Mühen des Paulus um die Abraham-Texte sprechen dafür, daß auch seine Gegner mit diesem Material gearbeitet haben. Bei aller Gemeinsamkeit stand aber zwischen ihnen die Frage offen: Wer ist wahrer Sohn und Erbe Abrahams? Wird man es durch *ioudaizein* (s. die Vorbemerkung 2 zu 1,13-14) oder durch den Glauben an Jesus Christus? – Zum besseren Verständnis verschaffen wir uns einen Einblick in die jüdische Abraham-Überlieferung:

2. *Abraham im Judentum*. »*Wir* sind Söhne Abrahams!« trumpften die Judaisten nach 2Kor 11,22 (vgl. Joh 8,37-39) auf. Eine stolzere Selbstbezeichnung gab es

für sie nicht. Dabei hatte das Judentum das Zeugnis von 1Mo 15,6, das den Christen so wichtig war, nicht etwa überhört: »Abraham glaubte«. Glauben ist also nicht unjüdisch. Sein unerschütterliches Vertrauen auf Gottes Wort wurde als beispielhaft vor die Augen gestellt. Aber unter dem Wort Gottes, dem Abraham vertraute, wurde ganz gegen 1Mo 15 das Gesetz verstanden. Nach der syrischen Baruch-Apokalypse 57,2 aus dem 1. Jh. n. Chr. war Abraham das Gesetz schon Jahrhunderte vor Mose bekannt, wenn auch noch nicht in schriftlicher Form. Er befolgte es vollkommen, als das Urbild der Gesetzesfrömmigkeit. Kein böser Trieb hatte über ihn Gewalt. Zum Lohn dafür erwählte Gott ihn und schickte ihn auf Wanderschaft, um allen Völkern seine hervorragenden Eigenschaften zu zeigen.

Im Gedanken an das, was die Schrift über Abrahams Zweifel und Schwäche sagt, über seine Angst ums nackte Überleben und über seine unwürdigen Machenschaften, höre man Aussagen aus frühjüdischen Schriften. Im Jubiläenbuch 23,10 aus dem 2. Jh. v. Chr. heißt es: »Abraham war ja dem Herrn gegenüber in all seinen Werken vollkommen und alle seine Lebenstage in Gerechtigkeit wohlgefällig.« Nach 24,11 sprach Gott zu Isaak: »In deinem Stamm sollen alle Erdenvölker gesegnet werden dafür, daß dein Vater auf mein Wort gehört und meine Weisung, meine Gebote und Gesetze, meine Ordnung und meinen Bund bewahrt hat.« Vgl. dazu auch Sirach 44,19-21. Nach dem »Gebet des Manasse« (V. 8; aus dem 1. Jh. oder noch früher) brauchte Gott ihn nicht zur Buße zu rufen, da er überhaupt nicht gesündigt hatte. Die Tendenz zur Glorifizierung Abrahams verstärkte sich im Rabbinismus und bis zum Talmud zunehmend (Bill III, S. 186-201; Berger, TRE I, S. 364-387). Unter diesem Abraham-Ideal hatte auch der Rabbi Saul von Tarsus gelebt. Aber nach seiner Christus-Begegnung las er seine Bibel auch in diesem Punkt genauer und anders. Dafür ist dieser Abschnitt ein Zeugnis.

3. Sprachliches zu »glauben«. Vom Glauben im religiösen Sinn sprachen auch Juden und Heiden, aber niemand tat es so durchgängig und auffällig wie das Urchristentum. Wir stehen hier vor seiner Eigentümlichkeit. Das Auftreten des Christentums kann geradezu als »Kommen des Glaubens« bezeichnet werden (Gal 3,23). Im ganzen NT ist das Wort allgegenwärtig mit etwa 500 Vorkommen seiner Formen, vertreten in fast allen Schriften (Ausnahmen: 2Joh u. 3Joh). So thematisiert an unserer Stelle auch Paulus den Glaubensbegriff. In diesen vier Versen heißt es gleich fünfmal »Glaube, glauben, gläubig«, allein in diesem Kapitel 18mal.

Wollten die Apostel Näheres über diesen Glauben sagen, griffen sie einmütig auf das AT zurück. Als der Verfasser des Hebr die Christen zum »Glauben halten« ermutigen wollte (10,38), läßt er ein ganzes Kapitel lang die »Alten« in ihrer Vorbildlichkeit am geistigen Auge vorüberziehen (11,2), aufgereiht am Stichwort »Glaube« (24 Stellen!). Ein bestimmter atl. Glaubensvers besaß jedoch für die Urchristenheit eine theologische Schlüsselstellung. Er ist nicht ein Beleg unter anderen, findet sich auch nicht irgendwo am Rande der Schrift, sondern gleich am Anfang und deckt die Heilsgeschichte an ihrer Wurzel auf. Dieser Satz ist 1Mo 15,6. F. Hahn urteilt S. 91: »In Gen 15,6 gewinnt der Glaube eine

Rolle, wie das wohl an keiner anderen Stelle der Fall ist.« Gerhard von Rad nennt ihn eine »sorgsam ausgewogene theologische Formel«, einen »programmatischen Satz«. Drei ntl. Abschnitte zitieren diese Stelle und werten sie aus: Röm 4,3.9.18.22; Gal 3,6 und Jak 2,25.

In unserer Alltagswelt ist »glauben« weithin einem Sprachzerfall erlegen. »Ich glaube« meint: Ich vermute, ich denke mir das so, ohne mich festlegen zu wollen. Damit wird der biblische Wortsinn, wie wir sogleich sehen werden, in sein genaues Gegenteil verkehrt. Oder »glauben« gilt als Beweis einer religiösen Anlage: Danach gibt es Leute, die »noch glauben können«, Könner also, die man vielleicht sogar beneidet wie ein musikalisches Genie. Auch dieser Gebrauch ist dem biblischen Sinn völlig fern.

Eingedenk der Tatsache, daß die Apostel das Vorbild für ihr Glaubensverständnis im AT gesucht und auch gefunden haben, wollen auch wir es von dort her erfassen. In der hebr. Sprache lautet der Stamm der Vokabel *aman,* d.h. fest sein. Davon leitet sich für »glauben« *(häämin)* der Grundsinn ab: sich festmachen an etwas, was einem zugesagt wird, darin völlig ruhig und still werden, diese Zusage zu seinem unbedingten Verlaß machen, dazu Ja und Amen sagen. In dieser Linie liegt auch die Begriffsbestimmung in Hebr 11,1: »Glaube ist Feststehen in dem, was man hofft« (Einheitsübersetzung). Das Gegenteil wäre: zittern, zappeln, unruhig sein. Klassische Gegenüberstellungen wären Jes 28,16: »Wer glaubt, wird nicht wanken«, oder Mk 5,36: »Fürchte dich nicht, glaube nur!« Wer hier Anschauung sucht, vergegenwärtige sich eine Eiche, die sich im Erdreich festkrallt, um den Stürmen zu trotzen, oder ein Schiff, das am Kai festmacht, um nicht von der Strömung fortgerissen zu werden, oder ein Nomadenzelt, das festgepflockt wird, um in der Wildnis einen Raum der Geborgenheit zu schaffen.

Die Galater haben eine vergleichbare Erfahrung gemacht, wie die 6
Schrift sie vom Stammvater Abraham bezeugt. **Wie (geschrieben steht): Abraham »glaubte Gott, und es wurde ihm angerechnet zur Gerechtigkeit«.**

Mit der Heranziehung dieses Verses aus 1Mo 15,6 nimmt Paulus die Herausforderung der Judaisten an. Er kennt ihre Schau, war aber zu einem neuen Aufmerken auf die Schrift geführt worden. Wenn er nun seinerseits das Abraham-Vorbild behandelt, hat er ohne Frage das größere exegetische Recht auf seiner Seite.

Wer war dieser **Abraham** in der herangezogenen Schriftstelle? Seine Beschneidung geschah nach 1Mo 17,10-14 und 23-27 wohlgemerkt erst ein Jahrzehnt später. 1Mo 15,6 bezeugt somit die Gerechtsprechung des unbeschnittenen Abraham (Röm 4,11-12), gerechtgesprochen aus Glauben, nicht aus dem Gesetz. Er war noch kein Israelit, sondern ein »abgesprengter Aramäer« (5Mo 26,5b) und gehörte zur Kultgemeinschaft der Mondgottheit, die in Ur und Haran ihre Zentren besaß.[a] Er war nach Röm 4,5 ein »Gottloser«. Ihn berief Gott in seine Nähe und begann mit ihm die Segensgeschichte für die Völker der Erde (1Mo 12,1-3).

[a] 1Mo 11,31 Jos 24,2.14

Abraham **glaubte Gott**. Die knappe Zitierung schließt nach jüdischer Sitte nicht aus, daß Paulus sich Gedanken über den weiteren Zusammenhang machte und seine Leser es auch so lasen. Wie genau er sich des Hintergrundes bewußt war, beweist die ausführliche Parallele Röm 4,9-22. »Abraham glaubte« heißt: Er erhob sich aus tiefer Resignation, »wo nichts zu hoffen war«, und »glaubte, daß er ein Vater vieler Völker werde, wie zu ihm gesagt ist: So zahlreich sollen deine Nachkommen sein« (V. 18). Damit wird sogleich das Entscheidende am Glauben klar: In der Bibel glaubt niemand von selbst. Abraham kam nicht irgendwann einmal auf den Gedanken eines Weltanschauungswechsels. Glaube ist keine allgemeine Möglichkeit, sondern setzt voraus, daß jemand von Gott angeredet wurde. »Der Glaube kommt aus dem Gehörten«, schreibt Paulus in Röm 10,17 (vgl. Gal 3,2.5) und kann sich dort überhaupt nicht denken, wie jemand glauben soll ohne hören. Wo es nichts zu hören gibt, gibt's auch nichts zu glauben. Glauben ist also immer schon etwas Zweites. Das Erste ist jedesmal die glaubenstiftende Stimme Gottes.

Bei dieser Stimme handelte es sich um eine sehr handfeste Zusage, letztendlich um eine Selbstzusage Gottes, sich als Totenauferwecker zu offenbaren (Röm 4,17 und 24). Von Abraham heißt es, »daß sein Leib und auch Saras Mutterschoß erstorben waren« (V. 19). Doch Gott wollte mit seiner ganzen schöpferischen Gottheit für ihn da sein. Gott hatte ja in 1Mo 15,1 das Gespräch mit einem der großen biblischen Ich-bin-Worte eröffnet: »Ich bin dein Schild und dein sehr großer Lohn«. »Gott schwor bei sich selbst«, sagt Hebr 6,13 dazu.

An dieser Segenszusage und Selbstzusage Gottes machte Abraham sich fest (s. Vorbemerkung 3: Sprachliches zu »glauben«). Er »wußte aufs Allergewisseste: was Gott verheißt, das kann er auch tun« (Röm 4,21). Er stellte sich darauf ein als auf etwas ganz Reales. Man vergleiche Hebr 11,27: »Er hielt sich an den, den er nicht sah, als sähe er ihn«, d. h. für ihn wurde Gott der entscheidende Faktor, der andere übliche Faktoren zu nichts machte. Mit voller Hingabe läßt er sich auf den Sprechenden und auf das Versprochene ein. Glaube ist Selbstauslieferung an die Selbstzusage Gottes.

Wir notieren drei Ergebnisse für den Glauben: (1) Er hat durchaus auch eine intellektuelle Seite, er hört nämlich zu, erfaßt den Wortsinn und akzeptiert Gesagtes. (2) Er ist nicht ohne eine emotionale Seite, denn er macht frei von unruhiger Angst, erfüllt mit Hoffnung, Frieden und Tapferkeit (Röm 4,19f). (3) Vor allem hat er eine existentielle Seite. Er besetzt die Mitte des Menschen (sein Herz, Röm 11,9-11), führt in den Gehorsam (Röm 1,5; 16,26) und in die tätige Liebe (Gal 5,6; Jak 2,14-26).

Doch eines scheidet für den Glauben des Abraham völlig aus, und damit kehren wir zum eigentlichen Interesse des Paulus an 1Mo 15,6 zurück: Abraham ging hier in keiner Weise mit Werken, Riten oder Opfern um. Seine Vollkommenheit, um derentwillen Paulus ihn als Urmuster vorführt, war eben eine völlig andere als die, zu der die Judaisten bei ihm emporstaunten: Abraham hatte vollkommen Gott nötig, nämlich als Totenauferwecker. Er ließ Gott Gott sein. Röm 4,16 faßt Paulus zusammen: »Deshalb gilt ›aus Glauben‹, damit auch gilt ›aus Gnaden‹« (Einheitsübersetzung). Darin war er »Typos der christlichen Heilsgeschichte« (Kertelge, EWNT I, S. 782).

Dieser Glaube **wurde ihm angerechnet zur Gerechtigkeit.** Nach Röm 4,4.16a gibt es zweierlei Anrechnungsweisen: »aus Pflicht« und »aus Gnaden«. Aber bei Gott gilt die erste Weise nicht. Gott führt kein Leistungskonto der Menschen, das steigt und steigt, bis es ablesbar die Summe »Gerechtigkeit« erreicht und nun quittiert wird. Doch über Glaubenden geht die Sonne der Gnade auf, denn glaubend ist ein Mensch auf einen Schlag für Gott der ideale Mensch, ja sein »Freund« (Jes 41,8; vgl. Jak 2,23); so möchte er ihn haben, so ist er ihm recht. Wo man Gott Gott sein läßt, darf der Mensch auch Mensch sein, Mensch aus Gott, mit Gott und für Gott. Indem Gott den Glaubenden in dieser Weise annimmt, bekennt er sich im Grunde zu sich selbst, läßt dieser doch ihn zum Zuge kommen. Darum: Durch den Glauben »gefällt« man Gott (Hebr 11,6a).

»Gerechtigkeit« wird somit nicht an einer dinglichen Norm abgelesen, an einer Idee oder an Gesetzesparagraphen. Vielmehr besteht sie im richtigen Benehmen im Umgang mit Gott, eben im Glauben. Dann aber hat auch alles seine Richtigkeit. Selbstverständlich hat dieses richtige Benehmen Gott gegenüber eine Menge mit seinen Willensäußerungen zu tun. Aber wer immer den Willen Gottes will, muß zuerst und zuletzt ihn selber wollen. Bei jedem der Gebote gilt es, zum ersten Gebot durchzustoßen und Gott selbst über alle Dinge zu fürchten und zu lieben.

Paulus streicht seine These heraus, um die es ihm beim Zitat ging. 7
Erkennt also: Die (Menschen) aus Glauben, (genau) diese sind Söhne Abrahams. Das hervorgehobene »diese« legt nahe, daß Paulus hier die entgegenstehende These der Judaisten attackiert. Durch eine körperliche Beschneidung wird man eben nicht Sohn Abrahams, sondern durch Herzensbeschneidung.[b] Auch durch Abstammung ist man nicht »Sohn Abrahams« im Vollsinn, denn »nicht alle, die aus Israel stammen, sind Israeliten« (Röm 9,6; vgl. Gal 4,22-23). Wahre Abrahamssohnschaft darf weder zu flach noch zu eng gedacht werden. Schon Johannes der Täufer als Mann des Alten Bundes wußte, daß Gott dem Abraham aus Steinen Kinder erwecken kann (Mt 3,9). Jeder, ob Jude oder Heide, »sofern er nicht im Unglauben bleibt«, kann in den Ölbaum eingepfropft werden, der aus der Wurzel Abrahams emporwächst (Röm 11,23).

[b] 5Mo 10,16; 30,6; Jer 4,4; Röm 2,29; 4,12; Kol 2,11

Dabei ist die Glaubensgemeinschaft mit dem Stammvater nicht nur formaler Art. Es wird nicht nur geglaubt, *wie* er glaubte, sondern auch, *was* er glaubte. Nach Röm 4,17-19 stand Abraham im Glauben an Gott als den Totenauferwecker. In dieser Linie fährt Paulus dann in V. 24-25 fort: Auch wir Christen glauben an diesen Totenauferwecker, nämlich »an den, der unsern Herrn Jesus auferweckt hat von den Toten«. Diese Bündelung des Glaubens im Osterglauben findet sich auch Röm 10,9: »Wenn du in deinem Herzen glaubst, daß Gott ihn von den Toten auferweckt hat ..., so wirst du gerettet.« Der feste Einsatzpunkt urchristlichen Glaubens ist Ostern. »Ist Christus nicht auferweckt, ist unsere Verkündigung gegenstandslos und eurer Glaube sinnlos« (1Kor 15,14).

Eine so tiefgehende Glaubensgemeinschaft mit dem Stammvater über Jahrtausende hinweg ist schon überraschend. Aber Paulus konnte sie beeindruckend in der Schrift selbst begründen.

Die Verse 6-7 korrigierten also die jüdische Abrahams-Überlieferung dahin, daß Gott den Abraham nicht aufgrund seiner Gesetzesfrömmigkeit, sondern aufgrund seines Glaubens gerecht erklärt habe. Es folgt eine zweite Korrektur. Sie betrifft die Rolle Abrahams bei der Ausbreitung des Segens.

8a Bevor Paulus aber die Segenszusage aus 1Mo 12,3 zitiert und anwendet, schickt er in V. 8a etwas Grundsätzliches über die Schrift voraus. **Die Schrift aber, voraussehend, daß Gott die Völker aufgrund des Glaubens gerechtspricht.** Echt jüdisch spricht Paulus von der Schrift wie von einer Person, und zwar in diesem Fall wie von einer geisterfüllten Prophetin (vgl. 2Tim 3,16). Als solche schaut sie eine kommende weltweite Mission, in deren Verlauf Menschen aus allen Völkern, Juden und Nichtjuden, aufgrund ihres Glaubens an Christus in die Gottesgemeinschaft eintreten. Nun hatte Abraham bei seiner Berufung gewiß nicht das AT in der Hand, sondern hörte Gottes Stimme unmittelbar. Aber *wir* haben diese Zusage an ihn nur durch das Medium der Schrift. Für uns ist darum das, was zu ihm gesagt wurde, untrennbar mit ihrem prophetischen Horizont verbunden. Unter Berücksichtigung einer ganzen Reihe von Zwischengedanken kommt hier also heraus: Die Schrift **hat Abraham im voraus (Freudenbotschaft) verkündet**. Er hat zwar noch nicht das Evangelium selber gehört, auch noch nicht den Geist von Pfingsten empfangen, auch war ja der Glaube an Jesus Christus noch nicht gekommen.[c] Aber immerhin bekam er etwas zu hören, was sich auf das zukünftige Evangelium hin ausstreckte. In diesem Sinne empfing er ein Vor-Evangelium, eine Evangeliums»verheißung«. Dieser Begriff wird ab V. 16 in den Mittelpunkt treten. Unter diesen Einschränkungen bildeten Abraham wie überhaupt die Menschen des Alten Bundes mit den Gliedern des

[c] Gal 3,23.25

Neuen Bundes eine Hörergemeinschaft, wie es in Hebr 4,2 heißt: »Denn wir haben Freudenbotschaft empfangen gleichwie auch jene.«

Die gute Nachricht an Abraham lautete nach einem Mischzitat aus 1Mo 12,3 und 18,18: **»In dir sollen alle Völker gesegnet werden.«** Das Judentum stellte und stellt die Landverheißung an Abraham in den Vordergrund. Dagegen ist für 1Mo selber fraglos der Segensbegriff der eigentliche Leitfaden (»Segen, segnen« dort etwa 70mal!). Von 1Mo 12 an wird der Völkersegen das übergeordnete Ziel.[d] Alles andere hat nur dienende und damit vorübergehende Bedeutung. Auch für Paulus ist die Ausbreitung des Segenserbes Abrahams über die im Unheil dahinlebenden Völker der Kern der Heilsgeschichte. Auf diesen Vorgang ist sie von vornherein angelegt. Gewiß bezieht sich Segnen im 1Mo durchaus auch auf irdisches Wohl, auf Kindersegen in der Familie, Heimatrecht, Erntesegen bei der Arbeit und Reisesegen für unterwegs. Aber 18,17-19 geht darüber hinaus. Abraham soll eben auch in Gottes Heilsplan eine Rolle spielen. Segensgeschichte soll jetzt Fluchgeschichte brechen. Doch wie geschieht das? 8b

[d] 1Mo 12,3 Gal 18,18 22,18; 26,4 28,14

Die Rabbinen legten in das **in dir** eine Art Lehre vom Verdienstschatz Abrahams hinein.[41] Er habe durch seine vollkommene Gesetzeserfüllung vor Gott ein derartiges Plus gemacht, daß es seinen Nachkommen gutgeschrieben werden konnte. Aber auch hierin blieb Paulus bei der Schrift. Nach 1Mo 12,3 hat dieses »in dir« den Sinn: durch freundschaftliche Beziehung zu dir (vgl. z. B. V. 16). Dadurch kommen die Völker mit seinem segnenden Gott in Berührung. Auch Jesus entwirft in Mt 8,11 das Bild friedlichen Einvernehmens zwischen Abraham und Menschen der ganzen Erde an Gottes Tafel. Der Folgesatz bestätigt dies Verständnis.

Wieder wird aus dem Zitat eine Schlußfolgerung gezogen: **Somit werden die (Menschen) des Glaubens gesegnet zusammen mit dem glaubenden Abraham.** Für »in Abraham« in V. 8 (so auch 1Mo 12,3) steht jetzt »mit Abraham«. Die Rolle Abrahams wird also nicht übersteigert. Abraham ist nicht wie Christus Segensquelle. Darum vermeidet Paulus, wo er selber spricht, eine parallele Aussage zum »in Christus«, das gleich in V. 14 und 26 erklingt und für ihn ein fester Begriff ist. Damit ist es nun unmißverständlich: Seine Erben glauben wie er und werden gesegnet wie er, zusammen mit ihm. In dieser Weise ist er Urbild aller Gesegneten, oder wie Paulus Röm 4,16 sagt: Er ist »unser aller Vater«, womit auch die Namensdeutung von »Abraham« nach 1Mo 17,5 zur Geltung kommt: »Vater vieler Völker«. 9

[41] Bill III, S. 539-541

c) Das Gesetz stellt den Menschen unter den Fluch, weil es nicht zur Glaubensordnung gehört: 3,10-12

10 **Wie viele nämlich (auch immer) aus Werken des Gesetzes sind**[a]**,**
sind unter dem Fluch. Es steht nämlich geschrieben: »Verflucht
(ist) jeder, der nicht (beharrlich) bleibt in allem, was geschrieben
ist im Buch des Gesetzes, um es zu tun« (5Mo 27,26)[b].
11 **Daß aber durch das Gesetz niemand gerechtgesprochen wird vor**
Gott, (ist) offenkundig, denn: »Der Gerechte wird aus Glauben
leben« (Hab 2,4).
12 **Das Gesetz aber ist nicht (dasselbe wie)**[c] **»aus Glauben«** (Hab 2,4),
sondern: »Der solches getan hat, wird durch sie leben« (3Mo 18,5).

Zur Übersetzung

[a] Dieses »sie sind« ist hier als gefülltes Sein zu verstehen: Sie beziehen ihre Existenz, ihre Geltung, ihre Daseinsberechtigung aus Gesetzeswerken.

[b] Die hebr. Bibel lautet hier: »Verflucht ist der, der die Worte dieses Gesetzes nicht hält, um sie zu tun.« Aber schon die LXX, der Paulus folgt, verstärkt den Sinn durch Verallgemeinerungen: »*jeder* Mensch«, »in *allen diesen Worten*«

[c] Möglich wäre auch, das »ist« wieder gefüllt zu verstehen (vgl. zu V. 10): Das Gesetz hat sein Wesen außerhalb der Glaubensordnung.

Vorbemerkung

1. *Zusammenhang*. Um restlose Klarheit zu schaffen, bedient Paulus sich der Kontrastmethode und wechselt vom Blickwinkel des »Glaubens« (V. 6-9) zu dem des »Gesetzes« (viermal in diesen drei Versen). So macht er seine These auch einmal von der anderen Seite her einsichtig. Zugleich leitet er einen offenen Angriff auf die Judaisten ein. Sie wollten ja Glaube und Gesetz kombinieren, aber die beiden Wege sind so gegensätzlich wie ihr Ausgang in Segen und Fluch. Man kann nicht zwei Wege zugleich gehen.

2. *Juden und Heiden unter dem Gesetz?* Die Frage scheint überflüssig, denn Paulus schließt sich 1Kor 9,21 (vgl. Röm 2,12.14) jüdischer Redeweise an, indem er die Heiden als die »Gesetzlosen« bezeichnet. Nur die Juden stehen unter dem mosaischen Gesetz, d.h. besitzen den Willen Gottes in einer Form von heilsgeschichtlichem Rang. Hier liegt ihr unvergleichlicher Vorzug. Die hohe Gabe stellt sie auch unter erhöhte Verantwortung, denn der Widerspruch zwischen Erkenntnis und Tat wird bei ihnen am offensichtlichsten. So sind gerade sie die Platzhalter für die schuldbeladene Menschheit und erfahren Gott beispielhaft als ihren Richter. Das gehörte zur Absicht Gottes mit ihnen. Er hat im Mosegesetz deswegen zu ihnen gesprochen, »damit *allen* der Mund gestopft werde und *alle Welt* vor Gott schuldig sei, weil *kein Mensch* vor ihm gerecht sein kann« (Röm 3,19). An ihnen geschieht konzentriert, was weniger verdichtet für alle gilt.

Doch diese Ausführungen ließen es schon durchschimmern: Für »alle Welt« gilt dann auch grundsätzlich derselbe Wille Gottes. Daß es »gesetzlose« Menschen gäbe, ist demnach nicht absolut zu nehmen. Gesetz und Gesetzlichkeit sind letztlich keine nur innerjüdische Angelegenheit. Das Mosegesetz will in einem universalen Horizont gesehen werden. Paulus setzt im Röm einen lebhaften, wenn auch nur indirekten Bezug der Heiden zum Gesetz voraus. Dabei holt er allerdings nicht zu abgerundeter Darstellung aus, sondern begnügt sich mit Andeutungen. Ohne das Gesetz von außen vernommen zu haben, sind die Heiden »sich selbst ein Gesetz«, »von Natur aus«. Die Forderungen Gottes sind ihnen zwar nicht deutlich lesbar, aber doch schemenhaft »in ihr Herz geschrieben« (2,14f). So haben sie ein Wissen von Gott und vom Guten (Röm 1,19.21.28.32; 7,14-22). Das zeigen auch ein Stück weit die Rechtsordnungen der Völker (Röm 13,3), ebenso das bürgerliche sittliche Empfinden und Vorbild. Bei aller wachen Kritik ist weder das jüdische noch das griechische sittliche Erbe zu verachten (1Kor 5,1; 10,32; Phil 4,8; 1Thess 4,12). Auf diesem Hintergrund kommt es also bei Heiden zu echter Verantwortlichkeit und darum auch zu Gewissensanklagen (Röm 2,15). Sie leben im willentlichen Widerspruch zu Gott, unter dem gleichen Zorn und auf das gleiche Gericht zu. Diese menschheitliche Schau des Gesetzes teilte Paulus mit dem AT (1Mo 1-3) und dem Judentum (4Esra 7,11ff; vgl. Stuhlmacher, S. 160; Haubeck, S. 152; zur Gemeinsamkeit von Juden und Heiden s. auch zu 2,16a; 4,3.5.9b).

Paulus faßt zunächst den Gesetzesweg ins Auge. **Wie viele nämlich (auch immer) aus Werken des Gesetzes sind, sind unter dem Fluch.** 10
Sehr verallgemeinernd beginnt der Apostel: **jeder**, wer auch immer im Gesetz lebt, ob als geborener Jude im vollen Gesetz, ob als gewonnener Gottesfürchtiger in einem Teilgesetz oder auch als Heide unter dem Gewissensgesetz (s. Vorbemerkung 2 zu diesem Abschnitt). Freilich steht für Paulus zumeist und auch hier der gesetzesstrenge Jude als Vorführmodell im Mittelpunkt.

Was besagt nun die Wendung: die **aus den Werken des Gesetzes sind**? Paulus spricht nun von solchen, die das Gesetz gegen seine göttliche Bestimmung zu ihrem ewigen Seinsgrund machen, als wäre es Endstation aller Offenbarung, Gottes Eigentliches, sein Heilswort (s. zu 2,16a). Das aber heißt, Heil ist für sie nur als Täter zu haben, denn das Gesetz gibt rein nichts, es verlangt nur. Es verlangt Gutsein, aber bessert nicht, es macht hungrig, aber nicht satt. Stößt der Mensch unter dem Gesetz auf sein eigenes Versagen, kommt nur eines in Frage: sich noch fester an dieses Gesetz zu halten, noch mehr aus sich selbst herauszuholen. Immer noch mehr Gesetz soll das Gesetz erfüllen. Sind die Rollen aber so verteilt: Gott (in seinem Gesetz) gibt nichts, sondern ist nur der Fordernde, und der Mensch empfängt nichts, sondern kommt nur als Täter in Frage (vgl. V. 12), und das ausweglos, ist man **unter dem Fluch**. Zwar mögen sich Menschen unter dem Gesetz geborgen fühlen, doch leben sie unter einer Fluchmacht und sind objektiv die unglücklichen, erlösungsbedürftigen Menschen von Röm 7,24.

Doch wie konnte Paulus vor seiner Bekehrung so ganz anders sprechen und das Leben unter dem Gesetz für einen »Gewinn« und seine Gerechtigkeit für »makellos« halten (Phil 3,6)? Hier spielte das rabbinische Heilssystem eine Rolle, das im Laufe der Jahrhunderte sehr genau und sehr kompliziert ausgebaut wurde.[42] Danach geht es überhaupt nicht um das Halten sämtlicher Gebote, sondern nur um ein Überwiegen der Gebotserfüllungen gegenüber den Übertretungen. Beliebt war das Bild von der Waage, vor der Gott sitzt und beobachtet, welche Schale sich senkt, die mit den Verdiensten oder die mit den Verfehlungen. Überwiegen die Verdienste, gilt der Mensch als vollkommen gerecht. Das komplizierte Verfahren mit Einbau von Sühnemöglichkeiten und Gnadenerweisungen kann hier nicht dargestellt werden. Aber es ist einsichtig, daß es unter diesen Umständen trotz Sündenbewußtsein nicht zur Krise der Gesetzesfrömmigkeit kommen konnte.

Doch inzwischen verwirft Paulus dieses Gottesbild, diese Teilbarkeit des Gesetzes und dieses quantitative Sündenverständnis. Er hört die Schrift, 5Mo 27,26: **Es steht nämlich geschrieben: »Verflucht (ist) jeder, der nicht (beharrlich) bleibt in allem, was geschrieben ist im Buch des Gesetzes, um es zu tun.«** Der Ganzheitsanspruch des Gesetzes macht sich geltend. Die Worte »beharrlich« und »in allem« verlangen Kontinuität und Totalität. Solch radikale Forderung könnte schon entmutigen und mit dem dritten Knecht im Gleichnis von Mt 25,24 trotzig-verzweifelt sprechen lassen: »Ich wußte, daß du ein harter Mann bist!« Aber so übersieht man alle Zusammenhänge. Die Grundlage des 5Mo ist die Erwählung Israels ausschließlich aus Liebe (7,7-9). Daraus ergibt sich für Gottes Volk sonnenklar ein einziges: Gegenliebe! Achtmal klingt im Buch diese Grundforderung auf: »Du sollst Gott lieben von ganzem Herzen, von ganzer Seele und mit ganzer Kraft!«[a] Die Ungeteiltheit Gottes ruft nach dem ungeteilten Menschen: Auf Ganzheit mit Ganzheit antworten! Unter diesen Umständen ist Ganzheit auch leicht (30,11), viel leichter als Halbheit. Jedes Einzelgebot ist jetzt nichts weiter als eine Entfaltung des Grundgebots selbstverständlicher Gegenliebe und tätiger Dankbarkeit »mit Freuden und fröhlichem Herzen«! (28,47). Wer demgegenüber noch mit Gott um das Gewicht seiner Werke feilscht, ist unter dem Fluch.

[a] 5Mo 6,5; 10,12 11,13; 13,4

Aber hat Paulus die Stelle aus 5Mo 27,26 auch sinngemäß zitiert? Sie ist das zusammenfassende Glied einer Kette von zwölf Fluchsprüchen, die Mose dem versammelten Volk vorlegte. Mit diesen zwölf Sprüchen hatte es folgende Bewandtnis: Für öffentliche Gesetzesübertretungen

[42] Billerbeck hat Bd. IV, S. 3ff und S. 1036ff, das Material gesammelt.

gab es Gerichte. Aber was geschah mit den verborgenen Bundesbrüchen, mit den heimlichen Praktiken, die kein menschlicher Richter erfaßte (V. 15.24)? Ungehorsam, der sich hinter zur Schau getragenem Gehorsam versteckt, wäre besonders verderblich für Gottes Volk. Um die Bereinigung solch geheimer Bundesbrüche ging es hier. Indem sich das Volk die vorgelegten Fluchworte gegen den unerkannten Übeltäter Satz für Satz mit einem feierlichen Amen aneignete, schied es sich von diesen Frevlern in seiner Mitte, mit denen es nach Gottes Willen keine Gemeinschaft haben durfte. Fluch hat in der Bibel den Grundsinn: »Geh hinweg!« (Mt 25,41; vgl. 1Mo 3,14.23-24; 4,11,16) und bedeutet Ausstoßung aus der Gemeinschaft wie aus dem Bund Gottes. Fluch ist Lebensminderung (1Mo 3,11-14) wie Segen Lebensmehrung. Doch folgt im nächsten Kapitel (5Mo 28) auch eine Segenskette für das Halten der Gebote, so daß das Gesetz nach Mose gar nicht unbedingt unter den Fluch stellt, sondern nur bedingt, für den negativen Fall. Für Paulus entfällt jedoch diese Segenswirkung des Gesetzes. Für ihn liegt der Fluch wie ein bleiernes Verhängnis über ausnahmslos jedem Gesetzesdienst.

Doch bei genauem Zusehen zeigt sich in 5Mo 27-28 und im ganzen Buch eine Strömung, die im Endergebnis bei Paulus ausmündet. Eine große Sorge ist dort unverkennbar, nämlich daß die Segenssprüche in den Wind geredet sein könnten, weil Israel ein »schlimmes« Volk ist und den Bund brechen wird (9,6.13; 31,27). Es zeigt sich ein gesteigertes Interesse an den Warnungen. Die Fluchsprüche sind erheblich umfangreicher als die Segensworte. Nur vier Segensworte folgen den zwölf Fluchworten in Kap. 28,3-6, um in 28,16ff noch einmal Fluchworten zu weichen, die sich dann in fast 50 Versen zu einem wahren Alptraum auswachsen. Die dunkle Möglichkeit des Ungehorsams scheint die unentrinnbare, die allein noch in Frage kommende Wirklichkeit zu sein. Tatsächlich folgte schon am Sinai dem Bundesschluß der Bundesbruch auf dem Fuß (2Mo 32) und dann immer wieder das alte Lied, im Grunde jahrhundertelang. Der gebrochene, wenn auch ungekündigte Bund ist das Thema des gesamten AT. Stephanus faßt zusammen: »Ihr widerstrebt allezeit dem Heiligen Geist, wie eure Väter, so auch ihr« (Apg 7,51). In diesem Sinne zieht auch Paulus die Summe, wenn er nur die negative Gesetzeswirkung, die Fluchwirkung stehenläßt. Das ist ein heilsgeschichtlich durchaus begründetes Urteil.

Paulus hätte jetzt den Gedanken von V. 10 sofort eindrucksvoll **11**
durch V. 13 verlängern können, hielt aber inne, um das Wesen des Gesetzes noch tiefer auszuleuchten. Dabei bestätigen die V. 11-12 unser Verständnis von V. 10, wonach Paulus von vornherein von der Fluchfunktion des Gesetzes ausging. **Daß aber durch das Gesetz niemand gerechtgesprochen wird vor Gott, (ist) offenkundig.** Er wieder-

holt damit den Kernsatz des Gal in 2,16. Während er dort aber an die christliche Erfahrung appellierte (vgl. auch 3,2 und 5), geht es ihm hier um die exegetische Evidenz (Offenkundigkeit). Zu diesem Zweck zieht er eine Belegstelle heran, die im urchristlichen Unterricht gängig gewesen sein dürfte, erscheint sie doch auch Röm 1,17 und Hebr 10,37f. So kann er sie hier einführen, ohne zu betonen: »Es steht geschrieben«, und zwar das Zitat aus Hab 2,4: denn: **»Der Gerechte wird aus Glauben leben«**. Paulus muß nicht ausführen, auf wen dieser Glaube sich richtet. Selbstverständlich ist es der Glaube an Gott in Jesus Christus, der hier unbedingt mitgedacht werden muß. Sonst griffe die Logik des Paulus nicht. Glaube an sich, als beliebige Gläubigkeit, muß in der Tat nicht im Gegensatz zu Gesetzeswerken stehen, denn auch ihnen kann man sich treu und gläubig weihen. Paulus selbst bescheinigt seinen nichtchristlichen Brüdern in Röm 10,2, daß sie bei ihren Gesetzeswerken durchaus »Eifer für Gott haben«, um aber fortzufahren: »doch ohne Erkenntnis«. Dieses Urteil erläutert er durch den Hinweis, sie würden die »Gerechtigkeit Gottes verkennen«, die durch Christus in die Welt gekommen ist, ja die er verkörpert (1Kor 1,30). Die Gabe Christi war eine durchaus gesonderte Gottestat. Sie geschah »unabhängig vom Gesetz« (Röm 3,21), keineswegs keimhaft schon darin enthalten. Sie stand dem Gesetz als eigene, nie dagewesene und nie gehörte Wirklichkeit (Jes 52,15) gegenüber.

So gewinnt die Aussage ihren Sinn: So wahr die messianische Gerechtigkeit aus dem Glauben an Jesus Christus kommt – und das bestätigen Erfahrung und Schrift –, strömt sie nicht aus einer anderen Quelle, eben auch nicht aus dem Gesetz und aus Gesetzeswerken. Das Heil hat sein Entweder – Oder, wie schon die Sprachstruktur in 3,2.5 zeigte. Es führen viele Wege nach Rom, aber nicht zu Gott. »Käme die Gerechtigkeit durch das Gesetz, so wäre Christus vergeblich gestorben« (2,21).

12 Anhand des Habakuk-Zitates bringt Paulus die Andersartigkeit der Gesetzesfrömmigkeit auf den Punkt: **Das Gesetz aber ist nicht (dasselbe wie) »aus Glauben«**. Das eine gehört eben zur Fluch- und Todesordnung, das andere zur Segens- und Auferstehungsordnung. Das ist schon ein Unterschied. Das Gesetz hat keine Kraft, lebendig zu machen (3,21). Es nimmt nur ins Warten hinein, »bis der Nachkomme käme« oder »bis zu der Zeit, da der Glaube offenbart werden sollte«, das heißt: »auf Christus hin« (3,19.23-24).

Diese Andersartigkeit des Gesetzes wird noch durch ein Schriftwort aus 3Mo 18,5 erhärtet: **sondern: »Der solches getan hat, wird durch sie leben.«** So spricht das Gesetz und nichts als das. Es fordert nur: Tue das! und stellt das Ergebnis fest. Nach V. 10 lautet sein Urteil immer wieder: Nicht alles getan, nicht dem Ganzheitsanspruch Gottes gerecht geworden! Zugleich bleibt es unerbittlich dabei: Nur **der wird … leben, der solches getan hat**. Also hält das Gesetz dem Menschen das Leben hin, ohne es ihm jemals zu verleihen. Es verleiht nicht den Geist. Das hatte Paulus schon die Galater selbst bezeugen lassen (3,1-5).

Vorsorglich sei an dieser Stelle noch einmal angefügt, daß der Glaube nicht etwa sagt: Tue nichts! Gesetz und Glaube stehen einander nicht gegenüber wie Tun und Nichtstun (s. schon zu 2,16). Auch der Glaube treibt zur Tat: Tue! Insofern kann Paulus auch einmal sagen, er hebe das Gesetz nicht durch den Glauben auf, sondern richte es sogar auf (Röm 3,31; dazu Gal 5,6.14). Aber der Glaube versetzt zugleich in eine Atmosphäre der Kraft, löst unerschöpfliches Schenken Gottes aus, wirkt Wollen und Vollbringen. Der Glaube ruft solche zur Tat, für die und an denen Gott Großes getan hat und an denen er immer weiter Großes tut. In diesem Sinne heißt es Eph 2,9: »Seine Geschöpfe sind wir, in Christus Jesus dazu geschaffen, in unserem Leben gute Werke zu tun, die Gott für uns im voraus bereitet hat.«

d) Aber Christus hat Juden und Heiden durch seinen Tod vom Fluch des Gesetzes losgekauft, damit sie im Glauben den Segen Abrahams empfingen, nämlich den Geist: 3,13-14

13 **Christus hat uns losgekauft vom Fluch des Gesetzes, indem er für uns ein Fluch geworden ist, denn es steht geschrieben: »Verflucht jeder, der am Pfahl hängt«** (5Mo 21,23)[a]**,**
14 **damit der Segen Abrahams für die Heiden (Wirklichkeit) werde in Christus Jesus, damit wir die Verheißung des Geistes[b] empfingen durch den Glauben.**

Zur Übersetzung

[a] Die AT-Stelle lautet wörtlich: »Ein Aufgehängter ist ein Fluch Gottes«, oder nach der LXX: »ist von Gott verflucht«. Durch die Fortlassung des Hinweises auf Gott will Paulus kaum leugnen, daß Gott dahintersteht, denn wenn die Schrift dahintersteht, dann auch Gott (mit Büchsel, ThWNT I, S. 451; anders Rohde).

[b] Genitiv des Inhalts: Der Geist ist hier nicht etwa derjenige, der verheißt, sondern das von Gott verheißene und geschenkte Gut, nämlich der Abrahamssegen, vgl. Apg 1,4; 2,33.38; Eph 1,13; Joh 7,29.

Vorbemerkung

Der Abschnitt platzt im Grundtext ohne überleitendes Wörtchen mit »Christus« herein, wie ein Jubel, der nicht mehr zurückzuhalten ist. Offenbar ist Paulus jetzt so recht in seinem Element. Von Abraham her (V. 6-9) über Mose (V. 10-12) ist er endlich zum Christus-Thema gelangt. In Christus erfüllt sich der Abrahamssegen und damit die Heilsgeschichte (V. 14). Mose war nur Zwischenstation, ganz wie V. 19 es ausführen wird.

13 a Anknüpfend an die Darlegung über die Fluchgewalt des Gesetzes in V. 10, nun aber im bekenntnishaften Wir-Stil hervorbrechend, bezeugt Paulus die Erlösung durch Christus. **Christus hat uns losgekauft vom Fluch des Gesetzes.** Nach dem Gedankenfluß zum nächsten Vers hin, wo Paulus die Heiden nennt und sich dann mit ihnen zusammenschließt, kann hier »uns« nicht allein die Juden meinen.[43] In 4,3-7 wird das noch einmal ganz klar: Wie das Gesetz letztendlich eine kosmische Macht darstellt, genauso ist auch die Kreuzigung Jesu ein kosmisches Loskaufgeschehen. Die Erlösung ist ebenso umfassend wie zuvor die Unterjochung. Gott hat den Lauf der ganzen Welt gewendet.

Paulus faßt seine zentrale Botschaft an dieser Stelle wie in 4,5 in das Wort **losgekauft**. Die dafür verwendeten christlichen Standardbegriffe »Erlösung, erlösen, erlöst« versetzen das Gemüt in Schwingungen, sollten für uns aber nicht nur einen Gefühlswert haben. Es geht um einen Begriff aus damaligem Rechtsleben mit einem genauen Sinn.

Zunächst handelt es sich um einen Kauf, und ein Kauf ist kein Raub! Gefangene könnten ihre Freiheit auch gewaltsam zurückbekommen. Loskauf gewährleistet dagegen von vornherein die Rechtmäßigkeit des Vorgangs. Gott handelte auf dem Boden des Rechts. Er hat nicht einem plötzlichen Einfall folgend einfach von Zorn auf Barmherzigkeit geschaltet, wie man einen Hebel umlegt. Christus hat die Gesetzesherrschaft nicht durch einen Gewaltakt zerstört, nicht diktatorisch durch einen Federstrich gegenstandslos gemacht. Er erfand auch keinen Schleichweg am Gesetz vorbei, weder für andere noch für sich selbst, sondern lebte von seiner Geburt an dem Gesetz gegenüber im schuldigem Gehorsam (4,4).

Bei der jüdischen Loskauf-Einrichtung war nun weit mehr im Spiel als Geld. Sie hatte ihren Sitz im Familienrecht und betraf folgenden Fall (hier nach Haubeck, S. 153, vereinfacht dargestellt): Ein Sippenmitglied war in eine Notlage geraten, so daß es seinen Erbbesitz veräußern und sogar Kinder, Frau und sich selbst auf dem Sklavenmarkt verkaufen mußte. Ab jetzt hatte der nächste Verwandte (Vater, Bruder, Vetter) die Pflicht, als sein »Löser« *(go'el)* aufzutreten, d. h. sich mit Vermögen, Einfluß, Zeit und Kraft, mit seiner Existenz für den Unglücklichen einzusetzen. Er durfte nicht eher Ruhe geben, bis Freiheit und Sippenbesitz wieder hergestellt waren (3Mo 25,47-55; 27,1-29). Dabei spielte

[43] mit Oepke, Schlier, Rohde; anders Lietzmann, H.D. Betz

es zunächst keine Rolle, ob der Ärmste durch Krankheit, Unglück oder eigene Schuld in seine Lage geraten war. Was zählte, war seine Not. Sie genügte, den nächsten Angehörigen haftpflichtig zu machen.

Diese in Israel bekannte Einrichtung wurde in der Bibel zum Gleichnis für das rettende Handeln Gottes, und zwar im Dreischritt: Zuerst in der Urzeit Israels. Israel, in Ägypten versklavt, schrie zu Gott: Du bist doch unser Vater, also unser *go'el*! Und Gott setzte sich mit seiner ganzen Gottheit für den Loskauf seines Volkes ein. In 2Mo 6,2-8; 15,1-18 sind die einzelnen Elemente der Loskauf-Einrichtung nachzuprüfen. Zweitens in der Prophetie. In Jes 40-55 trägt Gott zehnmal den Titel *go'el*, bezogen auf Israels Loskauf aus der babylonischen Verschleppung und zugleich auf die endgeschichtliche Erlösung der Völkerwelt. Klassisch für diese Verwendung ist der Abschnitt Jes 43,1-7. Schließlich haben Jesus und die Apostel sich für die christliche Erlösungsbotschaft von diesem Modell inspirieren lassen. Das NT weist 18 Loskauf-Stellen auf. Sie sind verschieden ausgeformt, aber ihre Grundbotschaft lautet: Gott ist der eigentliche nächste Verwandte des Menschen. Selbst wo Vater und Mutter einen verlassen, nimmt er an. Bedingungslos tritt er für den Versklavten und in die Fremde Verschleppten ein. Gerade Not, Schuld und Schande rufen ihn als den *go'el* auf den Plan. In Christus hat Gott sich auf diese Rolle festgelegt, ist er der *go'el* in Fülle. Der Gott der Schöpfung wurde Gott des Kreuzes.

Die Fortsetzung führt in den Kern des Geschehens: **indem er für uns ein Fluch geworden ist.** Klammern wir das freilich entscheidende »für uns« zunächst aus und stellen wir uns dem Faktum: Jesus ist ein Fluch geworden. Zwar verfiel er nicht der Fluchmacht des Gesetzes, weil er es übertreten hätte, vielmehr war er gehorsam bis zum Tode am Kreuz. Aber »er opferte sich Gott ohne Fehl« (Hebr 9,14), »ohne Fehl und Makel« (1Petr 1,19). In diesem Sinne geschah es, daß er, ohne Sünder zu sein, völlig von Sündenfolgen eingehüllt wurde. Die Passionsberichte belegen das überwältigend. Jesus wurde von Hohn und Entehrung nur so zugeschüttet, vor allem durch die Form seiner Hinrichtung (s. zu 3,1). Christus trug unschuldig, aber in Anbetracht seiner Todesart unleugbar den Fluch des Gesetzes.

Hier kommt nun das **für uns** ins Spiel. Trug er den Fluch nicht für sich, trug er ihn für uns, »der Gerechte für die Ungerechten« (1Petr 3,18). Zunächst hatten die Jünger den gekreuzigten Herrn für widerlegt gehalten, ganz nach Jes 53,3: »Wir haben ihn für nichts geachtet … Wir hielten ihn für den, der von Gott geschlagen und gemartert wäre.« Man lese Jes 52,14; 53,1-3.4b! Als Jesus starb, starb darum auch ihr Glaube. Zu Ostern aber widerlegte Gott diese Widerlegung, indem er den scheinbar Widerlegten auferweckte. Damit bestätigte er das Leben und Sterben Jesu als reine und heilige Stellvertretung. Eben dies war für die Jünger der zweite Schock, wieder nach Jes 53: »Fürwahr, er trug unsere Krankheit und nahm auf sich unsere Schmerzen, ... er ist um unserer Missetat willen verwundet und um unserer Sünden willen zerschlagen. Die Strafe liegt auf ihm, auf daß wir Frieden hätten, und durch seine Wunden sind wir geheilt ...« Mindestens zehnmal stellt dieses Kapitel eine solche Existenzstellvertretung staunend in den Raum. Auf der Suche nach immer neuen Vergleichen für dies im Grunde Unvergleichliche bedient sich die Bibel eben auch der jüdischen Loskauf-Einrichtung (vgl. zu 1,4).

13b Paulus hält es für nötig, den Kreuzestod Jesu als tatsächlichen Fluchtod zu belegen: **Denn es steht geschrieben: »Verflucht jeder, der am Pfahl hängt.«** Dabei wußte damals doch jeder aus eigener Anschauung, was eine Kreuzigung an Entehrung und Schmach bedeutete. Aber das läßt sich verdrängen, so daß das Kreuz zur hübschen Dekoration wird. Jedenfalls bleibt es ein Anliegen des Evangeliums, daß Jesus in äußerster Niedrigkeit als Gottverlassener starb. Bei der aus 5Mo 21,23 zitierten Stelle handelt es sich um die Vorschrift, den leblosen Körper von (etwa durch Steinigung) Hingerichteten an einen Baum zu hängen, und zwar als »ein öffentlich ausgestelltes Exempel der unerbittlichen Strenge des Gesetzes«[44]. Der Leichnam war es nicht wert, die Erde zu berühren. Später brachten die Juden und dann auch die Christen diese Stelle mit der Kreuzigungsstrafe in Verbindung. Dadurch färbten die beiden Ausdrücke »Kreuz« *(stauros)* und »Pfahl/Baumstamm/Holz« *(xylon)* gegenseitig ab. So lesen wir in Apg 5,30; 10,39; 13,29; 1Petr 2,24, daß Jesus an einem »Pfahl« getötet worden sei.

Den jüdischen Behörden und ihrem Anhang lag gerade an dieser Art Hinrichtung Jesu, um ihm jede Nachwirkung im Volke zu nehmen: »Kreuzige! Kreuzige!« Ein gekreuzigter Messias ist doch wohl erledigt. Gott aber lag ebenfalls an dieser Todesweise für seinen Sohn, wenn auch aus entgegengesetzten Gründen, nämlich um ihm gerade dadurch ungeahnte Wirkung zu verleihen (Joh 12,33; 18,32). Jesus sollte als Repräsentant aller Menschen, also als ihr *go'el,* uneingeschränkt in ihre Notgemeinschaft eintreten. Er sollte den Fluch des Gesetzes voll auf sich ziehen, ihm stillhalten, ihn tragen, austragen, erfüllen und so beenden (Röm 10,4). Die Menschheit sollte ein neues Haupt bekommen, das die Fluchlast des Gesetzes vollkommen überwunden hat. Es sollte einen Herrn geben, der nun außerhalb dieser Macht steht und reich ist über allen Versklavten und Gebundenen, die ihn anrufen (Röm 10,12).

So hängt Jesu gegenwärtige Vollmacht gerade am durchgestandenen Fluchtod. Eines von beidem kann nämlich nur in Kraft sein, die

[44] Zahn, S. 157

Fluchmacht des Gesetzes oder den Fluchtod Jesu. Dieses Entweder-Oder hatte Paulus schon 2,21 im Sinn, als er folgerte, wer die Macht des Gesetzes wieder aufrichte, mache den Tod Christi zunichte.

Dieser Vers verbindet die Aussage von V. 13 mit zwei Absichtssätzen **14**
(zweimal »damit«). Immer wieder bringt das NT im Zusammenhang mit dem Erlösungstod Jesu solche Damit-Sätze[a], die das zielgerichtete Handeln Gottes vergegenwärtigen. Zunächst: **Damit der Segen Abrahams für die Heiden (Wirklichkeit) werde in Christus Jesus.** In Abraham, so heißt es 1Mo 12,3, »sollen gesegnet werden alle Völker«. In der Heidenmission geschieht's. Das Evangelium bahnt dem Abrahamssegen der Weg zu allen und zu den Letzten. Der sonst unübersteigbare Zaun des Gesetzes wurde im Tod Christi niedergelegt. Diese Begründung der Völkermission im Kreuz Jesu ist für das NT grundlegend.[b]

[a] Gal 4,5 2Kor 5,15.21 1Thess 5,10 1Petr 2,24

[b] Mk 10,45 14,24 Eph 2,11-22

Die Wendung **in Christus Jesus**[c] hat also eine Spezialbeziehung zu Karfreitag. Dort war Christus als *go'el* im Einsatz. Dort ist Quellort für Freiheit und Leben, von dort her überströmt dieser Segen die Erde. Das winzige Wörtchen »in« besagt, daß dieser Christus der Passion Grund, aber auch Vermittler, Inhalt, Gestalt, Bereich oder Kraft des Segens ist (s. auch zu 3,24). In Christus hat Gott der Vater »uns gesegnet mit *allem* Segen seines Geistes« (Eph 1,3).

[c] Gal 1,22 2,4.17 3,26.28; 5,6

Damit haben wir den Übergang gewonnen zum zweiten Damit-Satz, der die Rede vom Abrahamssegen inhaltlich aufschließt: **Damit wir die Verheißung des Geistes empfingen durch den Glauben.** Die Abraham-Segnung ist identisch mit dem Geistempfang. Oder umgekehrt: Geistempfang ist Einpfropfung in die Segensgeschichte, die Gott nach 1Mo 12 mit Abraham inmitten der Fluchgeschichte gestiftet hat. Indem also die Galater nach 3,2 den Geist empfingen, wurden sie aus dem Unheil ins Heil hereingeholt, aus Nichterwählten Erwählte, aus Fremdlingen Glieder des Volkes Gottes, wahre Söhne Abrahams, Kinder Gottes und Erben der Welt.

Abschnitt 2: **»Wozu dann noch das Gesetz?« (3,15-4,7)**

1. *Die Notwendigkeit eines Exkurses über das Gesetz.* Obwohl die Exegese des Abraham-Abschnitts sich mit V. 14 deutlich gerundet hat, bleibt dieser ganze Komplex auch fernerhin im Hintergrund aktiv; Abraham wird in V. 16 und 18 und noch einmal in V. 29 erwähnt, auch ragen immer wieder typische Stichworte wie »Verheißung, Same, Erbe, Gerechtigkeit« in den neuen Abschnitt bis 4,7 herein. Dennoch ist auch ein Themawechsel unverkennbar. Schon die neue Bruder-

Anrede zu Beginn von Vers 15 spricht dafür. Sie markiert im Brief öfter ein Luftholen zu einer neuen Runde (1,11; 4,12.28; 6,1) und sollte nicht psychologisch ausgelegt werden, wonach Paulus an dieser Stelle endlich seine Erregung niedergekämpft und wieder zur Brüderlichkeit zurückgefunden habe. Vielmehr ist der Brief jetzt an einen Punkt gelangt, an dem eine eigene Erörterung der Gesetzesproblematik fällig ist. Vom ersten Kapitel an hatte Paulus das Gesetz ins Abseits gestellt: Es hatte ihn selbst nicht davor bewahrt, den Messias Gottes abzulehnen und die Gemeinde zu verfolgen (1,13-14). Es spaltete die Gemeinde (2,4.12.14), kann nicht gerecht machen (2,16.21; 3,10-11), eröffnet nicht Leben für Gott (2,19), schließt wahren Christusglauben aus (3,12) und scheidet als Vermittlung für den verheißenen Geist aus (3,2.5.14). Das ist ein so radikaler Kahlschlag, daß für eine positive Rolle und überhaupt für einen Sinn des Gesetzes nichts mehr übrig zu bleiben scheint. Dabei handelt es sich bei ihm doch um eine Gabe Gottes. Sollte Gott etwas Sinnloses, also Überflüssiges getan haben? Dieser Frage beginnt Paulus sich ab V. 15 zuzuwenden. In V. 19 formuliert er sie, wie wir sie über diesen ganzen Abschnitt von 3,15-4,7 gestellt haben.

2. *Heilsplanunterricht*. In diesem Abschnitt meint »Gesetz« in aller Deutlichkeit die geschichtliche Sinai-Offenbarung für Israel. Auf sie lenkt Paulus den Blick. Die Einzelfragen um Beschneidung und Sabbat, die zwischen ihm und seinen Widersachern standen, dürfen nicht isoliert angegangen, sondern wollen heilsgeschichtlich eingeordnet werden. Darum spricht er die heidenchristlichen Galater für eine Weile nicht direkt an (bis V. 25), sondern läßt sie einer innerjüdischen Auseinandersetzung beiwohnen. Es wiederholt sich im Grunde der Vorgang von Antiochien, wo sich der Jude Paulus »öffentlich vor allen« mit dem Juden Petrus auseinandersetzte – allerdings im Interesse aller.

Sind wir offen für dieses Zuschauen? Es gibt eine Geisteshaltung, die sofort abschaltet, wenn sich der Gedankengang auch nur einen Meter von der eigenen Person und ihren Befindlichkeiten entfernt. Was sich nicht unmittelbar für das eigene Herz verköstigen läßt, gilt als brotlose Kunst. Solch ein Individualismus hat einen blinden Fleck im Auge für die Zusammenhänge aller Wirklichkeit. Niemand lebt für sich, man stirbt nicht einmal für sich. Dauernd ereignet sich Stellvertretung im Guten oder im Bösen. Der einzelne Mensch ist gründlich vernetzt mit Zeitgenossen, Vorfahren und Nachkommen, mit Volk, Menschheit und Natur und das alles vor Gott. Als Kinder unserer Zeit, also des Individualismus, sollten wir bewußt gegensteuern und uns dem Ganzheitsdenken der Bibel und vor allem ihrem geschichtlichen Denken öffnen.

a) Das Gesetz kann die Abraham-Verheißung schon aufgrund der geschichtlichen Verhältnisse weder beeinträchtigen noch überhaupt berühren: 3,15-18

15 **Brüder, ich rede menschlich. Obwohl (es nur) von einem Menschen (stammt), annulliert niemand ein rechtskräftig gewordenes Testament[a] oder verordnet etwas hinzu.**

16 **Dem Abraham aber sind die Verheißungen gesagt worden »und seinem Samen«** (vgl. 1Mo 22,18). **Nicht sagt sie** (die Schrift in 1Mo 13,15; 17,8): **»und den** (Dativ Plural!) **Samen[b]«, wie auf viele bezogen, sondern wie auf einen (einzigen) bezogen: »und deinem Samen«, welcher ist Christus.**

17 **Das aber sage ich: Ein Testament, früher von Gott rechtskräftig gemacht – das vierhundertdreißig Jahre[c] später entstandene Gesetz annulliert (doch das Testament) nicht, so daß die Verheißung rechtlich außer Kraft gesetzt würde!**

18 **Denn wenn das Erbe auf dem Gesetz beruht, (dann) nicht mehr auf der Verheißung. Dem Abraham aber hat Gott durch Verheißung Gunst erwiesen.[d]**

Zur Übersetzung

[a] Weil das Wort *diathäkä* hier nicht aus der Schrift, sondern ausdrücklich aus dem menschlichen Bereich, nämlich dem bürgerlichen Recht genommen ist, übersetzte man es an dieser Stelle nicht mit »Bund« (wie z. B. 1Kor 11,25), sondern mit »Testament«.

[b] »Samen« ist im Deutschen im Unterschied zum Griechischen oder Hebräischen in Einzahl und Mehrzahl deckungsgleich.

[c] Nach 2Mo 12,40 betrug die Dienstbarkeit Israels allein in Ägypten 430 Jahre, so daß nach dieser Stelle der zeitliche Abstand zwischen der Verheißung an Abraham und der Gesetzgebung am Sinai erheblich größer gewesen sein muß. Aber hier zeigt sich, daß Paulus wie meistens nicht das hebr. AT, sondern die LXX zitiert. Dieses griechische AT zählt die 430 Jahre nämlich für die Zeit, »die sie in Ägypten *und im Lande Kanaan* wohnten«, ohne jedoch den Zeitraum entsprechend zu vergrößern.

[d] *charizomai* gehört in diesem Zusammenhang in die Reihe der Fachausdrücke aus dem Erbrecht. Um dem gerecht zu werden, empfiehlt es sich, hier die einfache Übersetzung mit »schenken« zu vermeiden (K. Berger, EWNT III, Sp. 1094).

Vorbemerkung

Paulus nähert sich der Frage, wozu das Gesetz gegeben sei, scheint aber zuvor eine Theorie seiner Gegner in Galatien beiseiteräumen zu wollen, etwa die Lehre vom Gesetz als unverzichtbarer Zusatz zum Evangelium, die den Galatern schlüssig schien. Darauf könnte in V. 15 die Wendung »oder etwas hinzuverordnen« deuten. Zur Widerlegung greift Paulus diesmal nicht sofort auf die Schrift zurück, sondern folgt seiner Neigung zu Vergleichen mit Einrichtungen aus dem Rechtsleben (Behm, ThWNT II, S. 132). Die Kommentare weisen darauf hin, daß in diesen vier Versen eine stattliche Reihe von zünftigen juristischen Ausdrücken begegnet: Testament (*diathäkä*, zweimal), rechtskräftig machen (*kyroô, akyroô, prokyroô*), annullieren (*atheteô*, s. Anm. zu 2,21), mit einem Kodizill versehen (Zusatz zum Testament, *epidiatassomai*), begünstigen (*charizô*), für nichtig erklären (*katargeô*).

15 Zur Anrede **Brüder** s. Vorbemerkung 1 zum Abschnitt 3,15-4,7. Das einleitende **Ich rede menschlich** bereitet ausdrücklich auf ein aus dem menschlichen Bereich herausgegriffenes Beispiel vor, das zugegebenermaßen seine Grenzen hat (vgl. auch Röm 6,19). Es geht um das Rechtsgebilde eines Testaments. **Obwohl (es nur) von einem Menschen (stammt), annulliert niemand ein rechtskräftig gewordenes Testament.** Paulus hat den Eintritt der Rechtskraft im Auge, also den Todesfall des Erblassers, denn solange dieser noch lebt, könnte er ja durchaus Änderungen vornehmen. »Ein Testament wird erst im Todesfall rechtskräftig und gilt nicht, solange der Erblasser noch lebt« (Hebr 9,17).

Der Sonderfall **oder etwas hinzuverordnen** ist bemerkenswert. Hier scheint Paulus sich speziell gegen ein Argument der Judaisten zu wenden, die das Evangelium durch die Einführung mosaischer Bestimmungen ergänzen wollten. Dagegen führt Paulus sein Gleichnis ins Feld: Jeder Zusatz zu einer letztwilligen Verfügung kommt einer Nichtigkeitserklärung gleich, denn der Zusatz verändert etwas und bricht insofern den ursprünglichen Sinn. Im Klartext: Wer Gnade nachträglich mit einer Bedingung versieht, also Evangelium mit Gesetz, schafft sie im Grunde ab.

Die Vergleichbarkeit eines solchen Testamentes mit der Verheißung Gottes an Abraham leuchtet ein. Schon das griechische Wort für »Testament« (diathäkä) bildet eine Brücke. Die LXX hat allein in dem wichtigen Abschnitt 1Mo 17,1-11 über Abraham sechsmal diese Vokabel. Auch um ein »Erbe« ging es dort (hier V. 18). Aber wir haben vorgegriffen; Paulus stellt die Schlußfolgerung aus seinem Vergleich noch bis V. 17 zurück.

16 Dieser Vers ist eine Zwischenbemerkung über die Art des göttlichen Gegenstücks zum menschlichen Testament, auf das Paulus im nächsten Vers sein Bild anwenden will. Er klärt drei Fragen:

1. Wer erließ dies »Testament«? Wenn es in verhüllender Redeweise heißt, die Verheißungen **sind gesagt worden**, meint das Gott (unpersönliches Passiv als Passivum divinum). V. 17 und dann der letzte Satz des Abschnitts sagen es unverhüllt: »Gott hat Abraham frei begün-

stigt.« Das ist freilich ein unvergleichlicher Erblasser, darum auch eine unvergleichliche Rechtskraft mit unantastbarer Unwiderruflichkeit.

2. Worin bestand das Testament inhaltlich? In **Verheißungen**, ein Ausdruck, der freilich in den Abrahamsgeschichten des 1Mo fehlt und noch in der ganzen LXX selten ist. Paulus erwählte ihn und verlieh ihm für die Zusagen Gottes an die Stammväter ein großes Gewicht (22 Vorkommen!). Dabei spielt bei ihm die Mehrzahl keine besondere Rolle. Gott gab Abraham die eine Verheißung eben mehrfach. Im nächsten Vers haben wir die Einzahl, in V. 21 wieder die Mehrzahl, doch die Einzahl überwiegt.[a]

Was aber schwebte Paulus an diesen vielen Stellen als das eine große Verheißungsgut vor? Diese Frage hatten schon die Verse 8f und 14 beantwortet. Im Gefolge von 1Mo[b] konzentriert Paulus sich auf die Verheißung des Segens an Abraham (s. schon zu 3,8f.14). Die Verheißungen eines Sohnes, eines Landes, einer großen Nachkommenschaft und materiellen Reichtums dienten alle dem einen: Gott sagt sich Abraham selbst zu. Als Mann einer solchen Gottesgemeinschaft sollte er den Völkern ein Segen sein. Dieser Segen für die Welt sollte Gestalt annehmen im messianischen Heil. Darum nannte Paulus, wenn es ihm um die einzelnen Verheißungsgüter ging, solche Güter wie Leben aus dem Tod (3,21; Röm 4,15.17), Gerechtigkeit (3,21), Freiheit (4,23), Sohnschaft (Röm 9,8) und das alles im Heiligen Geist (3,14).

3. Wem galt schließlich dies Testament? Gesegneter ist gewiß **Abraham**, wie es ja auch der Schlußvers noch einmal feststellt (V. 18). Aber es ist eine über Abraham hinaus sich ausbreitende Segnung. Die Zusage »Ich will dich segnen!« verlängert sich im gleichen Atemzug: »Und du sollst ein Segen sein... und in dir sollen gesegnet werden alle Geschlechter auf Erden« (1Mo 12,2-3; 22,18 28,14). Schon von der Schöpfung an galt Gottes Segenswille allen Menschen.[c] Diesen Willen setzt die Erwählung Abrahams neu in Kraft.

Das Gewicht verlagert sich jetzt deutlich auf die Fortsetzung: **und seinem Samen**. Der Stammvater lebt in seinen Nachkommen weiter. In ihnen entfaltet sich seine Lebenskraft und sein Gottesverhältnis mitsamt der empfangenen Verheißung. Dabei steht fest, daß der grammatische Singular »Samen« in der Vätergeschichte als kollektiver Singular verwendet wird, vgl. unser Einzahlwort »Nachkommenschaft«, das ebenfalls eine Vielzahl umschließt. Soweit also der Wortsinn in den Stellen, auf die Paulus hier anspielt.[d] Und Paulus weiß das! Schon im gleichen Kapitel V. 29 verwendet er »Samen Abrahams« für eine kollektive Größe, für die Gesamtheit aller Glaubenden (vgl. Röm 4,16). Ebenfalls denkt er in 2Kor 11,22 und Röm 9,7 an eine Vielzahl, dort bezogen auf natürliche Nachkommen des Stammvaters. Hier jedoch deutet der Apostel den gleichen Singular unter Berufung auf die Gram-

[a] Gal 3,14.17. 18.22.29 4,23.28

[b] 1Mo 12,2.3 14,19; 18,18 22,17f 24,1.35 26,3.24 28,4.13f

[c] 1Mo1,22.28 5,2; 9,1

[d] 1Mo 13,15f 17,8; 22,18

matik entschieden auf ein bestimmtes Individuum: **Nicht sagt (die Schrift): »und den** (Dativ Plural!) **Samen«, wie auf viele bezogen, sondern wie auf einen (einzigen) bezogen: »und deinem Samen«, welcher ist Christus.** Wie kommen wir mit diesen unterschiedlichen Auslegungen des »Samens Abrahams« durch denselben Ausleger zurecht: mal die ekklesiologische Auslegung, ein anderes Mal die völkische Auslegung und an dieser Stelle mit solcher Wucht die christologische Auslegung?

Zunächst zeigt die Zusammenschau dieser Stellen, daß keine dieser Auslegungen exklusiv gemeint sein kann, auch wenn es im Briefstil einmal so klingen mag. Die Deutungen schließen einander auch sachlich nicht aus. Christologie und Ekklesiologie sind beziehungsreich miteinander verbunden. Ferner mag es dienlich sein, nicht jede Schriftverwendung eine Auslegung zu nennen, sondern gegebenenfalls von Anwendungen zu sprechen. Worin liegt der Unterschied? Die Auslegung einer Schriftstelle beläßt diese in ihrem Zusammenhang. Nur so wird ihr Wortsinn verläßlich klar. Eine Anwendung hingegen hebt sie aus ihrem Erstzusammenhang heraus und stellt sie an einen neuen Platz, irgendwo in die weitergelaufene Geschichte Gottes mit seinem Volk.

Das ist nun auch für die christologische Deutung des »Samens Abrahams« nachzuweisen. Schon in 1Mo wird klar, daß die Verheißungsgeschichte Gottes mit Abraham mehr im Auge hat als Blutsverwandtschaft. Gleich bei den Söhnen Abrahams zeigt die Schrift einen Unterschied zwischen »Samen« und »Samen«, nämlich zwischen Ismael und Isaak: »Nur aus Isaaks Stamm wird Gott deinen Samen berufen« (1Mo 21,12; Röm 9,7); »Der Sohn der Magd soll nicht erben mit dem Sohn der Freien« (1Mo 21,10; Gal 4,30). Ähnlich setzt es sich in der nächsten Generation fort: »Jakob habe ich geliebt, aber Esau habe ich gehaßt«, d. h. nicht erwählt (Mal 1,2f; Röm 9,13). In Röm 9,6 faßt Paulus so zusammen: »Nicht alle, die aus Israel sind, sind Israel, auch nicht, weil sie Abrahams Samen sind, sind alle Kinder (Gottes).« Gott ist nicht verpflichtet, Abrahams ganzen biologischen Nachwuchs zu nehmen (Mt 3,9). Die Linie einer fortwährenden Auswahl läuft vielmehr weiter: »Nur ein Rest wird gerettet werden« (Jes 10,22; Röm 9,27). Schließlich spitzt sich alles auf den Einen zu, auf Jesus von Nazareth: »Dies ist mein geliebter Sohn, den ich erwählt habe.«[e] Damit ist die Segensverheißung **auf einen (einzigen)** bezogen. Christus ist der Universalerbe Abrahams, der Träger des Geistes ohne Maß (Joh 3,34).

[e] Mt 3,17; 17,5 Mk 1,11; 9,7 Lk 3,22; 9,35 Joh 1,34; 12,28

Die Einzigartigkeit Jesu erklärt jedoch nicht den Rest der Welt für nichtig, sondern gerade in dem Einen sind alle Verheißungen Gottes für seine Schöpfung Ja und Amen (2Kor 1,20). So gelangt auch Paulus zur kollektiven Empfängerschaft des Segens: In Jesus Christus sind alle, die sich mit ihm einen, Juden zuerst und auch die Heiden, seine Miterben (V. 26-28; vgl. Röm 8,17).

Wer diesen großen Bogen vor Augen hat, spricht nicht von einem willkürlichen Schriftgebrauch des Paulus. Zusammen mit den anderen urchristlichen Zeugen blickt er zwischen den Schriften des Alten Bundes und der Offenbarung des Christus hin und her, wobei sich ihm einerseits die Schrift aufdeckt und andererseits die Wahrheit des Christus vertieft (2Kor 3,14-18).

Mit den einleitenden Worten: **Das aber sage ich**, gewinnt Paulus 17
nach dem durch V. 16 unterbrochenen Gedankengang wieder Anschluß an V. 15. Er kann endlich ausführen, wie er sein Bild vom Testament auf die Abraham-Verheißung angewendet wissen will: **Ein Testament, früher von Gott rechtskräftig gemacht** – Dieser abgebrochene Satz stellt fest: Das »Testament« Gottes, also seine Verheißung an Abraham, war in dem Augenblick gültig, als er es gab. Nun folgt ein Ausruf, der jeden überzeugen sollte: **das vierhundertdreißig Jahre später entstandene Gesetz annulliert (doch das Testament) nicht, so daß die Verheißung rechtlich außer Kraft gesetzt würde!** Paulus liegt an den zeitlichen Verhältnissen, die er durch »früher« und »später« hervorhebt. Wenn die viel frühere Verheißung an Abraham irgendwie vom späteren Gesetz abhängig wäre, was wäre dann in den Jahrhunderten gewesen, als es das Gesetz noch nicht gab? Wäre dann nicht die erwählende Gnade Gottes in der ganzen Väterzeit unwirksam gewesen? Wäre Gott dann nicht den Vätern gegenüber ein Lügner gewesen, der leere Worte sprach? Das kann nicht sein, das höbe die Grundlagen Israels auf! Folglich war die Verheißung Gottes für Abraham von Anfang an gänzlich unabhängig vom Gesetz, in sich vollkommen und keiner Ergänzung bedürftig. Um für sie noch etwas Notwendiges beizutragen, kam das Gesetz einfach zu spät, viel zu spät. Damit trifft Paulus die Judaisten, die das Gesetz zum noch fehlenden I-Punkt machen wollten.

Der erste Versteil ist eine erläuternde Weiterführung. Dazu spielt er 18
mit einem Wenn-Satz den Gedanken durch, das Heilserbe beruhe doch noch irgendwie auf dem Gesetzesdienst, dieser wäre mindestens heilsmittlerisch mit dem Evangelium kombiniert: **Denn wenn das Erbe auf dem Gesetz beruht.** Doch der Gedanke läuft sofort fest: **(dann) nicht mehr auf der Verheißung**. Die unbedingte Unbedingtheit der Gnade, die doch ganz Israel rühmte, »wäre dahin«, wie Paulus sich in Röm 4,14 im gleichen Zusammenhang ausdrückt. Das Evangelium wäre verleugnet.

Hier sagt Paulus statt Verheißungsgut bildhaft **Erbe**, ein Ausdruck, der sich auch aus der Abrahamsgeschichte nahelegte. Schon vom AT her wandert aber die vergeistlichte (nicht vergeistigte!) Verwendung

[f] 4Mo 18,20 5Mo 10,9

[g] Gal 3,26.29 4,7.30

von »Erbe« durch die ganze Bibel mit: Gott selbst als Erbteil![f] So bis hin zum letzten biblischen Zeugnis zur Sache in Offb 21,7: »Wer überwindet, wird *dies erben: Ich werde sein Gott sein*, und er wird mein Sohn sein.« Auch die Belege in unserm Brief weisen in diese Richtung: Das Erbe besteht in der Sohnschaft bei Gott, gewirkt durch den Geist.[g] Solche Sohnschaft entfaltet sich allerdings in einem Kosmos göttlichen Reichtums: Wer Gott erbt, erbt auch das ganze Reich Gottes (Gal 5,21; Röm 8,32).

Der Abschnitt schließt mit einem die Debatte beendenden Hinweis auf die Autorität Gottes selbst: **Dem Abraham aber hat Gott durch Verheißung Gunst erwiesen.** Im Grundtext bildet »Gott« das letzte Wort, was Betonung ausdrückt. Die höchste Instanz selber war es, die den Weg der freien Gunsterweisung gehen wollte, gegangen ist und gehen wird, also den Abraham – Christus – Weg. Die Perfektform von »Gunst erweisen« (s. Anm. zur Übersetzung) malt dauernde Gültigkeit. Anders ist Gott nicht mehr zu haben.

b) Die tatsächliche Aufgabe des Gesetzes besteht darin, den sündigen Menschen in seine Existenztiefe hineinzutreiben und im Anklagezustand zu halten: 3,19-22

19 Was (soll) dann das Gesetz? Der Übertretung wegen wurde es dazugegeben, bis der Same käme, dem die Verheißung gegeben ist, (und zwar) ist es angeordnet von Engeln, durch die Hand[a] eines Mittlers (übergeben).

20 Der Mittler aber ist nicht (Vertreter) eines Einzigen, Gott aber ist »der Eine«[b].

21 Ist folglich das Gesetz gegen die Verheißungen? Ausgeschlossen! (Denn nur) wenn ein Gesetz gegeben worden wäre, das die Macht hat, Leben zu geben, (dann) wäre wirklich die Gerechtigkeit aus dem Gesetz (gekommen).

22 Statt dessen hat die Schrift alles verschlossen unter die Sünde, damit die Verheißung durch den Glauben an Jesus Christus gegeben würde den Glaubenden.

Zur Übersetzung

[a] Ein Mittler übt seine Tätigkeit mit dem Wort aus, nicht durch die Hand. Die Stelle hier erklärt sich aber als Hebraismus. Im Hebräischen gibt es formelhaft »durch die Hand«, ohne dabei noch an den Körperteil zu denken, z. B. 1Sam 28,15: Gott redet »durch die Hand der Propheten«, d. h. durch ihre Vermittlung. Die Wendung dient nur noch als verstärktes »durch«, so daß manche Übersetzer »die Hand« fortlassen.

[b] Höchstwahrscheinlich eine Anspielung an 5Mo 6,4-9, die Eröffnung des klassischen Bekenntnisses (Sch'ma Israel), das jeder Israelit vom 13. Lebensjahr an mindestens zweimal des Tages sprach. Daß es auch in die Grundlagen des christlichen Glaubens einging, zeigen Mk 2,7; 10,18; 12,29; Röm 3,30; 1Kor 8,4.6; Eph 4,6; Jak 2,19; Jud 25. »Eins« ist darin mehr als Zahlenangabe, nämlich Qualitätshinweis.

Vorbemerkung

Die Verse 15-18 hatten – für jüdische Schriftgelehrte schockierend! – zunächst gezeigt, daß das Gesetz in keiner Weise in die Abraham-Christus-Linie eingeht, sie nicht anreichern oder irgendwie verändern kann; Gottes Gnadenbund mit Abraham hat etwas in sich Rundes und Endgültiges. Diese negative Auskunft hat Raum geschaffen für die folgende Bestimmung der tatsächlichen Rolle des Gesetzes.

Formal bereitet der Abschnitt Schwierigkeiten. »Nirgends im Galaterbrief jagen sich die Gedanken so, wie hier. Nirgends muß man so viel zwischen den Zeilen lesen, um dem Text seinen Sinn abzulesen« (Oepke, S. 80). Wir wissen nicht, woran es liegt, aber gedankliche Zwischenglieder sind fortgelassen, gemeinte Schlußfolgerungen fehlen (Th. Zahn, S. 179), so daß die Ausleger sie zu ergänzen versuchen und es teilweise völlig unterschiedlich tun. Die Unsicherheit verrät sich schon in der Fülle von Textvarianten in den alten Handschriften. Martin Luther schrieb zu V. 20: »Ich streiche meine Segel.«

Was (soll) dann das Gesetz? Nicht etwa nach der wesensmäßigen 19
Beschaffenheit des Gesetzes ist zu fragen. Seinem Wesen nach unterscheidet es sich nämlich überhaupt nicht vom Evangelium (s. u.). Wenn aber, wie Paulus gerade nachgewiesen hat, die Abraham-Christus-Linie ungebrochen und völlig selbstgenügsam feststeht, *wozu* dann dies nachträgliche Gesetz? In Frage steht also nur seine vom Evangelium zu unterscheidende Funktion. Mit vier knappen Aussagen begegnet er im folgenden einer fundamentalen Verkennung der heilsgeschichtlichen Aufgabe des Sinaigesetzes durch die Judaisten.

Erstens: **Der Übertretung wegen wurde es dazugegeben.** Wir ziehen diese höchst gedrängte Aussage auseinander. Das Gesetz ist zunächst **gegeben**, nämlich von Gott. Das ist der Sinn der Passivform hier und auch in V. 21. Weil Gott der ursächliche Erlasser des Sinai-Gesetzes ist, ist es auch göttlich, geistlich, heilig, gerecht und gut (Röm 7,7.12.13.14.16.22; vgl. hier V. 21). Daraus sind Konsequenzen zu ziehen. Es gehört zu den Wegen Gottes mit der Menschheit und ist nicht wertlos, sondern »hat Herrlichkeit« (2Kor 3,7.10). Nur *innerhalb* von Herrlichkeitsstufen kommt eine Herabstufung in Frage (s. u.). Es fordert nicht Falsches, sondern steckt übereinstimmend mit dem Evangelium das Ziel richtig: Liebe! In diesem Sinn war es »zum Leben gegeben« (Röm 7,10; vgl. Apg 7,38), und in *diesem* Sinn ist Christus auch nicht des Gesetzes Ende, sondern seine Erfüllung (Gal 5,14; Röm 13,10).

Bei jeder Einrichtung Gottes ist auf die Absichtserklärung zu achten. Auf das Gesetz als solches hat er sich nie mit seinem ewigen Sein festgelegt. Er hat es nicht beschworen, es ist kein »Wort des Eides« (Hebr 7,20b. 28). Er hat das Gesetz nur **dazu**gegeben. Wozu? Er fügte es nicht etwa dem beschworenen Abrahambund nachträglich als zusätzlichen Bestandteil ein – das wäre nach V. 15 ein Unding! – sondern das »dazu« bezieht sich auf die Situation Israels. Gott schaltet es zwischen Abraham und Christus als einen »Nebenfaktor« (Lietzmann) ein. In Röm 5,20 heißt es (in einem etwas anderen Zusammenhang), das Gesetz sei »dazwischen hereingetreten«. Immer ist also etwas für Israel Bestehendes vorausgesetzt, zu dem das Gesetz vorübergehend hinzutritt. Diese Sicht steht natürlich im Gegensatz zur jüdischen Vorstellung, wonach das Gesetz schon vor Anbeginn der Welt da war und auch nach ihrem Ende noch da sein wird (s. zu 2,16).

Jetzt folgt die genauere Zweckangabe für das Gesetz: **Der Übertretung wegen** wurde es dazugegeben. Der Ausdruck ist so kurz, daß wir nur rätseln könnten, wenn Paulus nicht seine Meinung ab V. 22 in drei Bildern und bald nach dem Galaterbrief im Römerbrief ausführlicher dargelegt hätte. Weil jene Galaterstellen noch an ihrem Ort zur Sprache kommen, versuchen wir hier den Ausdruck vor allem nach dem Römerbrief aufzuhellen.

Selbstverständlich erzeugt nicht erst das Gesetz die Sünde. Diese war ja längst vor Mose zu allen Menschen und auch zu Israel hindurchgedrungen (Röm 5,12). Die ganze Menschenwelt rebellierte gegen Gott (Röm 3,22f). Dann aber erhielt Israel das in Klarheit gebietende und verbietende Gesetz, um die schon vorher vorhandene Sünde zu »vermehren« (Röm 5,20). Es reizte die Sünde, sich in Form von **Übertretungen** zu entpuppen; vergleichsweise wie ein rotes Tuch den Stier reizt oder wie ein Windstoß die glimmende Glut lichterloh entfacht oder wie ein Wasserguß ungelöschten Kalk zum Aufschäumen bringt. Wo es keine eindeutigen Gebote gibt, können sie auch nicht in Klarheit übertreten werden (Röm 4,15b) und es bleibt verhüllt, wo der Mensch steht und wer er ist. Aber in Israel verhinderte das Gesetz, das Leben an der Oberfläche zu vertun und trieb den Menschen in seine Existenztiefe hinein, legte seine wahre Position, sein Nichtwollen als innerstes Wesen frei. Nach Röm 3,20 »kommt durch das Gesetz Erkenntnis *(epignôsis)* der Sünde«, was aber nicht zu flach zu nehmen ist. Man dürfte umschreiben: Durch das Gesetz macht man mit der Sünde wahrhaft Bekanntschaft, wird voll mit ihr vertraut und versteht sich auf sie. Es ist also gerade vorbei mit »Erkenntnis« in unserm Sinn, mit einem nur gedanklichen Erfassen.

Indem das an sich gute Gesetz die schlummernde Sünde zur aufgelebten, ausgeformten, qualifizierten Sünde und damit hoffnungslos sündig machte (Röm 7,9.13), erwies es sich als »Kraft der Sünde« (1Kor 15,56), so paradox das auch klingen mag. Damit aber schlug auch die Stunde der Anklage. *Das Gesetz machte die Sünde anrechenbar und versetzte unentschuldbar in den Anklagezustand* (Röm 3,19). »Mose klagt euch an!« (Joh 5,45; vgl. 1,17). Sein Gesetz »bewirkt Zorn (Gottes)« (Röm 4,15). Es versieht den »Dienst der Verurteilung« und »des Todes« (2Kor 3,6.7.9; vgl. Röm 8,2), verkündet die Fluchwürdigkeit des Sünders (Gal 3,10-13).

Hier liegt nun auch der Punkt, in dem sich der Zweck des Gesetzes total vom Zweck des Evangeliums unterscheidet. Es stempelt den Sünder mit »Schuldig!«, ohne ihn dann unschuldig zu machen und gerecht zu sprechen (Gal 2,16; 3,11). Wohl bewirkt es, daß der Sünder gerecht werden *will*, aber nicht, daß er es auch wirklich wird (Röm 7,18-23). Eben dies hat Gott wohl bedacht. Er hat das Gesetz von vornherein nicht mit der Fähigkeit ausgestattet, den Menschen zu heiligen. Es ist in der geschilderten Weise heilsam, indem es den Menschen entlarvt und der Verurteilung unterwirft, es ist aber nicht selber heilswirksam, sondern in dieser Hinsicht »ohnmächtig« und »kraftlos« (Röm 8,3). Das Heil empfängt der Mensch nach ewigem Ratschluß und seit Abraham allein »durch freie Gunst« im Glauben an Jesus Christus (Röm 4,2f; 10,11; Gal 3,11.18). Könnte das Gesetz gerecht machen, wäre Christus zwecklos gestorben (Gal 2,21).

In den jüdischen Schriften vor und nach Paulus gibt es dagegen »eine unendliche Fülle von Belegen« (Bill III, S. 129), wonach das Gesetz Heil vermittelt. Der berühmte Schriftgelehrte Hillel brachte schon vor Christus die Hauptlehre des Judentums auf den Punkt: »Je mehr Gesetz, desto mehr Leben« (bei H. D. Betz, S. 309). Mindestens übt es angeblich eine zurückdämmende Wirkung gegen die Sünde aus, als »Zaun« gegen das Böse (Bill III, S. 588). Dieser Meinung hangen auch viele Christen an. Hinsichtlich äußerer Sünden*taten* mag das auch zutreffen. Dank strenger Gebote lebt man bis auf einige Ausrutscher, für die dann Jesus eintreten soll, in (oft ziemlich langweiliger!) moralischer Sauberkeit dahin. Die Kriminalitätsrate sinkt. Aber hinsichtlich der Sünden*macht* ist durch das Gesetz nichts gewonnen, denn das Gesetz gibt nicht den neuen Geist (3,2). Die Feindseligkeit gegen Gott wird nur verdrängt. Man ist ein nur verhinderter Sünder. Vor allem: Die unbestreitbare Minderung der offenbaren Übertretungen erweckt und nährt ihrerseits die Selbstgerechtigkeit. Der Pharisäer in Lk 18,11-12 ist das klassische Beispiel. Durch die Hintertür dieser Selbstgerechtigkeit strömt bei ihm der ganze Schwall »frommer« Sünden herein, die kein Gesetzbuch erfaßt und die langfristig doch unendliche Not bereiten: Schadenfreude, Stolz, Empfindlichkeit, Verstellung, List, Berechnung, Kälte, Zank, Unversöhnlichkeit (vgl. Kap. 5). Mit der Selbstgerechtigkeit aber führt das Gesetz die gefährlichste und hoffnungsloseste Form der Sünde herbei. Jesus warnt in Mt 21,31: »Wahrlich, ich sage euch (Gesetzesstrengen und Selbstgerechten): Zöllner und Dirnen gelangen eher in das Reich Gottes als ihr.« Auch Paulus trauerte um seine verblendeten jüdischen Brüder, die angestachelt durch das Gesetz »ihre eigene Gerechtigkeit aufzurichten suchen« und so – den Messias verfehlten (Röm 10,3). »Ihr widerstrebt allezeit dem Heiligen Geist!« rief Stephanus Apg 7,51 den Gesetzesstrengen zu. Paulus klagte sich selbst an, daß ihn seine Gesetzesgerechtigkeit einst zum Verfolger der Gemeinde Gottes werden ließ (Gal 1,13-14). So gilt es: Das Gesetz führt Übertretungen herbei, die kriminellen wie die »frommen«; die letzteren sind die schlimmsten.

Eine *zweite* Aussage stellt fest, daß der Auftrag des Sinai-Gesetzes, Israel in die Verurteilung zu treiben, befristet ist. Es ist eine messianisch ausgerichtete Gottesordnung: **bis der Same käme, dem die Verheißung gegeben ist,** der nach V. 16 Jesus Christus ist. Mit seiner Auferweckung um unserer Gerechtigkeit willen sieht das Gesetz alt aus (Hebr 8,13); »seine Herrlichkeit hört auf« (2Kor 3,7). Beim Ende einer Einrichtung ist zu unterscheiden, ob dies Ende als gewaltsamer Abbruch erfolgt oder planmäßig zur erfüllten Zeit (4,4), ob es also durch diese Beendigung widerlegt oder vielmehr bestätigt wird. Hier ist das zweite der Fall. Das Gesetz wurde nicht etwa gestoppt, weil es irrig war. Dieses »bis Christus« nach Gottes Plan wird Paulus noch unermüdlich bewegen.[a]

[a] Gal 3,22.23.24 4,2.5

Eine *dritte* Aussage hebt den Anteil der Engel an der Verordnung des Gesetzes hervor: **(und zwar) ist es angeordnet von Engeln**. Das AT spricht vom Engeldienst am Sinai nicht so direkt, aber das Judentum schlußfolgerte ihn aus Stellen wie 5Mo 33,2.[45] Doch wie ist diese Bemerkung hier zu bewerten? Die Engel sind auch hier wie so oft Anwälte göttlicher Heiligkeit. Auch nach Hebr 2,2 wurde das Gesetz durch Engel gegeben und davon gerade seine Autorität abgeleitet. Sich die gleichzeitige Urheberschaft Gottes und der Engel vorzustellen, mag ein Vergleich helfen: Ein König verordnet im Thronsaal ein Gesetz, aber seine Diener und Herolde verordnen es öffentlich vor dem Volk. So hatte Gott auch am Sinai seine »dienstbaren Geister« (Hebr 1,14), wodurch ihm selbst aber keineswegs die Urheberschaft abgesprochen ist.

Eine tatsächliche Minderung für das Gesetz ergibt sich anders: So hohe Gestalten die Engel auch sein mögen, sind sie doch nicht der Sohn. (Der ganze Abschnitt Hebr 1,5 bis 2,4 widmet sich dieser Sicht.) Im Sohn kam Gott selbst (s. zu 4,4). In Jesus erfüllte sich die Sehnsucht der atl. Prophetie nach einer außergewöhnlichen endgeschichtlichen Heilsinitiative Gottes, etwa: »Siehe, ich will mich *selbst* meiner Herde

[45] Bill III, S. 554ff; vgl. Apg 7,38.53; Hebr 2,2

annehmen« (Hes 34,11; vgl. V. 15.23) oder Jes 63,9: »Nicht Bote noch Engel – er *selbst* hat sie gerettet.« Bei der Bemerkung des Paulus über den Engeldienst am Sinai muß man auch im Ohr haben, was er gerade im Vers zuvor (V. 18) mit Nachdruck über den Abrahambund feststellte: Die Verheißung an Abraham gab Gott selbst – ohne Einschaltung der Engel! Entscheidend ist also die Frage der Unmittelbarkeit oder Mittelbarkeit. Das Gesetz gehört in die Reihe der nur vermittelten Offenbarungen Gottes. Unter diesem Vorzeichen ergibt sich seine geringere Herrlichkeit.

Die *vierte* Aussage verlängert diesen Gedanken. Das Gesetz ist noch mit einer weiteren Zwischenschaltung verbunden: Es wurde Israel **durch die Hand eines Mittlers (übergeben).** Diesmal ist an Mose gedacht, der zwischen dem göttlichen Gesetzgeber und den irdischen Empfängern als Unterhändler fungierte.[b] 5Mo 5,5 hebt die sich darin ausdrückende Distanz hervor, durch die Gott ein Stück in den Hintergrund rückte.

[b] 2Mo 19,7.9. 21.23f 20,19 Apg 7,37f

Es folgt ein Einschub zum gerade zuvor benannten Begriff des Mitt- 20
lers: **Der Mittler aber ist nicht (Vertreter) eines Einzigen.** »Dieser Satz ist viel gequält worden« (Schlier) und hat viele Auslegungen gefunden. Zwei werden hier vorgestellt:

a) Während Gott dem Abraham gegenüber als Einzelperson auftrat und deswegen keinen Vermittler benötigte, schaltete er am Sinai in Anbetracht der vielen Engel seinen Knecht Mose ein. So folgt die Überlegenheit des Abraham-Bundes aus seiner Direktheit. Das mag der Sache nach einleuchten, aber Paulus formuliert hier doch einen Allgemeinsatz, und wie soll man das so generell verstehen, daß ein Mittler immer nur eine Vielzahl vertritt? Kann er nicht auch einmal für einen Einzelnen sprechen? Darum trifft diese Auslegung wohl doch nicht seine Gedanken, so daß einer anderen Lösung der Vorzug zu geben ist (mit Ridderbos):

b) »viele« bezieht sich hier nicht auf die Mehrzahl von Engeln, sondern auf die Mehrzahl von Parteien, die notwendig bei einem Vermittlungsgeschäft beteiligt sind. Mindestens zwei Seiten verhandeln über einen Vermittler und einigen sich. So geschah es auch beim Bundesschluß am Sinai. Mose lief zwischen Gott bzw. seinen Engeln und dem Volk hin und her. Er brachte Gottes Gesetz zum Volk und des Volkes Antwort, seine Zusage, zu Gott. So entstand der Sinai-Bund. Ganz anders aber kam der Abraham-Bund zustande, ohne einen Mittler, der erst die Zustimmung der anderen Seite einholen mußte. Er war allmächtige Setzung einer Seite ganz allein. Gott erlaubte sich souverän, aus der Masse einer götzendienerischen Menschheit jenen Abraham zu erwählen und zu segnen. Abraham tat nichts hinzu, er hielt sich nur daran fest, das heißt er glaubte. Dank dieser göttlichen Einseitigkeit, dank dieses reinen Gnadencharakters ist der Abraham-Bund ein Geschehen höherer Ordnung als der Mose-Bund (Joh 1,17).

Daß Paulus in V. 20a den Abrahamsbund in der angedeuteten Weise über den Sinaibund stellen wollte, untermauert jetzt ein wuchtiger Bekenntnissatz in V. 20b, dem jeder Jude nur beipflichten kann: **Gott aber ist »der Eine«** (s. Anm. zur Übersetzung). Als der Eine ist Gott der Verläßliche, wie gewachsener Felsen. Ihm steht eine Welt gegenüber, die in ihrer Gottestrennung heillos zerbröckelt und zerfällt. Allein dieser »Eine« garantiert den Bestand der Welt, und allein er ist auch der Mittelpunkt, dessen eine orientierungslos gewordene Menschheit brennend bedarf, das Heilungszentrum, um das herum alles wieder neu wird (Offb 21-22). Dieser Eine erschien dem Abraham, und das war mehr als Myriaden von Engeln.

21 Paulus weist mit äußerstem Nachdruck eine irrige Schlußfolgerung aus seiner Gesetzeslehre zurück. **Ist folglich das Gesetz gegen die Verheißungen? Ausgeschlossen!** Der Einwand legt sich für den, der dem Gedankengang bis hierher aufgeschlossen folgte, logisch *nicht* nahe. Mit keiner Silbe hat Paulus den göttlichen Ursprung und Auftrag des Gesetzes in Frage gestellt. Wohl wurde es dem Evangelium untergeordnet, aber darum noch längst nicht auf die Gegenseite gedrückt. Christus ist des Gesetzes Ende, aber nicht sein Gegner. So bleibt zur Erklärung dieses Einwands nur die Vermutung, daß der Apostel sich hier gegen Argwohn und Entstellung seiner judaistischen Widersacher wehrt. Bezeichnend ist schon sein Ausruf **Ausgeschlossen!**, der wiederholt in solchen Zusammenhängen steht.[c] Auch nach Apg 28,17 mußte er sich dagegen verwahren: »Ich habe nichts getan gegen unser Volk und die Ordnungen der Väter!«[d] Gewiß hat er das Gesetz seiner im Judentum traditionellen Rolle beraubt (s. zu V. 19), ohne es aber zu verteufeln.

[c] Röm 3,31 7,7.13 Gal 2,17

[d] Apg 18,13 21,21.24 24,13f 25,7f

Trotz dieser heftigen Zurückweisung läßt er sich doch noch einmal kurz auf die Sache ein: **(Denn nur) wenn ein Gesetz gegeben worden wäre, das die Macht hat, Leben zu geben, (dann) wäre wirklich die Gerechtigkeit aus dem Gesetz (gekommen).** Dieser Wenn-Fall erledigt sich allerdings von selbst als unwirklich, denn das Gesetz trieb seit Jahrhunderten nur zur Tat, aber nicht ins Gelingen. Dazu fehlte ihm die belebende, erweckende Macht. Es brachte nicht den ersehnten messianischen Geist (3,2.5), nicht Auferstehung und Leben. Diese Feststellung hätte das damalige Judentum sogar weithin unterschrieben, so daß Paulus hier mit einem Argument arbeitete, das sein Gegenüber nachdenklich machen konnte.

22 Für das negative Ergebnis der Geschichte Israels unter dem Sinai-Gesetz beruft Paulus sich auf das Urteil der Schrift: **Statt dessen hat die Schrift alles verschlossen unter die Sünde.**

Nicht das Gesetz verschließt Israel; auch nach dem folgenden Vers 23 spielt es nicht »die Rolle des Gefängniswärters[46]«, sondern stellt dort

[46] O. Michel, ThWNT VII, S. 746; vgl. Schlier

den Machtbereich dar, in den *Gott* hinein verschließt (beachte die Passiv-Form dort!). Röm 11,32 sagt schließlich mit klaren Worten von Gott selbst, daß er alle, Juden und Heiden, verschlossen habe. An unserer Stelle sind allerdings die Heiden noch nicht ausdrücklich in die Aussage einbezogen. Von diesem verschließenden Gott spricht Paulus auch hier, wenn auch diesmal in verhüllender Redeform. Die Schrift handelt in der Autorität Gottes, sie ist sein lebendiger Mund (zur Personifizierung der Schrift vgl. auch V. 8).

Doch was ist unter der Aussage: **die Schrift verschloß** genauer zu verstehen? Man sollte nicht zu schnell den folgenden Vers hereinziehen. Er spricht zwar ebenfalls von einem »verschließen« durch Gott, aber angereichert durch ein zweites Wort, so daß dort unverkennbar die konkrete Vorstellung einer Gefängnisverwahrung entsteht. Hier und Röm 11,32 scheint es sich aber um einen Akt zu handeln, der der Gefängnishaft erst vorausgeht. Das Wort »verschließen« *(synkleiô)* erscheint in der LXX häufig im Sinne von ausliefern, preisgeben, parallel zu *paradidonai.*[47] Beide Ausdrücke sind im Prozeßwesen für richterliches Tun verwendbar: Ein Richterspruch liefert einen Angeklagten nach gründlicher Untersuchung an die Situation des Schuldigseins aus, **unter der Sünde.** Dann erst wurde der Verurteilte an die Strafvollzugsorgane überstellt (vgl. etwa Mk 15,15). In diesem Sinn hat auch die Schrift »alles«, nämlich die ganze Geschichte Israels, richterlich beurteilt und hat erklärt: Israel ist schuldig! Das geschah abschließend, alle Gesichtspunkte zusammenschließend, von allen Seiten einschließend, alle Ausflüchte ausschließend. Die richterliche »Umzingelung« war vollständig. So las Paulus seine Bibel. Hier das Ergebnis: Das Sinai-Gesetz bewies nicht »die Macht, Leben zu geben« (V. 21). Gerechtigkeit kam nicht aus dem Gesetz. **Statt dessen** traf sie die genaue Gegenaussage.

Jedoch war das Gesetz weder Gottes erstes noch sein letztes Wort. Seine übergeordneten und ewigen Gedanken nennt dieser Absichtssatz: **Damit die Verheißung durch den Glauben an Jesus Christus gegeben würde den Glaubenden.** Die verborgene Hinordnung des Sinai-Gesetzes auf den Christusglauben tritt ab jetzt immer stärker in den Vordergrund. Christus war nicht nachträgliche Verlegenheitslösung, weil das Gesetz versagt hätte, auch nicht etwas plötzlich hereinbrechendes Fremdes, sondern in Gottes Plan von Anfang an angezielt. Christi Kommen ist in der Tiefe und Weite der Schrift verankert. »Die ganze Schrift des AT ist nichts anderes als ein Verschließen unter der Sünde auf den kommenden Christus hin« (J. Schniewind).

47 O. Michel, a. a. O., S. 744, 44ff und 746, 29

c) Erstes Bild: Das Gesetz als Gefängnis: 3,23

23 Bevor aber der Glaube kam, wurden wir unter[a] dem Gesetz gefangen gehalten[b], verschlossen auf den Glauben hin, der geoffenbart werden sollte.

Zur Übersetzung

[a] Hier steht nicht *hypo nomou* (Genitiv), durch das Gesetz, so daß das Gesetz Urheber der Haft wäre, sondern *hypo nomon* (Akkusativ), unter dem Gesetz. Das Gesetz bildet den Bereich der Haft, das Gefängnis. Urheber der Einlieferung unter diesen Machtbereich ist Gott, was sich im Passiv ausdrückt.

[b] *phrourein*, in Phil 4,7 und 1Petr 1,5 positiv verwendet: vor feindlichen Angriffen beschützen und behüten. Dieser Sinn paßt hier aufgrund des Zusammenhangs nicht. Hier wird gegen Ausbruchsversuche bewacht, vgl. die Vokabel in 2Kor 11,32.

Vorbemerkung

Nachdem die Verse 15-22 die Frage nach dem Sinn des Gesetzes grundsätzlich beantwortet haben, wird die erteilte Antwort in drei Bildern weiter ausgeleuchtet. Sie führen insofern weiter, als sie den Blick zunehmend von der Übergabe des Gesetzes am Sinai auf seine Ablösung im Glaubenszeitalter lenken. Schon zum Schluß von V. 22 erschien nach einer Pause seit V. 14 wieder zweimal »Glaube«, bis zum Ende des Kapitels folgen jetzt weitere fünf Stellen.

Daß der Vers 23 hier als eigenes Bild genommen wird (mit Oepke), mag verwundern. Sprach Paulus nicht schon im vorangegangenen Vers vom Verschließen durch Gott? Und setzt er die Bildrede vom Verwahrtwerden nicht auch ab V. 24 durch die Rede vom Aufpasser fort? Doch sollten wir hier nicht alles ineinanderfließen lassen. Die Auslegung möchte zeigen, daß Paulus die Vorstellung mehrfach wandelt, von V. 22 zu V. 23 und wieder zu V. 24.

23 Vom Glauben aus zurückblickend faßt Paulus die Phase unter dem Gesetz in ein Bild: **Bevor aber der Glaube kam** (zu dieser Wendung s. zu V. 25), **wurden wir unter dem Gesetz gefangen gehalten**. Im vorangegangenen Satz ging es um den verhängten richterlichen Befund, jetzt um den Strafvollzug. Gott machte sein abtrünniges Volk dingfest, so daß es seiner Schuld nicht entrinnen konnte. Wir waren an das Gesetz gebunden, im Gesetz festgehalten, setzt Röm 7,6 voraus.

Das Gesetz als Gefängnis – das widerspricht jüdischer Lehre völlig. Dort gilt es als schützende Mauer nach draußen, gegen unbefugte Eindringlinge aus dem Heidentum. Hier aber ist es Mauer nach drinnen, so daß die Insassen nicht ausbrechen und nicht in die heilige Sphäre Gottes durchbrechen können und Sünde Sünde bleibt, die vom Vaterhaus ausschließt (Schlatter). So verwirklicht sich das Unter-der-Sünde-

Sein von V. 22 nach diesem Vers im Unter-dem-Gesetz-Sein. Erst verführt die Sünde zum Ungehorsam, dann aber ertappt das Gesetz den Sünder und hält ihn in Unseligkeit. Danach empfiehlt es sich nicht, diese Haft eine »Schutzhaft« zu nennen (Oepke). Wenigstens liegt das in keiner Weise im Gedankengang. Vielmehr erscheint sie als ein strenger, unerträglicher Zustand.

Schon in V. 22 lasen wir, daß diese Gesetzesherrschaft keineswegs Gottes letztes Wort war. Nach Röm 11,32 verbindet sich mit seinem verschließenden Handeln die Absicht, »daß er sich aller erbarme«. Auch hier erweist sich das In-Gewahrsam-Nehmen als ein Akt hintergründiger Barmherzigkeit: **Wir wurden verschlossen auf den Glauben hin, der geoffenbart werden sollte.** Der sichere Verschluß hat eben doch eine Öffnung. Er öffnet sich gewiß nicht seitwärts in Richtung auf Selbstbefreiung, auch nicht zwangsläufig nach unten in die Hölle, wohl aber nach vorn in Richtung auf Christus. Freiheit und Leben gibt es nicht vor dem Glauben, nicht neben dem Glauben, aber durch den Glauben an Jesus Christus.

Diese hoffnungsvolle Befristung des Gesetzes erlaubt auch seine positive Bewertung. Das Gesetz hält den Sünder absichtsvoll an dem Ort fest, an den Jesus kommen wird (4,4). Wie die Gaze in die Wunde gestopft wird, um unsachgemäße Heilung zu verhindern, bis der Zeitpunkt für Heilung gekommen ist, so gab Gott das Gesetz, um für ein Offenbleiben der Wunden zu sorgen. Das Gesetz wirkt in einer Hinsicht als Kontrast zur Gnade, in anderer Hinsicht dann doch im Sinne der Gnade. Es vergrößert die Unseligkeit, aber macht dadurch im Nachhinein die Gnade übergroß.

d) Zweites Bild: Das Gesetz als Aufpasser: 3,24-29

24 Somit ist das Gesetz unser Aufpasser gewesen bis zu[a] Christus, damit wir aufgrund des Glaubens gerechtgesprochen würden.
25 Nachdem aber der Glaube gekommen ist, sind wir nicht mehr unter einem Aufpasser.
26 Denn ihr alle seid Söhne Gottes, durch den Glauben, in Christus Jesus[b].
27 Denn ihr alle, die ihr auf Christus getauft seid, habt Christus angezogen.
28 Nicht (mehr) gibt es Jude noch Grieche, nicht gibt es Sklave noch Freier, nicht gibt es »männlich und weiblich«[c], alle nämlich seid ihr einer in Christus Jesus.
29 Wenn ihr aber des Christus[d] seid, seid ihr folglich Abrahams Same, entsprechend der Verheißung Erben.

Zur Übersetzung

[a] *eis Christon,* wörtlich wie in V. 27 von der Taufe. Aber dort ist Christus der geistliche Blickpunkt, hier dagegen die zeitliche Grenze. Darum die andersartige Übersetzung.

[b] Die eingesetzten Kommas sollen zeigen, daß »in Christus Jesus« nicht unmittelbar an »Glaube« anzuschließen ist. Glaube »in Christus« wäre ungewöhnlich. Dagegen ist die Angabe wegweisend für das Verständnis der am Versanfang erwähnten Sohnschaft. Der Einschub »durch den Glauben« hebt dann hervor, wie sie vermittelt wird.

[c] Dies dritte Beispiel unterscheidet sich sprachlich von den beiden vorhergehenden: statt wie zu erwarten »Mann – Frau« jetzt »männlich – weiblich«, verbunden nicht durch »noch«, sondern durch »und«. Beides dürfte sich durch Anlehnung an 1Mo 1,27 erklären. Die gleiche Wendung findet sich auch in Mk 10,6; Mt 19,4, wo Jesus ausdrücklich die Schöpfungsgeschichte heranzieht. Röm 1,26f zeigt, daß die beiden Adjektive die Geschlechtsdifferenz besonders hervorheben.

[d] Der Ausdruck »des Christus sein« (vgl. Mk 9,41; 1Kor 1,12; 3,23; 15,23; 2Kor 10,7) spielt auf das teuer erkaufte Eigentum an (1Kor 2,9; 1Petr 1,19; 2,9). Nach Röm 8,9b ist dieses Sein gleichbedeutend mit Geistbesitz.

Vorbemerkung

1. *Der Bildwechsel von V. 23 zu V. 24.* »Wir waren im Gefängnis des Gesetzes festgehalten«, und zwar mit vorbedachter Befristung, hieß es in V. 23 (Einheitsübersetzung). Weil sich das Interesse zunehmend auf diesen Endpunkt richtet, gleitet Paulus ab V. 24 in ein etwas anderes Bild hinüber. Er führt eine im Altertum wohlbekannte Einrichtung für die Zeit der Kindheit ein, nämlich die Unterstellung unter einen »Knabentreiber« (*paidagôgos,* so wörtlich). Dieser Aufpasser ist gewissermaßen ein personifiziertes und mitwanderndes Gefängnis für die Dauer der ersten Jugendzeit (s. nächster Punkt). So wird der bisherige Gedanke einer unentrinnbaren Kontrolle festgehalten, aber gleichzeitig deren Befristung unübersehbar gemacht.

2. *Das Gesetz als Pädagoge?* Weil Paulus in V. 24 das Gesetz bildhaft einen *paidagôgos* nennt, wovon unsere Berufsbezeichnung »Pädagoge« herrührt, ruft H. Brandenburg in seiner Auslegung (1964) zu diesem Vers über das Gesetz aus: »Es ist Erzieher, Pädagoge!« (S. 79). Davon leitet er dann ab, es habe eine erzieherische Aufgabe, uns nämlich Christus entgegenreifen zu lassen. Vielleicht folgte er G. Bertram, der im repräsentativen ThWNT V, S. 619 (1954), meinte, statt *paidagôgos* könnte dort ebensogut *paideutäs* (Erzieher) oder *didaskalos* (Lehrer) stehen, was diese Ausdrücke alle ineinanderfließen läßt. Dem folgt heute kaum noch ein Ausleger. Zum einen sperrt sich das Umfeld von V. 24 gegen diese Sicht, zum anderen will bedacht sein, wie die Leser des Paulus im damaligen Stadtbild einen *paidagôgos* erlebten. Da trieb ein griesgrämiger, älterer Sklave den Sprößling eines wohlhabenden Hauses zum Gymnasium, wobei er ihm keuchend die schwere Tasche nachtrug. Er war mit einem Stock aus-

gerüstet und schützte den Jungen vor Belästigungen durch Fremde, zähmte aber auch dessen kindliche Verspieltheit, zog ihn bei Ungehorsam ruppig am Ohr und stieß ihn dauernd schimpfend vorwärts, um ihn pünktlich beim Lehrer abzuliefern. Dort döste er während der Unterrichtsstunden vor sich hin, bis wieder der Heimweg anzutreten war. Luther umschrieb das griechische Wort an den drei Stellen Gal 3,24f; 1Kor 4,15 mit »Zuchtmeister«. Keinesfalls hatte dieser Sklave den Bildungsauftrag für die Jugend. In der Regel wählte man für seine Aufgaben einen Diener, der sonst nicht mehr zu gebrauchen war. Oepke sammelt auf S. 86f die antiken Belege und berichtet auch von Perikles (um 500 v. Chr.), der einem Sklaven, der gerade vom Baum gefallen war und sich das Bein gebrochen hatte, zurief: »Ei, da haben wir einen neuen Pädagogen!« Für uns ist die Bezeichnung »Pädagoge« in diesem Zusammenhang, wie gezeigt, irreführend. Vielleicht trifft »Aufpasser« das Tätigkeitsfeld am besten.

3. *Die Gewandsymbolik in V. 27.* Sinnbildliches Sprechen vom »Anziehen« einer anderen Person war im Altertum weit verbreitet, und zwar bei Heiden und Juden, im AT und in den Religionen, in allen Sprachen, ganz flach und banal, aber auch als Ausdruck zentraler Gotteserfahrung (A. Kehl, X, S. 945-1024). Dieser große und bunte Vorrat an Möglichkeiten macht die Deutung im Einzelfall schwierig. Keinesfalls darf man sich irgendeinen Sinn aus dem religionsgeschichtlichen Material herauszupfen und unbesehen für diese Stelle behaupten. Das könnte reine Willkür sein und in unserm Fall mit Paulus überhaupt nichts zu tun haben. Für die zutreffende Deutung der Taufaussage in V. 27 gibt es zwei Absicherungen: ihre organische Einbettung in den Gedankengang hier und das mehrfache Vorkommen von »Christus anziehen« im paulinischen Schrifttum sonst. Es ist methodisch geraten, auch bei der Auslegung der Taufstelle in diesem doppelten Rahmen zu bleiben.

Paulus verlängert und verstärkt die Aussage des vorigen Verses 24
durch ein neues Bild. **Somit ist das Gesetz unser Aufpasser gewesen bis zu Christus.** Paulus wollte das Gesetz nicht verächtlich machen, war der Aufpasser-Sklave doch vom Vater des Jungen eingesetzt und legitimiert. Wohl veranschaulicht der Vergleich die durchaus eingeschränkte Rolle des Gesetzes. Sein Positives besteht darin, »uns«, also Israel, zu bewachen und Ausbruchsversuche und Selbstbefreiung zu verhindern (vgl. 3,23). Doch hat das Gesetz keine bildnerische Aufgabe, ist nicht schon eine Art Vorkurs des Heils. Paulus selbst hat es nicht als innerliche Erziehung zu Christus hin erfahren, nicht einmal durch ständige Gewissensbisse als Weichmacher für Bekehrung, eher als Hartmacher in eigener Gerechtigkeit (Phil 3,9), die ihn immer entschlossener und eifriger werden ließ als Verfolger (1,13-14). Erst an dem, was nach der Zäsur durch Christus an den Tag kommt, wird sichtbar, was das Gesetz schuldig blieb, nämlich die Schaffung von Gerechtigkeit und Leben: **damit wir aufgrund des Glaubens gerechtgesprochen würden.**

25 Vom Rückblick wendet Paulus sich jetzt herum und stellt den Anschluß an die Heilsgegenwart her: **Nachdem aber der Glaube gekommen ist.** Dieser Satzbeginn steht dem »ehe der Glaube kam« in V. 23 genau gegenüber. Die Bibel spricht häufig in überhöhter Weise von einem besonderen Kommen, das sich vom banalen Kommen aller möglicher Ereignisse und Personen abhebt. Es ist ein Kommen, das die Augen aufleuchten, die Brust aufatmen und alle auf die Beine springen oder auch erzittern läßt. Hinter solch einem Kommen steht nämlich göttliche Sendung und Offenbarung. In V. 23 hieß es vom gekommenen Glauben ausdrücklich, daß er geoffenbart sei. In diesem Sinn ist an zahllosen Stellen vom Kommen Christi, des Reiches Gottes oder auch des Gerichtes die Rede. Auffällig nur, daß in dieser Reihe eben auch der Glaube erscheint. Was bewog Paulus, an dieser Stelle einmal nicht wie in 3,19 und 4,4 vom Kommen des Christus zu sprechen, sondern in dieser offenbarungstheologischen Höhenlage vom Glauben?

Zunächst entthront und begrenzt er damit psychologisches Sprechen vom Glauben. Glaube verdankt sich nicht unserer Anstrengung oder Aufrichtigkeit, entzieht sich darum auch unserer Eitelkeit. Kein Mensch bringt von sich aus den Glauben zustande (s. zu 3,6). Der Glaube »kommt« zu uns, ehe wir zum Glauben kommen. Er »kommt aus der Predigt«, denn »wie sollen sie an den glauben, von dem sie nicht gehört haben?« (Röm 10,14.17). Glauben bedeutet in unserm Leben Erscheinen von Gnade.

Zugleich aber vergegenwärtigt hier das Stichwort »Glaube«, daß die Zeit der Gnade nicht neutral wie die Jahreszeit in unsere Welt kommt, unberührt davon, ob einzelne sich um sie kümmern oder nicht. Christus ist nicht eine objektive Vorgegebenheit für jedermann, so daß man Herrn Jedermann schon beglückwünschen könnte. Wohl ist das Werk Christi für jeden Menschen eine *Für*gegebenheit: Es ist für ihn da, er ist seitdem wahrhaftig ein Kandidat für wunderbar Neues und Großes. Aber zwischen dem »für alle« und dem »für mich« liegt der missionarische Prozeß und auch des Hörers persönliches Verhalten darin. Paulus sieht ganz nüchtern: »Nicht alle sind dem Evangelium gehorsam« (Röm 10,16). Es gilt also, nicht über die universalgeschichtliche Wende durch Christus zu philosophieren und dabei missionarisch träge und persönlich unansprechbar zu sein. Nur der geglaubte Christus ist des Gesetzes Ende. Man könnte auch nach Christus noch glaubenslos im toten Winkel sitzen, immer noch unter dem Gesetz.

Hier kann Paulus für die glaubenden Juden (»wir«) das erleichterte »nicht mehr« ausrufen (vgl. 2,20; 4,7): **Wir sind nicht mehr unter einem Aufpasser.** Sie waren unter ihm aufgewachsen, sind aber jetzt frei. Es gibt diesen »Knabentreiber« noch, aber glaubende Juden unterstehen ihm nicht mehr. Erst recht entfällt für die glaubenden Galater jeder

Grund, an Christus vorbei zum Aufpasser hinüberzulaufen, um sich unter seinen Stock zu begeben. Ihnen wendet Paulus sich jetzt direkt zu.

Diese Verse heben sich vom bisherigen durch den Wechsel der gram- 26-29
matischen Person ab. Durchgehend heißt es jetzt »ihr« statt »wir«, nämlich ihr Heidenchristen! Gewiß gilt folgendes für *alle* Glaubenden, aber Heiden stellen dafür ein besonders überzeugendes Modell dar. Die Erörterung der speziell judenchristlichen Situation ist somit beendet. Es ist so, als ob Paulus jetzt noch einmal wie 3,2 sagt: Hier könnt doch gerade *ihr alle* (viermal in V. 26-28) mitreden – ohne Beschneidung, abseits vom Gesetz! Er blickt damit nicht so sehr auf die verschiedenen einzelnen unter den Heidenchristen als vielmehr auf ihre Gesamtheit. Das ganze unbeschnittene Heidentum gelangt jetzt unter die in V. 8 zitierte Verheißung an Abraham: »In dir sollen gesegnet werden alle Heiden.« Das Kommen des Glaubens ist das einschneidende Ereignis für die Völkerwelt. – Wir bemerken noch, daß Paulus ab jetzt von der bildhaften Rede abrückt. Es würde die Sache sehr kompliziert machen, hielte man sich im folgenden ständig am Vergleich mit dem Knabentreiber fest.

Paulus beginnt, den gesetzesfreien Stand zu entfalten. **Denn ihr alle** 26
seid Söhne Gottes. Er spricht in seinen Briefen sowohl von »Kindern« als auch von »Söhnen« Gottes. Luther übersetzte auch im zweiten Fall gern »Kinder«, im Galaterbrief z. B. in 3,7.26; 4,6.7. Er gewann damit die Einbeziehung auch der weiblichen Gemeindeglieder, die für unser Sprachempfinden unter »Söhne« nicht mitgemeint sind. Aber es geht dabei auch etwas verloren. Nach biblischem Verständnis hat »Sohn« über blutsmäßige Familienzugehörigkeit hinaus einen juristischen Einschlag. Man kann biologisch Sohn sein, ohne es wirklich zu sein (Lk 15,21.24). Letztlich zählt nicht Geburt, sondern ein ausdrücklicher Annahmeakt muß hinzutreten.[48] Sohnsein ist also eine Rechtsstellung und schließt Erbrecht (hier 3,29; 4,7), Bittrecht (hier 4,6), Freiheits- und Herrenrecht (hier 4,5.7) ein. Von daher begründet gerade die Gottes*sohnschaft* der Galater die Freiheit vom Gesetz.

Nun verkündeten zu jener Zeit auch stoische Wanderprediger mit großem Pathos: Wir haben alle Gott zum Vater, wir sind alle naturhaft Gottes Kinder! Dahinter stand eine Philosophie, wonach Gott eine Substanz ist, die den ganzen Kosmos durchdringt, Steine, Pflanzen, Tiere und eben auch Menschen. Wieder anders glaubten Angehörige der Mysterienkulte an ihre Gotteskindschaft. Nicht naturhaft, aber sakramental sei sie vermittelt. Sie verkündeten suggestiv wahre Teilhabe an der Gottheit durch Teilnahme an Ritualen. Dagegen verortet

[48] Hos 2,1; 11,1; vgl. Fohrer, ThWNT VIII, S. 345; Paulus spricht fünfmal von einer »Sohnesannahme«.

Paulus die Gotteskindschaft der Galater eindeutig **in Christus Jesus**. Der Ausdruck erscheint in unserem Brief insgesamt sechsmal (s. zu 3,14). Gott hat den Gekreuzigten zum strömenden Segensbereich gemacht. Hier wird Gerechtsprechung (2,17), Freiheit (2,4; 5,6) und Neuwerden aller Beziehungen (3,28) erfahren, mit anderen Worten: Geist, Sohnschaftsgeist, Gebetsgeist empfangen (4,6). Dadurch ist unsere Sohnschaft an seine Sohnschaft angeschlossen und von ihr abgeleitet. Wir sind Söhne Gottes nur als Brüder des erstgeborenen Sohnes (Röm 8,29) und Erben nur als seine Miterben (Röm 8,17). Christus ist Seinsgrund unserer Sohnschaft.

Doch wo befindet sich der Zugang zu diesem Bereich? Nicht durch jüdische Gesetzeswerke, nicht durch philosophische Bemühungen oder sakramentale Begehungen. Paulus zeigt die Tür: **durch den Glauben** unter der Botschaft. Es ist der Glaube Abrahams (3,6-9): Gott im Anhören seines Christus-Wortes ganz Gott sein zu lassen und so Mensch sein zu dürfen, Gottesmensch!

27 Im Blick auf die Lage der Auslegung von V. 27 ist ein Vorspann notwendig. Der Vers führt begründend die Taufe ein, aber begründend wofür? Eben nicht – wie die meisten schließen – für das unmittelbar zuvor genannte Söhne-Gottes-Sein der Galater, denn dafür hatte der Apostel gleich im selben Vers eine runde Antwort gegeben: Ihr seid Söhne Gottes »durch den Glauben« an den Herrn Jesus Christus. Unter der Glaubensverkündigung empfingen sie Gerechtsprechung und Sohnschaftsgeist (3,2.5.6). Die Allgenugsamkeit dieser Antwort verbürgt der ganze Brief. Nichts darf ihr die Durchschlagskraft rauben. Gotteskindschaft kann nicht noch tiefer, noch klarer, noch realer begründet werden. Für ein zutreffendes Verständnis des Taufverses will vielmehr beachtet sein, daß schon V. 26 eine Begründung darstellte und daß V. 27 parallel dazu eine zweite Begründung liefert. Beide Sätze beginnen: »Denn ihr alle«. Paulus stellt also neben ein Erstes ergänzend ein Zweites. Beide Aussagen zusammen untermauern den Schluß von V. 25: »Nicht mehr unter dem Aufpasser!« Wir haben somit eine zweifache Begründung der Gesetzesfreiheit vor uns. Wir sind frei vom Gesetz, weil wir erstens durch den Glauben Gottes Söhne sind (V. 26) und zweitens durch die Taufe Christus angezogen haben (V. 27).

Ähnlich wie Röm 6,3-4 wirft der Apostel also einen Seitenblick auf die Taufe. **Ihr alle seid getauft.** Wer im Urchristentum zum Glauben gekommen war, kam auch zur Taufe. Diesen Doppelschritt »Glauben und Taufe« bezeugen Kernworte wie Mt 28,19; Mk 16,16; Apg 2,38.41 und anschaulich zahlreiche Berichte der Apostelgeschichte. In dieser kurzen Erwähnung der Taufe fehlt auch nicht das, was das NT am allerhäufigsten über diese Handlung sagt: Sie geschieht **auf Christus**.

Dabei wird allerdings das geringe Interesse an liturgischen Regelungen augenfällig. Einmal heißt es ähnlich wie hier: »auf Christus (Jesus)« (Röm 6,3), an anderer Stelle: »auf den Namen des Herrn Jesus/des Vaters, des Sohnes und des Heiligen Geistes« (8,16; 19,5; Mt 28,19), wieder anders kann es auch heißen: getauft »auf seinen Tod« (Röm 6,4) oder auch: »auf die Vergebung der Sünden« (Apg 2,38, vgl. Mk 1,4; Lk 3,3). Doch allen diesen Stellen gemeinsam und deswegen grundlegend für die Taufe ist der Bezug auf Christus, ausgedrückt durch das griechische *eis* (in Apg 2,38 einmalig, aber sicher sinngleich *epi*, in Apg 10,48 *en*). Aber ist diese Präposition im Taufzusammenhang mit »auf«, wie es hier geschah, zutreffend übersetzt?

Grundbedeutung von *eis* ist nach dem Lexikon ein örtliches »in hinein«. Johannes taufte nach Mk 1,9 »in den Jordan hinein«. Viele Ausleger halten den örtlichen Sinn fest und finden, daß die Taufe wie äußerlich ins Wasser so auch tiefsinnig in die Christuswirklichkeit hineintauche. Der Vorgang bewirke also eine geheimnisvolle Vereinigung, Einverleibung, Gleichgestaltung, Wiedergeburt, Übereignung u.ä. in bezug auf Christus (Schlier: »Versinken im neuen Seinsgrund«). Sie bedeute somit den eigentlichen Anfang des geistlichen Lebens, der Gotteskindschaft. Das Grundanliegen unseres Briefes und des gerade vorangegangenen Verses, wonach der Glaube es ist, der Gotteskindschaft vermittelt, wäre hier schon wieder vergessen.

Wir müssen die Untersuchung der Taufpräposition *eis* schon auf eine breitere Grundlage stellen. In urchristlicher Zeit befragte man die verschiedensten Taufen nach ihrem Worauf: »Worauf *(eis ti)* seid ihr denn getauft?« (Apg 19,3). Verschiedene Antworten (wohlgemerkt immer mit diesem *eis!*) waren möglich, z.B. »*auf* die Taufe des Johannes« (s. dort). Denkbar war auch eine Taufe »*auf* Paulus« oder »*auf* Mose« (1Kor 1,13; 10,2). Aber es wäre sinnlos, in diesen Fällen jedesmal an eine mystische Einsenkung in die betreffende Person zu denken, also »hinein in Johannes, Paulus, Mose«. Ungekünstelter ist darum die andere Deutung. Die Präposition *eis* kann auch die »Beziehung auf eine Person oder Sache« ausdrücken (WB, Sp. 463). So ergibt sich Sinn. Bei einer Taufe richtet sich der Blick und der Fingerzeig jeweils auf die Person, auf deren Autorität hin gehandelt wird, ob es nun Johannes, Mose, Paulus oder eben Christus ist. Die christliche Taufe ist ein eminent demonstrativer Akt. Der Glaubende wie der Taufende mitsamt der Gemeinde weisen in wünschenswerter Deutlichkeit »auf Jesus Christus« hin, ihn als Herrn erkennend, anerkennend, benennend und bekennend. Taufe ist grundlegendes öffentliches Bekenntnis. Täuflinge riefen den Namen des Herrn an (Apg 22,16), um es dann ein Leben lang immer wieder zu tun (1Kor 1,2 u.ö.). Schon die Johannestaufe war mit einem Beten des Täuflings verbunden (Lk 3,21). Aber nach Jak 2,7 *wurde* auch der »hohe Name« über dem Täufling ausgerufen. Das ist also der Kernvorgang in einer Taufe: Ein Glaubender sagt öffentlich in der Kraft der Heiligen Geistes vor Zeugen und mit Zeugen: »Herr ist Jesus!«[a]

[a] Röm 10,9f 1Kor 12,3

Soweit der allgemeine Rahmen einer jeden christlichen Taufe. Jetzt folgt eine zusätzliche, nur hier bezeugte Ausdeutung des Geschehens. **Ihr habt Christus angezogen.**

Woran denkt Paulus bei diesem Bild? H.D. Betz spricht für viele Ausleger, wenn er es als »ein Ereignis göttlicher Verwandlung« versteht (Schlier: »Eingehen in das neue Sein«). Demgegenüber ist aber noch einmal daran zu erinnern, daß der vorausgegangene Vers das Hineingelangen in die Gotteskindschaft und in die Christus-Wirklichkeit ausdrücklich an das Gläubigwerden gebunden hat. Das darf hier nicht schon wieder verdrängt werden, um nun doch erst der Taufe seinsverändernde Kraft zuzuschreiben. Also: Woran denkt Paulus bei diesem Bild? »Ankleiden« hat in seinem Bilderschatz einen festen Platz, das Wortfeld ist dort wohl zwanzigmal vertreten. Nichts liegt näher, als sich von ihm selbst zeigen zu lassen, woran er dabei denkt (vgl. Vorbemerkung 3).

Zunächst fehlt bei ihm das eindeutige Passiv: Ihr werdet oder wurdet angezogen mit Christus, was aber zu erwarten wäre, wenn es sich bei dieser Bekleidung nicht um ein Tun *durch* den Menschen, sondern um ein seinsverwandelndes Geschehen *am* Menschen handeln sollte. Vielmehr stoßen wir bei Paulus immer wieder auf das aktive Sich-selbst-Anziehen. Wir überprüfen diesen Punkt an vier Beispielen:

– Röm 13,14: »Ziehet an den Herrn Jesus Christus!« Das Umfeld sagt deutlich, was im Klartext gemeint ist: in ein Leben unter der Herrschaft Christi einwilligen, indem man die Werke der Liebe ergreift (V. 8-10) und die Werke der Finsternis abtut (V. 12-14). Dabei notieren wir eine Zuspitzung auf den innergemeindlichen Umgang: »daß ihr euch *untereinander* liebt« (V. 8, vgl. den nächsten Vers).

– Eph 4,20-32 beginnt ebenfalls mit einer nachdrücklichen Erinnerung an das Modell Christi. Daran schließt sich an: »Legt nun ab den alten Menschen ..., erneuert euren Geist und Sinn und zieht den neuen Menschen an!« Die Fortsetzung ab V. 25 geht wieder sehr praktisch in die sittliche Gestaltung des Alltags hinein, wieder mit deutlichem Gewicht auf Gemeindeethik.

– Eph 6,11-17 ermahnt wieder zum Anziehen, nun aber ganz nach draußen gerichtet auf die Bewährung des Christen in Kampf und Dienst draußen. So wird das Gewand zur »Waffenrüstung Gottes«.

– In Kol 3,8-17 wird das neue Gewand erst zum Schluß mit Christus gleichgesetzt: »alles und in allen Christus« (V. 11). Wie an den anderen Stellen bezieht Paulus aber auch hier das Anziehen überhaupt nicht auf etwas extrem Innerliches und Unanschauliches, auf ein hintergründiges Gotteshandeln, sondern auf den Eintritt des Christusgläubigen in ein bestimmtes ethisches Verhalten, auf seine willige Beugung unter die Herrschaft des Herrn Jesus Christus.

Das Bild vom Anziehen ist von Haus aus zweifach verwendbar. Es gibt das erstmalige Anlegen eines Gewandes in feierlicher Stunde, als Eintritt in eine neue Dienstgemeinschaft. Das wäre dann die Taufe. Nicht im Widerspruch dazu, sondern sinnvoll zugeordnet gibt es dann die vielmalige Erneuerung dieses Grundgeschehens. Davon handeln die vier genannten Beispiele aus den paulinischen Briefen (ähnlich auch Hebr 12,1 und 1Petr 2,1). Taufe und täglicher Entschluß stehen in innerer Verbindung wie Bekenntnis und Bekenntnistreue.

Die durch Glaube und Taufe begründete Freiheit vom Gesetz be- 28
schreibt er durch einen Hinweis auf urchristliche Gemeindepraxis. **Nicht (mehr) gibt es Jude noch Grieche, nicht gibt es Sklave noch Freier, nicht gibt es »männlich und weiblich«, alle nämlich seid ihr einer in Christus Jesus.** Daß Paulus nach Sprachstil, Inhalt und Zusammenhang ganz ähnlich auch an andere Gemeinden schrieb, legt nahe, hier einem Standardstück urchristlicher Gemeindelehre zu begegnen. Ferner spricht dafür, daß Paulus die Beispiele Sklave/Freier und männlich/weiblich (soziale und Geschlechter-Spannung) hier mitbenennt, obwohl er sie hier im engeren Beweisgang nicht benötigt.

Solche Standards müssen verkürzen und verallgemeinern und wollen vernünftig aufgeschlüsselt werden. Dabei ist der Satz gegen Mißverständnisse zu schützen. **Es gibt nicht mehr**, dies soll nicht leugnen, daß es diese natürlichen Unterschiede auch in der Gemeinde gibt und daß damit jederzeit gewisse Probleme aufbrechen können. Nicht umsonst ermahnen apostolische Schriften gesondert Alte, Junge, Männer, Frauen, Eltern, Kinder, Freie und Abhängige in ihren gegenseitigen Beziehungen. Hier steckt also kein anarchisches Element, das alle vorhandenen Unterscheidungen umstürzen will. Auch ruft der Zuspruch: **Ihr seid alle einer** keine Einheitskultur und keinen Einheitsmenschen aus. Er wendet sich nicht gegen schöpfungsmäßige Vielfalt und gegen den Reichtum geschichtlicher Führungen, nicht gegen die hundert bunten Blumen, die auf der »Wiese« der Gemeinde blühen und blühen dürfen. Die Erlösung Gottes verödet nicht die Schöpfung Gottes.

Was sagt der Satz positiv? Paulus zielt nicht auf unanschauliche Wirklichkeiten, die nur vor Gott gelten (etwa Rechtfertigung vor Gott), sondern erinnert an Kostproben geistlicher Verwirklichung in den Hausgemeinden seiner Zeit. Dazu spricht er drei besonders wichtige Problemfelder an, auf denen sich in der Umwelt Verhaltensmuster gebildet haben, die auch in die Gemeinde hineinregieren wollen. Wer aber in der Christusgemeinde lebt, weiß auch etwas von der Entmachtung dieser üblichen Mächte dort. Gerade jüdische Gesetzesfrömmigkeit fußte maßgeblich auf Volk, Stand und Geschlecht und überhöhte diese Dinge religiös zu Zäunen (Eph 2,14f), stockte sie auf bis an den Himmel und machte sie zu ewigen Prinzipien. Aber wo Jesus der Herr ist und darum Nächstenliebe erfüllt wird, bleiben auch soziologische Strukturen und Normen nicht unberührt.

Für den Gedankengang des Galaterbriefes ist das erste Beispiel besonders naheliegend: **Nicht (mehr) gibt es Jude noch Grieche.** In dieser Gegenüberstellung ist »Grieche« einfach Sammelbegriff für Nichtjuden = »Heiden«.[b] Mit Juden – Heiden aber ist die radikalste Spaltung der Menschheit vergegenwärtigt. Selbst ein heidnischer Mann, der mit allen Konsequenzen zum Judentum übergetreten war, überwand sie nicht wirklich. Immer noch fehlte ihm im Unterschied zu geborenen Juden die leibliche Abstammung von Abraham. Darum kam ihm nach jüdischer Lehre auch das Verdienst der Stammväter nicht zugute; er blieb ausschließlich auf sein eigenes Verdienst angewiesen.[49] Aber die Erlösung durch Christus erlöst den Menschen auch von diesem Hüben und Drüben und von den damit verbundenen unterirdischen Restfeindschaften. Sie wirkt sich als wahres Einigungswerk unter den Menschen aus. So jubelt Paulus Röm 10,12: »Es ist kein Unterschied zwischen Juden und Griechen!« und in Gal 5,6 (vgl. 1Kor 7,19): »In Christus gilt weder Beschneidung noch Unbeschnittensein!« Nach 2,3 wurde z. B. Titus der Grieche von den ehrwürdigen Stammaposteln in Jerusalem nicht zur Beschneidung genötigt. In Antiochien pflegte der Jude Petrus mit den Heiden zusammen zu essen (2,12), denn das Reich Gottes besteht nicht in Essen und Trinken (Röm 14,17). Einer achtete den andern höher als sich selbst. Man wetteiferte in Selbstverleugnung. Das eine Mal paßte sich der eine an, dann der andere. So werden mal wie hier die Juden an erster Stelle genannt, in Kol 3,11 dagegen die Griechen. In keinem Fall war eine der Seiten der Verlierer, sondern immer das Gesetz, und in keinem Fall war ein Mensch der Sieger, sondern immer nur Christus.

Das zweite Beispiel: **Nicht gibt es (mehr) Sklave noch Freier.** Geriet ein heidnischer Sklave in den Besitz eines Juden, machte der ihn durch Beschneidung zu einem Proselyten (Glied der Synagogengemeinde). Trotzdem wurde er nur soweit religiös für voll genommen, als sein Herr dadurch keinen wirtschaftlichen Nachteil hatte. Herrendienst hatte für ihn vor Gottesdienst zu gehen.[50] Dagegen erlebte sich ein Sklave in der christlichen Hausgemeinde »als ein Freigelassener des Herrn«, wie sein Besitzer sich als »als ein Sklave des Herrn« bekannte

[b] Röm 1,16 2,9f; 3,9

[49] Bill III, S. 558
[50] Bill III, S. 562

(1Kor 7,22; Kol 4,1). Diesem wurde auch zugemutet, dem Sklaven »als einem lieben Bruder« zu begegnen und ihn wie einen Apostel aufzunehmen (Phlm 16-17). Demnach ist es z. B. denkbar, daß ein Sklave Gemeindeleiter wurde.

Letzteres ist allerdings ein konstruierter Fall. Leitungsdienst erforderte selbstverständlich auch natürliche und geistliche Fähigkeiten. Wer als Ältester eingesetzt wurde, ob nun aus dem freien Bürgerstand oder aus dem Sklavenstand, mußte bekannt sein als ein Mensch, der z. B. seine Emotionen beherrscht, einen Sinn für Takt und Würde besitzt, dazu auch gute Kenntnisse der biblischen Lehre, der sich auszudrücken versteht und kompromißfähig ist (vgl. 1Tim 3,1-7). Die Frage muß gestellt werden, ob ein Sklave aufgrund seiner Lebensumstände diesen Vorlauf überhaupt haben konnte. Konnte er solche Fähigkeiten entwickeln und unter Beweis stellen? Aber diese Bedingungen einmal als erfüllt vorausgesetzt, durfte er als Sklave von solch einem Amt nicht grundsätzlich ausgeschlossen werden. Jesus Christus ist nicht nur Herr über unser Gottesverhältnis und über unsere Herzen und Köpfe, sondern auch über unsere Gemeindestrukturen. Es könnte sich brüderliche Gesinnung und sehr liebes Wesen mit strukturellem Ungehorsam verbinden.

Eine radikale Abschaffung der Sklaverei in damaliger Zeit hätte die meisten Sklaven ins Elend gestürzt. Das ist eine von heutigen Kritikern häufig übersehene Tatsache. Wenn man außerdem das Maß an Terror, Zerstörung und Betrug bedenkt, das mit revolutionären Umstürzen verbunden ist, verstehen wir, daß die Urchristenheit einen anderen Weg ging. Gewaltsame Änderungen machen nicht frei, sondern schaffen nur neue Abhängigkeiten.

Nicht gibt es (mehr) »männlich und weiblich«. Diese Wendung beschreibt in 1Mo 1,27 den Geschlechterunterschied als etwas Positives (s. Anm. zur Übersetzung). Er geht auf die Schöpfung zurück und kann deswegen nicht als etwas gelten, was überwunden werden muß. Er ist vielmehr »Material der Liebe« (G. Ebeling). Aber aus diesem Geschenk wurde ein negatives Prinzip. Als solches faßt Paulus es hier ins Auge. Er hatte als gesetzesstrenger Jude erlebt, wie dieser Unterschied sich allbeherrschend vorschob und scharf ins Leben hineinregierte, und zwar in Ehe und Erziehung, in Arbeit und Feier, in Herz und Kopf, in Bibellesen und Beten, in Gottesdienst und Gottesverhältnis. Das Material kann hier nicht ausgebreitet werden. Es sei nur daran erinnert, daß gerade jenes Zeichen des Alten Bundes, das an das männliche Geschlecht gebunden war, zur stolzen Selbstbezeichnung des Judentums überhaupt wurde: »die Beschneidung« (s. zu 2,8). Wie grandios ist das an frommen jüdischen Frauen vorbei gedacht! Mannsein wurde zur Kategorie, die in wesentlichen Hinsichten dauernd die

Zusammengehörigkeit spaltete und Menschlichkeit verhinderte. Demgegenüber konnte Paulus an die christlichen Männer *und Frauen* in Galatien schreiben: »Ihr seid *alle* getauft« (V. 27) und in 1Kor 11,11f das Kontrastprogramm verkünden: »Im Herrn gibt es weder die Frau ohne den Mann noch den Mann ohne die Frau. Denn wie die Frau vom Mann stammt, so kommt der Mann durch die Frau zur Welt; alles aber stammt von Gott.« Man vergleiche auch in 1Kor 7,3-4 die sorgfältig ausformulierte Gleichberechtigung.

Der Satz: »Gibt's nicht mehr!« in bezug auf die Frauenfrage ist als urchristlicher Erfahrungssatz zu lesen. Erstens hüteten die Gemeinden einen unauslöschlichen Schatz von Erfahrungen mit dem irdischen Herrn, der ihnen mit der Jesus-Überlieferung vor Augen stand.[c] Sein Verhalten gegenüber der Frau, das öffentliches Aufsehen erregte, mußte sich vielfältig als Initialzündung auswirken. Zweitens war die erste und immer wieder neue Erfüllung von Joel 3,1f grundlegend (Apg 2,17f; vgl. Röm 10,12f; Gal 3,2): Gott schenkte seinen Geist allen sozialen Gruppen. Dementsprechend wirkten in den Gemeinden Männer und Frauen als Mitarbeiter (Phil 4,3; Röm 16,3), Verkündiger (1Kor 11,4-5), Lehrer (Apg 18,26) und Leiter zusammen (1Kor 16,19; keine direkte Stelle, aber sie erlaubt eine naheliegende Schlußfolgerung). Männer und Frauen wußten sich gemeinsam als Miterben des ewigen Lebens (1Petr 3,7).

[c] Mk 5,25-34; 15,40f; Lk 7,36-50; 8,1-3; 10,39; 13,10-16; Joh 4,27

Selbstverständlich lief das nicht alles so glatt, wie sich das hersagt. Wie die oben berührten Evangelientexte zeigen, gab es damit schon im ersten Jüngerkreis des Herrn Schwierigkeiten. Schwierigkeiten erhoben sich dann besonders in Korinth. Nicht umsonst nimmt im 1Kor die Frauenfrage einen so großen Raum ein.[51]

Auf jeden Fall hat der Herr in den hier angeschnittenen drei Fragekomplexen »ein Feuer auf Erden entzündet« (Lk 12,49), das sich nicht mehr löschen läßt. Christen sollen es auch nicht löschen wollen. Sie sollten ihr Zusammenleben durch diese drei Rufe »Gibt es nicht mehr!« gestalten lassen, und zwar vordringend von den Herzen und Köpfen bis in die äußerlichsten Ordnungen. Möge ihre Art, das Zusammenleben zu ordnen, ein Modell werden, das die Umwelt auf den Geschmack bringt: Wie schön ist es unter Menschen, wenn Jesus

[51] Dort steht auch der berühmte Satz (14,33b-34; vgl. 1Tim 2,11-12): »Wie in allen Gemeinden der Heiligen üblich, sollen die Frauen in der Versammlung schweigen.« H. D. Betz meint, Paulus habe »seine Position (vom Gal) offenbar geändert« (S. 352). Aber dazu war der zeitliche Abstand zwischen den beiden Briefen entschieden zu gering. Die Lösung wird auf einer anderen Linie zu suchen zu sein. Der Apostel boxte seine Erkenntnisse nicht rücksichtslos durch und fand sich zu Übergangslösungen bereit (vgl. zur Speisefrage Röm 14-15; 1Kor 8-9). Sein bewegliches Eingehen auf Situationen z. B. in der Sklavenfrage führt 1Kor 7,20-21 und Phlm vor Augen. Paulus wußte etwas davon, daß sich das Leben nicht mit theoretischen Einsichten meistern läßt. So willigte er nicht selten in Zwischenlösungen ein. Solche Zwischenlösungen sind dann aber nicht dogmatisch festzuschreiben und entgegengesetztes Handeln in anderer Situation ist nicht für schriftwidrig zu erklären.

herrscht, wie gerecht, wie praktisch, wie menschlich, wie geborgen, wie natürlich, wie fröhlich. Möge sich bruchstückartig etwas von dem zeigen, worauf das sehnsüchtige Seufzen der Kreatur wartet. Aber auch direkte Stellungnahmen zu gesellschaftlichen Fragen außerhalb der Gemeinde gehören hierher. Wichtig nur, daß die Botschaft immer so ergeht, daß sie als *Evangelium* verstanden werden kann, also nicht zynisch oder zerstörerisch.

Paulus begründet die drei Verneinungen mit der positiven Feststellung: **alle nämlich seid ihr einer in Christus Jesus.** Die ursprüngliche Einheit des Menschengeschlechts bricht wieder an. Schon V. 26 lasen wir von diesem »in Christus Jesus« als Umschreibung eines Segensbereiches. Nach der Aussage dort entströmt diesem Bereich das neue Verhältnis zu Gott (»ihr seid Söhne Gottes«), hier nun auch das neue Verhältnis untereinander. Sie »alle« sind »einer«, wenn sich auch Vielheit und Einheit zu stoßen scheinen. Später, im Römerbrief und im 1. Korinther-Brief, wurde Paulus dafür das Bild des Leibes geschenkt. Im Leib bleibt die Vielheit, aber sie wird nützlich.

Dieser Vers bringt endlich die Schlußfolgerung aus dem Beweisgang 29
ab 3,6. **Wenn ihr aber des Christus (Eigentum) seid, seid ihr folglich Abrahams Same, entsprechend der Verheißung Erben.** Daß der Segen, den Gott für die ganze Erde bereit hält, über Abraham läuft und ohne Zugehörigkeit zu ihm verfehlt wird, war zwischen Paulus und seinen Gegnern nicht strittig. Nur, wer gehört zu ihm, wer ist sein Same? Nach V. 16 ist es im Tiefsten ganz allein Christus. Christus ist der Gesegnete und der Segnende, das Segenszentrum der Welt. Durch ihn, nicht durch das Gesetz, haben die Galater den Anschluß an Abraham gewonnen. Wie überholt, sich noch zur Beschneidung zu drängen! Sie stehen ja schon in der Geisterfahrung (3,2.14), der Segen strömt schon, das Erbe ist schon eröffnet. Das Stichwort »Erbe« (s. zu 3,18 und 4,7) leitet zum dritten Bild über.

e) Drittes Bild: Das Gesetz als Vormund: 4,1-7

1 Ich sage aber, (auf) solange (Zeit) der Erbe unmündig ist, unterscheidet er sich in nichts vom Sklaven, während er (eigentlich) Herr über das Ganze ist,

2 sondern er ist unter Vormündern[a] und Hausbeamten[b] bis zum Termin (der Mündigkeitssprechung)[c] des Vaters.

3 So auch wir, als wir unmündig waren, waren wir unter den Elementen des Kosmos versklavt.

4 Als aber die Fülle der Zeit kam, entsandte Gott seinen Sohn, geboren von einer Frau, geboren[d] unter das Gesetz.

5 **Damit er die unter dem Gesetz (Stehenden) loskaufte, damit wir die Einsetzung zum Sohn[e] erlangten[f].**
6 **Weil ihr aber Söhne seid, sandte Gott den Geist seines Sohnes in unsere Herzen, der schreit[g]: Abba! Vater![h]**
7 **Daher bist du nicht mehr Sklave, sondern Sohn, wenn aber Sohn, (dann) auch Erbe durch Gott.**

Zur Übersetzung

[a] *epitropos*, in Mt 20,8; Lk 8,3 ein hoher Finanzbeamter, außerbiblisch aber auch sehr gebräuchlich für »Vormund«. Eine Mehrzahl von Vormündern ist auch sonst belegt.

[b] Die *oikonomoi* waren in der Regel Sklaven, die bestimmten Bereichen des Hauswesens vorstanden, z. B. der Küche (Lk 12,42), den Finanzen (Lk 16,1), der Feldwirtschaft oder dem Personal.

[c] Im allgemeinen war im römischen Reich der Eintritt der Volljährigkeit staatlich geregelt, aber in den östlichen Provinzen konnte gelegentlich der Erblasser das Alter festsetzen.

[d] *genomenon*, Perfekt von *ginomai*, werden, ins Dasein treten, ist im entsprechenden Zusammenhang tunlichst mit »geboren worden« wiederzugeben (z. B. auch Röm 1,3). Wichtig, daß das Wort hier zweimal gleichförmig so erscheint, was auch in der Übersetzung zum Ausdruck kommen sollte (vgl. Elberfelder Übersetzung). Dadurch wird betont: Der Ewige ging ein in das Gewordensein, vgl. Joh 1,14.

[e] *hyothesia*, Adoption (im NT nur bei Paulus, fünfmal). Im Unterschied zu heute wurden im Altertum zumeist Erwachsene adoptiert. Ein reicher Mann adoptierte einen Armen, ein Kaiser seinen Nachfolger.

[f] *apolambanô* heißt empfangen, aber mit dem besonderen Sinn, etwas zu bekommen, was einem gebührt und zusteht.

[g] Das griechische Wort *krazein*, schreien, ist Schallwort, dem Krächzen der Raben nachgebildet und stammverwandt mit unserm »krähen, krakeelen, kreischen«; es geht also ursprünglich um rauhe, heisere Töne. Darum ist es nicht ganz ersetzbar durch »rufen«, wie die meisten Bibelausgaben an dieser Stelle übersetzen. Rufen geht auf die Lautstärke, schreien auf das Elementare. Es ist die urwüchsig hervorbrechende Äußerung, in der jemand sein Letztes hergibt. Neben verschiedenartigsten Verwendungen gehört »schreien« im AT in die Gebetssprache, besonders in den Psalmen (über 60 Stellen, z. B. 3,5; 18,7; 88,2.10.14). Die Verbindung des Heiligen Geistes mit »schreien« war im Judentum insofern nicht ungewöhnlich, als die Rabbinen ungemein häufig sagten: »Der Heilige Geist schreit«, wenn sie ein von ihm inspiriertes Schriftwort zitieren wollten (Bill III, S. 275). Dagegen: »In der rabbinischen Literatur ist uns keine Stelle begegnet, in der der heilige Geist mit dem Beten eines Israeliten in Verbindung gebracht wird« (Bill III, S. 243).

[h] Luthers »*lieber* Vater« ist eine Ergänzung, die gewiß den Sinn dieser Vaterschaft trifft, vgl. etwa 1Joh 3,1; Joh 16,27.

Vorbemerkung

1. *Ein neuer Vergleich in V. 1-2.* Schon Calvin fand: »Die Kapiteleinteilung ist nicht glücklich.« Die bisherige Thematik seit 3,19 (Was soll dann das Gesetz?) setzt sich nämlich ab Kap. 4 durchaus fort. Die Ähnlichkeit nach Gedankengang und Wortfeld ist mit Händen zu greifen. Es geht weiter um die Befristung der Gesetzesmacht durch das Kommen des Neuen. Auch macht Paulus noch einmal den jungen Menschen zum Bild. Und doch handelt es sich um verschiedene Vergleiche, die nicht zusammengeworfen werden wollen. Ein Vormund (4,1) ist kein Knabentreiber (3,24)!! Sein Amt setzt z. B. den Tod des Vaters voraus und ist mit erheblichen Vollmachten verbunden, während der Knabentreiber dem noch lebenden Vater nur gewisse Aufpasserdienste abnimmt.

2. *Die »Elemente der Welt«.* In V. 3 kann Paulus – wohlgemerkt unter Einschluß der eigenen Person – überraschend sagen: »Wir waren unter den Elementen des Kosmos versklavt.« Sowohl im Rahmen der Thematik als auch im Vergleich mit V. 5 wäre zu erwarten: »Wir waren unter dem Gesetz versklavt.« Wieso sieht er fromme Juden bei ihrem Gesetzesdienst zugleich im Dienst der kosmischen Elemente? Wie verstanden im 1. Jh. die Galater den Begriff? Hier folgt ein Überblick über den außerbiblischen Gebrauch der Vokabel, die eine »außergewöhnlich angeschwollene Diskussion« ausgelöst hat (E. Schweizer, Aufsatz, S. 245). Besonders sei hingewiesen auf die gründliche Beibringung des Materials durch Delling (ThWNT VII, S. 666-687). »Elemente« (*stoicheia*, sieben Vorkommen im NT) sind zunächst kleinste Teile, die in Beziehung zu einem Ganzen stehen, also Urbestandteile. Auf sie kann und muß man das Ganze zurückführen, um es wirklich verstehen und auch handhaben zu können. Rohde informiert S. 169f über Arbeiten, die die unterschiedlichen Verwendungen der Vokabel im einzelnen untersucht haben. Hier die wichtigsten Anwendungsgebiete:

a) In oben genanntem Sinn sind z. B. die Buchstaben »Elemente« des Alphabets. Daraus ergibt sich für »Element« der Begriff: das ABC einer Sache, also *Elementarkenntnisse*, Grundwissen, Anfangsgründe. So erscheint das Wort in Hebr 5,12.

b) Das Wort gewann aber auch eine große Bedeutung auf einem Gebiet, das die griechische Philosophie jahrhundertelang beschäftigte, nämlich in der Erklärung der gesamten Erscheinungswelt: Woraus besteht letztlich der Kosmos? Beliebt war die Antwort: aus den vier *Urstoffen* Erde, Wasser, Luft und Feuer. Diese Bedeutung von »Element« legt sich für 2Petr 3,10.12 nahe. Weil Paulus in unserm Vers »Elemente« ausdrücklich mit »Kosmos« verbindet, ergibt sich hier eine Verbindung, die bedacht sein will.

c) Da das vierte und höchste Element, das Feuer, als Substanz der Gestirne galt, konnte das Wort später auch *Sterne* und Sternbilder bezeichnen, so daß die Astrologie ins Spiel kam. Von daher erklärt sich der große Ernst, mit dem die Einhaltung der mond- oder sonnenabhängigen Feste gefordert wurde. Nur so gehorchte der Mensch den erhabenen Gestirnsgewalten, und befand er sich in Harmonie mit dem Kosmos, vgl. Gal 4,10. Daß Paulus aber hier in 4,3 dem gesetzesfrommen (!) Judentum insgesamt Sternenkult unterstellte, ist angesichts von 5Mo 4,19 undenkbar, auch wenn einige Juden Astrologie getrieben haben sollten (mit Sanders, S. 657).

d) Da die Antike die Gestirne durchweg als beseelte Wesen verehrte, ergab sich schließlich der Gebrauch des Wortes für Engel, Geister, *Götter und Dämonen*. Zeichnen sich diese Zusammenhänge in Kol 2,8.18.20; Gal 4,3 ab? Jedoch ist dieser vierte Gebrauch von *stoicheia* für das 1. Jahrhundert noch unsicher, außerdem sprechen hier die Zusammenhänge dagegen.

3. *Gott als Abba/Vater im NT*. Abba/Vater ist ein »grundlegendes Glaubenswort der Offenbarung Jesu und Bekenntnis seiner Gemeinde« (Schrenk, ThWNT V, S. 985). Es sei nur an die Fülle der Belege in den Evangelien und in den Briefen erinnert. Jesus selbst hat in seinen Gebeten regelmäßig »Vater!« gebetet! Wenigstens beginnen so sämtliche 19 von ihm überlieferten Gebete (Schrenk, a. a. O., Anm. 251); alleinige Ausnahme ist der Kreuzesschrei in Mt 27,46; Mk 15,34, bei dem die Anrede »Mein Gott, mein Gott« durch Ps 22,2 vorgegeben war. Zu dieser Vateranrede hat Jesus auch seine Jünger ermächtigt. So in der Gebetsbelehrung in Mt 6,9, aber auch wieder nach der Auferstehung in Joh 20,17: Mein Vater ist euer Vater! Sie trugen diesen Namen im Rahmen der Mission hinaus. Er ist nicht etwa erst aus der hellenistischen Umwelt in die Urchristenheit eingedrungen. Die hellenistischen Religionen und Philosophien sprachen zwar gern von Gott als dem Vater, doch mit völlig anderer Füllung (s. zu 3,26) und nie als Gebetsanrede. Für die Verbreitung des Vater-Gebets im Urchristentum spricht besonders Röm 8,15. Dort kann Paulus in einer von ihm nicht gegründeten Gemeinde im fernen Rom diese Gebetsanrede als bekannt und gewohnt voraussetzen, sogar in der sprachlichen Doppelform. Für die paulinischen Gemeinden haben wir dafür einen Beleg hier in Gal 4,6. Auch für ihn selbst war »Vater« »das eigentliche und beherrschende Gebetswort«, wie seine Briefe beweisen (Schrenk, a. a. O., S. 1007).

1-2 Ausgehend von den Stichwörtern »Söhne« und »Erben« aus 3,26.29 ergibt sich für Paulus ein weiterer Vergleich. **Ich sage aber.** Das neue Beispiel stammt aus dem Vormundschaftsrecht. Dabei greift er sofort den ihn interessierenden Punkt heraus, ohne dessen Voraussetzungen zu erwähnen. Nach den meisten Auslegern ist der Tod des Vaters zu denken, denn zu dessen Lebzeiten ließe sich der Sohn nicht als »Herr über das Ganze« bezeichnen. Nur erwähnt Paulus diesen Umstand nicht, weil er sich nicht auf Gott anwenden läßt; Gott stirbt nicht. Besagter Vater hatte also kurz vor seinem Tod seinem noch minderjährigen Sohn testamentarisch das gesamte Erbe vermacht. Verständlicherweise kann das Kind nicht sofort frei über seinen Erbbesitz verfügen, sondern bis zum Tag der Mündigkeitserklärung ist ein Kollegium von Vormündern bestellt.

Nun folgt, worauf es ankommt: **Solange der Erbe unmündig ist, unterscheidet er sich in nichts vom Sklaven, während er (eigentlich) Herr über das Ganze ist, sondern er ist unter Vormündern und Hausbeamten bis zum Termin (der Mündigkeitssprechung) des Vaters.** Der Rechtslage nach (de jure) ist der Junge Erbherr über Sachen und

Personen des gesamten Anwesens, aber der Tatsachenlage nach (de facto) führt er ein Sklavendasein. In Geschäftsdingen handeln Vormünder für ihn, im Alltag befehligen Hausbeamte. Er ist nicht anders als die Leibeigenen gestellt, Knecht unter Knechten.

So auch wir, beginnt Paulus die Übertragung. Dieses »wir« bezieht 3
das Bild vom Erbherrn, der noch wie ein Knecht lebt, auf Juden und Heiden vor Christus, denn daß Gott das »Erbe«, nämlich den Segen Abrahams, ausdrücklich »allen Völkern« zugesprochen hat (3,8), ist eine Grundlage des ganzen dritten Kapitels. Beschränkte man dies »wir« auf die Judenchristen, bliebe auch der weitere Gedankengang unverständlich, denn in den folgenden Versen gelten Christus, die Erlösung und der Geist fraglos dem gesamten Gottesvolk aus Juden und Heiden. So unterschiedlich deren Wege in der Zeit der »Unmündigkeit« auch verliefen, hatten sie doch etwas Gemeinsames, was Paulus in diese Worte faßt: **Als wir unmündig waren, waren wir unter den Elementen des Kosmos versklavt.**

Es lag einem Paulus fern, jüdisches Gesetzeswesen und heidnischen Götzendienst auf eine Stufe zu stellen. Wie genau er zu unterscheiden wußte, zeigte 2,15. Dennoch standen die beiden Systeme in einer Hinsicht unter einem gemeinsamen Oberbegriff. Jüdischer Gesetzesdienst gehört unstrittig wie heidnische Religiosität zum alten Äon und arbeitet notwendig mit dessen Mitteln. Unermüdlich befassen sich jüdische wie heidnische Rituale mit den **Elementen des Kosmos**. Umstände der alten Welt setzen die Maßstäbe, etwa Mannsein und Frausein, völkische Herkunft, Standeszugehörigkeit, um nur an 3,28 zu erinnern. Aber auch stoffliche Elemente spielen eine große Rolle. Jesus konnte die Abhängigkeit jüdischer Gesetzesherrschaft davon recht derb charakterisieren. Ihre Satzungen machten ein Gewese um Dinge wie Minze, Dill, Kümmel, Becher, Krüge, Kessel und Bänke (Mt 23,23; Mk 7,4). Nach Kol 2,16.20 fallen Speise, Trank und Fasten in dieses Gebiet, Angelegenheiten, deren Abstand vom Reich Gottes Paulus in Röm 14,17 bewußt macht. Hebr 9,12f weist abwertend auf Kühe, Böcke, Stiere und Kälber hin. Schließlich betonen sowohl Judentum als auch heidnische Religionen bestimmte Tage, Monate, Zeiten und Jahre, die Paulus in 4,10 im Zusammenhang mit diesen »kosmischen Elementen« anspricht.

Gewiß hat diese Frömmigkeit im Fall des Judentums ihre Anhaltspunkte im AT, aber diese Grundlage erfuhr in frühjüdischer Zeit einen unbeschreiblichen Ausbau in Form von ungezählten spitzfindigen »Satzungen«, die Jesus sich z. B. in Mk 7 einmal vornahm (der Begriff dort fünfmal!). Es war schon ein umfassendes Aufsichtssystem von »Vormündern und Hausbeamten«, wie es 4,2 bildlich hieß, unter das der Jude von früh bis spät und von der Wiege bis zur Bahre geraten war.[52]

Die besagten irdischen Elemente (vgl. Vorbemerkung 2b) sind jedes für sich genommen unschuldig, haben fraglos für unser irdisches Dasein ihre Wichtigkeit und werden uns schließlich deswegen auch vom Schöpfer als Mittel des Lebens dargereicht. Ihre Pflege und Beachtung ist fürs natürliche Dasein nützlich, aber nicht fürs ewige Leben (vgl. 1Tim 4,8). Sobald sie als angeblich heilsträchtig aufgeladen werden, wächst ihnen eine Macht zu, die ihnen nicht gebührt. Darum bemüht sich Paulus in 4,9, sie vor den Galatern zu enttarnen: »schwach und armselig« sind sie, wenn es um das Gottesverhältnis geht, höchstens vorausgeworfene »Schatten des Zukünftigen«, »Gleichnis« für das Eigentliche in Christus (Kol 2,17; Hebr 9,9).

In Röm 1,18-32 hat Paulus die Misere der Menschheit ausführlich dargestellt. Sie besteht letztlich in der »Apotheose (Vergottung) des Kosmos« (Schlier, S. 134.143): Die Menschen »sind dem Nichtigen verfallen ... und haben das Geschöpf verehrt und ihm gedient statt dem Schöpfer«. Sie stürzten in die Gegenstandswelt hinein, in die Naturnotwendigkeiten, und zwar nicht nur seelisch, sondern gerade auch geistig. Das spiegelt sich in der alten und neuen Philosophiegeschichte
[a] Mk 2,27 wider. Der Mensch kniet an falscher Stelle, eben dort, wo er aufrecht
1Kor 3,22f stehen sollte. Gott hat ihn zum Herrn dieser Dinge geschaffen (1Mo 1,28; Ps 8,7). Diese alle sind für ihn da, aber nicht umgekehrt er für sie.[a]

4-6 In diesen Versen behandelt Paulus den »Termin des Vaters« und den Umschwung von der vorchristlichen Existenz als »Unmündige« zur christlichen Existenz als »Erwachsene« (V. 1-2). Dabei werden wir stark an die Auswertung des Bildes vom »Aufpassersklaven« in 3,25-28 erinnert. Während dort allerdings der Aspekt des Glaubens herrschte, geht der Blick hier auf das erlösende Handeln des trinitarischen Gottes zu Weihnachten (V. 4), Karfreitag (V. 5) und (Ostern und) Pfingsten (V. 6). Diese gewaltigen Inhalte sprengen allerdings das kleine Gleichnis aus dem Vormundschaftsrecht. Wir versuchen nicht, sie Zug um Zug aufs Bild zurückzuführen, denn auch Paulus ist nicht der Gefangene seiner Bilder.

4 Paulus beginnt die Erlösung zu bekunden, indem er sie in ihren universalgeschichtlichen Rahmen stellt. **Als aber die Fülle der Zeit kam.** Die Zeit gleicht einem Gefäß, in das Stunden, Tage, Wochen, Monate und Jahre hineintropfen. Der Augenblick, in dem das Gefäß voll ist, ist die Fülle der Zeit, in diesem Fall der »Termin des Vaters« von V. 2. Die-

[52] Zu dieser Auslegung, die die »Elemente der Welt« also nicht auf Astralgeister oder Dämonen und überhaupt nicht auf personale Größen bezieht, vgl. u. a. Zahn; Bill III, S. 570; Delling, ThWNT VII, S. 683ff; Borse; Rohde; E. Schweizer.

ses mengenmäßige Zeitverständnis ist zunächst typisch für die jüdische Apokalyptik und führt dort bekanntlich zum Zusammenzählen und Hochrechnen der Monate, Jahre und Zeitabschnitte. Doch eine quantitative Zeitauffassung erfaßt an dieser Stelle nicht den Vollsinn. Paulus registriert hier überhaupt nicht irdische Entwicklungen und Abschnitte, sondern beachtet nur Gott. Nicht die Zeit setzte Gott in Bewegung, etwa weil die Völker reif waren oder ein Zahlengesetz sich meldete, sondern Gott setzte die Zeit in Bewegung. Mit Delling, ThWNT VI, S. 303, ist darum hier das qualitative Verständnis zu befürworten. Die Jahre unseres persönlichen Lebens sind zwar ihrer Ausdehnung nach alle gleich lang: 365 Tage, aber nicht ihrem Gewicht nach. Zeit kann sich durch gottgewirkten Inhalt ungeheuer verdichten, unvergeßlich werden und darum für immer erzählenswert sein, ja gegenwärtig bleiben, während sonst ganze Jahrzehnte verblassen.

So auch weltgeschichtlich. Vor Christus läpperten sich die Jahrtausende so dahin. Im Grunde immer dasselbe: Weltreiche kamen und gingen, Kulturen kamen und gingen, Generationen kamen und gingen, Großmäuler taten sich auf und wieder zu. Die Zeit schien ins Leere zu laufen, nur an Länge zuzunehmen, aber nicht an Sinn. Dann aber kam diese Zeit ohnegleichen, allerhöchstens vergleichbar mit dem »Anfang« in 1Mo 1,1. Gott schuf. Er wollte sich das Elend seiner Schöpfung, diese Unfreiheit, dieses Netz von Zwängen nicht mehr länger mitansehen. Das Maß war voll. Er nahm sich Zeit für die Welt und schritt erlösend ein. Die Jahre 1-30 waren in dem Sinn erfüllte und übervolle Zeit, daß sie die ganze Offenbarungsgeschichte vorher und nachher und damit die Geschichte überhaupt mit Sinn speisten.

Auch Jesus trat mit diesem ausgeprägten Erfüllungsbewußtsein auf (Mk 1,15; Lk 4,21). Die ganze Urchristenheit hatte ein besonderes Zeitempfinden, so daß Paulus den römischen Christen schreiben konnte (Röm 13,11): »Ihr kennt die Zeit, nämlich daß die Stunde da ist, aufzustehen vom Schlaf …« Aber die Galater hatten sich ihre heilsgeschichtliche Situation durch die Judaisten vernebeln lassen. So lebten sie zeitwidrig, beschäftigten sich todernst mit verbrauchten und längst überholten Dingen und kamen darum aus dem Knäuel ihrer persönlichen Probleme nicht mehr heraus.

Da **entsandte Gott seinen Sohn**. Gott der Schöpfer sandte schon so manches. Er sandte jedes Jahr Sonnenschein und Regen, Frost und Hitze und allerlei Segnungen der Natur. Er sandte reinigende Gerichte in die Völkerwelt, aber auch Bewahrungen und Rettungen. Er sandte auch immer wieder besondere Menschen: ethische Leitbilder, tüchtige Regenten, kluge Gelehrte, begnadete Erfinder, geniale Künstler und vollmächtige Propheten (Hebr 1,1). Ohne diesen beständigen Nachschub wäre diese Welt längst in Fäulnis übergegangen. Gott hat die

Welt eben nicht nur geschaffen und dann sich selbst überlassen, sondern er mischt sich laufend ein, um sie zu erhalten.

Bei den genannten Sendungen handelte es sich aber um oftmalige Vorgänge. Nun aber die einmalige, völlig aus dem Rahmen fallende Sendung des Sohnes. Es gibt dafür keine bessere Deutung als die durch das Gleichnis von den bösen Weingärtnern, Mk 12,1-10. Dort ergeht eine Sendung nach der anderen, in bewunderungswürdiger Geduld. Schließlich heißt es: »Da hatte er noch einen, seinen geliebten Sohn.« Er dachte: Wenn sie den sehen, werden sie sagen: Ganz der Vater! und werden sich scheuen! (vgl. Joh 14,9). Es war so, als ob er sagte: Jetzt gehe ich selbst. Jesus von Nazareth ist der Gott-Selbst (vgl. Mt 1,23). Nur so erklären sich die Evangeliengeschichten: Die Menschen begegneten Jesus und prallten auf Gott. Paulus sagt 2Kor 5,19 über die Krönung dieser Sendung des Sohnes im Sühnopfer: »Gott war in Christus.«

Ein Gesandter hat die Botschaft seines Herrn zu überbringen. So verkündete Jesus den Willen Gottes in Wort und Tat. Aber seine Aufgabe ging noch darüber hinaus, und darauf liegt hier der Ton: Er kam auch deswegen zu den Menschen, um einer von ihnen zu werden. Er, der als der Gott-Selbst auf die Seite des Schöpfers gehörte, wurde zugleich selbst Geschöpf. Das wird hier zweifach ausgedrückt.

Zunächst: **Geboren von einer Frau.** »Weibgeborener« zu sein, ist nach Hiob 14,1; Mt 11,11 übliche Bezeichnung für jedes Menschenkind. Wie wir alle trat der Sohn durch die Pforte der Geburt in unsern Kreis, »wurde den Menschen gleich« (Phil 2,7). Deswegen heißt es auch nur: **von einer Frau.** Wer hier einen Hinweis auf die Jungfräulichkeit Marias vermißt, versteht nicht den Aussagewillen. Es geht um die durchaus menschengleiche Geburt des ewigen Sohnes. Schon darum kommt die menschenungleiche Zeugung nach Mt 1 und Lk 1 an dieser Stelle nicht zur Sprache.

Wiederum gibt es keinen Menschen abstrakt, ohne Volkszugehörigkeit. So wurde Jesus Jude, am achten Tage beschnitten, mit sieben Jahren in die Knabenschule der Synagoge gebracht usw., also **geboren unter das Gesetz**. Er begab sich in das »Gefängnis« von 3,23 und unter den »Aufpasser« von 3,24. Keiner der sich daraus ergebenden Konflikte blieb ihm erspart. Im Gegenteil, als der eine Gerechte mußte er sie in ungewöhnlicher Weise auf sich ziehen, von seiten der Menschen wie von seiten Gottes. »Er wurde in allem in Versuchung geführt, aber hat nicht gesündigt« (Hebr 4,15). Der Christushymnus von Phil 2 faßt das von diesem Juden gelebte Leben schließlich in V. 8 zusammen: »Er wurde gehorsam bis zum Tode.«

Diese vollkommene Solidarität des Sohnes mit den verlorenen Söhnen wird vom Hebr unermüdlich herausgestrichen, z.B. 2,17: »Er mußte in allem den Brüdern gleich werden«, gewissermaßen in ihre Schuhe treten, um als ihr Repräsentant auftreten zu können. Er vertrat nicht nur Gott vor den Menschen, sondern dann auch die Menschen vor Gott. Das Mit-leiden ging über ins Für-leiden. Das ist hier der Gedankengang von V. 4 zu V. 5: Er wurde Mensch, um Lamm werden zu können.

Zwei Damit-Sätze zeigen Zweck und Ziel des Kommens Jesu. Zuerst 5
die Aufhebung der Gesetzesherrschaft: **Damit er die unter dem Gesetz (Stehenden) loskaufte.** Das sind erst einmal die Juden unter dem Sinai-Gesetz. Doch die Vorbemerkung 2 zu 3,10-12 zeigte, daß kein Mensch ohne »Gesetz« in weiterem Sinn ist, nämlich ohne den inneren Aufpasser: Du sollst das nicht, das ist böse, du bist schlecht, schäm dich! Jeder lebt mit der beständigen Anklage seines inneren Gerichtshofes: Du bist nicht so, wie du sein solltest! Niemand ist in seiner Tiefe so froh und frei, so aufrecht und stark, wie Gott ihn eigentlich haben wollte. Niemand fühlt sich von Natur in Gottes Gegenwart wie ein Kind in Vaters Haus. Nach Röm 11,32 ist es Gott selbst, der *»alle* eingeschlossen« hat in ihr schlechtes Gewissen, kaserniert wie in einer kosmischen Kaserne, befehligt von einer Horde von Unteroffizieren. Aber der zitierte Vers geht weiter: »auf daß er sich *aller* erbarme«.

Darum ist hier auch an der Geltung des **Loskaufs** für alle Menschen festzuhalten (anders H. D. Betz, S. 364). Als Loskaufender, der mit seiner Existenz befreiend für Versklavte eintritt, kam in Israel nur der nächste Angehörige in Frage (zur Loskauf-Einrichtung s. 3,13). Diese Zugehörigkeit Jesu uns gegenüber hatte gerade V. 4 bezeugt. Wer seinen Namen anruft und sich so unter seine Macht stellt, ist sein Freigelassener.

Der zweite Satz nennt die positive Seite des Loskaufs: **Damit wir die Einsetzung zum Sohn erlangten.** Wieder dient ein irdischer Rechtsvorgang, diesmal der der Adoption, als erhellender Vergleich. Ein Adoptivsohn war einmal Nicht-Sohn. Er erlangte den Stand eines Sohnes gnadenhaft. In unserm Fall drückt Paulus aber ein Interesse daran aus, »gnadenhaft« nicht als »launenhaft« erscheinen zu lassen (s. Anm. zur Übersetzung). Wir erfahren unsere Sohnesannahme als die verläßlichste Sache der Welt. So wahr Gott seinen eingeborenen Sohn liebt, kommt seine Liebe auch uns zu, den nachgeborenen Söhnen. Der folgende Vers belegt unbezweifelbare Sohnschaft.

Um nicht mißzuverstehen, warum Paulus gerade an dieser Stelle 6
vom Geist spricht, ist eine Klarstellung nötig. Es kann nicht genug betont werden, daß *alles* Tun Gottes in seiner Spitze pneumatisch ist: die Schöpfung, die Menschwerdung, die Erlösung durch das Opfer Jesu am Kreuz und schließlich seine Auferweckung. Nie hat der Heilige Geist Pause und läßt Gott in Christus alleine wirken. Gleiches gilt auch

im Blick auf die Verkündigung des Evangeliums in Galatien, das Gläubigwerden der Hörer dort, ihr Angenommenwerden als Söhne wie schließlich ihr Bekenntnis in der Taufe. Wenn Paulus erst jetzt die Sendung des Geistes erwähnt, dann natürlich nicht, um das bisherige Tun Gottes als geist-los hinzustellen, sondern deswegen, weil ihm jetzt in Anbetracht der Fülle der Funktionen des Geistes an einer sehr bestimmten gelegen ist, nämlich an seiner *vergewissernden* Funktion: Durch ihn »können wir wissen, was uns von Gott geschenkt ist«. »Der Geist selber bezeugt unserm Geist, daß wir Gottes Kinder sind« (Röm 8,16; 1Kor 2,12). Die Situation der Galater war ja doch die, daß die Judaisten ihnen einredeten, die Abrahams-Sohnschaft und damit die Gotteskindschaft sei erst dann sonnenklar, wenn sie das Zeichen der Beschneidung an ihrem Körper trügen. Darum auch zwischendurch der seelsorgerliche Ihr-Stil: **Weil ihr aber Söhne seid**, um dann wieder im urchristlichen Wir-Stil fortzufahren: **sandte Gott den Geist seines Sohnes in unsere Herzen**. Die Tatsache des Geistempfangs an sich vermochten auch die Judaisten bei den Galatern nicht wegzuwischen. Es war ihnen aber gelungen, deren mit dem Geistbesitz verbundene Sohnschaftsgewißheit durch die Beschneidungsforderung zu untergraben, so daß ihre Geisterfahrung nun in der Luft hing. Sie erfüllte bei ihnen nicht mehr ihren eigentlichen Sinn, sondern begann sich negativ auszuwirken und die charakterlichen Schwächen der Galater in Richtung auf Prahlsucht und Streitlust zu verstärken (5,15.26).

Weil sich bei den Galatern das urtümliche Werk des Geistes zu verdunkeln drohte, spricht Paulus an dieser Stelle auch das einzige Mal in seinen Briefen gezielt vom **Geist des Sohnes** Jesus Christus. Der Ausdruck kehrt einmalig das Zusammenfallen der Geistfrage mit der Christusfrage und auf diese Weise mit der Frage der Gotteskindschaft heraus. Dadurch nämlich, daß der bis zum Tode gehorsame und in Kraft auferweckte Christus ganz und gar Geistträger war, wurde der Geist auch ganz und gar Christusträger, eben Sohnschaftsgeist. Von diesem Christus her überströmt er auch die Nicht-Söhne mit Sohnschaft. Er ist auch »Geist der *Annahme* an Sohnes Statt« (Röm 8,16). Das ist seine eigentliche Sendung, dafür ist er gekommen und dafür ist er hauptamtlich da. Das ist grundlegend für alle seine anderen Segnungen.

Darum ist der Geistempfang auch von 3,1-5 an der Hauptbeweis des Paulus im Ringen um die von der Gesetzlichkeit bedrohten Galater. Ihre Gotteskindschaft war nicht zustande gekommen durch einen Aufschwung zu Gott mittels Werken des Gesetzes, sondern durch die Herabkunft des Geistes, als ihnen Christus der Gekreuzigte in Vollmacht verkündet wurde.

Doch nun genauer: Gott hat den Geist **in unsere Herzen** gesandt, ein wichtiges Bildwort der Bibel. Dazu drei Feststellungen.

– »Herz« ist in der Bibel der *verborgene* Mensch, den kein Mensch zu Gesicht bekommt.[b] Auch dem fähigsten Psychologen stehen immer nur Äußerungen des Betreffenden zur Verfügung. Die Meinung, die er sich daraus bildet, muß mit der Wirklichkeit nicht viel zu tun haben. Auch meine Selbstbeurteilung muß nicht viel bedeuten.

– Zweitens versteht die Bibel unter Herz – wieder nach 1Sam 16,7 – den Menschen, wie Gott ihn sieht, also den *wirklichen* Menschen.

– Drittens ist »Herz« auch der *gottesbedürftige* Mensch. Wir selber können alles mögliche an uns ändern, aber eben nicht unser Herz. Zu kompliziert ist es, zu gerissen, zu hart, zu trotzig, zu verzagt (Jer 17,9). Der einzige, der mit unserm Herzen fertig wird, ist Gott. Darum ist sein Geist auch die einzige wahre Antwort auf die Probleme unseres Herzens. Nur er erreicht die Wurzel unseres Übels, erfaßt den tiefsten Sitz unserer Verzweiflung und berührt schöpferisch den Kern unseres Wesens. Herz und Geist stehen darum in der Bibel immer wieder zusammen.[c]

Es genügte nicht, wenn der Geist allgemein in die Welt, in die Luft, in die Literatur, in die Öffentlichkeit statt in unsere Herzen gegossen würde. In allen diesen Fällen käme es nur zu einer äußeren Autorität wie beim Gesetz des Mose, das nur auf steinernen Tafeln vors Auge tritt. Dessen Forderungen haben keine Kraft, etwas zu ändern, sondern erschlagen nur. Ein ganz anderes Gesetz muß her: Das »Gesetz des Geistes«, das da lebendig macht (Röm 8,3; 2Kor 3,6; Gal 3,21).

Der Sendung des Geistes in unsere Herzen folgt seine Wirksamkeit dort: **der da schreit**, und zwar fort und fort. Gegenwärtig und immer wieder kommt er uns zu Hilfe und trägt unser Gottesverhältnis. In der Sekunde, wo er sich zurückzöge, wäre unser Glaube am Ende. Martin Luther hat zur Erfassung dieses Geschehens die Vokabel »schreien« wichtig gemacht. Im menschlichen Herzen geht es laut zu. Da mischen sich Hilfeschreie, Protestschreie, Verzweiflungsschreie. Aber Christi Geist »überschreit« dieses Stimmengewirr und schafft eine Übermacht der Christusherrlichkeit, der Gottesanbetung und darin auch der Sohnschaftsgewißheit. Diese Zuversicht ist nicht an Ekstase gebunden. Der Geist bringt primär nicht ins Rasen, sondern zur Vernunft (von »vernehmen«!), d. h. er vergrößert unsere Fähigkeit, das Evangelium zu vernehmen. Er schafft Bewußtseinserweiterung: Christus lebt, Gott ist gut, seine Liebe hat Vorfahrt!

Freilich ist dies Wunder *in* unseren Herzen nicht vom Wunder *an* unseren Herzen zu trennen. Diesen winzigen Schritt vom einen zum anderen tat Paulus in dem später geschriebenen Römerbrief. Auch dort, nach 8,16, ist der Geist sprechendes Subjekt. Aber dort heißt es, daß der Geist in unsern Geist hineinstößt. Nun schreit nicht nur der Geist selbst, sondern auch »*wir* schreien: Abba, Vater!« (8,15). Nach

[b] 1Sam 16,7 1Kor 14,25 1Petr 3,4

[c] Hes 36,26f Jer 31,33 Ps 51,12 Röm 5,5 2Kor 1,22; 3,3

Offb 22,17 ist der Geist Vorbeter, der die Braut, also die Christusangehörigen, in sein Beten hineinzieht. Nach Phil 1,19 empfängt das Beten der Philipper »Unterstützung durch den Geist«. Nur ist mit all dem die Aussage unserer Stelle nicht gelöscht, und wir lassen uns auch einmal bei dieser Aussage festhalten. Es gibt unterscheidbar vom Wunder an uns das Wunder in uns, nämlich den Geist als überpersönliche Macht in unsere Herzen ausgegossen.

Paulus faßt die Anbetung des Sohnschaftsgeistes in einem Wort zusammen, das er sogleich *in zwei Sprachen* mitteilt. Es ist die Vateranrede: **Abba, Vater!** Auch andere aramäische Gebetsworte bringt das NT gelegentlich zweisprachig, also gleich mit der griechischen Umschreibung versehen. So folgt z. B. in Offb 1,8 und 22,20b dem griechischen »ja, ganz gewiß« das Amen, das als aramäische Entsprechung gelten darf. Solch ein Begriff kann aber auch nur in einer der beiden Sprachen erscheinen, etwa nur in seiner griechische Übersetzung. So steht im genannten Vers der Ruf »Komm, Herr!« sicher für Maranatha (vgl. 1Kor 16,22). Ebenso haben wir im NT genügend Gebete, die die Vateranrede nicht in Doppelform bringen, sondern nur auf griechisch (Mt 6,9; 11,25; 26,39; Lk 11,2; Joh 11,41; 12,27.28; 17,1.5.11.24.25). Nur drei Stellen enthalten die Verbindung mit *abba*: Mk 14,36; Röm 8,15; Gal 4,6. Immerhin erinnern diese wenigen Stellen an die unvergeßliche Zeit, in der in *einer* Gemeinde zweisprachig gebetet und natürlich nicht nur gebetet, sondern auch gesprochen und gedacht wurde. Sie erinnern an den multikulturellen Beginn des Christentums, verbunden mit einer Fülle von Problemen, aber überwölbt im Heiligen Geist von dem Bekenntnis zu dem »*einen* Gott und Vater aller, der da ist über allen und durch alle und in allen« und der gelobt wird »mit *einem* Munde« (Eph 4,6; Röm 15,6; vgl. Gal 3,28).

Schließlich zur *inhaltlichen* Füllung der Vater-Anrede. Der Zusammenhang V. 1-7 drängt nicht gerade die Vorstellung einer kindlich plappernden Vertraulichkeit Gott gegenüber auf. Vielmehr steht der Vater hier als derjenige vor Augen, auf dessen Geheiß nicht etwa ein Baby, sondern gerade der Herangewachsene den Sklavenstand verläßt und die Herrenstellung eines freien Sohnes einnimmt. Ohne Bild: Abba ist hier der Gott, der die Weltzeitalter lenkt (V. 4), alte Herrschaftsstrukturen aufbricht und die Niedrigen erhöht (V. 5). Auch nach Mk 14,36 ist der Abba der Machtvolle, dem »alles möglich ist« (mit Schelbert, S. 410). Erst unter dem Vorzeichen der Macht Gottes ist dann auch von seiner Liebe zu reden: »Ich bete an die Macht der Liebe.« Die Urangst des Menschen vor Gott weicht einem Urvertrauen (Röm 8,15), jeder Grauschleier auf dem Gottesverhältnis verfliegt. Seine Vaterliebe ist nun nicht mehr nur weit drüben, tief unten oder hoch oben, nicht mehr nur in Büchern, Chorälen, Dogmen und

Domen, nicht bloß in Theorien und Gedankenabläufen, nicht nur früher einmal gewesen oder immer nur bei den anderen, sondern einwohnend im Zentrum der eigenen Person. Weil der Geist in dieser Weise Kindschaft schmecken läßt, gewissermaßen als Gruß aus dem Vaterhaus, stehen im NT »Geist« und »Vater« häufig zusammen.[d]

Schließlich: Das Gebetswort »Abba« zieht sicher weitere Worte nach sich. Im Vaterunser quillt aus ihm Zeile um Zeile und gebiert die Bitten, die die ganze Welt umspannen. Nach der Schrift besteht der erste Gewinn des Sohnesstandes gerade im Vorrecht freimütiger Bitte. So bringt Ps 2,7 die Einsetzung in den Sohnesstand mit den Worten: »Du bist mein Sohn, heute habe ich dich gezeugt«, um im nächsten Vers auf dem Fuße folgen zu lassen: »Bitte von mir!« Meine Fülle ist deine Fülle![e]

[d] Lk 24,49 Joh 14,16 15,26 Apg 1,4; 2,33 Röm 8,15f Gal 4,6.29 Eph 2,18

[e] Lk 3,21f 15,31 Joh 1,16 14,13 Röm 8,32 10,12

Wie so oft appelliert Paulus an die Fähigkeit, aus Sachverhalten 7
Schlüsse zu ziehen. Aus dem geistgewirkten Abba folgt: **Daher bist du nicht mehr Sklave, sondern Sohn.** Kein Knecht, nur der Sohn kann seinen Herrn so anreden. Paulus zieht aus diesem dritten Bild eine ganz ähnliche Schlußfolgerung wie die aus dem zweiten Bild in 3,29, diesmal allerdings mit der seltenen Du-Anrede. Das geschieht nicht so ganz unvermittelt. Der Geist verlängert ja die Sendung Christi bis ins eigene Herz. Er macht zum Betroffenen.

Sohnschaft ist jedoch nicht nur eine Beziehung auf der personalen Ebene, nämlich zum Vater und zur Familie, sondern auch auf der sachlich-juristischen Ebene, zum väterlichen Besitz. So folgt aus der Sohnschaft Erbschaft: **Wenn aber Sohn, (dann) auch Erbe.** Sohnsein macht geschäftsfähig (s. zu 3,26). Der Sohn ist Juniorchef oder Mitregent. Insofern konnte damals auch nicht für »Sohn« einfach »Tochter« eingesetzt werden. Dadurch wäre die zweite Beziehung ausgefallen, weil in den damaligen Verhältnissen eine Frau nicht geschäftsfähig war. Der große Abschnitt endet: **durch Gott**. Die Dinge sind hoch angebunden. Nicht dreiste Anmaßung von unten führt hier das Wort.

Abschnitt 3: Was es demnach für die Galater bedeutet, sich unter das Gesetz zu stellen (4,8-5,12)

Die Eröffnung von Vers 8 mit »aber« kündet eine größere Wende an. Nachdem Paulus in den vorangegangenen großen Abschnitten 3,6-14 und 3,15-4,7 exegetisch-systematisch den Boden bereitet hat, kann er jetzt auf dieser Basis noch einmal und noch wirksamer das praktische Problem der galatischen Gemeinden anpacken, das er schon 3,1-5 angedeutet hatte und in 4,21 auf den Satz bringt: »Ihr wollt unter dem Gesetz sein.« Um sie wieder dem Einfluß der eingedrungenen fremden

Lehrer zu entreißen, setzt er jetzt die unterschiedlichsten Mittel ein: Er hält ihnen Schlußfolgerungen von schneidender Schärfe vor (4,8-11), wirbt in ergreifenden Tönen um Rückkehr in die apostolische Nachfolge (4,12-20), setzt eine plastische Allegorie aus der Schrift ein (4,21-31), macht die vollen Konsequenzen eines Übertritts zu den Judaisten bewußt (5,1-6) und scheut auch nicht die heftigsten Anklagen gegen sie (5,7-12).

a) Übernahme des mosaischen Gesetzes wäre eine widersinnige Rückkehr in die Knechtschaft unter den kosmischen Elementen: 4,8-11

8 Aber damals freilich, als ihr Gott nicht kanntet, dientet ihr (als Sklaven)[a] den Göttern, die von Natur keine sind.
9 Jetzt aber, wo ihr Gott kennt, vielmehr[b] aber erkannt seid von Gott, wie (nur) kehrt ihr wieder zu den schwachen und armseligen Elementen zurück[c], denen ihr wieder von neuem (als Sklaven) dienen wollt?
10 Auf Tage gebt ihr (peinlich genau) acht und auf Monate und Zeitpunkte und Jahre.
11 Ich fürchte für euch, daß ich vergeblich (mühevoll) an euch gearbeitet[d] habe.

Zur Übersetzung

[a] Im Deutschen ist dem Wort »dienen« nicht anzusehen, ob es sich um Tischdienst, Gottesdienst, Sklavendienst usw. handelt. Anders im Griechischen. Paulus verwendet hier für dienen *douleuô* von *doulos*, Sklave.

[b] Kaum wollte Paulus sich hier verbessern, als ob das zuvor Gesagte falsch wäre. Man vergleiche dieses »vielmehr aber« in Röm 8,34, wo es fraglos eine steigernde Weiterführung einleitet: »Christus Jesus ist hier, der gestorben ist, *vielmehr aber* der auch auferweckt ist.« Es handelt sich also um ein »ja vielmehr«, wie Luther einfühlend übersetzte, nicht um ein »nein vielmehr«.

[c] Für »zurückkehren« steht hier der Fachausdruck aus der Missionssprache für »sich bekehren« (*epistrephomai*: 1Thess 1,9; häufig in der Apg: 3,19.26; 9,35; 11,21; 14,15; 15,3.19; 26,18-20)

[d] Hier steht nicht das gewöhnliche Wort für arbeiten, sondern *kopiaô*, von *kopos*, der Schlag (vgl. in 6,17): Schwerstarbeit leisten, so daß man davon wie erschlagen ist. Bezeichnenderweise wurde dieses Wort stehender Begriff für Missionsarbeit, z. B. Röm 16,6.12; 1Kor 15,10; 16,16; Phil 2,16; Kol 1,29.

8 Um seinen Lesern bewußt zu machen, was ihr beabsichtigtes Umschwenken zum Judaismus auf sich hat, beschreibt er ihnen zunächst ihr einstmaliges Heidentum. **Aber damals freilich, als ihr Gott nicht**

kanntet. Dies ist die deutlichste Stelle des Briefes über die heidenchristliche Zusammensetzung der galatischen Gemeinden. An Judenchristen hätte Paulus so nicht schreiben können. Von seinen jüdischen Brüdern sagt er Röm 10,2: »Ich bezeuge ihnen, daß sie Eifer haben für Gott (nicht für die Götter!), aber ohne Einsicht.« Sie dienen also dem wahren Gott, aber in gesetzlicher Weise. Anders die Heiden. Sie »kennen Gott nicht«, wie die Schrift mehrmals von ihnen sagt.[a] Das entschuldigt sie zwar nicht (Röm 1,19f), macht aber vieles an ihnen begreiflich. Im Dunkel der Unwissenheit ist eben jeder Mensch blind, auch der scharfsichtigste, verständigste und ehrlichste.

[a] Ps 79,6 Jer 10,25 Apg 17,23.30 Eph 4,18 1Petr 4,14

Wer Gott nicht kennt, greift sich irgendetwas, *das* er kennt, und macht es zu seinem Gott, denn Gott ist nicht wegzudenken, ein Gott muß her. Der Mensch hält es nicht aus, vor nichts zu knien, das ihn selbst überragt. So dient er unterwürfig Dingen innerhalb seines Horizonts. Er vergottet Gegenstände, Naturerscheinungen, Naturnotwendigkeiten, Spitzenbegriffe oder Spitzenleistungen. **Ihr dientet (als Sklaven) den Göttern, die von Natur keine sind.** Diese Götter sind nach dem eben Gesagten nicht Luft, Paulus spricht ihnen nicht jede Wesenheit ab, aber sie besitzen keine göttliche Qualität. Verglichen mit dem »lebendigen und wahren Gott« (1Thess 1,9) sind sie »Nichtse«, d. h. Nichtsnutze, die nicht können, was sie doch als angebliche Gottheiten können müßten.[b] So leben ihre Verehrer in gott-loser Frömmigkeit dahin, »ohne Gott im Kosmos« (Eph 2,12).

[b] 5Mo 32,21 Jes 37,19 Jer 2,11 5,7; 16,20 1Kor 8,4 10,19

Auf diesem Hintergrund sticht ihr gegenwärtiger Stand kräftig ab: 9
Jetzt aber, wo ihr Gott kennt. In biblischer Sprache ist Erkennen einer Person nicht auf einen Verstandesakt beschränkt. Im Erkennen *an*erkennt man zugleich. Man bejaht diesem Gegenüber die Gemeinschaft. Wenn Petrus z. B. in Mk 14,17 über Jesus sagt: »Ich kenne diesen Menschen nicht!« behauptet er nicht mangelnde Personenkenntnis, sondern verneint Gemeinschaft mit Jesus: Ich lehne seinen Anspruch ab, dessentwegen er vor Gericht steht, ich bin nicht sein Jünger. Wenn Jesus im letzten Gericht zu gewissen Menschen sagt (Mt 7,23): »Ich habe euch noch nie gekannt«, bedeutet das nicht: Mein Personengedächtnis hat eine Lücke, sondern: Ihr gehörtet nicht wirklich zu meinem Jüngerkreis. Wenn es Hos 13,4 heißt: »Du sollst keinen andern Gott kennen als mich allein«, schließt das nicht theoretische Kenntnisse über andere Kulte aus, aber persönliche Hingabe an sie. In diesem Sinne haben die Galater den ihnen verkündigten wahren und lebendigen Gott erkannt, anerkannt und sich ihm ergeben. Durch diese Gemeinschaft mit dem Schöpfer – »Sohnschaft« hieß es zuletzt immer (3,26; 4,6) – verlor die Schöpfung für sie den falschen Zauber und damit die heidnischen Götter ihre Macht. Wahre Gotteserkenntnis schafft Freiheit von den kosmischen Elementen.

Aber mit dem Erkennen Gottes hat es noch viel mehr auf sich: **vielmehr aber seid ihr erkannt von Gott.** Im Nachhinein überwältigt, daß das Erkennen Gottes nicht vom Menschen her begann. Der Mensch hat ja nur mit Gott Gemeinschaft, wenn Gott sie will. Aber Gott will sie. Er tut den ersten Schritt, ja eine ganze Kette von Schritten, die bis in die endgültige Rettung des Menschen hineinführen (Röm 8,29f). So gibt es keine selbständige Gotteserkenntnis des Menschen. Immer wieder kehrt die Schrift, wachsam gegen Mißverständnisse, dieses Verhältnis zwischen unserm Erkennen und dem zuvorkommenden Erkennen und Erwählen Gottes heraus.[c]

[c] Joh 15,16; 1Kor 8,3; 13,12b; 14,38; Phil 3,12

Jetzt kann Paulus den Galatern das Unfaßliche bewußt machen, was sie im Begriff sind zu tun: ihre Bekehrung zu diesem Gott tatsächlich rückgängig zu machen: **Wie (nur) kehrt ihr wieder zu den schwachen und armseligen Elementen zurück, denen ihr wieder von neuem (als Sklaven) dienen wollt?** Das Wörtchen **wieder** spielt im ganzen Brief eine Rolle.[d] Hier wird es so stark betont, daß sich unwillkürlich die derbe Bemerkung aus 2Petr 2,22 nahelegt: »Der Hund frißt wieder, was er ausgespien hat; und: Die Sau wälzt sich nach der Schwemme wieder im Dreck.«

[d] Gal 2,18; 4,19; 5,1

Die Frage nach ihrem **wollen** verrät zunächst den genauen Informationsstand des Paulus. Er weiß, wie weit die Dinge in den Gemeinden gediehen sind. Der Übertritt zum Judentum durch Beschneidung ist schon geplant, wenn auch noch nicht vollzogen (vgl. »wollen« in 4,21; 5,4; 6,13). Doch wieso wollen sie damit **wieder von neuem** dorthin zurück, woher sie kamen, doch wohl ins Heidentum? Stellt Paulus den beabsichtigten jüdischen Gesetzesdienst an dieser Stelle etwa rundheraus mit ihrem früheren heidnischen Götzendienst gleich? Aber so verstanden, wären seine Worte sicher überbelichtet. Nur dies ist gesagt: Bei fundamentalen Unterschieden verbindet diese beiden Größen eines: Beide führen praktisch in den Elementendienst (s. ausführlich dazu zu 4,3). Insofern landen die Galater wieder da, wo sie schon einmal waren. Sie sind nicht mehr die freien Söhne und Töchter Gottes, sondern wieder Knechte, wieder im Gefängnis (3,23), wieder unter Aufpassern (3,24), Vormündern und Verwaltern (4,1f).

Der folgende Vers wird übrigens bestätigen, wie wenig Paulus bei den **Elementen** an Gestirngeister oder Dämonen oder irgendwie personhaft vorgestellte Größen dachte (vgl. Vorbemerkung 2c zu 4,1-7) statt vielmehr an das irdische Material, mit dem eben auch die jüdischen Satzungen arbeiten. Für Paulus sind diese Elemente lediglich geschaffene Dinge, **schwach und armselig**, d.h. sie können nichts und sie haben nichts, um im Gewissen vollkommen zu machen und zu Gott zu bringen.[e]

[e] 5Mo 4,28; Ps 115,4-8; Jes 44,9-20; Röm 8,3; Hebr 9,9f; 10,1ff

10 Ein Ausruf macht den Rückfall der Galater beispielhaft klar. Paulus schlägt gewissermaßen die Hände über dem Kopf zusammen: **Auf**

Tage gebt ihr (peinlich genau) acht und auf Monate und Zeitpunkte und Jahre. Natürlich wählt er jetzt nicht die Beschneidungsforderung, weil er ja an dieser Stelle ein Beispiel benötigt, das jüdischer und heidnischer Religiosität gemeinsam ist. So erfahren wir beiläufig, daß die Judaisten in Galatien auch den jüdischen Festzyklus propagiert und offenbar schon durchgesetzt hatten: Nicht Einzelheiten sollen hier beschäftigen, wenn nur das System dieser Kalenderfrömmigkeit vor Augen steht. Gewiß gibt es nach der Schrift ein befreites Feiern. Hier aber liegt der Ton auf dem peinlich genauen Achtgeben und Pochen darauf. Ganze Gemeinden zappelten schon im Netz zahlreicher penibler Festvorschriften, vgl. diese Atmosphäre in Kol 2,16: »Niemand soll euch *verurteilen* ... wegen eines Festes, ob Neumond oder Sabbat.« Wenn Christus als die Mitte verblaßt, treten die Ränder hervor. Peripheres wird zum Kern der Sache, Sekundäres setzt sich absolut. Unfreie retten sich in die Riten. Knechte tun so, nicht Söhne.

Paulus äußert in diesem Zusammenhang tiefste Besorgnis. **Ich** 11
fürchte für euch, daß ich vergeblich (mühevoll) an euch gearbeitet habe. Schon Stellen wie 2,2.21; 3,4 zeigten, wie wenig selbstverständlich es für den Apostel war, daß alles gutgeht. Seine erheblichen Mühen und Leiden für die Galater (vgl. V. 13f), sie aus ihrem Götzendienst herauszureißen, garantierten nichts. Menschsein und auch Christsein ist immer gefährdet. Darum gibt Paulus keine voreilige Entwarnung. Zugleich leitet er mit diesem Satz zu einem sehr persönlichen Absatz über (V. 12-20).

b) Hinwendung zu den Judaisten wäre eine unbegreifliche Abkehr von der apostolischen Nachahmung: 4,12-20

12 **Werdet (wieder) wie ich, denn auch ich (wurde damals) wie ihr, Brüder, ich bitte[a] euch. Kein Unrecht habt ihr mir getan.**
13 **Ihr wißt vielmehr, daß ich euch wegen[b] Schwachheit des Fleisches[c] das Evangelium verkündet habe das frühere Mal[d],**
14 **und eure Versuchung durch mein Fleisch (war hart, aber)[e] ihr habt (mich) nicht verachtet und (vor mir) ausgespien, sondern wie einen Boten Gottes[f] habt ihr mich aufgenommen, wie Christus Jesus.**
15 **Wo (blieb) also eure Seligpreisung?[g] Ich bezeuge euch nämlich, wenn es möglich gewesen wäre, hättet ihr eure Augen ausgerissen und mir gegeben.**
16 **Daher: Bin ich euer Feind geworden, der ich euch die Wahrheit sage?**

17 Sie eifern nicht in guter Weise um euch, sondern wollen euch ausschließen, damit ihr um sie eifert.
18 Gut aber (ist) ein Umeifertwerden im Guten, (und zwar)[h] allezeit, und nicht allein, wenn ich anwesend bin bei euch.
19 Meine Kinder, um die ich wieder Geburtsschmerzen leide, bis Christus unter[i] euch gestaltet wird –
20 ich wünschte aber, jetzt bei euch anwesend zu sein und meine Stimme zu verwandeln, denn ich bin eurethalben ratlos[j].

Zur Übersetzung

[a] Unter wohl zehn verschiedenen griechischen Wörtern für »bitten« hat *deomai* eine bestimmte Höhenlage. In der grundlegenden Stelle 2Kor 5,20 gehört es in die ehrerbietige Sprache des Gesandten: ersuchen. Der Missionar behandelt die Menschen höflich.

[b] Nach den Regeln des klassischen Griechisch wird hier der verursachende Grund der Mission in Galatien genannt (*dia* mit dem Akkusativ). So übersetzen heute die meisten. Nach dem spätantiken Griechisch könnte auch vom begleitende Umstand die Rede sein (z. B. Lutherbibel: *in* Schwachheit des Leibes; auch Oepke, ThWNT II, S. 68).

[c] »Schwachheit des Fleisches« findet sich bei Paulus in verschiedener Bedeutung. In Röm 6,19 ist es die begrenzte menschliche Erkenntnisfähigkeit, was hier keinen Sinn ergibt. Paulus entwickelte aber auch eine eigenständige Theologie der Schwachheit (Kernsatz: 2Kor 12,9). In diesem Sinne legt Schlatter hier aus: Paulus spiele allgemein auf seine verächtliche Existenz als verfolgter und verleumdeter Missionar an (vgl. auch 1Kor 2,3; 2Kor 10,1.10). Die meisten aber nehmen den Ausdruck an dieser Stelle für »Krankheit«. Dafür spricht die Fortsetzung V. 14f.

[d] Durch *proteron* könnte Paulus allgemein an die Vergangenheit erinnern (früher, einst, im Unterschied zu jetzt, so z. B. der Gebrauch des Wörtchens in Joh 7,50; 9,8), aber auch einen ersten Aufenthalt im Unterschied zu einem zweiten ins Auge fassen. Da die Apg zwei Besuche in Galatien vermerkt (16,6 wahrscheinlich die Gründung, 18,23 die Stärkung der vorhandenen Gemeinden) und hier von evangelistischer Verkündigung die Rede ist, wird es sich um den Gründungsbesuch handeln.

[e] Bei der Übersetzung dieses Verses kommt niemand ohne Ergänzungen aus, wie Bibelausgaben und Kommentare zeigen. Hier wurde ein Weg gesucht, den vorhandenen Wortbestand unverändert zu bewahren.

[f] Ein *angelos* kann ein himmlischer oder irdischer Bote Gottes sein. In 1,8 heißt es ausdrücklich »aus dem Himmel«, was hier fehlt. Die Galater haben Paulus nicht als Himmelsgestalt verehrt, was dieser sicher nicht gelobt hätte. Der Vorgang lag auf der Ebene von 1Thess 2,13, nicht auf der von Apg 14,11-15.

[g] *makarismos*, von *makarizô*, gratulieren, vgl. Apg 26,2 in einer Höflichkeitsfloskel: »Ich schätze mich glücklich *(makarion)*.« Im NT erscheint die Wortgruppe aber ganz überwiegend im geistlichen Sinn, »auf die einzigartige reli-

giöse Freude bezogen, die dem Menschen aus dem Teilhaben am Heil des Reiches Gottes erwächst« (Hauck, ThWNT IV, S. 369).

[h] Der Einschub soll der Tatsache gerecht werden, daß »allezeit« sehr betont am Ende des Satzes steht.

[i] *en* heißt »in«, aber auch »unter, bei«.

[j] *aporeomai*, wörtlich: ohne Weg sein, so daß man nicht ein noch aus weiß, sondern verlegen dasteht, auf Hilfe angewiesen.

Die Galater werden eindringlich gebeten, an der in Auflösung begriffenen Nachahmung des Apostels festzuhalten. **Werdet (wieder) wie ich.** Natürlich steht hier nicht private Anhänglichkeit, freundschaftliches Entgegenkommen zur Rede. Die Mahnung gehört unverkennbar in eine Reihe mit ähnlichen Aufforderungen in anderen Paulusbriefen, z. B. 1Kor 11,1: »Seid meine Nachfolger, wie auch ich Christi Nachfolger bin.« Oder Phil 3,17: »Seid meine Nachahmer ... wie ihr uns habt zum Muster.«[a] Nicht nur durch intellektuelle Belehrung wollten und sollten die Apostel den Gemeinden dienen, sondern auch durch das Muster ihres Lebens (vgl. 1Thess 2,8). Auch der Herr selbst hat die Zwölf nicht nur unterrichtet, sondern auch in ein gemeinsames Leben hineingenommen (Mk 3,14). **12 a**

[a] 1Kor 4,16 Phil 4,9 1Thess 1,6 2Thess 3,4-9

Zwei der erwähnten Stellen (1Kor 11,1 und 1Thess 1,6) zeigen sofort, wovon sich solch hoher Anspruch für Paulus ableitet: nicht aus der besonders hohen Qualität seiner Frömmigkeit – nach Phil 3,12ff fühlte er sich nicht vollkommen –, überhaupt nicht von Menschen (Gal 1,1.11). Er ist abgeleitet von seinem »Vordermann«, mit dem er in einer Kette steht, von Christus. Paulus weiß sich in einer Kette von Autorität: Gott – Christus – Apostel – Gemeinde. Nur unter diesem Vorzeichen erwartet er von den Gemeinden: Folgt mir, werdet wie ich! Diese Kette hält auch nach rückwärts zusammen: Wer den Apostel verachtet, verachtet seinen Herrn (Lk 10,16).

Sobald man die Vorbildhaftigkeit des Paulus aber inhaltlich fassen will, erlebt man eine Überraschung. Er tritt weniger bestimmend auf, als man erwarten möchte. In vieler Hinsicht gibt er sich als völlig normales Gemeindeglied, lehnt Herrschaftsausübung ausdrücklich ab, nennt sich Mitarbeiter und sieht sich im Zusammenspiel mit anderen Missionaren. Er bringt seine Meinung vor, aber gibt dann die Überzeugungen frei. Er läßt sich auf Kompromisse ein. Er läßt andere taufen, lehren und leiten. Geistlicher Dienst an anderen beruht für ihn auf Gegenseitigkeit. Irgendein Personenkult wurde von seiner Seite also nicht veranlaßt, auch kein äußerliches äffisches Nachahmen aller seiner persönlichen Entscheidungen.

Und doch ist da an ihm etwas Außerordentliches. Er weiß sich von seiner Mutter Leib an im Weltenplan Gottes für eine Aufgabe von universaler Geltung vorgesehen. Ohne jede menschliche Vermittlung wurde er dazu berufen. Von Gnade spricht er, von Offenbarung, von einem Geheimnis, das keine Menschenweisheit ergründen oder erfinden konnte. Sein Lebenssinn bestand darin, dies anvertraute Gut in seiner Urgestalt zu garantieren, nämlich das Kreuz und die Auferstehung Christi als Geheimnis der Zeitalter für die ganze adamitische Menschheit. Dieses Evangelium ist allerdings sein Schicksal (1Kor 9,16). Unbestechlich bekommt man bei ihm die Kreuzesbotschaft und nichts als die Kreuzesbotschaft zu hören und sogar zu sehen (6,17). Seine Existenz war buchstäblich kreuzförmig geworden. Er repräsentierte den Gekreuzigten als den herrlichen Herrn über Sünde, Tod und Teufel und eben auch über das Gesetz. Im Blick auf diese seine Christusförmigkeit in Lehre und Leben fordert er die Gemeinden zur apostolischen Nachahmung auf.

Er kann sogleich an ein Stück seiner Christusförmigkeit erinnern: **denn auch ich (wurde damals) wie ihr**. Obwohl gebürtiger Jude, streng pharisäisch erzogen, ging er volle Gemeinschaft mit ihnen ein. Wie sein Herr war er ganz der ihre, glaubte, betete, aß und jubelte mit ihnen. Die Gesetzesproblematik war nicht nur lehr-, sondern auch lebensmäßig gelöst, die Wahrheit des Evangeliums stand in Kraft. Im Blick darauf, geradezu bezwingend liebenswürdig, schiebt er nach: **Brüder, ich bitte euch!**

12b-14 Um die Galater herzlich loben zu können, beginnt Paulus, mit einer lächelnden Untertreibung an seinen ersten Aufenthalt in Galatien zu erinnern: **Kein Unrecht habt ihr mir getan.** Ganz im Gegenteil! **Ihr wißt vielmehr, daß ich euch wegen Schwachheit des Fleisches das Evangelium verkündet habe das frühere Mal.** Zunächst die damalige Notlage: Paulus hatte das Land zügig durchqueren wollen, um noch vor Einbruch des Winters sein Ziel (Ephesus?) zu erreichen. Eine Erkrankung erzwang einen Aufenthalt. Paulus teilt uns weder hier noch 2Kor 12,7-9 eine genaue Diagnose mit. Weil die ersten Leser genau wußten, worauf er anspielt, mußte er nicht in die Einzelheiten gehen. Wir dagegen wissen es nicht. Jedenfalls mußte Paulus sich in irgendeinem Haus irgendeiner Stadt Galatiens gesundpflegen lassen und die nächste Reisezeit im Frühjahr abwarten. Diese unfreiwillige Pause blieb missionarisch nicht unfruchtbar. Weil über dem Beginn der neuen Gemeinde, soweit wir erfahren (V. 15), nur Seligkeit lag – die übliche Auseinandersetzung mit dem Judentum fehlte – scheint diese Gemeindegründung untypisch, nämlich nicht in einer Synagoge, stattgefunden zu haben. In irgendeinem Privathaus, vielleicht dort, wo man ihn pflegte, scheint eine rein heidenchristliche Hausgemeinde entstanden zu sein, der sicher bald weitere Häuser folgten.

Doch war der Feind auf andere Weise auf dem Plan. **Eure Versuchung durch mein Fleisch (war hart, aber) ihr habt (mich) nicht verachtet und (vor mir) ausgespien.** Auszuspeien war eine antike Geste der Abwehr gegenüber Krankheit und anderen dämonischen Belastungen.[53] Diese Reaktion lag für die heidnischen Galater nahe, wenn sie an dem Missionar die Krankheitsphasen erlebten, die ihn hilflos und erbärmlich zeigten. Unvergeßlich für Paulus, daß etwas völlig anderes geschah. **Sondern wie einen Boten Gottes habt ihr mich aufgenommen, wie Christus Jesus.**

Dann aber hält Paulus den Galatern einen krassen Bruch vor. **Wo (blieb) also eure Seligpreisung?** Zunächst vervollständigt diese Frage noch unser Bild vom Geschehen damals. In jubelnder Dankbarkeit priesen sie sich glücklich, daß der Bote Gottes mit der Botschaft Gottes zu ihnen gekommen war und daß sie das Heil empfangen hatten. Sie erlebten Gottesherrschaft nicht in Speisegeboten, sondern als »Friede und Freude im Heiligen Geist« (Röm 14,17). Den Text solcher Lobgesänge haben wir vielleicht Röm 4,6-8. Das Maß ihrer Zuwendung auch zum kranken Apostel war grenzenlos. **Ich bezeuge euch nämlich, wenn es möglich gewesen wäre, hättet ihr eure Augen ausgerissen und mir gegeben.** Der Augapfel galt schon im Altertum sprichwörtlich als wertvollstes Organ[b], so daß Paulus hier einfach bezeugen könnte: Ihr wart zu größten Opfern für mich bereit. Aber der ausführliche Zusatz: »Wenn es möglich gewesen wäre ...«, spricht doch für einen buchstäblichen Bezug auf die Augen des Paulus. Seine Krankheit war im akuten Stadium mit schweren Sehstörungen verbunden. Doch wie gesagt, inzwischen war diese Dankbarkeit für Paulus und sein Evangelium ins Gegenteil umgeschlagen. Nicht mehr Seligpreisungen erfüllten die Luft, sondern – um im Bild von 2,15 zu bleiben – wüstes Kläffen und Zähnefletschen. 15

[b] 5Mo 32,10 Ps 17,8 Sach 2,12 Mt 5,29

Paulus kommt jetzt völlig in die Gegenwart zurück. **Daher:** Nach allem legt sich bohrend die Frage nach den Ursachen der Entfremdung nahe. War er selbst schuld? **Bin ich euer Feind geworden, der ich euch die Wahrheit sage?** Die Wendung »die Wahrheit sagen« könnte den Sinn haben: wahrhaftig sein in seinen Äußerungen. Dann gab es einen bestimmten Zusammenprall zwischen ihnen, bei dem Paulus den Galatern unbestechlich entgegentrat. Näher liegt jedoch im Zusammenhang mit 2,5.14; 5,7 der speziellere Sinn: das Evangelium in seinem vollen Wahrheitsgehalt, eben als »Wort der Wahrheit«[c] verkünden. Das war es, was Paulus unverändert tat. Er war der »Bote Gottes« von V. 14, für den sie einmal so dankbar waren. Warum eigentlich sind sie es nicht mehr? Wer will, begreife das! 16

[c] 2Kor 6,7 Eph 1,13 Kol 1,5

[53] Schlier, ThWNT II, S. 446

17 Paulus zeigt auf die eigentlich Schuldigen und klagt sie an. **Sie eifern nicht in guter Weise um euch, sondern wollen euch ausschließen, damit ihr um sie eifert.** Ähnlich wie Jesus in Mt 23,15 über die Mitgliedergewinnung der Schriftgelehrten und Pharisäer urteilte, spricht Paulus hier über die der Judaisten. Weder Wahrheit noch Wahrhaftigkeit findet er bei ihnen, vielmehr den Versuch, die galatischen Gemeinden von ihm selbst (als dem angeblichen Feind, V. 16) und vom lebendigen Werk der heidenchristlichen Mission zu isolieren, um sie dann mühelos an sich zu binden.

18 Paulus beschwert sich rückblickend über den Wankelmut der Galater. **Gut aber (ist) ein Umeifertwerden im Guten, (und zwar) allezeit, und nicht allein, wenn ich anwesend bin bei euch.** In der ersten Satzhälfte weiß man nicht recht, um wen hier geeifert wird, aber die zweite Hälfte macht die Sache klar. Paulus selbst war es früher einmal, s. V. 12b-14. Die eben erwähnten Abwerbungsversuche durch die Judaisten lassen ihn noch einmal an ihr früher so positives Verhältnis zu ihm anknüpfen. Es hat ihn damals um der Sache willen erfreut. Doch die gute Erfahrung beschränkte sich fast nur auf die Zeit seiner Anwesenheit. Wie kann man sich täuschen: Aus dem Auge, aus dem Sinn! Diesen Vorwurf kann er den Galatern nicht ersparen, so zurückhaltend er ihn auch formuliert. Dennoch brachte er für die Not der jungen Gemeinde, die ihren Weg ohne das lebendige Anschauungsmodell eines Apostels in ihrer Mitte finden mußte, auch Verständnis auf. Der übernächste Vers wird es belegen. Sein Dasein oder Fortsein spielte für die Gemeinden offenbar eine einschneidende Rolle und ist in seinen Briefen immer wieder Thema.[d] Bei Missionsgemeinden, Neubekehrten und in vielen Seelsorgefällen ist es heute nicht anders. »Du hast mich nicht besucht!« wird so manchem Seelsorger von Abgefallenen oder Rückfälligen vorgehalten werden (vgl. Mt 25,43).

[d] Apg 15,36; 1Kor 5,3; 2Kor 10,2.11; Phil 1,27; Kol 2,5; 1Thess 2,5

19 Paulus beschreibt seinen Schmerz. Die neue Anrede **Meine Kinder** vergegenwärtigt ihnen seine geistliche Mutterschaft. Als Parallele könnte 1Thess 2,7 gelten, wo »Amme« steht, was aber möglicherweise auch für »Mutter« gebraucht wurde (WB, Sp. 1650; meist verwendet Paulus das Bild der Vaterschaft).[e] So konnten die Judaisten sie nicht anreden. Paulus war es, der sie ins Leben mit Christus geführt hat. Aber nun: **Wieder Geburtsschmerzen!** Wieder diese Anstrengungen, dieses Teilnehmen am Kampf Gottes um die verwirrten und unverständigen Galater.[54]

[e] 1Kor 4,14f.17; Phil 2,22; 1Thess 2,11f; Phlm 10

[54] Das Bildwort »Geburtsschmerzen« konnte im Altertum auf alle Schmerzen ausgedehnt werden, die Eltern für ihre Kinder auf sich nehmen müssen (Bertram, ThWNT IX, S. 669). Auch das AT kennt einen erweiterten Gebrauch, häufig für unentrinnbare Schreckensgerichte, speziell für die Drangsale der Endzeit wie Aufruhr, Krieg, Hunger und Pest (Jes 13,8; 21,3; 26,17; Jer 6,24; 13,21; 21,3; 22,23; 30,6; Röm 8,22; 1Thess 5,3). Schon deshalb sind wir hier nicht genötigt, speziell an eine neue Wiedergeburt zu denken.

Zu welchem Zweck diese Nöte und Leiden des Paulus? **Bis Christus unter euch gestaltet wird.** Durch neue geistliche Mühen des Paulus soll in den galatischen Gemeinden (weniger im Inneren einzelner von ihnen, obwohl das eine nicht vom andern zu trennen ist) etwas mit Christus geschehen. Woran Paulus dabei denkt, ist auf dem Hintergrund der dortigen Mißstände zu ermitteln. In ihrer Mitte war das Evangelium abgeändert worden (1,6), so daß jetzt die »Wahrheit des Evangeliums« fehlte (2,5.14) und damit auch die ihnen zustehende »Freiheit des Evangeliums« (2,4). Sie sanken wieder zurück unter die Knechtschaft der schwachen und armseligen Weltelemente, u. a. in Form jüdischer Kalenderfrömmigkeit (4,8-11). Das alles aber tastete Christus selbst an. Sein Kommen, ohne daß das Gesetz abtrat (3,25; 4,4f), verlor für sie ihren Sinn. Er war für sie »vergeblich gestorben«, keine Gerechtigkeit bewirkend (2,21). Er war »nichts nütze« (5,2), ein kraftloser und insofern gestaltloser Christus (5,4).

Was Paulus demnach wieder in den Galatern hervorbringen wollte, war die Vollgestalt der Christus*lehre* und Christus*erkenntnis*. Daß er dazu vom Gestaltwerden des *Christus* sprach, darf nicht verwundern, war Christus urchristlich gesehen doch nicht nur Lehrer, sondern auch selbst »Lernstoff«. »Ihr habt Christus gelernt«, heißt es Eph 4,20f, wohlgemerkt unter Berufung auf erteilten Unterricht. Dementsprechend galt bei Lehrverwirrung Hos 4,6: »Mein Volk geht zugrunde aus Mangel an Erkenntnis.« Die volle Ausformung der Christuserkenntnis war Paulus so wichtig, daß dies Anliegen in seiner Fürbitte einen breiten Raum einnahm.[f] Daß sie sich aber nicht einzig und allein der Fürbitte verdankt, sondern nicht zuletzt gottbegnadeter Verkündigung und Lehre, zeigte schon 3,2 und der ganze Gal mit seinen anspruchsvollen exegetischen Partien. Sie sind ein Zeugnis seiner geistlichen und auch geistigen Mühen um die Vollgestalt der Christuslehre in Galatien. Hier bricht Paulus den Satz ab, weil er bitter wahrnimmt, wie begrenzt doch die Möglichkeiten schriftlichen Umgangs sind.

[f] Eph 1,16-23 3,14-19

Paulus schließt mit einem Bekenntnis seiner Ratlosigkeit. **Ich wünschte aber, jetzt bei euch anwesend zu sein.** Schon zu V. 18 stell- 20
ten wir fest, daß der Apostel in dieser Lage eigentlich nach Galatien gehörte. Aber er saß 400 km entfernt in Ephesus und war aus irgendeinem Grund unabkömmlich. Dabei war ihm die Überlegenheit einer persönlichen Begegnung verglichen mit einem Brief wohl bewußt. **Und meine Stimme zu verwandeln.** Bei einem Besuch könnte er entsprechend der jeweiligen Gesprächslage reagieren und weit eindringlicher werden als mit dem Medium des geschriebenen Wortes. An dieser Stelle überfällt Paulus das Gefühl, sich verausgabt zu haben. **Ich bin eurethalben ratlos.** Die Sorge von 4,11 beunruhigt erneut.

c) Es wäre töricht, sich dem Gesetz unterstellen zu wollen,
ohne ihm auch darin Gehör zu schenken,
wie es selbst über sich hinausweist: 4,21-31

21 **Sagt mir, die ihr unter dem Gesetz sein wollt, hört ihr nicht das Gesetz?**
22 **Denn es steht geschrieben, daß Abraham zwei Söhne bekam, einen von der Sklavin[a] und einen von der Freien.**
23 **Jedoch der von der Sklavin ist nach dem Fleisch gezeugt worden, der aber von der Freien durch die Verheißung,**
24 **was allegorisch gesagt ist. Diese (Frauen) sind nämlich zwei Bünde[b], der eine vom Berg Sinai, der zur Sklaverei gebiert[c], der als solcher Hagar (ist).**
25 **Das (Wort)[d] »Hagar«[e] aber ist der Berg Sinai in Arabien. Er (der Berg, oder sie, die Hagar) gehört aber in eine gemeinsame Reihe mit dem jetzigen Jerusalem, es leistet nämlich Sklavendienst zusammen mit seinen Kindern.**
26 **Das obere Jerusalem aber ist frei, als solche ist (es) unsere Mutter.**
27 **Es steht nämlich geschrieben (Jes 54,1): »Freude dich, du Unfruchtbare, die (bis jetzt) nicht gebiert, brich aus (in Jubel) und rufe, die (du) nicht Geburtsschmerzen hast, denn viel (sind die) Kinder der Einsamen, mehr (Kinder hat sie) als die, die den Mann hat.«**
28 **Ihr aber, Brüder, seid nach (der Ordnung des) Isaak Kinder der Verheißung.**
29 **Jedoch wie damals der nach dem Fleisch Gezeugte den nach dem Geist Gezeugten verfolgte, so auch jetzt.**
30 **Jedoch was sagt die Schrift** (1Mo 21,10; vgl. 25,5-6)? **»Wirf hinaus die Sklavin und ihren Sohn, keinesfalls nämlich soll der Sohn der Sklavin erben zusammen mit dem Sohn« der Freien.**
31 **Deshalb, Brüder, wir sind nicht Kinder einer Sklavin, sondern der Freien.**

Zur Übersetzung

[a] In diesem Zusammenhang ist es wichtig, *paidiskä* nicht mit Mädchen oder Magd, sondern mit Sklavin zu übersetzen.

[b] *diathäkä* ist hier nicht die letztwillige Verfügung aus dem Privatrecht wie in 3,15 (vgl. V. 17) und darum auch nicht mit »Testament« zu übersetzen.

[c] *gennaô* kann sowohl von des Mannes Seite aus »zeugen« bedeuten als auch von seiten der Frau »gebären«. Dementsprechend die unterschiedliche Übersetzung in V. 23 und hier (vgl. auch V. 27).

[d] Hier steht nicht »*die* Hagar«, sondern »*das* Hagar«, so daß die Vokabel »Hagar« als solche im Sinn ist (vgl. Lohse, THWNT VII, S. 285).

[e] In einer kleineren, aber wertvollen Gruppe von Handschriften fehlt »Hagar«. Der Satz wäre dann nur ein geographischer Hinweis: »Der Berg Sinai ist in Arabien.« Eher denkbar ist aber, daß »Hagar« hier fortgelassen als dazugesetzt wurde. Darum folgen die meisten Übersetzer dem meistbezeugten Text.

Vorbemerkung

Obwohl es eben noch schien, als seien dem Paulus die Argumente ausgegangen (V. 20), hat er nun doch wieder eine ausführliche Exegese bereit. Nach 4,8-11 und 12-20 folgt der dritte Versuch, die Galater von ihrem Vorhaben zurückzureißen. Dabei nimmt er das Bekenntnis seiner persönlichen Verlegenheit in 4,20 nicht zurück, sondern läßt gleichsam an seiner Stelle das Gesetz selber sprechen: Hört ihr nicht das Gesetz? Was sagt die Schrift? (V. 21 u. 30). Warum muß ich euch das alles sagen?

Der Abschnitt als ganzer wird oft als klassisches Beispiel einer Allegorie bei Paulus angeführt.[55] Von daher erfährt er leicht eine Abwertung, gilt Allegorie heute doch als unsachgemäß und für uns nicht mehr nachvollziehbar. Aber erst mit V. 24 kündigt Paulus eine Allegorie an, und schon ab V. 26 schimmert sie nur noch stellenweise durch. Goppelt trifft darum den Sachverhalt besser, wenn er feststellt: »Die Ausführung über das Verhältnis zwischen Ismael und Isaak in Gal 4,21-31 ist eine Typologie, die zu einem erheblichen Teil in Allegorie übergeht.«[56] Im folgenden klären wir in der gebotenen Kürze die Begriffe »Typologie« und »Allegorie«.

Zur *Typologie*: Weil Gott immer Gott ist und der Mensch immer Mensch, geschieht zwischen Gott und Mensch immer wieder Vergleichbares. Gerade in der Heilsgeschichte gibt es darum so etwas wie ein Gesetz der Wiederholung, wenn auch gewiß nicht einer langweiligen Wiederholung, bei der man schon alles vorher weiß. Nicht ewig dasselbe, wohl aber ewig *der*selbe! So unerfindlich und überraschend Gottes Initiativen kommen, so deutlich offenbaren sie ihn als den Treuen und Verläßlichen. Sie sind jedesmal typisch für ihn, machen ihn wiedererkennbar. So können bestimmte Menschen und Taten Gottes im AT zu Typen, zu beispielhaften Vorausdarstellungen werden. Sie gewinnen über ihre Augenblicksbedeutung hinaus den Charakter aufgerichteter Zeichen, stellen Vorführmodelle dar auch für spätere Generationen und sonderlich für das Endzeitgeschehen. Sie zeigen: So war Gott nicht nur einmal, sondern so ist euer Gott, das kann er, das will er, das verspricht er, das hat und gibt er! Typologische Auslegung ist eigentlich keine Methode, Einzeltexte auszulegen. Sie hat Textreihen im Blick und den gesamtbiblischen Vergleich. Ohne diese Art kommt keine Auslegung des AT aus, wenn sie nicht nur früher Gewesenes hersagen will, was die glaubende Gemeinde aber nicht lange ertrüge. Die Erarbeitung des zeitgeschichtlichen Textverständnisses bleibt gewiß unverzichtbar, aber die Einbeziehung biblischer Linien gehört dazu.

[55] z. B. Lohse, ThWNT VII, S. 284; Büchsel, I, S. 263; Hegermann, EWNT I, S. 723; auch das Fachwörterbuch Theologie, Wuppertal 1987

[56] Theologie, S. 384

Allegorie dagegen geht mit dem Einzeltext um. Auszugehen ist von der Wortbedeutung von *allägoreô* (V. 24): »etwas anderes sagen«, als man meint. Der Wortlaut bietet z. B. einen Erzählstoff, aber gemeint sind dogmatische Anliegen. Personen und Ereignisse im Text sind nur Deckworte für Wahrheiten, die auf einer ganz anderen Ebene liegen, so daß sie einem erst aufgeschlüsselt werden müssen. Es liegt auf der Hand, daß Allegorese zur Spielerei werden könnte. Statt direkt zu sprechen, veranstaltet der Verfasser mit seinen Lesern ein Ratespiel. Oder es ist sein Ausleger, der mit seinem Text allegorisch spielt, indem er den schlichten Wortsinn durch willkürliche Unterstellungen auflöst. Die ursprüngliche Geschichtlichkeit verdunstet. Dagegen können allegorische Elemente, zusätzlich zum Wortsinn und gesamtbiblisch verantwortet, auch heute noch ein eindrucksvolles Mittel der Schriftauslegung und der Verkündigung sein.

21 Paulus vermittelt ein Gespräch der Galater mit dem Gesetz. **Sagt mir, die ihr unter dem Gesetz sein wollt.** Ihre Situation war diese: Sie hatten auf Drängen der Judaisten (6,12-13) schon eingewilligt, sich beschneiden zu lassen (5,2). Ob sie sich der Reichweite dieses Vorhabens bewußt waren oder nicht, Paulus war zu sehr Theologe, um einen solchen Ritus isoliert zu betrachten. Wer die Beschneidung wollte, wollte praktisch das Gesetz (5,3) und wollte »unter dem Gesetz sein« (der Ausdruck auch 3,23; 4,4f; 5,18). Bei diesem Vorsatz behaftete er sie jetzt, setzte die geplante Beschneidung einmal voraus und wurde nun »denen, die unter dem Gesetz sind, wie einer, der unter dem Gesetz ist, damit er die, die unter dem Gesetz sind, gewinne« (1Kor 9,20).

Er fing sie also in ihrer eigenen Logik. **Hört ihr nicht das Gesetz?** Soeben meinte »Gesetz« das Netzwerk jüdischer Satzungen, bestehend aus Hunderten von mosaischen Geboten und Verboten und angereichert durch Tausende von hinzugekommenen Ausführungsbestimmungen (Halacha). Hier dagegen ist »Gesetz«, wie der nächste Vers zeigen wird, Ausdruck für die fünf Bücher Mose (Pentateuch, d. h. Fünferbuch; der Sprachgebrauch auch Röm 3,21). Dieser Pentateuch umfaßt mehr als Vorschriften. Er bezeugt auch deren geschichtlichen Wurzelboden, aus dem man sie nicht herausreißen darf. Ein Hörer des Gesetzes halte sich darum nicht nur an einen zusammenhangslosen Extrakt von Satzungen, sondern beachte auch die wegweisenden Vätergeschichten.

»Hören« läßt zunächst an den akustischen Vorgang denken. Selbst die unter den Galatern, die des Lesens kundig waren, besaßen kaum privat die Schriftrollen des AT. Die einzige Möglichkeit, die Schrift kennenzulernen, war das Hören auf die gottesdienstlichen Lesungen. Doch Paulus spielt auf ein tieferes, ein verstehendes Hören des Gesetzes an, vgl. die siebenfache Mahnung in den Sendschreiben: Wer Ohren hat zu hören, soll auch wirklich hinhören! Auch hörend könnte man nichts vernehmen (Mk 4,12). Was könnten sich die Galater aufgrund richtigen Zuhörens selber sagen?

Paulus ruft die Geschichte von den beiden Söhnen Abrahams ins Ge- 22
dächtnis. **Denn es steht geschrieben.** Diese häufige Zitierformel leitet in diesem Fall eine Zusammenfassung mit eigenen Worten ein. **Abraham bekam zwei Söhne.** Nach 1Mo 25,1f bekam er sechs weitere Söhne, die aber keinen typologischen Rang hatten (s. Vorbemerkung). Paulus kann solche Kenntnisse voraussetzen. Man sieht das auch daran, daß er den Namen Isaaks erst V. 28 beiläufig nachträgt und die Namen von Sara und Ismael überhaupt nicht erwähnt. Nun liegt das Augenmerk hier nicht darin, daß Abraham diese Söhne hatte, sondern von wem er sie bekam. **Einen von der Sklavin und einen von der Freien.** Nach altem Recht gebiert eine Sklavin immer nur in die Sklaverei, und zwar auch dann, wenn der Vater ein Freier war. Nur die Freie gebiert auch in die Freiheit. Wenn die Galater richtig hinhörten, hörten sie für sich heraus: Ihr wollt blindlings Abrahams Sohn sein. Aber das genügt nicht so allgemein. Abraham bekam doch nicht einen, sondern zwei Söhne, genauer: zweierlei Söhne. Man muß Sohn Abrahams sein wie der freie Sohn und Erbe Isaak, nicht wie Ismael. In dieser Hinsicht führt die Schrift doch eine klare Sprache. Aber sie sind so auf die judaistischen Parolen geeicht, daß schon die volle Hörbereitschaft für Gottes Wort fehlt.

Ab jetzt tritt die Vokabel »Freiheit, befreien, frei« hervor (zum Begriff s. Vorbemerkung 1 zu 5,1-6). Dabei wird schon der Grund gelegt: Frei ist nicht der Mensch, der tun und lassen kann, was er will, sondern derjenige, der in Gemeinschaft mit seinem Schöpfer und Erlöser lebt, frei ist der wahre Sohn. Um wahre Sohnschaft zu bestimmen, bleibt Paulus aber nicht beim sozialen Unterschied der Mütter stehen, sondern dringt weiter vor:

Mit erhobener Stimme (»jedoch«) verweist Paulus auf den geist- 23
lichen Unterschied der beiden Zeugungen. **Jedoch der von der Sklavin ist nach dem Fleisch gezeugt worden, der aber von der Freien durch die Verheißung.** Die Wendung »nach dem Fleisch« darf hier nicht zu flach genommen werden. Sie ist mehr als der Hinweis darauf, daß Ismael auf rein natürliche Weise entstand. Bei seiner Zeugung waren Zweifel, Resignation und Ungeduld im Spiel. 1Mo 16,1-6 macht den Vorgang als menschliche Selbsthilfe mit ihren notvollen Folgen und Verwicklungen anschaulich. Abraham und Sara handeln für altorientalisches Denken zwar ethisch erlaubt, sie vergehen sich nicht gegen menschliches Recht, aber gegen Gottes Verheißung. Das Ehepaar wollte den Bund auf die Ismael-Linie hinüberschieben. In diesem Sinn handeln sie »nach dem Fleisch«, nämlich gottfern.

Im Gegensatz dazu wurde Isaak nicht durch, aber »nach dem Geist« (V. 29) und »durch Verheißung« gezeugt. Gottes Wort war schöpferisch auf dem Plan. In Röm 4,17-31 entfaltet Paulus diesen Gedanken: Abraham wurde nicht schwach im Glauben an Gottes Zusage, er sah nicht auf seinen toten Leib, er wußte aufs allergewisseste: Was Gott verheißt, das kann er auch tun. So war Isaak im Unterschied zu Ismael der Sohn, den Gott wollte und für den er darum die Eltern fruchtbar gemacht hatte. Gnadenwahl stand an der Wiege dieser Sohnschaft. In der nächsten Generation ging es nach Röm 9,6-13 nicht anders zu. »So war es nicht nur bei ihr (Sara), sondern auch bei Rebekka ... Damit Gottes freie Wahl und Vorherbestimmung bleibe, nicht abhängig von Werken, sondern von ihm, der beruft, wurde ihr gesagt ... Jakob habe ich geliebt, Esau aber gehaßt ... Nicht alle, die von Israel stammen, sind darum Israeliten.« Diese Grundlage für die Existenz des Volkes Gottes wird also schon im »Gesetz« selber sichtbar: Gott läßt sich nicht verpflichten, den ganzen biologischen Nachwuchs seiner Leute zu nehmen, so sehr diese auch nachhelfen. Gottes Volk ist prinzipiell eine Kreatur des Wortes und damit eine pneumatische Größe. Darum setzte Paulus auch 3,1-5, als er die wahre Abrahamskindschaft zu erörtern begann, fundamental mit der Frage nach dem Geistempfang ein.

24 Paulus verleiht den beiden Stammüttern noch eine zusätzliche, symbolische Bedeutung. **Was allegorisch gesagt ist.** Bisher hatte Paulus die Geschichte selber sprechen lassen, nämlich die unterschiedliche Rechtsstellung der beiden Mütter und die geistlichen Umstände beim Empfang ihrer Söhne. Ohne das bisherige zu löschen, fügt Paulus aber noch etwas hinzu. Er entdeckt einen »Mehrwert« oder Nebensinn, der auf einer völlig anderen Ebene liegt. Die beiden Frauen können zugleich als allegorische Figuren genommen werden und göttliche Institutionen repräsentieren. **Diese (Frauen) sind nämlich zwei Bünde**, der Sinai-Bund und der Golgatha-Bund. Die beiden Berge oder Hügel gleichen zwei Thronen, von denen herab Gott als König zweierlei Grundordnungen für das Zusammensein Gott – Mensch in Kraft gesetzt hat. Zunächst wendet Paulus sich dem Sinai-Bund zu: **der eine vom Berg Sinai, der zur Sklaverei gebiert, der als solcher Hagar (ist).** Die Verbindung der Sklavin Hagar mit dem Sinai-Gesetz ergibt sich durch das gemeinsame Element der Unfreiheit. Hagar ist Mutter der Sklaverei, und das Gesetz ist nach 3,22-4,3 Gefängnis, Aufpasser oder Vormund. »Wer das Gesetz zur Mutter hat, so daß er nichts anderes hat, als was das Gesetz ihm gibt, der bleibt ewig ein Sklave« (Schlatter).

Nun ist diese Gleichung Hagar – Sinai in einer Weise erstaunlich. War das Sinai-Gesetz nicht gerade dem Volk Israel gegeben, also den Nachfahren der Sara, statt den Ismaeliten, den Nachfahren der Hagar (vgl. 1Mo 17,19-21)? Aber so bleibt man im Rahmen der Typologie und macht den Schritt in die Allegorie nicht mit. Die Allegorie löst sich vom Geschichtlichen und arbeitet rein begrifflich. Immerhin scheint Paulus die Schwierigkeit zu empfinden und bringt noch einen Einschub zur Gleichung Hagar – Sinai:

Er findet sprechende Beziehungen zwischen Hagar und Sinai-Gesetz. **Das (Wort) »Hagar« aber ist der Berg Sinai in Arabien.** Zunächst ist der Name dieser Sklavin dem arabischen Wort *hadjar* für »Fels, Stein« lautähnlich, das noch heute zur Bezeichnung einzelner Felsen und Kuppen im Sinaigebirge und anderswo dient (Oepke, S. 112). Neben dieser sprachlichen Brücke steht der Hinweis auf die Geographie. Der Sinai liegt in Arabien, gehört also zu den Steppen, die die Ismaeliter als Händler oder Nomaden durchzogen. Es ist schon vielsagend, daß Israel das Gesetz nicht im Verheißungsland, sondern im Land der Nachfahren Hagars empfangen hat. Nomen est omen, sagten die Lateiner: Im Namen liegt eine Vorbedeutung. Was sie vom »Sinai« bekamen, haben sie von der »Hagar«. 25

Jetzt aber folgt die schärfste Herausforderung, die Paulus den Gesetzesleuten zumutet. **Er (der Berg, oder sie, die Hagar) gehört aber in eine gemeinsame Reihe mit dem jetzigen Jerusalem, es leistet nämlich Sklavendienst zusammen mit seinen Kindern.** Das Element Sklavesein verbindet außer Hagar und Sinai noch eine dritte Größe, nämlich das **jetzige Jerusalem**, also den damaligen Sitz und Rückhalt der Gesetzesleute. Hätte sich in diesem Augenblick einer von ihnen zu Wort melden können, hätte er sicher ähnlich wie die Juden vor Jesus heftig protestiert: »Wir sind Abrahams Same und niemals jemandes Knecht gewesen« (Joh 8,33). Paulus selbst hatte einmal so empfunden. Aber aufgrund der Christusoffenbarung teilte er diese Anschauung nicht mehr. Er weiß jetzt: Wer sich zum Gesetz hinwendet, mag äußerlich sogar in Jerusalem wohnen, aber geistlich ist er aus dem Land der Verheißung ausgewandert und siedelt unter den Ismaelitern. So gesehen ist Ismael nicht nur der Stammvater der Araber, sondern allegorisch aller Gesetzesleute, ob nun Araber, Juden oder Heiden. Oder anders versinnbildlicht: Indem Jerusalem Hochburg des Gesetzes wird, ist es nicht mehr Heilige Stadt. Ganz ähnlich wird Jerusalem in Offb 11,8 aufgrund einer Wesensverfremdung »geistlicherweise« umgesprochen zu »Sodom und Ägypten«, also zum Ort des Heidentums. Begründet wird das dort wie hier in V. 29 mit seiner Christusfeindschaft. Damit sind die Verheißungen über Jerusalem nicht hinfällig, aber wie erfüllten sie sich?

Paulus geht zur Deutung Saras als der Gegenfigur über. **Das obere Jerusalem aber ist frei, als solche ist (es) unsere Mutter.** Der Vergleich 26
Jerusalems mit einer Mutter, deren Bürger ihre Kinder sind, ist aus dem AT geläufig. Nun fällt auf, daß der zeitlichen Bestimmung in V. 25 »jetziges« Jerusalem nicht die zeitliche Bestimmung »zukünftiges« Jerusalem gegenübertritt, obwohl diese Zukunftsgröße sonst im NT

[a] Hebr 11,10 13,14 Offb 3,12 21,2

eine Rolle spielt.[a] Aber Paulus will ja den Gesetzesleuten die *gegenwärtige* Gemeinde der Christusgläubigen gegenüberstellen. Darum fügt es sich gut ein, wenn er den Gegensatz durch eine Ortsbestimmung erreicht: unten und oben. Sara entspricht dem oberen, aber gegenwärtigen Jerusalem.[b] Dieses »oben« ist also die Mutter der Christen, d. h. sie sind geboren und leben aus dem Bereich des offenbaren Gottes, des erhöhten Christus und des Heiligen Geistes und sind als solche frei vom Gesetz, freigeborene Söhne.

27 Paulus schildert mit Hilfe eines Schriftwortes den beglückenden Kinderreichtum dieser Sara, dieses »oberen Jerusalems« als des neuen Bundes. **Es steht nämlich geschrieben (Jes 54,1): »Freue dich, du Unfruchtbare, die (bis jetzt) nicht gebiert, brich aus (in Jubel) und rufe, die (du) nicht Geburtsschmerzen hast, denn viel (sind die) Kinder der Einsamen, mehr (Kinder hat sie) als die, die den Mann hat.«** Mit diesem Wort mutete der Prophet der klagenden jüdischen Gemeinde in Babel, die sich keine Zukunft mehr gab, zu, in Jubel auszubrechen. Natürlich scheint es paradox, eine Unfruchtbare zum Jauchzen über Kinderfülle aufzufordern. Aber da war eine so unerhörte Verheißung im Anzug, daß Jubeln an der Reihe war. Diese Verheißung erwuchs dem Zusammenhang nach aus einer Sühne- und Barmherzigkeitstat Gottes (so das vierte Gottesknechtslied in Jes 52,13-53,12). Sie bereitete der Gottverlassenheit und damit aller Klage ein Ende.

[b] Joh 3,3.31 8,23 Phil 3,14.20 Kol 3,1 Hebr 12,22 Jak 1,17 3,15.17

Wir überspringen jetzt die Vorerfüllungen dieses Wortes, etwa die gnädige Heimkehr der Exulanten im 6. Jh. v. Chr., und fassen mit Paulus seine zentrale Erfüllung ins Auge: Der Sühnetod Jesu begründete den »neuen Bund in meinem Blut« (1Kor 11,25) und die neue, universale Gemeinde aus allen Völkern. Beim Werden dieser Gemeinde kommt immer wieder das Motiv von der Geburt ohne Wehen zum Tragen (vgl. Jes 66,7), d. h. Gottes Tun vermag das gewöhnliche Geschehen zu durchbrechen und unsere kleingläubigen Erwartungen zu widerlegen. Vor so Großem kann der Mensch nur noch lauthals lachen, wie Sara lachte und das von ihr Geborene »Isaak« nannte: »Man lacht!«[c] Die ganze Apostelgeschichte ist vom Staunen getragen, daß unter dem Evangelium von Jesus die vor Gott Unmöglichen, die Heiden, möglich gemacht werden. Vom wunderbaren Erfolg der Kreuzesbotschaft handelte auch Gal 2,7-8.

[c] 1Mo 18,12-15 21,6; 17,17 Ps 126,2

28 Paulus weist den Galatern ihren Platz innerhalb dieses gewaltigen Gottesgeschehens an. **Ihr aber, Brüder, seid nach (der Ordnung des) Isaak Kinder der Verheißung.** Sie sind von »oben« geboren (V. 26), sie empfingen den Geist (3,1-5; 4,6.30), sie sind damit Söhne Abrahams rechter Art. Sie müssen es nicht erst noch durch irgend etwas werden. So ist Paulus wieder zu den unmittelbaren galatischen Verhältnissen zurückgekehrt. In den folgenden Versen leuchtet er sie weiter aus.

Die Galater sollen sich in ihrem hohen Stand nicht durch die judaistischen Machenschaften irremachen lassen. **Jedoch wie damals der nach dem Fleisch Gezeugte den nach dem Geist Gezeugten verfolgte, so auch jetzt.** Das traditionsgesättigte jüdische Auftreten der fremden Missionare, vielleicht auch ihr Beheimatetsein in Jerusalem oder doch Empfehlungsbriefe von dort, konnten ihrer Bestreitung des Paulus schon beeindruckendes Gewicht verleihen und die Galater verunsichern. Aber diese Anfechtung mußte sein. »Denn das Fleisch begehrt auf gegen den Geist« (5,17). Auch dieses Geschehen ist in der Vätergeschichte typologisch vorgebildet. Ismael »spielte, scherzte, neckte« mit Isaak, heißt es nämlich 1Mo 21,9. Welche Jungen tun das nicht miteinander, wobei der Größere den unterlegenen Kleinen auch einmal zerrt und quält! Aber bei der eifersüchtigen Mutter stiegen im Zuschauen mißgünstige Gedanken auf. Sie legte Feindseligkeit in das Tun des Großen und folgerte daraus für die Zukunft. Paulus zieht diese Linie aus und spricht, die eigene Erfahrung einfließen lassend, von der Verfolgung Isaaks durch Ismael. **So auch jetzt.** So verfolgte das »jetzige Jerusalem« (V. 25) im Namen des Sinai-Gesetzes den irdischen Jesus und betrieb seine Kreuzigung, so verfolgte sie den Erhöhten in seiner Gemeinde; Paulus selbst war daran beteiligt.[d] Dann bekam er selbst diese Verfolgung zu spüren, wohin er auch als Zeuge Jesu kam.[e] 29

Allerdings sind die Judaisten in Galatien von ihren jüdischen Volksgenossen insofern zu unterscheiden, als es sich bei ihnen um eine Gruppe von Juden*christen* handelte. Sie traten gewiß nicht als Verfolger der Christen im klassischen Sinn auf. Dennoch bildeten sie in einer Weise den verlängerten Arm des Gesetzesjudentums in Jerusalem, wie zu 6,12 ausgeführt wird, und gehören insofern in diesen größeren Zusammenhang. Paulus aber spricht den Galatern aus der Schrift zu: Solche Leute können verfolgen, aber nicht enterben, sondern bestätigen nur eure Erwählung und Sohnschaft.

Damit ergibt sich auch aus der Schrift, wie die Galater mit den Judaisten verfahren sollen. **Jedoch was sagt die Schrift** (1Mo 21,10; vgl. 25,5-6)? **»Wirf hinaus die Sklavin und ihren Sohn, keinesfalls nämlich soll der Sohn der Sklavin erben zusammen mit dem Sohn« der Freien.** Diese Weisung ergeht in 1Mo 21,10 aus dem Munde der Sara, die den Ismael forthaben wollte, an dessen Entstehung sie selbst mitschuldig war. Die Bibel läßt an diesen menschlich-allzumenschlichen Zusammenhängen keinen Zweifel. Aber Gott schreibt auch auf krummen Linien gerade. Das beweist die Vätergeschichte Kapitel für Kapitel. In diesem Sinn kann die Stimme mütterlicher Eifersucht Stimme Gottes und der Schrift selbst werden. Für die Galater, die sich bisher nicht energisch gegen diese Ismael-Leute gewehrt hatten, hieß das: Weist ihnen die Tür, trennt euch von ihnen! Wie Ismael nicht mit Isaak unter 30

[d] Apg 9,4 Gal 1,13.23
[e] Apg 13,45.50 14,2.5.19 17,5; 18,6ff 1Thess 2,14ff 2Kor 11,24

einem Dach leben sollte, so sollten die Galater mit diesen Gesetzesleuten nicht länger geistliche Gemeinschaft pflegen.

31 Paulus schließt mit einer seiner typischen Zusammenfassungen. **Deshalb, Brüder, wir sind nicht Kinder einer Sklavin, sondern der Freien.** Die herzliche Anrede scheint von der Annahme auszugehen, daß er oder besser: daß die Schrift selbst seine Leser überzeugt und mit ihm zusammengeführt hat (vgl. V. 21). Schlatter beschließt den Abschnitt: »Diese Auslegung der Patriarchengeschichte war keine Spielerei, sondern voll durchdringender Wahrheit, ein erlösendes Wort für alle Zweifel und Verwirrungen, die die Gemeinde aus dem Glaubensweg hinauslockten.«

d) Würden die Galater wie beabsichtigt die Beschneidung einführen, verlören sie ihren Stand in der Freiheit Gottes und in der Gemeinschaft mit Christus: 5,1-6

1 Zur Freiheit hat Christus uns befreit. Steht also fest und laßt euch nicht wieder unter dem Joch der Sklaverei halten[a].
2 Sieh, ich, Paulus, sage euch: Wenn ihr euch beschneiden laßt, wird Christus euch nichts nützen.
3 Ich bezeuge aber wiederum jedem Menschen, der sich beschneiden läßt: Er ist verpflichtet, das ganze Gesetz zu tun.
4 Ihr seid abgetrennt[b] von Christus, die ihr durch das Gesetz gerecht gesprochen werden (wollt), aus der Gnade seid ihr herausgefallen.
5 Wir nämlich erwarten durch den Geist aus Glauben das Hoffnungsgut der Gerechtigkeit.
6 In Christus Jesus nämlich vermag weder die Beschneidung etwas noch Vorhaut[c], sondern Glaube, der durch Liebe wirksam ist.

Zur Übersetzung

[a] *enechomai* ist ein recht blasser Ausdruck (Wiedergabe hier mit der unrevidierten Elberfelder Bibel), wird an dieser Stelle aber gern dramatisch umschrieben: sich zwingen, einspannen, belasten, unterwerfen lassen. Das Augenmerk richtet sich hier aber nicht auf die Art und Weise, wie man wieder unter das Joch gebracht wird, sondern auf den krassen Gegensatz von Freiheit und Sklavenjoch.

[b] Übersetzung mit Elberfelder. Sprachlich ist auszugehen von Wirkungen, die für jemand wirkungslos werden. Vgl. den Gebrauch des Wortes in Röm 7,2: Eine Frau, die mit einem Mann in den rechtlichen Auswirkungen der Ehe lebt, wird davon (durch den Tod des Mannes) entbunden (wie hier: *katargeomai apo*). So sind die Galater, wenn sie unter das mosaische Gesetz treten, aus dem Lebensverbund mit Christus, aus seinem Wirkfeld ausgeschieden.

[c] Der Körperteil steht hier für den Zustand des Unbeschnittenseins, s. Anm. zu 2,7.

Vorbemerkung

Der gewaltige Auftakt mit »Freiheit« in V. 1, aber auch das Auftauchen weiterer Stichworte paulinischer Ethik wie »Geist« und »Liebe« in V. 5f mögen veranlaßt haben, den ethischen Hauptteil des Briefes schon hier beginnen zu lassen (z. B. H.D. Betz, Rohde). Dennoch ist mit der Mehrzahl der Ausleger am Einschnitt erst bei 5,13 festzuhalten. Erst dort wendet Paulus sich ethischen Folgerungen aus seinem Evangelium zu. Unser Abschnitt (zusammen mit V. 7-12) dient dagegen nach wie vor und jetzt unverblümt dem Appell an die Gemeinden in Galatien, sich nicht beschneiden zu lassen und den Judaisten Widerstand zu leisten, ja mit ihnen völlig zu brechen. Die weitreichenden Konsequenzen andernfalls werden unmißverständlich ausgesprochen. Das Leitwort »Christus« (V. 1.2.4.6) zeigt, wie eng Paulus den Streitpunkt mit Christsein überhaupt verbunden sieht.

1. Die Freiheit Gottes (V. 1). Das für unseren Brief zentrale Thema der Freiheit wurde schon einmal in 2,4 signalisiert. Die Sache der Freiheit, ohne sie beim Namen zu nennen, begann in den Gesetzeserörterungen ab 3,22 an die Tür zu klopfen, ganz deutlich in 4,1-7. Ab 4,21 öffnete sie sich. Fünfmal lasen wir dort von den Freigeborenen (V. 22.23.26.30.31). In 5,1 steht die Tür sperrangelweit offen: Das Substantiv »Freiheit« steht strahlend da und eröffnet später auch den ethischen Abschnitt (V. 13).

Schon nach der ersten Freiheitsstelle »haben wir unsere Freiheit *in Christus Jesus*« (2,4). Wie könnten wir aber in ihm etwas haben, was ihm selber nicht eignet? Nach 2Kor 3,17 besteht zwischen seinem Geist und Freiheit ein wesenhafter Zusammenhang: »Wo der Geist des Herrn ist, da ist Freiheit.« So ist der dreieine Gott der wahrhaft Freie, ja der allein Freie, frei in sich selber und ungezwungen von außen. Dieser Gedanke läßt sich durchaus mit biblischen Aussagen belegen. Gott kann schaffen, was er will (Ps 33,9; 115,3), und lenkt die Geschichte unabhängig von jedem Ratgeber (Röm 11,34). Er erwählt und liebt, wen er will, und ist gnädig, wem er will (Röm 9,13.18). Er tötet und läßt leben, erhöht und erniedrigt, wen er will (Dan 5,19; Joh 5,21; Jak 4,15). Sein Geist weht, wo er will, verteilt Gaben, wie er will, und führt, wohin er will (Joh 3,8; 21,18; 1Kor 12,11). Die häufigste Umschreibung für die Freiheit Gottes ist vielleicht der biblische Satz: »Ich bin der Herr.« Verkündigung der Freiheit ist Verkündigung des Herrn.

Der regelmäßige Refrain »wie er will« hat allerdings eine Fortsetzung: »Gott will, daß allen Menschen geholfen werde« (1Tim 2,4). Er ist in Freiheit *für* seine Schöpfung da. Sie ist in Christus und durch ihn und zu ihm geschaffen (Kol 1,16). Die Christusgläubigen erfahren die Berufung, in den Raum dieser Freiheit Gottes einzutreten (5,13) und als seine Söhne und Töchter seine unwahrscheinlich schöpferischen Möglichkeiten zu atmen: »Alles, was mein ist, ist dein.« Der durch den Geist gewirkte Schrei »Abba, Vater!« oder auch »Herr ist Jesus!« ist Freiheitsschrei. »Das Netz ist zerrissen, und wir sind frei: Unsere Hilfe steht im

Namen des Herrn, der Himmel und Erde geschaffen hat« (Ps 124,7f). Vornehmlich im Gebet verlassen sie das Sklavenhaus und treten ins Freie, unter den Himmel Gottes (4,6).

Diese Freiheit Gottes bleibt für den, der in sie eintrat, nicht steril. Es wäre biblisch gesehen ein Unding, die vertikale Befreiungserfahrung abzutrennen von horizontalen Befreiungen, also von Freiheiten politischer, soziologischer, psychologischer und geistiger Art. Wir feiern nicht die Freiheit reiner Innerlichkeit wie die Stoiker. Allerdings setzen wir auch nicht auf die totale Außensteuerung durch die soziologischen Verhältnisse wie die Moderne. Die Freiheit Gottes ist nicht mechanisch mit den irdischen Freiheiten verkoppelt. Im ersten Jahrhundert brachte z. B. die Erfahrung der Freiheit Gottes nicht sofort die Sklavenbefreiung, obwohl sie sofort die Einrichtung der Sklaverei in der Tiefe aushebelte (vgl. die Auslegung zu 3,28 und den Philemonbrief).

2. *Die Beschneidung im Judentum und in der jüdischen Proselytenwerbung (V. 2f).* Weil das Urchristentum im Schoße des Judentums entstand, nimmt es nicht Wunder, daß auch jüdische Probleme hinüberschwappten. So wurde die Beschneidungsfrage aus einer innerjüdischen Auseinandersetzung auch zu einem innerchristlichen Konflikt, nämlich zwischen den gesetzesfreien und den judaisierenden Christen. Das folgende soll einem besseren geschichtlichen Verständnis unseres Abschnitts und des ganzen Briefs dienen.

a) Die Beschneidung (operatives Abtrennen der Vorhaut am männlichen Glied) hat in Israel eine lange Geschichte. Zwei Ereignisse gaben diesem Brauch aber einen besonderen Rang. Einschneidend war vor allem die Erfahrung des babylonischen Exils im 6. Jh. v. Chr., die schon in Einleitungsfragen 4b, Abschnitt »Die zweite Stoßrichtung«, dargestellt wurde. Der Beschneidungsbrauch, schon zu einer selbstverständlichen Familientradition abgesunken, wurde damals ein bekennerhaftes Bundeszeichen und blieb es auch nach Heimkehr in das Land der Väter. Eine nochmals zuspitzende Rolle spielte dort im zweiten vorchristlichen Jh. das gewaltsame Vorgehen des Königs Antiochus IV. gegen die jüdische Religion. Er verbot die Beschneidung bei Androhung der Todesstrafe (1Makk 1,48ff). Natürlich machte eine solche Herausforderung die Handlung erst recht zum Bekenntniszeichen jedes wahren Juden, häufig mit dem Martyrium bezahlt. Das Wort »Beschneidung« wurde stolze Selbstbezeichnung für das ganze Volk und »Vorhaut« verächtliches Wort für den Rest der Welt (s. Anm. zu 2,7). Judentum war eben Beschneidung oder war nicht Judentum, und der Bund mit Gott war »Beschneidungsbund«.

In gesetzestreuen Kreisen kam es »zu einer geradezu an Inbrunst grenzenden Hochschätzung« (F. Stummer, Sp. 163) dieses körperlichen Merkmals. Am Ende dieser Entwicklung standen Aussagen, die gern eingeleitet wurden: »Groß ist die Beschneidung, denn ...« Sie ist wichtiger als der Sabbat und ist der Gesamtheit aller anderen Gebote gleichwertig. Sie macht den Menschen vollkommen. Das »Blut des Bundes« in 2Mo 24,8 wurde auf das bei der Beschneidung fließende Blut bezogen. Um seinetwillen habe Gott Israel aus Ägypten erlöst und werde er es im letzten Gericht von der Verdammnis erlösen. Sieht Gott auf das Beschneidungsblut, so vergibt er alle Sünden. »Beschnittene fahren nicht hinab in den Gehinnom (Hölle)« (Bill I, S. 119). Nach einer Stelle im Jubiläenbuch (2. Jh. v. Chr.) sind sogar die Engel beschnitten geboren (15,27). Adam, Seth und Noah hätten die Beschneidung schon auf die Erde mitgebracht. Das hebt den Ritus nun buchstäblich in den Himmel (zum heilsmittlerischen Charakter des Brauchs: Bill IV, S. 37-40; Meyer, ThWNT VI, S. 76f; 80,15ff; 82,13f; O. Betz, TRE 5, S. 716-722). Freilich stammen diese Aussagen zumeist aus nachbiblischer Zeit, aber sie bahnten sich längst vorher an. Sich »der Beschneidung rühmen« taten gesetzestreue Juden auch schon zur Zeit des Paulus (vgl. Phil 3,4-5).

b) Damit waren auch Gleise für die jüdische Proselytenwerbung gelegt (»Proselyten«: Fachausdruck für Heiden, die der jüdischen Gemeinde beitraten, Mt 23,15; Apg 2,11; 6,5). Judewerden hieß Beschnittenwerden. Dabei ist in Rechnung zu stellen, als wie barbarisch, unanständig, ja pervers und lächerlich dieser Ritus der Umwelt erschien (Meyer, ThWNT VI, S. 78). Ferner ist zu bedenken, daß der Beschneidungsakt nicht etwa eine nur »kleine Operation« darstellte (Rohde, S. 275). In manchen Familien starben mehrere Knaben an der Prozedur (Bill IV, S. 24), aber auch erwachsene Männer litten wahrhaft, wie die Geschichte 1Mo 34,22-26 ahnen läßt. Am dritten Tag kommt es zum Höhepunkt des Wundfiebers, das bewegungsunfähig und hilflos macht. Bei damaliger Ausführung, ohne Narkose oder Schmerzlinderung, war der Eingriff auch für antike Begriffe brutal (Lerle, S. 43). Kein Wunder, daß Frauen leichter Proselyten wurden als Männer und die Überzahl gewannen (Kuhn, ThWNT VI, S. 734, vgl. Apg 13,50; 16,13; 17,4.12).

Die Beschneidungsforderung wurde Haupthindernis für die jüdische Propaganda. »Für den antiken Mann war die Beschneidung ein äußerst heikler Punkt und wahrscheinlich oft das ausschlaggebende Moment, das den vollen Übertritt zum Judentum verhinderte« (Blank, S. 29). So kam es häufig zu einem nur lockeren Anschluß an die Gemeinde. Viele Männer glaubten an den einen Gott, besuchten treu die Synagoge, übernahmen auch einen Teil des Gesetzes und beteiligten sich am finanziellen Opfer, aber meldeten sich nicht zur Beschneidung. Wohl jede jüdische Gemeinde im Ausland hatte solch einen Kranz von Freunden, »Gottesfürchtige« genannt. Als Musterbeispiel wird in Apg 10,1-2.22 Kornelius gerühmt. Aber nach dem oben unter a) Dargestellten blieb er als Unbeschnittener praktisch Heide, im Endgericht dem Zorn Gottes verfallen. Petrus zeigte als Jude schwere Bedenken, sich bei ihm zu »verunreinigen« (V. 14.28) und mußte später vor christlichen Brüdern seinen Umgang mit diesem frommen Mann rechtfertigen (11,3). Man halte fest: Der Heide wird nicht durch seinen Glauben an Gott gerecht. Er mag glauben, was er will. Sein religiöser Status ändert sich erst durch die Beschneidung.

Dennoch, wie man gut versteht, rumorte es im Judentum um die Aufnahmepraxis. Ist die Beschneidung wirklich so unabdingbar? Es bestand keine Einhelligkeit. Im Palästina war die Strenge zu Hause, d. h. trotz aller missionarischen Nachteile wurde dort kompromißlos die Übernahme des vollen Gesetzes gefordert (Kuhn, ThWNT VI, S. 734). An den regelrechten Status eines Halbproselyten (»Gottesfürchtige«) dürfe man sich nicht gewöhnen. Man sei entweder Jude oder sei es nicht, einen Halbproselyten gäbe es nicht. Nur ein Übergang von begrenzter Dauer sei tragbar. Dann aber sei auf Beschneidung zu drängen. Dagegen empfanden die Auslandsgemeinden, die die Probleme hautnah erlebten, anders: Viel wichtiger als Beschneidung seien aufrichtiger Glaube an Gott, frommes Leben nach den ethischen Grundforderungen des AT und treue Teilnahme an den gottesdienstlichen Bräuchen. Ja, der Ritus könne entfallen, sofern nur ein geistlicher und sittlicher Sinn gewährleistet sei (H.D. Betz, S. 172; Kuhn, ThWNT VI, S. 731.734.741f; Bruce, Zeitgeschichte II, S. 83).

c) Im Galaterbrief haben wir es mit *christlichen* Beschneidungsleuten zu tun. Aber offenbar wollten sie die bekehrten Heiden nur nach dem jüdischen Modell zum Heilsvolk zulassen, und zwar nach der strengen Richtung. Wir erkennen eine Kette von Berührungspunkten mit der Synagoge: das Bestehen auf einer heilsmittlerischen Beschneidung; die missionarische Taktik, den Heiden nicht gleich zu Beginn mit der abschreckenden Beschneidung zu kommen; die Beschränkung auf eine erträgliche Auswahl von Gesetzeswerken; die Übernahme gesetzlicher AT-Exegese; die zelotistische Bereitschaft zur (psychischen) Gewalt für Gott und schließlich der Argwohn der Jerusalemer gegen Aufweichungstendenzen im Ausland.

1 Paulus setzt noch einmal beim Erlösungswerk Christi ein, allerdings mit einer gezielten Akzentuierung. **Zur Freiheit hat Christus uns befreit.** Vielleicht liegt hier eine Bezugnahme auf eine jüdische Diskussion vor (Haubeck, S. 120.125.140.303f). Im Hintergrund standen zwei Möglichkeiten beim antiken Sklavenkauf. Ein Sklave konnte allein dazu auf dem Sklavenmarkt erworben werden, seinen Dienst beim neuen Besitzer fortzusetzen, also nicht zur tatsächlichen Freiheit losgekauft werden. Einige Schriftgelehrte betonten, Gott habe die Israeliten aus Ägypten erlöst, nicht seine Kinder zu sein, sondern seine Sklaven. Darum seien sie jetzt auch verpflichtet, seinen Anweisungen zu gehorchen. Andere widersprachen: Gott habe Israel nicht nur gekauft, sondern zur Freiheit losgekauft. An dieses zweite Erlösungsverständnis knüpft Paulus an. Für ihn sind die Losgekauften unbedingt Söhne und Kinder.[a] Darum betont er am Loskauf so stark wie möglich den befreienden Charakter: **befreit zur Freiheit**. »Ihr habt nicht einen Geist empfangen, der euch zu Sklaven macht, so daß ihr euch immer noch fürchten müßtet, sondern ihr habt den Geist empfangen, der euch zu Söhnen macht« (Röm 8,15). Die Gebote Gottes erfüllen – gewiß, aber nicht mehr unter Zwang, sondern aus Liebe (5,14).

[a] Gal 3,26.29 4,5f

Diese Berufung (5,13) in den neuen Stand muß begriffen und ergriffen, dann aber auch behauptet werden. **Steht also fest und laßt euch nicht wieder unter dem Joch der Sklaverei halten.** Wirklich gelebte Freiheit ist in dieser Welt nicht selbstverständlich. Der natürliche Mensch ist unnatürlich, überhaupt nicht frei für ein Leben in der Freiheit Gottes. Beherrscht vom Gleichheitstrieb sehnt er sich blindlings nach dem herrschenden Standard, streckt den Hals weit vor: Bitte ein

Joch! Der wirklich Freie stößt auch bald mit den Normen und Formungsmächten der Umwelt zusammen. Seine Freiheit soll wieder eingedrückt werden. Dann gilt es, nicht zu weichen oder sich umwerfen zu lassen. Beispiele in diesem Brief: Nach 2,3-5 wich Paulus vor dem Ansinnen der Beschneidungsleute »nicht eine Stunde«, nach 2,11-14 hielt er allein gegen alle an der Tischgemeinschaft mit den Heidenchristen fest. Er dachte nicht daran, die Gnade Gottes wegzuwerfen (2,21). Kein Christ ist denkbar ohne Nein, ohne wachsamen, tapferen, hartnäckigen, bockigen Widerstand.

»Steht nun!« ist jedoch nicht allein Aufruf zur Abwehr. Die Eiche krallt sich nicht mit ihren Wurzeln fest, nur um dem Sturm zu trotzen, sondern auch um aus dem Erdreich Nahrung zu ziehen. Zur Abwehr der Unterjochungsversuche gehört der unentwegte Vollzug der Freiheit aus Gott. Darum heißt es: Steht im Glauben (1Kor 16,13), steht im Herrn (Phil 4,1), steht im Geist (Phil 1,27), in den apostolischen Überlieferungen (2Thess 2,15), besteht in der Waffenrüstung Gottes (Eph 6,11.14).

Die Rede vom **Joch** hatte übrigens schon das Judentum mit dem Gesetz verbunden.[57] Auch Paulus nannte gerade in 4,1-3 das Leben unter dem Gesetz eine Sklaverei. Die Unterjochung droht also von seiten der Gesetzesleute. Der folgende Vers wird es in Klarheit sagen. Das Wörtchen **wieder** meint natürlich nicht, daß sie früher schon einmal unter dem jüdischen Gesetz gestanden hätten, aber doch unter einem Quasi-Gesetz (s. zu 4,3).

Erstmalig in diesem Brief identifiziert Paulus das »andere Evangelium« der Judaisten (1,8f) inhaltlich. Er stellt es sogleich in einen schneidenden Gegensatz zum apostolischen Evangelium. **Sieh, ich, Paulus, sage euch.** Offenbar hält er sein Ansehen in Galatien noch für stark genug, an entscheidender Stelle seinen Namen in die Waagschale zu werfen. **Wenn ihr euch beschneiden laßt, wird Christus euch nichts nützen.** 2

Es folgt der Beleg für unsere Deutung von 4,9, wo Paulus den Galatern vorhielt, »wieder als Sklaven dienen zu wollen«: Sie wollten beschnitten werden. Die jüdischen Feste hatten sie bereits übernommen (dort V. 10). Aber die Judaisten drängten weiter (vgl. 6,10) Ihr eigentliches Ziel war die Beschneidung. Dazu spiegelten sie den Gemeinden vor, erst durch diese Handlung würde man vollends Sohn Abrahams und damit Gottes. Vielleicht erzählten sie auch eindrucksvoll, daß es in der Jerusalemer Muttergemeinde nicht einen einzigen unbeschnittenen Mann gäbe. Beschneidung sei das eigentliche Merkmal der Zugehörigkeit zum Volk Gottes, die Demarkationslinie zwischen drinnen

[57] Bill I, S. 608f; vgl. Apg 15,10

und draußen. Diese wäre auch für die Galater noch zu überschreiten. Damit trat die Beschneidungsforderung als heilsträchtig an die Spitze der Verkündigung, vgl. Apg 15,1: »Wenn ihr euch nicht nach der Ordnung des Mose beschneiden laßt, könnt ihr nicht gerettet werden.« Nach dem Evangelium des Paulus war dagegen das glaubensvolle Anrufen des Herrn Jesus Christus und der Empfang des Heiligen Geistes die eigentliche Grenzerfahrung (3,1-14). Diese Erfahrung bezeichnete er in Röm 2,28f unter Aufnahme atl. Linien (z. B. Jer 4,4) als »Beschneidung des Herzens«, und Phil 3,3 ruft er aus: »Die Beschnittenen sind wir, die wir im Geist Gottes dienen und uns in Christus Jesus rühmen.«

Man beachte hier auch die Zeitformen: Wenn die Galater jetzt als dauernde Einrichtung den mosaischen Ritus übernehmen (Präsens), wird der Tag des Endgerichtes die Folgen an den Tag bringen: **Christus wird** ihnen **nichts nützen** (Futur). Aber auch die Beschneidung wird ihnen nichts nützen, wie er Röm 2,25 ausführt: »Hältst du die Gesetze nicht, so bist du trotz deiner Beschneidung zum Unbeschnittenen geworden.« Der Ritus hat keine sakramentale Kraft. Er gibt nichts, sonder verlangt nur und klagt an. Insofern führt das »andere Evangelium« der Beschneidung nicht zum Heil, sondern gerade zum Heilsverlust.

3 Paulus verbürgt sich noch einmal feierlich für die tatsächliche Folge eines solchen Übertritts. **Ich bezeuge aber wiederum jedem Menschen, der sich beschneiden läßt: Er ist verpflichtet, das ganze Gesetz zu tun.** Offenbar stand eine Gegenbehauptung der Judaisten im Raum (vgl. auch 6,13). Sie meinten, sich selbst und die Galater bei einer erträglichen Auswahl von Gesetzeswerken beruhigen zu dürfen. Doch es ist ein Unding, den Ganzheitsanspruch des Gesetzes mit einem Teilgehorsam abspeisen zu wollen, gar im schwärmerischen Sakramentalismus mit einem symbolischen Akt (s. zu 3,10).

4 Paulus kommt auf die christologische Konsequenz einer Beschneidung der Galater zurück. **Ihr seid abgetrennt von Christus, die ihr durch das Gesetz gerecht gesprochen werden (wollt), aus der Gnade seid ihr herausgefallen.** Die Judaisten mögen den Galatern versichert haben, daß ihre Beschneidung den Gnadenstand nicht beeinträchtige (H. D. Betz). Aber wie das Gesetz an seinem Platz eine runde Offenbarung Gottes war und als solche genommen sein wollte, so jetzt auch Christus: Er ist allgenugsam. Darum ist es abwegig, ein bißchen Christus mit ein bißchen Gesetz kombinieren zu wollen. Man kann sich nicht gleichzeitig in zwei Etagen eines Hauses aufhalten. Wer den Raum des Gesetzes und der Gesetzesgerechtigkeit wählt, verläßt seinen Stand in der Gnade (Röm 5,2; 2Petr 3,17). Ein schlimmer Selbstausschluß von Christus!

5 Im betont christlichen Wir-Stil umreißt Paulus noch einmal in formelhafter Kürze den eigenen Stand: **Wir nämlich erwarten durch den**

Geist aus Glauben das Hoffnungsgut der Gerechtigkeit. Zwei Stichworte vergegenwärtigen die Heilsvermittlung. »Geist« und »Glaube« in intimster Wechselbeziehung erinnern an 3,1-5. Daraus fließt »Gerechtigkeit« (vgl. 3,6-14). Doch überrascht hier, daß die Gerechtigkeit als Hoffnungsgut erscheint; nur an dieser einen Stelle hat der Brief das Wort »Hoffnung« und »erwarten«. Aber es geschieht nicht so unvorbereitet, wenn man sich erinnert, daß Paulus wiederholt und teilweise in Spitzensätzen vom »Erbe« schrieb.[b] So ist ihm in diesem Brief wie in allen seinen Briefen die Dimension der Hoffnung durchaus bewußt.

[b] Gal 3,18.29 4,1.7.30 5,2

Doch warum bricht diese Schau gerade an dieser Stelle durch? Ist ihm die gegenwärtige Gabe der Gerechtigkeit doch etwas dünn? Vertröstet er? Weicht er in die Zukunft und ihr fülliges Hoffnungsgut aus? Das genaue Gegenteil ist der Fall. Sie kommt in ihrer zukünftigen Wirklichkeit zur Sprache, um dem gegenwärtigen Stand Sieghaftigkeit zuzusprechen. Weil er auch im Feuerbrand des Endgerichts überlebensfähig ist, rühmen wir uns seiner heute.

Paulus wertet zusammenfassend Beschneidung und Glaube. **In Christus Jesus nämlich vermag weder die Beschneidung etwas noch Vorhaut, sondern Glaube, der durch Liebe wirksam ist.** Es gab in der christlichen Gemeinde beide Gruppen, die Beschnittenen und die Unbeschnittenen. Aber solchen körperlichen Zuständen war in Christus jeder besondere Wert genommen. Weder der eine noch der andere Zustand »ist etwas«, ist etwas Besonderes, heißt es in der Parallele in 6,15. Sie haben keine Bedeutung für das Heil. Für pharisäisches Judentum war Beschneidung dagegen alles. Sie schuf den tiefsten Unterschied zwischen Menschen, der sich denken läßt, markierte Volk Gottes und Nicht-Volk Gottes. In der christusgläubigen Gemeinde konnte man diese Handlung unter sekundären Gesichtspunkten tun oder lassen. Sie war ein Zeichen, das nichts mehr zeigte, eine außer Kurs gesetzte Münze. In Abwandlung von 1Kor 7,29-31 darf man sagen: Die Beschnittenen seien, als wären sie nicht beschnitten, und die Unbeschnittenen seien, als wären sie nicht unbeschnitten. Der Ritus gehört zu den Dingen, die man geistlich gesehen auf sich beruhen lassen darf: »Ist jemand als Beschnittener berufen, der bleibe bei seiner Beschneidung (lasse sie nicht durch einen operativen Eingriff rückgängig machen). Ist jemand als Unbeschnittener berufen, der lasse sich nicht beschneiden. Beschnittensein ist nichts, Unbeschnittensein ist nichts, sondern: Gottes Gebote halten« (1Kor 7,18-20). 6

Die positive Aussage lautet an unserer Stelle: **sondern Glaube, der durch Liebe wirksam ist**. Erst ab V. 14 tritt die Liebe in den Mittelpunkt. Hier, wo Paulus den wahren, lebendigen Christusglauben hervorheben möchte, erscheint sie noch in einem Nebensatz. Für **wirksam ist** steht im Griechischen eine Form von *energeô*. Das Substantiv *energeia*, das wir in unserm Wort »Energie« wiederfinden, bedeutet »wirksame Kraft«. So ist der Glaubende in einer Weise ein »Energiebündel«, voll liebender Energie, die hinaus will.

Glaube an den Herrn Jesus Christus macht, wenn alles mit rechten Dingen zugeht, den ganzen Menschen mobil. »Nein, denn es ist unmöglich, daß die, die dem Christus durch den wahren Glauben eingepflanzt sind, nicht Frucht der Dankbarkeit bringen sollen« (Heidelberger Katechismus zur 64. Frage). Daß Glaube ohne Werke tot sei, hätte Paulus genauso wie Jakobus 2,17 schreiben können, denn nicht eine Sekunde dachte er Glaube ohne Geist, und weil der Glaube nicht geist-los ist, bleibt er auch nicht werklos und lieblos, es sei denn, der Geist wird gedämpft. Wer beharrlich nicht liebt, macht seinen Glauben unglaubwürdig und sich selbst ungläubig. »Wer nicht liebt, der kennt Gott nicht; denn Gott ist die Liebe« (1Joh 4,8). Glaube und tätige Liebe sind somit »*ein* Kuchen« (Luther, S. 130). Immer wieder verknüpft Paulus Glaube und Liebe.[c]

[c] 1Kor 13,2.13
Eph 3,17
Kol 1,4
1Thess 1,3; 3,6
2Thess 1,3
1Tim 6,11

e) Die Verführer mit ihrer verderblichen Lehre und ihren absurden Verleumdungen verfallen dem göttlichen Gericht: 5,7-12

7 Ihr lieft schön. Wer hat euch verhindert[a], so daß ihr der Wahrheit nicht mehr folgt?
8 Das Überreden (dazu) stammt nicht von dem, der euch beruft.
9 Ein wenig Sauerteig[b] säuert den ganzen Teig[c].
10 Ich vertraue in Hinsicht auf euch im Herrn, daß ihr nichts anderes denken werdet. Der[d] euch aber verwirrt, wird das (göttliche) Strafurteil tragen, wer immer er sei.
11 Ich aber, Brüder, wenn ich noch Beschneidung verkündigte, was werde ich dann noch verfolgt? Folglich wäre ja das Ärgernis[e] des Kreuzes beseitigt[f].
12 O daß sie sich doch auch (gleich) kastrieren[g] ließen, die euch aufwiegeln[h]!

Zur Übersetzung

[a] *enkoptô*, eigentlich: einschlagen, also durch heftiges Dazwischenkommen hindern. Das Wort soll auch in der Sportlersprache im Sinne von »ein Bein stellen« nachgewiesen sein (bei Bruce, S. 234). Aber auch unabhängig davon kann es die Verhinderung einer Bewegung ausdrücken: Satan hinderte Paulus an einem Besuch in Thessalonich (1Thess 2,16), er selbst könnte dem Evangelium ein Hindernis in den Weg legen (1Kor 9,12), Akte der Lieblosigkeit können das Emporsteigen der Gebete zu Gott hindern (1Petr 3,7).

[b] Weil täglich gebacken wurde, wußte jedes Kind über Sauerteig Bescheid. Sollte Brot locker und schmackhaft werden, mußte der Teig in leichte Gärung geraten. Um diesen Vorgang zu beschleunigen, mengte die Frau ein Klümpchen bereits vergorenen Teiges unter, der die ganze Masse ansteckte und durchsäuerte. So steht Sauerteig bildlich für Durchdringungskraft (Mt 13,33). Weil in warmen Ländern Gärung aber schnell in Verwesung überging und dadurch eine unappetitlichen Angelegenheit wurde, war Sauerteig z. B. für Speisopfer verboten (3Mo 2,11; vgl. 2Mo 12,15) und diente vornehmlich als Bild für Ungöttliches, auch für verderbliche Lehre (Mk 8,15).

[c] Der Satz findet sich wörtlich auch 1Kor 5,6, und zwar mit einer Zitierungsformel verbunden: »Wißt ihr nicht, daß ...«, so daß Paulus offensichtlich ein allgemein bekanntes Sprichwort heranzieht.

[d] Die Einzahl zielt nicht auf einen bestimmten Einzelmenschen (dagegen V. 12 und 1,7; 4,17; 6,12f), sondern auf eine bestimmte Art von Menschen (generischer Singular, ähnlich 3,1; 5,7).

[e] *skandalon*, Ärgernis, zusammen mit Verbform häufig im NT, an zwei wichtigen Stellen von Jes 8,14 abgeleitet (Röm 9,32 und 1Petr 2,8). Dort ist anschaulich von einem »Fels des Ärgernisses« und parallel dazu von einem Stein die Rede, über den jemand stolpert und hinstürzt (vgl. Röm 14,13).

[f] *katargeô* hat viele Bedeutungen, wie schon die drei Vorkommen in unserm Brief zeigen: juristische Aufhebung eines Testaments (3,17), persönliche Trennung von einem Wirkungsbereich (5,4) und hier: lehrmäßige Abfälschung einer Botschaft, so daß sie ihrer Kraft beraubt ist.

[g] Dieser Fachausdruck für die operative Kappung der Keimdrüsen (*apokoptô*, z. B. 5Mo 23,2), wurde von der älteren Auslegung nicht als solcher erkannt oder verdrängt. Man sprach an dieser Stelle vom Abschneiden, wie eine Rebe vom Weinstock abgeschnitten wird, also vom Gemeindeausschluß (z. B. Schlatter). Aber ihn würde Paulus nicht in dieser Form anwünschen. Außerdem verwendet er auch in Phil 3,2 im Zusammenhang mit der Beschneidung einen ähnlichen medizinischen Ausdruck (*katatomä*, Zerschneidung).

[h] Ein Begriff aus der politischen Sprache, vgl. Apg 17,6; 21,38.

Vorbemerkung

Dieser Abschnitt kann auf den ersten Blick als »planlose Ansammlung« verschiedener Bemerkungen erscheinen (H. D. Betz). Aber hinter den abgehackten Sätzen steht gezielte Konzentration auf die Verführer. Vier der sechs Verse handeln ausgesprochenermaßen von ihnen. Dabei kommt es schließlich in V. 12 zum heftigsten Ausbruch gegen die Beschneidungsleute innerhalb des Briefes (sonst 1,8f; 4,17.30; 6,12-13). Die moralische Entrüstung über dieses Wort ist alt. Schon syrische Theologen des dritten Jahrhunderts erklärten die Stelle als unmöglich inspiriert durch den Geist Gottes. Wir gingen zu 1,8 auf die Vorwürfe ein, vgl. auch die Vorbemerkung 2 zu 6,11-18: »Ketzerpolemik?«

Anknüpfend an den guten Anfang der Galater bringt Paulus die 7
Sprache auf die Störenfriede. **Ihr lieft schön. Wer hat euch verhindert,**

(so daß) ihr der Wahrheit nicht mehr folgt? Das Lob erinnert sachlich an 3,3b: »Im Geist habt ihr angefangen.« Hier kleidet es sich in ein Bild (vgl. 1Kor 9,24): Der Sprinter ist gut vom Start weggekommen, hat in erfreulicher Weise seinen Laufstil gefunden und läuft, daß es eine Freude ist. Da wird ihm ein Bein gestellt. Er wankt und kommt aus dem Tritt. Weder fragt Paulus nach einem dämonischen Verursacher noch bittet er um Auskunft über die Personen der Schuldigen; er ist über sie und ihr Tun genau informiert (gegen Borse). Vielmehr stellt er ihre Autorität in Frage. Wer ist es, der sich da erdreistet, Gottes Werk zu zerstören?![a]

[a] Röm 14,20; 1Kor 8,11-13

8 Paulus kann in keiner Weise erkennen, daß das Werk der Judaisten eine Fortsetzung des göttlichen Handelns an den Galatern ist. **Das Überreden (dazu) stammt nicht von dem, der euch beruft.** In großer Ehrfurcht spricht er von dem Berufenden. Die Gegenwartsform legt nicht den Ton auf jetziges Rufen im Unterschied zum Ruf nach 1,6, sondern ist grundsätzlich gemeint. Vor Gott gilt kein menschliches Wollen und Laufen, keine eigene Bewerbung. Er tritt frei, gnadenhaft und schöpferisch aus sich heraus und »ruft das, was nicht ist, ins Dasein« (Röm 4,17). Das ist die Kernerfahrung unter dem Evangelium. Demgegenüber drängen die Judaisten eine von Menschenhänden vollzogene Handlung auf. Daß solche Aktivitäten aus einer ganz anderen Ecke kommen, sollte jedermann einsehen.

9 Den Hinweis auf die Geringfügigkeit dieser judaistischen Forderung weist Paulus mit einem Sprichwort zurück. **Ein wenig Sauerteig säuert den ganzen Teig.** So antwortete man etwa, wenn eine Sache damit entschuldigt werden sollte, daß es sich doch nur um eine Kleinigkeit handele. Paulus mag etwa so bearbeitet worden sein: Du schießt ja mit Kanonen auf Spatzen. Warum so wuchtig, so radikal? Du tust ja geradeso, als ob das Evangelium selbst auf dem Spiel stände. Dabei wird der Glaube an den Herrn Jesus Christus doch gar nicht angetastet. – Ob dieses Argument aus dem Arsenal der judaistischen Überredungskünste stammte oder ob die Galater es sich inzwischen selbst zurechtgelegt hatten, jedenfalls erwidert Paulus unbeugsam: Ja gewiß, nur ein bißchen, aber ein bißchen Sauerteig! Das bißchen Gesetz verdarb das ganze Evangelium, so daß es keines mehr war (1,6-9). Paulus mußte das Sprichwort nicht kommentieren. Jeder Bibelkundige hatte auch sofort die Folgerung im Ohr: »Fegt den alten Sauerteig aus!«[b]

[b] 2Mo 12,15.19; 1Kor 5,7

10 Paulus getröstet sich, daß der Herr der Gemeinde auf diese Herausforderung antworten werde. **Ich vertraue in Hinsicht auf euch im Herrn, daß ihr nichts anderes denken werdet.** Der Verlaß auf die Galater selbst war nach dem Vorgefallenen kaum noch gegeben, aber: Ich vertraue **im Herrn** für euch! Weil er »im Herrn« Gemeindearbeit trieb.[c]

[c] 1Kor 15,58; 2Thess 3,4; Phil 2,24

Die Wendung **nichts anderes** oder eben »dasselbe« **denken** *(auta phronein)* erscheint bei Paulus wiederholt[d], und zwar mit der Bedeutung: gemeinschaftlich an der apostolischen Überlieferung festhalten. Ihr verdankt die Gemeinde ja ihre Entstehung und ihren Bestand. Ohne Traditionstreue in diesem Sinn verlöre sie ihre Identität und erübrigte sie sich in dieser Welt.

[d] Röm 12,16 15,5 2Kor 13,11 Phil 2,2; 4,2

Damit ist auch die Kehrseite gegeben. **Der euch aber verwirrt**, also lehrmäßig durcheinanderbringt (wie 1,7), **wird das (göttliche) Strafurteil tragen, wer immer er sei**. Daß hier jede Namensnennung unterbleibt, paßt zum Inhalt der Aussage. Gott wird im Endgericht »ohne Ansehen der Person« richten, dafür hier: **wer immer er sei**.

Die Galater sollen die Unsinnigkeit einer gewissen üblen Nachrede **11**
zugeben. **Ich aber**, setzt er betont ein und leitet damit von der Lehrverwirrung durch die Judaisten (V. 8) zu gezielten Angriffen gegen seine Person über. **Brüder**, ihr kennt mich doch! Wie in 3,2 ruft er sie als seine Zeugen auf. Nun hört euch diese Behauptung an: **Ich verkündige** angeblich **noch die Beschneidung**! Zu diesem Zweck haben sie seine Haltung mißdeutet, die man seine »missionarische Anpassung« nennen könnte: »Ich bin allen alles geworden, um auf jeden Fall einige zu retten.« Um »Juden zu gewinnen«, ist er je und je »den Juden wie ein Jude geworden, und denen die unter dem Gesetz stehen, obgleich nicht selbst unter dem Gesetz stehend, wie einer unter dem Gesetz geworden« (1Kor 9,20.22). Beispiele dafür finden wir etwa in der Apg.[e] In allen Fällen hat er nicht die Botschaft angepaßt, sondern nur sich selbst – aus Liebe. Liebe aber ist durch ihren vollen Einsatz immer wehrlos gegen Mißdeutungen. Diesen Umstand haben die Judaisten genutzt. Sie unterstellten, Paulus habe mal so und mal so gekonnt. Um den Heiden zu gefallen und recht viele von ihnen zu gewinnen (vgl. 1,10), konnte er auf die Beschneidungsforderung verzichten. Aber so arg gesetzesfrei sei er in Wahrheit gar nicht. Er habe ihnen nur verborgen, daß er anderswo die Beschneidung durchaus in seine Heilsverkündigung aufnahm. So etwa »informierten« sie über den »ganzen Paulus«, um seine angebliche Widersprüchlichkeit aufzudecken.

[e] Apg 16,3 18,18 21,20-26

Dennoch, wie töricht diese Konstruktion war, vermag Paulus seinen Lesern im Nu zu zeigen: **Was werde ich dann noch verfolgt?** Einerseits verfolgten ihn *nichtchristliche* Judaisten, zu denen er selbst einmal gehörte (1,13-14). Das Judentum jener Zeit war ein äußerst buntes Gebilde, gekennzeichnet durch die gegensätzlichsten Strömungen, Parteien und Sekten. Sogar Gruppen, die sich um einen »Messias« scharten, waren tragbar, so daß auch die Jesus-Bewegung einen Platz bekommen hätte als eine messianische jüdische Sekte. Allein eine einzige Bedingung war unerläßlich, wenn sich das Judentum nicht selbst aufgeben wollte: die Anerkennung des Gesetzes und darum die

Übernahme der Beschneidung. Wer sie verweigerte und trotzdem Gottes Volk sein wollte, hatte die jüdische Toleranz verspielt. Das erfuhr Paulus. Er hätte sich durch ein Zugeständnis in diesem Punkt ein Stück äußere Sicherheit erkaufen können. Ein Christentum mit Beschneidung wäre damals mindestens auf Zeit im einflußreichen Weltjudentum geborgen gewesen (s. zu 6,12). Aber des Paulus entschieden gesetzesfreie und -kritische Verkündigung des Evangeliums mußte ihn zur Zielscheibe der judaistischen Verfolgungen machen (Röm 15,31; 1Thess 2,15f und Apg). Im Schlepptau dieser Verfolger stellten ihm dann auch die *christlichen* Judaisten nach (s. zu 6,12 und 4,29). Aber wie konnten sie ihn nur verfolgen, wenn sie ihm zugleich unterstellten, er verkündige die Beschneidung, sei also im Herzen immer noch einer der Ihren?

Wenn Paulus noch die Beschneidung verkündigte, wäre aber nicht nur der Anlaß für diese Nachstellungen hinfällig, sondern eine zweite, allerdings verhängnisvolle Folge träte ein: Das Evangelium wäre ins Herz getroffen. **Folglich wäre ja das Ärgernis des Kreuzes beseitigt.**

Der denkbar kurze Ausdruck **Kreuz** wurde bei Paulus ein theologischer Fachausdruck. Die äußere Todesart Jesu war für ihn nicht nur eine historische Zufälligkeit, sondern barg einen Inhalt, der auf keinen Fall »entleert« oder »überflüssig« gemacht werden durfte (1Kor 1,17; Gal 2,21). Gott hat durch das Kreuz in unübersehbarer Weise die Sache des Menschen in *seine* Hand genommen, indem er alle bekannten Maßstäbe und Erwartungen außer Kurs setzte (s. zu 3,1) und Gerechtigkeit schuf. Damit ist das Kreuz nicht nur rettende Macht, sondern auch kritische Kraft. Die Botschaft davon tut nicht nur wohl, sondern auch weh. Es stellt ja das hohe, heilige Gesetz und damit auch den ernsten, hingebend gesetzlichen Menschen beiseite. Daran nimmt dieser so Anstoß, daß er am raschen Gläubigwerden gehindert wird. Das muß sein. Um der »Wahrheit des Evangeliums« (2,5.14) und um des Heiles der Menschen willen muß auch dies Anstößige des Kreuzes zum Zuge kommen. Paulus war hier sehr gewissenhaft und nahm dafür die Verärgerung der Gesetzesleute auf sich (6,12), sei es innerhalb oder außerhalb der Gemeinde. Der gesetzliche Mensch darf und kann in der Begegnung mit dem rettenden Gott nicht überleben (6,14), sondern »der Gerechte soll des Glaubens leben« (3,11).

12 Paulus weist seine Gegner auf derbste Weise von sich. **O daß sie sich doch auch (gleich) kastrieren ließen, die euch aufwiegeln!** Der Ausruf ist natürlich kein ernstzunehmender Wunsch. Kein Bibelkundiger mißverstand ihn darin, denn Kastrierung eines Menschen ist in AT und Judentum als heidnisch verpönt. Der beißende Spott erinnert an atl. Prophetenrede. Doch auch das NT hat Gerichtsbilder von greller orientalischer Anschaulichkeit, etwa Kol 3,5: »Tötet eure Glieder!«

oder Mk 9,43-48: Lieber sich verstümmeln und einbeinig, einäugig und einarmig ins ewige Leben hineinhumpeln! Diese Art des Sprechens zu beachten, bewahrt auch davor, den Vers dogmatisch zu überfrachten, etwa zu folgern, Paulus stelle hier die jüdische Beschneidung heidnischen Greueln gleich. Der positive Sinn ließe sich hier etwa so umschreiben: Die Beschneidungsleute sollen euch doch endlich mit ihrer Agitation verschonen. Mögen sie ihren Eifer meinetwegen gegen sich selbst wenden und die Handlung an sich selbst bis zum Exzeß treiben. Mögen sie sich gleich zweimal beschneiden, einmal halb und dann noch einmal ganz. – Um eine falsche Grundhaltung aufzudecken, verlängert er also judaistische Tendenzen bis ins Unsinnige und fordert sie ironisch auf, doch einmal das Falsche zu tun.

Verschärfend beschuldigt er sie: Sie verwirren nicht nur lehrmäßig (1,7; 5,10), sondern **sie wiegeln euch auf**. Sie sind Umstürzler und kippen das ganze Werk. Das will mitempfunden sein. Calvin schließt zu diesem Vers: »Ich gönne wahrlich niemandem das Verderben, aber die Liebe zur Kirche und die Sorge um sie versetzt mich beinahe in Ekstase, so daß ich an gar nichts anderes mehr denken kann. Wer von einem solchen Liebeseifer nichts weiß, der ist kein rechter Hirte.«

DRITTER BRIEFTEIL: 5,13-6,10

Das gesetzesfreie Evangelium des Paulus bewährt sich durch seine ethische Fruchtbarkeit

a) Frei von Gesetzessklaverei, aber ohne Mißbrauch ihrer Freiheit, leisten Christen ihrem Nächsten den Sklavendienst der Liebe und erfüllen so das Gesetz: 5,13-15

13 Ihr nämlich, zur Freiheit seid ihr berufen, Brüder, allein (seht zu,) daß nicht die Freiheit zum Vorwand[a] für das Fleisch (wird), sondern durch die Liebe leistet einander Sklavendienst[b].
14 Denn das ganze Gesetz ist in dem *einen* Wort erfüllt, in dem: »Du sollst deinen Nächsten lieben wie dich selbst« (3Mo 19,18).
15 Wenn ihr aber einander beißt und zerfleischt[c], seht (zu), daß ihr nicht voneinander verschlungen werdet.

Zur Übersetzung

[a] *aphormä*, im NT nur bei Paulus, ist ein ziemlich blasser Begriff: Punkt, von dem etwas ausgeht (von *hormaô*, bewegen, antreiben), also Anlaß. Paulus verwendet das Wort außer in 2Kor 5,12 abwertend. Etwas, was an sich nicht verwerflich ist, wird von negativen Kräften mißbräuchlich als Vorwand benutzt, etwa das Apostelrecht auf Unterhalt (2Kor 11,12), das Gesetz (Röm 7,8.11), der Witwenstand (1Tim 5,14) und hier die christliche Freiheit (Bertram, ThWNT V, S. 473). Zum Mißbrauch der christlichen Freiheit vgl. auch 1Petr 2,16 (dort das Bild des Deckmantels).

[b] Die erste Bedeutung von *douleuô*: Sklave sein, dann: Sklavendienst tun.

[c] Nach Goppelt ein »zermalmendes Verzehren« (ThWNT VI, S. 159). Die Übersetzung der drei Verben sollte die Steigerung herausbringen: zuschnappen, zerfleischen und gänzlich herunterschlucken und beseitigen.

Vorbemerkung

Fleisch als Gegenbegriff zu Geist. »Fleisch« bezeichnet in der Bibel nicht nur das Muskelgewebe, sondern kann auch den ganzen Körper umfassen, sogar die Ehegemeinschaft, die Blutsverwandtschaft, die Volksgemeinschaft, die ganze Menschheit und schließlich alle Lebewesen. Dabei kann der Begriff Nebentöne aufnehmen, so den Ton der geschöpflichen Hinfälligkeit, aber auch den der sittlichen Schwäche, also der Sündhaftigkeit. Die Anm. zu 2,20 führte schon die drei Gebiete auf, auf die sich die 18 Vorkommen allein in diesem kurzen Brief verteilen.

Vor allem in zwei Kapiteln, nämlich in Röm 8 und Gal 5 (aber auch schon 3,3), stellt Paulus »Fleisch« in einen krassen Gegensatz zu »Geist«. Dieses Verständnis speist sich gewiß aus dem AT, verdankt sich aber zusätzlich einem zweiten Zustrom. Da ist das dualistische Erbe des großen Plato (400 v. Chr.), das Paulus gerade bei seinen heidnischen Lesern voraussetzen konnte. Seine eigentliche Breitenwirkung erreichte es erst nach Paulus im Neuplatonismus und floß über die Kirchenväter in die Kirche ein. Danach liegt im Menschen der göttliche, ewige Geist im ständigen Widerstreit mit dem niederen, vergänglichen Leib oder Fleisch. Werden die Gelüste seines Leibes den Geist besiegen, oder wird seine Geistigkeit die körperlichen Begierden beherrschen? Doch die Ähnlichkeiten zwischen Plato und Paulus (bzw. Bibel) reichen nicht sehr weit und liegen ganz an der Oberfläche.

»Fleisch« umfaßt nämlich bei Paulus nicht allein die Körperlichkeit, etwa Nahrungs- und Geschlechtstrieb (»Fleischeslust« beschränkt sich nicht auf Sexualität!), sondern dazu – eben gut alttestamentlich – das Gesamte seiner seelischen Begehrungen und durchaus auch seine geistigen Ansprüche. Auch die sozialen Wirkmächte in der gefallenen Welt wie Sippe, Gesellschaft und Staat, Traditionen, Philosophien, Mode und Zeitgeist sind »Fleisch«. Dies alles steht unter dem Vorzeichen von Röm 8,7: »Die Gesinnung des Fleisches ist Feindschaft gegen Gott.« Das »Fleisch« ist Träger jener Los-von-Gott-Bewegung, die sich vom Schöpfer weg verselbständigen will. Fleisch ist das Bestreben, aus den eigenen Vorräten und Kräften und nur unter seinesgleichen und für sich selbst zu leben (1Mo 3,5). In allen Spielarten begehrt es gegen Gottes gute Herrschaft auf: körperlich, seelisch, geistig, primitiv und kulturvoll, religiös und atheistisch, einsam und gemeinsam, völkisch und menschheitlich. Aber auch das, was dem Fleisch gegenübersteht, ist bei Paulus nicht wie bei Plato unsere eigene Geistigkeit (diese ist ja selber »Fleisch«), sondern der Geist aus Gott. So geht es nach Paulus gar nicht um einen innermenschlichen Konflikt, nicht um die berühmten »zwei Seelen, ach, in meiner Brust«, sondern um den Widerstreit zwischen Gott und dem sündigen Menschenwesen.

Das »Fleisch« ist dabei wohlgemerkt nicht als eine dem Menschen fremde Größe zu denken wie der »Geist«. Der Geist Gottes wird nie »unser« Geist, wogegen das Fleisch auch »unser« Fleisch ist (Gal 6,8; Eph 2,3; Röm 7,18). Seine Begierden sind zugleich die Begierden unseres Herzens (Röm 1,24). Weil im Fleischeswirken immer auch unsere eigenen Herztöne hörbar sind, sind wir nie nur arme Opfer. Hilferufe sind angebracht, aber nicht Selbstmitleid.

Wir blicken zurück: Fleisch ist für jeden Menschen in dieser gefallenen Welt eine Gesamtwirklichkeit. Als antigöttliche Machtsphäre umgibt sie und bewohnt sie ihn wie die Luft. Man hat schon umschrieben: Fleisch ist Antigeist. Wenig befriedigend ist hier das Ersatzwort »Selbstsucht« (Gute Nachricht, Wilckens). Davon könnte man auch in rein zwischenmenschlicher Sichtweise sprechen. Sie vergegenwärtigen nicht ohne weiteres den theologischen Tiefgang der Sache. Darum sollte man der christlichen Gemeinde den biblischen Begriff »Fleisch« mit den notwendigen Erläuterungen zumuten.

Paulus knüpft noch einmal an die grundlegende Freiheitserfahrung 13
der Galater an (vgl. V. 1), um jetzt das für sie so dringend notwendige Thema zu eröffnen: die Verlängerung der Befreiung in eine Freiheits-

ethik. **Ihr nämlich, zur Freiheit seid ihr berufen, Brüder.** Schon 1,6.15; 5,8 nannte er ihre christliche Grunderfahrung »Berufung«. Speziell »zur Freiheit berufen« war stehende Wendung in Kaufbescheinigungen bei Sklavenloskäufen (Deißmann), für einen Freigekauften von größter Wichtigkeit. Geriet er in Verdacht, einer der zahlreichen entlaufenen und untergetauchten Sklaven zu sein, wies er seine Urkunde vor. Dort stand es schwarz auf weiß: »Berufen zur Freiheit!« Wir können davon ausgehen, daß die Gemeinden des Paulus zum größeren Teil aus Sklaven bestanden. Wurde am Sonntag morgen dieser Brief und nun diese Stelle verlesen, verstanden die Hörer sofort, verwendete Paulus doch eine für sie hochaktuelle Formel. Freilich vergegenwärtigte er damit eine unvergleichlich größere Befreiung als die aus dem äußerlichen Sklavenstand. Wieviel verdeckte und versteckte Sklaverei gibt es unter Menschen, auch wenn sie alle bürgerlichen Rechte genießen. Nach Abschaffung der Sklaverei blieb noch eine ganze Horde verschiedenster Sklavenhalter übrig: Süchtigkeit, seelische Zwänge, Schuldverhaftung, Ich-Verhaftung, Verlogenheit, materielle Verkettungen, Einbindung in den gesellschaftlichen Egoismus.

Paulus erinnert also daran, im Glauben an Christus und im Empfang des Heiligen Geistes Gottes Freigekaufter geworden zu sein. Daraus soll nun täglich Freiheitspraxis werden. Dazu will bedacht sein, daß Befreiung immer auch eine Lücke hinterläßt. Am Morgen danach fehlt etwas, nämlich der bisherige Sklavenherr mit seinen Kommandos. Was strömt in dieses Vakuum ein?

Wie ein Alarmruf klingt es: **Allein (seht zu,) daß nicht die Freiheit zum Vorwand für das Fleisch (wird).** Aber ist für Christen das Fleisch überhaupt noch ein Thema? Haben nicht nach V. 24 diejenigen, die Christus angehören, »ihr Fleisch gekreuzigt samt seinen Leidenschaften und Begierden«, also radikal verworfen? Gewiß, nur ist dies Geschehen durchaus eine Einbahnstraße. Das Fleisch ist für *sie* tot, aber in sich quicklebendig. Sie sind für das Fleisch durchaus nicht abgeschrieben. Sie bleiben für diese Macht auf dem Programm, ja sind seine bevorzugte Zielscheibe. Auch bei den galatischen Christen versuchten die fleischlichen Begierden in den freigewordenen Raum hineinzustoßen und darin groß aufzuspielen (vgl. Lk 11,24-26). Dieser Gefahr gilt hier der Aufschrei des Entsetzens. Nur ja nicht den neugeschenkten Freiheitsraum an das Fleisch ausliefern und zur Beute für die jeweils stärksten Triebe werden lassen! Im Nu ist sie keine Freiheit mehr, sondern nur noch ein pathetisches, aber gegenstandsloses Wort. »Sie reden hochtrabende, leere Worte und ziehen durch die Verlockungen eines ausschweifenden Lebens Menschen an sich, die eben erst mit knapper Not dem Leben im Irrtum entronnen sind. Sie versprechen andern die Freiheit und sind doch selbst Sklaven des Verderbens« (2Petr 2,18-19).

Jenes Vakuum muß unbedingt positiv gefüllt werden. Sonst gedeihen in der Gemeinde bald die »Werke des Fleisches«, die die Gläubigen beschämen, ihren Glauben schwächen und sie schließlich für die gesetzliche Lösung anfällig machen (V. 15). Das Angebot des Paulus ist allerdings über die Maßen erstaunlich: **Sondern durch Liebe leistet einander Sklavendienst.** Um frei zu bleiben, sollen die Galater ihren Freiheitsraum mit Sklavesein füllen. Dem Wortlaut nach ist das ein Widersinn. Zum Begriff des Freiseins gehört nun einmal, daß man *nicht* Sklave ist. Als Sklave zu dienen galt im Altertum auch durchgängig als entwürdigend. Um hier nicht mißzuverstehen: Auch Paulus konnte dies Wort abwertend verwenden (z. B. 4,8.9.25). Er war also nicht ohne Ehrgefühl, nicht pervers und verliebt in den Kriechgang vor jedermann. Vielmehr lautete sein Geheimschlüssel: *»durch Liebe«!*

Durch die Befreiung entsteht eben nicht nur jenes Vakuum, sondern auch ein Überdruck, der Überdruck der Liebe. Auszugehen ist von 2,20: »Christus hat *mich* geliebt«, und zwar grenzenlos überströmend: »und sich selbst für mich dahingegeben«. Ist dieser Christus innewohnende Macht, ergibt sich die Absage an die Welt der Gier und der Berechnung (V. 24.26). Den gleichen Zusammenhang sieht auch 2Kor 5,14: Die Liebe Christi »drängt« zu lieben. Statt: Ich habe nichts zu verschenken, denn mir schenkt auch niemand etwas! heißt es jetzt: Ich habe etwas zu verschenken, denn mir schenkt einer alles (Röm 8,32). Über dem Gefäß meines Lebens ist das große Schenken Gottes angebrochen und noch lange nicht abgebrochen. Hilfe, Hilfe, wohin damit!

So energisch Paulus auch handeln kann, handelt er jetzt von sich selbst weg auf den Nächsten zu. Dem andern soll gedient werden. Stellen wie Röm 14,14f; 1Kor 9,19-23 vermitteln einen Begriff von diesem Freisein in der Liebe. Wenn er dabei für Außenstehende auch einmal die unwürdige Figur eines Sklaven annimmt, geschürzt und gebückt wie sein Herr in Joh 13,1ff, kümmert ihn das herzlich wenig.

Das Bild vom »Überdruck« der Liebe hinkt wie jeder Vergleich und besonders Vergleiche aus der Technik. Es könnte fälschlich als Meinung herauskommen, daß sich die Liebe mechanisch ergäbe, ganz gegen solche Imperative wie V. 16.25; vgl. V. 18. Aber der Vergleichspunkt liegt woanders. Christliche Liebe ist nicht angestrengt herausgepreßte Leistung, sondern, wie V. 22 es groß hinstellen wird, »Frucht des Geistes«! Frucht wächst ohne Stöhnen und Ächzen. Das Wachstum in der Natur ist dafür ein Gleichnis: Machtvoll, aber still kommt es, füllt im Frühling jedes Vakuum, schmückt die ganze Landschaft an allen Ecken und Kanten. Eine schier mühelose Macht! Darum auch Mt 11,30: »Mein Joch ist leicht und meine Last ist leicht.« Und das Echo in 1Joh 5,3: »Seine Gebote sind nicht schwer.« Lieben ist bei Licht besehen leicht. Jedenfalls ist böse sein viel schwerer und nimmt den Menschen erfahrungsgemäß viel mehr mit.

Liebe als Frucht des Geistes unterscheidet sich darum vom philosophischen Altruismus, der Selbstlosigkeit und Uneigennützigkeit *als Prinzip auferlegt und sie der Selbstdisziplin zuweist*. Es ist entscheidend wichtig, daß bei Paulus die Ethik der Liebe gleichzeitig eine Ethik des Geistes ist.

14 Paulus setzt seine Liebesethik in ein Verhältnis zum Gesetz. **Denn das ganze Gesetz** – in seiner ganzen Weite wie in seiner ganzen Tiefe – **ist in dem *einen* Wort erfüllt, in dem** (Wort aus 3Mo 19,18): **»Du sollst deinen Nächsten lieben wie dich selbst.«** Spätestens hier wird das Urteil widerlegt, Paulus habe in diesem Brief im Unterschied zum späteren Römerbrief das Gesetz noch radikal verworfen und sei jede positive Wertung schuldig geblieben. Dies Urteil beruht auf einem Sehfehler. Das radikale Nein des Paulus bezieht sich auf die Gesetzlichkeit, nicht auf das Gesetz. Was das Gesetz anbetrifft, stimmen beide Briefe völlig darin überein, daß Christus sowohl sein Ende als auch seine Erfüllung ist. Sofern das Gesetz auffordert, sich tätig selbst das Leben zu erwerben, ist Christus sein Ende. Sofern es aber zur Liebe auffordert, ist Christus seine genaue und auch sehnlichst erwartete Erfüllung. Darum geht es hier.

Wir suchen zunächst die genannte Stelle im AT selbst auf. Man muß sie schon suchen. Der Satz schwebt dort noch nicht als ethischer Spitzensatz leuchtend über allem, sondern wir finden ihn 3Mo 19,18 (vgl. 5Mo 10,19) innerhalb einer Gebotskette. Genauer: Eine Kette von *Ver*boten wird durch dies *Ge*bot abgeschlossen. Das meint dort im Zusammenhang: Du sollst gegenüber deinem Bruder nicht nur das Negative meiden, sondern ihm, selbst wenn er sich ins Unrecht gesetzt hat, praktische Liebesbeweise liefern. Von Liebesgefühlen ist nicht die Rede. Erstmalig Jesus hat aus seiner einzigartigen Gemeinschaft mit Gott heraus gerade an dieser Stelle die Herztöne Gottes vernommen und sie darum wie durch einen Verstärker laut hervorgehoben.

Das NT hat das verstanden und dies Gebot der Nächstenliebe – nun beherrschend – neunmal bezeugt.[a] Im einzelnen bietet es dabei dreierlei Vorstellungen an. Nach Mt 22,40 »hängt« das Gesetz im Liebesgebot. Ohne das Liebesgebot würden sämtliche Gebote in der Luft hängen. Nun aber besitzen sie ihren festen Halt wie an einem starken Haken.[58] Vielleicht darf man auch an eine Tür denken, die in den Angeln hängt und erst dadurch funktionstüchtig ist. In Röm 13,9 dagegen sagt Paulus es so: Das Gesetz wird durch das Liebesgebot »zusammengefaßt« (wörtlich: aufgehauptet), auf seinen alles beherrschenden Hauptpunkt gebracht und somit gekrönt. An unserer Stelle ist schließlich davon die Rede, daß das umfängliche mosaische Gesetz mit seinen

[a] Mt 5,43 19,9; 22,39 Mk 12,31.33 Lk 10,27 Röm 13,9 Gal 5,14 Jak 4,8

[58] Bertram, ThWNT III, S. 919

613 Geboten erst durch das Liebesgebot mit Sinn erfüllt wird, ohne dieses also sinnleer bleibt.

Nach dieser Schau ist das Gesetz eine über alle Zweifel erhabene Willensoffenbarung Gottes.[b] Gottes Wesen aber ist Liebe. Darum ist alles, was es will, Liebe, und Liebe erfüllt auch Gottes Willen und ist somit der eigentliche Zweck seines Gesetzes. Diese Einsicht ist wichtig für unsere Freiheit von Gesetzlichkeit. Ohne bei jedem Einzelgebot diesen Blick in Gottes Herz zu tun, geraten wir allzu leicht unter eine elende Buchstabenknechtschaft.

[b] Ps 19,8-10 Röm 7,12.14.16

Angesichts der außerordentlichen Kürze, mit der Paulus dieses gewichtige Thema hier abhandelt, sind zwei Hinweise angebracht:

– Obwohl er an dieser Stelle nichts von der Liebe zu Gott sagt, wie ja auch die zitierte Stelle 3Mo 19,18 nicht, ist gewiß, daß er keine Nächstenliebe ohne Gottesliebe kennt. Wie für die ganze Bibel ist auch für ihn die Liebe eins. Nur formal gibt es ein Doppelgebot der Liebe, aber es gibt keine doppelte Liebe (Ridderbos, S. 209). Nur recht vorläufig können wir unsern Nächsten atheistisch lieben, ist er doch auch unser nächster Sünder, ja vielleicht unser Feind. Spätestens dann, wenn Nächstenliebe in Feindesliebe hineinführt, kann kein Mensch mehr für sie aufkommen, da rettet ihn nur liebende Gemeinschaft mit Gott. Nächstenliebe ist ein reines Gottesgewächs. So verläuft auch die Begründung Jesu in der Bergpredigt (Mt 5,43-48). Wo wahre Nächstenliebe ist, wird Gottesliebe sichtbar (Mt 5,16).

– Zweitens: Wie sollen wir diese Art von Gesetzeserfüllung verstehen? Jedenfalls unterscheidet sie sich vom jüdischen Verständnis. Paulus selbst war einmal »nach dem Gesetz ein Pharisäer« (Phil 3,5). Aber fraglos verstieß er nach seiner Bekehrung gegen die drei Hauptmerkmale jüdischer Gesetzestreue, gegen Beschneidungs–, Sabbat- und Speisegebot. Wiederum konnte er den römischen Christen die Zehn Gebote aus dem AT als Maßstab vorhalten (Röm 13,9a). Offensichtlich lag für ihn das Gesetzesmaterial nicht auf einer Ebene. Gebot war für ihn nicht gleich Gebot. Die Gebote wurden bei ihm nicht einfach gezählt, addiert und dann in ihrer ganzen Menge abgedient, sondern sie wurden von Fall zu Fall gewogen und dann nach ihrem Ursinn erfüllt, und dies aus einem neuen Sein heraus, aus der geistlichen Gemeinschaft mit dem Abba Gott. Solche Sohnschaft macht frei vom Gesetz als reiner Kommandogewalt, die sich dem Fleisch gegenüber ja doch als zu schwach erwiesen hatte (4,6-7), und macht frei für das Gesetz in seinem Ursinn. Röm 8,3 sagt es so: »Denn was dem Gesetz, geschwächt durch das Fleisch, unmöglich war ... das tat Gott ... damit die vom Gesetz geforderte Gerechtigkeit durch uns erfüllt werde, die wir ... nach dem Geist leben.« Diese geistgewirkte Gerechtigkeit der Söhne Gottes hat Jesus »überfließende Gerechtigkeit« genannt (Mt 5,20). Sie überströmt das Gefäß des Gesetzes, wie überreiches Quellwasser den Brunnenrand so überschäumt, daß dieser für das Auge verschwindet. Wo also Gesetzestreue aus der Gemeinschaft mit Gott heraus und darum im Überfluß der Liebe geschieht, tritt das in Buchstaben gefaßte Gesetz notwendig zurück, vermag es doch nur einen Teil des Willens Gottes zu erfassen.

15 Gemäß der Kontrastmethode fügt Paulus ein Gegenbild an (vgl. auch den Übergang von V. 25 zu V. 26). Sarkastisch beschreibt er die Zustände in Galatiens Gemeinden als einen Tumult im Hundezwinger[c]: **Wenn ihr aber einander beißt und zerfleischt, seht (zu), daß ihr nicht voneinander verschlungen werdet.** Das »einander in Liebe dienen« von V. 13 war für sie einmal keine Theorie gewesen (3,27f; 4,15). Aber sie sind vom Geist abgefallen (3,3). Trotz angeblicher Steigerung ihrer Frömmigkeit durch die neuen Lehren enthüllte sich und brüllte jetzt das Fleisch. Gerade in gesetzlichen Kreisen gibt es diese theologische Messerstecherei, diese unfeinen Methoden. Nehmen wir gleich V. 26 hinzu: Prahlen, Persönlichwerden, Unfähigkeit, die Sachdiskussion durchzustehen. Der Überlegene fordert zum Kräftemessen heraus, der Unterlegene verbittert. Am Ende haben alle verloren. J. A. Bengel ruft an dieser Stelle aus: »O wie viele Menschen kürzen einander das Leben ab!« Es geschieht zur eigenen Verblüffung: »daß ihr nicht tut, was ihr wollt« (V. 17b).

[c] Mt 7,15
Lk 13,32
Phil 3,2
2Petr 2,22

b) Die Mahnung zum Wandel in der Liebe ist Mahnung zum Wandel im Geist, der im Spannungsfeld des Alltags gegen die fleischlichen Begierden den Sieg behält: 5,16-26

16 Ich sage aber: Wandelt im Geist[a], und ihr werdet das Begehren[b] des Fleisches nicht ausführen.

17 Das Fleisch begehrt nämlich auf gegen den Geist, der Geist aber gegen das Fleisch, diese beiden liegen nämlich miteinander im Widerstreit, damit ihr nicht das tut, was ihr wollt.

18 Wenn ihr aber durch den Geist geführt[c] werdet, seid ihr nicht unter dem Gesetz.

19 Offenkundig aber sind die Werke des Fleisches, welches sind Unzucht, (sittliche) Unreinheit, Ausschweifung,

20 Götzendienst, Zauberei, Feindseligkeiten[d], Streit, Rivalität, Zornausbrüche, Selbstsüchteleien[e], Zwistigkeiten, Parteiungen,

21 Mißgunst, Trink- und Eßgelage und dergleichen, wovon ich (noch einmal) voraussage, wie ich (schon) vorausgesagt habe: Die derartiges praktizieren, werden das Reich Gottes nicht erben.

22 Aber die Frucht des Geistes ist Liebe, Freude, Friede, Langmut, Freundlichkeit, Gutsein, Treue[f],

23 Sanftmut, Selbstbeherrschung[g]. Gegen derartiges ist das Gesetz nicht.
24 Die aber Christus angehören, haben das Fleisch mitsamt den Leidenschaften und Begierden gekreuzigt.
25 Wenn wir durch den Geist leben, laßt uns auch im Einklang[h] mit dem Geist sein.
26 Laßt uns nicht Prahler sein, indem wir einander herausfordern und aufeinander neidisch sind.

Zur Übersetzung

[a] *pneumati*: Der Geist ist hier nicht Maßstab wie Röm 8,5 (*kata pneuma*), auch nicht Führer wie V. 18, sondern Kraft.

[b] Im Unterschied zu V. 24 hier Einzahl und ohne Artikel, so daß hier das Wesen, nicht bestimmte Wesensäußerungen des Fleisches im Blick sind. Darum hier die Übersetzung mit »Begehren«, dort mit »Begierden«.

[c] Durch die Lutherübersetzung sind wir hier und in Röm 8,14 gewohnt: Der Geist »treibt«. Doch besteht kein Grund, an diesen Stellen von der normalen Wiedergabe des griechischen Wortes *agô* durch »führen, leiten« abzugehen. Auch Luther konnte das Wort z. B. in Lk 4,1.9 so wiedergeben, dort ebenfalls in pneumatologischem Zusammenhang. Hier stehen also nicht momentane ekstatische Widerfahrnisse zur Debatte, sondern Ethik, d. h. der kontinuierliche Weg des Christen. An welche Geistwirkungen Paulus im einzelnen denkt, ist V. 22-23 nachzulesen. Der Geist ist hier der gute Hirte, der »zu frischen Wassern« und »auf rechter Straße führt« (Ps 23,2f; Joh 10,16), oder wie Gott sein Volk durch die Wüste »führte« (Ps 136,16; Jes 48,21; vgl. Hebr 2,10). Gegensatz ist die Zuchtmeisterei durch das Gesetz, wie die Fortsetzung es andeutet.

[d] Die folgenden Laster bis V. 21 – mit Ausnahme von »Streit« und »Rivalität« – stehen im Plural. Die Übersetzung versucht dem gerecht zu werden. Der Plural führt flächendeckend ganze Bereiche vor die Augen, im Unterschied zum einzelnen Akt.

[e] *eritheia* ist nicht von *eris*, Streit abzuleiten, sondern von *erithos*, Lohnarbeiter, und wurde ein Schimpfwort für gewinnsüchtige und niederträchtige Handlungsweise (Büchsel, ThWNT II, S. 658).

[f] *pistis*, sonst im NT Standardbegriff für den christlichen Glauben, hier jedoch – unter die Tugenden eingereiht – für Zuverlässigkeit unter Menschen, vgl. Mt 25,21.23; Tit 2,10.

[g] Das Stammwort zu *egkrateia* ist *kratos*, Gewalt, Macht, so daß sich hier der Grundsinn ergibt: jemand ist seiner selbst mächtig, etwa in folgenden Beziehungen: in bezug auf seine Geschlechtlichkeit (1Kor 7,9), seine Ernährungsweise (1Kor 9,25), im Menschenumgang (Tit 1,8; nach 2Tim 3,3 wäre der Gegensatz unbeherrschtes Verhalten) und schließlich 2Petr 1,6 im Umgang mit geistlicher Erkenntnis: Augenmaß beweisen in allen Dingen. Luthers Übersetzung mit »Keuschheit« verengt den Begriff für heutiges Sprachempfinden zu sehr auf die Geschlechtlichkeit; die häufige Wiedergabe mit »Enthaltsam-

keit« bezieht auch noch den Alkoholverzicht ein. Darum besser (mit Schlier u. a.) »Selbstbeherrschung«.

[h] *stoicheô*, die Marschrichtung einhalten, indem man in Linie und Reihe bleibt. Das Wort blieb nicht an den militärischen Bereich gebunden, sondern bezeichnete z. B. auch die Übereinstimmung mit einer Philosophie, in Apg 21,24 die mit dem jüdischen Gesetz, in Röm 6,12 die mit dem Väterglauben. Eine wichtige Stelle ist noch Gal 6,16.

Vorbemerkung

Die sog. Laster- und Tugendkataloge. Vom Standpunkt einer Situationsethik aus sind die negativen und positiven Aufzählungen in V. 19-21 und 22-23 innerhalb der paulinischen Ethik befremdlich. Wie passen moralische Festlegungen in diesen klassischen Abschnitt evangelischer Freiheit? Hebt da nicht schon wieder die Gesetzlichkeit ihr Haupt? Doch diese Kritik ist weniger im Evangelium angesiedelt, als sie selber meint. Sie erinnert an Gedankengänge heidnischer Ethik schon der Antike (Stoizismus). Danach kann man gut und böse inhaltlich nicht festlegen. Wenn nur die innere Einstellung richtig ist, können selbst »Verbrechen« gut sein. Umgekehrt ist das beste Verhalten ethisch wertlos, wenn es aus einer verwerflichen Haltung heraus geboren ist.

Dagegen vollzieht das AT und auch das NT immer wieder den Schritt auf das Feld inhaltlicher Weisungen. Die atl. Gebotszusammenstellungen und ihre Wiederaufnahme im Neuen Testament sind bekannt. Erinnern wir uns darüber hinaus an ntl. Listen.[59] Für Leute, die allzu erhaben von Geist und Freiheit schwärmen, hielt Paulus eine herbe Abfuhr bereit: »Wenn einer meint, Prophet zu sein oder geisterfüllt, erkenne er, daß es das Gebot des Herrn ist, was ich euch schreibe. Wer das nicht anerkennt, wird nicht anerkannt« (1Kor 14,37f). Aber wie konnte der Apostel der Gesetzesfreiheit so handfest Gebote ins Feld führen?

a) Im Sinne der *Entlastung*. Gegen eine überanstrengende hochgestochene Entscheidungs-Theologie ist dankbar zu bekennen, daß Gott in seinen Geboten auch Entscheidungen abnimmt: Du gehst *diesen* Weg und keinen anderen!

b) Im Sinne der *Orientierung*: Gegenüber dem Ideal der intellektuellen Problemanalyse als Quelle ethischen Handelns, für das das Leben und besonders unsere Zeit viel zu unübersichtlich ist, ist dankbar zu bekennen, daß Gott in seinen Geboten seine größere Weisheit ins Spiel bringt und uns zu Hilfe kommt. Von oben sieht man mehr.

c) Im Sinne der *Verständigung*. Der elende Individualismus, der den Einzelfrommen und das Einzelgewissen zum Maß aller Dinge macht, führt laufend zu Spannungen mit den andern und deren Gewissen. Er läßt nur oberflächliche und leicht zerbrechliche Gemeinschaft entstehen. Dankbar bekennen wir, daß Gott als Anwalt für Gemeinschaft und Verständigung in seinen Geboten die Sozialwelt garantiert.

[59] Mk 7,20-23; Röm 1,29-31; 13,13; 1Kor 5,10f; 6,9f; 2Kor 6,6; 12,20f; Gal 5,19-23; Eph 4,2f.31f; 5,3-9; Phil 4,8; Kol 3,5.8f.12f; 1Tim 1,9f; 3,2-5; 6,4f; 2Tim 3,2-4; 1Petr 2,1; Offb 9,21; 21,8; 22,15.

Aus diesen praktischen Gründen winkt Gott uns in seinem Wort nicht nur allgemein in die Richtung ein: Du sollst lieben!, sondern zeigt uns auch Wege und Stege, nennt auch Abwege und Abgründe beim Namen. Zum Hohenlied der Liebe als dem »Weg über alle Wege« (1Kor 12,31) gehört nach demselben Korintherbrief auch die Anweisung für konkrete Wege. Mit der Liebe ist zwar das »Größte« (1Kor 13,13), aber eben nicht alles gesagt (Schrage, Ethik, S. 208). –

Der Umstand, daß es schon in vorchristlicher Literatur bei Juden und Heiden ähnliche Listen gab, mit denen sich die ntl. Reihen durchaus berühren, veranlaßt noch zwei Hinweise:

– Zum einen bezeugen solche Anleihen seitens der ntl. Verfasser einen gewissen Respekt vor der Umweltethik. Die gefallene Menschheit ist immer noch zu einem Stück gesegnete Schöpfung Gottes. (Man vergleiche hier auch Vorbemerkung 2 zu 3,10-12: »Juden und Heiden unter dem Gesetz«.) Christen brüskieren darum nicht unbedingt das sittliche Empfinden ihrer Umwelt, sie setzen nicht ihren Ehrgeiz darein, als Sonderlinge in Erscheinung zu treten. Sie suchen zu beweisen, daß ihr Glaube auch in dieser Welt lebenstüchtig und gemeinschaftsfähig macht, gewiß dann auch kritisch und leidensfähig.

– Zum anderen dürfen nicht die Unterschiede zwischen den christlichen und außerchristlichen Listen übersehen werden. Von Philo ist z. B. ein Lasterkatalog mit weit über hundert Adjektiven überliefert (Delling, ThWNT VI, S. 270,5f). Hier wuchert etwas, es herrscht offensichtlich ein anderer Geist.

Daß die Liebe des Gesetzes Erfüllung ist (V. 14), wird den Galatern **16**
schon durch die Jesus-Überlieferung vertraut gewesen sein, die Paulus ihnen bei Gründung der Gemeinde übergeben hatte (vgl. zu 1,9). Deswegen konnte Paulus sich damit auch so kurz fassen. Wenn er jetzt einflicht: **Ich sage aber**, sagt er das Nachfolgende mit erhobener Stimme, besonders nachdrücklich und gezielt.[a] Er sieht für seine Leser im folgenden einen hochnotwendigen Punkt.

[a] Gal 1,9; 3,17; 4,1; 5,2

Die Norm der Liebe ist mit der Kraft des Heiligen Geistes zu verbinden. **Wandelt im Geist, und ihr werdet das Begehren des Fleisches nicht ausführen.** Das Leben als Lebensweg zu verstehen, der abzuwandern ist, ist allen Völkern wohlvertraut. Im NT begegnet solches »Wandeln« in fast allen Schriften (Ausnahme: Judasbrief). Grundbewegung menschlichen Lebens ist also der Wanderschritt. Dabei geht es um mehr als um einen motorisches links-rechts, links-rechts. Jeder Weg schließt ein Woher und Wohin ein. Man kann auch vom Weg abkommen. So ist »wandeln« sinnvolle, ausgerichtete und damit qualifizierte Bewegung. Vom Fleisch her kommen Querwirkungen. Letzteren gegenüber macht Paulus jetzt pneumatische Kräfte geltend: wandelt **im Geist**.

Der Abschnitt 3,1-5 zeigte, in welch gesunder Selbstverständlichkeit die Galater Pneumatiker waren (ohne die korinthische Überzogenheit!). Das galt zunächst von ihrem Christ*werden* vor einigen Jahren:

»Im Geist habt ihr angefangen« (V. 3; vgl. 4,6), dann aber auch für ihre Gegenwart. Der Apostel bescheinigt ihnen gültige charismatische Erfahrungen: »Der euch den Geist (immer wieder) gewährt und wirkt Machterweise unter euch ...« (V. 5). Dennoch klaffte bei ihnen ein pneumatisches Defizit. Wirklich die ganze Reichweite geistlicher Segnungen hatte sich ihnen noch nicht aufgetan. Diese besteht eben nicht allein in pneumatischen Anfangspunkten, Wendepunkten und Höhepunkten, vielmehr soll aus dem Punktuellen eine kontinuierliche Wanderschaft »im Geist« werden, durch alle Windungen und Täler des Alltags hindurch. Das ist die neue Lektion in diesem Nachhilfeunterricht für Pneumatiker (elfmal in diesem Kapitel »Geist«!): Der Geist als Mitwanderer, der unser Tun qualifiziert, oder: der Geist als Ethiker.

Das Leben besteht nur zum kleinsten Teil aus christlichen Versammlungen, auf die sich die bekannten Charismen-Listen zum größten Teil beziehen. Es überwiegen doch die Strecken dazwischen. Dort begegnet der Ernst des Lebens in seinen Höhen und Tiefen. Für dieses Dazwischen besitzen wir die sog. Peristasenlisten des Paulus (griechisch: *peristaseis*, Umstände). In geraffter Form listen sie ungeschminkt seine alltäglichen Lebensumstände auf, ohne Auslassung seiner Ohnmachtserfahrungen.[b] Hier weitet sich das klassische Feld der Ethik, und Paulus kann die pneumatische Bewältigung seines Alltags bezeugen: »Wir haben nämlich denselben Geist des Glaubens« (2Kor 4,13), oder: »Wir erweisen uns als Diener Gottes ... im heiligen Geist« (2Kor 6,4-6), oder: »Ich vermag alles durch den, der mich mächtig macht, Christus«; er ermächtigt, »dynamisiert« mich durch seinen Geist, mit meinem Leben gottgewollt fertigzuwerden (griechisch: *endynamoun*, Phil 4,13). Hier ist auch Röm 8,4 zu nennen: »Unter uns, die wir nach dem Geist wandeln, wird die Rechtsforderung des Gesetzes erfüllt.«

[b] 1Kor 4,9-13 2Kor 6,4-14 11,23-29 Phil 4,11-13 Röm 8,35-39

Für dieses »wandeln im Geist« findet sich 6,8 das Bild vom »säen auf den Geist«. Dort wie hier spricht Paulus diesem pneumatischen Alltag eine uneingeschränkte Verheißung zu. Hier lautet sie: **Ihr werdet das Begehren des Fleisches nicht ausführen**, nach BDR § 365 die bestimmteste Form der verneinenden Aussage. Das fleischliche Begehren wird als ständiger Begleitumstand vorausgesetzt (vgl. V. 17). Es pocht an, findet aber keinen Eingang. Es kann nicht einströmen, weil der Hohlraum dazu fehlt. Das Wachsen der Geistesfrucht, der Dienst für den Nächsten besetzt alles (V. 22-23). Der Glaubende, für sich gesehen, ist nicht eigentlich stark, sondern eben besetzt. Er ist kein ethisches Muskelpaket, sondern die Stärke liegt beim Geist, denn der Geist ist der Herr. »Wo aber der Geist des Herrn ist, da ist Freiheit«, »die Sünde wird nicht herrschen können über euch« (2Kor 3,17; Röm 6,14).

Paulus klärt das Gegenüber von Fleisch und Geist grundsätzlich ab. 17
Das Fleisch begehrt nämlich auf gegen den Geist, der Geist aber gegen das Fleisch. Wir entnehmen drei wichtige Einsichten für den »Wandel im Geist«:

(1) *Kampfessituation.* Die Vokabel »wandeln« könnte nach heutigem Umgangsdeutsch ein falsches Bild vorspiegeln: beschauliches, ja weihevolles Einherschreiten, unerschütterlich weltentrückt und abgeklärt. Aber »Wandel im Geist« verläuft nicht konfliktlos und jenseits des Kampfes zwischen gut und böse, in den jeder Mensch schöpfungsmäßig eingespannt ist. Christus versetzt nicht auf die Zuschauertribüne. Sonst wäre der durchdringende Aufruf in V. 16a und dieser ganze Abschnitt gegenstandslos.

(2) *Verschärfte Kampfessituation.* Schon der Nichtchrist liegt beständig in Reichweite des »Fleisches«. Der einwohnende »Geist des Sohnes« (4,6) verschärft die Situation zusätzlich. Wie die Meeresbrandung unermüdlich gegen die Küste anrollt und den Strand hinaufleckt, erfährt der Christ immer wieder, daß er durchaus einen Sinn für seinen eigenen Vorteil hat. Er erlebt seine Abwehrbewegungen gegen notwendiges Leiden und Verzichten, das Verlangen nach Genußbefriedigung aller Art, das Emporkommen rivalisierender Empfindungen gegenüber dem Nächsten oder die Neigung zu allen Schattierungen der Heuchelei. Der Widerspruch gegen solches Begehren des Fleisches ist jetzt weit härter, als die allgemeine Vernunft und das moralische Empfinden ihn vermitteln. Gemessen an der ungeheuren Spannung, in der der Christ lebt, lebt der gottferne Mensch aufgrund seiner Naivität mindestens phasenweise in ausgesprochener Zufriedenheit dahin. Christus ist in dieser Welt schon ein großer Unruhestifter (Mt 10,34)!

(3) *Übermacht des Geistes.* Fleisch und Geist bilden jedoch keinen gleichgewichtigen Dualismus. Der Vers zuvor, der die Übermacht des Geistes bezeugte, will hier nicht schon wieder vergessen sein. Das Aufbegehren des Fleisches schafft zwar fraglos Probleme, die tief und real sind, aber sie triumphieren nicht. Der Glaubende kämpft nicht mit der Verzweiflung im Rücken, sondern mit dem Sieg im Rücken. »Wir überwinden weit durch den, der uns geliebt hat« (Röm 8,37).

Ein Absichtssatz beendet den Vers: **Diese beiden liegen nämlich miteinander im Widerstreit, damit ihr nicht das tut, was ihr wollt.** Wessen Absicht steht hinter diesem Damit-Satz?

Paulus zieht hier wie so manches Mal in seinen Briefen den Gedanken stark zusammen, so daß die Beziehungen der Wörter untereinander nicht ohne weiteres verständlich sind. Von einem Wollen des Menschen, das gestört wird, spricht Paulus gewichtig auch in Röm 7,15.18.19.21: Der Mensch will das Gute. Aber dieser »Idealismus« des Menschen wird von der Sündenmacht laufend durchkreuzt, so daß dieser in zermürbender Regelmäßigkeit alle Zweikämpfe verliert und laufend das Böse geschieht. Trifft diese Parallele zu, ist unsere kurze Stelle nach jener ausführlichen Stelle auszulegen, nur daß Paulus hier statt von »Sünde« sinngleich vom »Fleisch« spricht. Dann bezieht sich also der abschließende Absichtssatz gar nicht auf den Geist, sondern nur auf die am Kopf des Verses genannte *Fleischesmacht*. Was speziell der Geist beabsichtigt, sagt erst der folgende V. 18. Diese Anknüpfung an Röm 7 soll allerdings nicht den Unterschied zwischen Röm 7 und Gal 5 verdecken. Dort und hier ist allein die Macht der Sünde bzw. des Fleisches dieselbe, übt auch dasselbe Bestreben aus, nämlich beim Menschen die Verwirklichung des Guten zu verhindern. Aber die Gegenseite ist jeweils eine andere. In Röm 7 ist es das ganz auf sich gestellte, isolierte Menschen-Ich, der »inwendige Mensch« (V. 22) und seine »Vernunft« (V. 23.25), eben nicht die Kraft des Pneumas. Dort im Klagelied von Röm 7,14-25 fehlt das Stichwort »Geist« völlig, erst in Röm 8 ertönt es dann 21mal. Dagegen findet sich in Gal 5 »Geist« elfmal. Das bedeutet eine völlig unterschiedliche Situation in den beiden Paulus-Kapiteln. In Röm 7 macht er sich zum Sprecher des unerlösten Menschen, in Gal 5 ist der »Geistgezeugte« (4,29) im Blick.

18 a In der Absicht, die Ethik der Gesetzesfreiheit pneumatologisch zu verankern, ersetzt Paulus zunächst »Wandel im Geist« (V. 16) durch »Führung durch den Geist«. **Wenn ihr aber durch den Geist geführt werdet.** Im Unterschied zu V. 16 erscheint der Geist an dieser Stelle nicht als Kraft, sondern als persönlicher Wegbegleiter – Schulter an Schulter, Schritt für Schritt, Atem bei Atem, aber wohlgemerkt immer als der, der »regiert«, wie Luther hier übersetzte. Das ist wichtig für die Folgerung sogleich in V. 18b.

Bezeichnend für die Art dieses Regiments des Geistes ist wiederum der Wenn-Fall: »*Wenn* ihr aber durch den Geist geführt werdet, ...« Er steuert uns nicht mechanisch. Die Galater hatten auch die traurige Möglichkeit, sich nicht führen zu lassen. Ein Beispiel für verweigerte Führung bietet Röm 2,4. Den Christen ist kein Eisenring um den Hals gelegt, an dem ihr Herr sie mit sich schleppt. Der Geist mutet Freiheit zu (2Kor 3,17). Wir haben bei ihm etwas zu wollen. Wie der Herr uns in täglich frischer Liebe liebt, soll auch jeder unserer Schritte unser herzlicher und freier Wille sein. Leben in der Führung des Geistes ist positiv von 4,6 her zu füllen, ist Sohnschaft im Vollzug.

Jetzt das angezielte Anliegen an dieser Stelle: Eine solche Praxis bedeutet Freiheit vom Gesetz. **Wenn ihr aber durch den Geist geführt werdet, seid ihr nicht unter dem Gesetz.** Wo der Geist in der angedeuteten Weise Herr ist und nun Sohnschaft herrscht, herrscht gewiß nicht Gesetzlosigkeit – er erfüllt ja durch die Geführten das Gesetz (V. 14) –, aber Gesetzesfreiheit. Das Gesetz spielt nicht mehr die Rolle des

Richters, des »Gefängnisses«, des »Aufpassers«, des »Vormunds« (3,22.23.24; 4,2). All sein Verwehren, Gebieten und Antreiben läuft dort ins Leere, wo das Gebotene froh und frei getan wird. Das Gesetz braucht eben, um herrschen zu können, Menschen, die von sich aus *nicht* tun oder nicht von *Herzen* tun, was Gott will. Das Gesetz übt eine Zaunfunktion aus: Bis hierher und nicht weiter! Vorausgesetzt ist also des Menschen Art, sich vom Verbotenen fixieren zu lassen und begehrlich an der Grenze des Erlaubten entlangzugehen, zurückgehalten allein von der Angst vor dem Ertapptwerden. Hat solch ein Sünder aber ein neues Herz bekommen und lebt er nun im Zentrum der Liebe und des Willens Gottes, geht er auch auf der Mitte des Weges statt immer an seinen Rändern entlang. Folglich erübrigt sich die Zaunfunktion des Gesetzes. Dafür benötigt es Menschen am Zaun. Wenn dort niemand steht, ist es überfällig. Um es an einem Beispiel zu zeigen: Die staatliche Ehegesetzgebung führt im Fall einer Ehekatastrophe das große Wort, aber für eine gesunde Ehe ist sie Luft (vgl. 1Tim 1,9-10).

In diesen fünf Versen stellt Paulus ein zweites Mal Fleisch und Geist 19-23
einander gegenüber, nun aber nicht mehr grundsätzlich, sondern praktisch. Er liefert »Kleingeld«. Man vergleiche auch Jesu praktische Antwort auf die Grundsatzfrage in Lk 10,29. Begriffe dürfen nicht unfruchtbar zerfasert werden, sondern wollen anwendbar gemacht werden.

Paulus listet beispielhaft Auswirkungen fleischlichen Begehrens auf. 19-21 a
Offenkundig aber sind die Werke des Fleisches. Der Satzbeginn trägt den Ton. Für jeden vernünftigen Menschen liegt offen zutage, wo nicht wahre Liebe am Werke ist, sondern eben Fleisch. Dazu muß man weder gesetzeskundiger Jude noch Christ sein. Um so größer das Armutszeugnis für Christen, wenn sie fromm bemäntelten Ungeist nicht durchschauen. Sie lassen sich von der Klarsicht der Umwelt in den Schatten stellen (vgl. 1Kor 5,1). Hier liegt noch einmal eine Spitze gegen die »unverständigen Galater« von 3,1.

Nun wäre es verfehlt, in der folgenden Liste Punkt für Punkt Anspielungen auf die Verhältnisse in Galatien zu suchen, wiewohl sicher auch einzelne »gute Bekannte« für sie darunter gewesen sein mögen. Vielmehr soll der Blick für das Typische geschärft werden. Um diesen Eindruck nicht zu stören, unterlassen wir das Sezieren jeder einzelnen Vokabel und halten uns an den großen Gedankenbogen. Die ersten drei Begriffe gehören in den Bereich mißbrauchter Sexualität: **Unzucht, (sittliche) Unreinheit, Ausschweifung**. Diese Erwähnung gleich an der Spitze und in vielen vergleichbaren Listen der Bibel trägt der christlichen Botschaft leicht den Vorwurf der Prüderie ein. Doch verliert sich dieser Verdacht beim gründlichen Bibellesen. Die richtige Deutung:

Gott ist ein Gott der Liebe und darum so hellwach gegenüber Ichsucht, Rücksichtslosigkeit, Gemeinheit, Verrat und Untreue gerade in diesem Bereich. Verstöße gegen wahre Liebe müssen einen Gott der Liebe ganz besonders treffen. So folgen den Sünden gegen das 6. Gebot hier auch sinnvoll die Sünden gegen das 1. Gebot. **Götzendienst, Zauberei.** Schon im AT hängen Hurerei und Götzendienst innerlichst zusammen. Der Abfall zur fremden Frau zieht den Abfall zum fremden Gott nach sich. Wer in Unzucht lebt, lebt sicher auch mit Gott auf dem Kriegsfuß, bekrittelt Christus, Bibel und christliche Gemeinde, auch wenn er sich dieser Zusammenhänge nicht bewußt ist. Millionen Menschen gewinnen trotz jahrelanger Sehnsucht nicht den Zugang zur Gotteswirklichkeit, weil sie an ihren sexuellen Ausschweifungen festhalten. Sie mögen sich fünfmal »bekehren«, bleiben aber im religiösen Dunst. »Sie geben sich einen frommen Anschein, aber die Kraft wirklicher Frömmigkeit kennen sie nicht« (2Tim 3,5).

Es folgt ein offensichtlicher Schwerpunkt (vgl. V. 15 u. 26), indem acht Ausdrücke zwischenmenschliche Mißstände festnageln: **Feindseligkeiten, Streit, Rivalität, Zornausbrüche, Selbstsüchteleien, Zwistigkeiten, Parteiungen, Mißgunst.** Schließlich entlarvt sich das Fleisch auch in **Trink- und Eßgelagen** mit dem armen Lazarus vor der Tür, meist beschmunzelt und doch so gottvergessen und menschenverachtend. **Und dergleichen.** Die Aufzählung ist in Gang gebracht, aber nicht beendet. Wir sind herausgefordert, sie gemäß unserer Erfahrungswelt fortzusetzen.

Mit V. 21b schließt sich ein Drohwort an: **Wovon ich (noch einmal) voraussage, wie ich (schon) vorausgesagt habe.** In der Bibel fehlt im Umfeld einer Verheißung selten das Drohwort. Das hängt mit ihrer liebevollen Geradheit zusammen. Eben noch verhieß Paulus den Lesern, daß sie gewiß nicht im Finstern wandeln, wenn sie im Geist wandeln (V. 16). Jetzt folgt eine Warnung, die, wie Paulus erinnert, schon zum urchristlichen Basisunterricht gehörte. Er hatte den Getauften klaren Wein eingeschenkt: **Die derartiges praktizieren, werden das Reich Gottes nicht erben.**[c] Das Reich Gottes ist etwas so Großes, daß es natürlich niemand verdienen oder bezahlen kann. Man kann es nur **erben,** nämlich als Miterbe Christi (3,29; 4,7). Ersten Anteil an diesem »Himmel« gewinnen wir durch den Empfang des Heiligen Geistes.[d] Nun läßt sich so formulieren: Wandel im Geist bringt zwar nicht in den Himmel, ist aber Bedingung, im »Himmel« zu bleiben. Man kann eben nicht den Geist folgenlos empfangen haben, ohne entsprechende Frucht zu bringen. Das wäre die unmögliche Möglichkeit und eine tiefe Beleidigung des Geistes (Eph 4,30). Dazu – ohne jedes Ausmalen von Höllenstrafen – die nüchterne und klare Feststellung: Gott gedenkt mit solchen Menschen nichts zu tun zu haben! Diese Wahrheit gehört zum Evangelium.

[c] Röm 8,6.13; 1Kor 6,9f; Eph 5,5f; Kol 3,6; 1Thess 4,2
[d] Röm 8,23; 2Kor 1,22; 5,5; Gal 3,2; 4,6; Eph 1,14

In Gegenüberstellung (»aber«!) zu den Werken des Fleisches umreißt Paulus die Wirkungen des Geistes. **Aber die Frucht des Geistes ist Liebe.** Die Ausleger heben hervor, daß den »Werken des Fleisches« (V. 19) nicht Werke, sondern eine einzige »Frucht« des Geistes gegenübersteht – ein tiefsinniges Gegenüber von Werk und Frucht. Doch ist den Vokabeln an sich keine feststehende Bewertung einzustiften. An anderen Stellen kann Paulus auch positiv von »Werk, wirken« sprechen (schon hier 6,10) und »Frucht« negativ verwenden (Röm 6,21), und er kann beide Wörter zu einem einzigen Ausdruck verbinden: »Frucht des Werkes« (Phil 1,22). Die folgende Deutung bezieht sich also lediglich auf diese Stelle in ihrem Zusammenhang. **22-23**

Des Menschen Verhältnis zu seinem Werk ist direkt. Es geht voll auf sein Planen, Können und Machen zurück. Frucht ist dagegen nicht in dieser Weise planbar und machbar. Wiederum wäre die Ansicht übertrieben, Frucht käme »von selbst« und läge außerhalb unserer Verantwortung, so daß wir nur zu lauern hätten, ob sie sich wohl bei uns einstellt. Wir *sollen*, wie die Bibel an vielen Stellen voraussetzt, Frucht bringen, sollen sie wollen, vorbereiten, aussäen, begießen, pflanzen oder pflegen. Dennoch bleibt bestehen: »Gott gibt das Gedeihen« (1Kor 3,6). Erntefrucht ist darum sinnvoll mit Erntedank verbunden. Das Hereinwirken Gottes steht lebendig im Bewußtsein. Dementsprechend trägt die geerntete Frucht auch die Merkmale des Wesens und Wirkens Gottes und seines Geistes. Das mag sich in der Tugendliste schon rein formal zeigen. Im Unterschied zur unsystematischen Aufzählung der Fleischeswerke in V. 19-21 begegnet uns hier ein wohlgeordnetes Ganzes im feierlichen doppelten Dreierrhythmus (gewisse Ähnlichkeiten mit 1Kor 13,4-7). Zuerst die dreifache Entfaltung der Liebe selbst (Liebe, Freude, Friede), dann ihre dreifache Entfaltung gegenüber dem Nächsten (Langmut, Freundlichkeit, Gutsein), schließlich die dreifache Entfaltung der persönlichen Haltung (Treue, Sanftmut, Selbstbeherrschung).

Die **Liebe** macht den Anfang, denn »Gott ist die Liebe«. Sie bleibt aber bis zum Ende der Liste gegenwärtig, so daß eine neunfache Entfaltung der Liebe herauskommt. P. Burckhardt versucht der Einheitlichkeit dieser Vielgestaltigkeit auf diese Weise gerecht zu werden (S. 86, hier mit kleinen Abweichungen): **Freude** als jubelnde Liebe, **Friede** als heilende Liebe, **Langmut** als tragende Liebe, **Freundlichkeit** als erbarmende Liebe, **Gutsein** als schenkende Liebe, **Treue** als verläßliche Liebe, **Sanftmut** als demütige Liebe, **Selbstbeherrschung** als verzichtbereite Liebe.

Die zusammenfassende Schlußwendung **derartiges** (V. 23b) verrät wieder, daß Paulus bei seiner Aufzählung gar nicht so sehr am einzelnen Wort hängt, sondern einen Gesamteindruck vermitteln will: Jede der genannten Äußerungen ist vom Heiligen Geist und von der Liebe durchstrahlt. Von 1Kor 13,1-4 her klingt uns im Ohr: Ohne die Liebe wären die größten Tugenden und Leistungen nichts! Kol 2,20-23 schildert z. B. Enthaltsamkeit, die »nur das Fleisch befriedigt«.

Der Schlußsatz berührt zum dritten Mal innerhalb des Briefteils das Gesetz und zeigt damit, daß dieses Thema immer gegenwärtig blieb. **Gegen derartiges ist das Gesetz nicht** (vgl. 3,21). Wie könnte auch das Gesetz, das doch nach Röm 7,12 und 14 »geistlich« ist, gegen die Frucht des Geistes sein und sich nicht im Tiefsten erfüllt sehen (V. 14)! Bemerkenswert aber, wie das Gesetz nicht absichtsvoll durch das Gesetz erfüllt wird, sondern sich erst im Nachhinein, nach dem Offenbarwerden des Evangeliums, als erfüllt zeigt.

24 Paulus betont nachträglich, daß er im ganzen Abschnitt Christen voraussetzt. **Die aber Christus angehören**, greift eine urchristliche Selbstbezeichnung auf.[e] Ihr liegt eine Denkweise zugrunde, wonach ein Mensch sich nicht selbst gehört, sondern immer jemandes Besitz ist. Indem er aber dem einen gehört, ist er vom anderen frei. »Niemand kann zwei Herren dienen« (Mt 6,24). Christi Eigentum sein ist also zugleich eine Freiheitserfahrung. In Röm 8,9 datiert er diese Inbesitznahme durch Christus und damit die Befreiung von der Herrschaft des Fleisches auf den Moment des Geistempfangs. Durch den Geist bezog der erhöhte Herr seinen Besitz, um ihn als seinen Herrschafts- und Segensbereich zu behaupten. Erst dann ist der Aufruf zum Wandel im Geist sinnvoll, weil ja erst dann auch die Kehrseite gegeben ist: die Lösung von der Macht des Fleisches.

[e] Röm 8,9; 1Kor 3,23; 15,23; 2Kor 10,7; Gal 3,29

Paulus erinnert: **Sie haben das Fleisch mitsamt den Leidenschaften und Begierden gekreuzigt.** In Röm 6,6 variiert er die Aussage: sie haben »den alten Menschen getötet«. Zu Gal 2,19 wurde die bildliche Rede vom Töten und ihr zutreffender Vergleichspunkt ausführlich erörtert. Im Mittelpunkt steht ein juristisches Geschehen: Die Rechtsbindungen an das Fleischeswesen wurden durchschnitten. Dieses ist zwar noch als äußerst rege Macht existent, wie besonders V. 17 zeigte, aber nur noch als illegale Macht, als Macht ohne Recht. Darum muß der Christ sich von dessen gebieterischem Auftreten nicht mehr einschüchtern lassen. Er schuldet dem Fleisch nichts mehr (Röm 8,12). Dessen Ansprüche sind gegenstandslos. Mit ihm hat er so wenig zu schaffen wie mit einem Toten.

Doch Kreuzigen geht über Töten hinaus. Eine Kreuzigung bezweckt zusätzlich zur physischen auch noch die moralische Vernichtung.[f] Diese radikale Verurteilung der Fleischesmacht ist für Paulus ein wichtiger Bestandteil der christlichen Grunderfahrung. Sie geschieht hier nach dem Wortlaut weder durch Gott noch durch den Geist noch durch einen Diener der Kirche, der sie in einer Weihehandlung vollzöge,

[f] Mk 8,31; Gal 3,13

obwohl die übergroße Menge der Ausleger hier die Taufe heranzieht. Auffällig dagegen die nüchterne Beachtung des Textes bei H. D. Betz, S. 493: »Aber diese ›sakramentale‹ Interpretation ist hier genau so künstlich wie sonst im Galaterbrief.« Borse unterstützt S. 206: Die Galater selbst haben ihr Fleisch gekreuzigt, als sie zum Glauben kamen an den Gekreuzigten. Christwerden geschieht gewiß im Zusammenspiel einer ganzen Reihe von Faktoren, doch darf der Aspekt der eigenen Absage nicht fehlen. Niemand wird Christ, ohne es selbst zu wollen und zu wissen. Paulus war es wichtig, daß bei seinen Lesern die Erinnerung an die Inbesitznahme durch Christus und an die damit verbundene Verurteilung des Fleisches durch sie selbst tatsächlich abrufbar war (s. zu 3,1-5). Gewiß ist auch eine »Streckung« dieser Aktes über die ganze Lebenszeit des Christen wichtig. Der Befund »mit Christus gestorben« will Tag für Tag fortgeschrieben werden. »Ich sterbe täglich«, sagt Paulus 1Kor 15,31; vgl. Lk 9,23. In 2Kor 4,10 stellt er im Unterschied zu einer gelegentlichen Erfahrung betont voran: »Wir tragen *allezeit* das Sterben Jesu an unsern Leibern.« Wir trachten nach *zunehmender* »Gemeinschaft seiner Leiden« (Phil 4,10-11; 2Kor 11,23). Aber wie sollte jemand täglich und Schritt für Schritt dem Fleisch eine Absage erteilen und im Geist wandeln, der einer grundlegenden und öffentlichen Absage bisher aus dem Wege ging?

Paulus bündelt die Ethik des Heiligen Geistes: **Wenn wir durch den Geist leben, laßt uns auch im Einklang mit dem Geist sein.** Der Aufruf zum Wandel im Geist eröffnete schon den Abschnitt (V. 16). Wenn er jetzt nach den Erläuterungen von V. 17-24 wiederkehrt, klingt er doppelt machtvoll. Im Grundtext stoßen an der Nahtstelle zwischen Vorder- und Nachsatz die beiden Vorkommen von »Geist« unmittelbar aufeinander: *pneumati – pneumati*. Was nach dem ersten Satz Lebensgrund ist: Wir leben im Geist, soll nach dem Nachsatz auch Handlungsprinzip werden. Unser Handeln soll mit dem Geist übereinstimmen, so daß er uns »Kanon« wird, Maßstab, vgl. 6,16. Der Imperativ: Ihr sollt! ist nichts anderes als eine Aktualisierung des Indikativs: Ihr habt ja! Das Geforderte erwächst in Selbstverständlichkeit aus dem Gegebenen. Angesichts der überwältigenden Erfahrung des Guten wird dem Guten im eigenen Tun freie Bahn gemacht. Gottesliebe fließt über in Menschenliebe! 25

Doch auch Selbstverständliches geschieht nicht immer von selbst. Das unkomplizierte Hervorgehen des einen aus dem anderen könnte sich *nicht* ereignen, sondern durch etwas Fremdes gestört werden. Was im Geist begonnen wurde, drohte in Galatien ganz widersinnig im Fleisch fortgesetzt zu werden (3,3). Darum überhöre man nicht den aktivierenden Ton. Der Heilige Geist ist gewiß eine überwältigende Macht, was aber nicht veranlassen sollte, sich passiv hinzuhocken und auf sein Wirken zu lauern. Vielmehr ruft Paulus: Bewegt euch schon!

Tut Schritte, handelt! Überwindet das Böse mit Gutem (Röm 12,21), tut Gutes, sagt Gutes, denkt Gutes (6,9-11)! Wer keine Schwimmbewegungen macht, geht unter, und ein Schiff, das sich nicht bewegt, kann auch nicht gesteuert werden. Wenn wir passiv sind, wird also das Fleisch aktiv. Es wartet nur auf solche Gelegenheit (V. 13b).

26 Nicht wenige Ausleger ziehen diesen Vers über die Kapitelgrenze hinweg zum folgenden Abschnitt. Doch spricht für einen Neubeginn erst dort schon die neue Anrede in 6,1. Paulus scheint hier genauso wie zum Schluß des vorigen Abschnitts (V. 15) mit dem Kontrastschema zu arbeiten: Einer positiven Darstellung folgt ein abschreckendes Beispiel. Wenn das so richtig gesehen ist, darf man diesen Vers hier genausowenig ausgliedern wie dort.

Es folgen also Beispiele für die Mißachtung des Heiligen Geistes im zwischenmenschlichen Umgang, und zwar in Form der Geltungssucht. Dabei stehen sicher wieder gewisse Erscheinungen unter den Galatern vor Augen (vgl. Popkes, Aufsatz, S. 14). **Laßt uns nicht Prahler sein, indem wir einander herausfordern und aufeinander neidisch sind.**[g] Die Auslegung dieser Mahnung haben wir schon mit der von V. 15 zusammengezogen. Was hier aber im Unterschied zu V. 15 auf sich aufmerksam macht, ist die Tatsache, daß Paulus sich diesmal selbst einbezieht (»Laßt uns ...«). Er weiß, wovon er spricht. Auch er kennt diesen Anhauch fleischlicher Begierden, die gegen den Geist aufbegehren (V. 17). Das spornt ihn auch zu der einfühlsamen Milde an, die den folgenden Abschnitt auszeichnet. Er verwirklicht selbst jene Haltung, die er dort der ganzen Gemeinde beim Umgang mit fremden Verfehlungen empfiehlt.

[g] 1Kor 3,3f.16f 1Tim 6,4

c) Wie die Gemeinde im Fall eines Fehltritts in ihren Reihen geistgeleitet handelt und das Gesetz Christi erfüllt: 6,1-5

1 Brüder, wenn ein Mensch überrascht worden ist[a] durch irgendeine Verfehlung[b], bringt ihr, die Geistbegabten[c], einen solchen (wieder) in Ordnung[d] durch den Geist der Sanftmut[e] – gib dabei acht auf dich selbst, daß du nicht auch versucht werdest.

2 Tragt einander die Lasten, und so werdet ihr erfüllen das Gesetz des Christus.

3 Wenn jemand meint, etwas (Besonderes) zu sein, während er (doch) nichts ist, betrügt er sich selbst.

4 Vielmehr das Werk von sich selbst prüfe ein jeder, und dann wird er im Hinblick auf sich selbst allein Ruhm haben und nicht im Hinblick auf den anderen.

5 Jeder wird nämlich die eigene Bürde tragen.

Zur Übersetzung

[a] *prolambanô* ist nicht sicher zu übersetzen. In der Vorsilbe *pro* liegt das überraschend Zuvorkommende. Aber wer überrascht hier? Es könnte der Fehltritt sein, der den Bruder überrascht (*en* also instrumental gefaßt: durch; so hier mit Luther: »übereilt«, vgl. Elberfelder, Ridderbos, Bruce, Borse, Becker, Delling ThWNT IV, S. 15), oder ein anderer Mensch, der den Bruder beim seinem Fehltritt ertappt, so Rohde: »Wenn ein Mensch ertappt wird« (*en* lokal gefaßt: in; so auch Oepke, Schlier, Mußner, EWNT III, Sp. 381; Michaelis ThWNT VI, S. 173).

[b] *paraptôma* (bei Paulus elfmal, z. B. Röm: 4,25; 5,15.16.17.18.20; 11,11.12) unterscheidet sich vom sonst so häufigen *hamartia* bei Paulus (64mal) nicht durch geringere Schwere der Versündigung (gegen Rohde: ›das mildeste Wort für Sünde‹; so Luther, Oepke, Wolter EWNT III, S. 78), vielmehr bezeichnet es die einzelne Sündentat gegenüber der universalen Sündenmacht.

[c] Die wörtliche Übersetzung von *pneumatikoi* mit »Geistliche« ist hier vermieden, weil der Ausdruck im Umgangsdeutsch den asketisch lebenden Mönch und Priester, auch den verheirateten Pfarrer bezeichnet.

[d] *katartizô*, wörtlich: völlig normal und passend machen. Das Substantiv (*katartismos*, nur Eph 4,12) ist als medizinischer Fachausdruck für das Einrenken eines Gliedes belegt (WB, Sp. 826).

[e] *praytäs*, Gegensatz: rauhes, scharfes und heftiges Vorgehen. Wichtig ist Sach 9,9f, wonach der messianische Herrscher sanftmütig ist, also Gewaltverzicht und richterliche Milde übt, vgl. Mt 11,29; 21,5. Dieser Hintergrund bewahrt hier vor dem Mißverständnis der Weichlichkeit.

Vorbemerkung

1. *Zusammenhang*. Die folgenden zehn Verse sind keineswegs »eine Reihe von Einzelanweisungen«, »nur lose aneinandergefügt«, so daß sich »eine thematische Ordnung nicht erkennen« ließe (Rohde; vgl. Betz, S. 496f). Hier wird der Vorschlag gemacht, die Abschnitte V. 1-5 und V. 6-10 sowohl als zwei in sich zusammenhängende Gedankenkreise zu sehen als auch als zusammenhängend mit dem Vorangehenden. Paulus liefert hier zwei Anwendungen seiner Geist-Ethik. Zunächst gehören die ersten fünf Verse eng zusammen und legen sich gegenseitig aus. Sie greifen aus dem Strauß der Geistesfrüchte von 5,22-23 den »Geist der Sanftmut« heraus (V. 1). Er ist es nämlich, der mit den Nöten fertig wird, die nach 5,15 und 26 offenkundig die christliche Gemeinschaft in Galatien belasteten. V. 6 greift dann als weiteres Beispiel das »Gutsein« von 5,22 heraus. Es liegt durchaus nahe, daß auch dieser Punkt in Galatien veranlaßt war (s. Vorbemerkung dort). Das Stichwort »Gutes« erscheint in V. 6.9.10, so daß auch für V. 6-10 ein geschlossener Eindruck entsteht.

2. *Paulus und die bleibende Sünde der Gläubigen*. H.D. Betz setzt auf S. 503 ein: »Es ist wichtig, sich klarzumachen, daß dies die einzige Stelle im Galaterbrief ist, wo Paulus offen zugibt, daß es ›Fehltritte‹ in der Gemeinde geben kann und vermutlich gegeben hat.« Dieser Satz befremdet schon deswegen, weil Paulus doch bereits in 2,13 schonungslos die Heuchelei von Christen anprangerte, in

5,15 und 26 ungeschminkt das ungeistliche Verhalten in den eigenen Reihen zur Sprache brachte. Worauf es uns jetzt aber ankommt, ist bei Betz die Wahl des Wortes »zugeben«, das er drei Sätze später wiederholt: »Daß Paulus überhaupt Fehltritte zugibt ...« Man gibt zu, was man zuvor geleugnet hat oder was man mindestens von sich aus nicht bedacht hat, um es schließlich unter Nötigung von außen einzuräumen. So käme hier bei Paulus mindestens ein Mangel an theologischer Besinnung heraus. Er hätte die Realität der christlichen Existenz noch nicht voll und tief erfaßt. Mehrere Ausleger finden in unserm Text auch Merkmale, nach denen Paulus die Sünde in der Gemeinde herunterspiele. Dazu paßt schließlich der Vergleich, wie ihn P. Althaus gern zwischen Paulus und Martin Luther anstellte. Bei Paulus habe sich noch nicht wie bei Luther die Frage der bleibenden Sünden der Gläubigen aufgedrängt, so »daß die Besinnung auf die Sünde bei den Reformatoren eine Eindringlichkeit bekommen hat, die Paulus noch fehlt« (Der Brief an die Römer, NTD, 1946, S. 66). Zu Recht fand diese Darstellung Widerspruch. So betont Otto Michel: »Auch Paulus kämpft mit gleichem Ernst wie Martin Luther gegen falsche Sicherheit der Getauften und gegen die Sünde innerhalb der Gemeinde« (Der Brief an die Römer, KEK, 1955, S. 157). Angesichts dieser Diskussion ist uns der vorliegende Abschnitt besonders wertvoll.

3. *Zurechtbringende Gemeinschaft*. Unser Abschnitt zählt zu den klassischen Belegen für die sog. Gemeindezucht, verstanden als amtliches Handeln der Gemeinde in ihrer Vollversammlung. Aber er ist auch für Situationen weit im Vorfeld solcher Zuspitzungen zuständig, ja könnte diese sicher so manches Mal erübrigen. Er bezeugt zurechtbringende Gemeinschaft im normalen Gemeindealltag. Zurechtbringen kann in zupackender Seelsorge geschehen, aber auch ganz formlos, ja wortlos und sogar absichtslos. Christliche Gemeinschaft ist jeden Tag Gemeinschaft der Unvollkommenen. Wie aber geht sie mit christlichen Defiziten in ihrer Mitte geistlich um?

1a Paulus beschreibt den gedachten Fall einer Verfehlung innerhalb der Gemeinde. **Brüder, wenn ein Mensch überrascht worden ist durch irgendeine Verfehlung.** Der Wenn-Stil ist besonders aus Mt 18,15 bekannt: »Wenn dein Bruder an dir sündigt.« Solche typischen Wenn-Sätze durchziehen auch das mosaische Bundesbuch 2Mo 21,1-23,19. Sie formulieren jedesmal das Eintreten einer Gemeinschaftsstörung im Volk Gottes, vergleichbar einem Störfall im Stromnetz. Das Licht geht aus. Aber dann gibt's jedesmal auch eine Weisung Gottes, wie es weitergeht. Wenn alles aus ist, ist eben nicht alles aus. Wenn einer sündigt, sündigen die andern nicht hinterher. Dann ist die Gemeinde nicht hilflos, sondern dann schlägt die große Stunde für das, was Paulus' Wandel im Geist (V. 16) oder Geführtwerden vom Geist (V. 18) oder Handeln im Einklang mit dem Geist (V. 25) nannte. In diesem Sinne gibt der Nachsatz die Rechtsfolgen bekannt. Solche Weisungen sind demnach Gnade.

Während Jesus in Mt 18,15 eine Schuld vor Augen hat, die gegen einen einzelnen begangen wird (»sündigt an dir«) und die erst später und nur eventuell den andern bekannt wird, ist in diesem Fall sofort die ganze Gemeinschaft betroffen. Dafür sprechen hier alle Zusammenhänge. Man denke an eine von allen miterlebte taktlose Bemerkung, eine unschöne Spitze, eine gedankenlose Ungerechtigkeit, eine feige Ausrede, eine offenbare Verleumdung, eine peinliche Unbeherrschtheit, eine schmähliche Heuchelei. Jedenfalls leidet die Gemeinschaft Not, die verbleibende Liebe fällt schwer, der Geist Gottes ist betrübt.

Zum Ausdruck **Verfehlung** prüfe man die Anmerkung zur Übersetzung. Auch der Zusatz **irgendeine** mindert nicht die Schwere der Verfehlungen. Noch weniger dürfen wir daraus, daß Paulus in diesem Fall Sanftmut empfiehlt, auf eine Geringfügigkeit schließen, als ob man mit einem schweren Fall getrost grob umgehen könnte. Die Unterscheidung zwischen schweren oder leichten Fällen beschäftigt hier überhaupt nicht, sondern der Gemeinschaftsbruch. Ob bei einer Stromunterbrechung das Kabel auf der Länge von einem Meter oder von einem Millimeter gekappt wurde, ist ohne Belang.

Es ist beachtenswert, *wie* Paulus über den Schuldigen spricht. Er liefert sogleich ein Muster für das, was er fordern wird, für den »Geist der Sanftmut«, und führt den Schuldigen so ein: **ein Mensch**. Seht ihn dort stehen, ein Mensch aus Fleisch und Blut, versuchlich und leichter zu zerdrücken als eine Motte (Hiob 4,19)! Er ist von einer Verfehlung **überrascht worden**. Sie erwuchs nicht aus seiner Grundeinstellung. Er ist ein Glaubender wie du und ich. Der Tat ging kein böser Vorsatz voraus. Im Gegenteil, er hat nur noch das Nachsehen und mag über sein eigenes Tun selber entsetzt sein. Welchen Schaden hatte er der Bruderschaft und seinem Herrn zugefügt!

Hier darf man 2Thess 3,15 zitieren: »Doch haltet ihn nicht für einen Feind, sondern weist ihn zurecht als einen Bruder.« Trotz des Sündenfalls in ihrer Mitte sind sie jetzt nicht Gegner, sondern (nach der ausdrücklichen Anrede!) **Brüder** durch Christus, der gewissermaßen zwischen ihnen am Kreuz hängt. Die bitteren Pfeile, die unter ihnen abgeschossen wurden, stecken ihm im Leib, alle Häßlichkeiten sind ihm ins Angesicht gespien. Er ist hier das eigentliche Opfer. Als Opfer Gottes hängt er zwischen ihnen, breitet seine Arme nach beiden Seiten aus und schafft Frieden.

Die Tatanweisung beginnt. Beachtlich, wie Paulus dem Sündenfall 1b
nur das erste Drittel des ersten Verses widmet, die zwei nächsten Drittel und die restlichen vier Verse aber den Zurechtbringern. Es scheint, er mache sich um die Ermahner mehr Sorgen als um den Gefallenen. Erst sie könnten alles so richtig schlimm machen, noch schlimmer als die Verfehlung selbst.

Der Aufforderung zum geistlichen Umgang mit fremden Sünden geht eine bezeichnende Anrede voraus: **Ihr, die Geistbegabten!** Kaum verengt er damit den Kreis der eben angeredeten »Brüder«, um nur noch die besonderen charismatischen Könner unter ihnen anzusprechen. Einzig 1Kor 14,37 benennt er einmal speziell die Gruppe von prophetisch Begabten als »Pneumatiker«, wahrscheinlich aber ironisch. Sonst ist es seine eindeutige Lehre, daß alle Glaubenden »Tempel des Heiligen Geistes«[a] sind und »im Geist leben«.[b]

[a] 1Kor 3,16 6,19
[b] Gal 5,25 3,2f.5.14 4,6.29 5,5.16ff.22f 6,8

Die Bruderschaft ist jetzt also gefordert: **Bringt** den Gefallenen **(wieder) in Ordnung**. Ein Glied, das schmerzhaft und nutzlos aus dem Leib der Christusgemeinde herausragt, ist wieder einzurenken. **Durch den Geist der Sanftmut.** Lernend von Jesus handeln sie sanftmütig und von Herzen demütig an dem Mühseligen und Beladenen und bringen ihn wieder in die Jochgemeinschaft mit Jesus (Mt 11,28-30).

»Sanftmut« ist für Paulus nicht prinzipielles Besänftigen, nicht blindverbissenes Nettsein. Das zeigen bei ihm ausführlichere Stellen mit »Sanftmut«. Nur zwei Beispiele: »Was wollt ihr? Soll ich mit dem Stock zu euch kommen oder mit Liebe und dem Geist der Sanftmut?« (1Kor 4,21). »Ich selbst aber, Paulus, ermahne euch bei der Sanftmut und Güte Christi. Ich bitte aber, daß ihr mich nicht zwingt, wenn ich bei euch bin, unerschrocken und fest aufzutreten ...« (2Kor 10,1-2; vgl. 13,10). Er könnte sich auch frontal durchsetzen, es stände ihm zu. Nach 2Kor 13,2 und 10 könnte er jede Nachsicht fallen lassen und »Strenge gebrauchen kraft der Vollmacht, die der Herr mir gegeben hat zum Aufbauen«. Wenn das Böse vorbedacht, hartnäckig und unbußfertig im Raum steht, wenn es dazu noch öffentlich Anhänger wirbt und verführt, wenn also der Sauerteigeffekt droht (vgl. 5,8.9), schafft die Liebe klare Fronten und läßt das Böse nicht etwa auf Watte statt auf Widerstand stoßen. »Die Liebe freut sich nicht der Ungerechtigkeit« (1Kor 13,6). Sie lächelt nicht undurchdringlich zu allem, sondern läßt klar erkennen, wozu sie nein sagt. Das kann bis zur Trennung gehen: »Schafft den alten Sauerteig weg!« (1Kor 5,7). Die Tragfähigkeit der Gemeinde hat ihre sachlich notwendige Grenze. Dementsprechend anerkennt Offb 2,2: »Du kannst das Böse nicht tragen.« Andernfalls wird die Gemeinde orientierungslos und immer unfähiger, die nächste Probe zu bestehen, die bestimmt kommt. Schließlich schwimmt sie einfach mit dem Strom, was nicht nur bei Fischen ein Krankheitszeichen ist. Darum kann das Handeln im Geist des kraftvollen Widerstandes, der sich furchtlos durchsetzt, genau so notwendig und auch genau so wohltätig für eine Gemeinde sein wie in einem anderen Fall sanftmütiges Zurechthelfen. Beide Weisen verfolgen das gleiche Ziel. Noch beim Hinaustun eines »Bösen« bleibt dieser ein Gegenstand der Sorge und Hoffnung, wie 1Kor 5,5b zeigt.

1c Die Mahnung für die Ermahner setzt sich fort. **Gib (dabei) acht auf dich selbst, daß du nicht auch versucht werdest.** Das plötzliche »du« rüttelt auf. Zurechtbringendes Handeln muß von wachsamer Selbstprüfung flankiert sein. Viermal lenkt Paulus in V. 1.3.4 den prüfenden

Blick auf »sich selbst« (rückbezügliches Fürwort). Aus einem wachen Gewissen für sich selbst und für die eigene Versuchbarkeit fließt eigene Beschämung. Sie bewahrt davor, den Gefallenen noch zusätzlich zu beschämen. Er wird zum Spiegel, den Gott mir vorhält. Ich werde mir zwar nicht künstlich Übeltaten einreden, wohl aber erkennen, daß ich so mancher Versuchung nur deswegen nicht erlag, weil ich sie noch nicht erlebt habe (1Kor 10,13). Auch wurde so manche Situation allein durch Gottes Güte bestanden. Bewährung war oft nichts anderes als Bewahrung. Auf diese Weise bekommt der Seelsorger oder die Seelsorgegemeinschaft »eine gelehrte Zunge, mit den Müden zu rechter Zeit zu reden« (Jes 50,4), nämlich im »Geist der Sanftmut«, der mehr ist als gutherzige menschliche Gemütsstimmung. Solche Stunden begründen die Gemeinschaft in der Tiefe neu.

Paulus baut seine Weisung in ihren christologischen Zusammenhang 2
ein: **Tragt einander die Lasten, und so werdet ihr erfüllen das Gesetz Christi.** Den Gedanken des gegenseitigen Lastentragens kannte und kennt auch das Heidentum. »Tragt unter Freunden alle Lasten gemeinsam« (Menander, 3. Jh. v. Chr.). Freunde teilen ihren Schmerz, Freunde erleichtern sich bei ihren Freunden. Auch der Talmud nennt als Pflicht für Rabbinenschüler, »am Joch mit seinem Nächsten (zu) tragen«.[60] Unleugbar gibt es also auch außerhalb des Christentums gute und nützliche Einsichten in die Bedingungen menschlichen Zusammenlebens. Die Frage ist nur, ob Paulus hier diese allgemeine Lebensweisheit weitergeben wollte, ob er also V. 2 zusammenhangslos hinsetzt, oder ob er hier das Thema vom gefallenen Bruder fortsetzt. Kaum ist »Last« hier allgemeine Lebenslast, etwa Arbeitslast nach Mt 20,12, Gesetzeslast wie Apg 15,28 oder Leidenslast wie Offb 2,24, sondern Schuldbelastung. Dann aber, da es doch um Gegenseitigkeit geht (»tragt *einander* die Lasten«), ist die christliche Gemeinde für den Apostel eine Schuldgemeinschaft – ein bemerkenswerter Beitrag zur Frage der bleibenden Sünden bei den Gläubigen. Mit dieser Sicht steht der Apostel zugleich ganz dicht bei seinem Herrn, der es für notwendig hielt, seine Jüngerschaft (!) zu lehren, um Vergebung zu beten wie um das tägliche Brot: »Unser tägliches Brot gibt uns heute und vergib uns unsere Schuld, wie wir auch vergeben unsern Schuldigern.«

Das **einander** *(allēlōn)* spielt in den paulinischen Gemeindebriefen eine Dauerrolle. Christliche Gemeinschaft ist umfassendes wechselseitiges Eintreten füreinander, bei dem jeder einmal Diener und Bedienter ist:

einander lieben (Röm 12,10; 1Thess 3,12; 2Thess 1,3),
einander dienen (Gal 5,13),

[60] Bill III, S. 577

einander trösten (Röm 1,12),
einander ertragen (Eph 4,2),
einander Glied sein (Röm 12,5; Eph 4,25),
einander sich unterordnen (Eph 5,21),
einander hochachten (Phil 2,3),
einander erbauen (Röm 14,19),
einander annehmen (Röm 15,7),
einander ermahnen (1Thess 4,18; 5,11),
zueinander gütig, freundlich und barmherzig sein (Eph 4,12),
füreinander Fürsorge üben (1Kor 12,25),
füreinander dem Guten nachjagen (1 Thess 5,15).

Diesem »einander« wird nun hier die Krone aufgesetzt. Es hält auch dann durch, wenn der Bruder in seinem Unrecht dasteht. Mitten im Streit der Brüder bricht es in der Kraft des Heiligen Geistes durch: Füreinander statt gegeneinander, denn Christus ist unser Friede. Dieser Friede erwählt sich irgendeinen zum Werkzeug. Es muß nicht immer derselbe sein, der diesen Frieden vermittelt, aber einer in der erhitzten Runde, mal dieser, mal jener, empfängt den geistlichen Impuls und handelt nach 5,25: »Wenn wir im Geist leben, so laßt uns auch im Einklang mit dem Geist sein.« Schöneres gibt es nicht unter Menschen. Was uns vorher so heilig war, unser bißchen Recht, unser Neid, unsere Schadenfreude, unser Rachebedürfnis, unsere Genugtuung, verdunstet unter der herrlichen Herrschaft Jesu und in der Kraft seines Geistes.

In der Fortsetzung (V. 2b) verankert Paulus diesen Vorgang christologisch und wahrscheinlich speziell staurologisch (*stauros*, das Kreuz), indem er jenes geistliche Handeln am Bruder auf das Kreuz Christi bezieht: **So werdet ihr erfüllen das Gesetz des Christus.** Wieder geht der Gedanke kaum ins Allgemeine (Gesetz der Nächstenliebe). Es ist vielmehr das Gesetz, nach dem Christus bei seiner Taufe im Jordan angetreten ist, das er dann alle Tage seines Lebens ausgelebt und in seinem Tod vollends erfüllt hat, nämlich der Knecht zu sein, der für uns die Sündenlasten »trägt«, davonträgt, beseitigt (Joh 1,29; Jes 53,4; vgl. Mt 8,17: »Er trägt unsere Krankheit« mit *bastazô* wie hier). Dieses staurologische »für uns« ist für die Gläubigen auch untereinander verpflichtend. Es soll zum »füreinander« der Brüder werden, selbst wenn durch Verfehlung des Bruders die äußerste Probe an die Tür klopft. Paulus hat nicht gescheut, zwischen dem, was Jesus für unsere Sünde tat, und dem, was wir für den belasteten Bruder tun sollen, eine Beziehung herzustellen. Immer wieder lesen wir es so: »Ertrage einer den anderen und vergebt euch untereinander, wenn jemand Klage hat gegen den anderen; *wie der Herr euch vergeben hat*, so vergebet auch ihr« (Kol 3,13); »Lebt in der Liebe, *wie auch Christus uns geliebt hat und sich selbst für uns* *gegeben als Gabe und Opfer«* (Eph 5,2; vgl. Röm 15,7). Das Lebensgesetz Christi wird Lebensgesetz und Überlebensgesetz seiner Gemeinde.

Falsche Selbstprüfung aber führt zur Selbsttäuschung und macht un- 3
brauchbar: **Wenn nämlich jemand meint, etwas** (Besonderes und Bedeutendes, vgl. 1Kor 3,7) **zu sein, während er (doch) nichts ist, betrügt er sich selbst.** Wir suchen uns unaufhörlich zu beweisen, daß wir jemand sind, und drehen uns ins beste Licht. Das klassische Beispiel für diese eitle Selbstbespiegelung ist Laodizea in Offb 3,17: »Du sprichst: Ich bin reich und habe genug und brauche nichts! und weißt nicht, daß du elend und jämmerlich bist, arm, blind und bloß.« Paulus hat diese Aufgeblasenheit an den Korinthern erlebt.[c] Sie macht unfähig zum Zurechtbringen des Bruders. Das groteske Schauspiel geht über die Bühne, daß sich jemand an den Splitter im Auge seines Bruders heranmacht: Halt still, ich muß dir helfen!, während im eigenen Auge ein Balken hin- und herschwankt (nach Mt 7,3-5). Das wäre die Karikatur der Gemeindezucht.

[c] 1Kor 3,18 8,2; 10,12 14,37f

Zur richtigen Selbstprüfung: **Vielmehr das Werk von sich selbst prüfe ein jeder.** 4
Der Vergleich mit dem Bruder macht keinen Sinn. Er hat andere Gaben und Grenzen, eine andere Vorgeschichte, andere Bedingungen, außerdem liegt er jetzt gerade in seinem Schwächezustand darnieder. Sich jetzt neben ihn stellen und an ihm hochrecken? Das wäre eine ganz windige Methode der Selbstbestätigung. Wir haben uns natürlich an dem uns selber gesetzten Maß zu messen.[d] Vgl. auch 2Kor 10,12 nach einer guten Lesart: »Aber da wir uns nur an uns selbst messen und mit uns selbst vergleichen, werden wir uns nicht maßlos rühmen.«

[d] 1Kor 4,7 15,10

Für Paulus ist denkbar, daß Selbstprüfung positiv ausgeht: **Dann wird er im Hinblick auf sich selbst allein Ruhm haben.** Wo es notwendig war, bekannte Paulus sich auch zu diesem Ergebnis.[e] Er hatte kein schlechtes Gewissen, ein gutes Gewissen zu haben. Doch zweierlei war für ihn undenkbar: daß er sein Wohlgefühl aus der Not seines Bruders bezog und daß er wähnte, sein Ergebnis sei schon das Ergebnis des Endgerichtes (1Kor 4,3f).

[e] Apg 23,1 1Kor 9,15b 2Kor 1,12 1Thess 2,19

Darum seine nüchterne Schlußbemerkung: **Jeder wird nämlich die** 5
eigene Bürde tragen. Der enge Zusammenhang mit V. 4 empfiehlt, an die gegenwärtige Selbstprüfung zu denken, nicht an einen Vorgang im Endgericht. Einen Unbelasteten im strengen Sinn gibt es nicht. Man muß auch mit verborgenen Verfehlungen rechnen. Das hier für **Bürde** stehende griechische Wort *(phortion)* war für allerlei Lebenslast gebräuchlich. In diesem Fall wird es ebenso zu deuten sein wie »Lasten« in V. 2, also als die Bürde der eigenen Verfehlungen. Mit diesem abschließenden Satz holt Paulus den mit sich selbst Zufriedenen in die Solidarität mit dem gefallenen Bruder zurück. Menschsein ist für uns alle nicht leicht. Wer steht wirklich würdevoll da? Wer steht nicht bürdevoll da!

d) Wie die Gemeinde auch in kritischen Tagen die Gemeinschaft mit ihren Lehrern bewahrt und auf alle Weise auf den Geist sät, um so das ewige Leben zu ernten: 6,6-10

6 Gemeinschaft aber halte[a] der Unterrichtete im Wort[b] mit dem Unterrichtenden[c] in allen Gütern[d].
7 Irret euch nicht: Gott läßt sich nicht verspotten[e], was nämlich ein Mensch sät, das wird er auch ernten.
8 Denn wer auf sein Fleisch sät, wird vom Fleisch Verderben ernten, wer aber auf den Geist sät, wird vom Geist ewiges Leben ernten.
9 Das Gute zu tun laßt uns aber nicht müde werden, denn zur (für die Ernte) eigentümlichen Zeit werden wir ernten, wenn wir nicht (im Tun des Guten) ermatten.
10 Folglich also, solange wir (noch) Gelegenheit haben, laßt uns das Gute wirken gegenüber allen, jedoch am meisten gegenüber den Hausgenossen des Glaubens.

Zur Übersetzung

[a] Die Grundbedeutung von *koinôneô,* mit jemand zusammen an etwas Anteil haben, ist bei Paulus stets angereichert: Der gemeinsame Anteil an einer Sache (Evangelium, Gnade, Glaube) schafft darüber hinaus ein besonderes Verhältnis *untereinander*, ja eine wechselseitige »Verdanktheit« (J. Haintz). Einer empfängt vom anderen, so daß ein nützlicher Güteraustausch in Fluß kommt. Jeder gibt, was er hat, und empfängt, was er braucht. Bei dem, was ausgetauscht wird, kann es sich um sehr verschiedene Güter handeln. Der Lehrer gibt Geistiges, der Schüler Materielles. So wächst geistliche Gemeinschaft (Röm 15,27; Phil 4,15).

[b] Die Urchristenheit verstand sich sofort, wenn sie die Kurzformel »das Wort« (ohne jeden Zusatz) für die christliche Botschaft verwendete. Das zeigt ein Blick in verschiedene Schriften des NT, z. B. Mk 4,13-20 (neunmal); Lk 1,2; Apg 6,4; 17,11; Phil 1,14; Kol 4,3; 1Thess 1,6; 2Tim 4,3; Jak 1,21.

[c] *katächeô*, ursprünglich: »von oben (vom Rednerpult?) herabtönen« oder »unter den Schall bringen« (Büchsel, ThWNT III, S. 638; Oepke, S. 150), wovon später die Ausdrücke »Katechet, Katechumene« abgeleitet wurden. Stellen wie Lk 1,4; Apg 18,25; 1Thess 2,15 zeigen allerdings, daß sich dies Unterweisen am Anfang noch nicht wie in der Alten Kirche auf den Taufunterricht oder wie heute auf den Kinderunterricht beschränkte. Auch an unserer Stelle ist die Unterweisung der ganzen Gemeinde vorausgesetzt.

[d] Hier muß es um etwas gehen, was nur den Lehrern zukam, nämlich die materiellen Zuwendungen, von denen sie lebten (vgl. *agatha* in Lk 12,18).

[e] *myktärizô*, (von *myktär*, das Nasenloch) heftig schnaufend und höhnisch die Nasenlöcher öffnen , vgl. unsern Ausdruck, »die Nase rümpfen«. Eine ähnliche Wortbildung in Lk 16,14; 23,35.

Vorbemerkung

1. *Einordnung des Abschnitts.* Stände die Mahnung von V. 6, treu für den Lebensunterhalt der Lehrer zu sorgen, in einer Kette von Mahnungen, müßte man keine Anspielung an einen besonderen Mißstand in Galatien vermuten. Es gab Standards von Gemeindeermahnungen, die an allen Orten gepflegt wurden und deswegen auch jederzeit in einem Gemeindebrief wieder aufgefrischt werden konnten. Solch eine neutrale Zusammenstellung von christlichen Verhaltensnormen richtete Paulus z. B. auch an die ihm persönlich unbekannte Gemeinde in Rom (Röm 12,9-21). Da wären Rückschlüsse auf angeblich brennende Probleme in Rom voreilig. Anders hier: Mit dem Werk in Galatien war Paulus seit seiner Entstehung wohlbekannt, bekannt waren ihm auch die jüngsten dramatischen Veränderungen. Von daher ist diese Mahnung, zumal in ihrer herausgehobenen Einzelstellung und außerordentlichen Schärfe nach V. 7, mit anderen Augen zu lesen. Offenbar kommt er auch gar nicht so schnell vom Thema los. Das Stichwort »Gutes« in V. 6 wandert mit bis zum Schluß. Das alles spricht für eine Krise der Galater mit ihren eigenen Lehrern, die Paulus gezielt anspricht. Allerdings setzt er dies spezielle Anliegen zugleich in Beziehung zum übergreifenden Thema seit 5,13: Die Frage der treuen Versorgung ihrer Lehrer dient ihm nach Lage der Dinge als weiteres Beispiel für Ethik des Heiligen Geistes. Man sieht es daran, daß er in die Rede von Saat und Ernte plötzlich die Gegenüberstellung von Geist und Fleisch hineinschiebt, die ihm von 5,16-26 her so wichtig war. Ja, er gestaltet die Behandlung der Unterhaltsleistung schließlich zu einem letzten Aufruf zum Wandel im Geist (V. 8-10).

2. *»Gott« und »gut«. Leitworte* im ethischen Hauptteil ab 5,13 waren bisher »Liebe« (5,13.14.22) und »Geist« (5,16-26; 6,1.8). Jetzt tritt als dritter Begriff »gut, Gutes« dazu (6,6.9.10). Leider trifft es sprachgeschichtlich nicht zu, daß »Gott« von »gut« herzuleiten ist. Trotzdem darf uns die Klangähnlichkeit beider Wörter anregen, Gott und das Gute bewußt zusammenzustellen. Gott allein ist gut (Mk 10,18), darum sind auch sein Wille (Röm 12,2) und seine Gebote gut (Röm 7,12). Jede gute Gabe kommt von ihm (Jak 1,17), und er gibt gern gute Gaben (Lk 11,13). Er läßt eine gute Botschaft verkünden (Röm 10,15). Durch ihn hat die Gemeinde Gutes (Röm 14,16) und soll Gutes tun (Mt 5,16; Mk 3,4; 2Kor 9,8; Eph 2,10; Kol 1,10; 2Thess 2,17; 1Tim 2,10; 5,10; 6,18; 2Tim 2,21; 3,17; Tit 2,7.14; 3,1.8; 1Petr 4,19). Er hat in den Glaubenden ein gutes Werk angefangen (Phil 1,6) und läßt nun alle Dinge für sie zum Guten zusammenwirken (Röm 8,28). Er verleiht gute Hoffnung (2Thess 2,16).

Eine solche Gottesverkündigung ist nicht selbstverständlich. In den Religionen unserer europäischen Vorfahren erschien Gott als großer Egoist: neidisch, rachsüchtig, launisch, gewalttätig oder auch völlig apathisch. Im Grunde mußte man immer Angst vor ihm haben und ihn darum mit Opfern und Gaben besänftigen. Jedesmal, wenn man die Begegnung mit ihm wieder einmal hinter sich hatte, war man froh. Dies alte Heidentum in uns erhebt gar zu oft wieder sein Haupt, so daß wir ständig das Wasserbad des Wortes benötigen, um davon rein und frei zu werden. Wir brauchen regelmäßig den machtvollen Zuruf Jesu: »Wer mich sieht, sieht den Vater!« (Joh 14,9). Gott ist in ganzer Tiefe und Weite gut. Er ist gut zu schlechten Menschen. Ja, er ist nicht nur gut und tut nicht nur Gutes, sondern er macht auch gut. Er ist ansteckend gut, so daß wir zu einem guten Baum werden, der auch gute Früchte bringt. Sein Geist stößt in unsern Geist und treibt uns zu guten Werken.

6 Paulus schneidet die Frage der Vernachlässigung der Lehrer in den galatischen Gemeinde an. **Gemeinschaft aber halte der Unterrichtete im Wort mit dem Unterrichtenden in allen Gütern.** Daß er vom Unterrichteten, also vom Schüler, in Einzahl spricht, ist prinzipiell gemeint. Jedes Glied der Gemeinde ist angesprochen. Unterricht gehörte zu den Lebensvollzügen urchristlicher Gemeinden. Alle Getauften bildeten eine Lerngemeinschaft (s. zu 1,9). Eine Stelle wie Apg 14,23 zeigt die Praxis des Paulus, möglichst keine neugegründete Gemeinde ohne Männer zu lassen, denen er zutraute, »vorstehen und ermahnen« zu können (1Thess 5,12) und die er für diesen Dienst auch ausbildete (2Tim 2,2). Überall in den Gemeinden waren ortsansässige Glaubenslehrer tätig.[a]

Solch ein Lehrdienst beeinträchtigte allerdings bald den Broterwerb dieser Männer, und ihre materiellen Sorgen überschatteten ihren Auftrag. Diesen Konflikt löste jedoch das Herrenwort: »Die das Evangelium verkünden, sollen auch vom Evangelium leben« (1Kor 9,14). So versorgten die Gemeindeglieder solche Brüder und ihre Familien mit Geld, Kleidung, Nahrung oder Unterkunft, kurz: **in allen Gütern.**[b] Paulus selbst scheint nur in solchen Gemeinden Unterhalt abgelehnt zu haben, in denen er gerade missionierte (Ollrog, S. 117, Anm. 41). Aber trotz seines gelegentlichen Nutzungsverzichtes vertrat er sein Nutzungsrecht nachdrücklich (1Kor 9,4-18).

Auch in den galatischen Gemeinden gab es nach diesem Vers von Paulus eingesetzte Lehrer. Sie erlebten auch das Auftreten der fremden Lehrer und die entstehenden Streitigkeiten mit. Nun ist es alles andere als wahrscheinlich, daß sie die ersten gewesen seien, die den Judaisten zufielen. Im Gegenteil, sie werden sich als die Platzhalter des Paulus erwiesen haben und bildeten mit einigen Treuen die paulinischen »Widerstandsnester« in den abfallenden Gemeinden. Vielleicht waren diese Kreise es auch, die Paulus Nachricht zukommen ließen und damit diesen Brief auslösten. Ob es nun seitens der abtrünnigen Mehrheit zum regelrechten Versuch kam, diese Lehrer auszuhungern, wissen wir nicht. Mindestens aber ließ die Fürsorglichkeit nach. Damit stand mehr auf dem Spiel als nur das leibliche Wohl dieser Männer, nämlich Treue und Dankbarkeit gegenüber ihrem »Wort« selbst. Der Einklang mit dem Geist von 5,25 war getrübt und die Liebe von 5,13 verletzt. Das urchristliche »einander« von V. 2 litt Not. Sollte das Geistliche in Galatien wieder gedeihen, mußte das Finanzielle wieder in Ordnung gebracht werden.

[a] Apg 13,1; 1Kor 12,28f; 14,26; Eph 4,11; Kol 3,16

[b] Lk 10,7; 1Kor 9,4-14; 2Kor 11,7f; Phil 4,10f; 2Thess 3,8; 1Tim 5,17; Röm 12,13; Hebr 13,16f

Die Mahnung wird verschärft: **Irret euch nicht, Gott läßt sich nicht verspotten!** Der gleiche Ruf findet sich auch 1Kor 6,9 und 15,33 und wendet sich dort wie hier nicht gegen Spötter von draußen, auch nicht gegen offene Verspottung Gottes mit Worten. Derartiges lag auch den Galatern fern. Ihrer Meinung nach waren sie gerade dabei, ihre Frömmigkeit entscheidend zu steigern. Aber durch das, was sie mit ihren Lehrern machten, verhöhnten sie Gott. Spätestens im Endgericht wird Gott sich seine Ehre zurückholen und die gebührende Antwort erteilen. Vom Gericht spricht die Bibel oft im Bild der Ernte[c], so auch der folgende sprichwortartige Satz, den jeder Bauer bestätigen kann: **Was nämlich ein Mensch sät, das wird er auch ernten.** Die ganze Serie von Werken des Fleisches von 5,19-21, die Zänkereien von 5,15, die Ehrsüchteleien von 5,26, die Gottvergessenheit von 6,6 sind Aussaat, die eine entsprechende Ernte zeitigen wird. Daran gibt es kein Vorbeikommen. 7

[c] Mt 3,12 13,30 Offb 14,15f

Paulus verknüpft dies Saat-Ernte-Bild mit seinem bisherigen Thema von Fleisch und Geist. **Denn wer auf sein Fleisch sät, wird vom Fleisch Verderben ernten, wer aber auf den Geist sät, wird vom Geist ewiges Leben ernten.** Der Vergleichspunkt verlagert sich etwas. In V. 7 verwendete Paulus das Bild von Saat und Ernte noch im üblichen Sinn: Auf das Saat*gut* kommt es an! Jeder erntet genau das, was er auch sät. Jetzt aber heißt es: Auf das Saat*feld* kommt es an! Zwei Bodensorten sind im Blick. Die eine ist unkultiviertes Land, vielleicht gar eine Müllhalde, von Unkraut überwuchert. Daneben ein frisch gepflügter Acker, von Fremdkörpern befreit, gedüngt und aufnahmebereit. Welchem Feld werden wir wohl unsere Saat anvertrauen? Das sollte in der Landwirtschaft keine Frage sein, nun aber auch nicht in unserer Ethik. Mit dem Empfang des Heiligen Geistes haben wir eine zweite großartige Möglichkeit empfangen. Wir müssen nicht dem Fleisch Raum geben (5,13), also handeln, als ob es Gott nicht gäbe und wir unter uns wären. Wir können Gott zum Zuge kommen lassen, d. h. jeden Gedanken, den wir hegen, jedes Wort, das wir sprechen, jede Tat, die wir tun, vertrauensvoll dem geistesmächtigen Gott in den Schoß legen. Die Galater standen vor dieser praktischen Frage: Entweder behandelten sie den guten Gott als einen Niemand, indem sie an ihren Lehrern unbarmherzig, treulos, zänkisch und parteiisch handelten, oder seine Anwesenheit bestimmte sie derartig, daß die Versorgung der Lehrer wieder selbstverständlich wurde. 8

Es folgt verallgemeinernd ein ermunternder Appell zum Säen auf den Geist. **Das Gute zu tun laßt uns aber nicht müde werden.** Paulus erweitert jetzt das Thema der versorgungsbedürftigen Lehrer der Gemeinde, lenkt den Blick auf »alle«, wie er V. 10 ausdrücklich sagen wird, und setzt das Bildwort vom Säen um in Klartext: Gutes tun. 9

Dabei ist Unermüdlichkeit die besondere Tugend, aber auch das besondere Problem des Säemanns. Das schier endlose Abschreiten eines tot daliegenden Ackers, ohne etwas Mutmachendes wahrzunehmen, kann schon an der Ausdauer zehren. So hat der Wandel im Geist ständig die Versuchung bei sich, vom Geist abzufallen und auf das Fleisch zu setzen. Oft wird die geistliche Kontinuität nicht durchgehalten. Aber es genügt nicht, nur hier und da dem Geist gefolgt zu sein.

Das zweite Mal folgt ein Hinweis auf die Ernte, aber diesmal als Ansporn zur Treue: **Denn zur (für die Ernte) eigentümlichen Zeit werden wir ernten**, und zwar nach Mk 4,8 und 20 »dreißigfach, sechzigfach und hundertfach«. Ernte ist immer Vermehrung. Böse Saat wird nach Jes 40,2; Jer 16,18 »zwiefach vergolten«, und auch der gute Same kehrt in völlig anderen Größenverhältnissen wieder. Wir werden staunen, was aus unserm bißchen Glauben, Lieben und Hoffen geworden ist. »Der Herr hat Großes an uns getan!« heißt es in Ps 126. Wir werden dastehen mit einem »Mund voll Lachens« und einer »Zunge voll Jauchzens«, denn: »Die mit Tränen säen, werden mit Freuden ernten. Sie gehen hin und weinen und streuen ihren Samen und kommen mit Freuden und bringen ihre Garben.« »Die kleine Last unserer gegenwärtigen Not schafft uns in maßlosem Übermaß ein ewiges Gewicht an Herrlichkeit, uns, die wir nicht auf das Sichtbare starren, sondern nach dem Unsichtbaren ausblicken« (2Kor 4,17-18). Auch in Johannes 15,1-8 wird dem, der anhaltend in der Praxis der Liebe Jesu lebt, »mehr«, »viel« und »bleibende« Frucht vorausgesagt. An dieser Stelle hören wir auch, daß Ernte wie alles Wichtige im Leben an eine bestimmte Zeit gebunden ist (Pred. 3,1-8). Man kann nicht im Frühjahr ernten wollen.

10 Darum will die gegenwärtige Zeit als Saatzeit ergriffen sein. **Folglich also, solange wir (noch) Gelegenheit haben, laßt uns das Gute wirken gegenüber allen.** Der gleiche Zeitraum, der in 1,4 noch »böse Zeit« hieß, hat für die christliche Gemeinde zugleich den Wert einer günstigen Gelegenheit, die es zu nutzen gilt.[d] Das geschieht gewiß durch Weitergabe der guten Botschaft. Nur zielt Paulus in diesem Zusammenhang nicht darauf, Gutes zu *sagen*, sondern Gutes zu *tun*. Durch tätige Güte gilt es jedermann begreiflich zu machen, daß man auch etwas Gutes zu sagen hat, daß das Evangelium zutiefst gut ist. Gott selber begleitet ja sein Wort an die Menschheit mit Güte. Er erhält die gefallene Welt, segnet sie jahraus, jahrein mit guten Gaben und erträgt die Übeltäter in Geduld. Sein Volk ist berufen, vollkommen zu sein, wie er vollkommen ist (Mt 5,48), und ganz auf seine Seite zu treten. In diesen Zusammenhang gehört auch dies *das Gute wirken* durch die Christen. Es ist wohlgemerkt nicht deckungsgleich mit ihren evangelistischen Bemühungen, wohl aber als Seitenstück auf diese bezogen. Es hat die gleiche Zielgruppe. Wie das Evangelium allen gilt, sollen

[d] Eph 5,14-16 Kol 4,5

auch die guten Werke der Glaubenden **gegenüber allen** geschehen. Es folgt noch ein Zusatz, der den christlichen Universalismus einzuschränken scheint. Das Tun des Guten gilt **jedoch am meisten gegenüber den Hausgenossen des Glaubens**. Also zirkuliert die Liebe nun doch hauptsächlich in den eigenen Reihen? Das müßte sie fragwürdig machen. Aber es hilft zum Verständnis, »Hausgenossen« wörtlich zu nehmen. Die Gemeinden existierten zumeist als Hausgemeinden.[e] Alles spielte sich in engen und überschaubaren Wohnhäusern ab. Unter diesen Umständen wurde die geistliche Bewältigung des innergemeindlichen Zusammenlebens zur Nagelprobe für die allgemeine Liebe. Es ging nicht an, universale Liebe zu allen und zu den Fernsten zu predigen und die buchstäbliche Nächstenliebe in der Hausgemeinde zu verleugnen. Die Logik liegt ganz in der Linie von 1Tim 5,8: »Wenn jemand die Seinen, besonders seine Hausgenossen, nicht versorgt, hat er den Glauben verleugnet und ist schlimmer als ein Heide.«

[e] Apg 12,12 1Kor 16,19 Kol 4,15 Phlm 2

BRIEFSCHLUSS (Postskript): 6,11-18

11 Seht, mit wie großen Buchstaben[a] ich euch schreibe[b] mit meiner Hand.
12 So viele guten Eindruck machen[c] wollen im Fleisch, die zwingen euch zur Beschneidung, nur damit sie nicht wegen des Kreuzes Christi verfolgt werden.
13 Auch halten nämlich die Beschneidungsleute[d], sie selbst, nicht das Gesetz, sondern sie wollen, daß ihr euch beschneiden laßt, damit sie sich mit eurem Fleisch (der Vorhaut[e]) rühmen.
14 Mir aber geschehe es auf keinen Fall[f], mich zu rühmen, wenn nicht des Kreuzes unseres Herrn Jesus Christus, durch das[g] mir die Welt gekreuzigt ist und ich der Welt.
15 Weder nämlich Beschneidung ist etwas noch Vorhaut, sondern eine neue Schöpfung.
16 Und die, die mit diesem Maßstab in Einklang sind[h] – Friede (komme) über[i] sie und Barmherzigkeit – und über das Israel Gottes.
17 In Zukunft mache mir niemand Mühe. Ich, ja ich trage nämlich die Malzeichen[j] Jesu an meinem Körper.
18 Die Gnade unseres Herrn Jesus Christus (sei) mit eurem Geist, Brüder. Amen.

Zur Übersetzung

[a] *gramma* im Plural kann gelegentlich einen Brief bezeichnen (z. B. bei Lukas in Apg 28,21), so daß Paulus hier von einem großen, d. h. langen Brief spräche, den er mit eigener Hand geschrieben hätte. Dennoch bleibt man hier besser bei der üblichen Übersetzung »Buchstaben«, weil Paulus, wo er eindeutig einen Brief meint, nicht *grammata* verwendet, sondern regelmäßig *epistolä* (so an 17 Stellen).

[b] Wörtlich: »ich habe geschrieben«. Nach unserem Sprachverstand sagt Paulus damit rückschauend, er habe den Brief eigenhändig mit großen Schriftzügen niedergeschrieben (so z. B. Luther, J.A. Bengel, Th. Zahn, s. Stellungnahme in Vorbemerkung 1). Wahrscheinlich aber verwendet Paulus hier das Präteritum des Briefstils, d. h. er versetzt sich in den Augenblick, in dem die Empfänger den Brief in der Hand halten und für die Paulus dann tatsächlich in der Vergangenheit geschrieben hat. An unserer Stelle erfahren wir also, daß Paulus den Brief ab 6,11 eigenhändig beendet hat. Darum empfiehlt es sich hier, das Präteritum für den deutschen Leser präsentisch zu übersetzen (so die meisten Ausleger heute).

[c] *euprosôpeô*, im NT nur hier, Übersetzung mit EWNT II, Sp. 205.

[d] Wörtlich: »die sich beschneiden lassen«, woraus Ausleger geschlossen haben, die Verführer selbst hätten noch im Begriff gestanden, sich beschneiden zu lassen. Es handelte sich dann bei diesen Verführern gar nicht um Juden, die ja

als achttägige Säuglinge beschnitten worden wären, sondern um judaisierende Christen aus dem Heidentum. Aber dies Verständnis ist ganz unwahrscheinlich. Nur Beschnittene konnten so wuchtig mit der Beschneidungsforderung auftreten, daß die Gemeinden verwirrt wurden (1,7; 5,10). Darum legt sich die andere Möglichkeit nahe: Es handelt sich um zeitloses Präsens, das die grundsätzliche Überzeugtheit dieser Leute ausdrückt. Sie treten für diesen Brauch ein und betreiben ihn, wo immer sie gehen und stehen. Es sind eben Beschneidungsleute.

[e] Dieser Bezug liegt hier im Zusammenhang nahe, wird auch sprachlich unterstützt. Die LXX bildet gern die Wendung »Fleisch der Vorhaut« (Schweizer, ThWNT VII, S. 108.129).

[f] *mä genoito*, schärfste Form der Distanzierung wie 3,21; s. Anm. zu 2,17. Übersetzung hier mit Rohde.

[g] Sprachlich möglich ist auch der Bezug: durch den (nämlich durch Jesus Christus) mir die Welt gekreuzigt ist; sachlich steht aber in diesen Versen speziell sein Kreuz im Mittelpunkt.

[h] *stoicheô*, s. Anm. zu 5,25.

[i] d. h. von oben, vom Himmel herab.

[j] *stigmata*, eigentliche »Stiche«, nur hier im NT. Diese Stelle findet drei Auslegungen. (a) Weil Paulus die Stiche mit (dem irdischen!) Jesus verbindet, bezog man sie später auf die fünf Wunden des Gekreuzigten und leitete davon den Ausdruck »Stigmatisation« für Erscheinungen ab, wie sie seit dem Mittelalter beobachtet werden. Durch mystische Versenkung und seelisches Nachempfinden konnten z. B. Franz von Assisi oder Therese Neumann aus Konnersreuth die Wundmale Jesu an ihrem Körper zum Ausbruch bringen (medizinisch ungeklärt, ausführlich Schleyer, RGG VI, Sp. 377-380). Natürlich war Paulus kein in diesem Sinne Stigmatisierter. (b) Auch das Zeichen, das man im Altertum Menschen zur Strafe oder zum Schutz an sichtbarer Stelle in die Haut ätzte, ist hier keine Parallele, weil Paulus von einer Mehrzahl von Verletzungen an seinem Körper spricht. (c) Es geht vielmehr um körperliche Spuren seiner Leiden, die man im Zusammenhang mit seiner oft bezeugten Leidensgemeinschaft mit Jesus deuten sollte (so die meisten Ausleger).

Vorbemerkung

1. *Briefschlüsse im Altertum und bei Paulus.* Zu den regelmäßigen Stücken eines Briefes z. Zt. des Paulus zählte auch der Briefschluß (Postskript oder Eschatokoll; vgl. die Vorbemerkung 1 zu 1,1-5). Hier war der Ort für etwaige Grüße und für den Schlußwunsch, dieser im Griechischen meist ein einziges Wort mit dem Sinn: »Sei/seid gesund!« (so z. B. Apg 15,29). Eine Unterschrift war nicht üblich. Wohl zeigen zahlreiche Papyrusbriefe ein Datum, das aber bei Veröffentlichung von Briefsammlungen fortfiel. Paulus erweiterte und verchristlichte den Briefschluß. Als Schlußwunsch wünschte er unter leichter Variierung in sämtlichen Briefen »die Gnade unseres Herrn Jesus Christus«.

Für den Briefschluß kommt noch etwas Besonderes hinzu. Im Altertum schrieb man seine Briefe nur selten eigenhändig, sondern diktierte sie (vgl.

Röm 16,22; 1Petr 5,12). Aber zum Schluß nahm man seinem Schreiber gern die Feder aus der Hand, um den Brief »mit meiner eigener Hand«, wie es hieß (vgl. hier V. 11), durch das Postskript zu beglaubigen. Solche Eigenhändigkeitsvermerke erscheinen bei Paulus fünfmal (Gal 6,11; 1Kor 16,21; Kol 4,18; 2Thess 3,17; vgl. Phlm 19; dazu besonders Oepke, S. 157). Sie schließen also ein, daß an dieser Stelle die Handschrift wechselt. Eben dies ist gegen Th. Zahn einzuwenden, wenn er die Ansicht vertrat, Paulus wollte in V. 11 zwischendurch einmal auf das große Format seiner Schriftzüge aufmerksam machen, mit denen er diesen Brief von vorn bis hinten gegen seine Gepflogenheit selber geschrieben habe. Auf diese Weise habe er den Galatern seine selbstverleugnende Mühe und ernste Besorgnis beweisen wollen. Natürlich läßt sich die Meinung, Paulus habe den ganzen Brief selber geschrieben, nicht zwingend widerlegen. Aber in Anbetracht der damaligen Regel wäre jedoch erst einmal zu widerlegen, daß Paulus auch in diesem Fall das Normale tat und der Sitte gemäß diktierte und erst zum Schluß die Feder ergriff. Um zu einem Wahrscheinlichkeitsurteil zu gelangen, muß der richtige Ausgangspunkt eingenommen werden.

Für den eigenhändig geschriebenen Briefschluß ist schließlich zu ermessen, daß er für den Schreiber noch einmal eine besondere Nähe zum Empfänger schuf. Es kam zu intimeren Zusätzen, zu persönlichen Wünschen und Grüßen. Das läßt sich auch an den Schlüssen der Paulusbriefe studieren und besonders hier. Wenn irgendwo, fließt hier Herzblut ein. Persönlichste Gefühle brechen durch – heftig, heiß und auch flehentlich. Noch einmal bricht die gesamte Auseinandersetzung mit den Judaisten auf, noch einmal erscheinen die Hauptstichworte des Briefes: Gesetz, Beschneidung, Kreuz, Fleisch, Verfolgung. Diese acht Verse bringen gedrängt und zugespitzt alles auf den Punkt. Der eigenhändige Briefschluß wird zum kräftigen Schlußstrich.

2. *Ketzerpolemik?* An diesem extrem polemischen Abschnitt wird noch einmal eine Kritik lebendig, die gegenüber dem ganzen Brief besteht. Eine Anzahl neuerer Kommentare erweckt dabei den Anschein, über einen höheren Standort zu verfügen, der ein objektiveres Urteil über die Paulusgegner ermöglicht, als es dem Apostel selbst gegeben war. Ausgangspunkt sei H.D. Betz, 1979, deutsch 1988, S. 533ff zu 6,12-13, weil die Kritik bei ihm breit auslädt: »Der Angriff (in V. 12-13) gibt vor, rein darstellend zu sein, und soll die wahren Ziele der Gegner aufdecken.« Aber es unterliefen Paulus dabei auch »subjektive Urteile«, indem er seine Gegner z. B. »als moralisch minderwertig und verachtenswert« hinstellte. Seine Darstellung ihrer Ziele sei eine »Karikatur«, »und es ist Vorsicht am Platze bei der Annahme, daß die Gegner dies wirklich wollten« (S. 533f). Die Aussagen des Paulus über seine Gegner stellten immer wieder vor das »Problem, zwischen Tatsachen und ihrer Bewertung (durch Paulus) zu trennen« (S. 536). Daß die Gegner nach V. 13 die Beschneidung deswegen forderten, um sich selbst zu rühmen, sei doch nichts anderes als »reine Polemik« (S. 538f). Auf S. 399 stellt sich nach ihm zu 4,17 die Frage, »ob Paulus immer mit äußerster Aufrichtigkeit und theologischer Fundierung spräche«. Er wolle seine Gegner eben emotionell, also unter Aufheizung der Gefühle, »in Mißkredit bringen«.

Doch zurück zu unserer Stelle. Fast deckungsgleich urteilte schon Mußner 1974 auf S. 412f. Auf S. 414 heißt es dann bei ihm, es sei »deutlich, daß Paulus ... aus emotionaler Stimmung heraus formuliert und dadurch den Gegnern Absichten unterstellt, die diese sicher mit Entschiedenheit von sich weisen würden«. »Er schreibt im Stil der ›Ketzerpolemik‹«, verfalle also in ein Anti-Vokabular, das nicht mehr der sachlichen Auseinandersetzung dienen, sondern schelten will und dazu das Bild verzerrt. Borse schließt sich 1984 diesem Satz auf S. 220 an. Paulus habe »von den Urhebern der galatischen Mißstände keine sichere Kenntnis« gehabt, und S. 256: »Der Apostel polemisiere (nur) auf Verdacht hin, von dem einzigen Ziel geleitet, seine Gemeinden zur Einsicht und zur Umkehr zu bringen.«

Niemand leugnet, daß der Gal hochgradig eine Kampfschrift ist, leidenschaftlichste geistige Auseinandersetzung. Aber redete Paulus an den Tatsachen vorbei, betrieb er gar absichtlich Polemik im üblen Sinn? Um für jeden seiner Sätze offen bleiben zu können, seien fünf Punkte herausgestellt:

a) Zur Qualität seiner Urteile. Nach Lage der Dinge hatte der Apostel in Galatien bereits mit kritischen Lesern zu rechnen. Da ist es historisch ganz unwahrscheinlich, daß er mit unkundigen und schiefen Urteilen über seine Gegner gearbeitet hätte, die seine Leser in Galatien ihm sofort dank besserer Kenntnis aus der Hand schlagen konnten. Um der Wirksamkeit seines Einschreitens willen muß ihm an zutreffender Information und Darstellung gelegen gewesen sein. Er ist nicht auf die erste Andeutung von Schwierigkeiten wie ein Pulverfaß hochgegangen. Er schrieb, wie der ganze Brief erkennen läßt, als einer, der sich seiner Sache sicher sein durfte.

b) Zum moralischen Stand der Judaisten. Die Kirchengeschichte belegt, daß sich theologische Bestrebungen in der Hitze des Gefechts sehr wohl mit moralisch fragwürdigen Mitteln verbinden können, die bis ins Kriminelle gehen, auch bei sonst seriösen Zeitgenossen. Der edle Melanchthon klagte einmal, er würde lieber sterben als noch länger die *rabies theologorum* (eigentlich: Tollwut, wilde Streitsucht der Theologen, also seiner evangelischen Brüder!) erdulden zu müssen. Paulus äußert sich V. 17 vergleichbar.

c) Zu den Emotionen des Paulus. Es geht nicht an, nur das als objektiv gelten zu lassen, was in ruhiger Gelassenheit statt leidenschaftlich vorgebracht wird. Erregtheit disqualifiziert nicht in jedem Fall, und Gelassenheit qualifiziert nicht in jedem Fall. Kühle Distanziertheit kann voller Voreingenommenheit stecken und als Waffe von schneidender Schärfe benutzt werden.

d) Zur Kompliziertheit menschlichen Wesens. Es muß beim Menschen oft zwischen seinen Motiven und seinen Argumenten unterschieden werden. Darum kann man nicht nur solche Urteile über die Judaisten als objektiv und zutreffend gelten zu lassen, denen sie selber zugestimmt haben würden. Einem Paulus kann aufgrund seiner eigenen Vorgeschichte im Judaismus zugetraut werden, daß er imstande war, die wahren Motive der Judaisten aufzudecken (vgl. auch Suhl, S. 17.25).

e) Zur Persönlichkeit des Paulus. Nach allem, was wir von ihm wissen, war er ein Mann von zartester Menschlichkeit und zugleich unbestechlicher Sachlichkeit. Darum bleibt es ein vernünftiges historisches Urteil, daß dieser Galaterbrief ein

Glücksfall und dieser Apostel Paulus ein Geschenk Gottes für die christliche Gemeinde ist.

11 Paulus bittet dringlich um Aufmerksamkeit für sein eigenhändiges Schlußwort. Er hat gerade seinem Schreiber Feder und Schriftstück aus der Hand genommen und setzt nun bewegt an: **Seht!** Ob seine Hörer an dieser Stelle wirklich in den Brief hineinschauten und seine Schriftzüge betrachteten oder nicht, jedenfalls bittet er sie, den Briefschluß nicht als einen weniger wichtigen Abgesang zu nehmen. Möchten sie doch noch einmal die Herzensaugen weit öffnen. Er macht auch auf seine vom normalen Maß abstechenden Schriftzüge aufmerksam. **Mit wie großen Buchstaben ich euch schreibe mit meiner Hand.** Große Schrift diente im Altertum der gleichen Absicht wie in unsern Briefen die Unterstreichung oder in der Drucktechnik Kursiv-, Sperr- oder Fettdruck: eine Aussage wird als wichtig hervorgehoben (Beispiele bei Oepke, S. 158). Gedanken an ungelenke Handwerkerschrift, an Folgeerscheinung einer Augenkrankheit oder an Behinderung durch jüngst erlittene Wunden, was die Leser in gerührte Stimmung versetzen sollte, sind zu romantisch und also überflüssig.

12 Paulus deckt das eigentliche Anliegen der Judaisten auf. Wir beginnen mit dem mittleren Versteil, wo er von den Gegnern sagt: **die zwingen euch zur Beschneidung**. Das Wort »zwingen« könnte den Einsatz von physischer Gewalt bezeichnen. So zwang Paulus einmal Christen unter Folter, Christus zu lästern (Apg 26,11). Die Geschichte weiß auch von Zwangsbeschneidungen durch die Juden (Josephus, Antiquitates Judaica XIII, S. 318) und Zwangstaufen durch die Kirche. Daran ist aber in diesem Fall nicht zu denken. Doch gingen die Judaisten in Galatien über die Mittel fairer Überzeugungsarbeit hinaus. Sie tasteten die Person des Paulus an und scheuten auch keine Halbwahrheiten und Verdächtigungen (1,10; 5,11). Sicher geschah das in der Hitze des Gefechts und um die eigene Autorität zu erhöhen. So ging von ihnen ein gebieterischer psychischer Druck aus. Paulus konnte es nur einen Unterjochungsversuch nennen (5,1).

Nachdem er mit ihnen und den ihnen hörigen Galatern in diesem Brief kapitellang exegetisch gerungen hat, fühlt er sich jetzt berechtigt, ja verpflichtet, auch einmal die taktischen Beweggründe der eingedrungenen Prediger aufzudecken: Sie **wollen guten Eindruck machen im Fleisch**. Das ist hier keine psychologische Charakterisierung. Paulus behauptet nicht, daß sie sich beim Auftreten in den Versammlungen in eitler Gefallsucht bewegten; sicher war ihr Auftreten ernst und würdig, getragen von tiefer Besorgnis, die das Versende so erklärt: **damit sie nicht wegen des Kreuzes Christi verfolgt werden**. Es ging ihnen also nicht so sehr um die Gunst irgendwelcher Zuhörer, sondern bestimmter maßgeblicher Kreise im Hintergrund, die entschlossen waren und auch die Macht hatten, eine Heidenmission, die Christus als »des Gesetzes Ende« (Röm 10,4) und damit auch als Ende der Beschneidung predigte, zu bekämpfen. Wer waren diese Kreise, denen gegenüber die Judaisten Wohlverhalten an den Tag legen wollten? Natürlich nicht staatliche Stellen. Die hätten auf solch interne Dinge sicher ähnlich geantwortet wie Pilatus in Joh 18,31: »Da seht ihr zu!« Auch die heidnische Bevölkerung kam hier nicht in Frage, denn der Fortfall der Beschneidung konnte ihr nur genehm sein (s. zu 5,11). Auch die Auslegung, daß die Judaisten mit der Beschneidungsforderung Gottes Wohlgefallen erwerben wollten (Rohde), überzeugt nicht, sind hier doch menschliche Verfolger im Blick.

So bleibt nur die Möglichkeit, daß sie denen gefällig sein wollten, die auch den Apostel Paulus wegen seiner Beschneidungsfreiheit erbittert verfolgten (5,11), nämlich dem pharisäischen Judentum mit seinem Zentrum in Jerusalem, dem er selber einmal angehörte. Seine Briefe und auch die Apg belegen die systematischen Versuche von dieser Seite, seine Wirksamkeit in einer Stadt nach der anderen, von Jerusalem bis Rom, zu unterbinden. Diese Verfolgung erklärte sich nicht zuletzt daraus, daß Paulus immer wieder in den örtlichen Synagogen erschien und vor allem die dort gewonnenen gottesfürchtigen Heiden herüberzog. Seine beschneidungsfreie Mission wurde zur ernsten Konkurrenz für die synagogale Proselytenwerbung (vgl. Mt 23,15). Damit wiederholte sich etwas. Schon gegenüber Jesus stellte die jüdische Führung erbittert das Schwinden ihres Einflusses fest: »Ihr seht, daß ihr nichts ausrichtet; siehe, alle Welt läuft ihm nach!« (Joh 12,19). Nicht zuletzt daraus erwuchs ihre Feindschaft gegen Jesus, so jetzt auch gegen seinen Knecht Paulus.

Nun war es von Verantwortlichen der jungen Christengemeinden taktisch sicher klug, den Streit mit diesem pharisäischen Judentum nicht auf die Spitze zu treiben, sondern das Verhältnis wenigstens erträglich zu gestalten. Der Vorteil wäre groß, und die Folgen, wenn sie aus dem Judentum ausgestoßen würden, wären schlimm. Das Judentum stellte nämlich eine gestandene und vom römischen Staat »genehmigte Religion« mit nicht geringen Privilegien dar. In seinem Schatten zu bleiben, als eine unter vielen Gruppen, die das Judentum barg, konnte gegenüber dem argwöhnischen Rom nur gut sein und dem Wohle des Werkes nur dienen. Dann allerdings war eine Bedingung unerläßlich. Mindestforderung, um als Jude gelten zu können, war eben die Beschneidung (s. zu 5,11). Solche weitschauenden Gedanken waren diesen christlichen Führern (Judaisten) neben oder hinter ihren theologischen Begründungen durchaus zuzutrauen, und Paulus hat sie aus seiner intimen Kenntnis heraus hier behauptet. »Verantwortung für das Werk« würden sie es, zur Rede gestellt, genannt haben. Er nennt es **Fleisch**, Abhängigkeit von innerweltlichen Gesichtspunkten. Er prangert es an als Kreuzesscheu. Aus Kreuzesscheu entschärften sie die Kreuzespredigt, predigten das Kreuz ohne seine gesetzeskritischen Konsequenzen (Suhl, S. 15f) und kamen so zu einem »anderen Evangelium« (1,6-7).

13 Paulus läßt sich von der zur Schau gestellten Gesetzestreue der Judaisten nicht beeindrucken. **Auch halten nämlich die Beschneidungsleute, sie selbst, nicht das Gesetz.** Flammend fordern sie von den Galatern die Übernahme des Beschneidungsgebots nach dem mosaischen Gesetz.[a] Doch Paulus weiß als durchgebildeter Theologe, daß der Sinn der Beschneidung nicht nur Übernahme *einer* Vorschrift, sondern des ganzen Gesetzes ist, zeichenhafte Verpflichtung zur Gesetzestreue überhaupt. Darum legt er den Finger auf eine große Unsinnigkeit bei ihnen: Bekenntnis zum Gesetz ohne Gesetzesgehorsam. Somit spricht er diesen unermüdlichen Reisebrüdern die geistliche Ernsthaftigkeit ab. Ihr eigentliches Interesse findet er nicht im Dienst für Gott. Wo liegt es? Grimmig fährt der Apostel fort: **Sie wollen, daß ihr euch beschneiden laßt, damit sie sich mit eurem Fleisch (der Vorhaut) rühmen**, eben vor dem Jerusalemer Judentum. Selbstverständlich beansprucht er mit diesem Satz nicht, ihre persönliche Ansicht über ihre eigenen Motive wiederzugeben. Auch behauptet er nicht, daß dieses Ziel bei ihnen obenauf lag, für jedermann sichtbar. Aber er wagt, die Dinge einmal ganz ungeschminkt und derb beim Namen zu nennen. Warum sind sie so unermüdlich unterwegs und rufen überall »Beschneidung! Beschneidung!«? Um daheim stolz auf die gewonnenen Vorhäute hinzuweisen, wie der Indianer auf seine Skalpe am Gürtel, und damit ihre Hintermänner zu befriedigen. Nur rechtfertigt das ihren Aufwand und die Zerreißproben in den Gemeinden, und können sich über diese Erfolge wirklich die Engel im Himmel freuen? Ist es nicht ein »böses Rühmen« (vgl. Jak 4,16)?

[a] Gal 5,3.6 6,13.15

14a Paulus stellt diesem »bösen Rühmen« der Judaisten das christliche Rühmen gegenüber. **Mir aber geschehe es auf keinen Fall, mich zu rühmen, wenn nicht des Kreuzes unseres Herrn Jesus Christus.** Wie in 2,20 spricht er wieder individuell für seine Person, weiß aber um das Beispielhafte seines Verhaltens. Was er von sich sagt, kann und soll auch für seine Leser Selbstaussage werden.

Das »Sich-rühmen« gehört in den Bereich der Siegerpose. Wir kennen Siegerposen etwa nach einer politischen Wahl oder einem sportlichen Wettkampf. Oder die Türen eines Gerichtssaales öffnen sich, und der Freigesprochene stellt sich der wartenden Presse. Da wird gestrahlt, der Arm hochgerissen, das Victory-Zeichen gemacht. Die Umstehenden werden aufgefordert: Gratuliert mir! Dagegen möchte der Geschlagene sich verkriechen. Kleinlaut und beschämt steht er im Schatten. Er schüttelt den Kopf über sich selbst und muß sich noch den Spott der Leute gefallen lassen. Diese Situation etwa liegt dem biblischen Sich-rühmen zugrunde. Vorausgesetzt ist ein Mensch, für den es um Sein oder Nichtsein ging und der gewonnen hat. Hier macht Paulus seine bezeichnende Triumphgebärde: Er legt die Hand auf das Kreuz Christi. Warum so entschieden auf dieses Kreuz? Im Kreuz hat sich Gottes Übermacht in unsere von Verderbensmächten bedrohte Existenz eingeschaltet (Röm 1,16; 1Kor 1,18). Dort hat Paulus den Gott-für-mich und damit alles gewonnen (Röm 8,31f). Darauf möchte er um alles in der Welt nicht mehr verzichten. Darum ist es für ihn indiskutabel, in diesem Punkt wie die Judaisten politische Rücksichten zu nehmen.

Paulus entfaltet, was das Kreuz Christi für sein Verhältnis zum Rest **14b**
der Welt bedeutet, wobei »Welt« alles umschließt, was außerhalb der Christus-Ordnung und Christus-Logik steht, darum auch das Gesetz und die Beschneidung. **Durch das Kreuz ist mir die Welt gekreuzigt.** Mit Hilfe der Passivform »wurde mir gekreuzigt« verweist Paulus auf ein Handeln des allmächtigen Gottes. Gott hat zu Karfreitag die Dinge so gewendet, daß für Paulus die Welt angeklagt, widerlegt, verurteilt und hingerichtet dasteht. Damit aber sind auch ihre Rechte an Paulus erloschen. Sie hat für ihn nichts mehr zu melden, er ist keinem ihrer Begriffe, ihrer Maßstäbe, Normen und Forderungen mehr verpflichtet. Zum Vergleich: Wenn ein Landesteil aus einem Staatsgebiet ausgegliedert wird, wird ein ganzes Netz von Abhängigkeiten gegenstandslos. So wurde Paulus durch das Kreuz Christi aus dem bisherigen Beziehungsnetz ausgegliedert und in ein neues versetzt, in den Macht- und Segensbereich Christi (Kol 1,13). Danach verhält er sich jetzt. Natürlich honorierte das die Gegenseite nicht. Im Gegenzug erklärte sie ihn für rechtlos: **Und ich bin der Welt gekreuzigt.** Sie verfolgt ihn (V. 17; vgl. 4,29; 5,11). Der Sinn von V. 14b liegt also im Hinweis auf eine gegenseitige *rechtliche* Entflechtung (s. zu 2,19). Die Welt ist für ihn nicht etwa in dem Sinne hingerichtet und tot, daß es sie für ihn nicht mehr gäbe oder ihn nicht mehr für die Welt gäbe. Aber das Verhältnis und darum auch das Verhalten zwischen beiden ist nun grundanders.

Paulus bringt seine Haltung zur Beschneidungsfrage auf eine weg- **15**
weisende Formel. **Weder nämlich Beschneidung ist etwas noch Vorhaut.** Ähnlich hieß es schon 1Kor 7,18 und Gal 5,6 (s. die Auslegung dort). Was positiv etwas ist und gilt, wird hier allerdings im Unterschied zu jenen Stellen so gesagt: **sondern eine neue Schöpfung**. Gott »versöhnte die beiden (Juden und Heiden) durch das Kreuz mit Gott in einem einzigen Leib. Er riß durch sein Sterben die trennende Wand der Feindschaft nieder. Er hob das Gesetz samt seinen Geboten und Forde-

rungen auf, um die zwei in seiner Person zu einem neuen Menschen zu schaffen« (Eph 2,14-16). Eine Gemeinde, die sich dieser Neuschöpfung Gottes verdankt, noch einmal auf die Beschneidung zu verpflichten, ist darum so unvernünftig, wie einen alten Lappen auf ein neues Kleid zu nähen oder jungen Wein in alte Schläuche zu schütten (Mk 3,21-22).

16 Paulus segnet diejenigen, die sich an die Grundentscheidung seines Briefes und damit an die eben aufgeklungene Formel von V. 15 halten. **Und die, die mit diesem Maßstab in Einklang sind – Friede (komme) über sie und Barmherzigkeit.** Daß der Friedenswunsch in diesem Zusammenhang kein floskelhaftes »Schalom!« ist, das sich im Orient jedermann auf der Straße zuruft, spürt der Leser sofort. Hier wird der Friede wie etwa in Ps 125,5 und 128,6 vollinhaltlich und bewußt »Israel« zugesprochen. D. h. der Apostel segnet hier die gesetzesfreie Christus-Gemeinde als das messianische Heilsvolk. Darum setzt er auch fort: **Und über das Israel Gottes.** Keinesfalls denkt er bei diesem »und« an eine zweite, von der Christusgemeinde unterscheidbare Körperschaft, etwa das völkische Israel außerhalb Christi, das sich nicht an den Maßstab von V. 15 hält, für das die Welt noch nicht durch Christus gekreuzigt ist und für das die Frage: Beschneidung oder Unbeschnittenheit, noch alles bedeutet. Nein, dann wäre ja der »Maßstab«, eben aufgestellt, schon wieder ungültig. Dann gäbe es doch ein »anderes Evangelium« (1,6-7), und Paulus hätte zu guter Letzt seinen ganzen Brief widerrufen. Das kann nicht sein. Somit geht aus dem Gedankengang eindeutig hervor, daß er mit »Israel Gottes« die christliche Gemeinde aus Juden und Heiden als das eine Heilsvolk begrüßt (so mit den meisten Auslegern). Nachdem der Apostel zunächst speziell die verunsicherten Gläubigen in Galatien gesegnet hat, weitet er mit diesem »und« steigernd den Segen auf die Gesamtgemeinde auf Erden aus.

Um Mißverständnisse abzuwehren: »Gott hat sein Volk (die Juden) nicht verstoßen!« (Röm 11,2). Die Einpfropfung der glaubenden Heiden in Israel nach Röm 11 bricht nichts von der Erwählung Israels ab. Es gibt Heil auch *und sogar zuerst* für das blutsmäßige Israel, aber eben nicht ein anderes Heil und einen anderen Heilsweg als den für alle Welt. »Denn es ist der eine Gott, der gerecht macht die Juden aus dem Glauben und die Heiden aus dem Glauben« (Röm 3,30).

Im übrigen kann die Israel-Bezeichnung für nichtjüdische Christen im Munde eines Paulus nicht befremden. Sein neues Verständnis der Abrahamskindschaft mußte auch den Begriff »Israel« in ein neues Licht stellen. In Gal 3,29 schreibt er an Heidenchristen: »Ihr seid der Same Abrahams.« Nach Röm 4,16 ist Abraham »unser aller Vater«. In Gal 4,29 spricht er den Galatern zu: »Ihr seid wie Isaak Kinder der Verheißung.« In Phil 3,3 faßt er sich mit Heidenchristen zusammen: »Wir (betont!) sind die Beschneidung.« Und Röm 2,28 kann er unter Umständen diejenigen »Juden« nennen, die nicht einmal beschnitten sind, aber denen, die nur am Körper beschnitten sind, das Judesein absprechen. Schließlich Röm 9,6 sein markanter Ausspruch über die Prinzipien Gottes schon seit der Zeit der Erzväter: »Nicht alle, die von Israel stammen, sind Israel.«

Paulus zieht für sich einen Schlußstrich unter die Erörterung. **In** 17
Zukunft mache mir niemand Mühe. Er hat alles gegeben. Sollte jemand dennoch seine Worte abweisen und den Streit weiter schüren wollen, schüttelt Paulus hiermit nach einem Wort seines Herrn den Staub von seinen Füßen (Mt 10,14). Er ist bereit, sich für jedermann aufzuopfern (2Kor 11,28f), aber nicht, wenn der Herr eine Tür zuschließt.

Wie er im Briefkopf seine ganze apostolische Autorität in die Waagschale geworfen hatte, tut er es im Briefschluß noch einmal: **Ich, ja ich trage nämlich die Malzeichen Jesu an meinem Körper.** Die Spuren wiederholter grausamer Auspeitschungen durch jüdische und heidnische Behörden, einer Steinigung und mehrerer Versuche der Lynchjustiz durch aufgehetzte Volksmengen hatten ihn gezeichnet.[b] Sie müssen, was den Galatern bekannt war, an ihm sichtbar gewesen sein. Bei ihm bekam man die Kreuzesbotschaft nicht nur zu hören, sondern gleichzeitig zu sehen. Er war dem leidenden Christus buchstäblich gleichgestaltet, war kreuzförmig geworden (Phil 3,10). Bis in sichtbare Narben hinein gehörte er diesem Jesus und trug vor den Leuten dessen Sterben an seinem Leibe umher (2Kor 4,10). Diesem Eindruck sollte jedermann standhalten, der ihn abtun wollte.

[b] Apg 14,19
21,31
2Kor 11,24f

Somit folgt der christliche Schlußsegen. **Die Gnade unseres Herrn** 18
Jesus Christus (sei) mit eurem Geist, (ihr meine lieben) Brüder. Amen. Fünfzehn Schriften des NT schließen mit einem ähnlichen Gnadenwunsch, darunter regelmäßig die Paulusbriefe. Eigentümlich ist hier die nachgestellte Bruder-Anrede. Sie ist keine Abbitte für Unbeherrschtheit, sondern Hinweis auf das, was ihn beherrschte, so erregt er auch schrieb, so scharf, so wuchtig, so derb er werden konnte – Bruderschaft in Christus.

LITERATURVERZEICHNIS

Innerhalb dieser Auslegung werden Zitate und Bezugnahmen auf die hier angeführten Werke in der Regel nur mit dem Namen des Verfassers und der entsprechenden Seitenzahl angegeben, eventuell erscheinen Kurztitel.

Abkürzungen für Reihen oder Zeitschriften folgen S. Schwertner, Internationales Abkürzungsverzeichnis für Theologie und Grenzgebiete, Berlin-New York 1974.

Zu den Lexika und einigen häufig genannten Werken s. das Abkürzungsverzeichnis zu Beginn dieses Bandes.

Aland, K., *Aland, B.*, Der Text des Neuen Testamentes. Einführung in die wissenschaflichen Ausgaben und in Theorie und Praxis der modernen Textkritik, Stuttgart 1982

Albertz, M., Botschaft des Neuen Testamentes, Bd. I-IV, Zürich 1947

Assmussen, H., Theologisch-kirchliche Erwägungen zum Galaterbrief, München, [2]1935

Banach, H., Die grenzenlose Freiheit. Probleme der 20. Jahrhunderts im Spiegel des Galaterbriefes, Neuhausen-Stuttgart 1964

Becker, J., Der Brief an die Galater, Epheser, Philipper, Kolosser, Thessalonicher und Philemon, NTD 8, Göttingen 1985

Bengel, J.A., Gnomon, Deutsch von C.F. Werner, Berlin [6]1952

Betz, H.D., Der Galaterbrief, Hermeneia, München 1988

Beyer, H.W., umgearbeitet von P. Althaus, Der Brief an die Galater, NTD 8, Göttingen 1949

Blank, J., Paulus. Von Jesus zum Christentum. Aspekte der paulinischen Lehre und Praxis, München 1982

Böcher, O., Das sogenannte Aposteldekret, in: Vom Urchristentum zu Jesus (FS für J. Gnilka), Freiburg-Basel-Wien 1989, 325-336

Bockmühl, K., Glaube und Handeln. Beiträge zur Begründung evangelischer Ethik, Gießen 1975

ders., Sinn und Unsinn der »neuen Moral«. Kritik und Selbstkritik, Gießen 1973

Bornkamm, G., Das Anathema in der urchristlichen Abendmahlsliturgie, in: Aufsätze I, München 1952, S. 123-132

ders., Paulus, Berlin [2]1977

Borse, U., Der Brief an die Galater, RNT 9, Regensburg 1984

Brandenburg, H., Der Brief des Paulus an die Galater, Wuppertaler Studienbibel, Wuppertal 1964

Bring, R., Der Brief des Paulus an die Galater, Berlin-Hamburg 1968

Bruce, F.F., The Epistel to the Galatians. A Commentary on the Greek Text, The New International Greek Testament Commentary, Exeter 1982

ders., Zeitgeschichte des Neuen Testamentes, Wuppertal 1986 (1969)

Bultmann, R., Theologie des Neuen Testaments, Tübingen [6]1968

Burkhardt, P., Der Galaterbrief, BhG Ntl. Reihe 9, Kassel 1959

Calvin, J., Auslegung der Heiligen Schrift, Neue Reihe, Hg. O. Weber, Bd. 17, Neukirchen-Vluyn 1963

Cole, R.A., Der Galaterbrief. Einleitung und Kommentar, ICI, Darmstadt 1986 (1965)

Cullmann, O., Petrus. Jünger – Apostel – Märtyrer. Das historische und das theologische Petrusproblem, Zürich 1952

Dautzenberg, G., »Da ist nicht männlich und weiblich«, in: Kairos 24, 1982, 181-206

Deissmann, A., Licht vom Osten. Das Neue Testament und die neuentdeckten Texte der hellenistisch-römischen Welt, Tübingen [4]1923 (1908)

Dietzfelbinger, Chr., Die Berufung des Paulus als Ursprung seiner Theologie, WMANT 58, Neukirchen-Vlyn 1985
Donaldson, T.L., Zealot and Convert: The Origin of Paul's Christ-Torah Antithesis, in: CBQ 51, 4/ 1989, S. 655-682
Drane, J., Paulus, Gießen 1976
Dülmen, A. van, Die Theologie des Gesetzes bei Paulus (SBM 5), Stuttgart 1968
Dunn, J.D.G., Once More – Gal 1,18: historäsai Käphan. In Reply to Otfried Hofius, in: ZNW 78, 1985, 138-139
Ebeling, G., Erwägungen zur Lehre vom Gesetz, in: Wort und Glaube, Tübingen ²1962, 255-293
Eichholz, G., Die Theologie des Paulus im Umriß, Neukirchen 1972
Feine-Behm, Einleitung in das Neue Testament, Leipzig ⁹1950
Goppelt, L., Die apostolische und nachapostolische Zeit, Göttingen ²1966
ders., Theologie des Neuen Testaments, Teil 2: Vielfalt und Einheit des apostolischen Christuszeugnisses, Hg. J. Roloff, Göttingen 1976
Haacker, K., Die Berufung des Verfolgers und die Rechtfertigung des Gottlosen, in: Theologische Beiträge 6 (1975), 1-19
Hahn, F., Genesis 15,6 im Neuen Testament, In: Probleme biblischer Theologie (FS G. v. Rad), Hg. H.W. Wolff, München 1971
Hainz, J., Ekklesia. Struktur paulinischer Gemeinde-Theologie und Gemeinde-Ordnung, BU 9, Regensburg 1972
ders., Koinonia. »Kirche« als Gemeinschaft bei Paulus, BU 16, Regensburg 1982
Haubeck, W., Loskauf durch Christus. Herkunft, Gestalt und Bedeutung des paulinischen Loskaufmotivs, Gießen-Basel-Witten 1985
Hengel, M., Der Sohn Gottes. Die Entstehung der Christologie und die jüdisch-hellenistische Religionsgeschichte, Tübingen 1975
ders., Zur urchristlichen Geschichtstheologie, Stuttgart 1979
Herrmann, R., Über den Sinn des »Christus wird unter euch gestaltet« in Gal 4,19, in: ThLZ 12/ 1955, 713-726
Hofius, O., Das Gesetz des Mose und das Gesetz Christi, in: Paulusstudien, WUNT 51, Tübingen 1989 (1983), 50-74
ders., Gal 1,18: historäsai Käphan, in: Paulusstudien, WUNT 51, Tübingen 1989 (1984), 255-267
Jewett, R., Paulus-Chronologie. Ein Versuch, München 1982
Käsemann, E., Die Legitimation des Apostels. Eine Untersuchung zu 2Korinther, in: ZNW 41 (1942),48
Kertelge, K., Gesetz und Freiheit im Galaterbrief, in: NTS 30, 1984, 382-394
ders. (Hg.), Das Gesetz im Neuen Testament, QD 108, Freiburg-Basel-Wien 1986
Knoch, O., Petrus und Paulus in den Schriften der Apostolischen Väter, in: P. G. Müller u. W. Stenger (Hg.), Kontinuität und Einheit (FS Fr. Mußner), 1981, 240-260
Krimmer, H., Galaterbrief, Bibel-Kommentar 13, Neuhausen-Stuttgart
Kümmel, W. G., Einleitung in das Neue Testament, Berlin 1989 (1983)
Kuss, O., Paulus. Die Rolle des Apostels in der theologischen Entwicklung der Urkirche, Regensburg 1971
Lapide, P. und Stuhlmacher, P., Paulus, Rabbi und Apostel. Ein jüdisch-christlicher Dialog, Stuttgart 1981
Laub, Fr., Die Begegnung des frühen Christentums mit der antiken Sklaverei, SBS 107, Stuttgart 1982
Lerle, E., Proselytenwerbung und Urchristentum, Berlin 1960

Lohse, E., Die Entstehung des Neuen Testamentes, Berlin 1976
Luck, U., Die Bekehrung des Paulus und das paulinische Evangelium. Zur Frage der Evidenz in Botschaft und Theologie des Apostels, in: ZNW 3/4 1985, 186-208
Lüdemann, G., Zum Antipaulinismus im frühen Christentum, in: EvTh 40, 5/1980, 437-455
Luz, U., Das Geschichtsverständnis des Paulus, BEvTh 49, München 1968
Luther, M., Erklärung des Briefes an die Galater, Stuttgart ^{2}1925
Mathys, H.-P., Liebe deinen Nächsten wie dich selbst. Untersuchung zum alttestamentlichen Gebot der Nächstenliebe (Lev 19,18), Freiburg-Göttingen, ^{2}1990
Maurer, Chr., Brief an die Galater, Prophezei, Zürich 1943
Mayer, R., Ethik ohne Normen? Herkunft, Wesen und Kritik der Situationsethik, in: Burkhardt (Hg.), Begründung ethischer Normen, Wuppertal 1988
Michaelis, W., Einleitung in das Neue Testament, Bern 1946
Minde, H.-J. van der, Schrift und Tradition bei Paulus. Ihre Bedeutung und Funktion im Römerbrief, München-Paderborn-Wien 1976
Mußner, Fr., Der Galaterbrief, HThK IX, Leipzig 1974
ders., Traktat über die Juden, München 1979
Oepke, A., Der Brief des Paulus an die Galater, ThHK 9, Berlin ^{2}1957 (1937)
Ollrog, W.-H., Paulus und seine Mitarbeiter. Untersuchung zu Theorie und Praxis der paulinischen Mission, WMANT, Neukirchen-Vlyn 1979
Osten-Sacken, P. von der, Die Heiligkeit der Tora. Studien zum Gesetz bei Paulus, München 1989
Pesch, R., Die Apostelgeschichte, EKK V/1 u. 2, Neukirchen 1986
Pohl, A., Gesetzlichkeit heute, in: Theologisches Gespräch. Freikrchliche Beiträge zur Theologie, Kassel 2/93, S. 2-8
ders., Artikel »Gesetzlichkeit«, in: Evangelisches Lexikon für Theologie und Gemeinde, Hg. Helmut Burkhardt und Uwe Swarat, Wuppertal und Zürich, Band II, 1993, S. 755-757
Popkes, W., Adressaten, Situation und Form des Jakobusbriefes, SBS 125/126, Neuhausen-Stuttgart 1986
ders., Der Charakter von Gal 6,1-10, in: Theologisches Gespräch. Freikirchliche Beiträge zur Theologie, 1/1992, 8-15
ders., Christus Traditus. Eine Untersuchung zum Begriff der Dahingabe im NT, AThANT 49, Zürich/Stuttgart 1967
Pratscher, W., Der Herrenbruder Jakobus und sein Kreis, in: EvTh 3/1987, 228-244
Rad, G. von, Die Anrechnung des Glaubens zur Gerechtigkeit, in: Gesammelte Studien zum AT, ThB 8, 31965, 130-135
Räisänen H., Der Bruch des Paulus mit Israels Bund, in Timo Veijola (Hg.): The Law in the Bible and its Envisonment, Helsinki u. Göttingen 1990
Rebell, W., Alles ist möglich dem, der glaubt. Glaubensvollmacht im frühen Christentum, München 1989
Ridderbos, H.N., The Epistle of Paul to the Churches of Galatia, Michigan 1984 (1953)
ders, Paulus. Ein Entwurf seiner Theologie, Wuppertal 1970
Riesner, R., Die Frühzeit des Apostels Paulus. Studien zur Chronologie, Missionsstrategie und Theologie (WUNT; S. 71), Tübingen 1994
Robinson, J.A.T., Wann entstand das Neue Testament?, Paderborn-Wuppertal 1986
Rohde, J., Der Brief des Paulus an die Galater, ThHK 9, Berlin 1989
Sanders, E.P., Paulus und das palästinensische Judentum. Ein Vergleich zweier Religionsstrukturen, StUND 17, Göttingen 1985

Schelbert, G., Sprachgeschichtliches zu »Abba«, in: Melanges Dominique Barthelemy, Orbis Biblicus et Orientalis 38, Freiberg-Göttingen 1981, S. 395ff

Schinzer, R., Ethik ohne Gesetz. Christlich urteilen und handeln, Göttingen 1986

Schlatter, A., Die Briefe an die Galater, Kolosser, Philipper, Erläuterungen zum NT 7, Berlin 1953 (1889-1904)

Schlier, H., Der Brief an die Galater, KEK, Göttingen ¹²1962

Schmitthals, W., Judaisten in Galatien? in: ZNW 74, 1983, 27-58

ders., Paulus und Jakobus, FRLANT 85, Göttingen 1963

Schneider, D., Der Geist des Gekreuzigten. Zur paulinischen Theologie des Heiligen Geistes, Neukirchen 1987

Schneider, G., Der Brief an die Galater, Geistliche Schriftlesung 9, Leipzig 1964

Schniewind, J. (Hg. E. Kähler), Nachgelassene Reden und Aufsätze, Neukirchen 1956

Schrage, W., Die konkreten Einzelgebote in der paulinischen Paränese. Ein Beitrag zur neutestamentlichen Ethik, Göttingen 1961

ders., Ethik des Neuen Testaments, NTD-GNT 4, Göttingen 1982

ders., Leid, Kreuz und Eschaton. Die Peristasenkataloge als Merkmale paulinischer theologia crucis und Eschatologie, in: EvTh 34 (1974), 141-175

Schreiner, P., »Works of law« in Paul, in: NT 33,3 (1991), 217-244

Schürmann, H., Die Freiheitsbotschaft des Paulus, in: Catholica 25 (1971), 22-62

Schweizer, E., Die »Elemente der Welt«, in: Verborum Veritas, Hg. O. Böcher u. Kl. Haacker (FS f. Gustav Stählin), Wuppertal 1970, 245-259

ders, Theologische Einleitung in das Neue Testament, NTD-GNT 2, Göttingen 1989

Stalder, K., Das Werk des Heiligen Geistes bei Paulus, Zürich 1962

Strecker, G., u. Maier, J., Neues Testament – Antikes Judentum. UB 422; Grundkurs Theologie 2, Neuhausen-Stuttgart 1989

Stuhlmacher, P., »Das Ende des Gesetzes.« Über Ursprung und Ansatz der paulinischen Theologie, in: ders., Versöhnung, Gesetz und Gerechtigkeit, Aufsätze zur biblischen Theologie, Göttingen 1981, 166-191

ders., Das Gesetz als Thema biblischer Theologie, in: ders, Versöhnung ... (s.o), 136-165

Suhl, A., Der Galaterbrief – Situation und Argumentation, in: Haase, W., u. Temporini, H. (Hg.), Aufstieg und Niedergang der römischen Welt, ANRW, Teil 2, Bd. 25,4, Berlin-New York 1987, 3067-3134

ders., Paulus und seine Briefe. Ein Beitrag zur paulinischen Chronologie, StNT, 1957

Theißen, G., Studien zur Soziologie der Urchristenheit, WUNT 19, Tübingen 1979

Ulrichs, K. Fr., Grave verbum, ut de re magna. Nochmals Gal 1,18: historäsai käphan, in: ZNW 81 (1990), 262-269

Vielhauer, Ph., Geschichte der urchristlichen Literatur. Einleitung in das Neue Testament, die Apokryphen und die Apostolischen Väter, Berlin-New York 1975

Wallis, G., Alttestamentliche Voraussetzungen einer biblischen Theologie, geprüft am Glaubensbegriff, in: ThLZ 1/1988, 1-13

Weder, H., Einsicht in Gesetzlichkeit. Paulus als verständnisvoller Ausleger menschlichen Lebens, in Judaica 43 (1987), 21-29

Wikenhauser-Schmid, Einleitung in das Neue Testament, Leipzig ⁶1973

Zahn, Th., Der Brief des Paulus an die Galater, KNT IX, Leipzig-Erlangen ³1922

ders., Einleitung in das Neue Testament, Band I, Leipzig ³1924

Zeller, D., Zur neueren Diskussion über das Gesetz bei Paulus, in: ThPh 62 (1987), 581-499

[illegible]
[illegible] 1982 [illegible]
[illegible] Christi [illegible] Tübingen 1989
[illegible]
[illegible]
[illegible]
[illegible]
[illegible]
[illegible]
[illegible]
[illegible]
[illegible]
[illegible]
[illegible]
[illegible]
[illegible]
[illegible]
[illegible]
[illegible] Göttingen [illegible]
[illegible]
[illegible]
[illegible]
[illegible]
[illegible]
[illegible]
[illegible]
[illegible]
[illegible]
[illegible]
[illegible]
[illegible]
[illegible]
[illegible] Leipzig 1970
[illegible]

Der Brief des Paulus an die Epheser

erklärt von

Eberhard Hahn

R. BROCKHAUS VERLAG

INHALTSVERZEICHNIS

A. Einleitung

1. Der besondere literarische Charakter des Epheserbriefes

Das uns vorliegende Schreiben will als Brief verstanden werden. Es folgt dem auch sonst üblichen Briefaufbau[1], indem es in 1,1 zunächst Paulus als Verfasser, sodann die Gemeinde in Ephesus als Empfänger nennt, sowie in 6,23f mit einem Segenswunsch abschließt. Auch die Danksagung in 1,15f und der Hinweis auf den Überbringer (Tychikus) in 6,21f haben Parallelen in anderen ntl. Briefen.[2] Die Darlegungen und Mahnungen des Briefes insgesamt reden die Adressaten in derselben Weise an, wie dies in vergleichbaren Schreiben geschieht.

Daneben sind jedoch einige Charakteristika des Eph nicht zu übersehen, die diesem Werk ihr besonderes Gepräge geben:

Zwischen Empfänger und Danksagung ist ein großes Loblied (1,3-14) eingeschoben. Der Dank selbst verwandelt sich von 1,17 an in die Bitte an Gott, der Gemeinde Erleuchtung über das umfassende Heilswerk Christi zu schenken. Manche Ausleger vermissen am Ende des Briefes eine Grußliste, wie sie sich z. B. in breiter Form in Röm 16 findet, obwohl Paulus die Gemeinde in Rom selbst nicht kannte. Einige Kommentatoren verweisen auf den eigenartig distanzierten, unkonkreten und unpersönlichen Ton[3] des Schreibens, der sich schwer zu der intensiven Arbeit des Paulus in Ephesus (vgl. Apg 19,10.17ff) und zu der bewegenden Abschiedsszene von den dortigen Ältesten in Apg 20,17–21,1 reimte.[4]

Aus diesen Beobachtungen erwuchs eine Fülle von unterschiedlichen Hypothesen, die den besonderen Charakter des Eph zu deuten suchen. So wird er verstanden als theologische Erörterung[5] eines unbekannten Verfassers, als Weisheitsrede[6], als Predigt (z. B. anläßlich der Taufe) bzw. als Taufliturgie[7]. Eph 1-3 wird als gottesdienstliche Danksagung bezeichnet, die später durch Mahnungen ergänzt und dann auch an andere Gemeinden gerichtet wurde.[8]

Demgegenüber ist zu betonen: Zwar ist nicht zu übersehen, daß der Stil in weiten Teilen hymnischen Charakter trägt und sich die Sprache der Liturgie in ihm niederschlägt, doch wird eine einseitige Beschreibung der Sachlage nicht gerecht. Dazu ist lediglich auf die Abschnitte zu verweisen, die auf die Biographie des

[1] Vgl. Apg 23,26.
[2] Vgl. Röm 1,8ff; 1Kor 1,44ff; Phil 1,3ff; Kol 1,3ff u. a. bzw. 1Kor 4,17; 1Thess 3,2; Phil 2,19.
[3] Vgl. dagegen allerdings Eph 1,15f; 3,2.4.13; 6,19f. 21f.
[4] Vgl. etwa H. Stadelmann, Der Epheserbrief, Bibelkommentar zum NT, Neuhausen-Stuttgart 1993, 17f.
[5] »Theologisches Traktat«: E. Käsemann, RGG³ II, 517.520; »theologische Abhandlung«: F. Mußner, Der Brief an die Epheser, ÖTBK 10, Gütersloh 1982, 17.
[6] Bzw. »Mysterienrede«: H. Schlier, Der Brief an die Epheser, Düsseldorf ⁵1965, 21.
[7] G. Schille, Liturgisches Gut im Epheserbrief (ungedr. Diss. Göttingen 1952), 135ff.
[8] J. C. Kirby, Ephesians. Baptism and Pentecost, London 1968, 165ff.

Paulus (3,1-13) und seine Verkündigung (1,20-23; 2,4-22) bezogen sind; diese lassen sich nicht unter den Oberbegriff »liturgisch« subsumieren. Gegen die These von der einseitig theologischen Abhandlung spricht der ausführliche Teil mit Ermahnungen (Kap. 4-6). Darauf zielen letztlich auch die Darlegungen in Kap. 1-3 ab, so daß beide Teile nicht voneinander getrennt werden können.

Es ist demnach festzuhalten: Eph ist in seinem literarischen Charakter von einigen anderen Paulusbriefen unterschieden: Angesichts der Tatsache, daß der Apostel die Gemeinde selbst gegründet hat, vermißt man die persönliche Note; die liturgischen Elemente stechen besonders hervor; die theologische Darlegung der Herrschaft Christi über das All hat besonderes Gewicht. Dennoch läßt sich Eph nicht überzeugend als ein anders geartetes Schriftstück verstehen, sondern will als Brief gedeutet werden.[9] Beachtet man manche Gemeinsamkeiten mit dem 1. Petrusbrief[10], so legt sich auch von dieser Parallele her nahe, daß es sich bei Eph um ein Schreiben an verschiedene kleinasiatische Gemeinden handeln könnte. Dies wird im nächsten Abschnitt näher zu prüfen sein.

2. Der Verfasser und die Empfänger des Epheserbriefes

Für die Beantwortung der Fragen, die in den hier angesprochenen Bereich fallen, sind folgende Sachverhalte von zentraler Bedeutung:

1. In wichtigen alten Handschriften fehlen in 1,1 die beiden Worte »in Ephesus«.[11]

Nach den Grundsätzen, die an dieser Stelle für die Erhebung des ursprünglichen griechischen Textes (Textkritik) anzuwenden sind (»die ältere Lesart ist der jüngeren vorzuziehen«), ist »in Ephesus« als späterer Zusatz zu deuten.

Andererseits wurde unser Brief seit Ende des 3. Jh. allgemein mit der Überschrift »An die Epheser« überliefert.

Allein bei dem Kirchenvater Tertullian findet sich eine abweichende Bezeichnung: Er berichtet davon, daß der Häretiker Marcion das Schreiben als »Laodizenerbrief« bezeichnet habe (d.h. mit der Überschrift »An die Laodizäer« *vor* 1,1).[12] Indirekt deutet dieser Hinweis auf die Tatsache, daß auch Tertullian den Brief

[9] Dies betont Schnackenburg als Fazit seiner Darstellung verschiedener anderer Deutungsversuche: Der Brief an die Epheser, EKK X, Einsiedeln/Neukirchen-Vluyn 1982, 19f.

[10] Schnackenburg nennt das Eingangslob 1Petr 1,3-5, die Taufermahnung 1,14.22f, den Hinweis auf den Gottestempel 2,4-6, die Berufung der Heiden zum Gottesvolk 2,9f, die Haustafel 2,18-3,7: a. a. O. 20.

[11] Zu diesen Handschriften gehören insbesondere der Papyrus 46 (ca. 200 n. Chr.), der Codex Sinaiticus und der Codex Vaticanus in ihrer ursprünglichen Fassung (in der zweiten Korrektur der beiden Codices ist die Ortsangabe »in Ephesus« hingegen eingetragen). Ebenso bezeugen die Kirchenväter Origenes (gest. 254) und Basilius der Große (gest. 379) das Fehlen der beiden Worte in der ursprünglichen Lesart des Eph.

[12] Tert. adv. Marcion V, 11.17 (um 200 n. Chr.).

ohne die feste Ortsangabe »An die Epheser« kannte. Diese Unsicherheit hinsichtlich der Adressaten führt zur Erwägung, ob Eph vielleicht nicht allein an die Gemeinde in Ephesus, sondern an mehrere Gemeinden gerichtet wurde. Damit könnten dann auch Anfragen hinsichtlich des fehlenden Situationsbezugs, des »unpersönlichen« Charakters und der unterbliebenen Grüße gelöst werden.

Nach den Regeln der Textfeststellung müßte die älteste Lesart von Eph 1,1 in wörtlicher deutscher Übersetzung gelautet haben: »Paulus, Apostel Christi Jesu durch den Willen Gottes, an die Heiligen, die Seienden und die an Christus Jesus Glaubenden«.

Zwar existieren außerbiblische Beispiele, in denen im Briefeingang bei gleicher Satzkonstruktion ebenfalls keine Adressaten genannt sind, so daß der Ausdruck »an die Seienden« dort mit »an die Dortigen« übersetzt wird.[13] Doch Paulus gebraucht in allen anderen Gemeindebriefen stets einen Ortsnamen (z. B. Phil 1,1: »an alle ... *in Philippi* Seienden« = »an alle ... in Philippi«: im Deutschen bleibt »die Seienden« unübersetzt).

Aus diesem Grund ist von verschiedenen Forschern eine »Lücken-Hypothese« vertreten worden.[14] Sie besagt, daß sich hinter der Wendung »an die Seienden« eine Lücke befunden haben müsse, deren Entstehung folgendermaßen zu denken sei: Entweder war der Brief von Paulus als Rundschreiben konzipiert, das von Anfang an hier einen Zwischenraum aufwies, in den z. B. der Abschreiber den jeweiligen Ortsnamen einzusetzen hatte. Oder aber die ursprüngliche Ortsangabe ist gestrichen und diese Lücke später durch »in Ephesus« wieder geschlossen worden.

Nach Schlier ist das Verhältnis zwischen Eph, Kolosser und dem in Kol 4,16 angesprochenen »Laodizenerbrief« so zu beschreiben: Paulus verfaßte kurz hintereinander einen Brief an die Gemeinde in Kolossä, wie auch ein von Tychikus nach Laodizea zu überbringendes Schreiben; diese sollen sich offenbar ergänzen und daher untereinander ausgetauscht werden (vgl. Kol 4,16). Kol 2,1 deutet an, daß Paulus neben den Kolossern auch die Gemeinde in Laodizea und andere kleine Christengemeinden im Auge hatte. Dasselbe dürfte auch für den nach Laodizea gesandten Brief gelten. Schlier folgert daraus, daß dieser Brief mit dem uns als Eph bekannten Werk identisch ist.[15] Die Frage, warum dieses ursprünglich ohne Ortsangabe verfaßte Gemeindeschreiben schließlich als »Epheserbrief« bekannt wurde, muß offen bleiben. Stadelmann vermutet, daß es nach dem Ende der Rundreise des Tychikus im Hauptort Ephesus aufbewahrt wurde und daher seinen Namen erhielt.[16]

Wer die »Lücken-Hypothese« ablehnt, versucht, die vorliegende Textfassung als zweigliedrige Empfängerangabe zu interpretieren: »an die dortigen Heiligen und

[13] Vgl. die Hinweise bei Schnackenburg, a. .a. O. 38; allerdings begegnet dafür kein Beleg im NT.
[14] So Schlier, a. a. O. 31f.
[15] Ebd. 32.
[16] A. a. O. 18.

die an Christus Jesus Glaubenden«. Auch in diesem Fall wird der Brief nicht als Mitteilung an eine konkrete Einzelgemeinde, sondern als ein grundlegendes Lehrschreiben verstanden.[17]

Somit ist festzuhalten: Paulus wendet sich im Eph an mehrere kleinasiatische Gemeinden. Offen bleibt, ob jede einzelne von ihnen eine Abschrift mit der jeweiligen Ortsangabe erhalten hat, oder ob die Adresse bereits ursprünglich allgemein formuliert war.

2. Abgesehen von dem Problem der Textüberlieferung wird seit dem Ende des 18. Jh. die Verfasserschaft des Paulus bestritten.[18] Dafür werden vor allem folgende Argumente vorgebracht:

– Die Sprache weist neben rund 50 Hapaxlegomena (Wörter, die im gesamten NT lediglich in diesem Schreiben einmal vorkommen) einige Formulierungen auf, die von den übrigen Paulusbriefen abweichen: *en tois epouraniois* (»im Himmel befindlich«: 1,3.20; 2,6; 3,10; 6,12) statt *en ouranois* (»im Himmel«: 2Kor 5,1; vgl. Phil 3,20; Kol 1,5.16.20); *diabolos* (»Teufel«: 4,27; 6,11) statt *satanas* (»Satan«: 1Kor 5,5; 7,5; 2Kor 2,11; 11,14; 12,7; 1Thess 2,18; 2Thess 2,9; 1Tim 1,20; 5,15). Einige Begriffe finden sich in Eph und Kol, sowie in den Spätschriften des NT, nicht aber in den frühen Paulusbriefen, z.B. *dianoia* (»Verstand, Gesinnung«)[19], *kratos* (»Macht, Stärke«)[20], *kyriotēs* (»Herrschergewalt«)[21], *katoikein* (»wohnen«).[22]

– Eine Analyse des *Stils* weist ungewöhnlich viele lange Sätze auf[23], wie sie in diesem Maße sonst bei Paulus nicht begegnen. Synonyme werden aneinandergereiht.[24] Es findet sich eine Häufung von Genitivkonstruktionen.[25] Bei diesen Beobachtungen ist anzumerken, daß es sich hierbei lediglich um Besonderheiten handelt, die allenfalls in der Kombination mit anderen Merkmalen ins Gewicht fallen.

– Schließlich wird auf die andere Akzentuierung in der Theologie des Eph verwiesen[26]: Die Rechtfertigung allein aus Glauben klinge in 2,8f nur an. Von »guten Werken« (2,10) sei in dieser Form erst in den Pastoralbriefen die Rede.[27] Die Erwartung der Wiederkunft trete stark zurück (vgl. lediglich 4,30). Das »Wort vom

[17] Schnackenburg, a.a.O. 38f.

[18] de Wette, F. Chr. Baur, H. J. Holtzmann, E. Käsemann, F. Mußner, R. Schnackenburg u. v. a.

[19] Eph 2,3; 4,18; Kol 1,21; daneben: Mt 22,37 parr; Lk 1,51; Hebr 8,10; 1Petr 1,13; 2Petr 3,1; 1Joh 5,20.

[20] Eph 1,19; 6,10; Kol 1,11; daneben: Lk 1,51; Apg 19,20: 1Tim 6,16; 1Petr 4,11; 5,11; Hebr 2,14; Offb 1,6; 5,13.

[21] Eph 1,21; Kol 1,16; daneben: 2Petr 2,10; Jud 8.

[22] Eph 3,17; Kol 1,19; 2,9; daneben: mehrfach in den Evv. und in Apg; Hebr 11,9; 2Petr 3,13; Offb 2,13; 3,10; 6,10; 8,13; 11,10; 13,8.12.14; 17,2.8.

[23] Eph 1,3-14; 1,15-23; 2,1-7; 3,1-7.14-19; 4,11-16; 5,7-13; 6,14-20.

[24] Vgl. im Eingangslobpreis: Er hat uns erwählt (4), vorherbestimmt (5 und 11); in ihm haben wir die Erlösung, die Vergebung (7); ihr habt gehört das Wort der Wahrheit, das Evangelium von eurer Seligkeit (13).

[25] Vgl. z.B. 1,18f: ... was da sei die Hoffnung *seiner Berufung*, was der Reichtum *der Herrlichkeit seines Erbes* für die Heiligen, und was die überschwengliche Größe *seiner Macht* gegenüber uns, den Glaubenden, nach der Macht *seiner Stärke seiner Kraft* ...

[26] Vgl. Mußner, a.a.O. 21ff; Schnackenburg, a.a.O. 23ff.

[27] Vgl. jedoch auch Röm 2,7; 2Kor 9,8; außerdem Röm 2,10; 3,8; 7,19; Gal 6,10.

Kreuz« falle aus.[28] Dagegen stehe die Herrschaft des erhöhten Christus über Kirche und Kosmos im Mittelpunkt. Das Christusgeheimnis sei nicht mehr die törichte Kreuzesbotschaft (vgl. 1Kor 2,7-10), sondern die Einheit von Judenchristen und Heidenchristen (Eph 3,3ff). Christus werde als Haupt gegenüber der Gemeinde als Leib im Unterschied zu 1Kor 12,12ff besonders hervorgehoben. Die spezielle Auffassung von Ehe als Abbild der Verbindung von Christus und Gemeinde stehe in eigenartiger Spannung zur Einschätzung der Ehe in 1Kor 7. Auf derartige Besonderheiten wird im Kommentar an den entsprechenden Stellen einzugehen sein.

Diese und andere Beobachtungen führen bei einer großen Zahl von Forschern[29] zu dem Schluß, daß Eph von einem unbekannten Paulusschüler[30] in den Jahren 80 bis 100 verfaßt wurde. Seine Absicht sei, in der Tradition des großen Apostels insbesondere die Lehre von der Einheit der Kirche aus Juden- und Heidenchristen in einer veränderten Situation für die Erfordernisse der kleinasiatischen Gemeinden weiter auszubauen.

Demgegenüber gibt es jedoch eine Reihe von Exegeten, die die genannten Merkmale anders deuten und damit Eph als Werk des Paulus verstehen[31]:

1. Zunächst ist auf die persönlichen Merkmale des Briefes zu verweisen: Paulus wird in 1,1 und 3,1 namentlich genannt; in 1,15f ist von seiner Beziehung zu den Empfängern die Rede; in 3,1 und 4,1 nennt er sich »Gefangener Jesu Christi«; er ersucht die Leser um Fürbitte in 6,19f.

2. Trotz der offenen Fragen im Blick auf die Empfänger des Briefes wurde die Verfasserschaft des Paulus bis ins 18. Jahrhundert offenbar niemals in Frage gestellt.

3. Die sprachlichen, stilistischen und theologischen Besonderheiten können verschieden interpretiert werden: Während die Kritiker die Abweichungen von den frühen Paulusbriefen in den Mittelpunkt rücken, die Parallelen dagegen als Imitation eines anonymen Schülers verstehen, wird auf der Gegenseite umgekehrt argumentiert: Die auffälligen Unterschiede sind auf dem Hintergrund der breiten Übereinstimmung mit den anderen Paulusbriefen zu begreifen. Sie müssen von den speziellen Erfordernissen der Empfänger her verstanden werden. So fragt H. J. Cadbury: »Was ist wahrscheinlicher: daß ein Imitator des Paulus im 1. Jh. ein Schreiben verfaßt hat, das zu 90 oder 95% mit dem Stil des Paulus übereinstimmt,

[28] Vgl. aber Eph 2,16.

[29] Vgl. oben Anm. 18.

[30] Mußner, a. a. O. 33: »Wir wissen nicht, wer der Vf. war.« Er faßt die Gründe dafür folgendermaßen zusammen: Im Eph wird *über* Paulus gesprochen; auf die Kämpfe des Paulus, wie auf die Gründergeneration überhaupt wird zurückgeblickt (2,10; 3,5); die Darstellung der universalen Kirche ist deuteropaulinisch; die Ämtertafel in 4,11f erwächst aus einer veränderten kirchlichen Grundstruktur; Sprache und Stil sind von Kol abhängig und weithin unpaulinisch (vgl. ebd.). Schnackenburg: »Er bleibt für uns ein unbekannter Mann aus einer kleinasiatischen Gemeinde (im Lykostal?), der uns als Prägestempel seiner Persönlichkeit nur dieses im Geist des Paulus verfaßte Schreiben hinterlassen hat« (a. a. O. 34).

[31] Z. B.: B. Weiss, Th. Zahn, G. Wohlenberg, H. Schlier, M. Barth, F. Rienecker, H. Stadelmann.

oder daß Paulus selbst einen Brief geschrieben hat, der in 5 oder 10% von seinem üblichen Stil abweicht?«[32]

Man wird Schnackenburg zustimmen können, wenn er urteilt, daß angesichts der ausdiskutierten Problemlage letztlich die hermeneutische Einordnung des Briefes in den Gesamtrahmen der paulinischen Theologie den Ausschlag für oder gegen die Verfasserschaft des Paulus geben muß. Er fragt: »Wird der Brief *im ganzen* eher verständlich, wenn er noch aus der Lebenszeit des Apostels stammt und auf ihn selbst (oder seinen Mitarbeiterkreis) zurückgeht oder wenn er erst in der beginnenden ›nachapostolischen‹ Zeit (etwa 90) angesetzt wird?«[33] Allerdings muß jede Vorstellung einer anderen Persönlichkeit als Paulus, die ein Schreiben wie Eph in der vorliegenden Form zu verfassen in der Lage gewesen sein könnte, im Nebel bleiben. Schlier beschreibt diesen »Pseudopaulus« so: »Einerseits müßte es ein solcher sein, der nicht nur die Gedanken seines Lehrers reproduzierte, sondern so sehr in sie und doch auch in seine Sprache eingedrungen ist, daß er selbständig in ihnen weiter- und über sie hinausdachte in einer sich ihm dazu einstellenden Begrifflichkeit. Wäre dieser Schüler nicht eher ein zweiter Paulus, ein Paulus nach Paulus zu nennen? Wäre er nicht geradezu die Inkorporation eines fortgeschritteneren Paulinismus? Aber müßte er nicht andererseits ein recht unselbständiger – und dazu recht moderner – Plagiator oder Kompilator sein? Ein solcher Schüler ist nicht sehr wahrscheinlich. Man hat auch nie von einem solchen gehört.«[34]

Dabei ist auf einen weiteren entscheidenden Sachverhalt hinzuweisen: Werden die Pastoralbriefe, wie es weithin geschieht, als nachpaulinische Schriften verstanden, so ist das »Paulusbild«, an dem nun auch Eph gemessen wird, ein wesentlich anderes (vor allem eingeschränkteres) als das, das sich unter Einbeziehung dieser Schriften ergibt. Umschließt Sprache, Stil und Theologie des Paulus auch die Pastoralbriefe, so entfällt naturgemäß die Verwunderung über Parallelen zwischen Eph und diesen drei Briefen.[35]

Wenn wir angesichts der fehlenden Überzeugungskraft anderslautender Hypothesen in dieser Auslegung von Paulus als dem Verfasser des Eph ausgehen, so

32 »The dilemma of Ephesians«, in: NTS 5 (1958-59), 101, zit. bei D. A. Carson u.a., An Introducition to the New Testament 1992, 306: »What is more likely – that an imitator of Paul in the first century composed a writing ninety or ninety-five per cent in accordance with Paul's style or that Paul himself wrote a letter diverging five or ten per cent from his usual style?«

33 Schnackenburg, a.a.O. 21f. Er fährt fort: »Im Fortgang der Auslegung hat sich mir die zweite Annahme aufgedrängt und gleichsam als hermeneutischer Schlüssel für die Gesamtinterpretation erwiesen« (ebd. 22).

34 A.a.O.

35 Für die Annahme einer Verfasserschaft des Paulus ist nach Schlier lediglich vorauszusetzen: »... die Weite des Horizonts der apostolischen Erfahrung und Einsicht und die lebendige Aufgeschlossenheit eines Denkens und einer Sprache, die eine Entwicklung und Wandlung zulassen. Aber diese Voraussetzung ist gerade gegenüber dem Apostel Paulus nicht willkürlich, der nicht nur von sich sagt, daß er allen alles geworden ist (1Kor 9,22), sondern auch neben dem Galaterbrief den 1. Korintherbrief geschrieben hat ...« (a.a.O. 27).

geschieht dies auch vor dem Hintergrund, daß sein Schrifttum nicht nur Galaterbrief, Römerbrief oder die Korintherbriefe, sondern auch Titusbrief und Timotheusbriefe umfaßt. Über die sich daraus ergebenden Konsequenzen wird an der jeweiligen Stelle zu sprechen sein.

3. Die Umstände der Abfassung des Epheserbriefes

Paulus schreibt den Brief aus der Gefangenschaft (3,1; 4,1; 6,20). Zusammen mit den Briefen an die Philipper, Kolosser und an Philemon rechnet man Eph daher zur Gruppe der »Gefangenschaftsbriefe«. Grundsätzlich werden drei Möglichkeiten für den Ort einer solchen Gefangenschaft des Paulus diskutiert: Rom, Ephesus und Caesarea. Dabei werden folgende Gründe geltend gemacht:

Für den Abfassungsort Rom spricht der bemerkenswerte Freiraum, von dem in Apg 28,30 die Rede ist: Paulus konnte Besucher empfangen, seinen Verkündigungsdienst durchführen, Briefe diktieren. In einer großen Gemeinde läßt sich eher vorstellen, daß Paulus mehrere Mitarbeiter (z.B. Sekretäre) zur Verfügung hatte. Da Paulus am Ende seines Lebens in römischer Gefangenschaft war, kann die zeitliche Differenz zu den früheren Briefen zur Erklärung der sprachlichen und stilistischen Veränderungen im Eph herangezogen werden. Außerdem nennt die überlieferte »subscriptio« (Unterschrift nach 6,24) Rom als Entstehungsort.[36]

Ohne direkten biblischen Beleg vermuten manche Forscher eine Gefangenschaft in Ephesus während der dritten Missionsreise. Im Hintergrund dafür steht die Überlegung, daß die Apostelgeschichte und die Briefe offenbar nicht alle Anlässe vermerken, in denen Paulus inhaftiert war. 2Kor 6,4ff und 11,23 gibt davon indirekt Zeugnis. Clemens von Rom weiß davon, daß Paulus siebenmal Fesseln getragen habe (1Clem 5,6). Andererseits erscheint es merkwürdig, daß Paulus an eine Gemeinde geschrieben haben soll, während er in derselben Stadt gefangen war (selbst wenn das Schreiben auch an andere Gemeinden gerichtet war).[37]

Stadelmann hat sich neuerdings wieder stark für eine Entstehung während der Gefangenschaft in Caesarea ausgesprochen.[38] Er nennt dabei u.a. folgende Gesichtspunkte: Unmittelbar vor seiner Gefangennahme wurde Paulus von Aristarchus, Timotheus, Tychikus, Lukas begleitet (Apg 20,4-6); dieselben Mitarbeiter tauchen in den »Gefangenschaftsbriefen«[39] wieder auf: Timotheus (Kol 1,1; Phlm 1), Tychikus (Eph 6,21; Kol 4,7), Aristarchus (Kol 4,10; Phlm 24), Lukas (Kol 4,14;

[36] Vgl. auch H. Günther, Art. »Epheserbrief«, GBL I, 318f.

[37] Carson (a.a.O. 319ff) diskutiert die damit verbundenen Fragen eingehend und spricht sich im Falle des Philipperbriefes zögernd für eine Entstehung während einer ephesinischen Gefangenschaft aus, während er bei Kol und Eph an der traditionellen Ortsangabe »Rom« festhält (ebd. 309.334f). Allerdings gibt er zu bedenken, daß keine Lösung eindeutig heraussticht.

[38] Frühere Vertreter dieser These sind bei Schlier, a.a.O. 27, A. 1, vermerkt.

[39] L. Johnson nimmt für diese Briefe als einheitlichen Entstehungsort Caesarea an: »The Pauline Letters from Caesarea«, ExpTim 68 (1956-57), 24-26.

Phlm 24), während auf der Romreise nur Aristarchus und Lukas bei Paulus sind (Apg 27,2). Während Paulus in Caesarea auf eine baldige Freilassung hoffen konnte und daher Pläne für einen weiteren Besuch seiner Gemeinden machte (vgl. Phlm 22), mußte ihm der Ausgang des Prozesses in Rom sehr ungewiß gewesen sein. Die Betonung der Einheit von Juden- und Heidenchristen mochte Paulus vor dem Hintergrund aktueller Spannungen in Caesarea besonders dringlich erscheinen, so daß auch ein inhaltlicher Gesichtspunkt für diesen Abfassungsort sprechen würde.[40]

Folgt man diesen Überlegungen, so hat Paulus den Epheserbrief etwa im Jahr 56-58 in Caesarea geschrieben.[41]

Der Brief wendet sich an die christlichen Gemeinden in Kleinasien im Bereich von Ephesus, Kolossä, Laodizea, Hierapolis, die Tychikus besuchen soll (Eph 6,21f) und um deren Standhaftigkeit im Glauben Paulus besorgt ist (vgl. Kol 2,1; 4,13). Dabei folgt Eph wohl in zeitlicher Nähe auf den Kolosserbrief. Paulus belehrt diese Christen »einmal so, daß er ihnen das Geheimnis Christi in ausdrücklicher Auseinandersetzung mit der ›Philosophie‹ und ›Überlieferung‹ (Kol 2,8) entfaltet – im Brief an die Kolosser –, und dann so, daß er ihnen, den Christen aus den Heiden, die Durchführung des Geheimnisses Christi in der Kirche aus Juden und Heiden vor Augen hält – im Epheserbrief. Beide Briefe sollten in den Kirchen ausgetauscht werden.«[42]

Aus der Ferne nimmt Paulus am Kampf gegen die Irrlehre teil und schaut zugleich anbetend das Geheimnis der göttlichen Heilsgeschichte in umfassender Weise. Dieses Geheimnis teilt er den Gemeinden in feierlicher und lobpreisender Sprache mit.

[40] Vgl. Stadelmann, a. a. O. 14ff.
[41] Zur Diskussion der Gefangenschaft des Paulus insgesamt vgl. W. G. Kümmel, Einleitung in das NT, Heidelberg [17]1973, 284-291.
[42] Vgl. Schlier, a. a. O. 27

B. Auslegung

I. EINGANGSGRUSS: 1,1-2

1 **Paulus, Apostel Christi Jesu durch den Willen Gottes, den Heiligen (in Ephesus) und den an Christus Jesus Glaubenden.**
2 **Gnade sei mit euch und Friede von Gott, unserem Vater, und dem Herrn Jesus Christus.**

Paulus bedient sich in den Mitteilungen an seine Gemeinden der 1
zu seiner Zeit üblichen Form des Briefes: Er setzt mit dem Absender ein, nennt sodann die Adressaten und fügt danach den Segensgruß an.[43] Das Evangelium, das er auszurichten hat, wird in Ausdrucksformen weitergegeben, die allgemein bekannt waren.

Wie in den anderen Briefen auch gibt Paulus hier seinen griechischen Namen an (vgl. Apg 13,9) und ergänzt ihn durch einen doppelten Zusatz: »**Apostel Christi Jesu**« und »**durch den Willen Gottes**«.

Da Paulus weder zum Zwölferkreis Jesu noch zu den »Säulen« der Urgemeinde (Gal 2,9) gehörte, wurde ihm von einzelnen Gruppen seiner Gemeinden der Aposteltitel abgesprochen. Von diesen Auseinandersetzungen zeugen insbesondere der Galaterbrief[44] und der 2. Korintherbrief.[45] Dennoch ist Paulus »vollgültiger« Apostel, da er von dem erhöhten Herrn direkt in dieses Amt berufen wurde (Gal 1,11ff). An anderen Stellen hebt er die Tatsache der Berufung eigens hervor (Röm 1,1; 1Kor 1,1).

Als **Apostel** ist Paulus Botschafter an Christi Statt (2Kor 5,20), von ihm eingesetzt und bevollmächtigt. Nach Eph 4,7.10ff gehört das Amt des Apostels zu den Gnadengaben; dadurch werden die Glaubenden ausgerüstet und die Gemeinde wird aufgebaut. Paulus ist in dieser Aufgabe »Diener am Evangelium« (3,6f) und »Teilhaber an der Gesamtverwaltung Gottes« (3,2ff).[46] Durch Gottes Erleuchtung ist ihm das Geheimnis Christi offenbar geworden: daß die Heiden Miterben der Gnade sind (3,6; vgl. Kol 1,27). Als Apostel bildet Paulus zusammen mit den anderen Aposteln und Propheten das Fundament der Kirche, die von dem Schlußstein Christus vollendet wird (2,20ff).

[43] Vgl. dazu die Einleitung S. 11.
[44] Vgl. bereits den Briefeingang 1,1, sowie die auffällige Veränderung nach 1,5: Statt der an dieser Stelle üblichen Danksagung für die Gemeinde folgt ein strafendes »mich wundert«.
[45] Vor allem Kap. 10-13 mit dem Kampf gegen vorgebliche »Super-Apostel«: vgl. 11,5.
[46] So die Formulierung von Schlier, a.a.O. 30.

All dies ist Paulus nicht aufgrund eigener Leistung. Vielmehr ist ihm als dem »allergeringsten unter allen Heiligen« das Apostolat als »Gabe der Gnade Gottes« (3,7f) anvertraut worden. Somit spiegelt sich in seiner Berufung die Rechtfertigung allein aus Gnaden. Angesichts der Kritik an der scheinbar fehlenden Verkündigung der Rechtfertigung im Eph[47] ist dieser Zug eigens hervorzuheben.

Die Beauftragung zum Apostel Jesu Christi gründet im Willen Gottes.[a] Obwohl er – äußerlich betrachtet – als »unzeitige Geburt« erscheint (1Kor 15,1), weiß sich Paulus »von seiner Mutter Leibe an ausgesondert« (Gal 1,15, mit bewußtem Bezug auf die Erwählung des Jeremia zum Dienst des Propheten: Jer 1,5) für dieses Amt. Erkennbar wird dies in der »Berufung durch seine Gnade« (Gal 1,15), d.h. in der Christusbegegnung vor Damaskus und in der göttlichen Bestätigung für seinen Verkündigungsdienst. Hierin zeigt sich der Wille Gottes im Leben des Paulus.

[a] 1Kor 1,1; 2Kor 1,1; Kol 1,1; 2Tim 1,1

Zu der Problematik um die beiden Worte »in Ephesus« wird auf die Einleitung S. 10f. verwiesen.

Die Empfänger werden die Heiligen genannt[b], z.B. bei Briefeingängen[c]. Dies ist eine der gebräuchlichsten Bezeichnungen, die Christen füreinander verwenden. Daneben finden sich »Jünger« (in den Evangelien und Apg), »Brüder« (2Kor 1,1; Röm 16,14; 1Thess 5,26; Kol 4,15 u.ö.) bzw. »Glaubende« (Apg 10,45; Kol 1,2). Der Begriff kommt auch im Eph an mehreren Stellen vor, soll jedoch bereits hier näher erläutert werden.

[b] 1,15.18; 2,19; 3,8.18; 4,12; 5,3; 6,18
[c] Röm 1,7; 1Kor 1,2; 2Kor 1,1; Phil 1,1 u.a.

Gott ist allein derjenige, der als der Heilige gerühmt wird. Der Mensch ist dadurch grundlegend von ihm unterschieden, daß er unrein, unheilig ist. Nur das kann in den Bereich Gottes eingelassen werden, was von ihm gereinigt und damit zum Dienst für ihn geheiligt worden ist. Das bezieht sich im AT auf die heiligen Gegenstände, Orte, Zeiten, die Priester und das erwählte Volk als ganzes.

Als dem »Heiligen Israels« (Mk 1,24) kommt Jesus die Aufgabe des Heiligens zu: Er tauft mit dem Heiligen Geist (Mt 3,11; vgl. Röm 15,16; 1Kor 6,11); er heiligt seine Gemeinde durch die Hingabe seines Lebens (Eph 5,25f); er selbst ist der Gemeinde zur Heiligung gemacht (1Kor 1,30). Das gesamte Leben der »Heiligen« wird also von dem umgriffen, was Jesus Christus für sie getan hat und tut. Darum sind sie »Heilige ... *in* Christus Jesus«. Diese umfassende, unverdiente Barmherzigkeit verpflichtet jeden einzelnen, diese zugeeignete Heiligkeit in allem Tun, Reden und Denken zum Ausdruck zu bringen und die Sünde in jeder Gestalt zu meiden. Wenn sich der Heilige Gottes

[47] Vgl. oben S. 10f.

dem armseligen Sünder in dieser Weise zuwendet, wie könnte dieser anders darauf antworten, als ausschließlich diesem Herrn leben zu wollen, eben »heilig« zu sein?

Die Adressaten sind **»Heilige«** und an Jesus Christus **»Glaubende«**: Die Heiligkeit ist Geschenk, das die Glaubenden durch Jesus Christus empfangen. Sie erwächst aus dem Glauben, und dieser ist nichts anderes als Glaube an Jesus Christus. Keinesfalls soll dabei auf zwei unterschiedliche Gruppen von Christen (Getaufte – Taufbewerber; atl. – ntl. Heilige) angespielt werden.[48] Vielmehr erklären sich beide Begriffe wechselseitig.

Wenn der Brief des Paulus »in der Versammlung der Adressaten verlesen wird, so hört man Christi Jesu Botschaft selbst in der Sprache seines Gesandten. Diejenigen, an die der Bote Gottes und Christi schreibt, sind ein paar Einwohner kleiner phrygischer Städte im Lykostal, die sich in dem einen oder anderen Haus zusammengefunden haben. Und es wird ihnen gesagt, daß sie ›Heilige‹ sind. Sie sind es als solche, die zum Glauben kamen und getauft wurden. Sie sind es ›in Christus Jesus‹. Sie *sind* ja nicht nur in Laodikea oder Hierapolis oder sonstwo, sondern ihr Wohnort und Lebensraum ist jetzt, nachdem Gott diese ›Dimension‹ geöffnet hat, auch Christus Jesus.«[49]

Der im griech. Brief übliche Gruß ist in einen Segenswunsch umgewandelt: **Gnade sei mit euch und Friede von Gott, unserem Vater, und dem Herrn Jesus Christus.** Er begegnet wörtlich in anderen Briefeingängen.[d] **Gnade** und **Friede** sind vor dem Hintergrund des jüdischen Segenswunsches »Barmherzigkeit und Friede« zu verstehen.[50] Der Segen ist nicht nur ein »frommer Wunsch«; vielmehr wird den so Gesegneten Gnade und Friede wirksam zugesprochen (vgl. Lk 10,5f). Dabei umschließt **Gnade** das gesamte Heilswerk in Jesus Christus, das auch die Briefempfänger zu Teilhabern an der Gnade macht (Phil 1,7). Der **Friede** meint das umfassende Heilwerden durch Jesus Christus und erfüllt somit die atl. Erwartung des »shalom«. Von diesem Frieden, der alles menschliche Verstehen sprengt, werden die Christen umgeben und sollen in ihm bewahrt werden (Röm 5,1f; Phil 4,7). 2

[d] Röm 1,7 1Kor 1,3 2Kor 1,2 Gal 1,3 Phil 1,2 Kol 1,2 2Thess 1,2 Phlm 3

[48] Diese Unterscheidung findet sich z.B. auch bei Thomas von Aquin: Paulus schreibe »den Heiligen, d.h. den Höheren und Vollkommenen; den Glaubenden, d.h. den Geringeren und Unvollkommenen«; zit. im Original bei Schlier, a.a.O. 33.

[49] Schlier, a.a.O 34.

[50] Vgl. Ps 85,11, wo »Barmherzigkeit« und »Friede« miteinander verbunden werden: »daß Barmherzigkeit und Treue einander begegnen, Gerechtigkeit und Friede sich küssen«; dazu auch 1Tim 1,2; 2Tim 1,2; 2Joh 3.

Geber aller Gnade und allen Friedens ist **Gott, unser Vater, und der Herr Jesus Christus**. Durch Jesus Christus ist Gott der Gemeinde als der Vater bekanntgemacht worden. Der Heilige Geist eröffnet die Freiheit, ihn im Gebet mit »Abba« anreden zu dürfen (Röm 8,15). Er ist »unser Vater« (Mt 6,9). Jesus Christus ist Herr des einzelnen Glaubenden (vgl. Joh 20,28), der Gemeinde (1Kor 16,22) und des Kosmos (Phil 2,11). Sein Knecht sein zu dürfen ist Gnade.[e] Dabei wird jedoch die Herrschaft dieses Herrn gerade dadurch gekennzeichnet, daß er aller Diener geworden ist.[f]

[e] Röm 1,1 1Kor 7,22f Eph 6,6 Phil 1,1

[f] Mk 10,45 Lk 22,27 Joh 13 2Kor 8,9

II. DAS GÖTTLICHE GEHEIMNIS DER BERUFUNG IN DEN LEIB CHRISTI: 1,3-3,21

1. Der Cantus Firmus: Lobpreis der göttlichen Berufung: 1,3-14

**3 Gepriesen (ist) der Gott und Vater unseres Herrn Jesus Christus,
der uns gesegnet hat mit allem geistlichen Segen in den Himmeln in Christus,
4 da er uns ja auserwählt hat in ihm vor der Grundlegung der
Welt, damit wir heilig und untadelig vor ihm seien; in Liebe
5 hat er uns vorherbestimmt zur Kindschaft durch Jesus Christus
auf ihn hin, nach dem Wohlgefallen seines Willens
6 zum Lob der Herrlichkeit seiner Gnade, mit der er uns in dem
Geliebten begnadet hat;
7 in ihm haben wir den Loskauf durch sein Blut, die Erlassung
der Verfehlungen nach dem Reichtum seiner Gnade,
8 die er auf uns überströmen ließ in aller Weisheit und Einsicht,
9 als er uns das Geheimnis seines Willens kundtat nach seinem
Beschluß, den er zuvor in ihm gefaßt hat,
10 zur Durchführung der Fülle der Zeiten: alles zusammenzufassen in Christus, das, was in den Himmeln, und das, was auf
Erden ist. In ihm,
11 in dem uns auch das Los fiel, vorherbestimmt nach dem Vorsatz
dessen, der alles wirkt nach dem Rat seines Willens,
12 damit wir etwas seien zum Lob seiner Gnade, die wir schon
vorher Hoffnung haben in Christus,
13 in ihm (seid) auch ihr, da ihr das Wort der Wahrheit gehört
habt, das Evangelium von eurer Errettung, in dem ihr auch, als
ihr zum Glauben kamt, versiegelt wurdet mit dem Heiligen
Geist der Verheißung,
14 der das Unterpfand unseres Erbes ist auf die Erlösung des
Eigentums hin, zum Lob seiner Herrlichkeit.**

Auch wenn es im NT ähnliche Beispiele eines Lobpreises am 3
Anfang eines Briefes gibt (2Kor 1,3f; 1Petr 1,3-5), so sprengt doch die inhaltliche und sprachliche Fülle, wie auch die Kompliziertheit dieses einen Satzes jeden Vergleich. Die Verse 3-14 besitzen somit eine eigens hervorgehobene Stellung im Eph. In gewisser Weise erinnern sie an die Einführung (»Prolog«) des Johannesevangeliums (Joh 1,1-18), der für das ganze Werk eine grundlegende Bedeutung zukommt.[51] Das

[51] Vgl. Schlier, a. a. O. 38.

Vorbild für solches Lob ist in den kurzen Segenssprüchen Israels zu suchen: Gott wird für das gepriesen (wörtl. »gesegnet«), was er getan hat und was er ist (vgl. Ps 143,1).[52]

Verschiedentlich ist versucht worden, den Lobpreis als Hymnus zu deuten und mehrere Strophen voneinander zu unterscheiden. Dabei werden als Möglichkeiten zur Gliederung vorgeschlagen: Die drei Verben »erwählen« (V. 4), »begnaden« (V. 6), »überströmen lassen« (V. 8) als Erläuterung des göttlichen Segnens (V. 3)[53] oder die drei Partizipien »segnen« (V. 3), »vorherbestimmen« (V. 5), »kundtun« (V. 9).[54] Verwiesen wird auf die trinitarische Struktur (vom Vater erwählt – durch den Sohn erlöst – im Heiligen Geist versiegelt) oder auf die besondere christologische Akzentuierung (häufiges Vorkommen von »in Christus«).[55] Schnackenburg unterteilt sechs Abschnitte, die jeweils zwei Verse umfassen, mit folgenden inhaltlichen Schwerpunkten: Der Lobpreis Gottes ist veranlaßt durch die »vorzeitliche Erwählung«; diese wird vermittelt in der »Berufung zur Sohnschaft«, die in der »Erlösung durch das Blut Christi« erfolgt. Erkennbar wird sie in der »Offenbarung des Geheimnisses« des göttlichen Willens; diese Segnung wird greifbar in der Tatsache, daß die Glaubenden »Voraushoffende sind in Christus« und »durch den Geist Anwartschaft auf das Vollerbe« erhalten.[56]

Indem Gott als **Vater unseres Herrn Jesus Christus** näher beschrieben wird, tritt von Anfang an das Besondere seines Segenshandelns ins Blickfeld: Sein Tun findet Zentrum und Höhepunkt in der Sendung des geliebten Sohnes (1,5f; 4,13).

Der Grund für den Lobpreis liegt in der Tatsache, daß Gott **uns gesegnet hat mit allem geistlichen Segen in den Himmeln in Christus**.

Grundsätzlich klingt das Gotteslob aus doppeltem Anlaß auf: Gott wird zum einen gepriesen angesichts seiner Rettung aus Not[57], zum andern für die Offenbarung des göttlichen Geheimnisses, durch das er seine Hilfe bekannt macht.[58]

52 Vgl. C. Westermann, Das Loben Gottes in den Psalmen, Göttingen ^{3}1963, 61-67; 76-84.

53 Schlier, a. a. O. 39.

54 C. Maurer, »Der Hymnus von Epheser 1 als Schlüssel zum ganzen Briefe«, EvTh 11 (1951/52), 154; J. Gnilka, Der Epheserbrief, HThK X/2, ^{2}1977, 59.

55 Vgl. die Verweise bei Schnackenburg, a. a. O. 44.

56 Dabei beobachtet er die Wiederkehr von Elementen, die den Grund des Heils in der Vergangenheit zum Inhalt haben (häufig mit *kathos, kata:* »nach«, »gemäß«), wie von solchen, die auf das Ziel, die Zukunft gerichtet sind (*eis:* »damit«): Schnackenburg, a. a. O. 45ff.

57 Vgl. Erhörung der Bitten: Ps 28,6; Rettung aus dem Feuerofen: Dan 3,51ff (LXX); Gottes rettendes Eingreifen in der Sendung Jesu Christi: Lk 1,68ff; vgl. auch 2Kor 1,3f und 1Petr 1,3ff.

58 Nachdem Daniel der Inhalt von Nebukadnezars Traum enthüllt wurde: Dan 2,19ff. »Die Eulogie ist Antwort auf die Offenbarung des Mysteriums, in der Gottes rettende Taten präsent werden und erscheinen« (Schlier, a. a. O. 42).

Durch die dreimalige Verwendung des Begriffs »segnen/Segen«[59] wird die Veranlassung für alles folgende Lob eindrücklich hervorgehoben: Gott ist derjenige, der die Christen umfassend mit seinem Segen überschüttet (**»aller«**). Dabei handelt es sich pointiert um **»geistlichen Segen«**. Dadurch wird Gottes Segen im AT, der sich in Kinderreichtum, langem Leben, großen Herden und viel Besitz konkretisieren konnte (Hi 42,12ff), nicht als irdisch entwertet. Vielmehr wird damit auf die hervorstechende Besonderheit des in Jesus Christus ergehenden Segens gewiesen. **»Geistlich«** ist er zugleich deshalb, da er durch den Heiligen Geist dem einzelnen Christen zugeeignet wird (vgl. 1,13). Anfang und Ende des Lobpreises werden so durch den Verweis auf den Heiligen Geist miteinander verbunden (V. 3 u. 13f).

Was ist mit **»den Himmeln«** gemeint, von denen an fünf Stellen im Eph die Rede ist?[a]

[a] Eph 1,3.20 2,6; 3,10 6,12

Es fällt auf, daß »die Himmel« in diesen Versen nicht nur den Ort Gottes und Christi bezeichnen, sondern daß hier auch (böse) Mächte ihre Wirkung ausüben. Da in der gesamten Bibel Gott als der Herr des Himmels und der Erde gerühmt wird und Jesus zu seiner Rechten mit ihm regiert, überrascht eine derartige Aussage auf den ersten Blick. Bei näherem Zusehen finden sich jedoch noch weitere Stellen, die nicht nur von den Engeln im Himmel, sondern auch von widergöttlichen Mächten sprechen, die sich dort befinden.

So schreibt Paulus in 1Kor 8,5: »Und obwohl es solche gibt, die Götter genannt werden, es sei im Himmel oder auf Erden, wie es ja viele Götter und viele Herren gibt, so haben wir doch nur einen Gott ...« In der Rede des Stephanus wird an die Väter Israels erinnert, die mit dem Goldenen Kalb ein Götzenbild an die Stelle des wahren Gottes setzten; daraufhin wandte Gott »sich ab und gab sie dahin, so daß sie dem Heer des Himmels dienten« (Apg 7,42). Neben dem Sturz des Satans vom Himmel (Lk 10,18) wird vor allem in Offb 12,7ff vom Kampf zwischen Michael und seinen Engeln gegen den Drachen und sein Heer berichtet, der bemerkenswerterweise »im Himmel« stattfindet (vgl. hierzu auch Dan 10). Berücksichtigt man in dem Zusammenhang Eph 2,2 mit der Aussage vom »Herrscher der Machtsphäre der Luft«, so ergibt sich daraus, daß hier von einer Wirksamkeit der bösen Mächte gesprochen wird, die sich nicht auf die Erde beschränkt. Sie üben ihren Einfluß auch auf den »über« der Erde befindlichen geistigen Bereich, den Luftraum, die »unteren«

59 Wobei zwischen Gottes Segnen und unserem Segnen (= Preisen) Gottes zu unterscheiden ist! Vgl. J. A. Bengel, Gnomon, z. St.: »Es ist ein Anderes, wenn uns Gott gesegnet hat, und ein Anderes, wenn wir Ihn segnen. Gott segnet im Werke selbst, wir segnen ihn mit Lob und Dank« (dt. von C. F. Werner, Berlin [6]1952).

Himmel aus. Damit wird keineswegs die Herrschaft Gottes und seines Christus angetastet. Jedoch bleiben die Glaubenden angefochten und haben sich gegen diese Mächte zu wehren (vgl. Eph 6,10ff), bis die bereits angekündigte vollständige Vernichtung des Teufels mit der Erscheinung Christi am Ende geschieht (vgl. Offb 12,9).[60]

Die besondere Stellung Christi läßt sich daran erkennen, daß er sowohl zur Rechten Gottes »*in* den Himmeln« ist (1,20), diese jedoch zugleich erfüllt (4,10) und beherrscht (»über alle Reiche ...«: 1,21; »über alle Himmel«: 4,10). Mit ihm befindet sich die Gemeinde als sein Leib (1,22f) ebenfalls »in den Himmeln«. Damit steht sie auf der Seite des Siegers, auch wenn sie noch auf vielfache Weise bedrängt und verfolgt wird.

Vor diesem Hintergrund wird deutlich, warum die Kennzeichnung »in den Himmeln« der Näherbestimmung »in Christus« bedarf. Die Glaubenden befinden sich damit im Herrschaftsbereich dessen, der Herr über alle Himmel ist. Ebenso erklärt sich damit, daß in dieser Tat Gottes tatsächlich »aller geistliche Segen« beschlossen ist. Durch die Gemeinschaft mit Christus ist die Gemeinde mit allem ausgestattet, was sie braucht.

4 In diesem Vers wird einerseits auf Gottes Tun zurückgeblickt, das seinem Segnen vorausliegt, andererseits wird erstmals das Ziel angesprochen, das bei den Glaubenden durch dieses Handeln anvisiert wird. **»Auserwählen«** meint die Auswahl aus einer größeren Menge und verbindet damit den Aspekt der Würdigung: er hat uns auserlesen. Diese Wahl Gottes erfolgte **»vor der Grundlegung der Welt«**[61] und geschah **»in Christus«**. Keinesfalls ist dies auf eine Präexistenz der Seelen in dem präexistenten Christus zu deuten.[62] Vielmehr schließt Gottes Heilsplan mit Christus, den er vor der Schöpfung faßt, bereits die an Christus Glaubenden ein. Diese Erwählung ergeht an sie in der Berufung durch das Evangelium (vgl. 1,13), fällt ihnen als »Losanteil« zu (1,11) und wird versiegelt durch den Heiligen Geist, das Unterpfand des ewigen Erbes (1,13f).

Nirgendwo ermächtigt die Größe dieser Erwählung zu beschaulicher Selbstzufriedenheit und Überheblichkeit. Nirgendwo wird über »die Anderen« gerätselt, über eventuell Verworfene und ihr Schicksal spekuliert. Die Überfülle göttlichen Segens bewegt vielmehr diejenigen, die gehört, gesehen und geschmeckt haben, »zum Rühmen

60 Vgl. dazu H. Traub, ThWNT V, 533f.538ff.

61 »Vor der Grundlegung der Welt« hat Gott den Sohn geliebt (Joh 17,24) und ihn ausersehen (1Petr 1,20); »*von* Grundlegung der Welt an« ist den »Gesegneten des Vaters« das Reich bereitet (Mt 25,34), sind die Namen der Jesusjünger in das Lebensbuch des Lammes geschrieben (Offb 13,8; 17,8).

62 Vgl. dazu Näheres bei Schnackenburg, a. a. O. 51.

Gottes und zu sittlicher Bemühung; aus der Berufung erwächst die Verpflichtung zu einem gottgemäßen und christusförmigen Leben in dieser Welt«:[63] **»damit wir heilig und untadelig vor ihm seien«.**

In Kol 1,22 findet sich eine ganz ähnliche Wendung, wobei »heilig« und »untadelig« noch durch »makellos« ergänzt wird.[64] »Untadelig« ist aus der Opfersprache bekannt im Sinne von »ohne Fehl«, »unversehrt«[65], hat aber daneben auch die allgemeine Bedeutung »tadellos«[66]. In Kol 1,22 wirkt sich die Versöhnungstat Christi in dem Sinne aus, daß die Glaubenden heilig und untadelig vor Gottes Angesicht gestellt werden (vgl. auch Eph 5,27); hier ist diese Absicht bereits Teil von Gottes Erwählung. Dabei ist jedoch daran zu erinnern, daß diese »in Christus« erfolgt und somit das Geschehen von Kreuz und Auferstehung einschließt. Bereits an dieser Stelle ist darauf hinzuweisen, daß Gottes Gabe und der Gehorsam der Glaubenden aufeinander bezogen sind.[67]

Sowohl von der revidierten Lutherübersetzung von 1984 als auch 5
von vielen Auslegern wird »in Liebe« auf den 5. Vers bezogen.[68] Außer rhythmischen Gründen spricht dafür vor allem die Deutung dieses Ausdrucks auf die Liebe Gottes in seiner Erwählung. In Schnackenburgs Einteilung wird dieser Abschnitt durch den Hinweis auf Gottes Liebe (V. 4) und auf den geliebten Sohn (V. 6) umklammert: »Am Anfang steht nicht Gottes Anspruch und Forderung, sondern seine schenkende Liebe.«[69] Diese erweist sich – und damit wird 1,4 erläutert und ergänzt – als »Vorherbestimmung zur Kindschaft«. Die Wahl von 1,4 drückt sich in Gottes souveräner Setzung aus. Damit greift Paulus nicht nur denselben Ausdruck wie in Röm 8,29 und 1Kor 2,7 auf, sondern wiederholt auch denselben Sachzusammenhang von Röm 8. Dort spricht er in 8,15 vom »Geist der Kindschaft« und in 8,23 von der Sehnsucht nach der Offenbarung dieser Kindschaft, sowie in 8,29 von der Umgestaltung der Erwählten in das Bild des Sohnes, womit sie als Brüder Christi und somit als Kinder Gottes offenbart werden (vgl. Eph 5,1).

63 Schnackenburg, a.a.O. 51.

64 Dieser dritte Begriff auch in 1Kor 1,8; 1Tim3,10; Tit 1,6f.

65 LXX 4Mo 6,14; 19,2.

66 LXX 2Kön 22,24; Ps 14,22; Phil 2,15; Offb 14,5.

67 Vgl. 4,24; in gleicher Weise erwächst z.B. in Röm 6 aus der Verbindung mit dem Tod Christi (»mit ihm gekreuzigt«: V. 6) in der Taufe der Aufruf: »Haltet dafür, daß ihr der Sünde gestorben seid; laßt die Sünde nicht herrschen in eurem sterblichen Leibe« (Röm 6,11f).

68 Belege bei Schlier, a.a.O. 52, A. 2.

69 Schnackenburg, a.a.O. 52.

Daß Jesus Christus der Mittler der Kindschaft ist, wird an unserer Stelle eigens durch die Einfügung von **»durch Jesus Christus«** unterstrichen.

Der Bezug von **»auf ihn hin«** läßt sich nicht sicher entscheiden: Die Erwählung und Bestimmung zur Kindschaft kann »auf Gott hin« gerichtet sein, da die Glaubenden im Gericht vor ihm stehen werden. Sie kann »auf Christus hin« orientiert sein, da wir in sein Bild umgestaltet werden (Röm 8,29).

»Nach dem Wohlgefallen seines Willens« hebt die Freiheit des göttlichen Ratschlusses hervor; er handelt in seinen Entscheidungen souverän. Sein Wille zielt auf das umfassende Heilwerden, die Zusammenfassung von allem in Christus: V. 10.

Vom Gotteswillen ist im Eph in vielfältiger Weise die Rede: Die Bestimmung zur Kindschaft (1,5) beruht auf dem wohlgefälligen Willen Gottes. Das Geheimnis seines Willens, alles in Christus zusammenzufassen, hat er kundwerden lassen: 1,9f. Nach 1,11 setzt Gott seinen Willen umfassend durch. Er richtet sich somit auf die Gemeinde und ihre Glieder wie auch auf das Ganze des Kosmos in Vergangenheit, Gegenwart und Zukunft. Dieser Wille ist sein Heilswille, der alles zu seinem ewigen Ziel führt. In ihn ist auch das Apostelamt des Paulus eingeordnet. Indem der einzelne Glaubende den Willen Gottes stets besser verstehen und tun lernt (5,17; 6,6; Kol 1,9; 4,12), kommt er dadurch seiner Bestimmung nach. In den Worten des Paulus begegnet der Gemeinde dieser Gotteswille.

6 Wieder folgt auf den Rückblick die Angabe des Ziels: **zum Lob der Herrlichkeit seiner Gnade** (vgl. V. 12.14). Indem Gott seinen, vor Grundlegung der Welt gefaßten Heilswillen ausführt und Menschen zu seinen Kindern macht, klingt universal sein Lob auf. Dieses Lob preist die Herrlichkeit der göttlichen Gnade. Sichtbar und greifbar wird Gottes Gnade **»in dem Geliebten«**[70]. Da den Glaubenden Gottes Gnade durch den Geliebten mitgeteilt wird, werden sie in die Liebe des Vaters zum Sohn einbezogen: »Wir sind also in der Weise in dem Geliebten von Gottes Huld überschüttet, daß wir in seine Liebe zu seinem einzig und schlechthin geliebten Sohn mit eingeschlossen sind und also durch ihn, der sie erfährt, erfahren.«[71]

7 In diesem Vers nennt Paulus den Ort, an dem Gottes Gnade in der Geschichte manifest geworden ist: **»durch sein Blut«**. In diesem Begriff wird das Zentrum des Versöhnungsgeschehens markiert, das

[70] Vgl. Mt 3,17; 17,5; verschiedene christliche Schriftsteller des 2. Jh. gebrauchen den Begriff als Würdenamen für Jesus Christus: Belege bei Schlier, a. a. O. 57.

[71] Schlier, a. a. O. 57.

sich im Kreuzestod Jesu Christi ereignet hat.[72] Durch sein Blut hat Jesus Christus **den Loskauf**, die Erlösung erwirkt.[73] In Entsprechung zur Erlösung Israels aus der ägyptischen Sklaverei hat Jesus Christus seine Gemeinde aus der Knechtschaft der Sünde losgekauft.[74] Er selbst ist das »Lösegeld«, indem er sich für die Vielen dahingegeben hat: Mk 10,45; Mt 20,28 (vgl. Jes 53). Dadurch ist er den Glaubenden zur »Erlösung« gemacht (1Kor 1,30), werden sie durch ihn ohne eigene Werke oder Verdienste gerecht (Röm 3,24). In ihm haben Christen die Erlösung (vgl. auch Kol 1,14), gleichzeitig ist sie aber noch Gegenstand der Hoffnung, wird sie noch erwartet: »Wir sehnen uns nach der Kindschaft, der Erlösung unseres Leibes« (Röm 8,23). Der Grund dafür besteht darin: »Denn wir sind zwar gerettet, doch auf Hoffnung« (V. 24). Daher wird das christliche Leben grundlegend von einer Spannung bestimmt: Zwischen der Erlösung, die uns in Christus erworben und im Evangelium real zugesprochen ist, und ihrer Offenbarung, wenn Gottes neue Welt sichtbar aufgerichtet wird. Ertragen werden kann diese Spannung durch den Heiligen Geist: Er steht den Glaubenden in ihrer Schwachheit bei und vertritt sie vor Gott mit seinem Seufzen (Röm 8,26f).

Diese Erlösung ist **»Erlassung der Verfehlungen«**. Paulus gebraucht auch sonst »Verfehlung« als Synonym für »Sünde«.[75] Durch Christi Loskauf sind die Sünden im Sinne von Verbindlichkeiten gegenüber Gott erlassen.

Daß all dies keine Selbstverständlichkeit sondern stets neu zu preisendes Wunder ist, macht der mit »nach« angeschlossene Satzteil deutlich: **»nach dem Reichtum seiner Gnade«**. Wie die Erwählung so ist auch die Erlösung unverdientes Geschenk göttlicher Güte. Vom »Reichtum der Gnade« spricht ebenfalls 2,7. »Reichtum der Herrlichkeit« begegnet in 1,18; 3,16; Kol 1,27 und Röm 9,23; von »seinem Reichtum an Herrlichkeit« ist außerdem in Phil 4,19 die Rede.

Der Ausdruck wird mit einem inhaltlich parallelen Relativsatz fort- 8
geführt: **»die er auf uns überströmen ließ in aller Weisheit und Ein-**

[72] Vgl. die Nennung des Blutes in den Abendmahlsworten Mt 26,28; Mk 14,24: »mein Blut des Bundes«; Lk 22,20; 1Kor 11,25: »der neue Bund in meinem Blut«; daneben Röm 3,25; 5,9; Eph 2,13; Kol 1,20; 1Petr 1,2.19; Apg 20,28; Hebr 9,12; 1Joh 1,7 u.ö.; vgl. F. Laubach, Art. Blut, TBLNT I, 131-134.

[73] In Röm 3,24; 1Kor 1,30; Kol 1,14 und Hebr 9,15 wird der Ausdruck ebenfalls für das Kreuzesgeschehen gebraucht. In Lk 21,28; Röm 8,23; Eph 4,20 und Hebr 11,35 ist er auf die noch ausstehende Befreiung aus dem gegenwärtigen vergänglichen Leben bezogen.

[74] »Wie Israel durch den Exodus aus der Sklaverei in Ägypten erlöst und zum Eigentumsvolk Gottes wurde, so wird das neue Gottesvolk aus Juden und Heiden aus dem Loskauf und der Erlösung heraus geboren, die Gott in und durch Christus herausgeführt hat.« P. Stuhlmacher, Biblische Theologie des NT, Göttingen 1992, 290; auch 120ff. Vgl. auch W. Haubeck, Loskauf durch Christus, 1985.

[75] Röm 4,25; 5,15-18.20; 11,11f; 2Kor 5,19; Gal 6,1; Eph 2,1; Kol 2,13.

[b] Röm 5,15; 15,13; 2Kor 1,5; 3,9; 4,15; 9,8; 1Thess 3,12

sicht«. Die Fülle der göttlichen Gabe in Christus wird bei Paulus[76] vielfach hervorgehoben[77b].

Der Gnadenerweis Gottes in der Erlösung durch Jesus Christus bewirkt in den Glaubenden eine grundlegend neue Erkenntnis. Die Gnade strömt über **»in aller Weisheit und Einsicht«**. Beide Begriffe erläutern sich gegenseitig.[78] Es handelt sich bei ihnen um Gaben des Geistes (vgl. 1,17; Kol 1,9).[79] Trotz der Tiefe der Weisheit und Erkenntnis Gottes (Röm 11,33) bleibt diese nicht Mysterium, sondern äußert sich in der »Weisheitsrede«, die ebenfalls Geistesgabe ist (1Kor 2,6f; 12,8; Kol 1,28).

9 In seiner Gnade handelt Gott nicht als Verborgener, sondern offenbart das **»Geheimnis seines Willens«** in seiner »universal-kosmische(n) Bedeutung«.[80]

»Kundgetan« wird Gottes Geheimnis zum einen an die Apostel (3,3.5; Kol 1,27), zum anderen durch die Apostel an die Mächte (3,10) und die Menschen (6,19): Gottes verborgener Plan wird enthüllt und durch seine Boten bekanntgemacht. An dieser Stelle tritt die unverwechselbare Eigenart des Eph ins Blickfeld: Paulus sieht seine Berufung darin, das Geheimnis Christi bzw. des Evangeliums den Gemeinden zu erschließen und nahezubringen. Er möchte die darin enthaltene Fülle des göttlichen Willens vor den Glaubenden ausbreiten, sie dadurch in ihrem Vertrauen zu Christus stärken und zum Leben im Gehorsam des Glaubens ermutigen. Das ist das Ziel seines Briefes.

Überblickt man die Rede vom »Geheimnis« bei Paulus, so ergibt sich folgendes Bild: In 1Kor 1,18ff; 2,6ff ist sein Inhalt Christus, der als Gekreuzigter der »Herr der Herrlichkeit« ist (2,8). Kol 1,26f definiert den »Reichtum des Geheimnisses« als »Christus in euch, die Hoffnung der Herrlichkeit«. Im Eph schließlich wird am Christus-Geheimnis die Gegenwart des Herrn in seinem Leib, der neuen

[76] Am Rande sei darauf hingewiesen, welche Auswirkungen die Ablehnung der paulinischen Verfasserschaft bei der Kommentierung dieser Verse mit sich bringt: So wird Schnackenburg zu recht künstlich wirkenden Formulierungen genötigt, wenn er erklärt: Der Begriff »Verfehlung« sei dem »Eph-Autor« »von Paulus her geläufig«, oder vermerkt, daß »reich machen« ein »auch bei Paulus beliebte(s) Verbum« sei: a. a. O. 55.

[77] Daneben kann das Reichwerden an Gaben des Geistes, in der Liebe etc. auch Gegenstand der Ermahnung sein: 1Kor 14,12; 15,58; 2Kor 8,7; 9,12; Phil 1,9; Kol 2,7; 1Thess 4,1.10. Bemerkenswert ist, daß die Begriffe »Reichtum« und »überfließen« in 2Kor 8,2 – wenn auch in einem anderen Zusammenhang – ebenfalls aufeinander bezogen sind!

[78] Dieselben Verbindungen vgl. Kol 1,9: »Weisheit und Einsicht«; und z. B. auch Dan 1,17 (LXX): »Verstehen und Einsicht und Klugheit«; 2,21: Gott gibt »den Weisen ihre Weisheit und den Verständigen ihren Verstand«; 2,23 (LXX): »Weisheit und Einsicht«.

[79] Vgl. auch Lk 21,15; Kol 1,28; 3,16.

[80] Schnackenburg, a. a. O. 56.

Gemeinschaft aus Juden und Heiden, besonders hervorgehoben (3,6ff).[81]

Wenn auch in heidnischen Mysterienreligionen, in gnostischen Strömungen oder auch in Qumran göttliche Geheimnisse eine wichtige Rolle spielen, so ist für Paulus die Apokalyptik als Hintergrund zu beachten: Bei Gott verborgene Geheimnisse über künftige Ereignisse werden einigen auserwählten Menschen, z.B. in Visionen, eröffnet. Bei Paulus konzentriert sich jedoch alles auf die Offenbarung dieses *einen* Geheimnisses, des Geheimnisses *Christi* (vgl. 3,4).[82]

Nun ist »uns«, d.h. den Aposteln mitsamt der an Jesus Christus glaubenden Gemeinde, **»das Geheimnis seines Willens kundgetan«** worden. Der Inhalt dieses Geheimnisses ist in V. 10b angegeben. Zunächst wird die Art und Weise der Kundgabe näher begründet. Dabei sind V. 9b und 10a grammatikalisch wohl miteinander zu verbinden[83]: **»nach seinem Beschluß, den er zuvor in ihm gefaßt hat, zur Durchführung der Fülle der Zeiten«.**

Mit »Beschluß« wird derselbe griech. Ausdruck wiedergegeben, der in V. 5 mit »Wohlgefallen« übersetzt wurde. Der Begriff umfaßt sowohl die Freiheit Gottes in seinem Wollen als auch die Güte und Heilsamkeit seiner Beschlüsse.

Die Setzung des göttlichen Willens geht auch hier auf einen vorzeitlichen Akt zurück, und dies wird durch »zuvor gefaßt« eigens hervorgehoben. Von Gottes Vorsatz in diesem Sinne ist ebenso in 1,11 und 3,11 die Rede.

Dieser Beschluß hat schon immer den Sohn einbezogen: »in ihm« meint Christus und ist nicht auf Gott zu deuten. Gott hat sich »allem zuvor schon auf Christus festgelegt«.[84]

Gottes Willensentschluß vor Grundlegung der Welt wurde jetzt 10
umgesetzt im Sinne der **»Durchführung der Fülle der Zeiten«.** *oikonomia* kann allgemein »Verwaltung« oder »Amt« heißen, zielt aber hier auf den Aspekt der »Verwirklichung«, der »planmäßigen Erfüllung«[85]. Diese Durchführung geschieht in der »Fülle der Zeiten«. In Gal 4,4 ist vom »Kommen der Fülle der Zeit« die Rede; durch dieses Kommen wird die Zeit »unter dem Gesetz« von der »unter Christus« getrennt. Bei unserer Stelle liegt der Akzent auf den abgelaufenen Zeiten, die nun zu ihrem Zielpunkt, zur Fülle gekommen

[81] »Es ist das Mysterium der Weisheit Gottes, die ja Christus ist und in seinem Leib, der Kirche aus Juden und Heiden, zutage tritt« (Schlier, a.a.O. 62).
[82] Vgl. dazu Schnackenburg, a.a.O. 56.
[83] Vgl. Schlier, a.a.O. 62.
[84] Schlier, a.a.O. 63.
[85] Vgl. Schnackenburg, a.a.O. 57.

sind: »Die ›Fülle der Zeiten‹ zeigt den Höhepunkt aller irdischen Zeiten an, die (eschatologische) Zeit Christi, in der sich das Mysterium Gottes in Christus enthüllt, realisiert und entfaltet.«[86]

Die Verwirklichung des göttlichen Beschlusses hat folgenden Inhalt: »**alles** (oder: **das All) zusammenzufassen in Christus, das, was in den Himmeln, und das, was auf Erden ist**«. In Jesus Christus offenbart sich Gottes Heil in umfassender und abschließender Weise: Dies gilt sowohl in zeitlicher (»Fülle der Zeiten«), als auch in räumlicher (»alles: Himmel und Erde«) Hinsicht.[c]

[c] Eph 4,15 Röm 11,36 1Kor 8,6 15,27f Phil 3,21 Hebr 1,3 2,10 Offb 4,11

Das in der Theologiegeschichte höchst wirkungsvolle[87] Verb *anakephalaiousthai* meint »zusammenfassen«, »summieren«, dann aber auch »zum Haupt einsetzen«. Denselben Vorgang beschreibt Paulus in 1,22 so: Gott hat »ihn (= Christus) gegeben der Gemeinde zum Haupt über alles«. In dieses »alles« sind auch die Mächte und Gewalten eingeschlossen (vgl. 3,10; 6,12). Was zuvor zerrissen und zerstreut war, wird unter Christus vereint. Da er die trennende Macht der Sünde besiegt hat, gelangt der Kosmos in ihm zu der Einheit, die dem Schöpferwillen entspricht. Wenn er zugleich als der Herrscher über das All gerühmt wird, so bedeutet dies keinen Gegensatz: Einheit und Herrschaft sind in ihm verbunden.[88]

Im Bereich der christlichen Gemeinde als dem Leib Christi wird schon jetzt sichtbar, was zwar für den Kosmos insgesamt bereits gilt, was aber erst noch durchgesetzt werden wird: Christus ist Herr und Haupt seiner Gemeinde; sie kann keinesfalls ohne ihr Haupt existieren. Sie kann sich daher nicht verselbständigen, sich von Christus »emanzipieren«, sich ihre Aufgaben von außerhalb vorschreiben lassen oder sie sich selbst suchen. Sie kann ihr Wesen nicht als etwas anderes verstehen als das, das sie ist: Leib Christi.[89]

Die Grundlage christlicher Gewißheit ruht in der Zusage: In Jesus Christus hat sich Gottes heilsamer Beschluß verwirklicht: Er ist Herr

[86] Schnackenburg, a. a. O. 58.

[87] Zur Wirkungsgeschichte vgl. Schnackenburg, a. a. O. 325ff.

[88] »Christus ist nicht nur die integrierende Kraft für das All, sondern auch das herrscherliche Haupt über das All« (Schnackenburg, a. a. O. 58).

[89] »Alle Welt hat in Christus ihr Haupt und wird so als die ihm unterworfene Welt a principio geeint und aufgerichtet, d. h. auf ihn ausgerichtet. Die Kirche aber ist der Ort, wo dies bekannt und anerkannt wird und also Christi Hauptsein zur Auswirkung kommt in seinem ›Leib‹« (Schlier, a. a. O. 65). Vgl. Schnackenburg, a. a. O. 60: »Das All ist in Christus zusammengefaßt und seiner Herrschaft unterstellt, unanfechtbar und endgültig, und doch *soll* es weiter und immer mehr im irdisch-geschichtlichen Raum der schon errichteten Christusherrschaft unterworfen werden. Dazu bedient sich Christus der Kirche, in der seine segensvolle Herrschaft wächst und durch die den unseligen Mächten und Gewalten ihre Ohnmacht aufgedeckt wird (vgl. 3,10). Was in der zeitüberlegenen Welt Gottes bereits Realität ist, soll sich in der zeitgebundenen irdisch-geschichtlichen Welt durch die Kirche enthüllen und realisieren.« Allerdings wird sie als Leib *Christi* dabei auf jegliche weltlichen Mittel zur Durchsetzung der Christusherrschaft verzichten.

über alles. Diesem »schon jetzt« steht die schmerzliche Erfahrung des »noch nicht« gegenüber: Noch ist das Erbe nicht angetreten (1,14), noch ist der »Tag der Erlösung« nicht da (4,20), noch ist der Kampf mit den »Mächtigen und Gewaltigen« nicht beendet (6,10ff): Und doch darf dieses »noch nicht« keinesfalls den Blick auf das »schon jetzt« trüben. Der Eph will diesen Blick schärfen und dadurch das Vertrauen zu Christus als dem Haupt über alles festigen.

Nachdem Paulus in V. 10 das Ziel des göttlichen Heilshandelns 11
benannt hat, schwenkt der Blick wieder auf die Gemeinde zurück. Dabei steht das im Folgenden Ausgesagte nicht losgelöst für sich, sondern ist aufs engste mit dem Vorhergehenden verbunden: **»In ihm«**, d.h. in Christus und seinem eben gepriesenen Werk, erschließt sich das Wesen und der Reichtum der Glaubenden. Sie sind mit Christus verbunden und leben damit in einer neuen geistlichen Wirklichkeit.

»In ihm fiel uns auch das Los«, der »Losanteil«: Der verbale Ausdruck selbst findet sich nur hier im NT. Ähnlich spricht Paulus in Kol 1,12 vom »Anteil am Erbe der Heiligen im Licht«. Die verwandte Wortfamilie »Anteil/Erbe« begegnet mehrfach: vgl. V. 14. Im Hintergrund steht dabei die Zuteilung des verheißenen Landes an die Stämme Israels: Durch das Los sollte jeder Stamm sein Erbteil erhalten.[90] Auf diesen Vorgang nimmt Hebr 11,8 Bezug, während 1Petr 1,4 und Hebr 9,15 von dem im Himmel aufbewahrten Erbe sprechen (vgl. auch Eph 1,18; 5,5).

Die Gewährung dieses Losanteils beruht auf der **»Vorherbestimmung nach Gottes Vorsatz«**. Damit bekräftigt Paulus das in 1,5 bereits Ausgeführte: Wir sind durch Christus zur Kindschaft bestimmt.

Vom **»Vorsatz«** Gottes ist ebenso in Röm 8,28 die Rede; dabei handelt es sich um denselben Zusammenhang von »Vorherbestimmung nach Gottes Ratschluß« (Röm 8,28.30), der auch in Eph 1 deutlich wird.[91]

Gott wird hier als derjenige charakterisiert, **»der alles wirkt, nach dem Rat seines Willens«**: Der Erbanteil der Glaubenden bringt somit Gottes gnädige Zuwendung zum Ausdruck. So wie Gott in Christus alles zusammengefaßt hat, so hat er uns in dieses Heilswirken einbezogen und an ihm beteiligt. Als dem, der **»alles wirkt«**, gebührt ihm umfassendes Vertrauen und uneingeschränkter Lobpreis. Dabei betont die Doppelung **»nach dem Rat seines Willens«** in Ergänzung zu

[90] 4Mo 26,55f; vgl. 33,54; Jos 14,2.
[91] Vgl. außerdem Eph 3,11; 2Tim 1,9.

»nach (seinem) Vorsatz« erneut die Souveränität von Gottes Entscheidung.

12 Wie in V. 6 und V. 14 wird auch hier die Zielrichtung des göttlichen Wirkens an den Glaubenden angegeben: **»damit wir etwas seien zum Lob seiner Gnade«**. Beachtet man außerdem den Bezug zu V. 4 (»damit wir heilig und untadelig vor ihm seien«), so schließt das Lob Gottes das gesamte Leben des Christen ein und soll umfassend dem Ruhm der göttlichen Gnade dienen.

Bei der Erklärung der zweiten Vershälfte **»die wir schon vorher Hoffnung haben in Christus«** sind zwei Deutungsmöglichkeiten gegeben: Der Ausdruck kann als »vorher/früher hoffen« oder allgemein als »voraushoffen/-erwarten« verstanden werden. Daraus werden inhaltliche Unterschiede abgeleitet: Wir, d.h. die christusgläubigen Juden, haben bereits vor dem Kommen des Messias auf ihn gehofft; oder: wir, d.h. alle Christen, hoffen auf die in V. 14 angezeigte umfassende Erlösung.

Wurde in der Auslegungstradition der Kirche[92] das **»wir«** häufig als »judenchristliches« im Gegenüber zu dem »ihr« in V. 13 verstanden, so erscheint diese Deutung doch aus mehreren Gründen als weniger wahrscheinlich: Gar zu abrupt müßte in diesem Vers das »wir« begriffen werden, nachdem es zuvor stets auf alle Christen bezogen war. Die Verbform von **»voraushoffen«** (Partizip Perfekt) bezeichnet an anderen Stellen »die Christen in ihrem jetzigen Hoffnungszustand«[93]. Im Hintergrund steht wohl Kol 1,5f, wo ebenfalls von der »Hoffnung, die für euch bereit ist im Himmel«, vom »Wort der Wahrheit« (vgl. Eph 1,13) und von dem »zuvor« des Hörens (angesichts des »zuvor« des Hoffens an unserer Stelle) die Rede ist.

13 Das betonte **»auch ihr«** unterscheidet demnach nicht Heiden- von Judenchristen, sondern spitzt die Aussage konkret auf die Briefempfänger zu und hebt sie von den Christen insgesamt ab.

Das Leben der Glaubenden läßt sich mit zwei Worten beschreiben: es handelt sich dabei um eine Existenz **»in ihm«**, d.h. in Christus. Der Christ ist Teil des Leibes Christi, der durch Christus als dem Haupt bestimmt und vom Heiligen Geist geleitet wird. Er gehört sich nicht mehr selbst, sondern dem, der für ihn gestorben und auferstanden ist (2Kor 5,15). Er ist Stein im Tempel des Herrn (vgl. 1Kor 3,16; 1Petr 2,5), hat dadurch Anteil am heiligenden Wirken Jesu Christi und ist mit der gesamten Gemeinde in den Dienst Christi gestellt.

92 Vgl. Schnackenburg, a.a.O. 62; 47, A. 87.
93 Vgl. Schnackenburg, a.a.O. 63; vgl. 1Kor 15,19; 2Kor 1,10; 1Tim 4,10; 5,5; 6,17.

Zweimal wird auf diesen Sachverhalt in V. 13 hingewiesen, wobei Paulus zunächst an den Anfang dieser Existenz erinnert. Die Adressaten haben **»das Wort der Wahrheit gehört«**. Neben Kol 1,5f begegnet derselbe Ausdruck auch in 2Kor 6,7, 2Tim 2,15 und Jak 1,18. Die Wahrheit der Christusbotschaft hat ihren Grund in Christus, der selbst die Wahrheit ist (Joh 1,17; 14,6; vgl. Joh 17,17). Sie enthüllt sowohl das Wesen Gottes als auch die Situation des Menschen als Sünder vor diesem Gott. Zugleich hat dieses Wort neuschaffende Kraft und bewirkt, daß »die Wahrheit getan wird« (vgl. Joh 3,21). In diesem weitergehenden Sinne ist auch das Wort »hören« zu verstehen: Es handelte sich bei den Briefempfängern um ein Hören, das zum Glauben führte.

Zugleich kennzeichnet Paulus diese Botschaft als **»Evangelium von der Errettung«**. Der Begriff begegnet auch in Apg 13,26.[94] Dieses Wort ist Botschaft der Freude, da es Kunde gibt von der Errettung des Sünders aus dem Gericht Gottes um Jesu Christi willen. Diese Erlösung ist konkret und persönlich als **»eure Errettung«**.

Die Verkündigung des Evangeliums ist nicht bloße Informationsvermittlung. In ihr wirkt der Heilige Geist den Glauben (vgl. Röm 10,1.7). Dabei sind die Hörer umfassend eingeschlossen: sie **»kamen zum Glauben«**, sie »wurden Glaubende« (vgl. 1Thess 2,13).

Die Gabe des Heiligen Geistes an die Glaubenden beinhaltet zugleich die **»Versiegelung«**. **»Ihr wurdet versiegelt«** ist – grammatikalisch gesehen – die Hauptform von V. 13f. Dieser Geist wird näher bestimmt als **»Geist der Verheißung«**, womit Paulus bereits auf V. 14 vorausweist. Die Ausdrucksweise ist typisch hebräisch und meint »den verheißenen Heiligen Geist« (Gal 3,14; Apg 2,33).

Während die Briefempfänger früher »außerhalb des Bundes der Verheißung« waren (2,12), so sind sie nun – als Heidenchristen – »Mitgenossen der Verheißung in Christus Jesus durch das Evangelium« (3,6). Die Begabung mit dem **»Geist der Verheißung«** ist ein besonderer Ausdruck der Zugehörigkeit der ehemals heidnischen Glaubenden zu dem in Jesus Christus eröffneten Heil.

Von der Versiegelung mit dem Heiligen Geist spricht Paulus neben 4,30 ebenso in 2Kor 1,22. Auch dort steht der Aspekt der Versiegelung neben dem des Angeldes, des Unterpfands. Die Verheißung des Heiligen Geistes an die Glaubenden markiert diese, prägt sie und kennzeichnet ihre Zugehörigkeit zu Christus.[95] Damit verbunden ist

[94] Vgl. die Verbindung von »Wort« und »Heil« in Ps 107,20.

[95] Zum Gebrauch des hebr. Buchstabens Taw als »Erwählungs-, Eigentums- und Schutzzeichen« in Hes 9,4ff (vgl. Offb 7,2-8), sowie der Beschneidung als Siegel der Glaubensgerechtigkeit in Röm 4,11 vgl. Schnackenburg, a. a. O. 64.

die Aussage in Kol 2,11, nach der die Taufe die »Beschneidung durch Christus« darstellt – im Gegenüber zum atl. Bundeszeichen. Folgerichtig wird in der nachntl. Literatur die Taufe als Siegel gedeutet.[96]

14 Vom Rückblick auf den bereits erfolgten Geistempfang wendet sich die Rede zum Vorblick auf die noch ausstehende Fülle des Erbes. Auch wenn die Gabe des Geistes mit einem aus dem Handel entlehnten Begriff als **»Angeld«** bezeichnet wird, so hat der Gedanke »eines Rechtsanspruchs auf seiten des Pfandbesitzers«[97] auszuscheiden. Wie auch sonst, so ist Gottes Handeln in der Verleihung des Geistes stets Geschenk und als solches niemals einklagbar: Er hat den Geist *gegeben* (2Kor 1,22; 5,5); der Heilige Geist ist Erstlings*gabe* (Röm 8,23).

Mit dem Hinweis auf die **»Erbschaft«** ist stets die christliche Hoffnung verbunden: Die Größe der göttlichen Zuwendung in Jesus Christus, die sich bereits in der Gegenwart vielfach an den Glaubenden zeigt, soll nicht den Blick auf die noch ausstehende »Herrlichkeit des Erbes«[98] verstellen. Zu dem erwarteten Erbe gehört: Der Glaube wird erfüllt, indem die Christen ihren Herrn sehen; sie werden ihm gleich sein; sie werden mit neuen Aufgaben betraut (vgl. 1Kor 6,2: Wißt ihr nicht, daß die Heiligen die Welt richten werden?).

Mit der **»Erlösung«** verhält es sich ähnlich wie mit dem Erbe: Sie ist in Jesus Christus geschehen. Im Glauben an ihn »haben« wir bereits »die Erlösung durch sein Blut« (V. 7), und doch erweist sie sich umfassend erst als Rettung aus dem Jüngsten Gericht, steht daher noch aus (vgl. auch 4,30).

Die **»Erlösung«** wird verbunden mit der **»Besitznahme«**. Von 1Thess 5,9 und 2Thess 2,14 her läßt sich diese als »Erlangung/Erwerbung des Heils« deuten. Damit würde die Erlösung als »Inbesitznahme des Erbes« näher beschrieben und der Aspekt der zukünftigen Fülle nochmals nachhaltig betont. Zwar ist es grammatikalisch möglich, die Genitivkonstruktion im Sinne von »Erlösung, durch die wir sein Eigentum wurden«, zu deuten. Der Blick würde sich dabei auf die Vergangenheit, auf den Beginn des Lebens mit Christus richten. Da Paulus jedoch vom »Unterpfand« spricht, ist der Deutung auf die Einlösung des Pfandes durch das erfüllte Heil der Vorzug zu geben.

Abgeschlossen wird dieser Abschnitt erneut mit der Zielangabe des göttlichen Heilshandelns an seinem Volk: »zum Lob seiner Herrlichkeit« (vgl. V. 6, 12 u. 17; s. dazu S. 37).

[96] Belege bei Schnackenburg, a.a.O. 64, A. 153.
[97] Schnackenburg, a. a. O. 65.
[98] Eph. 1,18; vgl. 2,7; negativ: 1Kor 6,9f; 15,50; Gal 5,21.

2. Bitte um erleuchtete Augen des Herzens: 1,15-23

15 Darum lasse ich auch nicht ab, nachdem ich von eurem Glauben an den Herrn Jesus und von der Liebe zu allen Heiligen gehört habe,
16 für euch zu danken und (euer) zu gedenken in meinen Gebeten:
17 der Gott unseres Herrn Jesus Christus, der Vater der Herrlichkeit, gebe euch den Geist der Weisheit und der Offenbarung, ihn zu erkennen,
18 erleuchtete Augen des Herzens, damit ihr wißt, was die Hoffnung eurer Berufung, was der Reichtum der Herrlichkeit seines Erbes bei den Heiligen ist,
19 und wie die überragende Größe seiner Macht gegenüber uns ist, die wir glauben, nach dem Vermögen seiner gewaltigen Stärke.
20 Mit dieser war er in Christus wirksam, als er ihn aus den Toten auferweckte und (ihn) zu seiner Rechten in den Himmeln setzte,
21 hoch über alle Gewalt, Macht, Kraft, Herrschaft und über jeden Namen, der genannt wird – nicht allein in dieser Weltzeit, sondern auch in der zukünftigen.
22 Und »er hat alles unter seine Füße untergeordnet« und ihn der Gemeinde zum Haupt über alles gegeben,
23 die sein Leib ist, die Fülle dessen, der alles in allen erfüllt.

Mit **»darum«** schlägt Paulus die Brücke zu Dank und Fürbitte, die 15
sich in seinen anderen Briefen in der Regel direkt an den Eingangsgruß anschließen.[99] Der Anlaß zum Dank erwächst aus dem, was im Lobpreis der Verse 3-14 dargelegt wurde.

Insbesondere die Bekehrung zum Wort der Wahrheit und die Begabung mit dem Heiligen Geist der Verheißung bei den Briefempfängern (V. 13f) drängen den Apostel zur Danksagung. Dazu wird nun ausdrücklich auf ihren Glauben und ihre Liebe verwiesen. Dabei verändert sich der Dank zur Bitte um die Erkenntnis der herrlichen Hoffnung (V. 16b-19) und mündet in einen erneuten Lobpreis angesichts des überwältigenden Wunderwirkens Gottes in seinem Sohn. Die an dieser Stelle zutage tretende enge Verflechtung von Dank, Bitte, Lehre und Anbetung ist ein Charakteristikum des gesamten Briefes, das Asmussen so beschreibt: »Nicht umsonst kann man mühelos weite Partien des Briefes wieder in ein direktes Gebet zurückübersetzen, was

[99] Vgl. ähnliche Übergänge in 2,11; 4,25; 3,1.14.

sie offenbar vorher gewesen sind. Wer dem Apostel folgt, der schreitet auf Bahnen der Anbetung.«[100]

[a] Röm 1,8 Kol 1,4 Phlm 5

Auch wenn er die angesprochenen Gemeinden nicht selbst gegründet, sondern nur von ihnen **»gehört«** hat, bewegen diese Informationen Paulus zum persönlichen (**»auch ich«**) Dank.[a]

[b] Kol 1,4 1Tim 3,3 2Tim 3,5
[c] Röm 3,22.26 Gal 2,16.20 3,22 Eph 3,12 Phil 3,9

Anlaß zum Dank ist zum einen **»euer Glaube an den Herrn Jesus«**.[b] In der Regel wird der Glaube *an* Jesus Christus durch eine Genitivkonstruktion (»Glaube Jesu Christi« als Genitivus objectivus) zum Ausdruck gebracht[c], während hier wörtlich vom »Glauben *im* Herrn Jesus Christus« gesprochen wird. Somit wird die Nähe zum Ausdruck **»in Christus«** deutlich: Die Gemeindeglieder sind »in Christus«, indem sie »im Raum des Glaubens an Jesus Christus« leben.

[d] Röm 10,9 1Kor 11,23 2Kor 11,31 Phil 2,11 1Thess 2,5 4,1.2

Zugleich ist auf den Zusammenhang der Wendung **»Herr Jesus«** mit 1Kor 12,3 zu verweisen.[d] Ursprünglich handelt es sich dabei um das Bekenntnis »Herr ist Jesus« im krassen Unterschied zu dem Gegenbekenntnis »Verflucht sei Jesus«. Während die Verfluchung vor dem Hintergrund von 5Mo 21,23 (»Ein Aufgehängter ist verflucht bei Gott«: vgl. Gal 3,13) die Kreuzigung Jesu als Gottesurteil über den Gotteslästerer deutet, entspringt das Bekenntnis zu Jesus als dem Kyrios der erleuchtenden Tätigkeit des Heiligen Geistes. Dieser Geist ist in der Gemeinde wirksam geworden (vgl. V. 13f) und soll auch weiterhin sein Werk der Erleuchtung fortsetzen (vgl. V. 17ff).

[e] Kol 1,4 Phlm 5

Wie auch in anderen Fällen, so nennt Paulus hier ebenso neben dem Glauben **»eure Liebe zu allen Heiligen«**.[e] Glaube und Liebe sind untrennbar miteinander verbunden. Dabei kommen »Werke der Liebe« nicht als etwas Getrenntes zum Glauben hinzu, sondern erwachsen aus der lebendigen Glaubensverbindung mit Jesus Christus.[101] Von solcher Verbindung zwischen Glauben und Liebe (einschließlich der Hoffnung) spricht neben Gal 5,6 auch 1Thess 1,3 (vgl. 1Kor 13,13). In verwandter Weise wird in V. 18f die christliche Hoffnung aufgenommen und ihr Inhalt erläutert. Solche Liebe erstreckt sich umfassend auf **»alle Heiligen«**, womit ausgedrückt wird, daß

[100] H. Asmussen, Der Brief des Paulus an die Epheser. Eine Herausforderung an die Macht, Breklum 1949, S. 26.

[101] In der mittelalterlichen Kirche wurde der »ungeformte« Verstandesglaube als unzureichend kritisiert. Der Glaube gewinne erst dann seine eigentliche Gestalt, wenn er »durch die Liebe geformter« Herzensglaube sei. M. Luther hat diese Unterscheidung abgelehnt und stets den einen wahren Glauben an Jesus Christus betont, der alles von seinem Herrn empfängt und daher auch umfassend im Dienst der Liebe zur Wirkung kommt: »O, es ist lebendig, geschäftig, tätig, mächtig Ding um den Glauben, daß es unmöglich ist, daß er ohne Unterlaß sollte Gutes wirken. Er fragt auch nicht, ob gute Werke zu tun sind, sondern ehe man fragt, hat er sie getan und ist immer im Tun« (M. Luther, Vorrede zum Brief des Paulus an die Römer, 1522, WA DB 7,11).

dabei keine Unterschiede gemacht werden und niemand von dieser Zuwendung ausgeschlossen wird.[102]

Paulus **»läßt nicht ab«**[103], Gott für die genannten Erweise seines 16
Wirkens **»zu danken«** und der Gemeinden **»zu gedenken in seinen Gebeten«.**[f]

Das unablässige, d.h. wiederholte und nicht aufgegebene Geden- 17
ken des Apostels wird in Röm 1,10 durch ein ausdrückliches »und bitte darum« ergänzt. Hier wird der Inhalt der Bitte direkt an die Erwähnung des Betens angeschlossen.

[f] Röm 1,9; Phil 1,3; 1Thess 1,2; 2Tim 1,3; Phlm 4

Dieses richtet sich an **»den Gott unseres Herrn Jesus Christus, den Vater der Herrlichkeit«.** Vom »Gott der Herrlichkeit« spricht Apg 7,2; »Herr der Herrlichkeit« wird Christus in 1Kor 2,8 und Jak 2,1 genannt (vgl. »Cherubim der Herrlichkeit« Hebr 9,5). Vom atl. Sprachgebrauch her bezeichnet »Herrlichkeit« zunächst das Gewichtige, das Ansehen, dann auch die Wucht einer Erscheinung, vor allem der Erscheinung Gottes; daraus erwächst die Bedeutung »Ehre«, »Glanz«, »Herrlichkeit«.[104]

Aus einem Vergleich zweier Parallelstellen ergibt sich diese Verbindung auch im NT: Christus wurde von den Toten auferweckt »durch die Herrlichkeit des Vaters« (Röm 6,4) bzw. »durch seine Macht« (1Kor 6,14): »Der Glanz Gottes ist der Glanz seiner Macht und die Macht Gottes ist die Macht seines Glanzes.«[105]

Paulus bittet, daß Gott den Glaubenden **»gebe den Geist der Weisheit und der Offenbarung«.**

Im 1. Korintherbrief betont der Apostel mehrfach, daß Gott seine Gaben in uneingeschränkter Souveränität austeile. Geistliche Fähigkeiten sind nicht Frucht eigener Bemühung, sondern Gabe göttlicher Güte.[g]

[g] 1Kor 1,4; 3,5; 4,7; 12,7

[102] Da Schnackenburg die paulinische Verfasserschaft des Eph ablehnt, will er beim Eph-Autor die Hoffnung als bereits im gegenwärtig bereitliegenden Erbe erfüllt sehen: Sie richtet sich für ihn »auf das schon bereitliegende Erbe (V. 18) und steigert das Erlösungsbewußtsein zur Heilsgewißheit (vgl. 1,12.14)« (a.a.O. 72). Abgesehen von den Schwierigkeiten, die sich mit dem Zukunftsaspekt in 1,21 oder 2,7 ergeben, ist der Eindruck irreführend, der Verfasser einer biblischen Schrift würde den Glaubensinhalt seiner Leser durch theologische Darlegungen (»steigert«) ausgestalten. Er hat vielmehr aus der ihm von Gott verliehenen Kenntnis des Christusgeheimnisses, das ihm im Hören auf die Verheißung der Propheten und die Tradition der Augenzeugen durch das Wirken des Heiligen Geistes erschlossen wurde, das mitzuteilen, was Gott gewirkt hat, heute schafft und künftig vollenden wird. Wie die anderen ntl. Schriften ist auch der Eph nicht ein Dokument theologischer Produktivität eines Apostels, sondern Zeugnis dessen, was Gott von seinem Tun und Wesen in grundlegender Weise (vgl. 2,20) enthüllt hat.

[103] Vgl. »allezeit« (griech: *pantote*): Eph 5,20; 1Thess 1,2; 2Thess 1,3; 2,13; 1Kor 1,4; Röm 1,9f; Kol 1,3; Phil 1,4; »unaufhörlich« (griech: *adialeiptos*): 1Thess 1,2; 2,13; 5,17; »in allem« (griech: *en panti*): 1Thess 5,18.

[104] Vgl. G. v. Rad, ThWNT II, 240ff.

[105] Schlier, a.a.O. 77. Vgl. dort auch die Erklärung von »Ambrosiaster«, einem anonymen Kommentator der Paulusbriefe aus dem 4. Jh.: »Also ist er Vater der ganzen Herrlichkeit, weil von ihm selbst alle Herrlichkeit, Macht und Würde entstammen.«

Auch der Inhalt der Bitte berührt sich mit 1Kor 12,8: Während dort das »Wort der Wahrheit« und das »Wort der Erkenntnis« – »nach demselben Geist«! – an die Spitze der Geistesgaben gesetzt werden, erbittet Paulus ebendiesen Geist für die Gemeinden. Allerdings soll die daraus erwachsende Erkenntnis Gottes nicht nur einzelnen Begabten zuteil werden, sondern alle Glaubenden erleuchten.

Was den »Herrschern dieser Welt« (1Kor 2,8) wie auch den Ungläubigen (2Kor 4,4) verschlossen ist, hat Gott den »Glaubenden« offenbart durch seinen Geist; dieser erforscht alle Dinge, auch die Tiefen der Gottheit (1Kor 2,10). Er ermöglicht die Erkenntnis der göttlichen Weisheit, die im Geschehen von Kreuz und Auferstehung verborgen ist. Dabei handelt es sich nicht um eine Vielfalt von seltsamen Einzellehren, sondern grundsätzlich darum, **»ihn zu erkennen«**, d.h. das Geheimnis seines Heilswillens (vgl. Eph 3,9f.18), seiner in Jesus Christus offenbarten Liebe (3,19).

18 Das Gebet um die Gabe des offenbarenden Geistes wird konkret in der Bitte um **»erleuchtete Augen des Herzens«**. Nach atl. Verständnis benennt das »Herz« den Kern des Menschen, das Zentrum seiner Person. Durch die Sünde ist ebendieses Zentrum verfinstert (vgl. 4,18; 5,8; vgl. 2Kor 4,4), tot (Eph 2,5; 5,14). Der Ausdruck »die Augen erleuchten« entstammt ebenfalls dem AT: Vgl. Ps 13,4 »erleuchte meine Augen«; 19,9 »Die Gebote des Herrn sind lauter und erleuchten die Augen«; Esr 9,8 »Nun aber ist uns einen kleinen Augenblick Gnade vor dem Herrn, unserem Gott, geschehen, ... um unsere Augen aufleuchten und uns ein wenig aufleben zu lassen«. Diese Erleuchtung ist Werk des Heiligen Geistes (1Kor 2,14-16; vgl. auch Apg 26,18). Dabei ereignet sich nach 2Kor 4,6 etwas, was nur mit der Erschaffung des Lichtes am Anfang der Schöpfung zu vergleichen ist: Der Schöpfer des Lichts »ist in unseren Herzen aufgestrahlt zur Erleuchtung der Erkenntnis der Herrlichkeit Gottes auf dem Angesicht Jesu Christi« (so wörtl.).[106] Die Erleuchtung des Personzentrums geschieht demnach durch Gott selbst. Während Mose die Herrlichkeit Gottes nicht schauen konnte, ohne zu vergehen (vgl. 2Mo 33,20; Jes 6,5), wird diese nun zugänglich auf dem Angesicht Christi, d.h. aber auf dem Angesicht des Gekreuzigten. Gerade *dort* Gottes Herrlichkeit zu ersehen, vermag der verblendete Mensch nicht. Allein die Offenbarung durch den Heiligen Geist erschließt ihm diese »unter dem Gegenteil ver-

[106] Zu beachten ist diese Häufung von Genitivobjekten in dem unbestritten von Paulus verfaßten 2. Korintherbrief, während sie zugleich als besonderes Charakteristikum des Eph-Autors hervorgehoben wird!

borgene« Wirklichkeit.[107] Da diese Erkenntnis den gesamten Menschen betrifft, erwachsen aus ihr auch die Werke der »Kinder des Lichts« (5,8), kann von ihr aus auch vor einem verblendeten Leben gewarnt werden (4,17).

Dreierlei sollen die **»erleuchteten Augen des Herzens«** wahrnehmen: ihre Hoffnung, den Reichtum ihres Erbes und Gottes überragende Macht.[108]

»Was die Hoffnung eurer Berufung« ist: In der Verkündigung des Evangeliums ergeht Gottes Ruf an den Menschen, wird seine Berufung offenbar. So können die an Christus Glaubenden »berufene Heilige« genannt werden.[h] Dieser Ruf ist unwandelbar und daher zuverlässig.[i] Daher erwächst daraus eine feste Hoffnung (vgl. Eph 4,4), genauso wie die Verpflichtung zu einem ihr entsprechenden Lebenswandel.[j] Gewiß gilt diese Hoffnung der Gemeinde Jesu Christi bereits in der Gegenwart. Dennoch bezieht sie sich auf die Zukunft des kommenden Reiches Gottes, in dem geschaut wird, was jetzt noch Gegenstand der Hoffnung ist.[109]

[h] Röm 1,6.7 8,28 1Kor 1,2.9.24
[i] Röm 11,29 1Kor 1,9
[j] Eph 4,1 Phil 1,27 Kol 1,10 1Thess 2,2

Vom **»Reichtum der Herrlichkeit«** sprechen neben Eph 3,6 auch Röm 9,23 »damit er den Reichtum seiner Herrlichkeit kundtue«; Phil 4,19 »nach seinem Reichtum in Herrlichkeit« und Kol 1,27 »was der herrliche Reichtum dieses Geheimnisses ... ist«. Geht es in der letzten Stelle um den herrlichen Reichtum des göttlichen Geheimnisses, so richtet sich hier der Blick auf das erhoffte Erbteil (vgl. 1,14). Da der Heilige Geist das »Angeld« dieses Erbes darstellt, wird dadurch wiederum der zukünftige Aspekt unterstrichen.

Die Verbindung zwischen »Erbteil« und den »Heiligen« findet sich ähnlich in Apg 20,32 und 26,18. An beiden Stellen sind mit den »Heiligen« die Glaubenden gemeint. Dieselbe Deutung legt sich auch für Eph 1,18 nahe. Daneben wird die Auffassung vertreten, hierin die Engel bezeichnet zu sehen, die dann als »himmlische Heilige« neben den »irdischen Heiligen« von V. 15 genannt wären. Dafür läßt sich

[107] Vgl. hierzu Luthers Ausführungen in der »Heidelberger Disputation« von 1518, These 19 und 20: »Der ist nicht wert, ein Theologe zu heißen, der Gottes ›unsichtbares Wesen durch das Geschaffene erkennt und erblickt‹ (Röm 1,20).« »Sondern nur der, der Gottes sichtbares und (den Menschen) zugewandtes Wesen durch Leiden und Kreuz erblickt und erkennt« (WA 1,361f, zit. nach Aland (Hg.), Luther Deutsch I, Göttingen ^{2}1983, 388).

[108] Schlier weist darauf hin, daß dabei die Hoffnung in zwei Richtungen erläutert wird, in die des Erbes und in die der Macht Gottes (a. a. O. 81).

[109] Aus diesem Grund ist nicht einzusehen, warum Schnackenburg in Eph den futurischen Aspekt hinter dem präsentischen zurücktreten sieht: »Die Hoffnung ist ... selbst ein Heilsgut, das stärker als bei Paulus (Gal 5,5; Röm 5,5; 8,25; 15,4) schon als gegenwärtig empfunden wird (vgl. 1,2; 4,4; deutlicher Kol 1,5.27)« (a. a. O. 74). Der Unterschied zwischen Paulus und dem (angeblichen) Eph-Autor erscheint konstruiert, und es müßte mit Paulus gefragt werden: »Die Hoffnung aber, die man sieht, ist nicht Hoffnung; denn wie kann man auf das hoffen, was man sieht?« (Röm 8,24).

auf den Sprachgebrauch in 5Mo 33,2f; Ps 89,6.8; Dan 8,13 (ebs. in LXX: Am 4,2; Jes 57,5) verweisen.[110]

19 Paulus hat seinen Lesern mit leuchtenden Farben vor Augen gemalt, welch reiche Hoffnung das Evangelium von Jesus Christus umfaßt. Nun erläutert er, warum es sich dabei nicht um leere Ankündigungen handelt, sondern um Hoffnung, die gewiß erfüllt wird. Der Grund dafür liegt in der überragenden Macht Gottes, die seiner Herrlichkeit entspricht. Dabei führt Paulus diese Aussage fort mit dem Lobpreis von Auferweckung und Einsetzung Christi als Herr über den Kosmos und als Haupt der Gemeinde (V. 19-23).

Spricht Paulus hier von der **»überragenden Größe der göttlichen Macht«**, so in V. 27 vom **»überragenden Reichtum seiner Gnade«**. Das göttliche Handeln wird hier in einer Weise zum Ausdruck gebracht, die nicht mehr steigerungsfähig ist.

Gottes Wirken richtet sich auf **»uns, die wir glauben«** (vgl. 1,13). Nach Röm 10,17 entspringt der Glaube aus dem Hören der Evangeliumspredigt. Dabei erleuchtet der Heilige Geist den Hörer, öffnet ihm die Augen des Herzens. Indem der Mensch das Heil erkennt, wird er auch der göttlichen Kraft inne, die dieses machtvolle Werk am Sünder wirkt.

Der Ausgangspunkt dafür ist die Auferweckung Jesu Christi: Hier hat Gott seine Macht erwiesen, die nun durch die Verkündigung den Hörer verwandelt. Dabei wird sein Vermögen mit drei Begriffen beschrieben, die inhaltlich dicht beieinander liegen: wörtl. »nach dem Vermögen der Gewalt seiner Stärke«.[k] Diese Häufung bringt erneut die uneingeschränkte und unvergleichbare Fülle der göttlichen Kraft zum Ausdruck.

[k] 2Thess 1,9 Offb 5,12f 7,12

20 Solche Vollmacht **»war in Christus wirksam«** und zeigte sich in vierfacher Weise: Gott erweckte ihn von den Toten und setzte ihn zu seiner Rechten (V. 20); er unterwarf alles unter seine Füße und setzte ihn zum Haupt der Kirche ein (V. 22).

An vielen Stellen des NT wird bezeugt, daß Gott Jesus **»aus den Toten auferweckte«**.[l] Diese Tat Gottes ist von fundamentaler Bedeutung für den christlichen Glauben. Ohne den Machterweis von der Seite Gottes her wäre alles Reden von Glauben, Sündenvergebung und ewiger Hoffnung nichtig und leer (1Kor 15,17ff).[111]

[l] Apg 3,15 4,10; 5,30 10,40 13,37 Röm 4,24 8,11; 10,9 1Kor 6,14 15,15 2Kor 4,14 Gal 1,1 Kol 2,12 1Thess 1,10 1Petr 1,21

[110] So Schnackenburg, a. a. O. 74. F. Laubach macht in der Auslegung zu Sach 14,5 (und 2Thess 1,7ff.) darauf aufmerksam, daß auch beide Gruppen zusammen gemeint sein können (Der Prophet Sacharja, Wuppertal 1984, 161f).

[111] Vgl. Schnackenburg, a. a. O. 75: »Die alles Heil begründende und entbindende Tat Gottes liegt in der Auferweckung Christi.«

Christi Himmelfahrt macht offenbar: Gott setzte ihn **»zu seiner Rechten in den Himmeln«**. Damit erfüllt sich Ps 110,1, eine Schriftstelle, die vielfältig im NT zitiert und auf die Erhöhung Jesu[m] sowie auf den Davidsohn[n] bezogen wird.

Die Einsetzung zur Rechten Gottes besagt, daß Gott ihm die Macht im Himmel übertragen hat und daß damit seine bleibende Herrscherstellung begründet wurde.

Als Herr des Himmels ist Christus damit gleichzeitig Herr **»hoch** 21
über alle Gewalt, Macht, Kraft, Herrschaft«.

Damit wird zunächst zum Ausdruck gebracht, daß sich die menschliche bzw. christliche Existenz in Räumen vollzieht. Himmel und Erde sind nicht weitgehend »leer«, sondern Wirkungsort von »Mächten«, die das menschliche Leben beeinflussen.[112]

Das Verhältnis zwischen Himmel und Erde als »oben« und »unten« wird im NT vorausgesetzt: Jesus Christus entäußerte sich seiner göttlichen Gestalt und erniedrigte sich bis zum Tod am Kreuz; darum hat ihn Gott in die Himmel erhöht und über alles gesetzt (Phil 2,9f; 1Petr 3,18-22). In Eph 4,9 spricht Paulus davon, daß Christus hinabgestiegen ist zu den tiefsten Orten der Erde. Aufgrund seiner Erhöhung in die Himmel hat er die Mächte »in der Luft« (2,2) und »in der Finsternis« (6,12) unterworfen. In Kol 2,10 bringt der Apostel dies zum Ausdruck, wenn er Christus als »Haupt aller Mächte und Gewalten« bekennt.[113]

Allerdings findet sich bei Paulus kein hierarchisches System solcher Mächte; vielmehr kann er die einzelnen Bezeichnungen unterschiedlich gebrauchen.[114]

[m] Mt 26,64 Mk 14,62 16,9 Lk 22,69 Apg 2,34f Röm 8,34 1Kor 15,25 Kol 3,1 Hebr 1,3.13 8,1
[n] Mt 22,44 Mk 12,36 Lk 20,42f

[112] Asmussen macht darauf aufmerksam, in welch vielfältiger Weise unsere Existenz von solchen Einflüssen bereits im täglichen Leben geprägt wird: »Es sind Gewalten, die wir ›ganz natürlich‹ anzusehen gewohnt sind, obschon keine von ihnen sich mit den Mitteln erklären läßt, welche uns die sog. moderne Wissenschaft an die Hand gibt. ... Denn weder der Krieg, noch eine Wahl sind als ein zureichender Grund anzusehen, weshalb Mächtigkeit entsteht oder erhalten bleibt. Dasselbe gilt von der Würde, die sich ein Mensch erwirbt. Denn Würde und Hoheit kann zwar immer zurückgeführt werden auf bestimmte Züge dessen, der sie hat, aber sie können nie hinreichend *erklärt* werden. ... Das System des Denkers, die kunstvolle Schau, wie ein Dichter sie hat, die Formenwelt des Malers und Bildhauers, die ganze Welt des Films, des Theaters, des Sports, der Presse sind nur unter diesen Gesetzen zu begreifen. Sobald das Gemächte des Geistes aus uns geboren ist, verselbständigt es sich und tritt uns gegenüber in seiner ganzen Ungreifbarkeit« (Asmussen, a.a.O. 22.23).

[113] »Die ›Macht‹ hat ihren jeweiligen ›Raum‹: in dem sie anzutreffen ist und in den sie einbezieht, und sie hat ihren jeweiligen Namen, in dem sie anzusprechen ist« (Schlier, a.a.O. 87).

[114] Kol 1,16: In Christus ist alles geschaffen, »es seien Throne oder Herrschaften oder Mächte oder Gewalten« (vgl. Kol 1,10). 1Kor 15,24: Christus übergibt dem Vater das Reich, »nachdem er alle Herrschaft und alle Macht und Gewalt vernichtet hat.« Röm 8,38f: »Denn ich bin gewiß, daß weder Tod noch Leben, weder Engel noch Mächte noch Gewalten, weder Gegenwärtiges noch Zukünftiges, weder Hohes noch Tiefes ... uns scheiden kann von der Liebe Gottes.«

Bekannt ist diese Begrifflichkeit aus der jüdischen Apokalyptik, in der solche Namen für Engelmächte begegnen.[115]

»Gewalt« (griech.: *archē*) und »Macht« (griech.: *exousia*) stehen im NT oft beeinander, wenn damit überirdische Mächte bezeichnet werden.[116] Der Ausdruck »Kraft« (griech.: *dynamis*) wird vor allem von Gottes Kraft, die etwa in der Auferweckung Jesu Christi erkennbar wurde (V. 19f), gebraucht, kann aber auch in einer Reihe mit den genannten widergöttlichen Gewalten und Mächten verwendet werden. »Herrschaft« (griech.: *kyriotēs*) schließlich mag auf eine eigene Gruppe mit besonderer Machtstellung verweisen.[117]

Der Wirkungsbereich der genannten Größen ist der »untere« Himmel; sie stehen daher zwischen Gott und der irdischen Welt.

Zu beachten ist, daß auch die Mächte in der Schöpfungsmittlerschaft Jesu Christi begründet sind (vgl. Kol 1,16) und nicht durchgehend als widergöttlich charakterisiert werden, sondern unbestimmt bleiben (vgl. »die Mächte und Gewalten im Himmel« in 3,10).

Eindeutig ist in 4,27 und 6,11 vom *diabolos* die Rede, der wohl auch in 2,2 gemeint ist, wenn vom »Herrscher in der Luft« gesprochen wird, der in den Ungläubigen am Werk ist (vgl. 2Kor 4,4). Alle genannten Mächte sind mit der Einsetzung Christi zur Rechten Gottes ihm unterworfen und damit in ihrer Machtausübung im Nerv getroffen. Gleichwohl vermögen sie trotz dieser grundsätzlichen Begrenzung den Menschen allgemein wie auch den Christen speziell zu Fall zu bringen, weshalb die geistliche Ausrüstung für den Kampf unabdingbar ist (6,10ff).[118]

Daß sich die Herrschaft Christi nicht nur auf bestimmte Mächte erstreckt, macht die Ergänzung deutlich: **»und über jeden Namen, der genannt wird – nicht allein in dieser Weltzeit, sondern auch in der zukünftigen«**. Mit dem Namen ist der Einflußbereich und die Machtsphäre verbunden: Alle vorhandenen Kräfte sind Christus bleibend als dem »Pantokrator«, dem »Allherrscher«, untergeordnet. Seine Herrschaft umschließt nicht nur den gegenwärtigen Äon, son-

[115] Vgl. hebrHen 20: »Erzengel, Kräfte, Herrschaften, Gewalten, Mächte, Cherubim, Seraphim, Throne, Opharim« (zit. bei Schlier, a. a. O. 87).

[116] »Die beiden Namen ... auseinanderzuhalten und auf verschiedene Funktionen zweier Gruppen von Mächten zu verteilen, ist nicht möglich, da weder das NT noch die Parallelen irgend etwas in dieser Richtung andeuten« (W. Foerster, ThWNT II, 569).

[117] In Kol 1,16 und Eph 1,20f. »Bezeichnung der Glieder einer Engelklasse« (W. Foerster, ThWNT III, 1096).

[118] W. Foerster faßt seine Ausführungen über die Belege bei Paulus so zusammen: »Entscheidend ist für Paulus, daß in keinem Betracht, weder als Schicksal, noch als Natur, noch als Zwischenwesen, noch als Diener Gottes, diese Mächte den Christen von Christus trennen oder auch ihn zu ihm führen können« (ThWNT II, 570).

dern auch die in Christus bereits angebrochene Weltzeit, deren umfassende Offenbarung noch aussteht.

Mit einem Schriftzitat aus Ps 8,7 wird die eben dargestellte Herr- 22
scherstellung Christi zusammengefaßt und abgeschlossen: **»Und ›er hat alles unter seine Füße geordnet‹«.** Während dieser Psalm die »Offenbarung der Herrlichkeit Gottes am Menschen« allgemein zum Inhalt hat, wurde dieser Vers neben unserer Stelle in 1Kor 15,27 und Hebr 2,6ff (vgl. Phil 3,21) auf Christus gedeutet, wobei die Kombination mit Ps 110,1 ebenfalls in 1Kor 15,25 vorgenommen wird. **»Alles«** greift die umfassenden Bestimmungen von V. 21 auf. **»Unter seine Füße«** unterstreicht die uneinholbare Hoheit Christi im Vergleich zu allen anderen Mächten.

Der Abschnitt schließt damit, daß das Verhältnis des erhöhten Christus zur Kirche[119] bestimmt wird: **»und hat ihn der Gemeinde zum Haupt über alles gegeben«.** Grammatikalisch wäre es denkbar, die Wendung **»Haupt über alles«** als »alles überragendes Haupt« zu übersetzen; in diesem Zusammenhang fehlt jedoch für eine derartige Näherbestimmung die Veranlassung. So ist in dem Ausdruck eine komprimierte Formulierung zu sehen, die folgendermaßen aufzulösen ist: Gott hat ihn als »Haupt über alles« eingesetzt (vgl. die vorangegangenen Verse) und ihn als solchen zugleich der Kirche als ihr Haupt gegeben. Was im Kolosserbrief getrennt in 1,18 (»er ist das Haupt des Leibes, nämlich der Gemeinde«) und 2,10 (»der das Haupt aller Mächte und Gewalten ist«) beschrieben wird, findet sich hier in knapp zusammengefaßter Form[120]. Allerdings ist das »Hauptsein« Christi über den Kosmos nicht mit dem über die Kirche einfach identisch. Schlier verweist auf drei Bereiche, in denen die »Hauptschaft« Christi im Blick auf die Kirche im Eph insgesamt entfaltet wird:

a) seine Herrschaft, der der Gehorsam der Kirche entspricht (5,21ff);

b) die Beziehung zwischen Haupt und Leib, die von der Liebe gekennzeichnet ist (5,25ff);

c) Christus als Grund (Fundament) und Ziel (Haupt) der Kirche, von dem aus und zu dem hin diese wächst (4,15f; vgl. 2,20f).[121]

[119] Die Verwendung der Begriffe »Kirche« und »Gemeinde« ist im gegenwärtigen Sprachgebrauch uneinheitlich. Die im Kommentar benutzte Übersetzung gibt »ekklesia« in Anlehnung an die Lutherbibel mit »Gemeinde« wieder. In der Auslegung werden beide Ausdrücke verwendet, wobei »Kirche« eher im Sinne der weltumspannenden Kirche Jesu Christi, »Gemeinde« mehr für die einzelne Ortsgemeinde gebraucht wird. Da im NT »ekklesia« beide Größen meinen kann und somit die Einzelgemeinde nicht nur Teil eines Ganzen, sondern zugleich Verkörperung der Kirche insgesamt ist, können die Begriffe nicht abschließend voneinander getrennt werden.

[120] Vgl. Schlier, a.a.O. 89.

[121] Vgl. Schlier, a.a.O. 89.

23 In dem abschließenden Vers, der zugleich den Höhe- und Zielpunkt der Ausführungen des Abschnitts darstellt, werden über die Kirche zwei voneinander zu unterscheidende Aussagen gemacht: Die Kirche ist der Leib Christi und sie ist das »Pleroma« (Fülle) dessen, der alles bzw. das All erfüllt. Von der Kirche als »Leib Christi« handelt ausführlich 1Kor 12,12-27.° Dabei wird allerdings der gesamte Leib mit dem Christus in Beziehung gebracht; mehrfach werden auch Funktionen des Hauptes (Ohr, Auge, Gehör, Geruch) für das Verhältnis der Glieder zueinander angesprochen. Paulus betont dabei, daß alle Glieder am Leib aufeinander angewiesen sind und sich gegenseitig zu unterstützen haben. Als solche Gemeinschaft sind sie »Leib Christi« (1Kor 12,27). Dabei wird dieser Leib nicht erst durch den Entschluß der Glaubenden gebildet, sondern besteht bereits, bevor die Glaubenden in ihn hineingetauft werden (12,13).

° Röm 12,4 1Kor 6,15 10,17

In der Theologie wird weithin die Anschauung vertreten, daß die paulinische »Konzeption« vom Leib Christi in Eph und Kol (1,18.24; 2,17) »weitergebildet« worden sei: Indem Christus als Haupt der Gemeinde dem Leib gegenübergestellt wird, offenbare sich hier eine eigenständige Akzentuierung in Richtung auf eine hierarchische Struktur. Der Leib ist dem Haupt untergeordnet und hat ihm zu gehorchen (Eph 5,24). Für diese Verschiebung von der »charismatischen« Gemeinde im 1. Korintherbrief zur Gegenüberstellung von Haupt und Leib wird ein Autor aus dem Schülerkreis des Paulus verantwortlich gemacht, der die vorgegebenen Traditionen auf die neue Situation der nachapostolischen Zeit angepaßt habe. Schließlich führe der Weg weiter über die Pastoralbriefe (in denen die leitenden Ämter wie Bischöfe, Diakone, Presbyter – 1Tim 2 und 5 – breit ausgeführt und herausgestellt werden) bis hin zum Frühkatholizismus (der durch die zentrale Stellung des Bischofs innerhalb der Gemeinde gekennzeichnet sei).[122]

An dieser Stelle soll nicht die Problematik dieser gesamten Deutung der Kirche in den ersten Generationen diskutiert werden. Wir fragen lediglich: Ist es berechtigt, aus der Gegenüberstellung von Haupt und Leib Folgerungen im Blick auf den Verfasser des Eph zu ziehen?

Ein wesentlicher Unterschied zwischen Röm/1Kor und Eph/Kol besteht darin, daß in den erstgenannten Briefen die Einzelgemeinde im Mittelpunkt steht, während in den beiden anderen die universale Kirche beschrieben wird. Daraus resultieren die unterschiedlichen

122 Vgl. dazu E. Käsemann, »Amt und Gemeinde im Neuen Testament«, in: Ders., Exegetische Versuche und Besinnungen I, Göttingen [6]1970, 109-134.

Akzentuierungen, die jedoch allesamt auf die Grundaussage »die Kirche ist der Leib Christi« zurückgehen. Reißt man die beiden Aussagereihen auseinander, indem verschiedene Verfasser behauptet werden, so gerät gerade dadurch aus dem Blick, daß beide Aspekte, Einzelgemeinde und Gesamtkirche, mit ihren jeweiligen Schwerpunkten zusammengesehen werden müssen. Nicht die Entwicklung einer Kirchenvorstellung vom Apostel zu seinen Schülern ist hier zu verfolgen, sondern die Darlegung der einen Kirche Jesu Christi in ihren unterschiedlichen Bezügen. Dabei entwickelt Paulus nicht eigene Gedanken, sondern übermittelt als guter Haushalter (1Kor 4,1) das, was Gott ihm als Grund, Wesen und Ziel dieser Kirche eröffnet hat. Dies ist zunächst im Überblick zu skizzieren, bevor an den einzelnen Stellen Details angesprochen werden.

In der Einzelgemeinde hat die Rede vom »Leib« die Aufgabe, das Verhältnis von der Einheit des Leibes und der Verschiedenheit seiner Glieder zu klären. Hier bedarf es gegenseitiger Unterstützung und Ergänzung (vgl. auch Eph 4,16!). Mit vielerlei Geistesgaben ausgestattet stellt die Gemeinde einen lebendigen Organismus dar, indem alle zur Auferbauung des Leibes beitragen. In dieser Einheit der verschiedenen Glieder ist diese Gemeinde »Leib Christi« (1Kor 12,27).

Wenn es in Eph und Kol um das Gegenüber von Haupt und Leib geht, so ist damit das Verhältnis der Kirche zu Christus angesprochen, und dies bezieht sich auf die Gesamtheit der Glaubenden, d.h. auf die Gesamtkirche. Damit wird ausgesagt, daß Christus und die Kirche untrennbar zusammengehören, und daß Christus bleibend Herr seiner Kirche ist. Christus ist Ursprung und Ziel des Wachstums dieser Kirche; zugleich wird sie von ihm mit fürsorgender Liebe umgeben (Eph 5,19). In dieser Kirche ist nicht nur die Einheit verschiedener Glieder, sondern auch die Gemeinschaft aus den sich ansonsten bekämpfenden Gruppen von Juden und Heiden gegeben. Mit seiner »Hauptschaft« über die Kirche ist Christus auch Haupt der Weltmächte (Kol 2,10; vgl. 1,16f). Damit aber gewinnt der Leib Christi von seinem Haupt her weltumspannende, universale Dimensionen; er umfaßt in seinen Ausmaßen den gesamten Kosmos, das All.[123] Weil er jedoch Christi Leib ist, kann und muß er stets auf die Person des Hauptes ausgerichtet bleiben: Der personale Charakter ist für die Kirche unaufgebbar.

Somit ist die Kirche beides: Leib Christi, der den ganzen Kosmos umfaßt, und aus der Welt ausgegrenzte Gruppe von Glaubenden, die

[123] Darauf weisen z.B. Phil 2,10f (»daß in dem Namen Jesu sich beugen sollen aller derer Knie, die *im Himmel* und *auf Erden* und *unter der Erde* sind ...«) oder Röm 8,21 (»denn auch die Schöpfung wird frei werden von der Knechtschaft der Vergänglichkeit zu der herrlichen Freiheit der Kinder Gottes«) hin.

in ihrer Vielfalt zu seinem Leib vereint werden. Sie ist kleine Herde und zugleich Vortrupp der neuen Schöpfung, die auf den Kosmos zielt.[124]

Die Kirche ist **»Leib Christi«** und **»Fülle/Pleroma dessen, der alles in allen erfüllt«. »Pleroma«** kann (aktivisch) »die Füllung, das Vollenden« oder (passivisch) »das Angefüllte, das Vollmaß, die Fülle« bedeuten. Da nach 4,10 und 5,8 nur Christus bzw. der Geist aktiv zu »erfüllen« vermögen, kann dies demnach nicht von der Kirche ausgesagt werden. In 4,10 wird bekannt, daß der in die Himmel hinaufgestiegene Christus das All erfüllt. Dies hieße für unsere Stelle: In Christus wohnt leibhaftig die Fülle, das Pleroma Gottes (Kol 1,9; 2,9); in diese Fülle sollen die Glaubenden hineingenommen werden; sie sollen zur ganzen Gottesfülle gelangen (Eph 3,19), zum Haupt Christus hinwachsen (4,15f), zur Fülle Christi kommen (4,13). Die Kirche aber ist der Raum der Fülle Christi, weil sie der Leib Christi ist. In diesem Raum wirkt Christus als das Haupt das Erfüllen an den Glaubenden. Somit ist die Kirche der Bereich der »Fülle dessen, der alles in allen erfüllt«.

Zusammenfassung Kap. 1

Im einleitenden Lobpreis der großen Wohltaten Gottes eröffnet Paulus seinen Lesern einen weiten Horizont: Er beginnt mit dem vorzeitlichen Willensentschluß Gottes. Schon vor der Schöpfung hat Gott sich seine Gemeinde erwählt. Die Gottesbeziehung steht oder fällt nicht mit den unberechenbaren Schwankungen menschlicher Empfindungen oder geschichtlicher Situationen, sondern ruht auf der unwandelbaren Treue Gottes. Seine Wahl wird laut im Ruf des Evangeliums Christi: »Kehrt um! Mir nach!« So werden aus Sündern Kinder Gottes, Heilige und Geliebte.

Der menschliche Verstand tut sich naturgemäß mit Gottes Erwählung schwer: Läßt es sich mit Gottes Liebe vereinbaren, daß einige aus der Gesamtheit aller Menschen erwählt werden? Verliert die Aufforderung »Kehrt um und glaubt an das Evangelium!« angesichts der göttlichen Erwählung nicht ihren Inhalt?

Demgegenüber haben im biblischen Denken Aussagen nebeneinander Platz, die sich in der menschlichen Logik zu widersprechen scheinen: Eph 1 beschreibt nicht den Inhalt der Missionspredigt gegenüber den Heiden; dort spricht Paulus sehr wohl von der

[124] »Das Ineinander und Miteinander dieses und jenes Leibbegriffes ist der Ausgangspunkt für das Verständnis des ganzen Phänomens der Kirche, die ja eine Rechts- und Liebeskirche ist, in der es Sakrament und Charisma gibt« (Schlier, a.a.O. 96; vgl. seinen ausführlichen Exkurs 90-96).

Abkehr von den Göttern und der Hinkehr zum lebendigen und wahren Gott (1Thess 1,9). Im Eingangslobpreis handelt es sich vielmehr um den überfließenden Dank für das Erlösungswerk in Christus, das allem menschlichen Wollen weit vorausliegt.

Wird hier die göttliche Erwählung gerühmt, so findet sich daneben keinesfalls die Parallele der Verwerfung. Die Glaubenden haben nicht über das Schicksal der Nicht-Glaubenden zu spekulieren, sondern sollen durch ihr Leben Gottes herrliche Gnade loben (Eph 1,6.12.14), d.h. ihren Mitmenschen gegenüber Zeugen Jesu Christi sein und seine Liebe weitergeben. Aus der Spekulation über das Ergehen des Nächsten soll der Dank an Gott und der Dienst für ihn werden.

Das von Gott beschlossene Heil wird offenkundig in Jesus Christus, in der Erlösung durch seinen Kreuzestod. Darin erweist sich dem Glaubenden die göttliche Gnade. Zugleich aber ist in ihm der Mittelpunkt der neuen Welt gesetzt, die in und um Christus vereint werden wird.

Damit weitet sich der Blick auf das Erbe. Es ist kraft des Heiligen Geistes bereits jetzt schon Wirklichkeit. Durch die Gemeinschaft mit Christus sind Christen umfassend mit seinem himmlischen Segen, mit Gnade, Vergebung, Barmherzigkeit, Friede, Freude, Weisheit, Zuversicht überschüttet. Da der Heilige Geist wiederum Pfand des Kommenden ist, wird durch ihn der Horizont nach vorne aufgerissen und die Gewißheit der verheißenen Erfüllung gefestigt.

Christen sollen erkennen, womit sie begabt sind. Dafür tritt Paulus in seinem Gebet ein; das will er auch durch seinen Brief bewirken. Dafür bedarf es der »Augen des Herzens«, d.h. des Glaubens. Nur sie werden gewahr, daß der Kosmos seit der Auferweckung des gekreuzigten Nazareners einen neuen Herrn hat, dem umfassende Macht über alles gegeben ist. Dabei kommt seiner Gemeinde eine ausgezeichnete Stellung zu, denn sie ist sein Leib, durch den er seine Herrschaft zum Heil ausübt.

Zweifellos haben die kümmerlichen Lesergemeinden den gewaltigen Unterschied zwischen solchen Ausführungen und ihrer sichtbaren Wirklichkeit stark empfunden. Daher bedurften sie der Erleuchtung ihrer Herzensaugen, um die Wirklichkeit Gottes als die eigentlich gültige zu erkennen. Dieser fundamentale Blickwechsel von den »Augen des Kopfes« zu den »Augen des Herzens«, vom Sehen zum Glauben, ist der Gemeinde Jesu Christi zu allen Zeiten stets neu aufgegeben.

3. Aus Toten wurden Lebende in Christus: 2,1-10

1 **Auch ihr wart tot in euren Übertretungen und Sünden,**
2 **in denen ihr einst gewandelt seid gemäß dem Äon dieser Welt, gemäß dem Herrscher der Machtsphäre der Luft, dem Geist, der jetzt in den Söhnen des Ungehorsams wirkt.**
3 **Unter ihnen wandelten auch wir alle einst in den Begierden unseres Fleisches und taten den Willen des Fleisches und der Sinne und waren von Natur aus Kinder des Zorns wie die übrigen.**
4 **Der Gott aber, der reich an Erbarmen ist, hat durch seine große Liebe, mit der er uns geliebt hat,**
5 **auch uns, die wir in Übertretungen tot waren, mit Christus lebendig gemacht – aus Gnade seid ihr gerettet worden –**
6 **und hat uns mitauferweckt und miteingesetzt in den Himmeln in Christus Jesus,**
7 **damit er in den kommenden Zeitaltern den überragenden Reichtum seiner Gnade in Güte gegenüber uns in Christus Jesus erweise.**
8 **Denn aus Gnade seid ihr gerettet worden durch Glauben, und das nicht aus euch: es ist Gottes Geschenk;**
9 **nicht aus Werken, damit sich niemand rühme.**
10 **Denn wir sind sein Werk, geschaffen in Christus Jesus zu guten Werken, die Gott vorher bereitet hat, damit wir in ihnen wandeln.**

1 Eph 2,1-10 schließt sich eng an den vorausgehenden Abschnitt an: Der Einstieg **»auch ihr«** wendet die Ausführungen zur Hauptschaft Christi über die Kirche auf die Leser an. Dabei wird V. 1 in V. 5b der Sache nach fortgeführt (Stichwort: **»tot in euren Übertretungen«**), indem die Konsequenzen des in 1,20 beschriebenen Christusgeschehens auf die Glaubenden bezogen werden: **»mit Christus lebendig gemacht«**, **»mitauferweckt«**, **»miteingesetzt«** (in 2,5f).[125] Die Zuspitzung des in 1,20ff allgemein Dargelegten auf die Leser (in 2,1) findet sich ganz ähnlich bereits in 1,13. Dabei wird zunächst an die frühere Sündenverstrickung der Gemeindeglieder erinnert: **»Auch ihr wart tot in euren Übertretungen und Sünden.«** Von **»Übertretungen«** spricht Paulus vor allem im Römerbrief, aber auch in anderen Brie-

[125] Unter Berufung auf J.T. Sanders weist Schnackenburg auf eine weitere Eigenart in den paulinischen Danksagungen hin, die auch in Eph 2,7 entdeckt werden kann: Der Ausblick auf die Wiederkunft Christi in 1Thess 1,10; 1Kor 1,8; Phil 1,10 klingt hier im Hinweis auf den überschwenglichen Gnadenreichtum in den kommenden Äonen an; vgl. a. a. O. 87.

fen[a]; in Kol 2,13 wird daneben die »Unbeschnittenheit eures Fleisches« genannt. Von der Sünde war die gesamte Existenz derart betroffen, daß sie nur als »tot« gekennzeichnet werden kann. Damit wird ausgesagt, daß die Sünde nicht nur einzelne Bereiche des Menschen (z. B. den moralischen Sektor) erfaßt hatte, sondern sein Leben im Personkern infiziert und zerstört war (vgl. daher auch die Notwendigkeit der Erleuchtung des *Herzens* in 1,18). Von der Macht des Todes als Folge der Sünde spricht Paulus mehrfach.[126] [b]

[a] Röm 4,25 5,15-18.20 11,11f 2Kor 5,9 Gal 6,1 Eph 1,7

[b] Röm 5,12 5,17f.21 6,23; 7,5

Die Sünden haften den Ungläubigen nicht nur an, vielmehr be- 2
schreibt sie Paulus als solche, **»in denen ihr einst gewandelt seid«**.
Das frühere Leben ereignete sich im Raum der Sünde, der nicht neutral, sondern Machtbereich ist.

Wie auch sonst im NT, markiert die Bekehrung zu Christus (vgl. 1Thess 1,9f) die klare Trennungslinie zwischen **»einst«** und **»jetzt«**.[c]

[c] Röm 5,10 6,21 Eph 2,11.13 5,8 Kol 3,7f Tit 3,3 1Petr 1,14f

»Wandeln« meint den Lebensvollzug insgesamt und wird besonders von Paulus häufig gebraucht.[d]

[d] Röm 6,4 8,4; 13,3 1Kor 3,3 7,17 2Kor 4,2 5,7 Gal 5,6 Eph 2,10 4,1.17 5,2.8.15 Kol 1,10 2,6; 3,7 4,5

Dieser frühere Lebenswandel geschah nach der Norm einer widergöttlichen Macht: **»gemäß dem Herrscher der Machtsphäre der Luft, dem Geist, der jetzt in den Söhnen des Ungehorsams wirkt«**. Die scheinbare Freiheit war demnach nichts anderes als Versklavung unter böse Mächte. Wurden in 1,21 verschiedene Gewalten benannt, so spricht Paulus hier nur von dem **»Äon dieser Welt«**, dem **»Herrscher der Machtsphäre der Luft«**. Offenbar wird dabei **»Äon«** parallel zu dem folgenden Begriff **»Herrscher«** als Person gedacht.[127]

Die Welt tritt hier als Wesen mit dem Anspruch auf, Macht über die Zeit zu haben, »der Weltzeitgott zu sein«[128]. Während dieser Anspruch auf Ewigkeit das Leben der Sünder beherrschte, blieb verborgen, daß Christus die Mächte besiegt hat, daß dieser Äon in ihm bereits abgelaufen ist, daß daher auch dessen Macht schnell dahinschwindet. Zwar werden die Glaubenden daher immer noch hart

[126] Es verwundert, wie Schnackenburg zu der Einschätzung kommt: »Der paulinische Gedanke der durch die Sünde herrschenden Todesmacht, die den Menschen dem Verdammungsgericht Gottes ausliefert ..., wirkt nur abgeblaßt nach. Das ›Totsein‹ wird eher zum Charakteristikum einer ›heidnischen‹, ohne tieferen Sinn erfüllten, schuldhaft verstrickten, trostlos-düsteren Existenz« (a. a. O. 90). Demgegenüber ist darauf zu verweisen, daß der Mensch sein Leben in seinen »Übertretungen und Sünden« in aller Regel keineswegs als »trostlos-düster« erkennt, sondern geradezu als Ausdruck seines Gestaltungswillens und seiner Freiheit. Erst in der Konfrontation mit dem lebendigen Wort des Evangeliums wird er gewahr, daß er in Wahrheit tot war.

[127] In diesem Ausdruck werden die Wendungen »diese Welt« aus 1Kor 3,19; 5,10; 7,31 und »dieser Äon/Weltzeit« aus 1Kor 1,20; 2,6; 3,18 miteinander verbunden, wie dies ähnlich auch in 2Kor 4,4 (»der Gott dieser Weltzeit«) oder in 1Kor 2,6 (»die Herrscher dieser Weltzeit«) bzw. in Joh 12,30; 14,30; 16,11 (»der Herrscher dieser Welt«) begegnet.

[128] Schlier, a. a. O. 102.

bedrängt, doch steht außer Frage, daß Christi Herrschaft über alle Mächte am Ende auch in aller Öffentlichkeit erkennbar werden wird.

Der zweite Begriff charakterisiert ihn als **»Herrscher der Machtsphäre der Luft«**. Über der Erde liegt der Luftbereich; von ihm aus wird das Geschehen auf der darunter befindlichen Erde beeinflußt. Dieser Bereich ist nach Kol 1,13 die »Machtsphäre der Finsternis«, in der die »Weltherrscher dieser Finsternis« (Eph 6,12) ihre Wirkung ausüben.

Schließlich wird das Gesagte weiter erläutert durch **»Geist, der jetzt in den Söhnen des Ungehorsams wirkt«**.

Dabei ist eine zweifache Deutung möglich: **»Geist«** wird häufig als Parallelbegriff zu »Herrschern« verstanden, was trotz des Wechsels vom Plural zum Singular möglich ist. Es ist aber auch denkbar, **»Geist«** direkt auf **»Luft«** zu beziehen, was durch die inhaltliche Verbindung von beiden Größen naheliegend ist. Der Herrscher über den Luftbereich wäre damit derselbe, der auch die Sphäre des Geistes kontrolliert. Die räumliche und die geistige Dimension solcher Herrschaft fließen somit ineinander.

Dieser antichristliche Geist hat sein Werk in den **»Söhnen des Ungehorsams«**. Erneut wird dadurch erkennbar, daß kein Mensch gegenüber den Mächten eine lediglich neutrale Stellung einnehmen kann: Wer nicht im Gehorsam des Glaubens an Jesus Christus gebunden ist (vgl. Röm 1,5; 16,26), der bleibt als Ungehorsamer Sklave der Sünde. Denselben Zusammenhang beschreibt Paulus in Röm 6,17 folgendermaßen: »Gott sei aber gedankt, daß ihr Knechte der Sünde gewesen seid, aber nun von Herzen gehorsam geworden der Gestalt der Lehre, der ihr ergeben seid.«

3 **»Unter ihnen«** – d.h.: unter den Söhnen des Ungehorsams – **»wandelten auch wir alle einst«**. Es ist nicht erforderlich, hier die Christen aus dem Judentum eigens angesprochen zu sehen. Vielmehr schließt das **»wir«** die Leser in den verschiedenen Gemeinden mit Paulus zusammen und unterscheidet die Glaubenden von **»den übrigen«**, d.h. den unter den genannten Mächten versklavten Menschen, am Ende von V. 3.

Der Lebenswandel ohne Christus erfolgt im Bereich der **»Begierden unseres Fleisches«**. Nach 4,22 ist dies die »frühere Wesensart gemäß den Begierden der Leidenschaft«, die dem Christen nun nicht mehr angemessen ist, und die er daher abzulegen hat.

»Fleisch« ist der gesamte Mensch in seiner Rebellion gegen Gott, der alte Mensch, der Leib der Sünde (vgl. Röm 6,6; 7,18; Gal 5,16 u.ö.).

Aus dieser Existenz erwachsen die **»Begierden«** (vgl. Röm 7,5), die sich im konkreten Tun auswirken: Der **»Wille«** (die Triebe) und die (verfinsterten: Eph 4,18) »Gedanken« führen zum erkennbaren Wandel im Fleisch.[129]

Diese Verfallenheit an die Sünde kennzeichnete die Gemeindeglieder vormals **»von Natur aus«** als **»Kinder des Zorns«. »Von Natur aus«** ist auf dem Hintergrund des »natürlichen Menschen« in 1Kor 2,14 als Gegenbegriff zum »geistlichen Menschen« zu verstehen: Kein Mensch ist von sich aus fähig, seine Sündenverstrickung zu durchbrechen und den Willen Gottes zu tun. Aus diesem Grund ist jeder Mensch dem göttlichen Zorngericht verfallen.[e] **»Die übrigen«** sind diejenigen, die angesichts dieser Lage keine Hoffnung haben (1Thess 4,13; 5,6).

[e] Mt 3,7 Röm 1,18 2,8 Eph 5,6 Kol 3,6 1Thess 1,10

Gegen den dunklen Hintergrund der Beschreibung menschlicher 4
Todesverfallenheit setzt Paulus das **»aber«** des göttlichen Erbarmens. Der »Reichtum seiner Gnade« (Eph 1,7), den er auf die Glaubenden »überströmen ließ« (1,8), wird hier durch die Aussage ergänzt, daß Gott **»reich an Erbarmen ist«**. Seinem Erbarmen entsprechend »hat er uns gerettet« (Tit 3,5) und »zu einer lebendigen Hoffnung wiedergeboren« (1Petr 1,3).

Dieses Erbarmen wirkte sich aus in **»seiner großen Liebe, mit der er uns geliebt hat«**. Die Größe dieser Liebe, die sich in Jesus Christus erweist, rühmt Paulus in Röm 8,35-39 (vgl. auch Joh 3,16; 13,1): Die Hingabe des einzigen, geliebten Sohnes verbürgt Gottes überragende Liebe. Diese bleibt nicht für sich, sondern richtet sich auf die Menschen. Das wird in der Verkündigung des Evangeliums ausgerufen und soll zum Bekenntnis des Glaubens führen: mit dieser großen Liebe hat er *uns* geliebt!

Da nicht nur die Leser sondern alle Christen insgesamt den Maß- 5
stäben der Sünde (»des Fleisches«) entsprechend lebten (»wir alle«: V. 3), kann die Aussage von V. 1 nun in der 1. Person wiederholt werden: **»auch uns, die wir in Übertretungen tot waren«**. Durch diese Wiederaufnahme ergibt sich ein starker Gegensatz zu der eben beschriebenen Liebe Gottes, »mit der er uns geliebt hat« (V. 4). Zu erinnern ist hier an den Hinweis aus Röm 5,6ff: Die Größe der Liebe Gottes erweist sich insbesondere an der Tatsache, daß Christus für uns gestorben ist, als wir noch Schwache, Gottlose, Sünder, d.h. **»in Übertretungen tot«** (vgl. 1Petr 3,8) waren.

Solche Menschen hat Gott **»mit Christus lebendig gemacht«**. Durch sein grundlos gnädiges, wunderbares Handeln hat Gott aus Toten Lebende gemacht. Zieht man die einzige andere Stelle, in der

[129] Im Blick auf den Lasterkatalog in 5,3-5 vermutet Schnackenburg hinter den aus solchen Begierden erwachsenden Taten insbesondere geschlechtliche Verfehlungen: a.a.O. 92f.

im NT vom »Mitlebendigmachen« die Rede ist, heran, so findet sich dort der Bezug auf die Taufe: Kol 2,12f. Durch die Taufe wird der Glaubende real in das Christusgeschehen einbezogen. Er hat dadurch teil an Jesu Tod und Begräbnis und wird mit ihm zum neuen Leben erweckt. Dies zu wissen gehört zum Grundbestand christlichen Glaubens (Röm 6,3f). Weil damit der alte Mensch in den Tod gegeben wurde, ist die Existenz des Christen, der durch die Sünde bereits tot für Gott war, durch den »neuen Menschen« gekennzeichnet: Das neue Leben verpflichtet zum neuen Lebenswandel (Röm 6,4), zum stets zu wiederholenden Ablegen des alten und Anziehen des neuen Menschen (Eph 4,22ff). Durch die Taufe wird der Christ in Christi Leib eingegliedert (Eph 4,4f; vgl. 1Kor 12,13); in ihr erweist sich Christi fürsorgende Liebe gegenüber der gesamten Gemeinde (Eph 5,25f). Dabei ist das Taufgeschehen ein grundsätzlich geistlicher Vorgang, da hier die Glaubenden *durch den Heiligen Geist* mit Christi Leib verbunden und *mit dem Heiligen Geist getränkt* werden (1Kor 12,13).

Der Gebrauch von Verben mit der Vorsilbe »mit-« ist für Paulus sehr charakteristisch, wobei es nahe liegt, daß sich dies inbesondere im Kontext der Taufe in Röm 6 zeigt: wir sind »mitbegraben« (Röm 6,4), »mitverwachsen« (6,5); der alte Mensch ist »mitgekreuzigt« (6,6); wir werden »mitleben« mit Christus (6,8).[130]

Bevor die weiteren Konsequenzen der Verbindung mit Christus ausgeführt werden, schiebt Paulus eine Erinnerung ein, die den Satz unterbricht: **»aus Gnade seid ihr gerettet worden«.**

»Retten« meint: herausgerissenwerden aus der Sündenverstrickung und dem herannahenden Zorngericht. Es stellt ein Kernwort der christlichen Botschaft überhaupt dar.[f] Dabei geschieht diese Rettung »auf Hoffnung« (Röm 5,9), da sie zwar im Glauben bereits in der Gegenwart Wirklichkeit ist, in ihrer vollen Tragweite aber erst am Tag Christi offenbar werden wird (1Kor 1,8).

[f] Apg 2,40; 2,21; Röm 10,13; 5,9; 1Kor 1,8; 1Thess 2,16; Tit 3,5

Diese Rettung stellt in keiner Weise eine Möglichkeit des Menschen dar, sondern erfolgt ausschließlich **»aus Gnade«**, ist Beweis des »reichen Erbarmens« und der »großen Liebe« Gottes (Eph 2,4).

6 Die Verbindung der Glaubenden mit Christus hat Folgen, die über das »lebendig gemacht« von V. 5 hinausreichen: **»und hat uns mitauferweckt und miteingesetzt in den Himmeln in Christus Jesus«.**

Damit wird die machtvolle Gottestat, die nach 1,20 an Jesus Christus geschehen ist, auf die Gemeinde Jesu Christi ausgedehnt. Die Realität der engen Beziehung zu Christus als dem auferweckten

[130] Vgl. auch Röm 8: Der Geist »bezeugt mit« (8,6); wir sind »Miterben«; wenn wir »mitleiden«, so werden wir »mitverherrlicht« (8,17); mit den Glaubenden »stöhnt und seufzt« die Kreatur »mit« (8,22); vgl. auch 8,26.28.

Herrn, dem Erstling, hat M. Luther sehr konkret in seinen Osterpredigten beschrieben: »Daher ist unsere Auferstehung schon mehr als die Hälfte geschehen, weil unser Haupt schon dort ist. – Unser Erstling steht oben, meine Auferstehung hat bereits begonnen; ich muß mich nur noch aus dem Schlaf aufrichten.« Oder sehr drastisch: »Es ist noch um den linken Schenkel zu tun, um den alten Sack; im übrigen ist mehr als die Hälfte schon am Jüngsten Tag«[131].

Immer wieder wurde in der Exegese versucht, den Realismus der in V. 6 gemachten Aussagen von der Redeweise des Paulus in anderen Briefen zu trennen. Dazu ist zu sagen, daß es im Eph insbesondere auf die feststehende Wirklichkeit der Errettung mit den davon nicht ablösbaren Konsequenzen in der Verbindung zu Christus ankommt.[132]

»Miteingesetzt« wurden die Glaubenden nicht in dem Sinne, daß sie – etwa im Geist – die Grenzen ihres leiblichen Lebens überspringen könnten. Vielmehr gilt diese Aussage insofern, als sie ihre Existenz **»in Christus Jesus«** führen. In dieser neuen Lebensweise sind sie mit ihm zusammen **»in den Himmeln«** (vgl. 1,3). Daß damit keinesfalls die Gestaltung des irdischen Lebens von der Christus-Wirklichkeit her aus dem Auge verloren wird, machen die ausführlichen Ermahnungen in Eph 4ff sehr deutlich.

Nicht nur unsere Einsetzung mit Christus in den Himmeln, sondern Gottes heilschaffendes Handeln insgesamt hat ein Ziel, das nun 7
angegeben wird: **»damit er in den kommenden Zeitaltern den überragenden Reichtum seiner Gnade in Güte gegenüber uns in Christus Jesus erweise«.**

Gegenüber dem Pharao erzeigte Gott seine Macht (Röm 9,17) bzw. seinen Zorn (Röm 9,22); gegenüber Paulus erwies Christus »alle Geduld« (1Tim 1,16). Was Gott in der Sendung Jesu Christi zum Heil der Welt getan hat, ist Ausdruck des Reichtums seiner Gnade, der alles Maß übertrifft (vgl. auch 2Kor 9,14). Von der »überragenden Größe seiner Kraft« gegenüber den Glaubenden hatte Paulus in 1,19

[131] WA 36, 548,5; 549,6; 581,8 (sprachlich geglättet); zu erinnern wäre auch an P. Gerhardts Osterlied »Auf, auf, mein Herz, mit Freuden«, in dem es in Vers 6ff heißt: »Ich hang und bleib auch hangen an Christus als ein Glied; wo mein Haupt durch ist gangen, da nimmt er mich auch mit. Er reißet durch den Tod, durch Welt durch Sünd, durch Not; er reißet durch die Höll, ich bin stets sein Gesell. – Er dringt zum Saal der Ehren, ich folg ihm immer nach und darf mich gar nicht kehren an einzig Ungemach. Es tobe, was da kann: mein Haupt nimmt sich mein an; mein Heiland ist mein Schild, der alles Toben stillt. – Er bringt mich an die Pforten, die in den Himmel führt ...«

[132] Gegen Schnackenburg, der beim Eph-Autor von einer »unverkennbaren Akzentverschiebung gegenüber Paulus« spricht: Während bei Paulus die »ethische Anforderung« und der »eschatologische Vorbehalt« betont sei, läge im Eph aller Nachdruck auf der »Gegenwart des Heils«: Vgl. a.a.O. 95.

gesprochen; in 3,19 bezeichnet er mit demselben Begriff die jede Erkenntnis übertreffende Liebe Christi.[133]

Dieser Gnadenreichtum eröffnet sich den Christen in der Form der **»Güte«**. Verwandte Begriffe sind »Geduld«, »Langmut« (Röm 2,4) und »Menschenfreundlichkeit« (Tit 3,4) bzw. »Erbarmen«/»Barmherzigkeit« (Eph 2,4). In Jesus Christus sind wir von dieser Güte Gottes umgeben.

Erkennbar werden soll dies **»in den kommenden Zeitaltern«**.[134] Die Fülle der göttlichen Gnade, die in Christus bereits jetzt den Glaubenden zugeeignet ist, wird umfassend erst bei der Vollendung des ewigen Beschlusses Gottes zutage treten. Bei aller Betonung der Gegenwärtigkeit des himmlischen Segens im Eph sollte angesichts dieser Aussage hervorgehoben werden, daß in diesem Brief sehr wohl das »noch nicht« der eschatologischen Erfüllung festgehalten und keinesfalls zugunsten eines exklusiven »schon jetzt« aufgegeben wird.

8 Die Verse 8-10 sind derart eng mit zentralen Formulierungen in »anerkannten« Paulusbriefen verwoben, daß dadurch erneut die paulinische Verfasserschaft des Eph nachhaltig dokumentiert wird.

Zunächst wird der Einschub von V. 5 wörtlich wiederholt: **»Denn aus Gnade seid ihr gerettet worden«**. Warum wird die Rettung durch Gottes Gnade erneut genannt? Warum findet sich eine Häufung von Begriffen, die in dieselbe Richtung zielen und Gottes Heilswerk rühmen: Barmherzigkeit, Liebe (2,4), Gnade, Güte (2,7)? Man wird mit der Begründung antworten können, die Paulus in Phil 3,1 gibt: »Daß ich euch immer dasselbe schreibe, verdrießt mich nicht und macht euch umso gewisser.« Die Fülle des Heilsgutes ist nicht Besitz, sondern Geschenk, das allein Gottes Gnade entspringt. Dies muß stets neu vergegenwärtigt und gepriesen werden.

Die Rettung geschieht **»durch Glauben«**. In komprimierter Form wird hier aufgenommen, was in der zentralen Darlegung der Rechtfertigung in Röm 3,24f so ausgedrückt wird: »Sie werden gerechtfertigt umsonst (d.h. gerettet), aus seiner Gnade, durch die Erlösung in Jesus Christus, den Gott zur Versöhnung eingesetzt hat, durch Glauben.«

Der heilbringende Glaube, durch den der Christ die Gnade empfängt, ist selbst Teil des göttlichen Geschenks: **»und das nicht aus euch: es ist Gottes Geschenk«**. Da der Glaube aus dem Hören des

[133] Vgl. auch die »überragende Herrlichkeit« des durch den Heiligen Geist vermittelten Verkündigungsamtes in 2Kor 3,10.

[134] Neben der naheliegenden zeitlichen Deutung ist dieser Ausdruck auch im Sinne der in 2,2 genannten Mächte (»Äonen«) verstanden worden. Dies scheitert allerdings an der grammatischen Struktur, die eine Übersetzung wie »gegenüber den kommenden Äonen aufzeigen« ausschließt: Vgl. Schnackenburg, a.a.O. 97.

Wortes Gottes erwächst (Röm 10,17), stellt er keine menschliche Möglichkeit dar. Andererseits ist er Glaube, der Jesus Christus ergreift, und damit allen Reichtum zugeeignet erhält. Dies ist das Geschenk, das Gott macht. Der Begriff **»Geschenk«** gehört zum selben Wortfeld wie »umsonst« in Röm 3,24. Ebenso verhält es sich mit dem Ausdruck »Gabe«, den Paulus neben Röm 5,15ff und 2Kor 9,15 in Eph 3,7 und 4,7 gebraucht.

Das »nicht aus euch« wird ergänzt durch: **»nicht aus Werken«**. 9
Auch hier ist der Bezug zur Abwehr der Werkgerechtigkeit in den anderen Paulusbriefen offensichtlich.[g] Alles, was der Mensch »von sich aus« zu seinem Heil tun will, ist »Werk« und daher ungenügend. Die Gnade Gottes schließt menschliche Mitwirkung aus, da sie nur so umfassend Gnade ist und bleibt. Bleibt sie in dieser Weise exklusiv Geschenk, so ist damit auch jedes **»Rühmen«** ausgeschlossen. Dabei macht die Gnade Gottes menschliches Rühmen unterschiedlicher Art gegenstandslos: Der Jude rühmt sich seiner Gesetzeserfüllung, aber die göttliche Gerechtigkeit kommt nicht aus Werken des Gesetzes (Röm 2,23; 3,27). Gegen menschliche Weisheit setzt Gott die törichte Predigt vom Kreuz, »damit sich kein Mensch vor Gott rühme« (1Kor 1,29). Anlaß zum Ruhm besteht allein aufgrund des Kyrios (1Kor 1,31) und seines Kreuzes (Gal 6,14).[135]

[g] Röm 3,27f Gal 2,16 3,2

In Analogie zu den Werken Gottes in der Schöpfung (Röm 1,20) 10
gebraucht Paulus denselben Ausdruck für Gottes Neuschöpfung, die sich in Jesus Christus und durch ihn in seiner Gemeinde vollzieht: **»Denn wir sind sein Werk, geschaffen in Christus Jesus«.** Während der alte Mensch mit Christus gekreuzigt und in den Tod gegeben wird, schafft Gott den neuen Menschen – sein Werk (vgl. 4,24). Auch aus dieser Perspektive der Neuschöpfung heraus ist die Grundlosigkeit jedes menschlichen Rühmens abzuleiten (»denn«).

Von Gottes neuer Schöpfung spricht im selben Zusammenhang wie Eph 2 auch Röm 6 (s.o. zu Eph 2,5f). Dabei fällt auf, daß auch in Röm 6,4 die »Neuheit des Lebens« mit der Verpflichtung zu einem dementsprechenden Wandel verbunden ist. Ebenso findet sich der Hinweis auf die neue Schöpfung in Gal 6,15 und 2Kor 5,17, wobei in

[135] Erneut ist nicht zu verstehen, wie Schnackenburg urteilen kann, daß der »Kontext der Rechtfertigungslehre im Eph fehl(e)« und die Erwähnung der Errettung in erster Linie der Motivation zum christlichen Leben diene, daß mit Hilfe »paulinischer Begriffe« »am Ende dieser Verse daraus ein Appell zum sittlichen Wandel abgeleitet« werde, »in einer fast gewaltsamen Umwendung vom göttlichen Heilshandeln zum verantwortlichen Tun der Christen« (a.a.O. 98.97). Angesichts solcher Einschätzung drängt sich die Frage auf, inwieweit die postulierte deuteropaulinische Verfasserschaft für einseitige Wahrnehmungen dieser Art verantwortlich ist. Immerhin schließt Schnackenburg die Besinnung auf diese Zusammenhänge mit der Bemerkung ab, »daß paulinisches Erbe in ihm (sc. Eph) noch kraftvoll nachwirkt« (a.a.O. 100)!

5,18 die Verbindung zu Gottes Wirken hergestellt wird: »Aber das alles (kommt) von Gott ...«

Die Zielangabe dieser Neuschöpfung besteht in einer doppelten Aussage: **»zu guten Werken ..., damit wir in ihnen wandeln«.** Wenn auch kein Mensch seine Rettung durch eigene Werke schaffen oder befördern kann, so ist der Glaubende doch keineswegs ohne Werke. Vielmehr besteht die Aufgabe seines Lebens darin, gute Werke zu tun, »im Bereich solcher Werke« (hier erneut die räumliche Ausdrucksweise) zu wandeln. Bereits in 1,15 war angeklungen, daß der Glaube an Christus stets den gesamten Menschen in Beschlag nimmt, da dieser ihn »in den Bereich Jesu Christi« versetzt; solcher Glaube ist stets in der Liebe (Gal 5,6), in guten Werken tätig.

Daß diese Werke als Werke der Dankbarkeit gegenüber Gott nicht unter der Hand doch als verdienstvolle verstanden werden können, wird durch den Relativsatz **»die Gott vorher bereitet hat«** gesichert.

Neben unserer Stelle findet sich dieser Ausdruck nur noch in Röm 9,23, die von Gottes freier Gnadenwahl im Hinblick auf die »Gefäße« handelt, »die er zuvor bereitet hat zur Herrlichkeit«.

Indem Gott den neuen Menschen in Jesus Christus schafft, bereitet er auch den Raum für sein Handeln vor, so daß die Kolosser erinnert und aufgefordert werden können: »Alles, was ihr tut mit Worten oder mit Werken, das tut alles im Namen des Herrn Jesus und dankt Gott, dem Vater, durch ihn« (Kol 3,17). Solcher Ruf ist dann Ermahnung und Erinnerung in einem: Weil euch Gott gute Werke bereitgestellt hat, darum wirkt nun auch solche Werke in eurem Wandel.

4. Aus Fernen wurden Nahe in Gottes Tempel: 2,11-22

11 Darum denkt daran, daß einst ihr, die Heiden im Fleisch, genannt »Unbeschnittene« von der sogenannten »Beschneidung«, die mit Händen am Fleisch vollzogen wird,

12 daß ihr zu jener Zeit ohne Christus wart, entfremdet vom Gemeinwesen Israels und fern von den Zusicherungen der Verheißung, Hoffnung hattet ihr keine und wart gottlos in der Welt.

13 Nun aber, in Christus Jesus, seid ihr, die ihr einst Ferne wart, Nahe geworden im Blut Christi.

14 Denn er selbst ist unser Friede, der die beiden zu einem gemacht und die durch den Zaun gebildete Trennwand, die Feindschaft, niedergerissen hat; in seinem Fleisch

15 hat er das Gesetz der in Einzelsatzungen bestehenden Gebote beseitigt, damit er die zwei in ihm zu einem neuen Menschen schaffe und Frieden mache

16 **und die beiden versöhne in einem Leib mit Gott durch das Kreuz, indem er in sich die Feindschaft tötete.**
17 **Und er ist gekommen und hat Frieden verkündigt euch, den Fernen, und Frieden den Nahen.**
18 **Denn durch ihn haben wir beide den Zugang in einem Geist zum Vater.**
19 **Folglich seid ihr nun nicht mehr Fremde und Ausländer, sondern Mitbürger der Heiligen und Hausgenossen Gottes,**
20 **auferbaut auf das Fundament der Apostel und Propheten, dessen Abschlußstein Christus Jesus ist,**
21 **in dem der ganze Bau zusammengefügt wird und wächst zu einem heiligen Tempel in dem Herrn,**
22 **in dem auch ihr mitauferbaut werdet zu einer Wohnung Gottes im Geist.**

Nach Lobpreis, Danksagung und Erinnerung an Gottes Gnadenhandeln (1,3-2,10) setzt mit 2,11 das zentrale Thema des Eph ein: Die Entfaltung des Christusgeheimnisses, die Kirche in der Gemeinschaft von Juden- und Heidenchristen. Während 2,11-22 von der geschichtlichen Konsequenz des göttlichen Gnadenerweises in der Versöhnung der beiden Volksgruppen handelt, unterstreicht der biographische Abschnitt 3,1-13 die besondere Funktion des Apostels bei der Kundgabe dieses Geheimnisses, ehe dieser Teil mit Fürbitte für die Gemeinde und Lobpreis des wunderbaren Wirkens Gottes schließt (3,14-21).[136]

Der Abschnitt 2,11-22 umfaßt drei Teile, die klar voneinander abgehoben werden können:

1. Die Erinnerung an den Wechsel von Fernen zu Nahen in Jesus Christus (»ihr wart einst ..., seid aber nun in Jesus Christus«): V. 11-13.

2. Die Begründung dieses Wechsels im Kreuz Jesu Christi (»Denn er ist unser Friede«): V. 14-18.

3. Die Konsequenzen dieses Wechsels für die Glaubenden als Leib Christi in der Gegenwart (»Denn nun seid ihr ... Hausgenossen Gottes«): V. 19-22.

Mit **»darum«** bezieht Paulus das eben Ausgeführte auf das nun 11
Folgende: **»denkt daran, daß einst ihr, die Heiden im Fleisch ...«** Der Aufruf zur Erinnerung soll nicht die vergangene Situation als solche vergegenwärtigen. Wenn an das Vergangene erinnert wird,

[136] Mit Schnackenburg u.a. läßt sich diese Form der Argumentation als »Anamnese« bezeichnen: Aus der Erinnerung an Gottes Handeln (in Kreuz, Auferweckung und Einsetzung Jesu Christi) werden Folgerungen für Lehre und Leben der Gemeinde abgeleitet. Nichts Neues kommt zum christlichen Glauben hinzu, sondern das *eine* Evangelium wird mit spezieller Zielsetzung entfaltet (vgl. a. a. O. 102).

dann geschieht das mit dem Ziel, die veränderte Stellung vor dem dunklen Hintergrund umso heller aufstrahlen zu lassen.[137]

Wie in 2,3f so gebraucht Paulus auch hier die Gegenüberstellung von »einst« und »jetzt« (V. 13), um den totalen Bruch gegenüber dem alten und den grundlegenden Beginn des neuen Lebens in Christus zu bezeichnen.

»Heiden« waren die Leser **»im Fleisch«**, d.h. von ihrer Herkunft her. **»Fleisch«** wird hier demnach nicht zur Kennzeichnung eines in die Sünde verstrickten Daseins, unabhängig von einer bestimmten Volkszugehörigkeit, gebraucht (so in 2,3: dort das umfassende »wir«), sondern im Sinne von Phil 3,3f (vgl. auch 2Kor 11,18) als Ausdruck der spezifischen Herkunft.

Die Adressaten wurden als Heiden **»genannt ›Unbeschnittene‹ von der sogenannten ›Beschneidung‹, die mit Händen am Fleisch vollzogen wird«.** Paulus spricht selbstverständlich aus jüdischer Perspektive; von dieser aus betrachtet sind die angesprochenen Christen »Heiden«, **»Unbeschnittene«.**[138]

[a] 1Sam 14,6 17,26.36 31,4 Jes 52,1 Hes 28,10 Apg 7,51

[b] 3Mo 26,41 5Mo 10,6 30,6 Jer 4,4 9,25

Durch die Beschneidung wurden Juden in grundsätzlicher Weise aus der Umwelt der »Unbeschnittenen« herausgehoben.[a] Schon die Propheten machten freilich klar, daß allein dieser äußere Akt die Zugehörigkeit zum Volk Gottes nicht sichern könne, und stellten der »Beschneidung am Fleisch« die »Beschneidung am Herzen« gegenüber.[b]

In radikaler Weise wird in Kreuz und Auferstehung Jesu der Vorzug der Beschneidung zur Erlangung des Heils zunichte, wird aus ihr eine **»sogenannte«** Beschneidung. Da die Erlösung nicht über die Beobachtung des Mosegesetzes erwirkt, sondern nur durch den Glauben empfangen werden kann (Röm 3,30; 4,9), gilt unter diesem Blickwinkel: »beschnitten sein ist nichts, und unbeschnitten sein ist nichts, sondern: Gottes Gebote halten« (1Kor 7,19; vgl. Gal 5,6; 6,15; Kol 3,11). Daß die Zugehörigkeit zu Gottes Bundesvolk deswegen zwar keineswegs bedeutungslos ist, sondern eine Fülle von »Vorzügen« umfaßt, macht Paulus indirekt im anschließenden V. 12 deutlich und knüpft damit an Röm 3,1ff an.[c] Dies eröffnet den Juden jedoch keinen eigenständigen Heilsweg, sondern soll vielmehr die Heidenchristen vor falscher Überheblichkeit bewahren und zu realistischer Selbsteinschätzung führen (Röm 11,17ff).

[c] Röm 9,4

[137] Vgl. die parallele Funktion solcher Erinnerung in 1Kor 6,9ff: »Weder Unzüchtige, noch Götzendiener, Ehebrecher ... werden das Reich Gottes ererben. Und solche sind einige von euch gewesen ... Aber ihr seid reingewaschen, ihr seid geheiligt ...«

[138] Wörtl. eigentlich »Unbeschnittenheit«: Der abstrakte Begriff steht für den konkreten, d.h. für die »unbeschnittenen Menschen«; vgl. Schnackenburg, a.a.O. 108.

Ein weiterer Aspekt macht die Beschneidung untauglich für den Zutritt zum neuen Bund: Sie wird **»mit Händen am Fleisch vollzogen«**. Oben wurde bereits darauf hingewiesen, daß in der Tradition der prophetischen Kritik nicht eine »Beschneidung am Fleisch«, sondern eine »Beschneidung des Herzens« erforderlich ist (Röm 2,28f); diese geschieht »im Geist und nicht im Buchstaben« (ebd.; vgl. Phil 3,3). An die Stelle dessen, was »mit Händen gemacht ist« und deshalb vergeht (vgl. 2Kor 5,1), tritt in Christus das Werk des Geistes. Auf das Amt des tötenden Buchstabens folgt der Dienst des Geistes, der lebendig macht (2Kor 3,6f). In Ablösung der mit Händen ausgeführten Beschneidung erfolgte bei den (Heiden-)Christen die »Beschneidung durch Christus«, die sich im Ablegen des fleischlichen Wesens erweist (Kol 2,11).

»Zu jener Zeit«, d.h. im zurückliegenden Zeitabschnitt des »einst«, 12
waren die Leser **»ohne Christus«**, d.h. ohne den verheißenen Messias, der in der Person Jesu von Nazareth sein Volk zu Gott zurückrief.

In zwei paarweise formulierten Wendungen führt Paulus aus, was diese Existenz **»ohne Christus«** umschloß: **»entfremdet vom Gemeinwesen Israels und fern von den Zusicherungen der Verheißung, Hoffnung hattet ihr keine und wart gottlos in der Welt.«**

»Entfremdet« taucht erneut in 4,18 auf (dort: »vom Leben aus Gott«) und findet sich in Kol 1,21 neben dem Begriff »feindlich«. Die Fremdheit der Heiden wird hier ausgesagt im Blick auf das »Gemeinwesen Israels«. Damit ist nicht der israelitische Staat gemeint (der ohnehin zu dieser Zeit nicht existierte), sondern das von Gott auserwählte Volk, seine Gemeinde.

Indem die Heiden nicht von dieser Berufung Gottes betroffen sind, haben sie auch keinen Anteil an den **»Zusicherungen der Verheißung«**, sondern sind ihnen **»fern«**.

Mit **»Zusicherung«** wird hier der griechische Begriff wiedergegeben, der in LXX für den »Bund«, das »Testament«, steht (»*diathēkē*«). Der Ausdruck kann auch für »Willenskundgebungen«, »Verfügungen«, gebraucht werden. Was in Röm 9,4 als Aufzählung der Vorzüge Israels aneinandergereiht ist, wird hier verbunden: **»Zusicherungen der Verheißung«**. Israels Geschichte war grundlegend durch Gottes Verheißung bestimmt, die ihm bereits vor dem Gesetz gegeben war (Röm 4,13; Gal 3,16ff). In der Zeit der Propheten umschließt diese Verheißung die Ankündigung des »Neuen Bundes« (Jer 31,31ff; Hes 36,26f) und ist im Mittler des Neuen Bundes, Christus, erfüllt (Hebr 8,6; vgl. Röm 15,8; 2Kor 1,2).

Damit verbunden ist die Gabe des »Heiligen Geistes der Verheißung« (Eph 1,3), durch den diese Erfüllung gegenwärtig wirksam wird.

Ohne Verheißung aber hatten die Leser zuvor auch »keine Hoffnung« von der Art, wie sie das »Volk der Verheißung« hatte. Mit dem

Kommen Christi gewinnt die Hoffnung jedoch noch eine wesentliche zusätzliche Dimension: Einerseits ist die Hoffnung auf das Kommen des Messias erfüllt (vgl. Lk 4,21; Joh 3,29). Andererseits erwächst aus dem mit seinem Kommen angebrochenen Reich die Hoffnung auf seine endgültige Vollendung.[d]

[d] Röm 5,2ff 8,24 15,13 1Kor 1,7 13,13 2Kor 3,12 Kol 1,27 1Thess 1,3 1Petr 1,3

Indem die Leser in dem genannten Sinn einst fern von Gottes Verheißungen lebten, waren sie **»gottlos in der Welt«**. Gottlosigkeit meint nicht Atheismus als Ablehnung jeglicher Beziehung zum Göttlichen. Die Heiden waren mit einer Fülle von Göttern, von religiösen Formen und kultischen Bräuchen vertraut. Aber die Trennung vom Bundesvolk beinhaltete auch die Trennung vom »lebendigen und wahren Gott« (1Thess 1,9), bedeutete ein Dasein »entfremdet dem Leben, das aus Gott ist« (Eph 4,18).

13 Die radikale Wende, die das **»nun aber«** von dem **»einst«** trennt, hat ihren Grund und Ort **»in Jesus Christus«**. Der Raum **»des Fleisches«** (V. 11) ist durch das Leben **»in Jesus Christus«** abgelöst worden.

Diejenigen, die einst **»Ferne«** waren (vgl. V.12; Apg 2,39; 22,21), sind zu **»Nahen«** geworden (vgl. 2,17ff). Dies ereignet sich konkret **»im Blut Christi«**. Damit wird erneut Bezug genommen auf die Versöhnung durch Christus **»in seinem Blut«** (Röm 3,25; 5,9; Offb 1,5); in ihm eröffnet sich die Freiheit (zum Eingang in das Heiligtum: Hebr 10,19) und der Friede (Kol 1,20).

Dieses Stichwort »Friede« als Frucht der Versöhnung durch Christus bestimmt den Abschnitt 2,14-18 in V. 14 und 18. Dabei stehen offenbar mehrere Schriftzitate im Hintergrund: Jes 57,19 wird ausdrücklich in V. 17 aufgenommen, klingt aber wohl bereits in V. 13f an: »Friede, Friede denen in der Ferne und denen in der Nähe, spricht der Herr; ich will sie heilen.« In Mi 5,4 wird verheißen: »Er wird der Friede sein«; vom Friedefürst handelt ausführlich Jes 9,1-6.

Auf dem Hintergrund dieser Schriftstellen entfaltet Paulus das in Christus gegebene Friedensverhältnis zwischen Juden- und Heidenchristen.[139]

14 Gott ist »der Gott des Friedens«.[e] Gleichzeitig schenkt er den Glaubenden diesen Frieden (Phil 4,7); durch Christus haben wir Frieden mit Gott (Röm 5,5). Jesus Christus selbst wird »Herr des Friedens« genannt, um dessen Frieden gebeten werden kann (2Thess 3,16); vom »Frieden Christi« spricht Kol 3,5 (vgl. Joh 14,27; 16,33). Im Sinne der Verheißung aus Mi 5,4 kann Paulus bezeugen: **»Er selbst ist unser Friede«**.

[e] Röm 15,33 1Kor 14,33 2Kor 13,11 Phil 4,9 1Thess 5,23 Hebr 13,20

[139] Vgl. im einzelnen P. Stuhlmacher, »›Er ist unser Friede‹ (Eph 2,14). Zur Exegese und Bedeutung von Eph 2,14-18,« in: J. Gnilka (Hg.), Neues Testament und Kirche. FS. R. Schnackenburg, Freiburg 1974, 337-358.

Als solcher hat er nun auch Frieden zwischen den verfeindeten Menschheitsgruppen geschaffen: er hat **»die beiden zu einem gemacht und die durch den Zaun gebildete Trennwand, die Feindschaft, niedergerissen«**. Die **»beiden«** (wörtl.: neutrisch »beides«) sind die Juden und Heiden. Die **»Trennwand«, »die durch den Zaun gebildet«** wird, ist **»das Gesetz der in Einzelsatzungen bestehenden Gebote«**.

Die **»Trennwand«** wird von den Exegeten unterschiedlich gedeutet[140]:

a) Einige vermuten dahinter eine kosmische Dimension, die aus der Gnosis abgeleitet sein soll: Der gnostische Erlöser durchbricht eine trennende Wand, die sich zwischen irdischem und himmlischem Bereich befindet, und eröffnet so den Zugang zur himmlischen Welt. Dagegen ist zu sagen, daß der Gedanke an eine derartige Trennung im Eph nicht existiert, sondern vielmehr der Sieg und die Herrschaft des zur Rechten Gottes eingesetzten Christus über alle (feindlichen) Mächte bezeugt wird.

b) Von anderen wird dieser Begriff auf die steinerne Schranke im Tempelbezirk gedeutet, die von Heiden nicht passiert werden durfte. Da der Tempel 70 n.Chr. zerstört wurde, ergeben sich daraus Konsequenzen für die Plausibilität eines derartigen Bildes: Vertreter einer nachpaulinischen Verfasserschaft von Eph (ca. 90 n.Chr.) verweisen darauf, daß es wenig Sinn mache, Christus als den Durchbrecher einer Tempelschranke zu bezeichnen, die zu der Zeit längst zerstört war. Aber auch dann, wenn der Tempel z.Zt. der Abfassung des Briefes (56-58 n.Chr.) noch existierte, spricht das Fehlen einer solchen Deutung in anderen Teilen des NT gegen diese Lösung.

c) Am nächsten liegt daher, die in V. 15 von Paulus selbst vorgetragene Interpretation zu beachten: Der **»Zaun«**, der eine Trennwand aufrichtet, ist das Sinaigesetz. Ein derartiger Vergleich der Tora mit einem gegenüber den Heiden schützenden Zaun findet sich bereits im jüdischen Schrifttum.[141]

Dieser Juden und Heiden voneinander trennende **»Zaun«** wurde insofern **»niedergerissen«**, als der Zugang zum Volk Gottes nun nicht mehr über die Beobachtung des Sinaigesetzes, auf dem Weg der »Beschneidung«, erfolgt, sondern durch den Glauben.

Damit aber ist auch **»die Feindschaft«** zwischen beiden Menschheitsgruppen beseitigt. Angesichts des Evangeliums von Jesus Christus wird erkennbar, daß die wesentlich tiefergreifende Feindschaft

[140] Vgl. dazu Schnackenburg, a.a.O. 113f.
[141] Vgl. Nachweise bei Stuhlmacher, a.a.O. 344f.

diejenige zwischen den Menschen insgesamt und Gott darstellt. Diese hat ihren Grund in der Sünde, durch die der Mensch gegen Gottes Gottheit und seine heilvolle Herrschaft rebelliert. Weil aber diese umfassende Feindschaft (der Jude Paulus schließt sich in das »wir« ein: Röm 3,9) durch Christi Versöhnung beseitigt wird (Röm 5,5), darum ist damit auch die zwischenmenschliche Feindschaft aufgehoben.

15 Dies ereignet sich »in seinem Fleisch«. Damit unterstreicht Paulus den Ausdruck »in seinem Blut« von V. 13. Vermutlich ist dieser Satzteil mit dem Folgenden zu verbinden: **»in seinem Fleisch hat er das Gesetz ... beseitigt«**. Die Formulierung berührt sich mit Kol 1,22 (»versöhnt im Leib des Fleisches«) und 2,14 (»den Schuldbrief mit den Einzelsatzungen«). Insgesamt knüpft Paulus an die Darlegungen aus dem Galaterbrief an: Indem der Sündlose den Fluchtod der Sünder stirbt und also selbst zum Fluch wird, erlöst er die Betroffenen von dem durch die Sünde auf sie gekommenen Fluch des Gesetzes (Gal 3,13). Die Tatsache, daß Gott den Gekreuzigten auferweckt hat, beweist damit, daß das Gesetz als Weg zu Gott aufgehoben, daß Christus »des Gesetzes Ende« ist (Röm 10,4). Aufgehoben sind damit für die an Christus Glaubenden auch alle jene Bestimmungen und Einzelsatzungen, die Heiden von Juden trennten: Beschneidung, Reinheitsvorschriften, Kultgebote etc.

Die Beseitigung der Feindschaft hat konkrete positive Konsequenzen: **»damit er die zwei in ihm zu einem neuen Menschen schaffe«**.

Jesus Christus reißt nicht nur nieder, sondern baut zugleich auf. Auch hier klingen Formulierungen an, die im Zusammenhang mit der Schöpfung gebraucht werden: ein neuer Mensch wird geschaffen (vgl. 4,24; 2Kor 5,17; Kol 3,10). Dabei besteht die Besonderheit hier darin, daß die vielen *ein* Leib, ja *sein* Leib sind (1Kor 12,3). Damit aber besteht auch eine unzertrennliche Verbindung zwischen Haupt und Leib (vgl. Eph 1,23; 5,31f). Der »neue Mensch« ist demnach Christus selbst; an ihm haben die Glaubenden Anteil.

Damit hat Christus an Stelle der Feindschaft **»Frieden gemacht«**: Aus dem durch ihn gestifteten Frieden mit Gott (Röm 5,1) erwächst der Friede zwischen zuvor verfeindeten Gruppen.

16 Gleiches gilt für die Versöhnung. Aus der Versöhnung mit Gott (Röm 5,10; 2Kor 5,18f) entspringt die Versöhnung zwischen Menschen (vgl. Kol 1,20). Diese Tat ist markiert **»durch das Kreuz«**, durch den Tod des Sündlosen an Stelle der Sünder. In Christus geschieht die Versöhnung **»der beiden«** (d.h. der beiden getrennten Menschheitsgruppen Juden und Heiden, vgl. V. 14) **»mit Gott«**. In den Stellen, die von der Versöhnung handeln (Röm 5,10; 2Kor 5,18f; Kol 1,20) wird jeweils ausgesagt, daß Gott selbst die Welt mit sich versöhnt hat. Dessen ungeachtet wird die Absicht von Eph verkannt, wenn man eine

theologische Abweichung aus dem Sachverhalt ableiten will, daß hier Christus die Versöhnung zugeschrieben wird.[142] Einmal hat der gesamte Abschnitt das friedensschaffende Handeln Christi zum Gegenstand, zum andern betonen die genannten Stellen die enge Verbindung von Vater und Sohn, wenn stets herausgestellt wird: »durch den Tod seines Sohnes« (Röm 5,10), »Gott war in Christus« (2Kor 5,19), »... er durch ihn alles mit sich versöhnte« (Kol 1,20).

Die Versöhnung ereignet sich **»in einem Leib«**. Es bleibt offen, ob damit der Leib des Gekreuzigten oder der Leib Christi im Sinne seiner Gemeinde im Blick ist. Zieht man zur Deutung 1Kor 10,16f heran, so wird dort derselbe Sachverhalt erkennbar: Die Aussage steht im Kontext des Abendmahls, bezieht sich demnach auf den am Kreuz gebrochenen Leib Christi. Zugleich aber macht die gemeinsame Teilhabe am Brot offenbar, daß die Gemeindeglieder Teil der Kirche als dem Leib Christi sind. Aus diesem Grund ist stets der Zusammenhang zwischen Kreuzesleib, Abendmahlsleib und Leib Christi als der Kirche festzuhalten. Die Kirche hat ihren Grund in dem am Kreuz zur Versöhnung dahingegebenen Christusleib.

Parallel dazu sagt Paulus aus, daß Christus dadurch **»in sich die Feindschaft tötete«**, d.h.: In seiner Person wurde die Feindschaft (vgl. V. 14) zwischen Mensch und Gott und daher auch zwischen Menschen **»getötet«**. Während die Sünde durch das Gebot (Röm 7,11) bzw. der Buchstabe (2Kor 3,6) den Menschen ohne Christus tötet, hat Christus umgekehrt am Kreuz die Feindschaft beseitigt.

Die Formulierung **»Und er ist gekommen«** wird von den Exegeten 17
unterschiedlich verstanden. Sie wird auf das Auftreten des irdischen Jesus, auf sein gesamtes Werk, auf das Kommen des Auferstandenen oder seine Anwesenheit im Geist durch die Predigt des Apostels gedeutet.[143] Berücksichtigt man den Sachverhalt, daß in den Evangelien die Charakterisierungen des Werkes Jesu häufig mit der Formulierung »Ich bin nicht gekommen ...« eingeleitet werden, so legt sich dieser Bezug auch hier nahe.[144] Angesichts der Tatsache, daß im weiteren Verlauf dieses Verses Jes 52,7 (in Verbindung mit Jes 57,9) zitiert wird, dürfte man in der Erwähnung des »Kommens« auch einen Anklang an die »Füße der Freudenboten« erkennen. Es ist bezeichnend, daß in

[142] So Schnackenburg, a.a.O. 117, der darin insgesamt ein Verblassen der Kreuzestheologie erkennen will: »Das Kreuzesgeschehen erlangt keine plastische Anschaulichkeit ..., schon gar nicht betroffen machende Anstößigkeit ..., sondern ist nur noch der Ort der Versöhnung, ein Topos christlicher Verkündigung ... das Kreuz als prägendes Zeichen christlicher Existenz verliert an Kraft« (ebd.).

[143] Vgl. Schlier, a.a.O. 137.

[144] Diesen umfassenden Zusammenhang betont G. Friedrich: »Jesu Kommen auf die Erde, sein Leben und Sterben, war die große Friedensbotschaft, die große Freudenverkündigung. Sein Erscheinen, nicht nur seine Predigt, sein ganzes Werk wird mit ›euangelizesthai‹ bezeichnet« (ThWNT II, 716).

Eph 6,15 wiederum die »Füße« im Kontext des »Evangeliums des Friedens« genannt werden.

Schließlich ist daran zu erinnern, daß in 2Kor 5,19f die Entfaltung der Versöhnung mit der Botschaft von der Versöhnung gekoppelt wird. In gleicher Weise folgt in Eph 2,15ff auf die ausführliche Erklärung des Friedenswerkes die Verkündigung der Friedensbotschaft.

Diese gilt **»euch, den Fernen, und Frieden den Nahen«**. Die Heiden waren einst fern von Gottes Verheißungen, sind aber durch Christus zu Nahen geworden (V. 13). Somit gilt der durch Christus geschaffene und in seinem Namen verkündigte Friede beiden Gruppen, den Fernen und den Nahen.

18 **»Denn durch ihn haben wir beide den Zugang in einem Geist zum Vater.« »Durch ihn«**, nicht durch Beschneidung oder Gesetzesbeobachtung wurde Juden und Heiden der **»Zugang zum Vater«** eröffnet. Dies wird näher in 3,12 erläutert: »Durch den Glauben an ihn«, d.h. Jesus Christus, haben wir »Freimut und Zugang«. Dabei nimmt Paulus eine Formulierung aus Röm 5,2 auf, in der vom »Zugang zu dieser Gnade« im Anschluß an die Betonung der Gerechtigkeit und des Friedens mit Gott die Rede ist. Zu erinnern ist ebenfalls an die Aussage Joh 14,6, in der sich Jesus als den einzigen Weg zum Vater bezeichnet. Von der »Zuversicht« des Zugangs zu Gott handelt der Hebräerbrief. Aufgrund von Christi Heilswerk sollen wir »hinzutreten mit Zuversicht zu dem Thron der Gnade« (Hebr 4,16), haben wir »Freiheit zum Eingang in das Heiligtum« (10,19) – wie auch der 1. Johannesbrief: »Wir haben Zuversicht zu Gott« (3,21; 5,14).

Dieser Zugang besteht **»in einem Geist«**. Diese Aussage erfolgt in Parallelität zu der durch Christus gewirkten Versöhnung »in einem Leib« (V. 13). Im Heiligen Geist ist Jesus Christus als lebendiger Herr gegenwärtig. In ihm erschließt sich die Versöhnung am Kreuz dem einzelnen Glaubenden und ermöglicht so den Zugang zu Gott. Er ist der *eine* Geist und schafft als solcher die Einheit in der Gemeinde (4,3f).

19 Der neugewonnene Zugang zu Gott für die vormals Fernen hat eine bedeutsame Konsequenz: **»Folglich seid ihr nun nicht mehr Fremde und Ausländer«**.

In 1Mo 23,4 (vgl. auch 24,37; Ps 39,13) bezeichnet sich Abraham als »Fremdling und Beisasse« in Kanaan, dem Land der Verheißung. Diese Formulierung wird in Hebr 11,13 im Hinblick auf den Weg des Glaubens interpretiert: Die Patriarchen waren unterwegs in das himmlische Land der Verheißung (vgl. 11,14ff). In gleicher Weise sind Christen »Fremdlinge und Pilger« (1Petr 1,1; 2,11), weil sie auf dieser Welt »keine bleibende Stadt haben, sondern die zukünftige suchen« (Hebr 13,14). Daher hat auch ihre Lebensweise dieser Grundsituation zu entsprechen: Sie sollen sich nicht in endgültiger Weise an Dinge dieses Lebens binden, sondern »haben, als hätten sie nicht« (1Kor 7,29ff).

Eine weitere Bedeutung gewinnt der Doppelausdruck **»Fremde und Ausländer«** im Blick auf die Stellung von Heiden- und Judenchristen: Waren die Heiden »zu jener Zeit ... entfremdet vom Gemeinwesen der Verheißung« (Eph 2,12), weil sie durch den Zaun des Gesetzes vom Gott Israels ferngehalten wurden, so ist diese Situation in Christus beseitigt und radikal verändert: Sie sind jetzt **»Mitbürger der Heiligen und Hausgenossen Gottes«**.

Dies meint nicht, daß die Heidenchristen als »Mitbürger« (griech.: *sympolitai*) der »Bürgerschaft Israels« (griech.: *politeia*; Eph 2,12) eingegliedert werden. Das in Christus entstandene »Gemeinwesen« der Kirche ist eine völlige Neuschöpfung, in die Angehörige aus Juden und Heiden jeweils im Glauben aufgenommen werden. Zwar trifft es keineswegs zu, daß die Geschichte Gottes mit seinem Volk durch Christus schlechthin aufgehoben und damit hinfällig geworden wäre, daß also die Kirche Israel einfach ersatzlos ersetzt hätte. Jedem Denken in diese Richtung gilt die mahnende Erinnerung des Paulus: »so sollst du wissen, daß nicht du die Wurzel trägst, sondern die Wurzel trägt dich«, den ehemals wilden, nun aber eingepfropften Ölzweig (Röm 11,17f). Dennoch vermittelt diese heilsgeschichtliche Situation Israels den Angehörigen des atl. Bundesvolkes keine Sonderstellung in dem Sinne, daß hier ein Sonderweg abseits des Glaubens an Jesus Christus eingeschlagen werden könnte. Die **»Heiligen«**, deren **»Mitbürger«** die Adressaten geworden sind, bestehen weder aus Juden noch aus Judenchristen, sondern aus allen bereits zur Kirche Jesu Christi gehörenden Glaubenden.[145]

Weil diese Stadt (griech.: *polis*) Gottes eine himmlische ist (vgl. Hebr 12,22), darum ist auch das Bürgerrecht (griech.: *politeuma*) im Himmel (Phil 3,20), das Erbteil (Eph 1,14.18), an dem die Christen ja bereits in Jesus Christus Anteil haben (2,6).

Mit dem Bild von der Stadt (»Mitbürger«) ist das Bild des Hauses verbunden: **»Hausgenossen Gottes«**. Die Gemeinde ist »geistliches Haus« (1Petr 2,5; vgl. 4,17), zu dem »Hausgenossen des Glaubens« (Gal 6,10) gehören.[146]

In 20-22 wird das Bild vom Haus durch das Bild des Baus fortge- 20
führt: **»auferbaut auf das Fundament der Apostel und Propheten«**.

Der geistliche Bau hat ein Fundament, das Gott selbst in der Geschichte gelegt hat. Dieser Bau besteht keineswegs nur in der jeweili-

145 Vgl. Schnackenburg, a.a.O. 121, der auch die Deutung auf »die Engel als Repräsentanten der himmlischen Gemeinde« erwägt; vgl. 1,18.

146 Vgl. O. Michel, ThWNT V, 136f.

gen Gegenwart einer kirchlichen Situation, sondern ruht als Gesamtgebäude durch die Jahrhunderte hindurch auf einem klar beschreibbaren Fundament: Das ist nach 1Kor 3,11 Christus selbst. Es »ist gelegt«, d.h.: Gott hat es gelegt. Daneben gibt es keine andere Möglichkeit einer Grundlage für die Kirche Jesu Christi.

Vor diesem Hintergrund muß daher die Aussage verstanden werden, daß die Kirche auf dem **»Fundament der Apostel und Propheten«** auferbaut werde. Diese tragen nicht den Bau selbst, sondern sind Empfänger der göttlichen Offenbarung, des Evangeliums von Jesus Christus (3,5f). Darin besteht allerdings ihre »fundamentale« Bedeutung für die Kirche. Weil es Gott gefallen hat, das »Geheimnis Christi«, der Kirche aus Juden und Heiden, die Grund und Ziel in Jesus Christus hat, durch diese Zeugen zuerst auszubreiten, darum hat ihr Wort grundlegende Funktion. Da es für alle Zeiten gilt, ist die Kirche sowohl »apostolisch« als auch »katholisch«, d.h. umfassend. Alle Worte, die in ihr geäußert werden, müssen sich an der Norm dieses Fundaments messen lassen.

Wer zu den Aposteln gehört, wird aus Jesu Wahl des Zwölferkreises, sowie aus der Liste der Augenzeugen in 1Kor 15,3-5 und der Erwähnung der »Säulen« in Gal 2,9 deutlich; Paulus kommt als »unzeitige Geburt« (1Kor 15,8) hinzu.

Die nach den Aposteln genannten **»Propheten«** wurden im Laufe der Auslegungsgeschichte in der Regel als die atl. Propheten gedeutet. Gemeint sind hier jedoch die urchristlichen Propheten, die das Evangelium von Jesus Christus in die aktuelle Situation hinein auslegten (vgl. zur Veranschaulichung 1Kor 14,24f). Dabei ist den Propheten die göttliche Offenbarung vorgegeben, und sie sind in ihrer Verkündigung an diese Offenbarung gebunden.[147]

Unterschiedliche Auslegungen hat ebenfalls der zweite Versteil gefunden: **»dessen Abschlußstein Christus Jesus ist«**. Dabei sind zwei Übersetzungen möglich, die den Bezug zwischen Jesus Christus und dem Bau verschieden fassen: »Jesus Christus ist sein (= des Fundamentes) Eckstein«: d.h.: Jesus Christus ist als Eckstein wesentlicher Teil des Fundaments; oder: »Jesus Christus ist sein (= des Baus) Eck-/

[147] »Der Prophet redet nicht, was er aus der Tradition übernommen hat oder was er sich erdacht hat, sondern was ihm offenbart ist« (Friedrich, ThWNT VI, 854f). »Über die enorme Relevanz, die die feste Didaché oder Pistis oder Paradosis, Paratheke, Didaskalia usw. ... in der Urkirche besass, braucht man kein Wort zu verlieren ... In diesem Sinne sind die Propheten an dem überlieferten Bekenntnis gebunden ..., das zugleich die Norm des wahren Glaubens ist« (J. Panagopoulos, »Die urchristliche Prophetie: Ihr Charakter und ihre Funktion«, in: Ders. [ed.], Prophetic Vocation in the New Testament and Today, NT. S. XLV, 1977, 19f).

Schlußstein«, d.h. Jesus Christus tritt dem Fundament als abschließender Stein gegenüber.

Um diese Frage entscheiden zu können, muß zunächst die Übersetzung »Eck-« oder »Abschlußstein« geklärt werden.

Der Schriftbeweis für die erste Deutung findet sich in Jes 28,16 und Ps 118,22.[f] In 1Kor 3,10f wird die Bedeutung »Fundament« ausdrücklich von Christus ausgesagt. Das »Wachsen des Baus« (Eph 2,21) geht vom Eckstein aus.

[f] Mt 21,42 Mk 12,10 Apg 4,11 Röm 9,33 1Petr 2,4-8

Das letztgenannte Argument kann nun aber auch für die Übersetzung »Schlußstein« geltend gemacht werden: Im Blick ist gerade im Eph die *Vollendung* des Baus, die durch den (in der Architektur besonders hervorgehobenen) Schlußstein erfolgt. Da Christus das Haupt ist, sollen die Glaubenden zu ihm hin wachsen (4,15f).[148] Damit ist deutlich, daß beide Möglichkeiten durchaus ihre Berechtigung haben und je nach Bild (Bau bzw. Leib) von Paulus auch in beiden Bedeutungen gebraucht werden. Wir bevorzugen die Deutung **»Abschlußstein«**, da die Gedankenführung von V. 20-22 eher das Moment der Entstehung dieses Baus vom Fundament bis zum fertig ausgeführten Gebäude – mit Christus als dem krönenden und alles zusammenhaltenden Schlußstein – hervorhebt.

Dies wird von den Versen 21f eigens betont: **»in dem der ganze Bau zusammengefügt wird und wächst«**. **»In ihm«**, d.h. in Christus. 21
Er ist selbstverständlich nicht allein das Fundament; vielmehr besteht der gesamte Bau in allen seinen Phasen und Teilen »in ihm«. Paulus knüpft damit an die Beschreibung der Bedeutung Jesu im Zusammenhang mit seinem Werk der Versöhnung (»in sich«: V. 16) und der Eröffnung des Zugangs zum Vater (»durch ihn«: V. 18) an.

Das Verb, das mit **»zusammenfügen«** übersetzt wird, steht im NT nur hier und in 4,16, hier auf den Bau, dort auf den Leib bezogen!

Bemerkenswert ist, daß dieser Bau – in der eben bezeichneten Weise »in Christus zusammengefügt« – **»wächst«**: Die Zeitform ist das Präsens, d.h. es handelt sich um einen Vorgang, der sich durch die Zeiten der Geschichte hindurch vollzieht. Vom »Wachsen« in dem genannten Sinne handelt ebenfalls 4,16; vom »Wachsen« im Sinne des Gedeihens der göttlichen Pflanzung sprechen 1Kor 3,6f, im Sinne des Leibes erneut Kol 2,19. Dieser **»ganze Bau«** ist **»heiliger Tempel in dem Herrn«**. Auch dies gehört zum christlichen Grundwissen, daß die Gemeinde »Gottes Tempel« ist, daß Gottes Geist in ihr wohnt und daß dieser Tempel heilig ist (1Kor 3,16f). Vom einzelnen Glaubenden

[148] Vgl. die Diskussion bei Schnackenburg, a.a.O. 124, mit der Lösung »Eckstein«. »Schlußstein« wird u.a. von Michel (ThWNT IV, 892) und Schlier (a.a.O. 142), vor allem mit Berufung auf Arbeiten von J. Jeremias vertreten.

als Tempel des Heiligen Geistes spricht 1Kor 6,19. Dieser Tempel ist das »geistliche Haus« aus 1Petr 2,5. Erneut betont Paulus, daß dieser Tempel **»in dem Herrn«** besteht und wächst.

22 V. 22 unterstreicht das bereits Dargelegte in parallelen Formulierungen: **»in dem auch ihr mitauferbaut werdet zu einer Wohnung Gottes im Geist«.** Zwei weitere Male gebraucht Paulus Begriffe aus der Wortfamilie »Haus«: Das Zusammenfügen wird erläutert durch **»mitauferbauen«**. Die Passivform signalisiert ein Handeln Gottes (ebs. 1Petr 2,5). Er selbst führt dieses Bauwerk aus, indem er »lebendige Steine« einfügt: Die an Jesus Christus Glaubenden, die er zu seinen Kindern erwählt »zum Lob seiner Herrlichkeit« (1,12.14). Dieser neue Tempel stellt die **»Behausung Gottes im Geist«** dar. Hatte Gott bzw. sein Name zunächst im Zelt[g], dann im Jerusalemer Tempel[h] gewohnt, so ist nun der Ort der Anbetung Gottes »im Geist und in der Wahrheit« (Joh 4,23). Der Messias ist der endzeitliche Erbauer des Tempels; daher wird in Jesu Prozeß die Frage nach der Messianität mit der Frage nach dem Bau des Tempels verbunden (Mk 14,56.64). Der Tempel, der nicht mit Händen gemacht ist, ist das endzeitliche Gottesvolk, das auf dem Felsen Petrus erbaut wird (Mt 16,18).[149]

[g] 2Mo 25,8 29,45 2Sam 7,2
[h] 2Mo 12,5 2Sam 7,13 1Kön 5,19 1Kön 8

Ist die Kirche demnach der universale Bau des dreieinigen Gottes (man beachte die trinitarischen Anklänge in V. 21f!), der in die himmlische Sphäre hineinreicht, so handelt es hierbei auch um ein Gegenbild zu der Bemühung des in seiner sündigen Überheblichkeit gefangenen Menschen, eigenmächtig ein Gebäude »bis zum Himmel« zur Förderung des eigenen Namens zu errichten (1Mo 11). Die Kirche ist demgegenüber der Ort, an dem Gott für den überwältigenden Reichtum seiner Gnade und seiner Weisheit gepriesen wird.

Zusammenfassung: Kap. 2

Vor dem dunklen Hintergrund eines Lebens ohne Gott, ohne Christus, ohne Hoffnung entfaltet Paulus den Reichtum der göttlichen Liebe und Barmherzigkeit, die in Jesus Christus zutage getreten ist. Dabei macht er deutlich, daß sich das Leben außerhalb des Glaubens nicht auf neutralem Boden ereignet. Es ist vielmehr Versklavung unter die Geistesmacht des Bösen, der Menschen in Rebellion und Ungehorsam gegen Gott festhält. Daraus erwachsen die vielfältigen Spielarten der Sünde, mit denen sich Menschen gegenseitig das Leben zerstören.

Nun aber geschieht das Wunder aller Wunder: Gott gibt denen, die in Sünden tot waren, Anteil an der Lebensmacht seines auferstande-

[149] Vgl. dazu O. Betz, »Die Frage nach dem messianischen Bewußtsein Jesu«, NT VI (1963) 20-48.

nen Sohnes. Er tut das aus freier und ungeschuldeter Gnade. Kein menschliches Werk hätte sich jemals Gottes Liebe verdienen können. Durch die Vergebung der Sünden wird der Glaubende zu einem neuen Menschen geschaffen und lebt nun im Dienst und zur Ehre Gottes.

Für die ehemaligen Heiden brachte der durch Christus geschaffene Friede mit Gott ein weiteres, unerwartetes Wunder: Christus hat am Kreuz alle Trennungen beseitigt, durch die die Heiden bisher von den Verheißungen des Bundesvolkes Israel ausgeschlossen waren. Aus dem fremden Gott ist so der Vater geworden, zu dem Juden und Heiden in gleicher Weise Zugang haben. Umgekehrt wurden aus Ausländern Mitbürger, aus Ausgestoßenen Mitglieder im Haushalt Gottes. In Christus wächst *eine* Gemeinde, *ein* heiliger Tempel aus Judenchristen und Heidenchristen heran. Hierin enthüllt sich Gottes Geheimnis, das er mit seiner Gemeinde und mit seiner Welt im Sinn hat.

5. Paulus und die Offenbarung des göttlichen Geheimnisses: 3,1-13

1 Darum ich, Paulus, der Gefangene Christi für euch Heiden –
2 ihr habt ja gehört von dem Verwalteramt der Gnade Gottes, die mir für euch gegeben wurde,
3 daß mir aufgrund von Offenbarung das Geheimnis kundgetan worden ist, wie ich zuvor kurz geschrieben habe.
4 Daran könnt ihr, wenn ihr es lest, meine Einsicht in das Geheimnis Christi erkennen,
5 das in den früheren Zeiten den Menschenkindern nicht kundgetan worden war, wie es jetzt seinen heiligen Aposteln und Propheten im Geist offenbart wurde:
6 Die Heiden sind Miterben, mit zum Leibe gehörig und mitteilhaftig an der Verheißung in Christus Jesus durch das Evangelium,
7 dessen Diener ich nach der freien Gnade Gottes, die mir nach der Wirkung seiner Macht gegeben wurde, geworden bin.
8 Mir, dem geringsten von allen Heiligen, wurde diese Gnade gegeben, um den Heiden den unergründlichen Reichtum Christi zu verkündigen
9 und ans Licht zu bringen, was die Durchführung des Geheimnisses ist, das von Ewigkeiten her in Gott, der alles geschaffen hat, verborgen war,

10 damit nun den Herrschaften und Mächten in den Himmeln die sehr mannigfaltige Weisheit Gottes bekannt gemacht würde durch die Gemeinde
11 nach dem ewigen Vorsatz, den er in Christus Jesus, unserem Herrn, durchgeführt hat,
12 in dem wir die Freiheit und den Zugang in Zuversicht durch den Glauben an ihn haben.
13 Deshalb bitte ich, daß ihr angesichts meiner Bedrängnisse für euch nicht verzagt, die euch eine Ehre sind.

Das 3. Kapitel beginnt mit einem Anakoluth, d.h. einem unvollständigen Satz, der abrupt abgebrochen wird. Angesichts der Tatsache, daß die mit »**darum**« übersetzte seltene Überleitung[150] in V. 14 erneut begegnet, läßt sich schließen, daß Paulus an Kap. 2 eigentlich das Fürbittegebet 3,14ff anfügen wollte. Dieses Vorhaben wird durch 3,2-13 unterbrochen, ein Abschnitt, der in zwei Teilen die Rolle des Apostels bei der Verkündigung des Christusgeheimnisses, d.h. der Einbeziehung der Heiden in den Leib Christi, zum Gegenstand hat.

1 Die besondere Berufung des Paulus bestand darin, Zeuge Jesu Christi »**für euch Heiden**« zu sein.[a] Dies bestimmte seine Missionsstrategie (Gal 2,7ff; Röm 15,20f). Dabei unterließ er in einer ihm noch unbekannten Stadt weder die Verkündigung in der Synagoge (Apg 13,5.14 u.a.) noch später die Verbindung zu den judenchristlichen Gemeinden in Palästina durch die Bemühung um eine Kollekte (Apg 11,29f; 12,25; 2Kor 8-9).

Durch die Predigt unter den Heiden ergaben sich zwangsläufig massive Konflikte mit den jüdischen Gemeinden: Paulus verkündigte Jesus als den verheißenen Messias, der den »Zaun des Gesetzes« (Eph 2,14f) niedergerissen und damit den an ihn glaubenden Heiden den Zugang zum Gott Israels als dem Vater eröffnet hatte.[b] Aus diesem Grund ist Paulus nicht nur »Sklave Jesu Christi«[c], sondern auch »**Gefangener Christi Jesu**«[d]. Was er erleidet, geschieht zum Besten der von ihm gegründeten Gemeinden[e].

[a] Apg 9,15 14,27 15,12 22,21 Röm 1,5 11,13 15,16 Gal 1,16 1Tim 2,7
[b] Apg 18,5 22,21f
[c] Röm 1,1 Gal 1,10 Phil 1,1 Tit 1,1
[d] Phil 1,13f 2Tim 4,16 Phlm 1+9

2 Mit dem »**ihr habt ja gehört**« unterbricht Paulus seine Ausführungen und erinnert an das ihm aufgegebene Amt. Auslöser für diese Unterbrechung mag das Wortfeld *»oikos«* (Haus) in 2,19.21 gewesen sein, an das jetzt mit dem Begriff *»oikonomia«* angeknüpft wird. Hier aber ergeben sich mehrere Bedeutungsvarianten[151]: Ursprünglich wird

[e] 2Kor 4,12 12,15 Phil 2,17 Kol 1,24 2Tim4,6.17

[150] Im NT noch in Tit 1,5.
[151] Vgl. O. Michel, ThWNT V, 154f.

damit das »Hausverwalteramt« bezeichnet (vgl. Lk 16,2ff), dann das »apostolische Amt« (1Kor 9,17; vgl. Kol 1,25), schließlich auch der »Heilsplan Gottes« (Eph 1,10; 3,9). Offen ist, wie der Ausdruck in unserem Vers gefaßt werden will. Dazu ist auf Folgendes hinzuweisen: Ähnlich wie hier wird in Röm 1,5 »Gnade und Apostelamt« zusammengestellt. Die Verbindung mit **»gegeben«** (ebs. in Kol 1,25) erinnert stark an das dem Apostel »anvertraute« Amt (1Kor 9,17; 1Thess 2,4: das anvertraute Evangelium!). Sieht man den Einschub 3,2ff dadurch motiviert, daß Paulus angesichts des Bildes vom Bau am Ende von Kap. 2 nachträglich auf seine Rolle bei diesem Unternehmen zu sprechen kommt, so ist seine Selbsteinschätzung aus 1Kor 3,10 heranzuziehen: »Ich nach Gottes Gnade, die mir gegeben ist, habe den Grund gelegt als ein weiser Baumeister.« Damit würde ebenfalls der »Amtsaspekt« von *»oikonomia«* betont werden.[152]

Paulus hat demnach in seinem Apostelamt, zu dem Gott ihn auf besondere Weise eingesetzt hat, die Aufgabe empfangen, **»die Gnade Gottes für Euch** (Heiden)« auszurichten. Dabei kann – wie 1Thess 2,4 zeigt – die »Gnade« auch durch das »Evangelium« umschrieben werden: Es handelt sich um den im Evangelium erschlossenen »Reichtum seiner Gnade« (Eph 1,7), der ja nun auch den Heiden gilt (3,3ff).

Auch wenn Paulus ein einzigartiges Amt innehat, in dem ihm Gottes Geheimnis eröffnet wurde, so verführt ihn das nie dazu, »mehr von sich zu halten, als sich's gebührt zu halten« (Röm 12,3). Der Grund dafür liegt darin, daß diese Gnade dem Apostel **»gegeben«** wurde. Auch hier drückt das Passivum divinum aus, daß Gott es ist, der ihm gegeben hat, was er hat (ebs. Röm 12,3!). Das ihm in dieser Weise gegebene Amt soll dann aber auch anerkannt werden: »Dafür halte uns jedermann: für Diener Christi und Haushalter (*oikonomoi*) über Gottes Geheimnisse« (1Kor 4,1).

Auch hier findet sich das Hauptverb in der Form des Passivum 3
divinum: **»daß mir aufgrund von Offenbarung das Geheimnis kundgetan worden ist«.**

Was Paulus **»kundgetan«** wurde, ist die »Erkenntnis Christi Jesu« (Phil 3,8) vor Damaskus. Dort begegnete dem Pharisäer Paulus, der die Anhänger des wegen Gotteslästerung gekreuzigten und damit von Gott als »verflucht« gestempelten Nazareners verfolgte, der Gekreuzigte aus der himmlischen Herrlichkeit Gottes her. Hatte Gott aber an dem offenkundig Verfluchten die endzeitliche Totenauferweckung vollzogen und ihn zu seiner Rechten erhöht, so war damit der

[152] Gegen Schlier z. St.: »Durchführung der Gnade Gottes«; Schnackenburg z. St. »Plan«.

Weg der Gesetzeserfüllung als Weg zur Gemeinschaft mit Gott abgetan.[153]

Damit aber war für die Heiden der Zugang zum Vater eröffnet. Die »Offenbarung«, die Paulus im Blick hat, ist nicht zu verwechseln mit den »hohen Offenbarungen«, von denen der Apostel in 2Kor 11 spricht, nach denen er »in den dritten Himmel«, »ins Paradies« entrückt wurde und »unaussprechliche Worte« hörte.

Die hier angesprochene »Offenbarung« eröffnet das durch den Heiligen Geist gewirkte Bekenntnis: »Der (aufgrund seines Kreuzestodes öffentlich verfluchte) Jesus ist der (zur Rechten Gottes eingesetzte) Herr«. Deshalb ist die »Offenbarung Jesu Christi« (Gal 1,12) als solche »Offenbarung des Geheimnisses« (Röm 16,25). Die bereits erfolgte Offenbarung wird abschließend erfüllt bei der »Offenbarung unseres Herrn Jesus Christus« (1Kor 1,7; 2Thess 1,7), die »an seinem Tage« »vom Himmel her« erfolgen und dann auch die »Offenbarung der Kinder Gottes« (Röm 8,19), d.h. das Ende allen Seufzens, umfassen wird.

Ebenso bezieht sich **»Geheimnis«** auf verschiedene Inhalte: Im hier gemeinten Sinne, als Einbeziehung der Heiden durch den Glauben in das durch Christus eröffnete Heil, ist es das »Geheimnis Gottes« (1Kor 2,4; vgl. Eph 1,9; 3,9; 6,19; 1Tim 3,9). Daneben findet sich das »Geheimnis des Himmelreichs«, das in Gleichnissen verborgen ist (Mt 13,11 u.ö.), das Geheimnis der um der Heiden willen zeitweise verstockten Juden (Röm 11,25), die im Geist ausgesagten »Geheimnisse« (1Kor 13,2; 14,2), das Geheimnis der Verwandlung ohne Verwesung (1Kor 15,51), das Geheimnis der Verbindung von Mann und Frau im Blick auf das Verhältnis von Christus und seiner Kirche (Eph 5,32), wie auch die Geheimnisse der Offenbarung des Johannes (1,20; 10,7; 17,5.7).

»Wie ich zuvor kurz geschrieben habe«: diese Bemerkung bezieht sich offenbar auf die beiden vorausgehenden Kapitel, nicht aber auf andere Schreiben des Apostels. Das **»Geheimnis seines** (= Gottes) **Willens«** war in 1,9 angeklungen; in 2,11-22 wurde der Friede in Christus, der nun auch den Heiden gilt, näher beschrieben. Auf der genannten Grundlage wird Paulus den Inhalt dieses Geheimnisses in 3,5ff weiter ausführen.

4 Indem Paulus das Amt des Heidenapostels gegeben wurde, erhielt er zugleich die **»Einsicht in das Geheimnis Christi«**. Das hat er in seinen Briefen dargelegt. Deshalb werden die Empfänger ausdrücklich an diese Form der Unterweisung erinnert: **»Wenn ihr es lest«**.

[153] Vgl. dazu P. Stuhlmacher, Biblische Theologie des NT I. Grundlegung: Von Jesus zu Paulus, Göttingen 1992, § 17: Ursprung und Ansatz der paulinischen Theologie, bes. 243ff.

Die verschiedenen Bedeutungen von **»Geheimnis«** wurden im vorausgehenden Vers bereits angesprochen. Die **»Einsicht«** in das Geheimnis ergab sich bei Paulus aus der Verbindung von Christusoffenbarung vor Damaskus und Studium der Heiligen Schrift. Das »Öffnen der Schrift« zur Gewinnung solcher Einsicht hat Jesus nach Ostern bei seinen Jüngern selbst vorgenommen (Lk 24,32.45; vgl. demgegenüber das frühere Nicht-Verstehen: Mk 6,52; Lk 2,50; 18,34); später wurde das zur Aufgabe des Apostels selbst (vgl. Apg 8,30.35; 10,34-43 u. ö.).[154]

Das »Geheimnis Christi« war **»in den früheren Zeiten den Men-** 5
schenkindern nicht kundgetan worden«. In Kol 1,26 ist dies dahingehend ausgeführt, daß von »ewigen Zeiten und Geschlechtern« gesprochen wird, gegenüber denen dieses Geheimnis »verborgen« war. Der Grund für die Verborgenheit besteht allein in Gottes Willen, nicht etwa im menschlichen Unvermögen. Nicht einmal den Propheten hat Gott sein künftiges Handeln offenbart.[155]

Durch die Offenbarung des Geheimnisses wird die Weltzeit in zwei grundsätzlich voneinander unterschiedene Phasen unterteilt: Den »früheren Zeiten« steht das »jetzt« gegenüber. Jesus beschrieb denselben Unterschied im Blick auf Johannes den Täufer als Vorboten des Himmelreichs: »Unter allen, die von einer Frau geboren sind, ist keiner aufgetreten, der größer ist als Johannes der Täufer. Der aber der Kleinste ist im Himmelreich, ist größer als er« (Mt 11,11).

War das Geheimnis **»den Menschenkindern«** vor Christus generell verborgen, so ist außerdem zu berücksichtigen, daß es auch »jetzt«, nach Christus, nicht allgemein erkannt wird. Die Verborgenheit des Geheimnisses hat ihren Grund in seiner unerwarteten Form: Während Juden nach Machttaten, Griechen hingegen nach Weisheitslehre Ausschau halten, offenbart Gott *seine* Macht und Weisheit in der Predigt von dem gekreuzigten Gottessohn (1Kor 1).

Was »den Menschenkindern« insgesamt verborgen war, ist jetzt **»seinen heiligen Aposteln und Propheten im Geist offenbart«** worden.

[154] Schnackenburg findet solche Erkenntnis einer Stellung der Heidenchristen innerhalb der Kirche »bei Paulus selbst trotz gewisser Ansätze (vgl. Röm 11,11-32; 15,16-21) noch nicht« und leitet daraus die Bemühung des »Eph-Autors« um Anerkennung der eigenen theologischen Einsicht ab: »So wird seine eigene Theologie durch den Apostel autorisiert – ein Verfahren, das tief in das Selbstverständnis solcher Paulusinterpreten, die wohl als Lehrer in den Gemeinden tätig waren, hineinblicken läßt« (a. a. O. 133f). Wenn Schnackenburg mit seiner Sicht recht haben würde, so wäre nicht einzusehen, warum die Kirche Jesu Christi bis zum heutigen Tag an die theologischen Überlegungen eines unbekannten Paulusschülers, der seine Gedanken durch einen bereits verstorbenen Apostel zu legitimieren suchte, gebunden sein sollte.

[155] In 1Petr 1,10-12 ist von der Suche »nach dieser Seligkeit« durch die Propheten die Rede; doch auch ihre Ankündigungen werden erst jetzt, im Licht des verkündigten Evangeliums, verständlich; vgl. Schnackenburg, a. a. O. 134.

»Nicht kundgetan« und »offenbart« sind erneut Passivformen. Insofern ist sowohl das Nicht-Verstehen als auch das Erkennen ein Vorgang, der ausschließlich auf Gottes Handeln zurückzuführen ist. Darüberhinaus beinhaltet der Ausdruck **»offenbaren«** eine Handlung, die bereits vom Begriff her allein Gott zukommen kann, wogegen »kundtun« auch ein menschliches Tun beschreiben kann. Andererseits gebraucht Paulus eben diesen Ausdruck in 3,3 zur Bezeichnung der ihm kundgegebenen Offenbarung.

Gewisse Schwierigkeiten bereitet die Wendung **»seinen heiligen Aposteln«**.[156] Der Bezug zu 2,20 (»Apostel und Propheten«) und Kol 1,26 (»offenbart seinen Heiligen«) ist dabei deutlich. Veränderungen am Textbestand (Streichung von »Heiligen« bzw. »Aposteln«) scheiden aus; auch ein eingefügtes Komma (»den Heiligen, seinen Aposteln und Propheten ...«) überzeugt nicht.

Formal ist der Ausdruck wohl aus der gesamten Verbindung von 2,20 und Kol 1,26 zu erklären. Inhaltlich soll das Adjektiv **»heilig«** die genannten Gruppen keineswegs aus den übrigen Christen hervorheben. Vielmehr wird hier das, was für den »heiligen« Tempel (2,21) insgesamt gilt, nun auch im Blick auf das Fundament »Apostel und Propheten« ausgesagt. Als Tempel des Heiligen Geistes gewinnt dieser Bau seine Heiligkeit von Christus her, werden alle Bereiche vom heiligenden Wirken des Geistes erfaßt (vgl. auch 1Petr 2,5.9).[157]

Der Bezug von **»im Geist«** ist nicht eindeutig: Einmal kann von der Offenbarung ausgesagt werden, sie sei »im Geist« geschehen (vgl. 1,17; 1Kor 2,10); zum anderen können die Propheten als diejenigen näher bestimmt werden, die »im Geist« reden (vgl. 1Kor 14,37). Auch hier kann die Erinnerung an 2,22 dazu beitragen, den Raum der Kirche insgesamt durch die Bestimmung »im Geist« zu kennzeichnen: In diesem Geist ist das Geheimnis kundgeworden; aus diesem Geist geben die Propheten von ihm Zeugnis.

6 Das bereits zuvor »kurz« umrissene Geheimnis wird nun ausdrücklich genannt. Dabei gebraucht Paulus auch hier wieder (wie in 2,5f.19) drei Komposita mit »*syn*-« (»mit-«): **»Die Heiden sind Miterben, mit zum Leibe gehörig und mitteilhaftig an der Verheißung in Christus Jesus durch das Evangelium.«**

Was im Lobpreis 1,3ff bereits angeklungen ist, wird in seiner umfassenden Konsequenz für die Stellung der Heidenchristen eigens ausgeführt: Die »Herrlichkeit seines Erbes bei den Heiligen« (1,18) ist auch ihr Teil, denn sie sind **»Miterben«**. Christi »Hauptschaft« über

156 Schnackenburg: »wie Paulus selbst wohl nie sagen würde« (a. a. O. 134).
157 Vgl. dazu O. Procksch, ThWNT I, 107ff.

seine Gemeinde als seinen Leib (1,22f) kommt auch ihnen zugute, denn sie sind **»mit zum Leibe gehörig«**. Die ihnen als vormals Ferne und Fremde verschlossenen Verheißungen Gottes (2,12) gelten nun auch ihnen, denn sie sind **»mitteilhaftig an der Verheißung«**.

Um die nicht vorhersehbare gnadenhafte Einbeziehung der Heidenchristen sachgemäß ausdrücken zu können, formuliert Paulus offenbar eigens einen Begriff **»mit zum Leib gehörig«** (griech.: *syssomos*). Somit gilt für die christliche Kirche: »Ein Leib und ein Geist« (4,4). Die in Christus erfüllte atl. Verheißung umfaßt auch die Heidenchristen. Gleichzeitig stellt der Heilige Geist das Unterpfand des Erbes (1,13f) im Sinne einer noch weiter reichenden Verheißung dar, die mit dem sichtbaren Erscheinen Christi an seinem Tag seine abschließende Erfüllung finden wird.

Der Raum, in dem diese Aussagen allein, aber hier auch umfassend, Gültigkeit haben, ist **»Jesus Christus«**: In ihm wird alles zusammengefaßt (1,10), in ihm erzeigt Gott den überragenden Reichtum seiner Gnade (2,22).

Das Medium, durch das dieses göttliche Geheimnis kundgetan wurde und nun durch die Verkündiger in alle Welt getragen wird, ist **»das Evangelium«**. Stets neu muß es ausgerichtet werden, da sein Inhalt nicht einfach zur Kenntnis genommen und somit »gewußt« werden kann, sondern gegen alle Anfechtung durch gegenteilige Erfahrungen immer wieder gehört, geglaubt und festgehalten werden will, damit es zum Wachstum (4,15), zum Feststehen (6,14) kommen kann.

Das »Evangelium« liefert Paulus das Stichwort, von dem aus er 7
das Wesen seines Auftrags markiert, wenn er schreibt: Es ist das Evangelium, **»dessen Diener ... ich geworden bin«**.

In 2Kor 6,4 bezeichnet sich Paulus als »Diener Gottes«, in Röm 15,16 und 2Kor 11,23 (indirekt) als »Diener Christi«. Nach 2Kor 3,6 wurde Paulus von Gott fähig gemacht zum »Diener des neuen Bundes«; in 1Kor 3,5 gehört er zu den »Dienern, durch die ihr gläubig wurdet«. Der gleiche Ausdruck wie an unserer Stelle steht in Kol 1,23, und er wird in Kol 2,5 durch die Aussage ergänzt, daß Paulus der Diener der Gemeinde geworden sei.

Diener des Evangeliums ist Paulus **»geworden«** – auch hier eine Passivform, durch die die göttliche Berufung zu diesem Amt unterstrichen wird.

Dreifach hebt der Apostel den Geschenkcharakter dieser besonderen Einsetzung hervor: **»nach der freien Gnade Gottes, die mir ... gegeben wurde«**. **»Gnade«** ist als solche bereits ungeschuldete Zuwendung Gottes an den Menschen. Verstärkt wird dieser Charakter durch den adverbialen Ausdruck **»frei«**/»geschenkweise«. Ähnlich formuliert Paulus in Röm 3,24: »... werden geschenkweise gerecht aus seiner Gnade.« Dementsprechend wird auch die Botschaft von der »freien Gnade Gottes«, das Evangelium, »gratis« verkündigt (2Kor 11,7). Wie in V. 2 wird diese Gnade auch hier ausdrücklich als eine solche bezeichnet, **»die mir ... gegeben wurde«**.

Dies ereignete sich **»nach der Wirkung seiner Macht«**. Von dieser Macht hatte Paulus bereits in 1,19f gesprochen. Dieselbe Macht, durch die Jesus Christus von Gott auferweckt wurde, wurde unter den Glaubenden wirksam: Sie ist die »Macht zur Rettung« (Röm 1,16; 1Kor 1,8). Aus dieser Macht entstammt die Befähigung des Paulus zum Dienst (vgl. 2Kor 4,7).

8 Mit V. 8 setzt der zweite Teil des Einschubs (V. 2-13) ein, in dem Paulus ebenfalls seine Funktion in der Bekanntmachung des göttlichen Geheimnisses beschreibt: **»Mir, dem geringsten von allen Heiligen, wurde diese Gnade gegeben«**. Betont setzt Paulus **»mir«** an den Satzanfang. Allerdings füllt diese hervorgehobene Stellung der **»geringste von allen Heiligen«** aus. Damit knüpft der Apostel an die Aufzählung der Auferstehungszeugen in 1Kor 15 an. Dort nennt sich Paulus den »geringsten unter den Aposteln« (V. 9). Diese Aussage wird hier in doppelter Weise gesteigert: Einmal vergleicht sich Paulus in Eph 3,8 mit »den Heiligen«, d.h. allgemein den Gläubigen (Eph 1,1.15) und bezeichnet sich als deren geringsten. Zum andern benützt er für **»geringster«** – ein Ausdruck, der an sich schon einen Superlativ beinhaltet – die Komparativform *»elachisteros«* (statt *»elachistos«* in 1Kor 15,9).

In 1Tim 1,15 nennt sich Paulus den »ersten der Sünder« und bringt damit dasselbe zum Ausdruck: Derjenige, der seinen erbitterten Widerstand gegen Christus durch die Verfolgung der Gemeinde öffentlich bekanntgemacht hat, wurde von Gottes Gnade erfaßt, auf einen neuen Weg gestellt und zum Diener Christi berufen.

Die Begabung mit der Gnade ist stets mit der Aufgabe zum Zeugnis verbunden; bei Paulus war dies die Berufung in sein Apostelamt (vgl. Röm 1,5): **»um den Heiden den unergründlichen Reichtum Christi zu verkündigen«**.

Mit dem Hinweis auf sein Amt als Apostel »der Heiden« hatte Paulus diesen Abschnitt begonnen (3,1; vgl. die Erläuterung dazu). Die Botschaft, die er auszubreiten hat, ist das Evangelium: **»verkündigen«** ist Übersetzung für *»euangelizesthai«*. In diesem Evangelium ist der **»unergründliche Reichtum Christi«** beschlossen. Er äußert sich im »Reichtum der Gnade« (1,7; 2,7), durch den auch die Heiden in Christi Rettungstat aufgenommen werden. Daraus erwächst der »Reichtum der Herrlichkeit seines Erbes« (1,18) als Inhalt christlicher Hoffnung.

Solcher Reichtum ist **»unergründlich«** und »nicht aufspürbar«. Das Adjektiv kommt im NT nur noch in Röm 11,33 vor, im Lobpreis des

Apostels, mit dem er die Wunderwege göttlicher Weisheit im Umgang mit Israel und den Heiden rühmt. Dabei ist bemerkenswert, daß in diesem doxologischen Abschnitt im Blick auf Vokabular und Satzstruktur Berührungen mit Eph deutlich erkennbar sind: »Oh, die Tiefe des Reichtums und der Weisheit und der Erkenntnis Gottes«; »wie unergründlich sind seine Wege«; »denn von ihm und durch ihn und zu ihm sind alle Dinge. Ihm sei Ehre in Ewigkeit! Amen.« (Röm 11,33ff; vgl. Eph 1,7f.10.17; 3,18.20f)

Den Begriff »euangelizestai« ergänzt Paulus durch **»ans Licht bringen«**. Die enge Verbindung von »Evangelium« und »Licht«/»erleuchten« (*photizein*) wird in 2Kor 4,3-6 sichtbar: Dort ist die Rede vom »Erstrahlen des Evangeliums« (*photismos tou euangeliou*). Durch den »Gott dieses Äons« wird das Evangelium verdeckt; andererseits aber bewirkt die Verkündigung dieser Botschaft das Aufstrahlen Gottes in den Herzen der Glaubenden »zur Erleuchtung (*photismos*) der Erkenntnis der Herrlichkeit Gottes auf dem Angesicht Jesu Christi« (2Kor 4,6). Auffälligerweise finden sich auch in dem Vers, der sehr deutlich den Charakter des Gotteslobs trägt, die Wortfelder »Licht«, »Herrlichkeit«, »Erkenntnis«. 9

Die von Paulus hier angesprochene Erleuchtung, die aus der Verkündigung des unergründlichen Reichtums Christi entspringt, ist auf ein konkretes Ziel ausgerichtet: **»die Durchführung des Geheimnisses«**. Es war **»von Ewigkeiten her ... verborgen«**, »nun« aber ist es offenbar geworden (V. 10). Das Zeitschema »früher« – »jetzt« hatte Paulus ebenfalls im Zusammenhang mit der Enthüllung des Geheimnisses in 3,5 schon angesprochen. Dem entspricht die Beziehung dieses Schemas auf das Leben des einzelnen Glaubenden: früher tot in Sünden (2,1f), ausgeschlossen vom Gemeinwesen Israels (2,12); jetzt lebendig gemacht (2,5), Nahe geworden im Blut Christi (2,13.19).

Von Gottes »Geheimnis« handelt Paulus in 1Kor 2,6ff und nimmt dabei Jes 64,3 auf. Dennoch bezeichnet dieses Geheimnis etwas, was schlechterdings nichts mit menschlichem Denken und Können gemein hat: »kein Auge hat gesehen, kein Ohr gehört, in keines Menschen Herz gekommen«. Das Geheimnis wurde jetzt, in Christus, im Wort vom Kreuz offenbart. Das war von Gott zuvor festgelegt worden (vgl. 1Kor 2,7 und Eph 1,9f). Das Geheimnis hat seinen Inhalt im »Herrn der Herrlichkeit« (1Kor 2,8) und wird denen offenbart, »die Gott lieben« (2,9), »durch seinen Geist« (2,10).

Im Unterschied zu Erwartungen, die sich auf die Enthüllung von Geheimnissen am Ende der Zeiten richten, ist das Christus-Geheimnis in Eph und Kol das *eine* Geheimnis, das Gott *jetzt* offenbar macht. Nicht nur einzelne Erleuchtete, sondern alle Glaubenden gewinnen durch den Heiligen Geist Einsicht in dieses Geschehen. Durch den Dienst des Apostels in der Verkündigung des Evangeliums wird das bisher Verborgene ans Licht gebracht. Dabei spricht Paulus von der **»Durchführung des Geheimnisses«**. Wie schon in 1,10 verwendet der Apostel auch hier den Begriff *»oikonomia«*[158]. Die Parallelität zu dem genannten Abschnitt macht auch erkennbar, daß diese **»Durchführung«** eine zeitliche Komponente hat: »die Fülle der Zeiten«. Damit aber scheidet eine Deutung der »Zeiten« als »Äonen« im Sinne von Mächten aus (vgl. auch 2,7).[159] Da der »Vorsatz« Gottes zu diesem Geheimnis bereits vor der Schöpfung getroffen wurde (vgl. 1,4.9.11), ist die Übersetzung **»von Ewigkeit her verborgen«** sachgemäß.

Das wird ausdrücklich in einer Näherbestimmung thematisiert: **»in Gott, der alles geschaffen hat«.** Als solcher wird Gott in Offb 4,4 gerühmt (vgl. auch Weish 1,14; Sir 18,1). Er ist derjenige, der »das ruft, was nicht ist, daß es sei« (Röm 4,17). Gottes Schöpfermacht hat sich in der Auferweckung Jesu Christi von den Toten erwiesen (»der die Toten lebendig macht«: Röm 4,17).[160] In 1,19f hatte Paulus bereits die unlösbare Verbindung zwischen Gottes Wirken in Jesu Auferwekkung und seiner machtvollen Neuschöpfung an den Glaubenden hervorgehoben. Derselbe Bezug zwischen Schöpfung aus dem Nichts und Schaffung des Glaubens in den Verachteten findet sich in 1Kor 1,28.

»Alles« kann auch, wie in 1,10, mit »das All« übersetzt werden: Gott ist der Schöpfer des Alls; nach dem Geheimnis seines Willens soll das All in Christus zusammengefaßt werden. Wie der Parallelausdruck »was in den Himmeln und auf Erden ist« (1,10) zeigt, handelt es sich dabei um den Kosmos als ganzen, wie er von Gott »am Anfang« ins Dasein gerufen wurde (1Mo 1,1).

Eine interessante Textveränderung nahm Marcion vor, ein gnostischer Häretiker, der die frühe Kirche im Zentrum ihres Glaubens bedrohte[161]: durch Streichung der Präposition »in« kommt er zu der Formulierung: »Das Geheimnis war dem Gott, der alles geschaffen hat, verborgen.« Nach Marcion ist der atl. Gott als Schöpfer der bösen, materiellen Welt der Gegenspieler zum Gott der Liebe, dem Vater Jesu Christi, der uns im NT begegnet. Demgegenüber betont das Bekenntnis der Kirche zum dreieinigen Gott, daß uns in Schöpfung, Erlösung und Vollendung das Werk des einen und selben Gottes begegnet.

158 Im Sinne von »Hausverwalteramt« stand der Ausdruck in 3,2; vgl. die Erläuterung dazu.

159 Gegen Schlier: »... verborgen ist vor den Äonen«: a. a. O. 146.154ff.

160 Vgl. die enge Beziehung zwischen Bekenntnis zu dem Gott, der aus dem Nichts schafft, und Bedrohung durch Tod bzw. Hoffnung auf die Totenauferweckung in der eindrücklichen Erzählung 2Makk 7 (bes. V. 9.14.23.28f).

161 Vgl. Schnackenburg, a. a. O. 140.

Das Ziel der Evangeliumsverkündigung wird durch einen weite- 10
ren Ausdruck angegeben: **»damit ... bekannt würde«**. Auch dieser Begriff findet sich im Umfeld der Erschließung von Gottes Geheimnis in 1,9 (vgl. 3,5).[162] In Röm 9,23 erwähnt Paulus, daß Gott den »Reichtum seiner Herrlichkeit kundtue an den Gefäßen der Barmherzigkeit«.

Hier jedoch sind die Adressaten **»die Herrschaften und Mächte«**. Damit sind Wesen angesprochen, die auch in Eph 1,21 und 6,12 genannt werden (vgl. auch 2,2: »Herrscher der Machtsphäre der Luft«). Auffällig ist dabei, daß der Ort dieser Mächte mit **»in den Himmeln«** angegeben wird (so auch 6,12). Derselbe Ausdruck (allerdings mit dem Zusatz »in Christus«!) dient in 1,3 und 2,6 zur Beschreibung des göttlichen Segens für die Glaubenden: Dieser geistliche Segen ist »in den Himmeln«; dort sind sie auch »miteingesetzt«. Ebenso ist Christus selbst »in den Himmeln« eingesetzt (1,20). An unserer Stelle bleibt offen, wie diese **»Herrschaften und Mächte«** genau zu bestimmen sind: Ist **»in den Himmeln«** auf den über der Erde befindlichen »Luftraum« zu deuten, so wären diese von 2,2 und 6,12 her widergöttliche Gewalten. Soll der »Himmel« auf dem Hintergrund von 1Petr 1,12 verstanden werden, so ließe das auf die Engel schließen, die auf die Entfaltung der Weisheit Gottes durch die Kirche gespannt sind. Eindeutig ist in jedem Fall, daß Christus Herr über alle diese Mächte ist (1,21), auch wenn von solchen Gewalten noch gefährliche Angriffe gegen die Glaubenden ausgehen (6,12ff).

Was hierbei bekanntgemacht wird, ist die **»sehr mannigfaltige Weisheit Gottes«**. Das Instrument dafür ist **»die Kirche«**.

Die »Tiefe der Weisheit« rühmt Paulus nach seiner Darlegung des Verhältnisses zwischen Israel und den Heidenchristen in Röm 11,33. Christus wird als »Gottes Weisheit« in 1Kor 1,21.30, als Ort aller »Schätze der Weisheit« in Kol 2,3 bezeichnet. Den Gegensatz zwischen menschlicher und göttlicher Weisheit, die auf verborgene Weise im »Wort vom Kreuz« offenbart wird, beschreibt der Apostel ausführlich in 1Kor 1,17-2,16 (vgl. auch 2Kor 1,12). Schließlich ist von der Weisheit als Gabe an die Glaubenden die Rede.[f] Demnach handelt es sich an unserer Stelle um die Aussage, daß in der Sendung Christi mit den daraus erwachsenden Folgen für die Kirche aus Juden und

f 1Kor 12,8 Eph 1,8.17 Kol 1,9.28 3,16; 4,5

[162] Zu erwähnen sind hier ebenfalls Röm 16,25f und Kol 1,26f, wo dieselben Begriffe begegnen: »Evangelium«, »Geheimnis offenbart«, »das seit ewigen Zeiten verborgen war«, »nun aber offenbart und kundgemacht«; vgl. 1Petr 1,12.

Heiden die vielfältigen Dimensionen der göttlichen Weisheit zutage treten.[163]

In dem, was Gott an der Kirche als dem Leib Christi wirkt – den Frieden zwischen Schöpfer und Geschöpf, den Frieden zwischen den beiden Gruppen, die Teilhabe der ehemals Fernen an der Herrlichkeit, die Zusammenfassung von Himmel und Erde – und in dem, was Gott durch die Kirche tut, wird seine Weisheit den Herrschaften und Mächten offenbar. Es wird ihnen deutlich, daß diese seine Weisheit nicht mit der Welt vergleichbar ist, daß sie deshalb auch den »Herrschern dieser Welt« (1Kor 2,6) verborgen geblieben war und daß sie jetzt eben auf diese eigenartige, göttliche Weise im Kreuz offenbar geworden ist. Man mag ergänzen: Indem die Kirche innerhalb der Geschichte vielfach verzerrt oder mißachtet in Erscheinung tritt, indem sie »Kreuzgemeinde« bleibt, dauert dieses »nun« noch an. Immer noch wird hier Gottes Weisheit auf verborgene Weise kund und ist doch nichts weniger als wirklich *Gottes* mannigfache Weisheit.

11 Die mit der Präposition **»nach«** angeschlossene Näherbestimmung dieses Vorgangs knüpft an bereits Bekanntes an: **»Nach dem ewigen Vorsatz, den er in Christus Jesus, unserem Herrn, durchgeführt hat.«** In 1,11 ist der Inhalt von Gottes Vorsatz unsere Einsetzung als Erben gewesen; auch dort ist von der Durchführung dieses Vorsatzes die Rede. Hier betont Paulus nochmals, daß die Offenbarung des Geheimnisses auf Gottes **»ewigen Vorsatz«** zurückgeht (vgl. die zeitliche Dimension auch in 1,4: »Vor Grundlegung der Welt«). Damit aber steht dieser Entschluß auch unerschütterlich fest.

Bei Gott sind Vorsatz, Vorherwissen und Tun untrennbar miteinander verbunden. Darum hat er seinen Willen in Jesus Christus auch **»durchgeführt«** (vgl. 1,9, wo vom »Beschluß« – gleicher Begriff wie

[163] Angesichts des seltenen Adjektivs »sehr mannigfaltig« in Verbindung mit »Weisheit« hat Schlier eine Theorie über den Hintergrund der beiden Worte entwickelt und kommt zu dem Ergebnis: »Eine jüdisch-gnostische Interpretation hellenistischer Isis-Aiontheologie wird es vermutlich gewesen sein, die dem Apostel Eph 3,8ff nicht nur die Bezeichnung ›polypoíkilos‹ an die Hand gab, sondern auch die Anschauungsform vermittelte, in der er vom Wesen und Geschick der wandelbaren und doch einen Weisheit Gottes sachgemäß reden konnte.« Diese »Wandlungen« sieht Schlier in folgenden Formen: »als vorbestimmte Weisheit, als Schöpfungsweisheit, in Christus, der Weisheit, und schließlich in der Kirche als der Weisheit, *multiformi specie*, und doch die eine in Christus« (a.a.O. 165). In Abwendung von derartigen Herleitungsversuchen aus dem Bereich der Gnosis (insbesondere mangels eines entsprechenden gnostischen Mythos' aus dem 1. Jh.), haben Exegeten in neuerer Zeit auf den Zusammenhang von Weisheitstradition und Gesetzesverständnis im Spätjudentum aufmerksam gemacht (vgl. H. Gese, »Das Gesetz«, in: Ders., Zur biblischen Theologie, Tübingen ^{2}1983, 55-84, hier: 73). Somit werden im NT Aussagen aus atl.-jüd. Weisheitslehre zur Deutung des Christusgeschehens herangezogen. Die Interpretation von Eph 3,10 faßt Schnackenburg in dem schlichten Satz zusammen: »Für ihn (sc. den Eph-Autor) gibt es nur einen einzigen, einst verborgenen und jetzt in der Kirche und durch die Kirche aufgedeckten Weisheitsplan Gottes« (a.a.O. 142).

in 3,11 – die Rede ist, den er in Jesus Christus zusammengefaßt hat). Das in der Sendung Jesu Christi bestehende Heil wurde in ihm auch so zur Ausführung gebracht.

Daß dies alles kein kosmisches Ereignis meint, an dem die Gemeinde der Glaubenden unbeteiligt bleiben könnte, verdeutlicht die Apposition **»unserem Herrn«** zu Jesus Christus. Gottes ewiger Wille vollzieht sich in dem, was sich in der Kirche Jesu Christi ereignet und woran die Briefempfänger als Glieder am Leib Christi vollen Anteil haben. Durch das Bekenntnis zu Jesus als dem Herrn gehören sie, eben auch als Heidenchristen, zu den Empfängern der in Christus erworbenen Versöhnung.

Was der Glaube an Jesus Christus für die Glaubenden einschließt, 12
bringt der nun folgende Relativsatz zum Ausdruck: **»in dem wir die Freiheit und den Zugang in Zuversicht durch den Glauben an ihn haben«.**

Es ist von großer Bedeutung, die Realität des in Jesus Christus eröffneten Heils zu beachten: **»wir haben«**. Diese Betonung dessen, was sich in Jesus Christus tatsächlich ereignet und welche Konsequenzen dies für die Glaubenden hat, zieht sich durch das gesamte NT. Es gilt für die grundlegende »Paradosis« (Überlieferung) der Urgemeinde (1Kor 15,3b-5: »Christus *ist* gestorben, begraben, auferstanden, gesehen worden«), für das Bekenntnis der Augenzeugen (1Joh 1,1ff: »Was von Anfang an *war*, was wir *gehört*, *gesehen*, *betrachtet*, *getastet* haben«), für den Zuspruch der Sündenvergebung (Mk 2,5: »Deine Sünden *sind* dir vergeben«; Lk 22,19f: »Das ist mein Leib, der für euch gegeben wird.«), für die Wirklichkeit dessen, was in Jesus Christus der Gemeinde zuteil wird (Röm 5,1: »Wir *haben* Frieden mit Gott«; 1Kor 12,27: »Ihr *seid* der Leib Christi« etc.). Der Glaube bezieht sich nicht auf Gedanken oder Vorstellungen, sondern auf von Gott gesetzte Wirlichkeit. Insofern ist er nicht nur unanschauliches »punctum mathematicum«, bloßer Akt, sondern kann sagen: **»wir haben«.**

In Ergänzung zu 2,18 kennt Paulus neben dem **»Zugang«** (zum Vater) auch die **»Freiheit«** (griech.: *parrēsia*). Diese bezeichnet ursprünglich das Recht des Vollbürgers einer griech. Stadt (*polis*), in der »Versammlung« (*ekklēsia*) alles öffentlich zu sagen. Dadurch werden die Dinge so besprochen, wie sie in Wirklichkeit sind; es handelt sich hierbei also um eine »Offenheit in der Wahrheit«. Schließlich schwingt noch die Bedeutung »Mut zur Offenheit«, »Freimut« mit. Innerhalb von AT und NT wird *»parrēsia«* dann auch gebraucht, um die Freiheit (z. B. des Beters) gegenüber Gott auszudrücken.[164] [g]

[g] Hiob 27,9f 22,23ff 2Kor 3,12 1Joh 3,21 5,14f

[164] Vgl. Schlier, ThWNT V, 869-884.

Demnach schenkt Jesus Christus das, was einen »Vollbürger der himmlischen Polis« (vgl. 2,9; Phil 3,20) auszeichnet: den ungehinderten Zugang, die uneingeschränkte Freiheit zum Reden mit Gott.

Daher wird der **»Zugang«** näher bestimmt durch **»in Zuversicht«**. Aus dieser Beziehung der Offenheit erwächst **»Zuversicht«**, **»Vertrauen«** beim einzelnen Glaubenden. Paulus gebraucht diesen Begriff mehrfach im 2. Korintherbrief, wenn auch mit unterschiedlichen Bedeutungsnuancen.[h]

[h] 2Kor 1,15 3,4; 8,22 10,2 Phil 3,4

Der Vers schließt mit einer erneuten Erinnerung an die Weise, durch die der Zugang zu Gott wahrgenommen wird: **»durch den Glauben an ihn«** (= Jesus Christus) (vgl. ebs. 2,18). Weil nur in Jesus Christus den Nahen wie den Fernen die Gemeinschaft, der Friede mit Gott eröffnet wurde, darum kann dieser Zugang zu Gott nur im Glauben ergriffen werden. Daß dadurch dann allerdings tatsächlich der Zutritt gewährt und empfangen wird, wird wiederum durch **»wir haben«** deutlich.

13 Mit diesem Vers lenkt Paulus zu V. 1 zurück, indem er an seine Gefangenschaft »für euch Heiden« anknüpft: **»Deshalb bitte ich, daß ihr angesichts meiner Bedrängnisse für euch nicht verzagt«**. Der Grund für diese Bitte liegt in dem eben Ausgeführten: Im Vergleich zu der im Glauben vermittelten Freiheit und Nähe zu Gott, dem Vater, dessen Weisheit und Güte unergründlich sind, sind »die Leiden dieser Zeit« leicht (Röm 8,18; 2Kor 4,17). Die Empfänger sollen von der göttlichen Barmherzigkeit getragen und durch den Heiligen Geist stets neu gestärkt werden (vgl. 2Kor 4,1.16). **»Nicht verzagen«** sollen sie auch angesichts der Tatsache, daß der Verkündiger dieser überwältigenden Weisheit Gottes, Paulus, verfolgt wird und im Gefängnis sitzt. Denn es gehört eben zu der Eigenart dieser Weisheit, daß ihr widerstanden und sie nicht allgemein anerkannt und angenommen wird.

Weil Paulus Apostel der Heiden ist, darum widerfährt ihm **»Bedrängnis«** (wie er sie ausführlich in 2Kor 6,4ff; 11,23ff beschreibt). Daher aber handelt es sich dabei um **»Bedrängnisse für euch«**. In Kol 1,24 legt er dar, wie solche Leiden von ihrem eigentlichen Wesen her zu verstehen sind: Ich »erstatte an meinem Fleisch, was an den Leiden Christi noch fehlt, für seinen Leib, das ist die Gemeinde«. Natürlich soll damit nicht gesagt werden, daß der Apostel durch sein Schicksal die Versöhnung durch Jesus Christus »vervollständigt«. Allerdings hat er als Apostel, wie auch die Glaubenden als Glieder am Leib Christi insgesamt, teil an dem Widerstand, der dem Evangelium (Eph 3,6) und seinen Boten entgegengebracht wird. »Mit zum Leibe zu gehören« (Eph 3,6) schließt auch das »Mit-Leiden« ein, das dann auch zum »Mit-verherrlicht-Werden« führt (Röm 8,17; vgl. 2Kor 1,7). Dabei nimmt Paulus als Apostel auch hinsichtlich solchen Leidens eine herausgehobene Stellung ein. Wie er seine Gemeinden gezeugt (1Kor 4,15) und geboren (Gal 4,9) hat, so ist seine ganze Existenz auf sie ausgerichtet (vgl. 2Kor 11,2; 13,9), ist sie Freude bzw. Leiden **»für euch«** (1Kor 4,9-13; Phil 2,17).

Von den Verfolgungen des Apostels gilt, daß sie **»euch eine Ehre sind«**. Wie die Teilhabe an den Leiden Christi in Paulus selbst die Hoffnung auf die Auferstehung festigt (Phil 3,10f; Röm 8,17), so werden auch die von ihm gegründeten Gemeinden dadurch ausgezeichnet. Sie bestärken die Glaubenden auf dem Weg zur Erlangung des Erbes. Daher setzen einige Ausleger für **»Ehre«** den Begriff »Herrlichkeit« ein und bringen ihn mit Eph 1,18 in Verbindung.

Diese Linie läßt sich ausziehen bis hin zu 2Tim 2,10ff, wo der Apostel im Rückblick auf sein Amt sagt: »Darum dulde ich alles um der Auserwählten willen, damit auch sie die Rettung erlangen in Christus Jesus mit ewiger Herrlichkeit. (...) Sterben wir mit, so werden wir mit leben. Dulden wir, so werden wir mit herrschen; verleugnen wir, so wird er uns auch verleugnen; sind wir untreu, so bleibt er doch treu, denn er kann sich selbst nicht verleugnen.«

6. Bitte um Verwurzelung in der Liebe Christi: 3,14-19

14 **Darum beuge ich meine Knie vor dem Vater,**
15 **von dem jedes Geschlecht im Himmel und auf Erden den Namen empfängt:**
16 **Er gebe euch nach dem Reichtum seiner Herrlichkeit, an Kraft zu erstarken durch seinen Geist an dem inneren Menschen,**
17 **daß Christus durch den Glauben in euren Herzen wohne, und ihr in der Liebe eingewurzelt und gegründet seid,**
18 **damit ihr imstande seid, mit allen Heiligen zu begreifen, was die Breite, Länge, Höhe und Tiefe ist,**
19 **und zu erkennen die Liebe Christi, die alle Erkenntnis übertrifft, damit ihr erfüllt werdet zur ganzen Fülle Gottes.**

Mit **»darum«** wiederholt Paulus die in 3,1 bereits eingeleitete Fol- 14
gerung aus dem zuvor Ausgeführten, inzwischen ergänzt durch die Einfügung über das Apostelamt in 3,2-13. Nun aber schließt sich keine weitere Darlegung, sondern ein Gebet an, wobei die Fürbitte (14-19) in den Lobpreis Gottes übergeht (20-21). Daher ist dieser Abschnitt mit 1,5ff zu vergleichen (s. die Erläuterung zu den jeweiligen Versen unten).

Das Gebet wird mit einer Beschreibung der speziellen Gebetsgeste eingeleitet: **»ich beuge meine Knie«**. Derselbe Ausdruck wird von Paulus noch dreimal gebraucht, allerdings jeweils in einem Zitat aus dem AT: Röm 11,4; 14,11; Phil 2,10. Dabei ist stets die Unterwerfung unter Gott und Christus gemeint (bzw. die Nicht-Unterwerfung unter Baal). Paulus bringt damit Gott die ihm gebührende Verehrung und Anbetung dar; zugleich aber wendet er sich ihm mit seiner flehentlichen Bitte zu. Möglich ist dies deshalb, weil der majestätische Gott in Christus zugleich der **»Vater«** ist, zu dem die Freiheit des Zugangs eröffnet wurde (2,18; 3,12). Durch den Heiligen Geist, der der Geist der Kindschaft ist (Röm 8,15), darf der Bittende rufen: »Abba, Vater« (ebd.). Die Dringlichkeit des Bittens wird durch das Beugen der Knie unterstrichen (vgl. ähnlich: »auf die Knie fallen«: Apg 7,60; 9,40; 20,36; 21,5; auch Mk 15,9; »niederknien«: Mk 1,40; 10,17; Mt 17,14; auch 27,29).

15 Mit einem Wortspiel knüpft V. 15 daran an: **»... vor dem Vater** (griech.: *pater*), **von dem jedes Geschlecht** (griech.: *patria*) **im Himmel und auf Erden den Namen empfängt«**. Indem Gott allem einen Namen verleiht, ist er derjenige, der ihm sein Wesen, seine Stellung und seinen Ort gibt (vgl. Jes 40,26; Ps 147,4). »Der ›Name‹ bedeutet Einfluß und Macht ... und die auf Gott zurückgehende ... Verleihung eines Namens heißt, daß alle Geschlechter von Gott ins Leben gerufen und mit Kraft ausgestattet wurden.«[165] Wie in 3,9 wird damit auch hier Gott als der Schöpfer gelobt, der in jedem Augenblick seine gesamte Schöpfung erhält (**»empfängt«** steht in der Zeitform des Präsens).

»Jedes Geschlecht im Himmel und auf Erden« könnte auch die widergöttlichen Mächte (vgl. 1,21; 2,10; 6,12) umschließen und damit Gottes souveräne Machtstellung über Himmel und Erde unterstreichen. Angesichts der in der rabbinischen Literatur belegten Verbindung zwischen Engelwelt als »oberer Familie« und Israel als »unterer Familie« könnte man diese Deutung auch hier heranziehen und darunter den Bereich der Engel neben dem der Menschengeschlechter verstehen.[166]

Paulus richtet seine Bitte, anbetend und zuversichtlich zugleich, an den Vater und machtvollen Herrn des Kosmos, dem er daher auch ein wirkmächtiges Eingreifen zutraut.

16 Zentraler Inhalt der Bitte ist: **»Er gebe euch ... an Kraft zu erstarken ... an dem inneren Menschen.«** Erläuternd wird diese Bitte in V. 17 fortgesetzt: »Christus wohne durch den Glauben in euren Herzen, und ihr eingewurzelt und gegründet seid in der Liebe.«

[165] Schnackenburg, a. a. O. 149.
[166] Vgl. Billerbeck I, 744; III, 594.

Gott ist der Ursprung aller guten und vollkommenen Gaben (Jak 1,17). Insbesondere kommt von ihm die Gabe der Gnade und der Gerechtigkeit in Jesus Christus (Röm 5,15.17; Eph 3,7). Gott ist derjenige, der seine Gaben gibt, wie er will (1Kor 12,7-11). Weil dem so ist, kann Paulus Gott darum bitten, daß **»er gebe«**. Denn Gott ist derjenige, der **»nach dem Reichtum seiner Herrlichkeit«** auszuteilen vermag. Vom »(überragenden) Reichtum seiner Gnade« war bereits in 1,7 und 2,7 die Rede, vom »Reichtum der Herrlichkeit seines Erbes« sprach der Apostel in 1,18 (vgl. auch Röm 9,2-3; Kol 1,27; Phil 4,9).

Paulus bittet Gott für die Briefempfänger, **»an Kraft zu erstarken«**. In Form eines Aufrufs sagt er dasselbe in 6,10 aus; dabei benutzt er die gleichen Worte in umgekehrter Funktion: »Seid stark ... in der Kraft seiner Macht!« Beide Male stehen die Verben in der Passivform: Die Glaubenden sollen sich stärken lassen. Wie zu 1,19f bereits ausgeführt, wurde Gottes Macht insbesondere in der Auferstehung offenbar. Diese selbe Macht hat dann auch aus solchen, die »tot in Sünden« waren, »Mit-Lebende« mit Christus geschaffen (2,5). Sie bewahrt »durch den Glauben zur Rettung«.[a]

[a] Röm 5,9 Phil 4,7 1Thess 5,23 2Thess 3,9 1Petr 1,5

Dabei wirkt Gott **»durch seinen Geist an dem inneren Menschen«**. Vom **»inneren Menschen«** spricht Paulus in Röm 7,22 und 2Kor 4,16 in zweifacher Richtung: In 2Kor 4,16 steht dem inneren der »äußere Mensch« gegenüber, der aufgrund der »zeitlichen Trübsal« (4,17) mehr und mehr verfällt (vgl. den Bezug zu Eph 3,13!). Beim »inneren Menschen« handelt es sich um den von neuem geborenen Menschen (Joh 3,3; Tit 3,5; 1Petr 1,23), der inmitten einer vom Tode geprägten Existenz (2Kor 4,11; 5,4) bereits von der Realität des ewigen, unvergänglichen Lebens gekennzeichnet ist (2Kor 4,11).

In Röm 7,22f wird der Gegensatz zum »inneren Menschen« im Bereich der »Glieder« ausgemacht, in denen das »Gesetz der Sünde« einen Anhaltspunkt findet. In Eph 2,3 hatte Paulus in diesem Zusammenhang vom »Fleisch« gesprochen (vgl. auch Röm 7,14.18.25). Auch wenn der Glaubende durch die Taufe mit Christus gestorben ist und damit sein »Fleisch gekreuzigt« hat (Gal 5,24; vgl. Gal 6,14), so bleibt er doch zeit seines Lebens durch die Sünde angefochten. Aus diesem Grund ist es erforderlich, daß der »innere«, der geistliche Mensch (vgl. den Gegensatz »geistlich« – »fleischlich« in Röm 8,9), wächst und gestärkt wird.

Dies geschieht **»durch seinen Geist«**. Er ist es, durch den die Taten des Fleisches getötet werden (Röm 8,3) und der der Schwachheit der Glaubenden aufhilft (Röm 8,29). Er macht die Hoffnung reicher (Röm 15,13); er ist der Geist »der Kraft und der Liebe und der Besonnenheit« (2Tim 1,7).

Daß das Handeln des dreieinigen Gottes am Menschen stets eines 17
ist, wird in diesem Vers indirekt vermittelt: Der Vater wird um seine

Kraft gebeten, die durch seinen Geist am Menschen wirkt; dies aber kann auch ausgedrückt werden mit den Worten: **»daß Christus durch den Glauben in euren Herzen wohne«**. Es ist das Werk von Vater, Sohn und Heiligem Geist an den Glaubenden, das Paulus hier erbittet.

Mehrfach war in den ersten Kapiteln des Eph davon die Rede, daß die Adressaten »in Christus«, »in ihm«, d.h. in dem durch ihn eröffneten und bestimmten Raum leben.[b] Ingesamt bildet die Formulierung »in Christus« eine knappe Beschreibung der Existenz des Christen (Röm 6,11 u.ö.).

[b] Eph 1,3f.7 1,11.13 2,6f.10.13 2,16.18.22 3,6

Umgekehrt spricht der Apostel hier vom **»Wohnen«** Christi in den Glaubenden. In 2Kor 6,16 weist Paulus im Zusammenhang mit der Abwehr des Götzendienstes darauf hin, daß die Christen der Tempel des lebendigen Gottes sind (vgl. 1Kor 6,19). Dafür wird als Schriftbeweis 3Mo 16,11f und Hes 37,27 herangezogen, wo vom Wohnen Gottes unter seinem Volk die Rede ist. In Joh 14,23 sagt Jesus zu, daß der Vater und er bei denen Wohnung machen werden, die ihn lieben und seine Gebote halten (vgl. Offb 3,20; 21,3; auch Sach 2,14). Parallel dazu spricht Paulus in Röm 8,9.11 und 1Kor 3,16 vom Wohnen des Heiligen Geistes in den Christen bzw. der Gemeinde.

Die Innewohnung Christi in den Gemeindegliedern ist keine mystische Verbindung, sondern geschieht **»durch den Glauben«**. Damit bleibt bei aller Nähe die Herrschaft Christi gewahrt, bleibt der Mensch, auch der durch Christus versöhnte und neugeschaffene Mensch, als ein Geschöpf dem (Neu-)Schöpfer gegenüber.

Der Einwohnung Christi entspricht die Einwurzelung in der Liebe. Erneut wird dadurch die unauflösliche Verbindung zwischen Glaube und Liebe hervorgehoben. Niemals kann die Glaubensverbindung zu Christus auf eine intellektuelle Ebene reduziert werden. Andererseits ist christliche Liebe nie unbestimmt, da sie nicht vom Glauben an Christus getrennt werden kann (vgl. Röm 5,1-5) und stets das Bekenntnis des Glaubens zu Christus bei sich hat.

Die beiden Begriffe **»einwurzeln«** und **»gründen«** (vgl. Kol 2,7) nehmen die Bilder vom Wachstum und vom Bau wieder auf (vgl. Eph 2,20f). Zunächst handelt es sich bei der **»Liebe«** um die Gabe Gottes an die Glaubenden; von ihr soll ihr Leben stets fester geprägt und gestaltet werden. Dann aber ist diese Liebe stets nach außen gerichtet, als Liebe zu Gott und zum Nächsten. Im Bereich dieser gottgegebenen Liebe soll sich christliche Existenz vollziehen.

18 Ziel vermehrten Glaubens und vertiefter Liebe ist es, **»imstande zu sein, mit allen Heiligen zu begreifen, was die Breite, Länge, Höhe und Tiefe ist«**.

Aus der Anordnung der Verse 16-19 wird klar, daß dieses **»Begreifen«** keine einseitig rationale Bemühung sein kann, sondern das zuvor Gesagte vielmehr umgreift. Der Ausdruck »begreifen« (griech.: *katalambanein*) stellt eine Intensivierung der Grundform »annehmen« (griech.: *lambanein*) dar und meint daher »vollständig ergreifen«, »endgültig habhaft werden«. In diesem Sinne benutzt ihn Paulus in Röm 9,30: die Heiden sind der Glaubensgerechtigkeit habhaft geworden – ohne sie gesucht zu haben! Ähnliches gilt für Phil 3,12f: Die Gemeinschaft mit Christus muß stets neu ergriffen, bejaht und bewährt werden. Somit könnten wir den Ausdruck an unserer Stelle mit »sich innerlich zutiefst aneignen« wiedergeben.[167]

»Mit allen Heiligen« zusammen sollen die Adressaten begreifen. Damit ordnet sie Paulus als Heidenchristen wie bereits in 2,19 und 3,8 (vgl. 1,15 und 6,18) allen anderen zu, die an Jesus Christus glauben und Glieder am Leib Christi sind. Sie sind daher in ihrem Verstehen in keiner Weise zurückgesetzt.

Was aber sollen die Angesprochenen **»begreifen«**? Es ist lediglich die Rede von der **»Breite, Länge, Höhe und Tiefe«**, ohne den Inhalt des so bezeichneten Raumes zu erwähnen. Vergleichbar ist 1Kor 2,9, wo Paulus das Prophetenwort aus Jes 64,3 zitiert: »Was kein Auge gesehen hat und kein Ohr gehört hat und in keines Menschen Herz gekommen ist, was Gott bereitet hat denen, die ihn lieben.« Beide Stellen stehen »im Zusammenhang mit dem von den Äonen verborgenen, jetzt enthüllten Geheimnis«.[168]

Der Hintergrund für diese Redeweise ist im AT zu suchen. Dort begegnet in Hiob 11,8f eine Beschreibung der Weisheit Gottes: Sie ist »höher als der Himmel ... tiefer als die Hölle ..., länger als die Erde und breiter als das Meer«. Ähnlich heißt es ebenfalls von Gottes Weisheit im Eingang des Sirachbuches: »Die Höhe des Himmels, die Breite der Erde und die Tiefe des Meeres, wer kann sie messen? Vor allen Dingen ist die Weisheit erschaffen, und die verständige Einsicht ist ewig« (Sir 1,3f).[169]

Deutet man diese Ausdrucksweise im Zusammenhang des Eph, so wird man darin den Bezug auf die unergründliche Weisheit Gottes in der Offenbarung des Geheimnisses Christi herstellen; in ihrer Mannigfaltigkeit (3,10) ist sie von überwältigender Fülle. »Begreifen« kann dies kein Mensch. Wohl aber wird durch den Glauben das Geheimnis zugänglich, indem der Mensch Anteil am Heilswerk Christi gewinnt, ja indem er hineingenommen wird in den Leib Christi und in die Fülle Gottes.

167 G. Delling, ThWNT IV, 10.
168 Schnackenburg, a.a.O. 153.
169 Eine Zusammenstellung weiterer Herleitungsversuche findet sich bei Schnackenburg, a.a.O. 153f.

19 Von dieser »**Fülle Gottes**« ist im Abschluß des Fürbitteteils die Rede. Zunächst aber wird jetzt das Objekt des Erkennens angegeben: **»und zu erkennen die Liebe Christi, die alle Erkenntnis übertrifft«.**

Was zuvor als Aufgabe des »Begreifens« dargestellt wurde (Breite, Länge, Höhe, Tiefe), wird jetzt als für menschliche Erkenntnis unbegreiflich bezeichnet. Zweimal hatte Paulus im Eph bereits von Gottes überragenden Qualitäten gesprochen: von seiner überragenden Kraft (1,9; vgl. 2Kor 4,7) und seinem überragenden Gnadenreichtum (2,9). Von dieser ist auch in 2Kor 9,14 die Rede; von seiner überragenden Herrlichkeit in 3,10 (vgl. 4,17). In ähnlichen Formulierungen verweist Paulus auf den unergründlichen Reichtum Christi (Eph 3,8), in dem alle Schätze der Weisheit und der Erkenntnis verborgen liegen (Kol 2,3).

Wenn der Apostel hier von der alle Erkenntnis übersteigenden Fülle der göttlichen Liebe spricht, so knüpft er an Aussagen etwa aus Röm 8,31-39 an (vgl. Joh 3,16; 1Joh 3,1): Die Tatsache, daß Gott seinen einzigen Sohn für die *Sünder* (vgl. Röm 5,8) dahingegeben hat, ist unumstößlicher Erweis seiner Liebe. Aus diesem Grund kann es nichts an Widrigem geben, was von dieser Liebe Gottes trennen könnte. Ausdrücklich sind dabei in Röm 8,38 auch die »Mächte und Gewalten«, die »Engel«, »irgendeine Kreatur« angesprochen, die auch im Eph begegnen. Es ist eine Sache, von dieser Liebe in der Verkündigung des Evangeliums zu hören, ihr Glauben zu schenken, aus und in dieser Liebe zu leben. Etwas anderes ist es – und das überragt menschliches Vermögen bei weitem –, diese Liebe verstehen und ergründen zu wollen. Deshalb kann die Erkenntnis der in Christus offenbar gewordenen Liebe Gottes dennoch Gegenstand der apostolischen Fürbitte sein. Wenn Gottes Liebe auch nur höchst fragmentarisch von uns Menschen begriffen werden kann, so wird dadurch doch das Leben des Glaubenden beständig von dieser Liebe geprägt und erfüllt.

Das ist das Anliegen der etwas merkwürdigen Formulierung: **»damit ihr in die ganze Fülle Gottes (hinein) erfüllt werdet«.**

Manche Ausleger[170] deuten die »Fülle« (griech.: *plērōma*) von 1,23 her auf den Leib Christi, die Kirche. Dies ist deshalb nicht haltbar, weil hier ausdrücklich vom »Pleroma Gottes« gesprochen wird, während dort von der »Fülle Christi« die Rede ist. Hier geht es um das heilbringende Handeln des Vaters, das sich in seiner überfließenden Fülle in der »Liebe Christi« erweist; in diese Fülle sollen die Briefempfänger mehr und mehr hineinwachsen.

170 Vgl. Schnackenburg, a.a.O. 155, Anm. 371.

Dies geschieht durch Gott. Er ist es, der das »Erfüllen« bewirkt. Da die **»Fülle Gottes«** in Christus wohnt (Kol 1,19; 2,9), handelt es sich darum, »auf dieses Haupt hin zu wachsen« (Eph 4,15), »in das Bild Christi hineingestaltet zu werden«, »seinem Herrlichkeitsleib gleichförmig zu werden« (Phil 3,21; Röm 8,29).

Dies ist es, was Paulus für die Glieder der Gemeinden von Gott erbittet. Sein Werk ist das fundamentale. Aus seiner Gnade, Macht und Liebe heraus schafft er neue Menschen, die Glieder am Leib Christi sind. Erst aufgrund dessen, was Gott tut, des »Indikativs«, kann dann auch in Kap. 4ff an die Konsequenzen, an den Gehorsam des Glaubens, an den »Imperativ«, erinnert werden. Bevor Paulus dazu übergeht, schließt er sein Fürbittegebet mit einem Lobpreis ab.

7. Abschließender Lobpreis: 3,20-21

20 Dem aber, der über all das, was wir erbitten oder uns ausdenken, weit hinaus zu tun vermag nach der Kraft, die in uns wirksam ist,

21 dem sei die Herrlichkeit in der Gemeinde und in Christus Jesus in alle Geschlechter von Ewigkeit zu Ewigkeit. Amen.

Ein Lobpreis Gottes (»Doxologie«) ist eine kurze Proklamation der Größe Gottes und war im Judentum und Christentum geläufig. Er umfaßt drei Elemente: 20

a) Gott bzw. Christus, dem das Lob gilt (in der Regel im Kasus des Dativ);

b) das Wort, mit dem der Betreffende gepriesen wird; normalerweise ist dies »doxa«, »Herrlichkeit/Macht/Ehre«;

c) die »Ewigkeitsformel«, in der die fortdauernde Gültigkeit des Lobs ausgedrückt wird. Gewöhnlich bestätigt die Gemeinde das Lob mit ihrem »Amen«. Derartige Lobverse finden sich in den Briefen z.T. inmitten von längeren Darlegungen, z. T. auch als Abschluß eines Briefteils bzw. ganz am Ende des Briefes vor dem abschließenden Gruß.[a]

Mit Röm 11,33ff hat unser Abschnitt gemeinsam, daß er als Abschluß des stärker lehrhaften Teils vor dem Teil mit konkreten Anweisungen steht und aus dem zuvor Dargelegten erwächst.

Paulus lobt den Gott, **»der über all das, was wir erbitten oder uns ausdenken, weit hinaus zu tun vermag«.**

Vom »Begreifen« und »Erkennen« (des Geheimnisses Gottes bzw. der Liebe Christi) war in V. 18f die Rede gewesen. »Bitte« war der Charakter des vorangehenden Abschnitts 3,14-17. Gottes Gedanken reichen weit über unser menschliches Erfassen hinaus (Jes 40,13; 55,8f;

[a] Röm 1,25; 9,5; 11,36; Gal 1,5; Phil 4,20; 1Tim 1,17; 6,16; 2Tim 4,18; Hebr 13,21; 1Petr 4,11; 5,11

Röm 11,33ff; Phil 4,7). Dabei sind seine Gedanken auch stets mit deren Ausführung verbunden (vgl. die Fortsetzung von Jes 55,8f in V. 9-10): Er ist derjenige, der **»zú tun vermag«**.

Um den Unterschied zwischen menschlichem Bitten und Denken einerseits und dem göttlichen Wirken andererseits in Worte zu fassen, bedient sich Paulus einer doppelten Steigerung. Einmal sagt er: Gott ist in der Lage, *über alles, was wir bitten und verstehen* zu handeln, zum andern fügt er zusätzlich ein Adverb ein, das wörtlich »ganz über alle Maßen«, »schlechtweg hinaus über« meint und die »denkbar höchste Steigerungsform«[171] ausdrückt.

Daß Gott tatsächlich in dieser überragenden Weise zu handeln vermag, ist in der christlichen Gemeinde bereits manifest geworden. Der Reichtum und die Größe seiner in Jesu Auferweckung erwiesenen Macht hat sich in den Glaubenden wirksam gezeigt (1,19f). Entsprechend dieser Macht kann und wird er auch in Zukunft die Glaubenden stärken und in seiner Liebe verankern (vgl. 3,16f).

21 Diesem Gott die Doxa! Der Ausruf kann als Aussage: »ihm gehört die Herrlichkeit« oder als Aufruf zur Ehrerweisung: »ihm möge die Herrlichkeit zukommen« verstanden werden. Das geschieht, indem Gott **»in der Gemeinde und in Jesus Christus«** über seinem Handeln geehrt wird. Denn in dem, was Gott tut, erweist er sich als der Beständige und Treue, als der Heilige und Gnädige, als der Machtvolle und Weise. Das Gewicht seiner Wirklichkeit prägt der Gemeinde seinen Stempel auf. Im Angesicht Jesu Christi, des Gekreuzigten, strahlt das Licht von Gottes Herrlichkeit auf (2Kor 4,6), der seinerseits der Vater der Herrlichkeit ist (Eph 1,17). In ihrer ganzen Existenz, im Glauben, Lieben, Hoffen, in Lob und Bitte besteht Aufgabe und Ziel der Gemeinde darin, Ausdruck des Lobs der Herrlichkeit Gottes zu sein (vgl. 1,6.12.14; 1Kor 6,20). In gleicher Weise steht Leben, Sterben und Erhöhung Jesu in der Perspektive des Johannesevangeliums durchgängig unter dem Oberbegriff der Verherrlichung Gottes (vgl. Joh 13,31; 17,1.4).

Die Herrlichkeit gebührt Gott **»in alle Geschlechter von Ewigkeit zu Ewigkeit«**. Gemeint sind damit die zukünftigen Generationen (vgl. 3,5), die insgesamt noch kommen werden. Eine ähnliche Ausdrucksweise begegnet in Ex 40,5 (wörtl. nach LXX): »in Ewigkeit in ihren Geschlechtern«; Tob 1,4: »in alle Geschlechter der Ewigkeit«; Ps 106,31: »von Geschlecht zu Geschlecht bis in Ewigkeit«; Dan 6,27: »für das Geschlecht der Geschlechter bis in Ewigkeit«.[172] Der Blick in

[171] W. Bauer (Hg. K. Aland, B. Aland), Griechisch-deutsches Wörterbuch, Berlin u. a. ^{6}1988, 1675.
[172] Vgl. Schlier, a. a. O. 177.

diese Zukunft, in der das bereits jetzt anvertraute Erbe auch umfassend angetreten wird, hatte sich bereits in 1,21 und 2,7 eröffnet.

Das **»Amen«** deutet auf das Verlesen des Briefes in den Gottesdiensten der jeweiligen Gemeinden und zeigt an, daß die Hörer an dieser Stelle das Gehörte mit ihrem Zuruf »So sei es!« bestätigen.

Zusammenfassung: Kap. 3

Um das Geheimnis Christi bekanntzumachen, wurde Paulus von Gott mit einem besonderen Auftrag betraut: Er sollte verkündigen, daß die Glaubenden aus den Heiden volle Gemeinschaft am Leib Christi haben. Aufgrund seines früheren Lebens wird an der Person des Paulus besonders deutlich, was die Gnade Gottes an Menschen zu bewirken vermag: Er betraut Unwürdige mit seinen Gaben und Aufgaben. Die Kundgabe des bisher verborgenen Geheimnisses vollzieht sich nicht nur unter Menschen, sondern auch gegenüber den kosmischen Mächten. Wer in solcher Gewißheit lebt, braucht trotz Anfechtung und Verfolgung nicht mutlos zu werden.

Paulus schließt den ersten Hauptteil des Briefes mit einer Bitte für die Leser ab, die in einen Lobpreis ausklingt: Der himmlische Vater, der seinen Kindern gerne gute Gaben austeilt, möge die Glaubensverbindung der Christen mit Christus vertiefen und sie so zunehmend in der Gottesliebe verwurzeln. Indem sie durch die Beschäftigung mit dem Evangelium den Reichtum dieser Liebe mehr und mehr erkennen, werden sie zunehmend beschenkt mit Gottes Fülle.

III. DIE DER BERUFUNG ENTSPRECHENDE LEBENSWEISE DER GLAUBENDEN: 4,1-6,20

Die Kapitel 4-6 des Eph werden durch den programmatischen Begriff *»parakalein«* eingeleitet. Er birgt Ermutigung und Ermahnung in sich. Dadurch werden auf der Grundlage der in Jesus Christus gestifteten Gemeinschaft mit Gott die Konsequenzen für das aktuelle Leben der Briefempfänger ausgezogen. Damit wird kein neues Gesetz aufgerichtet oder gar das christliche Leben in gesetzliche Formen umgegossen, sondern der »praktische Gebrauch des Evangeliums« angezeigt, das Hineinwachsen in das »Vollmaß der Fülle Christi« (4,13). Die Ausrichtung des einzelnen Glaubenden auf Christus hat zugleich gewichtige Folgen für die Gemeinde: Im Gehorsam der Glieder gegenüber dem einen Herrn wird auch die Einheit der Kirche offenbar. Dieser Schwerpunkt prägt den Abschnitt 4,1-16. Daran schließen sich Ausführungen zum Wechsel vom alten zum neuen Menschen, konkret vom Heiden zum Geheiligten in Christus an (4,17-5,14). Sodann werden die Grundlinien des Gemeinde- und Familienlebens vor dem Hintergrund des christlichen Glaubens bedacht (5,15-6,9). Den Abschluß bildet die Ermahnung zur geistlichen Rüstung für den Kampf, der Christen aufgetragen ist (6,10-20).

1. Das Wunderwerk des Leibes Christi: 4,1-16

a) Mahnung zur Einheit: 4,1-6

1 Ich ermahne euch nun, ich, der Gefangene in dem Herrn, daß ihr würdig wandelt der Berufung, mit der ihr berufen wurdet,
2 mit aller Demut und Sanftmut, mit Geduld; ertragt euch gegenseitig in Liebe;
3 bemüht euch, die Einheit des Geistes im Band des Friedens zu halten:
4 Ein Leib und ein Geist, wie ihr auch berufen wurdet in einer Hoffnung eurer Berufung;
5 ein Herr, ein Glaube, eine Taufe;
6 ein Gott und Vater aller, der über allen und durch alle und in allen ist.

1 Während im Brief an die Römer (12,1) ebenso wie in Eph 4,1 (ähnlich 1Thess 4,1) das »**Ich ermahne euch nun**« den Abschnitt mit

Ermahnungen einleitet, findet sich der Ausdruck in anderen Briefen auch in eingefügten ermahnenden Abschnitten.[a]

[a] 1Kor 1,10 4,16 16,15 2Kor 2,8 6,1 Phil 4,2 1Thess 4,10; 5,11 2Thess 3,12

»Ermahnung« im Sinne der biblischen »Paraklese« erfolgt nicht aufgrund von menschlicher Autorität, sondern **»in dem Herrn«**. Da dieser Herr jedoch die Apostel zu ihrem Dienst berufen hat, bedeutet ihr **»Ermahnen«** nicht, einen Rat zu geben, sondern bringt den Gotteswillen in der Autorität des Herrn zu Gehör. Paulus hat zwar keine »exekutive Vollmacht«, um die von ihm übermittelten Ermahnungen auch tatsächlich in der Gemeinde durchzusetzen; er kann lediglich auf den Herrn verweisen, vor dem die Gemeinde ebenso steht wie der Apostel selbst. Dieser Hinweis ist es jedoch, der seinem Wort Gewicht gibt über alle Machtausübung hinaus, die Menschen zu Gebot steht.

Mit der Bezeichnung **»Gefangener«** knüpft Paulus an Kap. 3,1 (vgl. 3,13) an. Seine Ermahnung erhält dadurch zusätzliches Gewicht, daß er den Inhalt seiner Verkündigung mit dem Einsatz seines Lebens bekräftigt.[b]

[b] Phil 1,7 Kol 4,18 2Tim 1,8 2,9 Phlm 1

Ist die Beifügung »in dem Herrn« in 1Thess 4,1 Näherbestimmung von »Ich ermahne euch nun«, so steht sie in unserem Vers neben der Erwähnung der Gefangenschaft des Apostels: Da das Leben des Glaubenden insgesamt im Bereich des Christus angesiedelt ist, sich »in Christus« ereignet, fällt auch eine Gefangenschaft nicht aus diesem Raum heraus. Selbst derartige Verfolgung kann ihn nicht von der Liebe Christi scheiden (Röm 8,35). Dadurch gewinnt er auch in einer solchen Lage neue Zuversicht (vgl. Apg 27,21ff.35f). Darüberhinaus hatten solche Ereignisse im Leben des Apostels eine merkliche missionarische Wirkung gezeigt, wurde doch bekannt, daß er »seine Fesseln für Christus trägt« (Phil 1,13; vgl. auch Apg 16,23ff).

Der Inhalt der Ermahnung nennt den Maßstab aller christlichen Ethik: **»daß ihr würdig wandelt der Berufung, mit der ihr berufen wurdet«**.

Damit wird sofort deutlich, daß christliches Leben niemals aus dem Befolgen eines Verhaltenskodex erwächst, sondern Ausdruck einer personalen Beziehung ist: Gott, der Herr und Vater, hat Menschen in den Leib Christi, in die Gemeinschaft seines Sohnes berufen (1Kor 1,9). Damit wurde ihr Leben neu geschaffen (Eph 2,4ff).

Konsequenterweise wird diese Berufung nun auch die neue Norm für den **»Wandel«**, d.h. das Leben in seinen vielfältigen Bezügen. Die Existenz des Christen soll dieser Norm entsprechen, soll **»der Berufung würdig«** sein. So betrachtet greifen Fragen wie »Was darf ein Christ?« bzw. »Was darf ein Christ nicht?« zu kurz. Der eigentliche Ansatzpunkt ist vielmehr der Herr, der Menschen beruft. Damit lautet die Grundfrage christlicher Ethik: »Welches Verhalten ist Gott und seiner Berufung gemäß, dient zum Lob seiner Herrlichkeit?«[173]

Den Umfang des Ausdrucks »Wandeln« macht ein Blick auf seine Verwendung bei Paulus offenbar. Dabei geht es um den Gegensatz zwischen dem früheren und dem jetzigen, einem Christen angemessenen Leben (Röm 8,4). Aus der Erkenntnis dieses fundamentalen Gegensatzes wird der entsprechende Imperativ abgeleitet: »Nun lebt auch so!«[c] Dabei kann die Aufforderung auch in der Frageform zum Ausdruck gebracht werden (1Kor 3,3).

[c] Röm 6,4 13,3 Gal 5,16 Kol 1,10 2,6 1Thess 4,1.12

1Thess 2,11f illustriert sehr anschaulich, wie sich die Ermahnung zum angemessenen Leben in der konkreten Missionspraxis vollzog: »Denn ihr wißt, daß wir, wie ein Vater seine Kinder, einen jeden von euch ermahnt und getröstet und beschworen haben, euer Leben würdig des Gottes zu führen, der euch berufen hat zu seinem Reich und zu seiner Herrlichkeit.« Den Ausgangspunkt bildet die göttliche Tat, die aus einem verlorenen Dasein zur Kindschaft in seinem Reich beruft. Diese »Neuheit des Lebens« (Röm 6,4) soll in ihrer ganzen Breite offenbar werden. Dazu dienen Zurechtweisung, Ermutigung, Unterweisung (der letzte Begriff steht auch in Eph 4,17). Diese Vielfalt der seelsorgerlichen Begleitung läßt die Besonderheit der christlichen Ermahnung im Unterschied etwa zu einer am Gesetz ausgerichteten Lebensführung deutlich werden: Der Maßstab des Christenlebens ist eindeutig und klar zu benennen: »Gottes würdig«. Sein heiliger Wille ist heilend und heilschaffend für jeden einzelnen Menschen; ihm gilt es zu entsprechen. Da dieser zugleich der Wille des Vaters ist, der in seine Kindschaft beruft und diesen Ruf im Evangelium bekannt macht, wird der Mensch nicht mit einer (unerfüllbaren) Forderung alleingelassen. In der Verbindung mit Christus stirbt er dem alten Leben ab und wird zum neuen Leben erweckt. Er wird mit dem Heiligen Geist erfüllt und lebt »in Christus«. Damit aber erreicht ihn nicht nur Gottes Wille, sondern auch seine Verheißung. Daher bedarf der Christ sowohl der Mahnung als auch des Trostes wie auch der Weisung. In alledem stellt der Apostel keine »übergeordnete Instanz« dar, sondern ist wie ein Vater zu seinen Kindern, wenn ihm auch sein Amt besondere Vollmacht und Verantwortung überträgt.

2 Der grundlegenden Norm folgt die individuelle Zuspitzung: Die Briefempfänger sollen **»mit aller Demut und Sanftmut, mit Geduld«** leben; **»ertragt euch gegenseitig in Liebe«**. Ähnlich heißt es in Kol 3,12f: »Zieht nun an als die Auserwählten Gottes ... herzliches Erbar-

[173] Das Merkmal der Entsprechung kennzeichnete bereits die Täuferpredigt in Mt 3,8: »Bringt Frucht, die der Buße würdig ist« (= die ihr entspricht). Vgl. auch Kol 1,10: »würdig des Herrn«; 1Thess 2,12: »würdig des Gottes, der euch berufen hat«; Phil 1,27: »würdig des Evangeliums Christi«.

men, Freundlichkeit, Demut, Sanftmut, Geduld; und ertrage einer den andern ...«

Berücksichtigt man die besondere Betonung der Einheit der christlichen Gemeinde in V. 3ff, so wird man die in V. 2 getroffene Auswahl von Verhaltensweisen ebenfalls unter diesem Blickwinkel zu deuten haben. Zur Förderung und zum Erhalt der Einheit kommt diesen Merkmalen besondere Aufmerksamkeit zu.

Umfassende **»Demut«** steht am Anfang der Aufzählung. Es ist bemerkenswert, daß diese Eigenschaft in der griechischen Literatur nur negativ bewertet wird: Vom Adjektiv *»tapeinós«* (»niedrig, gering, unbedeutend, schwach, arm«) her gewinnt auch das zusammengesetzte Substantiv *»tapeinophrosynē«* die Bedeutung »niedrig-unterwürfige Gesinnung« und bezeichnet »Schwäche und Feigheit«.[174] Ganz anders ist das Bild im AT und besonders im NT. Das hat seinen Grund in der Tatsache, daß Gott die Niedrigen und Gebeugten erhöht (vgl. Ps 18,28; 34,19; 113,5ff). Insbesondere wird das an der Erniedrigung (*taipeinōsis*) des Gottesknechts erkennbar.[175]

Das wird im NT, etwa in Phil 2,8ff bestätigt: Jesus hat sich bis zum Kreuz erniedrigt – darum hat ihn Gott erhöht. Dem soll das Verhalten der Christen entsprechen (»seid gesinnt wie Jesus Christus«: Phil 2,5). Dementsprechend nennt Paulus in Phil 2,3 die Demut, die »Eigennutz« und »eitler Ehre« entgegengestellt wird (vgl. 1Petr 5,5). So hat er sich selbst gegenüber der Gemeinde in Ephesus verhalten (Apg 20,19). »Demut« meint demnach den Verzicht auf die Durchsetzung eigener Interessen; nur so kann die gemeindliche Einheit gewahrt bleiben. Dabei handelt es sich nicht um ein unterwürfiges Verhalten, sondern um die Einsicht, daß nur *einer* der Herr seiner Kirche ist, daß Menschen ihm daher diese Herrschaft nicht streitig machen können, daß er diese jedoch auf seine spezifische Art ausübt: indem er einlädt und wirbt mit der Begründung: »denn ich bin sanftmütig und von Herzen demütig« (Mt 11,29). Auch in Eph 4,2 findet sich neben der »Demut« die »Sanftmut«. Sie meint »Milde«, »Freundlichkeit« und hat ihre beispielhafte Vorgabe in Jesus.

Seine Sendung »vollzieht sich auf Erden in Niedrigkeit und Schwachheit ... Aber gerade dadurch vermag er vollmächtig einzuladen«.[176] Im Unterschied zu politischen Messiaserwartungen zieht er auf einem Esel in Jerusalem ein, erfüllt gerade dadurch die Schrift

174 W. Grundmann, ThWNT VIII, 1.5.

175 »Die Septuaginta sieht das ganze Geschick des Gottesknechts als *tapeinosis* und bezeugt: Die *›taipeinosis‹*, die er auf sich genommen hat, hebt das Gericht über ihn auf und ist Grund seiner Erhöhung voll Heils« (Grundmann, a. a. O. 11).

176 F. Haug/S. Schulz, ThWNT VI, 649.

(Sach 9,9) und erweist sich als der wahre Herrscher (Mt 21,5). Dementsprechend gilt seine Seligsprechung denjenigen, die nicht mit eigener Macht, sondern im Vertrauen auf Gottes Eintreten ihr Erbe erlangen (Mt 5,5).

Aus diesem Grund ist **»Sanftmut«** keine Möglichkeit menschlicher Bemühung, sondern Gabe des Geistes (Gal 5,23). Als solche soll sie in Gemeindekonflikten zur Anwendung kommen (1Kor 4,21; 2Kor 10,1). Auch sie hat letztlich ihren Ursprung in der Tatsache, daß nicht der Mensch für seine Anliegen zu streiten hat, sondern sie getrost Gott anvertrauen kann und dadurch in seinem Verhalten frei wird zur Gelassenheit (vgl. den Verzicht auf unbedachte Selbstrechtfertigung und Streitsucht in Jak 1,19ff; 3,13ff).

Daran schließt sich die **»Geduld«** an, die ebenfalls daraus erwächst, daß der Glaubende seine Sache Gott anbefohlen hat und auf sein Eingreifen warten kann. Gott selbst ist derjenige, den »Geduld« im Sinne von »Langmut« charakterisiert. Besonders deutlich wird Gottes Wesen in einer »Formel« zum Ausdruck gebracht, die mehrfach im AT überliefert ist: »Herr, Herr, Gott, barmherzig und gnädig, geduldig und von großer Gnade und Treue, der da Tausenden Gnade bewahrt und vergibt Missetat, Übertretung und Sünde, aber ungestraft läßt er niemand, bis ins dritte und vierte Glied!« (2Mo 34,6f; 4Mo 14,8; Ps 103,8f; Jona 4,2). Dabei stürzt diese Tatsache, daß Gott angesichts der Umkehr der Sünder sein Strafgericht aufschiebt und »geduldig« ist, den Propheten Jona in höchste Konflikte (Jona 4,1ff); denn dieses Zuwarten Gottes hat den Fortgang der Welt und damit auch den Fortbestand des Bösen wie die Verlängerung des Leidens für Israel unter seinen Feinden zur Folge.

Im selben Sinn ist von Gottes »Geduld« im NT die Rede: Weil er das Gericht aufschiebt, ist noch Zeit zur Buße/Umkehr gegeben.[d] Solches Zuwarten Gottes sieht für den Menschen wie ein »Verzögern der Verheißung«, d.h. der Erfüllung des Reiches Gottes aus (2Petr 3,9), und erfordert daher von den Glaubenden ebenfalls »Geduld« im Sinne der Langmut wie auch der beharrlichen Ausdauer (griech.: *hypomonē*; beide Ausdrücke stehen nebeneinander in Kol 1,11). Auch solche Geduld ist Gabe des Heiligen Geistes (Gal 5,22), die Paulus und andere Christen kennzeichneten (2Kor 6,6; 2Tim 3,10; 4,2; Hebr 6,12).

[d] Röm 2,4
9,22f
1Tim 1,16
1Petr 3,20
2Petr 3,9

Geduld ist auch dort erforderlich, wo es gilt, »sich gegenseitig in Liebe zu ertragen«.[177]

[177] In Mk 9,19 klagt Jesus über das »ungläubige Geschlecht«, das er zu ertragen hat. Die Korinther ertragen – zum Mißfallen des Paulus – törichte Lehrer, indem sie sich deren Äußerungen gefallen lassen (2Kor 11,4.19f). Daneben kann Verfolgung (1Kor 4,12; 2Thess 1,4) oder Lehre (2Tim 4,3: im negativen Sinn) bzw. Ermahnung (Hebr 13,22) ertragen werden (vgl. H. Schlier, ThWNT I, 360f).

Demnach soll der Mitchrist mit seinen Eigenarten ausgehalten werden.[178]

Dies hat nicht unwillig, sondern **»in Liebe«** zu geschehen, die als bedeutendste Wirkung des Geistes (Gal 5,22; 1Kor 13,ff) in die Herzen der Glaubenden ausgegossen ist (Röm 5,5). Trotz ihrer Unbegreiflichkeit gilt es, sie stets neu zu begreifen (Eph 3,19). In ihr wird Gottes Gebot in seinem Kern erfüllt (Röm 13,8ff; 1Tim 1,5). Der Hinweis auf das »gegenseitige« Ertragen erinnert die Leser daran, daß es sich hierbei nie um eine nur einseitige Aufgabe handelt. Jeder Christ gibt auch selbst anderen Lasten auf. So mahnt Paulus etwa denjenigen, der zu stehen meint, zu sehen, »daß er nicht falle« (1Kor 10,12) und dann seinerseits auf sanftmütige Zurechtweisung angewiesen ist.

War das »Ertragen« mehr als ein »Aushalten« zu verstehen, so ruft 3
Paulus in diesem Vers zu höchst aktivem Tun auf: **»bemüht euch, die Einheit des Geistes im Band des Friedens zu halten«.**

Mit vollem Eifer hat sich Paulus für die Geldsammlung für Jerusalem engagiert (Gal 2,10: »eifrig bemüht«); ebenso bemüht war er, nach Thessalonich zu reisen (1Thess 2,17) und ruft Timotheus und Titus zu gleicher Anstrengung auf (2Tim 4,9.21; Tit 3,12). Timotheus soll sich in seiner Arbeit vor Gott als bewährt erweisen (2Tim 2,15).

Mit solcher Bemühung soll allerdings die **»Einheit des Geistes«** nicht hergestellt, sondern lediglich **»gehalten«** werden. Die Einheit der Gemeinde entspringt aus dem *einen* Herrn, der ihr Haupt ist, aus dem *einen* Geist, der ihr gegeben ist und sie erhält, und aus dem *einen* Gott, »der da wirkt alles in allen« (1Kor 12,4-6; vgl. Verse 7-11 u. 13 u. a.). In der Taufe wird der Glaubende der Gemeinde als dem Leib Christi »einverleibt« (1Kor 12,13; 10,16f) und hat daher Teil an ihrer Einheit (Röm 12,5; 1Kor 12,12).

Dennoch ist der Leib Christi stets in Gefahr, ein gespaltenes Erscheinungsbild abzugeben. Dies ist von der Sache her zwar nicht möglich, da Christus nicht zerteilt werden kann (1Kor 1,13). Wird der Herr der Gemeinde allerdings durch eine Gruppe von Christen mit ihrem spezifischen Kriterium aus seiner zentralen Stellung verdrängt (vgl. 1Kor 1,12), so entstehen Spaltungen, die nach 1Kor 11,18f geradezu kommen *müssen* und somit nicht grundsätzlich vermieden werden können. Dennoch soll die »Einheit des Geistes« dadurch »gehalten« werden, daß sich alle zurückrufen lassen (durch die Ermahnung!) zur Einheit ihres Ursprungs der Berufung durch den dreieinigen Gott.

[178] Vgl. die Last des andern in Gal 6,2, die kraft der Wirkung des Heiligen Geistes »in sanftmütigem Geist« zu tragen ist; hier findet sich derselbe Ausdruck wie in unserem Vers.

Bewahrt wird die Einheit **»im Band des Friedens«**. **»Band«** kann für das Schiffstau[179] wie auch für die Sehnen des Körpers (Kol 2,19) gebraucht werden. Im übertragenen Sinn wird es neben unserer Stelle auch für die Liebe als »Band der Vollkommenheit« (Kol 3,14) benutzt (negativ noch in Apg 8,23).

Der **»Friede«** hat, wie Paulus in 2,14-18 darlegte, seinen Grund in der in Jesus Christus geschaffenen Versöhnung zwischen Mensch und Gott und damit auch zwischen Gruppen, die sich ehemals feindlich gegenüberstanden. Der aus der Glaubensgerechtigkeit erwachsene Friede mit Gott (Röm 5,1) zeigt sich daher auch als »Sinnesart des Geistes« (Röm 8,6), ist »Gabe des Geistes« (Gal 5,22). Der Heilige Geist vermag den Frieden zu stärken (Röm 15,3). Jesus Christus kann als »Herr des Friedens« um die fortwirkende Gabe des Friedens gebeten werden (2Thess 3,16).

Somit ist den Glaubenden in der Kirche Jesu Christi alles geschenkt, was sie zu ihrer Existenz benötigen: Der Friede mit Gott (Eph 2,5) ist Basis ihres Lebens. Damit ist zugleich ihre Einheit gegeben, die durch den Heiligen Geist erhalten wird. Wie von einem Band wird sie durch ihn zusammengehalten, eben dem »Band des Friedens«. Da solche »Gesinnung des Geistes« beim einzelnen immer wieder durch selbstsüchtiges Handeln gestört wird, ergeht der Aufruf an alle Glieder, sich ihrerseits für den Erhalt der Einheit einzusetzen und dem Wirken des Heiligen Geistes Raum zu geben.

4 In eindrücklicher Weise wird in den Versen 4-6 der Grund für die genannte »Einheit des Geistes« dargelegt: Dabei sind die drei Verse auf den Heiligen Geist, den Herrn und Gott, den Vater, zugeordnet, wobei die jeweiligen Aussagen sehr deutlich auf das Thema der Einheit innerhalb der christlichen Kirche hinzielen. Es ist sehr auffällig, daß die hier vorliegende trinitarische Struktur in dem verwandten Abschnitt 1Kor 12,4-6

[179] Vgl. bei Bauer, a. a. O. 1567.

[180] Es ist an dieser Stelle anzumerken, daß zur Zeit des Paulus das Bekenntnis zum dreieinigen Gott selbstverständlich nicht in der Weise ausformuliert war, wie dies anläßlich der Auseinandersetzung mit der arianischen Theologie 325 im Nicänum und danach erfolgte. Dennoch wäre es abwegig, etwa von einer »Entwicklung des trinitarischen Gedankens« zu sprechen, als ob mit der Ausformung der Theologie auch Gottes Sein zu einem trinitarischen »geworden« wäre! Gott ist der Dreieinige und offenbart dieses sein Wesen durch die Geschichte hindurch seinem Volk. Diesem grundlegenden Handeln Gottes denkt die Theologie nach, ist jedoch keineswegs in dem Sinne »produktiv«, daß sie »Glaubensgegenstände« hervorbringen würde! Der Anspruch, mit dem Jesus während seines irdischen Wirkens aufgetreten ist (vgl. die von ihm anstelle Gottes zugesprochene Vergebung der Sünden: Lk 5,21; der Umgang mit dem Sabbat: Mt 12,8 u.a.) nötigt zum Bekenntnis der Einheit bei gleichzeitiger Unterschiedenheit von Vater und Sohn, und nimmt damit Aussagen wie Joh 10,30 (»Ich und der Vater sind eins«; vgl. auch Joh 8,56ff) oder den Missionsbefehl (Mt 28,19) auf. Dementsprechend bekennt die Urgemeinde Jesus als den Kyrios (Röm 10,9; 1Kor 12,3; 2Kor 4,5; vgl. Phil 2,11) und überträgt damit die griechische Übersetzung des Jahwe-Namens auf den Zimmermannssohn aus Nazareth. Damit bekundet sie, daß sie Jesus als den erkannt hat, der er von Ewigkeit her ist: Gott, der Sohn, der Kyrios.

ebenfalls deutlich zutage tritt. Auch dort geht es um die Einheit der Kirche angesichts der vielfältigen Begabungen durch den dreieinigen Gott.[180]

Die Reihe des siebenfachen Bekenntnisses zur Einheit beginnt mit der Aussage: **»Ein Leib und ein Geist«**. Die Nähe zu 1Kor 12,13 (»in einem Geist wurdet ihr alle in einen Leib hineingetauft«) läßt hier, wie in dem gesamten Abschnitt, auf eine Anknüpfung an das Taufgeschehen schließen. Dort wurde der einzelne Glaubende in die im dreieinigen Gott immer schon bestehende Einheit hineinversetzt, indem er Glied an diesem einen Leib Christi wurde. Dies geschah dadurch, daß er dabei den einen Heiligen Geist empfangen hat (vgl. Röm 8,9.15; Gal 3,14). Bereits in 2,16.18 hatte Paulus von dem »einen Leib« und dem »einen Geist« gesprochen, in dem die Kirche gründet und aus dem ihre Einheit erwächst. Auch in diesem Zusammenhang ist es von entscheidender Bedeutung zu erkennen, daß Gott real an den Gemeindegliedern handelt. Nur deshalb, weil Gott in der Taufe am Glaubenden die Einpflanzung in den einen Christusleib in der Kraft des Heiligen Geistes auch tatsächlich vollzogen hat, ruht die Mahnung zum »Halten« dieser Einheit überhaupt auf einer wirklichen Grundlage. Andernfalls wäre sie lediglich Appell, dessen Verwirklichung durch wesenhaft »uneinige« Menschen ohnehin nur Illusion sein könnte. Damit aber wäre die Ermahnung in ein neues Gesetz verwandelt, dessen Unerfüllbarkeit den erfolglosen Täter in Resignation und Verzweiflung stürzen muß.

Bereits in 2,5ff hatte Paulus dargelegt, welcher Zusammenhang zwischen der Eingliederung in den Leib Christi und der christlichen Hoffnung besteht. Hier nimmt er dies nochmals auf: **»wie ihr auch berufen wurdet in einer Hoffnung eurer Berufung«**. Die Verbindung mit Christus im Sinne des Mit-Sterbens und Mit-Begraben-Werdens in der Taufe verbürgt zugleich das Mit-Leben mit ihm (Eph 2,5) und das Mit-verherrlicht-Werden (Röm 8,17) anläßlich der »Offenbarung der Kinder Gottes« (Röm 8,19) bei der endgültigen Vollendung und dem Antritt des Erbes (vgl. Eph 1,18).

Die göttliche **»Berufung«** ist der Grund der Heilsgewißheit; denn derjenige, der beruft, ist treu (1Kor 1,9; 1Thess 5,24). Darum erwächst aus dieser Berufung auch die **»Hoffnung«**, daß Gott die bereits jetzt im Glauben ergriffene Rettung auch allgemein sichtbar offenbaren wird (Röm 8,24). Wer in der »Hoffnung der Berufung« lebt, verzichtet auf den Versuch, eigenmächtig die Vollendung des Reiches Gottes herbeiführen zu wollen. Denn der Berufene ist wesentlich derjenige, der anruft (griech.: *kalein – epikalein*): Er ruft den Namen des Herrn an; darin gewinnt der Glaube seinen Ausdruck, und dies ist der einzige Weg der Errettung (Röm 10, 12f; Apg 2,21 mit Einbezug von Joel 3,5). Dieses »Anrufen« findet seinen Ausdruck im Bekenntnis zu Jesus als dem Herrn, dem Retter. Darum können Christen geradezu als

Menschen charakterisiert werden, »die den Namen unseres Herrn Jesus Christus anrufen« (1Kor 1,2). Indem sie das tun, erweisen sie sich als von Gott »berufene Heilige« (ebd.), die an der »einen Hoffnung ihrer Berufung« Anteil haben.

5 Die zweite Aussagenreihe **»ein Herr, ein Glaube, eine Taufe«** ist auf den »Kyrios« bezogen. Hier ist der Bezug zur Taufe direkt angesprochen: die Täuflinge bekennen sich zu dem einen Herrn, Jesus Christus, dem Retter, und sagen damit zugleich allen anderen Herren ab (1Thess 1,9f; 1Kor 8,5f). Indem sie das tun, bezeugen sie den einen, gemeinsamen Glauben an diesen Herrn. Aus diesem Grund ist die enge Beziehung zwischen Formulierung des Glaubensbekenntnisses und Tauffeier zu beachten. Schließlich ist auch die Taufe auf den Namen des dreieinigen Gottes, die an den Katechumenen vollzogen wird, **»eine«**.

Ungeachtet der unterschiedlichen Taufpraxis in der jeweiligen Kirchengemeinschaft (wie auch ihres möglichen Mißbrauchs) kann die Kirche Jesu Christi niemals das aufgeben, was Gott durch die Taufe den Glaubenden vermittelt. Nur indem das darin dargereichte Geschenk des einen Herrn im Bekenntnis des einen Glaubens ergriffen wird, kann Kirche insgesamt neu werden. Dabei muß sowohl die Realität des hier vollzogenen Geschehens als auch die unverbrüchliche Verbindung von Glaube und Taufe als konstitutiv festgehalten werden.[e]

[e] Mk 16,16 Apg 2,38 8,35-38 16,31-33 18,8 Gal 3,25-27

6 Wie in 1Kor 12,6 steht das Bekenntnis zu dem einen Gott auch hier als zusammenfassender Schlußpunkt der Aussagereihe: **»Ein Gott und Vater aller, der über allen und durch alle und in allen ist.«**

Gott wurde bereits in Kap. 1-3 als der Vater Jesu Christi (1,3) wie auch der Glaubenden (2,18; 3,14f; vgl. Röm 8,15) bezeichnet und gepriesen. Als derjenige, »von dem jedes Geschlecht im Himmel und auf Erden den Namen empfängt«, ist er der eine Vater. In Wirklichkeit gibt es neben ihm, dem einen Gott, überhaupt keine anderen Götter, die ihm gleich wären (1Kor 8,4). Darin klingt das Grundbekenntnis Israels aus 5Mo 6,4 an: »Höre, Israel, der Herr ist unser Gott, der Herr allein«, wie auch die Kritik der Propheten an den selbstgefertigten Götzen (Jes 44,6-20).

Dennoch existieren »sogenannte« Götter und Herren, sogar in großer Zahl (1Kor 8,5). Von solchen »Herrschern« war im Eph bereits mehrfach die Rede gewesen. Sie sind jedoch in ihrem Wirkungsbereich eingeschränkt und in ihren zeitlichen Möglichkeiten begrenzt.[181] Der Grund dafür liegt darin, daß Jesus Christus über alle »Herr-

[181] Vgl. den »Gott dieses Äons«, der bereits im Vergehen begriffen ist: 2Kor 4,4.

schaft«, sei sie bekannt oder unbekannt, in dieser oder in der zukünftigen Weltzeit, zur Rechten Gottes eingesetzt wurde. Daher kommt derartigen »Göttern und Herren« diese seltsame Form der Existenz zu: Im Vergleich zum einen wahren Gott sind sie nichts; von den Menschen wird ihnen jedoch Macht zuerkannt und somit vermögen sie Einfluß auszuüben.[182]

Demgegenüber ist Gott, der Vater Jesu Christi, der eine »lebendige und wahre Gott« (1Thess 1,9), dem die Christen jetzt dienen. Als **»Vater aller« ist er »über allen und durch alle und in allen«.** Ähnliche Formulierungen finden sich in 1Kor 8,6 im Blick auf den »Vater, von dem alle Dinge sind und wir zu ihm«, sowie auf den »Herrn, Jesus Christus, durch den alle Dinge sind und wir durch ihn«. In Röm 11,36 preist Paulus Gott in paralleler Weise: »Von ihm und durch ihn und zu ihm sind alle Dinge.« Gott wird damit als der alleinige Schöpfer gelobt, von dem alles kommt.[183] Er ist zugleich der Erhalter und handelt durch alles und in allem Geschehen des Kosmos. Er ist als der Allmächtige der Gott »über allen«. Auf ihn hin (»zu ihm«) ist alles ausgerichtet.[184]

b) Begnadung mit Gaben: 4,7-16

7 Jedem einzelnen von uns aber wurde die Gnade nach dem Maß der Gabe Christi gegeben.
8 Deshalb heißt es: »Er ist in die Höhe hinaufgestiegen und hat die Gefangenen in die Gefangenschaft geführt und hat den Menschen Gaben gegeben.«
9 Das »Er ist hinaufgestiegen« – was heißt das anderes, als daß er auch zu den tiefsten Orten der Erde hinabgestiegen ist?
10 Der hinabgestiegen ist, ist derselbe wie der, der hinaufstieg über alle Himmel, damit er das All erfülle.

[182] In 1Kor 12,2 nimmt Paulus auf dasselbe Phänomen Bezug: Als die Korinther noch Heiden waren, »wurden sie zu den stummen Götzen hingerissen«: Trotz ihres leblosen Charakters vermochten die Götzen »Macht« auszuüben. In diesem Zusammenhang gehört auch die Tatsache, daß im Bereich des heidnischen Gottesdienstes (d.h. der Verehrung toter Götzen) dennoch vielfältige pneumatische, enthusiastische Phänomene auftraten; zu denken ist an den Rausch des Bacchusfestes, der Prophetengeist in Fülle erweckt und vor allem an die Pythia von Delphi, zu der das »Pneuma« aus der Erde hervorströmt und auf ihr wie auf einem Musikinstrument spielt. Dabei sind körperliche Wirkungen zu beobachten: »aufgelöstes, sich sträubendes Haar, keuchender Atem, gewaltsames Erfüllt-, Ergriffen- und Hineingerissenwerden in einen bacchantischen Taumel der ekstasis und mania« (H. Kleinknecht, ThWNT VI, 343).

[183] Jesus ist dabei der Schöpfungsmittler, durch den alles geschaffen ist: Hebr 1,3; Kol 1,16.

[184] Schnackenburg möchte auch diesen Vers primär auf die Kirche beziehen und darin Gottes gnädiges Handeln über, durch und in den Glaubenden (durch die Vermittlung des Hauptes Jesus Christus) sehen: a.a.O. 170.

11 Und er hat die Apostel, die Propheten, die Evangelisten, die Hirten und Lehrer gegeben
12 zur Zurüstung der Heiligen für das Werk des Dienstes, zur Auferbauung des Leibes Christi,
13 bis wir alle hinkommen zur Einheit des Glaubens und der Erkenntnis des Sohnes Gottes, zum vollkommenen Mann, zum Vollmaß der Fülle Christi,
14 damit wir nicht mehr Unmündige seien, von den Wogen hin- und hergeworfen und hin- und hergetrieben von jedem Wind der Lehre, durch das Würfelspiel der Menschen, durch arglistiges Vorgehen, das Täuschung bezweckt,
15 und die Wahrheit in Liebe reden und in allem auf den hinwachsen, der das Haupt ist: Christus.
16 Aus ihm heraus bewirkt der ganze Leib, zusammengefügt und zusammengehalten durch jedes unterstützende Gelenk nach der Kraft, die einem jeden Teil zugemessen ist, das Wachstum des Leibes zur Auferbauung seiner selbst in der Liebe.

Wie in 1Kor 12,4ff folgt auf das Bekenntnis zu dem dreieinigen Gott und der durch ihn geschaffenen Einheit in der Kirche die Darlegung der daraus entstehenden Folgen für die Glaubenden. Geht es dort vor allem um die Einheit inmitten vielfältiger Begabung, die zum »gemeinsamen Nutzen« beitragen soll, so liegt hier das Gewicht auf dem gemeinsamen Wachstum in die Fülle Christi hinein.

Zur Gedankenstruktur des gesamten Abschnitts ist zu bemerken: Das Stichwort *»Gabe«* wird durch ein Schriftzitat aus Ps 68,19 aufgenommen, das Paulus anschließend auslegt: Die erste Hälfte wird in V. 9 und 10 auf den Weltherrscher Christus, die zweite Hälfte in V. 11 auf die spezifischen »Gaben«, die der Kirche in ihren Beauftragten zuteil wird, gedeutet. Die Funktion dieser »Gaben« für die Auferbauung des Leibes, sowie die Aufgabe aller Glieder für das gemeinsame Wachstum werden in den Versen 12-16 angesprochen.

7 Zunächst ist ein Vergleich der Formulierung unseres Verses mit 1Kor 12,7 aufschlußreich:

Eph 4,7: **»Jedem einzelnen von uns aber wurde die Gnade nach dem Maß der Gabe Christi gegeben.«**

1Kor 12,7: »Jedem aber wird die Offenbarung des Geistes zum gemeinsamen Nutzen gegeben.«

Folgendes wird in diesen Abschnitten deutlich: Die Einheit Gottes und seines Handelns wirkt sich in einer Vielfalt von Gaben aus. Dies ist kein Widerspruch, sondern Kennzeichen Gottes. Dabei wird die Einheit dadurch gewährt, daß Gott selbst der Ursprung dieser Gaben ist, und daß er sie selbst zuteilt: **»gegeben«** ist »Passivum divinum«

(d.h. dem Menschen widerfährt etwas, was von Gott veranlaßt wird). Dabei ist die wechselseitige Deutung von **»Gnade«** und »Offenbarung des Geistes« zu beachten. Der Heilige Geist offenbart sich in den Geistesgaben (griech.: *charismata*): 1Kor 12,4. Ein »Charisma« ist seinerseits Zuteilung der charis, der »Gnade«, an den einzelnen Christen.[185] Dementsprechend ist das Charisma schlechthin »das ewige Leben in Christus Jesus, unserem Herrn« (Röm 6,23).

Zusammenfassend läßt sich somit sagen: Wenn Gott Menschen seine Gnade zuwendet und sie mit seinem Heil, mit dem ewigen Leben beschenkt, so tut er das durch seinen Heiligen Geist. Dieser Geist aber teilt dem einzelnen Christen für bestimmte Aufgaben Gaben zu. Daran wird seine Teilhabe an der göttlichen Gnade auch individuell erkennbar.

Das ereignet sich **»nach dem Maß der Gabe Christi«.** Auch hier wird der Sinn durch einen Vergleich mit 1Kor 12 erhellt, wo es in V. 11 heißt: »Dies alles aber wirkt derselbe eine Geist und teilt einem jeden das Seine zu, wie er will« (vgl. 1Kor 3,5: »jedem, wie der Herr gegeben hat«). Die Tatsache, daß Gott bzw. Jesus Christus das Maß der individuellen Gabe zumißt, macht jedes menschliche Rühmen gegenstandslos (2Kor 10,13) und eröffnet eine realistische Selbsteinschätzung, die aus der Perspektive Gottes erwächst (»... daß niemand mehr von sich halte, als sich's gebührt zu halten, sondern daß er maßvoll von sich halte, ein jeder, wie Gott das Maß des Glaubens ausgeteilt hat«: Röm 12,3 – als Einstieg in die Aufzählung von Charismen!). Ist demnach alle echte Offenbarung des Geistes freies Geschenk der Gnade Gottes, so kann auch nur ihm der Ruhm dafür gebühren (1Kor 4,7). Indem somit nicht der Mensch, sondern Gott geehrt wird, dient solche Gabe zum »gemeinsamen Nutzen«, zur Einheit und zum Wachstum der Gemeinde (vgl. Eph 4,2f).[186]

Gewisse Schwierigkeiten bereitet die Deutung des Zitats aus 8
Ps 68,19, das mit der Einführung **»Deshalb heißt es«** (vgl. 5,14; Jak 4,6) an das Stichwort »Gabe« anschließt: **»Er ist in die Höhe hinaufgestiegen und hat die Gefangenen in die Gefangenschaft geführt und hat den Menschen Gaben gegeben.«** Die Textform entspricht weder MT noch LXX. In Ps 68,19 wird ursprünglich Gott angeredet (»Du«), der als siegreicher Herrscher (er hat »Gefangene«

[185] E. Käsemann, »Amt und Gemeinde im NT«, Exegetische Versuche und Besinnungen I, Göttingen [6]1970, 123: »Charisma als Individuation der Charis, unser Anteil am Pneuma.«

[186] Vermerkt sei der Versuch von Schlier und Merklein, den Zusammenhang von 4,7-11 so zu deuten, daß mit dem »Wir« in 4,7 bereits die »Amtsträger« von 4,11 gemeint seien, die daher auch die Empfänger der hier genannten Gaben sein müßten; angesichts des sonstigen Gebrauchs von »Wir« im Eph für die Gesamtheit der Gläubigen, wie auch die Nähe von 4,7 zu Röm 12,6 (»gemäß der uns verliehenen Gnade« - im Blick auf alle Glaubenden) scheidet diese Möglichkeit aus (vgl. Schnackenburg, a.a.O. 177f).

gemacht!) vom Sinai zum Zion ins Heiligtum emporzieht (V. 18). Dabei hat er nicht Gaben gegeben, sondern von den Menschen Tribut empfangen.

Im Judentum wurde der Psalm dann mit dem Aufstieg des Mose auf den Sinai zum Empfang der Tora in Beziehung gebracht. Das »*unter* den Menschen empfangen« wurde als »*für* die Menschen empfangen« verstanden, so daß aus »Empfangen« ein »Geben« werden konnte.[187] Es ist davon auszugehen, daß Paulus diese rabbinische Deutung des Psalmverses gegenwärtig war, und er ihn daher als Schriftbeweis im Zusammenhang des göttlichen Gebens einführen konnte.

9 Dabei wird Ps 68,19 nun im Sinne einer christologischen Weissagung gedeutet: Derjenige, von dem der Psalmbeter spricht, ist Jesus Christus. Darum kann Paulus das Zitat auch entsprechend ausweiten und argumentieren: **»Das ›Er ist hinaufgestiegen‹ – was heißt das anderes, als daß er auch zu den tiefsten Orten der Erde hinabgestiegen ist?«** D.h.: Dem »Hinaufsteigen« muß dann sinnvollerweise ein »Herabsteigen« vorausgehen, wenn es sich hier um die Sendung des Gottessohnes handelt. Diese gegenläufige Bewegung zur Kennzeichnung von Erniedrigung und Erhöhung findet sich neben Phil 2,6ff vor allem im Johannesevangelium.[188]

Das Hinabsteigen reicht bis **»zu den tiefsten Orten der Erde«** und meint damit die totale Erniedrigung auf Erden. Angesichts der Beziehung zu Phil 2,6ff entspräche dies dem »ja bis zum Tode am Kreuz« (Phil 2,8). Wurde von früheren Auslegern diese Aussage als Schriftbeleg für das »Hinabgestiegen in das Reich des Todes« im Glaubensbekenntnis herangezogen, so wird diese Deutung heute weitgehend abgelehnt: Im Eph sei nirgendwo von einer »Unterwelt« (vgl. dagegen Phil 2,10) die Rede, außerdem würde eine solche mit der Doppelbewegung von Abstieg auf die Erde zur Rettung und Erhöhung in den Himmel zur Herrschaft im Konflikt stehen. Demgegenüber ist mit F. Büchsel[189] folgendes zu bedenken: Dem »über alle Himmel« entspricht logisch nicht »*auf* die Erde«, sondern »*unter* die Erde«. Damit wäre der Genitiv »der Erde« nicht als erläuternde Apposition zu »den tiefsten Orten« zu verstehen (= »zu den tiefsten Orten, d.h. auf die Erde«), sondern als Genitivus partitivus: »zu den *tiefsten* Orten der Erde und nicht lediglich auf die Erde«. Damit wäre berücksichtigt, daß mit der Erwähnung des Begräbnisses Jesu (1Kor 15,4; Röm 6,4) auch sein Eingang in das Totenreich verbunden ist. Da seine Auf-

[187] Vgl. dazu Schnackenburg, a. a. O. 179f.
[188] Joh 3,13; 6,62; »herabkommen«: 6,33.38.50f.58; »auffahren«: 20,17; vgl. auch »erhöhen«: 3,14; 8,28; 12,32.34.
[189] ThWNT III, 641-643.

erweckung »aus den Toten« erfolgt, wird damit auch die Herrschaft des Todes und des Totenreichs gebrochen (Röm 6,9; 8,2.38; 1Kor 15,55; 2Tim 1,10; Hebr 2,14; Offb 1,18). Indem gerade diese Dimension der Herrschaft Christi in den Blick tritt, gewinnt das Bekenntnis zu ihm als dem *Panto*krator (Allherrscher) die ihm zukommende Weite.[190]

Betrachtet man unseren Vers daher vor dem Hintergrund des Gesamtzeugnisses des NT, so umschließt das Hinabsteigen Jesu auch das Reich des Todes. Er ist kein über die Erde dahinschwebendes, letztlich davon unberührtes göttliches Wesen, sondern der Sohn Gottes, der menschliche Gestalt annahm und diese bis zum Tod und Begräbnis getragen hat.

Darum aber hat ihn Gott erhöht (Phil 2,9). In Auferweckung und 10
Einsetzung zur Rechten Gottes (Eph 2,20) stieg er **»über alle Himmel hinauf«** (so auch 1,21). Dabei hat er – wie dies in Ps 69,19 ausgesagt wird – »Gefangene« gemacht: Er hat die Herrschaft über alle und alles angetreten. Daher wird das Ziel der Auffahrt so angesehen: **»damit er das All erfülle«.**

Dabei hat die mit dem Begriff »erfüllen« gegebene räumliche Anschauung »eher einen dynamischen Sinn«.[191] Indem der Erhöhte **»das All erfüllt«** (griech.: *plēroun*), ist er Herr über alle Mächte in alle Ewigkeit (vgl. 1,21f). Diese Herrschaft Christi wird offenbar in seinem *plērōma* (»Fülle«), in der Kirche als seinem Leib, die er ebenfalls »erfüllt« (1,23). Dort teilt er seine Gaben aus (4,11). Dort wird er als Herr anerkannt und bekannt. Was hier schon sichtbar ist, wird an Christi Tag auch im Blick auf das All insgesamt in Erscheinung treten. Dann nämlich, wenn dieses »Erfüllen« als umfassende Ausübung seiner heilvollen Herrschaft bewirkt, »daß in dem Namen Jesu sich beugen sollen (vgl. jetzt schon: 3,14) aller derer Knie, die im Himmel und auf Erden und unter der Erde sind, und alle Zungen bekennen sollen, daß Jesus Christus der Herr ist, zur Ehre Gottes, des Vaters« (Phil 2,10f).

Derselbe, der die Mächte gefangengeführt hat, hat ebenfalls seiner 11
Kirche Gaben gegeben: **»die Apostel, die Propheten, die Evangelisten, die Hirten und Lehrer«.** Im Unterschied zu V. 7, wo von der

[190] Büchsel sieht diese Unterwerfung der Geister (vgl. auch 1,21) im Zusammenhang mit den »Gaben« von 4,8: »Die Gaben des Christus befähigen zum Kampf gegen eine Verführung durch Lehrer V. 14, hinter denen die bösen Geister stehen 6,12. Die Überlegenheit Christi über die Geister zu vermitteln, ist deshalb das Eigentümliche (das ›Maß‹ V. 7) der Gaben Christi; diese Überlegenheit Christi beruht darauf, daß er alles, höchste Himmelshöhe, tiefste Erdentiefe durchmessen hat und deshalb erfüllt 1,20-23, während die Geister nur auf die Luft 2,2 oder sonst eine Sphäre beschränkt, jedenfalls ihm, dem zur Rechten Erhöhten, untergeordnet sind« (a.a.O. 642f).

[191] Schnackenburg, a.a.O. 182.

individuellen Begabung aller Gemeindeglieder gesprochen wurde, bezeichnet Paulus hier bestimmte Menschen als Gabe Christi. Angesichts der Nähe unseres Abschnitts zu 1,20-23 ist darauf aufmerksam zu machen, daß in 1,22 der erhöhte Christus als Haupt über die ganze Kirche »gegeben« wurde. Demnach ist Christus die »Haupt-Gabe« für seine Kirche, innerhalb der er ihr nun selbst gewisse Menschen »gibt«.

Im Unterschied zu der ähnlichen Aufzählung in 1Kor 12,28f gebraucht Paulus hier den bestimmten Artikel für die jeweiligen Personen. Dies dürfte darauf schließen lassen, daß es im Eph nicht um die Aufgabe im allgemeinen, sondern um den klar umrissenen Kreis der mit einem jeweiligen Dienst beauftragten Vertreter geht. Dieser Unterschied wird auch gegenüber Röm 12,6f erkennbar, wo nicht die entsprechenden Menschen, sondern die jeweiligen Tätigkeiten aufgezählt werden: Prophetie, Diakonie, Ermahnung etc.

Im selben Sinne hatte Paulus auch in 2,20 vom »Fundament der Apostel und Propheten«, in 3,5 von »seinen heiligen Aposteln und Propheten« gesprochen. Angesichts der weiteren Ausführungen in 4,12ff geht es bei dieser Akzentsetzung offenbar speziell um die Verkündigungs-, Leitungs- und Lehraufgaben. Daher werden sonstige Gnadengaben, wie sie in Röm 12 und 1Kor 12 neben den genannten stehen, hier nicht erwähnt.

Nicht zu vergessen ist, daß auch im 1. Korintherbrief die Wortgaben und die damit ausgestatteten Beauftragten am Anfang der jeweiligen Listen stehen, so daß die Behandlung des durch enthusiastische Phänomene ausgelösten Konflikts mit einem eindeutigen Vorzeichen versehen wird: dies betrifft in 1Kor 12,8 die geistgewirkte Weisheitsrede und Erkenntnisrede, in 12,28 »erstens Apostel, zweitens Propheten, drittens Lehrer«.[192] Die Verbindung von »Propheten und Lehrern« findet sich in Apg 13,1. In 1Tim 2,7 bezieht Paulus den Dienst von »Verkündiger« (vgl. »Evangelist«), Apostel und Lehrer (der Heiden) auf sich selbst (ebs. 2Tim 1,11). Bemerkenswerterweise hat auch dieser Abschnitt eine erkennbare Nähe zu Eph 4,4ff: Auf das Bekenntnis zu dem einen Gott und dem einen Mittler zwischen Gott und den Menschen, der sich als Lösegeld »gegeben« hat, folgt die Verbindung zur Einsetzung des Paulus als »Herold« dieses Heilsgeschehens.

Demnach hat Christus seine Kirche mit Gaben, d.h. mit beauftragten und befähigten Menschen, beschenkt, die für den Bau und das Wachstum der Kirche eine grundlegende Bedeutung haben. Dabei

[192] Vgl. 1Kor 14,6: »wenn ich nicht redete in Worten der Offenbarung, der Erkenntnis, der Prophetie oder Lehre.«

handelt es sich um diejenigen, die das Evangelium vom Heil in Jesus Christus verkündigt und es in die aktuelle Situation der Hörer hinein ausgelegt haben, sowie die entstehenden Gemeinden durch dieses Wort gefestigt, ermahnt und ermutigt haben.

In diesem Zusammenhang ist ein doppeltes unaufgebbar: Die betreffenden Menschen haben ihre Bedeutung als »Amtsträger« nicht aus sich selbst; sie sind vielmehr Geschenke des Herrn an seine Kirche. Sie haben ihre Gaben ihrerseits von dem empfangen, der das eigentliche Geschenk für die Kirche ist (1,23). Für den Bestand der Kirche sind sie von fundamentaler Bedeutung und daher keinesfalls beliebig zu ersetzen.[193]

Der Zweck, zu dem Christus die »Gaben« gegeben hat, wird in 12
drei Satzgliedern angezeigt. Dabei bereitet die Zuordnung der einzelnen Aussagen zueinander einige Probleme.[194] Insbesondere ist zu klären, ob sich der Mittelteil **»für das Werk des Dienstes«** auf die Heiligen oder aber auf die »Amtsträger« im Sinne von solchen, die »mit einem Werk des Dienstes« beauftragt sind, bezieht. Da dies aufgrund der grammatischen Struktur allein nicht entschieden werden kann, ist vom Zusammenhang her so zu deuten: Die verschiedenen Beauftragten wurden gegeben **»zur Zurüstung** (griech.: *pros*) **der Heiligen für** (griech.: *eis*) **das Werk des Dienstes, zur** (griech.: *eis*) **Auferbauung des Leibes Christi«**.[195] Der Sinn wäre dann der: die »Amtsträger« haben die Aufgabe, die Glaubenden zuzurüsten, damit diese wiederum Dienste übernehmen können; durch beide Tätigkeiten – die Zurüstung durch die genannten Gruppen (insgesamt, nicht nur Hirten und Lehrer) wie das Werk der Heiligen – wird der Leib Christi auferbaut.

Der Begriff »zurüsten« wird im NT im Sinne von »ausstatten«, »festigen« gebraucht: So will Paulus nach 1Thess 3,10 den Glauben der Thessalonicher festigen, indem er das noch Fehlende ergänzt. In 1Kor 1,10 meint es die »Charakterprägung« im Blick auf die Einheit der Gemeinde (vgl. Gal 6,1). Darin sollen sich die Gemeindeglieder

[193] Asmussen wendet die unlösbare Verbindung von Christi Gabe und Funktion in der Kirche auf die kirchliche Ordnung auch der Gegenwart an und formuliert: »Ziel der kirchlichen Ordnung ist ein Zustand, in welchem die Einrichtung eines Amtes oder Dienstes ... als auch die personale Besetzung eines Amtes mit einer bestimmten Person als Gabe des erhöhten Christus an seine Kirche begründet geglaubt werden kann ... Die geordneten Ämter selbst sollen und wollen objektivierte Gnade sein. Wie die Leibhaftigkeit der Kirche in der Himmelfahrt wurzelt, wie die Entmachtung und Erfüllung der Mächte eben hier ihren Grund hat, so wurzeln auch die Ämter in eben dieser Tat Gottes« (a. a. O. 107f).

[194] Vgl. zu den verschiedenen Möglichkeiten Schlier, a. a. O. 198.

[195] Dadurch werden zwar die gleichen Präpositionen verschieden übersetzt, doch ist die Verbindung der ersten beiden Glieder und die Parallelisierung mit dem dritten durchaus zu rechtfertigen: Vgl. Schlier, a. a. O. 198.

gegenseitig helfen (vgl. 2Kor 13,11).[196] Demnach besteht die Aufgabe der Verkündiger, Leiter und Hirten darin, die Glaubenden in ihrem Vertrauen zu Jesus Christus zu festigen und zu stärken, sowie sie für die Wahrnehmung ihrer je eigenen Aufgaben auszustatten. Zwar kann man »das Werk des Dienstes« (griech.: *ergon diakonias*) vor allem auf den Dienst am Evangelium, die Verkündigung, beziehen[a], doch ist darin lediglich das besondere Kennzeichen der von Jesus Christus aufgetragenen Diakonie hervorgehoben: Weil der Herr selbst der Diener (Lk 22,27; Joh 13,4ff) und sein Leben, Leiden und Sterben der »Dienst« schlechthin ist (Mk 10,45 par.), dieser Dienst aber allein in der Verkündigung des Evangeliums verbreitet wird, darum entspringt alle Diakonie aus diesem Wort und wird von ihm getragen. Darum ist solche Diakonie vornehmlich »Diakonie der Versöhnung« (2Kor 5,18) und besteht im »Dienst am Evangelium« (vgl. Phil 2,22).[197]

[a] Apg 20,24 21,19 Röm 11,13 2Kor 3,6-8 4,1; 5,18 6,3 Kol 4,17 1Tim 1,12 2Tim 4,5

In einer unserem Vers vergleichbaren Ausdrucksweise ermutigt Paulus die Korinther in 1Kor 15,58, »sich im Werk des Herrn« hervorzutun (vgl. 16,10 von Timotheus) und beschreibt damit offensichtlich den gesamten Raum christlichen Wirkens. Diese Erfüllung der jeweiligen Aufgaben von eigens Beauftragten und Heiligen dient »zur Erbauung des Leibes Christi«. Damit ist das Grundwort des Gemeindelebens als ganzem genannt: Alles, was innerhalb der Ortsgemeinde wie der christlichen Kirche als ganzer geschieht, hat der »Erbauung« zu dienen. Dies markiert die Grundlinie der Argumentation gegenüber der Gemeinde in Korinth: nicht, was erlaubt, was individuell bewegend sein mag, kann in der Gemeinde zum Zug kommen, sondern das, was auferbaut (1Kor 10,23; 14,3f.14.26), vor allem daher die Liebe (8,1).

13 Die Erbauung, das Wachstum des Leibes Christi, ist auf ein Ziel ausgerichtet, das in diesem Vers angegeben wird. Der Ausdruck **»hinkommen«** kann ganz wörtl. das Erreichen eines Ortes meinen (mehrfach in Apg: z.B. 16,1; 18,19 u.a.), dann aber auch übertragen gebraucht werden (das Ende der Zeiten ist angekommen: 1Kor 10,11). Ähnlich wie hier schließt es in Phil 3,11 die gespannte Ausrichtung auf das angestrebte Ziel ein, wenn Paulus von sich sagt: »damit ich gelange zur Auferstehung von den Toten.«

Es mag merkwürdig erscheinen, daß die Kirche bereits jetzt schon die »Fülle Christi« ist, die Glaubenden Mitbürger der Heiligen, Gottes Hausgenossen, Steine im heiligen Tempel sind und doch noch ein Wachstum, ein Werden ausgesagt wird. Dieselbe Doppelung fiel be-

[196] Vgl. G. Delling, ThWNT I, 475.

[197] Daher findet sich auch der weitere Begriff von »Dienst«; so etwa in den sehr allgemein bezeichneten »Zuteilungen von Diensten« (1Kor 12,3; vgl. auch Röm 12,7).

reits im Zusammenhang mit dem bereitgestellten Erbe auf: Es ist bereits zugeeignet, aber es wurde noch nicht angetreten (1,18; 2,7). Somit ist die Fülle Christi der Ausgangspunkt und das Ziel allen Wachstums.

Dies wird nun auf die konkrete Situation bezogen: Zwar kann es in der Kirche nur *einen* Glauben geben, da dieser allein Glaube an den *einen* Herrn Jesus Christus sein kann (4,5); zwar ist die »Einheit des Geistes« vorgegeben, da der Heilige Geist einer ist (4,3). Und doch gilt es, diese Einigkeit zu »halten« bzw. zu ihr »hinzukommen«. Antriebskraft für alle Bemühung in dieser Richtung ist nicht die Utopie einer geeinten Kirche, sondern die Realität des einen Leibes Christi.

Die Einheit des Glaubens ist eng mit der **»Einheit der Erkenntnis«** verbunden, die sich wiederum auf den **»Sohn Gottes«** konzentriert. In 1,18f hat Paulus bereits um den Geist der Weisheit gebeten, damit den Lesern die aus der Auferweckung Christi erwachsene Hoffnung und Kraft erkennbar werden möge. In ähnlicher Weise sind in Kol 2,2 die Bemühung darum, daß »die Herzen in Liebe vereint werden«, und die »Erkenntnis des Geheimnisses Gottes: Christus« miteinander verbunden. Vermehrter Glaube und vertiefte Erkenntnis des Sohnes Gottes kennzeichnen somit das Wachsen kirchlicher Einheit.[198]

Der Einheit entspricht die Vollkommenheit: Die Gemeinde, **»wir alle«**, sollen zum **»vollkommenen Mann«** werden: »Einheit und Vollkommenheit sind das Ziel der Gemeinde, und der Christus gibt dem einzelnen an dieser Einheit und Vollkommenheit Anteil; durch die Bewegung des ›Hinkommens‹, die vom Worte Gottes ausgelöst wird, wächst der einzelne in das Ziel der Gesamtheit hinein.«[199]

Entgegen abwegigen Herleitungsversuchen[200] aus gnostischen Vorstellungen ist der **»vollkommene Mann«** als der ausgereifte, erwachsene Mann zu deuten.[201] Dies wird durch den zweiten Ausdruck

[198] O. Michel beschreibt den Zusammenhang so: »Die Bewegung des ›Hinkommens‹ bezeichnet auch hier den Weg zum Ziel und zur Gesamtheit über die gegenwärtige Lage und Generation hinaus. Die Einheit garantiert die Sicherheit und Festigkeit des Glaubens, entsteht aber allein aus der Einheit und Geschichtlichkeit der Person Jesu Christi. Das Ziel ist die sichere Erkenntnis der Wahrheit im Gegensatz zu dem Schwanken und der Verschiedenheit menschlicher Meinung (Harleß). Auch hier ist das Ziel endzeitlich, aber als Aufgabe des göttlichen Wortes und kirchlichen Amtes verstanden, denen die Sorge um den Leib des Christus anvertraut ist (Eph 4,11-12)« (ThWNT III, 626f).

[199] Michel, ebd. 627.

[200] H. Schlier, Christus und die Kirche im Epheserbrief, 1930, dazu im Kommentar: a.a.O. 201f; zur Kritik bereits J. Schneider ThWNT II 945: »Die Anschauungen, die Schlier dem Anthropos-Mythus entnimmt, klären die Sachlage nicht auf, sondern verdunkeln die tiefen, aber im Grund einfachen Gedanken des Textes.«

[201] Vgl. Delling zum »außerbiblischen Sprachgebrauch«, ThWNT VIII, 68ff.

erläutert: **»zum Vollmaß der Fülle Christi«.** »Vollmaß« ist die Übersetzung für wörtl. »Maß des Lebensalters« oder auch »Maß der Gestalt«.[202] Gemeint ist hierbei das »Erwachsenenalter« bzw. das »Vollmaß der Gestalt«. Durch die Arbeit der Beauftragten wird der Leib Christi auferbaut; seine volle Größe hat er dann erreicht, »wenn alle, die nach dem göttlichen Heilsplan für die Kirche bestimmt sind, zu der Kirche gehören ... Die Kirche, die der Leib des Christus ist, stellt in der vollendeten Gestalt das Pleroma Christi dar.«[203]

14 Mit diesem Ziel vor Augen wendet sich Paulus nun Problemen zu, mit denen die Briefempfänger konfrontiert werden. Dabei knüpft er an die Gestalt des Erwachsenen an, zu der die Glaubenden »hinkommen« sollen, und mahnt, Unreife und Kindesalter zu überwinden: **»damit wir nicht mehr Unmündige seien«**, die sich leicht beeinflussen lassen.[204] Im NT wird der »Unmündige«, das Kind, unterschiedlich beurteilt. Einerseits ist das Kind auf andere angewiesen und wird so zum Vorbild des Vertrauens (Mt 18,3) und zum Empfänger des Himmelreiches (Mt 11,25 vgl. 19,14). Daher können die Glaubenden als »Kinder Gottes« bezeichnet werden. Zugleich wird der Aspekt der Verführbarkeit und mangelnden Festigkeit des Heranwachsenden als etwas hervorgehoben, was es zu überwinden gilt (vgl. Gal 4,1.3; 1Kor 3,1; 13,11).[205]

Die mangelnde Festigkeit erweist sich im Zusammenhang mit einem Bild aus der Seefahrt als besonders nachteilig: **»von den Wogen hin- und hergeworfen und hin- und hergetrieben von jedem Wind der Lehre«.** Wenn es im Leben einer Gemeinde bzw. eines Christen am Wachstum im Glauben und der Erkenntnis des Sohnes Gottes (V. 13) mangelt, wenn Gemeindearbeit nicht dem Ziel der Auferbauung des Leibes Christi dient, dann ähnelt solche Situation dem kleinen Schiff, das dem Spiel von Wind und Wellen wehrlos ausgesetzt ist. Dabei bezieht sich **»jede Art von Lehre«** nicht auf von außen kommende »Hitze« antichristlicher Verfolgung (vgl. 1Petr 4,12), sondern auf die Vielfalt christlicher Irrlehre.[b]

[b] Apg 20,30; 2Kor 11; Gal 1,9; 3,1; 2Tim 4,3; 1Joh 2,18ff

Das Bild von der Schiffahrt geht in das vom Würfelspiel über. Wer nicht gefestigt ist, wird zum Spielball. Das Ergebnis solchen Spiels ist ein zufälliges – totaler Gegensatz zur Gewißheit des Glaubens, zur Verwurzelung in der Liebe Christi.

202 So angewandt auf Zachäus, der nach Lk 19,3 »klein von Gestalt« war.
203 J. Schneider, ThWNT II, 945.
204 Vgl. G. Delling, ThWNT VI, 301.
205 Vgl. G. Bertram, ThWNT IV, 918ff.

Durch einen Zusatz wird das an sich schon »windige« Spiel gar zum »Falschspiel«: **»durch arglistiges Vorgehen, das Täuschung bezweckt.«**[206]

Hinter solcher Verschlagenheit, die sich insbesondere durch eingängige, angenehme, aber irreführende Lehre offenbart, steht der Teufel (vgl. 6,11). Von dieser »Arglist« spricht Paulus auch in 2Kor 11,3: Durch sie hat die Schlange beim Sündenfall Eva verführt. Dieser Vorgang wird zum Beispiel für das, was die Irrlehrer in Korinth beabsichtigen: die Glaubenden von der auf Christus ausgerichteten »Einfalt und Lauterkeit« abzuwenden. Dadurch werden Menschen zum Opfer der »Täuschung«[207]. Diese greift dort Platz, wo die »Liebe zur Wahrheit« abgelehnt, wo der Glaube an die Lüge die Stelle des Glaubens an die Wahrheit einnimmt (2Thess 2,10ff). Demgegenüber war die Handlungsweise des Paulus in seinen Gemeinden stets von der Offenheit und Geradlinigkeit, die aus dem Evangelium erwächst, gekennzeichnet (vgl. 1Thess 2,3: ohne Täuschung; 2Kor 4,2: ohne Arglist).[208]

Arglist und Täuschung wird »Wahrheit« und »Liebe« gegenüber- 15
gestellt: **»und die Wahrheit in Liebe reden«**. Dabei tritt (verschränkt)

[206] Vgl. zu dieser Übersetzung W. Michaelis, ThWNT V, 107. Wörtl. wäre die Wendung mit »in Arglist (urspr.: zu allem fähig sein) zu dem Vorgehen der Täuschung« wiederzugeben. Dabei kommt der Begriff »Vorgehen« (griech.: *methodeia*), der erst im NT belegt ist, nur in Eph 4,14 und 6,11 vor. Beide Male wird er negativ im Sinne von »arglistigem/trügerischem Vorgehen« gebraucht (ebd.).

[207] Vgl. 2Petr 2,1.5.18, demgegenüber: 3,17; vom »Geist der Täuschung« spricht 1Joh 4,6, von der »Wirkung der Täuschung« 2Thess 2,11.

[208] M. Luther sieht die verheerende Täuschung, die sich für ihn vom Vorgehen der Schlange über das Papsttum bis in die Auseinandersetzung mit den Schwärmern erstreckt, in der Loslösung des Geistes vom klaren Wort Gottes. Wo das Wort der Heiligen Schrift verlassen wird, dort ist Tür und Tor für alle Spielarten scheinbar »geistvoller« Täuschung geöffnet: »In diesen Stücken, die das mündliche, äußerliche Wort betreffen, ist fest darauf zu beharren, daß Gott niemand seinen Geist oder Gnade gibt ohne durch oder mit dem vorausgehenden äußerlichen Wort, damit wir uns hüten vor den Enthusiasten, d.h. den Geistern, die sich rühmen, ohne und vor dem Wort den Geist zu haben, und danach die Schrift oder das mündliche Wort nach ihrem Gefallen richten, deuten und dehnen. (...) Darum sollen und müssen wir darauf beharren, daß Gott mit uns Menschen nicht handeln will als nur durch sein äußerliches Wort und Sakrament. Alles aber, was ohne solches Wort und Sakrament als vom Geist kommend gerühmt wird, das ist vom Teufel« (Schmalkaldische Artikel III, Von der Beicht, BSLK 453ff). – Ähnlich gibt H. J. Iwand zu diesem Abschnitt zu bedenken, daß die Kirche im Laufe der Kirchen- und Dogmengeschichte gereift, gewachsen, gewarnt sein müßte vor derartigen »Winden« und deshalb die »Weisheit des Alters ... mit dem Feuer des Geistes« verbinden sollte. »Anstelle dessen aber fällt sie zurück in jenen kindischen Enthusiasmus, der ein Spielball wird für alle Schwärmerei und schnell aufschäumende Begeisterung, ohne die Kraft des entschlossenen Stehens bei dem einmal Erkannten und Erworbenen. Meine man nur nicht, daß solch ein Beharren zur Verhärtung führe. Gerade im Kampf wider solche Verführung ist immer wieder die Lehre der Kirche gereift und neu entwickelt worden, gerade hier hat sie den rechten Antrieb gewonnen, im Leiden und im Widerstehen, sich selbst weiter und reicher zu entfalten. Hättet ihr nur, die ihr heute über geistlichen Tod klagt, widerstanden, euch wären reiche und tiefe Erkenntnisse zuteil geworden, einfach aus dem Festhalten an dem einen Satz: Dieser ist Gottes Sohn!« (Predigtmeditationen, Göttingen [4]1977, 25).

an die Stelle der Täuschung die Wahrheit, während die Arglist durch die Liebe überwunden wird.

Der Ausdruck **»die Wahrheit reden«** (griech.: *alētheuein*) kommt nur hier und in Gal 4,16 vor und kann auch mit »wahrhaftig sein« übersetzt werden[209]. Kennzeichen der Offenbarung Jesu Christi ist das Licht, die Wahrheit (vgl. Joh 1,14.17 u.ö.). Dementsprechend ist das Evangelium »Wort der Wahrheit« (Eph 1,13; Kol 1,5; vgl. Gal 2,5.14). Folglich sind auch die Boten des Evangeliums in ihrem gesamten Dienst durch die Wahrheit geprägt. Dies wird z.B. in 2Kor 4,2ff eindrücklich illustriert: »Wir meiden schändliche Heimlichkeit, gehen nicht mit List um, fälschen nicht Gottes Wort – vielmehr empfehlen wir uns jedem menschlichen Gewissen durch Offenbarung der Wahrheit.«

Die Wahrheit soll **»in Liebe«** geredet werden, wodurch alle Arglist abgewiesen wird. Die aus der Wahrheit erwachsende Offenheit verbindet sich mit Herzlichkeit und Aufrichtigkeit, die aus der Liebe entspringen (vgl. Phil 2,1). Was für das Verhältnis von Glaube und Liebe (Eph 1,15) gilt, ist auch auf die Beziehung zwischen Wahrheit und Liebe anzuwenden: Beide haben ihren Ursprung in Gottes Offenbarung und werden den Glaubenden für den Umgang miteinander anvertraut. Daher ist es weder möglich, die Wahrheit unter Berufung auf die Liebe ihres Anstoßes zu berauben, noch die Liebe im Namen der Wahrheit an den Rand zu drängen.

Denn die Verbindung von Wahrheit und Liebe ermöglicht das Wachstum der Gemeinde auf ihr Ziel hin: **»und in allem auf den hinwachsen, der das Haupt ist: Christus«.**

[c] 1Kor 3,6f 2Kor 10,15 Kol 1,6.10 1Petr 2,2

Mit dem Begriff **»Wachsen«**[c] nimmt Paulus das Bild vom »erwachsenen Mann« aus V. 13 wieder auf. Damit wird sowohl das Zunehmen des einzelnen im Glauben bezeichnet (vgl. dieselbe Intention in Eph 3,16ff), als auch das Heranwachsen des Leibes der Kirche (vgl. 2,21).

In dieses Wachstum soll **»alles«** (nicht: das All) innerhalb der Kirche einbezogen sein: Jedes Glied, jede Aktivität im Leib gewinnt die Orientierung vom Haupt her, auf das alles auszurichten ist. Was für den einzelnen Christen gilt (Zunahme im Glauben, in der Liebe und insbesondere in der Erkenntnis der Liebe Christi: 3,17ff), das soll die gesamte Kirche markieren.

16 Vom Haupt her ergibt sich zum Abschluß dieser Ausführungen über die Einheit und das Wachstum des von Christus begabten Leibes der Anlaß, das Miteinander und Ineinander dieses besonderen Organismus zusammenfassend zu illustrieren.

[209] Bauer, a.a.O. 70.

Ermöglicht und ausgehend von diesem Haupt her **»bewirkt der ganze Leib ... das Wachstum des Leibes zur Auferbauung seiner selbst in der Liebe«**. Aus Christus gewinnt der »ganze« Leib bis in seine feinsten Verästelungen hinein Impuls und Kraft zum Wachstum, zur Auferbauung. Wie bereits in 2,20ff finden sich auch hier die Bilder vom Körper und vom Bau Seite an Seite. Indem der Leib zum Haupt hinwächst, wird damit auch der Bau erweitert und auf seine Fertigstellung hin gefördert. Die lebensnotwendige Verbindung zum Haupt, die dieses **»bewirken«** erst möglich macht, schließt aus, daß es sich bei der **»Auferbauung seiner selbst«** um ein eigenmächtiges Wirken der Kirche handeln kann. Kirche ist nur von ihrem Haupt, Christus, her zu erkennen. Wo dies aus dem Blick geraten ist, will dieser Abschnitt zur Umkehr zum Haupt anleiten.

Der ganze Leib wird **»zusammengefügt und zusammengehalten durch jedes unterstützende Gelenk«**. Ganz ähnlich formuliert Paulus in 2,19: »... das Haupt, von dem her der ganze Leib durch Gelenke und Bänder gestützt und zusammengehalten wird und wächst durch Gottes Wirken.«

Versteht man V. 16 als Zusammenfassung von 4,7-15, so wird man die »unterstützenden Gelenke«, die eine zentrale Funktion für den Zusammenhalt des Leibes haben, auf die in V. 11 genannten Beauftragten beziehen.[210]

Auch hier ist wieder darauf aufmerksam zu machen, daß die unterstützende Aufgabe der eigens Beauftragten allein aus ihrer Lebensverbindung zum Haupt heraus möglich ist, da sie ja nicht nur »Gaben« an den Leib, sondern selbst wieder von Christus »begabt« sind, entsprechend seinem Willen (4,7f).

Diese Förderung des Zusammenhalts geschieht **»nach der Kraft, die einem jeden Teil zugemessen ist«**. Die Formulierung **»einem jeden«** nimmt V. 7 auf und ist daher, wie dort, nicht auf die eigens genannten Beauftragten zu beschränken, sondern wieder auf die Gesamtheit der Glaubenden zu beziehen: Jedem einzelnen wurde nach dem Maß der Gabe Christi die Gnade mit den daraus erwachsenden Gaben gegeben. Entsprechend wird der Leib von allen Gliedern gefördert. Dies geschieht nach der jedem Teil zugemessenen Kraft (vgl. 3,7 im Blick auf Paulus selbst).

Damit wird in diesem Vers tatsächlich der gesamte vorausgehende Abschnitt zusammengefaßt: Ausgehend von der Einheit Gottes und seines Handelns im Leib Christi war der Blick auf die Vielfalt der an

[210] Bereits für den antiken Menschen nahmen Gelenke und Bänder die Verbindungsfunktion zwischen den einzelnen Körperteilen wahr und hatten zugleich die Aufgabe, die erforderlichen »Antriebs- und Wachstumskräfte« vom Kopf her in die einzelnen Gliedmaßen weiterzuleiten; vgl. bei Schnackenburg, a.a.O. 192.

die Glaubenden ausgeteilten Gaben gegangen. Sodann hebt Paulus die besonderen Aufgaben der Apostel, Propheten, Evangelisten, Hirten und Lehrer für die Zurüstung der Heiligen hervor, damit die Kirche Christi zum Erwachsenenalter heranreifen und trügerischer und täuschender Lehre widerstehen könne. Zum Schluß nimmt der Apostel wieder das Zusammenwirken aller am Aufbau des Leibes in den Blick. Auffälliges Kennzeichen an der gesamten Aufgabe ist, daß die Auferbauung »in der Liebe« (V. 13) geschieht. Dies ist dort der Fall, wo die Erkenntnis der Liebe Christi mehr und mehr wächst (3,19) und daher auch die Wahrheit in Liebe geredet wird (4,15).

2. Christliches Leben in unchristlicher Umwelt: 4,17-5,14

a) Die Grundlage: Den neuen Menschen anziehen: 4,17-24

17 Das sage und bekräftige ich nun in dem Herrn, daß ihr nicht mehr wandelt wie die Heiden wandeln in der Nichtigkeit ihres Sinnes,
18 verfinstert in ihrem Denken, entfremdet von dem Leben Gottes durch die Unwissenheit, die in ihnen ist, durch die Verhärtung ihres Herzens;
19 abgestumpft haben sie sich der Zügellosigkeit hingegeben zur Beschäftigung mit aller möglichen Unreinheit in Habgier.
20 Ihr aber habt Christus nicht so kennengelernt,
21 insofern ihr ja von ihm gehört habt und in ihm unterwiesen wurdet, wie es Wahrheit ist in Jesus:
22 daß ihr den alten Menschen nach der früheren Lebensart ablegt, der zugrunde gerichtet wird nach den betrügerischen Begierden,
23 und erneuert werdet im Geist eures Sinnes
24 und anzieht den neuen Menschen, der nach Gott geschaffen ist in wahrer Gerechtigkeit und Heiligkeit.

17 Nachdem die »Paraklese« (»Ermahnung«: 4,1) zunächst die Einheit der Gemeinde und das Wachstum auf das Haupt hin zum Gegenstand hatte, wird die Grundregel »Wandelt eurer Berufung würdig!« (4,1) in V. 17-24 nun auf die individuelle Lebensführung der Briefempfänger bezogen. Dabei ist der Abschnitt unterteilt in einen Rückblick auf das heidnische Leben (vgl. das »früher« in 2,1ff; 2,11ff) und eine Erinnerung an den Beginn des christlichen Lebens, das bis in die Gegenwart hinein Konsequenzen mit sich bringt (V. 17-19 u. 20-24).

Neben das »Sagen« setzt Paulus ein weiteres Verb, das den Ernst seiner Aussage unterstreicht: **»Das sage und bekräftige ich nun in dem Herrn«**. Das griechische Wort für »bekräftigen« (*martyromai*) bedeutet ursprünglich »bezeugen« und kann bis zu »beschwören« reichen. Hier (wie in 1Thess 2,12: »wir haben euch ermahnt, getröstet und bezeugt, daß ihr Gott gegenüber würdig lebt ...«) bringt es eine »nachdrückliche Aufforderung«[211] zum Ausdruck.

»In dem Herrn« ist keineswegs ein entbehrlicher Zusatz, sondern erinnert vielmehr an die »Ebene«, auf der eine solche Ermahnung überhaupt erfolgen kann. Die Aussage »in dem Herrn« markiert den Bereich, in den die Glaubenden durch die Umkehr (1Thess 1,9f) und Taufe (Röm 6,3f) versetzt worden sind. Darum begegnete in den vorangehenden Kapiteln bereits mehrfach die Erinnerung an diese »Ortsangabe« »in ihm«, »in Christus« etc. (1,4.6.7.11; 2,6 u.ö.). Zwar gilt das »in dem Herrn« für den Apostel und die Gemeindeglieder in gleicher Weise und räumt auch dem »Amtsträger« keine Vorrangstellung gegenüber den anderen Christen ein (vgl. Gal 3,28). Doch bringt die Berufung zum Apostel die Verantwortung für das Wachstum der Gemeinden und damit auch die Pflicht zur notwendigen Ermahnung mit sich (vgl. die Absenderangabe am Anfang der Briefe: »Apostel Jesu Christi«; Eph 1,1 u.ö.).

Obwohl Paulus daher seinen Gemeinden als Apostel (und häufig auch als ihr Gründer) gegenübertritt, so hat er dennoch keine andere Macht als die des Wortes. Mit diesem erinnert er an den Ursprung des Glaubens in Jesus Christus, an die aus dem Glauben erwachsene Verpflichtung zum »angemessenen«, heiligen Lebenswandel und die sich aus der Gemeinschaft des Bekenntnisses zu Jesus Christus ergebende Einheit. Dieser später von den Reformatoren in die Formel »non vi, sed verbo« (nicht durch Gewalt, sondern durch das Wort)[212] gekleidete Grundsatz markiert die Vollmacht und die Ohnmacht des Apostelamtes, wie des Amtes in der Kirche insgesamt: »In dem Herrn« werden Mitchristen ermahnt, weil sie »des Herrn« (Röm 14,8) sind; der »Erfolg« solcher Ermahnung hängt jedoch davon ab, daß die Betreffenden dieses Wort als »Wort des Herrn« hören und aufnehmen und dadurch nicht Menschen, sondern »dem Herrn« gehorsam sind.[213]

Den Gegensatz zum »Wandel, der Gottes Berufung würdig ist« (4,1), bringt Paulus mit der Wendung **»wie die Heiden wandeln«** zum Ausdruck. **»Die Heiden«** (wörtl.: »die Völker«) bezeichnet in der

211 H. Strathmann, ThWNT IV, 517.
212 Vgl. CA 28, BSLK 124.
213 Vgl. 1Kor 11,23 u. a.; oder auch 7,40; zu solcher Auseinandersetzung vgl. 1Kor 14,36-38.

Perspektive des AT die Gesamtheit aller Völker, aus der allein Israel als Eigentum Gottes ausgesondert wurde. Nachdem im Neuen Bund nun auch Glaubende aus den Heiden (2,11) zum Volk Gottes gehören, kann der Begriff sowohl die nicht-jüdische Herkunft (z.B. in Röm 9-11: 9,30; 11,11.25 u.ö.), als auch die widerchristliche Lebensart (wie in unserem Zusammenhang) meinen. Von solcher Existenzweise sind die Briefempfänger durch den Wechsel von »früher« zu »jetzt« geschieden (2,3.5); daher sollen sie »nicht mehr« leben wie zuvor.

Während Christen »in einem neuen Leben« (Röm 6,4) »im Geist« (Gal 5,16), »in der Liebe« (Eph 5,2), »im Herrn« (Kol 2,6) leben, wirkt sich die Trennung der Heiden von dem lebendigen Gott in einem entsprechenden Lebenswandel aus, der im folgenden entfaltet wird.

Er geschieht **»in der Nichtigkeit ihres Sinnes«**: Nach dem Urteil des AT sind die Götter der Heiden »nichtig« (vgl. Jer 2,5; 8,19 LXX); sie täuschen eine Wirklichkeit vor, sind aber nur Schein. Gleiches gilt für das NT: »Dem Urteil ›nichtig‹ verfällt alles, was dem Ersten Gebot widerstreitet.«[214] Diese Orientierung an dem, was nicht trägt, hat Folgen für das Denken, den Verstand, den »Sinn«.[215] Dies bezieht sich nicht allgemein darauf, daß der Mensch, etwa der Weise, nichts wissen würde. Die Nichtigkeit erweist sich vielmehr darin, daß die Weisheit der Weisen Gott nicht erkennt (1Kor 1,21).

18 Der Grund für dieses Nicht-Erkennen wird weiter ausgeführt: Die Heiden sind **»verfinstert in ihrem Denken«**. Von solcher Finsternis spricht Paulus mehrfach.[a] Diese Verfinsterung bedingt dann auch die »Fremdheit und Feindschaft im Denken« (Kol 1,21; vgl. auch Eph 2,3).

[a] Joh 3,19 12,35 Röm 1,21 2Kor 4,4 Eph 5,8 Kol 1,13 1Thess 5,4f

Eine derartige Entfremdung sagt Paulus hier insgesamt aus: **»entfremdet von dem Leben Gottes durch die Unwissenheit, die in ihnen ist, durch die Verhärtung ihres Herzens.«** In 2,12 hatte der Apostel bereits auf die »Entfremdung vom Gemeinwesen Israels« aufmerksam gemacht, die durch die fehlende Zugehörigkeit zum erwählten Volk bedingt war. Hier geht es umfassend um das Geschiedensein von dem »Leben Gottes«. Gott ist der Lebendige (1Thess 1,9 u.ö.); sein Leben wird in seinem Sohn, dem »Fürsten des Lebens« (Apg 3,15) offenbar (Joh 1,4; 1Joh 5,12); daher kann Paulus auch vom »Leben Christi« sprechen (2Kor 4,10). In der Verbindung mit Jesus Christus gewinnt der zuvor Entfremdete das »Leben«, d.h. das »ewige Leben« (Röm 6,25 u.ö.).

[214] O. Bauernfeind, ThWNT IV, 528.

[215] »Es ist und bleibt biblische Wahrheit, daß das menschliche Sinnen auch im günstigsten Fall über das ›nichtig‹ nicht hinauskommt: 1Kor 3,20« (Bauernfeind, ebd.).

Die tödliche Entfremdung hat einen zweifachen Grund[216]: **»Unwissenheit«** und **»Verhärtung ihres Herzens«**.

Die »Unwissenheit« trägt einen doppelten Charakter: Einmal handelt es sich dabei um das fehlende Wissen im Blick auf Gott und sein Heil in Jesus Christus. Dies gilt für die Heiden, die aus Unwissenheit Götterbilder anstelle des wahren Gottes angebetet haben (Apg 17,30; zu den Konsequenzen vgl. 1Petr 1,4.14). Betroffen sind aber auch die Juden, die in ihrer Blindheit den Messias ans Kreuz brachten (Apg 3,7). Gleichzeitig ist diese »Unwissenheit« stets Offenbarung eigener Schuld: Denn die Schöpfung würde auch dem Heiden die Erkenntnis Gottes eröffnen, wenn das Denken nicht verfinstert wäre. Somit ist die »Unwissenheit« (Röm 1,20f) Verhängnis und Schuld zugleich.

Dies wird durch die Bestimmung »Verhärtung des Herzens« verstärkt: Jesus beklagt solche Haltung bei seinen Zuhörern.[217]

Andererseits verhängt Gott diese »Verhärtung«, so daß kein Glaube entsteht.[218] Damit liegen auch hier persönliche Schuld und Widerfahrnis durch Gott ineinander.

Die zerstörte Beziehung zum wahren Gott, durch die der Verstand 19
verfinstert ist, zieht dementsprechende Folgen für die Lebensführung nach sich: aus dem Leben in der Finsternis ergibt sich eine »Abstumpfung«, ein Desinteresse gegenüber einem Lebensstil, der dem Verhältnis des Geschöpfs zum Schöpfer entspricht (dies wäre ein Leben »zum Lob seiner Herrlichkeit«: Eph 1,12; Röm 1,21). »Mit der Unempfänglichkeit für die Wahrheit Gottes ist die Abstumpfung des Gefühls für Schande und Schmerz verbunden.«[219] Weil die Leitlinien der göttlichen Gebote unbekannt sind, verfällt der Mensch der **»Zügellosigkeit«**. Insgesamt ist das die »Schwelgerei«, der »maßlose Genuß« und charakterisiert neben den Heiden hier die Lebensweise von Sodom und Gomorra (2Petr 2,7), wie auch die der Irrlehrer und der von ihnen Verführten (2Petr 2,2.18). Konkret kann damit auch die sexuelle Ausschweifung gemeint sein (Röm 13,13; 2Kor 12,21; Gal 5,19).[220]

Mit dem folgenden Begriff wird der ungöttliche Lebensstil ausgeweitet auf **»alle mögliche Unreinheit«**, mit der sich der von Gott abgesonderte Mensch **»beschäftigt«**. Solcher Lebenswandel »steht im

[216] Schnackenburg merkt dazu an: »Die neuzeitliche Frage nach der ›Entfremdung‹ aufgrund der ökonomischen und gesellschaftlichen Verhältnisse dringt nicht zu dieser Tiefenschicht existentialen Selbstverständnisses vor« (a. a. O. 200).

[217] So Mk 3,5; sogar im Blick auf die Jünger: Mk 5,52; 8,17; mit verwandtem Ausdruck: Mk 10,5; Mt 19,8.

[218] Joh 12,40; Röm 11,7.25; 2Kor 3,14: allerdings durchweg auf die zeitlich begrenzte »Verhärtung« Israels bezogen.

[219] A. Schlatter, Erläuterungen zum NT 7, Stuttgart 1963, 218.

[220] Vgl. O. Bauernfeind, ThWNT I, 488.

vollendeten Gegensatz zur christlichen Heiligung« (Röm 6,9; 2Kor 12,21; 1Thess 4,7) und schließt damit »den Menschen von der Gottesgemeinschaft aus«.[221] Schließlich wird in dieser Aufzählung noch die **»Habgier«** genannt.[222] Ursprünglich bedeutet dieser Begriff das »Mehr haben wollen«, beschränkt sich also nicht nur auf den materiellen Bereich.[223]

Wie nahe eigenes sündiges Wollen und von Gott verhängte Sündenverfallenheit beieinander liegen, zeigt der Gebrauch des Begriffs **»hingeben«**. Während sich nach den Aussagen unseres Abschnitts die Heiden dieser umfassenden Beschäftigung mit aller möglichen Unreinheit »selbst« hingegeben haben, kann Paulus dieselbe Verfallenheit an das Laster auch als Verhängnis bezeichnen, an das Gott die Ungläubigen hingegeben hat: Röm 1,24ff. Dabei sind die vielfältigen Übereinstimmungen mit unseren Versen offenkundig: Weil die Gotteserkenntnis fehlt und der Mensch Gott nicht mehr dient, verfällt er an das Nichtige, ist er allein auf sein verfinstertes Herz angewiesen. Den Begierden, die daraus entspringen, hat ihn Gott dann auch dahingegeben in allen Formen von Unreinheit (V. 28ff).

20 Dem Ausgeführten stellt Paulus in aller Deutlichkeit die Christen gegenüber: **»ihr aber nicht so«** (vgl. sprachlich ähnlich Mk 10,43). Den eindeutigen Unterschied gegenüber dem »früheren« Leben macht die »Erneuerung des Herzens« (vgl. Eph 3,17) auch im alltäglichen Leben offenbar.

Der Grund für diese radikale Kehrtwendung liegt im **»Kennenlernen Christi«** (wörtl.: »den Christus lernen«). Die Formulierung findet sich nur an unserer Stelle und soll die Briefempfänger auf ein doppeltes aufmerksam machen: Die veränderte Lebensweise entspringt der Begegnung mit »dem Christus«. Ihn haben die ehemaligen Heiden kennengelernt; durch die Verkündigung des Evangeliums ließ Gott sein helles Licht in Herz und Verstand aufleuchten; sie wurden zu Kindern Gottes berufen und empfingen das »Leben Gottes« (V. 18). Dieser neugestalteten Gottesbeziehung wurde nun auch der Lebensvollzug als »Leben im Geist/in Christus« angepaßt.[224]

Zugleich erinnert Paulus damit auch an den Beginn ihres christlichen Lebens, bei dem sie zu »lernen« hatten und auch gelernt haben. Dabei macht der besondere Ausdruck deutlich, daß innerhalb der

221 F. Hauck, ThWNT III, 432.
222 Vgl. die ähnliche Reihenfolge in Eph 5,3.5: Unzucht, Unreinheit, Habgier.
223 G. Delling erwägt die Möglichkeit, daß in »Habgier« »der Gedanke an das Hinausgreifen des Menschen über den ihm im Zusammenleben gezogenen Bereich, das (auch im übertragenen Sinne) gewalttätige Handeln am Nächsten überhaupt ausgedrückt ist« (ThWNT VI, 272 u. 266).
224 würdig = angemessen: vgl. Kol 2,6; 4,1!

christlichen Gemeinde letztlich immer diese Person »gelernt« wird; dies gilt auch dann, wenn Glaubensinhalte, Weisungen oder Gestaltungsgrundsätze vermittelt werden. So kann Paulus gegenüber den Galatern klagen: »Wer hat euch bezaubert, denen doch Jesus Christus vor die Augen gemalt war als der Gekreuzigte?« (Gal 3,1).

Die Bedeutung der Evangelisten und Hirten (vgl. 4,11) wird nun 21
sehr augenfällig: **»insofern ihr ja von ihm gehört habt und in ihm unterwiesen wurdet, wie es Wahrheit ist in Jesus.«**

Die Verkündiger haben unterschiedliche Aufgaben; ihr »Gegenstand« ist stets derselbe: die Person Jesu Christi. Entgegen vielfältig umlaufenden »Mythen« (2Petr 1,16), die auch von Irrlehrern ins Spiel gebracht werden (1Tim 1,4; 4,7; 2Tim 4,4), geben die Boten des Evangeliums Zeugnis von der »Wahrheit in Jesus«. Das, was sie gesehen, gehört, betastet haben (1Joh 1,1ff), das ist Inhalt ihrer Verkündigung. Die Jesus-Überlieferung bildete das Zentrum von Verkündigung und Lehre in allen urchristlichen Gemeinden (vgl. Mt 28,20; Phil 2,5ff). Wie den Evangelisten daran lag, »akribisch« genau von Tun und Ergehen des Jesus von Nazareth zu berichten (Lk 1,3), so gibt Paulus an die Gemeinden weiter, was er selbst empfangen hat: daß Jesus Christus in Erfüllung der alttestamentlichen Prophetenworte starb, begraben wurde und auferstand, und danach von einer klar benennbaren Anzahl von Zeugen gesehen wurde (1Kor 15,3ff).

Es ist wesentlich zu beachten, daß der christliche Glaube neben dem »Hören« ein »Unterwiesenwerden« erfordert. So sind die Christen in Rom »von Herzen gehorsam geworden der Gestalt (griech.: *typos*) der Lehre, der ihr übergeben worden seid« (6,17). In dieser Lehre gilt es festzustehen (2Thess 2,15; 3,6) gegen die verschiedenartigen anderen »Winde der Lehre« (Eph 4,14). Insbesondere angesichts der zunehmenden Bedrohung durch Irrlehre wird gerade in den Pastoralbriefen die »gesunde Lehre« zum hervorstechenden Merkmal der Gemeinde Jesu Christi (1Tim 1,10; 2Tim 4,3; Tit 1,9; 2,1).

Das »ihr aber nicht so« von V. 20, der radikale Bruch zwischen 22
»einst« und »jetzt« bringt ein »Ausziehen« und »Anziehen« mit sich: Da dieser Bruch durch Glaube und Taufe vollzogen wurde, sind die Briefempfänger ihrem früheren Leben bereits abgestorben (vgl. Röm 6,2), *haben* sie den »alten Menschen« schon »ausgezogen«. Nun geht es darum, sich »der Sünde gestorben zu halten« (Röm 6,11). Solch eine »Haltung des Glaubens« wird stets an bestimmten Punkten der Lebensführung sichtbar. Daher tritt neben den Indikativ der Imperativ: **»daß ihr den alten Menschen nach der früheren Lebensart ablegt«**. Erwachsene Menschen (vgl. 4,13f) sind in der Lage, sich selbst an- und auszuziehen. In Röm 13,12 spricht Paulus vom »Ablegen der Werke der Finsternis«, in Kol 3,8 werden solche Werke aufgezählt: Zorn, Grimm, Bosheit, Lästerung, schandbare Worte. Möglich

ist die entschlossene Abwendung von derartigem Tun, weil eine grundlegende Veränderung vorausgegangen ist: »denn ihr habt den alten Menschen mit seinen Werken ausgezogen« (Kol 3,9).[225]

In dem bereits genannten Kapitel Röm 6 erwähnt Paulus ebenfalls den »alten Menschen«, der mit Christus gekreuzigt wurde. Das Ziel des »Mitgekreuzigtwerdens« war: »damit der Leib der Sünde vernichtet werde, so daß wir hinfort der Sünde nicht dienen« (Röm 6,6).

Damit ist auch die Näherbestimmung des »alten Menschen« – »nach der früheren Lebensart« – bereits erklärt: es ist die in Eph 4,17-19 begründete und dargestellte Existenz ohne Gott (»atheistisch«: 2,12), das Leben »nach dem Fleisch«, in der Sünde.

Aus dem Heil, das durch Jesus Christus geschaffen und eröffnet wird, ergibt sich ein Umgang mit dem »alten Menschen«, der auf den ersten Blick widersinnig erscheint:

Indem der »alte Mensch« in den Tod Christi gegeben, gekreuzigt, ausgezogen wird, erweckt Gott den Glaubenden zum neuen, wirklichen Leben. Hält der Mensch dagegen am »Leib der Sünde« fest, versucht er, seinen »alten Menschen« zu erhalten, so wird er erkennen müssen, daß dieser **»zugrunde gerichtet wird nach den betrügerischen Begierden«**.[226]

Handelt es sich an unserer Stelle zunächst um das moralische »Zugrundegehen«, so ist doch deutlich, daß damit zugleich der Verfall des Menschen insgesamt im Blick ist. So redet Paulus in Röm 1,27 davon, daß die homosexuelle Praxis als Verkehrung der göttlichen Schöpfung dazu führt, daß die Betroffenen »den Lohn ihrer Verirrung, wie es ja sein mußte, an sich selbst empfangen«, daß »der Tod der Lohn der Sünde ist« (Röm 6,23).

Bemerkenswert ist, daß Paulus auch in 2Kor 11,3 das »Zugrundegehen« mit »Betrug«/»Verführung« verbindet: Die Rede ist von der Verführung Evas durch die List der Schlange. In derselben Weise – so befürchtet der Apostel – könnten die Sinne der Korinther zugrundegerichtet werden, weg von der Einfalt und Lauterkeit gegenüber Christus. In Eph 4,22 führt das Nachgeben gegenüber den »betrügerischen Begierden« zum Verfall. Die Leidenschaften (vgl. Eph 2,3) täuschen vor, einen Weg zu vermehrter »Lebensqualität« zu erschließen; in Wahrheit führen sie – wie bereits anläßlich der Verführung durch die Schlange – in die Zerstörung.

225 Vom Kreuzigen des »Fleisches« handelt Gal 3,24.

226 »Zugrunde richten« wird im NT im realen Sinn von »vernichten« (Lk 12,33; 1Kor 3,17; Kol 2,22 u.a.), dann moralisch-religiös (»verderben«, »verführen«: 1Tim 6,5; 2Tim 3,8 u.a.), sowie vor allem auch im Blick auf die Erfahrung des Todes (»verfallen«, »vergehen«: 2Kor 4,16; 1Kor 15,50 u.a.) gebraucht; vgl. G. Harder, ThWNT IX, 103ff.

Mit der Formulierung **»und erneuert wurdet im Geist eures Sinnes«** schließt Paulus an Röm 12,2 an, wo er von der »Veränderung durch die Erneuerung des Sinnes« spricht. Interessant ist, daß dabei zwei verschiedene Begriffe für »neu« gebraucht werden: *»neos«* und *»kainos«*. Möglicherweise tritt zum Gegensatz zwischen »altem« und »neuem« (*kainos*: Eph 4,23) Menschen das Element des Frischen, Jungen im Wort »erneuern« (griech.: *ananeomai*) hinzu.[227] 23

Der **»Geist«** ist der Heilige Geist, der Sinn, Herz und Verstand des Glaubenden zunehmend erfüllen (Eph 5,18; 1Thess 5,19) und damit erneuern soll. Seinem Wirken darf nicht gewehrt werden (1Thess 5,19); daher kann die Wendung im Sinne eines Imperativs zwischen die Aufforderungen zum »Ablegen« und »Anziehen« gestellt werden.

Der **»neue Mensch«** ist nach 2,15 das neue Gottesvolk aus Juden- und Heidenchristen, der eine Leib Christi. In unserem Kontext wird damit jedoch die »neue Schöpfung« (2Kor 5,17; Eph 2,10), die »Neuheit des Lebens« (Röm 6,4) charakterisiert. Diesen neuen Menschen, das neue Leben, gilt es **»anzuziehen«.** 24

Das Begriffspaar »ausziehen« – »anziehen«, das sich an unserer Stelle auf den Kampf gegen das alte und die Verwirklichung des neuen Lebens bezieht, wird von Paulus auch im Blick auf den Übergang vom vergänglichen zum unvergänglichen Leib gebraucht: In 2Kor 5,1ff bringt er seine Sehnsucht nach dem Leben bei Gott in der Form zum Ausdruck, daß er sich keine »Entkleidung«, sondern eine »Überkleidung« seines Lebens wünscht. Dies bezieht sich nach 1Kor 15,51ff auf die Verwandlung der Glaubenden anläßlich der Wiederkunft Jesu Christi: Sie werden ihres irdischen Lebens nicht durch das Sterben entledigt, vielmehr zieht »das Sterbliche« unmittelbar das »Unsterbliche« an.

Vom »Anziehen des Christus« spricht Paulus in Gal 3,27, bemerkenswerterweise im Zusammenhang mit der Taufe: »Denn ihr alle, die ihr auf Christus getauft seid, habt Christus angezogen.« Damit wird erneut klar, wie dem Apostel an der Realität der von ihm dargelegten Vorgänge gelegen ist. Er spricht nicht von Ereignissen, die sich auf gedanklicher Ebene vollziehen, sondern von Wirklichkeiten, in die die Glaubenden hineingenommen sind. Daß im Begriff »Anziehen« ebenfalls (vgl. »ablegen«, »mitsterben«, »kreuzigen«) das in der Taufe verliehene neue Leben wie auch die Aufforderung zum neuen Wandel vereint sind, verdeutlicht die Formulierung in Röm 13,14: »Zieht an den Herrn Jesus Christus und sorgt für den Leib nicht so, daß ihr den Begierden verfallt.«

[227] Dies erwägt Schnackenburg, a.a.O. 204.

Wenn der Ausdruck »den neuen Menschen anziehen« durch die Wendung »den Herrn Jesus Christus anziehen« zu erläutern ist, so wird damit auch der Charakter des »neuen Menschen« beschrieben: Er ist Gabe Gottes und nicht Ergebnis menschlicher Leistung. Indem wir Christus im Glauben empfangen, ziehen wir den neuen Menschen an; denn »Christus ist uns von Gott gemacht zur ... Heiligung und zur Erlösung« (1Kor 1,30). Aller sichtbare Ausdruck solcher Heiligung, alles gute Werk wurde uns zuvor von Gott bereitet (Eph 2,10). Trotzdem ist der »neue Mensch« zugleich auch der jeweils individuelle, unverwechselbar geprägte; denn jeder Christ wird durch Gottes Gebot zum ganz persönlichen Gehorsam aufgefordert.

Der »neue Mensch« ist **»nach Gott geschaffen in wahrer Gerechtigkeit und Heiligkeit«.** Kol 3,10 erklärt: Der neue Mensch wird erneuert »zur Erkenntnis nach dem Bild dessen, der ihn geschaffen hat«. Das Bild Gottes aber ist Christus[b], das der Glaubende – anders als der Israelit im Alten Bund: 2Mo 33,20 – anzuschauen vermag, ja, in dessen Bild er sogar hineinverwandelt wird (2Kor 3,18; Röm 8,29). Der Glaubende wird somit von Christus »überformt«, geprägt von seiner Gesinnung (Phil 2,5), bestimmt von seinem Wesen.

[b] 2Kor 4,4 Kol 1,15 Hebr 1,3

Solche Schöpfung drückt sich »in wahrer Gerechtigkeit und Heiligkeit« aus. Damit sind die bestimmenden Kennzeichen des göttlichen Wirkens genannt. Die Formulierung belegt eindrücklich, wie bei Paulus das rechtfertigende (als Nichtanrechnung der Sünde im Endgericht) und das erneuernde (als Neuschaffung des Lebens durch den Heiligen Geist) Handeln Gottes miteinander verbunden sind. Unsere Stelle wird dabei erneut von Röm 5-6 her illustriert: Nachdem der Glaubende um Christi willen gerechtfertigt wurde (Röm 5,18), soll nun auch »die Gnade herrschen durch die Gerechtigkeit« (5,21). Dies geschieht dadurch, daß der Christ seine Glieder »an den Dienst der Gerechtigkeit hingibt, daß sie heilig werden« 6,19). Er ist »Knecht der Gerechtigkeit« geworden (6,18), der vom Gehorsam gegenüber der »Gerechtigkeit« bestimmt ist (6,16). Die »Gerechtigkeit« (im Gegensatz zur »Gesetzlosigkeit«) vermittelt nach 2Kor 6,14 »dem Christenleben die Prägung«.[228]

Daraus ergibt sich die Verbindung mit »Heiligkeit«: aus der gottgegebenen »Gerechtigkeit«, die sich im Leben markant erweisen soll, erwächst die persönliche »Frömmigkeit« als die dem Willen Gottes ent-

[228] G. Schrenk, ThWNT II, 214. Insgesamt urteilt Schrenk über »Gerechtigkeit« bei Paulus: »Der Begriff der freisprechenden, forensischen Gerechtigkeit geht also, ohne daß irgendeine Schwierigkeit oder ein Widerspruch empfunden wird, über in den Begriff der Gerechtigkeit als Lebensmacht, welche die Sünde überwindet« (ebd. 213).

sprechende Lebensweise (vgl. 4,1). Noch dreimal begegnet dabei »heilig« in der Verbindung mit »gerecht« im NT.[229][c]

[c] Lk 1,75 1Thess 2,10 Tit 1,8

Die in der Übersetzung als Adjektiv wiedergegebene Formulierung (»wahr«) bildet im Griechischen als Genitiv den Abschluß des ganzen Abschnitts: **»in Gerechtigkeit und Heiligkeit der Wahrheit.«** Zu beobachten ist dabei die formale Parallele zu V. 22, der wörtl. endet: »... nach den Begierden des Betrugs.« Damit stellt Paulus dem in die Irre führenden Charakter des zugrundegehenden alten Menschen die Wahrheit der göttlichen Neuschöpfung entgegen. An die Stelle der Nichtigkeit (4,17) tritt die Wirklichkeit und Beständigkeit dessen, was Gott tut. Sein Handeln ist Geschenk und Ziel zugleich: Weil der Glaubende den neuen Menschen angezogen hat, soll er den alten – stets aufs neue! – ablegen und sich mehr und mehr durch den erneuernden Heiligen Geist prägen lassen.

b) Wahrheit und Liebe statt Lüge, Diebstahl und Geschwätz: 4,25-5,2

25 **Darum legt die Lüge ab und redet Wahrheit, jeder mit seinem Nächsten, denn wir sind gegenseitig Glieder.**
26 **Wenn ihr zornig seid, so sündigt nicht. Die Sonne gehe nicht unter über eurem Zorn;**
27 **und gebt nicht Raum dem Teufel.**
28 **Der Dieb** (wörtl.: der Stehlende) **stehle nicht mehr; vielmehr mühe er sich und schaffe mit seinen eigenen Händen das Gute, damit er habe, um dem Bedürftigen zu geben.**
29 **Kein modriges** (griech.: sapros) **Wort gehe aus eurem Mund, sondern nur ein gutes zur Erbauung da, wo es nottut, damit es denen Gnade gebe, die es hören.**
30 **Und betrübt nicht den Heiligen Geist, mit dem ihr versiegelt wurdet auf den Tag der Erlösung hin.**
31 **Jede Bitterkeit, Wut, Zorn, Geschrei und Lästerung sei fern von euch, ebenso wie alle Schlechtigkeit.**
32 **Seid vielmehr zueinander freundlich, barmherzig, vergebt einander, wie ja Gott in Christus euch vergeben hat.**
5,1 **Seid nun Nachahmer Gottes als die geliebten Kinder**
2 **und wandelt in der Liebe, wie auch Christus uns geliebt und sich selbst für uns hingegeben hat als Gabe und Opfer für Gott zu einem wohlriechenden Duft.**

229 Vgl. F. Hauck, ThWNT V, 488ff.

Nach Darlegung der Grundlage christlichen Lebens in 4,17-24 entfaltet der Apostel den Wandel der Christen im Blick auf Verhaltensweisen, die es zu verändern gilt: Lüge, Zorn, Diebstahl und zweifelhaftes Reden. Da solche Handlungen dem Heiligen Geist zuwiderlaufen, sind sie zu unterlassen (V. 25-30). An die Stelle wütender Auseinandersetzung soll gegenseitige Vergebung und eine grundsätzlich durch die Liebe Christi geprägte Lebensweise treten (4,31-5,2). Der innere Zusammenhang von 4,25-5,2, wie auch das neue Thema »Unzucht« in 5,3ff legen den Einschnitt nach 5,2 nahe.[230]

25 In mehrfacher Weise knüpft Paulus an Stichworte des vorangegangenen Abschnitts an, wenn er einsetzt: **»Darum legt die Lüge ab und redet Wahrheit, jeder mit seinem Nächsten.«** Das Ablegen der **»Lüge«** ist die Folge aus dem Ablegen des alten Menschen insgesamt (4,22). Die **»Wahrheit«** im Reden erwächst aus der eben erwähnten göttlichen Wahrheit (4,24) und sie ersetzt den für das frühere Leben charakteristischen Betrug (4,22). Wo zuvor das Zwielicht von Täuschung, Lüge, List und Heimlichkeit regierte, bewirkt ein Leben im Licht der Wahrheit (vgl. 2Kor 5,8ff) Offenheit, Aufrichtigkeit und Freiheit zum klaren Wort (vgl. 2Kor 4,2ff).

Hier und in den folgenden Versen bedient sich Paulus atl. Zitate, um seine Aussagen zu gestalten: **»Redet Wahrheit, jeder mit seinem Nächsten«** ist aus Sach 8,16 entnommen und steht dort im Zusammenhang einer Anweisung zum wahrhaftigen Umgang der Israeliten untereinander. So soll nicht der »Lügeneid«, sondern vielmehr »Wahrheit und Frieden« geliebt werden (Sach 8,17.19). Das Zitat aus dem AT erklärt damit auch die etwas umständlich wirkende Formulierung im Unterschied zu Kol 3,9, wo Paulus schreibt: »Belügt einander nicht.«

Neben der Begründung der Wahrhaftigkeit in Gottes eigener Wahrheit nennt Paulus noch eine weitere Ursache für einen derartigen Umgang unter den Briefempfängern: **»denn wir sind gegenseitig Glieder.«** Bemerkenswert ist, daß der Ausdruck **»Glieder«** im Eph sonst nur in 5,30 gebraucht wird, obwohl hier der Leib Christi eine derart zentrale Stellung einnimmt.[231] Als Glieder sind die Glaubenden darauf angewiesen, daß sie sich auf ihre Aussagen gegenseitig verlassen können.

[230] Vgl. die Argumente bei Schnackenburg, a. a. O. 208.

[231] Dafür kommt der Begriff in 1Kor 12,12ff umso häufiger vor (vgl. Röm 12,4f). Das Verhältnis der Glieder untereinander, wie auch ihre jeweilige Wertigkeit und gegenseitige Abhängigkeit wird dort eingehend beschrieben.

Auch die Anweisung über den Zorn erfolgt im Rahmen eines wörtlichen Zitats aus Ps 4,5: **»Wenn ihr zornig seid, so sündigt nicht.«** 26
Damit erinnert Paulus mahnend an den raschen Übergang vom Zorn zur Sünde. Das Zusammenleben (innerhalb und außerhalb der Gemeinde) schafft vielfältigen Anlaß zum Zorn (vgl. auch Jak 1,19f – möglicherweise von gegensätzlichen Meinungen im Lehrgespräch[232]). Während der Christ »langsam zum Zorn« (Jak 1,19) sein soll, ist im Blick auf die Vergebung Eile geboten: **»Die Sonne gehe nicht unter über eurem Zorn.«**[233] Die Mahnung zur raschen Beseitigung des Anstoßes[234] will vor allem der verheerenden Wirkung von langandauerndem Streit wehren: »Paulus verlangt, daß wir den Bruch der Gemeinschaft unverzüglich aufheben. Alt gewordener Groll ist schwer zu tilgen. Bedarf es zur Wiederherstellung der Gemeinschaft einer Verhandlung mit dem Bruder, so sollen wir das rasch tun; können wir ohne solche über die Sache Meister werden, so sollen wir sofort verzeihen. Der Groll wird nur gefährlicher, wenn er von einem Tag in den anderen hinübergenommen wird. Auch dieser Satz zeigt wie der über die Ausrottung der Lüge, daß Paulus die einträchtige Gemeinschaft mit den Brüdern zu unserem Hauptanliegen macht, dem jedes andere Interesse nachgesetzt wird.«[235]

Hinter all dem steht die Neudeutung des 5. Gebotes in der Bergpredigt Jesu (Mt 5,21ff): Demnach stellt das »Zürnen mit seinem Bruder« (derselbe Begriff wie in Eph 4,26) eine Übertretung des Tötungsverbots dar und macht des Gerichts schuldig. Das wird durch die aus dem Zorn erwachsenden Beleidigungen (»Nichtsnutz«, »Narr«) unterstrichen und mit dem »höchsten menschlichen bzw. letztem göttlichen Gericht« (»Hoher Rat«, »höllisches Feuer«) bedroht.[236] Paulus reiht somit nicht ethische Anweisungen willkürlich aneinander, sondern argumentiert im Rahmen der Vorgaben der Zehn Gebote, die ihre ent-

232 Vgl. A. Schlatter, Erläuterungen zum NT Bd 9, Stuttgart 1964, 154.

233 G. Stählin: »Erst lange brauchen, bis man sich in Zorn bringen läßt (Jk), und dann nicht lange brauchen, bis man den Zorn überwindet (Eph)« (ThWNT V, 422). Er regt an, das Zurückhalten des Zorns mit Gottes Langmut in Verbindung zu bringen (vgl. zu 4,2): Als »Nachahmer Gottes« (5,1) sollen sich Christen angesichts ihres Zorns von Gottes Barmherzigkeit das Vorbild geben lassen. An die Stelle unversöhnlichen Zorns soll vielmehr die Vergebung treten (4,32): ebd. 422.

234 Schnackenburg referiert eine Sitte der Pythagoreer, die von Plutarch festgehalten ist: »Wenn sie sich im Zorn zu Schmähungen hinreißen ließen, geben sie sich vor Sonnenuntergang die rechte Hand und scheiden mit einem Gruß voneinander« (a. a. O. 211, A. 498).

235 A. Schlatter, Erläuterungen Bd 7, a. a. O. 223.

236 Vgl. dazu G. Bertram, ThWNT IV, 846. Bertram faßt seine Auslegung von Mt 5,21ff folgendermaßen zusammen: »So ist das Jesuswort keine sittliche Mahnung, die Zorn und Schimpf aus der Menschenwelt bannen möchte, sondern es will auf dem Boden der persönlichen Autorität Jesu Gemeinschaft schaffen. Die, die ihm nachfolgen, stehen in unbedingter und unzerstörbarer Gemeinschaft untereinander« (ebd. 847).

scheidende Deutung durch Jesus erfahren haben. Nach den Ausführungen zum achten (Lüge) und fünften (Töten – Zorn) Gebot folgen in V. 28 (Stehlen) und 5,3 (Ehebruch – Unzucht, sowie Habsucht) Mahnungen im Zusammenhang mit dem siebten, sechsten, sowie neunten und zehnten Gebot.

27 Der Zorn bietet offenbar ein besonders gefährliches Einfallstor für den »Durcheinanderwerfer« (griech.: *diabolos*). Daher fährt Paulus direkt fort: **»und gebt nicht Raum dem Teufel.«** Ist in 6,11 von den »Schlichen« des Teufels die Rede, so gehört verschleppter Zorn mit allen seinen Konsequenzen zweifellos dazu. In der LXX wird der hebr. Ausdruck »satan« mit »diabolos« übersetzt, womit vor allem der »Widersacher«, dann auch der »Verführer« gemeint ist.[237] Im NT wird *diabolos* und *satanas* abwechselnd gebraucht, ohne daß ein »sachlicher Unterschied festzustellen« wäre.[238] Insgesamt findet sich in den Briefen an die ntl. Gemeinden in vielfältiger Weise die Aufforderung zur Wachsamkeit und zum Feststehen gegen die Schliche des Teufels.[a]

[a] Röm 16,20 1Kor 7,5 2Kor 2,11 11,14 1Thess 2,18 Eph 6,11.16 1Tim 3,6f 5,15 2Tim 2,26 Jak 4,7

28 Nach den Ermahnungen im Blick auf Lüge und Zorn wendet sich Paulus dem Problem des Diebstahls zu, das – zusammen mit der Frage von Arbeit und Faulheit – auch in anderen jungen Gemeinden eine Rolle spielte: **»Der Dieb stehle nicht mehr; vielmehr mühe er sich und schaffe mit seinen eigenen Händen das Gute.«**

Der **»Dieb«** bringt »das dauernde, gewohnheitsmäßige Tun«[239] zum Ausdruck, deutet hier aber auf das »Einst« der vorchristlichen Zeit. Auch an dieser Stelle sind die eingefahrenen Geleise des ehemaligen Lebensstils entschlossen zu verlassen: **»er stehle nicht mehr«**. Gleichzeitig aber ist das Denken und Tun auf **»das Gute«** auszurichten. Damit wird sehr klar erkennbar, was Paulus mit seiner Mahnung meint, die »Glieder Gott als Waffen der Gerechtigkeit« zu ergeben, damit »sie heilig werden« (Röm 6,13.19). Auf diese Weise gewinnt die »Erneuerung des Sinnes« und das »Anziehen des neuen Menschen« (Eph 4,23f) anschauliche Gestalt.

Das Verbot des Stehlens ist in den Zehn Geboten verankert (2Mo 20,15).[240] Im NT ergibt sich daraus folgerichtig, daß »Diebe« zu den

[237] Vgl. W. Foerster, ThWNT II, 71.

[238] Ebd. 78; anders Schnackenburg, der »diabolos« bei den neutestamentlichen Spätschriften (inkl. Eph) gebraucht sieht (a.a.O. 211). Demgegenüber ist festzustellen, daß im Johannesevangelium und im Buch der Offenbarung beide Begriffe nebeneinander verwendet werden: vgl. Joh 13,2 und 13,27 bzw. Offb 12,9: »und es wurde hinausgeworfen der große Drache, die alte Schlange, die da heißt: Teufel (griech.: *diabolos*) und Satan, der die ganze Welt verführt«. Zur hierarchischen Einordnung des *diabolos* vgl. S. 42 zu 1,21.

[239] Schnackenburg, a.a.O. 212, Anm. 502.

[240] bezogen auf Menschenraub: 2Mo 21,16; 5Mo 24,7; 1Tim 1,10; verbunden mit Lüge und Betrug: 3Mo 19,11; 1Thess 4,6.

»Ungerechten« (griech.: *adikos*; vgl. Röm 1,18) gehören, die von der Teilhabe am Reich Gottes ausgeschlossen sind (1Kor 6,10f; vgl. 1Petr 4,5).

Um den »Teufelskreis« von Diebstahl und Arbeitsverweigerung[241] zu durchbrechen, mahnt der Apostel zu gewissenhaftem Arbeitseinsatz. Verwandte Probleme traten bereits früher in der Gemeinde von Thessalonich auf. Daher drängt Paulus ausführlich auf die Korrektur: Der Apostel und seine Mitarbeiter haben mit ihrer eigenen Arbeit für den Lebensunterhalt gesorgt (2Thess 3,7ff; 1Kor 4,12) und erwarten dieselbe Einstellung auch von den Gemeindegliedern. Da Müßiggang dazu führt, »unnütze Dinge zu treiben« (2Thess 3,11), ist solcher »Unordnung« (griech.: *ataktos*) scharf entgegenzutreten, ggf. die Gemeinschaft mit solchen Mitchristen (zeitweise) zu unterbrechen (2Thess 3,6; vgl. 1Thess 4,11f).

Was Paulus tat, um das Evangelium frei verkündigen zu können und keiner finanziellen Unterstützung zu bedürfen, das soll den Briefempfängern die Mittel zur Unterstützung anderer verschaffen. Dies ist das »Gute«, das zugleich das materielle »Gut« meinen kann. Da die christliche Gemeinde Leib Christi ist, für den das gegenseitige Geben und Nehmen grundsätzlich gilt, stellt der »Ausgleich« eine zentrale Funktion des gemeinschaftlichen Lebens dar: Dazu gehört die Teilhabe an Freude oder Leid (1Kor 12,26), aber auch der Ausgleich des Mangels durch den Überfluß anderer.[b] Dabei richtet sich der Blick zunächst auf die Mitchristen, berücksichtigt darüber hinaus jedoch den Bedürftigen allgemein: »Laßt uns Gutes tun an jedermann, allermeist aber an des Glaubens Genossen« (Gal 6,10; vgl. Tit 3,14; 1Joh 3,17).

[b] Apg 2,45; 4,35; Röm 12,3; 2Kor 8,14

Der Umgang mit Worten ist nach dem NT von besonderer Bedeu- 29
tung. Nach Jesu Wort Mt 15,18ff dringt die Bosheit des Herzens durch den Mund nach außen und verunreinigt so den Menschen. Daraus ergibt sich ein Verhalten, das völlig von den Vorgängen in der Natur abweicht: »Aus *einem* Munde kommt Loben und Fluchen .... Läßt auch die Quelle aus *einem* Loch süßes und bitteres Wasser fließen?« (Jak 3,10f).

Auch an dieser Stelle hat das Ablegen des alten Menschen zu einer Erneuerung bisheriger Gewohnheiten zu führen, wenn Paulus unmißverständlich befiehlt: **»Kein modriges Wort gehe aus eurem Mund.«** Das Adjektiv **»modrig«** wird für faule Früchte (Mt 12,33b) und Fische (Mt 13,48) oder morsche Bäume (Mt 7,17f) gebraucht. Daneben kann es auch »unbrauchbar« (»abgetragene« Schuhe) oder

[241] Schnackenburg zitiert ein jüdisch-hellenistisches Lehrgedicht, in dem es heißt: »jeder Arbeitsscheue lebt von dem, was seine Hände stehlen« (a. a. O. 212).

»häßlich« meinen.[242] Vom »nutzlosen«, »ertraglosen« Wort ist in Mt 12,36 die Rede.[243]

An die Stelle des häßlichen und unnötigen Ausspruchs soll das **»gute«** Wort treten (dasselbe Begriffspaar auch in Mt 7,17f). Dieses zeichnet sich dadurch aus, daß es gute Frucht wirkt: Es trägt dort zur »Erbauung« bei, »wo es nottut«. Paulus verwendet dabei denselben Ausdruck wie im vorhergehenden Vers (»dem Bedürftigen«); ebenso findet sich auch jeweils eine Zielangabe, die mit »damit« (griech.: *hina*) eingeleitet wird.[244] Erforderlich ist neben dem materiellen Beistand auch das gute Wort, das den Mitchristen in der notwendigen Weise unterstützt, ihm gegebenenfalls auch zurechthilft (vgl. Gal 6,1).

Ein derartiges Wort vermag **»denen Gnade (zu) gebe(n), die es hören«. »Gnade«** ist hier von seiner Grundbedeutung »das Erfreuende«, »Erfreuen durch Schenken« zu verstehen.[245] Da der von Gott geschaffene neue Mensch »gute Früchte« hervorbringt, aufbauende Worte äußert, haben diese eine erfreuende und beschenkende Wirkung. Indem sie von ihrem Ursprung her der göttlichen Gnade entstammen, können die Zuhörer durch sie »Gnade« empfangen.[246]

30 Zielen diese Anweisungen, wie mehrfach zu beobachten war, alle auf die Gemeinschaft innerhalb des Leibes Christi, so wird verständlich, warum Paulus nun den Heiligen Geist erwähnt: Das neue Leben »in Christus« ist zugleich »Leben im Geist« (Gal 5,25; Röm 8,4). Der Leib jedes einzelnen Glaubenden ist nichts weniger als »Tempel des Heiligen Geistes« (1Kor 6,19).

Der Heilige Geist soll nicht durch Mißachtung der genannten Mahnungen »betrübt« werden. Auch an dieser Stelle bedient sich der Apostel einer Anspielung aus dem AT. Jesaja sagt von der Reaktion des Volkes auf Gottes barmherziges und liebendes Handeln: »Sie waren widerspenstig und betrübten seinen heiligen Geist« (Jes 63,10 – allerdings wird in LXX ein anderes Verb gebraucht). Was für Israel galt, wird hier auf das Volk des neuen Bundes bezogen: Ungehorsam gegen den heilsamen Willen Gottes, wie er auch in den Weisungen zu Lüge, Zorn, Diebstahl und unangemessener Rede erkennbar wird, ist Kränkung des Heiligen Geistes. Das muß vor allem auch deshalb vermieden bzw. bereinigt werden, da die Glaubenden im Heiligen Geist

242 Vgl. Bauer, a. a. O. 1485.

243 In 2Petr 1,8 stehen »ertraglos« und »fruchtlos« nebeneinander.

244 Darauf macht Schnackenburg a. a. O. 213 aufmerksam.

245 Vgl. Conzelmann, ThWNT IX, 363.384, der für Eph 4,29 jedoch die Übersetzung »Gnade« angibt: 387.

246 Von »Worten der Gnade«, die allerdings von Jesus ausgingen, berichtet Lk 4,22. Nach 1Kor 14,3.5 wird durch das wegweisende Wort in der jeweiligen Situation (»prophetische Rede«) die Gemeinde auferbaut (vgl. ähnlich Kol 4,6 vom Wort gegenüber Nichtchristen).

»versiegelt werden auf den Tag der Erlösung hin«. Mit der Formulierung erinnert Paulus an 1,13f, wo er den Heiligen Geist ebenfalls als Siegel sowie als Pfand des Erbes bezeichnet hatte. Da dieser Geist der »Geist der Heiligung« (Röm 1,4) ist, hat das Versiegelte auch dem Siegel zu entsprechen. Das Anziehen des neuen Menschen umschließt sowohl das Beschenktwerden mit der Heiligung (1Kor 1,30) als auch die beständige Mahnung zum geheiligten Leben (1Thess 4,3), wie es etwa im Gehorsam gegen die durch den Apostel vermittelten Anweisungen erkennbar wird.

Deutlicher als in 1,14 wird hier die Zielrichtung allen christlichen Lebens offenkundig: Die Versiegelung mit dem Heiligen Geist erfolgte **»auf den Tag der Erlösung hin«**: Erst an diesem Tag, dem »Tag Christi«,[c] wird das Erbe in seiner Herrlichkeit (Eph 1,18) offenbar werden, wird der Glaube in Schauen verwandelt (2Kor 5,7). Wie sehr nicht nur die Gemeinde der Glaubenden, sondern mit ihr die gesamte Kreatur auf die erhoffte Erlösung ausgerichtet ist und sie mit Sehnsucht erwartet, legt Paulus in Röm 8,23 dar und gebraucht dort Formulierungen, die sich eng mit Eph berühren: »Auch wir selbst, die wir den Geist als Erstlingsgabe haben, seufzen in uns selbst und sehnen uns nach der Kindschaft (griech.: *hyiothesia*: wie Eph 1,5), der Erlösung unseres Leibes.« Damit wird sehr deutlich, daß auch im Eph das christliche Leben im Zeichen des wiederkommenden Herrn verstanden wird, daß das Wachstum des einzelnen, wie auch das des Leibes Christi insgesamt (4,3.16) auf die Vollendung am »Tag der Erlösung« ausgerichtet ist.

[c] 1Kor 1,8 Phil 1,6.10 2,16 1Thess 5,2.4

Erneut kommt Paulus auf den Zorn und die mit ihm verbundenen 31
Laster zu sprechen. Möglicherweise sind die fünf Begriffe – mit **»Zorn«** im Zentrum – steigernd angeordnet »vom inneren Herd zur äußeren Explosion«, von der »Erbitterung« über »Ingrimm«, »Zornesausbruch«, »Geschrei« bis hin zu »Beschimpfung und Schmähung anderer«.[247] Solche Äußerungen, zusammen mit »aller Schlechtigkeit«, sollen aus der Gemeinde beseitigt werden, vermögen sie doch innerhalb der Gemeinschaft eine »bittere Wurzel« entstehen zu lassen (vgl. Hebr 12,15).

Dem stellt Paulus das den Glaubenden angemessene Verhalten ge- 32
genüber, das aus Gottes Haltung entspringt und an ihm sein Beispiel findet (5,1): **»Seid vielmehr zueinander freundlich, barmherzig, vergebt einander, wie ja Gott in Christus euch vergeben hat.«**

247 Schnackenburg, a. a. O. 215, wo auch die Steigerung im »Hirt des Hermas«, einer um 150 entstandenen Schrift mit Visionen, Geboten und Gleichnissen, genannt wird: »Aus dem Unverstand entsteht Erbitterung, aus der Erbitterung Ingrimm, aus dem Ingrimm Zorn, aus dem Zorn Wut« (Herm mV 2,4).

Auch in dieser Anordnung mag eine Abfolge verborgen sein: »Aus Güte (...) wächst barmherzige Gesinnung und daraus der Wille zur Vergebung.«[248] Als Eigenschaft Gottes ist die »Güte«/»Freundlichkeit« nach Röm 2,4 das »geduldige Ansichhalten Gottes gegenüber den Sünden seines Volkes in der Zeit vor Christus«.[249] Gerade angesichts von drohendem Zorn ist solch eine Haltung in besonderer Weise vonnöten.

Gleichwohl geht christliche Gesinnung über das Zurückhalten des Zorns hinaus. Der mit **»barmherzig«** wiedergegebene Ausdruck umschließt die Zuneigung und Liebe zum Nächsten (vgl. 2Kor 7,15). Auch sie hat ihren Grund und Anhalt in der »herzlichen Barmherzigkeit unseres Gottes« (Lk 1,78).

Schließlich nennt der Apostel das gegenseitige Vergeben (griech.: *charizein*), das aus der Vergebung Gottes, aus seiner Gnade (griech.: *charis*) erwächst. Diese wurde sichtbar **»in Christus«**. Wer aus dieser Vergebung lebt, weil er von dem Leben unter der Sünde befreit und gereinigt und mit Christus lebendiggemacht wurde, der kann nicht anders, als seinem Nächsten zu vergeben. Die unauflösliche Verbindung von empfangener und erwiesener Vergebung wird von Jesus im Vaterunser formuliert und im Gleichnis vom törichten Knecht (Mt 18,23.35) nachdrücklich bestärkt. Sie ist nicht bedrückendes Gesetz, sondern notwendige Folge für denjenigen, der Gottes Barmherzigkeit und Vergebung in Jesus Christus in seiner überragenden Größe empfangen hat und von ihr lebt.

5,1 Mit demselben Wort wie zu Beginn von 4,32 fährt Paulus folgernd fort: **»Seid nun Nachahmer Gottes.«** So wie der Aufruf zur Freundlichkeit und Vergebung (»Seid zueinander freundlich ...«) in der Vergebung, die Gott in Christus gewährt, ihre Quelle hat, so hat auch die Mahnung zur Nachahmung und Liebe nur deshalb einen Sinn, weil Christen **»geliebte Kinder«** sind, die Christus zuerst geliebt hat (5,2).

Der Ausdruck **»Nachahmer Gottes«** ist einmalig im NT. Dagegen sagt Paulus, daß er ein »Nachahmer Christi« sei (1Kor 11,1; die Thessalonicher: 1Thess 1,6), während die Glaubenden ihrerseits den Apostel nachahmen sollen (Phil 3,17; 1Kor 4,16; 2Thess 3,7.9). Außerdem wird ihnen der »Glaube der Väter« (Hebr 6,12) und der Lehrer (Hebr 13,7), »die Gemeinden Gottes in Judäa« (1Thess 2,14), sowie »das Gute« (3Joh 11) als Vorbild zur Nachahmung vor Augen gestellt. In Lk 6,36 ist die Barmherzigkeit Gottes Grund und Anlaß für die geforderte Barmherzigkeit gegenüber dem Nächsten. Umfassend von

[248] Schnackenburg, a. a. O. 215.
[249] K. Weiß, ThWNT IX, 477.

Gottes »Vollkommenheit« und »Heiligkeit« sprechen Mt 5,48 bzw. 1Petr 1,15f (mit Zitat aus 3Mo 19,2).

Der Zusammenhang von 4,32-5,2 läßt klar erkennen, daß »Nachahmung« nicht in dem Sinn verstanden werden kann, daß der Mensch – auch als Glaubender – ein ihm vorgehaltenes Idealbild mit Wirklichkeit erfüllen soll. Der Ausdruck »Nachahmer *Gottes*« schließt diesen Gedanken von vornherein aus. »Nachahmen« heißt daher: So handeln, wie Gott handelt, da er die Glaubenden zuallererst in den Stand versetzt hat, andern Barmherzigkeit und Vergebung zu erweisen. Gott hat diese guten Werke bereit, »daß wir darin wandeln sollen« (2,10). Weil Christen *Gottes* Werke tun, und *Gottes* Gaben austeilen (4,16), sind sie Gottes Nachahmer.

»Als die geliebten Kinder« drückt somit den Hintergrund der angemahnten Nachahmung aus: Weil Gott in seiner Liebe euch zu seinen Kindern gemacht hat, darum seid ihr in die Lage versetzt und dazu aufgerufen, diese Liebe weiterzugeben.

Von der Berufung in die Kindschaft war bereits in 1,5 (vgl. Röm 8,16f.19.21.23; Gal 4,5) die Rede; von der in Christus erwiesenen Liebe ist im folgenden Vers ausführlich zu sprechen.

Die Mahnung zur Nachfolge Gottes wird greifbar in dem umfas- 2
senden Aufruf: **»Wandelt in der Liebe.«** Darin klingen sowohl Jesu Doppelgebot[250] als auch parallele Formulierungen wie »im Geist« (Gal 5,16; Röm 8,4), »in Christus« wandeln (Kol 2,6) an.

Die Begründung für diese Aufforderung ist direkt angeschlossen und wie in 4,32 mit der Konjunktion »wie« eingeleitet: **»wie auch Christus uns geliebt und sich selbst für uns hingegeben hat.«**

Christi Liebe zu uns Menschen erweist sich in seinem gesamten Leben, alles Bisherige überbietend schließlich durch seinen Tod am Kreuz (Röm 8,37; Gal 2,20; Joh 13,1). In der Sendung des Sohnes offenbart sich zugleich Gottes überragende Liebe: Joh 3,16; Röm 5,8. Was Gott dem Abraham im Blick auf dessen Sohn Isaak letztendlich nicht abverlangt hat, das tut er selbst mit seinem Sohn Jesus Christus: Er hat ihn nicht verschont, sondern für uns alle dahingegeben (Röm 8,32; vgl. 1Mo 22,12.16).

»Hingegeben« ist feststehender Ausdruck für das Opfer Jesu am Kreuz[251], ebenso wie die Worte »für euch«[252].[d] Den genannten Stellen ist zu entnehmen, daß schon bald nach Tod und Auferweckung Jesu die stellvertretende Hingabe Jesu als Lösegeld für die Sünder in die-

[d] *1Kor 11,24 15,3*

[250] Mt 22,37-40; Mk 12,30f; vgl. Röm 13,10; Gal 5,14.

[251] Röm 4,25; 8,32; Gal 1,4; 2,20; Eph 5,25; 1Tim 2,6; Tit 2,14; vgl. Mk 10,45; für das Dahingegeben-Werden Jesu an den Hohen Rat bzw. die »Heiden«: Mk 9,31 par.; 10,33 par.; Apg 3,13 u. a.

[252] Vgl. P. Stuhlmacher, Biblische Theologie, a. a. O. 191ff.294.

sen Wendungen festgehalten und überliefert wurde. Paulus hat die Tradition selbst übernommen und in den von ihm gegründeten Gemeinden weitergegeben.

Die Aussage über Jesu Liebe und Hingabe wird durch einen Zusatz ergänzt: **»als Gabe und Opfer für Gott zu einem wohlriechenden Duft.«**

Da der Tod Jesu Christi die im AT vorgeschriebenen Opfer abgelöst hat[253], erhält der Begriff im Hebräerbrief eine neue Deutung: Statt häufig wiederholter Opfer ist Jesus das abschließende und einzigartige Opfer (Hebr 10,12); es besteht in der Hingabe seines eigenen Leibes und Blutes (9,14; 10,10) und reinigt und heiligt umfassend und bleibend (10,10.29). Wie in Hebr 10,5-10 so steht auch in Eph 5,2 eine Stelle aus dem Psalter im Hintergrund: »Speisopfer und Schlachtopfer gefallen dir nicht, (...) deinen Willen, mein Gott, tue ich gerne« (Ps 40,7-9). Damit wird zum Ausdruck gebracht, daß im Neuen Bund Jesu Opfer die bisherige Opferpraxis überbietet und ersetzt.

Wie das Opfer einen »lieblichen Geruch« für Gott selbst darstellte (2Mo 29,18; Hes 20,41 u.ö.), so gilt auch für Jesu Handeln, daß es »für Gott zu einem wohlriechenden Duft« geschieht. Von der Neudeutung der Opferterminologie aus kann Paulus zur Hingabe der Leiber als »lebendigem, heiligem und Gott wohlgefälligem Opfer« (Röm 12,1) aufrufen; ebenso spricht er in Verbindung mit dem Gottesdienst der Philipper von seinem bevorstehenden Martyrium als Opfer (Phil 2,17) und dankt für deren finanzielle Unterstützung als einem »lieblichen Geruch«, einem »angenehmen Opfer, Gott gefällig« (Phil 4,18).

c) Kinder des Lichts: 5,3-14

3 Unzucht aber und alle Unreinheit oder Habgier soll nicht einmal unter euch genannt werden, wie es den Heiligen entspricht,
4 und Schmutz und leeres Gerede oder dumme Witze, die sich nicht ziemen, sondern vielmehr Danksagung.
5 Denn das sollt ihr wissen, daß nicht ein Unzüchtiger oder Unreiner oder Habgieriger – was Götzendienst ist – Anteil am Reich Christi und Gottes hat.
6 Niemand von euch lasse sich durch leere Worte irreführen; denn dadurch kommt der Zorn Gottes auf die Kinder des Ungehorsams.

253 Vgl. Eph 2,14: er hat »die durch den Zaun gebildete Trennwand niedergerissen«, ist somit »Ende und Vollendung des Gesetzes«: Röm 10,4.

7 **Werdet nun nicht deren Teilhaber.**
8 **Denn ihr wart einst Finsternis, nun aber seid ihr Licht in dem Herrn. Wandelt als Kinder des Lichts.**
9 **Die Frucht des Lichts besteht nämlich in aller Güte, Gerechtigkeit und Wahrheit.**
10 **Prüft, was das dem Herrn Wohlgefällige ist.**
11 **Und habt nicht Gemeinschaft mit den unfruchtbaren Werken der Finsternis; bringt sie vielmehr ans Licht;**
12 **denn das, was heimlich von ihnen getan wird, ist schon schändlich zu sagen.**
13 **Das alles wird ans Licht gebracht und vom Licht offenbart;**
14 **denn alles, was offenbart ist, ist Licht. Daher heißt es: »Erhebe dich, du Schläfer, und steh auf von den Toten, und der Christus wird dir erscheinen.«**

Thema des nun folgenden Abschnitts von Ermahnungen ist **»Unzucht und jede Unreinheit oder Habgier«**. Bereits in 4,9 hatte Paulus »alle mögliche Unreinheit in Habgier« als Kennzeichen der von Gott getrennten Heiden angegeben. Auch hier beschreibt er zunächst die Ausformungen eines von der Sünde bestimmten Lebens, um dann an den durch Christus bei den Briefempfängern erfolgten Bruch zu erinnern (»einst Finsternis – jetzt Licht«: V. 8) und den daraus erwachsenden Wandel anzumahnen.[254] 3

»Unzucht« (griech.: *porneia*) ist vor allem der Umgang mit Prostituierten (vgl. Apg 15,20; 3Mo 19,29) sowie der Ehebruch (Mt 19,9), kennzeichnet dann aber insgesamt jede Form außerehelicher sexueller Beziehungen bis hin zu den in Röm 1,24ff und 1Kor 6,9 angesprochenen Perversionen der von Gott gegebenen Geschlechtlichkeit. Da der Leib des Christen ein Tempel des Heiligen Geistes ist, wird er ausschließlich von Christus als dem Herrn in Beschlag genommen (1Kor 6,19.13). Zugleich sind die Leiber der einzelnen Glaubenden Glieder Christi (1Kor 6,15) und können daher nur Gemeinschaft mit Christus als dem Haupt des Leibes haben. Im Blick auf die Unzucht haben die Christen ebenfalls einen totalen und abschließenden Schnitt vollzogen. So waren einige der Korinther in solche Sünde verstrickt gewesen: »Aber ihr seid reingewaschen, ihr seid geheiligt, ihr seid gerecht geworden durch den Namen des Herrn Jesus Christus und durch den Geist unseres Gottes« (1Kor 6,11). Die Scheidung von solchen Verstrickungen ist im Leben des Glaubenden aufrechtzuerhalten,

[254] Schnackenburg macht darauf aufmerksam, wie nahe diese Struktur dem Abschnitt 4,17-24 kommt, wo die grundlegende Veränderung durch das Ablegen des alten und Anziehen des neuen Menschen markiert wird: a. a. O. 221.

gehört es doch zum »Grundwissen« christlicher Lehre, »daß die Ungerechten das Reich Gottes nicht ererben werden«. Zu den »Ungerechten« gehören u.a.: Unzüchtige, Götzendiener, Ehebrecher, Lustknaben, Knabenschänder, Diebe, Geizige (1Kor 6,9f).

War die »Unzucht« auch betont an den Anfang gestellt worden, so weitet Paulus die Ermahnung auf **»jede Unreinheit«** aus. Jesus gebraucht den Ausdruck in seiner Scheltrede gegen Pharisäer und Schriftgelehrte, die er mit Gräbern vergleicht, die außen hübsch, innen jedoch »voller Unrat« sind (Mt 23,27). In derselben allgemeinen Form spricht Paulus von der Unreinheit, in die Gott die Menschen dahingegeben hat (Röm 1,24), so daß ihre Glieder der Unreinheit dienten (Röm 6,19). In Gal 5,19 erwähnt der Apostel bei den »Werken des Fleisches« nach der Unzucht ebenfalls die Unreinheit, gefolgt von der »Zügellosigkeit«. Zu erinnern ist an die Formulierung in Eph 4,19: Die Heiden haben sich »der Zügellosigkeit hingegeben zur Beschäftigung mit aller möglichen Unreinheit in Habgier«.

Auch hier nennt Paulus die »Habgier« in unmittelbarer Nähe zu »Unzucht« und »Unreinheit«, wodurch – wie bereits in 4,19 – die Gefährlichkeit des zügellosen Strebens nach sexueller Befriedigung und materieller Bereicherung zusammengesehen wird.

Eine so beschriebene Lebenspraxis, der die Gottlosen »abgestumpft hingegeben« sind, soll innerhalb der Gemeinde nicht einmal Gegenstand des Gesprächs oder des Nachdenkens sein. Die Befreiung von den Lastern des »alten Menschen«, die durch Christus erfolgt ist (vgl. 1Kor 6,11), betrifft auch Gedanken und Worte und wird daher auch durch die Ermahnung eingeschärft. Da die Verunreinigungen des Menschen (u.a. mit bösen Gedanken, Ehebruch, Unzucht, Diebstahl) aus dem Herzen kommen (Mt 15,19), muß sich die Erneuerung des Herzens (vgl. 2Kor 4,6) auch auf das auswirken, was in der Gemeinde gedacht und gesprochen wird.

Daß der Apostel stets die Begründung für die Ermahnung anführt (**»wie es den Heiligen entspricht«**[255]), bewahrt vor dem Irrweg einer neuen Gesetzlichkeit. Das »Gesetz Christi« (vgl. Gal 6,2) zwingt den Gemeinden keine neue Moral auf. Vielmehr wurde ihr Leben durch die Eingliederung in den Leib Christi von Grund auf erneuert. Diese Erneuerung wird sichtbar in der Lebenspraxis. Zu solcher Praxis werden die Christen ermahnt, indem sie an ihren neuen Stand und an die Wirksamkeit des Heiligen Geistes in ihnen beständig erinnert werden.

[255] Vgl. 4,1: »würdig der Berufung«; 4,25: »weil wir untereinander Glieder sind«; 4,32: »wie auch Gott euch vergeben hat in Christus«.

Weil sie zu »Heiligen« gemacht wurden, darum haben sie so zu leben, **»wie es den Heiligen entspricht«**. Die »Heiligen« sind hier wie auch sonst im Eph[a] die Glaubenden insgesamt.

Neben den in V. 3 angesprochenen Formen der Sünde, die nicht 4
einmal diskutiert, geschweige denn praktiziert werden dürfen, führt der Apostel nun auch noch bestimmte Redeweisen an, **»die sich (ebenfalls) nicht ziemen«**. Damit wird in anderen Worten derselbe Maßstab wie im vorhergehenden Vers benannt. In Kol 3,18 findet sich denn auch der klärende Zusatz: »wie es sich ziemt *in dem Herrn*«.

[a] Eph 1,1.15.18 2,19 3,8.18 4,12; 6,18

Was sich nicht ziemt, ist »Schmutz«, wohl im Sinne der »schmutzigen Rede«, der »Zoten-« oder »Schmährede« (Kol 3,8).[256]

Abgewiesen wird ebenfalls das »dumme Geschwätz« (griech.: *mōrologia*). In diesen Bereich des Redens gehören verwandte Ausdrükke wie »loses Geschwätz« (1Tim 6,20; 2Tim 2,16), »leeres Geschwätz« (1Tim 1,6), »verführerische Reden« (Kol 2,4).[257]

Der dritte Begriff, **»Witze«**, wird in der griechischen Literatur positiv und negativ gebraucht.[258] Hier denkt Paulus offenbar nicht an die »spritzige Rede«, sondern an die der »Witzelei« innewohnende Gefahr, zum »leeren, ertraglosen Geschwätz« auszuarten (vgl. Mt 12,36).

Ist der gesamte Mensch, einschließlich seinem Denken und Reden, auf Christus als seinen Herrn ausgerichtet, dann kommt auch der Zunge die ihr gebührende Aufgabe zu: Statt fruchtlosen Geredes ist von ihr **»vielmehr Danksagung«** zu erwarten. Wenn schon die gesamte Existenz der Glaubenden auf das Ziel ausgerichtet ist, etwas »zum Lob seiner Herrlichkeit« zu sein (Eph 1,6.12.14), so wird dies an den Worten in hervorgehobener Weise offenbar. Das Denken soll sich am Wahrhaftigen, Ehrbaren, Gerechten, Reinen, Liebenswerten orientieren (Phil 4,8). Rede und Gesang soll durch Psalmen, Lobgesänge und geistliche Lieder geprägt sein und dadurch Gott loben und ihm danken (Eph 5,19f).

Die kompromißlose Schärfe in der Abwehr der genannten Verir- 5
rungen wird von Paulus nochmals zusammenfassend hervorgehoben: Mit der Formulierung **»Denn das sollt ihr wissen«** knüpft er an ähnliche Wendungen an, die auf den Grundbestand christlicher Lehre und erforderlichen Wissens verweisen. »Wißt ihr nicht?« (1Kor 3,16;

256 Vgl. Bultmann, ThWNT I, 190; Bauer, a. a. O. 47. Ein »Zotenreißer« bzw. »Schandmaul« wird in Didache 3,3, einer frühchristlichen Kirchenordnung um ca. 100, erwähnt. - Die Verbindung von »schmutzig« und »geizig« begegnet in 1Tim 3,8; Tit 1,7; 1Petr 5,2.

257 Vgl. G. Bertram, ThWNT IV, 848ff. Bertram vermutet einen Zusammenhang mit den »törichten und leeren Fragen« von 2Tim 2,23 und Tit 3,9 und damit einen Bezug auf die Aktivitäten der Irrlehrer; vgl. ebd. 849.

258 Bertram zitiert Calvins Umschreibung: »spritziger und gepfefferter Witz« (acuta et salsa urbanitas): a. a. O. 848, Anm. 99.

6,2; 9,24 u.a.); »wir wissen« (Röm 2,2; 5,3; 6,9 u.a.); »ihr wißt« (1Kor 12,2; 2Kor 8,9; 1Thess 5,2 u.a.). In einer Umgebung, in der aufgrund verschiedenster religiöser und philosophischer Strömungen eine Vielfalt widersprüchlicher Anweisungen zum Leben vertreten werden, war es für die christliche Gemeinde von größter Bedeutung, daß aus der Bindung an Jesus Christus als den Herrn klare Weisungen für die Lebensführung entsprangen – »würdig eurer Berufung« (4,1)! Dies gilt für jede Phase der Kirchengeschichte. Gerade dann, wenn höchste Verwirrung über ethische Kriterien und gröbstes Unverständnis der von Gott gegebenen Ordnungen herrscht, hat die christliche Gemeinde das ihr in Gottes Gebot offenbarte Wissen mit klaren Worten weiterzugeben. Auch wenn die dabei zutage tretenden Unterschiede zur allgemeinen moralischen Verwirrung scharfe Proteste gegen das verkündigte Evangelium hervorrufen werden, übt die Gemeinde nur auf diese Weise die Kraft von Licht und Salz aus. Damit gewinnt die Gemeinde eine aus dem Evangelium erwachsende Anziehungskraft, die sie durch keine Form der Anpassung an den Zeitgeist erhalten könnte.

»Nicht ein Unzüchtiger oder Unreiner oder Habgieriger ...«: Diese Warnung gilt allgemein[259], richtet sich hier jedoch gezielt an die Glaubenden. Was die Heiden mit verführtem Verstand und verstocktem Herzen tun (Eph 4,18) und was sie so dem göttlichen Gericht ausliefert (vgl. auch 5,6), das darf in keiner Weise das Leben derjenigen in Mitleidenschaft ziehen, deren Verstand erleuchtet und deren Herz neu geschaffen wurde. Eine derartige Verhaltensweise ist **»Götzendienst«**. Man kann zwar die Näherbestimmung **»das ist Götzendienst«** auf die gesamte Aufzählung beziehen. Vermutlich soll jedoch vor allem die Habgier als »Götzendienst« gekennzeichnet werden. In Mt 6,24 bzw. Lk 16,13 bezeichnet Jesus den Dienst für Gott und den Dienst für den Mammon als eine sich wechselseitig ausschließende Alternative, da nur einem der beiden »Herren« Liebe erwiesen werden kann. In den jüdischen »Testamenten der 12 Patriarchen« findet sich der Hinweis: »Die Geldgier führt zu den Götzenbildern hin; durch Geld verführt, benennen sie Götter, die keine sind.«[260]

Niemand, der solches tut, hat **»Anteil am Reich Christi und Gottes«**. Der Begriff *klēronomia* (»Anteil«, »Erbe«) ist aus 1,14 und 1,18 vertraut. Dabei hatte die Erwähnung des Heiligen Geistes als »Unterpfand des Erbes« den zukünftigen Aspekt der Gabe Gottes hervorgehoben (1,14). Derselbe Geist aber vermag zugleich die Augen für

[259] Vgl. 1Kor 6,9f; Gal 5,19ff; vgl. 1Tim 1,9ff.

[260] TestJud 19,1, zit. bei Schnackenburg, a. a. O. 224; Schnackenburg verweist außerdem auf Stellen in derselben Schrift, in denen die Unzucht als Götzendienst charakterisiert wird; vgl. ebd.

die jetzt schon im Himmel bereitliegende »Herrlichkeit des Erbes« zu öffnen (1,18). Wer von Gottes Reich ausgeschlossen ist, verliert das gegenwärtige Heil wie auch sein zukünftiges Erbe.[261]

So wie keiner von denen, die die genannten Laster praktizieren, 6
Gottes Reich ererbt, so soll auch **»niemand von euch«** in irgendeiner Weise einer Täuschung anheimfallen.

Diese Gefahr droht **»durch leere Worte«**.[262] Einige Ausleger haben darin den Hinweis auf bestimmte Irrlehrer vermutet (vgl. Auslegung zu V. 4), die sich mit »leeren Fragen« abgeben. Der Zusammenhang legt jedoch den Bezug auf Menschen näher, die mit ihren Worten ihr sündiges Treiben zu rechtfertigen und zu verharmlosen suchen. Das, was nach dem Kriterium des »angemessenen Lebenswandels« bei den Christen klares Wissen ist, wird durch solche »leeren Worte« vernebelt.[263]

Um dem dadurch drohenden Betrug zu wehren, schärft Paulus mit aller Deutlichkeit ein: **»denn dadurch kommt der Zorn Gottes auf die Söhne des Ungehorsams.«**

Die Wendung **»Söhne des Ungehorsams«** findet sich im NT nur noch in 2,2. Was damit gemeint ist, bringen verwandte Passagen zum Ausdruck: »die der Wahrheit nicht gehorchen, gehorchen aber der Ungerechtigkeit« (so daß Gottes Zorn sie bedroht): Röm 2,8; es handelt sich um Menschen, »die Gott nicht kennen und die nicht gehorsam sind dem Evangelium von unserem Herrn Jesus« (2Thess 1,8) oder einfach darum, »Gott ungehorsam« zu sein (Röm 11,30). Umgekehrt besteht die Aufgabe des Paulus darin, »den Gehorsam des Glaubens aufzurichten« (Röm 1,5; vgl. Röm 15,18; 16,26); die Glaubenden sind »der Gestalt der Lehre gehorsam geworden«, sind »Knechte ... dem Gehorsam zur Gerechtigkeit« (Röm 6,17.16).

Da das Evangelium die Botschaft von unserer Rettung durch Jesus Christus aus dem kommenden Zorngericht ist (1Thess 1,10), bringt es die Verweigerung gegenüber dem Evangelium mit sich, daß »der

[261] Es ist zu beachten, daß die sonstige Verwendung von »Reich Gottes« bzw. »Reich Christi« ebenfalls den präsentischen wie den futurischen Aspekt umfaßt. Dabei betonen 1Kor 6,9; 15,50; Gal 5,21, die ebenfalls »Erbe« und »Reich Gottes« miteinander verbinden, das Moment des kommenden Reiches Gottes. Kol 1,13 spricht dagegen vom »Reich seines lieben Sohnes«, in das uns der Vater versetzt *hat*; ebenso hat das »Reich Gottes« in Kol 4,11 einen deutlich präsentischen Charakter.

[262] In 4,22 hat Paulus bereits von den »Begierden der Täuschung« = »betrügerischen Begierden«, in 2Thess 2,10 von »aller Täuschung der Ungerechtigkeit« gesprochen; Jesus warnt in Mt 13,22/Mk 4,19 vor der »Täuschung des Reichtums«.

[263] Schnackenburg erwähnt neben 5Mo 32,47 (Gottes Wort in seinem Gesetz »ist nicht ein leeres Wort an euch, sondern es ist euer Leben«) erneut die »Testamente der 12 Patriarchen«, wo es heißt: »Bestrebt euch, nicht durch Habsucht eure Taten zu verderben oder durch leere Worte eure Seelen zu betrügen« (Test Naph 3,1): a. a. O. 225, Anm. 539.

Zorn Gottes« auf die Ungläubigen »kommt«. Die Wendung »Zorn Gottes« für das über die Sünde ergehende Gericht hat dabei sowohl eine gegenwärtige als auch eine zukünftige Bedeutung[264].

Dabei wird der zukünftige Aspekt durch Begriffe wie »kommender Zorn« (Mt 3,7; 1Thess 1,10; Offb 11,18), »retten vor dem Zorn« (Röm 5,9), »Offenbarung des Zorns« (Röm 1,18) und besonders »Tag des Zorns« als Tag des Herrn (Röm 2,5; Offb 6,17) unterstrichen. Gleichzeitig offenbart das zürnende Handeln Jesu in der Gegenwart bereits Gottes kommendes Gericht. Es tritt z. B. in seinen Weherufen über die galiläischen Städte oder die Pharisäer zutage[265][b] (vgl. auch das »Hinauswerfen« in den Gleichnissen[c]). In seinem Kommen wird Gericht und Rettung zugleich enthüllt – allerdings nicht in einer jedem erkennbaren Form, sondern allein für den Glauben (Röm 1,18). »Jede solche Offenbarung in Verhüllung in der Zeit weist aber voraus auf die Volloffenbarung am Ende; darum steht neben der Verkündigung von der gegenwärtigen Zornoffenbarung unerläßlich die des zukünftigen Zorns (Röm 2,8), ebenso wie zu der Botschaft von der gegenwärtigen Rechtfertigung (3,24.28) die Verheißung der zukünftigen (V. 30) tritt.«[266]

[b] Mt 11,20ff 21,12ff
[c] Mt 22,13 25,30 Lk 13,28

7 Neben die Warnung vor der Verführung durch die leeren Worte stellt Paulus die Mahnung vor der Anteilhabe am Treiben und damit auch am bevorstehenden Geschick der »Ungehorsamen«. Wer dem Betrug nachgibt, gerät leicht in den Einflußbereich derer, die solche Laster praktizieren. Während die ehemaligen Heiden durch Christus zu »Mitteilhabern an der Verheißung« wurden (3,6), sollen sie nun keineswegs erneut zu »Mitteilhabern der Sünder« werden.

In 2Kor 6,14ff behandelt Paulus in ganz paralleler Weise die Scheidung der Gemeindeglieder vom Götzendienst: »Was haben Gerechtigkeit und Gesetzlosigkeit miteinander gemein, oder welche Gemeinschaft besteht zwischen Licht und Finsternis?« Da die Briefempfänger offenbar in Gefahr standen, die Konsequenzen ihrer Umkehr und Erneuerung durch Christus nicht mehr mit aller Klarheit zu erkennen, hebt Paulus die Notwendigkeit des radikalen Bruchs mit der Lebensweise der Sünde in mehrfachen Variationen hervor.

8 Auch der Gegensatz »Licht – Finsternis« (vgl. 2Kor 6,14) hat das Ziel, die Trennung von dem vergangenen Leben und seinen Formen zu verdeutlichen. Parallelen dafür sind uns bereits aus 2,11ff (»tot –

264 Dies ist auch bei einer Reihe anderer ntl. Aussagen der Fall: z. B. Reich Gottes, Gerechtigkeit Gottes, Rettung, Erbe (vgl. dazu G. Stählin, ThWNT V, 430ff).

265 »Jesus war sich bewußt ..., daß sein Zürnen im Grunde schon den eschatologischen Zorn Gottes offenbart« (Stählin, a. a. O. 430).

266 Stählin, a. a. O. 433.

lebendig«) und 4,22-24 (»alter – neuer Mensch«) bekannt. Dies geschieht ebenso wie in 2,2ff.11ff mit Hilfe des Begriffspaars »einst« und »jetzt«. Dabei fällt auf, daß der Nichtglaubende nicht nur im Bereich der Finsternis lebt, sondern Finsternis *ist*. Entsprechend sagt Jesus in Lk 22,53 anläßlich seiner Gefangennahme: »Dies ist eure Stunde und die Macht der Finsternis«. Damit identifiziert er die Handlungsträger mit der Sphäre ihrer Handlung, der »Finsternis«. Umgekehrt ereignet sich die Befreiung von dieser Finsternis so, daß der Schöpfer des Lichts »in unseren Herzen aufgestrahlt ist« (2Kor 4,6). Zu erinnern ist auch an Jesu Wort Lk 11,36: »Wenn nun dein Leib ganz Licht ist und kein Teil an ihm finster ist, dann wird er ganz Licht sein, wie denn dich das Licht erleuchtet mit hellem Schein« (vgl. Mt 6,22f). Aus diesem Grund gilt für die Glaubenden: »nun aber seid ihr Licht in dem Herrn.« Licht zu sein ist keine Möglichkeit von Menschen. Indem Jesus Christus als das wahrhaftige Licht Menschen erleuchtet (Joh 1,9), dieses Licht in ihnen aufstrahlt, sind sie »Kinder des Lichts« (1Thess 5,5), weil sie »im Herrn« sind.

Wie das frühere »Finsternis-Sein« keine gedachte Größe war, so bringt auch die Aussage **»nun aber seid ihr Licht«** eine Wirklichkeit zum Ausdruck. Die Tatsache, daß es sich dabei selbstverständlich ebenfalls um die Wirklichkeit des Glaubens handelt, mindert das Gesagte keinesfalls, sondern bezeichnet lediglich den Bereich, innerhalb dessen diese Wirklichkeit offenbar wird.

Untrennbar sind Sein und Leben miteinander verknüpft: »Ihr seid Licht ... Wandelt als Kinder des Lichts!«[267]

Der aus dem Glauben erwachsende Stand vor Gott soll sich in einem dem Glauben gemäßen Lebenswandel offenbaren.[268]

Aus Gottes Wesen folgt, daß er das Verborgene an den Tag bringt (1Kor 14,25).

Während die Sünde den Bereich der Heimlichkeit, Täuschung und Undurchsichtigkeit sucht, ermöglicht die Offenbarung ein Leben im Licht des Tages (Röm 13,13). Diese Offenheit kennzeichnet nicht allein das Leben des einzelnen Gläubigen, sondern ebenfalls das missionarische Vorgehen der Zeugen Jesu Christi: Paulus meidet »schändliche Heimlichkeit« (2Kor 4,2). Das Offenbarwerden des einzelnen Menschen unter der Botschaft des Evangeliums ist gleichfalls Vorwegnahme der umfassenden und abschließenden Enthüllung alles Verborgenen am Tag Christi: Bei seinem Kommen wird er »ans Licht bringen

267 Der Sache nach meint diese Ermahnung dasselbe wie 4,1; 4,23f oder 5,2.

268 Die enge Verbindung von beidem wird z.B. auch in Röm 6,3ff; 1Kor 6,9-11; 1Petr 1,22f; 2,1-5; 1Joh 3,1ff nachhaltig hervorgehoben. Da Gott Licht ist, können Kinder Gottes (vgl. Röm 8,14; 16.17.19.21; 9,26; Gal 3,26; Phil 2,15) auch »Kinder des Lichts« genannt werden (ebs. 1Thess 5,5; vgl. Joh 12,36; Lk 16,8).

..., was im Finstern verborgen ist, und wird das Trachten der Herzen offenbar machen« (1Kor 4,5).[269]

9 Sowohl die Finsternis als auch das Licht bringen jeweils entsprechende Frucht hervor: Sie treten bei den Menschen in Erscheinung, die ihrerseits von der jeweiligen Macht- und Einflußsphäre beherrscht sind. Erneut sind es Aussagen aus Röm 6, die das in unserem Vers Ausgedrückte erläutern. Im Blick auf die Unterscheidung zwischen der Knechtschaft der Sünde und der Knechtschaft der Gerechtigkeit schreibt Paulus: »Was hattet ihr nun damals für Frucht? Solche, deren ihr euch jetzt schämt; denn das Ende derselben ist der Tod. Nun aber, da ihr von der Sünde frei und Gottes Knechte geworden seid, habt ihr darin eure Frucht, daß ihr heilig werdet; das Ende aber ist das ewige Leben« (Röm 6,21f). Von der »Frucht des Geistes« im Gegensatz zu den »Werken des Fleisches« spricht Paulus in Gal 5,22, von der »Frucht der Gerechtigkeit durch Jesus Christus« in Phil 1,11 (vgl. Jak 3,18). In Röm 13,12 stellt er dem »Ablegen der Werke der Finsternis« das »Anlegen der Waffen des Lichts« gegenüber.

Hier gibt der Apostel die **»Frucht des Lichts«** mit **»aller Güte, Gerechtigkeit und Wahrheit«** an.

»Güte« (wörtl.: das Gutsein) stellt insofern keine menschliche Möglichkeit dar, als allein Gott gut ist.[270] Durch die Sünde ist der Mensch vom Guten getrennt und vermag es daher auch nicht zu praktizieren. Vielmehr tut er das Böse, das den Tod gebiert (Röm 7,11). Eine »prinzipielle neue Lebensmöglichkeit« eröffnet sich nun aber in Jesus Christus: Durch die Neuschöpfung kann der Glaubende das Gute erkennen und auch tun. »Mit der prüfenden Einsicht in den Willen Gottes, der das Gute ist, ist mitgegeben die Realisierung dieser Einsicht« (vgl. Röm 12,2).[271] Wenn die Thessalonicher aufgefordert werden, »allezeit dem Guten untereinander und gegen jedermann nachzujagen« (1Thess 5,15), so wird dadurch deutlich, daß das Gute die Liebe ist (vgl. 1Kor 14,1: »Jagt der Liebe nach!«). Wie das Gute, so sind auch **»Gerechtigkeit«** und **»Wahrheit«** (»Treue«) grundsätzlich Kennzeichen Gottes, die kein Mensch für sich beanspruchen kann, da er von seinem Wesen her zum Bereich der »Ungerechtigkeit« (Röm 1,18; 2,8) und der »Lüge« (Röm 3,4) gehört. Durch den Erweis seiner

[269] Die schroffe Differenz zwischen »Licht« und »Finsternis« ist Kennzeichen der Ordensgemeinschaft von Qumran, so daß manche Forscher bei unserer Stelle einen »Zusammenhang mit qumranischer Denkungsart und Sprechweise« vermuten. Dazu ist allerdings zu bedenken, daß die Unterscheidung von Licht und Finsternis auch in anderen Schriften des Judentums begegnet, so daß kein endgültiges Urteil über mögliche Beeinflussung zu fällen ist (vgl. Schnackenburg, a. a. O. 227).

[270] Mt 19,17; vgl. 1Chr 16,34; Ps 118,1ff u. ö. »Das vollkommene Gutsein Gottes (besteht) ... in seiner Güte«, d.h. in seinem Heil, das er in der Geschichte an seinem Volk wirkt: W. Grundmann, ThWNT I, 13.

[271] Grundmann, a. a. O. 16.

Gerechtigkeit und Treue an den Ungerechten und Sündern (Röm 3,25; 5,5) macht jedoch Gott die Glaubenden zu Teilhabern an seiner Gerechtigkeit und Wahrheit, so daß diese Merkmale zu Bestandteilen der »Frucht des Geistes« werden, die sich in den Christen offenbart.

Nachdem Paulus mit seiner Beschreibung der »Frucht des Lichts« 10
den Rahmen abgesteckt hat, der dem Lebenswandel der »Kinder des Lichts« gesetzt ist, fordert er nun dazu auf, von den genannten »Grundkomponenten« aus auch die Einzelheiten des Christenlebens zu beurteilen: **»Prüft, was das dem Herrn Wohlgefällige ist.«** Ähnlich formuliert er in Röm 12,2: »prüfen, was Gottes Willen ist«, und in Phil 1,10: »prüfen, was das ist, worauf es ankommt.« Nach Röm 12,2 ist Gottes Wille »das Gute, das Wohlgefällige und das Vollkommene«; dies entspricht wiederum der »Frucht des Lichts«, wobei »vollkommen« ebenfalls ausschließlich von Gott auszusagen ist, der diese Vollkommenheit durch das in Christus gewährte Heil dem Glaubenden zuwendet (vgl. Mt 5,48; Kol 4,12; Phil 3,15). Durch die Näherbestimmung **»das dem Herrn Wohlgefällige«** wird eigens hervorgehoben, was in den anderen Formulierungen bereits eingeschlossen ist: Das Gute, Wohlgefällige, Wesentliche, Wahre kann nicht allgemein bestimmt oder durch menschlichen Entscheid erhoben werden; vielmehr handelt es sich hierbei um Aussagen, die ihren Inhalt allein aus ihrem Bezug zu »dem Herrn« gewinnen: Was er tut, ist gut (vgl. Röm 8,28). Da die Glaubenden »des Herrn« sind, leben und sterben sie »dem Herrn« (Röm 14,8), ist ihre Existenz umfassend darauf ausgerichtet, so zu handeln, daß es dem Herrn entspricht. So geht es stets um dieselbe Form des Lebenswandels, ob sie nun würdig »der Berufung« (Eph 4,1), »des Evangeliums« (Phil 1,27), »Gottes« (1Thess 2,12) oder »des Herrn« (Kol 1,10) genannt wird.

Paulus knüpft hier an die Mahnung von V. 7 an: Angesichts des 11
unüberbrückbaren Gegensatzes zwischen Licht und Finsternis und damit auch zwischen deren jeweiligen Angehörigen, kann es keine »Gemeinschaft« zwischen beiden geben. Da die Christen jedoch durch die betrügerischen Umtriebe der Finsternis (vgl. V. 6) angefochten werden, müssen sie zur Trennung von ihr aufgerufen werden. Im gleichen Sinne wird in Offb 18,4 zur Distanzierung von den Sünden Babylons ermahnt.

Kennzeichen der »Werke der Finsternis« ist, daß sie »unfruchtbar« sind. Das ist nicht in dem Sinne zu verstehen, daß sie keine konkreten Wirkungen zeitigen würden. Sie führten vielmehr zu Verhaltensweisen und Handlungen, derer sich Christen im Rückblick schämen (Röm 6,21).

»Unfruchtbar« sind sie im Blick auf das, was aus der Beziehung zu Jesus Christus als Frucht zu erwarten ist: Die Frucht des Geistes (Gal 5,22) bzw. des Lichts (Eph 5,9), die in der Heiligung des Lebens in allen seinen Bezügen besteht.[272] Auf dem Hintergrund des hebräischen Denkens ist ein weiterer Punkt zu berücksichtigen: Dort bezeichnet »Frucht« auch die Folge einer Handlung. Die »Werke der Finsternis« sind für den Christen daher aus dem Grund unfruchtbar, daß sie keine Segens- und Heilswirkung im Leben des Betreffenden ausüben.

Statt Gemeinschaft mit den Lastern und ihren Vertretern zu pflegen, sollen Christen den wahren Charakter des Bösen entlarven: **»bringt sie vielmehr ans Licht«.** Der Ausdruck bedeutet »aufdekken«, »überführen«, wie auch »tadeln« oder »strafen« und kommt daher häufig im Zusammenhang mit Sünde vor, die offenbart wird (vgl. V. 13).[d] Die Glaubenden sollen sich also nicht in die Praktiken der Sünde hineinziehen lassen, sondern deren wahren Charakter durch ihr auf Jesus Christus ausgerichtetes und Gott geheiligtes Leben erkennbar werden lassen. Dadurch wird das Böse bloßgestellt. »Das Aufdecken und Überführen (geschieht) durch die Weigerung der Christen, jene bösen Werke mitzumachen, und durch ihr Zeugnis eines anderen, vom Licht des Herrn geleiteten Lebens.«[273]

[d] Mt 18,15 Lk 3,19 Joh 3,20 8,46; 16,8 1Kor 14,24 1Tim 5,20 Jud 15

12 Nicht nur die Praxis des Bösen ist zu meiden. Selbst Gedanken und Worte sollen durch derartige »heimliche Taten« nicht beschmutzt werden. Oben wurde bereits festgestellt, daß das Wesen der Sünde grundsätzlich durch die Verborgenheit und das Zwielicht charakterisiert wird. Dies gilt für die genannten sexuellen Laster ebenso wie für die Winkelzüge des Habgierigen. Die radikale Trennung vom Bösen macht es erforderlich, auch die Zunge vor derartigen Dingen zu hüten. Das wurde auch von dem Juden Philo aus Alexandria vertreten.[274] In ähnlicher Weise stellte die Todesstrafe durch Kreuzigung für den Römer Cicero ein Geschehen dar, das derart schändlich (!) war, daß bereits der Name des Kreuzes von der römischen Bürgerschaft und sogar von ihrem Nachsinnen, ihren Augen und Ohren fernzuhalten sei.[275] Solche schändlichen Gesprächsthemen sind zu meiden (vgl. 5,3f).

13 Paulus nimmt V. 11 auf und unterstreicht: **»Das alles wird ans Licht gebracht und vom Licht offenbart.«** Die Macht des in Jesus Christus aufgestrahlten Lichts durchdringt und enthüllt jegliche Dunkelheit. Was von der Wirkung des Wortes Gottes allgemein gilt, bezieht sich auch auf die Sünde: »Kein Geschöpf ist vor ihm verbor-

[272] Vgl. F. Hauck, ThWNT III, 618.

[273] Schnackenburg, a. a. O. 230.

[274] Maßlose und sündhafte Begierden sollte man nicht einmal aussprechen; zit. bei Schnackenburg, a. a. O. S. 231.

[275] Vgl. bei J. Schneider, ThWNT VII, 573, Anm. 15.

gen, sondern es ist alles bloß und aufgedeckt vor den Augen Gottes, dem wir Rechenschaft geben müssen« (Hebr 4,13). Von der offenbarenden und überführenden Wirkung Jesu als dem Licht spricht Joh 3,20f: »Wer Böses tut, der haßt das Licht und kommt nicht zu dem Licht, damit seine Werke nicht aufgedeckt werden. Wer aber die Wahrheit tut, der kommt zu dem Licht, damit offenbar wird, daß seine Werke in Gott getan sind« (vgl. auch 1Kor 4,5; 3,13).

Mit einem allgemeinen Begründungssatz über die Qualität des 14
Lichts, der von einem Zitat illustriert wird, schließt Paulus den Abschnitt über die »Kinder des Lichts« ab: **»denn alles, was offenbart ist, ist Licht.«** Wie in Gott selbst neben dem Licht keine Dunkelheit Platz hat (1Joh 1,5), so rückt auch seine Offenbarung alles in sein durchdringendes Licht.

Das angeschlossene Zitat läßt sich am ehesten als Teil eines frühchristlichen Taufliedes verstehen. Es richtet sich an denjenigen, der über dem Ruf des Evangeliums erkennt, daß er »tot in Sünden« (Eph 2,5) ist, daß er »von der Nacht und von der Finsternis ist« und »schläft« (1Thess 5,5f). Jetzt aber ergeht die lebenschaffende Botschaft, die den Schläfer aufrüttelt, d.h. den Toten zum Leben mit Christus erweckt (Eph 2,5). Indem dem Glaubenden Christus gleich der Sonne aufgeht und die Nacht vertreibt, wird er von seinem Licht erleuchtet, kommt die Dunkelheit an den Tag, wird der Mensch zu einem Kind des Lichts.

Indem Paulus hier an ein Tauflied erinnert, das ursprünglich das Erwachen bzw. Erwecktwerden des Ungläubigen aus dem Sündenschlaf zum Inhalt hat, ruft er zum stets neu erforderlichen Wachwerden auf. In verwandter Sprache geschieht dies auch in Röm 13,11ff: »Die Stunde ist da, aufzustehen vom Schlaf«; »laßt uns ablegen die Werke der Finsternis«; »laßt uns ehrbar leben wie am Tage«; sowie in 1Thess 5,8: »wir aber, die wir Kinder des Tages sind, wollen nüchtern sein.«

Der Kirchenvater Clemens von Alexandrien geht davon aus, daß es sich bei dem Zitat nicht um ein Lied der Christen, sondern um ein Wort Jesu handelt, und überliefert außerdem eine Fortsetzung: »... und der Christus wird dir aufleuchten, der Herr, die Sonne der Auferstehung, der vor dem Morgenstern Geborene, der Leben geschenkt hat durch eigene Strahlen.«[276]

Vergleicht man jedoch Tauftexte aus einer urchristlichen Lehrschrift, so wird auch dort der Zusammenhang mit Christus als dem

[276] Protreptikos (= Mahnrede) IX, 84, zit. bei Schnackenburg, a.a.O. 233. Es läßt sich nicht entscheiden, ob Clemens das Fragment selbst erweitert hat.

Licht deutlich: An die Judenchristen gewandt heißt es: »Ihr habt das große Licht, Jesus Christus, unsern Herrn gesehen«; gegenüber den Heidenchristen wird betont: »Ein großes Licht ist über euch aufgegangen.«[277]

Somit ist anzunehmen, daß Paulus seine Ausführungen über die Abkehr von Unzucht und Habgier, die von den Kindern des Lichts stets neu zu vollziehen ist, mit der Vergegenwärtigung des in Jesus Christus aufgestrahlten Osterlichts des neuen Lebens und der neuen Welt beendet.

Zusammenfassung: 4,1-5,14

Der Reichtum der göttlichen Berufung spiegelt sich im Leben der Glaubenden wider. In Christus ist ihnen alles geschenkt; aus dieser Quelle heraus wird sich ihr Dasein unter dem Motto »Würdig der Berufung!« gestalten. Sie sind einbezogen in das Wirken des dreieinigen Gottes – das soll im Miteinander der Gemeindeglieder erkennbar werden. Sie sind mit Gaben beschenkt, vor allem mit Gemeindemitarbeitern, die gottgewollte Aufgaben wahrzunehmen haben – dadurch soll der Leib Christi aufgebaut und gestärkt werden. Der Glaube aller soll wachsen und die Liebe gefestigt werden. Ausgangspunkt, Mittelpunkt und Zielpunkt aller Bemühung und Bewegung in der Gemeinde kann nur das Haupt, Christus, sein.

Das alte Leben, getrennt von Gott und darum der Sünde ergeben, liegt hinter den Glaubenden. Deshalb soll es wie ein altes Kleidungsstück immer wieder abgelegt werden; an seiner Stelle gilt es, den durch den Heiligen Geist neugeschaffenen Menschen, d.h. Christus, anzuziehen. Paulus verweist im einzelnen auf die Wahrheit (statt der Lüge), auf die ehrliche Arbeit (statt des Diebstahls), auf das hilfreiche Wort (statt des faulen Geschwätzes). Wer täglich aus Gottes Liebe und Vergebung lebt, der soll und wird diese an andere weitergeben.

Wer durch Christus im Licht wandelt, trennt sich von den Aktivitäten der Finsternis wie Unzucht, Habgier, schmutziger Rede, da nun ihr wahrer Charakter offenbar geworden ist. Christen streben dafür nach dem, was ihrem Herrn gefällt: nach Güte, Gerechtigkeit, Wahrheit.

[277] Zit. bei Schnackenburg, a.a.O. 234.

3. Christliches Gemeindeleben: 5,15-6,9

a) Geisterfüllt: 5,15-20

15 **Seht nun genau, wie ihr wandelt, nicht als Unweise, sondern als Weise;**
16 **kauft die Zeit aus; denn die Tage sind böse.**
17 **Werdet darum nicht unverständig, sondern begreift, was der Wille des Herrn ist.**
18 **Und betrinkt euch nicht mit Wein, in dem Heillosigkeit ist, sondern werdet durch den Geist erfüllt,**
19 **redet zueinander mit Psalmengesängen, Liedern und geistlichen Weisen, singt und sagt Lob in eurem Herzen dem Herrn;**
20 **dankt allezeit für alles im Namen unseres Herrn Jesus Christus Gott, dem Vater.**

Angesichts des eben ausgeführten unversöhnlichen Gegensatzes 15
von Licht und Finsternis, Tod und neuem Leben durch Christus fordert Paulus die Empfänger auf, die nötigen Konsequenzen (**»nun«**) zu ziehen: **»Seht nun genau, wie ihr wandelt.«**

Die Imperativform »seht« in der Bedeutung von »achtet« begegnet häufig im NT: Jesus warnt vor der Verführung (Mt 24,4; Mk 13,5; Lk 21,8) oder vor Pharisäern und Schriftgelehrten (Mk 8,15; 12,38).

Er mahnt zum sorgfältigen Hören (Mk 4,24; Lk 8,18) wie zur Wachsamkeit insgesamt (Mk 13,9.23.33). Paulus drängt auf weitsichtige Verantwortung im Blick auf den Gemeindebau (1Kor 3,10), auf den Umgang mit den Schwachen im Glauben (1Kor 8,9), auf die Standfestigkeit des eigenen Glaubens (1Kor 10,12), auf die Gefährdung durch Menschenlehre (Kol 2,8).[a] Diese Aufforderung wird verstärkt durch das Adverb »genau« (wörtl.: »akribisch«).[b] Die Christen haben sorgfältig zu prüfen, was ihr Glaube an ethischen Konsequenzen nach sich zieht. »Wie ihr wandelt« ist hier erneut Kennzeichnung des christlichen Lebens insgesamt.

Dem Gegensatz zwischen Licht und Finsternis entspricht der von »weise« und »unweise«. Wer von Christus erleuchtet ist (5,14), der erweist dies in einem von der Weisheit Gottes geprägten Verhalten. Solche Weisheit ist den »Weisen und Klugen« dieser Welt verborgen (Mt 11,25), denn sie ist die in der Niedrigkeit und im Kreuz offenbar gewordene Weisheit (1Kor 1,20ff); sie besteht in Christus (1Kor 1,30; Kol 2,2 u.a.). Die Weisheit ermöglicht das angemessene Verhalten: Wer Jesu Rede hört und tut, der ist vernünftig (Mt 7,24f); es handelt sich hier um eine »Weisheit zum Guten« (vgl. Röm 16,19).

Die enge Beziehung zwischen Denken und Verhalten, Erkenntnis und Handeln tritt auch in dem hier angesprochenen Zusammenhang

[a] 1Kor 16,10 Kol 4,17 Hebr 3,12 12,25

[b] Mt 2,8 Lk 1,3 Apg 18,25f 23,15.20 24,22 1Thess 5,2

zutage: In 4,18 hatte Paulus die Heiden als Menschen charakterisiert, deren Verstand verfinstert und von Unwissenheit gegenüber Gott geprägt ist. Diesem falschen, »un-weisen« Denken entspricht das falsche Tun (4,19). Vom AT her ist diese Entsprechung bekannt: »Die Toren sprechen in ihrem Herzen: Es ist kein Gott. Sie taugen nichts; ihr Treiben ist ein Greuel; da ist keiner der Gutes tut« (Ps 14,1).

16 Die Weisheit im Wandel bezieht sich auch auf den Umgang mit der Zeit, die einem Menschen zur Verfügung gestellt ist. Das Verb »auskaufen« wird im NT nur noch in Kol 4,5 gebraucht. Gemeint ist ein *»intensives Kaufen*, ein Kaufen, das die vorhandenen Möglichkeiten ausschöpft«. »Was die Zeit an Möglichkeiten enthält ..., soll unter Aufwand von ›Kosten‹, von Anstrengungen, ›restlos ausgenützt‹, angeeignet werden.«[278] In Kol 4,5 bezieht sich die Aufforderung wohl auf die missionarische Bemühung um diejenigen, »die draußen sind« (ebd.). Das Leben des Paulus ist ein eindrückliches Beispiel für die Aufforderung, die jedem gegebenen Möglichkeiten umfassend zu gebrauchen. Tag und Nacht ist er im unermüdlichen Einsatz für das Evangelium und für die Sorge um seine Gemeinden (vgl. 2Thess 3,8; 2Kor 11,26-28).

An unserer Stelle ist das »Auskaufen der Zeit« nicht eigens auf die Missionsaufgabe bezogen. Vielmehr soll das gesamte Leben der Christen von der Wachsamkeit und von der Orientierung auf das Ziel geprägt sein. Negative Begründung dafür ist: **»denn die Tage sind böse«** (vgl. Am 5,13; Eph 6,13). Paulus weist in aller Nüchternheit darauf hin, daß die Aktivitäten des »Gottes dieser Weltzeit« (2Kor 4,4), des »Durcheinanderwerfers«, in der Anstiftung zu den verschiedensten Formen der Bosheit bestehen (vgl. Eph 2,2). So verderben die Tage insgesamt, werden »böse«. Gleichwohl ist dieselbe Zeit für die Glaubenden die Zeit der guten Werke (Eph 2,10), die »willkommene Zeit, der Tag des Heils« (2Kor 6,2). Letztlich wird an der Art ihres Verhaltens offenbar, ob sie sich auf den »Tag Christi« ausgerichtet haben und aufgrund solcher Hoffnung die ihnen zugemessene Zeit entschlossen gebrauchen, sie »auskaufen«.

17 Die Mahnung **»Werdet darum nicht unverständig«** wiederholt mit anderen Worten die Aussage von V. 15. **»Unverständig«** ist der Narr in Lk 12,20, der seine Sicherheit aus seinem Besitz gewinnen will: »Er rechnet nicht mit Gott; das ist seine Torheit, seine Sünde.«[279] Solcher Unverstand reicht in die Nähe der Gottlosigkeit (vgl. Mk 7,22; Lk 11,40). Der Unverständige wird der besonderen Qualität seiner

[278] F. Büchsel, ThWNT I, 128.
[279] G. Bertram, ThWNT IX, 226.

Zeit (Eph 5,16) nicht inne; statt sie im Namen Gottes zu gebrauchen, läßt er sie verstreichen.

Demgegenüber sollen die Glaubenden weise sein, d.h. **»begreifen, was der Wille des Herrn ist«**. Statt ziellos in den Tag zu leben, orientieren sie ihre Zeit am Willen des Herrn und gewinnen so die Ausrichtung für ihr Leben. Erneut ist daran zu erinnern, daß der Wille Gottes den Christen kein unerträgliches Joch auflegt, sondern ihr Leben in die dem Evangelium gemäße Form einweist; er umfaßt »das Gute und Wohlgefällige und Vollkommene« (Röm 12,2; vgl. Eph 5,10). Gottes Wille äußert sich in seinen Geboten; sie markieren den Weg des Lebens und bewahren vor Chaos und Zerstörung, die den Bereich der Ungerechtigkeit und Gottlosigkeit kennzeichnen. Zwar kann der Sünder den Willen Gottes weder in seiner Tiefe und Weite erkennen noch ihn erfüllen; vielmehr denkt und tut er stets seinen eigenen Willen, der dem göttlichen widerstrebt. Die in Christus gewirkte Neuschöpfung läßt demgegenüber den Willen Gottes erkennen und auch befolgen. Weil jedoch der Christ vom Rückfall in das Tun des eigenen Willens bedroht wird, bedarf er ständig des Zuspruchs und der Mahnung zum Gehorsam.

Eine Verhaltensweise, die mit dem Willen des Herrn nicht im Ein- 18
klang steht, nennt Paulus in diesem Vers: **»Betrinkt euch nicht mit Wein.«** Er zitiert die griech. Übersetzung (LXX) von Spr 23,31, wo es heißt: »Betrinkt euch nicht mit Wein, sondern redet mit gerechten Menschen und redet im Gehen.«

Der gesamte Abschnitt beschreibt die betörenden und entwürdigenden Folgen des maßlosen Alkoholgenusses. Ist bereits in Eph 5,11 die Verbindung zu Röm 13,12f durch das Thema von »Tag und Nacht« angeklungen, so wird das nun durch die Erwähnung des übermäßigen Lebens (»Fressen und Saufen«) verstärkt.

Der Wein birgt in sich eine Gefahr: Wird beim Trinken das gebotene Maß überschritten, so erwächst daraus **»Heillosigkeit«**, Liederlichkeit. Neben Tit 1,6 und 1Petr 4,4 wird das Wort auch im »Gleichnis vom verlorenen Sohn« (Lk 15,13) gebraucht. Insofern kann damit auch eine »schwelgerische, verschwenderische Lebenshaltung«[280] insgesamt zum Ausdruck gebracht werden, die über den Bereich von Essen und Trinken hinausreicht.

Anstelle der Weinfülle mahnt Paulus zur Geistesfülle. Nicht Unverständigkeit und Heillosigkeit soll die Christen prägen; vielmehr soll der Heilige Geist die Glaubenden zur Weisheit und Nüchternheit befähigen.

280 Bauer, a.a.O. 239.

Auch an anderen Stellen wird Weingeist und Heiliger Geist einander gegenübergestellt: Der Priester Eli vermutet im Falle der betenden Hanna fälschlicherweise vorausgegangenen Weingenuß. Dagegen hatte sie »in ihrem Herzen« geredet, angesichts ihres großen Kummers über ihre Kinderlosigkeit ihr »Herz vor dem Herrn ausgeschüttet« (1Sam 1,13.15f). In ähnlicher Weise wird die Geisterfüllung der Jünger und ihre Wirkungen am Pfingstfest von einigen dabeistehenden »Unverständigen« als Ausdruck von Betrunkenheit gedeutet (Apg 2,13). Dem tritt Petrus entgegen, indem er auf die Erfüllung der atl. Prophetie von der Geistausgießung »auf alles Fleisch« verweist (2,15ff).

Statt »mit Wein« sollen Christen **»durch den Geist«**, im Geist, erfüllt werden.

Jesus selbst war »voll Heiligen Geistes« (Lk 4,1); die Jünger wurden »von dem Heiligen Geist erfüllt« (Apg 2,4; vgl. 4,8; 6,3; 13,9). In derselben Weise soll auch bei den Briefempfängern Gottes Geist das gesamte Leben bestimmen und prägen, so daß »der Wille des Herrn« umfassend begriffen und getan wird.[281]

19 Die Kennzeichen der Geistbegabung, die Paulus an unserer Stelle nennt, beziehen sich zunächst auf die gottesdienstlichen Versammlungen: **»Redet[282] zueinander mit Psalmengesängen, Liedern und geistlichen Weisen, singt und sagt Lob in eurem Herzen dem Herrn.«**

Offenbar ist es Paulus darum zu tun, daß sowohl das gegenseitige Verhältnis der Christen (»zueinander«) als auch die persönliche und gemeinschaftliche Beziehung zum Herrn und zum Vater durch den Heiligen Geist beherrscht wird. An die Stelle der Liederlichkeit mit ihren wüsten Ausdrucksformen tritt somit das Loblied, der Preis und der Dank (vgl. V. 20). Auch wenn hier keine weiteren Geisteswirkungen genannt sind, werden damit die an anderen Stellen aufgezählten Wirkungen des Heiligen Geistes (Röm 8,15f; 12,6ff; 1Kor 12,4ff u.a.) keineswegs ausgeblendet.[283] V. 19 und 20 berühren sich eng mit

281 »Grundsätzlich wird der Trennungsstrich zwischen urchristlichem Pneumatikertum und hellenistisch-orgiastischem Enthusiasmus ... gezogen. Nicht sinnlicher Rausch, nicht bacchantischer Weintaumel (...) kennzeichnet christliches Wesen und christliche Feier, sondern Geisterfülltsein (...). Auf eine knappere Formel kann der Unterschied nicht gebracht sein: hier orgiastischer Enthusiasmus, dort Pneumatikertum, das sich einerseits bei kultischer Feier in Dank und Lob (5,18-20) und andererseits in einem Leben der *agape* (5,21-6,9) auswirkt« (H. Preisker, ThWNT IV, 553).

282 Die drei Partizipien (wörtl. Übersetzung: »indem ihr redet, singt, lobt«) hängen von den Imperativen in V. 18 ab und werden daher ebenfalls als Imperative wiedergegeben. Werden sie durch »indem« an das Vorhergehende angeschlossen, so würde das bedeuten, daß sich die Erfüllung mit dem Heiligen Geist auf dem Weg von Lobgesang und Dank ereignet.

283 Gegen Schnackenburg, der urteilt: Der Geist »wirkt ›begeisternd‹, vermittelt aber kaum noch besondere Gaben wie in Korinth (Glossolalie, Prophetie)«; a.a.O. 242. Auch in den anderen Paulusbriefen werden diese Charismen nicht bzw. allenfalls am Rande erwähnt.

Kol 3,16f: Der Aufruf zu Psalmengesängen, Liedern und geistlichen Weisen, wie zum Singen in den Herzen für den Herrn und der Dank an den Vater wird mit annähernd identischen Formulierungen an beide Adressatengruppen gerichtet.

Es dürfte kein Zufall sein, wenn sich die Erfüllung durch den Heiligen Geist in dreifacher Weise zu erkennen gibt: Im Reden, das von geistlichen (»pneumatischen«) Weisen geprägt ist, im Lob gegenüber dem Herrn und im Dank an Gott, den Vater. Auch hier enthüllt sich damit trinitarische Redeweise. Zugleich wird das Werk des Heiligen Geistes erläutert: Es besteht darin, den Vater und den Sohn zu verherrlichen (Joh 16,14), nicht aber in der Vermittlung von spektakulären und berauschenden Geisterfahrungen.

Die Lieder gelten – auch wenn sie **»zueinander geredet«** werden – **»dem Herrn«**. Somit handelt es sich um Christuslieder. Über ihre Entstehung im Rahmen des Gemeindegottesdienstes gibt 1Kor 14,5.26 Auskunft. Dort wird das Beten bzw. Psalm-Singen »im Geist« demjenigen »mit dem Verstand« gegenübergestellt. Dabei muß offenbleiben, ob der Begriff »geistliche Lieder« (wörtl.: »pneumatische« Lieder) aus Eph 5,19 notwendigerweise dasselbe meint wie das »Singen im Geist« (*to pneumati*) aus 1Kor 14,15. Wenn sich auch *psalmos* auf atl. Psalmen beziehen kann (vgl. z. B. Lk 24,44; Apg 13,33), so handelt es sich hier offenbar um den christlichen Psalm, der allerdings sehr wohl seine Vorlage im Gesang des AT findet (vgl. z. B. die Lieder im Buch der Offenbarung: 11,17f; 15,3f; 19,6f).

Zu beachten ist außerdem, daß der mit **»Lied«** wiedergegebene Begriff »Hymnos« nicht ausschließlich das gesungene Lied bezeichnen muß, sondern sich auch auf das Preisen und Rühmen allgemein beziehen kann.[284]

Die Verbindung »(dem Herrn) **singen und Lob sagen**« kommt ebenfalls aus den Psalmen: Ps 27,6; 57,8; 105,2; 108,2, wobei die ursprüngliche Bedeutung »durch Saitenspiel lobsingen« vermutlich nur noch bildlich verstanden wird.[285]

Der durch den Heiligen Geist gewirkte Lobpreis gilt **»dem Herrn«** und betrifft das Zentrum des Menschen, sein **»Herz«**. Er geschieht »im Herzen« und kommt zugleich »von Herzen«, nachdem das Herz durch das Werk des Heiligen Geistes erneuert und mit Gottes Liebe erfüllt wurde (Röm 5,5).

Neben dem Lob Christi steht der Dank an den Vater. Diese Verbin- 20
dung von Lob und Dank ist ebenfalls aus den Psalmen vertraut: »Ich

[284] Vgl. G. Delling, ThWNT VIII, 494.
[285] Vgl. ebd. 502.

danke dem Herrn um seiner Gerechtigkeit willen und will loben den Namen des Herrn, des Allerhöchsten« (Ps 7,18); »Gehet zu seinen Toren ein mit Danken, zu seinen Vorhöfen mit Loben; danket ihm, lobet seinen Namen« (Ps 100,4); »Es sollen dir danken, Herr, alle deine Werke und deine Heiligen dich loben« (Ps 145,10).[286]

Das, was Paulus in der Regel zum Beginn seiner Briefe tut – Gott umfassend für die jeweiligen Gemeinden zu danken –, das soll auch das bestimmende Merkmal der Glaubenden sein: **»dankt allezeit für alles.«**[c]

[c] Phil 1,3 1Thess 1,2

Wo Paulus »für alle« Gemeindeglieder dankt, auch wenn er einzelne im folgenden Schreiben z.T. aufs schärfste zurechtzuweisen hat, dort sollen die Christen jede Situation und jedes Widerfahrnis in den Dank an Gott einschließen. Damit sind auch all die Zeiten (»allezeit«) und Begebenheiten inbegriffen, die von Leid, Entbehrung oder Verfolgung gekennzeichnet sind. Möglich ist diese Sichtweise allein »im Namen unseres Herrn Jesus Christus«. Weil am Kreuz Gottes Gericht über ihn ergangen ist, weil Gott seinen einzigen Sohn nicht verschont hat (Röm 8,32), darum ist den Glaubenden in ihm »alles geschenkt« (ebd.), darum müssen ihnen nun auch »alle Dinge zum Besten dienen« (Röm 8,28). Nur deshalb, weil Gott sich dem Menschen in Jesus Christus total und umfassend zuwendet, kann der Christ diesem Gott auch »allezeit für alles« danken, wird solche Redeweise nicht zur übertriebenen Floskel. Weil »im Namen Jesu Christi« das Heil ist (Apg 4,12), weil die Anrufung seines Namens die Rettung verbürgt (Röm 10,13), darum erschließt sich in ihm der Weg zu Gott, ist Gott der »Vater« (vgl. Eph 2,18).

Die verwandte Stelle Kol 3,17 interpretiert **»alles«** durch »mit Worten und Werken« und verweist darauf, daß »alles im Namen des Herrn Jesus« zu tun sei. Damit wird deutlich, daß sich Lobpreis und Dank keinesfalls auf die gottesdienstliche Versammlung beschränken, sondern daß der Gottesdienst »im Alltag der Welt« zu begehen sei. Dem entspricht die Hingabe der Leiber zum lebendigen Opfer als dem »vernünftigen Gottesdienst« (Röm 12,1). Somit findet die Erfüllung durch den Heiligen Geist (Eph 5,18) ihren erkennbaren Ausdruck in einem persönlichen und gemeindlichen Leben der Christen, das an Gottes Willen seinen verpflichtenden Maßstab gewinnt, dem Herrn mit Freuden dient und in allem Gott als den Vater ehrt und ihm dankt.

[286] Das in der Lutherbibel mit »danken« übersetzte Wort *exhomologein* meint ursprünglich »bekennen«, gewinnt aber auch die Bedeutung »preisen«: Bauer, a. a. O. 560.

b) Eheleute: 5,21-33

21 Ordnet euch einander unter in der Furcht Christi:
22 Die Frauen sollen sich unterordnen ihren eigenen Männern wie dem Herrn;
23 denn der Mann ist das Haupt der Frau, wie auch Christus das Haupt der Gemeinde ist; er ist der Retter des Leibes.
24 Denn wie die Gemeinde Christus untergeordnet ist, so seien es auch die Frauen ihren Männern in allem.
25 Ihr Männer, liebt eure Frauen, ebenso wie auch Christus die Gemeinde geliebt und sich für sie hingegeben hat,
26 damit er sie heilige, nachdem er sie gereinigt hat durch das Wasserbad im Wort,
27 damit er die Gemeinde herrlich vor sich hinstelle, und sie keinen Schandfleck oder Runzel oder etwas Derartiges habe, sondern daß sie heilig und untadelig sei.
28 So sind auch die Männer schuldig, ihre Frauen wie ihren eigenen Leib zu lieben. Wer seine Frau liebt, liebt sich selbst.
29 Denn niemand hat jemals sein eigenes Fleisch gehaßt, sondern er hegt und pflegt es, wie es auch Christus mit der Gemeinde tut.
30 Denn wir sind Glieder seines Leibes.
31 Deshalb wird ein Mensch Vater und Mutter verlassen und sich an seine Frau hängen, und die zwei werden ein Fleisch sein.
32 Dieses Geheimnis ist groß; ich spreche aber über Christus und die Gemeinde.
33 Jedenfalls sollt auch ihr, jeder einzelne, seine eigene Frau wie sich selbst lieben; die Frau aber soll dem Mann Ehrfurcht entgegenbringen.

Das neue Leben in Jesus Christus wird jedem Glaubenden geschenkt. Unabhängig von Geschlecht, Rasse oder sozialem Stand wird der Christ geadelt, Kind Gottes zu sein (vgl. Gal 3,28). Die Ausgießung des Heiligen Geistes erreicht Söhne und Töchter, Alte und Junge, Knechte und Mägde (vgl. Joel 3,1f). Von ihm soll das Gemeindeleben geprägt sein – so hatte Paulus im vorangehenden Abschnitt eingeschärft.

Angesichts der gemeinsamen Geistbegabung aller Christen lag der Fehlschluß nahe, die im Bereich des weltlichen Zusammenlebens bestehenden Unterschiede und Ordnungen seien in der Gemeinde hinfällig geworden. Im 1. Korintherbrief bekämpft Paulus massiv diesen Irrtum und seine heillosen Konsequenzen. Im Blick auf den Umgang der Geschlechter (1Kor 5), auf die Tischsitten beim Abendmahl (1Kor 11,17ff)[287], auf die Bewertung einzelner Geistesäußerungen (1Kor 12-14), auf die Frage nach der Bedeutung der leiblichen Auferstehung macht Paulus unmißverständlich klar, daß die Schöpfungsordnung und die sich daraus ergebenden Folgen für das Zusammenleben durch die Heilsordnung keineswegs ausgeschaltet wird. Vielmehr wird nun, in Christus, zuallererst erkennbar, was menschliches Miteinander nach dem guten Willen Gottes in dem von ihm gestifteten Gefüge in Wirklichkeit meint. Daher sind die nun folgenden Anweisungen für Männer und Frauen, Eltern und Kinder, Freie und Sklaven vor diesem grundlegenden Hintergrund zu sehen: Gottes gute Ordnung für das Zusammenleben von Menschen ist durch die Sünde in einem fortwährenden heillosen Kampf um Herrschaft und Macht pervertiert worden. Weil nur der Glaube an Jesus Christus rettet, gibt es vor Gott keinerlei Ansehen der Person, durch das der Heilsempfang erleichtert oder erschwert werden würde. Durch den Heiligen Geist sind alle Glaubenden in dem einen Leib Christi vereint, der einst als solcher umfassend erkennbar werden wird. Bevor jedoch das Reich Gottes sichtbar anbricht, bleiben die Ordnungen der Schöpfung gerade auch für Christen in Kraft. Sie erkennen darin nicht ein »Herrschaftsgefüge«, das ihnen aufgezwungen wird, sondern die Hand des Vaters, dessen Tun »sehr gut« ist (1Mo 1,31).

21 Aus einem gemeinsamen Leben im Heiligen Geist erwächst nicht der ungezügelte Individualismus, der im Grunde nur nach der eigenen Geisterfahrung strebt, sondern die gegenseitige Achtung und Rücksichtnahme: **»Ordnet euch einander unter in der Furcht Christi.«**

»Furcht Christi« ist eine Formulierung, die nur an dieser Stelle vorkommt. Zunächst scheint dieser Ausdruck mit dem von der **»Liebe Christi«** (vgl. Eph 3,19; 2Kor 5,14) unvereinbar zu sein. Doch wird daran deutlich, daß im Blick auf Gott bzw. Jesus Christus Liebe und Furcht sehr wohl Seite an Seite bestehen können: Obwohl Christus als der Richter (2Kor 5,10) der Retter der Welt (Phil 3,20) geworden ist, bleibt er dennoch Richter und Herr (Phil 2,10f). So kann Paulus sagen, daß ihn »die Liebe Christi« zur Weitergabe des Evangeliums dränge (2Kor 5,14). Drei Verse zuvor aber formuliert er: »Weil wir

[287] Es kann nicht angehen, daß einige Christen das Herrenmahl mit knurrendem Magen begehen, da sie (z.B. als Sklaven wegen des späteren Dienstschlusses) noch nicht am vorausgehenden Sättigungsmahl teilnehmen konnten, während andere schon etwas angetrunken sind (V. 21). Daher gilt für die Glaubenden: »Wartet aufeinander!« (V. 33).

wissen, daß der Herr zu fürchten ist, suchen wir Menschen zu gewinnen« (2Kor 5,11).[288]

So wird mit dem Begriff »Leben in der Furcht des Herrn« in Apg 9,31 (vgl. auch 1Petr 1,17; 2,17; 3,2.16) die Existenz der christlichen Gemeinde insgesamt gekennzeichnet. Gemeint ist damit daher nicht die Angst, der Schrecken, sondern das klare Wissen um denjenigen, der der Herr der Gemeinde ist. Eingeschlossen ist darin die Ehrfurcht, die sich nicht vordergründig ehrerbietig gibt, sondern von Herzen kommt, da christliches Leben grundsätzlich offen ist (vgl. 2Kor 4,2) gegenüber demjenigen, der die Herzen kennt (Röm 8,27; Offb 2,23).

Aus dieser Perspektive ist nun der Aufruf zur gegenseitigen Unterordnung zu verstehen. Damit leitet Paulus von seinen allgemeinen Ausführungen zu den konkreten Beziehungen zwischen einzelnen Personengruppen über. Dennoch handelt es sich bei diesen Mahnungen nicht um Sonderregelungen für die jeweils Betroffenen, sondern um die Anwendung des Liebesgebots auf die angesprochenen Bereiche. Somit wird auch der typische Ausdruck für die Regelung von Strukturen, *hypotassein*, »unterordnen« vom Licht des Christusgeschehens her umgeprägt: »Der ursprünglich dem Bereich der weltlichen Ordnung angehörende Begriff wird als Ordnungsbegriff mit neuem Inhalt gefüllt.«[289] Sollen sich alle Christen einander unterordnen, so läßt sich diese Aufforderung durch die Mahnung zur gegenseitigen Demut im Sinne Christi (Phil 2,3ff; 1Petr 5,5), zur maßvollen Selbsteinschätzung (Röm 12,3.16), zur aufrichtigen Liebe (Röm 12,10) veranschaulichen.

An die allgemeine Mahnung schließt sich die Aufforderung an die 22
Ehefrauen an: **»Die Frauen sollen sich unterordnen ihren eigenen Männern wie dem Herrn.«**[a] Mit dieser Aussage bezieht sich Paulus auf den Ort, den Gott der Ehefrau im Rahmen der Schöpfungsordnung zuweist. In 1Kor 11,7-9 erläutert der Apostel diesen Rahmen. Außerdem wird in 1Tim 2,13f zusätzlich zur Schöpfung auf den Sündenfall verwiesen. Nach dem Strafwort Gottes in 1Mo 3,16 soll der Mann Herr der Frau sein (vgl. 1Tim 2,12; 1Kor 14,34).

[a] Kol 3,18 Tit 2,5 1Petr 3,1

Daran ist bemerkenswert, daß die neue Gemeinschaft von Männern und Frauen, die in Jesus Christus gestiftet wurde, weder die in der Schöpfung begründete noch die nach dem Fall auferlegte Zuordnung von Ehemann und Ehefrau aufhebt. Daß es sich dabei dennoch um eine wirklich neuartige Beziehung handelt, wird durch den

[288] Vgl. H. Balz: »Wie sich Glaube und Scheu, Hoffnung auf das Heil und Furcht vor dem Gericht im Neuen Testament nicht grundsätzlich voneinander trennen lassen, so verstehen sich auch viele urchristliche Anweisungen zum Handeln in gleicher Weise von der Liebe wie von der Furcht her« (ThWNT IX, 211).

[289] G. Delling, ThWNT VIII, 46.

Zusatz **»in dem Herrn«** erkennbar: Die Unterordnung unter den Ehemann ist in ihrem eigentlichen Sinn lediglich die Entsprechung zur Unterordnung unter den Kyrios, den Herrn. Die Verbindung der Eheleute wird damit in den ungleich weiteren Rahmen der Verbindung zum Herrn der Kirche eingeordnet. Das »Gesetz« (1Kor 14,34) wird damit nicht außer Kraft gesetzt und doch von der neuen Wirklichkeit des Heiligen Geistes her durchdrungen und damit neu gestaltet.[290]

23 Die Aufforderung zur Unterordnung wird wie in 1Kor 11,3 mit dem Hinweis auf die Schöpfung begründet: **»Denn der Mann ist das Haupt der Frau.«**

Jedes drohende Mißverständnis, daß solche »Hauptschaft« im Sinne selbstsüchtiger »Herrschaft« gedeutet werden könnte, wehrt die Fortsetzung des Satzes ab, der nun auch den Mann in die Beziehung zu Christus einweist: **»wie auch Christus das Haupt der Gemeinde ist; er ist der Retter des Leibes.«**

Daß Christus das **»Haupt«** seiner Kirche ist, hatte Paulus bereits in 1,22f und 4,15f dargelegt. Von ihm her und auf ihn hin hat alles ausgerichtet zu sein, was in der Kirche geschieht. Jeder einzelne Christ ist als Stein (vgl. 2,21f) bzw. Glied (4,16) in dieses Kunstwerk eingefügt und wird von Christus bestimmt. Wenn auch die Ehemänner nach der Ordnung von Gottes Schöpfung ihren Ehefrauen gegenüber die Funktion des »Hauptes« wahrzunehmen haben und diese Ordnung auch in der Ehe von Christen fortbesteht, so sind doch zugleich Männer und Frauen dem Haupt Christus untergeordnet, wie dies bereits in der allgemeinen Anweisung in 5,21 zum Ausdruck kam. Damit wird den verschiedenen Fehlformen ehelichen Zusammenlebens gewehrt: einer selbstherrlichen Herrschaft des Mannes ebenso wie

[290] Nichts ist für die heutige Situation der christlichen Gemeinde gewonnen, wenn vor dem Hintergrund einer allgemeinen demokratisch-emanzipatorischen Grundstimmung in der Gegenwart die im NT vorgenommene Verbindung von Schöpfung und Heilsordnung als »museal« abgewiesen wird. Stellvertretend für viele ähnliche Stimmen sei dazu Schnackenburg zitiert: »Wenn dann in der Mahnung an die Frauen doch gewisse damalige anthropologisch-gesellschaftliche Vorstellungen zum Zug kommen ..., ist das eine zeitgeschichtliche Verengung, die den grundsätzlichen Anspruch an alle Christen, sich einander unterzuordnen, nicht in Frage stellt.« Und: »Dennoch läßt sich nicht leugnen, daß eine Gesellschaftsauffassung zugrundeliegt, die dem Mann den ersten Platz vorbehält« (a.a.O. 250.251). An dieser heutzutage gewiß höchst heiklen Frage der Schriftauslegung hat sich gleichwohl wie an allen anderen Fragen zu entscheiden, ob Gottes Wort der Heiligen Schrift als offenbarendes Wort zu verstehen ist, das unsere durch den Zeitgeist getrübte Sicht der Dinge erhellt und zurechtrückt, oder ob es sich dabei um ein Zeugnis vergangener Glaubenserfahrung handelt, das in der jeweiligen Gegenwart auf seine Übertragbarkeit und Anwendbarkeit hin zu prüfen ist. Luther hat diese zweite Position mit einer scharfsinnigen Formulierung abgelehnt: Die Vertreter dieser Haltung »bestimmen das Wort nicht gemäß dem redenden Gott, sondern gemäß dem empfangenden Menschen« (vgl. WATR 3, 670, 18). Dagegen ist es dem Charakter des Wortes Gottes angemessen, daß sich der Mensch durch den in seinem Wort redenden Gott zurechtrücken läßt.

einer Bemühung der Frau, den Gatten »unter dem Pantoffel« zu halten; einer Weigerung des Mannes, als »Haupt« Verantwortung für seine Familie zu übernehmen (vgl. die »vaterlose Gesellschaft«), genauso wie ein Streben der Frau, sich auf Kosten von Ehe und Familie selbstsüchtig zu emanzipieren.

Als Haupt über die Kirche ist Christus zugleich »Retter des Leibes«. Was dies im einzelnen bedeutet, wird in V. 25-27 ausführlich dargestellt. Dabei wird vor allem sichtbar: Die »Hauptschaft« Jesu Christi kommt durch die Hingabe seines Lebens zustande. Weil er gehorsam war bis zum Kreuzestod, hat ihn Gott auch über alles erhöht (Phil 2,9). Er ist der Herr als der Dienende, der Knecht. Ohne diesen fundamentalen Dienst würde es keinen Leib, keine Kirche geben. Der Leib lebt fortwährend davon, daß Jesus Christus durch seinen Tod der »Retter«, der Erlöser wurde und dies auch beständig bleibt.

Diesem Herrn gegenüber hat sich die Kirche unterzuordnen. Würde 24
sie sich von ihm »emanzipieren«, würde sie ihren »Retter« und damit auch den Grund ihres Daseins verlieren. Würden andere »Herren« die Hauptschaft Jesu Christi in den Hintergrund drängen und sich an seine Stelle setzen, so würde damit die Kirche zerstört werden. Solche Fehlentwicklungen sind im Laufe der Kirchengeschichte immer wieder eingetreten. Zu Zeiten war die »Gestalt« des Leibes Christi so entstellt, daß er als solcher kaum mehr zu erkennen war. Und doch wäre es höchst oberflächlich, das Wesen der Kirche allein von ihrem äußeren Erscheinungsbild her zu beurteilen. In 4,4f hatte Paulus daran erinnert: »ein Leib und ein Geist, ... ein Herr, ein Glaube, eine Taufe.« Trotz aller »Neuerungs-« und »Veränderungsversuche« bleibt Christus das Haupt seines Leibes, der Kirche. In jeder Zeit sind alle Glieder am Leib stets neu aus vielfältigen Verirrungen heraus unter die Herrschaft Christi zurückzurufen. So und nur so wird Kirche als die eine und bleibende zu allen Zeiten erneuert.

Werden die Ehefrauen dazu aufgefordert, sich **»in allem«** ihren Männern unterzuordnen, so ist dies vor dem Hintergrund zu hören, daß die Kirche ihrem Haupt, Christus, alles verdankt und daher auch in allem ihm untergeordnet ist.[291]

Wie zuvor bei den Frauen, so setzt der Apostel auch bei den Män- 25
nern mit der Mahnung ein: **»Ihr Männer, liebt eure Frauen.«** Sodann

291 »Behält man im Auge, daß vom Mann die gleiche liebende Hingabe gefordert wird, wie sie Christus der Kirche gegenüber bewiesen hat (ohne daß er damit wie Christus zum ›Retter‹ wird), dann ist auch die Unterordnung ›in allem‹ vor Mißverständnis geschützt. In der Korrelation des Verhältnisses von Mann und Frau wird von *beiden* das Äußerste verlangt, immer in der Perspektive, die sich von Christus und Kirche her ergibt« (Schnackenburg, a. a. O. 252f).

wird ausführlich die Art der Liebe Christi zu seiner Kirche geschildert, bevor in V. 28 die Aufforderung im Sinne einer zusammenfassenden Schlußfolgerung wiederholt wird.

Was Christus getan hat, wird für die Männer zum Maßstab ihrer Liebe erhoben: **»Ebenso wie«** Christus die Gemeinde hingebungsvoll geliebt hat, sollen sie auch ihre Frauen lieben. Gefordert wird von ihnen die Agape, d.h. die durch Christus gekennzeichnete Liebe. Damit sind die anderen Formen der Liebe (als geschlechtliche Beziehung, als Freundesliebe) nicht ausgeschlossen, sondern werden vielmehr durch die Agape umgriffen und bestimmt. Indem Gott in Jesus Christus uns Menschen zuerst geliebt hat (Röm 5,8; 1Joh 4,19), indem seine Liebe in die Herzen der Glaubenden ausgegossen ist (Röm 5,5), wird die Beziehung zwischen Eheleuten – wie alle anderen Beziehungen ebenso – in ein neues Licht getaucht und auf ein gemeinsames Ziel ausgerichtet. Wurde der Erweis von Liebe in seinen verschiedenen Bezügen in Folge des Sündenfalls durch den menschlichen Egoismus im Zentrum verfälscht, so ist mit Christus eine völlig neuartige Situation gegeben: Seine Liebe zur Kirche ist dadurch geprägt, daß er sich **»für sie hingegeben hat«.**[292]

26 Die Hingabe seines Lebens am Kreuz zur Erlösung hat ein klar zu beschreibendes Ziel, das daher auch grammatikalisch in Finalsätzen angegeben wird: **»damit er sie heilige, nachdem er sie gereinigt hat durch das Wasserbad im Wort«.**

Grundlage für die beabsichtigte Heiligung ist die Reinigung durch das verkündigte Wort. In Joh 13,10 und 15,3 spricht Jesus von dieser reinigenden Wirkung seines Wortes an den Jüngern. Von der Reinigung als Folge von Christi Hingabe handelt ebenfalls Tit 2,14. Dabei wird die Reinigung als Frucht des Sterbens Jesu in der Verkündigung des Wortes ausgeteilt und zugeeignet.

Eingeschlossen ist die Wendung **»durch das Wasserbad«.** Damit spielt Paulus auf die Taufe[293] an, gebraucht also nicht nur ein Bild für das Gereinigtwerden. Da die Taufe nach Röm 6,3f die Teilhabe am Tod Christi, das Absterben des alten Menschen vollzieht, handelt es sich dabei weder um einen magischen noch um einen automatischen Vorgang – darauf macht die Näherbestimmung **»im Wort«** aufmerk-

[292] Mit dieser Wendung greift Paulus zurück auf 5,2, wo die Verbindung von Liebe und Hingabe Christi als Anlaß zum »Lebenswandel in Liebe« genommen wurde (vgl. auch Gal 2,20; 1Tim 2,6). Wie oben bereits erwähnt, können hier auch alle die Stellen herangezogen werden, in denen von Christi Tat »für uns«, »für unsere Sünden«, »für die vielen« etc. die Rede ist.

[293] F. Hauck, ThWNT III, 429; Schnackenburg, a.a.O. 225 u.a. M. Barth (Ephesians 1974, 695f) versteht darunter die »Taufe mit Geist«.

sam; denn diesem Wort soll geglaubt, die Abwaschung der Sünden soll angenommen werden.

Der Reinigung entspricht die Heiligung. In 1Kor 6,11 kommt die inhaltliche Nähe der beiden Begriffe zum Ausdruck: »Ihr seid reingewaschen, ihr seid geheiligt, ihr seid gerecht geworden durch den Namen des Herrn Jesus Christus und durch den Geist unseres Gottes.«

Die Heiligung wurde (im Sinne der Reinigung) gleichfalls durch den Tod Jesu vollzogen und dann dem Glaubenden individuell und grundlegend zugeeignet. Nun aber soll sie in den verschiedenen Bezügen im einzelnen Christen und in der Gemeinde insgesamt Raum gewinnen. »Das ist der Wille Gottes, eure Heiligung« (1Thess 4,3). Wenn Heiligung die Beschlagnahmung für Gott meint (vgl. 3Mo 19,2: »Ihr sollt heilig sein, denn ich bin heilig, der Herr, eurer Gott.«), dann soll diese Indienstnahme der Glieder am Leib Christi stets zunehmen. Es ist bemerkenswert, daß Paulus in Röm 6,19 den »Dienst der Gerechtigkeit« als die Weise beschreibt, durch die sich die Heiligung vollzieht.

Die Eigenart biblischer Heiligung besteht darin, daß sie einerseits umfassend durch Christus erworben und durch Wort und Taufe vermittelt wird: Darüberhinaus gibt es nichts, was einen Menschen qualitativ »heiliger« machen könnte. Andererseits soll sich diese vollkommene Heiligung Christi nun in den Verästelungen des Lebens erweisen. Daß dies vonnöten ist, wird durch die zahlreichen Einzelweisungen in den Briefen zur Genüge deutlich. Indem Christi Wort und Geist zunehmend wirksam werden, vollziehen sich Veränderungen, die oft konkret in Erscheinung treten (vgl. 4,28: »Wer gestohlen hat, stehle nicht mehr.«). Trotzdem läßt sich Heiligung nicht als empirisch wahrnehmbares, quantitatives Wachstum beschreiben, da ja in keiner Weise der betreffende Mensch Heiligkeit vorweisen oder gar hervorbringen kann. Vielmehr handelt es sich stets um die fremde, geschenkte, um Christi Heiligung, die den Glaubenden umhüllt. Gleichzeitig führt die fortwährende Heiligung zu wachsender Selbsterkenntnis in dem Sinne, daß der Mensch mehr und mehr seine Sündhaftigkeit und Erlösungsbedürftigkeit erkennt, daher die Reinigung durch Christus zunehmend benötigt. Insofern kann gesagt werden, daß Heiligung nichts anderes als das Gegenstück der Rechtfertigung ist. M. Luther hat beide in folgendem Satz miteinander verbunden: »Voranschreiten (= geheiligt werden) ist nichts anderes, als immer wieder anzufangen (= gerechtfertigt werden). Anfangen ohne voranzuschreiten, das ist zurückfallen.«[294]

[294] Nach WA 4, 350, 14 zu Ps 91.

27 Der weitere Zweck der Hingabe Christi ist, **»damit er die Gemeinde herrlich vor sich hinstelle, und sie keinen Schandfleck oder Runzel oder etwas Derartiges habe, sondern daß sie heilig und untadelig sei.«** Der Begriff **»hinstellen«** hat verschiedene Bedeutungsvarianten: »zur Verfügung stellen« (für einen Dienst), »vorführen« vor einen König oder Richter[295]. In diesem Sinne kann man auch Kol 1,22 (Christus hat euch versöhnt ..., »damit er euch heilig und untadelig und makellos vor sein Angesicht stelle«) und Kol 1,28 verstehen.[296] Neben unserer Stelle findet sich noch in 2Kor 11,2 die Deutung auf den Brautführer (vgl. auch Joh 3,29 von Johannes dem Täufer), der die Gemeinde als makellose Braut vorstellt: »Ich habe euch verlobt mit einem einzigen Mann, damit ich Christus eine reine Jungfrau zuführte.« In Eph 5,27 ist es Christus selbst, der die Braut »vor sich hinstellt«.[297] Da das »Vorstellen« in verschiedenen Versen auf das endgültige Offenbarwerden am Jüngsten Tag bezogen ist, wurde auch das »Hinstellen« in unserem Vers als endzeitliches Geschehen begriffen. Dabei ist zu berücksichtigen, daß die Reinigung durch Christus ein für allemal am Kreuz vollzogen wurde, daß die Gemeinde zugleich der andauernden Heiligung bedarf und daß tatsächlich erst am Tag Christi die strahlende Schönheit der Kirche als seiner Braut zutage tritt.[298]

»Herrlich« ist die Kirche deshalb, weil sie **»keinen Schandfleck oder Runzel«** hat.[299] Entgegen der Ableitung der hier gebrauchten Bildersprache vom antiken Brautbad eröffnet sich von Hes 16,8-14 ein vertieftes Verstehen des Zusammenhangs: Gott sagt über Jerusalem, das ein Findelkind war und nun als schönes Mädchen vorgestellt wird: »Ich badete dich mit Wasser und wusch dich von deinem Blut

295 Vgl. Apg 23,33 und 27,24 im Blick auf den römischen Kaiser; Röm 14,10 und 2Kor 4,14 hinsichtlich des Endgerichts.

296 B. Reicke sieht darin »das Motiv des Vorführens einer Person vor Gott, um ihre rituelle Reinheit darzutun«: ThWNT V, 839.

297 »Hinter diesem Bilde liegt wahrscheinlich das feierliche Vorführen einer königlichen Braut, etwa nach Ps 45« (ebd. 839).

298 Insofern trifft die einseitige Sicht Schnackenburgs nicht zu, der dem nachpaulinischen Verfasser »nur« ein präsentisches Verständnis zugestehen will: »Die früher häufig vertretene Deutung auf die Parusie, die in Eph nirgends genannt wird, läßt sich nicht halten« (a. a. O. 256). Wenn diese Stelle in den Kontext der Paulusbriefe eingeordnet wird, so ist die Ausrichtung auf die umfassende Offenbarung der Kirche am Jüngsten Tag völlig klar.

299 In diesem Zusammenhang ist der Hinweis von G. Kittel auf den Gebrauch des aus derselben Wortfamilie entstammenden Verbs »verherrlichen« in 2Thess 1,10.12 aufschlußreich. Hier findet sich der futurische Gebrauch (»Christus wird bei seinem Kommen verherrlicht«) unmittelbar neben dem präsentischen (»in euch soll der Name unseres Herrn Jesus – jetzt – verherrlicht werden«): »Daß dabei unwillkürlich aus der eschatologischen (V. 10) Aussage eine Gegenwartsaussage (V. 12) wird, ist für das paulinische Grundverständnis bezeichnend« (ThWNT II, 258).

und salbte dich mit Öl« (V. 9).[300] »Du ... wurdest überaus schön und kamst zu königlichen Ehren. Und dein Ruhm erscholl unter den Völkern deiner Schönheit wegen, die vollkommen war durch den Schmuck, den ich dir angelegt hatte, spricht Gott der Herr« (V. 13f).[301] Christus hat die ntl. Gemeinde als seine Braut von aller Sünde abgewaschen und gereinigt (vgl. 1Kor 6,11 im Blick auf die einzelnen Christen), und er führt dieses Werk der Heiligung kontinuierlich fort, so daß sich keine Alterserscheinungen (»Runzel«) zeigen werden. Was in Eph 1,4 und Kol 1,22 (vgl. 1Kor 1,8) von den Gläubigen gesagt ist (»heilig und untadelig«), das gilt auch für die Kirche als ganze.

An dieser Stelle ist kurz darauf hinzuweisen, daß der Blick des Glaubens auf das Werk Christi und das wahre Wesen der Kirche nicht durch die vielfältigen Anstöße am Erscheinungsbild der verschiedensten Kirchenformen verstellt werden darf. Paulus beschwört in diesem Brief keine Idealvorstellungen, sondern beschreibt Realitäten. Da es dabei jedoch um die Dimension des göttlichen Handelns geht, das allein dem Glauben erschlossen wird, bleibt die Kirche eine für die oberflächliche Betrachtung verhüllte Größe. Allerdings ist zu beachten, daß der empirisch-vorfindlichen, der »sichtbaren« Kirche nicht eine rein geistlich-»unsichtbare« gegenübersteht. Vielmehr ist die wahre Kirche als Leib Christi unter der sich häufig als ihr Gegenteil darstellenden äußeren Kirchenform verborgen: »Die Kirche ist verborgen, die Heiligen sind unbekannt.«[302]

Keinesfalls darf daraus der Schluß gezogen werden, daß die Kirche daher in Lehre und Leben pluralistisch ausgerichtet sein müsse. Vielmehr ist entschieden darauf zu dringen, daß allein dem Wort und Willen Christi in ihr Raum zu geben, allen anderen Herren dagegen zu wehren ist. Stets neu ist an die in Christus geschehene Rettung zu erinnern, sind alle Glieder seinem Werk der Heiligung zu unterstellen und die Hoffnung auf die noch ausstehende Vollendung zu festigen. Dennoch müssen alle Bestrebungen als aussichtslos entlarvt werden, die etwa auf dem Wege der Kirchenzucht bereits hier eine reine Gemeinde darstellen wollen. Nicht einmal der Auszug aus einer bestehenden (Volks-)Kirche eröffnet den Weg zur wahren Gemeinde, da kein Mensch seine Sündhaftigkeit hinter sich zu lassen vermag. Nur in Christus ist der Mensch seiner Sünde gestorben; nur in ihm hat er die Zuflucht in aller Anfechtung; nur von ihm wird ihm alle Schuld umfassend vergeben. Was für den einzelnen Glaubenden gilt, trifft auch für die Kirche Jesu Christi zu: Wo der Herr durch sein Wort in

300 Davon zu unterscheiden sind die Verse 3-6, die vom Tag der Geburt sprechen.
301 Vgl. dazu Sampley bei Schnackenburg, a.a.O. 257.
302 Vgl. M. Luther, Vom unfreien Willen, WA 18, 652.

der Kraft des Heiligen Geistes gegenwärtig ist, wo demnach das Evangelium rein verkündigt wird und die Sakramente der Stiftung gemäß ausgeteilt werden (vgl. CA V), dort tritt die wahre Kirche in Erscheinung und wird sichtbar. Wie im Falle der Gerechtigkeit und Heiligkeit des Christen so ist auch bei der Kirche ihre Qualität nicht an speziellen Merkmalen (Frömmigkeit, soziales Engagement, Missionstätigkeit etc.) zu erkennen, sondern an der wirkmächtigen Gegenwart ihres Herrn, der in dem Wort der Verkündiger selbst redet, mahnt, tröstet, vergibt, heilt.

28 Der umfassende Einsatz Christi für seine Kirche bildet die Basis und das Vorbild für die Liebe der Männer zu ihren Ehefrauen: **»So sind auch die Männer schuldig, ihre Frauen wie ihren eigenen Leib zu lieben.«** Hat die »Haupt-Funktion« des Mannes ihren eigentlichen Hintergrund in der Liebe Christi, so wird damit endgültig jeder Mißbrauch dieser Ordnung abgewehrt und als Sünde entlarvt. Gleichzeitig wird deutlich, daß die Erfüllung dieses Liebesgebots allein durch den beständigen Empfang der Liebe Christi, durch das gemeinsame Leben aus der Vergebung möglich ist.

Es ist eingewandt worden, daß die angeführten Begründungen für die Liebe zur Ehefrau – »den eigenen Leib«/»sich selbst lieben«, ebs. V. 29 – gegenüber der christologischen Begründung in V. 25-27 stark abfallen würden. Dabei ist jedoch zu beachten, daß diese Formulierungen bereits im Licht des Schriftzitats aus 1Mo 2,24 in V. 31 zu sehen sind. Somit handelt es sich bei dem **»eigenen Leib«** nicht allein um den Mann, sondern um »die Frau als ›Leib‹ des Mannes, gleichsam sein zweites Ich«[303]; nach 1Mo 2,24 sind beide *ein* Fleisch.

Immer wieder werden von den Kommentatoren zur Illustration dieser Aussage die »Eheratschläge« des um das Jahr 100 n.Chr. wirkenden Schriftstellers Plutarch zitiert: »Der Mann aber soll die Frau beherrschen nicht wie ein Herr den Besitz, sondern wie die Seele den Leib, mitempfindend und durch gute Gesinnung das Zusammenwachsen fördernd.«[304] Demgegenüber ist das in der Heiligen Schrift vorgegebene Verhältnis des Mannes zu seiner Ehefrau nicht durch Herrschaft, sondern durch die Liebe gekennzeichnet. Die Liebe zu seiner Frau ist schließlich nichts anderes als Liebe zu sich selbst, da ja Mann und Frau in der Ehe ein Fleisch sind.

29 Hieran schließt sich die daraus gezogene Folgerung an: **»Denn niemand hat jemals sein eigenes Fleisch gehaßt, sondern er hegt und pflegt es, wie es auch Christus mit der Kirche tut.«**

303 Schnackenburg, a. a. O. 258.
304 Praecepta Coniugalia 142 E, übers. bei Schnackenburg, a. a. O. 258.

Im selben Maß, wie sich aus der Liebe zu sich selbst die Unmöglichkeit des gegen die eigene Person gerichteten Hasses ergibt, entspringt daraus auch die Selbstverständlichkeit, für sich selbst zu sorgen. Erneut bezieht Paulus eine allgemeine Lebensregel auf das Verhältnis des Ehegatten zu seiner Frau. **»Hegen und pflegen«** reicht über den Bereich der Nahrung und Kleidung hinaus und kann auch geistige und geistliche Güter umfassen. So fraglos, wie jeder Mensch umfassend für die Bedürfnisse seiner eigenen Person sorgt, so soll es auch der Mann im Blick auf alles, was seiner Frau not ist, tun. Dabei geschieht nicht einmal Außergewöhnliches, sondern vielmehr das Nächstliegende; denn Mann und Frau sind zu einem Fleisch geworden. Mit diesen Ausführungen veranschaulicht Paulus zugleich, was unter der Liebe des Ehemannes zu verstehen ist: Es handelt sich nicht um ein Gefühl oder eine Neigung, sondern um den umfassenden Einsatz für die Ehefrau, um die Hingabe, die ihr Vorbild an der Hingabe Christi für die Kirche hat (V. 25). Der Bezug zu Christus wird auch im vorliegenden Vers folgerichtig hervorgehoben: **»wie es auch Christus mit der Gemeinde tut.«** Ausführlich war in V. 25ff von der umfassenden Fürsorge des Hauptes Christi für den Leib seiner Gemeinde die Rede gewesen. Zu erinnern wäre außerdem an die Gaben, die Christus seiner Kirche gegeben hat und wodurch er sie bleibend »hegt und pflegt« (4,11f). Durch die einigende Kraft des Hauptes vermag der Leib zu seiner Vollendung hin zu wachsen; die Macht seiner Liebe ermöglicht gegenseitige Auferbauung (4,15f). Wenn auch das Verhältnis Christi zur Kirche das »Ur-Modell« für die »Eheermahnung« bildet, so wird doch auch umgekehrt die Gewißheit einer ganz allgemeinen Aussage verdeutlicht: Da ja schon jeder Mensch von Natur aus für »sein eigenes Fleisch« sorgt, wird Christus noch weitaus mehr für den Leib seiner Gemeinde sorgen.

Bevor Paulus das Schriftzitat aus 1Mo 2,24 einfügt, das bereits die 30
vorausgehenden Verse bestimmt hat, führt er eine weitere Begründung für den Einsatz Christi zum Besten seiner Kirche an: **»Denn wir sind Glieder seines Leibes.«**

Damit verläßt der Apostel für einen Augenblick die Parallelität zwischen Ehe und Kirche und macht eine Aussage, die sich auf alle Christen, d.h. auch die unverheirateten, bezieht. Daher taucht im gesamten Abschnitt nur an dieser Stelle das Wort **»wir«** auf. Die Formulierung läßt sich am einfachsten von 1Kor 12,27 her erklären.[b] Dort wie hier ist die Aussage im Indikativ zu beachten, die das bloße Bildwort sprengt: **»wir sind«**. Weil das so ist, darum gilt die umfassende Pflege Christi seiner Kirche nicht nur symbolisch, sondern real. Paulus macht dadurch deutlich, daß die Gliedschaft am Leib Christi, in die der Christ durch Glaube und Taufe versetzt wurde (vgl. 1Kor 12,12f), den Christen in noch weitergehender Weise bestimmt als Ehe oder Ehelosigkeit.

[b] Röm 12,4f 1Kor 6,15 Eph 4,16.25

So ist angesichts des Heils in Christus »nicht Mann noch Frau« (Gal 3,28); angesichts des heranrückenden Endes »sollen auch die, die Frauen haben, sein, als hätten sie keine« (1Kor 7,29). Demnach ist die Zugehörigkeit zum Leib Christi das, was die Christen in erster Linie prägt. Davon werden die Grundregeln für die verschiedenen Formen des Zusammenlebens abgeleitet, sei es in der Ehe oder in der Ehelosigkeit.[305]

31 Während das Zitat aus 1Mo 2,24 von früheren Kommentatoren auf die Ehe bezogen wurde, ist es heute üblich, es direkt auf das Verhältnis zwischen Christus und der Kirche zu deuten. Die erste Deutung ist insofern problematisch, als die Beziehung Christus – Kirche aus der Schöpfungsordnung der Ehe abgeleitet werden würde. Die zweite Lösung ist mit der Verlegenheit konfrontiert, V. 31a überhaupt nicht deuten zu können.[306] Daher ist es ratsam, die Berechtigung beider Lösungen zu bedenken.

Ausgangspunkt dafür ist die Erinnerung, daß die gesamte »Ehe-Paraklese« aus dem Verhältnis zwischen Christus, dem Haupt, und der Kirche als dem Leib Christi abgeleitet wird. Vom Aufbau des ganzen Abschnitts her muß das auch für unseren Vers festgehalten werden. Andererseits wird hier eine Schlüsselaussage des aus der Schöpfung erwachsenen biblischen Eheverständnisses eingebracht. Damit erinnert Paulus im Gegenüber zu den vielfältigen, durch die Sünde verursachten Perversionen der Beziehung zwischen Mann und Frau an das Verhältnis, wie es »von Anfang an« (vgl. Mt 19,4 und demgegenüber 19,8) nach dem guten Willen des Schöpfers war. Das gilt auch für den gläubigen Ehemann: Auch er ist verpflichtet, sich grundsätzlich von Eltern, Familie und Sippe zu lösen (seine Frau also nicht wie selbstverständlich in seine eigenen Beziehungen einzubinden zu suchen), sich an seine Frau zu hängen, d.h. sich in freier, ausschließlicher und bedingungsloser Entscheidung an sie zu binden, und damit **»ein Fleisch«**, eine neue, untrennbare Einheit im umfassenden Sinne zu werden. Solche Lösung und Bindung ist auch dem christli-

[305] Erwähnt werden soll die Ergänzung dieses Verses in einer Reihe von Eph-Handschriften durch die Worte: »... aus seinem Fleisch und seinen Knochen.« Mit dem Zitat aus 1Mo 2,23, das die Erschaffung Evas aus Adam zum Inhalt hat, wird auf die Entstehung der Kirche aus Christus angespielt. Abgesehen von der Tatsache, daß diese Lesart als erklärender Zusatz gedeutet werden kann und damit als sekundär auszuscheiden ist, würde die Vorstellung eines »physischen« Hervorgehens der Kirche aus Christus im Widerspruch zu anderen Aussagen stehen. Menschen werden zu Kindern Gottes gemacht (Röm 8,14ff), in den Leib Christi hineinversetzt (1Kor 12,13), gezeugt durch das Wort der Wahrheit (Jak 1,18). Der Grund dafür ist durchgehend Gottes unverdiente Gnade und Barmherzigkeit, ist daher nicht naturgegeben. Außerdem besteht die Beziehung zwischen Haupt und Gliedern im Glauben, läßt sich daher nicht sichtbar aufweisen. Somit würde auch der theologische Gehalt einer solchen Aussage erhebliche Probleme verursachen.

[306] »Der erste Teil des Zitats, daß der Mensch Vater und Mutter verläßt, verträgt keine allegorische Auslegung, wie immer Vater und Mutter gedeutet werden«: Schnackenburg, a. a. O. 261.

chen Ehemann aufgetragen. Von dieser neuen Beziehung zu seiner Frau her erklärt sich die umfassende Liebe und Fürsorge »für sein eigenes Fleisch«.

Indem nun aber die Aussage über die Schöpfungsordnung der Ehe vom Licht des Evangeliums her durchstrahlt wird, gewinnt dieser Vers eine christologisch-ekklesiologische Dimension: Christus und sein Leib bilden eine derart untrennbare Einheit, daß die Beziehung zwischen den Ehegatten dafür als Vergleich herangezogen werden kann. Zugleich werden damit – wie bereits in V. 30 – auch die christlichen Ehegatten in die größere Gemeinschaft von Christus und Kirche hineingenommen.

So ist es nicht verwunderlich, wenn Paulus ausruft: **»Dieses Ge-** 32
heimnis ist groß.« Dabei bezieht er den Begriff **»Geheimnis«** auf das Verhältnis von Christus und Kirche, das durch die Einheit von Mann und Frau in der Ehe veranschaulicht werden kann; denn er fügt hinzu: **»ich spreche aber über Christus und die Gemeinde.«** Gewiß stellt auch der Vorgang, daß Eheleute »ein Fleisch werden«, ein Geheimnis dar. Doch ist dieses bereits in der Schöpfung begründet und gewinnt im Neuen Bund keine weiteren Merkmale hinzu. Ganz anders verhält es sich mit dem, was in Jesus Christus geschieht: Daß der Gottessohn als Mensch offenbart wird, ist schlechterdings die Enthüllung des »großen Geheimnisses« (1Tim 3,16). Es handelt sich dabei um das »Geheimnis Christi« (das nach Eph 3,3f die Einheit aus Juden- und Heidenchristen umschließt) bzw. das »Geheimnis Gottes« (Kol 2,2; vgl. 1Kor 4,2) oder das »Geheimnis des Evangeliums« (Eph 6,19). Dabei besteht der besondere Charakter dieses Geheimnisses in der Tatsache, daß es in der Zeit des alten Bundes ersehnt, aber nicht offenbart war (Kol 1,26), jetzt aber enthüllt und doch nicht jedermann verfügbar ist. Vielmehr muß es verkündigt werden (Eph 6,19); das geschieht in der Erwartung, daß dem Hörer durch die Erleuchtung des Heiligen Geistes die Erkenntnis Jesu Christi auch persönlich erschlossen wird (2Kor 4,6). Im vorliegenden Vers wird das »Geheimnis« nicht auf die Offenbarung Jesu Christi insgesamt bezogen, sondern auf die besondere Verbindung zwischen Haupt und Leib Christi. Im selben Sinne spricht Paulus in Eph 1,9 vom »Geheimnis des göttlichen Willens«, alles in Christus zu vereinen, und in 3,3f.9 vom Geheimnis der Eingliederung der Heidenchristen in den Leib Christi.

Was bereits zuvor über die Beziehung zwischen Christus und seiner Kirche ausgeführt wurde, ist für den vorliegenden Vers erneut zu betonen: Keinesfalls handelt es sich dabei um eine mystische Verschmelzung von Christus und Christen, bei der die Identität beider aufgelöst oder verändert werden würde. Die Einheit des »Christus in uns« (vgl. Gal 2,20; Kol 1,27) bzw. des »wir in Christus« (2Kor 5,17; Röm 8,1) ist eine Einheit des Glaubens: »daß Christus wohne durch den Glauben in euren Herzen« (Eph 3,17). In ihr bleibt Christus als das Haupt zugleich der Herr seiner Gemeinde; die Glaubenden als sein Leib bleiben auf sein heiligendes Handeln an ihnen angewiesen. Insbesondere diejenigen Aussagen, die die Glaubenden in höchstem Maße adeln und die Verbindung mit Christus zum Inhalt haben, stellen zugleich die Unterschiedenheit von Schöpfer und Geschöpf heraus: Wenn Paulus davon spricht, daß wir mit Christus lebendiggemacht, mitauferweckt und zur Rechten Gottes miteingesetzt wurden (Eph 2,5f), so ist damit Einheit und Unterscheidung in gleichem Maße festgehalten.

Eine Bemerkung zur Bedeutung von V. 32 für das Verständnis der Ehe in der evangelischen und katholischen Kirche soll das Gesagte abschließen. In der für die römisch-katholische Kirche maßgeblichen lateinischen Übersetzung der Bibel, der Vulgata, wird der griech. Begriff *mysterion* durch *sacramentum* wiedergegeben.[307] Davon wurde später der sakramentale Charakter der (römisch-katholisch geschlossenen) Ehe abgeleitet. Umgekehrt mußte jede andere Form der Eheschließung als unzureichend bewertet werden. Der Katholik Schnakkenburg bemüht sich um einen exegetischen Brückenschlag zum »weltlichen«, d.h. in der Schöpfungs-, nicht aber in der Heilsordnung begründeten evangelischen Verständnis der Ehe, wenn er zu bedenken gibt: Das »große Geheimnis« meint die Beziehung zwischen Christus und der Kirche, nicht aber die Ehe. Andererseits wird die christliche Ehe »in Analogie zum Verhältnis Christus – Kirche« gesehen und damit »in den gnadenvollen Wirkbereich Christi hineingenommen«: »So wenig die Kirche aus ihrer Existenz in der Welt gelöst wird, so wenig wird die Weltlichkeit der Ehe in Frage gestellt; und doch wird die christliche Ehe, wenn sie in der geforderten Weise, als Begegnung in Liebe und Unterordnung in Liebe, gelebt wird, auch ständig aus einer zwanghaften Bindung an die Welt mit ihrer Begrenztheit herausgerufen und auf den Heilsbereich Christus – Kirche verwiesen.«[308] Dem ist zweifellos zuzustimmen. Damit aber wäre zugleich der sakramentale Charakter der Ehe aufgegeben: Die Vollgültigkeit der Eheschließung ist nicht auf den (katholisch-)christlichen Bereich beschränkt. In welcher, von der jeweiligen Kultur abhängigen Form die Ehe auch immer geschlossen werden mag, sie hat damit ihre Gültigkeit und steht unter dem Segen des Schöpfers. Da sich christliche Eheleute jedoch ihrer Sündhaftigkeit schmerzlich bewußt sind, wissen sie damit auch gerade in der Ehe um ihre umfassende Abhängigkeit von der Vergebung und Erneuerung durch Christus.

307 Andere latein. Übersetzungen setzen dafür »mysterium« als Lehnwort ein.
308 Schnackenburg, a.a.O. 262.

Als Glieder am Leib Christi wissen sie sich eingeordnet in die größere Gemeinschaft der weltweiten Kirche und zum Dienst an ihr und der Welt berufen.

Paulus beschließt den Abschnitt über die Ehegatten, indem er das 33
Ergebnis (**»jedenfalls«**) auf den Nenner bringt: **»Jedenfalls sollt auch ihr, jeder einzelne, seine eigene Frau wie sich selbst lieben; die Frau aber soll dem Mann Ehrfurcht entgegenbringen.«** Hervorgehoben wird die Liebe des Mannes und die Ehrfurcht seiner Ehefrau ihm gegenüber; damit wird die Aufforderung der Unterordnung von V. 22 wieder aufgenommem. Indem die Liebe und Hingabe Christi das Maß für die Liebe des Mannes zu seiner Frau abgibt, wird allem Mißbrauch der schöpfungsmäßigen Zuordnung von Mann und Frau gewehrt. Dementsprechend beinhaltet die »Unterordnung« bzw. »Ehrfurcht« der Frau keine Unterwürfigkeit, sondern die Zustimmung zu Gottes guter Ordnung. Durch eine in dieser Weise geprägte Ehe wird Gott, der Schöpfer und Versöhner, geehrt.

c) Kinder und Väter, Sklaven und Herren: 6,1-9

1 Ihr Kinder, gehorcht euren Eltern in dem Herrn; denn das ist gerecht.
2 »Ehre deinen Vater und deine Mutter« – das ist das erste Gebot mit Verheißung –
3 »damit es dir wohlgehe und du lange lebst auf Erden.«
4 Und ihr Väter, macht eure Kinder nicht zornig, sondern erzieht sie in Zucht und Ermahnung des Herrn.
5 Ihr Sklaven, gehorcht den irdischen Herren mit Furcht und Zittern in Aufrichtigkeit eures Herzens wie dem Christus,
6 nicht mit Augendienerei als Menschenknechte, sondern als Sklaven Christi, und tut den Willen Gottes von Herzen;
7 dient mit Eifer als dem Herrn und nicht den Menschen;
8 ihr wißt, daß jeder, wenn er etwas Gutes tut, das vom Herrn wieder erhalten wird, sei er Sklave oder Freier.
9 Und ihr Herren, tut dasselbe ihnen gegenüber, laßt das Drohen sein; ihr wißt, daß ihr und euer Herr im Himmel ist, und es bei ihm kein Ansehen der Person gibt.

Anders als bei den Frauen wird die Mahnung an die Kinder (wie 1
auch an die Sklaven in V. 5ff) mit dem Imperativ »gehorcht« eingeleitet; auch mit diesem Ausdruck wird auf eine Ordnung verwiesen, in die sich die Angesprochenen einfügen sollen.[a]

[a] Kol 3,20.22 1Petr 3,6

Die Auflösung dieser Ordnung ist Ausdruck der göttlichen Strafe und zugleich ein Kennzeichen für das hereinbrechende Weltende: »In den letzten Tagen werden« sie »den Eltern ungehorsam« sein (2Tim 3,2; Röm 1,30; vgl. auch Tit 1,6).

Allerdings wird auch hier die allgemeine Mahnung sofort in den Horizont der Christusgemeinschaft gestellt, von der Eltern und Kinder umgriffen sind: **»Gehorcht euren Eltern in dem Herrn.«**

Im Parallelabschnitt Kol 3,18-4,1 findet sich die häufige Betonung dieser einzigartigen Beziehung zum Herrn der Gemeinde in sehr ähnlicher Form: »ordnet euch unter ... in dem Herrn« (3,18; vgl. 20); »in der Furcht des Herrn« (3,22); »tut alles in dem Herrn« (3,23); »von dem Herrn werdet ihr Lohn empfangen« (3,24); »bedenkt, daß auch ihr einen Herrn im Himmel habt« (4,1). Damit wird klar, daß auch die in der Schöpfung gegebene Ordnung des Verhältnisses zwischen Eltern und Kindern innerhalb der christlichen Gemeinde nicht abgeschafft, aber unter die Herrschaft des Christus gestellt wird. Dadurch wird auch hier allen durch die Sünde verursachten Verkehrungen dieser Ordnung gewehrt.

Die Begründung des Gehorsams gegenüber den Eltern liegt zum einen in dem allgemeinen Satz: **»denn das ist gerecht.«** In der Regel gebraucht Paulus die Bezeichnung »gerecht« als Gegenüber zu »Sünder«: Während von Natur aus »keiner gerecht ist, auch nicht einer« (Röm 3,10), wird andererseits »der Gerechte aus Glauben leben« (Röm 1,17). Dennoch gibt es auch bei ihm die Verwendung des Begriffs »im Sinne von Lebensgerechtigkeit, die dem göttlichen Recht entspricht«.[309]

2 Daß solcher Gehorsam von Gottes Gebot konkret gefordert wird, macht die Erwähnung des 4. Gebots klar. Es wird wörtlich aus der LXX-Fassung von 2Mo 20,12 übernommen. Allerdings wird die Wendung »in dem guten Land, das dir der Herr, dein Gott, geben wird« verkürzt zu **»auf Erden«**. Dadurch paßt Paulus das Zitat an die Situation der heidenchristlichen Leser an: für sie ist der verheißene Landbesitz in Kanaan ersetzt durch »den Reichtum der Herrlichkeit seines Erbes«, der im Himmel bereit ist (vgl. Eph 1,18).

Was unter dem **»Ehren von Vater und Mutter«** zu verstehen ist, erläutert Jesus in Mt 15,3ff (par. Mk 7,10ff): Die Unterstützung der bedürftigen Eltern stellt eine unaufgebbare Pflicht der Kinder dar, die auch dadurch nicht aufgehoben werden kann, daß die zur Verfügung gestellte Geldsumme dem Tempel (d.h. Gott) geweiht wird (Korban). Jesus macht an dem Beispiel klar, daß die Auslegung dieses Gebots durch die Schriftgelehrten in Wirklichkeit seine Aushöhlung vertuschen soll: Im Namen einer scheinbar höheren »Zweckbestimmung«

309 G. Schrenk, ThWNT II, 193. Vgl. 1Thess 2,10; Tit 1,8.

(Tempel/Gott) wird die von Gottes Gebot konkret geforderte Zuwendung zu den Eltern umgangen. So entpuppen sich die scheinbaren Täter des Gesetzes als Heuchler. Auch in der Aufzählung der Gebote gegenüber dem »reichen Jüngling« (Mt 19,19 par.) nennt Jesus dieses Gebot.

Die Bedeutung der Weisung wird durch den Zusatz unterstrichen: **»das ist das erste Gebot mit Verheißung.«** Nach dem ersten Teil der Zehn Gebote, die sich auf das Verhältnis des Menschen zu Gott beziehen, steht die Forderung, Vater und Mutter zu ehren, an der Spitze der zwischenmenschlichen Regelungen. Hierdurch wird der innerste Kern einer Gesellschaft, die Familie, in den Schutzraum des göttlichen Gebotes gerückt. Daher weist auch die Mißachtung dieser Forderung (»den Eltern ungehorsam«; vgl. die Auslegung zu V. 1) auf die endzeitliche Auflösung der göttlichen Ordnung und das damit hereinbrechenden Chaos bzw. Gericht hin. Umgekehrt steht der Gehorsam gegenüber dem Gebot unter einer speziellen Verheißung.

Wohlstand, langes Leben und Landbesitz lassen sich nicht bruchlos 3
auf den Neuen Bund übertragen. Oben wurde bereits erwähnt, daß die Formulierung »auf Erden« die ursprüngliche Wendung verallgemeinert. Zugleich wird dadurch einer Spiritualisierung der Verheißung im Sinne des ewigen Lebens bzw. des himmlischen Erbes gewehrt.[310]

Die Verheißung wird bewußt im atl. Zusammenhang belassen, zugleich aber den christlichen Empfängern des Eph zugesprochen. In gleicher Weise, wie Reichtum und langes Leben Inbegriff des atl. Segens sind, beruht der vielfältige geistliche Segen für die Glaubenden in Jesus Christus als der einzigartigen Gabe (vgl. Eph 1,3). Die Gemeinschaft mit Christus ist der Segen, der demjenigen zuteil wird, der als »Gottes Nachfolger« in der Liebe wandelt (5,1f) und so Gottes Gebote hält. Gewiß hat solcher Segen eine wesenhaft geistliche Bedeutung, kann jedoch auch durchaus leibliche Komponenten beinhalten. Dabei ist allerdings zu berücksichtigen, daß auch – menschlich betrachtet – höchst widrige Umstände wie Leid, Not oder Verfolgung den Segen Gottes mitzuteilen vermögen.[311]

Was bei den Kindern der unterbliebene Gehorsam ist, stellt bei den 4
Vätern (bzw. Eltern) die übertriebene Strenge dar: **»Und ihr Väter, macht eure Kinder nicht zornig.«** Zwar gehören Ermahnung, Zurechtweisung, Strafe zu den Aufgaben der Erziehenden. Werden sie

[310] Vgl. z. B. Schlier, a. a. O. 282.

[311] Vgl. etwa die Einschätzung des Paulus, daß seine Gefangenschaft »zur Förderung des Evangeliums geraten« sei (Phil 1,12), oder daß Gottes Trost in aller Trübsal dazu dient, daß »wir trösten können, die da sind in allerlei Trübsal« (2Kor 1,3).

unterlassen, so ist dies gerade kein Ausdruck elterlicher Liebe (vgl. Spr 13,24; 23,13f). Den Hintergrund dafür bildet die Zucht des Herrn, die ebenso zum Besten des Betreffenden geschieht (Ps 94,12; Hebr 12,7). Allerdings darf die Zurechtweisung nicht das Maß verlieren. War in 5Mo 21,18-21 gar die Steinigung für unbelehrbar ungehorsame Söhne vorgesehen, so mahnt Spr 19,18: »Züchtige deinen Sohn, solange Hoffnung da ist, aber laß dich nicht hinreißen, ihn zu töten.«

Das ntl. Gebot gewinnt erneut seinen Angelpunkt in der Formulierung **»in dem Herrn«** und steht somit in gleichem Maße gegen autoritäre wie antiautoritäre Erziehung. Wie das Leben insgesamt, so vollzieht sich auch das Verhältnis von Eltern und Kindern im Horizont der Autorität des Herrn (vgl. Röm 14,8: »Darum: wir leben oder sterben, so gehören wir dem Herrn«).

Kinder sollen also nicht durch unangemessenes Verhalten erzürnt und verhärtet, sondern **»in Zucht und Ermahnung des Herrn«** erzogen werden. Bertram bezeichnet den Ausdruck als »Grundregel aller christlichen Erziehung«. Der Genitiv **»des Herrn«** gibt dabei das Subjekt der Handlung an: »die Erziehung, die der Herr durch den Vater übt.« Die dazu zur Verfügung stehenden Mittel sind: Vorbild, Belobung, Ermahnung, ggf. Schläge. Durch die beiden Begriffe »Zucht und Ermahnung« wird offenbar derselbe Vorgang bezeichnet. Denkbar wäre auch die Unterscheidung zwischen Erziehung durch die Tat (Zucht) und die Erziehung durch das Wort (Ermahnung).[312] In 2Tim 3,16 wird das genannte Verständnis von Erziehung zur Illustration der Wirkung der Heiligen Schrift für die ganze Gemeinde herangezogen: »Sie dient zur Belehrung, Bestrafung, Bekehrung und Erziehung in der Gerechtigkeit.«[313]

5 Die Mahnung an die Sklaven setzt mit demselben Verb wie diejenige an die Kinder ein: **»Gehorcht.«** Zunächst scheint Paulus allein die Einfügung in die bestehende soziale Ordnung zu fordern. Durch den dreimaligen Bezug auf Christus (bzw. den Herrn) in V. 5-7 wird jedoch sofort erkennbar, daß auch das Verhältnis zwischen Sklaven und ihren Herren unter einem grundsätzlich veränderten Blickwinkel erscheint.

Selbst wenn Sklaven nach römischem Recht als Sachen und nicht als gleichberechtigte Bürger verstanden wurden, so sind doch ihre »Besitzer« lediglich **»irdische Herren«** (wörtl.: »Herren nach dem Fleisch«). Deren Herrschaft hat ihre entscheidende Eingrenzung durch den Herrn aller Herren erfahren, der nun der eigentliche und umfassende Herr eines christlichen Sklaven ist. Solcher Gehorsam soll einer-

[312] Vgl. G. Bertram, ThWNT V, 623.
[313] Ebd.

seits **»mit Furcht und Zittern«** geschehen. Paulus gebraucht dieselbe Wendung ebenfalls in 1Kor 2,3 (von seiner Ankunft in Korinth), 2Kor 7,15 (von der Reaktion der Korinther) und Phil 2,12 (vom Ringen um das Heil). Somit wird mit dem Ausdruck die Ernsthaftigkeit der zu erweisenden Ehrerbietung eingeschärft.

Unterstrichen wird dies durch die Ergänzung **»in Aufrichtigkeit eures Herzens«**: Gemeint ist damit die Lauterkeit, die ohne Hintergedanken und falsche Vorspiegelungen handelt.[b] Sie erwächst aus der Wahrheit, die ein Wesenszug christlichen Verhaltens wird (vgl. Eph 4,15.24; 5,9).

[b] Röm 12,8; 2Kor 1,12; 8,2; 9,11.13; 11,3; Kol 3,22

Das zentrale Motiv, den Sklavenhaltern den ihnen zukommenden Respekt und Gehorsam zu erweisen, ist der Bezug zu Christus selbst. Indem auch der Dienst des Sklaven letztlich »Gottesdienst« ist (vgl. Kol 3,17), gewinnt er seinen Zielpunkt in Christus. Da ein Christ immer dem Christus dient, sich um Christi willen einsetzt, ordnet er sich auch als Sklave dem sozialen Gefüge ein. Erinnert werden soll in diesem Zusammenhang an die Begrenzung menschlicher Furcht und menschlichen Gehorsams: Wenn Jesus seinen Jüngern in Mt 10,28 sagt: »Fürchtet euch nicht vor denen, die den Leib töten, doch die Seele nicht können töten; fürchtet euch aber viel mehr vor dem, der Leib und Seele verderben kann in der Hölle«, so wird daran der Unterschied zwischen der Gottesfurcht und der Unerschrockenheit gegenüber Menschen deutlich; in ihr kann durchaus die schuldige Ehrfurcht im Sinne unseres Verses eingeschlossen sein. Wird Gehorsam gefordert, der sich gegen das an Gottes Willen gebundene Gewissen richtet, so gilt das Wort des Petrus in Apg 5,29: »Man muß Gott mehr gehorchen als den Menschen.«

Paulus führt die Mahnung zum lauteren, von Gottes Licht geprägten 6
Verhalten mit einer Negativaussage fort: **»nicht mit Augendienerei als Menschenknechte.«** Beide Ausdrücke begegnen im NT nur noch in Kol 3,22. Weil Gott derjenige ist, der das Herz ansieht, nicht aber – wie Menschen – das, was vor Augen ist[c], darum sollen gläubige Sklaven ihre Aufgaben nicht scheinheilig und heuchlerisch ausführen, um lediglich vor Menschen Eindruck zu machen.

[c] 1Sam 16,7; Mt 22,16; Joh 7,24

Sie sind im eigentlichen Sinne **»Sklaven Christi«** und sollen daher **»den Willen Gottes von Herzen«** tun: Der vordergründigen Erledigung eines Auftrags steht die von Herzen kommende Erfüllung des göttlichen Willens gegenüber. Während die erstgenannte Verhaltensweise in die Abhängigkeit von Menschen führt (»Menschenknechte«), ergibt sich das Verhalten des Glaubenden aus seiner Bindung an Christus (»Sklaven Christi«).

Die Relativierung der innerweltlichen Unterschiede durch Christus beschreibt Paulus in 1Kor 7,22: »Wer als Sklave berufen ist in dem Herrn, der ist ein Freigelassener des Herrn; desgleichen, wer als Freier berufen ist, der ist ein Sklave Christi.« Dem entspricht die bereits in die Gegenwart hereinragende Aufhebung diesseitiger Festlegungen angesichts des herannahenden Tages Christi und der gleichzeitig vergehenden Welt in 1Kor 7,29ff: »Die Zeit ist kurz. Fortan sollen auch die, die Frauen haben, sein, als hätten sie keine, ... und die kaufen, als behielten sie es nicht; und die diese Welt gebrauchen, als brauchten sie sie nicht. Denn das Wesen dieser Welt vergeht.«

7 Positiv wird der Dienst der Sklaven mit dem Ausdruck **»Eifer«** gekennzeichnet, der auch mit »gutem Willen« wiedergegeben werden kann.[314] Ursprung und Ziel solchen Eifers ist erneut **»der Herr«** und nicht **»die Menschen«**. So wie ein Knecht seinem jeweiligen Herrn gegenüber verpflichtet ist (vgl. Röm 14,4), so wird auch der Glaubende durch den Willen seines Herrn geprägt. Allerdings ist das Verhältnis zu diesem Herrn durch die Freiheit von der Sünde und die Bereitschaft zum Glaubensgehorsam bestimmt.

8 Wie an vielen anderen Stellen, so begründet Paulus auch hier das Handeln durch das Wissen der Glaubenden. Immer wieder stellt er die rhetorische Frage: »Wißt ihr nicht ...?«[d] Christliches Leben ruht nicht auf Einbildungen oder Empfindungen, sondern auf Tatsachen, die es zu wissen gilt und nach denen das Handeln auszurichten ist. Paulus steht damit in der Tradition Jesu, der stets zum klugen Abwägen gemahnt hatte: »Niemand kann zwei Herren dienen« (Mt 6,24); »geht hinein durch die enge Pforte« (Mt 7,13); »wer ist unter euch, der einen Turm bauen will und setzt sich nicht zuvor und überschlägt die Kosten« (Lk 14,28) u. ö.

[d] Röm 2,4 6,3; 7,1 1Kor 3,16 6,2.3.9.19

Jeder, der bei seinem Tun seine Augen auf den Herrn richtet (vgl. V. 7), wird sich dabei von dessen Urteil bestimmen lassen. Was auch immer an Gutem dadurch geschieht, ist bei Gott nicht vergessen und wird seinen Lohn finden. Jesus verheißt seinen Nachfolgern, daß ihnen aller Verzicht um seinetwillen vielfältig vergolten wird (Mt 19,28f). Sogar ein Becher kalten Wassers bleibt nicht unberücksichtigt (Mt 10,42). Eines muß dabei allerdings genau beachtet werden: Wenn Gutes nur getan wird, »um sich vor den Leuten zu zeigen« (Mt 6,16; vgl. 23,27f), so verwandelt sich die gute Tat zu einer Demonstration der Selbstgerechtigkeit und verliert damit ihren Wert. Umgekehrt kann gerade der Sklave, der möglicherweise für gute Arbeit kein Lob erhalten hat, auf Gottes abschließende Beurteilung zählen. Da der irdische soziale Stand vor dem himmlischen Herrn keine letztgültige Bedeutung hat, gilt der Grundsatz von Gottes Vergeltung für jeden, **»sei er Sklave oder Freier«**. Damit leitet Paulus zugleich zur Mahnung an die Herren über.

[314] Bauer, a. a. O. 654; außerhalb des NT dient der Begriff zur Charakterisierung einer »Sklaventugend«.

Angesichts der Tatsache, daß Sklaven im Altertum als Sache angesehen wurden, ist es höchst bemerkenswert, wenn ihre »Besitzer« aufgefordert werden: **»Tut dasselbe ihnen gegenüber.«** **»Dasselbe«** ist im Griechischen eine Pluralform, bezieht sich also nicht (nur) auf das »Gutes tun« in V. 8. Da keine Näherbestimmung erfolgt, wird die Wendung als umfassende Mahnung zu deuten sein. Inhaltlich berührt sie sich mit der »Goldenen Regel« aus Mt 7,12: »Alles nun, was ihr wollt, daß euch die Leute tun sollen, das tut ihnen auch!« 9

Der gemeinsame Fluchtpunkt für die gleichlautenden Anweisungen an sozial derart unterschiedlich gestellte Gruppen ist der *eine* Herr. Daß er über jede Form von menschlicher Herrschaft erhaben ist, (vgl. 1,21), das hat jeder Christ zu **»wissen«** – sei er Freier (V. 9) oder Sklave (V. 8). Der Herr der gläubigen Freien ist derselbe wie der der gläubigen Sklaven: der eine Herr (4,5), der die unterschiedlichen Menschen in dem einen Leib Christi miteinander vereint (1Kor 12,13). Zugleich ist er der Herr **»im Himmel«**, dem sich einst nicht nur die Glaubenden, sondern alle zu beugen haben (Phil 2,10). Dann wird allgemein offenbar, was jetzt schon gültiger Grundsatz ist: daß **»es bei ihm kein Ansehen der Person gibt«**. Damit wird erneut aller »Augendienerei als Menschenknechte« (V. 6) der Boden entzogen. Zugleich aber werden die Herren ermahnt, angesichts dieser Lage der Dinge »das Drohen zu lassen«. In 3Mo 25,43 findet sich eine verwandte Aussage über die Behandlung von verarmten Israeliten, die als Tagelöhner arbeiten: »Du sollst nicht mit Härte über sie herrschen.« Der Grund dafür liegt ebenfalls im Bezug zum Herrn im Himmel: »... sondern dich fürchten vor deinem Gott.« Konnte demgegenüber in Israel ein Angehöriger von Fremdvölkern als Sklave erworben werden, so wird in Christus der fundamentale Unterschied zwischen Jude und Nicht-Jude aufgehoben: Die Verantwortung gegenüber dem einen Herrn der Welt verpflichtet zum gerechten und sanftmütigen Verhalten gegenüber Angehörigen aller Völker. Daher ist es naheliegend, daß die Erinnerung »bei ihm gibt es kein Ansehen der Person« von verschiedenen Autoren im NT erwähnt wird.[315]

Zusammenfassung: 5,15-6,9

Das Zusammenleben innerhalb der christlichen Gemeinde, dem Leib Christi, ist vom Heiligen Geist geprägt. Durch ihn sind Menschen erneuert worden. Er soll die Glaubenden mehr und mehr erfül-

315 Vgl. Röm 2,11; Gal 2,6; Kol 3,29; 1Petr 1,17; Jak 2,1.

len. So soll das Lob des dreieinigen Gottes in der Gemeinde laut werden und den gegenseitigen Umgang prägen.

Im Licht der Christusbeziehung gewinnt auch das Miteinander von Mann und Frau, Eltern und Kindern, Herren und Knechten eine neue Qualität. Alle Christen sind gemeinsam dem Haupt, Jesus Christus, untergeordnet; er aber sorgt in aufopfernder Liebe für seinen Leib, die Gemeinde. Dadurch werden Christen dazu befreit, innerhalb ihrer jeweiligen Lebenssituationen die gültigen Ordnungen zu respektieren.

So ist die »Hauptschaft« des Mannes in der Ehe für beide Gatten mit Verantwortung und Verpflichtung verbunden. Kinder und Untergebene sollen ihren Eltern bzw. Vorgesetzten mit dem gebührenden Respekt begegnen; diese wiederum dürfen ihre Stellung nicht mißbrauchen. Dabei ist der Tenor nicht zu überhören, der alle Beteiligten an die Instanz des letzten Richters verweist: »Euer und ihr Herr ist im Himmel, und bei ihm ist kein Ansehen der Person« (6,9).

4. Geistlich gerüstet: 6,10-20

10 Schließlich: Seid stark in dem Herrn und in der Gewalt seiner Stärke!

11 Zieht die Vollrüstung Gottes an, damit ihr bestehen könnt gegen die Schliche des Teufels.

12 Denn unser Kampf geht nicht gegen Blut und Fleisch, sondern gegen Herrschaften, gegen Mächte, gegen die Weltherrscher dieser Finsternis, gegen die Geistwesen der Bosheit in den Himmeln.

13 Zieht deshalb die Vollrüstung Gottes an, damit ihr an dem bösen Tage widerstehen und – nachdem ihr alles ausgeführt habt – bestehen könnt.

14 Steht also, umgürtet an euren Hüften mit Wahrheit, bekleidet mit dem Panzer der Gerechtigkeit,

15 die Füße beschuht mit der Bereitschaft des Evangeliums des Friedens;

16 in alledem ergreift den Schild des Glaubens, mit dem ihr alle feurigen Pfeile des Bösen auslöschen könnt.

17 Und nehmt den Helm des Heils und das Schwert des Geistes, welches ist das Wort Gottes;

18 (steht also) mit allem Gebet und Bitten, betet zu aller Zeit im Geist, und seid dazu wachsam in aller Beharrlichkeit und Bitte für alle Heiligen

19 und für mich, damit mir gegeben werde das Wort im Öffnen meines Mundes, um in Freimut das Geheimnis des Evangeliums kundzumachen,
20 für das ich als Gesandter wirke in Ketten, damit ich darin unerschrocken rede, wie ich reden muß.

Paulus schließt den zweiten Teil des Eph, der sich mit den Konse- 10
quenzen der Christusoffenbarung für das Leben der Glaubenden beschäftigt, damit ab, daß er den Horizont deutlich macht, vor dem Christen ihren Glauben bewähren müssen. Nach den Anweisungen an verschiedene Gemeindegruppen wendet sich der Apostel zum Schluß – **»schließlich«** wieder an alle. Für jeden einzelnen geht es darum, daß sich die Macht Christi gegenüber einer übermächtig scheinenden Front des Bösen als siegreich erweist.

Der Imperativ **»seid stark«** ist im Griechischen eine Passivform: »werdet stark«, »erstarkt«. Dadurch wird grundsätzlich darauf verwiesen, daß die hier erforderliche Stärke nicht vom Menschen, auch nicht vom Glaubenden, hervorgebracht werden kann. Vielmehr hat sie ihren Ursprung und ihr Wesen **»in dem Herrn«**. Ist sie doch sichtbar geworden bei der Auferweckung Jesu von den Toten, bei seiner Einsetzung im Himmel und als Haupt über die Gemeinde, wie auch bei der Evangeliumsverkündigung, die in den Hörern den Glauben gewirkt hat (1,19ff). Auch die Häufung von ähnlichen Ausdrücken (**»in der Gewalt seiner Stärke«**), durch die die Aussage intensiviert wird, bezieht sich wörtl. auf 1,19.

Was in 3,16 Inhalt des Gebets für die Gemeindeglieder war, das formuliert Paulus hier als Aufruf: die alles überragende Macht des Herrn im Glaubensleben wirksam werden zu lassen und in Anspruch zu nehmen. Röm 4,20 nennt Paulus Abraham als Beispiel für jemanden, der »im Glauben stark« wurde. 1Kor 16,13 findet sich die Aufforderung zusammen mit den anderen: »wachet, steht im Glauben, seid mutig!« In 2Tim 2,1 zielt die Mahnung darauf, »in der Gnade in Christus Jesus stark« zu sein.

Daß der Lebensweg der Christen nicht durch sicheres Gelände ver- 11
läuft, sondern grundsätzlich vom Kampf gekennzeichnet ist, hat Paulus schon mehrfach im Eph angesprochen. Auch wenn Christus die Mächte besiegt hat und zu ihrem Herrscher eingesetzt ist (1,21; 3,10), so treiben diese widergöttlichen Gewalten dennoch ihr finsteres Werk, solange dieser Äon währt (2,2). »Die Tage sind böse« (5,16): Dieser Wirklichkeit haben sich auch Christen zu stellen. Um in ihr bestehen zu können, sind die folgenden Mahnungen zu beherzigen.

Bereit liegt dafür die **»Vollrüstung Gottes«** (*panhoplia* ist die volle Bewaffnung des römischen Legionärs). Zweimal ruft der Apostel dazu auf, diese nun auch anzulegen (V. 11 u. 13); dazwischen folgt eine Beschreibung der teuflischen Macht. Die Schärfe des Kampfes ist durch die vorgerückte Stunde bestimmt: »Die Nacht ist vorgerückt, der Tag aber nahe herbeigekommen. So laßt uns ablegen die Werke der Finsternis und anlegen die Waffen des Lichts« (Röm 13,12). Nach 1Thess 5,8 besteht die Rüstung aus dem »Panzer des Glaubens und der Liebe und dem Helm der Hoffnung auf das Heil.« Es handelt sich daher nicht um außergewöhnliche Ausrüstungsgegenstände, sondern um die grundlegenden Kennzeichen eines Christen.

Bevor Paulus die Bestandteile der Rüstung im einzelnen aufführt, beschreibt er den Feind, mit dem es die Gemeinde zu tun hat. Es handelt sich um den **»Teufel«**, von dem bereits in 4,27 die Rede war (vgl. S. 44 zu 1,21).. Er ist der Widersacher Gottes (vgl. Mt 4,1; 13,28.39; 1Petr 5,8 u.ö.). Die Art seines Vorgehens ist auch in 4,14 mit »Schlichen« bezeichnet worden: »Die Eigenart dieser Angriffe ..., die ihre große Gefährlichkeit ausmacht, gegen die schlechterdings nur die Waffenrüstung Gottes zu wappnen vermag, wird weniger in ihrer vollendeten Methodik bzw. Strategie als in ihrer Raffiniertheit oder auch Hinterhältigkeit liegen.«[316]

Wie läßt sich das Wesen des Teufels beschreiben?[317] Entgegen modernen Versuchen, den Teufel in eine neutrische Macht des Bösen zu verwandeln, fällt in der Heiligen Schrift auf, daß mit »Teufel« nicht der unerklärliche, weil über- bzw. unmenschliche Bereich der Bosheit zusammengefaßt wird. Vielmehr ist es so, daß umgekehrt Menschen letztlich zu Marionetten in der Hand des Diabolos reduziert werden.[318] Gleichwohl findet sich im NT kein Dualismus, in dem Gott und Teufel als gleichwertige Gegner mit ungewissem Ausgang um die Weltherrschaft ringen würden. Der Sieg Christi über den Tod umfaßt zugleich die Zerstörung von Teufel und Sünde (vgl. Joh 12,31; Hebr 2,14). Die Macht des Teufels ist endgültig gebrochen; sein Reich zerfällt (2Kor 4,4); er hat nur noch wenig Zeit (Offb 12,12). Dennoch zeitigen seine »Schliche« für menschliches Urteil immer noch verheerende Folgen.[319] Allein im Schutz der Waffenrüstung Gottes

316 W. Michaelis, ThWNT V, 107.

317 Schnackenburg bemüht sich darum, das Element des Übermenschlichen mit dem des Überpersönlichen zu verbinden, wenn er formuliert: »Der 'Teufel' ist Ausdruck für die widergöttliche Macht des Bösen, die sich einerseits im Handeln des Menschen äußert (vgl. 2,2; 4,14) und andererseits eine Hintergründigkeit in sich birgt, die eine rein menschliche Erklärung überschreitet (5,12).« Daraus folgert er: »Eine personhaft-konkrete, vorobjektivierende (sic) Deutung verbietet sich von daher ebenso wie eine Auflösung in innermenschlich-gesellschaftliche Gegebenheiten. Hinter aller unbegreiflichen und unerklärlichen menschlichen Bosheit wird eine geistige Potenz des Bösen sichtbar, die menschliches Wollen und menschliche Geschichte unheilvoll umfängt« (a.a.O. 278f). So sehr Schnackenburgs Ablehnung einer entmythologisierenden Deutung des Teufels zuzustimmen ist, so wenig läßt sich seine Reserve gegenüber einem »personhaften« Verständnis vor dem Hintergrund der biblischen Aussagen verstehen.

318 »Der Satan ist ein feindlicher Wille, der sich gegen Gott auflehnt« (K. Heim, Jesus der Herr, Wuppertal ^{5}1977, 95).

319 Vgl. W. Foerster, ThWNT II, 79f.

kann diese Auseinandersetzung bestanden werden. **»Stehen«** im Gegensatz zum »Weglaufen«, »Nachgeben«, »Fallen« wird hier zum Hauptwort des militärischen Vergleichs. Es handelt sich darum, die in Christus gewonnene Stellung der Gotteskindschaft zu verteidigen, sich nicht zu Rückzug oder Flucht bewegen zu lassen, vielmehr zu »widerstehen« (V. 13).

Warum der Kampf (urspr.: Ringkampf) der Christen nicht mit 12
menschlichen Mitteln geführt werden kann, wird im folgenden Vers begründet. Insofern, als die Glaubenden dabei mit den Machenschaften des Teufels zu tun haben, findet die Auseinandersetzung nicht mit »Fleisch und Blut« statt. Die Wendung **»Fleisch und Blut«** als Beschreibung des Menschen findet sich im NT noch an weiteren Stellen.[a] Gegenüber der Zerbrechlichkeit von »Fleisch und Blut« wird ein geradezu furchterregendes Szenario des teuflischen Einflußbereiches entrollt: **»Herrschaften«** und **»Mächte«** (vgl. 1,21), **»Weltherrscher dieser Finsternis«, »Geistwesen der Bosheit in den Himmeln«.**

[a] Mt 16,17
Joh 1,13
1Kor 15,50
Gal 1,16
Hebr 2,14

Bei den verschiedenen Bezeichnungen handelt es sich wohl nicht um streng voneinander zu trennende Instanzen, sondern lediglich um eine Aufzählung der teuflischen Machtausübung: **»Herrschaften«** und **»Mächte«** bezieht sich auf verschiedene »Einflußsphären«, die »nach den verschiedenen Lebensgebieten« unterteilt sein mögen.[320] Der Begriff **»Weltherrscher«**, dessen Wesen durch den Zusatz **»dieser Finsternis«** eindeutig negativ gekennzeichnet ist, begegnet in der astrologischen Literatur für die Planeten, die das Weltall beherrschen und dadurch auch Einfluß auf die Menschen ausüben. Allerdings ist unsicher, ob diese Bedeutung schon in vorchristlicher Zeit existierte: »Weltherrscher werden diese Mächte genannt, weil an der unheimlichen Größe ihres Einflusses und an ihren umfassenden Plänen der Ernst der Lage gezeigt werden soll.«[321]

Schließlich werden sie als **»böse Geistwesen«** beschrieben, die in der untersten Himmelregion, d.h. der dem menschlichen Bereich nächstgelegenen Zone am Werk sind.[322]

320 Vgl. G. Delling, ThWNT I, 181. Ähnlich urteilt W. Michaelis: »Es wird sich in dieser Aufzählung nicht um voneinander verschiedene Gruppen handeln, sondern um mehr oder weniger synonyme Kennzeichnungen der Streitkräfte des Teufels, mit denen die Gläubigen zu kämpfen haben« (ThWNT III, 915).

321 Ebd. 913.

322 Asmussen charakterisiert diese »Geistigkeiten« so: »Die uns umgebenden und uns bestimmenden Gewalten haben den charakteristischen Zug, daß sie etwas Unbestimmtes an sich tragen. Eben deshalb sind sie auch so unangreifbar.« Insgesamt urteilt er über die Realität des hier Beschriebenen: »Eine Kirche, die so handelt und redet, als habe sie es nur mit vernunftbegabten Menschen zu tun, denen man mit Gründen und durch Erweckung von Affekten beikommen kann, hat noch nicht begriffen, daß unser Waffengang *nicht* mit Blut und Fleisch ist (6,12). Sie verteilt mittelalterliche Rüstungen als Schutz gegen Atombomben« (a.a.O. 23.25).

Während sich der Mensch ohne Christus schutzlos diesen Mächten ausgeliefert sieht[323], hat die Beschreibung für die Gemeinde Jesu Christi eine ganz andere Bedeutung: Durch sie wird die Ernsthaftigkeit des Kampfes und die Notwendigkeit der entsprechenden Ausrüstung und der gegenseitigen Fürbitte hervorgehoben. Dabei steht die Gemeinde jedoch von Anfang an auf der Seite des Allherrschers, der allen vermeintlichen Weltherrschern die Macht genommen hat.

Exkurs zu: 6,12

Da Eph 6,12 z.Zt. für eine größer werdende Gruppe von Christen eine Schlüsselstellung einnimmt, soll darauf zumindest in Grundzügen eingegangen werden. Es handelt sich um die Vertreter der »Geistlichen Kampfführung« (Spiritual Warfare), für die die hier genannten Mächte im Unterschied zu unserer Auslegung die Umrisse einer hierarchischen Struktur teuflicher Herrschaft abgeben.

P. Wagner, ein prominenter Vertreter dieser Auffassung, ist der Meinung, daß Satan prinzipiell zwei Ziele verfolge: a) Verlorene Menschen sollen nicht durch Christus gerettet werden; b) Menschen und Völkern soll möglichst viel Unglück zustoßen.

Da der Teufel jedoch nicht allgegenwärtig ist, benötigte er Mitstreiter. »Er hat eine Hierarchie dämonischer Mächte aufgebaut, die seine Absichten und Ziele ausführen.« Die »klarste Andeutung« dafür findet sich in Eph 6,12. Es werden unterschieden: »1) Fürsten, 2) Gewalten, 3) Beherrscher dieser finsteren Welt und 4) böse Geister des himmlischen Bereichs.« Zwar seien diese Kategorien nicht so eindeutig wie militärische Ränge. »Aber es wird deutlich, daß die verschiedenen Begriffe verschiedene Arten von dämonischen Wesen beschreiben, deren Aufgabe darin besteht, die ›Anschläge des Teufels‹ auszuführen« (Eph 6,11).[324] Da die dämonischen Herrscher jeweils über bestimmte Regionen herrschten, bestehe die Aufgabe der Evangelisation darin, den über einem gewissen Gebiet thronenden Geist zu lokalisieren, zu entthronen und schließlich zu bannen bzw. zu vertreiben. Dann erst könne und werde eine fruchtbare Missionsarbeit möglich sein (vgl. ebd. 111ff). –

Der grundlegende Irrtum der skizzierten Auffassung besteht darin, daß dabei der Eindruck vermittelt wird, es gäbe eine erlernbare Tak-

[323] Der Verfasser »nimmt ... das vorherrschende Daseinsgefühl der damaligen Zeit auf, jene Weltangst, die sich in lähmendem Schicksalsglauben und Dämonenfurcht niederschlagen und in der Zuflucht zu Zauberpraktiken, im Drang zur Einweihung in Mysterien oder zu gnostischer Selbstfindung Auswege suchen kann« (Schnackenburg, a.a.O. 281).

[324] P. Wagner, Das offensive Gebet. Strategien zur geistlichen Kampfführung, Wiesbaden 1992, 49.

tik zur Vertreibung des Bösen aus einer geographischen Region. Während hier christliche Strategen in die Rolle von geistlichen Generälen schlüpfen, stellt Eph 6,10ff den christlichen Kämpfer in Verteidigungsrüstung dar, der allein »in der Gewalt seiner (d.h. des Herrn) Stärke« bestehen kann. Übersehen ist dabei auch, daß es zu den »Schlichen« des Teufels gehört, sich als »Engel des Lichts« auszugeben (2Kor 11,14) und damit gerade nicht den gängigen Vorstellungen des teuflischen Handelns zu entsprechen.

Angesichts der übermenschlichen Übermacht der gottwidrigen Be- 13
drohung wiederholt Paulus seine Aufforderung von V. 11: **»Zieht deshalb die Vollrüstung Gottes an!«** Nur mit dem von Gott bereitgestellten Schutz kann dieser Kampf angegangen werden, den es am **»bösen Tage«** zu bestehen gilt. Diese Zeitangabe hat möglicherweise mehrfache Bedeutung. Es kann darunter einerseits der Entscheidungskampf vor der Wiederkunft Christi verstanden werden. Man kann diese Wendung auch auf die individuelle und insbesondere die letzte Krise des Todes im Leben des einzelnen Christen beziehen. Schließlich werden die Aspekte von Gegenwart und Zukunft miteinander verbunden: Die letzte Stunde (vgl. 1Joh 2,18) währt seit Ostern; folglich sind jetzt bereits »die Tage böse« (Eph 5,16), müssen also in der göttlichen Waffenrüstung bestanden werden. Dies schließt nicht aus, daß am Ende der Tage eine besondere Zuspitzung der Kampfsituation erfolgt.

Betrachtet man den allgemeinen Charakter dieses Abschnitts, der die gesamte Gemeinde zur Vorbereitung auf den grundsätzlichen Kampf gegen die Machenschaften des Teufels ruft, so wird man den »bösen Tag« in seiner Bedeutung nicht einengen können. Wie immer er sich im Leben von einzelnen Christen, von gesamten Gemeinden zu gewissen Zeiten oder auch der Kirche als ganzer darstellen mag: Die Aufforderung gilt allen Christen zu allen Zeiten!

Die Konsequenz des **»Widerstehens«** ist das **»Stehen«** im Sinne des Bestehens und Hinstehens.[325] Dies wird dann möglich, **»nachdem ihr alles ausgeführt habt«**. Im griech. Text bilden diese Worte eine eingeschobene Partizipialkonstruktion und sind auf das umfassende Anlegen der Rüstung zu deuten. Andere Ausleger beziehen die Wendung auf den vollständigen Sieg über die Feinde. Schnackenburg ist demgegenüber zuzustimmen, der folgendermaßen zusammenfaßt: »Nach Ausführung aller Kampfesvorbereitungen sollen die Christen, vollgerüstet mit den Waffen Gottes, feststehen, so sehr sich auch die Situation verschärft.«[326]

[325] nicht des Stehens vor dem göttlichen Richter.
[326] A.a.O. 282.

14 Zum dritten Mal, diesmal im Imperativ, gebraucht Paulus in diesen wenigen Versen das Verb **»stehen«** (V. 11 u. 13) und hebt damit nochmals den entscheidenden Charakter der Ausrüstung hervor: Den Angriffen soll widerstanden und damit die Position des Glaubens gehalten werden.

Bei der Beschreibung der einzelnen Ausrüstungsgegenstände verbinden sich atl. Zitate mit der aktuellen Wirklichkeit römischer Soldaten: Die Aufzählung entspricht, »abgesehen von Nebendingen (Dolch), genau der Bewaffnung des römischen Legionärs zur Zeit des Paulus.«[327]

Der Bezug der einzelnen Ausrüstungsgegenstände zu den verschiedenen Bereichen des christlichen Glaubens macht deutlich, was bereits als Vorzeichen dieser besonderen Vollrüstung zu erkennen war: Gott selbst ist es, der die »Kämpfer« ausrüstet. Ihre Mission ist die Ausbreitung der Friedensbotschaft. Sie kämpfen mit Hilfe des Wortes Gottes, das nicht zerstört, sondern zurechtbringt.

Das Anlegen des Hüftgurts signalisiert die Einsatzbereitschaft (vgl. Lk 12,35).[328] Im Hintergrund für die Deutung des Gurtes steht das Wort über den kommenden Messias aus Jes 11,5: »Gerechtigkeit wird der Gurt seiner Lenden sein und Treue der Gurt seiner Hüften.«

Paulus übernimmt hier die LXX-Übersetzung der 2. Satzhälfte, wenn er von der Umgürtung durch die **»Wahrheit«** spricht. Wahrheit meint Treue: Gottes Treue hat sich in der Sendung seines Sohnes erwiesen. Dadurch wird sein Wesen offenbar. Das geschieht im Evangelium als dem Wort der Wahrheit (vgl. 2Kor 4,2f; Eph 1,13). Zugleich enthüllt sich dadurch auch der Ungehorsam (Röm 2,8) und die Lüge der Menschen. Indem der Glaubende von Gottes Wahrheit umgürtet ist, hat er teil am hellen Licht des Evangeliums (2Kor 4,4.6), das ihn selbst erleuchtet und durch das er für andere zum Lichtträger wird.

Der Panzer war bei den Römern in verschiedenen Ausführungen bekannt: als Vollpanzer, als Lederkoller mit Brustplatte, als Panzerhemd oder Kettenpanzer: »Festigkeit und Leichtigkeit sind die beiden Eigenschaften, die man von einem guten Panzer verlangt.«[329] Auch dieser Ausrüstungsgegenstand wird mit Hilfe eines alttestamentlichen Zitats gedeutet. Von Jahwe heißt es in Jes 59,17: »Er zieht Gerechtigkeit an wie einen Panzer und setzt den Helm des Heils auf sein Haupt«, sowie in Weish 5,19: »Er wird Gerechtigkeit anziehen als

[327] A. Oepke, ThWNT V, 300.

[328] Im vorliegenden Zusammenhang der Bekleidung des Legionärs »ist an den manchmal hosenartigen Schurz des römischen Soldaten zu denken« (ebd. 307), nicht aber an den Gurt, der über dem Panzer als Schutz getragen wurde.

[329] Ebd. 308.

Panzer und unbestechliches Gericht sich aufsetzen als Helm.« Wie seine Wahrheit, so wird auch Gottes Gerechtigkeit offenbart im Evangelium (Röm 1,16f). Diese Gerechtigkeit wird dem Glaubenden um Christi willen zugeeignet. Sie bildet den umfassenden und alleinigen Schutz vor allen Angriffen.

Im Unterschied zum Alltagsleben, in dem man im Orient barfuß 15
ging oder Sandalen trug, waren Soldaten (vor allem in Rom, aber auch in Assyrien) mit Schuhen ausgerüstet: »Der Legionar (sic) trägt die *caliga,* einen niedrigen Halbstiefel aus massiver Sohle und durchbrochenem Oberlederwerk.«[330] Erneut klingt hinter der Übertragung des Bildes ein Zitat aus dem Propheten Jesaja an: »wie lieblich sind auf den Bergen die Füße der Freudenboten, die da Frieden verkündigen ...« (Jes 52,7; vgl. Nah 2,1). Der Inhalt der Botschaft erfordert die Bereitschaft zum Einsatz (vgl. 1Petr 3,5). Da es sich um das »Evangelium des Friedens« – und zwar des Friedens mit Gott – handelt, drängt die Liebe Christi zum Engagement für diejenigen, die diese Freudenbotschaft noch nicht erreicht hat (vgl. 2Kor 5,14). »Daß der *Kampf* mit der Botschaft des *Friedens* geführt werden soll, ist ein schönes Paradox und entspricht ganz der sonstigen Auffassung des Eph (2,14ff).«[331]

Nach der ersten Dreiergruppe folgt **»in alledem«** (im Sinne von 16
»zu all dem«) eine weitere Reihe von drei Ausrüstungsgegenständen. Dabei kommt zunächst dem **»Schild des Glaubens«** eine hervorragende Stellung zu, da er vor allen feindlichen Geschossen zu bewahren vermag. Im militärischen Sinne handelt es sich dabei um den viereckigen Langschild (griech.: *thyreos*), der den Soldaten von Kopf bis Fuß schützte. Obwohl die Deutung auf den Glauben nicht durch das AT vorgegeben ist, wird von Gott mehrfach als Schild der Frommen gesprochen.[332]

Im Neuen Bund ist es der Glaube an Jesus Christus, der die Christen in umfassender Weise unter den Schutz Gottes stellt: Im Glauben erlangen sie den Frieden mit Gott (Röm 5,1) und damit den ungehinderten Zugang zu ihm als dem Vater (vgl. auch Eph 2,13.18). Damit gibt es keine Macht, die über die Glaubenden zu siegen vermag; nichts kann sie von der in Jesus Christus offenbarten Liebe Gottes trennen (Röm 8,31.38f).

Aus dieser Position heraus können auch die aus der Distanz abgefeuerten und daher besonders heimtückischen **»Pfeile des Bösen«** (vgl. die »Schliche« in V. 11) nicht schaden. Selbst als Brandpfeile ver-

[330] Ebd. 311.
[331] Ebd. 312.
[332] Abram: 1Mo 15,1; die Gerechten: Ps 5,13; 33,20; der einzelne Beter: Ps 18,3; 28,7 u. ö.

mögen sie ihre verheerende Wirkung nicht zu entfalten. Das Bild wird gesprengt, wenn Paulus davon spricht, daß dieser Schild solche Pfeile sogar **»auszulöschen«** vermag. Zur Illustration dafür mag Jak 4,7f dienen: »Widerstehet dem Teufel, so flieht er von euch. Nahet euch zu Gott, so naht er sich zu euch.« Keine Form innerer Anfechtung oder äußerer Anfeindung (**»alle Pfeile«**) vermag die christliche Gemeinde im letzten Sinne tödlich zu treffen, wenn sie durch den Glauben an Jesus Christus unter dem Schutz des göttlichen Schildes lebt.

17 Die Aufforderung **»nehmt den Helm«** weist auf den Beginn des Kampfes hin, da dieser schwere Schutz während des Marsches nicht auf dem Kopf getragen wird. Wie zu V. 14 bereits ausgeführt, entstammt der Ausdruck »Helm des Heils« ebenfalls aus Jes 59,17 und ist dort auf Jahwe bezogen. Hier handelt es sich erneut um das Heil in Jesus Christus, von dem der Glaubende eingehüllt wird, wie dies in V. 14 vom »Panzer der Gerechtigkeit« ausgesagt ist. In 1Thess 5,8 verbindet Paulus Panzer und Helm mit Glaube bzw. Liebe und Hoffnung.

Den Abschluß der Aufzählung bildet die einzige Angriffswaffe, das kurze Schwert. Vom Mund des Gottesknechtes, den Gott »wie ein scharfes Schwert gemacht« hat, spricht Jes 49,2. In Hos 6,5 wird dazu ausgeführt: »Darum schlage ich drein durch die Propheten und töte sie durch die Worte meines Mundes, daß mein Recht wie das Licht hervorkomme« (vgl. auch Jer 23,29). Dadurch wird Paulus die Deutung bereits vorgegeben: Gottes Wort wirkt wie ein scharfes Schwert, da es nicht leeres Gerede, sondern Geistwort ist. Diese Qualität des göttlichen Redens im Unterschied zum Menschenwort wird in der gesamten Heiligen Schrift in vielfältiger Weise bezeugt. Angefangen vom machtvollen Schöpfungswort Gottes (Ps 33,9) über Jesus Christus, »das Wort« (Joh 1,14), dessen Worte Geist und Leben sind (Joh 6,63), der sich grundlegend von allen anderen Predigern abhebt (Mt 7,28f; Joh 7,46), bis hin zu den Zeugen Jesu Christi, die in ihrem Dienst stets neu die bezwingende und scheidende Qualität des Wortes Gottes erfahren[333]: Überall wird der geistesmächtige Charakter des Wortes Gottes erkennbar.

Überblickt man die Beschreibung dieser Waffenrüstung, so sind Bezeichnungen wie »Gottesstreiter«, »Gotteskämpfer« oder »Soldat Christi«, die sich in der Kirchengeschichte aus diesem Abschnitt ergeben haben, unangemessen. Hier ist nicht die Rede von dem wagemutigen Helden, der für seinen Gott in die Schlacht zieht. Vielmehr handelt es

[333] Apg 2,37; 6,10; 17,32; 1Kor 2,4; Hebr 4,12; vgl. Offb 2,12 u.ö.

sich dabei um den umfassenden Schutz Christi, den er seinen sonst hoffnungslos preisgegebenen Nachfolgern gewährt. Alles, was sie ausrüstet und zum Widerstand bzw. Angriff befähigt, ist sein eigenes Werk, das er ihnen als der gekreuzigte und auferstandene Herr erworben und zugeeignet hat. Allein im ausschließlichen Vertrauen auf ihn werden sie in aller Auseinandersetzung bewahrt; nur so ist ihr Dienst fruchtbar, da allein das Schwert des Geistes bewirkt, daß aus Fremdlingen Kinder werden (2,12f). Daher wird an die Schilderung der »Vollrüstung« direkt die Mahnung zur Fürbitte und Wachsamkeit angeschlossen.

Grammatikalisch ist es zwar möglich, die Wendung **»mit allem** 18
Gebet und Bitten« auf das Partizip zu beziehen, das wir mit **»betet«** wiedergegeben haben. Näher liegt jedoch der enge Anschluß an den vorhergehenden Abschnitt und damit die Abhängigkeit von dem Imperativ in V. 14: »Steht also ... mit allem Gebet und Flehen.«[334] Inhaltlich liegen die Ausdrücke **»Gebet«** und **»Bitten«** dicht beieinander. Verschiedene Stellen legen allenfalls einen Unterschied zwischen einer allgemein gehaltenen Bezeichnung des Betens (bei Kornelius im Sinne des »frommen Lebenswandels«: Apg 10,31) und dem konkret benannten Fürbitteanliegen (bei Zacharias in der Bitte um ein Kind: Lk 1,13) nahe.[335]

Die Intensität der Gebetsaufforderung wird durch das vierfache »alle« in diesem Vers stark hervorgehoben: **»mit allem Gebet«; »zu aller Zeit«; »in aller Beharrlichkeit«; »für alle Heiligen«.**

Was Paulus von sich selbst im Blick auf seine Gemeinden sagt[336], das erbittet er hier von den Briefempfängern. In der beständigen Gebetsverbindung mit Gott durch Jesus Christus vollzieht sich die Ausrüstung des Christen zum Kampf, ebenso auch seine Bewährung in ihm. Als Glied der Gemeinde Jesu Christi darf er jedoch keinesfalls allein an sich selbst denken, sondern wird stets die weltumspannende Verbindung der Glaubenden im Blick haben: **»alle Heiligen«**. Daß das Gebet unablässig geübt werden soll, wird im NT vielfach eingeschärft.[b] Solches Beten erfolgt **»im Geist«**. Es wird überhaupt erst dadurch ermöglicht, daß Christen den Geist Gottes empfangen haben. Durch ihn werden sie in den Stand versetzt, Gott als Vater (Mt 6,9),

[b] Lk18,1 Röm 12,12 Kol 4,2 1Thess 5,17

[334] Vgl. Schnackenburg, a. a. O. 257: »solches Beten (erscheint) wie ein begleitender Umstand ... der Rüstung zum Kampf.«

[335] »*proseuchē* [= Gebet] bezeichnet das Gebet im umfassendsten Sinne; *deēsis* [= Bitte] *kann* darüber hinaus noch die speziellere Bedeutung des Bittgebetes haben, und in dieser Möglichkeit besteht die Sonderfarbe dieses Wortes« (H. Greeven, ThWNT II, 807).

[336] Z. B. vom Fürbittegebet für die Philipper: »was ich allezeit tue in allen meinen Gebeten für euch alle«: Phil 1,4; vgl. Röm 1,8f; 1Kor 1,4 u. a.

als Abba (Röm 8,15) anzurufen. Gleichzeitig ist es der Heilige Geist, der selbst die Betenden vor Gott vertritt, da ihnen Inhalt und Ziel ihres Betens oft nicht klar erkennbar sind (Röm 8,26f).

Zur Gebetsaufforderung tritt die Mahnung zur Wachsamkeit hinsichtlich der beharrlichen Fürbitte (vgl. Apg 1,14; 2,42; Röm 12,12; Kol 4,2). Die Verbindung von »Beten« und »Wachen« geht auf Jesu Worte an seine Jünger zurück (Lk 21,36; Mt 26,41; Mk 14,38). Grundmann hebt die Bedeutung des wachsamen Gebetes für die gesamte Kirche hervor, wenn er zusammenfaßt: »Das Gebet schließt ein festes Band um die kämpfende Gemeinde und verwurzelt sie in Gottes Kraft. Damit das Band nicht reißt, sondern immer fester geknüpft wird und damit die Wurzeln immer tiefer in den Kraft- und Willensbereich Gottes dringen, ist die Ausdauer und das Anhalten ... notwendig. Das Gebet ist nicht nur eine fromme Übung, sondern eine ernste Arbeit, ein Stück des Kampfes und der geistlichen Ritterschaft.«[337]

19 Zum Abschluß des Abschnitts wendet Paulus den Blick auf sich selbst. Er gehört zu »allen Heiligen« hinzu, bedarf aber dennoch der besonderen Fürbitte seiner Gemeinden. Obwohl auch er selbst zweifellos das »Schwert des Geistes« (V. 17) zu ergreifen und einzusetzen vermag, bittet er um Gebetsunterstützung. **»Das Wort«** des Evangeliums steht nicht einmal einem Apostel grundsätzlich immer zur Verfügung. Auch ihm muß es stets neu **»gegeben«** werden. Die Passivform verbirgt den Autor des Gebens: Gott. Auch ein Apostel wird von den äußerlich widrigen Umständen seiner Mission angefochten und kommt daher »in Schwachheit und in Furcht und Zittern« in ein neues Arbeitsgebiet (1Kor 2,3). Gott selbst muß dem Wort eine Tür auftun.[c]

[c] Apg 14,27 1Kor 16,9 2Kor 2,12 Kol 4,3 Offb 3,8

Gleichzeitig muß dem Boten der Mund geöffnet und er mit **»Freimut«** zur Verkündigung ausgestattet werden.

In Ps 51,17 ist davon die Rede, daß Gott dem Psalmbeter die Lippen zum Lobpreis auftut; in Hes 3,27; 29,21; 33,22; Dan 10,16 öffnet er dem Propheten den Mund für die göttliche Weisung. Schließlich ist es auch die Weisheit, die dem Gottesfürchtigen den Mund öffnet (Weish 10,21; Sir 15,5; vgl. Sir 24,2; 39,6).

Wo Gott dem Verkündiger die Lippen auftut, dort findet sich auch die Unerschrockenheit zum Zeugnis. Diese Eigenschaft kennzeichnete die Apostel nach der Begabung durch den Heiligen Geist.[d] Paulus erwartet sie hier im Blick auf die Aufgabe, **»das Geheimnis des Evangeliums kundzumachen«**. Damit knüpft er an die Beschreibung sei-

[d] Apg 4,13.29.31 28,31

[337] W. Grundmann, ThWNT III, 622.

nes Amtes in 3,2ff. an: Das zuvor verborgene Geheimnis, daß Gott in Christus eine Gemeinde aus Juden und Heiden schafft, wird durch Paulus bekanntgegeben, ans Licht gebracht (3,9). Mit anderen Worten drückt der Apostel denselben Inhalt seiner Aufgabe in 2Kor 5,20 so aus: »So sind wir nun Botschafter an Christi Statt, denn Gott ermahnt durch uns; so bitten wir nun an Christi Statt: Laßt euch versöhnen mit Gott!«

Denselben Begriff **»als Gesandter/Botschafter wirken«** gebraucht 20
Paulus auch hier. Dabei scheint es zunächst widersprüchlich zu sein, daß er dies **»in Ketten«** zu tun hat. Darin schlägt sich die Realität der Zeugen Jesu Christi nieder: Die Verkündigung des Evangeliums ruft massiven Widerstand auf den Plan. Das Ergehen der Apostel, insbesondere das von Paulus selbst, legt davon ein beredtes Zeugnis ab. Er berichtet von seinen Leiden um des Evangeliums willen neben vielen Einzelstellen ausführlich in 2Kor 6,4ff und 11,16ff. Warum diese Begleiterscheinungen den Inhalt der Botschaft nicht unglaubwürdig machen, sondern geradezu typisch für den Missionsdienst sind, erläutert er in 2Kor 4,6ff: Der Schatz des unvergänglichen Lichtes des Evangeliums wird in den irdenen Gefäßen der vielfach angefochtenen Zeugen verwahrt und weitergegeben. Dennoch wird die Ausbreitung der Heilsbotschaft in Jesus Christus dadurch nicht behindert: Die Gefangenschaft eröffnet neue Möglichkeiten des Zeugnisses (Phil 1,12ff; vgl. Apg 23,11). Grundsätzlich gilt: »Gottes Wort ist nicht gebunden« (2Tim 2,9).

Die – menschlich betrachtet – widrige Situation bringt auch für einen Apostel die Gefahr mit sich, in seiner Verkündigung Zugeständnisse zu machen. Daher benutzt Paulus erneut den Begriff **»Freimut/ Unerschrockenheit«** aus V. 19. Dafür sollen die Briefempfänger im Gebet einstehen und für ihren Apostel ringen. Denn seine Botschaft kann nicht beliebig verändert werden. Es gibt nur *ein* Evangelium (Gal 1,7f), das er selbst empfangen hat.[338] Auch die Weitergabe dieses Evangeliums ist nicht in seine Entscheidung gestellt: Wie der Prophet Jeremia wirkt er als ein Mensch, der Gott gegenüber in der Pflicht steht (»ich muß es tun«: 1Kor 9,16; vgl. Jer 20,9), den die Liebe Christi dazu drängt (2Kor 5,11.14).

So ist Paulus in der Ausführung seines Missionsauftrags aufs engste mit seinen Gemeinden verbunden: Mit ihnen ist er als Diener und Gerüsteter Christi zum Bestehen des Kampfes gerufen. Im wachsamen Gebet unterstützen die Glaubenden den Apostel, wenn er – gewissermaßen an vorderster Front – das Evangelium des Friedens ausbreitet.

[338] Gal 1,12 – mit Bezug auf die Christusoffenbarung, bzw. 1Kor 15,3ff – mit Bezug auf die geformte Überlieferung der Urgemeinde.

Zusammenfassung: 6,10-20

Paulus schließt seine Ermahnungen ab, indem er die gegenwärtige Situation der Christen beschreibt: Angesichts teuflischer Angriffe von außen und innen gilt es, in Christus festen Stand zu gewinnen. Dazu stellt der Herr seiner Gemeinde die Vollrüstung des Glaubens bereit: Was Gott in Jesus Christus getan hat, birgt die Glaubenden in umfassender Weise. Seine Treue, Gerechtigkeit und sein Heil machen es überhaupt erst möglich, gegenüber der übermächtig scheinenden Wirklichkeit des Bösen bestehen zu können. Dieser Schutz soll im Glauben angezogen und angewandt werden. Zwar verweist die »kriegerische« Bildersprache zu recht auf die Ernsthaftigkeit der Auseinandersetzung. Was in diesem Streit jedoch weitergegeben wird, ist das Evangelium des Friedens. Gekämpft wird dabei mit dem Wort Gottes als dem Schwert des Geistes. Dieses Wort ist das »Wort der Wahrheit«, das »Evangelium der Errettung« (1,13), das den »Zugang zum Vater« (2,18) erschließt. Ungeachtet aller Widerstände wird das machtvolle Wort des Evangeliums weiterhin ausgebreitet werden. Das soll durch die anhaltende Fürbitte der Leser für ihren Apostel gefördert werden.

IV. ABSCHLUSS: 6,21-24

1. Hinweis auf Tychikus: 6,21-22

21 **Damit aber auch ihr das erfahrt, was mich betrifft, wie ich mich befinde, wird euch das alles Tychikus, der geliebte Bruder und treue Diener im Herrn, mitteilen,**
22 **den ich euch zu dem Zweck schicke, daß ihr das uns Betreffende erfahrt, und damit er eure Herzen tröste.**

An den Schlußversen des Eph entzündet sich ein letztes Mal die Diskussion um den Verfasser des Schreibens. Wie nicht anders zu erwarten, sieht dabei jeder Ausleger seine eingangs begründete Entscheidung bestätigt, da die Deutung des abschließenden Abschnitts bereits in die Gesamtbeurteilung eingeflossen ist. So befindet Schnakkenburg: »Die Art, wie der Verfasser die brieflichen Elemente berücksichtigt und behandelt, bestätigt die Pseudonymität seines Schreibens. Frappierend ist, daß eine Grußliste fehlt ... Dies alles (sic das Fehlen persönlicher Mitteilungen wie auch des eigenhändigen Grußes) erweckt den Verdacht, daß die Fiktion, das Schreiben stamme vom gefangenen Apostel, aufrechterhalten werden soll.«[339] Demgegenüber ist zu bemerken, daß Paulus das vorgegebene Briefformular durchaus in freier Weise anwandte. Während sich am Schluß des 1Kor einige Grüße finden (16,19f), schreibt der Apostel in 2Kor 13,12 lediglich: »Es grüßen euch alle Heiligen.« Im Galaterbrief fehlt – abgesehen von der persönlichen Unterschrift 6,11 – gar jeder Gruß. Interessant sind auch die Unterschiede im 1. und 2. Timotheusbrief: 1Tim 6,20f endet mit einer flehentlichen Bitte an Timotheus (bezeichnenderweise gefolgt von »Die Gnade sei mit *euch*!«), 2Tim 4,19-22 dagegen übermittelt und trägt verschiedene Grüße auf. Hier lautet der Abschlußvers: »Der Herrr sei mit *deinem* Geist! Die Gnade sei mit *euch*!« Aus diesem Grund kann von Eph 6,21-24 allein nicht auf eine nicht-paulinische Verfasserschaft des Schreibens geschlossen werden. Wir werden daher nach der Bedeutung dieser Verse im Zusammenhang unserer bisherigen Auslegung zu fragen haben.

Nachdem Paulus angesichts seiner Gefangenschaft um Fürbitte für 21
sich gebeten hat, stellt er den Empfängern weitere Informationen in

[339] A. a. O. 293.294.

Aussicht. Diese sollen ihnen von Tychikus überbracht werden. Tychikus stammte aus der Provinz Asien und stieß auf der 3. Missionsreise zu den Mitarbeitern des Paulus (vgl. Apg 20,4). Er wird außerdem in 2Tim 4,12 und Tit 3,12 als Bote des Apostels erwähnt. Auch an unserer Stelle soll er über das Ergehen des Paulus berichten. Diese Aussage deckt sich weitgehend mit Kol 4,7. Die Wendung **»was mich betrifft«** wird dabei ergänzt durch das inhaltlich sehr ähnliche **»wie ich mich befinde«** (wörtl.: »was ich tue«). Die anhaltende Fürbitte bedarf der konkreten Information, wie auch der Pflege der Gemeinschaft. Beides soll der Besuch des Tychikus ermöglichen.

Charakterisiert wird der Bote als **»geliebter Bruder«** (vgl. 1Kor 15,58; Phil 4,1, auch Jak 1,16.19; 2,5) und **»treuer Diener im Herrn«**. Der Ursprung für das geschwisterliche Verhältnis zwischen Christen liegt in ihrer gemeinsamen Gotteskindschaft (Röm 8,14ff). Außerdem hat die Tatsache, daß allein einer der Meister ist, die Konsequenz, daß alle anderen Nachfolger Jesu untereinander Brüder sind (Mt 23,8). Diener können – neben Christus selbst: Röm 15,8, oder der staatlichen Obrigkeit: Röm 13,4 – alle Mitarbeiter im Blick auf ihre Gemeinden sein.[340]

»Auch ihr« sollt diese Informationen erhalten: Das kann im Bezug auf andere Gemeinden, vor allem Kolossä, gesagt sein, läßt sich jedoch auch so verstehen: Wenn ihr für mich betet, sollt ihr auch über meine Lage im Bilde sein.[341]

22 Der Vers entspricht wörtlich Kol 4,8. Auffällig ist, daß dabei der Singular (»was mich betrifft«) in den Plural wechselt (**»das uns Betreffende«**). Allerdings vollzieht sich derselbe Wechsel auch in Kol 4,7f.[342]

Neben der Information soll die »Paraklese« stehen, Ermahnung und Ermutigung. Tychikus soll in mündlicher Rede das ausüben, was Paulus von 4,1 an im Eph ausgeführt hat. Die Mahnung hat grundsätzlich den Maßstab, der Berufung, dem Herrn, dem Evangelium ge-

[340] Paulus: 1Kor 3,5; 2Kor 3,6; 6,4; 11,23; Eph 3,7; Kol 1,23.25; Phöbe: Röm 16,1; Tychikus: Kol 4,7; Epaphras: Kol 1,7. - Schnackenburg urteilt, daß der Verfasser des Eph die weitere Kennzeichnung des Tychikus als »Mitknecht« in Kol 4,7 bewußt weggelassen habe, um alle Aufmerksamkeit auf Paulus zu richten: »Der Apostel ist eine alle anderen überragende, fast einsame Größe geworden« (a.a.O. 295). Eine derartige Aussage über einen sehr geringfügigen Unterschied kann nur auf dem Hintergrund eines zuvor bereits getroffenen Urteils gemacht werden!

[341] Vgl. Schnackenburg, a.a.O. 295.

[342] Während Schnackenburg dies dort durch die anderen Mitarbeiter des Paulus begründet sieht, findet er in Eph 6,22 darin »einen Beweis dafür, daß ihn der Eph-Autor aus Kol abgeschrieben hat« (a.a.O. 295). Ohne daß damit das Fehlen einer Grußliste erklärt wird, kann dennoch aus dem Schweigen nicht geschlossen werden, daß Paulus keine Mitarbeiter um sich hatte; vgl. die oben genannten sehr unterschiedlichen Abschlüsse anderer Briefe!

mäß (= würdig) zu leben. Der Zuspruch erinnert stets neu an das, was Jesus Christus für die Gemeinde als seinen Leib getan hat und was er als ihr lebendiger und gegenwärtiger Herr für sie tut. So vollendet sich in der Sendung des »treuen Dieners« die seelsorgerliche Bemühung des Apostels um seine Gemeinden.

2. Segenswunsch: 6,23-24

23 Friede den Brüdern und Liebe mit Glauben von Gott, dem Vater, und dem Herrn Jesus Christus.
24 Die Gnade sei mit allen, die unseren Herrn Jesus Christus lieben in Unvergänglichkeit.

Wie auch in den anderen ntl. Briefen ist der Schluß des Schreibens 23
als Segenswunsch gestaltet. Dabei steht die Zusage des Friedens voran (vgl. Röm 15,33: Der Gott des Friedens; Gal 6,16). Nach 2,14 ist Christus selbst der Friede zwischen den Angehörigen der zuvor verfeindeten Gruppen, zwischen Gott und Mensch (Röm 5,1). Der Friede, in den die Glaubenden durch ihn hineingenommen werden und den er ihnen schenkt, übersteigt alles menschliche Begreifen (Phil 4,7). Er wird den **»Brüdern«** im Sinne der bereits im Zusammenhang von V. 21 genannten Kindern Gottes zugesprochen.

Dazu wünscht Paulus **»Liebe mit Glauben«**, die **»von Gott, dem Vater, und dem Herrn Jesus Christus«** herkommt. In Christus ist die Gottesliebe offenbar geworden (Röm 8,32.33); sie ist ausgegossen in die Herzen der Glaubenden (Röm 5,5). Vermittelt wird sie durch den Glauben, in dem der einzelne Jesus Christus und sein Werk ergreift. In der Gemeinschaft der Glaubenden soll daher auch die Liebe und der Friede regieren. Am Schluß des 2. Korintherbriefes sind in diesem Sinne Mahnung und Zuspruch miteinander verbunden: »Zuletzt, liebe Brüder, freut euch, laßt euch zurechtbringen, laßt euch mahnen, habt einerlei Sinn, haltet Frieden! So wird der Gott der Liebe und des Friedens mit euch sein« (2Kor 13,11).

Der Zuspruch der Gnade bildet auch hier den eigentlichen Schluß- 24
punkt.[343]

[343] Vgl. Röm 16,20; 1Kor 16,23; 2Kor 13,13; Gal 6,18; Phil 4,2.3; Kol 4,18; 1Thess 5,28; 2Thess 3,18; 1Tim 6,2; 2Tim 4,22; Tit 3,15; Phlm 25; Hebr 13,25; vgl. Offb 22,21.

Sie bildet das bleibende Fundament der Gemeinden auch dann, wenn sie von Mißständen erschüttert werden und somit der Dank ausgefallen ist (vgl. den Galaterbrief), oder wenn die Autorität des Apostels tief in Zweifel gezogen wird (vgl. den 2. Korintherbrief). Gottes Gnade wird all denen zugerufen, **»die unseren Herrn Jesus Christus lieben«**. Dadurch erweisen sie sich als Christen.[a]

[a] Röm 8,28; 1Kor 2,9; 8,3; 1Petr 1,8; 1Joh 4,19

Demgegenüber wird das Anathema über denjenigen gesprochen, der »den Herrn nicht lieb hat« (1Kor 16,22).

Das neue Leben, das dem Glaubenden in der Gnade Christi geschenkt wird, erweist sich im Gehorsam gegenüber dem Grundgebot Gottes: Ihn über alle Dinge zu lieben und den Nächsten wie sich selbst. Aus der hingebenden Liebe Christi erwächst die Liebe des Christen zu seinem Herrn; dadurch gewinnt er Teil an Gottes Liebe. Gleichzeitig wird diese Liebe erkennbar im Halten der Gebote (vgl. Joh 14,21ff).

Der Bezug des Zusatzes **»in Unvergänglichkeit«** ist umstritten. Die Ausleger sehen darin einen Hinweis auf Jesus Christus als Unvergänglichen bzw. auf die Unvergänglichkeit der Liebe. Berücksichtigt man ähnliche Strukturen im Eph (z.B. 2,4.7: in Erbarmen, in Güte; 3,12: in Vertrauen; 6,2: mit Verheißung; bes. 6,23: mit Glauben), so stellt die Wendung eine Kennzeichnung der göttlichen Gnade dar: Sie wirkt und schenkt den Glaubenden die Unvergänglichkeit des ewigen Lebens (vgl. 1Kor 15,42.50.53). Damit schlägt Paulus die Brücke zum Eingang des Briefes: Dort hatte er das Schreiben mit dem Wunsch um Gottes Gnade und Frieden eröffnet (1,2), um sogleich die Herrlichkeit der Fülle an geistlichem Segen, den Reichtum des ewigen Erbes zu rühmen. Daß diese aus dem Vater und dem Sohn erwachsene Gnade die Briefempfänger bleibend umgeben möge, ist der abschließende Wunsch des Apostels.

LITERATURVERZEICHNIS

Aland, K., (Hg.), Luther Deutsch I, Göttingen ²1983
Asmussen, H., Der Brief des Paulus an die Epheser. Eine Herausforderung an die Macht, Breklum 1949

Balz, H., Art. *phobeō*, ThWNT IX, 201-216
Barth, M., Die Einheit des Galater- und Epheserbriefes, ThZ 32 (1976), 78-91
Barth, M., Ephesians 1974
Barth, M., Ephesians, AncB 34 und 34A, 1974
Bauer, W. (Hg. K. Aland, B. Aland), Griechisch-deutsches Wörterbuch, Berlin u.a. [6]1988
Bauernfeind, O., Art. *aselgeia*, ThWNT I, 488
Bauernfeind, O., Art. *mataios*, ThWNT IV, 525-530
Bengel, J. A., Gnomon Novi Testamenti (Tübingen 1772), Stuttgart [8]1887
Benoit, P., Leib, Haupt und Pleroma in den Gefangenschaftsbriefen, in: Ders., Exegese und Theologie. Ges. Aufsätze, Düsseldorf 1965, 246-279
Bertram, G., Art. *mōros*, ThWNT IV, 837-852
Bertram, G., Art. *nēpios*, ThWNT IV, 913-925
Bertram, G., Art. *paideuō*, ThWNT V, 596-624
Bertram, G., Art. *phrēn*, ThWNT IX, 216-231
Betz, O., »Die Frage nach dem messianischen Bewußtsein Jesu«, NT VI (1963) 20-48
Billerbeck, P. (und Strack, H.L.), Kommentar zum NT aus Talmud und Midrasch III, München 1926
Brenz, Joh., Kommentar zum Briefe des Apostels Paulus an die Epheser (Hg. W. Köhler), AHAW.PH 10, 1935
Bruce, F.F., The Epistle to the Ephesians, London 1961 (repr. 1974)
Büchsel, F., Art. *agorazō*, ThWNT I, 125-128
Büchsel, F., Art., *katō*, ThWNT III, 640-643
Bultmann, R., Art. *aischynō*, ThWNT I, 188-190

Cadbury, H.J., »The dilemma of Ephesians«, in: NTS 5 (1958-59)
Caragounis, C.C., The Ephesian Mysterion. Meaning and Content, CB.NT 8, 1977
Carson, D. A., u.a., An Introduction to the New Testament 1992
Chadwick, H., Die Absicht des Epheserbriefes, ZNW 51 (1969), 145-153
Conzelmann, H., Art. *charis*, ThWNT IX, 363-405

Dahl, N. A., Bibelstudie über den Epheserbrief, in: Ders. u.a., Kurze Auslegung des Epheserbriefes, Göttingen 1965, 7-83
Delling, G., Art. *archō*, ThWNT I, 476-488
Delling, G., Art. *artios*, ThWNT I, 474-475
Delling, G., Art. *hymnos*, ThWNT VIII, 492-506
Delling, G., Art. *lambanō*, ThWNT IV, 5-16
Delling, G., Art. *plērēs*, ThWNT VI, 283-309
Delling, G., Art. *pleonazō*, ThWNT VI, 263-266
Delling, G., Art. *pleonektēs*, ThWNT VI, 266-274
Delling, G., Art. *tassō*, ThWNT VIII, 27-49
Delling, G., Art. *telos*, ThWNT VIII, 50-88
Dibelius, M., An die Kolosser, Epheser, an Philemon, neu bearbeitet von H. Greeven, HNT 12, [3]1953

Ewald, P., Die Briefe des Paulus an die Epheser, Kolosser und Philemon, KNT 10, ²1910

Foerster, W., Art. *diaballō*, ThWNT II, 69-80
Foerster, W., Art. *exestin*, ThWNT II, 557-572
Foerster, W., Art. *kyrios* (E: Im NT), ThWNT III, 1085-1098
Friedrich, G., Art. *kēryx*, ThWNT II, 682-717
Friedrich, G., Art. *prophētēs* (D: im NT), ThWNT VI, 829-863

Gaugler, E., Der Epheserbrief, Zürich 1966
Gese, H., »Das Gesetz«, in: Ders., Zur biblischen Theologie, Tübingen ²1983, 55-84
Gnilka, J., Das Kirchenmodell des Epheserbriefes, BZ NF 15 (1971), 161-184
Gnilka, J., Der Epheserbrief, HThK X/2, ²1977
Greeven, H., Art. *euchomai* (E: im NT), ThWNT II, 801-808
Grundmann, W., Art. *agathos*, ThWNT I, 10-18
Grundmann, W., Art. *kartereō*, ThWNT III, 619-622
Grundmann, W., Art. *tapeinos*, ThWNT VIII, 1-25 Günther, H., Art. Epheserbrief, GBL I, 318f

Hanson, St., The Unity of the Church. Colossians and Ephesians, ASNU 14, 1946
Harder, G., Art. *phtheiro*, ThWNT IX, 94-106
Haubeck, W., Loskauf durch Christus, 1985
Hauck, F., Art. *hosios*, ThWNT V, 488-492
Hauck, F., Art. *karpos*, ThWNT III, 617-619
Hauck, F., Art. *katharos* (D: Im NT), ThWNT III, 427-434
Hauck, F., / *Schulz, S.*, Art. *prays*, ThWNT VI, 645-651
Heim, K., Jesus der Herr, Wuppertal ⁵1977
Hendriksen, Exposition of Ephesians, NT Commentary, Grand Rapids 1979
Houlden, J. L., Christ and Church in Ephesians, StEv 6 (1973), 267-273

Iwand, H. J., Predigtmeditationen, Göttingen ⁴1977

Johnson, L., »The Pauline Letters from Caesarea«, ExpTim 68 (1956-57), 24-26

Käsemann, E., »Amt und Gemeinde im Neuen Testament«, in: Ders., Exegetische Versuche und Besinnungen I, Göttingen ⁶1970, 109-134
Käsemann, E., Art. Epheserbrief, RGG³ II, 517-520
Käsemann, E., Das Interpretationsproblem des Epheserbriefes, in: Ders., Exegetische Versuche und Besinnungen II, Göttingen 1964, 253-261
Kirby, J. C., Ephesians. Baptism and Pentecost, London 1968
Kittel, G., Art. *doxa* (F: im NT), ThWNT II, 250-258
Kleinknecht, H., Art. *pneuma* (A: im Griechischen), ThWNT VI, 330-357
Kümmel, W. G., Einleitung in das NT, Heidelberg ¹⁷1973

Laubach, F., Art. Blut, TBLNT I, 131-134
Laubach, F., Der Prophet Sacharja, Wuppertal 1984
Le Seur, P., Die Briefe an die Epheser, Kolosser und an Philemon, übersetzt und ausgelegt, 1936
Lloyd-Jones, D.M., Life in the Spirit in Marriage, Home and Work. An Exposition of Eph 5:18 to 6:9, Edinburgh 1973
Luther, M., Anton Lauterbachs Tagebuch, 10.5.1538, WATR 3, 669-674
Luther, M., Auslegungen zu 1. Kor. 15 (1532/33), WA 36, 478-696
Luther, M., Dictata super Psalterium (1513-1516), WA 4, 1-462
Luther, M., Schmalkaldische Artikel, BSLK 405-468

Luther, M., Thesen zur »Heidelberger Disputation« (1518), WA 1, 353-355
Luther, M., Vom unfreien Willen (1525), WA 18, 551-787
Luther, M., Vorrede zum Brief des Paulus an die Römer (1522), WA DB 7, 2-27

Maurer, C., »Der Hymnus von Epheser 1 als Schlüssel zum ganzen Briefe«, EvTh 11 (1951/52)
Merklein, H., Christus und die Kirche. Die theologische Grundstruktur des Epheserbriefes nach Eph. 2,11-18, SBS 66, 1973
Merklein, H., Das kirchliche Amt nach dem Epheserbrief, StANT 33, 1973
Michaelis, W., Art. *hodos*, ThWNT V, 42-118
Michaelis, W., Art. *kratos*, ThWNT III, 905-914
Michel, O., Art. *katantaō*, ThWNT III, 625-628
Michel, O., Art. *naos*, ThWNT IV, 884-895
Michel, O., Art. *oikos*, ThWNT V, 122-161
Mitton, C.L., The Epistle to the Ephesians. Its Authorship, Origin and Purpose, Oxford 1951
Mussner, F., Beiträge aus Qumran zum Verständnis des Epheserbriefes, in: Neutestamentliche Aufsätze (FS J. Schmid), Regensburg 1963, 185-198
Mussner, F., Christus, das All und die Kirche. Studien zur Theologie des Epheserbriefes, TThSt 5, ^{2}1968
Mussner, F., Der Brief an die Epheser, ÖTBK 10, Gütersloh 1982

Odeberg, H., The View of the Universe in the Epistle to the Ephesians, AUL.T 29,6, 1934
Oepke, A., Art. hoplon, ThWNT V, 292-315
Overfield, P.D., Pleroma. A Study in Content and Context, NTS 25 (1979), 384-396

Panagopoulos, J., »Die urchristliche Prophetie: Ihr Charakter und ihre Funktion«, in: Ders. (ed.), Prophetic Vocation in the New Testament and Today, NT.S.XLV, 1977
Pfammatter, J., Die Kirche als Bau. Eine exegetisch-theologische Studie zur Ekklesiologie der Paulusbriefe, AnGr 110, 1960
Pokorny, P., Der Brief des Paulus an die Epheser, ThHK 10 II, Leipzig 1992
Preisker, H., Art. *methē, ThWNT IV, 550-554*
Proksch, O., Art. *hagios* (E: im NT), ThWNT I, 101-116

Rad, G. v., Art. *doxa* (C: im AT), ThWNT II,240-245
Reicke, B., *parhistēmi*, Art. ThWNT V, 835-840
Rendtorff, H., Der Brief an die Epheser, NTD VIII, ^{5}1949
Rienecker, F., Der Brief des Paulus an die Epheser, Wuppertal ^{4}1975

Schille, G., Liturgisches Gut im Epheserbrief (ungedr. Diss., Göttingen 1952)
Schlatter, A., Erläuterungen zum NT 7, Stuttgart 1963
Schlatter, A., Erläuterungen zum NT 9, Stuttgart 1964
Schlier, H., Art. *anechō*, ThWNT I, 360-361
Schlier, H., Art. *parrēsia*, ThWNT V, 869-884
Schlier, H., Christus und die Kirche im Epheserbrief, 1930
Schlier, H., Der Brief an die Epheser, Düsseldorf ^{5}1965
Schlier, H., Mächte und Gewalten im Neuen Testament , QD 3, 1958
Schmitz, O., Christus und die Gemeinde. Eine Handreichung zum Verständnis des Epheserbriefes, 1940
Schnackenburg, R., Christus, Geist und Gemeinde (Eph 4:1-16), in: Christ and Spirit in the New Testament (FS C.F.D. Moule), Cambridge 1973, 279-296
Schnackenburg, R., Der Brief an die Epheser, EKK X, Einsiedeln/Neukirchen-Vluyn 1982

Schnackenburg, R., Gestalt und Wesen der Kirche nach dem Epheserbrief, in: Ders., Schriften zum NT, München 1971, 268-287
Schneider, J., Art. *hēlikia, ThWNT II, 943-945*
Schneider, J., Art. *stauros*, ThWNT VII, 572-584
Schrenk, G. (mit G. Quell), Art. *dikē*, ThWNT II, 176-229
Stadelmann, H., Der Epheserbrief, Bibelkommentar zum NT, Neuhausen-Stuttgart 1993
Stählin, G., Art. *orgē* (E: im NT) ThWNT V, 419-448
Strathmann, H., Art. *martys*, ThWNT IV, 477-520
Stuhlmacher, P., »›Er ist unser Friede‹ (Eph 2,14). Zur Exegese und Bedeutung von Eph 2,14-18,« in: J. Gnilka (Hg.), Neues Testament und Kirche. FS R. Schnackenburg, Freiburg 1974, 337-358
Stuhlmacher, P., Biblische Theologie des NT I. Grundlegung: Von Jesus zu Paulus, Göttingen 1992

Tachau, P., »Einst« und »Jetzt« im Neuen Testament, FRLANT 105, 1972
Thimme, L., Das Geheimnis der Gemeinde Jesu. Eine Auslegung und Verdeutschung des Epheserbriefes, 1939
Traub, H., Art. *ouranos* (D: im NT), ThWNT V, 512-543

Vielhauer, Ph., Oikodome. Das Bild vom Bau in der christlichen Literatur vom Neuen Testament bis Clemens Alexandrinus, Karlsruhe 1939, (Nachdruck München 1979)

Wagenführer, M.-A., Die Bedeutung Christi für Welt und Kirche, Studien zum Kolosser- und Epheserbrief, Leipzig 1941
Wagner, P., Das offensive Gebet. Strategien zur geistlichen Kampfführung, Wiesbaden 1992
Weiß, K., Art. *chrēstos*, ThWNT IX, 472-481.
Westermann, C., Das Loben Gottes in den Psalmen, Göttingen [3]1963

Der Brief des Paulus an die Philipper, die Kolosser und die Thessalonicher

erklärt von

Werner de Boor

R. BROCKHAUS VERLAG

Vorwort
zur Erklärung der Briefe des Paulus an die Philipper und an die Kolosser

Der große Lehrer der Kirche, Prof. D. Adolf Schlatter, hat es seinen Studenten immer wieder gesagt: „Meine Herren, Sie können nicht lesen!" Natürlich konnten die Studenten „lesen", sogar ganz leidlich ihr griechisches Neues Testament. Schlatter aber verstand unter „Lesen" jene offene und selbstlose Hinwendung zu einem Text, mit der ich treu und genau aufnehme, was der Text wirklich sagt, und alle die eigenen, gewohnten und lieben Gedankengänge zurückstelle, die sich sofort in mein Erfassen des Textes eindrängen oder einschleichen wollen. Welch ernste Mühe, welch tapfrer Kampf gehört zu solchem echten „Lesen"! Wie selbstverständlich sehen ganze Kirchen und Gemeinschaften biblische Abschnitte sofort und ausschließlich im Licht ihrer gewohnten Dogmatik und merken überhaupt nicht mehr, daß die Schrift selbst hier etwas ganz anderes sagt und meint. Aber auch wir selbst bei unserm persönlichen Bibelstudium – wie schwer fällt uns das wirkliche „Lesen"! Wir sind in Anschauungen groß geworden, die uns so vertraut sind, daß wir sie fraglos für richtig und „biblisch" halten. Wir haben bestimmte Lieblingsgedanken, vielleicht eng mit entscheidenden geistlichen Erfahrungen unseres Lebens verknüpft, die uns unvermerkt formen und beherrschen. Das alles lesen wir unwillkürlich in unsern Bibeltext hinein und merken nicht, daß wir gar nicht mehr wirklich „lesen", sondern unsre eigenen Herzensmeinungen an biblische Worte anhängen. Wir rühmen die Heilige Schrift, wir erklären sie für die einzige Regel und Richtschnur, das untrügliche Wort Gottes; aber wenn es praktisch ans Bibellesen geht, sind wir mit schnellem Sprung vom Text weg bei unsern gewohnten und beliebten Vorstellungen und haben nicht genug Ehrfurcht vor dem Worte Gottes, um uns in mühsamer und aufmerksamer Arbeit zu vergewissern: Was steht denn da wirklich? Was sagt der Text selber? Man kann in manchen lieben, gläubigen Kreisen die Bibel aufschlagen, wo man will: Was da tatsächlich geschrieben steht, interessiert gar nicht und wird gar nicht aufgenommen, sondern man redet rasch wieder von den immer gleichen Wahrheiten, die in diesem Kreise besondere Geltung haben. Dadurch bleiben wir arm und oft genug auch schief gewachsen und lassen uns die ganze Tiefe des Reichtums entgehen, den Gott in Seinem Wort für uns bereit hat.

Die folgende Auslegung möchte nicht Erbaulichkeiten bieten, für die der Text nur ein bequemes Sprungbrett ist, sondern unsere beiden Briefe wirklich „lesen" helfen. Sie mutet dabei dem Benutzer wirkliche Arbeit und selbstlose Mühe zu. Sie kann ihm nicht versprechen, daß er in dem so gut bekannten Stück des Neuen Testaments seine eigene, vertraute Theologie oder die seiner Gemeinde bestätigt findet. Sie hofft sogar, daß er manches „neu" und „ganz anders" finden wird, als er es sich bisher gedacht hat. Sie traut ihm den Eifer für Gottes heiliges Wort zu, der alles, was er „selbstverständlich" von der biblischen Botschaft zu wissen meinte, einmal zurückstellt, um ganz neu zu hören, was denn die Sätze der Briefe wirklich sagen.

Wichtig ist allein der Text unseres Briefes selbst, wie er dem Apostel Paulus vom Heiligen Geist in das Herz und auf die Lippen gegeben worden ist. Eine Auslegung hat keinerlei Wert in sich selber, sondern ist nur der Versuch einer Hilfe zum genauen und richtigen Lesen des Textes. Wenn die folgende Auslegung eine solche Hilfe bieten kann, daß die Worte der beiden Briefe selber neu, lebendig und mächtig vor dem Leser stehen, dann ist es gut. Muß ein Leser der hier gebotenen Auslegung widersprechen, weil der Text nach gründlicher Prüfung für seine Erkenntnis etwas anderes sagt, so ist es auch gut. Eine Auslegung findet ihren schönsten Lohn, wenn sie selbst ganz vergessen wird, weil die Herrlichkeit des biblischen Wortes so zu leuchten beginnt, daß sie das ganze Herz des Lesers beschlagnahmt.

Als über die Berufung Prof. Schlatters nach Berlin verhandelt wurde, fragte der Minister: „Nicht wahr, Herr Professor, Sie stehen doch auf der Schrift?" Schlatter antwortete: „Nein, Exzellenz, ich stehe nicht auf der Schrift; ich stehe **unter** der Schrift." Ich möchte mit allen Lesern wirklich so **unter** unseren Briefen stehen. Möchte es uns geschenkt werden, in keiner Weise uns selber zu hören, sondern klar und treu nur das, was Paulus den Philippern und Kolossern schrieb.

W. de Boor

Inhaltsübersicht

Der Brief des Paulus an die Philipper

Inhaltsübersicht

Der Brief des Paulus an die Kolosser

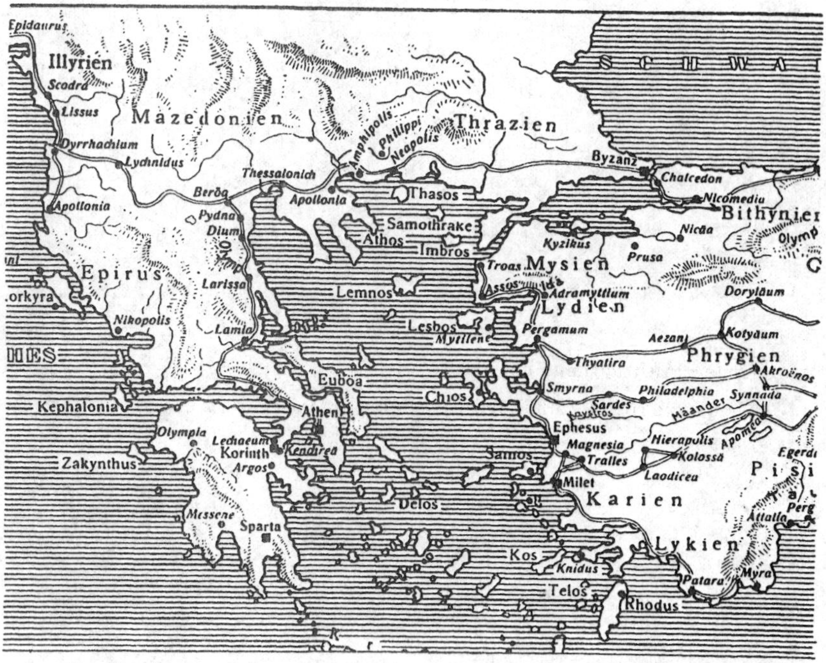

Griechenland und der vorder-kleinasiatische Raum zur Zeit des Paulus

Der Brief des Paulus an die Philipper

erklärt von

Werner de Boor

R. BROCKHAUS VERLAG

Einleitung zum Brief an die Philipper

1. Der Verfasser

(Echtheit des Philipperbriefes)

Als Verfasser des Briefes an die Philipper nennt sich der **„Apostel" Paulus.** Er nennt sich zwar nicht wie in anderen Briefen unter diesem **Titel,** sondern bezeichnet sich als einen Knecht (wörtlich Sklaven) Christi Jesu. Dies geschieht aber nur darum, weil er als Absender und Mitverantwortlichen des Briefes zugleich seinen Jünger Timotheus namhaft macht, dem der Apostelitel nicht zukommt. **Mitverfasser** im eigentlichen Sinne ist Timotheus nicht. Der Apostel redet auch, da er ihn namhaft macht (in einem Abschnitt des zweiten Kapitels), von ihm in der dritten Person; doch hat er anscheinend mit diesem Timotheus den Brief seinem wesentlichen Inhalt nach vor der Abfassung durchgesprochen, insbesondere in den Punkten, die sich auf die Reisepläne des Paulus und des Timotheus beziehen.

Läßt also der Brief selbst keinen Zweifel darüber, von wem er abgefaßt sein will, so muß doch in einer theologischen Diskussion die Frage der **Echtheit** aufgeworfen werden, das heißt die Frage, ob der **angebliche** Verfasser des Briefes auch der **wirkliche** ist.

Selbstverständlich hat es wie bei allen Schriften des Neuen Testaments, so auch hier, nicht an solchen gefehlt, welche die Echtheit des Philipperbriefes angefochten haben. Vor allem war's die sogenannte Tübinger Schule[1], durch ihren historisch-kritischen Radikalismus bekannt, die auch hier negativ vorging. Nachdem aber ihr **letzter** Ausläufer, **Carl Holsten,** 1897 verstorben ist, wird von keinem Ernstzunehmenden die Echtheit unseres Briefes angezweifelt. Es hat allerdings nicht an Versuchen gefehlt, einzelne Stücke als unecht auszumerzen oder den Brief als eine Zusammensetzung aus mehreren Briefen bzw. Briefteilen hinzustellen. Es haben aber auch diese Versuche nicht viel mehr zu bedeuten und sind auch durchweg aufgegeben worden. Die einzige Stelle, die in dieser Beziehung nachdenklich machen könnte, ist der Anfang des dritten Kapitels, besonders der jähe Übergang zu den judaistischen Gegnern. Es ist dies aber in einem **Briefe,** der doch keine Abhandlung sein soll und wahrscheinlich mit Unterbrechungen diktiert wurde, nicht besonders verwunderlich.

Daß Paulus an die Philipper nicht nur diesen einen Brief geschrieben hat, sondern mehrere, geht besonders aus jenem Anfang des dritten Kapitels hervor, wo der Apostel es rechtfertigt, daß er den Philippern „immer dasselbe" schreibt. Da die Verse von der Freude, die uns so geläufig sind, erst im vierten Kapitel folgen (Vers 4–7), so ist anzunehmen, daß hier im dritten Kapitel der Apostel auf frühere Briefe zurückweist. Auch bei den alten Kirchenvätern finden sich Andeutungen, die auf mehrere Philipperbriefe des Apostels hinweisen.

Trotzdem werden wir sagen müssen, daß unser Brief eine Einheit darstellt, keineswegs aber eine einfache Zusammensetzung aus verschiedenen Briefen ist. Der

[1] Unter der sogenannten „Tübinger Schule" verstehen wir die liberale Richtung der Tübinger Theologischen Fakultät im 19. Jahrhundert. Der radikalste Vertreter war David Friedrich Strauß, bekannt durch seine „Leben Jesu"-Kritik.

Anlaß des Briefes, auf den wir gleich zu sprechen kommen, wird in gleicher Weise im Anfang wie gegen Ende des Briefes hervorgehoben, und die zwischen den beiden persönlichen Teilen stehenden dogmatischen und ethischen Partien lassen an Einheitlichkeit und durchsichtigem Gedankenfortschritt nichts zu wünschen übrig.

Das Ganze aber trägt so sehr den Charakter eines Paulusbriefes, daß an der **Echtheit** nicht zu zweifeln ist. Sind Römerbrief, Korintherbriefe und Galaterbrief (die vier „großen Paulinen" genannt) als echt anzuerkennen, dann ganz gewiß auch der Philipperbrief. Er atmet denselben Geist, er bewegt sich in gleichen Gedankengängen und Betrachtungsweisen; er bringt zum Teil die gleichen Ausdrücke und bewegt sich doch in ihnen selbständig, überall Original, nirgends Kopie. An Reife aber und Lebenserfahrung geht er noch über jene Briefe hinaus, ebenso an Innigkeit des Empfindens. Es sollte doch so sein, daß aus der Zahl der vielen Briefe, die Paulus als Apostel geschrieben hat, doch auch **ein** Brief uns aufbewahrt bliebe, der so voller Freude, Lob und Dank ist wie der Philipperbrief, weil er gerichtet ist an eine Gemeinde, die in so hohem Maße unsern Apostel zufriedengestellt hat.

2. Anlaß des Briefes

Der Anlaß des Philipperbriefes liegt in einer verhältnismäßig reichen Liebesgabe, die von den Philippern durch ihr Gemeindemitglied **Epaphroditus** dem gefangenen Apostel übersandt worden ist. Wahrscheinlich ist schon durch den mündlichen Bescheid den Philippern die Ankunft der Gabe gemeldet worden und zugleich die Erkrankung des Epaphroditus, der nicht nur den **Auftrag** gehabt hatte, die Gabe zu überbringen, sondern eine längere Zeit dem Gefangenen zur Seite zu stehen, um ihn zu betreuen (soweit dies möglich war), und Aufträge (vor allem an die Gemeinde) zu überbringen hatte. Wider Erwarten ist **Epaphroditus** aber todkrank geworden, sodaß dem Apostel, der ihn sehr hoch einschätzte, bald ein bitteres Leid widerfahren wäre. Aber Gott hat sich beider erbarmt, des **Epaphroditus** und des Paulus, und hat den Kranken wieder genesen lassen. Beunruhigt darüber, daß die Brüder in Philippi von seiner Krankheit wissen, sehnt sich Epaphroditus nach Hause, um die Brüder von seinem Leben und seiner Gesundheit zu überzeugen, und auch Paulus hält es für das Richtigste, ihn abzusenden. So wird derselbe Jünger, der die Kollekte dem Paulus überbracht hat, des Paulus Bote an die Philipper, um ihnen unsern Brief zu überbringen. In diesem Briefe ist daher mit besonderer Ausführlichkeit über den **Epaphroditus** berichtet und zugleich dessen verhältnismäßig frühe Rücksendung begründet. Der Brief enthält auch die offizielle Quittung für die empfangene Gabe, die wir uns als eine Summe Geldes vorzustellen haben, gesammelt auf dem Wege einer Kollekte.

3. Die Empfänger

Philippi, die Hauptstadt Mazedoniens, gegründet von dem König Philippus, dem Vater Alexanders des Großen, war zur Zeit des Briefes römische Militärkolonie, ausgestattet mit dem sogenannten „ius Italicum". Wir verstehen von hier aus ganz besonders gut, daß Paulus (wie übrigens auch später in Jerusalem) gerade hier sein römisches Bürgerrecht geltend machte und daß dies auch sofort aufs höchste respektiert wurde, so daß eine Eskorte ihn und den Silas feierlich zur Stadt hinaus geleitete. Von dem, was Paulus in Philippi widerfuhr, wissen wir aus der Apostelgeschichte, auch von jenen beiden Persönlichkeiten, die wohl den Grundstock der Christengemeinde zu Philippi bildeten, der Purpurkrämerin Lydia aus Thyatira und dem Kerkermeister. Was Gefangenschaft bedeutet, das hatte Paulus wohl zuerst dort in Philippi kennengelernt. Es war zwar nur eine Nacht, die er, mit Silas zusammen, mißhandelt im Kerker zugebracht hatte, aber die war auch erlebnisreich genug. Jedenfalls hatte der Herr ihnen beiden „Lobgesänge in der Nacht" (Hio 35, 10) geschenkt, daß sie in dem tiefsten Dunkel der Mitternacht und ihres Leidens noch Gott preisen konnten. Dann war die große Wendung eingetreten, und als sie ihre Mission erledigt hatten, d. h. ausgeführt, was Gott von ihnen gewollt hatte, konnten sie weiterziehen. Es ist daher von Bedeutung, daß Paulus unsern Brief an die Philipper gerade aus der Gefangenschaft schreibt, die er von Philippi her kennt und in der er sich gerade in Philippi bewährt hat.

Wie lange Zeit Paulus damals in Philippi zugebracht hat, wissen wir nicht. Die Zeit wird aber doch wohl länger gewesen sein, als es uns auf den ersten Blick erscheint. Wenn zum Beispiel von jener Magd, die Paulus hernach heilte, gesagt wird: „Solches tat sie manchen Tag", so eröffnet sich hier doch ein Blick auf einen ziemlich weiten Spielraum, der uns davor behüten sollte, die beiden Begebenheiten, Gewinnung der Lydia und Bekehrung des Kerkermeisters, allzu dicht aneinanderzurücken.

Gewiß aber ist, daß durch die Ereignisse Paulus vor der Zeit genötigt war, Philippi zu verlassen. Er wird den Timotheus und vielleicht den Lukas dort zurückgelassen haben, um die Gemeinde aufzubauen, hat ihnen vielleicht noch vor seiner Gefangennahme diesbezügliche Aufträge gegeben für den Fall, daß ihm etwas zustoße.

Wir hören nämlich aus seinem Brief, daß die Philipper ihm die erste Liebesgabe nach Thessalonich gesandt haben, ebenso die zweite. In Philippi konnten sie ihm bei dem unerwartet plötzlichen Abbruch seiner Tätigkeit nichts zukommen lassen, hatten auch keine Gelegenheit, so schnell zu sammeln, waren auch wahrscheinlich noch gar nicht so weit als Gemeinde organisiert, daß sich überhaupt eine „Kollekte" ins Auge fassen ließ. Von da an haben sie ihren Apostel nicht mehr aus den Augen verloren. Den Korinthern kann Paulus schreiben (2 Ko 11, Vers 8 und 9), daß er andere Gemeinden „beraubt" habe, nur um sie, die Korinther, nicht zu beschweren, daß man ihm aus „Mazedonien" (!) das gesandt habe, was zu seinem Unterhalte nötig war. Wo immer er ging und stand, haben sie sich um ihn gekümmert, und wenn vor der letzten Sendung (mit der sich der Philipperbrief beschäftigt) eine längere Zeit verstrichen ist, so hat das daran gelegen, daß die Philipper selber durch irgendeine ganz besondere Notlage daran verhindert waren (Phil 4, Vers 10).

Nach dem Bericht der Apostelgeschichte müssen wir annehmen, daß Paulus auf der Rückreise von Achaia wieder nach Philippi gekommen ist und ebenso auf der nächsten Missionsreise, als er von Kleinasien aus den Abstecher nach Europa machte. Daß er inzwischen etliche Briefe geschrieben haben wird, deuteten wir schon an. Dieser Brief, der einer der letzten, wenn nicht der letzte nach Philippi sein dürfte, setzt ja frühere Briefe voraus.

4. Ort und Zeit der Abfassung

Wann ist denn unser Brief nun geschrieben worden und von wo aus? Die beiden Fragen hängen aufs engste miteinander zusammen, schon deswegen, weil die Feststellung des Orts mit der Frage nach der Zeit unlöslich verbunden ist.

Die drei Theorien, die mit der Feststellung des **Orts** zugleich die Zeit feststellen möchten und umgekehrt, lassen sich unter die Überschriften bringen:

Rom **Cäsarea** **Ephesus**

Der alten Tradition nach stammt der Philipperbrief aus der Zeit der römischen Gefangenschaft, und zwar der **ersten** (falls man noch eine zweite anerkennen will). Vieles stößt auf diese Vermutung, zunächst die Tatsache, daß auch die andern Gefangenschaftsbriefe, wie es scheint, aus Rom stammen. Rom ist die Stadt, in der Paulus wohl die längste Gefangenschaft durchgemacht hat, eine längere noch als in Cäsarea, wo einmal von einem Zeitraum von zwei Jahren die Rede ist, der aber noch nicht für die ganze Gefangenschaft ausreicht. In Rom fing Paulus sofort nach seinem Eintreffen eine Missionsarbeit an (ganz anders als in Cäsarea), die er zwei Jahre hindurch sehr selbständig ausüben konnte. Weil die Apostelgeschichte dann schweigt, so ist anzunehmen, daß diese günstige Zeit nach zwei Jahren ein Ende nahm, daß dies aber noch nicht das Ende des Paulus war (denn das wäre zweifellos erwähnt worden). Wenn er nun gefangenlag in „Fesseln", wie es der Philipperbrief andeutet, so hatte er, der nach der Cäsareahaft wieder in die Arbeit eingetreten war und dadurch auch in den Verkehr mit allen seinen Gemeinden (Verkehr durch Briefe und Boten), zweifellos viel Anlaß und auch wohl viel Zeit, an die Gemeinden, die er selbst gegründet hatte, Briefe zu schreiben, so den sogenannten „Epheserbrief", die Briefe an die Philipper und Kolosser und den Brief an Philemon.

Unwillkürlich also wird, wenn wir einen „Gefangenschaftsbrief" des Paulus vor uns haben, unser Blick nach **Rom** gelenkt. Dazu aber kommt im Philipperbrief noch zweierlei hinzu: Ausdrücklich erwähnt wird im ersten Kapitel das **Prätorium**; im letzten wird gegrüßt von denen **„aus dem Hause des Kaisers"**. Verstehen wir unter „Prätorium" das „Gardekorps" der Prätorianer und unter denen „aus des Kaisers Hause" alles, was zum Haushalt des Kaisers gehört, vor allem die Dienerschaft mit Einschluß der Kaisersklaven, so kann man zwar behaupten, daß sich sowohl Prätorianer wie Kaisersklaven (bzw. des Kaisers Freigelassene) auch außerhalb Roms befanden, aber wie soll Paulus dazu kommen, gerade diese beiden Gruppen zu erwähnen, wenn er nicht von ihrer eigentlichen Stadt aus schreibt, sondern von irgendwoher, wo sie in geringer Zahl sind und in keiner Weise für den Ort charakteristisch (vgl. das später zu den Grüßen Bemerkte). Wo diese drei Dinge zusammenkommen: Gefangenschaft, Prätorianer, Kaiserhaus, da gehört wirklich nicht viel dazu, sich für **„Rom"** zu entscheiden.

Wir könnten nur dann von dieser zweifellos nächstliegenden Entscheidung uns abbringen lassen, wenn wirklich treffende Gründe **gegen** Rom ins Feld geführt werden könnten. Und solche Gründe meinen die **„Gegner"** der Romtheorie auch gefunden zu haben. Ein äußerer Grund ist ihnen zunächst die große Entfernung zwischen Rom und Philippi. Sie hätte natürlich den Apostel nicht hindern können, von Rom aus einmal einen Brief auch an die Philipper zu schreiben; aber, so meint man, sie macht das unmöglich, was der Apostel im zweiten Kapitel in den Abschnitten über Timotheus und Epaphroditus schreibt. Vor allem wird der Epaphroditusabschnitt herbeigezogen, der auch in anderer Beziehung zu so vielen Mißverständnissen Anlaß gegeben hat. Man kalkuliert nun folgendermaßen: Paulus schreibt von ihm: „Er war beunruhigt, weil ihr gehört habt, daß er krank geworden sei." Es muß also, so meint man, eine Botschaft nach Philippi gelangt sein: „Epaphroditus ist krank." Dann muß eine zweite Botschaft nach Rom zurückgegangen sein: „In Philippi hat man davon Kenntnis genommen, daß Epaphroditus erkrankt ist." Und nun erst, so meint man, beginnt Epaphroditus sich zu beunruhigen.

Wie wirklichkeitsfremd ist das doch gedacht! In Wahrheit liegt doch die Sache so: Sobald irgendein Bote, vielleicht ein durchreisender Bruder, von Rom nach Philippi abgegangen war mit der Botschaft: „Epaphroditus ist glücklich mit der Liebesgabe angekommen, ist aber leider zur Zeit schwer erkrankt", mußte über kurz oder lang Epaphroditus von dieser Absendung und dem Inhalt der Botschaft etwas erfahren, und sobald er davon erfuhr, geriet er in Unruhe. Dazu brauchte nicht ein einziger Tag nach der Absendung des Boten zu verstreichen. Man hätte es schon absichtlich dem Kranken verheimlichen müssen, daß seine Krankheit in Philippi gemeldet werde; in **dem** Falle aber hätte er es überhaupt nicht erfahren, und die Beunruhigung wäre nicht eingetreten. Man macht den Fehler, daß man ohne zwingenden Grund den „Aorist" („ihr habt gehört" oder: „ihr hörtet") als Plusquamperfekt übersetzt und dabei annimmt, zuerst müßten die Philipper von der Erkrankung gehört haben und alsdann, nachdem dieses wieder zurückgemeldet sei, wäre Epaphroditus in Unruhe geraten. In Wahrheit will Paulus durch jenen Satz nur sagen: „Die Tatsache, daß ihr von seiner Erkrankung Nachricht erhalten habt, hat ihn in Unruhe versetzt." Dazu ist nicht einmal dieses nötig, daß zur Zeit der **Abfassung des Briefes** diese Nachricht bereits in Philippi eingetroffen war, denn Paulus versetzt sich in dem ganzen Epaphroditusabschnitt in die Zeit, in der man in Philippi seinen Brief empfängt. Nur bei **dieser** Betrachtungsweise konnte er schreiben: „Ich **habe** ihn verhältnismäßig eilig **gesandt**", während er doch zur Zeit des Schreibens noch in Rom war. Die gleiche Betrachtungsweise veranlaßt auch den Apostel, den ganzen Epaphroditusabschnitt zu beginnen mit den Worten: „Ich **hielt** es für notwendig" (genauer: „Ich bin zu der Überzeugung gelangt, daß es notwendig sei"), anstatt einfach zu schreiben: „Ich **halte** es für notwendig."

Der zweite zeitliche Gegengrund gegen „Rom" wird aus dem vorangehenden Timotheusabschnitt hergeleitet. Paulus schreibt, er wolle Timotheus nach Philippi senden, sobald er absehen könne, wie sein eigener Prozeß ausginge, und zwar dann sofort; und er setzt hinzu: „Ich habe aber im Herrn die Zuversicht, daß ich auch selbst bald kommen werde." Da er nun vorher gesagt hat, er sende Timotheus, damit er, Paulus, guten Muts sein könne, wenn er gehört habe, wie es den Philippern gehe, so folgert man, daß der Abfassungsort des Philipperbriefes in der Nähe Philippis gelegen haben müsse, da Timotheus hin- und herreisen solle, um dem Paulus Nachricht über die Philipper zu bringen, und Paulus trotzdem **bald** abreisen zu können hoffe. Man braucht dies **„bald"** aber nicht auf den Zeitpunkt des **Briefschreibens** oder auf den Zeitpunkt der **Absendung** des Timotheus zu beziehen. Da Paulus ja von einem zu erhoffenden Bericht des Timotheus spricht, kann das „bald" ebensogut bedeuten: „Nachdem Timotheus zurückgekehrt ist und mir den Bericht erstattet hat, werde ich selber so bald wie möglich mich auf die Reise machen." Klar ist aus dem Zusammenhang jedenfalls dies, daß von dem Zeitpunkt der **Entscheidung** des Prozesses bis zum Zeitpunkt der **Abreisemöglichkeit** für Paulus selber noch ein gehöriger Zeitraum liegen muß, da er sonst nicht den Timotheus zuvor noch senden würde. Im übrigen ist nicht einmal sicher, daß Paulus den Timotheus in **Rom** zu treffen gedenkt; er könnte ihn auch auf einer Station seiner eigenen Reise nach Philippi treffen; diese Möglichkeit bleibt noch offen für den Fall, daß jenes **„bald"** den Sinn hätte: „bald nach der Absendung des Timotheus".

Wir haben uns mit diesen rein äußeren Gegengründen gegen Rom, die sich auf Zeitberechnungen beziehen, ein wenig eingehender beschäftigt, weil sie die objektiven sind, denen man auf jeden Fall nachgehen muß. Ihnen am nächsten kommen zeitgeschichtliche Erwägungen, die man gegen die alte Romtheorie ins Feld führen zu müssen glaubt. Man hält es zum Beispiel für unmöglich, daß die Judaisten, mit denen Paulus im Galaterbrief so energisch abrechnet, in der Romzeit des Paulus noch einmal sich in den Gemeinden breitgemacht hätten, noch dazu in Europa, in dem ganz römisch eingestellten Philippi. Man hätte dort eher die Irrlehrer erwartet, mit denen sich etwa der Kolosserbrief auseinandersetzt. Auf Grund des Galaterbriefes steht es fest, daß der Judaismus, der von den Heidenchristen die Beschneidung forderte, sich weit über die apostolische Zeit hinaus erhalten hat. War er in Kleinasien erledigt, so konnte er weiterwandern, um in Europa festen Fuß zu fassen. Der Gedanke, daß die Kämpfe des Paulus gegen den Judaismus nur eine bestimmte Periode seines Lebens ausgemacht hätten, rechnet nicht mit den Wirklichkeiten des Lebens. Im Menschen selber liegt freilich die Neigung, in bestimmten Perioden seines Lebens sich bestimmten Interessen hinzugeben und bestimmte Kämpfe zu führen. Aber auch hier heißt es: „Der Mensch denkt, Gott lenkt." Gott nötigt uns oft durch die Tatsachen, Kämpfe wiederaufzunehmen, von denen wir den Eindruck hatten, daß sie einer vergangenen Periode unseres Lebens angehörten. So wie Paulus den Kampf gegen die galatischen Irrlehrer nicht deswegen führte, weil er in seiner inneren Entwicklung gerade in der Zeit auf solche Kämpfe eingestellt war, sondern weil mit der tatsächlichen großen Gefahr die Nötigung zu solchem Kampfe vorlag, so konnte auch in der Gefangenschaft Roms der Apostel sich nicht dem gleichen Kampf entziehen, wenn jene Irrlehrer oder ihre Nachfolger und Gesinnungsgenossen anfingen, nunmehr in Mazedonien sich breitzumachen.

Es handelt sich bei solchen Aufgaben keineswegs nur um das „Lebensgesetz", dem die einzelne Person unterstellt ist, sondern um ihr Verhältnis zur Umwelt und zu dem, was sich dort abspielt. Und da geschieht es häufig, daß wir Kämpfe, die wir als für uns erledigt ansahen, an anderem Ort und unter neuen Umständen wiederaufnehmen müssen. Gerade der Missionar, der seinen Standort häufig wechselt, wird davon zu zeugen wissen.

Richten wir aber nun einmal auf das Lebensgesetz und den Lebensweg eines Paulus, insbesondere aber auch auf seine innere Entwicklung, unser Augenmerk, so bringt uns gerade diese Betrachtung dazu, nach einer gewissen inneren Schau uns für Rom zu entscheiden. Denn wir finden hier den Apostel auf einer Stufe der Reife, wie sie sonst nur dem Alter eigen ist und darum einer Zeit angehören muß, in der Paulus sich selber einen „alten" Paulus nennt (Phlm 9). Abgesehen von dem zweiten Timotheusbrief, in welchem Paulus seinen Lauf als bereits beendet ansieht, während er im Philipperbriefe noch dem Ziele nachjagt, finden wir in keinem der Paulusbriefe den Apostel so reif und abgeklärt vor wie gerade im Brief an die Philipper. Nicht daß er im Unterschied zum Galaterbrief gegen die unlauteren Prediger Toleranz übt, ist hier das Entscheidende – dies liegt in der Sache begründet –, wohl aber, daß er, ganz von sich selber absehend, zur Freude durchdringt auch über die Predigt solcher Brüder, die ihn verletzen wollen, zeugt von einem hohen Reifegrad. Bemerkenswert ist auch besonders seine Einstellung zu seinem Sterben, wie wir es in den Ausführungen darstellen werden. Damit zusammen hängt das Zurücktreten der Parusieerwartung für den persönlichen Hoffnungsblick des Paulus im Unterschied vom Blick auf die Gemeinde, die er mit der Parusie in allerinnigsten Zusammenhang bringt. Nicht seine Auffassung von der Parusie (der Wiederkunft) des Herrn als solcher oder zu ihrem objektiven Zeitpunkt wird hier ausgesagt, wohl aber die innere Einstellung zu der Frage, ob er, Paulus, in diesem Reste seines Erdendaseins sie noch erleben werde, wird hier bekundet, als ihm persönlich Tod und Auferstehung näher gerückt sind.

Diese inneren Gründe veranlassen uns, den Philipperbrief so spät anzusetzen, wie es innerhalb der uns gezogenen Grenzen möglich ist. Daß er nicht der zweiten römischen Gefangenschaft angehört wie jener zweite Timotheusbrief, geht schon daraus hervor, daß Paulus (den seine inneren Gewißheiten nie betrogen haben) mit fröhlicher Zuversicht seine Freilassung und das Wiedersehen mit den Philippern erwartet. Innerhalb dieser ersten Gefangenschaft jedoch müssen wir ihn ans Ende setzen. Die schönen zwei Jahre des ungehemmten Wirkens, von denen der Schluß der Apostelgeschichte uns erzählt, sind längst vorbei. Paulus ist im Vollsinn Gefangener und muß an aller Unbill des damaligen Gefangenenlebens teilnehmen, auch an den Entbehrungen, soweit nicht eine Gemeinde wie die der Philipper ihm Hilfe sendet. Er ist lahmgelegt, und ehrgeizige Mitchristen nutzen das aus. Sein Prozeß hat aber eine günstige Wendung genommen. In absehbarer Zeit – man kann für den Zeitpunkt schon Dispositionen treffen und Reisepläne machen – wird er endgültig entschieden werden, und ein günstiger Ausgang ist zu erwarten.

Der Philipperbrief ist also unseres Erachtens in Rom gegen Ende der ersten römischen Gefangenschaft von Paulus geschrieben worden.

Es erübrigt sich, die beiden andern Hypothesen, die **Cäsarea-** und die **Ephesushypothese** eingehender zu behandeln. Sie sind Notbehelfe für den, der aus irgendeinem Grunde die nächstliegende Hypothese, nämlich **„Rom"**, ablehnen zu müssen glaubt. Da jedoch unseres Erachtens **nichts gegen** Rom spricht, insbesondere auch die so überreichliche Evangeliumspredigt, die zur Welthauptstadt am besten paßt, so genügt es, von unserm Standpunkt aus auf die beiden andern Theorien ein paar Streiflichter zu werfen.

Bis in die jüngere Zeit hinein handelte es sich ernstlich nur um die Alternative Rom–Cäsarea. Sie hielt sich streng an die Apostelgeschichte, die uns nur von einer zweimaligen längeren Gefangenschaft des Paulus berichtet, eben in Cäsarea (Apostelgeschichte 24-27) und unmittelbar darnach (da der gefangene Paulus sich auf den Kaiser berufen hatte) in Rom. Wer nun gegen Rom Bedenken hatte, plädierte für Cäsarea. Die beiden Theorien „Cäsarea" und „Rom" gingen nicht so sehr weit auseinander, da ja die Zeiträume „Cäsarea" und „Rom" nur durch die gefährliche und beschwerliche Seereise unterbrochen waren. Im übrigen lagen schon die drei Missionsreisen hinter dem Apostel, und die Leidensfrucht dieser drei Reisen hatte der Apostel bereits geschmeckt und mußte sie noch weiter schmecken.

Weil nun diese beiden Theorien **„Rom"** und **„Cäsarea"** so verhältnismäßig dicht beieinander liegen, so lassen sich zum Teil dieselben Gründe für bzw. wider die eine oder die andere anführen. Was hinsichtlich der Reife des Paulus für Rom spricht, spricht, wenn auch im schwächeren Maße, auch für Cäsarea, besonders wenn man an die letzte Zeit der dortigen Gefangenschaft denkt – und das müßte man doch bei dem Ausblick des Paulus auf baldige Entscheidung wohl tun. Was aber **gegen** Rom manchem zu sprechen scheint, nämlich die Größe der Entfernung, würde – wenn auch wiederum in schwächerem Maße – auch gegen Cäsarea sprechen. Vergleicht man diese beiden, Rom und Cäsarea, miteinander, so würde das positiv Gegebene: Prätorianer und „Kaiserhaus" entschieden für Rom ins Gewicht fallen. Schlechthin **gegen** Cäsarea aber spricht die Tatsache, daß dort Paulus zwar Besuch von seinen Freunden haben durfte, von einer Verbindung aber mit der dortigen Gemeinde (wie sie in Rom zwei Jahre hindurch ungehemmt gepflegt werden konnte) gar nicht die Rede ist. Wir hören nur einmal von der Familie des Evangelisten Philippus, aber auch dies nicht in dem sehr ausführlichen Bericht über des Paulus Gefangenschaft. Alles das, was Paulus von der Gemeinde und von seinen Gehilfen schreibt, bleibt, auf Cäsarea angewandt, völlig unverständlich.

Demgegenüber hat die Hypothese „Ephesus" den großen Vorzug, daß sie völlig neue Gesichtspunkte in die Debatte wirft und daher ernstlich diskutiert werden muß, was auch von uns in unserm Plädoyer für Rom indirekt geschehen ist. Sie bringt sowohl hinsichtlich des Ortes wie hinsichtlich der Zeit ein völlig neues Prinzip.

Zunächst hinsichtlich des Ortes! Ephesus ist in der Tat so gelegen, daß ein schnelles Hinundherreisen von Ephesus nach Philippi und von Philippi nach Ephesus möglich ist. Was in den Abschnitten „Timotheus" und „Epaphroditus" gesagt wird, hätte sich in der Tat zwischen Ephesus und Philippi so abspielen können, wie es viele (unseres Erachtens mit Unrecht; vgl. das Vorige) sich vorstellen. Ebenso würde die Gesamtauffassung vom Leben des Paulus, die des Apostels Kampf gegen den Judaismus einer ganz bestimmten Periode seines Lebens und Wirkens zuschreibt, unangetastet bleiben, wenn man annimmt, daß der Philipperbrief während der dritten Missionsreise des Paulus, also zeitlich nicht weit getrennt vom Galaterbrief geschrieben worden ist. Da wir (vgl. das Vorige) gerade in diesen beiden Punkten (Reisen der Paulusjünger und Kämpfe gegen den Judaismus) anderer Meinung sind, so bleiben wir bei Rom, wollen aber gern gestehen, daß, wenn man überhaupt ernstlich disputieren will, nicht eigentlich „Rom" und „Cäsarea", sondern **„Rom" und „Ephesus" zur Debatte stehen.** Es ist natürlich nicht ausgeschlossen, daß noch einmal eine andere Stadt von namhaften Vertretern auf den Schild erhoben wird.

Was aber **gegen** Ephesus vor allem spricht, ist dieses: Mit keinem einzigen Wort wird in der Apostelgeschichte oder in irgendeinem der Apostelbriefe eine Gefangenschaft des Paulus in Ephesus erwähnt. Auch in der berühmten Abschiedsrede an die Ältesten der ephesischen Gemeinde, in der doch Paulus mit sehr pointierten Worten auf seine Predigt wie auf sein Beispiel hinweist, ist von einer Gefangenschaft gar nicht die Rede.

Wohl hat man darauf hingewiesen, daß Paulus nach seinen eigenen Briefen mehr als zweimal[2] gefangengesessen hat, daß er schon im Römerbriefe zwei Brüder seine Mitgefangenen nennt (Rö 16, 7); aber wer bürgt uns dafür, daß es sich hier um längere Gefangenschaften gehandelt hat, in denen man Briefe schreibt und Unterstützungen annimmt und am Gemeindeleben der Stadt so regen inneren Anteil nimmt, wie Paulus es nach dem Philipperbrief in seiner Gefangenschaft getan hat? Und wenn er – auch dieses hat man angeführt – im fünfzehnten Kapitel des ersten Korintherbriefes davon redet (Vers 32), daß er zu Ephesus mit „wilden Tieren" gekämpft hat, so denkt er unseres Erachtens an die wild gewordene Masse, die zwei Stunden lang sinnlos schreit: „Groß ist die Artemis von Ephesus." Jedenfalls denkt er nicht an einen Kampf „mit wilden Tieren" im buchstäblichen Sinne, wie ihn in den Christenverfolgungen die Märtyrer im Zirkus zu bestehen hatten; und selbst wenn er so

[2] Wir denken an Cäsarea und Rom.

etwas meinte, so hat das an sich doch nichts zu tun mit einer langen Gefangenschaft, während welcher ein Prozeß eine günstige Wendung nimmt und ein gutes Ende verheißt. Der Apostel mag viel häufiger, als man gemeiniglich annimmt, bei einem Volksauflauf für einige Tage (ebenso wie in Philippi für eine Nacht) ins Gefängnis geworfen worden sein, ohne daß dies in den Reiseberichten ausdrücklich erwähnt wird, aber über eine Gefangenschaft in Ephesus unter all den Umständen, die im Philipperbrief erwähnt werden, hätte die Apostelgeschichte, die gerade über jene Krisis in Ephesus (Demetrius) so sehr ausführlich berichtet, ganz gewiß nicht geschwiegen.

Wir bleiben bei „Rom".

5. Der Grundgedanke des Philipperbriefs

Der Epheserbrief bringt das Wort von der „Gemeinde", der Galaterbrief das Wort von „Gesetz und Evangelium". Enthält auch der Philipperbrief einen so einheitlichen Gedanken? Auf den ersten Blick möchte man diese Frage verneinen. Man möchte etwa antworten: „Die **Gedanken** des Philipperbriefes sind sehr mannigfaltig, aber es geht ein **Ton** durch den ganzen Brief hindurch, das ist der Ton der Freude, und zwar der **‚Freude im Herrn!'.**"

Dieser Eindruck ist zutreffend, und wenn man ihm nachgeht und dementsprechend einmal diesen Ton im ganzen Briefe sucht, merkt man, daß es sich nicht nur um einen Grund**ton**, sondern um einen **Grundgedanken** handelt, der durch den Brief sich hindurchzieht. Und dies ist der Gedanke an die **Freude im Herrn.**[3] Man wird nun zwar nicht den Philipperbrief bezeichnen können als die **„Lehre** von der Freude im Herrn", so wie man etwa den Epheserbrief bezeichnen kann als die **„Lehre** von der Gemeinde für die Gemeinde". Wohl aber kann man sagen: „Der Philipperbrief bringt das **Wort** von der Freude im Herrn." Damit sprechen wir's, um nichts zu konstruieren und keine Künstelei zu bringen, von vornherein hier aus, daß wir nicht der Meinung sind, Paulus habe sich hier vorgenommen, ein scharf abgegrenztes **„Thema"** zu behandeln. Wohl aber stehen wir unter dem Eindruck, daß aus einer ganz bestimmten inneren Einstellung den Philippern gegenüber Paulus immer wieder – bald in diesem, bald in jenem Zusammenhang – auf die heilige Freude, die Freude im Herrn hinauskommt, so daß dies, wenn auch zunächst unbeabsichtigt, doch tatsächlich zum Grundgedanken unseres Briefes wird.

Schon gleich im Anfang muß er von seiner **Freude** sprechen, in der er im Gedanken an die Philipper allzeit betet. Aus der Freude heraus kommt ja der ganze Brief, und von dem „positiven Gefühlston" der **Freude sind alle seine Gedanken an die Philippergemeinde begleitet.**

Kommt er alsdann im folgenden Abschnitt auf sich selbst zu sprechen und auf sein persönliches Ergehen, so hat die Freude auch da das letzte Wort zu sprechen. Was ihm da in Rom begegnet, ist eigenartig genug und möchte manchen andern sehr bitter stimmen; aber bei Paulus kommt alles auf die Freude hinaus. „Und in diesem **freue** ich mich", so schreibt er und fährt dann fort: „Und ich **werde** mich auch freuen." Freude in der Gegenwart und Freude in der Zukunft, wenn der Herr erst kommt!

Wohl hat der Apostel Sehnsucht nach der oberen Heimat, Sehnsucht nach einer völligen Vereinigung mit Christo, der seine ganze Freude geworden ist, **auf** den er

[3] Lohmeyer sieht den Grundgedanken im „**Martyrium**", und macht darnach auch die Einteilung.

sich daher auch freuen kann („Ich habe **Lust**, abzuscheiden und bei Christo zu sein"). Aber er will **bleiben**, den Philippern zur „**Freude** des Glaubens", wie er es ausdrücklich bezeugt.

Wohl gibt es einen Kampf zu bestehen in der Nachfolge Jesu, wohl gibt es ein Leiden für Jesus. Das wissen Paulus und die Philipper aus eigenster Erfahrung, aber daß sie kämpfen und leiden dürfen, ist ihnen **geschenkt** (echaristhe von charis, mit chara: Freude stammverwandt).

Und wenn nun persönliche Mahnungen kommen, so werden sie eingeleitet durch die Bitte: „**Machet meine Freude völlig!**" und illustriert an dem Beispiel Jesu, der in Tiefen des Leides hinabstieg und hernach auf die Höhe der Freude emporklimmen durfte.

Und wenn alsdann nach dem ernsten Appell, die Seligkeit zu schaffen, Paulus davon schreibt, daß er um der Seligkeit der ihm Anvertrauten willen sich aufopfere, so kann er dazu bemerken: „so **freue** ich mich doch und **freue** mich mit euch allen. Desgleichen **freuet** auch ihr euch und **freuet** euch mit mir!" Viermal das Wort von der Freude!

Nun kommen die beiden Abschnitte über Timotheus und Epaphroditus. Den Timotheus sendet er nach Philippi, damit er selber, Paulus, **guten Mutes** sei, wenn er etwas über die Philipper hört, und den Epaphroditus läßt er heimkehren nach Philippi, damit, wie er sich ausdrückt, „ihr euch **freut** und ich einen Kummer weniger habe".

Vergleicht der Apostel alsdann im dogmatischen Teil seinen früheren Weg, den Weg des Gesetzes, den er mit großem Stolz gegangen ist, mit seinem jetzigen Wege, und achtet alles Bisherige für Schaden, und zwar infolge der alles „überragenden Erkenntnis Christi", und redet er davon, daß er dem nachjagt, Ihn, Christum, immer tiefer zu erkennen, so merkt man ihm an, daß eben dieser Christus seine Freude geworden, um deretwillen er gern alles andere, woran man sich sonst freuen könnte, hingibt. Und auch das Jagen nach dem Kleinod ist schließlich ein Jagen nach **Ihm** und eine Freude auf Ihn. Jedenfalls hat er den ganzen Absatz eingeleitet mit dem Wort: „Im übrigen, meine Brüder, **freut euch in dem Herrn**" und hat hinzugefügt: „Euch immer dasselbe zu schreiben, ist mir nicht lästig, macht euch aber sicher" (euch aber bietet es größere Sicherheit). Er hat sie also schon wiederholt zu solcher Freude aufgefordert und gedenkt dies noch weiterhin zu tun, wie das berühmte vierte Kapitel zeigt.

Und wenn der Apostel im ethischen Teile weinen muß über solche, in denen das Samenkorn von der „Wollust dieses Lebens" erstickt wird, so bricht doch um so mehr bei **ihm** und allen, die auf **seinem** Wege sind, die Freude durch als **Freude auf den Herrn**, auf den sie **warten** als ihren „Retter".

Bevor er aber den zweiten Absatz seines ethischen Teiles beginnt, nennt er die Philipper seine „Geliebten" und „Ersehnten", seine „**Freude**" und seinen „Kranz".

Wir sehen hier, wie dicht Liebe und Freude beieinander liegen. Die **Bruderliebe** ist ja ihrer Wurzel nach nicht „**erbarmende**" Liebe, wie sie den Nochverlorenen gegenüber geübt werden soll, sondern Liebe des „**Wohlgefallens**", und darum Liebe, die aus der **Freude** kommt. Wenn also der Apostel die beiden Frauen Evodia und Syntyche zu neuem Zusammenschluß in der geschwisterlichen Liebe mahnt, so heißt das: „Habt wieder die alte Freude aneinander, in der ihr euch seinerzeit zu fröhlicher Arbeitsgemeinschaft zusammenschlosset!"

Daran schließt sich nun das große: „**Freuet** euch in dem Herrn **allewege**, und **abermals** sage ich: **Freuet euch!**" (Nach Luther). Da kommt noch einmal, aber dieses Mal in seinem Vollton, das **Leitmotiv** heraus, das Leitmotiv des ganzen Philipperbriefes. Aus dieser Freude kommt die „Lindigkeit", mit ihr verbindet sich der „Friede".

Und nun kommt nach der letzten Mahnung, sich auszustrecken nach allem, daran ein Mensch mit halbwegs normalem Gewissen seine helle Freude haben muß, der zweite und letzte persönliche Teil, der mit der **großen Freude** des Apostels über die Sendung der Philipper beginnt. Ich habe mich „groß gefreut", so heißt es da, ganz wörtlich übersetzt; auch wo letzten Endes der Grund solcher Freude liegt, tut er den Philippern kund, nämlich in der **Frucht** seiner Arbeit, die er selber ersehnt hat und die den Philippern zugute kommen wird am großen Erntetag.

In Summa! Man lese den Philipperbrief und unterstreiche überall die Wörter „Freude" und „sich freuen" und achte auf alles andere, das auf die Freude hinausläuft! Und man wird anerkennen:

Freude ist der Grundton, Freude ist das Leitmotiv des Philipperbriefes!

Freude im Herrn!

6. Aufbau

Einem ausführlicheren Briefe eines Apostels, der an eine Gemeinde gerichtet ist und große allgemeine göttliche Wahrheiten behandelt, liegt es am nächsten, nach einer persönlichen Einleitung einen **dogmatischen** Teil zu bringen und auf diesen aufgebaut einen **ethischen.** Das Persönliche aber kann für den Apostel eine solche Rolle spielen und mit dem dogmatischen oder ethischen Teil so unlöslich verknüpft sein, daß es einen besonderen Hauptteil bildet, den man dem dogmatischen oder ethischen Teil als ebenbürtig zur Seite stellen kann. So liegt die Sache im Galaterbrief, der sich uns zwanglos in diese drei Teile zerlegt, wobei der persönliche Teil am Anfang steht.

Ähnlich verhält es sich mit unserm Philipperbrief, nur daß hier die Pointierung eine wesentlich andere ist. Im Galaterbrief war die **Sache**, um die es sich handelt, nämlich das Thema: „Gesetz oder Evangelium" die Hauptsache, und der persönliche Teil war nötig, um die erschütterte Autorität des Apostels wiederherzustellen und so dem sachlichen Teil die rechte Unterlage und den nötigen Nachdruck zu geben. Hier im Philipperbrief liegt die Sache umgekehrt. Der Anlaß dieses Briefes ist ja, wie wir hörten, ein rein persönlicher. Daher steht das Persönliche im Vordergrunde, und zwar so stark, daß es einen **ersten** und einen **letzten** Hauptteil des ganzen Briefes bildet. Dazwischen stehen dann der dogmatische und der ethische Teil, die unter dem Zeichen der überwiegenden persönlichen Teile beide den einen Grundgedanken haben: „Freude im Herrn!" (Vgl. das Vorige).

Dementsprechend baut sich der Philipperbrief in folgender Weise auf: Nach der Nennung der Absender (Paulus und Timotheus) und der Empfänger (alle Christen in Philippi „samt Bischöfen und Diakonen") kommt der übliche Friedensgruß.

Alsdann gibt der Apostel seiner großen Freude Ausdruck über die Gemeinde und seiner Zuversicht hinsichtlich ihrer Bewahrung, bezeugt den Philippern die Innigkeit seiner Gefühle und spricht seine letzten Wünsche für sie aus, die Wünsche hinsichtlich des Herrentages.

Sodann erzählt er von der Wendung, die sein Prozeß genommen hat, und ihrer günstigen Wirkung, vor allem auf die Prediger des Evangeliums, unter denen es freilich auch unlautere gibt, die Christum aus Ehrgeiz verkündigen, aber durch solche Verkündigung doch dem Siegeslauf des Evangeliums dienen. So will Paulus sich denn auch darüber freuen, zumal er weiß, daß ihm persönlich dies alles ewigen Gewinn bringen wird, auch wenn er durch den Märtyrertod hindurch muß. Er persönlich ist dazu gern bereit, denn dieser Tod verbindet ihn mit Christo. Aber um den Brüdern noch dienen zu können, wird er noch am Leben bleiben.

Es folgen nunmehr persönliche Mahnungen, zuerst zur Einigkeit, dann zur Selbstlosigkeit und Demut. In diesen Zusammenhang ist eingeschoben ein Christushymnus, der, um das Vorbild Christi ins rechte Licht zu rücken, uns eine kurze Christologie des Paulus liefert unter Betonung der Erniedrigung und der Erhöhung Christi.

Daran schließt sich die ernste Mahnung, auf das ewige Heil bedacht zu sein und in der dunklen Welt zu leuchten.

Und nun folgen die beiden ganz persönlichen Abschnitte, die von Timotheus und von Epaphroditus handeln.

Nachdem dann noch einmal das Leitmotiv von der Freude vernommen worden ist, geht der Apostel zum **dogmatischen** Teile über. Hier handelt es sich um zwei Themen: Ablehnung des Judaismus und Ablehnung des Perfektionismus.

Mit dem Judaismus rechnet der Apostel dadurch ab, daß er seine christliche Gegenwart mit seiner stolzen jüdischen Vergangenheit vergleicht und feststellt, daß er heute alles, was ihm einst als Gewinn erschien, als Schaden ansieht und alles jenes wegwirft, um Christum ganz zu haben.

Dieses Ziel hat er freilich noch nicht erreicht, er ist noch nicht vollendet (gegen Perfektionismus), jagt ihm aber nach und fordert alle, die im weiteren Sinne zu den Vollkommenen (den Männern und Frauen in Christo) sich zählen wollen, auf, es ihm gleich zu tun.

Im **ethischen** Teil kommt zunächst eine ganz bestimmte Mahnung, die sich an alle richtet, die Mahnung zum himmlischen Sinn entsprechend dem himmlischen Bürgerrecht des Christen, verbunden mit der Warnung vor dem abschreckenden Beispiel der irdisch Gesinnten.

Der Brief bringt spezielle Mahnungen an einzelne Persönlichkeiten, an zwei Frauen, Eintracht zu halten, und an einen Bruder, ihnen zur Seite zu stehen.

Alsdann kommen die beiden allgemeinen Mahnungen zur Freude in dem Herrn und einer dementsprechenden Einstellung zu den Menschen (Lindigkeit) und zu Gott (Gebet) und zur Befolgung alles dessen, was das natürliche Gewissen dem Menschen anbefiehlt.

Nunmehr bringt in einem **zweiten persönlichen** Teil der Apostel seine ganz besondere Freude über die durch Epaphroditus übersandte Liebesgabe zum Ausdruck, betont zwar seine eigene Autarkie, zeigt aber, warum seine Freude über die Gabe dennoch so groß ist und was die Gabe, der schon viele andere vorangegangen sind, für die Geber nach der Rechnung Gottes zu bedeuten hat.

Nachdem der Apostel offiziell über die Gabe quittiert und dabei auch das „mehr als genug" zum Ausdruck gebracht hat, verheißt er den Philippern reichen Lohn „in der Herrlichkeit".

Es folgen die Grüße hin und her. Gegrüßt wird von Paulus „jeder Heilige" in Philippi. Ebenso grüßen von Rom aus alle Christen, insbesondere aber die „aus des Kaisers Hause", womit auch in der Frage des Abfassungsortes für uns das letzte Wort geprochen ist.

Fast gleichlautend mit dem Schluß des Galaterbriefes schließt der Apostel den Philipperbrief: „Die Gnade des Herrn Jesu Christi sei mit eurem Geiste!"

Fritz Rienecker

Der Briefeingang

Philipper 1, 1–2

1 **Paulus und Timotheus, Sklaven Christi Jesu, an alle Heiligen**
in Christus Jesus, die in Philippi sind, samt Aufsehern und Die-
2 **nern: * Gnade [werde] euch [zuteil] und Friede von Gott unserm**
Vater und dem Herrn Jesus Christus.

Apg 16,12-40
[1*] Apg 20, 6
[2*] 1 Th 2, 2
Zu Vers 1:
[3*] Apg 20, 28
[4*] 1 Ko 1, 2
Zu Vers 2:
[5*] Rö 1, 7

Diese Eingangssätze in der allgemein üblichen Briefform der alten Welt – Absender und Empfänger des Briefes werden genannt und durch einen Gruß verbunden – machen uns darauf aufmerksam, daß wir es im folgenden mit einem regelrechten Brief zu tun haben. Das vergessen wir leicht, weil wir uns daran gewöhnt haben, diese Kapitel als Seiten eines dicken Buches, der Bibel, zu lesen. Das aber ist gerade das Wunder der „Bibel“, daß sie nicht ein einziges, zusammenhängend diktiertes Buch ist, sondern eine Sammlung von Schriften, die jeweils sehr „menschlich“ in bestimmter Situation entstanden sind und nun doch in wunderbarer Einheit, nie endender Kraft und unerschöpflicher Tiefe Gottes Wort immer neuen Geschlechtern sagen. So haben wir auch den Philipperbrief ganz „geschichtlich“ als echten Brief zu lesen, der ganz bestimmten Menschen in ihrer einmaligen Lage und zunächst nur ihnen geschrieben wurde. Paulus dachte nicht daran, nun beim Diktieren ein Stück „Bibel“ zu verfassen, das noch Jahrhunderte später in völlig anderer Zeit und Umgebung gelesen werden würde. Es wäre ebenso lieblos wie hochmütig gewesen, zwar die Philipper anzureden, dabei aber an unbekannte Menschenscharen kommender Generationen zu denken. Nein, Paulus meinte die Philipper und jetzt nur sie. Für sie ist jedes Wort bestimmt. Aber indem wir uns ganz dem Wort hingeben, wie es da steht, indem wir es möglichst genau mit dem Ohr eines Mannes jener Tage zu hören versuchen, werden wir erfahren, wie es mit der Vollmacht göttlicher Wahrheit auch zu uns redet. Das ist das Geheimnis der Bibel, das größer ist als alle Theorien über die Heilige Schrift.

[1*] Apg 20, 6: . . . wir selbst dagegen fuhren nach den Tagen der ungesäuerten Brote zu Schiff von Philippi ab und kamen fünf Tage später zu ihnen nach Troas, wo wir sieben Tage blieben.

[2*] 1 Th 2, 2: . . . sondern nachdem wir vorher, wie ihr wißt, in Philippi Leiden und Mißhandlungen hatten erdulden müssen, gewannen wir doch in unserm Gott den frohen Mut, die Heilsbotschaft Gottes unter schweren Kämpfen bei euch zu verkündigen.

[3*] Apg 20, 28: So gebt denn acht auf euch selbst und auf die ganze Herde, bei welcher der Heilige Geist euch zu Aufsehern bestellt hat, damit ihr die Gemeinde des Herrn weidet, die Er sich durch sein eigenes Blut erworben hat.

[4*] 1 Ko 1, 2: . . . senden unsern Gruß der Gemeinde Gottes in Korinth, den in Christus Jesus Geheiligten, den berufenen Heiligen, samt allen denen, welche den Namen unsers Herrn Christus anrufen an jeglichem Ort bei ihnen wie bei uns.

[5*] Rö 1, 7: Euch allen, die ihr als Geliebte Gottes, als berufene Heilige in Rom wohnt, sende ich meinen Gruß: Gnade werde euch zuteil und Friede von Gott unserm Vater und dem Herrn Jesus Christus!

Das hat der Heilige Geist getan, daß Paulus, der ganz als lebendiger, originaler Mensch, das Herz einzig seinen geliebten Philippern zugewandt, diese Sätze formte, zugleich so schreiben mußte, daß Menschen aller Rassen und Völker, Menschen aller Jahrhunderte in diesen Sätzen die Quelle ihres eigenen göttlichen Lebens fanden. Darum lohnt es sich auch für uns, den so bekannten, so oft ausgelegten, so oft schon von uns selbst betrachteten Philipperbrief aufs neue zu studieren, weil er mitten in seiner vollen geschichtlichen Menschlichkeit zugleich Gottes wahrhaftiges Wort ist, das von uns niemals „ausgelesen" werden kann.

Wer schreibt diesen Brief? Wir antworten unbedenklich: „Paulus"! Paulus selbst aber sagt: **„Paulus und Timotheus"** und stellt damit Timotheus für das Zeugnis dieses Briefes unmittelbar neben sich. Er will nicht der „große Mann" sein, dessen originelle Gedankenführung die Gemeinde bewundern soll. Es geht um eine Sache, und diese Sache allein ist wichtig; darum wird sie von zwei Männern, zwei „Zeugen" vertreten. Zu einem wirklichen „Zeugnis" gehören nach der alttestamentlichen Regel 5 Mo 19, 15 „zweier oder dreier Zeugen Mund". Zwar setzt in diesem Brief anders als etwa Kol 1, 3; 1 Th 1, 2 sofort die Rede in der 1. Person ein. Von Timotheus wird nachher im Brief 2, 19 wie von einem anwesenden Mitarbeiter gesprochen, über den Paulus verfügt. Dabei wird er auch in einer solchen Weise empfohlen und hervorgehoben, daß wir uns nicht vorstellen können, Paulus habe diese Worte auch nur im Dabeisein des Timotheus diktiert. Auch in den Schlußgrüßen tritt er nicht hervor. Und doch bleibt dies „Paulus und Timotheus" am Eingang bestehen. Paulus macht sicher keine höflichen Redensarten. Der Inhalt des Briefes ist mit Timotheus durchgesprochen und wird von ihm mit verantwortet. Ob wir davon nicht lernen sollten?

Paulus hat dies „zu zweit" hier sogar besonders betont. Es heißt nicht wie anderwärts (etwa Kol 1, 1) „Paulus, Apostel des Christus Jesus, und Timotheus, der Bruder". Jeder „Titel" ist vermieden, Paulus und Timotheus werden als **„Sklaven Christi Jesu"** zusammengefaßt. Damit kommt in den Brief von vornherein etwas Vertrauliches und Persönliches. Den Philippern gegenüber braucht Paulus nicht seine apostolische Vollmacht zu unterstreichen. Gewiß, auch dies **„Sklaven Christi Jesu"** ist mehr als nur eine Aussage über die persönliche Stellung der beiden Männer zu Jesus. Nicht alle Gemeindeglieder, die in der Lebenswende zu „Heiligen" und also zum Eigentum Jesu wurden, sind darum auch schon seine „Sklaven". Der „Sklave" d i e n t und steht mit seiner ganzen Zeit und Kraft völlig seinem Herrn zum Dienst zur Verfügung. So wird die Bezeichnung „Sklave des Christus Jesus" zum Ehrennamen der Männer, die ihr Leben vollständig in den Dienst Jesus setzen. Das gibt dann auch ihrem Wort ein einzigartiges Gewicht.

Timotheus stammte aus Lykaonien und war der Sohn eines Griechen und einer gläubig gewordenen Jüdin. Welche Einflüsse sind da schon auf ihn wirksam geworden! Dann kommt er bei der ersten Evangelisation in Ikonien, Lystra und Derbe durch Paulus selber zum Glauben an Jesus. Als Paulus auf der zweiten Missionsreise die lykaonischen Gemeinden erneut besuchte, wurde Timotheus, von den Brüdern besonders empfohlen, als ganz junger Mann – vielleicht als Ersatz für den ausgeschiedenen Markus – Reisebegleiter des Paulus und ein sich immer mehr bewährender Mitarbeiter (1 Tim 1,2; 4, 12; Apg 16, 1–3; 17, 14 ff.; 18, 5; 1 Ko 4, 17; 16, 10; 2 Ko 1, 19; Phil 2, 20). Er gehört der Delegation an, die zusammen mit Paulus die große Gabe der paulinischen Gemeinden nach Jerusalem bringen soll (Apg 20, 4). Er teilt die Gefangenschaft des Paulus. In sechs Briefen erscheint er als „Mitbriefsteller".

Die Adresse hat Paulus in seinen Briefen verschieden gestaltet. In den beiden Korintherbriefen, den beiden Thessalonicherbriefen und im Galaterbrief wendet er sich an die „Gemeinde"; im Kolosserbrief an die „Brüder"; im Römerbrief, Epheserbrief und an unserer Stelle an die „Heiligen". Besondere Gründe für diese Verschiedenheiten werden uns nicht sichtbar.

„An alle Heiligen." Gegenüber dem verbreiteten moralischen Mißverständnis des Wortes „heilig" als „gut", „rein", „fromm" hat man betont, daß „heilig" einfach bedeute „Gott gehörend", „zu Gottes Eigentum beschlagnahmt". Das ist schon richtig; denn nach Sach 14, 20. 21 wird dies „heilig" sogar einmal von Kochtöpfen gelten und auf den Schellen der Pferde stehen. Aber wir dürfen auch nicht einem falschen „objektivierenden" Zug unterliegen, der durch das christliche Denken unsrer Tage geht. „Heilig" bezeichnet doch nicht nur das objektive Verhältnis, in dem etwas oder jemand zu Gott steht. „Heilig" ist eben doch auch echtes Eigenschaftswort und als solches auch „Qualitätsbezeichnung". So wird es zunächst von dem heiligen Gott selbst gebraucht. Die von Petrus in seinem 1. Brief angeführte Stelle aus 3 Mo 19 verlöre ihren Sinn, wenn „heilig" nur hieße „Gott gehörig". Nein, diese von Gott Beschlagnahmten müssen schon bestimmte „Qualitäten" haben und sind erst durch sie „Heilige" im vollen Sinn. Solche „Heilige"[1] gibt es auch in Philippi, und an sie geht dieser Brief.

Freilich, sie haben diese Stellung zu Gott und diese Qualitäten nicht aus sich selbst. Das unterscheidet in der Tat das „Heilig"-sein von allen sittlichen Errungenschaften. Sie sind Heilige **„in Christus Jesus"**. Wenn dieses „Christus Jesus" in den wenigen Zeilen des Briefeingangs dreimal gewichtig vorkommt, so ist das aus dem Mund des Paulus gewiß nicht „formelhaft". Es geht darum auch keinesfalls an, dies „in Christus" etwa nur mit unserm so blassen und abgegriffenen Wort „christlich" wiederzugeben. Nein, es wird hier

[1] Anm. Man hat mit Recht darauf aufmerksam gemacht, daß es im Neuen Testament das Wort nur im Plural gibt. Ein einsamer, einzelner „Heiliger" ist für das Neue Testament eigentlich undenkbar. Der Christus ist der Schöpfer der Gemeinde und ist in der Bruderschaft gegenwärtig, bestehe sie auch nur aus zweien oder dreien, die in Seinem Namen beisammen sind.

sogleich am Beginn des Briefes deutlich: Es geht bei allem einzig und allein um eine Person, um Jesus, der der Christus ist, und um das Verhältnis zu Ihm. Eben dies Verhältnis zu Jesus ist das ganze „Christentum". Dabei geht es nicht nur um ein Wissen „von" Jesus, nicht einmal nur um ein Glauben „an" Ihn, sondern um dies „in" Christus Jesus, um das Haben der ganzen Existenz in diesem „Raum", um das Wurzeln in diesem „Boden".

Daß sich diese „Heiligen in Christus Jesus", an die hier geschrieben wird, **„in Philippi"** befinden, ist unwichtig und wichtig zugleich. Unwichtig ist es, weil der Lebensort und Lebensraum dieser Heiligen nicht Philippi und nicht irgendeine andere Stadt und überhaupt nicht diese Welt ist, sondern Christus Jesus! Wenn sie nach Rom oder nach Athen zögen, änderte sich an ihrem wesentlichen Lebensstand nichts, sie blieben die gleichen „Heiligen in Christus Jesus". Darum lautet die Adresse auch nicht „an die Heiligen in Philippi", sondern „an die Heiligen in Christus Jesus". Aber freilich, daß sie jetzt in Philippi wohnen und leben, das hat schon seine Bedeutung. Denn unser Leben ist immer ein „geschichtliches", und menschliche Geschichte vollzieht sich konkret und bestimmt in Zeit und Raum. Darum sind für uns Ortsnamen erfüllt mit geschichtlichen Erinnerungen. **„Die in Philippi sind"** – Paulus konnte diesen Namen nicht nennen, ohne noch einmal daran zu denken, wie er vor vielen Jahren – der Brief gehört ja in die letzte Lebenszeit des Paulus – in diese Stadt kam als den ersten Ort der ihm von seinem Herrn besonders befohlenen europäischen Arbeit, wie er diese Arbeit so bescheiden begann unter den Frauen draußen am Fluß, wie sich Herz und Haus der Lydia dem Evangelium öffnete, wie die Rettung der kleinen Sklavin aus dämonischer Gebundenheit ihn ins Gefängnis führte und seiner Wirksamkeit anscheinend ein rasches Ende bereitete und wie es dann in jener denkwürdigen Nacht voll Schmerzen und voll Lob Gottes zur Bekehrung des Kerkermeisters kam (Apg 16, 11–40). Er hatte dann die Stadt verlassen müssen, hatte die Gemeinde aber später wieder besucht (1 Ko 16, 5; Apg 20, 1–6) und war mit ihr besonders innig verbunden (4, 15). Aber auch die Heiligen in Philippi selbst hatten ihr Sein in Christus, ihren Christenstand, nur in und mit dieser Geschichte der Gemeinde, die ihre unwiederholbare, einmalige Art hatte und in Philippi sehr anders aussah als in Thessalonich, Korinth oder Kolossä.

Die Stadt **Philippi** war von König Philipp, dem Vater Alexander des Großen, in der Mitte des 4. Jahrhunderts v. Chr. als Residenz gegründet worden. Durch ihre verkehrstechnisch günstige Lage, durch reiche Gold- und Silberminen blühte sie rasch auf. Nach der Einverleibung Macedoniens in das Römische Reich wurde Philippi Militärkolonie „Colonia Augusta Julia Philippensis" mit „ius Italicum", mit römischem Recht. In Apg 16 wird der römische Stolz (Vers 21) und werden im griechischen Text die römischen Titel der Beamten (Vers 19. 20. 35 Prätoren und Liktoren) deutlich sichtbar. Philippi war so etwa ein „Klein-Rom" im Osten. Auch jetzt führte die Handelsstraße zwischen Europa und Asien hindurch (die „Via Egnatica") und schloß die Stadt an den lebhaften Verkehr an. Es ist nicht verwunderlich, daß die Judenschaft in einer so selbstbewußt-römischen Kolonie klein und bedeutungslos blieb und es nicht einmal zu einer eigenen Synagoge brachte (Apg 16, 13. 20). Darum werden die Bedrängnisse, unter denen die Gemeinde zu leiden hatte, hier nicht von der Judenschaft ausgegangen sein, sondern eher den „antisemitischen" Charakter der ersten Zusammenstöße behalten haben.

„Samt Aufsehern und Dienern" fügt Paulus hinzu. Das geschieht unter allen uns erhaltenen Gemeindebriefen des Paulus nur hier. Eben darum ist es für uns auch unmöglich, ein klares Bild darüber zu gewinnen, wen Paulus bei diesen Worten vor sich sah. Gab es solche „Aufseher und Diener" nur in Philippi? Oder waren sie dort nur zu besonderer Bedeutung gelangt? War es dort zuerst zu diesen bestimmten Titeln für Dienste gekommen, die der Sache nach auch anderwärts geschahen? Worin bestanden diese Dienste? Was war die Funktion eines „episkopos" = „Aufsehers", was die eines „diakonos" = „Dieners"? Wieviel davon gab es in einer Gemeinde wie Philippi? Wie teilten sich mehrere „Aufseher" und „Diakone" in den Dienst? Blieben sie lebenslang in ihrem „Amt"? Wie gern hätten wir Antwort auf all diese Fragen!

Auch die Vergleichsstellen bringen uns nicht viel weiter. Das Wort „episkopoi" kommt in der Apg 20, 28 vor, aber es kann gerade dort genauso fern von jedem „Amtstitel" sein wie etwa das Wort „Wächter" in der bekannten Stelle Hes 33, 7—9. Denn bei ihrer Einberufung zu dieser letzten Zusammenkunft mit Paulus werden diese Männer nicht „Aufseher", sondern einfach „die Ältesten der Gemeinde" genannt (Apg 20, 17). In 1 Tim 3, 1 erscheint „episkope" = „Aufsichtsamt", und dann werden die Anforderungen, die an einen „episkopos" zu stellen sind, beschrieben. Aber auch hier erfahren wir nichts über „Rechte und Pflichten" eines solchen Mannes. Auch Tit 3 redet in ähnlicher Weise von den Eigenschaften eines rechten „Aufsehers", nachdem zunächst die Einsetzung von „Ältesten" gefordert war. Der Epheserbrief nennt 4, 11 ff. die Männer, die Gott schenkt, damit die Heiligen zum Dienst zugerüstet werden: „Apostel, Propheten, Evangelisten, Hirten, Lehrer", aber „Autseher" und „Diakone" kommen dabei nicht vor. Das führt auf die Frage, ob sich in den Gemeinden bereits ein Unterschied findet zwischen „Charismatikern", also Gemeindegliedern, die mit ihrer besonderen Geistesausrüstung jeweilig in freier Weise dienen, und „Amtsträgern", also Männern, die wohl auch „voll Glaubens und heiligen Geistes" sein müssen, aber doch dauernd bestimmte geordnete Funktionen in der Gemeinde ausüben? Aber „Apostel" und „Hirten" und „Lehrer" sind schwerlich freie Charismatiker. Da als Tätigkeit der „Ältesten", die zu „Aufsehern" gesetzt sind, in Apg 20, 28 wie in 1 Pt 5, 2 das „Weiden" der Gemeinde genannt ist, würden die „episkopoi" in Eph 4 in den

„Hirten" zu suchen sein. Wir sehen, wie lebendig-flüssig noch alles ist!

Die „Diakonen" kennen wir aus Apg 6, 1–6, wo allerdings das Wort „diakonos" gerade nicht vorkommt. Auch der dort genannte Philippus heißt nachher in Apg 21, 8 nicht „einer der Diakone", sondern „einer von den Sieben". In 1 Tim 3, 8 werden wiederum nur die erforderlichen Eigenschaften der „Diener" aufgezählt. Daß die „diakonia", die Archippus in Kolossä übernommen hat (Kol 4, 17), ein spezielles „Diakonenamt" war, ist unwahrscheinlich. Das Wort „diakonia" ist (ganz anders als „episkope") eine allgemeine Bezeichnung für jeden Dienst, der in Gottes Sache getan werden darf.

Wir werden als Ergebnis folgendes sagen können. Paulus sah grundsätzlich eine Gemeinde als einen Organismus, in dem alle Glieder aktiv im Dienst des Ganzen standen. Die besonderen Männer in Eph 4, 11 werden nicht dazu geschenkt, damit die Gemeindeglieder nun weniger zu tun brauchen, sondern gerade damit „die Heiligen zugerichtet werden zum Werk des Dienstes". Darum geht auch der Philipperbrief nicht an „Aufseher und Diener", die dann der Gemeinde das Nötige daraus weitergeben mögen, sondern er geht „an alle Heiligen samt Aufsehern und Dienern". Diese Männer stehen in keiner Weise über der Gemeinde, sondern völlig in ihr. Andrerseits kann keine tätige Gemeinschaft auskommen ohne Leitung und bedarf auch der Männer, die bestimmte Dienste dauernd verantwortlich übernehmen. Darum hat Paulus sofort in den ersten Gemeinden, die aus seiner Arbeit entstanden, „Älteste" eingesetzt (Apg 14, 23), wie auch der früheste Gemeindebrief an die Thessalonicher wenige Monate nach der Begründung der Gemeinde auf Männer hinweist, die „in ihrer Mitte arbeiten und ihnen vorstehen im Herrn und sie mahnen" (1 Th 5, 12). Ihr Dienst geschah noch nicht nach Satzungen und Paragraphen, sondern ganz lebendig-persönlich und „im Herrn", d. h. unter Seiner Leitung im Heiligen Geist. Für solche leitenden Brüder nahm man zunächst den in der jüdischen Gemeinde üblichen Namen „Älteste". Da es aber in der Umgebung der heidenchristlichen Gemeinden im staatlichen und kultischen Bereich Funktionäre mit dem Titel „episkopos = Aufseher" und „diakonos = Diener" gab[2], hat man diese geläufigen Bezeichnungen dann auch in der Gemeinde angewandt. Für eine Gemeinde in der römischen Militärkolonie Philippi lag dieser Ersatz der jüdischen Bezeichnung durch gewohnte bürgerliche Titel vielleicht besonders

[2] Anm. „episkopos" „Verwalter" heißt „jeder, dem innerhalb einer Gemeinschaft die Sorge für eine bestimmte Angelegenheit als dauernde oder zeitweilige Aufgabe übertragen ist" (Lohmeyer). Die Art der Gemeinschaft und die Art der Aufgabe kann dabei ganz verschieden sein. Es kann sich um das Bauwesen so gut handeln wie um den Kultus. Es geht dabei aber nicht um „Leitung", sondern um bestimmte verwaltende Funktionen. Auch in der griech. Übersetzung des AT wird das Wort gebraucht, z. B. 4 Mo 4, 16; 31, 14; 2 Kö 11, 15. 18; 2 Chro 34, 12. 17; Jes 60, 17; Neh 11, 9. 14. 22. „diakonos" wird ganz allgemein gebraucht, findet sich aber sehr viel bei sakralen Vereinen und bezieht sich dort besonders oft auf Männer, die mit der Fürsorge für die Mahlzeiten betraut waren. In der griech. Übersetzung des AT werden Esth 1, 10; 2, 2; 6, 3. 5 die Hofeunuchen so bezeichnet.

nah. So gab es dort nun statt „Älteste" vielmehr „Aufseher und Diener". Aus dem Namen dieser „episkopoi" ist dann der „Bischofstitel" entstanden wie aus der Bezeichnung „Älteste = presbyteroi" das Wort „Priester". Inhaltlich aber ist beides eine völlige Verkehrung der ursprünglichen Sache. Schon die Mehrzahl der „episkopoi" in einer gewiß nicht sehr großen Gemeinde zeigt, daß diese Männer mit einem „Bischof" nichts zu tun hatten. Sie spielen darum auch in dem ganzen weiteren Brief keine Rolle und werden nicht einmal 3, 17 besonders genannt, wo Paulus auf die hinweist, nach denen sich die Gemeinde in ihrer ganzen Haltung richten soll.

Im Briefeingang konnte nicht nur die Nennung von Absender und Empfänger sachlich nebeneinanderstehen. Es ergab sich von selbst ein Wort des Grußes und Wunsches: Das Wort „charis", das wir mit „Gnade" übersetzen, ist in sich selbst ein sehr vieldeutiger Begriff: Freundlichkeit, Lieblichkeit, Anmut, Huld, Dank, alles schwingt darin mit. Wahrscheinlich hörte ein griechisches Ohr den Anklang an die übliche Grußformel „charein" = „sich freuen" (vgl. den Brief des Hauptmanns Lysias an den Statthalter Felix Apg 23, 26). In „Friede" begegnet uns der übliche jüdische Gruß „schalom". Paulus nimmt also Grußworte, wie sie damals gebräuchlich waren. Aber was für einen Menschen ohne Gott ohnmächtiges, leeres und darum auch gedankenloses „Wünschen" bleibt, wird für den Christen ein fürbittendes Segnen, dessen Erfüllung im Blick auf „Gott, unsern Vater, und den Herrn Jesus Christus" gewiß ist. Wir haben darum noch lange keine guten Tage, weil uns unzählige Male „Guten Tag" gesagt worden ist, und bleiben darum noch nicht gesund, weil uns zum Geburtstag oder zum Neuen Jahr „die beste Gesundheit" gewünscht wurde. Aber auch wir dürfen aus unserm „Wünschen" ein fürbittendes Segnen machen, das auch bei Gebrauch üblicher Worte ernsthaft zu Gott, dem Vater, und dem Herrn Jesus Christus emporsieht. Vielleicht ist es in diesem Zusammenhang nicht ohne Bedeutung, daß die in der Übersetzung eingeklammerten Worte „werde zuteil" im Grundtext fehlen. Man könnte ja auch ein bloßes „estin" ergänzen und so aus dem Ganzen einen zusprechenden Aussagesatz machen: „Gnade und Friede ist für euch da von Gott, unserm Vater, und von dem Herrn Jesus Christus."

Dank und Fürbitte für die Gemeinde

Philipper 1, 3–11

Zu Vers 3:
[6]* Rö 1, 8
Zu Vers 4:
[7]* Phil 1, 18
Zu Vers 5:
[8]* 1 Jo 1, 3
[9]* 1 Ko 9, 23
Zu Vers 6:
[10]* 1 Th 5, 24
[11]* Phil 2, 13
[12]* 1 Ko 1, 8
Zu Vers 7:
[13]* Eph 3, 1; 4, 1
[14]* Kol 4, 18
[15]* 2 Tim 1, 8; 2, 9
Zu Vers 8:
[16]* Rö 1, 9
Zu Vers 9 u. 10:
[17]* Rö 15, 14
[18]* Phlm 6
[19]* Kol 1, 9
[20]* Rö 12, 2
Zu Vers 10:
[21]* Hbr 5, 14
[22]* Phil 2, 15
[23]* 1 Th 3, 13; 5, 23
[24]* Jud 24
Zu Vers 11:
[25]* Hbr 12, 11
[26]* Eph 5, 9
[27]* Jak 3, 18
[28]* Jo 15, 5. 8
[29]* Mt 5, 16
[30]* Eph 1,6. 12. 14

**3,4 Ich danke meinem Gott bei jedem Denken an euch, * indem ich
allezeit bei jedem meinem Gebet für euch alle das Gebet mit
5 Freuden tue, * wegen eurer Anteilnahme am Evangelium von dem
6 ersten Tage an bis jetzt, * in eben dieser Gewißheit, daß der,
der in euch ein gutes Werk angefangen hat, es auch vollenden
7 wird bis zum Tag des Christus Jesus. * Denn es ist recht für mich,
so für euch alle zu denken, weil ich euch in meinem Herzen habe,
wie ihr in meinen Fesseln und bei der Verteidigung und Bekräfti-
gung des Evangeliums meine Teilhaber an der Gnade seid, ihr
8 alle. * Denn mein Zeuge ist Gott, wie ich mich sehne nach euch
9 allen mit der Herzlichkeit des Christus Jesus. * Und um das bete
ich, daß eure Liebe noch mehr und mehr überströme durch Er-
10 kenntnis und alles Feingefühl, * um das Wesentliche richtig zu
erfassen, damit ihr lauter und unanstößig seid auf den Tag des
11 Christus, * erfüllt mit Frucht der Gerechtigkeit, wie sie durch
Jesus Christus entsteht, zu Ehre und Lob Gottes.**

Mit dem Dank beginnt Paulus den eigentlichen Brief, hier wie auch Rö 1, 8; 1 Ko 1, 4; 2 Ko 1, 3; Eph 1, 3; Kol 1, 3; 1 Th 2; 2 Th 1, 3. Ist das nur „Sitte"? Es kann auch „Sitte" hilfreich sein und „Gewohnheit" der Ausdruck einer sehr wesentlichen inneren Haltung. Paulus hat das Danken für unser ganzes Verhältnis zu Gott besonders wichtig genommen und darum die Gemeinden immer wieder an das Danken erinnert. Wir haben es ja zu tun mit einem handelnden und gebenden Gott, der aus seiner eigenen freien Gnade heraus am Werk ist, ehe wir kommen und bitten. Darum ist uns immer mächtiger Anlaß zum Danken gegeben, und im Danken vollzieht sich die Anerkennung Gottes als dieses frei Schenkenden und Schaffenden. Vor allem das Dasein einer Gemeinde in dieser Welt ist ein Wunder

[6]* Rö 1, 8: Zuerst sage ich meinem Gott durch Jesus Christus um euer aller willen Dank dafür, daß man von eurem Glauben in der ganzen Welt mit Anerkennung redet.
[7]* Phil 1, 18: Doch was tut's? Wird doch in jedem Fall, mit oder ohne Hintergedanken, Christus verkündigt, und darüber freue ich mich.
[8]* 1 Jo 1, 3: . . . Was wir gesehen und gehört haben, das verkündigen wir auch euch, damit auch ihr Gemeinschaft mit uns habt; die Gemeinschaft mit uns ist aber auch die mit dem Vater und mit seinem Sohne Jesus Christus.
[9]* 1 Ko 9, 23: Alles aber tue ich um der Heilsbotschaft willen, damit auch ich Anteil an ihr erlange.
[10]* 1 Th 5, 24: Treu ist Er, der euch beruft: Er wird es auch vollführen.
[11]* Phil 2, 13: . . . denn Gott ist es, der beides, das Wollen und das Vollbringen, in euch wirkt, damit ihr Ihm wohlgefallt.
[12]* 1 Ko 1, 8: . . . der euch auch Festigkeit verleihen wird bis ans Ende, so daß ihr am Tage unseres Herrn Jesus Christus frei vom Tadel dastehen könnt.
[13]* Eph 3, 1: Das ist der Grund, weshalb ich Paulus, der ich euch Heiden zugute der Gefangene Christi Jesu bin . . .
Eph 4, 1: So ermahne ich euch denn, ich, der Gefangene im Herrn: Wandelt würdig der Berufung, die an euch ergangen ist.
[14]* Kol 4, 18: Hier mein, des Paulus' eigenhändig geschriebener Gruß! Gedenket meiner Fesseln! Die Gnade sei mit euch!

Seines Wirkens und Grund unaufhörlichen, frohen Danks. Darum stellt Paulus beim Diktieren eines Briefes immer zuerst vor sich und die Briefempfänger hin, was Gott ihnen und damit auch Paulus gab. Freilich, so kann nur die Liebe schreiben. Denn nur die Liebe sieht in dem, was einem andern zuteil wurde, den Grund der eigenen Freude und den Anlaß persönlichen Dankes gegen Gott.

Das kommt gerade in unserm Brief besonders hell und klar zum Ausdruck. **„Ich danke meinem Gott bei jedem Denken an euch."** Wie der lebendige Gott an unzählige Wesen zugleich zu denken vermag und dies so, daß jedes einzige davon der Aufmerksamkeit und Liebe Gottes gewiß sein darf, so als wäre es mit Gott ganz allein, so kann ein Paulus täglich an viele Gemeinden denken und dabei jeder das Herz voll zuwenden. Darum darf er es jeder in seinen Briefen aufrichtig versichern. Freilich, welch ein Leben des Gedenkens und Betens hat ein Paulus dadurch geführt. Das gehört mit zum Wesen des Apostolats. Wie er es den Thessalonichern (1 Th 3, 8) gesagt hat: Sein eigenes „Leben" hängt an dem „Stehen" der Gemeinden im Herrn.[3] So denkt er an Philippi, und das Denken wird dann jedesmal zum Danken. Er dankt „seinem" Gott[4], dem Gott, den er als den wunderbar wirksamen wieder und wieder in seinem Leben selbst kennengelernt hat, gerade auch in der Geschichte dieser Gemeinde. Dabei bleibt sein betendes Denken nach Philippi hinüber nicht so allgemein. Er hat ja auch seinen Brief von vornherein nicht nur an „die Gemeinde" gerichtet, sondern an „alle Heiligen". So kann er auch jetzt sagen: Ich bete **„für euch alle"**; sie stehen ihm alle persönlich

[15*] 2 Tim 1, 8: So schäme dich also nicht, Zeugnis von unserm Herrn abzulegen; auch meiner nicht, der ich um seinetwillen ein Gefangener bin, sondern nimm an den Leiden für die Heilsbotschaft teil nach Maßgabe der Kraft Gottes.

2 Tim 2, 9: ... für die ich Leiden zu erdulden habe, sogar Ketten wie ein Verbrecher; doch das Wort Gottes liegt nicht in Ketten.

[16*] Rö 1, 9: Denn Gott, dem ich in meinem Geiste bei der Verkündigung der Heilsbotschaft Seines Sohnes diene, ist mein Zeuge, daß ich euer ohne Unterlaß gedenke.

[17*] Rö 15, 14: Ich habe aber auch persönlich von euch, liebe Brüder, die feste Überzeugung, daß ihr eurerseits mit dem besten Willen erfüllt und, mit aller Erkenntnis voll ausgerüstet, wohl befähigt seid, euch auch untereinander zurechtzuweisen.

[18*] Phlm 6: ... daß die aus deinem Glauben erwachsene gemeinnützige Tätigkeit sich in der Erkenntnis all des Guten wirksam erweise, das in uns vorhanden ist auf Christus hin.

[19*] Kol 1, 9: Deshalb hören auch wir seit dem Tage, an dem wir es vernommen haben, nicht auf, für euch zu beten und zu bitten. daß ihr mit der Erkenntnis Seines Willens in aller geistgewirkten Weisheit und Einsicht erfüllt werden möchtet.

[20*] Rö 12, 2: Gestaltet eure Lebensführung nicht nach der Weise dieser Weltzeit, sondern wandelt euch um durch die Erneuerung eures Sinnes, damit ihr ein sicheres Urteil darüber gewinnt, welches der Wille Gottes sei, nämlich das Gute und Wohlgefällige und Vollkommene.

[21*] Hbr 5, 14: Für Gereifte dagegen ist die feste Nahrung da, nämlich für die, welche infolge ihrer Gewöhnung geübte Sinne besitzen, so daß sie das Gute und das Schlechte zu unterscheiden vermögen.

[22*] Phil 2, 15: ... damit ihr euch tadellos und lauter erweist als unsträfliche Gotteskinder inmitten einer verkehrten und verdrehten Menschheit, unter der ihr wie helle Sterne in der Welt leuchtet.

[23*] 1 Th 3, 13: Ja, Er mache eure Herzen fest, damit sie vor unserm Gott und Vater tadellos in Heiligkeit seien, wenn unser Herr Jesus mit allen Seinen Heiligen kommt!

1 Th 5, 23: Er selbst aber, der Gott des Friedens, heilige euch durch und durch, und völlig tadellos möge euer Geist samt der Seele und dem Leibe bei der Wiederkunft unseres Herrn Jesus Christus bewahrt geblieben sein.

vor Augen. Aber dieses Beten bis zum Nennen vieler einzelner Namen ist ihm keine Last, es ist ihm jedesmal wieder eine Freude.

Warum ist das so? Warum hat er seinem Gott zu danken? „**Wegen eurer Anteilnahme am Evangelium von dem ersten Tage an bis jetzt.**" Der lebendig biegsame Wortlaut des griechischen Satzes ist für uns kaum wiederzugeben. „Koinonia" bedeutet „Gemeinschaft mit" oder „Anteilhaben an". Dazu steht auch im Griechischen ein „mit" oder der Genetiv des Objekts. Hier aber hat Paulus ein „eis" mit dem Akkusativ dazugestellt[5], also ein „hin-zu". Er drückt damit aus, daß die Philipper nicht nur den objektiven Anteil am Evangelium passiv besaßen, sondern aktiv zum Evangelium hin gewandt lebten und für das Evangelium mit einstanden. Diese Haltung nahmen sie sofort am Anfang ihres Christenstandes ein (Lydia! Kerkermeister!), und diese Haltung haben sie nun nach vielen Jahren noch immer. Soll Paulus da nicht mit Freude an sie denken und seinem Gott nicht danken?!

Er hatte es ja reichlich unter heißen Nöten und Kämpfen erfahren, wie schwer die Erhaltung und Weiterführung einer Gemeinde Jesu ist. Er meinte nicht, wenn nur Menschen zur Bekehrung gekommen seien, dann gehe es schon alles „von selber" weiter. Er hat erlebt, welche Störungen und Erschütterungen, welche Gefährdungen und Verirrungen über eine Gemeinde kommen können (Galater! Korinther!). Darum ist es eine große Sache, wenn die Gemeinschaft hin zum Evangelium in einer Gemeinde ungestört bleibt „**vom ersten Tage an bis jetzt**". Darum beruhigt er sich aber im Blick auf die

[3] Anm. Jeder, der auch nur in ganz bescheidenem Maße andere zum Glauben an Jesus bringen durfte, kennt diese mehr als menschliche Verbundenheit, bei der das „Stehen" der andern unser eigenes Leben, ihr „Fallen" ein Stück Tod für uns selber ist.

[4] Anm. Dieses „mein Gott" findet sich auch Rö 1, 8; Phlm 4; in unserm Brief noch einmal 4, 19. Einige Lesearten haben es auch 1 Ko 1, 4.

[5] Anm. Dieselbe Konstruktion finden wir allerdings auch Rö 15, 26 und 2 Ko 9, 13.

[24*] Jud 24: Dem aber, der euch vor allem Straucheln zu bewahren und euch unsträflich mit Frohlocken vor das Angesicht Seiner Herrlichkeit hinzustellen vermag . . .

[25*] Hbr 12, 11: Jede Züchtigung scheint uns freilich für den Augenblick nicht erfreulich, sondern betrübend zu sein; hinterher aber läßt sie denen, die sich durch sie haben üben lassen, die friedvolle Frucht der Gerechtigkeit erwachsen.

[26*] Eph 5, 9: . . . die Frucht des Lichtes erweist sich nämlich in lauter Gütigkeit, Gerechtigkeit und Wahrheit.

[27*] Jak 3, 18: Der Same aber, die Frucht der Gerechtigkeit, wird in Frieden für die gesät, die Frieden stiften.

[28*] Jo 15, 5: Ich bin der Weinstock, ihr seid die Reben: wer in Mir bleibt und in wem Ich bleibe, der bringt reichlich Frucht; dagegen ohne Mich könnt ihr nichts vollbringen.

Jo 15, 8: Dadurch ist Mein Vater verherrlicht, daß ihr reichlich Frucht bringt und euch als Meine Jünger erweist.

[29*] Mt 5, 16: Ebenso soll auch euer Licht vor den Menschen leuchten, damit sie eure guten Werke sehen und euren Vater, der im Himmel ist, preisen.

[30*] Eph 1, 6: . . . zum Lobpreis der Herrlichkeit Seiner Gnade, die Er uns in dem Geliebten erwiesen hat.

Vers 12: . . . . wir sollten eben zum Lobpreis Seiner Herrlichkeit dienen, wir, die wir unsere Hoffnung von vornherein auf Christus gesetzt haben.

Vers 14: . . . der das Angeld für unser Erbe ist, für die Erlösung Seiner Eigentumsgemeinde, zum Lobpreis Seiner Herrlichkeit.

weitere Zukunft auch nicht mit der Überzeugung: Diese prächtige Gemeinde wird es schon machen! Seine Gewißheit hat einen andern, festeren Grund: **„Er, der in euch angefangen hat ein gutes Werk, wird es auch vollenden."** Gott ist nicht einer, der ein gutes Werk beginnt und dann halb fertig liegenläßt![6] Dabei geht es nicht in eine ungewisse Geschichte hinaus, deren Ziel und Ende sich in Nebeln verliert. Die Geschichte der Welt hat ein klares Ziel: den Tag Gottes! Die Geschichte der Gemeinde hat ein klares Ziel: **„den Tag des Christus"**! Dieser „Tag"[7] ist der, den Paulus den Thessalonichern (1 Th 4, 13–18) geschildert hat, der Tag, an dem noch kein Blick auf die Menschheit, das Jüngste Gericht und die Schöpfung fällt, der Tag, der als Tag Jesu ausschließlich Seinem Leibe, der Gemeinde gilt, von der darum 1 Th 4 auch allein die Rede ist. Lange vor der Weltvollendung ist die Gemeinde am Ziel. Auferstanden, entrückt, mit einem neuen Leib beschenkt, mit dem Haupt und miteinander für immer vereinigt ist sie dann vollendet. Aber bis dahin geht Gottes Arbeit an ihr noch weiter. Und eben dies ist der Grund der festen Zuversicht des Paulus.

Diese Zuversicht ist nicht nur ein beruhigendes Wunschbild. Dann hätte sie keine Wahrheit und Kraft. **„Gewißheit"** ist sie nur, weil Paulus fortfahren kann: **„Denn es ist recht für mich, so für euch alle zu denken."** Dieses **„recht"** ist im Text sehr viel ernster als in unsrer Sprache, wo es durch Wendungen wie „es ist mir recht" sein objektives Gewicht verloren hat. Beinah sollten wir übersetzen: „Es ist meine Pflicht." Paulus folgt nicht persönlichen Wünschen, sondern tut etwas Richtiges, ihm Zugemessenes, wenn er so für die Philipper denkt. **„Für euch alle"**, schreibt Paulus, nicht „über euch alle". Er gibt ja gerade kein Urteil über die Zuverlässigkeit und Tüchtigkeit der Philipper ab, sondern sieht auf das, was Gott in Seiner Treue für die Philipper tun wird.

Warum ist es „gerecht", wenn er so für sie denkt? Die folgende Begründung paßt nicht zu dem, was sie begründen soll, solange wir das **„weil ich euch in meinem Herzen habe"** falsch verselbständigen. Aus einem bloßen „im Herzen haben" kann auch höchstens eine subjektiv-menschliche Zuversicht erwachsen. Aber Paulus geht es hier gar nicht um die Tatsache seines liebevollen Gedenkens, sondern um die mächtige Tatsache, daß die Philipper **„in seinen Fesseln und bei der Verteidigung und Bekräftigung des Evangeliums seine Teilhaber an der Gnade"** sind. Als solche Teilhaber hat er sie in seinem Herzen, wie es der griechische Satzbau mit seinem an das „euch" anschließenden Partizip bestimmter zum Ausdruck bringt als unsere deutsche Auflösung des Partizips in einen selbständigen Nebensatz.

[6] Anm. Bei Menschen muß um das rechte „Vollenden" nach ihrem „Anfangen" gesorgt werden: 2 Ko 8, 6; 8, 10; Gal 3, 3.

[7] Anm. Paulus kann gelegentlich einfach „der Tag" ohne jede nähere Bestimmung schreiben: Rö 13, 12; 1 Th 5, 4. Meist findet sich die Formulierung „der Tag des Herrn", mit oder ohne Zusatz des Namens Jesu: 1 Ko 1, 8; 5, 5; 2 Ko 1, 14; 1 Th 5, 2; 2 Th 2, 2. „Tag des Christus Jesus" hat nur unser Brief.

Paulus war **„in Fesseln“**[8]. War das nicht das Ende seiner großen Wirksamkeit? Er selbst hat es nie so angesehen! Er spricht es nachher in Vers 16 aus, daß er „zur Verteidigung des Evangeliums hier liegt“. So hat es Jesus selbst Seinen Jüngern vorausgesagt: „Und auch vor Statthalter und Könige werdet ihr geführt werden um Meinetwillen, ihnen und den Heidenvölkern zum Zeugnis“ (Mt 10, 18). Es ist das nicht eine durchkreuzende Störung ihres Dienstes, sondern gehört unmittelbar zu ihrem Dienst mit dazu. So gehören die „Trübsale“, und das sind bei Paulus immer Leiden um Jesu willen, auch für Paulus mit göttlicher Notwendigkeit (Apg 14, 22; 1 Th 3, 4; 2 Ko 4, 7–10) zu der Botschaft von einem gekreuzigten Erretter. Darum ist ihm jetzt seine Gefangenschaft nicht unbegreiflicher („Wie kann Gott so etwas zulassen?“) Abbruch seiner schönen Arbeit, sondern Erfüllung des Auftrages, den Jesus über sein Leben gestellt hat: „Dieser ist mir ein auserwähltes Rüstzeug, daß er Meinen Namen trage vor den Heiden und vor den Königen und vor den Kindern von Israel. Ich will ihm zeigen, wieviel er leiden muß um Meines Namens willen“ (Apg 9, 15. 16). Eben in seiner Gefangenschaft und in seinem Prozeß führt er jene **„Verteidigung und Bekräftigung des Evangeliums“** weiter, der sein ganzes Leben gehört. Wenn Paulus hier übliche Ausdrücke der Gerichtssprache verwendet, so macht er dadurch besonders deutlich, daß es in seinem Prozeß nicht um ihn, weder um seine Person, noch um sein Schicksal, sondern um das Evangelium geht. Er verteidigt auch vor Gericht nicht sich, sondern die ihm aufgetragene Botschaft. Wie eindrucksvoll wird uns das in den großen Verteidigungsreden anschaulich, die die Apostelgeschichte uns mitteilt (Apg 22; 24; 26).

Und das haben die Philipper verstanden! Sie rücken nicht unsicher und verlegen von ihm ab. Sie stehen zu ihm, nehmen innerlich an seinem Weg teil, beten für ihn und haben durch ihre Liebesgabe in sein Gefängnis hinein sich tatkräftig für ihn eingesetzt. So sind sie „seine Teilhaber bei der Verteidigung und Bekräftigung des Evangeliums“.

Und nun kommt eine jener überraschenden Wendungen, wie sie der im Heiligen Geist lebende und denkende Apostel uns immer wieder in seinen Briefen schenkt. Sie sind nicht „seine“ Teilhaber, nicht einmal „Teilhaber seiner Leiden“, sondern seine **„Teilhaber an der Gnade“**. So sehr sieht Paulus in den Nöten seiner Gefangenschaft und seines so ernsten, auf Tod und Leben gehenden Prozesses – „Gnade“. So sehr wünscht er, daß auch die Philipper nicht seufzend und bedrückt daran teilnehmen, sondern es wissen: daß wir dies alles mit Paulus miterleben dürfen, das ist Gnade! Dann hat Paulus ein gutes Recht, für sie zu erwarten, daß Gott Sein angefangenes Werk an ihnen vollenden wird bis zum Tag Jesu.

[8] Anm. Das muß nicht wörtlich verstanden werden; der Ausdruck wurde auch allgemeiner für Haft oder Gefangenschaft gebraucht.

Teilhaber an der Gnade – **„ihr alle"** fügt Paulus hinzu. Zum viertenmal in diesen wenigen Zeilen (Vers 1, 4, 7 am Anfang und am Schluß) betont er dies „alle". Eine Gemeinde umfaßt, auch wenn sie zahlenmäßig klein ist, sehr verschiedene Menschen, starke und schwache, begabte und unbegabte, junge und alte. Paulus liegt es offensichtlich daran, daß sie alle, auch die geringen, kümmerlichen und unbedeutenden, sich angeredet und gemeint wissen. Gerade an dieser Gnade der Gemeinschaft mit dem leidenden Paulus haben sie alle teil, auch die, die zu seiner Unterstützung nur ein kleines Scherflein beitragen konnten, auch die, deren Beten vielleicht verlegen und ungeschickt blieb. Es war Paulus stets ein ernstes Anliegen, die „Schwachen" zu schützen (vgl. 1 Ko 8; Rö 14). Denn Zurücksetzung der „Kleinen" ist Antastung der Bruderschaft in der Gemeinde Jesu.

Daß Paulus die Philipper in seinem Herzen hatte, konnte für ihn noch nicht der ausreichende Grund seiner Gewißheit für ihre Zukunft sein. Aber die Tatsache ihrer tiefen Verbundenheit miteinander kommt nun voll zu ihrem Recht. Wir leben nach Zeiten des Gefühlsüberschwangs heute in einer Periode der Ächtung des Gefühls. Jeder Ausdruck der Wärme und der inneren Bewegtheit ist uns verdächtig. Zum mindesten halten wir das alles für unwesentlich und zur Sache der christlichen Existenz nicht dazugehörig. Daß die christliche Liebe mit „Gefühl" nichts zu tun habe, versichern wir immer wieder. Aber gibt es „Liebe" ohne ein starkes und tiefes Empfinden für den andern? Ist „christliche" Liebe so übernatürlich, daß sie zugleich auch unnatürlich wird? Paulus meint das nicht! **„Mein Zeuge ist Gott, wie ich mich sehne nach euch allen mit der Herzlichkeit des Christus."** Auch die christliche Liebe ist darin aller natürlichen Liebe gleich, daß sie die wirkliche Gegenwart des andern, das Zusammensein mit ihm verlangt.[9] Paulus sehnt sich nach den Philippern, und er schämt sich dieser Sehnsucht nicht, verbirgt sie auch nicht als etwas Wertloses oder Unwürdiges vor Gott, sondern macht Gott selbst zum Zeugen[10] für sie. Aber freilich: Zwei Züge unterscheiden solch ein „christliches" geheiligtes Sehnen von allem bloß natürlichen Verlangen. Es ist nicht ein Sehnen im Ich, sondern **„mit der Herzlichkeit des Christus"**.

Es ist für uns sehr heilsam, daß hier ein Wort steht, das ursprünglich die „Eingeweide" bezeichnet. Wir alle wissen, wie jedes starke Gefühl auf unser „Herz", ja unsere „Eingeweide" wirkt und dort seinen „Sitz" zu haben scheint (vgl. im AT den Hinweis auf die „Nieren" neben dem „Herzen"). Und nun wird es von Jesus Christus gesagt, daß gerade auch Er nicht lauter „Geist" war, lauter geistige, göttliche Überlegenheit, sondern solche „Eingeweide", solch ein „Herz" hatte, das starken und tiefen Fühlens fähig war. Wir sehen aus unserm Wort, daß Paulus wahrlich nicht einen konstruierten

[9] Anm. Ein besonders lebendiges Zeugnis der gefühlsstarken christlichen Liebe bietet der 1. Thessalonicherbrief, vor allem in 2, 8; 2, 17—20; 3, 5—8; 3, 9—11.
[10] Anm. Die Anrufung Gottes zum Zeugen findet sich bei Paulus mehrfach: Rö 1, 9; 2 Ko 1, 23; 1 Th 2,5; 2, 10

Christus lehrte, sondern den Jesus kannte, den die Evangelien uns schildern. Wir haben aber zugleich daran zu denken, daß der in diesem Jesus geoffenbarte Gott überhaupt im biblischen Zeugnis nicht „absoluter Geist" oder sonst ein „Gott der Philosophen" ist, sondern der „lebendige" Gott, ein Gott des Zürnens und Erbarmens, der mächtigen und lebendigen Gottesgefühle. Darum hat sich auch in Jesus und Seinem Werk nicht ein kalter, sachlicher Gerichtsakt vollzogen, sondern ein wirkliches herzliches Erbarmen Gottes ist unter uns getreten und hat sich unser angenommen. Darum trägt auch der Bote Jesu, der frühere Pharisäer, nun eine brennende Liebe in seinem Herzen. Es ist nicht dogmatische Formel, sondern mächtige Wirklichkeit, daß „die Liebe Gottes ausgegossen ist in unser Herz durch den Heiligen Geist" (Rö 5, 5). In dieser göttlichen Liebe sehnt Paulus sich nach den Philippern. Diese nicht mehr vom Ich regierte, sondern von „der Herzlichkeit des Christus" bestimmte Liebe ist darum auch keine auswählende mehr. Nicht nach persönlichen Freunden, nach sympathischen Leuten, nach anregenden Menschen in Philippi geht das Sehnen des Paulus. Nein, er kann es hier erneut betonen: „nach euch allen" sehne ich mich. Wie wunderbar, daß es das unter uns geben kann: eine Liebe, die ohne Unterschiede alle umfaßt und die das nicht tut, weil sie kühl und abstrakt wäre, die es auch nicht künstlich und gewollt erzwingt, sondern die sich echt und wahr in einem lebendigen warmen Strom allen zuwendet, die „Heilige in Christus Jesus" sind. Es gibt sie „in der Herzlichkeit des Christus".

Voll Freude und Dank blickt Paulus auf diese Gemeinde. Hat er aber nur zu danken und nichts mehr für sie zu erbitten? Erbittet er ihr nur noch die Bewahrung in diesem ihrem Stand? Nein, **„um das bete ich, daß eure Liebe noch mehr und mehr überströme"**. Es gibt in unserem Christenstand etwas, das unbegrenzten Wachstums fähig ist: die Liebe. Wir haben den Ausdruck „überströmen" in der Übersetzung wörtlich stehenlassen. Wir leben in der ständigen Angst vor allem „Überschwänglichen", wir schätzen das Mittelmaß und haben die stete Sorge vor Übertreibungen. Wir sind schnell zufrieden. Paulus aber liebt dieses Wort „überströmen", „überfließen" und verwendet es oft. Er hat nicht genug an dem, was in einer Gemeinde erfreulicherweise schon da ist, er will weiter, er sieht immer noch größeren Reichtum, den die Gemeinde haben darf und nach dem sie sich darum auch ausstrecken soll. Wieviel reicher und mächtiger noch dürfen die Philipper lieben lernen!

Wodurch wächst die Liebe? **„Durch Erkenntnis und alles Feingefühl"**. „Liebe macht blind", das gilt wohl von aller ichhaften Liebe. Sie muß die Augen vor all dem schließen, was am andern unerfreulich und notvoll ist. Denn sie will ja nicht „gestört" werden, sie will den Genuß und die Bereicherung am andern haben. Aber die „Agape", die Liebe in der Herzlichkeit des Christus meint wirklich den andern, sie will ihm helfen, ihn ans Ziel bringen. Darum braucht sie

„Erkenntnis", den klaren Blick in das Wesen und die Lage des andern, klare Wahrnehmung der Mittel, durch die dem andern äußerlich oder innerlich wirklich zu helfen ist. Das Wort „aisthesis" (unser „Ästhetik" ist davon abgeleitet), das wir mit „Feingefühl" übersetzen, ist auch mit „Wahrnehmung" wiederzugeben. Das Ziel dabei beschreibt Paulus mit einer Wendung, die wörtlich so auch Rö 2, 18 steht und im Deutschen nicht leicht nachzubilden ist: „dokimazein ta diapheronta". „Dokimazein" bezeichnet das „Prüfen", aber auch sein Ergebnis: „etwas als bewährt annehmen". „Ta diapheronta" ist „das Unterscheidende", von da aus auch „das Wesentliche". Unsere theologische Fachsprache hat darum die „Mitteldinge", die unsrer Freiheit überlassen bleiben, „A-diaphora" („Un-wesentliches") genannt. Paulus hat hier also den Philippern eine Liebe gewünscht, die durch „Erkenntnis" und „Feingefühl" oder „Wahrnehmung" „die Unterschiede zu prüfen"[11] oder „das Wesentliche richtig zu erfassen", d. h. an unwichtigen und unzulänglichen Hilfeleistungen vorbei das für den andern wirklich Wichtige und Gute zu erfassen und durchzusetzen vermag. Wessen nach Rö 2, 18 der „Jude", vor allem der Schriftgelehrte sich fälschlich rühmt[12], was auch keine bloße Schriftgelehrsamkeit geben kann, das darf die Liebe in der Gemeinde wirklich besitzen und wirksam werden lassen. Und zwar **„damit ihr lauter und unanstößig seid auf den Tag des Christus"**. Noch einmal fällt der Blick auf das Ziel! Wir stoßen hier auf einen ganz tiefen Unterschied, der das ganze Leben und Denken der Männer des Neuen Testamentes von unserm heutigen Christentum trennt. Unser ganzes Herz gehört der Gegenwart, den Anforderungen und der Lebenserfüllung, wie sie heute vor uns stehen; die Zukunft bleibt für uns sehr unbestimmt und beschäftigt uns kaum ernstlich. Im Neuen Testament aber ist gerade diese Zukunft das Entscheidende, auf das alles Denken und Tun gerichtet ist. Die Gegenwart ist immer nur „Weg", der völlig vom Ziel bestimmt ist. Der ersehnte **„Tag des Christus"** kommt, und es liegt alles daran, daß die Gemeinde dann **„lauter und unanstößig"** ist. Damit sie es aber dann ist, muß sie es schon heute sein.

Wir ermessen, welch eine Kraft und welch ein Ernst uns verlorengegangen sind, weil uns die Zukunft, der „Tag des Christus" in undeutlichen Fernen entschwand. Wenn wir nur die Aufgaben heute sehen und von ihnen völlig hingenommen sind, dann werden wir

[11] Anm. Es ist sprachlich interessant, wie ein echt biblischer Begriff zugleich ein Wort der griechischen Popularphilosophie geworden ist. Im Alten Testament ist Gott der Prüfende: Ps 7, 10; 139, 1—6. 23. 24; Jer 11, 20; 17, 10. In der griechischen Philosophie „prüft" der autonome Mensch alles von seiner Vernunft her. Auch der „Schriftgelehrte" kommt in die Gefahr, bei aller offiziellen Verehrung der Bibel praktisch doch „über" der Schrift zu stehen und durch sein „Prüfen des Wesentlichen" die Bibel in sein System zu fangen. Im Neuen Testament ist es beides lebendig verbunden: Als die von Gott Geprüften dürfen und sollen wir selber Prüfende sein: 1 Th 2, 4 und 5, 21 („bewähren" im Luthertext ist Wiedergabe des gleichen „dokimazein", das „prüfen" heißt); Rö 12, 2; 1 Ko 11, 28; 2 Ko 8,8; 13, 5; Gal 6, 4; 1 Jo 4, 1).

[12] Anm. „Das Unterscheidende prüfen" oder „das Wesentliche erfassen" war die Aufgabe der Schriftgelehrsamkeit angesichts der Fülle der Gebote. Es erwächst daraus die bekannte Frage nach dem „großen" oder „ersten" Gebot (Mt 22, 36; Mk 12, 28).

nicht recht „das Unterscheidende prüfen" können, dann werden wir uns dabei gründlich verschätzen und verrechnen und das „Wesentliche" über viel Unwesentlichem versäumen. Dann muß unserm Christenstand jene Anspannung aller Kraft und jene lebendige Freude fehlen, die nur großes und klares Ziel verleihen kann.

Damit hängt es wohl auch zusammen, daß uns das, was Paulus über den Zustand der Gemeinde angesichts des Tages Jesu sagt, so fremd und erschreckend vorkommt. Es widerspricht unserm ganzen gewohnten Denken in der Kirche. Aus den Erkenntnissen der Rechtfertigungslehre und aus der tiefen Angst vor dem „Hochmut" ist bei uns die Vorstellung entstanden, die Gemeinde und auch der einzelne Christ könne, ja dürfe nichts aufzuweisen haben, was vor Christus an Seinem Tage etwas taugt. Nicht „lauter und unanstößig und erfüllt mit Frucht", sondern „befleckt, bettelarm, leer" stehen nach unsrer Meinung Gemeinde und Christen an jenem Tage da. Auch der erlöste Mensch bleibt der elende Sünder, dessen Wesen und Leben bestenfalls ein unentwirrbares Gemisch von Gutem und Bösem ist, immer „simul iustus et peccator" (zugleich gerecht und Sünder). So allein kann am Tage des Christus (der in unserer kirchlichen Vorstellungswelt mit dem „jüngsten Gericht" in eins gesetzt wird) jemand selig werden: aus reiner Gnade wird auch dort der in sich selbst völlig verlorene Mensch zum ewigen Leben zugelassen.

Wir müssen sehen, daß Paulus eine ganz andere Vorstellung hat. Er erbittet und erwartet, daß die Philipper **„lauter und unanstößig sind auf den Tag des Christus, erfüllt mit Frucht der Gerechtigkeit".** Das Wort „lauter" = „eilikrines" ist zusammengesetzt aus „Sonne" und „richten" und bezeichnet so die reine Klarheit und Durchsichtigkeit. Die „Heiligen" sind also wirklich Menschen, die nicht nur „Gott gehören", sondern die in dieser Zugehörigkeit zu Gott auch klar und durchsichtig geworden sind und keinem mehr einen Anstoß zur Sünde geben. Paulus erwartet, daß der prüfende Blick des Christus auf Seine Gemeinde, der wie die Sonne alles durchleuchtet und durchforscht, eine lautere und unanstößige Schar finden werde. Zu diesem Ziel gelangt die Gemeinde nach der Aussage des Paulus nicht etwa durch eine zauberhafte Verwandlung, die mit dem Tode oder nach ihm eintritt, sondern durch das immer reichere Wachstum der Liebe jetzt und hier. Wir mögen das von unserer Dogmatik aus ganz falsch finden, wir mögen „Hochmut" oder „Perfektionismus" fürchten – wir müssen aber lesen, was Paulus hier schrieb. Und wir werden uns fragen müssen, ob wir uns, von Paulus aus gesehen, mit unserer Dogmatik und mit unserer „Demut" nicht in ein gefährlich bequemes und trügerisches Christentum geflüchtet haben.

Paulus sieht die Gemeinde an jenem Tage auch durchaus nicht arm und leer vor Christus stehen, sondern **„erfüllt mit Frucht der Gerechtigkeit, wie sie durch Jesus Christus entsteht, zu Ehre und Lob Gottes".** Beides ist hier ausgesagt: Die Frucht ist nicht das eigene Erzeugnis der Gemeinde, sondern ist „die durch Jesus Christus", wie es wörtlich kurz heißt; aber diese Frucht schwebt auch nicht als bloß „zugerechnete" Gnadengabe irgendwie über der Gemeinde, sondern die Gemeinde ist mit ihr „erfüllt". Es geht wahrlich nicht um „Gerechtigkeit aus den Werken", Paulus widerspricht nicht sich selbst. Es geht nicht um Leistungen, die die Philipper sich mit moralischem Einsatz abgerungen haben. Es geht um Jesus und Sein Werk. Aber dieses Werk ist für Paulus nicht nur das objektive, „fremde" Werk, das Er „für uns" am Kreuz vollbracht hat, es ist auch die Frucht, die aus dem Lebenszusammenhang mit Jesus bei den „Heiligen in Christus Jesus" erwächst und in der Tat erwachsen muß. Wenn Gott in Christus Menschen mit dem Blut Seines Sohnes zu Seinem Eigentum loskauft und in Seine göttliche Arbeit nimmt, dann wäre es wahrlich nicht „zu Ehre und Lob Gottes", sondern eine Schande für Gott, wenn nichts weiter bei dieser Seiner Arbeit herauskäme als arme elende Sünder, die genauso dastehen wie die andern, die sich Jesus nicht anvertrauten. Es gehört sich schon so und es ist schon nötig, daß das Ziel des großen objektiven Erlösungswerkes erreicht wird: Heilig in Christus Jesus, lauter und unanstößig, erfüllt mit Frucht der Gerechtigkeit durch Jesus Christus. Dann hat Gott „Ehre und Lob". Es ist dabei wahrlich kein „Hochmut", kein „Pharisäismus" zu fürchten. Jene Heiligen, die am Tag des Christus wie durchsichtiges Kristall im Sonnenlicht dastehen und und mit Frucht erfüllt sind, gerade sie werden nicht sich selbst rühmen, wie blind und befleckt wäre sonst sofort dies Kristall. Sie loben und rühmen allein Gott, der sie durch Seine unbegreifliche göttliche Barmherzigkeit errettet und das angefangene gute Werk in ihnen vollendet hat.

Wie steht es jetzt in Rom?

Philipper 1, 12–18

12 Wissen lassen aber möchte ich euch, Brüder, daß meine Lage
13 mehr zum Fortschritt des Evangeliums geführt hat, * so daß meine
Fesseln in Christus offenbar geworden sind in dem ganzen Präto-
14 rium und bei den übrigen allen * und die Mehrzahl der Brüder,
weil sie im Herrn Vertrauen haben zu meinen Fesseln, um so
15 mehr wagt, furchtlos das Wort Gottes zu sagen. * Einige freilich
herolden den Christus auch aus Neid und Streit, einige aber auch
16 aus gutem Willen; * die einen aus Liebe, weil sie wissen, daß ich
17 zur Verteidigung des Evangeliums bestimmt bin; * die andern
aber verkündigen den Christus aus Eigennutz, nicht in reiner Art,

Zu Vers 12:
[31]* Eph 6, 21
[32]* Kol 4, 7
[33]* Phil 1, 25
Zu Vers 13:
[34]* Eph 3, 1
[35]* 2 Tim 2, 9
[36]* Phil 4, 22
Zu Vers 14:
[37]* Phil 2, 24
[38]* 2 Th 3, 4
[39]* Apg 28, 31
Zu Vers 16:
[40]* Rö 2, 8

[31]* Eph 6, 21: Damit aber auch ihr über meine Lage hier und mein Ergehen etwas erfahrt, wird Tychikus der geliebte Bruder und treue Diener im Herrn, euch alles berichten.
[32]* Kol 4, 7: Über meine persönliche Lage wird euch der geliebte Bruder Tychikus berichten, mein treuer Gehilfe und Mitarbeiter im Herrn.
[33]* Phil 1, 25: ... und so weiß ich mit voller Gewißheit, daß ich am Leben bleiben und euch allen erhalten bleiben werde, euch zur Förderung und zur Freude im Glauben.

Zu Vers 18:
41* Lk 9, 50
42* Phil 1, 4; 2, 17; 4, 1. 10

18 in der Meinung, Not zu bereiten meinen Fesseln. * Was tut es? Es wird ja doch auf jede Weise, sei es mit Hintergedanken, sei es in Wahrheit, Christus verkündigt, und daran freue ich mich. Aber ich werde mich auch freuen.

Als Paulus den Brief an die Kolosser schrieb, kam er erst am Schluß auf seine persönliche Lage zu sprechen. Es war ja dort eine Gemeinde, die ihn persönlich noch nicht kannte und noch keine unmittelbare Verbindung mit ihm hatte, die ihrerseits aber durch allerlei Fragen beunruhigt war. Da galt es, erst einmal der Gemeinde einen entscheidenden Dienst zu tun und ihr zur Klarheit zu helfen. Mit den Philippern dagegen ist Paulus persönlich und seit Jahren fest verbunden, sie sind ja „seine Teilhaber an der Gnade" und warten sehnlich auf Nachricht. Sie würden vielleicht seinen Ausführungen gar nicht die volle Aufmerksamkeit entgegenbringen können, wenn sie nicht erst einmal hörten, wie es Paulus geht. Darum läßt Paulus hier dem Dank und der Fürbitte für die Gemeinde sofort ein Wort über seine eigene Lage folgen. Aber – wie tut er es! Es war eine harte Veränderung für ihn eingetreten. Die Vergünstigung einer eigenen Mietwohnung (Apg 28, 30. 31) mit ihrer relativen Freiheit ist ihm entzogen worden, er sitzt nun im „Prätorium" in Haft. „Prätorium" ist im Griechischen ein Lehnwort aus dem Latein. Ursprünglich bezeichnet es den Wohnraum des „Prätors" im Lager und wird dann für die Amtswohnung eines römischen Statthalters gebraucht. So kommt es im Neuen Testament in Mt 27, 27; Mk 15, 16; Jo 18, 28. 33; 19, 9 und Apg 23, 35 vor. Wäre unser Brief noch während der Gefangenschaft des Paulus in Caesarea geschrieben, so schlösse sich die Erwähnung des Prätoriums hier unmittelbar an Apg 23, 35 an. Aber nun sind wir ja in Rom[13], wo es na-

[13] Anm. Die ganze Frage des Abfassungsortes spielt hier stark mit herein. Vgl. die Bemerkungen am Schluß.

34* Eph 3, 1: Das ist der Grund, weshalb ich, Paulus, der ich euch Heiden zugute der Gefangene Christi bin (oder: ein Gefangener um Christi Jesu willen bin).

35* 2 Tim 2, 9: ... für die ich Leiden zu erdulden habe, sogar Ketten wie ein Verbrecher; doch das Wort Gottes liegt (darum) nicht in Ketten.

36* Phil 4, 22: Alle Heiligen lassen euch grüßen, besonders die vom kaiserlichen Hofe.

37* Phil 2, 24: Ich bin aber im Herrn der Zuversicht, daß auch ich selbst bald werde kommen können.

38* 2 Th 3, 4: Wir haben aber im Herrn das Vertrauen zu euch, daß ihr unseren Weisungen nachkommt und immer nachkommen werdet.

39* Apg 28, 31: ... er verkündigte dabei das Reich Gottes und erteilte Belehrung über den Herrn Jesus Christus mit vollem Freimut ungehindert.

40* Rö 2, 8: ... dagegen Zorn und Grimm denen, welche starrsinnig sind und der Wahrheit nicht gehorchen, sondern der Ungerechtigkeit dienen.

41* Lk 9, 50: Jesus aber erwiderte ihnen: „Untersagt es ihm nicht! Denn wer nicht gegen euch ist, der ist für euch."

42* Phil 1, 4: ... indem ich allezeit in jeder meiner Fürbitten für euch alle mit Freuden bete.
Phil 2, 17: Aber auch wenn ich als Trankopfer ausgegossen werden sollte über dem Opfer und dem priesterlichen Dienst an eurem Glauben, so freue ich mich doch und freue mich im Verein mit euch allen.
Phil 4, 1. 10: Daher, meine geliebten Brüder, nach denen ich mich sehne, ihr meine Freude und meine Krone: stehet in dieser Weise fest im Herrn, Geliebte ... Vers 10: Es ist für mich aber eine hohe Freude im Herrn gewesen, daß ihr jetzt endlich wieder in die günstige Lage gekommen seid, fürsorglich an mich zu denken; ihr habt zwar immer daran gedacht, befandet euch aber äußerlich nicht in der Lage.

türlich keinen „Statthalter" gab. So werden wir bei dieser Bezeichnung hier an die große Kaserne zu denken haben, in der die Kaiserliche Garde als Besatzung Roms lag, oder auch an die Kaiserliche Garde selbst. Da sich sofort ein Hinweis auf Personen anschließt: „und bei den übrigen allen", wäre es sprachlich das Gegebene, auch bei der Nennung des „ganzen Prätoriums" nicht an ein Gebäude, sondern an einen Personenkreis zu denken. „Meine Fesseln sind in Christus offenbar geworden in der ganzen Kaiserlichen Garde und bei den übrigen allen." Allerdings hätte es dann nähergelegen, auch „die Kaiserliche Garde" ebenso wie „die übrigen alle" in den einfachen Dativ zu setzen; das ausdrückliche „in" bei „Prätorium" weist doch wieder auf ein Gebäude. Zu einer endgültigen Entscheidung werden wir in dieser Frage nicht kommen. Aber für die Lage des Apostels werden wir uns doch ein zutreffendes Bild machen können.

Der Prozeß des Paulus war nach langem (Apg 28, 30 „zwei Jahre") schleppendem Gang nun offenbar in sein kritisches Stadium getreten; Paulus war für die Verhöre und die entscheidenden Verhandlungen in die Kaserne gebracht worden. Wie griff das in seine persönlichen Verhältnisse ein! Eigene Mietswohnung oder eine gewiß nicht sehr freundliche Arrestzelle in einer Kaserne – welch ein Unterschied! Und Paulus war ein alter Mann! Aber von seinem persönlichen Ergehen hören die Philipper und hören wir kein Wort. Nicht einmal die Andeutung einer Klage kommt über seine Lippen. Wie es ihm selber geht, das ist ihm einfach nicht der Rede wert. Nur eine einzige Frage bewegt ihn: Was bedeutet diese Wendung der Dinge für die Botschaft?! Sie schien auch da eine Wendung zum Schlimmen zu sein. Entziehung der eigenen Wohnung, Verlegung in die Kaserne, Verschärfung der Haft – war das nicht eine völlige Verhinderung seiner evangelistischen Arbeit? Die Philipper hatten offenbar von dieser einschneidenden Veränderung in der Lage des Apostels schon gehört. Paulus erzählt sie ihnen hier nicht erst als etwas Neues. Aber wenn sie nun gespannt und besorgt fragen, wie sich das alles nun gestaltet und ausgewirkt habe, dann kann Paulus ihnen antworten, **„daß seine Lage mehr zum Fortschritt[14] des Evangeliums geführt hat".**

Wie kann das sein?! Gespannt hören auch wir mit den Philippern zu. Denn diese „Lage" des Paulus ist uns Heutigen ja nicht mehr eine merkwürdige, ferne Sache, die wir uns mühsam anschaulich zu machen suchen, weil es früher einmal so etwas gegeben hat. Menschen unserer Tage, Brüder und Schwestern aus unserer Mitte, sind in ähnliche „Lagen" gekommen und werden auch weiterhin noch hineinkommen. Wie wird man mit solcher Lage innerlich fertig, was bedeutet sie für das Evangelium? Warum läßt der Herr Seine Boten in solche Schwierigkeiten geraten? Das sind Fragen von heute. Paulus setzt sich über die Schwierigkeiten nicht einfach hinweg und tut

[14] Anm. Es steht hier das gleiche Wort „Fortschritt" wie 1 Tim 4, 15.

nicht so, als wäre alles erfreulich und schön. Das merken wir an seinem Ausdruck „mehr" oder „eher". Aber das darf er nun doch dankbar feststellen, es hat alles doch „mehr", „eher" zum Fortschritt der Botschaft geführt. Denn es ergab sich eine neue, unerwartete Missionsmöglichkeit, eben in der Kaserne. Paulus spricht davon nicht in der aktiven Form: „Ich konnte hier Soldaten von Jesus sagen." Daß er von Jesus nicht schwieg, war ja selbstverständlich. Wie hätte Paulus irgendwo von Jesus schweigen können. Aber so unbedingt nötig unser Zeugnis ist, über dem Weg des Evangeliums liegt immer das Geheimnis göttlicher Führung und göttlicher Wirkung. Die „Tür des Wortes" öffnen nicht wir, sondern Gott (Kol 4, 3). Darum sagt Paulus, daß **„seine Fesseln offenbar geworden sind in Christus in dem ganzen Prätorium".**[15] Alles geschieht ja bei Paulus „in Christus". Und so hat es sich „in Christus" oder, wie wir auch hier das griechische „en" übersetzen können, „durch Christus" ereignet, daß man in der ganzen Kaserne von diesem merkwürdigen Gefangenen sprach, der sich so völlig von alledem unterschied, was man sonst wohl von Verhafteten in der Kaserne zu sehen bekam. „Warum sie so einen Mann wohl einsperren?" Nun kam es fast von selbst, daß als Antwort auf solche Fragen die Botschaft von Jesus gesagt werden konnte und durch alle Kasernenstuben weiterlief. Aber sie kam auch über die Kaserne hinaus zu „den übrigen allen". Wir wissen nicht, an welche bestimmte Menschen Paulus dabei denkt. Jedenfalls aber erzählen die Soldaten von dem Gefangenen, den sie jetzt da bei sich haben, und von dem, was er zu sagen hat. Und so erreicht nun gerade das Evangelium Menschen, an die es sonst nie herangekommen wäre. Was erst wie eine erschreckende Hinderung aussah, muß doch eher zum Fortschritt der Sache dienen.

Ein Zweites kann Paulus dankbar berichten. Paulus tat ja seine Arbeit nie als einsamer „großer Mann" allein. Wir haben da von unserm üblichen „Ein-Mann-System" her und bei unserer deutschen Neigung zur „Heldenverehrung" meist ganz falsche Vorstellungen. Gewiß nimmt er etwa den Korinthern gegenüber in Anspruch, der „Vater" der Gemeinde zu sein (1 Ko 4, 15). Aber durch eine Bemerkung in 2 Ko 1, 19 sehen wir doch, wie er selbst in Korinth in der Verkündigung mit andern zusammengearbeitet hat. Vollends in Rom war die Gemeinde und die Gemeindearbeit längst vor ihm da. Offenbar ist es eine ganze Schar von Brüdern, die dort evangelisiert. Wie hat die Verschärfung in der Lage des Paulus auf sie gewirkt? Sind sie erschrocken und eingeschüchtert still geworden, als es mit dem Prozeß gegen Paulus so ernst wird? Sicher hat es einen Schock ge-

[15] Anm. Man hat das „in Christus" auch mit dem Wort „meine Fesseln" verbinden wollen: daß die Gefangenschaft dieses Mannes eine „Gefangenschaft in Christus", eine Gefangenschaft um der Sache Jesu und nicht um eines Verbrechens willen sei, das sei den Soldaten und den übrigen aufgegangen. Aber das „in Christus" steht nun einmal zwischen „offenbar" und „geworden", so daß es nur dazu gehören kann. „Offenbar werden" ist im Neuen Testament immer ein Vorgang von Gott her: Rö 1, 19; 1 Ko 3, 13; 11, 19; 14. 25. Gott aber handelt „in Christus".

geben, den manche nicht überwunden haben. Aber **„die Mehrzahl der Brüder wagt um so mehr, furchtlos das Wort Gottes zu sagen"**. Paulus fügt ein erklärendes Partizip ein, das in der Übersetzung mit dem Satz **„weil sie im Herrn Vertrauen haben zu meinen Fesseln"** wiedergegeben ist. Andere ziehen vor zu verbinden: „weil sie aus meinen Banden im Herrn Zuversicht schöpfen".[16] Die erste Übersetzung entspricht aber der üblichen Anwendung des betreffenden griechischen Wortes, und inhaltlich erstaunlich sind beide Aussagen. Wie kann man aus der verschärften Gefangenschaft eines Bruders „Zuversicht schöpfen"? Es kann wahrlich nur als ein Wunder wider alles Übliche „im Herrn" geschehen. Oder wie kann man zu den Fesseln eines Bruders „Vertrauen gewinnen"? Nun, wir wissen es aus den Zeiten des Kirchenkampfes, wie bei Verhaftungen leicht das Fragen aufkam: Ist der Bruder nicht doch selber schuld? Ist nicht an den gegen ihn erhobenen Vorwürfen doch am Ende etwas daran? Solche Bedenken mögen damals in Rom sich auch gegen den aus der Ferne gekommenen Paulus, über den „man doch so Verschiedenes hörte", erhoben haben. Aber nun haben sich die Brüder überzeugt, daß Paulus wirklich nur um des Evangeliums willen seine Fesseln trägt, sie haben „im Herrn" Vertrauen zu seinen Fesseln. Darum sagen sich die Brüder: Nun müssen wir für den Verhafteten einspringen und „um so mehr wagen, furchtlos das Wort Gottes zu sagen", wo er es nicht mehr hintragen kann. Fällt Paulus auch selber für die öffentliche Evangelisation in Rom aus, diese verstärkte Mitarbeit der Brüder bedeutet doch einen Fortschritt des Evangeliums.

Freilich, diese öffentliche Bezeugung Jesu – Paulus gebraucht dafür neben dem Ausdruck **„verkündigen"** gern auch das Wort **„herolden"**, um recht deutlich zu sagen, daß es sich nicht um eine innerseelische „Frömmigkeit", sondern um eine weltumspannende „Siegesbotschaft" („Evangelium") handelt – geschieht nicht bei allen **„in reiner Art"** und **„in Wahrheit"**. Eine Reihe der Brüder allerdings geht mit neuem Ernst an die Arbeit **„aus Liebe, weil sie wissen, daß ich zur Verteidigung des Evangeliums bestimmt bin"**. Sie herolden den Christus **„aus gutem Willen"** oder wie wir vielleicht richtiger übersetzten **„nach Gottes Wohlgefallen"**. Aber neben ihnen stehen andere im Verkündigungsdienst, bei denen **„Hintergedanken"** und dunkle Motive wirksam sind. Hier wird von Paulus mit großer Offenheit eine Not ans Licht gestellt, die im Lauf der Geschichte der Gemeinde sich immer wieder gezeigt hat. Es ist für uns halb erschrekkend, halb tröstlich, daß sie damals schon in solchem Maße da war. Der **„Neid"** mischt sich ein – bei Predigern des Evangeliums. Wie tief wurzelt er in unserm Herzen, tiefer als manche grobe Sünde. Auch mit einer echten Bekehrung wird er daher noch nicht einfach

[16] Anm. Rein sprachlich sehr naheliegend wäre es auch, die nebeneinanderstehenden Worte: die Mehrzahl „der Brüder im Herrn" zusammenzufassen. Aber sollte Paulus hier so hervorgehoben haben, daß die Brüder wirklich „Brüder im Herrn" sind? Dagegen das „Vertrauen zu den Fesseln" erforderte eine nähere Erklärung und Begründung, die ihm durch den Zusatz „im Herrn" gegeben wird.

entwurzelt. Er regt sich auch bei Männern, die so ernst im Dienst Jesu stehen, daß sie auch in gefährlicher Lage nicht schweigen. Vielleicht waren es in Rom Männer, die sonst im Gemeindeleben im Vordergrund gestanden hatten, auf deren Wort man besonders hörte. Nun war der mächtige Einfluß eines Paulus in Rom zu spüren. Sie fühlten sich zurückgedrängt und um ihre bisherige Geltung gebracht. Da kam der Neid hoch. Wo aber Neid sich regt, gibt es notwendig Eifersüchteleien und **„Streit“**. Aus dem Neid wächst die Schadenfreude. Diese Männer sind im Grunde froh, als Paulus durch die Überführung in die Kaserne ausgeschaltet wird. Nun ist er ihnen nicht mehr im Wege, nun können sie ihre alte Stellung wiedergewinnen. So werden auch sie jetzt eifrig, aber **„aus Eigennutz“**.[17] Sie denken bei ihrer lebhaften und mutigen Arbeit zuletzt an sich selbst, an Einfluß in der Gemeinde. Ja, sie kommen sogar zu dem häßlichen Gedanken: Nun mag dieser Paulus sich nur tüchtig ärgern, wenn er machtlos in seinen Fesseln zusehen muß, wie wir Boden gewinnen und alles wieder mehr in unsre Hand bekommen! Es schließt ja immer jeder von sich auf den andern; der Ehrgeizige sieht den Ehrgeiz auch in das Herz des Beneideten hinein. Es müssen doch wohl Äußerungen dieser Art ausgesprochen und weitergesagt worden sein, so daß sie bis zu Paulus drangen. Mit bloßen Verdächtigungen hat sich ein Paulus gewiß nicht abgegeben.

Wie wird Paulus mit dem fertig, was er da erfahren muß? Oft ist sein Wort wiederholt worden: „Daß nur Christus verkündigt werde“, und nach unserer oberflächlichen Art des Schriftgebrauchs sehr oft falsch und irreführend. Paulus hat es hier nicht mit einer Verfälschung oder Entleerung der Botschaft selbst zu tun. Er hat nicht geschrieben: „Wenn nur überhaupt etwas von Jesus gesagt wird, das ist die Hauptsache; w a s man dabei von Jesus sagt, ist dann nicht so wichtig.“ Wie er über eine inhaltliche Antastung der Botschaft denkt, hat er Gal 1, 8. 9 eindeutig und scharf genug ausgesprochen! Über **Irrlehre** hätte er sich nie „gefreut“ oder auch nur hinwegzutrösten versucht mit dem billigen Trost, daß dabei doch „irgendwie“ Christus noch vorkomme. Es geht hier nicht um den Inhalt der Botschaft, sondern lediglich um die Motive ihrer Verkündigung. Auch von den Männern, die unter dem Einfluß des Neides und der Eigensucht ihre Arbeit tun, wird wirklich „der Christus geheroldet“. Und nur weil es wirkliches Evangelium ist, was auch jene Männer sagen, kann Paulus über die unlauteren Motive hinwegsehen: **„Es wird ja doch auf jede Weise, sei es mit Hintergedanken, sei es in Wahrheit, Christus verkündigt, und daran freue ich mich.“** Mögen jene Männer ihm persönlich auch weh tun wollen, **„was tut es“?** Auch sie helfen doch dazu mit, daß das Werk des Christus anderen bekannt wird.

Auch wir bekommen hier und da damit zu tun, daß wir bei Mitarbei-

[17] Anm. So wird man das Wort „eritheia“ am besten wiedergeben, das andre freilich mit „eris“ in Zusammenhang bringen und mit „Streitsucht“ oder „Parteilichkeit“ übersetzen wollen.

tern in unserer Kirche oder Gemeinschaft hinter ihrem Eifer Neid und Ehrgeiz entdecken müssen. Vielleicht erleben wir es auch, daß andere sich freuen, wenn unsre Tätigkeit durch äußere Verhältnisse gehemmt wird, während sie Boden gewinnen. Dann dürfen auch wir so von der Sache des Evangeliums erfüllt und bewegt sein, daß wir es ohne Empfindlichkeit tragen können, wenn nur wirklich die klare Christusbotschaft Menschen erreicht.

Ob der kleine Satz „Aber ich werde mich auch freuen" noch in diesen Zusammenhang gehört, ist nicht sicher. Paulus würde dann seinem Willen Ausdruck geben, es auch weiterhin so zu halten und mit allem innerlich fertig zu werden, was ihn bitter machen möchte. Mögen meine Neider erfolgreich weiterarbeiten, während ich hier gefesselt bin – ich werde mich auch weiter doch freuen. Wahrscheinlicher leitet der Satz zu den folgenden Ausführungen über:

Der gewisse Blick in eine ungewisse Zukunft

Philipper 1, 18–26

18,19 Aber ich werde mich auch freuen! * Weiß ich doch, daß „dies
wird zu meinem Heil ausgehen" durch euer Gebet und durch die
20 Unterstützung des Geistes Jesu Christi, * nach meiner sehnlichen
Erwartung und Hoffnung, daß ich in nichts zuschanden werde,
sondern in aller Offenheit wie allezeit so auch jetzt Christus groß
gemacht wird an meinem Leibe, sei es durch Leben oder durch
21 Tod. * Denn Leben heißt für mich Christus und Sterben Gewinn.
22 * Wenn es aber das Leben im Fleisch [ist], so bedeutet das für mich
23 Frucht des Werkes, und was ich wählen soll, weiß ich nicht. * Ich
werde ja gedrängt von den beiden: Ich habe das Verlangen hin
zum Aufbrechen und Zusammensein mit Christus, denn um vieles
24 mehr besser [wäre das]; * das Verweilen im Fleisch aber ist not-
25 wendiger um euretwillen. * Und im Vertrauen darauf weiß ich,
daß ich bleiben werde und bei euch allen bleiben werde zu eurem
26 Fortschritt und Freude des Glaubens, * damit euer Rühmen über-
ströme in Christus Jesus an mir durch meine Anwesenheit wieder
bei euch.

Zu Vers 19:
43* Hio 13, 16
44* 2 Ko 1, 11

Zu Vers 20:
45* 1 Pt 4, 16
46* 1 Ko 6, 20

Zu Vers 21:
47* Rö 8, 10
48* Gal 2, 20
49* Kol 3, 4

Zu Vers 22:
50* Jo 15, 16

Zu Vers 23:
51* Jo 14, 3
52* 1 Kö 19, 4
53* 2 Ko 5, 8

Zu Vers 25:
54* Phil 1,12; 2,24
55* Phlm 22

43* Hio 13, 16: Schon das muß mir zugute kommen, denn kein Heuchler darf Ihm vor die Augen treten.

44* 2 Ko 1, 11: ... wenn auch ihr mit eurer Fürbitte hilfreich für uns eintretet, damit aus dem Munde vieler der uns zuteil gewordene Gnadenerweis durch viele auch die Dankesweihe im Hinblick auf uns erhalte.

45* 1 Pt 4, 16: ... so schäme er sich dessen nicht, sondern mache vielmehr Gott durch diesen Namen Ehre.

46* 1 Ko 6, 20: Denn ihr seid teuer erkauft worden. Macht also Gott Ehre mit eurem Leibe!

47* Rö 8, 10: Wohnt dagegen Christus in euch, so ist euer Leib zwar tot um der Sünde willen, euer Geist aber ist Leben um der Gerechtigkeit willen.

48* Gal 2, 20: So lebe also nicht mehr ich selbst, sondern Christus lebt in mir; was ich aber jetzt noch im Fleisch lebe, das lebe ich im Glauben an den Sohn Gottes, der mich geliebt und Sich selbst für mich dahingegeben hat.

Die Philipper dürfen mit Dank und Freude an die gegenwärtige Lage in Rom denken. Nicht als wäre alles „einfach" oder „schön". Es ist vieles sehr schwer und notvoll, aber es ist eher ein Fortschritt des Evangeliums daraus erwachsen, und darauf allein kommt es an. Wie hilft Paulus den Philippern (und auch uns!) zur rechten Erfassung der gegebenen Lage. Schwierige und schmerzliche Dinge wollen nüchtern gesehen und nicht billig verharmlost werden. Aber wir dürfen mit ihnen fertig werden, wenn nur ein einziges Verlangen uns ganz beherrscht: der Fortschritt des Evangeliums. Haben die Philipper (und haben wir) diese selbstlose Hingabe an die Sache Jesu?

Diese Frage wird noch wichtiger, wenn nun der Blick in die Zukunft geht. Wie wird es denn nun weiter? Wie steht es mit dem Prozeß? Wie endet das alles? Kommt Paulus frei, wird seine völlige Unschuld klar – oder geschieht das Furchtbare: Die Laune eines Nero verfügt die Hinrichtung? Wie bange warten die Philipper auf eine Nachricht, auf irgendeinen Lichtblick, der in die Dunkelheit fällt. Wie muß doch erst Paulus selber warten. Wissen wir es doch alle aus den Tagen schwerer Krankheit her oder vielleicht auch aus den Tagen eines Gerichtsverfahrens, wie es uns unaufhörlich in Herz und Gedanken umtreiben kann: Wie wird es alles werden? Oh, wenn es doch noch einmal gut würde, wenn wir doch Leben und Gesundheit und Freiheit noch einmal geschenkt bekämen! Paulus, wie siehst du in deiner gefährlichen Lage nach Jahren der Gefangenschaft in die Zukunft? Jetzt freust du dich, aber – wie wird es morgen sein?

„Aber ich werde mich auch freuen!" Die Philipper horchen auf: steht sein Prozeß doch besser, als sie fürchteten? Hat er ihnen gute Nachrichten zu geben? Sie horchen noch mehr auf: **„Weiß ich doch, daß ‚dies wird zu meinem Heil ausgehen' durch euer Gebet und durch die Unterstützung des Geistes Jesu Christi nach meinem sehnlichen Erwarten und Hoffen."** Paulus, rechnest du also mit einem Freispruch, weil wir hier in Philippi und weil so viele überall für dich beten und weil Gottes Geist ja auch das Herz eines Nero lenken

[49]* Kol 3, 4: Wenn Christus, unser Leben, offenbar werden wird, dann werdet auch ihr zusammen mit Ihm offenbar werden in Herrlichkeit.

[50]* Jo 15, 16: Nicht ihr habt Mich erwählt, sondern Ich habe euch erwählt und euch dazu bestellt, daß ihr hingehen und Frucht bringen sollt und eure Frucht eine bleibende sei, auf daß der Vater euch alles gebe, um was ihr Ihn in Meinem Namen bittet.

[51]* Jo 14, 3: . . . und wenn Ich hingegangen bin und euch eine Stätte bereitet habe, komme Ich wieder und werde euch zu Mir nehmen, damit da, wo Ich bin, auch ihr seid.

[52]* 1 Kö 19, 4: . . . er selbst aber ging eine Tagereise weit in die Wüste hinein; dort angekommen, setzte er sich unter einem Ginsterstrauch nieder. Da wünschte er sich den Tod und betete: „Es ist genug! Nimm nunmehr, Herr, mein Leben hin, denn ich bin nicht besser als meine Väter."

[53]* 2 Ko 5, 8: . . . so haben wir guten Mut, möchten jedoch lieber aus dem Leibe auswandern und in die Heimat zum Herrn kommen.

[54]* Phil 1, 12: Ich will euch aber wissen lassen, liebe Brüder, daß meine Lage hier eher zur Förderung der Heilsverkündigung sich entwickelt hat.

Phil 2, 24: . . . ich bin aber im Herrn der Zuversicht, daß auch ich selbst bald werde kommen können.

[55]* Phlm 22: Zugleich rüste dich aber auch, mich als Gast bei dir aufzunehmen, denn ich hoffe, infolge eurer Gebete euch geschenkt zu werden.

kann wie Wasserbäche? Nicht wahr, Paulus, dein **„sehnliches Erwarten und Hoffen"** geht doch natürlich auch darauf: noch nicht sterben müssen, aus dieser ganzen langen Leidenszeit noch einmal erlöst werden, in die Freiheit zurückkehren?!

Nicht umsonst hat Paulus seine Gewißheit nicht in eigene Worte gekleidet, sondern dabei Hio 13, 16 gebraucht, wie er es aus der griechischen Übersetzung des Alten Testaments kannte. Es ist, als ob er den Philippern damit sagen will: Für die Zukunft weiß ich nur das eine, was alle Menschen Gottes, auch ein Hiob, gewußt haben: zuletzt mündet es alles in Heil. Auch das geliebte Kind Gottes weiß für den irdischen Lauf der Dinge nicht, wie es weitergehen wird. Auch das geliebte Kind Gottes muß unter Umständen in alle Nöte und Schmerzen hinein. Die Zukunft ist für den Glaubenden äußerlich genauso ungewiß und ungesichert wie für jeden andern. Über dem Prozeß eines Paulus steht nicht die Garantie: für einen umbeteten Boten Jesu muß es doch gut ausgehen, so wenig es über dem Krankenlager des Frommen steht: Er muß doch wieder gesund werden.[18] Nur eines weiß der Glaubende, was alle andern nicht wissen können: ausgehen wird es ihm zum Heil!

Dabei ist es freilich eine radikal andere Denkungsweise, die den Glaubenden von allen andern trennt und den „Heiligen in Christus Jesus" total von allen andern Menschen unterscheidet, auch von den vielen, die nur eine christliche Religiosität haben. Auch der Glaubende ist nicht ein „Stoiker", nicht einer, dessen Herz von Wünschen und Hoffen nicht mehr bewegt würde. Nein, **„eine sehnliche Erwartung und Hoffnung"** lebt auch in seiner Brust. Aber ihr Inhalt ist nicht mehr das Ich und sein Gedeihen. Wie ist das im Ernst und in Wahrheit möglich? Wie kann es solche Freiheit vom Ich geben? Das ganze Herz ist so an Christus verloren, daß es nur eines noch brennend wünschen kann, **„daß ... Christus groß gemacht wird"**. Das ist wahrhaftige Liebe zu Jesus, erwachsen aus der vom Heiligen Geist gezeigten Erkenntnis, daß dieser Jesus „mich geliebt und sich selbst für mich dargegeben" hat (Gal 2, 20). Diese Liebe zu Jesus kann man nicht „machen", zu ihr kann man sich auch nicht „zwingen", sie wird geschenkt im Wunder des wirklichen Christwerdens, im Wunder der Wiedergeburt. Denn Christwerden heißt einfach, sich selbst an Christus verlieren. Paulus sieht es freilich ganz nüchtern: Auch da, wo ein wiedergeborenes Herz so zu Jesus steht, geht es durch innere Kämpfe, wenn der schwere Leidensweg beschritten werden soll. Auch als Glaubende bleiben wir „Fleisch", und unser Fleisch wehrt sich leidenschaftlich gegen alles Leiden und Sterben. Auch der wahrhaft Wiedergeborene kann darum auf diesem Wege an be-

[18] Anm. Welch tiefe Unterschiede liegen oft in einer scheinbar kleinen sprachlichen Wendung! Wenn das „gut ausgehen" statt des „zum Heil ausgehen" unser Herz bestimmt, dann ist unser „Glauben" und „Beten" noch das des fleischlich frommen Menschen. Das Gedeihen unsres Ich steht noch im Mittelpunkt selbst unsres Verhältnisses zu Gott. Das endet früher oder später in tiefen Enttäuschungen und ernsten Zusammenbrüchen solchen „Glaubens".

stimmten Stellen versagen und **„zuschanden werden“**. Auch ein Paulus und gerade ein Paulus (vgl. den Petrus vor seiner Wiedergeburt!) nimmt sich davon nicht aus, als könne ihm das selbstverständlich nicht passieren.[19] Er braucht die Fürbitte der Gemeinde! Und er braucht die Unterstützung des Heiligen Geistes, den er gerade hier den **„Geist Jesu Christi“** nennt, weil auch Jesus den Vater im Leiden verherrlicht und die Unterstützung des Heiligen Geistes gerade für Zeiten der Verfolgung und der Verantwortung vor Gericht zugesagt hat (Mt 10, 20). „Unterstützung des Geistes Jesu Christi“ ist also ein Genetiv des Subjekts. Aber Paulus geht ebensowenig bange und ungewiß in die Zukunft hinein. „Glaube“ ist jene ganz eigenartige Gewißheit, die von „Sicherheit“ ebensoweit entfernt ist wie von „Unsicherheit“: **Weiß ich doch, daß dies wird zu meinem Heil ausgehen, daß ich in nichts zuschanden werde!**[20] So war es bisher im Leben des Paulus. **„Allezeit“** wurde in diesem Leben und Dienst **„Christus groß gemacht“**. Und zwar **„in aller Offenheit“**. Paulus verwendet hier ein echt neutestamentliches Wort „parrhesia“, das Luther mit einem trefflichen Ausdruck seiner Zeit als „Freidigkeit“ wiedergibt, woraus wir dann nach Verlust dieses altertümlichen Wortes den so mißverständlichen Begriff „Freudigkeit“ gemacht haben. In ihm schwingt eine ganz falsche Gefühlsbetontheit, die dem neutestamentlichen „parrhesia“ völlig fernliegt. Nicht auf meine „freudigen“ Gefühle kommt es an. „Parrhesia“ ist zunächst ganz objektiv die „freie Öffentlichkeit“ einer Sache oder eines Redens und von da aus erst auch subjektiv die „Freimütigkeit“, mit der dieses öffentliche Handeln oder Reden geschieht. Die erste, rein objektive Bedeutung wird z. B. in dem bekannten Schlußsatz der Apostelgeschichte (28, 31) vorliegen.[21] Vielleicht denkt der gefesselte Bote auch jetzt lediglich daran: Wie auch sein Prozeß ausgehen mag, immer wird dadurch Christus „in aller Öffentlichkeit“ verherrlicht werden. Vielleicht ist sein Gedankengang aber noch bestimmt von dem „nicht zuschanden werden“: Wie es auch mit ihm weiter werden mag, klar und freimütig wird er Christus bezeugen und Ihn dadurch groß machen. Unser deutsches „Offenheit“ gibt noch am besten diese beiden Seiten der Sache ein wenig wieder.

Die Verherrlichung Jesu geschieht **„an meinem Leibe“**. Sein Leib ist es ja, der jetzt die Fesseln trägt, seinen Leib kann Nero töten lassen. Sein Leib würde es aber auch im Fall der Freilassung sein, der aufs neue die ganze Mühsal der Wanderungen, der Handarbeit zum Lebensunterhalt und des Botendienstes auszuhalten hätte. Pau-

[19] Anm. Darum geht die Bitte „Laß mich nicht zuschanden werden“ schon durch das Gebet des Psalters, vgl. Ps 25, 2. 3; 69, 7; 119, 80; 119, 116. Und darum bleibt dies ein stetes Anliegen der Fürbitte auch und gerade für bedeutende und hoch angesehene Männer und Frauen der Gemeinde.

[20] Anm. Der letzte „Ausgang zum Heil“ geschieht — wie es auch immer irdisch ausgehen mag — jedenfalls durch die Parusie des Herrn. Bei ihr „nicht zu Schanden werden“, das ist das Wichtige. Es ist darum bemerkenswert, daß sich bei der entsprechenden Aussage 1 Jo 2, 28 die gleichen Ausdrücke „parresia“ und „nicht zuschanden werden“ miteinander verbunden finden wie hier an unsrer Stelle.

[21] Anm. Vgl. aber auch Kol 2, 15.

lus war nicht – wie wir es in der Christenheit großenteils geworden sind! – „Platoniker", der nur „die Seele" schätzte und den Leib als das Nichtige oder gar „Schlechte" verachtete. Natürlich weiß auch er, wie die Sünde gerade auch den Leib verdorben hat und knechten kann: Der Leib ist „tot um der Sünde willen" (Rö 8, 10), er ist ein „Niedrigkeitsleib" (Phil 3, 21); daher muß er fest an die Kandare genommen werden (1 Ko 9, 27), die „Praktiken des Leibes" müssen „durch den Geist getötet werden" (Rö 8, 13). Aber auch das alles heißt ja schon nicht, den Leib als bloße „Hülle" der allein wichtigen „Seele" betrachten. Paulus hat biblisch gedacht und hat nüchtern und klar gesehen, wie völlig unser ganzes aktives Leben an den Leib gebunden ist und des Leibes bedarf. Darum hat er die Römer aufgefordert, nicht ihre „Herzen" oder ihre „Seele", sondern ihre „Leiber" als das rechte Opfer für Gott darzubieten (Rö 12, 1), und weiß es auch für sein eigenes Leben, daß die Verherrlichung Jesu „an" seinem Leibe, bzw. wie wir auch hier wieder das griechische „en" übersetzen können, „durch" seinen Leib geschieht. Dieser „nichtige", oft so kümmerliche und noch öfter so mißbrauchte Leib ist das Mittel zur Verherrlichung Jesu – welch eine Wahrheit!

Und zwar ganz gleichgültig, wie sein Prozeß ausgeht, im Fall der Freilassung ebenso wie im Falle der Hinrichtung, **„es sei durch Leben oder durch Tod"!** Denn hier in der „Großmachung des Christus" ist ein Lebensziel geschenkt, das radikal auch über den größten Gegensätzen steht, in die schicksalsmäßig unser Dasein zerfallen kann. Alle anderen Lebensziele, auch die geistigsten und edelsten, jeder andere Lebenssinn, selbst ein „christlicher", ist abhängig von unsrer Lage. Auch wenn ich als Ziel und Sinn meines Lebens ansehe, den Kranken und Elenden als Diakonisse zu dienen, kann ein frühes Siechtum mir diesen Lebenssinn einfach zerbrechen. Nur e i n Ziel kann mir n i e genommen werden, ein Ziel kann ich als Gesunder und als Kranker, als Gefangener und als Freier, als Lebender und Sterbender verfolgen: **„daß Christus groß gemacht wird an meinem Leibe, sei es durch Leben oder durch Tod".** Angesichts dieses mächtigen Zieles verliert die Frage nach dem Ausgang des Prozesses die beklemmende Wichtigkeit.

Und nun kommt jener kurze Satz, der einer der bekanntesten des ganzen Neuen Testamentes geworden ist. Unzählige Male ist er nachgesprochen, unzählige Male gesungen worden: „Christus, der ist mein Leben, Sterben ist mein Gewinn." Aber eben solche Sätze sind ganz besonders gefährdet und gefährlich und müssen durch alles gewohnte Halbverständnis und alle bloßen Stimmungswerte hindurch ganz neu von uns gehört werden. Auffallend ist in diesem Satz wie in diesem ganzen Abschnitt schon die prägnante Kürze der Sprache, die alle Stimmungsmomente ausschließt. Die deutsche Übersetzung in ihrer Umständlichkeit gibt nur schlecht einen Eindruck davon. Manches können wir im Deutschen überhaupt kaum wiedergeben. Im Griechischen ist beim Wort „leben" das substantivierte Verbum und das vom Verbum abgeleitete Hauptwort ebenso unterschieden, wie wir das im Deutschen bei „das Laufen" und „der Lauf", „das Singen" und „der Gesang" auch kennen. Bei „Leben" aber haben wir im Deutschen einen entsprechenden Unterschied in der Wortbildung nicht. Hier im Satz des Paulus steht das substantivierte Verbum mit Artikel: „das Leben", also die Tätigkeit des Lebens, nicht das abstraktere Substantiv „das Leben" als eine vorhandene Größe. Der Satz des Paulus ist daher viel aktiver und lebendiger zu fassen, als wir es gewöhnlich tun. Wir müssen ihn genau so lesen, wie wir etwa von einem andern Menschen hören: Sein Leben war Zeichnen und Malen. Darum ist im Urtext auch das „für mich" betont vorangestellt. Woraus andern ihr Leben bestehen mag, weiß ich nicht, es kümmert mich jetzt auch nicht, für mich besteht es aus „Christus". Der Satz meint noch etwas anderes als das bekannte Sterbelied. Es ist sehr zu fragen, ob diejenigen, die sich am Sarg erschrocken in den Trost hineinflüchten „Christus, der ist mein Leben", in Wahrheit auch schon den Satz des Paulus nachsprechen können: **„Leben heißt für mich Christus"**. Und doch, erst da, wo das als einfache Wirklichkeit bezeugt werden kann, wird auch das andere wahr, daß **„Sterben Gewinn"** bedeutet. Wie nahe liegt uns hier die fromme Phrase! Wer mit zitterndem Herzen durchlebt, welch einen **„Verlust"** das Sterben ihm bringt, ist vielleicht der Wahrheit viel näher und Gott viel lieber! Er kann aus seiner bitteren Not heraus den wirklichen Weg zu Christus finden, dem auch er dann so leben darf, daß das Sterben echt und aufrichtig auch für ihn „Gewinn" wird.[22]

Wie kann das geschehen? Nicht durch irgendwelche Künste, nicht durch irgendeinen Heroismus eigener Sterbensfreudigkeit. Das gäbe immer nur Krampf, der im Ernstfalle doch versagt. Es kann immer nur zuteil werden als lösendes, freies Geschenk, eben wenn das Leben für uns Christus wird. Denn dann wird das Sterben für uns ein „Aufbruch", der uns aus allen Nöten, Kämpfen, Leiden dieser jetzigen Existenz zu dem **„mit Christus zusammen sein"** führt. Dieses „mit Christus sein" ist freilich für Paulus nicht das letzte und eigentliche Ziel seiner Zukunftserwartung! Er kann ja nicht hier plötzlich all das verleugnen, was er nicht nur 1 Th 4, 13–18 und 1 Ko 15, 35–57 so mächtig ausgeführt hat, sondern was er auch eben in unserm Brief 1, 6. 10. 11 und vor allem 3, 20. 21 ausführt. Die manchmal versuchte Auskunft, Paulus habe sich durch das Ausbleiben der Wiederkunft Jesu und angesichts seines eigenen nahen Todes genötigt gesehen,

[22] Anm. Das „Sterben" beim leiblichen Tod darf vorgeübt werden in dem vielfältigen „Sterben" des Ich im Christenleben. Wir „sind gestorben" mit Christus — das ist ein Fundamentalsatz des Evangeliums. Im Glauben bejahen und ergreifen wir dies „Gestorbensein". Aber das bleibt nicht eine „erbauliche" gedankliche Sache. Jesus zieht uns sehr real in Sein Sterben hinein. „Allezeit tragen wir das Sterben Jesu an dem Leibe umher." „Wir, die Lebenden, werden immer in den Tod ausgeliefert um Jesu willen" (2 Ko 4, 10. 11). Wir werden Sterbenswege geführt. Auf ihnen lernen wir es lange vor unserm Tode ganz praktisch, daß „Sterben Gewinn ist". Je gründlicher und besser wir es hier lernen, desto besser werden wir auch das letzte Sterben im leiblichen Tode als „Gewinn" ansehen können. Der Satz unseres Briefes und Ausführungen wie 2 Ko 4 hängen im Leben eines Paulus tief miteinander zusammen.

nun doch in die Linie einer rein persönlichen Unsterblichkeitshoffnung abzubiegen, ist angesichts von 3, 20. 21 ganz unmöglich. Ebenso vergewaltigt aber auch die theologische Systematik, die den völligen Tod des ganzen Menschen beim Sterben im Neuen Testament gelehrt findet, unsre Stelle, wenn sie unausgesprochen in den Text eingefügt sein lassen will: „Ich habe das Verlangen, aufzubrechen und (später einmal bei der Auferstehung der Toten) mit Christus zusammen zu sein." Voreilige Systematisierungen sind dem Neuen Testament gegenüber immer vom Übel und stehen dem Ausleger nicht zu. Paulus spricht ja hier von einem „Gewinn", den ihm das **Sterben** und nicht erst die Wiederkunft des Herrn bringt. Und in seinem Verlangen, das er bezeugt, faßt er das „Aufbrechen" und das „mit Christus sein" so eng in eins zusammen, daß wir kein Recht haben, es durch eine lange Zeit des Totseins oder des Seelenschlafes auseinander zu reißen. Die Stelle verlöre dadurch ihre eigentliche Kraft im ganzen Zusammenhang der Aussagen. Wir können nur feststellen, daß die Hoffnung des Paulus reicher war, als wir in unserer Systematik so oder so wahrhaben wollen. Mit voller Kraft hat er auch beim Schreiben an die Philipper die Erwartung der Parusie festgehalten und erst in ihr und in der mit ihr erfolgenden Vollendung der Gemeinde auch durch das Geschenk eines neuen Leibes das erfüllende Ziel gesehen. Aber er hat zugleich eine solche Lebensverbindung mit Jesus gehabt, daß auch das leibliche Sterben sie nicht zerreißen, sondern nur vertiefen konnte.[23] Er ist dann „mit Christus" in einer Weise, wie er es jetzt in dieser Welt noch nicht sein konnte, obwohl er auch hier schon „in Christus" ist. Darum ist für ihn persönlich das Sterben ernsthaft und ungekünstelt „Gewinn", und er kann sich tatsächlich nach diesem „Aufbruch" von Herzen sehnen. Er kann es mit einem fast unübersetzbar knappen und starken Satz sagen: **„denn um vieles mehr besser (wäre das!)"**.

Aber Paulus war kein moderner Individualist! Der Gedanke: Wenn ich es dann also so sehr viel besser habe, dann kann ich ja die übrige Zukunftserwartung ruhig aufgeben, lag ihm vollständig fern. Ihm geht es um die Gemeinde, um die Vollendung des Werkes Jesu, um die Ehre Gottes, um die Erneuerung der ganzen Schöpfung! Und für dies alles ist ja noch nichts geschehen, wenn Paulus es nach dem Sterben geschenkt wird, mit Christus zusammen zu sein und es viel besser zu haben. Darum steht Phil 1, 21 und 3, 20. 21 redlich und klar nebeneinander, und wir haben nicht den geringsten Grund, eine Aussage zugunsten der andern abzuschwächen oder umzudeuten. Wir werden uns auch daran gewöhnen müssen, daß es Stufen in der Lebensbeziehung zu Jesus gibt, die wir nicht gegeneinander ausspielen dürfen, weil jede ihren eigenen vollen Wert hat. Es gibt ein

[23] Anm. Auch in 2 Ko 5, 6—8 finden wir die gleiche Gewißheit, daß das „Auswandern" aus dem Leib zum „Einwandern hin zum Herrn" wird. Und in 1 Th 5, 10 steht die Gewißheit des „Lebens mit Christus", ob wir „wachen" oder „schlafen", im gleichen Brief zusammen mit der ganzen Gewißheit der Entrückung bei der Parusie 4. 13 ff.

„Glauben an Jesus", es gibt ein „in Christus sein" auf dieser Erde, es gibt ein „mit Christus sein" nach dem Sterben und es gibt jenes „bei dem Herrn sein allezeit" in der Vollendung der Gemeinde; und selbst von da blickt unser Auge im Wort der Schrift noch auf weitere Stufen: „mit Christus alles ererben", „mit Christus königlich regieren" in einer neuen Schöpfung. Paulus hat alles, was er in diesem Fleisch erlebte und tat, „in Christus" getan; aber so herrlich das ist, es ist noch nicht „alles". Aus den Mühen, Schmerzen und Kämpfen seines irdischen Daseins erlöst wird er noch anders und unmittelbarer „mit Christus" sein; aber auch das ist noch nicht „alles", noch nicht das Letzte und Höchste. Mit der Gemeinde erwartet auch er dringend von den Himmeln her als Retter Jesus Christus, den Herrn, der unsern Leib der Niedrigkeit umwandeln wird gleichgestaltet dem Leib Seiner Herrlichkeit nach der Wirkungsmacht, mit der Er sich auch das All unterwerfen kann (3, 20. 21).

Redlich und frei das Sterben nicht mehr fürchten müssen, sich nach dem Aufbruch sehnen, vor dem alle sonst erschrecken und bangen, das ist etwas Großes. Aber nun gerade zeigt uns Paulus noch Größeres. Seine Haltung bleibt völlig frei von jeder sentimentalen Todessehnsucht, wie sie selbst in J. S. Bachs „Komm, süßer Tod" noch mitschwingt. Wird ihm das **„Verweilen im Fleisch"** zuteil, so **„bedeutet das für ihn Frucht des Werkes".** Und nun weiß er nicht, was er wählen soll, auch ganz konkret für den Ausgang seines Prozesses. Denn beide Wünsche sind stark in seinem Herzen, und beide sind in sich selbst rein und gut. Laß jetzt das Todesurteil kommen und mich aus all der unerhörten Last meines Lebens (vgl. 2 Ko 11, 23–33) zu einer tieferen Vereinigung mit Christus führen!, so darf er beten. Gib mir den Freispruch, ich möchte noch mehr Frucht des Werkes schaffen! – auch diese Bitte kann und darf er vor Gott bringen. Wie soll er nun beten? Eins gibt für ihn den Ausschlag: **„Das Verweilen im Fleisch aber ist notwendiger um euretwillen."** (Wörtlich das „Bleiben am Fleisch", wie unser „am Leben bleiben".) Damit ist seine Entscheidung gefallen. Das „Notwendigere" muß geschehen, bzw. in diesem Falle erbetet werden. Vielleicht will das nun folgende **„Und im Vertrauen darauf weiß ich"** nicht mehr sagen als eben dieses: Nun weiß ich, was ich wählen, worum ich beten soll: Es sagt dann nur die Befreiung aus dem Zwiespalt des Wünschens aus, ohne für den tatsächlichen Ausgang des Prozesses bestimmte Hoffnungen zu erwecken. Dem Wortlaut nach liegt es aber doch näher anzunehmen, daß Paulus die Zuversicht hatte, auch der Herr werde das „Notwendigere" berücksichtigen und es darum dem Paulus bestimmt schenken, daß er **„bleiben"** darf. Dann wird er **„bei ihnen allen bleiben";** Paulus blickt hier gewiß über Philippi hinaus auf alle Gemeinden, die ihn so nötig brauchen. Aber in einem echten Brief stehen einem zunächst nur die Menschen vor Augen, zu denen man jetzt spricht. So fährt hier auch Paulus fort: **„Zu eurem Fortschritt und Freude des Glaubens, damit euer Rühmen überströme in Christus Jesus an**

mir durch meine Anwesenheit wieder bei euch." „Fortschritt" und „Freude" werden wir zusammenfassen und den Genetiv „des Glaubens" auf beide Ausdrücke beziehen müssen. Wenn Paulus entlassen wird, dann setzt er sich nach dieser jahrelangen Leidenszeit doch nicht zur wohlverdienten Ruhe, dann geht seine Arbeit weiter! Und diese Arbeit hat ein klares Ziel: den kraftvollen, lebendigen Glaubensstand der Gemeinden. Paulus war frei von jener falschen „Demut", die nur über ihre Unzulänglichkeit und Nutzlosigkeit zu jammern weiß. Er wußte, daß auch seine Arbeit „nicht vergeblich ist in dem Herrn" (1 Ko 15, 58). So wird seine künftige Arbeit einen weiteren Fortschritt im Glauben der Gemeinden, auch der Philipper, bringen. Und wie froh wird ihr Glaube werden, wenn sie die Rettung des Apostels aus solchen Gefahren erleben! Paulus sieht schon vor sich, wie es bei seinem Besuch in Philippi nach diesen Jahren sein wird. Da wird es sehr überschwenglich zugehen. Da wird nicht nur mit liturgischen Maßen der schuldige Dank abgestattet, da **„strömt über"** das **„Rühmen in Christus Jesus"** an Paulus, an allem, was Jesus an Paulus getan oder durch ihn der Gemeinde geschenkt hat. Diese jubelnde Glaubensfreude einer ganzen Gemeinde ist wichtiger und größer als eines einzelnen Mannes Aufbruch aus den Nöten dieses Lebens in den Friedensbereich des Herrn. Paulus hat die Zuversicht, daß Gott dieses Wichtigere und Größere gewähren wird.

Was die Gemeinde indessen tun soll!

Philipper 1, 27–30; 2, 1–18

a) 1, 27–30. Steht einmütig zusammen im Leidenskampf!

27 Allein: Würdig des Evangeliums von dem Christus führt euer
Gemeindeleben, damit, ob ich nun komme und sehe euch oder ab-
wesend bin – ich höre, wie es bei euch geht, daß ihr steht in einem
Geist, mit einer Seele gemeinsam ringend für den Glauben an das
28 Evangelium * und nicht eingeschüchtert in nichts von den Wider-
sachern, was ja für sie ein Anzeichen des Verderbens, aber eurer
29 Rettung ist, und das von Gott. * Denn euch wurde geschenkt das
„für Christus", nicht nur das an Ihn glauben, sondern auch das für
30 Ihn leiden, * indem ihr denselben Kampf habt, wie ihr ihn saht an
mir und jetzt hört von mir.

Zu Vers 27:
[56]* 1 Th 2, 12
[57]* Eph 4, 3
[58]* Rö 15, 30
[59]* Apg 4, 32

Zu Vers 28:
[60]* 1 Ko 16, 9
[61]* 2 Th 1, 5–7

Zu Vers 29 u. 30:
[62]* Apg 5, 41; 16, 22

[56]* 1 Th 2, 12: ... ermahnt und euch zugeredet und euch beschworen haben, ihr möchtet würdig des Gottes wandeln, der euch zu Seinem Reich und zu Seiner Herrlichkeit beruft.

[57]* Eph 4, 3: ... und seid eifrig bemüht, die Einheit des Geistes durch das Band des Friedens zu erhalten.

[58]* Rö 15, 30: Ich bitte euch aber dringend, liebe Brüder, bei unserm Herrn Jesus Christus und bei der Liebe, die der Heilige Geist wirkt: steht mir mit den Gebeten, die ihr für mich an Gott richtet, im Kampfe kräftig bei ...

[59]* Apg 4, 32: Die Gesamtheit der Gläubiggewordenen aber war ein Herz und eine Seele, und kein einziger nannte ein Stück seines Besitzes sein ausschließliches Eigentum, sondern sie hatten alles als Gemeingut.

Das freudige Bild des Wiedersehens hat Paulus sich und den Philippern vor Augen gemalt. Aber er hat es nicht getan, damit sie nun davon träumen und die Zeit mit Warten und Bangen ausfüllen. Mit einer kraftvollen Bewegung („Allein: –") wendet Paulus nach diesen ganzen persönlichen Mitteilungen die Philipper wieder ihren eigenen Angelegenheiten und Aufgaben zu. Mag der frohe Tag des überströmenden Rühmens geschenkt werden, allein jetzt ist der Tag mit seinen Anforderungen da, und diese Anforderungen sind für die Philipper ebensowenig leicht wie für Paulus.

„Führt euer Gemeindeleben." Das Tätigkeitswort, das hier von Paulus gebraucht wird, kann bis zur allgemeinen Bedeutung „sein Leben führen, wandeln" abgeblaßt sein. So begegnet es uns etwa Apg 23, 1. Wenn Paulus hier nun eben doch nicht das sonst auch von ihm meist verwendete „peripatein" für „Wandeln" nimmt, so wird er in „politeuesthai" doch das „politische" Moment mit ausgedrückt haben wollen, das auch für unser Ohr darin liegt: also nicht nur „Führt euer Leben!", sondern „Führt euer Gemeindeleben!". Wir werden dadurch erneut daran erinnert, daß das Neue Testament sich ja nie an einsame Einzelne wendet, daß es ihm nicht an der Ausbildung von Persönlichkeiten als solchen liegt, sondern um „Gemeinde", um Bruderschaften und ihr gemeinsames Leben geht. „Wandel", „Heiligung", auch das und gerade das ist im Neuen Testament Sache der Bruderschaft.

Wie soll das Gemeindeleben gestaltet werden? Paulus, der darum rang, daß die Gemeinden nicht einer gesetzlichen Heiligung anheimfielen (vgl. besonders Kol 2, 16–23), kann auf diese Frage nicht mit bestimmten „Satzungen" antworten. Satzungen können nie die ständig wechselnde Fülle des lebendigen Lebens erfassen und bleiben immer im Äußeren stecken. Darum gibt Paulus einen Richtpunkt, der von innen her immer neu das Verhalten im Zusammenleben der Gemeinde bestimmen kann: **„Würdig des Evangeliums von dem Christus führt euer Gemeindeleben!"** Es ist das ein sehr bezeichnender Zug der neutestamentlichen „Ethik". Nicht das Tun und Leisten der Menschen ist hier das Erste. Zuerst werden sie frei und reich beschenkt: Das Evangelium von dem Christus, dem Erretter mit seiner nie zu begreifenden Liebe, kommt zu ihnen. Aber nun freilich gibt es ein Leben und Tun, das dieser königlichen Gnade, dieser unverdienten Liebe entspricht. „Auserkorene, Hochgeborene, standesgemäß

80* 1 Ko 16, 9: . . . denn es hat sich mir hier Gelegenheit zu vielseitiger und erfolgreicher Wirksamkeit geboten; freilich fehlt es auch nicht an Gegnern.

81* 2 Th 1, 5–7: Darin liegt ein Hinweis auf das gerechte Gericht Gottes, daß ihr nämlich des Reiches Gottes würdig erachtet werdet, um dessentwillen ihr eben zu leiden habt. * Denn das entspricht doch sicherlich der Gerechtigkeit Gottes, euern Bedrängern mit Drangsal zu vergelten, * euch aber, den Bedrängten, Erquickung in Gemeinschaft mit uns zuteil werden zu lassen . . .

82* Apg 5, 41: So gingen sie denn aus dem Hohen Rat weg, hocherfreut, daß sie gewürdigt worden waren, um des Namens willen Schmach zu erleiden.

Apg 16, 22: Da trat die Volksmenge gleichfalls gegen sie auf, und die Stadtrichter ließen ihnen die Kleider vom Leibe reißen und ordneten ihre Auspeitschung an.

man wandeln muß." Worin dieses „würdige" Tun und Leben heute und hier besteht, das kann den Philippern ein andrer aus der Ferne nicht vorschreiben, das können sie aber selber in der Bruderschaft herausfinden. Mit sicherem und wachsendem „Feingefühl" (1,9.10) werden sie spüren: Dies ist nicht „würdig des Evangeliums", das aber kann von uns als den Leuten des Christus erwartet werden.

Paulus hat seine Briefe diktiert. Dabei hatte er aber nicht eine Sekretärin, die rasch mit Stenographie nachschrieb. Man kannte damals nur große Buchstaben, die man auf sehr rauhem Schreibmaterial sehr mühsam hinmalen mußte. So ging das Diktieren nur langsam vorwärts. Was mag in dem brennenden Geist eines Paulus vor sich gegangen sein, während er Wort für Wort einzeln diktierte! Kein Wunder, daß er auch einmal aus der Satzkonstruktion herausfiel, wie wir es nun an unserer Stelle sehen: **„damit, ob ich komme und sehe euch oder abwesend bin – ich höre, wie es bei euch geht, daß ihr ..."** Aber gerade dieser Sprung im Satzbau macht es sehr deutlich, was Paulus sagen will. So wie durch den ganzen Brief die Ungewißheit und der Zwiespalt im Blick auf das endgültige Schicksal des Apostels geht (vgl. nebeneinander 1,20.25.26; 2,17.18.23), so bleibt es auch jetzt unklar: Wird Paulus selber wieder in Philippi sein und sehen, wie es dort geht, oder wird er weiter von der Gemeinde getrennt und auf Nachrichten angewiesen bleiben? Einerlei! Darauf kommt nichts Entscheidendes an. Die Hauptsache ist, **„daß ihr steht in einem Geist, mit einer Seele gemeinsam ringend für den Glauben an das Evangelium".** Was ein „Gemeindeleben würdig des Evangeliums" immer umfassen mag, die eine Aufgabe ist der Gemeinde in Philippi als eine wesentliche gestellt: sie hat zu **„stehen".** Wir haben im Kirchenkampf dieses einfache Wort „stehen" ohne jede nähere Beifügung wieder zu schätzen und zu brauchen gelernt: Die Pastoren haben „gestanden", die Gemeinde „steht". Sie hat nicht große Dinge zu tun, nicht große Offensiven zu machen. Aber sie hat im Trommelfeuer menschlicher und dämonischer Angriffe unerschütterlich und unnachgiebig zu stehen. Darum ist „Geduld" im Sinn ausharrender Tragkraft ein so entscheidendes und häufiges Wort des Neuen Testamentes bis hin zu jenem „Hier ist Geduld und Glaube der Heiligen" (Offb 13,10) im letzten Kampf der antichristlichen Weltepoche. Darum bekommt „Philadelphia" das Lob und die besondere Zusage des Herrn, „weil du bewahrt hast das Wort meiner Geduld" (Offb 3,10). Und da liegt auch die Aufgabe der Philipper. Der Brief, der wie kein anderer ein Brief der „Freude" ist, ist nicht nur geschrieben von einem Mann im Leiden, sondern ist auch gerichtet an eine Gemeinde, die seit Jahren in Bedrängnis und Not lebt! Der leidenschaftliche Widerstand, der sich damals sofort gegen Paulus erhob (Apg 16,19–24), ist mit seiner ehrenvollen Entlassung aus dem Gefängnis (Apg 16,35–39) nicht zu Ende gewesen. Denn hinter ihm steckte doch wohl nicht nur die erbitterte menschliche Geldgier und der national römische Stolz, sondern die Finsterniswelt, in deren

Machtbereich Paulus mit der Befreiung der jungen Sklavin vom Wahrsagergeist (Apg 16, 16–18) unmittelbar und mächtig eingegriffen hatte. „Widersacher" bedrohen auch heute noch ernstlich die Gemeinde.

Will die Gemeinde diesen ihr verordneten Kampf recht bestehen, dann ist dabei ihre Einheit und Geschlossenheit nötig. Diese Einheit hat ihren objektiven Grund in dem **„einen Geist"**, aus dem sie leben darf. Wir sahen schon, wie Paulus sofort am Anfang des Briefes das „alle, alle" betonte. Auch an diesem Kampf müssen alle, alle beteiligt sein. Sie können es auch ohne Rücksicht auf ihre Stärke oder Schwäche, weil der eine Geist für sie alle da ist, der ihnen genauso wie dem Apostel hilft, „daß sie in nichts zuschanden werden", sondern daß auch an ihnen Christus groß gemacht wird im Leiden. Aus diesem gemeinsamen, von Gott geschenkten Grund geht dann das **„mit einer Seele gemeinsam Ringen für den Glauben an das Evangelium"** hervor, aus dem Objektiven das unentbehrliche Subjektive. Paulus hat hier zu dem Wort „zusammenringend" oder „mitringend" einen Dativ gesetzt: „dem Glauben des Evangeliums". Dieser Dativ könnte sprachlich von dem „zusammen" oder „mit" im Verbum abhängen und so besagen, daß die Philipper „zusammen mit dem Glauben" ihren Kampf durchführen. Der Glaube wäre dann wie eine eigene lebendige Macht vorgestellt. Der Dativ könnte aber auch hier wie an vielen andern Stellen Dativ des Mittels sein. So faßt ihn A. Schlatter: „daß ihr ... mit einer Seele durch den Glauben an die gute Botschaft gemeinsam ringt". Dann wäre das Ziel des Kampfes nicht mehr ausdrücklich angegeben. Sprachlich näher liegt aber doch, im „Glauben an das Evangelium" den Gegenstand zu sehen, für den gerungen wird, für den sie in Philippi gemeinsam ringen sollen.

Dabei geht es jetzt nicht um die Offensive des Zeugnisses. Von diesem Kampf um Menschenherzen spricht Paulus hier nicht. Er wählt für diese Aufgabe der Evangelisation überhaupt lieber andere Bilder (vgl. etwa 2 Ko 2, 12; 2, 14–16; 4, 3–6) als das des „Kampfes". Hier geht es um den leidenden Abwehrkampf, es geht darum, „daß nicht jemand weich würde in diesen Trübsalen", wie er es den Thessalonichern sagt (1 Th 3, 3), daß niemand wankend wird und abfällt, daß die Gemeinde in allen ihren Gliedern geschlossen zusammenbleibt. So wie im Neuen Testament überhaupt die „passiven" Tugenden „Sanftmut, Demut, Geduld" stark betont werden, so ist auch der „Kampf" der Gemeinde nicht „Angriff" auf andere, sondern unerschütterliches Ausharren unter den Angriffen der andern und dem Haß der Welt.

Darum fährt Paulus sogleich fort: **„und nicht eingeschüchtert in nichts von den Widersachern"**. Er unterstreicht stark: **„nicht ... in nichts"**. Es darf keine Drohung und kein Vorgehen der Widersacher geben, vor dem die Gemeinde ängstlich wird und zurückweicht. Der Kampf kommt allerdings jetzt noch nicht zu seinem Ende, wie er grundsätzlich für die Gemeinde Jesu als ganze in dieser Weltzeit nicht zum Ende kommen kann. Er stammt ja aus dem „Haß der Welt" (Jo 15, 18. 19), der nicht aufhört, sondern der sich zum Ende dieses Aeons hin nur steigert. Weil nicht die Gemeinde die angreifende ist, kann sie über die Führung dieses Kampfes auch nicht verfügen. Sie kann Ruhepausen dankbar genießen und benutzen (Apg 9, 31), aber sie muß damit rechnen, daß die Welt von sich aus den Kampf immer neu eröffnet, und kann dagegen nichts tun. Äußerlich wird die Gemeinde in diesem Kampf selten oder nie triumphieren. Sie darf sich darüber keinen falschen Erwartungen hingeben. Sie hat ihrem Herrn auf dem Weg des Kreuzes, des Leidens und des äußeren Unterliegens zu folgen. Aber in ihrem ungebrochenen und leidenswilligen Widerstand richtet doch Gott selbst ein Zeichen auf. Die Gemeinde muß leiden, weil ihre Gegner die Macht in den Händen haben. Doch gerade wenn die Gemeinde Jesu nun nicht Macht gegen Macht setzt und sich nicht in weltlicher Weise geschickt wehrt, aber zugleich trotz aller Leiden doch nicht einzuschüchtern und mundtot zu machen ist, dann zeichnet sich darin schon das Unrecht der Gegner und das Recht der Gemeinde, das kommende Verderben der Feinde und die endliche Rettung der Gemeinde ab. Das Zeichen ist objektiv von Gott gegeben, ob es von Menschen gesehen und verstanden wird oder nicht. Gott selbst zeichnet darin die Zukunft vor. Wie das Kreuz Jesu Christi mit seinem Leiden, seiner „Schwachheit", seiner „Niederlage" doch schon das „Zeichen" des Sieges und der kommenden Weltvollendung ist, so gilt das auch von dem Kreuzesweg der Gemeinde. Sie darf dies „Zeichen" im Glauben sehen und sich dadurch stärken lassen (vgl. 2 Th 1, 3–10). Die Gegner aber sind blind dafür und meinen immer wieder mit der baldigen Vernichtung der Gemeinde rechnen zu können, wenn sie vielleicht auch je und dann ein Grauen vor dem Volke Gottes überkommt, wie einst die Ägypter, wenn sie erkennen müssen: „Je mehr sie das Volk drückten, je mehr es sich mehrte und ausbreitete" (2 Mo 1, 12).

Gerüstet ist die Gemeinde für diesen unerschütterlichen leidenden Widerstand, denn ihr **„wurde geschenkt das ‚für Christus'"**. So hat es Paulus zunächst in seiner mit Vorliebe so knappen Sprache gesagt. Aber von welch entscheidender Wichtigkeit ist diese kurze Aussage! Wir kennen in unserm Christentum fast nur noch das „Christus für uns". Ganz gewiß, das ist und bleibt die Grundlage bis zu unserm letzten Atemzug, ja bis in die Ewigkeit hinein. Auch ein so großer Knecht Gottes wie Spurgeon konnte am Ende seines Lebens keine andere Theologie haben als nur diese einfache in vier Worten: „Jesus starb für mich". Und doch soll uns eben in einer echten und wirklichen Erlösung noch mehr geschenkt werden, eine wirkliche Lösung von dem bloßen ichbezogenen „für mich", eine tatsächliche Befreiung zu einem **„für Christus"**. Paulus hat nicht gefürchtet, daß nun die Gemeinde sagen könnte: So, erst verspricht Er uns, unser Heiland zu sein und alles für uns zu tun, und nun kommt Er doch mit Forderungen, daß wir für Ihn etwas tun oder gar leiden sollen! Welch eine Unerlöstheit, welch eine harte, finstere Gebundenheit im Ich-Gefängnis spräche sich darin aus! Paulus erwartet, daß die Philipper ihn verstehen, wenn er ihnen sagt: Ihr seid reich beschenkt und gesegnet, weil euch das „für Christus" zuteil geworden ist. Dieses „für Christus" ist dabei zunächst ganz allgemein und umfassend. Darum hat Paulus es in diesem kurzen Wortlaut vorangestellt. Jeder Dienst für Christus, alles Leben für Ihn ist darin eingeschlossen. Das wirkliche Christsein durchläuft immer wieder diese verschiedenen Bezogenheiten zwischen Jesus und uns: „Durch Christus" – „in Christus" – „für Christus". Aber dieses „für Christus" erweist seine Wahrheit doch besonders rein, wenn es zum Leiden für Christus wird. Er hat für uns gelitten, der Gerechte für die Ungerechten; nun dürfen wir als die Erretteten und Versöhnten für Ihn leiden. Wir „dürfen". Darum fährt Paulus fort: Euch wurde geschenkt **„nicht allein das an Ihn glauben, sondern auch das für Ihn leiden"**. So ist das Leiden um Jesu willen nicht ein bitteres Schicksal, aus dem man sich so rasch wie möglich wieder heraussehnt, sondern ein Geschenk, das zum Christsein dazugehört und eine Frucht wirklicher Erlösung ist. So hat Paulus sein eigenes Leben, Kämpfen und Leiden angesehen. Ein „agon", ein „Wettkampf" wird dadurch aus seinem Leben, bei dem es mit Einsatz aller Kraft um den großen Siegespreis geht. Es ist der Kampf, **„wie ihr ihn saht an mir"**. Paulus hat ihnen das Geschenk des „für Christus" sofort am Anfang seiner Wirksamkeit in Philippi vorgelebt. In der Nacht im Gefängnis, mit zerschlagenem Rücken, die Füße in den Block gezwängt, haben Paulus und Silas nicht gemurrt und nicht geklagt, sondern Gott gelobt, weil ihnen auch dies „für Christus" lauter Gnade war. Und jetzt **„hören sie es von ihm"**, eben aus diesem Brief, wie Paulus nicht nach Freispruch und besseren Tagen verlangt, sondern nur eines sehnlich erhofft, daß „Christus groß gemacht wird an seinem Leibe" – ein mächtiges „für Christus". Diesen „Kampf" teilen sie nun mit ihm. Welche Freude und Stärkung für sie, sich so ganz mit ihrem Apostel verbunden zu sehen. Es geht uns erst ganz auf, was Paulus in 1, 7 meinte: „meine Teilhaber an der Gnade, ihr alle". Wenn es so bei ihnen steht, dann ist es einerlei, ob Paulus selber zu ihnen kommen und dies alles sehen kann oder ob er von ihnen getrennt bleibt und abwesend von ihrem Ergehen hört; wichtig ist nur, daß die Gemeinde ihren Beruf erfüllt und ans Ziel gelangt. Dafür aber ist die Einheit in der Gemeinde die entscheidende Voraussetzung, um die es Paulus auch in dem folgenden Abschnitt geht.

b) 2, 1–11. Seid eins in der rechten Liebe!

Zu Vers 1:
1* 2 Ko 13, 13

1 **Gibt es nun Mahnung in Christus, gibt es Tröstung der Liebe, gibt es Gemeinschaft des Geistes, gibt es Herzlichkeit und Erbar-**

1* 2 Ko 13, 13: Die Gnade des Herrn Jesus Christus und die Liebe Gottes und die Gemeinschaft des Heiligen Geistes sei mit euch allen!

2 men, * so macht mir die Freude voll, daß ihr auf dasselbe bedacht
3 seid, dieselbe Liebe habt, einträchtig, auf das eine bedacht, * nichts
aus Eigensucht noch aus eitlem Geltungsdrang (tut), sondern durch
4 die Demut einander für wichtiger haltet als euch selbst, * nicht auf
das Eigene jeder blickt, sondern jeder auch auf das der andern.
5 * Auf das seid bedacht in euch, was auch in Christus Jesus (lebte):
6 * Er, in Gestalt Gottes wesend, hielt nicht für einen Raub das Sein
7 gleich Gott, * sondern entäußerte Sich selbst, Gestalt eines Skla-
8 ven annehmend, in Gleichheit der Menschen geworden. * Und in
Haltung erfunden als Mensch erniedrigte Er Sich selbst, geworden
9 gehorsam bis zum Tod, zum Tod aber des Kreuzes. * Darum auch
hat Gott Ihn übererhöht und Ihm geschenkt den Namen, der über
10 jeden Namen ist, * damit in dem Namen Jesu „jedes Knie sich
11 beuge", der Himmlischen und Irdischen und Unterirdischen, * „und
jede Zunge anerkenne", daß Herr (ist) Jesus Christus, zur Herr-
lichkeit Gottes, des Vaters.

Die Übersetzung versucht gerade hier ohne Rücksicht auf gutes Deutsch die lapidare Wucht der paulinischen Aussagen wiederzugeben, damit wir gerade diesen bekannten Abschnitt neu hören und für die sprachlich verschieden mögliche Auslegung offen sind.

Paulus ringt um die Einheit, die volle und tiefe Einheit der Gemeinde. Wie beschämt muß unsere so zerspaltene und zerklüftete Christenheit lesen, wie sehr es einem Paulus auf die wirkliche, jetzt und hier gelebte Einheit der Gemeinde ankam. Die „e i n e heilige Gemeinde" war i h m nicht bloß „Gegenstand des Glaubens"! Er sah diese Einheit nicht in der „Einheit der Lehre" gegründet oder durch Unterschiede der Erkenntnis wesentlich bedroht. Darauf fällt in unserm Abschnitt überhaupt kein Blick. Ganz andere Dinge sind als Grund oder Gefährdung der Einheit entscheidend. Die Geschichte der evangelischen, auf „Lehre" aufgebauten Kirchen hat gezeigt, daß man so nur zu immer neuen Spaltungen kommen kann, weil gerade

Zu Vers 2:
2* Rö 15, 5
3* Phil 3, 16
Zu Vers 3:
4* Gal 5, 26
5* Rö 12, 10
6* Phil 2, 21
Zu Vers 4:
7* 1 Ko 10, 24. 33; 13, 5
Zu Vers 5 u. 6:
8* Jo 1, 1.2; 17, 4. 5
Zu Vers 7:
9* Jes 53, 3. 11. 12
10* Mt 20, 28
11* Rö 8,3
12* 2 Ko 8, 9; 13, 4
13* Hbr 2, 14. 17
Zu Vers 8:
14* Hbr 5, 8; 12, 2
15* Lk 14, 11
16* Jo 10, 17
Zu Vers 9:
17* Mt 28, 18
18* Apg 2, 33
19* Eph 1, 21
20* Hbr 1, 3. 4; 2, 9
21* Jes 42, 8
Zu Vers 10:
22* Jes 45, 23
23* Mt 27, 29!
24* Jo 5, 23
25* Offb 5, 13
Zu Vers 11:
26* Rö 10, 9
27* 1 Ko 12, 3

2* Rö 15, 5: Der Gott aber, von dem standhaftes Ausharren und Trost kommen, möge euch dazu verhelfen, einen einträchtigen Sinn untereinander nach der Weise Christi Jesu zu besitzen.
3* Phil 3, 16: ... nur laßt uns nach derselben Überzeugung, zu der wir bereits gelangt sind, unbeirrt weiter wandeln.
4* Gal 5, 26: Laßt uns nicht nach eitler Ehre begierig sein, einander nicht herausfordern, einander nicht beneiden!
5* Rö 12, 10: In der Bruderliebe zueinander seid voll Herzlichkeit; in der Ehrerbietung komme einer dem anderen zuvor!
6* Phil 2, 21: ... alle anderen denken ja nur an sich selbst, nicht an das, was der Sache Jesu Christi dient.
7* 1 Ko 10, 24: Niemand sei auf seinen eigenen Vorteil bedacht, sondern auf die Förderung des anderen.
1 Ko 10, 33: ... wie auch ich allen in jeder Hinsicht zu Gefallen lebe, indem ich nicht meinen Vorteil suche, sondern den der vielen, damit sie gerettet werden.
1 Ko 13, 5: ... sie ist nicht rücksichtslos, sie sucht nicht den eigenen Vorteil, läßt sich nicht erbittern, rechnet das Böse nicht an.
8* Jo 1, 1. 2: Im Anfang war das Wort, und das Wort war bei Gott, und Gott war das Wort. Dieses war im Anfang bei Gott.
Jo 17, 4. 5: Ich habe Dich hier auf der Erde verherrlicht und habe das Werk vollendet, dessen Vollführung Du Mir aufgetragen hast. Und jetzt verherrliche Du Mich, Vater, bei Dir selbst mit der Herrlichkeit, die Ich bei Dir besaß, ehe die Welt war.

unsere Erkenntnis „Stückwerk" und darum unabgeschlossen und also auch bei uns allen verschieden ist. Wohl steht das „phronein" in unserm Abschnitt für die faktische Einheit der Gemeinde im Mittelpunkt: **„daß ihr auf dasselbe bedacht seid"** (Vers 2) und noch einmal **„auf das eine bedacht"** (Vers 3). „Phronein" heißt schon „Denken", aber wie Vers 5 besonders klar zeigt, ist nicht das theoretische „Denken" des Theologen gemeint, sondern das praktische, willensmäßige Denken, das „Bedachtsein auf ...", die „Gesinnung". Es geht um das „phronein" Jesu Christi, und das ist hier nicht das lehrmäßige Denken, mit dem der ewige Gottessohn freilich ein zutreffendes Bild aller Dinge hätte geben können, sondern es ist das „Denken", das den Gottessohn vom Thron der Herrlichkeit in die Schmach des Kreuzestodes führte! In der Einheit d i e s e s „Denkens", nicht in der Einheit der Erkenntnis und der Lehre, liegt die feste, unzerbrechliche Einheit der Gemeinde. Wenn alle so „denken", wie Jesus Christus auch gedacht hat, als Er für Sünder starb, dann können sie sich nicht entzweien, dann halten sie an den Brüdern fest.

Paulus folgt auch hier wieder der Grundlinie seiner „evangelischen Ethik": Vor unserm Tun und Leisten liegt das Empfangen! Aber aus dem Empfangen resultiert dann auch ein bestimmtes, entschlossenes Handeln, das das Empfangene gebraucht: „Gibt es .., gibt es ..., dann ...!"

Der Gemeinde ist geschenkt **„Mahnung in Christus"**. Das hier stehende griechische Wort, uns allen bekannt aus dem Namen „Paraklet", der den Heiligen Geist als „Beistand", „Anwalt", „Tröster" bezeichnet, ist in seiner Grundbedeutung, ähnlich wie das folgende mit „Tröstung" übersetzte, ein „Zusprechen". Dieser „Zuspruch" kann mehr ein ermunternder und mahnender oder ein aufrichtender und tröstender sein. Manche übersetzen darum unsere Stelle auch gerade

[9*] Jes 53, 3. 11. 12: Nein, Er war verachtet und gemieden von den Männern, ein Mann der Schmerzen und mit Krankheit vertraut, ja wie einer, vor dem man das Angesicht verhüllt, verachtet, so daß wir Ihn für nichts ansahen. Vers 11: Infolge Seiner Seelenqual wird Er Frucht sehen und satt werden; durch Seine Erkenntnis wird als Gerechter Mein Knecht den Vielen zur Gerechtigkeit verhelfen, indem Er ihre Verschuldungen auf Sich legt. Darum will Ich Ihm die Vielen zuteilen und mit Starken soll Er Beute teilen zum Lohn dafür, daß Er Sein Leben in den Tod hingegeben hat und unter die Übeltäter gezählt worden ist, während Er doch die Sünde der Vielen getragen hat und für die Übeltäter fürbittend eingetreten ist.

[10*] Mt 20, 28: ... wie ja auch der Menschensohn nicht gekommen ist, Sich bedienen zu lassen, sondern zu dienen und Sein Leben als Lösegeld hinzugeben für viele.

[11*] Rö 8, 3: Denn was dem Gesetz unmöglich war, das, worin es wegen des Fleisches ohnmächtig war — Gott hat die Sünde im Fleisch verurteilt, indem Er Seinen Sohn in der Gleichgestalt des Sündenfleisches und um der Sünde willen sandte ...

[12*] 2 Ko 8, 9: Ihr kennt ja die Gnade unseres Herrn Jesus Christus, daß Er, obschon Er reich war, doch um euretwillen arm geworden ist, damit ihr durch Seine Armut reich würdet.

2 Ko 13, 4: Denn Er ist infolge von Schwachheit gekreuzigt worden, lebt aber durch die Kraft Gottes.

[13*] Hbr 2, 14. 17: Weil nun die Kinder am Blut und Fleisch Anteil haben, hat auch Er gleichermaßen Anteil an ihnen erhalten, um durch Seinen Tod den zu vernichten, der die Macht des Todes hat, nämlich den Teufel. Vers 17: Und daher mußte Er in allen Stücken Seinen Brüdern gleich werden, damit Er barmherzig würde und ein treuer Hoherpriester Gott gegenüber, um für die Sünden des Volkes Vergebung zu erwirken.

[14*] Hbr 5, 8: ... und hat trotz Seiner Sohnesstellung an Seinem Leiden den Gehorsam gelernt.

Hbr 12, 2: ... indem wir dabei hinblicken auf Jesus, den Anfänger und Vollender des Glaubens, der umgekehrt: „Gibt es nun Trost in Christus, gibt es ein ermunterndes Wort der Liebe ..."

Wir dürfen jedenfalls bei der „Mahnung in Christus" nicht „moralisch" und bei der „Tröstung der Liebe" nicht „sentimental" denken. Es gibt in der Gemeinde das zusprechende Wort, das „in Christus" wurzelt und darum kein leeres Wort bleibt, sondern gestaltende Kraft besitzt, und es gibt das aufrichtende Wort, das aus der göttlichen Liebe kommt und darum wirksame Hilfe darreicht. Die Gemeinde hat ferner **„Gemeinschaft des Geistes"**. Das bedeutet jetzt nicht Gemeinschaft untereinander im Heiligen Geist, sondern „Anteilhabe am Geist"; der Geist Gottes wohnt in der Gemeinde und schafft in ihr Sein Werk. Weil aber das, was der Christus, die göttliche Liebe und der Heilige Geist uns geben, wirklich unser eigener Besitz wird, darum hat nun die Gemeinde auch selber **„Herzlichkeit und Erbarmen"**.[24] Wieder wird uns, wie schon oben in 1, 8, deutlich, daß die Bruderschaft einer Gemeinde sich freilich nicht in „Gefühlen" erschöpft, aber auch ebensowenig nur Betriebsamkeit von Hilfeleistungen und kühle Tat ist. Die „Eingeweide" müssen schon bewegt werden, und die äußere oder innere Not des Bruders muß ein lebendiges Erbarmen wecken. Das gibt es aber in der Gemeinde!

Das alles hat die Gemeinde empfangen. Wenn sie es nicht verachtet und unwirksam macht, sondern es gebraucht und darin lebt, dann stärkt und erhält es ihre Einheit. Paulus freut sich an diesem reichen Gemeindeleben. Aber eben weil sie das alles haben, bittet er: **„Macht mir die Freude voll, daß ihr auf dasselbe bedacht seid, dieselbe Liebe habt, einträchtig, auf das eine bedacht."** Wie wunderbar hier in der scheinbaren Bezogenheit auf das eigene Ich gerade die ganze selbstlose Liebe zum Ausdruck kommt! Paulus erbittet für sich und zu seiner Freude, was doch vielmehr der Philipper eigenster Gewinn

[24] Anm. Auch diese Herzlichkeit und dieses Erbarmen hat die Gemeinde nur als Anteilnahme an dem, was die Bibel vielfältig als G o t t e s Eigentum bezeugt: Ps 25, 6; 51, 3; 119, 77; Lu 1, 78; 6, 36; Rö 12, 1; 2 Ko 1, 3; Kol 3, 12; Jak 5, 11.

---

um den Preis der Freude, die Ihn erwartete, den Kreuzestod erduldet und die Schmach für nichts geachtet, dann Sich aber zur Rechten des Sohnes Gottes gesetzt hat.

[15*] Lk 14, 11: Denn wer sich selbst erhöht, wird erniedrigt werden, und wer sich selbst erniedrigt, wird erhöht werden.

[16*] Jo 10, 17: Um deswillen hat der Vater Mich lieb, weil Ich Mein Leben hingebe, damit Ich es wieder an Mich nehme.

[17*] Mt 28, 18: Da trat Jesus herzu und redete sie mit den Worten an: „Mir ist alle Gewalt im Himmel und auf Erden verliehen."

[18*] Apg 2, 33: Nachdem Er nun durch die Rechte Gottes erhöht worden ist und den verheißenen Heiligen Geist empfangen hat vom Vater, hat Er jetzt diesen (Geist), wie ihr selbst seht und hört, hier ausgegossen.

[19*] Eph 1, 21: ... hocherhaben über jede Herrschaft und Gewalt, über jede Macht und Hoheit, überhaupt über jeden Namen, der nicht nur in dieser, sondern auch in der zukünftigen Weltzeit genannt wird.

[20*] Hbr 1, 3. 4: Dieser ist der Abglanz Seiner Herrlichkeit und die Ausprägung Seines Wesens und trägt das Weltall durch Sein Allmachtswort; Er hat Sich, nachdem Er die Reinigung von den Sünden vollbracht hat, zur Rechten der Erhabenheit in den Himmelshöhen gesetzt und ist dadurch um so viel größer geworden als die Engel, wie der Name, den Er als Erbteil erhalten hat, den ihrigen überragt.

ist. Aber gerade indem er es so formt, gibt er seiner Mahnung eine unnachahmliche Zartheit und nimmt ihr jeden Beigeschmack eines Hineinredens von außen und von oben herab. Alles, was der Gemeinde gegeben ist, hilft zu ihrer Einheit, aber doch muß diese Einheit noch besonders erstrebt und vor allen Störungen bewahrt werden. Wie leicht führt uns doch das, worauf wir bedacht sind, auseinander. Sogar die Liebe kann in den einzelnen verschieden sein, verschieden stark und verschieden klarblickend (vgl. 1, 9. 10). Darum müht sich Paulus, in vielfältigen Ausdrücken ans Herz zu legen, was zur Einheit gehört.

Denn die alten Todfeinde der Gemeinschaft leben auch in wiedergeborenen Herzen weiter und kommen immer wieder ans Licht: „Eigensucht" (vgl. oben 1, 17) und „Geltungsdrang". Dagegen muß willentlich angegangen werden. Das Neue Testament meint weder, daß in unserm Leben als Christen alles „von selbst" in Ordnung kommt, noch daß das bloße Beten um die rechte Haltung genügt. Das Neue Testament ruft zum tapferen Einsatz des wiedergeborenen Willens auf: „Nichts aus Eigensucht oder aus eitlem Geltungsdrang!" Und positiv erfolgt die wirksame Bekämpfung der niedrigen Motive, indem ihr **„durch die Demut einander für wichtiger haltet als euch selbst, nicht auf das Eigene jeder blickt, sondern jeder auch auf das des andern".** Das Übersetzen ist hier wieder nicht leicht. Das Wort „hyperéchein" kann auf die rein faktische Überordnung des andern hinweisen, aber auch auf die qualitative Überlegenheit. In der bekannten Stelle Rö 13, 1 wird von der „Obrigkeit" dies „hyperéchein" ausgesagt, ebenso in 1 Pt 2, 14 vom „König". Paulus wird den Gemeindegliedern nicht zumuten, grundsätzlich die andern für „vortrefflicher" zu halten. Das gäbe doch wohl eine unwahre und künstliche „Demut". Wohl aber kann Liebe und Demut dazu führen, daß ich den andern mit der Ehrerbietung begegne, die der natürliche Mensch nur denen entgegenbringt, die ihm in ihrer Stellung über-

Hbr 2, 9: ... wohl aber sehen wir Den, der für eine kurze Zeit unter die Engel erniedrigt gewesen ist, nämlich Jesus, um Seines Todesleidens willen mit Herrlichkeit und Ehre gekrönt; Er sollte ja durch Gottes Gnade für jeden den Tod schmecken.

[21*] Jes 42, 8: Ich bin der Herr, das ist Mein Name, und Meine Ehre gebe Ich keinem andern und Meinen Ruhm nicht den Götzen.

[22*] Jes 45, 23: Bei Mir selbst habe Ich geschworen, hervorgegangen ist aus Meinem Munde Wahrheit und ein Wort, das unverbrüchlich ist: Vor Mir soll jedes Knie sich beugen, Mir jede Zunge schwören!

[23*] Mt 27, 29: ... flochten aus Dornen eine Krone, die sie Ihm aufs Haupt setzten, und (gaben) Ihm ein Rohr in die rechte Hand; darauf warfen sie sich vor Ihm auf die Knie nieder und verhöhnten Ihn mit den Worten: „Sei gegrüßt, Judenkönig!"

[24*] Jo 5, 23: ... damit alle den Sohn ebenso ehren, wie sie den Vater ehren. Wer den Sohn nicht ehrt, ehrt auch den Vater nicht, der Ihn gesandt hat.

[25*] Offb 5, 13: Und die ganze Schöpfung im Himmel und auf der Erde und unter der Erde und auf dem Meere und alles, was in ihnen lebt, hörte ich rufen: „Dem, der auf dem Throne sitzt, und dem Lamm Lobpreis und Ehre, Herrlichkeit und Macht in alle Ewigkeit."

[26*] Rö 10, 9: Denn wenn du „mit deinem Munde" Jesus als den Herrn bekennst und „mit deinem Herzen" glaubst, daß Gott Ihn von den Toten auferweckt hat, so wirst du gerettet werden.

[27*] 1 Ko 12, 3: Darum tue ich euch kund, daß niemand, der im Geiste Gottes redet, sagt: „Verflucht ist Jesus!" und keiner zu sagen vermag: „Jesus ist der Herr!" außer im Heiligen Geist.

geordnet sind. Ich kann den andern „wichtiger nehmen" als mich selbst, auch wenn er der Schwächere und Unbegabtere ist. Dabei bezeichnet „Demut" dem Wortlaut nach dasjenige „Denken", das auf das Geringe und „Niedrige" bedacht ist. Der „Geltungsdrang" nimmt die eigene Person wichtig und will für sie die angesehene Stellung, die rühmliche Aufgabe, den sichtbaren Platz. Und wenn der andre das selbstverständlich alles auch will, ist die Eintracht in der Gemeinde unmöglich und der Riß in der Bruderschaft da.[25] Jetzt erst werden auch die abweichenden Erkenntnisse gefährlich, denn jetzt soll ja „meine" Ansicht allein gelten, ich kann nicht mehr auf den andern ernsthaft hören und mich vielleicht von seinen biblischen Gründen überzeugen lassen. Solchen „Geltungsdrang" kann auch eine ganze Gruppe in der Gemeinde haben. Die „Demut" aber ist frei vom Ich und „sachlich" auch in der Prüfung von Erkenntnisfragen. Sie tut gern auch den unscheinbaren Dienst, die im Hintergrund bleibende Arbeit, das geringe Werk und überläßt fröhlich den andern das, was bedeutsamer erscheint und mehr Anerkennung findet. Das kann echt und aufrichtig geschehen ohne eine unwahre Beurteilung der andern und der eigenen Leistung. „Paulus redet nicht von einer unwahren Höflichkeit, die den Schwachen wie einen Helden preist und den, der nicht regieren kann, in die Ämter stellt. Da wäre ja wieder die Eitelkeit zur Herrschaft über die Gemeinde gebracht" (A. Schlatter). Paulus meint selbstverständlich auch nicht die als „Demut" maskierte Verantwortungsscheu und Bequemlichkeit, die den großen Aufgaben ausweicht, weil sie den vollen Einsatz unter Mühen und Schmerzen verlangen. „Wer mit der vollen Hingabe seiner ganzen Kraft als der letzte in der Gemeinde steht, wird auch, wenn er als erster handeln muß, dies mit derselben Treue tun" (A. Schlatter).

In der Welt ist natürlich jeder sich selbst der Nächste, jeder denkt nur an sich und hat seinen Blick nur auf seine eigenen Dinge gerichtet. Die Anliegen der andern liegen außerhalb seines eigentlichen Blickfeldes. Darum gibt es in der Welt auch keine echte Gemeinschaft, sondern nur die Angst voreinander und die eifersüchtige Gegenwehr gegeneinander. In der Bruderschaft der Gemeinde Jesu kann und soll es anders sein, hier dürfen die Brüder so zueinander stehen, daß **„nicht auf das Eigene jeder blickt, sondern jeder auch auf das der andern"**. Paulus verlangt nicht, daß ich meine Sachen vernachlässige und nur noch für andere bemüht bin. Damit würde ich der Gemeinde ja nur Schwierigkeiten machen und von andern die Besorgung dessen in Anspruch nehmen müssen, was ich selbst für mich und die Meinen versäume. Aber daß mein liebender und sorgender Blick „auch" auf die Bedürfnisse, Schwierigkeiten und Nöte des Bruders geht, das hat Paulus erwartet, und er hat damit gerechnet, daß

[25] Anm. Wie liegen hier die Gefahren und Versuchungen gerade bei den „Heiligen"! Welch schmerzliche und beschämende Einblicke in die Geschichte aller Kirchen und Gemeinschaften bestätigen die Dringlichkeit der warnenden Bitten, die Paulus hier an die Philipper richtet!

dafür noch genug Zeit, Kraft und Vermögen übrigbleibt. Dabei soll die Gemeinde nicht in solche zerfallen, die andre für sich sorgen lassen, und solche, die alles für die andern hergeben. Betont steht in der Mahnung das „jeder". Wenn aber so „jeder" auch an den andern denkt, dann wird keiner zu kurz kommen und keiner überlastet werden. Dann herrscht in der Gemeinde eine fröhliche Eintracht.

Es geht bei all dem nicht um „Ideale". Denen stimmen wir leicht und gern zu. Es geht nicht darum, daß wir solche Predigt hören mit einem „ja, ja, so sollte es unter Christen sein"! Paulus will einfach die tatsächliche, konkrete Verwirklichung von all dem in dieser Gemeinde in Philippi. Und das ist schwer! Wie schwer es ist, das weiß Paulus selbst. Darum begnügt er sich nicht mit den Motiven, die er am Anfang des Abschnitts nannte, nicht mit den Gaben, die es in der Gemeinde „gibt", nicht mit der Bitte: Macht mir, eurem Apostel, dem Gefangenen für das Evangelium, doch die Freude voll! Er ruft gerade hier zum mächtigsten Antrieb auf, der in der Gemeinde Jesu überhaupt da sein kann: zum Blick auf Jesus! Und so geschieht das Merkwürdige, daß dies Stück „christliche Ethik" auf einmal einmündet in eines der wichtigsten Stücke „Dogmatik", die wir im Neuen Testament haben, daß diese Anweisungen zur konkreten Gestaltung des Gemeindelebens enden in der anbetenden Schilderung Jesu!

Unsere Theologie darf es nie vergessen: Diese Sätze über Jesus, aus denen die Dogmatik der Jahrhunderte wieder und wieder geschöpft hat, entstammen nicht einem „dogmatischen" Interesse! Gerade nicht ein einsamer theologischer Denker hat sie gefunden, weil sein theoretisches Fragen um das Geheimnis der Person Jesu kreiste. Nicht ein scharfsinniger Kämpfer hat sie geformt, um „reine Lehre" von Irrlehre abzugrenzen. Ein Mann hat sie diktiert, der um die rechte Eintracht seiner Brüder in Demut und Liebe rang. Sie sind in all ihrer Dogmatik ein Stück dieses Ringens.[26]

Daher geht es nun auch in den folgenden berühmten Zeilen (die jeder Christ auswendig können sollte) gar nicht um die Lösung theoretisch-theologischer Probleme. Nicht dann lesen wir sie richtig, wenn wir aus ihnen ein möglichst klares dogmatisches Bild der Menschwerdung, Erniedrigung und Erhöhung des Gottessohnes gewinnen, sondern dann, wenn unser selbstsüchtiges und eitles Herz erschüttert wird von dem Weg, den Jesus ging, und wenn dies Herz dann, überwunden von der Liebe Jesu, in anbetender Dankbarkeit willig die gleiche Wegrichtung einschlägt.

Um das „Vorbild" Jesu geht es. **„Auf das seid bedacht in euch, was auch in Jesus Christus** (lebte)"! Aber es ist nicht gemeint das Vorbild eines „edlen Menschen", dem wir „Bewunderung" widmen, um selber dann doch zu bleiben, wie wir waren. Hier werden wir vor eine einzigartige Geschichte gestellt. Daß dies „Geschichte" und nicht

[26] Anm. Vielleicht verwendet der Apostel hier sogar einen „Christuspsalm", den er in der Gemeinde vorgefunden hat. Manche Forscher meinen aus sprachlichen Merkmalen erweisen zu können, daß diese ganze Christologie nicht unmittelbar von Paulus selbst geformt worden ist.

„Mythus" ist, kann man freilich niemand beweisen. Aber das sollte sich jeder sehr einfach klarmachen, daß dies ganze Zeugnis jeden Wert und jede Kraft verliert, wenn es nicht Geschichte, sondern „Mythologie" ist. Was eine mythische Gestalt tut und erlebt, läßt mich völlig gleichgültig. Es geht mich ja auch wirklich nichts an. Lassen sich allgemeine existenzielle Aussagen über mich aus dem Ganzen herausentmythologisieren, so erbitte ich mir diese Aussagen lieber ohne diesen seltsamen Umweg in klarer Philosophie. Nur wenn es wirklich Jesus ist, der den hier geschilderten Weg tatsächlich ging, der Jesus, den ich kenne, den ich liebe, dem ich gehöre, weil Er „mein" Jesus, mein Erretter, mein „Leben" ist, nur dann bewegt das, was hier geschildert ist, mein ganzes Selbst. Dann gibt es mir etwas, was keine Existentialphilosophie mir zu geben vermag, was aber sie alle empfingen, die in der langen Geschichte der Gemeinde Jesu diese Worte offenen Herzens lasen. Paulus macht selbstverständlich keinen Versuch, die Wirklichkeit all dieser Aussagen zu „beweisen". Hier kann nicht bewiesen, hier kann nur gehört und durch den Glauben im Heiligen Geist erfaßt werden.

Nicht von einem noch so edlen und großen Menschen hören wir, sondern von dem Einen, von dem es gesagt werden muß: **„Er in Gestalt Gottes wesend hielt nicht für einen Raub das Sein gleich Gott."** In Gestalt Gottes wesend – vielfältig hören wir dieses klare Zeugnis im Neuen Testament: Er ist das „Wort", das „bei Gott war" und „Gott von Art", sagt Johannes; Er ist der „Abdruck des Wesens Gottes" und „alle Dinge durch das Wort Seiner Macht tragend", sagt der Hebräerbrief; Er ist das „Ebenbild des unsichtbaren Gottes", „durch Ihn und zu Ihm ist alles geschaffen", sagt der Kolosserbrief. Darin nimmt Jesus an der Gottheit Gottes teil, darin hatte Er „Gestalt Gottes", daß Gott Sich selbst in Ihm aussprach, daß Gott in Ihm einen Abdruck Seines Wesens, Sein Bild vor Sich hinstellte, daß Gott dem All mit seinem Sichtbares und Unsichtbares umfassenden Reichtum in Ihm Ursprung und Ziel gab. „Verstehen" kann dies freilich niemand. Wer wollte Gottes letzte Geheimnisse fassen! Aber es ruht allerdings das ganze Evangelium darauf, daß in Jesus Der bei uns ist, der vom Herzen des Vaters kam. Für Paulus ist dies Geheimnis so völlig gewiß, daß er daran nichts erklärt und deutet, daß er nur dieses eine kurze Wort davon sagt: **„in Gottes Gestalt wesend".** Dabei dürfen wir „Gestalt" nicht als Gegensatz zum „Wesen" verstehen. In der „morphe" drückt sich gerade das „Wesen" aus. Jesus hatte Anteil an Gottes „Art". Schön sagt es Luther: „Der Sohn des Vaters, Gott von Art..."

Aber nun wird Paulus beredt! Denn nicht in die unergründlichen Seinsgeheimnisse Gottes gilt es einzudringen, sondern in das Herz, in das „Denken" Jesu. Und wunderbar: Während alle Trinitätslehre der Kirche jene Geheimnisse des Wesens Gottes höchstens mit negativen Ausdrücken andeutend umschreiben, aber nicht unserm Verständnis nahebringen kann – hier können wir verstehen! Was erblicken wir im Herzen des Sohnes Gottes? Wie empfindet Er Sein gottheitliches Dasein? Wir kennen alle von uns selbst das süße Hochgefühl, mit dem wir unsrer Gaben und Fähigkeiten, unsrer Stellung und unsres Einflusses innewerden. Wir wissen, daß wir es alles als unser gutes Recht betrachten, wie zäh wir es festhalten und verteidigen. Wenn der Sohn von Gott her Grund und Ziel aller Dinge ist, wie muß Er darin sich sonnen, wie muß Er das auskosten und Seine Hoheitsrechte ausüben! O, wir ahnen, was das heißt, wenn nun der Blick in das Herz des Sohnes etwas völlig anderes zeigt: **„Er, in Gestalt Gottes wesend, hielt nicht für einen Raub das Sein gleich Gott."**

Über den seltsamen Ausdruck **„hielt nicht für einen Raub"** hat man viel nachgedacht. Das Wort selbst kann sowohl das Rauben bedeuten wie das Geraubte, die Beute, oder dann abgeschwächt auch ein Geschenk des Zufalls, einen Glücksfund. Aus den beiden letzten Bedeutungen ergäbe sich als Sinn der Stelle: Jesus betrachtete das „Sein gleich Gott", die Existenz in Gestalt Gottes, nicht als etwas, das wie ein Raub oder wie ein Glücksfund festgehalten und ausgenutzt werden müsse. Schon so spricht diese Stelle mächtig zu uns, die wir selber unser Leben und unser Glück wahrlich wie einen „Raub" umklammern, ausbeuten und genießen. Aber fällt nicht doch auf unsere Stelle und die merkwürdige Wahl des Ausdrucks noch ein ganz anderes Licht, wenn wir daran denken, daß Paulus ja den kannte, der das „Sein gleich Gott" bei der Versuchung im Paradies den Menschen verlockend vorgehalten hatte, weil es in seinem eigenen Herzen als wildes, empörerisches Verlangen brannte, Satan hielt es in der Tat für einen Raub, Gott gleich zu sein! So wäre dann schon der erste Satz unsres Textes heilsgeschichtlich gefaßt mit dem Blick auf Urfall und Urfeind. Der ganze Weg Jesu, den Paulus beschreibt, wurde ja erst durch den Fall des Menschen und sein tiefes Elend notwendig. Dem Urheber dieses Falles, dem schon Michael in Seinem Namen das „Wer ist wie Gott?!" entgegenschleuderte, dem Urfeind, der das „Sein gleich Gott" sich rauben und erobern wollte, tritt der Aufheber des Falles entgegen, der Sohn, der Gestalt Gottes als Sein wahres Eigentum besaß und der nun im völligen Gegensatz gegen das innerste Denken des Feindes daraus keinen „Raub" macht. Ihm ist das Gleichsein mit Gott reines Geschenk der Liebe. Jeden Augenblick empfindet Er es so lauter und völlig als wunderbare freie Gabe, daß Er es auch seinerseits nur in dieser innersten Freiheit besitzen will, die nicht den leisesten „Anspruch" darauf erhebt und keinen umklammernden Griff danach tun mag.[27] Innerste Gesinnung im Herzen

[27] Anm. Ernsthaft zu erwägen ist aber auch dasjenige Verständnis der Stelle, das im „Sein gleich Gott" nicht das gleiche sieht wie das „wesen in Gestalt Gottes", sondern eine Gleichheit an Würde und Macht, die der Sohn damals noch nicht besaß, die Er nun aber auch nicht raubend an sich zu reißen suchte. „Für einen Raub halten" bekommt dann seinen vollen ursprünglichen Sinn. Bei diesem Verständnis ist Jesus noch ausgeprägter das Gegenbild Satans. In Seinem Herzen erhebt sich nicht die neidische Frage, die Satan umtrieb: „Warum soll ich hohes, göttliches Wesen nicht die volle Gleichheit an Macht und Würde haben?"! Er schlägt vielmehr den entgegengesetzten Weg ein: statt des Griffs nach der Gottgleichheit wählt Er Entäußerung und Gehorsam und wird „Jehova-Jesus", vor dem alle Knie sich beugen.

des Sohnes Gottes, wie staunen wir zu Dir empor! Wie beten wir vor Dir an! Aus Dir ist alles erwachsen, was wir in Deinem Werk, ausgeführt in der Zeit, vor uns sehen. Und diese Gesinnung ist das richtende Licht, in das wir unser eigenes Herz zu stellen haben. Ja mehr: Das eben ist das Werk des Sohnes, daß wir von der uns verseuchenden Satansgesinnung gereinigt und in dies Denken Jesu mit hineingenommen werden. **„Auf das seid bedacht in euch, was auch in Christus Jesus (lebte)!"** So dürfen sie als die „Heiligen in Christus Jesus" in Philippi miteinander umgehen, daß keiner mehr seine Stellung, seine Begabung, seinen Besitz ängstlich oder anspruchsvoll in seinem Herzen wie einen Raub betrachtet.

Was im Herzen des Sohnes als Sein „Denken" lebte, das blieb nicht dort verborgen, sondern trat als Tat, als Kette von Taten hervor, Er **„entäußerte Sich selbst, Gestalt eines Sklaven annehmend".** Es wurde das ausgelöst durch das Werk des Urfeindes, der seine satanische Empörung gegen Gott in die Welt hineintrug, den Menschen zu Fall brachte und dadurch die ganze Schöpfung in grauenhaftes Elend riß. In unserem Abschnitt sagt aber Paulus davon kein Wort. Ausschließlich und voll ist sein Blick auf das Tun Jesu als solches gerichtet, und allein in Seiner Beziehung zu Gott gesehen. Das ist uns so heilsam, die wir nach unserer selbstischen Art Jesus immer gleich und nur als „unsern" Heiland betrachten, immer nur bedenken, was Sein Handeln uns einbringt, und darüber vergessen, daß Er der „Sohn" war, dessen Liebe zuerst dem Vater galt und zuerst Gottes Recht und Gottes Ehre und Gottes Sache im Auge hatte. Wir wollen uns auch da in das Gesinntsein, wie Jesus Christus auch war, hineinnehmen lassen und den Sätzen des Paulus folgen, so wie er sie in der Erleuchtung des Heiligen Geistes uns geschrieben hat.

Aber freilich – kann ein armer Sünder das alles lesen, ohne zugleich in der Tiefe eines zerbrochenen und staunend beseligten Herzens in allem das „Um deinetwillen!", „Durch deine Schuld!", „Für dich!" zu hören? Wird nicht das Vorbild Jesu erst dadurch wirkungsmächtig, daß wir Elenden, Hochmütigen, Ungehorsamen in diese Geschichte Jesu mit hineinverflochten sind, weil Er sie für uns durchlitt? Paulus will uns ganz gewiß nicht daran hindern. Er ist kein abstrakter Theologe, der hier bei der Nennung des Kreuzestodes Jesu auf einmal alles vergessen kann, was er sonst über die rettende Bedeutung dieses Sterbens verkündigt hat. Ein Sünder kann diese Verse des Philipperbriefes eigentlich nur auf den Knien lesen, Dem dankend, der diesen Weg zu seiner Errettung gegangen ist. Aber eben dann dürfen wir uns anbetend freuen, daß unser Heiland der Sohn Gottes ist, dessen Verhältnis zu Gott, wie es Paulus uns hier zeigt, das unentbehrliche Fundament unsrer Erlösung ist.

Bei uns kann zwischen unserer gedanklichen Gesinnung und unserer Tat eine tiefe Kluft liegen. Das hat Paulus Rö 7, 14 ff. als unser Elend geschildert. In Jesus finden wir nichts von dieser Kluft. Sein Denken wird vollständige Tat. Daß Er nichts als „Raub" betrachtet, was Gottes Liebe Ihm verliehen, das beweist Er dadurch, daß Er alles fortgibt, so vollständig fortgibt, bis Er „Gestalt eines Sklaven" hat, dem nichts gehört, nicht einmal sein eigener Leib und sein eigenes Leben. Dabei ist es nicht ganz unwichtig, zu beachten, daß Paulus nicht formlierte: „nahm Sklavengestalt an, indem Er Sich entäußerte", sondern: „entäußerte sich, indem Er Sklavengestalt annahm". Das „sich Entäußern" ist der grundlegende und entscheidende Vorgang, der das „nicht für einen Raub halten" in Tat und Wirklichkeit umsetzte. Das Annehmen der Sklavengestalt ist nur die Kennzeichnung der Tiefe, bis zu der die Entäußerung ging. Vielleicht sollten wir dabei, statt des für uns durch lange kultische Gewöhnung schon wieder „schön" geworden und „erbaulichen" Ausdrucks „Er entäußerte sich" lieber das wörtliche herbe „Er machte Sich leer", „Er machte sich zu nichts" nehmen. So also müssen wir Jesus, den Menschen Jesus, auf Erden sehen! „Gottmensch" heißt gerade nicht „halb Mensch, halb Gott". Jesus ist gerade nicht ein verkleideter Göttersohn, unter dessen dürftiger Verhüllung „eigentlich" lauter Gold und Silber hervorblitzt. Ganz gewiß, es bleibt das Ungeheure, ohne das es keine Rettung für uns und die Welt gäbe: Dieser Mensch Jesus ist G o t t ! Trotzdem der griechische Ausdruck „morphé Gottes" und „morphé eines Sklaven" es für unsern Sprachgebrauch nahelegt, findet doch gerade keine „Metamorphose" statt. Es geht nicht um „Verwandlung" von „Substanzen". Die uns vertraute Übersetzung „ob Er wohl in göttlicher Gestalt w a r" darf uns nicht irreführen. **„In Gestalt Gottes wesend"** ist etwas in sich selbst Ewiges und Unverlierbares. Auch über dem Menschen Jesus auf dem Leidensweg und gerade über Ihm steht Gottes „Das ist Mein lieber Sohn, an welchem Ich Wohlgefallen habe". Aber über die Gottheit ist hier auch nicht die unwesentliche Hülle der Menschheit gezogen. Es ist voller Ernst mit der Menschwerdung. **„In Gleichheit der Menschen geworden"**, setzt darum Paulus hinzu und **„in Haltung erfunden als Mensch"**. Das griechische Wort für „geworden" ist dabei sprachlich vieldeutig. Es kann nur einfach aussagen: „ein Mensch gleich andern ward Er" (Heinzelmann); es hat aber auch den Klang von „kommen, auftreten", dann würde es heißen: „im Menschenbild auftrat" (Weizsäcker); es kann endlich auch speziell auf die Geburt gehen: im „Abbild der Menschen geboren" (Schlatter)! Die drei Übersetzungen zeigen, wie schwierig die rechte Erfassung und Wiedergabe der griechischen Worte sein kann; zu einer Entscheidung rein aus sprachlichen Gründen können wir nicht kommen. Aber wie wir es auch fassen, s o jedenfalls haben wir den Menschen Jesus in Seinem ganzen Dasein auf Erden zu sehen: entleert, „Gestalt Gottes" in „Gestalt eines Sklaven". Das ist mit keinem Denken zu fassen, hier versagen alle Kategorien der „Zweinaturenlehre". Die „Gestalt Gottes" und die „Art der Sklaven in Gleichheit der Menschen" ist gleichzeitig in Jesus da. Nicht vom „Substanz"-Gedanken her, sondern nur in Bildern des personhaften Seins können wir uns das in ahnenden

Anfängen klarmachen, wenn etwa ein Vater im Umgang mit seinem Kind „in Qualität eines Erwachsenen wesend sich entäußert und eines Kindes Art an sich nimmt". Man kann es nur im kühnsten Denkwiderspruch aussprechen: Das eben ist die wahre Gottheit Jesu, alle „Gottheit" abzulegen und Sklavengestalt zu wählen. Es ist das, was gerade nur Der kann, der an der Schöpfermacht Gottes Anteil hat; für jeden andern würde es bloßes Spiel einer „Verkleidung". Aber was nicht zu „denken" ist, das steht dennoch so einfach in der Wirklichkeit vor uns und das hat das anbetende und singende Herz in der Gemeinde aller Zeiten immer neu erfaßt. So liegt das Kind in der Krippe: Er, in Gestalt Gottes wesend – ein hilfloses, schwaches Kind wie alle Menschenkinder, völlig leer gemacht von aller Hoheit und Größe, der Windeln bedürftig. So steht Er in der Versuchung: Muß denn der Sohn Gottes hungern? O ja, denn ein Sklave nimmt sich nicht selber das Brot, er hat nur, was sein Herr ihm gibt. So steht Er in Seinem Dienst: „der Sohn kann nichts von Sich selber tun" und „das ist Meine Speise, daß Ich tue den Willen Des, der mich gesandt hat und vollende Sein Werk". So kam Er, nicht als „Herr", um sich dienen zu lassen, sondern um zu dienen und Sein Leben hinzugeben. So tut Er das kleine Werk im Winkel Palästina unter dem widerspenstigen Israel und läßt sich die ganze Last des menschlichen Elends aufladen. So hängt Er am Kreuz, der Kleider beraubt, Hände und Füße festgenagelt, völlig entleert, völlig ein Sklave, dem nicht einmal der eigene Körper gehört, in absoluter Ohnmacht, eine wehrlose Beute der Schmerzen und des Todes – Er, der Gottes Macht und Herrlichkeit besaß. Aber nur, weil es so ist, ist dies Menschenleben und dies Sterben etwas total anderes als eines der ungezählten jammervollen Schicksale, das Menschen in dieser furchtbaren Welt zu erdulden haben. Dieses Menschenleben und dieses Sklavendasein und dieses Sterben ist in Freiheit gewählt, von Dem, dem das Sein gleich Gott zu Gebote stand. Darum ist es die Verherrlichung des Vaters durch den Sohn, darum ist es meine Rettung und die Erlösung der ganzen Welt.

Kann aber davor noch irgendeiner in Philippi, der abgeben, nachgeben, gering werden soll, erklären: „Das kann man nicht von mir verlangen? Das kann man mir denn doch nicht zumuten!"? Kann irgendeiner, ein Paulus oder ein Philipper, im Dienst dieses Jesus noch die geringsten Ansprüche machen? „Entäußern", verzichten, klein werden – kann es noch schwer werden, wenn man diesem Jesus gehört, der so weggab: Gottesgestalt in Sklavengestalt? Ist dieser ungeheure Sprung in die Tiefe irgend dem vergleichbar, wenn ein verlorener, verdammter Sünder ein Sklave dieses Jesus wird? Wenn es irgendwo in der Eintracht und Gemeinschaft der Bruderschaft nicht stimmt, weil noch irgend etwas festgehalten wird, dann haben sie dort Jesus noch nicht recht gesehen. Und eben dazu, nicht für die Kapitel einer Dogmatik, zeigt Paulus den Philippern Jesus.

Wenn Paulus fortfährt: **„Und in Haltung erfunden als Mensch, er-**

niedrigte Er sich selbst, geworden gehorsam bis zum Tod, zum Tod aber des Kreuzes", dann wird es vollends unmöglich, die Beziehung dieses Tuns Jesu zum Unheilsgeschehen der Sünde zu übersehen. Zwar fällt auch hier kein ausdrückliches Wort darüber. Die Sohnesliebe Jesu leuchtet hier zunächst in ihrem eigenen freien Glanz. Der Sohn will es dem Vater zeigen: Vater, Du hast mich so hoch erhoben und so reich beschenkt; an Dein Herz hast Du mich genommen, wie ich aus Deinem Herzen entsprossen bin, das Gleichsein mit Dir hast Du mir verliehen – Vater, gerade darum will ich Dir den ganzen, vollendeten Gehorsam erweisen, den Gehorsam, der selbst das Unmögliche kann: sterben, den Gottlosentod, den Tod des Verfluchten am Kreuz! Dabei müssen wir uns vor Augen halten, daß für den Durchblick der Bibel der „Tod" nicht einfach ein naturhaftes Geschehen, sondern eine Macht, ein „Feind", der Machtbereich Satans ist (1 Ko 15, 26; Hb 2, 14; Offb 20, 14). In dieses Reich des Todes ist der Fürst des Lebens willig hineingegangen. Wir tun wohl gut, hier erst einmal still zu stehen und diese Sohnesliebe Jesu schweigend zu betrachten. Selbst bei dem ewigen Gottessohn ist es so, daß die Liebe des Herzens sich erst in der Erweisung der Tat vollendet (Hbr 5, 8). „Und wiewohl Er Gottes Sohn war, hat Er doch an dem, das Er litt, Gehorsam gelernt." Aber zugleich **können** wir das alles gar nicht sehen, ohne unmittelbar zugleich in diesem Licht auch die Sünde erst recht zu erkennen. Sünde ist **Ungehorsam!** Sünde ist die hochmütige Selbständigkeit, die sich Gott gegenüberstellt: Ich will mein eigenes Leben haben, ich will nicht gehorchen, ich will meinen eigenen Willen. „Gib mir, Vater, das Teil der Güter, das mir gehört." Oder gesteigert bis zur äußersten Frechheit: Es existiert gar kein „Vater", der mir etwas zu geben hätte, es ist alles einfach mein! Mit dem ersten Ungehorsam im Paradies ist die Lawine des Ungehorsams ins Rollen gekommen, jene Lawine des Unheils, der Finsternis und der Leiden, die wir „Weltgeschichte" nennen. Und jede einzelne Sünde ist wieder Ungehorsam, jede kleinste Sünde ist Ungehorsam und mehrt diese Lawine und wird von dieser Lawine mitgerissen. Gott sagt, Gott warnt und bittet, ich aber – will nicht! Das ist der Schmerz des Sohnes, der den Vater liebt: Vater, wie verunehren sie Dich mit ihrem frommen oder frechen Ungehorsam, sie alle, alle! Vater, laß mich Deine Ehre wiederherstellen! Ich will freiwillig Dir den Gehorsam erweisen wie ein Sklave seinem Herrn. Vater, befiehl mir das Grauenhafteste, Vater, vor allen Engeln und vor ihm, dem Urheber alles Ungehorsams gegen Dich, will ich es gehorsam tun! Und so „erniedrigte Er sich selbst, geworden gehorsam bis zum Tod, zum Tod aber des Kreuzes".

Darum kommt in Ihm das Vergeben Gottes zu uns Ungehorsamen, zu uns Rebellen. Wer sich dem gehorsamen Sohn ausliefert, wer Glied am Leibe dieses Hauptes wird, den kann Gott begnadigen. Darum kann es aber auch bei Ihm nicht bei einer bloßen „forensischen Rechtfertigung", einer nur formalen Begnadigung bleiben. Wer sich

Ihm ergibt, den macht Er gehorsam. Paulus wird darauf gleich noch zurückkommen.

Jetzt aber sagt er das alles wieder nicht. Jetzt läßt er ein ganz anderes Darum folgen: **„Darum auch hat Gott Ihn übererhöht und Ihm geschenkt den Namen, der über jeden Namen, damit in dem Namen Jesu ‚jedes Knie sich beuge', der Himmlischen und Irdischen und Unterirdischen, ‚und jede Zunge anerkenne', daß Herr (ist) Jesus Christus zur Herrlichkeit Gottes, des Vaters."** Der Sohn hat dem Vater die ganze Liebe und darum den ganzen Gehorsam erwiesen. Gott hat das angenommen und Seinem geliebten Sohn das Äußerste zugemutet. „Welcher auch Seines eingeborenen Sohnes nicht verschont hat, sondern hat Ihn für uns alle dahingegeben", dahingegeben bis in die Gottverlassenheit am Kreuz. Aber gerade darum konnte das nicht das Ende sein und ist nicht das Ende gewesen. Der tiefen hingebenden Liebe des Sohnes entspricht die gewaltige, erhöhende Liebe des Vaters. Hinab in die äußerste Tiefe ging Jesu Weg, nun geht Er hinauf zur höchsten Höhe. Jesus machte sich leer und zu nichts, nun bekommt Er die Fülle. Er wurde zum Sklaven, nun wird Er Herr. Auf alles Recht und auf alle Ehre verzichtete Er, nun wird jedes Knie sich vor Ihm beugen und jede Zunge Seine Ehre anerkennen müssen.

„Darum hat Ihn auch Gott erhöht", so kennen wir das Wort. Paulus aber schrieb: „übererhöht", zur höchsten Höhe erhoben. Und das ist nicht nur ein starker Ausdruck, wie wir manchmal die starken Ausdrücke lieben, gerade auch in der erbaulichen Sprache. Paulus meint, was er sagt. Das macht er fast erschreckend deutlich.

Gott schenkt Jesus **„den Namen über jedem Namen".** Das besagt uns zunächst noch nichts. „Name ist Schall und Rauch", kann schon Goethes Dr. Faust mit typisch modernem Empfinden ausrufen. Namen sind heute Modesache und bedeuten uns nichts mehr. Welche „Renate" denkt daran, daß sie „Wiedergeborene" heißt. Und selbst wenn wir „Name" als „Titel" fassen – wie hat die moderne Welt mit Titeln gehaust. Heute „Feldmarschall", morgen „Verbrecher", übermorgen „Märtyrer" und am nächsten Tag wieder abgetan – was gilt in diesem Hin und Her noch wirklich? Und doch empfinden wir hier und da noch mit, wie im „Namen" auch für uns das ganze Wesen zusammengefaßt sein kann. Wie steht dem einsamen alten Witwer in einem gewöhnlichen weiblichen Vornamen seiner Ehefrau eine Welt der Liebe und Treue vor Augen, ein ganzes, reiches, durchlebtes Leben! Wie kann ein großer geschichtlicher Name auch heute noch mächtige Wirkungen auslösen. Aber freilich, alle menschlichen Namen sind nur klein und haben nur einen räumlich und zeitlich begrenzten Geltungsbereich. Ob auch Gott sie achtet, im „Himmel anschreibt" und ihnen so Dauer verleiht, ist noch zu fragen. Jesus aber hat Er den „Namen über jedem Namen" verliehen, also den Namen, in dem all das vollendet und für das Weltall und für alle Äonen da ist, was wir im kleinen Bruchstück bei diesem und jenem Namen als

Inhalt und Kraft spüren. Paulus meint nicht, Gott habe Jesus noch einen neuen höheren Titel zugelegt. So machen es die Mächtigen in dieser Welt, um ihre Diener zu ehren. Bei Jesus aber hat Gott es viel herrlicher gemacht: Eben dieses „Jesus" selbst ist nun der „Name über jedem Namen"! Das zeigt die Fortsetzung: **„Damit in dem Namen Jesu jedes Knie sich beuge."**

Darum haben wir keinen Grund, denen zu folgen, die in der Kirche den Jesusnamen geringachten und von Jesus lieber mit liturgischen oder theologischen Titeln reden zu sollen meinen. Der Name, den Gott selbst zum Namen über jeden Namen gemacht hat, darf auch uns getrost der größte, höchste und schönste Name sein. Die Gemeinde erfährt es ja auch immer aufs neue: Gerade da, wo alles darauf ankommt, wo sie Menschen mit Vollmacht von Schuld lösen oder in Krankheit aufrichten darf, da, wo sie die schwerste Schlacht zu schlagen, wo sie Finsternismächten entgegenzutreten und Menschen aus teuflischen Banden zu retten hat, da fallen alle liturgischen Ausdrücke und dogmatischen Titel hin, da ist es der einfache Jesusname selber, in dem allein alle Vollmacht und der Sieg gegeben ist. Jetzt erlebt das die Gemeinde anfangsweise. Es kommt aber der Tag, da wird dieser Anfang sich vollenden in ungeheurer Größe. Dann bringt dieser Name „Jesus" jedes Knie zum Beugen. Paulus setzt ausdrücklich hinzu: **„der Himmlischen und Irdischen und Unterirdischen".** Es gibt dann keine Ausnahme. Die Bewohner der Himmelswelt, die unendliche Menge der Engel, tun es schon jetzt mit Freude und werden es noch viel mehr tun, wenn das Geheimnis, in das sie hineinschauen möchten (1 Pt 1, 12), das Geheimnis dieses ganzen Weges des Sohnes klar vor ihren Augen liegt. Die „Unterirdischen", soweit die dämonischen Mächte damit gemeint sind, scheuen ebenfalls schon jetzt den Jesusnamen, wie es bereits in den Evangelien offenbar wird (Mk 1, 23-26 und andere Stellen) und wie es die Gemeinde Jesu zu jeder Zeit erfahren darf. Wahrscheinlich denkt Paulus bei den „Unterirdischen" an die Bewohner des Totenreiches.[28] Milliarden Menschen sind über diese Erde gegangen und gestorben, ohne Jesus gekannt zu haben. Sie werden Ihn kennen, alle, sie werden das Knie vor Ihm beugen. Und die „Irdischen", die Menschen auf dieser Erde, die großen, namhaften und die kleinen, unbekannten. Millionen wissen heute noch nichts von Jesus, Millionen lehnen Ihn ab, verachten, belächeln oder hassen Ihn, aber diese Millionen werden alle, alle ausnahmslos vor Ihm knien! Es kann dann nicht anders sein, als daß dies Beugen der Knie ein sehr verschiedenes sein wird. Wie jubelnd und selig werden die vor Jesus knien, die sich von Ihm erretten ließen, die Ihn darum liebten und für Ihn lebten! Wie entsetzt werden die in die Knie brechen, die stolz an Ihm vorübergingen oder Ihn bekämpften.

[28] Anm. Nach dem Zeugnis der Schrift ist Satan mit seinen „Engeln" durchaus nicht „unter der Erde" zu denken! Zwar droht ihnen der „Abgrund" (Offb 20, 1). Jetzt aber ist der Lufthimmel ihre eigentliche Sphäre (Eph 2, 2; 6,12), von der aus sie Menschen beeinflussen oder sogar völlig in Besitz nehmen.

Was für ein Bild, das Paulus vor uns entstehen läßt: Das ganze ungeheure Weltall mit allen seinen Bewohnern eine einzige Riesenversammlung vor Jesus auf den Knien! Das ist das eigentliche Ziel der biblischen und jeder wahrhaft christlichen Zukunftshoffnung. Jetzt verstehen wir es ganz, wie mühelos sich für Paulus beides vereinte: die persönliche Hoffnung für sein Sterben und das Festhalten an der großen weltumspannenden Eschatologie. Hat er schon sein persönliches Wünschen, „aufzubrechen und mit Christus zusammen zu sein" zurückgestellt hinter der Aussicht auf „Frucht des Werkes", hinter dem Dienst für seine Gemeinden, wie sollte er es nicht vollends für klein und unwichtig halten, wenn es um die Herrlichkeit seines Herrn Jesu und damit um die Herrlichkeit Gottes, des Vaters, geht!

Wenn Paulus stirbt und mit Christus zusammen ist, so ist das wohl für ihn persönlich „um vieles mehr besser". Aber er lebt ja nicht für sich und sein eigenes Glück, er lebt für Jesus, den Sohn Gottes, der ihn geliebt und sich selbst für ihn dargegeben. Darum sehnt sein Herz sich mächtig über sein kleines persönliches Glück bei Christus hinaus nach diesem Tag, an welchem Jesus, der Gekreuzigte, der Verkannte und Verachtete, die Anbetung aller Knie und Zungen des Weltalls empfängt. „Heimgehen, selig werden – o wunderbares Wort." Ja, ganz gewiß. Aber wir wären wahrlich nicht wert der Liebe, die Er an uns gewandt hat, wenn wir uns selbstsüchtig damit begnügten und da schon unsere Hoffnung und Erwartung enden ließen! Auch der Gemeinde von heute soll wieder das Herz so für ihren herrlichen Jesus entbrennen, daß keine persönliche Seligkeit sie befriedigt, daß vielmehr ihr ganzes Verlangen jene Stunde ersehnt, in der der Vater dem Sohne die überhohe Herrlichkeit vor den Augen aller schenkt.

Aber noch mächtiger wird der Ernst dieses **„Gott hat Ihn übererhöht"**. Dies Wort vom Beugen jedes Knies und ebenso seine Fortsetzung vom Bekennen jeder Zunge ist ja alttestamentliches Zitat. Wenn wir es aber in Jes 45, 23 nachlesen, dann finden wir, daß es dort eigentlich Gott selber gilt! Es ist ein Gottesschwur, in dem Gott in bezug auf Sich Selber sagt: „Bei Mir selbst habe Ich geschworen, hervorgegangen ist aus Meinem Munde Wahrheit und ein Wort, das unverbrüchlich ist: Vor M i r soll jedes Knie sich beugen, M i r jede Zunge schwören." Was der ewige, lebendige Gott, der Bundesgott Jehova,[29] für Sich Selbst in Anspruch genommen hat, das wendet Er

[29] Anm. Es ist bekannt, daß der Name, den Gott dem Mose für Israel offenbart (2 Mo 3, 13–15), „Jahwe" heißt. Die hebräische Schrift kennt ursprünglich nur Konsonantenzeichen; erst später kamen kleine Vokalzeichen zur Erleichterung des Lesens hinzu. Um sich nicht an der „Heiligkeit" des Gottesnamens zu versündigen, wollte man ihn lieber gar nicht aussprechen und sagte dafür „Adonai" = „Herr". Um den Leser eines hebräischen Textes daran zu erinnern, setzte man die Vokalzeichen von Adonai unter die Konsonanten Jhw. So las die Gemeinde, die die Zusammenhänge nicht wissen konnte, zunächst „Jehova". Sie hat sich, auch in ihrem Liedgut, so an diesen Gottesnamen gewöhnt, daß wir ihn stehenlassen sollten, bis einmal eine Bibelrevision die eigentliche Namensform „Jahwe" in der Gemeinde wirklich heimisch gemacht hat.

nun Jesus zu! Darum können wir den Inhalt dieses „Schwörens", dieser Huldigung, dieses „Bekennens", dies „Kyrios Jesus Christos" nicht anders fassen, als daß hier „kyrios" jenes „Herr" ist, mit dem die griechische Bibelübersetzung ähnlich wie unsere Lutherbibel den Gottesnamen „Jehova" wiedergab. Was der millionenstimmige Chor der Zungen im ganzen Weltall bekennt, das heißt also: „Jehova Jesus Christus"! Alles, was Gott als „Jehova", als der Bundesgott, der mit den Menschen Gemeinschaft stiftende Gott, getan hat, jetzt tut und tun wird, das alles ist Jesus übereignet! Alle erkennen es nun und erkennen es an: Alle Liebe Gottes zu den Menschen, alle Gnade, die Gott je erwies, alles Verschonen, alle Geduld mit einer sündigen Welt – es ruht alles allein in Jesus, in Jesu Entäußerung, Dienst und Gehorsam und ist nur um Seinetwillen geschehen.

Wird Gottes eigene Herrlichkeit damit nicht verdunkelt? Das fürchten ja viele in der Kirche, wenn die Gemeinde Jesu immer wieder diesen einen Namen rühmt und anbetet. Aber Paulus sagt: So wird Gottes Herrlichkeit ins hellste Licht gestellt! Kann denn etwas, was Gott selbst tut, Gott ‚verdunkeln'?! Ja, wenn Jesus sich diese Stellung und Ehre selber errungen oder gar angemaßt hätte, dann freilich wäre es ein „Verdrängen" Gottes gewesen. Das war es, was der Urfeind wollte. Aber Jesus, der so „übererhöht" wird, ist ja eben Der, der dem Vater zuliebe sich selbst leer und zu nichts gemacht hat, der Sohn, der dem Vater bis zum Fluchtod am Kreuz gehorsam, gehorsam war. Wie könnte in Seiner Erhöhung auch nur die Spur einer „Beeinträchtigung" des Vaters liegen! Alles was Jesus nun besitzt, ist nur Geschenk. Paulus hat bei der Verleihung des Namens über jedem Namen ausdrücklich nicht das allgemeine Wort „gegeben" gebraucht, sondern ein Wort verwendet, das den ganzen Charakter des Schenkens aus freier Güte und Gnade hervorhebt. Was konnte den Sohn mehr ehren, als daß Er es „nicht für einen Raub hielt, Gott gleich zu sein", sondern in der Sklavengestalt dienend und gehorchend vor dem Vater stand? Was kann den Vater mehr ehren, als daß Er in göttlicher Liebe und Überfülle dem gehorsamen Sohn alles schenkt und Ihn zu Seiner Rechten auf den Thron erhebt: Jehova – Jesus?

Gott zeigt es damit Seinen Feinden, allen Engeln, der ganzen Menschenwelt und also auch den Philippern, daß keiner zu kurz kommt, der für Gott den Weg der Entäußerung, des Gehorsams und des Dienens geht. Wer in Philippi gern hinter andern Brüdern zurücktrat, gern den geringen und unscheinbaren Dienst tat, willig auf sein „Recht" und seine „Ehre" verzichtete, darf auf Jesus blicken und ganz ohne Sorge sein: Gott beschenkt auf solchem Wege gerade mit königlicher Gnade!

Zu Vers 12:
28* 2 Ko 7, 15
29* 1 Pt 1, 17
30* Ps 2, 11

c) 2, 12–18. Übt ernsten Gehorsam!

12 **Also, meine Geliebten, wie ihr allezeit gehorsam wart, nicht wie in meiner Anwesenheit allein, sondern jetzt viel mehr in**

meiner Abwesenheit: Mit Furcht und Zittern schafft eure eigene
13 **Rettung, * denn Gott ist es, der da wirkt in euch, sowohl das Wol-**
14 **len wie auch das Wirken, des Wohlgefallens wegen. * Alles tut**
15 **ohne Murren und Bedenken, * damit ihr werdet ohne Tadel und**
ohne Falsch, „fleckenlose Kinder Gottes" mitten unter „einem
krummen und verkehrten Geschlecht", unter dem ihr strahlt
16 **wie Sterne im Weltall, * das Wort des Lebens festhaltend, zum**
Grund des Ruhmes für mich auf den Tag des Christus, weil ich
17 **nicht vergeblich lief und auch nicht vergeblich arbeitete. * Nein,**
wenn ich auch als Trankopfer ausgegossen werde bei der Opfer-
handlung und dem Opferdienst eures Glaubens, so freue ich mich
18 **und freue mich mit euch allen; * ebenso freut auch ihr euch und**
freut euch mit mir.

Zu Vers 13:
31* 2 Ko 3, 5
32* 1 Th 2, 13
33* 2 Pt 1, 5
34* Jo 15, 5
Zu Vers 14:
35* 1 Pt 4, 9
36* 1 Tim 2, 8
Zu Vers 15:
37* Phil 1, 10
38* Mt 10, 16; 5, 14-16; 12, 39; 17, 17
39* 5 Mo 32, 5
40* Eph 5, 8
41* Da 12, 3
42* 1 Pt 2, 9
Zu Vers 16:
43* Apg 5, 20
44* 1 Th 2, 19
45* 2 Ko 1, 14
46* Jes 45, 4; 65, 23
47* Gal 2, 2
Zu Vers 17:
48* 1 Th 3, 5
49* 2 Ko 12, 15
50* 2 Tim 4, 6
51* Rö 15, 16
Zu Vers 18:
52* Phil 3, 1; 4, 4

„Also[30], meine Geliebten" – Paulus zieht in herzlicher Anrede an die Briefempfänger die Folgerung aus der Schilderung des Weges Jesu, ja eigentlich aus dem ganzen Abschnitt von 1, 27 an, in dem auch 1, 28 schon von der „Rettung" die Rede war. Er wiederholt aber nicht die Mahnungen, denen er in dieser Schilderung den zusammenfassenden Abschluß gab, die Mahnungen zur Eintracht und liebevollen Demut, sondern knüpft an das an, was ihm jetzt an dem Bilde Jesu so wichtig wurde: an den Gehorsam. Er sagt den Philippern damit an sich nichts Neues, er ruft sie nicht jetzt erst zum Gehorchen. „Glauben" und „gehorchen" lagen für Paulus so unmittelbar nebeneinander, daß er die Formel „Glaubensgehorsam" bilden konnte. Der Glaube wendet sein Vertrauen Dem zu, dem man nur gehorchend vertrauen kann. So hat Paulus alle Gemeinden grundlegend unter-

[30] Anm. Das gleiche, die Mahnungen eines Abschnitts zusammenfassende „Also" finden wir auch 1 Ko 11, 33; 14, 39 und in unserm Brief 4, 1.

28* 2 Ko 7, 15: ... und sein Herz ist euch noch hingebender zugewandt, weil er an euer aller Gehorsam zurückdenkt, wie ihr ihn mit Furcht und Zittern aufgenommen habt.
29* 1 Pt 1, 17: Und wenn ihr Den als Vater anruft, der ohne Ansehen der Person nach dem Werk eines jeden richtet, so führet euren Wandel in Furcht während der Zeit eurer Fremdlingschaft.
30* Ps 2, 11: Dienet dem Herrn mit Furcht und jubelt Ihm zu mit Zittern!
31* 2 Ko 3, 5: ... nicht als ob wir von uns selbst aus tüchtig wären, etwas auszudenken, als stamme es von uns selbst; nein, unsere Tüchtigkeit stammt von Gott.
32* 1 Th 2, 13: Deshalb sagen wir auch Gott unablässig Dank dafür, daß ihr nach Empfang des von uns gepredigten Gotteswortes es nicht als Menschenwort angenommen habt, sondern als das, was es ja in der Tat ist, als Gottes Wort, das sich nun in euch, seitdem ihr gläubig seid, auch wirksam erweist.
33* 2 Pt 1, 5: Eben darum müßt ihr aber auch mit Aufbietung allen Eifers in eurem Glauben die Tugend darreichen, in der Tugend die Erkenntnis.
34* Jo 15, 5: Ich bin der Weinstock, ihr seid die Reben. Wer in Mir bleibt und in wem Ich bleibe, der bringt reichlich Frucht; dagegen ohne Mich könnt ihr nichts vollbringen.
35* 1 Pt 4, 9: Seid gastfrei gegeneinander ohne Murren.
36* 1 Tim 2, 8: Mein Wille ist nun, daß die Männer an jedem Versammlungsort beten sollen, indem sie heilige Hände aufheben, frei von Zorn und Zweifel.
37* Phil 1, 10: ... zur Prüfung dessen, was in jedem Fall das Richtige sei, damit ihr auf den Tag Christi lauter und ohne Tadel dasteht.
38* Mt 10, 16: Bedenket wohl: Ich sende euch wie Schafe mitten unter Wölfe; darum seid klug wie die Schlangen und ohne Falsch wie die Tauben!
Mt 5, 14—16: Ihr seid das Licht der Welt! Eine Stadt, die oben auf einem Berge liegt, kann nicht ver-

wiesen, so hörten es auch die Philipper von Anfang an. Paulus kann ihnen darum bestätigen: **„Wie ihr allezeit gehorsam wart."**

Wir freilich haben allen Grund, hier aufzuhorchen! Hier läuft eine klare und starke Linie des Neuen Testaments, die uns allzu fremd geworden ist. Wir sind durch eine einseitige Verkündigung daran gewöhnt, daß es im Christentum doch nur um „Gnade", um „Vergebung", um „Geschenktbekommen", um „Seligwerden" geht. Wir halten es unsererseits schon für eine Art Entgegenkommen gegen Gott, wenn wir uns im Gegensatz zu so vielen andern dazu bereit finden lassen, diese Gaben Gottes anzunehmen. Dazu kommt ein zweites. Als es um 1800 zum erstenmal darum ging, dem „Christentum", ja der „Religion" überhaupt vor den kritischen Augen seiner „Verächter" einen Platz zu sichern, da meinte Schleiermacher im „Gefühl" den eigensten Bereich finden zu können, der der „Religion" nicht genommen werden kann. Von da her drang weit ins Denken des modernen Menschen, auch in der Kirche, die Meinung, „Religion" und „Christentum" haben es mit Gefühlen und Stimmungen zu tun. Und nun mischte sich diese Auffassung mit jenen Restbeständen der reformatorischen Rechtfertigungslehre, mit „Gnade" und „Seligwerden", und prägte unsere unwillkürliche Einstellung dem Christentum gegenüber. „Erbauung", „Erhebung", „Trost" sucht nun der heutige Mensch in der Kirche. Wie sollte er da für eine so nüchterne und harte Sache wie „Gehorsam" aufgeschlossen sein?! Hier müssen wir in der Gemeinde tief eingewurzeltes falsches Denken überwinden. Dazu ist es wichtig, daß wir im Bild des Heilands den Gehorsam ganz neu sehen und neu begreifen, daß das „Gehorchen" unlösbar mit dem „Glauben" verbunden das Christsein ausmacht.[31]

[31] Anm. Zu diesem ganzen wichtigen Punkt vgl. Apg 5, 32; 6, 7; Rö 1, 5; 6, 17; 10, 16; 15, 18; 16, 19; 16, 26; 2 Ko 7, 15; 10, 5. 6; 2 Th 1, 8; 3, 14; Phlm 21; Hbr 5, 9; 1 Pt 1, 2; 1, 14; 1, 22.

---

borgen bleiben. * Man zündet auch nicht ein Licht an und stellt es unter den Scheffel, sondern auf den Leuchter: dann leuchtet es allen, die im Hause sind. * Ebenso soll auch euer Licht vor den Menschen leuchten, damit sie eure guten Werke sehen und euren Vater, der im Himmel ist, preisen.

Mt 12, 39: Er aber gab ihnen zur Antwort: „Ein böses und ehebrecherisches Geschlecht verlangt ein Zeichen; doch es wird ihm kein Zeichen gegeben werden als das Zeichen des Propheten Jona."

Mt 17, 17: Da antwortete Jesus: „O ihr ungläubige und verkehrte Art von Menschen! Wie lange soll Ich noch bei euch sein, wie lange es noch mit euch aushalten? Bringt ihn Mir hierher!"

[39]* 5 Mo 32, 5: Übel haben an Ihm gehandelt, die wegen ihrer Verworfenheit nicht Seine Söhne sind, ein verderbtes und verkehrtes Geschlecht.

[40]* Eph 5, 8: ... denn früher seid ihr zwar Finsternis gewesen, jetzt aber seid ihr Licht im Herrn: Führt euren Wandel als Kinder des Lichts.

[41]* Da 12, 3: Die Verständigen aber werden leuchten wie der Glanz der Himmelsfeste, und die, welche viele zur Gerechtigkeit geführt haben, wie die Sterne in alle Ewigkeit.

[42]* 1 Pt 2, 9: Ihr dagegen seid „das auserwählte Geschlecht, die königliche Priesterschaft, die heilige Volksgemeinschaft, das zum Eigentum erkorene Volk" und sollt die Tugenden Dessen verkünden, der euch aus der Finsternis in Sein wunderbares Licht berufen hat.

[43]* Apg 5, 20: „Geht hin, tretet offen auf und verkündigt im Tempel dem Volk alle diese Lebensworte!"

[44]* 1 Th 2, 19: Denn wer ist unsere Hoffnung, unsere Freude und unser Ruhmeskranz, wenn nicht auch ihr es seid, vor dem Angesicht unseres Herrn Jesu bei Seiner Ankunft?

[45]* 2 Ko 1, 14: ... wie ihr uns ja, wenigstens zum Teil, schon verstanden habt, nämlich, daß wir euer Ruhm sind, ebenso wie ihr es für uns seid am Tage unsers Herrn Jesus.

Die Philipper waren allezeit gehorsam gewesen, natürlich nicht dem Paulus, sondern Gott und dem Herrn Jesus in Seinem Wort. Paulus selbst spielte dabei nur insofern eine Rolle, als er der „Bevollmächtigte des Christus" war. Er war unter ihnen für den Herrn eingetreten und hatte Sein Wort bekräftigt und erläutert. So konnte es sein, daß **„in seiner Anwesenheit"** das Gehorchen leichter und eifriger war. Mit Freude kann Paulus seinen „Geliebten" das Zeugnis ausstellen, daß auch **„jetzt viel mehr in seiner Abwesenheit"** der Gehorsam ihr Gemeindeleben prägte. Natürlich ist das „viel mehr" nicht quantitativ zu verstehen. Die Philipper waren jetzt in des Paulus Abwesenheit nicht noch gehorsamer als früher, aber sie waren es jetzt „erst recht". Dabei haben wir die ganzen Worte von „nicht wie ... bis ... meiner Abwesenheit" als eine Zwischenbemerkung aufgefaßt, die noch von „allezeit gehorsam wart" abhängt. Man kann diese Worte aber auch bereits zum Nachsatz ziehen und ihnen in dem „schafft eure Rettung" das Prädikat geben. Im lebendigen Sprechen des Diktates ist dann unvermerkt der eine Gedanke und Satz in den anderen hinübergeflossen.

Ganz erstaunlich ist nun aber für uns diese Aufforderung: **„mit Furcht und Zittern schafft eure eigene Rettung"**; noch erstaunlicher ihre Begründung: **„Denn Gott ist es, der da wirkt in euch sowohl das Wollen wie das Wirken."**

Wir haben zunächst den Eindruck eines uns ratlos machenden Gegensatzes gegen den Grundzug dessen, was wir als biblisch-reformatorische Verkündigung kennen. Sagen und hören wir es nicht mit aller Entschiedenheit, und zwar ganz einmütig, ob wir nun „Lutheraner" oder „Reformierte" oder „Pietisten" sind: „Nichts kannst du machen mehr, Er hat's gemacht; es ist vollbracht, es ist vollbracht"? Zu deiner Rettung kannst du auch nicht das Allergeringste beitragen, du kannst sie immer nur als freies Geschenk der allwirksamen

[46*] Jes 45, 4: Um Meines Knechtes Jakob und um Israels, Meines Erwählten, willen habe Ich dich bei deinem Namen gerufen und dir Ehrennamen verliehen, ohne daß du Mich erkanntest.

Jes. 65, 23: Nicht vergeblich sollen sie sich abmühen und nicht Kinder für jähen Tod zeugen; nein, sie werden ein Geschlecht der vom Herrn Gesegneten sein, und ihre Sprößlinge ihnen erhalten bleiben.

[47*] Gal 2, 2: Ich unternahm aber diese Reise auf Grund einer Offenbarung und legte ihnen, insbesondere den Angesehenen, die Heilsbotschaft dar, die ich unter den Heiden verkündige, ob meine Arbeit vergeblich wäre oder gewesen wäre.

[48*] 1 Th 3, 5: Deshalb habe ich auch, als ich es nicht länger aushalten konnte, an euch abgeschickt, um Kunde über euren Glaubensstand zu erhalten, ob nicht etwa der Versucher euch in Versuchung geführt habe und unsere Arbeit damit vergeblich werden sollte.

[49*] 2 Ko 12, 15: Ich aber will herzlich gern zum Opfer bringen, ja mich selbst völlig aufopfern lassen, wenn es sich um euer Seelenheil handelt ...

[50*] 2 Tim 4, 6: Denn was mich betrifft, so wird mein Blut nunmehr als Trankopfer ausgegossen, und die Zeit meines Abscheidens ist da.

[51*] Rö 15, 16: Ich soll ja ein Diener Christi Jesu für die Heiden sein und als solcher den Priesterdienst an der Heilsbotschaft Gottes verrichten, damit die Heiden zu einer gottwohlgefälligen, durch den Heiligen Geist geheiligten Opfergabe werden.

[52*] Phil 3, 1: Im übrigen, meine Brüder, freuet euch im Herrn! Euch dasselbe zu schreiben, verursacht mir keine Beschwerde, euch aber verleiht es Festigkeit.

Phil 4, 4: Freuet euch im Herrn allezeit! Noch einmal wiederhole ich's: „Freuet euch!"

Gnade annehmen. Ja, selbst dies „Annehmen", dies „Glauben können" ist nicht deine Leistung, sondern Gottes Werk im Heiligen Geist! Beruht darauf nicht die ganze Gewißheit unseres Heils? Und nun auf einmal **„Schafft eure Rettung"**, ja wörtlich beinah noch stärker „Erwirkt, **erarbeitet** eure Rettung"? Und dies so ernst, so entscheidungsschwer, daß es „mit Furcht und Zittern" geschehen muß? Paulus, wie kannst du das sagen? Stößt du damit nicht alles um, was du uns sonst gelehrt hast? Was meinst du damit: Wie sollen wir das denn tun?

Fast noch ratloser macht es uns, wenn Paulus im selben Atem die uns gewohnte Vorstellung ebenfalls in aller Schroffheit danebenstellt: **„Gott ist es, der da wirkt in euch sowohl das Wollen wie das Wirken."** Jawohl, Paulus, da bist du wieder in deiner vertrauten Linie, das ist reformatorische Heilsbotschaft. Aber – wie kannst du beides zugleich aussprechen und nebeneinanderstellen?! Es kann doch immer nur das eine oder das andere gelten! Entweder Gott wirkt alles, objektiv das Heil und auch subjektiv das „Wollen", dann haben wir doch nichts mehr zu tun, dann ist alles nur Gnade. Dann kann ich mir das Tun Gottes höchstens gefallen lassen und (wie die alten Dogmatiker sagten) „keinen Riegel vorschieben". Oder ich muß selber „meine Rettung schaffen", dann ist es eben mein Tun und meine Sache, und die alten jüdischen Theologen hatten dann recht, wenn sie Gott nur als den Beurteiler dessen sahen, was wir Menschen unsererseits tun oder nicht tun. Dann versteht man auch das „mit Furcht und Zittern", das zum „Gesetz", aber nicht zum „Evangelium" paßt.

In diesen Bahnen klarer Logik ist die Theologie immer wieder gegangen, und das ist offenbar ihr großer Irrtum. So ist sie typisch eine „theologia irregenitorum", eine „Theologie der Nichtwiedergeborenen", eine Theologie, die betrachtend von außen an Gott und Mensch als „Objekte" ihrer Forschungen und Zergliederungen herantritt. („Theologe" so oder so ist aber auch jeder „Laie", der sich überhaupt über diese Fragen Gedanken macht und die Bibel nachdenkend liest.) Von „innen" her, von der wirklichen Erfahrung im Heiligen Geist aus stellt sich alles ganz anders dar. So nämlich, wie Paulus es hier deutlich macht, indem er ja die beiden Aussagen gar nicht „nebeneinanderstellt", sondern mit einem „denn" ausdrücklich zueinander in Beziehung bringt, und zwar so, daß er unserm Schaffen mit Furcht und Zittern in dem Wirken Gottes seinen Grund gibt. W e i l Gott selbst es ist, der sowohl das Wollen wie das Wirken in uns wirkt[32], eben darum schafft nun mit Furcht und Zittern euer Heil. Unsere „Logik" versagt hier, weil es sich um L e b e n s vorgänge handelt, die über alle Logik hinausgehen. Es kommt aber für unser persönliches Glau-

[32] Anm. Von diesem „Wirken" (griechisch „enérgeia" und „energein", woraus unser Lehnwort „Energie" stammt) Gottes (aber auch Satans) spricht z. B. auch 1 Ko 12, 6; 2 Ko 4, 12; Gal 2, 8; 3, 5; 5, 6; Eph 1, 19. 20; 2, 2; 3, 20; Kol 1, 29; 2, 12; 1 Th 2, 13; 2 Th 2, 7. 9. An allen diesen Stellen wird sofort klar, daß das „Wirken" Gottes (und Satans) uns gerade nicht in die Passivität, sondern in die eigene Aktivität versetzt.

bensleben und für unsern Dienst an andern Menschen alles darauf an, daß wir diese Lebensvorgänge recht erfassen und ihre seltsame eigene „Logik" begreifen. Unsere Stelle wird so zu einer entscheidenden Probe für uns. Wer sich an ihr noch irgend stößt, wer noch nicht innerlich sagt: Ja, ja, gerade so muß es sein!, wer hier noch etwas von einem „Widerspruch" empfindet, der muß sich fragen, ob er das Evangelium nicht auch noch „von außen" betrachtet und sich nur theoretisch in seine Botschaft hineingedacht, aber die wirklichen Vorgänge der Heilserfahrung noch nicht durchlebt hat. Er wird ja nicht nur vor unserer Stelle ratlos stehen, sondern im ganzen Neuen Testament damit zu tun bekommen, daß immer wieder die große „reformatorische" Linie: Gott allein wirkt alles, alles ist nur Gnade, der Mensch ist nichts! durchkreuzt wird vom ernstesten Appell an des Menschen entscheidungsvolles Tun. Er wird sich dem Ganzen des Neuen Testaments gegenüber freilich damit zu helfen suchen, daß er Stellen der letzteren Art unwillkürlich nicht so ganz ernst nimmt, sie beiseite setzt, sie nur „pädagogisch" als Hinführung zum Verzagen des Menschen an sich selbst versteht oder gar als noch nicht voll „evangelische" Schicht des Neuen Testaments entwertet. Nur das, was das Neue Testament von der Alleinwirksamkeit Gottes und der völligen Passivität des Menschen lehrt, ist eigentliches Gotteswort, nach dem alles andere bewertet werden muß. Aber – bei unserm Text kann man sich so nicht helfen. Zu klar und eindeutig steht es hier: Gott allein wirkt und gibt das Wollen und Wirken, aber gerade darum ist der Mensch **n i c h t** passiv, bedeutungslos, sondern zur höchsten verantwortlichen Aktivität gerufen![33]

Wir haben eine wichtige Parallele zu unserm Text, nur vom persönlichen Glaubensleben auf den Verkündigungsdienst hinübergewendet, in 1 Ko 2, 1–6. Wir finden dort das gleiche „Furcht und Zittern".[34] Der Glaube der Korinther soll nicht „auf Menschenweisheit, sondern auf Gottes Kraft" beruhen. Es kommt daher in Korinth alles auf Gottes eigenes Wirken, auf „die Erweisung von Geist und Kraft" an. Nun, dann kann ja wohl Paulus ruhig und gelassen nach Korinth gehen. Entweder Gott wirkt, Geist und Kraft Gottes schaffen Glauben, dann ist es gut ohne des Paulus Zutun, oder Gott wirkt nicht, dann kann Paulus auch weiter nichts machen. Nein, mit der gleichen „Logik" wie an unserer Stelle tut Paulus seine Arbeit in Korinth „mit Furcht und Zittern", gerade weil dort Gott Selbst am Werk ist.

[33] Anm. Einen Blick in diese „Logik" bei Paulus selbst gibt 1 Ko 15, 10!
[34] Anm. Der Ausdruck „mit Furcht und Zittern", den wir auch noch 2 Ko 7, 15 und Eph 6, 5 vor uns haben, ist entweder eine etwas formelhafte Redewendung, die sich leicht mit dem Begriff des Gehorchens verband, oder greift bei Paulus bewußt zurück auf Aussagen wie 5 Mo 2, 25; 11, 25; Ps 2, 11; Ps 55, 6; Jes 19, 16 und erinnert dann daran, daß „Furcht" und „Zittern" die unwillkürliche und notwendige Reaktion des Menschen bei der Begegnung mit der Wirklichkeit Gottes ist. Stellen wie Jes 6, 5; Lk 2, 9; Mk 16,8 wären dann hier mit heranzuziehen. Bei den Sklaven wäre ihren Herren gegenüber „Furcht und Zittern" nötig, weil es sich auch bei ihnen um ein Gehorchen „vor Gott" handelt. Bei diesem Verständnis würde es besonders deutlich: Eben weil Gottes Wirken nicht eine dogmatische Theorie, sondern erlebte Wirklichkeit in Philippi ist, ist ein Eifer voll „Furcht und Zittern" die einzig mögliche Reaktion.

Er ist in Korinth mit Furcht und Zittern, nicht weil ihm die Erweisung von Geist und Kraft fehlt, sondern weil sie hier, wie stets in seiner Missionsarbeit (einschließlich Athen!), d a ist.

Die Lösung der Sache ist im Grunde ganz einfach, sobald wir uns nur von der alten römischen Vorstellung der „gratia infusa", der „eingegossenen Gnade" ganz haben lösen lassen, die uns zu bloßen, toten Gefäßen und die göttliche Gnade zu einer Art Substanz macht. Gott achtet uns in Seinem Wirken als lebendige Personen! Er wirkt daher in uns nicht irgendwelche ruhenden Qualitäten, sondern wie es unsere Stelle so klar sagt, „Wollen". Wozu aber ist „Wollen" da? Eben dazu, daß nun auch wirklich und mit Ernst „gewollt wird"! Es ist auf dem Gebiet der Gnade und des Heiligen Geistes gar nicht anders wie im Gebiet der Schöpfung. Nicht du machst dir Augen und erarbeitest dir das Sehen. Das sehende Auge ist Gottes wunderbare Gabe allein. Aber da du nun diese Gabe hast, nun allerdings sieh auch wirklich, brauche dein Auge, es ist deine eigene höchste Verantwortung, wie du mit deinem Auge umgehst, was du siehst und wie du siehst! Erst recht ist es so beim höchsten und herrlichsten Geben Gottes in der Errettung des Menschen. Unsere Stelle zeigt, wie weit Paulus von einer bloßen „forensischen Rechtfertigung" entfernt war. Gott versetzt nicht einen unveränderten Menschen lediglich in einen „Gnadenstand", sondern Gott begnadigt so, daß Er ein neues Wollen im Menschen schafft. In der Tat, keiner von uns kann auch nur ein Verlangen nach Rettung im Herzen haben, wenn Gott ihn nicht zuvor aus dem „Totsein in Sünden und Übertretungen" (Eph 2, 1) erweckt und zum Heil hinzieht. Aber jedem, in dem Gott das getan hat, muß nun mit tiefem Ernst gesagt werden: Nun spiele nicht mit diesem Zug zum Heil, nun folge ihm wirklich, versäume diese Gnadenstunde nicht, gerade weil es nicht nur deine eigene „Stimmung", dein eigener „Einfall", sondern im Ernst Gottes Wirken an deinem Herzen ist. Von Gott gewirktes Wollen – welch eine Verantwortung legt das auf uns! Wie können wir dieses Wollen wahrlich nur „mit Furcht und Zittern" in heiligem Ernst ausnutzen! Dies wiederholt sich auf allen Stufen des Glaubenslebens, vom „Wollen" bis zum vollen „Wirken". (Vgl. Rienecker „Bibl. Kritik am Pietismus [1952] S. 72 ff.)

Gerade weil Gott an den Philippern so viel getan hat, weil in ihrem jetzigen Glaubensstand lauter lebendige, herrliche Gnade Gottes sichtbar wird, weil dieser ihr Glaubensstand nicht ihr eigenes Machwerk, sondern Gottes eigenes Werk ist, eben darum dürfen sie damit nicht sorglos umgehen, dürfen Gottes Werk nicht verderben, sondern müssen an ihre Rettung ein ganzes, entschlossenes Handeln setzen, indem sie ständig voll in dieser Gnade leben, mit diesem von Gott gewirkten Willen wirklich und beharrlich wollen, das von Gott ihnen geschenkte Wirken in ganzem Gehorsam zur Durchführung bringen. Das Bild Jesu, das Paulus den Philippern eben gezeichnet hat, steht ihm selbst sicher noch vor Augen. Auch der Sohn hat alles, was Er ist und hat, allein vom Vater als Gabe Seiner Gnade und Liebe. Aber dadurch wurde der Sohn nicht untätig, nicht ein genießender Besitzer schöner und erfreulicher Gaben, sondern ging damit den gewaltigen Dienst- und Gehorsamsweg, nicht um mit solchen „Leistungen" der „Sohn" zu werden, sondern eben weil Er es w a r. So sieht Paulus den Weg seiner „Geliebten" in Philippi. Die freie, wirkende Gnade Gottes, die dort ohne jedes Werk und Verdienst von Menschen verlorene Sünder errettet hatte, darf die Philipper nicht zur Lässigkeit verführen, sondern muß sie in die höchste Anspannung versetzen: Weil Gott das Wollen gab, darum wollt nun auch mit aller Kraft; weil Gott das Wirken verlieh, darum wirkt nun auch mit allem Gehorsam![35]

Wann werden wir das den Gemeinden (und uns selber!) wieder klar sagen, anstatt sie (und uns!) mit einer falschen Gnadenlehre aus einer irrigen Theologie heraus zu Tode zu trösten.

Der Zusatz **„des Wohlgefallens wegen"** ist so in wörtlicher Übersetzung stehen gelassen, weil seine Auslegung nicht eindeutig vollzogen werden kann. In dem griechischen „hypér" = „für" kann das Ziel ebenso wie der Grund einer Sache ausgesprochen sein. Paulus kann also hier gemeint haben: Handelt so, um das göttliche Wohlgefallen zu erlangen.[36] Aber Gottes „Wohlgefallen" ist doch wahrscheinlich als Sein „Gnadenratschluß", Sein freier, nur in Seinem eigenen Gefallen begründeter Beschluß zu verstehen und dann auf das Wirken Gottes im Geben des Wollens und Wirkens zu beziehen. Dann will Paulus hier – wie er es oft tut – an das Geheimnis erinnern, das für uns immer über dem Gnadenwirken Gottes liegt. Weil es „Gnade" ist, kann es nicht in irgendwelchen Vorzügen der Empfänger begründet sein. Warum ist diese Gnade des Wollens und Wirkens gerade den Philippern, gerade diesen wenigen Menschen in Philippi zuteil geworden? Wir können hier zwar auch wieder nicht mit unserer „Logik" operieren und nach der andern Seite hin feststellen: Den andern hat Gott sogar das „Wollen" versagt, Er hat sie also zur Verdammnis bestimmt. Aber im Blick auf den lebendigen Gnadenstand bei uns oder andern können wir in der Tat immer nur anbetend sagen: Es geschah in keiner Weise um irgendeines Vorzuges willen, den wir selber an uns hatten, sondern **„des Wohlgefallens wegen"**, weil es Gott so gefiel, weil Seine freie Gnade es so wollte. Und eben dies erhöht unsere Verantwortung, eben dies läßt

[35] Anm. Weil Gott auch das „Wirken" schenkt, darum ist die Lage für die Christen in Philippi (und für uns!) eine grundlegend andere als die von Rö 7, 18! Darum dürfen wir uns nun auch nicht mehr vor dem „Wirken" in Rö 7 hineinflüchten und uns mit den dortigen Aussagen gegen die Forderungen des Wirkens sichern wollen.

[36] Anm. „Eudokia" kann allerdings auch den „guten Willen" bezeichnen, vgl. etwa in unserm Brief 1, 15 und Rö 10, 1; vielleicht auch 2 Th 1, 11. Selbst die bekannte Stelle Lk 2, 14 wird von Forschern in diesem Sinne verstanden: „Menschen guten Willens". Das bedeutende Wörterbuch von Bauer tritt diesem Wortverständnis bei und schlägt für unsere Stelle vor: „über den guten Willen hinaus". Das wäre aber eine ganz ungewöhnliche Verwendung von „hypér" mit dem Genetiv. Und ein guter Sinn wäre damit auch nicht einmal gewonnen. Das „eudokia" in unserer Stelle wird in der Linie von Mt 11, 26 und Eph 1, 5; 1, 9 zu sehen sein, in die m. E. auch Lk 2, 14 gehört.

uns erst recht „mit Furcht und Zittern" in vollem Einsatz das verwerten, was Gott uns nach ewigem Gnadenratschluß gab. Welch ein Gericht lüden wir auf uns, wenn wir das versäumten und nicht recht benutzten, was Gott in so freier Güte in uns weckte und schuf! Davor will Paulus seine geliebten Philipper bewahren.

Nun wird das „Schaffen der Rettung" näher beschrieben. **„Alles tut ohne Murren und Bedenken."** Wir müssen wieder daran denken, daß das „ihr" in solchen Aufforderungen sich nicht an eine bloße Vielzahl von lauter einzelnen wendet, die jeder für sich das Geforderte fertigbringen sollen, sondern an die Bruderschaft einer Gemeinde. In der Bruderschaft kann und soll der Wille Gottes für heute hier und so klar erkannt werden, daß das Gehorchen **„ohne Bedenken"** in voller Gewißheit erfolgen kann. „Bedenken" hemmen und lähmen. „Bedenken" zeigen, daß ich in meinen Entschlüssen noch bei mir selber bleibe und nicht unter der deutlichen Führung meines lebendigen Herrn lebe. Das braucht nicht so zu sein! Paulus kam nach Philippi nicht unsicher und fragend, sondern „gewiß, daß uns der Herr dahin berufen hätte, ihnen das Evangelium zu predigen" (Apg 16, 10). Neben den „Bedenken" kann sich in unserm Herzen auch ein willentlicher Einwand gegen Gottes Weisung erheben. Gottes Weg ist zu schwer, Gott verlangt zuviel von uns. Das ist das **„Murren"**, das laut werden kann, aber auch tief im Herzen verborgen unsern Gehorsam entwertet und lähmt. Da Gott selbst es ist, der das Wollen und Wirken in uns schafft, dürfen wir dies von Gott verliehene Wollen und Tun festhalten und durchführen, und es darf einen redlichen und völligen Gehorsam „ohne Murren und Bedenken" geben. So „perfektionistisch" dachte Paulus! Oder sollte er den Philippern diese Sätze mit dem Hintergedanken geschrieben haben: So wird es tatsächlich natürlich nie, wir bleiben alle die elenden Sünder, die das Murren und Zweifeln nie loswerden? Es öffnet sich hier eine weite biblische Perspektive, die einem Paulus, der 1 Ko 10, 1-11 schrieb, bei diesen Worten sicher mit vor Augen gestanden hat. Das Volk Israel war durch Gottes mächtige Gnade aus „Ägypten" errettet, um nun in Vertrauen und Gehorsam dem lebendigen Gott zu gehören. Da aber begann erschütternd rasch das „Murren", als nun der Weg mit Gott sehr anders wurde, als menschliches Wünschen es sich gedacht hatte: 2 Mo 16, 2-9; 17, 1-7; 4 Mo 11,1; 14, 27-32; 16, 11; 17, 6; Ps 106, 24. 25. So steht in der Geschichte der Wüstenwanderung des befreiten Volkes das „Murren" als der eigentliche Gegensatz zum „Glauben" und verhindert die Erfüllung des göttlichen Heilsplanes, so daß die wunderbar Erretteten doch nicht zur „Ruhe" in das Land der Verheißung kommen konnten (Hbr 3, 7-19). Alles kommt darauf an, daß das Gottesvolk des Neuen Bundes nicht der gleichen Versuchung unterliegt, zumal sein Weg erst recht durch „Trübsale" hindurchgeht (Apg 14, 22). Es ist darum nicht nur eine einzelne Mahnung am Rande, sondern zentrale Abwehr der entscheidenden Gefährdung des Glaubensgehorsams, wenn Paulus den von Widersachern bedrängten Philippern schreibt: „Alles tut ohne Murren und Bedenken“. Israel wurde mit seinem ständigen Murren zu dem „verkehrten Geschlecht“, von dem schon Mose sprach. Die Gemeinde aber darf diesem verkehrten Geschlecht gegenüber die Schar der echten und gehorsamen Söhne bleiben.

Ja, als ernsthaftes Ziel hat Paulus es seinen Geliebten gesetzt: **„Damit ihr werdet ohne Tadel und ohne Falsch, ‚fleckenlose Kinder Gottes‘ mitten unter ‚einem krummen und verkehrten Geschlecht‘.“** Was hier mit „ohne Falsch“ übersetzt ist, ist eigentlich ein Eigenschaftswort mit der Bedeutung „unvermischt“. Wieder werden wir von unserer gewohnten Theologie her meinen, unser Zustand bleibe doch immer ein sehr „gemischter“; auch im Christen bleibe Gutes und Böses, Göttliches und Sündliches miteinander verbunden. So sei es doch einfach unser aller Erfahrung. Das mag sein. Das darf uns aber nicht hindern zu sehen, daß Paulus offensichtlich anders gedacht hat. Oder wollen wir Paulus im Ernst als einen volltönigen Redner verstehen, der im erbaulichen Stil Worte sagt, die er selber so ernst nicht meint? Legen wir ihn richtig aus, wenn wir ein unausgesprochenes „möglichst“ in den Satz einschieben? „Müht euch darum, ohne Tadel und ohne Mischung zu werden, auch wenn ihr das selbstverständlich niemals wirklich erreicht?“

In diesem Gehorchen verwirklicht die Gemeinde das, was schon das Alte Testament ausgesprochen hat. Im Liede Moses wird Israel ein „krummes und verkehrtes Geschlecht“ genannt (5 Mo 32, 5), weil es Gottes Treue und Herrlichkeit mit Undank und Ungehorsam vergilt. Paulus wird darum sicher auch hier an sein eigenes Volk denken, das sich auch der Christusbotschaft gegenüber wieder in seiner ganzen Verkehrtheit zeigt.[37] Aber die Gemeinde Jesu ist nicht dazu errettet, damit auch sie wieder „krumme Wege“ geht und auch wieder Gotteskindschaft und sündliches Tun verbindet, wie Israel es getan hat, sondern damit in ihr **„fleckenlose Kinder Gottes“** zeigen, wie man Gott wirklich ganz gehorcht und Seine guten und „geraden“ Wege „ohne Murren und Bedenken“ geht. Im Schreiben an die Philipper wird Paulus natürlich nicht vergessen haben, daß gerade in der dortigen Stadt und Gemeinde das Judentum keine Rolle spielte. Was ein „krummes und verkehrtes Geschlecht“ ist, hatten die Philipper aber an ihren Stadtgenossen genügend vor Augen. Was jene „Herren“ taten, als sie ihren Ärger über das Aufhören einer Geldquelle zu lauter sittlicher Entrüstung treuer Römerherzen gegen die fremden „jüdischen“ Prediger werden ließen, um diese Männer ohne Untersuchung wider Recht und Gesetz schlagen und einsperren zu lassen (Apg 16, 19-24), war ja wirklich „krumm“ genug. Wieviel Ähnliches mögen die Philipper an ihren „Widersachern“ (1, 28) selbst erlebt haben. In diesem Philippi sollen die „Heiligen in Christus Jesus“ (1, 1) nicht nur den Stand der Zugehörigkeit zu Gott haben, sondern

[37] Anm. So hat Jesus selbst das Mosewort Mt 12, 39 und 17, 17 aufgenommen; so tat es Petrus am Pfingsttage Apg 2, 40.

auch tatsächlich als „fleckenlose Kinder Gottes" leben, so daß sie im Dunkel ihrer Umgebung **„strahlen wie Sterne im Weltall"**.[38]

Wieder werden wir voller Bedenken sein: Erzieht Paulus seine Leute nicht zu Pharisäern? Und kann man das überhaupt im Ernst einer Gemeinde zumuten, einer Gemeinde von Menschen, die doch immer ganz und gar Sünder bleiben? Ein moderner Theologe würde also lieber schreiben: „Bleibt euch stets bewußt, daß ihr euch faktisch in nichts von dem Volk unterscheidet, unter dem ihr lebt; ihr seid nicht anders und nicht besser als die Menschen um euch, nur daß ihr von der Gnade Dessen wißt, der euch Sünder gerecht spricht und euch nach dem Tode einmal als fleckenlose Kinder Gottes in einer neuen Welt neu schaffen wird." Es entspricht das vielleicht wieder unserer Erfahrung an uns und den heutigen Gemeinden. Aber wieder haben wir zu sehen, daß Paulus selbst grundanders schrieb, und haben uns mit viel Beten und Ringen mit dem auseinanderzusetzen, was das Haupt der Gemeinde im Heiligen Geist seinen Bevollmächtigten Paulus den Philippern tatsächlich schreiben ließ.

Aber wie können denn nach des Paulus Überzeugung die Philipper das große Ziel erreichen, das Paulus ihnen steckt? **„Das Wort des Lebens festhaltend!"** Nicht in sich selbst haben sie die Leuchtkraft als „Sterne", nicht aus sich selbst können sie das rechte Handeln „ohne Murren und Bedenken" finden, nicht von sich aus „ohne Tadel und ohne Falsch fleckenlose Kinder Gottes" sein. Aber „das Wort" ist bei ihnen. Es ist nicht ein totes Wort, sondern „das Wort des Lebens". Es gibt das Leben, weil es selbst voll Leben ist. Dies Wort „festzuhalten", das ist die eine einfache und doch alles in sich schließende Aufgabe. Wie meinte Paulus das aber ganz praktisch und konkret, „das Wort des Lebens festhalten"?[39] Wir denken heute sofort an die Bibel und tun wohl daran. Aber es ist uns zugleich heilsam, daran erinnert zu werden, daß es einerseits eine Schriftgelehrsamkeit gibt, die bei aller gewollten Bibeltreue doch den Christus verkannt und an das Kreuz geliefert hat, und daß andererseits die Philipper die Bibel in unserm heutigen Sinn gar nicht hatten! Ob sie auch nur alle Schriftrollen besaßen, die heute unser „Altes Testament" bilden, ist fraglich. Keinesfalls aber hatten sie alle auch nur die wichtigsten Rollen als persönliches Eigentum zum täglichen Ge-

[38] Anm. „Phostér" ist zunächst der „Leuchtkörper". In diesem allgemeinen Sinn ist das Wort Offb 21, 11 verwendet. Da aber „kósmos" das Weltall bezeichnen kann und „phostér" in der griechischen Literatur vielfach „Gestirn" bedeutet und auch Da 12, 3 in der griechischen Übersetzung „Sterne" mit „phosteres" wiedergegeben ist, ist die hier gewählte Übersetzung zu rechtfertigen. Man muß freilich bedenken, daß „kósmos" für Paulus nach jüdischem Sprachgebrauch überwiegend die „Menschenwelt" bezeichnet. Dann könnte auch an dieser Stelle „phoster" allgemeiner verstanden sein, unter Aufnahme der Weisung Jesu Mt 5, 14. Paulus würde dann sagen: Ihr seid Träger des Lichtes in einer dunklen Menschenwelt, wie und weil ihr fleckenlose Kinder Gottes in einem verkehrten Geschlecht seid!

[39] Anm. Lohmeyer meint, für „epéchein" als allein üblich die Bedeutung „darreichen" ansehen zu müssen. Paulus stellt hier den Philippern die Aufgabe, als „Fackelträger des Wortes" in einer finsteren Umwelt zu stehen. Die andern Stellen der Verwendung von „epéchein" im Neuen Testament stehen aber dagegen: Lk 14, 7; Apg 19, 22; 1 Tim 4, 16.

brauch zu Hause.[40] Und ein „Neues Testament" existierte noch nicht.[41] Das „Wort des Lebens" wird aber wie Kol 3, 16 vor allem „das Wort des Christus" sein. Es galt von den Gemeindegliedern damals ganz anders als von uns das, was von Maria gesagt ist: „Maria aber behielt alle diese Worte und bewegte sie in ihrem Herzen" (Lk 2, 19). Das lebendig verkündigte, lebendig aufgenommene, im Herzen behaltene und bewegte Wort, das war „das Wort des Lebens". Wir wollen ermessen, was Gott uns damit geschenkt hat, daß heute jeder in der Gemeinde persönlich den ganzen Reichtum der alt- und neutestamentlichen Schriften bequem gedruckt in einem einzigen Buch besitzen darf. Aber wir wollen die große Gefahr nicht verkennen, daß wir im sicheren Besitz dieses Buches doch das „Wort des Lebens" viel weniger haben und festhalten als jene Gemeinden, die ohne Druckwerk das gehörte Wort im Herzen als wirkliches, lebendiges Eigentum besaßen. Luther hat mit seinem erleuchteten Durchblick schon etwas Wesentliches getroffen, wenn er schreibt: „Evangelium aber heißet nichts anderes, denn eine Predigt und Geschrei von der Gnade und Barmherzigkeit Gottes, durch den Herrn Jesum Christum mit seinem Tode verdienet und erworben, und ist eigentlich nicht das, das in Büchern steht und in Buchstaben verfasset wird, sondern mehr eine mündliche Predigt und lebendig Wort, und ein Stimm, die da in die ganze Welt erschallet und öffentlich wird ausgeschrien, daß man's überall höret." (WA 12 S. 259)

Am Wort des Lebens festhalten und damit ihre Rettung schaffen, das ist die Aufgabe[42] der Philipper. Und diese Aufgabe steht ganz im Licht des „Tages des Christus". Auf diesen Tag zielt alles Denken und Tun. Auch hier wieder verwundert uns das, was Paulus schreibt. So wie er in 1, 10. 11 damit rechnete, daß die Gemeinde nicht arm, leer, befleckt, nur eben „aus Gnaden" doch angenommen, sondern „lauter und unanstößig", „erfüllt mit Frucht der Gerechtigkeit" vor Christus dastehen werde, so erwartet er hier auch für sich selbst, daß er dann einen „Grund zum Ruhm" haben wird: **„Zum Grund des Ruhmes für mich auf den Tag des Christus, weil ich nicht vergeblich lief und auch nicht vergeblich arbeitete."** Wir vermissen wieder die uns notwendig scheinende „Demut", die etwa so sprechen müßte: „Mein armes, unbrauchbares Werk wird der Herr hoffentlich doch in Gnaden ansehen". Paulus schreibt aber anders. Er will sich fröh-

[40] Anm. Buchrollen waren in der damaligen Zeit mühsamer handschriftlicher Fertigung so teuer, daß eine ganze Bibel etwa den Wert eines Rittergutes gehabt hätte!

[41] Anm. Dieser Tatbestand wird auch in der Artikellosigkeit des Ausdrucks sichtbar. Paulus schrieb nicht eigentlich: „das" Wort des Lebens festhaltend, als wäre es schon eine bestimmte, in einem Buch vorliegende Größe, sondern er schrieb: „Wort des Lebens" festhaltend, so daß es vielmehr als ein Qualitätsbegriff erscheint. Es ist auch für unser Sprachempfinden ein Unterschied, ob ich sage: „Ich habe ja das Lebensbrot" oder: „Ich habe ja Lebensbrot". Mit „dem Lebensbrot" würde ich etwas ganz Bestimmtes, etwa die Bibel, meinen. „Lebensbrot" ohne Artikel würde alles umfassen, was einem Menschenherzen Nahrung zum ewigen Leben sein kann.

[42] Anm. Das Partizip („festhaltend") setzt in unserm Satzgefüge auch den Imperativ an der Spitze des Satzes fort. „Lebenswort festhaltend" ist daher nicht nur als Begründung, sondern auch als Aufgabe zu fassen.

lich seiner Arbeit an der Gemeinde als einer gelungenen rühmen können! Damit er das aber an jenem Tage kann, muß die Gemeinde jetzt schon in klarem und kraftvollem Leben stehen und darin ernstlich vorankommen. Jene anspruchsvolle Bescheidenheit, die es in ihrer Arbeit hier zu nichts bringt, aber sich dabei damit tröstet, daß „die Ewigkeit schon die Frucht offenbaren werde", kennt Paulus nicht. Wenn die Philipper das Wort des Lebens nicht festhalten und ihre Rettung nicht mit Furcht und Zittern schaffen, dann hat er „vergeblich" gearbeitet und ist „vergeblich gelaufen", wie ein Wettläufer, der den Preis nicht erhält. Dann wird auch „die Ewigkeit", oder biblisch richtiger: „der Tag des Christus" nichts anderes offenbar machen. Es ist im Neuen Testament alles viel einfacher und realer als in unserer problematischen Glaubenswelt.[43]

Indem Paulus von seinem Lauf und seiner Arbeit redet, denkt er erneut daran, daß er vielleicht schon an ihrem Ende steht. Was er vorher in 1, 25. 26 schrieb, ist nicht mehr als eine persönliche „Zuversicht". Sein Prozeß hat die Krise noch nicht hinter sich und kann mit dem Todesurteil enden. Dann wird er von den Soldaten aus dem Prätorium hinausgeführt werden, und einer der Soldaten wird ihm mit dem Schwert den Kopf abschlagen, so daß sein Blut sich ergießen wird. Indem Paulus diese Möglichkeit innerlich vor sich sieht, entfaltet sich in der Genialität der Liebe und des Heiligen Geistes in seinem Herzen ein Bild für dieses Geschehen, in dem seine ganze echte Demut und seine ganze liebevolle Schätzung der Gemeinde zum Ausdruck kommt. Wenn wir die Opfervorschriften, etwa in 2 Mo 29, 36-41, lesen, so sehen wir, daß das Opfer der beiden Lämmer, die täglich morgens und abends auf den Altar kommen sollten, von einem „Trankopfer" ausgegossenen Weines begleitet war. Auch das Heidentum, aus dem die Philipper kamen, kannte solche „Trankopfer", die dem Hauptopfer hinzugefügt wurden. Die Gemeinde Jesu kennt keinerlei Opfer mehr, weil Er, der ewige Gottessohn, der große Hohepriester, alle Opfer in Seinem Selbstopfer erfüllt und damit beendet hat. Und doch darf auch sie Gott mit einer Gabe ehren: Ihr „Opfer" ist ihr Glaube, mit dem sie sich Gott ganz ergibt. So hat Paulus sich selbst als opfernden Priester gesehen: „als Priester des Christus Jesus den Heiden gegenüber, der den priesterlichen Dienst tut am Evangelium Gottes, damit die Darbringung der Völker wohlgefällig wäre, geheiligt durch den Heiligen Geist" Rö 15, 16. Der Glaube der Philipper, in welchem sie mit Furcht und Zittern ihre Rettung schaffen und fleckenlose Kinder Gottes werden, ist das eigentliche große Opfer, das Paulus darbringen kann. Wenn er hingerichtet wird, dann ist das Ausströmen seines Blutes wie das begleitende Trankopfer dazu. Die falsche Bescheidenheit – das sahen wir mehrfach – kennt Paulus nicht, aber wie echt demütig ist dies ge-

[43] Anm. Darum ist es für Paulus eine ernsthafte, ihn immer wieder beschäftigende Frage, ob seine Arbeit nicht vergeblich bleibe: vgl. 1 Ko 15, 14; 15, 58; 2 Ko 6, 1; Gal 2, 2; 1 Th 2, 1; 4, 11.

sagt! Nicht sein Märtyrertod ist die große Sache, das wahre Opfer, neben dem das bloße Glauben der Philipper verblaßt, sondern umgekehrt: Sein Märtyrerblut ist nur eine Zugabe, ein „Trankopfer".

Wenn es so ausgehen sollte, dann erschrickt und trauert Paulus nicht. Mit Freude ist er zu diesem Weg bereit. Und zwar jetzt nicht mehr nur, weil er dann „mit Christus zusammen" ist, was so sehr viel besser wäre, sondern jetzt auch, weil er dem Herrn auf diese Weise eine ganze Gabe, ein volles Opfer darbringen kann. Halten die Philipper das Wort des Lebens fest, stehen sie im ganzen, ungemischten Gehorsam des Glaubens, dann findet das Opfer Jesu, der in Gestalt Gottes wesend doch sich zu nichts machte, Sklavengestalt annahm und gehorsam bis zum Kreuzestode wurde, die dankende, wahre Antwort, zu der Paulus mit seinem Blut das Amen hinzusetzt. Was wäre da irgend zu beklagen und zu betrauern? Da kann Paulus sich nur freuen und mit den Philippern freuen. Darum bittet er auch die Philipper: Wenn die Nachricht seiner Hinrichtung nach Philippi kommt, dann sollen sie nicht verstört und traurig sein, sondern sich mit ihm an diesem vollendeten Opfer freuen, das den Namen Jesu verherrlichen darf.[44]

Paulus sorgt für die Gemeinde

a) 2, 19–24. durch die Sendung des Timotheus.

19 Ich hoffe in dem Herrn Jesus, Timotheus bald euch zu senden,
damit auch ich froh werde, wenn ich erfahre, wie es mit euch
20 steht. * Denn keinen habe ich von gleicher Gesinnung, der so echt
21 für eure Anliegen besorgt sein wird. * Denn sie suchen alle das
22 Ihre, nicht das des Christus Jesus. * Aber seine Bewährtheit kennt
ihr, daß er wie einem Vater ein Kind mit mir gedient hat für das
23 Evangelium. * Ihn also hoffe ich zu senden, wenn ich meine Lage
24 überblicken kann, sofort. * Ich habe aber im Herrn die Zuversicht,
daß ich auch selbst bald kommen werde.

Zu Vers 19:
[53]* Apg 16, 1
Zu Vers 20:
[54]* 1 Ko 4, 17; 16, 10
Zu Vers 21:
[55]* 2 Tim 4, 10. 16
[56]* Gal 4, 17
Zu Vers 24:
[57]* Phil 1, 14. 25
[58]* Phlm 22

[44] Anm. Man kann freilich den Satz auch so konstruieren: „Nein, wenn ich auch als Trankopfer ausgegossen werde, an der Opferhandlung und dem Opferdienst eures Glaubens freue ich mich mit euch allen" (Ewald)! Dann aber würde aus dem folgenden Satz unvermeidlich die Aufforderung an die Philipper, sich mit Paulus an ihrem eigenen Glauben zu freuen! Es fiele zugleich auch das ganze anschauliche Bild dahin, mit dem Paulus seinen Märtyrertod dem Glauben der Gemeinde zuordnet.

---

[53]* Apg 16, 1: Weiter kam er dann auch nach Derbe und Lystra. Und siehe, hier war ein Jünger namens Timotheus — der Sohn einer gläubig gewordenen Jüdin, aber eines griechischen Vaters.

[54]* 1 Ko 4, 17: Eben deswegen habe ich auch Timotheus zu euch gesandt, mein im Herrn geliebtes und treues Kind; er wird euch an meine Wege in Christus Jesus erinnern, wie ich sie überall in jeder Gemeinde lehre.

1 Ko 16, 10: Wenn aber Timotheus kommt, so sorgt dafür, daß er ohne Furcht bei euch verweilen kann; er arbeitet ja am Werk des Herrn ebenso wie ich.

[55]* 2 Tim 4, 10. 16: ... denn Demas hat mich aus Liebe zur jetzigen Weltzeit verlassen und ist nach Thessalonike abgereist, Crescens nach Galatien, Titus nach Dalmatien. Vers 16: Bei meiner ersten Verteidigung hat mir niemand zur Seite gestanden, sondern alle haben mich im Stich gelassen: möge es ihnen nicht angerechnet werden!

Wir haben keine gesicherte Vorstellung davon, ob Paulus mit allen Gemeinden in dauernder Korrespondenz stand, so daß uns nur eine kleine Auswahl der tatsächlich geschriebenen Briefe erhalten ist, oder ob er nur bei besonderem Anlaß ein Schreiben sandte, wie ja tatsächlich Rö, 1 Ko, 2 Ko, Gal, Kol, 1 Th, 2 Th einen besonderen Grund des Schreibens, meist eine besondere Sorge, erkennen lassen. Dann wäre auch unser Philipperbrief nicht ohne Beziehung zu Nöten in der Gemeinde entstanden, von denen Paulus gehört hat. Zwar wird eine besondere Gefährdung durch Irrlehre oder dergl. nicht sichtbar; es klingt durch den ganzen Brief ein besonders herzlicher und vertrauensvoller Ton. Aber die Mahnungen, die wir schon lasen und in Kap. 3 noch lesen werden, könnten doch einen ganz bestimmten Hintergrund haben. So würde es auch besonders verständlich, daß Paulus den besten Mitarbeiter, den er hat, nach Philippi senden will. Und die Begründung dafür, **„damit auch ich froh werde, wenn ich erfahre, wie es mit euch steht"**, wäre dann nicht nur die Sprache der Liebe, die als eigenes Wünschen hinstellt, was doch vielmehr ein Geschenk an den andern ist, sondern Paulus wäre in mancher Sorge auch um Philippi. Auf jeden Fall hat Paulus jede Gemeinde, auch die beste, immer von dem bedroht gesehen, was als sündliche Neigung zur Uneinigkeit, Selbstsucht und Trägheit in unserm Herzen liegt. Er hat gewiß auch von den Bedrängnissen nicht gering gedacht, denen die Philipper von den „Widersachern" her ausgesetzt waren. So wird er froh sein, wenn er durch einen völlig zuverlässigen Mann genau erfährt, wie es nach jeder Richtung in der Gemeinde in Philippi aussieht.

Wir sahen schon am Anfang des Briefes, daß wir uns Paulus nicht einsam vorstellen dürfen. Er war von vielen Mitarbeitern umgeben und hat von ihnen in warmer und anerkennender Weise sprechen können, etwa in Kol 4, 10-14. Hier aber erfolgt doch ein erschreckendes Urteil über diese Männer: **„Denn sie alle suchen das Ihre, nicht das des Christus Jesus."** Hat Paulus gerade jetzt, wo alles gefahrvoller wurde, manche Enttäuschung an andern erlebt und die unbedingte Einsatzbereitschaft für die Sache Jesu nicht gefunden, die er für selbstverständlich hielt und darum auch seinen Mitarbeitern zumutete? Wir denken etwa an seine Mitteilung über Demas in 2 Tim 4, 10, die ja nicht bedeutet, daß Demas „abgefallen" ist, wohl aber, daß er sich aus Rom und aus der gefährlichen Nähe des Paulus nach Thessalonich in größere Sicherheit zurückgezogen hat. Einige Jahre

56* Gal 4, 17: O, sie bewerben sich nicht in guter Absicht eifrig um eure Gunst, nein, sie möchten euch gern (von mir) ausschließen, damit ihr euch dann eifrig um ihre Gunst bemüht.

57* Phil 1, 14. 25: ... und so haben denn die meisten Brüder durch meine Gefangenschaft neue Zuversicht im Herrn gewonnen und wagen deshalb mit wachsender Furchtlosigkeit das Wort Gottes zu verkündigen.

Vers 25: ... und so weiß ich mit voller Gewißheit, daß ich am Leben bleiben und euch allen erhalten bleiben werde, euch zur Förderung und zur Freude im Glauben.

58* Phlm 22: Zugleich rüste dich aber auch, mich als Gast bei dir aufzunehmen, denn ich hoffe, infolge eurer Gebete euch geschenkt zu werden.

vorher hatte Paulus es den Römern als das klare Kennzeichen jedes Christen genannt: „Keiner von uns lebt für sich selber; leben wir, so leben wir für den Herrn" (Rö 14, 7. 8). Nun muß er selbst im Blick auf seine engeren Mitarbeiter mit Schmerz feststellen: „Sie alle suchen das Ihre, nicht das des Christus Jesus". Wie würde er über uns urteilen, wenn er uns und unsere Arbeit sähe?

Timotheus aber ist anders. Er hat sich bewährt, und die Philipper wissen das. Und nun sehen wir wieder, was lebendiges Schreiben im Heiligen Geiste ist. Wenn Paulus den Namen seines jüngeren, von ihm selbst einst in den Dienst gerufenen (Apg 16, 1-3) Mitarbeiters ausspricht, dann steht lebendig vor ihm, wie Timotheus ihm selber liebevoll gedient hat **„wie einem Vater ein Kind"**. Aber sofort wendet er diesen Gedanken. Nicht darauf kommt es an, was Paulus selbst an diesem Mann hat haben dürfen, sondern daß er **„mit ihm gedient hat für das Evangelium"**. So hat Paulus schon im Eingang des Briefes Timotheus und sich selbst als „Sklaven des Christus Jesus" zusammengefaßt. Aber wunderschön steht es nun ineinandergeschlungen in dem ersten Satz da: Die herzliche Sohnesstellung des Jüngeren dem älteren und größeren Paulus gegenüber, und doch die ganze Überordnung des Evangeliums, die alle persönliche Hilfe zur Nebensache macht und beide Männer im Dienst an der großen gemeinsamen Aufgabe verbindet.

Paulus hat **„keinen von gleicher Gesinnung"**. Die Philipper brauchen (überhaupt oder doch ganz bestimmter Schwierigkeiten wegen) einen Mann, der völlig selbstlos und **„echt für ihre Anliegen besorgt sein wird"**. Wer das Seine sucht, sein eigenes Ansehen, seine eigene Behaglichkeit, der weicht der Mühe und dem Schmerz aus, den Dingen in einer Gemeinde bis auf den Grund zu sehen und mit geduldiger, liebevoller und darum auch fester Hand den Nöten abzuhelfen. Darum wird Paulus gerade den bewährten Timotheus den Philippern senden. **Er hofft**, daß er es **„bald"** tun kann. Aber freilich, er muß erst **„seine Lage überblicken"**. Solange der Prozeß noch nicht entschieden ist, kann er Timotheus nicht entbehren; er kann ihm die notwendigen genauen Aufträge auch erst geben, wenn er weiß, ob er selbst in die Arbeit zurückkehren kann oder sein ganzes Arbeitsfeld für sein endgültiges Ausscheiden ordnen muß. Ist das aber geklärt durch den Abschluß des Prozesses so oder so, dann kommt Timotheus **„sofort"**. Erneut gibt Paulus seiner **„Zuversicht"** Ausdruck, daß **„er auch selbst bald kommen wird"**.

Es ist für das „Christsein" im Sinne des Paulus, für das „in Christus sein" kennzeichnend, wie konkret es gemeint ist und von Paulus selbst gelebt wurde. Wie eigenmächtig bis in unser Denken hinein sind wir bei all unsern Plänen und Entschlüssen. Höchstens nachträglich soll dann Gott noch Seinen Segen dazu geben. Für Paulus ist das ständige Leben in Christus so selbstverständlich, daß er auch den Gedanken, Timotheus nach Philippi zu schicken, und die Hoffnung, es „bald" tun zu können, nur **„in dem Herrn Jesus"** hat. Ebenso ist seine Zuversicht nicht seine eigene Stimmungssache, sondern eine **„Zuversicht im Herrn"**. Um wieviel bringen wir uns selbst, weil wir es gar nicht ausnutzen, daß wir wirklich alles in dem Herrn Jesus tun dürfen.

b) 2, 25-30. **durch die sofortige Heimsendung des Epaphroditus.**

Zu Vers 25:
59* Phil 4, 18
Zu Vers 27:
60* 2 Ko 1, 9
Zu Vers 29:
61* 1 Ko 16, 16
Zu Vers 30:
62* Apg 20, 24
63* Phlm 13

25 **Für notwendig aber hielt ich es, Epaphroditus, den Bruder, mei-**
nen Mitarbeiter und Mitstreiter, euren Beauftragten und Diener
26 **meines Bedürfnisses, zu euch zu senden, * da er voll Sehnsucht**
war nach euch allen und in Unruhe darüber, daß ihr gehört hattet,
27 **er sei krank geworden. * Und er war auch wirklich krank bis nah**
an den Tod. Aber Gott hat sich seiner erbarmt, aber nicht nur sei-
ner, sondern auch meiner, damit ich nicht Kummer über Kummer
28 **hätte. * Um so eiliger sandte ich ihn, damit ihr euch wieder freut,**
29 **wenn ihr ihn seht, und auch ich kummerfreier bin. * Nehmt ihn**
nun auf im Herrn mit aller Freude und haltet solche Männer in
30 **Ehren; * denn um des Werkes Christi willen kam er dem Tode**
nahe, indem er sein Leben aufs Spiel setzte, damit er ausfülle, was
an eurem Dienst für mich noch fehlte.

Epaphroditus ist der Überbringer des Philipperbriefes. Die Philipper hatten ihn selbst zu Paulus nach Rom geschickt, um eine Liebesgabe an den gefangenen Apostel zu überreichen. Wenn ihn Paulus als **„euren Diener meines Bedürfnisses"** bezeichnet und seine Rückkehr nach Philippi so besonders eingehend begründet, so hatte er offenbar den Auftrag, zum persönlichen Dienst bei Paulus zu bleiben. Interessant, wie hier Worte noch ganz schlicht gebraucht werden, die später einen ganz bestimmt geprägten Inhalt bekommen. Weil Epaphroditus von den Philippern geschickt und beauftragt ist, nennt ihn Paulus „Apostel"; und weil er dem Bedürfnis des Paulus zu „dienen" hat, heißt er „leitourgos (‚Liturg') meines Bedürfnisses".

Kommt Epaphroditus jetzt schon nach Philippi zurück, so konnte das die Gemeinde verwundern und zu offenen oder versteckten Vorwürfen Anlaß bieten. Gehörte auch dieser ihr Beauftragter zu den Leuten, denen es in Rom und in der Nähe des Paulus zu gefährlich

59* Phil 4, 18: Ich habe aber alles richtig erhalten und habe nun mehr als genug: ich lebe in Hülle und Fülle, seitdem ich von Epaphroditus eure Zuwendung erhalten habe, einen lieblichen Wohlgeruch, ein willkommenes, Gott wohlgefälliges Opfer.

60* 2 Ko 1, 9: . . . ja, wir selber hatten es schon für ausgemacht gehalten, daß wir sterben müßten; wir sollten eben lernen, unser Vertrauen nicht auf uns selbst zu setzen, sondern auf den Gott, der die Toten auferweckt.

61* 1 Ko 16, 16: So ordnet denn auch ihr euch solchen Leuten unter und überhaupt einem jeden, der da mitarbeitet und sich abmüht!

62* Apg 20, 24: Doch ich sehe das Leben als für mich selbst völlig wertlos an, wenn ich nur meinen Lauf vollende und den Dienst, den ich vom Herrn Jesus empfangen habe, nämlich Zeugnis für die Heilsbotschaft von der Gnade Gottes abzulegen.

63* Phlm 13: Gern hätte ich ihn hier bei mir behalten, damit er mir als dein Vertreter in der Gefangenschaft, die ich für die Heilsbotschaft leide, Dienste leisten möchte.

wurde und die darum den Gefangenen in seiner ernsten Notlage verließen? Konnte Paulus auch von Epaphroditus schreiben wie von Demas: „Epaphroditus hat mich verlassen, da er sein Leben in dieser Zeit liebt, und ist nach Philippi gereist"? Nein, sagt Paulus, ich selbst **„hielt es für notwendig, ihn zu euch zu senden".** Warum? Die Begründung vereint eine ganz schlichte menschliche Betrachtung der Dinge mit dem festen Blick auf Gott und weiß in ganz lieber und feiner Weise alles so zu sagen, daß nur die Philipper und Paulus selbst, nicht etwa Epaphroditus der Gewinner bei dieser Heimkehr ist.

Epaphroditus war in Rom krank geworden. Die Philipper hatten mit Sorge davon gehört. Nach unserer menschlichen Unart konnte es aber vielleicht in Philippi nachträglich auch heißen: So schlimm wird es schon nicht gewesen sein! Paulus bestätigt darum ausdrücklich: **„Und er war auch wirklich krank bis nah an den Tod."** Welch ein neuer Kummer zu allem übrigen war diese schwere Erkrankung für Paulus. Darum sah es Paulus als ein Erbarmen auch gegen sich selbst an, als Epaphroditus wieder gesund wurde. Von Krankheit und Genesung wird dabei ganz schlicht gesprochen. Man könnte Paulus den Vorwurf erheblicher Inkonsequenz machen. Bei sich selber sah er das Sterben als „Gewinn" an (1, 21), die Philipper forderte er kurz vorher auf, sich bei seinem etwaigen Tod durch Henkershand mit ihm zu „freuen" (2, 18), aber bei Epaphroditus wäre ihm das Sterben ein großer Schmerz gewesen! Diese „Inkonsequenz" zeigt aber nur, daß es in Glaubensdingen nicht nach einem dogmatischen Schema, sondern konkret und lebendig zugeht. Auch bei den Philippern hat Paulus es ausgemalt, was für eine Freude des Glaubens es sein wird, wenn er freigesprochen aufs neue bei ihnen erscheint. Wäre Epaphroditus gestorben, würde Paulus voraussichtlich auch der Freude über ein solches Sterben im Dienst Jesu Ausdruck gegeben haben, ohne sich im geringsten im Widerspruch mit sich selbst zu fühlen. Das ist die „Freiheit eines Christenmenschen", daß er mit Freuden gesund werden und leben und mit Freuden aufbrechen und sterben kann. Ebenso sah Paulus es offenbar nicht als einen Mangel im Glaubensleben, wenn ein Christ schwer erkrankte. Auch in der nächsten Nähe des Apostels, auch bei einem **„Mitarbeiter und Mitstreiter"**, wie er Epaphroditus ehrend nennt, kann es zu schwerster Krankheit kommen. Die Errettung daraus schenkte Gott; aber es fällt kein Wort von „Glaubensheilung", es fehlt jeder Ton eines Triumphierens, daß man durch zähes Beten und kühnes Glauben Epaphroditus wieder herausgerissen habe. Paulus will aber den Wiedergeschenkten nicht länger für sich in Anspruch nehmen. Er versteht das Verlangen des Epaphroditus, gerade jetzt die Menschen daheim wiederzusehen, die von seiner Krankheit gehört haben. Epaphroditus war **„in Unruhe darüber, daß ihr gehört hattet, er sei krank geworden".** Paulus gebraucht hier für die „Unruhe" seines Mitarbeiters ein starkes Wort. das wir im Neuen Testament sonst nur noch in Mt 26, 37 bei dem „Zagen" des Herrn in Gethsemane finden. Warum es für Epaphroditus so besonders beunruhigend war, daß man in Philippi von seiner Erkrankung wußte, ist für uns nicht mehr durchsichtig. Jedenfalls sollten die Philipper recht schnell die Freude haben, ihn wieder zu begrüßen. Und Paulus selbst ist eine Sorge los, wenn er ihn wieder wohlbehalten in Philippi weiß.

Darum sollen die Philipper ihn **„aufnehmen im Herrn mit aller Freude"**. Geschah seine Heimsendung auch in der Berücksichtigung schlichter menschlicher Dinge, so stand doch Gottes eigenes Handeln darüber. Gott hatte diesen Mann in Rom schwer erkranken lassen und ihn dann doch noch einmal gesund gemacht; das war Paulus eine klare Wegweisung. So dürfen es auch die Philipper selbst erkennen und ihn „im Herrn" mit Freude empfangen. „Im Herrn", das war ja keine hübsche, erbauliche Verzierung, das war die ernsthafte und fröhliche Beugung vor Jesus, der die Pläne und Anweisungen der Philipper durchkreuzt und Epaphroditus viel früher als erwartet heimgeführt hatte. Kein versteckter Vorwurf darf sich nun in den Empfang des Zurückkommenden mischen.

Paulus mahnt bei dieser Gelegenheit hier wie in andern Gemeindebriefen: **„Haltet solche Männer in Ehren"**. In der Gemeinde damals gab es keine „Ämter" mit „Rechten und Pflichten", die dem Amtsträger die Ehre und Anerkennung sichern. Freiwillig übernahmen Männer die notwendigen Dienstleistungen. Paulus liegt sehr daran, daß das die volle Beachtung und Anerkennung in der Gemeinde findet. Er kennt die Neigung unseres argen Herzens, unsere eigenen Bemühungen für sehr bedeutend zu halten, aber über das, was andere leisten, recht leicht hinwegzugehen. Darum unterstreicht er auch noch einmal, was Epaphroditus getan hat. Wenn Menschen in der Gemeinde sein rasches Heimkommen kritisieren, dann müssen sie sich klarmachen: Bei aller Dienstbereitschaft für Paulus blieben sie doch alle daheim in Philippi, und so „fehlte" immer noch das Wichtigste, damit die Liebe der Philipper wirklich zu Paulus kam. Epaphroditus hat dies Fehlende ergänzt, indem er die Gaben der Philipper zu Paulus brachte und zu persönlichen Dienstleistungen bei ihm bereit war. Und dabei hat er **„sein Leben aufs Spiel gesetzt"** und kam **„um des Werkes Christi willen dem Tode nah"**. So lehrt Paulus die Philipper und auch uns, in liebevoller Gerechtigkeit Leistung und Einsatz von Mitarbeitern anzuerkennen, auch wenn ihr Handeln nicht ohne weiteres unsern Gedanken und Plänen entspricht.

Eine sprachliche Bemerkung: Paulus schrieb: **„Um so eiliger sandte ich ihn"**. Der antike Briefschreiber versetzt sich anders als der deutsche in den Zeitpunkt, da der Empfänger den Brief liest. Er wählt daher die Zeitform der Vergangenheit für Dinge, die im Augenblick des Schreibens zwar noch Gegenwart oder Zukunft sind, aber beim Lesen bereits Vergangenheit sein werden.

Die Bekehrung des Gerechten

Philipper 3, 1-11

1 Im übrigen, meine Brüder, freut euch im Herrn. Dasselbe euch
zu schreiben, ist mir nicht langweilig, euch aber [macht es] gewiß.
2 * Gebt acht auf die Hunde, gebt acht auf die bösen Arbeiter, gebt
3 acht auf die Zer-schneidung. * Denn w i r sind die Be-schneidung,
die wir durch Gottes Geist [Ihm] dienen und uns rühmen des Chri-
4 stus Jesus und nicht auf Fleisch unsere Zuversicht setzen, * ob-
wohl auch ich einer bin, der seine Zuversicht auch auf Fleisch set-
zen könnte. Wenn irgendein anderer meint, seine Zuversicht auf
5 Fleisch setzen zu dürfen – ich noch mehr! * Ich war bei der Be-
schneidung acht Tage alt, aus dem Geschlecht Israel, aus dem
Stamm Benjamin, Hebräer von Hebräern, nach dem Gesetz Pha-
6 risäer, * nach dem Eifer ein Verfolger der Gemeinde, nach der Ge-
rechtigkeit, der am Gesetz [entstehenden], von jedem Tadel frei.
7 * Aber was da mir Gewinn war, das habe ich um des Christus wil-
8 len für Verlust gehalten. * Ja, allerdings, ich halte wirklich alles
für Verlust wegen der überragenden Größe der Erkenntnis des
Christus Jesus, meines Herrn, um Des willen ich das alles verlie-
ren mußte – und ich halte es für Dreck –, damit ich Christus ge-
9 wänne * und erfunden würde in Ihm, nicht mehr im Besitz meiner
eigenen Gerechtigkeit, der aus dem Gesetz, sondern der durch
den Glauben an Christus, der aus Gott stammenden Gerechtig-
10 keit auf Grund des Glaubens, * zu erkennen Ihn und die Kraft
Seiner Auferstehung und die Teilhabe an Seinem Leiden, indem
11 ich Seinem Tode gleichgestaltet werde, * ob ich wohl hingelange
zur Ausauferstehung, der aus den Toten.

Zu Vers 1:
[1]* Phil 2, 18; 4, 4
[2]* 2 Ko 13, 11
[3]* 1 Th 5, 16

Zu Vers 2:
[4]* Offb. 22, 15
[5]* 2 Ko 11, 13

Zu Vers 3:
[6]* Rö 2, 26-29
[7]* Gal 6, 16
[8]* Mt 3, 9

Zu Vers 4:
[9]* 2 Ko 11, 18. 22

Zu Vers 5:
[10]* Lk 1, 59; 2, 21
[11]* Rö 11, 1
[12]* 2 Ko 11, 22
[13]* Apg 23, 6; 26, 5

Zu Vers 6:
[14]* Apg 8, 3

Zu Vers 7:
[15]* Mt 13, 44. 46

Zu Vers 8:
[16]* Mt 16, 26
[17]* 2 Pt 3, 18

Zu Vers 9:
[18]* Rö 1, 17; 3, 21 f.; 10, 3

Zu Vers 10:
[19]* Eph 1, 17-20
[20]* Rö 6, 3-5; 8, 17
[21]* Gal 5, 24; 6, 17

Zu Vers 11:
[22]* Lk 20, 35
[23]* Offb 20, 5-7

„Im übrigen" wird im Briefstil gern verwendet, um einen neuen Abschnitt einzuleiten, besonders wenn dieser dem Abschluß des Ganzen naheliegt. So steht das gleiche Wort auch 2 Ko 13, 11; 1 Th 4, 1; 2 Th 3, 1 und in unserem Brief 4, 8. Aber an unserer Stelle beginnt dann keineswegs der Schlußteil des Briefes. Es folgt vielmehr eines der gewaltigsten und grundlegendsten Kapitel, die Paulus überhaupt

[1]* Phil 2, 18: Ebenso freuet aber auch ihr euch, und zwar im Verein mit mir!
Phil 4, 4: Freuet euch im Herrn allezeit! Noch einmal wiederhole ich's: „Freuet euch!"

[2]* 2 Ko 13, 11: Im übrigen, liebe Brüder, freuet euch! Laßt euch zurechtbringen, nehmt Ermahnungen an, seid eines Sinnes und haltet Frieden; dann wird der Gott der Liebe und des Friedens mit euch sein.

[3]* 1 Th 5, 16: Seid allezeit fröhlich.

[4]* Offb 22, 15: Draußen sind die Hunde und die Zauberer, die Unzüchtigen und die Mörder, die Götzendiener und alle, welche die Lüge lieben und üben.

[5]* 2 Ko 11, 13: Denn diese Leute sind Lügenapostel, unredliche Arbeiter, die nur die Maske von Aposteln Christi tragen.

[6]* Rö 2, 26—29: Wenn umgekehrt der Unbeschnittene die Forderungen des Gesetzes beobachtet, wird ihm dann nicht sein Unbeschnittensein als Beschneidung angerechnet werden? * Ja, der von Natur Unbeschnittene, der das Gesetz erfüllt, wird das Urteil über dich sprechen, der du trotz geschriebenen Gesetzes und Beschneidung ein Übertreter des Gesetzes bist. * Denn nicht der ist ein Jude, der es sichtbar ist, und die Beschneidung besteht nicht in dem, was äußerlich am Fleisch vorgenommen wird; * nein, der ist ein Jude,

geschrieben hat. Es ist dies Kapitel auch so unvermutet anders als der bisherige Brief und so in sich geschlossen, daß die kritische Forschung in ihm einen Einschub aus einem ganz anderen Paulusbrief sehen zu müssen meinte. Was bedeutet dann aber der Vers 1 des Abschnitts? Worauf bezieht sich die Bemerkung, es mache Paulus nichts aus, den Philippern **„dasselbe zu schreiben"?** Handelt es sich nur um eine Zwischenbemerkung mit der Mahnung zur Freude, bei der Paulus nach 1, 4; 1, 18; 1, 25; 2, 2; 2, 17. 18; 2, 29 den Eindruck hatte: Ich wiederhole mich, ich spreche immerzu von „Freude" – nun, um so mehr stärke ich die Gemeinde zur Freude? Oder wollte der Apostel ursprünglich einen ganz anderen tatsächlichen Schlußteil, etwa im Sinne von 4, 4-9, diktieren und wurde dann unterbrochen, sei es durch neue Nachrichten über weitere Vorstöße der judaistischen Agitation, sei es durch ein Überdenken der Lage auf seinem gesamten Missionsfeld angesichts seines möglichen baldigen Todes? Hat ihn hier Timotheus daran erinnert, daß er ein Wort der Warnung vor der judaistischen Gefahr unbedingt noch sagen müsse als Rückhalt für die Arbeit, die Timotheus dann einmal in Philippi tun sollte? Oder gehört dies „Dasselbe euch zu schreiben..." tatsächlich zu dem folgenden Abschnitt, und Paulus bezieht sich hier auf Ausführungen in früheren Briefen nach Philippi, von denen wir nichts wissen, die aber bei der herzlichen Verbundenheit zwischen Paulus und dieser Gemeinde wohl geschrieben sein können? Eine sichere Entscheidung dieser Fragen ist nicht zu treffen.

Uns aber hat dieser Satz des Paulus jedenfalls zu sagen, daß auch wir nicht ängstlich darin sein sollen, „dasselbe zu sagen". Die Wahr-

der es innerlich ist, und die Beschneidung muß am Herzen vollzogen sein im Geist, nicht nach dem Buchstaben: — das Lob eines solchen kommt nicht von Menschen her, sondern von Gott.

7* Gal 6, 16: . . . und alle, die nach dieser Richtschnur wandeln werden: über die komme Friede und Erbarmen, nämlich über das Israel Gottes!

8* Mt 3, 9: . . . und laßt euch nicht in den Sinn kommen, bei euch zu sagen: Wir haben ja Abraham zum Vater. Denn ich sage euch: Gott vermag dem Abraham aus den Steinen hier Kinder zu erwecken.

9* 2 Ko 11, 18. 22: Weil so viele sich nach dem Fleische rühmen, will auch ich es einmal tun. Vers 22: Sie sind Hebräer? — Ich auch. Sie sind Israeliten? — Ich auch. Sie sind Nachkommen Abrahams? — Ich auch.

10* Lk 1, 59: Am achten Tage kamen sie zur Beschneidung des Knäbleins und wollten es mit dem Namen seines Vaters Zacharias benennen.

Lk 2, 21: Als dann acht Tage vergangen waren, so daß man das Kind beschneiden mußte, gab man ihm den Namen Jesus, der schon vor seiner Empfängnis von dem Engel angegeben war.

11* Rö 11, 1: So frage ich nun: Hat Gott Sein Volk etwa verstoßen? Keineswegs! Ich bin doch auch ein Israelit aus Abrahams Nachkommenschaft, aus dem Stamme Benjamin.

12* 2 Ko 11, 22: Sie sind Hebräer? — Ich auch. Sie sind Israeliten? — Ich auch. Sie sind Nachkommen Abrahams? — Ich auch.

13* Apg 23, 6: Weil Paulus nun wußte, daß der eine Teil aus Sadduzäern, der andere aus Pharisäern bestand, rief er laut in die Versammlung hinein: „Werte Brüder! Ich bin ein Pharisäer und aus pharisäischer Familie! . . ."

Apg 26, 5: . . . die mich von früher her kennen; sie müssen, wenn sie nur wollen, mir das Zeugnis ausstellen, daß ich nach der strengsten Richtung unserer Gottesverehrung gelebt habe, nämlich als Pharisäer.

14* Apg 8, 3: Saulus aber wütete gegen die Gemeinde, indem er überall in die Häuser eindrang, Männer und Frauen fortschleppte und sie ins Gefängnis werfen ließ.

15* Mt 13, 44. 46: Das Himmelreich ist einem im Acker vergrabenen Schatz gleich; den fand ein Mann und vergrub ihn; alsdann ging er in seiner Freude hin, verkaufte alles, was er besaß, und kaufte jenen heit Gottes auch in ihren einfachen Grundzügen ist so wenig „langweilig" wie das Sonnenlicht, das uns doch Tag für Tag scheint, wie das liebe Wort, das täglich zwischen zwei Menschen gewechselt wird. Die Wiederholung macht fest und gewiß. Der gesamte Strom des Lebens in dieser Welt, einschließlich der edelsten Moral und Religion, fließt stetig dem Evangelium entgegen. Darum bedürfen wir es zu unserer Befestigung, daß uns unermüdlich „dasselbe", eben das Evangelium gesagt wird.

Und nun treten wir an den mächtigen Abschnitt heran, der freilich in der Gemeinde weit weniger bekannt ist als andere „große" Stellen der paulinischen Briefe, der aber von der Gemeinde neu gewonnen werden sollte. Dieser Abschnitt ist neben Gal 1, 10-24 und 1 Tim 1, 12-16 der einzige autobiographische Rückblick[45] des Paulus auf seine Bekehrung, und zwar von allen drei Stellen die tiefste und innerlichste. Die Gemeinde aller Zeiten darf hier lesen, wie der Bevollmächtigte Jesu für alle Glaubenden aus den Nationen die große Wendung in seinem Leben selber angesehen hat. Sie darf einem Paulus in das Herz blicken. Zugleich aber kommt ihr in diesem von tiefer Glut erfüllten persönlichen Bekenntnis[46] die Sache des Evangeliums selbst einzigartig klar und durchsichtig vor die Augen, gerade weil die Lebensvorgänge der Bekehrung und der Rechtfertigung hier einmal in ganz anderen Ausdrücken und Bildern erfaßt und dargestellt sind.

Das paulinische „gesetzesfreie" Evangelium – er kann es gelegentlich „sein" Evangelium nennen (Rö 2, 16) – war eine unerhörte Botschaft, unfaßbar, ja skandalös für alles natürliche Denken. Denn der Mensch ist von Natur „Moralist". Tief und zäh sitzt in seinem Herzen die Überzeugung, der Mensch müsse sich vor Menschen und vor Gott

[45] Anm. Apg 9 und die Reden des Paulus in Apg 22 und 26 stammen nun einmal aus der Feder des Lukas, auch wenn sie auf zuverlässiger Berichterstattung, sogar auf eigenen Mitteilungen des Apostels beruhen.

[46] Anm. Wenn Paulus in drei seiner Briefe und nach der Apg in zwei seiner Reden von seiner Bekehrung erzählt, dann sah auch er in dem persönlichen Zeugnis ein besonderes Mittel, die große Sache andern zu verdeutlichen.

Acker. Vers 46: . . . und als er eine kostbare Perle gefunden hatte, ging er heim, verkaufte alles, was er besaß, und kaufte sie.

16* Mt 16, 26: Denn was könnte es einem Menschen helfen, wenn er die ganze Welt gewönne, aber sein Leben einbüßte?

17* 2 Pt 3, 18: Wachst vielmehr in der Gnade und Erkenntnis unseres Herrn und Erretters Jesus Christus! Ihm gebührt die Herrlichkeit, sowohl jetzt als auch für den Tag der Ewigkeit.

18* Rö 1, 17: Denn Gottesgerechtigkeit wird in ihr geoffenbart, aus Glauben zu Glauben, wie geschrieben steht: „Der Gerechte wird aus Glauben leben."

Rö 3, 21f.: Jetzt aber ist, unabhängig vom Gesetz, jedoch bezeugt von dem Gesetz und den Propheten, die Gottesgerechtigkeit geoffenbart worden, * nämlich die Gottesgerechtigkeit, die durch den Glauben an Jesus Christus für alle da ist und allen zukommt, die da glauben.

Rö 10, 3: Denn weil sie die Gottesgerechtigkeit verkannt haben und dagegen beflissen sind, ihre eigene Gerechtigkeit zur Geltung zu bringen, haben sie sich der Gottesgerechtigkeit nicht unterworfen.

19* Eph 1, 17—20: . . . der Gott unseres Herrn Jesus Christus, der Vater der Herrlichkeit, wolle euch den Geist der Wahrheit und der Offenbarung durch die Erkenntnis seiner Selbst verleihen, * euren Herzen erleuchtete Augen, damit ihr begreift, welche Hoffnung ihr infolge Seiner Berufung habt, wie groß der Reichtum Seines herrlichen Erbes bei den Heiligen ist, * und wie überschwenglich Seine Kraft sich an uns, den Gläubigen, erweist, nämlich die mit gewaltiger Macht sich betätigende Stärke, * die Er an etwas „verdienen", und er könne und tue das auch. Gewiß braucht der Mensch auch ein Stück Gnade. Aber nur Gnade, völlige freie Gnade allein – unmöglich! Dagegen empört sich das ganze sittliche Empfinden ebenso wie der ganze Stolz des Menschen. Nur Gnade – das erscheint als eine totale Verkennung und Herabwürdigung des ganzen moralischen und religiösen Besitzes der Menschheit. Nur Gnade – das ist die Prämie auf sittliche Gleichgültigkeit und Schlechtigkeit.[47] Darum folgt dem paulinischen Evangelium überall seine entrüstete Bestreitung, ganz besonders durch Juden und „Judaisten", d. h. durch Christen, die auch an Jesus als den Messias glaubten, die auch von Erlösung und Sündenvergebung etwas wußten, die aber im paulinischen Evangelium eine gefährliche Verirrung und Verzerrung sahen und den Christen in den Gemeinden des Paulus sagten: Ganz gewiß sollt ihr „Christen" bleiben, aber gerade als ernste und ganze Christen müßt ihr den Weg der sittlichen und religiösen Leistungen gehen, den uns das Gesetz zeigt. Dieser Paulus reißt ja alles ein, was jeder sittlich-religiöse Mensch in seinem Herzen trägt und was uns Israeliten unser Gesetz in von Gott selbst geschenkter Klarheit zeigt. In Galatien waren die Erfolge dieser Gegner des Paulus beträchtlich. Der Galaterbrief ist ein heißes Ringen mit ihnen. Sie konnten aber in jeder Gemeinde auftauchen und fanden überall im natürlichen Menschenherzen den Bundesgenossen. Jede Moral und jede Religion steht in tiefem Gegensatz gegen das Evangelium. So können diese Männer jeden Tag auch nach Philippi kommen. Darum möchte Paulus rechtzeitig warnen. **„Gebt acht[48] auf die Hunde, gebt acht auf die bösen Arbeiter, gebt acht auf die Zer-schneidung!"** Der Hund ist im

[47] Anm. Man vergleiche die so instruktive innerliche Empörung einer Mathilde Ludendorff über das Gleichnis vom verlorenen Sohn, über die Aufnahme dieses Sohnes durch den Vater! Der ältere Bruder spricht genau das aus, was jeder anständige und redliche Mensch empfinden muß.
[48] Anm. Das „Gebt acht!" oder „Sehet zu!" verwendet Paulus öfter als warnenden Zuruf: 1 Ko 8, 9; 10, 12; Gal 5, 15; Kol 2, 8.

Christus erwiesen hat, als Er Ihn von den Toten auferweckte und Ihn in der Himmelswelt zu Seiner Rechten sitzen ließ.

[20a] Rö 6, 3—5: Oder wißt ihr nicht, daß wir alle, die wir auf Christus Jesus getauft worden sind, auf Seinen Tod getauft worden sind? • Wir sind also deshalb durch die Taufe in den Tod mit Ihm begraben worden, damit, gleichwie Christus von den Toten auferweckt worden ist durch die Herrlichkeit des Vaters, ebenso auch wir in einem neuen Leben wandeln. • Denn wenn wir mit Ihm zur Gleichheit des Todes verwachsen sind, so werden wir es auch hinsichtlich Seiner Auferstehung sein.

Rö 8, 17: Sind wir aber Kinder, so sind wir auch Erben, und zwar Erben Gottes und Miterben Christi, wenn wir nämlich mit Ihm leiden, um auch an Seiner Herrlichkeit teilzunehmen.

[21a] Gal 5, 24: Die aber Christus Jesus angehören, haben ihr Fleisch samt seinen Leidenschaften und Begierden gekreuzigt.

Gal 6, 17: In Zukunft möge mir niemand zu schaffen machen, denn ich trage das Malzeichen Jesu an meinem Leibe!

[22a] Lk 20, 35: . . . diejenigen aber, welche würdig befunden worden sind, an jener Weltzeit und an der Auferstehung von Toten teilzunehmen, die heiraten weder, noch werden sie verheiratet.

[23a] Offb 20, 5—7: Die übrigen Toten aber lebten bis zum Ablauf der tausend Jahre nicht wieder auf. Dies ist die erste Auferstehung: • Selig und heilig ist, wer an der ersten Auferstehung Anteil hat! Über diese hat der zweite Tod keine Gewalt, sondern sie werden Priester Gottes und Christi sein und die tausend Jahre hindurch zusammen mit Ihm herrschen. • Wenn dann aber die tausend Jahre zu Ende sind, wird der Satan aus dem Gefängnis freigelassen werden.

alten Orient nicht der treue und geliebte Begleiter des Menschen, sondern ein halbwildes Tier, das in Rudeln umherschweift und kläffend nach Beute stöbert. So sieht Paulus seine Gegner schnobernd und bellend alle Gegenden durchschnüffeln.[49] Denn wahrhaftig: Eifrig sind sie, fleißige Arbeiter für ihre Sache, nur leider eben „üble Arbeiter" (vgl. auch 2 Ko 11, 13), die nicht aufbauen, sondern niederreißen und zerstören. Darum nennt sie der Apostel in einem bitteren Wortspiel die „Zerschneidung". Weiter können sie nichts, als die Menschen „zerschneiden" und dabei mit ihrem Drängen auf solche Prozedur die Gemeinde verwirren und spalten und so den Leib Christi zerschneiden!

Es muß freilich auch die andere Möglichkeit ernsthaft erwogen werden, daß an dieser Stelle nicht „Judaisten" gemeint sind, sondern unmittelbar die Juden in Philippi. Aus der kleinen jüdischen Schar war der erste Anfang der Gemeinde hervorgegangen. Wieviel Grund zu Eifersucht und Haß war damit gegeben. Auf der andern Seite war Judenschaft und „Kirche" damals noch nicht so selbstverständlich und völlig getrennt wie später. Wo immer man „Christus Jesus" sagte, sagte man damit „der Messias Jesus". Die Botschaft: Der erwartete Messias ist in Jesus gekommen! ging die Judenschaft allerorts unmittelbar etwas an! Das „Nein" zu dieser Botschaft und damit zu den „Christen" war unbestreitbar eine eigenste jüdische Sache. Kein Wunder, daß darum auch an vielen Orten der Kampf gegen Paulus und seine Gemeinden von der Judenschaft ausging (vgl. etwa Apg 13, 45. 50; 14, 5. 19; 17, 5. 13; 18, 12; 19,9). Ist so in Philippi die kleine, aber vielleicht sehr eifrige Schar der Juden der Herd der Unruhe gegen die Christen, dann würde das Bild der „Hunde" nach Ps 59, 7. 15 recht anschaulich. Zugleich wäre auch dieses Bild schon eine scharfe ironische Umkehrung üblicher jüdischer Gedanken. Für viele Juden waren die Heiden selbstverständlich „Hunde". Nein, sagt Paulus, gerade diese hetzenden und kläffenden Juden sind wahrhaft „Hunde", während aus den „Heiden" in Philippi die meisten „Heiligen in Christus Jesus" kamen. Auch das Wortspiel „Zer-schneidung – Be-schneidung" gewänne so erst seine volle Schärfe: die Beschneidung, also das wirkliche Israel, sind wir; die Judenschaft hat nicht mehr als ein Stückchen Zerschneidung an ihrem Leib. Aber es bleibt doch sehr fraglich, ob Paulus, der selber den Timotheus beschnitten hat (Apg 16, 3), über die jüdische (nicht judaistische!) Beschneidung so hart urteilen und Angehörige Israels, das er selbst im Licht von Rö 9–11 ansah, einfach „Hunde" nennen konnte. Ebenso bleibt es auch fraglich, ob bei der antisemitischen Stimmung in der römischen Militärkolonie (vgl. S. 37) die kleine Judenschaft wirklich der Gemeinde so gefährlich werden konnte. Diese Gefahr konnte dann jedenfalls nur eine äußere sein. Dazu paßt aber die Art der Warnung des Paulus und vor allem die anschließende tiefe Auseinandersetzung nicht. An

[49] Anm. Zum Bild der „Hunde" vgl. Ps 59, 7. 15; Offb 22, 15.

einen bedrohlichen inneren Einfluß des reinen Judentums auf die Christen in Philippi ist überhaupt nicht zu denken. So wird der Blick des Paulus auf die bekannten judaistischen Gegner gerichtet sein, mit denen er genug zu tun bekommen hatte, um auch eine von ihnen noch nicht unmittelbar berührte Gemeinde kräftig vor ihnen zu warnen.

Aber wie kann Paulus über diese seine Gegner so schroff und wegwerfend urteilen? Geht er mit solchen Scheltworten und solcher Ironie nicht zu weit? Ist das noch „christlich"? Diese Gegner waren von dem Recht ihrer Sache doch auch überzeugt und wollten nur das Gute! Wenn sie meinten, neben Jesus noch allerlei sittliche und religiöse Leistungen stellen zu müssen, eben die Beschneidung, den Sabbat und gute Werke – kann man da nicht verschiedener Meinung sein? So denken wir heutigen Menschen. Wir kennen unsererseits auch in der Kirche nur noch „Meinungen" und „Ansichten", in deren Fülle – was gibt es doch alles für Denominationen und „Richtungen"! – wir nicht mehr so ganz durchfinden, und sind deshalb geneigt, allerlei „Einstellungen" gegenüber recht tolerant zu sein, solange sie sich von der goldenen Mitte nicht allzu weit entfernen und nicht zu „übertrieben" sind. Dabei sind wir im Grunde durchdrungen von der mittelmäßigsten religiös-christlich gefärbten Moral, die für die Botschaft des Paulus überhaupt kein Ohr hat und wesensmäßig ganz auf die Seite der Gegner des Paulus gehört. So müssen wir ganz neu zu hören suchen, was denn nun Paulus zur Begründung seines „Standpunktes" sagt, warum er in dem Auftreten der Gegner nicht eine „abweichende Meinung" sieht, über die man „diskutieren" kann, sondern die Zerstörung des Werkes Gottes selbst und den Angriff auf Gottes eigene Wahrheit.

Paulus faßt den unüberbrückbaren Gegensatz in zwei scharfe Begriffe, die sich mit ihrem ganzen Gehalt wie Feuer und Wasser gegenüberstehen: „Geist" und „Fleisch". Von ihrem rechten Verständnis hängt für das Erfassen der biblischen Botschaft alles ab!

„Fleisch" – die Vergriechung des Christentums hat es mit sich gebracht, daß wir bei diesem Wort sofort an „Sinnlichkeit", am Ende gar an „Sexualität" denken, zum mindesten aber an unsere „Leiblichkeit". Dieses Mißverständnis müssen wir bei uns von Grund auf beseitigen. „Fleisch" ist in der Bibel zunächst Bezeichnung für die ohnmächtige sterbliche Kreatur im Gegensatz zu dem ewigen, lebendigen Gott. Gottes Wesen dagegen ist „Geist". Das Wort „Geist" in der Schrift meint daher wieder nicht griechisch-modern das „Geistesleben", die „geistige" Seite unseres Wesens im Gegensatz zum Leib und zur „Sinnlichkeit", sondern meint Gottes ewige, herrliche Lebendigkeit und Kraft. So sagt etwa der Prophet Jesaja in Kapitel 31, 3: „Denn Ägypten ist Mensch und nicht Gott, und ihre Rosse sind Fleisch und nicht Geist." „Fleisch" ist dann besonders die Bezeichnung des ganzen von Gott gelösten Menschen, und zwar nach seinem innerlichen „geistigen" Wesen genauso wie nach seiner verweslichen Leiblichkeit. „Fleisch" ist alles, was dieser von Gott gelöste Mensch selbst hat und kann, was in der Macht seines eigenen Schaffens und Leistens liegt einschließlich seiner höchsten und edelsten Leistungen. „Fleisch" im Sinn der Bibel ist auch seine feinste und erhabenste Kunst, „Fleisch" seine edelste Sittlichkeit, „Fleisch" auch alle seine Religion, die er selber aus der Tiefe seines Herzens und Gemütes hervorbringt. Dieses „Fleisch" ist immer daran zu erkennen, daß der Mensch hier bei sich selbst bleibt, auf sich selbst vertraut und sich selber rühmt. „Fleisch" ist Ichwesen. Auch in seiner Sittlichkeit und in seiner Religion bleibt der Mensch in seinem Ich stecken, pflegt und verherrlicht sein Ich, selbst wenn er dabei Gottes Namen nennt.

Das ist für Paulus das Unerträgliche an den Gegnern, daß sie – selbst wenn sie es „gut meinen" – den Menschen in dieser Sphäre des Fleisches festhalten oder, sofern er ein Glied der Gemeinde Jesu war, wieder in diese Sphäre hinunterziehen wollen. Der wirkliche Christ hatte eine total andere Art, Gott zu dienen, geschenkt bekommen. „Im Geist", in Gottes eigenem Wesen und Leben lebte er für Gott. Dieser „Gottesdienst" ist im strengen Sinn des Wortes eine absolut andere Sache als alle menschliche Religion, sie sei so hochstehend, wie sie wolle. Dieser Gottesdienst „im Geist und in der Wahrheit" ist von aller „Religion" so verschieden wie der Tag von der Nacht, der Geist vom Fleisch, Gott von der Kreatur. Darum rühmt man sich in diesem Gottesdienst nicht wieder der eigenen Leistungen, sondern rühmt sich des Christus Jesus allein. Denn alles, was ein Mensch sittlich-religiös selber haben und aufweisen könnte, wäre ja doch wieder nur – „Fleisch". Darum gibt es hier nur ein Entweder-Oder und nicht jene Vermischung von Evangelium und „Religion", die die Gegner betrieben, mit der sie nur zeigten, daß sie das Evangelium überhaupt nicht begriffen hatten. Darum sind sie so gefährliche Leute, die „Zer-schneidung", die „bösen Arbeiter", je eifriger sie sind, um so schlimmer; darum sind sie „Hunde", die man sich beizeiten vom Leibe halten muß. Denn die eigentliche „Beschneidung", die wirkliche Gemeinde Gottes in dieser Weltzeit sind **„wir, die wir durch Gottes Geist Ihm dienen und uns rühmen des Christus Jesus und nicht auf Fleisch unsere Zuversicht setzen".**[50]

Aber – meint Paulus denn das im Ernst, daß alle sittlichen Leistungen des Menschen und all seine Religion nichts ist? Dagegen lehnt sich doch auch in uns alles auf! Ja, Paulus meint es mit ganzem Ernst. Er kann uns diesen Ernst nicht besser deutlich machen als dadurch, daß er nicht an seinen Gegnern, sondern an sich selber und an seinem eigenen Leben die totale Wertlosigkeit, den „Fleischescharakter" aller eigenen Religion und Sittlichkeit aufzeigt.

[50] Anm. Von da her hat es eine gewisse Berechtigung, wenn die Gemeinde Jesu sich als das wahre, geistliche Israel empfindet (vgl. auch Rö 2, 28. 29; Gal 4, 21–31; 1 Pt 2, 9). Es darf dabei nur nicht wider die klaren Aussagen von Rö 9–11 gemeint werden, Israel sei „verworfen" und die Gemeinde an Israels Stelle getreten! Israel behält von Gott her seine Berufung und nach Gottes Verheißungen seine große Aufgabe in der Zukunft.

Denn das müssen die Philipper und das müssen vor allem auch seine Gegner bedenken: Er selbst besaß ja auch all das, was die Gegner rühmten und den Gemeinden aufzunötigen suchten, ja er besaß es im höchsten Maße! Er schilt das, was die Gegner bringen, nicht etwa wie der Fuchs die sauren Trauben, weil es ihm unerreichbar ist! Er ist **„einer, der seine Zuversicht auch auf Fleisch setzen könnte"**. Ja, **„wenn irgendein anderer meint, seine Zuversicht auf Fleisch setzen zu dürfen – ich noch mehr!"** Wenn es auf die Beschneidung ankäme – Paulus ist genau nach der Vorschrift 3 Mo 12, 3 am achten Tage beschnitten worden. Wenn die Zugehörigkeit zu Israel das Heil bedeutet – er stammt „aus dem Geschlecht Israel", er kann sogar „den Stamm angeben, zu dem er gehört, was nur die ursprünglichen Glieder des Volkes konnten, nicht die, die erst später hinzugekommen sind" (Schlatter); und es ist der Stamm, dem nach Jos 18, 28 ursprünglich auch Jerusalem gehörte und aus dem der erste König Israels stammte, dessen Namen Paulus trug. Er ist ein „Hebräer von Hebräern", das heißt wohl: trotz seiner Herkunft aus Tarsus stammt er nicht von hellenistischen Diaspora-Juden, sondern aus alten, aramäisch sprechenden Kreisen (vgl. Apg 6, 1; 2 Ko 11, 22)! Kann das einer seiner Gegner so leicht für sich in Anspruch nehmen? Dieser seiner national und kirchlich tadellosen Herkunft entsprach seine eigene innere Haltung. Er schloß sich jener strengen Gruppe im Volk an, die auf die genaue und vollständige Erfüllung des ganzen Gesetzes drang. Wir dürfen bei dem Wort „Pharisäer" nicht sofort das Bild vor Augen haben, das wir uns auf Grund der Worte Jesu allzu rasch und „pharisäisch" zurechtzumachen pflegen. Die Pharisäer waren zunächst einmal Männer, die mit leidenschaftlichem Eifer und eiserner Willenszucht Gott wirklich in allem zu gehorchen suchten. Wenn es schon aufs „Tun" ankommen soll, dann können wir uns mit unserer lauen christlichen Moral vor der Ganzheit und Entschlossenheit jener Pharisäer nur schämen. Viele von ihnen haben den Ernst ihrer Gesinnung in schwerem Martyrium bewährt. Wenn die Judaisten ein Stück „Gesetz" in die Gemeinden hineintragen wollten – Paulus weiß, was es heißt, das ganze Gesetz wirklich ernst zu nehmen, er war selbst **Pharisäer.** Und dieser Eifer für das Gesetz war ihm blutiger Ernst. Darum hat er die Christen, diese Schwärmer, die in ebenso lächerlicher wie lästerlicher Weise in einem schmählich hingerichteten Verbrecher den Messias Israels, den Sohn des Hochgelobten, sehen wollten, nicht nur mit Worten bekämpft, er hat sie gründlich auszurotten gesucht: **„nach dem Eifer ein Verfolger der Gemeinde"**. Er weiß, wie empörend die Botschaft des Evangeliums für jeden sittlich und religiös ernsten Menschen ist. Denn eben das war der junge Saulus von Tarsus: ein tadelloser, sauberer, frommer junger Mann, **„nach der Gerechtigkeit, der am Gesetz, von jedem Tadel frei"**. Wenn man ihm die Gebote vorhielt, konnte er mit dem reichen Jüngling sagen: „Das habe ich alles gehalten von meiner Jugend auf." Darum war er auch bis zu den höchsten Stellen bekannt, eine vielversprechende Erscheinung, der man schon jetzt bedeutende Aufgaben anvertraute (Apg 9, 2).

Paulus ist also ganz anders geführt worden als Martin Luther. All das, was wir von Luther her kennen und dann leicht auch in Paulus hineintragen: das Leiden unter dem Gesetz, die Furcht vor Gottes Zorn und Gericht, die Angst der Verlorenheit, das alles war in dem jungen Saul von Tarsus nicht zu finden. Er erlebte das Gesetz genauso, wie es sich etwa in Psalm 19 oder 119 widerspiegelt: „Das Gesetz des Herrn ist vollkommen und erquickt die Seele; das Zeugnis des Herrn ist gewiß und macht die Unverständigen weise" (Ps 19, 8). Er entsprach in seiner Haltung den vielen ethischen Idealisten, die ihr Leben mit Leidenschaft dem „Gesetz" (wie immer sie es inhaltlich auch verstehen mögen) unterstellen und in ihrer entschlossenen Hingabe an die Forderungen des Guten ihre Befriedigung finden. Rö 7, 14 ff. ist also nicht biographisch gemeint! Diese Einsicht in die Lage des Menschen unter dem Gesetz hat Paulus erst nachträglich bekommen. Gerade der sittliche Rigorismus ist eine in sich geschlossene Welt, deren Begrenztheit und Fragwürdigkeit von innen her gar nicht wahrgenommen werden kann. Etwa entdeckte „Mängel" des eigenen Lebens erscheinen zunächst nur als „Ausnahmen", als möglichst rasch zu überwindende Fehler, die nur zu noch größerem Einsatz treiben. Die Gnadenbotschaft des Evangeliums kann hier nur als unbegreifliche Torheit, ja als gefährliche Unterminierung des einsatzbereiten Willens empfunden und bewußt bekämpft werden. Wir haben keinen Anlaß, in Saulus, der zur Verhaftung der Christen nach Damaskus eilt, irgendwelche Zweifel und innere Nöte hineinzusehen. Er ging den Weg des Gesetzes und darum den Weg der Ausrottung der empörenden christlichen Schwärmerei mit voller Überzeugung, „unwissend im Unglauben" (1 Tim 1, 13).

Um so völliger mußte die Wende sein, wenn dieser Mann Christ wurde! Wie aber konnte das geschehen? Wie ist es geschehen?

Diese in sich geschlossene Welt des ethischen und religiösen Idealisten Saulus konnte nur von außen aufgerissen werden und den Todesstoß bekommen. So beschreibt er es selber hier genau entsprechend dem Bericht in Apg 9: **„Aber was da mir Gewinn war, das habe ich um des Christus willen für Verlust gehalten."** „Um des Christus willen": Saulus stand in dem Ereignis bei Damaskus vor der Tatsache, daß Jesus dennoch der Messias, der Auferstandene, der lebendige Herr war. An dieser objektiven, nicht mehr zu leugnenden Tatsache erwies sich sein ganzer bisheriger Weg als falsch. Denn dieser Weg hatte mit innerer Folgerichtigkeit zur Ablehnung, ja Verfolgung des von Gott gesandten Messias Jesus geführt („Saul, Saul, was verfolgst du Mich?" Apg 9, 4). Dieser Weg hatte aus dem reinen, tadellosen, frommen Mann einen „Lästerer, Verfolger und Frevler" (1 Tim 1, 13), aus dem rücksichtslosen Eiferer für Gottes Ehre in Wahrheit Gottes Feind gemacht! Dieser Weg mußte also nicht nur Fehler haben, sondern in der Tiefe und wesenhaft falsch sein. Und nun richtet Paulus seinen Blick auf diesen Messias Jesus, dessen Wirklichkeit ihm vor Damaskus unwidersprechlich gewiß geworden war, auf diesen gekreuzigten, leidenden, sterbenden und liebenden Christus. Und da ging ihm auf, was er eben hier den Philippern in kurzer Zusammenfassung geschrieben hatte: vor dem eigentlichen und wahren Wesen Gottes, wie es in dem Christus Jesus und in Seinem Kreuzestod sich erschloß, erwies sich alles, was der Mensch kann, gerade auch in seinen höchsten kirchlichen, sittlichen und religiösen Werten als „Fleisch". Auch die Beschneidung, die Abstammung aus dem Bundesvolk, auch das eiserne, klare Halten des Gesetzes, auch alles eigene, schonungslose Eifern für Gott – alles ist nur „Fleisch". Und „Geist", also Wahrheit und Leben aus Gott ist nur das, was durch Christus in errettender Liebe in diese Welt hineingetreten ist, was gerade die entschiedenste menschliche Frömmigkeit nur als lächerlich und lästerlich ansehen konnte.

Darum erfolgt nun die große Umwertung aller Werte, die grundlegend in Paulus wohl in jenen drei Tagen in Damaskus vor sich gegangen ist, von denen es heißt: „und er war drei Tage nicht sehend und aß nicht und trank nicht" (Apg 9, 9). **„Was da mir Gewinn war, das habe ich um des Christus willen für Verlust gehalten."** Wir mißverstehen dies Wort gewöhnlich und nehmen ihm seine eigentliche Schärfe und Tiefe. Wir kennen ja nur die Bekehrung der „Sünder". Wir denken darum bei dem, was da „Gewinn" war und nun für „Verlust" gehalten wird, an irdische Güter, an irdische und vielleicht sündliche Genüsse, an das ganze weltliche Leben, mit dem der Christ zu brechen hat. Paulus aber sah beim Rückblick nicht „Sünden" und „Genüsse" und „Weltgüter", er sah in seiner Vergangenheit Schätze, die jeder sittlich-religiöse Mensch als „Gewinn" buchen wird: das Sakrament der Beschneidung, die Zugehörigkeit zur Kirche des Bundesvolkes, ja die ganze hohe Sittlichkeit und Frömmigkeit, an die er den Ernst eines Manneslebens gesetzt hatte – und **das** hatte er als „Verlust" ansehen gelernt! So total anders, so neu, so herrlich ist Jesus, daß nicht etwa irdische Werte dagegen verblassen, sondern daß der höchste innere Gewinn, den ein Mensch überhaupt haben kann, davor zum „Verlust" wird! Ahnen wir „Christen" von heute überhaupt noch etwas von dieser Größe und Einzigartigkeit Jesu?

Paulus bestätigt noch einmal: **„Ja, allerdings, ich halte wirklich alles für Verlust wegen der überragenden Größe der Erkenntnis des Christus Jesus."** Dabei liegt der Ton nicht auf dem Wechsel des Tempus. Paulus will nicht versichern, daß er auch heute noch zu der in seiner Bekehrung gewonnenen Erkenntnis stehe, daß diese also nicht etwa eine vorübergehende Anfangsbegeisterung gewesen sei. Dann hätte er ein „jetzt" oder „heute" ausdrücklich in den Satz einfügen müssen. Der bloße Gebrauch des Präsens genügte dazu nicht. Der Ton liegt auf „alles". Nicht nur die aufgezählten Werte seiner jüdischen Vergangenheit, nein alles, was Paulus seitdem in der Begegnung mit Menschen kennengelernt hatte, **alles** ist nur „Verlust". Und zwar **„wegen der überragenden Größe der Erkenntnis des Christus Jesus, meines Herrn"**. Können wir das noch verstehen? Wissen wir noch von solcher Erkenntnis Jesu? Oder erscheint uns dies Wort des Paulus ganz fremd, übertrieben, schwärmerisch? Aber dieser Christus Jesus war für Paulus seit der Begegnung mit Ihm vor Damaskus in der Tat der ganze Inhalt seines Denkens und Erkennens. „Ich beschloß, nichts unter euch zu wissen als nur Jesus Christus, und zwar als den gekreuzigten", schreibt er den Korinthern (1 Ko 2, 2). Denn eben dies, daß Er, der „Herr der Herrlichkeit", der Ohnmächtige, Erniedrigte, Gekreuzigte wurde, war für ihn der unerschöpfliche Gegenstand all seiner Gedanken; er hat in 2, 5–11 den Philippern selbst eine Probe solchen staunenden und anbetenden Hineinblickens in dieses Geheimnis Jesu gegeben. Auch in Kol 1, 15–2, 15 finden wir ein Beispiel für diese „überragende Größe der Erkenntnis des Christus Jesus". So erbittet er den Ephesern (3, 19), was sein eigenes Leben immer neu bis zum Überströmen erfüllt: „zu erkennen die alle Erkenntnis übertreffende Liebe des Christus". Vor dieser Erkenntnis wird alles andere wertlos.

Und zwar nicht nur theoretisch! Wenn Paulus die alten Begriffe des Würfelspiels „Gewinn" und „Verlust" gebraucht, dann hebt er damit die Sache aus der Ebene der Moral und der Vernunft heraus, in die wir sie unwillkürlich von unserm moralisierten Christentum her versetzen. Er hat in seinem Leben ein großes Spiel gewagt! „Und hat gründlich dabei verloren", sagt jeder vernünftige Zuschauer. Jawohl, bestätigt Paulus: **„um des willen ich das alles verlieren mußte."** Das war harte Realität: sein Volk (vielleicht auch sein Elternhaus), sein Ansehen, seine Stellung, seine aussichtsreiche Zukunft, ein ruhiges und ehrenvolles Leben – alles hat er „verspielt". Laß nur, sagt Paulus in einer Zwischenbemerkung unter Benutzung eines derben Wortes: **„ich halte es für Dreck."** In Wahrheit habe ich bei diesem kühnen Spiel meines Lebens gewonnen und gewinne noch immer: **„Damit ich Christus gewänne und erfunden würde in Ihm."** Das ist so wenig wie das Verlieren nur eine „Ansichtssache", nur der Erwerb dogmatischer Erkenntnisse. Es geht auch nicht einmal nur um das sogenannte „Glauben an" Christus. Nein, dieser Christus selbst ist der Besitz, den er gewinnt, so real, wie er alles andere nicht nur gedanklich, sondern tatsächlich verloren hat.

Dieser Christus ist nun der Ort und der Lebensraum, in dem Paulus zu „finden" ist. Und diese nie zu begreifende Liebe gewonnen zu haben, diese göttliche Herrlichkeit, diese Fülle ewigen Lebens, das läßt jeden andern „Gewinn" tatsächlich als „Verlust" sehen. Das Leben des Christen ist wohl „Askese", Verlierenmüssen, Drangebenmüssen, aber das ist gerade keine moralische Leistung (die wäre wieder nur „Fleisch"), sondern ist ein überschwengliches Gewinnen – im – Verlieren, ein unbeschreiblicher Reichtum in der Armut, ist darum „Freude" selbst im Ausgeschüttetwerden als Trankopfer (2, 17). Auch die Preisgabe aller eigenen „Religion" ist völliger Gewinn.

Denn in diesem Christus leben, das ist Leben „im Geist“. Von diesem Christusleben aus wird deutlich, wie tot, wie arm, wie finster alle ernsteste Sittlichkeit und alle edelste Religion ist, „auch in dem besten Leben“, „Fleisch“ und nicht „Geist“. Vorher konnte man das nicht sehen, solange man selber darin stand. Nun aber, von diesem total andern „Ort“ in Christus, sieht man es und kann nicht mehr auf irgend etwas, was doch nur „Fleisch“ ist, seine Zuversicht setzen, sondern man rühmt sich nur noch des Christus Jesus. Merken die Philipper, worum die „bösen Arbeiter“ mit all ihrem Eifer die Gemeinde bringen, in welchen Verlust sie sie mit ihrem angeblichen „Gewinn“ stürzen?

Paulus, gilt das auch für das zentralste Gebiet unseres Lebens, für unsere Stellung vor Gott, für unsere „Gerechtigkeit“? Paulus hört innerlich diese Frage und unterbricht den eigentlichen Strom seines Zeugnisses, der hernach in der begonnenen Richtung fortfluten wird. Jawohl, ich bin **„nicht mehr im Besitz meiner eigenen Gerechtigkeit, der aus dem Gesetz, sondern der durch den Glauben an Christus, der aus Gott stammenden Gerechtigkeit auf Grund des Glaubens“!**

Der Satz ist von dichtester Kürze, die „Rechtfertigungslehre“ im knappen persönlichen Zeugnis. Es wird darum in diesem Satz auch nichts erklärt oder begründet. Wir spüren, wie gerade auch die Botschaft von der Rechtfertigung nicht ein kluges Begriffsspiel ist, das man fertig handhaben kann, nicht eine nur dogmatische Erkenntnis, die man jedem Einsichtigen darlegen und mit so und so viel Gründen „beweisen“ kann. Soweit sie „Lehre“ ist, ist sie vielmehr nur die Projektion einer ganz anders durchlebten Wirklichkeit auf die Ebene des Denkens. Der Umschwung in der Auffassung der „Gerechtigkeit vor Gott“ nimmt teil an dem Gesamtumschwung, der sich in Paulus vollzog, als er den Christus Jesus als seinen Herrn kennenlernte. Darum kann die „Rechtfertigungslehre“ ohne einen solchen wesenhaften Gesamtumschwung, ohne eine solche Erkenntnis Jesu auch nicht verstanden und bejaht werden. Dem Pharisäer Saul von Tarsus hätte man die Rechtfertigung noch so klar vortragen können, sie hätte ihn nie überzeugt. Der sittlich-religiöse Mensch wird vor ihr immer mit ratlosem Kopfschütteln stehen oder sich leidenschaftlich an ihr ärgern. Wenn mein Ringen um das Tun des Willens Gottes, um das Tun des Guten nicht mehr mein Wert in den Augen der ewigen Gerechtigkeit sein soll, dann bricht das Fundament aller Sittlichkeit und das Fundament meines eigenen Lebens zusammen! Und wieder erst von dem neuen „Ort“ des Lebens „in Christus“ wird diese „Gerechtigkeit aus dem Gesetz“ in ihrer Wertlosigkeit sichtbar. Nun müssen an ihr nicht erst einzelne Mängel, Fehler und Löcher nachgewiesen werden – mit solchen Nachweisen gibt sich unsere Verkündigung viel zu sehr ab –, nun ist sie gerichtet, einfach weil sie „meine eigene“ Gerechtigkeit ist. Bei aller Hingabe, bei aller eisernen Willenszucht im Gehorsam gegen die Gebote will sich in ihr doch das Ich vor Gott behaupten. Der Mensch will gerade im Zentrum seines Lebens, im Tun des Guten unabhängig und selbständig sein und Gott gegenübertreten und Gott das Wohlgefallen abringen. Gerade der Mensch, dem die vollendete sittliche Leistung gelänge, der untadlig rein und edel vor Gott dastände, wäre der vollendet gott-lose Mensch im Glanz „seiner eigenen Gerechtigkeit". Um diese gott-lose Gottgleichheit ging es im Sündenfall, um dieses selbständige und eigenmächtige Wissen um Gut und Böse. Paulus aber wurde von Christus ergriffen, er fand in Ihm die Liebe Gottes in ihrer ganzen Herrlichkeit. Nun will er seine eigene Gerechtigkeit nicht mehr, gerade auch dann nicht, wenn er sie tatsächlich erringen könnte. Er will sie nicht nur deshalb nicht mehr, weil er ihre Löcherigkeit und Unerreichbarkeit durchschaute – das gewiß auch, aber davon spricht er an unserer Stelle nicht –, er will sie grundsätzlich als seine „eigene" nicht mehr! Denn er will nicht mehr die Selbstbehauptung vor Gott, die in ihr zum feinsten und gefährlichsten Ausdruck kommt. Er fand zurück in den „rechten" Stand vor Gott, wo das Geschöpf von der Liebe Gottes und von Seinem Schenken lebt. Luthers uns vertraute Übersetzung „die Gerechtigkeit, die vor Gott gilt" oder an unserer Stelle „die Gerechtigkeit, die von Gott dem Glauben zugerechnet wird", trifft noch nicht völlig das, was Paulus schrieb. Sie könnte dahin mißverstanden werden, daß der Mensch sich noch immer vor Gott behauptet, nun freilich nicht mehr mit seiner eigenen unzulänglichen, sondern mit der im Glauben erworbenen besseren Gerechtigkeit, die Gott gelten läßt. Paulus aber meinte wirklich Gottes eigene Gerechtigkeit, die uns ebenso wie Gottes eigener Geist und Gottes eigenes Leben durch Christus zuteil wird auf Grund des Glaubens.

Nun klärt sich uns auch das Verhältnis unserer Stelle zu Rö 7, 14 ff. Zunächst scheinen sich die Aussagen hier und dort zu widersprechen. Hier erscheint die Gerechtigkeit durch das Gesetz erreichbar (Vers 9), ja im Leben eines ernsten Pharisäers sogar wirklich erreicht (Vers 6). Paulus sieht hier nicht, wie wir es als Kinder der Reformation für selbstverständlich halten, rückwärts mit dem Seufzen über die mangelnde Gerechtigkeit, sondern mit der bestimmten Feststellung **„nach der Gerechtigkeit, der am Gesetz entstehenden, von jedem Tadel frei"**. In Rö 7 dagegen (und an andern bekannten Stellen) ist die Erfüllung des Gesetzes grundsätzlich und wesensmäßig unmöglich. Dort steht die Klage über das vergebliche Wollen und über das Tunmüssen dessen, was man haßt, dort der Schrei: „Ich elender Mensch!". Wie kann Paulus so verschiedene Aussagen machen? Wie kann er sich so widersprechen? Und welches ist nun der „echte" und eigentliche Paulus? Welches ist die Wahrheit für uns? Der Zwiespalt löst sich, wenn wir beachten, daß in unserer Stelle das Gesetz als „fleischliche" Größe gesehen ist, in Rö 7, 14 dagegen als „geistlich". „Wir wissen", sagt Paulus dort, was wir vorher nicht begriffen hatten, „daß das Gesetz pneumatisch ist". So wie der natürliche Mensch das Gesetz ansieht und allein ansehen kann als Regel für seine eigene menschliche Gerechtigkeit, als Summe von Anweisungen für das rechte Tun und Lassen, ist das Gesetz erfüllbar. So lange man es nur so kennt, kann man subjektiv ehrlich feststellen: „Das habe ich alles gehalten von meiner Jugend an", ich bin „von jedem Tadel frei". Darum gibt es auch so viele feine und redliche Menschen, die von der Not und Verzweiflung unter dem Gesetz nichts wissen und die Aussagen anderer darüber schlechterdings nicht begreifen können. Aber als Ausdruck der Gerechtigkeit Gottes ist das Gesetz „geistlich", d.h., es stammt aus dem Geiste Gottes und zielt auf das vom Geist gewirkte göttliche Leben und auf den Dienst für Gott im Heiligen Geist. Nicht dieses oder jenes Tun, sondern allein die Agape, die göttliche Liebe, ist seine „Erfüllung" (Rö 13, 10). Diese „Liebe" aber wird bei allem eisernen Halten des Gesetzes nicht erreicht. Im Gegenteil! In genauer Parallele zu unsern Sätzen oben (S. 111) müssen wir feststellen: Je völliger ein Mensch in harter Zucht das Gesetz „erfüllt", um so völliger verfehlt er seine wahre Erfüllung! Darum ist gerade der ernste und subjektiv redliche Pharisäer doch der geworden, der Gottes liebendes Handeln in Jesu nicht verstand, ja, der Ihn haßte und der mit seinem glühenden Eifer um die Ehre Gottes doch gerade zum Feind Gottes und zum Verfolger Jesu wurde. Und erst wenn ein Saulus ein Paulus wird, wenn er die eigene Gerechtigkeit in der Erfüllung des Gesetzes nicht mehr will, kann ihm Gottes Gerechtigkeit zuteil werden, indem „die Liebe Gottes ausgegossen wird in unser Herz durch den Heiligen Geist, welcher uns gegeben ist" (Rö 5, 5). So kommt das Gesetz zu seiner wahren und eigentlichen Erfüllung. Diese „Gerechtigkeit", die „durch den Glauben an Christus, die aus Gott stammende Gerechtigkeit auf Grund des Glaubens" wollte Paulus hinfort allein noch haben. Wir sind außerordentlich dankbar für diesen Blick auf die Rechtfertigungslehre aus einem ganz andern Zusammenhang heraus. Wir sehen dadurch die alten bekannten Linien einmal in einer neuen und für uns nicht aus Israel stammenden Leute besonders klaren Weise.

Und nun fährt Paulus im Zuge seines ursprünglichen Gedankengangs fort. Alles mußte er verlieren, um Christus zu gewinnen und in Ihm erfunden zu werden, **„zu erkennen Ihn"**. Vor der „überragenden Größe der Erkenntnis des Christus" war ihm alles andere klein, ja „Verlust" geworden. Aber eben wegen ihrer „überragenden Größe" ist diese Erkenntnis unerschöpflich und nie am Ende. Die Liebe des Christus übertrifft jede Erkenntnis und setzt darum unser Erkennen und Erfassen in eine unaufhörliche Bewegung. „Erkennen" ist dabei nicht modern-intellektuell, sondern biblisch zu verstehen. Das Wort kann ja biblisch (z. B. Mt 1, 25) für den ehelichen Umgang verwendet werden; es ist liebendes und personhaftes Erkennen. So erkennt und gewinnt Paulus den Christus Jesus, um Ihn immer weiter und immer tiefer zu erkennen. Welch eine Unerschöpflichkeit und stete Frische, aber auch welch mächtige Bewegung kommt dadurch in das Christenleben hinein! Es darf wirklich bei der „ersten Liebe" (Offb 2, 4) bleiben, die in leidenschaftlichem Verlangen nicht genug davon bekommen kann, den herrlichen Heiland mehr und immer mehr zu erkennen.

Daß es sich dabei in der Tat nicht um einen nur intellektuellen Vorgang handelt, zeigt die Fortsetzung: **„und die Kraft Seiner Auferstehung“**. Nicht eine Lehre über Christus sucht Paulus immer besser zu erfassen, sondern Ihn selbst, Ihn in Seiner Person und in Seinem Leben. Er ist aber der Auferstandene und macht die „dynamis“, die „Dynamik“ Seiner Auferstehung wirksam. Seine Auferstehung war nicht Sein persönliches Widerfahrnis, das nur eben Ihm ein neues Leben nach Seinem Sterben schenkte, sondern war die Auswirkung der rettenden und erneuernden Kraft Gottes an dem Haupt für Seinen ganzen Leib, ja der Beginn der Erneuerung der ganzen Schöpfung.[51] Noch ist Christus für die Welt verborgen, so verborgen, daß ein Saul von Tarsus Ihn als gefährliches Märchen bekämpfen konnte. Aber Seine Auferstehungskraft ist auch jetzt schon wirksam. Wo immer Menschen am Leib (Apg 3, 16; 4, 10) oder an der Seele erneuert werden, wo Finsternismächte weichen, wo es zum lebendigen Glauben und darin zum „Mitauferstehen mit Christus“ (Eph 1, 19. 20; 2, 5. 6; Kol 2, 12) kommt, da ist diese „Kraft Seiner Auferstehung“ wirksam. Paulus ist nicht müde geworden, diese Kraft immer wieder und immer mehr kennenzulernen.

Aber ihm liegt wirklich an Jesus selbst, und nur an Jesus. Darum liegt ihm nicht nur an den beglückenden Erfahrungen, wie der Auferstandene mit Macht hilft und errettet. Er will den ganzen Christus und darum auch den Gekreuzigten und Getöteten. In Ihm sein und an Ihm wahrhaft Anteil haben können wir nur, wenn wir auch Sein Leiden und Seine Todesgestalt teilen. Darum vermag es Paulus wirklich hinzuzuschreiben: **„und die Teilhabe an Seinen Leiden, indem ich Seinem Tode gleichgestaltet werde.“** Wir sind auch in der Erfassung des Evangeliums erschreckend im Ichhaften steckengeblieben. Wir fragen bei der Christusbotschaft nur, was dabei für uns, zu unserm Nutzen, für unser Glück herauskommt. Darum war unsere Theologie und unsere Verkündigung fleißig und groß darin, den „Christus für uns“ zu erfassen und darzulegen. Wir selbst aber in unserer Lebenswirklichkeit blieben dabei Christus fern. Unser Ichleben wurde nicht überwunden, wir wurden nicht wirklich erlöst. Diese Erlösung sollte dann auf einmal nach dem leiblichen Tod erfolgen, und die „Heiligung“ blieb ein unsicheres zweites Thema neben der „Rechtfertigung“. Die befreiende Hingabe an Jesus, dieses stürmi-

[51] Anm. Wir dürfen nicht vergessen: Paulus gehört zu den Zeugen des Auferstandenen, die von Ihm nicht nur wußten und an Ihn nicht nur glaubten, sondern Ihn selbst gesehen hatten! Die „Kraft Seiner Auferstehung“ hatte Paulus zuerst vor Damaskus erfahren. Sie hatte den stolzen Verfolger zu Boden geworfen und sein ganzes bisheriges Leben bis in die letzten Fundamente umgestürzt. „Wie alles Lampenlicht, das die Menschen entzünden, auch die flammende Lichtreklame eines Großstadtplatzes, in Schatten versinkt, sobald der Morgen kommt und das Tageslicht hereinflutet, so versank ihm aller Glanz der Welt, als der Auferstandene vor ihm wie eine Sonne aufging. Die Zeugen der Auferstehung hatten den Eindruck: Wir haben bisher noch gar nicht gewußt, was Leben und was Leiblichkeit ist“ (K. Heim, Jesus der Weltvollender 3. Aufl. S. 182).

sche, vom eigenen Ich fortdrängende Verlangen hin zu Ihm, zu Ihm, das durch die Sätze unseres Textes glüht, dieses „in Christus", „mit Christus", „für Christus" (vgl. o. z. 1, 29) haben wir allzuwenig aus dem Neuen Testament aufgenommen. Darum ist die evangelische Christenheit auch so matt und ohne Kraft und ohne Sieg. Bei Paulus aber geht es ohne Pause und Themawechsel von der Bekehrung (Vers 7 u. 8) zur Rechtfertigung (Vers 9) und zur Heiligung (Vers 10) und zur Vollendung (Vers 11); und alles ist ein einziger einheitlicher Lebensvorgang, der in dem Wort „Christus gewinnen" zusammengefaßt werden kann. Der ganze Unterschied zwischen Paulus und uns wird besonders kraß deutlich in der Stellung zu den Christusleiden. Die „Teilhabe an Seinen Leiden" ist uns im besten Fall eine Last, der wir nicht geradezu ausweichen; der normale und erwünschte Zustand ist uns aber, daß wir als Gemeinde und als einzelne frei von Leiden für Jesus sind und in Ruhe und Glück die Früchte Seines Leidens genießen können. Paulus aber sah in der „Teilhabe an Seinen Leiden" etwas, was er genau ebenso als ein hohes Gut begehrte wie die „Kraft Seiner Auferstehung". Er hat auch hier nicht an „Kreuzestheologie", sondern an reale Teilhaberschaft gedacht. Im Blick auf 1 Ko 10, 16, wo die Abendmahlsfeier als „Teilhabe" an Blut und Leib des Christus beschrieben wird, könnte man geradezu von einer „Realpräsenz" der Christusleiden[52] im Leben der Glaubenden sprechen.

Die Realität der Leidensteilhabe wird durch den Zusatz unterstrichen: **„indem ich Seinem Tode gleichgestaltet werde"**. Während der natürliche Mensch in dieser Welt leben und gedeihen und zur Geltung kommen will, ersehnt Paulus eine Existenz, die ihn in dieser Welt zum Verachteten, Bedrängten und Sterbenden macht. Das Wort seines Herrn Jesus vom „Verlieren des Lebens" ist in ihm zur Tat und Wahrheit geworden. In zwei Briefen hat er mit den Korinthern darum gerungen, daß sie begreifen, wie sein Weg durch immer neue Gefahren, Mißhandlungen, Verhaftungen und Entehrungen seine Bevollmächtigung als Apostel nicht aufhebt, sondern gerade bestätigt. Er rühmt sich am liebsten seiner „Schwachheit", nicht seiner wunderbaren Erlebnisse (2 Ko 12, 9. 10), und das eben heißt, er rühmt sich „allein des Kreuzes unseres Herrn Jesu Christi, durch welchen mir die Welt gekreuzigt ist und ich der Welt" (Gal 6, 14). Diese Gleichgestaltung mit dem Tod Jesu ist ihm nicht ein Unglück, dem er möglichst auszuweichen sucht, sondern das Ziel seines Lebens. Die Vollmacht der Gemeinde und des einzelnen zur Verkündigung der Chri-

[52] Anm. Dabei geht es immer um „seine Leiden", um Leiden, die aus der Zugehörigkeit zu Jesus und aus dem Dienst für Ihn entstehen. Das von Luther meist mit „Trübsal" übersetzte Wort „thlipsis" meint immer solche Drangsale um Jesu willen. Wir waren der Sache so fern, daß wir ohne Ahnung von dem wahren Tatbestand in die neutestamentlichen Worte über „Trübsal" einfach die Schmerzen und Nöte mit hineinlasen, die der Christ mit aller Kreatur teilt. Auf diese „bürgerlichen" Leiden fällt aber im Neuen Testament kein Blick. Auch die schwere Erkrankung des Epaphroditus in 2, 27 ff. war nur deshalb bedeutsam, weil Epaphroditus „um des Werkes Christi willen dem Tode so nahe kam".

stusbotschaft wird mit davon abhängen, ob wir Paulus in diesem Punkt wieder zu verstehen und nachzuleben beginnen.

Paulus sucht diese Teilhabe am Leiden und Sterben des Christus mit dem Ziel, **„ob ich wohl hingelange zur Ausauferstehung, der aus den Toten“.** Denn der kommende Äon, der Äon der Auferstehung, hat in dieser gegenwärtigen Weltzeit seine kontradiktorische Entsprechung. „Das ist gewißlich wahr: Sterben wir mit, so werden wir mit leben; dulden wir, so werden wir mit herrschen“ (2 Tim 2, 11. 12). Die göttliche Weisheit kann sich in diesem Äon nur als „Torheit“, die göttliche Kraft nur als „Schwachheit“, die göttliche Herrlichkeit nur als „Kreuz“ manifestieren. Auf den kommenden, alles total umkehrenden Äon aber ist der ganze Blick des Apostels gerichtet.

Aber nicht nur auf diesen Äon als ganzen. Paulus hat ein besonderes Ziel, das er als **„Ausauferstehung aus den Toten“** formuliert. Einige Theologen erklären, diese Formulierung habe nichts zu sagen und bedeute nicht mehr als „Auferstehung der Toten“. Aber warum sagte Paulus dann nicht einfach so? Vor allem aber: zur „Auferstehung der Toten“ gelangen a l l e Menschen, auch die, die ihr brennend gern entgehen möchten, um nicht vor dem großen weißen Thron (Offb 20, 11) stehen und Dem begegnen zu müssen, vor Dessen Angesicht Himmel und Erde „fliehen“. Nach dieser allgemeinen Auferstehung hätte Paulus sich nicht besonders auszustrecken gebraucht. Aber Paulus spricht hier deutlich von einer Auferstehung, die nicht alle Toten umfaßt, sondern die aus der Schar der Toten herausführt. Von ihr hat er auch 1 Ko 15, 23 kurz aber unmißverständlich genug gesprochen. Wir dürfen uns von der kirchlichen Tradition, die schon im Apostolikum die reiche und vielgestaltige Endgeschichte, wie die Schrift sie uns zeigt, in ein einziges Ereignis („von dannen Er kommen wird, zu richten die Lebendigen und die Toten“) zusammenpreßt, nicht den Blick für die biblischen Aussagen blenden lassen. Die knappe Aussage von 1 Ko 15, 23: „danach die Christus angehören bei Seiner Parusie“ hat Paulus selber in 1 Th 4, 13-18 so anschaulich, wie das bei solchen, alle menschliche Anschauung überragenden Ereignissen möglich ist, näher ausgeführt. Wenn nach der Ankündigung Jesu (Mt 24, 31. 40. 41) die Engel mit hellen Posaunen die Auserwählten von einem Ende des Himmels bis zum andern sammeln, dann will Paulus nicht zu denen gehören, die „zurückgelassen“ werden, sondern zu denen, die „imstande sind, zu entfliehen dem allen, was geschehen soll, und zu stehen vor dem Menschensohn“ (Lk 21, 36).

Aber – ist denn das für Paulus noch irgendwie unsicher? Warum denn dieser merkwürdig zaghafte Ausdruck: **„ob ich wohl hingelange...?“** In 1 Ko 15, 23 hat Paulus doch selbst diese Ausauferstehung allen zugesprochen, „die Christus angehören“? Auch in 1 Th 4, 13-18 ist doch nicht die geringste Ungewißheit zu spüren, und er rechnet sich zu denen, die bei der Parusie noch leben und nun verwandelt werden, einfach mit dazu? Ist diese „Ausauferstehung aus den Toten“ hier noch etwas anderes, etwa eine sofortige Auferstehung besonderer Märtyrer? So meint es Lohmeyer. Aber von solchen Gedanken finden wir bei Paulus sonst nichts; auch an unserer Stelle ist davon nichts angedeutet. Ein so gründlicher Ausleger wie Ewald hat darum unsern Vers lieber mit Eph 5, 14 und Rö 6, 13 in Zusammenhang bringen und die „Ausauferstehung aus den Toten" als geistlichen Vorgang in der Gegenwart verstehen wollen. Jedoch wird dann das fragende „ob ich wohl ..." erst recht schwierig. Denn die römischen Christen sollen nach Rö 6, 13 nicht sehen, ob sie wohl zu solchem Auferstehungsleben gelangen, sondern sich als solche verhalten, die aus den Toten heraus zum Leben gelangt sind. Auch den Kolossern wird in 3, 1 dieses Auferstandensein einfach zugesprochen.

Nein, dies „ob ich wohl gelange zur Ausauferstehung aus den Toten" zeigt nur aufs neue, daß der Christ Paulus immer sehr anders ist als wir. Wo wir uns matt und zaghaft mit Halbheiten begnügen, da greift er mit Macht zu und macht über den Christenstand Aussagen, vor deren Größe und Gewißheit wir erschrecken. Aber da, wo wir meinen, es könne uns nicht fehlen, an der Ausauferstehung, Entrückung und Vollendung der Gemeinde hätten wir „selbstverständlich" teil, da hält er vor der unerhörten Größe dieses Geschehens ein und formuliert nicht: „damit ich dann natürlich zur Ausauferstehung gelange", sondern: „ob ich wohl hingelange zur Ausauferstehung". Das ist nicht Unsicherheit oder Zweifel, es ist ehrfürchtiges Staunen und ungekünstelte Demut. Es ist wie bei einem Kind vor Weihnachten: Das Kind weiß, daß die Weihnachtsstube sich öffnen, daß der Weihnachtsbaum brennen wird, und doch kann es nicht fassen, daß es alles wirklich wieder da sein wird: „ob ich es wohl wirklich wieder erleben werde?" Wenn Paulus von der Gemeinde spricht und sich einfach mit der Gemeinde zusammenschließt, dann schreibt er die ruhigen bestimmten Aussagesätze: „Wir werden ..." Aber wenn er für sich persönlich vorwärts blickt – und unsere Stelle ist von Anfang bis zum Ende persönliches Zeugnis –, dann kann und will er in dieser staunenden und ehrfürchtigen Haltung nur sagen: „ob ich wohl gelange ...".

Das Bild des Christen

Philipper 3, 12–14

Zu Vers 12: [24]* Lk 13, 24 · [25]* 1 Tim 6, 12 · [26]* Apg 9, 6
Zu Vers 13: [27]* Lk 9, 62

12 Nicht daß ich schon ergriffen hätte oder schon vollendet wäre, ich
jage aber nach, ob ich auch ergreife, auf Grund davon, daß ich
13 auch ergriffen wurde von Christus Jesus. * Brüder, ich für meine
Person denke von mir selber noch nicht, ergriffen zu haben. Eins
aber: was dahinten ist, vergesse ich, nach dem, was da vorn ist,

[24]* Lk 13, 24: Ringet danach, durch die enge Pforte einzugehen! Denn viele, sage Ich euch, werden hineinzukommen suchen und es nicht vermögen.

[25]* 1 Tim 6, 12: Kämpfe den guten Kampf des Glaubens, ergreife das ewige Leben, zu dem du berufen bist und für das du das herrliche Bekenntnis vor vielen Zeugen abgelegt hast.

14 strecke ich mich * und jage zielwärts auf den Siegespreis zu, [den Siegespreis] der himmlischen Berufung Gottes in Christus Jesus.

Zu Vers 14:
[298] 1 Ko 9, 24
[299] 2 Tim 4, 7
[300] Hbr 3, 1

Paulus hat in einem mächtigen persönlichen Zeugnis seine Bekehrung und sein Christenleben geschildert. Nun unterstreicht er einen Grundzug darin, der eigentlich schon deutlich genug aus dieser Schilderung selbst hervortrat, von dem er aber ganz besonders will, daß er der Gemeinde auch für das eigene Christsein klar vor Augen stand. Wie sieht ein Christenleben aus?

Wenn wir einen heutigen Künstler bitten würden, uns eine sinnbildliche Gestalt zu zeichnen, die „den Christen" darstellt – welche Gestalt würde der Künstler wählen? Welchen Eindruck hat er vom „Wesen" der Christen heute? Vielleicht würde er den „Hörer" malen oder eine Frau, die mit gefalteten Händen vor einer aufgeschlagenen Bibel sitzt.

Auf *ein* Bild aber würde er bei unserm Anblick schwerlich kommen, das doch für Paulus das eigentlich zutreffende Bild eines „Christen" ist: die Gestalt des Sportmannes im Stadion! Paulus selbst sah sich in diesem Bild! Jede Auslegung und Verwertung unseres Abschnitts hat also so zu geschehen, daß dieses Bild des Christen dadurch deutlich wird.

Die erste und entscheidende Frage ist dabei die, wo der eigentliche Tenor der Sätze liegt? Offenbar nicht da, wo man ihn aus verständlichen Gründen der theologischen und kirchlichen Polemik gern gesucht hat: bei der Feststellung der Unfertigkeit des Christen. Im evangelischen Christentum lebt die große Sorge vor dem „Hochmut". Die stets intensive Betrachtung unseres Elends und unserer völligen Unzulänglichkeit schien notwendig zu sein, damit die Gnade als notwendig geschätzt und begehrt würde und von jedem „Verdienstgedanken" frei blieb. Darum argwöhnt man hinter jeder frohen Gewißheit Hochmut und Pharisäismus und fürchtet in jedem Aufruf zum Einsatz der Kraft und zur wirklichen Heiligung des Lebens „Perfektionismus". Da schienen die Worte des Paulus die willkommene Waffe zu sein: **„Nicht daß ich schon ergriff oder schon vollendet bin."** Aber damit hatte man es wieder einmal so gemacht, wie unsere böse Unart es gern tut: Man hatte die Hälfte eines Bibelwortes genommen, um daraus die handliche Waffe zu machen, die man dem theologischen oder kirchlichen Gegner über den Kopf schlug. Die andere Hälfte aber übersah man. Und doch ist diese zweite Hälfte erst diejenige, auf der für Paulus der eigentliche Ton liegt! Paulus

[269] Apg 9, 6: Doch stehe auf und geh in die Stadt hinein: Dort wird dir gesagt werden, was du tun sollst!

[270] Lk 9, 62: Da sagte Jesus zu ihm: „Niemand, der die Hand an den Pflug gelegt hat und dann rückwärts blickt, ist für das Reich Gottes tauglich."

[298] 1 Ko 9, 24: Wißt ihr nicht, daß die, welche in der Rennbahn laufen, zwar alle laufen, daß aber nur einer den Siegespreis erhält? Lauft ihr nun in der Weise, daß ihr ihn erlangt!

[299] 2 Tim 4, 7: Ich habe den guten Kampf gekämpft, habe den Lauf vollendet, den Glauben unverletzt bewahrt.

[300] Hbr 3, 1: Darum, liebe Brüder, Genossen der himmlischen Berufung, richtet euer Augenmerk auf den Gottesboten und Hohenpriester unseres Bekenntnisses, auf Jesus.

formuliert ja nicht: „Zwar mühe ich mich und laufe, aber ich bin doch noch lange nicht am Ziel." Sein Gedankengang geht umgekehrt: „Zugestanden, daß ich auch von mir bekennen muß, noch lange nicht am Ziel zu sein, aber ich gleiche dem Wettläufer, der mit gesammelter Anstrengung zielwärts auf den Siegespreis zujagt!" Dieser Aufbau des Gedankens wird besonders deutlich durch das „Eins aber", das wie ein aufgehobener Finger ist: „Achtung! Jetzt kommt das Entscheidende!" Dieses Entscheidende aber ist das Nachjagen. Das ist der Grundzug im Christenleben, den er der Gemeinde einprägen will. Der Gegner ist nicht der „Perfektionismus", sondern der „Quietismus"[53].

Wir wissen nicht, ob Paulus im Blick auf bestimmte Züge im Gemeindeleben der Philipper oder auf Äußerungen, die er von ihnen hörte, in Sorge war, ob unsere Verse also einen bestimmten geschichtlichen Bezug haben. Aber das „quietistische" Mißverständnis lag bei der Botschaft des Paulus immer nahe. Wenn unser Ich die Peitsche des Gesetzes nicht mehr spürt, wenn es nicht mehr heißt: Du sollst! Du mußt! Du darfst nicht!, wenn ich wirklich alles geschenkt bekomme und nur im Glauben zu nehmen brauche — kann ich mich dann nicht zur Ruhe setzen? Habe ich „Christus gewonnen", ist dann nicht „alles gut"? Bin ich dann nicht gleichsam schon am Ziel, habe alles, was ich brauche, und warte nur noch, bis die Wiederkunft des Herrn alles vollendet? In welch erschreckendem Maß hat in der Tat die Lehre von der „Rechtfertigung ohne Werke allein durch den Glauben" die evangelische Christenheit sicher und träge gemacht! Dafür haben dann Männer und Bewegungen, die mit Angst und Zorn diese verderbliche Trägheit sahen, wieder zum Stock des Gesetzes gegriffen und damit die Gemeinde erneut in Bewegung zu bringen versucht. Nur zu oft wurde daraus die ohnmächtige Kinderpeitsche idealistisch-christlicher Moral, die in der Predigt hübsch klatscht, aber im Ernst nichts ausrichtet: „der Christ müßte doch ...! der Christ sollte doch ...!" All demgegenüber stand Paulus vor der Aufgabe, ein falsches träges Fertigsein aus den Angeln zu heben, ohne die ganze herrliche Gewißheit zu zerstören, von der er eben selber Zeugnis abgelegt hat, und die Notwendigkeit des angespannten Einsatzes zu zeigen, ohne wieder unter das Gesetz mit seiner Treiberei zu geraten.

Dafür ist ihm das Bild des Sportsmannes hilfreich. Warum läuft der Mann dort im Stadion? Weil er „muß"? Weil einer mit der Peitsche hinter ihm steht? Nein, er tut es völlig freiwillig und doch mit Aufbietung all seiner Kraft! Wie kann das sein? Ihn treibt und hetzt nicht einer von hinten mit Befehlen, ihn lockt und zieht von vorn der Siegespreis. So ist der Christ! Dies Bild lag der Sache nach schon in der ganzen persönlichen Schilderung des Paulus von seinem eigenen Leben. Wer nur ein wenig lesen kann, der spürt in den Versen 7–11

[53] Anm. „Quietismus" ist abgeleitet von dem lateinischen Wort „quies" = „Ruhe". Mit „Quietismus" kennzeichnet man also die Neigung zur vorschnellen Beruhigung und Lässigkeit.

dieses stürmische Vorwärts! Weiter! Mehr!, diesen unaufhaltsamen Lauf, der doch etwas völlig anderes ist als alles ruhelose Ringen unter dem Gesetz. Nun hebt Paulus das Bild noch einmal ausdrücklich hervor.

Was bringt den Christen in Bewegung? Nicht ein „Gesetz" mit Befehlen und Drohungen. Er ist „in Christus" und hat „Christus gewonnen". Aber dieser Christus in Seiner Herrlichkeit ist nie von uns schon „ergriffen", wir sind nie „vollendet" und ganz „in Ihm". Wohl gibt es – Gott sei Lob und Dank! – etwas völlig Gewisses und Unwandelbares. Das ist nicht unser Griff nach Jesus, sondern Jesu Griff nach uns![54] Wir sind „von Christus Jesus ergriffen" schon am Kreuz, wo Er die Hand rettend nach uns ausstreckte. Und dieses Kreuzeswerk kam in unserem Leben zum aktuellen Vollzug, als in der Zeit unserer Erweckung und Bekehrung Jesus uns ganz persönlich ergriff und überwand und zu Seinem Eigentum machte. Das ist die unerschütterliche und vollendete Basis: „Ich wurde ergriffen von Christus Jesus." Aber **„auf Grund"** dieser felsenfesten Tatsache geht nun durch das Christenleben die unaufhörliche Bewegung des Ergreifens. Wunderbar und für uns reformatorisch erzogene Menschen erstaunlich: der Grund der Bewegung ist hier nicht unser Elend, unser Versagen, unser Mangel als solcher, sondern die Größe und Fülle des großen Gegenüber, nach dem wir greifen. Hier sind wir noch ganz anders als bei unserer gewohnten Betrachtungsweise los vom Ich und seinen „Bedürfnissen", in unaufhörlicher Bewegung, nicht weil wir so sehr sehen, was uns fehlt, sondern weil wir in Liebe und Dank sehen, wieviel mehr noch in Jesus zu finden und zu nehmen ist.

Nicht eigentlich der eigene Mangel und die eigene Sündhaftigkeit setzt den Christen in Bewegung – dann wäre sein Leben im Grunde noch ganz ichbestimmt –, sondern **„der Siegespreis der himmlischen Berufung Gottes in Christus Jesus"**. „Berufung" ist eines der biblischen Grundworte. Mit der „Berufung Abrahams" beginnt die eigentliche Geschichte des Alten Bundes. Abraham wandert aus seiner Heimat, nicht weil er es dort so schlecht hatte, sondern weil diese geheimnisvolle Berufung von Gott ihn in ein unbekanntes Land zog. Diese Art aber hat Gottes Berufen auch im Neuen Bund. Die „himmlische Berufung" (Hbr 3, 1)[55] ruft zu einem Erbe, das uns irdischen Menschen „unbekannt" ist und nur von unserm „Hoffen" erfaßt werden kann (Eph 1, 18; 4, 4; 2 Tim 1, 9; 2 Pt 1, 10). Sie kümmert sich nicht um menschliche Größe oder Eignung, sondern wählt gerade das, was unedel, verachtet und nichts ist (1 Ko 1, 26 ff). Es ist zuletzt Gott sel-

[54] Anm. Diese tiefe Wendung, daß unser „ergreifen" vielmehr ein „ergriffen sein" ist, daß unser „Aktiv" immer auf einem von Gott gewirkten „Passiv" ruht, hat Paulus mehrfach gebraucht: 1 Ko 8, 3; 13, 12; Gal 4, 9; Kol 2, 11; der Sache nach lag sie auch in 2, 12. 13 unseres Briefes.

[55] Anm. In unserm Text steht wörtlich nicht die „himmlische", sondern „die droben Berufung". Es ist die Berufung, deren Inhalt „droben" liegt. Es ist das gleiche „droben", das auch in der bekannten Stelle Kol 3, 1 und 2 steht. In Angleichung an Hbr 3, 1 ist das Wort auch hier als „himmlische Berufung" übersetzt, da der griechische Wortlaut für uns nicht genau wiederzugeben ist.

ber das Subjekt der Bewegung, in die ein Mensch da versetzt wird. Und dadurch unterscheidet sich diese Bewegung von allem eigenen menschlichen „Rennen und Laufen". Darum läßt Paulus nicht nur den Siegespreis als solchen den Christen locken, das könnte noch wieder „gesetzlich" verstanden werden. Um den Siegespreis der „eigenen Gerechtigkeit" lief auch ein Saul von Tarsus. Darum durchbricht und überschreitet Paulus hier das Bild aus dem Sport und bildet das Wort von dem Siegespreis der himmlischen Berufung. Er hat es erlebt – und er weiß diese Erfahrung in jedem wirklichen Christenleben –, wie die Berufung Gottes in Jesus in sein Leben, in sein eigenes stürmisches Rennen eingriff und ihm den Anstoß zu einer ganz anderen Bewegung gab, die er zu ergreifen suchte.

So ist in diesem Bild tatsächlich beides geeint: freie Gnade und äußerster eigener Einsatz. Daß Gott mich „beruft", ist Sein Gnadenwille. Der „Siegespreis" ist reines Geschenk. Keiner von uns machte sich „von selber" zu Gott auf; Gott allein rief ihn aus Todesschlaf und Verlorenheit. Keiner stellt den Siegespreis selbst her; Gott allein reicht ihn dar. Hier gilt alles, was wir in der Theologie je von der Alleinwirksamkeit Gottes und von der Majestät des freien Erbarmens gesagt haben. Aber: diesen Siegespreis erlangen wir dennoch nicht, wenn wir am Rande des Stadions sitzen bleiben und über ihn nachdenken oder zutreffende Aussagen über ihn machen. Wir werden auch nicht in einem Gnadenauto zu ihm hingefahren. Wir müssen nach ihm „jagen" mit dem Einsatz aller Kraft. So sagt es jedenfalls der Apostel Paulus. Daß wir rückblickend auch in diesem „Jagen" Gottes Gnade und Treue am Werk sehen und am Ziel nur noch „Alles war Gnade!" ausrufen werden, steht auf einem andern Blatt und darf uns an unserm Einsatz keinen Augenblick hindern. „Wer auch läuft / und läuft zu schlecht, / der versäumt sein Kronenrecht" u n d „Dort wird's tönen / bei dem Krönen: / Gott ist's, der es schafft" – beides ist in gleicher Weise das Zeugnis der Schrift wie der Glaubenserfahrung.

Der Läufer ist nicht am Ziel. Eben darum läuft er mit Aufbietung aller Kraft. Er hat dabei keine Zeit, rückwärts zu blicken und die schon zurückgelegte Strecke abzumessen. **„Was dahinten ist, vergesse ich."** Paulus hat mit diesen Worten nicht das dankende Zurückdenken verurteilt. Er fordert die Gemeinde oft und mit solchem Ernst zum Danken auf. Danken aber schließt immer das „Vergiß nicht, was Er dir Gutes getan hat" ein. Paulus hat ja auch eben erst rückwärts gesehen und sein Leben vor und nach der Bekehrung geschildert. Nie „vergaß" er, was er als Verfolger der Gemeinde Jesu angetan. Nie „vergaß" er, wie Jesus in unbegreiflichem Erbarmen ihn, den Verfolger und Lästerer, ergriffen hatte. Wie liebevoll und dankbar schaut er im Anfang unseres Briefes auf alles zurück, was er mit den Philippern erlebte. Jetzt aber denkt er einfach im Bild des „Läufers", der sich nicht mit dem aufhalten kann, was hinter ihm liegt. Es ist dies Pauluswort eine lebendige Anwendung des Wortes Jesu:

„Wer seine Hand an den Pflug legt und siehet zurück, der ist nicht gschickt zum Reiche Gottes."

Nach vorn ist das Gesicht des Läufers gewendet. Dort steht der „Skopus"[56], das „Ziel", das erreicht, die Säule, die umrundet werden muß! Alle Aufmerksamkeit ist dorthin gerichtet damit der Lauf gelingt und der Preis errungen wird. „Nach dem, was da vorn ist, strecke ich mich und jage zielwärts." So sieht nach der Überzeugung des Paulus die Haltung einer Gemeinde (und im Zusammenhang damit auch die jedes einzelnen Christen) aus. Es ist die ernste Frage an die Christenheit von heute, ob davon noch etwas an ihr zu sehen ist?!

Wir müssen noch ein Mißverständnis abwehren, das sich an die Ausdrucksweise des Apostels gerade in Vers 14 heften kann. Hier scheint auch er die Sprache Platons zu sprechen. Das „vorn" scheint zugleich ein „Droben" zu sein, der „Himmel", dem wir zueilen sollen. Aber wie bezeichnend ist dem gegenüber, daß Paulus in Vers 11 für sich selbst als das ersehnte Ziel nicht den „Himmel" nennt, sondern die „Ausauferstehung aus den Toten"! Hätte er das „Droben", die „himmlische Berufung" als den „Himmel" verstanden, in dem für unsere „Seele" das letzte Ziel liegt, so hätte er notwendig in Vers 11 formulieren müssen: „ob ich wohl in den Himmel mit seiner Seligkeit und Herrlichkeit komme." Aber er bleibt im biblischen Zukunftsbild, wie uns das Ende des Kapitels noch einmal deutlich zeigen wird. Der „Siegespreis der himmlischen Berufung Gottes in Christus Jesus" ist nicht das „in den Himmel kommen", sondern ist die Teilnahme an der Ausauferstehung aus den Toten, an der Entrückung und Vollendung der Gemeinde in der endgültigen Vereinigung mit ihrem Haupt und von da aus die Teilnahme am Sturz des Antichristen, an der Regierung der Erde im „Königreich der Himmel", am Gericht über die Welt und über die Engel, am Wohnen im neuen Jerusalem auf der Neuen Erde! Wahrlich ein „Siegespreis", der eine glaubende Christenheit in die freiwilligste und mächtigste Bewegung bringen und ihr die Gestalt aufprägen muß, in der Paulus sie hier unter dem Bild des Wettläufers gesehen hat!

An dieser Hauptsache festhalten!

Philipper 3, 15. 16

15 Wie viele nun „Vollkommene" sind, auf dies wollen wir bedacht
sein. Und wenn ihr in etwas anders denkt, auch dies wird Gott
16 euch offenbaren. * Nur: wozu wir gelangt sind, an demselben auch
halten!

Zu Vers 15:
[31]* 1 Ko 2, 6; 14, 20

Zu Vers 16:
[32]* Gal 6, 16
[33]* Rö 15, 5. 6

[56] Anm. Das Wort „skópos" hängt mit „skopein" = „sehen, blicken" (Mikro„skop") zusammen. In der griechischen Bezeichnung des „Zieles" ist also die unverwandte Richtung des Blickes schon mit enthalten, die auch in unserm deutschen „zielen" liegt. Das Ziel ist der „Blickpunkt".

[31]* 1 Ko 2, 6: Was wir aber vortragen, ist dennoch Weisheit — bei den Vollkommenen, jedoch nicht die Weisheit dieser Weltzeit, auch nicht die der Machthaber dieser Weltzeit, die dem Untergang verfallen.

Die Übersetzung sucht die Kürze der Ausdrücke spürbar zu machen, die das völlige Verständnis erschwert. Kein Wunder, daß besonders der kurze Schlußsatz eine Fülle von Lesarten in den Handschriften hervorgerufen hat, die alle als Verdeutlichung oder Erklärung der knappen ursprünglichen Worte angesehen werden müssen.

Von „Vollkommenen" hat Paulus auch 1 Ko 2, 3; 14, 20; Kol 1, 28 gesprochen. „Téleios" war in dem damals weitverbreiteten Mysterienkulten ein Fachwort, um den zu bezeichnen, der alle Weihen durchlaufen hatte. Es ist möglich, daß dieser besonders geprägte Sprachgebrauch mitklingt, wenn in Gemeinden des hellenistischen Gebiets von „Vollkommenen" gesprochen wurde. Aber es wäre töricht, wenn wir daraus für den **Inhalt** des Begriffes im Munde des Paulus irgend etwas ableiten wollten. Solche besonders „Eingeweihte" gab es in der Gemeinde Jesu gerade **nicht!** Paulus könnte das Mysterienwort nur in Anführungszeichen gebraucht haben, um ihm inhaltlich gerade einen ganz andern Sinn zu geben. Jawohl, auch bei uns Christen gibt es „Eingeweihte", aber das sind bei uns die, die in diesem unermüdlichen Glaubenslauf zum Siegespreis der himmlischen Berufung begriffen sind! Viel näher aber liegt es, daran zu denken, daß die biblische Sprache den Begriff des „téleios" auch da kennt, wo von irgendeiner Berührung mit dem Mysterienwesen sicher keine Rede sein kann: Mt 5, 48; 19, 21; Jak 1, 4; 3, 2; Hbr 5, 14. Auch wenn das Wort „vollkommen" im Raum der Mysterien einen besonderen Sinn bekam, so behielt es doch selbstverständlich im allgemeinen Sprachgebrauch seine einfache Grundbedeutung, deren spezielles Verständnis sich aus dem jeweiligen Textzusammenhang ergeben muß. Wenn der ganze bisherige Abschnitt gegen das mögliche oder bereits drohende Eindringen judaistischer Anschauungen auch in Philippi gerichtet ist, dann haben wir daran zu denken, daß die judaistische Propaganda – wie es im Kolosserbrief besonders deutlich wird – mit der Behauptung arbeitete, der bloße Glaube an Jesus sei nur eine Anfangsstufe, über die hinaus es durch tiefere Erkenntnisse und durch eine am Gesetz orientierte „Heiligung" zu einem „vollkommenen" Christenstand gehen müsse. Das ist übrigens bis heute der Grundzug in der Propaganda jeder Sekte: Euer Glaube ist ganz schön und gut, aber „vollkommen" wird er erst, wenn ihr den Sabbat haltet, wenn ihr euch durch unsere Apostel versiegeln laßt, wenn ihr die anthroposophischen Erkenntnisse höherer Welten hinzunehmt usw. Demgegenüber sagt Paulus, daß wahrlich auch er keine unreifen und halben Christen wolle, sondern ganze und „vollkommene". Aber die

1 Ko 14, 20: Liebe Brüder, zeigt euch nicht als Kinder in der Urteilskraft! Nein, in der Bosheit sollt ihr Kinder sein, aber hinsichtlich der Urteilskraft zeigt euch als Erwachsene.

[316] Gal 6, 16: . . . und alle, die nach dieser Richtschnur wandeln werden: — über die komme Friede und Erbarmen, nämlich über das Israel Gottes!

[330] Rö 15, 5. 6: Der Gott aber, von dem standhaftes Ausharren und Trost kommen, möge euch dazu verhelfen, einen einträchtigen Sinn untereinander nach der Weise Christi Jesu zu besitzen, • damit ihr einmütig mit einem Munde den Gott und Vater unsers Herrn Jesus Christus preisen könnt.

echte Ganzheit und „Vollkommenheit" des Christen besteht gerade darin, daß er nicht rasch „fertig" („vollendet") zu sein meint, nicht rasch „genug hat" („ergriffen hat"), nicht rasch sich zur Ruhe setzt, sondern in der Unermüdlichkeit des Laufens zum Ziel, in der freudigen Unermüdlichkeit immer neuen „Erkennens" des Christus und der Kraft Seiner Auferstehung und der Teilhabe an Seinen Leiden beharrt. Also gerade **„wie viele Vollkommene sind, auf dies wollen wir bedacht sein"**. Auf **„dies"**, nämlich auf das „Vergessen was da hinten ist", auf das „Sich ausstrecken nach dem, was da vorn ist", auf dies „Zielwärts jagen auf den Siegespreis zu". Paulus hat dabei – sei es ganz bewußt, sei es unwillkürlich von der Sache her – das „teteleiomai" = „ich bin vollendet" und das „téleios" = „vollkommen" einander gegenüber gestellt. „Fertige" Christen gibt es nicht: „ganze Christen" darf und soll es geben!

Im folgenden Satz dürfen wir das kleine Wörtchen „ti" = „etwas" nicht übersehen. **„Wenn ihr in etwas anders denkt, auch** dies wird Gott euch offenbaren." Paulus kann nach der gewaltigen und eindringlichen Zeichnung des rechten Christenstandes[57] unmöglich erklären: Wenn ihr vom Christsein ganz anders urteilt, dann mag das erst einmal ruhig hingehen. Gott wird euch schon einmal Licht darüber geben. So hat er sich weder in Korinth noch in Galatien noch in Kolossä zu der Gefährdung der Gemeinden durch falsche Anschauungen gestellt! Wie sollte er es bei den geliebten Philippern auf einmal tun! Es findet sich im Brief auch nirgends ein Anzeichen dafür, daß die Gemeinde dort bereits wesentlich abweichende Auffassungen vom Christentum hatte. Nein, bei dem „anders denken" handelt es sich wirklich nur um „etwas", um dies und jenes Nebensächlichere. Als Beispiel könnten wir etwa an 1 Ko 7, 25. 40 denken. Paulus ist immer ein Mann der Freiheit, nicht der Uniformierung gewesen und hat selbst bei den heißesten Auseinandersetzungen (Galatien, Korinth) nicht einfach kommandiert, sondern um die eigene Einsicht der Gemeinden gerungen. Ist die Hauptsache gesichert, sind die Philipper „ganze Christen", die mit Paulus „auf dies bedacht" sind, dann mögen sie in manchen Punkten von Paulus abweichen. Darin kann er sie ruhig gehen lassen, bis Gott ihnen auch darüber Licht gibt.

Das ist ein wichtiges Wort auch für uns. Es gibt neben den großen und notwendigen Hauptlinien der Schrift manche biblischen Erkenntnisse, die wir keinem aufdrängen sollten. Ist das, was wir erkannten, wirklich „biblisch", wirklich göttliche Wahrheit und Weisung, so wird es sich dem andern zu seiner Zeit schon auftun. Wir dürfen einander viel Freiheit lassen und dadurch unnötige Spaltungen und Trennungen vermeiden.

„Nur: wozu wir gelangt sind, an demselben auch halten!". Manche

[57] Anm. Wie bezeichnend, daß wir gewöhnlich vom Christen„stand" reden, während es doch vielmehr nach Paulus um den Christen„lauf" geht!

Handschriften fügen zu „an demselben" nach Gal 6, 16 noch das Wort „Kanon" = „Richtschnur", „Regel" hinzu; sachlich sicher sinngemäß. Ob man in dem Tätigkeitswort „stoichein" mehr das „festhalten" oder mehr das „einhertreten" heraushört, ändert auch am Inhalt der Aussage nicht allzu viel. Es wird sich jedenfalls in dem kurzen Sätzchen wieder nicht um wesentliche Dinge grundsätzlicher Erkenntnis handeln. Davon hätte Paulus nicht mit einer so kurz hingeworfenen Bemerkung gesprochen. Das Sätzchen muß sich auch an die vorhergehende Aussage anschließen. Bleiben die Philipper als „ganze Christen" nur im angespannten Lauf zielwärts zum Siegespreis, dann mögen sie im Gemeindeleben und im Verhalten des einzelnen Christen manches anders ordnen, als Paulus es tun würde. Sie sollen darin Freiheit haben, bis Gott selbst es ihnen anders zeigt. Nur freilich, was als Aufbau der Gemeinde einmal erreicht war, dahinter dürfen sie nicht wieder zurück, das muß einmütig festgehalten werden! Das „an demselben" ist betont. Es geht hier wie oben 2, 2 und wie Gal 6, 16; 1 Ko 1, 10 und auch 1 Pt 3, 8 um die Einheit und Einmütigkeit im Gemeindeleben. Gerade bei dieser im Kampf stehenden Gemeinde (1, 17–30), die ihren Apostel Paulus vielleicht bald verlieren wird (2, 17), liegt an der Geschlossenheit und Eintracht so viel. Darum müssen sie schon „auf Vordermann gehen", wie man hier auch übersetzen könnte, auch wenn in manchen Punkten bei ihnen verschieden gedacht wird.

Es geht um den rechten Wandel!

Philipper 3, 17–4, 1

Zu Vers 17:
[34*] 1 Ko 11, 1
[35*] 1 Th 1, 7
[36*] 2 Th 3, 9
[37*] Tit 2, 7
[38*] 1 Pt 5, 3
Zu Vers 18:
[39*] Gal 5, 11; 6, 12
[40*] 1 Ko 1, 23

17 Ahmt mir mit den andern zusammen nach, Brüder, und blickt
18 auf die, die so wandeln, wie ihr habt als Typus uns! * Denn viele
wandeln, von denen ich oft mit euch sprach, jetzt aber sogar mit
19 Tränen spreche: die Feinde des Kreuzes des Christus, * deren
Ende Verderben, deren Gott der Bauch und deren Ehre in ihrer
20 Schande, die auf das Irdische bedacht sind. *Denn unser Bürger-
tum ist in den Himmeln, von wo wir auch als Retter sehnlich er-
21 warten den Herren Jesus Christus, * der umwandeln wird den
Leib unserer Niedrigkeit (oder: Erniedrigung) gleichgestaltet dem

[34*] 1 Ko 11, 1: Nehmt mich zum Vorbild, gleichwie ich meinerseits dem Vorbild Christi nachfolge!
[35*] 1 Th 1, 7: ... so daß ihr für alle Gläubigen in Mazedonien und Achaja vorbildlich geworden seid.
[36*] 2 Th 3, 9: ... nicht als ob wir nicht das Recht dazu hätten, nein, wir wollten euch an uns ein Vorbild geben, damit ihr uns nachfolgen solltet.
[37*] Tit 2, 7: ... und biete dich selbst ihnen in jeder Beziehung als Vorbild guter Werke dar. In der Lehre beweise Unverfälschtheit, würdevollen Ernst.
[38*] 1 Pt 5, 3: ... auch nicht als Gewaltherrscher über die euch anvertrauten (Gemeinden), sondern als Vorbilder für die Herde.
[39*] Gal 5, 11: Was mich aber betrifft, liebe Brüder: — wenn ich wirklich noch die Beschneidung predige, warum verfolgt man mich da noch? Dann ist ja das Ärgernis des Kreuzes aus der Welt geschafft!
Gal 6, 12: ... solche, die im Fleische etwas Besonderes vorstellen wollen, suchen euch die Beschneidung aufzunötigen, lediglich um nicht wegen des Kreuzes Christi Verfolgungen zu erleiden.

Leib Seiner Herrlichkeit, nach der Wirkungsmacht, die Ihn be-
fähigt, sich auch alles (oder: das All) zu unterwerfen.
4, 1 **Also, meine geliebten und ersehnten Brüder, meine Freude**
und mein Kranz: in solcher Weise steht fest im Herrn, ihr Ge-
liebten!

Auch in diesem Abschnitt geht es um das, was in der ersten Christenheit und auch in den Augen des Apostels der „Rechtfertigung" ganz anders wichtig war, als es uns evangelischen Christen meist ist: um den W a n d e l, um das tatsächlich gelebte Christentum. Besonders in den deutschen Kirchen hat der eigentümlich akademische Zug, der ihnen durch die Rolle der Theologie und der Universitäten in der Reformationszeit aufgeprägt wurde, dazu geführt, daß das Christsein im Besitz richtiger Erkenntnisse fast aufzugehen schien. So blieb das wirkliche Leben – unter der Vorherrschaft der zehn Gebote statt der neutestamentlichen Weisungen – rasch der bürgerlichen Moral überlassen, wozu die einseitige Hervorkehrung der „Berufsethik" noch das ihrige tat. Wie geht es dagegen im Philipperbrief fort und fort um eben dieses wirkliche Leben! Wie wenig „Dogmatik" haben wir in diesem Brief. Und wo wir sie haben: 2, 5–11; 3, 2–11, da steht sie völlig im Dienst der Praxis, der tatsächlichen Lebensgestaltung. „Dogmatik" und „Ethik" ist unlöslich miteinander verklammert, aber deutlich so, daß das Schwergewicht auf der „Ethik" ruht.

Aber nachdem in allem Bisherigen die Grundzüge des rechten Wandels mächtig aufgezeigt wurden, gibt Paulus der Gemeinde nun nicht als Richtschnur ein kleines Kompendium der christlichen Ethik mit seinen Paragraphen, sondern Personen als anschauliches und lebendiges Beispiel: „Blickt auf die, die so wandeln ...!" Wieder scheint uns damit unsere ganze „reformatorische" Haltung bedroht. Dürfen

Zu Vers 19:
41* Rö 16, 18
42* 2 Tim 3, 4
43* Kol 3, 2
Zu Vers 20:
44* Eph 2, 6
45* Kol 3, 1
46* Hbr 9, 28; 12, 22
47* 1 Ko 1, 7
48* Tit 2, 13
Zu Vers 21:
49* 1 Ko 15, 43. 49. 53
50* Rö 8, 29
51* Hbr 2, 6-8
52* 1 Jo 3, 2
53* 1 Ko 15, 27
Zu Vers 1:
1* 2 Ko 1, 14
2* Phil 1, 18
3* 1 Th 2, 19. 20

40* 1 Ko 1, 23: ... verkünden wir dagegen Christus als den Gekreuzigten, der für die Juden ein Ärgernis und für die Heiden eine Torheit ist.
41* Rö 16, 18: ... denn solche Menschen dienen nicht unserm Herrn Christus, sondern ihrem Bauche und betören durch ihre schön klingenden Reden und glatten Worte die Herzen der Arglosen.
42* 2 Tim 3, 4: ... verräterisch, leichtfertig und dünkelhaft, mehr dem Genuß als der Liebe zu Gott ergeben.
43* Kol 3, 2: Trachtet nach dem, was droben ist, nicht nach dem, was auf Erden ist.
44* Eph 2, 6: ... und hat uns in Christus Jesus mitauferweckt und mit Ihm in die Himmelswelt versetzt.
45* Kol 3, 1: Seid ihr also mit Christus auferweckt worden, so suchet das, was droben ist, dort, wo Christus weilt, indem Er zur Rechten Gottes thront!
46* Hbr 9, 28: ... ebenso wird auch Christus, nachdem Er ein einziges Mal als Opfer dargebracht worden ist, um die Sünden vieler wegzunehmen, zum zweitenmal ohne Sünde denen, die auf Ihn warten, zum Heil erscheinen.
Hbr 12, 22: Nein, ihr seid zu dem Berge Zion und zur Stadt des lebendigen Gottes, dem himmlischen Jerusalem, herangetreten und zu vielen Tausenden von Engeln, zu einer Festversammlung.
47* 1 Ko 1, 7: Ihr steht infolgedessen an keiner Gnadengabe zurück, während ihr auf die Offenbarung unseres Herrn Christus wartet.
48* Tit 2, 13: ... indem wir dabei auf unser seliges Hoffnungsamt und auf das Erscheinen der Herrlichkeit des großen Gottes und unsers Retters Christus Jesus warten.
49* 1 Ko 15, 43: ... es wird gesät in Unehre, auferweckt in Herrlichkeit; gesät wird in Schwachheit, auferweckt in Kraft. Vers 49: ... und wie wir das Bild des Irdischen an uns getragen haben, so werden wir auch das Bild des Himmlischen an uns tragen. Vers 53: Denn dieser vergängliche Leib muß die Unvergänglichkeit anziehen, und dieser sterbliche Leib muß die Unsterblichkeit anziehen.

denn arme, elende Sünder als Richtpunkt und Vorbild hingestellt werden? Muß das nicht zu Hochmut und Pharisäismus führen? Bleibt's nicht auch beim Christen, dem begnadigten Sünder, dabei, daß er alles immer nur falsch und schlecht machen kann? Und noch unmöglicher scheint es uns zu sein, daß Paulus dabei zuletzt sogar auf sich selbst verweist: **„Ahmt mir mit den andern zusammen nach; blickt auf die, die so wandeln, wie ihr habt als Typus uns!"** Aber wir können es nicht ändern, Paulus schrieb nun einmal so. Und wir müssen es zugestehen: auch in der heutigen Gemeinde sind die wenigsten Glieder Büchermenschen. Und Bücher, auch solche über den „Wandel", führen meist nicht über „Gedanken" und gedankliche Auseinandersetzungen hinaus. Aber unvergessen bleibt es dem Sohn bis ins Alter und bis in seine hohe Lebensstellung hinein, wie seine einfache Mutter „wandelte", wie sie glaubte, betete, handelte und litt. Wir brauchen es, daß der „Typus" eines Christen anschaulich vor uns steht. In unserer kompliziert gewordenen Welt wird nicht mehr die Predigt des Theologen, der stark in seinen speziellen Lebenskreis gebannt bleibt, sondern nur das „Vorbild" des christlichen Arbeiters dem Arbeiter, des christlichen Wirtschaftlers dem Kaufmann, des christlichen Politikers dem politischen Menschen zeigen können, wie man in all diesen schwierigen Verhältnissen als „Christ" zu stehen und zu leben vermag. Ganz gewiß, alle diese „Vorbilder" brauchen selbst wieder den „Typus", nach dem sie sich ausrichten. Darum hat der Heilige Geist Paulus in diesem Brief aufzeichnen lassen, wie sein Christwerden und sein Christenleben aussah. Paulus sagt es uns wie den Philippern: **„Ahmt mir mit den andern zusammen nach!"**

Das klare, ermunternde und festhaltende Vorbild ist um so nötiger, als sich in der Christenheit ganz andere Einflüsse geltend machen und eine ganz andere Lebensgestalt sichtbar wird. Mit sichtlicher Erregung und mit sehr schroffen Worten spricht Paulus davon. Seine Worte treffen uns unmittelbar mit großem Ernst. Und doch ist es

50* Rö 8, 29: Denn die, welche Er zuvor ersehen hat, die hat Er auch im voraus dazu bestimmt, dem Bilde Seines Sohnes gleichgestaltet zu werden: dieser sollte eben der Erstgeborene unter vielen Brüdern sein.
51* Hbr 2, 6—8: ... vielmehr hat jemand an einer Stelle ausdrücklich bezeugt: „Was ist der Mensch, daß Du seiner gedenkst, oder des Menschen Sohn, daß Du Ihn beachtest? • Du hast Ihn für eine kurze Zeit unter die Engel erniedrigt, Ihn mit Herrlichkeit und Ehre gekrönt; • alles hast Du Ihm unter die Füße unterworfen; dadurch nämlich, daß Er „Ihm alles unterworfen hat", hat Er nichts von der Unterwerfung unter Ihn ausgenommen. Bisher nehmen wir allerdings noch nicht wahr, daß Ihm alles unterworfen ist.
52* 1 Jo 3, 2: Geliebte, jetzt sind wir Kinder Gottes, und es ist noch nicht offenbar geworden, was wir sein werden. Wir wissen jedoch, daß, wenn diese Offenbarung eintritt, wir Ihm gleich sein werden; denn wir werden Ihn sehen, wie Er ist.
53* 1 Ko 15, 27 ... denn „ales hat Er Ihm unter die Füße gelegt". Wenn Er aber dann aussprechen wird: „Alles ist unterworfen!", so ist doch selbstverständlich der ausgenommen, der Ihm alles unterworfen hat.
1* 2 Ko 1, 14: ... wie ihr uns ja, wenigstens zum Teil, schon verstanden habt, nämlich, daß wir euer Ruhm sind, ebenso wie ihr es für uns seid am Tage unseres Herrn Jesus.
2* Phil 1, 18: Doch was tut's? Wird doch in jedem Fall, mit oder ohne Hintergedanken, Christus verkündigt, und darüber freue ich mich.
3* 1 Th 2, 19. 20: Denn wer ist unsere Hoffnung, unsere Freude und unser Ruhmeskranz, wenn nicht auch ihr es seid, vor dem Angesicht unseres Herrn Jesus? • Ihr seid ja doch unser Ruhm und unsere Freude!

bei der Auslegung unserer Stelle gar nicht so einfach zu sagen, wen Paulus dabei eigentlich konkret vor Augen hat. Die Ausleger gehen hier weit auseinander.

Die einen sehen hier weiter von den „Judaisten" gesprochen. Nichts weise darauf hin, daß Paulus sich jetzt ganz andern Männern zuwende. Daß es damals schon „viele" gegeben habe, die mit einem ausgesprochen zügellosen Leben geprahlt und damit Eindruck auf die Gemeinden gemacht hätten, sei unwahrscheinlich. Die von Paulus gebrauchten Ausdrücke bekämen ihren prägnanten Sinn erst dann, wenn man sie auf die Judaisten beziehe. Sie seien „die Feinde des Kreuzes des Christus". Die Formulierung mit dem bestimmten Artikel meine nicht nur „kreuzesscheue" Leute, sondern sei viel grundsätzlicher ausgerichtet. So gehe es ja auch im Galaterbrief mit seinem Kampf gegen judaistische Verwirrung um die Geltung des Kreuzes (Gal 2, 21; 3, 1 ff; 5, 2; 5, 11; 6, 14). Daß „viele" Christen durch Völlerei ihren Bauch zum „Gott" machten oder in geschlechtlicher Ausschweifung ihre Ehre suchten, sei schwer vorzustellen. Wenn dagegen die Judaisten einen Hauptpunkt der ganzen Religion in der Einhaltung der Speisegesetze sahen, dann setzten sie in der Tat mit ihrer steten ängstlichen Aufmerksamkeit auf die Einhaltung dieser Vorschriften den Bauch an Gottes Stelle. Das meist mit „Schande" übersetzte Wort könne auch den Schamteil bezeichnen. In einer harten Ironie – die doch nicht härter sei als das Wortspiel „Zer"schneidung für „Be"schneidung und als das Scheltwort „Hunde" – weise Paulus darauf hin, wie hier die Operation am Schamteil des Menschen zu seiner „Ehre" werde. Auch der eigentliche Aussagesatz am Schluß: „die auf das Irdische bedacht sind" rede nicht, wie es „Libertinisten" gegenüber notwendig gewesen wäre, vom Bedachtsein auf „Fleischliches"; das werde vielmehr hervorgehoben, daß die Judaisten mit all ihrem religiösen Handeln im Raum des Irdischen stekkenblieben. Vom „Ende" der Judaisten spreche Paulus auch 2 Ko 11, 15 mit drohendem Ernst.

Andere Ausleger wenden dagegen ein, daß sich Paulus mit solcher Zeichnung der judaistischen Gegner doch einer „frivolen Karikatur" schuldig machen würde, und wollen lieber dabei bleiben, daß Paulus in unserm Abschnitt von andern Männern als in 3, 2 ff. rede, von Heidenchristen, die für den im „Geist" lebenden Menschen die volle Freiheit auf den niederen und darum auch bedeutungslosen Lebensgebieten proklamieren.

Um den ungelösten Zwiespalt zwischen den bisherigen Auslegungen zu überwinden, hat Lohmeyer in unserer Stelle – im Zusammenhang mit seiner Gesamtauffassung des Briefes! – eine Brandmarkung der in der Verfolgung Abgefallenen nachzuweisen versucht. Aber von solchem Abfall ist gerade dort nichts zu merken, wo Paulus ausdrücklich von den Bedrängnissen der Gemeinde spricht (1, 27–30). Und wann sollte der Apostel „schon oft" von diesen Abgefallenen mit den Philippern gesprochen haben? Auch die Auslegung der von Paulus gebrauchten Ausdrücke führt bei dieser Deutung der Stelle keineswegs zu so prägnanten Ergebnissen, wie man sie der Deutung auf „Judaisten" immerhin zubilligen muß.

Wir werden darauf zu achten haben, daß der eigentliche Hauptsatz lautet: „Viele wandeln ... als die, die auf das Irdische bedacht sind." Alles andere ist ein eingeschobener Nebensatz, untergeordnet dem „von denen ich oft mit euch sprach als von den Feinden usw.". Es wird auch der „geschichtlichen" Auslegung nicht schaden, sondern nützen, wenn wir zum Verständnis des Hauptsatzes zunächst auf uns selber blicken. Wir alle wissen, wie mächtig „das Irdische" in seiner brutalen Wirklichkeit und seiner aufdringlichen Unentbehrlichkeit unser Herz in Angst und Lust auf sich zieht. Müssen wir nicht „auf das Irdische bedacht sein", für uns selbst, für unsere Kinder? Sind wir es nicht alle, wir Christen von heute? Wie wir irdisch durchkommen, wie wir auf Erden ein gutes und behagliches Leben gewinnen, wie es unsere Kinder auf dieser Welt zu etwas bringen – ist das nicht für uns der ausschlaggebende Gesichtspunkt? Und wenn wir es noch leugnen wollten, sehen wir es nicht sofort, sobald das „Irdische" für uns bedroht ist? Christentum ist schön und gut, wir möchten es nicht missen, aber **kosten** darf es nichts, jedenfalls nicht die Stellung, das Brot, die Zukunft unserer Kinder oder gar Freiheit und Leben!

Es ist kein Wunder, daß Paulus damals schon bei „vielen" diese Gefahr heraufziehen sah. „Sie suchen alle das Ihre, nicht das des Christus Jesus", so hatte er kurz vorher (2, 21) diktiert. Nur wer wirklich keinen Blick vom „Siegespreis der himmlischen Berufung Gottes" wandte und mit ganzem Einsatz zielwärts jagte und alles hinter sich vergaß, konnte dieser Gefahr entgehen. Die „vielen", die ihr erlagen, konnten sehr wohl auch „Judaisten" sein, die ihr irdisches Leben damit sicherten, daß sie sich mit dem Judentum auf guten Fuß stellten und so den Schutz der im Römischen Reich erlaubten jüdischen Religion genossen und von Verfolgungen frei blieben. Gerade so hat sie Paulus in Gal 6, 12 dargestellt. Von dort führt eine einfache Linie zu den Aussagen unsrer Stelle. Es konnten aber genau so gut Menschen des Griechentums sein, die nicht einsahen, warum man dem Leib nicht alles zugute kommen lassen und sich in dieser Welt möglichst gut einrichten sollte: kam es doch nur auf die „Seele" und ihre Verbindung mit Gott an! Wir wissen aus 1 Ko 6, 12 ff., wie Paulus in einer griechischen Hafenstadtgemeinde mit solchen Gedanken zu ringen hatte: „Alles ist erlaubt." In jener Zeit zahlloser Kulte, Religionen und Weltanschauungen und vieler Wanderprediger bestand auch die Gefahr, daß Menschen in den Gemeinden zum Einfluß kamen, die schön und fromm reden konnten, aber im Grunde nur einen bequemen Lebensunterhalt suchten. Vor solchen Menschen hat Paulus in Rö 16, 17. 18 mit ganz ähnlichen Worten wie in unserer Stelle gewarnt. Der Brief des Judas (Vers 12) zeichnet ihr Bild unverblümt. Auch an sie könnte Paulus hier denken. Ihre „Ehre", die sie bei den Gemeinden genießen, ruht auf dem, was ihre Schande ist: auf einer verlogenen und scheinheiligen Frömmigkeit und Tätigkeit.

Der Möglichkeiten geschichtlichen Einzelverständnisses sind also viele. Wenn aber Paulus hier nur allgemein von „vielen" redet, ohne ihre nähere Kennzeichnung als „Judaisten" oder „Libertinisten", „Wanderprediger" oder „Abgefallene" zu geben, so werden wir gut tun, diese Unbestimmtheit stehen zu lassen. Das ist für unser eigenes Lesen des Briefes sehr heilsam! Wie leicht entziehen wir uns dem erschreckenden Ernst unserer Stelle, indem wir voll Eifer und Scharfsinn historisch die Schuldigen von damals ermitteln! Die „Judaisten" sind hier gemeint – und „Judaisten" sind wir ja doch nicht! Wenn Paulus „oft" mit den Philippern von diesen „vielen" gesprochen hat, dann sah er hier offenbar eine umfassende und allgemeine Gefährdung des Christentums, die auch ohne das Auftauchen einer bestimmten „Richtung" auf mannigfaltige Weise in Philippi wie anderwärts Fuß fassen konnte. Wo immer das „Bedachtsein auf das Irdische" begann, da hatte eine tödliche Erkrankung des Christenstandes eingesetzt. Gerade das, was Paulus als das „Wesen" des Christentums vor die Philipper hingestellt hatte, dies „alles für Verlust halten um Jesu willen", dies rücksichtslose „Jagen auf den Siegespreis der himmlischen Berufung zu", wurde von dieser Erkrankung zerfressen. Darum konnte Paulus jetzt nur „mit Tränen" davon reden. Es sind schwerlich Tränen des Mitleids mit den „vielen"; es sind Tränen des Jammers und des Zornes im Blick auf die Verwüstungen, die diese Aushöhlung des Christentums in den Gemeinden anrichtete. Wie merkwürdig, daß wir im evangelischen Christentum zwar mit leidenschaftlichem Eifer den Kampf um diese oder jene „Lehre" geführt, um diese einen Paulus bis zu Tränen erschütternde Bedrohung des Christentums aber uns kaum gekümmert haben!

Dabei werden Christen, die „auf das Irdische bedacht sind", notwendig zu **„den Feinden des Kreuzes des Christus"**. Auf die Hinzufügung des bestimmten Artikels werden wir nicht zuviel Gewicht legen dürfen, da sie bei der gegebenen Satzkonstruktion unvermeidlich war. Wir würden im Deutschen etwa sagen: „Viele wandeln ... Oft habe ich euch von ihnen gesagt ... von diesen Feinden des Kreuzes Christi, deren ..." Es kennzeichnet wieder die Einseitigkeit unseres abendländischen Christentums, daß wir diesen Ausdruck selbstverständlich und sofort auf die Dinge der „Lehre" bezogen und ihn etwa auf die Theologen der liberalen Schule angewandt haben. Aber das meint Paulus nicht in erster Linie. Eine „Kreuzestheologie", die tröstet und beruhigt, einen Christus, der am Kreuz alles für uns getan hat, läßt sich der im Irdischen versinkende Christ recht gern gefallen! Paulus dagegen hatte ja von seinem Verlangen nach der „Teilhabe an Seinen Leiden" gesprochen. Er sah das Kreuz, eben weil es das „des Christus" war, mit tatsächlich tötender Macht über den Seinen stehen. Das Kreuz des Christus ist wirksames Gericht und von

Gott vollzogenes Todesurteil, das unser Fleisch gerichtet und getötet sein läßt, innerlich und bis in unsere äußere Lebensgestalt hinein (vgl. dazu 2 Ko 5, 14 ff.!). Dagegen lehnt sich jeder notwendig auf, der auf das Irdische bedacht ist. Das wird sich immer auch „theologisch" bemerkbar machen. Das wird sich an der Rolle zeigen, die man dieses Kreuz in der Verkündigung spielen läßt (Ist unsere Predigt noch „Wort vom Kreuz"?). Die „Feindschaft gegen das Kreuz" sitzt aber viel tiefer im Herzen und Wesen und bricht da auch unter der Decke einwandfreier Lehre hervor, wo das Kreuz unsere tatsächliche irdische Existenz angreift.

„Deren Ende Verderben" fährt Paulus fort. Das griechische Wort für „Ende" „télos" schließt immer den Gedanken des „Zieles" mit ein. Die irdisch Gesinnten „zielen" auf Leben und Gedeihen und merken nicht, daß dort am Ziel ihres Lebens in Wahrheit das Verderben steht. Sie erleben es: „Wer sein Leben erhalten will, der wird es verlieren" (Mt 16, 25). Wenn sie ihr und ihrer Kinder Leben von Jahr zu Jahr „gesichert" zu haben meinen, öffnet sich vor ihnen der entsetzliche Abgrund.

Wer anfängt, auf das Irdische bedacht zu sein, der macht notwendig den **„Bauch"** zum bestimmenden Faktor in allem, zu seinem **„Gott"**. Ist das zu hart gesagt? Aber prüfen wir einmal, wieviel Zeit wir für unsern Bauch haben und wieviel für Gott! Ungefrühstückt werden wir nie in den Tag hineingehen, aber ohne Gebet – wie oft! Wieviel Geld geben wir bereitwillig und selbstverständlich für die Bedürfnisse unseres Bauches aus und wie sparsam werden wir, wenn es um Gottes Sache geht. Und erscheint uns nicht die Not des Bauches viel dringender und unbedingter der Abhilfe bedürftig als die Not gottentfremdeter Herzen?

„Deren Ehre in ihrer Schande" besteht. Vielleicht denkt Paulus hier an Dinge, wie er sie in Korinth erlebte, wo man bei der Heirat zwischen Stiefsohn und Stiefmutter noch stolz auf diese Errungenschaft der „christlichen Freiheit" war, anstatt über diese Schande zu trauern (1 Ko 5, 1. 2). Wir unsererseits werden freilich meinen, uns treffe diese Kennzeichnung jedenfalls nicht mehr. Auch irdisch gesinnte Christen sähen doch nicht in schändlichen Dingen ihre Ehre, sondern lebten anständig und sauber. Aber Paulus ist auch hier der, der „auf das Unsichtbare sieht". Bei „Schande" muß er nicht an Dinge denken, die auch moralisch „schändlich" sind. Er hat vor Augen, welche „Beschämung", welches „Zuschandenwerden" viele vor Gottes Angesicht erwartet, die hier so unangefochten und geehrt durchs Leben kommen, weil sie ein „vernünftiges" Christentum haben, das „mit beiden Beinen auf der Erde bleibt". Wird nicht auch bei uns in Gottes Licht manches eine „Schande" sein, was wir recht wohlgefällig betrachten und bei uns und andern hochschätzen?

Und nun zeigt Paulus noch einmal den Ort, von dem allein her alles so gesehen und beurteilt werden kann, wie er es dieses ganze 3. Kapitel hindurch tut. **„Denn u n s e r Bürgertum ist in den Himmeln."**

Das Wort „políteuma" bezeichnet sowohl das Bürgerrecht als auch das Gemeinwesen, den Staatsverband, in dem man Bürgerrecht hat. Gern wird das Wort auch gebraucht, um eine Kolonie von Ausländern zu bezeichnen. Vielleicht wählt Paulus diese besondere Formulierung gerade im Brief nach Philippi, weil diese Stadt eine römische Militärkolonie war, die verwaltungsmäßig über die mazedonischen Provinzialbehörden hinweg mit Rom verbunden war und römisches Recht (das „ius italicum") besaß. So konnte das Gleichnis den Philippern besonders anschaulich sein. Wir Christen leben wohl auf dieser Erde, in unsern Bedürfnissen an sie gebunden, von den „Archonten dieser Weltzeit" (1 Ko 2, 8), den „Mächten" und „Gewalten" bedrängt (Eph 6, 12), aber im Grunde haben sie uns nichts mehr zu sagen, wir sind „reichsunmittelbar" zu unserm „Herrn" gehörig, wie die alten Soldaten in Philippi zu dem „Herrn" auf dem Caesarenthron in Rom. Wer „auf das Irdische bedacht" ist, der macht die Fremde zur Heimat und verleugnet sein eigentliches und wahres Bürgertum und scheidet sich von dem Gemeinwesen, dessen Glied er doch sein darf, und trennt sich von Dem, der sein rechter „Herr" ist, um sich an andere Herren zu verlieren und seinen Bauch zum Gott zu machen!

Paulus hat es sehr betont geschrieben: „Für u n s aber ist das Bürgertum in den Himmeln vorhanden." Ja, hier gilt es zu wählen! Diese Wahl betrifft die Wurzeln unserer Existenz! Wo sind w i r eingebürgert, wo sind wir zu Hause? Auf dieser Erde, in dieser gegenwärtigen sichtbaren Welt? Oder in den Himmeln, weil in Christus Jesus?

Dann ist unsere übliche Vorstellung vom „Himmel" und dem „in den Himmel kommen" also doch richtig? Dann ist das Christentum doch „weltflüchtig"? Dann muß es doch heißen „Himmelan, nur himmelan soll der Wandel gehn"? Ja und nein! Das knappe Wort „Unser Bürgertum ist im Himmel!" richtet allerdings die ganze Entwicklung unseres neuzeitlichen Christentums, die es immer diesseitiger und weltförmiger gemacht hat. Wir waren so stolz darauf, daß wir von dem vielen Denken an Tod und Ewigkeit losgekommen waren und auf dieser Erde unsere Aufgaben als Christen erkannt und angefaßt hatten. Wir ließen uns willig mit hineinziehen in den großen Prozeß, die Erde immer wohnlicher und schöner und reicher zu machen und auf ihr die Ziele unseres Schaffens und Strebens zu suchen. Vor Gott aber mag dieser Ruhm des modernen Christentums vielmehr „Schande" sein. Daß unser Bürgertum nicht in dieser gegenwärtigen Welt liegt, sondern in der unsichtbaren Wirklichkeit, daß unser „Leben" tatsächlich „Christus" und alles andere „Verlust" ist, das sah man uns Christen von heute nicht mehr an, selbst wenn wir noch davon redeten. Kein Wunder, daß unser Wort und Zeugnis so wenig Vollmacht besaß. „Himmelan, nur himmelan" ...? Ja, Jesus wolle diesen himmlischen Sinn wieder mit Macht in den Seinen erwecken!

Und doch auch: Nein! Auch jetzt, wo es so „platonisch" klingt: „Unser Bürgertum in den Himmeln", bleibt Paulus, bleibt das Neue Testament von allem „Platonismus“, von aller „Jenseitigkeit“ und falscher „Geistigkeit“ geschieden! Denn Paulus fährt ja gerade nicht fort: Unser Bürgertum ist im Himmel, „in den wir dann bei unserm Tode kommen werden“, sondern fährt fort: **„aus welchem wir auch als Retter sehnlich erwarten den Herrn Jesus Christus!“** Man könnte es einmal so sagen: Unser Bürgertum ist nicht deshalb im Himmel, weil es der Himmel, das bessere Jenseits ist, sondern weil Jesus dort ist! Es liegt von vornherein nicht am Ort und am Raum, sondern am Herrn! Hätte es Gott gefallen, unserm Haupt schon jetzt in der irdischen Stadt Jerusalem den Thronsitz zu geben, so würde es heißen müssen: Unser Bürgertum ist in Jerusalem. Es ist schon so: „Nicht nach Erd, nach Himmel nicht meine Seele wünscht und sehnet; Jesus sucht sie und Sein Licht, Der hat mich mit Gott versöhnet.“

Es geht um Jesus! Er aber ist „der Herr“, der „Kyrios“! Unser abgebrauchtes und bedeutungsloses Wort „Herr“ sagt nicht mehr, was die junge Christenheit vor sich sah, wenn sie Jesus den „Kyrios“ nannte. „Der Herr“, so sagten die alten Soldaten in Philippi, wenn sie vom römischen Kaiser sprachen! Also der „Weltbeherrscher“ ist Jesus! Ja, Er ist der gottgleiche Herrscher des Weltalls, Jehova-Jesus! Darum kann das Ziel aller Dinge niemals nur sein, daß einzelne Menschenseelen zu Jesus in den Himmel kommen, während die ganze übrige Schöpfung sich selbst und den „Mächten“ und dem Tode überlassen bleibt (Rö 8, 19-21). Nein, das Größte und Wichtigste, was Jesus als „Herr“ zu tun hat, steht noch aus! „Drum kann nicht Friede werden, bis Jesu Liebe siegt, bis dieser Kreis der Erden zu Seinen Füßen liegt, bis Er im neuen Leben die ausgesöhnte Welt Dem, der sie Ihm gegeben, vors Angesicht gestellt.“

Darauf **„warten“** die Glieder der Gemeinde. Paulus hat dem Wort „warten“ hier zwei Vorsilben gegeben, um die Sehnlichkeit dieses Wartens auszudrücken. Die Glieder der Gemeinde warten aber nicht sehnlich auf ihr Sterben, um dann in den Himmel zu kommen – hier ist trotz des Rechtes von 1, 23 die Grenze und ein unbiblischer Zug in vielen Gliedern der evangelischen Christenheit –, sondern sie warten, daß aus dem „Himmel“ hervortritt Jesus zur Vollendung Seines Rettungswerkes.

„Als Retter“ erwarten wir Jesus. Wir ahnen bei unserer allzu gewohnten und allzu stimmungsvoll-erbaulichen Sprache gar nicht mehr, wie aktuell, der politisch-geschichtlichen Sphäre entnommen, die Sprache des Neuen Testamentes war. Hier steht das Wort „sotér“. Wir kennen es in der Übersetzung „Heiland“. In dieser Übersetzung ist es ein zu kleines, nur gemütvoll-frommes Wort geworden. Im Grauen der Bürgerkriege, in der Zersetzung aller bisherigen Lebensformen, in hoffnungslosen Wirren sehnte sich eine erschütterte Welt nach dem „Sotér“, nach dem „Retter“. Mitten in den blutigen Greueln, die nach der Ermordung Caesars über die römische Welt hereinbrachen, erhob der Dichter Virgil seine prophetische Stimme: Die Wende der Zeiten ist nahe herbeigekommen. Das Eiserne Zeitalter mit seinen Schrecken geht dem Ende entgegen. Denn schon steigt die Sternstunde der Weltgeschichte herauf. Schon ist der göttliche Retterkönig, auf den die Menschheit seit der Zeit der Pharaonen gewartet hat, im Kommen. Er wird die Verheißungen, die seit den Tagen der Sybille im römischen Volk nicht verstummt sind, endlich erfüllen. Er wird die Frevel der Vergangenheit tilgen und die Länder von unaufhörlicher Furcht befreien. Er wird ein weltumspannendes Friedensreich gründen und das Goldene Zeitalter heraufführen, zum Segen einer erneuerten Menschheit. „Schon reift die Zeit; tritt an die hohe Ehrenlaufbahn, großer Sohn des Zeus", so ruft der prophetische Dichter dem kommenden Gottkönig zu. „Schau hin, wie das Weltenrund, wankend unter seiner Last, wie Länder, Meeresweiten und Himmelstiefen, schau, wie sie alle dem Anbruch der neuen Weltzeit entgegenjubeln" (E. Stauffer, Christus und die Caesaren). Als dann Oktavian zum Siege kam und dem Bürgerkrieg ein Ende machte, als Ruhe und Sicherheit zurückkehrten und äußere und innere Reformen im Reich wirksam wurden, da atmete wirklich eine Welt auf und sah in diesem ersten römischen „Kaiser" solche dichterischen „Weissagungen" erfüllt. In Antiochien etwa wird eine Münze geprägt: Sie „vereinigt auf einer einzigen Münze das Bild des siegverleihenden Himmelsgottes und des menschgewordenen Zeus: des siegreichen Augustus, der auf den zugehörigen Umschriften als der „Anbetungswürdige", der „Sohn Gottes", „Sebastos Theou Hyios" gefeiert wird (E. Stauffer a. a. O.). Spätere Kaiser aber trugen offiziell den Titel „Sotér", „Retter". Dieses ganze Sehnen und Denken der Zeit muß man recht lebendig vor Augen haben, wenn man verstehen will, was die Empfänger unseres Briefes unwillkürlich mithörten, wenn Paulus schrieb: „Als Sotér erwarten wir sehnlich den Herren Jesus Christus." Sie verstanden sofort richtig: Als Den, der die Welt wahrhaft in Ordnung bringt, als den Herrscher eines wahrhaft neuen Weltzeitalters erwarten wir Christen Den, den wir als unsern persönlichen Erretter schon kennen: Jesus! Für die junge Gemeinde jener Zeit ist Jesus von vornherein nicht nur eine erbauliche Gestalt für die einzelne „Seele" in verborgner Innerlichkeit. Ihr Blick ist realistisch. Sie sieht Leben und Welt in ihrer tiefen Gesamtverkehrung. Schon ist die kurze Augustische Blütezeit vorbei, schon ist die tiefe Enttäuschung unter Tiberius gekommen, ja, Gestalten wie Caligula und Nero auf dem Kaiserthron machen den großen Titel „Sotér" zum blutigen Hohn. Wieder einmal ist deutlich geworden, daß Menschen – und seien sie so groß und guten Willens wie ein Augustus – die Menschheit nicht erneuern und die Weltwende nicht bringen können. Um so froher und gewisser sagen es die Christen: „Wir erwarten als den Retter der Welt den Herren Jesus." Er ist der wahre „Sotér", denn Er hat die „Wirkungsmacht", die kein Mensch besitzt und besitzen kann, die **„Wirkungsmacht, die Ihn befähigt, sich auch das All zu unterwerfen"**. „Wirkungsmacht" heißt im Griechischen „enérgeia"; es ist das Wort, das wir alle als Lehnwort kennen. Ein Mann wie Augustus hatte schon eine große „Energie". Aber sie war doch viel zu klein, um der Welt wirklich helfen zu können. Dazu bedarf es der „Energie", die Satan, Sünde, „Mächte und Gewalten" und den Tod „aufheben" und die Gestalt der Welt in der Tiefe „verwandeln" kann. Diese Macht aber hat kein Mensch und keine menschlich-geschichtliche Bewegung. Nur Jehova-Jesus besitzt sie. Sein Sieg ist auf Golgatha schon errungen, ein Sieg, der noch ganz anders als des Augustus Sieg bei Aktium eine Weltwende bedeutet. Und dieser Sieg Jesu wird nicht nur zur Rettung einiger Seelen aus der Welt in den Himmel führen, er wird das All unterwerfen und erneuern!

Wird die Gemeinde unserer Tage endlich die Enge, den lieblosen und dürftigen Individualismus und den gefährlichen Spiritualismus sprengen, in die sie durch die immer neue Vergriechung des Christentums gebannt ist, und zurückkehren zum Vollgehalt, zur Weite und Größe der biblischen Botschaft? Wird sie in den Bewegungen unserer aufgewühlten Zeit stehen, nicht als eine Schar von Menschen, die sich aus der Welt in den warmen Raum einer verborgenen erbaulichen Innerlichkeit flüchtet, sondern als die Gemeinde des Kyrios Jesus, die es allen Bewegungen der Zeit sagt: Wir sind viel radikaler, viel revolutionärer als ihr, wir erwarten als Retter und Vollender der Menschheit Jesus, den Seine Wirkungsmacht befähigt, sich auch das Weltall zu unterwerfen und die Welt so von Grund auf zu erneuern, wie niemand von euch es kann!?

Noch eines hebt Paulus dabei hervor, das auf dem Gebiet der persönlichen Zukunftshoffnung ebenfalls alle falsche „Innerlichkeit" durchbricht. Was wird Jesus mit dir und mit mir tun? Paulus antwortet nicht: Er wird dich und mich für ewig in den Himmel aufnehmen. Er antwortet: **„der umwandeln wird den Leib unserer Niedrigkeit gleichgestaltet dem Leib Seiner Herrlichkeit."** Es geht wirklich um den Leib! Der Leib ist nicht, wie der griechische Idealist dachte (und der durchschnittliche Christ bis heute mit ihm denkt!), der „Kerker der Seele", das Nichtige und Böse. Der Leib ist ursprüngliche Schöpfung Gottes. Der Mensch ist von vornherein und für immer gewollt als die lebendige Einheit von Geist, Seele und Leib. Ganz gewiß, auch Paulus verkennt all das nicht, was die Griechen dazu trieb, das Wort vom „Kerker" der Seele zu bilden. Jetzt, im gefallenen Zustand ist unser Leib ein „Leib der Niedrigkeit", vielleicht sogar „der Erniedrigung". Wie erniedrigend ist für den Menschen, je klarer und brennender er lebt, die ständige Abhängigkeit von den Bedürfnissen des Leibes. Diese Bedürfnisse sind es ja auch, die uns immer wieder dazu verleiten, „auf das Irdische bedacht zu sein." Wie rasch ermüdet der Leib, wenn er im Dienst Gottes in Beten und Wachen und Arbeiten stehen soll. Wie oft ist er das schwere Hemmnis, wenn der Geist sich aufschwingen will, Gott und die Brüder recht zu lieben. Er kettet uns an Raum und Zeit. Und wieviel Not macht er durch seine Gebrechlichkeit und Zerstörbarkeit. Wahrlich ein „Leib der Niedrigkeit", der zu dem nicht paßt, was Gottes

Geist innerlich in unsern Herzen an neuem Leben geschaffen hat. Darum ist die Existenz des Christen jetzt eine zwiespältige: „So aber Christus in euch ist, so ist der Leib zwar tot um der Sünde willen, der Geist aber ist Leben um der Gerechtigkeit willen" (Rö 8, 10). Darum warten auch wir Erretteten „auf unsres Leibes Erlösung" (Rö 8, 23). Der wiederkommende Herr wird die Umwandlung dieses Leibes vornehmen. Die „Erlösung" ist so real gemeint, daß sie uns g a n z erfaßt, daß sie gerade auch unserm Leib gilt.[58] Unser „Sein in Christus", unsere Zusammengehörigkeit mit Jesus ist so ernst, daß auch unser Leib, das unentbehrliche Organ wirklichen Lebens, die gleiche Gestalt haben soll, wie Sein Leib sie hat. In der Auferstehung aus dem Grabe aber ist der Menschenleib Jesu zu einem „Leib der Herrlichkeit" geworden. „Herrlichkeit" = „doxa" ist eines der Grundworte der Bibel. Es kann hier und da einmal auch nur „Ehre" heißen. Aber auch dann noch schimmert seine eigentliche Bedeutung durch: „doxa" ist die Lichtglorie und „Herrlichkeit", wie Gott und die ewige Gotteswelt sie an sich tragen. So war Jesu Leiblichkeit, wie Paulus sie vor Damaskus mit erblindenden Augen selber sah, strahlendes Licht, unvergängliche Kraft, wunderbare Unabhängigkeit von Zeit und Raum. Einen solchen „Leib Seiner Herrlichkeit" anstelle des „Leibes unserer Niedrigkeit"[59] werden auch wir bekommen – was für ein volles Leben, was für unermüdlicher Dienst Gottes, was für unaussprechliche Freude wird das sein! D a, da und nicht in dem Zwischenzustand leibloser Geborgenheit bei Christus (1, 23) liegt das Hoffnungsziel des Paulus, das Hoffnungsziel des Christen. Von d a aus beurteilt er das Leben. Von d a aus wird alles Bedachtsein auf das Irdische Verrat an unserer herrlichen Bestimmung, wird alle auf Erden gesuchte „Herrlichkeit" in Wahrheit „Schande", von da aus wird das Christenleben zum „Jagen zielwärts auf den Siegespreis der himmlischen Berufung Gottes in Christus Jesus zu".

Von da aus faßt Paulus seine Mahnung noch einmal zusammen: **„Daher meine geliebten und ersehnten Brüder, meine Freude und mein Kranz: in solcher Weise steht fest im Herrn, ihr Geliebten!"** Nichts deutet darauf, daß es – wie Lohmeyer grundlegend für seine Deutung des Briefes annimmt – unter dem Druck der Verfolgung in Philippi einen erheblichen Abfall gegeben hat, auch nichts darauf, daß irgendwelche Irrlehre bereits eingedrungen ist. Von den Philip-

[58] Anm. Vgl. dazu, was K. Heim über das Wesen der Macht und des Willens sagt, die zur „Leibhaftigkeit" drängen und erst in der vollen Verleiblichung ihr Ziel erreichen. „Aller ernste Machtkampf auf dieser Welt ist also ein Kampf zwischen Leibern, in denen ein Wille Form werden und sich andern Mächten gegenüber durchsetzen will, die auch Form werden wollen. . . . Soll Gott das letzte Wort im Weltgeschehen behalten, dann muß sich sein Wille verleiblichen. Er muß sich darstellen als eine vollendete Gestalt, von der alle Schranken weggenommen sind, die infolge der Gottentfremdung und des tragischen Gesetzes der gegenseitigen Verdrängung die volle Entfaltung der Leiblichkeit im gegenwärtigen Weltzustand noch aufhalten" (K. Heim, Jesus der Weltvollender, 3. Aufl. S. 178 und 180).

[59] Anm. Indem Paulus formuliert: Leib „unserer" Niedrigkeit, wahrt er auch hier die Überzeugung, daß nicht die Leibhaftigkeit als solche etwas „Niedriges" ist, sondern daß nur für jetzt auch der Leib an „unserer" allgemeinen Niedrigkeit teilnimmt.

pern muß Paulus nicht „mit Tränen" sprechen. Sie sind „seine Freude". Und wie er persönlich in seinem Christenleben dem Siegespreis zujagt, so ist auch sein Apostelдienst ein „Lauf", der nicht „vergeblich" bleiben soll (2, 16), sondern ihm den Siegeskranz am Tage des Christus einträgt. Dieser „Kranz" aber ist die Gemeinde selbst, die seine Arbeit und sein Leiden „krönt". Noch ist dieser herrliche Tag nicht da, noch ist die Gemeinde bedroht. Die „Hunde" kläffen schon um sie, die „vielen" können sie so gut, wie damals die Galater, in ihrem schönen Lauf aufhalten (Gal 5, 7). Die „Widersacher" bedrängen die Gemeinde mit drohendem Ernst. Darum nimmt Paulus das „Stehet fest!" von 1, 27 noch einmal auf und ruft es den Philippern zu: „In solcher Weise steht fest im Herrn!" Aber er tut es in der herzlichen und warmen Liebe, die in dem kurzen Satz die Angeredeten zweimal als „Geliebte" bezeichnet und nochmals das Verlangen nach dem persönlichen Wiedersehen (1, 8) zum Ausdruck bringt. Wir brauchen uns im Blick auf einen Paulus von keiner Ächtung des Gefühls in unserer Zeit in der warmen Herzlichkeit unseres Liebens beirren zu lassen!

Letzte seelsorgerliche Beratung

Philipper 4, 2–9

Zu Vers 2:
4* Rö 15, 5
Zu Vers 3:
5* Rö 15, 30
6* Lk 10, 20
Zu Vers 4:
7* Phil 3, 1
8* 2 Ko 13, 11
Zu Vers 5:
9* Tit 3, 2
10* Hbr 10, 37
11* Jak 5, 8. 9
Zu Vers 6:
12* Mt 6, 25-34
13* Ps 145, 18
14* 1 Pt 5, 7
Zu Vers 7:
15* Jo 14, 27
16* Kol 3, 15
Zu Vers 8:
17* Rö 12, 17
Zu Vers 9:
18* Rö 15, 33
19* 1 Th 5, 23

2 Euodia mahne ich und Syntyche mahne ich, auf dasselbe bedacht
3 zu sein im Herrn. * Ja, ich bitte auch dich, echter Syzygos („Joch-
genosse"), hilf ihnen, die ja in dem Evangelium zusammen kämpf-
ten mit mir, und auch mit Klemens und meinen übrigen Mitarbei-
tern, deren Namen im Lebensbuch.
4 * Freut euch im Herrn allezeit; nochmals will ich es sagen: Freut
5 euch! * Eure Milde werde kund allen Menschen. Der Herr ist nah!
6 * Um nichts macht euch Sorgen, sondern in allem sollen durch das
Gebet und durch das Bitten mit Danksagung eure Anliegen kund-
7 werden zu Gott. * Und der Friede Gottes, der ja übersteigt alles
Denken, wird bewahren eure Herzen und eure Gedanken in Chri-
stus Jesus.
8 * Im übrigen, Brüder, alles, was wahr ist, was würdig, was ge-
recht, was rein, was liebenswert, was ansprechend, gibt es irgend-
9 eine Tugend und irgendein Lob, das bedenkt! * Was ihr gelernt und
empfangen, gehört und gesehen habt an mir, das tut; und der Gott
des Friedens wird mit euch sein.

Wenn die Mahnung an zwei Frauen in der Gemeinde die letzte seelsorgerliche Beratung des Briefes einleitet, dann kann es sich nicht um belanglose oder rein persönliche Differenzen zwischen Euodia

4* Rö 15, 5: Der Gott aber, von dem standhaftes Ausharren und Trost kommen, möge euch dazu verhelfen, einen einträchtigen Sinn untereinander nach der Weise Christi Jesu zu besitzen.

5* Rö 15, 30: Ich bitte euch aber dringend, liebe Brüder, bei unserm Herrn Jesus Christus und bei der Liebe, die der Geist wirkt: Steht mir mit den Gebeten, die ihr für mich an Gott richtet, im Kampfe kräftig bei.

(der Name hat ein kurzes O) und Syntyche gehandelt haben. Wir tun hier einen wichtigen Blick in die Rolle der Frau in der jungen Christenheit. Euodia und Syntyche waren nicht etwa – wie eine einseitige Auslegung von 1 Ko 14, 34 und 1 Tim 2, 11 allen Frauen in der Christenheit zudiktieren möchte – an den Kochtopf gebannt, sondern hatten wichtige Dienste in der Gemeinde zu tun. Ja, sie hatten „in dem Evangelium" Seite an Seite mit Paulus im Kampf gestanden! Wie gern wüßten wir Näheres! „Das Evangelium" ist hier nicht nur Bezeichnung für den Inhalt der Christusbotschaft, sondern meint das ganze geschichtliche Wirken dieser Botschaft und bezeichnet (wie Gal 3, 23 und 25 „der Glaube") geradezu eine Zeitepoche. Als das Evangelium auf Weisung des Herrn nach Europa kam und in Philippi sein Werk ausrichtete, da standen diese beiden Frauen mit im Kampf. Ob sie bei jener ersten kleinen Frauenversammlung am Wasser mit Lydia zusammen schon mit dabei waren?

Daran erinnert Paulus eben jetzt, da er die beiden öffentlich mahnen muß; der Brief wurde ja in der Gemeindeversammlung laut verlesen, alle hörten die Mahnung mit. Wie fein ist des Paulus ganze Art dabei. Er wendet sich an jede der beiden einzeln: Er meidet jedes Urteil über die Differenzen; er kritisiert nicht ihre Tätigkeit als solche. Er mahnt nur diese beiden, wie er 2, 2 die ganze Gemeinde gemahnt hatte: „daß ihr auf dasselbe bedacht seid, dieselbe Liebe habt, einträchtig, auf das eine bedacht." Wie ernst liegt es Paulus an der Einheit! Wie sah er die großen Gefahren, denen auch eine solche ge-

6* Lk 10, 20: Doch nicht darüber freuet euch, daß die Geister euch gehorsam sind; freut euch vielmehr darüber, daß eure Namen im Himmel eingeschrieben stehen!

7* Phil 3, 1: Im übrigen, meine Kinder, freuet euch im Herrn! Euch dasselbe zu schreiben, verursacht mir keine Beschwerde, euch aber verleiht es Festigkeit.

8* 2 Ko 13, 11: Im übrigen, liebe Brüder, freuet euch! Laßt euch zurechtbringen, nehmt Ermahnungen an, seid eines Sinnes und haltet Frieden; dann wird der Gott der Liebe und des Friedens mit euch sein.

9* Tit 3, 2: ... daß sie niemand schmähen, sich friedfertig und nachgiebig benehmen und volle Sanftmut gegen alle Menschen beweisen.

10* Hbr 10, 37: Denn es währt „nur eine kleine, ganz kurze Zeit, dann wird der kommen, der kommen soll, und nicht auf sich warten lassen".

11* Jak 5, 8. 9: So haltet auch ihr geduldig aus und macht eure Herzen fest, denn die Ankunft des Herrn steht nahe bevor. * Seufzt nicht gegeneinander, liebe Brüder, damit ihr nicht gerichtet werdet! Bedenkt woh , der Richter steht vor der Tür!

12* Mt 6, 25—34: „Deswegen sage Ich euch: Macht euch keine Sorgen um euer Leben, was ihr essen und was ihr trinken sollt, auch nicht um euren Leib, was ihr anziehen sollt. Ist nicht das Leben wertvoller als die Nahrung und der Leib wertvoller als die Kleidung? fortfahrend bis Vers 34.

13* Ps 145, 18: Der Herr ist nahe allen, die Ihn anrufen, allen, die Ihn in Treue anrufen.

14* 1 Pt 5, 7: Alle eure Sorgen werft auf Ihn, denn Er sorgt für euch!

15* Jo 14, 27: Den Frieden hinterlasse Ich euch, Meinen Frieden gebe Ich euch; nicht so, wie die Welt gibt, gebe Ich euch. Euer Herz erschrecke nicht und verzage nicht.

16* Kol 3, 15: Und der Friede Christi regiere in euren Herzen — zu diesem seid ihr ja auch berufen worden als ein Leib, und erweiset euch dankbar!

17* Rö 12, 17: Vergeltet niemand Böses mit Bösem; seid auf das bedacht, was in den Augen aller Menschen löblich ist!

18* Rö 15, 33: Der Gott des Friedens aber sei mit euch allen! Amen.

19* 1 Th 5, 23: Er selbst aber, der Gott des Friedens, heilige euch durch und durch, und völlig tadellos möge euer Geist samt der Seele und dem Leibe bei der Wiederkunft unseres Herrn Jesus Christus bewahrt geblieben sein.

liebte Gemeinde hier ausgesetzt ist! Die Geschichte der Kirche hat seine Sorge reichlich bestätigt.

In jener Kampfzeit, die für die Gemeinde selbst noch andauert (1, 27), haben natürlich nicht nur jene beiden Frauen ihm zur Seite gestanden, sondern **„auch Klemens und meine übrigen Mitarbeiter, deren Namen im Lebensbuch"** stehen. Von Klemens wissen wir leider nichts Weiteres; er trägt einen typisch römischen Namen. Die andern Mitarbeiter nennt er jetzt nicht. War der „Kerkermeister" darunter? Was ist aus ihm geworden? Wir schreiben und lesen heute gern Biographien. Wenn wir eine Lebensbeschreibung jenes Klemens oder des Kerkermeisters hätten! Jene Zeit hat an solche Aufzeichnungen nicht gedacht. Paulus weiß etwas viel Größeres als menschliche Biographie: Die Namen dieser Männer stehen in einem ganz anderen entscheidenden Buch: im „Buch des Lebens".[60] Gott hat ein anderes Gedächtnis als wir kurzlebigen und oft so vergeßlichen Menschen. Das ist von erschreckendem Ernst im Blick auf unsere Sünden. Und das ist ein tiefer Trost und eine heilige Freude im Blick auf alles, was Menschen im Dienst Gottes tun dürfen. Auch wenn keine Biographie von ihnen erscheint, wenn die Gemeinde selbst es übersieht oder bald wieder vergißt – in Ewigkeit unvergessen steht es in Gottes Buch, im Buch des Lebens.

Den beiden Frauen soll der Dank dadurch zuteil werden, daß ein – in der Gemeinde sichtlich bedeutsamer – Mann sich ihrer in ihren Schwierigkeiten annimmt. Den auffallenden Ausdruck „echter Syzygos" werden wir am besten doch so verstehen, daß es sich hier wirklich um einen Eigennamen handelt, auch wenn wir ihn als solchen sonst nirgends bezeugt finden. Dieser Name „Syzygos" bedeutet „Jochgenosse". Nun sei, sagt Paulus auf seinen Namen anspielend, ein echter Jochgenosse, spanne dich in dieser Not mit ins Joch und spanne die beiden Frauen wieder einträchtig zusammen in das Joch des Dienstes für den Herrn! Ärgere dich nicht über ihre Uneinigkeit, sondern denke an das, was sie mit ihrem tapferen Einsatz für die Gemeinde in der Anfangszeit bedeutet haben, und hilf ihnen, daß sie auch jetzt wieder einen einmütigen und gesegneten Dienst in der Gemeinde tun. Wie dürfen wir von Paulus „mahnen" lernen!

Und nun kommen jene Zeilen, die wir als alte Epistel des 4. Advent von klein auf kennen und lieben. Gerade darum lohnt es sich, sie noch einmal ganz neu und losgelöst von aller vorweihnachtlichen „Stimmung" zu hören. Weder der Schreiber noch die Empfänger dieser Worte waren in irgendeiner Stimmung des äußeren Wohlergehens und Behagens. Dies Wort von der Freude schreibt einer im Gefängnis, dessen Prozeß auf Leben und Tod vor kurzem in das entscheidende Stadium getreten ist. Darum hat das „allezeit" Gewicht! Auch wenn die Nachricht vom Todesurteil nach Philippi kommt –

[60] Anm. Zum Bild vom „Buch" Gottes vgl. schon im Alten Testament 2 Mo 32, 32; Ps 69, 29; 139, 16; Da 12, 1; im Neuen Testament Lk 10, 20; Offb 3, 5; 20, 12, 15.

Paulus hat es in 2, 17. 18 schon ausdrücklich gesagt –, auch wenn die Bedrückungen in Philippi selbst nicht aufhören, auch wenn die „vielen“ da sind, von denen man nur mit Tränen sprechen kann, die Freude ist entscheidende Gabe und Aufgabe der Gemeinde! **„Im Herrn“** hat die Gemeinde **„allezeit“** Freude! Selbst die Bedrängnisse sind ja „Teilhabe an Seinen Leiden“ (3, 10) und darum „Freude“. – Wissen wir überhaupt noch, daß „Freude“ nicht gelegentliche Randverzierung am Christentum in guten Tagen, sondern wesentlicher Inhalt des Christseins ist? Sind Christen und Christengemeinden in einer Welt, die ihre tiefe Lebensangst und Enttäuschung schlecht genug hinter ihren „Vergnügungen“ verbirgt, an ihrer strahlenden Freude erkennbar? Liegt über allen Zusammenkünften und Gottesdiensten der Christen das Leuchten der Fröhlichkeit? Zieht dadurch die Christenheit die freudehungrigen Menschen aller Zeiten an? Paulus tut auch uns einen Dienst, wenn er ausdrücklich diktiert: **„Nochmals will ich es sagen: Freut euch!“**

An dem Schlagwort „Kraft durch Freude“ war schon etwas Richtiges. Gerade aus dem tiefen Frohsein kommt die „Lindigkeit“, wie Luther so schön übersetzt hat. Das griechische Wort bedeutet „Güte, Milde, Nachgiebigkeit“. Alle Menschen in Philippi, Freund und Feind, sollen etwas von dem merken, was Martin Luther einmal so ausgedrückt hat: „Mein Mut ist zu fröhlich, als daß ich jemandem könnte herzlich feind sein.“ Wer selbst voll Freude ist, macht gern auch andern Freude, gibt gern ab, verzichtet gern auf Ansprüche und Rechte.

Die Gemeinde braucht keine Angst zu haben, daß sie dabei unter die Räder kommt! **„Der Herr ist nah!“** Wir werden dies Wort ganz anders als frühere Generationen wieder in seinem eschatologischen Sinn verstehen. So hat ja auch ein Jakobus die Mahnung zur brüderlichen Nachgiebigkeit mit dem Hinweis auf den nahenden Richter verbunden (Jak 5, 9), wie es in Seiner Weise schon Jesus tat (Mt 5, 25). Wenn der Herr bald kommt und die großen Dinge beginnen — wer hat da noch Lust, sich mit kleinen Rechthabereien aufzuhalten! Wenn Jesus vor der Tür steht und anklopft, der Richter aller Unbarmherzigkeit und Härte, wer wollte nicht gern zu den „Sanftmütigen“ gehören, denen die Erde zuteil wird, und zu den „Friedfertigen“, die „Söhne Gottes“ heißen sollen! Die „Nähe“ des Herrn im Sinne von Psalm 145, 18 braucht dabei nicht ausgeschlossen zu sein. Doch ist solche „Nähe“ eigentlich schon durch viel Größeres ersetzt: durch das „Wohnen“ des Christus in den Herzen durch den Glauben (Eph 3, 17) und durch das Innewohnen des Heiligen Geistes.

Wie gut hat es eine Gemeinde Jesu! Das, wozu sie „gemahnt“ wird, ist ja doch lauter Glück! „Freude“, „Milde“ und nun auch „Sorglosigkeit!“ Warum ist solche Aufforderung **„Um nichts macht euch Sorgen!“** etwas anderes als eine erbauliche Rederei, die man am Sonntag von zehn bis elf in der Kirche anhören mag, aber am Montagmorgen beim Aufstehen in die Woche hinein doch nicht durchführen kann? Weil hier dem negativen „Nichts sorgen“ das mächtige, tragende Positivum zur Seite tritt: „sondern beten!“ **„Sondern in allem sollen durch das Gebet und durch das Bitten mit Danksagung eure Anliegen kundwerden zu Gott!“** Statt „in allem“ sollten wir vielleicht noch besser übersetzen „in jedem einzelnen Fall“. Die „Anliegen“ sind im griechischen Wort „die Dinge, die man vom andern begehrt und erbittet“. Was wir in unserer Lage brauchen, das hat Gott für uns reichlich bereit. Darum sollen wir das, was wir haben müssen, nicht sorgend uns selbst vorerzählen – das ergibt einen wahren „Teufelskreis“ der ständigen Steigerung des Sorgens und Ängstens –, sondern bittend im Gebet zu Gott hin kundwerden lassen. Daß wir wirklich vertrauensvoll beten und nicht nur unsere Not hinausrufen, wird sich daran zeigen, daß wir auch jetzt „danken“ und dankend dessen gedenken, was Gottes Hilfe uns so oft schon gegeben hat. Das „Bitten mit Danksagung“ legt Zuversicht und Kraft in unser Beten. Sind wir Christen in einer von Angst und Sorgen umgetriebenen Welt als die heilig Sorglosen erkennbar?

Aus dem Satz von dem bewahrenden Frieden haben wir einen bloßen Wunsch gemacht, der dann wie so viele unserer Wünsche recht ungewiß bleibt. Paulus aber gab eine feste Zusage: Der Friede Gottes *wird* bewahren! In dies „Bewahren“ müssen wir mit dem griechischen Wort etwas von dem hineinhören, was in unserm deutschen gerichtlichen Ausdruck „Sicherheitsverwahrung“ oder in dem ursprünglichen Sinn von „Schutzhaft“ lag. 2 Ko 11, 32 benutzt Paulus das gleiche Wort für die „Bewachung“ der Stadttore in Damaskus, um ein Entkommen des Apostels aus der Stadt zu verhindern. So ist der Friede Gottes eine bewahrende und bewachende Macht. Die Hinzufügung „in Christus Jesus“ kann sich auf das Satzganze beziehen: Hier wie überall, wo Gott handelt, geschieht Sein helfendes Tun durch Jesus. Sie kann aber auch angeben, in welchem Raum die Herzen und Gedanken bewahrend festgehalten werden. Die Wortstellung spricht für dieses Verständnis. Dann wird der ganze Satz konkret und deutlich. Der Friede Gottes wird bewirken, daß unser unruhiges, schwankendes Herz, das sich so leicht erschrecken oder locken läßt, dennoch „in Christus Jesus“ bleibt, im Licht Seiner Wahrheit und im Leben Seiner Liebe. Der Friede Gottes achtet aber auch auf unsere „Gedanken“. Das Wort meint wieder nicht intellektualistisch unsere theoretischen Denkgebilde, sondern praktisch unsere Pläne und Vorsätze. Paulus verwendet es in 2 Ko 2, 11, um die Absichten, die Satan hat, zu bezeichnen. Aus dem Herzen steigen all die „Gedanken“ auf, mit denen wir unsere Ziele für unser Leben und Handeln zu erfassen suchen. Diese „Gedanken“ sind also die Keime unserer Entschlüsse. Wie wichtig ist es, daß gerade sie „in Christus Jesus“ bleiben, in Seinen heiligen Willenslinien und Geboten.

Was aber ist dieser „Friede Gottes“, der das alles tut? Ist der Genetiv hier ein objektiver oder ein subjektiver, meint er „Friede *mit* Gott oder Friede *von* Gott“? Aber „Friede *mit* Gott“ gibt es für uns nur, wenn Gott Frieden macht und uns in diesen Frieden ruft und in diesem Frieden erhält. Daß Gott dies wirklich tut, das **„übersteigt freilich alles Denken"**. Je mehr ein Mensch Gott in Seiner ganzen Heiligkeit und sich selbst in seiner ganzen Verdorbenheit, Ichhaftigkeit und Untreue kennenlernt, um so weniger wird er es „verstehen können", daß Gott uns Seinen Frieden schenkt. Je größer und erstaunlicher uns aber dieses Geschenk ist, um so mehr wird es die bewahrende und bewachende Macht über unser Herz und unsere Gedankenwelt haben.

Gehört der nächste Satz noch in unseren Abschnitt hinein? Paulus reiht hier eine Fülle von Ausdrücken aneinander, die der griechischen Ethik entstammen. Will er sagen: Ich zeichnete euch das Bild des Christen, dieses rücksichtslosen Wettläufers zum großen Ziel, dieses mit Freude und Friede, mit heiliger Sorglosigkeit und zuversichtlichem Beten erfüllten Menschen; aber gewiß, dabei brauchen wir nicht völlig an dem vorbeizugehen, was von der Welt in ihrem edelsten Streben hochgeschätzt wird; nein, auch daran denkt immerhin! Das „Im übrigen" leitet in der Tat meist etwas Neues ein; und die Mahnung zum „Bedenken" dieser Dinge könnte uns verhältnismäßig gedämpft vorkommen. Aber wir dürfen nicht vergessen, daß alle diese Worte griechisch-humanistischer Ethik schon lange vor Paulus in der griechischen Übersetzung des Alten Testaments benutzt worden waren. So rein „weltlich" und „griechisch" klangen sie also für Paulus nicht. Vor allem aber bezieht sich Vers 9 auf das zurück, was der Vers 8 vor den Lesern ausgebreitet hat, und Paulus versichert sehr betont in gehäufteu Begriffen, daß die Philipper diese Haltung von Paulus selbst **„gelernt und empfangen, gehört und an ihm gesehen"** hätten.

So werden wir uns doch recht ernstlich die Frage stellen müssen, wie sich eigentlich die christliche „Heiligung" zu der humanistischen „Ethik" verhält? Es bleibt dabei, daß wir die totale Lebenswende der „Bekehrung und Wiedergeburt" n i c h t zuerst auf dem moralischen Gebiet suchen dürfen. Sie vollzieht sich in der eigentlich entscheidenden Tiefe unserer Existenz, in unserem Verhältnis zu Gott, und wird an dem Kindesschrei „Abba, Vater!" weit sicherer und eindeutiger erkannt als an aller „Besserung". Den Existenzwandel im Christwerden hat Paulus in Kapitel 3 eindeutig beschrieben. Aber schon Jesus selbst hat die zweite Tafel des Dekalogs aufs engste mit der ersten verbunden. Das neue Verhältnis zu Gott führt notwendig zu einem neuen Verhältnis zu den Menschen, und zwar nicht zu einem gedanklich-allgemeinen, sondern zu einem ganz konkreten im Alltag. Und da begegnet sich das sittliche Urteil der Menschen mit dem, was auch vor Gott „gut" ist. Es ist schon erstaunlich, wie der schlichte Mensch überall recht gut weiß, wie das Verhalten des andern eigentlich sein sollte! Wohl gibt es jene Entartung und Zersetzung, von der Paulus den Römern schreibt: „Sie wissen Gottes Gerechtigkeit, daß, die solches tun, des Todes würdig sind, und tun es nicht allein, sondern haben auch Gefallen an denen, die es tun" (Rö 1, 32). Aber es bedarf schon eines sehr langen Fäulnisprozesses, bis dieser Punkt erreicht ist. Im Herzen der Menschen hält sich unter wechselnden Weltanschauungen sehr zäh eine ganz andere Wertung der Dinge. Der Christ hat daran nicht von vornherein vornehm vorbeizugehen. Was unter den Menschen als „Tugend"[61] geschätzt und gelobt wird, das hat auch er wohl zu bedenken. Daß sein Wort und Verhalten aufrichtig und wahr sei, daß es alles Oberflächliche und Leichtfertige meide, der Gerechtigkeit und Reinheit diene, daß es die andern erfreue und ansprechend[62] sei, das gehört zum Leben des Christen wesentlich mit dazu. Die Unterweisung und das Beispiel des Paulus haben den Philippern von Anfang an ein Christentum gezeigt, das diese Dinge ernst nahm. Wie gewaltig er auch das biblische Zukunftsbild vor jeder Gemeinde entfaltete, wie radikal er alle „eigene Gerechtigkeit" ablehnte und in Christus allein „das Leben" sah, niemals lehrte er ein Christentum, das sich über die Grundlagen des menschlichen Zusammenlebens hinwegsetzte. Er wollte keine „Heiligen", die in der Erwartung der Zukunft die einfachen Aufgaben der Gegenwart versäumten, in der Liebe zu Jesus die Liebe zu den Menschen verlören und in ihrer angeblichen Größe das mißachteten, was sogar noch der gefallene Mensch als schön und gut zu schätzen weiß. Vielleicht ist Blumhardt (Vater) ein lebendiges Beispiel für das, was Paulus in unserem Abschnitt meinte. Dieser Mann, der wie kein anderer in seiner Zeit den Hereinbruch der großen göttlichen Hilfe wirklich erwartete und in Wundern, Heilungen und Gebetserhörungen fast wie selbstverständlich lebte, hatte zugleich jene einfache edle Menschlichkeit, die ihm so viele Herzen erschloß. Es geht nicht um die Reduzierung der christlichen „Heiligung" auf eine menschliche Moral, wie sie auch wackere Nichtchristen kennen. Es geht aber darum, daß gerade von einer tiefen Heiligung und einer biblisch großen Hoffnung aus alles das bedacht und gelebt wird, was von jedem Menschen mit Recht als „Tugend" geschätzt zu werden pflegt. In eigner Kraft vom gottgelösten Menschen getan ist es alles freilich nur „Fleisch". Was wir oben aus 3, 2 ff. lernten, haben wir nicht vergessen. Aber so wie Paulus den Todescharakter des Gesetzes mit durchdringender Klarheit sah und doch mit seinem „gesetzesfreien" Evangelium das Gesetz nicht „aufhob", sondern „aufrichtete" (Rö 3, 31), so erfüllt das „Sein in Christus" und der „Dienst Gottes im Geist" bei allem Gegensatz gegen alle „Gerechtigkeit aus dem Gesetz" doch gerade auch das, was alle menschliche Moral eigentlich will und ersehnt.

[61] Anm. Das Wort „Tugend" hat für uns seit der Aufklärungszeit einen unangenehm moralistischen Beigeschmack bekommen. Das griechische Wort bezeichnet die „Tüchtigkeit", freilich nicht im sachlichen, sondern im sittlichen Sinn. Sobald wir die einzelnen „Tugenden" wie Tapferkeit, Gerechtigkeit, Aufrichtigkeit, Güte usw. vor uns sehen, schwindet das peinliche Gefühl von Selbstgefälligkeit und Lebensferne, das für uns so leicht mit „Tugend", „tugendhaft" verbunden ist.

[62] Anm. Das Wort ist vieldeutig, weil es alles umschließt, was „gut zu sagen" ist. Auch Luthers schöne Übersetzung „wohllautend" kann zutreffend sein.

Der Dank des Paulus für die ihm gesandte Gabe

Philipper 4, 10–20

10 Ich freute mich aber im Herrn mächtig, daß ihr endlich einmal
wieder aufblühen ließet das an mich Denken; woran ihr wohl
11 dachtet, aber ihr hattet keine Gelegenheit. * Nicht, daß ich auf
Grund von Mangel so spreche. Ich für meine Person lernte ja, in
12 der Lage, in der ich bin, selber auszukommen. * Ich verstehe zu
fasten und verstehe auch Überfluß zu haben. In alles und jedes
bin ich eingeweiht: mich zu sättigen und zu hungern, Überfluß zu
13 haben und Mangel zu leiden – * alles vermag ich durch den, der
14 mich stark macht (Christus). *Indes schön habt ihr gehandelt, indem
15 ihr euch zu Teilhabern meiner Bedrängnis machtet. * Ihr wißt ja
selbst, ihr Philipper, daß im Anfang des Evangeliums, als ich aus-
zog von Mazedonien, keine Gemeinde mein Teilhaber in Abrech-
16 nung des Gebens und Empfangens wurde als ihr allein. * Denn
auch in Thessalonich sandtet ihr mir ein-, zweimal zu meinem Be-
17 darf. * Nicht als begehrte ich die Gabe, nein, ich begehre die Frucht,
18 die für eure Rechnung sich mehrt. * Ich habe alles erhalten und
habe Überfluß. Ich bin erfüllt, als ich empfing aus Epaphroditus
Hand, was von euch kam, einen wohlriechenden Opferduft, ein
19 willkommenes Opfer, wohlgefällig Gott. * Mein Gott aber wird
erfüllen allen euren Bedarf nach Seinem Reichtum durch Herr-
20 lichkeit in Christus Jesus. * Dem aber, der Gott und unser Vater
ist, gehört die Herrlichkeit in die Äonen der Äonen. Amen.

Zu Vers 10:
[20]• Phil 1, 18
[21]• 2 Ko 11, 8. 9
Zu Vers 11:
[22]• 1 Tim 6, 6
[23]• Hbr 13, 5
Zu Vers 12:
[24]• 2 Ko 6, 10
Zu Vers 13:
[25]• 2 Ko 12, 10
[26]• 2 Tim 4, 17
[27]• Jo 15, 5
Zu Vers 14:
[28]• Hbr 10, 33. 34
Zu Vers 15:
[29]• 2 Ko 11, 9
Zu Vers 17:
[30]• 1 Ko 9, 11
[31]• Rö 15, 28
Zu Vers 18:
[32]• Phil 2, 25
[33]• 2 Mo 29, 18
[34]• Hes 20, 41
[35]• Eph 5, 2
[36]• Hbr 13, 16
Zu Vers 19:
[37]• Rö 9, 23
Zu Vers 20:
[38]• Rö 16, 27

Noch einmal dürfen wir die ganze Lebendigkeit eines Paulusbriefes spüren. Er ist nicht ein nur lehrhaftes Sendschreiben in Briefform. Es geht im ganzen Brief um das ganze Leben der Gemeinde, das untrennbar voneinander Erkennen und Glauben und Handeln und Hoffen in sich schließt. Es geht bei Paulus wie bei den Brief-

[20]• Phil 1, 18: Doch was tut's? Wird doch in jedem Falle, mit oder ohne Hintergedanken Christus verkündigt, und darüber freue ich mich.

[21]• 2 Ko 11, 8. 9: Andere Gemeinden habe ich ausgebeutet, indem ich Belohnung von ihnen genommen habe, um euch zu dienen; * und während meines Aufenthaltes bei euch bin ich, auch als ich Mangel litt, doch keinem zur Last gefallen; denn meinem Mangel haben die Brüder abgeholfen, die damals aus Mazedonien gekommen waren; und in jeder Beziehung habe ich mich so gehalten, daß ich euch nicht beschwerlich gefallen bin, und werde es auch so halten.

[22]• 1 Tim 6, 6: Allerdings ist die Gottseligkeit eine reiche Erwerbsquelle, nämlich in Verbindung mit Genügsamkeit.

[23]• Hbr 13, 5: Euer Sinn sei frei von Geldgier; begnügt euch mit dem, was euch gerade zu Gebote steht, denn Er selbst hat gesagt: „Ich will dir nimmermehr Meine Hilfe versagen und dich nicht verlassen."

[24]• 2 Ko 6, 10: . . . als die Leidtragenden, aber doch allezeit Fröhlichen, als Bettler, die aber viele reich machen, als solche, die nichts haben und doch alles besitzen.

[25]• 2 Ko 12, 10: Darum bin ich freudigen Muts in Schwachheiten, bei Mißhandlungen, in Notlagen, in Verfolgungen und Bedrängnissen, die ich um Christi willen erleide; denn gerade, wenn ich schwach bin, dann bin ich stark.

[26]• 2 Tim 4, 17: Doch der Herr ist mir beigestanden und hat mir Kraft verliehen, damit durch mich die Verkündigung zum Abschluß gebracht würde und alle Heiden sie zu hören bekämen; so bin ich denn aus dem Löwenrachen glücklich errettet worden.

empfängern um die konkrete Existenz, nicht um ein besonderes Gebiet „Religion", wobei sie freilich in dieser gesamten Existenz „Heilige" sind. Darum kommt nun am Schluß des Briefes – erst hier zuletzt, aber hier doch auch ausführlich genug – eine besondere Sache zwischen Paulus und den Philippern zur Sprache: Paulus quittiert eine Gabe, die die Gemeinde zu seiner persönlichen Unterstützung durch Epaphroditus ihm gesandt hat. Wie er nun diese „Quittung" gestaltet – diesen „danklosen Dank", wie man wohl gesagt hat –, wie er hier „Weltliches" und „Geistliches" unmittelbar und natürlich vereint, dankbare Schätzung der Gabe mit völliger Freiheit von ihr verbindet, wie er mit feinem Humor Fachausdrücke des Geschäftslebens verwendet, um doch das Gegenteil von allem Geschäftlichen zu sagen, das ist so kennzeichnend für Paulus und so vorbildlich für uns, daß auch dieser Abschnitt ein Geschenk des Heiligen Geistes an uns ist. Hier lernen wir am konkreten Beispiel etwas von dem „Wandeln, wie ihr uns zum Typus habt" (3, 17) und von dem „Bedenken, was wahr und würdig, recht und rein, liebenswert und ansprechend ist". Hier steht vor uns, wie ein „Heiliger" geheiligt-natürlich mit „Geld" umgeht.

Paulus hat es für seine Person grundsätzlich abgelehnt, sich von den Gemeinden unterhalten zu lassen. In jener Zeit zahlreicher und oft recht zweifelhafter Wanderredner (s. o. S.132) wollte er seine Verkündigung von vornherein gegen jeden Verdacht eigennütziger Hin-

[27]* Jo 15, 5: Ich bin der Weinstock, ihr seid die Reben: Wer in Mir bleibt und in wem Ich bleibe, der bringt reichlich Frucht; dagegen ohne Mich könnt ihr nichts vollbringen.

[28]* Hbr 10, 33. 34: ... indem ihr teils selbst durch Beschimpfungen und Drangsale zum öffentlichen Schauspiel gemacht wurdet, teils an den Geschicken derer teilnehmen mußtet, die in solche Lagen versetzt waren. * Ihr habt ja doch mit den Gefangenen mitgelitten und den Raub eurer Habe mit Freuden hingenommen in der Erkenntnis, daß ihr selbst einen wertvolleren und bleibenden Besitz habt.

[29]* 2 Ko 11, 9: ... und während meines Aufenthaltes bei euch bin ich, auch als ich Mangel litt, doch keinem zur Last gefallen; denn meinem Mangel haben die Brüder abgeholfen, die damals aus Mazedonien gekommen waren; und in jeder Beziehung habe ich mich so gehalten, daß ich euch nicht beschwerlich gefallen bin, und werde es auch so halten.

[30]* 1 Ko 9, 11: Wenn wir für euch das Geistliche ausgesät haben, ist es da etwas Absonderliches, wenn wir von euch das Irdische ernten?

[31]* Rö 15, 28: Wenn ich nun dieses Geschäft erledigt und ihnen den Ertrag dieser Sammlung sicher übermittelt habe, dann werde ich über euer Rom nach Spanien reisen.

[32]* Phil 2, 25: Für nötig habe ich es aber gehalten, den Bruder Epaphroditus, meinen Mitarbeiter und Mitstreiter, der euer Abgesandter und der Überbringer eurer Gabe für meinen Lebensunterhalt ist, zu euch zurückzusenden.

[33]* 2 Mo 29, 18: ... und laß dann den ganzen Widder auf dem Altar in Rauch aufgehen: Es ist ein Brandopfer für den Herrn, ein lieblicher Geruch; ein Feueropfer ist es für den Herrn.

[34]* Hes 20, 41: Beim lieblichen Opferduft will Ich euch gnädig annehmen, wenn Ich euch aus den Heidenvölkern herausführe und euch aus den Ländern sammle, in die ihr zerstreut worden seid, und Ich will mich an euch vor den Augen der Heidenvölker als den Heiligen erweisen.

[35]* Eph 5, 2: ... und wandelt in der Liebe, wie auch Christus euch geliebt und Sich selbst für uns als Weihegabe und Opfer dargebracht hat, Gott zu einem lieblichen Wohlgeruch.

[36]* Hbr 13, 16: Wohlzutun und mitzuteilen vergeßt nicht, denn das sind Opfer, an denen Gott Wohlgefallen hat.

[37]* Rö 9, 23: ... um zugleich den Reichtum Seiner Herrlichkeit an Gefäßen des Erbarmens zu erweisen, die Er zur Herrlichkeit zuvor bereitet hat.

[38]* Rö 16, 27: ... Ihm, dem allein weisen Gott, sei durch Jesus Christus die Herrlichkeit in alle Ewigkeit! Amen.

tergründe schützen.[63] Darum erarbeitete er sich das Wenige, das er zum Leben brauchte, mit eigener Hand.[64] Entbehrungen, Armut und Leiden gehörten ihm unabtrennbar zum apostolischen Dienst (1 Ko 4, 9 ff.; 2 Ko 6, 4 ff.). Nur den Philippern erlaubte er es, eine „Rechnung auf Gegenseitigkeit" („Abrechnung des Gebens und Nehmens" ist der damalige geschäftliche Fachausdruck dafür) aufzumachen. Ja, so wurden die Philipper „Teilhaber" in seinem „Geschäft"! Sonst bleiben die Gemeinden allein die Empfangenden und Paulus allein der Gebende, so klar Paulus das Recht der Boten auf Erhaltung durch die Gemeinden betonte (1 Ko 9, 4–14). Welche Gründe Paulus dazu veranlaßten, bei den Philippern eine Ausnahme zu machen, erfahren wir nicht. Es wird das mit zu der besonderen Herzlichkeit der Liebe gehören, die wir im ganzen Brief von Anfang an spüren. Eben darum ist es so lieb ausgedrückt, wenn Paulus diese Bevorzugung seiner Geliebten in das Bild vom „Geschäft" faßt: Ihr allein tratet in das Geschäft mit gegenseitiger Abrechnung mit ein! Für uns aber ist es wichtig, daß Paulus trotz seiner Beharrlichkeit in dieser Sache den Korinthern gegenüber (2 Ko 11, 7–12; 12, 13) kein Mann bloßer „Prinzipien" war, sondern die Freiheit des Handelns behielt. So haben die Philipper ihn schon in Thessalonich „ein-, zweimal" unterstützt. Diese Mitteilung legt übrigens nahe, daß wir uns ein falsches Bild machen, wenn wir aus Apg 17, 2 schließen, Paulus sei nur drei Wochen in Thessalonich geblieben; sein Aufenthalt muß doch wohl etwas länger gedauert haben, wenn in dieser Zeit mehrfach eine Unterstützung aus Philippi an ihn gelangte. Paulus bezeichnet jene Tage als „Anfang des Evangeliums". Hier ist wieder wie in Vers 3 das Wort „Evangelium" nicht nur für den Inhalt der Botschaft, sondern auch für ihr Wirksamwerden benutzt, so daß geradezu die Bestimmung einer „Zeit" daraus wird (s. o. S. 141). In ähnlicher Weise könnte etwa ein Vater seinem Sohn schreiben: „Im Anfang der Studien riet ich Dir ..." (Ewald). Aus 2 Ko 11, 8. 9 geht hervor, daß die Philipper ihre Unterstützung auch während der Arbeit des Paulus in Korinth fortgesetzt haben.

Aber nun hatte Paulus lange nichts mehr von der Gemeinde erhalten. Darum freut er sich „mächtig" – er braucht hier ein Wort, das stärker ist als unser abgegriffenes „sehr" –, daß Epaphroditus eine erhebliche Gabe mitbrachte. Die Philipper ließen das „Denken an ihn" – es ist das Wort „Denken", „Bedacht sein", das in unserm Brief oft vorkam und hier das „Sorgen für ihn" bezeichnet – wieder „aufblühen" oder „aufgrünen". Benutzt ist das Bild der Pflanze, die

[63] Anm. Die ganze Frage hat er besonders mit den Korinthern mehrfach erörtern müssen; besonders ausführlich ist es in 1 Ko 9 geschehen.

[64] Anm. Er gab dadurch zugleich in der griechischen Welt, die die Handarbeit verachtete, ein mächtiges Beispiel für die Gemeinde; vgl. 1 Th 2, 9; 2 Th 3, 6—14. Es ist einer der seltsamsten Vorwürfe gegen das Christentum, daß es die Arbeit gering schätze. Bezgl. der antisemitischen Propaganda aber ist im Gedächtnis zu behalten, daß es die arischen Griechen waren, die körperliche Arbeit für unter ihrer Würde hielten, während jeder jüdische Rabbi ein Handwerk zu lernen hatte.

nach der Winterzeit wieder „ausschlägt" oder „aufblüht". Auf das „Denken an ihn" waren sie freilich immer bedacht, das weiß Paulus. Aber es fehlte ihnen der „kairos", die geeignete Zeit, die Gelegenheit zum Helfen. Schon 2 Ko 8, 2 hatte Paulus die in der Kollektensache säumigen Korinther an die Armut der Mazedonier im Zusammenhang mit schweren Bedrängnissen der Gemeinde erinnert. So waren sie zur Unterstützung des Apostels nicht in der Lage. Nun hat Paulus wieder eine reiche Gabe bekommen, die Epaphroditus aus Philippi mitbrachte (s. o. S. 16). Über ihre tatsächliche Höhe erfahren wir nichts. Paulus bescheinigt, „alles erhalten zu haben", und versichert, nun „Überfluß zu haben" und „erfüllt" zu sein. Das sind freilich sehr relative Begriffe! Der an Mangel und Entbehrung Gewöhnte hält für „Überfluß" und „Fülle", was dem Verwöhnten recht bescheiden vorkommen mag. Die Liebe eines Paulus hat die „Größe" der Gabe sicher mehr an der Armut der Geber als an dem Umfang seiner Bedürfnisse gemessen.

Aber ihm liegt überhaupt nicht an der „Gabe" als solcher, auch wenn er sich „mächtig" an ihr freuen kann. Ihm liegt an der „Frucht". Der Mensch ist von Natur gierig oder doch wenigstens ängstlich im Festhalten seines Besitzes. Wenn er zu geben vermag, und dies noch aus eigener schwieriger Lage heraus (die Gemeinde stand noch immer im Kampf 1, 27–30), dann zeigt sich darin die Wirkung des Wortes, das den Menschen zum Vertrauen auf den lebendigen Gott gebracht und das Herz zur Liebe befreit hat. Solche „Frucht" begehrt Paulus. Wir sahen es mehrfach in unserm Brief, wie er nicht nur eine Gnade kennt, die als verheißungsvoller Bogen über einem unverändert grauen Leben steht, sondern eine solche, die das wirkliche Leben umwandelt und für Gott tatsächlich fruchtbar macht. Er hat eben das geschäftliche Bild verwendet. So gebraucht er es nun gleich noch einmal und sagt: Diese wachsende Frucht kommt „auf eure Rechnung". Euer Konto steigt dadurch. In feiner Weise verbindet Paulus den Dank für das große Geschenk mit der vollen Unabhängigkeit den Philippern gegenüber: Sie erhöhen nur ihren eigenen Kontostand, wenn sie die Frucht bringen, die von einer Pflanzung des Evangeliums erwartet werden darf. Der eigentliche Grund der Freude des Apostels liegt nicht in der Hilfe, die er selbst erfährt, sondern in dem Gedeihen der Gemeinde, das in solchen Gaben zum Ausdruck kommt.

Denn für seine Person hat Paulus gelernt, **„in der Lage, in der er ist, selber auszukommen"**. Und nun beschreibt er eine Lebenshaltung, die wieder mit manchem „griechischen" oder „philosophischen" Ideal verwandt erscheint, die aber in Wahrheit diese „Ideale" weit unter sich läßt und selber nicht ein „Ideal", sondern einfache Wirklichkeit ist. Wenn der Mensch sein „Menschsein" entdeckt, dann werden ihm seine Triebe zur Not, die ihn zum bloßen Naturwesen stempeln und hart an die Verhältnisse binden. Wird er wahrhaft „Mensch" nicht erst dann, wenn er die Triebe möglichst abtötet und sich aus der Knechtschaft der Verhältnisse befreit? „Frei" ist der Mensch erst, wenn er die „Autarkie" besitzt, die Fähigkeit, sich selbst zu genügen, „selber auszukommen". Aber nur der „Genügsame" hat sie! Darum kommt der Philosoph stoisch-kynischer Richtung zur „Askese", zur möglichst armen und primitiven Lebensgestalt.[65] Dadurch hofft er Freiheit und Menschenwürde zu retten. Je wilder und raffinierter der Lebensgenuß und die Lebensgier in der zu Ende gehenden Antike wurden, um so mehr sahen sich ernste Menschen auf diesen Weg getrieben. Was hier gedacht und erfahren wurde, hat dann später mitten in der Christenheit im Mönchtum wieder und wieder seine innere Macht über Menschenherzen entfaltet. Bedürfnisse ketten, Bedürfnislosigkeit befreit. „Askese" heißt der Weg in diese Freiheit. Und doch ist es nur eine halbe Freiheit, die so gewonnen wird. „Ich kann fasten[66], ich kann hungern, ich kann Mangel leiden", so sagt dankbar und stolz der Asket. Das ist freilich „Freiheit" denen gegenüber, die das nicht können und an ihre vielen Bedürfnisse gebunden bleiben. Der „Mönch" bleibt darum eine ernsthafte Frage auch an uns! Paulus aber fügt die andere Hälfte hinzu: „Ich kann satt sein, ich kann Überfluß haben." Beides zusammen – das ist die volle und ganze Freiheit. Zwar auch Paulus hat das „gelernt" und nicht einfach „gekonnt"; diese Freiheit fiel ihm nicht einfach in den Schoß. Das ist ein hilfreiches Wort für uns, das wir beachten müssen. Unsere falschen Gedanken über die göttliche Gnade und die menschliche Unfähigkeit zum Guten erwecken in uns oft törichte Erwartungen und hindern uns am „Lernen" und am notwendigen Einsatz unseres Willens. Nun aber ist Paulus **„in alles und jedes eingeweiht"** – freilich eine „Weihe" sehr anderer Art als die in den feierlichen Liturgien der Mysterien! Jetzt „kann" er „alles". Aber dieses „Können" ist bei allem Lernen und Eingeweihtwerden doch etwas grundanderes als bloße Willenszucht eines Asketen. **„Alles vermag ich durch Den, der mich stark macht (Christus)"**. Ob der Name „Christus" hier ausdrücklich mitzulesen ist oder nicht, aus Christus jedenfalls stammt die „Ermächtigung" zu der vollen Freiheit, die Paulus hat. Weil „das Leben" für ihn „Christus" ist (1, 21), darum hängt er nicht mehr an dem, was die Menschen „das Leben" nennen. Darum kann er es ruhig einmal reichlich und gut haben und sich sättigen, es wird ihm nicht zur Gefahr. Darum kann er aber auch fröhlich entbehren und ohne Angst und Unmut hungern.[67] So braucht er die Gabe der Philipper nicht. Er hat die „Autarkie". Auch das Verhältnis zu dieser Gemeinde, der er

[65] Anm. So ging schon Sokrates über den Markt und freute sich an dem Vielen, was er — nicht brauchte So wohnte Diogenes in der Tonne. Weil die Philosophen dieser Art „wie die Hunde" lebten, bekamen sie den Spottnamen „Kyniker" = „die Hündischen", der (wie so viele Spottnamen in der Geschichte) von ihnen selbst aufgenommen und als Ehrenname getragen wurde.

[66] Anm. Das Wort kann freilich auch allgemeiner „sich gering machen, niedrig sein" bedeuten. Aber schon im griechischen AT wird es speziell für „sich kasteien, fasten" gebraucht: 3 Mo 16, 29. 31; 23, 27; Ps 35, 13.

[67] Anm. Wir werden sehr ernst zu prüfen haben, ob u n s e r e „christliche" oder „lutherische Freiheit", die wir oft so gereizt verteidigen, wirklich etwas mit dieser Freiheit des Paulus zu tun hat!

das persönliche Geben erlaubt hat, entstellt kein heimliches Schielen nach dem, was sie ihm schenkt. Er ist königlich frei. Aber eben wirklich „königlich" und nicht „asketisch". Darum braucht er die reiche Gabe, die Epaphroditus mitbrachte, auch nicht verlegen oder ängstlich zurückzuweisen, sondern kann sich mächtig über sie freuen und einmal wieder „Überfluß" haben. Das ist Jesu sichtbare Wirkung! Zwar die „herrliche Freiheit der Kinder Gottes" kommt in ihrer Fülle erst, wenn Jesus Sein Werk bei Seiner Parusie vollendet. Aber das Christentum ist doch nicht nur „Vertröstung auf die Zukunft oder aufs Jenseits". Jesus ist schon heute Der, der die Menschen zu solcher herrlichen Freiheit ermächtigt, wie sie uns hier an Paulus sichtbar wird.

Paulus hat den Kampf geführt gegen alle „gesetzliche" Heiligung. Er hat es besonders den Kolossern gezeigt (vgl. die Auslegung des Kolosserbriefes S. 233 ff.), wie alle „Satzungen" immer nur Teile unseres Lebens für Gott aussondern, anstatt das gesamte Leben mit Gott in Verbindung zu bringen und dadurch zu heiligen. Es ist darum für Paulus kennzeichnend, daß am Schluß gerade dieser „Quittung" über einen empfangenen Geldbetrag die Gedanken zwanglos zu Gott emporgehen. Hier wird nicht einer „weltlichen" Sache ein erbauliches frommes Schwänzchen angehängt. Paulus ist tief davon durchdrungen, daß die Gabe, die ihn „erfüllt", eigentlich Gott gegeben ist. Ein „Opfer" wird ja nie Menschen, sondern nur Gott gebracht. So ist auch dieses Geld, dieses harte und wirklich oft „schmutzige" Geld, **„ein wohlriechender Opferduft, ein willkommenes Opfer, wohlgefällig Gott"**. Gott aber läßt sich nichts schenken. Haben die Philipper aus eigener Not und Armut heraus dies Opfer gebracht, so führt das einen Paulus keinen Augenblick zu den bei uns dann üblichen Erwägungen: Ihr hättet doch nicht so viel geben sollen, ihr habt ja selber so wenig, ich kann das ja gar nicht annehmen! Nein, königlich als der Bevollmächtigte eines großen und reichen Gottes steht Paulus vor der schenkenden Gemeinde. **„Mein Gott"**, der Gott, dem ich diene, der Gott, dessen Macht und Treue ich so oft erprobt habe, **„wird erfüllen allen euren Bedarf nach Seinem Reichtum durch Herrlichkeit in Christus Jesus"**. Sicher denkt Paulus beim Beginn des Satzes an die mancherlei äußeren Nöte und Schwierigkeiten in Philippi. Gott kann „jeden Mangel ausfüllen", Er ist ja „reich". Aber wie in den Fürbitten aller Briefe der Blick des Paulus sofort auf die innere Gestalt des Gemeindelebens ging, so sieht er auch den „Bedarf" der Philipper tiefer als in dem, was ihnen äußerlich fehlt. Da aber steht erst recht der Reichtum Gottes zur Verfügung, der ja ein „Reichtum durch Herrlichkeit in Christus Jesus" ist. Für das, was die Philipper jetzt entbehren – auch durch ihr williges Geben für Paulus –, erhalten sie zuletzt ewige Herrlichkeiten. Denn **„Dem, der Gott und unser Vater ist, gehört die Herrlichkeit in die Äonen der Äonen"**.

Grüße und Abschluß

Philipper 4, 21–23

21 **Grüßt jeden Heiligen in Christus Jesus. Es grüßen euch die**
22 **Brüder, die mit mir zusammen sind. * Es grüßen euch alle Heili-**
gen, am meisten die aus des Kaisers Hause.
23 *** Die Gnade des Herrn Jesus Christus mit eurem Geist!**

Zu Vers 22: [39*] Phil 1, 13
Zu Vers 23: [40*] Gal 6, 18

Auch der antike Brief endet wie der moderne mit Grüßen. Zuerst bittet Paulus selbst um Grüße. Der Brief wird zwar in der Gemeindeversammlung vor allen vorgelesen werden. Aber es liegt Paulus daran, daß wirklich jeder einzelne sich gegrüßt weiß und daß auch diejenigen Heiligen den Gruß empfangen, die – vielleicht als Sklaven oder als Kranke – bei der Verlesung des Briefes nicht zugegen sein konnten. Irgendwie hat Paulus Grund, in diesem Brief das „alle" und „jeder" besonders zu betonen (vgl. o. S. 42). Wenn er in seiner Mahnung 2, 2 bittet: Macht meine Freude an euch vollkommen, indem ihr die volle Einmütigkeit unter euch herstellt, so müssen in diesem Punkt Schwierigkeiten bestanden haben, ohne daß es dabei schon um tiefere „dogmatische" Differenzen ging, von denen in unserm Brief nichts zu merken ist. Auch die Spannungen zwischen zwei aktiv tätigen Frauen in der Gemeinde werden nicht auf die beiden persönlich beschränkt geblieben sein. Wie leicht konnten daraus eifersüchtige und mißtrauische Gedanken auch im Bezug auf die Verbundenheit mit dem Apostel bestehen. Darum will Paulus am Schluß noch einmal sagen: Kein einziger in der Gemeinde ist von meiner Liebe, meinem Gedenken und meinen Grüßen ausgeschlossen; jeder ist als ein „Heiliger in Christus Jesus" mir teuer und wert; bringt das auch dadurch zum Ausdruck, daß ihr keinem meinen Gruß vorenthaltet!

Trotz der Verschärfung seiner Haft hat Paulus die Möglichkeit des persönlichen Zusammenseins mit Brüdern.[68] Diejenigen, die eben mit ihm zusammen sind, bestellen ihre Grüße.

Aber auch „alle Heiligen", also die ganze Gemeinde am Ort, zu denen der Apostel ebenfalls noch lebendige Beziehungen unterhalten kann, lassen die Philipper grüßen. Darunter **„am meisten die aus des Kaisers Hause"**. Der vielfach bezeugte zeitgenössische Sprachgebrauch macht es sicher, daß hier nicht Glieder der kaiserlichen Fa-

[68] Anm. Von da aus gesehen ist der viel gerühmte „Fortschritt" in der „Humanität" der Gefangenenbehandlung heute doch recht fraglich. Die materielle Versorgung mag sehr viel besser geworden sein; im eigenlich „Menschlichen" aber wird es für die Verhafteten nur immer schwerer. Man denke: Ein Mann, der in einen politischen Prozeß auf Leben und Tod verwickelt ist, kann lange Briefe schreiben, die nicht einmal durch die Zensur gehen, und kann dauernd Freunde und Mitarbeiter empfangen! Heute muß ein Gefangener froh sein, wenn er monatlich einmal eine begrenzte Anzahl vorsichtig gewählter Worte an die nächsten Angehörigen schreiben darf!

[39*] Phil 1, 13: Es ist nämlich bei der ganzen kaiserlichen Leibwache und auch sonst überall offenkundig geworden, daß ich um Christus willen meine Fesseln trage.
[40*] Gal 6, 18: Die Gnade unsers Herrn Jesus Christus sei mit eurem Geiste, liebe Brüder! Amen.

milie, sondern „Angestellte des kaiserlichen Hofstaates" gemeint sind, die überwiegend Sklaven, allenfalls auch Freigelassene waren. Solche „Kaisersklaven" gab es nicht nur in Rom, sondern im ganzen Römischen Reich. Für Ephesus sind uns sogar „Vereine" solcher Kaisersklaven bezeugt. So kann es sie auch in Philippi, dieser römischen Militärkolonie, gegeben haben. Aber der ganz besondere Gruß der Hofangestellten, mit denen der gefangene Apostel verbunden ist, wird nicht darauf beruhen, daß sie in der Gemeinde in Philippi Standesgenossen wußten. Das wäre dann wohl doch deutlicher ausgedrückt. Auch sonstige, uns unbekannte Gründe persönlicher Art brauchen wir für diesen Gruß nicht anzunehmen. „Christen – und zwar doch wirkliche Christen! – im Palast und Hofstaat eines Nero!" – das mußte die Philipper in Dank und Freude und Bangen hoch aufhorchen lassen! Also bis dahin hat das Evangelium seinen Weg gefunden! „Heilige", Menschen, die ein Eigentum Jesu sind und dem wahren und lebendigen Gott dienen, gibt es sogar in der Hofhaltung des Caesar! Aber wie schwer werden sie es gehabt haben! Wie bedürfen gerade sie der Bruderschaft und der tragenden Fürbitte der Gemeinden. Das alles hören wir aus diesem Zusatz heraus: „am meisten die aus des Kaisers Hause". Freut euch über die Wunder der Macht Jesu, der selbst hier Menschen aus Sünde und Todeswesen herausgerettet hat! Aber vergeßt uns auch nicht, betet besonders für uns, daß wir in Christus bewahrt bleiben!

Paulus hat seinen diktierten Briefen gern einen eigenhändigen Schlußgruß hinzugefügt (z. B. Gal 6, 11; Kol 4, 18; 2 Th 3, 17). Er tut es hier nicht ausdrücklich. Aber das **„Die Gnade des Herrn Jesus Christus mit eurem Geist!"** mag so von ihm selbst unter den Brief geschrieben worden sein.

Das Wort „Geist" findet sich als Bezeichnung des Inwendigen im Menschen überhaupt. Es wird aber von Paulus besonders im Blick auf den Christen gebraucht, bei dem der Geist Gottes das Innenleben aus dem bloß „seelischen" Bereich emporgehoben hat. Nun hat der Mensch erst ernsthaft einen „Geist". Aber auch dieser Geist, dem der Geist Gottes die Kindschaft bezeugt (Rö 8, 16), bedarf stetig der „Gnade" Jesu. „Heilige" sind auch die Geliebten in Philippi nur „in Christus Jesus". Es gibt keinen von Jesus gelösten „selbständigen" Christenstand. Völlig aus der Gnade Jesu leben, das macht den vollkommenen Christen. Darum faßt dieser letzte Wunsch des Apostels alles zusammen, was Christen zuletzt gewünscht werden kann. Es ist aber mehr als ein „Wunsch"! Er, der der „Herr" ist, Jesus-Jehova, Jesus, der Christus, Er, dem sich alle Knie im Weltall beugen werden, Er i s t den Philippern gnädig. „Genug ist für dich Meine Gnade", hat Jesus in schwerer Anfechtung Seinem Paulus gesagt. So kann alles, was der Brief der Gemeinde zu sagen hatte, zusammengefaßt zur Ruhe kommen in der Gewißheit: **„Die Gnade des Herrn Jesus Christus mit eurem Geist!"**

Der Abfassungsort unseres Briefes

Der Philipperbrief ist lange Zeit selbstverständlich in die (erste) römische Gefangenschaft des Apostels gelegt worden. So hat es schon die alte Kirche getan. Darum steht auch in einem Teil der Handschriften unter dem Brief: „Geschrieben von Rom durch Epaphroditus." Diese Unterschrift beruht aber auf Rückschlüssen und Meinungen der Abschreiber und hat als solche keine unmittelbare Beweiskraft.

Die Abfassung unseres Briefes in Rom schien ohne weiteres klar, solange man am Schluß „die aus des Kaisers Hause" als Glieder der kaiserlichen Familie oder wenigstens als Bewohner des kaiserlichen Palastes ansah. Nun ist es aber sicher, daß der Sprachgebrauch hier Angestellte des kaiserlichen Hofstaates meint, die keineswegs in Rom zu suchen sein müssen. So kann die Abfassung des Briefes in Rom mindestens in Frage gestellt werden. Und dazu meint man in der Tat gewichtige Gründe zu haben.

Der Ausdruck „Prätorium" in 1, 13 bezeichne nun einmal zunächst den Amtssitz eines römischen Statthalters, den es in Rom nicht geben kann. Ferner sei die Entfernung Rom–Philippi für die damaligen Reiseverhältnisse so groß, daß man sich die nahe und rasche Verbindung schwer vorstellen könne, die der Brief zwischen Paulus und der Gemeinde offenbar voraussetze. Habe Paulus im Falle seines Freikommens in Rom bei seinen bestimmten Reiseplänen nach Spanien (Rö 15, 24) und auch sonst bei der Weite seines Arbeitsfeldes daran denken können, sofort von Rom direkt nach Philippi zu eilen? Ganz anders verständlich werde das, wenn man an die Gefangenschaft in Caesarea oder gar an eine solche in Ephesus denke, auf die auch 1 Ko 15, 32 eine Hindeutung gebe. Ein „Prätorium" ist für Caesarea ausdrücklich bezeugt, und einen Verein kaiserlicher Haussklaven kennen wir gerade für Ephesus.

Es muß demgegenüber aber doch gesagt werden, daß wir mit solchen Annahmen recht unsicheren Boden betreten. In Caesarea ist eine solche Verschärfung in der Lage des Apostels mit der drohenden Möglichkeit eines Todesurteils, wie sie der Hintergrund unsres Briefes ist, fast ausgeschlossen. Die Schilderung der Apostelgeschichte läßt dafür nicht den geringsten Raum. Und für eine Gefangenschaft und einen Prozeß in Ephesus sind wir – abgesehen von der vieldeutigen Bemerkung in 1 Ko 15, 32 – vollends auf eigene Konstruktionen angewiesen. Sollen wir uns auf so unsichren Boden begeben? Dazu müßten die Bedenken gegen eine Abfassung des Briefes in Rom doch noch zwingender sein. „Prätorium" k a n n eben doch auch die Prätorianergarde oder ihre Kaserne bezeichnen. Konnte Paulus nach der langen Zeit in Rom nicht Gründe genug haben, zunächst aufs neue seine alten Gemeinden zu besuchen und die Evangelisation in Spanien zu verschieben? Unerwartete Änderungen seiner Reisepläne sind ihm auch früher schon zum Vorwurf gemacht worden (2 Ko 1, 17)!

Muß das „bald" in 2, 24 für den Schreiber und für die Empfänger bedeuten, daß Paulus acht Tage nach seinem Freispruch unmittelbar in Philippi eintrifft? War man nicht an lange Reisen über mancherlei Stationen hin damals so gewöhnt, daß man ein solches „bald" ganz anders empfand als wir heute? Man wird urteilen müssen, daß die im Brief geschilderten Verhältnisse immer noch am besten auf eine nach Apg 28, 30. 31 eingetretene Wendung in dem Prozeß passen, der durch des Paulus Berufung auf den Kaiser und seine Verbringung nach Rom in Gang gekommen war.

Für das innere Verständnis des Briefes ist die nicht abschließend zu lösende Frage nach Ort und Zeit der Abfassung von geringem Gewicht.

Der Brief des Paulus an die Kolosser

erklärt von

Werner de Boor

R. BROCKHAUS VERLAG

Einleitung zum Brief an die Kolosser

Der Kolosserbrief ist an die Gemeinde in *Kolossä,* die zur römischen Provinz Asia gehörte, gerichtet. *Kolossä* liegt am Lykos-Fluß, nicht weit, wo dieser Fluß in den Mäanderstrom, etwa 200 km von Ephesus landeinwärts entfernt, einmündet.

Mit Ephesus war Kolossä durch eine große Handelsstraße verbunden. Diese uralte, berühmte Handelsstraße verband den griechisch-römischen Kulturkreis am Mittelmeer mit dem Persischen Meerbusen, und zwar lief diese Handelsstraße von Ephesus über Laodicea — Kolossä — Antiochien (in Pisidien) — Ikonium — Lystra — Derbe — Tarsus — Issus nach Syrien — Mesopotamien — Medien — Persien!

Schon Herodot und Xenophon kennen Kolossä als große und reiche Stadt. Plinius zählt sie zu den „berühmtesten Städten" Kleinasiens.

Die Fruchtbarkeit des Lykos- und Mäander-Tales, der sehr rege Handelsverkehr und eine blühende Tuchweberei schufen Wohlstand und weckten Handels- und Unternehmungsgeist. Die tiefschwarze Wolle des Lykostales war überall sehr begehrt.

Schwere Erdbeben erschütterten häufig diese fruchtbare Gegend. Das schreckliche Erdbeben zur Zeit des römischen Kaisers Nero (um 60 n. Chr.) legte die drei Städte Kolossä, Laodicea und Hierapolis in Trümmer. Kolossä scheint sich nicht wieder von dieser Katastrophe erholt zu haben. Es verschwindet mehr und mehr aus der Geschichte.

Paulus hat auf seiner zweiten und dritten Missionsreise, als er in diesen Gegenden weilte, die Städte des Mäander- und Lykostales *nie* besucht. Ein Mitarbeiter des Paulus, namens Epaphras, hat die Gemeinde Kolossä gegründet (Kol. 1, 6 f. und 4, 12 f.). Epaphras ist vielleicht in Ephesus vom Apostel zum Christentum bekehrt worden. Paulus nennt ihn *„einen lieben Mitknecht"* (Kol. 1, 7). Die benachbarten Gemeinden von Kolossä, nämlich Laodicea und Hierapolis, sind wahrscheinlich auch von Epaphras gegründet worden (Kol. 4, 13). Als Paulus in römischer Gefangenschaft weilte, überbrachte Epaphras dem Apostel Kunde von der Liebe der Kolosser zu dem Apostel und erstattete ihm Bericht über den trefflichen Stand der Gemeinde (Kol. 1, 3 ff.). Dann machte Epaphras auch Mitteilung von der schweren Gefährdung der Gemeinde durch Irrlehren, die in die Christenschar von Kolossä eingebrochen waren.

Daß Epaphras nicht gleich nach Kolossä zurückgekehrt ist, geht aus Kol. 4, 12 f. hervor. Nach Philemon 23 hat Epaphras als *„Mitgefangener"* (Kol. 4, 10 und Rö. 16, 7) die Haft des Apostels Paulus wohl freiwillig geteilt. Dies erklärt, warum er noch bei Paulus bleibt. — Paulus nennt seinen Mitarbeiter Epaphras seinen *„Mitgefangenen in Christus"* (Philem. 23).

Der Brief an die Kolossäer wurde durch den Boten *Tychikus* übermittelt. Er wird Kol. 4, 7 genannt. Tychikus ist derselbe Bote, dem auch der *Epheserbrief* anvertraut wurde (Eph. 6, 21). In seiner Begleitung befand sich der Sklave Onesimus (Kol. 4, 9), der den Philemonbrief als ein prächtiges Empfehlungsschreiben bei sich führte.

Obwohl Paulus die Gemeinde von Kolossä nie besucht hatte, hielt er es doch für ratsam, einen Brief an sie zu schreiben. Wie die anderen Gefangenschaftsbriefe (siehe die Einleitung zum Philipperbrief) wurde der Brief an die Kolosser auch von Rom aus geschrieben.

Es fragt sich nun, *woher* die Irrlehren kamen, welche die Gemeinde von Kolossä so sehr bedrohten.

Wenn Paulus von Speisesatzungen und auch von der Beobachtung von Neumondfasten und Sabbaten spricht (2, 16), so weist das deutlich auf Irrlehren *jüdischer* Herkunft hin. Daß *Juden* in Kolossä wohnten, beweist ein Bericht des jüdischen Geschichtsschreibers *Flavius Josephus,* der schreibt, daß Antiochius der Große etwa 2000 jüdische Familien nach Phrygien (das ist das Land, in welchem *Kolossä* lag) verpflanzt hatte. Ein anderer Beleg für die Tatsache, daß in Kolossä Juden lebten, ist, daß einmal jüdische Tempelsteuergelder, die für Jerusalem bestimmt waren, vom römischen Feldherrn Flaccus beschlagnahmt worden waren.

Und noch ein drittes sei erwähnt: Bei einer Judenverfolgung in der Nachbarstadt Laodicea sollen in den drei Städten Kolossä, Laodicea und Hierapolis im ganzen 12000 Juden ums Leben gekommen sein.

Aus dieser zahlreichen jüdischen Einwohnerschaft in Kolossä erklärt sich dann auch die Forderung, doch gewisse *Gesetze* des Alten Testaments zu beachten, um noch eine *„bessere Heiligkeit“* in der Nachfolge Christi zu erzielen als Paulus verkündigte. Man verlangte darum das Halten vom Sabbat und das festliche Begehen von Neumondfeiern (Kol. 2, 16). Dazu kam noch die einseitige Betonung levitischer Reinheitsgesetze, der Beschneidung (vgl. Kol. 2, 11. 16. 21). Die Beachtung solcher Vorschriften würde sich, so meinte man, mit dem Christenglauben gut vertragen, ja sogar ihn heiliger und vollkommener gestalten.

Zu diesen jüdischen *Einflüssen* traten noch hinzu die *Verführungen* durch *gnostische Irrlehrer.* Diese Irrlehrer behaupteten, die echte Christusnachfolge werde vertieft durch eine *höhere Erkenntnis.* Man bezeichnete diese als Philosophie (Kol. 2, 8). Man sagte, daß der Christ durch die Beachtung asketischer Vorschriften, durch Schauung göttlicher Gesichte und Visionen, durch das Hören „innerer Stimmen“ immer mehr zur Vollkommenheit gelange (Kol. 1, 9. 28; Kol. 2, 10. 16. 18. 21. 23; Kol. 3, 5. 14; Kol. 4, 12).

Anstatt in Christus ganz allein die Erlösung zu suchen und zu finden, huldigten diese Irrlehrer einer zwar verborgenen, aber sehr bewußten *Selbsterlösung* (Kol. 1, 13; Kol. 2, 16—19). Der Erlösungstod Christi müsse, so lehrten die gnostischen Irrlehrer weiter, *„ergänzt“* werden, und zwar dadurch, daß man auch *daneben* noch die Geisterwelt zu berücksichtigen hätte (Kol. 2, 18. 23). Christus sei nicht der einzige Mittler, sondern gehöre in die Reihe der Geistermächte hinein. Die volle christliche Erkenntnis sei *nicht* in Christus allein zu finden.

Zwar wolle man keineswegs mit Christus brechen, aber, so hieß es, man dürfe die Anbetung und Verehrung des Christus nicht übertreiben. Es gehe nicht an, den Glauben an die Geister, den Kult der Engel, die Verehrung der „Elemente" als Nebensache anzusehen, denn „Geister" und „Engel" und „Elemente" seien doch auch Geschöpfe Gottes. (Was man unter „Elemente" versteht, siehe in der Erklärung des Kolosserbriefes zu Kap. 2, 8 und 2, 20.) Auch sei die Macht dieser Gegebenheiten viel zu groß, als daß sie in den Hintergrund gedrängt werden sollte.

Eine wichtige Rolle spielten weiter die „menschlichen Überlieferungen". Vielleicht ist hier nicht so sehr an die „Aufsätze der Ältesten" zu denken, sondern an alte Volksbräuche und mündlich weitergegebene Lehren, die aus der völkischen Eigenart der Kolossäer hervorgegangen waren. — Diesem allen hätten Paulus und seine Mitarbeiter zu wenig Rechnung getragen ...

Was ist die Antwort des Apostels auf diese kolossäischen Irrlehren, die, grundsätzlich gesehen, das apostolische Christentum ergänzen wollten, und zwar einerseits durch eine *„höhere Heiligkeit"* und andererseits durch eine *„höhere Erkenntnis"?* Die Antwort des Paulus auf diese Irrlehren, die immer wieder das menschliche Herz als solches offenbaren, nämlich das Erlösungswerk Christi *durch eigene Anstrengungen und Bemühungen im Handeln und Denken vervollständigen zu wollen,* die Antwort des Paulus, niedergelegt im Kolosserbrief, ist folgende:

Die einzigartige göttliche Würde und Herrlichkeit der Person Jesu Christi wird wunderbar und kristallklar „herausgemeißelt". Seine ewige, vorweltliche und überweltliche Erhabenheit über alles Geschöpfliche, auch über Engel- und Geistermächte, wird dargelegt. Die Fülle der Gottheit wohnt in Ihm leibhaftig. *ER* ist der Erlöser. Neben Ihm gibt es kein Geistwesen als Mittler unseres Heils. *ER* ist das Haupt der Gemeinde, die Sein Leib ist. In Christus allein ist nicht nur die Erlösung in vollem Maße durchgeführt, sondern in Ihm kann auch jeder zur Vollkommenheit heranreifen, in Ihm ganz allein (Kol. 1, 19 f. 28; Kol. 2, 2 f. 10).

Wer Christus erkennt und in Ihm lebt, bedarf keiner Weltweisheit oder trügerischen Philosophie; denn in Christus „sind alle Schätze der Weisheit und Erkenntnis verborgen". Es gilt, diesem Reichtum sich immer wieder neu hinzugeben in demütiger Andacht und in aufrichtigem Ausleben praktischer Heiligung (vgl. Kol. 1, 6. 9. 10; Kol. 2, 2. 3; Kol. 3, 10. 16).

Wie der „Kyrios Christos", d. h. der „Herr Christus" in den gewaltigen Mosaikgemälden altchristlicher Basiliken (altchristlicher Kirchbauten) von der Apsis (Altar-Raum) herab den ganzen Kirchenraum beherrscht, die Blicke aller auf sich lenkt und ihre Gedanken an sich fesselt, so läßt Paulus das Antlitz des Gottessohnes vor den Augen der Kolosser aufleuchten. Denn Paulus weiß: „Wer einmal diese Herrlichkeit geschaut hat, wird nicht mehr leicht von den Ersatzversuchen der Irrlehrer betört."

Der neutestamentliche Forscher Adolf Reihsmann hat den Kolosserbrief mit einer „dynamisch präexistenten Kantate" von Bach verglichen.

Adolf Reihsmann meint: „Öffne ich die Kapellentür des Kolosserbriefes, so ist mir's, als säße Johann Sebastian Bach auf der Orgelbank."

In den johanneischen Schriften, sowohl im Evangelium als auch in den Briefen, werden gegen Ende des Jahrhunderts diese gewaltigen christozentrischen Lehren und praktischen Anweisungen des Kolosserbriefes fortgeführt. Und je mehr man den Kolosserbrief mit dem Prolog des Johannesevangeliums vergleicht, desto mehr entdeckt man zwischen beiden die wunderbarsten Beziehungen, ein Beweis, wie einzigartig und kostbar das paulinische und das johanneische Christentum zusammengehören und eines sind.

Die Ausführungen des Paulus im Kolosserbrief werden feierlich — ohne jede Polemik — aufgebaut und entfaltet. Die beste Abwehr aber gegen alle Irrlehre und Schwärmerei ist damals wie heute ein heiliger Wandel in Seiner Kraft. (Vgl. Kol. 1, 10—12. 28; Kol. 2, 5—6. 10; Kol. 3, 4. 10. 14. 16; Kol. 4, 12 u. a.).

Fritz Rienecker

Der Eingangsgruß

Kolosser 1, 1. 2

1 **Paulus, Apostel des Christus Jesus durch Gottes Willen, und**
2 **Timotheus, der Bruder, *an die in Kolossä [wohnenden] heiligen**
und gläubigen Brüder in Christus: Gnade [werde] euch [zuteil]
und Friede von Gott unserm Vater.

Zu Vers 1:
1* Eph 1, 1
Zu Vers 2:
2*Eph 1, 2
3*Rö 1, 7

Paulus schreibt (oder richtiger: diktiert; nur der Schlußgruß **4, 18** ist ausdrücklich von seiner eigenen Hand) den folgenden Brief. Indem wir diesen Brief lesen, stehen wir in unmittelbarer Verbindung mit Paulus. Der Abstand der 1900 Jahre ist überbrückt, wir hören selber Paulus reden. Wie wichtig ist diese Tatsache allen historischen Zweifeln gegenüber! Wir haben hier die Begegnung mit dem Mann, der wenige Jahre nach der Kreuzigung Jesu ein Christ wurde, der den Auferstandenen selbst gesehen hat, der einen Petrus, Johannes und den Bruder Jesu, Jakobus, genau kannte! Wie gespannt, wie gründlich müssen wir jedes Wort hören: Paulus redet zu uns!

Er redet aber nicht als große Persönlichkeit, als der bedeutende Mensch und der orginale Denker (wiewohl er das alles auch ist!). Er redet als **Apostel des Christus Jesus.** Das Fremdwort „Apostel" ist uns vertraut. Aber wie Wasser bei einem Durchfluß durch Erdschichten eine andere Färbung und anderen Geschmack annimmt, so bekommen auch Worte und Begriffe auf ihrem Weg durch die Geschichte leicht eine „Färbung", die ihre ursprüngliche Bedeutung mehr oder weniger verändert oder verdeckt. Die aus der Reformation hervorgegangenen Kirchen waren vor allem Lehrkirchen mit stark akademischen Zügen. Unter der Kanzel, unter dem Katheder zu sitzen und sich belehren zu lassen, darin bestand im wesentlichen oft das christliche Leben. So sah man auch in einem „Apostel" vor allem den Denker und Lehrer. In dem hebräischen Wort aber, dessen griechische Wiedergabe „Apostel" ist, liegt vor allem der Gedanke der übertragenen Vollmacht. So steht es uns in den Worten des Herrn Jesu Mt 10, 40; Lk 10, 16; Mt 16, 19; Jo 20, 21-23 anschaulich vor Augen. Nicht das Denken und Reden, sondern das vollmächtige Handeln[1] steht im Mittelpunkt des Wortes, auch wenn dies Handeln

[1] Anm. Ein griechischer Geschichtsschreiber schildert einmal, wie die Athener ein Kreuzergeschwader unter einem Admiral aussenden, um eine aufsässige Insel zur Raison zu bringen. Dabei bezeichnet er den Admiral als „apostolos". Von seinem Handeln hätte genau in den gleichen Ausdrücken berichtet werden können, wie sie Paulus in 2 Ko 10, 4—6 im geistlichen Bild für sein bevorstehendes Eingreifen in Korinth verwendet.

1* Eph 1, 1: Ich, Paulus, ein Apostel Jesu Christi durch den Willen Gottes, sende meinen Gruß den Heiligen und an Christus Jesus Gläubigen, . . .
2* Eph 1, 2: Gnade sei mit euch und Friede von Gott unserm Vater und dem Herrn Jesus Christus!
3* Rö 1, 7: Euch allen, die ihr als Geliebte Gottes, als berufene Heilige in Rom wohnt, sende ich meinen Gruß: Gnade werde euch zuteil und Friede von Gott unserm Vater und dem Herrn Jesus Christus.

durch das „Wort“ geschieht. Unsere politischen Begriffe (die Sprache des Neuen Testaments ist überhaupt stark der politischen Welt entnommen!) eines **„Gesandten“**, eines **„bevollmächtigten Botschafters“** geben die Sache gut wieder, gerade auch die Würde und den Öffentlichkeitscharakter, wie er im Wort „Apostel“ von uns gehört werden muß. So hat Paulus selbst den Sinn seines Auftrages gesehen: 2 Ko 5, 20; 10, 4; 12, 12.[2] Darum ist der hinzugefügte Genitiv **„des Christus Jesus“** nicht eine Bezeichnung des Inhalts, über den der Theologe Paulus nachdenkt und von dem er redet, sondern Bezeichnung des großen Auftraggebers, in dessen Vollmacht er handelt. Es heißt für die Kolosser und auch für uns: „Aufgepaßt!“ Wir haben es nicht mit einem Menschen Paulus und seinen theologischen Meinungen zu tun, sondern mit dem Bevollmächtigten des Herrn Jesu und darin zu letzt mit Jesus selbst. Ein Apostel kann man daher nicht „werden“, wie man Arzt oder Kaufmann oder Ingenieur „wird“.

„Durch Gottes Willen“, hinter den nicht zurückgefragt werden kann, erhält der Mann diese unerhörte Bevollmächtigung. So sieht Paulus selbst Gal 1, 15. 16 auf sein Leben und seine Berufung.

So sind diese wenigen Anfangsworte unseres Briefes von nicht leicht zu überschätzender Bedeutung auch für uns heutige Leser. Sie bringen uns geschichtlich in den unmittelbaren Kontakt mit dem Urchristentum, ja mit Jesus Christus selbst, und bringen uns grundsätzlich in die rechte Stellung des aufmerksamsten Hörens: der von Gott erwählte und beauftragte Bevollmächtigte des Christus Jesus spricht zu uns!

Nicht immer hat Paulus im Briefeingang auf seine Vollmacht als „Apostel“ hingewiesen. Bei der bedeutsamen Reichshauptstadt Rom und bei den in voller Auflehnung begriffenen Galatern tut er es in besonders betonter Weise. Aber in den frühesten uns erhaltenen Schreiben, denen an die Thessalonicher, nennt er nur seinen und seiner Mitarbeiter Namen, und im Brief an die besonders vertrauten Philipper genügt die Bezeichnung „Sklaven des Christus Jesus“. Paulus benutzt keinen vorgedruckten amtlichen Briefkopf!

Nur in dem Brief an die Römer und an die Epheser tritt Paulus allein vor die Gemeinde. In allen anderen Gemeindebriefen stellt er sogleich wenigstens einen Bruder neben sich, der den Brief mitverantwortet. So fährt er auch hier fort: **„und Timotheus, der Bruder“**. (Über die Person des Timotheus vgl. die Erläuterung zu Phil 2, 19.) Das „wir“ in den folgenden Ausführungen ist also ganz schlicht wört-

[2] Anm. Freilich, der Auftrag des „Apostels“ ist ein einmaliger und unwiederholbarer; es ist der „kirchengründende“ Auftrag. Darum steht die Gemeinde aller Zeiten unter der Vollmacht des apostolischen Wortes, unter dem „Neuen Testament“. „Neue Apostel“ sind ein Widerspruch in sich selbst. Mit einem gewissen Recht hat man dagegen auf wirklich „kirchengründende“ Männer des Missionsfeldes diese Bezeichnung in abgeleitetem Sinne angewandt: z. B. „Nommensen, der Apostel der Batak“. In der Arbeit eines solchen Mannes haben wir das beste Bild einer „apostolischen“ Tätigkeit. Nur daß auch ein Nommensen sich vorbehaltlos dem einmaligen Auftrag der Urapostel unterordnete, so wie umgekehrt Paulus die von ihm nicht gegründete Gemeinde in Kolossä mitsamt ihrem Begründer Epaphras ohne weiteres seinem einzigartigen Dienst unterstellt; vgl. zu 1, 25; 2, 1.

lich gemeint. Ob hier eine bewußte Fortsetzung jenes „zu zweit" bei der Aussendung der Jünger durch Jesus Lk 10, 1 vorliegt, ist ungewiß. Tatsache aber ist, daß wir uns den Verkünder und Missionar Paulus nicht als den einsamen Großen vorstellen dürfen, der am Ende noch eifersüchtig darüber wacht, daß kein anderer ihn beeinträchtige. Die Apostelgeschichte gibt ein anderes Bild, z.B. 13, 2; 13, 15; 13, 43; 14, 1; 15, 2; 15, 35; 15, 40; 16, 10; 16, 13; 17, 4; 17,10. Paulus selbst bestätigt es, und zwar gerade für Korinth, wo nach der Apostelgeschichte noch am ehesten an eine Tätigkeit des Paulus allein gedacht werden könnte: 2 Ko 1, 19! Das ist keine Einschränkung seiner Vollmacht, es ist eine Bestätigung, daß es hier um eine Sache geht, nicht um Ansichten und Meinungen, um eine Sache, die durch das Zeugnis von zwei oder drei Zeugen bekräftigt wird. (Vgl. 2 Ko 13, 1 nach dem alttestamentlichen Vorbild 5 Mo 19, 15). Paulus betont: Ich teile euch in diesem Brief nicht meine persönlichen Auffassungen mit, sondern spreche die göttlichen Wahrheiten aus, für die auch der Bruder Timotheus mit einsteht. Wie wichtig ist das für uns, die wir in den Nachwirkungen der neueren Kirchengeschichte mit ihren „Richtungen" und Schulhäuptern auch den Pfarrer auf der Kanzel als einen „Redner" ansehen, der seine „Ansichten" über Gott vor uns ausbreitet!

Nun blickt Paulus auf die Menschen, an die er den Brief richtet. Dem Wortlaut nach stehen hier z w e i „Ortsbezeichnungen": die Empfänger des Briefes befinden sich **„in" Kolossä** und **„in" Christus.** Das eine ist ihr irdischer Wohnort, den sie bei dem flutenden Verkehr des damaligen Weltreiches leicht auch wechseln können. Das andere ist ihr grundsätzlicher und bleibender „Ort", der ihr ganzes Dasein bestimmt. Denn so wie die Welt grundmäßig „im Argen" liegt (1 Jo 5, 19), so „liegt" jede wirkliche Gemeinde „in Christus", sie befinde sich geographisch wo immer sie wolle. Weil die Männer in Kolossä „in Christus" sind, darum sind sie mit dem „Bevollmächtigten des Christus Jesus" von vornherein wesentlich verbunden und für sein Wort offen. Eben darum sind sie ja auch wirklich „Brüder".

Und zwar **„heilige und gläubige Brüder".** Was darin liegt, wird der Brief noch vielfach entfalten. Hier am Anfang wollen wir nur auf den freudigen und festen Klang hören, der in dieser Anrede liegt. Wie haben wir alles mit Problematik zerfasert! Paulus hat Fragen und Sorgen genug, wenn er nach Kolossä hinüberdenkt. Aber hell steht es vor ihm: Dort in Kolossä gibt es ganz bestimmte Menschen, die sind „heilig", die sind von Gott erwählt und zu Seinem Eigentum gemacht, und die sind „gläubig", ihr Jasagen zu dieser göttlichen Erwählung bestimmt ihr ganzes Dasein. Paulus hat es nicht als „pharisäisch" empfunden, bestimmte Männer in jener kleinasiatischen Stadt als „heilig und gläubig" zu bezeichnen. Er war offenbar auch nicht gehemmt durch das Bedenken, man könne doch niemand ins Herz sehen und wisse darum nie, ob einer wirklich glaube.

Daß diese Männer **in Kolossä** wohnen, ist nicht entscheidend für ihr Leben, aber auch nicht bedeutungslos. Der Herr Jesus selbst

„weiß, wo du wohnst" (Offb 2, 13). Unser Wohnort kann unser äußeres Schicksal bestimmen und uns auch innerlich spürbar beeinflussen. Kolossä lag landeinwärts von Ephesus im Tal des Lykus, von den Städten Laodikea und Hierapolis nur dreizehn Kilometer flußaufwärts entfernt. Einst groß und angesehen, war es zur Zeit des Paulus von dem politischen Vorort Laodikea und dem medizinisch und religiös berühmten Hierapolis („Heiligenstadt") in den Schatten gedrängt worden. Die gebirgige Gegend erhebt sich im Berge Kadmos bis zweitausendvierhundert Meter Höhe. Sie ist vulkanischer Formation mit wild zerklüfteten Tälern und heilkräftigen warmen Quellen, fruchtbar und besonders zum Weinbau geeignet. Berühmt waren die in Kolossä hergestellten Farbstoffe; „kolossisch" war die Fachbezeichnung für eine bestimmte Purpurfarbe. Auch eine blühende Woll- und Webstoffindustrie ist uns für die Stadt bezeugt. Daher gab es dort solche wohlhabenden Männer wie Philemon, dessen Haus eine eigene „Hausgemeinde" umfassen konnte (Philemonbrief). Vielleicht war darum gerade auch in Kolossä (im Zusammenhang mit der Flucht des Onesimus?) die Sklavenfrage für die Gemeinde wichtig (s. 3, 22–25): „Industrie" bedeutete damals die Beschäftigung vieler Sklaven. Wenige Jahre nach dem Schreiben des Paulus ist die Gegend von einem Erdbeben heimgesucht worden. Bestimmte Nachrichten haben wir nur über die Zerstörung in Laodikea; doch wird ein so nah gelegener Ort wie Kolossä schwerlich verschont worden sein.

Paulus folgt dem Briefstil seiner Zeit. Wie wir es an Briefen wie Apg 15, 23; 23, 26 (und an unzähligen Briefen berühmter und unberühmter Männer des Altertums) sehen, wird am Anfang eines Schreibens der Absender und der Empfänger genannt, und beide werden durch ein Grußwort miteinander verbunden. Das kann sehr kurz und formelhaft geschehen. Der Hauptmann Klaudius Lysias hat sich über die „Freude", die er seinem Oberbefehlshaber wünscht, sicher keine weiteren Gedanken gemacht, wie auch wir mündliche und schriftliche Gruß- und Wunschformeln ohne jeden Gedanken gewohnheitsmäßig gebrauchen. Paulus aber erfüllt die Briefsitte seiner Zeit, ohne sie äußerlich abzuändern, mit Leben und Wahrheit. Wieviel hat er schon in die Nennung des Absenders und der Empfänger hineingelegt. Nun grüßt er – anders als Lysias. Zwar nimmt er denselben Wortstamm, dessen Verbalform „chairein" = „sich freuen" auch Lysias benutzt. Aber das Substantiv „charis" = „Freundlichkeit, Huld, **Gnade**", zeigt die tatsächliche Erfüllung dessen, was das griechische Grußwort meinte. Gnade bringt tiefe und bleibende Freude! Ebenso nimmt Paulus den üblichen hebräischen Gruß auf: „Schalom" = „Friede". Aber es bleibt auch hier nicht bei einem ohnmächtigen Wunsch. Denn **Gott** ist ja da, der in Jesus **unser Vater** ist. Wenn aus dem Vaterherzen des lebendigen Gottes der Strom Seiner Gnade auf uns fließt, dann ist das „chairein", das Freuen, da und „Schalom", Friede. Christliches Grüßen und Wünschen geschieht in göttlichen Realitäten.

Die uns an dieser Stelle geläufige Fortsetzung „und dem Herrn Jesus Christus" fehlt im Kolosserbrief, so wie Paulus im 1. Thessalonicherbrief über die Herkunft von „Gnade und Friede" überhaupt keine Angabe macht. Es verwundert uns nicht, daß sie schon früh in die Handschriften eingefügt worden ist, so daß wir sie darum auch in unserer Lutherbibel lesen. Es ist uns aber gut, bei der heutigen Neigung zu liturgischer Gesetzlichkeit zu sehen, daß Paulus auch in diesen Dingen ganz in der Freiheit blieb.

Der Bestand einer Gemeinde Jesu ist Grund zum Danken!

Kolosser 1, 3–8

3 Wir danken Gott, dem Vater unseres Herrn Jesus Christus, alle-
4 zeit beim Beten für euch, * da wir von eurem Glauben in Christus
Jesus gehört haben und von der Liebe, die ihr habt zu allen Heili-
5 gen, * wegen der Hoffnung, die für euch bereitliegt in den Him-
meln. Von ihr habt ihr vorausgehört in dem Wort der Wahrheit
6 des Evangeliums, * das anwesend ist bei euch, wie es ja auch in der
ganzen Welt ist fruchtbringend und wachsend wie auch in eurer
Mitte, von dem Tage an, da ihr es gehört und erkannt habt die
7 Gnade Gottes in Wahrheit. * Ihr ließt euch ja unterweisen von
Epaphras, unserem geliebten Mitsklaven, der ein treuer Diener
8 des Christus für euch (oder: für uns) ist. * Er hat uns auch kund-
gemacht eure Liebe im Geist.

Zu Vers 3:
4* Eph 1, 16
Zu Vers 4:
5* Eph 1, 15
6* 1 Ko 13, 13
Zu Vers 5:
7* 1 Pt 1, 4
8* Eph 1, 13. 18
9* Hbr 6, 18. 19
Zu Vers 6:
10* 2 Pt 1, 12
11* 1 Tim 3, 16
12* Eph 1, 13
Zu Vers 7:
13* Kol 4, 12
14* Phlm 23
Zu Vers 8:
15* Rö 15, 30

„Wir danken" – so beginnt Paulus diesen wie die meisten seiner Gemeindebriefe (vgl. Rö 1, 8; 1 Ko 1, 4; Eph 1, 3; Phil 1, 3; 1 Th 1, 2; 2 Th 1, 3). Nur bei dem Ringen um die Korinthische Gemeinde kann

4* Eph 1, 16: ... mit der Danksagung für euch nicht aufhöre und in meinen Gebeten eurer mit Namensnennung gedenke.

5* Eph 1, 15: Das ist denn auch der Grund, weshalb ich auf die Kunde von eurem Glauben an den Herrn Jesus und von eurer Liebe zu allen Heiligen ...

6* 1 Ko 13, 13: Nun aber bleiben Glaube, Hoffnung, Liebe, diese drei, die größte unter diesen aber ist die Liebe.

7* 1 Pt 1, 4: ... zu einem unvergänglichen, unbefleckten und unverwelklichen Erbe, das im Himmel aufbewahrt ist für euch.

8* Eph 1, 13: In Ihm seid auch ihr, nachdem ihr das Wort der Wahrheit, die Heilsbotschaft von eurer Rettung, vernommen habt und zum Glauben gekommen seid, mit dem verheißenen Heiligen Geist versiegelt worden.

Eph 1, 18: ... euren Herzen erleuchtete Augen, damit ihr begreift, welche Hoffnung ihr infolge Seiner Berufung habt, wie groß der Reichtum Seines herrlichen Erbes bei den Heiligen ist.

9* Hbr 6, 18. 19: ... damit wir durch zwei unabänderliche Tatsachen, bei denen Gott unmöglich getäuscht haben kann, eine starke Ermutigung besäßen, wir, die wir unsere Zuflucht dazu genommen haben, die uns eröffnete Hoffnung zu ergreifen. * In dieser besitzen wir ja gleichsam einen festen und zuverlässigen Anker für unsere Seele, der bis hinter den Vorhang hinreicht.

10* 2 Pt 1, 12: Daher will ich auch darauf bedacht sein, euch immer wieder an diese Dinge zu erinnern, wenn sie euch auch schon bekannt sind und ihr in der Wahrheit, wie sie vorhanden ist, festgegründet seid.

11* 1 Tim 3, 16: Und etwas unbestreitbar Großes ist das Geheimnis der Gottseligkeit: „Er, der geoffenbart ist im Fleisch, als gerecht erwiesen im Geist, erschienen den Sendboten, verkündigt unter den Völkern, gläubig angenommen in der Welt, emporgehoben in die Herrlichkeit."

2 Ko nicht mit einem Dank für die Gemeinde, sondern nur mit einem persönlichen Lobpreis Gottes beginnen (2 Ko 1, 3); und angesichts der Verstörungen in den galatischen Gemeinden kommt sofort der herbe Schmerz zum Ausdruck (Gal 1, 6). Sonst aber blickt Paulus immer zuerst dankend zu Gott empor. Tun wir es auch?

Der Dank richtet sich an **„Gott, den Vater unseres Herrn Jesus Christus“.** Nur ausnahmsweise und durch den Zusammenhang besonders bedingt findet sich bei Paulus ein unmittelbarer Dank an Jesus in 1 Tim 1, 12. Sonst steht ihm Gott, der Vater, als der letzte schöpferische Quell aller guten Gaben vor Augen. Er wendet auch das Danken der Gemeinde zu Gott empor: 3, 17; Eph 5, 20, auch 1 Th 5, 18. Aber wenn Gott auch schon mit Seinen natürlichen Gaben das Herz und den Dank der Menschen sucht (Apg 14, 17; Rö 1, 21), als „Vater“ wird Er doch allein in Jesus Christus wahrhaft erkannt und nur durch Jesus Christus kann Ihm recht gedankt werden. Wohl zeigt das Alte Testament Ansätze zu einer Erfassung der Vaterschaft Gottes, nicht von der „Natur“, sondern von der „Heilsgeschichte“ aus: 5 Mo 32, 6; 2 Sam 7, 14; Jes 9, 5; 63, 16; Jer 3, 19; 31, 9; Mal 1, 6; 2, 10; Ps 103, 13; Hos 11, 1. Aber es ist bezeichnend genug, daß diese Ansätze für das Verhältnis Israels zu Gott nicht bestimmend wurden: In immer größere Ferne tritt im Spätjudentum der unnahbare Gott zurück, dessen Namen man nicht mehr auszusprechen wagt. Erst recht ist die **naive** Meinung des modernen Menschen, in Natur und Menschenleben den „Vater“ finden zu können („Brüder, überm Sternenzelt muß ein lieber Vater wohnen“), zerbröckelt. Was Jesus gesagt hat, ist einfach Tatsache: „Niemand kommt zum Vater denn durch mich“ (Jo 14, 6). Angesichts dieser ungeheuren, rätselhaften Welt der gefallenen Schöpfung bricht nur durch den „Geist der Sohnschaft“ (Rö 8, 15; Gal 4, 6) aus einem Menschenherzen der Kindesschrei „Vater!“ wahrhaft hervor, wenn und weil im Sohn die Vaterliebe Gottes sichtbar geworden ist (Jo 3, 16; 14, 9). Nun erst kann und nun soll aber auch wahrhaft gedankt werden.

Dieser Dank regt sich aber im Herzen des Paulus nicht erst jetzt, da er den Brief zu diktieren beginnt; er ist erst recht nicht so etwas wie eine höfliche Freundlichkeit gegen die Empfänger. Dieser Dank ist echt, weil er schon längst, ehe die Kolosser es wußten, in der stillen Verborgenheit vor Gott aufgestiegen ist **„allezeit beim Beten für euch“.** Wir müssen uns das so konkret wie möglich vorstellen, es sind

[12]* Eph 1, 13: In Ihm seid auch ihr, nachdem ihr das Wort der Wahrheit, die Heilsbotschaft von eurer Rettung, vernommen habt und zum Glauben gekommen seid, mit dem verheißenen Heiligen Geist versiegelt worden.

[13]* Kol 4, 12: Es grüßt euch euer Landsmann Epaphras, ein Knecht Christi Jesu, der allezeit in seinen Gebeten für euch ringt, damit ihr in allem, was dem Willen Gottes entspricht, als Vollkommene und völlig Überzeugte dastehen möget.

[14]* Phlm 23: Es grüßt dich Epaphras, mein Mitgefangener in Christus Jesus.

[15]* Rö 15, 30: Ich bitte euch aber dringend, liebe Brüder, bei unserm Herrn Jesus Christus und bei der Liebe, die der (Heilige) Geist wirkt: Steht mir mit den Gebeten, die ihr für mich an Gott richtet, im Kampfe kräftig bei.

ja keine frommen Redewendungen. Oft haben Paulus und Timotheus betend vor Gott gelegen. Stunden hat Paulus in erster Linie (1 Tim 2, 1) für diesen entscheidenden Dienst verwendet. Dann ist im Gebet auch der Name „Kolossä" genannt worden, und dann ist beiden Männern das frohe Danken über die Lippen gekommen. Wie fest und innig dürfen sich die Kolosser mit Paulus und Timotheus verbunden wissen, wenn sie es so am Anfang des Briefes hören: „Wir haben viel für euch gebetet und gedankt!" Wie kann sie das bereitmachen, auch die Mahnungen und Warnungen recht aufzunehmen, die sie nachher im Brief lesen werden.

Warum danken Paulus und Timotheus? **„Da wir von eurem Glauben in Christus Jesus gehört haben."** In Kolossä gibt es eine Schar von Glaubenden! – das weckt den hellen Dank. Uns schien lange Zeit das Christentum „selbstverständlich". Jedermann bis auf wenige böse Ausnahmen war doch ein „Christ". Und natürlich gab es überall Kirchen und Gemeinden. Was wäre da besonders zu „danken" gewesen?! Dabei hätten wir es aus dem Katechismus wissen können, daß Glaube an Jesus ein Wunderwerk des Heiligen Geistes ist, die Geburt eines neuen, göttlichen Lebens. Heute haben wir in Kasernenstuben, Frontstellungen und Gefangenenlagern, in Betrieben und Wohnblocks wieder gemerkt, welch eine Seltenheit ein „Christ" ist! Wir fangen wieder an zu verstehen, daß das Herz des Paulus und des Timotheus mit Freude und Dank erfüllt wurde, als sie hörten: In Kolossä sind Menschen zum Glauben gekommen. In der Wüste von Götzendienst, Aberglauben, Unglauben und Gedankenlosigkeit gibt es nun auch in Kolossä Männer des klaren Glaubens an Jesus. Das ist zum Danken, so oft man daran denkt.

Dabei formuliert hier Paulus **„Glaube i n Christus Jesus"**. Damit ist jenes intellektualistische Mißverständnis des Glaubens kräftig ausgeschlossen, das uns Menschen der Neuzeit so besonders gefährdet. Christsein besteht nicht darin, daß ich „an" einen Jesus „glaube", der früher einmal große Dinge getan hat und jetzt fern im Himmel ist. Es besteht erst recht nicht darin, daß ich gewissen Lehren über diesen Jesus zustimme. Glaube ist die personhafte Lebensverbindung mit Christus Jesus selbst, so daß mein Glaube „in" Ihm als einer lebendigen und gegenwärtigen Person wurzelt und mein ganzes Dasein zu einem Leben „in Christus" macht. Vergleiche das oben zu Vers 2 Gesagte.

„... und von der Liebe, die ihr habt zu allen Heiligen", haben Paulus und Timotheus gehört. „Glaube, Liebe, Hoffnung, diese drei" kennzeichnen das Leben nicht so sehr des einzelnen Christen, den das Neue Testament als einsamen einzelnen überhaupt nicht kennt, sondern der Gemeinde. Dabei ist diese „Liebe" nicht eine unbestimmte Sache, nicht ein Allerweltsgefühl, sondern „Liebe zu den Heiligen". So ist sie mit echtem, aus Wiedergeburt erwachsenem Glauben untrennbar verbunden. „Wer da liebt den, der ihn geboren hat, der liebt auch den, der von ihm geboren ist" (1 Jo 5, 1). Rein menschliche

Zuneigung oder Abneigung, das „Kennen nach dem Fleisch" (2 Ko 5, 16) d. h. nach den natürlichen angenehmen oder unangenehmen Eigenschaften geht unter in der Freude am andern, einfach weil auch er ein „Heiliger", ein Mensch „in Christus" ist. Wie haben auch wir diese Liebe wieder kennengelernt, wenn uns im Strom der Gleichgültigen, Ablehnenden und Spottenden ein „Heiliger" begegnete, einer, der mit uns Jesus kannte und liebte! Solche Liebe ist ein Wunder göttlicher Neuschöpfung (1 Jo 3, 14; 1 Th 4, 9). Darum steigt auch bei ihrem Anblick der Dank zu Gott empor, der mitten in dieser Welt der Kälte, der Selbstsucht und des Hasses Menschen zu solcher Bruderliebe brachte.

Nun fällt auch das letzte Wort der Dreiheit: Hoffnung. „... **wegen der Hoffnung, die für euch bereitliegt in den Himmeln.**" Womit hat Paulus gedanklich dieses „wegen" verknüpft? Haben die Kolosser die Liebe zu allen Heiligen und dann wohl auch den Glauben in Christus Jesus „wegen der Hoffnung"? Hängen sie an Jesus und lieben sie die Brüder, weil sich eine so große und herrliche Zukunft vor ihnen öffnet? Oder ist mit diesem „wegen" der letzte Grund und der höchste Inhalt jenes „wir danken" bezeichnet? Ist der Dank des Paulus und Timotheus so stark und froh, weil die Kolosser nicht nur jetzt in dieser vergehenden Zeit glauben und lieben, sondern auch an der Herrlichkeit der kommenden Weltzeitalter Anteil haben werden? Beide Verknüpfungen sind sprachlich möglich. Welcher von beiden wir aber auch den Vorzug geben, es wird auf alle Fälle deutlich, daß die Hoffnung hier wie überall im Neuen Testament nicht ein „Anhang" von geringerer Bedeutung ist, sondern beherrschend im Mittelpunkt steht, der eigentliche Zielpunkt des Dankens, vielleicht sogar der tragende Grund auch des Glaubens und Liebens.[3]

Dabei bezeichnet „Hoffnung" hier nicht die subjektive Tätigkeit des Hoffens, sondern seinen objektiven Inhalt, das „Hoffnungsgut". Das zeigt deutlich der Zusatz „die für euch in den Himmeln bereitliegt". (Das neue Testament gebraucht gern den Plural „die Himmel", um den Reichtum und die Vielgestaltigkeit der unsichtbaren Welt Gottes anzudeuten. So spricht Paulus 2 Ko 12, 2 von dem „dritten Himmel", in den er entrückt wurde.)

Nun aber sind wir wieder in der Gefahr, gewohnte Vorstellungen unwillkürlich in den Text hineinzulesen. Das Hoffnungsgut liegt in der Himmelswelt bereit – also kommen wir nach dem Tode in diesen Himmel und finden es dort vor und nehmen es in Besitz. So folgern wir, weil wir das ganze biblische Zukunftsbild verloren und an seine Stelle (in einer langen kirchengeschichtlichen Entwicklung) Gedanken über „Diesseits" und „Jenseits" gesetzt haben, die nicht aus der Bibel, sondern aus der Weltanschauung Platons und des Neuplatonismus stammen. Ein Vergleich unserer Stelle mit Phil 3, 20. 21; 1 Pt

[3] Anm. Die innere Verbundenheit von „Glaube, Liebe, Hoffnung" zeigt neben 1 Ko 13, 13 auch 1 Th 5, 8. Die ganze enge und unmittelbare Zugehörigkeit der „Hoffnung" zum „Glauben" macht Rö 4, 18; 5, 2; 8, 24; 2 Ko 3, 12; Gal 5, 5 sichtbar; in unserm Brief auch 3, 3. 4.

1, 4. 5; Kol 3, 3. 4 und Offb 21, 2 zeigt uns sofort, daß die Bibel es völlig anders denkt. All diese Herrlichkeiten unseres Hoffnungsgutes sind im Himmel nicht um dort zu bleiben und dort von uns als von seligen Seelen angeeignet zu werden, sondern um von dort herabzukommen und unser ganzes Dasein zu verwandeln. Die Aufbewahrung in der Himmelswelt soll uns nur gewiß machen, daß uns dieses Hoffnungsgut nie verlorengehen oder geraubt werden kann. Es liegt dort sicherer als irdische Juwelen im festesten Tresor der Welt. (Vgl. Mt 6, 20; 1 Pt 1, 4; siehe auch Wt. Stb. „Matth." S. 79.)

„Von ihr habt ihr vorausgehört in dem Wort der Wahrheit des Evangeliums." Die Hoffnung liegt in der Zukunft. Das Ende der Verderbensmächte dieser Welt, das Königreich der Himmel auf dieser Erde, das Ende des Teufels und des Todes, das Weltgericht, der neue Himmel und die neue Erde (das alles ist das biblische „Hoffnungsgut") – all das kommt ja erst noch! Aber schon jetzt hören wir davon im Wort des Evangeliums. Es wird deutlich, in welchem Maße das Evangelium damals ebenso die Botschaft vom wiederkommenden Herrn wie vom gekreuzigten und auferstandenen Christus umfaßte. Welche Verarmung und Entstellung hat das Evangelium in der Christenheit seitdem erlitten! Wie wenig hören wir noch von der biblischen Zukunftshoffnung. Sie aber ist gerade der eigentliche Zielpunkt des Evangeliums, das insofern auch in der apostolischen Verkündigung das „Evangelium vom Reich" ist und bleibt.

„Vorausgehört" haben die Kolosser und haben auch wir. „Glaube" ist nach Hbr 11, 1 eine „Überführung von Dingen, die man nicht sieht". Der heilige Gott ist in Seinen Taten jetzt in der gefallenen Welt grundsätzlich unsichtbar. Das „Sehen" wird darum erst in der kommenden Welt unser Teil sein. Jetzt ist das „Hören" die zentrale und wesentliche Sache der Glaubenden. „So kommt der Glaube aus dem Hören, das Hören aber durch das Wort des Christus" (Rö 10, 17; vgl. Eph 1, 13; 1 Th 2, 13). Gott aber als der Lebendige ist der Gott der zukünftigen Taten. Es ist Sein Ruhm vor allen „Götzen", daß Er diese Taten voraus verkündigt (Jes 41, 21–23; 42, 9; 44, 6–8; 45, 18–25); es ist die Herrlichkeit der Gemeinde, daß sie dementsprechend „voraushören" darf.

Und dies Evangelium ist das **Wort der Wahrheit.** Der Begriff der „Wahrheit" hat im Neuen Testament nicht so sehr die Bedeutung der subjektiven Ehrlichkeit als vielmehr den Sinn des Wirklichen, Wesenhaften im Gegensatz zum Schein und zur Entstellung der Wirklichkeit. Nicht das betont Paulus hier, daß die Boten des Evangeliums die Kolosser nicht belogen haben (das ist selbstverständlich), sondern daß sie ihnen im Evangelium göttliche Realitäten vor Augen stellten.[4] Das gilt gerade von der „Hoffnung", die im Gegensatz zu

[4] Anm. Subjektive Ehrlichkeit gibt es bei den Vertretern aller Weltanschauungen! Gerade auch Bestreiter des Christentums waren oft von einem hohen Pathos persönlicher „Wahrhaftigkeit" getragen. Die Kraft der christlichen Verkündigung aber liegt in der Gewißheit, den Menschen die letzte, unumstößliche, weil göttliche Wahrheit zu bringen. Vgl. Ps 119, 42; Jo 17, 17; 2 Ko 4, 2; 6, 7; Gal 2, 5; 2, 14; 5, 7.

allen eigenmächtigen Hoffnungen und Träumen der Menschen Wahrheit Gottes ist.

Es geht darum überhaupt nicht so sehr um die Boten und ihre subjektiven Qualitäten. Das Evangelium ist vielmehr selber eine in sich geschlossene, selbsttätige Größe mit eigener innerer Lebensmacht: **„das anwesend ist bei euch, wie es auch in der ganzen Welt ist fruchtbringend und wachsend ...“** Staunend hat es Paulus miterlebt: Das Evangelium ist in der ganzen Welt! Von Jerusalem sprang es nach Judäa und Samarien über, es kam nach Antiochien, es kam mit Paulus nach Zypern und Galatien, nach Mazedonien, nach Korinth, nach Athen, nach Ephesus, es ist aber ebenso auch dort, wo Paulus selbst es nicht hingetragen: in der Reichshauptstadt Rom, im Städtchen Kolossä. Wie sehen erst wir heute diesen Lauf des Evangeliums! Und wo es ist, da erweist es eine unwiderstehliche Kraft, es bringt Frucht, es wächst.

Die Kolosser haben es ja selbst erlebt. **„... wie auch in eurer Mitte von dem Tage an, da ihr es gehört und erkannt habt die Gnade Gottes in Wahrheit.“** Weil das Evangelium in der ganzen Welt ist, sich wie ein Duft überall verbreitet (2 Ko 2, 14), darum kam es eines Tages auch nach Kolossä. Und auch dort tat es sein geheimnisvolles Werk an Herzen und Gewissen: Männer kamen zum Glauben an Jesus. Menschliche Gedanken und Lehren mögen langsam aufgenommen und allmählich verarbeitet werden. Das Evangelium aber zieht da, wo es trifft, rasch („von dem Tage an ...“) den Schleier fort, der dem gefallenen Menschen Gottes Wirklichkeit verhüllt, und zeigt Gottes rettende Gnade „in Wahrheit“ (wörtlich fast: „in Unverhülltheit“) so, daß Menschen zugreifen und in Jesus Christus ihr Leben finden. Wieviel Frucht des Evangeliums hat es auch in Kolossä gegeben; wieviel Wachstum ist auch dort zu sehen.

Paulus kann vom Evangelium reden wie von einer selbständigen Person. Aber er vergißt dabei nicht, daß dennoch Menschen im Dienst des Evangeliums nötig sind. Unbeschadet 1 Ko 3, 6. 7 kann er darum mit Nachdruck feststellen, daß er der geistliche Vater der Korinther ist (1 Ko 4, 15). Logisch ist es widerspruchsvoll, in der lebendigen Erfahrung aber steht es mächtig und klar vor uns, daß das Wort den ganzen rückhaltlosen Einsatz der Boten fordert und dennoch seine eigentliche Wirkung allein in seiner eigenen Macht entfaltet.[5] So nennt er hier mit herzlicher Anerkennung Epaphras als den Mann, der für die Gemeinde in Kolossä besondere Bedeutung hat. Dabei stellt der „große“ Paulus den „kleinen“ Epaphras nicht unter sich, sondern als **„geliebten Mitsklaven“** des einen Herrn neben sich. Denn Epaphras ist **ein treuer Diener des Christus,** und diesem seinem Dienst verdanken die Kolosser ihr Bestes. Dabei wird dies „Mit-

[5] Anm. Wie tief recht hat Martin Luther mit seinem Rückblick auf die Reformation: „Während Magister Philippus und ich Wittenbergisch Bier getrunken haben, ist das Wort durch die Lande gegangen und hats gemacht.“ Und doch ist ebenso wahr: Wenn Luther und Melanchthon wirklich nur „Wittenbergisch Bier getrunken“ hätten, wäre die Reformation nicht geschehen.

sklave" einen ganz bestimmten Sinn haben. „Sklaven Jesu Christi" nennt Paulus nicht alle Christen, sondern nur die Männer, die ihr Leben unter Einsatz ihrer ganzen Existenz in den Dienst Jesu gestellt haben. Als „Mitsklave" ist Epaphras also „Mitarbeiter" des Paulus. Vermutlich ist er während der Wirksamkeit des Paulus in Ephesus von Kolossä aus unter die Verkündigung des Paulus gekommen und gläubig geworden. Im Auftrag des Paulus ist er nach Kolossä zurückgekehrt, um in seiner Heimatstadt den evangelistischen Dienst zu tun. Diese Vermutung wird noch wahrscheinlicher, wenn wir statt „ein treuer Diener Christi für euch" nach sehr guter Bezeugung „ein treuer Diener Christi für uns" lesen dürfen. Dann sieht Paulus in Epaphras geradezu seinen Vertreter in Kolossä, der die Arbeit dort ausdrücklich „für Paulus (und Timotheus)" getan hat. Epaphras seinerseits hat nicht ängstlich darüber gewacht, daß nur ja nicht der große Paulus in „seine" Gemeinde hineinwirke und sein Licht verdunkle. Er hat sich neidlos gefreut, daß die Kolosser Paulus lieben, nicht mit einer seelischen, an dem berühmten Menschen hängenden Liebe, sondern mit nur solcher, die der Heilige Geist wirkt.[6] Er hat die weite Reise zu dem gefangenen Paulus nicht gescheut, um ihm von der Liebe der Kolosser zu erzählen und für Nöte und Schwierigkeiten in der Gemeinde das klare, helfende Wort des Paulus zu erbitten. Wie vorbildlich ist das Verhalten dieser beiden Männer für uns. Wie anders sieht es oft zwischen „Reichsgottesarbeitern" aus! Am Schluß des Briefes 4, 12 erscheint Epaphras unter denen, die Grüße bestellen, und wir hören noch einmal, mit welch selbstlosem Einsatz er betend für die Gemeinde in Kolossä einsteht.

Apostolische Fürbitte erfleht kraftvolles Wachstum der Gemeinde

Kolosser 1, 9–14

9 **Darum auch wir, von dem Tage an, da wir es hörten, hören wir**
nicht auf, für euch zu beten und zu bitten, daß ihr erfüllt wer-
det mit der Erkenntnis Seines Willens in jeder Weisheit und Ein-
10 **sicht, wie der Geist sie gibt, * zu wandeln würdig des Herrn zu**
11 **allem Wohlgefallen, in jedem guten Werk fruchtbringend * und**
wachsend in der Erkenntnis Gottes, mit aller Stärke gestärkt nach

Zu Vers 9:
16* Eph 1, 15—17
17* Phil 1, 9
18* Eph 1, 8. 9. 17
Zu Vers 10:
19* 1 Th 2, 12
20* Eph 1, 8. 9. 17; 2, 10; 4, 1

[6] Anm. Dieses Verständnis der Stelle wird bestritten. Es sei hier nicht von der Liebe der Kolosser zu Paulus die Rede, das Wort „Liebe" („agape") bezeichne vielmehr den Christenstand als solchen. Es wäre aber doch auffallend, wenn Paulus, der eben für „Glaube, Liebe, Hoffnung" bei den Kolossern dankte, nun auf einmal den ganzen Christenstand in dem einen Wort „Liebe" ausgedrückt hätte. Der „Liebe" der Kolosser hatte er in den „Heiligen" ein klares Objekt gegeben, jetzt soll „Liebe" objektlos gebraucht sein. Das alles erscheint doch recht unwahrscheinlich.

16* Eph 1, 15—17: Das ist der Grund, weshalb ich auf die Kunde von eurem Glauben an den Herrn Jesus und von eurer Liebe zu allen Heiligen * mit der Danksagung für euch nicht aufhöre und in meinen Gebeten eurer mit Namensnennung gedenke: * Der Gott unsers Herrn Jesus Christus, der Vater der Herrlichkeit, wolle euch den Geist der Weisheit und der Offenbarung durch die Erkenntnis Seiner Selbst verleihen.

[21]* Phil 1, 27
[22]* 2 Pt 1, 2. 8
[23]* 1 Ko 1, 5
Zu Vers 11:
[24]* Eph 1, 18. 19; 3, 16
Zu Vers 12:
[25]* Eph 1, 17. 18
[26]* Apg 20, 32
[27]* 1 Pt 1, 4
Zu Vers 13:
[28]* Eph 2, 2
Zu Vers 14:
[29]* Eph 1, 7

der Kraft Seiner Herrlichkeit zu aller Geduld und Langmut, mit
12 Freuden * dankend dem Vater, der euch tauglich gemacht hat zum
13 Anteil am Erbe der Heiligen im Licht, der uns entrissen hat dem
Machtbereich der Finsternis und hat uns versetzt unter die Herr-
14 schaft des Sohnes Seiner Liebe, * in dem wir haben die Erlösung,
die Vergebung der Sünden.

So wie das Evangelium sofort seine Wirkung in Kolossä ausübte (Vers 6), so haben Paulus und Timotheus sofort mit der **Fürbitte** begonnen, sobald sie von der Gemeinde dort hörten. Es blieb aber nicht nur ein einmaliges Beten in der ersten Freude der neuen Nachricht. Sie **„hören seitdem nicht auf"**, fürbittend an Kolossä zu denken.

Was erbittet ein Apostel für eine Gemeinde? Bewahrung vor Druck, Not und Leid? Davon lesen wir kein Wort. Paulus weiß, durch viele Drangsale führt der Weg einer Gemeinde Jesu mit göttlicher Notwendigkeit (Apg 14, 22; 1 Th 3, 4). Aber das bewegt den Apostel, daß die junge Gemeinde in Kolossä nicht steckenbleibt in dem, was sie jetzt schon hat und ist. Gewiß, das war Gottes herrliches Werk im Evangelium in ihrer Mitte, und Paulus hat mit Timotheus zusammen von Herzen dafür gedankt (Vers 3). Aber Gott hat ja noch viel mehr und viel Größeres! Paulus kennt nicht die rasche Selbstzufriedenheit und die falsche Bescheidenheit, in der wir uns so leicht mit kümmerlichen Anfängen begnügen. Er teilt auch nicht unsere Angst vor dem „Perfektionismus", Gott hat die Fülle für uns, darum greift Paulus auch für Kolossä getrost nach dieser Fülle: **„erfüllt** mit Erkenntnis" – **„jede** Weisheit" – **„jede** Einsicht" – **„alles** Wohlgefallen" – **„jedes** gute Werk" – **„alle** Stärke" – so „perfektionistisch" betet Paulus. Und es ist ihm zweifellos ernst mit diesem Bitten.

[17]* Phil 1, 9: Und dahin geht mein Gebet, daß eure Liebe je länger desto mehr zunehme an Erkenntnis und allem Feingefühl.

[18]* Eph 1, 8. 9. 17: ... die Er uns durch Mitteilung aller Weisheit und Einsicht in überströmender Fülle hat zuteil werden lassen. * Er hat uns ja das Geheimnis Seines Willens kundgetan, nach Seinem freien Ratschluß, dessen Ausführung Er Sich vorgenommen hatte.

Vers 17. Der Gott unsers Herrn Jesus Christus, der Vater der Herrlichkeit, wolle euch den Geist der Weisheit und der Offenbarung durch die Erkenntnis Seiner Selbst verleihen.

[19]* 1 Th 2, 12: ... ermahnt und euch zugeredet und euch beschworen haben, ihr möchtet würdig des Gottes wandeln, der euch zu Seinem Reich und zu Seiner Herrlichkeit beruft.

[20]* Eph 1, 8: ... die Er uns durch Mitteilung aller Weisheit und Einsicht in überströmender Fülle hat zuteil werden lassen.

Eph 1, 17: ... der Gott unsers Herrn Jesus Christus, der Vater der Herrlichkeit, wolle euch den Geist der Weisheit und der Offenbarung durch die Erkenntnis Seiner selbst verleihen.

Eph 2, 10: Denn Sein Gebilde sind wir, in Christus Jesus geschaffen zu guten Werken, die Gott im voraus bereitgestellt hat, damit wir in ihnen wandeln könnten.

Eph 4, 1: So ermahne ich euch denn, ich, der Gefangene im Herrn: Wandelt würdig der Berufung, die an euch ergangen ist.

[21]* Phil 1, 27: Nur verwaltet die Gemeinde so, wie es der Heilsbotschaft Christi würdig ist; denn ich möchte, falls ich kommen sollte, an euch sehen oder, falls ich fernbleibe, über euch hören, daß ihr in einem Geist feststeht, indem ihr einmütig wie ein Mann für den Glauben an die Heilsbotschaft kämpft.

[22]* 2 Pt 1, 2. 8: Gnade und Friede möge euch in der Erkenntnis Gottes und unseres Herrn Jesus immer reichlicher zuteil werden.

Vers 8: Denn wenn diese bei euch vorhanden sind und beständig zunehmen, so lassen sie euch hinsichtlich der Erkenntnis unseres Herrn Jesus Christus nicht untätig und ohne Frucht bleiben.

Denn so, wie das Evangelium eine lebendige Größe ist, „fruchtbringend" und „wachsend" (Vers 6), so ist auch die von ihm ins Dasein gerufene Gemeinde ein lebendiger Organismus, der nicht stehenbleiben kann, der nicht nur notdürftig hinkümmern soll, sondern der selber **„Frucht bringen"** und **„wachsen"** darf. Ein mächtiges „Vorwärts! Weiter! Nicht stehenbleiben!" geht darum durch diesen Abschnitt.

Das ist der kennzeichnende Unterschied des apostolischen Gemeindelebens von unsern heutigen Zuständen. Es herrscht dort nicht jene Buß- und Elendsstimmung, die der Grundklang vieler unserer Gesangbuchlieder im Blick auf uns selbst zu sein pflegt. Ein freudiger und zuversichtlicher Ton erfüllt auch alle Mahnungen der Apostel. Falsche Selbstzufriedenheit aber wird nicht durch Schilderung der eigenen Sündhaftigkeit und des vielfältigen Versagens abgewehrt, sondern durch die klare Sicht des Zieles und den hellen Blick in die Größe der Aufgaben, die vor der Gemeinde liegen.

Von der **„Erkenntnis Seines Willens"** ist zuerst die Rede. Aber wieder dürfen wir das nicht als moderne intellektualistische Menschen unwillkürlich mißverstehen. Paulus hat **nicht** gemeint, die Kolosser möchten noch viel mehr Dogmatik und Ethik studieren, damit sie theologisch über Gott noch besser Bescheid wüßten. Ihm liegt an etwas ganz anderem, an dem, was uns neben aller Theologie oft so unwichtig erscheint: am **„Wandel"**, an der tatsächlichen Gestaltung des ganzen Lebens. Dabei ist Paulus, der tiefe Kenner des menschlichen Elends, offenbar in keiner Weise gehemmt durch die uns geläufige Überzeugung, daß wir ja doch dieselben armen, elenden Sünder bleiben und also auch in unserm Wandel nur lauter Versagen und Sünde zustande bringen. Er will – und jedes echte Gebet ist ein entschlossener Wille! –, daß das Leben der Kolosser dem herrlichen Herrn entspricht, der sie berufen hat. Weil Jesus für Paulus nicht eine ferne theoretische Größe war (s. o. zu Vers 4), sondern ein per-

[23]* 1 Ko 1, 5: Ihr seid ja in Ihm an allem reich geworden, an aller Redegabe und aller Erkenntnis.

[24]* Eph 1, 18. 19: ... euren Herzen erleuchtete Augen, damit ihr begreift, welche Hoffnung ihr infolge Seiner Berufung habt, wie groß der Reichtum Seines herrlichen Erbes bei den Heiligen ist, * und wie überschwenglich Seine Kraft sich an uns, den Gläubigen, erweist, nämlich die mit gewaltiger Macht sich betätigende Stärke.

Eph 3, 16: Er wolle euch nach dem Reichtum Seiner Herrlichkeit verleihen, durch Seinen Geist am inwendigen Menschen mit Kraft ausgerüstet zu werden.

[25]* Eph 1, 17. 18: ... der Gott unsers Herrn Jesus Christus, der Vater der Herrlichkeit, wolle euch den Geist der Weisheit und der Offenbarung durch die Erkenntnis Seiner Selbst verleihen, * euren Herzen erleuchtete Augen, damit ihr begreift, welche Hoffnung ihr infolge Seiner Berufung habt, wie groß der Reichtum Seines herrlichen Erbes bei den Heiligen ist.

[26]* Apg 20, 32: Und nunmehr befehle ich euch Gott und dem Wort Seiner Gnade, das die Kraft besitzt, aufzubauen und das Erbe zu verleihen unter allen, die sich haben heiligen lassen.

[27]* 1 Pt 1, 4: ... zu einem unvergänglichen, unbefleckten und unverwelklichen Erbe, das im Himmel aufbewahrt ist für euch.

[28]* Eph 2, 2: ... in denen ihr einst wandeltet, abhängig vom Zeitgeist dieser Welt, abhängig von dem Machthaber, der die Gewalt über die Lust hat, von dem Geist, der gegenwärtig in den Söhnen des Ungehorsams wirksam ist.

[29]* Eph 1, 7: In diesem haben wir die Erlösung durch Sein Blut, nämlich die Vergebung unserer Übertretungen nach dem Reichtum Seiner Gnade.

sönlicher lebendiger Herr, „in“ dem die Kolosser lebten, darum stand Jesus für seinen Blick auch nicht wie ein Götzenbild starr und unberührt über den Gemeinden, sondern sah und kannte alles Tun und Lassen auch der Kolosser und hatte Wohlgefallen oder Mißfallen daran. Paulus hält ein Gemeindeleben für denkbar, an dem Jesus ein **volles Wohlgefallen** hat! Wie könnte er es sonst ernstlich erbitten?

Und nun scheut sich Paulus, der klare Bote der Rechtfertigung allein durch den Glauben, nicht im geringsten, kräftig von guten Werken zu sprechen! Er mutet es einer Gemeinde zu, daß sie nicht nur hier und da einmal, sondern **„in jedem guten Werk“** Frucht bringt. Also ganz bestimmte, konkrete Dinge hat die Gemeinde in Kolossä fort und fort zu tun. Da kann es im Gemeindeleben keine Langeweile geben; da kann nicht einige Zeit nach der ersten Freude der Bekehrung die enttäuschte und verdrossene Frage aufkommen: Und was nun? Sind die schönen Blütenblätter des Frühlings abgefallen, dann arbeitet der Baum still an hundert Früchten.

Aber dazu gehört **„Erkenntnis Seines Willens“**. Wieso? Kennen wir nicht Gottes Willen aus den Zehn Geboten? Ist nicht Sein Wille immer der gleiche? Gott ist in sich selbst der Ewige mit einem unabänderlichen Willen, der unfehlbar Sein letztes Ziel erreichen wird. Aber Er ist der Gott, der immer neu das Heute der Geschichte bestimmt und darin jeweils neu für jede Gemeinde und jedes ihrer Glieder konkret bestimmt, was Sein guter und gnädiger Wille jetzt und hier und in dieser Sache ist. Sein Auftrag war für Paulus ein anderer als für Petrus und wieder ein besonderer für Johannes. Eine Gemeinde heute hat andere Aufgaben als eine Gemeinde im Jahre 1525 in der damaligen Lage. Darum ist der Wille Gottes jeweils immer neu zu erfassen, nicht nur ungefähr und ein wenig, sondern ganz und voll. Dazu gehört wachsend und immer neu („jede“) **„Weisheit“**, die die Zusammenhänge der göttlichen Pläne durchschaut, und **„Einsicht“**, die die gegebene Lage zu beurteilen und die rechten Mittel zu dem jetzt nötigen guten Werk zu finden weiß. Das ist aber gerade nicht Weisheit und Einsicht, wie sie der Mensch von Natur in sich selbst besitzt.[7] Mit „fleischlicher“ Weisheit und menschlicher Geschicklichkeit würden wir Gottes Willen verfehlen. Wehe, wenn eine Gemeinde sich davon leiten läßt! Wir bedürfen der Weisheit und der Einsicht, die allein **„der Geist Gottes gibt“**. Darum erbittet sie der Apostel für die Gemeinde.

So kommt es zu einer Praxis des Gemeindelebens, die Frucht bringt durch jedes gute Werk. Umgekehrt kommt es aber gerade erst durch solche Praxis und nicht allein am Schreibtisch zu einem **Wachsen in der Erkenntnis Gottes**. Denn Gott ist nicht ein „Problem“ und nicht

[7] Anm. Wir tun gut, uns zu überzeugen, wie tief diese „griechisch“ klingenden Worte „Weisheit“, „Erkenntnis“, „Einsicht“ im Alten Testament wurzeln: 2 Mo 31, 3; 5 Mo 4, 6; 34, 9; 2 Chro 1, 10; Ps 49, 4; 111, 10; Jes 11, 2. Was aber im Alten Bund vielfach noch Sehnsucht und Verheißung bleibt, das ist in der Gemeinde Jesu in vollem Maße verwirklicht. In ihr wohnt der Heilige Geist, „der Quell, draus alle Weisheit fließt“.

ein „Dogma", sondern lebendiger Wille, dessen ich erst handelnd in wachsendem Maße inne werde. Darum haben in geistlichem Tun und Leiden geübte und gereifte Laien immer wieder eine wahrere Erkenntnis Gottes gehabt als mancher Theologe mit seinen vielen Büchern.

Wir meinen es der rechten Demut schuldig zu sein, daß wir gar nicht genug unsere Schwachheit und Ohnmacht betonen können. Paulus dagegen ersehnt und erfleht sich eine starke Gemeinde. Gewiß kann sie nicht stark sein in sich selbst. Aber sie hat es ja unmittelbar zu tun mit einem Gott, von dem sie anbetend sagt: „Dein ist die Kraft und die Herrlichkeit." Und **„nach der Kraft Seiner Herrlichkeit"** soll auch sie **„mit aller Stärke gestärkt werden"**. Es ist wahrlich kein Ruhm für Gott, wenn Seine Gemeinde kraftlos und ohnmächtig ist und in allen Anforderungen versagt. Das ist nicht „würdig des Herrn"! Darum will und erbittet Paulus auch in Kolossä eine kraftvolle Christenheit.

Diese Stärke zeigt sich freilich ganz anders als die Kraft, die die Welt bewundert. Nicht das Draufgängertum, nicht das Dreinschlagen, nicht die Faust auf dem Tisch kennzeichnen sie, sondern im Gegenteil **„Geduld"** und **„Langmut"**. Auch hier wieder nicht ein wenig, ein Anflug davon, sondern „alle" Geduld und Langmut, die nötig ist. Wir treffen hier auf einen Grundzug der neutestamentlichen Ethik, der in allen Briefen wiederkehrt. Von den Zehn Geboten ist in ihnen auffallend wenig die Rede; aber „Freundlichkeit, Demut, Sanftmut, Geduld", darum geht es immer wieder. So wie die ganze weltüberwindende Stärke des Herrn der Herrlichkeit gerade darin sich offenbarte, daß Er litt und Sein Kreuz trug und für Rebellen und Feinde starb, so liegt auch die Stärke Seiner Gemeinde in dem „Darunterbleiben" und dem „langen Atem", mit dem sie im Haß der Welt aushält, ohne feige zu fliehen oder in Zorn und Bitterkeit zu fallen. So zeigt sie, daß sie stärker ist als die Welt. So ist sie ihres Herrn würdig und findet sein ganzes Wohlgefallen. Dulden, tragen, vergeben, Feinde lieben – das ist freilich unsagbar schwer. Alle natürliche Kraft, alles menschliche Heldentum wird hier zuschanden. Aber die Gemeinde darf mit der Stärke rechnen, die ihr nach der Kraft der göttlichen Herrlichkeit zuteil wird, wie und weil sie für sie erbetet wird.

Daß sie nicht nur mühsam mit den ihr gestellten Aufgaben fertig wird, sondern „mit aller Stärke gestärkt" dasteht, das zeigt sich besonders darin, daß sie auch unter Arbeit, Kampf und Last eine fröhlich dankende Gemeinde bleibt und **„mit Freuden dem Vater dankt"**. Wie kann sie das? Sie hat immer und auf jeden Fall reichen Grund zum Danken, weil ihr Leben durch Gott völlig verwandelt ist. Das zeigt sich mächtig an allen drei Zeiten, in die unsere Lebenszeit sich gliedert, an Vergangenheit, Gegenwart und Zukunft.

Dunkel liegt die Zukunft vor den Menschen. Wohl übermalt er dies Dunkel mit seinen Hoffnungen und Erwartungen, aber er weiß es im Grunde nur zu gut, wie seine Illusionen immer wieder in Enttäuschung enden. Und hinter all seinen Plänen wartet auf ihn das Altern, der Verfall, das Sterben, das große Dunkel, das Nichts. Für „uns" aber ist es total anders geworden. Wir haben eine leuchtende Zukunft, denn dort liegt **„das Erbe der Heiligen im Licht"**.[8] Wir haben es uns nicht ausgedacht, wir müssen es uns nicht mit ungewissen Mühen erringen oder verdienen. Wir haben den völlig gewissen **„Anteil"** daran, weil Gott selbst uns **„tauglich gemacht hat"** dazu. Paulus kennt eine klare und bestimmte Heilsgewißheit und hält sie offenbar nicht für „pharisäisch". Er ist auch offenbar nicht der Meinung, daß dieser Anteil am Erbe der Heiligen durch das kommende Weltgericht ein sehr fraglicher sei. Er stellt fest, daß eine Gemeinde der Glaubenden sich mit jubelnder Dankbarkeit zu diesem Lichterbe tauglich gemacht wissen darf. Darum brauchen wir auch nicht mehr angstvoll und gierig zu sehen, wo es in dieser Welt etwas zu „erben" gibt. Wir sind aus dem Neiden, Jagen und Streiten befreit und können mit jeder Geduld und jeder Langmut verzichten, entbehren und fortgeben. Ist das nicht zum Danken?

Aber das Christentum ist nicht etwa „Vertröstung aufs Jenseits". Anders und neu wurde auch unsere Gegenwart, dieser so entscheidende haarfeine Strich, der zwischen dem liegt, was schon wieder vergangen, und dem, was noch nächster Augenblick der Zukunft ist. In diesem „Jetzt" geschehen unsere Taten und fallen unsere Entscheidungen. „Jetzt" spreche ich das gute oder ungute Wort, „jetzt" tue ich die hilfreiche oder schädliche Tat, „jetzt" versäume ich den unwiederbringlichen Augenblick. Von Natur stehen wir dabei alle im **„Machtbereich der Finsternis"**, so wahr der Teufel der „Fürst dieser Welt", ja der „Gott dieses Äons" ist. In der Ausnutzung des Jetzt, in unseren Gedanken und Worten, Taten und Unterlassungen sind wir Sklaven des Feindes. Wer sich selbst wirklich kennengelernt hat, weiß, daß das nicht eine empörende Verleumdung des Menschen, sondern schreckliche Wahrheit ist. Diese Sklaverei braucht durchaus nicht derb und roh zu sein, sie hat ihre feinen und „edlen" Formen. Sie kennt goldene Ketten und Fesseln, die unsichtbar auch auf den Höhen von Wissenschaft, Kunst und Sittlichkeit ihre Opfer unzerreißbar binden. Wir müssen hier auch in besonderer Weise an das Netz von Aberglauben und Zauberei denken, in dem gerade heute die modernen Menschen in Scharen gefangen sind. Kartenlegen, Horoskop, Astrologie, Wahrsagerei, Besprechen, Spiritismus, die Glücksfigur in Auto und Flugzeug – gerade auch das ist „Machtbereich der Finsternis".

[8] Anm. Zunächst war Kanaan, das „gelobte Land", das „Erbe", das vor dem Volk auf der Wüstenwanderung lag, das „Land, da Milch und Honig fließt" (5 Mo 12, 10). Die Leviten und Priester aber dürfen es schon lernen, auf einen Anteil an diesem irdischen Erbgut zu verzichten und ihr „Erbe" weit höher zu suchen: in dem lebendigen Gott selbst (5 Mo 10, 9; 18, 1. 2; Hes 44, 28). Gott aber ist strahlendes Licht, vor dem Sonne und Mond erbleichen (Jes 2, 5; 60, 1. 2; 60, 19). Die neutestamentliche Gemeinde als ein wahres Volk von Priestern begehrt keine irdischen Erfüllungen mehr, sondern sieht vor sich das „Erbe der Heiligen im Licht".

Kein eigenes Wollen und Ringen, keine verzweifelten Anstrengungen, keine bitteren Tränen und guten Vorsätze machen uns frei. Gerade der redliche und tapfere Kämpfer erfährt die Wahrheit von Rö 7, 19. Mit Vollmacht müssen wir **„dem Machtbereich der Finsternis entrissen“**[9] werden. Das hat Gott getan! Aber nicht um uns nun uns selbst zu überlassen. Wie wenig wäre uns damit geholfen. Nein, Er hat uns **„unter die Herrschaft des Sohnes Seiner Liebe versetzt“**. Welch ein Existenzwandel ist das! Und das ist nicht eine vage Möglichkeit, nicht eine unsichere Zukunftsaussicht, das ist Realität! Christwerden ist ein realer völliger Herrschaftswechsel. So schildert Paulus in Apg 26, 18 vor dem König Agrippa die Bekehrung der Menschen als das Ziel des Auftrages, den er von Jesus erhalten hat. Wie wunderbar, nicht mehr dem kalten, grausamen Feinde fronen zu müssen, sondern dem geliebten Sohn Gottes dienen zu dürfen. Das gibt ein ganz neues fruchtbares und gesegnetes „Jetzt“. Unerschöpflich und täglich neu steigt dafür der frohe Dank zum Vater empor!

Aber schleppe ich nicht die Last meiner Vergangenheit unabänderlich mit? Es ist das Eigentümliche dieser Zeitform, daß sie wirklich „vorbei“ ist, daß wir sie nur noch in Bildern der Erinnerung haben. Aber eben darum ist sie auch unabänderlich, unverbesserlich. Und was dort hinten in der Vergangenheit liegt, das wirkt noch aufs stärkste in unser Leben hinein nach. Das merken wir besonders an unserer – Schuld! Welche Last von Schuld schleppt jeder Mensch aus seiner Vergangenheit mit. Gerade der moderne Nervenarzt und Psychologe weiß es, wieviel „Nervosität“, wieviel Mißstimmung, Schwermut und Krankheit Folge dieses Lastenschleppens ist. Ich kann aber diese Last auch nicht selber abwerfen. Alles Vergessenwollen der Schuld wird höchstens ein „Verdrängen“, und eben dies führt erst recht zu schweren nervlichen und seelischen Störungen. Wer aber zu jenem „Sohn Seiner Liebe“ kam, der erfährt es, daß wir in Ihm **„die Erlösung, die Vergebung der Sünden haben“**. Welch ein unaussprechliches, befreiendes Geschenk! Frage die berühmtesten Wissenschaftler der Welt, ob sie ein Mittel zur Befreiung von der Schuld kennen, frage die großen Künstler, ob sie Schuld aus dem Gewissen wegmusizieren oder wegmalen oder wegdichten können; frage die Reichen und Mächtigen dieser Erde, ob die Last der Schuld vor Goldschätzen oder Panzerarmeen weicht – du fragst vergeblich. In Jesus findest du, wonach dein Herz dürstet, und du findest es nicht nur als Möglichkeit, als unbestimmte Vertröstung, sondern als ganze, selige Wirklichkeit jetzt und hier: **„in dem wir ... haben!“** Ist das nicht Grund zum Loben und Danken, auch in der schwersten Lage, auch am dunkelsten Tag? Und erwächst nicht daraus wieder „alle Geduld“, „alle Langmut“, die andere so aufnehmen kann, wie Christus uns aufgenommen hat?

[9] Anm. Dieses „der entrissen hat“ steht mit dem gleichen Wort wie hier in der griechischen Übersetzung des Alten Testaments an den Stellen, an denen wir in unserer Lutherbibel „Erlöser“ lesen; Jes 44, 6; 47, 4; 48, 17; 49, 7. 26; 54, 5. Auch an Stellen wie Ps 18, 17. 20 finden wir dasselbe Verbum. Die Errettung Israels aus Ägypten ist das große alttestamentliche Vorbild.

Damit ist Paulus bereits zu dem Thema übergegangen, das ihm gerade im Blick auf die Fragen und Irrungen in Kolossä von entscheidender Bedeutung ist. Wollen die Kolosser ein klares eigenes Urteil gewinnen über die „Heiligungsbestrebungen“, die eifrig an sie herangetragen werden und die ihnen ein „vollkommeneres“ Christentum verheißen, dann müssen sie sehen

Wie groß Jesus ist!

Kolosser 1, 15–20

15 Er ist das Bild Gottes, des unsichtbaren, Erstgeborener aller
16 Schöpfung, * weil in Ihm alles in den Himmeln und auf der Erde
geschaffen wurde, das Sichtbare und das Unsichtbare, es seien
Throne oder Herrschaften oder Mächte oder Gewalten; alles ist
17 durch Ihn und zu Ihm hin geschaffen, * und Er ist vor allem, und
alles hat in Ihm seinen Bestand.
18 Und gerade Er ist das Haupt des Leibes, der Gemeinde. Er ist
Anfang, Erstgeborener aus den Toten, damit in allem Er Erster
19 würde. * Denn in Ihm gefiel es Gott, die ganze Fülle wohnen zu
lassen (oder: in Ihm beschloß die ganze Fülle Wohnung zu neh-
20 men) * und durch Ihn alles zu versöhnen zu Ihm hin, indem Er
Frieden machte durch das Blut Seines Kreuzes, durch Ihn, ob es
auf der Erde oder in den Himmeln ist.

Zu Vers 15:
30* 2 Ko 4, 4
31* 1 Tim 1, 17
32* Offb 3, 14
Zu Vers 16:
33* Jo 1, 3. 10
34* 2 Ko 4, 18
35* Eph 1, 10. 21
Zu Vers 17:
36* Spr 8, 25—27
37* Eph 1, 22
38* Hbr 1, 3
Zu Vers 18:
39* Kol 1, 15
40* Eph 1, 23
41* Rö 8. 29
42* 1 Ko 15, 20
43* Offb 1, 5; 3, 14
44* Apg 26, 23
Zu Vers 19:
45* Kol 2, 9
46* Eph 1,23; 4, 10
47* Jo 1, 16
Zu Vers 20:
48* 2 Ko 5, 19
49* Eph 1, 7. 10; 2, 13
50* 1 Jo 2, 2

Unser Schreiben ist ein echter Brief. Paulus dachte beim Diktieren nicht daran, ein Stück zeitlose „Bibel“ zu schreiben. Er dachte nicht daran, daß 1900 Jahre später Menschen in Deutschland, Amerika oder Australien diese Worte lesen sollten. Die Kolosser hatte er vor Augen und im Herzen. Mit allem, was er von ihnen, gerade auch von ihren Fragen und Schwierigkeiten gehört hatte, war er innerlich beschäftigt. Ihnen wollte er Antwort geben, ihnen über Gefährdungen ihres Glaubenslebens hinweghelfen. Auf ihre innere Lage, auf ihre Probleme geht er ein. Die Kolosser leben in ihrer Zeit und Umwelt. Damals in der ausgehenden Antike gab es wie heute bei uns

30* 2 Ko 4, 4: . . . weil in ihnen der Gott dieser Weltzeit das Denkvermögen der Ungläubigen verdunkelt hat, damit ihnen das helle Licht der Heilsbotschaft von der Herrlichkeit Christi, der das Ebenbild Gottes ist, nicht leuchte.

31* 1 Tim 1, 17: Ihm aber, dem Könige der Weltzeiten, dem unvergänglichen, unsichtbaren, alleinigen Gott, sei Ehre und Verherrlichung in alle Ewigkeiten! Amen.

32* Offb 3, 14: Und dem Engel der Gemeinde in Laodikäa schreibe: So spricht Der, welcher Amen ist, der treue und wahrhaftige Zeuge, der Anfang der Schöpfung Gottes.

33* Jo 1, 3. 10: Alle Dinge sind durch dieses (Wort) geworden, und ohne dieses ist nichts geworden, was geworden ist.

Vers 10: . . . es war in der Welt, und die Welt war durch Ihn geschaffen worden, doch die Welt erkannte Ihn nicht.

34* 2 Ko 4, 18: . . . weil wir den Blick nicht auf das Sichtbare, sondern auf das Unsichtbare richten: Denn das Sichtbare ist zeitlich, das Unsichtbare aber bleibet ewig.

35* Eph 1, 10. 21: . . . sobald die Zeiten zum Vollmaß der von Ihm geordneten Entwicklung gelangt wären: Er wollte in Christus als dem Haupt alles einheitlich zusammenfassen, was in den Himmeln und was auf der Erde ist.

eine Fülle von „Weltanschauungen“. Wie heute konnte man damals eine Menge weltanschaulicher, philosophisch-religiöser Vorträge hören und Schriften mancher Art lesen. Bestimmte Begriffe und Vorstellungen, Kernworte und oft auch Schlagworte faszinierten die Menschen. Von dem allen waren die Christen in Kolossä nicht unberührt geblieben. Vielleicht waren sie vor ihrer Bekehrung selber suchende Menschen gewesen und trugen von daher manche Fragen und Anschauungen in sich. Oder sie stießen auf die weltanschaulichen Gedankengänge ihrer Zeit, wenn sie mit andern vom Evangelium zu sprechen begannen. Genügte denn vor all diesen Problemen und Anschauungen das „einfache“ Evangelium? Konnte Jesus, in dem ihr Glaube wurzelte, bestehen in diesem Kreuzfeuer der Weltanschauungen? Es gab in der Gemeinde selber offenbar Männer, die diese Frage mit Nein beantworteten und die darum die Jesusbotschaft durch bestimmte Gedankengänge und Vorstellungen der Zeit zu ergänzen und zu „vervollkommnen“ suchten. Darum geht nun Paulus in seinem Brief auf diese Fragen ein. Freilich nicht in Form der Diskussion! Über das Evangelium kann man nicht „diskutieren“! Das errettende Tun des heiligen, lebendigen Gottes kann und darf niemals Gegenstand menschlicher Diskussion sein! Aber er nimmt die Begriffswelt jener Weltanschauungen auf und zeigt den Kolossern, die davon bewegt und beunruhigt waren, in den Worten und Ausdrücken ihrer Umwelt, wie groß Jesus ist: so groß, daß sie auch vor den Weltanschauungsproblemen ihrer Zeit und Welt nichts anderes brauchen als Ihn und in Ihm die lebendige Antwort auf alle ihre Fragen haben.

Ist dann aber nicht dieser Teil des Briefes für uns einigermaßen wertlos geworden? Ist nicht ein echter Brief so zeitbedingt, daß er eigentlich nur seinen ursprünglichen Empfängern verständlich ist

Vers 21: ... hocherhaben über jede Herrschaft und Gewalt, über jede Macht und Hoheit, überhaupt über jeden Namen, der nicht nur in dieser, sondern auch in der zukünftigen Weltzeit genannt wird.

[36*] Spr 8, 25–27: Bevor die Berge eingesenkt waren, vor den Hügeln bin ich geboren worden, * als Er die Erde und die Fluren noch nicht geschaffen hatte und die ersten Schollen des Erdreichs. * Als Er den Himmel baute, war ich dabei, als Er das Himmelsgewölbe feststellte über der weiten Urflut.

[37*] Eph 1, 22: Ja, alles hat Er Ihm zu Füßen gelegt und hat Ihn zum alles überragenden Haupt gemacht für die Gemeinde.

[38*] Hbr 1, 3: Dieser ist der Abglanz Seiner Herrlichkeit und die Ausprägung Seines Wesens und trägt das Weltall durch sein Allmachtswort; Er hat Sich, nachdem Er die Reinigung von den Sünden vollbracht hat, zur Rechten der Erhabenheit in den Himmelshöhen gesetzt.

[39*] Kol 1, 15: Er ist ja das Ebenbild des unsichtbaren Gottes, der Erstgeborene aller Schöpfung.

[40*] Eph 1, 23: ... die Sein Leib ist, die Fülle dessen, der alles in allen erfüllt.

[41*] Rö 8, 29: Denn die, welche Er zuvor ersehen hat, die hat Er auch im voraus dazu bestimmt, dem Bilde Seines Sohnes gleichgestaltet zu werden: Dieser sollte eben der Erstgeborene unter vielen Brüdern sein.

[42*] 1 Ko 15, 20: Nun aber ist Christus von den Toten auferweckt worden als Erstling der Entschlafenen.

[43*] Offb 1, 5: ... und von Jesus Christus, dem treuen Zeugen, dem Erstgeborenen der Toten und dem Herrscher über die Könige der Erde!

Offb 3, 14: Und dem Engel der Gemeinde in Laodikäa schreibe: So spricht Der, welcher Amen ist, der treue und wahrhaftige Zeuge, der Anfang der Schöpfung Gottes.

[44*] Apg 26, 23: ... nämlich ob Christus zum Leiden bestimmt sei und ob Er als Erstling unter den vom Tode Auferstandenen sei, sowohl dem Volk als auch den Heiden das Licht verkünden solle.

[45*] Kol 2, 9: Denn in Ihm wohnt die ganze Fülle der Gottheit leibhaftig.

und 1900 Jahre später nur noch mit Mühe und unzulänglich verstanden werden kann? Interessiert er nicht höchstens noch den Altertumsforscher, der sich in Jahren eines Gelehrtenlebens jene vergangene Welt einigermaßen rekonstruieren konnte? Müßten nicht auch wir jetzt erst einmal versuchen, uns in die Weltanschauungen jener Zeit hineinzudenken?

Es ist das mit keiner Theorie zu erfassende Wunder der Bibel, daß diese echten, konkret für ganz bestimmte Empfänger in einer ganz bestimmten Lage geschriebenen Briefe dennoch zu Menschen aller Zeiten, aller Völker, aller Klassen und aller Lebenslagen unmittelbar geredet haben und noch reden! Der Kolosserbrief ist auch in diesem unserm Abschnitt gelesen worden im Altertum, im Mittelalter, in der Neuzeit und heute, ist gelesen worden in Europa und in Afrika, von Eskimos und von Indern. Und er ist von ihnen nicht als unverständlich und nutzlos beiseite gelegt worden, sondern hat mit göttlicher Kraft ihnen das rechte Verständnis Jesu erschlossen. Er wird diesen Dienst auch an uns tun, auch wenn wir die Gedankenwelt, in der jene Kolosser lebten, nicht kennen.

Denn auch wir in einer ganz andern weltanschaulichen Lage stehen vor der gleichen Frage, ob denn das „einfache" Evangelium von Jesus in all den geistigen Problemen, in all dem religiösen Suchen unserer Zeit und Welt genüge. Auch bei uns hat man versucht, dieses Evangelium durch allerlei Zusätze und Erweiterungen, durch philosophische und religiöse Umdeutungen und Umformungen „modern" und „wirksam" und „vollkommen" zu machen. Sollen wir diesen Versuchen folgen, oder dürfen wir es weiter mit freudiger Überzeugung sagen: „Drum auch, Jesu, Du alleine sollst mein ein und alles sein"?

Dann brauchen wir einen g r o ß e n Jesus! Welch kleinen Jesus haben wir oft. Wie reden wir manchmal vom „lieben Heiland" so hin, als wäre Er fast unsresgleichen und als wäre Sein Erlösungswerk nur eben eine kleine Freundlichkeit. Welch kleinen Jesus haben wir oft auf den Bildern vor Augen, einen Jesus, dem man es nicht zutrauen kann, daß vor Ihm die Dämonen zittern, die Pforten des Totenreichs aufspringen und Sturm und Wogen verstummen!

46* Eph 1, 23: . . . die Sein Leib ist, die Fülle dessen, der alles in allen erfüllt.
Eph 4, 10: Er, der hinab gestiegen ist, ist derselbe, der hoch über alle Himmel hinaus aufgestiegen ist, um das ganze Weltall zu erfüllen.

47* Jo 1, 16: Aus Seiner Fülle haben wir ja alle empfangen, und zwar Gnade über Gnade.

48* 2 Ko 5, 19: Denn Gott war in Christus und hat die Welt mit Sich versöhnt, indem Er ihnen die Übertretungen nicht anrechnete und in uns das Wort von der Versöhnung niedergelegt hat.

49* Eph 1, 7. 10: In diesem haben wir die Erlösung durch Sein Blut, nämlich die Vergebung unserer Übertretungen, nach dem Reichtum Seiner Gnade.
Vers 10: . . . sobald die Zeiten zum Vollmaß der von Ihm geordneten Entwicklung gelangt wären: Er wollte in Christus als dem Haupt alles einheitlich zusammenfassen, was in den Himmeln und was auf der Erde ist.
Eph 2, 13: Jetzt aber in Christus Jesus seid ihr, die ihr ehedem in der Ferne standet, durch das Blut Christi zu Nahestehenden geworden.

50* 1 Jo 2, 2: Und Er ist die Versöhnung für unsere Sünden, aber nicht nur für die unsrigen, sondern auch für die ganze Welt.

Wer aber ist in Wahrheit Er, „in dem wir die Erlösung, die Vergebung der Sünden haben"?

„Er ist das Bild Gottes, des unsichtbaren!"[10] Die Unsichtbarkeit Gottes, das ist die religiöse Not. Darum kann man an Gott zweifeln und Gott leugnen. Darum gibt es in allen Religionen der Welt die unzähligen „Bilder" von Gott, die gemalten und die geschnitzten und gegossenen und die aus Marmor gehauenen, die aus Gedanken und Begriffen zurechtgemachten, die rohen und die edlen. Aber noch keines hat dem suchenden und fragenden Menschen genügt. „Zeige uns den Vater, so genüget uns!" (Jo 14, 8), das ist der Schrei des Menschenherzens. Gott aber hat dies Suchen und Schreien nicht unerhört gelassen. Er hat ein Bild, das Ihm vollkommen entspricht, den „Sohn Seiner Liebe". Und dies Bild hat Er uns in Menschengestalt geschenkt in Jesus. „Wer Mich sieht, der sieht den Vater; wie sprichst du denn: Zeige uns den Vater?" (Jo 14,9.) So groß ist Jesus!

Ermessen wir, was das für uns bedeutet? Nun kennen wir wahrhaft Gott und sehen Ihm in Sein Herz! Der Neger in Zentralafrika, der nicht lesen und schreiben kann, der aber Jesus kennt, weiß von Gott tausendmal mehr als die großen Denker ohne Jesus in ihren tiefsten philosophischen Werken!

Wie grundlegend unterscheidet sich freilich diese frohe Botschaft von aller philosophischen Spekulation. Dem Denker gehört die Unsichtbarkeit Gottes zu Seinem „Wesen". Für ihn scheint es ganz in der Ordnung, daß Gott unsichtbar und verborgen ist. Darum grübelt er über Wege nach, wie man zu diesem unsichtbaren Gott dennoch in Beziehung treten könne. In der damaligen Zeit war es die Fülle der Zwischenwesen, der Engel- und Geistermächte, die den Abgrund zwischen dem unerreichbaren Gott und der Schöpfungs- und Menschenwelt überbrücken sollte. Die biblische Botschaft aber sagt dem Menschen die erschreckende Wahrheit, daß diese Verborgenheit Gottes gar nicht „in Ordnung" ist, daß sie vielmehr das Zeichen einer Katastrophe, des Sündenfalles ist. Erst unsere Sünde hat Gott zu dem „unsichtbaren" Gott gemacht. An unserer religiösen Not tragen wir selbst die Schuld, sie ist nicht im „Wesen" Gottes begründet. Das ist freilich keine Wahrheit mehr zum bloßen Denken und zum Bau weltanschaulicher Systeme. Das ist eine Wahrheit, die das Gewissen trifft und nur von erwachten und erschreckten Gewissen aufgenommen werden kann.

Diese Wahrheit bestimmt die Eigenart der mächtigen Sätze, die wir hier miteinander lesen. Diese Sätze sehen aus wie philosophische Aussagen über Gott und Welt, wie „kosmologische" Spekulationen. Aber diese „Kosmologie" ist in Wahrheit lauter „Soteriologie", lauter Heilslehre. Der den unsichtbaren Gott uns zurückschenkt, weil

[10] Anm. Beachten wir die kühne Paradoxie: Kann es von einem „Unsichtbaren" denn ein „Bild" geben? In dieser Paradoxie wird uns die ganze Größe des Geschenkes deutlich, das uns Gott in Jesus gemacht hat. Nun gehört schon satanische Verblendungskunst dazu, wenn wir dies Bild des Unsichtbaren in seinem hellen Licht nicht mehr sehen (2 Ko 4, 4)!

Er als „Sein Bild“ zu uns kommt, das ist nicht wie im zeitgenössischen Denken jener Tage eine große geistige Wesenheit (der „Logos“, die „Weisheit“), sondern Er ist es, „in dem wir haben die Erlösung, die Vergebung der Sünden“. Er, der „Frieden machte durch das Blut Seines Kreuzes“. Die Aussagen über Jesu wahres Wesen, über Sein Verhältnis zu Gott, über Seinen Anteil an der Schöpfung werden nicht um ihrer selbst willen als philosophische Erkenntnisse gemacht, sondern zielen alle auf das Erlösungswerk und wollen seine weltumfassende Größe, seine absolute Allgenugsamkeit dartun.

Er ist **„Erstgeborener aller Schöpfung“.** Paulus denkt hier nicht wie später das Nizänische Glaubensbekenntnis an den Unterschied des von Gott **„Geborenen“** zu allem von Gott nur **„Geschaffenen“.** Er sieht auf das Vorrecht und die Stellung des „Erstgeborenen“ unter allen andern Kindern und vergleicht damit das Verhältnis Jesu zu allem, was geschaffen ist.[11] Aber er fügt sofort noch etwas Gewaltiges und Erstaunliches hinzu. Die Erstgeburt verleiht wohl große Vorrechte, hebt aber nicht völlig aus der Schar der Geschwister heraus. Jesus aber ist nicht ein Geschöpf unter anderen, wenn auch das höchste und bevorzugteste. Jesus, das Bild Gottes, gehört auf die Seite des Schöpfers, wesensmäßig geschieden von allem, was nur Schöpfung ist. Jesus ist an der Schöpfung beteiligt, Jesus selbst ist Schöpfer!

„Alles ist durch Ihn und zu Ihm hin geschaffen.“ Wissen wir das eigentlich? Bedenken wir es? Wenn wir nachts in den Weltraum hinausblicken und Ozeane von Sonnen über uns sehen – durch Jesus und für Jesus ziehen diese ungeheuren Glutbälle ihre Bahn. Aber auch die kleine Blume im Wald, die niemand sieht und beachtet – durch Jesus und für Jesus blüht sie. So groß ist Jesus! Denken wir daran, wenn wir betend den Namen Jesu nennen, daß wir nun zu Dem reden, in dem **„alles in den Himmeln und auf der Erde geschaffen wurde, das Sichtbare und das Unsichtbare“?** Wird nicht zugleich diese uns oft so unheimliche Welt vertrauter und heimischer für uns, weil wir es nun wissen dürfen, daß wir uns im schöpfungsmäßigen Eigentum unseres herrlichen Heilands bewegen? Und hat nicht deshalb jener Matrose recht, der sagte: „Das Meer, in das mein Leib versinkt, ist auch nur die hohle Hand meines Heilandes, aus der mich nichts reißen kann“? (Gorch Fock.)

Jesu Schaffen endet nicht bei dem „Sichtbaren“, bei dem, was „auf der Erde“ ist. Er schuf auch **„das Unsichtbare“** und belebte auch **„die Himmel“** mit unzähligen Geschöpfen, für die wir den Namen „Engel“ brauchen. Freilich, diese Engel sind etwas sehr anderes als die lieblichen Kinder-, Mädchen- und Frauengestalten, die uns von unsern Malern vor Augen gestellt wurden. Wo immer in der Bibel Menschen einen Engel sehen, da erschrecken sie und fürchten sich. Dieser Engel gibt es „vieltausendmal tausend“ (Offb 5, 11; Da 7, 10). Welch eine

[11] Anm. Vgl. 1 Mo 25, 29–34; 2 Mo 4, 22. 23; Ps 89, 28; Rö 8, 29; Hbr 1, 6.

Welt von Leben, Kraft und Licht! Wie alles in Gottes Schöpfung mannigfaltig und geordnet zugleich ist, so gibt es offenbar auch in der unsichtbaren Geisterwelt große Ordnungen und Gruppierungen, auf die die Ausdrücke „Throne", „Herrschaften", „Mächte", „Gewalten" hier wie auch an andern Stellen des Neuen Testaments hinweisen.[12] Sind diese majestätischen Wesen und Mächte nicht äußerst wichtig für den Menschen? Greifen sie in sein Leben, ja selbst in die Geschichte der Völker nicht wirksam ein? (Da 10, 13.) Können sie nicht sehr hilfreich oder sehr gefährlich sein? Muß man nicht zu ihnen ein Verhältnis zu gewinnen suchen, ja ihnen gar Anbetung zukommen lassen? Solche Fragen waren auch unter den Christen in Kolossä laut geworden. Also nicht mehr „Jesus allein", sondern „Jesus **und** die Engel"? Wurde das Christentum nicht erst dadurch weit und vollkommen, daß man die geheimnisvollen kosmischen Mächte mit hineinnahm? Nein! Wie gewaltig diese unsichtbare Welt immer sein mag, auch sie ist durch Jesus und zu Jesus hin geschaffen. Auch zwischen dem herrlichsten und mächtigsten Engel und Jesus liegt die ganze Kluft, die das Geschöpf vom Schöpfer trennt. „Vor dem die Seraphim anbetend niederknien, um den die Engel dienen", das ist Jesus. So groß ist Jesus! Darum gibt es kein „Jesus **und** die Engel". Es gilt auch im Blick auf die unsichtbare Welt mit all ihren Geheimnissen: „Drum auch, Jesu, Du alleine sollst mein ein und alles sein."

Jesus, der Schöpfer über aller Kreatur – ahnen wir nun, was in den Wundertaten Jesu während Seines Erdenwandels vor sich geht? D e r rührt die kranken, entstellten Leiber an, durch den der Menschenleib geschaffen wurde. Der vermehrt das Brot und verwandelt das Wasser, durch den Gott Korn und Wein ins Dasein rief. Willig trägt das Meer den Erstgeborenen aller Schöpfung, und Wind und Wellen verstummen vor dem, der ihr Herr ist! Und daß die großen Geistermächte des Kosmos tatsächlich Seiner einzigartigen Hoheit zu Füßen liegen, das zeigt der willige Dienst der Engel (Lk 2, 9–14; Mt 4, 11; Jo 1, 51; Mt 26, 53) ebenso wie das Zittern der Dämonen (Mk 1, 23–27 u. a).

Von allen Geschöpfen das wichtigste aber ist der Mensch. Und nun dürfen wir es auf den Menschen, auf uns selbst anwenden: „durch Jesus und zu Jesus geschaffen!" Wie wichtig ist das für alle Mission

[12] Anm. Für Paulus wie für alle seine Zeitgenossen war das Bestehen und die Wirksamkeit dieser unsichtbaren Mächte in der Welt ganz anders gewiß und bekannt als für uns. Die nur kurz genannten Namen sagen daher ihm und den Lesern des Briefes viel mehr als uns. Für uns bleiben viele Fragen offen. Vielleicht hat Paulus „Throne" und „Herrschaften" als Gott dienende Engelbereiche von den „Mächten" und „Gewalten" unterschieden, die, in die satanische Revolution mit hineingezogen (vgl. 1 Ko 6, 3; 2 Pt 2, 4; Jud 6), nun in angemaßter Selbständigkeit ihr Regiment in der Schöpfung Gottes ausüben. Denn da, wo er von der Beseitigung dieses Regimentes der Engel redet, nennt er nur die „Mächte" (archai) und „Gewalten" (exousiai): 1 Ko 15, 24; Eph 6, 12; Kol 2,15. In 1 Ko 2,8 spricht er von den „archontes" dieser Welt; Rö 8, 38 von „angeloi" und „archai". Eph 3, 10 ist wieder von „archai" und „exousiai" die Rede, aber es ist an dieser Stelle fraglich, ob gottwidrige Mächte damit gemeint sind. An unserer Stelle aber betont Paulus in der Form der Aussage: „einerlei ob es nun ‚Throne' oder ‚Herrschaften' oder ‚Mächte' oder ‚Gewalten' sind . . .", daß diese Unterscheidungen in der Engelwelt, die den Kolossern als wesentliche und notwendige Lehren hingestellt wurden, vor der Größe Jesu belanglos werden.

und Evangelisation. Wenn wir Menschen zu Jesus rufen, so rufen wir sie nicht zu einem Fremden. Wenn wir ihnen Jesus bezeugen, drängen wir ihnen nicht künstlich eine fremde Gestalt auf. Wir rufen sie zu Dem, dem sie schon von Schöpfungs und Rechtes wegen gehören, und bringen ihnen Den, der als Ursprung und Ziel ihres Daseins schon längst ihre eigentliche Heimat ist. Über die Ablehnung Jesu steht darum immer wieder das Wort: „Er kam in Sein **Eigentum,** und die **Seinen** nahmen Ihn nicht auf" (Jo 1, 11). Wohl spricht dies Wort zuerst und in besonderer Weise von Israel. Aber da der Prolog des Johannesevangeliums ebenso weltumfassend ist wie des Paulus Darlegung hier und von dem ewigen Wort des Vaters als dem Licht und Leben „der **Menschen**" redet, wird in der Schuld Israels die Schuld der gesamten Menschheitswelt offenbar. Jeder von uns muß im Rückblick auf sein eigenes Leben bekennen: „Er kam zu mir, der ich Ihm doch vom Ursprung her gehörte, und ich – wies Ihn ab!" Gerade so erst wird die Sünde (d i e Sünde, „daß sie nicht glauben an Mich" Jo 16, 9) in ihrer ganzen Unbegreiflichkeit und Unentschuldbarkeit deutlich. Die Bekehrung zu Jesus aber ist für jeden von uns bei aller dadurch geschenkten Neuheit des Lebens ein wunderbares Nach-Hause-Kommen. Umgekehrt: Die Tatsache, daß Menschen aller Rassen und Entwicklungsstufen Jesus erkennen und sich von Herzen Ihm anvertrauen konnten, bestätigt und bezeugt, daß Er der ist, durch den und zu dem wir alle geschaffen sind. Paulus gibt uns hier bei allem Eingehen auf Fragestellungen und Begriffe der zeitgenössischen Philosophie doch nicht theoretische Gedankengespinste über Jesus. Er bleibt im festen Zusammenhang mit der lebendigen Glaubenserfahrung und zeigt uns die Größe Jesu so, wie wir sie für unsern eigenen Glauben und für unsern Dienst an andern kennen müssen.

Es wird uns durch diese Erkenntnis Jesu auch eine Sorge abgenommen, die vielen Menschen den Zugang zu Jesus erschwert. Wenn ich mich in einer redlichen Bekehrung ganz Jesus ausliefere, wird dann mein Leben nicht arm, eng und einseitig? Wäre Jesus nur eine kleine religiöse Einzelgestalt, dann könnten wir mit dieser Befürchtung recht haben. Aber wenn wir uns Dem anvertrauen, durch den und zu dem a l l e s geschaffen ist, können wir dann irgend etwas verlieren und um irgend etwas kommen? Gewinne ich dann nicht notwendig mit Jesus – a l l e s ? Umfassender und vollständiger kann mein Besitz und Reichtum doch gar nicht werden, als wenn der Schöpfer und Herrscher aller Welt mich zu Seinem geliebten Eigentum annimmt. So hat es der Apostel Paulus mit kühner Freude gesehen: „Es sei Paulus oder Apollos oder Kephas, es sei Welt oder Leben oder Tod, es sei Gegenwärtiges oder Zukünftiges: Alles ist euer, ihr aber Christi, Christus aber Gottes" (1 Ko 3, 22. 23) und „Wenn aber Kinder, so auch Erben – Erben Gottes und Miterben Christi..." (Rö 8, 17).

Dabei dürfen wir noch besonders auf die wunderbare Wahrheit achten, daß das All in seiner ganzen Fülle sichtbarer und unsichtbarer Welten nicht nur „durch Ihn", sondern auch **„zu Ihm hin"** geschaffen ist. Hier geht uns eine Ahnung davon auf, daß es Gottes Liebeswillen entsprach, die Welt mit ihren Geschöpfen nicht „fertig" hinzustellen, sondern ihr die Freude der eigenen Entfaltung zu einem herrlichen Ziel hin zu machen.[13] Dieses Ziel aber, auf das die Schöpfung vom Ursprung her angelegt ist, ist Jesus! Vor allem für die Menschen bestand die „Verordnung" Gottes in Rö 8, 29: „daß sie gleich sein sollten dem Ebenbild Seines Sohnes, auf daß derselbe sei der Erstgeborene unter vielen Brüdern", auch abgesehen vom Sündenfall, von Anfang an. Jesus, der Sohn, hatte eine zentrale Bedeutung für uns auch ohne die Katastrophe des Losrisses von Gott. Versöhner in der Kreuzesgestalt wurde Er freilich erst durch sie. Mittler und Vollender aber wäre Er auch so gewesen, wenn wir uns auch nicht auszumalen vermögen, wie sich dann alles gestaltet hätte. Durch den Fall aber bekommt dieses „zu Ihm hin" eine ganz neue Bedeutung und Tiefe. Davon wird Paulus sogleich noch sprechen. Wir tun aber gut, das ursprüngliche, wesenhafte „zu Ihm hin" in Herz und Gedächtnis zu behalten, wenn wir das versöhnende „zu Ihm" in seiner ganzen mächtigen Gegründetheit erfassen wollen. „Kosmologie" und „Soteriologie" gehören auch hier zusammen.

Weil das All durch Ihn und zu Ihm geschaffen ist, darum ist Er **„vor allem, und alles hat in Ihm seinen Bestand".** Dringt hier nicht ein falsches „philosophisches" Denken ein? Der ahnungslose Philosoph mag seine Sätze über den „Bestand" der Welt formen, der biblische Mensch weiß doch vielmehr, daß „das Wesen dieser Welt vergeht"! (1 Ko 7, 31.) Vielleicht nimmt Paulus hier in der Tat gedankliche Fragen auf, die in Kolossä unter dem Einfluß der Philosophie erörtert wurden. Aber indem er das Bestehen der Welt auf J e s u s gründet, reißt er alle Menschengedanken hinweg, die den Bestand der Dinge irgendwie in ihren eigenen Kräften und Wesenheiten suchen, und spricht eine Wahrheit aus, über deren Kühnheit der Philosoph nur lachen oder – erschrecken kann. Dieses ganze All mit seinen unvorstellbaren, ungeheuren Sternenwelten besteht nur, weil Jesus es noch zu Seinen Plänen und Zielen braucht! Sobald Er seiner nicht mehr bedarf, wird Er es abtun wie ein veraltetes Gewand (Ps 102, 26. 27). Darum ist beides zusammen die e i n e biblische Wahrheit: Das Wesen dieser Welt **vergeht**, und die Welt hat ihren unerschütterlichen (vorläufigen) **Bestand** in Jesus (der auch hier „erfüllt", was schon im Bund Gottes mit Noah verheißen war).

Von welcher Bedeutung sind alle diese Aussagen in ihrer lapidaren Kürze und Wucht für uns heutige Christen, wie sie es damals für die Gemeinde in Kolossä waren! Wohl lebt der Christ von dem einen entscheidenden Thema „Sünde und Gnade". Jesus als den persönlichen Heiland zu finden, ist für jeden von uns das einzig wirklich Notwendige. Aber der Christ mit diesen grundlegenden Erfahrungen (ohne die er die biblischen Aussagen auch im Kolosserbrief

[13] Anm. Von da aus haben wir auch keinen Anlaß, uns als Christen **grundsätzlich** gegen den Entwicklungsgedanken in der heutigen Naturwissenschaft zu sträuben.

nie verstehen wird!) lebt in der Welt, die sich in Natur- und Geisterreichen um ihn her ausbreitet. Er hat sich in dieser Welt zu bewegen und zurechtzufinden. Wie soll er sie ansehen? Er trifft auf die Versuche der Weltanschauungen, diese Welt zu erfassen und zu deuten. Er spricht mit den Menschen seiner Umgebung, die von solchen Weltanschauungen her sein Christentum in Frage stellen. Was soll er ihnen antworten? Paulus zeigt ihm den Weg. Er setzt sich mit den andern Weltdeutungen in Kolossä nicht auseinander. Er entfaltet keine eigene Naturphilosophie oder Naturtheologie als Unterbau der Christologie. Erst recht läßt er aller redlichen wissenschaftlichen Forschung freien Raum. Aber er zeigt dem Christen die eine befreiende Wahrheit, daß Jesus, sein persönlicher, herrlicher Heiland, Grund, Halt und Ziel dieses ganzen unbegreiflichen Weltalls ist. Das zu wissen ist uns genug.

Wir haben von dem Kaiser Marc Aurel, einer der edelsten Gestalten auf dem Cäsarenthron, ein Wort, das schon genau das Empfinden des modernen Menschen ausspricht und uns damit zeigt, wie „alt" und wie unabhängig von der modernen Naturforschung das „materialistische" Denken ist: „O Natur, aus dir ist alles, in dir ist alles, zu dir ist alles." Wie völlig ungenügend ist dieser Satz. Wie kann das sichtbare, vergängliche, geschöpfliche Sein „aus sich selbst" stammen! Wie kann das ständig Vergehende in sich selbst seinen bleibenden Bestand haben! Und wie trostlos, wenn das Ziel aller Dinge nur wieder dieses selbe Dasein wäre, das wir zur Genüge als sinnlos in sich selbst gekostet haben! Diese „Natur" wäre dann das „ewig sich selbst gebärende und ewig sich selbst verschlingende Ungeheuer", von dem Goethe einmal spricht. Diesem lähmenden „aus – in – zu" stellt das Neue Testament seine befreiende und beglükkende Botschaft entgegen: „Denn aus Ihm und durch Ihn und zu Ihm das All: Ihm die Ehre in die Äonen!" (Rö 11, 36); „Aber für uns ist Gott der Vater, aus dem das All und wir zu Ihm, und Einer der Herr, Jesus Christus, durch den das All und wir durch Ihn" (1 Ko 8, 6); „Das All ist durch Ihn und zu Ihm geschaffen, und Er ist vor allem, und das All hat in Ihm seinen Bestand" (1, 17).

Wenn wir das erfaßt haben, dann hören wir den anbetenden Jubel, wenn Paulus fortfährt: **„Und gerade Er ist das Haupt des Leibes, der Gemeinde."** Wir sahen schon: Jesus ist uns kein Fremder, wir gehören Ihm als Geschöpfe. Aber in der Bekehrung zu Ihm gewinnen wir ein ganz neues Verhältnis zu Ihm: Wir werden Glieder Seines Leibes (der Gemeinde), für den Er das Haupt ist. Tief ist das Geheimnis der Schöpfung; je länger die Naturwissenschaft arbeitet, um so größer wird es uns. Aber viel tiefer **ist das Geheimnis der „Gemeinde"!**[14] Wir sind blind dafür geworden, weil uns die Kirche eine

[14] Anm. Wir sollten den Sprachgebrauch wieder aufnehmen, den die Herrnhuter Brüdergemeine bewahrt hat, und die „ekklesia" des Neuen Testaments zum Schutz vor Verwechslungen mit allem, was heute „Gemeinde" heißt, als „die Gemeine" bezeichnen. Schon Luther, der Wiederentdecker des Neuen Testaments (dem leider viele Lutheraner hierin nicht folgen), hat die Not der mißverständlichen Worte emp-

„Selbstverständlichkeit“ war und uns als eine nur allzu menschliche und weltliche Institution begegnete. Aber was ist doch in Wahrheit die „Gemeinde“, die **eine** „Gemeinde der Heiligen“ in, mit und unter allen Kirchentümern, Gemeinden und Gemeinschaften.

Sie ist das gerade Gegenteil eines „Vereins“, einer Gemeinschaft, die durch den Willen und die Qualität ihrer Mitglieder zustandekommt. Sie ist nicht eine „Genossenschaft“, sondern eine „Hauptschaft“. Sie war nicht aus eigenem Entschluß da und wählte sich dann in Jesus ihr Haupt. Sie war aber auch nicht von sich aus vorhanden und wurde dann von Jesus als Sein Leib angenommen. Nein, auch hier ist es wieder so, daß **„in allem Er der Erste würde“.** Er ist auch hier **„Anfang“;** man könnte auch übersetzen „Ursprung“. Das Haupt schuf und schafft sich Seinen Leib. „Gemeinde“ ist gerade nicht ein Zusammenschluß „religiöser“ Menschen. Sie besteht aus „Heiligen“, aus Menschen, die zum Erbe der Heiligen im Licht tauglich gemacht wurden. Mit Recht singen wir von ihr: „Sie, die des großen Gottes erneute Schöpfung ist.“ Sie ist die Gemeinde der Auferstehenden und mit Christus schon jetzt Auferstandenen (3, 1). Darum beginnt sie mit dem **„Erstgeborenen aus den Toten“**[15] und kann nur und erst mit Ihm beginnen. Sie ist der wahre und eigentliche „Tempel“, die „Behausung Gottes im Geist“ (Eph 2, 21. 22), die das in allen Tempeln der Welt hervorbrechende Sehnen der Menschen erfüllt. Denn in Jesus, ihrem Haupt und Anfang, ist nicht nur etwas von Gott offenbar, eine Seite Gottes den Menschen zugewandt, eine Kraft Gottes ihnen zugeflossen, sondern **„in Ihm gefiel es Gott, die ganze Fülle wohnen zu lassen“.** Nun gibt es also eine Stelle in der Welt, wo wirklich Gott in Seiner ganzen Fülle „wohnt“[16]: Das ist Jesus, der als das „Haupt“ in Seiner Gemeinde auf Erden gegenwärtig und wirksam ist.

Wieder spricht Paulus in die besonderen Fragen der Kolosser hinein. Die damalige religiöse und philosophische Welt sah „Gott“ als das unendliche Meer, aus dem immer neue „Ausflüsse“, „Emanationen“, zu den Menschen kamen. Keiner dieser Ausflüsse konnte das ganze Meer geben. Darum liebte man den „Synkretismus“, die Verbindung und Vermischung verschiedenster Religionen, Kulte und

funden und besonders den Ausdruck „Kirche“ nachdrücklich **abgelehnt.** „Darum sollts auf recht Deutsch und unser Muttersprach heißen ‚ein christliche Gemeine oder Sammlung‘ oder aufs allerbeste und klärste ‚ein heilige Christenheit‘ “ (Gr. Katechismus). Und wären im Kinderglauben solche Worte gebraucht worden: ich glaube, daß da sei ein christliches, heiliges Volk, so wäre aller Jammer leicht zu vermeiden gewesen, der durch das unklare, undeutliche Wort „Kirche“ eingerissen ist. Denn das Wort: „christliches, heiliges Volk“ hätte klar und unwiderleglich beides mit sich gebracht, Verstand und Urteil, was Kirche oder nicht Kirche wäre („Von den Konzilen und der Kirche“ in „Luther Deutsch“ Bd. 6 S. 18).

[15] Anm. Zu dem „Erstgeborenen“ aus den Toten vgl. Apg 3, 15; 26, 23; 1 Ko 15, 20—23. Zugleich ist der „Erstgeborene“ als solcher schon „Haupt“: 1 Mo 49, 3; 5 Mo 28, 13.

[16] Anm. Wie geht doch die Frage nach dem „Wohnen“ Gottes durch das Alte Testament: 1 Chro 17, 4—14; Ps 68, 17; 132, 13; Jes 8, 18 und zugleich Ps 2, 4; Jes 57, 15. Die Freude an dem faßbaren „Wohnen“ Gottes im Tempel ist bedroht von der Gerichtspredigt der Propheten. Das Verlangen nach dem eigentlichen, endzeitlichen Wohnen Gottes unter Seinem Volk wird wach. Dies Verlangen ist im Dasein der Gemeinde Jesu ganz neu erfüllt: Jo 2, 19—22; Eph 2, 20—22; 1 Ko 3, 16. 17. Aber zugleich weist auch dies noch einmal über sich hinaus zu jener letzten Erfüllung, die Offb 21, 3 25; 22, 3 andeutet.

Weltanschauungen. Recht weit und umfassend wollte man an möglichst vielen „Offenbarungen“ der Gottheit, an möglichst vielen „Strömen“ ihrer Kraft und ihres Lebens teilhaben. Darum sagte man auch der Gemeinde in Kolossä: Jesus – o ja! Eine wichtige, große Offenbarung! Aber doch nicht die einzige und allein schon genügende! Füllt doch euer einseitiges Christentum auf mit all dem andern Reichtum geheimnisvoller Offenbarungen und Kulte. Dann erst wird es „vollkommen“, dann erst habt ihr die „Fülle“.[17] Und wieder ist das auch uns heutigen Menschen gar nicht so fremd. Fassen wir nicht in der „allgemeinen Religionsgeschichte“ alle Religionen der Welt als den einen großen Baum mit den vielen Ästen und Zweigen? Sollte man nicht wenigstens die großen Religionen der Menschheit miteinander verbinden können? Jesus, o gewiß. Aber warum seid ihr Christen so eng, so einseitig! Nehmt doch zu dem Licht, das Gott gewiß auch in Jesus Christus scheinen ließ, all die andern Lichtstrahlen aus Gottes Fülle hinzu, die Er allen Gottsuchern, allen Dichtern und Denkern in allen Völkern aufleuchten ließ! So liebt der moderne Mensch Spruchbücher, Kalender und „Breviere“, in denen ganz sicher auch Bibelworte und Jesusworte ihren guten Platz haben, in denen aber dann Aussprüche von Goethe oder Tagore über „Gott“ neben den Worten Jesu stehen.[18] Nein! sagt Paulus den Kolossern und uns. Das Verhältnis Jesu zu allen andern Religionen und Weltanschauungen ist ein völlig anderes. Dort das Suchen und Fragen, dort der Irrtum und oft genug die Lüge, dort bestenfalls ein Ahnen der Wahrheit – aber in Jesus die Antwort, das klare Licht, „die ganze Fülle“, die wesensgemäß nicht erst durch Hinzutun von anderem „aufgefüllt“ werden kann.

Und nun gilt die einzigartige Herrlichkeit Jesu auch im Bezug auf eine Frage, die für viele damaligen Menschen eine heiße und dringliche war: Wo finde ich die Versöhnung mit Gott?!

Der moderne Mensch ist weithin von einer erschreckenden Harmlosigkeit. Er träumt den Traum der Gottunmittelbarkeit des Menschen. Er erfährt es zwar in einem geradezu gigantischen Ausmaß, wie die Welt aus den Fugen ist. Er hat Unsagbares erlitten. Er steht unter entsetzlichen Gerichten Gottes. Aber – das bringt ihn höchstens dazu, an Gott zu zweifeln oder Gott anzuklagen. Sich selbst stellt der moderne Mensch nicht in Frage. Ein tieferes Erschrecken vor der eigenen Schuld geht nicht durch unsere Zeit, trotz allem, was wir erlebt haben. Ein Verlangen nach Versöhnung, nach Frieden mit Gott, wie es noch die Reformationszeit kennzeichnet, ist im allgemeinen nicht zu spüren. Das war in der ausgehenden Antike anders. Man

[17] Anm. Das „Pleroma“ („die Fülle“) ist ein Fachausdruck jener Zeit. Mit ihm hängt sprachlich und sachlich der Begriff der „pepleromenoi“, der „Erfüllten“, der „Vollkommenen“ zusammen; vgl. zu 2, 10. Da „das Pleroma“ geradezu ein Ausdruck für „Gott“ sein konnte, kann Paulus an unserer Stelle die „Fülle“ zum Subjekt des Satzes genommen haben. Für die Sache selbst bedeutet der Unterschied in der Satzkonstruktion nicht viel.

[18] Anm. Ein Beispiel solcher Religionsmengerei ist die „Bahai“-Lehre.

empfand schmerzhaft die Kluft, die von der Gottheit, von der Welt des Lebens und des Lichtes trennt. „Erlösung", „Versöhnung" war es darum, was in vielen Religionen und Kulten jener Zeit verheißen wurde. Ließ sich der Christuskult dort mit einreihen? War Jesus ein Erlöser – einer neben andern? Vielleicht ein Erlöser für bestimmte Gebiete des Lebens und der Wirklichkeit?

Nein! Es gefiel Gott **„durch Ihn alles zu versöhnen zu Ihm hin"**. Und nachdem Paulus von dem Mittel dieser Versöhnung ein Wort gesagt hat: **„indem Er Frieden machte durch das Blut Seines Kreuzes"**, wiederholt und betont er noch einmal: **„durch Ihn, ob es auf der Erde oder in den Himmeln ist"**.

Wir stehen am Herzpunkt der Botschaft, die ja „das Wort von der Versöhnung" ist. Es ist die entscheidende Wendung in unserm Leben, wenn alle anderen Fragen unseres Herzens, auch alle weltanschaulichen und religiösen, verstummen vor der einen großen Frage: Was wird aus meiner Schuld? Wie bekomme ich Frieden mit Gott? Wer versöhnt mich mit Gott? Glück oder Unglück, Freude oder Leid, Ehre oder Schande, Leben oder Sterben – es wiegt alles nichts mehr vor dem ewigen Gewicht dieser Frage.

Denn es ist Feindschaft zwischen Gott und mir. Mein Wille widerstreitet fort und fort dem heiligen Willen Gottes. Er verbietet die Lüge, und ich bin ein Lügner. Er verlangt die Reinheit, und ich bin unrein. Er will die selbstlose Liebe, und ich lebe selbstsüchtig für mein Ich. Er beansprucht als Gott den Platz in der Mitte meines Lebens, und ich verweise Ihn in den Winkel. Wie soll das enden? Wie soll das gut werden? Die Last der Schuld aus Jahren und Jahrzehnten meines Lebens ist wie Bergeslast. Ich kann nicht bezahlen, was ich schuldig blieb und immer neu schuldig bleibe. Und Gott kann, so wahr Er Gott ist, nichts ablassen von Seiner unverbrüchlichen Forderung.

Da kommt die Botschaft, die niemand „begreifen" kann, die sich darum auch niemals „beweisen" oder logisch für unsern Verstand darstellen läßt, die sich aber wieder und wieder an den erschrockenen Gewissen bewährt: Er, der Eine, **machte Frieden!** Eben nur in solchen Bildern kann man davon reden: „Die Strafe liegt auf Ihm", „Er zahlte das Lösegeld", „Er machte Frieden", „Er brachte das reinigende Opfer". Alle Bilder aber weisen hin auf das Geschehen, in dem sie ihre Kraft und Wahrheit haben, auf das Geschehen von Golgatha. Und dies Geschehen ist Gericht, Leiden, Blut, Sterben „für uns". Er machte Frieden **„durch das Blut Seines Kreuzes"**.

Und nun kommt wieder alles darauf an, daß wir einen **großen** Jesus haben. Denn nun erheben sich unter uns die Fragen: Es haben in der Weltgeschichte so viele gelitten, geblutet und den Tod erduldet – warum soll denn gerade das blutige Sterben dieses eures Jesus unser Friede mit Gott sein?! Nach der Eroberung Jerusalems durch die Römer standen rings um die Stadt zweitausend Kreuze! Es ist „das Kreuz" schon nicht etwas so Ungewöhnliches! Und – was hilft denn mir heute vor Gott das Kreuz, das vor bald zweitausend Jahren dort hinten in Palästina stand? Es steht da so unendlich weit entfernt, daß es für mich kaum noch zu sehen ist; es verliert sich winzig in der Länge und Weite der Weltgeschichte.

„Das Kreuz", so sagen wir gern. Aber nicht eine Sache, nicht das Kreuz rettet uns, sondern der, der daran hängt! Das Kreuz hilft uns nur, weil es **„Sein Kreuz"** ist. Hängt an diesem Kreuz nur ein Mensch, und sei es einer der edelsten und besten, die es je gab, so ist es freilich bedeutungslos für mich heute und für mein Verhältnis zu Gott. Es geht dann auch unter in dem Meer von Blut und Tränen, das die Weltgeschichte füllt. Das Kreuz von Golgatha ist genau so groß, wie Der ist, den es trägt. Haben wir nur einen kleinen Jesus, so haben wir auch nur ein kleines Kreuz, dessen Bedeutung für alle Zeiten und alle Menschen wir schwerlich klarmachen können. Aber wir haben einen großen Jesus, so groß, wie Er uns von Paulus gezeigt worden ist. Und D e r ist es, der am Kreuz hängt. Mit Ihm und durch Ihn aber ragt **„Sein"** Kreuz über **„Erde und Himmel"**, ragt durch alle Tiefen und Höhen des Weltalls, überragt alle Zeiten der Geschichte, alle Völker, alle Menschen. Ja, wenn auf fernsten Gestirnen menschenartige Wesen angetroffen würden, auch sie und ihren Stern überragt dieses Kreuz.

So müssen wir Golgatha sehen, so alle Szenen der Passionsgeschichte betrachten. In dessen Gesicht dort hineingespien wird, das ist der Herr der Herrlichkeit. Den sie hier schlagen, schänden und verwerfen, das ist Der, durch den und zu dem alles im Himmel und auf Erden geschaffen ist. Sie vergreifen sich an Dem, der ihnen allen das Leben gab. Als Verbrecher verblutet Er am Fluchholz, vor dem die gewaltigen Engel anbetend knien. Von Gott verlassen und preisgegeben ist Gottes eigenes Bild, der Sohn Seiner Liebe. Und Der duldet das alles, der mit einem Hauch Seines Mundes Welten erschüttern könnte. Zu solchem rechten Blick in die Passionsgeschichte und auf Golgatha hilft uns der Kolosserbrief in einzigartiger Weise. Von ihm her sehen wir es besonders klar: Welch ein Opfer! Wahrlich, Seine Riesengröße wiegt die Schuldenlast aller Welt auf! Wahrlich, Der, durch den und für den ich wurde, kann mich mit Fug und Recht vertreten. Von Ihm können wir es glauben, daß Er ist „die Versöhnung für unsere Sünden, nicht allein aber für die unsern, sondern auch für die der ganzen Welt" (1 Jo 2, 2).

Seine Versöhnung umspannt **„alles"** oder, wie wir fast noch besser übersetzen würden, „das All". Er hat mit dem Blut seines Kreuzes Frieden gemacht für mich, für dich, für alle. So wie jeder, der aus allen andern Fragen und Problemen zu der einen entscheidenden Frage nach seiner Schuld vor Gott kam, unmittelbar mit voller Gewißheit weiß, daß diese seine persönlichste Frage zugleich die letzte Frage jedes Menschen ist, so weiß auch jeder, der im „Blute Seines Kreuzes" den Frieden mit Gott fand, unmittelbar gewiß, daß niemand **„auf der Erde oder in den Himmeln"** ihn anderswo oder auf andere Weise finden kann. In der Größe Jesu sieht er nun nachdenkend den objektiven Grund für diese seine Gewißheit. Wie wichtig ist diese begründete Klarheit wieder für alle Mission und Evangelisation. Wahrscheinlich will der Zusatz des Paulus **„durch Ihn, ob es auf der Erde oder in den Himmeln ist"** nicht mehr als eben dies sagen. Jedenfalls hat Paulus keinerlei Ausführungen darüber gemacht, weder hier noch an andern Stellen, daß etwa Angehörige der Engelwelt der Versöhnung bedürfen und sie in Jesus erlangen. Das wiederholte und betont vorangestellte **„durch Ihn"** legt den ganzen Ton auf die Feststellung, daß es keinen andern im ganzen Kosmos gibt, durch den Versöhnung und Frieden zu haben ist. Darum ist mit dieser mächtigen Wahrheit, daß die Versöhnung dem All gilt, noch nichts darüber gesagt, ob nun auch „alle" diese Versöhnung annehmen. Die „Allversöhnungslehre" beruft sich zu Unrecht auf solche Stellen! Dieses „alle" ist wesensmäßig zu dem Versöhnungswerk und zu dem Wort von der Versöhnung gehörig. Darum wurde auch Paulus, der bevollmächtigte Bote der Versöhnung, „allen alles" (2 Ko 5, 20; 1 Ko 9, 22 b). Das hindert aber nicht den Nachsatz „damit ich überhaupt einige errette". Darum steht unser Text mit seiner herrlichen Botschaft „Er versöhnte das All" nicht im Widerspruch zu den andern Worten des Neuen Testaments, die von „Verlorenen" mit tiefem Ernst reden. Wir können und wir dürfen niemals die einen Aussagen zugunsten der anderen streichen oder entwerten.

Aber daran dürfen wir uns durch diese Ausführungen des Kolosserbriefes allerdings erinnern lassen, daß der Mensch nicht jene isolierte „freie" Einzelpersönlichkeit ist, von der wir alle unter der Nachwirkung des bürgerlichen Idealismus lange geträumt haben. Der Mensch lebt seit dem Fall in jenem „Machtbereich der Finsternis", von dem wir schon hörten (Vers 13). „Sünde" ist nicht eine jeweilige freie Fehlentscheidung einzelner Menschen, sondern eine Großmacht, die in allen Menschen ohne Unterschied, in der ganzen Welt mit unheimlicher Herrschermacht regiert. Mit seinem Fall, mit seiner Lösung von Gott und seinem Hören auf Satan hat der Mensch die Schöpfung, der er mit besonderen Herrscherfunktionen eingegliedert war, mit in das Verderben gezogen. Diese Schöpfung, durch Jesus und für Ihn geschaffen, ist jetzt nicht mehr reine und ursprüngliche Schöpfung. Sie ist mit unter dem Fluch, sie ist der Eitelkeit unterworfen, dem Zerfall und dem Tode preisgegeben. Das wirkt wieder zurück auf den Menschen, das verstrickt ihn in die Angst, in den angstvollen und gierigen Kampf ums Dasein und schmiedet damit die Ketten immer fester, mit denen die Sünde ihn bindet. Eine Menschheit, die die Probleme der Industrialisierung und zwei Weltkriege durchlebt und durchlitten hat, hat für diesen biblischen Realismus ein ganz neues Auge bekommen. Was Theologen und Bibellesern in der Zeit des bürgerlichen ethischen Idealismus als zeitbedingte, mythologische Anschauung fast peinlich und jedenfalls total fremd und unbrauchbar in der Bibel war, das gerade erkennen wir heute als einen Durchblick in die wahre Wirklichkeit der Welt, der uns unsagbar hilfreich ist. Wir brauchen dieses mächtige Evangelium von diesem großen Jesus, dessen Versöhnungswerk wirklich das All umspannt, alles, „ob es auf der Erde oder in den Himmeln ist", das die weltweite Großmacht der Sünde überwindet und für die Befreiung und Erneuerung der gesamten Kreatur den Grund legt. Da wir aber wirklich dieses Evangelium von „globalem", ja von „kosmischem" Ausmaß haben, brauchen auch wir – wie es Paulus hier den Kolossern sagt – keine andern Gestalten, Mächte oder Ideen zu suchen, die neben Jesus oder über Ihn hinaus die Hilfe für die Riesennöte des Menschen, der Menschheit, des Weltalls bringen sollen. Jesus allein in der Einmaligkeit und Einzigartigkeit Seines Kreuzeswerkes bringt sie für alle und alles. So groß ist Jesus!

War das All von vornherein darauf angelegt, in Jesus sein Ziel und seine Vollendung zu finden, so ist erst recht und in ganz neuer und tieferer Weise die Versöhnung eine solche **„zu Ihm hin"**. Jesus ist das Ziel der Erlösung, so wie Er und weil Er schon im Ursprung das Ziel der Schöpfung war. „Kosmologie" und „Soteriologie" klingen aufs neue zusammen. Dabei dürfen wir darauf achten, daß das hier verwendete Wort für „versöhnen" („apokatalassein") dem Grundsinn nach bedeutet: „etwas wieder in die gehörige Ordnung bringen". Die Versöhnung ist nicht nur „Rechtfertigung", nicht nur ein freisprechendes Gerichtsurteil im Himmel, das von der Schuld entlastet, sonst aber alles beim alten läßt. Das Versöhnen ist weltumfassende Realität! Noch ist im Kreuz Jesu dafür erst der Grund gelegt und im Bau der Gemeinde Jesu ein erster Beginn der neuen Ordnung geschaffen. Aber es geht vom Kreuz und von der Auferstehung Jesu aus eine gewaltige Geschichte in die Zukunft hinein, deren alles vollendenden Abschluß Paulus in 1 Ko 15,28 und Johannes in Offb 21 u. 22 uns vor Augen stellt. Darum ist die „Eschatologie", die Botschaft von der Endgeschichte, nicht ein „Zusatz" zur neutestamentlichen Verkündigung, der als überholte Widerspiegelung von allerlei apokalyptischen Gedanken jener vergangenen Zeit am besten gestrichen würde und für den modernen Menschen jedenfalls keine Bedeutung mehr hat, sondern ist gerade das eigentliche Ziel des ganzen Kreuzesgeschehens! In diesem **„versöhnt zu Ihm hin"** steckt die ganze Eschatologie! Die modernen Umdeutungen der biblischen Endgeschichte zu bloßen „existenziellen" Aussagen über ein inneres Geschehen in uns heute mögen den Denker am Schreibtisch befriedigen. Wer die ungeheuerliche reale Unordnung der Welt in ihren kosmischen Ausmaßen zu sehen begann[19], vermag mit diesen Umdeutungen nichts anzufangen. Wenn Jesus nicht Der ist, als der Er hier im Kolosserbrief (und im ganzen Neuen Testament) bezeugt wird, Der, der das Weltganze wieder „in seine Ordnung bringt" und „in neuem Leben die ausgesöhnte Welt Dem, der sie Ihm gegeben,

[19] Anm. Hierfür sei ganz besonders auf das sechsbändige Werk von Karl Heim hingewiesen, vor allem auf Bd. 3 „Jesus der Weltvollender" und Bd. 6 „Weltschöpfung und Weltende", hier S. 117 ff.

vors Angesicht" stellt, dann müssen wir aufhören, Christen zu sein, und unser Leben lieber den Ideen und Mächten verschreiben, die wenigstens in der Menschenwelt eine gewisse bessere Ordnung herzustellen suchen. Oder wir müssen bei der Einsicht in die Unmöglichkeit solcher Neuordnung der Menschheit innerhalb einer Welt des mörderischen Kampfes ums Dasein den Tag ersehnen, an dem alles Leben im „Wärmetod" der Welt erlischt, damit den sinnlosen Leiden unzähliger Kreaturen endlich ein Ende gesetzt wird. Gerade dem modernen Menschen, sofern er nicht ein trunkener Träumer, sondern ein zum Einblick in das Wesen der Welt Erwachter ist, hilft nur die volle, unverkürzte Botschaft der Bibel, die den Einen verkündigt, in welchem die gesamte Schöpfung von Anfang an ihr herrliches Ziel hat und welcher in der Auswirkung Seines allumfassenden Versöhnungswerkes das von Finsternis- und Todesmächten zerstörte Weltall zur vollen Harmonie der ursprünglichen Schöpfungsgedanken Gottes zurückbringen wird.

Der große Jesus – auch für euch!

Kolosser 1, 21–23

21 Auch euch, einst entfremdet und feindselig in eurem Denken in
22 den Werken, den bösen, * hat Er nun aber versöhnt[20] mit Seinem
Leib aus Fleisch durch den Tod, darzustellen euch heilig und flek-
23 kenlos und unbescholten vor Seinem Angesicht, * wenn ihr nur
bei dem Glauben beharrt, gegründet und fest und ohne euch ab-
bringen zu lassen von der Hoffnung des Evangeliums, das ihr ge-
hört habt, das bei aller Kreatur unter dem Himmel verkündigt
ist, dessen Diener ich Paulus geworden bin.

Zu Vers 21:
[51] Eph 2, 1. 12; 4, 18
[52] Jo 3, 19
[53] Rö 5, 10
Zu Vers 22:
[54] Rö 8, 3; 9, 5
[55] Eph 2, 14; 5, 27
Zu Vers 23:
[56] Eph 3, 17
[57] Hbr 3, 14
[58] 1 Ko 15, 58
[59] Mk 16, 15

„Auch euch!" Dahin, zur konkreten Gemeinde in Kolossä zurück wendet Paulus den mächtigen Gedankengang. Denn diese Botschaft, so sehr sie für alle gilt und darum **„bei aller Kreatur unter dem Himmel verkündigt ist"**, ist doch niemals eine „allgemeine Wahrheit". Sie ist diese Botschaft von der Versöhnung immer nur, indem sie

[20] Anm. Vielleicht ist die Lesart „Auch euch, einst entfremdet und feindselig in eurem Denken in den Werken, den bösen, — nun aber wurdet ihr versöhnt . . ." die ursprüngliche, eben weil sie den begonnenen Satz unterbricht. Das „hat Er nun aber versöhnt" kann bereits eine spätere Glättung sein. Für den Inhalt der Aussage hat die Verschiedenheit der Lesarten keine Bedeutung.

[51] Eph 2, 1. 12: So hat Er auch euch, die ihr tot waret durch eure Übertretungen und Sünden . . .
Vers 12: . . . daß ihr in jener Zeit fern von Christus gestanden habt, ausgeschlossen vom Bürgerrecht Israels und ohne Anteil an den Bündnissen der Verheißung, ohne Hoffnung und ohne Gott in der Welt.
Eph 4, 18: Sie sind ja in ihrem (ganzen) Denken verfinstert, dem Leben Gottes entfremdet infolge der Unwissenheit, die in ihnen wegen der Verstocktheit ihrer Herzen wohnt.

[52] Jo 3, 19: Darin besteht aber das Gericht, daß das Licht in die Welt gekommen ist, die Menschen aber die Finsternis mehr geliebt haben als das Licht, denn ihre Werke waren böse.

[53] Rö 5, 10: Denn wenn wir, als wir noch Feinde Gottes waren, mit Ihm durch den Tod Seines Sohnes versöhnt worden sind, so werden wir jetzt als Versöhnte noch viel gewisser Rettung finden durch Sein Leben.

[54] Rö 8, 3: Denn was dem Gesetz unmöglich war, das, worin es wegen des Widerstandes des Fleisches

wirkt, indem sie bestimmte Menschen dort und dort tatsächlich versöhnt. Sie wird lebendige Geschichte in Menschenleben. Diese Geschichte ist jetzt schon zu beschreiben in einem „einst – nun aber". Sie ist jedoch damit nicht zu Ende, sondern sie geht weiter als Geschichte des Glaubens und Beharrens und endet erst am Ziel vollkommener Verwirklichung des Erlösungswerkes in wahren Heiligen, an denen kein Flecken mehr zu sehen und gegen die keine Anklage mehr zu erheben ist.

Das **„einst"** steht den Kolossern im Rückblick deutlich genug vor Augen. Vor ihrer Errettung und Bekehrung werden sie sich selbst freilich sehr anders angesehen und beurteilt haben. Diese totale Selbsttäuschung gehört ja mit zu dem „Denken[21]" des gottentfremdeten Menschen. Aber jetzt erwartet Paulus einfach nur ihre Zustimmung zu der Feststellung: **„einst entfremdet und feindselig in eurem Denken in den bösen Werken".** Ist die Bekehrung zu Jesus, wie wir sahen, das wunderbare „Heimkommen", dann ist der ganze Zustand vorher „Fremde". Wer seiner Familie, seinem Vaterland „entfremdet"[22] ist, der versteht seine Angehörigen, seine Volksgenossen nicht mehr. Sie sprechen für ihn eine fremde Sprache. Alles, was sie bewegt, läßt ihn kalt. In ihrer Mitte ist ihm unbehaglich. Und solche Entfremdung wird dann leicht zur **„Feindseligkeit".** Der Entfremdete lehnt ab, kritisiert, er wehrt sich gegen die Zumutungen, die er an sich gestellt sieht, und wird in dieser Abwehr rasch zum höhnischen Feind derer, zu denen er doch eigentlich gehört. So war – die Kolosser als Wiedergeborene wissen es genau! – unser Verhältnis zu Gott. Alles Göttliche war uns unverständlich, ein Knäuel unentwirrbarer Fragen. Es war uns auch gleichgültig; ja, es reizte und ärgerte uns. Wir wurden merkwürdig aufgeregt und spöttisch, wenn

[21] Anm. Das Wort „dianoia" ist nicht einfach wiederzugeben. Es wird in der griechischen Übersetzung des Alten Testaments z. B. 3 Mo 19, 17 und Jes 35, 4 da gebraucht, wo der hebräische Text und auch unsere Lutherbibel „Herz" stehen hat. Das „Denken" ist also nicht das intellektuelle, sondern das gesinnungsmäßige.

[22] Anm. Unser deutsches Wort „Elend" in seinem ursprünglichen Sinn gibt die Sache gut wieder. Wer im „Ausland", fern der Heimat ist, ist „elend". Unser „Einst" in seiner Entfremdung von unserem Ursprung (s. o. S. 181f.) war unser „Elend".

ohnmächtig war — Gott hat die Sünde im Fleisch verurteilt, indem Er Seinen Sohn in der Gleichgestalt des Sündenfleisches und um der Sünde willen sandte.

Rö 9, 5: ... denen die Erzväter angehören und aus denen der Messias dem Fleische nach stammt, der da Gott über allem ist, gepriesen in Ewigkeit! Amen.

[55]* Eph 2, 14: Denn Er ist unser Friede, Er, der die beiden Teile zu einer Einheit gemacht und die trennende Scheidewand, die Feindschaft weggeräumt hat, nachdem Er durch Seines Leibes ...

Eph 5, 27: ... um so die Gemeinde für Sich selbst in herrlicher Schönheit hinzustellen, ohne Flecken und Runzeln oder irgendeinen derartigen Fehler, vielmehr so, daß sie heilig und ohne Tadel sei.

[56]* Eph 3, 17: ... damit Christus durch den Glauben Wohnung in euren Herzen nehme und ihr in der Liebe tiefgewurzelt und festgegründet dasteht.

[57]* Hbr 3, 14: Denn Genossen Christi sind wir geworden, wenn anders wir die anfängliche Glaubenszuversicht bis ans Ende unerschütterlich festhalten.

[58]* 1 Ko 15, 58: Daher, meine geliebten Brüder, werdet fest, unerschütterlich, und beteiligt euch allezeit eifrig am Werk des Herrn; ihr wißt ja, daß eure Arbeit nicht vergeblich ist im Herrn.

[60]* Mk 16, 15: Darauf sagte Er zu ihnen: „Gehet hin in alle Welt und verkündigt die Heilsbotschaft der ganzen Schöpfung!"

jemand uns darauf ansprach. Was uns von Gott gesagt wurde, erschien uns als eine empörende Zumutung, als eine Einmischung in unser Leben, die wir nur energisch zurückweisen konnten. Gleichgültigkeit eines völlig gegen Gott verschlossenen Lebens oder Feindschaft und Auflehnung, wenn Gott nahe kommt – das war das „einst" bei den Kolossern wie bei uns allen. Darum und nicht um einzelne moralische Entgleisungen oder Defekte geht es bei dem Blick auf den verlorenen Zustand der Menschen. Aber freilich, dieser Zustand der Entfremdung und Feindseligkeit gegen Gott wird dann auch **„in den bösen Werken"** offenbar. Paulus hat sie hier nicht im einzelnen genannt. Sie sind ja auch sehr mannigfaltig und individuell verschieden. Aber sie sind so reichlich da wie die roten Flecke, die die Masern anzeigen.

Menschen in dieser konkreten Lebensgestalt der Entfremdung und Feindschaft trifft die Botschaft. Sie wendet sich nicht an „religiöse Naturen", die als solche schon „aufgeschlossen" und „zugänglich" wären. Die Gottentfremdung in der Form der „Religion" ist vielleicht die gefährlichste und schwerste. Und an diesen Entfremdeten und Feindseligen geschieht nun die Wendung, die die Kolosser erfahren haben: Euch **„hat Er nun aber versöhnt mit Seinem Leib aus Fleisch durch den Tod"**. Wodurch zeigt sich denn diese Wendung, worin unterscheidet sich dies „nun aber"[23] von dem „einst"? Allein schon darin ist es mächtig sichtbar, daß der Mensch sich nun eine Beurteilung gefallen läßt, ja sie mit eigenem Herzen vollzieht, die er früher entrüstet abgelehnt hätte. Darin eben erweist es sich, daß ich wirklich wieder nach Hause gekommen bin, daß ich nun als schauerliche „Fremde" erkenne, was ich so lange als mein Lebenselement geschätzt und verteidigt habe. Darin zeigt sich die Tatsache der Versöhnung und des Friedens, daß mir als bittere Not und Schuld der Feindschaft deutlich wird, was ich so lange als meine normale und berechtigte Haltung ansah. Die Wende vom Einst zum Jetzt dürfen wir nicht immer gleich in moralischen Umwandlungen suchen, so wie ja auch die „bösen Werke" nicht Grund und Wesen, sondern nur Ausdruck einer viel tieferen Verlorenheit waren. Die Wende zeigt sich in der radikalen Änderung unseres Verhältnisses zu Gott.

Paulus führt das nicht im einzelnen aus, aber er betont noch einmal, daß nicht wir diese Wende herbeigeführt haben. Jesus hat es getan. Er hat es getan, indem Er seinerseits über die Kluft herüberkam, die wir in Entfremdung und Feindschaft zwischen Gott und uns aufgerissen hatten, und sich in unsere Mitte stellte mit einem **„Leib**

[23] Anm. Dieses „Nun aber" finden wir immer wieder in den Zeugnissen des Neuen Testaments: Rö 3, 21; 5, 11; 6, 19. 22; 7, 6; 11, 30; Gal 4, 9; Eph 2, 13; 3, 5; 2 Tim 1, 10; 1 Pt 1, 12; 2, 10. 25. Es bezeichnet den Eintritt einer grundlegend neuen Lage, sei es objektiv und umfassend in der Beziehung von Gott und Mensch überhaupt, sei es von da her subjektiv für bestimmte Menschen in ihrer tatsächlichen Stellung vor Gott. Das mächtige „nun aber" eines Neuen Bundes datiert von dem vollbrachten Werk Jesu an; es bliebe aber nutzlos und unwirksam, wenn es nicht in Erweckung, Bekehrung und Wiedergeburt lebendiger Menschen je und je aktuell und konkret würde und damit auch zum biographischen Datum in einzelnen Lebensläufen.

aus Fleisch", wie wir ihn haben. Noch einmal haben wir dabei zu bedenken, wer es ist, der sich willig in die Enge und Last eines Leibes aus Fleisch einschließen ließ, um ganz unser Bruder zu werden: Er, den als das „Bild Gottes" aller Himmel Himmel nicht fassen konnten! In diesem Leib aus Fleisch wurde Er zum Sterben fähig, Er, in dem der Urquell alles Lebens war. Warum bringt uns dies Geschehen aus der Fremde nach Hause, aus der Feindschaft in den Frieden der Versöhnung? Paulus verzichtet auf jede nähere Erklärung. Die Kolosser haben es durchlebt und erfahren: Jesus, der ewige Gottessohn, aus Liebe zu uns in einem Leib aus Fleisch unser Bruder geworden und für uns gestorben, h a t es vollbracht. Jeder von uns hat es als Tatsache erfahren: Auch mich h a t Jesus versöhnt und h a t die radikale Änderung meines Verhältnisses zu Gott bewirkt.

Ändert sich nur mein Verhältnis zu Gott? Mit diesem „nur" hätten wir die grundlegende und umfassende Bedeutung unseres Verhältnisses zu Gott verkannt. Aus „Entfremdeten" und „Feindseligen" wurden „Versöhnte", wurden „Kinder", wurden – „Heilige". Das wird und muß ihr ganzes Leben ändern, reinigen, erneuern. Aber Paulus sagt nicht „das muß und wird", sondern er sagt viel herrlicher, viel gewisser, viel lebendiger: „Er wird!" Er, der euch versöhnt hat, Er, der dafür Unausdenkbares getan und geopfert hat, Er hat dabei ein totales Ziel mit euch vor Augen, **„darzustellen euch heilig und fleckenlos und unbescholten vor Seinem Angesicht"**. Paulus spricht nicht ausdrücklich davon, daß dieses Werk Jesu, das unmittelbar aus Seiner Kreuzestat erwächst und dieser Tat ihr Ziel gibt, jetzt schon in unserer Heiligung beginnt. Weil er von der Versöhnung in den totalen, abschließenden Kategorien sprach und sprechen mußte, zeigt er uns auch dies Werk Jesu in seinem abschließenden herrlichen Erfolg, wenn die Erlösten und Versöhnten vor Seinem Angesicht stehen werden, nun wirklich als vollendete Heilige ganz im Licht, nun wirklich so, daß keine Flecken sie mehr entstellen und nichts mehr an ihnen zu schelten ist. Es wird den Kolossern nicht anders ergangen sein, wie es uns geht: So mächtig und tiefgreifend und unleugbar die Wende vom Einst zum Jetzt in ihrem Leben war, von dieser Herrlichkeit, „heilig", „fleckenlos", „unbescholten", sahen sie noch wenig genug. Vielleicht, wahrscheinlich wurden sie in ihren eigenen Augen immer schlechter. Denn Jesus tut ja Sein Werk an uns so, daß er bei uns immer mehr aufdeckt und uns immer tiefer unsere ganze Armut und Verdorbenheit zeigt. Wie nah liegt uns dann das Verzagen. Aber eben dann dürfen wir es wissen: Er, der große Jesus, hat es in die Hand genommen, uns zu fleckenlosen Heiligen zu machen; und Er wird es auch schaffen, so unmöglich es mir auch jetzt beim Blick auf mich selbst erscheinen mag.

Und was haben w i r dabei zu tun? Nichts, weil Er ja doch alles tun und vollenden will? Nein, solch arme und primitive Logik kennt die apostolische Unterweisung nicht. Jesus wendet die Arbeit Seiner lebendigen Gnade ja nicht Holzklötzen, sondern lebendigen Menschen zu. Darum ist an das Verhalten dieser Menschen eine klare Bedingung gestellt: **„wenn ihr nur bei dem Glauben beharrt, gegründet und fest und ohne euch abbringen zu lassen von der Hoffnung des Evangeliums“**. Beharren beim Glauben, nicht mehr, aber auch nicht weniger wird von uns verlangt. Paulus ist offenbar nicht bewegt von jener tiefsinnigen Problematik, mit der uns die Theologie reichlich bemüht: Kann ich denn im Glauben beharren? Ist nicht auch das allein Gottes Werk, mich im Glauben zu erhalten? Geraten wir sonst nicht in einen bedenklichen „Synergismus“? Er schreibt an Glaubende, die wissen, was „glauben“ heißt. Sie stehen mit ihrem Leben auf einem festen und sicheren Fundament. Nun können und müssen sie allem widerstehen, was sie von diesem festen Grund weglocken oder wegdrängen will. Dieser Grund ist ja Christus (1 Ko 3, 10. 11). Mit Ihm müssen sie im beständigen Lebenszusammenhang des Glaubens bleiben, wenn Er Sein Werk an ihnen vollenden soll. Dieser Glaube ist aber zugleich Hoffnung. Er schaut in die Zukunft hinaus und erfaßt all das, was dort als das „Erbe der Heiligen im Licht“ auf uns wartet. Solange das hell vor uns steht und unser Herz erfüllt, werden wir auch begierig die Arbeit Jesu an uns geschehen lassen, die uns „tauglich zum Anteil an diesem Erbe“, die uns selbst zu wahren „Heiligen“ macht, die uns also „heiligt“. Lassen wir uns aber **„abbringen von der Hoffnung des Evangeliums“**, wird unser Blick mehr und mehr von den irdischen Gütern und Zielen gefangen, so entziehen wir uns auch dem heiligenden und vollendenden Wirken Jesu. Nun kann Er uns nicht mehr ohne Flecken und Tadel vor Sein Angesicht stellen. Noch einmal weist uns Paulus darauf hin, daß diese Hoffnung wesentlich zum Evangelium gehört. Evangelium ohne Eschatologie ist nicht Evangelium.

Dies Evangelium haben die Kolosser gehört, weil es **„bei aller Kreatur unter dem Himmel[24] verkündigt ist“**. Bei dem Wort „Kreatur“ „denkt Paulus nach dem in der Judenschaft befestigten Sprachgebrauch an die Menschen, die er hier so nennt, weil darin, daß sie Gottes Geschöpf sind, auch ihre Berufung zu Christus und ihr Anteil an der Versöhnungsgnade begründet ist. Auf nichts kommt es bei der Verkündigung Jesu an, auf keine Unterschiede der Völker oder der Bildung oder des eigenen Werks; allen wird sie dargeboten, denen Gottes Schöpfermacht das Leben gab“ (Schlatter).

Wenn Paulus hinzufügt: **„dessen Diener ich Paulus geworden bin“**, dann zeigt schon die merkwürdige Betonung „ich Paulus“, daß wir es nicht mit einem abrundenden Schlußsatz zu tun haben, sondern mit einer bedeutsamen Aussage, die ein neues Thema anschneidet. Paulus hatte das Bewußtsein einer einmaligen Sendung. Er hat sie

[24] Anm. Diese sprachliche Wendung fand Paulus schon in seiner Bibel vorgebildet: z. B. 5 Mo 2, 25; 4, 19. So ist es auch in der Pfingstgeschichte gebraucht. Apg 2, 5. Denn von Gottes Werk gilt grundsätzlich immer Ps 36, 6, auch wenn am Pfingsttag statistisch nicht alle Völker der Welt in Jerusalem vertreten waren und unsere Mission sich noch heute darum müht, tatsächlich „bei aller Kreatur unter dem Himmel“ die Botschaft von Jesus zu sagen.

den Korinthern klarzumachen gesucht, indem er sich keinem geringeren als Mose gegenüberstellte (2 Ko 3, 4–13). Auch da steht das Wort „Diener", das im Munde des Paulus bei all seinem Wissen um die Schwere des geforderten Einsatzes (2 Ko 11, 23 ff) doch den hohen und feierlichen Klang einzigartiger Beauftragung hat. Er ist „Diener" des gesetzesfreien und darum wirklich „aller Kreatur" geltenden Evangeliums. Er ist darum aber auch „ein Schuldner der Griechen und Ungriechen, der Weisen und der Unweisen" (Rö 1, 14) und trägt unabweisbar die Verantwortung für das Evangelium in aller Kreatur. Darüber will Paulus gerade mit der nicht von ihm selbst gegründeten Gemeinde in Kolossä noch näher sprechen.

Der besondere Auftrag, den Paulus hat

Kolosser 1, 24–29

Zu Vers 24:
60* Eph 3, 1. 13
61* 2 Tim 2, 10
62* Apg 9, 16
Zu Vers 25:
63* Eph 3, 2. 7. 8
Zu Vers 26:
64* Rö 16, 25
65* 1 Ko 2, 7
66* Eph 3, 3. 5. 9. 10
Zu Vers 27:
67* Rö 9, 23; 16, 25
68* Eph 1, 18
69* 1 Pt 1, 21
70* 1 Tim 1, 1
Zu Vers 28:
71* Kol 3, 16; 1, 22
72* Eph 4, 13
Zu Vers 29:
73* Phil 4, 13
74* Eph 3 7

24 Jetzt freue ich mich in den Leiden für euch und erfülle stellver-
tretend, was an Christusdrangsalen noch fehlt, an meinem Fleisch
25 für Seinen Leib, der die Gemeinde ist, *deren Diener ich gewor-
den bin nach dem mir gegebenen göttlichen Verwalteramt an euch,
26 zu erfüllen das Wort Gottes, *das Geheimnis, verborgen vor den
Weltzeitaltern und vor den Geschlechtern – nun aber wurde es
27 offenbart Seinen Heiligen, *denen Gott kundtun wollte, was da
sei der Reichtum der Herrlichkeit dieses Geheimnisses in der Na-
tionenwelt: Es ist „Christus in euch", die Hoffnung der Herrlich-
28 keit. *Ihn verkündigen wir, indem wir jeden Menschen mahnen
und jeden Menschen lehren mit aller Weisheit, damit wir darstel-
29 len jeden Menschen vollkommen in Christus. *Darauf zielt auch
meine Arbeit, die ich ringend tue nach Seiner Wirkung, die da
wirkt in mir mit Macht.

Diener der weltweiten Verkündigung des Evangeliums ist Paulus. „Aller Kreatur" soll die Botschaft gesagt werden. Noch gibt es genug Länder und Völker, die sie nicht gehört haben. Paulus weiß sich auch dorthin gesandt (vgl. Rö 15, 23. 24). Aber „jetzt" – liegt er gefangen! Ist das nicht ein Widerspruch zu seiner großen, drängenden Aufgabe?

60* Eph 3, 1. 13: Das ist der Grund, weshalb ich, Paulus, der ich euch Heiden zugute der Gefangene Christi Jesu bin ...
Vers 13: Deshalb bitte ich auch darum, in meinen Leiden für euch nicht mutlos zu werden; das ist ja eine Verherrlichung für euch.
61* 2 Tim 2, 10: Deshalb ertrage ich auch alles standhaft um der Auserwählten willen, damit auch sie das Heil, das in Christus Jesus ist, samt der ewigen Herrlichkeit erlangen.
62* Apg 9, 16: ... denn ich werde ihm zeigen, wieviel er um Meines Namens willen leiden muß.
63* Eph 3, 2. 7. 8: ... ihr habt doch wohl von der Verwaltung der Gnade Gottes gehört, die mir für euch verliehen worden ist.
Vers 7. 8: ... deren Diener ich geworden bin nach der Gnadengabe Gottes, die mir nach der in ihrer Wirkung gewaltigen Kraft verliehen worden ist. * Mir, dem geringsten unter allen Heiligen, ist dieses Gnadenamt verliehen worden, den Heiden die Heilsbotschaft von dem unergründlichen Reichtum Christi zu verkündigen.
64* Rö 16, 25: Ihm aber, der die Kraft hat, euch fest zu machen nach meiner Heilsverkündigung und der

Muß es ihn nicht ungeduldig und unglücklich machen? Wahrscheinlich waren die Kolosser darüber recht betroffen, so wie es auch die Korinther so schwer verstehen konnten, wie ein „Bevollmächtigter" des „Königs aller Könige" immer wieder in solchen Leiden und Nöten stecken konnte, ausgepeitscht, gesteinigt, verhaftet. Sehen nicht auch wir in jeder Behinderung unseres Dienstes für den Herrn durch Schwierigkeiten und Leiden ein Rätsel, an dem wir bei andern und erst recht bei uns selbst schwer tragen? Was macht Paulus „jetzt"? **„Jetzt freue ich mich in den Leiden"**, antwortet er. Dabei kann das im Griechischen sehr vieldeutige „in" hier geradezu mit „an" wiedergegeben werden. Warum kann sich Paulus „an Leiden" „freuen"?! Sie hindern seinen Dienst so wenig, daß dieser Dienst durch sie nicht unterbrochen und gestört, sondern gerade vollzogen wird.

Denn diese Leiden gehören zu den **„Christusdrangsalen"**. Wir stoßen hier auf eine biblische Wahrheit, die uns völlig fremd geworden ist, die aber im Neuen Testament eine so wichtige Rolle spielt, daß wir uns aufs neue in sie hineindenken und – hineinleben müssen, wenn unser Gemeindeleben und unser Christenleben überhaupt wieder ein wahrhaft biblisches und vollmächtiges werden soll. Schon in gläubigen jüdischen Kreisen sprach man von den „Wehen des Messias", die der „Neugeburt" der Welt in der vollendeten Heilszeit vorangehen müßten. Es gibt ja keine Geburt ohne „Wehen". So „mußte" Christus selbst „leiden und zu Seiner Herrlichkeit eingehen" (Lk24,26). Dieses „mußte" ist in der Schrift viel ernster und inhaltsvoller, als unser entwertetes Hilfszeitwort „müssen" es sagt. Die ganze, den Ablauf der Dinge bestimmende göttliche Notwendigkeit liegt darin. Dieses Leiden des Christus selbst in seiner einmaligen und einzigartigen Bedeutung für unsere Erlösung hat Paulus uns eben mächtig vor Augen gestellt. Daran „fehlt" wahrlich nichts mehr! Und niemand könnte „stellvertretend erfüllen", wenn Er, der große Jesus, der geliebte Sohn, der Erstgeborene aller Schöpfung, noch etwas versäumt hätte. Aber – die messianische Heilszeit mit der Erneuerung der ganzen Schöpfung ist ja noch nicht da. Auf sie wird vielmehr

Predigt von Jesus Christus nach der Offenbarung des Geheimnisses, das ewige Zeiten hindurch verschwiegen geblieben.

65* 1 Ko 2, 7: ... nein, wir tragen Gottes geheimnisvolle, verborgene Weisheit vor, die Gott vor allen Weltzeiten zu unserer Verherrlichung vorherbestimmt hat.

66* Eph 3, 3. 5. 9. 10: ... daß mir nämlich durch Offenbarung das Geheimnis kundgetan worden ist, wie ich davon schon vorhin in Kürze geschrieben habe.

Vers 5: ... das in früheren Zeitaltern den Menschenkindern nicht kundgetan worden ist, wie es jetzt Seinen heiligen Aposteln und Propheten geoffenbart worden ist:

Vers 9. 10: ... und allen Aufklärung darüber zu geben, welche Bewandtnis es mit der Verwirklichung des Geheimnisses hat, das von Urzeiten in Gott, dem Schöpfer aller Dinge, verborgen gewesen ist. * ... damit nunmehr den Gewalten und den Mächten in den Himmelsräumen durch die Gemeinde die vielgestaltige Weisheit Gottes kundgetan werde.

67* Rö 9, 23: ... um zugleich den Reichtum Seiner Herrlichkeit an Gefäßen des Erbarmens zu erweisen, die Er zur Herrlichkeit zuvorbereitet hat.

Rö 16,25: Ihm aber, der die Kraft hat, euch (im Glauben) fest zu machen nach meiner Heilsverkündigung und der Predigt von Jesus Christus nach der Offenbarung des Geheimnisses, das ewige Zeiten hindurch verschwiegen geblieben.

sehnlich gewartet. Sie kommt erst mit der „Parusie" des Herrn, mit Seiner neuen „Anwesenheit". Bis dahin aber dauern die „Wehen des Messias" noch an, die nun Seinen Leib, die Gemeinde, treffen. Darum steht dieses „Muß" göttlicher Notwendigkeit des Leidens auch über dem Weg der Gemeinde dem kommenden Reich entgegen (Apg 14, 22). Das ist Paulus so gewiß, das gehört ihm so zur Sache, zum Christsein dazu, daß er es den Thessalonichern von vornherein als etwas notwendig Eintretendes voraussagt (1 Th 3, 3. 4). So hat es Jesus selbst den Jüngern gesagt. Dabei wird es wichtig, daß Paulus das Leiden und Sterben des Christus nirgends als ein bloß „für" uns geschehenes ansieht, sondern immer als etwas, was uns sehr real mit erfaßt und unser Dasein tatsächlich gestaltet. Das „mit gekreuzigt", „mit gestorben" ist für Paulus gar nicht nur ein dogmatischer Gedanke, auch nicht nur eine erbauliche Betrachtung, sondern bei dem festen Zusammenhang von „Haupt" und „Leib" eine Realität, die sich geradezu blutig in unserer irdischen Existenz auswirkt. Das Neue Testament ist ein ganzes Stück weniger „innerlich" und ein ganzes Stück „leibhaftiger" als unser stark platonisiertes Christentum. Darum gibt es „Christusdrangsale", d. h. Leiden, die nicht aus dem Lauf der Welt, sondern aus der Zugehörigkeit zu Christus erwachsen und darum auch diese Zugehörigkeit bestätigen und besiegeln. Wenn im Neuen Testament das Wort „thlipsis" = „Drangsal" auftaucht, ist überhaupt nur an solche Leiden gedacht. Wir haben das Neue Testament mit falschen Augen gelesen und viele, viele Stellen mißdeutet, weil wir bei unserer eigenen völligen Unbekanntschaft mit echten ‚Christusdrangsalen" in das Wort „Leiden" einfach das hineinlasen, was an Schmerzen mannigfacher Art die gefallene und zerrüttete Schöpfung erfüllt. Solche „Leiden" und „Trübsale" haben Nichtchristen genauso wie die Christen; von ihnen ist daher im Neuen Testament höchstens ganz am Rande die Rede.[25] Echte „Christus-

[25] Anm. So spielt z. B. die schwere Krankheit des Epaphroditus im Philipperbrief nur darum eine Rolle, weil E. „um des Werkes Christi willen dem Tode so nahe gekommen" war (Phil 2, 25—30). In der langen Leidensliste 2 Ko 11, 23—28 finden wir nichts von dem, was Paulus als „zivile" und „private" Not mit jedem Menschen geteilt hat.

[68*] Eph 1, 18: . . . euren Herzen erleuchtete Augen, damit ihr begreift, welche Hoffnung ihr infolge Seiner Berufung habt, wie groß der Reichtum Seines herrlichen Erbes bei den Heiligen ist.

[69*] 1 Pt 1, 21: . . . denn durch Ihn seid ihr zum Glauben an Gott gekommen, der Ihn von den Toten auferweckt und Ihm Herrlichkeit verliehen hat, so daß euer Glaube zugleich Hoffnung auf Gott ist.

[70*] 1 Tim 1, 1: Ich, Paulus, ein Apostel Christi Jesu nach dem Auftrage Gottes, unsers Retters, und Christi Jesu, der unsere Hoffnung ist.

[71*] Kol 3, 16: Laßt das Wort Christi reichlich unter euch wohnen, belehrt und ermahnt einander in aller Weisheit und singet Gott mit Psalmen, Lobgesängen und geistlichen Liedern, voller Dankbarkeit in euren Herzen.

Kol 1, 22: . . . jetzt aber hat Er euch in Seinem Fleischesleibe durch Seinen Tod versöhnt, um euch als heilig, untadelig und unanklagbar vor Ihm darzustellen.

[72*] Eph 4, 13: . . . bis wir endlich allesamt zur Einheit des Glaubens und der Erkenntnis des Sohnes Gottes gelangen, zur vollkommenen Mannesreife, zum Vollmaß des Wuchses in der Fülle Christi.

[73*] Phil 4, 13: Alles vermag ich in Ihm, der mich stark macht.

[74*] Eph 3, 7: . . . deren Diener ich geworden bin nach der Gnadengabe Gottes, die mir nach der in ihrer Wirkung gewaltigen Kraft verliehen worden ist.

drangsale" aber gehören zum Leben und Weg der Christusgemeinde dazu, weil die Kreuzesgestalt des Christus auch Seinen Leib, die Gemeinde, bestimmt. Sie bilden gleichsam eine bestimmte Summe von Leiden, die durchgelitten werden müssen bis zur Wiederkunft des Herrn. Und an dieser Summe „fehlt" noch etwas. Dies „Fehlende" muß noch „erfüllt" werden. Und da darf der „Diener" der Gemeinde stellvertretend für die Gemeinde eintreten.[28] Nun gehören sie doppelt zu seinem Dienst dazu. Nun kann er sich dieser Leiden „freuen", denn es steht nun über ihnen das geheimnisvolle und verklärende: „für euch", dem Paulus sogleich die Auslegung folgen läßt: „Ich ... erfülle stellvertretend, was an Christusdrangsalen noch fehlt, an meinem Fleische für Seinen Leib, der die Gemeinde ist, deren Diener ich geworden bin." Natürlich ist das nie im Sinne einer mechanischen „Rechnung" gemeint. Aber wenn die Kolosser wie die Korinther verlegen, peinlich berührt, vielleicht sogar an der apostolischen Vollmacht des Paulus zweifelnd auf seine Leiden, seine Gefangenschaft, seinen Prozeß blickten, dann sagt ihnen der Apostel hier in überwindender und liebevoller Weise: Ach, ärgert euch doch nicht darüber! Das leide ich ja auch „für euch", „für die Gemeinde"! Leiden muß ja doch der Christusleib; nun darf ich mir von diesen Drangsalen ein gutes Stück selber aufpacken und euch dadurch abnehmen. Bezahlt werden muß gleichsam die volle Leidenssumme, ehe der Herr wiederkommen und die ganze Heilszeit bringen kann. Nun trägt Paulus für die Gemeinde ein Stück dieser Schuld ab und beschleunigt damit das Kommen des Heils. So verstehen wir jedenfalls seine Freude in seinen Leiden: Er freut sich, daß er diesen Dienst des Leidens tun kann, der ebenso notwendig zu dieser Zeit gehört wie das Verkündigen der Botschaft, und freut sich, daß er ihn stellvertretend mit für die Gemeinde, auch für die Kolosser tun kann, die sich dadurch so real und fest mit ihm verbunden sehen.

Das griechische Wort „hyper = für", das hier mehrfach steht: „für euch", „für Seinen Leib", ist wie das deutsche „für" mehrdeutig. Es kann das „jmd zu gut" und das „stellvertretend für jmd" ausdrücken. Paulus hat an anderer Stelle (2 Ko 1, 5.6) von seinen Leiden, die er auch dort „Christusleiden" nennt, gesagt, daß sie „der Tröstung und Rettung" der Korinther zugute kommen und ihnen helfen, ihrerseits in ähnlichen Leiden auszuharren. So kann Paulus auch hier der Überzeugung Ausdruck gegeben haben, daß sein Leiden dem ganzen Christusleib zugute kommt. Es gibt wahrlich das Geheimnis der Segensmacht des willigen Leidens, das rational nicht auflösbar ist. Sein Ausharren im Leiden bahnt der rettenden Botschaft den Weg (vgl. Phil 1, 12 ff.; 2 Tim 2, 10) und ist auch so ein Dienst für den Aufbau des Christusleibes. Aber an unserer Stelle wird doch der Sinn des „Stellvertretenden" unterstrichen durch die Vorsilbe „anti = an-

[28] Anm. Diese Redewendung „stellvertretend erfüllen, was noch fehlt" hat Paulus mehrfach in seinen Briefen gebraucht: 1 Ko 16, 17; 2 Ko 9, 12; 11, 9; Phil 2, 30. Dabei ist im griechischen Text die wörtliche Übereinstimmung deutlicher als in unserer Lutherbibel.

statt", die Paulus hier dem „erfüllen" voransetzt, und vollends nahegelegt durch den Satz von dem „Mangel" an Christusdrangsalen, der aufgefüllt werden muß. Hier darf der Apostel gleichsam „Schulden abtragen" stellvertretend für die Gemeinde.

Wenn die Kolosser diesen Sinn der Leiden des Apostels verstanden haben und sich an seiner Gefangenschaft nicht mehr ärgern, dann können sie auch hell hineinblicken in den einzigartigen Dienst, der gerade Paulus aufgetragen war. Wie und weil er „ein Diener des Evangeliums geworden ist" (Vers 23), ist er auch „ein Diener der Gemeinde geworden" (Vers 24). Und er meint diesen Dienst an der „Gemeinde" in einem ganz besonderen Sinne. Hier hat er in der „oikonomia", im „Haushaltsplan" Gottes eine besondere „oikonomia", ein besonderes „Verwalteramt", einen besonderen „Posten", den er auch den Kolossern gegenüber ausübt, auch wenn er die Gemeinde dort nicht unmittelbar gegründet hat. Sie ruht dennoch auf dem Dienst, den Gott in die Hände des von Ihm beauftragten Paulus gelegt hatte.

Denn es gibt ein **„Geheimnis", „verborgen vor den Weltzeitaltern und vor den Geschlechtern"**. Wie wunderbar und groß muß das sein, was Gott so lange und so tief verborgen hatte! **„Nun aber wurde es offenbart Seinen Heiligen."** Dies geschah, weil **„Gott kundtun wollte"**. Dies Wort „wollen" in Verbindung mit dem Namen Gottes ist nicht so tonlos und unbedeutend, wie wir es durchschnittlich als Hilfszeitwort verwenden. Es hat das volle Gewicht des göttlichen Willensentschlusses! Es war der herrliche, feste Wille Gottes, daß dies so lang verborgene Geheimnis ans Licht treten sollte. Und jetzt ist die bestimmte Zeit dafür gekommen! Jetzt dürfen alle Heiligen dies Geheimnis Gottes erfassen, dürfen staunend und anbetend sehen, **„was da sei der Reichtum der Herrlichkeit dieses Geheimnisses"**. Paulus aber ist das Werkzeug dafür.

Wir sind fast enttäuscht, wenn wir nach diesen Ankündigungen nun den Inhalt des Geheimnisses erfahren: **„Es ist ‚Christus in euch', die Hoffnung der Herrlichkeit."** Daß Christus auch inmitten der Völkerwelt wohnt und Seine Gemeinde baut, daß „Heiden" an der „Hoffnung der Herrlichkeit" teilnehmen – ist das nicht „selbstverständlich"? Besteht nicht die ganze Christenheit heute fast durchweg aus „Heidenchristen", aus Menschen aus den „Nationen"? Ist nicht ein wirklicher Christ aus Israel viel eher ein erstaunlicher Anblick? Aber – eben das i s t es ja! Darin gerade liegt ja das Geheimnis! Wir versperren uns hier selbst den rechten Blick, weil wir vom modernen Denken und Empfinden aus sofort meinen, das sei ein rein „menschlicher" und „natürlich zu erklärender" Vorgang. Unter den Nationen habe Jesus endlich die Leute gefunden, die Ihn viel leichter und besser verstanden als die törichten und halsstarrigen Juden. Nun habe sich natürlich die Sache Jesu in der großen Völkerwelt ausgebreitet. Das wäre vielleicht wirklich so anzusehen, wenn es sich beim Evangelium um „eine Religion" handelte, um Gedanken und Empfindungen, die bestimmten Menschen mehr „liegen" als andern, den „Griechen" mehr als den „Juden". Freilich, auch dann bliebe es ja erstaunlich genug, daß die gleichen Gedanken und Empfindungen den Zugang zu den Negern und den Eskimos wie zu den Griechen, zu Menschen des 20. wie des 1. Jahrhunderts gefunden haben! Aber es geht ja gar nicht um religiöse Gedanken und Empfindungen, die irgendwelchen Menschen naheliegen. Es geht um „Christus" als den lebendigen Herrn, um die Teilhabe an der göttlichen Herrlichkeit. Diese zu gewähren, dafür Menschen zu erschließen, ist aber allein Gottes Sache. Wenn Christus, der Messias Israels, in die Mitte von Menschen aus den Nationen tritt, von ihnen aufgenommen wird, in ihre Herzen wahrhaftig Einzug hält, aus ihnen fleckenlose Heilige macht, zum Anteil am Erbe der Heiligen im Licht tauglich – dann ist das alles andere als „natürlich", dann ist das höchst wunderbar, ein „Reichtum an Herrlichkeit", der Durchbruch eines unerhörten göttlichen Geheimnisses!

Aber – haben das die Propheten nicht schon längst gewußt und gesagt? Kann man angesichts des prophetischen Wortes noch von einem bisher **„verborgenen" Geheimnis** reden, das **„nun"** erst **„kundgemacht"** wird? Paulus hat an einer ähnlichen Stelle im Brief an die Römer (16. 25. 26), wo er auch von dem „Geheimnis" spricht, das „äonische Zeiten hindurch verschwiegen" war, ausdrücklich darauf hingewiesen, daß es „kundgemacht" war „durch der Propheten Schriften". Darin erblickt er selbst also keinen Widerspruch zu dem Geheimnischarakter der Sache! Es hebt diesen in keiner Weise auf. Das wird sofort deutlich daran, daß ja niemand diese prophetischen Verheißungen wirklich verstanden und vor allem niemand sie realisiert hat! Wie kennzeichnend ist die Szene bei der Verhaftung des Paulus im Tempel in Jerusalem: Die ganze lange Rede, die Paulus von der Treppe zur Burg her hält, hört sich Israel ruhig an; als er aber das Wort seines Herrn Jesu berichtet: „Ziehe hin, ich will dich zu den Heiden in der Ferne senden", da erhebt sich ein tosender Sturm der Wut und Entrüstung. Solch verborgenes Geheimnis war „der Messias unter den Nationen" bei denen, die doch aus den heiligen Schriften leben wollten. Wie bedarf selbst ein Petrus auch nach Karfreitag und Ostern und Pfingsten noch so besonderer Zurüstung durch Gott, ehe er fähig wird, den Menschen aus den Nationen im Hause des Cornelius recht zu begegnen. Wahrlich, selbst für diesen führenden Jünger Jesu war das „Christus in den Nationen" ein tiefes Geheimnis.

Es gab „Proselyten", gab „Verehrer Gottes". Aber gerade hier kam deutlich jenes „Verständnis" der Propheten zutage, das an dem wunderbaren Geheimnis Gottes, an seinem herrlichen Plan gerade vorüberging. Gewiß sollten auch Menschen aus der Völkerwelt den Weg zum lebendigen Gott finden, aber dieser Weg führte einzig durch Israel! So klang es ja auch aus vielen Prophetenstimmen heraus, die vom Heil für die Völkerwelt sprachen: Es schien ein durch

Israel vermitteltes und an Israel gebundenes Heil zu sein.[27] Aber wie immer es auch mit den voraussagenden Prophetenworten und ihrem Verständnis stand, es ist eindeutig klar, daß dies Geheimnis Gottes erst jetzt sichtbar, weil jetzt erst verwirklicht und vollzogen wurde. So ist ja auch Jesus erst die Offenbarung des Christus, die erstaunliche, unerwartete, umwälzende, obwohl Er Seinen Jüngern selber zeigen konnte, daß Mose und alle Propheten schon längst von Ihm geredet hatten. So tritt auch dies Geheimnis Gottes jetzt erst ereignishaft ans Licht. Nun verstehen wir, warum Paulus von seinem Auftrag die merkwürdige Wendung braucht: **„um das Wort Gottes zu erfüllen, das Geheimnis, verborgen vor den Weltzeitaltern...“** Jawohl, das ist dasselbe „Erfüllen“, das von der Wirksamkeit Jesu so oft gesagt wird. Darauf kam es an, ein durch die Propheten längst angekündigtes Wort Gottes zu **erfüllen**, zu vollziehen. Eben darum nennt Paulus den Inhalt des Geheimnisses nicht allgemein „Christus in Heiden“, sondern ganz konkret „Christus in euch“. Da steht das Geheimnis Gottes enthüllt in unleugbarer Wirklichkeit: Es gibt tatsächlich, ohne jeden Zusammenhang mit Israel, durch ein neues eigenes Handeln Gottes, mitten in Kolossä, mitten in allem Götzendienst, mitten in allem Aberglauben und aller eigenmächtigen Philosophie Menschen, die „in Christus Jesus glaubten“, weil **Christus „in ihnen“** war, und die unmittelbar im Licht der kommenden Herrlichkeit lebten und ihr entgegenhofften. D a s hat niemand vorher gedacht. Das ist ein reiches, herrliches Handeln Gottes, das alle überrascht.

Wir werden aber in unserm Verständnis der ganzen Wucht und Größe der Stelle noch besser gerecht werden müssen. Paulus schrieb ja nicht, das Geheimnis sei „vor den Menschen“ oder „vor den Juden“ bisher verborgen geblieben, sondern **„vor den Weltzeitaltern und vor den Geschlechtern“**. Dabei kann dieses „vor den Geschlechtern“ auch bedeuten „vor den Urzeiten“. Wie eng, wie anthropozentrisch und ichbezogen ist unser Denken, obwohl wir in der Naturerkenntnis das Weltbild mit den ungeheuren Räumen und Zeiten bekommen haben. Wie weit und groß denkt Paulus trotz seines antiken Weltbildes! Sein Blick geht in der anbetenden Betrachtung der Pläne Gottes weit über das Stücklein menschlicher Geschichte hinaus. Urzeiten und Weltzeitalter sieht er vorüberziehen mit ihrem reichen Inhalt von Gott bestimmten Geschehens. Ereignisse in den Regionen der Geisterwelten spielen sich ab. Aber keine auch der hohen himmlischen Gestalten ahnte, was Gott für herrliche Liebesgedanken in

[27] Anm. Prophetenworte wie Jes 60, 3; Mi 4, 1—5 (Jes 2, 2—4) beziehen sich auf Ereignisse, die wir erst im „Tausendjährigen Reich“ zu erwarten haben. Und dem Seher Johannes wird die letzte Erfüllung solcher Worte sogar erst auf der neuen Erde gezeigt (Offb 21, 24). Erst nach dem Sturz des antichristlichen Weltreiches und nach der Ausschaltung Satans gibt es ganze Völker, die nach Gott fragen, gibt es „Völkermission“ im eigentlichen Sinn. Deren Zentrum ist dann aber in der Tat Jerusalem und das erneuerte und zum Glauben an Jesus gekommene Israel. Was aber unter dem Wirken des Paulus als enthülltes Geheimnis Gottes ans Licht kommt, ist etwas ganz anderes: es ist die „Ekklesia“, die „Gemeinde“, der Leib, in dem es zwar auch Israeliten gibt, der aber wirklich überwiegend durch Menschen aus den Nationen gebildet wird, „in denen Christus“ ist und die nun die Hoffnung jener einzigartigen „Herrlichkeit“ haben, die dem Leibe, und nur ihm, zuteil wird.

Seinem Herzen trägt für Menschen, die nach Äonen und Generationen erst ihr Leben führen, für uns! Wie hilfreich ist dieses paulinische Denken für uns moderne Menschen, die wir erschrocken vor den Raum- und Zeitmaßen stehen, die unsere menschliche Geschichte zu einer belanglosen Sekunde der Sternenzeit zu machen drohen. Nur getrost! Auch das vom Heiligen Geist erleuchtete Auge des Paulus sah schon Zeiträume, in denen noch kein Mensch war, in denen aber du und ich schon von Gott ersehen, geliebt und erwählt waren zu ewiger Herrlichkeit! Wie unfaßbar groß wird unsere Erwählung, unser Glaubensstand, wenn es uns aufgeht: Wir dürfen teilhaben an einem Leben, das Gott schon durch Weltzeitalter hindurch als das verborgene Ziel Seines liebenden Regierens im Herzen trug und das Er nun gerade uns zu besitzen gab! Müssen wir nicht niederstürzen und anbeten, anstatt unser Christsein so matt, so nichtssagend hinzunehmen?

Und **„Christus in uns“** – wie haben wir uns an den Umgang auch mit den größten Worten gewöhnt. Wie Kinder mit Diamanten und Perlen spielen, als ob es Glasscherben und Steinchen wären, so werfen wir mit den biblischen Begriffen umher und ahnen nicht mehr, was für ungeheure Dinge in ihnen uns gesagt sind! Dieser „Christus“ in uns, daß ist der „große Jesus“, von dem wir hörten, der alle Welten überragt. Und Er erlaubt uns nicht etwa, anbetend an den Saum Seines Mantels zu rühren. Er verspricht uns nicht etwa, hier und da huldvoll an uns zu denken, Er – erwählt unser von Natur heidnisches, rebellisches Herz zu Seiner Wohnstätte: „Christus in uns.“ So sagt es Paulus auch Gal 2, 20; 4, 19; Rö 8, 10; 2 Ko 13, 5; Eph 3, 17.

Wenn aber jetzt in dieser alten Todeswelt uns schon so Großes geschenkt ist, was wird dann aus uns werden, wenn die Vollendung kommt? Paulus hat dafür nur das eine Wort: Christus in uns, **„die Hoffnung der Herrlichkeit“**. Dabei müssen wir daran denken, daß „doxa“ = „Herrlichkeit“ d a s biblische Wort zur Bezeichnung der **göttlichen** Lebensfülle, Wunderkraft und Lichtglorie ist. Jetzt „mangeln wir der Herrlichkeit Gottes“ (Rö 3, 23); besonders unsere Leiblichkeit, in der wir unser Leben führen, ist ein „Leib der Niedrigkeit“. Aber es ist uns nicht nur „Seligkeit“, sondern „Herrlichkeit“, Anteil an Gottes eigener Lebensfülle und Lichtglorie zugedacht[28], und selbst unser Leib wird ein „Leib Seiner Herrlichkeit“ (Phil 3, 21) sein, voll strahlender Unvergänglichkeit und Kraft. Das ist „die Herrlichkeit, die an uns soll offenbart werden“, vor der alle Leiden dieser

[28] Anm. Wir reden überhaupt nicht biblisch, wenn wir den Inhalt unserer persönlichen Zukunftshoffnung mit „Seligkeit“ bezeichnen. Luther hat aus Gründen, über die wir nicht zu Gericht zu sitzen haben, das so entscheidende Wort des Neuen Testaments „Rettung“ und „gerettet werden“ mit „selig werden“ und „Seligkeit“ übersetzt. Die „Rettung“ aber ist ja gar nicht das, was wir in der Zukunft erwarten, sondern etwas, was uns jetzt zuteil werden soll und muß. Unser kommendes Teil dagegen ist Herrlichkeit. Fort mit aller falschen „Bescheidenheit“, die weit hinter dem zurückbleibt, was Gott uns zu geben beschlossen hat. Solche „Bescheidenheit“ ist ungläubig und anmaßend. Wir haben nicht weniger und nichts Geringeres zu wollen, als was Gott uns zugedacht hat. Wir haben die ganze Größe des göttlichen Zieles anzunehmen und danach unser Leben schon jetzt auszurichten.

Zeit gering werden (Rö 8, 18), und der Hoffnung dieser Herrlichkeit rühmen wir uns schon jetzt (Rö 5, 2). So ist Menschenleben geworden, seit das vor ganzen Weltzeitaltern verborgene Geheimnis des göttlichen Planes ans Licht getreten ist: „Christus in uns, die Hoffnung der Herrlichkeit."

Dies Geheimnis zu verwirklichen, dazu war Paulus „bevollmächtigt". Er spricht von der ihm verliehenen Gnade, „daß ich sei ein Priester des Christus Jesus bei den Heiden, im heiligen Dienst am Evangelium Gottes, damit die Heiden werden eine Opfergabe, wohlgefällig, geheiligt in heiligem Geiste" (Rö 15, 16). Das wird nicht beeinträchtigt durch die Tatsache, daß Petrus chronologisch als erster einen solchen Dienst an Heiden hat. Das war von Gott vorausschauend so geordnet: Wie hätte ein Petrus als der maßgebende Mann der Gemeinde in Jerusalem und unter Israel in kritischer Stunde die Arbeit des Paulus anerkennen können, wenn Gott ihn nicht selbst in ein heidnisches Haus geführt und ihm dort gezeigt hätte, daß Er „keinen Unterschied zwischen ihnen und uns" machte (Apg 15, 9)? Aber es bleibt bei Petrus eine einzelne Führung. Das Geheimnis wurde ihm nicht erschlossen und zur „Erfüllung" in die Hand gegeben. Das blieb Paulus vorbehalten. Durch ihn und seine Missionsarbeit wurde „seinen Heiligen" überhaupt der Reichtum von Herrlichkeit in diesem Geheimnis Gottes kund. Darum unterstreicht er auch: „welchen wir verkündigen". Er verwendet bei dieser Aussage für „verkündigen" ein hellenistisches Wort, das eine „offizielle Proklamation" bezeichnet. Wir müssen uns immer wieder daran erinnern lassen, daß unser heutiges „Predigen" als ein erbauliches Reden im sakralen Raum nicht dem entspricht, was ein Paulus unter „Verkündigen" verstand. Was der lebendige Gott Menschen zugedacht hat, das muß feierlich und öffentlich „proklamiert" werden in aller Welt wie vor den unsichtbaren himmlischen und dämonischen Mächten.

Nun richtet sich die Arbeit des Paulus und seiner Gefährten – Paulus schreibt hier ein „wir" – an „jeden Menschen". Das heißt natürlich nicht, daß Paulus in statistischem Sinn jeden Menschen angesprochen hätte. Das Gegenteil steht im Arbeitsweg des Paulus vor uns. Er arbeitet unter der Leitung des Heiligen Geistes, läßt weite Gebiete ganz aus und gründet Gemeinden in zentralen Orten, damit von ihnen aus die Botschaft in das umliegende Land weitergetragen wird. Das „jeden Menschen" entspricht dem „aller Kreatur" und ist grundsätzlich gemeint. Vor der erstaunlichen Wirklichkeit „Christus in euch" vergehen alle menschlichen Unterschiede, die sonst so entscheidend sind. Es war ja der tiefste, von Gott selbst gesetzte Unterschied, der zwischen „Israel" und den „Nationen", durch Gottes neue Tat in der Herausrufung des Leibes vergangen. Grundsätzlich „jeden Menschen" konnte Paulus nun mahnen und „jeden Menschen" lehren. Jede Weisheit, die dazu nötig war, jeder Durchblick in den Gnadenwillen Gottes stand ihm dafür zur Verfügung.

Und „jeden Menschen" bringt er an das bestimmte Ziel, und zwar eben dadurch, daß er ein Mensch **„in Christus" wird.** „Christus in euch" ist die ganze und ausreichende „Hoffnung der Herrlichkeit". Mehr als Christus bedarf keiner, um zur Herrlichkeit zu gelangen. Darum kann Paulus und können wir **„jeden Menschen darstellen vollkommen in Christus".** Um das „vollkommene Christentum" ging es in Kolossä. Gehörte nicht viel und vielerlei dazu, all das, wovon wir im nächsten Kapitel noch hören werden? Jawohl, sagt Paulus, auch mir geht es darum, daß Menschen nicht unfertig bleiben. Auch ich lasse jeden Menschen, den ich einmal angefaßt habe, nicht in Halbheiten stecken. Etwas Ganzes und Vollkommenes[29] soll aus ihm werden. Aber diese Ganzheit und Vollkommenheit liegt gerade nicht in dem Vielerlei, zu dem man in Kolossä (und immer wieder in der Geschichte der Gemeinde Jesu) rät. Sie liegt nur in dem einen: „ganz in Christus".

Eben das aber ist keine Kleinigkeit! So wie die Kolosser die Größe Jesu verkannten, wenn sie fragten: „Nur Jesus – genügt denn das?", so verkennen sie, was das „in Christus sein" bedeutet, wenn sie darin nur eine Anfängerstufe sehen, die durch einen „vollkommeneren" Christenstand abgelöst werden müßte. Einen Menschen dahin zu bringen und darin zu erhalten, daß er wirklich „vollkommen", ganz und gar „in Christus" denkt und redet, handelt und ruht – wieviel Arbeit kostet das. Paulus hat von der Größe und Herrlichkeit des „Verwalteramtes" gesprochen, das ihm gegeben ist. Es gilt für ihn und gilt für jeden, der in den Dienst Jesu gestellt wurde: Es ist eine herrliche Sache, Menschen zu Jesus zu führen, Christus in Menschen leben zu sehen und dabei keine Grenzen und Schranken, keine „aussichtslosen Fälle" kennen zu brauchen. Es ist eine herrliche Sache, eine Arbeit tun zu dürfen, die zu ewigen Resultaten führt. Aber: es ist wahrlich Arbeit und kein Spiel! Es geht nicht so von selbst und so nebenbei. Es kostet heiße Mühe und fordert den vollen Einsatz und ist ein unermüdliches Ringen. Wer wirklich in solcher Arbeit an Menschen steht, der weiß, was Paulus meint: **„Darauf zielt auch meine Arbeit, die ich ringend tue..."**

Aber ist es nicht das Werk des Heiligen Geistes allein? Muß es

[29] Anm. Man hat lange Zeit den Ausdruck „vollkommen" aus den Mysterienkulten jener Tage abgeleitet. In der Tat gibt es dort das „teleios" = „vollkommen" als Fachausdruck, um den „Eingeweihten" zu bezeichnen, der alle Weihen durchlaufen hat. Aber selbst wenn Paulus das Wort von dort übernommen und bei seiner Evangelisation unter hellenistischer Bevölkerung verwendet hätte, wäre damit noch nichts Entscheidendes gesagt. Jeder Evangelist verfährt ähnlich und legt doch in das von ihm aufgegriffene Stichwort vom Evangelium her einen ganz andern Inhalt. Wir sind der wissenschaftlichen Forschung dankbar, die mit großem Fleiß den Beziehungen der neutestamentlichen Begriffe zu der Sprache der Umwelt nachgegangen ist. Wir lernen manches Wort dadurch ganz neu und bestimmter zu hören. Aber wenn die Forschung in der Freude über ihre Entdeckungen inhaltliche Abhängigkeiten feststellen wollte, wo sie sprachliche Zusammenhänge fand, überschritt sie weit ihre Grenzen. Das Zustandekommen unserer Sprache ist ein weit komplizierterer und lebendigerer Vorgang! Ein Fachwort wie „teleios" in den Mysterien war und blieb zugleich ein allgemeines Wort der Umgangssprache, das Paulus wie jeder andere in freier Weise von sich aus gebrauchen konnte. Viel entscheidender für ihn und seinen Sprachgebrauch war es, daß er dies Wort „vollkommen" in seiner griechischen Bibel fand! Dort schon hatte es zugleich den Klang der sittlichen Gerechtigkeit und der kultischen Reinheit und der apokalyptischen Weisheit in sich aufgenommen, wie er auch an unserer Stelle zu hören ist.

nicht „das Wort allein" tun? O ja, das weiß Paulus auch. Die „Weisheit", mit der er arbeitet, hat er schroff und klar von jeder menschlichen Weisheit unterschieden. Und eben hier an unserer Stelle fährt er unmittelbar fort: „... nach Seiner Wirkung, die in mir mit Macht wirkt." Das Geheimnis Gottes „Christus in euch" verwirklichen, aus Menschen, wie sie in Kolossä oder sonstwo sind, „Menschen vollkommen in Christus" machen – das kann kein Mensch, auch kein Paulus, das kann nur Gott selbst. Aber dabei weiß Paulus nichts von jener dummen Logik, die da folgert: Gott tut es, also brauche ich nichts zu tun, also darf ich nichts tun, um ja Gottes Ehre nicht zu beeinträchtigen! Paulus hat die Logik des lebendigen Glaubens: Gott wirkt mit Macht, Er wirkt energisch in mir, also darf und kann, also muß auch ich wirken mit dem ganzen Einsatz, der mir möglich ist! Und er besitzt diese Logik nicht nur theoretisch ohne Scheu vor dem „Synergismus", er hat sie vor allem praktiziert in einem Leben der Hingabe und Arbeit ohnegleichen.

Im Ringen um die rechte Einheit der Gemeinde

Kolosser 2, 1–7

Zu Vers 1:
[1]* Kol 4, 12
Zu Vers 2:
[2]* Eph 3, 18. 19
Zu Vers 3:
[3]* Kol 1, 26. 27
[4]* Jes 45, 3
[5]* Spr 2, 3–6
[6]* 1 Ko 1, 24. 30
Zu Vers 4:
[7]* Rö 16, 18
[8]* Eph 5, 6

1 **Denn ich will, daß ihr wißt, welch großen Kampf ich habe für**
euch und die in Laodikea und die sonst mein Angesicht im Fleisch
2 **nicht gesehen haben, * damit ihre Herzen den rechten Zuspruch er-**
fahren, zusammengehalten in Liebe und zum ganzen Reichtum der
vollen Gewißheit[30] des Verständnisses, zur Erkenntnis des Ge-
3 **heimnisses Gottes, des Christus, * in welchem alle Schätze der**
4 **Weisheit und Erkenntnis verborgen sind. * Dieses sage ich, damit**
5 **keiner euch täusche durch Überredungskunst. * Denn wenn ich**
auch dem Fleische nach abwesend bin, aber dem Geiste nach bin
ich mit euch zusammen, freue mich und sehe eure Ordnung und

[30] Anm. Das Wort „plerophoria" hat hier vielleicht nur den quantitativen Sinn von „Fülle".

[1]* Kol 4, 12: Es grüßt euch euer Landsmann Epaphras, ein Knecht Christi Jesu, der allezeit in seinen Gebeten für euch ringt, damit ihr in allem, was dem Willen Gottes entspricht, als Vollkommene und völlig Überzeugte dastehen möget.

[2]* Eph 3, 18. 19: ... auf daß ihr fähig werdet im Verein mit allen Heiligen die Breite und Länge, die Tiefe und Höhe zu erfassen und die alle Erkenntnis übersteigende Liebe Christi kennenzulernen, damit ihr schließlich zum Erfülltsein mit der ganzen Gottesfülle gelangt.

[3]* Kol 1, 26. 27: ... nämlich das Geheimnis, das, seitdem es Weltzeiten und Menschengeschlechter gibt, verborgen gewesen, jetzt aber Seinen Heiligen offenbart worden ist. * Denn ihnen hat Gott kundtun wollen, welche Fülle von Herrlichkeit dieses Geheimnis unter den Heidenvölkern in sich berge. Dieser Reichtum besteht darin, daß Christus in euch ist, als die Hoffnung auf die Herrlichkeit.

[4]* Jes 45, 3: Ich will dir die im Dunkel verborgenen Schätze übergeben und die wohlversteckten Kostbarkeiten, damit du erkennst, daß Ich, der Herr, es bin, der dich bei deinem Namen gerufen hat, der Gott Israels.

[5]* Spr 2, 3–6: Ja, wenn du nach der Verständigkeit rufst und deine Stimme laut nach der Einsicht erschallen läßt, * wenn du nach ihr suchst wie nach Silber und ihr nachspürst wie verborgenen Schätzen: * dann wirst du die Furcht vor dem Herrn verstehen lernen und die Erkenntnis Gottes gewinnen —; * denn der Herr ist's, der Weisheit verleiht: Aus Seinem Munde kommt Erkenntnis und Einsicht.

[6]* 1 Ko 1, 24. 30: ... denen aber, die berufen sind, sowohl den Juden als auch den Griechen, (verkünden wir) Christus als Gotteskraft und Gottesweisheit.

6 die Festigkeit[31] eures auf Christus gerichteten Glaubens. * Wie ihr
nun empfangen habt den Christus Jesus als den Herren, so wan-
7 delt in Ihm, * verwurzelt in Ihm und aufgebaut auf Ihm und ge-
festigt durch den Glauben, wie ihr gelehret wurdet, überströmend
in Ihm[32] von Dank.

Zu Vers 5:
[9]* 1 Ko 5, 3; 14, 40
[10]* Apg 16, 5
[11]* 1 Pt 5, 9
Zu Vers 6:
[12]* Eph 4, 17
Zu Vers 7:
[13]* Eph 3, 17; 2, 20. 22
[14]* Jud 20

Paulus hat von seiner Arbeit gesprochen, die er ringend tut. Arbeit für Jesus ist kein Kinderspiel. Wir meinen freilich unter den Nachwirkungen des Staats- und Volkskirchentums leicht, der Bestand der Gemeinde sei doch „selbstverständlich", er ergebe sich wirklich „von selbst" aus der Macht der Sitte und Überlieferung. Der Beruf eines Gemeindeleiters, eines Pfarrers, sei darum ein bequemer und friedlicher Beruf, etwas für Leute, die in den Daseinskampf sonst nicht hineinpaßten und mit ihrer weichen, stillen Art andern Aufgaben nicht gewachsen seien. Paulus hat es anders erlebt. Noch heute sind die beiden Korintherbriefe und der Galaterbrief anschauliche Zeugnisse dafür, welch ein intensives Ringen, welche Hingabe des ganzen Herzens, welche tapfere Bereitschaft zum Schmerz und welche durchdringende Klarheit und vielseitige Weisheit gar nicht nur zur Gründung einer Gemeinde, sondern gerade zu ihrer Erhaltung und Fortführung gehört. Das wußten aus eigener Erfahrung alle Gemeinden, die Paulus persönlich kannten und seinen Dienst erlebt hatten. Aber da durch seinen einzigartigen Auftrag alle Gemeinden aus der Völkerwelt mit zu seiner Verantwortung gehörten, will er, daß auch die, die **„sein Angesicht im Fleisch nicht gesehen haben"**, doch **„wissen, welch großen Kampf er hat"**, auch für sie, für Kolossä und Laodikea und die andern alle. Sie sollen wissen, daß ihr Ergehen, ihre weitere Entwicklung, ihre Gesundheit oder Entartung ein Gegenstand persönlicher Anteilnahme, heißer Sorge, inneren Ringens und Betens für ihn ist. So sollen die Kolosser auch diesen Brief verstehen.

[31] Anm. Das hier stehende Wort „stereoma" wird in der griechischen Bibel konkreter und objektiver gebraucht, etwa wie unser Ausdruck „Bollwerk". In 1 Mo 1, 6 bezeichnet es das Firmament, in Ps 18, 3 und 71, 3 Gott als unsere „Burg".

[32] Anm. Das „in ihm" (auf den Glauben bezogen) ist in den Handschriften nicht völlig gesichert, aber doch sehr gut bezeugt.

Vers 30: Ihm habt ihr es also zu verdanken, daß ihr in Christus Jesus seid, der uns von Gott her zur Weisheit gemacht worden ist, wie auch zur Gerechtigkeit und Heiligung und zur Erlösung.

[7]* Rö 16, 18: ... denn solche Menschen dienen nicht unserm Herrn Christus, sondern ihrem Bauche und betören durch ihre schönklingenden Reden und glatten Worte die Herzen der Arglosen.

[8]* Eph 5, 6: Laßt euch von niemand durch leere Worte betrügen: Denn um solcher Dinge willen kommt Gottes Zorn über die Ungehorsamen.

[9]* 1 Ko 5, 3: Nun — ich, der ich leiblich zwar abwesend, aber mit meinem Geiste bei euch anwesend bin, habe über diesen Menschen, der sich so schwer vergangen hat, bereits Gericht gehalten, als ob ich persönlich bei euch wäre.

1 Ko 14, 40: Laßt aber alles mit Anstand und in Ordnung vor sich gehen!

[10]* Apg 16, 5: So wurden denn die Gemeinden von ihnen im Glauben gestärkt und nahmen täglich an Zahl zu.

[11]* 1 Pt 5, 9: Dem leistet Widerstand in Glaubensfestigkeit; Ihr wißt ja, daß die gleichen Leiden euren Brüdern in der ganzen Welt auferlegt werden.

Warum gehört zur Erhaltung und Fortführung einer Gemeinde solch ein großer Kampf? Wir wissen das nicht mehr, weil wir nicht mehr wirklich „Gemeinde" haben. Wir haben festgefügte Institutionen, die sich in der Tat durch das Schwergewicht der Tradition und durch die Kraft des Institutions-Egoismus erhalten, und im Raum der Institutionen die vielen einzelnen, die von diesem Raum umschlossen und festgehalten werden. Aber Paulus ging es wirklich um „Gemeinde", um die konkret gelebte Bruderschaft der Glaubenden. Hier sind aber „Herzen" mit all den auseinanderstrebenden Tendenzen, die im Menschenherzen wohnen. Wie gern und rasch „setzen wir uns auseinander" anstatt uns „zusammen zu setzen"! Wie müssen darum immer aufs neue **„Herzen den rechten Zuspruch[33] erfahren"**, damit Empfindlichkeit, Angst, Verzagtheit, Stolz und Neid überwunden werden und Freundlichkeit, Sanftmut, Demut, Geduld Tag für Tag die tatsächliche Eintracht der Gemeindeglieder[34] schaffen.

Aber die Einheit der Bruderschaft bedarf noch eines zweiten. Wohl handelte es sich damals überall um Gemeinden, die durch persönliche Glaubensentscheidung, durch klare Bekehrung und Wiedergeburt ihrer Glieder entstanden waren. Aber wie gering ist bei unserer Bekehrung unser Verständnis des Evangeliums, unser Einblick und Durchblick in das Geheimnis Gottes, in Sein ganzes Heilshandeln in Christus. Wir sind ja darum wirklich zunächst „neugeborene Kinder", die eben erst staunend in die bis dahin „fremde" und unbekannte Welt Gottes blicken. Ein neugeborenes Kind ist eine Wonne, und jubelnd steigt der Dank der Eltern über ihm auf. Aber wenn das Kind dann nicht wächst und gehen lernt und selbständig wird, dann ist es krank, und es droht ihm Krüppeltum oder Tod. Herrlich sind „Bekehrungen", die Engel im Himmel freuen sich, und die Gemeinde darf danken und loben. Aber wenn es bei der „Bekehrung" bleibt,

[33] Anm. Hier steht das so häufig gebrauchte Wort „parakalein", das wir alle aus der Bezeichnung des Heiligen Geistes als des „Parakleten" kennen. Es bedeutet ursprünglich „herbeirufen", nämlich zur Unterstützung, zur Hilfe herbeirufen. Es wird je nach dem Zusammenhang mit „ermahnen" oder „trösten" wiedergegeben. Wir müssen aber wissen, daß es für die Männer des Neuen Testaments e i n Wort war, daß das „Ermahnen" also nicht so gouvernantenhaft, sondern tröstlich, und das „Trösten" nicht so weichlich, sondern Mut machend war. Unser „Zusprechen" vermag auch beides zu enthalten. Das Passiv wäre dann mit „rechten Zuspruch erfahren" zu verdeutschen.

[34] Anm. Da das hier mit „zusammengehalten" wiedergegebene Wort in der griechischen Bibel und in Apg 9, 22 und 1 Ko 2, 16 im Aktivum als „belehren, unterweisen" gebraucht wird, ist auch für unsere Stelle die Übersetzung „belehrt (oder: unterwiesen) in Liebe" vorgeschlagen worden. Der Satz des Paulus würde dann nur auf die Weiterführung der Gemeinde zur vollen Erkenntnis zielen und als Bedingung dafür ein „Unterweisen in Liebe" nennen.

[12*] Eph 4, 17: So sage ich also Folgendes und spreche die ernste Mahnung im Herrn aus: Wandelt nicht mehr so, wie die Heiden in der Nichtigkeit ihres Sinnes wandeln!

[13*] Eph 3, 17: . . . damit Christus durch den Glauben Wohnung in euren Herzen nehme und ihr in der Liebe tiefgewurzelt und fest gegründet dasteht.

Eph 2, 20. 22: . . . aufgebaut auf dem Grund der Apostel und Propheten, bei welchem Christus Jesus selber der Eckstein ist.

Vers 22: . . . und in diesem werdet auch ihr mit auferbaut zu einer Wohnstätte Gottes im Geist.

[14*] Jud 20: Ihr aber, Geliebte, erbauet euch auf eurem hochheiligen Glaubensgrunde, betet im Heiligen Geiste.

wenn es nicht weitergeht, dann bleibt der Christenstand dürftig und arm, dann versiegt darum schon bald die erste Freude, und es wird „langweilig" im erst so froh begrüßten Christentum. Dann gibt es auch keine volle Gewißheit, der Christ bleibt unsicher, schwankend, jedem Einfluß und Angriff hilflos ausgesetzt. So aber hat er auch keinen Wert für die Bruderschaft, kann zum gemeinsamen Leben, Arbeiten, Kämpfen und Leiden wenig beitragen und wird in seiner leichten Beeinflußbarkeit eine Gefahr für die Gemeinschaft.

Darum geht die unermüdliche Arbeit und ein zähes Ringen dahin, die Herzen nun auch **„zum ganzen Reichtum der vollen Gewißheit des Verständnisses" zu führen.**

Aber geht das überhaupt? Ist nicht der ewige, lebendige Gott ein undurchdringliches Geheimnis für uns, so daß wir uns doch mit einem kindlichen Glaubensstand begnügen müssen? Ist es nicht höchstens eine Sache für Theologen, sich mit den schwierigen Fragen der Gotteserkenntnis abzugeben? Wird ein Laie nicht ganz schwindlig, wenn er die komplizierten theologischen Auseinandersetzungen etwa in der Trinitätslehre liest? Ja, ist es für Laien nicht geradezu gefährlich, sich an die **„Erkenntnis des Geheimnisses Gottes, des Christus"** heranzuwagen?

Das Neue Testament kennt den ganzen fatalen Unterschied zwischen „Theologen" und „Laien" nicht. Gerade Paulus ist in allen seinen Briefen bemüht, alle Gemeindeglieder mit eigener Überzeugung und selbständigem Erfassen an den Erkenntnissen und Einsichten teilnehmen zu lassen, die er ihnen entwickelt. Darum liegt ihm auch hier mit tiefem Ernst daran, daß nicht eine kleine Gruppe von „Fachleuten" zur Erkenntnis des Geheimnisses Gottes gelangt, während die andern sich mit irgendeinem „schlichten Glauben" begnügen, sondern daß alle Herzen in der Gemeinde nicht arm und unsicher bleiben. Gewiß ist und bleibt Gott „Geheimnis". Aber dies Geheimnis ist uns in Christus[35] erschlossen. In Ihm ist **„Erkenntnis verborgen"**. Wie kühn faßt hier Paulus beides zusammen, „Erkenntnis" und „Geheimnis"! Gott ist für uns nie auszukennen, immer bleibt Er uns ein Mysterium. „Ein begriffener Gott ist kein Gott" (Novalis). Und doch ist Er in Seinem „Bild", Christus, als Mensch unter uns getreten, damit wir Ihn sehen und kennen sollen. Dort in Christus liegen darum alle Schätze der Weisheit und Erkenntnis. Sie liegen auch dort nicht an der Oberfläche, daß jedes Schülerlein sie wie das kleine Einmaleins rasch aufnehmen kann. Sie sind „verborgen"; aber doch dazu, daß sie gefunden und gehoben und sich angeeignet werden.

[35] Anm. Der griechische Text ist an dieser Stelle unsicher. Manche Handschriften schreiben: „das Geheimnis Christi, in welchem ..." Andere haben: „das Geheimnis Gottes, welches ist Christus"; wieder andere: „das Geheimnis Gottes und Christi" oder „das Geheimnis Gottes, des Vaters des Christus" bzw. „... Gottes und des Vaters Christi". Aber diese verschiedenen Wendungen sind offenbar ebenso viele Versuche, die sprachlich harte Nebeneinanderstellung „Gottes, Christi", „Gottes, des Christus" zu verbessern. Es ist eine gute allgemeine Regel, bei der unbequemeren Lesart zu bleiben, weil es wahrscheinlicher ist, daß Abschreiber einen Text erleichtert und geglättet haben, als daß sie einen flüssigen und einfachen Satz und Ausdruck schwierig machten.

Damit ist die Gemeinde zur **Arbeit** gerufen! Vielleicht sah Paulus schon damals mit Sorge die merkwürdige Unart, die bis heute die Gemeinde so schwer schädigt, daß wir zwar selbstverständlich auf allen andern Gebieten des Lebens wissen, daß nur ernste Mühe zum wirklichen Gewinn führt, daß wir aber ebenso selbstverständlich meinen, im Christentum genüge ein rasches Naschen, ein flüchtiges Aufnehmen erbaulicher Regungen und Gedanken. Wer hält es denn der Mühe wert, eine Predigt wirklich mitzuarbeiten und nachzuarbeiten? Wer bringt denn zur Bibelstunde auch nur die Bibel selber mit oder gar Papier und Bleistift? Wer hat zu Hause in der Familie mehr als eine obenhin gehörte Betrachtung aus Andachtsbuch oder Kalender? Kein Wunder, daß Gemeindeglieder nach jahrelanger regelmäßiger Teilnahme am kirchlichen Leben kaum ihr Konfirmandenwissen erhalten haben und sich dementsprechend „laienhaft" und unsicher fühlen und zu keinem Dienst brauchbar sind. Wenn aber das arbeitende Forschen in der Schrift vernachlässigt wird, dann eben fällt man – wie es in Kolossä droht – geistvollen Büchern und neuesten Mischreligionen anheim, für die man auf einmal die Zeit hat, die man gesundem Bibelstudium verweigerte.

Die **Gemeinde** ist zu dieser Arbeit gerufen! Denn hier wie bei allen Mahnungen der Gemeindebriefe müssen wir uns vor Augen halten, daß die Apostel einfach nicht die einsamen Einzelchristen kannten, an die wir bei dem „ihr" in den Briefen unwillkürlich denken. Die Apostel sahen in dem „ihr" die zusammengeschlossene Schar einer wirklichen Bruderschaft. Gewiß hat auch der einzelne „seine" Bibel zu lesen. Aber gerade erst im gemeinsamen Lesen und Forschen erschließt sich **„aller Reichtum"**. Erst im gemeinsamen Prüfen und Klarlegen kommt es zur **„vollen Gewißheit"**. Daran aber lag es ja Paulus gerade. Er sieht, wie Irrungen und Wirrungen auch nach der Gemeinde in Kolossä greifen wollen. Wie wird die Gemeinde dagegen geschützt? Alle einseitige und bruchstückhafte Erkenntnis führt ins Sektierertum und ist der Ansatz für die Irrungen. Wo **„aller Reichtum"** allen vor Augen liegt und volle, ruhige **Gewißheit des Verständnisses** erreicht ist, finden Irrlehren keinen Zugang und Spaltungen keinen Boden. Immer wieder sind seit den Tagen des Paulus jene Gebilde entstanden, die einzelne Wahrheiten der biblischen Botschaft herausgreifen und nun halb geistvoll und halb bizarr eine neue Lehre, eine neue Praxis, eine neue „Kirche" daraus machen. Menschen, die davon erfaßt werden, haben oft eine Einsatzbereitschaft, die einer besseren Sache wert wäre, und eine „Überredungskunst", der ungefestigte Leute erliegen. Eben darum spricht Paulus von dem „Zusammenhalt der Herzen zu allem Reichtum der vollen Gewißheit des Verständnisses", **„damit keiner euch täusche durch Überredungskunst"**.

Was Paulus von den **„Schätzen der Weisheit und Erkenntnis"** sagt, beziehen wir aus jahrhundertelanger Gewöhnung unwillkürlich sofort auf die Bibel. Paulus hat den Kolossern aber nicht geschrieben von der „Erkenntnis des Geheimnisses Gottes, der Schrift, in welcher ... verborgen sind". Er hat ihnen diejenige Forschungs- und Entdeckerarbeit zugemutet und zugetraut, die er selbst in den Briefen vor ihren Augen und mit ihnen übte: unmittelbar aus Christus selbst die Schätze der Weisheit und Erkenntnis zu heben, die in Ihm selbst verborgen sind. Also etwa solch ein Kleinod, wie er es den Philippern in Phil 2, 5–11 vorlegt, dürften und sollten sie auch selber in Jesus Christus finden und sich darreichen. Ganz gewiß, uns ist unentbehrlich und maßgebend, was die Männer des Neuen Testaments (und ebenso die des Alten!) geschrieben haben. Aber für unser Verhältnis zur Schrift und für den letzten Grund unserer Gewißheit ist es doch wichtig zu wissen: Alle Schätze der Weisheit und Erkenntnis liegen zuletzt in Jesus Christus selbst und in Ihm allein. Das Wort Gottes ist zuletzt nicht ein unfehlbares Buch, sondern eine lebendige gegenwärtige Person: Christus (Offb 19, 13). Die Männer des Neuen Testaments aber sind das, als was sie sich selbst bezeichnen: „Diener, durch welche ihr seid gläubig geworden" (1 Ko 3, 5) bzw. „Diener, durch welche ihr die verborgenen Schätze in Christus findet".

Wenn Paulus dem Vers 4 die Begründung folgen läßt: „Denn wenn ich auch dem Fleisch nach abwesend bin ...", so hat er vielleicht eine ganz bestimmte „Überredungskunst" der Männer im Auge, die Einfluß in der Gemeinde zu gewinnen suchten. Diese Männer mögen den Kolossern etwa gesagt haben: „Ihr habt durch den Epaphras alles nur aus zweiter Hand: Er ist ja nur ein Schüler des Paulus. Der Meister selbst aber kümmert sich nicht um euch und läßt euch in eurem unvollkommenen Christentum stecken. Da wollen wir euch nun den Dienst tun!" Laßt euch nicht so etwas vorreden, warnt Paulus. Mit heißem Ringen bin ich auch um die Gemeinden bemüht, in denen ich noch nicht persönlich sein konnte. **„Denn wenn ich auch dem Fleische nach abwesend bin, aber dem Geiste nach bin ich mit euch zusammen"** und sehe, wie es bei euch steht. Auch bei euch Kolossern ringe ich darum, jeden Menschen zur Vollkommenheit in Christus zu bringen. Denn auch für euch weiß ich mich in meinem Auftrag von Christus verantwortlich. Dabei müssen wir die Verbindung des Paulus mit den Kolossern in ihrer ganzen Realität sehen. Wir sind vom Idealismus her verdorben und verstehen unter „Geist" unwillkürlich unsere „Geistigkeit", unsere luftige Gedankenwelt. Bei Paulus aber geht es um „Heiligen Geist", also um göttliche Realität! Er will nicht sagen: Ich bin ja „in Gedanken" bei euch und mache mir ein gewisses Bild eures Gemeindelebens. Nein, im Heiligen Geist hat er durch alles, was Epaphras und andere ihm berichtet haben, einen göttlich zutreffenden Durchblick in ihren Zustand. Wie die vom Heiligen Geist geleitete Rede (das „propheteuein") bewirkt, daß völlig fremde Menschen sich bis auf den Grund ihres Herzens durchschaut sehen (1 Ko 14, 24. 25), so ist im Heiligen Geist ein fremdes Gemeindeleben für den Apostel durchsichtig. Im Heiligen Geist ist er realiter „mit ihnen zusammen". Dieser Durchblick betrübt

Paulus nicht. „Ich freue mich", kann er sagen. „Eure Ordnung", ein wohlgeordneter Zustand, ist dort zu sehen und **„die Festigkeit eures auf Christus gerichteten Glaubens"**.

Aber aus viel schmerzvoller Erfahrung weiß Paulus, daß die Bewahrung dieses guten und erfreulichen Zustandes im Gemeindeleben nicht selbstverständlich ist. Er hat etwa bei den galatischen Gemeinden mit „Verwunderung" gesehen, wie rasch sie sich von ihm, der sie doch in die Gnade Jesu gerufen hatte, abwandten zu einem „anderen Evangelium" (Gal 1, 6). Darum mahnt er nun auch die Kolosser. Sie **„haben empfangen den Christus Jesus als den Herren"**. Mit dem „Empfangen", nicht mit unserm Tun und Leisten beginnt der Christenstand. Dabei gebraucht Paulus hier wie an andern wichtigen Stellen (1 Ko 11, 23; 15, 1; Gal 1, 9. 12; 1 Th 2, 13; 4, 1; 2 Th 3, 6) ein Wort, das ihm schon von der Synagoge her vertraut war. Die „Überlieferung" der Väter zu „empfangen" und das Empfangene wieder „weiterzugeben", darin bestand das Wesen des Schriftgelehrtentums. Das Begriffspaar „paradidónai" und „paralambánein" = „überliefern" und „empfangen", gehörte von früh an zur Lebenswelt des Paulus als Jude und Pharisäer. Das gleiche Wortpaar findet sich aber auch in der Welt der Mysterienkulte, um das Weitergeben und Empfangen geheimnisvoller Weihen, Kräfte und Erkenntnisse zu bezeichnen. Wieder haben wir es also mit Worten zu tun, die Fachausdrücke mit bestimmter Prägung sein können, die aber daneben durchaus auch in vielfältigem anderen Sinn in der Umgangssprache gebraucht werden. Mag Paulus diese Worte hellenistischen Lesern gegenüber absichtlich an die Ausdrucksweise der Mysterien anklingen lassen oder mag er sie von seiner Zeit als Pharisäer her noch selbstverständlich im Ohr haben – das besagt für ihr Verständnis im Munde des Christen und Apostels Paulus noch sehr wenig. Wir müssen bei Paulus selbst sehen, welchen Sinn er mit ihnen verbindet. Ganz gewiß kennen wir in der Christenheit Jesus nur durch „Überlieferung". Wir können uns nicht selber einen Jesus ausdenken, wir haben aus der Überlieferung zu „empfangen", wer und wie dieser Jesus Christus war, was Er gesagt und getan hat. Vor Jesus Christus steht gerade hier nicht umsonst der bestimmte Artikel. Wahrscheinlich ist das Wort „Christus" hier als das empfunden, was es eigentlich ist: nicht Eigenname, sondern Titel, der Königstitel „Messias". Jesus ist der Christus, der Messias. Mindestens aber bezeichnet der Artikel die ganze Bestimmtheit der Gestalt, der sich die Kolosser mit ihrem ganzen Leben anheimgaben. „Das ist das Licht der Höhe, das ist d e r Jesus Christ", dichtet auch E. M. Arndt. So bleiben wir bis zum heutigen Tag beständig in der Apostel Lehre, um diesen bestimmten, wirklichen Jesus immer klarer kennenzulernen. Und doch ist für Paulus kennzeichnend, daß er sein früheres Pharisäertum auch an dieser Stelle gründlich durchbrochen hat. Eine „Lehre annehmen", eine „Überlieferung" lernend sich aneignen, das ist im Sinn von Phil 3 immer noch „Fleisch". Als der Pharisäer Saulus ein Christ wurde, da hat er nicht eine unzulängliche Lehre gegen eine bessere eingetauscht, sondern da hat er alles Bisherige für Schaden geachtet, um eine Person mit ihrer ganzen Lebensfülle zu gewinnen und in ihr erfunden zu werden. Er hat den Galatern gegenüber sehr schroff betont, daß es sich dabei für ihn überhaupt nicht um eine Lehre und Überlieferung von Menschen handelte und daß er die Apostel in Jerusalem erst viel später und auch dann nur kurz besuchte, also gerade nicht in einer Überlieferungskette von Menschen stand (Gal 1). Auch die Kolosser warnt er im übernächsten Vers vor der „Überlieferung der Menschen". Und jedenfalls nicht „Lehren" haben sie empfangen, sondern „den Christus Jesus als den Herren", diese bestimmte lebendige Person Jesus, den unbeschränkten Meister des eigenen Lebens, weil Er auch der „Herr", d. h. der Weltrichter und Weltvollender ist.

Aber eben weil sie nicht ein Wissen von allerlei Wahrheiten empfingen, das sie wie anderes „Wissen" getrost nach Hause tragen und dort ruhig bewahren können, sondern weil sie einen lebendigen Herrn bekamen, können sie nicht bei dem stehenbleiben, was man „Glauben an Christus" nennt. Ein „Herr" verfügt über unser ganzes Leben und setzt uns tätig in Bewegung. Darum wird daraus das „Wandeln in Ihm", das Jesus immer völliger zu unserm Herrn macht, „daß wir nicht Meister suchen mehr".

An dieser wirklichen, lebendigen Festigung des Verhältnisses zu Jesus liegt aber für den Blick des Paulus so Entscheidendes, daß er sogleich noch zwei weitere Bilder dafür hinzufügt. Wenn ich eine Blume eben ins Beet gepflanzt habe, kann ein Kind sie leicht wieder herausziehen. Ist sie aber nach einigen Wochen dort eingewurzelt, so wird sie sich eher zerreißen als herausziehen lassen. Auch die Kolosser dürfen und müssen so **„in Christus verwurzelt"** sein, daß nicht mehr Einflüsse und Zeitströmungen und Männer voll Überredungskunst sie aus diesem Wurzelboden herausreißen und woandershin verpflanzen können. Unsere ganzen Lebenswurzeln in diesen Christus Jesus, den Herrn, hineinsenken, uns mit unserm ganzen Sein in Ihm verwurzeln, das erst ist „Christentum".

Schon Jesus selbst hat das Gleichnis vom Bauen verwendet: auf Sand bauen oder auf den Fels bauen. Jesus ist groß genug, daß das ganze Gebäude unseres Lebens, ja vielmehr, daß der ganze Bau der Gemeinde allein **„auf Ihm gebaut"** werden kann. Die Gemeinde in Kolossä hat es nicht nötig und darf sich nicht dazu verlocken lassen, ihr Gemeindeleben außerdem noch auf den Sand menschlicher Meinungen und Anweisungen zu gründen.

Die Strömungen, die in Kolossä Einfluß zu gewinnen suchen, sind wohl Anfänge jener Bewegung, die unter dem Namen „Gnosis" später die ganze Kirche gefährdet hat. Die Gnosis wollte über den „Glauben" als primitive Anfangsstufe hinaus zur „Erkenntnis" höherer Welten führen. Darum mahnt Paulus: Bleibt **„gefestigt durch den Glauben, wie ihr gelehret wurdet"**. Paulus selbst hat es ja eben als

Notwendigkeit für das Gemeindeleben bezeichnet, daß die Gemeinde „zum ganzen Reichtum der vollen Gewißheit des Verständnisses" gelangt, und hat ihr die Erkenntnis des Geheimnisses Gottes", des Christus als Ziel gesetzt. Gegen die falsche „Gnosis" (= „Erkenntnis") ist die Gemeinde nicht geschützt, wenn die Männer der neuen Bewegung ihr mit Recht vorhalten können: Wie unklar, wie eng und dürftig ist alles bei euch. Darum hat Paulus gerade in diesem Brief an die Kolosser in dem Abschnitt über die Größe Jesu gezeigt, wie es vom Glauben aus mächtige und tiefe „Erkenntnis" gibt, reichen Stoff auch für das Denken und Verstehen. Aber das ist die Gemeinde grundlegend gelehrt worden, daß allein der Glaube den Menschen errettet. Der Glaube ist gerade nicht eine Anfangsstufe für bescheidene Leute, die der „Gnostiker", der „Erkennende" hinter und unter sich läßt. Gerade wer in ernstem Forschen den weiten, klaren Durchblick durch Gottes Heilsgedanken und Heilswege bekommen und die Schätze der Weisheit und „Erkenntnis" (griech. „gnosis") in Christus gefunden hat, bleibt ein Glaubender und wird immer mehr ein Glaubender, der von Gott bittend und nehmend, also glaubend empfängt.

Ob dieses rechte Verhältnis von Glaube und Erkennen gewahrt ist oder nicht, dafür gibt es ein sicheres Zeichen: das Danken. Erkenntnis, die sich vom Glauben und also vom Empfangen löst, Erkenntnis, in der sich der Mensch Gottes bemächtigen zu können meint, macht den Menschen einsam und stolz. Der Dank verstummt. Bleibt der Mensch aber der Beschenkte und Empfangende, dient alle Erkenntnis nur dazu, den Reichtum des göttlichen Gebens, die Größe der göttlichen Liebe immer heller vor die Augen zu stellen, dann wächst auch der anbetende Dank. So ist es wirklich ein Danken „in ihm", nämlich im Glauben, wie viele Handschriften lesen. „Glauben" und „Danken" hängt sachlich aufs engste zusammen. So wünscht der Apostel die Gemeinde „überströmend von Dank".

Philosophie oder Kreuz Christi

Kolosser 2, 8–15

Zu Vers 8:
15* Eph 5, 6
16* Kol 2, 20
17* Mt 15, 2
Zu Vers 9:
18* Kol 2, 17
19* Jo 1, 14. 16
20* Kol 1, 19

8 Sehet darauf, daß es niemand gebe, der euch durch die Philosophie und leeren Trug in die Sklaverei führe nach der Überlieferung der Menschen, nach den Elementen der Welt und nicht
9 nach Christus. * Denn in Ihm wohnt die ganze Fülle der Gottheit
10 leibhaft * und in Ihm seid ihr erfüllt, der das Haupt jeder Macht
11 und Gewalt ist. * In Ihm wurdet ihr auch beschnitten mit einer Beschneidung, die nicht mit der Hand vollzogen wird, durch das Ablegen des Fleischesleibes, durch die Christusbeschneidung,

15* Eph 5, 6: Laßt euch von niemand durch leere Worte betrügen: Denn um solcher Dinge willen kommt Gottes Zorn über die Ungehorsamen.
16* Kol 2, 20: Wenn ihr mit Christus gestorben seid, los von den Elementen der Welt, was laßt ihr euch da, als ob ihr noch in der Welt lebtet, Satzungen aufbürden?
17* Mt 15, 2: Warum übertreten deine Jünger die Satzungen, welche uns die Alten überliefert haben? Sie waschen sich ja die Hände nicht, wenn sie Brot essen wollen.

12 * mit Ihm begraben in der Taufe. In Ihm wurdet ihr auch mit auf-
erweckt durch den Glauben an die Wirkungsmacht Gottes, der
13 Ihn auferweckte aus den Toten. * Und euch, die ihr tot wart durch
die Fehltritte und durch die Unbeschnittenheit eures Fleisches,
euch machte Er zusammen mit Ihm lebendig, da Er uns vergab alle
14 die Fehltritte. * Er löschte den Schuldschein gegen uns (in Satzun-
gen bestehend), der uns entgegen war, und tilgte ihn aus, ihn
15 nagelnd an das Kreuz. * Er entwaffnete die Mächte und die Ge-
walten und stellte sie öffentlich zur Schau und feierte den Triumph
über sie in Ihm.

Zu Vers 10:
[21]* Eph 1, 21. 22
Zu Vers 11:
[22]* Rö 2, 29
[23]* 1 Pt 3, 21
Zu Vers 12:
[24]* Kol 3, 1
[25]* Rö 6, 4
[26]* Eph 1, 19
Zu Vers 13:
[27]* Eph 2, 1. 5
Zu Vers 14:
[28]* Eph 2, 15
[29]* Rö 7, 4
[30]* 1 Pt 2, 24
Zu Vers 15:
[31]* Eph 1, 21
[32]* Kol 1, 13
[33]* Lk 11, 22

Der „Erkenntnis" hat Paulus praktisch durch seine Ausführungen über die Größe Jesu (1, 15–20) und theoretisch durch seine Mahnungen an die Gemeinde (2, 2. 3) ihr volles Recht gegeben. Aber was er im Auge hatte, war Christuserkenntnis, ein Fragen und Forschen und Verstehen, das völlig an Jesus, an Seine Person und Sein Erlösungswerk gebunden blieb. Nun aber gibt es in der Welt eine Fülle von Nachdenken über Gott und Welt und Mensch, über das rechte Leben und Handeln des Menschen, das wir unter dem Begriff „Philosophie" zusammenfassen. Wo in der Umwelt einer Gemeinde Jesu solches Nachdenken kräftig ist, wo es vielleicht sogar selber religiöse Züge trägt und am Ende christliche Gedanken in sich aufnimmt, bleibt auch die Gemeinde davon nicht unberührt. Öffnet solche Philosophie nicht neue Wege zu wertvollen Menschen? Ja, kann die Philosophie nicht geradezu das Christentum bereichern und es vielleicht erst zur edelsten Höhe erheben? Auch in Kolossä waren offenbar Gemeindeglieder im Gespräch mit philosophisch interessierten Männern, die solche Gedanken an sie herantrugen. Wie soll sich die Gemeinde dazu stellen?

Wir werden gut tun, uns nicht sofort mit den einzelnen konkreten

[18]* Kol 2, 17: . . . diese Dinge sind ja doch nur der Schatten von dem in der Zukunft Kommenden; das leibhaftige Wesen dagegen gehört Christus an.

[19]* Jo 1, 14. 16: Und das Wort wurde Fleisch und nahm Seine Wohnung unter uns, und wir haben Seine Herrlichkeit geschaut, eine Herrlichkeit, wie sie dem eingeborenen Sohne vom Vater verliehen wird, eine mit Gnade und Wahrheit erfüllte.
Vers 16: Aus Seiner Fülle haben wir ja alle empfangen, und zwar Gnade über Gnade.

[20]* Kol 1, 19: Denn es war (Gottes) Ratschluß, in Ihm die ganze Fülle wohnen zu lassen.

[21]* Eph 1, 21. 22: . . . hocherhaben über jede Herrschaft und Gewalt, über jede Macht und Hoheit, überhaupt über jeden Namen, der nicht nur in dieser, sondern auch in der zukünftigen Weltzeit genannt wird. * Ja alles hat Er Ihm zu Füßen gelegt und hat Ihn zum alles überragenden Haupt gemacht für die Gemeinde.

[22]* Rö 2, 29: . . . nein, der ist ein Jude, der es innerlich ist, und die Beschneidung muß am Herzen vollzogen sein im Geist, nicht nach dem Buchstaben: — Das Lob eines solchen kommt nicht von Menschen her, sondern von Gott.

[23]* 1 Pt 3, 21: Dieses (Wasser) rettet jetzt als Gegenstück auch euch, nämlich die Taufe, die nicht eine Beseitigung des Schmutzes am Fleisch ist, sondern eine an Gott gerichtete Bitte um ein gutes Gewissen, kraft der Auferstehung Jesu Christi.

[24]* Kol 3, 1: Seid ihr also mit Christus auferweckt worden, so suchet das, was droben ist, dort, wo Christus weilt, indem Er zur Rechten Gottes thront!

[25]* Rö 6, 4: Wir sind also deshalb durch die Taufe in den Tod mit Ihm begraben worden, damit, gleich wie Christus von den Toten auferweckt worden ist durch die Herrlichkeit des Vaters, ebenso auch wir in einem neuen Leben wandeln.

Anschauungen der damaligen speziellen Philosophie zu beschäftigen, die wir ja auch nur mühsam aus unserm Text und aus dürftigen literarischen Resten der damaligen Zeit erschließen und die uns heutige Menschen recht fremd anmuten, sondern erst einmal die entscheidende Wahrheit zu erfassen, die für alle Zeiten und alle Philosophien gilt und darum auch für uns heute wichtig ist.

„Philosophie" – dies Wort nennt ein Unternehmen des menschlichen Geistes, vor dem wir zunächst nur mit der höchsten Achtung stehen können. Der Mensch ist das einzige Wesen dieser Welt, das nicht fraglos zu leben vermag. Jeder Stern zieht fraglos seine notwendige Bahn. Jede Pflanze wächst fraglos so, wie sie muß. Jedes Tier erfüllt fraglos sein Leben. Kein Hund fragt, wie er wohl ein „richtiger" Hund werden könne. Aber der Mensch muß fragen, wie er ein wahrer, ein rechter Mensch wird. Diese Tatsache gibt von der Schöpfung des Menschen zum Bilde Gottes und von seinem Fall unbewußt Zeugnis. Der Mensch muß auch fragen, woher er kommt und wohin er geht. In ihm lebt der „faustische" Drang, „daß ich erkenne, was die Welt im Innersten zusammenhält". Er fragt nach Ursprung, Sinn und Ziel des Weltganzen, fragt nach „Gott". Daß er so fragen muß, ist das Zeichen seiner Größe und Hoheit. Jeder lebendige Mensch ist in diesem Sinne ein „Philosoph". Nur mit Bewegung und Ehrerbietung kann man es betrachten, wenn immer wieder Menschen neben ihrer harten Berufsarbeit gegrübelt und gelesen und sich ihre Philosophie aufgebaut haben. Wir haben als Christen keinen Grund, verächtlich oder feindselig darauf zu blicken.

Einzelne Männer aber haben ihre Lebensarbeit an solche Fragen gesetzt und mit heißem Bemühen Tag und Nacht nach Antwort gesucht. Es sind „die Philosophen" im speziellen Sinn. Ihr Lebenswerk ist aus der geistigen Geschichte der Menschheit nicht wegzudenken. Plato, Aristoteles, Descartes, Leibnitz, Kant, Hegel, Heidegger (um nur einige Namen zu nennen) – welche Einflüsse sind von ihnen ausgegangen!

[26*] Eph 1, 19: ... und wie überschwenglich Seine Kraft sich an uns, den Gläubigen, erweist, nämlich die mit gewaltiger Macht sich betätigende Stärke.

[27*] Eph 2, 1. 5: So hat Er auch euch, die ihr tot waret durch eure Übertretungen und Sünden.

Vers 5: ... und zwar bis wir tot waren durch unsere Übertretungen, zugleich mit Christus lebendig gemacht, — durch Gnade seid ihr gerettet worden!

[28*] Eph 2, 15: ... das Gesetz mit seinen in Satzungen gefaßten Geboten beseitigt hatte, um so die beiden in Seiner Person zu einem einigen neuen Menschen als Friedensstifter umzugestalten.

[29*] Rö 7, 4: Mithin seid auch ihr, meine Brüder, dem Gesetz gegenüber getötet worden, und zwar durch den Leib Christi, um hinfort einem anderen, nämlich dem, der von den Toten auferweckt worden ist, als Eigentum anzugehören, damit wir nunmehr für Gott Frucht brächten.

[30*] 1 Pt 2, 24: Er hat unsere Sünden selber mit Seinem Leibe an das Holz hinaufgetragen, damit wir, von den Sünden freigemacht, der Gerechtigkeit leben möchten: Durch Seine Wunden seid ihr geheilt worden.

[31*] Eph 1, 21: Hocherhaben über jede Herrschaft und Gewalt, über jede Macht und Hoheit, überhaupt über jeden Namen, der nicht nur in dieser, sondern auch in der zukünftigen Weltzeit genannt wird.

[32*] Kol 1, 13: Er hat uns ja aus der Gewalt der Finsternis gerettet und uns in das Reich des Sohnes Seiner Liebe versetzt.

[33*] Lk 11, 22: Wenn aber ein Stärkerer ihn überfällt und besiegt, so nimmt er ihm seine Waffenrüstung, auf die er sich verlassen hatte, und teilt die ihm abgenommene Beute aus.

Aber das ist nun das Erschütternde an diesem Werk der Philosophie, an das die Besten den höchsten Einsatz des Denkens gesetzt haben: Dieses Werk ist mißlungen. Goethe, kein Christ, aber ein durchdringender Menschenkenner, hat diese schwere Wahrheit in der leichten Form eines Versleins ausgesprochen, das an 1 Sam 16, 11 anknüpft:

„Ja, ich war auch in diesem Falle,
als ich die Weisen hört und las.
Ich sagte: Aber sind sie das,
sind das die Knaben alle?"

Das heißt doch wohl: Ist das alles, was bei der Philosophie herausgekommen ist? Da fehlt ja noch der eigentliche Mann, der wirklich etwas zu sagen, der wirklich die Antwort hat! In der Tat: Zwanzig Antworten auf eine brennende Frage sind – keine Antwort. Und wenn jeder Philosoph seinen Vorgänger widerlegt und sein Weltanschauungsgebäude kritisch niederreißt, dann ist das ja nur das Zeichen dafür, daß die wahre Antwort nicht gefunden wurde. Derselbe Goethe hat es im Faust in seiner ganzen schwermütigen Tragik ausgesprochen:

„Was grinsest du mir, hohler Schädel, her,
als daß dein Hirn wie meines einst verwirret
nach Licht gesucht und in der Dämmerung schwer
mit Lust nach Wahrheit jämmerlich geirret!"

Die Gemeinde Jesu aber hat die Antwort, die darum seit zweitausend Jahren auch die gleiche geblieben ist. Die Antwort, die immer aufs neue Klugen und Einfältigen, Gelehrten und Ungelehrten, Europäern und Asiaten und Afrikanern die stillende und befreiende Antwort wurde, nicht zum wenigsten gerade auch immer wieder solchen Menschen, die jahrelang den Weg philosophischen Suchens und Grübelns gegangen waren. Diese Antwort besteht nicht in einem Gedanken, einem Lehrsatz, einer Anschauung, sie besteht in einer lebendigen Person, in Christus. **„Denn in Ihm wohnt die ganze Fülle der Gottheit leibhaft."** Was die Welt im Innersten zusammenhält, das Herz der Welt, der Sinn der Welt ist uns so gegeben, wie wir es allein fassen können, wie es das Kind schon fassen kann, der einfache Mensch, und wie es dem Gelehrtesten und geistig Anspruchsvollsten zugleich unerschöpflich bleibt: „leibhaft", als ein Mensch. Alle Fragen der Weltanschauung münden in der Frage nach Gott. In Christus schimmern nicht einzelne Züge der Gottheit hindurch; hier „wohnt" in einem Menschen „die ganze Fülle der Gottheit", Gott mit Seinem ganzen Wesen. Darum ist Er die Antwort auf alle Fragen, nicht theoretisch in Wörtern, sondern lebendig in Seiner Person.

Von dem „Pleroma", der „Fülle" als einem besonderen Begriff jener Zeit, hatten wir schon gesprochen (s. o. S. 185 f.). Er kommt in den andern Gemeindebriefen des Paulus (außer Epheser) nicht vor, ein

Zeichen dafür, daß Paulus hier wirklich ein aktuelles Schlagwort aufgreift, das nur in dieser Gegend von Einfluß auf die Gemeinde geworden war. Und doch hat der Heilige Geist wohl gewußt, warum Er uns auch dieses Wort und diese Aussage durch Paulus aufzeichnen und in der Gemeinde aufbewahren ließ. Wie modern wird es sofort, wenn wir daran denken, daß ein ganz wesentlicher Satz neuzeitlicher Polemik gegen den christlichen Glauben einmal klassisch so formuliert worden ist: „Die Idee liebt es nicht, ihre ganze Fülle in einen einzelnen auszuschütten." Der moderne Relativismus erkennt Jesus gern an als eine Teiloffenbarung der „Idee" (vornehm-philosophisch gesprochen), als einen hellen Stern am Geisteshimmel der Menschheit, als einen bedeutsamen Blick aus dem großen Geheimnis hinter der Welt, als eine der vielen Offenbarungen der Gottheit durch die Zeiten und Völker hindurch, die erst in ihrer Gesamtheit eine Ahnung von ihrer ganzen Fülle geben mögen. Aber gegen „die Absolutheit des Christentums" empört sich die moderne Welt, auch sofern sie „religiös" ist. Wer aber im Ernst nach Gott fragt, der will den ganzen Gott, Gott bis in die Tiefen seines Herzens und Wesens. Ihm bezeugt es die Gemeinde triumphierend und unbeirrbar, erleuchtet vom Heiligen Geist: Jawohl, die ganze Fülle der Gottheit in Ihm, in Christus, in Ihm allein und in Ihm ganz!

Aber ist das dann nicht ein Widerspruch zu Phil 2, 5 ff.? Zunächst einmal haben wir darauf zu achten, daß Paulus den Kolossern nicht schreibt: „in Ihm wohnte ...", sondern: „in Ihm wohnt ..." Bei „leibhaft" denkt Paulus also nicht an den Fleischesleib, den der ewige Gottessohn als Jesus von Nazareth auf dieser Erde trug. Das Wort wird – ähnlich wie hernach in Vers 17 – das meinen, was wir mit dem Fremdwort „realiter" wiedergeben, die volle Wirklichkeit im Gegensatz zum bloß Gleichnishaften und Bildlichen. Mit dem Präsens „wohnt" umfaßt Paulus den ganzen Christus, auch den jetzt im Herrlichkeitsleib zur Rechten Gottes erhöhten. Wir würden aber auch das in Phil 2, 5 ff. bezeugte Geheimnis verkennen, wenn wir meinten: Er, der sich entäußert und erniedrigt hat, wäre damit während Seines ganzen Erdenlebens nur ein Mensch gewesen. Das „Gott in Christus" (2 Ko 5, 19) gilt ja gerade für die versöhnende Kreuzestat. Nirgends so wie in dem willig Erniedrigten, Dienenden, wehrlos Leidenden und Sterbenden, in dem für uns zur Sünde Gemachten sehen wir Gott in das Herz hinein! Gerade hier ist „die Fülle der Gottheit realiter da". Das ist die selige Gewißheit der christlichen Gottesbotschaft, freilich ein „Skandal" für alle menschliche Religiösität und ein „Unsinn" für alles menschliche Denken, für uns Errettete aber Gottes Kraft und Gottes Weisheit, gerade von den Kindern und Toren in Anbetung und Danksagung erfaßt! Kol 2, 9 und Phil 2, 5 gehören zusammen.

Aber nicht nur die Frage nach Gott hat hier ihre endgültige Antwort gefunden, auch die Frage nach dem Menschen ist hier überraschend gelöst. Es hat sich durch Jesus enthüllt, daß die Frage des

Menschen nach sich selbst, nach seinem wahren Menschsein gar keine theoretische ist, sondern eine eminent praktische. Der Mensch hat sich selbst verfehlt. Durch die Fehltritte, durch seinen ganzen gegenwärtigen Zustand (die Bibel braucht dafür den Ausdruck „Fleisch") ist er „tot". Er ist rettungslos verschuldet, der „Schuldschein" steht über seinem Leben, verfolgt ihn und nimmt ihm Freiheit und Leben. Darum können ihm alle besten theoretischen Erkenntnisse über das Wesen des Menschen ebensowenig helfen wie alle noch so richtigen und hohen Forderungen, Anweisungen und Ziele. Die Philosophie jeder Art und Richtung erbaut mit ihren Ausführungen über den Menschen Prachtbauten für – Schuldgefangene und Tote. Die Frage nach dem Menschsein des Menschen ist in Wahrheit die Frage nach der wirksamen Aufhebung der Schuld und nach der tatsächlichen Erweckung aus dem Tode. Wer kann hier die Antwort geben, die ja nicht eine Antwort der Theorie, sondern der Tat sein muß? Dahin reicht keine Philosophie. Die Gemeinde Jesu aber weiß es seit zweitausend Jahren und erfährt es immer aufs neue unter allen Umständen und bei jedem Menschen (bei dem Menschenfresser der Südsee ebenso wie bei dem europäischen Professor), daß in der Kreuzestat Jesu und in Seiner Auferweckung diese Antwort in Vollmacht gegeben ist. Wie in Jesus die „Fülle der Gottheit" wohnt, so wird auch der Mensch in Ihm „erfüllt": **„und in Ihm seid ihr erfüllt".** In Christus Jesus findet sich der Mensch – nicht theoretisch, sondern real – als der nach Gottes Bild geschaffene, im Sündenfall zerstörte und nun errettete und erneuerte Mensch. Alle seine Fragen nach sich selbst, nach seinem Woher und Wohin kommen darin wesenhaft zur Ruhe.

Darum ist es nun so, daß ein Kind oder ein ganz schlichter Mensch in Jesus von Gott und vom Menschen entscheidend mehr weiß, und zwar lebendig besitzend weiß, als Philosophen ohne Jesus, auch wenn ihre Geistesleistung ihrem Namen mit Recht hellen Glanz verliehen hat. Von daher haben wir die harten Worte zu verstehen, die der Apostel im Heiligen Geist der Gemeinde aller Zeiten sagt: **„Sehet darauf, daß es niemand gebe, der euch durch die Philosophie und leeren Trug in die Sklaverei führe."** Aller Ehre wert ist das Ringen und Fragen des Menschengeistes in der Philosophie. Aber wenn die Philosophie nun so tut, als habe sie wirklich Antwort gefunden, dann macht sie sich des „Betruges" schuldig (was natürlich nicht dem einzelnen Denker den Vorwurf subjektiven Betrügens macht!). Und wenn sie mit ihren angeblichen Antworten und Lösungen Menschen aus der Gemeinde Jesu gewinnen will, dann handelt sie wie ein Eroberer, der Menschen aus der Freiheit der Heimat in die Sklaverei der Fremde verschleppt.

Es sieht freilich oft sehr anders aus. Ist nicht im „Christentum" die Gebundenheit, die Enge, die Armut und dort draußen im geistigen Ringen der Philosophie die Freiheit des Denkens, die Weite, der Reichtum?! Besonders die junge Generation der Gemeinde kann es immer wieder so empfinden. Sie ist in besonderer Gefahr, wenn die Gemeinde ihre Pflicht versäumt, die Schätze der Weisheit und Erkenntnis in Christus wirklich zu heben und gerade ihre Jugend daran teilnehmen zu lassen; wenn daher die heranwachsenden Söhne und Töchter in der Gemeinde den Eindruck haben, es würden alle Fragen des wachen Geistes rasch und oberflächlich abgetan und man begnüge sich mit der trägen Wiederholung alter Formeln. Dann lockt dort draußen das Neue, die bunte Fülle, die freie Kühnheit des Fragens, die geistvolle Originalität der Antworten, der Zauber großer Persönlichkeiten. Darum hat die Mahnung des Paulus Tiefe und Wucht: **„Sehet darauf."**[36] Denn es bleibt ja notwendig dabei: Wer von Jesus und Seinem Kreuz weggeht, der geht nicht in die Freiheit, sondern in die Sklaverei, nicht in den Reichtum, sondern in die Leere, der tauscht die einzige wirkliche Antwort ein gegen eine unabsehbare Problematik, der ist betrogen! Hier muß die Gemeinde mit leidenschaftlicher Liebe zu den Herzen, mit unerschütterlicher Unnachgiebigkeit auf der Wacht stehen: **„Sehet darauf, daß es niemand gebe, der ..."** Aber es ist freilich mit bloßen Bannsprüchen nicht getan. Die Gemeinde muß es in jubelnder Dankbarkeit selber erfahren haben, daß sie in Christus die Antwort wahrhaft h a t und darum auch in ihren geringsten Gliedern vor allen Weisen der ganzen Welt Unendliches voraus hat. Sie muß es von daher kraftvoll und klar allen Suchenden und Fragenden bezeugen können, was in ihrem herrlichen Haupt und nur in Ihm zu finden ist. Dazu muß sie eben den Durchblick sich immer neu aneignen, den Paulus im Kolosserbrief ihr öffnet. Dann versteht sie den großen methodischen Gegensatz, den Paulus an die Spitze seiner Ausführungen stellt: **„nach den Elementen der Welt und nicht nach Christus"**. Es gibt also zwei grundverschiedene Arten, die Welt und das Leben zu betrachten und zu beurteilen. Der Christ tut es nach „Christus". Für den Christen ist Christus nicht eine Sache der „Religion", nicht ein Gegenstand erbaulicher Regungen neben dem wirklichen Leben. Christus ist, wie Paulus es in seinen kurzen, mächtigen Sätzen ausgeführt hat, Ursprung und Ziel der gesamten Wirklichkeit. Die ganze Welt kann also nur richtig verstanden werden, wenn sie von Christus her und auf Christus hin angeschaut wird. Das ist die Weltanschauung des Christen. Die Philosophen aber, die in Kolossä auf die Gemeinde Einfluß zu gewinnen suchten, haben einen ganz andern Blickpunkt und ein anderes Prinzip des Verstehens, nämlich die „Elemente der Welt". Was ist damit gemeint?

Den Begriff der **„Elemente der Welt"**, griechisch „stoicheia tou kosmou", finden wir – anders als den des „Pleroma" – nicht nur hier, sondern auch im Galaterbrief (4, 3 u. 9) von Paulus verwendet. Er bezeichnet in der griechischen Sprache zunächst die Buchstaben des

[36] Anm. Dieses „Sehet!" braucht Paulus vielfach als warnende Mahnung: 1 Ko 8, 9; 10, 12; Gal 5, 15; Phil 3, 2.

Alphabets. Von da aus kann er auch übertragen gebraucht werden genau wie unser „A B C". „Elemente" heißen dann die letzten Grundstoffe der Welt. Wir kennen bis heute im volkstümlichen Denken die „vier Elemente" Feuer, Wasser, Luft und Erde und haben auch in der Chemie den Begriff „Element" beibehalten. So spricht auch 2 Pt 3, 10. 12 einfach und sachlich von den Elementen, die beim Untergang des alten Weltbaues vor Hitze zerschmelzen werden. Das Denken jener Zeit war freilich nicht durchweg so nüchtern, es war zu einem großen Teil mythologisch. Die vier Elemente galten als Geistermächte oder doch als Herrschaftsbereiche von Geisterwesen. Die neugriechische Sprache braucht das Wort „stoicheia" bis heute für Lokaldämonen. Wir finden „stoicheia tou kosmou" im Altertum aber auch für Gestirne verwendet, namentlich für die Sternbilder des Tierkreises, denen ein ganz besonderer Einfluß auf den Weltlauf zugeschrieben wurde. Auch die Sterne sind „Engel" oder Wohnungen von „Engeln". Darum kann auch das ängstliche Achten auf bestimmte „Tage", vor allem auf „Neumonde" mit dem Gestirndienst (vgl. nur die heutige Astrologie!) zusammenhängen. Vom Parsismus aus waren Gedanken über den Zusammenhang von „Makrokosmos" und „Mikrokosmos" dazugekommen: Bestand nicht auch der Mensch aus denselben „Elementen", die er draußen im großen Weltbau wiederfand? Waren es nicht „Urmächte der Welt", die geheimnisvoll das ganze Weltall durchwebten, den „Leib" des großen Universums ebenso wie die kleine Welt des Menschenleibes? Mußte man diese „Urmächte" nicht ebenso religiös verehren, wie man sie zu Bausteinen sinnender Welterklärung machte?

Ein Teil der modernen Ausleger sieht daher auch an unserer Stelle des Kolosserbriefes ebenso wie im Galaterbrief solche Geisterwesen mit den „stoicheia tou kosmou" von Paulus gemeint. Paulus habe hier ganz im Denken seiner Zeit gestanden. Dabei sei das Großartige, daß er im Galaterbrief den Abfall der galatischen Christen zum Judaismus als Rückfall ins Heidentum, in den Dienst der Elementargeister gebrandmarkt habe.

Es erheben sich gegen ein solches Verständnis aber doch erhebliche Bedenken!

Der Glaube an diese Geisterwesen müßte für die Kolosser wie für die Galater das alles bestimmende Zentrum ihrer religiösen Philosophie gewesen sein. Denn Paulus spricht nicht davon, daß sie unter anderem und neben den „Mächten" und „Gewalten" nun auch noch dieser Art von Geistern ihr Interesse zuwenden, sondern stellt das „nach den stoicheia tou kosmou" dem „nach Christus" als das beherrschende Prinzip des ganzen Denkens gegenüber! Dementsprechend erwähnt er die „Elemente" auch nicht unter den Geistermächten, deren „Entwaffnung" durch Gott er in Vers 15 rühmt. Die Kolosser sind ihm vielmehr „mit Christus den Elementen der Welt abgestorben" (Vers 20). Die „Elemente" sind auch von daher gesehen ganz anders wichtig und das gesamte Dasein beherrschend als alle die Engel- und Geistermächte, die Paulus sonst kennt und nennt. Eine solche zentrale und überragende Stellung der „stoicheia" ist uns aber für die synkretistische Religion jener Zeit nicht ausreichend bezeugt.

Und dabei müßte Paulus einen solchen Glauben nicht nur als eine aus der Umwelt auf die Gemeinde hereindringende Gefahr betrachten, sondern er müßte ihn selber ganz und gar geteilt haben! Die Christen in Kolossä bezeichnet er als „weggestorben mit Christus von den Elementen der Welt". Sie haben also vorher unter diesen „Elementen der Welt" gelebt. Mit keinem Wort deutet Paulus an, daß das etwa nur in der heidnischen Einbildung der Kolosser so gewesen sei. Es ist auch für ihn selbst einfache Tatsache: Ohne die Errettung durch Christus leben wir unter den Elementen der Welt. Bestätigt wird das durch Gal 4, 3. Hier schließt Paulus sich ausdrücklich in die „wir" mit ein, die in der Zeit der Unmündigkeit unter die „Elemente der Welt" versklavt waren. Der Jude und Pharisäer Paulus, der sich in Phil 3 mit seinem „Hebräer von Hebräern" ausdrücklich gegen das hellenistische Judentum absetzt, soll den Glauben einzelner hellenistischer Kulte an Geisterwesen, genannt „stoicheia tou kosmou", so geteilt haben, daß er sich selbst und alle Menschen grundlegend diesen Geisterwesen unterworfen sah, ehe Christus kam?! Zugleich aber hat er diese an Wichtigkeit alle „Throne, Herrschaften, Mächte und Gewalten" weit überragenden Geisterwesen „schwach und arm" genannt (Gal 4, 9)? Aber diese „schwachen und armen" Geisterwesen werden nicht mit den andern „Mächten" entwaffnet und bloßgestellt, sondern sind so grundlegend für unser Dasein, daß man sie im Gegenbild zu Christus zum Prinzip der Welterklärung machen kann und daß man ihnen „absterben" muß, wie man der Welt und der Sünde abstirbt?

Nein, diese modernen Erklärungsversuche ergeben ein völlig unmögliches Bild; sie erklären nicht, sondern stellen nur vor Rätsel. Wir werden also wieder daran zu denken haben, daß Worte einer Sprache zwar in ganz bestimmten Kreisen eine besondere Bedeutung und einen ganz bestimmten Sondersinn bekommen können, daß aber damit noch lange nicht gesagt ist, daß auch jeder andere, der diese Worte benutzt, diesen Sondersinn damit verbunden haben muß, da die Worte ihre allgemeinere Bedeutung in der Sprache ja nicht verlieren. Ehe wir einen Paulus zum Gläubigen einer die „Weltelemente" verehrenden hellenistischen Sondersekte machen, werden wir zusehen müssen, ob sich nicht vom allgemeinen und einfachen Verstehen des Wortes „stoicheia tou kosmou" her ein guter Sinn der Aussagen des Paulus ergibt.

Das ist in der Tat der Fall. Das Wort „Elemente" ist ein verdeutlichender Zusatz zu dem Wort „Welt", das Paulus oft und grundlegend verwendet. Die „Welt" ist diese von Gott gelöste und darum dunkle und sterbende Menschenwelt. Ihren „Elementen", ihren Grundzügen, Grundkräften und Grundanschauungen sind wir in der

Tat versklavt, auch als Israeliten mit dem Gesetz, bis uns Christus zu einem neuen Dasein befreit. Alles Nachdenken über Welt und Mensch bewegt sich darum rettungslos im Kreise dieser Grundlinien der Welt („nach den Elementen der Welt"). Immer wieder in allen philosophischen Systemen repetiert die Welt bei aller Großartigkeit der Denkleistungen im Grunde doch nur ihr altes ABC, über das sie nicht hinauskommen kann. Dieses ABC ist immer „gesetzliches Denken", wie die Reformatoren mit tiefem Durchblick in das Wesen des Menschen (in die „Elemente des Menschen") erkannt haben. Daher die enge Zusammengehörigkeit von „Satzungen" und „Elementen der Welt". Die „stoicheia" gehören daher auch nicht zu den „Mächten", die Gott entwaffnet und bloßstellt. Ihnen müssen und dürfen wir vielmehr „absterben", so daß wir nun der Welt und ihrem elementaren Grundwesen entnommen sind. Von Christus aus aber sehen wir, wie „schwach" und wie ‚arm" die Grundlinien und Grundzüge der Welt sind, auch wenn uns vorher die Welt so reich erschien, ein unerschöpflicher Stoff unseres Nachdenkens und unseres Handelns. Darum wäre es nicht Bereicherung und Vervollkommnung, sondern „Verschleppung in die Sklaverei", wenn wir auf die hörten, die nicht im strahlenden Sonnenlicht des Christus die Dinge sehen, sondern von den schwachen und armen Weltelementen die Prinzipien ihrer Weltanschauung holen.

Und nun dürfen wir sehen, wie dieser mächtige, für alle Zeiten gültige Rahmen ausgefüllt ist von der Auseinandersetzung mit der speziellen Weltanschauung, die damals den Kolossern gefährlich zu werden drohte. Wir wollen dabei versuchen, auch hier in all dem, was uns zunächst sehr fremd und seltsam anmutet, Tendenzen des Menschenherzens zu finden, die uns doch nicht so fremd und unbekannt sind. Das ist um so wichtiger, als es sehr schwer ist, aus den Andeutungen unseres Briefes und aus unserm allgemeinen Wissen vom Denken und Leben jener Zeit ein wirklich sicheres und klares historisches Bild der „Weltanschauung" zu gewinnen, um die es hier geht. Auch gründliche und kenntnisreiche Forscher gehen hier mit ihrer Auffassung der Dinge weit auseinander. Das ist dadurch möglich, daß es sich ja um „Synkretismus" handelt, um eine „Mischung" von Gedanken, Vorstellungen und Bestrebungen verschiedenster Art und mannigfaltigster Herkunft. Solche Mischgebilde sind für uns heute schwer zu scheiden, und es bleibt bei den einzelnen Begriffen undeutlich, welchen Bestandteilen der Mischung sie angehören und welche besondere Färbung, welchen besonderen Sinn sie darum haben. Wir stehen ja in der Zeit des „Hellenismus". In der Begegnung des Griechentums mit der orientalischen Welt hatten sich die verschiedensten Gedankengänge, Religionsvorstellungen, Kultbräuche und Lebensgestaltungen gegenseitig beeinflußt, miteinander verbunden und zu immer neuen Mischbildungen angeregt.

Es darf dabei aber eins nicht verkannt werden: der ganz starke Einfluß des Judentums, der, wie in Galatien oder Korinth, so auch hier offensichtlich am Werke war. Es geht in Kolossä wie in Galatien erheblich um die Frage der Beschneidung! Es geht (besonders wenn wir auf den nächsten Abschnitt vorausblicken) um „Satzungen", um das Halten des Sabbats und anderer Feiertage, um Speisegebote und Reinigungsvorschriften. Und wenn Paulus hier vor einer „Philosophie" warnt, die auf „der Überlieferung der Menschen" aufbaut, so stehen wir mit diesem Begriff unmittelbar bei Mk 7, 8, also im Raum Israels! Dadurch wurde die neue Denkweise wohl erst für eine Gemeinde gefährlich, daß sie sich auf das Alte Testament und auf die uralte Religion Israels berief. Wir werden also jenem Zug der Forschung nicht folgen dürfen, der lange Zeit einseitig in der griechischen Umwelt des Neuen Testaments die Erklärungsgrundlage für die Dinge suchte.

Nun war ja Israel damals nicht mehr auf Kanaan beschränkt und nicht mehr ein geschlossenes Volk im eigenen staatlichen Raum. Juden wohnten überall in der Welt und standen nicht nur im geschäftlichen, sondern auch im geistigen Austausch mit ihrer Umgebung. Sie trugen ihre Anschauungen, ihr Gesetz, ihre religiöse Lebensart in den Synkretismus der Zeit hinein und meinten damit, dem Suchen, Sehnen und Fragen ihrer Umwelt eine besondere Antwort geben zu können, wie sie umgekehrt auch von deren Denken beeinflußt wurden. Von daher werden wir zu verstehen haben, was auch die Christen in Kolossä zu bewegen begann.

Es geht offenbar um zwei große Fragenkomplexe. Es geht zunächst um die „Reinheit". Die ausgehende Antike ist eine Zeit der Haltlosigkeit und der Zersetzung. Paulus kann es wagen, diese Zeit so zu schildern, wie er es Rö 1, 18 ff. tut, ohne den Widerspruch der Römer fürchten zu müssen. Die alten Volksreligionen mit ihrer religiösen Moral waren dahin. Die selbständigen staatlichen Gebilde mit ihrer Ordnung und politischen Sittlichkeit existierten nicht mehr. Wonach sollte man sich nun im Leben richten? Der in seiner Schönheit bewunderte und im öffentlichen Sport gefeierte Menschenleib mit seinen heißen Trieben lebte sich in zügelloser Weise aus. Lebensgenuß feinerer oder gröberer Art schien der Sinn und der Inhalt des Lebens zu sein. Aber die Stimme des Gewissens war nicht zu töten. Auch Menschen jener Zeit wußten, wie es ist, „wenn ich die Last der Begierden empfinde". Auch sie erlebten etwas von der Unmöglichkeit, den Lebensgenuß zum Ziel des Daseins zu machen: ‚So tauml ich von Begierde zum Genuß, und im Genuß verschmacht ich nach Begierde." Darum ging durch die Zeit ein Verlangen nach wirklichem lohnendem „Leben". Es war zugleich ein heißes Sehnen nach „Reinheit", nach Befreiung von der Sklaverei der Triebe und Leidenschaften. Die falsche Verehrung des Leibes schlug um in eine oft selbst wieder kranke Verachtung des Leibes, in ein Grauen vor dem „Fleisch". War nicht alles beschmutzt und verdorben? War nicht das Leben eigentlich ein Tod, in dem man gefangenlag?

Das als „Philosophie für alle" verstandene Judentum antwortete:

Wir haben für euch die klaren Weisungen für das Leben, in den Geboten, im Gesetz. Wir haben gerade die Satzungen, die eurem Verlangen nach „Reinheit" entgegenkommen, die euch sagen, was ihr alles meiden müßt, um euch vor dieser verdorbenen, unreinen Welt zu bewahren. Wir ordnen euer Leben mit allerlei heiligen Tagen. Und wir haben die Beschneidung! Wer sich beschneiden läßt, wird damit dem Heidentum, der verdorbenen Menschheit entnommen. In der Beschneidung wird der Leib, das „Fleisch", gerade mit seinen gefährlichsten, unreinen Begierden „beschnitten". So findet ihr, was ihr sucht: Reinheit, die euch für die göttliche Welt ewigen Lebens und Lichtes tauglich macht. – War das nicht einleuchtend? War das nicht der Weg auch für die Gemeinde in Kolossä, wenn sie vollen und ganzen Ernst machen und wirklich eine Gemeinde der Reinen und Heiligen in dieser Welt voll Versuchung und Schmutz sein wollte?

Etwas Zweites kommt hinzu. Haben wir es denn in der Welt so einfach und allein mit Gott zu tun? Spielen nicht schon im Alten Testament die Engel eine wichtige Rolle, auch als Vermittler zwischen Gott und Menschen, auch als Beherrscher und Leiter des Geschehens in ganzen Völkern (Da 10, 13. 20. 21)? Wenn die Weltanschauung jener Zeit viel zu sagen wußte von all den Zwischenwelten und Zwischenwesen zwischen der Gottheit und der Erde, von den „Mächten" und „Gewalten", hatte sie nicht recht? Mußte man nicht zu diesen „Mächten" in ein Verhältnis treten, ihre Gunst und Hilfe gewinnen und in ihrem geheimnisvollen Reich heimisch werden? Ging nicht erst durch dieses Reich hindurch der Weg zu Gott? Der Mensch jener Tage wie jeder „Heide" und wie auch der moderne aufgeklärte Mensch mit seiner Astrologie, seiner „Pechsträhne", seinem „Schwein", seinem Püppchen im Auto und Flugzeug, seinem Besprechen, seiner Angst vor der Zahl 13, vor dem „Unglückstag" Freitag usw., weiß sich umringt von „Mächten", „Geistern", „Ahnen", „Zaubern". Auf Schritt und Tritt hat er es mit ihnen zu tun und muß den rechten Umgang mit ihnen verstehen, um sich vor ihrer Bosheit zu schützen und ihre Hilfe zu finden. Und nun wurde ihm das alles von der „Philosophie" unter Verwendung alter „biblischer" Grundlagen gedeutet, und es wurde ihm zugleich der Weg in das mächtige Reich gewiesen, das die tiefe Kluft zwischen „Gott" und „Welt" ausfüllt. Durfte die Gemeinde in Kolossä an diesen wichtigen Dingen einfach vorbeigehen? War hier nicht in ihrer bisher empfangenen Unterweisung durch Epaphras eine unverantwortliche, gefährliche Lücke geblieben? Wer da weiß, wie tief die magischen Ängste im Herzen des Menschen wohnen, kann sich denken, mit welcher bangen Beunruhigung die Kolosser hörten, was „erfahrene" Männer ihnen ausführlich und eindringlich von diesen „Urmächten" und Geisterwesen darlegten.

Wie hat nun Paulus zu all diesen Fragen Stellung genommen? Es ist für uns sehr wichtig und lehrreich, sein Verfahren zu beobachten. Er hat sich nicht auf irgendwelche Einzelauseinandersetzungen eingelassen. Er hat nicht einzelne Anschauungen bekämpft, einzelne

Fehler aufgedeckt, einzelne Vorstellungen zu berichtigen gesucht. Das führt immer nur zu unabsehbaren Gesprächen.

Er nimmt sehr ernst, was die Menschen jener Tage bewegt. „Reinheit?" O ja, euer Verlangen hat recht! Der „Fleischesleib"[37] mit seinen Lüsten und Begierden ist etwas Furchtbares. Von ihm muß der Mensch befreit werden. Es geht um **„das Ablegen des Fleischesleibes"**. Aber hilft da eine äußerliche „Beschneidung", eine Zeremonie, die **„mit der Hand vollzogen wird"**? Werdet ihr diesen Fleischesleib wirklich dadurch los, daß ihr äußerlich ein Stückchen von ihm entfernen laßt? Es gibt doch eine ganz andere radikale Hilfe, eine „Beschneidung", die viel mächtiger und wirksamer ist als die, die man euch jetzt anrät: eine **„Christusbeschneidung"**. Sie ist euch **in der Taufe** zuteil geworden. Wieso? Mit den Nöten und Fragen, die unter uns durch die wahllose Massentaufe von Säuglingen entstanden sind, dürfen wir uns die Auslegung unserer Stelle nicht belasten. Hier geht es um eine Taufe, die als zentrales Ereignis in der Mitte einer klaren göttlichen Geschichte im Leben von Menschen stand. Wie die Fortsetzung im anschließenden Satz zeigt, handelt es sich in keiner Weise um ein magisches Geschehen, das „ex opere operato", d. h. durch den bloßen Vollzug der Taufe als solchen eintrat. Taufe und Glaube liegt völlig ineinander und gehört untrennbar zusammen. Wer die erste Aussage „mit Christus begraben in der Taufe" auf einen getauften Menschen anwenden will, kann und darf es nur, wenn er auch die zweite „mit auferweckt durch den Glauben" freimütig und klar auf ihn anwenden kann. Die Formel „baptizein eis to onoma" = „taufen auf den Namen", bezeichnet die Übereignung des Täuflings an Christus, eine Übereignung, die mit einer Person schlechterdings nur mit ihrer willentlichen Zustimmung im Glauben, im Sichanvertrauen vorgenommen werden kann. So sind die Kolosser in der Taufe ein Eigentum Jesu geworden. Da hat Christus selber an ihnen gehandelt, hat sie aufs gründlichste „beschnitten", indem Er ihren ganzen Fleischesleib, ihr ganzes Ichwesen mit sich in den Tod und in Sein Grab genommen hat. Gründlicher und vollkommener kann man ja seinen Fleischesleib nicht loswerden, als wenn er ins Grab gescharrt wird! Das dürfen sie nun immer neu glaubend erfassen und dürfen darin in Vollkommenheit besitzen, was die neue Philosophie mit all ihren Reinigungszeremonien und auch mit der von Israel übernommenen Beschneidung bestenfalls in armseligen Anfängen erreichte.

Das ist entscheidende Wahrheit und Hilfe auch für uns. Mag un-

[37] Anm. Diese Formulierung „Leib des Fleisches" ist sehr wichtig. Sie wahrt die echte biblische Anschauung gegen den griechischen „Idealismus". Während dieser in der Leiblichkeit als solcher schon das Böse und Verderbliche sah und von der in sich selbst göttlichen „Seele" träumte, ist für die Bibel die Leibhaftigkeit grundlegender Wille Gottes, der auch die Welt der Vollendung durch und durch leibhaft gestaltet. Ein neuer Himmel, aber auch eine neue Erde und ein neuer Leib, das ist die Hoffnung der biblischen Menschen. Aber indem der jetzige Leib vom „Fleisch" bestimmt wird, ist er mit seinen „Gliedern" der besondere Machtbereich der Sünde und muß „abgelegt" werden, wenn wir zur Freiheit eines reinen und göttlichen Lebens kommen wollen.

sere Weltanschauung sehr anders aussehen als die jener Zeit – unsere innere Lage im Sehnen nach „Reinheit“ ist keine andere heute wie damals. Wir haben es genauso mit dem „Fleischesleib“ zu tun, und es ist auch für unser Leben die entscheidende Frage, wie wir ihn „ablegen“ können? Auch uns werden viele Mittel der „Heiligung“ dafür angeboten, ethische und kultische. Aber auch wir dürfen ein Eigentum Jesu werden und dies in so voller Wirklichkeit, daß auch wir Miteigentümer Seines Todes und Grabes sind. Grundlage aller echten Heiligung und jedes konkreten Sieges im Leben jetzt und hier ist das glaubende Erfassen des Todes, der in unserem Haupt an unserem Ichwesen vor Gott und darum in höchster Realität schon vollzogen ist. Darum ist auch diese zunächst seltsame Zusammenfügung eines Aktiv und eines Passiv genau sachentsprechend. Aktiv „ablegen“ können wir diesen vom Fleisch bestimmten Leib immer nur dadurch, daß wir glaubend in Anspruch nehmen, was im Sterben Jesu passiv mit diesem unserem Leib geschah. Alle „Heiligung“ kann nie von sich aus unmittelbar aktiv sein; sie kann die Glieder der Sünde nur dadurch „töten“, daß sie ihr Begrabensein mit Christus je und je aktualisiert. Umgekehrt, nur in solcher Aktivierung und Aktualisierung wird das Passiv, das Mitgekreuzigt- und Mitbegrabensein mit Christus wirklich geglaubt.

Die Kolosser und die Menschen jener Zeit (und auch wir!) haben recht mit ihrem brennenden Verlangen nach völliger Erneuerung des Lebens. Paulus sucht ihnen dies Verlangen nicht auszureden oder es als übertrieben hinzustellen. Seine „Apologetik“ wird auch hier dem Ansatzpunkt des „Gegners“ voll gerecht. Ja, er überbietet ihn noch und ist noch klarer und radikaler als die Männer, die auf die Kolosser einredeten. Eure **„Fehltritte“**, euer **„unbeschnittenes Fleisch“**, eure ganze „heidnische“, ungöttliche, befleckte Art ist furchtbar. Durch sie seid ihr – **tot!** Aber eben, weil die Not so groß, das Verderben so radikal ist, helfen all die kleinen Mittel nicht, die man euch in Kolossä anpreist: Heilige Tage, heilige Zeiten, Enthaltsamkeiten und Verbindung mit der Engelwelt. Für „Tote“ gibt es nur **eine** wirkliche Hilfe: „Auferweckung“. Und diese radikale Hilfe habt ihr ja! **„In Ihm wurdet ihr auch mit auferweckt durch den Glauben an die Wirkungsmacht Gottes, der Ihn auferweckte aus den Toten.“** Das Wort „energeia“ in diesem Satz kennen wir als Fremdwort auch in unserer Sprache: „Energie“. Es bezeichnet im Griechischen nicht eine „potentielle“, sondern immer die wirksame, handelnde Energie.

Gott hat Seine göttliche Kraft in einzigartiger Weise angewendet, als Er den für uns gestorbenen, mit all unserer Schuld und Not beladen ins Grab gesenkten Christus auferweckte. Wir aber „glauben“ an dieses Eingreifen Gottes, das die Weltgeschichte und auch die Geschichte unseres Lebens entscheidend gewendet hat. Dieser **„Glaube“** ist aber hier ganz deutlich etwas sehr anderes als intellektuelle Zustimmung zu einer Lehre. Es steht hier nicht, wie wir freilich im Deutschen sagen müssen, Glaube „an“, nicht einmal wie in 1,4 Glaube

„in", sondern wörtlich „Glaube der Wirkungsmacht Gottes". Das könnte ein Genetiv des Subjekts sein und könnte dann besagen, daß der Glaube durch die gleiche Kraftwirkung Gottes entsteht, die auch Jesus aus der Welt der Toten herausrief. So hat es Paulus in der Tat im Brief an die Epheser 1, 19 ausgesprochen. Dann ist klar, wieso das „Gläubigwerden" eines Menschen tatsächlich und ohne weiteres sein „Mitauferweckt werden" ist. Aber auch wenn wir daran denken, daß sich die Genitivverbindung an anderen Stellen – z. B. Mr 11, 22; Apg 14, 9; Rö 3, 22. 26; Gal 2, 20; Eph 3, 12; Offb 2, 13 – so findet, daß der Genitiv das Objekt des Glaubens bezeichnet, ändert das an dem Sinn und Inhalt der Aussage nichts. Es bleibt ja der Glaube etwas, durch das ein Mensch „mit auferweckt" ist. Glaube im Sinn des Neuen Testaments ergreift sein Objekt nicht nur gedanklich (das freilich durchaus auch!), sondern mit der ganzen Person, so daß er eine reale Verbindung mit dem Objekt herstellt und eine Anteilhabe an dem Objekt verleiht. Wer an die Machtwirkung Gottes, der Jesus aus den Toten auferweckte, wirklich „glaubt", der steht damit selbst unter dieser Machtwirkung Gottes und wird „mit auferweckt" und in ein wirkliches neues Leben versetzt.[38] Wir, die wir so leicht alles in „Gedanken" und „Anschauungen" verwandeln, was wir in die Hand bekommen, müssen uns immer wieder neu mühen, den ganzen Realismus des Neuen Testaments zu erfassen. Dort ist es nicht ein hübscher Gedanke, eine theologische Anschauung, eine erbauliche Redensart, dort ist es von der „Wirk"ung Gottes her „Wirk"-lichkeit: **„Und euch, die ihr tot wart durch die Fehltritte und durch die Unbeschnittenheit eures Fleisches, euch machte Er zusammen mit Ihm lebendig."** So allein ist das neue Leben zu gewinnen, nach dem sich die Menschen sehnen. Es ist für die Kolosser gewonnen, so wahr sie Glaubende sind.[39] Was wollen sie eigentlich noch? Wollen sie sich von den Philosophen aus dieser Herrlichkeit und Freiheit in die Sklaverei abführen lassen, wo man vergeblich nach Lebenserneuerung mit moralischen oder religiösen Methoden „nach der Überlieferung der Menschen" ringt?!

Wieder dürfen wir diese Ausführungen nicht einfach „objektiv"

[38] Anm. Genauso lehren es auch die Bekenntnisschriften der lutherischen Kirche, z. B. Apologie Art. IV 64: „So wir aber von einem solchen Glauben reden, welcher nicht ein müßiger Gedank ist, sondern ein solch neu Licht, Leben und Kraft im Herzen, welche Herz, Sinn und Mut verneuert, ein andern Menschen und neu Kreatur aus uns macht ..."

[39] Anm. Dieses „neue Leben" überragt freilich immer alle unsere Erfahrungen. Wir können es weder andern noch auch uns selbst einfach als nachweisbaren Besitz vorzeigen. Aber es ist ebensowenig nur ein dogmatischer Begriff oder gar nur eine illusionäre Behauptung. Es ist erfahrbare Wirklichkeit in unserm Leben, Tag um Tag. Es ist, wie Paulus nachher sagen wird, „verborgen mit Christus in Gott". Aber so wahr wir realiter „in Christus" leben, haben wir praktisch und spürbar an diesem Leben teil, und so wirklich das „Christus in uns" ist, so wirklich greift dieses neue Leben jetzt schon in unser Dasein hinein. Diese Art der tatsächlichen Anteilhabe an einer jetzt noch „jenseitigen" Wirklichkeit nennt das Neue Testament „Glaube". Der Glaube ergreift immer neu, was Gott grundsätzlich schon getan und gegeben hat. Wir müssen uns bei dem Blick auf das „neue Leben" freilich von dem Moralismus losmachen, der uns alles verbaut. Das neue Leben besteht nicht zuerst darin, daß ich „besser" geworden bin, sondern darin, daß ich Gott zu fürchten und zu lieben beginne, daß ich beten kann, daß die Bibel mir lebendiges Wort wird. Die Realität des neuen Lebens ist da für jeden, der es empfing, ganz unbezweifelbar.

als eine „historische" seltsame Anschauungswelt lesen und erfassen, die wir „rein geschichtlich" zu verstehen suchen. Wir dürfen und müssen sehen, daß es hier um „unsere Sache" geht! Wollen wir mit unserer Selbstbeurteilung auf halbem Wege stehenbleiben oder stimmen wir von Herzen dem hier gegebenen Urteil zu: „tot durch die Fehltritte und durch die Unbeschnittenheit unseres Fleisches"? Welche Entscheidung fällt damit für unser Leben! Denn wenn wir uns als „Tote" anzusehen haben, dann endet auch für uns die ganze Fülle der menschlichen Versuche, mit denen auch wir zum rechten Leben zu gelangen hofften. Sie sind auch in unserer Zeit zahlreich genug! Dann geht es auch bei uns um jene radikale Erneuerung, die „Auferstehung" heißt. Dann liegt auch für uns alles daran, daß wir den „Glauben" gewinnen, der uns an dem auferstandenen Christus Anteil gibt und uns als „mit Ihm Auferweckte" in ein neues Leben stellt. Haben wir aber diesen Glauben, dann spricht der Kolosserbrief in diesen Sätzen unmittelbar auch von uns und hört auf, nur „historisch" zu sein.

Aber die **„Satzungen"**, die den Kolossern so verlockend zu sein begannen? Wieder setzt sich Paulus nicht mit einzelnen Satzungen auseinander, als seien nur gerade sie falsch und müßten durch andere und bessere ersetzt werden. Das ist ja die Ebene, auf der sich der Kampf der einzelnen Weltanschauungen und Lebenssysteme endlos und hoffnunglos abspielt. Paulus hat mit diesem Kampf nichts zu tun. Seine Frage ist wieder viel radikaler: Was gewinnen wir überhaupt mit „Satzungen", es seien, welche es wollen, mit all diesem „Du sollst – Du sollst nicht"? Wir gewinnen – **„den Schuldschein gegen uns"**! Denn anerkannte Satzungen gelten wie anerkannte Geldforderungen. Und das ist unsere ganze Not, daß die „Satzungen" gar nicht nur Willkür und Unsinn sind, daß dies „Du sollst – Du sollst nicht" ein tiefes **Recht** hat, das unser Gewissen anerkennt und anerkennen muß, und daß wir den Satzungen tatsächlich doch nicht nachkommen. So läuft der „Schuldschein" immer höher, täglich und stündlich. Sehen die Kolosser nicht, w a s sie tun, wenn sie immer noch neue Satzungen auf sich laden lassen? Wie blind ist alle Begeisterung für Satzungen!

Es geht ja gerade umgekehrt um die brennende Frage, wie ich die Schulden loswerde, wie der verklagende und immer schrecklicher ängstigende Schuldschein beseitigt werden kann. Wer den Weg neuer Satzungen geht, handelt wie ein Schuldner, der seine Schulden durch das Unterschreiben von neuen schlimmeren Wechseln loszuwerden hofft. Dies unsinnige und jammervolle Verfahren ist in der sittlichen Welt ebenso Brauch wie im Geschäftsleben. Der Schuldschein kann aber auch nie von uns, den Schuldnern, eigenmächtig zerrissen werden. Wir sind wie jeder wirkliche Schuldner hilflos unserer Schuld ausgeliefert. Da hat G o t t eingegriffen. Er hat es in göttlicher Weise getan. Er hat unsern Schuldschein nicht als Bagatelle behandelt. Nie könnten wir dann Vertrauen zu Gott fassen! Er hat ihn auch nicht heimlich ungültig gemacht. Wie ungewiß bliebe dann alles für uns. Nein, in aller göttlichen Öffentlichkeit, vor den Augen der ganzen Welt, vor den Augen des Himmels und der Hölle hat Er ihn beseitigt[40], **„ihn nagelnd an das Kreuz“!**[41] Das kann man nur einfach als unbegreifliche Tatsache sehen und aus entlastetem Herzen und befreitem Gewissen dafür danken. Wer das aber einmal wirklich gesehen hat, kann nie wieder bei den „Satzungen“ Hilfe und Heil suchen.

Wieder handelt der Brief einfach „von uns“. Das hat Paulus selbst schon angedeutet, indem er bei dem Wort vom Vergeben Gottes das durchgehende „ihr“ und „euch“ auffallend durch ein „uns“ ersetzt: **„da Er uns vergab alle die Fehltritte“.** Die Frage nach der Vergebung ist die Frage jedes Menschen, dessen Gewissen erwachte. „Gott vergibt“, das ist unsere einzige Rettung. Um so brennender wird die Frage: Wo sehe ich denn Gottes Vergeben, wo wird es mir gewiß? Wo sehe ich es so, daß im Vergeben zugleich das unausweichliche Urteil meines Gewissens ernst genommen und die Schwere meiner Schuld anerkannt wird? Paulus hat für diese wichtigste Frage der Welt die Antwort, die keine Philosophie damals oder heute geben kann: Sieh auf das Kreuz, dort siehst du deinen Schuldschein in aller Öffentlichkeit herausgestellt und vernichtet!

Aber endlich die „Mächte und Gewalten“, die „Elemente der Welt“? Wieder geht Paulus nicht so vor, daß er gegen Einzelheiten der Engellehre polemisiert; doch auch nicht so, daß er die Wirklichkeit dieser Dinge leugnet. Das ist bei ihm auch nicht etwa nur Pädagogik oder Diplomatie den Kolossern gegenüber. Er ist wirklich von dieser ganzen mächtigen Welt unsichtbarer Wesenheiten überzeugt und hat darum auch den Korinthern (1 Ko 2, 8; 15, 25) und den Römern (Rö 8, 38. 39) gegenüber von ihr gesprochen. (Eph 1, 21 steht in den gleichen Zusammenhängen wie Kol 1, 16.) Im einzelnen werden wir uns nur schwer ein wirkliches Bild von dem machen können, was Paulus als Aufbau dieser Geisterwelt vor sich sah. Selbst auf die Frage, ob es sich bei diesen „Mächten“ und „Gewalten“ um „gute“ oder „böse“ Geister, um „Engel“ oder „Dämonen“ handelt, bekommen wir keine eindeutige Antwort. Ein Kenner des Neuen Testaments wie Adolf Schlatter meint: „Er denkt hier schwerlich an den Satan und die mit ihm verbundenen Geister, sondern an solche, die nahe bei Gott stehen und als die ‚Throne‘ ihn umgeben. Der Mensch hat sie seiner Schuld wegen gegen sich; sie werden zu seinen Verklägern.“ Es dürfte doch aber von erheblichem Gewicht sein, daß der dem Kolosserbrief so nahestehende Epheserbrief in 6, 12 die gleichen „Mächte“ (archai) und „Gewalten“ (exousiai) ausdrücklich als die „Weltherrscher die-

[40] Anm. Das Wort bedeutet eigentlich „abwischen“, „auslöschen“. In den Buchrollen des Altertums wurde nicht „ausgestrichen“, sondern „ausgelöscht“, vgl. 2 Mo 32, 32; Ps 69, 29; Offb 3, 5. Wir haben bis heute das Fachwort „löschen“ im Grundbuchwesen behalten: eine Hypothek wird „gelöscht“.

[41] Anm. Der gegen uns zeugende Schein mit seinen Satzungen ans Kreuz genagelt — das ist das gleiche mächtige Bild wie 2 Ko 5, 21 der für uns zur Sünde gemachte Gottessohn am Kreuz als das klare Zeichen der völligen Vergebung und Versöhnung, wie vorher schon das hoch aufgerichtete Bild der Schlange als das rettende Heilmittel gegen den Schlangenbiß.

ser Finsternis" und als die „Geister der Bosheit" bezeichnet, gegen die wir Christen zu kämpfen haben, oder sie doch wenigstens mit in dieser Reihe aufzählt. Es ist doch auch die Frage, ob Schlatters Deutung: „Aber Gott wies alle ab, deren Wille es war, daß wir gestraft werden und an unserer Schuld verderben. So nahe sie ihm stehen, er tat sie von sich weg, wie man ein Gewand ablegt, das man nicht mehr tragen will, und hat ihren Willen durchkreuzt . . . Das ist die Beschämung, die Jesu Kreuz ihnen brachte; sie standen hier vor einer Gnade, die größer als ihre Gedanken war", wirklich dem mächtigen, triumphierenden Satz des Paulus gerecht wird: **„Er entwaffnete[42] die Mächte und die Gewalten und stellte sie öffentlich zur Schau[43] und feierte den Triumph über sie in Ihm."**

Wie dem aber auch sei, die Antwort, die Paulus auf die Fragen der Kolosser gibt, ist eindeutig. Wir haben diese Mächte in all ihrer Wirklichkeit und Größe nicht zu fürchten und uns um ihre Gunst nicht zu bemühen! Denn von vornherein schon ist unser Haupt Christus auch **„das Haupt jeder Macht und Gewalt".** All diese Geisterwesen sind Ihm unterstellt, wie und weil sie alle „durch Ihn und zu Ihm geschaffen" sind (1, 16). Und nun trifft das Kreuz in seiner ganzen Größe (vgl. oben S. 188) auch diese ganze unsichtbare Welt. Ob die „Mächte" nun als Gott nahestehende Engel oder als Gewalten Satans uns verklagen und durch unsere Schuld Macht über uns haben, jedenfalls ist ihnen durch das Kreuz des Sohnes Gottes jede Waffe aus der Hand geschlagen. So wie der Schuldschein am Kreuz vor allen Augen rechtmäßig angenagelt und dadurch vernichtet ist, so sind alle unsere Feinde und Verkläger dadurch in aller Öffentlichkeit entmachtet. Wie ein römischer Feldherr die ganze Wirklichkeit und Größe seines Sieges dadurch dem Volk sichtbar machte, daß er die überwundenen Feinde im Triumphzug hinter seinem Siegeswagen durch die Straßen der Hauptstadt führte, so **„stellte Gott sie** (die Mächte und Gewalten) **öffentlich zur Schau und feierte den Triumph über sie in Ihm."** Sprachlich ist nicht sicher zu entscheiden, ob das „in Ihm" sich auf den Christus oder auf das Kreuz bezieht. Es würde in das ganze Bild vom öffentlichen Triumph gut passen, wenn hier das Kreuz, diese Stätte der scheinbaren Ohnmacht und Niederlage Gottes, als die Stätte Seines auf Erden und im Himmel sichtbaren Sieges bezeichnet wäre. Jedenfalls aber: Welch seltsames Unterfangen der Kolosser wäre es, um die Gunst von Königen zu buhlen, die waffenlos, machtlos, aller Königswürde entkleidet hinter dem Siegeswagen des Feldherrn hergehen müssen, des Feldherrn, dem die Kolosser unmittelbar gehören dürfen! Es besteht hier keine bedenkliche Lücke in der bisherigen

[42] Anm. Das hier stehende Wort ist das gleiche, das wir in V. 11 mit „ablegen" wiedergaben. „Ausziehen" ist seine Grundbedeutung. Dem besiegten Feinde wird seine Rüstung „ausgezogen"; so kam das Wort zu der Bedeutung „entwaffnen". Es entspricht aber auch unserm „entkleiden", wie wir es in der Redewendung „seiner Stellung entkleiden" gebrauchen. Bisher waren die „Mächte" die „Herrscher dieser Weltzeit" (1 Ko 2, 6); nun werden sie dieser Würde und Macht „entkleidet".

[43] Anm. Das Wort ist auch Mt 1, 19 verwendet: Josef wollte Maria nicht „bloßstellen".

Unterweisung der Kolosser, diese Unterweisung entsprach vielmehr völlig der Sachlage! Jeder Schritt auf dem Wege, auf den sie jetzt gelockt werden sollen, wäre unbegreifliche Torheit und gefährlicher Verlust.

Hat auch dieser Abschnitt uns etwas zu sagen? Ist das nicht nun doch von einer Anschauungswelt aus gesprochen, die uns Heutigen völlig fremd ist, die wir nur mühsam historisch nachkonstruieren können? Lange Zeit schien es so. Der aufgeklärte Mitteleuropäer um 1900 schüttelte den Kopf: Zwischen dem lieben himmlischen Vater und uns ist doch weiter nichts, und „Engel" sind höchstens bei Krippenspielen neben „Weihnachtsmann" und „Zwergen" brauchbar. Der Missionar draußen mit seinen Christen las auch um 1900 unsern Text anders. Der Text hatte für ihn und für die aus dem Heidentum Entrissenen volle Aktualität. Wunderbar befreiend und unentbehrlich war die Botschaft: für den, der zu Christus gehört, sind keine „Mächte", „Geister", „Ahnen", keine Zauberpraktiken mehr zu fürchten. All das ist entwaffnet, über all das triumphiert Christus und die Christen mit Ihm!

Aber auch wir sehen wieder sehr anders in die Welt. Müde des unzulänglichen Rationalismus sucht gerade der heutige Mensch wieder das Geheimnisvolle. Man hat wieder Sinn für das „magische Denken". Der „Okkultismus" beschäftigt viele, Wissenschaftler und Laien. Die Astrologie nimmt einen breiten Raum ein, sogar in modernen Tageszeitungen. Und unabsehbar ist der Strom von Aberglauben und Zauberei, der durch die ganze Welt geht. Könnte nicht auch ein Ausdruck wie „Elemente oder Urmächte der Welt" für den modernen Menschen wieder geheimnisvoll-anziehend werden? Und könnte nicht der Gemeinde Jesu auch heute wieder gesagt werden und wird es ihr nicht bereits (etwa von Anthroposophie und Christengemeinschaft) wieder gesagt: Warum laßt ihr einen großen und mächtigen Teil der Wirklichkeit beiseite? Warum geht ihr an den Geheimnissen der Welt vorbei? Wie arm und nüchtern ist euer Christentum! Wie ganz anders tief und einflußreich könnte es werden, wenn ihr all diese okkulten und magischen Dinge mit hineinnähmt und euch der geheimnisvollen Kräfte bedientet, die uns zur Verfügung stehen, wenn wir sie recht ehren und gebrauchen? Das ist ein Stück der Situation von Kolossä!

Die Gemeinde aber hat in ihrer Weise auch wieder den Blick für diese Dinge bekommen. Der Durchblick der Bibel hat sich ihr wieder zu öffnen begonnen. Sie weiß wieder: Diese Welt ist nicht der harmlos-schöne Schauplatz rein menschlichen Lebens, sondern im Ernst der Herrschaftsbereich des „Fürsten dieser Welt", der sogar der „Gott dieses Weltzeitalters" (2 Ko 4, 4) ist. Die Gemeinde weiß es wieder, und zwar nicht nur theoretisch-schriftgemäß, sondern auch mit dem Ernst eigener geistlicher Erfahrungen; „es geht unser Ringen nicht gegen Fleisch und Blut, sondern gegen die Mächte, gegen die Gewalten, gegen die Weltherrscher dieser Finsternis, gegen die

Geister der Bosheit" (Eph 6, 12). Sie weiß, daß eben die ihr angepriesene magische und okkulte Sphäre der Wirkungsraum dieser „Mächte" ist, ebenso wie die zahllosen abergläubischen Praktiken, die bis in die Kreise der Christen hinein geübt werden.

Darum ist es nicht eine historische Seltsamkeit, sondern für die Gemeinde heute eine notwendige Botschaft, daß Gott in Christus all diese „Mächte", sie mögen uns nun locken oder bedrohen, entlarvt und entwaffnet hat. Die Gemeinde darf es fröhlich wissen, daß sie auch hierin einen „großen Jesus" hat, einen so großen und so herrlichen, daß sie neben Ihm nichts anderes mehr braucht, auch keine „Erkenntnis höherer Welten", daß sie in Ihm nichts mehr zu fürchten hat. Der Kolosserbrief tut der Gemeinde von heute einen unschätzbaren Dienst, indem er ihr diese Größe Jesu und diese Größe und Wirkungsmacht Seines Kreuzes auch nach dieser Seite hin zeigt.

Keine gesetzliche Heiligung!

Kolosser 2, 16–23

16 Darum soll keiner euch kritisieren in Speise und in Trank oder
17 in der Frage des Festefeierns, sei es Neumond oder Sabbat, * was
nur ein Schatten des Kommenden ist, der Körper selbst aber ist
18 des Christus. * Keiner soll euch den Siegespreis aberkennen, der
sich in Demut gefällt und in Verehrung der Engel, indem er auf
seine Schauungen baut, grundlos aufgeblasen vom Sinn seines Flei-
19 sches, * und nicht festhält an dem Haupt, von dem her der ganze
Leib durch die Bänder und Sehnen versorgt und zusammenge-
20 halten sein Gotteswachstum wächst. * Wenn ihr mit Christus
starbt los von den Elementen der Welt, warum laßt ihr euch, als
21 hättet ihr euer Leben in der Welt, Satzungen auferlegen: * Fasse
22 nicht an! Koste nicht! Berühre nicht!, * was doch alles zur Vernich-
tung durch Verbrauch bestimmt ist, nach den Geboten und Lehren
23 der Menschen? * Das alles hat freilich einen Geruch von Weisheit
durch selbstgemachte Religion und Demut und Schonungslosig-
keit gegen den Leib, nicht durch eine gewisse Ehre zur Befriedi-
gung des Fleisches.

Zu Vers 16:
[34*] Rö 14, 1—12
Zu Vers 17:
[35*] Hebr 8, 5; 10, 1
[36*] Eph 1, 23
Zu Vers 18:
[37*] Kol 2, 23
Zu Vers 19:
[38*] Eph 1, 22; 2, 21; 4, 15. 16
Zu Vers 20:
[39*] Kol 2, 8
[40*] Gal 4, 3. 9
Zu Vers 22:
[41*] Jes 29, 13
[42*] Mt 15, 9
[43*] Gal 6, 8
Zu Vers 23:
[44*] Kol 2, 18
[45*] Rö 13, 14
[46*] 1 Tim 4, 3

Nach den grundlegenden Klarstellungen erfolgt nun noch eine kurze Auseinandersetzung mit den einzelnen Vorwürfen und An-

[34*] Rö 14, 1. 12: Auf den im Glauben Schwachen nehmet Rücksicht, ohne über Gewissensbedenken zu streiten.

Vers 12: Demnach wird ein jeder von uns über sich selbst Rechenschaft vor Gott abzulegen haben.

[35*] Hbr 8, 5: Diese versehen freilich den Dienst nur an einer Nachbildung und einem Schattenbild der himmlischen Dinge entsprechend der göttlichen Weisung, die Mose erhielt, als er das Zelt herstellen sollte; denn „Gib wohl acht", sagt der Herr zu ihm, „daß du alles nach dem Vorbild anfertigst, das dir auf dem Berge gezeigt worden ist".

Hbr 10, 1: Denn weil das Gesetz nur das schattenhafte Abbild der zukünftigen Heilsgüter enthält, nicht aber die Gestalt der Dinge selbst, so ist es nimmermehr imstande, alljährlich durch dieselben Opfer, die man immer wieder darbringt, die an den Opfern Teilnehmenden ans Ziel zu bringen.

griffen, denen sich die Gemeinde in Kolossä ausgesetzt sieht. Die Antwort an die Kreise, die auf die Gemeinde einreden, ergibt sich nach allem Bisherigen – **„darum"** fängt der Abschnitt an – von selbst und ist in der Sache einfach und klar. Freilich begegnen uns dabei manche Ausdrücke und Begriffe, die wir sonst aus den Paulusbriefen nicht kennen. Und es ist auch gerade in diesen Zeilen der griechische Text offensichtlich beschädigt. So muß die Auslegung im einzelnen hier und da unsicher bleiben.

Die Gemeinde wird **„kritisiert"**. An ihrer praktischen Stellung zu ganz bestimmten Dingen entsteht diese Kritik. Unbefangen geht die Gemeinde mit **Speise und Trank** um. O, wie wenig ernst, wie wenig geheiligt ist das! Wer es wirklich ernst meint mit einem „heiligen" Wandel, der muß es sich doch gesagt sein lassen: **„Fasse nicht an! Koste nicht! Berühre nicht!"** Unbefangen geht die Gemeinde auch durch die Tage. Der Mondlauf kümmert sie nicht und den Sabbat hält sie nicht. O, wie kann man nur so leichtfertig sein! Wie wichtig sind die Festtage, die ja mit dem Lauf der Gestirne und also mit den Geistermächten zusammenhängen, die die Gestirne regieren. Und gar **der Sabbat**! Schon bei der Schöpfung ist er eingesetzt und vom Alten Testament so mächtig eingeschärft![44] Daran geht die Gemeinde einfach vorbei?! Dann wird sie nie den Siegespreis erlangen, nie von Gott gekrönt werden!

Aber wenn die Gemeinde in Kolossä das recht gelesen und verstanden hat, was ihr Paulus und Timotheus in den voraufgegangenen Abschnitten geschrieben haben, dann versteht sie auch die folgerichtige Fortsetzung: **„Darum soll keiner euch kritisieren ..."** Natürlich kann sie nicht hindern, daß diese Kritik an ihr geübt wird. Aber sie soll sich dadurch nicht erschüttern oder umwerfen lassen. Sie soll diese Kritik klar und bestimmt abweisen.

„Speise und Trank" – schon Jesus hat darauf hingewiesen, daß

[44] Anm. Wenn auch die hellenistischen Quellen erweisen, daß der Gestirndienst zur ängstlichen „Heilighaltung" von bestimmten, besonders mit dem Mondumlauf zusammenhängenden Tagen führte, und wenn die Kritik an der Gemeinde in Kolossä auf solche hellenistisch-astrologischen Überzeugungen zurückgehen mag, so ist doch darauf zu achten, daß schon das Alte Testament genau die gleiche Zusammenstellung „Feste, Neumonde, Sabbate" kennt, z. B. 2 Chro 2, 3; 31, 3; Jes 1, 13; Hes 45, 17; Hos 2, 13. Es muß nicht alles immer erst so weit hergeholt werden, wie es die Forschung eine Zeitlang gerne tat! Astrologische Praxis des Heidentums konnte auf eine Gemeinde Jesu jedenfalls erst dadurch Eindruck machen, daß es sich zugleich als „biblisch" geben und auf die Bibel berufen konnte.

[36*] Eph 1, 23: . . . die Sein Leib ist, die Fülle dessen, der alles in allen erfüllt.
[37*] Kol 2, 23: . . . die zwar im Rufe besonderer Weisheit infolge einer selbsterwählten Frömmigkeit und Demut und schonungsloser Härte gegen den Körper stehen, aber ohne wirklichen Wert sind, indem sie nur zur Befriedigung des Fleisches dienen.
[38*] Eph 1, 22. Ja, alles hat Er Ihm zu Füßen gelegt und hat Ihn zum alles überragenden Haupt gemacht für die Gemeinde.
Eph 2, 21: . . . in Ihm wächst jeder Bau, fest zusammengefügt, zu einem heiligen Tempel im Herrn empor.
Eph 4, 15. 16: . . . vielmehr sollen wir, die Wahrheit übend, in Liebe in allen Stücken in Ihn hineinwachsen, der das Haupt ist, Christus; * denn von Ihm aus wird der ganze Leib fest zusammengefügt und zusammengehalten und vollzieht durch jedes Glied, das seinen Dienst nach der Wirksamkeit verrichtet, die dem Maß jedes einzelnen Teiles entspricht, das Wachstum des Leibes zu seinem eigenen Aufbau in Liebe.

diese Dinge den Menschen ja nicht verunreinigen können, „denn es geht nicht in sein Herz, sondern in den Magen und wird auf dem natürlichen Wege ausgeschieden" (Mr 7, 19). So stellt auch Paulus fest, daß das **„doch alles zur Vernichtung durch Verbrauch bestimmt"** ist. Was soll es dann mit unserer Heiligkeit vor Gott zu tun haben? Laßt die Kritiker reden!

Und die **„Frage des Festefeierns"?** Der **„Sabbat"?** Paulus macht die Sache am Bild vom „Körper" und „Schatten" klar. Ein Körper wirft seinen Schatten und ist im Schatten in seinen Umrissen zu erkennen. Aber nicht dieser Schatten, sondern der Körper selbst ist das Wesentliche. So ist auch das Sabbatgebot Israels **„nur ein Schatten des Kommenden, der Körper selbst aber des Christus".** Die Israel gegebenen Gebote und Regeln waren nur der vorausgeworfene Schatten einer Sache, die in ihrer ganzen Wirklichkeit erst Christus angehört und in und mit Ihm da ist. Ein einzelner Tag wurde für Gott ausgesondert und „heilig" gehalten, an einem einzelnen Tag gab es „heilige Ruhe". Aber das war ja nichts als ein Vorklang, ein schattenhafter Hinweis auf eine viel herrlichere Wirklichkeit. Es geht Gott nicht um einzelne Tage, die wir uns für Ihn absparen, es geht Gott um unser ganzes Dasein, um jeden Tag und jede Stunde. Es gibt in Gott eine heilige Ruhe, die nicht nur jeden siebenten Tag das geschäftige, hastige Wirken für das eigene Ich durchbricht, sondern das ganze Leben still macht mitten in der Unruhe der Welt. Jesus hat diesen wahren, eigentlichen Sabbat gebracht: Mt 11, 28 sagt Er: „Ich werde euch Ruhe schenken." Jesus hat es aramäisch gesprochen, und wir könnten es dann sehr wohl auch so wiedergeben: „Ich bereite euch den Sabbat." Nicht zufällig hat Matthäus eben hieran anschließend in Kap. 12 die Auseinandersetzungen Jesu mit den Pharisäern über die Sabbatfrage berichtet. Wer begriffen hat, was Paulus den Kolossern in 3, 17 ausdrücklich ans Herz legt: „Alles was

[39]* Kol 2, 8: Gebt wohl acht, daß niemand euch einfängt durch die Philosophie und eitle Täuschung, die sich auf menschliche Überlieferung, auf die Elemente der Welt gründet und mit Christus nichts zu tun hat.

[40]* Gal 4, 3. 9: So standen auch wir, solange wir unmündig waren, als Sklaven unter der Herrschaft der Elemente der Welt.

Vers 9: Da ihr jetzt aber Gott erkannt habt oder vielmehr von Gott erkannt worden sein; wie könnt ihr euch da nur wieder den erbärmlichen und armseligen Elementen zuwenden und Lust haben, ihnen noch einmal von neuem als Knecht zu dienen?!

[41]* Jes 29, 13: Weiter hat der Allherr gesagt: „Weil dieses Volk sich Mir immer nur mit seinem Munde naht und Mich nur mit seinen Lippen ehrt, während es sein Herz fern von Mir hält und ihre Furcht vor Mir nur in angelernten Menschengeboten besteht . . ."

[42]* Mt 15, 9: . . . doch vergeblich verehren sie Mich, weil sie Menschensatzungen als Lehren vortragen.

[43]* Gal 6, 8: Denn wer auf sein Fleisch sät, wird vom Fleisch Verderben ernten; wer aber auf den Geist sät, wird vom Geist ewiges Leben ernten.

[44]* Kol 2, 18: Niemand soll euch verurteilen, indem er sich in demutsvollem Wesen und in Verehrung der Engel gefällt, sich mit Gesichten brüstet, ohne Grund von seinem fleischlichen Sinn aufgeblasen ist.

[45]* Rö 13, 14: . . . nein, ziehet den Herrn Jesus Christus an und seid dem Fleisch nicht so zu Diensten, daß böse Begierden dadurch erregt werden!

[46]* 1 Tim 4, 3: Es sind dies Leute, die das Heiraten verbieten und Enthaltsamkeit von Speisen, welche Gott doch dazu geschaffen hat, daß die Gläubigen und alle, welche die Wahrheit erkannt haben, sie mit Danksagung genießen sollen.

ihr tut mit Worten oder mit Werken, das tut alles in dem Namen des Herrn Jesu", und was er auch den Korinthern in 1 Ko 10, 31 ans Herz gelegt hat: „Ihr esset nun oder trinket oder was ihr tut, so tut es alles zu Gottes Ehre", dessen Leben kennt den Unterschied zwischen „heiligen" und „weltlichen" Zeiten und Tagen nicht mehr. Also auch hier wieder in diesen Einzelfragen, um die es bei der Kritik bestimmter Kreise an den Kolossern ging, wäre das Eingehen auf die Gedanken der Kritiker nicht Gewinn, sondern Verlust, nicht eine größere und tiefere Heiligung, sondern eine weit ärmere und geringere! Wer den „Körper" hat, wird nicht nach dem „Schatten" greifen! Laßt die Kritiker reden!

Dabei bleibt Paulus sehr nüchtern. Zwar die Kolosser sind jetzt schon „erfüllt in Christus", 2, 10. Das „Kommende", für das das Gesetz nur ein vorausgeworfener Schatten war, ist jetzt schon da und Gegenwart geworden, weil und soweit Christus da ist, das Haupt der Gemeinde. Aber freilich, seine volle und endgültige Erfüllung wird es erst erhalten, wenn die Gemeinde das Erbe der Heiligen im Licht antritt. Dann wird es erst völlig „Sabbat" sein, eine ewige Festfeier im vollendeten Dienst für Gott. Wer aber dieser Erfüllung entgegengeht, hascht nicht mehr nach Schatten.

Der fatale Rückschritt, der den Kolossern als „Fortschritt" und „Vollkommenheit" angepriesen wird, zeigt sich noch einmal grundsätzlich. Alle diese gesetzlichen Heiligungsbestrebungen, die man an die Gemeinde herantrug, sollten ja nach der Überzeugung ihrer Vertreter dazu dienen, die ernsten Christen aus dem „Weltlichen" zu befreien. Nur ja nicht dies anfassen und dies kosten und dies berühren, damit wir von der „Welt" möglichst weitgehend loskommen. Aber solche „Satzungen" binden ja gerade an die Welt. Sie setzen Leute voraus, die **„ihr Leben noch in der Welt haben"**. Die Glaubenden in Christus Jesus aber sind ja unendlich viel klarer und schärfer von der „Welt" getrennt, auch wenn sie ruhig alles anfassen, kosten und berühren, **„was doch alles zur Vernichtung durch Verbrauch bestimmt ist"**: sie **„starben ja mit Christus los von den Elementen der Welt"**. Niemand ist von der Welt so geschieden wie ein Gestorbener. Paulus traut es den Kolossern zu, daß sie genauso wie er freudig und eindeutig bezeugen können: „Das L e b e n ist für mich Christus" (Phil 1, 21). Die „Welt" mit allem, was in ihr gottwidrig und verdorben ist, ist nicht mehr mein „Leben"; sie zieht nicht mehr mein Herz an sich und erfüllt nicht mehr mein Denken und Verlangen. Das ist eine ganz anders tiefe und ganze Lösung von der „Welt", als wenn ich ständig hundert Dinge ängstlich meide, weil sie mir eigentlich noch verführerisch und gefährlich sind. Darum **„wenn ihr mit Christus starbt los von den Elementen der Welt, warum laßt ihr euch, als hättet ihr euer Leben in der Welt, Satzungen auferlegen?"** Auch hier würden die Kolosser wieder nur „Körper" mit „Schatten" vertauschen, wirkliche Freiheit von der Welt mit Rückfall in die Welt. Laßt die Kritiker reden! Was sie euch sagen, stammt nicht von Christus, sondern entspricht **„den Geboten und Lehren der Menschen"**.[45]

Wenn das aber alles so ist, wie kommt es dann, daß die Kritiker der Gemeinde so anders denken? Paulus scheut sich nicht zu antworten: Weil bei ihnen selbst etwas in der Tiefe nicht in Ordnung ist!

Sie sprechen der Gemeinde den Siegespreis ab, sie tun also so, als ob sie selber die Schiedsrichter wären. Schon das ist eine seltsame Anmaßung einer Richterrolle. Diese Anmaßung steht in eigenartigem Widerspruch zu der von ihnen so betonten „Demut".[46] Die Gemeinde war den Kritikern lange nicht „demütig" genug. Der freie Umgang mit Speise und Trank, die Unbekümmertheit um den Sabbat und die andern Feiertage, war das nicht „Hochmut"? Sie aber lebten ein Leben der Demut, der Beugung, der Niedrigkeit. Die Gemeinde wurde unsicher: „Demut" – war das nicht vom Meister selbst her einer der wichtigsten Grundzüge der Jüngerschaft? Da macht Paulus sie auf etwas aufmerksam, was in unsern Tagen der katholische Religionsphilosoph Max Scheler in einem guten Bild so ausgedrückt hat: Es gibt Tugenden, die nur „auf dem Rücken des Handelnden" sichtbar werden. Das bedeutet einmal: Man kann sie nicht als ruhende Qualitäten an sich tragen, sie erweisen sich immer nur im **Handeln;** und zweitens: Sie lassen sich nicht **unmittelbar** erstreben, sie werden verfälscht, wenn ich sie mir direkt aneignen will. Ich kann nicht auf sie zugehen; nur auf meinem „Rücken" werden sie sichtbar, während ich vorwärtsschreitend mit ganz andern Zielen und Aufgaben beschäftigt bin. Zu diesen Tugenden gehört die Demut. Gewollte Demut ist notwendig gemachte Demut, eine ekelhafte Sache. Auf diesen Entwertungszug in der „Demut" der Kritiker hat Paulus die Kolosser aufmerksam gemacht. Wörtlich heißt es hier: „Wollend in Demut." Echte Demut „will" nicht „demütig" sein. Echte Demut weiß nicht von sich selbst und tritt nie an die andern mit der Forderung und Kritik heran: „Ihr müßtet aber viel demütiger sein!" Falsche Demut verrät sich immer durch den Hochmut, der unversehens zu allen Löchern herausschaut. Die „Demütigen", die auf die Kolosser einredeten, saßen zugleich auf dem Richterthron und verteilten den Siegespreis. Die „Demütigen" ließen die Gemeinde spüren, wie kümmerlich und arm sie doch sei: S i e dagegen hätten **„Verehrung der Engel"**[47], s i e ständen im Umgang mit den hohen Gei-

[45] Anm. Den mit alttestamentlichen Worten angegriffenen Christen in Kolossä zeigt Paulus an einem Zitat aus Jes 29, 13, das auch von Jesus, Mt 15, 9, ins Feld geführt wird, wie Gott schon in den Propheten sich gegen eine „Heiligkeit" wandte, die bei allem Aufwand an kultischen Dingen doch das Herz fern von Gott sein ließ. Das ist die Klippe, an der alle gesetzliche Heiligung scheitert: Alle ängstliche (oder stolze!) Befolgung von Satzungen kann doch das Herz nicht ändern! Es bleibt darum alles ein bloßer „Schatten" oder endet geradezu in der bösesten Heuchelei.

[46] Anm. Bei „Demut" wird hier freilich nicht nur an die innere Gesinnung zu denken sein, sondern an konkrete „Demutsübungen", wie besonders das Fasten. Das Wort „Demut" könnte hier somit vielleicht einfach für „Fasten" stehen.

[47] Anm. Dieses Verständnis des Wortes ist bestritten worden. Ein wirklicher „Engelkult" werde in unserm Brief sonst nirgends als Gefahr für die Gemeinde sichtbar. Der Genitiv ersetze hier wie oft im Griechischen ein Adjektiv. Die Kritiker der Gemeinde behaupteten ihrerseits einen Gottesdienst zu

stern. Sie beriefen sich dabei vermutlich auf wunderbare Erlebnisse und **Schauungen.** Der Text ist hier freilich schwierig. Das Verbum, das hier steht, heißt eigentlich „betreten", „hineingehen, besuchen", dann etwa auch „einen Besitz antreten". Wörtlich steht also da: „das, was er gesehen hat, betretend". Dies Wort „betreten" ist in der Mysteriensprache besonders für das feierliche Betreten des Heiligtums gebraucht.[48] Eine Reihe von Handschriften fügt aber auch ein „nicht" in unsern Text ein: „das, was er nicht gesehen hat, betretend". Paulus hat also entweder gemeint: Die Kritiker betreten mit ihrem Engeldienst Räume, die sie in Wirklichkeit gar nicht gesehen haben; sie leben in Einbildungen. Oder er hat von der Wortbedeutung „einen Besitz antreten" her gesagt: Die Kritiker klammern sich an ihre Visionen, sie betreten immer wieder diesen Raum der Visionen, der ihr Heiligtum ist. Paulus hat selbst „Gesichte und Offenbarungen des Herrn" gehabt. Es waren für ihn mit voller Gewißheit echte hohe Offenbarungen. Aber er hat gerade nicht bei ihnen verweilt, hat sich nicht auf sie berufen und den Gemeinden gerade nicht vielsagend angedeutet, über welche geheimnisvollen Erlebnisse er verfüge. Er hat davon – geschwiegen. Die Korinther erfahren erst nach Jahren notgedrungen etwas von dieser Seite im Leben ihres Apostels (2 Ko 12, 1–10).

Und nun wird Paulus scharf. Diese „Demütigen" sind in Wahrheit **aufgeblasen,** und zwar **grundlos.** Und diese imponierenden Frommen, die geistlich so hoch stehen, Freunde der Engel sind und in der Welt der Visionen leben, unterliegen in Wahrheit nur dem **„Sinn ihres Fleisches".** Wie kommt es, daß die Kritiker der Gemeinde so anders denken? Es kommt nicht daher, weil sie „weiter sind" als die Gemeinde oder „geistlicher" als sie, sondern ganz im Gegenteil, weil bei ihnen der „Sinn des Fleisches" regiert. Gewollte Demut, Engelverehrung, Erfülltsein von Schauungen, das alles ist frommes Fleisch.

Das zeigt sich kennzeichnend an der einen Stelle: am Verhältnis zu Jesus. Jesus ist ja das **„Haupt, von dem her der ganze Leib sein Gotteswachstum wächst".** Das „Haupt" muß also immer die „Hauptsache" bleiben: Jesus allein ein und alles, der Lebenzusammenhang mit Jesus, dem Haupt, ein und alles. Bei den Kritikern aber wird die Hauptsache verdrängt von ihren eigenen Besonderheiten: Ihrer eigenen Demutshaltung, ihrer Engelverehrung, ihren Visionen. Sie „halten nicht fest an dem Haupt". Damit haben sie sich selbst gerichtet. Wenn die Kolosser ihnen folgen, dann werden sie von Jesus weggezogen. Dann verlieren sie auch den Zusammenhang mit dem gan-

haben, wie die Engel ihn pflegen. Das Tersteegensche „Laß mich wie die Engel immer vor Dir stehen und Dich gegenwärtig sehen", nahmen sie als bei sich erfüllt in Anspruch. — Auch bei dieser Auslegung würde der seltsame Widerspruch sichtbar zwischen gewollter „Demut" und tatsächlicher Anmaßung.

[48] Anm. Andere Ausleger sehen in den Kritikern der Gemeinde direkt Angehörige eines Mysterienkultes und wollen daher das Partizip „betretend" mit „bei der Einweihung" wiedergeben. Die Worte müßten dann zum Folgenden gezogen werden: „Grundlos eingebildet auf das, was er geschaut hat bei seiner Einweihung". Die Schwierigkeit des uns vorliegenden Textes hat zu mancherlei Konjekturen (Vermutungen über den ursprünglichen Wortlaut) geführt, auf die wir hier nicht einzugehen brauchen.

zen Leib. Der Leib wächst vom Haupt her und wird dabei zugleich **„durch die Bänder und Sehnen versorgt[49] und zusammengehalten"**. Näher ausgeführt hat Paulus das Bild vom „Leib" hier nicht. Er hat aber die Kolosser darauf hingewiesen, daß im Leib alles einander gegenseitig bedarf. Dasselbe Wort „zusammenhalten, zusammenfassen" erscheint hier wieder, das Paulus schon am Anfang des Kapitels gebraucht hatte: „zusammengehalten in Liebe", 2, 2. Laßt euch nicht in die Sklaverei abschleppen, bittet er noch einmal, bleibt beieinander, bleibt im Zusammenhang des ganzen Leibes, haltet fest an dem Haupt! Nur so gibt es auch für euch ein „Gotteswachstum".[50] Der „Leib Christi" ist ja nicht menschliches Machwerk, nicht menschliche Organisation, geheimnisvoll ist seine Entstehung vom Haupt aus, von Jesus, der der „Anfang", der „Ursprung" des Leibes ist als der „Erstgeborene aus den Toten" (s. 1, 18). Darum gibt es auch nur innerhalb dieses Leibes vom Haupt her wirkliches göttliches Wachstum. Lösen sich die Kolosser aus dem Zusammenhang dieses einen Leibes, dann verlieren sie das göttliche Leben und Wachsen, die wahre geistliche Existenz und haben dann nur noch jenes „Aufblasen", das ein Afterbild echten Wachstums ist und nicht aus Gott, sondern aus dem Fleisch stammt.

Auch der letzte Satz des Kapitels gibt noch einmal ein zusammenfassendes Urteil über die Kritiker und ihre ganze Art ab. Hier ist der Text freilich ganz schwierig. Das ganze Wesen und Streben der Kritiker hat **„freilich einen Geruch von Weisheit"**, „logon sophias". „Logos" = „Wort" kann den Sinn von „Gerücht" haben. Die Kritiker machen „von sich reden" und gelten dabei als Männer besonderer Weisheit. Dies ihr Ansehen erwächst aus ihrer **„ethelothreskeia, ihrer Demut und ihrer Schonungslosigkeit gegen den Leib"**. Das erste Wort dieser Reihe ist aus „thelein" = „wollen" und „threskeia" = „Dienst", im Sinn von „Gottesdienst" gebildet. Es wird eine Übersetzung wie „selbstgemachte Religion" vorgeschlagen. Aber von „wollen" her muß es nicht „eigenwillig" bedeuten; es kann auch das Willensmäßige überhaupt, auch das Freiwillige oder Eifrige darin liegen. In die Reihe hinein paßt aber nur ein Ausdruck, der den Schein des Wertvollen mit umschließt: „eifriger Gottesdienst". „Aber wie eifrig sind sie doch! Und wie demütig! Wie schonungslos gegen den Leib! Da muß doch etwas dran sein. So weit sind wir hier in der Gemeinde doch noch nicht", so etwa müssen die Kolosser gedacht oder sogar gesagt haben.

Aber was soll dann: **„nicht durch eine gewisse Ehre zur Befriedigung des Fleisches"?** Man hat es so verstehen wollen, wie wir es auch

[49] Anm. Das hier gebrauchte Wort finden wir in den Papyri besonders in Scheidungskontrakten, in denen die „Versorgung", der „Unterhalt" des andern Eheteils geregelt wird.

[50] Anm. Dieser Ausdruck „das Wachstum Gottes" wendet sich vielleicht gegen das künstliche und nur menschliche „Wachstum", zu dem die Männer die Gemeinde bringen wollten, die sich ihr als Förderer zur rechten Vollkommenheit anboten. Der Apostel würde dann der Gemeinde sagen: Seht wieder, was für einen Tausch ihr macht: Körper gegen Schatten, rechtes von Gott selber geschenktes Wachstum gegen künstliche Treiberei von Menschen.

aus unserer Lutherbibel kennen: „Sie geben dem Fleisch nicht seine Ehre zu seiner Notdurft". Also was diese Männer dort tun, ist gewiß sehr großartig, aber es ist überspannt, es achtet den Leib nicht, den wir doch auch von Gott bekommen haben und der seine notwendige Pflege haben soll. Aber: „Fleisch" hat im Schrifttum des Paulus sonst überall den abwertenden Sinn; und „Befriedigung des Fleisches" wird sich nur schwer als „notwendige Pflege des gottgeschenkten Leibes" auslegen lassen. Dieser Schlußsatz muß ursprünglich wohl etwas anders gelautet haben. Man wird den Satz am besten so konstruieren, daß man den Anfang: „Das alles (oder: ‚dergleichen') ist" mit dem Schluß: „zur Befriedigung des Fleisches" als eigentliche Satzaussage zusammenfaßt: „Dergleichen (bzw. ‚das alles') dient zur Befriedigung des Fleisches". Das Partizip „einen Geruch habend von Weisheit durch selbstgemachte Religion und Demut und Schonungslosigkeit gegen den Leib" bildet dann einen eingeschobenen Nebensatz. Das „nicht durch eine gewisse Ehre" bleibt freilich auch dann für uns schwer verständlich. Eine annehmbare Deutung ist noch nicht gefunden worden. Paulus wird jedenfalls in diesem Satz noch einmal zum Ausdruck gebracht haben, daß all dieser „eifrige Dienst", diese betonte „Demut", ja selbst diese „Rücksichtslosigkeit gegen den Leib" in Wahrheit doch nur der „Befriedigung des Fleisches" diente. Denn nirgends ist das Fleisch so gut getarnt und so gefährlich, als wenn es „religiös" wird. „Fleisch" bedeutet ja „Ich" und „Ichwesen". Das „fromme", „demutsvolle", „asketische" Ich, das in all dem nicht Jesus, sondern sich selbst und seine Ehre sucht, das ist etwas Furchtbares. Zugleich wird es mit seinem „Ernst" der Gemeinde viel gefährlicher als die einfache klare „Welt".

Damit ist uns schon deutlich geworden, von welch ganz großer Bedeutung dieser Abschnitt für alle Zeiten ist. Mag der Text manches unlösbare Problem aufgeben, mag uns die Einzelgestalt dessen, was auf die Gemeinde in Kolossä eindrang, historisch nicht mehr in allem rekonstruierbar sein, mag es uns in manchen Zügen ganz fremd anmuten, weil es einer vergangenen Welt angehört – die Sache selbst ist bis heute aktuell genug. Denn immer droht die Gefahr, daß es gerade in „religiösen" Menschen nicht zu einer gründlichen Bekehrung, zu einem wirklichen Sehen der eigenen totalen Verlorenheit und von daher zu einem dankerfüllten Erfassen des Gestorbenseins mit Christus kommt. Dann aber bleibt ein ungebrochenes Ich, das seinen Raum und seine Befriedigung sucht, nun nicht mehr in der „Welt", sondern nun in der Religion, im „Christentum". Tief steckt in uns allen die „opinio legalis", das „gesetzliche Denken", wie es die Reformation mit dem Durchblick des Heiligen Geistes wieder sah. Das „Gesetz" verlangt Leistung und verspricht dadurch Größe und Ehre. Das ist dem Ich willkommen, das ja eben fromme Größe, religiöse Befriedigung sucht. Und nun entstehen in bunter Fülle, im einzelnen bald so, bald anders gestaltet und gefärbt, im Grunde aber immer ganz gleich die gesetzlichen Heiligungsbestrebungen. „Fasse nicht an! Koste nicht! Berühre nicht!" Ja, hier wird doch endlich einmal „ernst gemacht"! Hier hat man eine „entschiedene" und zugleich so „demütige" Haltung. Hier ist man endlich einmal „klar biblisch" und stellt endlich den Sabbat wieder an seinen Platz oder hat wieder „Apostel" oder was man sonst aus der Fülle biblischer Weisungen als neue Entdeckung nehmen will. Hier gwinnt auch das geistliche Leben die ersehnte geheimnisvolle Größe: Man erlangt „Erkenntnis höherer Welten", man hat Visionen, „Botschaften" werden vermittelt, ja, angeblich gibt der erhöhte Herr selbst Offenbarungen und Weisungen; Heilungen und Zeichen geschehen.

Und das alles ist gerade für eine lebendige Gemeinde etwas Verwirrendes und Bedrückendes. Haben jene Kreise nicht recht? Ist da nicht wirklich der größere Ernst? Ist dort nicht verwirklicht, wonach sich die Gemeinde selbst sehnt? Ist dort nicht die Bibel wirklich genau genommen? Und wäre es nicht herrlich, wenn man auch zu solchen besonderen Erfahrungen und Erlebnissen käme und nicht so arm und gering bliebe?

Dabei ist es wirklich gar nicht so einfach! Hat die Gemeinde nicht die Mahnung zu größerem Ernst, zu mehr Demut, zu treuerem Gehorsam gegen die Bibel nötig? Wieviel laues, weltliches Wesen wird nicht oft in der Gemeinde mit der „evangelischen Freiheit" zäh verteidigt! Wie glatt und schnell entzieht man sich jedem konkreten Gehorsam, indem man ihn als „gesetzlich" ablehnt! Wie träge bleibt man gegen biblische Erkenntnisse bei dem „eitlen Wandel nach väterlicher Weise"! Wie unrecht tat die Kirche schon vielen Männern und Bewegungen, die mit ihrer Kritik an der Kirche, mit ihrem ernsten Wollen für die Kirche völlig recht hatten! Kann man nicht jeden lebendigen Aufbruch in der Kirche mit den Stichworten unseres Abschnittes ächten und bekämpfen? Wie sollen wir da durchfinden? Wie sollen wir recht unterscheiden, wann wir uns der Kritik gottgesandter Mahner willig öffnen, wann wir mit den Kolossern tapfer die Kritiker zurückweisen sollen?

Ganz gewiß ist es nicht „einfach". Darum hat uns Paulus am Anfang des Kapitels gesagt, welch heißen Kampf die rechte Erhaltung und Weiterführung einer Gemeinde Jesu kostet. Nichts im Leben ist „einfach". Und je höher das uns anvertraute Lebensgut ist, um so mehr Aufmerksamkeit und Einsatz bedarf seine Erhaltung. Ein Stuhl ist einfacher zu pflegen als eine Topfpflanze, eine Blume einfacher als ein Kind. Wir können uns nicht wundern, daß eine Gemeinde Jesu noch viel mehr Sorgfalt, Durchblick und Liebe zu ihrer Pflege nötig hat. Ein „einfaches" Erkennungsmittel hat uns Paulus aber doch an die Hand gegeben. Wir dürfen alles, was an uns herankommt, prüfen mit der Frage: Wird Jesus darin groß? Wird Sein Werk entscheidend in die Mitte gestellt? Oder tritt Jesus zurück, und Menschen mit ihren Leistungen treten hervor? Bleibt der Glaube die eine entscheidende Sache des Christseins oder werden andere Dinge wichtig? An solchen Fragen kann sich für uns rasch enthüllen, wenn frommes Fleisch uns gefangennehmen will. Hier aber haben wir nach dem Vorbild des Paulus dann nicht zu schweigen, nicht aus angeblich „christlicher Liebe" oder aus scheinbarer „Demut" solches Fleischeswesen eindringen und in der Gemeinde Raum gewinnen zu lassen. Hier muß abgewehrt und entlarvt werden, auch wenn uns das den giftigen Haß dieses frommen, „demütigen" Fleisches einträgt, wie ihn Paulus selbst bitter genug zu kosten bekam.

Paulus hat in allem, was wir in diesem Brief von ihm lasen, nicht Menschliches groß gemacht, auch nicht an sich selbst und an seinen Freunden. Durch alle seine Ausführungen klang ein einziger klarer Ton: **Jesus, E r , durch I h n , zu I h m , mit I h m.** Paulus hat uns Jesus und Sein Werk am Kreuz groß gemacht. Er hat uns gezeigt, wie im Mitgestorbensein und im Mitauferstandensein mit Jesus uns alles gegeben ist, was wir brauchen, die wahre Reinheit, die wirkliche Erneuerung unseres Lebens ebenso wie alle Schätze der Weisheit und der Erkenntnis. **„In Ihm seid ihr erfüllt."** Ist uns darin auch die echte konkrete Heiligung gegeben? Die gesetzliche Heiligung hat Paulus klar und bestimmt abgelehnt. Dies Nein hat aber nur Kraft und Bestand, wenn er für die Gemeinde nicht auf „Heiligung" verzichtet, das konkrete, tägliche Leben nicht einfach sich selbst überläßt und sich mit der Gemeinde auf die Herrlichkeit des bloßen Glaubens abseits vom Leben zurückzieht. Dann hätten trotz allem die Kritiker doch recht, dann würden trotz allem die ernsten Gemeindeglieder sich doch jenen andern Kreisen zuwenden. Aber Paulus denkt nicht im geringsten an solchen Rückzug. Ihm geht es durchaus auch und gerade um das konkrete tägliche Leben und die wirkliche Heiligung darin. Dem gehört nun das ganze folgende Stück des Briefes.

Evangelische Heiligung!

Kolosser 3, 1–17

a) Ihre Grundlage Vers 1–4, b) ihr Vollzug Vers 5–15, c) ihre Kraft Vers 16 u. 17

Zu Vers 1:
[1] Kol 2, 12
[2] Ps 110, 1
[3] Mt 6, 20. 33
Zu Vers 2:
[4] Phil 3, 20
Zu Vers 3:
[5] Rö 6, 2–7
Zu Vers 4:
[6] 1 Ko 15, 43
[7] Lk 17, 30
[8] 1 Jo 3, 2
[9] Phil 1, 21
[10] Rö 8, 19

1 **a) Wenn ihr nun auferweckt wurdet mit dem Christus, so sucht,**
was droben ist, wo der Christus ist zur Rechten Gottes sitzend.
2 *** Auf das, was droben ist, seid bedacht, nicht auf das, was auf der**
3 **Erde ist. * Ihr starbt ja, und euer Leben ist verborgen mit dem**
4 **Christus in Gott. * Wenn der Christus offenbar wird, unser Leben,**
dann werdet auch ihr zusammen mit Ihm offenbar werden in Herrlichkeit.

Paulus zeigt uns die Grundlage wirklicher, evangelischer Heiligung. Nun gilt es – gerade auch für unser wirkliches praktisches Christenleben – genau und klar zu erfassen, was er sagt.

[1] Kol 2, 12: . . . da ihr in der Taufe mit Ihm zusammen begraben worden seid. In Ihm seid ihr auch mitauferweckt worden durch den Glauben an die Kraftwirkung Gottes.
[2] Ps 110, 1: So lautet der Ausspruch des Herrn an Meinen Herrn: „Setze Dich zu Meiner Rechten, bis Ich Deine Feinde hinlege zum Schemel für Deine Füße!"

„Gesetzliche" und „evangelische" Heiligung können in einzelnen Zügen zum Verwechseln ähnlich sein. Evangelische Heiligung ist nicht weniger ernst und entschieden und konkret als die gesetzliche. Aber in bezeichnender Weise ist die **Richtung** bei beiden einander genau entgegengesetzt. Alle „gesetzliche" Heiligung denkt und sagt: Das mußt du tun, **damit** du . . .! Alle evangelische Heiligung sagt: Das muß und kann und will ich tun, **weil ich** . . !! Alle gesetzliche Heiligungsbewegungen haben darum immer von einem „Abtöten" und „Mitsterben" geredet, damit dann ein Christ endlich zu dem hohen Ziel des „Gestorbenseins mit Christus" und dann auch positiv zu dem Ziel wirklichen göttlichen Lebens in heißen Mühen gelange. Jesus ist dabei dann immer nur ein gewisser Helfer. Entscheidend ist das – oft wirklich bewundernswerte! – Ringen des Menschen. Aber solches Ringen endet entweder in der Heuchelei oder in dem verzagten „Ich bin noch nicht so weit"! Paulus aber sagt es uns genau umgekehrt! Was für alle gesetzliche Heiligung das **Ziel** ist, ist für ihn der **Ausgangspunkt**, die **Grundlage** der Heiligung! **„Ihr seid gestorben, ihr seid auferstanden!"**

Wie kann das sein? Ist das nicht Anmaßung und Einbildung? Das wäre es freilich, wenn es das erreichte Ziel unseres Strebens und Leistens sein sollte. Aber das ist es nicht. Darum steht im Mittelpunkt dieser Sache wieder Jesus, der hier nicht zufällig mit dem Artikel als „der Christus" bezeichnet wird. Das Entscheidende an den Aussagen ist das immer wiederholte **„mit dem Christus"**. Jesus starb, Jesus wurde auferweckt, Jesus sitzt zur Rechten Gottes droben vor Menschenaugen verborgen, Jesus wird erneut offenbar werden in einer für alle Welt sichtbaren Herrlichkeit. Aber Jesus hat und tut das

[3]* Mt 6, 20: Sammelt euch vielmehr Schätze im Himmel, wo weder Motten noch Rost sie vernichten und wo keine Diebe einbrechen und stehlen!
Vers 33: Nein, trachtet zuerst nach dem Reiche Gottes und nach Seiner Gerechtigkeit, dann wird euch all das andere obendrein gegeben werden.

[4]* Phil 3, 20: Unser Bürgertum dagegen ist im Himmel, von wo wir auch den Herrn Jesus Christus als Retter erwarten.

[5]* Rö 6, 2—7: Nimmermehr! Wie sollten wir, die wir der Sünde gestorben sind, in ihr noch weiterleben? * Oder wißt ihr nicht, daß wir alle, die wir auf Christus Jesus getauft worden sind, auf Seinen Tod getauft worden sind? * Wir sind also deshalb durch die Taufe in den Tod mit Ihm begraben worden, damit, gleichwie Christus von den Toten auferweckt worden ist durch die Herrlichkeit des Vaters, ebenso auch wir in einem neuen Leben wandeln. * Denn wenn wir mit Ihm zur Gleichheit des Todes verwachsen sind, so werden wir es auch hinsichtlich Seiner Auferstehung sein; * wir erkennen ja dies, daß unser alter Mensch deshalb mitgekreuzigt worden ist, damit der von der Sünde beherrschte Leib vernichtet werde, auf daß wir hinfort nicht mehr der Sünde als Sklaven dienen; * denn wer gestorben ist, der ist dadurch von der Sünde freigesprochen.

[6]* 1 Ko 15, 43: . . . es wird gesät in Unehre, auferweckt in Herrlichkeit; gesät wird in Schwachheit, auferweckt in Kraft.

[7]* Lk 17, 30: . . . ebenso wird es auch an dem Tage sein, an welchem der Menschensohn sich offenbart.

[8]* 1 Jo 3, 2: Geliebte, (schon) jetzt sind wir Kinder Gottes, und es ist noch nicht offenbar geworden, was wir sein werden. Wir wissen jedoch, daß, wenn diese Offenbarung eintritt, wir Ihm gleich sein werden; denn wir werden Ihn sehen, wie Er ist.

[9]* Phil 1, 21: Denn für mich bedeutet Christus das Leben, und darum ist das Sterben für mich ein Gewinn.

[10]* Rö 8, 19: Denn das sehnsüchtige Harren des Geschaffenen wartet auf das Offenbarwerden der Söhne Gottes.

alles nicht für sich selbst. Er ist nicht Einzelperson, die für sich selbst etwas erlebt. Er ist der Christus, das Haupt! Er hat und tut darum alles „für" die zu Ihm Gehörenden, „für" uns. Darum gehört uns rechtmäßig alles, was Jesus gehört, was Er besitzt. Der ganze Jesus, der gekreuzigte, begrabene, auferstandene, zur Rechten Gottes sitzende und wiederkommende Jesus ist unser! Weil Er selbst es will! Der Glaube aber nimmt nach diesem Willen Jesu, gehorsam, kühn und demütig zugleich, alles in Anspruch und h a t es darum und weiß gewiß, daß er es hat. Glaubende wissen es und haben und halten es: Wir sind **mit Ihm auferweckt,** wir sind mit Ihm **gestorben** und **begraben, unser Leben ist mit dem Christus verborgen in Gott,** wir werden **mit Ihm zusammen offenbar werden in Herrlichkeit.**

Es ist von entscheidender Wichtigkeit, hier den schmalen Gradweg des Glaubens einzuhalten. Unser Leben ist „verborgen" und wird erst in der totalen Umwandlung aller Dinge durch den wiederkommenden Herrn „offenbar". Jede Vorwegnahme der Eschatologie, sei es in der römischen Form einer machtvollen Herrlichkeitskirche oder in der protestantischen Form falscher Heiligungsbestrebungen, verkennt sowohl die ganze Größe des uns in Christus verliehenen Lebens wie die grundsätzliche Begrenztheit unseres Christenstandes in diesem Äon. „Es ist noch nicht erschienen, was wir sein werden." Darum sagt Bengel treffend: „Neque Christum neque Christianos novit mundus; ac ne Christiani quidem plane se ipsos" („Weder Christus noch die Christen kennt die Welt; freilich auch die Christen sich selbst nicht völlig"). Es ist tief tröstlich in aller Kritik, die die Glaubenden von außen erfahren und auch von innen im eigenen Gewissen erleiden, daß sie es wissen dürfen: Verborgen, verborgen ist unser Leben mit Christus in Gott! So muß es sein, solange „der Leib tot ist um der Sünde willen" (Rö 8, 10) und darum unfähig, das im Heiligen Geist geschenkte neue Leben schon jetzt in die ganze leibhafte Sichtbarkeit durchbrechen zu lassen. Darum bleibt die Gemeinde in dem heißen Verlangen nach dem Kommenden, sehnt sich nach der vollen Kindschaft und wartet auf unseres Leibes Erlösung, Rö 8, 23.

Aber zugleich ist der Glaube ebensowenig nur ein gedankliches Wissen über ein in Gott verborgenes Leben. Es ist ja „verborgen **mit Christus**". Und Christus ist jetzt zwar unsichtbar, aber nicht unwirksam! So bleibt auch das mit Ihm verborgene Leben nicht ein toter Besitz, den wir nur theoretisch dort fern in Gott haben. Dieses Leben ist genau so nah und so wirksam bei uns wie Jesus selbst! Der Glaube n i m m t, was ihm geschenkt ist, als realen eigenen Besitz, und er nimmt nicht „Anschauungen" und „Lehren", sondern göttliche Wirklichkeiten, vielmehr eine göttliche Person mit all ihrem Sein und Haben, Leiden und Tun. Für dieses Nehmen aber haben wir von uns aus keine Grenze zu ziehen. Unbiblisch und ungläubig, ein bequemer Deckmantel unserer Trägheit und Lauheit ist die rasche Versicherung an andere und an uns selbst: „Ein Christ kann eben jetzt noch nicht ...! Unser Leben ist ja verborgen in Gott." Nein, es bleibt bei all dem, was Paulus am Anfang unseres Briefes (und an vielen anderen Stellen seiner Briefe!) fürbittend für die Gemeinde an unaufhörlichem Wachsen und Erstarken erwartet. Er will es den Kolossern und uns nun eingehend zeigen: Dieses Haben und Nehmen im Glauben ist in sich selbst mit innerer Notwendigkeit eine ganz bestimmte Lebenshaltung! „Gestorbene" und „Auferstandene" leben mit Notwendigkeit total anders als andere Menschen. Tun sie es nicht, dann ist bestimmt auch das wirkliche Nehmen im Glauben noch gar nicht erfolgt, dann wurde nur „gedacht" und nicht wirklich „geglaubt". An der Realität des Glaubens, an der Verklammerung mit Jesus liegt freilich alles. Es ist jene Doppelklammer, die Paul Gerhardt uns so unvergeßlich eingeprägt hat:

„Ich bin dein, weil du dein Leben
und dein Blut mir zu gut
in den Tod gegeben.
Du bist mein, weil ich dich fasse
und dich nicht, o mein Licht,
aus dem Herzen lasse."

Aus Seinem schenkenden „für euch" und unserm nehmenden „unser Leben" entsteht jenes „mit dem Christus", dessen stete Realisierung in unserm Dasein die „Heiligung" ist.

Inhaltlich wird diese Heiligung zunächst mit einem Doppelsatz umschrieben, der ihre positive und ihre negative Seite grundlegend bezeichnet: **„Suchet, was droben ist." „Auf das, was droben ist, seid bedacht, nicht auf das, was auf der Erde ist."** Leben steht nicht still und kann nicht stillstehen. Leben ist notwendig ein stetes **„Suchen"** und Aneignen. In menschlich-personhaftem Leben geschieht das nicht instinktiv-gedankenlos, sondern erfolgt in einem **„Bedachtsein"** auf etwas: In inneren Vorstellungen und Gedankenbildern ersteht vor uns, was wir wünschen und „suchen" und dann willentlich zum Ziel unseres Ergreifens machen. Wo finden wir den Inhalt dieses Bedachtseins und Suchens? Der Mensch findet ihn von Natur auf dieser Erde. Der Glaubende aber starb ja und fand sein eigentliches Leben, sein ein und alles in Jesus. Darum ist nun Er, nur Er, der Gegenstand und das Ziel alles Denkens und Strebens. Er ist aber nicht auf der Erde! Er ist „droben", Er sitzt zur Rechten Gottes. Also geht auch unser „Suchen", ja schon unser innerliches „Bedachtsein" dorthin, **„nach dem, was droben ist, nicht nach dem, was auf der Erde ist"**. Wer in solchem von der Erde gelösten und nach oben gewandten Sinnen und Suchen lebt, der lebt in der Heiligung.

Beachten wir aber wohl: Das ist für Paulus nicht dadurch bestimmt, daß er sich und uns die Herrlichkeit des „Himmels" ausmalt und die Erde mit all ihrem Leid und all ihrem Dunkel vor uns hinstellt. Von dieser ichsüchtigen Frömmigkeit, die sich gern auf ein solches Wort beruft, wenn sie dem harten Einsatz in der Welt entgehen und sich in die süße Ruhe des Himmels flüchten will, hat er die Kolosser gerade losmachen wollen. Es ist auch nicht im Sinne des Philosophen Plato gesagt, für den die Erde als solche, als das Materielle, bereits das Widergöttliche und die Seele als solche schon göttlich und zum Lichtreich gehörig war. Es ist bei Paulus alles einzig bestimmt von der Person Jesu! Wäre Jesus hier unten, so würde es bestimmt heißen müssen: Trachtet nach dem, was auf der Erde ist, wo der Christus ist. In dieser Bestimmtheit durch die Person Jesu liegt zugleich die ganze Gewißheit. Denn diese Person kennen wir! Sie ist nicht Phantasie, nicht ein ausgemaltes Ideal, nicht eine Annahme, wie man sich die Schönheit des Himmels ausdenken mag. Sie ist die Realität, auf die wir gestoßen sind, die uns überwunden und unsern Glauben auf sich gezogen hat. An dieser Person des Christus liegt alles.

Aber wenn doch diese Lebensrichtung und Lebenshaltung notwendig im Glauben an den Christus begründet liegt und aus ihm erwächst, warum dann noch hier eine Mahnung, ein Imperativ? Muß ich einer liebenden Braut noch sagen: Trachte dorthin, sei mit Herz und Willen dort, wo dein Geliebter ist!? Nein und ja! Alles „Befehlen" wäre freilich vergeblich und ergäbe nur einen unwahrhaftigen Krampf, wenn die Liebe das Herz der Braut nicht „von selbst" zöge Aber: Wir sind und bleiben „Personen", es geschieht in unserm Leben nichts so „von selbst", wie ein geworfener Stein von selbst in bestimmtem Bogen zum Ziel fliegt. Da aber von uns immer wieder „gewollt" werden muß, kann und muß auch gemahnt und befohlen werden. Mächtig ist für uns auf Erden Lebende die Wucht und Wichtigkeit und darum auch die Anziehungskraft der Erde. Täglich ruft sie mit allem, was sie bietet und fordert, unser Denken und Suchen zu sich. Darum kann die aus dem Glauben notwendig und unmittelbar folgende Lebensrichtung und Lebenshaltung dennoch nur mit immer neuem ernsten Willen festgehalten und durchgesetzt werden. Darum bedarf es auch in der Gemeinde der Glaubenden des steten Ermahnens. Auch „evangelische", im Glauben selbst liegende Heiligung ist dennoch Sache des Gehorsams, des Willens, des Kampfes. Evangelische Heiligung unterscheidet sich von der gesetzlichen nicht dadurch, daß nur dort Befehl und ernster Einsatz wäre, hier aber ein müheloses Vorankommen in süßen Träumen. Auch die freie evangelische Heiligung ist und bleibt ein willentliches „Fliehen" und „Nachjagen".[51]

Eben darum erinnert Paulus gerade hier in den grundlegenden Sätzen an die notvolle Schwierigkeit solcher Lebenshaltung und an ihre kommende endgültige Lösung. Die Erde mit ihren Gütern ist sichtbar. Das Leben aber, das wir in Christus fanden, ist „verborgen", ist unsichtbar. Nicht erst durch die moderne Wissenschaft und Weltanschauung, sondern zu allen Zeiten drohte diese sichtbare, greifbare Erde die einzige „Wirklichkeit" zu sein, jenes verborgene, unsichtbare und unbeweisbare Leben in Gott aber ein Schemen, eine „Einbildung". Auch der Glaubende ist dieser Anfechtung nicht ein-

[51] Anm. Vgl. dazu: Phil 3, 12—14; 1 Ko 9, 24—27; 1 Tim 6, 11. 12; 2 Tim 2, 22.

fach entnommen! Er ist es um so weniger, als ihm auch die Gefühle, Erlebnisse und Erfahrungen aus dem Lebensbereich des Christus durchaus nicht jederzeit zur Verfügung stehen. Es gibt Zeiten des „nackten" Glaubens. Es gibt Zeiten, in denen der Glaubende von diesem „Gestorbensein" und diesem „Auferwecktsein" nicht das Geringste merkt, ja wo seine ganze gefühlte und erlebte Existenz ihm widerspricht. Dann darf er wissen, daß diese „Verborgenheit" ein vorübergehender Zustand ist. Dieser jetzt verborgene Christus wird ja **„offenbar werden"** vor aller Welt. Dann werden auch wir, die wir „mit" Ihm und „in" Ihm unser Leben gehabt haben im steten willentlichen, kampfreichen Trachten nach dem, was droben ist, **„mit Ihm offenbar werden in Herrlichkeit".**

Dabei dürfen uns Ausdrücke wie „droben" und „auf Erden" nicht dazu verleiten, die „griechischen" Vorstellungen festzuhalten, die so tief in die Gemeinde, auch in die Reihen der Gläubigen eingedrungen sind. Das Ziel liegt hier wie überall im Neuen Testament nicht „droben", nicht „im Himmel", so daß dort „die Herrlichkeit" läge, in der wir mit Christus offenbar werden sollen. Noch einmal wird wichtig, daß uns hier nicht das **„droben"** als das Herrliche ausgemalt wurde, wo übrigens auch Jesus ist, sondern daß es allein um Jesus ging und das „droben" nur darum für uns entscheidend wurde, weil der Christus jetzt dort ist. Wichtig auch, daß im Text nicht der Artikel bei dem Wort „Herrlichkeit" steht, als ginge es um eine bestimmte räumliche Größe; **„in Herrlichkeit"** steht hier, es geht um eine Art und Weise der Existenz, über deren Ort damit noch gar nichts ausgesagt ist. Dieses neue herrliche Dasein entsteht aber nach dem Zeugnis des Neuen Testaments nicht dadurch für uns, daß wir „in den Himmel kommen", sondern dadurch, daß der Christus von Seinem Thronsitz zur Rechten Gottes aufs neue hervortritt und Sein Werk an dieser Welt, an der gesamten Schöpfung vollendet. Die parallele Gedankenreihe in Phil 3, 20. 21 zeigt uns, was Paulus unter dem neuen „Offenbarwerden des Christus" und unserm „Offenbarwerden mit Ihm in Herrlichkeit" verstanden hat. Wenn Jesus uns bis in unsere Leiblichkeit hinein erneuert und verherrlicht haben wird, dann ist das Ziel unseres „Suchens" und „Bedachtseins" erreicht. Heiligung aber ist das willentliche Leben auf dieses mächtige Ziel hin, vom grundsätzlichen schon Erreichthaben dieses Zieles im Mitgestorbensein und Mitauferwecktsein her.

5 **b) Darum habt getötet die Glieder, die auf der Erde sind: Un-**
zucht, Unreinheit, Leidenschaft, böse Begierde und die Habsucht,
6 **die ja Götzendienst ist, * um welcher Dinge willen kommt der**
7 **Zorn Gottes (über die Söhne des Ungehorsams). * In ihnen wan-**

Zu Vers 5:
[11*] Mt 5, 29. 30
[12*] Rö 1, [illegible]
[13*] Rö 6, 6
[14*] Rö 8, 13
[15*] Gal 5, 24
[16*] Eph 5, 3. 5

[11*] Mt 5, 29. 30: Wenn dich also dein rechtes Auge ärgert, so reiß es aus und wirf es weg von dir; denn es ist besser für dich, daß eins deiner Glieder verlorengeht, als daß dein ganzer Leib in die Hölle geworfen wird. * Und wenn deine rechte Hand dich ärgert, so haue sie ab und wirf sie weg von dir; denn es ist besser für dich, daß eins deiner Glieder verlorengeht, als daß dein ganzer Leib in die Hölle geworfen wird.

Zu Vers 6:
17* Eph 2, 3; 5, 6
18* Tit 3, 3
Zu Vers 8:
19* Eph 4, 25. 26. 31; 5, 4
20* Jak 1, 21
21* Rö 1, 28
Zu Vers 9:
22* Eph 4, 22
23* Rö 8, 13
Zu Vers 10:
24* Eph 4, 24
25* 2 Ko 4, 16
26* 1 Mo 1, 26. 27
Zu Vers 11:
27* Gal 3, 28
28* 1 Ko 15, 28
Zu Vers 12:
29* 1 Pt 2, 9
30* Eph 4, 2. 32; 5, 1
Zu Vers 13:
31* Mt 6, 14; 18, 35
32* 2 Ko 2, 7
33* Eph 4, 32; 5, 2
34* Jo 13, 15
Zu Vers 14:
35* Rö 13, 8. 10
36* Eph 4, 3
Zu Vers 15:
37* Phil 4, 7
38* Rö 12, 5
39* 1 Ko 12, 13. 27

8 deltet auch ihr einst, als ihr euer Leben darin hattet. * Nun aber
habet abgelegt auch ihr das alles: Zorn, Groll, Bosheit, Lästerung,
9 Schandrede aus eurem Mund. * Lügt nicht gegeneinander. Ihr habt
ja ausgezogen den alten Menschen mitsamt seinen Handlungen
10 * und habt angezogen den neuen, der wieder erneuert wird zu der
11 Erkenntnis nach dem Bild seines Schöpfers, * wo es nicht heißt
Grieche und Jude, Beschneidung und Vorhaut, Barbar, Skythe,
Sklave, Freier, sondern alles und in allen Christus.
12 Darum habt angezogen als Auserwählte Gottes, heilige und ge-
liebte, ein Herz des Erbarmens, Güte, Demut, Sanftmut, Geduld,
13 * einander ertragend und euch gegenseitig vergebend, wenn einer
gegen jemand eine Beschwerde hat; wie ja auch der Herr euch
14 vergab, so auch ihr; * zu diesem allen aber die Liebe, das ist ein
15 Einheitsband der Vollkommenheit. * Und der Friede des Christus
entscheide in euren Herzen, zu welchem ihr auch berufen wor-
den seid in e i n e m Leibe; und werdet dankbar.

Was grundlegend von unserer Heiligung gesagt ist, wird nun konkret entfaltet.

„Darum habt getötet“. Ein merkwürdiger Imperativ. Aber indem hier nicht steht „Tötet!“, sondern der Imperativ des Aorist (einer griech. Zeitform, die die Vergangenheit in ihrer Abgeschlossenheit ausdrückt), wird noch einmal deutlich, daß es auch jetzt im konkreten Heiligungsleben nicht um ein Mühen zum Ziel hin, sondern um ein Handeln vom Ziel her geht. Ihr seid gestorben, darum schließt in diesen grundmäßig erfolgten Tod nun auch konkret ein – ja, was denn? **„die Glieder, die auf der Erde sind.“** Was ist damit gemeint? Es bestätigt sich, daß wir richtig verstanden, als wir gerade nicht mit „griechischer Denkart“ in dieser Erde als räumlichem Ort, als materiellem Gebilde das Widergöttliche und Böse sahen. Denn diese

12* Rö 1. 28: Und weil sie es verschmähten, Gott in rechter Erkenntnis festzuhalten, hat Gott sie in eine verworfene Sinnesweise versinken lassen, so daß sie alle Ungebühr verüben.
13* Rö 6, 6: . . . wir erkennen ja dies, daß unser alter Mensch deshalb mitgekreuzigt worden ist, damit der von der Sünde beherrschte Leib vernichtet werde, auf daß wir hinfort nicht mehr der Sünde als Sklaven dienen.
14* Rö 8, 13: . . . denn wenn ihr nach dem Fleische lebt, so ist euch der Tod gewiß; wenn ihr dagegen durch den Geist die Geschäfte des Leibes tötet, so werdet ihr leben.
15* Gal 5, 24: Die aber Christus Jesus angehören, haben ihr Fleisch samt seinen Leidenschaften und Begierden gekreuzigt.
16* Eph 5, 3. 5: Unzucht aber und Unsittlichkeit jeder Art oder Geldgier dürfen bei euch nicht einmal mit Namen erwähnt werden, wie es sich für Heilige geziemt.
Vers 5: Denn das wißt und erkennt ihr wohl, daß kein Unzüchtiger und Unsittlicher, kein Geldgieriger — das ist gleichbedeutend mit Götzendiener — ein Erbteil im Reiche Christi und Gottes hat.
17* Eph. 2, 3: . . . unter diesen haben auch wir alle einst in unseren fleischlichen Lüsten dahingelebt, indem wir den Willen des Fleisches und unserer Gedanken ausführten und von Natur Kinder des Zornes waren wie die anderen auch.
Eph 5, 6: Laßt euch von niemand durch leere Worte betrügen: Denn um solcher Dinge willen kommt Gottes Zorn über die Ungehorsamen.
18* Tit 3, 3: Denn einst sind auch wir unverständig und ungehorsam gewesen und irre gegangen, indem wir mannigfachen Begierden und Lüsten dienten und in Bosheit und Neid dahinlebten, hassenswert und gegeneinander haßerfüllt.
19* Eph 4, 25. 26. 31: Darum leget die Lüge ab und „redet die Wahrheit ein jeder mit seinem Nächsten“;

„Glieder, die auf der Erde sind", sind nun nicht Hände und Füße und Augen und Ohren![52] Es handelt sich nicht um „Askese" als solche. Es gilt nicht, einen möglichst erstorbenen und regungslosen Körper zu haben. Darum lag es Paulus nicht an „Speise und Trank", nicht an der „Schonungslosigkeit gegen den Leib", 2,16.23. Denn diese „Glieder auf der Erde" heißen **„Unzucht, Unreinheit, Leidenschaft, böse Begierde".**[53] Wohl hängen diese Dinge auch mit unserer Leiblichkeit und unserem Eingefügtsein in die Natur zusammen. Wären wir nicht geschlechtliche Wesen, so gäbe es für uns keine „Unzucht". Aber – und es ist sehr wesentlich für uns, darauf zu achten – wiederum nicht etwa unsere Geschlechtlichkeit als solche ist das Böse! Wir sind unkeusch, nicht weil wir Mann und Weib sind, nicht weil wir einen Leib von Fleisch und Blut haben! Sondern „aus dem Herzen der Menschen gehen heraus böse Gedanken, Ehebruch, Unzucht..." Mr 7,21. Nicht die Geschlechtlichkeit selbst, sondern nur und erst die ichhafte Geschlechtlichkeit schafft die Not und Schuld. Diese Not und Schuld kommen darum auch nicht erst durch die äußere Tat zustande; zu den „Gliedern auf Erden" gehören gerade auch die verborgenen Herzensvorgänge, die die Wurzel aller äußeren Entgleisungen und Verheerungen sind: Unreinheit, Leidenschaft, böse Begierde.

Vielleicht müssen wir besonders darauf achten, daß hier auch die **„Leidenschaft"** genannt ist, und zwar an dieser Stelle ohne jeden Zusatz (Rö 1,26 „schändliche Leidenschaften"; 1 Th 4,5 „Leidenschaft der Begierde"). Denn gerade für den modernen Menschen hat „Leidenschaft" sofort einen positiven Klang. Vielleicht ist die Leidenschaft „tragisch", vielleicht stößt sie ihren Träger und viele andere Menschen in Leid und Verderben, einerlei, sie selbst ist etwas Groß-

[52] Anm. Dabei darf freilich nicht vergessen werden, daß unser Leib jetzt der vom „Fleisch" bestimmte ist (vgl. o. S. 226). Darum haben in der Tat, wie Rö 7,23 lehrt, unsere „Glieder" eine besondere Bedeutung für die Sünde. Rö 6,19ff. zeigt aber, daß es dennoch nicht an den Gliedern als solchen liegt; diese selben Glieder dürfen ja „Waffen der Gerechtigkeit" werden. Die im Tode Christi zu haltenden „Glieder" sind immer nur die, die Paulus an unserer Stelle nennt.

[53] Anm. Die Forscher machen darauf aufmerksam, daß Paulus solche Zusammenstellungen nicht erst selbst geschaffen, sondern in einer bis ins Judentum zurückgehenden „Katechismus-Tradition" vorgefunden habe. Das ist geschichtlich interessant, trägt aber zum Verständnis der Sache selbst nichts Wesentliches bei.

---

wir sind ja untereinander Glieder. * „Zürnet ihr, so sündiget dabei nicht"; laßt die Sonne über eurem Zorn nicht untergehen.

Vers 31: Alle Bitterkeit, aller Zorn und Groll, alles Schreien und Schmähen sei aus eurer Mitte weggetan, überhaupt alles boshafte Wesen.

Eph 5,4: ... ebensowenig unanständiges Wesen und fades Geschwätz oder leichtfertige Witze, die sich für euch nicht schicken würden, statt dessen vielmehr Danksagung.

[20*] Jak 1,21: Darum leget alle Unsauberkeit und den letzten Rest der Bosheit ab und nehmt mit Sanftmut das euch eingepflanzte Wort an, das eure Seelen zu retten vermag.

[21*] Rö 1,28: Und weil sie es verschmähten, Gott in rechter Erkenntnis festzuhalten, hat Gott sie in eine verworfene Sinnesweise versinken lassen, so daß sie alle Ungebühr verüben.

[22*] Eph 4,22: ... daß ihr nämlich im Hinblick auf den früheren Lebenswandel den alten Menschen ablegen müßt, der sich infolge der trügerischen Begierden zugrunde richtet.

[23*] Rö 8,13: ... denn wenn ihr nach dem Fleische lebt, so ist euch der Tod gewiß; wenn ihr dagegen durch den Geist die Geschäfte des Leibes tötet, so werdet ihr leben.

artiges, etwas „jenseits von gut und böse", der eigentliche Motor alles dessen, was künstlerisch in Drama und Roman der Darstellung wert ist, fesselnd und erregend, während ohne sie das Leben schal zu bleiben scheint. Paulus aber zählt sie zu den „Gliedern auf Erden", die wir getötet haben dürfen. Das heißt nicht, daß ein Paulus ein laues, spießiges Leben zum christlichen Ideal erhoben hätte. Aber wer ein Leben der Hingabe an Jesus gekostet hat, „zu erkennen Ihn und die Kraft Seiner Auferstehung und die Gemeinschaft Seiner Leiden", der weiß, welch finstere Gefahr die „Leidenschaft" für alles wahre Leben ist. Und auch der, der im Verhältnis von Mann und Frau eine echte, tiefe Liebe kennenlernte, gibt Paulus in seinem Urteil über die „Leidenschaft" recht.

Das Verderbliche ist nicht unsere Leibhaftigkeit und unser leibhaftiges Leben in einer irdischen, materiellen Welt, sondern das verdorbene, von Gott gelöste Herz, das „Ich". Aber dies Ich bleibt nicht hinter dem konkreten Leben eine Sache für sich. Es begegnet uns nur konkret in diesem Menschendasein auf dieser Erde. Und da sind es nun einmal die beiden mächtigen Lebensgebiete, auf denen dies „Ich" vor allem in die Erscheinung tritt, die das Neue Testament darum mehrfach zusammen nennt und besonders betont: Das Geschlechtsleben und das Erwerbsleben. Darin besteht für eine Unzahl von Menschen überhaupt „das Leben": erwerben, um (in irgendeiner mit dem Geschlechtlichen verknüpften Weise) zu genießen. Darum nennt Paulus auch hier noch als besonderes „Glied auf der Erde" die **„Habsucht"** und fügt hinzu: **„die ja Götzendienst ist".** Götzendienst im großen: Der Besitz soll eben das tun, was Gottes Sache ist: uns sichern und erhalten und mit Glück beschenken. Götzendienst im einzelnen: Mit

24* Eph 4, 24: . . . und den neuen Menschen anzieht, der nach Gottes Ebenbild geschaffen ist in wahrhafter Gerechtigkeit und Reinheit.

25* 2 Ko 4, 16: Darum werden wir auch nicht verzagt; nein, wenn auch unser äußerer Mensch aufgerieben wird, so empfängt doch unser innerer Mensch Tag für Tag neue Kraft.

26* 1 Mo 1, 26. 27: Dann sprach Gott: „Laßt Uns Menschen machen nach Unserm Bilde, Uns ähnlich, die da herrschen sollen über die Fische im Meer und über die Vögel des Himmels, über das Vieh und über alle Landtiere und über alles Gewürm, das auf dem Erdboden kriecht!" * Da schuf Gott den Menschen nach Seinem Bilde: Nach dem Bilde Gottes schuf Er ihn; als Mann und Weib schuf Er sie.

27* Gal 3, 28: Da gibt es nun nicht mehr Juden und Griechen, nicht mehr Knechte und Freie, nicht mehr Mann und Weib: Nein, ihr seid allesamt Einer in Christus Jesus.

28* 1 Ko 15, 28: Sobald Ihm aber alles unterworfen ist, dann wird auch der Sohn selbst sich dem unterwerfen, der Ihm alles unterworfen hat, damit Gott alles sei in allen.

29* 1 Pt 2, 9: Ihr dagegen seid „das auserwählte Geschlecht, die königliche Priesterschaft, die heilige Volksgemeinschaft, das zum Eigentum erkorene Volk"

30* Eph 4, 2. 32: . . . mit aller Demut und Sanftmut, mit Geduld als solche, die einander in Liebe ertragen

Vers 32: Zeigt euch vielmehr gütig und herzlich gegeneinander und vergebt einer dem anderen, wie auch Gott euch in Christus vergeben hat!

Eph 5, 1: Folgt also dem Vorbild Gottes nach als geliebte Kinder.

31* Mt 6, 14: Denn wenn ihr den Menschen ihre Verfehlungen vergebt, so wird euer himmlischer Vater sie auch euch vergeben.

Mt 18, 35: Ebenso wird auch Mein himmlischer Vater mit euch verfahren, wenn ihr nicht ein jeder seinem Bruder von Herzen vergebt.

32* 2 Ko 2, 7: . . . so daß ihr im Gegenteil ihm jetzt lieber verzeihen und Trost zusprechen solltet, damit der Betreffende nicht durch die übergroße Traurigkeit in Verzweiflung versetzt wird.

welcher Zähigkeit hängen immer wieder Menschen an diesem oder jenem Stück Besitz! Welch schauerliche Verkehrung, wenn der Besitz, wenn vielleicht ein Schmuckstück an die Stelle gerückt ist, an der Gott stehen wollte!

Und nun geht es um die wirkliche Heiligung auf diesen konkreten Gebieten. Sie wird nicht erreicht durch Askese. Äußere Enthaltsamkeitsübungen würden doch das brennende Herz, das gierige Ich nicht beseitigen. Es würde früher oder später erst recht an den alten Stellen doch durchbrechen oder sich neue Formen, vielleicht sehr „fromme" Formen, suchen, um dennoch zu seiner eigenen Befriedigung zu kommen. Die wirkliche Heiligung kommt nur aus dem Glauben. Sie kommt, weil Jesus sterbend dies unser Ichwesen mit in den Tod nahm und weil wir dieses Getötetsein im Glauben ergreifen und dadurch tatsächlich nehmen und bekommen dürfen. Und nun wird es je und je in den immer neuen Versuchungen zu Unreinheit, Habsucht usw. möglich, alle diese Dinge **„getötet zu haben"**. Nie in diesem Leben hat man sie je endgültig getötet. Morgen können und werden sie wieder aus dem Herzen aufsteigen. Aber immer neu ist derselbe Tod für sie, derselbe Sieg über sie da, stets wieder konkret im Glauben ergriffen, und doch jenes „Gestorben**sein**" und „Getötet**haben**", das in Bekehrung und Wiedergeburt zuerst unser grundmäßiges Eigentum wurde.

Diese konkrete Heiligung ist aber nicht eine schöne Zugabe zum Glauben, zur Rechtfertigung. Mit tiefem Ernst betont Paulus: **„um welcher Dinge willen der Zorn Gottes kommt"**. Man kann also nicht etwa als ein „im Glauben erlöster und erretteter Mensch" ruhig ein wenig in diesen Dingen leben! Nein, man gerät dann unter den Zorn Gottes. Gott ist kein Parteimann, der Unzucht, Unreinheit usw. bei „seinen Leuten" nun nicht mehr so schlimm findet. Das Zeugnis des Neuen Testaments ist hier völlig einheitlich. Paulus sagt es den Römern: „Wo ihr nach dem Fleisch lebt, werdet ihr sterben müssen" (Rö 8, 13); er sagt es den Korinthern: „Weder die Hurer, noch die Ab-

[33*] Eph 4, 32: Zeigt euch vielmehr gütig und herzlich gegeneinander und vergebt einer dem anderen, wie Gott euch in Christus vergeben hat!

Eph 5, 2: . . . und wandelt in der Liebe, wie auch Christus euch geliebt und Sich selbst für uns als Weihegabe und Opfer dargebracht hat, Gott zu einem lieblichen Wohlgeruch.

[34*] Jo 13, 15: . . . denn ein Vorbild habe Ich euch gegeben, damit ihr es ebenso machet, wie Ich an euch getan habe.

[35*] Rö 13, 8. 10: Bleibt niemand etwas schuldig, außer daß ihr einander liebt; denn wer den anderen liebt, hat damit das Gesetz erfüllt.

Vers 10: Die Liebe tut dem Nächsten nichts Böses; demnach ist die Liebe die Erfüllung des Gesetzes.

[36*] Eph 4, 3: . . . und seid eifrig bemüht, die Einheit des Geistes durch das Band des Friedens zu erhalten.

[37*] Phil 4, 7: Dann wird der Friede Gottes, der höher ist als aller Verstand, eure Herzen und euer ganzes Denken in Christus Jesus bewahren.

[38*] Rö 12, 5: So bilden auch wir trotz unserer Vielheit einen einzigen Leib in Christus, im Verhältnis zueinander aber sind wir Glieder.

[39*] 1 Ko 12, 13. 27: Denn durch einen Geist sind wir alle durch die Taufe zu einem Leibe zusammengeschlossen worden, wir mögen Juden oder Griechen, Sklaven oder Freie sein, und wir sind alle mit einem Geist getränkt worden.

Vers 27: Ihr aber seid Christi Leib, und jeder einzelne ist ein Glied daran nach seinem Teil.

göttischen, noch die ... werden das Reich Gottes ererben" (1 Ko 6, 9. 10); er sagt es den Galatern: „... von welchen ich euch habe zuvor gesagt und sage noch zuvor, daß, die solches tun, werden das Reich Gottes nicht erben" (Gal 5, 21). Es ist darum vielleicht gut, daß wir trotz gewichtiger Bezeugung in wertvollen Handschriften den in andern fehlenden Zusatz **„über die Söhne des Ungehorsams"** fortlassen, damit nicht unser Blick von uns auf andere abgelenkt wird, zumal wenn wir die Lutherübersetzung „über die Kinder des **Unglaubens"** im Ohr haben. Daß dieser Zusatz aus Eph 5, 6 hier eingedrungen ist, ist viel wahrscheinlicher, als daß Abschreiber ihn wegließen, wenn er hier ursprünglich stand. Nein, es geht um **unser** Leben und geht um unser **Leben!** Gott sei gelobt, daß wir nicht vor einer unmöglichen Aufgabe stehen mit der wirklichen Heiligung unseres Lebens. Das „Getötethaben unserer Glieder auf der Erde" gelingt heute und morgen und an jedem Tag, so wahr wir uns als mit Christus Gestorbene im Glauben erfassen dürfen.

Diese ganze Welt der bösen Dinge, die Paulus schon nannte und gleich noch weiter deutlich mit Namen nennen wird, ist uns nicht unbekannt. Wir haben nicht nur von all dem gehört, weil es leider so schlechte Menschen in der Welt gibt. In unserm eigenen Leben steht das „Einst", das dadurch gekennzeichnet ist, daß dort auch wir in diesem „Erwerben, um zu genießen", **„unser Leben hatten"**. Darum ist es einfach Wahrheit: **„In ihnen wandeltet auch ihr einst."** Das „in ihnen" bezieht sich bei Fortfall des Sätzchens über die „Söhne des Ungehorsams" unmittelbar auf die aufgezählten bösen Dinge. Dies „Wandeln" kann sich natürlich in sehr verschiedenen Formen, bald grob, bald sehr fein und kultiviert, abgespielt haben. Das ändert aber nichts an der Tatsache, daß wir **„unser Leben darin hatten"**.

Mit Bekehrung und Wiedergeburt beginnt ein „Jetzt".[54] Dies Jetzt ist nicht dadurch gekennzeichnet, daß die Sünde verschwunden wäre, daß sich nichts Böses mehr in uns regte und wir in eitel Reinheit und Wonne schwömmen. Weit gefehlt. Aber das Jetzt ist im Ernst gekennzeichnet durch das Abgelegthaben, das täglich neu zu einem **„Habet abgelegt!"** wird. Es ist derselbe Imperativ des Aorist, der auch hier steht. Paulus nennt hier noch Dinge unseres alten, natürlichen Wesens, die nicht zu jenen beiden, zuerst ins Auge gefaßten Lebensgebieten gehören und doch so charakteristische Äußerung des Ich und des Ichwillens sind: **„Nun aber habet auch ihr abgelegt das alles: Zorn, Groll, Bosheit, Lästerung, Schandreden aus eurem Mund."** Wieder werden die inneren Herzenszustände als die Quelle dessen genannt, was nun als Wort und Tat nach außen dringt. Aber welch ein böses Werkzeug des verdorbenen Ich ist gerade der Mund. Darum hebt Paulus noch besonders das Lügen hervor. Hier kann er nicht im Aorist sprechen, hier steht der Imperativ des Präsens **„Lügt nicht gegeneinander"**! Das Lügen muß je und je jetzt unterlassen werden.

[54] Anm. Zu dem „Jetzt" vgl. Anm. 23.

Aber sofort geht es wieder in die grundsätzliche Linie hinein. Dies „nicht lügen je und je jetzt" ist nur möglich wie die ganze konkrete Heiligung: nicht weil wir uns anstrengen, dem alten Menschen zu Leibe zu gehen, sondern weil wir **„ja ausgezogen haben den alten Menschen**[55] **mit seinen Handlungen"** und **„angezogen**[56] **den neuen**[57], **der wieder erneuert wird zu der Erkenntnis nach dem Bild seines Schöpfers".**

Der Mensch ist im Ursprung zum Bilde Gottes geschaffen, weil er „durch Christus" und „zu Ihm" geschaffen wurde. Aber er löste sich von Gott und verfiel dem Teufel, der Welt und dem Ich. Das ist der Mensch, den wir alle an uns selbst kennen. Diesen Menschen können wir schmücken, kultivieren, verbessern, veredeln, aber er bleibt in seinem Grundwesen dadurch unverändert der „alte" Mensch. Gott hat sich darum nicht daran begeben, ihn zurechtzubringen. Das große göttliche Experiment mit dem „Gesetz" und die unzähligen kleinen Experimente des Menschen mit Gesetz, Sitte, Ethik, Kultur, Religion haben erwiesen, daß er nicht zurechtzubringen ist. Er kann nur beseitigt werden. Das hat Gott getan, indem Er ihn in Christus tötete und ins Grab legte. Hier liegt der totale Unterschied des Evangeliums von aller Ethik und Religion der Welt! Und nun gab Gott in Christus einen völlig neuen Menschen. Der Vergleich unserer Stelle mit Rö 13, 14 und Gal 3, 27 zeigt, daß Christus selbst der „neue Mensch" ist, den wir anziehen dürfen. Auch der Schluß von Vers 11 unseres Textes weist darauf hin. In Christus ist der neue Mensch bereits fertig. Aber auf uns gesehen ist er nicht „fertig", wird er erst **„wieder erneuert zu der Erkenntnis nach dem Bilde seines Schöpfers".** Denn wieder verbindet Paulus beides (und eben dies kennzeichnet die rechte Erfassung evangelischer Heiligung): das grundmäßig Vollbrachte und im Glauben auch Angenommene und das von Tag zu Tag von da aus Sichvollziehende. Der in der Bekehrung im Glauben grundmäßig angezogene neue Mensch wird doch von Tag zu Tag erneuert. Und zwar zur **„Erkenntnis".** Man könnte die Worte: „der wieder erneuert wird zu der Erkenntnis" durchaus auch übersetzen: „der fort und fort zu neuer Erkenntnis gelangt". Wir dürfen an das denken, was Paulus am Anfang des Briefes 1, 9 über das Wachstum des Gemeindelebens in der Erkenntnis des Willens Gottes schrieb. Darin eben zeigt sich das Angezogenhaben des neuen Menschen, daß wir nun immer neu und in wachsendem Maße erkennen, was Gott heute und hier von uns will, was nun tiefer abgelegt und was nun neu ergriffen und angeeignet werden darf. In solchem Wachstum tritt „das Bild seines Schöpfers", und das ist ja „Christus", in ihm immer deutlicher hervor.

[55] Anm. Nun ist das in 2, 11 „objektiv" Bezeugte, das „Ablegen des vom Fleisch bestimmten Leibes in der Christusbeschneidung" zugleich der grundlegende subjektive Besitz der Glaubenden, aus dem die Aktualisierung und Konkretisierung des Abgelegthabens Stunde um Stunde erwächst.

[56] Anm. Das Bild des „Anziehens" fand Paulus schon in seinem Alten Testament, z. B. 2 Chro 6, 41; Hio 29, 14; Ps 35, 26; 104, 2; 109, 18; 132, 9. 16. 18; Jes 59, 17; 61, 10; Sach 3, 5.

[57] Anm. Hier ist nicht „kainós" („neu" = ungebraucht), sondern „neós" („neu" = frisch, jung) verwendet.

Die Verwendung des Ausdruckes „erneuert **nach dem Bilde seines Schöpfers**" weist uns zurück auf 1 Mo 1, 26. 27. Dann werden wir aber auch die zunächst befremdende Erwähnung der „Erkenntnis" in diesem Zusammenhang verstehen dürfen. Der Mensch wollte ichhaft zu seiner Gottgleichheit die „Erkenntnis des Guten und Bösen" an sich bringen. Dadurch gerade verlor er die Gottebenbildlichkeit. Die geraubte Frucht war jene ohnmächtige „moralische" Erkenntnis, das „gesetzliche" Mißverständnis des Guten, das dem Menschen immer nur seine Nacktheit zeigt, ja, das der Sünde dazu dient, ihre Macht immer tiefer und völliger zu entfalten (vgl. Rö 7, 7–13). In der Sendung Jesu aber erfolgt die wirkliche und ganze Heilung des Falles. Es wird dem Menschen die Erkenntnis **geschenkt**, die er zu seinem Unheil an sich zu raffen suchte. Und als von Gott geschenkte Erkenntnis ist sie echt, eine heilsame, liebende Erkenntnis des Willens des Schöpfers, Christuserkenntnis, in der Sein Bild zur Gleichgestaltung mit Ihm in das Herz geprägt wird.

Es folgt ein bezeichnendes Zeugnis dafür, wie real Paulus dies „Angezogenhaben" auffaßt. Es geht in allem Gesagten ja nicht um einen „Idealismus". Der „neue Mensch" ist nicht ein „Ideal", dem wir zustreben. Aller Idealismus ist „Gesetz" und Menschenwerk, menschliches Ringen und Streben, das allzu leicht umschlägt in Enttäuschung und Pessimismus. Am großen geschichtlichen Beispiel des deutschen Idealismus ist das erschütternd zu sehen. Der neue Mensch aber ist nicht ein Ideal, er ist von Gott geschenkte und im Glauben bereits ergriffene Wirklichkeit. Noch nicht so, daß in der Gemeinde der Glaubenden die vielen tiefen Unterschiede konkreten Menschentums bereits einfach vergangen wären, aber doch so, daß sie in ihr faktisch überwunden werden in der neuen Wirklichkeit des Christusmenschen. Es gibt auch in der Gemeinde z. B. noch Sklaven. Wir werden noch sehen, daß Paulus auch weiter mit ihrem Vorhandensein rechnet und keinen Versuch macht, eine allgemeine Sklavenbefreiung in der Gemeinde durchzuführen. Die Unterschiede der Rasse, der Bildung, selbst auch die der Religion waren noch da. Es mochte in der Gemeinde sogar noch beschnittene Juden geben, die sich persönlich für verpflichtet erachteten, das Gesetz zu halten. Aber während die Welt immer neue vergebliche Versuche macht, zu wirklichen Gemeinschaften zu kommen und die Unterschiede der Menschen zu nivellieren, ist diese Gemeinschaft und Einheit mitten in allen ruhig geachteten Unterschieden in der Gemeinde der Wiedergeborenen und Glaubenden geheimnisvoll realisiert. Jede echte Gemeinde ist eine Stätte in der Welt, wo es tatsächlich **„nicht heißt Grieche und Jude, Beschneidung und Vorhaut, Barbar, Skythe, Sklave, Freier, sondern alles und in allen Christus"**. Wir dürfen theoretisch und Gott sei Lob und Dank auch praktisch für heute übersetzen: „Wo es nicht mehr heißt Weißer und Neger, Baptist und Lutheraner, Handarbeiter, Akademiker, Unternehmer, Angestellter, sondern alles und in allen Christus".[58]

Von den „Gliedern auf der Erde", die wir getötet haben dürfen, sprach Paulus schon ausführlicher; den neuen Menschen beschrieb er nur kurz. Nun aber wendet er sich dieser positiven Seite der Heiligung noch einmal zu. **„Darum habt angezogen..."** Sie sind ja solche, die „angezogen haben den neuen Menschen". Weil es so ist, darum: Habt angezogen! Wieder wird der Grundzug evangelischer Heiligung deutlich: Seid wirklich, was ihr ja schon seid, seid es konkret, haltet es fest und führt es durch in den Einzelentscheidungen des täglichen Lebens! Ganz hell und groß wird es uns unterstrichen: **„als Auserwählte Gottes, heilige und geliebte".** Ob wir das „heilige und geliebte" klein oder groß schreiben, ist nur eine leise verschiedene Fassung der griechischen Konstruktion. Wesentlich aber ist, daß es leuchtend vor uns steht: Nicht um endlich Auserwählte und Heilige zu **werden**, mühen wir uns mit der Heiligung ab, sondern **weil** wir bereits Auserwählte und Heilige **sind**, darum folgt nun daraus eine neue Art zu leben, die völlig anders ist als die der Menschen, die „noch in der Welt ihr Leben haben" (2, 20). Das Bild des „Anziehens" legt es uns nahe zu sagen: Weil ihr Königskinder, Prinzen und Prinzessinnen seid, darum zieht euch nun auch königlich an und benehmt euch königlich! Nie geht es umgekehrt, daß ich meine, durch Garderobe und Benehmen ein Prinz werden zu können. Das gibt nie etwas anderes als – Theater. Alle gesetzliche Heiligung führt wie bei den Pharisäern immer nur zu dem, was Jesus in der Tat „hypokrisis" „Schauspielerei" genannt hat. Königskind wird man nur durch Geburt. Ist man es aber, dann allerdings wird das ganze Verhalten von daher bestimmt: Und dies Verhalten ist dann nicht mehr „Theater".

Es ist bei der entgegengesetzten Richtung der gesetzlichen und der evangelischen Heiligung auch das Verhalten bei Schwierigkeiten und Hemmungen typisch verschieden. Wenn in den harten Nöten des praktischen Lebens die Heiligung schwer wird, wenn wir versagen, dann wird der gesetzlich sich Heiligende seine Anstrengungen verdoppeln, seine asketischen Übungen vermehren, seinen Willen anspornen. Er wird das tun bis zum Zusammenbruch durch Überspannung. Er muß es ja auch tun, weil dort vorn das Ziel leuchtet, zu dem er unbedingt gelangen will. Der Mensch auf dem Wege evangelischer Heiligung macht es genau umgekehrt: Er kehrt von der schwierigen Lebensstelle zurück zu seinem Ausgangspunkt in dem grundmäßigen Besitz im Glauben, zum Kreuz, zum Gestorben- und Auferstandensein mit Christus. Er vergewissert sich dort wieder alles dessen,

[58] Anm. Der bekannte römische Popularphilosoph Seneca sagt (z. B. Epist 31, 11) Ähnliches — theoretisch. Das Evangelium bringt überhaupt für die „Ethik" nichts völlig „Neues". Mit Recht hat man nachgewiesen, daß die sittlichen Grundsätze des Neuen Testaments zum großen Teil auch schon in andern Völkersitten, Religionen und Weltanschauungen ausgesprochen worden sind. Eben darum kann die Botschaft des Neuen Testaments sofort verstanden werden, weil sie an das „Gesetz im Herzen" (Rö 2, 15) anknüpft. Das Evangelium bringt aber das, was alle moralische und religiöse Erkenntnis der Welt nicht bringen konnte: die Verwirklichung! Senecas schöne Worte haben nicht das Geringste wirklich ausgerichtet. Wo aber Jesus der erlösende Herr über Menschen wurde, da wurde die neue Gemeinschaft über alle Unterschiede hinweg gelebt!

was er in Christus aus freier Gnade durch den Glauben hat und ist, und kehrt nun gestärkt und „in" Christus und Seinem Sieg an die notvolle Aufgabe zurück. Und siehe da, nun gelingt sie. „Als Auserwählte Gottes, heilige und geliebte" – wissen wir, daß wir das s i n d? Heute schon, hier und jetzt? Daß also das ewige Leben, der „Himmel" nicht erst nach dem Begräbnis beginnt, sondern jetzt in dieser Zeit? „Auserwählte Gottes, heilige und geliebte" – das sollte darum jeden Morgen der erste Gedanke sein, den wir beim Aufwachen denken und erfassen, und: „Ich gehöre auch dazu, ich bin ein Geliebter Gottes!" die helle Freudensonne in unserm Herzen, gerade auch an trüben und schweren Tagen. Denn dann gehen wir in der rechten Weise an die Heiligung dieses Tages heran und begreifen, was Luther mit seinem tiefen biblischen Durchblick einmal gesagt hat: „Wir tun nicht gute Werke, um in den Himmel zu kommen, sondern weil wir im Glauben im Himmel sind, können wir wahrhaft gute Werke tun." „Als Auserwählte Gottes heilige und geliebte", ja nun gibt es wirklich „gute" Werke für uns, Werke, in denen nicht wieder das böse verborgene Schielen des Ich nach seinem eigenen Gewinn alles verdirbt. Von Gott auserwählt und geliebt — da habe ich ja den ganzen Himmel, die ganze Seligkeit! Was könnte ich noch mehr verlangen? Und aus dieser unermeßlichen Seligkeit heraus kann ich nun mein Tun ordnen, das nun bei allem Ernst des Einsatzes doch nicht mehr ein gequältes und mühseliges zu sein braucht. Freude und etwas von Sabbatruhe liegt nun über dem Lebenswerk der Geliebten Gottes. Jesus hat durch Seinen Bevollmächtigten Paulus alle, die sich auf dem Wege gesetzlicher Heiligung abquälen und abschleppen, unter Sein sanftes Joch gerufen und sie nach Seiner Zusage wirklich zur Ruhe gebracht, Mt 11, 28–30.

Darum besteht der positive Inhalt der Heiligung nun nicht in solchen kümmerlichen Äußerlichkeiten wie dem Einhalten bestimmter Feiertage. Es wird nicht mehr „Minze, Dill und Kümmel verzehntet und das Schwerste im Gesetz dahinten gelassen", Mt 23, 23. Gerade um dieses „Schwerste" geht es, nun freilich nicht als eigene mühselige Leistung, sondern als etwas längst Bereitetes und Geschenktes, das uns schon gehört und das wir zu jeder Stunde neu nehmen und „anziehen" dürfen. Es geht bemerkenswerterweise auch nicht um den Dekalog. Es sollte uns wohl zu denken geben, welch geringen Gebrauch die Apostel in ihren Briefen vom Dekalog machen. Der Dekalog ist Volksgesetz für Israel und wenig brauchbar als Lebensgesetz für die Glieder des Leibes Christi. An dem Moralismus, der unsere Kirchen verdirbt und uns den Blick für die rechte Heiligung verschließt, ist der übermäßige Raum, den wir dem Dekalog in der Kirche eingeräumt haben, nicht ohne Schuld. Nicht um notdürftige bürgerliche Moral geht es (du sollst nicht töten, nicht ehebrechen, nicht stehlen, nicht falsch Zeugnis reden), sondern um **„ein Herz des Erbarmens, der Güte, Demut, Sanftmut, Geduld"**.

„Ein Herz des Erbarmens" kann man sich nicht selber geben. Gemachte Güte, gewollte Demut, künstliche Sanftmut, das ist lauter Schauspielerei, die in den Proben zerbricht, lauter verzerrte Maske, hinter der das eigentliche Wesen um so erschreckender hervorsieht: Theaterprinzen mit Flittergold und Silberpapier. Aber die echte, geborene Prinzessin darf die echte Kleiderpracht, die für sie bereit liegt, wirklich anziehen. „Ein Herz des Erbarmens, Güte, Demut, Sanftmut, Geduld“ – das ist nichts anderes als Christus selbst, den ich angezogen habe und darum jetzt bei diesem schwierigen Gespräch mit einem unsympathischen Menschen, bei diesem Verhör vor gottlosen und rohen Schergen erneut anziehen darf. Auch bei diesen „Tugenden“ zeigt jedes gründlichere Lexikon der neutestamentlichen Sprache, wie sie sich auch bei mancherlei andern Denkern und Schriftstellern genannt finden. Aber woher kennen die Menschen diese Tugenden, warum finden sie sie schön, woher wissen sie, daß wir „eigentlich“ so sein sollten? Aus der Natur jedenfalls nicht! Denn in Begriffen wie „Güte, Demut, Sanftmut, Geduld“ spiegelt sich die Freiheit von jeder Selbstbehauptung im Dienst für die andern, also das völlige Gegenteil aller „natürlichen“ Lebensrichtung. Hier erweist sich erneut die tiefe Wahrheit der biblischen Botschaft von der Schöpfung des Menschen zum Bilde Gottes in Christus (s. o. S. 253). „Herzliches Erbarmen, Güte, Demut, Geduld“ sind zuerst Eigenschaften Gottes.[59] Der im Bilde Gottes geschaffene Mensch trägt unverlierbar die Erinnerung an dieses Wesen Gottes in sich. Alle menschliche Moral und Ethik ist ein solches oberflächlicheres oder tieferes „Erinnern“. Alle moralischen Begriffe sind letzte matte Strahlen aus dem Licht göttlichen Lebens, an dem der Mensch im Ursprung teilnehmen sollte. In Jesus begegnet das ursprüngliche Bild Gottes (1, 15) in all seiner Herrlichkeit gerade in Erbarmen und Sanftmut und Demut dem zerstörten und entarteten Ebenbild im Menschen, nun nicht als matter und machtloser „Begriff“ von „Tugenden“, sondern als lebendige Person, die als „Christus in uns“ (1, 27) wohnen will und die wir „anziehen“ dürfen. Auch hier arbeitet darum das Evangelium mit längst bekannten Worten, zu denen der Forscher viele „Parallelen“ herbeibringen kann. Aber auch hier schenkt das Evangelium statt blasser Erinnerungen die errettende Rückkehr in die volle göttliche Heimat. Evangelische Heiligung unterscheidet sich von aller menschlichen Ethik wie der freie Palmbaum am Heimatstrand der Südseeinsel von dem armen Topfgewächs, das künstlich bei uns im Zimmer gezogen wird.

Paulus hat vor allem das Leben in der Gemeinde selbst vor Augen. Er sieht ja die Gemeinde Jesu als eine klar abgegrenzte Bruderschaft, die ihr Leben in bestimmter Abgeschlossenheit gegen ihre Umgebung führt, auch wenn sie missionarisch in diese Umgebung immer wieder vorzustoßen hat. Hier in der Gemeinde zeigt sich die wahre Heiligung. Nicht in absonderlichen Kunststücken, nicht in dem ängstlichen

[59] Anm. Vgl. Ps 25, 6; 31, 20; 40, 12; Mt 11, 29; Rö 2, 4; 9. 22. 23; 11, 22; 12, 1; 1 Ko 13! 2 Ko 1, 3; 2 Ko 10, 1; 1 Tim 1. 16: Tit 3. 4: 1 Pt 3. 20: 2 Pt 3. 15.

„Fasse nicht an, koste nicht, berühre nicht!", sondern darin, daß man **„einander ertragend und sich gegenseitig vergebend, wenn einer gegen jemand eine Beschwerde hat"**, das Leben der Bruderschaft führt. Das „kathós" in dem kurzen Begründungssatz ist mit dem „wie ja" etwas zu schwach übersetzt. Es liegt ein „dementsprechend daß", ja sogar ein „auf Grund davon daß" darin. Eine zwar nicht theoretisch-prinzipielle, aber eine sehr praktisch wirksame Begründung ist damit ausgesprochen. Der ist ein wahrhaft Geheiligter, der vergeben kann. Wann kann er es aber? Nicht, wenn er sich dazu zu zwingen sucht, nicht, wenn er ein stolzer Heiliger mit allerlei asketischen Künsten wurde, wohl aber, wenn er selbst mächtig das Vergeben seines Herrn erfuhr und immer wieder in dieser Erfahrung steht.

„Zu diesem allen aber die Liebe, das ist ein Einheitsband der Vollkommenheit." Mit „Einheits"band ist die Vorsilbe „syn" wiedergegeben, die hier vor dem Wort für „Band, Verbindung" steht. Das andere Sprachgefühl der Griechen benutzt den Genitiv, um etwas auszudrücken, was wir im Deutschen lieber mit Adjektiv und Adverb sagen würden: „das ist ein völlig zusammenhaltendes Band". Vielleicht ist dabei an den Gürtel gedacht, der die ganze Kleiderpracht der Auserwählten Gottes erst zusammenhält. Vielleicht leitete aber auch der Gedanke an die Gemeinde den Diktierenden. Von „Bändern und Sehnen", die den Leib versorgen und zusammenhalten, hatte Paulus schon 2, 19 gesprochen, 2, 2 auch schon vom „Zusammenhalten in **Liebe"**. Jedenfalls so wie die Liebe 1 Ko 13 mitten zwischen allen Geistesgaben als der „noch köstlichere Weg" steht, so ist die Liebe auch die Krone wahrer Heiligung. Diese Heiligung schafft nicht einsame Koryphäen, die mit ihren großen Heiligungsleistungen prangen und dabei die Gemeinde spalten, sondern stellt in die Bruderschaft und dient ihr und schließt alles das, was vorher genannt war, zusammen. Nur müssen wir heutigen Leser, damit es nicht gefährliche Mißverständnisse gibt, daran denken, daß diese Liebe, die „agape", ganz und gar nicht das ist, was wir unter „christlicher Liebe" gemeinhin zu verstehen pflegen. Auch sie ist gerade nicht etwas, was wir von uns aus besitzen und so in die Waagschale werfen könnten. Wir können nicht etwa sagen: Nun also, wozu der komplizierte „Glaube", wozu all dies merkwürdige mit Christus Gestorben- und Auferwecktsein, wir „lieben" einfach, und alles ist gut. Nein, „lieben" kannst du gerade nicht. Deine ganze natürliche Gutmütigkeit und Nettigkeit gehört zum „alten Menschen" und ist vom Ich verseucht und muß sterben! Und erst als ein von Gott unbegreiflich Geliebter, als ein im Kreuz des Christus Erretteter kannst du in der Liebe, in der wirklichen, göttlichen Liebe, lieben und sollst nun freilich diese Liebe auch „zu diesem allen" anziehen.

Von „Christusdrangsalen" hörten wir 1, 24, von einer „Christusbeschneidung" 2, 11 und hören nun vom **„Frieden des Christus".**[60] Er **„gebe den Ausschlag in euern Herzen"**. Paulus verwendet hier den gleichen Wortstamm, aus dem er oben den Ausdruck „den Siegespreis aberkennen" (2, 18) ableitete. Es ist also an die Tätigkeit des Schiedsrichters gedacht. Wenn unser Herz fragt: Wie soll ich es jetzt machen? welchen Weg einschlagen? welches Wort sprechen?, dann soll der Friede des Christus die Entscheidung treffen. Von diesem „Frieden" war bereits im Eingangsgruß die Rede; wir hörten dann, wie er von Christus „durch das Blut Seines Kreuzes" errungen wurde (1, 20), indem Er den friedlos machenden, verklagenden Schuldschein beseitigte.

„Friede" ist einer jener Begriffe, die man nicht „erklären" und einem andern auch nicht durch noch so eingehende Erörterung verständlich machen kann. Wer aber „Frieden" fand, weiß genau, daß er ihn hat und was dieses Wort unaussprechlich in sich schließt. „Friede" kann das ganze Heilsgut umfassen, den Frieden mit Gott (Rö 5, 1) ebenso wie den daraus fließenden Frieden des Herzens und den Frieden gegen die Menschen. „Friede" ist das, was die von Gott gelösten Menschen auf keinen Fall haben können, Jes 57, 20. 21. Nur in der Errettung durch Christus und in der Lebensgemeinschaft mit Ihm finden wir diesen Frieden, der eben daher **„der Friede des Christus"** heißt.

Darum hat dieser „Friede" nichts zu tun mit natürlicher Nachgiebigkeit und persönlicher Weichheit. Es gibt eine „Friedlichkeit", die nichts ist als „Fleisch". Es war gerade der Friede des Christus, der in den Herzen des Paulus und Timotheus den Ausschlag gab, als sie sich entschlossen, weiter den heißen Kampf um die Gemeinde in Kolossä zu kämpfen und allen unerbittlich zu widerstehen, die diese Gemeinde verwirren wollten. Der „Friede des Christus" ist immer der Friede Dessen, der nicht gekommen ist, Frieden zu senden, sondern das Schwert, Mt 10, 34. Aber zugleich ist wirklich e r es, der die Gemeinde zusammenhält **„in e i n e m Leibe"**. Wie viele schmerzliche und den Namen Jesu verunehrende Spaltungen in der Gemeinde wären nicht gekommen, wenn bei Aussprachen und Verhandlungen, bei Synoden und theologischen Disputen wirklich der Friede des Christus den Ausschlag gegeben hätte und nicht Rechthaberei, Geltungsbedürfnis und manchmal auch politische Leidenschaft. Das „Zusammenhalten der Herzen in Liebe und zu dem ganzen Reichtum der vollen Gewißheit des Verständnisses" gelingt nur denen, die im Frieden des Kreuzes Jesu, im Frieden der Vergebung stehen und diesen Frieden ausschlaggebend sein lassen. Solche im Christusfrieden geheiligten Menschen braucht die Gemeinde.

Mit dem Hinweis auf das Danken schließt dieser Abschnitt. Paulus hat es offensichtlich für eine ganz wichtige Sache, nicht nur für einen „schönen Zug" gehalten, dankbar zu sein. Er erinnert von seinem ersten Gemeindebrief an (1 Th 5, 18) ständig an diese Aufgabe und zählt das „Dank sagen allezeit für alles" zu den Mitteln, durch die eine Gemeinde „voll Geistes" wird, Eph 5, 18. 20. Darum auch hier:

[60] Anm. Einen solchen Hinweis auf den „Frieden" bringt Paulus gern am Ende seiner Briefe; vgl. Rö 15, 33; 16, 20; 2 Ko 13, 11; Gal 6, 16; Phil 4, 7; 1 Th 5, 23; 2 Th 3, 16.

„und werdet dankbar". Das kann man nämlich noch immer mehr werden, auch wenn man es schon ist. Das sind die rechten „Heiligen", Gott und den Menschen angenehm, die aus Herzensgrund wahrhaft und stets zu danken wissen.

Zu Vers 16:
40* Eph 4, 29; 5, 19
41* Kol 1, 28
42* Apg 16, 25
43* Jak 5, 13
Zu Vers 17:
44* 1 Ko 10, 31
45* Eph 5, 20

16 c) Das Wort des Christus sei bei euch zu Hause reichlich; mit aller
Weisheit lehrt und ermahnt einander; in Psalmen, Hymnen und
Liedern, wie der Geist sie gibt, singt durch die Gnade in euren
17 Herzen Gott. * Und alles, was ihr nur immer tut in Wort und in
Werk, tut es alles im Namen des Herrn Jesu, dankend Gott, dem
Vater, durch Ihn.

Paulus hat die wahre evangelische Heiligung geschildert. Sie ist mit dem wirklichen Glauben selbst gegeben. Und doch bleibt die Frage wichtig, wie sie denn ganz praktisch in unserem Leben ihre Kraft bekomme. Davon sagt Paulus nun noch etwas. Unsere Stelle ist dabei bezeichnenderweise die Parallele zu der Beantwortung der Frage: Wie werden wir voll Geistes? im Epheserbrief Kap. 5, 18–21. Beides liegt ja ineinander. „Heilige" sind wir, weil der Heilige Geist in uns wohnt. „Heiligung" geschieht in der Auswirkung des Heiligen Geistes in unserm ganzen Leben. Unsere Heiligung wird kraftvoll, wenn wir voll Geistes werden. Wie geschieht das?

„Das Wort des Christus sei reichlich bei euch zu Hause." Für viele ist das Wort ein lieber Sonntagsbesuch. Das genügt nicht. Andere lassen das Wort auch noch bei andern Gelegenheiten in ihrer Mitte sein: in der Bibelstunde, im Männerabend, in der Frauenhilfe, in der Jugendstunde. Das genügt nicht! Andere lassen es sogar täglich zu einem kurzen Besuch in ihr Haus einkehren bei der Hausandacht. Das genügt nicht! Es muß bei uns „zu Hause sein", so daß wir in ihm „zu Hause sind." Die Gemeinde Jesu kann doch nicht hinter der des Alten Bundes zurückstehen, der es gesagt war: „Und diese Worte, die ich dir heute gebiete, sollst du zu Herzen nehmen und sollst sie deinen Kindern einschärfen und davon reden, wenn du in deinem Hause sitzest oder auf dem Wege gehst, wenn du dich niederlegst oder aufstehst" 5 Mo 6, 6. 7. Denn im „Wort des Christus" ist der Geist und ist das Leben, Joh. 6, 63. Luther hat das Bild gebraucht vom Feuer, in dem das kalte, graue Eisen glühend und feurig wird. Wie soll ein geheiligtes Leben zustande kommen, wenn nicht „reichlich" das leben-

40* Eph 4, 29: Laßt keine faule Rede aus eurem Munde hervorgehen, sondern nur eine solche, die da, wo es not tut, zur Erbauung dient, damit sie den Hörern Segen bringe.

Eph 5, 19: ... so daß ihr zueinander mit Psalmen, Lobgesängen und geistlichen Liedern redet und dem Herrn in eurem Herzen singt und spielt.

41* Kol 1, 28: Und Er ist es, den wir verkündigen, indem wir jedermann ermahnen und jedermann in aller Weisheit unterweisen, um einem jeden zur Vollkommenheit in Christus zu verhelfen.

42* Apg 16, 25: Um Mitternacht aber beteten Paulus und Silas und priesen Gott in Lobliedern; die übrigen Gefangenen aber hörten ihnen zu.

43* Jak 5, 13: Hat jemand unter euch zu leiden, so bete er; geht es jemandem gut, so singe er Loblieder.

44* 1 Ko 10, 31: Nun: Mögt ihr essen oder trinken oder sonst etwas tun, tut alles zur Verherrlichung Gottes!

45* Eph 5, 20: ... und sagt Gott dem Vater allezeit Dank für alles im Namen unsers Herrn Jesus Christus.

dige, geisterfüllte Wort alles durchlebt und durchleuchtet. Warum sind wir, die wir sonst gern alles „reichlich" haben, hier so sehr genügsam?

Wir sagen meist „Gottes Wort"[61]; Paulus schreibt hier „das Wort des Christus". Das ist selbstverständlich keine Beiseiteschiebung des Alten Testaments. Für die damalige Gemeinde war ja allein das Alte Testament „die Schrift". „Und sie ist es, die von Mir zeugt", sagt Jesus (Jo 5, 39). Eben darum wurde das Alte Testament der apostolischen Gemeinde so vertraut und nah, weil sie es als das „Wort des Christus" las. Aber zu „den Schriften" und dem Wort, das Christus (durch Den und zu Dem alles geschaffen ist) durch sie sprach, trat nun Sein neues Wort. Noch war es nicht als „Buch" fixiert. Noch war es lebendig erzähltes, verkündigtes, gehörtes, behaltenes Wort.[62] Wir haben das Glück, dies „Wort des Christus" in schönem klarem Druck für wenige Pfennige kaufen zu können. Aber vielleicht ist es gerade darum bei uns so wenig wirklich „zu Hause", weil es viel zu wenig erzähltes, gehörtes, behaltenes und bedachtes Wort bei uns ist.

Wieder denkt Paulus nicht an einsame Einzelchristen, die nur still für sich über dem Wort sinnen. Wieder sieht er die Bruderschaft um das Wort im lebendigen Austausch. Darum schließt er sogleich das zweite an: **„Mit jeder Weisheit lehrt und ermahnt einander."** Die Bruderschaft hat keinen „Pfarrer", dem das „Lehren und Ermahnen" überlassen bleibt und der es am Ende als sein alleiniges „Recht" in Anspruch nimmt. Gemeinde ist „Leib", in dem die Glieder einander geben[63], was sie bedürfen, damit der ganze Leib sein „Gotteswachstum wächst". Sie können einander geben, weil sie selbst empfangen, weil sie selbst im Wort des Christus leben und aus ihm schöpfen. Wie sollten sie da nicht in Fülle weiterzureichen haben! Jede Bruderschaft, die wirklich gemeinsam das Wort reichlich in ihrer Mitte zu Hause sein läßt, erfährt das fort und fort mit Freude als Tatsache.

Dabei unterscheidet Paulus „lehren" und „ermahnen". Es lag ihm ja sehr ernst am Wachstum der Erkenntnis: 1, 9; 2, 2. 3. Darum muß immer weiter „gelehrt" werden. Es lag ihm aber ebenso an der tatsächlichen Heiligung, und zwar an der konkreten Heiligung im Heute und Hier des einzelnen Lebenslaufes. Da muß „ermahnt" werden. Das griechische Wort sagt eigentlich: „den Sinn zurechtrücken", also etwas von unserm „den Kopf zurechtsetzen". Wie schief sieht der einzelne leicht die Dinge, weil der verborgene Einfluß des Ich seinen Blick trübt. Da braucht jeder den Bruder, der ihm zum klaren Blick

[61] Anm. Das Neue Testament braucht in mannigfachem Wechsel „Wort Gottes" und „Wort des Herrn" oder auch nur die kurze Bezeichnung „das Wort". An verschiedenen Stellen schwanken die Handschriften im Sprachgebrauch. „Wort des Christus" ist nur hier und Hbr 6, 1 zu finden.

[62] Anm. Wie ernst Paulus dieses noch nicht in heiligen Schriften fixierte, sondern jetzt unmittelbar ausgesprochene Wort doch als von Christus und Gott selbst geredetes Wort ansah, zeigen Stellen wie 2 Ko 5, 20; 13, 3; vgl. dazu auch 1 Pt 4, 11.

[63] Anm. Schon der alttestamentliche Fromme wurde so gesehen, daß er diesen Dienst tun konnte: Ps 37, 30. 31. Sollte dann der im Neuen Bunde Glaubende, der den Heiligen Geist empfangen hat, nicht erst recht dazu imstande sein!

und zum festen Willen verhilft. Freilich muß dies „Lehren und Mahnen" **„mit aller Weisheit"** geschehen. Unbedachtes Einreden auf den andern schadet mehr, als daß es nützt, auch wenn es inhaltlich völlig „richtig" ist. Aber diese Weisheit ist auch hier wie in 1, 9 vom Geist Gottes gewirkt und quillt aus der alles zusammenhaltenden Liebe ebenso wie aus dem reichlichen Umgang mit dem Wort des Christus.

Es darf uns auffallen, daß Paulus hier von der Tätigkeit der Gemeinde genau dieselben Ausdrücke verwendet, die er in 1, 28 von seiner eigenen Arbeit gebraucht. Zwischen dem „großen Apostel" und den „schlichten Gemeindegliedern" in Kolossä ist da grundsätzlich kein Unterschied. Es ist nicht etwa der Apostel zum Lehren und Mahnen, das Gemeindeglied in Kolossä nur zum Kollektenzählen und Blätteraustragen da. Nur die Auftragsweite ist verschieden. Paulus weiß sich verpflichtet für „jeden Menschen", die Kolosser haben ihre Aufgabe „an einander". Ein „Amt" aber, welches das Lehren und Ermahnen für sich selbst beschlagnahmt, kennt Paulus hier nicht.

Paulus sah keine schweigsame, „nüchterne" Gemeinde als erwünschtes Bild vor sich. Er sieht die Herzen so lebendig und tief bewegt, daß in ihnen das Singen zu Gott hervorbricht. Dies Singen denkt er sich sehr mannigfaltig. **„In Psalmen, Hymnen und Liedern, wie der Geist sie gibt, singt durch die Gnade in euren Herzen Gott."** Nicht nur die Psalmen der Bibel, nicht nur die feierlichen Hymnen („Lobgesänge") sind göttlichen Ursprungs und einer Gemeinde würdig. Auch „Lieder" sind vom Geist Gottes gegeben. Paulus redet nicht vom literarischen oder musikalischen Wert der Lieder. Er weiß ja, daß Gott immer wieder gerade „das Unedle vor der Welt und das Verachtete" erwählt, um das zu beschämen, was „etwas ist" (1 Ko 1, 28). Ihm liegt es nur an dem einen, daß ein Lied aus dem Geist Gottes stammt und Träger dieses Geistes ist.[64] Wenn Paulus von einem Singen **„in euren Herzen"** spricht, so meint er schwerlich, daß es nur ein inneres Singen sein solle, das gar nicht auf die Lippen kommt. Es ist zwar in der Zeit der überfüllten Wohnungen, es ist für Christen in ablehnender Umgebung ein Trost, daß sie in diesem Sinne „in ihren Herzen" singen können und daß Gott auch das Lied der Herzen hört. Aber Paulus selbst hat sogar im Gefängnis in Philippi so laut gesungen, daß es durch das ganze Gebäude klang. Darum wird auch hier im Text das griechische „en" wieder die viel weitere Bedeutung haben als unser deutsches „in" und sagen wollen, daß das Herz der Ort ist, an dem das rechte Singen entsteht. Es entspräche das unserm „von" Herzen singen. Ohne Beteiligung der Herzen ist alles Singen vor Gott wertlos, auch wenn geschulteste Sänger und Chöre edelste Kirchenmusik darbieten.[65]

[64] Anm. Paulus läßt hier alles Singen an „Gott" gerichtet sein. Man wird daraus nicht schließen dürfen, daß es damals also noch keine Jesuslieder gegeben habe. In Phil 2, 5 ff. und 1 Tim 3, 16 haben wir selber Christuslieder jener ersten Tage vor uns. Und der Statthalter Plinius schreibt am Ende des 1. Jhdts. in seinem amtlichen Bericht über die Christen: „carmen Christo quasi Deo dicere"; die Christen singen Christus wie einem Gott ein Lied.

„Durch die Gnade[66]" hat Paulus hinzugesetzt und dies Wort zwischen „wie der Geist sie gibt" und „singt" gestellt. Wozu wollen wir es nehmen? Sachlich ist der Unterschied dabei nicht groß. Singen kann die Gemeinde, weil sie die Gnade erfahren hat und in der Gnade steht. Begnadigte Menschen müssen jubeln und loben und danken. Das wird von selbst zum Lied. Sie müssen die Botschaft der Gnade weitersingen. So wirkt der Heilige Geist durch die Gnade die Lieder, so singt die Gemeinde sie durch die Gnade. Solches Singen ist nicht eine hübsche „Zugabe" zum Gemeindeleben, solches Singen ist ein Stück des Gemeindelebens selbst, ein Stück wirklicher Heiligung, denn es läßt voll Geistes werden.

„Und alles, was ihr nur immer tut in Wort und in Werk, (tut es) **alles im Namen des Herrn Jesu, dankend Gott, dem Vater, durch Ihn."** „Im Namen ...", das ist eine häufige Ausdrucksweise, deren inneren Gehalt auch wir empfinden, wenn etwa „im Namen des Gesetzes" eine Verhaftung erfolgt oder „im Namen des Volkes" ein schweres Urteil gesprochen wird. In jemandes Namen etwas sagen, in seinem Auftrag, so daß eigentlich der andere selbst es ist, der hier handelt, redet oder beansprucht. So ist es etwa bei der Heilung des lahmen Bettlers vor der Schönen Tür des Tempels in Apg 3. Nicht Petrus und Johannes haben da etwas gekonnt und ausgerichtet, Jesus hat es getan durch den in Seinem Namen ausgesprochenen Befehl. Ich kann daher nur dann im Namen eines andern etwas sagen oder tun, wenn ich weiß, daß es so sein Wille ist und so seine Billigung findet. Ja, ich muß mir klarmachen, daß ich dann damit rechne, daß der andere selbst zugegen ist, selbst in meinem Wort redet, in meiner Tat handelt. Das „im Namen" hat also auch eine scheidende Kraft in sich. Sobald ich etwa irgendwo im Namen meines Vaters ein Wort zu reden habe, kann ich vieles nicht mehr sagen, was ich sonst vielleicht ohne viel Überlegung von mir gegeben hätte, und muß Dinge zur Sprache bringen, die ich am liebsten übergehen würde.

„Tut alles im Namen des Herrn Jesu" bedeutet also: Denkt daran, daß Jesus im letzten Sinn „Herr" ist, Herr über euer ganzes Leben. Ein Sklave kann überhaupt nichts in seinem eigenen Namen, „eigenmächtig" tun, er hat nicht die „Freiheit" dazu. Er gehört völlig seinem Herrn und lebt nur für ihn. Unter Menschen bleibt das freilich auch bei „Leibeigenschaft" noch begrenzt. Aber Jesus ist wirklich „Herr", Ihm gehören wir total. Wir gehören Ihm ja doppelt: weil wir „durch Ihn und zu Ihm geschaffen" (1, 16) sind und weil Er uns aus der Sklaverei der Schuld erkaufte unter Einsatz Seines Lebens

[65] Anm. Niklaus Bolt erzählt in „Wege und Begegnungen": „Ein großer Konzertstern sang einmal in Neuyork bei der Hauptprobe des Messias von Händel die Arie ‚Ich weiß, daß mein Erlöser lebet'. Es klang wundervoll; der Chor, Hunderte von Sängern, sah gespannt auf den Musikdirektor, der auf die Künstlerin zutrat. Was wird er ihr sagen? ‚Madame. Sie haben ein prachtvolles Organ und vollendete Stimmtechnik. Nur wissen Sie nicht, daß Ihr Erlöser lebt.' "

[66] Anm. Wir finden auch die Lesart ohne Artikel, was dann „unter Dank" bedeuten könnte. Auch bei der Lesart mit Artikel wird die Übersetzung „in dankbarer Gesinnung" vorgeschlagen. Eine Entscheidung ist bei der Vieldeutigkeit des Wortes „charis" schwer zu treffen.

(2, 14). Nun haben wir keine „Freiheit" mehr zu irgendeiner Lebensregung von unserm Ich her und wollen sie auch nicht mehr haben. „Wir" starben ja, „wir" wurden ja in der Taufe mit Ihm begraben. Als „Mitauferweckte" aber leben wir nur noch in Ihm und mit Ihm. Also gibt es auch nichts mehr, was wir anders als „in Seinem Namen" noch reden oder tun könnten und wollten.

Was für ein Licht flammt hier auf! Verschwunden ist in diesem Licht der ganze Unterschied zwischen „heiligen" und „weltlichen" Zeiten, Orten, Dingen, Worten und Handlungen! Paulus riet darum den Kolossern nicht: Alle religiösen und frommen Dinge tut nun im Namen Jesu! Auch nicht: Seht, wie ihr doch möglichst viel im Namen Jesu recht heilig tun könnt! Sondern er schrieb sehr betont: **„alles, was ihr nur immer tut...".** Nun verstehen wir erst ganz praktisch, was Paulus meinte, als er den verblüffenden Satz diktierte: Wer sich noch Satzungen auferlegen lasse, der habe sein Leben noch in der Welt (2, 20). Auch bei der ernstesten Heiligung durch einzelne Satzungen leben wir immer noch so, als seien wir grundsätzlich von Gott getrennt und müßten nun wenigstens möglichst viel „heilige Tage" finden, wo wir für Gott da sein könnten und durch recht viel „Fasse nicht an! Koste nicht! Berühre nicht!" dafür sorgen, daß wir nicht zu sehr in der Welt versinken. Nun aber ist es total anders. Nun ist ja Christus „unser Leben" (3, 4). Nun gibt es gar nichts „nur Weltliches", „Gottfernes" mehr in unserm Leben, denn alles, was wir überhaupt tun, das tun wir ja nun „im Namen des Herrn Jesu", unter der Regierung und Leitung dieses Herrn, vor Seinen Augen, in Seiner Gegenwart, „würdig des Herrn zu Seinem vollen Wohlgefallen" (1, 10). Ganz gewiß, es steht auch damit so wie mit dem „gestorben sein", „abgelegt haben" und „angezogen haben": Es ist alles grundmäßig und grundsätzlich so und muß darum nun fort und fort immer neu konkret verwirklicht werden. Darum m a h n t Paulus ja auch dazu. Aber eben dies sollen sie verwirklichen, weil es in Christus schon Wirklichkeit für sie ist, daß die Zerspaltung des Lebens aufhört, daß das Leben in seiner Totalität ein Leben „in Jesu Namen" und also ein „heiliges" Leben wird. Um mit Luthers Ausdrücken zu reden: Sie können und sollen darum auch die „stückeliche und bettelische" Heiligung durch eine totale ersetzen.

Das ganze leidige Fragen gesetzlicher Heiligung: Darf ich dies noch? Darf ich jenes?, der ganze Wunsch nach einer möglichst genauen Liste der verbotenen und der erlaubten Dinge ist hier erledigt! Jeder Ort ist gut, an dem ich mit Jesus, meinem Herrn, weilen kann, und sei er ein „Gastmahl der Zöllner und Sünder"; jeder Raum unbetretbar, in den ich Ihn nicht mit hineinbringen darf, auch wenn es ein moralisch ganz „sauberer" oder jedenfalls „harmloser" Raum ist. Nein, noch ernster und klarer: Mein selbständiges und eigenmächtiges Gehen hat überhaupt für mich aufgehört. Nicht ich bin es mehr, der nach seinen Meinungen und Wünschen geht und nur erwägt, ob er Jesus „mitnehmen" kann. Jesus ist der König und der Herr, der führt und vorangeht und mich „in Seinem Triumphzug mitnimmt" (2 Ko 2, 14). Wohin Er mich nicht führt, dahin will ich auch meinerseits nicht mehr gehen.[67] Jeder Tag, jede Stunde ist „heilige Zeit". Denn sie gehört Jesus, und ich will keine „Freiheit" mehr haben, in der ich nur für mich selber da bin oder mich der Welt überlassen dürfte. Der Montagnachmittag von vier bis fünf mitten in der Berufsarbeit ist so „heilig" wie der Sonntagvormittag von zehn bis elf in der Kirche; denn das Tun in Wort und Werk geschieht am Sonntag nicht mehr und am Montag nicht weniger „im Namen des Herrn Jesu". Und auch meine Freizeit, meine Erholung und Entspannung teilt mir die gütige Hand meines Herrn zu, von der ich mich auch dort nicht löse. Ich habe keine Sorge, daß ich dabei zu kurz kommen könnte – bei Ihm, der sogar Sein Leben für mich gab und dem alles Sichtbare und Unsichtbare gehört. Auch meinen Urlaub verlebe ich „im Namen des Herrn Jesu, dankend Gott, dem Vater, durch Ihn". Alles kann ich fröhlich genießen, was ich so „danksagend" empfangen kann, auch wenn es etwas „Weltliches" ist. Alles darf ich als Christ tun, was sich mit dem Namen Jesu verbinden läßt. Und nichts will ich ja noch tun, was ich vor Jesus, meinem Erretter, verstecken müßte, was zu Seinem Namen nicht paßt. Einen Christenstand, bei dem ich herumprobiere, wieviel der Herr mir am Ende noch „zuläßt", was ich so rein für mich treiben könnte, ohne daß es geradezu dem Namen Jesu widerspricht, hätte Paulus für tief krank gehalten. „Neutrale" Gebiete, auf denen er sich „ohne Jesus" bewegen kann, sucht keiner, der begriffen hat, wer dieser Jesus für ihn ist! Nein, es geht um mein gesamtes „Tun", im Wort oder im Werk, und alles soll ein eigentliches und klares Tun in Jesu Namen sein.

Welche Veränderung erfährt ein Leben, das so gelebt wird! Wahrlich, es wird ein durch und durch „geheiligtes" Leben! Und zwar himmelhoch über all der bruchstückhaften und willkürlichen „Heiligung" gesetzlicher Art. Dabei wird ein solches Leben wahrhaft lebendig, reich, wertvoll und lohnend. Wie merkwürdig freudlos, mißmutig, von Enttäuschungen und Bitterkeit überschattet ist das Leben der vielen, die nach dem Glück jagen und sich „alles leisten" und sich davor „hüten, fromme Kopfhänger zu werden". Ein Leben in dem Herrn Jesus ist von lauter Dank durchzogen.

Wir blicken noch einmal auf den ganzen Abschnitt zurück. Paulus sprach hier unmittelbar mit uns, indem er das Gespräch mit den Kolossern führte. Es bedarf hier keiner besonderen Übersetzung in die Gegenwart. Aber wir dürfen es uns als Kindern der Reformation, besonders der lutherischen Reformation, noch einmal gesagt sein lassen: Gerade Paulus kennt keine „Rechtfertigung", die vor dem wirklichen Leben stehenbliebe oder als ein bloßer Regenbogen der Gnade über ihm schwebte. Die „Heiligung" ist nicht ein „Anhang" dazu von geringerer Wichtigkeit. Wir lesen unsern Brief völ-

[67] Anm. Vgl. dazu die ausgezeichneten Ausführungen in O. Hallesby „Wie ich Christ wurde" S. 68/69.

lig falsch, wenn wir ihn beim Ende von Kapitel 2 zuklappten und meinten: Das war das Lehrhafte, das Wichtige, das Wort von unserer Errettung und Seligkeit; und nun kommen noch allerlei „Ermahnungen", das kennen wir ja, das können wir uns schenken. Nein! Eben das Kapitel 3 ist das Ziel, auf das Paulus hinauswill! Hier an diesem 3. Kapitel, an der „Heiligung" entscheidet es sich, ob wir Kapitel 1 und 2 richtig lasen und wirklich verstanden! Und zwar gerade deshalb, weil es nicht irgendeine gesetzliche „Heiligung" als einen „Zusatz" zur „Rechtfertigung" gibt, sondern weil die „Heiligung" schon in der wirklichen „Rechtfertigung" liegt und in ihr und mit ihr gegeben ist. Wenn uns die „Heiligung" nicht so sehr interessiert, beweisen wir nur, daß wir auch die „Rechtfertigung" nicht wirklich, nicht im Sinn des Paulus erfaßten. „Heiligung" bedeutet paulinisch nämlich nicht: aus mancherlei beachtlichen Gründen neben dem Gerechtfertigtsein durch den Glauben noch dies und jenes tun, sondern: in der Rechtfertigung durch den Glauben tatsächlich und konkret leben. Die Heiligung als nicht so wichtig von der Rechtfertigung trennen, den Römerbrief bei Kap. 5, den Kolosserbrief bei Kap. 2 für sich selbst beenden, das heißt: von der wirklich gelebten Ehe nicht mehr hören wollen, weil man ja doch verheiratet sei! Aber die Tatsache des Verheiratetseins wird ja nur in dieser gelebten Ehe Tag für Tag Wirklichkeit und bliebe ohne sie eine rein juristische Formalität. Die evangelische Christenheit hat hier biblisch sehr viel nachzuholen.

Heiligung im Alltag des Hauses

Kolosser 3, 18–4, 1

Zu Vers 18—4, 1: Eph 5,22 bis 6. 9; 1 Pt 2, 18 bis 3, 7
Zu Vers 19: 46* 1 Pt 3, 7
Zu Vers 23: 47* Rö 12, 11
Zu Vers 25: 48* Rö 2, 11; 49* 1 Pt 1, 17

18 Ihr Frauen, ordnet euch den Männern unter, wie es sich geziemt
19 im Herrn. * Ihr Männer, liebt die Frauen und werdet nicht bitter
20 gegen sie. * Ihr Kinder, gehorcht den Eltern in allem, denn das ist
21 wohlgefällig im Herrn. * Ihr Väter, reizt eure Kinder nicht, damit
22 sie nicht mutlos werden. * Ihr Sklaven, gehorcht in allem denen,
die nach dem Fleisch eure Herren sind, nicht in Augendienerei als
solche, die Menschen zu gefallen suchen, sondern in Einfalt des
23 Herzens als solche, die den Herrn fürchten. * Was ihr auch immer
tut, von innen heraus tut eure Arbeit als für den Herrn und nicht
24 für Menschen, * indem ihr wißt, daß ihr vom Herrn als Vergel-
tung das Erbe empfangen werdet. Des Herrn Christus Sklaven
seid ihr. (Oder: Dem Herrn Christus gehört ihr auch im Sklaven-
25 stande.) * Denn wer Unrecht tut, wird bekommen, was er Unrech-

46* 1 Pt 3, 7: Ebenso, ihr Männer: Lebt in vernünftiger Weise mit euren Frauen zusammen als mit dem schwächeren Teil und erweist ihnen Ehre, indem ihr in ihnen auch Miterben der Gnadengabe des Lebens seht; sonst würden ja eure Gebete unmöglich gemacht.
47* Rö 12, 11: Seid unverdrossen, wo es Eifer gilt; seid feurig im Geist, dem Herrn zu dienen bereit!
48* Rö 2, 11: . . . denn bei Gott gibt es kein Ansehen der Person.
49* 1 Pt 1, 17: Und wenn ihr Den als Vater anruft, der ohne Ansehen der Person nach dem Werk eines jeden richtet, so führet euren Wandel in Furcht während der Zeit eurer Fremdlingschaft.

1 **tes tat, und es gibt da keine Parteilichkeit. * Ihr Herren, was recht ist und billig (wörtlich: die Gleichheit), gewährt den Sklaven, indem ihr wißt, daß auch ihr einen Herrn im Himmel habt.**

Zu Vers 1:
1* 3 Mo 25, 43. 53
2* Pred 5, 7
3* 1 Tim 6, 15

Paulus hat uns in heller Größe das Leben im Glauben, das Leben evangelischer Heiligung gezeigt. Aber je konkreter wir unser Leben fassen, um so schwerer wird alles. „Liebe" im allgemeinen zu haben, sich für Güte, Sanftmut, Demut, Geduld grundsätzlich zu erwärmen, das ist verhältnismäßig leicht. Auch für besondere Anforderungen an unser „Herz des Erbarmens" den nötigen inneren Schwung aufzubringen, mag uns noch gelingen. Aber da ist nun unser Haus in seinem Alltag. Da bin ich nun Frau in dieser Ehe, Mann an der Seite dieser Frau. Da bin ich Kind, vielleicht heranwachsendes Kind, da stehe ich als Vater unter den Kindern. Da ist mir das ganz schwierige Los eines Sklaven auferlegt, oder da habe ich als Herr mein Verhältnis zu den Sklaven zu regeln. Wie sieht das nun alles aus? Nun schwindet vollends aller Glanz besonderer „Heiligkeit" und großer Leistungen; nun beginnen die kleinen, verborgenen Aufgaben Tag für Tag.

Paulus kann und will hier nicht in die Fülle der Einzelfragen hineinreden, die stets mit den ganz individuellen Verhältnissen zusammenhängen. Das geht nur in der persönlichen Seelsorge. Wie das dann etwa aussieht, wie das Thema „Sklave – Herr" persönlich-seelsorgerlich in diesem bestimmten Fall in diesem bestimmten Hause in Kolossä von Paulus behandelt wird, das können wir – im Philemon-Brief – selber nachlesen. Hier im allgemeinen Gemeindebrief zieht Paulus nur einige Grundlinien. Sie scheinen uns zunächst reichlich nüchtern und selbstverständlich oder, vom modernen Empfinden aus, auch recht anfechtbar zu sein. Wir lesen sie aber nur dann richtig, wenn wir sie im Zusammenhang des ganzen Briefes sehen und nicht vergessen, daß wir bei ihnen alles bisher Gehörte mit im Ohr haben müssen. Das fällt uns besonders schwer, weil wir modernen Menschen allzusehr daran gewöhnt sind, die „Religion" als eine hohe, feierliche Sache für sich zu betrachten und das tatsächliche Leben auf dieser Erde eben als rein „weltlich", „eigengesetzlich" und im Grunde „gottlos" zu empfinden. Da sehen wir uns allein mit uns selbst. Zur Regelung dieses Alltages haben wir nicht mehr als unsere rein menschlichen Gedanken und Urteile, Wünsche und Ansprüche. Die Erwähnung Gottes in diesem Raum empfinden wir leicht als „peinlich", weil als fromme Floskel ohne Realität. Wenn wir aus dieser Haltung heraus die Sätze des Paulus lesen, mißverstehen wir sie

1* 3 Mo 25, 43. 53: Du sollst nicht mit Härte über ihn herrschen, sondern dich vor deinem Gott fürchten.
Vers 53: Wie ein Mietling, der Jahr für Jahr um Lohn arbeitet, soll er bei seinem Herrn sein, und dieser darf ihn vor deinen Augen nicht mit Härte als Herr behandeln.
2* Pred 5, 7: Wenn du siehst, wie der Arme bedrückt wird und wie es mit Recht und Gerechtigkeit in der Landschaft übel bestellt ist, so rege dich darüber nicht auf; denn über dem Hohen steht ein noch Höherer auf der Lauer, und ein Allerhöchster hält Wacht über sie alle.
3* 1 Tim 6, 15: . . . die der selige und alleinige Machthaber (oder: Gebieter) zur festgesetzten Zeit eintreten lassen wird, Er, der König der Könige und der Herr der Herren.

völlig. Dann werden sie zu einer bloßen Moral, dazu noch zu einer anfechtbaren, deren Fragwürdigkeit mit frommen Worten zugedeckt werden soll. Frauen, Kinder, Sklaven werden mit schönen Redensarten aufs Parieren verwiesen, wie es den Herren so passen kann. Aber der moderne Leser irrt gründlich. Wenn in diesen kurzen Sätzen immer wieder das Wort „der Herr" steht (siebenmal in den wenigen Zeilen!), dann ist dies Wort das Entscheidende. Dann haben wir bei diesem „Herrn" an all das zu denken, was wir von der Größe Jesu, von Seinem Werk am Kreuz lasen und was als Folgerung daraus sich für unsere ganze Lebenshaltung ergab.

„Ihr Frauen, ordnet euch den Männern unter, wie es sich geziemt im Herrn." Als „allgemeine Moral" wird das sofort viele Fragen und allerlei Auflehnung erwecken. Warum soll immer die Frau sich unterordnen? Ist sie nicht dem Manne ebenbürtig? Ist sie in mancher Ehe nicht der wertvollere und klügere Teil? Müßte nicht gerade der Christ für die „Gleichberechtigung der Frau" eintreten? Weiß Paulus nicht, wie Männer sind? Oder nimmt er als Mann naiv für die Männer Partei? Und wäre nicht zum mindesten der Frau noch sehr viel anderes für ihre Ehe zu sagen? Paulus weiß, wie Männer sind, und wird sich darum sogleich auch an den Mann wenden. Paulus weiß auch von der „Gleichberechtigung" der Frau im Dienst Jesu. Man lese nur, wie er in der Grußliste Rö 16 die Frauen mitten unter den Männern nennt und ihren Dienst wertet. Wenn es die Namen nicht verrieten, würden wir bei den Sätzen dort nicht wissen können, ob sie jeweils einer Frau oder einem Mann gelten. Aber hier geht es um die Ehe und um das Haus. Hier ist mit einem Schlagwort wie „Gleichberechtigung" gar nichts getan. Und wenn auf einem Schiff zwei gleichtüchtige und gleichrangige Seeoffiziere sind – „Kapitän" kann immer nur einer sein! Mann und Frau im Hause – einer muß sich unterordnen. Paulus weist der Frau diese Aufgabe zu, denn so „geziemt es sich im Herrn". Es entspricht so schon den schöpfungsmäßigen Gegebenheiten. Versucht es doch anders, seht euch Ehen und Häuser an, wo die Frau regiert und der Mann sich unterordnet! Weder das Haus noch die Frau selber wird dabei gedeihen. Aber bei dem „Herrn" denkt Paulus nicht nur an den Schöpfer, dessen Ordnung wir nur zu unserm Schaden übertreten. Er denkt an Jesus, den „Erstgeborenen aller Schöpfung", der doch selber den Weg der Unterordnung und des Gehorsams ging und Seine einzigartige Herrlichkeit dadurch nicht verlor, sondern gerade empfing. Soll da etwa die nach diesem „Herrn Christus" genannte „christliche" Frau diesen Weg als „entwürdigend" empfinden? Soll sie gerade als Christin, als durch das Kreuz Jesu Errettete Neigung haben, für eine andere Stellung der Frau einzutreten? Nein, sie darf diese Stellung der Unterordnung unter den Mann ganz neu einnehmen, nicht mehr widerwillig als Zwang des Eherechts, der Sitte, nicht notgedrungen der Robustheit des Mannes weichend, nicht einmal nur aus der Einsicht, daß einer Kapitän sein muß, sondern „im Herrn", im Wissen, wie nahe sie nun gerade Jesus ist, welche Kraft gerade auf diesem Wege liegt, welche Hoheit ihr gerade so zuteil wird. Das ist dann eine Unterordnung, die es dem Manne sehr schwer machen wird, Tyrann zu sein!

„Ihr Männer, liebt die Frauen und werdet nicht bitter gegen sie.“ Dem Manne wird nicht gesagt: Ordne dich über! Nimm dein Vorrecht wahr! Kein Wort davon. Die Lateiner haben es in ihrer Sprache schon fein ausgedrückt: „Autorität“ hat nur ein „Autor“, einer, der zu schaffen, zu geben vermag. Geht die Frau den Weg Jesu in der willigen Unterordnung, so geht ihn der Mann im „Lieben“. Der „Herr“ ist in diesem Wort an den Mann nicht genannt, Er steht aber in dem Wort „Agape“ „Liebe“ mitten darin! Dies Wort meint immer die aus Gott stammende, klare, gebende Liebe, die das natürliche Liebhaben nicht ausschließt, aber doch in sich selbst etwas völlig anderes ist. Sie schließt als „Einheitsband der Vollkommenheit“ (3, 14) alles das ein, was vom „Herzen des Erbarmens“ usw. gesagt wurde. Zur rechten Erfüllung der Führungsaufgabe in Ehe und Haus gehört gerade auch „Güte“, „Demut“, „Sanftmut“. „Liebt die Frauen“, das ist kurz gesagt, aber es ist in seinem Inhalt der ganze Reichtum der Ehe, dem Manne verantwortlich anvertraut.

Was Paulus bei dem Wort „bitter werden“ vor sich gesehen hat, ist nicht völlig deutlich. Denkt er speziell an schwierige Eheverhältnisse? Vielleicht sogar daran, daß die zum Christsein aufgewachte Frau selbständiger und ernster als zuvor ihren Weg geht und es dem Mann manchmal schwerer macht als vorher, wo sie vielleicht nur ein „Frauchen“ war? Denkt er an die Art, mit der gerade die Frau den Mann aufbringen und bitter machen kann? Oder denkt er umgekehrt einfach an die natürliche Art des Mannes, sich zu ärgern und schroff zu reagieren. Wie es auch sei, diese Störungen der Ehe dürfen überwunden werden. Mann und Frau dürfen in diesen einfachen Linien heilig miteinander umgehen.

„Ihr Kinder, gehorcht den Eltern in allem, denn das ist wohlgefällig im Herrn.“ Nun hätten wir gern einen wirklichen Einblick in das Leben der Häuser jener Zeit. Trug die Zeit die Züge der Zersetzung und Auflösung auch darin, daß die Kinder im Gehorchen eine veraltete, unmögliche Zumutung erblickten? Nach Rö 1, 21 sieht es so aus. Dann darf und muß ein „christliches“ Haus grundsätzlich anders sein. Die Kinder werden selber angeredet. Es handelt sich offensichtlich um größere Kinder, die man ansprechen, und um gläubige Kinder, die man auf den Herrn verweisen kann, den sie kennen und lieben. Trotzdem fällt es ihnen nicht leicht zu gehorchen. Sollen sie allein so rückständig sein, während ihre Kameraden und Freundinnen ringsum sich ganz andere Freiheiten nehmen? Sollen sie allein sich alles gefallen lassen und bei jeder Kleinigkeit erst um Erlaubnis fragen? Sollen sie sich in allem fügen, auch da, wo sie als die junge Generation manches sehr anders ansehen? Ja, antwortet Paulus, gehorchen „in allem“. Warum denn? Die Begründung ist wieder ganz schlicht: So gefällt es dem Herrn! Wir haben als Maßstab nicht mehr eigene wechselnde Meinungen und Empfindungen. Wir brauchen uns nicht nach Theorien zu richten, die heute so und morgen so lehren. Wir leben – auch als Kinder – unter dem Herrn. Was Er von uns will, ist uns maßgebend. Sein Wohlgefallen[68] macht uns auch das Schwierige leicht. Ihm aber gefällt **Gehorsam.** Woher wissen wir denn das? Weil Er, der geliebte Sohn, selbst „gehorsam war bis zum Tode, ja zum Tode am Kreuz", weil es „Seine Speise war, den Willen Dessen zu tun, der Ihn gesandt hatte" (Phil 2, 8; Jo 4, 34). Wieder haben wir es also nicht mit „Moral" zu tun, erst recht nicht mit der Moral der Erwachsenen, die das „Kinder müssen gehorchen" deklariert, weil es für die Erwachsenen so am angenehmsten ist. Es ist das ernsthafte Leben als „Gestorbener" und „Auferstandener", das ernsthafte Leben in und mit Christus, das für das Kind im Hause zum willigen und völligen Gehorsam wird.

„Ihr Väter, reizt eure Kinder nicht, damit sie nicht mutlos werden." Die Erwachsenenart steckt auch den Christen noch im Blut. Der Mißbrauch der physischen und intellektuellen Kraft dem schwächeren Kind gegenüber gehört auch zu den „Gliedern, die auf der Erde sind", die christliche Väter „getötet haben" dürfen. Und nun nimmt Paulus mit der vom Heiligen Geist geschenkten Weisheit modernste Psychologie vorweg. „Entmutigung" ist ja eins der wesentlichsten Worte der Tiefenpsychologie. Durch zahllose Untersuchungen gerade „schwieriger" und „nervöser" Menschen ist erkannt, wie die zu harte (oder auch die verzärtelnde) Anwendung der Überlegenheit des Erwachsenen das Kind „entmutigt" und wie aus dieser Entmutigung das allermeiste von dem erwächst, was als „Hemmungen", „Minderwertigkeitskomplexe", „nervöse Störungen" das Leben von Menschen und ihrer Umgebung dazu erschwert. Durch Christus erlöste Menschen dürfen in ihrem Elternamt so „sachlich" sein, daß weder durch „Härte" noch durch „Weichheit" ihren Kindern geschadet wird. Wer unter Christus lebt, hat mit dem „alten Menschen" auch die Lust, sich selbst durchzusetzen und die eigene Ehre zu wahren, „ausgezogen". Das aber ist es ja, was ein Kind „reizt": das instinktive Spüren, daß es nicht um die Sache und um Notwendigkeiten geht, sondern um das Ich des Vaters und um seine ichhaften Wünsche und Launen. Wo das Kind sich vor Notwendigkeiten und göttliche Wahrheiten gestellt sieht, denen auch die Eltern selber sich beugen, da lernt es – vielleicht unter Tränen, aber ohne „Entmutigung" – gehorchen.

Zum „Hause" gehörten damals selbstverständlich auch „Sklaven". Das Verhältnis zu ihnen mußte überall zu einer ernsten Frage werden, wo das Christentum in ein Haus einzog, sei es, daß der Herr oder der Sklave oder beide miteinander dem Evangelium ihr Herz erschlossen. War diese Frage in Kolossä mit seiner Industrie besonders brennend geworden? Hatte die Flucht des Sklaven Onesimus

[68] Anm. Dies Wohlgefallen Gottes als einfacher Maßstab und auch Lohn unseres Tuns ist neben 1, 10. auch Rö 12, 1; 14, 18; 2 Ko 5, 9; Eph 5, 10; Phil 4, 18; Hbr 13, 21 genannt.

aus dem Hause eines führenden christlichen Mannes dazu beigetragen bzw. war sie ein Ausdruck der aufgetretenen Schwierigkeiten? Hatte sich Onesimus bewußt an den Apostel Paulus gewandt und war ihm gar nicht nur zufällig in Rom in den Weg gelaufen? Wir wissen es nicht. Es ist aber auffallend, daß Paulus in unserem Brief so ausführlich auf die Sklavenfrage eingeht wie sonst nirgends, auch nicht im Epheserbrief. Ist dieser Abschnitt darum nur noch historisch interessant? Sollen wir ihn am besten gleich in dieser historischen Perspektive lesen? Aber Verhältnisse der Über- und Unterordnung, Verhältnisse, in denen der eine anzuordnen und zu bestimmen, der andere auszuführen und zu tun hat, gibt es immer und in jeder gesellschaftlichen Struktur. Und wenn auch heute ein Mensch gottlob nicht mehr als Ware gekauft und rechtlos der Peitsche ausgeliefert werden kann, so bleiben die Abhängigkeitsverhältnisse von Menschen untereinander für beide Teile schwierig genug. Gerade die öffentliche Hand kann dabei ein sehr harter „Herr" sein. Und gerade da, wo am lautesten die Freiheit versprochen wurde, müssen Menschen oft am bittersten die Faust ohnmächtig in der Tasche ballen. Die Verhältnisse sind heute unendlich viel komplizierter (nicht ohne weiteres „besser") als damals, wo „Herr" und „Sklave" sich so unmittelbar persönlich gegenüberstanden. Um so wichtiger ist es für uns, daß Paulus sich auch hier auf so einfache Grundlinien beschränkt, daß diese auch im Gewirr moderner Verhältnisse noch richtunggebend bleiben.

Paulus sagt kein Wort von „Abschaffung der Sklaverei". Er riet hier den gläubig gewordenen Herren in Kolossä nicht: Laßt eure Sklaven frei! Sollen wir ihn deshalb schelten? Begeisterte große Parolen sind immer sehr leicht zu geben, und wer sie gibt, bekommt billig einen Ruhmeskranz. Aber die Last der Durchführung liegt auf den andern. Paulus wird die großen Schwierigkeiten gesehen haben: Nur ein Teil der bekehrten Sklaven hatte auch Christen als Herren; und wie notvoll sind Einzelaktionen in einem anders gebauten Gesamtsystem; welche Fragen entstanden für die weitere Existenz der bisherigen Sklaven nicht weniger als für das Leben der Häuser und Betriebe! Und nun wollte und konnte allerdings Paulus solche Fragen nicht mit dem Evangelium verknüpfen. Vom Evangelium sind zu allen Zeiten starke politische und soziale Wirkungen ausgegangen. Aber das Evangelium wird jedesmal gefährdet, wenn diese Wirkungen unmittelbar als Ziel erstrebt werden. Paulus wollte weder Sklaven, die darum „Christ" wurden, weil sie sich bürgerliche Vorteile davon versprachen, noch Herren, die sich dem Evangelium von vornherein verschlossen, weil es ihnen die unentbehrlichen Arbeitskräfte zu entziehen drohte. Laß sie nur erst einmal beide wirklich bekehrt und wiedergeboren werden; dann wird sich schon allerlei in ihrem Leben und in ihrem gegenseitigen Verhältnis ändern!

Denn Paulus kann wohl zeigen, was das Evangelium für jede Lebenslage bedeutet und welch ein Licht, welch eine Freude, welch eine innere Revolution es gerade in die dunkelste und schwerste Situation hineinträgt.

Worin liegt diese Revolution? Darin, daß die innere Zwiespältigkeit und Unsicherheit aufhört, die so müde macht. Der Sklave tat, was er mußte, er gehorchte, aber nicht „in allem". Denn wo die Augen des Herrn nicht hinsahen, drückte er sich, es lag ihm nur am „Gefallen der Menschen". Er hatte es ja nur mit seinem menschlichen Herrn zu tun. War es nicht ungerecht oder wenigstens ein blindes Schicksal, daß er der Sklave und der andere der Herr war? Hatte er nicht ein Recht, so wenig wie möglich zu tun und sich, so gut es ging, schadlos zu halten? Wenn es nur vor den Augen gut war und seinen Herrn zufriedenstellte, warum sollte er sich darüber hinaus anstrengen? Aber so kann es nie ein befriedigendes und wirklich erfüllendes Leben geben. Solche Art des Lebens und Arbeitens verdirbt den Menschen und macht ihn zwiespältig und verbittert.

Wie kann es anders werden, solange sich die äußeren Verhältnisse nicht ändern? Macht nicht das Christwerden das Sklavenlos erst recht unerträglich? Ein erlöstes Gotteskind, ein Erbe ewiger Herrlichkeit – ein Sklave in der Hand von menschlichen Herren? Jawohl, sagt Paulus, eure Herren sind es nur **„nach dem Fleisch"**. Ihr „Herrentum" erstreckt sich auf diese kurze, vergehende Weltzeit und berührt darum das Wesentliche nicht. Aber nun zieht Paulus nicht die naheliegende Folgerung, die unser Ich ziehen möchte: Nun also, was haben diese Herren mir dann noch zu sagen, gerade mir, dem Christen!? sondern zieht den entgegengesetzten Schluß: Also **„gehorcht in allem denen, die nach dem Fleisch eure Herren sind"**. Denn ihr habt es eben deshalb zuletzt nicht mit ihnen, sondern mit „dem Herrn" zu tun. Nicht diese vergänglichen Herren sollt ihr fürchten, das gibt nur die unbefriedigende **„Augendienerei"**. Fürchten sollt ihr **den Herrn** und gerade darum mit der Augendienerei Schluß machen. Jetzt habt ihr nicht mehr zwei Ziele eures Lebens, die sich streiten und euer Herz hin- und herreißen: Wie kann ich die Zufriedenheit meines Herrn kriegen und wie kann ich zugleich doch möglichst viel für mich selbst herausschlagen? Nun dürft ihn in **„Einfalt des Herzens"** leben, dürft eure Arbeit, was sie auch sei, **„von innen heraus"** tun und dabei einzig den Herrn vor Augen haben, den Herrn, der mit Seinem Blut auch euch zu Seinem Eigentum gemacht hat, zu „Auserwählten Gottes, heiligen und geliebten". Eure Arbeit, euer Sklavendasein liegt nicht als ein dunkler Fleck neben eurem Christsein, sondern euer Leben wird einheitlich und ganz ein Leben für Jesus. **„Dem Herrn Christus gehört ihr auch im Sklavenstande."** Eurem Leben und eurem Dienst ist damit auch das Entwürdigende genommen, das Sinnlose und Quälende. Für viele dieser Menschen konnte es durchaus so aussehen, als habe ihr Menschenleben in jener Stunde aufgehört, als man sie aus Heimat und Freiheit in die Sklaverei schleppte. Als Christen brauchen sie nicht mehr so zu denken. Auch ihr Leben jetzt ist ein volles, ganzes Leben, denn es ist ein Leben für Jesus. Und dieser ihr eigentlicher Herr gibt ihnen auch ihren reichen Lohn: **das Erbe.** Sie, die alles verloren, sind doch nicht „Enterbte". Äonen liegen vor ihnen, die nicht mehr Sklaverei, sondern Freiheit und Herrlichkeit sein werden. Freilich: **„Wer Unrecht tut, wird bekommen, was er Unrechtes getan hat, und es gibt da keine Parteilichkeit."** Sie dürfen nicht denken, bei ihnen als Sklaven komme es nicht so darauf an, bei ihnen sei es schon verständlich und entschuldbar, wenn sie in ihrer gedrückten Lage nicht immer gerade Wege gingen. Nein, Jesus nimmt sie als die Seinen genauso ernst wie freie und wohlhabende Leute.[69] Ein Satz wird auch den Herren gesagt: **„Ihr Herren, was recht ist und billig (wörtlich: die Gleichheit), gewährt den Sklaven, indem ihr wißt, daß auch ihr einen Herrn im Himmel habt."** Es ist sprachlich nicht ausgemacht, ob die beiden Ausdrücke im Anfang des Satzes wirklich nur unserm „recht und billig" entsprechen, oder ob wir „isotes" hier in der vollen Grundbedeutung „Gleichheit" nehmen dürfen.[70] Dann würde das Gewicht des ganzen Satzes wesentlich wachsen. Auch „Sklaven" sind nicht „rechtlos". Als Christen achtet ihr „Recht"! Und wenn ihr eure Sklaven auch nicht einfach freilassen könnt, wenn sie Sklaven bleiben und ihre Arbeit mit Hingebung tun müssen, aber „Gleichheit" besteht zwischen ihnen und euch! Und das ist nun nicht nur das gleiche Menschsein; von daher haben die Besten des Altertums die rechte Stellung zum Sklaven finden wollen. Für Christen geht die „Gleichheit" viel tiefer: „Herren" und „Sklaven" haben den gleichen Herrn, haben das gleiche Blut der Erlösung gekostet und warten auf das gleiche Erbe der Heiligen im Licht. Diese Gleichheit gewährt ihnen wirklich, auch wenn ihr die äußere Rechtslage jetzt nicht ändern könnt oder wollt. Auch ihr als „Herren" seid doch nicht herrenlos und „frei". Auch ihr habt einen Herrn im Himmel, vor dem ihr verantwortlich seid auch für euren Umgang mit euren Sklaven. Nicht umsonst wird „den Herren" „der Herr" vor Augen gestellt: Sie erleben an Jesus, was es heißt, wahrhaft „Herr" zu sein, wie Sein „Herrentum" Hingabe und Opfer ist.

Ist das alles nicht auch ein wegweisendes Wort für uns? Wie wenige Menschen können einen „freien" Beruf nach ihrer eigensten Neigung haben. Die meisten stehen als Arbeiter und Angestellte in einem abhängigen Dienst. Dieser Dienst ist gerade in der modernen Welt oft sehr eintönig und in sich selbst ohne die Freude des Schaffens. Für den heutigen Menschen droht darum trotz der Abschaffung der Sklaverei sein Werktag etwas wie eine Tretmühle zu werden, ein dunkles Gebiet neben dem „eigentlichen Leben". Sind dann die Arbeitgeber anonyme Größen, zu denen kein persönliches Verhältnis mehr möglich ist, und die nächsten Vorgesetzten, Meister und Betriebsleiter Leute mit allerlei Fehlern und Schwächen, dann droht gerade dem modernen Werktätigen die gleiche Unlust, die gleiche

[69] Anm. So hat Paulus Phlm 18 auch das etwaige Unrecht und die etwaigen Schulden des Onesimus nicht bagatellisiert, sondern so ernst genommen, daß er selber Philemon gegenüber dafür aufkommen will.
[70] Anm. Die Verwendung des Wortes in 2 Ko 8, 13. 14 spricht durchaus für die Bedeutung „Gleichheit".

„Augendienerei", die gleiche Zwiespältigkeit wie damals dem Sklaven. Nur das unbedingt Geforderte tun und für sich selbst noch möglichst viel herausschlagen und sein „Leben" als eine Sache für sich neben der Berufsarbeit führen, das ist dann die Einstellung, die doch so unbefriedigt und leer läßt. Es darf bei uns anders werden, wenn wir „Christen" sind, wenn wir einen Herrn haben, dem unser Leben gehört. Durch Menschen und Verhältnisse hindurch geht unser Blick geradeswegs zu Ihm. Ist unsere Arbeit eintönig, mechanisch, sinnlos – für Ihn dürfen wir sie tun, und was für Ihn getan wird, ist immer von Freude begleitet und mit einem Sinn beschenkt. Er sieht uns auch bei unserer Arbeit, uns ganz persönlich unter der großen Masse, in der wir als eine Nummer unterzugehen drohen. Sein Wohlgefallen, nicht das menschliche Urteil, ist uns auch in unserm Beruf maßgebend. So können wir die Arbeit „von innen heraus"[71] tun und das Beste mit Freuden leisten, auch wenn Menschen es nicht sehen und mit ihrer Anerkennung lohnen. „Alles, was ihr tut, das tut von Herzen als dem Herrn und nicht den Menschen", dies Wort, an Sklaven geschrieben, war der Konfirmationsspruch eines Bismarck und von diesem mächtigen Mann an der Spitze eines großen Reiches als Richtschnur wert gehalten. Nun sind wir auch geschützt gegen die weichlichen Gedanken, daß wir es bei unserer geringen und gedrückten Stellung nicht so genau zu nehmen brauchten und für ein wenig Unrecht eine Entschuldigung hätten. Uns wird vergolten werden! Gegen die christliche „Vertröstung auf das Jenseits" ist in Spott oder Zorn viel gesagt worden. Eine leere und betrügerische Vertröstung wäre allerdings eine Gemeinheit denen gegenüber, die auf irdischen Reichtum und irdisches Glück verzichten müssen. Aber da das göttliche Erbteil Realität, die Erwartung eines herrlichen Lebens für jedermann auf dieser Erde dagegen eine Illusion ist, ist es eine redliche und mächtige Hilfe für uns, daß wir in allem Verzichten und Entbehren und auch unter dem Druck einer öden, mechanischen und gering besoldeten Arbeit wissen dürfen, daß unsere irdische Existenz nicht die einzige ist und daß wir um volle Lebenserfüllung nicht betrogen sind, auch wenn unser Weg jetzt durch Dunkelheit, Leiden und Opfer führt.

Wenn wir Arbeitgeber, Vorgesetzte, Meister und Betriebsleiter sind, bedürfen wir in besonderer Weise der rechten Einstellung zu unserm Dienst. Uns allen liegt das falsche „Herrentum" im Blut, selbst wenn wir theoretisch den Begriff „Herr" verabscheuen. In Christus wird uns die rechte „Autorität" geschenkt, die von ganzem Herzen den uns Unterstellten ihr Recht und „die Gleichheit" gibt.

[71] Anm. Es steht hier „ek psyches", unserm „von Herzen" entsprechend. Da aber hier doch das griechische Wort für „Herz" nicht verwendet ist, ist die Übersetzung „von innen heraus" gewählt.

Die Beteiligung der Gemeinde am Missionsdienst durch Gebet und Zeugnis

Kolosser 4, 2–6

2 Auf das Gebet seid dauernd bedacht; wachend in ihm in Dank-
3 sagung, * betend zugleich auch für uns, daß Gott uns öffne eine
Tür des Wortes, zu sagen das Geheimnis des Christus, um deswil-
4 len ich auch gefesselt bin, * damit ich es offenbar mache, so wie ich
5 es sagen muß. * Mit Weisheit wandelt gegen die draußen, die gün-
6 stige Zeit auskaufend. * Euer Reden [sei] allezeit herzgewinnend,
mit Salz gewürzt, daß ihr wißt, wie ihr jedem einzelnen antworten
müßt.

Zu Vers 2:
4* Rö 12, 12
5* Eph 6, 18
6* 1 Th 5, 17
Zu Vers 3:
7* Rö 15, 30
8* Apg 14, 27
Zu Vers 4:
9* Eph 6, 19
10* 2 Th 3, 1
Zu Vers 5:
11* Eph 6, 20
12* Eph 5, 15. 16
13* 1 Th 4, 12
Zu Vers 6:
14* Eph 4, 29
15* Mk 9, 50
16* 1 Pt 3, 15. 16

Von den Häusern wendet sich Paulus nun noch einmal an die Gemeinde als ganze. Es geht um ihre Beteiligung am Missionsdienst durch Gebet und Zeugnis. Das Gebet als das Entscheidende steht voran. Unser „Anhalten am Gebet" ist zu abgebraucht und trifft „proskarterein" noch nicht ganz. Das Beten muß dauernd das feste Willensziel der Gemeinde sein. Es ist nicht nebenbei zu erledigen. Es ist eine ernste Arbeit, für die dauernd Raum geschaffen werden muß. Darum wird die anschließende Aufforderung zum „Wachen[72]" nicht nur auf die innere Straffheit und Aufmerksamkeit im Gegensatz zu allem schläfrigen und lässigen Dahinreden beim Beten gehen. Das „Wachen" wird auch wörtlich zu nehmen sein. Wie finden die Kolosser, etwa die Sklaven, die genügende Zeit zum gründlichen und anhaltenden Beten? Ihr werdet Nachtstunden opfern[73] müssen, antwortet Paulus. So hat er es selbst gemacht, da er seine Tage mit Arbeit für seinen Lebensunterhalt, mit Evangelisation, Seelsorge und Briefverkehr von früh bis spät übervoll besetzt hatte. Er hat es so gemacht in der Nachfolge des Herrn Jesus selbst. Nun dürfen auch die Kolosser in diesen wichtigsten Dienst mit der gleichen Entschlossenheit eintreten. Paulus mutet ihnen zu, daß sie es auch bei sol-

[72] Anm. Vom „Wachen" zum Beten weiß man schon in den Psalmen, z. B. 57, 9; 63, 2; 108, 3. Jesus selbst hat das „Wachen" und „Beten" verknüpft: Mt 26, 41; Mk 13, 33. Das hat deutliche Beziehung zur endgeschichtlichen Lage. Das „Wachen" ist die wichtigste Aufgabe der Gemeinde in der Endzeit: Lk 12, 35; 1 Pt 1, 13; 1 Th 5, 2—8; Rö 13, 11. Auch an unserer Stelle wird das „Wachen" im Gebet nicht ohne Beziehung zur Eschatologie sein, die das ganze Neue Testament durchtränkt.

[73] Anm. Vor allem frühe Morgenstunden nach dem Vorbild des Herrn selbst: Mk 1, 35. Vgl. auch Lk 6, 12; Mk 6, 46.

4* Rö 12, 12: Seid fröhlich in der Hoffnung, geduldig im Leiden, beharrlich im Gebet!

5* Eph 6, 18: Betet allezeit im Geist mit Bitten und Flehen jeder Art, und seid zu diesem Zweck wachsam mit aller Beharrlichkeit und unter Fürbitte für alle Heiligen.

6* 1 Th 5, 17: . . . betet ohne Unterlaß.

7* Rö 15, 30: Ich bitte euch aber dringend, liebe Brüder, bei unserm Herrn Jesus Christus und bei der Liebe, die der Geist wirkt: Steht mir mit den Gebeten, die ihr für mich an Gott richtet, im Kampfe kräftig bei.

8* Apg 14, 27: Nach ihrer Ankunft beriefen sie eine Gemeindeversammlung und berichteten über alles, was Gott durch sie vollbracht hatte, besonders darüber, daß Er den Heiden die Tür zum Glauben aufgetan habe.

chen Opfern nicht mißmutig tun, sondern **„mit Danksagung"**. Darin liegt zunächst die so wichtige Aufforderung, das Beten nicht nur ein Bitten und Fürbitten sein zu lassen, sondern dem Dank für alles, was Gott schon getan und gegeben hat, den rechten Raum zu geben. Aber ein Beten, das mit hellem Dank alles Handeln und Geben, Schützen und Helfen Gottes vor Augen hat, wird ein frohes Beten sein, auch wenn es Nachtstunden kostet.

Dieses Beten der Kolosser wird Mitarbeit auch in der paulinischen Mission. **„Betet zugleich auch für uns."** Das ist das Kostbare am Beten, daß wir darin real und aktiv an räumlich weit entfernten Werken beteiligt werden. Willst du mit deiner kleinen Kraft, gebunden durch deine Berufsarbeit für die Deinen an deinen Platz, vielleicht sogar durch Alter und Krankheit an deine Stube und an dein Bett, dennoch etwas Großes in der herrlichen Sache Jesu tun? Dann werde ein Beter und „wache darin mit Danksagung"!

Warum ist das so? Warum bedarf auch der große, bevollmächtigte Paulus des Gebets der Kolosser? Hatte er nicht den Auftrag, hatte er nicht die reiche Erfahrung, hatte er nicht den brennenden Eifer? Das hatte er. Er ist auch nicht allein, er faßt gerade hier seine Mitarbeiter, sicherlich den Timotheus, in einem „uns" mit sich zusammen. Aber was er **zu sagen** hat, ist **„das Geheimnis des Christus"**. Dieses Geheimnis hat er gerade in unserm Brief den Kolossern mächtig vor die Augen gestellt. Sie wissen es nun deutlich, daß das Evangelium zwar die einzige wirkliche Antwort auf die letzten Fragen des Menschen ist, wie sie in der Philosophie zwar gestellt, aber gerade nicht beantwortet werden, daß es auch die einzige wirkliche Lösung der letzten Nöte des Menschen bedeutet. Aber gerade deshalb ist es keine Botschaft, die jedermann leicht begreifen kann oder die doch wie andere Philosophien mit der nötigen „Redekunst" überzeugend dargestellt werden könnte. Jesus, der „Erstgeborene aller Schöpfung", durch den und zu dem alles geschaffen ist; Jesus, der „Frieden machte durch das Blut Seines Kreuzes"; Jesus, mit dem wir „mitgestorben" und „mitauferweckt" sein dürfen – was sind das für

[9*] Eph 6, 19: . . . (betet) auch für mich, daß mir, sooft ich den Mund auftue, das Wort gegeben werde, um freimütig das Geheimnis der Heilsbotschaft zu verkündigen.

[10*] 2 Th 3, 1: Im übrigen, liebe Brüder, betet für uns, daß das Wort des Herrn laufe und in seiner Herrlichkeit offenbar werden möge, wie bei euch.

[11*] Eph 6, 20: . . . für die ich auch in Ketten ein Sendbote bin, damit ich in ihr ein freimütiges Bekenntnis ablege, wie es mir gebührt zu reden.

[12*] Eph 5, 15. 16: Achtet also genau darauf, wie ihr wandelt, nicht als Unweise, sondern als Weise, * indem ihr die Zeit auskauft, denn die Tage sind böse.

[13*] 1 Th 4, 12: . . . damit ihr im Verkehr mit den Draußenstehenden einen ehrbaren Wandel führt und niemandes Unterstützung nötig habt.

[14*] Eph 4, 29: Laßt keine faule Rede aus eurem Munde hervorgehen, sondern nur eine solche, die da, wo es not tut, zur Erbauung dient, damit sie den Hörern Segen bringe.

[15*] Mk 9, 50: Das Salz ist etwas Gutes; wenn aber das Salz fade geworden ist, wodurch wollt ihr ihm die Würzkraft wiedergeben? Habt Salz in euch und haltet Frieden untereinander.

[16*] 1 Pt 3, 15. 16: Haltet nur den Herrn Christus in euren Herzen heilig und seid allezeit bereit, euch gegen jedermann zu verantworten, der von euch Rechenschaft über die Hoffnung fordert, die in euch lebt; * tut es jedoch mit Sanftmut und Furcht, so daß ihr euch ein gutes Gewissen bewahrt . . .

Wesensgeheimnisse, die – wie wir heute sagen würden – nur „existenziell" erfaßt werden können. Darum muß Gott, wie einst bei der Lydia, das Herz dafür öffnen.[74] Paulus sagt hier: **„eine Tür des Wortes öffnen"**. Dieser Genitiv heißt nicht nur „eine Tür für das Wort öffnen". Das Wort ist nicht nur als eine objektive Größe gedacht, die nun durch die geöffnete Tür in das Innere des Menschen hineingehen kann. Das Wort ist zugleich selbst eine Tür, es hat selbst eine aktive öffnende Kraft, die ihm von Gott verliehen werden muß. Das zeigt sich darin, daß sich die folgenden Wendungen gerade auf die rechte Art der Verkündigung beziehen: **„zu sagen das Geheimnis des Christus, damit ich es offenbar mache, so wie ich es sagen muß."** Wohl ist „das Geheimnis des Christus" eine bestimmte objektive Größe, ein für allemal gegeben durch alles das, was Gott in Christus von der Schöpfung an bis zur Vollendung hin getan hat oder noch tun wird. Aber Paulus denkt nicht einfach „orthodox". So wie das „Glauben" nicht einfach die Zustimmung zu einer richtigen und als richtig erkannten Lehre ist, sondern ein „Mitauferstehen mit Christus", so ist darum auch die Verkündigung, das „Sagen" des Geheimnisses Christi, ein „Zeugen" (1 Ko 4, 15) und „Gebären" (Gal 4, 19). Auf das „offenbar machen"[75] kommt es an. Dafür gibt es ein göttliches „Muß". Wieder müssen wir dieses „Müssen" viel tiefer und ernster nehmen, als es unser abgeblaßter Gebrauch des Wortes zunächst erkennen läßt. Dieses göttliche „Müssen" erfüllt sich nicht einfach von selbst, sondern will von Paulus und seinen Mitarbeitern immer neu erfüllt sein. Sachlich richtiges Lehren könnte (etwa als „schriftgemäße" Lehre) Sache der eigenen sauberen Theologie sein, wie alle Orthodoxie im Grunde auch immer gemeint hat. Aber das „Sagen des Geheimnisses Christi so, wie er es sagen muß", ist auch mit der besten und richtigsten Theologie noch nicht zu erreichen, so wichtig wahrlich auch theologische Klarheit ist. Die „öffnende" Kraft des Wortes ist mit keinem noch so brennenden Eifer gegeben. Keine „Erfahrung" aus langen Jahren gesegneten Dienstes garantiert hier etwas. Ja, selbst die grundlegende Erwählung und Bevollmächtigung stellt nur die Aufgabe, ohne sie automatisch zu lösen. Hier ist ein „Öffnen" und Geben Gottes nötig, über das kein Mensch, auch kein bevollmächtigter und bewährter Bote, verfügt. Gott allein öffnet die Tür des Wortes, Gott schenkt das „wie ich reden muß" zu jeder Stunde wieder neu. Darum will es fort und fort erbetet sein.

Nicht umsonst fügt Paulus hinzu: **„Um deswillen ich auch gefesselt bin."** Das ist nicht nur Feststellung eines Tatbestandes. Paulus zeigt den Kolossern an diesem Tatbestand, wie seltsam das „Geheimnis des Christus" ist. Es ist nicht eine „Lehre", die man richtig finden oder auch als unrichtig ruhig ablehnen kann. Es greift den Menschen

[74] Anm. Ähnliche Wendungen Apg 14, 27; 1 Ko 16, 9; 2 Ko 2, 12.
[75] Anm. Dieses „offenbar machen" ist auch an andern Stellen bei Paulus nicht ein bloßes Lehren übernatürlicher Wissensdinge, sondern ein wirksames Hervortretenlassen göttlicher Realitäten: 2 Ko 2, 14; 4, 10. 11.

so an, es hat so tiefe Beziehungen zu seinem innersten Wesen, daß es bei seiner Ablehnung den Haß und die Feindschaft auf den Plan ruft. Und dieser Haß ist so tief, daß er sich nicht mit Spott und heftigen Worten begnügt, sondern nicht ruht, bis er den Boten dieser Botschaft in Ketten gelegt sieht. Und eben darin steht aufs neue das „Geheimnis" des Christus vor den Kolossern: So wie Er selbst als der Gekreuzigte und Umgebrachte der Retter aller und der Sieger für Gott ist, so führt Er, der Weltherr, Seine Sache auf Erden durch einen – gefesselten Mann! Wie wahrhaft wunderbar ist nicht nur der Inhalt des Evangeliums, sondern auch sein Weg durch die Welt! Begreifen die Kolosser nun, welch ein anhaltendes, waches, einsatzbereites Beten hinter aller Mission stehen muß? Begreifen wir es mit ihnen?

Entscheidend ist der Dienst des Betens. Aber er würde unwahr, wenn der Beter sich nicht auch selbst in den Zeugendienst stellen wollte. Ich bete für dich, und du darfst dafür reden, um Menschenherzen ringen, kämpfen und leiden – eine solche „Arbeitsteilung" gibt es in der Gemeinde nicht. Auch die Kolosser sind am „Reden", am unmittelbaren Missionsdienst beteiligt. Freilich nicht wie ein „Apostel" mit einem weltweiten Auftrag oder wie ein Timotheus an bestimmten Orten im Reisedienst draußen. Aber sie haben auch ein „Draußen", an das ihre Sendung sie weist: die vielen Menschen, die in ihrer Stadt noch „draußen" sind. Das Neue Testament kennt alle jene seltsamen Mischgebilde noch nicht, mit denen wir heute uns plagen müssen. Die Gemeinde Jesu ist für seinen Blick klar abgegrenzt gegen **„die draußen"**. Es konnte von keinem bezweifelt werden, ob er zur Gemeinde Jesu gehörte oder noch „draußen" war. Der Fall der „Heuchelei", der „eingedrungenen falschen Brüder" ist eine besondere Sache für sich. Paulus erwartete aber nicht, daß die Kolosser seine Anweisung mit dem tiefsinnigen Einwand beantworten würden: Man wisse doch nicht, wer wahrhaft „drinnen" und wer wirklich „draußen" sei, man könne doch keinem ins Herz sehen. Die Kolosser wußten in ihrem Bekannten- und Verwandtenkreis ganz genau, wer ein „Ungläubiger" (also einer, der das Evangelium gehört, aber nein dazu gesagt hatte) und wer ein „Laie" (also einer, der dem Evangelium noch ahnungslos gegenüberstand) war.

Dort liegt nun die Missionsaufgabe der Kolosser. Aber nun fordert Paulus die Gemeinde nicht zu größeren volksmissionarischen Veranstaltungen auf. Er sieht in der damaligen Situation als entscheidend die „Evangelisation von Mann zu Mann". Die große volksmissionarische Gelegenheit ist die ständige Begegnung mit Menschen von „draußen", wie sie Beruf, Geschäft, Nachbarschaft und Verkehr mit sich brachte. Dabei ist zunächst noch nicht das an den andern gerichtete Wort gemeint. Davon spricht Paulus erst hernach. Zuerst geht es ihm um das **„wandeln gegen die draußen"**. Wir würden freilich das bekannte, viel gebrauchte Wort hier besser mit „sich benehmen gegen" oder „umgehen mit" wiedergeben. Unsere Stelle meint nämlich nicht, daß unser Leben als Christen, unser Lebenswandel als solcher anziehende oder überzeugende Kraft haben soll. Es ist vielmehr unser direkter Umgang mit den andern ins Auge gefaßt, offenbar schon im Sinne des Gesprächs mit ihnen. Denn nicht solche Dinge wie „Liebe" im Verkehr mit den andern werden gefordert, sondern „Weisheit". Daß die Gemeinde sich nicht abkapseln darf, braucht Paulus offenbar nicht erst zu sagen. Die Christen stehen in mannigfachen Beziehungen zu Nichtchristen aller Art. Daß sie dabei den andern gewinnen wollen, daß es bei den Gesprächen um das eigentliche Thema geht, setzt Paulus ebenfalls voraus. Aber daß das alles **„mit Weisheit"** geschieht, darauf kommt es ihm an. Bei der schwierigen Aufgabe des rechten Umgangs mit Menschen von „draußen" hilft der gute Wille allein noch nicht. Wieviel kann auch bester Wille und brennender Eifer verderben, wenn es ungeschickt und verkehrt angefangen wird. Paulus hält aber die Weisheit für die Gemeinde nicht für unerreichbar. Weisheit wirkt der Heilige Geist, und der Heilige Geist wohnt in den Glaubenden.

Der Zusatz: **„die günstige Zeit auskaufen"** zeigt, daß es bei dieser Weisheit nicht um das Geschick im Reden, sondern um das Erfassen der Situation und das Erkennen der rechten Stunde zum wirksamen Zeugnis ging. Für unser Wort „Zeit" hatte die damalige Sprache zwei verschiedene Ausdrücke. „Chronos" (uns allen aus dem Wort „Chronik" und „Chronologie" bekannt) bedeutet neutral den Zeitablauf, die Zeit, wie sie fort und fort dahinfließt. „Kairós" dagegen ist qualifizierte Zeit[76], die „rechte Zeit", die „rechte Stunde", der „günstige Augenblick". Wie töricht ist die Meinung, wir könnten jedem jedes zu jeder Zeit sagen! Ganz dieselben Sätze können zur unguten Stunde ein Herz verbittern und verhärten und im rechten Augenblick das gleiche Herz erschließen und heilsam treffen. Darum muß uns vom Geist geschenkte Weisheit zeigen, wann wir zu reden und wann wir zu schweigen haben, wann wir bei einem andern mit festem Griff zufassen und wann mit liebender Geduld warten müssen. Geistliche Weisheit lehrt uns „die Stunde" erkennen und ausnutzen, die so in der Begegnung mit einem andern vielleicht nie wiederkehrt.

Nun gehört in die rechte Stunde freilich auch das rechte Wort. Davon spricht Paulus nun. Der Satz beginnt wörtlich: **„Euer Wort allezeit in charis, mit Salz gewürzt."** Ein Verbum fehlt, das wir nach deutscher Redeweise ergänzen müssen. Ganz schwer wiederzugeben ist hier das „in charis". Das Wort „charis" hat eine Fülle von Färbungen in sich. Es bedeutet „Lieblichkeit", „Freundlichkeit", „Anmut", aber eben auch „Gnade". Wir haben keinen entsprechenden deutschen Ausdruck. Heben wir die „Freundlichkeit" der Rede hervor, so fehlt der sicher auch beabsichtigte Hinweis auf ihre „Anmut", und umgekehrt. Und es fehlte beide Male der für das griechische Ohr so deut-

[76] Anm. Auch hier wird der endzeitliche Bezug nicht ganz außer acht zu lassen sein. Immer klingt in dem Wort „kairos" das Wissen mit: Jetzt ist die letzte Zeit, die letzte Gnadenfrist vor dem Gericht, darum eine so entscheidungsvolle Zeit. Vgl. Rö 3, 26; 13, 11; 1 Ko 7, 29; 2 Ko 6, 2; 2 Th 2, 6.

liche Anklang an das bekannte Christenwort „Gnade". Wir müßten umständlich umschreiben: „Euer Wort habe die freundliche, anmutige Art an sich, wie die Gnade sie verleiht," oder „Euer Wort entspreche in seiner anmutigen und freundlichen Art der Gnade, die es dem andern bezeugt". Der Zusatz „mit Salz gewürzt" ist nicht eine Korrektur, um aus der „Freundlichkeit" eine falsche „Weichlichkeit" auszuschließen; es steht ja kein „aber doch auch" dabei. So beschreibt er das Gewinnende des Wortes von einer andern Seite her. Fades, ungesalzenes[77] Essen schmeckt niemand, und niemand langt gern dabei zu. Darum soll euer Wort im rechten Sinn „interessant" sein, es soll Lust machen, noch mehr zu hören, soll die Aufmerksamkeit wecken und den andern kräftig beeindrucken. Es soll wirklich „etwas zu sagen haben".

Denn unser Dienst vollzieht sich ja nicht, natürlich nicht, in Form einer „Ansprache", wenn auch im kleinsten Kreise. Er vollzieht sich im Gespräch. Wie oft hat wohl Paulus selbst seinen Dienst so getan, sicher nicht nur in Athen, wo es ausdrücklich erwähnt wird. Paulus nimmt nicht an, daß unser Zeugnis von Jesus den andern im Handumdrehen gewinnt, und hält es gar nicht für ein Mißlingen unserer Bemühungen, wenn Fragen und Einwände zunächst ihr Ergebnis sind. Denn diese Fragen und Einwände setzen ja das Gespräch fort und zeigen, daß der andere von unserer Botschaft angesprochen ist und sich mit ihr beschäftigt. Nun muß der Christ freilich antworten können! Dabei ist mit der bloßen Wiederholung bekannter Formeln nichts getan. Jede Frage, jeder Einwand hat eine besondere Färbung durch Person und Lage des Gesprächspartners. So ist es nötig, **„daß ihr wißt, wie ihr jedem einzelnen antworten müßt".** Nicht nur im großen Missionsdienst des Paulus, auch im stillen Gespräch auf der Straße oder im Hause in Kolossä kommt es auf das Wie der Verkündigung an und gibt es ein „Muß", das getroffen werden will (vgl. V. 4). Wir können ja als Christen gerade nicht mit geschickter Dialektik antworten oder unsere Botschaft dem andern so verständig begründen, daß er alles einsieht und richtig findet. In unserer Antwort muß vielmehr das Gewicht göttlicher Notwendigkeit liegen, sie muß von Gott her in das Herz und in die Lage des andern hineintreffen. Die evangelistische Gesprächsführung ist nicht Sache der „Klugheit", der geistigen Fechtkunst, der wissenschaftlichen Bildung. Der schlichte Mensch, der ein Beter ist und sich der Weisheit des Heiligen Geistes bedient, trifft dieses „Muß" im Gespräch oft am sichersten. Das überraschende, liebevolle und mit Salz gewürzte Wort sagt dann genau das, was diesem Menschen in diesem Augenblick gesagt werden „mußte" und was darum auch wie ein Schwertschlag in Herz und Gewissen trifft.

[77] Anm. Wir haben auch im Deutschen vom Bild des fehlenden, ausgelaugten Salzes her eine Kennzeichnung „faden" Geredes: wir nennen es „salbadern" (Ewald).

Persönliche Mitteilungen

Kolosser 4, 7–9

7 **Wie es mir geht, wird euch allen berichten Tychikus, der geliebte**
8 **Bruder und treue Diener und Mitsklave im Herrn, * den ich zu**
euch geschickt habe eben dazu, damit ihr erfahrt, wie es um uns
9 **steht, und er eure Herzen tröste, * zusammen mit Onesimus, dem**
treuen und geliebten Bruder, der von euch ist; alles werden sie
euch berichten, was hier geschieht.

Zu Vers 7:
[17]* Eph 6, 21
[18]* Phil 1, 12
Zu Vers 8:
[19]* Eph 6, 22
Zu Vers 9:
[20]* Phlm 10

Was in unsern Briefen meist im Mittelpunkt steht, das kommt hier erst am Schluß: Das persönliche Ergehen des Briefschreibers. Dabei ist es aber gar keine rein persönliche Sache. Paulus, der Bevollmächtigte des Christus, ist verhaftet und in einen Prozeß auf Leben und Tod verwickelt. Der Ausgang dieses Prozesses war von größter Bedeutung für die weitere Geschichte der Weltmission und für das Leben der Gemeinde Jesu. Darum warteten viele Gemeinden, darunter offenbar auch die in Kolossä, gespannt auf Nachricht. Paulus hat sein Schicksal auch selber nicht als Nebensächlichkeit betrachtet, sondern als ein notwendiges Stück seines Berufes und als unvermeidlichen Anteil an den „Christusleiden". So hatte er schon im Brief 1, 24 und 4, 3 darauf hingewiesen. Das Verlangen der Gemeinde, Näheres von dem Stand des Prozesses und dem Fortgang der Arbeit des Paulus zu erfahren, hielt Paulus für so berechtigt, daß er eigens einen seiner Mitarbeiter mit dem Brief nach Kolossä schickt, der persönlich über alles berichten soll. Wie gut verstehen wir das heute wieder, nachdem wir aus dem Kirchenkampf wissen, wie schwer sich ein Einblick in die „Lage" schriftlich geben läßt, wie nötig die lebendige mündliche Schilderung ist. Es ist ja so wichtig, daß die Gemeinden gleich auch die richtige innere Einstellung zu dem finden, was sie erfahren. Auch dazu soll Tychikus den Kolossern helfen. Das „parakalein" (vgl. oben zu 2, 2) wird darum auch hier nicht einfach „trösten" bedeuten, sondern den gesamten „Zuspruch" umfassen, der angesichts der „Lage" erforderlich ist.

Tychikus stammt selbst aus der Provinz „Asien", zu der Kolossä gehört. Er war der Vertreter der kleinasiatischen Gemeinden in der Kommission, die mit Paulus die große Gabe der heidenchristlichen Gemeinden an die Urgemeinde in Jerusalem überbringen sollte (Apg 20, 4; 1 Ko 16, 3. 4). So wird er den Kolossern nicht unbekannt sein. Paulus betont aber noch einmal, wie sehr er diesen Mann liebt

[17]* Eph 6, 21: Damit aber auch ihr über meine Lage hier und mein Ergehen etwas erfahrt, wird Tychikus, der geliebte Bruder und treue Diener im Herrn, euch alles berichten.

[18]* Phil 1, 12: Ich will euch aber wissen lassen, liebe Brüder, daß meine Lage hier eher zur Förderung der Heilsverkündigung sich entwickelt hat.

[19]* Eph 6, 22: Ihn habe ich eben deshalb zu euch gesandt, damit ihr von unserer Lage hier Kenntnis erhaltet und er eure Herzen ermutige.

[20]* Phlm 10: ... ich bitte dich für mein (Glaubens-)Kind, dessen Vater ich in meiner Gefangenschaft geworden bin, für Onesimus.

und schätzt als Bruder, als Diener und als Mitarbeiter. Ob wir hier das Wort „Diener" (diakonos) nur als einen allgemeinen Hinweis auf die mithelfende Arbeit des Tychikus oder doch schon ein wenig als „Titel" zu fassen haben, läßt sich nicht entscheiden. Jedenfalls aber müssen wir uns ganz von der üblichen Vorstellung lösen, die unserer gewohnten Geschichtsbetrachtung entspricht, als habe Paulus seine mächtige Arbeit in einsamer Größe getan. Wir haben ihn vielmehr in enger Arbeitsgemeinschaft mit vielen Männern zu sehen, die seine **„Mitsklaven im Herrn"**[78] sind und die er als solche einschätzt, auch wenn sie sich seiner Leitung unterstellten. Tychikus hat den gleichen Auftrag auch für Ephesus (Eph 6, 21). Seine Sendung dorthin, offenbar mit dem Gedanken seines längeren Bleibens dort, wird auch in 2 Tim 4, 12 erwähnt. Er soll dann vielleicht Titus auf Kreta ersetzen, damit dieser rasch zu Paulus nach Nikopolis kommen kann (Tit 3, 12).

Für Ephesus ist nur Tychikus als Bringer der Nachrichten genannt. Nach Kolossä reist mit ihm **Onesimus.** Diesen entlaufenen Sklaven des Philemon aus Kolossä, der in Rom durch Paulus zum Glauben kam (Phlm V. 10), kennen wir näher aus dem Philemonbrief. In wie feiner Weise mit der Weisheit der Liebe erweist hier Paulus beiden einen Dienst, den Kolossern und Onesimus. Die Rückkehr nach Kolossä war für den weggelaufenen Sklaven nicht einfach. Nun darf er als Bote des Paulus kommen. Und den Kolossern ist der Weg gewiesen, wie sie sich zu diesem Flüchtling stellen sollen: Er ist für sie jetzt der **„treue und geliebte Bruder"**, wie und weil er das für Paulus ist. Durch einen, der aus Kolossä selbst stammt, erfahren sie nun Näheres über Paulus.

Wie dürftig und verkehrt ist doch unsere Vorstellung von jener Zeit, wenn wir die uns überlieferten Briefe nur als theologische Lehrschriften eines einsamen Denkers lesen! Jene Zeit ist uns bei aller geschichtlichen Ferne doch in ihrer natürlichen menschlichen Lebendigkeit auch wieder viel näher, als wir meist meinen. Darum sind solche persönlichen Zeilen zur Vermittlung dieser „Nähe" so wichtig! Wir werden als Bibelleser gut tun, hier einmal einzuhalten und uns recht anschaulich auszumalen, wie es war, als Tychikus und Onesimus mit unserm Brief in Kolossä erschienen. Sie kamen von Paulus, nicht von einem überirdischen Heiligen, der sein Leben als Verfasser von „Bibel" zubrachte, sondern von einem echten Menschen und Mann, dessen Hand sie gedrückt, dessen persönlich gefärbten Sprachklang sie gehört, mit dem sie im Gespräch zusammengesessen und dessen Herzensbewegungen sie ein Stück miterlebt hatten. Und so standen sie auch in Kolossä in einem bunten Kreis echter Menschen, deren Glaube nicht ein abstraktes Schema, sondern ein

[78] Anm. „Sklave Jesu Christi" ist Ehrenname und Dienstbezeichnung. Nicht alle Gemeindeglieder sind auch „Leibeigene" des Herrn, sondern nur die Männer sind es, die ihr Leben völlig dem Dienst Jesu auslieferten.

kampf- und fragenreiches Stück Leben war wie bei uns selber auch. Diese Menschen hörten ihren Brief so, wie auch wir ihn lebendig-persönlich aufnehmend lesen dürfen.

Zu solchem rechten Bild der Dinge helfen uns auch

Die Schlußgrüße

Kolosser 4, 10–18

10 Es grüßt euch Aristarchus, mein Mitgefangener, und Markus,
11 der Vetter des Barnabas, über den ihr Aufträge bekamt (wenn er
zu euch kommt, nehmt ihn auf), * und Jesus, genannt Justus; sie
allein aus der Beschneidung sind Mitarbeiter für das Reich Gottes
und sind mir ein rechter Trost geworden.
12 Es grüßt euch Epaphras, der von euch, ein Sklave Christi Jesu[78],
der allezeit ringt für euch in den Gebeten, daß ihr dasteht als
ganze Leute und mit voller Gewißheit erfüllt in allem Willen
13 Gottes. * Denn ich bezeuge ihm, daß er viel Mühe hat für euch
14 und die in Laodikea und die in Hierapolis. * Es grüßt euch Lukas,
der Arzt, der geliebte, und Demas.
15 * Grüßt die Brüder in Laodikea und Nymphas und die Gemeinde
16 in seinem Hause. * Und wenn der Brief bei euch verlesen worden
ist, macht, daß er auch in der Gemeinde der Laodikeer verlesen
werde, und daß auch ihr den aus Laodikea verlest.
17 * Und sagt dem Archippus: Sieh auf den Dienst, den du über-
nahmst im Herrn, daß du ihn erfüllest.
18 * Der Gruß mit meiner, des Paulus, eigener Hand. Denkt an
meine Fesseln. Die Gnade mit euch!

Zu Vers 10:
21* Apg 4, 36; 12, 12; 19, 29; 27, 2
Zu Vers 12:
22* Kol 1, 7
Zu Vers 14:
23* 2 Tim 4, 10. 11
24* Phlm 24
Zu Vers 16:
25* 1 Th 5, 27
Zu Vers 17:
26* Phlm 2
Zu Vers 18:
27* 1 Ko 16, 21
28* 2 Th 3, 17

Vielleicht haben wir als Bibelleser lange diese Schlußzeilen mit den Grüßen als unwichtig und ein wenig langweilig überschlagen. Namen, Grüße – was ist das schon! Hier werden keine „Probleme"

21* Apg 4, 36: So besaß Joseph, der von den Aposteln den Beinamen Barnabas, das heißt auf deutsch: Sohn der Tröstung (= der Tröster), erhalten hatte . . .

Apg 12, 12: Nachdem er sich hierüber klargeworden war, ging er nach dem Hause der Maria, der Mutter des Johannes, der den Beinamen Markus führte; hier waren viele versammelt und beteten.

Apg 19, 29: Die ganze Stadt geriet in Aufruhr, und alle stürmten einmütig ins Theater, wohin sie auch die Mazedonier Gajus und Aristarchus, die Reisegefährten des Paulus, mitschleppten.

Apg 27, 2: Wir bestiegen dann ein Schiff aus Adramyttium, das die Küstenplätze der römischen Provinz Asien anlaufen sollte, und fuhren ab; in unserer Begleitung befand sich auch Aristarchus, ein Mazedonier aus Thessalonike.

22* Kol 1, 7: Ihr habt ja die betreffende Unterweisung von unserem geliebten Mitknecht (= Mitarbeiter) Epaphras empfangen, der als unser Vertreter ein treuer Diener Christi ist.

23* 2 Tim 4, 10. 11: . . . denn Demas hat mich aus Liebe zur jetzigen Weltzeit verlassen und ist nach Thessalonike abgereist, Crescens nach Galatien, Titus nach Dalmatien; * nur Lukas ist noch bei mir . . .

24* Phlm 24: (Es grüßen dich) Markus, Aristarchus, Demas und Lukas, meine Mitarbeiter.

25* 1 Th 5, 27: . . . laßt diesen Brief zur Vorlesung bei allen Brüdern kommen.

26* Phlm 2: . . . sowie der Schwester Appia und unserm Mitstreiter Archippus nebst der Gemeinde in deinem Hause unsern Gruß.

27* 1 Ko 16, 21: Hier mein, des Paulus, eigenhändiger Gruß!

28* 2 Th 3, 17: Hier mein, des Paulus, eigenhändiger Gruß! Dies ist das Kennzeichen in jedem meiner Briefe: So schreibe ich!

behandelt, keine „erbaulichen" Darlegungen gegeben. Aber hier ist das konkrete Leben der tatsächlichen lebendigen Gemeinde uns besonders nah! Und wieviel sagen uns doch die kurzen Bemerkungen, die Paulus mit Liebe den Namen hinzufügt.

Da sind drei Männer als einzige Mitarbeiter aus dem Judentum, eine schmerzlich geringe Zahl für den Apostel, der selbst Jude ist und sein Volk mit den mächtigen Gaben und Verheißungen Gottes tief liebt. Aber diese drei sind doch da und bezeugen es mit, daß Gott Sein Volk nicht verstoßen hat (Rö 11, 1). Darum sind sie Paulus ein besonderer **„Trost geworden"**[79]. Wir machen uns nicht leicht eine zutreffende Vorstellung davon, wie schwer es für Paulus war, immer wieder sehen zu müssen, wie Scharen von „Heiden" zu Jesus, dem Christus, kamen, und sein Volk, das erwählte Israel, lehnte ab, und nur wenige aus der Beschneidung wurden an Jesus gläubig. Aber an diesen wenigen freute sich Paulus darum auch ganz besonders, und es war ihm gewiß eine große Genugtuung, daß der Mann, der unmittelbar seine Gefangenschaft teilte, ein Israelit war. Wenn Paulus hier die bei ihm so seltene Bezeichnung Mitarbeiter **„für das Reich Gottes"** braucht, so hängt das wohl auch damit zusammen, daß er hier von jüdischen Männern spricht. Die „basileia tou theou", die „malkut Jahwe", die „Königsherrschaft Gottes" ist und bleibt nun einmal ein israelitisches Wort.

Aristarchus stammt aus Thessalonich (Apg 20, 4; 27, 2) und gehörte wie Tychikus zu der Deputation, die die Kollekten der paulinischen Gemeinden nach Jerusalem brachte. Er hatte die Arbeit des Paulus in Ephesus mitgemacht (Apg 19, 29) und war von daher gewiß manchem auch in Kolossä bekannt. Er wird bei der Fahrt des verhafteten Apostels nach Rom ganz besonders erwähnt (Apg 27, 2), teilte also wohl da bereits die Gefangenschaft des Paulus. Im Philemonbrief ist Epaphras und nicht er als „Mitgefangener" auf der Grußliste, ohne daß wir den Grund erkennen können.[80]

Markus stammt aus Jerusalem und heißt eigentlich Johannes. Seine Mutter Maria hatte in Jerusalem ein Haus, das sie zu Gemeindeversammlungen zur Verfügung stellte (Apg 12, 12). Vermutlich durch seinen Vetter Barnabas wurde er auch mit Paulus bekannt und als Gehilfe mit auf die erste Missionsreise genommen (Apg 13, 5). Er war wohl noch jung. Auf dieser Reise aber versagte er und kehrte eigenmächtig nach Jerusalem zurück (Apg 13, 13), so daß Paulus ihn auf der zweiten Reise nicht wieder mithaben wollte (Apg 15, 37). Wie ernst die Ablehnung des Paulus gegen einen jungen Kerl war, der vor den Nöten und Gefahren der Mission davongelaufen war, sehen wir daraus, daß es Paulus an dieser Frage zum Bruch mit Barnabas kommen ließ (Apg 15, 39). Um so schöner, daß wir durch den Gruß in unserm Brief erfahren, daß eine Versöhnung erfolgt ist und Markus wieder

[79] Anm. Vielleicht müssen wir bei diesem Wort die Situation von Phil 1, 13-15 mit vor Augen haben.

[80] Anm. Vielleicht ist Aristarchus ebensowenig wie Epaphras mit verhaftet worden, sondern teilte freiwillig mit andern abwechselnd die Haft des Paulus.

geachtet im Dienst bei Paulus steht (vgl. auch 2 Tim 4, 11). Das Glaubensleben des Johannes Markus geht offenbar auf Petrus zurück, zu dem er enge Beziehungen unterhält (1 Pt 5, 13), eine Tatsache, die es uns bestätigt, daß die Verbundenheit auch zwischen Paulus und Petrus eine aufrichtige war.

Jesus Justus wird nur an dieser Stelle genannt; einen Einblick in seine Lebensgeschichte erhalten wir nicht. Immerhin: ein Israelit, der es wagte, in Jesus den Messias Israels zu erkennen und dann sogar mit einem Paulus in eine feste Arbeitsgemeinschaft zu treten; das mußte ein ganzer Mann sein, an dem Gott etwas Großes getan hatte.

Nun grüßen drei Christen aus der Völkerwelt. **Epaphras** kennen wir schon aus 1, 7. 8 als Begründer der Gemeinde in Kolossä; er bekommt hier dieselbe Bezeichnung „Sklave Christi Jesu" (vgl. Anmerk. 78), mit der Paulus auch sich selbst in seinem Dienst für den Herrn benennen kann (Phil 1, 1; Tit 1, 1). Aber hier nun noch unser Blick in das Wesen dieses Mannes! Er ist nicht damit zufrieden, daß die Gemeinde in Kolossä nun gegründet ist, daß er Menschen zur wunderbaren Bekehrung hat führen dürfen. In seinem Herzen lebt das gleiche: Weiter! Vorwärts!, das wir bei Paulus fanden (vgl. zu 1, 9–14). Die Kolosser sollen **„ganze Leute"** werden. So werden wir das „teleioi" am besten wiedergeben, um jeden falschen „Perfektionismus" zu vermeiden. Paulus hat in Phil 3, 12 und 15 ein „teleleiomai" und ein „teleioi" unterschieden. „Vollendet, fertig, am Ziel bin ich nicht", aber „teleioi" = „ganze Leute" soll es in der Gemeinde geben im Gegensatz zu allem halben, schwankenden, unsicheren Wesen. Wie dem Paulus selbst in 2, 2 geht es auch Epaphras darum, daß die **Gewißheit** der Kolosser, gerade gegenüber allen Einflüssen, die auf sie eindringen wollen, eine feste und geschlossene sei. Diese Gewißheit sollen sie **„in allem Willen Gottes"** haben. Die Gemeinde Jesu hat ja nicht den „Gott der Philosophen", den „ruhenden" Gott, über den nachzudenken und Bescheid zu wissen die Hauptsache ist, sondern den „lebendigen Gott", der „Wille" ist, der darum an uns handelt und auch unsern lebendigen Willen zum Handeln in Seiner großen Sache haben will. Es wird hier am Schluß des Briefes noch einmal der ganze Gegensatz zu unserm „akademischen" Christentum deutlich. So ist es ja auch in unserm ganzen Brief einzig um die Frage gegangen: Was will Gott von der Gemeinde? Will Er das Halten von Feiertagen, das Melden bestimmter Dinge, will Er unsere Verbindung mit Engelmächten? Oder will Er einzig aber auch ganz unser Leben in und mit Christus durch den Glauben? Auch die scheinbar „spekulativen" Sätze in dem Abschnitt 1, 15–20 dienten allein der Beantwortung dieser Frage. Epaphras ist mit Paulus völlig eins in dieser Grundhaltung. So hat er das Ziel für die von ihm begründete Gemeinde klar vor Augen. Aber wie sucht er nun dies Ziel zu erreichen? Er „ringt" für die Kolosser. Aber nicht mit Mahnungen und Beschwörungen und Kirchenzuchtmaßnahmen, sondern mit – Beten. Was für ein

Vertrauen müssen diese Männer in das Gebet gesetzt haben. Was für Beter müssen sie gewesen sein! Epaphras wie Paulus ist die Erhaltung und Weiterführung einer Gemeinde Jesu kein Spiel, keine hübsche Nebenbeschäftigung, sondern eine Sache vieler Mühe. Aber diese Mühe ist in erster Linie – „Gebet". Wie gern wird ihm Paulus bei dieser Übereinstimmung in der Erfassung der Arbeit das gute Zeugnis ausgestellt haben.[81] Dabei beschränkt Epaphras sich nicht auf Kolossä allein, sondern weiß sich auch für die benachbarten Gemeinden in Laodikea und Hierapolis verantwortlich.

Lukas kennen wir alle als den Verfasser des dritten Evangeliums und der Apostelgeschichte, deren Partien im „Wir"-Stil ihn schon als mit Paulus eng verbunden zeigen. Das wird uns hier bestätigt. Er wird 2 Tim 4, 11 als allein bei Paulus verblieben und ganz kurz als „Mitarbeiter" in Phlm 24 erwähnt. Hier an unserer Stelle hören wir, daß er von Beruf Arzt war. Das ist nicht so ganz unwichtig. Paulus hat also einen Arzt in seiner nächsten Umgebung und Mitarbeiterschaft gehabt und offensichtlich nicht gemeint, daß Lukas als wahrhaft gläubiger Mann seinen Beruf aufgeben müsse. Das wird für die Frage der Stellung des Christen zum Arzt bedeutsam. Paulus fügt diesem **„Lukas, der Arzt"** noch ein herzliches **„der geliebte"** hinzu.

„Und Demas." Von ihm sagt Paulus kein weiteres Wort, auffallend in dieser Umgebung irgendwie näher gekennzeichneter Namen. War Paulus mit Demas damals schon nicht so ganz zufrieden? Konnte er deshalb um der Wahrhaftigkeit willen hier nichts Freundliches hinzufügen? 2 Tim 4, 10 hören wir, daß Demas nicht bei Paulus ausgehalten hat. Von einem „Abfall" werden wir dabei gewiß nicht reden dürfen. Paulus weiß ja, wohin Demas gereist ist: nach Thessalonich, d. h. doch wohl in die dortige Gemeinde. Allerdings bei Paulus ist es ihm zu gefährlich, er hängt an seiner irdischen Existenz. Das eben ist mit dem Wort gemeint: „er hat diese jetzige Weltzeit liebgewonnen".

Nun bittet Paulus seinerseits noch um Grüße. Die Laodikeer bekamen zwar einen eigenen Brief, aber die beiden Städte lagen so nah beieinander, daß ein lebhafter Verkehr auch zwischen den Gemeinden bestanden haben wird. Ihn will Paulus fördern, indem er ihnen Grüße aneinander aufträgt. Diese Grüße gelten besonders einem Manne[82], der seine Familie und seine Gemeinde in ähnlicher Weise zu einer Hausgemeinde zusammengefaßt hat, wie Philemon es in Kolossä tat.

Paulus hat dem Tychikus, der ja eine Reihe von Gemeinden in

[81] Anm. Aus der besonders lebhaften und warmen Empfehlung des Epaphras hat man schließen wollen, daß dieser Gründer der Gemeinde aus Kolossä verdrängt worden war, vielleicht von dem Teil der Gemeinde, der den „Philosophen" zuneigte, vielleicht sogar von seinem „Nachfolger" Archippus, der darum von Paulus vor der Gemeinde einen so scharfen Verweis bekommt. Aber das allein sind reine Vermutungen ohne genügenden Anhalt im Text unseres Briefes.

[82] Anm. Oder einer Frau? Der hier stehende Akkusativ läßt sich auf den Frauennamen „Nymphe" ebenso zurückführen wie auf den Männernamen „Nymphas"; die Lesungen „in ihrem Haus" und „in seinem Haus" schwanken dementsprechend in den Handschriften, ohne daß eine sichere Entscheidung möglich ist.

Kleinasien besuchen sollte, mehrere Briefe mitgegeben. Die beiden benachbarten Städte Kolossä und Laodikea sollten die ihren austauschen. Wir erhalten hier einen Einblick in das Werden eines „Neuen Testaments". Von Anfang an waren nach der Sitte der Synagoge die „Heiligen Schriften", also das „Alte Testament", in der gottesdienstlichen Gemeindeversammlung vorgelesen worden. Nun wird auch ein eintreffendes apostolisches Schreiben öffentlich vor der Gemeinde verlesen, und das gewiß nicht nur einmal. Man hatte aber ein Interesse daran, auch solche Paulusbriefe zu hören, die an benachbarte Gemeinden geschrieben waren, und gab seinerseits den eigenen Brief gern weiter. Die entliehenen Briefe wurden abgeschrieben, so daß man sie stets zur Hand hatte. Das Vorlesen aus den Briefen wurde allmählich Brauch in den Gottesdiensten der Gemeinde. Dafür sammelte man die Briefe und wählte aus ihnen eine bestimmte Zahl, die von allen Gemeinden übereinstimmend verwendet wurden. So wurde „Neues Testament" neben dem „Alten" als maßgebende „Schrift" für die Gemeinden. Paulus selber lag daran, daß zunächst wenigstens benachbarte Gemeinden die Gelegenheit benutzten, an dem Anteil zu bekommen, was er der anderen Christenschar in einem Brief dargelegt hatte. Es gab zwar keine umfassende, organisierte „Kirche". Aber Paulus sah doch in jeder Gemeinde d i e Gemeinde Jesu und darum die Einzelgemeinden selbstverständlich als eine Einheit, als den einen „Leib des Christus". Dem hat er in der Formung seiner Anschriften deutlichen Ausdruck gegeben. Darum will er in einer Zeit, die den Buchdruck ja nicht kannte, durch den Austausch der Gemeindebriefe die Einheit und Verbundenheit der Gemeinden fördern.

„**Und sagt dem Archippus...**" Die Gemeinde in Kolossä ist zahlenmäßig offenbar so klein, daß sie als ganze dem Archippus etwas sagen kann. Von Archippus wissen wir sonst nichts. Er wird auch Phlm 2 erwähnt. Manche haben aus der Art der dortigen Erwähnung schließen wollen, daß er ein Sohn Philemons war. Er hat einen „Dienst" in der Gemeinde übernommen. Auch wenn es Aufgabe aller Gemeindeglieder war zu „lehren" und zu „ermahnen" (vgl. zu 3, 16), so bedarf doch jede Gemeinschaft auf die Dauer auch bestimmter Funktionen, die fest von einzelnen übernommen werden müssen. Welche Aufgabe Archippus hatte, wird uns nicht gesagt; es muß aber eine wichtige, vielleicht die der Leitung anstelle des bei Paulus weilenden (und nach Phlm 23 sogar mitgefangenen) Epaphras gewesen sein. „Im Herrn" hat er diese seine Aufgabe übernommen. Wir sahen schon, daß die Gemeinde eine „Hauptschaft" ist. Das Haupt selbst weist die „Dienste" in Seinem Leibe an, in Ihm werden sie angetreten. Dies schließt aber den Einsatz des ganzen Willens, die eigene Hingabe und die eigene Verantwortung nicht aus, sondern gerade ein. Der Dienst soll und darf voll und ganz getan werden. Dazu wird gemahnt. Solche Mahnung braucht uns nicht denken zu lassen, daß ungute Nachrichten über die Arbeit des Archippus zu Paulus gelangt wären. Wenn ein Dienst die stete Anspannung aller Aufmerksamkeit und Kraft erforderte, gelang er nicht spielend und von selbst. Es ist keine Schande und kein Zeichen von Unzufriedenheit, wenn die Bruderschaft den Träger des Dienstes immer wieder mahnt, wie ja Paulus auch bei einer wachen und lebendigen Gemeinde die stete Mahnung für nötig hielt und in Ephesus „nicht abgelassen hatte, jeden einzelnen mit Tränen zu ermahnen" (Apg 20, 31). Hier übt Paulus die Ermahnung nicht unmittelbar selbst, sondern weist sie mit feinem Takt der Bruderschaft zu.

Bis hierher hat Paulus diktiert. Nun unterschreibt er eigenhändig mit einem Gruß (vgl. 1 Ko 16, 21; Gal 6, 11; 2 Th 3, 17; Phlm 19). Es ist der Gruß des Märtyrers, dem es so am Herzen liegt, daß er in seiner vom Herrn verordneten, aber schweren Lage in der Verbundenheit und in der Fürbitte der Gemeinde bleibt: „Denkt an meine Fesseln." – Es ist der kurze Wunsch, der alles umschließt, weil die Gnade des großen Jesus alles umfaßt, was die Gemeinde braucht: Weisheit, Rettung, Heiligung, Vollendung. Eben dies hat der Brief gezeigt. Darum: „Die Gnade mit euch!"

Die Briefe des Paulus an die Thessalonicher

erklärt von

Werner de Boor

R. BROCKHAUS VERLAG

VORWORT

zur Erklärung der Thessalonicherbriefe

In weit stärkerem Maße als Phil und Kol bieten die beiden Thessalonicherbriefe mannigfache Schwierigkeiten der Übersetzung und der Auslegung, an einzelnen Stellen wie in ganzen Abschnitten. Der Benutzer einer „Studienbibel" hat einen Anspruch darauf, diese Schwierigkeiten ungeschminkt kennenzulernen und in ihnen zu einem selbständigen Urteil angeleitet zu werden. Ich habe mich daher gerade bei diesen beiden Briefen besonders gescheut, eine „glatte" Übersetzung in gutem Deutsch zu liefern, und besonders bemüht, den griechischen Wortlaut möglichst getreu vor den Leser hinzustellen. Gute Übersetzungen gibt es in Fülle, von der Lutherbibel bis zu den modernen Werken (Menge, Schlachter, Schlatter, Thimme, Elberfelder, Zürcher Bibel). Der Leser wird gut tun, eine solche moderne Übertragung in gutem Deutsch neben sich zu legen. Gerade an den umstrittenen Stellen aber wäre eine gute Übersetzung sofort schon eine bestimmte Auslegung, die der Leser doch erst selbst mit erarbeiten soll. Wenn die „Studienbibel" auch kein „theologischer Kommentar" sein will und sein kann und darum nicht die Auseinandersetzung mit allen anderen Auslegungen zu führen braucht, so muß sie doch den Leser von den möglichen Auffassungen der umstrittenen Stellen und von ihrer jeweiligen Begründung unterrichten. Der gründliche Bibelleser wird schon von sich aus manche Frage zum Text haben und soll ruhig wissen, daß das Verstehen der Heiligen Schrift nicht eine billige „Erbauung" ist, sondern eine ernste und verantwortungsvolle Sache, die eingehendes Prüfen, hingebende Arbeit, Zucht der Gedanken und betendes Stehen vor Gott erfordert. Wir verbinden in der heutigen Christenheit allzu leicht eine volltönende allgemeine Verehrung der Bibel mit ihrer sehr oberflächlichen Benutzung, die rasch und mühelos die eigenen Meinungen mit ein paar Bibelzitaten „beweist" und beim Lesen der Schrift die Augen nicht auftun mag für das, was da wirklich steht. Wenn auch dieser Band der „Studienbibel" mit dazu hilft, daß es an diesem Punkt in der Christenheit besser wird, wenn er wirkliches Lesen fördert und zur tapferen Unterstellung unter das Wort der Schrift anleitet, dann erfüllt er seinen Zweck.

Schwerin, den 29. Januar 1959.

Werner de Boor

Inhaltsverzeichnis

Inhaltsübersicht zum 2. Thessalonicherbrief

EINLEITUNG
zu den beiden Thessalonicherbriefen

Als die missionarische Mannschaft Paulus-Silvanus-Timotheus aus der ersten Gemeinde Gottes auf dem europäischen Festland, aus Philippi, weichen mußte, trat sie nicht enttäuscht und entmutigt den Rückzug an, sondern ging weiter nach Westen vor. Sie sah selber in diesem Schritt das Geschenk des freien Mutes, das Gott in wunderbarer Weise ihr gegeben hatte (1 Th 2, 2). Die Apg berichtet, daß sie dabei die Städte Amphipolis und Apollonia „durchwanderte" (Apg 17, 1). Ein Vergleich mit Lk 8, 1 zeigt, daß das nicht ein Durchreisen ohne Aufenthalt und Verkündigung gewesen sein muß. Gewiß ist es nicht zur eigentlichen Gemeindebildung gekommen. Aber wenn die Thessalonicher Liebe an „allen Brüdern in ganz Makedonien" beweisen (1 Th 4, 10), so kann dabei nicht nur an Philippi und Beröa gedacht sein; es muß an vielen Orten der Provinz einzelne Christen und Christenhäuflein gegeben haben, um die man sich besonders kümmern mußte und gekümmert hat. Die Nennung von Amphipolis und Apollonia wird in der so sparsamen Schilderung des Lukas nicht umsonst erfolgt sein.

Dann kam die Mannschaft nach Thessalonich. Die Stadt war von dem makedonischen König Kassander gegründet worden, und zwar im Siedlungsgebiet mehrerer kleinerer Orte, darunter vor allem von Thermä (auf deutsch etwa „Warmbrunn"), das der dortigen großen Seebucht den Namen „Thermäischer Meerbusen" gegeben hatte. Die neue Stadt erhielt den Namen „Thessalonike", wahrscheinlich zu Ehren der Gemahlin des Königs, einer Schwester Alexanders des Großen. Die heutige Namensform „Saloniki" bewahrt noch das „k" in der Endsilbe „nike = Sieg". Auch in unsern beiden Briefen heißen die Bewohner der Stadt „Thessaloniker".

Die neue Stadt hatte sich bei ihrer günstigen Lage an der See und an der großen römischen Reichsstraße, der „via Egnatia", die von Dyrrhachium nach Byzanz führte und somit den Osten mit dem Westen verband, als Hafen- und Handelsstadt gut entwickelt. Sie war für die damaligen Verhältnisse eine „Großstadt". Die Römer hatten sie nach der Eingliederung Makedoniens in das Reich zur Hauptstadt der Provinz und zum Sitz eines Prokonsuls gemacht. Sie behielt dabei aber eine gewisse Selbständigkeit mit eigener Verwaltung durch „Politarchen", wie es auch Apg 17, 6 sachkundig erkennen läßt. Paulus hat gern in solchen Städten gearbeitet, von denen aus die Botschaft dann in die Provinz hinein weitergetragen werden konnte.

Den Anknüpfungspunkt bot auch hier die jüdische Gemeinde, die in Thessalonich sogar über eine Synagoge verfügte und somit auch weit bedeutender war als das kleine Häuflein in Philippi, das nur eine Gebetsstätte am Fluß besaß (Apg 16, 13). Wenn wir in Apg 17, 1 mit ansehnlichen Handschriften den Artikel vor „Synagoge" zu lesen haben, dann hätte in Thessalonich sogar „die Synagoge" für die ganze Provinz gestanden. Aus der Judenschaft Thessalonichs stammt Aristarchus, der in Apg 19, 29; 20, 4; 27, 2; Kol 4, 10 f als besonderer Mitarbeiter des Paulus erwähnt wird. Sonst aber kommt es mit der Judenschaft rasch zum Konflikt: Apg 17, 1—9. Die Erzählung der

Apostelgeschichte nötigt dabei nicht, den Aufenthalt des Paulus und seiner Mitarbeiter in Thessalonich überhaupt nur auf drei bis vier Wochen zu begrenzen. In dieser kurzen Zeit konnte schwerlich die von der Apostelgeschichte selber genannte „große Anzahl von gottesfürchtigen Griechen und der vornehmen Frauen nicht wenige“ für das Evangelium gewonnen und auf keinen Fall eine so festgefügte und in allem gründlich unterrichtete Gemeinde aufgebaut werden, wie sie uns in den beiden Thessalonicherbriefen sichtbar wird. Auch die zweimalige Sendung einer Unterstützung für Paulus (Phil 4, 16) und die vorbildliche Ausfüllung eines festen Arbeitsplatzes durch Paulus und seine Mitarbeiter (1 Th 2, 9; 2 Th 3, 7—9) nötigt, an einen etwas längeren Aufenthalt in der Stadt zu denken. Nach den Vorträgen und Diskussionen an den drei in Apg 17, 2 erwähnten Sabbaten war die Synagoge der Jesusbotschaft verschlossen, aber nichts hinderte Paulus, nun in anderen Räumen — darunter dem im Hause Jasons — weiterzuarbeiten. Die Gemeinde wird dadurch eine wesentlich „heidenchristliche“, wie aus 1 Th 2, 14—16 einwandfrei hervorgeht. Und erst der hier hervortretende Erfolg wird dann die Judenschaft aufs äußerste beunruhigt und zu ihrem weiteren Vorgehen gegen die Boten veranlaßt haben. Auch dieses Vorgehen muß sich durch einen längeren Zeitraum erstreckt und die an Paulus und sein Evangelium sich anschließenden Griechen mit betroffen haben. Der 1. Brief spricht ja davon, daß die Thessalonicher „das Wort unter viel Bedrängnis“ angenommen haben. Zuletzt wird es zu jenen Vorgängen gekommen sein, die Apg 17, 5—9 schildert und die die Boten zwangen, auf Rat der Brüder die Stadt zu verlassen.

Die weiteren Vorgänge sind uns im einzelnen nicht mehr genau bekannt. Die Apostelgeschichte gibt uns nur einen ganz summarischen Bericht, der Wochen und Monate in wenigen Zeilen zusammenfaßt. Was aber hat die Wochen und Monate ausgefüllt, auch an Sorgen um die in viel Not zurückgelassene Gemeinde! Unablässig haben die Boten an die Brüder dort gedacht, unablässig für sie gebetet (1 Th 1, 2). Es müssen aber auch einzelne Nachrichten über das Anhalten der Bedrängnisse zu Paulus gelangt sein, daß er in 1 Th 3, 1—5 so bestimmt davon sprechen kann. Die drei Boten, vor allem der verantwortliche Leiter Paulus, halten es schließlich nicht mehr aus unter diesen Sorgen. Mit einem Brief zur Erkundigung nach der Lage und zur Ermutigung der Gemeinde war es nicht getan. Es muß einer von ihnen selbst nach Thessalonich, sich persönlich ein Bild von der Lage der Gemeinde machen und die Glaubenden in der Anfechtung durch unmittelbaren Zuspruch stärken. So wird Timotheus entsandt (1 Th 3, 2). Paulus bringt dafür das Opfer, in Athen allein zu bleiben. Die Darstellung der Apg (17, 14—16), daß sich Paulus bereits in Beröa von Silvanus und Timotheus getrennt und allein nach Athen gereist sei, läßt sich mit den Worten unseres Briefes durchaus vereinen. Die Absendung des Timotheus muß nicht von Athen selbst nach dem Eintreffen der beiden Mitarbeiter aus Beröa erfolgt sein. Ja, es entstände dann sogar die Schwierigkeit, daß Paulus in diesem Falle gerade nicht „allein“ in Athen gewesen wäre, sondern Silvanus zur Seite gehabt hätte. Wenn er dagegen Timotheus von Beröa aus nach Thessalonich zu gehen und Silvanus noch in Beröa zu bleiben bat, nahm er wirklich ein „allein gelassen werden in Athen“ auf sich. Es mag ihn dann zuerst Silvanus in Korinth wieder erreicht haben, so daß die Rückkehr des Timotheus ein besonderes Ereignis war (wie 1 Th 3, 6 nahe legt), oder Timotheus kam über Beröa mit Silvanus zusammen nach Korinth (wie es nach Apg 18, 5 angenommen werden kann, aber nicht angenommen werden muß). Wir wissen viele Einzelheiten nicht, die uns wichtig genug wären für ein vollständiges Bild der apostolischen Zeit! Jedenfalls drängt es nun die drei Boten, einen gemeinsamen Brief an die „Gemeinde der Thessaloniker" zu schreiben, unseren 1. Thessalonicherbrief.

Man hat diesen Brief vielfach gering geachtet. Wer als „faustischer" Deutscher vor allem „Denker" ist und den Wert eines Schriftstückes nach der Größe und Tiefe der in ihm behandelten „Probleme" bemißt, wird in der Tat an dem 1. Thessalonicherbrief „nicht viel finden". Selbst die beiden „Fragen", die unser Brief berücksichtigt, die Frage nach dem Schicksal der vor der Wiederkunft des Herrn verstorbenen Gemeindeglieder und die Frage nach dem Zeitpunkt dieser Wiederkunft, werden nicht in gründlichen theologischen Ausführungen dogmatisch interessant beantwortet, sondern erstaunlich einfach und praktisch behandelt. Je mehr wir aber Auge und Herz geöffnet bekommen für die Wirklichkeit göttlichen Lebens, je mehr uns darum auch in der Bibel das grundlegende Zeugnis dieses Lebens wichtig wird, umso lieber und kostbarer wird uns gerade der „schlichte" 1. Thessalonicherbrief. Gerade weil diese Gemeinde Paulus noch nicht zwingt, sich besonderen „Problemen" zuzuwenden, ist hier viel Raum für die Darstellung der ganzen Fülle dieses Lebens. Der 1. Thessalonicherbrief ist ein so herrlich „junger" Brief, ein „junger Liebesbrief", in dem Herz und Feder noch unbeschwert von besonderen Gemeindenöten und theologischen Fragen bei dem Wunder der Gemeindewerdung, bei der ganzen Liebe und Verbundenheit miteinander, bei den Lebenszügen in der Arbeit der Boten und in der Entfaltung der Gemeinde verweilen kann. Dabei gewinnen wir nicht so sehr für die „Dogmatik", wohl aber für die „praktische Theologie" unerschöpfliche Einsichten und wirksame Hilfen. Die Auslegung selbst muß das zeigen.

Für die „Dogmatik" könnten wir freilich aus unserem Brief auch einen grundlegenden Gewinn schöpfen, wenn wir nur hören wollten: die Stellung der Eschatologie nicht am Ende und Rande, sondern im Zentrum des christlichen Glaubens und Denkens! Unser Brief hat nicht nur einige eschatologische Stellen, sondern *ist* durch und durch „eschatologisch". Der „Tag des Herrn" ist der Blickpunkt, von dem aus die ganze Perspektive des Weltbildes der Christen entsteht. Wie wünschen wir uns eine „Dogmatik" und eine „Ethik", die darin vom 1. Thessalonicherbrief wirklich gelernt hätten!

Aber es bewegt uns noch eine Tatsache beim Blick auf unsern Brief: er ist vermutlich das erste und älteste uns erhaltene Schriftstück der apostolischen Zeit und somit etwas wie die Keimzelle des Neuen Testaments! Freilich können wir die Abfassungszeit vom Galaterbrief nicht genau bestimmen. Aber selbst wenn Paulus hier ausnahmsweise *nicht* wie sonst der römischen Provinzialbezeichnung gefolgt wäre und unter den „Galatern" die Christen in Ikonion, Lystra und Derbe verstanden hätte, ist nicht anzunehmen, daß die Krise in den Gemeinden dort so unmittelbar nach dem eben erfolgten Besuch (Apg 16, 1 f) gekommen ist, daß Paulus schon in der ersten Zeit der Mission in Europa den Galaterbrief an sie noch vor dem 1. Thessalonicherbrief schreiben mußte. Das „so schnell" in Gal 1, 6 aber ist ein relativer Begriff: wenn heute irgendwo auf dem Missionsfeld eine junge Gemeinde nach zehn Jahren von ihrem Begründer abfiele, würde man auch ein erstauntes und schmerzliches „so schnell!" aussprechen können. Wir werden mit besonders bewegtem Herzen unseren Brief zur Hand nehmen in dem Wissen: So begann einmal das „Schreiben" in der jungen Christenheit, und zwar jenes einfache, echt brieflich für die Gegenwart bestimmte Schreiben, das unter der Leitung des Heiligen Geistes dennoch „Bibel" wurde, grundlegend wirksam in der ganzen weiten Welt bis zu diesem Tag, sooft irgendwo Menschen den 1. Thessalonicherbrief zur Hand nehmen.

•

Neben unserm ersten Brief, über dessen „Echtheit" kein Wort verloren zu werden braucht, steht ein zweites Schreiben an die gleiche Gemeinde, das uns nun wirklich allerlei Fragen aufgibt. Da der antike Brief kein „Datum" kennt, wissen wir nicht, wie lange nach dem ersten Brief dieser zweite geschrieben wurde. Ja, nach der Bemerkung an seinem Schluß 2 Th 3, 17 und zur Lösung mancher Schwierigkeiten haben Forscher ihn sogar als den früheren Brief nach Thessalonich ansehen wollen — freilich eine Annahme, die schon daran scheitert, daß gerade 2 Th kein Wort von all den persönlichen Erinnerungen an die Gemeindegründung enthält, die 1 Th so reich und froh darbietet.

Worin liegen nun aber die Fragen, die dazu geführt haben, daß ernsthafte Forscher an der „Echtheit" von 2 Th zweifelten und in diesem Brief das Schreiben eines späteren Mannes sahen, der unter dem Namen des Paulus der Kirche am Anfang des 2. Jahrhunderts etwas zu sagen suchte? Wir dürfen eine solche Meinung nicht sofort entrüstet verwerfen. In der antiken Welt stellte ein Schreiben unter dem Namen eines berühmten Mannes nicht wie bei uns heute eine infame und üble „Fälschung" dar. Dieses Vorgehen wurde eher so angesehen, wie heute ein noch unbekannter Autor sich ein „Geleitwort" von einem namhaften Mann erbittet, unter dessen Autorität seine Schrift nun gleichsam steht. Hätte tatsächlich ein Späterer unter dem Namen des Paulus den 2. Thessalonicherbrief geschrieben, dann wollte er zum Ausdruck bringen: Wenn Paulus jetzt lebte und die gegenwärtigen Nöte und Gefahren der Gemeinde sähe, dann würde er so und so dazu Stellung nehmen und so und so der Gemeinde schreiben! Dieser spätere Verfasser vom 2. Thessalonicherbrief könnte dabei ein durchaus ernster kirchlicher Mann und Christ sein. Wir müssen nur etwa daran denken, daß es selbstverständliche Sitte der alten griechischen Geschichtsschreibung war, ihren Helden Reden in den Mund zu legen, die sie nie so gehalten haben, mit denen aber der damalige Historiker Person und Situation am besten meinte charakterisieren zu können. Bei uns heute würde ein solches Verfahren helle Empörung auslösen, damals war es einfach Sitte. Wir werden die Echtheitsfrage vom 2. Thessalonicherbrief also nicht abweisen können, sondern ernstlich prüfen müssen.

Die Zweifel an der Echtheit von 2 Th setzten ein bei der Eschatologie in 2 Th 2, 1—12, die manchen Forschern mit den Ausführungen in 1 Th 5, 1—11 unvereinbar erschien. Es könne nicht der gleiche Paulus hier die gleiche Gemeinde von allen zeitlichen Berechnungen weg zur steten Wachsamkeit für den jählings kommenden Tag des Herrn rufen und dann dort wenige Wochen oder Monate später auf beobachtbare Vorzeichen verweisen, die erst noch eintreten müßten, ehe der Tag des Herrn überhaupt kommen könne! Umgekehrt ausgedrückt: Hätte Paulus wirklich, wie in 2 Th 2, 5 behauptet wird, die Gemeinde über diese vorbereitenden Ereignisse genau unterrichtet, dann hätte er sie schon in 1 Th 5, 1 ff bei ihrer Frage nach den „Zeiten und Fristen" daran erinnern und sozusagen 2 Th 2, 3—8 schon damals in 1 Th 5 schreiben müssen. Eben darum könne der wirkliche Paulus, der Mann von 1 Th 5, 1—11, nicht der Verfasser von 2 Th 2, 1—12 sein.

Diese Frage muß die Auslegung selbst klären; sie kann hier nicht vorweg entschieden werden. Nur eine grundsätzliche Bemerkung muß hier ihren Platz finden. Es ist bezeichnend für das ganze biblische Zeugnis, gerade auch in seinem prophetischen Teil, daß es jeweils mit großer Selbständigkeit und Freiheit die göttliche Wahrheit so ausspricht, wie es jetzt gerade diesem oder jenem Zeugen aufgetragen ist, ohne irgendwelche Rücksicht auf Vollständigkeit und ohne jede Sorge um ein eindeutiges „System". „Theologisch geschützt" zu reden, war nie ein Anliegen der biblischen Männer und Frauen! Ganz bezeichnend ist darin etwa Lk 1. Die hier Redenden, auch der Engel Gottes, weissagen von Johannes und von Jesus, ohne daß die spezifischen Dinge ihres Lebens — das Taufen des Johannes, sein Zeugentod, das Kreuz Jesu und seine Auferstehung — irgend sichtbar werden! Waren diese Weissagungen also „falsch" oder „ungenau und überholt"? Aber Lukas, der so intensiv zum Kreuz des Christus und zu Seiner Auferstehung führt, hat sie als recht und wahr und notwendig in sein Evangelium aufgenommen! Darum ist es in der Bibel gründlich verfehlt, wenn wir aus dem Schweigen bestimmter Zeugen über wesentliche Punkte unsere Schlüsse ziehen und die „Unvereinbarkeit" verschiedener Zeugnisse miteinander behaupten wollen. Lukas wußte vom Messias, vom Kreuz, von der Auferstehung, von der Himmelfahrt und von der Wiederkunft; aber — der Engel und die Menschen im ersten Kapitel seines Evangeliums sagen *jetzt* nichts davon. Paulus wußte um die Dinge von 2 Th 2, 1—12, aber jetzt in 1 Th 5, 1—11 spricht er es nicht aus. Immer wieder gibt es in der Heiligen Schrift die Blicke über das Ganze der göttlichen Wahrheit, die jetzt nur bestimmte Linien deutlich machen, ohne damit ganz anderen Linien an anderen Stellen zu widersprechen. So könnten eine Reihe von Malern die gleiche Landschaft von verschiedenen Hügeln aus und in verschiedener Art zeichnen; es würde „unvereinbare Bilder" geben, die doch alle zusammen und jedes für sich treulich und wahr eben diese eine gewaltige Landschaft vor unser Auge stellen. Darum muß es auch nicht verwunderlich sein, daß Paulus nur in 2 Th 2,1—12 und sonst nirgends in seinen Briefen von einer Erwartung des „Abfalls" und des „Antichristen" spricht. Er tut es auch in 2 Th 1, 5 ff nicht, obwohl er es da eigentlich hätte tun „müssen". Stünde 2 Th 1, 5—10 und 2, 1—12 in verschiedenen Briefen, könnte und würde man wieder von „Unvereinbarkeit" reden, weil im Gerichtsbild der ersten Stelle der Blick auf den Antichristen und seine Vernichtung vollständig fehle! Wir werden an die Frage der inhaltlichen Unvereinbarkeit von 1 Th und 2 Th mit großer Zurückhaltung und Besonnenheit herantreten müssen. Zu bestimmten Ergebnissen kann nur die Auslegung selbst gelangen.

Aber für den wohl ernsthaftesten Bestreiter der „Echtheit" von 2 Th, für William Wrede, waren es nicht die inhaltlichen Widersprüche in der Eschatologie, sondern Fragen des Briefstils, die ihn bewegten, 2 Th dem Paulus abzusprechen. In der Tat, wer von dem „jungen Liebesbrief" kommend das 2. Schreiben zur Hand nimmt, das nicht sehr viel später an die gleiche Gemeinde gegangen sein muß, der ist betroffen, auch wenn ihm nur eine Übersetzung zur Verfügung steht. War in 1 Th alles einfach, herzlich und persönlich, begegnet in 2 Th sogleich eine Feierlichkeit, die trotz starker Worte wesentlich kühler anmutet; es ist alles weit offizieller, liturgischer, mit alttestamentlichen Zitaten in einer Weise durchsetzt, wie wir sie sonst bei Paulus so nicht kennen. Von persönlichen Erinnerungen kein Wort mehr! Vor allem aber: von der ganzen Frage des Wiedersehens, die in 1 Th mit lebhafter und herzlicher Sehnsucht besprochen wurde, kein Wort mehr! Kein Wort, warum sich das innige Bitten von 1 Th 3, 10. 11 doch nicht erfüllt hat. Kein Wort von neuen Bemühungen um einen persönlichen Besuch in Thessalonich, obwohl die Nöte in der Gemeinde durch äußere Verfolgung ebenso wie durch eschatologische Verwirrung und durch die Gruppe der „Ungeordneten" einen solchen Besuch noch nötiger machten. Können die gleichen Männer, kann ein Paulus nach kurzer Zeit an die gleiche Gemeinde so ganz anders in Ton und Art schreiben?

Aber nun ist es den Forschern eigen ergangen. Wenn sie aufgrund dieser in der Tat bedrängenden Beobachtungen und Fragen den Brief als eine spätere „Fälschung" verstehen und auslegen wollten, dann wurden die Schwierigkeiten noch viel größer! Was hatte ein Nachahmer des Paulus mit diesem Brief gewollt?! Warum schrieb er ihn? Wann und wo gab es später eine aufgeregte und überspannte Erwartung „Der Tag des Herr ist da!"? Wie konnte ein Fälscher einer Gemeinde schreiben: „Das alles habe ich, Paulus, euch ja gesagt, das wißt ihr doch alles", während diese Gemeinde es gar nicht wissen *konnte*, weil der erfundene Paulus von 2 Th nie bei ihr war? Mußten die Thessalonicher nicht daran sofort die Fälschung erkennen, wenn in der Überlieferung der Gemeinde nichts davon bekannt war, daß Paulus vom Antichristen und vom „Aufhaltenden" je etwas gesagt hatte? Wo hielt man später in paulinischer Weise auf die Verpflichtung zum stillen Broterwerb durch eigener Hände Arbeit? Vor allem: wo hatte man noch Gemeinden, denen man als ganzen so die Gemeindezucht über „Unordentliche" ans Herz legen konnte, ohne „Amtsträger" auch nur zu erwähnen?! Ein späterer Nachahmer hätte unwillkürlich die Gemeindeverhältnisse seiner Zeit und Umwelt in das „paulinische" Schreiben hineingetragen! Dazu ergibt die genaue Lektüre des Briefes so viel „Paulinisches", und zwar gerade auch unwillkürlich Paulinisches, das ein Späterer aus ganz anderen Verhältnissen und Denkweisen heraus durch bloße „Nachahmung" schwerlich gefunden haben kann. Und zu dem allem kommt mit ihrem ganzen Gewicht die Bezeugung des Briefes in der alten Kirche, die den zweiten Brief ebenso wie den ersten als echten Paulusbrief wertet. Sollten wir wirklich so viel klüger und urteilsfähiger sein als jene Männer, die der Zeit und der Geschichte und der Sprache der apostolischen Epoche viel näher standen?

Die Lage ist demnach so, daß es keinen durchschlagenden inhaltlichen oder formalen Grund gegen die Echtheit des 2 Th gibt. Die Erklärung des Briefes als eines Schreibens des Paulus und seiner Mitarbeiter macht nicht unerhebliche Schwierigkeiten, die Erklärung als Werk eines späteren Fälschers aber noch weit mehr!

In dieser Lage hat man natürlich allerlei Aushilfen versucht: Man hat den zweiten Brief als den früheren ansehen wollen, man hat ihn (A. v. Harnack) als ein Schreiben an einen besonderen Kreis der Gemeinde und zwar an ihren judenchristlichen Kern aufgefaßt, man hat (Spitta) daran erinnert, daß der antike Brief ja nicht eigenhändig geschrieben, sondern diktiert wurde und auch dies oft nicht Wort für Wort, sondern in Stichworten, deren weitere Ausführung dann dem Schreiber oblag: hatte Paulus dem Timotheus in einer Besprechung nur das Nötigste sagen können und ihm mehr als beim ersten Brief die Ausarbeitung des Ganzen überlassen müssen? Aber alle diese Theorien sind erstens unbeweisbar und bezahlen zweitens die Beseitigung gewisser Schwierigkeiten mit der Heraufführung neuer und größerer. Wenn 2 Th das erste Schreiben an die Gemeinde sein soll, warum fehlen gerade in ihm die persönlichen Erinnerungen und Ausführungen, die 1 Th so reichlich und herzlich enthält? Von einem Kreis innerhalb der Gemeinde sagt die Anschrift des Briefes gar nichts. Und sollten gerade im jüdischen und nicht im griechischen Teil der Gemeinde die „Unordentlichen" zu suchen sein, die ihren Arbeitsplatz verließen? Wenn aber auch Timotheus diesmal den Brief selbständiger auszuarbeiten hatte, hätte ihm Paulus nicht doch ein Stichwort über die in 1 Th so wichtige Frage des persönlichen Wiedersehens mit der Gemeinde mitgeben können und müssen? Und hätte dann gerade das betonte „Erinnert ihr euch nicht, daß ich, als ich noch bei euch war, diese Dinge euch sagte" in den Brief hineinkommen können?

So werden wir 2 Th nach der alten kirchlichen Überlieferung als echten Paulusbrief zu lesen und zu erklären haben. In der Auslegung selbst muß es sich zeigen, ob das durchführbar ist oder ob wir beim genauen Lesen des Briefes auf ein „Unmöglich von Paulus!" stoßen. Die bleibenden Schwierigkeiten des Wechsels in Ton und Art des Schreibens werden wir stehenlassen müssen, ohne sie zu bagatellisieren, aber in der bescheidenen Besinnung darauf, daß wir aus unserer eigenen Korrespondenz wissen, wie verwunderlich „anders" unsere eigenen und anderer Menschen Briefe manchmal werden und wie wenig wir wissen, in welcher Lage, in welcher inneren Verfassung, unter welchen Eindrücken dieser 2 Th geschrieben worden ist. Wüßten wir alles, wären wir im Kreis der drei Boten selbst zugegen gewesen, vielleicht käme uns der 2 Th in seiner Art so „natürlich" vor, daß wir gar nicht begriffen, wie man sich da überhaupt mit Fragen nach der Echtheit quälen könne!

Der erste Brief des Paulus an die Thessalonicher

Erklärt von

Dr. Werner de Boor

R. Brockhaus Verlag

DREI BOTEN JESU GRÜSSEN DIE GEMEINDE

1. Thessalonicher 1, 1

1 **Paulus und Silvanus und Timotheus an die Gemeinde der Thessalonicher in Gott dem Vater und dem Herrn Jesus Christus: Gnade euch und Friede!**

Zu Vers 1:
Apg 15, 22
15, 40
2 Ko 1, 19
Phil 1, 1
2 Th 1, 1
1 Pt 5, 12
Apg 16, 1
18, 5
Kol 1, 1
Apg 17, 1—9
Rö 1, 7
1 Ko 1, 3
2 Ko 1, 2
Gal 1, 3
Eph 1, 2
Phil 1, 2
Kol 1, 2
2 Th 1, 2
1 Pt 1, 2

Die Boten Jesu haben Briefstil und Briefsitte ihrer Zeit nicht willkürlich geändert, um ihre eigene Besonderheit zu zeigen; sie sind ihr schlicht gefolgt. Bezeichnung des Absenders, Bezeichnung des Empfängers und Gruß — so beginnt wie alle Briefe der Antike auch der unsre.

Es ist ein „junger" Brief. Die Verfasser und Absender nennen einfach ihre Namen ohne jede Titulatur. Die Thessalonicher wissen ja, wer diese Männer sind, und haben ihre Vollmacht gründlich erlebt. Es ist nicht nötig, diese Vollmacht zu betonen und zu begründen. Später wird das anders werden. Schon der nächste uns erhaltene Brief, der 1. Korintherbrief, muß den gewichtigen Titel des Paulus nennen. Es ist Schuld der Gemeinden, nicht des Paulus, wenn es so kommt. Er selbst hätte es gern bei jener lebendigen, liebevollen und fraglosen Verbundenheit gelassen, wie sie hier bei den Thessalonichern noch geschenkt war.

„Paulus und Silvanus und Timotheus." Also *drei* Männer nennen sich mindestens als verantwortliche Absender, vielleicht auch als Verfasser des Briefes. Ein antiker Brief wurde nicht unmittelbar vom Absender mit eigener Hand geschrieben; er wurde diktiert, wobei der Schreiber Wort für Wort langsam auf die rauhe Schreibfläche hin„malte". Oder es wurden dem Schreiber die nötigen Hinweise und Stichworte gegeben, die er sich auf einer Wachstafel notierte, um danach dann den Brief selber anzufertigen. So gibt es allerlei Möglichkeiten für das Zustandekommen unseres Briefes und die Beteiligung aller drei Männer an ihm. Das eigentliche „Schreiben" wird Timotheus als der Jüngste und zuletzt in der Reihe Genannte[1] besorgt haben.

[1] Die Reihenfolge der drei Namen ist natürlich nicht zufällig. Wie eindrücklich ist es in der Apostelgeschichte, wenn Barnabas den Anfänger Saulus nach Antiochien holt (11, 25. 26) und Saulus in der Aufzählung der Mitarbeiter in dieser Zentrale des jungen Christentums als letzter erscheint (13, 1). Auch bei der ersten Missionsreise heißt es zuerst deutlich: „Barnabas und Saulus" (13, 2). Dann aber tritt Paulus durch die Vollmacht seines Wortes mehr und mehr hervor. Zwar wird in Lystra Barnabas noch als „Jupiter", also als der Ältere und Führende, empfunden (14, 12). Aber der „Wortführer" ist doch Paulus, und bald heißt es klar: „Paulus und Barnabas" (13, 46; 15, 2), bis sich dann Paulus und Barnabas trennen und Paulus seinerseits als Leiter einer Schar von Mitarbeitern in das große Werk hineinwächst, das der Herr ihm zugedacht hat.

Jedenfalls aber nennen sich ausdrücklich drei Männer gemeinsam verantwortlich für diesen Brief. Diese drei Männer haben sich keineswegs nur vorübergehend zur Verfertigung des Briefes zusammengefunden. Sie haben die Arbeit bei den Thessalonichern gemeinsam getan und stehen auch jetzt in Korinth wieder gemeinsam am Werk (2 Ko 1, 19). Wir werden unser Geschichtsbild im Ernst berichtigen müssen, wenn wir unwillkürlich nach unsern eigenen — besonders „deutschen" — Zuständen in Paulus den großen Einsamen, das selbstherrlich schaltende „Genie" gesehen haben.[2] Wir müssen es ernstlich als Tatsache begreifen: Die ganze große „paulinische" Missionsarbeit war mindestens in der Zeit der großen Gemeindegründungen „Mannschaftsarbeit". Wir haben auch das „wir" in unserem Brief überall ernst zu nehmen.

Von den Mitarbeitern kennen wir **Timotheus** besonders gut durch die Nachrichten in der Apostelgeschichte und in den Briefen. Er stammt aus Lystra und ist der Sohn eines Griechen und einer gläubig gewordenen Jüdin (Apg 16, 1). Er kommt durch Paulus selbst zum Glauben (1 Tim 1, 2) und wird trotz seiner Jugend (1 Tim 4, 12) bei dem erneuten Besuch des Paulus in den lykaonischen Gemeinden auf der 2. Missionsreise als Reisebegleiter empfohlen und mitgenommen (Apg 16, 1—3). Er wird ein immer mehr sich bewährender Mitarbeiter (Apg 17, 14; 18, 5; 1 Ko 4, 17; 16, 10; 2 Ko 1, 19; Phil 2, 20) und gehört der Delegation an, die zusammen mit Paulus den Ertrag der großen Sammlung für die Urgemeinde nach Jerusalem bringt (Apg 20, 4). In 6 Briefen erscheint sein Name als Mitverfasser.

Silvanus wird mit dem „Silas" der Apostelgeschichte identisch sein. Nach Apg 16, 37 besaß nicht nur Paulus, sondern auch Silas das römische Bürgerrecht. Dann ist es erklärlich, daß er auch wie Saulus—Paulus zwei Namen trug, die ebenfalls eine gewisse Klangähnlichkeit hatten. „Silvanus" wäre dann die lateinische Form desselben semitischen Namens, der in „Silas" gräzisiert vorliegt. Ist das so, dann war Silvanus zunächst ein angesehenes Glied und ein Lehrer in der Urgemeinde; er besaß auch die Gabe der Prophetie. Er wird mit dem „Aposteldekret" nach Antiochien gesandt, kehrt dann aber nicht mit der Delegation nach Jerusalem zurück, sondern wird in Antiochien heimisch (Apg 15, 22. 27. 32—34). Es ist kein zu weit gehender Schluß, daß er in den großen Fragen der Erfassung des Evangeliums schon auf dem Apostelkonzil von Paulus überzeugt worden ist und dann in Antiochien die Luft der Freiheit atmet, zu der uns Christus befreit hat. Jedenfalls tritt er nach der Trennung des Paulus von

[2] Paulus wurde freilich mehr und mehr einsam (vgl. 2 Tim 1, 15; 4, 11; 4, 16), aber das war nicht sein Wille und seine Schuld. Er wurde immer weniger verstanden, kaum einer hielt mit ihm Schritt, vgl. Phil 2, 20. 21.

Barnabas ganz in die paulinische Arbeit mit ein (Apg 15, 40). Überraschenderweise erscheint er zuletzt am Schluß des 1. Petrusbriefes (5, 12) als maßgeblich an diesem Brief und somit an der Arbeit des Petrus beteiligt; aber auch ein Markus hat sowohl Paulus wie Petrus gedient (Kol 4, 10 und 1 Pt 5, 13). Die Einheit der jungen Christenheit bei allen Unterschieden und Spannungen tritt in solchen Tatsachen sehr lebendig vor unsre Augen.

Gerichtet ist der Brief **„an die Gemeinde der Thessalonicher in Gott dem Vater und dem Herrn Jesus Christus"**. Welch eine Adresse! Das neutestamentliche Wort „ekklesia" sagt dabei weit mehr als unser „Gemeinde". Wir denken beim Lesen unwillkürlich: nun, das ist eben eine der vielen Gemeinden, die es überall gibt. Aber eine Stelle wie Phil 3, 6 zeigt uns, daß „die Gemeinde" etwas ganz Großes, Bestimmtes und Einmaliges ist: das, was Paulus später den „Leib Christi" nannte. Es kann in vielen „Gemeinden" in Judäa (Kap. 2, 14) und anderswo da sein, ist aber in ihnen allen und in jeder einzelnen immer „die Gemeinde", der eine Leib des Christus. Die Gemeinde besteht hier nun aus „Thessalonichern". Das prägt sie deutlich: so wie an diese Thessalonicher hat Paulus an keine andere Gemeinde schreiben können. Aber diese ihre geographische Bestimmung — über Thessalonich selbst vgl. die Einleitung — hat nicht die Bedeutung, die wir beim Schwinden des Bewußtseins von dem Einen Leib Christi der Nationalität der „Kirchen" beigelegt haben. Ihre wesentliche „Lage" ist die **„in Gott dem Vater und dem Herrn Jesus Christus"**. Daß sie von Gott umfaßt und von Jesus Christus in allen Dingen regiert und vom Geiste Gottes erfüllt und bewegt ist, das gestaltet ihr wesentliches Dasein. „Die Gemeinde der Thessalonicher in Gott dem Vater und dem Herrn Jesus Christus" — schon in dieser Anschrift tönt der tiefe und staunende Dank, dem der Brief immer erneuten und bewegten Ausdruck geben wird.

Der kurze Gruß **„Gnade euch und Friede!"** nennt Grund und Ziel des Heils. Aus der „Gnade", der freien, grundlosen Liebe Gottes stammt das Heil; im „Frieden" mit Gott besteht es, wie im bekannten jüdischen Gruß „Schalom" der „Friede" das ganze „Heil" bedeutet. Im Schlußwunsch Kap. 5, 23—28 wird beides wieder vor unserem Blick stehen: der Gott des „Friedens" und die „Gnade" unsers Herrn Jesu Christi. Der Gruß ist hier am Anfang ganz besonders knapp, als dränge es die Briefschreiber, so schnell wie möglich in den ganzen Strom lebendigen Gedenkens und Dankens und Erzählens hineinzukommen, mit dem nun sofort der Brief selbst anhebt.

DER DANK FÜR DEN STAND DER GEMEINDE

1. Thessalonicher 1, 2—3

Zu Vers 2:
2 Th 1, 3. 11
2, 13
Rö 1, 8. 9
1 Ko 1, 4
Eph 1, 16
Phil 1, 3. 4
Kol 1, 3
zu Vers 3:
1 Ko 13, 13
Gal 5, 6b
1 Th 3, 6

2 **Wir danken Gott allezeit für euch alle, indem wir euer ausdrück-**
3 **lich Erwähnung tun bei unseren Gebeten * und unablässig geden-**
ken an euer Werk des Glaubens und eure Arbeit der Liebe und
eure Standhaftigkeit der Hoffnung auf unsern Herrn Jesus Christus
vor Gott und unserm Vater.

Die drei Männer beginnen das Schreiben mit dem **„Danken"**. Sie folgen dabei nicht nur einer guten Sitte. Dieser ihr „Briefstil"[3] spiegelt nur wieder, was sich bei vielen, vielen Gebeten[4] immer wieder ereignet hat. Es wurde dabei an Thessalonich ausdrücklich erinnert[5]. Und dann brach sogleich der Dank durch. Mochte im Blick auf die Lage in Thessalonich auch heiße Sorge das Herz der drei bewegen — es wird ja nachher davon gesprochen, wie unerträglich diese Sorge zeitweilig war (Kap. 3, 1 und 5) —, mochte viel zu bitten und zu mahnen sein, zuerst durfte und mußte der Blick immer wieder auf all das fallen, was Gott in Thessalonich getan hatte. Und darum: **„Wir danken allezeit"**. Wie anders wird unser Leben und unsere Arbeit, wenn bei allen Sorgen und Nöten auch von uns zuerst mit hellem Dank gesehen wird, was Gott schaffte und gab.

Es bleibt ja nicht bei einer allgemeinen Stimmung der Freude und Dankbarkeit, die leicht von anderen Stimmungen verdrängt werden kann. Es ist ein echtes Danken, das seinem Wesen nach immer einer handelnden und schenkenden Person gilt: **„Wir danken Gott."** Darum bleibt dies Danken auch **„allezeit"**, denn Gottes beschenkende Taten sind unauslöschliche Gegebenheiten.

Hier — wie auch Phil 1, 4 — wird das **„für euch alle"** betont, das in unserem Brief am Schluß noch einmal einen besonders starken Ausdruck findet: Kap. 5, 27. Wenn der Brief in der Gemeindeversammlung vorgelesen wird, dann soll jeder einzelne, auch der „Kleinmü-

[3] Die sogenannte „formgeschichtliche Methode" hat mit immensem Fleiß festgestellt, wie es für prophetische Reden, für Heilungsgeschichten und Wunderberichte und eben auch für briefliche Äußerungen bestimmte „Stilformen" gibt, die in der Umwelt der Bibel verbreitet auch im biblischen Schrifttum wiederzufinden sind. Manches ist uns dadurch deutlicher und verständlicher geworden. Aber — wie wenig ist doch im Grunde mit solchen Feststellungen gewonnen! Was ist schon über die Tatsächlichkeit und Tiefe eines Erlebnisses ausgemacht, wenn sich z. B. nachweisen läßt, daß bestimmte Worte und Wendungen zum „Stil" der Liebesbriefe einer bestimmten Zeit gehören.

[4] Da das hier stehende Wort „proseuché" auch die Gebetsstätte bezeichnen kann (z. B. Apg 16, 13), ist der Gedanke an ein öffentliches und gemeinsames Beten bei diesem Ausdruck naheliegend. An unserer Stelle sprechen die Absender jedenfalls von ihren Gebeten miteinander. „Bei unseren Gebetsgemeinschaften" könnte man also mit Recht übersetzen.

[5] „Ein Gedenken uns machend" heißt die Redewendung wörtlich. Es handelt sich also nicht um gelegentliche Erwähnung, sondern um ein „ausdrückliches" willentliches Gedenken.

tige", der „Schwache" und auch der „Unordentliche" (Kap. 5, 14) es wissen: Unsere drei Brüder danken auch für mich, trotz allem, weil auch an mir das Werk Gottes geschah. Hier kann uns besonders deutlich werden, was „Gemeinde" ist: die Bruderschaft, die auch das geringste und schwierigste Glied mit Dank achtet. „Sie wollen von der Bruderschaft der Heiligen nicht das Kleinste missen."[6]

Das ausdrückliche Erwähnen der Thessalonicher bei den gemeinsamen Gebeten fließt aus einem **„unablässigen Gedenken"**. Es ist das freilich das Gedenken einer Liebe, deren ganze Glut und Tiefe wir in unserem Brief noch kennenlernen werden. Wer wirklich liebt, denkt unaufhörlich an den andern. Das „unablässig" ist dann keine Phrase. Und doch ist am Erinnern auch unser Wille beteiligt, zumal wenn es sich immer neu gegen so vieles durchsetzen muß, was den Raum unseres Denkens in Anspruch nehmen will. „Unablässiges Gedenken" ist gerade für die Diener Jesu, die mit vielen Menschen zu tun haben, ebenso freie Frucht herzlicher Liebe wie stete Aufgabe für willentliche Gedankenzucht.

Was aber steht vor den drei Männern, wenn sie so an Thessalonich denken und die Namen aller Einzelnen dort beim gemeinsamen Beten immer wieder nennen? Was erweckt ihr frohes Danken dabei? Es ist der innere Stand der Gemeinde, der mit den drei bekannten Grundworten der christlichen Existenz „Glaube, Liebe, Hoffnung" gekennzeichnet wird. Nun war damals dieser „Dreiklang" noch nicht in der Gefahr, ein bloß erbaulicher und stimmungsvoller Klang zu sein. Der Inhalt und das Gewicht der drei Begriffe war noch sachlich klar. Aber gerade einer „arischen" Gemeinde gegenüber mit ihrer Neigung zum bloß Gedanklichen und Stimmungsvollen gibt es der Heilige Geist den Briefschreibern ein, jeden dieser drei Begriffe durch die unmittelbare Verbindung mit einem anderen, fast entgegengesetzten in seiner ganzen Wirklichkeit und Kraft ins helle Licht zu setzen.

Wir „gedenken **an euer Werk des Glaubens"**. Diese Formulierung müßte man „genial" nennen, wenn sie nur menschlichem Geist entstammte. Welch unendliche theologische Debatten sind im Lauf der Kirchengeschichte über „Werke" und „Glauben" geführt worden! Mit welchen Mißverständnissen haben hier die aus der Reformation entstandenen Kirchen zu ringen! Ist das nicht gerade der totale große Gegensatz „Glaube" und „Werk"? Der Heilige Geist aber bindet beides in einen einzigen Ausdruck zusammen und klärt eben damit beide Begriffe zugleich. „Glaube", gerade der „rechtfertigende Glaube" ist nicht der leichte Besitz mehr oder weniger richtiger Gedanken über Gott — wie sollte auch darin unsere Gerechtigkeit vor Gott be-

[6] Aus dem Allendorfschen Lied „Dein Wort, o Herr, bringt uns zusammen".

stehen! „Glaube“ ist vielmehr jenes gehorsame Vertrauen und vertrauende Gehorchen, das wir als solches nicht allgemein und vorneweg besitzen, sondern nur immer neu in bestimmten Handlungen („Werken“) beweisen können. Aber auch umgekehrt: für den, der seinen ganzen Zusammenbruch vor Gott erlebte und seine einzige Rettung in der Gnade Gottes in Jesus fand, gibt es keine „Werke“ mehr, die er so von sich aus und aus irgendwelchen eigenen Fähigkeiten tun könnte. Seine „Werke“ sind immer Handlungen, die nur noch dem gehorchenden Rechnen mit Gott entspringen. Dieser „Glaube im Werk“, dieses „Werk im Glauben“ war in Thessalonich in der Gemeinde zu sehen — sollte da nicht der staunende Dank beim Denken daran allezeit zu Gott emporsteigen?

Ebenso gedenken die Briefschreiber **„an eure Arbeit der Liebe“.** Wieder verdeutlichen sich beide Begriffe gerade erst bei dieser Zusammenfassung gegenseitig. „Liebe“ kann bei uns leicht ein bloßes warmes Gefühl bleiben, das dem andern entgegenquillt und doch nur eine wechselnde Stimmung darstellt, die rasch verglüht. Nur wenn die Liebe an die konkrete Arbeit für den andern geht, wird sie dauerhaft und stark. Nicht ohne Grund hören wir darum heute oft die Warnung, „Liebe“ im Sinne des Neuen Testaments sei „kein Gefühl“. Dabei geraten wir aber in die umgekehrte und ebenso ernste Gefahr, daß wir meinen, mit ruhelosem Fleiß und äußerstem Arbeitseinsatz sei es getan, während all dieser Arbeit doch das Beste, das eigentliche „Herz“ fehlt: eben die wirkliche, warme Liebe. Paulus wird das später der Gemeinde, von der aus er an die Thessalonicher schreibt, in scharfer Formulierung sagen: „Und wenn ich wegschenke alle meine Habe und wenn ich ausliefere meinen Leib, um verbrannt zu werden, und habe keine Liebe, so nützt es mir nichts“ (1 Ko 13, 3). Gerade erst die Verbindung der beiden Worte beschreibt die echte Wirklichkeit, wobei jedes der beiden Worte das gleiche Gewicht hat: **Arbeit** der Liebe ist nötig, aber Arbeit der **Liebe** muß es sein. War es nicht zum Danken, daß dies in Thessalonich da war?

Die Gemeinde hatte aber auch die **„Standhaftigkeit der Hoffnung auf unsern Herrn Jesus Christus“.** Beide Thessalonicherbriefe zeigen, wie deutlich bis in alle Einzelheiten hinein das biblische Zukunftsbild von Anfang an vor der Gemeinde stand — total anders als der blasse und nebelhafte Hoffnungsschimmer, der den Gemeinden heute in vielen Fällen nur noch verblieben ist. Aber konnte nicht gerade eine so reiche und glühende Zukunftserwartung von der Gegenwart mit ihren Aufgaben und Nöten abziehen und zum Träumen und Schwärmen verleiten? In Thessalonich wird diese Gefahr akut werden, wie der 2. Brief dorthin zeigt. Vielleicht sind leise Anzeichen dafür schon jetzt zu merken (vgl. Kap. 4, 11 und 12). Darum stellt hier der Heilige

Geist sofort ein Wort dazu, das zunächst im Gegensatz zum „Hoffen" zu stehen scheint: die „Standhaftigkeit". Das „Hoffen" eilt vorwärts dem Kommenden entgegen; die „Standhaftigkeit" bleibt fest stehen am gegenwärtigen Platz mit seinen Aufgaben und unter seinen Lasten[7]. Auch hier erhellt das eine Wort erst das andere. Die Gewißheit des kommenden Sieges läßt die heutigen heißen Kämpfe durchstehen, und eben diese Kämpfe in ihrer ganzen Härte vertreiben alle bloß träumerischen Zukunftsbilder und zwingen zum Durchblick in die ganze Realität des Kommenden. Darum ist der „Hoffnung" hier ein einziger Inhalt gegeben: unser Herr Jesus Christus[8], eben der Jesus, der Seine Jünger auf den Kreuzes- und Sterbensweg wies, und der doch als „Herr" und „Christus" den Seinen unzweifelhaft gewiß ist auch in seinem Wiederkommen in Herrlichkeit. Dies Hoffen, das nicht Flucht ins Traumland, sondern Rechnen mit Jesus und Ausharren bei Ihm in der Verfolgung war, lebte in der Gemeinde der Thessalonicher — sollten Paulus, Silvanus und Timotheus nicht voll Dank dafür sein?

Die Hinzufügung **„vor Gott und unserm Vater"** ist in Luthers Übersetzung auf die unmittelbar vorhergehenden Worte bezogen. Auch das gäbe einen guten Sinn: Jesus Christus ist unsere Hoffnung vor Gott. Wahrscheinlicher schließen diese Worte den ganzen Gedankengang ab und kennzeichnen das „Gedenken" der Schreiber als ein solches, das nicht in der menschlichen Sphäre freundlicher persönlicher Erinnerung stecken bleibt, sondern „vor Gott und unserm Vater" geschieht und eben darum zu diesem bewußten Danken wird und darin Tiefe und Dauer besitzt.

WIE ECHTE GEMEINDE ENTSTEHT

1. Thessalonicher 1, 4—10

4,5 Wir kennen, Brüder von Gott geliebt, eure Erwählung, * weil unsere Heilsbotschaft an euch geschah nicht im Wort allein, sondern auch in Kraft und in Heiligem Geist und voller Gewißheit. Ihr wißt ja, als was für Leute wir auftraten unter euch um euretwillen.

zu Vers 4: 2 Th 2, 13
zu Vers 5: 1 Th 1, 9; 2, 1; 1 Ko 2, 4f

[7] Das mit „Standhaftigkeit" wiedergegebene Wort bedeutet eigentlich das „Darunterbleiben". Es wird meist mit „Geduld" übersetzt, wobei dann unser deutsches Wort auch auf das „Dulden" von Schwierigkeiten und Nöten hinweist.

[8] Genau genommen steht hier nicht Hoffnung „auf" Jesus, sondern ein Genitiv: „Hoffnung unseres Herrn Jesus Christus". Daher sind andere Forscher der Meinung, dieser Genitiv gehöre als Genitiv des Subjekts zu allen drei Stücken. Dann würden die Briefschreiber sagen wollen, daß der Glaube und die Liebe wie die Hoffnung in der Gemeinde von Jesus Christus gewirkt seien. Auch der Zusatz „vor Gott unserem Vater" könnte dann noch hier angeschlossen sein und nicht zu dem „wir gedenken" gehören. In dieser Dreiheit des von Jesus selbst gewirkten Glaubens, Liebens und Hoffens steht die Gemeinde vor Gott dem Vater.

zu Vers 6 u. 7:
1 Ko 11, 1
1 Th 2, 14
2 Th 1, 4
Hbr 10, 36
Phil 3, 17
zu Vers 8:
2 Th 2, 13
Rö 1, 8
zu Vers 9:
Apg 14, 15
1 Ko 12, 2
Jo 17, 3
zu Vers 10:
Tit 2, 13
Apg 17, 31
Rö 5, 9

6 * Und ihr wiederum wurdet unsere Nachahmer und die des Herrn,
indem ihr annahmt das Wort in viel Bedrängnis mit Freude des
7 Heiligen Geistes, * so daß ihr wurdet ein Vorbild allen den Glau-
8 benden in Makedonien und Achaja. * Denn von euch her ist aus-
erschollen das Wort des Herrn nicht allein in Makedonien und
Achaja, sondern allerorten ist euer Glaube an Gott hervorgetreten,
9 so daß wir gar nicht nötig haben, unsrerseits etwas zu sagen: * sie
selbst berichten von uns, welchen Eingang wir bekamen zu euch
und wie ihr euch bekehrt habt zu Gott fort von den Götzen, leib-
10 eigen zu sein Gott, dem lebendigen und wirklichen, * und zu
erwarten Seinen Sohn aus den Himmeln, den Er auferweckte aus
den Toten, Jesus, der uns rettet aus dem Zorn, dem kommenden.

Vom gegenwärtigen Stand der Gemeinde, der so viel Grund zum Danken gibt, geht der Blick zurück auf die Entstehung der Gemeinde. Unvergeßlich ist es den drei Männern, was sie damals erlebten. Unvergeßlich soll es auch der Gemeinde bleiben. Denn in der Entstehung einer echten Gemeinde der Glaubenden vollzieht sich das Größte, was in dieser Welt überhaupt geschehen kann. Noch vor dem Angesicht des wiederkommenden Herrn wird man es mit jubelnder Freude rühmen (Kap. 2, 19). Wie sollte jeder Reichsgottesarbeiter von ganzem Herzen danach verlangen, Ähnliches erleben zu dürfen!

Ganz gewiß, kein Mensch kann das „machen". Wenn die drei an jene mächtige Zeit in der großen Hafenstadt zurückdenken, dann sehen sie nicht ihre Leistungen, ihre Missionsstrategie, ihre erfolgreichen Methoden, ihre gute Theologie, dann sehen sie ein Wunder Gottes. Darum steht an der Spitze des ganzen Rückblicks die Versicherung: **„Wir kennen eure Erwählung."** Nicht um eine Erwählungs-„lehre" handelt es sich dabei, die kühl und objektiv betrachtend Gottes Handeln grundsätzlich zu beschreiben sucht. Wieviel falsche und gefährliche Theologie entsteht immer wieder daraus, daß man Gottes herrliches Handeln aus dem lebendigen, gegenwärtigen Geschehen herausnimmt und nun als eine allgemeine tote „Wahrheit" in ein System unseres Denkens einzuordnen sucht. Der lebendige und wirkliche Gott (Vers 9!) aber ist *nie* „Objekt" unseres Erkennens. ER bleibt immer „Subjekt", dessen souveränes Tun wir immer nur hier und jetzt an uns erfahren und dann lobpreisend bezeugen können. Darum ist auch hier in unserem Brief an all die Folgerungen, die unserer „Logik" so nahe liegen („Dann sind also die vielen andern, die in Thessalonich nicht zum Glauben kamen, von Gott verworfen oder gar zur Verdammnis vorherbestimmt"), mit keinem Gedanken gedacht. Nicht einmal die Frage: „Warum sind denn nun die vielen andern dort nicht auch mit erwählt?" findet Raum im Herzen der Briefschreiber. Denn der Raum dieser Herzen ist bis zum Rand angefüllt mit dem staunenden Dank: In Thessalonich, in dieser brodelnden Hafenstadt mit ihrem Glanz und ihrem Elend, hat Gott Menschen erwählt, Sein eigen zu sein! Nur so positiv, so anbetend und dankend kann man von „Erwählung" sprechen.

Darum steht hier auch vor dem Wort „Erwählung" die warme und freudige Anrede **„Brüder, von Gott geliebt"**. Also nicht ein kalter „ewiger Ratschluß" kam in Thessalonich zur eisernen Durchführung, sondern im Getriebe dieser Großstadt gibt es Menschen (vor allem auch Männer, „Brüder"!) — äußerlich in nichts von den tausend andern unterschieden — über deren Leben das wunderbare Geheimnis ruht: „von Gott geliebt!" — Würden wir nicht ganz anders ernst und froh auf uns selber blicken und ganz anders achtungsvoll herzlich miteinander umgehen, wenn es uns stets gegenwärtig wäre: daß der andre mein „Bruder" ist, das drückt ihm das königliche Siegel auf: „Von Gott geliebt"? Die Predigtanrede unserer Väter klingt uns heute zu barock, als daß wir sie noch anwenden könnten, aber der Sache nach war sie zutreffend und wahr: „In dem Herrn geliebte Gemeinde."

Die Erwählung Gottes schwebt nicht als eine theoretische Wahrheit unsichtbar über der Welt[9], sondern wird konkrete Geschichte am bestimmten Ort, an bestimmten Menschen, in bestimmten Ereignissen. Diese Ereignisse sind zunächst das Wirksamwerden des Wortes: **„weil unsere Heilsbotschaft an euch geschah nicht im Wort allein, sondern auch in Kraft und in Heiligem Geist und voller Gewißheit."**

„Unsere" Heilsbotschaft, „unser" Evangelium formuliert der Brief. An vielen andern Stellen kann Paulus ebensogut sagen „Evangelium Gottes" oder „Evangelium Christi". Beides ist gleich richtig und beides ist wesentlich. Die Heilsbotschaft ist eine ganz „objektive" Größe, so klar und bestimmt, daß Paulus Gal 1, 8 selbst einen Engel oder sogar sich selbst verfluchen würde, wenn er ein „anderes Evangelium" zu bringen wagte. Aber dies „objektive" Evangelium Gottes gibt es faktisch gar nicht „objektiv". Es ist ja immer *verkündigtes* Evangelium, so sehr, daß das gleiche Wort sowohl den Inhalt des Evangeliums als auch seine Verkündigung bezeichnen kann: **„unser Evangelium geschah zu euch."** Darum ist es wirklich **„unser"** Evangelium, das allein in unserer Person und in unserem Reden jetzt in Thessalonich da war.

[9] Es ist die Gefahr der modernen Theologie von Karl Barths mächtigem Anstoß her, daß sie aus lauter Ehrfurcht vor der Heiligkeit und dem qualitativen Unterschied „Gottes" von allem Menschlichen die geschichtliche Konkretisierung des Handelns Gottes nicht ernst genug nimmt. Es bleibt dann alles merkwürdig allgemein und abstrakt. Hier wurzelt die weitverbreitete Abneigung so vieler Theologen gegen den „Pietismus". Bei den Pietisten scheint ihnen alles viel zu „direkt" und „unkritisch" zu sein, eine allzu rasche Verwechselung von Menschlichem und Göttlichem. Aber gerade unser Briefabschnitt zeigt, wie „direkt" Gottes Handeln in der Konkretheit der Erlebnisse in Thessalonich ganz „unkritisch" gesehen wird!

Darum gibt es auch heute für keinen Prediger die Flucht in die „reine Lehre", die ihn von der Verantwortung entbände, daß das Evangelium „sein" Evangelium wird und nur so jetzt als das „seine" zu diesen bestimmten Menschen „geschieht".

Damit aber ist diese göttliche Botschaft zunächst nichts weiter als ein menschliches Wort in all seiner Fragwürdigkeit und Ohnmacht. Das „Wort allein" ist ein Lufthauch, das Schwächste, was man sich denken kann, und inhaltlich bestenfalls eine „Ansicht", eine „Behauptung", eine unter vielen andern. Es wäre nur natürlich, wenn das „Wort" in Saloniki im lauten Getriebe von Arbeit, Handel, Vergnügen und mancherlei Ansichtsstreit spurlos verhallte. Aber da geschah es nun: Das Wort blieb nicht **„Wort allein"**, es wurde **„dynamis"** („Dynamit"!), **„Kraft"**. Es wurde nicht nur als „Ansicht" vorgetragen, sondern in **„voller Gewißheit"** bezeugt und wirkte auch in den Hörern volle Gewißheit! Es blieb nicht das Wort menschlicher Meinung und menschlicher Überzeugungskunst, sondern diese menschliche Rede erfolgte **„in Heiligem Geist"** mit Seiner göttlich-erweckenden und göttlich-überführenden Macht. Nur so und niemals anders ist Gemeinde Jesu in der Welt entstanden. Nur so und niemals anders entsteht sie auch heute noch. Mögen wir in erfinderischer Liebe immer wieder nach „neuen Wegen" der Mission und Evangelisation fragen und Radio, Film, Tonband und Spiel in den Dienst des Evangeliums zu stellen suchen, entscheidend bleibt einzig und allein, ob auch in unserer Verkündigung das Wunder geschieht, das von ihr gilt: **„nicht im Wort allein, sondern auch in Kraft und in Heiligem Geist und voller Gewißheit."**[10]

Wo dies aber geschieht, da kann man getrost alle die zu Zeugen anrufen, die es miterlebt haben: **„Ihr wißt ja, als was für Leute wir auftraten unter euch um euretwillen."** Dies Zeugnis betrifft charakteristischerweise nicht etwa nur die Reinheit der Lehre, überhaupt nicht nur die Verkündigung als isolierte Sache für sich, sondern die ganze Person der Boten. Wir werden in Kap. 2, 8 das Gegenstück dazu lesen in der eigenen Einstellung der Boten zu ihrer Aufgabe. Wohl hatte die Reformation recht, als sie Verkünder und Hörer des Evangeliums von allen persönlichen Qualitäten der Prediger und Seelsorger absehen und allein auf das göttliche Wort selbst blicken lehrte. Das Wort des Predigers, der Freispruch des Seelsorgers ist gültig „nicht um der Person, sondern um des Auftrags willen" (vgl. das Augsb. Bekenntnis Art. VIII). Das bleibt eine große und tröstliche Wahrheit. Aber sie bleibt

[10] Man kann sich manchmal des Eindrucks nicht erwehren, daß das unruhige Suchen nach „neuen Wegen" dem tief empfundenen Mangel an wirklicher geistlicher Vollmacht entspringt. Die „neuen Wege"sollen dann die fehlende Vollmacht ersetzen — ein vergebliches Unterfangen!

lebendige Wahrheit nur zusammen mit der anderen neutestamentlichen Gewißheit, die von den drei Boten hier ausgesprochen und von einer ganzen Gemeinde bestätigt wird: Zeuge des Evangeliums ist man immer mit der ganzen Person, mit dem gesamten Verhalten. Die noch so „richtige" Verkündigung wird unwirksam, wenn dem Boten gesagt werden kann, was ein brauner Mann einem Missionar antwortete: „Was du tust, das redet so laut, daß ich gar nicht hören kann, was du sagst!" Paulus, Silvanus, Timotheus werden im Verlauf des Briefes noch einmal (Kap. 2, 10) das Zeugnis Gottes und der Gemeinde für ihr gesamtes Auftreten in Thessalonich in Anspruch nehmen: was sie „taten", redete deutlich und klar mit dem mit, was sie „sagten".

Die „Erwählung" zeigt sich im Wirksamwerden des Wortes. Aber dies Wirksamwerden kann seinerseits nicht eine Sache für sich bleiben, sondern führt notwendig zu den Wirkungen in den Hörern, an denen es sichtbar wird. Menschen, bestimmte konkrete Menschen **„nahmen das Wort an"**. Das ist erstaunlich. War es doch eine fremde und anstößige Botschaft („Torheit" für griechisches Denken und „Ärgernis" für jüdische Ohren 1 Ko 1, 18 ff.). Dazu ein Wort, das nicht nur die Gedanken beschäftigen, sondern die ganze Existenz des Hörers für sich haben wollte. Daß Predigten und Evangelisationsvorträge gern angehört werden und Gedanken und Gefühle der Menschen ein Stück bewegen, das ist nicht selten. Aber das eigentliche und wirkliche „Annehmen", das Annehmen — wie es Kap. 2, 13 heißen wird — nicht als Menschenwort, sondern als Gottes Wort, also als das die ganze Existenz hinfort total bestimmende, *das* ist das Wunderbare, damals in jener makedonischen Stadt und heute bei uns. Und dazu wurde die Echtheit dieses Annehmens sofort auf die ernstlichste Probe gestellt. Es kostete sofort etwas, *diese* Botschaft „anzunehmen", es brachte von Anfang an in **„viel Bedrängnis"**[11]. Aber nun geschah, was man menschlich in keiner Weise erwarten konnte: in den harten Leiden sank die Freude am Wort nicht rasch zusammen, das Wort als ein leidbringendes wurde nicht weggeworfen, sondern **„ihr nahmt das Wort an in viel Bedrängnis mit Freude des Heiligen Geistes"**. Die

[11] Das hier stehende Wort „thlipsis" ist in der Lutherbibel fast überall mit „Trübsal" wiedergegeben. Das hat dazu beigetragen, den strengen apostolischen Sinn des Wortes zu vernebeln. „Trübsal" kann jede Art von innerer und äußerer Not sein, bis hin zu der, die wir uns selber mit unseren Stimmungen bereiten, wenn wir „Trübsal blasen". All diese großen oder kleinen, leiblichen oder seelischen Leiden teilen die Christen mit allen Menschen. Sie sind Menschenlos und nicht Christenlos. „Thlipsis" aber meint immer die Bedrängnis, die um der Botschaft, um des Glaubens, um Jesu willen über uns kommt, die also immer gerade nur Christenlos und nie Menschenlos ist. Wann werden wir das Neue Testament an diesem ernsten Punkt wieder richtig lesen!

Thessalonicher blieben mitten in den Drangsalen doch selige und gewisse Leute[12]. Solche Wunder tut Gott durch das Evangelium.

Eben darum ist das auch kein Einzelfall. Die Thessalonicher wurden darin **„Nachahmer"** von solchen, die diesen Weg vorangegangen waren. Die drei Boten waren auch darin rechte „Zeugen" gewesen, daß sie selbst das alles durchkostet hatten. Sie hatten Gottes „süße Wundertat" (Luther) geschmeckt und hatten es erfahren, daß keine Drangsal und Verfolgung diese Freude auslöschen konnte. Dankbar sahen sie nun: **„Und ihr wiederum wurdet unsere Nachahmer."** Aber an der Spitze dieses Weges geht der Herr selbst, der auf seinem unaufhaltsamen Kreuzesweg von „seiner Freude" gesprochen hatte (Jo 15, 11). Die Thessalonicher wurden so auch **„Nachahmer des Herrn"**. Wir sehen: Wenn sich auch bei Paulus selten jene Ausdrücke finden, die in den Evangelien eine so große Rolle spielen, die große *Sache* der „Jüngerschaft", der „Nachfolge auf dem Kreuzesweg" ist auch im Raum der apostolischen Wirksamkeit da. Die Thessalonicher stehen durch das „paulinische Evangelium" in der „Nachfolge", zu der Jesus in den Evangelien ruft[13].

Als diese „Nachahmer" werden die Thessalonicher ihrerseits wieder **„Vorbild"**. Es gibt tatsächlich etwas wie eine „apostolische Sukzession", eine „Kette", die vom Herrn selbst über die Apostel weiter und weiter in die Welt hineingeht. Aber es ist nicht eine Kette sakramentaler Handlungen, sondern eine Kette lebendiger Geisteswirkungen, die Vorbild-Nachahmer heißt. Die Reichweite dieser Wirkungen ist verschieden groß[14], je nach der geistlichen Kraft, die in einer Gemeinde lebendig ist. Die Thessalonicher wurden **„ein Vorbild allen den Glaubenden in Makedonien und Achaja"**[15]. Was in Thessalonich ge-

[12] Der Heilige Geist ist also auch der Schöpfer neuer „Gefühle". Das Leben im Heiligen Geist ist nicht ein kaltes, gefühlsloses Leben. Es gibt „Freude", die nicht nur seelische und darum rasch verwelkende Stimmung ist, sondern „Freude des Heiligen Geistes", die man darum „allezeit" haben kann, vgl. Phil 4, 4. Hier ist es anders gegangen als in Jesu Schilderung im Gleichnis vom vierfachen Acker Mt 13, 20. 21.

[13] Die Theologie, besonders die „liberale", hat lange Zeit den großen Unterschied zwischen „Paulus" und dem „Jesus der Evangelien" betont und hier und da sogar daraus die Folgerung gezogen, daß Paulus der eigentliche Gründer des „Christentums" (im heutigen Sinne), bzw. der Verderber der schlichten Lehre Jesu gewesen sei. In der Tat ist es auffällig, wie selten in den paulinischen Briefen Worte wie „Reich Gottes" oder „Jünger" oder „Nachfolge" vorkommen, die doch die Verkündigung in den drei ersten Evangelien geradezu beherrschen. Aber es ist nicht „Paulus", der hier mit seiner Art, seinem Mißverstand das ursprüngliche Evangelium verändert, sondern es ist die Geschichte Gottes selbst, die durch Kreuz und Auferstehung und Geistesausgießung eine völlig neue Lage schafft, die eine neue Sprache — geformt vom Heiligen Geist! — erfordert. In ihr ist aber die alte Sache des „Reiches" oder der „Nachfolge" in neuer Weise lebendig da.

[14] Sie hängt in keiner Weise von der „Größe" einer Gemeinde oder Kirche ab! Welch weltweite Wirkung hat als „Vorbild" die kleine Brüdergemeine in Herrnhut gehabt.

[15] Die Briefschreiber gebrauchen hier die amtlichen Provinznamen. Seit dem Beginn der römischen Herrschaft (146 v. Chr.) ist Gesamtgriechenland in diese beiden Provinzen geteilt. „Makedonien" heißt der nördliche, „Achaja" der südliche Teil.

schehen war und noch immer geschah, diese mächtige Erweckung, diese bleibende Freude in allen Drangsalen, hatte viele Blicke auf sich gezogen. Die Gemeinde in Thessalonich war wirklich „eine Stadt auf dem Berge, die nicht verborgen bleiben kann". Wo es nur Christen gab, in Makedonien selbst und bis hinunter nach Achaja, sprachen Christen über Thessalonich und stärkten sich an diesem Vorbild. Aber offensichtlich weit über den Kreis der Christen hinaus **„ist euer Glaube an Gott hervorgetreten"**. In der damaligen Zeit mit ihrem lebhaften Reiseverkehr auf den großen römischen Reichsstraßen — Thessalonich lag selbst an einer solchen, der „via Egnatia" — und zur See konnte gerade aus einer solchen Handels- und Hafenstadt wie Saloniki die Kunde von den Ereignissen weit hinausdringen[16]. Jedenfalls müssen es die drei Männer vielfach erlebt haben: Wenn sie hier und da in einem Gespräch eben beginnen wollten, von ihren großen Erfahrungen in Thessalonich zu erzählen, dann wurden sie unterbrochen: „Was? Sie sind Paulus, Silvanus und Timotheus?! **Sie** sind das, die dort solchen Eingang gefunden und so Seltsames ausgerichtet haben?! Davon haben wir schon so viel gehört!" **„So daß wir gar nicht nötig haben, unsrerseits etwas zu sagen"**, schreiben sie darum ihren Freunden.

So innig das Verhältnis des Paulus zu Philippi zeitlebens war, zu so starken Auswirkungen ist die Gemeinde dort nicht gekommen. Nicht von Philippi, der ersten europäischen Gemeinde Jesu, sondern **„von euch her ist auserschollen das Wort des Herrn nicht allein in Makedonien und Achaja"**. Um so bezeichnender, daß die besondere Herzlichkeit der Verbundenheit mit Philippi durch dessen geringere Wirkungskraft nicht getrübt worden ist. Es geht im Neuen Testament nicht um „Größe", auch nicht um Größe der Leistung für den Herrn.

Die weit ausstrahlende Wirkung konnte die Gemeinde der Thessalonicher nur darum haben, weil das „Wirksamwerden des Wortes" nicht nur zu seiner „Annahme" und zur „Freude" führte, sondern in und mit der „Annahme" zu einer totalen Wendung im Leben von Menschen in jener Stadt. Gerade *das* war so sichtbar geworden, das erregte die Gemüter weithin, davon berichteten die Reisenden, **„wie ihr euch bekehrt habt zu Gott fort von den Götzen"**. Auch bei uns werden nicht „Wahrheiten", nicht noch so schöne und tiefe Erkenntnisse, nicht noch so biblische und bekenntnistreue Lehren den Menschen zum wirklichen heilsamen Anstoß werden, sondern nur die tat-

[16] Gerade die Schilderung der Vorgänge in Thessalonich in Apg 17 gibt uns selbst schon ein Bild von solchem gerüchtweisen Bekanntwerden der missionarischen Tätigkeit des Paulus und seiner Mitarbeiter: „Diese Männer, die den ganzen Erdkreis erregen, sind auch hierher gekommen". Auch wenn das beabsichtigte Übertreibung der Anklage ist, irgendwie weiß man doch, daß die angefeindeten Männer einen weiten missionarischen Weg hinter sich haben.

sächlichen sichtbaren Wendungen und gründlichen Veränderungen im Leben von Menschen. Klare Bekehrungen sind zu allen Zeiten ein sehr wirksames Stück Evangelisation! „Annahme" des Wortes ohne „Bekehrung" bleibt eine mehr als zweifelhafte Sache.

Dabei ist es sehr wichtig für uns, zu sehen, wie hier die „Bekehrung" gekennzeichnet wird. Wir kommen aus einer langen Zeit der Vermoralisierung des Christentums. Die erste Tafel der Gebote ist uns praktisch verloren gegangen. Sie spielt in unserem Urteil über uns selbst und über andere keine Rolle mehr. Nur die zweite Tafel behielten wir noch, wenn sie uns auch durch den Verlust der ersten notwendig mehr und mehr zu entschwinden droht. Darum denken wir bei dem Wort „Sünde" sofort an Diebstahl, Lüge, Unkeuschheit, Unrecht und allerlei Sucht und folgerichtig bei „Bekehrung" an moralische Änderung und Besserung auf einem dieser Gebiete. Eben darum weisen die ordentlichen und anständigen Menschen die Zumutung einer „Bekehrung" entrüstet von sich. Diebe, Ehebrecher, Trinker mögen sich „bekehren", die haben es gewiß nötig, aber wir doch nicht! Nun wird es in Thessalonich gewiß auch Christen gegeben haben, die aus dem Sumpf der großen Hafenstadt kamen. In Kap. 4, 1—8 spüren wir noch, wie nahe der Leichtsinn im Geschlechtsleben und im Erwerbsleben vielen Gliedern jener griechischen Großstadtgemeinde lag. Aber davon ist jetzt im Blick auf ihre Bekehrung keine Rede! Nicht darum ging es, daß hier Menschen sexuell sauberer und in Gelddingen redlicher geworden waren .Moralische Besserung kann man auch auf mancherlei andere Weise erzielen. Und umgekehrt wird auch der Christ auf dem moralischen Gebiet nie „fertig". Nein, die wirklich totale Wendung im Leben der Thessalonicher geschah viel tiefer, im letzten Grunde ihrer Existenz: in ihrem Verhältnis zu Gott! Sie haben sich **„bekehrt zu Gott fort von den Götzen"!** *Das* ist es, worum es in der „Bekehrung" geht, damals wie heute.

Die Gottesbeziehung des Menschen ist nicht „Religion" im Sinne einer besonderen und dann meist recht nebensächlichen „Sparte" unter seinen vielfältigen Lebensäußerungen. Der Mensch ist also nicht Persönlichkeit und Ausüber eines Berufes und Glied einer Familie und Bürger eines Staates und beschäftigt mit einer Liebhaberei und außerdem hat er dann auch noch diese oder jene Religion, vielleicht die „christliche". Nein, die Gottesbeziehung ist der eigentliche Kern seines Wesens als Mensch, so wahr der Mensch zum Bilde Gottes geschaffen ist. Durch den Sündenfall ist diese Gottesbeziehung nicht einfach verloren wie ein einzelnes Teil an einer Maschine, die im ganzen trotzdem noch weiterläuft. Nein, viel schlimmer: sie ist entstellt und verfälscht und wird eben damit die eigentliche Quelle aller anderen Verkehrung und Entartung des Menschen. Ohne „Gott" kann der Mensch schlechterdings nicht leben; das ist der stete „Beweis" für Gott und für die Wahrheit des Schöpfungsberichtes. Aber da er **„Gott, den lebendigen und wirklichen"**[17], nicht mehr kennt, macht er nun notwendig etwas anderes zu „Gott": das ist der Ursprung aller „Götzen" und „Idole", denen der gottlose Mensch, auch der moderne „Atheist", versklavt ist, ob er es weiß und will oder nicht. Der Mensch muß etwas „Letztes", etwas „Absolutes" haben; im konsequenten Relativismus kann er nicht leben. Aber eben etwas „Relatives", irgendeine geschöpfliche Größe, irgendein selbstgemachtes Ideal setzt er nun absolut und macht es dadurch zu seinem **„Götzen"**. Es ist dabei grundmäßig kein Unterschied, ob er sein „Idol" in einem marmornen Götterbild darstellt oder in höchsten philosophischen Gedanken ausdrückt: immer behandelt er als „Gott", was doch gerade nicht wirklich GOTT ist[18]. Paulus wird Jahre nach unserem Brief in Rö 1, 18 ff die Entstellung und Zerrüttung des Menschtums zeichnen, die notwendig daraus folgt.

Es ist das rettende Wunder in einem Menschenleben, wenn GOTT in Seinem mächtigen Wort dem Menschen begegnet und ihm die Befreiung von seinen Götzen und die Rückkehr zu Ihm selbst schenkt. Das ist die „Bekehrung", die der anständigste und edelste Mensch ebenso notwendig braucht wie der schmutzigste und verkommenste. Mit solcher Bekehrung ist sein Leben tatsächlich im Zentrum und darum total „neu" geworden, auch wenn moralisch noch viele Fehler und Mängel an ihm bleiben.

Dabei ist es schon beachtenswert, daß in der knappen Schilderung der in Thessalonich geschehenen Bekehrungen das *Positive* vorangestellt ist: **bekehrt zu Gott,** fort von den Götzen. Von der Vermoralisierung her ist uns die negative Seite der Sache, das Loskommen von

17 Das hier gebrauchte Wort „alethinos" kann man natürlich auch mit „wahr" übersetzen. Auch unser Begriff „wahr" kann den Klang des „Wirklichen" und „Eigentlichen" in sich tragen. So sagen wir von Jesus, er sei das „wahre" Lebensbrot, oder auch im Alltagsdeutsch von jemand, er sei ein „wahrer Künstler" auf diesem Gebiet. Hier ist die Wiedergabe mit „wirklich" vorgezogen, um uns vor dem bloß theoretischen Verständnis zu warnen. Die „Götzen" der Menschen suchen immer wieder ihre massive „Wirklichkeit" gegen die „Unwirklichkeit" Gottes auszuspielen. Aber gerade sie sind „in Wirklichkeit" nicht „Gott". Wir aber sind von dem getrennt, der eigentlich und „wirklich" GOTT ist.

18 Bei dieser allgemeinen, auch für uns heute geltenden Auslegung darf freilich nicht verkannt werden, was 1 Ko 10, 20 vom echten „Heidentum" und seinen „Götzen" gesagt ist! Hinter diesen „Götzenbildern" stehen dämonische Mächte, die die Menschen in einem furchtbaren Bann halten.

Von da aus sollten wir die Augen dafür offen haben, daß auch der moderne Mensch in einem ganz weiten Umfang **solchem** „Götzendienst" verfallen ist. Ja, gerade beim modernen Menschen tritt er noch empörender zutage als beim „Heiden": derselbe Mann, der viel zu „aufgeklärt" ist, um noch an einen lebendigen Gott glauben zu können, wagt sich nicht in sein Auto zu setzen ohne sein glückbringendes Püppchen und richtet sich ängstlich nach den astrologischen Weisheiten seiner Zeitung! Darum haben wir darauf zu achten, daß die „Bekehrungen" heute klare Lösungen und Reinigungen auch von solchen Götzen werden!

dem und jenem „Götzen", leicht das wichtige, bei dem unser Blick hängen bleibt: „bekehrt vom Rauchen, bekehrt vom Trinken, bekehrt vom Lügen." Das Kommen zu Gott scheint beinah mehr ein erfreulicher, aber selbstverständlicher Nebenerfolg dieses Loskommens zu sein. Für die Bibel ist es umgekehrt! Daß ein Mensch Gott, den lebendigen und wahren, findet, finden darf, das ist das Große und Entscheidende, was sein Leben radikal erneuert. Heimkehr zu Gott, darauf kommt es an![19] Darin ist dann der Losriß von den Götzen notwendig eingeschlossen. Aber dieser Losriß gelingt als echter Lebensvorgang erst da, wo die Herrlichkeit des wahren Gottes über einem Menschen aufgegangen ist. Sonst bleibt er der Versuch einer Selbsterlösung unter dem Gesetz. „Evangelisch" wird die Bekehrung nur durch diese Voranstellung des Positiven.

Eine solche Bekehrung, ein solches Nachhausekommen zum verlorenen Ursprung schenkt freilich jene „Freude des Heiligen Geistes", die unter „viel Drangsal" das Leben unverlierbar erhellt. Aber nicht unser „Glück" ist hier die Hauptsache! Die Evangelisationsparole „Komm zu Jesus, dann wirst du glücklich" verkennt in gefährlicher Weise, worum es geht. Echte Bekehrung löst gerade vom Ich, diesem besonderen Götzen und Idol der allermeisten Menschen. In mächtiger Einfachheit hat es der Heilige Geist hier ausgesprochen in dem kurzen Satz: **„bekehrt, um zu dienen!"** Dabei ist das Wort „dienen" vom Sklavenstand, von der Leibeigenschaft abgeleitet und bezeichnet die völlige Dienstzugehörigkeit, die Leib und Seele, Zeit und Besitz, Kraft und Gaben alles rückhaltlos einem anderen zur Verfügung stellt. „Sklave Jesu Christi", das war der Ehrentitel, den ein Paulus von sich und seinen Mitarbeitern gern gebraucht (vgl. Phil 1, 1). **„Leibeigen zu sein Gott, dem lebendigen und wirklichen"**, das ist die Herrlichkeit des neuen Standes der Thessalonicher. Dahin hat es die Erwählung durch das Wirksamwerden des Wortes hindurch gebracht[20].

Es ist klar: Zwischen einem Knecht der Idole und einem Knecht des lebendigen Gottes gibt es keine Übergänge; man kann nicht von einem zum anderen „sich entwickeln", nicht vom einen zum anderen „hineinwachsen". Hier gibt es nur das eindeutige Entweder—Oder und vom einen zum anderen nur den Umbruch der Bekehrung.

19 So hat es uns auch Jesus Lk 15, 11 ff geschildert. Nicht das rettet den verlorenen Sohn, daß er den Schweinen den Rücken kehrt! Ihn rettet nur die Heimkehr zum Vater. Sie ist dann freilich auch die Absage an alles, was zu den Schweinen führte.

20 Es wird deutlich, wie in der Tiefe verkehrt unser Christentum sein muß, wenn es neben die „Dogmatik" eine eigene „Ethik" stellt und für sie dann mit viel Mühe und Not eine besondere Begründung suchen muß. Wenn der „Glaube" allein meine Gerechtigkeit vor Gott ist und meine ewige Seligkeit garantiert, warum soll ich dann noch etwas „tun"? Das ist die Frage, die unsere Theologie und unser evangelisches Christentum quält. Für das Neue Testament gab es hier kein „Problem". Was in der Bekehrung geschah, machte zum „Diener Gottes". Daß aber ein „Diener" eben zum „dienen" da ist, dürfte weiter kein „Problem" sein!

Und nun ist es höchst bezeichnend für das Wesen des Urchristentums, daß zu diesem „Dienen" sofort ein zweiter Grundzug des Christseins tritt: **„und zu erwarten Seinen Sohn aus den Himmeln, den Er auferweckte aus den Toten, Jesus, der uns rettet aus dem Zorn, dem kommenden."** Die Botschaft von dem, was „kommt", war in keiner Weise irgendein „Anhang" oder ein letztes Kapitel für Fortgeschrittene, sondern gehörte zentral zur Evangelisation als solcher und war wesentlich begründend für den Ruf zur Bekehrung. Auch hier bewahrte also der „Paulinismus" überraschend die Grundlage der drei ersten Evangelisten! „Kehrt um, denn genaht ist das Königreich der Himmel", das ist die Zusammenfassung der ganzen Verkündigung Jesu in einem Satz. So hätte man aber auch die Verkündigung der drei Boten in Thessalonich mit einem Wort beschreiben können!

Auch für Jesus ist das Kommen der Gottesherrschaft nicht der Anbruch eines blauen Frühlings, sondern ist Gericht und Offenbarung des Zornes Gottes. So nennt auch Paulus hier von all dem, was da kommt, zuerst den „Zorn". Gerade wer „das hohe Lied der Liebe" (1 Ko 13) recht singen, wer recht bezeugen will, wie „Gott seine Liebe gegen uns preist" (Rö 5, 8), der muß klar von dem Zorn Gottes wissen, der jetzt schon „vom Himmel her offenbar wird über alles gottlose Wesen und Ungerechtigkeit der Menschen" (Rö 1, 18), und der in seinem ganzen schrecklichen Ernst im Kommen ist. Alle, die ihre „Götzen" an die Stelle des wahren Gottes gesetzt haben, sind diesem Zorn verfallen[21], die Großen und die Kleinen, die Guten und die Bösen. Die Rettung aus diesem Zorngericht ist *die* Lebensfrage jedes Menschen.

Es gibt nur Einen, der die Macht zu dieser Rettung hat. Das ist Jesus, der Sohn Gottes. Darum ist dieser Jesus so unentbehrlich für jeden Menschen, er sei, wer er wolle. Denn dieser Jesus ist selber durch das Zorngericht Gottes stellvertretend für uns gegangen. Gott hat diese Stellvertretung Jesu für uns angenommen, hat ihn **„auferweckt aus den Toten"**, zu Seiner Rechten in den Himmeln gesetzt und eben damit das göttliche Recht Jesu bestätigt, jeden zu retten, der sich Ihm anvertraut.

Wir sehen mit überraschender Deutlichkeit die Übereinstimmung dieser Evangelisation in Thessalonich mit der Areopagrede in Athen (Apg 17, 16 ff.). Diese ist also keineswegs eine freie Erfindung des Lukas, wie man vielfach behaupten wollte, sondern gibt sachkundig genau die Grundzüge wieder, die ständig die Vorträge eines Paulus vor griechischen Zuhörerschaften beherrschten: den Götzen wird der lebendige und wahre Gott gegenübergestellt, dem jeder Mensch ur-

21 Das wird der zweite Brief gleich in seinem ersten Kapitel noch etwas näher ausführen und darin also sachlich keinen Gegensatz gegen den ersten bilden!

sprünglich gehört; der kommende Zorn im Gericht dieses Gottes wird bezeugt; Jesus, der aus den Toten auferweckte Gottessohn, wird als der alleinige Retter aus diesem Gericht angeboten; daraus ergibt sich der Ruf zum Glauben und zur Bekehrung[22].

Die Rettung aus dem kommenden Zorn ist aber nicht nur etwas Negatives, wenn auch Unentbehrliches. Sie ist selbstverständlich — wie in den Evangelien — die Rettung hinein in das kommende Königreich der Himmel. Darum erwuchs in jedem, der diese Botschaft verstand und „annahm", ein heißes, verlangendes „Warten" auf das Hervortreten Jesu aus den Himmeln[23]. Denn auf der Erde häufen sich die Gerichte, das antigöttliche Weltreich des „Gesetzlosen" steigt herauf (vgl. 2 Th 2), Jesus aber reißt die Seinen aus dem allen (was zur Vollstreckung des „Zornes" gehört!) heraus und vereint sie mit sich und bringt ihnen die herrliche Vollendung, wie wir das in Kap. 4, 13—18 lesen werden. Darum muß dies **„Erwarten"** Jesu nicht erst künstlich als notwendig gefordert und anbefohlen werden. Es ist mit und in dem Christsein als solchem gegeben. Es ist genauso Wesenszug der Gemeinde, wie die Verkündigung des Kommenden Wesenszug der Heilsbotschaft ist.

Wenn daher der heutigen Gemeinde dies „Erwarten" vielfach fehlt, fehlt ihr nicht „etwas", sondern ihr fehlt das Grundverständnis der ganzen Botschaft. Das Verlangen nach dem eigenen Glück, das Kleben am eigenen Ich, die Vermoralisierung des Christentums, die Unwissenheit über den Zorn Gottes, die „billige Gnade", das Unverständnis für Jesu Kreuzestat und der Verlust der Erwartung des kommenden Herrn — all das ist eine einzige, in sich zusammenhängende Entartung des Christentums.

SO SIND RECHTE „REICHSGOTTESARBEITER"

1. Thessalonicher 2, 1—12

zu Vers 1: 1 Th 1, 5. 9; 2 Th 3, 1

1 **Denn ihr wißt selbst, Brüder, unsern Eingang zu euch, daß er**
2 **nicht vergeblich geschah. * Sondern nachdem wir vorher gelitten**
hatten und mißhandelt worden waren, wie ihr wißt, in Philippi,

[22] Diese Übereinstimmung mit der Areopagrede ist andern Forschern gerade zum „Problem" geworden: Was hier als Verkündigung im Thessalonicherbrief dargestellt sei, enthalte nichts von dem eigentlich „Paulinischen". Dahinter steckt noch die Vorstellung von Paulus als dem großen, einsamen Original, dessen Hauptleistung eine neue tiefsinnige „Lehre" sei. Nein, Paulus war ein Bote Jesu, dem nur an dem Einen lag, daß Menschen errettet würden und zu Gott kämen. Darum hat dieser Mann, der in der Auseinandersetzung mit den Fragen der Zeit so unerhört schwere Briefe wie Rö und Gal schreiben konnte, als Evangelist vor verlorenen Leuten sicher sehr „einfach" gesprochen. Eben wie in Thessalonich und Athen.

[23] Die Mehrzahl, in der dies Wort in der Bibel ständig steht, zeigt schon, daß es sich dabei nicht um den atmosphärischen Himmel oder um den Raum der Sternenwelt handeln kann. Die biblischen Zeugen waren nicht ganz so naiv, wie uns die „Entmythologisierung" glauben machen will.

gewannen wir freien Mut in unserem Gott, zu reden zu euch das
3 Evangelium Gottes unter viel Kampf. * Denn unser Zuspruch
geschieht nicht aus Irrwahn, auch nicht aus Unreinheit und nicht
4 in Arglist, * sondern wie wir erprobt sind von Gott, betraut zu
werden mit dem Evangelium, so reden wir, nicht um Menschen zu
5 gefallen, sondern Gott, der unsere Herzen prüft. * Denn wir sind
weder jemals mit Schmeichelrede aufgetreten, wie ihr wißt, noch
6 unter dem Vorwand der Habsucht, Gott ist Zeuge, * noch suchten
wir von Menschen Ehre, weder von andern noch von euch, obwohl
wir die Macht hatten, gewichtig aufzutreten als Bevollmächtigte
7 des Christus. * Aber wir waren milde in eurer Mitte, wie wenn
8 eine Mutter ihre eigenen Kinder hegt. * So herzlich zu euch hin-
gezogen waren wir willig, euch mitzuteilen nicht allein das Evan-
gelium Gottes, sondern auch unsere eigenen Seelen, weil ihr
9 Geliebte für uns geworden wart. * Ihr erinnert euch ja, Brüder,
an unsere Mühe und Arbeit: Nacht und Tag werkend, um keinem
von euch zur Last zu fallen, heroldeten wir bei euch das Evan-
10 gelium Gottes. * Ihr seid Zeugen und Gott, wie fromm und gerecht
und ohne Tadel wir uns gegen euch, die Glaubenden, verhalten
11 haben. * Ihr wißt ja, wie wir jeden einzigen von euch wie ein
12 Vater seine eigenen Kinder euch ermahnt und ermuntert * und
beschworen haben [mit dem Ziel], daß ihr wandelt würdig des
Gottes, der euch beruft zu Seiner Königsherrschaft und Herr-
lichkeit.

zu Vers 2: Apg 16, 20-24; 17, 1-5; Phil 1, 30; 1 Th 3, 3
zu Vers 3: 2 Ko 4, 2. 5; 1 Th 2, 3
zu Vers 4: 1 Tim 1, 11.12; Tit 1, 3; 2 Ko 2, 17
zu Vers 5: Eph 6, 6; Gal 1, 10; Apg 20, 33; 2 Ko 7, 2; 2 Pt 2, 3; 2 Ko 1, 23; Phil 1, 8
zu Vers 6: Jo 5, 41. 44; 12, 43
zu Vers 7: 1 Ko 3, 2; 9, 22; 1 Pt 2, 2
zu Vers 8: Rö 1, 11; 2 Ko 12, 15; Apg 20, 24
zu Vers 9: 1 Ko 4, 12; 2 Ko 11, 9; 12, 13. 14; 2 Th 3, 8
zu Vers 10: 2 Th 3, 7
zu Vers 11: 1 Ko 4, 14. 15
zu Vers 12: Eph 4, 1; Phil 1, 27; Kol 1, 10; 1 Ko 1, 9; 1 Th 5, 24; 2 Th 2, 14; 2 Tim 1, 9; 1 Pt 5, 10

Der erste Satz faßt noch einmal alles Bisherige zusammen. Weil diese Bekehrungen geschehen waren mit dieser durch keine Drangsal zu erstickenden Freude, weil diese Gemeinde da war, die sich dem wahren Gott zum Dienst zur Verfügung stellte und auf den wiederkommenden Herrn wartete, darum **„wißt ihr selbst, Brüder, unseren Eingang zu euch, daß er nicht vergeblich geschah"**. An diesem **„nicht vergeblich"** lag Paulus zeit seines Lebens. Noch vor seinem möglichen Märtyrertod sorgt er sich im Blick auf die geliebte Gemeinde in Philippi, daß er nur ja nicht „vergeblich gelaufen sei oder vergeblich gearbeitet habe". Wir werden schwerlich einem Paulus geistlich überlegen sein, wenn wir so leicht auf sichtbare Frucht unseres Dienstes verzichten zu können meinen und uns so rasch mit dem trösten, was „die Ewigkeit einmal offenbaren werde". Kein redlicher Arbeiter will „vergeblich" wirken, und wir sollten bei dem höchsten und wichtigsten Beruf, den es auf Erden gibt, bei dem eines „Reichsgottesarbeiters" nach der klaren und deutlichen Frucht nicht viel fragen?!

Mit dem Hinweis auf **„unseren Eingang"** wendet sich der Blick nun von dem Werk Gottes in Thessalonich hinüber zu dem Verhalten der

Boten selbst. Auch hier gibt es unvergeßliche Erinnerungen, die die Gemeinde selber bestätigen und festhalten soll.

Die folgenden Ausführungen des Briefes wollen auf dem geschichtlichen Hintergrund jener Zeit gesehen und verstanden werden, so gewiß sie gerade dann auch in ihrer Gültigkeit für jede Zeit und Lage in konkreter Deutlichkeit hervortreten. Die drei Männer waren nämlich keineswegs die einzigen „Missionare", die einsam als noch nie erlebte Gestalten in den griechischen Städten erschienen! Sie waren einfach drei unter Hunderten, mit denen sie nur allzu leicht verwechselt werden konnten. So sprach Jesus selbst in Mt 23, 15 von der eifrigen Missionstätigkeit der Pharisäer und Schriftgelehrten, die „Meer und Land durchziehen, um einen einzigen Proselyten zu machen". Vollends im griechischen Gebiet reiste eine unabsehbare Schar von „Missionaren" der verschiedensten Weltanschauungen, Philosophien und religiösen Kulte, von Wanderrednern, Heilkundigen, Quacksalbern, Wundertätern, Künstlern, Musikern, Schauspielern aller Art. Die aufgewühlte Zeit war voller Suchen und Fragen. Sicher war mancher dieser Männer von redlicher Überzeugung erfüllt, diesem Suchen und Fragen wirklich Antwort und Hilfe bringen zu können. Aber selbst sie waren nur zu leicht betrogene Betrüger, die **„aus Irrwahn"** lebten und agitierten. Und wie vielfältig wurde solche Reisetätigkeit zum **„Vorwand der Habsucht". „In Arglist"** suchte man den Dummen das Geld aus der Tasche zu locken. Selbst üble Absichten sexueller Art (**„Unreinheit"**) werden sich eingemischt haben (vgl. 2 Tim 3, 6). Ein arbeitsloses Leben auf fremde Kosten, allerlei Abenteuer oft zweifelhafter Art oder wenigstens die **„Ehre"** des berühmten Mannes, der von seinen Erfolgen hier und da in der Welt berichten und große Scharen um sich sammeln konnte — das waren die eigentlichen Triebfedern im Leben vieler dieser reisenden Leute. Die **„Schmeichelrede"**, die an die Eitelkeit der Zuhörer appellierte und sie, ihre Gunst und ihren Geldbeutel zu gewinnen suchte, war dann ein stetes Mittel zum Erfolg.

Wir haben die entscheidenden Stichworte unseres Abschnitts zur Kennzeichnung der vielen „Konkurrenten" der Boten Jesu in jener Zeit verwendet. Das ist kein Zufall. Eben mit dem Seitenblick auf jene ganze Konkurrenz haben die Briefschreiber selber sie geprägt. Es konnte gar nicht anders sein, als daß auch sie in einer fremden Stadt zunächst genauso betrachtet wurden wie jene andern, die vor ihnen dagewesen waren oder sogar unmittelbar neben ihnen ihre Tätigkeit entfalteten. Wir müssen das ganz anschaulich vor uns haben, wenn wir die Schwere der Aufgabe ermessen wollen, die ständig vor Paulus und seinen Mitarbeitern stand. Denn nun kam alles darauf an, daß die Hörer den totalen Unterschied merkten, der die Boten Jesu von all jenen anderen Wanderrednern trennte. Nur wenn hier jedes Mißtrauen schwand, schlossen sich die Herzen überhaupt der Botschaft auf. Aber mit wirklich leuchtender Klarheit mußte die innerste Andersartigkeit der Christuszeugen vor den Menschen stehen, damit nicht auch nachher noch die Verdächtigungen hafteten, die von jüdischen und griechischen Gegnern des Christentums und seiner Boten in die jungen Gemeinden getragen wurden. Wenn unser Brief überhaupt auf diese Dinge zu sprechen kommt, dann wird bei der Sorge des Paulus um die Haltung der Thessalonicher unter dem Druck der Verfolgungen auch die Frage mitgespielt haben, ob die eifrigen und giftigen Verleumdungen der Feinde nicht doch hier und da Eindruck gemacht haben. In Korinth, wo er jetzt weilt, wird er das noch in bitterster Weise durchkosten müssen. Vielleicht hatte er Nachrichten, daß in Thessalonich gegen die abwesenden Boten zu wühlen versucht wurde. Dagegen half nur die eigene Erinnerung der Gemeinde an das selbst erlebte Verhalten der drei. An diese Erinnerung appelliert darum unser Abschnitt immer wieder.

Was die Verdächtigungen sagen, was an so vielen Wanderpredigern jener Zeit zu sehen ist, das ist ja doch so „menschlich". Das hat seine verborgenen Wurzeln in uns allen. Lesen wir unseren Abschnitt mit dem Gefühl: „Wie können sich Paulus, Silvanus und Timotheus überhaupt gegen *solche* Dinge verwahren! Das kommt doch alles überhaupt nicht in Frage für uns!"? Dann ist unsere Selbsterkenntnis noch sehr mangelhaft. Mögen wir vor den groben Ausartungen auf diesen Gebieten bewahrt sein, in feiner Form ist jeder Reichsgottesarbeiter immer wieder davon bedroht. Und wie rasch wurde daraus bei manchem auch der offenkundige Fall.

Warum können die drei klar und frei vor der Gemeinde stehen? Sind sie „bessere" Menschen? Nein, ein einziges Wort gibt hier den Ausschlag und nennt den alleinigen Grund ihrer Zuversicht: nicht das Wort „Wir", sondern das Wort „Gott", das unseren Abschnitt beherrscht.

Dies Wort steht sofort begründend über dem ganzen Kommen der drei nach Saloniki. **„Nachdem wir vorher gelitten hatten und mißhandelt worden waren, wie ihr wißt, in Philippi."** In dem griechischen Ausdruck für „mißhandeln" steckt ein Wort, das den rechtlosen Übermut bezeichnet. Es ist schwer, zu leiden; es ist noch schwerer, der Gewalt und dem Übermut von Menschen ausgeliefert zu sein. Das hatten die drei in Philippi (Apg 16, 19—24) erlebt, und ihre Rücken waren noch wund. Alles nur menschliche Denken mahnt in solcher Lage: Nur Vorsicht! Nur nicht gleich wieder in solch gefährliche Tätigkeit hinein! Doch die drei **„gewannen ... freien Mut in unserem Gott, zu reden zu euch das Evangelium Gottes"**. Hier steht im griechischen Text eine Bildung von jenem Wort her, das wir gern mit „Freudigkeit“ wiedergeben und dabei gründlich mißverstehen. „Ich kann keine Freudigkeit dazu gewinnen...“, so sagen wir in frommen Kreisen gern. Aber „Freudigkeit“ ist ein völliges Mißverständnis des von Luther gebrauchten Wortes „Freidigkeit“. Es geht in keiner Weise um unsere „freudigen“ Stimmungen, die bei den Männern mit dem zerschlagenen Rücken gewiß nicht da waren! Es handelt sich vielmehr um den Mut, in voller Freiheit und ohne falsche Vorsicht etwas zu tun. Und diesen Mut gab **„unser Gott“.** Nicht umsonst steht hier dies „unser“. Es ist nicht ein ferner, kalter Gott, dem die Drei dienen, sondern ein Gott, der ihnen nahe ist, der sie auch in der neuen fremden Stadt keinen Augenblick allein lassen wird, der über unerschöpfliche neue Kraft für sie verfügt und den sie darin so oft schon haben erproben dürfen. Und dieses Gottes Sache, das **„Evangelium Gottes“,** ist es, was sie aufs neue zu sagen haben. Nicht aus eigenem Antrieb kamen sie in die neue Arbeit, sondern als zerschlagene Leute, einzig von Gott ermutigt und ermächtigt. Welch ein Gegensatz zu den anderen!

Das Wirken an dem neuen Ort geschah **„unter viel Kampf“.** Damit kann gemeint sein, daß sich gegen dies Wirken sogleich auch in Thessalonich allerlei Schwierigkeiten und Kämpfe erhoben (vgl. Apg 17, 5). Aber der Apostel Paulus gebraucht doch das Wort „Kampf“ und „kämpfen“ Kol 2, 1; Kol 4, 12; Rö 15, 30 speziell für das Ringen im Gebet. So wird er auch hier sagen wollen, unter wieviel heißem Flehen und Beten die Evangelisation in Thessalonich vor sich ging. Ob wohl unsere Evangelisationen oft so gering an Vollmacht und Frucht sind, weil wir dies „unter viel Kampf“ nicht in Wahrheit hinzusetzen können?

Und nun folgen die Zeilen, die an all die falschen und gefährlichen Motive erinnern, die sich in unsern Dienst für Jesus einmischen können. Was hat diese Motive bei den drei Boten Jesu entwurzelt? **„Sondern wie wir erprobt sind von Gott, betraut zu werden mit dem Evangelium, so reden wir.“** Weltanschauungen, Künste und Religionen kann man sich selber auswählen und kann sich dann auch selbst zu ihrer Propagandierung entschließen und zurüsten. Das Evangelium aber kann man nur von Gott selbst anvertraut erhalten. Aber welch Vertrauen Gottes liegt darin, wenn Er uns Seine eigene Botschaft, die rettende, über das ewige Leben von Menschen entscheidende Botschaft in die Hände legt! Er tut dies als der **„Gott, der unsere Herzen prüft“!** Muß nicht das Ergebnis dieser Prüfung immer nur dies sein, daß wir vollständig untauglich für einen solchen Dienst sind? So sind wir es ja gewohnt, von der Reformation her uns selbst zu beurteilen; das Seufzen und Stöhnen über uns selbst scheint uns die einzig richtige und einzig mögliche Haltung zu sein. Aber — Gottes Urteil ist ein anderes! Ob es uns möglich scheint oder nicht, wir müssen es zur Kenntnis nehmen: Paulus erklärt, wir seien „erprobt"[24] von Gott, mit dem Evangelium betraut zu werden. Gottes „Prüfen" hat erstaunlicherweise ein positives Resultat gehabt! Paulus hat die gleiche Aussage für seine Person dem Timotheus gegenüber noch einmal an bedeutsamer Stelle wiederholt: „Ich bin voll Dank gegen unseren Herrn Christus Jesus dafür, daß Er mir die Treue zutraute und mich in Seinen Dienst nahm" 1 Tim 1, 12. Auch du, von Gott berufener Reichsgottesarbeiter, kannst es nicht ändern: magst du selber an dir noch so verzweifeln, dir *ist* das Evangelium anvertraut, du *bist* erprobt von Gott.

Daraus kannst du nur die eine Folgerung ziehen, die hier diese Männer gezogen haben: **„so reden wir, nicht um Menschen zu gefallen, sondern Gott, der unsere Herzen prüft."** Schon unter Menschen ist es so, daß erwiesenes — und gerade „unverdientes" — Vertrauen eine gewaltige haltende und umwandelnde Kraft besitzt. Wer nun gar diesen höchsten Vertrauensbeweis Gottes erfahren hat, in dem geht eine entscheidende Änderung vor sich. Nun fragt er nicht mehr nach Menschen und ihrem Urteil, nun will er nur noch „Gott gefallen", diesem Einen, dessen unbegreifliches Vertrauen seinem Leben einen ganz neuen Inhalt gab. Damit ist es eindeutig klar: nicht **„aus einem Irrwahn"** heraus reden wir, sondern aus der hellsten und klarsten Wahrheit und Wirklichkeit. Alle **„Unreinheit"**, alle unsauberen Regungen sterben in diesem Lichte ab. Alle **„Arglist"**, alle „Diplomatie" hat im klaren Raum dieses Vertrauens keinen Platz mehr. Vor dem Ernst und der Herrlichkeit unseres Auftrags erstirbt aber auch jene tief sitzende, fatale Neigung, Menschen nach dem Munde zu reden und um ihre Gunst zu buhlen. Die Thessalonicher wissen es selber: irgendwelche **„Schmeichelrede"** hat es im Munde des Paulus und seiner Gefährten nicht gegeben. Tief sitzt in uns aber auch die **„Habsucht"**, zum wenigsten in der feinen Form, die sich an allerlei Vorteilen und Geschenken freut. Wird dann nicht unser Eifer, unser Weg hierhin und dahin tatsächlich zum **„Vorwand"**, hinter dem in Wirklichkeit etwas ganz anderes steckt: der geheime Gedanke an diesen oder jenen materiellen Gewinn? Aber wer es begriffen hat und immer neu begreift, daß die Verkündigung der Heilsbotschaft kein „Beruf"

24 „Erprobt" und „prüfen" gehört eng zusammen. In beiden Fällen ist der griechische Ausdruck „dokimazein" verwendet, der sowohl die Tätigkeit des „Prüfens" wie auch deren positives Ergebnis „bewähren, bewährt finden" bezeichnet. Mit unserem deutschen „prüfen" steht es ähnlich, wenn wir etwa bei dem Zusatz „staatlich geprüfte" Krankenpflegerin nicht nur die Tatsache einer stattgefundenen Prüfung, sondern unmittelbar auch ihr positives Ergebnis meinen. Paulus, Silvanus, Timotheus bezeichnen sich hier gleichsam als „göttlich geprüfte" Boten des Evangeliums.

ist wie andere Berufe, sondern ein unbegreifliches Betrautwerden mit dem Evangelium durch Gott selbst, der steht in seinem Dienst so vor Gott, daß seine Beweggründe auch auf diesem versuchungsreichen Gebiet lauter werden und er Gott zum Zeugen dafür anrufen kann: **„noch unter dem Vorwand der Habsucht, Gott ist Zeuge.“** Am tiefsten und zähesten nistet in uns die Eitelkeit, das **„Ehre suchen von Menschen“.** Noch auf dem Wege zur Kanzel oder zur Plattform kann es uns begleiten, und auf dem Wege von dort herunter überfällt es uns mit der Gier nach Anerkennung und Erfolg. Vielleicht hassen wir es selber als etwas Niedriges und Gemeines; aber kein eigener Kampf dagegen hilft. Nur wenn es uns überwältigt, daß wir schon längst die allergrößte Ehre und die allerhöchste Anerkennung gefunden haben, **„wie wir erprobt sind von Gott, betraut zu werden mit dem Evangelium“,** verliert das Schielen nach Menschenehre seine Macht über uns.

O wenn wir Reichsgottesarbeiter doch aufhörten, unseren Dienst als eine gewohnte Selbstverständlichkeit anzusehen! Wenn wir es doch auch für uns begriffen, welch ganz persönliches Vertrauen der heilige, lebendige Gott uns mit unserer Indienstnahme erwies und welch unerhörte Sache dies „Betrautwerden mit dem Evangelium“ in Wahrheit ist! Bis in die letzten verborgenen Tiefen unseres Herzens und unserer Motive hinein würde unser Dienst ein anderer, als er jetzt oft ist! Wie ein reinigendes Feuer würde dieses Bewußtsein Müdigkeit und Unlust und alle unlauteren Beweggründe verzehren!

Der Verzicht auf Ehre von Menschen hat nichts zu tun mit jenen Minderwertigkeitskomplexen, die leider weithin mit der christlichen Demut verwechselt werden. Die Beauftragung durch Gott selbst und die damit gegebene Stellung **„als Bevollmächtigte des Christus“** verleiht uns eine höchste Würde. Die drei Boten wissen es sehr wohl, daß sie **„die Macht hatten, gewichtig aufzutreten als Bevollmächtigte des Christus“**[25]; und Paulus wird diese Würde später manchmal mit ihrem vollen Gewicht in die Waagschale werfen (vgl. besonders Gal und 2 Ko). Das Reden eines Reichsgottesarbeiters hat nicht unter dem Motto zu stehen: „Entschuldigt nur, daß ich da bin und euch dies alles sage“, sondern unter der vollen Gewißheit: „Ich spreche zu euch in der allerhöchsten Vollmacht, und an eurem Hören oder Nichthören hängt für euch Leben und Tod!“

[25] Im griechischen Text steht hier das Wort „Apostel“. Es ist bezeichnend für die freie und lebendige Art jener Zeit, daß der Begriff „Apostel“ noch keineswegs eingeengt war auf „die Zwölf“. Er ist noch kein eifersüchtig gehüteter „Amtstitel“. Ohne weiteres heißen hier Silvanus und sogar der junge Timotheus genau so gut wie Paulus „Apostel“. Sie tun ja das „apostolische“, das gemeindegründende Werk mit ihm. Freilich, Paulus selbst muß dann schon einen langen und schweren Kampf kämpfen um seine Anerkennung als „Apostel“, die „Hierarchie“ beginnt. Der ursprüngliche, weitere und freiere Apostelbegriff ist darum hier als „Bevollmächtigter“ übersetzt wiedergegeben.

Was bewahrt vor dem Schritt über die feine Grenze zur falschen Würde und zu fatalen Ansprüchen? Der Brief verwendet für das Verhalten der Boten die beiden Bilder „Mutter"[26] und „Vater". Beide besitzen freilich eine unverlierbare Würde. Aber beide haben ihren innersten Beruf nicht im Festhalten von Ansprüchen, sondern im „Mitteilen". Die Mutter **„hegt und pflegt ihre Kinder".** Der Vater sorgt mit beschwörendem Ernst um den Weg jedes einzelnen Kindes: **„wie ein Vater seine Kinder haben wir jeden Einzigen von euch ermahnt und ermuntert und beschworen."** Und der Beweggrund in Mutter und Vater ist jene Kraft, die als selbstlose und hingebende unerklärlich bleiben muß: die Liebe.

Keine Mission, keine Evangelisation, keine Gemeindearbeit kann gelingen, wenn sich nicht dies Wunder ereignet: fremde Menschen **„werden Geliebte für uns"**, und wir werden **„herzlich zu ihnen hingezogen".** Das kann man nicht „machen"; es würde dabei nur ein abstoßender Krampf. Aber der Gott, der uns sendet, schafft dies Kostbare, wie Er es damals in dieser lärmenden Hafenstadt sich ereignen ließ, daß unbekannte, fremde Leute **„Geliebte für uns geworden"** waren.

Dann sind wir **„mild in eurer Mitte"**[27] wie eine Mutter und werden **„willig, euch mitzuteilen".** Von Natur wollen wir alle das Gegenteil: festhalten, sparen, für uns behalten. Fest schirmen wir den Raum unseres Ichs ab, daß möglichst wenig fremdes Leid und fremde Freude zu uns hereindringt und nur das von uns heraus zu den andern, was als Tauschware unserem Ich den erwünschten Gewinn an Gegengaben oder wenigstens Dank und Anerkennung einbringt. Wer noch so geartet ist, ist unbrauchbar für den Dienst in der Gemeinde Jesu und wird nichts ausrichten. In der göttlichen Berufung zum Dienst erwacht die **„Willigkeit, mitzuteilen"**, die Grenzen zu öffnen und bedingungslos hinausgehen zu lassen, was nur dem andern dient.

„Mitzuteilen nicht allein das Evangelium Gottes, sondern auch unsere eigenen Seelen", fügen die Drei hinzu. Gehört auch zur „Mitteilung des Evangeliums" noch eine besondere „Willigkeit"? Gibt es Prediger und Seelsorger, die nicht einmal das ihnen anvertraute Evangelium gern und willig weitergeben? Es gibt sie! Sogar seinen Timo-

[26] Das Wort „trophós" bezeichnet eigentlich die „Amme". Es kann aber auch die Mutter als die nährende meinen und ist an unserer Stelle jedenfalls so gemeint, da betont von „ihren eigenen" Kindern gesprochen wird. Das „hegen" bedeutet eigentlich „wärmen". So ist das mütterliche Bild im Gegensatz zu dem dann folgenden des „ermahnenden" Vaters anschaulich durchgeführt. Das Wort „wärmen" = „hegen und pflegen" kommt Eph 5, 29 noch einmal vor.

[27] Auch gute Handschriften haben statt „epioi = milde" ein „nepioi = unmündig, kindlich". Auch darin könnte man schon einen Sinn finden. Aber es handelt sich offensichtlich doch nur um eine Verschreibung: das vorherrschende Wort endete mit einem „n", nun schrieb ein Abschreiber es versehentlich auch noch zu dem „epioi".

theus muß Paulus später mahnen: „Verkündige das Wort, sei zur Stelle — gelegen oder ungelegen—, rede ins Gewissen, tadle, ermuntere, mit viel Geduld und in jeder Art der Belehrung" (2 Tim 4, 2). Weit häufiger aber sind die unter uns, die wohl mit dem Evangelium freigebig sind, aber sonst sich selbst und ihr Leben sparen. Wieder droht dann unser Dienst zum bloßen „Beruf" zu werden. Der echte Diener Jesu gibt sich ganz, wie sein Herr nicht nur Sein Wort, sondern sich selbst ganz gegeben hat. **„Unsere Seelen"** steht hier. Wohl kann im Neuen Testament recht oft „Seele" einfach „Leben" bedeuten. Dann würde unser Satz den vollen Lebenseinsatz meinen, zu dem die Boten in Thessalonich bereit waren[28]. Aber es wäre doch falsch, in dem Ausdruck „psyche" nur ein Wort für „Leben" zu sehen. Das neue Testament bestätigt auch das allgemeine Wissen aller Völker um die Existenz einer „Seele" im Menschen. So wird unser Brief am Schluß (Kap. 5, 23) um die Bewahrung der „Seele" bei der Wiederkunft des Herrn bitten. So werden wir es ganz umfassend zu verstehen haben: Hier wie so oft im Neuen Testament wird ein echter „Subjektivismus" gelehrt; es ist mit der Darbietung der objektiven reinen Lehre gerade nicht getan, es gehört der persönliche Einsatz dazu, der unser ganzes Herz und Wesen und Leben an unserem Dienst beteiligt und nichts für sich spart und zurückhält.

Dieser Einsatz hatte im Leben des Paulus — und damals sicher auch seiner Mitarbeiter — noch eine besondere Gestalt: **„Nacht und Tag werkend, um keinem von euch zur Last zu fallen, heroldeten wir bei euch das Evangelium Gottes."**[29] In seiner ganzen Wirksamkeit hat Paulus darauf bestanden, seinen Lebensunterhalt durch seiner Hände Arbeit[30] zu erwerben; nur den Philippern ausnahmsweise hat er Beiträge zu seiner persönlichen Unterstützung erlaubt (vgl. Phil 4, 15). Der Grund ist klar und erschöpft sich in dem Gesichtspunkt, **„keinem zur Last zu fallen"** nicht. Hier war der Punkt, wo es am deutlichsten

[28] Dagegen spricht aber das hier benutzte Wort „mitteilen", das immer ein Anteilgeben meint, bei dem man selbst das Gegebene behält, obwohl der andere es auch bekommt. In Apg 15, 26; Jo 10, 11; Rö 16, 4 ist darum für den Lebenseinsatz ein anderes Wort „drangeben, ausliefern" verwendet.

[29] Die Voranstellung der Nacht entspricht dem israelitischen Empfinden. So heißt es auch in der Schöpfungsgeschichte, daß aus „Abend und Morgen" der erste Tag und die weiteren Tage werden.

Für den Verkündigungsdienst steht hier das „kerüssein = herolden", das Paulus so gern gebraucht hat. Es teilt mit unserm „predigen" das Moment der „Öffentlichkeit" und hat es noch stärker als dieses. Es ist aber weit „sachlicher" als unser „predigen": der „Herold" teilt im amtlichen Auftrag bestimmte Tatsachen oder Befehle oder Zusagen mit, wobei auf seine persönlichen „Meinungen" dazu oder auf irgend welche „Erbaulichkeit" nichts ankommt.

[30] „Arbeiten" steht im griechischen immer im „Medium", d. h. einer besonderen „Mittelform" zwischen Aktiv und Passiv. Darin liegt der Klang „für sich arbeiten" oder „sich durch Arbeit sein Brot erwerben". Das paßt genau in den Zusammenhang. Es geht nicht um das Arbeiten als solches, um die „Tugend" des Fleißes, sondern um den Broterwerb mit eigener Arbeit, um den Verzicht auf Ausnutzung der andern und ihre Liebe.

werden konnte, daß ein Bote Jesu etwas völlig anderes war als die große Schar, die durch die Lande zog, um der Arbeit aus dem Wege zu gehen und auf bequeme Weise zu Geld zu kommen. Alle Verdächtigungen und Verleumdungen mußten an der Tatsache abprallen: Paulus nimmt von den Gemeinden kein Geld an, er ernährt sich von seiner eigenen Arbeit. Freilich, welch eine unerhörte Belastung nahm Paulus damit auf sich! Wohl hatte er nicht für eine Familie zu sorgen; er war persönlich bedürfnislos und kam mit wenig Geld aus; Tarifverträge mit der Verpflichtung zu einer bestimmten Arbeitszeit oder Produktionsnormen kannte man nicht. Und doch: neben die volle Evangelisationsarbeit mit ausgedehnter Seelsorge („jeden einzigen von euch ermahnt . . .") trat nun die stundenlange tägliche Zeltmacherei (oder Teppichweberei). **„Ihr erinnert euch ja, Brüder, an unsere Mühe und Arbeit"**, das konnte er wirklich sagen, und das **„Nacht und Tag werkend"** war keine Übertreibung! Sicher mußten viele Nachtstunden an die Berufsarbeit und an das umfassende und unablässige Beten gesetzt werden. Wer von uns Reichsgottesarbeitern über seine „Überlastung" klagt, wird doch recht still werden müssen vor einem Paulus.

Für ihr ganzes Verhalten können die Drei die Gemeinde ebenso wie Gott zum Zeugen anrufen. Daß sie gegen die Kritik und die Verkennung der Fernstehenden wehrlos sind, wissen sie selbst. Aber **„die Glaubenden"**, die eben als solche urteilsfähig sind und an deren Urteil allein etwas liegt, müssen bestätigen, **„wie fromm und gerecht**[31] **und ohne Tadel wir uns gegen euch, die Glaubenden, verhalten haben."** Und da auch das beste Menschenauge irren kann, stellen sich die drei zugleich vor Gottes Angesicht: **„Ihr seid Zeugen und Gott."** Ein solches „Zeugnis" braucht jeder Reichsgottesarbeiter.

Am Schluß des Abschnitts geht der Blick von den Boten wieder zur Gemeinde selbst und ihrem Stand. Zunächst wird freilich eine wichtige Seite an dem Dienst der Boten hervorgehoben: **„Ihr wißt ja, wie wir jeden einzigen von euch wie ein Vater seine eigenen Kinder ermahnt und ermuntert und beschworen haben."** Es wurde also in jenen ersten „lebendigen" Gemeinden gerade *nicht* erwartet, daß nun nach so klarer Bekehrung, bei solcher Dienstbereitschaft für Gott und bei solchem Warten auf den wiederkommenden Herrn „alles schon von selber recht würde". Nein, schon die Apostel scheinen erfahren zu haben, was Booth-Tucker einmal an Karl Studd schrieb: „Seelen zu retten ist verhältnismäßig leicht; es ist nicht annähernd so schwer wie die Aufgabe, diese Geretteten zu Heiligen, Gottesstreitern und Ret-

[31] Diese Zusammenstellung von „fromm und gerecht" finden wir auch sonst im Neuen Testament: Lk 1, 75; Eph 4, 24 und im Gegenbild Rö 1, 18. Dabei geht „fromm" auf das Verhalten gegen Gott, „gerecht" auf das gegen die Menschen.

tern zu machen." Sie mühen sich um **„jeden einzigen".** Tun wir es auch? Tun wir es in ausreichendem Maße mit jenem Einsatz, der gar nicht in einem einzigen Wort ausgedrückt werden kann, sondern die Häufung der drei Worte **„ermahnt und ermuntert und beschworen"** nötig macht?

Aber das Ziel dieses Einsatzes? Wie einseitig steht bei uns oft die Pflege der Erkenntnis im Vordergrund. Paulus und seinen Mitarbeitern lag am **„Wandel"**, am wirklich gelebten Christenstand.

Und nun wird gerade an dieser Stelle die ganze tatsächliche Befreiung vom „Gesetz" sichtbar. Um den „Wandel", um das wirkliche Leben ging es auch den Pharisäern und Schriftgelehrten. Darum suchten sie mit dem Aufwand alles Scharfsinns die ganze mögliche Fülle der praktischen Fälle bei jedem einzelnen Gebot oder Verbot zu erfassen und bestimmt zu entscheiden. Jeder sollte in jedem Falle eindeutig vorgeschrieben finden, was Gottes Gesetz von ihm verlangt. Aus den Hunderten von „Geboten" der Schrift wurden Tausende von Einzelanweisungen, zu deren Erlernung allein ein langes Studium gehörte. Hier in der Gemeinde Jesu ist nichts mehr davon zu finden, obwohl es mit dem gleichen tiefen Ernst um den „Wandel" geht. Die ganze „christliche Ethik" läßt sich in dem einen Wort „würdig" zusammenfassen, nämlich **„würdig des Gottes, der euch beruft zu Seiner Königsherrschaft und Herrlichkeit".** Diese Ethik ist also nicht „moralisch", sondern „eschatologisch". Nicht aus dem Gesetz, nicht aus der Vergangenheit, nicht aus den Erfordernissen der Gegenwart nimmt sie die Maßstäbe, sondern aus der Zukunft! So wirklich und mächtig ist ihr diese Zukunft. „Erben Gottes und Miterben Christi", künftige Fürsten der Erde, königliche Priester, künftige Weltrichter, künftige Teilhaber der Herrlichkeit Gottes selbst benehmen sich in besonderer Weise ihrem hohen Adel entsprechend. Das muß man nicht in tausend Einzelheiten festlegen, das ergibt sich in jeder Situation für die Gewürdigten selbst. Daß es dann freilich zur Tat und Wahrheit wird, dazu bedarf es in dieser Welt und Zeit des immer erneuten Ermahnens und Ermunterns und Beschwörens.

Die christliche Ethik in unseren evangelischen Gemeinden erhebt sich im allgemeinen nicht über die bürgerlich-moralische. Unsere „Heiligung" ist kraftlos oder verliert sich in Willkürlichkeiten und hat keine Größe und Tiefe. Warum ist das so? Weil wir die Zukunft verloren haben und mit der Zukunft den Maßstab! Darum wird bei vielen Christen nach der Erregung und Freude der Bekehrung das Leben bald so matt und inhaltlos. Gerettet ist man ja, am Leben der Gemeinde nimmt man auch noch ganz gern teil, aber nach vorwärts zieht nichts mehr mit Macht den Blick und das Herz und das Handeln. Das Leben wird gemächlich. Wir müssen es ganz neu lernen: **„der euch**

beruft zu Seiner Königsherrschaft und Herrlichkeit!" Nun gibt es ein unermüdliches, großes, das ganze Leben erfüllendes Streben: würdig zu wandeln dieser hohen Berufung! Nun wird diese „Zukunft" für unser Leben schon „Gegenwart", wie es Kap. 5, 1—11 noch besonders klar machen wird. Wie verändern sich da alle Maßstäbe! Wie bekommt das ganze Leben eine neue, für den natürlichen Menschen wie für den flauen Durchschnittschristen geradezu unheimliche und erschreckende Prägung, durch die doch zugleich das „Jenseitige", das „Zukünftige" beglückend real hindurchleuchtet! Wie werden Menschen dadurch zu wirklichen „Zeugen" jener anderen Welt, die man so gern als „Märchen" abtut! Kein Wunder, daß die Begründer der Gemeinde solch einen Einsatz darauf verwendet haben, jeden einzelnen in der Gemeinde zu solcher Haltung zu bringen.

Das Ganze ist zugleich ein besonders deutliches Beispiel für die unlösliche Einheit von „Indikativ" und „Imperativ", die durchs ganze Neue Testament geht. Gott beruft uns zu Seiner Königsherrschaft — das ist lauter Gabe, lauter Freude, lauter Gewißheit! Aber es liegt darin zugleich lauter Aufgabe, lauter Einsatz, lauter Opfer — „würdig zu wandeln dieses Rufes", der uns nicht mechanisch oder im Schlaf an sein Ziel bringt. So hat es Paulus in seiner eigenen Bekehrung und Berufung erlebt. Daß Jesus Seinen Feind und Verfolger rief, das war unvorstellbare Gnade, reine Güte, unverdientes Geschenk ewigen Lebens. Aber — „ich will ihm zeigen, wieviel er leiden muß um Meines Namens willen"! Dieser selbe, gnädige Ruf macht aus dem Leben des Paulus jene Arbeits- und Leidensflut, die uns Paulus selbst 2 Ko 11, 23—30 geschildert hat.

DAS WIRKENDE WORT FÜHRT IN DIE VERFOLGUNG

1. Thessalonicher 2, 13—16

13 Und deswegen danken auch wir Gott unablässig, daß ihr, emp-
fangend das von uns an euer Ohr gebrachte Wort Gottes, es an-
nahmt nicht als Wort von Menschen, sondern — wie es wirklich
ist — als Wort Gottes, welcher (welches?) auch wirksam ist in
14 euch, den Glaubenden. * Denn ihr wurdet Nachahmer, Brüder,
der Gemeinden Gottes, die da sind in Judäa in Christus Jesus,
weil ihr dasselbe erlittet von den eigenen Stammesgenossen
15 wie auch sie von den Juden, * die auch den Herrn getötet haben,
Jesus, und die Propheten, und uns heftig verfolgt, und Gott nicht
16 gefallen, und allen Menschen feindselig sind, * die uns hindern,

zu Vers 13:
Gal 1, 11
1 Th 1, 2
zu Vers 14:
Hbr 10,32-34
Apg 17, 13
zu Vers 15:
Apg 2, 23
7, 52
Mt 23, 34

zu Vers 16:
Apg 13, 50
14, 5. 19
Rö 15, 31
Rö 1, 18
1 Mo 15, 16
Mt 23, 32. 33

zu den Völkern zu reden, damit sie gerettet werden, um das Maß ihrer Sünden voll zu machen allezeit. Es kam aber schon über sie der Zorn zum Ende.

Der „junge" Brief hat noch nicht, wie die späteren Schreiben, besondere große Themen oder besondere Gemeindenöte im Auge, denen er sich nun zuwenden müßte. Er hat noch Zeit, als ein rechter „Liebesbrief" einfach bei dem Ergehen des andern zu verweilen und zu zeigen, wie dieses Ergehen das Herz der Schreibenden bewegt.

Noch einmal ist es der **Dank,** dem die drei Ausdruck geben müssen, der **„unablässige"** Dank. Zu wunderbar und zu groß ist es, was sie bei der Entstehung der Gemeinde erlebt haben. Das „Wirksamwerden des Wortes", von dem der Anfang des Briefes sprach (Kap. 1, 4 ff.), wird hier von einer neuen Seite her sichtbar.

Die Thessalonicher empfingen **„das von uns an euer Ohr gebrachte Wort".** Es steht hier „lógos akoēs = Wort des Gehörs". Nun kann dies Wort „akoé = Hören, Gehör" freilich auch den Inhalt des Hörens, also das Gehörte, die Kunde, die Mitteilung bezeichnen. Es wird darum meist einfach mit „Predigt" übersetzt. Aber damit würde als das Wesentliche am „Wort" sein Verkündigtsein aufgefaßt. Sollte der Grieche wirklich nicht mehr empfunden haben, daß in dieser seiner Redewendung „lógos akoēs" das Wesentliche des „Wortes" vielmehr in seinem Gehörtwerden gesehen wird? Wir blicken auf Rö 10, 17 hinüber: „So kommt nun der Glaube ex akoēs" — wirklich „aus der Predigt"? Ja schon, aber doch gerade nur aus der wirklich **gehörten** Predigt. Wir werden darum richtiger und unsere Verantwortung ernster treffend übersetzen: „So kommt nun der Glaube aus dem Hören." Wir folgen für unsere Briefstelle der Verdeutschung A. Schlatters, die in sehr glücklicher Weise in die Beschreibung der verkündigenden Tätigkeit zugleich diese Verantwortung des Hörens mit einbezieht.

Im „Hören" fällt die Entscheidung. Höre ich jetzt nur „Menschen"? Dann bleibe ich der Überlegene, der dies **„Wort von Menschen"** richtig oder falsch, schön oder weniger schön findet. Es ist das alles entscheidende Ereignis in unserem Leben, wenn wir beim Hören des Wortes, das Menschen uns bringen, dennoch die Menschen vergessen und in diesem Wort Gott selbst zu uns reden hören. Das bringt darum Missionare, Evangelisten, Prediger und Seelsorger zum unablässig staunenden Danken, wenn sie es bei Menschen erleben durften, **„daß ihr . . . es annahmt nicht als Wort von Menschen, sondern — wie es wirklich ist — als Wort Gottes".** Das kann keine Menschenkunst, keine volkstümliche Beredsamkeit, kein neuer Wortschatz, kein brennender Eifer, keine Methode alter oder neuer Art bewirken. Hier ist Gottes eigenes Wort bzw. Gott selbst — das Relativpronomen kann ebenso auf „Gott" wie auf „Wort" bezogen werden, da im Griechischen beides Maskulinum ist — **„wirksam in euch, den Glaubenden"**.

Das den Thessalonichern ans Ohr gebrachte Wort war **„wirklich" „Wort Gottes"**. „Wort Gottes" ist demnach für die Urchristenheit nicht nur die Bibel, sondern tatsächlich alle Verkündigung. Und auch nicht nur die der „Apostel" im engeren Sinn. Von dem, was Silvanus und Timotheus in Saloniki sagten, gilt es genauso mit: „Nicht Wort von Menschen, sondern Wort Gottes." Und Petrus hat es entsprechend für das Reden aller Christen formuliert: „Wenn einer redet, als Worte Gottes" 1 Pt 4, 11. Luther hat also recht mit seinem für die damalige Zeit besonders erstaunlichen Tiefblick: „Evangelium aber heißet nichts anderes denn eine Predigt und Geschrei von der Gnade und Barmherzigkeit Gottes, durch den Herrn Jesum Christum mit seinem Tode verdienet und erworben, und ist eigentlich nicht das, das in Büchern steht und in Buchstaben verfasset wird, sondern mehr eine mündliche Predigt und lebendig Wort, und ein Stimm, die da in die ganze Welt erschallet und öffentlich wird ausgeschrien, daß man's überall höret. So ist es auch nicht ein Gesetzbuch, das viel guter Lehre in sich hat, wie man's bisher gehalten hat" (WA Bd. 12, S. 259). Von daher werden auch wir es neu erfassen müssen: Predigt und Verkündigung heute ist nicht nur „Auslegung" eines Wortes Gottes, das „eigentlich" nur in der Bibel da ist, sondern jeder wirkliche Verkünder redet tatsächlich „Wort Gottes", und das Wunder darf, ja muß geschehen, daß auch heute hier und jetzt Menschen diese Verkündigung „annehmen nicht als Wort von Menschen, sondern — wie es wirklich ist — als Wort Gottes".

Und nun folgt ein sehr seltsames **„Denn"**. Es sagt doch, daß der mit diesem „denn" eingeleitete Satz die Aussagen vom „Wirken" Gottes und seines Wortes in den Glaubenden begründen soll. Woran also merkt man, daß Gott „wirksam ist in euch, den Glaubenden"? An den seligen Gefühlen von Gottesnähe, Friede und Freude im Herzen? Nein! Das Kennzeichen ist ein ganz anderes, und es ist für die Christenheit heute und morgen sehr wichtig und sehr tröstlich, das zu lesen und zu bedenken: **„Denn ihr wurdet Nachahmer der Gemeinden Gottes, . . . weil ihr dasselbe erlittet von den eigenen Stammesgenossen . . ."** Das wirksame Wort Gottes führt in die Verfolgung und läßt in der Verfolgung bestehen!

Vorbildlich waren darin **„die Gemeinden Gottes, die da sind in Judäa in Christus Jesus"**. Welch maßgebliche Beschreibung dessen, was „Gemeinde" ist! Gemeinde ist vor allem **„Gemeinde Gottes"**. Nie darf deshalb das besitzanzeigende Fürwort „unser" oder „mein" zum Wort „Gemeinde" hinzugesetzt werden. Auch von den Gemeinden, deren „Vater" tatsächlich der Apostel Paulus ist, hat dieser nie zu sagen gewagt: „Meine Gemeinde". Der Gemeinde hat jene Würde und Unantastbarkeit gewahrt zu werden, daß sie Gottes Gemeinde ist und Ihm allein gehört. Wie anders wäre die alte und neue Kirchengeschichte gelaufen, wenn das immer beachtet worden wäre! Diese „Gemeinde Gottes" lebt jeweils an einem bestimmten geographischen Ort, und das ist nicht unwichtig für ihre konkrete Geschichte. **„Gemeinden Gottes, die da sind in Judäa"**, leiden besonders ernste Verfolgung und haben teil an dem inneren und äußeren Schicksal der Judenschaft, die ihrer großen Katastrophe entgegengeht. Aber dieser geographische Ort ist doch nicht ihre eigentliche „Lage". Der wesenhafte „Ort" aller Gemeinden, ihre eigentliche Heimat ist Jesus. Auch diese Gemeinden, von denen hier die Rede ist, sind als Gemeinden in Judäa doch **„in Judäa in Christus Jesus"**. Bezeichnend ist endlich auch der Plural. Nicht um eine größere, geschlossene Kirche handelt es sich, sondern um **„Gemeinden"**, die offenbar in freier Selbständigkeit nebeneinander stehen. Dementsprechend finden wir auch bei Paulus kein Bemühen, etwa Philippi, Thessalonich und Beröa möglichst bald zu einer „makedonischen Kirche" zusammenzuschließen. Auch hier beließ er es bei „Gemeinden Gottes, die in Makedonien sind in Christus Jesus". Dies reale Sein in Christus war Einheit genug.

Das Wort über die Not der Gemeinden in Judäa führt zu Aussagen über die Juden, die leicht als „antisemitisch" gelesen und verstanden werden können, zumal wenn wir Luthers Übersetzung „allen Menschen zuwider" als Abneigung der „Menschen" gegen die „Juden" auffassen. Aber vor diesem Mißverständnis warnen sogleich zwei Tatsachen: Erstens ist der Schreiber dieser Zeilen selbst Jude, und zweitens haben die Christen Thessalonichs **„dasselbe erlitten von ihren (arischen) Stammesgenossen"**. Die „Arier" sind also in ihrem Verhältnis zu der Sache Gottes nicht besser als die Juden! Im Verhalten und im Schicksal Israels, des „erwählten Volkes", prägt sich alles nur viel eindeutiger aus. Darauf aber ruht hier ganz und gar der Blick: es geht um die Stellung des Menschen, bzw. des Juden zu Gott. Am Juden wird hier nicht seine rassische Art getadelt, ihm werden nicht diese oder jene moralischen Schwächen und Fehler vorgeworfen, sondern an Israel zeigt sich, wie der Mensch mit Gott umgeht. Gerade dies „auserwählte Volk" hat **„auch den Herrn getötet, Jesus, und die Propheten"**. Gerade sie, die von Gottes Liebe überschüttet waren, **„gefallen Gott nicht"**. Gerade sie, die Gottes Boten an die Menschheit sein sollten, sind **„allen Menschen feindselig"** in ichhaftem Hochmut und haben Paulus und seine Mitarbeiter **„heftig verfolgt"** und wollen die Ausrichtung der rettenden Botschaft an **„die Völker"** verhindern.

Die „Völker" selbst machten es in (Philippi und) Thessalonich nicht anders. Aber Israel trifft doch eine besondere Verantwortung. Sein

Verhalten dient darum auch in besonderer Weise dazu, **„das Maß ihrer Sünden voll zu machen allezeit"**. Darum kam auch **„schon über sie der Zorn zum Ende"**. Nicht zufällig gibt uns dies Urteil unseres Briefes besondere Fragen der Auslegung auf: in ihnen spüren wir schon das „Geheimnis", dem Paulus später in Rö 9—11 (s. Rö 11, 25) nachgehen wird. Was bedeutet vor allem dies „Zorn zum Ende"? Heißt es einfach nur „vollständig" oder „nunmehr endgültig"; oder weist es auf das „äußerste Maß" dieses Zornes hin? Rein sprachlich kann „eis télos" dies alles bedeuten. Aber dann wäre es eine einfache (ja selbst beinahe „jüdische"!) Rechnung, die kein „Geheimnis" mehr enthielte. Dann hätte Paulus erst später die göttlichen Linien im Geheimnis Israels entdeckt und sich hier noch mit einer einfachen heftigen Verurteilung begnügt. Sollte er das als Jude so gekonnt haben? Und nicht nur als Jude, sondern auch als Schriftforscher und als Evangelist? Ist es nicht wahrscheinlicher, daß seine späteren Erkenntnisse wenigstens schon im Ansatz bei seinem Nachdenken über den jüdischen Widerstand, den er erfuhr, aufgeleuchtet waren? Worin sah denn Paulus den Zorn „schon über sie gekommen"? Die große äußere Katastrophe des Jahres 70 lag damals noch fern. In der Völkerwelt sah er Rö 1 den Zorn Gottes vom Himmel her offenbart gerade in ihrem Dahingegebensein an die Sünde. Sollte er so nicht auch eben in dem Widerstreben Israels gegen das Evangelium, in dieser wütenden Ablehnung einer Botschaft, die doch gerade Israel Frieden und Herrlichkeit vor allen Völkern bringen wollte, den Zorn Gottes am Werk sehen, der den halsstarrigen Unglauben der Juden durch die Jahrhunderte des göttlichen Werbens heimsucht und die Juden zwingt, „das Maß ihrer Sünden voll zu machen"? Gewinnt nicht so erst dieser Ausdruck vom „vollen Maß" biblische Plastik?[32] Aber Israel muß dies unter dem Zorn tun — „zum Ende", „zum Ziel". Gott hat auch das Widerstreben Seines Bundesvolkes in Seinen großen Plan aufgenommen. Am bestimmten Ende und Ziel aber kommt der große Tag des Erkennens und der tiefen Reue, der Damaskustag des ganzen Volkes, damit „so ganz Israel gerettet wird" (Rö 11, 26), wie es Gott durch die Propheten versprochen und wie es Jesus selbst Mt 23, 39 geheimnisvoll angedeutet hat.

So steht es mit den „Juden". Wie aber steht es mit den Thessalonichern, die „dasselbe erleiden von den eigenen Stammesgenossen"? Eben danach fragt nun die starke, lebendige Liebe der Boten.

[32] In ähnlicher Weise hat Jesus selbst in Mt 23, 29—39 und Stephanus in seiner großen Rede Apg 7, 52. 53 die Geschichte Israels bis in die Gegenwart hinein beurteilt.

ECHTE LIEBE IST REALISTISCH

1. Thessalonicher 2, 17—20

zu Vers 17:
Rö 1, 11. 13
1 Th 3, 10
zu Vers 18:
Rö 15, 22
zu Vers 19:
2 Ko 1, 14
Phil 2, 16
4, 1
1 Th 3, 13
2 Th 1, 4

17 Wir aber, Brüder, verwaist von euch bis zu dieser Stunde — dem
Angesicht, nicht dem Herzen nach — haben uns umso eifriger
18 bemüht, euer Angesicht zu sehen mit heißem Verlangen. * Darum
faßten wir den Entschluß, zu euch zu kommen, ich selbst, Paulus,
das eine und das andere Mal, und es hinderte uns der Satan.
19 * Denn wer ist unsere Hoffnung oder Freude oder Ruhmeskranz
— etwa nicht auch ihr? — vor unserem Herrn Jesus bei Seiner
20 Parusie? * Ihr seid ja für uns die Ehre und die Freude!

Paulus steht in der neuen heißen Arbeit in Korinth, aus der dann die bedeutende korinthische Gemeinde hervorging. Aber die Thessalonicher treten dadurch in seinem Herzen nicht zurück! Das Band mit ihnen ist so lebendig und unzerreißbar, daß sich die Boten **„verwaist von euch bis zu dieser Stunde“**[33] vorkommen. Zwar können sie sofort hinzusetzen: **„dem Angesicht, nicht dem Herzen nach“.** Aber das kennzeichnet nun die ganze Auffassung vom Menschen (wie von der Schöpfung überhaupt), die in der gesamten Bibel „realistisch“ und nicht „platonisch“ ist, daß dieser Zusatz gerade *nicht* den Klang hat: „*Nur* dem Angesicht nach — also ist es nicht so schlimm, die geistige Gemeinschaft im Herzen ist doch die Hauptsache“. Nein, so groß und fest die innere Verbundenheit ist, so reich sie im Denken und Danken und Bitten lebendig ist, die Folgerung aus jenem Zusatz lautet, überraschend für unsere falsche „Innerlichkeit“, gerade umgekehrt: Wir **„haben uns umso eifriger bemüht, euer Angesicht zu sehen mit heißem Verlangen“.** Das ist biblisch! Der Mensch ist seinem Wesen nach eine Einheit von Geist, Seele und Leib. Alles wirkliche Leben ist „leibhaftig“. Darum verlangt auch die echte Liebe die leibhaftige Gegenwart des andern.

Das ist wichtig für alle wirkliche Bruderschaft und damit für eigentliches Gemeindeleben auch heute. Haben wir begriffen, daß „Bruderschaft“ das tatsächliche Beieinander, die konkrete Lebensgemeinschaft verlangt? Tun auch wir mit Entschlossenheit alles, um wieder und wieder der Brüder **„Angesicht zu sehen mit heißem Verlangen“?** Wie schwer zerstört ist unser „Gemeindeleben“ heute, weil so viele wähnen, mit bloßem „Denken an die andern“ für sich allein Christen sein zu können. Aber Liebe, die sich nicht nach der leibhaftigen Gegenwart

[33] Vielleicht wollen die Briefschreiber auch zum Ausdruck bringen, daß diese Verwaisung jedenfalls nur eine begrenzte Dauer haben soll. Dann wäre zu übersetzen: „für die begrenzte Zeit einer Stunde“, eine Zeit lang.

des andern sehnt und darum jede Gelegenheit zum wirklichen Zusammenkommen benutzt, ist nicht biblische Liebe.

Darum „wollten" die Drei nicht nur nach Thessalonich kommen, wie wir so leicht „wollen" sagen, wenn wir eigentlich nur ein „wir möchten ganz gern" meinen. Es handelt sich um feste Entschlüsse. Nicht nur **ein** Mal hatte Paulus selbst[34] eine Reise nach Thessalonich beschlossen; es kam noch ein zweites Mal zu diesem Entschluß[35]. Wann diese Entschlüsse gefaßt wurden — der erste vielleicht schon in Beröa, der zweite dann in Athen? — wissen wir nicht. Immerhin bekommen wir durch diese Andeutungen einen Eindruck davon, wie die Tage des Paulus mit Gedanken, Plänen, Erlebnissen gefüllt waren, von denen wir in dem kurzen Bericht des Lukas nichts ahnen.

Wie konnten so feste Entschlüsse doch unausgeführt bleiben? **„Und es hinderte uns der Satan."** Wodurch tat Satan das? Woran erkannte ein Paulus, wann es der Geist Gottes war, der „hinderte" wie in Apg 16, 6, und wann der Feind? Wir erhalten hier keine Antwort. Immerhin steht in Apg 16, 6 ein sanfteres Wort, das sich gut von einem inneren Hindern verstehen läßt, während an unserer Stelle eine Ableitung von „koptein = schlagen" verwendet ist: Satan „schlug dazwischen". Wir werden an gewaltsame äußere Ereignisse zu denken haben, die den schon bestimmt gefaßten Plan des Paulus vereitelten und hinter denen er den großen Widersacher am Werk sah.

Die echte Liebe umfaßt die Gemeinschaft mit den andern bis in die Ewigkeit. Aber das ist schon falsch ausgedrückt, da „Ewigkeit" ein dünner philosophischer Begriff ist, den die Bibel so nicht kennt. Die Zukunft besteht für die Bibel in „kommenden Weltzeitaltern". Diese kommenden Äonen werden durchlebt werden von leibhaftigen Menschen, wenn deren Leib auch sehr anders ist als der jetzige „Niedrigkeitsleib". Diese „Zukunft" aber ist nichts Fernes irgendwo am Rande des Lebens und des Denkens. Diese Zukunft wird ja „erwartet" (s.o. zu Kap. 1, 10), sie lebt ganz unmittelbar im gesamten Denken und Glauben der Christen. Darum gehört es auch für die Liebe eines Paulus ganz unmittelbar dazu, beim Denken an ein „Wiedersehen" mit den Thessalonichern sofort auch das große Wiedersehen **„vor unserem Herrn Jesus bei seiner Parusie"** vor Augen zu haben. Das ist für ihn gar kein großer „Sprung", das „lag ihm ganz nahe". Wir haben hier ein unwillkürliches Beispiel dafür, wie vertraut und lebendig jenen Männern die Eschatologie war. Und über unsere Fragen, ob man sich denn auch wirklich wiedersehe und sich dann auch erkenne und etwas

[34] Paulus nennt sich hier ausdrücklich selbst, ein Zeichen dafür, wie das „wir" in allen andern Sätzen des Briefes ein echtes, die beiden andern Brüder stets mit umfassendes „Wir" ist.

[35] Die Redewendung „das eine und das andere Mal" kann freilich auch den Sinn haben: „ein Mal über das andere", so daß dann Paulus noch öfter den Versuch zu einer Reise nach Thessalonich gemacht hätte.

miteinander zu tun haben werde, hätte ein Paulus nur den Kopf geschüttelt. Natürlich stehen dann die geliebten Thessalonicher da vor Jesus und bilden ein Stück des großen **„Hoffnungsgutes“** (diesen Sinn hat das Wort „Hoffnung“ fast immer im Neuen Testament) und sind **seine Freude** und **sein Ruhmeskranz,** das strahlende, unvergängliche Ergebnis seiner Mühen und Leiden! Und seine Gefährten haben daran ihren Anteil.

Über die **„Parusie“** selbst werden wir in Kap. 4, 13—18 noch Näheres hören. Wir dürfen aber gewiß sein: Je realistischer und kindlicher wir alles vor Augen haben, umso *näher* sind wir dem „lebendigen und wahren Gott“, während uns alle abstrakten Vergeistigungen gerade von Gott entfernen.

Aber auch das gehört zur echten Liebe, daß sie nicht selbstgenügsam in ihrem eigenen Reichtum ruht, sondern von Herzensgrund den geliebten Andern gegenüber denkt: **„Ihr seid ja für uns die Ehre und die Freude.“**

FÜR ECHTE LIEBE IST DAS LEBEN DES ANDERN EIN STÜCK DES EIGENEN LEBENS

1. Thessalonicher 3, 1—10

zu Vers 1:
Apg 17,13-16
zu Vers 2:
1 Ko 16, 10
Apg 16, 1-3
Phil 2,19.20.22
zu Vers 3:
Apg 14, 22
Eph 3, 13
2 Th 1, 4
zu Vers 4:
Apg 9, 16
14, 22
1 Ko 4, 9
2 Tim 3, 12
zu Vers 5:
Gal 2, 2; 4, 11
Phil 2, 16
1 Ko 15, 58
zu Vers 6:
Rö 15, 23
Phil 1, 8
zu Vers 7:
2 Ko 1, 4
2 Ko 7, 6. 7

1 Als wir es darum nicht mehr aushielten, entschlossen wir uns, in
2 Athen zurückgelassen zu werden, * und entsandten Timotheus,
unseren Bruder und Diener Gottes an dem Evangelium des Chri-
stus, um euch zu stärken und zuzusprechen zur Unterstützung
3 eures Glaubens, * daß keiner wankend werde in diesen Bedräng-
4 nissen. Denn ihr wißt selbst, daß wir dazu da sind. * Denn auch
als wir bei euch waren, sagten wir euch vorher, daß wir in Be-
drängnisse kommen müßten, wie es auch geschehen ist und ihr
5 wißt. * Deswegen hielt auch ich es nicht mehr aus und sandte, um
euren Glauben zu erfahren, ob nicht etwa euch versucht habe der
6 Versucher und unsere Arbeit vergeblich werde. * Jetzt aber kam
Timotheus zu uns von euch her und brachte uns die gute Nach-
richt von eurem Glauben und eurer Liebe und daß ihr uns in
gutem Andenken habt allezeit, euch sehnend, uns zu sehen, wie ja
7 auch wir euch. * Da wurden wir durch dies getröstet, Brüder, an
euch bei all unserer Not und Bedrängnis durch euren Glauben.
8/9 * Denn nun leben wir, wenn ihr steht im Herrn. * Denn welchen
Dank sind wir imstande Gott zu erstatten für euch bei all der
10 Freude, mit der wir uns freuen um euretwillen vor Gott, * Nacht
und Tag aufs inständigste bittend mit dem Ziel, zu sehen euer
Angesicht und zurechtzubringen die Mängel eures Glauben.

Die anderen sind unsere Ehre und Freude, so urteilt die Liebe. Aber eben darum wird auch die Not der andern unser eigenes Leiden. Das Leben der andern ist für die echte Liebe so wirklich ein Stück des eigenen Lebens geworden, daß das sorgende Bangen um den Zustand der andern unerträglich werden kann: **„Als wir es darum nicht mehr aushielten . . .“** Da entschloß sich Paulus (und Silvanus?) zu einem großen Opfer, nämlich **„in Athen allein zurückgelassen zu werden“.** Wie seltsam klingt das für uns, die wir gerade als Reichsgottesarbeiter so viel lieber allein auf dem Plan sind! So wenig ist uns die Bruderschaft (und in der Arbeit die „Mannschaft“) Leben und Lebensbedürfnis! Für den „großen“ Paulus aber war sie es in so unmittelbarer Weise, daß nur die nicht länger ertragbare Sorge um die Thessalonicher ihn dazu bringen konnte, in Athen allein zu bleiben. Wieder sehen wir hier einen lebendigen Einzelzug der Geschichte, der uns das Bild von Apg 17 ein Stück konkreter macht[36].

zu Vers 8:
Phil 4, 1
1 Ko 15, 1
zu Vers 9:
1 Th 1, 2
zu Vers 10:
Rö 1, 10. 11
1 Th 2, 17
2 Tim 1, 3. 4

„Wir entsandten Timotheus.“ Obwohl die Thessalonicher Timotheus schon aus der Zeit der Gemeindegründung kennen und jetzt eben bei sich gehabt haben, wird doch gerade von diesem jüngsten Mitarbeiter noch einmal hervorgehoben: **„unseren Bruder und Diener Gottes an dem Evangelium des Christus.“** Er ist trotz seiner Jugend nicht ein Anhängsel der „Mannschaft“, sondern steht als „unser Bruder“ gleichberechtigt in ihr, eine Freude und Hilfe auch für die beiden älteren und erfahreneren Männer. Auch er ist voll und ganz ein „Diener Gottes“. Der „junge“ Brief hat am Eingang auf jede Titulatur verzichtet; es kommt auf „Rang und Würden“ nicht an. Aber derjenige, den Gott in seinen Dienst rief, *hat* eine echte und lebendige Würde! Er ist **„Diener Gottes“,** welch wahrhaft hohes Amt! Und er dient an der größten Sache, die es geben kann, **„an dem Evangelium des Christus“,** das nicht nur von Christus handelt, sondern in dem Christus selbst der Handelnde und Menschen selig Machende ist. Diese „Würde“ aber hat nicht nur der „kirchliche Würdenträger“, den irgendwelche Titel schmücken, sondern auch der geringe Bote, auf den wir vielleicht herabsehen möchten.

Den Grund der heißen Sorge bilden die Bedrängnisse, denen die junge Gemeinde ausgesetzt ist. Von diesem besonderen Begriff „thlip-

[36] Nach Apg 17, 13—15 blieben Silvanus und Timotheus in Beröa, während Paulus allein weiterzog. Der Bericht des Lukas ist also ganz summarisch. Er erwähnt wohl das Warten des Paulus in Athen auf seine Mitarbeiter, sagt aber nichts von ihrer Rückkehr zu ihm und einer erneuten Abfertigung des Timotheus. Oder war es überhaupt so, daß Paulus in seiner Sorge um Thessalonich sich entschloß, seine Mitarbeiter bzw. den Timotheus noch während ihres Dienstes in Beröa um einen Besuch in Thessalonich zu bitten? „Wir entschlossen uns, in Athen allein zu bleiben, und entsandten Timotheus“ muß nicht bedeuten, daß Timotheus damals in Athen bei Paulus weilte. Auch von Beröa aus konnte Paulus ihn durch schriftlichen Auftrag entsenden und blieb dadurch noch länger in Athen allein. Die Frage wird sich nicht klären lassen. Es wäre nicht erstaunlich, wenn sich in den Briefen Einzelzüge zeigten, die in der Apg nicht erkennbar sind.

sis = Bedrängnis" sprachen wir schon (vgl. o. S. 33). Hier bekommen wir wichtige neue Einblicke. In langen ruhigen Zeiten des Christentums kannten wir die eigentliche „Bedrängnis" nicht mehr. Heute ist sie in zunehmendem Maße in der ganzen Welt wieder da. Aber noch halten wir sie vielfach für einen Ausnahmezustand, der hoffentlich recht bald vorbeigeht und wieder „normalen", d. h. bedrängnislosen Zeiten Platz macht. Den neutestamentlichen Boten stellt es sich anders dar! So wie der Herr Jesus selbst mit der Jüngerschaft unmittelbar und notwendig das Leiden um seinetwillen verbunden sah, so muten hier die Boten den Thessalonichern die Klarheit darüber zu: **„Denn ihr wißt selbst, daß wir dazu da sind."** Also, was uns an leichteren oder schwereren Bedrängnissen um unseres Glaubens willen widerfährt, das ist wirklich „nichts Sonderliches" (1 Pt 4, 12). Es gehört einfach dazu, dazu sind wir da. Darum haben die Boten schon bei der Evangelisation selbst **„vorhergesagt, daß wir in Bedrängnis kommen müßten"**. Es konnte nach der Meinung der Boten gar nicht anders sein. Und nun ist es auch so gekommen; und wenn die Thessalonicher damals etwas ungläubig den Kopf geschüttelt haben sollten, so wissen sie es jetzt aus eigener Erfahrung. Wir aber werden es ganz neu lernen müssen, diese biblischen Wahrheiten ernstlich in unser Denken und Leben aufzunehmen und es ein wichtiges Stück auch unserer Evangelisation sein zu lassen, die zu Jesus Kommenden auf die unvermeidlichen Leiden vorzubereiten, die ihnen daraus erwachsen müssen.

Das klare Rechnen mit der Notwendigkeit von „Bedrängnissen" nimmt ihnen nichts von ihrer Schwere, wenn sie dann wirklich da sind. In ihnen **„versucht uns der Versucher"**. Wir werden nicht selbstverständlich mit ihnen fertig, sondern sind in der Gefahr, dem Druck, zumal dem lange anhaltenden, zu erliegen und **„wankend zu werden"**[37]. Paulus rechnet nicht idealistisch mit menschlichem Heldentum, das „natürlich durchhält". Er sieht den Menschen nüchtern und weiß, wie nahe das Versagen jedem liegt. Er hat sich auch nicht einfach der Zusage des Herrn getröstet: „Niemand wird sie mir aus meiner Hand reißen." Er rechnet ernsthaft mit der erschreckenden Möglichkeit, daß **„unsere Arbeit vergeblich werde"**. Wenn wir an all das zurückdenken, was unser Brief vom Wunder des wirkenden Wortes in Thessalonich mit solchem Dank rühmte, ermessen wir erst, *was* in diesem kurzen Ausdruck steckt: „Unsere Arbeit vergeblich." Das hieße ja doch: Got-

[37] Das hier stehende Wort kommt im Neuen Testament nur an dieser einen Stelle vor. Es bedeutet im Aktivum „wedeln" und von da aus auch „schöntun, schmeicheln". Man hat darum das Passiv auch mit „sich betören lassen" übersetzt. Aber „gewedelt werden" kann recht gut das „erschüttert werden" und „wankend werden" wiedergeben. Es ist jedenfalls das Gegenteil von „feststehen, geradestehen, aufrecht bleiben". Luthers Übersetzung „weichwerden" ist gut und modern.

tes Erwählung und Gottes ganzes herrliches Wirken vergeblich! *Kann* denn das überhaupt sein?! Ist das denkbar? Wie wir darüber auch urteilen mögen, wir sehen jedenfalls die Tatsache vor uns, daß ein Paulus sich in heißer Sorge verzehrte, daß es geschehen könnte.

Beachtenswert ist, daß es in der ganzen Sache um den **Glauben** der Thessalonicher geht und um nichts anderes. Der Glaube ist das Ganze des Christseins! Gegen allen „Objektivismus" ebenso wie gegen alle falschen Heiligungsbewegungen haben wir es hier als neutestamentliche Überzeugung vor uns: der Glaube und einfach der Glaube der Christen ist Ein und Alles. Timotheus wird entsandt: **„euch zuzusprechen zur Unterstützung eures Glaubens."** Paulus will **„euren Glauben erkennen"**. Bei den guten Nachrichten aus Thessalonich sind die Drei **„getröstet ... durch euren Glauben"**. Und auch das, was der Gemeinde noch fehlt, sind einfach **„Mängel eures Glaubens"**. Darum liegt auch die eigentliche und gefährliche Versuchung des Versuchers nicht in der Verleitung zu dieser und jener Sünde, sondern darin, daß er uns „betrüge und verführe in Mißglauben, Verzweiflung und andere große Laster und Schande", wie Luther mit seinem biblischen Tiefblick gesagt hat.

Dieser Glaube ist Geschenk und Wirkung Gottes in uns. Aber das heißt nicht, daß er als ein beziehungsloses Wunder vom Himmel herab in unser Herz kommt. Er entsteht am Wort der Boten und er wird in der Anfechtung erhalten und gestärkt durch den brüderlichen Zuspruch. Darum war Timotheus nicht nur ein Abgesandter, der sich nach dem Stand der Dinge in Thessalonich erkundigen sollte, sondern hatte zugleich die Aufgabe, der Gemeinde die innere **„Unterstützung ihres Glaubens"** zu bringen, deren sie in der „Bedrängnis" bedurfte. Auch wir sollen in der Anfechtung nicht den falschen Stolz haben, der mit allem allein fertig werden will. Wir dürfen es wissen, daß wir unter Druck und Not den Bruder nötig haben, dessen Zuspruch uns festbleiben hilft. Der brüderliche „Besuchsdienst" wurde eine der wesentlichen Aufgaben der bekennenden Kirche im Kirchenkampf! Dabei hat gerade in solcher Lage das **„Zusprechen"** jene doppelte Art in sich, die der Grieche in dem einen Wort „parakalein" zusammenfaßt: den herzlichen, mitfühlenden „Trost" und das tapfere, stärkende „Mahnen".

„Jetzt aber kam Timotheus zu uns von euch her." Wie stark ist gewiß der Mann an unserem Brief beteiligt, der eben aus Thessalonich kam und die augenblickliche Lage dort am besten von den Dreien kannte. Er **„brachte gute Nachricht"**. Wörtlich steht hier: er evangelisierte uns euren Glauben und eure Liebe. Wir merken, „evangelisieren" ist damals noch nicht ein bloßer Fachausdruck; man hört in dem Wort noch ganz das „Bringen einer guten Nachricht". Also ist auch unsere „Evangelisation" nicht in erster Linie ein „Angriff" auf die Menschen, auch nicht die Darlegung von allerlei Ansichten und Gedanken; wir stehen als Boten einer ganz bestimmten, aber eben guten und frohen Nachricht vor den Menschen. Das sollte sich in unserer ganzen Haltung ausdrücken[38].

Die Thessalonicher sind dem Druck nicht gewichen. Sie stehen weiter in Glauben und Liebe. Paulus ist ganz besonders dankbar, zu hören, **„daß ihr uns in gutem Andenken habt allezeit, euch sehnend uns zu sehen"**. Das Ausweichen unter der Bedrängnis hätte gerade in dieser Richtung erfolgen können, daß man sich erbittert von den Männern abwandte, die einen mit einer angeblich „frohen Botschaft" in so viel früher unbekannte Not gebracht hatten. „Wären die bloß nicht zu uns gekommen, wie schön könnten wir jetzt leben!" Nein, trotz der Leiden denken sie mit Dank und Liebe an die Boten und sehnen sich nach einem Wiedersehen.

Paulus erinnert — eine ganz unwillkürliche Seelsorge! — die Thessalonicher daran, daß er mit seinen Mitarbeitern ja nicht weniger leidet als sie dort! **„Ich hielt es nicht mehr aus."**[39] Zudem steht er gerade jetzt in Korinth selber **„in aller Not und Bedrängnis"**. Wahrlich nicht nur die Thessalonicher brauchen Zuspruch, er auch. Aber er hat die notwendige Erquickung bekommen: **„Da wurden wir durch dies getröstet, Brüder, an euch bei all unserer Not und Bedrängnis durch euren Glauben."** Welch feine seelsorgerliche Hilfe für die Leidenden in Saloniki: sie dürfen wissen, daß sie mit ihrem Ausharren im Glauben zugleich auch ihren Paulus „trösten"!

Und nun kommt der herrliche, alles zusammenfassende Satz, der noch einmal in das innerste Herz der Liebe hineinblicken läßt: **„Denn nun leben wir, wenn ihr steht im Herrn."** So wirklich verbindet die Liebe, nein mehr, so tatsächlich macht sie das Leben des andern zu einem Stück des eigenen Lebens, daß ein Abfall der Thessalonicher auch für Paulus ein Sterben geworden wäre, wie ihr Stehen im Herrn

[38] „Evangelisieren" ist im Griechischen nicht ein Aktivum, sondern ein „Medium". Das ist eine Weise des Tätigkeitswortes, die wir im Deutschen nicht kennen. Höchstens in Verben wie „sich waschen", „sich freuen" haben wir etwas davon. Das „Medium" ist so etwas wie ein „Mittleres" zwischen Aktiv und Passiv. Vielleicht hat der Grieche „eine gute Nachricht bringen" als „medial" empfunden, weil der Bote nicht aktiv der Hervorbringer der Nachricht, sondern nur ihr Überbringer ist, sie also erst selbst empfangen haben muß. Er steht also wirklich mitten zwischen Erleiden („Passiv", empfangen) und Tun („Aktiv", weitergeben).

[39] Dies „ich hielt es nicht mehr aus" wird also nicht noch etwas anderes meinen als das „Wir hielten es nicht mehr aus" in Vers 1. Es wird nur die ganz besondere persönliche Beteiligung des Paulus an dieser inneren Not hervorheben. Vor allem wird die Mitteilung: „Ich hielt es nicht mehr aus und sandte" nicht die Sendung eines weiteren Boten außer Timotheus bedeuten. Denn dann gerade hätte Paulus nicht das objektlose „ich sandte" geschrieben, sondern diesen zweiten Boten irgendwie bezeichnet. Es ist darum auch nur von der Rückkehr des Timotheus und von seinen Nachrichten die Rede.

ihn ganz neu leben läßt. Leben wir in dem Geheimnis dieser Liebe? Ist das Leben oder Sterben der andern unser eigenes Leben oder Sterben? Wenn nicht — wie wollen wir dann rechte Seelsorger, Evangelisten und Gemeindeleiter sein? Aber nicht wahr, es geht nicht darum, daß ich mich „bemühe", zum andern so zu stehen! Das wäre nichts als Heuchelei. Echte Liebe muß sich gerade nicht „bemühen", das Leben des andern als Stück des eigenen Lebens zu empfinden. Sie *tut* es so ungewollt und unmittelbar, wie wir es hier an den drei Boten sehen. Sie tut es einfach, weil sie — Liebe ist.

Diese Liebe findet sofort noch einen weiteren, beinahe rührenden Ausdruck. **„Denn welchen Dank sind wir imstande Gott zu erstatten[40] für euch bei all der Freude, mit der wir uns freuen um euretwillen."** Heißt das nun nicht die Dinge auf den Kopf stellen? Arbeit, Not und Mühe haben die Thessalonicher dem Paulus gemacht, viel Sorge und Schmerzen haben sie ihn gekostet. *Sie* müßten nicht wissen, wohin mit dem Dank für all das, was an ihnen getan worden ist! Und wenn die Arbeit an ihnen nicht „vergeblich" war, wenn sie gerettet sind und im Glauben stehen, ist das nicht wieder nur ihr eigenes Glück? Was haben die drei Boten davon? Aber das ist eben „Liebe", diese unerklärliche, tiefe Freude am andern, die nicht genug zu danken weiß, wenn sie nach Wochen der Sorge erfährt, daß es — dem *andern* gut geht! Das natürliche Denken, der gewohnte Egoismus ist hier freilich „auf den Kopf gestellt".

So haben die drei hier das „hohe Lied der Liebe" gesungen, hier nicht in beschreibenden Worten, wie es 1 Ko 13 versucht, sondern hier in den unwillkürlichen, unreflektierten Lauten der Liebe selbst.

Noch einmal wird deutlich, daß es dieser Liebe um die leibhaftige Gegenwart geht. Auch die guten und beruhigenden Nachrichten aus Saloniki sind nicht genug. Nein, die Drei **„bitten Nacht und Tag aufs inständigste mit dem Ziel, zu sehen euer Angesicht und zurechtzubringen die Mängel eures Glaubens".** Es wird dabei auch dieses deutlich, daß der „Glaube", um den es im ganzen Christenstand geht, nicht ein fertiger Glaube ist. Obwohl er in Thessalonich durch Gottes eigenes Wirken entstand und nun in schweren Bedrängnissen seine Probe bestand, weist er doch noch **„Mängel"** auf. Wie schön, daß das den Thessalonichern ruhig gesagt werden kann, ohne sie zu „kränken"! Es ist aber auch beachtlich, daß die verantwortlichen Männer vor allen Einzelfragen des Gemeindelebens, wie sie hernach in Kap. 4 und 5 zur Sprache kommen werden, den Blick auf den *Glauben* der

[40] Dabei ist „erstatten, wiedergeben" nicht nur eine umständliche oder feierliche Redeweise. Es ist des Paulus tiefe Überzeugung, daß im Dankgebet wirklich etwas „erstattet" wird: Von Gott kam die Gnade als Gabe zu uns; nun wird sie als Dank Gott gleichsam zurückgegeben. So entsteht ein kostbarer lebendiger „Kreislauf". Vgl. 2 Ko 1, 11; 4, 15; 9, 11.

Gemeinde gerichtet haben und vor allem hier **„die Mängel zurechtbringen“** wollen. Vielleicht bedenken wir beides zu wenig: wie zentral und entscheidend der Glaube für das ganze Christenleben ist und daß auch ein rechter heilsgewisser und bewährter Glaube doch noch ernste Mängel haben kann. Vielleicht setzen wir darum in Seelsorge und Gemeindeleitung an ganz falschen Stellen an, während es doch auch in unserem Fall darum ginge, vor allem die Mängel des Glaubens zurechtzubringen.

DAS DENKEN ECHTER LIEBE ENDET IN FÜRBITTE

1. Thessalonicher 3, 11—13

zu Vers 12:
1 Th 4, 9. 10
2 Pt 1, 7
zu Vers 13:
1 Ko 1, 8
Phil 1, 10
2 Th 1, 7. 10
Jud 14

11 Er selbst aber, unser Gott und Vater, und unser Herr Jesus bahne
12 unsern Weg zu euch. * Euch aber mache der Herr reich und über-
reich an Liebe gegeneinander und gegen alle, wie auch wir gegen
13 euch [sind], * um zu stärken eure Herzen als untadelige in Heilig-
keit vor unserem Gott und Vater bei der Parusie unseres Herrn
Jesu mit allen Seinen Heiligen.

Die Briefschreiber weisen nicht nur auf ihr „inständiges Bitten Nacht und Tag“ hin, sondern der Brief selbst wird zum Gebet. Was könnte auch die Liebe größeres tun als sich mit ihren heißen Wünschen bei dem bergen, der selber Liebe ist und alles in seiner Hand hat, bei **„unserem Gott und Vater und dem Herrn Jesus“**? Paulus hat es erlebt, wie auch die festesten Entschlüsse scheitern können. Aber Gott kann **„unsern Weg zu euch bahnen“**. Wissen auch wir das für unsere Wege? Ist darum auch uns das Beten um die Bahnung des Weges eine ernste und wesentliche Sache und nicht nur ein „frommer Wunsch“, mit dem wir uns resigniert über das Scheitern unserer eigenen Bemühungen hinwegtrösten?

Ob das Wiedersehen bald geschenkt wird oder noch in weiterer Ferne steht, das Gemeindeleben selbst geht weiter, und ihm wendet sich die Fürbitte zu. Was ist der Inhalt apostolischer Fürbitte? *Nicht* das so naheliegende Flehen: „Euch aber befreie der Herr recht bald aus all den Widrigkeiten und Nöten!“ Wir würden fast selbstverständlich so beten. Hier aber ist daran überhaupt nicht gedacht. So „normal“ erschien einem Paulus das Leben des Christen unter Drangsalen. Aber unter diesen Nöten soll das Gemeindeleben nicht nur mit Mühe erhalten werden, sondern soll **„reich und überreich“** werden. Paulus verwendet hier sein beliebtes Wort „überfließen, überströmen". Und das, was unter Kampf und Verfolgung so „reich" und „überreich" werden soll, ist **„die Liebe gegeneinander und gegen alle".** Druck und Leiden macht von Natur hart, eng und ichhaft. In einer Gemeinde Jesu darf es ganz anders sein, weil der Herr am Werk ist. Nicht aus sich selbst sollen die Thessalonicher trotz der Drangsale immer mehr Liebe hervorbringen; wie unmöglich wäre das. Nein, **„der Herr mache euch reich an Liebe".** Aber dies nicht nur so, daß die Verfolgung die Gemeinde selbst um so herzlicher und liebevoller in gegenseitiger äußerer und innerer Hilfe zusammenschließt. Nein, durch Jesus darf es Wirklichkeit werden, was Er selbst als Kennzeichen der „Kinder des Vaters im Himmel" angegeben hat: Die Erwiderung von Feindschaft mit Liebe, von Fluch mit Segen, von Verfolgung mit Fürbitte, von Haß mit Wohltun. Das ist die **„Liebe gegen alle".**

Sofort und ohne jede künstliche Anstrengung geht der Blick wieder zum großen Ziel und Ende. Wie sollte es auch anders sein, wenn es dieses ungeheure Ziel gibt! Wenn die **„Parusie unseres Herrn Jesus mit allen Seinen Heiligen"**[41] kein schöner Traum ist — und in diesem Falle wäre die Auferstehung Jesu geleugnet und das ganze Evangelium zunichte gemacht — dann ist alles andere gering gegen dies Eine, daß da **„eure Herzen als untadelige in Heiligkeit vor unserem Gott und Vater"** dastehen.

Hart stößt hier die apostolische Erwartung mit unserem ganzen kirchlichen Denken zusammen. Christen vor Gott „untadelig in Heiligkeit" — unmöglich! Elende arme Sünder voll alles Bösen und ohne das geringste Gute, die dann aber doch aus unbegreiflicher Gnade selig werden — das ist unsere Überzeugung. Wollen wir mit unserer theologischen Auffassung recht behalten — gegen Paulus? Aber auch umgekehrt: wollen wir die Notwendigkeit solcher Fürbitte und damit den Ernst des Gerichtes über die Gemeinde beiseite setzen, weil dieser Ernst nicht zu unserer Auffassung der Heilsgewißheit paßt? Wollen wir auch da mit unserer theologischen Meinung recht behalten — gegen Paulus? Wir können keines von beidem um unserer eigenen Gedanken willen streichen: weder 2 Ko 5, 10; 1 Ko 3, 11—15; 1 Jo 2, 28 mit der Botschaft vom Gericht über die Gemeinde noch Rö 8, 29. 30; Phil 1, 6. 10. 11; Kol 1, 22. 23 mit der hellen Zuversicht auf ihre strahlende Vollendung.

Der Blick auf dieses Ziel, das kein schöner Traum ist, führt darum die Gemeinde auch nicht ins Träumen über die Gegenwart hin, son-

[41] Manche Ausleger sehen in diesen „seinen Heiligen" die Engel, weil Jesus hier mit ihnen zusammen wiederkomme. Aber werden die Engel je sonst einfach als „Heilige" bezeichnet? In 2 Th 1, 7 werden die Engel ausdrücklich als solche genannt, während dann im Vers 10 die „Heiligen" in Parallele stehen zu den „Gläubigen". So werden wir auch an unserer Stelle an die Sammlung der gesamten Gemeinde zu denken haben. Dann sollen die Thessalonicher „mit allen seinen Heiligen" untadelig vor Gott dastehen.

dern gibt ihren Aufgaben jetzt gerade den entscheidenden Ernst. Der Brief fügt das **„Stärken der Herzen als untadelig"** nicht mit einem „und" als eine zweite selbständige Sache zu dem **„überreich machen an Liebe"** hinzu. Dies Reichmachen an Liebe soll vielmehr geschehen, **„um zu stärken . . . "**. Gerade durch diese Macht der Liebe, die sie von Jesus bekommen und jetzt in der schweren Zeit gegeneinander und gegen alle beweisen, werden sie „untadelig vor Gott" und echte Kinder des Vaters. So kennt die apostolische Verkündigung kein bloßes „Gegenwartschristentum" und wendet uns fort und fort ganz zur „Zukunft" hin. Aber gerade indem sie dies tut, macht sie uns die Gegenwart ganz wichtig.

Das Wort, das wir mit **„mache reich"** übersetzten, kann auch bedeuten: der Herr „mehre euch", „lasse euch wachsen". Dann wäre an das Wachstum der Gemeinde durch Gewinnung neuer Menschen für Jesus gedacht. Dem würde sich dann das innere Wachstum anschließen! „Euch aber mehre der Herr und mache euch überreich an Liebe gegeneinander und gegen alle." Darauf aber zielt apostolische Fürbitte jedenfalls: nicht auf Befreiung von Leiden und auf Wohlergehen, sondern auf jenes Wachstum, das am Tage der Parusie untadelig vor Gott stehen läßt.

DIE GEMEINDE MUSS AN DIE HEILIGUNG ERINNERT WERDEN

1. Thessalonicher 4, 1—8

zu Vers 1: Kol 1, 10; 2, 6; 1 Th 2, 12; 2 Th 3, 6
zu Vers 3: Rö 12, 2; Eph 5, 17; 1 Th 5, 23; 1 Pt 1, 15. 16; Kol 3, 5
zu Vers 4 u. 5: 1 Ko 6, 15-18; Eph 5, 3; 4, 18
zu Vers 6: 3 Mo 19,11.13a; 1 Ko 6, 8; Eph 4, 17-19
zu Vers 7: 3 Mo 11, 44; 19, 2

1 Im übrigen nun, Brüder, bitten und mahnen wir in dem Herrn
Jesus, daß, wie ihr empfingt von uns das, wie ihr müßt wandeln
und Gott gefallen — wie ihr ja auch wandelt —, daß ihr noch
2 mehr überströmt. * Denn ihr wißt, welche Weisungen wir euch
3 gaben durch den Herrn Jesus. * Denn das ist der Wille Gottes,
4 eure Heiligung: daß ihr euch enthaltet von der Unzucht, * daß
jeder von euch wisse sein eigenes Gerät zu gewinnen in Heiligung
5 und Ehre, * nicht in Leidenschaft des Begehrens wie „die Völker,
6 die Gott nicht kennen", * nicht sich Übergriffe zu erlauben und zu
übervorteilen in dem Unternehmen seinen Bruder, deshalb, weil
ein Vergelter ist der Herr über alles dieses, wie wir es euch auch
7 vorhersagten und bezeugten. * Denn nicht hat uns Gott berufen
8 zur Unreinheit, sondern in Heiligung. * Daher denn der Wegwer-
fende nicht einen Menschen wegwirft, sondern den Gott, der da
gibt Seinen Geist, den Heiligen, in euch.

„Im übrigen", das ist eine Formel, die ebenso den Übergang zu einem neuen Thema wie die Richtung auf den Schluß des Briefes andeuten kann. Sie wird dementsprechend sowohl mit „Weiter" wie mit „Endlich" übersetzt. Das griechische Wort enthält aber — wie unser „Im übrigen" — beides zugleich in schwebender Weise. Es ist jedenfalls der grundlegende Teil des Briefes abgeschlossen, der Brief wendet sich nun einzelnen Fragen zu, die mit der Gemeinde besprochen werden müssen.

1 Ko 1, 2
2 Th 2, 13
1 Pt 1, 14-16
Hbr 12, 14
zu Vers 8:
Lk 10, 16
1 Ko 6, 19

Noch einmal wird dabei die Frage des **„Wandels"**, des wirklichen Lebens und Treibens berührt. Schon in Kap. 2, 12 sahen wir, wie dieser „Wandel" für die apostolische Zeit nicht eine Nebensache am Rande des Glaubens war, sondern das eigentliche Ziel der ganzen intensiven Seelsorge. Denn „Glaube" ist nicht eine theoretische Meinung über Gott, die gedankliche Zustimmung zu Lehren von Gott, sondern „Leibeigenschaft" Gott gegenüber (Kap. 1, 9) und vom „Werk" unabtrennbar (Kap. 1, 2. 3). Dabei gibt es keine „Gesetzlichkeit" mehr. Die beschwörenden Mahnungen in der Seelsorge gingen nur auf das eine: „daß ihr wandelt würdig des Gottes, der euch beruft zu seiner Königsherrschaft und Herrlichkeit." Aber es ist kein Rückfall in irgend eine alte oder neue Gesetzlichkeit, wenn dieses „würdig" nun auch in ganz bestimmten Richtlinien und konkreten Weisungen[42] verdeutlicht wurde, zumal für eine junge Gemeinde, die eben erst dem heidnischen Denken und Leben entrissen war. Darum erinnert der Brief daran, **„welche Weisungen wir euch gaben durch den Herrn Jesus"**. Diese „Weisungen" stammten nicht aus irgend einem „Gesetz", von dem sie ihre Autorität empfingen, sondern aus dem Wesen und aus dem Munde einer lebendigen Person: des Herrn Jesu selbst. Darum geschieht alles **„Bitten und Mahnen"** und alles **„Geben von Weisungen" „durch bzw. in dem Herrn Jesus"**, d. h. im Blick auf Ihn, vor Seinem lebendigen Angesicht, aus Seinem Wesen heraus[43].

Von daher gibt es aber wirklich ein bestimmtes „Wie" des Wandels, welches das Wohlgefallen Gottes hat. Und dies **„wie ihr müßt wandeln und Gott gefallen"**, das haben die Thessalonicher von den Boten Jesu **„empfangen"**. Auch das gehörte zur Evangelisation unmittelbar hinzu, daß den Hörern in bestimmter und klarer Weise gesagt wurde, wie sie nun leben müßten. Wie sollten auch Menschen, die zum ersten Mal ihr Herz und Leben Jesus ausgeliefert hatten, sich nun auf all den konkreten Gebieten des Daseins durchfinden, wenn sie nicht nur allgemein für ein neues, göttliches Leben schwärmen, son-

[42] Das Wort „parangelia = Weisung" kommt in der griechischen Übersetzung des Alten Testaments nicht vor, wohl aber in der Soldatensprache der Zeit im Sinn von „strikter Befehl". Die Boten Jesu haben durchaus zu „befehlen", nicht aus eigener Kommandogewalt, aber „durch Jesus".

[43] Dieses selbe „durch" im Sinne von „unter Berufung auf" finden wir bei Paulus oft: Rö 12, 1; 15, 30; 1 Ko 1, 10; 2 Ko 10, 1; 2 Th 3, 12.

dern im Alltag dies neue Leben wirklich führen wollten![44] Hier brauchten sie notwendig die feste Anweisung: So muß es sein! So formuliert der griechische Text unnachahmlich kurz: Ihr empfingt von uns „das wie muß".

Und nun erleben wir einmal richtig mit, wie die herzliche Gedankenarbeit des diktierenden Paulus einen Satz formt und ihn dann im Diktieren umformt und die Satzkonstruktion ändert. „Wir mahnen, daß, wie ihr empfingt von uns das wie ihr müßt wandeln ...", nun mußte es weitergehen: „daß ihr so auch wandelt." Aber da steht es vor Paulus, daß diese Mahnung mißverständlich, ja fast verletzend wäre. Die Thessalonicher wandeln ja schon so! Das „Werk des Glaubens" geschieht ja in der Gemeinde, Gott sei Dank! Es gibt in Thessalonich noch nicht all die Schwierigkeiten, mit denen es Paulus in Galatien und Korinth und Kolossä zu tun bekommen wird. Der Diktierende schiebt darum diese Feststellung ein: „wie ihr ja auch wandelt." Aber was soll nun aus dem angefangenen „daß" werden? Wir bitten und mahnen euch in dem Herrn Jesus, daß ihr — ja was denn nun? Wozu muß noch gebeten und gemahnt werden, wenn doch die Thessalonicher schon wandeln, wie sie es von den Boten Jesu gelernt haben? O, die apostolische Zeit war nicht so rasch zufrieden! Wieder fällt deshalb das Stichwort **„überströmen"**. Wir sahen im 2. und 3. Kapitel in die echte Liebe hinein, die hinter der ganzen Arbeit des Paulus und seiner Gefährten steht. Liebe aber denkt nicht an die kühle Erfüllung notwendigster Verpflichtungen und weiß nichts von einem mittelmäßigen, leicht zu erreichenden Ziel. Liebe will die ganze Fülle, will dies reiche, lebendige „Überfließen". Auch hier wird deutlich, daß es nicht mehr um „Gesetze" geht, mit denen man durch entsprechende Leistungen „fertig" werden kann, sondern um ein neues Leben nach dem Herzen Gottes und Jesu, für dessen Wachstum es keine Grenzen gibt. Daß **„ihr noch mehr überströmt"**, ihr Thessalonicher! Das ist die Spitze des ganzen Satzes.

„Denn dies ist der Wille Gottes, eure Heiligung." Auch hier haben wir daran zu denken, daß „Wille" mehr ist als unser „Möchten", das wir mit dem Wort „Wille" schmücken. „Gottes Wille" — damit wird unsere „Heiligung" ein unabdingbares, notwendiges Ziel.

Aber nun sind wir fast betroffen, wenn wir sehen, wie diese **„Heiligung"** gar nichts „Großes", gar nichts Besonderes meint, sondern

[44] Eine lebendige Parallele vom heutigen Missionsfeld finden wir in einem Bericht von Missionsdirektor Brennecke über die Lage der jungen Gemeinden in Afrika: „In allen Teilen Afrikas fanden wir das Ringen, ja, fast möchte ich sagen, die Sehnsucht nach einer **christlichen Lebensordnung**, nicht im Sinne eines Gesetzes, sondern mit dem heißen Wunsch, daß das Evangelium, das Wort Gottes, nicht nur eine Sache des Kopfes, noch nicht einmal nur eine Sache des Herzens sei, sondern daß es vom Tage der Geburt bis zum Tage des Todes alle Lebensbereiche gestalten möchte" („Zeichen der Zeit" 12/1958, S. 445).

„einfach", **„daß ihr euch enthaltet von der Unzucht"**. „Heiligung" ist also eine sehr nüchterne, sehr praktische, aber eben darum auch sehr notwendige und doch auch sehr große Sache. Sie betrifft in dieser griechischen Hafenstadt besonders das Gebiet unseres Lebens, das ebenso auch heute wie zu jeder Zeit ein Kampfplatz besonderer Art ist: unser geschlechtliches Leben. Geschlechtsverkehr **„in Leidenschaft des Begehrens"** war in der hellenistischen Welt jener Zeit selbstverständliches „Recht" des Mannes. Warum sollten auch **„die Völker, die Gott nicht kennen"**, sich hier etwas versagen, was unsere Triebe verlangen und was dem Leben eine so bunte Fülle zu geben vermag? Aber — nun gehören ja die Thessalonicher nicht mehr zu diesen „Völkern"[45]. Sie kennen Gott und wissen, daß dieses Gottes ernster, unbedingter Wille ihre Heiligung ist. Und das heißt für das Geschlechtsleben, **„daß jeder von euch wisse sein eigenes Gerät zu gewinnen in Heiligung und Ehre"**.

Der Satz ist in unserer Übersetzung genauso „unverständlich" gelassen, wie er im griechischen Wortlaut vor uns steht. Was ist hier gemeint?

Das Wort „Gerät, Gefäß" ist bei den Rabbinern vielfach für die Frau verwendet worden. Darin muß keine Geringschätzung des Weibes liegen. Zum mindesten kann solch ein Ausdruck so in den Sprachgebrauch übergehen, daß ein ursprünglich geringschätziger Sinn nicht mehr darin gespürt wird. So können wir etwa von einem Kind sagen: „Was für ein süßer Balg!", ohne den ursprünglich verächtlichen Klang in „Balg" zu merken oder gar zu wollen. An unserer Stelle jedenfalls, wo vom „Gewinnen" dieses „Gerätes" „in Heiligung und Ehre" die Rede ist, kann eine abwertende Beurteilung der Frau unmöglich gemeint sein. Wir würden also übersetzen müssen: „daß jeder von euch sein eigenes Weib zu gewinnen wisse in Heiligung und Ehre." Nur innerhalb der Ehe mit ihrer lebenslangen und bedingungslosen Liebe und Treue kann sich menschliches Geschlechtsleben echt und dem Willen Gottes gemäß entfalten.

Die nächste Parallele zu unserer Stelle wäre dann 1 Ko 7, 2. Dort wie hier geht der Blick des Paulus nicht unmittelbar zu den inneren Werten der Ehe und Familie, wie wir es vom modernen Denken her erwarten. Sehr nüchtern wird vielmehr die Macht des geschlechtlichen Triebes gesehen, der in die „Unzucht", d. h. in eine zuchtlose und erniedrigende Befriedigung hineinzuführen droht. Die volle Freiheit

[45] „Völker" oder „die Nationen" ist der ständige und geläufige Ausdruck der Bibel, der die ganze Menschheitswelt als eine vom wahren Gott getrennte zusammenfaßt im Gegensatz zum „Bundesvolk" Israel, das Gott kennt. Es gibt also für den neutestamentlichen Blick drei sehr bestimmt geprägte Größen: „die Nationen", „Israel" und „die Gemeinde", die aus Israel und den Nationen herausgerufen den „Leib Christi" bildet.

von ihm ist nicht jedes Mannes „Gabe" (1 Ko 7, 7). Darum soll „jeder seine eigene Frau haben" (1 Ko 7, 2), „jeder sein eigenes Weib gewinnen". An unserer Stelle würde dann über 1 Ko 7 hinaus ein sehr wesentliches Wort dazu gesagt, wie eine rechte Ehe zustande kommen soll: „in Heiligung und Ehre, nicht in Leidenschaft des Begehrens." Die Ehe als solche, als bloße Institution schützt uns noch nicht vor der zügellosen Gewalt des Triebes. Wieviele Ehen kommen zustande durch die „Leidenschaft des Begehrens" und tragen darum den Keim des Unglücks und der Ehenot von vornherein in sich, weil der Ehegatte nicht als das Du, als Person geschätzt und geliebt, sondern nur als Objekt der eigenen ichhaften Lustbefriedigung genommen wurde. So darf eine Ehe in der Gemeinde Jesu nicht zustande kommen! Die Ehe darf nicht der Raum sein, auf dem sich alle „heidnischen" Leidenschaften mit staatlicher und kirchlicher Sanktion meinen ausleben zu können. Schon die „Gewinnung" der Frau hat „in Heiligung und Ehre" zu geschehen. In „Heiligung": hier schließen ja „Heilige" den Bund miteinander. In „Ehre": jeder hat in dem anderen das erlöste Gotteskind, den Erben ewiger Herrlichkeit zu sehen und zu achten. Das „Wandeln würdig des Rufes" wird hier konkret.

Es könnte mit dem „Gerät" freilich auch viel allgemeiner der Leib bezeichnet sein. Bedeutende Kenner der Sprache und Geschichte jener Zeit, wie Adolf Schlatter, treten dafür ein. Allerdings müßte dann „gewinnen" hier ungewöhnlicherweise „gebrauchen" bedeuten, bzw. müßten wir „gewinnen" auffassen als „die Herrschaft gewinnen über" den Leib. Unser Leib ist also nicht mehr ein Werkzeug für die „Leidenschaft des Begehrens", sondern ein Werkzeug Gottes und darum in Zucht gehalten „in Heiligung und Ehre". Der Vorzug dieser Deutung ist, daß sie nicht so wie die erste eine direkte Aufforderung zur Ehe enthält — sollten die Briefschreiber hier wirklich nur die noch unverheirateten jüngeren Männer der Gemeinde im Auge gehabt haben? — sondern den Verheirateten wie den Unverehelichten, den Männern wie den Frauen, den Jungen wie den Alten gilt. Denn die Meinung, mit dem „Gewinnen seines eigenen Weibes" erinnere Paulus zugleich auch an das zarte, immer neue Werben des Mannes um die Frau auch innerhalb der Ehe, trägt doch wohl zu viel in den Text hinein. Und wenn auch bei den Rabbinern das Wort „Gerät, Gefäß" für die Frau gebraucht worden ist — konnten die Griechen in Thessalonich das wissen? Mußten sie nicht bei „Gerät" sofort an den „Leib" denken und mußte Paulus nicht wissen, daß sie das taten? Verwandte nicht auch er den Korinthern gegenüber das Wort selbstverständlich in diesem Sinn? (2 Ko 4, 7)

Andererseits aber wird die betonte Bezeichnung „sein **eigenes** Gerät" bei der Beziehung auf den Leib unverständlich, während sie bei der Beziehung auf die Frau genau dem Wortlaut von 1 Ko 7, 2 und dem Gegensatz gegen die „Unzucht“ als den Mißbrauch des fremden Weibes entspricht. Ebenso paßt zu dem Gedanken „die Herrschaft über den Leib gewinnen“ wohl die positive Bestimmung „in Heiligung und Ehre“, nicht aber die negative „nicht in Leidenschaft des Begehrens“; denn das ist selbstverständlich, daß man damit nicht die Herrschaft über seinen Leib gewinnt!

Aber ob wir nun der ersten oder der zweiten Auslegung folgen, es bleibt jedenfalls klar: das Kennen Gottes führt notwendig zu einer ganz bestimmten und eindeutigen Haltung auf dem Gebiet unseres geschlechtlichen Lebens. Diese Haltung galt im „Konstantinischen Zeitalter“[46] als allgemeine und öffentlich anerkannte Moral, hinter deren Fassade allerdings die Wirklichkeit oft sehr anders aussah. Heute ist diese Moral dahin; das Recht auf voreheliche und außereheliche Beziehungen scheint weithin wieder „selbstverständlich“ und die Bezeichnung solcher Beziehungen als „Unzucht“ eine empörende und heuchlerische Verleumdung zu sein. In dieser Umwelt wird die Gemeinde Jesu für ihre Glieder aufs neue genau dies „wie ihr müßt wandeln und Gott gefallen“ in diesen selben konkreten „Weisungen“ festhalten müssen. Mögen ringsum die „Völker, die Gott nicht kennen“ der „Leidenschaft des Begehrens“ folgen und dies auch weltanschaulich und künstlerisch rechtfertigen (die Gemeinde wird darüber nicht viel reden und urteilen), in der Gemeinde Jesu muß **„jeder wissen sein eigenes Gerät zu gewinnen in Heiligung und Ehre“.**

Vielleicht gehört auch der folgende Satz noch zum gleichen Thema. Es hängt davon ab, wie wir das **„in dem Unternehmen“** verstehen. Wieder hat unsere Verdeutschung die Vieldeutigkeit des Ausdrucks bewußt gewahrt. Das hier stehende Wort „pragma“ heißt „Sache, Unternehmen“. Was für eine „Sache“, was für ein „Unternehmen“ ist hier gemeint? Gerade weil nichts Näheres hinzugefügt ist, liegt es nahe, an die eben besprochene „Sache“, an die Ehe zu denken. Es hieße dann: weder bei der „Gewinnung seines eigenen Weibes“ noch bei der bestehenden Ehe darf man **„sich Übergriffe erlauben und seinen Bruder übervorteilen“.** Es wäre durchaus denkbar, daß sich die „Leidenschaft des Begehrens“, der die Thessalonicher freien Raum zu geben früher so ganz gewohnt gewesen waren, nun in die innige Gemeinschaft der Christen untereinander einschlich und die Ehen in der Gemeinde gefährdete. Diese Deutung, die auch wieder von einem

[46] Kaiser Konstantin (306—337) war der erste römische Herrscher, der nach der langen Zeit des Kampfes zwischen dem römischen Staat und dem Christentum die christliche Kirche anerkannte, ja, sogar eng mit dem Staat verband, um dem kranken römischen Reich zu helfen. Von da ab bis in unsere Tage war das „Christentum“ eine öffentlich anerkannte und staatlich bevorzugte Macht. Schritt für Schritt und in den verschiedenen Ländern und Staaten in verschiedenem Maße verliert das Christentum diese seine Stellung. Das „Konstantinische Zeitalter“ geht zu Ende.

Schriftforscher wie Schlatter vertreten wird, gewinnt daran eine Stütze, daß der zusammenfassende Schlußsatz der ganzen Erörterung wieder nur auf das sexuelle Gebiet zu gehen scheint: **„Denn nicht hat uns Gott berufen zur Unreinheit, sondern in Heiligung."**

Aber „Unreinheit" braucht durchaus nicht den engen sexuellen Sinn zu haben, sondern kann unsittliches Wesen überhaupt bezeichnen, vgl. Rö 6, 19. Daß der Herr ein Vergelter „über alles dieses" ist, paßt weit besser, wenn vorher nicht nur von **einer** Art der Sünde die Rede war. Es hätte sprachlich auch „in **dieser** Sache" heißen müssen, wenn es sich auf das Vorige zurückbeziehen sollte. Vor allem aber: das Wort „pragma" bezeichnet in den Schriftstücken und Briefen jener Zeit immer wieder das „Geschäft", die „Streitsache". So finden wir es auch von Paulus 1 Ko 6, 1 verwendet. Und gerade unsere Mahnung ist fast wörtlich schon so in 3 Mo 25, 14. 17 ausgesprochen! Sollte sie ein Paulus denn nicht auch von daher geformt und in dem dortigen Sinne gemeint haben? So wird der Brief zu dem ersten Gebiet der Heiligung ein zweites hinzunehmen, das den Griechen und gerade den Menschen einer Handels- und Hafenstadt ebenfalls nahe genug lag. Auch in Eph 5, 5 und Kol 3, 5 ist beides, Unzucht und Habsucht, Geschlechtsleben und Geld unmittelbar in einem Satz nebeneinander genannt. Seelsorgerliche Erfahrung wird es immer neu bestätigen: Im Leben eines Menschen gehört beides tatsächlich nahe zusammen, und Sünden auf dem einen Gebiet lassen manchmal geradezu mit Sicherheit auf Verfehlungen auch auf dem anderen schließen. Sollten das die Seelsorger damals nicht auch schon erfahren haben? Es passen auch Ausdrücke wie „sich Übergriffe erlauben" und „seinen Bruder übervorteilen" wesentlich besser auf allerlei geschäftliche Praktiken als auf Einbrüche in eine fremde Ehe; können sie doch geradezu mit „Überlisten" und „Begaunern" übersetzt werden. So aber wird ein Bote Jesu schwerlich das Eindringen in die Ehe eines Bruders bezeichnet haben. Dagegen war der Grieche jener Zeit als gerissener Händler weithin bekannt. So mancher in der Gemeinde kannte das orientalische Geschäftemachen gar nicht anders — war es so gefährlich? Wenn der „Bruder" so dumm war und sich übervorteilen ließ, sollte man sich da ein gutes Geschäft entgehen lassen? Hatte das etwas mit „Gott" zu tun? Ja! versichern die Schreiber des Briefes. Gerade auch auf dieses den ganzen Alltag erfüllende Gebiet des Erwerbslebens bezieht sich die **„Heiligung"**. Sie besteht nicht in frommen Sonderbarkeiten und hohen geistlichen Kunststücken, sondern in der ernsten und ganzen Reinheit und Lauterkeit im Alltag des Lebens, in der Zucht den beiden stärksten Trieben gegenüber: dem Geschlechtstrieb und dem Erwerbstrieb.

Aber war es wirklich so ernst damit? Offenbar gab es in der Gemeinde selber **„Wegwerfende"**, die mit einer wegwerfenden Handbewegung solche Forderungen abtaten. „Es ist doch nicht so gefährlich! Zu genau darf man es auch nicht nehmen! Unser guter Paulus, den ich ja auch sehr schätze und verehre, übertreibt es denn doch ein bißchen. Bei einem, der so im Hauptberuf Apostel ist, mag es ja auch gehen und nötig sein, aber unsereinen soll er doch in Ruhe lassen. Schließlich lebt doch alle Welt um uns her so, auch unsere Verwandten, die doch auch keine schlechten Menschen sind." So etwa mögen manche Stimmen in der Gemeinde laut geworden sein und die Weisungen und Warnungen der Boten „weggeworfen" haben. Der Brief antwortet kurz und klar. **„Der Wegwerfende wirft nicht einen Menschen, sondern Gott weg!"**[47] Die wegwerfende Handbewegung trifft nicht Paulus oder Timotheus, sondern Gott selbst, dessen unabdingbarer „Wille" doch unsere Heiligung ist.

Wird Gott sich so wegwerfen lassen? Wird Er übersehen, was geschieht? Nein, **„ein Vergelter ist der Herr[48] über alles dieses"**. Wieder hat das zur grundlegenden Evangelisation gehört, daß den Menschen Gott als der Kenner und der Vergelter unseres Tuns gezeigt wurde. Mächtig treibt uns unsere Eigensucht, den erotischen wie den geldlichen Gewinn zu suchen, zumal wenn es geschickt und verborgen geschehen kann. Ist es nicht einfach dumm, sich da irgendwie beirren zu lassen? So denken — die Toren, die Gott nicht kennen und sich darum so entsetzlich verrechnen in all ihrer Lebensklugheit. Mit tiefem Ernst steht es da: **„Der Herr ein Vergelter!"** Mit allem Nachdruck haben es die Boten **„vorhergesagt und bezeugt"**, weil wir uns ja so leicht „allein" glauben und das Auge vergessen, das uns auch bei unseren „dunklen" Geschäften und auf unseren heimlichen Wegen sieht.

Besonders wichtig ist die Erinnerung an das vorher Gesagte und Bezeugte für die Menschen der Gemeinde. Sie gehören ja nur zur Gemeinde, weil Gott sie „berufen" hat. Rief Gott sie etwa **„zur Unreinheit"**. Rief Gott sie aus ihrer ganzen alten Umwelt zu seiner Königsherrschaft und Herrlichkeit, damit sie sexuell und geschäftlich die unsauberen Menschen blieben, die sie vorher waren? Der Sinn dieser Fragen wird in unserem Text dadurch noch deutlicher, daß es in ihm eigentlich nicht heißt „zur Unreinheit", sondern zunächst befremdlich **„auf Grund von** Unreinheit". Der Ruf Gottes traf die Thessalonicher

[47] Es ist doch beachtlich, daß der gleiche Ausdruck „wegwerfen, verwerfen, ablehnen" in Lk 10,16 im Munde Jesu vorkommt und daß dort auch der Grundgedanke genau der gleiche ist wie an unserer Stelle: „Wer euch verwirft, verwirft mich".

[48] Ob mit dem „Herrn" hier Jesus oder in alttestamentlicher Weise und Sprache Gott selbst gemeint ist, spielt keine große Rolle. Denn inhaltlich ist das Urteil Jesu über alles dieses kein anderes als das Urteil des heiligen Gottes! Darum ist wichtig für uns nur das eine, daß wir auch hier wieder den ganzen Ernst des Gerichtes über die Gemeinde in uns aufnehmen und nicht selber solche Leute werden, die den Gedanken daran rasch „wegwerfen".

zwar „in" Unreinheit, in ihrem alten „heidnischen" Wesen und rief sie wirklich „von den Hecken und Zäunen". Aber er tat das nicht „auf Grund" dieses ihres Zustandes, so daß dieser dadurch gutgeheißen wäre, daß Gott sich mit seinem Ruf an Menschen solchen Zustandes wandte. So kann freilich das Evangelium von Freunden und Feinden mißverstanden werden, weil es sich an die "Zöllner und Sünder" wendet und Gottlosen die Gerechtigkeit Gottes bringt. So ist in der Tat Jesus selbst Lk 15, 2; Mt 11, 19 und sein Bote Paulus Rö 3, 8 mißverstanden worden. Um so wichtiger war es, einer solchen jungen, griechischen Gemeinde gegenüber festzustellen: „nicht auf Grund von Unreinheit!" Nein, Gott rief sie **„in Heiligung"**; etwas Neues, Reines, Klares soll aus ihnen werden. Und wenn sich noch einmal der Einwand erheben will: Meint es Gott wirklich so ernst?, dann gibt der Brief die abschließende und überzeugende Antwort: Ja! Denn Er ist ja **„der Gott, der da gibt Seinen Geist, den Heiligen, in euch"**. So ernst ist es Gott um ein wahrhaft göttliches Leben in Seinen Kindern zu tun. Nicht als ein Fordernder steht Er mit Seinem „Wollen unserer Heiligung" vor uns, so daß wir uns mit einem gewissen Recht gegen Seine allzu harten Ansprüche wehren und sie „wegwerfen" könnten. Nein, bei Seinem „Berufen" ist Er der Gebende. Und Er gibt das Größte, was Er geben kann: **„Seinen Geist, den Heiligen, in euch."** Das *tut* Gott, daran gibt es im Neuen Testament keinen Zweifel[49]. Können wir diesen Gott mit dieser gewaltigen Gabe — wegwerfen? Hier ist das letzte und stärkste Motiv aller „Heiligung" uns vor Augen gestellt. Menschen mit Gottes eigenem Heiligen Geist im Herzen müssen und können „heilig" leben.

THEODIDAKTEN DER BRUDERLIEBE!

1. Thessalonicher 4, 9—12

zu Vers 9: Jer 31, 34; Jo 6, 45; 13, 34; 14, 26; 15, 12; Rö 12, 10; 1 Th 3, 12

9 **Über die Bruderliebe aber habt ihr nicht nötig, euch zu schreiben.**
10 **Denn ihr seid selber von Gott gelehrt, einander zu lieben. * Und**
ihr tut das ja auch gegen alle Brüder in ganz Makedonien. Wir
11 **mahnen euch aber, Brüder, noch mehr überzufließen; * und euren**
Ehrgeiz darein zu setzen, ruhig zu sein und die eigenen Angelegenheiten zu besorgen und zu arbeiten mit euren Händen, wie wir

[49] Es steht hier nicht, wie wir erwarten und zu lesen gewohnt sind „der da gegeben hat", sondern das Präsens „der da gibt". Das soll natürlich nicht etwa ein Widerspruch gegen das sonst sich überall findende Zeugnis von der geschehenen Sendung des Geistes in die Herzen sein. Das Präsens kennzeichnet vielmehr an unserer Stelle Gott als einen, der so etwas Unerhörtes und Gnädiges tut, dessen Art es ist, so etwas zu tun, und der deshalb auf keinen Fall verachtet werden darf.

12 **euch geboten haben, * damit ihr wandelt wohlanständig gegen die draußen und keinen nötig habt.**

Hbr 8, 11
1 Pt 1, 22
4, 8
1 Jo 2, 27
3, 11. 23
4, 21
2 Pt 1, 7
zu Vers 10:
1 Th 5, 15
zu Vers 11:
Apg 20, 35
Eph 4, 28
2 Th 3, 6-8. 11. 12
zu Vers 12:
2 Ko 8, 21
Kol 4, 5
1 Pt 2, 12

Welch herrliches Zeugnis für eine Gemeinde: **Über die Bruderliebe** braucht man euch nicht extra zu schreiben. Warum nicht? Warum ist in der Gemeinde die Bruderliebe da? Nun bildet Paulus zur Antwort einen schönen Ausdruck: **„Ihr seid selber von Gott gelehrt, einander zu lieben."** Wir kennen „Autodidakten", d. h. Menschen, die sich selber in irgend einem Fach die nötigen Kenntnisse und Fähigkeiten erworben haben. Die Thessalonicher aber sind in der Bruderliebe nicht „Autodidakten", sondern „Theodidakten". Liebe kann man nicht „lernen", weder autodidaktisch noch von menschlichen Meistern. Nur Gott selbst kann uns lieben „lehren", weil Er mit Seiner uns überwindenden Liebe in Jesus ein schaffender und zeugender Meister ist.

Die Bruderliebe der Thessalonicher ist so kraftvoll, daß sie sich nicht auf den Kreis der eigenen Stadtgemeinde beschränkt, sondern zur Tat wird **„auch gegen alle Brüder in ganz Makedonien".** Alles, was in der Provinz „Christ" ist, darf es spüren: die Thessalonicher begegnen uns mit warmer Herzlichkeit und helfen uns tatkräftig, wo sie nur können. Denn auch hier wieder ist die Liebe nicht nur ein „Gefühl", sondern wird zur „Arbeit der Liebe" (Kap. 1, 2. 3): **„und ihr tut das ja auch . . ."**

Für die Liebe aber gibt es kein „Ende". Darum hindert diese frohe Anerkennung des Standes der Gemeinde das „Mahnen" nicht. Während wir das „Mahnen" eigentlich nur so kennen, daß wir den Hinweis auf Mängel und Versagen zum Grund unseres Antreibens machen, ist das neutestamentliche Mahnen von der herrlichen Unerschöpflichkeit der Aufgabe her bestimmt und kann sich daher, wie an unserer Stelle, mit der vollen Anerkennung des Vorhandenen verbinden. Der Strom der Bruderliebe in Thessalonich fließt stark und lebendig und ist in ganz Makedonien erquickend spürbar. Aber er darf ja noch viel **„mehr überfließen"!** Für die Breite und Tiefe dieses Stromes gibt es keine Grenze, weil seine Quelle unerschöpflich ist.

Von der Bruderliebe ist nichts besonderes zu schreiben. Aber es melden sich in Thessalonich in ersten Zügen Gefahren, die der zweite Brief noch ernster zu bekämpfen haben wird. Die lebendige Aufnahme der Enderwartung hatte offenbar eine unruhige Art in die Gemeinde hineingebracht, die dem gegenwärtigen Leben mit seinen Anforderungen und seiner Arbeit nicht mehr den vollen Ernst zuwenden mochte. Typisch „griechische" Auffassungen und Neigungen kamen dem entgegen. Für den „freien Mann" war „Arbeit", Arbeit mit den eigenen Händen im Grunde etwas „Unwürdiges". Edle, geistige Dinge wie Politik, Sport, Kunst, Philosophie sollten sein Leben füllen. Das war rasch ins „Christliche" zu übersetzen: die Erben ewiger Herrlichkeit, die Reichsgenossen Gottes sollten sich noch mit so vergänglichen und niedrigen Dingen wie Handarbeit, Broterwerb, Haushalt usw. abgeben?![50] Und dies während morgen schon der Herr kommen und alles verwandeln konnte?

Es war ein Stück der Evangelisation auf dem griechischen Boden, mit ganzem Ernst klarzumachen, daß der Broterwerb mit den eigenen Händen zum Christsein dazugehöre. Dabei ging der Blick auch zu **„denen draußen"**[51]. Sie dürfen nicht den Eindruck bekommen, als seien diese Christen exaltierte und unordentliche Leute, die es sich bequem machten und andere für sich sorgen ließen. Damit würde ihnen der Zugang zum Evangelium erschwert. Da der Grieche die „sophrosýne", die besonnene, maßvolle Haltung überaus schätzte, soll er an den Christen eine **„Wohlanständigkeit"** sehen, die ihm das Christentum erst einmal menschlich sympathisch machte. Die Gemeinde muß aber auch bedenken, wohin es führt, wenn sie nicht mehr **„ihre eigenen Angelegenheiten besorgt"** und **„arbeitet[52] mit ihren Händen"**: sie ist dann auf fremde Hilfe angewiesen und von anderen, vielleicht gar Nichtchristen, abhängig — ein unmöglicher Zustand. So mächtig darum das Erlebnis der Bekehrung, der Dienst des lebendigen Gottes, das Warten auf den wiederkommenden Herrn die Herzen in der Tiefe bewegte, sie mußte doch **„ihren Ehrgeiz darein setzen"**, nicht möglichst erregt, sondern möglichst **„ruhig zu sein"** und als „Himmelsbürger, Gottes Hausgenossen" doch treu und beständig im irdischen Tagewerk zu stehen. Paulus selbst mit seinen Gefährten gab ihr das große Beispiel dafür (vgl. Kap. 2, 9).

[50] Paulus hat in Korinth mit ähnlichen Erscheinungen zu tun gehabt, die dort sicher nicht von eschatologischer Erregung herkamen. Es war vielmehr die allgemeine, menschlich sehr verständliche Neigung, als „Christ" und „Geistesmensch" die alten Verhältnisse abzustreifen und das innere Neuwerden durch einen Wandel in der äußeren Lage zu dokumentieren. Gegen diese Neigung richtet sich sein fundamentaler Satz 1 Ko 7, 20: „Jeder bleibe in dem Stande, in dem Gottes Ruf ihn traf".

[51] Die Apostel haben diesen Ausdruck nicht gescheut, der uns sofort als „überheblich" und „lieblos" verdächtig ist. Er entspricht einfach den Tatsachen, solange das „Christentum" nicht eine verschwommene Sache ist, sondern auf einem eindeutigen Errettetsein und einer klaren Bekehrung beruht. Die „Gemeinde" stand als deutlich und fest abgegrenzter Raum der Glaubenden und Gott Gehörenden in der total anderen Welt. Man konnte hier wirklich nur entweder „drinnen" oder „draußen" sein.

[52] Zu „arbeiten" vgl. Anm. [30] o. S.

DIE PARUSIE JESU IST DER RECHTE TROST DER GEMEINDE

1. Thessalonicher 4, 13—18

13 **Wir wollen aber nicht, daß ihr in Unkenntnis seid, Brüder, über**
die Entschlafenen, damit ihr nicht traurig seid wie die übrigen,
14 **die eine Hoffnung nicht haben. * Denn wenn wir glauben, daß**
Jesus starb und auferstand, ebenso wird auch Gott die da ent-
15 **schliefen durch Jesus mit Ihm zusammenführen. * Denn dieses**
sagen wir euch in einem Wort des Herrn, daß wir, die Lebenden,
die übrigbleiben bis zur Parusie des Herrn, auf keinen Fall zuvor-
16 **kommen werden denen, die entschliefen. * Denn Er selbst, der**
Herr, wird unter einem Befehlswort, unter einem Ruf eines Erz-
engels und unter einer Posaune Gottes herabsteigen vom Himmel.
17 **Und die Toten in Christus werden auferstehen zuerst. * Alsdann**
werden wir, die Lebenden, die übrig bleiben, zugleich mit ihnen
entrafft werden in Wolken zur Einholung des Herrn in die Luft
18 **und werden so allezeit mit dem Herrn zusammen sein. * Also**
tröstet einander mit diesen Worten.

zu Vers 13: 1 Ko 15, 6. 12. 13. 20. 51 Eph 2, 12
zu Vers 14: Rö 14, 9 1 Ko 15, 3. 4 1 Th 5, 10
zu Vers 15: 1 Ko 15, 18. 22. 23. 51
zu Vers 16: Mt 24, 31 Apg 1, 11 1 Ko 15,23.52 2 Th 1, 7
zu Vers 17: Apg 1, 9 Offb 11, 12 Jo 12, 26 14, 3; 17, 24
zu Vers 18: 1 Th 5, 11

Wir haben mehrfach gesehen, daß es den Aposteln nicht nur um die „reine Lehre“ ging. Aber es ging ihnen allerdings um einen klaren und umfassenden Erkenntnisstand in den Gemeinden! Eben weil sie als „Gemeinden Gottes“ in ihrer ganzen Selbständigkeit und Freiheit geachtet wurden, durften sie nirgends über wichtige Punkte **„in Unkenntnis sein“**, sondern mußten in allen wesentlichen Fragen die rechten Kenntnisse besitzen und zu einem klaren Urteil fähig sein. Wie oft wird darum Paulus diese Formel **„Wir wollen nicht, daß ihr in Unkenntnis seid“** in seinen Briefen noch wiederholen!

Hier geht es nun wirklich um eine wichtige Frage. So jung die Gemeinde noch ist, sie hat die ersten Todesfälle in ihren Reihen erlebt. Daß diese Todesfälle im Zusammenhang mit ihrer „Bedrängnis“ standen, wird nicht angedeutet und auch durch die Formulierung „die da entschliefen durch Jesus“ nicht ausgesagt. Aber Timotheus hat offenbar berichtet, wie erschüttert die Gemeinde durch dies Sterben ihrer Glieder ist. Sie wartet doch ernstlich auf ihren wiederkommenden Herrn und freut sich von ganzem Herzen auf den großen Tag. Aber — dann sind ja die jetzt Gestorbenen nicht mit dabei?! Was wird mit ihnen? Kommen sie nicht zu kurz? War nicht das Wegsterben vor der Parusie so etwas wie eine Durchkreuzung ihrer Berufung? Es war jedenfalls etwas ganz Unvorhergesehenes, das auch die Boten bei ihrer Evangelisation gar nicht mit in Betracht gezogen hatten.

Diese Fragen scheinen uns heutigen Christen ganz töricht. Aber die Antwort der Boten Jesu wird uns erst recht in äußerstes Erstaunen setzen. Sie lautet nämlich durchaus nicht so, wie wir sie heute ganz selbstverständlich geben würden! Die Boten „trösten" die Gemeinde *nicht* mit der Versicherung: Die Verstorbenen kommen nicht zu kurz, im Gegenteil, sie haben einen großen Vorsprung: sie sind ja schon am Ziel, schon in der Herrlichkeit beim Herrn, auf die wir Lebenden noch warten müssen. Kein Wort davon! Kein Wort vom „in den Himmel kommen", das hier bei der sorgenden Frage nach den Entschlafenen doch unbedingt hätte geschrieben werden müssen, wenn — es eben überhaupt zur Hoffnung der Boten Jesu gehört hätte!

Zwar „getröstet" wird hier. **„Also tröstet einander mit diesen Worten"**, ist Schluß und Ziel des ganzen Abschnitts. Die Christen in Thessalonich sollen **„nicht traurig sein[53] wie die Übrigen, die eine Hoffnung nicht haben"[54]**. Aber diese wahrhaft tröstende, alle Trauer überwindende Gewißheit lautet nicht: Eure Lieben sind ja im Himmel, in der Herrlichkeit!, sondern sie lautet in einem kurzen Satz: Das nächste große Ereignis der Heilsgeschichte, die Parusie des Herrn und die Vollendung der Gemeinde, erleben wir zusammen mit ihnen, erleben wir alle gemeinsam! Der ganze „Trost" steckt in dem einen kleinen Wort „zugleich": **„zugleich mit ihnen entrafft."** Es hat also gerade niemand etwas vor dem anderen voraus: weder die noch auf Erden weilende Gemeinde etwas vor den Toten, noch die Toten etwas vor uns, indem sie jetzt schon „vor uns" in der Herrlichkeit wären. Für die noch Lebenden und für die schon Entschlafenen gilt ein entscheidendes **„Zugleich"**.

Aber bis dahin? Was ist mit den Entschlafenen jetzt? Im Grunde gibt der Text darauf überhaupt keine Antwort. Es ist das gar nicht so wichtig. Wenn die, die jetzt in dem Herrn sterben, bei der Parusie

[53] Es steht hier in der Tat der Ausdruck für die innerliche Trauer, das Traurigsein im Unterschied von den vielfätigen **Äußerungen** der Trauer. Dabei meint das „nicht wie die Übrigen" nicht einen einschränkenden Vergleich im Sinne von „nicht so heftig". Der Satz sagt vielmehr: Ein Traurigsein im Sinne heidnischer Trauer kennen die Christen überhaupt nicht mehr. Gut illustriert das der Apologet Aristides (um 140 n. Chr.): „Und wenn ein Gerechter von ihnen aus der Welt hinübergeht, so freuen sie sich und danken Gott und geleiten seinen Leichnam, als wanderte er von einem Ort zum andern." Wie weit sind unsere „Trauerfeiern" davon abgekommen!

[54] Paulus braucht auch Eph 2, 3 „die Übrigen" im Sinne von „die Heiden", und „die eine Hoffnung nicht haben" heißen sie auch Eph 2, 12. Stimmt das denn aber? Hat Paulus nichts gewußt von den Unsterblichkeitsgedanken des griechischen Philosophen Plato und seiner Schüler? Nichts von den Mysterienkulten jener Zeit, die ebenfalls Leben über den Tod hinaus verhießen? Sicher ist er auf dies alles gestoßen, spätestens bei seinen Gesprächen in Athen (Apg 17, 17. 18). Aber er wußte auch, wie dennoch die große Menge der Menschen im Tod nur das große Dunkel sah und wie auch bei den wenigen ernsthaften Anhängern einer idealistischen Philosophie oder einer Mysterienreligion die „Hoffnung" so unsicher und kraftlos war und die Trauer am Grabe darum so trostlos.

mit dabei sein werden, zugleich mit uns, dann ist alles in bester Ordnung. Mehr zu wissen ist eigentlich nicht nötig.

Wir blicken hier tief hinein in echt biblisches Denken! Wie ist es so ich-gelöst und von den großen Dingen Gottes erfüllt! „Dein Name werde geheiligt, Dein Reich komme, Dein Wille geschehe auf der Erde!", das ist sein brennendes Verlangen. Was dem einzelnen kleinen Ich als herrliche Gnade zuteil wird, ist das Dabei-sein-dürfen, wenn die großen Dinge Gottes geschehen. Was „inzwischen" aus dem Ich wird, ist nicht wichtig. Wie völlig verkehrt hat sich das alles bei uns! Gerade nur das einzelne Ich und sein Schicksal über das Grab hinaus ist uns interessant. Die Gemeinde und ihre Vollendung, der Sieg Jesu, die Sache Gottes läßt uns völlig kalt und ist unserm „christlichen" Blick so gut wie entschwunden. Da ist es uns heilsam, wenn die Bibel hier und auch anderwärts von dem Zustand unseres lieben, wichtigen Ich nach dem Sterben nur in wenigen Andeutungen redet und unsere eigentliche Hoffnung und unseren wesentlichen Trost völlig an Jesus und seine kommenden großen Taten bindet. „Jesu Kommen, Jesu Sieg, Jesu Herrschaft werde ich jedenfalls wieder miterleben" — sollte das nicht auch uns Trost genug sein beim Sterben?

Worauf ruht unsere klare Hoffnung für unsere Toten und für uns selbst beim Sterben? **„Denn wenn wir glauben, daß Jesus starb und auferstand."** Unsere „Hoffnung" kann sich nicht von unserem „Glauben" lösen und sozusagen eigene Wege gehen. Sie erwächst aus unserem Glauben. Unser Glaube hat volle Klarheit über Jesu Weg. Jesus starb, blieb aber nicht im Tode, sondern wurde auferweckt. Dies aber nicht als eine einzelne Privatperson, sondern als der Christus, als der König Seines Volkes, als das Haupt Seines Leibes. Er ist in dem allen der „Erstling" (1 Ko 15, 20), die „erste Garbe" vom Erntefeld, der die ganze große Ernte folgen muß. Von daher ist der Schluß zwingend und für die beunruhigten Thessalonicher und für uns heute Gewißheit gebend: „Ebenso wird auch Gott die da entschliefen durch Jesus mit Ihm zusammenführen."

Dreierlei ist hier für uns bedeutsam. Erstens: Jeder Versuch, eine „Unsterblichkeit der Seele" zu beweisen und darauf die Hoffnung zu gründen, liegt völlig fern. Gottes offenbare Tat an Jesus gibt ein ganz anderes, festes Fundament. Zweitens: Weil wir diesem Jesus angehören, der da „starb und auferstand", darum sind wir in unserem Sterben nicht allein und verlassen. Wir **„entschlafen durch Jesus"**[55]. Hier ist schon angedeutet, was später in Rö 14, 7 ff so klaren und tröstlichen Ausdruck findet. Ob ich den Zeugentod für Ihn sterbe oder an einer

[55] Das „durch Jesus" gehört zweifellos zu „die da entschliefen", das eine solche nähere Bestimmung verlangt, während es bei „mit ihm zusammen führen" eine unnötige Häufung der Bestimmungen verursachte: durch Jesus mit Jesus zusammen führen.

Krankheit dahinsieche, ob viele um mich sind oder mir ein einsames Ende beschieden ist, Jesus selbst hat dieses mein Ende in Seiner Hand. Und endlich: die Formulierung **„Gott wird die da entschliefen durch Jesus mit Ihm zusammenführen“** ist zwar sehr schwebend. Sie könnte einfach nur sagen: Gott wird bei der Parusie die Entschlafenen wieder mit Jesus zusammenführen. So entspräche es beinahe am besten den letzten Zeilen unseres Briefabschnittes. Im Verfolg seines Satzes: „Wenn wir glauben, daß Jesus starb und auferstand“, hätte Paulus eigentlich fortfahren müssen: ebenso wird Gott auch die da entschliefen durch Jesus „mit ihm auferwecken“. Da aber ihm wie den Thessalonichern alles auf die Teilnahme der Toten an der Parusie, nicht nur auf ihre Lebendigmachung als solche ankam, geht er über das „Auferwecken“ sogleich hinaus auf das „mit Jesus zusammenführen“, nämlich bei der Parusie. Und doch dürfen wir vielleicht von da aus einen Schritt weitergehen. Da sich doch Gott des Herrn Jesu angenommen hat auch in den Tagen zwischen Tod und Auferstehung, so wird Er sich auch „ebenso“ um die entschlafenen Christen nach ihrem Sterben kümmern und sie **„mit Jesus zusammenbringen“**. Dann läge in diesem Ausdruck der Ansatz zu jener frohen Gewißheit, die Paulus Phil 1, 23 angesichts seines möglichen baldigen Zeugentodes äußert: auf das Abbrechen des Zeltes im Sterben folgt unmittelbar ein „bei Christus sein“, das „weit mehr besser“ ist, wenn auch durchaus noch nicht die Vollendung und die volle Herrlichkeit[56]. Der schwebende Ausdruck „mit Ihm zusammenführen“ wäre ein ganz knapper Blick in den „Zwischenzustand“. Die Entschlafenen sind und bleiben zwar „Tote“; das steht durch Vers 16 eindeutig fest. Aber „Tote“

[56] Auch in 2 Ko 5, 1—10 finden wir beides zusammen: eine bestimmte Hoffnung für das, was unmittelbar nach dem Sterben kommt, und ein bangendes Ungenügen daran. Es ist das Sterben zwar ein „Einwandern zum Herrn“ und darum vorzuziehen dem jetzigen Zustand des Lebens in der Fremde fern vom Herrn. Aber es ist doch zugleich auch ein „Entkleidetwerden“, das uns schwer wird! So sehr ist für biblische Menschen das wirkliche Leben ein „leibhaftes“, daß sie die Heimkehr der Seele zum Herrn, so schön sie ist, doch nicht ohne Seufzen ansehen können. Wieviel herrlicher wäre das „Überkleidetwerden“ bei der Parusie!

Bestätigt wird diese ganze Anschauungswelt durch 1 Ko 11, 30. Der Mißbrauch des Herrenmahles ist durch Krankheiten und durch Todesfälle gestraft worden. Wieso sind denn solche Todesfälle „Strafe“? Wenn das Sterben uns in die Herrlichkeit führt, ist es doch eher „Belohnung“! Aber — es führt eben nicht in die Herrlichkeit!

Damit wird verständlich, daß auch bei ernsten gläubigen Christen der leibliche Tod nicht nur begrüßt wird. Wäre unser Tod wirklich das, was er nach der üblichen christlichen Anschauung sein soll, dann müßte jeder echte Christ sich nach einem recht baldigen Sterben sehnen, und jeder Todesfall eines jungen Menschen in der Gemeinde müßte besonders bedankt werden. Statt dessen dankt die Gemeinde aufrichtig mit jedem ihrer Glieder, das aus schwerer Krankheit oder sonstiger Todesgefahr herausgerettet wurde! Das ist biblisch recht, weil in der Tat das „Entkleidetwerden“, der Verlust des leibhaftigen Lebens, schwer und schmerzlich ist und bleibt! Hier wird auch deutlich, daß der oben angeführte Apologet Aristides nicht mehr ganz biblisch, sondern schon ein wenig „platonisch“ denkt.

heißt keineswegs „Nichtseiende". Es heißt auch nicht „Schlafende"[57], da die Verwendung des Wortes „entschlafen" in unserem Brief lediglich dem allgemeinen griechischen Sprachgebrauch entspricht und sachlich über den Zustand nach dem Tode nichts aussagt. Und „Christen" sind auf jeden Fall **„Tote in Christus"**, also Tote, über die „Jesus Christus der Herr ist" wie über die Lebenden (Rö 14, 9; Hbr 12, 23; Luk 23, 43)! Sie sind auch als „Tote" von Christus ungetrennt, also umfaßt von Seiner Herrschaft, Seinem Frieden, Seinem Schutz. Sie sind „nicht verloren" (1 Ko 15, 18). Aber freilich — *dies* Wissen muß auch genug sein. Weiteres erfahren wir nicht, viele Fragen bleiben unbeantwortet. Noch einmal: für eine wirklich auf den wiederkommenden Herrn wartende Gemeinde ist das alles auch nicht wichtig, wenn sie nur des einen gewiß sein darf: unsere Toten sind in Christus geborgen und kommen am Tage der Parusie keinesfalls zu kurz.

Dieser Parusie selbst wendet sich daher jetzt der Brief zu. Es fällt ausdrücklich das Stichwort „Parusie". Es heißt wörtlich „Anwesenheit", aber auch „Ankunft" und kann so ganz schlicht in der Alltagssprache vom Kommen eines Menschen gebraucht werden: 1 Ko 16, 17; 2 Ko 7, 6. Aber schon in der Sprache jener Zeit[58] kann das Wort einen feierlichen, „amtlichen" Klang bekommen. Es wurde gebraucht für den „Staatsbesuch", für den „Advent" eines Herrschers, besonders für den neuen Kaiser, der nach Jahren der Wirren und der Not nach Rom „kam" und mit seiner „Anwesenheit" alle beglückte und alles in Ordnung brachte. Auch hier im Brief ist es ja die Ankunft eines Herrschers: „Parusie des Herrn", und dies Wort „Herr = Kyrios" — uns noch liturgisch bekannt durch das „Kyrie eleison" — ist damals noch nicht so abgegriffen wie heute. Was die junge Christenheit mit „Ankunft des Herrn" meinte, war in allem Ernst das Gegenstück zu all den Herrschereinzügen und Staatsbesuchen jener Zeit. Jetzt kommt der eigentliche und wirkliche Weltherrscher, der der zerrissenen und blutenden Erde wirklich und endgültig das Heil und den Frieden bringt, während die Advente der irdischen Kaiser trotz alles Aufwandes von Pomp und Begeisterung nur zur immer neuen Enttäuschung führten.

57 Das wird besonders deutlich an 1 Ko 15, 20, wo Jesus selbst der „Erstling der Entschlafenen" genannt wird. Kein Christ dachte sich Jesus nach seinem Sterben als wirklich „schlafend".

58 Es handelt sich dabei um die „politische" Sprache. Es entsprach der Größe, Weltweite und Sachlichkeit der Botschaft, wenn die junge Christenheit nicht zur „erbaulichen" Redeweise der Religionen und Mysterien griff, sondern für ihr „Herolden" der „Siegesnachricht" lieber das „politische" Wort verwendete. Allerdings wird das Wort „Parusie" auf hellenistischem Boden auch für das machtvolle Hervortreten von Gottheiten gebraucht. Darum wendet es der damalige jüdische Schriftsteller Josephus auch auf Gottes Offenbarung auf dem Sinai und in der Stiftshütte und vor Elia an.

Darum wird die **„Parusie des Herrn"** nun auch als ein Gegenstück zu jenen Kaisereinzügen in all ihrer Mächtigkeit und Größe geschildert. Das neue Hervortreten des jetzt verborgenen und unsichtbaren Jesus steht **„unter einem Befehlswort"**. Denn Tag und Stunde dafür „weiß niemand, auch die Engel nicht im Himmel, auch der Sohn nicht, sondern allein der Vater", Mk 13, 32. Sie wird ja von Gottes großen Plänen bestimmt, die nur Er, der Vater selber, überschaut. Darum „wartet" nicht nur die Gemeinde, sondern auch unser hochgelobter Heiland „sitzt nun zur Rechten Gottes und wartet hinfort" (Hbr 10, 12. 13). Der Vater muß es dem Sohn erst sagen: „Nun ist es so weit, nun gehe hin und vollende das Werk!" Der Sohn „kann nichts von sich selber tun" (Jo 5, 19). O, welch gewaltiger Befehl, wenn der heilige, lebendige Gott den Auftrag zu den letzten, alles vollendenden Taten Jesu geben wird[59]!

Der Himmel nimmt sofort von diesem Befehl Kenntnis. Wie arm und dunkel ist unser Weltbild, wenn wir nicht mehr an jene ungeheure Welt voll Licht und Leben denken, die solchen Anteil an allem nimmt, was Gottes Werk auf der Erde betrifft. Nun tut es **ein Erzengel,** ein Engelfürst, mit lautem **Heroldsruf** den Himmeln kund: Die Stunde ist da!

Auch die Posaune fehlt nicht, die im römischen Heer und bei den großen Aufmärschen zu Ehren des Kaisers zu hören war. Nur — hier ist es eine **„Posaune Gottes"**! In 1 Ko 15, 52 nennt Paulus sie „die letzte Posaune", also doch wohl die letzte jener „sieben Posaunen", von denen der Seher Johannes in Offb 8 ff spricht. Es darf aber bei dem ganzen Bild nicht die Beziehung zu Mt 24, 31 vergessen werden. Wohl war das Matthäusevangelium zur Zeit unseres Briefes noch nicht geschrieben. Paulus hat daher diese Stelle nicht in Buchform vor sich gehabt. Aber die Darstellung der „letzten Dinge" durch Jesus war in den Gemeinden überall bekannt. In dieser Darstellung war die Rolle der Engel und der „großen Posaune" bei der Parusie und bei der Entrückung der Gemeinde schon ausgesprochen[60].

Und nun erscheint er selbst, der Kyrios, **„er selbst der Herr"**. Vom Thron zur Rechten des Vaters kommt er und **„steigt vom Himmel herab"**. Und dann . . . Paulus versichert der Gemeinde, daß er jetzt nicht seine Phantasie spielen lasse und auch nicht etwa Auslegung anderer Schriftworte bringe. Nein, **„dieses sagen wir euch in einem Wort des Herrn"**! Ob die Apostel Worte Jesu über Sein Kommen besaßen, die

[59] Andere Forscher denken an einen Befehl, den Jesus selbst als der „Herr" gibt: er befiehlt die Auferstehung der Toten und die Sammlung und Entrückung all der Seinen über den Erdball hin.

[60] Der starke Posaunenton war auch bei der Offenbarung Gottes auf dem Sinai zu hören (2 Mo 19, 16), wie auch der Ps 47, 6, der Prophet Sacharja in 9, 14 und Jes 27, 13 in ähnlichen Zusammenhängen davon weiß.

uns in den Evangelien nicht überliefert sind oder ob Paulus bei seinen „Gesichten und Offenbarungen des Herrn", von denen er 2 Ko 12 spricht, oder bei anderer Gelegenheit besondere ausdrückliche Aufschlüsse von Jesus erhalten hat, wissen wir nicht. Genug, daß er seine und unsere Gewißheit unmittelbar auf Jesus und Sein Wort selbst gründet[61] und hier nicht dogmatische oder exegetische Meinungen vertritt. Und dies ist nun seine Gewißheit: beim Herabkommen des Herrn vom himmlischen Thron **„werden zuerst die Toten in Christus auferstehen"**. In das Totenreich hinein geht also die erste Wirkung der Parusie, so daß eben die entschlafenen Christen **„auf keinen Fall"** hinter den anderen zurückstehen werden. In welchem Zustande immer diese „Toten in Christus" sein mögen, jetzt **„auferstehen"** sie: sie erhalten die neue herrliche Leiblichkeit — ähnlich dem Herrlichkeitsleib Jesu selbst, Phil 3, 21 — und erlangen damit die ganze Lebensfülle göttlichen Lebens. Dann erst wendet sich die Wirkung der Parusie den **„Lebenden, die übrigbleiben bis zur Parusie"**[62] zu.

Von ihrer „Verwandlung" (vgl. 1 Ko 15, 51—53) wird nicht gesprochen — davon hatten die Thessalonicher genug gehört, das war ihnen keine Frage, darauf freuten sie sich. Das ihnen Neue und Wichtige ist dies, daß nun die Auferstandenen und die Verwandelten **„zugleich"** wie von stürmischer Gewalt gezogen **„entrafft[63] werden in Wolken . . . in die Luft"**. Die **„Wolken"** sind hier natürlich nicht irdische Wolkengebilde. Wir brauchen nichts zu „entmythologisieren". **„Wolke"** ist vielmehr göttliche Umhüllung göttlichen Geschehens, wie schon beim Wüstenzug der anführende lebendige Gott in der „Wolkensäule" verborgen ist und bei der Verklärung Jesu auf dem Berge „eine lichte Wolke sie überschattete", aus der die Stimme Gottes ertönte, und bei der Himmelfahrt „eine Wolke Ihn aufnahm vor ihren Augen". Die auferstandene, verwandelte, verherrlichte Gemeinde bei ihrer Be-

61 In 1 Kö 20, 35 steht eine ganz ähnliche Redewendung: „Da sprach ein Mann unter den Kindern der Propheten zu seinem Nächsten **durch das Wort des Herrn:** Schlage mich doch." Es muß also auch an unserer Stelle nicht ein geschichtliches Wort Jesu gewesen sein. Der Inhalt dieses Herrenwortes ist zunächst nur der Vers 15, also die Gewißheit, daß die Lebenden keinesfalls den Toten zuvorkommen werden bei der Parusie. Dazu paßt keins der uns überlieferten Worte Jesu.

62 Paulus sagt hier: „Wir, die Lebenden, die übrig bleiben bis zur Parusie." Daraus hat man oft gefolgert, daß Paulus also sicher damit rechnet, die Parusie zu erleben. In der Aussage selbst aber liegt das nicht! „Wir Lebenden" ist eine einfache Zusammenfassung der Lebenden gegenüber den schon Gestorbenen ohne den sinnlosen Anspruch, von diesen „Lebenden" dürfe nun keiner mehr vor der Parusie sterben oder er dürfe wenigstens nicht „Paulus" heißen! Gewiß hat Paulus das Kommen des Herrn „bald" erwartet — wie jede wirkliche Hoffnung das tut und tun muß. Aber gerade er, der damals schon jahrelang im Botendienst stand und dessen tödliche Gefahren kannte, wird nüchtern genug gewesen sein, mit der Möglichkeit seines Todes zu rechnen.

63 Das gleiche Wort „entraffen" verwendet Paulus auch zur Beschreibung seiner „Entrückungen" bei seinen Gesichten 2 Ko 12, 2. 4. Auch Philippus wurde nach seinem Dienst am Kämmerer „entrafft" (Apg 8, 39) und ebenso Paulus selbst durch das römische Militär aus der tumultuarischen Sitzung des Hohen Rates Apg 23, 10.

gegnung mit ihrem Herrn wird ebenso von „Wolken" den Blicken der Welt entzogen.

Und nun — was für ein Geschehen und was für ein Erleben ist dies! Das vom Heiligen Geist geleitete Wort malt hier seinerseits nichts aus. Wir aber dürfen doch einen Augenblick dabei verweilen. Das große Lied Johann Meyfarts ist zwar nicht voll biblisch in seinem ganzen Aufriß, aber von dieser „Entraffung" dürfen wir es schon sagen: „Was für ein Volk, was für ein edle Schar / kommt dort gezogen schon? / Was in der Welt an Auserwählten war / seh ich, die edle Kron..." und „Propheten groß und Patriarchen hoch, auch Christen insgemein, die weiland dort trugen des Kreuzes Joch / und der Tyrannen Pein / schau ich in Ehren schweben / in Freiheit überall / mit Klarheit hell umgeben, / mit sonnenlichtem Strahl." Ja, da kommen sie alle, alle aus allen Jahrhunderten, aus allen Völkern, Rassen und Erdteilen, Große und Kleine, Männer und Frauen! Uns erscheint die Gemeinde Jesu hier oft so klein, nun ist sie doch eine so unermeßliche Schar, die aufwärts stürmt dem geliebten Haupt entgegen. Wie kümmerlich war diese Schar hier oft, unansehnlich genug in sich selbst und von der Welt her verlacht, verachtet, bedrängt, vielleicht sogar gequält, eingekerkert, hingerichtet. Nun leuchtet sie in strahlender Vollendung, allem Leid, aller Anfechtung, allem Tod für immer entnommen! Und das Entscheidende: sie alle, die Ihn lieb hatten, den sie nicht sahen, nun *sehen* sie Ihn und freuen sich mit unaussprechlicher und herrlicher Freude (1 Pt 1, 8) und **„werden so allezeit mit dem Herrn zusammen sein"**. Jawohl! Wie sehr immer das wirkliche Christenleben ein „Sein in Christus" ist, wie sehr immer „Christus in uns" wohnt im Heiligen Geist, es bleibt jetzt unser Christenstand ein „Fernsein vom Herrn". Kein anderer als Paulus selbst, der dies „in Christus" geprägt und wieder und wieder auf alle Lebenslagen bezogen hat, der das „Christus in mir" von seinem eigenen Leben so klar bezeugt, hat dies Fernsein vom Herrn tief empfunden und 2 Ko 5, 7 ausgesprochen. Er ist kein „Mystiker" und hat den wesenhaften Unterschied von „Glauben" und „Schauen" nüchtern festgehalten. Darum ist es nun aber auch die eigentliche Herrlichkeit der Parusie und der Entrückung, daß wir dann ganz leibhaftig in unmittelbarem Schauen mit Jesus zusammen sind! Nun hört das „stückweise Erkennen" endlich auf! Nun „werde ich erkennen, gleichwie ich erkannt bin" (1 Ko 13, 12), nun werde ich „Ihn sehen, wie Er ist" (1 Jo 3, 2). Das ist es! Fanden wir wirklich in Jesus das Leben, riß Seine Liebe uns aus Verderben und Tod, dann ist auch die ganze Herrlichkeit der Entrückung in einem einzigen Wort unaussprechlich ausgesprochen: „Mit dem Herrn zusammen allezeit!" Und dann danken wir es dem Apostel, daß er hier so wenig wie irgendwo sonst uns Blick und Herz von dieser einen großen Hauptsache ablenkt. Die ganze Gemeinde der geliebten Brüder und Schwestern für ewig beieinander und die ganze Gemeinde für ewig untrennbar mit Jesus zusammen — das ist die Herrlichkeit jenes Tages. Sollten wir nicht viel öfter mit unseren Herzen bei diesem Tage der Parusie verweilen, damit wir mehr Freude, mehr Überwinderkraft, mehr Leidensbereitschaft haben?

Warum aber wird die Gemeinde von der Erde weg **„in die Luft"** entrafft? Jesus kommt zunächst zu **Seiner Gemeinde** und erst einmal nur für sie. So innig ist die Liebe des Hauptes zu seinem Leib. Darum wird jetzt schon rein äußerlich die Erde ganz beiseite gelassen. Das hohe Fest der Vereinigung von Haupt und Leib soll völlig ungestört abseits der Welt vor sich gehen. Die ganze Wichtigkeit und Besonderheit der Vollendung der Gemeinde wird dadurch nachdrücklich unterstrichen. Zugleich dürfen wir aber auch daran denken, daß Satan in Eph 2, 2 der „Beherrscher der Vollmacht über die Luft" genannt wird. Die übliche Vorstellung, daß der Teufel in der Hölle sei und dort wohne, hat mit der biblischen Wahrheit nichts zu tun. Der Wirkungssitz Satans ist der Luftraum, von dort erfüllt er die ganze „Atmosphäre" der Welt. Und nun erfolgt die große selige Siegesfeier dessen, der der Schlange den Kopf zertreten hat, eben dort im „Hauptquartier" des Feindes selbst.

Die Entraffung von der Erde bedeutet aber noch mehr! Als Zweck und Ziel geben die meisten Übersetzer das griechische „eis apántesin tou kyríou" nur mit „dem Herrn entgegen" wieder. Nun kann gewiß das griechische Wort diese abgeblaßte Bedeutung haben. Aber ein Vergleich mit Mt 25, 1 sollte uns doch warnen. Ziehen die Brautjungfern dem Bräutigam nur so allgemein „entgegen"? Nein, sie sollen ihn doch „abholen" oder „einholen"! Dazu sind sie da, dazu haben sie sich geschmückt. Ebenso aufschlußreich ist Apg 28, 15: „Und von dort (Rom) kamen die Brüder, die gehört hatten das von uns, zu unserer ‚apántensis' nach Appiphor und Tretabern." Sie kamen doch natürlich nicht, um fortan mit Paulus in Tretabern und Appiphor zu wohnen, sondern um ihn abzuholen nach Rom! Zugleich dürfen wir wieder an politische Vorgänge jener Zeit denken, mit deren Sprache unser ganzer Abschnitt redet. Auch der neue Kaiser, der seinen „Advent", seine „Parusie" feiert, wird von Senat und Volk von Rom feierlich „eingeholt". Das Volk zieht ihm aus der Stadt heraus entgegen und begleitet dann seinen Einzug in die Hauptstadt. In diesem Sinne darf die vollendete und verklärte Gemeinde ihrem Herrn entgegeneilen **„zur Einholung des Herrn"**.

Dann wird auch sofort klar, daß diese Begegnung mit dem Herrn im Luftraum nicht selbst schon das Ende sein kann! Nein, die große Gottesgeschichte und die Weltgeschichte enden nicht damit, daß eine entrückte Gemeinde beim Herrn in der Luft ist! Das wäre ja so, als ob die Hochzeit damit fertig wäre, daß die Brautjungfern den Bräutigam auf der Straße treffen und sich ihm zugesellen. Soll der Bräutigam nun mit ihnen auf der Straße bleiben?! Verweilt Paulus für immer mit den römischen Brüdern in Appiphor und Tretabern? Oder ist der „Advent" des neuen Kaisers damit zu Ende, daß festliche Scharen ihm vor die Stadt entgegengingen? Bleibt der Kaiser nun sein Leben lang mit einer Schar Getreuer draußen vor Rom? Unmöglich! Unser Brief sagt zwar nicht mehr, weil ihm ja nur am „Trost" in dem „Zugleich" der Entrückung liegt. Er ist ein echter Brief, der auf die besonderen Anliegen der Empfänger eingeht, und nicht eine kleine Dogmatik, die ein vollständiges Bild der Eschatologie geben möchte. Für unser persönliches Verständnis des Briefes ist es aber wichtig, daß wir uns bewußt sind: die „Einholung des Herrn" ist nicht das Letzte, nicht der Schlußpunkt. Sondern notwendig geht es weiter, so wie der Kaiser durch seine „Einholung" nach Rom gelangt und dort seine Regierung beginnt oder wie Paulus mit den römischen Brüdern nach Rom kommt, um dort seinen Prozeß abzuwarten und intensiv evangelistisch und seelsorgerlich tätig zu sein. Für die „Einholung des Herrn" durch Seine Gemeinde ist uns aber das Ziel im prophetischen Wort Alten und Neuen Testamentes eindeutig gezeigt: Von der Luft her kommt Jesus mit Seiner Gemeinde zur Erde, vernichtet dort den Antichristen mit dem Hauch Seines Mundes und bringt endlich das, was die Propheten verheißen und was Er selbst, Jesus, in Seinem Erdenleben wieder und wieder angekündigt hat: das Königreich der Himmel auf der Erde!

So bekommt der knappe Satz „Wir werden allzeit mit dem Herrn zusammen sein" seine inhaltliche Fülle. Mit Ihm zusammen sein, das heißt teilnehmen an all Seinen großen kommenden Taten: am Sturz des antichristlichen Weltreiches, an der Regierung des Herrn auf dieser alten Erde, am Weltgericht vor dem großen weißen Thron und endlich am Durchwalten des neuen Himmels und der neuen Erde vom neuen Jerusalem her.

Noch einmal: Wenn die durch Jesus Entschlafenen an all dem den vollen Anteil haben, dann ist das voller und mächtiger Trost, und die kurze „Zwischenzeit" kann füglich so beiseite gesetzt werden, wie es in unserem Brief jedenfalls geschieht.

Mit einer Grundfrage wird sich der heutige Leser auseinandersetzen müssen: Ist diese ganze Schilderung hier nicht zu „kompakt", zu „massiv"? Wir haben uns freilich den Geschmack am biblischen Realismus durch die immer neuen Vergriechungen der Kirche gründlich verderben lassen. Aber bedenken wir doch: Auch die Schöpfung Gottes ist ja nun unleugbar eine sehr „massive" Sache und nicht ein vergeistigtes Ideenreich! Ebenso ist das Erlösungswerk des Herrn Jesu „kompakt" bis zu den Hieben, die den wirklichen Körper ganz „massiv" zerreißen, und zu den Nägeln, die als wirkliche eiserne Nägel durch die Hände dringen und wirkliches rotes Blut fließen lassen. Die ganze Geschichte der Menschheit einschließlich aller Taten Gottes darin ist eine massive, wirkliche, leibhaftige Geschichte. Sollte sich nun am Ende und Ziel alles in Luft und Nebel auflösen? Entspricht nicht allein eine realistische Eschatologie dem Realismus unseres ganzen Daseins? Oder wollen wir unsererseits wirklich auf jenen Vergleich eingehen, den die Herrscher dieser Welt uns so gern anbieten: „Die Seele und der Himmel eurem lieben Gott und euch, aber die Wirklichkeit dieser Erde uns und unsrer Macht!"? Nein, Jesu geistige Geltung im Reich der Ideen ist uns nicht genug! Wir warten genau auf das, was der Brief hier geschildert hat, auf die sichtbare Einlösung Seines königlichen Wortes: Mir ist gegeben alle Gewalt im Himmel und auf Erden! Der Beginn dieser Einlösung seines Königswortes heißt: Parusie und Entrückung!

Auf der anderen Seite müssen wir aber auch dies sehen: Wie mächtig zurückhaltend ist das biblische Wort hier wie anderwärts! Vom Zustand der „Toten in Christus" erfahren wir — nichts! Für die Schilderung der Parusie selbst muß bei allem Realismus ein einziger Satz genügen! Eine Beschreibung des verherrlichten Herrn wird nicht versucht. Und von dem Zustand der vollendeten Glieder der Gemeinde selbst hören wir kein Wort! Zwei Gründe bestimmen diese Zurückhaltung. Einmal weiß jeder, der wirklich Jesus kennt, erst recht das, was schon der Beter im Alten Bunde wissen durfte: „Wenn ich nur dich habe, so frage ich nichts nach Himmel und Erde!" (Ps 73, 25.) Mit Jesus zusammen allezeit — das ist wahrhaft genug! Zugleich aber ist Paulus tief davon durchdrungen[64]: Was Gott uns bereitet hat, das hat kein Auge gesehen, kein Ohr gehört, keines Menschen Herz erfaßt! Wir sehen darum auf „unsichtbare Dinge" (2 Ko 4, 18), wie auch all das, was Paulus selbst in Visionen vom Paradies sah und hörte, „unaussprechbar" blieb (2 Ko 12, 4). Könnten wir es aussprechen, sichtbar machen, schildern, so wäre es nicht mehr ewige Vollendung. Darum war es grundmäßig falsch, wenn die Gemeinde — in wenig guter Annäherung an andere Religionen — im Laufe der Zeit immer wieder versucht hat, ihrerseits nachzuholen, was Paulus ihr versagte, und nun doch Schilderungen des Jenseits, des Himmels und

[64] Der vom Heiligen Geist erfüllte und bevollmächtigte Paulus zeigt diese herbe Zurückhaltung darum nicht nur an unserer Stelle. Sie prägt seine Aussagen über das Kommende durchweg und überall: 1 Ko 13, 8—13; 15, 20—28; 15, 42—55; 2 Ko 5, 1—10; Phil 1, 23; 3, 20. 21. Froher Realismus, enge Bindung an die Offenbarung in Jesus und Zurückhaltung kennzeichnen alle diese Stellen, gerade auch die „ausführlichen".

der Herrlichkeit zu geben. Mehr wissen und haben wollen als die Männer der Bibel bleibt ein bedenkliches Unterfangen[65]! Es ist auch darum so bedenklich, weil es allzu leicht in jenes „Wissen" hineinführt, das „bläht" (1 Ko 8, 1) und dabei von der Liebe ablenkt, in der allein wir das bleibende Wesen der Vollendungswelt jetzt schon erfassen und in uns haben können (1 Ko 13, 13).

Zum Schluß wollen wir uns noch einmal dessen bewußt sein, daß Paulus hier nicht eine „Dogmatik" schreibt, sondern einen Briefabsatz, der in einer ganz bestimmten Not und Frage die Gemeinde trösten will. Es ist also vieles hier *nicht* gesagt, was wir zur Vervollständigung des Bildes aus anderen Darlegungen des Apostels ergänzen müssen. Vor allem vom Gericht über die Gemeinde, auf das die Boten in unserem Brief mehrfach mit solchem Ernst hinweisen (Kap. 3, 13; 4, 6; 5, 23), ist hier nicht die Rede. Es kann hier unberücksichtigt bleiben, weil es nicht etwa das „Weltgericht", das „Jüngste Gericht", das Gericht vor dem großen weißen Thron ist, das erst viel später nach dem Sturz des Antichrist und nach dem „Tausendjährigen Reich" stattfindet (vgl. Offb 20, 11—15) und an dem die vollendete Gemeinde als Mitrichter teilnimmt (1 Ko 6, 2. 3). Bei dem Gericht über die Gemeinde geht es ausdrücklich (1 Ko 3, 15!) nicht um Seligwerden oder Verlorengehen. *Diese* Frage *ist* entschieden für die Erretteten, so wahr es „Heilsgewißheit" gibt! Es geht — freilich mit einem erschrekkenden Ernst — um das Lebenswerk der Christen auf Grund ihrer Bekehrung und Wiedergeburt. Davon konnte hier abgesehen werden, weil dadurch grundmäßig an dem Schicksal der „Toten in Christus" nichts geändert und der Trost der Gemeinde nicht beeinträchtigt wird.

DIE KLARHEIT ÜBER DIE PARUSIE FORMT DAS LEBEN DER GEMEINDE

1. Thessalonicher 5, 1—11

zu Vers 1:
Mt 24, 3. 36
Apg 1, 7

1 Über die Zeiten und Fristen aber, Brüder, habt ihr nicht nötig,
2 daß euch geschrieben wird. * Denn ihr selbst wißt genau, daß der
3 Tag des Herrn wie ein Dieb in der Nacht so kommt. * Wenn sie

[65] Darum wahren wir uns die ernste biblische Nüchternheit auch gegen einen Sadhu Sundar Singh, so hoch wir ihn als leidensbewährten Zeugen des Christus für Indien und Tibet schätzen. Und erst recht gegen die vielen Geister und Irrgeister, die da reden zu müssen meinen, wo ein Paulus schwieg!

sagen: „Friede und Sicherheit!", dann als ein Plötzliches tritt an
sie Verderben heran wie die Wehe an die Schwangere, und sie
4 **werden auf keinen Fall entrinnen. * Ihr aber, Brüder, seid nicht in**
5 **der Finsternis, daß der Tag euch wie ein Dieb ergreife. * Alle seid**
ihr ja Söhne des Lichtes und Söhne des Tages. Wir gehören nicht
6 **der Nacht und nicht der Finsternis. * Folglich also wollen wir nicht**
schlafen wie die übrigen, sondern wollen wachen und nüchtern
7 **sein. * Denn die da schlafen, die schlafen des Nachts, und die da**
8 **trunken sind, sind des Nachts trunken. * Wir aber, die dem Tage**
gehören, wollen nüchtern sein, als solche, die angelegt haben den
Panzer des Glaubens und der Liebe und als Helm die Hoffnung
9 **der Errettung. * Denn nicht bestimmte uns Gott zum Zorn, son-**
dern zum Gewinn der Errettung durch unseren Herrn Jesus Chri-
10 **stus, * der für uns starb, damit, ob wir nun wachen oder schlafen,**
11 **wir zugleich mit Ihm zusammen leben. * Darum mahnt einander**
und baut einer den andern, wie ihr auch tut.

zu Vers 2: Mt 24, 42-44; 25, 13; Lk 12, 39. 40; 2 Pt 3, 10; Offb 3, 3; 16, 15
zu Vers 3: Jes 13, 6-9; Jer 6, 14; Mt 24, 39; Lk 17, 27-30; 21, 34-36
zu Vers 4: Jo 1, 5
zu Vers 5: Rö 13, 12; Eph 2, 13; Eph 5, 8. 9; 1 Pt 2, 9
zu Vers 6: Mt 24, 42; 25, 5. 13; Lk 21, 34-36; Rö 13, 11-13; 1 Ko 15, 34; Eph 5, 14; 1 Pt 5, 8
zu Vers 8: Eph 6, 14-17; 1 Pt 2, 9
zu Vers 9: 2 Th 2, 13. 14
zu Vers 10: Rö 14, 8. 9; 2 Ko 5, 15

Je lebendiger die ganze realistische Hoffnung in einer Gemeinde lebt, umso dringender wird die Frage nach dem „Wann?". Die Gemeinde in Thessalonich war davon offenbar sehr bewegt. Der zweite Brief dorthin wird uns in eine bedenkliche Unruhe hineinblicken lassen, die an dieser Frage entstanden war. Von Anfängen dieser Unruhe mag Timotheus bei seiner Rückkehr berichtet haben. So hielten die Briefschreiber es für nötig, ein Wort in dieser Richtung zu sagen: **„Über die Zeiten und Fristen . . ."** Hier sind die beiden Worte für „Zeit" gebraucht, die der Grieche im Unterschied von uns besaß: „chrónos" das ist der allgemeine Zeitablauf und „kairós" = die „qualifizierte", bestimmte Zeit[66]. Die **„Zeiten und Fristen"**[67] sind die

[66] Die Sache wird uns am besten klar an dem bekannten Satz: „Da aber die Zeit erfüllet war . . ." Nie hätte der Grieche sagen können: „Als der chronos erfüllet war." Der chrónos, der allgemeine, fließende Zeitstrom kann seinem Wesen nach nie „erfüllt" werden. Nur für den kairós, für die von Gott bestimmte besondere Zeit und Frist gibt es eine „Erfüllung". Man kann auch sagen: „chrónos" und kairós" verhalten sich zueinander wie „Raum" und „Ort". Übrigens stehen beide Ausdrücke genauso nebeneinander in Apg 1, 7 und werden nacheinander gebraucht Apg 3, 20 und 21.

[67] Es ist nicht bedeutungslos, daß hier — wie auch Apg 1, 7 — der Plural gebraucht ist. Darin allein schon wird deutlich, daß die Apostel und ihre Hörer bei den eschatologischen Fragen nicht an einen einzelnen „Punkt" dachten, an dem plötzlich der Eingriff von oben erfolgt. Nein, es handelt sich um „Zeiten und Fristen", also um eine Mehrzahl von Wendungen bestimmter und unbestimmter Art, die eintreten müssen. Sobald man diese ganze Grundhaltung beachtet, wird man nicht mehr von der „Unvereinbarkeit" von 2 Th 2, 1—12 mit unserem Abschnitt sprechen, auch wenn Paulus Grund hat, hier den „Zeiten und Fristen" gegenüber die bleibende „Unberechenbarkeit" zu betonen, die zur Wachsamkeit ruft. Diese „Unberechenbarkeit" wird auch durch 2 Th 2, 1—12 nicht aufgehoben vgl. u. S. 127 ff.

zu Vers 11:
1 Th 4, 18
Hbr 3, 13a
Jud 20

eschatologischen[67b]. Bei aller Plötzlichkeit und Unberechenbarkeit der Endereignisse, die sogleich auch unser Brief mit dem Bild vom „Einbruch des Diebes“ betonen wird, wird die Zukunft doch auch unter dem Bilde der „Ernte“ oder der „Geburt“ gesehen. Bei der Ernte wie bei der Geburt muß es eben „soweit sein“; „Zeiten und Fristen“ müssen vergangen sein, und der Geburt gehen die „Wehen“ vorher. Im 2. Kapitel des 2. Briefes werden die Boten einer falschen Aufregung gegenüber eben diese Seite der Sache betonen und selber Ereignisse nennen, die erst da sein müssen, ehe das Ende kommen kann.

„Über die Zeiten und Fristen aber, Brüder, habt ihr nicht nötig, daß euch geschrieben wird. Denn ihr selbst wißt genau . . .“ Paulus und seine Gefährten waren nicht lange in Thessalonich. Und doch haben sie die Gemeinde über die endzeitlichen Fragen gründlich und genau unterrichtet. So zentral gehörte die Eschatologie zur Evangelisation! Darum wird betreffend des „Wann“ an das eigene Wissen und Urteil der Gemeinde appelliert. Und zwar so, daß hier auf die Unberechenbarkeit und Plötzlichkeit der Ereignisse hingewiesen wird trotz des Stichwortes der „Zeiten und Fristen“. Das biblische Wort ist hier — wie in anderen wesentlichen Punkten auch! — spannungsreich. Unser Denken kann die göttliche Wahrheit oft nur so fassen, daß es sie in zwei Wahrheiten zerlegt, die in einem gewissen Gegensatz zueinander stehen und doch gerade erst miteinander die lebendige Wahrheit Gottes aufleuchten lassen. So hat schon Jesus selber beides zugleich gesagt, obwohl es „logisch“ sich widerspricht: Es gibt „Zeichen der Zeit“, es muß viel Bestimmtes geschehen, ehe das Ende kommen kann, und das Ende kommt unberechenbar, jäh wie ein Einbrecher, zu dessen Beruf es gehört, daß er sich nicht vorher anmeldet und keine „Zeichen“ seines Kommens vorher sehen läßt[68]. Die gleiche Doppelheit haben wir in unseren beiden Briefen: der erste weist alles Hängen an Berechnungen von „Zeiten und Fristen“ ab; **„ihr wißt**

[67b] Das heute viel gebrauchte Wort „Eschatologie“ kommt von dem griechischen Wort „ta eschata“ = „das Äußerste, das Letzte“. „Logie“ = „Kunde“ von etwas kennen wir aus vielen Zusammensetzungen: „Biologie“ ist „die Kunde vom Leben“, „Geo-logie“ die „Kunde vom Aufbau der Erdrinde“, „Theo-logie“ die „Kunde von Gott“. So ist also „Eschatologie“ die „Kunde von den letzten Dingen“, von den noch kommenden „letzten“ Taten des Herrn bis zur Weltvollendung mit dem neuen Himmel und der neuen Erde. Das Eigenschaftswort „es-chatologisch“ bezeichnet alles, was sich auf diese Endereignisse bezieht.

[68] Man lese und beachte in Mt 24 die Verse 42—44 einerseits, und die Verse 6, 14. 15. 29. 30. 32. 33 andererseits. Es ist der klare Einblick in diese „Doppelheit“ wichtig, damit wir nicht 1 Th 4, 13 bis 5, 11 für „unvereinbar“ mit 2 Th 2, 1—12 halten.

Das schon von Jesus selbst gebrauchte Bild vom „Dieb“ oder besser vom „Einbrecher“ ist ein anstößiges, wie Jesus gern solche Bilder brauchte, die uns aus aller bloßen „Erbaulichkeit“ kräftig hinauswerfen. Gerade im Zusammenhang unserer Stelle wird am „Einbrecher“ nicht nur das Unerwartete, sondern auch das Bedrohliche und Gefährliche gesehen werden müssen: er kommt und nimmt uns alles, was wir so sicher zu besitzen meinten!

doch selbst ganz genau, daß der Tag des Herrn wie ein Dieb in der Nacht so kommt". Der zweite Brief aber hebt falschen schwärmerischen Schlüssen aus dieser „Plötzlichkeit" gegenüber gerade die „Zeiten und Fristen" hervor und versichert: „Denn er kommt nicht, es komme denn zuvor . . ."[69]

Die ganze unvermutete Plötzlichkeit der Endgeschichte gilt eigentlich überhaupt nur für **„die übrigen"**, die schlafend durch die Welt und durch ihr Leben gehen. Für sie kommt der Tag des Herrn wirklich wie der Dieb zu den ahnungslosen und schlafenden Hausbewohnern. **„Wenn sie sagen: Friede und Sicherheit!, dann als ein Plötzliches tritt an sie Verderben heran."**

„Frieden und Sicherheit", ein ruhiges unangefochtenes und gesichertes Dasein, das ist es, wonach der Mensch von Natur strebt. Er ist wie jedes Naturwesen vielfach bedroht und lebt darum in ständiger Angst und Sorge. Diese „Ungesichertheit" zeigt ihm seine Abhängigkeit von höheren Gewalten und läßt ihn ausschauen nach Hilfe und Segen von oben. Aber er sucht doch zugleich auch sich selbst zu helfen und gegen alle feindlichen Gewalten zu schützen. Wissenschaft und Technik dienen mehr und mehr dazu, das Leben zu „sichern". In auffälliger Weise eilt der „Fortschritt" der Menschheit einem Zustand entgegen, in dem der Mensch alle Naturgewalten gebändigt und sein Dasein endgültig gesichert zu haben glaubt. Darum weist diese eine Formulierung unseres Kapitels schon hin auf das, was der 2. Brief im 2. Kapitel ausführen wird. Im Weltreich des Antichristen mit seinen „Wundern" wird der Mensch sagen: Nun haben wir es erreicht! Nun ist für unser Leben in dieser Welt „Friede und Sicherheit" da, ohne Gott und göttliche Hilfe, allein durch unsere eigene Klugheit und Kraft! Jetzt ist es eine Lust zu leben! Aber gerade dann überfällt sie das jähe Verderben. Dabei wird jene letzte Generation auf dem Gipfel menschlicher Zivilisation nur die vollendete Ausprägung der „Sicherheit" haben, die auch schon die Menschheit vor der Sintflut und die Einwohnerschaft von Sodom und Gomorra prägte: Mt 24, 37—39; Lk 17, 26—30.

Zugleich kann man doch einfach nicht übersehen, daß die hier vom Heiligen Geist den Boten in den Mund gelegte Formulierung „Friede und Sicherheit" in verblüffender Weise der politischen Losung entspricht, die seit dem Ende des ersten Weltkrieges die Völker bewegt.

[69] Unser Text verwendet hier sofort das Bild von der Wehe, die unvermutet die Schwangere trifft. Es ist das alte Bild von den „Wehen des Messias", das auch im griechischen Text Mt 24, 8 erscheint. Auch dieses Bild zeigt beides zugleich: Es muß erst „so weit sein", ehe die Wehen kommen können; und doch kann keine Frau den Beginn der Wehen berechnen; auf einmal setzen sie ein, vielleicht gerade dann, wenn die Frau es nicht gedacht hat. Vgl. dazu auch Jes 13, 8; Jer 13, 21; Hos 13, 13.

„Friede und Sicherheit“, das ist es, was die gequälte Welt endlich haben will, worüber auf allen Konferenzen der Staatsmänner verhandelt wird. Einmal wird es wirklich da sein und mit Begeisterung gefeiert werden: im Weltreich des Antichristen! Aber gerade dann, wenn es endlich erreicht scheint, **„dann als ein Plötzliches tritt an sie Verderben heran“.**

Diese Auslegung setzt voraus, daß sich ein solches Schreiben an unterrichtete und kundige Menschen mit knappen Andeutungen begnügen kann, hinter denen doch sehr viel mehr steht, als die Worte selbst ahnen lassen. Dies „Wenn sie sagen . . .“ ist nicht nur ein allgemeines „Gefühl“ von Frieden und Sicherheit, das man zu jeder Zeit „irgendwie“ haben könnte, sondern ein ganz bestimmtes „Sagen“, eine bestimmte Feststellung, die tatsächlich auch nur zu einer bestimmten Zeit möglich ist: eben im erdumspannenden Staatenbund des Antichristen, während jetzt die Völker notwendig immer gleich weit von ihrem Ideal von „Frieden und Sicherheit“ entfernt bleiben in Wettrüsten und Kriegsangst. Jede nüchterne Exegese, die wirklich überlegt, wieso ein Text bestimmte Dinge sagen kann, muß die Frage stellen: Wann werden die Menschen je wirklich sagen können „Friede und Sicherheit“? Dann wird sichtbar, welch eingehender eschatologischer Unterricht hinter dem knappen Hinweis unseres Textes steht. Der 2. Brief mit seinem 2. Kapitel bestätigt es ausdrücklich: Paulus weiß von dem Antichristen und rechnet mit seinem Auftreten; und dann erst in dieses Wunderreich von Friede und Sicherheit hinein[70] geschieht die Parusie des Herrn und bringt plötzliches Verderben für alle die, die endlich mit dem Gott und dem Jesus der Bibel fertig zu sein meinten.

„Und sie werden auf keinen Fall entrinnen.“ Wieder werden wir hinter der knappen Erinnerung an längst Verkündigtes sehr viel sehen müssen: eben all das, was das Ereignis von Kap. 4, 16. 17 fortsetzt und im 2. Brief gleich im 1. Kapitel Vers 5—10 und in den mächtigen Bildern von Offb 19, 11—21 geschildert ist. Andernfalls bleibt uns unser Brief recht farblos und flächenhaft.

Die Gemeinde aber gehört in diese Situation der Welt nicht mit hinein und wird scharf von ihr abgehoben. **„Ihr aber, Brüder, seid**

[70] Es muß uns allerdings deutlich bleiben, daß sich niemals alle Züge des biblischen Zukunftbildes in ein glattes und eindeutiges System fügen lassen. Wann könnten wir überhaupt je das Lebendige auf eine Formel bringen? Wir haben an verschiedenen Stellen der Schrift verschiedene Zukunftsbilder, die sich nicht einfach decken. Man vergleiche mit unserem Satz hier nur das bekannte Wort Lk 21, 26: Die Menschen, und zwar gerade die dicht vor der Parusie, „werden verschmachten vor Furcht und vor Warten der Dinge, die kommen sollen auf Erden“! Wer die Erfüllung erleben wird, wird sehen, wie dennoch beide Bilder richtig sind. Auch die Offenbarung stellt das antichristliche Weltreich gleichzeitig als eine „Glanzzeit“ unter begeistertem Beifall der Massen und als eine Zeit schwerer und quälender Gerichte Gottes dar.

nicht in der Finsternis, daß der Tag euch wie ein Dieb ergreife." Ihr Kennzeichen ist ja nach Kap. 1, 10 gerade, „leibeigen zu sein Gott, dem lebendigen und wirklichen, und zu erwarten seinen Sohn aus den Himmeln". Wie könnte man von der „Ankunft" jemandes total überrascht sein, den man mit sehnender Freude schon lange erwartet! Ganz gewiß, auch diese Gemeinde muß aufgerufen werden: **„Also wollen wir nicht schlafen, wir wollen nüchtern sein."** Auch in ihr droht die Möglichkeit des Einschlafens, wodurch dann auch für sie der Herr erschreckend „wie ein Dieb in der Nacht" käme. Aber es ist für unseren Brief bezeichnend, daß diese „Möglichkeit" keineswegs die eigentliche Linie ist! Von der Gemeinde Jesu in Thessalonich wird mit großer Zuversicht und Bestimmtheit angenommen, daß sie wartend und gerüstet ihres wiederkommenden Herrn harrt und für ihn bereit ist.

Denn — und nun tritt der eigentliche mächtige Sinn dieses ganzen Briefabschnitts[71] hervor — die Erwartung jenes Tages ist nicht ein hübscher Traum für müßige Stunden und auch nicht eine sonderbare Wissenschaft für einige Fachleute. Nein, so wie jedes wirkliche Ziel den ganzen Weg bestimmt und festlegt, so bestimmt „jener Tag" das ganze Denken und Leben der Gemeinde. Sie ist, was sie ist, überhaupt nur von diesem Ziel, von dem „Tage" her. Das drückt der Brief mit einer alten israelitischen Redeweise so aus: **„Alle seid ihr ja Söhne des Lichtes und Söhne des Tages."** Weil der Sohn sein ganzes Leben und sein ganzes Wesen von den Eltern hat, bedeutet „Sohn von etwas sein" soviel wie: ganz zu etwas gehören, ganz von etwas geprägt sein, in der engsten Verbindung mit etwas stehen. So heißen die „Hochzeitsleute" hebräisch eigentlich „Söhne des Brautgemachs", weil sie so innerlich an der Hochzeit beteiligt sind, so zur Hochzeit gehören, daß sie eben deshalb „nicht fasten können, solange der Bräutigam bei ihnen ist" (Mk 2, 19). So ist auch „der Tag" nicht eine ferne Sache, von der am Rande einmal die Rede sein mag, sondern „Christen" gehören schon jetzt ganz in diesen Tag hinein, leben eigentlich schon von ihm her und haben von daher ihr Wesen und Verhalten: sie sind „Söhne des Tages". Paulus hat dabei betont vorangestellt: „Alle" seid ihr das! Nicht nur einzelne hervorragende Leute der Gemeinde, nicht eine Elite, eine besondere „Brautgemeinde", nicht einzelne „Experten" leben so, auch die kleinsten und kümmerlichsten Glieder, sofern sie nur wirklich „Glieder" sind, sind solche „Söhne" des Tages und des Lichtes.

[71] Paulus führt von der so viel verhandelten Zeitfrage mit all ihren Berechnungen ganz fort zur ernsten und einfachen Frage der Bereitschaft! Paulus „lebt in der Eschatologie, aber er schwelgt nicht darin" (v. Dobschütz).

Über der Welt liegt die Nacht. Mag auch die Sonne oft wonnig scheinen, mögen die Menschen sich die Welt immer schöner und heller zu machen suchen, mag die Technik wahrhaft bewundernswerte Fortschritte erzielen und früher nie Geahntes möglich machen, die Welt ist doch eine „nächtliche" Welt — und die Menschen merken das auch. In den feenhaft erleuchteten Vergnügungspalästen lauert im Herzen doch die Angst und das Grauen. Es bleibt schon bei dem alten Worte Gottes: „Denn siehe, Finsternis bedeckt das Erdreich und Dunkel die Völker" (Jes 60, 2). Die Bekehrung aber bringt in ein Menschenleben die große Veränderung: „herausgerissen aus dem Machtbereich der Finsternis" wird es Paulus später den Kolossern gegenüber nennen (Kol 1, 13). Mag vieles im Schicksal wie im Tun und Treiben des Christen noch „dunkel" genug sein, grundsätzlich ist er dieser nächtlichen Welt entnommen. Grundsätzlich gilt von ihm die herrliche Feststellung: **„Wir gehören nicht der Nacht und nicht der Finsternis."**[72]

Und nun bekommen wir „evangelische Ethik". Nun heißt es nicht wie im „Gesetz" und in allem Idealismus und Moralismus: Strenge dich an, damit du dich aus der Finsternis herausarbeitest und allmählich zum Licht empordringst! Nun heißt es genau umgekehrt: *Weil* ihr Söhne des Lichtes und des Tages *seid* und nicht der Nacht und Finsternis gehört, darum also **„wollen wir nicht schlafen wie die übrigen, sondern wollen wachen und nüchtern sein"**. Schlaf und Trunkenheit gehören zur Nacht und passen nur dahin: **„Denn die da schlafen, die schlafen des Nachts, und die da trunken sind, sind des Nachts trunken."** So leben in der Tat die Menschen in dieser unheimlichen nächtlichen Welt. Entweder sie machen die Augen zu vor all dem Furchtbaren und gehen schläfrig und schlafend dahin, bis das schreckliche Erwachen zu spät über sie kommt. Oder sie retten sich in die „Trunkenheit", sei es tatsächlich durch den Alkohol[73] oder auch durch den Rausch ihrer Ideen, Weltanschauungen, Hoffnungen und Ziele. Mitten unter diesen Schlafenden und Trunkenen der Nacht dieser Welt steht die Gemeinde Jesu, mit einem scharfen, hellen **„Wir**

[72] Dabei sind „Licht und Tag" ebenso wie „Nacht und Finsternis" nicht überflüssige Verdoppelungen der Aussage. Durch den Aufgang des Lichtes wird es Tag; darum bringt erst das in Herrlichkeit aufgehende „Licht der Welt" (Jo 8, 12) den vollen Tag, der keine Nacht mehr kennt; darum sind wir jetzt schon „Tagesmenschen" geworden, weil wir in Jesus das Licht des Lebens haben. Umgekehrt: weil jetzt die „Vollmacht der Finsternis" (Kol 1, 13) regiert, ist es Nacht in der Welt, und „Nachtmenschen" sind alle, deren Sinn von dem Gott dieses Äons blind gemacht wurden, daß sie nicht sehen das helle Licht des Evangeliums von der Herrlichkeit Christi (2 Ko 4, 4).

[73] Der immer steigende Verbrauch an Alkohol in der ganzen Welt zeigt nicht etwa wie lustig, sondern im Gegenteil wie geängstigt die Welt auf der Höhe ihres Fortschritts und ihrer Naturbeherrschung ist. Nur der tief unsichere und geängstete Mensch braucht den Alkohol.

aber" von ihnen abgehoben. **„Wir aber, die dem Tag gehören, wollen nüchtern sein . . ."** Es ist dabei unvermeidlich, daß die Beurteilungen hart aufeinander stoßen. Die Welt sieht die Christen als Träumer, Schwärmer, Märchenerzähler an. „Religion ist Opium für das Volk." Die Christen aber wissen, daß sie die einzig Wachen und Nüchternen sind in ihrem Rechnen mit dem lebendigen Gott und dem wiederkommenden Herrn, während alle anderen phantastischen Träumen nachhängen oder — verzweifeln.

So stehen die Christen als „Tagesmenschen" und „Lichtmenschen" in der nächtlichen Welt. Da aber hat Tersteegen recht: „Es ist gefährlich stehen in dieser Wüstenei." Gefährlich, denn „in der Finsternis dieser Welt herrschen die bösen Geister unter dem Himmel" (Eph 6, 12). Darum braucht der Christ wirklich die „Waffenrüstung", die eben darum unser Brief an dieser Stelle beschreibt: **„als solche, die angelegt haben[74] den Panzer des Glaubens und der Liebe und als Helm die Hoffnung der Errettung."** Die Welt greift nämlich gar nicht nur mit ihrem direkten Spott oder mit Verfolgung die Gemeinde an. Ihr ganzes Nachtwesen ist ein unaufhörlicher Angriff auf den Christen. Mit jedem Atemzug kommt der Gifthauch der Nachtluft an sein Herz heran, der Gifthauch der Lüge, der Ungerechtigkeit, der Selbstsucht, des Hasses, der Angst und der Gier, der Gottesverachtung. Wahrlich, wir brauchen den festen Panzer, um da nicht gefährlich verwundet zu werden! Der Weg der kleinen Schar der Tagesmenschen durch die Nacht ist kein harmloser Spaziergang. Aber wir **haben** auch den Panzer. Er ist nichts Künstliches und Besonderes, sondern einfach **der Glaube,** der fort und fort in Christus lebt und mit Christus rechnet, und **die Liebe,** die uns mit dem nächtlichen Wesen nicht mitmachen und paktieren läßt, sondern unermüdlich dem Haß die Güte, der Lüge die Lauterkeit, der Gier die Reinheit, der Angst den Frieden entgegensetzt. Das Haupt aber muß besonders geschützt werden. Dafür haben wir **die Hoffnung der Errettung.** Damit ist natürlich nicht das vage „Hoffen" gemeint, das alle Menschen kennen. Nein, wenn der Gegner den entscheidenden Hieb gegen unsern Kopf führen will, dann halten wir ihm die ganze Gewißheit unserer Errettung entgegen, der Errettung, die schon geschehen ist auf Golgatha, und der Errettung, die in Kürze mit unserem wiederkommenden Herrn endgültig hereinbricht. Als solche Errettete können wir uns von der Welt nicht mehr umwerfen und tödlich treffen lassen.

Darum stellt es der Brief der Gemeinde gerade für dieses Stehen

[74] „Als solche, die angezogen haben", als „Bekleidete" erweisen sie sich ebenfalls als „Tagesmenschen". Darum verstärkt auch dies ihr Bekleidetsein ihre Verpflichtung zum nüchternen und wachen Wandel, vgl. Offb 16, 15.

im heißen Kampf als Fremdlinge, als kleine Schar der total andern, als „Tagesmenschen“ in der Nachtwelt noch einmal vor Augen: **„Denn nicht bestimmte uns Gott zum Zorn, sondern zum Gewinn der Errettung durch unseren Herrn Jesus Christus, der für uns starb.“** Die ganze Welt geht dem Gericht, dem „Zorn“ entgegen. Wie erstirbt an dieser Sicht ihre bedrängende oder verführende Macht über uns! Ihr verlockendster Glanz wird fahl und ihr Donnerwetter lächerlich vor der ungeheuren Wolkenwand des Zornes Gottes, die schon hoch über ihr aufgestiegen ist. Auch wir sind von Natur und von Rechts wegen genauso dem Zorn verfallen. Aber nun steht dennoch über unserem Leben: **„nicht zum Zorn!“** Welch unerhörte Sache! Wir sollen die Rettung, das Heil „gewinnen“ und besitzen! Wird uns Christen das nicht allzu leicht „selbstverständlich“ und darum geringwertig und kraftlos? Wir müssen gerade vor der Wirklichkeit des nahenden Zornes Gottes die ganze Größe unserer Errettung neu sehen lernen, damit es in unseren Herzen zu einem tiefen Jubel mit Zittern wird: **„nicht zum Zorn, sondern zum Gewinn der Errettung!“** Das viel gebrauchte Wort „soteria“ = „Rettung, Heil“ meint im Neuen Testament sowohl den Vorgang unsres Errettetwerdens, der sich jetzt auf Grund des Erlösungswerkes Jesu in unserm Glauben vollzieht, als auch die Errettung als eine vollendete oder ganz allgemein das inhaltliche Wesen unsres „Heils“. Darum kann auch das Wort „Gewinn“ je nach dem das Geschehen des Gewinnens oder sein Ergebnis im endgültigen Besitz bezeichnen.

Warum aber ist es mit **„uns“** so anders? Nicht, nicht im geringsten von uns selber aus. Es kam einzig und allein **„durch unsern Herrn Jesus Christus, der für uns starb“.** Das „einfache“ Evangelium steht hier noch einmal grundlegend am Schluß des ganzen Zukunftsbildes. Und ebenso „einfach“ kann der Inhalt des kommenden Heils in einem einzigen Tatbestand beschrieben werden: **„mit Ihm zusammen leben.“** Ganz gewiß, wir wollen und sollen die Fülle nicht vergessen, die auf uns wartet und diesem „Leben“ konkreten Inhalt geben wird: in der Vollendung der Gemeinde, im Königreich der Himmel auf dieser Erde, im Weltgericht, auf der neuen Erde. Aber es ist schon so: „Dennoch wird Jesus und Jesus allein Grund meiner Freude und Anbetung sein.“ Es erfüllt sich an einem Christen tatsächlich das alte Psalmwort: „Wenn ich nur dich habe, so frage ich nichts nach Himmel und Erde“, nicht einmal nach dem neuen Himmel und der neuen Erde. „Wir werden mit dem Herrn zusammen sein allezeit“ und „mit Ihm zusammenleben“ — das ist *alles.* So wie es der große Denker Sören Kierkegaard zuletzt nur ganz einfach hat ausdrücken können: „... und ewig, ewiglich, mit Jesus sprechen.“ Alles Große und Wirkliche ist „einfach“ — wie gut, daß es auch unsere Zukunftsgewißheit ist. Eben darum ist sie auch solche Gewißheit! Wir *wissen* wahrlich, was „ewiges Leben" ist, wir denken uns nicht bizarre Überwelten aus. Denn das „Gespräch mit Jesus" hat in unserem Leben begonnen.

Noch einmal klingt es im Blick auf die bange Frage der Thessalonicher nach ihren Toten an: dies „mit Ihm zusammen leben" wird uns allen **„zugleich"** zuteil, **„ob wir nun wachen oder schlafen"**, wie hier mit einer bewußt anderen Verwendung dieser Ausdrücke gesagt wird. „Wachen" und „schlafen" meint hier nicht unsere innere Haltung, sondern unser noch am Leben- oder schon Gestorbensein[75]. Es ist dasselbe betonte „Zugleich" wie in Kap. 4, 17.

Heißt es darum auch hier noch einmal „darum **tröstet** einander", wie wir in 4, 18 übersetzen mußten? Oder steht im Zusammenhang unserer Verse (6. 8) das **„Mahnen"** im Vordergrund? Unser deutsches „zusprechen" würde an beiden Stellen ermöglichen, ebenfalls mit einem Wort auszukommen und je nach dem Zusammenhang mehr das „Tröstende" oder das „Mahnende" darin zu hören. Hinzugefügt wird hier das Wort **„Bauen"**, das später den Korinthern gegenüber (1 Ko 8 und 12—14) als Maßstab eine so große Rolle spielen wird und das als „Erbauung, erbaulich" in sehr zweifelhafter Weise in unsere christliche Sprache eingegangen ist. Ursprünglich nur für den „Bau" der Gemeinde als eines Hauses oder Tempels passend, ist das Wort hier auch auf den einzelnen bezogen: **„baut einer den andern"**, aber darum hier doch nicht so, daß der einzelne Einsame sich selbst „erbaut". Und die Beziehung aufs „Gemüt", die unseren Begriff „Erbauung" beherrscht und sentimentalisiert, fehlt hier vollständig. Es handelt sich hier noch ganz sachlich um den „Aufbau" des ganzen Lebens, gerade auch in seinem wirklichen Tun und Lassen als „Tagesmensch" in dieser nächtlichen Welt. Dies **„einer den andern"** blickt auf die Gemeinde, innerhalb deren das geschieht. Kein Wunder, wenn darum der Brief sich nun dem Gemeindeleben als solchem zuwendet.

Ehe wir aber hierin dem Brief folgen, müssen wir zu dem Ganzen noch eine Bemerkung machen, die für unsere eigenen endgeschichtlichen Vorstellungen von Wichtigkeit ist. Unser Abschnitt läßt nicht im geringsten erkennen, daß die Entrückung der Gemeinde durch einen weiten Zeitraum von dem Kommen des Herrn für die Welt getrennt ist. Im Gegenteil! Es ist ein und derselbe **„Tag des Herrn"**, der für die Welt wie ein Einbrecher kommt, uns aber als „Tagesmenschen" nicht wie ein Dieb ergreift. Die Verschiedenheit im Erleben dieses „Tages" wird nicht als eine *zeitliche* geschildert, sondern als eine *inhaltliche*. Derselbe *eine* Tag bringt der Welt unerwartetes jähes Verderben und uns jenes konkrete Heil, das zuvor in Kap. 4, 13—18

[75] Auch an dieser Formulierung wird deutlich, wie wenig ein Paulus unbedingt mit seinem Miterleben der Parusie rechnete. Es ist ihm **zuletzt** nicht so wichtig.

geschildert war. Darum wird über den Inhalt des „Tages" für die Glaubenden hier nicht noch einmal gesprochen, sondern nur der Unterschied „für uns nicht wie ein Dieb in der Nacht" hervorgehoben. Hätte Paulus an eine Entrückung lange *vor* dem „Tag des Herrn" gedacht, so hätte er das gerade hier bei der Frage nach den „Zeiten und Fristen" klar und deutlich ausgesprochen. Er redet aber nur von dem einen und selben „Tag", der für die Welt überraschend und verderblich, für die Glaubenden aber erwartet und zum Heil kommt.

Ist es aber so, dann dürfen wir Heutigen den mahnenden Ton unseres Abschnittes nicht überhören! Gewiß haben die Boten dieser jungen, lebendigen, wartenden Gemeinde gegenüber die völlige Zuversicht, daß sie als ganze zu der herrlichen Einholung ihres Herrn gelangen wird. In der Schilderung der Parusie wird mit keinem Wort angedeutet, daß es auch Gemeindeglieder geben könnte, die dann nicht mit dabei sind. Aber — unser Abschnitt hält eben doch eine Mahnung für nötig! Auch Glieder der Gemeinde *können* demnach so einschlafen oder schwärmen, daß der Tag auch sie wie ein Einbrecher verderblich überfällt. Paulus wird später anderen Gemeinden gegenüber noch viel ernster davon sprechen: Rö 8, 13; 1 Ko 6, 4; Gal 5, 21; Gal 6, 7. 8; Phil 3, 18. 19. Alle diese Warnungen sind an die Gemeinde, nicht an die Welt gerichtet! Paulus bleibt mit ihnen bei Jesus selbst, der seiner Jüngerschar die so erschreckenden Worte Mt 25, 1—13; 25, 14—30; 7, 21—27; Lk 12, 42—48 mit auf den Weg gab. Gehen sie wirklich nur die andern an? Sind wir „gesichert"? Wir sind „alle Söhne des Lichtes und Söhne des Tages", Gott sei Dank! Aber eben darum „wollen wir nicht schlafen wie die übrigen, sondern wollen wachen und nüchtern sein"!

SO SOLL ES IN DER MANNIGFALTIGKEIT DES GEMEINDELEBENS ZUGEHEN

1. Thessalonicher 5, 12—15

zu V. 12 u. 13: 1 Ko 16, 16-18; Phil 2, 29; 1 Tim 5, 17; Hbr 13, 7. 17
zu Vers 14: Rö 14, 1; 15, 1; Gal 6, 1. 2. 9; Eph 4, 2

12 **Wir bitten aber euch, Brüder, zu kennen die, die sich in eurer**
Mitte mühen und euch vorstehen im Herrn und euch zurechtwei-
13 **sen, * und sie ganz besonders in Liebe zu achten um ihres Werkes**
14 **willen. Seid friedsam untereinander. * Wir mahnen euch aber,**
Brüder, weist die Unordentlichen zurecht, sprecht den Kleinmü-
tigen zu, nehmt euch der Schwachen an, seid langmütig gegen alle.
15 *** Seht, daß nicht einer Böses mit Bösem jemand vergelte, sondern**
allezeit verfolgt das Gute gegeneinander und gegen alle.

Es ist kennzeichnend für das apostolische Wort, daß es die ganze Weite und Größe des Blicks mit heller Nüchternheit verbindet. Wir sahen etwas davon schon in Kap. 4, 11. 12: es wird gleichzeitig und gleich ernst festgehalten das Überströmen der Liebe, das Stehen im vollen Licht der mächtigen Zukunft und die ruhige und genaue Erfüllung der täglichen Pflichten in Handarbeit und Besorgung der eigenen Angelegenheiten. Und so steht nun auch jetzt nach dieser massiven und erfüllten Beschäftigung mit der Parusie des Herrn und der glorreichen Vollendung der Gemeinde nicht eine Schar in lauter Halleluja und Wonne vor uns, bei der alles schon „ganz von selber geht" aus diesem herrlichen Glauben und Lieben und Hoffen heraus, sondern ein sehr menschliches und alltägliches Gemeindeleben mit seinen Schwierigkeiten und Spannungen, und es wird wieder gebeten und gemahnt.

Ganz gewiß, das Neue Testament kennt nur aktive Gemeindeglieder. Das moderne Gemeindebild einer passiven Masse, um die einzelne „Amtsträger" bemüht sind, ist tief unbiblisch und widerspricht dem Wesen einer Gemeinde Jesu. Es war darum in unserem Brief betont und zugleich als Tatsache vorausgesetzt: „Tröstet **einander**", **„Alle** seid ihr Söhne des Tages und Söhne des Lichtes", „Mahnet **einander**", „Baue **einer den andern**". Das Trösten, Mahnen und Bauen ist ganz klar eine Sache, zu der nicht nur „Pastoren" verpflichtet oder gar allein „berechtigt" wären. Aber — von „Gleichheit" träumte kein Apostel. In dieser lebendigen, tätigen Schar gibt es Männer, **„die sich in eurer Mitte mühen"**. Denn keine Gemeinschaft von Menschen kann auf die Dauer allein von freiwilligen jeweiligen Diensten leben. Sie bedarf der Ordnungen ebenso wie der Glieder, die bestimmte Dienste dauernd übernehmen. Die stete Gefahr, daß diese Ordnungen zum Selbstzweck erstarren und diese Gemeindeglieder als „Päpste" (mit und ohne Talar und Tiara!) den Dienst zur Herrschaft machen, muß die Gemeinde dabei in Kauf nehmen. In immer neuen Erweckungen und Reformationen wird diese Gefahr immer neu überwunden werden müssen. Ohne geordnete und dauernde Dienste geht es aber nicht.

Zwei Dienste werden hervorgehoben: das **„Vorstehen"** und das **„Zurechtweisen"**. Es gab also „leitende Brüder". Wie sollte eine Gemeinde auch ohne „Leitung" auskommen. Es ist aber bezeichnend, daß das Wort „vorstehen" im neutestamentlichen Sprachgebrauch nicht den „amtlichen" und „regierenden" Klang hat, den wir darin hören. In Tit 3, 8 wird es ganz deutlich, daß es ein „sich kümmern um, sorgen für" bedeutet. Ja, in 1 Tim 3, 5 wird es im zweiten Teil des Satzes ausdrücklich durch das parallel empfundene Wort „fürsorgen" ersetzt. Nun verstehen wir auch, warum es in Rö 12, 8 mitten zwischen „diakonischen" Tätigkeiten erscheint und also selbst ebenfalls

Kol 3, 12
2 Tim 4, 2
2 Th 3, 11. 12. 15
zu Vers 15:
Spr 20, 22
24, 29
Mt 5, 39. 44
Rö 12, 17
1 Ko 6, 7
Gal 6, 10
1 Th 3, 12
1 Pt 3, 9

eine solche darstellen wird. Und auch unser Abschnitt, der offensichtlich von freiwilligen Diensten redet, wird so erst verständlich. Die „Leitung" ist ein „Fürsorgen" für die Gemeinde in all dem, was sie braucht. Es bezieht sich zunächst auf die vielen äußeren Angelegenheiten des gemeinsamen Lebens, die in Treue und Klugheit beschickt werden müssen. Aber die Leitung muß zugleich auch eine „geistliche" sein. Wir alle bedürfen der „Zurechtweisung". Das griechische Wort entspricht etwa unserem „den Kopf zurechtsetzen", nur daß statt „Kopf", „Verstand", „Sinn" gesagt ist. Bei allem gegenseitigen Zuspruch und Bauen braucht eine Gemeinde anerkannte, erfahrene Brüder, die sie als ganze und je nach Notwendigkeit auch einzelne Gruppen und Glieder in ihr „zurechtweisen"[76]. Die Stellung des Artikels nur am Anfang der ganzen Reihe zeigt, daß wir es bei den verschiedenen Tätigkeiten nicht mit verschiedenen Personenkreisen zu tun haben, sondern mit einer ganzen Gruppe der „sich Mühenden", die je nach Notwendigkeit in verschiedener Richtung für die Gemeinde sorgt.

Trotz Bekehrung und Wiedergeburt bringen wir auch in den Christenstand und in die Gemeinde unser altes Herz und Wesen mit hinein. Darum kann sich diesen „leitenden Brüdern" gegenüber rasch der Neid regen (warum steht der oder die immer da vorn, ich könnte es ebensogut! Die „Mühe", die es kostet, vergessen wir dabei!). Und sich zurechtweisen lassen, ist nicht einfach; unser Herz bäumt sich dagegen auf (Was hat der mir zu sagen! Der soll erst einmal selber ...). Darum mahnen die drei ihre Brüder, **„zu kennen die, die sich in eurer Mitte mühen"**. In diesem Wort „kennen" liegt viel. Es ist der Gegensatz zu jener Gleichgültigkeit, die die Arbeit der andern überhaupt nicht sieht, oder zu jenem Verkennen, das die eigene Leistung recht groß findet und die Mühe der andern unbedeutend. Nein, überseht sie nicht, **„kennt"** sie. So wird das Kennen zum „Anerkennen"[77]. Es gilt **„sie ganz besonders in Liebe zu achten um ihres Werkes willen"**. Diese leitenden Brüder sind ja doch nicht „Amtsträger" mit bestimmter „Stellung", mit festgelegten „Rechten und Pflichten". Es ist alles noch ganz lebendig und brüderlich. Das eben erfordert aber, daß diese „Leitenden" ganz besonders herzlich mit Liebe geschätzt werden, weil sie ein so notwendiges Werk tun, das allen zugute kommt.

[76] Vielleicht kann das Bild der weltlichen „Mannschaft", etwa beim Sport oder in der Kunst, hilfreich sein. Die Leistung einer Fußballmannschaft oder eines Orchesters hängt völlig davon ab, daß jeder einzelne darin mit vollem Einsatz und ganzer Selbständigkeit aktiv tätig ist. Und doch geht es nicht ohne gereifte und führende Leute, die das entscheidende Wort sprechen und nötigenfalls auch „zurechtweisen". „Leiten und Zurechtweisen" ist in der Tat auch in der geistlichen „Mannschaft" ein unentbehrlicher besonderer Dienst.

[77] Ähnliches hat Paulus den Korinthern gesagt: 1 Ko 16, 15 und 18.

Wir können verstehen, daß einzelne Handschriften nun fortfahren: „Seid friedsam **mit ihnen.**" Das mag wirklich mancher Gemeinde und Gemeinschaft zugerufen werden müssen! Aber die besser bezeugte Lesart, die zum **„Frieden untereinander"** mahnt, wird die richtige sein.

Dieser „Friede" ist dadurch besonders bedroht, daß eine Gemeinde eine sehr bunte Schar ist. Das Erwählen Gottes schafft keine erlesene Gesellschaft! Paulus erfuhr das eben wieder beim Zustandekommen der korinthischen Gemeinde (1 Ko 1, 26 ff.). Wohl sind alle Gemeindeglieder „Heilige" und haben alle den neuen Stand, „leibeigen zu sein dem lebendigen und wahren Gott" und tragen das neue göttliche Leben im Heiligen Geist in sich. Darum betonen die drei im Brief mehrfach das „Alle". Aber das ändert doch nichts an der Tatsache, daß es auch in einer apostolischen Gemeinde der klar Bekehrten und Wiedergeborenen „Unordentliche, Kleinmütige und Schwache" gibt. Wie sehr tröstlich für uns! Merkwürdig, daß man im Angesicht unserer Stelle und im Angesicht der Korintherbriefe die neutestamentlichen Gemeinden überhaupt je im Stil der Heiligenbilder in rosa und himmelblau auf Goldgrund malen konnte.

Nein, auch unter den „Heiligen" sind **„Unordentliche".** Das zu diesem Wort gehörige Verbum kann den Sinn haben: seinen Platz in der Reihe (in der „Ordnung") verlassen, sich drücken, sich seiner Pflicht entziehen (vgl. 2 Th 3, 7). So wird auch hier nicht nur eine allgemeine „Unordentlichkeit" gemeint sein, sondern ein Weichen aus der Ordnung der Gemeinde oder speziell ein Versäumen seiner Verpflichtung, „die eigenen Angelegenheiten zu besorgen und mit den eigenen Händen zu arbeiten" Kap. 4, 11. Die das tun sind bekehrte Leute, gehören zur Gemeinde und sollen auch weiter dazugehören (vgl. aber die Grenze, die dann in 2 Th 3, 6 gezogen wird). Aber eben als Brüder haben sie einen Anspruch auf **Zurechtweisung!** Ihnen muß wirklich „der Kopf zurechtgesetzt werden". Sie einfach gehen zu lassen, wäre gerade nicht „Liebe".

Es gibt in der Gemeinde **„Kleinmütige".** Das ist seltsam in einer Schar, die so Großes erlebt hat, in der hellen Gnade Jesu steht und einer so herrlichen Zukunft entgegensieht, aber es ist so. Es liegt menschlich nahe, sich über solche kleinmütigen Leute zu ärgern oder an ihnen zu verzweifeln, wenn sie mitten im Sonnenlicht des Evangeliums immer und immer wieder verzagt und ängstlich und am Ende sind. Aber nein, ihnen ist immer neu der **Zuspruch** zu geben, dessen sie bedürfen! In der Gemeinde gibt es ferner die **„Schwachen".** Sie können in mannigfacher Beziehung „schwach" sein: an körperlicher oder seelischer Kraft, an Begabung, wirtschaftlich, an Glauben. Wie immer es sei, für jede Gemeinschaft sind die Schwachen eine Last, ein Hindernis. Sie halten das Ganze auf. Wie ganz anders ginge alles voran, wenn man diese Schwachen abhängen könnte. Aber nein, das eben darf nicht geschehen. Es gehört zu den Wesenszügen einer Gemeinde Jesu, daß die Schwachen in ihr ihren Platz finden und nicht nur geduldet werden: **„Nehmt euch der Schwachen an."** Gott hat es selbst schon Hes 34, 16 zu Seiner eigenen Hirtentreue gezählt, „des Schwachen zu warten"; und Paulus hat es in seiner Abschiedsrede an die Ältesten von Ephesus wie ein Testament der Kirche hinterlassen, „daß man so arbeiten müsse und die Schwachen aufnehmen" (Apg 20, 35).

Und endlich **„seid langmütig gegen alle"**. Wer von Gemeinschaft nicht nur träumt und schwärmt, sondern in irgendeiner konkreten Gemeinschaft steht, der weiß, wieviel wir ständig einander zu tragen geben. Wir haben nicht nur alle unsere Fehler, unsere Ecken und Kanten, sondern einfach schon unsere andere Art ist andern unverständlich und schwierig. Und wie sind wir auch als Bekehrte und mit dem Heiligen Geist Beschenkte so langsam im Wachstum, in der Änderung, in der Überwindung unserer Fehler! Wie oft seufzen wir darum im Herzen: Hat er es denn immer noch nicht gelernt? Ist er immer noch der alte?! Wie nötig brauchen wir darum in der Gemeinde den „langen Atem", die fröhliche Geduld, die unermüdliche Zuversicht! Die Liebe aber *ist* „langmütig" (1 Ko 13, 4).

Ständig zeigt sich in uns die Lust, zu **„vergelten"** und sei es auch nur schlechte Laune mit entsprechender Mißstimmung. Und wenn uns gar wirklich etwas Böses angetan wird — und die Boten Jesu rechnen damit, daß das auch unter Brüdern in der Gemeinde geschieht! —, dann meinen wir gerade da ein Recht zu haben, das böse Wort oder die böse Tat mit gleicher Münze heimzahlen zu können („Man kann sich doch schließlich nicht alles gefallen lassen, nicht wahr?"). Wie ist jede menschliche Gemeinschaft, auch jeder christliche Kreis, ständig von da aus bedroht! Darum haben alle Apostel immer wieder um die Einhaltung der „christlichen" Linie, also der Linie Jesu, in den Gemeinden gekämpft (vgl. besonders Rö 12, 17. 19—21; 1 Pt 3, 9). An unserer Stelle ist es nun bezeichnend, daß nicht der einsame einzelne angeredet und gemahnt, aber auch nicht der Amtsträger mit entsprechender Seelsorge beauftragt wird, sondern daß mit dem **„Seht, daß nicht einer Böses mit Bösem jemand vergelte"** die Verantwortung und die „Aufsicht" bei der Gemeinde als solcher liegt. Wie aber kommen wir von der so tief sitzenden Neigung zum Vergelten los? Nicht durch einen direkten Kampf dagegen. Neigungen unterdrücken, gelingt immer nur bis zu einem gewissen Punkt; dann schnellen die lange unterdrückten umso stärker empor. Es gibt nur eine positive Überwindung durch Stärkung der Kräfte, die in entgegengesetzter Richtung gehen. Darum fährt der Brief fort: **„sondern**

alle Zeit verfolgt das Gute gegeneinander und gegen alle." Erlösten Menschen darf das Gute so lieb und kostbar werden, daß sie es „allezeit verfolgen" wie der Jäger ein edles Wild. Dann aber „jagen" sie in der entgegengesetzten Richtung von allem „Bösen", auch von dem, was sie in der Vergeltung dem andern tun möchten. Man kann nicht gleichzeitig Gutes und Böses verfolgen. Es hätte hier schon der Satz stehen können, den Paulus später den Römern gegenüber formuliert: „Laß dich nicht vom Bösen überwinden, sondern überwinde das Böse mit Gutem" (Rö 12, 21).

Das alles sind freilich nicht Aufgaben, die man in einem großen Schwunge ein für allemal erledigen kann. Es ist ein tägliches Mühen in ihnen — bis zur Parusie.

Aber freilich, wir würden uns das Gemeindeleben in Thessalonich unwillkürlich zu sehr nach unseren heutigen Verhältnissen vorstellen und zu „moralisch" auffassen, wenn dies das Ganze der Hinweise und Mahnungen wäre. So ist es gut, daß noch kurze, kraftvolle Sätze folgen, die uns in den ganzen geistlichen Reichtum und in die lebendige Bewegtheit urchristlichen Gemeindelebens hineinblicken lassen.

SO DARF GEMEINDE JESU GEISTLICH LEBEN

1. Thessalonicher 5, 16—22

16,17,18 **Allezeit freut euch. * Unablässig betet. * In allem dankt.
Denn dies ist der Wille Gottes in Christus Jesus an euch.**
19,20 *** Den Geist löscht nicht. * Weissagungen schätzt nicht ge-**
21,22 **ring. * Alles aber prüft, das Gute haltet fest; * von jeder Art
des Bösen haltet euch fern.**

zu Vers 16: 2 Ko 6, 10; Phil 3, 1; 4, 4
zu Vers 17: Lk 18, 1; Rö 12, 12; Eph 6, 18; Kol 4, 2; Jud 20
zu Vers 18: Eph 5, 20; Kol 3, 17
zu Vers 19: Eph 4, 30; 2 Tim 1, 6
zu Vers 20: 1 Ko 14, 1. 30. 31. 39; 1 Tim 4, 14

Gottes Wille ist eure Heiligung, hörten wir in Kap. 4, 3. Dort wurde dann diese Heiligung beschrieben als volle Freiheit und Klarheit auf dem Gebiet der beiden mächtigen Triebe des natürlichen Lebens, des Geschlechtstriebes und des Erwerbstriebes. Wie aber sieht ein „geheiligter Mensch" positiv aus? Was will Gott an ihm sehen?

Überraschend, aber vielleicht auch sehr helfend ist es für uns, daß als erstes die Freude genannt wird. **„Allezeit freut euch."** Wie fern von unserer moralistischen und darum auch oft so verklemmten und düsteren Art ist das Urchristentum! „Freude" ist nicht Luxus oder gar eine Art „Sünde", sondern „Freude" ist der erste, grundlegende Zug im Angesicht des neuen Menschen. Wahrhaft geheiligt ist nicht der unfrohe Ausbund aller Tugenden, sondern der Mensch der unzerstörbaren Freude. In der griechischen Sprache klingt das „sich freuen,

zu Vers 21:
1 Ko 14, 29b
Phil 1, 10
1 Jo 4, 1
zu Vers 22:
Hio 1, 1. 8

froh sein“ deutlich an „Gnade“ an („chairein“, „charis“). Gnade, unverdiente, vergebende Liebe macht froh, und zwar „allezeit“ und in jeder Lage.

Diese Gnade aber ist eine personhafte, ist die Liebe eines Herzens, das um uns geblutet hat und für uns schlägt. Diesem Herzen ist unser Herz dankbar antwortend zugewandt. Wir erinnerten zu Kap. 5, 10 schon an das „Gespräch“ mit Jesus, das hier und jetzt beginnt und die Ewigkeit erfüllt. Hier haben wir dies Gespräch: **„Unablässig betet.“** Nicht die Einhaltung möglichst vieler liturgischer Gebetszeiten ist hier gemeint, das hatte der Pharisäer Saulus von Tarsus auch ohne Jesus gehabt. Hier geht es um ein reiches und freudiges geistliches Leben. Dies „unablässige Beten“ ist geradezu die Überwindung aller besonderen „Gebetszeiten“ und ihre Erfüllung[78]. So haben die drei Boten selber von ihrem „unablässigen“ Beten und Danken gesprochen (Kap. 1, 2; 2, 13; 3, 10).

Dies „unablässige Beten“ ist keine Übertreibung des Ausdrucks und keine Künstelei. Wir müssen nur darauf achten, daß unser gesamtes „Denken“ unvermeidlich die Form des „Gesprächs“ hat. Ob wir wollen oder nicht, „unablässig“ sind wir im Gespräch. Woher kommt diese merkwürdige Tatsache? Sie ist einer der stärksten inneren Beweise für die Wahrheit des biblischen Berichts über die Schöpfung des Menschen. Der Mensch ist „zum Bilde Gottes geschaffen“, wir könnten es auch ausdrücken: zum Gesprächspartner Gottes. Im Sündenfall ist diese Partnerschaft zerrissen. Das Gespräch unseres Herzens ist zum Selbstgespräch geworden, das ja wirklich oft wie ein abgerissener Leitungsdraht sinnlos in die Luft ragt. In Jesus aber ist der Fall geheilt und die Urverbindung wiederhergestellt. Nun brauchen wir nicht mehr uns selber vorzuerzählen, vorzufreuen, vorzuklagen, was wir schon lange wissen, nun darf es ein ständiges inneres Sprechen, mit Jesus geben, das genauso „unablässig“ sein kann wie unser „Denken“ überhaupt. Auch hier aber ist es so: nicht an moralischen Dingen zuerst, sondern an dieser religiösen Tatsache des ständigen Gesprächs mit Gott ist der neue, der geheiligte Mensch zu erkennen.

Ist aber das Dritte, was Gott an uns sehen will, nicht tatsächlich etwas Unmögliches: **„In allem dankt“**? Wird es nicht zum Krampf, wenn nun die Thessalonicher bei allem „Danke!“ sagen, auch da, wo

[78] Von solcher „Erfüllung“ aus dürfen wir dann auch in Freiheit wieder unsere Tage einteilen und bestimmte Stunden für die Stille und für den Gebetsumgang mit dem Herrn bestimmen! Besonders den Beginn des Tages werden wir ohne das Gespräch mit Jesus nicht haben wollen, und die Stille der Nacht wird für alle Berufstätigen in unersätzlicher Weise die Ruhe zum Beten sichern. Aber es ist dies alles nun nicht mehr ein Gesetz, das ängstlich erfüllt werden muß, es ist auch nicht schon das „unablässige Beten“ als solches, es ist nur ein hilfreicher Ausdruck dieses Betens in geistlicher Lebendigkeit.

ihr Herz nur „Nein!" schreit? Aber eben dies steht hier zur Frage, ob es noch Erfahrungen unseres Lebens geben muß, die wir nur verneinen und in nichts mehr bejahen können? Es ist doch nicht so, daß hier von der sicheren Höhe eines leichten Lebens aus andern „erbaulich" ein frommer Rat gegeben wird. Sondern die dies schreiben, kannten besser als wir ein Leben voll steter Gefahr und immer neuer Schmerzen. Sie waren nach Thessalonich gekommen, nachdem sie „zuvor gelitten hatten und mißhandelt worden waren, wie ihr wißt, in Philippi" (Kap. 2, 2). Aber gerade mitten in diesen Mißhandlungen im Gefängnis hören wir von Paulus und Silvanus: „Um Mitternacht beteten Paulus und Silas und lobten Gott", Apg 16, 25. Sie hatten also dies „in allem danken" selber in bitterster Lage geübt. Wie aber konnten sie es, und wie können es auch die Thessalonicher und wir? Sie wußten sich in jedem Falle und unter allen Umständen in ihres Herrn Hand, auch mit blutigem Rücken, herausgerissen aus ihrer Arbeit unter Menschenrohheit im Gefängnis. Darum mußte ja alles aus dieser Hand kommen und alles sein gutes Ziel haben und also alles mit Dank angenommen werden können, wie es auch immer aussah. Dies Danken ist freilich nicht eine Tugend, die für sich selbst besteht und für sich selbst geübt werden könnte. Sie liegt im lebendigen Glauben und ist sein konkreter Ausdruck. Darum ist solches „Danken" wiederum grundlegender und wesentlicher das Zeichen des Christen, des Wiedergeborenen, und Wesenszug der „Heiligung" als so viel anderes, was wir in den Vordergrund schieben.

Es ist aber auch klar geworden, warum der Brief formuliert: „Dies ist **der Wille Gottes in Christus Jesus an euch**". Gott „fordert" nicht so sehr diese „Heiligung" von uns, als daß Er sie uns bereitet durch Jesus. Denn Jesus ist der Grund und Quell der ständigen Freude, der schöpferische Beziehungspunkt des unablässigen Betens und in seiner Führung unseres ganzen Lebens der Erwecker unseres Dankens in allem.

War schon in diesem allem das neue Leben der Gemeinde und damit auch des einzelnen Christen fern von allem Moralismus gezeichnet, so sprechen die nächsten Sätze vollends von Wirkungen des Heiligen Geistes, die auf einer ganz anderen Ebene liegen als das, was wir gemeinhin „sittlich-religiös" nennen. An der Spitze steht die Warnung: **„Den Geist löscht nicht!"** Heiliger Geist ist *Feuer!* Wissen wir das überhaupt noch, die wir in der reinen Lehre das wesentliche Merkmal der rechten Kirche sehen und die gemäßigte Temperatur in ihr so lieben? Luthers instinktive und leidenschaftliche Abneigung gegen alles „Schwärmertum", die seine Begegnung mit allerlei schwierigen Bewegungen der Reformationszeit noch schwieriger und negativer werden ließ, hat die Sorge vor „Schwärmerei" zu einem Grundzug evangelischen Kirchentums gemacht. Wo immer ein Feuer auflodert, fürchten wir sofort den unheilvollen, das Haus der Kirche gefährdenden Brand. Darum gehört es zu dem Typischen der evangelischen Kirchengeschichte, daß neue Bewegungen in ihr nie fröhlich begrüßt, sondern stets erst einmal beargwöhnt und bekämpft worden sind. Das „Löschen" bedenklichen Feuers erscheint als eine der Hauptaufgaben von Kirchenleitung und Theologie. Paulus aber mahnt gerade umgekehrt: „Löscht nicht das Feuer des Heiligen Geistes!" Es muß also schon in jener jungen Gemeinde eine Neigung dazu vorhanden gewesen sein — eine für uns erstaunliche Feststellung. Vielleicht entstand diese Neigung in demjenigen Teil der Gemeinde, der mit Sorge die unruhige, aufgeregte Art der „Unordentlichen" sah, denen die Mahnung von Kap. 4, 11 besonders galt und gegen die der 2. Brief noch entschiedener vorgeht. Dann hätten wir hier tatsächlich eine Parallele zu Vorgängen der Reformationszeit. Dann aber ist es besonders bemerkenswert, daß ein Paulus mit seinen Mitarbeitern nun gerade *nicht* jene ängstlichen Folgerungen zieht, die uns so in Fleisch und Blut übergegangen sind, sondern im Gegenteil jenen kritischen Teil der Gemeinde vor allem „Löschen" warnt! Paulus konnte auch hier wieder scheinbar Widersprechendes klar vereinen: „Setzt euren Ehrgeiz darein, ruhig zu sein" *und* „Den Geist löscht nicht". An der Feuernatur des Geistes kann man nichts ändern, und Feuer will und muß brennen. Verkennt man das, so erhält man jenen „Heiligen Geist", dessen Dasein nur noch dogmatisch behauptet, von der Gemeinde aber nicht mehr lebendig und unwiderleglich erfahren wird[79].

Diejenige Wirkung und Gabe des Geistes, die für Paulus immer die wichtigste und erstrebenswerteste blieb (1 Ko 14, 1; die „Liebe" ist nicht Geistesgabe, sondern Geistesfrucht! Gal 5, 22), ist das „propheteuein", das „Weissagen". Man könnte auch einfach „als Prophet reden" übersetzen. Wir verkennen die Propheten, wenn wir sie als eine Art Wahrsager der Zukunft ansehen. Sie sind die Bringer göttlicher Botschaften an Israel, Botschaften, die zuerst die gegenwärtigen Zustände betreffen und erst von da aus Folgerungen für die Zukunft ziehen und insofern dann auch kommende Dinge vorhersagen. Nach 1 Ko 14, 24. 25 ist auch in der Gemeinde das „propheteuein" vor allem die Gabe, mit durchdringender Kraft Wesenszustände von Menschen im Lichte Gottes zu sehen und aufzuzeigen. Damit mögen sich dann je und dann auch Ankündigungen göttlicher Gerichte und

[79] Ein typisches Beispiel dafür ist die Lehre vom Geistempfang bei der Säuglingstaufe. Von irgendwelchem Brennen ist in dem getauften Kinde nichts zu merken. Flamme, Licht und Kraft ist nicht da. Aber nach bestimmten Schriftworten „muß" der Geist durch die Taufe da sein, also ist das „Feuer" da, auch wenn nichts brennt.

göttlicher Gnadentaten verbunden haben. Solche „Prophetien" gab es auch in Thessalonich. Wieder scheint sich an ihnen auch Kritik in der Gemeinde geregt zu haben. Wenn wir auch hier auf den zweiten Brief vorausblicken und von ihm her Folgerungen für die Zustände zur Zeit des ersten ziehen dürfen, mag sich manche „Prophezeiung" gemeldet haben, die „durch den Geist" (2 Th 2, 2): „Der Tag des Herrn ist da!" zu rufen begann. Der besonnene Teil der Gemeinde wehrte sich mit Recht gegen solche „Schwärmerei". Aber er zog daraus sofort die verallgemeinernde Folgerung, wie es die Reformationszeit getan hat: Es ist nichts mit all diesen „Prophetien". Und nun ist es wieder ganz groß und wichtig, daß Paulus — der sachlich im angenommen konkreten Fall der Kritik ganz recht gab! — nun doch nicht einfach zustimmt: Recht so! Macht am besten der ganzen Propheterei ein Ende!, sondern im Gegenteil warnt: **„Weissagungen schätzt nicht gering."** Es bleibt doch und muß bleiben bei der Erfüllung der Joel-Verheißung durch Pfingsten: „Eure Söhne und Töchter sollen weissagen und eure Jünglinge sollen Gesichte sehen und eure Ältesten sollen Träume haben" (Apg 2, 17). Es muß bleiben bei eines Mose Sehnen: „Wollte Gott, daß all das Volk des Herrn weissagte!" (4 Mo 11, 29). Trotz aller schweren und bitteren Erfahrungen der Gemeinde Gottes bis in unsere Tage muß es dabei bleiben! Geistesfeuer muß brennen und seine Flammen senden, sonst haben wir nur noch erstarrte Lava, aus der Theologen ihre Lehrstücke fertigen.

Aber freilich: **„Alles aber prüft, das Gute haltet fest; von jeder Art des Bösen haltet euch fern."** Wieder vereint das apostolische Wort Entgegengesetztes. Wenn Männer im Heiligen Geist Durchblicke geben und göttliche Taten ankündigen, bleibt dann den Hörern nicht nur eines: die gehorsame Unterwerfung? „So spricht der Herr", kann man das noch „prüfen"? Haben nicht die Propheten des Alten Bundes die bedingungslose Annahme des Wortes von König, Priester und Volk verlangt? Im Alten Bund mit Recht! Aber in der Gemeinde Jesu haben nicht nur die „Weissagenden" den Heiligen Geist, sondern alle, also auch die Hörer der Prophetien! Und eben weil im Neuen Bund nicht nur einzelne Prophetensprüche vom Geist eingegeben sind, sondern das ganze Herz dauernd von Ihm erfüllt ist, stehen nicht mehr so eindeutig klare Gottessprüche deutlich abgesondert neben den menschlichen Gedanken und Empfindungen. Wir sahen schon, wie für das Neue Testament das ganze Reden der Glaubenden „Gottes Wort" sein soll. Dann aber kann es im Neuen Bund viel leichter als im Alten geschehen, daß sich für den „Weissagenden" ungewollt und unvermerkt Geistgeschenktes und Selbstgedachtes, Geistliches und Seelisches mischen. Darum ist im Neuen Bunde die „Prüfung der Prophetien" ganz anders nötig wie im Alten. Der echte

Weg geht also zwischen Geringschätzung und Überschätzung mitten hindurch!

Wann werden wir das wiedergewinnen in der Gemeinde Jesu in aller Welt, daß wir weder aus lauter Angst vor „Schwärmerei“ den Geist ständig „löschen“ und darum arm sind an Feuer, Kraft und Gaben, noch kritiklos jeder Bewegung verfallen, die uns irgend etwas „Lebendiges“ zu haben scheint, sondern wirklich hören und prüfen können?!

Das Ergebnis einer Prüfung ist immer ein Zwiefaches. Gutes, Wertvolles stellt sich heraus. Nun **„haltet es fest“!** Laßt das gehörte Wort nicht nur der Erregung einer Stunde dienen, sondern nehmt es hinein in euer Leben und in euern Dienst. Dagegen **„von jeder Art des Bösen haltet euch fern“.** Das unechte, aus unserem eigenen Wesen stammende Wort ist immer daran zu erkennen, daß es auch etwas von unserer bösen Art an sich trägt. Hier muß unser Widerstand unerbittlich bleiben. Sobald etwas Zuchtloses oder Bitteres, etwas Liebloses oder Eigensüchtiges aufklingt, hat die Gemeinde ihr Nein zu sagen, auch wenn es behauptet, aus dem Geist zu stammen, und begeistert und fordernd vorgetragen wird. Vielleicht dürfen wir noch einen Schritt weitergehen und hinter dem Bösen „den“ Bösen, den Teufel stehen sehen. Dann hätte auch Paulus schon damit gerechnet, daß der Feind dadurch in die Gemeinde einzudringen sucht, daß er böse und gefährliche Dinge in die Verkündigung einstreut[80]. Die Mahnung in unserem Zusammenhang würde dann den Sinn haben: Erkennt den Feind, den Bösen in jeder Gestalt und Verkleidung, gerade auch in der besonders frommen und heiligen! Weist ihn ebenso entschlossen ab, wie ihr das Gute aufnehmt.

Es ist freilich diese Pflicht der Prüfung und Scheidung nicht einfach. Viel schöner wäre es, wenn wir alles sorglos und fröhlich annehmen könnten, was im Raum der Gemeinde an unser Ohr dringt. Aber es geht nicht nach unseren Wünschen und unserer Bequemlichkeit. Die Thessalonicher können sich der tatsächlichen Lage und der damit ihnen gestellten Aufgabe nicht entziehen, ohne schwere Gefährdungen des Gemeindelebens heraufzubeschwören. Und wir können es auch nicht.

[80] Wir haben gar keinen Grund zu meinen, daß dies nur durch schwärmerische Bewegungen geschieht, daß wir also schon dadurch dagegen gesichert seien, daß wir uns vor „Schwärmerei“ hüten. Auch im nüchternsten Kirchentum bei der geordneten Predigt durch akademisch gebildete Theologen kann diese Einwirkung des Feindes erfolgen.

SCHLUSSGRÜSSE DER DREI UND DES PAULUS

1. Thessalonicher 5, 23—28

23 Er selbst aber, der Gott des Friedens, heilige euch durch und
durch, und vollständig euer Geist und die Seele und der Leib
werde in untadeliger Weise bei der Parusie unseres Herrn Jesu
24 Christi bewahrt. * Treu ist, der euch ruft; der wird es auch tun.
25,26 * Brüder, betet für uns. * Grüßt die Brüder alle mit dem hei-
27 ligen Kuß. * Ich beschwöre euch bei dem Herrn, daß vorgelesen
28 werde der Brief allen den Brüdern. * Die Gnade unseres Herrn
Jesus Christus mit euch!

zu Vers 23: Rö 15, 33; Phil 4, 9; 1 Ko 1, 8; Phil 1, 6; 1 Th 3, 13
zu Vers 24: 1 Ko 1, 9; Eph 3, 20; 2 Th 3, 3
zu Vers 25: Rö 15, 30
zu Vers 26: Rö 16, 16; 1 Ko 16, 20
zu Vers 27: Kol 4, 16

Der Brief ist zu Ende. Aber es ist das natürliche Bedürfnis jedes Briefschreibers, am Schluß noch einmal die Wünsche auszusprechen, die er für den anderen im Herzen trägt, nachdem nun alles zur Sprache gekommen ist, was zu sagen, zu danken, zu mahnen und mitzuteilen war. Dieser Schlußwunsch der drei heißt: **„Heiligung und Bewahrung."** Sie haben eben an die Gefährdungen gedacht, die der Gemeinde drohen, so wie sie (Kap. 3, 1—5) von den Sorgen gesprochen haben, die sie sich um diese Gemeinde unterm Kreuz machen mußten. Die Geschichte der Gemeinde in Thessalonich geht ja weiter und mit ihr die Geschichte jedes einzelnen Christen. Wie wird es alles werden? Immer weiter und völliger geheiligt und vollständig nach Geist, Seele und Leib bewahrt — wenn das die große Linie dieser Geschichte wäre!

Muß das ein „frommer Wunsch" bleiben? Nein! Es ist einer da, der es **„tun"** kann. Das „Tun" wird dabei an dieser Stelle einen etwas stärkeren Klang haben: Er wird es „ausführen". Dieser Eine ist **„der Gott des Friedens"**[81]. Er hat die Welt mit sich versöhnt, Er hat Frieden gemacht um den äußersten Preis. Das ist die unumstoßbare, ewige Grundlage, auf der nun alles andere von Ihm erwartet werden darf. Er, der mit solchem Ernst der „Gott des Friedens" wurde, Er wird alles bis zum letzten Ziel durchführen — das ist die Logik des Glaubens.

Er **„heilige euch durch und durch"**. Pastor Girkon, der Freund Ernst Modersohns, hatte zu diesem „durch und durch" am Rande

[81] Von Gott als dem „Gott des Friedens" redet Paulus immer gerade an den Stellen der Briefe, in denen es irgendwie um die Eintracht und die innere Ungestörtheit des Gemeindelebens geht: Rö 16, 20; 2 Ko 13, 11; 2 Th 3, 16; aber auch 1 Ko 7, 15; 14, 33; Gal 6, 16; Eph 2, 14; Kol 3, 15. So wird auch hier der Gott des Friedens genannt sein, weil Paulus noch an die größeren oder kleineren Schwierigkeiten denkt, die das Gemeindeleben in Thessalonich bedrohen.

seiner Bibel vermerkt: „Nicht furniert!" Wir kennen es von unseren schönen Mahagonimöbeln. Sie sind nicht aus lauter Mahagoniholz gearbeitet, sondern einem weit geringeren Holz liegt ein dünnes Furnier auf, das ihnen diese äußere Schönheit verleiht. Wieviel an bloßem „Heiligungsfurnier" gibt es bei uns! Gott aber will ganze und echte Leute, „Heilige durch und durch". Es wird an dieser Stelle deutlich, wie unzulänglich unsere Versuche sind, den Begriff der „Heiligkeit" im Neuen Testament nur als den eines „Standes" der Gottzugehörigkeit und nicht als den einer *Qualität* zu fassen, um uns über den erschreckenden Mangel an Heiligung bei uns und in unseren Kirchen hinwegzutrösten. Nein, bis in die Tiefe unseres Wesens dürfen wir geheiligte Menschen werden, die tatsächlich göttliche Qualität an sich tragen.

Geheiligt und **„vollständig bewahrt".** Im „vollständig" klingt hier das Unversehrte, Unverletzte an. Dabei wird der Mensch als eine dreifaltige Einheit gesehen: **„vollständig euer Geist und die Seele und der Leib."** Im Menschen lebt **der Geist,** in dem der Heilige Geist Gottes zuerst sein Wirkungsfeld besitzt. Der Mensch hat **den Leib,** wie wir schon früher gesehen haben, nicht als wertloses Futteral, das wir möglichst bald los sein wollen, um unseren Geist dann frei entfalten zu können, sondern als das unentbehrliche, auch in der Welt der Vollendung neu geschenkte Werkzeug, ohne das es für uns Geschöpfe ein volles Leben und eine „Entfaltung" des Geistes gar nicht gibt. Zwischen Geist und Leib steht vermittelnd **die Seele,** auf die der Geist einwirkt und die er mit Erkenntnis und Willen ausstattet und die ihrerseits den Leib bewegt[82]. Für alle drei Teile sorgt Gott und bewahrt sie. Wie ist unser ganzes Leben eine einzige Kette solcher Bewahrungen, die bald mehr den Leib, bald mehr die Seele und den Geist betreffen. Was würde aus uns ohne dies „Bewahren"?! Während wir aber wesentlich dabei nur an das Heute oder Morgen denken, eilt unser Brief sogleich wieder zum Endziel, zum Tag der Parusie. So ganz und ständig lebt diese apostolische Mannschaft im Blick auf diesen Tag. Dann findet alles „Bewahren" seinen Abschluß, wenn von dem wiederkommenden Herrn **„in untadeliger Weise"** der ganze Mensch nach **„Geist, Seele und Leib"** **„unverletzt, unversehrt"** zur ewigen Verbundenheit mit dem Haupt angenommen wird. Ist das möglich? Ein Paulus hat schwerlich ein unmögliches und phantastisches Ziel zum Inhalt seines Wünschens und Bittens vor Gott gemacht.

[82] Es ist aber weder möglich noch nötig, von da aus eine ganze biblische Anthropologie zu entwickeln. Die Bibel kann an anderen Stellen ebensogut nur von Seele und Leib oder von Geist und Leib sprechen. Ja, es kann auch mit jedem dieser Ausdrücke als solchem schon der ganze Mensch benannt sein, der ganze Mensch je in einer bestimmten Beziehung. Man vergleiche etwa 2 Ko 2, 13 und 7, 5 und 7, 13 miteinander oder 1 Ko 1, 10 und Phil 1, 27.

Ist es möglich? Wenn wir uns selbst so bewahren und an Gottes Ziel bringen sollten **„in untadeliger Weise unverletzt"**, wäre es freilich unmöglich. Aber so hat es schon Jesus selbst vom Seligwerden gesagt: „Bei den Menschen ist's unmöglich; aber bei Gott sind alle Dinge möglich" (Mt 19, 25. 26). Wir haben uns Gott nicht nach unserem eigenen Bilde zu denken. Das tun wir alle oft, und dann geraten wir in viel Angst und Not. Denn wir sind freilich Leute, die etwas anfangen und dann liegenlassen, die einen Menschen lieb haben und ihn doch bald wieder aufgeben. Aber so ist doch Gott nicht! Er **„ist treu"**. Alle menschliche Treue ist nur ein schwacher Abglanz Seiner völligen und unverbrüchlichen Treue. Hat Gott dich **„gerufen"**, ist also bei dir das geschehen, was die Boten von Gottes Wirken in Thessalonich am Anfang des Briefes erzählt haben, dann — freilich auch nur dann! — darfst du und mußt du gewiß sein: Sein Ruf versandet nicht irgendwo vergeblich, nein, Er führt es durch und bringt dich zu diesem „unmöglichen" Ziel.

Die drei haben so noch einmal für die Gemeinde gebetet. Nun erbitten sie es auch für sich: **„Brüder, betet für uns."** Sie sind nicht die großen, überlegenen Leute, die es schon alles können; sie bedürfen der treuen Fürbitte so gut wie das geringste Gemeindeglied in Thessalonich. Wir wollen ernstlich aufräumen mit aller christlichen „Heldenverehrung" und gerade die angeblich „Großen" in der Christenheit nicht vergessen, als brauchten sie unsere Fürbitte nicht so sehr. Wir wollen es innerlich hören, wie gerade die Männer und Frauen einer großen Wirksamkeit so herzlich flehen: „Brüder, betet für uns!"

Und nun schreibt Paulus wohl noch eigenhändig die letzten Zeilen, in denen statt des durchgängigen „Wir" auf einmal ein „Ich" steht. So war es auch eine häufige Sitte beim Brief des Altertums, der einem Schreiber diktiert und dann mit einem eigenhändigen Gruß des Verfassers ausgefertigt wurde. Das **„Grüßt die Brüder alle mit dem heiligen Kuß"** kann freilich auch noch das abschließende Wort des Diktates selbst sein. Die Herzlichkeit der brüderlichen Gemeinschaft untereinander kam im Bruderkuß zum Ausdruck, der im Unterschied zu aller nur menschlichen Zärtlichkeit ein „heiliger" Kuß ist. Es war schon eine Sache, wenn der Herr einem Sklaven und ein Hafenarbeiter einem Geschäftsmann solchen Bruderkuß gab. Nun soll nach Verlesung des Briefes der Gruß der Boten in der Gemeinde aufgenommen und weitergegeben werden in diesem heiligen Kuß. Welch schöne Antwort auf das Hören eines solchen Briefes!

Bei diesem Gruß klingt wieder das „alle" auf, das wir schon am Eingang des Briefes betont fanden. Und nun wird es Paulus zum ganz ernsten Anliegen, das er mit einem **„ich beschwöre euch bei dem Herrn"** unterstreicht, daß der Brief auch wirklich *allen* Brüdern vorgelesen werde. Natürlich hat Paulus bei dieser Gemeinde nicht gefürchtet, daß der Brief absichtlich einem Teil der Gemeinde unterschlagen werden könnte. Aber er kennt unsere Lieblosigkeit und Unaufmerksamkeit. Die Urverkehrung unseres Wesens, die „weltliche" Gesinnung, die das Kleine und Unbedeutende verachtet und vergißt, bedroht ständig auch die Gemeinde Jesu. Bei der Verlesung des Briefes in der Gemeindeversammlung hatte vielleicht der eine oder andere von den Sklaven, die eine oder andere Frau[83] fehlen müssen. Nun, das ist nicht so wichtig, wir achten kaum darauf, was kommt es schon auf jenen Sklaven oder diese Frau an. Nein, „ich beschwöre euch bei dem Herrn, **daß vorgelesen werde der Brief allen Brüdern"**. Es gibt keine „unwichtigen" Leute in einer Gemeinde Jesu, grundsätzlich nicht. Wieder kommt ein mächtiger Grundzug aus dem Wort und Wirken des Jesus der Evangelien zum Durchbruch. Darum beschwört Paulus die Gemeinde gerade in diesem Punkt „bei dem Herrn". Die wirkliche und völlige Einheit der Gemeinde, die volle und ganze Liebe und Achtung für jeden, auch für den Ärmsten und Geringsten und Schwierigsten, das war für Paulus ein großes und wesentliches Ziel. Er hatte Jesus verstanden!

„Die Gnade unseres Herrn Jesus Christus mit euch!" Ist Jesu mächtige herzliche Gnade mit uns — was fehlte uns noch? Das ist ein guter, wahrhaft abschließender Schluß des Briefes.

Solche Briefschlüsse waren wieder ganz üblich. Aber sie bestehen in den zahllosen Briefen des Altertums meist in solchen nutzlosen Formeln wie „Bleib gesund!", „Lebt wohl!". Was helfen solche „guten Wünsche", wie auch wir sie oft an den Schluß unserer Briefe und Postkarten setzen! Paulus weiß Besseres. Die Gnade unseres Herrn Jesus Christus ist kein ohnmächtiger Wunsch und kein leeres Wort, sie ist Wirklichkeit und Kraft und ist für die Leser da. So kehrt der Schlußwunsch zum Anfangsgruß zurück und läßt den ganzen Brief gleichsam in die Gnade Jesu fest eingeschlossen sein.

[83] Genannt werden in den Briefen wie auch an dieser Stelle nur die „Brüder". Glücklicherweise haben wir in der Grußliste von Rö 16 ein urkundliches Dokument für die hohe Einschätzung, die ein Paulus der Frau im Gemeindeleben zuteil werden ließ. Wir müssen daher ernstlich denken, daß unter den „Brüdern" die Frauen mit angesprochen werden, weil auch sie zu den „Söhnen im Sohn" nach Gal 3, 26 und 4, 6 gehören.

Der zweite Brief des Paulus an die Thessalonicher

Erklärt von

Dr. Werner de Boor

R. Brockhaus Verlag

DER EINGANGSGRUSS

2. Thessalonicher 1, 1—2

1 **Paulus und Silvanus und Timotheus an die Gemeinde der Thes-**
salonicher in Gott, unserem Vater und dem Herrn Jesus Christus:
2 *** Gnade euch und Friede von Gott dem Vater und dem Herrn**
Jesus Christus!

zu Vers 1: 2 Ko 1, 19; 1 Th 1, 1
zu Vers 2: 1 Ko 1, 3; Rö 1, 7

Der Eingangsgruß dieses zweiten Briefes entspricht genau dem des ersten. Nur kleine Zusätze erweitern ihn etwas. Im 1. Vers wird Gott nicht nur Vater, sondern „unser" Vater genannt. Und der Wunsch von Gnade und Friede spricht hier — wie in den späteren Briefen — aus, von wem diese Gnade und dieser Friede stammt, woher wir also beides mit Gewißheit erwarten dürfen. Im übrigen aber ist alles Notwendige bereits zum Eingang des ersten Briefes gesagt, vgl. S. 23 ff.

DER DANK FÜR DEN STAND DER GEMEINDE WIRD ZUM STÄRKENDEN WORT IN DER VERFOLGUNG

2. Thessalonicher 1, 3—5

3 **Zu danken sind wir Gott schuldig allezeit für euch, Brüder, wie**
es angemessen ist, weil stark wächst euer Glaube und sich mehrt
4 **die Liebe jedes einzelnen von euch allen gegeneinander, * so daß**
wir selbst uns euer rühmen in den Gemeinden Gottes wegen eures
Ausharrens und Glaubens in all euren Verfolgungen und Bedräng-
5 **nissen, die ihr ertragt, * ein Anzeichen des gerechten Gerichtes**
Gottes: ihr sollt gewürdigt werden der Königsherrschaft Gottes,
für die ihr auch leidet.

zu Vers 3: 1 Th 1, 2. 3; 1 Th 3, 6. 9. 12; 2 Th 2, 13
zu Vers 4: 2 Ko 7, 4. 14; 9, 2; 1 Th 1, 3; 2, 19. 20; 3, 2. 7; Mk 4, 17; 1 Th 2, 14
zu Vers 5: Phil 1, 28; 1 Th 2, 12; Apg 14, 22; 1 Th 3, 3; Eph 3, 13; Kol 1, 24

Wir spüren sofort den Unterschied in der ganzen Haltung und Ausrichtung des zweiten Briefes, gerade wenn auch er mit dem Dank anfängt. Im ersten Brief das frohe Verweilen beim Gedenken und Danken selbst, weil die Erinnerung an das eben erst in Thessalonich Erlebte die Herzen der Briefschreiber ganz erfüllt. Sind doch die drei ersten Kapitel jenes Briefes völlig von diesen Erinnerungen bestimmt und durchzogen. Das tritt jetzt ganz zurück. Der Blick ist auf die heiße Not der Gemeinde in der Verfolgung und auf die darüber stehende gewaltige Zukunft gerichtet. Wenn wir die Lage der

Briefschreiber und der Briefempfänger in jenen Tagen konkret vor Augen haben könnten, wie anders noch würden wir den veränderten Ton des Schreibens verstehen und nicht sofort der „Unechtheit" des Briefes zuschreiben. Es ist, als ob das Danken gar nicht so leicht und frei aus dem Herzen strömte, trotzdem Gutes von der Gemeinde zu sagen ist. Was mögen für Nachrichten eingelaufen sein über das Anwachsen der Bedrängnisse, was mögen die Schreibenden selbst gerade durchlebt haben! Aber freilich, **„zu danken sind wir Gott schuldig allezeit für euch, Brüder"**. Auch wenn sehr dunkle Wolken aufsteigen, Grund zum Dank gegen Gott ist immer in reichem Maße da. Darum ist das Danken in jeder Lage „angemessen"[1], und „Dank" ist auch in diesem Brief das erste Wort.

Die Nachrichten über den inneren Stand der Gemeinde sind gut. Ihr **„Glaube wächst stark"**, trotz alles Druckes, vielleicht gerade unter diesem Druck. Daß der Glaube nicht eine feste, abgeschlossene Größe ist, wie wir von seinem weitverbreiteten Mißverständnis als einer Zustimmung zur Summe der „reinen Lehre" her leicht meinen, sondern ein Leben in unserem Herzen, das grundmäßig da sein und doch noch „Mängel" haben kann, davon hörten wir schon im ersten Brief (s. I 3, 10 o. S. 63). Über diese Mängel scheint der Glaube in der Gemeinde kräftig hinausgekommen zu sein.

Auch **die Liebe** ist — nach dem Wunsch in 1 Th 4, 10 — nicht stehengeblieben, sie **„mehrt sich"**. Dabei ist noch nichts von jener fatalen „Arbeitsteilung" zu spüren, bei der „die Liebestätigkeit" Sache einzelner Kreise oder gar einzelner beamteter Kräfte wird, nein, diese **Liebe gegeneinander** ist noch Sache **„jedes einzelnen von euch allen"**.

Haben die drei im ersten Brief betont (1 Th 1, 8. 9), daß sie nicht nötig haben, über Thessalonich etwas zu sagen, weil überall davon gesprochen wird, so weisen sie jetzt darauf hin, daß **„wir selbst uns euer rühmen in den Gemeinden Gottes"**. Ein „Widerspruch" zu 1 Th 1, 8 braucht das nicht zu sein. Natürlich wurden die Boten in Korinth und anderwärts gefragt, wie es denn nun in Thessalonich weitergehe, gerade nachdem überall von dem „Eingang" des Evangeliums dort geredet worden war. Dabei sagen die Boten auch hier nicht „in unseren Gemeinden"; auch hier werden die Gemeinden in ihrem Wesen als **„Gemeinden Gottes"** geachtet. Rühmend können die Boten antworten. Und nun schon lenkt der Brief hinüber zu dem, was Herz und Gedanken der Schreibenden erfüllt. Was sie nämlich den Gemeinden rühmend aus Thessalonich berichten, ist nicht der wachsende Glaube und die sich mehrende Liebe, sondern es ist **„euer Ausharren und Glauben in allen euern Verfolgungen und Bedrängnissen"**. Es ist offenbar viel ernster geworden. Zu dem immer wieder verwendeten

[1] Das gleiche „axion = würdig, angemessen" finden wir auch 1 Ko 16, 4.

allgemeinen Wort „Bedrängnis“ (s. o. S. 60ff) tritt hier ausdrücklich das Wort „Verfolgung“. Es ist nicht bei allerlei Schwierigkeiten und Nöten für die Christen geblieben, es hat ein regelrechter Kampf gegen die Gemeinde mit dem Ziel ihrer Unterdrückung und Vernichtung begonnen. Hier zu stärken ist die erste Absicht unseres Briefes. Schon in der Mitteilung: „Wir selbst rühmen uns euer in den Gemeinden Gottes“ liegt eine solche Stärkung. Wenn unsere drei Freunde sich unser rühmen, wenn die anderen Gemeinden auf uns blicken und mit unserem Ausharren rechnen, dann dürfen wir sie nicht enttäuschen! Vor allem aber verwendet Paulus hier einen Gedanken, den er später auch den Philippern (Phil 1, 28) zum Trost vorhalten wird. Die Verfolgung wie ihr Ertragen, beides unlöslich miteinander ist ein „Zeichen“, und zwar **„ein Anzeichen des gerechten Gerichtes Gottes“.** Es weist zeichenhaft darauf hin: **„Ihr sollt gewürdigt werden der Königsherrschaft Gottes, für die ihr auch leidet.“** Wieso denn aber? Verfolgung ist nichts Zufälliges! Daß die Welt das Evangelium und den Glauben der Christen nicht als harmlose Marotte lächelnd duldet, sondern sich darüber aufregt und ihn mit allen Mitteln zu vernichten sucht, ist ein klares Zeichen, daß der Glaube eben nicht eine „Marotte“, ein Märchen, eine primitive Weltanschauung ist, sondern Wahrheit, eine so treffende Wahrheit, daß die Welt sie nicht ertragen kann! Jesus selbst hat schon die tiefe innere Notwendigkeit des Leidens Seiner Jünger begründet (vgl. Jo 15, 18—25 und andere Stellen). Er hat aber auch selber schon auf die andere Seite der Sache hingewiesen. Sind wir die Geschmähten und Verfolgten, dann sind wir eben darin auch als die erwiesen, die auf die Seite der Wahrheit gehören und an ihrem kommenden Sieg teilhaben! „Selig seid ihr, so euch die Menschen hassen und euch absondern und schelten euch und verwerfen euren Namen als einen bösen um des Menschensohnes willen. Freuet euch alsdann und hüpfet; denn siehe, euer Lohn ist groß im Himmel“ (Lk 6, 22. 23). Verfolgungen und Drangsale sind gerade nicht eine „Widerlegung“ unseres Glaubens und der Wahrheit, an die wir unser Leben setzen, sondern nur ihre mächtige Bestätigung! Und während wir noch klagen möchten: „Wo bleibt denn Gottes Gerechtigkeit und Gericht?“, dürfen wir es erfassen: Eben dies *ist* **„ein Anzeichen des gerechten Gerichtes Gottes“**, daß die Welt die Botschaft nicht ruhig hinnimmt, sondern verfolgt und daß wir doch durch kein Leiden von der Wahrheit losgemacht werden können. Das kommende Gericht Gottes hat darin schon begonnen, die Welt als Feind Gottes zu entlarven und die Verfolgten als Erben des Reiches zu enthüllen. Bekämpfer und Verfolger des Evangeliums sind gerade darin schon Gerichtete und umgekehrt die Bedrängten und Leidenden schon selige Leute. Welche Stärkung für die Thessalonicher — und für viele andere!

DIE GROSSE VERGELTUNG KOMMT!

2. Thessalonicher 1, 6—10

6 Wenn anders es gerecht ist bei Gott, als Vergeltung den euch
7 Bedrängenden Bedrängnis * und euch, den Bedrängten, Erquik-
kung zusammen mit uns zu geben, bei der Offenbarung des Herrn
8 Jesus vom Himmel her mit den Engeln Seiner Macht * in flam-
mendem Feuer, des Vollstreckers der Strafe an denen, die Gott
nicht kennen und die nicht gehorchen dem Evangelium unseres
9 Herrn Jesus. * Sie werden als Strafe erdulden ewiges Verderben
von dem Angesicht des Herrn und von der Herrlichkeit Seiner
10 Stärke, * wenn Er kommt, verherrlicht zu werden in Seinen Hei-
ligen und bewundert zu werden in allen, die zum Glauben kamen
— denn Glauben fand unser Zeugnis an euch! —, an jenem Tage.

zu Vers 6:
Rö 12, 19
Offb 18, 6. 7
zu Vers 7:
Offb 14, 13
Mt 25, 31
zu Vers 8:
Rö 2, 8
2 Pt 3, 7
Offb 21, 8
Ps 79, 6
zu Vers 10:
Ps 68, 35
89, 7
Kol 3, 4

Der Gedankengang des vorigen Abschnittes setzt sich fort. War das bisher Erlebte wider allen Augenschein ein „Zeichen des gerechten Gerichtes Gottes“, so wird nun dies Gericht selbst ins Auge gefaßt. **„Wenn anders es gerecht ist bei Gott.“** Das „bei“ Gott hat hier den Sinn von „nach Gottes Urteil, in Gottes Augen“. Unser unauslöschliches Wissen um „Gerechtigkeit“ ist bei aller menschlichen Entstellung und Verdunkelung kein subjektiver Wahn. Es gibt Dinge, die auch in Gottes Augen und nach Seinem Urteil „gerecht“ sind. „Gott“ und „Gerechtigkeit“ gehören zusammen. Von der Gerechtigkeit Gottes, auch von Seiner vergeltenden Gerechtigkeit zeugt darum die ganze Bibel. Wir können uns daher über unseren Abschnitt nicht wundern. Ja, eine Christenheit, die sich allzusehr an die „billige Gnade“ gewöhnt hat, hat den klaren Ernst und eine Gemeinde, die erneut dem Leiden entgegengeht, den kraftvollen Trost unseres Abschnittes besonders nötig.

„Den Bedrängern Bedrängnis, den Bedrängten Erquickung“, das ist einfacher Grundsatz der Gerechtigkeit. Gott kann ihn mit besonderer Gnade durchbrechen, wie bei dem Bedränger Saulus von Tarsus. Aber der Grundsatz selbst wird durch solche Gnade nicht aufgehoben, sondern bestätigt. Er ist „gerecht“ auch „bei Gott“. Darum dürfen wir so fest mit ihm rechnen. Es ist eine tiefe Gewißheit unseres innersten Herzens, daß das, was gerecht ist, einmal volle Wirklichkeit werden muß.

Bei der **„Erquickung“** fügen die Boten noch ein **„zusammen mit uns“** hinzu. Das Maß der Bedrängnisse ist ein verschiedenes und wechselndes, aber die große Ruhe nach dem Streit wird allen zusammen in großer Gemeinschaft zuteil. Das „zugleich" aus 1 Th 4, 17 und 5, 10 klingt hier nach.

Wann geschieht das alles? Die Antwort ist für das Neue Testament eindeutig: **„bei der Offenbarung des Herrn Jesus."** Von dem Tag der Gerechtigkeit, dem Tag der Vergeltung, dem „Tag Gottes" wußte Israel lange. Schon der älteste der Schriftpropheten, Amos, sprach von ihm als von einer bekannten, ja begehrten Sache (Am 5, 18; Offbg 19, 19. 20). Es wundert uns daher nicht, daß die folgende Schilderung des Gerichtstages in Zitate aus dem Alten Testament hineingefaßt ist. Von den lodernden Flammen sprach schon Ps 79, 5 und Jes 66, 15, vom Gericht über die Völker, die Gott nicht kennen, Ps 79, 6 und Jer 10, 25, vom Gericht Gottes in seiner Erhabenheit und hehren Majestät Jes 2, besonders in den Versen 10, 11, 17, 19, 21, von der Erweisung der Ehre Gottes Jes 49, 3 und 66, 5 und Ps 68, 36; die Versammlung der Heiligen als Stätte der Verherrlichung Gottes nennt Ps 89, 8. Es liegt dabei der Wortlaut der bekannten griechischen Übersetzung des Alten Testamentes, der sogenannten „Septuaginta", zu Grunde; wir dürfen uns nicht wundern, wenn wir die Zitate in unserer Lutherbibel nicht so deutlich finden. Aber wie die junge Christenheit unter der Leitung des Heiligen Geistes das Alte Testament von der Erfüllung in Jesus her las und neu verstand, so sind auch alle diese Aussagen der Psalmen und Propheten lebendige Wirklichkeit **„bei der Offenbarung des Herrn Jesu"**.

Was wird dann geschehen? Jesus, der jetzt verborgene, verkannte, mißachtete, „offenbart sich", wird allen unwidersprechlich sichtbar. Das **muß** einmal geschehen, so wahr Jesus der Gottessohn, der Menschensohn, der Herr, der Weltrichter und Weltvollender ist. Es ist unmöglich, daß er für immer der bleibt, über den die Welt zur Tagesordnung übergeht. Seine eigenen Aussagen in Mt 25, 31 und in der entscheidenden Stunde Seines Prozesses vor dem Hohen Rat Mt 26, 64 muß Er einlösen. Er kommt dann **„vom Himmel her"**, in dem Er jetzt wartend zur Rechten des Vaters thront. Er kommt **„mit den Engeln Seiner Macht"**. Schon während Seines irdischen Lebens waren die Engel um Ihn und dienten Ihm. Aber es ist, als hätten sie sich damals in die Demut und Armut des Sohnes mit hineinstellen müssen. Wie zurückhaltend ist ihr Dienst! Um die Legionen machtvollen Engelschutzes hat der Sohn den Vater nicht gebeten. Der Dienst der Engel während der Evangeliumszeit ist wesentlich ein verkündigender, hier und da ein freundlich helfender. Nun aber kommt Jesus mit den „Engeln Seiner Macht"! Jetzt treten auch sie aus ihrer Zurückhaltung heraus und sind die bereiten Boten und Diener seiner weltumwandelnden Allmacht und Seiner königlichen Herrschaft! Zugleich kommt Er **„in flammendem Feuer"**. Er kommt also mit jenem wirksamen, alles Unreine und Böse verzehrenden Gericht, das auch in 1 Ko 3, 13—15 wie schon in Mal 4 und bei Johannes dem Täufer im Bilde des Feuers gesehen ist[2].

Ist hierin irgend etwas, was in das Evangelium nicht paßt, der apostolischen Verkündigung widerspricht und der Echtheit des Briefes im Wege steht? Oder wenigstens etwas, was wir innerlich ablehnen müßten? Wenn wir aus Jesus einen bloßen „Seelenfreund" gemacht und uns an eine nur innige und individualistische Betrachtung der Dinge gewöhnt haben — die Bibel war stets ein weltweites, um Gottes großes Handeln gesammeltes Buch und die neutestamentliche Verkündigung immer ein öffentlicher Heroldsruf, der gerade die Ankündigung des Gerichtes in seiner ganzen Größe und seinem ganzen Ernst zentral enthielt. Wir lasen auch im ersten Brief mehrfach (1 Th 1, 10; 5, 9) betont von Gottes Zorn und denken an solche wesentlichen Zeugnisse wie die Areopagrede und den Römerbrief des Paulus (Apg 17, 30. 31; Rö 2, 5—11; 2, 16).

Oder enthält der Fortgang der Schilderung falsche „Rachegedanken"? Jawohl, Jesus ist an jenem Tage der **„Vollstrecker der Strafe an denen, die Gott nicht kennen und die nicht gehorchen dem Evangelium unseres Herrn Jesus".** Aber verlöre nicht jedes Reden vom Gericht und vom Zorn überhaupt seinen Ernst und seine Realität, wenn es anders wäre? Ist die Leugnung oder Verkennung Gottes und die Ablehnung der rettenden Botschaft etwa eine Belanglosigkeit? Dies **„Gott nicht kennen"** ist ja nicht ein intellektueller Mangel, eine private Ansichtssache, sondern immer ein verborgenes Widerstreben, eine letzte Feindschaft des Herzens, die sich hinter „wissenschaftlichen" und anderen Gründen versteckt. Darum eben bricht sie im Haß gegen die Botschaft und die Botschafter Gottes empor und macht dadurch offenbar, daß sie kein bloßer „Mangel", keine bloße „Ansicht" ist, sondern aktives, willentliches Neinsagen. „Gott nicht kennen" ist nie „Atheismus", sondern stets „Antitheismus". Soll diese Feindschaft gegen den heiligen, lebendigen Gott nie öffentlich enthüllt und gerichtet und gestraft werden?! Mögen wir über Gottes „Grausamkeit" jammern, der Sohn, der die Sünder liebte, wie kein anderer, dem aber auch Gottes Ehre und Recht zu Herzen ging wie keinem anderen, der Sohn wird das Gericht an denen, die Gott nicht kennen, vollstrecken!

[2] Wir sagen aber zu wenig, wenn wir „Feuer" nur als ein „Bild" fassen. Es brennt in dem Wesen des heiligen lebendigen Gottes wirklich ein ebenso erleuchtendes und belebendes wie verzehrendes Feuers, von dem alle irdischen Flammen nur ein schwaches Abbild sind. Darum redet die Bibel schon im Alten Testament viel von diesem „Feuer" Gottes: 2 Mo 3, 2; 5 Mo 4, 24; 32, 22; Ps 50, 3; 97, 3; 104, 4; Jes 66, 15. Und Hbr 12, 29 versichert uns, daß es damit im Raum des Neuen Bundes nicht anders geworden ist: „Denn auch unser Gott ist ein verzehrendes Feuer" (Hbr 12, 29).

Ebenso ist das Nein zum Evangelium nicht nur eine unverbindliche Gedankenoperation, mit der wir ohne weitere Folgen intellektuell spielen könnten, sondern eine Entscheidung, wirklich wie die Drei formulieren ein „nicht gehorchen". Wer eine „Rettung" zurückweist, darf sich wahrlich nicht über Härte und Ungerechtigkeit beklagen, wenn er nun dem Verderben verfällt. Wer den Rettungsring fortstößt, muß ertrinken. Der Rebell, der seines Königs unverdientes, unbegreifliches Gnadenangebot verachtet, darf sich nicht wundern, wenn nun allerdings das tödliche Recht seinen Gang geht und das Schwert ihn trifft. Auch hier sagt unser Brief nichts, was nicht das ganze Evangelium sagte. Die Botschaft der rettenden Gnade verlöre jeden Sinn, wenn es kein **„Verderben"** gäbe, aus dem wir errettet werden müßten. Die Gnade wäre nicht mehr wirklich „Gnade", wenn es nicht einen flammenden Zorn gäbe, dem wir ohne diese Gnade verfallen sind. Darum ist es gerade der Retter, der Sünderheiland, der Gnadenträger Jesus, der sich selbst den Flammen des Zornes ausliefern mußte und der zum Vollstrecker der Strafe an denen wird, die Sein Evangelium, also gerade die Botschaft von Seinem stellvertretenden Weg ins Gericht für uns, zurückweisen.

Wie ist auch hier wieder jeder „Moralismus" vermieden[3]. Die Strafe ergeht nicht über alle möglichen einzelnen Sünden und Untaten. Diese alle würden als solche keinen Menschen ewig verloren machen, weil doch Jesus „die Versöhnung für unsere Sünden, nicht allein aber für die unsern, sondern auch für die ganze Welt" geworden ist. Und wenn unsere Sünden blutrot sind, sie können und sollen schneeweiß werden. Nein, das Urteil hier faßt nur ein Einziges ins Auge: unsere Stellung zu Gott und zu Jesus. Dabei mag bei denen, „die Gott nicht kennen", mit einer alten biblischen Wendung besonders an die „Nationen", an die „Heiden" gedacht sein, und bei denen, die „nicht gehorchen dem Evangelium unseres Herrn Jesus", nach Stellen wie Rö 10, 3. 16 besonders an die Juden. Aber darauf kommt nicht viel an. Wichtig für die ganze Botschaft vom Gericht, wichtig für unsere Verkündigung und für uns persönlich ist nur das eine: unser ewiges Schicksal entscheidet sich einzig am Evangelium und unserer Stellung zu ihm! Nicht der Bruch des Gesetzes, wohl aber die Verschmähung der teuren Gnade bringt in die ewige Verlorenheit.

Darum ist es eine unaufhebbare Wahrheit: **„Sie werden als Strafe erleiden ewiges Verderben von dem Angesicht des Herrn und von der Herrlichkeit Seiner Stärke."** Von diesem „Verderben" sprach auch der erste Brief (1 Th 5, 3); er hob seine jähe Plötzlichkeit hervor. Hier wird es als ein „ewiges" gekennzeichnet. Es ist richtig, daß es den abstrakten, philosophischen Ewigkeitsbegriff in der Bibel nicht gibt.

[3] Würde ein späterer Nachahmer des Paulus ihn auch so klar vermieden haben?

Das Eigenschaftswort „ewig" ist hier von „Äon = Zeitalter" abgeleitet. Vor dem Blick der neutestamentlichen Zeugen stand nicht eine leere, gleichsam punktuelle „Ewigkeit", sondern eine Fülle kommender Äonen (vgl. besonders Eph 2, 7). Es ist ja eine ganz neue „Welt", ein „neuer Himmel und eine neue Erde" (2 Pt 3, 13; Offb 21, 1), die erwartet werden. Dennoch irrt die „Allversöhnungslehre", wenn sie mit Berufung auf diese Tatsachen das „ewige" Verderben leugnet und ein „nur äonisches" d. h. zeitlich begrenztes daraus machen will. Dann wäre ja auch das „ewige Leben", ja Gottes „ewige Kraft" (1 Tim 6, 16) nur „zeitlich". Nein, „äonisch" ist schon „ewig", wenn auch von einer konkreten und erfüllten Ewigkeit. Es liegt in „äonisch" die gleiche unabsehbare „Ewigkeit", die so vielfach der Ausdruck „in die Äonen der Äonen" (in der Lutherbibel „von Ewigkeit zu Ewigkeit") meint. Ist dann aber nicht „ewiges Verderben" als Strafe für zeitliche Sünden ungerecht und grausam? Aber es handelt sich nicht um einzelne, zeitliche Sündentaten, sondern um das Nein zu Gott und um die Abweisung der rettenden Gnade! Das Verhältnis zu Gott, zu dem „König der Äonen" (1 Tim 1, 17) ist seinem Wesen nach notwendig selber ein „äonisches", im Ja wie im Nein. Vielleicht werden wir darum im folgenden Satz **„ewiges Verderben von dem Angesicht des Herrn und von der Herrlichkeit Seiner Stärke"** das zunächst neutral mit „von" übersetzte Wort als Wiedergabe des hebräischen „miphne" als ein „fort von ..." oder „fern von ..." fassen müssen, wie es Menge in seiner Bibelübersetzung tut[4]. Wer in seinem Leben Gott nicht kennen will und darum auch Sein teures, mit Blut besiegeltes Gnadenangebot im Evangelium abweist, der muß und wird die kommenden Äonen fern von Gott, „fern vom Angesicht des Herrn und fern von der Herrlichkeit Seiner Stärke" zubringen müssen. Das aber *ist* „ewiges Verderben" und „ewiger Tod". Das ist jene „äußerste Finsternis", von der kein anderer als der erbarmende Heiland so oft und so ernst sprach (Mt 22, 13 u. a.), so wahr bei Gott die Quelle des Lebens ist und wir das Licht nur in Seinem Lichte sehen (Ps 36, 10). Noch einmal wird deutlich: unser Nein zu Gott ist keine Harmlosigkeit, es ist die selbst gewollte Scheidung vom Leben und damit der ganze und ewige Tod. Mit welchem Ernst muß von uns die Botschaft ausgerichtet wer-

[4] Die theologischen Fachleute stehen hier sehr bestimmt gegeneinander. Die einen verweisen auf eine Stelle wie Apg 3, 20, wo das gleiche griechische „apó" steht und offensichtlich die „Zeiten der Erquickung" als W i r k u n g vom Angesicht des Herrn her kommen läßt; die andern auf eine Stelle wie Rö 9, 3, wo „apó" eindeutig „weg von, fern von Christus" bedeutet und ebenso damit das ewige Verderben bezeichnet, vgl. dazu auch 2 Ko 11, 3; Gal 1, 6; 5, 4. Die ersteren führen noch ins Feld, daß die negative Wirkung der Offenbarung des Herrn doch nicht anders verstanden werden dürfe als die positive und darum gleich dieser als unmittelbare Auswirkung dieses Angesichtes und dieser Kraftherrlichkeit aufgefaßt werden müsse, die für die Schuldigen eine verderbliche und schreckliche sei. Diese verderbende Wirkung des Angesichtes Gottes sei auch in Jes 2, 10; Jer 4, 26; Ps 34, 17 und 1 Pt 3, 12 bezeugt.

den, wenn es *so* steht! Wie nötig haben wir diesen zweiten Thessalonicherbrief, um von einer Verharmlosung und einer falschen Ruhe frei zu werden, die unsere Predigt und Evangelisation heute weithin verdirbt. Möge der Heilige Geist, der den drei Boten diesen Abschnitt beim Diktat des Briefes auf die Lippen legte, es unverlierbar in unser Herz hineinbrennen für uns ganz persönlich und für unser Zeugnis, daß Jesus bei Seiner Offenbarung einmal so ernst richten wird und daß es eine furchtbare Sache ist, dem ewigen Verderben zu verfallen.

Bei diesem tiefen Ernst ist unser Abschnitt doch völlig frei von jeder persönlichen Rachsucht, wie sie dem Verfolgten und Leidenden nahe liegt. Er bringt keine Ausmalung der Strafe, die die Verfolger trifft, und ebenso keine Ausmalung des Triumphes und der Wonne der jetzt Leidenden. Es bleibt bei den beiden knappen Worten „Erquickung, Ruhe" und „Verderben". Und in echt biblischer Weise steht im Mittelpunkt Gott, Gottes Recht und Gottes Ehre. Darum treten die Erretteten mit ihrer Seligkeit völlig zurück, wenn jetzt noch das positive Ziel „jenes Tages" angedeutet wird: **„wenn er kommt, verherrlicht zu werden in Seinen Heiligen und bewundert zu werden in allen, die zum Glauben kamen."** Das Ziel ist *nicht* die Verherrlichung und Bewunderung der Treuen, die so große Leiden standhaft ertrugen. Nein, „verherrlicht" und „bewundert" wird nur er, der Herr selbst! Freilich, jene Treuen, die „Heilige" und „zum Glauben Gekommene" sind, gehören unmittelbar dazu. Denn „in" ihnen geschieht die Verherrlichung ihres Herrn. Dabei kann die griechische Präposition „en" sowohl ein „in" wie ein „an" bedeuten, wobei das „in" wieder mehr den Klang des „in ihrer Mitte" oder des „durch sie" haben kann. Dasselbe „en" finden wir im Johannesevangelium gebraucht, wenn Jesus Jo 13, 31; 14, 13; 15, 8; 17, 10 von der Verherrlichung des Vaters im Sohn und des Sohnes im Vater und in den Seinen spricht. Auch hier ist das „en" ein „an" und zugleich ein noch wesenhafteres „in". Ja, alles zugleich wird an jenem Tage da sein: die Heiligen und Glaubenden sind der Raum, in dem die Herrlichkeit des Herrn gesehen und bewundert werden wird; sie bringen das staunende und anbetende Lob dar. Aber eben ihr Dasein als „Heilige" und „Glaubende" zeigt Gottes und des Lammes einzigartige Herrlichkeit, die aus verlorenen und verfluchten Sündern solche „Heilige" machte. Ja, ihre Heiligkeit ist dann eine wesenhafte (1 Th 5, 23!), in der Gottes eigenes heiliges Wesen hindurchleuchtet. Etwas von diesem „verherrlicht in Seinen Heiligen und bewundert in allen, die zum Glauben kamen" klingt wieder in Woltersdorfs Lied von der Braut des Lammes:

„Das ist der Gottheit Wunderwerk
und Seines Herzens Augenmerk —
ein Meisterstück, aus nichts gemacht:

so weit hats Christi Blut gebracht!
Hier forscht und betet an, ihr Seraphim,
bewundert es und jauchzt und danket Ihm!"

Was für ein Tag wird darum **„jener Tag"** für die Glaubenden sein! Es lohnt sich, dafür zu leiden. Wirklich, „dieser Zeit Leiden sind nicht wert der Herrlichkeit, die an uns soll offenbart werden" Rö 8, 18. Wir sehen, wir sind völlig in „paulinischen" Gedankengängen. Auch das ist so ganz „paulinisch", daß die, die an jenem Tage die Herrlichkeit des Herrn erfahren, nicht durch irgendwelche Tugenden oder Leistungen gekennzeichnet werden, sondern nur durch das eine: sie **„kamen zum Glauben"**. Und hier werden die Empfänger des Briefes in feiner Weise persönlich mit hineingezogen durch den dankbar bewegten Zwischensatz **„denn Glauben fand unser Zeugnis an euch!"**. Alles, was der erste Brief ausführlich und strahlend von Liebe und Freude schilderte (1 Th 1, 4—10; 2, 1—12 und 17—20; 3, 1—8), klingt in diesem kurzen Satz noch einmal an. Der Herr wird an jenem Tage zum Glauben Gekommene finden, in denen er verherrlicht und bewundert werden kann — auch in Thessalonich! Gott sei Dank, das Wunder geschah auch dort: Menschen, die vorher ebenfalls „Gott nicht kannten", schenkten der Botschaft der drei Glauben.

Auch hier genau wie in 1 Th 5, 1—11 fällt in der Schilderung des Briefes das Gericht über die ungläubige Welt und die Verherrlichung des Herrn in den Seinen in *einen* großen Akt zusammen. In der Reihenfolge ist hier sogar die Vollstreckung der Strafe *vor* der Verklärung der Gemeinde genannt. Mit keinem Wort ist angedeutet, daß dieses „Verherrlichtwerden in Seinen Heiligen und bewundert in allen, die zum Glauben kamen" der richtenden Offenbarung an die Welt weit vorausliegt und durch einen langen Zeitabschnitt getrennt davon vor sich geht. Wie nach 1 Th 5, 1—11 muß man also auch nach der Darlegung hier annehmen, daß es sich in 1 Th 4, 13—18 um eine wirkliche „Einholung" handelt, der sich unmittelbar das Kommen zur Erde zum Sturz des Antichristen und zur Strafe über die Rebellen anschließt.

AUS DEM GROSSEN ZIEL ERWÄCHST DIE FÜRBITTE FÜR DIE GEMEINDE

2. Thessalonicher 1, 11 und 12

zu Vers 11: 1 Th 1, 2. 3

zu Vers 12: 1 Pt 1, 7; 4, 14

11 Im Blick darauf beten wir auch allezeit für euch, daß euch würdige
der Berufung unser Gott und zur Vollendung bringe jeden Ent-
12 schluß der Güte und Werk des Glaubens in Kraft, * damit verherr-
licht werde der Name unseres Herrn Jesus in euch und ihr in Ihm
nach der Gnade unseres Gottes und des Herrn Jesus Christus.

Der große Tag und das große Ziel war vor die verfolgte Gemeinde gestellt worden zur Stärkung in ihrer schweren Lage. Wird die Gemeinde das Ziel erreichen? **„Im Blick darauf beten wir auch allezeit für euch.“** Ist das noch nötig? Haben die Boten nicht eben voll Freude gesagt, daß dort am Ziel unter den Glaubenden auch die Thessalonicher sein werden, „denn Glauben fand unser Zeugnis bei euch“? Wird das auf einmal wieder unsicher? War es nur eine fromme Redewendung? Fast sieht es so aus, wenn wir nun gar als Inhalt der Fürbitte lesen: **„daß euch würdige der Berufung unser Gott.“** Wie? Sollen die Thessalonicher erst noch von Gott „berufen“ werden? Die Verlegenheit vor diesem Satz spiegelt sich darin wieder, daß sowohl Menge wie die Zürcher Bibel hier einen erklärenden Zusatz für nötig halten: daß Gott euch der „endgültigen“ Berufung würdige. Aber kann das gemeint sein? War die „Erwählung“, von der 1 Th 1, 4 sprach, und das Durchschlagen des Wortes in Thessalonich nur eine „vorläufige “Berufung, der nun noch — und wann eigentlich? — eine „endgültige“ folgen muß? Unmöglich! Die Thessalonicher sind klar und eindeutig berufen. Aber Gottes Erwählen und Berufen, so ewigkeitsfest es ist, ist doch nie eine mechanische Sache und kann das nie sein, so wahr es lebendigen Personen zuteil wird, die ein echtes und das heißt, entscheidungsvolles Leben führen. Schon im ersten Brief hat Paulus bei aller innigen und dankbaren Freude an der Gemeinde doch auch von seiner heißen Sorge um sie gesprochen. Es war für ihn eine ernste, drohende Möglichkeit, daß die Thessalonicher dem Druck erlagen und daß dadurch seine Arbeit vergeblich wurde (1 Th 3, 5). Ebenso hatten die Boten bei ihrer Arbeit jeden einzelnen ermahnt, ja „beschworen“, der großen Berufung würdig zu wandeln: auch das funktioniert also nicht etwa auf Grund der Erwählung und Bekehrung einfach von selbst. Darum steigt auch jetzt beim Blick auf die Strecke, die noch in hartem Lauf bis zum Ziel durchmessen werden muß, die heiße Bitte für die Gemeinde auf. Dabei wird „würdigen“ hier den Sinn von „würdig machen“ haben: Gott mache die Gemeinde der an sie ergangenen und von ihr angenommenen Berufung würdig. „Würdig wandeln“ von seiten der Gemeinde, „würdig machen“ von seiten Gottes, das stimmt so zusammen, wie im Neuen Testament immer Gottes Handeln und des Menschen Tun ohne logischen Ausgleich mit gleicher Kraft betont wird. Beides ist dringend nötig, wenn die Gemeinde ans herrliche Ziel kommen soll.

Es ist in der Gemeinde wirklich alles echt begonnen und steht in kräftigem Wachstum; die Boten haben es eben erst (in Vers 3) bezeugt. Aber nun muß das alles „zur Vollendung gebracht werden“. Und das ist wieder Gottes Gabe, die darum hier erbetet wird. Aber Gott gibt so, daß das Geschenkte wirklich zum eigenen Besitz des

Menschen wird. Gott wirkt so, daß das eigene lebendige Wirken des Menschen daraus entsteht. Kinder Gottes können nicht „vollendet" werden, wie ein totes Möbelstück fertig gemacht wird, ohne eigene Beteiligung. **„Zur Vollendung gebracht werden"** muß gerade die eigene Wirksamkeit der Gemeinde, **„jeder Entschluß[5] der Güte und Werk des Glaubens"**. Vom „Werk des Glaubens" sprach schon der erste Brief (vgl. zu 1 Th 1, 3 o. S. 27). Hier ist noch der „Entschluß der Güte" dazugestellt. Auch dies ist ein Genitiv des Subjekts: es ist nicht ein Entschluß zur Güte, sondern — entsprechend dem Werk des Glaubens — jeder Entschluß, der von der Güte gefaßt wird. Die „Güte" ist also wie der Glaube eine Grundbestimmtheit des Christen, aus der seine einzelnen Entschlüsse hervorgehen. Aber diese Güte selbst fließt aus Gott, wie der Glaube Gottes Werk im Menschen ist. Darum ist beides Gegenstand des Gebets und der Fürbitte. Zur Vollendung gebracht werden sollen all diese Entschlüsse und Werke **„in Kraft"**. Im klaren Unterschied zu unserer gewohnten Haltung, die fort und fort die Ohnmacht und Nichtigkeit auch des Christen betont, und bei allem Seufzen darüber im Grunde für normal hält, haben die Apostel starke Gemeinden erbetet — und also auch erwartet —, bei denen wirklich „Entschlüsse der Güte" gefaßt und „Werke des Glaubens" kraftvoll getan werden. Die Apostel meinen auch nicht, daß alles immer nur kümmerlich bleiben müsse, sondern haben von Gott kühn etwas „Vollendetes" erfleht, ohne sofort in Angst vor „Perfektionismus" und „Hochmut" zu geraten. Unsere angebliche „Demut" hätten sie am Ende einfach Faulheit und Feigheit genannt. Wirklich sachlich demütig ist gerade der, der in entschlossenem Einsatz und kraftvollem Wirken steht und von da her weiß, was alles noch zu tun bleibt und wie unermeßlich sich das Feld der Arbeit dehnt.

Noch einmal geht der Blick zum Ziel: **„damit verherrlicht werde der Name unseres Herrn Jesus in euch und ihr in Ihm."** Wieder ist das Ziel ebenso selbstlos wie gewaltig gesehen. Es geht nicht um „Seligkeit", so wie wir heute dies Wort meist egoistisch und gefühlig mißverstehen. Es geht um „Herrlichkeit". Sie allein ist das eigentliche „Ziel". Aber auch da nicht zuerst *unsere* Herrlichkeit! Daß der Name Jesu verherrlicht werde, darin sieht unser Brief das hohe Ziel der ganzen Weltgeschichte mit ihrem entscheidenden Kern, der Geschichte der

[5] Das Wort „eudokia" wird in der Bibel oft vom „Wohlgefallen", vom „Entschluß" und „Willen" Gottes gebraucht. Sollte es auch hier so verwendet sein, müßte der Satz sagen: „Was Gott an Gutsein der Christen wünscht und was Er an Glauben bei ihnen wirkt, das soll Er zur Vollendung bringen" (so v. Dobschütz). Daß „eudokia" aber auch den menschlichen Entschluß, die menschliche Willigkeit bezeichnen kann, zeigt eine Stelle wie Rö 10, 1; das entsprechende Verbum steht in 1 Th 3, 1. „Entschluß der Güte, Willigkeit der Güte" kann dabei auch ein Genitiv des Objekts sein. Es ist eine gute und notwendige Bitte, daß Gott „jede Willigkeit zur Güte" in uns zur Vollendung bringen möchte.

Gemeinde. Wer Jesus kennt, wer der Liebe Jesu seine ewige Errettung verdankt und darum den Namen Jesu über alle anderen Namen liebt und ehrt, stimmt von Herzen unserem Brief zu. Die Gemeinde Jesu kommt ihrerseits nicht zu kurz dabei! Denn hier ist die Verherrlichung Jesu in Seiner Gemeinde und die Verherrlichung der Gemeinde in Jesus genauso doppelseitig miteinander verknüpft wie die Verherrlichung des Vaters im Sohn und des Sohnes im Vater durch Jesus im Johannesevangelium. Wenn Gottes Wirken in einer Gemeinde „jeden Entschluß der Güte und Werk des Glaubens kraftvoll zur Vollendung bringt", dann ist in dieser Gemeinde und an ihr „der Name Jesu verherrlicht", wie umgekehrt die Gemeinde in Jesus verherrlicht ist.

Daß es dahin wirklich kommt, das geschieht **„nach der Gnade unseres Gottes und des[6] Herrn Jesus Christus"**. Die Gnade ist dabei nicht als „Lückenbüßer" aufgefaßt. Das Ziel ist hier — ob uns das theologisch richtig erscheint oder nicht — nicht so gesehen, daß eine versagende, leere und kraftlose Gemeinde aus lauter Gnade dann doch in den Himmel kommt, sondern so, daß der Name Jesu aus einer kraftvoll zur Vollendung gebrachten Gemeinde hell herausleuchtet, wodurch umgekehrt diese Gemeinde ihrerseits tatsächlich und nicht nur dogmatisch eine in Jesus „herrliche" Gemeinde ist.

DIE GEMEINDE BEDARF NÜCHTERNER KLARHEIT IM BLICK AUF DIE ENDGESCHICHTE

2. Thessalonicher 2, 1—12

1 Wir bitten aber euch, Brüder, betreffs der Parusie unseres Herrn
2 Jesus Christus und unserer Versammlung zu Ihm, * daß ihr euch
nicht rasch erschüttern laßt weg vom Verstand und auch nicht in
Aufregung versetzen, weder durch Geist noch durch Wort noch
durch Brief als von uns, daß angeblich da sei der Tag des Herrn,
3 * damit nicht einer euch betrüge auf keine Weise. Denn wenn
nicht kam der Abfall zuerst und offenbart wurde der Mensch der
4 Gesetzlosigkeit, der Sohn des Verderbens, * der sich widersetzt

zu Vers 1: Mk 13, 27; 1 Th 4, 13-17
zu Vers 2: Mt 24, 6; 1 Jo 4, 1
zu Vers 3: Da 7, 25; 1 Tim 4, 1; 1 Jo 2, 18

[6] Dieser Artikel steht eigentlich nicht im Text, so daß genau genommen Jesus Christus hier als „unser Gott und Herr" bezeichnet wäre. Die einzige Parallele im gesamten paulinischen Schrifttum wäre Rö 9, 5b. Aber die rechte Erfassung auch dieser Stelle ist umstritten, es kann sich in den letzten Worten des Satzes auch um einen angefügten Lobpreis Gottes handeln. Denn sonst überall unterscheidet Paulus klar zwischen dem heiligen, lebendigen „Gott", unserem Vater, und dem „Herrn" Jesus Christus. Wohl kann er von Jesus aussagen: „in Gestalt Gottes wesend" (Phil 2, 6), aber er hat Jesus sonst nie „unseren Gott" genannt. Dementsprechend wird auch unsere Stelle aufzufassen sein.

zu Vers 4: Da 11, 36; Jes 14, 13; Offb 13, 6
zu Vers 5: 1 Th 3, 4
zu Vers 7: Apg 20, 29; 1 Jo 2, 18; 4, 3; Offb 17, 5
zu Vers 8: Hio 4, 9; Jes 11, 4; Da 7, 10. 11; Hos 6, 5; 2 Th 1, 8. 9; Offb 2, 16; 19, 15
zu Vers 9: Mt 24, 24; Eph 2, 2; Offb 13, 11-13
zu Vers 10: 2 Ko 2, 15; 4, 3
zu Vers 11: 1 Kö 22, 22; Hes 14, 9; Mt 24, 5. 11; Rö 1, 24. 28
zu Vers 12: 1 Tim 4, 1; Rö 1, 28. 32

und überhebt über alles, was Gott heißt oder Heiligtum, so daß er
sich in den Tempel Gottes setzt, hinstellend sich selbst, daß er
5 Gott ist. * Erinnert ihr euch nicht, daß ich, als ich noch bei euch
6 war, diese Dinge euch sagte? * Und jetzt kennt ihr das Aufhal-
tende, damit sein Offenbarwerden erfolgt zu seiner bestimmten
7 Zeit. * Denn das G e h e i m n i s der Gesetzlosigkeit ist schon in
Wirksamkeit, allein noch der aufhält jetzt, bis er aus dem Wege
8 kommt. * Und dann wird offenbart werden der Gesetzlose, den
der Herr Jesus vernichten wird mit dem Hauch Seines Mundes
9 und beseitigen wird durch die Epiphanie Seiner Parusie, * Er,
dessen Parusie erfolgt nach der wirksamen Kraft Satans mit jeder
10 Machttat und Zeichen und Wundern der Lüge * und mit jedem
Betrug der Ungerechtigkeit für die Verlorengehenden zur Vergel-
tung dafür, daß sie die Liebe der Wahrheit nicht annahmen, damit
11 sie errettet würden. * Und deswegen sendet ihnen Gott eine wirk-
same Kraft des Irrwahns, damit sie zum Glauben kommen gegen-
12 über der Lüge, * damit gerichtet werden alle miteinander, die
nicht Glauben schenkten der Wahrheit, sondern Wohlgefallen
hatten an der Ungerechtigkeit.

Wenn uns nun auch der zweite Brief wie der erste zu dem großen Thema der Eschatologie führt, dann wollen wir seine Mahnung, **„daß ihr euch nicht rasch erschüttern laßt weg vom Verstand“**, sofort auch uns selber für alle Beschäftigung mit den eschatologischen Fragen gesagt sein lassen. Denn hier greift erregte Leidenschaft besonders leicht Platz. Die Zukunftsweissagung ist, eben weil sie eine solche ist und weder Schilderung bereits geschehener Geschichte noch Entfaltung klarer, aus Gottes Handeln gewonnener Lehre, nie so „eindeutig“ wie diese[7]. Darum wird hier schon das Übersetzen eines biblischen Textes weit schwerer und unsicherer als in den Geschichts- und Lehrbüchern. Und vollends die Auslegung und das Verständnis der einzelnen Stellen wie ihre rechte Zuordnung zueinander stellt vor ganz große Schwierigkeiten. Daher kommt es, daß auch bedeutende, ernste und gründliche Erforscher der Heiligen Schrift hier vielfach zu recht verschiedenen Ergebnissen gelangt sind und noch gelangen. In solcher Lage liegt die große Gefahr, daß wir „Anhänger“ dieser oder jener Ansicht und Deutung werden, die wir nun mit einer gewissen Leidenschaft vertreten und verteidigen, gerade weil ihr von anderen mit nicht unerheblichen Gründen widersprochen wird. Solche Leidenschaft

7 Der blinde Professor Riggenbach, ein hervorragender gläubiger Theologe und Schriftausleger, der Auberlen's Kommentar zu den Thessalonichern fertiggestellt und herausgegeben hat, sagt es in guter Formulierung: „Prophetie ist nicht Wissen der Geschichte der Zukunft, sondern Schauen der wesentlichen Entwicklungsstufen.“

verschließt uns das Ohr und das Auge, so daß wir die Schrift nicht mehr wirklich hören und ihre Linien nicht mehr klar und treu auffassen können. Weit besser, wir lassen bestimmte Fragen offen, gestehen redlich ein, daß wir hier oder da noch zu keiner Klarheit kommen konnten, und scheuen uns auch nicht zuzugeben, daß wir Aussagen der Schrift als widersprechend empfinden und für jetzt noch nicht zusammen zu schauen vermögen. Dann behalten wir die Freiheit, weiter zu lesen und zu lernen und die Schrift unbefangen zu hören, bis uns Gott durch Sein Wort unsere Fragen vielleicht ganz überraschend beantwortet und die scheinbaren Widersprüche löst. Der Leser ist also gebeten, den Text unseres Briefes ruhig mit uns zu erwägen und sich auch nicht durch bisherige Anschauungen an einem neuen, vollen Hören der Textaussagen hindern zu lassen.

In der Gemeinde der Thessalonicher ist erneut Unruhe entstanden in der Frage **„der Parusie unseres Herrn Jesus Christus und unserer Versammlung[8] zu Ihm“**, also in der 1 Th 4, 13—18 behandelten Sache. Diese Unruhe ist so erheblich geworden, daß die Boten Jesu **„bitten“** müssen: **„Laßt euch doch nicht so rasch erschüttern weg vom Verstand.“** Der hier mit dem Grundwort „Verstand“ wiedergegebene griechische Begriff „nous“ hat eine viel reichere Bedeutung in sich. Es kann 1 Ko 2, 16 vom „nous“ Gottes oder Christi gesprochen werden. Das Wort umfaßt also das ganze innere Geistesleben, aber freilich — wie die Auseinandersetzung mit der Zungenrede in 1 Ko 14 besonders deutlich zeigt — dieses Geistesleben als ein klares, bewußtes, seiner selbst mächtiges. Von solchem Geistesleben sollen sich die Thessalonicher nicht wegbringen lassen durch Erschütterungen und Aufregungen. Wir haben hier genau wie in 1 Ko 14 die Schätzung des „nous“ vor allem Aufgeregten und Ekstatischen[9].

Was hat die Thessalonicher aus dem Gleichgewicht gebracht oder droht sie einer unklaren Aufgeregtheit zu überantworten? **„Der Tag des Herrn ist da!“**, verkünden aufgewühlte Männer in Thessalonich. Der Heilige Geist hat es in Prophetien kundgetan! Paulus und seine Mitarbeiter sagen es auch! Sie haben es sogar schon in einem Brief geschrieben!

Wie sollen wir das verstehen? Das mußte doch jeder merken, daß die Ereignisse, die der erste Brief in 1 Th 4, 13—18 der Gemeinde so klar vor die Augen stellte, sich noch nicht abgespielt hatten! „Entrückt“ waren sie doch offensichtlich nicht! Ja eben, meint O. Stockmayer, das war es ja gerade, was die Thessalonicher so erschütterte: Nun waren Parusie und Entrückung erfolgt und sie — waren

[8] Paulus verwendet hier für die Entrückung und Vollendung der Gemeinde das gleiche Wort, das auch Jesus selbst in Mt 24, 31 gebraucht hat.

[9] Das dürfte für die Frage der „Echtheit“ des Briefes nicht unwichtig sein!

nicht dabei! Diese Erklärung ist zunächst eine frappierende Lösung. Aber sie ist schwerlich haltbar. In der Darstellung in 1 Th 4, 13—18 findet sich nicht eine Spur der Meinung, als werde nur eine besondere Auswahl der Gemeinde entrückt, während andere gläubige Gemeindeglieder zurückblieben. Wie hätten also die Thessalonicher nach ihrem bisherigen apostolischen Unterricht auf den Gedanken kommen können, sie alle miteinander seien als noch nicht würdig genug bei der Entrückung übergangen worden! Zudem hätten sie dann auch Paulus selbst für nicht mit entrückt halten müssen, da sie ja einen Brief mit der Mitteilung der bereits erfolgten Parusie und Entrückung von ihm zu haben behaupteten!

Nein, „der Tag des Herrn ist da!“ kann auch mit „der Tag des Herrn steht unmittelbar bevor“ wiedergegeben werden[10]. Selbst in unserer deutschen Sprache ist es ähnlich: Auch am 23. Dezember kann schon einer zum andern sagen: „Nun ist Weihnachten wieder da“; oder es kann angesichts der Zuspitzung der Lage ein Politiker urteilen „Der Krieg ist da!“, auch wenn Kriegserklärungen noch nicht abgegeben und die ersten Schüsse noch nicht gefallen sind. Aber auch dann — wie kam man in Thessalonich zu der erregten und erregenden Meinung: „Jetzt, jetzt gleich geschieht es alles!“? Liegt die Möglichkeit dazu nicht in der Größe und Wucht der Hoffnung und Erwartung selbst? Jesus selbst hat es von da her vorausgesehen: „Es werden Tage kommen, wo ihr euch danach sehnen werdet, einen einzigen von den Tagen des Menschensohnes zu sehen, doch ihr werdet ihn nicht sehen“ Lk 17, 22. Und eben für diese Zeit des heißen und doch noch vergeblichen Wartens hat er gewarnt vor dem „sich in Aufregung versetzen lassen“ (Mt 24, 6 das gleiche Wort wie in unserem Text) und vor denen, die dann irrezuführen versuchen (Mt 24, 4; Lk 17, 23). Jesus selber hat also genau mit dem gerechnet, was jetzt in Thessalonich zu geschehen begann[11]. Wer wirklich und ernstlich wartet, hört gern die Nachricht: „Jetzt ist das Erwartete da!“ Und eine hart bedrängte, leidende Gemeinde horcht natürlich auf, wenn die Kunde kommt: Der Tag des Herrn ist da, gleich ist alle Not vorbei!

Es war aber in Thessalonich nicht nur diese Kunde selbst, die so einschlug und solche Aufregung verursachte. Die Kunde fand solchen Eingang, weil sie zur Gemeinde kam **„durch Geist und durch Wort und**

[10] Der Ausdruck bezeichnet „nicht wirkliche Gegenwart, sondern die fast zur Gegenwart gewordene Zukunft“. So v. Dobschütz in seinem Kommentar zu unseren Briefen (Göttingen 1909, Seite 268).

[11] Dagegen ist die Behauptung von Hymenäus und Philetus, daß die Auferstehung bereits stattgefunden habe (2 Tim 2, 18), grundmäßig anderer Art. Hier war die Hoffnung auf die Parusie vielmehr aufgegeben und dem „griechischen“, vergeistigenden Denken ausgeliefert worden. Die angekündigte „Auferstehung der Toten“, Kol 2, 12 war hier schon alles, war in der „geistlichen Auferstehung“ des Gläubigwerdens schon geschehen.

durch Brief als von uns". Was ist damit gemeint? Man hat die Worte „als durch uns" vielfach nur zu dem letzten Glied der Reihe gezogen, an das sie sich unmittelbar anschließen, und dann in dem „Brief als durch uns" einen gefälschten Paulusbrief sehen wollen. Das schien erhärtet durch die Bemerkung in Kap. 3, 17, wo Paulus durch seine eigenhändige Grußunterschrift seinen Briefen offensichtlich ein Echtheitszeichen solchen Fälschungen gegenüber gebe. Aber es erheben sich gegen diese Auffassung doch sofort erhebliche Bedenken (die dann mit zur Behauptung der Unechtheit unseres Briefes gedient haben). Soll es denkbar sein, daß damals in der ersten Zeit der paulinischen Mission in Europa gefälschte Paulusbriefe angefertigt und versandt werden konnten? Und dies an eine Gemeinde, die vor wenigen Monaten den ersten Brief des Apostels kurz nach ihrer Gründung erhalten hatte? Und sollte Paulus in einem solchen Falle nicht ganz anders mit einer solchen Fälschung abgerechnet haben als nur durch eine kurze Bemerkung wie hier in unserem Text? Aber der Wortlaut des Satzes nötigt uns gar nicht, an eine Brieffälschung zu denken! Das „als von uns" kann zu allen drei Ausdrücken gehören und mit seinem „als von uns" lediglich den Tatbestand bezeichnen, daß man sich bei der aufregenden Botschaft irgendwie auf eine Geistesoffenbarung oder ein mündliches oder schriftliches Wort der Gemeindegründer berief. Das „briefliche Wort" kann dabei sehr gut der mißverstandene erste Thessalonicherbrief sein oder irgendeine andere schriftliche Äußerung des Apostels, die man irgendwo gelesen haben wollte. Eben darum geht hier Paulus der Sache nicht weiter nach und wählt diesen allgemeinen und schwebenden Ausdruck. Das „als von uns" hieße dann so viel wie „unter Berufung auf uns".

Aber es ist doch sehr kennzeichnend, wie die leidenschaftliche Aufgeregtheit in der Behauptung des unmittelbaren Hereinbruchs der letzten Dinge sofort auch den Wahrheitssinn beeinträchtigt und unbedenklich zu sehr zweifelhaften „Beweismitteln" greifen läßt, um die eigene fanatische Meinung zu sichern. Ähnliches ist in der Geschichte der Gemeinde Jesu wieder und wieder erlebt worden! Wirklicher „Schwarmgeist" ist immer daran zu erkennen, daß er elementare sittliche Grundsätze verletzt und hochmütig über Redlichkeit und Wahrhaftigkeit hinweggeht.

All dem entgegen bitten die Boten Jesu ihre Brüder in Thessalonich beim ruhigen, klaren Denken zu bleiben und sich auch solchen Berufungen auf „Geist" und „Wort und Brief der Boten" nicht ohne weiteres zu beugen. Wie wichtig ist das für uns! Hier setzt mit tiefem Ernst jenes „Prüfen" ein, das auch „Weissagungen" gegenüber ausdrücklich gefordert ist und erst recht keine Unklarheit und Unwahrhaftigkeit bei den anderen Beweismitteln duldet. Es ist tröstlich, aber auch hart für uns, zu wissen: sofort damals bei den ersten Gemeinden schon mußte damit gerechnet werden, daß der Versuch zum **„Betrügen"** gemacht würde und daß man sich dabei **„jeder Weise"**, auch der „frommen", bedient und den Heiligen Geist ebenso wie Wort und Brief geistlicher Autoritäten in unwahrer Weise für diesen Betrug in Anspruch nimmt[12]. Wir werden uns nicht wundern dürfen, wenn es so etwas auch heute gibt, und werden zugleich um so ernster und bestimmter auf der Hut sein. Wir merken, warum der Herr diesen zweiten Thessalonicherbrief hat schreiben und uns aufbewahren lassen. Wir werden uns aber auch nicht so billig und pharisäisch über die erheben dürfen, die solche Nachrichten aufbrachten, und über die, die davon bewegt wurden. Eine herzlose und gleichgültige Christenheit ist freilich solchen Gefahren nicht ausgesetzt, weil sie Jesus nicht mehr liebt und darum auch nicht mehr auf ihn wartet. „Schwärmerei" ist immer nur die Gefährdung *lebendiger* Gemeinden. Sichere Überlegenheit über alle „Schwärmerei" ist also nichts weiter als ein Zeichen des Todes, dessen man sich lieber nicht rühmen sollte!

Aber nun müssen wir uns um so ernster dem zuwenden, was die drei Boten Jesu der Gemeinde zur Begründung ihrer warnenden Bitte sagen. Es folgt ja eine deutliche Begründung mit einem „denn". Der damit eingeleitete Satz aber ist unvollständig, wie wir beim Lesen des Textes gemerkt haben werden, ein Wenn-Nebensatz ohne Hauptsatz. „Denn wenn nicht zuerst das und das geschieht..." — nun müßte es heißen: „so kann sich dies nicht ereignen". Oder es ist hinter dem „Denn" ein kurzer Vordersatz mitgedacht, aber nicht mitgeschrieben: „Denn dies alles kann nicht eintreten, wenn nicht zuerst...". Aber wie wir die Unvollständigkeit des Satzes auch verstehen und ergänzen mögen, der Sinn der ganzen Aussage ist eindeutig: Betreffs Parusie und Entrückung laßt euch nicht rasch in Aufregung versetzen durch die Behauptung, der Tag des Herrn sei da; denn der große Tag mit Parusie und Entrückung kann doch gar nicht eintreten, wenn nicht zuerst der Abfall gekommen und der Antichrist aufgetreten ist! Wie in 1 Th 5, 1—4 und in 2 Th 1, 6—8 ist auch hier wieder die Parusie zur Sammlung und Vollendung der Gemeinde ganz eng mit dem Tag des Herrn für die Welt verbunden. Wohl sind es *in-*

[12] Mit diesem „Betrug" hat es seine eigene Bewandtnis. Er gehört als solcher gerade in die Endzeit mit hinein als ein Irreführen eben in den endzeitlichen Dingen. In der endgeschichtlichen Rede Jesu Mt 24 steht darum als erstes an der Spitze aller Ausführungen die Warnung: „Sehet zu, daß euch nicht jemand verführe!" Das ist in unserem Brief fast wörtlich aufgenommen. Es geht dabei nicht um einen rein menschlichen „Betrug" im üblichen moralischen Sinne des Wortes. Hinter diesem Täuschen und Irreführen stehen übermenschliche Gewalten, die gerade jetzt auch die Auserwählten zu Fall bringen möchten. Paulus braucht das gleiche Wort wie hier auch Rö 7, 11 und 2 Ko 11, 3, wo er von der Sünde und von der Schlange spricht, die den Menschen „betrügen".

haltlich zwei grundverschiedene Ereignisse. Sie sind so grundverschieden, daß 1 Th 4, 13—18 das erste völlig für sich geschildert werden kann. Jesus kommt wirklich zuerst lediglich für Seine geliebte Gemeinde. Er macht noch *vor* der Erde in der Luft halt und sammelt und vollendet dort die Seinen. Aber trotzdem ist gleich darauf in 1 Th 5, 1—4 und in 2 Th 1, 6—8 beides als ein einheitlicher Akt erwartet. Es ist der *eine* „Tag", der die Welt wie ein Einbrecher mit jähem Verderben überfällt, aber die vom Tag her schon jetzt lebende Gemeinde nicht überrascht, der der gottfeindlichen Welt Verderben, der bedrängten Gemeinde aber Erquickung bringt. Die oft gehörte Meinung, als geschehe die Parusie vollständig unabhängig vom Kommen Jesu zur Machtergreifung in der Welt, sie könne also jeden Augenblick eintreten, auch wenn bis zum Offenbarwerden Jesu der Welt gegenüber erst noch viel geschehen müsse und vielleicht noch eine lange Zeit vergehe, diese Meinung wird durch die beiden Thessalonicherbriefe und besonders durch unseren jetzigen Abschnitt nicht gestützt. Die ganze Bitte und Mahnung: Betreffs der Parusie des Herrn und unserer Versammlung zu Ihm laßt euch nicht rasch durch Alarmnachrichten erschüttern, es muß ja doch zuerst der Abfall und der Antichrist kommen!, verlöre allen Boden und hätte so nie geschrieben werden können, wenn auch Paulus der Überzeugung gewesen wäre, der „Tag des Herrn" für die Welt sei etwas völlig anderes als die Parusie für die Gemeinde; jener könne freilich erst eintreten, wenn die Entwicklung der Weltgeschichte mit dem antichristlichen Weltreich zur Reife gekommen sei, diese dagegen könne unabhängig davon jederzeit erfolgen. Der Brief hätte dann genau umgekehrt sagen müssen: Daß ihr in so heilsamer Erregung seid, ist nur gut! Zwar der „Tag des Herrn" für die Welt ist noch nicht da, da muß erst noch viel zuvor geschehen; aber Parusie und Entrückung kann wirklich jeden Augenblick eintreten; ihr müßt beides gut auseinander halten! Aber so haben die Boten Jesu eben *nicht* geschrieben. Sie haben die Alarmnachricht „Der Tag des Herrn ist da!" auf Parusie und Entrückung bezogen und haben darum auch **„betreffs der Parusie unseres Herrn Jesus Christus und unserer Versammlung zu Ihm"** festgestellt, daß sie nicht eintritt, **„wenn nicht kam der Abfall zuerst und offenbart wurde der Mensch der Gesetzlosigkeit"**.

Steht das dann aber nicht in deutlichem Widerspruch zu dem, was Paulus in seinem ersten Brief, besonders in 1 Th 5, 2, der Gemeinde gesagt hatte: Der Tag des Herrn kommt „wie ein Dieb in der Nacht" mit unberechenbarer Plötzlichkeit? So haben theologische Forscher in der Tat geurteilt und darum den 2 Th für unecht erklärt. Paulus hätte sich niemals so widersprechen und wenige Monate nach dem ersten Brief den Thessalonichern das Gegenteil zu dem dort Dargelegten schreiben können. Und dies noch dazu mit dem Hinweis, er habe ihnen das doch alles schon früher gesagt! Wenn Paulus wirklich der Gemeinde die endzeitliche Entwicklung einschließlich des Abfalls, des Geheimnisses der Gesetzlosigkeit, des „Aufhaltenden" und der Offenbarung des „Menschen der Gesetzlosigkeit" schon bei seiner mündlichen Unterweisung geschildert hatte, dann konnte er ihnen bei dem Thema „Zeiten und Fristen" in 1 Th 5, 1 ff niemals so schreiben, wie er es doch tat, sondern mußte an jener Stelle schon an all das erinnern, was er jetzt in unserem Abschnitt vor sie hinstellt!

Demgegenüber haben wir schon oben (S. 90 Anm. 68 und 69) darauf hingewiesen, daß der gleiche „Widerspruch" durch die Rede des Herrn Jesu in Mt 24 hindurchgeht! Er liegt im Wesen der Eschatologie! Denn es geht in ihr um End*geschichte,* also um geschichtliche Entfaltung und Ausreifung, die ihre Stufen durchschreitet und ihre Zeit braucht (vgl. auch o. S. 89, Anm. 67). Darum redet die Bibel von der Endgeschichte so gern im Bild der „Ernte". Zugleich aber geht es in ihr um Eingriffe von oben, die „plötzlich" kommen. So ist es schon in der alten Geschichte des göttlichen Handelns: Die Sintflut kam nicht „plötzlich"; Gott wartete mit unendlicher Geduld und rief zur Buße; dann aber kam sie „plötzlich" zum jähen Verderben über ein sicheres Geschlecht und gewiß selbst für Noah bei aller festen Erwartung „plötzlich". Jesus selbst zieht in seiner eschatologischen Rede diesen Vergleich (Mt 24, 37—39). Das gleiche meint Gott in Seinem Wort durch Jeremia (18, 7): „Plötzlich rede ich wider ein Volk und Königreich, daß ich es ausrotten, zerbrechen und verderben wolle." Hier ist eine lange Geschichte der Schuld vorhergegangen, Gottes Gericht kommt nicht grundlos-launisch; und doch bricht es „plötzlich" über dies Volk herein. Ein von Gottes Geist erfüllter Beobachter konnte es lange kommen sehen und wäre dann doch von seiner „Plötzlichkeit" überrascht worden.

So hat der Blick in die Zukunft hinein stets beide Seiten: alles muß wachsen und ausreifen, alles hat seine Vorzeichen, es muß vieles erst noch vorher geschehen, *und* es erfolgen Gottes Eingriffe bis hin zum letzten in der Parusie Jesu überraschend, unerwartet, plötzlich. Welche der beiden Seiten aber jeweils zu betonen ist, das hängt von der seelsorgerlichen Situation ab. Im ersten Brief schien es Paulus nötig, einer Gemeinde, die sich für „Zeiten und Fristen" „interessierte", zu sagen: Laßt eure Berechnungen, seid wach und bereit, ihr wißt selbst, der Herr kommt überraschend wie ein Dieb in der Nacht. Jetzt aber hat er es zu tun mit einer aufgeregten Gemeinde, die ein aufgewühltes Meer zu werden droht in der Meinung, der Tag des Herrn sei gleich da. Ihr gegenüber wird kraftvoll die andere Seite hervorgehoben: es muß erst noch vieles zur Reife kommen, laßt euch nicht verwirren.

Dabei geht es aber nicht nur um die Terminfrage als solche! Es geht darum, daß die Gemeinde in Thessalonich es sich „zu einfach" dachte. Sie meinte wahrscheinlich, die jetzt von ihr zu bestehenden Verfolgungen seien schon „die große Trübsal", und hörte begierig und erregt auf den Ruf: Gleich muß die Not dem Tag des Herrn weichen! Nein, will ihr Paulus sagen, so einfach, so billig ist es nicht! Es muß noch viel ernster und noch viel schwerer kommen. Die Ausreifung der Sünde in der Welt muß erst noch eine ganz andere Gestalt gewinnen im Abfall und im antichristlichen Weltherrscher.

Das muß die Gemeinde wissen und bedenken. Für sie kommt der Herr in der Tat *nicht* „wie ein Dieb in der Nacht", wie das ja in 1 Th 5, 4 ausdrücklich bezeugt war und nun in unserem Abschnitt näher begründet wird. Für die Welt (und eine verweltlichte Christenheit!) freilich bleibt es dabei: Wenn sie in „Frieden und Sicherheit" Gott nicht mehr zu brauchen und Jesus endlich loszusein meint, dann gerade überfällt sie mit jäher Plötzlichkeit wie ein Einbrecher das Verderben des großen Tages.

Und nun wendet sich der Brief gründlich dem Ablauf der Weltgeschichte zu, die erst zur Reife kommen muß, ehe das Befehlswort Gottes dem wartenden Sohn den Weg zum Kommen freigibt.

Es kommt zuerst die **„Apostasie"**, der **„Abfall"**. Dieser Abfall steht in enger Verbindung zu der **„Offenbarung des Menschen der Gesetzlosigkeit"**. Beide Ausdrücke weisen zunächst auf Israel. „Du lehrst den Abfall von Mose", ist die Anklage gegen Paulus in Jerusalem Apg 21, 21. „Abfallen" im strengen Sinn kann man nur von einer rechtmäßigen und fest bestehenden Bindung. In diesem Sinne gehört nur Israel zu Gott durch einen klaren „Bund". Ebenso besitzt nur Israel im eigentlichen Sinne „das Gesetz". Ein „Mensch der Gesetzlosigkeit" kann streng genommen nur ein Jude sein[13]. So müssen wir ernstlich erwarten, daß jenes „das Maß ihrer Sünden voll machen", von dem schon 1 Th 2, 16 sprach, sich in einer Lossagung weiter Kreise von Juden von Gott vollenden wird. Und wir dürfen in dem Ausdruck „Mensch der Gesetzlosigkeit" einen Hinweis darauf sehen, daß der Antichristus wie der Christus aus Israel kommt und ein Jude ist.

Aber in Rö 2, 14 hat Paulus — wie überhaupt in den drei ersten Kapiteln des Römerbriefes — den Unterschied zwischen Israel und

[13] Man darf das allerdings doch nicht zu bestimmt sagen, einfach weil der Sprachgebrauch der Zeit ein anderer ist. Im Neuen Testament ist die Sünde Israels der falsche Eifer für Gott, nicht der Abfall von Gott (Rö 9—11 und auch 1 Th 2, 14—16). „A-nomos = gesetzlos" wird dagegen gerade von „Heiden" gebraucht: Rö 2, 12; 1 Ko 9, 21; 2 Ko 6, 14. Von Gewicht ist auch die Tatsache, daß in der Danielschen Weissagung, auf die unser Briefabschnitt sich sichtlich stützt, der Antichrist klar als heidnischer Gewaltherrscher erscheint. Und von der zeitgenössischen jüdischen Literatur wird (in den sogenannten „Psalmen Salomos") Pompejus als „ho ánomos", als „der Gesetzlose" bezeichnet.

den Völkern zwar nicht aufgehoben, aber relativiert. Auch die Völker wissen von Gott und sind ihm gegenüber zu Ehrung und Dank gefordert (Rö 1, 19—21); auch sie stehen im Herzen unter dem Gesetz, wie darum auch das Gericht nach dem gleichen Maßstab über Juden und Griechen ergehen wird (Rö 2, 9. 10), wenn auch über den Juden „zuerst". So ist auch Abfall und Antichrist „zuerst" eine israelitische Sache. Aber doch eben nur „zuerst". Denn dann wird dieser Antichrist ja doch zweifellos die ganze Erde mit allen Völkern nicht nur äußerlich beherrschen, sondern gerade auch innerlichst für sich und seine Selbstvergottung gewinnen. Dementsprechend ist auch unter den Völkern ein „Abfall" möglich und auch eine „Gesetzlosigkeit". Noch wissen die Völker in ihren Religionen, auch in den rohesten und abstoßendsten, etwas von „Gott". Noch sind sie „sich selbst ein Gesetz" und kennen und achten letzte Bindungen für ihr Handeln. Aber sie können und werden davon „abfallen". Was im „Sündenfall" grundmäßig geschah, wird auf dem Höhepunkt der Weltgeschichte eben „weltgeschichtliches" Ausmaß und „weltgeschichtliche" Sichtbarkeit erlangen: der Bruch mit Gott und Seinem Gebot, das Seinwollen wie Gott. „Dieweil die Ungerechtigkeit wird überhand nehmen, wird die Liebe in vielen erkalten", sagt Jesus in Mt 24, 12, und hier steht eigentlich das gleiche Wort „Gesetzlosigkeit". Die Menschen werden so, wie sie Paulus in 2 Tim 3, 1—5 beschrieben hat. Und die Erinnerung an Gott, die doch wirklich durch Jahrhunderte für die Völker auch des Abendlandes ein letzter Halt und Trost war, wird leidenschaftlich verneint und bekämpft werden. Nicht etwa, als ob der „Antichrist" das erst mit Gewalt inszenierte und herbeiführte! Nein, jener „Abfall" kommt „zuerst", geht dem Auftreten des antichristlichen Weltherrschers voran und ist die Voraussetzung dafür. Ehe die Menschheit — einschließlich Israels — nicht durch „Abfall" dafür reif geworden ist, würde der Antichrist gar nicht den Boden zu seiner Entfaltung finden. Aber dann faßt der unheimliche Herrscher den antichristlichen Geist zusammen und stellt in riesiger Größe und fanatischer Totalität vor die Menschheit hin, was sie selber schon lange heimlich und offen ersehnt und gewollt hat.

Beachten wir es wohl: Nicht ein Triumph der Kirche, nicht eine zunehmende Christianisierung der Welt liegt vor uns, wie es auch weite christliche Kreise unter dem Einfluß des allgemeinen Fortschrittsglaubens ganz selbstverständlich gemeint haben. Die Bibel sieht eindeutig das Gegenteil voraus! Das ist auf der einen Seite eine sehr schwere Wahrheit, die uns erschrocken und verzagt machen kann, gerade wenn wir sie wirklich ernst nehmen. Wer sie so leichthin aussprechen kann, hat sie in ihrer ganzen Furchtbarkeit nicht begriffen. Auf der anderen Seite aber ist es wunderbar für uns, daß die „alte" Bibel so klar vorausgesagt hat, was uns lange Zeit fern lag und schwer vorstellbar war und was heute im vollen Geschehen ist. Nun ist es auch hier so, wie beim Erleiden von Verfolgungen in unserem Brief in Kap. 1, 4. 5 gesagt war: der große Abfall, scheinbar ein Triumph der Gottlosigkeit, ist in Wahrheit gerade nur eine Bestätigung des biblischen Wortes. Je höhnischer der Gegner unseren Glauben „widerlegt", um so sicherer erfüllt er selbst gerade damit das biblische Wort. Wir gleichen den Passagieren eines Schiffes, denen der Kapitän schon am Beginn der Reise und während vieler stiller Schönwetter-Tage gesagt hat, daß kurz vor dem Ziel noch ein Gürtel schwerster Stürme und Unwetter zu passieren ist. Wenn nun die finsteren Wolken aufsteigen und Himmel und Meer in Dunkel hüllen, wenn die Blitze zucken und es schauerlich heult und brüllt, brauchen die Passagiere keine Angst zu haben, daß der Kapitän falschen Kurs fährt oder selbst vom Unwetter überrascht die Gewalt über das Schiff verloren hat. Wohl kann ein Grauen und Beben ihre Herzen erfassen — das Unwetter ist kein Kinderspiel —, aber sie sehen sich an und nicken sich zu: So, genauso hat der Kapitän es uns vorausgesagt. Bald sind wir am Ziel!

Der Antichrist wird sofort **„der Sohn des Verderbens"** genannt. Das ist eine semitische Ausdrucksweise, die auch wir übernommen haben, wenn wir zum Beispiel von jemand sagen, er sei „ein Kind des Todes". Der Herr Jesus wendet das gleiche Wort Jo 17, 12 auf Judas Ischariot an. „Sohn des Verderbens" das heißt „unentrinnbar dem Verderben geweiht". Mag er seine Macht noch so erschreckend hoch erheben und völlig unangreifbar erscheinen wie noch nie ein Herrscher vor ihm, sein Untergang ist gewiß, und seine Sache ist von vornherein verloren. So wird es auch dem Seher Johannes zum Trost gezeigt mitten in der Schilderung der ganzen Furchtbarkeit der antichristlichen Zeit: das Tier mit all seinen Wundern und all seiner Gewalt „fährt in die Verdammnis" (Offb 17, 8—11). Das darf die Gemeinde wissen.

Das muß sie aber auch wissen, weil der „Mensch der Gesetzlosigkeit" zunächst die endgültige Widerlegung ihres Gottes zu sein scheint. Alles, was je in der Welt zu der bangen Frage geführt hat: „Wo ist nun dein Gott? Wie kann es den Gottlosen so wohl gehen? Wie kann Gott, wenn es ihn gäbe, das zulassen?", das ballt sich im Tun des Antichristen zur letzten Größe zusammen. **„Der sich widersetzt und überhebt über alles, was Gott heißt oder Heiligtum, so daß er sich in den Tempel Gottes setzt, hinstellend sich selbst daß er Gott ist."** Praktische Unbekümmertheit um Gott, titanenhaften Übermut, kalte Frevelhaftigkeit hat es in der Weltgeschichte vielfach gegeben. Aber auch ein Napoleon erwies dem Papst seine Reverenz und beschäftigte sich in der Verbannung mit der Gestalt Jesu Christi. Irgend eine letzte Scheu lag doch noch über den Gewalttätern der Völker, wenn auch Hes 28 bereits den Fürsten von Tyrus als eine sich selbst vergottende Gestalt zeichnet. Aber jener kommende Herrscher wird auch diese letzte Scheu abwerfen. Alles, was nur irgend „Gott heißt oder Heiligtum", was also irgend noch an die Anerkennung einer außermenschlichen Macht erinnert, zertritt er bewußt und radikal. Den konzentrierten Ausdruck dafür findet er in einem Schritt, den er wieder so nur in Israel tun kann und dort auch tun wird: **„so daß er sich in den Tempel Gottes setzt, hinstellend sich selbst, daß er Gott ist."** „Den Tempel Gottes" gibt es nur in Israel, in Jerusalem. Alle anderen Tempel der Welt sind zwar ein Zeichen des Suchens nach Gott und des Ahnens Gottes, aber doch nur eigenmächtige Gebilde des Menschen, mit denen Gott unmittelbar nichts zu tun hat. Nur dieser eine Tempel ist nach der Anweisung Gottes selbst erbaut und hat die Zusage, daß Gott wirklich darin wohnen will[14]. In diesen Tempel, in das Allerheiligste, an den Platz, den als einzigen besonderen Wohnort auf Erden Gott selbst sich ausdrücklich vorbehalten hat, dringt der Antichrist ein und setzt sich so buchstäblich und unmittelbar an die Stelle des lebendigen Gottes und gibt in feierlicher Proklamation die Erklärung ab, „Gott" sei er. In der ganzen Welt wird an den Fernsehgeräten dieser Staatsakt miterlebt; Tonfilmaufnahmen zeigen ihn in allen Kinos der Erde; die Weltpresse widmet ihm begeisterte Leitartikel. Endlich ist's klar vor aller Welt: es gibt keinen Gott! „Gott" ist allein „der Mensch", repräsentiert in dem „Menschen der Gesetzlosigkeit", dem Weltherrscher. „Und Gott schweigt." Nur die glaubende Gemeinde sieht über ihm unauslöschlich geschrieben: „der Sohn des Verderbens"[15].

Wie ist in dem allen der „Gesetzlose" wirklich das Gegenbild zu Jesus, wirklich der „Anti-Christus", auch wenn dieses Wort „Anti-

[14] Wenn es diesen Tempel heute noch nicht wieder gibt, so werden wir seine Wiedererrichtung in Jerusalem genauso erleben, wie wir bereits die Entstehung eines „Staates Israel" wider alles menschliche Erwarten erlebt haben. Jedenfalls darf man den „Tempel" hier nicht nach 1 Ko 3, 16 und anderen Stellen als „die Gemeinde" verstehen. Daß der antichristliche Weltherrscher in der gläubigen Gemeinde Platz zu nehmen sucht, ist völlig ausgeschlossen. Sie will er vernichten! In der vom falschen Propheten geschaffenen Afterkirche mag er seinen Sitz haben; aber das ist gerade nicht die wahre Gemeinde, der Tempel Gottes. Nur das ganz wörtliche Thronen im Allerheiligsten des israelitischen Tempels ist jene blasphemische Handlung, mit der „der Gesetzlose" seine totale Nichtachtung alles dessen, was „Gott" heißt, zeichenhaft dokumentiert.

[15] Es ist in dem allen die Weissagung des Buches Daniel in 7, 8; 8, 23—25; 9, 27; 11, 30—39; 12, 11 erfüllt, mit deren Worten unser Brief hier mehrfach redet. Aber sie ist zugleich auch weit überboten. Bei Daniel ist alles nur von „dem König des Nordens" gesagt, der also nur über einen Teil der Erde regiert. Zudem wird dieser König immerhin noch den „Gott der Burgen" ehren und einen „Gott, den seine Väter nicht kannten, mit Gold und Silber, mit Edelgestein und Kleinodien" verehren. Die Erfüllung bringt also eine Steigerung und eine Totalität, wie sie Daniel noch nicht voll erfassen konnte.

christ“ hier gar nicht genannt ist und überhaupt nur in den Johannesbriefen (1 Jo 2, 18. 22; 4, 3; 2 Jo 1, 7) in der Bibel vorkommt! Jesus, den Christus, kennzeichnet es, daß er gerade als der ewige Gottessohn in der vollständigen Unterordnung unter dem Vater lebt, nichts von sich selber tun kann und will, der Gehorsame bis zum Tode, ja zum Tode des Kreuzes, dessen Speise die Vollendung des göttlichen Auftrags ist, dessen ganzes Herz lebt in dem betenden und handelnden „Vater, Dein Name . . . Dein Reich . . . Dein Wille!“. Jesus, der Christus, ist darum schon als Kind ehrfurchtsvoll-selig daheim im Tempel als dem Hause und Eigentum des Vaters. Jesus, der Christus, ist der Dienende, der nichts für sich selber will, der Sein Leben und Seine Ehre vollständig hingibt, der am Kreuz den untersten Platz äußerster Armut und Schande einnimmt. Der Anti-Christus aber ist zu allem der vollständige Gegensatz in letzter hemmungsloser Ausprägung! Die Gemeinde hat darum einen klaren, sicheren Maßstab, um überall zu erkennen, wo „christliches“ oder „anti-christliches“ Wesen sich zeigt. Nie ist dabei der Ort oder der Rahmen entscheidend. Wenn die Reformatoren auch irrten, als sie im römischen Papst den Antichristen unseres Abschnittes finden wollten, darin hatten sie recht, daß sich die „antichristlichen“ Züge gerade auch mitten in der „Kirche“ ausprägen können und daß kein christlicher Kreis davor gesichert ist, daß die Selbstbehauptung der eigenen Macht und Größe und Ehre, die Ablehnung des Kreuzesweges typisch „antichristliches“ Wesen in ihn hineintragen[16].

Die Gemeinde in Thessalonich könnte das alles wissen! **„Erinnert ihr euch nicht, daß, als ich noch bei euch war, ich diese Dinge euch sagte?“** Gerade Paulus, der nun mit einem „ich“ besonders das Wort im Brief nimmt, hat in seiner Verkündigung die Hörer nie der Meinung verfallen lassen, es käme die herrliche Erlösung in Wiederkunft und Entrückung so schnell und glatt ohne vorhergehende äußerste Finsternisse und Nöte. In der Aufregung über die stürmische Behauptung „Der Tag des Herrn ist da!“ hat die Gemeinde das alles vergessen. Nun soll sie wieder zur ruhigen Vernunft kommen und sich an alles erinnern! Das auffallend betonte **„und jetzt kennt ihr . . .“**, das den Auslegern viel zu schaffen macht, soll darum in diesem Zusammenhang vielleicht nur sagen: „und jetzt seid ihr wieder im Bilde, nachdem ihr euch vorher durch all diese angeblich von uns stammenden Nachrichten hattet verblenden lassen.“ Paulus stellt sich lebhaft vor, wie der Brief in der Gemeindeversammlung vorgelesen wird und wie die Gemeindeglieder sich gegenseitig an alles erinnern, was Pau-

16 Das ist das relative Recht der Auslegung, die in dem „Tempel“, in den der Antichrist sich setzt, nach 1 Ko 3, 16 und 2 Ko 6, 16 die christliche Kirche sehen will.

lus ihnen damals gesagt hatte. Abschließend stellt er befriedigt fest: „Und *jetzt* wißt ihr es alles wieder!“[17]

Ja, die Gemeinde weiß doch sogar, daß auch das Auftreten des Antichristen selbst nicht zu jeder beliebigen Stunde, sondern erst **„zu seiner bestimmten Zeit“** erfolgen kann. Auch für ihn muß erst „die Zeit erfüllt“ sein. Wieder steht hier das besondere Wort „kairos“ für „Zeit“[18]. Und damit auch der hastige und von wildem Wollen glühende Teufel, der weiß, daß er wenig Zeit hat, den Antichristen nicht vorschnell auf den Thron bringen kann, ist **„das Aufhaltende“** da, das die Thessalonicher **„kennen“.**

Freilich, **„das Geheimnis der Gesetzlosigkeit ist schon in Wirksamkeit“.** Dabei ist das Wort „Geheimnis“ durch die Stellung der Worte besonders hervorgehoben, was unsere Übersetzung durch den gesperrten Druck anzudeuten sucht. Hier wird vom Text bestätigt, was wir oben schon aussprachen: nicht erst der Antichrist schafft mit Gewalt oder List das Antichristentum. Nein, dem Antichristen geht das Antichristentum voraus, dem Gesetzlosen die Gesetzlosigkeit, freilich noch als ein „Geheimnis“. Darum war es nicht einfach falsch, wenn in der Gemeinde zu den verschiedenen Zeiten verschiedene Gestalten oder Mächte als die Erfüllung der Vorhersagen über den Antichristen angesehen worden sind. Sie waren freilich noch nicht „die“ Erfüllung, darin lag der Irrtum, wohl aber doch „eine“ Erfüllung, Etappenfiguren[19] hin auf den eigentlichen Antichristen. So hat es auch der Apostel Johannes angesehen: „Kinder, es ist die letzte Stunde, und wie ihr gehört habt, daß der Antichrist kommt, so sind jetzt wirklich viele Antichristen aufgetreten“ (1 Jo 2, 18). Es ist die Gesetzlosigkeit freilich ein „Geheimnis“, nicht nur in dem Sinne, daß sie jetzt noch ver-

[17] Andere Ausleger wollen dagegen das „jetzt“ zu dem Wort „das Aufhaltende“ ziehen und nehmen eine Wortumstellung an, die im Griechischen sprachlich nicht unmöglich ist: „ihr kennt das jetzt Aufhaltende“. Aber dann wäre das „jetzt“ doch nicht so weit von dem Wort getrennt worden, zu dem es gehören soll. So, wie es da steht, ist das „jetzt“ besonders betont und bestimmt den Satz als ganzen. Man würde dann eher noch so auszulegen haben: Daß in der nächsten Zukunft erst noch Abfall und Antichrist erscheinen müssen, das sagte ich euch doch schon; und was die Gegenwart und die jetzige Lage betrifft, so wißt ihr, daß da noch ein Aufhaltendes im Wege steht.

[18] Es gehört zu den Grundüberzeugungen des Glaubens an einen lebendigen und allmächtigen Gott, den Herrn der Schöpfung und der Geschichte, daß alles „seine“ Zeit hat und von Gott in seinen gewaltigen Weltplan eingeordnet ist. Das gilt gerade auch für das Wirken des Feindes Gottes und aller seiner Diener. Wie mächtig und frech uns ihr Auftreten scheinen mag, es hat „seine Zeit“, es darf erst erfolgen, wenn der von Gott bestimmte Zeitpunkt da ist, und es darf nur so lange dauern, wie Gott vorgesehen hat. Darin bleibt die unbedingte Herrschaft Gottes über die Welt gewahrt, auch wenn der Feind jetzt der „Gott dieses Äons“ und „der Fürst dieser Welt“ ist. Das ist die klare Überzeugung schon bei Daniel 7, 12; 11, 27. 29. 35; 12, 7. Es ist die klare Gewißheit Jesu selbst: Mt 26, 45; Lk 22, 53; Jo 7, 30; 17, 1. Es ist der Trost in der Schilderung der Offenbarung 13, 5.

[19] Ich benutze gern diesen treffenden Ausdruck, wie ich ihn oft von dem Evangelisten Albert Michaelis gehört habe.

hüllt und verborgen ihr Wesen treibt, sondern eben ihrem Wesen selber nach. Das „Gesetz" ist doch nicht Willküranordnung eines Tyrannen, sondern die Ordnung des guten und liebenden Schöpfers, durch die allein die Welt erhalten und das Leben des Menschen frei und klar und froh werden kann. Welch furchtbares Rätsel, daß die Auflehnung gegen dies Gesetz von klein auf im Menschen liegt und daß der Mensch mit seiner Zerstörung der göttlichen Ordnung über die Welt und über sich selbst Katastrophe über Katastrophe heraufbeschwört und sich dort den Tod holt, wo er nach dem vollen Leben zu greifen meint. Nur „menschlich" ist das niemals zu verstehen. Hier waltet ein „Geheimnis" aus der Tiefe[20]. Merkwürdigerweise kann zugleich dies Geheimnis doch auch nicht einfach zu seinem Ziel kommen und nicht in jähem Durchbruch hemmungslos zur totalen Gesetzlosigkeit werden. Etwas „hält noch auf". Es bleibt bei den „Etappenfiguren", bei den geheimnisvollen Ansätzen **„bis aus dem Wege kommt", „der aufhält bis jetzt"[21].**

Die von Paulus hier berührten Tatsachen sind uns allen deutlich. Auch wir sehen wahrlich, wie das „Geheimnis der Gesetzlosigkeit" bereits in Wirksamkeit, in mächtiger und furchtbarer Wirksamkeit ist in aller Welt[22]. Wir sehen aber auch bewegten Herzens, wie die „Gesetzlosigkeit" doch nicht einfach zu ihrer brutalen Totalität eilen kann, sondern immer noch „aufgehalten" wird und Raum lassen muß für Gottes Ordnung und für das Leben und Arbeiten der Gemeinde Gottes in aller Welt. Die großen Tatsachen, die Paulus zeigt, stehen vor uns. Aber auf bestimmte Fragen der Texterklärung bleiben wir ohne eindeutige Antwort. Ist „das" Aufhaltende noch etwas anderes als „der" Aufhaltende? Oder hat Paulus zunächst — wie auch wir das in solchem Falle tun können — allgemein und darum im Neutrum von dem Aufhaltenden gesprochen, um es dann erst näher als eine Person,

20 Paulus sah die geheimnisvolle Tiefe der Welt und des Lebens und liebt deshalb das Wort „Geheimnis". Er weiß sich (mit den andern Boten) geradezu als „Haushalter über Gottes Geheimnisse" (1 Ko 4, 1). Er kennt und nennt eine Reihe solcher „Geheimnisse": das Geheimnis Israels Rö 11, 25, das Geheimnis der Gemeinde und ihrer Sammlung aus den Nationen Rö 16, 25. 26; Eph 3, 3. 9; 5, 32; Kol 1, 26. 27, das Geheimnis des Christus Kol 4, 3, das Geheimnis unserer letzten Verwandlung 1 Ko 15, 51 und hier nun eben das Geheimnis der Gesetzlosigkeit.

21 Es wird aber dadurch weder die „Unberechenbarkeit" und „Plötzlichkeit" aufgehoben, die in 1 Th 5, 1—11 besonders betont war, noch die „Nah-Erwartung" aufgegeben. Denn das entscheidende Datum, das Verschwinden des „Aufhaltenden", kann nicht festgelegt werden! Dies Verschwinden kann seinerseits kommen „wie ein Dieb in der Nacht". Und dies „allein noch bis . . ." oder „einzig noch bis . . ." klingt in keiner Weise wie „also noch lange nicht". Im Gegenteil, es sagt: Nur noch dies eine steht aus, das jeden Augenblick eintreten kann, und dann rollen mit dem Auftreten des Antichristen die letzten großen Ereignisse ab. Unser Brief sucht „nicht die allzu lebhafte Erwartung etwas abzukühlen, sondern die allzu leichthin gehegte Hoffnung zu vertiefen", wie Riggenbach schön formuliert.

22 Gerade wir Christen sollten es *überall* sehen und uns sehr nüchtern und zurückhaltend vor jeder voreiligen Lokalisierung in einem Land oder einer Bewegung hüten.

als „den, der aufhält jetzt", zu kennzeichnen? Vor allem: Was oder wen hat Paulus konkret mit diesem „Aufhaltenden" gemeint?

Es sind vor allem zwei Erklärungen gegeben, die wir prüfen müssen. Die eine Deutung sieht in dem Aufhaltenden Christus und Seine Gemeinde, bzw. die Gemeinde und den in ihr wohnenden Heiligen Geist. Solange die Gemeinde, das „Salz der Erde", noch da sei, könne die Welt eben nicht in das letzte Stadium der völligen Verfaulung übergehen. Und so lange der Heilige Geist in der Gemeinde noch in der Welt sei, lasse er den letzten Aufbruch der „Gesetzlosigkeit" nicht zu. Erst mit der Entrückung der Gemeinde werde darum die Bahn frei für den Antichristen. Dadurch sei übrigens auch klar bewiesen, daß die Gemeinde *vor* der großen Trübsal, weil vor dem Kommen des Antichristen entrückt werde[23].

Kann diese Deutung stimmen? Die sprachliche Schwierigkeit, daß die Entrückung dann eine „Beseitigung" der Gemeinde und des Heiligen Geistes genannt würde, mag noch hingehen. Aber diese Deutung setzt ja voraus, daß der „Tag des Herrn" *nach* dem Abfall und dem Auftreten des Antichristen etwas anderes ist als „Parusie und Entrückung"! Diese Voraussetzung wird jedoch gerade durch den Wortlaut unseres Kapitels unmöglich gemacht. Der Leser prüfe noch einmal das oben S. 133 Gesagte. Hätte diese ganze Deutung recht, dann hätte Paulus zu der Beunruhigung der Thessalonicher ganz anders Stellung nehmen und etwa schreiben müssen: „Betreffs des Tages des Herrn laßt euch doch nicht verwirren durch solche Parolen, er sei schon da! Dieser ‚Tag des Herrn' kann doch erst lange *nach* unserer Entrückung anbrechen. Denn unsere Entrückung macht überhaupt erst die Bahn frei für den Aufstieg des Antichristen und dann erst kommt der ‚Tag des Herrn'." Aber — so *hat* Paulus hier eben nicht geschrieben!

Die theologisch-historischen Auslegungen — übrigens auch eines Bibelkenners wie Adolf Schlatter! — sehen in der aufhaltenden Sache meist die Ordnung des römischen Staates und in der aufhaltenden Person den römischen Kaiser. Diese Deutung hat zwei beachtliche Vorzüge[24]. Sie macht einmal verständlich, warum sich Paulus hier so verhüllt und geheimnisvoll ausdrückt. „Ihr wißt doch, so lange Christus in Seiner Gemeinde noch in der Welt ist, kann es zur Offenbarung des Antichristen nicht kommen" — warum hätte Paulus das nicht ein-

[23] Eine Abwandlung dieser Auffassung ist der Gedanke, das Aufhaltende sei das Evangelium, das erst noch bis an die Enden der Erde gelangen müsse (vgl. etwa Mt 24, 14 mit seinem „. . . und *dann* wird das Ende kommen"), und der Aufhaltende Paulus selbst in der ganzen Macht seines apostolischen Zeugen- und Beterdienstes.

[24] Es darf uns auch nicht gleichgültig sein, daß die führenden Männer der alten Kirche, Lateiner wie Griechen, sie fast durchweg teilen. Diese Männer stehen den Paulusbriefen zeitlich und sprachlich weit näher als wir; darum hat ihr Urteil Gewicht.

fach und klar schreiben sollen? Dagegen „Beseitigung des Kaisers und Aufhören der römischen Staatsordnung", *das* allerdings war ein hochpolitisches Wort, das Paulus gerade in eine so beargwöhnte und verfolgte Gemeinde hinein nicht offen wagen durfte. Da verstehen wir, daß der Brief nur auf das mündlich schon Gehörte anspielt. Und zugleich nannte Paulus damit eine „aufhaltende" Macht, die auch wir selber noch kennen. Wir sind noch immer Erben des römischen Reiches und des römischen Rechtes, das tatsächlich den schrankenlosen Durchbruch der „Gesetzlosigkeit" und all jener grauenhaften Willkür, die Offb 13 schildert, noch hindert, freilich immer mühsamer und schwächer. Eine dreiste „Beseitigung" dieser Schranken können wir uns gut vorstellen, die wir die Rechtlosigkeit der Hitlerzeit miterlebt haben.

Dennoch bleibt es ungewiß, ob wir damit das getroffen haben, was Paulus selbst meinte. Paulus hat — aus welchen Gründen immer — hier verhüllt gesprochen und die Sache, um die es ihm ging, nicht eindeutig bezeichnet. Dann aber ist es immer mißlich, genau wissen zu wollen, was Paulus gemeint haben „müsse". Er hat es nun einmal nicht gesagt, und Gott hat es nicht für nötig befunden, es durch Seinen Boten uns klar sagen zu lassen. So wollen wir uns gerade hier nicht streiten. Daß die Thessalonicher hier mehr wußten als wir, braucht uns nicht zu beschämen. Sie wußten es, nicht weil sie bessere Theologen oder bessere Schriftausleger waren als wir, sondern weil es ihnen Paulus persönlich gesagt hatte.

Wir müssen hier aber noch einen Erklärungsversuch aufgreifen, zu dem der große lutherische Schriftforscher Prof. von Hofmann vor fast hundert Jahren geführt worden ist und der erstaunlich wenig Beachtung gefunden hat. Von Hofmann geht von der Tatsache aus, daß die Darlegungen über den „Abfall" und den „Antichristen" in unserem Brief die Weissagungen Daniels benutzen und fortführen, vgl. o. S. 138 Anm. 15. Sollte dann nicht auch die Belehrung, die Paulus den Thessalonichern über „das Aufhaltende" und „den Aufhaltenden" gab, im Danielbuch ihre Quelle haben? In der Tat meint von Hofmann sie in Dan 10 gefunden zu haben. In diesem Kapitel sehen wir, wie die gewaltigen Geister, die wir „Engel" nennen und von denen Paulus in Rö 8, 38 und Kol 1, 16; 2, 15 als von Engeln, Thronen, Herrschaft und Mächten redet, nicht etwa nur „im Himmel" sind und dort ein beschauliches Dasein mit Singen und Loben führen, sondern an der Weltgeschichte handelnd teilnehmen und hinter so vielem stehen, was für unser Auge unbegreiflich und rätselhaft geschieht. Wenn aber die unsichtbare Welt der guten und bösen Geistermächte schon am Schicksal Israels so lebhaft interessiert war, wie Dan 10 es uns erkennen läßt, sollte sie dann nicht erst recht am Werden des antichristlichen Weltreiches fördernd oder auch hemmend beteiligt sein? „Das Aufhaltende" wäre danach ganz allgemein die Tatsache dieser Engelwelt, die dem Geheimnis der Bosheit nicht einfach freien Lauf läßt, sondern ihm hemmend im Wege steht Und unter „dem Aufhaltenden" hätte Paulus einen großen Engelfürsten verstanden, über den er besondere Aufschlüsse haben konnte, so gut wie sie ein Daniel nach Kap. 10 seines Buches bekam.

Diese Erklärung hat viele Vorzüge. Sie ist biblisch fundamentiert und sucht für die Aussagen des Paulus keinen anderen Grund als das Wort Gottes, und zwar in dem gleichen Buch der Schrift, dem auch sonst die wesentlichen Einsichten unseres Abschnittes entnommen sind. Dabei wäre jenes Verständnis unserer Stelle, das im „Aufhaltenden" die Ordnung des römischen Reiches sieht, in gewissem Sinne beibehalten, aber mit dem Blick in die unsichtbaren Hintergründe dieser Ordnung. Zugleich wäre „der Aufhaltende" aber nicht der römische Kaiser. Das war der besonders schwierige Punkt dieser Deutung auf das römische Reich. Paulus müßte dann ja dem letzten staatlichen Herrscher vor dem Hervortreten des Antichristen eine ganz besondere Rolle des Aufhaltens zugeschrieben haben, so daß mit seinem Verschwinden die Bahn für den Antichristen frei würde. Diese Schwierigkeit fällt nun weg. Der Auslegung, die um solcher Schwierigkeiten willen in dem Hemmnis lieber Christus und Seine Gemeinde sehen wollte, wird zugestanden, daß Paulus hier nicht nur irdische Größen und irdische Herrscher gemeint haben kann. Auch die Deutung des „Aufhaltenden" auf Gottes besonderen „Ratschluß" erhält ihr Recht: selbstverständlich ist es Gott, der den aufhaltenden Engelfürsten abberuft, der so „aus dem Wege kommt". Endlich verstehen wir, weshalb Paulus so geheimnisvoll andeutend redet, nicht oder wenigstens nicht nur aus politischer Vorsicht, sondern weil es sich um solch geheimnisvollen Einblick in die unsichtbare Welt hinter der Menschheitsgeschichte handelt.

Jedenfalls aber, wenn „der aufhält jetzt beseitigt" ist, **„dann[25] wird offenbart werden der Gesetzlose, den der Herr Jesus vernichten wird mit dem Hauch Seines Mundes und beseitigen wird durch die Epiphanie Seiner Parusie".** Wieder wird vor der erschreckenden Schilderung der verführenden Macht des Antichrist daran erinnnert, daß er dennoch „der Sohn des Verderbens" ist, weil der Herr Jesus ihn vernichten wird und zwar ohne jede Anstrengung, nur mit dem Hauch Seines Mundes[26]. Die Gemeinde soll nicht erschrecken, auch

[25] Dies „und dann!" ist ein typisch eschatologisches Wort. Vgl. Mt 24, 10. 14. 30; 16, 27; 1 Ko 4, 5.

[26] Dieser „Hauch seines Mundes" muß nicht ein Wort, ein Zuruf sein. Es wäre dann gewiß deutlicher geschrieben worden „mit einem Wort seines Mundes". Nein, der wiederkommende Jesus ist so gewaltig, daß schon ein Hauch seines Mundes wie ein alles niederreißender Sturmwind, wie

wenn gerade die innere Gewalt des Antichristen so groß ist, daß er die Massen mit sich fortreißt zum vollendeten Abfall von Gott. Die Gemeinde der Thessalonicher wird hier doch ganz offenbar gerüstet auf etwas, was sie am Ende selber noch wird erleben müssen. Zugleich wird hier ausdrücklich festgestellt, daß Jesus dem Antichristen ein Ende machen wird „durch die Epiphanie Seiner **Parusie**". Auch hier ist die Parusie also nicht ein gesonderter Akt, der dem Kommen des Herrn zum Sturz des Antichristen und zur Aufrichtung Seiner eigenen Herrschaft über die Erde lange vorhergeht! Nicht die Parusie ermöglicht erst das Auftreten des Antichrist, sondern die Parusie macht ihm ein Ende! Auf der anderen Seite stimmt es wohl nicht, wenn theologische Ausleger in der Formulierung „Epiphanie Seiner Parusie" einen sogenannten „Pleonasmus" sehen, d. h. die Beschreibung ein und derselben Sache durch zwei gleichbedeutende Ausdrücke. Vielmehr scheint gerade in dieser Formulierung die Lösung der Frage vorzuliegen, wie sich denn Parusie für die Gemeinde und Kommen des Herrn für die Welt zueinander verhalten. Beides geschieht an dem einen „Tage des Herrn", beides ist die „Parusie", die neue „Anwesenheit" des jetzt Verborgenen. Aber in ihrem ersten Stück, in der Entrückung und Vollendung der Gemeinde, bleibt sie der Welt noch verborgen. Die Welt kann nur mit Achselzucken und geheimem Grauen feststellen, daß soundso viele Menschen plötzlich verschwunden und einfach nicht mehr da sind. Dann aber kommt die **„Epiphanie"**, d. h. das Aufstrahlen, das Erscheinen („Epiphanias"!), das Sichtbarwerden dieser „Parusie" für die ganze Welt, und nun rollen die gewaltigen Ereignisse ab, die uns die Offenbarung von Kap. 19, 11 an schildert. **„Epiphanie Seiner Parusie"**: nun begreifen wir, warum einerseits das Kommen Jesu zur „Erquickung" der Seinen und zur „Bedrängnis der Bedränger" so ganz in eins gesehen und gezeichnet werden konnte. Es ist wirklich ein großer zusammenhängender Akt. Ein Reden von mehreren „Parusien" ist unbiblisch. Wir begreifen aber ebenso, daß Paulus die „Parusie" in 1 Th 4, 13—18 auch einmal ganz losgelöst von ihrer „Epiphanie" nur in ihrer Bedeutung für die Gemeinde darstellen konnte; dies *ist* tatsächlich innerhalb der Parusie ein Geschehen ganz für sich, das der Epiphanie der Parusie für die Welt vorhergeht.

„Epiphanie Seiner Parusie" — das ist auch die authentische Fortsetzung von 1 Th 4, 13—18 durch Paulus selbst. Wenn der Leser oben vielleicht gefragt hat: Woher weißt du denn, daß Jesus mit den Seinen nicht in der Luft verbleibt oder in den Himmel einzieht? —

ein tötender Schwertschlag ist. Dem Antichrist mit all seiner brutalen Gewalt wird nicht einmal die Ehre angetan, daß man von ihm sagt: „Ein Wörtlein kann ihn fällen!" Hier genügt ein „Hauch"!

hier ist die deutliche Antwort. Seine Parusie dient wohl zuerst dazu, die Gemeinde zu vollenden, dann aber ebenso dazu, Jesu Werk auf Erden zur Vollendung zu bringen und den Antichristen und seine Herrschaft zu beseitigen, woraus dann wieder notwendig die eigene Herrschaft des Herrn über die Erde folgt, also das „Tausendjährige Reich". Jesus kann die vom Antichristen befreite Erde doch wohl nicht ohne Regierung lassen! Und wenn Er selbst erscheint, um die antichristliche Macht zu vernichten, so will Er auch selber an deren Stelle Seine eigene segnende Macht aufrichten. Eins schließt sich hier mit so schlichter, folgerichtiger Notwendigkeit an das andere an, daß unser Herz gar nicht anders kann, als ein freudiges Ja dazu zu sagen.

Auf die Frage, ob die Gemeinde noch mit in das Reich des Antichristen und in die damit verbundenen unerhörten Nöte und Leiden hineinkommt, ergibt sich aus unserm Abschnitt ein klares Ja[27]. Eben darum wird ihr so tief eingeprägt, daß ihr Heiland Jesus dennoch dem furchtbaren Gewaltherrn so unendlich überlegen ist, daß Er bei Seinem Erscheinen ihn mit dem Hauch Seines Mundes vernichten wird. Aber eben darum auch wird die Schilderung dieses Furchtbaren fortgesetzt — eine ganz unnötige Sache für eine Gemeinde, die davon doch nichts miterleben wird, weil sie schon vorher entrückt ist, dagegen äußerst wichtig für die, die in der verführerischen und grauenhaften Zeit die höchste Belastungsprobe bestehen soll.

„Er, dessen Parusie erfolgt nach der wirksamen Kraft des Satans mit jeder Machttat und Zeichen und Wundern der Lüge und mit jedem Betrug der Ungerechtigkeit für die Verlorengehenden." Also auch der Antichristus hat als voller Gegenspieler des Christus seine „Parusie". Denn auch er ist nicht einfach ein Erzeugnis der menschlichen Geschichte (so sehr er diese Geschichte voraussetzt!), sondern „kommt" aus der unsichtbaren Welt. Darum wird sein Hervortreten in unserem Brief auch ausdrücklich ein „Offenbartwerden" genannt, bzw. ein „Sichoffenbaren" und es wird dabei das gleiche Wort verwendet, das auch die Offenbarung Gottes in Jesus bezeichnet oder die Offenbarung des jetzt verborgenen Herrn selbst. Im antichristlichen Weltherrscher erscheint nicht nur eine menschlich-geschichtliche Größe; hier vollzieht Satan selbst seine „Offenbarung".

[27] Als Gegengrund Stellen wie Offb 3, 10 anzuführen, ist mißlich. Schon das deutsche „bewahren vor der Stunde der Versuchung" muß nicht zeitlich gemeint sein und nicht in der Entrückung bestehen. Im griechischen Text heißt es aber gar nicht „vor", sondern „aus"! Heraus aus jener großen Versuchungsstunde wird die Gemeinde bewahrt. Wenn dies „bewahren" in Entrückung besteht, würde es genau zu unserer Darstellung passen. Der Antichrist muß vor der Parusie gekommen sein; die Gemeinde erlebt also die antichristliche Zeit mit; aber nun „heraus aus" der höchsten Drangsal wird sie „entrafft" — wie verstehen wir nun auch diesen Ausdruck! —, um mit ihrem herrlichen Herrn zur Erde zurückzukehren, bei der Vernichtung des Antichristen dabei zu sein und im Königreich der Himmel auf Erden tätig mitzuwirken.

Erfolgt die Parusie Jesu „unter einem Befehlswort", nämlich Gottes (1 Th 4, 16), so die des Antichristen **„nach der wirksamen Kraft des Satans"**. Paulus weiß das gleiche, was dem Seher Johannes Offb 13, 2 gezeigt wird. Satan stand hinter dem Sündenfall im Paradies, Satan ist der „Fürst", ja der „Gott dieser Weltzeit" (2 Ko 4, 4), Satan wird den höchsten Gipfel seiner Macht auf Erden und seines Gotteshasses im Weltreich des Antichristen erreichen. Gott verhindert das nicht! Gott ist „gerecht", auch gegen Seinen Todfeind, Er läßt ihm Raum zur vollen Entfaltung! Unser ewiges Jammern „Wie kann Gott so etwas zulassen?!" ist also von vornherein töricht. Gott wird noch ganz andere Dinge „zulassen"! Satan aber ist nicht der harmlose Teufel unserer Redensarten und Volksmärchen und nicht der „Mephisto" Goethes. Er hat wirklich eine ungeheure **Macht.** Und seine **„Zeichen und Wunder der Lüge"** sind wahrlich etwas mehr als Mephistos Mätzchen in „Auerbachs Keller"! Sie sind so gefährlich und versucherisch[28], weil sie an ein berechtigtes Verlangen des Menschen anknüpfen. Der Mensch will — mit Recht! — Wirklichkeit, und „Wirk"lichkeit kommt von „Wirken". Wenn aus dieser Welt etwas werden und wenn Nöten und Schwierigkeiten abgeholfen werden soll, dann ist mit schönen Worten nichts getan. Dann müssen wir „wirken", und dazu bedarf es der Macht und der großen Machttaten[29]. Darum ist der Mensch — gerade auch der moderne Mensch! — sofort dabei, wenn irgendwo etwas „geschieht". Darum strömen auch im Zeitalter des Atheismus die Menschen sofort zusammen, wenn es Wunderheilungen zu sehen gibt. Darum gilt auch für „Christen" eine Bewegung sofort als göttlich beglaubigt, sobald in ihr Wunder geschehen. Darum wird auch der Antichrist die Massen faszinieren mit seinen „Zeichen und Wundern". Ist es damit nicht „bewiesen", ja „handgreiflich" bewiesen, daß er wirklich „Gott" ist — ein tausend Mal besserer Gott als der in der Bibel, von dem man nichts zu sehen bekommt, an den wir mit samt Seinen angeblichen Wundern immer nur „glauben" sollten?! Überzeugte Begeisterung wird die Massen hinreißen, und jede Ablehnung dieses herrlichen Herrschers, ja schon jeder Mangel an Be-

28 Dies gerade meint der Zusatz „Wunder der *Lüge*". Denn „Wahrheit" und „Lüge" bezeichnet in der Schrift nicht in erster Linie ein moralisches Verhalten, sondern die wahre (also göttliche) Wirklichkeit und deren Verfälschung. Die Wunder des Antichrist sind gerade nicht wie die des „Mephisto" bloße Scheinwunder, sondern wirkliche Wunder, die aber verwirrend das Widergöttliche göttlich erscheinen lassen.

29 Es steht hier bei der „Machttat" des Antichrist das gleiche Wort „dynamis", das sonst so oft von dem Wirken des lebendigen Gottes gebraucht wird! Ja, Gott hat „Macht" und tut „Machttaten", Gott sei Dank! Wie könnte er sonst unser Retter sein! Satan aber stellt s e i n e „Macht" durch „jede Machttat" des Antichristen als die der Welt helfende Kraft hin; das ist die „Lüge" dabei.

geisterung für ihn erscheint als nicht zu begreifende Torheit und daher als böswilliges Verbrechen, das die Todesstrafe verdient[30].

Aber nun wirklich: Wie kann Gott das zulassen?! Wie kann er dulden, daß eine Menschheit so gegen Ihn selbst verführt und verblendet wird? Die Boten Jesu antworten, daß Gott es nicht nur „zuläßt", sondern sogar ausdrücklich so haben will! Mit erschreckend kühner Klarheit wird es hier ausgesprochen: **„Deswegen sendet ihnen Gott[31] eine wirksame Kraft des Irrwahns, damit sie zum Glauben kommen gegenüber der Lüge, damit gerichtet werden alle miteinander, die nicht Glauben schenkten der Wahrheit, sondern Wohlgefallen hatten an der Ungerechtigkeit."** O ja, wir möchten gern drauflosleben nach unserem eigenen Willen, nach unseren Trieben und Leidenschaften, den groben oder den feinen; um dann auf einmal, wenn wir im Kleinen oder im Großen vor den schrecklichen Folgen, vor all den Trümmern des Lebens und der Welt stehen, jede Verantwortung abzulehnen und das arme kleine Kindchen zu spielen, auf das die große Kinderfrau, der „liebe Gott", aber auch wirklich besser hätte aufpassen müssen! Gott aber macht in diesem Spiel nicht mit! Gott behandelt uns als die verantwortlichen Erwachsenen, die wir sind. Gott behaftet uns in vollem Ernst bei unserer Verantwortlichkeit. Er hat uns auf jede Weise die Wahrheit gezeigt. Keiner von uns kann sagen, er habe nicht gewußt, was gut und heilsam ist. Unser ewiges Suchen und Problematisieren, unser immer neues Herstellen von Weltanschauungen und geistvollen Philosophien ist nur der Versuch, in scheinbar edler und tiefsinniger Weise der Tatsache aus dem Wege zu gehen, daß wir die einfache Wahrheit kennen und also auch tun könnten[32]! Aber da liegt eben der Punkt! Wir wollen der Wahrheit

[30] Es wird auch in der Schilderung des Paulus deutlich, was der Seher Johannes in der Gestalt des falschen Propheten Offb 13, 11 ff. klar sieht, daß das Weltreich des Antichristen sehr „religiös" sein wird. Im Blick darauf muß die Gemeinde es lernen, das Evangelium von aller „Religion" scharf zu unterscheiden, gerade auch von aller „hinreißenden" und „wundervollen" Religion! Nicht ein klarer, kalter Atheismus wird der Gemeinde dann entgegenstehen, der wäre nicht gefährlich für sie, sondern ein „Gegenchristus", der all das in glutvoller „Wirklichkeit" vor uns hinstellt, wovon wir immer nur „hörten". Kann auch ein „Christ" mehr wünschen, als was der große Mann im Tempel geben wird? Ist hier nicht endlich herrlich da, was das Christentum immer „meinte"?

[31] Es ist beachtlich und so ganz „biblisch", wie hier auf *Gott* zurückgeführt wird, was eben noch in V. 9 der Wirkungsmacht *Satans* zugeschrieben worden war. In der Tat ist diese ganze Aufgipfelung der Rebellion gegen Gott Satans Werk, das er in voller Freiheit aus seinem eigensten Wesen heraus tut. Aber — auch dies Werk Satans ist umfaßt von Gottes Regierung, die Satan nicht nur die Freiheit zu solchem Wirken läßt, sondern dieses sein freies Werk zugleich selbst zum Gericht über die Welt verwendet.

[32] Wir haben uns mehrfach gegen den „Moralismus" wenden müssen. Hier aber wird auch sein tiefes Recht sichtbar. Es geht wirklich um das Tun der Wahrheit, gerade jener ganz einfachen ethischen Wahrheiten, die wir alle kennen. Die Menschheit verfällt im antichristlichen Zeitalter nicht darum dem Gericht der Verführung, weil sie die schwierigen Dogmen nicht verstanden und die

nicht wirklich „Glauben schenken", denn dies wäre zugleich „Gehorsam des Glaubens". Wir aber haben **„Wohlgefallen an der Ungerechtigkeit"**. Wir „halten die Wahrheit in Ungerechtigkeit auf", wie es Paulus später den Römern sagen wird[33] (Rö 1, 18). Gott wirbt in langer, langer Geduld um uns. Gott tut das Äußerste, um uns zu retten. Aber immer läßt er uns zugleich die Freiheit, auch die Freiheit, den selbstgewählten Weg in den Abgrund immer schneller und schneller hinabzueilen — bis am Ende der unaufhaltsame Sturz daraus wird. Dann straft Gott Sünde mit Sünde, freiwillige Sünde mit Sündigenmüssen. Nun wird die Ungerechtigkeit, an der wir unbelehrbar „Wohlgefallen hatten", zum „Betrug der Ungerechtigkeit", dem wir verfallen. Das ist die gerechte Strafe **„dafür, daß sie die Liebe der Wahrheit nicht annahmen, damit sie errettet würden"**. Die Wahrheit als solche hatten sie alle. Gott hatte sie ihnen nicht verborgen. Der Weg zur Rettung war einfach und offen für jeden. Aber sie *liebten* die Wahrheit nicht, sondern liebäugelten mit der Ungerechtigkeit. Nun wird aus dem Wahn eine **„wirksame Kraft des Irrwahns"**; nun müssen sie **„zum Glauben kommen gegenüber der Lüge"**, weil sie zum Glauben an Jesus und an die Wahrheit nicht kommen wollten. Dadurch werden **„gerichtet alle miteinander, die nicht Glauben schenkten der Wahrheit"**. Das ist eine wahrhaft *große* Klarstellung der Dinge, wie sie ein später Nachahmer des Paulus schwerlich fertiggebracht hätte! So hatte schon Jesus den Menschen, gerade den ernsten und frommen Menschen Seiner Umgebung, entlarvt: „Weil *ich* aber die Wahrheit sage, glaubt ihr mir nicht" (Jo 8, 45). O, der stolze Mensch mit seinem „Wahrheitsstreben" und „Gottsuchen", wie täuscht er sich über sich selbst! Wie tief ist er gefallen, wie unsagbar entstellt, daß er in Wirklichkeit der einfachen, klaren Wahrheit nicht glauben will und lieber der Lüge glaubt! Welch schreckliche Sache: der **„Lüge" „glauben"**! Aber haben wir es nicht selber an Menschen erlebt, die Gottes Wahrheit so sicher, so überlegen als „Märchen", als unannehmbar für einen modernen, selbständigen, kritischen Menschen ablehnten und dann irgend einer Lüge mit fanatischem Eifer sich hingaben? Sehen wir es nicht gerade in der modernen Welt in Riesenmaßstab vor uns: mit der einfachen, gütigen Wahrheit Gottes

rechte Theologie nicht genug gelernt hat, sondern weil sie das einfache Recht nicht tun mochte und die Ungerechtigkeit liebte. Darum wird der den Verlorenen begegnende Trug ein **„Betrug der Ungerechtigkeit"** genannt. Diesem Betrug erliegt nur der, dem „Recht und Unrecht", „Gut und Böse" gleichgültig geworden sind. Wer auch nur ein redlicher „Moralist" ist, sieht in und hinter den „Wundern" das „Unrecht" und sagt von da aus sein Nein! Darum haben in der Hitlerzeit „Atheisten" unter Einsatz ihres Lebens widerstanden, während „Christen" sich betören ließen.

[33] Dieser Gegensatz „Wahrheit — Ungerechtigkeit" ist typisch „paulinisch" und darum wieder eine sprachliche Bestätigung der Echtheit unseres Briefes. Neben Rö 1, 18 vgl. noch Rö 2, 8; 1 Ko 13, 6.

ist man „fertig" und verfällt immer hilfloser den großen Rattenfängern der Weltgeschichte! Wie erhebt sich darin das Gericht des ernsten und großen Gottes. Der Mensch meinte mit Gottes Wahrheit spielen zu können und machte sich zum Richter über sie. Nun wird aus seinem Spiel schrecklicher Ernst. Nun muß er zuletzt mit wilder Begeisterung der Lüge des Feindes Gottes glauben und Glück und Frieden und Leben und Ewigkeit für eine Lüge verlieren! So ist die antichristliche Zeit mit ihren Riesenerfolgen gegen Gott in Wirklichkeit gerade Vollzug des Zornes und Gerichtes Gottes über die Menschheit und ihre lange Geschichte. Das muß die Gemeinde klar durchschauen, um in der Zeit des Abfalls nicht selbst irre zu werden und dem ungeheuren Sog des Antichristentums zu erliegen. Darum ist der 2. Thessalonicherbrief mit diesem tiefen Einblick in das Geschehen eine ganz unentbehrliche Gabe des Heiligen Geistes an die Gemeinde aller Zeiten.

Zum Schluß dürfen wir im Blick auf unsern Abschnitt als ganzen noch einmal die Frage stellen: Ist er mit den endgeschichtlichen Aussagen des ersten Briefes vereinbar oder ist er doch die Fälschung eines Ängstlichen, dem die Unberechenbarkeit und Plötzlichkeit des „Tages" nach 1 Th 5, 1—11 zu unheimlich war, der statt dessen einen „eschatologischen Terminkalender" wünschte und ihn unter dem Decknamen des Paulus aus allerlei apokalyptischen Traditionen der Zeit anfertigte?

Wir haben ein gewichtiges Zeugnis unzweifelhaft aus dem Munde des Paulus selbst, das er Jahre später diktierte und das sich wie eine kurze Zusammenfassung von 1 Th 5, 1—11 *und* 2 Th 2, 1—12 liest: Rö 13, 11—14. „Und so halten wir es, weil wir die Zeit verstehen, daß die Stunde schon da ist, daß wir aus dem Schlaf erwachen. Denn jetzt ist die Rettung näher bei uns als damals, da wir gläubig wurden. Die Nacht ist vorgerückt; der Tag naht. Darum wollen wir die Werke der Finsternis ablegen, aber die Waffen des Lichts anziehen" (nach der Übersetzung in Schlatters „Erläuterungen"). Also wie in 1 Th 5, 1 ff. wird das Entscheidende in der wachen Bereitschaft gesehen, die den Christen zum „Tagesmenschen" stempelt. Diese Bereitschaft, dies „Aufstehen vom Schlaf" ist das wichtigste „Verstehen" von Zeit und Stunde. Aber zugleich ist es wie eine erneute Berichtigung aller voreiligen Parolen nach Art von 2 Th 2, 2: Nein, der ersehnte Tag ist noch nicht „da". Man kann nur sagen: er „naht". Und sein Kommen ist wie das Kommen des irdischen Tages nicht einfach ein willkürliches. Die „Nacht" muß erst „vorbei" sein. Es kann eben nicht um 23.50 Uhr auf einmal schon Tag werden. Die Nacht *ist* freilich „vorgerückt". Es geht auf den Höhepunkt der Nacht zu. Dieser Höhepunkt des Schlafes und der Trunkenheit der nächtlichen Welt aber ist jenes „Friede und Sicherheit“, wie es erst und nur im Weltreich des Antichristen verwirklicht sein kann. Der Antichrist aber ist in seiner Person und in seiner Herrschaft die persönliche Zusammenballung all der Finsternis, die diese Welt zu einer so nächtlichen macht. „Die Nacht ist vorgerückt“ — das ist nur ein ganz knapper Ausdruck für das, was unser Abschnitt näher ausführte. Der „Aufhaltende“ kommt aus dem Wege, die Inkarnation aller Finsternis tritt hervor, in der Unterdrückung jeder Erinnerung an Gott löscht das letzte Licht auf Erden aus; nun ist es Mitternacht. Erst wenn diese wahrhafte Mitternachtsstunde der Welt gekommen ist, bricht der Tag herein, jäh und unerwartet für die sichere Welt, lange ersehnt und selig begrüßt von denen, die schon lange aus Finsternis und Schlaf erwachten und aufstanden und mitten in der Weltnacht doch im Licht des kommenden Tages lebten.

ERMAHNUNG ZUR FESTIGKEIT

2. Thessalonicher 2, 13—17

13 **Wir aber sind schuldig, zu danken Gott allezeit für euch, Brüder,**
geliebte vom Herrn, weil euch erwählt hat Gott vom Uranfang her
(oder: als Erstlinge) zur Rettung in Heiligung des Geistes und
14 **Glauben der Wahrheit, * wozu Er euch berufen hat durch unser**
Evangelium, zum Gewinn der Herrlichkeit unseres Herrn Jesus
15 **Christus. * Folglich also, Brüder, stehet! Und haltet fest die Über-**
lieferungen, die ihr gelehrt worden seid, sei es durch Wort oder
16 **durch Brief von uns. * Er aber, unser Herr Jesus Christus, und**
Gott, unser Vater, der uns geliebt hat und gegeben einen ewigen
17 **Trost und eine gute Hoffnung in Gnade, * tröste eure Herzen und**
stärke sie in jedem guten Werk und Wort.

zu Vers 13: 2 Th 1, 3; Eph 1, 4; 1 Th 1, 4
zu Vers 14: Jo 17, 22; Rö 8, 30; 1 Th 2, 12; 1 Pt 5, 10
zu Vers 15: 1 Ko 16, 13; Phil 4, 1; Gal 5, 1; 1 Ko 11, 2; 2 Th 3, 6
zu V. 16 u. 17: 1 Th 3, 11-13

Die Entwicklung der Menschheit bis zu jenem Zustand, da sie der Lüge fanatisch glaubt, ist auf der einen Seite widernatürlich, weil Glaube an die Lüge Verkehrung der Natur ist. Vom Sündenfall her gesehen aber ist sie „natürlich“ und folgerichtig. Auf dieser abschüssigen Bahn *muß* es zu diesem Ende kommen, nachdem sie überhaupt einmal betreten ist. Wenn dennoch nicht die gesamte Menschheit dort landet, wenn es Menschen und ganze Menschengemeinschaften gibt, die diesem Weg in den Abgrund entnommen sind, so ist das ein herrliches Wunder der Gnade Gottes. Wenn darum der Blick der Boten von dem dunklen Gemälde der Zukunft, das sie soeben gezeichnet, wieder zur Gemeinde in Thessalonich hinübergeht, bricht aufs neue der Dank hervor: **„Wir aber sind schuldig, zu danken Gott allezeit für euch, Brüder."** Denn darum steht es mit ihnen anders als mit der großen weiten Menschheit, die immer bereiter wird für den Antichristen? Können die Boten nun das Loblied der Thessalonicher singen, die sich der Macht der Lüge entzogen und der Wahrheit ergeben haben? Nein! Nun steht es genau wie beim ersten Schreiben an sie (1 Th 1, 4 ff) wieder vor den dreien: die Brüder dort in Thessalonich sind **„geliebt vom Herrn"**, und der Dank gilt der alles andere begründenden Tatsache, daß **„euch erwählt hat Gott vom Uranfang her zur Rettung"**. Durch die Wortstellung ist im griechischen Text das „Erwählen" noch besonders hervorgehoben. Einen Grund in uns, in irgendwelchen Vorzügen und Vortrefflichkeiten, gibt es für dieses Erwählen nicht. Es geschah ja **„von Uranfang her"**. Dabei ist schwerlich, wie A. Schlatter will, an den „Anfang" der Botschaft in Thessalonich gedacht, sondern an jenen „Anfang", von dem die erste Zeile der ganzen Bibel ebenso wie die des Johannesevangeliums redet. Ehe wir irgend etwas haben und tun und leisten und verdienen konnten, hat Gott uns in eigener, freier Güte zur Rettung erwählt. In dieser Hinsicht ändert sich der Sinn der Aussage nicht wesentlich, wenn wir mit der andern großen Handschriftengruppe statt „ap arches = vom Uranfang her" vielmehr „aparchen = als Erstlinge" (vgl. 1 Ko 16, 15; Jo 1, 18) lesen. Auch die „Erstlinge" sind ja vor der Schöpfung der Welt erwählt und sind nur auf Grund von „Erwählung" solche „Erstlinge". Dieser Ausdruck würde aber darauf hinweisen, daß die jetzige kleine Gemeinde in Thessalonich nur ein verheißungsvoller Anfang ist, der noch eine große Fortsetzung finden wird. Die jetzt in Thessalonich Erretteten sind nur die erste Garbe eines großen Erntefeldes, das noch einmal in herrlicher Ernte Gottes Scheunen füllen wird[34].

Diese Rettung geschieht **„in Heiligung des Geistes und Glauben der Wahrheit"**, wobei hier wie so oft das griechische „in" fast den Sinn von „durch" hat. Der erste Genitiv ist sicher ein solcher des Subjekts: der Heilige Geist schafft unsere Heiligung. „Heiligung" ist nie der Erfolg unserer moralischen Anstrengungen. Der Heilige Geist Gottes selbst muß göttliches Leben in uns schaffen. Die Rettung, das „Heil" aber kommt nicht ohne solche „Heiligung" zustande; das sagt

[34] Auf diesen Ausdruck „Erstlinge" gründete A v. Harnack eine besondere Theorie, die in der Echtheitsfrage des 2. Thessalonicherbriefes die nicht zu leugnenden Schwierigkeiten beseitigen sollte. „Erstlinge" bezeichnen eine besondere Gruppe in der Gemeinde, den zuerst gewonnenen judenchristlichen Teil. An ihn sei der Brief gerichtet. Das erkläre den so anderen Ton und Stil des Briefes, die reiche Verwendung alttestamentlicher Zitate und die besonderen eschatologischen Ausführungen auf Grund der Danielschen Weissagungen. Aber dies eine Wort, das doch nur von einer Gruppe der Handschriften gestützt wird und ohne Schwierigkeit auf die Gesamtgemeinde bezogen werden kann, ist eine allzu schmale und schwache Grundlage für eine Annahme, der allein schon der Eingangsgruß des Briefes entscheidend widerspricht.

der Apostel der „Rechtfertigung". Er wehrt damit das verbreitete Mißverständnis ab, als schwebe das Heil nur als theoretischer Gnadenspruch über dem Leben des Menschen. Aber sicherlich, dies Heil wird mitsamt der „Heiligung des Geistes" allein durch den Glauben ergriffen. Auch **„Glaube der Wahrheit"** wird parallel ein Genitiv des Subjekts und nicht des Objekts sein. Auch der „Glaube" ist so wenig wie die „Heiligung" ein Werk des Menschen. Ich kann nicht glauben, wann ich will und was ich will, und kann also auch den christlichen Glauben nicht durch einen Entschluß der Zustimmung zu bestimmten Lehren in mir herstellen. Allein die „Wahrheit" — wir erinnern uns, daß sie im Raum des biblischen Denkens nicht eine „richtige Theorie", sondern lebendige Wirklichkeit bedeutet s. o. S. 149 — kann uns innerlich überwinden und so zum Glauben bringen. Und das ist unsere Rettung. Nun freilich **haben** wir auch zu glauben und unser Herz und Leben dieser Wahrheit zu öffnen und zu unterwerfen! Sonst gehören wir zu jenen „Verlorenen" von 2 Th 2, 10 ff (s. o. S. 147), die von Gott der Macht des Irrtums preisgegeben werden, weil sie zum Glauben an die Wahrheit nicht kommen wollten.

Die Wahrheit muß uns dazu als eine lebendig und vollmächtig bezeugte entgegentreten. Darum verwirklicht sich die „Erwählung" in der „Berufung" **„... wozu Er euch berufen hat durch unser Evangelium".** Weil Gott längst, ehe die Erde da war und es ein Thessalonich auf ihr gab, Menschen dort in Liebe erwählt hatte, sorgte er nun dafür, daß das Evangelium nach Thessalonich kam und den Ruf Gottes in die Herzen warf. Vor den Briefschreibern steht noch einmal all das, was sie im ersten Brief ausführlich geschildert hatten (vgl. 1 Th 1, 4 ff o. S. 30). Auch hier wieder formulieren die drei: **„unser Evangelium",** weil es in ihrer Person und ihrem Wort und gerade nur so nach Thessalonich kam. Aber nicht „unser" Evangelium gewinnt Menschen, sondern „Er", Er allein, beruft „durch unser Evangelium" fremde, ferne Menschen „dazu". Und dieses „wozu" wird am Schluß des Satzes noch einmal knapp ausgesprochen: **„zum Gewinn der Herrlichkeit unseres Herrn Jesus Christus."** Es wird wieder deutlich: die „Rettung" ist wohl das erste große Ziel der Erwählung: erwählt von Uranfang zur Rettung. Aber sie ist nicht das letzte Ziel, das vielmehr „Herrlichkeit" heißt! Unser christliches Denken und Reden ist tief verkehrt, wenn wir nur „einmal selig werden wollen". Nein, selig werden wir jetzt schon, so wahr wir heute die Rettung erlangen in Heiligung des Geistes und Glauben der Wahrheit. Als „selige", d. h. errettete Leute aber dürfen und müssen wir uns ausstrecken nach „Herrlichkeit"! Heraus aus dem kleinen, falsch bescheidenen Denken und Wollen! Hinein in die Größe und Höhe, die Gott in unserer Erschaffung nach Seinem Bilde uns grundlegend zugedacht und in unserer Errettung mit einem göttlich-großen Einsatz aufs neue geschenkt hat[35]. Dabei haben wir uns nicht selber auszumalen, was *wir* wohl unter „Herrlichkeit" verstehen. Was wir gewinnen dürfen ist vielmehr die **„Herrlichkeit unseres Herrn Jesus Christus"**. So wird es Paulus später den Römern erläuternd sagen: „verordnet, daß wir gleich sein sollen dem Ebenbild Seines Sohnes", und zwar bis in die Leiblichkeit hinein, die dann „gleichgestaltet ist Seinem Herrlichkeitsleibe" (Phil 3, 21). Dies Ziel ist kein Traum und keine Schwärmerei! Denn dies „Gewinnen" beginnt schon jetzt ganz wirklich, eben in der„ Heiligung des Geistes und Glauben der Wahrheit": da „spiegeln wir alle mit aufgedecktem Angesicht die Herrlichkeit des Herrn wider und werden in dasselbe Bild verwandelt von Herrlichkeit zu Herrlichkeit" (2 Ko 3, 18). Zugleich haben wir aber auch daran zu denken, worin nach dem Zeugnis des Neuen Testaments die „Herrlichkeit" unsres Herrn besteht! Sie ist nicht ein unbestimmter „Glanz", sondern umfaßt eine Fülle mächtiger Taten: die Sammlung, Entrückung und Vollendung Seiner Gemeinde, den Sturz des antichristlichen Weltherrschers, die königliche Regierung im Tausendjährigen Reich, den Vollzug des Weltgerichts, die erleuchtende und segnende Durchwaltung der neuen Erde. Und an all dem dürfen wir Anteil gewinnen, bei dem allen in der engen Verbundenheit der Glieder mit dem Haupt mitherrschen, mitrichten, mitleuchten! *Das* ist **„Gewinn der Herrlichkeit unseres Herrn Jesus Christus"**.

Der dankerfüllte Rückblick auf alles, was Gott an den Thessalonichern getan, den die Gemeinde selbst im Hören des Briefes mittun soll, dient aber nicht einfach der feiernden Freude. Weit schneller als im ersten Brief geht es sofort wieder zur harten Bedrängnis und zu den großen Aufgaben der Gemeinde. **„Folglich also, Brüder, stehet!"** Wieder sehen wir die durchgängige Haltung des Neuen Testaments, daß auf der einen Seite jeder eigene Ruhm ausgeschlossen und das ganze Heil allein auf Gott und auf Sein Erwählen und Berufen und Geben zurückgeführt wird und daß dann überraschenderweise *nicht* die Folgerung gezogen wird: Folglich also wird Gott ja auch weiter alles tun; ihr, Brüder, könnt nichts und braucht nichts zu leisten!, sondern daß der Hinweis auf Gottes herrliche Wirksamkeit zum Aufruf des äußersten eigenen Einsatzes wird: **„Folglich also, Brüder, stehet und haltet fest!"** Wir sind immer wieder in der Gefahr, aus einer sehr naheliegenden „Logik" heraus je nachdem die eine oder die andere

[35] Diese Linie ist überall ganz klar. Ich verweise nur auf zwei zentrale Stellen: Rö 8, 30, wo der Heilsweg genau wie in unserem Text von der Erwählung über die Berufung zur Rechtfertigung (= Rettung) führt, um dann sein eigentliches Ziel darin zu finden: „Herrlich gemacht"; und 1 Ko 2, 7, wo der ganze Plan Gottes schon vor der Weltschöpfung in „unserer Herrlichkeit" sein letztes Ziel hat.

Linie zu verkürzen oder in einem falschen „Synergismus" das Gebiet zwischen Gottes Wirken und unserem Tun prozentual aufzuteilen. Wir haben darum ständig vom Neuen Testament und so auch aus den Versen hier zu lernen, daß es nur beides in paradoxer Lebendigkeit uneingeschränkt miteinander gelten kann: der alleinige Ruhm Gottes und Seines Tuns *und* der bestimmte Aufruf zur eigenen Tat.

„Folglich also stehet!" Dies „Stehen" ist ein von Paulus gern gebrauchter Ausdruck, vgl. 1 Th 3, 8; 1 Ko 16, 13; Phil 4, 1. So hatte es schon Mose im kritischsten Augenblick des rettenden Auszuges seinem Volk zugerufen: 2 Mo 14, 13. So ist es auch der Gemeinde des neuen Bundes für ihren gefahrvollen Weg durch die immer dunkler werdenden Zeiten gesagt. Sie kann ihrerseits nichts „schaffen", der Felsboden des Heils wird allein von Gott ihr bereitet. Aber nun darf und muß sie fest darauf stehen und stehenbleiben und sich durch kein Locken und Drohen auch nur einen Zentimeter davon entfernen lassen. Hier muß sie ganz „stur" sein. Es war schon dies „Stehet!" recht verstanden, wenn im Kirchenkampf von einer Gemeinde oder einem Gemeindeleiter einfach gesagt wurde, sie hätten „gestanden".

Daran schließt sich die Mahnung **„Und haltet fest die Überlieferungen, die ihr gelehrt worden seid, sei es durch Wort oder durch Brief von uns".** Es ist das freilich zunächst ein typisch „jüdisches" Denken. Während in der griechischen Welt jene Denkarbeit entstand, die wir auch heute noch besonders schätzen, bei der das Finden *neuer* Erkenntnisse das große Ziel ist und darum das deutliche Hinauskommen über den Lehrer dem Schüler das Ansehen gibt, war in Israel durch das zu bewahrende und zu haltende Gesetz die Richtung der geistigen Arbeit eine ganz andere geworden. Es galt vor allem aufzunehmen, was die Väter erfahren und gehört hatten, und es wieder möglichst treu und klar der nächsten Generation weiterzugeben. Hier wurzelt der Begriff der „reinen", d. h. durch keine Eigenmächtigkeiten entstellten und verdorbenen Lehre. „Empfangen-überliefern-empfangen-überliefern", so wurde hier die Aufgabe gesehen. Nun war freilich einem Paulus bei seiner Bekehrung das ganze bisherige Leben zerbrochen und etwas radikal Neues geschenkt worden. Aller „Gewinn" der schriftgelehrten „Überlieferung" war damit in den großen „Verlust" eingereiht, von dem Phil 3 spricht. Aber nun zeigt sich, daß Paulus ein wirklich freier Mann geworden war: er hielt trotzdem fest, was an dieser israelitischen Haltung ein klares und tiefes Recht hatte[36]. Auf keinem Lebensgebiet, vor allem nicht in un-

[36] Saul von Tarsus als der leidenschaftliche pharisäische Gegner Jesu wird die ernste Kritik des Herrn an den „Überlieferungen", die uns in Mk 7, 3. 5. 8 berichtet ist, gekannt und nach seiner Bekehrung völlig verstanden und bejaht haben. Das aber ist wirkliche Freiheit, aus klarer Kritik doch nicht eine bloße „Ablehnung" zu machen, sondern eine Sache wirklich „zu prüfen und das Gute fest zu halten".

serem Leben unter Gott, können wir einfach frei „schaffen": immer steht ein „Empfangen" vor all unserem Tun. Wie hätte Israel seinen Gott kennen und lieben können, wenn ihm nicht „überliefert" worden wäre, was Gott an den Vätern getan in den Wundern des Auszuges und in der Wüste und in Kanaan! Darum sieht auch ein Paulus bei allem Wissen um den „Beweis des Geistes und der Kraft" seine Aufgabe auch im „Überliefern". An ganz zentraler Stelle, am Beginn des großen Auferstehungskapitels, kann er es darum sagen: „Ich habe euch in erster Linie überliefert, was ich auch empfangen habe" (1 Ko 15, 3). Da stehen die bezeichnenden Ausdrücke „empfangen" — „überliefern". Ebenso ruht bei ihm die grundlegende Feier der Gemeinde, die Feier des Herrenmahles, ganz auf der Überlieferung vom Herrn selber her. Auch hier kann und darf nichts von uns erdacht und gestaltet, hier kann nur in aller Treue empfangen und weitergegeben werden (1 Ko 11, 23—25). So hat er auch in Thessalonich mit seinen Gefährten die Geschichte Jesu überliefert und ebenso — vgl. 1 Th 4, 1. 2 — ganz bestimmte Weisungen über die notwendige Art des Wandels. Und die Aufgabe der Thessalonicher besteht in der Tat darin, **„die Überlieferungen, die ihr gelehrt worden seid, festzuhalten"**. Hinzugefügt ist **„sei es durch Wort oder durch Brief von uns"**: zur ersten mündlichen Evangelisation trat die schriftliche Fürsorge für die Gemeinde, wie uns die beiden Thessalonicherbriefe anschaulich zeigen. Es gilt auch für unsere Gemeinden, daß die große Kette: Empfangen—überliefern—empfangen nicht abreißen darf. Freilich macht das Empfangen von Überlieferungen noch keinen Christen, weil es noch keine Wiedergeburt wirkt. Hier liegen die großen Nöte der zweiten und dritten Generation in den Kirchen, in den Gemeinschaften, auf dem Missionsfeld. Aber der erweckte, bekehrte und wiedergeborene Christ muß ständig „empfangen" und „die Überlieferungen festhalten", wenn sein Christentum ein wachsend erfülltes und gefestigtes werden soll. Darum ist es auch für einen Wiedergeborenen ein großer Gewinn, wenn er bereits als Kind viele Überlieferungen in sich aufgenommen hat. In dem „Festhalten der Überlieferungen" steckt auch der Schutz gegen die „rasche Erschütterung weg vom Verstand".

Dies also ist die bestimmte Aufgabe der Gemeinde, an die sie einen ganzen, tapferen Willen zu setzen hat. Aber von dort geht der Blick sofort wieder zu Gott, und die Mahnung wird erneut zum Gebet und zur Fürbitte. Wird die Gemeinde „stehen" mitten in so viel Drangsal? Wird das Gemeindeleben gesund und klar bleiben bei allerlei verwirrenden Einflüssen? **„Er selbst unser Herr Jesus Christus"** ist auf dem Plan! Und in Ihm **„Gott, unser Vater"**. Und Er **„hat uns geliebt"**. Das ist fester Grund, weil diese Liebe keine schwankende ist, sondern uns fest zum Ziel bringt. Darin hat Er uns **„gegeben einen ewigen Trost“.** Wenn wir diesmal „paráklesis“ mit „Trost“ übersetzen, haben wir sofort daran zu denken, daß es ebensogut auch „Ermahnung“ heißt. Es ist der „Zuspruch“ des Herrn. Das „Gespräch“ — wir denken an das o. S. 104 Gesagte! —, das der Herr in diesem „Zusprechen“ mit uns begonnen hat, ist ein „ewiges“, „äonisches“, durch alle Äonen gehendes und so unser „ewiger Trost“. Darum sind wir gewiß und können es daher für einander erbitten, daß dieses Zusprechen Tag um Tag unsere Herzen erreicht und sie **„stärkt“.** Das Herz ist der Ort, an dem uns Gottes Zuspruch erreicht, wo Er von uns gehört und aufgenommen wird. Aber kennzeichnend für apostolisches Christentum: es geht nicht um die „Innerlichkeit“ als solche, so daß man hier schon, nach dem Trösten und Stärken der Herzen, den Punkt setzen könnte. Nein, dieser Zuspruch muß sich aktualisieren **„in jedem guten Werk und Wort“.** Unser Herzensgespräch mit Jesus wird zum reinen und guten Wort an die Menschen und zum hilfreichen Werk für sie. Und umgekehrt: wir können auch hier wieder das „in“ als ein „durch“ auffassen. „Jedes Werk, das gut ist, und jedes Wort, das der Liebe dient, bringt uns den Gewinn, daß es uns innerlich befestigt“ (A. Schlatter). Wenn wir es nur bei einer innerlichen Herzensfrömmigkeit lassen wollen ohne Werk und Wort, wird sich das durch undeutliche und schwankende Stimmungen rächen. In jedem guten Werk und Wort wird unsere innere Verbundenheit mit dem Herrn konkret und fest.

WAS DIE BOTEN VON DER GEMEINDE UND FÜR SIE ERWARTEN

2. Thessalonicher 3, 1—5

1 **Im übrigen betetet, Brüder, für uns, damit das Wort des Herrn laufe**
2 **und verherrlicht werde wie auch bei euch, * und damit wir gerettet**
werden von den schlimmen und bösen Menschen. Denn nicht aller
3 **(Sache) ist der Glaube. * Treu aber ist der Herr, der euch stärken**
4 **wird und bewahren vor dem Bösen. * Wir haben aber in dem**
Herrn das Vertrauen zu euch, daß ihr, was wir gebieten, tut und
5 **tun werdet. * Der Herr aber lenke eure Herzen zu der Liebe Got-**
tes und dem Ausharren des Christus.

zu Vers 1: Rö 15, 30; 2 Ko 1, 11; Eph 6, 19; Kol 4, 3; 1 Th 5, 25
zu Vers 2: Jes 25, 4; Rö 10, 16
zu Vers 3: Jo 17, 15; 1 Ko 1, 9; 1 Th 5, 24; 2 Pt 2, 9

„Im übrigen“ — der Brief kommt zum Schluß. Es ist aber noch Wichtiges zu sagen! Die Aufmerksamkeit der Thessalonicher und die unsere darf nicht absinken, weil es „gleich zu Ende ist“. Der Blick der

zu Vers 4:
2 Ko 7, 16
Gal 5, 10
zu Vers 5:
1 Chro 29, 18

Boten hatte zunächst auf der Gemeinde selbst geruht, wie sie durch die schwere Zeit des werdenden Antichristentums hindurchkommt. Aber diese Zeit hat noch eine große Aufgabe über den Bestand bisheriger Gemeinden hinaus: daß **„das Wort des Herrn laufe und verherrlicht werde wie auch bei euch"!** Noch ist der Antichrist nicht da. Aber weil er kommt und rasch kommen kann, weil „das Geheimnis der Gesetzlosigkeit bereits in Wirksamkeit ist", darum muß das Wort „laufen". Paulus wird mit seinen Mitarbeitern oft davon gesprochen haben, daß die Welt mit dem griechischen Raum nicht zu Ende ist, daß dort noch der ganze weite Westen lag: Italien, Rom, Spanien, Gallien! Mußte nicht auch dahin das Wort? Dann aber mußte es wirklich „laufen"! Es ist hier das Wort eine selbständige, lebendige Größe, die selber „läuft". Die Boten wissen es beides zugleich, wie willig und unermüdlich wir dem Wort unsere Füße, auch unsere manchmal so müden und wunden Füße, zur Verfügung stellen müssen, damit es laufen kann, und wie es dann auch wieder weit über unser „Rennen und Laufen" hinaus selber durch die Lande eilt. Die drei hatten es z. B. erlebt, wie sie an manchem Ort gar nichts über Thessalonich zu sagen brauchten, weil die Kunde von dem großen Geschehen dort ihnen schon vorausgeeilt war (1 Th 1, 8. 9). Es ist auch geschichtlich wirklich so, daß die Ausbreitung des Evangeliums durch das weite römische Reich zu einem erheblichen Teil *nicht* die planmäßige Missionsarbeit bestimmter Apostel war, sondern dies freie eigene Laufen des Wortes. Es sollte freilich nicht nur pro forma überall hingelangen — so fassen wir die Wendung „zu einem Zeugnis über sie" in Mt 24, 14 leicht auf —, es sollte wie in Thessalonich „nicht im Wort allein, sondern auch in Kraft und in heiligem Geist" zu den Menschen kommen und dadurch **„verherrlicht werden".** Jawohl, lieber Reichsgottesarbeiter, nicht du, sondern das Wort gewinnt Ehre, wenn Menschen erweckt und zum Glauben an Jesus gebracht werden!

Zeit des noch laufenden Wortes, wohl. Aber ist das nicht Sache der „Boten"? Ja, aber jede Gemeinde darf dabei etwas Entscheidendes tun: sie darf beten. **„Betet, Brüder, für uns, damit das Wort laufe."** Selbstverständlich ist hier nicht eine Fürbitte gemeint, die nach Vorschrift abgemacht wird, sondern ein ernsthaftes Beten, das Paulus gern als einen „Kampf" bezeichnet. Wo es aber so geschieht, da haben die Beter den vollen Anteil an allem, was das Wort in seinem Lauf ausrichtet.

Der Lauf des Wortes und seiner Boten ist aber kein harmloser Spaziergang. Das Wort wird nicht nur verherrlicht, es wird ebenso auch abgelehnt und erweckt Widerstand und Auflehnung. **„Denn nicht aller (Sache) ist der Glaube."** Das ist eine einfache knappe Feststellung einer Tatsache, der hier keine Begründung beigefügt ist. Wir werden aber daran zu denken haben, daß hinter unserem Zum-Glauben-Kommen sowohl das Geheimnis der Erwählung steht wie eine Lebensgeschichte, die uns den Weg zum Glauben leichter oder schwerer macht. Natürlich ist das nicht als bequeme Ausrede für die Glaubenslosen gemeint! Es bleibt klar bei dem, was der Anfang des Briefes über die Schuld und die schwere Strafe derer gesagt hat, die dem Evangelium nicht gehorchen. Der Satz darf nicht nach unserer leidigen Unart des Bibelmißbrauchs aus dem Zusammenhang gerissen und als dogmatischer Lehrsatz verwendet werden. Er ist der Satz eines wirklichen Briefes und will in diesem Zusammenhang nur die Tatsache feststellen, daß den Boten bei ihrem Weg und Dienst viel Not bevorsteht, weil die herrliche und süße Botschaft doch nicht alle zum Glauben bringt und nicht bei allen die verborgene oder offene Feindschaft gegen Gott überwindet. Die Boten wissen mit klarer Nüchternheit, daß es **„schlimme[37] und böse Menschen“** gibt, vor denen sie bewahrt oder aus deren Hand sie errettet werden müssen. Auch dabei wirkt das herzliche Gebet der Gemeinden mit, damals wie heute!

Damit steht die ganze Lage noch einmal vor den Briefschreibern. Der Ernst dieser Lage betrifft die Gemeinde wie die Boten. **„Der Böse“** selbst, der Satan, ist schon am Werk im „Geheimnis der Gesetzlosigkeit“ und in den „bösen Menschen“. Ist es da nicht doch zum Verzagen? Kommt unser schwaches Beten dagegen an? Als Antwort kommt wieder das herrliche biblische „Aber“: Der ganze Ernst der Lage ist nicht zu übersehen, Satan selbst erhebt mehr und mehr seine Macht, **„treu[38] aber ist der Herr, der euch stärken wird und bewahren wird vor dem Bösen“.** Es ist hier die Erhörung der letzten Bitte des Vaterunsers zugesagt, die genau wörtlich jenes „erretten von“ benutzt, das die Boten eben im Blick auf die „verkehrten und bösen Menschen“ anwandten. Und der, von dem weg wir errettet werden sollen, ist — wie hier — „der“ Böse, Satan selbst. Gott sei Dank! Stärker als der Böse ist der Herr, der ihn schon überwunden hat. Und Er ist nicht nur stark, sondern auch treu! Auf Gottes „Treue“ hatte auch der erste Brief am Schluß verwiesen (1 Th 5, 24). Damals ging es

[37] Die griechische Vokabel ist wörtlich unser „un-artig“. Man sieht aber, wie in gleicher Weise gebildete Worte sich im Sprachgebrauch spezialisieren können. Unser „artig — unartig“ ist ganz ein Wort der Kinderwelt geworden, während das griechische Wort in der „Koine“, in der damaligen Umgangssprache, einfach wie „kakós = schlecht“ gebraucht wird. Die übrige Verwendung im Neuen Testament: Lk 23, 41; Apg 25, 5; 28, 6 läßt — besonders von der letzten Stelle her — „átopos“ unserem deutschen „schlimm“ entsprechen.

[38] Vielleicht liegt hier ein beabsichtigtes Wortspiel vor. Das stets für „Glaube“ gebrauchte Wort ist „pístis“, und „treu“ heißt „pistós“. Nicht aller ist die pístis, aber pistós ist Gott. Auf deutsch etwa: Nicht aller Sache ist der Glaube; aber glaubwürdig ist Gott.

um die Heiligung und Bewahrung bis zur Parusie. Inzwischen ist alles schärfer und notvoller geworden und der Kampf viel heißer. So wird jetzt auf die Treue des Herrn verwiesen, an der auch die heftigsten Anstrengungen des Feindes zuschanden werden müssen.

Noch einmal wieder ist es so wie in 2, 15: dem Hinweis auf des Herrn Treue folgt sofort der Appell an das eigene Tun. „Der Herr wird euch bewahren" heißt nicht: also braucht ihr euch nicht so anzustrengen. Nein, **„wir haben aber im Herrn das Vertrauen zu euch, daß ihr, was wir gebieten, tut und tun werdet"**. Die bewahrende Treue des Herrn ersetzt den Gehorsam der Gemeinde nicht, sondern ermöglicht ihn, ja vollzieht sich in ihm. Daß der „Glaube" solchem „Tun" nicht entgegensteht, sondern es einschließt, hat uns der erste Brief sofort am Anfang gezeigt (s. o. S. 27). Wir sahen ebenfalls schon in 1 Th 4, 2, daß auch eine lebendige, glaubende Gemeinde bestimmte „Weisungen" nötig hat. Sie kann freilich nicht wie eine Kinderschar zum Gehorsam gezwungen werden. Damals schon gar nicht, da ja die Boten Jesu machtlose und selber verfolgte Leute waren. Aber es wird in sie das feste Vertrauen gesetzt, daß sie diesen Weisungen entsprechend jetzt handelt und auch in Zukunft handeln wird. Freilich, auch dies Vertrauen zur Gemeinde haben die Boten nur „im Herrn". Ohne klares Vertrauen zueinander können wir nicht leben, schon nicht als Menschen und erst recht nicht als Christen. Aber nie kann unser Vertrauen zu Menschen in sich selbst ein so völliges sein. Wir kennen die Menschen und kennen uns selbst. Gibt es also doch nur Vertrauen mit Vorbehalt? Das würde den andern schwer gefährden! Nein, **wir „vertrauen im Herrn"**, weil wir den Herrn mit einem schrankenlosen Vertrauen ehren und die andern in Seiner treuen Hand sehen.

Darum wendet sich der Brief noch einmal diesem Herrn zu, und es wird aus Mahnung und Zuspruch ein Gebet: **„Der Herr aber lenke eure Herzen zu der Liebe Gottes und zu dem Ausharren des Christus!"** Was sind das für Genitive? Solche des Objekts? Wäre also einfach zu übersetzen: „Liebe zu Gott" und „ausharrendes Warten auf Christus"? Nein. Eben darum blieben die Genitive auch im Deutschen stehen, weil in der Schrift der lebendige Gott und Sein Christus nie „Objekte" werden, sondern immer „Subjekte" bleiben. Liebe „zu" Gott gibt es nur so, daß zuerst die Liebe Gottes selber „ausgegossen ist in unsere Herzen durch den Heiligen Geist, welcher uns gegeben ist" (Rö 5, 5). Liebe „zu" Gott ist nur echt — und nicht ein elendes menschliches Machwerk — als entbrennende Antwort auf die nie zu begreifende Liebe Gottes, die wir erfuhren. Darum steckt wirklich beides zugleich in dieser Fürbitte: „Der Herr lenke eure Herzen zu der Liebe Gottes." Er zeige euch immer wieder diese Liebe Gottes am

Kreuz, damit dadurch eure Herzen geneigt werden zur Liebe Ihm gegenüber! So steht es auch mit dem „Ausharren des Christus". Der „ausgeharrt" hat, das ist Christus und Er allein, als kein Jünger bei Ihm ausharrte. Nun führt dieser Christus Seine Gemeinde den Kreuzesweg durch viel Bedrängnis. Sein eigenes Ausharren muß in ihren Herzen leben, wenn sie jetzt in der Verfolgung getrost ausharren sollen. So führe der Herr die Gemeinde unter das Kreuz, unter die stille Gewalt Seines Ausharrens, damit dort unter dem Kreuz wie die Liebe zu Gott so auch die Kraft des Aushaltens bis zu Seinem Kommen immer wieder geboren werde.

Es ist aber auch möglich, daß diese beiden Verse 4 und 5 bereits zu dem folgenden Abschnitt gehören und ihn einleiten. Die Handschrift eines antiken Briefes kennt ja weder Kapitel- und Verseinteilungen noch sichtliche Absätze. Die Verse würden dann in diesem Zusammenhang ihren ganz besonderen Sinn gewinnen. Die Briefschreiber haben jetzt am Schluß mit der Gemeinde noch etwas sehr Notvolles zu besprechen und die ersten Anordnungen über Gemeindezucht zu geben. Darum beginnen sie mit der Versicherung: „Wir haben aber im Herrn das Vertrauen zu euch, daß ihr, was wir gebieten, tut und tun werdet." Zugleich bitten sie Gott gerade im Blick auf die notwendigen einschneidenden Maßnahmen in der jungen Gemeinde, daß die Herzen die richtige Einstellung dabei haben. Auch die Gemeindezucht erfolge in der Liebe Gottes und habe in sich die ausharrende Geduld Jesu, die den irrenden und widerspenstigen Bruder nicht losläßt. Unmittelbar schließt es nun an: „Wir gebieten aber euch, Brüder, . . ."

DIE GEMEINDE DARF UNORDENTLICHE BRÜDER NICHT DULDEN

2. Thessalonicher 3, 6—15

6 Wir gebieten aber euch, Brüder, im Namen des Herrn Jesus Chri-
stus, daß ihr euch zurückzieht von jedem Bruder, der unordentlich
wandelt und nicht nach der Überlieferung, die sie empfangen
7 haben von uns. * Denn ihr selbst wißt, wie man uns nachahmen
muß, weil wir uns nicht unordentlich verhielten in eurer Mitte
8 * und auch nicht umsonst Brot aßen von jemand, sondern in Mühe
und Arbeit Nacht und Tag werkend, um keinem von euch zur Last
9 zu fallen. * Nicht, weil wir nicht Vollmacht (dazu) haben, sondern
damit wir uns selbst zum Vorbild gäben euch, damit ihr uns nach-

zu Vers 6:
Mt 18, 17
Rö 16, 17
2 Jo 1, 10
2 Th 2, 15
3, 11. 14
zu Vers 7:
1 Ko 4, 16
11, 1
1 Th 1, 5-7
2, 10; 5, 14

zu Vers 8: Apg 18, 3 1 Ko 4, 12 2 Ko 11, 9 1 Th 2, 9; 4, 11
zu Vers 9: Mt 10, 10b 1 Ko 4, 16; 9, 6. 7; 11, 1 Phil 3, 17 1 Th 2, 7 2 Th 3, 7
zu Vers 10: 1 Mo 3, 19 1 Th 4, 11
zu Vers 11: 1 Tim 5, 13 1 Pt 4, 15
zu Vers 12: Eph 4, 28 1 Th 4, 11
zu Vers 13: Gal 6, 9
zu Vers 14: Mt 18, 17 1 Ko 5, 9. 11 2 Th 3, 6
zu Vers 15: 3 Mo 19, 17 Tit 3, 10 1 Th 5, 14

10 ahmt. * Denn auch, als wir bei euch waren, haben wir dies euch
geboten, daß, wenn einer nicht will arbeiten, er auch nicht essen
11 soll. * Denn wir hören, daß einige in eurer Mitte unordentlich
12 wandeln, nichts arbeitend, sondern Unnützes treibend. * Den Be-
treffenden gebieten wir und reden wir zu im Herrn Jesus Christus,
13 daß sie in Stille arbeitend ihr eigenes Brot essen. * Ihr aber, Brü-
14 der, werdet nicht müde im Tun des Rechten. * Wenn aber einer
nicht gehorcht unserem Wort in dem Brief, den merkt euch an,
15 verkehrt nicht mit ihm, damit er beschämt wird. * Und nicht wie
einen Feind betrachtet ihn, sondern weist ihn zurecht wie einen
Bruder.

Der Brief war zu Ende. Die letzten Wünsche und Grüße von Vers 16—18 hätten sich unmittelbar an Vers 5 anschließen können. Da bringt der Brief noch ein unerwartet ernstes Wort. Vielleicht ist das **„Wir hören, daß einige in eurer Mitte unordentlich wandeln“** gerade jetzt erst erfolgt. Neue Nachrichten sind gekommen, die die Briefschreiber zwingen, auf diesen schon im ersten Brief berührten Punkt nun noch einmal und mit größerem Nachdruck einzugehen. Es kann aber eben so gut sein, daß diese Nachrichten schon beim Beginn des Schreibens vorlagen und daß die Boten mit Absicht die Besprechung dieser unguten Angelegenheit bis zum Schluß aufhoben. Es sollte erst einmal alles andere der Gemeinde gesagt werden, zumal diese Sache jetzt zunächst nur „einige“ anging und dann erst mittelbar auch die Gemeinde als ganze[39].

Schon im ersten Brief hatten die Boten Anlaß, bei dem Hinweis auf die Bruderliebe (1 Th 4, 9) auch ein Wort über ein ruhiges Verhalten zu sagen und an die Pflicht zum Broterwerb mit der eigenen Hände Arbeit zu erinnern (1 Th 4, 11. 12 s. o. S. 48). Und bei den Mahnungen für das Gemeindeleben in 1 Th 5, 14 kamen bereits die „Unordentlichen“ vor, die zurechtgewiesen werden müssen. Jetzt bekommen wir sprachlich neben dem Adverb „unordentlich“ auch das Verbum „ataktein“, das die Drei beim Hinweis auf ihr eigenes Verhalten mit einer Verneinung verwenden: **„weil wir uns nicht unordentlich verhielten unter euch.“** Das Verbum bedeutet wörtlich „seinen Platz verlassen“, etwa so, wie wir sagen: „aus der Reihe tanzen.“ Es kann dann die Verweigerung einer pflichtmäßigen Leistung bezeichnen, die „Drückebergerei“. Während also nach den ausdrück-

[39] Allerdings macht die Formulierung, die hier gewählt ist, sofort die ganze Gemeinde mit verantwortlich. Der Brief sagt nicht: „einige von euch“, sondern „einige in eurer Mitte“. Für das Neue Testament ist eine „Gemeinde“ ja nie eine bloße Mehrzahl von einzelnen Christen, die wesentlich ihr eigenes Leben führen, sondern stets ein „Leib“, bei dem ein krankes Glied sofort den ganzen Leib in Mitleidenschaft zieht.

lichen, schon bei der Gemeindegründung gegebenen Anweisungen jeder Christ seinen festen Platz haben sollte, an dem er steht und redlich sein Brot verdient, sind Brüder aus dieser Ordnung herausgesprungen, haben ihren Platz verlassen, **„arbeiten nicht, sondern treiben Unnützes"**. Paulus drückt das mit einem Wortspiel aus: er fügt dem Wort „arbeiten" die Vorsilbe „herum" an, die auch bei uns im Deutschen einem unnützen und ziellosen Tun Ausdruck gibt: „herumkutschieren", „herumreden", „sich herumtreiben". Das Wortspiel wäre etwa mit „nichts (Nützliches) treibend, sondern sich herumtreibend" wiederzugeben. Es liegt aber in dem Griechischen „herumarbeitend, herumwirkend", daß diese Männer nicht einfach „gar nichts" taten, sondern sehr geschäftig und eifrig waren, nur eben so, daß die Boten Jesu darin keine redliche und nützliche Arbeit sehen konnten[40].

Die betreffenden Männer selbst werden sich gegen diesen Vorwurf lebhaft verwahrt haben. Ihrer Meinung nach taten sie etwas viel „Höheres" und Wertvolleres als die Handarbeiter, die sich doch nur mit „Materiellem" und Vergänglichem abmühten. Griechische, idealistische Gedanken verbanden sich hier mit einem Mißverständnis der Botschaft von der Hoheit und Würde der Gotteskindschaft. Sollten sich Kinder Gottes und Erben ewiger Herrlichkeit mit so gleichgültigen, niedrigen und langweiligen Dingen befassen und an einem festen Arbeitsplatz kostbare Zeit mit Handarbeit zubringen, wie die Sklaven sie verrichten?! Vielleicht wurde es gerade in solchen Kreisen besonders lebhaft aufgenommen: „Der Tag des Herrn ist da!" — nun fort mit all diesem vergänglichen Kram! Unser Brief allerdings enthält keinen Hinweis auf solche Zusammenhänge! Wohl aber ist es wichtig, daß hier wie auch schon 1 Th 4, 11 sogleich im nächsten Vers die „Stille" und das „ruhige" Verhalten besonders betont wird. Warum eigentlich? Es hat das nichts mit „Banausentum" zu tun. Paulus war wahrlich kein „Spießer". Wie werden vielmehr an Kol 3, 3 zu denken haben: unser Leben ist jetzt „verborgen" mit Christus in Gott und *soll* gerade als solches „verborgen" bleiben. Das „Offenbarwerden in Herrlichkeit" kommt für uns wirklich erst mit der Parusie und der Entrückung. Die „Unordentlichen" mit ihrem „Herumagieren" aber wollten irgendwie aus dieser „Verborgenheit" heraus und das neue Leben recht „öffentlich" zur Geltung bringen. Dagegen wendet sich Paulus mit aller Entschiedenheit. In der Art, wie er es tut, wird beides sichtbar: Es handelt sich bei den „Unordentlichen" nicht um „sittenlose Bummelanten und Faulenzer" — wie hätten es solche überhaupt in einer jungen Gemeinde Jesu und dazu noch in einer hart verfolgten

40 Aufschlußreich ist die Verwendung unseres Wortes in Apg 19, 19 und 1 Tim 5, 13.

ausgehalten! Aber die „Unordentlichen" verletzen einen Wesenszug des Christseins; ihr Verhalten kann nicht einfach als persönliche Sondermeinung, als eine Art „Schrulle" geduldet werden.

Die Boten Jesu sind solchen Gedanken — die sie sogleich bei ihrem ersten Aufenthalt in Thessalonich antrafen, weil sie eben „griechisch" waren — mit einem ebenso einfachen wie drastischen Rat entgegengetreten: Wenn jene Männer erklärten, nicht arbeiten zu wollen, weil sie sich mit solch vergänglichen und elenden Sachen nicht aufhalten könnten, nun dann sollten sie auch das elende vergängliche Essen unterlassen! Müssen und wollen sie aber noch essen — auch als hohe und heilige Gotteskinder und auch wenn „der Tag des Herrn da" ist —, dann müssen sie auch an der Arbeit teilnehmen, durch die allein das Essen beschafft wird, für die anderen und für sie. **„Denn auch als wir bei euch waren, haben wir dies euch geboten, daß, wenn einer nicht arbeiten will, er auch nicht essen soll."** „Auch" als wir bei euch waren, betonen die Boten. Sie wollen nicht etwa jetzt erst nachträglich „den Geist löschen" (1 Th 5, 19) und „Geistesmenschen" in bürgerliche Ordnungen einfangen! Die „Ungeordneten" können sich nicht beklagen: Damals in der seligen Anfangszeit sah es doch alles ganz anders aus, da leuchtete die herrliche Freiheit der Kinder Gottes, und jetzt auf einmal wollt ihr uns zu braven Spießbürgern machen! Nein, dem Mißverständnis der „Ungeordneten" sind die Boten sofort beim Aufbau der Gemeinde mit Ernst entgegengetreten.

Es ist schon erstaunlich, wie nüchtern und klar ein Paulus bei all seinen gewaltigen Gedankengängen und bei der ganzen Größe seiner wartenden Hoffnung doch das Leben der Christen angesehen und geordnet hat! Er ist mit jenen schwärmerischen Brüdern ganz darin einig: Christen sind wirklich erlöste, wiedergeborene Söhne Gottes, sind zu Gottes ewiger Herrlichkeit berufen und darum schon jetzt wahrhaftige Wohnstätten des Heiligen Geistes Gottes. Paulus hätte die „Schwärmer" nie innerlich überwinden können, wenn er hier hinter ihnen zurückgeblieben wäre! Aber nun zieht er die ganz andere Folgerung: Gerade *weil* sie das alles sind und das alles haben, können und sollen sie willig und von Herzen den bescheidenen stillen Arbeitsplatz einnehmen, nicht aus der göttlichen Ordnung, die für jetzt Brot und Arbeit unlöslich verbunden hat, heraustreten und die Bruderliebe nicht dazu mißbrauchen, auf Kosten anderer zu leben. Wie tief hat Paulus auch hier wieder Jesus, den Jesus der Evangelien, verstanden, der als der ewige Gottessohn den Weg der Armut, Stille und Kleinheit ging und nicht kam, um sich dienen zu lassen, sondern um zu dienen! Aber auch darin ist Paulus aus einem „Pharisäer" ein echter „Jünger" geworden: der Vorwurf des Herrn gegen die Pharisäer Mt 23, 4 trifft ihn nicht; er tat selber zuerst, was er von den anderen forderte. Unbegreiflich für griechisches Empfinden — mit den Korinthern, bei denen er jetzt gerade weilt, muß er sich über diesen Punkt immer wieder auseinandersetzen — ist der hohe Gesandte des Königs aller Könige, des himmlischen Herrschers, ein einfacher Handwerker, der sich entschlossen weigert, **„umsonst Brot zu essen[41] von jemand“[42]** und lieber seiner übergroßen apostolischen Wirksamkeit, die einen Mann vollständig auslasten konnte, noch die Handarbeit für den Lebensunterhalt hinzufügt, **„in Mühe und Arbeit Nacht und Tag werkend, um keinem von euch zur Last zu fallen“**, wie er wörtlich seine Schilderung aus 1 Th 2, 9 wiederholt. Damit hat er, haben sich die drei **„zum Vorbild, zum Typus gegeben, damit ihr uns nachahmt“.** Wenn die Gemeindegründer, die Boten des großen Königs so leben, welcher Bruder in der Gemeinde hat dann noch das Recht, „aus der Reihe zu tanzen“ und „unordentlich“, also außerhalb dieser klaren „Ordnung“, zu wandeln?

Dabei bleibt aber das Recht der Boten Jesu, sich von den Gemeinden unterhalten zu lassen, voll gewahrt. **„Nicht, weil wir nicht Vollmacht dazu haben“**, wird ausdrücklich hinzugefügt. So hat es Paulus später auch den Korinthern in 1 Ko 9, 3—14 und 2 Ko 11, 7—10 dargelegt. Es darf also kein Schatten fallen auf kirchliche Mitarbeiter, die Gehalt von der Gemeinde bekommen und annehmen! Es war des Paulus ganz besondere, freie und freiwillige Handlungsweise, mit der er beim Einzug des Evangeliums in die griechische Welt ein dort notwendiges „Vorbild“ gab. So hat er es auch den Ältesten von Ephesus beim Abschied in Milet gesagt: Apg 20, 33 ff, so den Thessalonichern hier vor Augen gestellt. Mögen aber die Boten Jesu zu andern Zeiten und nach andern persönlichen Verhältnissen in voller Freiheit anders entscheiden und in dem Dienst der Wortverkündigung und Seelsorge zugleich ihren Lebensberuf haben, der ihnen ihr Brot gewährt[43], für die Gemeindeglieder, die nicht ihre ganze Zeit und Kraft der kirch-

[41] Diese Verwendung des Wortes „Brot“ für den gesamten Lebensunterhalt — klassisch ausgelegt in Luthers Erklärung zur 4. Bitte — haben wir auch im Deutschen aus der Bibel übernommen. „Sein Brot verdienen“ und „sein gutes Brot haben“ sagen wir auch heute noch und sprechen von Mittag„brot“ und Abend„brot“.

[42] Natürlich bekam Paulus von jemand sein Brot: er hatte in irgendeinem Hause Unterkunft und Verpflegung. Aber nicht „umsonst“, er bezahlte dafür. „Nicht umsonst“ — was für ein Wort im Munde eines Mannes, der den Thessalonichern „nicht allein das Evangelium mitgeteilt hatte, sondern auch sein eigenes Leben“! 1 Th 2, 8.

[43] Heute allerdings sieht es so aus, als führe uns der Herr auf die Bahn des Paulus zurück. Die Gemeinden werden im wachsenden Abfall klein werden und können dann nicht mehr so einfach eine Reihe von „hauptamtlichen“ Mitarbeitern unterhalten. Der Bote Jesu wird wieder viel unmittelbarer von wirklichen Opfern der Gemeinde leben und sich darum sehr überlegen müssen, wieweit er das noch tun will. Er wird auch in einer Welt wachsender Kritik am Christentum wieder unter Beweis stellen wollen, daß sein Dienst für Jesus uneigennützig ist. „Ich suche nicht das Eure, sondern euch“ (2 Ko 12, 14).

lichen Arbeit zur Verfügung stellen, gilt es jedenfalls, daß sie ihr eigenes Brot zu erwerben haben.

Darum wird es nun mit der Forderung des Gehorsams ganz ernst. **„Den Betreffenden gebieten wir und reden wir zu im Herrn Jesus Christus, daß sie in Stille arbeitend ihr eigenes Brot essen.“** Weil Paulus hier einen Wesenszug Jesu und Seines Evangeliums verstanden hat, kann und muß er „im Herrn Jesus Christus“ gebieten: gerade von Jesus selbst weicht ab, wer hier anders lebt. Es wird hier so ernst, daß der Fall weiteren Widerstrebens und weiterer Eigenwilligkeit ins Auge gefaßt wird. So beginnt dieser Abschnitt sofort mit der entschiedenen Forderung: **„Wir gebieten aber euch, Brüder, im Namen des Herrn Jesus Christus, daß ihr euch zurückzieht von jedem Bruder, der unordentlich wandelt und nicht nach der Überlieferung, die sie[44] empfangen haben von uns.“**

Entsprechend endet der Abschnitt mit der präzisen Anweisung: **„Wenn aber einer nicht gehorcht unserem Wort in dem Brief, den merkt euch an, nicht zu verkehren mit ihm.“** Am Anfang unseres Abschnitts war nur allgemein darauf hingewiesen worden, daß man sich von Brüdern, die „unordentlich wandeln“, zurückziehen müsse. Jetzt aber hat der Brief die Dinge noch einmal klar ausgesprochen, die Weisung zur Arbeit eindrücklich wiederholt und sich mit einem Befehl an die gewandt, die es angeht. Damit ist von den betreffenden Brüdern eine bestimmte Entscheidung gefordert. Was bisher gewesen ist, ist vergeben und vergessen, wenn sie jetzt gehorchen und den Wandel ändern. Wenn sie das aber nicht tun und damit den Gehorsam gegen diesen Brief öffentlich verweigern, dann kann und darf es die Gemeinde nicht bei Worten und Erörterungen lassen, dann muß auch sie handeln. Sie muß die Ungehorsamen und Eigenwilligen — es sind zahlenmäßig offenbar nur wenige, da der Brief „wenn einer“ formulieren kann — „anmerken“, „anzeichnen“, vielleicht in einer Liste, die im Versammlungsraum der Gemeinde ausgehängt wird, und muß als ganze Gemeinde den Verkehr mit ihnen abbrechen. In dieser „jungen“ Gemeinde muß also die „Kirchenzucht“ beginnen! Sie beginnt aber in dem ganzen Wissen um die Schmerzlichkeit dieses Vorgangs. Von „Brüdern“, wirklichen, an Jesus glaubenden Brüdern muß man sich zurückziehen! Die lebendige Gemeinschaft mit Gliedern des Leibes Christi muß abgebrochen werden! Das geschieht nicht mit der Kühle einer Rechtsmaßnahme. Auch der ungehorsame, den

44 Die besser in den Satz passende und darum „leichtere“ Leseart: „die ihr empfangen habt“ ist ebenfalls gut bezeugt. Aber es ist eine gute Regel, daß die „schwerere“ und unbequemere Lesart im allgemeinen die ursprünglichere ist. Es ist, als ob die Briefschreiber noch einmal betonen wollten, daß es nur einzelne sind, die einen falschen Weg gehen. Darum wird von ihnen in der dritten Person gesprochen und das „ihr“ vermieden, das die Gemeinde als ganze anreden würde.

Christenstand und die Gemeinde gefährdende Bruder bleibt ausdrücklich ein „Bruder". Jede falsche Schärfe, die unserem hochmütigen Ich so nahe liegt, wird bestimmt abgewehrt: **„Und nicht wie einen Feind betrachtet ihn, sondern weist ihn zurecht wie einen Bruder."** Sie sagen ja nicht dem Evangelium als solchem den Gehorsam auf, sondern nur dieser einzelnen Weisung; sie sind nicht Feinde der großen Sache der Gemeinde, sondern sträuben sich gegen eine — freilich notwendige — Ordnung des Lebens. Gehofft wird daher auf die positive Wirkung: **„damit er beschämt wird."** Am ernsthaften Nein der ganzen Gemeinde wird der Bruder merken, daß sein Weg wirklich falsch und unmöglich ist, und wird in sich gehen. Es bedeutete ja doch damals die brüderliche Gemeinschaft der konkreten Gemeinde noch etwas ganz anderes als heute! Sie war wirklich „die" Heilsgemeinde, die einzige, die es gab. In ihr lebte jene herzliche und leibhaftige Liebe, die uns im ersten Brief so bewegend sichtbar wurde. Die Gemeinde war dadurch etwas, was sonst nirgends zu finden war in keinem der vielen Vereine jener Zeit, in denen die Sehnsucht nach Gemeinschaft vergeblich die echte Verwirklichung suchte. Das einsame Privatchristentum, in das wir uns so leicht zurückziehen, war damals völlig unbekannt und vom Evangelium her auch ganz undenkbar. Wer die Gemeinde verlor, verlor darum alles — würde er dann nicht lieber seinen falschen Weg aufgeben? Und ganz nüchtern betrachtet: gerade diese Brüder, die zum Arbeiten zu „heilig" waren, waren in ihrer Existenz auf die Bruderliebe der Gemeinde angewiesen; wenn die Gemeinde ihre Häuser vor ihnen verschloß, bedeutete das den Hunger. Es durfte aber das Nein der Gemeinde deshalb nicht nur in Worten bestehen, sonst wird daraus nur eine Diskussion. Worte erzeugen Worte; erst ein Nein als Tat kann auch wieder Taten der Umkehr wirken. Darum wird die Gemeinde noch einmal zum Tun des Rechten aufgefordert: **„Ihr aber, Brüder, werdet nicht müde im Tun des Rechten."**[45] Es ist damit wohl alles zugleich gemeint: das tapfere Bleiben bei einem stillen und arbeitsreichen Leben, die notwendige Festigkeit in der Gemeindezucht, die herzliche Mühe um die Zurechtbringung der irrenden Brüder. Wie leicht bleibt es bei einzelnen Versuchen, die bald wieder einschlafen. „Die Länge trägt die Last." Darum „werdet nicht müde". Es kann aber auch sein, daß die Briefschreiber beim „Tun des Schönen" an das „Wohltun" im engeren Sinn gedacht haben. Wenn sie jetzt von der Gemeinde forderten, mit

[45] Das „Rechte" ist in der griechischen Sprache eigentlich das „Schöne". Auch wir können ja sagen: „Ich finde das nicht schön", wo wir meinen: „Ich finde es nicht recht." Aber es ist doch für die ganze griechische Haltung kennzeichnend, daß sie die Dinge von der „Schönheit" her betrachtet und darum die Welt „Kosmos" (= „Schmuck", vgl. „Kosmetik") nennt und das rechte Tun des Menschen „schön". Paulus nimmt das ruhig auf!

den „Unordentlichen" keinen Umgang zu haben, sie also auch nicht mehr zu unterstützen und bei den Liebesmahlen der Gemeinde nicht zuzulassen, konnte das nicht lähmend auf die Liebestätigkeit überhaupt wirken? Jeder soll selbst sein Brot verdienen, wer nicht arbeitet, soll auch nicht essen — also geben wir nichts mehr und unterstützen niemand mehr, es soll jeder zusehen, wie er selber fertig wird! Nein, Brüder, *so* ist es nicht gemeint! Nein, werdet nicht müde, oder wie wir vielleicht noch treffender übersetzen können: werdet nicht verdrossen in der Wohltätigkeit! Es gibt unverschuldete Not genug!

Zum Ganzen dieses Abschnitts wollen wir darauf achten, wie völlig diese „Kirchenzucht" dem Bilde des Gemeindeaufbaues entspricht, das wir am Ende des ersten Briefes empfingen. Das ist ein recht gewichtiges Zeichen dafür, daß unser Brief nicht in eine spätere Zeit gehört! Nichts „Amtliches", nichts „Institutionelles", nichts „Kirchenrechtliches" wird sichtbar. Nicht einmal jener Kreis kirchlicher Mitarbeiter wird hier angeredet und mit der Erledigung dieser Sache beauftragt, der nach 1 Th 5, 12. 13 das „Zurechtweisen" als seine besondere Aufgabe auf sich genommen hatte. Es bleibt vielmehr alles Verantwortung und Handeln der ganzen Gemeinde! Dieses Handeln muß zwar ein wirklich konkretes sein, da es nur als solches wirksam über die bloße Diskussion hinausführt. Aber es wird noch kein „Verfahren" sichtbar, besonders keinerlei Regeln und Ordnungen für die „Wiederaufnahme" der Schuldigen[46]. Diese sind und bleiben „Brüder", und die volle Gemeinschaft mit ihnen tritt in dem Augenblick von selbst wieder ein, in dem sie sich ihren Arbeitsplatz suchen.

PAULUS SCHREIBT DEN EIGENHÄNDIGEN SCHLUSSGRUSS

2. Thessalonicher 3, 16—18

zu Vers 16: Jo 14, 27; Rö 15, 33; 16, 20; 1 Ko 14, 33; 2 Ko 13, 11; 1 Th 5, 23

16 Er selbst aber, der Herr des Friedens, gebe euch den Frieden,
17 allezeit auf alle Weise! Der Herr mit euch allen! * Der Gruß mit
meiner, des Paulus, Hand. Das ist ein Zeichen in jedem Brief: so
18 schreibe ich. * Die Gnade unseres Herrn Jesus Christus mit euch
allen!

[46] Das alles ist ein sehr gewichtiges Zeichen dafür, daß unser Brief nicht in eine spätere Zeit gehört! Wie hätte ein später Nachahmer des Paulus sich diese geistliche Freiheit einer Gemeinde überhaupt noch vorstellen können! Wie selbstverständlich hätte er die ihm vertrauten Regeln des Gemeindeaufbaus und der Bußdisziplin hier unwillkürlich einfließen lassen!

zu Vers 17:
1 Ko 16, 21
Kol 4, 18
zu Vers 18:
Rö 16, 24
Offb 22, 21

„Kirchenzucht" bringt leicht Unfrieden, auch wenn sie mit Ernst und Liebe geübt wird. Aber gerade wenn Schwierigkeiten und Spannungen das Gemeindeleben bedrohen, darf und muß die Gemeinde es wissen: Jesus ist **„der Herr des Friedens"**. Wie unser Brief — aus Gründen, die wir nicht ohne weiteres erkennen — entgegen der sonstigen Gewohnheit mehrfach den Herrn Jesus vor Gott, den Vater, stellt oder Jesus dort nennt, wo der erste Brief auf Gott hinweist (2 Th 3, 3 anders als 1 Th 5, 24), so ist es auch hier. „Er aber, der Gott des Friedens" hieß es in 1 Th 5, 23. Nun wird es von Jesus bezeugt, daß Er den Frieden will, den Frieden gebracht hat — Er ist ja in Person „unser Friede" (Eph 2, 14) — und so auch der Gemeinde den Frieden geben und erhalten will. Und zwar **„allezeit auf alle Weise"**, also auch jetzt mitten unter den äußeren und inneren Nöten, in die hinein der Brief von Anfang an redet. Und Er „hat viel tausend Weisen" den bedrohten Frieden zu bewahren.

„Der Herr mit euch allen!" Das ist vielleicht der gemeinsame Schlußgruß der drei. Dann setzt erst jetzt der besondere eigenhändige Gruß des Paulus ein: **„Der Gruß mit meiner, des Paulus, Hand."** So finden wir es auch 1 Ko 16, 21; Gal 6, 11; Kol 4, 18. Wenn Paulus hier hinzufügt: **„Das ist ein Zeichen in jedem Brief: so schreibe ich"**, dann ist das wohl zu verstehen angesichts der Tatsache, daß sich Männer in Thessalonich auf einen angeblichen Paulusbrief beriefen, der ihre Verkündigung „Der Tag des Herrn ist da" unterstützen soll[47]. Der Schlußwunsch **„Die Gnade unseres Herrn Jesus Christus mit euch allen!"** entspricht den letzten Worten des ersten Briefes. Es ist und bleibt in der Tat die Zusammenfassung alles dessen, was wir andern wünschen können, daß die Gnade unseres Herrn mit ihnen sei. Jesus selbst wird es Seinem Paulus in kritischer Stunde versichern: „Genug ist für dich meine Gnade!" (2 Ko 12, 9). Paulus konnte das aufnehmen und glauben, weil er selber es schon immer für die Gemeinden gewußt hat: Genug für sie ist die Gnade unseres Herrn Jesus Christus. Wenn diese Gnade bei der hart verfolgten und innerlich beunruhigten Gemeinde der Thessalonicher bleibt, dann hat sie alles, was sie braucht, dann wird sie leben!

[47] Es muß sich dabei nicht um eine eigentliche „Fälschung" gehandelt haben, die in jener Frühzeit recht schwer denkbar ist, vgl. o. S. 17. Darum gibt hier Paulus auch keine näheren Anweisungen. Es ist nur wie ein allgemeiner Warnungsruf in die leicht erregbare Gemeinde hinein: Vorsicht! Laßt euch nicht so schnell etwas als meine briefliche Äußerung aufreden! Prüft nach, ob es sich überhaupt um einen Brief von mir handelt. In meinen Briefen schreibe ich stets solch eigenhändigen Schlußgruß.

Die Briefe des Paulus an Timotheus, an Titus und an Philemon

erklärt von

Hans Bürki

R. BROCKHAUS VERLAG

Der erste Brief des Paulus an Timotheus

erklärt von

Hans Bürki

R. BROCKHAUS VERLAG

VORWORT

Im Alter von sechzehn Jahren schrieb ich die ersten Gedanken in ein Notizheft, die mir bei der Lektüre der Pastoralbriefe gekommen waren. Meine ersten mündlichen Äußerungen, die ich klopfenden Herzens vor gleichaltrigen Kameraden herausbrachte, bezogen sich auf 1 Tim 4, 12: „Niemand verachte deine Jugend, sondern werde ein Vorbild der Gläubigen!" Dreißig Jahre lang haben mich diese Briefe nun begleitet und beeinflußt. Von Anfang an beschäftigte mich die Beziehung zwischen Paulus und Timotheus und berührten mich die hymnischen Stücke (Lobgesänge), welche die Hoheit Gottes und das Geheimnis seiner Offenbarung in Jesus preisen. Der Sinn für die unbegreifliche Größe und Ferne Gottes und seine noch unfaßbarere Menschlichkeit und Nähe ist mir im Laufe der schnellen Jahre nicht nur erhalten geblieben, sondern vertieft worden.

In meiner ersten, längst zerlesenen Bibel aus dem Jahre 1941 sind mit Bleistift viele Notizen und Bibelstellen eingetragen. Dem Gefühl der eigenen Mangelhaftigkeit half eine Bemerkung zu 2 Tim zurecht: „Vollendet meint nicht die lücken- und fehlerlose Leistung, sondern nur, daß der Lauf sein Ziel erreicht hat." Dieses Ziel wollte ich erreichen. Zu II 4, 2 notierte ich Jes 52, 7: „Wie lieblich sind auf den Bergen die Füße dessen, der frohe Botschaft bringt." Diese Botschaft wollte ich bringen.

Vor zehn Jahren wagte ich es auf Anfrage des Verlegers hin, mit der Arbeit für einen Kommentar der Pastoralbriefe zu beginnen — zunächst noch ohne bestimmte Zusage. Mehrmals habe ich seither die Bemühungen unterbrochen und wollte den Gedanken an eine Herausgabe ganz aufgeben. Durch die große Geduld und ständige Ermutigung von Rolf Brockhaus, mit dem ich seit 1948 in fruchtbarer Freundschaft verbunden bin, ist nun der Abschluß des Manuskriptes doch zustande gekommen. Ich hatte nicht geahnt, was es heißt, neben den vielen Reisen, die mich seit 1963 (als ich mit der Arbeit am Kommentar begann) in alle Teile der Welt führten, einen Kommentar druckfertig zu vollenden. Doch die unzähligen Stunden des Studiums der Schrift haben mich in ihrem Ertrag noch mehr überrascht als das Ausmaß der Arbeit. Die Stunden der Einsamkeit und Meditation vor der Heiligen Schrift, gerade weil sie den sich von außen aufdrängenden Ansprüchen abgerungen werden mußten, gehören zu den kostbarsten meines Lebens. Dafür danke ich Gott.

Ich hoffe, daß etwas von dieser verborgenen Begegnung mit dem Wort

Gottes im Kommentar zum Ausdruck gelangt und darum den Leser vermehrt zur Heiligen Schrift hinweist, so daß ihm „das Geheimnis der Gottseligkeit" (1 Tim 3, 16) aufleuchten kann.

Mein Dank gilt den vielen, die mir von meiner Jugend an die Heilige Schrift lieb und wert gemacht haben, denen, die mit mir in der Verkündigung des Evangeliums weltweit verbunden sind, und denen, die mir bei der Ausarbeitung des Kommentars in irgendeiner Weise geholfen haben.

Einige möchte ich noch besonders mit Namen erwähnen:

Werner de Boor, der Herausgeber der Wuppertaler Studienbibel, ist mir mit Geduld, Rat und großzügigem Verständnis entgegengekommen, auch als der Kommentar etwas anders ausfiel als die übrigen Bände der Reihe. Dafür bitte ich auch den Leser um Nachsicht. Obwohl ich das Manuskript stark kürzte, wurde bald klar, daß aus den 14 Kapiteln (1 und 2 Tim, Titus, Philemon) zwei Bände würden. In einem Kommentar hatte ich jeweils besonders die Details, die genauen Wortbeschreibungen und die schwierigen Stellen gesucht. Dieser persönliche Leserwunsch spiegelt sich in meinen vielleicht zu ausführlichen Worterklärungen wider. Die lange Entstehungszeit hat ihren Niederschlag gefunden in der „Textgeschichte" meines Manuskriptes: es ist mir nicht gelungen, die Unterschiede vollständig auszugleichen.

Otto-Siegfried von Bibra (1948 verkündeten wir gemeinsam die frohe Botschaft von Jesus den Schülern und Studenten, die in Wuppertal zu einer Konferenz zusammengekommen waren) hat mir einen unerläßlichen Dienst erwiesen, indem er mit aller Sorgfalt das ganze Manuskript kritisch durchlas und mir viele wertvolle Anregungen gab, nicht zuletzt auch Vorschläge zur Kürzung!

An der Reinschrift des Manuskriptes waren mitbeteiligt Lore Schmid, Stuttgart; Elsi Müller, Zürich; Martin Leibundgut, Langental.

Hans Bürki

INHALTSVERZEICHNIS

Abkürzungs-Verzeichnis

I. Allgemeine Abkürzungen:

AT = Altes Testament
NT = Neues Testament
atst = alttestamentlich
ntst = neutestamentlich
grie = griechisch
hebr = hebräisch
lat = lateinisch
LXX = Septuaginta. Das ist die griechische Übersetzung des AT, angeblich von 70 gelehrten Juden auf Befehl des Königs Ptolemäus Philadelphus 200 v. Chr. in Alexandrien angefertigt.

II. Literatur-Abkürzungen:

W–B = Walter Bauer: Griechisch-Deutsches Wörterbuch. 4. Aufl. 1952
Bl–De = Blaß–Debrunner: Grammatik des ntst Griechisch 9. Auflage 1954 zitiert n. §§.
Radm = Rademacher: Neutestl. Grammatik 1925. 2. Aufl.
Ki–Th W = Kittel: Theolog. Wörterbuch
NTD = Neues Testament Deutsch Göttingen 1932 ff.
St–B = Strack–Billerbeck: Kommentar zum NT aus Talmud usw. Bd I–IV. München 1922 ff.

III. Abkürzungen der biblischen Bücher:

a) Altes Testament

1 Mo = 1. Mose
2 Mo = 2. Mose
usw. usw.
Jos = Josua
Ri = Richter
Rth = Ruth
1 Sam = 1. Buch Samuelis
2 Sam = 2. Buch Samuelis
1 Kö = 1. Buch der Könige
2 Kö = 2. Buch der Könige
1 Chro = 1. Buch der Chronika
2 Chro = 2. Buch der Chronika
Esr = Esra
Neh = Nehemia
Esth = Esther
Hio = Hiob
Ps = Psalter
Spr = Sprüche
Pred = Prediger
Holi = Hohelied
Jes = Jesaja
Jer = Jeremia
Kla = Klagelieder
Hes = Hesekiel
Da = Daniel
Hos = Hosea
Joe = Joel
Am = Amos
Ob = Obadja
Jon = Jona
Mi = Micha
Nah = Nahum
Hab = Habakuk
Ze = Zephanja
Hag = Haggai
Sach = Sacharja
Mal = Maleachi

b) Apokryphen

Tob = Tobias
1 Makk = 1. Makkabäer
2 Makk = 2. Makkabäer
Sir = Sirach

c) Neues Testament

Mt = Matthäus
Mk = Markus
Lk = Lukas
Jo = Johannes
Apg = Apostelgeschichte
Rö = Römer
1 Ko = 1. Korinther
2 Ko = 2. Korinther
Gal = Galater
Eph = Epheser
Phil = Philipper
Kol = Kolosser
1 Th = 1. Thessalonicher
2 Th = 2. Thessalonicher
1 Tim = 1. Timotheus
2 Tim = 2. Timotheus
Tit = Titus
Phlm = Philemon
1 Pt = 1. Petrus
2 Pt = 2. Petrus
1 Jo = 1. Johannes
2 Jo = 2. Johannes
3 Jo = 3. Johannes
Hbr = Hebräer
Jak = Jakobus
Jud = Judas
Offb = Offenbarung des Johannes

Vgl. W. Stb. Matth. S . . . = Vergleiche Wuppertaler Studienbibel Matthäus-Band Seite . . .
Vgl. W. Stb. Mark. S . . . = Vergleiche Wuppertaler Studienbibel Markus-Band Seite . . . usw.

Weitere Abkürzungen für diesen Band

Eine Bibliographie ist im zweiten Band enthalten.
Die vielen Bibelstellen am Rand sind alphabetisch gekennzeichnet [a) b) etc], damit sie genau zu den entsprechenden Ausführungen im Text passen. Sie wollen zu vergleichendem und vertieftem Bibelstudium helfen.

(A 25)	=	Anhang (immer mit Zahl)
		Bibelübersetzungen (immer in Klammer)
		wo nicht anders vermerkt, eigene Übersetzung oder Zürcher Übersetzung
(A)	=	L. Albrecht
(E)	=	Elberfelder
(H)	=	Herder (bzw. Jerusalemer)
(NEB)	=	New English Bible
(W)	=	U. Wilckens
(E 31 f)	=	Einleitungsfragen (immer mit Zahl, die sich auf den betreffenden Abschnitt bezieht)
Past	=	Pastoralbriefe
P	=	Paulus
P-P	=	Pseudo-Paulus
I	=	1 Tim
II	=	2 Tim
Syn	=	Synonym
ZThK	=	Zeitschrift für Theologie und Kirche
ZNTW	=	Zeitschrift für neutestamentliche Wissenschaft und die Kunde der älteren Kirche

EINLEITUNGSFRAGEN

1. Die Briefe an Timotheus und an Titus werden seit D. N. Berdot (1703) und P. Anton (1726) „Pastoralbriefe" (Past) genannt. Doch schon Thomas von Aquin († 1274) schreibt in seiner Einleitung zu 1 Tim von „pastoralis regulae" (Anweisungen, Regeln für Hirten). Die drei Hirtenbriefe sind von dem Hirten Paulus an die Hirten Timotheus und Titus und durch diese beiden an die Hirten der Gemeinden im Umkreis von Ephesus und auf der Insel Kreta gerichtet. Daß auch die Gemeinden miteinbezogen sind als Adressaten der Briefe, zeigt z. B. die Vorordnung des Gemeindegebetes, in welchem das Verhalten aller Männer und Frauen in der Gemeinde besprochen wird (I 2, 8—15), vor die Aufzählung der verschiedenen Gemeindedienste und ihren Anforderungen (I 3, 1—13). Die Ausführungen über die Diener der Gemeinde münden wieder ein in das Verhalten und den Gottesdienst aller (I 3, 14—16).

2. Die persönliche Anrede ist charakteristisch für den Stil der drei Briefe. Der Brief an Philemon ist zwar ebenfalls an eine Einzelperson gerichtet, gehört aber in bezug auf Inhalt, Stil und Abfassungszeit nicht zu den Past. Die übrigen Paulusbriefe sind an Gemeinden gerichtet. Allerdings nennt der Brief an die Philipper — und das wird für Verständnis und Auslegung der Past nicht ohne Bedeutung sein — nach der Anrede „an alle Heiligen" auch die Vorsteher und Diakone als Empfänger (Phil 1, 1).

3. Gemeinsam ist den Past sodann die geschichtliche Lage der Gemeinden wie der angesprochenen Mitarbeiter und des Absenders, außerdem der Wortschatz, die Entfaltung der Lehre des Evangeliums und die Bekämpfung der Irrlehren. Innerhalb dieser Gemeinsamkeit bestehen jedoch auch beträchtliche Unterschiede: I ist doppelt so lang wie Tit, mit dem er am meisten Ähnlichkeit hat, so sehr, daß man Tit als gekürzte und den Verhältnissen angepaßte Ausgabe von I aufgefaßt hat. II hingegen fällt auf durch die vielen sehr persönlich gehaltenen Aussagen und durch den dringlich beschwörenden Ton.

4. Die paulinische Verfasserschaft der Past wurde vom 1. Jahrhundert an bis 1804 (J. Schmidt) und 1807 (F. Schleiermacher) nicht in Frage gestellt. Seitdem Schleiermacher die Echtheit von I aus stilistischen und sprachlichen Gründen (die „inneren Kennzeichen" für die Verfasserschaft eines Briefes) bestritt, hat die Auseinandersetzung um Verfasserschaft, Abfassungszeit und Auslegung aller drei Briefe nicht mehr aufgehört. Die

Verfechter und die Kritiker der Echtheit häuften immer mehr Argumente auf, um ihre Entscheidung zu begründen. Ausgerechnet um diejenigen Briefe, die so eindringlich vor Wortstreit warnen (I, 1,4; 6, 20. 21; II 2, 14. 23; Tit 3, 9), ist ein Kampf um Worte entbrannt, der sich immer mehr in einem unfruchtbaren Stellungskrieg verfestigt hat: Wer die Echtheit der Briefe ablehnt, sucht die paulinisch erscheinenden Äußerungen als bewußte Nachahmung eines späteren Schreibers und die sonst bei Paulus nicht bekannten Neubildungen als Beweise dafür hinzustellen, daß das Ganze nicht von Paulus sein kann. Wer die Echtheit vertritt, argumentiert genau entgegengesetzt: Jede geringste Ähnlichkeit mit Paulus muß für die paulinische Autorschaft und jeder Unterschied zu den früheren Paulusbriefen gegen einen Fälscher ausgelegt werden, der doch in der Nachahmung sorgfältiger vorgegangen wäre, um seine eigenen Spuren zu verwischen.

Doch auf dem Boden solchen Vorverständnisses läßt sich keine Klarheit gewinnen. Da die paulinischen Elemente, wie immer man sie bewertet, in den Past derart überwiegen, kann keine noch so radikale Kritik der „inneren Kennzeichen" für sich allein genügen, um die paulinische Verfasserschaft zu widerlegen.

5. Wir wollen drei verschiedene Möglichkeiten des „Vorverständnisses" etwas näher ansehen:

a) Es wird behauptet, mit den Mitteln der historisch-kritischen Forschung lasse sich ein besseres Verständnis der Schriften gewinnen, als ihre Verfasser es selbst hatten. So schreibt M. Dibelius in einer Auslegung der Past (95): „Der Verfasser hat die (von uns rekonstruierte) Folge der Ereignisse im Leben des Paulus natürlich nicht so vor Augen wie ein Theologe von heute ..." Darum kann man „am besten annehmen, daß der Autor sich einfach geirrt hat". So weiß dann der „Theologe von heute", daß die Personalnotizen aus einigen glaubwürdigen Angaben, aus Pauluslegenden und aus der Kombination von Nachrichten entstanden sind. Der Schluß von II läßt sich dann so erklären: „Das wundervolle Ethos des Schlußteils, eine Ausprägung apostolisch-missionarischen Sendungsbewußtseins im Leiden, hat manchen Erklärer veranlaßt, diesen Brief oder mindestens seinen letzten Teil vor dem Verdacht der Unechtheit zu schützen. Allein da das Prädikat ‚unerfindlich' hier nichts besagen kann — wie viele Todesnähe atmende Szenen alter und neuer Dichtwerke sind doch ‚erfunden'! —, so ist jenes Bedenken kein Beweis. Wer aber diese persönliche Eigenart von II Tim zumal in ihrer kirchengeschichtlichen Bedeutung ... recht würdigt, wird die Schwierigkeit nicht mehr stark empfinden, den ‚Brief' trotz seiner Personalangaben für unpaulinisch zu halten" (97).

b) Für manche gilt die Radikalität der Kritik als Maß der Zuverlässigkeit, ja Wissenschaftlichkeit. Tatsächlich kann man zwar alles kritisch in Frage stellen, aber sinnvolle Kritik hat ihre Grenzen. Die persönliche

Eigenart von II soll „in ihrer kirchengeschichtlichen Bedeutung" recht gewürdigt, d. h. kritisch verstanden werden. Was aber bedeutet das? Zuerst wird die Unechtheit vorausgesetzt, dann wird der Brief ins 2. Jahrhundert versetzt, daraufhin soll die kirchengeschichtliche Situation des 2. Jahrhunderts Beweggrund und Inhalt des Schreibens bestimmen: „Die geschichtliche Betrachtung hat sie" — gemeint sind die Past — „(die Unechtheit vorausgesetzt) in der kirchlichen Situation der nachapostolischen Zeit zu verstehen. Das Urteil über die Briefe ist nicht zu lösen vom umfassenden Wandel des kirchlichen Selbstverständnisses, der sich in dieser Epoche vollzieht" (7). Dieses kirchliche Selbstverständnis wird mit dem Begriff „Bürgerlichkeit" umschrieben, der seit Dibelius nicht gerade kritisch von den meisten Auslegern übernommen wurde. Befragt man jedoch die Texte selbst im Zusammenhang der paulinischen Theologie, bevor man sie mit einem Kirchenverständnis des 2. Jahrhunderts beurteilt, so widersprechen sie dem vorgefaßten Urteil von „Bürgerlichkeit" eindeutig. Darüber hinaus ist es mehr als fraglich, ob die im 2. Jahrhundert schwer verfolgte Gemeinde schon „bürgerlich" genannt werden kann.

c) Wer die Echtheit einer Äußerung in Frage stellt, tritt als Ankläger auf. Dem Angeklagten wird die Beweislast zugeschoben: „Jenes Bedenken ist kein Beweis!" In Wahrheit aber sollte das Umgekehrte gelten: Der Ankläger ist es, der den Beweis erbringen muß. Doch was für Beweise sind das, wenn man am besten (!) annimmt (!), daß der Autor sich einfach (!) geirrt hat und „daß, wer Briefe fingierte, wohl auch (!) Grüße und Personalangaben fingieren konnte"! (96) Übertragen lautet obiger Satz: Wer beschuldigt wird, ist wohl auch schuldig. Wo aber ist bewiesen, daß der Schreiber der Past sich schuldig machte? Man k a n n Briefe erfinden und „Todesnähe atmende Szenen" dichten, aber ist damit bewiesen, daß dies auch in diesem Falle geschehen ist?

Freilich zeigt die Behauptung von „unerfindlichen" Szenen und Personalangaben auch die Überreaktion eines Verteidigers der Echtheit an (E4). Der Kritiker bestreitet mit Recht die grundsätzliche Unerfindlichkeit solcher Szenen, zugleich aber erfindet er seine eigene, von ihm rekonstruierte Folge der Ereignisse zu Unrecht, denn er vermehrt damit die Schwierigkeiten, die er durch seine Erklärung zu beseitigen suchte.

6. Um die Unechtheit der Briefe behaupten zu können, mußte man ihre F ä l s c h u n g annehmen. Um „die Schwierigkeit nicht mehr stark empfinden" zu müssen, wollte man die Praxis der Fälschung für die damalige Zeit als weit verbreitet und moralisch nicht verwerflich hinstellen. Was wir jedoch historisch wissen, widerspricht dieser Behauptung. So hat z. B. zwischen 150—200 ein Kirchenältester in Kleinasien „aus Liebe zu Paulus", wie er erklärte, die sog. „Paulusakten" geschrieben. Er wurde der Fälschung über-

führt (nicht der Irrlehre) und als Presbyter abgesetzt, weil er seinen Akten den Namen des Paulus unterschoben hatte[1].

Schon im 2 Thess (2, 2; 3, 17) fordert Paulus die Gemeinde auf, die Echtheit der Briefe genauso zu prüfen wie die Geister der Propheten.

Bis zum Jahre 130 sind keine Fälschungen bekannt; sie tauchen in größerer Zahl erst nachher auf. Niemand setzt aber die Past nach 130 an[2]. Alle später entstandenen, gefälschten Paulusbriefe sind ohne weiteres erkennbar a) an ihrer oberflächlichen Zusammenstellung von Paulusworten aus verschiedenen kanonischen Briefen, b) an ihrer gedanklichen Armut, c) an ihrer Kürze, wie sie bei keinem der Paulusbriefe sonst bekannt ist. Das sind sachgerechte Maßstäbe für eine kritische Beurteilung der Echtheit der Past.

H. Balz schreibt, die Past seien „Tendenzfälschungen, nicht Schulprodukte", da diese Briefe „Paulus längst verlassen haben[3]." Er räumt mit der beruhigenden Behauptung auf, daß diese Tätigkeit der Fälschung für harmlos oder selbstverständlich gehalten worden sei. „Wer in der Antike pseudepigraphische (d. h. von einem Unbekannten verfaßte und einem bekannten Namen unterschobene) Schriften verfaßte, wußte, was er damit tat ... Er mußte sich darüber klar sein, daß sein Vorgehen zu Mißverständnissen Anlaß gab."

Wie kommt Balz zu der von ihm so eindeutig ausgesprochenen Anklage, die Past seien Tendenzfälschungen, d. h. sie wollten im Namen des Paulus bewußt eine andere Lehre als diejenige des Paulus einführen? Balz geht von einem bestimmten Vorverständnis dessen aus, was „Geist" bedeutet. Hinter den Schreibern der angeblich falschen Paulusbriefe (dazu gehören nach Balz auch Epheser, Kolosser etc) steht „der Geist der Tradition und der apostolischen Norm, nicht aber der Geist, der nach 1 Ko 12, 3 das Bekenntnis zum Kyrios Jesous (d. h. zum Herrn Jesus) bewirkt" (419). Am Anfang waren die Zeugen, dann folgten die ingeniösen Verkünder und Erfinder, die ihren Glauben nicht mehr personal verantworteten und darum „eine stillschweigende Umformung der apostolischen Tradition" vornahmen (43). Ein solches Vorverständnis ist nicht neu. Schon 1845 hat F. C. Baur ähnlich über den Geist (des Unendlichen) bei Paulus geurteilt und ihn dem Fleisch (als dem Endlichen) gegenübergestellt, ganz im Sinne von Hegels Geschichtsschau. Auf Grund dieses Maßstabes blieben nur vier echte Paulusbriefe übrig, in denen der „Geist" rein zum Ausdruck komme, Rö, Gal, 1 u. 2 Ko. Doch überall, wo Geist und Tradition, Geist und Amt, Geist und Schrift einander mehr oder weniger ausschließend entgegengesetzt werden, liegt dieses philosophische Denkschema zugrunde, das unkritisch übernommen und weiter tra-

[1] K. Schmidt, Acta Pauli 1905, 173.
[2] A. Harnack, Lehre der Apostel, 106.
[3] Anonymität und Pseudepigraphie im Urchristentum, Zeitschrift für Theologie und Kirche, 66 Jg. 1969, 43.

diert wird, obwohl es der paulinischen Lehre vom Geist nicht gerecht wird.

7. In Wirklichkeit aber ist bei Paulus der Gegensatz Fleisch—Geist weder philosophisch (endlich — unendlich) noch moralisch (Sinnlichkeit — Vernunft) noch mystisch (in dieser Welt — in Christus) noch anthropologisch-soteriologisch (der Fleischesmensch wird zum Geistesmenschen erlöst), sondern heilsgeschichtlich-eschatologisch (endgeschichtlich) verstanden: Das Zentrum der paulinischen Theologie ist die Verkündigung der Heilszeit, die im Leben, Sterben und Auferstehen des Messias schon eingetreten ist und darum auch in Vollendung kommen wird. Geht man von dieser paulinischen Schau aus, dann ordnen sich alle 13 kanonischen Schriften des Apostels, zu denen eben auch die 3 Past gehören, ohne daß künstliche Eingriffe nötig wären, ganz organisch zusammen.

Die Offenbarung des verborgenen Geheimnisses, die Bezeugung des bereits gegenwärtigen und des kommenden Heils ist Inhalt und Auftrag des Evangeliums. „Geheimnis" ist zwar ein Wort der hellenistischen Mysterienkulte (die Geheimkulte wurden magisch verstanden und praktiziert!), bezeichnet aber bei Paulus überall das zuvor verborgene und jetzt offenbarte Erlösungswerk Gottes in der Geschichte der Menschen. So gesehen, stehen I 3, 16; II 1, 9—11; Tit 1, 2—3 ganz im Zusammenhang mit 1 Ko 2, 7; Rö 16, 25—27; Kol 1, 26; 2, 2—4; Eph 1, 9—14; 3, 4—12.

8. Die endgeschichtliche Spannung ist in den Past nicht aufgelöst. Die Gemeinde des Herrn lebt aus dem Kommen des Retters in Niedrigkeit (Tit 2, 14), seiner Offenbarung im Fleisch (I 3, 16 ganz wie Gal 4, 4; vgl. Eph 1, 10 und Mk 1, 15!; sodann Rö 1, 3; 8, 3; 9, 5; Eph 2, 14; Kol 1, 22) und wartet deshalb auf seine Erscheinung in Herrlichkeit (Tit 2, 13; II 4, 1. 8; I 6, 14—15). „Jener Tag", der „Tag des Messias", steht noch aus (I 6, 14; II 1, 10. 12. 18; 4, 1. 8; Tit 2, 13 wie I Ko 1, 8; 2 Ko 1, 14; Phil 1, 6. 10; 2, 16). Die Evangelien bezeugen dasselbe mit anderen Worten: Das Reich Gottes ist eine die Gegenwart und die Zukunft umfassende Realität, wie sie schon in der vorösterlichen Verkündigung durch Jesus zum Ausdruck kommt[4]. Die Gemeinde betet: „Dein Reich komme" und bekennt: Das Reich Gottes ist gekommen (Mt 6, 10; 12, 28).

9. Die Erwartung der Urgemeinde vom baldigen Kommen des Herrn sei verblaßt, so wird behauptet, die Verzögerung habe erklärt werden und die Kirche sich in dieser Welt einrichten müssen; die Past seien ein Zeugnis für diesen Versuch der ersten Christenheit, mit der angeblichen Parusieverzögerung fertig zu werden. Dieses Erklärungsschema ist zwar beliebt, aber dadurch, daß man es unkritisch übernommen und verbreitet hat, nicht gültiger geworden, denn wieder liegt dem Schema die Hegelsche Denkbewegung zugrunde: Die ursprüngliche Naherwartung (These)

[4] E. Ellis, Die Funktion der Eschatologie im Lukasevangelium, ZThK, 66 Jg. 1969, 387 f.

habe durch die Erfahrung der andauernden Abwesenheit und Verzögerung (Antithese) zur Auflösung der Spannung in der „Heilsgeschichte" (Synthese) geführt.

So sagen die einen, Lukas wolle die Verzögerung der Wiederkunft durch den Entwurf einer Heilsgeschichte erklären, andere behaupten, er habe die Vollendung der Erlösung aus dem zeitlichen in einen zeitlosen Bereich verlagert. Doch sowohl sein Evangelium wie auch die Apostelgeschichte widersprechen beiden Behauptungen. Mit Recht fragt Cullmann kritisch: „Wenn die Naherwartung Jesu auf der Spannung zwischen ‚schon' und ‚noch nicht' beruht, so kann diese Spannung . . . nicht erst ein Ersatz oder eine Verlegenheitslösung für die nicht verwirklichte Naherwartung sein . . . Wo aber ist der Beweis, daß das Nichteintreffen der Parusie ein zentrales Problem war. das ‚gelöst' werden mußte[5]?"

Lukas hatte nicht die angebliche Verzögerung der Parusie zu erklären, sondern übereifrigen und verzerrten Erwartungen zu begegnen, welche die Lehre Jesu und die Mission der Gemeinde verfälschen (Lk 17, 20—23; vgl Mt 24, 26; 2 Th 2, 1). Auch für Paulus ist der Ausgangspunkt nicht das Problem einer ausgebliebenen Parusie, sondern der alles beherrschende Beweggrund ist für ihn die geschehene Erfüllung. Die Zeit i s t erfüllt! (Mk 1, 15; Gal 4, 4; I 3, 16). „Nähe" bedeutet nicht kurze Zeit, sondern dringliche Zeit: die Dringlichkeit des göttlichen Heilswerkes, das in aller Welt fortschreitet. Das Leben aus der Erwartung wird deshalb das Leben in dieser Welt und Zeit nicht entwerten, sondern ihm überhaupt erst die Spannkraft geben, die zu Taten der Liebe führt und zur Verkündigung des Evangeliums an alle Menschen drängt.

Ein heiliger Lebenswandel, das Festhalten an der Überlieferung und der Eifer in guten Werken — das alles ist nicht Folge der abgeschwächten Naherwartung, nicht Folge des Verlustes der unmittelbaren Geisterfahrung und des notwendigen Sicheinrichtens in der Welt. Vielmehr gilt: W e i l der Herr nahe ist, sollen alle, die seinen Namen anrufen, ein lauteres Leben führen (1 Th 5, 14; 2 Th 3, 6. 10—13); — w e i l der Geist wirkt, soll die Überlieferung des Herrn festgehalten werden (vgl. 2 Th 2, 13 mit V. 15; 3, 1. 14; II 1, 14; 3, 16—17), — w e i l der Herr kommt, darum soll das Wort des Herrn laufen (vgl. 2 Th 3, 1; II 2, 9; vgl. Lk 21, 24: „die Zeiten der Heiden" mit I 3, 16: „gepredigt unter den Heiden" und Rö 11, 25: „bis die Vollzahl der Heiden eingegangen sein wird")[6].

Das Bestehen auf einer Gott gefälligen Lebensführung in Gemeinde und Welt, das Betonen der Lehre gemäß dem Evangelium, die Bekämpfung falscher Lehren bedeutet in den Past nicht den Beweis einer späteren Ent-

[5] zitiert bei Ellis, 400.
[6] P. Borgen, Von Paulus zu Lukas, ZSyTh 20, 1966, 140—157.

wicklung bzw. eines Abfalls von den Höhen des Geistes, sondern ist ein Zeichen der von Anfang an bestehenden Spannung zwischen der bereits wirksamen Erlösung und ihrer noch ausstehenden Vollendung.

10. Weder bei Lukas noch bei Paulus steht „der Geist der Tradition und der apostolischen Norm" im Gegensatz zu dem Geist, der Jesus als Herrn bekennt, wie Balz aufgrund seiner Vorentscheidungen behauptet. Lukas bezeugt den Geist als Kraft der zukünftigen Welt, die in der Fülle der Zeit in Jesus wirkte und jetzt seinen Nachfolgern offenbar wird. So erfahren sie in der geistgewirkten Lebens- und Sterbensgemeinschaft mit dem Auferstandenen[7] Kraftwirkungen der zukünftigen Welt in der gegenwärtigen Zeit (Lk 3, 16; 10, 21; 17, 21; 11, 13. 20 = Mt 12, 28; vgl 10, 19—20; I 4, 8).

Derselbe Geist, der Jesus als Herrn bekennt, öffnet den Jüngern das Verständnis (Lk 24, 32. 45) und öffnet die Schriften ihrem Verständnis (Lk 24, 25—27). Der Geist ersetzt nicht die Schriften. Die Schriften sind kein Ersatz für den (verlorenen) Geist. In der Kraft des Geistes sind und bleiben die Jesusjünger „Zeugen dafür", was ihr Herr getan hat und was schon die Schriften über den Messias sagen (Lk 24, 28—29; Apg 1, 2b. 6—8).

11. Deshalb kennen weder die Evangelien noch Paulus einen Gegensatz zwischen mündlichen und schriftlichen Zeugen der Geistinspiration. (2 Th 2, 13. 15; 3, 6. 14; vgl. 1 Ko 12, 13 mit 15, 3—4 sowie II 1, 7. 8. 14 mit II 3, 16. 17). Der Geist gibt Kraft zum Zeugnis, und der Geist treibt durch die Weisung der Schriften zu guten Werken. Der falschen Gegenüberstellung von „Geist der Tradition" und „Geist Jesu" entsprechen auch die falschen Unterscheidungen in bezug auf die Geistesgaben: a) geistlich (organisch) -administrativ (organisatorisch), b) aktualistisch (im Augenblick wirkend) -institutionell (dauernd geregelt). c) charismatisch (geistlich vollmächtig, übernatürlich) -vernünftig (nach menschlichen Regeln geordnet), d) Charisma (frei, spontan, konkret) -Amt (institutionell, fest, geregelt).

Wie von Anfang an die Spannung da ist zwischen der Erfahrung der im Messias erfüllten Heilszeit und der erwarteten Vollendung, wie der Geist von Anfang an die Zukunft in der Gegenwart wirksam werden läßt, wie von Anfang an Zeugnis und Schrift durch denselben Geist zusammengefügt sind, so bestehen ebenfalls von Anfang an vollmächtige Führungsdienste zusammen mit anderen Gaben in den Gemeinden.

12. Im ältesten Brief des NT, der wenige Monate nach der Gründung der Gemeinde in Thessalonich (um 50) an diese von Paulus geschrieben wurde, bittet der Apostel die Brüder, sie sollen diejenigen anerkennen, die der Gemeinde im Herrn vorstehen. Aus 1 Th 5, 12—13 geht her-

[7] „korporative Identifikation" (E. Ellis)

vor: a) Die drei Tätigkeitswörter „arbeiten, vorstehen, zurechtweisen" bezeichnen nicht nur Funktionen, sondern auch tätige Personen. (Ebenso sind in 1 Ko 12, 14 ff nicht nur Funktionen, sondern auch ihre Träger gemeint.) b) Es ist eine bestimmte Gruppe von Menschen, die damit bezeichnet wird; es werden also nicht einfach drei Kategorien aufgezählt. c) Diese Diener sind erkennbar, sonst könnten sie nicht anerkannt werden. d) Ihr Vorstehen ist verbunden mit ihrer Arbeit. (1 Ko 16, 16 verwendet dasselbe Verb wie I 5, 17 für „arbeiten in autoritativer Funktion"). e) Die Mahnung zum Frieden zeigt an, daß sich Führung und Zuordnung nicht reibungslos vollziehen. (Man kann V. 13 b übersetzen: Vertragt euch mit ihnen, den vorstehenden Brüdern).

U. Brockhaus[8] hat nachgewiesen, daß von Anfang an in den Gemeinden alle Elemente erkennbar sind, für die man später das mißverständliche Wort „Amt" verwendet hat: Dauer, Autorität, Legitimierung (mündlich oder schriftlich, Empfehlungsbriefe), Sonderstellung, Bezahlung. „D i e n s t" (diakonia) ist die zutreffendere Bezeichnung, die Paulus sogar für seinen eigenen einmaligen Auftrag verwendet (Rö 11, 13; 2 Ko 4, 1; 6, 3; 11, 8; Kol 4, 17; Past: I, 1, 12; II 4, 5. 11), oder auch „H a u s h a l t e r s c h a f t" (1 Ko 9, 17; Eph 3, 2; Kol 1, 25; vgl. 1 Ko 4, 1 mit I 3, 4—5. 13; II 4, 5).

Von Anfang an (vgl 1 Th) unterstützt und fördert Paulus den Dienst der bevollmächtigten Führung, wie das in seinen Briefen auch für Korinth bezeugt und für Rom vorausgesetzt ist. Ja, die „Propheten und Lehrer" der palästinischen Urchristenheit sind sogar noch ältere Dienste und Dienstbezeichnungen als die titellosen Führungsfunktionen in Thessalonich. „Evangelist" ist ebenfalls Bezeichnung für eine Gemeindefunktion, die der ältesten Zeit angehört (vgl. II 4, 5; Eph 4, 11; Apg 21, 8); dasselbe gilt auch für „Apostel". Außer dem begrenzten „Erscheinungsapostolat" der Zwölf kann U. Brockhaus glaubhaft nachweisen, daß auch ein offenes „Sendungs- oder Gemeindeapostolat" von Anfang an bestand. Gesandte von Gemeinden der frühesten Zeit mit missionarischen (1 Ko 9, 5 ff; vgl. V. 14; Apg 13, 2; Gal 2, 1. 9; Apg 14, 4. 14) und anderen Aufträgen (Phil 2, 25; 2 Ko 8, 23).

13. Die einen sehen Paulus als Gegner amtlicher Autorität in den Gemeinden[9], für andere ist der Apostel geradezu Befürworter von O r d n u n g u n d A m t[10]. Wir fragen: Hatten die Gemeinden überhaupt eine charismatische Verfassung, von der sie früher oder später in eine institutionelle

[8] U. Brockhaus, Charisma und Amt. Die paulinische Charismenlehre auf dem Hintergrund der frühchristlichen Gemeindefunktionen, 1972, 260 f.

[9] H. v. Campenhausen spricht von „ausschließlicher Betonung der Herrschaft des Geistes" und weist auf die „schroffe Ablehnung aller ‚menschlichen' Ordnung und Autorität" bei P hin; Kirchliches Amt, 326.

[10] H. Schlier, Die Ordnung der Kirche nach den Paulusbriefen, in: Die Zeit der Kirche, 1956, 129 f.

Rechtsverfassung abfallen konnten? Wie ist die paulinische Charismenlehre zu verstehen?

Der ganze Abschnitt über die Gaben in 1 Ko 12—14 ist eine Paränese (Mahnrede): konkrete Weisung für den einzelnen und die Gemeinde, gegründet auf das in Christus geschenkte Heil und ausgerichtet auf den wiederkommenden Herrn in der Vollendung. Paulus hat das Wort charisma (Gabe, Geschenk) aus der profanen Umwelt übernommen und Charismenlisten aufgestellt, in denen die „amtlichen Funktionen" zwar integriert, aber von anderen Funktionen nicht abgehoben sind. Denn Paulus „bewertet nicht die Funktion selber, sondern die Art, wie sie ausgeübt wird, und den Beitrag zum Ganzen, den sie leistet" (U. Brockhaus 216). (Genau diesen Gesichtspunkt zeigen auch die Past in aller Ausführlichkeit.) Die Charismenlehre ist für die Fragen der Gemeindeverfassung offen, aber sie geht nicht darin auf. Man kann darum nicht von einer „charismatischen Gemeindeverfassung" bei Paulus sprechen.

Mit seiner eben in 1 Ko entfalteten Charismenlehre (in früheren Paulusbriefen ist das Wort Gnadengabe -charisma- und eine Lehre der Gnadengaben in dieser Art nicht vorhanden) greift der Apostel prophetisch mahnend und korrigierend in die konkrete Lage der Gemeinde ein. Der Gegensatz Amtsträger — Charismatiker (genauer: Pneumatiker, d. h. vom Geist Erfüllter) wird überwunden, denn alle haben ein Charisma empfangen, und alle verschiedenen Gaben sind zum Nutzen der Gemeinde einzusetzen. Paulus fügt den in Korinth anerkannten Gaben noch solche der dienenden und leitenden Funktionen hinzu.

Man kann nicht übersehen, daß die Mahnreden zur Frage der Geistesgaben (1 Ko 12—14; Rö 12) diese in einen bestimmten Rahmen stellen: Ordnung, maßvolle Selbstbeschränkung, Einfügen in das Ganze, gegenseitige Rücksichtnahme und Ergänzung. Verwundern kann das nur den, der an einem philosophischen Geistbegriff festhält und nicht erkennt, daß der Heilige Geist im Neuen Testament verwandelnde Kraft und zugleich bindende Norm ist. Paulus setzt den Geist für alle Gläubigen und alle Gemeinden als geschenkte endzeitliche Kraftwirkung voraus (1 Th 5, 19; Gal 3, 2. 5), die in ihnen nicht nur Worte inspiriert, sondern sich auch in zeichenhaften Taten zeigt (1 Th 1, 5; 1 Ko 2, 4 u. oft).

Der Geist ist gleichzeitig die verpflichtende Norm des neuen Lebens. Schon 1 Th 4, 8 zeigt einen Bezug zur Norm, voll ausgebildet dann in Gal 5, 15 f; Rö 8, 4 f; Phil 1, 27. Darum befiehlt der Apostel schon in 1 Th 4, 2, „verordnet" in 1 Ko 7, 17, „ermahnt" (als verordnen verstanden) in Rö 16, 17 ebenso wie in I 2, 1. In den Mahnreden wird die Norm des Geistes konkretisiert (vgl. I 4, 1: der Geist sagt ausdrücklich ...) und im „dekretalen Jussiv" („Sätze heiligen Rechts") vorgebracht (1. Ko 14, 13. 28. 30. 35. 37; 7, 1; 8, 1; 9, 14; 11, 2 f; 12, 1; 16, 15. 18).

„Die Charismenlehre bildet somit eine echte Brücke vom Geist als geschenkter Kraft des neuen Lebens zur konkreten Aufgabe für dieses neue Leben." Sie ist ein „Versuch, die Gegenwart des neuen pneumatischen Seins unter den Bedingungen der Endlichkeit wirksam werden zu lassen". Freiheit ist mit Verpflichtung, geschenkte Kraft mit praktischer Aufgabenstellung verbunden. Darum ist eine „Unterscheidung zwischen charismatischen und amtlichen Funktionen in den paulinischen Gemeinden historisch nicht möglich[11]".

14. Diese Hinweise waren nötig, um unbiblische und außerhalb der paulinischen Theologie liegende Maßstäbe zu überwinden, da sie den Zugang zum Verständnis der Past von vornherein versperren. Ridderbos stellt nach seiner Untersuchung über „Geist und Geistesgaben bei Paulus" zusammenfassend fest: es bestehe „kein tiefgreifender oder grundsätzlicher Unterschied zwischen den älteren Paulusbriefen und denen an Timotheus und Titus. Besonders ist die Vorstellung abzulehnen, als seien die Anordnungen in den älteren Briefen direkt Christus oder seinem Geist zuzuschreiben, und als fungierte der Geist in den Past als Geist eines bestimmten Prinzips, nämlich als die Macht der heiligen, apostolischen Tradition[12]".

Ein praktisches Beispiel soll das veranschaulichen: Wenn einer nur oberflächlich das „Hohe Lied der Liebe" in 1 Ko 13 liest und es mit Mahnungen in den Past vergleicht, könnte er sich schnell zu Vorurteilen hinreißen lassen. Hier der Aufschwung des Geistes, dort die trockene Aufzählung von „Tugenden", hier die geheime Mitte der paulinischen Ethik[13], dort der moralistische Unterton eines späten Nachahmers. Wie verhält es sich aber bei näherem Zusehen? Die Aufzählung in 1 Ko 13, 4—7 zeigt zwar eine Abhängigkeit „von der Begrifflichkeit und den Formen der popular-philosophischen Paränese", und „diese griechischen Elemente sind durch das Medium einer palästinisch-jüdischen Lehr- und Predigttradition auf Paulus gekommen[14]". Paulus hat danach also hellenistische und spätjüdische Elemente aufgenommen, aber etwas ganz Neues daraus gemacht. Das Ganze ist zu einer Mahnrede in Form eines Lobpreises geworden („hymnische Paränese"), entstanden unter dem unmittelbaren Eindruck der noch ausstehenden, aber erwarteten Vollendung der Gemeinde in der Liebe.

Nun aber weisen die Past eine Reihe von Mahnreden auf, für die ganz die gleiche Charakterisierung gilt: hellenistische und jüdische Wortgefüge werden zu einem Neuen verbunden in Gestalt eines Lobpreises (I 3, 14—16; 6,

[11] U. Brockhaus, 235 f.

[12] H. Ridderbos, Paulus. Ein Entwurf seiner Theologie, 1970, 327.

[13] U. Brockhaus, 184; übrigens weist er zu Recht darauf hin, daß das Charismatische nur *ein* Prinzip, nicht *das* Prinzip der Ethik sei. Die Ethik wird nicht vom Charismatischen her begründet und nicht daraufhin eingeengt, 217.

[14] G. v. Rad, Vorgeschichte der Gattung von 1 Ko 13, 4—17, 1953, 159.

11—16; II 1, 6—14; 2, 8—13; Tit 1, 1—4; 2, 9—14; 3, 1—8). Einzelne dieser hymnischen Paränesen sind an Aussagekraft, Dichte und geistlicher Tiefe dem Lobpreis der Liebe in 1 Ko 13 ebenbürtig (siehe die Auslegung im einzelnen). Auch in den Past ist die Liebe (ebenfalls als Kraft und Norm verstanden, da sie Frucht des Geistes ist) die geheime Mitte und das Endziel aller Mahnung (I 1, 5. 14; 2, 15b; 4, 12; 6, 11; II 1, 7; Tit 3, 2—4 verglichen mit 1 Ko 13, 4—7!).

Die einen Kritiker sehen in dem angeblichen Pseudopaulus einen Schreiber „von einer einmaligen Genialität", andere behaupten, er sei „ein einfacher Mann, der seine einfachen Worte und Gedanken mit der Autorität des großen Apostels deckt". Am naheliegendsten ist jedoch das anzunehmen, was die Texte selbst behaupten, daß nämlich Paulus ihr Verfasser ist.

15. Paulus hat das gewöhnliche Wort „Geschenk" (charisma) aus der griechischen Umwelt aufgegriffen und in 1 Ko zu einer Lehre entfaltet, die mahnend und wegweisend auf die konkreten Zustände der Gemeinde einging und zugleich Glauben, Leben und Dienst der Gläubigen in den übergeordneten Horizont der endgeschichtlichen Erwartung und Spannung stellte: die Gaben sind Zeichen der jetzt schon in Jesus, dem Herrn und Retter, begonnenen neuen Zeit; sie werden aber alle aufhören, wenn das erwartete, aber noch zukünftige Vollkommene da sein wird. Dann wird allein die Liebe bleiben.

In den Past hat nun Paulus das hellenistische Wort für „Frömmigkeit" (eusebeia) zum Brennpunkt einer Lehre gestaltet, die zwar zu den bisherigen Briefen des Apostels in deutlicher Beziehung steht, die aber ebenso neuartig wie früher die Charismenlehre jetzt auf die veränderte Lage der Gemeinden mahnend eingeht und sie in der Hoffnung auf den wiederkommenden Herrn bestärkt (E 19).

Die Übersetzung des Wortes „eusebeia" ist schwierig. Wir wählen aus den möglichen deutschsprachigen Ausdrücken (Gottesverehrung, Gottesfurcht, Gottergebenheit, Gottverbundenheit, Frömmigkeit) das heute ungewöhnliche, aber ursprünglich von Luther gebrauchte Wort „Gottseligkeit". Seine jetzige Fremdheit kann auf das Besondere aufmerksam machen, das in dem griechischen Wort, wie es Paulus verwendet, enthalten ist.

Luther gibt im Kleinen Katechismus eine noch immer treffende Definition, die den Zusammenhang von Frömmigkeit, Lehre und Leben aus Gott festhält: „Daß wir seinem heiligen Wort durch seine Gnade glauben und göttlich leben hier zeitlich und dort ewiglich." Das Wort Seligkeit verbindet die Frömmigkeit mit den Seligpreisungen der Bergpredigt und weist gleichzeitig auf das in Jesus geschenkte messianische Heil, das des Glaubenden wahres Glück ist, weil es in dem Erlöser besteht und geborgen ist.

a) Die Gottseligkeit ist ganz im Geheimnis des Gesalbten Gottes verankert. Sie ist das Leben des seligen Gottes (I 1, 11; 6, 15), der sich im sterblichen Fleisch als Mensch offenbarte (I 3, 16) und dieses sein Leben den Glaubenden mitteilt. Darum ist diese Frömmigkeit nicht des Menschen eigene Errungenschaft, sondern „Gottseligkeit in Christus" (II 3, 12). Die „Eusebeia" in Christus ist derart eindeutig definiert, daß man schon allein von daher eine bloße Übernahme oder Anlehnung an hellenistische Auffassungen von Frömmigkeit ablehnen muß.

b) Die Gottseligkeit ist nicht ein frommes, religiöses, andächtiges Gefühl, sondern geschenktes Leben aus Christus und in ihm, wie auch der Heilige Geist nicht Empfinden, sondern Kraftmitteilung (vgl. II 1, 7 mit 3, 5!), nicht subjektives Kraftgefühl, sondern göttliche Krafterweisung inmitten menschlicher Ohnmacht ist. Nur von dieser Voraussetzung her ist es verständlich, warum die Gottseligkeit (wie die Liebe) als übergeordnete oder alles zusammenordnende Wirklichkeit erscheint: die Erkenntnis der Wahrheit — ja, die Lehre des Evangeliums hat ihr Maß in der Gottseligkeit (Tit 1, 1; I 6, 3). So ist die Gottseligkeit nicht nur Kraft, sondern auch Norm. Die Lehre allein, die in den Past so stark betont ist, müßte zur Doktrin, zum toten und tötenden Buchstaben erstarren. Die Lehre „gemäß der Gottseligkeit" bleibt lebendig, d. h. „gesunde Lehre", sie verbindet Lebenskraft und verpflichtende Weisung miteinander. Paulus verbindet Gottseligkeit mit Wahrheit, Lehre, Leben, Dienst, Hoffnung in ähnlich freier, d. h. unsystematischer, aber deshalb nicht weniger sinnvoller und wirksamer Zuordnung (wie bei den Gnadengaben).

c) Warum die Gottseligkeit dieser Art mit Wahrheit und Lehre verbunden ist, wird gegenüber der fremden Lehre offenbar: Die Irrlehre ist nicht der Gottseligkeit gemäß (I 6, 3). Sie ist eine falsche Frömmigkeit ohne Kraft (II 3, 5). Im Gegensatz zur Liebe sucht sie das Ihre, nämlich den Gewinn (I 6, 5; 1 Ko 13, 5).

d) Die wahre Frömmigkeit ist mit Gerechtigkeit verbunden, die aus der Gnade lebt (Tit 2, 12). Sie ist genügsam, weil sie nicht das Ihrige sucht (I 6, 6), sie ist praktisch, weil sie sich im Alltag bewährt (I 5, 4). Ihr soll nachgejagt werden (I 6, 11), wie man das ewige Leben ergreifen soll (I 6, 12); sie ist zu üben (I 4, 7).

Von Bedeutung ist nun, daß nirgends in den langen Listen der Past die Gottseligkeit als „Tugend" für die Diener erwartet oder gefordert wird. Die Gottseligkeit ist wie das Charisma grundlegende Wirklichkeit für alle Glieder der Gemeinde. Timotheus und Titus werden zur Gottseligkeit ermahnt, nicht weil sie über der Gemeinde stehen, sondern weil sie Brüder sind wie alle andern und „gewöhnliche Knechte[15]". Die Gottseligkeit ist gerade nicht

[15] Hilfreich für das Verständnis von Lk 17, 10 übersetzt die „Jerusalemer Bibel": „Wenn ihr alles getan habt, was euch befohlen war, so sagt: Wir sind *gewöhnliche Knechte;* wir haben getan, was wir zu tun schuldig waren."

eine „übernatürliche Tugend", die den Gemeindedienern im Unterschied zu den Gemeindegliedern zusteht. A l l e haben Gnadengaben empfangen und sollen sie zum Nutzen des Ganzen in der Gemeinde gebrauchen, alle haben die Gottseligkeit in Christus empfangen und sollen sie üben und in der Gemeinde und (das ist etwas Neues gegenüber den Gnadengaben, die auf den Dienst in der Gemeinde bezogen sind) i n d e r W e l t ausleben (Tit 2, 12).

e) In der Auseinandersetzung mit der Welt bleibt oder wird deutlich, daß die Gottseligkeit e n d z e i t l i c h a u s g e r i c h t e t ist. Das gottselige Leben in dieser Welt ist erfüllt von der Erwartung der zukünftigen (Tit 2, 12. 13). Diese Frömmigkeit lebt aus der Verheißung für das jetzige u n d das zukünftige Leben. Ihre Genügsamkeit ist nicht „frommes Bescheiden", sondern sie ist geprägt durch das Wissen von Tod (I 6, 7), Untergang, Verderben (I 6, 9) und vom Erscheinen des Richters über Lebendige und Tote (II 4, 1).

f) In der Verfolgung und im Leiden wird der G e g e n s a t z des gottseligen Lebens z u m n a t ü r l i c h e n M e n s c h e n u n d s e i n e r L e b e n s w e i s e vollends offenbar. Diese Frömmigkeit ist nicht harmlose, brave Bürgerlichkeit, sondern Kraft und Norm des Lebens in Christus, die durch ihr blosses Dasein Scheidung hervorruft und darum auf Widerstand stößt (II 3, 12; 4, 15). Wie der Geist in den verhaßten und verfolgten Zeugen redet (Mt 10, 20—22), so vermag die Kraft der Gottseligkeit in den (endzeitlichen) Verfolgungen zu bewahren (II 2, 10). Noch einmal: nicht besonders ausgezeichnete Diener Gottes, sondern a l l e (II 3, 12!), die Jesus angehören, werden Widerstand und Verfolgung erfahren.

g) W i r f a s s e n z u s a m m e n: In der Charismenlehre ist die V i e l f a l t der zugeteilten Gaben der neu entfaltete Grundgedanke, in der Frömmigkeitslehre der Past ist es die E i n f a l t der in Christus empfangenen Gottseligkeit, die a l l e Gläubigen verbindet. Die Lehre von der Gottseligkeit bezeugt auf eine neue, der veränderten Lage entsprechende Weise das, was man das allgemeine Priestertum aller an den Herrn Jesus Glaubenden zu nennen pflegt.

16. D e r W o r t s c h a t z w i e d e r S t i l der Past weist starke Unterschiede zu den früheren Paulusbriefen auf. So sind seit Schleiermacher ständig neue Argumente gerade sprachlicher Art gegen die Echtheit der Past vorgebracht worden, ohne jedoch wirklich überzeugen zu können.

Der Gesamtwortschatz der Past besteht aus ca. 900 Wörtern[16], davon sind ca. 300 nirgends sonst in den anderen Paulusbriefen zu finden und ca. 150 (wenn man die Wiederholungen wegläßt) überhaupt sonst nicht im NT. Das scheint ein großer Unterschied zu sein im Vergleich mit anderen Paulusbriefen. Doch die Statistik allein besagt noch gar nichts, denn neue Themen er-

[16] Die Sonderwörter geben wir meistens nur in runden Zahlen an, da die verschiedenen Untersuchungen leicht differieren und es uns nur um eine Übersicht geht.

fordern auch neue sprachliche Ausdrücke. So sind in den Past neu: die Ausführungen über den Witwenstand, die Erfordernisse für Gemeindediener, die besondere Auseinandersetzung mit den Irrlehren. Demnach verteilen sich die Past-Sonderwörter wie folgt: Ordnung und Zucht in der Gemeinde (90), Erfordernisse und Anweisungen für Timotheus und Titus (60), Irrlehrer (50), Gemeindediener (30), Listen (30), Umstände des Paulus (20) oder auf die drei Briefe verteilt: I (60), II (90), Tit (60).

Die thematisch bestimmte Unterteilung ist nicht nur für die Past typisch. Von den 250 Sonderwörtern des Römerbriefes sind 110 auf nur 182 Zeilen (von insgesamt 940) zusammengedrängt, weil die betreffenden Abschnitte (1, 18—3, 26; 12; 16, 17—20) einen neuen Gegenstand behandeln. Dasselbe gilt für 1 Ko: 200 Sonderwörter von 310 stehen in den Abschnitten, die ein besonderes Thema darlegen. Daß in den Mahnabschnitten (Paränesen), die auf neue und konkrete Fragen und Situationen eingehen, mehr neue Wörter vorkommen als in den Lehrstücken, ist zu erwarten. Im übrigen täuscht die große Summe der Sonderwörter, denn a) ist das Verb zwar oft neu, aber das Adjektiv aus dem gleichen Wortstamm bei Paulus altbekannt, b) können Wörter, die in der Alltagssprache der Umwelt sehr geläufig sind, nicht als eigentliche Sonderwörter angesehen werden. Der Schreiber hatte sie bisher nur zufällig nicht gebraucht, c) können Wörter, die aus der Septuaginta (d. i. die griechische Übersetzung des AT, abgekürzt: LXX) bekannt und übernommen sind, überhaupt für Paulus nicht eigentlich als „Sondergut" gerechnet werden.

Berücksichtigt man diese Unterscheidungen, dann bleiben nur noch etwa 40 Ausdrücke, die nirgends sonst in der Bibel vorkommen[17].

17. Man wollte aus der Art des neuen Wortschatzes schließen, daß die Past in den S p r a c h g e b r a u c h d e s 2. J a h r h u n d e r t s gehören, da die Past-Sonderwörter (die weder in den anderen Paulinen noch sonst im NT vorkommen) bei den sog. Apostolischen Vätern und Apologeten des 2. Jahrhunderts bekannt sind. Aber auch diese Begründung ist nicht schlüssig, denn a) konnten von den 300 Past-Sonderwörtern 270 in der außerbiblischen Literatur vor dem Jahre 50 nachgewiesen werden, b) stehen von den 60 Sonderwörtern, welche die Past mit den apostolischen Vätern gemeinsam haben, 40 in der LXX. Insgesamt sind 80 Past-Sonderwörter in der LXX zu finden! c) sind 137 von den paulinischen Sonderwörtern aus seinen anderen Episteln ebenfalls bei den Apostolischen Vätern zu finden.

18. Vergleicht man d i e S o n d e r w ö r t e r jeder paulinischen Epistel mit dem Total ihres Wortschatzes, so ergeben sich folgende Verhältniszahlen: 2 Ko (21 %), 1 Ko (24 %), Eph (25 %), 1 Th (30 %), Gal (34 %), Past (34 %), Phil (37 %), 2 Th (50 %). Demnach haben die Past durchaus k e i n e unverhältnis-

[17] nach Spicq, CXVI

mäßig große Anzahl von Sonderwörtern. Vergleicht man aber die Sonderwörter mit dem Wortschatz der Kirchenväter des 2. Jahrhunderts, so muß man schließen, daß der Einfluß des 1 Ko auf die Literatur der Kirchenväter größer war (55 %) als der von I (50 %) oder Tit (50 %).

Vergleicht man die anderen Paulusbriefe in ihrem Gesamtbestand von Sonderwörtern, der bei den Kirchenvätern bekannt ist (46 %), mit dem entsprechenden Total in den Past (53 %), so ist der Unterschied überraschend gering und für I geringer als für 1 Ko[18].

Jedenfalls hat die Wortstatistik keinerlei Beweise erbracht gegen die Echtheit der Past, sie mußte vielmehr dazu dienen, deren Verwandt- und Zeitgenossenschaft mit den übrigen Paulusbriefen und dem gesamten NT überraschend zu verdeutlichen und zu erhärten.

19. Im übrigen ist Wechsel von Wortschatz und Stil allen Paulusbriefen eigen[19]. Ein Wort, eine Wortgruppe, ein Gedanke herrscht eine Zeitlang vor, tritt dann allmählich in den Hintergrund oder verschwindet ganz. Beispiele: „beurteilen[20]" erscheint 10mal nur in 1 Ko und sonst nirgend bei Paulus; „Urteil, Verurteilung, Recht, Gerechtigkeit[21]" nur 5mal in Rö (E 15). Die Paulusbriefe lassen sich nach ihrer stilistischen Eigenart und dem Gebrauch bildhafter Wendungen in 4 Gruppen unterteilen: a) 1 und 2 Th; b) 1 und 2 Ko, Gal, Rö; c) Phil, Eph, Kol, Phlm (die sog. Gefangenschaftsbriefe); d) die Past. Zwischen c) und d) bestehen engere Beziehungen Die Past haben weniger bildhafte Wendungen, darin wieder 1 und 2 Th ähnlich.

20. Man hat versucht, die Unterschiede in Wortschatz und Stil derart herauszuheben, daß man die engen Beziehungen zu den übrigen Paulusbriefen aus dem Blick verlor oder sie als mehr oder weniger geschickte Nachahmung (von „genial" bis „naiv") eines Fälschers beurteilte. Demgegenüber hat Schlatter eine Liste von 66 griechischen Redewendungen zusammengestellt, welche die Past mit den übrigen Paulinen gemeinsam haben: mit Rö 26, mit Ko 12, mit Eph 10, mit Th 5, mit Kol 4 sowie mit Gal und Phlm je 1.

Auch ist zu bedenken, daß die Past nicht nur 300 Sonderwörter haben, die in den anderen Paulusbriefen nicht vorkommen, sondern 600 Wörter (d. h. zwei Drittel vom Gesamtwortschatz der Past!) gemeinsam mit den anerkannten Briefen. So gehören zu den Gemeinsamkeiten eine Liste von 20 Lieblingsausdrücken des Apostels in den Past, die häufig auch in den anderen Paulinen vorkommen. Ferner fällt auf, daß 38 Ausdrücke, welche die Past mit den übrigen Paulinen gemeinsam haben, nirgends sonst im NT zu finden

[18] Angaben bei D. Guthrie, The Pastoral Epistels, 218 f.
[19] F. Torm, Über die Sprache in den Past, ZNTW 1918, 225—243.
[20] anakrinein
[21] dikaioma

sind. Beispiele: dem Satan übergeben (1 Ko 5, 5; I 1, 20); Erneuerung (Rö 12, 2: Tit 3, 5); mitleben (Rö 6, 8; 2 Ko 7, 3; II 2, 11); als Trankopfer dargebracht werden (Phil 2, 17; II 4, 6). Schließlich muß betont werden, daß die persönliche Form des paulinischen Stils in der für ihn typischen Syntax zum Ausdruck kommt, die die Past mit den anderen Briefen gemeinsam haben. Beispiele: Gegenüberstellungen wie „gebunden — nicht gebunden" (II 2, 9) oder „ich habe gearbeitet — aber nicht ich" (1 Ko 15, 10; vgl. 9, 21; Gal 2, 20); dann hebräische Wendungen, im Zitieren der Schrift: I 2, 13. 14; 5, 18. An dieser Stelle ist ein bezeichnender Stilunterschied zu nennen, der für die Echtheit der Past spricht. Man hat 160 Wörter oder Wendungen von typisch lateinischem Einschlag (Latinismen) in den Past gefunden[22]. Diese Latinismen kann man leicht auf die 4- bis 5jährige Gefangenschaft des Apostels und seinen Umgang mit römischen Wächtern zurückführen.

21. Die Fragmenten-Hypothese. Die zahlreichen Untersuchungen über Sprache und Stil der Past haben einige Bestreiter der Echtheit dazu gebracht, einzelne Bruchstücke der Briefe als echt anzunehmen, z. B. I 1, 20; II 1, 15—18; 2, 17 f; 4. 9—21; Tit 3, 12—15. Doch weichen die verschiedenen Vorschläge so stark voneinander ab, daß sie heute nur noch als Illustration dafür dienen können, wie unsachgemäße Maßstäbe und Hypothesen nur neue Probleme erzeugen, anstatt daß sie bisher ungeklärte Zusammenhänge aufhellen. Aus welchen Gründen sollte ein Nachahmer echte Paulusstücke aufnehmen wollen (von denen ihn 30 und mehr Jahre trennen), da er sie doch ebenso gut, wenn nicht besser, „fingieren" kann? Und wer es fertig bringt, die echten Fragmente mit seinen eigenen Konstruktionen so gut zu verbinden, daß dies erst heute durchschaut wird, wie sollte eine derart „überragende Persönlichkeit[23]" zu seiner Zeit unbekannt bleiben wollen oder können? Die Fragmenten-Hypothese ist auch deshalb der Erwähnung wert, weil an ihr die 40jährige Vorherrschaft[24] der formgeschichtlichen Methode über die theologische Forschung aufgezeigt werden kann. Ausgangspunkt für „die Formgeschichte des Evangeliums" ist die Behauptung, daß die urchristliche Gemeinde wegen ihrer Erwartung des nahen Endes nicht auf schriftliche Fixierung bedacht war. Die „Jesustradition" sei erst aus der mündlichen Predigt entstanden. Die Evangelisten seien lediglich Sammler gewesen, welche Predigtstücke über Jesus zusammenstellten. An Hand dieser Theorie in Verbindung mit dem Entwicklungsgedanken glaubte man, überall in den Evangelien und im ganzen NT jüngeres und älteres „Traditionsgut" erkennen und säuberlich trennen zu können. Für M. Dibelius und seine Nachfolger stellen deshalb die Past die letzte Entwicklung einer „Traditions-

[22] M. Hitchcock, Latinity of the Pastorals.

[23] P. N. Harrison (The Problem of the Pastorals, 1921, 100) muß einen Fälscher annehmen, der eine „fast teuflische" Fähigkeit für sein Handwerk besitzt.

[24] Martin Dibelius, Die Formgeschichte des Evangeliums, 1925.

geschichte“ im NT dar. Aus solchem Vorverständnis wird es möglich, von Einschüben, redaktionellen Änderungen, Fragmenten, frühen und späten, echten und unechten Teilen und Teilchen zu reden. Ein Beispiel, das auch für die Past wichtig ist, bietet Rö 6, 17: „der Lehre von Herzen gehorsam geworden.“ R. Bultmann nennt den Verweis auf die Lehre einen nachpaulinischen Einschub. U. Wilckens läßt in seiner Übersetzung den behaupteten Einschub einfach weg, fügt aber doch in der Fußnote hinzu: „Alle Handschriften lesen hier folgende Fortsetzung des Satzes: ‚Aber aus ganzem Herzen der verbindlichen Lehrgestalt gegenüber zu Gehorsam verpflichtet seid, die euch überliefert worden ist.‘ Doch diese Fortsetzung bringt einen ganz neuen Gedanken in den Zusammenhang der Aussagen. Zugleich stößt sie sich mit dem folgenden Satz V 18, der in seiner Aussage der von 17 a entspricht und so die eigentliche Fortsetzung zu V 17 a bringt. Es ist darum wahrscheinlich, daß in 17 b ein Einschub von nachpaulinischer Hand vorliegt, der freilich inhaltlich einen durchaus paulinischen Gedanken ergänzt: Christen sind bei ihrer Taufe auf die verbindliche Lehrüberlieferung der christlichen Kirche verpflichtet worden, vgl. 1 Ko 15, 1 f.“

Obwohl alle Handschriften den Satz haben und obwohl er durchaus paulinisch ist, soll er doch nachpaulinischer Einschub sein. Hauptgrund für diese Behauptung liefert das übernommene Schema von Formgeschichte und Entwicklung. Demgegenüber ist zu sagen: Der Gehorsam gegenüber der verbindlichen Lehre gilt durchaus schon für den Brief an die Römer. Die den Brief als Einheit zusammenfassende Formel lautet: „Gehorsam des Glaubens“ (Anfang: 1, 5; Ende: 16, 26). Der Gehorsam ist bezogen auf die Schriften (3, 21; 16, 25—26). Die Taufe ist mit der Ethik und diese mit dem Gehorsam gegenüber der Lehre verbunden (6, 17. 19)[25].

Das Evangelium als verbindliche Lehre ist nicht nur in 1 Ko 15, 3, sondern auch im Römerbrief das, was Paulus empfangen und überliefert hat nach den Schriften: im Herzen glauben, mit dem Herzen wird geglaubt, von Herzen gehorsam: Rö 10, 9. 10; 6, 17.

Obwohl die Kritik an der Formgeschichte früh[26] eingesetzt hat, wurde sie in der Exegese kaum berücksichtigt. Nicht nur muß dann „der Evangelist als Schriftsteller rehabilitiert“ werden gegenüber M. Dibelius[27], sondern auch sehr viele Argumente gegen die paulinische Autorschaft der Past fallen dahin. Wie wir von Anfang an autoritative Leitung in den Gemeinden haben, so auch von Anfang an autoritative Lehre und schriftliche Überlieferung.

[25] vgl. N. Gäumann, Taufe und Ethik; Studien zu Römer 6, 1967, 11—17. P verbindet zwei verschiedene Denkweisen, die sich gegenseitig auslegen und vor Mißdeutungen absichern.
[26] Ed. Schick, Formgeschichte und synoptische Exegese, 1940.
[27] E. Güttgemanns, Offene Fragen zur Formgeschichte des Evangeliums; eine methodologische Skizze der Grundlagenproblematik der Form- und Redaktionsgeschichte, in: Beiträge zur evangelischen Theologie, 54, 1970, 280 f.

Die ntl Briefe, die — vor allem in den Mahnreden — zur Gemeindeverkündigung gehören, nehmen keinen Bezug auf die Taten und Worte Jesu, weil sie diese voraussetzen. Darum kann die Verkündigung nicht „der Sitz im Leben" sein, durch die die Jesus-Überlieferung erst entstand und weitergegeben wurde. Die ntl Briefe setzen die schriftliche (!) Jesus-Überlieferung voraus, die schon vor 50 vorliegt. Eine „Abfassung um 40 oder bald danach ist sehr wohl möglich"[28]. Das bedeutet aber, daß zwischen der Kreuzigung des Herrn und der schriftlichen Fixierung seiner Worte und Taten vermutlich weniger als ein Jahrzehnt liegt.

Die urchristliche Gemeinde hat durch ihre Zeugentätigkeit die Jesus-Überlieferung nicht erst „geschaffen", sondern sie ihrer Verkündigung zugrunde gelegt. Die synoptischen Schriften haben ihren „Sitz im Leben" in der gottesdienstlichen Lesung (vgl. I 4, 13) und gelten als „Heilige Schrift", d. h. aber als autoritatives Gotteswort.

„Es liegt im Wesen des Evangeliums als Botschaft von Gottes Heilshandeln ohne unser Zutun, daß die Autorität des Evangeliums vor allem auf der Realität des einmal Geschehenen beruht, deshalb kann das Evangelium kein Evangelium, der Glaube kein Glaube, der Glaubensgehorsam kein Gehorsam sein, wenn die Überlieferung des Heilsgeschehens nicht zuverlässig ist und der Glaube sich für das Heilsgeschehen nicht auf die Überlieferung berufen und sich ihr unterwerfen kann[29]", sagt H. Ridderbos.

Ebenso hat Schlatter gezeigt, daß Übereinstimmung mit der Überlieferung zum Wesen des paulinischen Glaubensbegriffs gehört und daß die Past darin zwar eine Entfaltung, aber keine Veränderung oder gar Verfälschung aufweisen[30].

22. Wort Gottes und Lehre. Nicht erst in den Past (II 3, 16), sondern durchweg in der Bibel steht der Leser vor der Frage, ob denn geschriebene Sätze Wort Gottes sein können. Würde damit Gottes Wort nicht zu einem fixierten, verfügbaren Besitz des Menschen werden? Könnte damit der Mensch nicht aus eigener Kraft die ihm vorgelegten Sätze „glauben" im Sinne von für-wahr-Halten?

Nicht erst die neuere Zeit hat gemeint oder vorgegeben, das Wort Gottes als Heilige Schrift vor dem Zugriff der Menschen schützen zu müssen. Die Betonung der mündlichen Predigt und des „Wortgeschehens" wertet das „äußere Wort" der Heiligen Schrift ab und meint so, die Unverfügbarkeit des Evangeliums wahren zu können. Da man früh in der Kirchengeschichte

[28] Feine/Behn/Kümmel, Einleitung, 1968, 36.
[29] Ridderbos, 168.
[30] A. Schlatter, Der Glaube im Neuen Testament, 1927⁴, 406—418.

Gnade und äußeres Wort gleichgesetzt hatte[31], mußte Augustinus in der Abwehr alles, was zur Vernachlässigung der Heiligen Schrift führte, auf das innere Wort und das innere Handeln Gottes setzen. „Die Abwertung des äußeren Wortes wird zur Hypothek des ganzen Mittelalters[32]" — und auch der neueren Zeit, müßte man hinzufügen. Dieser falschen Gegenüberstellung ist entgegen zu halten: Gott gibt sich in Jesus ganz in die Hände der Menschen, ganz in ihre Geschichte hinein. Seine Gerechtigkeit ist wirklich dem Menschen gegebene Gerechtigkeit, seine Gnade tatsächlich erfahrbare Gnade, sein durch Propheten und Apostel geschriebenes Wort klares Offenbarungswort, das „gewußt" werden kann, und die Verkündigung des Evangeliums wirklicher Zuspruch Gottes im Geiste, der den Menschen erneuert. Doch in aller Hingabe der Liebe bleibt Gott er selbst, verliert er sich nicht, bleibt auch die Heilige Schrift durch den Geist Gottes Kraft und Norm, die sich durchsetzt gegen alle Kritik des Verstandes und des Gefühls. Die Spannung zwischen Wort und Geist (II 3, 16—17), Lehre und Leben (Tit 1, 1; 2, 7), Erwählung und Gehorsam (II 2, 19) bleibt wie in allen paulinischen Briefen, so auch in den Past gewahrt. Die Herausstellung der Lehre in den Past ist weder ein Abfall von den Höhen der ersten Liebe[33], noch eine Erstarrung der anfänglich direkten Inspiriertheit aller Jünger[34], noch ein Ersatz für die ausgebliebene Wiederkunft des Herrn (s. E 7—9), sondern konkrete Weisung, verbunden mit der Mahnung zum Leben in der Gottseligkeit[35].

23. Die Sekretärhypothese. Da die Verwandtschaft mit den übrigen Paulusbriefen auf vielfältige Weise offensichtlich ist, haben mehrere Ausleger die These aufgestellt, daß zwar Paulus als der „geistige Vater und Urheber" (Holtz, 15) der Past anzusehen sei, er jedoch einem Sekretär große Selbständigkeit in der Abfassung gegeben habe (Jeremias, 5). Daß Paulus die meisten Briefe diktiert hat, ist bekannt. In Rö 16, 22 grüßt sogar Tertius, „der diesen Brief im Herrn geschrieben hat", eigenhändig und mit Namen

31 So bestand z. B. für Pelagius die Gnade darin, daß der Mensch nur noch der Vorlesung des Gesetzes und des Evangeliums bedurfte, alles andere war dann Sache seines freien Willens.

32 „Die Scholastik spielt das Wort aus genau dem Grunde herunter, aus dem Luther es so stark betont, nämlich aus Sorge vor dem Pelagianismus, aus dem Bestreben, der Versuchung zu widerstehen, das Heil und die Gnade aus den Möglichkeiten des Menschen abzuleiten." O. H. Pesch, ZThK 1969, Das Wortverständnis bei Thomas von Aquin, 460.

33 Jo 14, 23: „Wenn jemand mich liebt, wird er mein Wort halten."

34 Geist und geschriebenes Wort sind schon in den ersten Briefen des NT kein Gegensatz: 1 Th 2, 13; 5, 19—22. 27; 2 Th 2, 13—15; 3, 6. 14.

35 „Das Wort schafft die neue Situation des Menschseins, da der Mensch um seinen Weg weiß, auf dem ihm die Verheißung der Gottesgemeinschaft winkt. Indem das Wort nur disponiert und doch eben dadurch die Existenz des Menschen verändert, ist gewährt, daß, was das Wort schafft, zugleich reine Gnade bleibt" (Pesch, 463); ebenda: „Das Wort als Lehre betont die Eigentümlichkeiten und Bedeutsamkeiten, die die moderne Theologie im Geschehenscharakter des Wortes zu begründen pflegt."

(vgl. 1 Ko 16, 21; Gal 6, 11; 2 Th 3, 17; Kol 4, 18; Phlm 19). In vielen Briefeingängen werden auch andere Mitarbeiter genannt, deren mögliche Mitwirkung bei der schriftlichen Abfassung nicht auszuschließen ist (1 Ko; 2 Ko; Phil; 1 und 2 Th). Nach H. v. Campenhausen mußte der (nachpaulinische) Schreiber eine „überragende Persönlichkeit" gewesen sein. Holtz sieht in dem Sekretär „das Bild eines hochgebildeten Christen der Spätzeit des Paulus", der Theologie und Sprache des Paulus völlig beherrschte, aber auch in der Sprache der Evangelien wie der katholischen Briefe, also in der „Gesamtchristenheit" zu Hause war, die hellenistische Popularphilosophie und Sprachweise sowie die Theologie der Diaspora-Synagoge bestens kannte und fest im entwickelten liturgischen Leben der Gemeinden verankert war. Warum aber sollte ein derart hervorragender Mitarbeiter nicht genannt sein? Ist es nicht naheliegend, in diesem so paulinischen „Sekretär" Paulus selbst zu erkennen, als der er sich in den drei Briefen auch vorstellt?

24. Die äußere Bezeugung der Past. Dibelius behauptet, die altkirchliche Bezeugung sei „nicht allzu günstig". Doch die Past sind äußerlich ebenso eindeutig bezeugt wie Rö und 2 Ko. Polykarp (gest. ca. 160) und bereits Ignatius (gest. ca. 110) zitieren beide die Past[36]. Daß die Sammlung der Paulusbriefe einschließlich des Hebräerbriefes aus dem Anfang des 3. Jahrhunderts[37] die Past nicht erwähnt, erklärt Jeremias damit, daß Anfang (die ersten Kapitel des Römerbriefes fehlen!) und Ende (Past) des Buches verloren gingen. Bekannte Theologen der Frühzeit, die vor dem oder zu Beginn des 3. Jahrhunderts geschrieben, haben die Echtheit der Past ohne jede Einschränkung vorausgesetzt (so Irenäus, Tertullian, Clemens von Alexandrien, Origenes).

Der Kanon des Marcion enthält die Past nicht, doch ist das kein Hinweis gegen die paulinische Autorschaft. Seine Ablehnung der Past steht im Zusammenhang mit der Ablehnung aller atl Einflüsse. Marcion wurde 144 aus der Kirche in Rom ausgeschlossen[38]. Der Kanon Muratori[39], der zwischen 150 und 200 in Rom entstanden ist, hat die Past als festen Bestand der paulinischen Briefe, gleichzeitig werden zwei unechte Paulusbriefe verworfen. Nirgends und von niemand wird die paulinische Autorschaft bestritten. „Die

[36] Dibelius sucht das in Frage zu stellen trotz wörtlicher Übereinstimmung von I 6, 7 mit Pol 4, 1 (an die Phil), „da der Gedanke so mannigfach belegt" sei. Er läßt höchstens „einen Hinweis auf traditionsgeschichtliche Verwandtschaft" gelten (S. 66). A. Harnack hingegen schreibt, daß der 2. Brief an Tim so eindeutig zitiert sei in Pol 5, daß kein Ausweichen erlaubt sei (Die Chronologie der altchristlichen Literatur, 1897, 481).

[37] Chester Beatty, P 46

[38] Tertullian schreibt, daß Marcion die Past verworfen habe wegen ihres privaten Charakters. Da er aber Phlm einschloß, so folgert T, habe er dogmatische Gründe gehabt, doch habe er nicht ihren apostolischen Ursprung in Frage gestellt. Origenes († 254) zitiert II 3, 8. Dieser Vers habe die Häretiker dazu geführt, die Echtheit der Past zu bestreiten.

[39] so genannt, weil entdeckt durch L. A. Muratori (1750).

Hauptsache tritt mit völliger Klarheit zutage: alle Paulustexte, die wir besitzen, gehen in letzter Linie auf das Urexemplar einer Sammlung von 9 plus 4 Briefen zurück ... Wir haben nicht die leiseste Spur davon, daß es jemals eine Sammlung von weniger oder mehr Briefen neben der uns bekannten gegeben hätte[40]."

Die ausführlichste Aufzählung der äußeren Bezeugungen gibt Spicq, der den Einleitungsfragen 208 Seiten widmet und eine Bibliographie von 18 Seiten verarbeitet hat[41].

25. Die inneren Kennzeichen. (Die Einzelheiten sind in der Auslegung nachzulesen, hier folgt nur eine zusammenfassende Übersicht.)

a) Alle 3 Briefe erheben mehrmals und ausdrücklich den Anspruch, daß sie von Paulus geschrieben sind (I 1, 1; 2, 7; II 1, 1; Tit 1, 3. 5).

b) Die Beschreibung der beiden Mitarbeiter und die Beziehung des Paulus zu ihnen entsprechen dem, was aus den übrigen Briefen und aus Apg bekannt ist.

c) Die Lehre der Past stimmt überein mit den übrigen Paulinen (s. E 7) und ist am ausgeprägtesten zusammengefaßt in den 3 Abschnitten des Titusbriefes (1, 1—4; 2, 10—14; 3, 4—7), die jedesmal das Wort „Retter" sowohl auf Gott wie auf Jesus als den Messias anwenden[42]. Luther betrachtete den Titusbrief als Zusammenfassung aller anderen paulinischen Briefe. In ihm sei die Lehre des Paulus enthalten.

d) Die bekämpften Irrlehren gehören nicht, wie früher oft behauptet, aber nie bewiesen wurde, ins 2. Jahrhundert, sondern in die ntl Zeit. Sie sind jüdischer Herkunft (I 1, 7; Tit 1, 10), stützen sich auf das Gesetz (I 1, 7; Tit 3, 9), bringen Fabeln (Tit 1, 14) sowie genealogische Spekulationen (I 1, 4; Tit 3, 9), und sie verfälschen die Auferstehungsbotschaft (II 2, 18 wie 1 Ko 15, 29 f). Die gnostischen Spuren haben nichts mit der Gnosis des 2. und 3. Jahrhunderts zu tun, sondern sind eher mit denen im Korinther- und Kolosserbrief verwandt, da stark mit jüdischen Elementen vermischt (I 6, 20; Tit 1, 10; 1 Ko 8, 1—3; Kol 2, 16. 21. 23).

e) Die Gemeindesituation entspricht dem ntl Rahmen. Nur ein Zehntel der Past enthalten Anweisungen über Verwaltung und Gottesdienstordnung, dabei sind mehr die persönlichen Voraussetzungen und Aufgaben betont als das „Amt" (I 3, 1—13; 5, 3—22; Tit 1, 5—9). Wie in Phil 1, 1 wer-

[40] H. Lietzmann, Einführung in die Textgeschichte der Paulusbriefe, HBNT VIII, 2 f.

[41] Harrison zählt außerdem bei Clemens 63 Past-Sonderwörter, bei Polykarp 20, bei Ignatius 39.

[42] H. Windisch schreibt, daß die Christologie der Past sogar älter sei als diejenige bei P. Sie gehöre in die Periode der Thessalonicherbriefe. (H. W., Zur Christologie der Pastoralbriefe, ZNTW 1935, 229 f.). Die Beobachtung, daß das Wort „Kreuz" in den Past fehlt, besagt nichts, denn auch 1 und 2 Th verwenden das Wort nicht, wohl aber wissen sie um die Wirklichkeit des Heils im Gekreuzigten.

den Diener der Gemeinde vorausgesetzt, nicht eingeführt, und erst an zweiter Stelle nach den Gemeindegliedern genannt (I 3 nach 2). Die Beziehung und Unterscheidung zwischen Vorstehern, Diakonen und Ältesten ist nicht deutlich auszumachen, nicht einmal feste Titel für die Aufgaben sind fixiert. Die Begriffe „Älteste“ und „Vorsteher“ sind auswechselbar (Tit 1, 5—7; I, 5, 17). Eine hierarchische Ordnung ist nirgends feststellbar, hingegen ist im Zusammenhang mit den Gemeindediensten das prophetische Charisma ausdrücklich erwähnt (I 4, 14). Die Gemeinden kannten neben ihren Gebetsgottesdiensten (I 2, 1f) das Witwengebet (I 5, 5), das Tischgebet (I 4, 3—5), die Verlesung der Schrift (I 4, 13; II 3, 16), die Lehrunterweisung aufgrund von Worten des Herrn (I 6, 3; Tit 1, 1—4. 9; II 4, 2), prophetische Äußerungen (I 4, 14) sowie Hymnen, Lobpreisungen und Glaubensbekenntnisse (I 2, 5. 6; 3, 16; 6, 15. 16; II 2, 11—13). Nichts weist in den Past über die Zeit des Paulus hinaus. Die Zustände in Ephesus und auf Kreta treffen für die Zeit zwischen 60 und 100 zu. Timotheus und Titus erhalten einen Auftrag, nicht ein Amt: ihre Stellung ist offen gelassen, nicht „kirchenrechtlich“ bestimmt oder gefestigt. Paulus ruft den Timotheus aus Ephesus ab nach Rom und sendet dafür Tychikus hin (II 4, 12).

f) Die Person des Verfassers. Lehrmäßige Teile wechseln mit plötzlichen konkreten und persönlichen Äußerungen (I 2, 1—7; 3, 14—16). Der Verfasser stellt sich selbst und seine Erfahrungen als Beispiel hin (I 1, 16), offenbart seine innersten Gefühle der Freude (II 1, 4) und des Vertrauens (II 1, 12; 2, 10. 13), auch im Angesicht des Todes (II 4, 6—8). II steht in der Nähe zu 2 Ko, beide Briefe sind aus großer persönlicher Not geschrieben. Er bekennt seine alten Verfehlungen (I 1, 12—15; Tit 3, 3; 1 Ko 15, 8. 10. etc) und gleichzeitig seine apostolische Autorität in Christus (I 1, 15 f), doch nirgends ist von einer Verherrlichung des Verfassers oder seiner Mitarbeiter die Rede. Typisch ist für Paulus das Bemühen, mündliche Weisung schriftlich zu bestätigen trotz der Hoffnung auf seinen baldigen Besuch (I 3, 14; 1 Ko 4, 17. 19; Phil 2, 19—24). Der Verfasser ist in seinen menschlichen Zügen erkennbar: warm, persönlich, ehrlich, offen, direkt.

g) Die unbestrittenen sprachlichen und stilistischen Verschiedenheiten können nicht gegen die paulinische Autorschaft geltend gemacht werden (E 20). Vielmehr sind sie erklärbar und eigentlich zu erwarten aus folgenden hinreichenden Gründen: 1. Die paulinischen Briefe weisen verschiedene Stilperioden auf, von denen die letzte der Past nicht aus dem Rahmen fällt (E 19). 2. Andere Themen führen zum Gebrauch neuer Ausdrücke. 3. Die andere Umwelt (jahrelange Gefangenschaft) kann für den erweiterten Wortschatz hinreichend verantwortlich sein. 4. Die Past sind zwar nicht ausschließlich an Private gerichtet, aber sie unterscheiden sich trotzdem deutlich von den mehr öffentlichen Gemeindebriefen, was gewisse Stiländerungen verständlich macht. 5. Das Alter des Verfassers beeinflußt

Stil und Wortschatz, beides wird einfacher und schmuckloser, dafür dichter und konzentrierter.

26. Die historischen Angaben in den Past. I: Timotheus soll in Ephesus bleiben. Paulus war kurz vorher entweder selber in Ephesus oder in der Nähe und ist jetzt in Mazedonien. Er ist nicht gefangen und hat verschiedene Reisepläne. I enthält keine anderen historischen Angaben im Gegensatz zu den vielen Hinweisen in II. Warum sollte ein Pseudopaulus nur diese kurzen Andeutungen fingieren, wenn es ihm um „historisches Kolorit" ging?

Tit: Paulus ist selber schon auf Kreta gewesen. Gemeinden konnten vorher schon bestanden haben. Er ist gut vertraut mit den Problemen der Gemeinden, was mehr als einen kurzen Besuch voraussetzt (1, 5). Paulus will den Winter in der Hafenstadt Nikopolis (in Epirus) verbringen. Titus soll ihn dort besuchen (3, 12).

II: Paulus ist jetzt in Rom gefangen (1, 8) und in ein Gerichtsverfahren verwickelt (4, 16). Onesiphorus hat ihn besucht (1, 16). Vor Rom ist Paulus kürzlich ohne Timotheus in Milet, Troas und Korinth gewesen (4, 13. 20).

27. Diese Angaben weisen über die in der Apg erzählten Reisen und Gefangenschaften hinaus. Trophimus war ein Reisegefährte des Timotheus (20, 4) und zusammen mit Paulus in Jerusalem, dabei ungewollter Anlaß zu dessen Gefangennahme (21, 29), also kann II 4, 20 nicht aus der Gefangenschaft in Cäsarea geschrieben sein. Gegen eine Gefangenschaft in Ephesus, die einige Ausleger annehmen, spricht II 1, 17. In den früheren Gefangenschaftsbriefen erwartet Paulus zuversichtlich seine Befreiung (Phlm 22; Phil 1, 25; 2, 23. 24), entsprechend der in Apg 26, 32; 28, 17—31 positiv geschilderten Lage des Gefangenen in Rom. II aber setzt eine andere Situation voraus: Die Umstände der Gefangenschaft sind schwer, der bevorstehende Tod ist gewiß.

28. Die Echtheit der Past setzt voraus, daß Paulus nach einer ersten Gefangenschaft in Rom freigelassen und nach einiger Reise- und Schreibtätigkeit erneut verhaftet wurde. Wer die Echtheit vertritt, muß die Tatsächlichkeit einer solchen Freilassung nicht beweisen, sondern nur ihre Möglichkeit erweisen. Wären die Past eine Fälschung und wäre Paulus nicht freigelassen worden, dann müßten und würden die Past das ausdrücklich behaupten. Doch machen sie nicht die geringste Anstrengung, um die Umstände der Past mit denen der Apg zu harmonisieren, vielmehr setzen sie die Freilassung mit aller Selbstverständlichkeit voraus.

Die Past beschäftigen sich gerade nicht mit den letzten Jahren des Paulus, was ein Fälscher zur Befriedigung der Neugierde seiner Leser tun würde, sondern sie sind wie die anderen Paulusbriefe mit den gegenwärtigen Nöten und Aufgaben der Gemeinde beschäftigt. Ein Freispruch mit Entlassung aus der römischen Gefangenschaft ist durchaus historisch denkbar. Unter Tiberius kam es zu Judenverfolgungen in Rom. Um 50 vertrieb Claudius die Juden vorübergehend aus der Stadt (Apg 18, 2). Die Christen, die anfänglich in Rom als eine jüdische Sekte angesehen worden waren, wurden jetzt von den Juden denunziert[43]. Erst seit 64 ist der Name Christ in Rom gleichbedeutend mit Brandstifter. Der Brand von Rom unter Nero dauerte vom 18.—24. Juli 64 und führte zur ersten Christenverfolgung. Unter Nero konnten Christen nur hingerichtet werden, wenn ihnen ein Verbrechen nachzuweisen war. Doch zur Zeit der Apg wurde die jüdische Hetze gegen die Christen von den Römern noch nicht unterstützt (26, 32). Die Freilassung des Paulus kann für das Jahr 63 angenommen werden.

29. D a t i e r u n g s f r a g e n . Die folgende Übersicht erhebt nicht den Anspruch, historisch exakt zu sein. Die einzelnen Ausleger differieren in den Zeitangaben. Genaueste Datierungen sind auch nicht nötig, vielmehr sollen die zeitlichen Möglichkeiten für die Niederschrift der Past und die darin vorausgesetzten geschichtlichen Umstände dargestellt werden.

Unbestritten ist das Datum des Jahres 50 für den ersten Brief an die Thessalonicher. Setzen wir die Bekehrung des Paulus auf das Jahr 36 und sein damaliges Alter auf mindestens 30 Jahre an[44], so hatte der Apostel eine Wirkungszeit von 30 Jahren vor sich, unterbrochen durch mindestens 5 Jahre Gefängnis und allem vorausgehend 3 Jahre Arabien (Gal 1, 17).

Im Frühling 58 schreibt er an die Römer, daß er schon „seit einer Reihe von Jahren" (Apg 19, 21) den Plan hege, nach Rom zu kommen, um von dort nach Spanien weiterzureisen, daß er aber an der Ausführung vielfach (!) verhindert worden sei (Rö 15, 22—24). Fest steht für ihn, daß Rom ihm nur als Zwischenhalt dient (15, 28). Er hofft, daß ihn Mitarbeiter nach Spanien begleiten werden (15, 24)[45]. Einer der vielen Hinderungsgründe, allerdings erst nach Abfassung des Rö eintretend, ist die Gefangennahme in Jerusalem, die ihn schließlich nach langen Verhören und Haftzeiten doch nach Rom bringt. Als Gefangener soll er vor dem Kaiser verhört werden, da er römischer Staatsbürger ist.

Paulus ist 61—63 in Rom. Im zweiten Haftjahr schreibt er den Brief an die Philipper, voll Zuversicht, daß er sie bald werde besuchen können (1, 12. 25; 2, 24). Bei Philemon bestellt er bereits ein Absteigequartier für die Durchreise! (Phlm 22).

So steht die Annahme einer Freilassung im Jahre 63 in Übereinstimmung mit den bekannten Plänen und Erwartungen des Paulus. Im Jahre 93, also 30 Jahre später, schreibt Clemens von Rom, daß Paulus tatsächlich freige-

[43] Das römische Zivilgesetz verbot fremde Kulte, die nicht vom Senat anerkannt waren! Eine Anzeige genügte für die Verhaftung.

[44] vorausgesetzt für Apg 7, 58, als Mitglied und Zeuge vom Hohen Rat beauftragt, vgl. Apg 6, 12. 15.

[45] In Spanien, das auch im AT genannt ist (Jes 66, 19), lebten damals zahlreiche Juden, die aus Rom vertrieben worden waren.

lassen worden und in den äußersten Westen gereist sei, was von den meisten auf Spanien gedeutet wird. Und Eusebius schreibt später: „Es ist Überlieferung, daß, nachdem er sich gerechtfertigt, der Apostel wiederum zum Dienst der Predigt fortgezogen, daß er aber, als er zum zweitenmal die genannte Stadt betrat, durch das Martyrium vollendet wurde. Während er bei dieser Gelegenheit gefangen war, hat er den zweiten Brief an Timotheus geschrieben[46]."

Es ist eine seltsame Auslegungskunst, wenn Kritiker behaupten, derartige Angaben seien nachträglich aufgrund von Rö „erfunden" worden, wenn doch die vorhandenen ntl Texte den seit Jahren feststehenden Plan des Paulus mehrfach bezeugen (Rö 15, 20; 2 Ko 10, 15—16). Zu der Zeit, da Clemens seinen Brief schreibt, haben noch genügend Christen in Rom gelebt, die von der Freilassung und den nachfolgenden Reisen des Paulus aus persönlicher Erfahrung wissen konnten (vgl. 1 Ko 15, 6).

Ob Paulus zuerst Spanien bereiste und nachher die Gemeinden im Osten besuchte oder umgekehrt, läßt sich aus den vorhandenen Aufzeichnungen nicht klären. Beides, die Reise nach Westen und nach Osten, stand in seinen Plänen fest, die mehr als einmal durchkreuzt und geändert worden waren. Wenn Paulus nach Apg 20, 25. 38 weissagte, daß die Ältesten von Ephesus sein Angesicht nicht mehr sehen werden und er sie später doch wieder besuchte, hatte er sich dann getäuscht? In I 1, 3 wird nicht behauptet, daß Paulus wieder in Ephesus gewesen ist. Er sagt nicht, von wo aus er nach Mazedonien abreiste. Immerhin hofft er, bald zu Timotheus kommen zu können (3, 14). Doch V 15 rechnet mit neuen Hindernissen und Verzögerungen. Der zweite Brief läßt dann deutlich werden, daß Timotheus nicht für lange in Ephesus bleiben sollte oder geblieben ist[47].

Durch die unsicheren Zeiten (I 2, 2!) mußten seine Pläne oft geändert werden, aber er hat sich doch nicht von seinen vielen Reisen abhalten lassen. Man macht sich vielleicht eine falsche Vorstellung von der Reisetätigkeit der Kaufleute und Missionare zur damaligen Zeit[48]. Die Annahme ist nicht auszuschließen, daß Paulus sogar zweimal nach Osten gereist ist: unmittelbar nach der Freilassung, wie vorgesehen zu den Gemeinden in Kolossä (bei Philemon zu Gast) und in Philippi, darauf nach Spanien, zuletzt nochmals nach Osten. Doch das sind bloße Mutmaßungen. Wichtig ist die Feststellung, daß zwischen Freilassung und zweiter Gefangenschaft genügend Zeit vorhan-

[46] 1 Clemens 5, 7; Eusebius, Kirchengeschichte II 22, 2.

[47] Ein Fälscher, der „in blinder Gläubigkeit hingenommene Angaben aus Apg" übernimmt (so Ch. Maurer), müßte, von Apg 20, 25. 38 gewarnt, weder den Tim noch P nach Ephesus kommen lassen.

[48] Holtz nennt den Fabrikanten Flavius Xeuxis aus Phrygien in Asia, der 72mal geschäftlich in Rom gewesen ist. Vergleiche auch die Reisetätigkeit von Prisca und Aquilla: II 4, 19; Rö 16, 3—5; Apg 18, 2. 18. 19. 26.

den ist, sowohl für eine Reise nach Spanien wie für eine nach der Provinz Asia, inklusive Kreta.

So kann Paulus den ersten Brief an Timotheus im Sommer 66 geschrieben haben und wenige Wochen oder Monate später den Brief an Titus, vor oder auf der Reise nach Nikopolis, wo er zusammen mit Titus den Winter zu verbringen gedachte (Tit 3, 12). Im Frühling 67 reiste er dann nach Rom (wohl zusammen mit Titus) und wurde dort — vermutlich unerwartet — verhaftet. Seit dem Brand von Rom war er nicht mehr dort gewesen. Die Einstellung gegenüber den Christen hatte sich grundlegend geändert. Vielleicht ist Paulus als Staatsfeind und Verbrecher denunziert worden (II 2, 9?). Wir wissen die näheren Umstände nicht.

Die Abfassung des zweiten Briefes wäre auf den Herbst 67 anzusetzen. Der Brief gibt den schweren Ernst der veränderten Lage wieder. In ihm bittet er den geliebten Mitarbeiter eindringlich, noch vor dem Winter zu ihm, dem Gefangenen in Rom, zu kommen. Paulus ist dann wahrscheinlich Ende 67 hingerichtet worden.

30. Das Leben des Timotheus. Der Name Timotheus ist in der antiken Literatur weit verbreitet und bedeutet: der Gott ehrt. Timotheus ist in Lystra, einer von Augustus 6 v. Chr. gegründeten römischen Kolonie, etwa zu der Zeit geboren, als Jesus öffentlich in Palästina auftrat. Die Stadt liegt auf einem Hügel in der Ebene von Lykaonien. Die Einwohner sprachen lykaonisch, also weder Lateinisch noch Griechisch war ihre Muttersprache (Apg 14, 11). Nur die Elite der Stadt sprach griechisch, zu welcher auch der Vater des Timotheus gehörte (16, 1).

Auf der ersten Missionsreise im Jahre 45 sprachen Paulus und Barnabas in Lystra zu Juden und Griechen, von denen viele gläubig wurden, unter ihnen wohl damals auch die jüdische Mutter Eunike und die Großmutter Lois (II 1, 5; Apg 14, 1). Der junge Timotheus war Zeuge, wie Paulus gesteinigt wurde (s. Auslegung II 3, 11; vgl. Apg 14, 19—20). Damals wurde Timotheus an Jesus, den Herrn, gläubig, so daß der Apostel ihn sein geliebtes Kind im Herrn nennen konnte (I 1, 2. 18; II 1, 2; 1 Ko 4, 17). Timotheus kannte von Kind auf die Heiligen Schriften, die beiden jüdischen Frauen hatten ihn im Alten Testament unterwiesen, bevor sie selber an Jesus, den Messias, gläubig wurden.

Fünf Jahre später, auf der zweiten Missionsreise (50), besuchte Paulus den jungen Mann, der inzwischen im Glauben gewachsen war und ein hervorragendes Zeugnis von den Brüdern in der Gemeinde seiner Vaterstadt und darüber hinaus erhielt. Ihn nahmen Paulus und Silas anstelle von Johannes-Markus als Gehilfen auf die Weiterreise mit (16, 3; 15, 37—40). Da offenbar überall bekannt war, daß der Vater des Timotheus ein Grieche und der Sohn somit nicht beschnitten war, so ließ ihn Paulus beschneiden „um der Juden willen“, die zahlreich in jener Gegend lebten. Dieses Tun mag befremden, wenn man bedenkt, daß Paulus den heidenchristlichen Mitarbeiter Titus nicht beschneiden wollte (Gal. 2, 3; 5, 11); doch darf man nicht außer acht lassen, daß der Apostel um des missionarischen Dienstes willen bereit war, den Juden ein Jude zu werden, um die Juden zu gewinnen (1 Ko 9, 20). Es ging hier nicht um eine Heils- und Gemeindefrage, sondern um eine missionarische Ausrichtung auf die zahlreichen Juden der Gegend, von denen schon viele während des ersten Besuches an den Messias Jesus gläubig geworden waren (Apg 14, 1).

Ist hier der Zeitpunkt zu setzen, da die Brüder der umliegenden Gemeinden das gute Zeugnis über Timotheus ausstellten, Weissagungen und Mahnungen aussprachen und ihm die Hände auflegten, während er das Bekenntnis des Glaubens ablegte? Oder ist solches brüderliche Handeln erst später und zu wiederholten Malen geschehen? (s. I 4, 14; II 1, 6; I 1, 18; 6, 12).

Zwanzig Jahre gemeinsamen Lebens und Dienens sollten von nun an den jungenMitarbeiter mit dem um 15—20 Jahre älteren Apostel verbinden. Tausende von Kilometern reisten sie zusammen, erduldeten als Jochgenossen Mühen und Gefahren, erlebten gegenseitige Stärkung und Freundschaft. Timotheus ist für den Apostel Gehilfe, Mitarbeiter, Reisebegleiter, Sohn, Vertrauter, Freund. Hätte Paulus alles so ausrichten können, wie er es tat, ohne die Treue und Nähe dieses wahrhaft ‚Gleichgesinnten' (Phil 2, 20. 21)?

Schon früh lernte Timotheus, nicht einseitig und ausschließlich an Paulus gebunden zu sein. Schon auf seiner ersten Reise wurde er vom Apostel getrennt und blieb zusammen mit Silas in Beröa zurück (Apg 17, 14). Von dort reisten die beiden zusammen nach Athen, wo sie Paulus wiedertrafen (V. 15). Paulus, Silas und Timotheus bildeten ein Team. Paulus schreibt in 2 Ko 1, 19 ausdrücklich, daß der Sohn Gottes durch ihn **„und Silvanus und Timotheus"** bei den Korinthern verkündet worden sei! Ihre drei Namen erscheinen als Absender der Thessalonicherbriefe. Ihre Namen werden nicht nur zum Schein angeführt. Timotheus erhielt sofort einen verantwortungsvollen Auftrag. Paulus schickte ihn allein von Athen nach Thessalonich zurück, damit er die junge Gemeinde im Glauben stärke und ermahne. Schon nannte ihn Paulus nicht mehr nur „unseren Bruder" (der Mitbruder von Paulus und Silas), sondern „Gottes Mitarbeiter am Evangelium von Christus" (1 Th 3, 2). Darin kommt trotz der apostolischen Autorität und der Vater-Sohn-Beziehung die Freiheit zum Ausdruck, in die Paulus den Mitarbeiter stellt: Er ist letztlich Mitarbeiter Gottes und nur darum auch Mitarbeiter des Paulus.

So darf Timotheus schon 5 Jahre nach seiner Bekehrung ein „Tröster und Bestärker der Brüder" sein und dem Apostel die gute Nachricht überbringen, daß die Reise nicht umsonst war, sondern die Gläubigen im Herrn befestigt wurden (1 Th 3, 6—8). Während der darauffolgenden 18 Monate (Ende 51 bis Anfang 53) arbeitete Timotheus mit Paulus in Korinth (Apg 18, 1—11).

Auch auf der 3. Missionsreise und in den drei Jahren der Tätigkeit in

Ephesus (54—57) war Timotheus bei Paulus. Einmal sandte ihn der Apostel zusammen mit Erastus nach Mazedonien (Apg 19, 22; vgl. II 4, 20).

Ein Gemeindebesuch des Timotheus in Korinth schien nicht von Erfolg gekrönt zu sein. Wenn schon Paulus in Schwachheit, Furcht und viel Zaghaftigkeit zu den selbstbewußten Korinthern kam (1 Ko 2, 3), wieviel schwerer mußte es dem jüngeren Gefährten fallen, hier als Mitarbeiter Gottes und ohne Furcht vor der Geringschätzung anderer aufzutreten. Was dem Timotheus nicht gelang, konnte Titus ausführen. Er schlichtete den Konflikt der Korinther mit dem Apostel (2 Ko 7, 6—7. 13—15; 8, 6; 12, 17—18). Timotheus selber kehrte zu Paulus nach Mazedonien zurück (2 Ko 1, 1. 19; Apg 20, 1—15. 4). Im Jahre 58 reisten sie zusammen wieder nach Griechenland, von wo Paulus den Brief an die Römer schreibt und Grüße des Timotheus beifügt (Rö 16, 21), der zuerst aufgeführt und als „mein Mitarbeiter" herausgestellt ist.

Wichtig ist das Zeugnis, das Paulus dem Timotheus in 1 Ko 16, 10 ausstellt: „Er treibt das Werk des Herrn wie ich." Darin kommt die durch Gottes Gnade geschenkte Ebenbürtigkeit im Dienst zum Ausdruck, die geistliche Anerkennung des göttlichen Auftrags, die Bekräftigung der Berufung vor kritischen Brüdern. Dieselbe Grundhaltung des Apostels gegenüber Timotheus bringen auch die Past zum Ausdruck.

Von Griechenland reiste Paulus nach Jerusalem. Ob Timotheus mit dabei war, ist nicht mit Sicherheit festzustellen. Namentlich erwähnt ist nur Trophimus aus Ephesus (Apg 21, 29), der ein Reisegenosse und Mitarbeiter des Timotheus ist (vgl. 20, 4!). Für die nächsten 2—3 Jahre verschwindet Timotheus aus dem Gesichtskreis der ntl Briefe. Sicher aber ist er wieder mit Paulus in Rom, tröstender Beistand und Gefährte in der Gefangenschaft (61—63). Einige Ausleger nehmen an, daß Hb 13, 23 sich auf diese Zeit beziehe, wonach Timotheus eine Zeitlang mit Paulus gefangen gewesen wäre. Wahrscheinlicher aber ist, daß er erst nach dem Tode des Apostels gefangen genommen und später wieder freigelassen wurde (übrigens eine im NT bezeugte Freilassung!).

Die kirchliche Tradition berichtet, daß Timotheus Bischof von Ephesus gewesen sei und im Jahre 97 den Märtyrertod unter Kaiser Nerva erlitten habe.

31. a) Wer war Timotheus? Die Andeutungen in den Past, welche die Person des Timotheus betreffen, stimmen mit den übrigen Briefen und dem aus der Apg bekannten überein und, was für die Echtheit der Past von Bedeutung ist, malen nicht einzelne Züge phantasievoll oder den Menschen verherrlichend aus. Wie Jesus in den Evangelien gerade durch die zurückhaltende Darstellung als wirklicher und voller Mensch dem Leser vor Augen tritt, so sehen wir das Persönliche des Paulus, des Timotheus, des Petrus etc. zwar deutlich, doch nicht ausführlich und lückenlos dargestellt. Der Akzent liegt nicht auf dem, was sie für sich selbst sind, noch was sie für Gott tun,

sondern auf dem, was Gott für sie ist und durch sie tut. Timotheus ist darum so ganz und so menschlich geliebtes Kind, Bruder, Mitarbeiter und Freund des Paulus, weil er ein Mann G o t t e s (I 6, 11; II 3, 17) und ein Mitarbeiter G o t t e s ist (1 Th 3, 2).

b) Als Knabe konnte er eine gute Erziehung genießen, wie man so sagt, da die Familie zur Elite der Stadt gehörte (E 30; Apg 16, 1). Doch die Eltern waren sich in den letzten Zielsetzungen nicht eins. Wie der griechische Mann und die jüdische Frau zusammenfanden, wissen wir nicht. Überhaupt bleibt uns unerklärlich, wie eine Jüdin, die offenbar in der Glaubenstradition ihrer eigenen Mutter Lois lebte, einen Nichtjuden heiraten konnte. Der Mann mußte ihr viel Freiheit gelassen haben. Das zeigte sich auch und gerade dann, als die Frau samt Sohn und Schwiegermutter an den Messias Jesus gläubig wurden. Die Familie blieb zusammen (Apg 16, 1; 1 Ko 7, 3). Timotheus wurde als Knabe nicht beschnitten, daraus läßt sich schließen, daß seine Mutter mit der jüdischen Synagoge nicht in enger Verbindung stand. Die beiden „gottesfürchtigen" Frauen mögen zu jener großen und verborgenen Schar von Menschen gehört haben, die nicht den äußeren Religionsbetrieb mitmachen und doch wachen Herzens nach Gott fragen. Nach Apg 18, 7 findet Paulus bei Titius Justus, „dem Gottesfürchtigen", Zuflucht, dessen Haus an die Synagoge angrenzt und wo sich die christliche Gemeinde zusammenfand. „Gottesfürchtige" werden Nichtjuden genannt, die an den Gott Israels glauben, auch in die Synagoge gehen, sich aber (noch) nicht beschneiden lassen. Gerade unter diesen „Gottesfürchtigen", zu denen auch die Mutter und Großmutter gehörten, gab es viele, die an Jesus, den Messias, gläubig wurden.

Die Mutter wird in Apg 16, 1 vor dem Vater genannt, was ein Hinweis sein kann auf ihren bestimmenden Einfluß in der Erziehung des Knaben (vgl. II 1, 5; 3, 15).

c) Timotheus ist eher ein „Mutterkind". In seiner Gesundheit ist er wenig widerstandsfähig und häufig unpäßlich, vielleicht schon von Kindheit an. Doch kann ihn das nicht von langen Fußmärschen, beschwerlichen Seereisen und entbehrungsreichen Erfahrungen (etwa beim gefangenen Paulus in Rom) abhalten (I 5, 23). Der körperlich wenig robuste junge Mann ist schüchtern und zaghaft (II 1, 6.7; 1 Ko 16, 10). Der Eindruck, den er macht, ist nicht imponierend, so daß man ihn leicht unterschätzen, ja verachten kann (1 Ko 16, 11; I 4, 12), darin dem Apostel nicht unähnlich (2 Ko 10, 1.10! 1 Ko 2, 3), der ebenfalls durch Krankheit geschwächt war (2 Ko 12, 7—10; Gal 6, 17; 4, 13—15: „... wie ich euch, krank an meinem Leibe, zuerst die Heilsbotschaft gebracht habe. Trotz des Anstoßes, den mein körperlicher Zustand euch bot, habt ihr mich nicht verachtet").

d) Die beiden sind sich körperlich und seelisch ähnlich, doch der Apostel hat die große Selbständigkeit und Unabhängigkeit voraus, in die hinein er den jungen Mitarbeiter mit nie ermüdender Geduld entbindet, denn es ist die vornehmste Aufgabe des Vaters, seinen Sohn in die Mündigkeit zu führen. Den Vater, den Timotheus für die Entfaltung des Glaubens und vielleicht auch des eigenen Lebens überhaupt hatte entbehren müssen, findet er jetzt in Paulus. Seine Anhänglichkeit ist groß (II 1, 4; Phil 2, 22), sie wird aber nicht zu falscher Abhängigkeit, sondern zur Treue aus freier Entscheidung führen. Darum sendet ihn der Apostel von Anfang an mit echten Aufträgen und Verantwortungen weg auf Reisen nach Thessalonich, Korinth, Philippi, Ephesus, darum empfiehlt er ihn den Gemeinden, daß sie ihm Vertrauen entgegenbringen, darum richtet er ihn unablässig auf den Herrn selbst aus. Er soll sich bewußt sein und es immer wirklicher ‚wissen', daß er Mitarbeiter G o t t e s ist. Der heranreifende Mitarbeiter soll in Gott selbst seine Kraftquelle und Norm haben: Werde stark durch die Gnade Christi (II 2, 1); der Herr wird dir Einsicht geben in allen Dingen (II 2, 7); vernachlässige nicht die Gnadengabe in dir (I 4, 14), sondern fache sie zu neuer Glut an (II 1, 6); vollbringe deinen Dienst, wie ich ihn vollendet habe (II 4, 5.7), denn du treibst Gottes Werk genauso wie ich (1 Ko 16, 10).

e) Körperlich-seelische Anfälligkeit mögen für einen Botschafter des Evangeliums nicht als Vorzüge angesehen werden. Doch gilt es, die zu jeder Schwäche gehörende Kehrseite der Stärke zu erkennen: Die Sensibilität des Timotheus ist von der Angst um sich befreit und darum ganz in den Dienst der Liebe gestellt. Er kann sich einfühlen, sich hingeben, sich vergessen. Er kann mitfühlen, mitleiden, mitgehen. Er kann die Brüder trösten, stärken, aufrichten (1 Th 3, 2; Phil 2, 20; II 1, 4). Und diese Gabe hat er in den 20 Jahren gemeinsamen Dienstes mit Paulus zuerst und am meisten ausgeübt. Darum sehnt sich der Vereinsamte, des nahen Todes gewisse Apostel nach der leibhaftigen Gegenwart dessen, der im Trösten stark ist (II 4, 9.21).

Der erwähnte Einfluß fraulicher Erziehung kann wohl, muß aber nicht einschränkend oder gar negativ gewertet werden. Paulus selber sieht ihn positiv (II 1, 5; 3, 15), hatte er doch selber die segnende und bewahrende Wirkung einer mütterlichen Frau erfahren (Rö 16, 13). Im sensiblen Timotheus sind traditionell weibliche Züge, die bei Männern meistens unterdrückt werden, stärker entfaltet. Auch darin ist er dem Apostel nicht unähnlich, der — zusammen mit Timotheus und Silvanus — „wie eine stillende Mutter ihre Kinder hegend", unter den Thessalonichern gewirkt hat (1 Th 2, 7).[49]

f) Wer sich so intensiv in die Lage anderer versetzen kann, dem wird es schwer, Grenzen zu ziehen, gegen Unrichtiges mit Entschiedenheit aufzutreten, Einhalt zu gebieten und Änderungen einzuführen. Darum wohl konnte

[49] Bei P ist das Väterliche stärker ausgeprägt als bei Tim (I Th 2, 11; 1 Ko 4, 14—15; hingegen: Gal 4, 19). Spicq schreibt, Tim sei von einer fast weiblichen Zartheit („d'une douceur un peu féminine").

Timotheus den Konflikt in Korinth nicht schlichten. Dazu bedurfte es des selbständigeren und bestimmter auftretenden Titus (E 30; 2 Ko 7, 6 f). Wer mit anderen einen weiten Weg zu gehen vermag, wer sich gut in die Lage eines andern einfühlen kann, der kann auch einmal zu weit gehen und Grenzen überschreiten. Darum bedarf Timotheus der Ermahnung zur Keuschheit (nicht nur im Geschlechtlichen) und zum Abstand, aus dem heraus erst unparteiliches Urteilen möglich ist (I 5, 2.22.21; II 2, 22). Wer schutzlos ist, überleicht verwundbar, kann plötzlich hart auftreten, um sich vor der völligen Auflösung zu retten (I 5, 1; II 2, 24.25). Wer eher zögernd urteilt und handelt, kann unbesehen überrasche ‚Lösungen' erzwingen wollen, im Bestreben, aufzuholen, nachzuholen, andere in die Mitarbeit hineinzuholen (I 5, 22a; 4, 14: II 1, 6; 4, 9.21). Der Ängstliche kann schnell unter die Herrschaft des Gesetzes geraten. Vielleicht ließ sich Timotheus von den Irrlehrern beeinflussen, welche geboten, sich gewisser Speisen (und Getränke) zu enthalten (I 4, 3; 5, 23). Der leicht beeindruckbare Mitarbeiter konnte stärker unter den Einfluß der sich harmlos und hilfreich gebenden Irrlehrer geraten, als er sich bewußt war (I 6, 11.20; II 2, 16.23; 3, 5c; 3, 13; 4, 2—5).

g) Doch haben wir mit diesen Erwägungen über Stärken und Schwächen noch nicht das entscheidende Merkmal genannt, das Timotheus auszeichnet und ihn zu dem hervorragenden Mitarbeiter macht, den Paulus in zehn Briefen lobend erwähnt.

Der Geist dieses Mannes, die Grundrichtung seines Wesens ist in allen Aussagen, die ihn betreffen, deutlich und einheitlich erkennbar: Er ist aufrichtig selbstlos. Was heißt das? Seine Gesinnung ist aufrichtig, durchsichtig, klar. Nicht nur Paulus, sondern jeder Mitarbeiter und alle Gemeinden wissen bei Timotheus immer, woran sie sind. Er sagt nicht eines und meint etwas anderes. Sein Glaube ist in der Tat ungeheuchelt (II 1, 5), wie es seine Liebe ist (Phil 2, 20). In dieser wahren Einfalt, Geradheit, Offenheit und Direktheit ist er dem Apostel ähnlich, der ihm wirklich „Gleichgesinnte" und darum sein echter Sohn (Phil 2, 20.22).

Obwohl er schüchtern ist, sucht er nicht seine Selbstbestätigung im Dienst am Evangelium; obwohl er wenig Anerkennung findet, sucht er nicht geistlichen oder materiellen Gewinn für sich (Phil 2, 20—22; I 6, 5—6): „Ich habe nämlich keinen, mit dem ich mich so eins weiß und der sich um euch so redlich kümmern wird wie er. Sonst sind ja alle an der eigenen Sache interessiert, statt an der Jesu Christi. Doch seine bewährte Treue kennt ihr ja, daß er mir bei der Mission wie ein Kind seinem Vater zu Diensten gewesen ist." (W)

Aufrichtig nicht das Seinige suchen, das ist das Wesen der Liebe (1 Ko 13, 5). Dieses Endziel aller Weisungen (I 1, 5) ist inmitten aller Schwachheit und Unscheinbarkeit bei Timotheus zum Durchbruch gelangt. In seinem Da-

sein und Dienen wurde die Gesinnung Jesu offenbar, der als der wahre Diakon Gottes nicht gekommen war, sich bedienen zu lassen, sondern der sein Leben hingab bis zum Tode im Dienst für das Heil der Welt (Phil 2, 5.20).

Diese eigenartige und einzigartige Einheit von Aufrichtigkeit und Hingabe, von unaufdringlicher Selbstlosigkeit und eindringlicher Treue charakterisiert den Geist des Timotheus, darin ist er eines Geistes mit Paulus. Und dieser Geist, der die Past prägt wie alle andern Paulusbriefe, ist der eigentliche Echtheitserweis nicht nur der drei letzten Briefe des Apostels, sondern seiner und des Timotheus' Existenz als Diener des Herrn. Es ist der Geist Jesu, der Geist der Kraft und der Liebe und der Zucht (II 1, 7), den sie beide empfangen haben und in ihrem Leben widerspiegeln.

Der Briefkopf

1. Timotheus 1, 1—2

1 **Paulus, Apostel des Messias[1] Jesus nach dem Auftrag a) Got-**
2 **tes, unseres Retters, b) und des Messias Jesus, unserer Hoff-**
nung c) * an Timotheus, mein echtes d) Kind im Glauben:
Gnade, Barmherzigkeit, Friede von Gott, dem Vater, und
dem Messias Jesus, unserem Herrn.

a) Tit 1, 3 Rö 16, 26 b) 2, 3; Tit 1, 3; 2, 10; 3, 4; Jud 25 c) Tit 1, 2; 3, 7; Kol 1, 27 d) Tit 1, 4

1. Absender und Empfänger

1. Timotheus 1, 1—2a

Paulus versteht sein Leben und Wirken als Auftrag. Sein Sendungsbewußtsein ist apostolisches Bewußtsein, das er ganz und ständig von Jesus Christus, seinem Herrn, empfängt (E 25). Ein Apostel kann auch Abgesandter und Beauftragter von Menschen sein, wie Epaphroditus Apostel der Philipper ist, die ihn beauftragt haben, zu Paulus zu gehen e). Viele Apostel im allgemeineren Verständnis des Wortes sind „Gesandte von Gemeinden"[2]. Paulus hingegen ist weder Apostel aus menschlicher Bevollmächtigung, noch ist er durch einen Menschen als Apostel eingesetzt worden, noch steht ein eigener Entschluß am Anfang seiner Berufung f). Von Gott selber ausgesondert und

e) Phil 2, 25; 4, 18
f) Gal 1, 1

[1] Die Voranstellung des griech. Wortes „*christós*" (der Gesalbte) läßt darauf schließen, daß P das Wort hier nicht so sehr als Name meint, was es ohnehin von seinem Ursprung her nicht ist — der Name des Erlösers heißt Jesus —, sondern vielmehr als Titel und Würdebezeichnung für den verheißenen Messias, den Gesalbten Jahwes. Durch die automatische Wiedergabe des griech. „*christós*" mit dem lat. „Christus" (wie es Luther aus der Vulgata übernommen hat) wird nicht mehr deutlich, was für eine große Bedeutung der Messias-Titel im NT hat und wie oft er vorkommt (alle Evangelien, Apg, Offb). Wohl ist der Sprachgebrauch in den Briefen anders, doch haben die Apostel auch hier offensichtlich bei „christós" oft den „Messias" im Auge, wie sich gerade auch in den Past zeigen wird (I 1,12. 15; 4, 6; 5, 21; 6, 13).

[2] 2 Ko 8, 23: *apostoloi ekkläsion.* „Apostel" ca. an 80 Stellen im NT, davon 75 je zur Hälfte bei Lukas und Paulus; von den 35 Erwähnungen bei P beziehen sich 20 auf seinen eigenen Dienst, am häufigsten der für ihn bezeichnende, in der ganzen Literatur neue Titel: Apostel Jesu Christi (E 12).

g) Gal 1, 15; Rö 1, 1; Jer 1, 5
h) Mk 3, 14—15; 6, 30
i) I 6, 15
k) Eph 1, 18; 4, 1; 6, 15
l) II 3, 10; Phil 3, 15—17; I Ko 4, 16; 11, 1; 9, 16. 23. 24; vgl. I, 12
m) Mt 12, 46—50
n) I 1, 18; 4, 14; II 1, 6; vgl. 2 Pt 1, 10

berufen wie die Propheten g) vom Messias Jesus bevollmächtigt und ausgesandt wie die Zwölf h), nennt sich **Paulus Apostel des Messias Jesus nach dem Auftrag Gottes**[3].

Nicht ein Mächtiger dieser Welt, der seine Befehle erläßt, sondern der König der Könige und der Herr der Herren i) hat seinem Apostel Auftrag gegeben. Vom Anfang bis zum Ende seines Wirkens steht Paulus im Bewußtsein dieser göttlichen Berufung und Sendung; sie ist ihm Antrieb und Bevollmächtigung zu seinem Dienst.

Im Bewußtsein der einmaligen und einzigartigen Berufung weiß er aber ebenso klar, daß alle Christen Mitberufene sind. Ihnen müssen die Augen geöffnet werden, daß sie die Hoffnung dieser Berufung erkennen, ihrer würdig leben und am Evangelium des Friedens mitarbeiten k), so daß sie Nachfolger der Apostel werden, die als Pioniere vorangehen. So sehr Paulus von der Besonderheit seines Auftrages durchdrungen ist, so sehr läßt er nicht ab, alle zur Nachahmung und Nachfolge aufzurufen l). Hierin ist der biblische Sinn der apostolischen Sukzession[4] ihrem Wesen nach zu sehen. Entsprechend führt Jesus die Verwandtschaft mit ihm nicht auf Fleisch und Blut, nicht auf menschliche Bande und Tradition zurück, sondern auf die gleiche Ausrichtung des Willens im Gehorsam gegen den Vater m).

Paulus erinnert den Timotheus wiederholt an seine Berufung und richtet sich damit auch an uns n). Wir müssen uns

[3] *kat' epitagen theou:* durch Befehl (Auftrag) Gottes; Tit 1, 3; Rö 16, 26; 1 Ko 7, 6; 2 Ko 8, 8. Befehl betont noch stärker die Bevollmächtigung durch Gott als die sonst übliche Herleitung seines Apostolates aus dem Willen Gottes: 1 Ko 1, 1; 2 Ko 1, 1; Kol 1, 1; II 1, 1.

[4] d. h. apostolische Nachfolge, die Weitergabe der apostolischen Bevollmächtigung. Nirgends im NT erscheint das Apostolat als ein festes Amt, sondern vielmehr als eine Aufgabe, eine Funktion, wie man heute sagt, die je nach Auftrag verschieden umfassend und verschieden lang sein kann. Die Zwölf hatten einen ganz bestimmten Auftrag als Augenzeugen des Lebens, Sterbens und Auferstehens Jesu (Apg 1, 21—22). Dieser Auftrag nahm sein Ende mit dem Tode des letzten Augenzeugen. Judas wird zwar durch Matthias ersetzt, aber für den hingerichteten Jakobus wird keine Ersatzwahl mehr vorgenommen. Paulus aber ist gerade nicht Apostel im eben definierten Sinn der Zwölf, denn er hat nicht mit Jesus zusammen gelebt. Doch Jesus ist ihm als der Lebendige erschienen und hat ihn zu seinem Apostel berufen, daher die Betonung: Apostel Jesu Christi. Paulus hat sein Apostolat nicht weitergegeben, wozu ein Pseudo-Paulus mit den Pastoralbriefen allen Grund gehabt hätte. Er nennt sich in jedem der drei Briefe Apostel Jesu Christi, was in Briefen an Privatpersonen eher überraschen müßte, und zweimal wiederholt er in I 2, 7 und II 1, 11, daß er zum Apostel bestellt worden ist, doch nirgends macht er die kleinste Andeutung, daß Timotheus oder Titus nun an seiner Statt „Apostel Jesu Christi" seien oder werden sollten (Vgl. auch WStb. Rö 5, 26; Anm 8).

immer wieder neu durch alle Zweitursachen und Zwischeninstanzen hindurch auf den besinnen, der uns berufen hat, der Urheber und Vollender unseres Lebens ist. Nur im Bewußtsein des Berufenseins werden wir befreit zum rechten Dienen.

Gott unser Retter[5]. Ursprünglich galt Retter als Ehrentitel für verdiente Männer und hochstehende Beamte; später, besonders in den Geheimkulten, werden Gottheiten und dann vor allem die römischen Kaiser so gerühmt[6].

Die früheren Episteln nennen nur Christus Retter o), die Past ebenfalls an einigen Stellen p), doch besonders häufig und betont erscheint in ihnen Gott selbst als Retter b), wohl in bewußter Gegenüberstellung zum Kaiserkult. Höchste und letzte Ehre gilt dem ewigen König im Gegensatz zu vergänglichen Machthabern; er ist der alleinige Gott im Unterschied zu den vielen Königen, die sich gegenseitig ihre Macht streitig machen q); er ist der König aller Könige und der Herr aller Herrschenden r).

Soter, Erlöser, steht zwar in den Past deutlich in Beziehung zur griechischen Umwelt, doch ist der Ursprung dieses Gottesnamens im Alten Testament zu suchen. Gott sendet Menschen als Erlöser seines Volkes s), weil er selbst als Urheber alles Heils der ewige Erlöser-Gott ist t). So sieht auch das NT Jesus als Erlöser ganz im atl Sinn, er wird sein Volk erlösen u) von seinem größten Unheil, von seinen Sünden[7].

Gott, unser Erlöser; Christus, unsere Hoffnung. Rettung (Heil) und Hoffnung gehören unauflöslich zusammen, sie haben in Gott ihren Ursprung. Zwar kennen wir auch hier aus der hellenistischen Umwelt Berichte, welche Heil und Hoffnung ver-

o) Phil 3, 20; Eph 5, 23 vgl. Apg 5, 31
p) II 1, 10 Tit 1, 4;2,13; vgl. 2 Pt 1, 1. 11; 2, 20; 3, 2. 18; 1 Jo 4, 14; Jo 4, 42
q) I 1, 17
r) I 6, 15 vgl. Rö 14, 11; Phil 2, 11; Offb 17, 14; 19, 16
s) Ri 3, 9. 15; 2 Kö 13, 5 Neh 9, 27
t) Jes 45, 21; 62, 11
u) Mt 1, 21. 22

[5] Den Ausdruck „Heiland" (im heutigen Sprachgebrauch abgegriffen und versüßlicht) übersetzen wir mit „Retter". *Soter* = Retter, Befreier, Sieger, Heiland, Erlöser.

[6] So lautet eine Inschrift, die den Geburtstag des Kaisers Augustus feiert: „Die Vorsehung, die über allem im Leben waltet, hat diesen Mann zum Heil aller Menschen mit solchen Gaben erfüllt, daß sie ihn uns und den kommenden Geschlechtern als *Heiland* gesandt hat. Der Geburtstag des Gottes war für die Welt der Anfang jener Dinge, die um seinetwillen frohe Botschaft (wörtlich: Evangelium) sind." Bei H. Lietzmann, Der Welt Heiland.

[7] Das blasse Wort „Hilfe" bedeutet in den Psalmen überall: Heil, Rettung, Erlösung. „Zu Gott allein ist stille meine Seele, von ihm kommt meine Erlösung. Nur er ist mein Fels und meine Erlösung ... bei Gott ruht meine Erlösung und meine Herrlichkeit": Ps 62, 1. 2. 6. 7; ebenso: 3, 8; 9, 14; 13, 5; 14, 7; 20, 5; 21, 1. 5; 22, 1; 35, 3. 9; 37, 39. 40; 38, 22; 40, 10. 16; 51, 14; 67, 2; 68, 19. 20; 78, 22; 89, 26; 91, 16; 98, 1—3; 106, 4; 116, 13; 118, 14. 15. 21; 144, 10; 146, 3; erlösen: Ps 3, 7; 6, 4; 22, 21; 28, 9; 34, 6. 18; 69, 1; etc.. Erlöser: Ps 18, 41; 106, 21; Jes 12, 2; Jer 14, 8; Hos 13, 4; Sach 9,9.

binden[8], doch gilt es wieder, den starken atl. Hintergrund nicht zu vergessen: „Glückselig der, dessen Heil der Gott Jakobs ist, dessen Hoffnung der Herr, sein Gott ist v)." Auch in andern paulinischen Episteln stehen Heil und Hoffnung zusammen w).

v) Ps 146, 5; 39, 7. 8; 71, 2—4. 5. 12; 119, 116. 117
w) 1 Th 5, 8; 2 Ko 1, 10; Rö 8, 24
x) Kol 1, 27

Christus ist Grund und Ziel aller Hoffnung. Es ist dies eine „Hoffnung auf die Herrlichkeit" x), die weit über die irdischen Vorstellungen eines persönlichen glücklichen Lebens oder eines goldenen Zeitalters hinausgeht. Der alternde, von Gefängnis und Tod bedrohte Apostel betont in allen drei Briefanfängen der Past den mit Gewißheit erfüllten Ausblick in die Zukunft Gottes[9]. In der Vergangenheit hat Christus den Paulus zum Apostel bestellt, jetzt in der Gegenwart ist er der Herr, in dem Gott Gnade, Barmherzigkeit, Frieden schenkt, in der Zukunft wird „Christus unsere Hoffnung"[10] das Reich Gottes in Herrlichkeit eröffnen. So ist schon der erste Vers dieses Briefes ausgerichtet auf die endzeitliche Vollendung in Christus Jesus[11].

y) 1, 18; II 1, 2; 2, 1

An Timotheus, mein echtes Kind y) **im Glauben.** Der Apostel, der sich in wenigen, aber gewichtigen Worten vorgestellt hat, wendet sich jetzt an den Adressaten. Der sonst üblichen Erwähnung des bloßen Namens fügt er einen Ausdruck persönlicher und herzlicher Beziehung hinzu. Im NT ist das geistliche Leben oft im Gleichnis von Zeugung, Geburt und Wachstum dargestellt. Der wirklich an Jesus Glaubende nimmt ihn auf und wird ein Kind Gottes. Er ist nicht aus Fleisch und Blut, nicht aus dem Willen eines Mannes, sondern aus Gott gezeugt. Erst die Geburt aus dem Geist öffnet den Weg ins Reich Gottes z). Die Gläubiggewordenen sind wie neugeborene Kindlein, die nach Milch verlangen für ihr Wachstum a).

z) Jo 1, 12—13; 3, 3. 5. 6. 8; 1 Jo 3, 9; vgl. Tit 3, 5; 1 Pt 1, 3
a) 1 Pt 2, 2

[8] Eine Tafel mit der folgenden Inschrift ist bekannt: „Väterlicher Zeus und Heiland des ganzen Menschengeschlechts ... die Erde und das Meer sind in Frieden ... die Menschheit ist erfüllt mit göttlicher Hoffnung auf die Zukunft ..." (Inscr. Brit. Mus. N 894; zit. A. Festugière, L'Idéal religieux des Grecs et l'Evangile, S. 8). Vgl. dazu Jer 29, 11: „Ich weiß die Gedanken, die ich über euch denke, spricht der Herr, Gedanken des *Friedens* und nicht zum Unglück, um euch *Zukunft* und Hoffnung zu gewähren" (Jer 17, 13. 14).

[9] Charakteristisch für P ist die Variation des gleichen Themas: Christus Jesus unsere Hoffnung, I 1, 1; Verheißung des ewigen Lebens in Christus Jesus, II 1, 1; Hoffnung des ewigen Lebens, Tit 1, 2.

[10] Der Ausdruck erscheint nur hier im NT; vielleicht schon früh liturgisch geprägt sind Gesänge und Gebete der Gemeinde. Die Feier des Abendmahls, die Gegenwart des Herrn, stand immer im Zeichen der eschatologischen, d. h. der auf die endzeitliche Erfüllung ausgerichteten Erwartung.

[11] Die verschiedene Reihenfolge von „Jesus Christus" und „Christus Jesus" ist oft ohne Bedeutungsunterschied angewendet, doch siehe Anm. 1!

Vor allem bei Paulus häufen sich die Bilder aus diesem Anschauungskreis: Die Christen in Korinth sind seine „geliebten Kinder“, auch den Timotheus nennt er im ersten Brief an die Korinther „mein geliebtes und treues Kind“ b). Er ist nicht ihr Zuchtmeister, sondern ihr Vater c); er hat sie in Christus Jesus gezeugt durch das Evangelium[12]. Für die Galater ist er wie eine Mutter, die nochmals unter Geburtswehen leidet, bis die Christusgestalt in ihnen zum Durchbruch gelangt d). Der Gemeinde der Thessalonicher sind Paulus, Silvanus und Timotheus väterlich-mütterlich begegnet e), sie sind liebreich aufgetreten wie eine stillende Mutter, die ihre Kinder hegt, sie haben jeden ermahnt und ermuntert, wie das ein Vater mit seinen Kindern tut[13].

b) 1 Ko 4, 14. 17 vgl. 1 Jo 2 1; 3 Jo 4
c) 1 Ko 4, 15
d) Gal 4, 19
e) 1 Th 2, 7. 11. 12

Paulus versteht sich als Vater nicht nur ganzen Gemeinden gegenüber, sondern wie bei Timotheus, Titus, Onesiphorus f) nennt er auch einzelne Mitarbeiter seine Kinder. Das Verhältnis Meister — Jünger wurde in der zeitgenössischen Umwelt oft mit den Worten Vater — Kind umschrieben. Bei Paulus aber gewinnt diese Beziehung eine neue Bedeutung, denn das Verhältnis Vater — Sohn gründet im „gemeinsamen“ **Glauben** g) an Jesus Christus. So ist Christus Begründer und Garant dieser mitmenschlichen Beziehung.

f) Tit 1, 4 Phlm 10
g) Tit 1, 4

Jesus verwehrt seinen Jüngern, sich Rabbi, Vater oder Lehrer nennen zu lassen h), denn in seiner Person und in seiner Lehre ist ein völlig Neues für alle mitmenschlichen Beziehungen erschienen: In Jesus wird offenbar, was das Verhältnis Vater — Sohn, Sohn — Vater wirklich bedeutet[14]. „Diese Sprache richtet sich ursprünglich nicht gegen die Eitelkeit der jüdischen Gelehrten, sondern regelte die Frage nach der Lehr-

h) Mt 23, 8—10

[12] Anderswo steht das Bild des pflanzlichen Samens im Vordergrund: 1 Ko 3, 6—9; 15, 37. 38; Jo 12, 24; 1 Pt 1, 23—25; Jak 1, 10—11; Ps 90, 5; 103, 15; Jes 40, 6. 7; Mt 13, 24. 38.

[13] Man merkt, daß bei P die Bilder nicht logisch-systematisch geregelt sind, sie sprengen ihren ursprünglichen Bezugsrahmen und verhindern so eine falsche Buchstäblichkeit; sie zwingen vielmehr, auf das Wesentliche zu achten, das damit ausgedrückt werden soll. P ist nicht der einzige „Vater“; auch seine Mitarbeiter Silvanus und Timotheus können in ihrem Dienst an der Gemeinde durchaus stillende Mütter und mahnende Väter sein.

[14] P verbindet „Vater“ mit „Herr“, nicht wie Johannes mit „Sohn“, aber inhaltlich wird dasselbe Grundverhältnis bezeichnet, eine Beziehung von Jesus zu dem Vater, wie sie bis dahin nirgends, weder im A. T. noch in der religiösen Umwelt bekannt war, noch seither bekannt wurde. (Mt 11, 27; Lk 10, 21—24; Jo 1, 14. 18; 3, 35; 5, 19. 20. 23; 6, 57; 8, 16. 28; 10, 15. 17. 30. 38; 12, 50; 13, 1. 3; 14, 9. 10. 11. 13—31; 15, 9; 16, 15. 28. 32; 18, 11; 20, 21; Rö 6, 4; 15, 6; 2 Ko 1, 3; 11, 31; Eph 1, 3; Gal 1, 1; Eph 1, 17; 2, 18; 3, 14; Phil 2, 11; Kol 1, 3; 3, 17).

autorität in der Gemeinde der Jesusjünger: sie geht grundsätzlich nicht von Jesus auf seine Jünger über; die christlichen Lehrer haben vielmehr alle gültige Lehre bleibend als Lehre Jesu zu überliefern"[15]. Diese Beobachtung aus dem Zeugnis der Synoptiker wird für das Verständnis der Past und ihrer Sicht der „Lehre" („den Worten unseres Herrn Jesus Christus" i)) von großer Bedeutung sein, denn die Autorität der Lehre Jesu gehört zusammen mit deren Übermittlung.

i) I 6, 3 etc.

Timotheus sieht in Paulus den, der ihm durch Gottes Gnade Vermittler des Glaubens an Jesus Christus geworden ist.

So sehr der Glaube ganz Gottes Geschenk ist, so sehr hat Gott den Glauben ganz der Weitergabe von Mensch zu Mensch anvertraut. Nur wenn Glaube echte Gabe ist, kann sie die Person zu echter Antwort befähigen, rufen, berufen.

Die Echtheit seiner „Abstammung" von Paulus zeigt Timotheus in der Zuverlässigkeit und Selbstlosigkeit seines Dienstes. Der Sohn war in Wahrheit gleichgesinnt wie sein geistlicher Vater k). Wie ein Kind dem Vater l) hat er seit der ersten Missionsreise zusammen mit Paulus am Evangelium gedient[16].

k) Phil 2, 20—21
l) Phil 2, 22

Gemeinsamer Glaube und Dienst hat die beiden „verwandtschaftlich" verbunden, mehr als menschliche Zuneigung aufgrund von Charakterähnlichkeit oder gemeinsamem Verhalten. Und doch trägt die Beziehung der beiden das Zeichen menschlicher Freundschaft im schönsten Sinn, auch wenn es die eines Älteren mit einem Jüngeren ist. Zwar sind auch Titus und Onesimus und viele andere echte Kinder des Glaubens, doch nur Timotheus ist sein „geliebtes und teures Kind im Herrn" m). Das Lebenselement, in welchem dieses menschliche und herzliche Verhältnis entsteht und besteht, ist der Glaube, der Hoffnungsblick auf den Christus, der ihnen das ewige Leben gibt, die Liebe „im Herrn", in der äußere Unterscheidungen nicht zählen (E 30).

m) II 1, 2
1 Ko 4, 17
Gal 3, 28

Es ist des Nachdenkens wert, daß Paulus seine Mitarbeiter aus den Reihen derer gewinnt, die seine eigenen und echten Kinder im Glauben sind. Wie werden heute Mitarbeiter gewonnen?

[15] U. Wilckens, N. T. zu Mt 23; S. 101, Anm. 4.

[16] Auch wenn in der biologischen Zeugung und Geburt die Eltern ganz beteiligt sind, so geben sie doch gleichzeitig ein „Leben" weiter, das nicht von ihnen selbst stammt; das neue Kind ist ein Individuum, ein „Unteilbares", Unableitbares, das aus einer andern Wirklichkeit wurde und das über sich selbst und seine Eltern hinauswächst.

2. Gruß

1. Timotheus 1, 2b

Gnade, Barmherzigkeit, Friede. Der dreigliedrige Gruß findet sich nur in den beiden Briefen an Timotheus, während Paulus sonst immer „Gnade und Friede von Gott" dem Leser zuspricht[17]. Der dreifache Gruß war in den kleinasiatischen Gemeinden üblich n). Der besondere Grund, warum Paulus **Barmherzigkeit** zufügt, kann im Apostel selbst, aber auch im Empfänger der Briefe gesehen werden: Paulus steht am Ende eines langen Lebens und erkennt, wie sehr Gottes Barmherzigkeit von Anfang an mit ihm war, da sie ihn, den größten Rebellen, überwand und in den Dienst stellte o). Er rechnet aber auch mit dem nahe bevorstehenden Ende, wo er ganz auf die Barmherzigkeit seines Herrn angewiesen sein wird p). Timotheus aber wird bald allein dastehen, ohne seinen väterlichen Freund. Kränklich wie er ist, anhänglich an seinen geistlichen Vater, besonderen Versuchungen, Widerständen und Kämpfen ausgesetzt als Lehrer des Evangeliums, sagt ihm Paulus: Gott lasse dir Barmherzigkeit zukommen, wie ich es von Anfang an bis zu dieser Stunde in allen Nöten erfahren habe q).

n) 2 Jo 3 Gal 6, 16
o) I 1, 13. 16 Tit 3, 5
p) II 4, 6—8. 17; 1, 16. 18
q) II 1, 16—18 Rö 12, 1; 2 Ko 1, 3 Phil 2, 1

Gnade in ihrer reichen Fülle, strahlend wie ein Diamant, bedeutet sowohl Liebenswürdigkeit, Schönheit[18] wie auch Huld, Gunst, Zuneigung, sodann freie Herablassung, die ein Untertan erfährt, wenn er seinem König naht r), und dann daraus hervorgehend die Gabe, das Geschenk, aus einer gnädigen Gesinnung gegeben s), und schließlich die Dankbarkeit für die empfangene Gabe t).

r) Rö 5, 2; Hb 4, 16
s) 2 Ko 1, 15
t) 2 Ko 9, 8. 14. 15

In dieser göttlichen Gnade soll Timotheus gestärkt werden u), aus ihrem unerschöpflichen Quell leben.

u) II 2, 1

Die **Barmherzigkeit** erscheint in diesem Gnadenlicht als die vergebende v) und mit unerhörter Langmut tragende Geduld und Huld Gottes, die unsere Schwachheit und Gebrechlichkeit kennt und die den Sünder von seinen Verfehlungen reinigt.

v) Tit 3, 5

Im Judentum gehörte „Barmherzigkeit" zu einer Grußformel, wie das noch aus Gal 6, 16 ersichtlich ist, wo ebenfalls wie hier Barmherzigkeit und Friede zusammenstehen w).

w) Jud 2

[17] Es ist schwer einzusehen, warum ein P-P diesen sonst durchaus gleichbleibenden Gruß bei P gerade in I und II durchbrechen soll, wenn er möglichst große Ähnlichkeit zu P herstellen will. Bei Tit fehlt „Barmherzigkeit"! Spätere Abschreiber allerdings meinten, das Wort dort auch einfügen zu müssen (siehe Anhang 1 Seite 214).

[18] *charis; la grace, le charme* (von gr. *charisma),* davon d. graziös, charmant; so Eph 4, 29; Kol 4. 6.

Friede, ebenfalls ein jüdischer Gruß, hat ursprünglich den Sinn „vollständig, heil sein", von da abgeleitet Glück, Gesundheit, Gedeihen, Wohlfahrt. Im NT wird Friede zu jener allen Verstand übersteigenden, alle seelischen Fähigkeiten und Begrenzungen überhöhenden Stille des inneren Menschen, der mit Gott versöhnt ist durch Jesus Christus. Die Urchristenheit bekennt: „Er ist unser Friede!" x)

x) Eph 2, 14; Rö 5, 1. 10; Phil 4, 7. 9; Kol 1, 20; 3, 15; 1 Pt 5, 14; Rö 15, 33; 16, 20; 2 Ko 13, 11; 1 Th 5, 23; 2 Th 3, 16; Hb 13, 20

Gnade, Barmherzigkeit, Friede sei mit dir! Dieser Gruß ist nicht eine Formel der Gewohnheit, nicht ein bloßer frommer Wunsch. Das sind vielmehr die wahren Gegebenheiten, die dem Empfänger von Gott aus zugesprochen werden. Sie stammen nicht aus den Wünschen und Absichten des Paulus, sie haben ihre Quelle in **Gott, dem Vater,** und ihren Mittler in **Christus Jesus, unserem Herrn.** In ihm, dem Vater und dem Sohn gleicherweise, sind Paulus und Timotheus, Paulus und alle, die Timotheus aufgrund dieses Briefes ansprechen wird, verbunden. Darum schreibt er dreimal: Gott, unser Erlöser, Christus, unsere Hoffnung, Jesus unser Herr[19].

Paulus hat die üblichen Briefanfänge seiner Zeit übernommen und sie zu einem segnenden Zuspruch an seine Empfänger umgestaltet, er hat sie im wahrsten Sinn in Gebet verwandelt[20].

[19] Vgl. 1 Jo 1, 3: „Dies schreiben wir euch, damit auch ihr mit uns Gemeinschaft habt, und zwar ist unsere Gemeinschaft mit dem Vater und mit seinem Sohne Jesus Christus."
[20] Siehe Anhang, 1: Die Grußformeln in den paulinischen Briefen (A 1).

Der Brieftext

1. Timotheus 1, 3—6, 19

I. Teil: DAS LEBEN DER GEMEINDE IM EVANGELIUM

1. Timotheus 1, 3—4, 11

A. DIE BEDROHUNG DER GEMEINDE

1. Der Irrtum der Gesetzeslehrer

1. Timotheus 1, 3—7

3 Wie ich dich gebeten habe, in Ephesus zu bleiben, als ich
nach Mazedonien abreiste, damit du gewissen Leuten a) **ge-**
4 bieten solltest, nicht andere b) **Lehren zu verbreiten** c), *
noch auf Fabeln d) **und endlose Geschlechtsregister** e) **zu**
achten, die eher zu Streitfragen führen als zur Haushalter-
5 **schaft** f) **Gottes im Glauben** —* **das Endziel des Gebotes aber**
ist Liebe aus reinem Herzen und gutem Gewissen g) **und unge-**
6 heucheltem Glauben. h) * **Davon sind gewisse Leute abgeirrt**
7 und haben sich leerem Gerede zugewandt. * **Sie wollen als**
Gesetzeslehrer gelten, verstehen aber nicht, was sie reden
und behaupten.

a) 1, 6. 19; 4, 1; 5, 15. 24 6, 10. 21; II 2, 18
b) Gal 1, 6;
c) 2 Ko 11, 4
d) 4, 7; II 4, 4 Tit 1, 14
e) Tit 3, 9
f) Eph 1, 10; 3, 2. 9 Kol 1, 25
g) 1, 19; 3, 9; 4, 2 II 1, 3; Tit 1, 15
h) II 1, 5; 2 Ko 6, 6; Rö 12, 9
i) II 4, 3; Rö 2, 20
k) z. B. Rö 11, 17 f; Gal 3, 6 f; Eph 3, 1—14

Paulus eröffnet ohne die sonst übliche Einführung[21] direkt das Thema: Die Gemeinde Gottes ist bedroht durch falsche Lehrer. Den Satz, den er zu diktieren begann, hat er nicht vollendet, wie das auch in seinen andern Episteln für ihn typisch ist k). Man muß den Satz etwa so ergänzen: Wie ich dich damals mündlich bat, so tue ich es auch jetzt schriftlich noch einmal. Paulus bittet[22] seinen besten Mitarbeiter inständig,

[21] Siehe II 1, 3—14.
[22] *parakaleo:* je nach Zusammenhang aufrufen, auffordern, ermahnen, anrufen, bitten, ersuchen, dringend bitten, gut zureden (2, 1; 6, 2; II 4, 2; Tit 1, 9; 2, 15). Sehr auf-

sich der schweren Aufgabe in Ephesus nicht zu entziehen, sondern dort standhaft auszuhalten[23] und seinen Auftrag auszurichten.

Paulus ist unterwegs nach Mazedonien und veranlaßt Timotheus, in Ephesus zu bleiben — eine ähnliche Situation wie bei Titus l). Die Aussage setzt nicht voraus, daß Paulus selbst eben in Ephesus gewesen ist[24] (E 28). Zwar beschreibt Apg 19, wie Paulus nach einem langen Aufenthalt in Ephesus nach Mazedonien abreist. Damals war Timotheus mit ihm auf der Reise m); jetzt aber (V. 3) soll er ausdrücklich in Ephesus bleiben.

l) Tit 1, 5

m) 2 Ko 1, 1

Die Gemeinde ist gefährdet durch den Einfluß der Irrlehrer. Die Aufforderung zum treuen Verharren in Ephesus läßt ein zögerndes Verhalten des Mitarbeiters vermuten oder das starke Verlangen, mit Paulus zusammen zu reisen. Aber Timotheus soll nicht nur ausharren, sondern ausrichten, wozu er berufen ist. Er soll denen[25] gebietend[26] entgegentreten, die **andere Lehren[27] verbreiten.**

Diese Leute lehren ein anderes Evangelium n), was nicht unbedingt heißen muß, daß sie gegen das Evangelium lehren! Sie verkünden etwas anderes als das Evangelium, und sie

n) Gal 1, 6. 8

schlußreich für das Verständnis dieses Wortes ist 5, 1: Ein älterer Mann soll nicht hart angefahren, sondern ermahnt *(parakaleo)* werden, als ob es der eigene Vater wäre. Das Ermahnen soll mit Autorität und nicht ohne Ehrerbietung gegenüber dem Anvertrauten geschehen, aber ohne Härte oder falsche Strenge oder gar Überheblichkeit. Liebe ist mit Wahrheit verbunden; das Sachliche gehört mit dem Persönlichen zusammen.

23 Das starke Wort für „bleiben" kommt bei P nur hier und 5, 5 im Sinne eines standhaften Ausharrens vor; sonst noch bei Lukas: Apg 11, 23; 13, 43.

24 Wörtlich übersetzt: Wie ich unterwegs war nach Mazedonien. II 4, 20 legt die Annahme nahe, daß er Milet als Ausgangspunkt seiner Reise genommen hatte.

25 Gewisse Leute, buchstäblich übersetzt: etliche; gemeint sind die Irrlehrer, aber auch oft ihre Anhänger: 1, 6 etc.; vgl. 1 Ko 4, 18; 2 Ko 10, 2; Gal 1, 7; Phil 1, 15; Rö 3, 8; 2 Th 3, 11.

26 *parangello* ist ein stärkerer Ausdruck als *parakaleo;* er stammt aus der Militärwelt und kann folgende Bedeutungen annehmen: anweisen, anordnen, auffordern, befehlen, einschärfen, gebieten. Vgl. den Frühgebrauch des Wortes bei P in 1 Th 4, 2; für Jesus: Mt 15, 35. Die Vollmacht des Apostels und seiner Mitarbeiter steht bei ihrem Herrn, da er die wahre Autorität ist. Das aus der Autorität Jesu stammende Gebieten drückt endzeitliches Heilsgeschehen aus; dadurch stehen die Past schon von Anfang in eschatologischer Ausrichtung: 1, 3; 4, 11; 5, 7; 6, 13; als Hauptwort: 1, 5. 18.

27 Andere Lehren: im Urtext ein einziges Verb, das P selbständig gebildet hat, wobei die Vorsilbe abschätzige Bedeutung hat: *heterodidaskaleo* (ebenso 6, 3); falschlehren, wie falschreden („afterreden"), Falschmünzer.

verkünden es anders. Die Fabeln[28] und die Geschlechtsregister[29] sind nicht das Evangelium. Die Art und Weise, wie diese Lehrer das Gesetz lehren, ist anders, als es das Evangelium erfordert. Beides ist nicht evangeliumsgemäße Verkündigung. Diese Lehren führen am Ziel vorbei in die Irre. Sie bauen nicht auf, sie fördern nicht, sondern sie zerstören. Das kann sowohl den Urhebern wie auch den Zuhörern und Anhängern lange verborgen sein. Die zerstörende Wirkung ist heimlich und schleichend und greift langsam um sich wie ein Krebsgeschwür o). Darum muß ihr offen und mit der Autorität des Herrn entgegengetreten werden.

o) 6, 4; II 2, 14. 17

Noch befinden sich die Irrlehrer innerhalb der Gemeinden, und die Ansätze der fremden Lehren haben sich noch nicht zu dem ausgewachsen, was man später unter dem Namen „Gnosis" zusammenfassen und als eine der ernsthaftesten Gefahren für das Christentum erkennen und bekämpfen wird.

Grundsätzlich gemeinsam ist allen Irrlehren, daß sie leere Diskussionen und Streit um Worte hervorrufen und vermehren und so den Glauben unsicher machen, weil sie vom Hauptziel ablenken. Die Irrlehrer sind untreue Haushalter p), denn sie fördern nicht **die Haushalterschaft Gottes im Glauben**[30]. Der Ausdruck bedeutet einerseits Gottes Heilsplan, sein göttliches Handeln in der menschlichen Geschichte; anderseits ist damit der seinen Knechten anvertraute Verwalterdienst gemeint und in dieser umfassenden Weite ein zentral paulinischer Gedanke q). Dieser Heilswille Gottes verwirklicht sich nicht in müßigen Spekulationen, sondern nur durch den persönlichen Glauben[31]. Das **Endziel aber des Gebotes** (verstan-

p) Lk 16, 2—4; Tit 1, 7

q) 1 Ko 4, 1; 9, 17 Eph 1, 10; 3, 2. 9 Kol 1, 25

[28] Fabeln = *mythoi*, davon Mythen, Mythos, mythologisch; I 4, 7; Tit 1, 14; II 4, 4; vgl. 2 Pt 1, 16.

[29] „endlos" kann auch übersetzt werden mit „ohne Abschluß"; uferlos.

[30] *oikonomia theou* ist verschiedenartig übersetzt worden: die göttliche Ordnung, welche zum Glauben gehört (Moffath); göttliche Erbauung im Glauben *(Guthrie);* gottgewollter Verwalterdienst im Glauben (Brandt); Haushalteramt Gottes, das im Glauben geschieht (Schlatter); göttliche Heilserziehung durch den Glauben (Jeremias); in der gläubigen Annahme des Heilsplanes Gottes bestärken (Wilckens).

[31] Gemeint ist hier nicht Glaube als „Traditionsgut" oder „Glaubensregel". „Das Geschenk erfordert als Gegensetzung nicht ein konventionelles oder amtliches, normiertes Christentum — es wäre ein schwacher Gegner! —, sondern Heilserziehung im persönlichen Glauben" (Holtz 36). Durch die Spekulationen bekam die Gemeinde „Anlaß zu Erörterungen und Disputationen, aber keine Gewißheit. Das gab diesen von der Wahrheit losgebundenen Betrachtungen einen gefährlichen Reiz" (Schlatter).

den als göttliches Heilswirken, menschliche Verkündigung und entschiedenes Auftreten gegen Irrlehren) **ist die Liebe.** Timotheus soll dieses Ziel für sich selbst nicht aus den Augen verlieren, damit er sich nicht in Streitereien hineinreißen läßt, und er soll dieses Ziel der Liebe den „gewissen Leuten" und ihren Anhängern wie auch der ganzen Gemeinde einprägen. Alles Lehren, Wissen und Glauben, das sich nicht auf die Liebe als klares Ziel hin orientiert, führt auf Abwege. Damit befinden wir uns ganz in der „Mitte" der paulinischen
r) 1 Th 3, 12 Botschaft r). Die Liebe ist nicht ein verschwommenes Gefühl
Gal 5, 6; oder eine vorübergehende gute Empfindung, sondern sie ist
Rö 13, 10; Gesinnung, die zur Tat führt, eine Wesensrichtung, die zum
1 Ko 13; Gehorsam führt, die Wirklichkeit des Lebens aus Gott, die
Phil 1, 9; Eph 5, 1 f den Menschen verwandelt. Sie gewinnt im Menschen Gestalt
5 **aus reinem Herzen, gutem Gewissen und aufrichtigem Glauben.**
„Schaffe in mir, o Gott, ein reines Herz" ist die inständige Bitte
s) Ps 51, 12 des Glaubenden im AT s). Jesus verheißt denen, die reines
t) Mt 5, 8; 1 Jo 3, 2. 3 Herzens sind, daß sie Gott schauen werden t).

Der ursprüngliche Sinn der Herzensreinheit meint im AT die ungeteilte Wesens- und Willensrichtung des Menschen auf Gott hin. Der von Sünde gereinigte Mensch ist derjenige, welcher ohne Vorbehalt auf Gott ausgerichtet ist. Gott selber muß die dem Menschen unbekannten Strömungen des Herzens in der Tiefe erforschen und ausrichten, denn „das Herz" umfaßt
u) Ps 139, 1. 23. 24 auch die unbewußten Wünsche und Ängste des Menschen u).
Jer 17, 9. 10. 14 Durch den Gehorsam gegen die Wahrheit wird das Innere gereinigt und so zu brennender Liebe aus reinem Herzen fähig
v) 1 Pt 1, 22 v); in der echten Liebe ist Wärme des echten Gefühls mit Reinheit der Motive, d. h. der „Beweg-Gründe" verbunden. Geheuchelte Liebe ist unkeusch, unlauter, weil absichtlich:
w) Rö 12, 9 „durch Liebe" soll etwas bezweckt werden w). Es ist Liebe aus Vorwand. So kann denn auch die geheuchelte Liebe nur falsche „Wärme" erzeugen. Darum ist keine aufbauende Gemeinschaft der Liebe möglich, ohne daß ständig Mißverständnisse, Vorbehalte, Rücksichtslosigkeiten und Sünden gegenseitig
x) 1 Jo 1, 7—9 bereinigt, bekannt und vergeben werden x).

Wenn Paulus zu der dreifachen Quelle wahrer Liebe das **gute Gewissen** zählt, so fügt er hier keine neue Lehre hinzu[32].

[32] *syneidesis,* Gewissen: eigentlich Mit-wissen; von den 20 Stellen, in denen das Wort „Gewissen" vorkommt, gehören 14 zu den Episteln an die Römer und die Korinther! Sie haben

Das Gewissen kann nur dann recht urteilen, wenn es vom Glauben erleuchtet ist[33]; es kann nur dann rein sein, wenn es durch den Glauben gereinigt wird vom Sündenbewußtsein y). Das Gewissen wird durch den Glauben rein, und der Glaube kann nur durch ein gutes Gewissen bewahrt werden z). Die bösen Werke, mit denen ein Mensch Gott verleugnet, sind Folge seines befleckten Gewissens, und dieses stammt aus einer befleckten Gesinnung a); in diesem Zustand ist der Glaube nicht mehr **ungeheuchelt**[34]. Während einer mit dem Bekenntnis des Mundes vorgibt, Gott zu kennen, verneint er ihn im praktischen Verhalten.

y) Apg 15, 9; Hb 9, 14; 10, 2
z) I 1, 19; 3, 9
a) Tit 1, 15. 16

Die Adjektive rein, gut, ungeheuchelt sind eigentlich austauschbar, denn sie meinen dasselbe: die echte und lautere Gesinnung des ganzen Menschen in Gedanken, Worten und Taten. Indem Gott ein neues Herz schafft, will er durch seinen Geist diese lautere Gesinnung neu schaffen und auf die Fülle und das Endziel alles Lebens ausrichten: Liebe aus der Wahrheit Gottes, Liebe zur Wahrheit durch den neuen Menschen (E 31g), als Grund der Glaube, als Ziel die Liebe[35].

Indem Paulus die Liebe aus ihrer dreifachen Quelle be- 6
schreibt, trifft er damit zugleich das Wesen der Irrlehrer genau und deckt den Anfang ihres Abirrens auf[36]. Weil sie von diesem Ziel, wahrscheinlich zuerst unmerklich und langsam,

dort die Bedeutung je nach Zusammenhang von Bewußtsein, Sündenbewußtsein, Licht, Gesetzgeber, Zeuge, Richter. Das Gewissen beurteilt oder verurteilt (oft gleichzeitig) das Tun oder Lassen des Menschen nach den letzten Beweggründen und Absichten, die dieser Mensch hat. Wenn diese „letzten Absichten" nicht geeicht sind am Willen Gottes, ist das Gewissen gleichsam gewissenlos. Aber „das Evangelium ist das Gewissen des Gewissens" (A. Vinet), denn an ihm wird das Gewissen gemessen und geschult. Ein Gewissen, das nicht weiß, wie es sich entscheiden soll, ist ein schwaches Gewissen (1 Ko 8, 7); es wird zum schlechten Gewissen, wenn Absicht und Verwirklichung in Widerstreit geraten (Rö 14, 22—23). In den Past macht P deutlich, daß das Gewissen nicht eine selbständige Größe ist wie bei den Griechen, sondern daß es nur in Verbindung mit dem Glauben seine gottgewollte Aufgabe erfüllen kann. Doch diese Sicht ist bei P nicht neu, höchstens die Formulierung.

[33] Schon Rö 9, 1 verbindet P das Zeugnis des Gewissens mit dem des Heiligen Geistes; vgl. 8, 16; 2 Ko 4, 2; das „gute Gewissen": Apg 23, 1; 24, 16; Hb 13, 18; 1 Pt 2, 19; 3, 16. 21; in den Past: I 1, 5. 19; 3, 9; 4, 2; II 1, 3; Tit 1, 15.

[34] ungeheuchelt: II 1, 5; vgl. Rö 12, 9; 2 Ko 6, 6; 1 Pt 1, 22; Jak 3, 17.

[35] *fundamentum fides, finis amor* (A. Bengel)

[36] In allen seinen Briefen versteht er es, schon in den einführenden Worten die Bedürfnisse und Mängel der Empfänger vorweg klar und knapp zu erfassen und zu beantworten.

abgeirrt sind, verloren sie Grund und Wirklichkeit des Glaubens in der Liebe und verfielen in **leeres Gerede** und haben sich schließlich **von der heilsamen Lehre** bewußt abgewendet[37].

7 Weil die Abgewichenen das Ziel nicht erreichten, das ihnen Gott gesetzt hat im Glauben, haben sie ihren Willen auf ein neues und eigenes Ziel gerichtet: **Sie wollen als Gesetzeslehrer gelten,** die sich auf ihre Studien stützen und mit ihrer Gelehrsamkeit die verlorene Autorität wieder aufrichten (E 25d). Sie machen viele Worte, ohne eigentlich zu erfassen, worum es geht. Sie wissen nicht, welche Folgen ihre Lehren und Spekulationen haben, d. h. **„sie verstehen nicht, was sie reden und behaupten"** b).

b) Tit 3, 8

2. Die Wahrheit über Gesetz und Evangelium

1. Timotheus 1, 8—11

c) Rö 7, 12.14.16
d) II 2, 5
e) II 4, 3; Tit 1, 9; 2, 1
f) 6, 15

8 Wir wissen aber, daß das Gesetz gut ist c), **wenn man es**
9 gesetzmäßig d) **anwendet, wissend, daß das Gesetz nicht**
für einen Gerechten da ist, wohl aber für Rechtsbrecher
und Aufrührer, Gottlose und Sünder, Frevler und Ge-
10 meine, Vatermörder und Muttermörder, Totschläger, * Un-
züchtige, Knabenschänder, Menschenhändler, Lügner, Mein-
eidige und was sonst der gesunden Lehre e) **entgegen-**
11 steht, * wie es dem Evangelium von der Herrlichkeit des
seligen Gottes f) **entspricht, das mir anvertraut worden ist.**

Was die Gesetzeslehrer nicht verstehen, das weiß der, welcher vom Evangelium erleuchtet ist. **Wir wissen aber, daß das Gesetz gut ist, wenn man es gesetzmäßig anwendet.** (8)

„Wir wissen" ist eine für Paulus typische Redewendung g); in Rö 7, 14. 16 schreibt er: „Wir wissen, daß das Gesetz geistlich ist und gut." Die Gesetzeslehrer haben sich für ihre Menschengebote h) auf das atl Gesetz bezogen und daraus neue

g) Rö 2, 2; 3, 19; 6, 6. 9 1 Ko 8, 1. 4; 2 Ko 5, 1
h) Tit 1, 14

[37] *astocheo:* abirren, das Ziel verfehlen; 6, 21; II 2, 18; *ektrepo:* sich bewußt abwenden und anderem zuwenden; vom Wege abbiegen und ein Nebengeleise wählen; 5, 16; 6, 20; II 4. 4.

Verbote und Gebote abgeleitet i), die aber für Christen keine i) I 4, 3
Gültigkeit mehr haben können[38].

Doch das Gesetz muß gesetzmäßig[39], d. h. seinem Sinn ent-
sprechend angewendet werden; nur der ist ein bewährter Leh-
rer, der das Wort der Wahrheit recht darbietet; der wohl
unterscheidet, wozu und wie es angewendet werden will k). k) II 2, 15

Paulus greift die primäre, auch in der hellenistischen Um- 9
welt allgemein anerkannte Bedeutung des Gesetzes heraus:
Es ist da, um dem Überhandnehmen der Sünde zu wehren.

Das Gesetz ist nicht für Gerechte bestimmt, sondern für Ge-
setzlose l). Das Endziel des Gebotes ist die Liebe, so ist die l) Rö 13, 3. 4
Liebe Summe, Erfüllung und Ende des Gesetzes. Wer liebt,
hat das Gesetz erfüllt. Der Liebende ist der Gerechte, und
wer dem Geist Gottes gehorcht und von ihm sich leiten läßt,
ist nicht unter Gesetz. Wo die Frucht des Geistes reift, kann
das Gesetz keine Werke des Fleisches verurteilen m). m) Rö 13, 8. 10; 10, 4 Gal 5, 18. 22 f

Das Gesetz ist nicht für einen Gerechten da. Der Gerechte
ist hier im allgemeinen Gegensatz zu den Rechtsbrechern und
Aufrührern n) zu sehen. Sie verwerfen jedes Gesetz, ob es n) Tit 1, 6
von Menschen oder von Gott stammt.

Der Gerechte als Gerechtfertigter, wie ihn Paulus im Rö-
merbrief darstellt, ist im Textzusammenhang ebenfalls ange-
sprochen. Dafür gab Paulus eine klare Zusammenfassung in
Vers 5: Die Liebe aus reinem Herzen und gutem Gewissen
kann nur aus dem ungeheuchelten Glauben erwachsen, der in
Christus und nicht im Gesetz seinen Grund hat o). Diese o) vgl. 1, 5 u. II 1, 13
doppelte Sicht hat auch der Römerbrief p); dort ist zuerst die p) Rö 13, 1—7. 8—10
Rede von den staatlichen Gesetzen, dann von den zehn Gebo-
ten[40]. Die **Rechtsbrecher** und **Aufrührer** vergehen sich an den
Gesetzen des Staates, **Gottlose und Sünder** hingegen sind Men-
schen in Rebellion gegen die göttliche Autorität selbst. „Die
Gesinnung des Fleisches ist Feindschaft gegen Gott, denn sie
ist dem Gesetz Gottes nicht untertan, denn sie vermag es
auch nicht q).“ Der Gerechte ist derjenige, den Gott mit sich q) Rö 8, 7
selbst in das rechte Verhältnis gebracht hat, während der Un-
gerechte sich gegen Gottes Recht auflehnt. **Frevler und Ge-**

[38] Man vergleiche damit die Diskussion im Galaterbrief, wo das Gebot der Beschneidung zur Diskussion stand.

[39] Die Übersetzung berücksichtigt das Substantiv und Adverb aus dem gleichen Wortstamm: *nomos* = Gesetz; *nomimos* (adv) = gesetzmäßig, ordentlich, sinngemäß.

[40] Luther unterscheidet den politischen Gebrauch des Gesetzes durch die Obrigkeit und den geistlichen Gebrauch, da Gott den Menschen von seiner Sündhaftigkeit überführt. A 2)

meine: die innere Rebellion führt zu ruchlosem und alle Schranken niederreißendem[41] Handeln und Verhalten. Man kann die drei bisherigen Wortpaare als gegen Gott gerichtete Vergehen sehen, wie sie im ersten Teil der zehn Gebote aufgezählt sind. (Nach der sogenannten „reformierten" Zählung der zehn Gebote, wie sie im Judentum zur Zeit Jesu üblich war.)

r) 2 Mo 21, 15
s) 2 Mo 20, 13
t) 2 Mo 21, 3; 5 Mo 24, 7

Die **Vatermörder und Muttermörder** r) beziehen sich auf das fünfte Gebot, die **Totschläger** s) auf das sechste, die **Unzüchtigen und Knabenschänder** auf das siebente[42]; **Menschenhändler** auf das achte Gebot. Sklavenhändler wurden sowohl durch das mosaische Gesetz t) wie auch durch die griechische Gesetzgebung[43] mit dem Tode bestraft. **Lügner und Meineidige** haben Bezug auf das neunte Gebot. Paulus führt in seinem „Lasterkatalog"[44] anhand der zehn Gebote die äußersten Grenzen menschlicher Verfehlung auf, um an ihnen die notwendige Wirkung des Gesetzes deutlich zu machen. Doch werden hier nicht einfach theoretische Überlegungen an praktisch und notwendig scheinenden Aufzählungen vorgenommen. Diese Laster haben in Ephesus wirklich geherrscht, genauso wie auch die internationale Hafenstadt Korinth davon erfüllt war[45].

u) vgl. Rö 13, 9; Gal 5, 21

Und was sonst der gesunden Lehre entgegensteht u): Mit dieser Wendung sind alle andern Sünden eingeschlossen, ob offenbar oder verborgen, schnell oder langsam wirkend in ihrer Zerstörung, groß oder klein im Urteil der Gesellschaft[46].

Zugleich gibt Paulus den allgemein gültigen Maßstab bekannt, an welchem Sünde erkannt und gemessen werden kann: **Wie es dem Evangelium von der Herrlichkeit des seligen**

[41] Wörtlich: *profan*, so nur noch Hb 12, 16. Andere Übersetzung: „Menschen ohne Religion und Frömmigkeit".

[42] Apollonios von Tyana reiste nur wenige Jahre vorher durch Ephesus und erklärte, er habe die Stadt voll gefunden mit Androgynen (wörtlich „Zwitter", ein Deckname für Homosexuelle).

[43] Plato, Republ. I, 344.

[44] Die sogenannten Lasterkataloge sind typisch für Paulus: Rö 1, 28—32; 13, 13; 1 Ko 5, 10—11; 6, 9—10; 2 Ko 12, 20—21; Gal 5, 19—21; Eph 4, 31; 5, 3—5; Kol 3, 5—8. Im ganzen NT lassen sich 21 „Kataloge" aufweisen; in den Past sind deren 4: I 1, 9-10; 6, 4—5; II 3, 2—5; Tit 3, 3. Diese 4 Listen zählen 28 verschiedene Sünden auf.

[45] In 1 Ko 6, 11 fügt P nach der Aufzählung hinzu: „Und solche sind euer etliche gewesen." Das ist konkret genug gesagt.

[46] Eine ähnliche Wendung von den „groben Lastern" zu den „feinen" und ganz persönlichen Verfehlungen vollzieht P in Rö 1, 24—32; vgl. 2, 1—3. Wer die öffentliche Sünde selbstgerecht verurteilt, bekennt damit, daß er wohl weiß, was recht ist und was nicht. Er wüßte aber den Unterschied von gut und böse nicht, wenn er nicht selbst das Böse getan hätte, in welcher Form auch immer.

Gottes entspricht. Was dem widerspricht, was nicht in Einklang damit steht, ist Sünde. Sünde kann als psychologische oder soziologische Größe gar nicht erkannt werden. Allein der offenbarte Wille Gottes, die gesunde Lehre, ist ihr Maßstab.

Lehre (didaskalia, davon unser Wort Didaktik) kann die Tätigkeit des Belehrens bedeuten v), die Ganzheit der Lehre im objektiven Sinn, den Lehrinhalt und die Lebensregel w) für den Glauben[47]. **Gesund (hygiainousa,** davon unser Wort Hygiene) bedeutet im griechischen Sprachgebrauch vernünftig, genau, richtig und nimmt bei Paulus den Doppelsinn an von sittlich gesund und geistlich heilsam. Das Wort kommt nur in den Past vor x); gesunde Worte y), gesund im Glauben z); so auch im AT und NT a).

v) 4, 1. 13—16; 5, 17; II 3, 16; Tit 2, 7
w) 4, 6; 6, 1—3; II 3, 10; 4, 3; Tit 1, 9; 2, 1—10
x) 1, 10; II 4, 3; Tit 1, 9; 2, 1
y) 6, 3; II 1, 13
z) Tit 1, 13; 2, 2
a) Jes 1, 5; Jer 8, 18; Mt 9, 12

Die Lehre ist wie eine gesundmachende und gesunderhaltende Lebensweise b). Wer die **gesunde Lehre** in sich aufnimmt, wird geheilt und bewahrt vor der „kränkenden" Irrlehre und den daraus entstehenden Sünden, die wie ein Krebsgeschwür den Menschen unmerklich und allmählich zerstören c). Die reine Lehre, der ein Mensch von Herzen gehorsam wird d), bringt ein reines Leben hervor. Paulus kann gegenüber der heidnischen Religiosität nicht genug betonen, daß „Religion" und Sittlichkeit untrennbar zusammengehören e). Das Geheimnis des Glaubens kann nur in einem reinen Gewissen (im übertragenen Sinn auch Lebenswandel) bewahrt werden, das reine Gewissen wird nur in einem ungeheuchelten Glauben erhalten und erneuert.

b) 1 Pt 2, 1
c) I 6, 4; II 2, 17
d) Rö 6, 17. 18
e) Tit 1, 13—16; I 6, 4

Diese Gewißheit hat Paulus auch sonst zum Ausdruck gebracht, aber sie erhält in den Past eine ganz besondere Betonung: Der Apostel entfaltet hier nicht die grundlegende Lehre, er setzt sie als gegeben und bekannt voraus, er faßt sie aber in prägnanten Formeln neu zusammen und legt dabei alles Gewicht auf deren praktische Auswirkungen. Von den ersten Anfängen der Erlösung führt der Weg zur beharrlichen Ausgestaltung des Glaubens in der alltäglichen Treue im Kleinen. Man sollte darin nicht eine „Verbürgerlichung" des Evangeliums sehen, sondern eine notwendige Folge des Gehorsams f), wie sie sich im Lebenslauf eines jeden Christen und in der Geschichte der Gemeinde Jesu zeigen muß g).

f) Phil 2, 12
g) Rö 1, 17

Aber auch dies ist zu bedenken: Wo der Glaube entsteht

[47] Nur P verwendet dieses Wort, 15mal in den Past und 4mal in den übrigen Episteln: Rö 12, 7; 15, 4; Eph 4, 14; Kol 2, 22.

und wächst, da ruft er Widerstand hervor, da regen sich die Mächte der Bosheit umso stärker. Die aufgezählten Laster sind nicht nur vor der Tür der Gemeinde, sie regen sich überall. Es hat den Anschein, als ob die Past auf dem Hintergrund eines Einbruchs von Gesetzlosigkeit, Verwahrlosung und Verwirrung in Gesellschaft und Kirche geschrieben seien.

11 Gegen diese Krankheiten und Zwänge des sozialen Gefüges ist nur das Heilkraut der gesunden Lehre gewachsen: das **Evangelium von der Herrlichkeit des seligen Gottes,** damals wie heute. Auch in 2 Ko 4, 4 schreibt Paulus vom „Evangelium der Herrlichkeit". Das Evangelium hat als Inhalt die Herrlichkeit Gottes, wie sie in Jesus Christus aufleuchtet und offenbar wird. Das Evangelium stammt nicht von Menschen, sondern aus der göttlichen Sphäre seiner Herrlichkeit, seines überirdischen Lichtglanzes.

Das G e s e t z offenbart den Zorn Gottes als seine vergeltende Gerechtigkeit; das E v a n g e l i u m offenbart die Herrlichkeit Gottes als seine versöhnende Gerechtigkeit, da er dem Sünder Anteil gibt an Christus und damit an Gottes eigener Seligkeit[48].

h) nur noch 6, 15

Der selige Gott h) ist der im Reichtum seiner eigenen Vollkommenheit in überirdischer Freude ruhende und wirkende Gott.

Während im Sprachgebrauch der Umwelt die siegreichen Herrscher und Diktatoren „selig" genannt werden, gibt Paulus zu verstehen, daß einzig Gott der alle Feindschaft Überwindende und darum Selige ist, ohne den kein Geschöpf wahrhaft selig sein kann. Denen, die sich von ihrer Armseligkeit i) überführen lassen, spricht Jesus beseligendes Teilhaben am Reich Gottes zu[49].

i) Mt 5, 3 f

Das Evangelium als die vom Gesetz befreiende Kraft Gottes, als Urgrund und Ziel ewiger Freude, so bekennt Paulus: **ist mir anvertraut worden.** Die Passivform der Aussage besagt, daß Gott der ist, welcher ihn mit dem Evangelium beauftragt und betraut hat. Die Zeitform (Aorist) weist auf das einmalige Geschehen in der Vergangenheit hin, da der von Gott Gerufene der göttlichen Berufung gehorchte. Damit bringt Paulus seinen Gedankengang zu einem ersten Abschluß und weist gleichzeitig auf den folgenden Abschnitt hin.

[48] s. Anhang 2: Gesetz und Evangelium.

[49] Die sog. Seligpreisungen der Bergpredigt haben dasselbe Wort wie I 1, 11 und 6, 15: *makarios*

B. DER WEG ZUR BEFREIUNG DER GEMEINDE

1. Timotheus 1, 12—4, 11

1. Gnade und Gericht in der Gemeinde

1. Timotheus 1, 12—20

a) Das apostolische Fundament 1, 12—17

12 **Ich danke dem, der mich stark a) gemacht hat, dem Messias**
Jesus, unserem Herrn, daß er mich für treu achtete, indem
13 **er mich in den Dienst einsetzte, * der ich früher ein Lä-**
sterer und Verfolger und Gewalttäter war b). Aber mir ist
Erbarmen widerfahren, weil ich unwissend, im Unglauben
14 **gehandelt habe. Doch die Gnade unseres Herrn ist über-**
strömend reich geworden c) mit Glauben und Liebe in
15 **Christus Jesus. * Zuverlässig ist das Wort und aller Annah-**
me wert: der Messias Jesus ist in die Welt gekommen, um
Sünder zu erlösen d). Ich bin der größte e) unter ihnen.
16 *** Aber mir ist Erbarmung f) widerfahren, damit Jesus**
Christus gerade an mir zuerst seine ganze Langmut er-
weise, zum Vorbild für die, welche künftig zum Vertrauen
auf ihn (und damit) zum ewigen Leben kommen sollten.
17 *** Dem König der Ewigkeit aber, dem unvergänglichen, un-**
sichtbaren, alleinigen Gott, sei ewig Ehre und Herrlichkeit.
Amen.

a) Phil 4, 13; II 1, 7. 8; Eph 3, 7 Kol 1, 11
b) vgl. V. 9
c) Rö 5, 15. 20; 2 Ko 3, 9; Eph 1, 8
d) 2, 4; II 1, 9; 4, 18. 17; Tit 3, 5; 1 Ko 1, 21; Lk 19, 10; Hb 7, 25
e) 1 Ko 13, 13; 15, 9; Eph 3, 8
f) V. 13

Paulus hat selber unter dem Gesetz gestanden, aber Gottes Erbarmen hat den Sünder gestellt und begnadigt. Nie kann er seinen Blick auf die Größe des Evangeliums richten, ohne daran erinnert zu werden, wie Jesus Christus die Frohbotschaft von der geschenkten Erlösung wahr gemacht hat im eigenen Leben. **Dem Herrn sei Dank!** Der Apostel verwendet nicht das sonst übliche Wort für danken g), sondern das aus dem hellenistischen Griechisch bekannte Verb, das im NT nur selten vorkommt und eine ständige Verfassung des inneren Menschen anzeigt. Was Paulus hier zum Ausdruck bringt, ist nicht ein momentaner Ausbruch und Akt des Dankens, sondern eine zur Grundstimmung seines Wesens gewordene Haltung gegenüber **Jesus Christus,** den er **unsern Herrn** nennt, damit bekennend, daß Jesus nicht nur ihm, sondern a l l e n, die an ihn glauben, dauernd zum Anlaß des Lobes werden will. Gottes Wille für unser Leben ist, daß seine herrliche Gnade ge- 12

g) Eph 1, 16

priesen wird, die er uns durch seinen geliebten Sohn geschenkt hat h). **Der mich stark gemacht hat.** Göttliche Energie **(dynamis)** steht am Anfang seiner Berufung, und dieselbe Kraft der Gnade wirkt in ihm, dem schwachen Gefäß, bis ans Ende seines Laufes. Nur das Wirken Gottes macht einen Apostel, nicht die eigene Wahl und Anstrengung. Ohne diese ständig inspirierende und durchrettende Gotteskraft ist sein eigenes Wirken und wirkliches Mühen zur Unfruchtbarkeit verurteilt. Auch Timotheus kann nur in diesem empfangenen Geist der Kraft dienen und leiden. Darum schreibt ihm der Apostel: „Schöpfe immer wieder neue Kraft aus der Gnadenfülle, die in Jesus Christus dir offensteht i)".

h) Eph 1, 6. 12. 14
i) II 2, 1

Ohne beständige Befähigung und Bekräftigung durch Gott kann der Dienst am Evangelium niemals Menschen zum Heil führen. Das haben die Gesetzeslehrer vergessen und verleugnet. Doch Paulus hat erlebt, was dieses göttliche wirksame Wort vermag, als der Messias ihn in den **Dienst einsetzte.** Es war seines Herrn souveräner Wille, welcher gerade diesen Menschen einsetzen wollte für eine Aufgabe, die ihm Gott zugedacht hatte.

Es ist nicht ohne Bedeutung, daß Paulus für seinen Auftrag das schlichte Wort **Dienst** verwendet, das hier noch gar nicht ein besonderes Amt bezeichnet (E 12)[50]. Er weiß noch immer, daß der Dienst nicht den Apostel ehren (Amtswürde), sondern der Apostel den Dienst ehren soll k). **Er hat mich für treu erachtet.** Gott gab ihm die Kraft, dieses Zutrauen zu rechtfertigen. Der Herr hat die Treue seines Dieners vorausgesehen und dadurch, daß er ihn in den Dienst stellte, ihm die Bestätigung der Treue l) ermöglicht[51].

k) Rö 11, 13; 2 Ko 6, 1. 3
l) 1 Ko 4, 2
m) I 1, 20; 6, 1 Tit 2, 5; 3, 2; Jak 2, 7
n) Gal 1, 13; Phil 3, 6; Apg 9, 4; 22, 4

13 Was für einem Menschen hat Gott die Treue zugetraut? **Der ich früher ein Lästerer** m) **und Verfolger** n) **und Gewalttäter** o) war. Er, der später selber unter Verfolgungen zu leiden hatte und mißhandelt wurde p), er hatte selbst die Christen gefoltert. Mehr als einmal hat Paulus in seiner Verkündigung auf seine düstere Vergangenheit hingewiesen. Es ist nicht von der Hand zu weisen, daß der Apostel in den ihm

o) Rö 1, 30
p) dasselbe Verb: 1 Th 2, 2; Apg 26, 9—11; 16, 19—24

[50] *diakonia,* ohne Artikel für P typisch: 1 Ko 16, 15; Rö 15, 31; das Vorbild ist Jesus: Lk 22, 27; Jo 13; s. 3, 8—13! Steht im Gegensatz zu den sich wichtig gebärdenden Gesetzeslehrern von V. 6.

[51] Vgl. schon in 1 Th 2, 4: „So wie wir von Gott bewährt worden sind, mit dem Evangelium betraut zu werden" (Elbf); „Wie Gott uns für würdig erachtet hat, uns mit der Verkündung zu betrauen" (W); vgl. WStb. 1 Th S. 45.

widerfahrenen Gefangenschaften, Schmähungen, Mißhandlungen und Ängsten, die er als Diener Christi durchlitt, daran denken mußte, daß er die gleichen Entwürdigungen einst andern zugefügt hatte. Was für eine Kraft der Verwandlung muß in diesem hochmütigen, ungerechten und grausamen Gewalttäter wirksam gewesen sein, daß er später bekennen konnte: „Ich habe Wohlgefallen an Schwachheiten, an Schmähungen (Mißhandlungen), an Nöten, an Verfolgungen, an Ängsten (die mir widerfuhren) um Christi willen, denn wenn ich schwach bin, dann bin ich stark q)." q) 2 Ko 12, 10

Nur die unergründliche Barmherzigkeit Gottes kann solche Umgestaltung in sündigen Menschen vollbringen (E 25f).

Aber mir ist Erbarmen widerfahren, weil ich unwissend, im Unglauben gehandelt habe[52]. Die Begründung besagt, „daß seinem Sündigen eine Grenze gesetzt war, die dem Erbarmen den Raum frei ließ" (Schlatter). Denn erst das willentliche und trotzige Verharren in einem Zustand der Unwissenheit führt zu Vermessenheit und Verstockung, die das Gericht herausfordert. Jesus bittet für diejenigen, die ihn kreuzigen: Vater, vergib ihnen, denn sie wissen nicht, was sie tun r). Was r) Lk 23, 34
sie tun, ist Sünde, auch wenn es aus Unwissenheit geschieht. Erst wenn sie w i s s e n, was sie getan haben, wird an ihrem Verhalten offenbar, ob sie die Vergebung annehmen und dann als jetzt Erleuchtete bekennen: Wir haben gesündigt. So hat Paulus gehandelt. Er entschuldigt niemals sein verwerfliches Tun, er gibt nur den Grund an, wie es möglich war, daß seine Sünde ihn nicht ums Leben brachte, sondern Gottes Barmherzigkeit ihn erreichte. Als Jesus ihm entgegentrat und damit seine Unwissenheit überwand, hat sich Paulus von der Sünde seines Unglaubens abgewendet und Jesus als Herrn bekannt und ihm gedient[53].

Doch die Gnade unseres Herrn ist überströmend reich geworden. Wie früher[54] im heilsgeschichtlichen Zusammenhang, so hier im persönlichen Leben, weist nun Paulus von der 14

[52] Vgl das Lied: „Mir ist Erbarmung widerfahren, Erbarmung, deren ich nicht wert. / Das zähl ich zu dem Wunderbaren; mein stolzes Herz hat's nie begehrt. / Nun aber weiß ich's hoch erfreut und rühme die Barmherzigkeit" (Ph. F. Hiller). Der Stolz will sich dagegen aufbäumen, daß wirklich nur Barmherzigkeit einen Menschen von seinem selbstischen und sündigen Wege erlösen kann zum wahren Menschsein im Dienste der Liebe.

[53] Vorher hat er die Gesetzeslehrer beschuldigt, daß sie nicht wissen, was sie behaupten (V. 7); jetzt bekennt er, daß er einst selber unwissend war wie die Heiden, die Gott nicht kennen (1 Ko 2, 14—16).

[54] Vgl. Rö 5, 20: überströmen; nicht das gleiche, aber das syn Verb wie I 1, 14.

Größe der Sünde weg auf die übergroße Gnade. „Durch Gottes
s) 1 Ko 15, 10 Gnade bin ich, was ich bin s)." Das Gnadenbewußtsein hat sein Ichbewußtsein durchdrungen und verwandelt. Es ist die
t) wie 1, 12 unausschöpflich strömende **Gnade unseres Herrn** t). Der Apostel verliert nie aus dem Auge, daß diese Gnade für alle da
u) 1, 16 ist, die sich ihrem Einfluß öffnen u).

Die Gnade war es, die den Ungläubigen mit Glauben und den grausamen Verfolger mit Liebe beschenkte. **Glaube und Liebe** sind keine selbständigen Größen, keine Ideale oder Tugenden, die der Mensch aus sich selbst hervorbringen kann.
v) Rö 8, 39 Wie die Gnade selbst, so sind **Glaube und Liebe** v) nur wirklich in **Christus Jesus** und werden nur wirklich für den Menschen erfahrbar aus der Lebensgemeinschaft mit Christus heraus[55].

15 **Zuverlässig ist das Wort**[56]. Diese Formel führt nicht ein Schriftzitat an, sondern weist auf eine vorgeprägte Aussage der Urchristenheit, wahrscheinlich auf liturgische Wendungen aus dem Gottesdienst. „Das Wort" kann aber auch die Zusammenfassung des Evangeliums, die Summe der Heilsbotschaft bezeichnen. Sein Wort ist und bleibt gewiß und deshalb **aller Annahme wert**[57]. Annehmen hat den Sinn von anerkennen, gutheißen, aufnehmen.

Der Messias Jesus ist in die Welt gekommen, um Sünder zu erretten. Die Aussage erinnert an Lk 19, 10: „Der Sohn des Menschen ist gekommen, um das Verlorene (zu suchen und) zu erretten." Mit diesem Bekenntnis faßt der Apostel das Herzstück des Evangeliums zusammen, das ist dessen wahrer Inhalt[58].

Daß Christus Sünder erlöst, ist frohe Botschaft, nicht Vorwurf, Anklage, Drohung an die Welt; daß Sünder gerettet werden müssen durch Gottes Eingreifen in Christus, ist klar-

[55] In Eph 6, 23 stehen Liebe und Glauben zusammen, ebenso Gal 5, 6. Diese für die Past typische Wendung kann nicht gegen die paulinische Autorschaft angeführt werden; Glaube und Liebe sind nicht zu „selbständigen Tugenden" geworden, denn erstens verbindet sie die für P typische Präposition „in" mit Christus, und zweitens die Präposition „mit" *(meta)* mit Gnade. Vgl. aus den ältesten Briefen des P: 1 Th 1, 3; 3, 6; 5, 8; 2 Th 1, 3.

[56] *pistos ho logos*, so nur in den Past: I 3, 1; 4, 9; II 2, 11; Tit 3, 8. pistos (Glaube) ist ein Grundwort der Past, das 17mal vorkommt.

[57] nur noch in I 4, 9: „alle", kann auch mit „ganz" übersetzt werden: das Wort annehmen; seine ganze Einwilligung geben. Vgl. 5, 2: in aller Keuschheit.

[58] Vgl. das Lied: „Jesus nimm die Sünder an. Saget doch dies Trostwort allen, welche von der rechten Bahn auf verkehrten Weg verfallen. Hier ist, was sie retten kann: Jesus nimmt die Sünder an" (E. Neumeister).

stellende Botschaft, denn sie zeigt den verlorenen Zustand der
Welt an. Der Mensch kann nur durch Gott zu Gott heimfinden. Daran ändern die Jahrtausende nichts. Nicht das Christentum oder von ihm beeinflußte Kulturen, nicht die Kirche oder ihr gesellschaftlicher Einfluß, nicht die Christen oder ihre missionarische Entschiedenheit — Christus allein rettet Sünder.
Das apostolische Bekenntnis, auf dem die Gemeinde aufgebaut wird, gründet auf dem einzigen Grund: Christus w). Al- w) 1 Ko 3, 11;
les kommt darauf an, daß dieser Grund nicht verdeckt, ver- Eph 2, 10
schoben, verlassen werde.

Ich bin der größte unter ihnen[59]. Ich bin der hauptsächlichste Sünder, der durch die Größe seiner Sünde völlig ver-
scherzt hat, Apostel genannt zu werden x), der von allen Hei- x) 1 Ko 15, 9
ligen den untersten und geringsten Platz einnimmt y). Das y) Eph 3, 8
Selbstbekenntnis im Anschluß an das allgemeine Bekenntnis steht ganz in Übereinstimmung mit der seelischen Eigenart des Paulus, wie sie aus den andern Briefen bekannt ist.

Weil er der erste in der Reihe der Sünder (Vers 15) ist, er-
weist **Christus auch an ihm zuerst seine ganze Langmut.** Das 16
Sündenbewußtsein des Apostels ist völlig gegenwärtig und
doch ganz durchdrungen vom Gnadenbewußtsein z). Unver- z) 1 Ko 15, 10
dientes Erbarmen — das kann nicht oft genug wiederholt und
gerühmt werden a) — hat den ersten der Sünder erlöst, und a) V. 13
Gottes erbarmender Wille b) hat ihn erwählt zum Diener und b) Rö 9, 17. 18
für alle Zeiten zum Vorbild der erlösenden Langmut c) ge- Apg 26, 16
setzt (E 25f). **Langmut erweist,** wer Widerstand und Wider- c) Rö 2, 4
spruch erträgt, ohne sich zum Zorn oder zur Vergeltung hinreißen zu lassen. Jesus Christus hatte den Widerstand dessen ertragen, dem er vor Damaskus zurief: „Saul, Saul, was ver-
folgst du mich d)?" Dadurch hat Jesus die letzte Fülle der d) Apg 22, 7
Langmut unter Beweis gestellt, die überhaupt möglich ist: **die ganze Langmut**[60]; diese Langmut reicht für alle andern. Und darum kann und darf ein Diener des Herrn nicht anders als langmütig sein, auch gegenüber den Irrenden in der Ge-
meinde e). e) II 4, 2; 2 Ko 6, 4

Zum Vorbild[61] **für die, welche künftig auf ihn vertrauen werden zum ewigen Leben.** Das Vorbild weist nicht auf sich

[59] Eigentlich: der Erste, der Vornehmste: Apg 13, 50; 25, 2; Eph 6, 2.

[60] Vgl. zum Wortgebrauch „die *ganze* Langmut": Fußnote 56.

[61] *hypo-typosis:* Skizze, Entwurf, bezeichnet hier ein formendes, gestaltendes Tun. Gott ist der Former, der ein Gefäß bildet; vgl. Rö 9, 20. 21. *typos:* Bild, Vorbild, Urbild; I 4, 12; Phil 3, 17; 2 Th 3, 9; Rö 5, 14; 1 Ko 10, 6.

selbst hin, sondern auf den, der das Bild gestaltet. Die Menschen sollen nicht bei Paulus stehenbleiben, sondern, durch ihn Zuversicht gewinnend, ihren Glauben auf Christus gründen[62]. Hier ist unmißverständlich deutlich, daß Glauben persönliches Vertrauen und Bauen auf Christus ist. Das muß für die Auslegung der Past wegweisend bleiben.

17 Aus dem ständigen Dank seines Lebens gelangt Paulus durch das erneuerte Vergegenwärtigen und Bekennen des göttlichen Erbarmens zur Anbetung. So verwandelt Gnade lästernde Sünder in lobpreisende Anbeter[63].

Nicht der römische Kaiser, sondern Gott ist der wahrhaftige
f) Mt 5, 35; Offb 15, 3; I 6, 15 König f), König nicht nur der vergänglichen Welt, sondern
aller Zeitalter, und er ist Schöpfer, Erhalter und Erlöser aller
Zeit und alles Lebens[64].

Dem König der Ewigkeit aber, dem unvergänglichen, unsichtbaren, alleinigen Gott sei ewig Ehre und Herrlichkeit. Amen.

Unvergänglich: unsterblich, unverweslich. Das himmlische Er-
g) 1 Ko 9, 25; 1 Pt 1, 4 be, das Gott gibt, ist unverweslich g), ebenso der Zustand
h) 1 Ko 15, 52 der Auferstandenen h) und das Wirken der Gnade Gottes in
i) 1 Pt 1, 23 den Erwählten i). Nicht die römischen Kaiser, die Unsterblich-
k) Rö 1, 23 keit **(aeternitas imperii)** beanspruchten, sondern Gott k) allein
ist wahrhaft unsterblich[65].

l) I 6, 16; Kol 1, 15; Hb 11, 27; Jo 1, 18 **Unsichtbar** l): Gott ist unsichtbar, weil er Geist ist, nicht nur dem körperlichen Auge, sondern auch dem Einblick des menschlichen Geistes verborgen. Die lebendige Spannung des Glaubens zwischen Nähe und Ferne, Offenbarung und Verborgenheit Gottes ist in den Past nicht nur erhalten, sondern womöglich noch vertieft: Unser Glauben und Handeln ist ganz in den Alltag der Gemeinde und der Gesellschaft hineingestellt,

[62] Das Verb „glauben", verbunden mit „*epi*" und Dativ ist selten im NT (Rö 9, 33; 10, 11; 1 Pt 2, 6 = Jes 28, 16), hat aber eine hervorragende Bedeutung und kann übersetzt werden mit „auf Christus bauen". Das Bild vom zuverlässigen Grund- oder Eckstein, auf dem ein Leben gründet, liegt „zugrunde"; vgl. Mt 7, 24—25; 1 Ko 3, 11.

[63] Vgl. die sog. Doxologien (von *doxa:* Herrlichkeit = Verherrlichung Gottes), die bei P typisch und häufig sind: Rö 11, 36; 16, 27; Phil 4, 20; I 6, 15; auch Gal 1, 5; Eph 3, 20. 21.

[64] Im Judentum wurde der Titel König häufig für Gott angewendet. Die vorliegende Doxologie ist mehr atl bestimmt als hellenistisch. 2 Mo 15, 18; 1 Sam 8, 7; 12, 12; Ps 2, 6; 10, 16; 24, 7—10; 29, 10; 84, 3; 89, 18; 95, 3; Jes 6, 5; 33, 22; 43, 15; 44, 6; 52, 7; Jer 10, 7. 10; Dan 4, 37; Sach 9, 9 = Mt 21, 5 = Jo 12, 15; Sach 14, 9. 16. Ist der Brief gegen sektiererische Äonenlehren gerichtet, so könnte hier König der Äonen = der Zeitalter zu übersetzen sein.

[65] Für die Beziehung zu den früheren Briefen ist Rö 1, 23 wichtig: der unvergängliche Gott; *aphthartos* = unvergänglich wie I 1, 17.

und doch ist Gott in seiner Majestät und Heiligkeit jedem menschlichen Zugriff entrückt. Kein Mensch hat ihn je gesehen, und keiner kann ihn sehen. Die einzige Haltung, die für den Menschen gegenüber Gott angemessen erscheint, ist nicht die plumpe Annäherung, sondern die Anbetung.

Wir begegnen hier der gleichen Spannkraft wahren Glaubens wie sonst in den paulinischen Briefen m) oder wie in Jo 1, 18: „Niemand hat Gott jemals gesehen; der einziggeborene Sohn, der in des Vaters Schoß ist, der hat ihn kundgemacht."

m) vgl. Rö 11, 33—36 mit 12, 1 f; 1 Ko 2, 11 mit 12

Im Gegensatz zu den vielen Göttern und Menschen[66], die göttliche Eigenschaften und Ehre beanspruchen, gilt es, den **alleinigen Gott** anzubeten, der Himmel und Erde geschaffen hat. Auch die Schreiber des NT haben nicht anders geglaubt und gedacht, als daß Gott der eine und alleinige Herr ist, wie ihn das AT verkündet; sie haben ihn aufgrund der Offenbarung in Jesus Christus als den drei-einigen Gott erkannt und bekannt[67]. **Dem alleinigen Gott sei ewig Ehre und Herrlichkeit. Amen** n). Gott maßt sich Ehre und Rühmung nicht an, er ist ihrer würdig; und der Mensch, der sich der Würde Gottes anbetend öffnet, findet seine eigene und höchste Würde als Geschöpf darin, daß er der Majestät und Herrlichkeit des Schöpfers antwortet.

n) Offb 4, 9; 5, 13; 7, 12; Hb 2, 7. 9

„Siehe, er betet an" o) — das ist das Zeichen, an dem Paulus in allen seinen Briefen erkannt werden kann. Der Lobpreis des Erbarmens, das an seinem verschuldeten Leben sichtbar wurde, mündet in der Anbetung des **unsterblichen, unsichtbaren und alleinigen Gottes.**

o) Apg 9, 11

Diese Anbetung ist zugleich Grundlage und Ziel der Gemeinde Gottes wie auch Ausgangspunkt für das Gespräch mit Timotheus: ein Anbetender spricht zu einem Mitarbeiter über die naheliegenden und dringlichen Aufgaben. Anbetung ist

[66] Der Kaiserkult, die göttliche Verehrung der römischen Kaiser, ist zuerst in der römischen Provinz Asia (Kleinasien) entstanden, deren Hauptstadt Ephesus war. Hier opferten die Ptolemaer, die Seleuziden und die orientalischen Fürsten im Jahre 48 v. Chr. dem Cäsar, indem sie ihn verehrten als den „einen Gott, Sohn des Ares und der Aphrodite, Heiland aller Menschen". Cäsar hatte in Rom neben einer Statue mit der Inschrift „dem unbesiegbaren Gott" seinen eigenen Tempel und seine Priester. Zur Zeit der Past empfingen die Kaiser Nero, Caligula und Domitian die Ehre und Anbetung eines Gottes. (A. Festugière, L'Idéal religieux des Grecs et l'Evangile, Paris 1932, S. 9 f).

[67] Eine Trinitätslehre als solche ist im NT noch nicht entfaltet. Einmal ist Gott selbst der Erretter genannt (1, 1), einmal der Messias Jesus, der das Leben und die Unsterblichkeit Gottes ans Licht gebracht hat durch seine Auferstehung (II 1, 10).

nicht müßige Innerlichkeit, sie zeigt die umfassendste Bewußtseinsveränderung, die allem menschlichen Wirken, persönlich und weltweit, inspirierend vorangeht und das Ziel gibt: Alles Geschaffene will erlöst werden aus der Sklaverei des Selbstruhmes zum wahren Ruhm der Kreatur in Gott.

b) Das Gericht 1, 18—20

a) V. 5
b) II 2, 2
c) 4, 14
d) 6, 12; II 4, 7; 2, 5
e) V. 5
f) II 2, 17; 4, 14
g) 1 Ko 5, 5; Apg 13, 9—11
h) Tit 2, 14
i) 1, 9. 13; 6, 4; Tit 3, 2; Rö 2, 24; 2 Pt 2, 10—12; Offb 13, 6; 16, 9. 11. 21

18 **Dieses Gebot** a) **vertraue ich dir an** b), **mein Kind Timo-**
theus, nach den Weissagungen c), **die vorausgehend auf**
dich hinweisen, damit du durch sie den guten Kampf
19 **kämpfest** d), **indem du Glauben bewahrst und ein gutes**
gutes Gewissen e), * **welches gewisse Leute über Bord**
geworfen und im Glauben Schiffbruch erlitten haben. *
20 **Zu ihnen gehören Hymenäus und Alexander** f), **die ich dem**
Satan übergeben habe g), **damit sie gezüchtigt** h) **werden,**
nicht mehr zu lästern i).

Paulus greift sein ursprüngliches Thema (das Endziel des Gebotes ist Liebe) wieder auf, nachdem er das Gebot[68] (5) in seiner Wirkung als Gesetz (6—11) und als Evangelium (12—17) anhand der Irrlehrer in Ephesus und am Beispiel seines eigenen Lebens entfaltet hat. **Dieses Gebot vertraue ich dir an,**
18 **mein Kind Timotheus.** Noch einmal wiederholt Paulus die ganz persönliche und herzliche Anrede „mein Kind" und unterstreicht damit, wie sehr dieses Anvertrauen[69] eins ist mit dem Vertrauen, das dem andern die Treue zutraut (E 30).

Doch zur persönlichen Begründung des Auftrages gehört unerläßlich auch die sachliche.

k) Apg 13, 1—4
l) 6, 12; II 1, 6; 2, 2

Um der Prophezeiungen willen, die dem Wirken des Timotheus vorausgingen k), vertraut der Apostel seinem Kind im Glauben das Gebot an. In Kraft dieser Weissagungen l) soll Timotheus seinen Dienst erfüllen. Unter Weissagungen haben wir nicht nur Aussagen über die Zukunft zu verstehen. Weissagungen sind prophetische Weisungen, die die Gemeinde er-

[68] Gebot in der doppelten Bedeutung von a) Evangelium, gesunde Lehre, das anvertraute Gut und b) der Auftrag, die Unterweisung, der Dienst am Evangelium.

[69] anvertrauen (*paratithemi*) nur noch II 2, 2; kann zunächst den Sinn haben von „vorlegen" (Fische: Mk 8, 7 = Lk 9, 16); dann lehrend vorlegen (Mose der Gemeinde: 2 Mo 19, 7; 21, 1). Dem treuen und klugen Verwalter wird viel anvertraut: Lk 12, 48. Jesus vertraut (befiehlt) seinen Geist in die Hände des Vaters: Lk 23, 46. P vertraut die Gläubigen dem Herrn an: Apg 14, 23; 20, 32.

mahnen, ermuntern, unterweisen, trösten sollen m). Die Gnadengabe der Prophetie steht an vorderster Stelle in ihrer Bedeutung für den Aufbau der Gemeinde. m) 1 Ko 14, 3 Apg 15, 32

Bei den **„Prophezeiungen über dich“** wird an ein Geschehen zu denken sein, das sich öfter wiederholte. So soll Timotheus in immer neuer Beauftragung und neuen Diensten sich auf göttliche Weisungen und Verheißungen berufen und, aus der göttlichen Kraftmitteilung wirkend, **den guten Kampf kämpfen.** Paulus hat die in der profanen und religiösen Literatur weit verbreitete Bildsprache aus der militärischen Welt auf das Glaubensleben übertragen. Doch soll nicht übersehen werden, daß auch das AT n) diese Bildrede kennt: „Hat der Mensch nicht einen harten Kriegsdienst auf Erden?“[70] n) Hio 7, 1

In den ersten drei Jahrhunderten, als das Christenleben noch oft unter buchstäblicher Todesgefahr und Todeswirklichkeit stand und die Zeugen Jesu als Märtyrer häufig Blutzeugen waren, war die Bezeichnung „Soldat Jesu Christi“ o) so allgemein verbreitet, daß sie gleichbedeutend mit „Christ“ verwendet wurde. Der Ausdruck „guter Kampf“ läßt auf eine Verwendung schließen, die bereits gebräuchlich war. o) II 2, 3

Das Christenleben ist ein Kampf, der ausgefochten werden muß p). Der einzelne kämpft ihn innen in der eigenen Brust und nach außen für das Evangelium und die Gerechtigkeit, innerhalb der Gemeinde und gegenüber der Welt q). p) 1 Th 5, 8; 1 Ko 9, 7; Rö 13, 12

19
Doch kann er nicht mit fleischlichen Mitteln r) gewonnen werden, nur göttliche Kräfte und geistliche Waffen führen zum Sieg. Paulus zählt aus der Waffenrüstung des Kämpfers s) entsprechend der Absicht seines Briefes und den hier vorherrschenden Bedürfnissen nur zwei Kampfmittel auf, ohne die kein Erfolg zu erwarten ist: Timotheus soll den **Glauben bewahren und ein gutes Gewissen** t). Wer das Anvertraute nicht zu bewahren versteht, kann auch nichts Neues gewinnen. Wer das gute Gewissen nicht festhält, der ist wie ein Kapitän, der das Steuerruder seines Schiffes fahren läßt und nun auf den Wellen ziellos dahintreibt, bis sein Schiff an Klippen zerschellt[71].

2 Ko 10, 3—6 Phil 2, 25; Eph 6, 11—16 Phlm 2; II 2, 3
q) Rö 7, 23; Gal 5, 17; Kol 1, 29—2, 1
r) 2 Ko 10, 4
s) Eph 6, 10 f
t) 3, 9

[70] Man darf sich eine sprachliche Abhängigkeit von der griechisch-römischen Umwelt nicht zu einfach und direkt vorstellen; oft ist die atl Einwirkung entscheidender, als die vordergründige Ähnlichkeit von Worten und Wendungen vermuten läßt.

[71] Dieses Bild ist in der griechischen Philosophie geläufig. Das Staatsschiff ist in Gefahr während des Sturmes = der Perserkrieg (Horaz, Oden I, 14). Unsere Diskussion wird auf die

Hymenäus und Alexander sind nicht die einzigen, die Schiffbruch erlitten haben, aber sie werden mit Namen genannt, damit Timotheus im Bild ist, an welche Art von Menschen Paulus denkt; vielleicht waren es bekannte Mitarbeiter. Sie sind wahrscheinlich von den in Vers 6 genannten zu unterscheiden[72].

Die ich dem Satan übergeben habe (E 20). Wohl eine gebräuchliche Redewendung, um ein Disziplinarverfahren der Gemeinde zu kennzeichnen, das sowohl in der Synagoge als auch in der Jesus-Gemeinde gebräuchlich war u). Weil sie das gute Gewissen von sich gestoßen haben, fallen sie unter die Züchtigung, den Fluch und die Sanktionen des Gesetzes (9—10). Die Erfahrungen der Gemeinde v) haben die Notwendigkeit der strikten Anordnungen bestätigt, welche sie vom Herrn selbst empfangen haben w).

u) Hio 2, 6; 1 Ko 5, 5
v) Apg 5, 1—11; 3 Jo 9—10
w) Mt 5, 29; 18, 15. 17

Das Gericht der Reinigung muß anfangen beim Hause Gottes x). Wenn die Gemeinde nicht sich selbst richtet, wird sie mit der Welt gerichtet werden. Alle Züchtigung — sie kann Krankheit, körperliche und geistige Schwächung, im Extremfall vorzeitigen Tod y) einschließen — hat jedoch eine heilende Wirkung im Auge. Der Gezüchtigte soll vor dem endgültigen Verderben gerettet und wieder in das gesunde Leben zurückgeführt werden z). Die Gemaßgeregelten sollen **durch Zucht dazu gebracht werden[73], nicht mehr zu lästern** a). Lästerer und Anbeter können nicht gleichzeitig in der Gemeinde leben und wirken, das eine schließt das andere aus. Doch auch für Lästerer ist Hoffnung, wie Paulus mit seinem eigenen Leben bezeugt b).

x) 1 Pt 4, 17
1 Pt 4, 17
y) 1 Ko 11, 30
z) 1 Ko 11, 32; 2 Ko 6, 9; II 2, 25. 26
a) 6, 4; Tit 3, 2; Apg 13, 8. 11
b) V. 13

Küste geworfen und verloren sein, führen wir sie deshalb zurück. Ein schlechter Logiker ist ein schlechter Steuermann, sein Boot wird auf den Klippen auflaufen, der Intellekt ist der Steuermann der Seele etc. (Plato). Aber: 2 Ko 11, 25 das gleiche Wort wie I 1, 19, aber im buchstäblichen Sinn!

[72] II 2, 17: Hymenäus und Philetus; 4, 14: Alexander der Schmied, hier vielleicht mit Berufsbezeichnung, um ihn vom Alexander in I 1, 20 zu unterscheiden, da A. ein sehr häufiger Name war (Apg 19, 33). Von der Art ihres Irrtums erfahren wir in II 2, 17 f. Sie lehren, daß die Auferstehung schon geschehen sei. Indem sie den Glauben (als Lehre und Leben) verletzen, zerstören sie auch das gute Gewissen. Zwischen Glauben und Gewissen besteht eine enge Wechselwirkung.

[73] Züchtigen kann also in den Past durchaus auch den Sinn der strengen Zurechtweisung und des Leidens haben, und nicht nur, wie einzelne Ausleger behaupten, welche an der These der „Verbürgerlichung" der Past festhalten, den des Unterweisens. S. Tit 2, 12!

Wenn wir den Ernst dieser Maßnahme, die Paulus selbst getroffen hat[74], bedenken, merken wir, daß die Past aus einem Geist geschrieben sind, der nicht das geringste erkennen läßt von einer angeblichen Verflachung und Angleichung der Gemeinde an den Geist der Umwelt. Der heilige Ernst Gottes liegt über dem Gebot, dessen Endziel die Liebe aus reinem Herzen und gutem Gewissen und ungeheucheltem Glauben ist. Dieser Gerichtsernst zeigt an, daß Glaube und Gewissen nicht einfach bürgerliche Tugenden sind, sondern göttliche Gaben, die niemand ungestraft verfälscht oder von sich weist, weil das Endziel die Liebe ist. Wer aber nicht liebt, bleibt im Gericht des Todes[75].

2. Das Gebet der Gemeinde

1. Timotheus 2, 1—15

a) Das weltumfassende Gebet 2, 1—7

1 Ich ermahne nun, daß allem zuvor Bitten, Gebete, Fürbitten,
Danksagungen dargebracht werden für alle Menschen, * für
2 Könige und alle Hochgestellten, damit wir ein ruhiges und

[74] Ein P hätte allen Grund gehabt, Timotheus selbst mit diesem Auftrag des Ausschließens zu betrauen, um damit dessen Autorität zu stärken. Daß P allein gehandelt habe, ohne Mitwirkung der Gemeinde wie in 1 Ko 5, 4, lasse auf eine spätere Entstehungszeit der Past schließen. Doch ist diese Schlußfolgerung aus zwei Gründen unzulässig. In 1 Ko 5, 3 schreibt P, daß er (das Ich ist betont herausgestellt) für sich bereits beschlossen hat, daß der betreffende Mann, der Unzucht mit der Frau des Vaters treibt, „dem Satan übergeben" werden soll. Wenn er dann zu den Korinthern kommt, soll das von Paulus Beschlossene ausgeführt werden. In 1 Ko steht die Handlung noch bevor, darum werden die zwei Stufen ausführlich beschrieben, die Gemeinde muß überhaupt erst dafür bereit werden; in I 1, 20 hingegen liegt die Handlung in der Vergangenheit, kann also zusammengefaßt und abgekürzt erwähnt werden. Sodann können atl Vorbilder gewirkt haben: 2 Kö 2, 23 f; 2 Mo 32, 27 ff; vgl Apg 5, 3. 5. 9. 10.

[75] Holtz (52) sieht eine Verbindung zum Abendmahl, dem die Prüfung und im Extremfall das „Anathem" vorausging. So hat Jesus den Petrus vor Satan gewarnt, unmittelbar vor der Einsetzung des Abendmahls (Lk 22, 31; vgl. Jo 13, 27. 30 b mit 1 Ko 11, 27—32; ebenso 16, 22: Wenn jemand den Herrn nicht liebt, der sei anathema, d. h. ausgeschlossen oder verflucht). Anathema heißt eigentlich: der Gottheit überantwortet werden, entweder als Geweihter (Paulus wurde vom Lästerer zum Anbeter bekehrt und darin Gott geweiht) oder als ein Verfluchter (die Irrlehrer, die in der Lästerung verharren, werden gezüchtigt zur Buße. Vgl. 1 Ko 12, 3; Rö 9, 3; Gal 1, 8; Apg 23, 14: sich unter den schärfsten Bedingungungen zu etwas verpflichten, auf das der Bann folgt, wenn es nicht erfüllt wird).

stilles Leben führen können in aller Gottseligkeit und Hei-
3 ligkeit. Das ist gut und wohlgefällig vor Gott, unserem Ret-
4 ter, * welcher will, daß alle Menschen errettet werden und
5 zur Erkenntnis der Wahrheit gelangen. * Denn:
einer ist Gott
und einer Mittler zwischen Gott und den Menschen,
(und zwar) der Mensch, der Messias Jesus,
6 der sich selbst als Lösegeld für alle hingegeben hat,
7 das Zeugnis in der Fülle der Zeiten. Dazu bin i c h zum He-
rold und Apostel bestellt worden — ich sage die Wahrheit
und lüge nicht —, zum Lehrer der Völker in Glauben und
Wahrheit.

1 Im Blickfeld der Pastoralbriefe stehen nicht kirchenrechtliche, sondern gottesdienstliche Anliegen. Die Heilung der schweren Schäden, die in der Gemeinde Verheerung anrichten, können nur durch Gericht und Gnade, in gottgewirkter Beugung, Umkehr und Hingabe a) überwunden werden. Das geschieht im Gottesdienst der Gemeinde und dem daraus entspringenden Verhalten in der Welt. Das erste und grundlegende Verhalten zu Gott und Welt aber ist das Gebet. In ihm durchstößt und übersteigt die Gemeinde alles bloß vordergründige Erfassen und Beeinflussen der Welt. Da das Gebetsleben von erstrangiger Wichtigkeit ist, soll ihm auch der entsprechende Platz und die größte Aufmerksamkeit zukommen. Nicht wenn die Christen sich in Wortgefechten erhitzen, sondern wenn sie sich als Beter vereinen, werden sie zum Endziel des Gebotes gelangen, der Liebe aus reinem Herzen b). Weil Christus in die Welt gekommen ist, Sünder zu erlösen, darum hat die aus der Erlösung lebende Gemeinde das Vorrecht und die heilige Verpflichtung, für das Heil aller Menschen einzutreten c).

a) I 1, 12—17. 18—20
b) I 1, 5
c) I 1, 15

Bitten, Gebete, Fürbitten, Danksagungen. Die vier Ausdrücke des Betens überschneiden sich teilweise in ihren Bedeutungskreisen. Ein Vergleich mit Phil 4, 6: „Lasset durch Gebet und Flehen mit Danksagung eure Anliegen vor Gott kund werden" zeigt deutlich, daß seit der Abfassung jenes Briefes keine Entwicklung im Sinne fest geregelter Gebetsformen vor sich gegangen ist[1]. Die nicht streng unterschiedenen, aber gehäuften

[1] Fragmente von Gebetsformen (liturgische Gesänge und Gebete) sind überall bei P und im ganzen NT vorhanden. Die Past stellen keine besondere Stufe dar, die eine lange Entwicklung voraussetzen würde.

Bezeichnungen für das Gebet unterstreichen seine Dringlichkeit und seine Fülle, sein Gewicht und seine vielseitige Ausstrahlung. Alle vier Ausdrücke stehen zudem im Plural, auf diese Weise noch einmal die Vielfalt und Fülle unterstreichend. Nur die Gemeinde kämpft den schönen Kampf recht, die vor allen andern auch wichtigen und notwendigen Aufgaben eine weltumspannende Schar von Betern bildet, welche vor Gott stehen und einstehen.

Bitten von ermangeln, nötig haben. Das Gefühl der Bedürftigkeit ist oft Anlaß zum Beten. „Not lehrt beten" ist keine falsche Erkenntnis, wenn nur nicht Not allein beten lehrt. Ein bestimmter Anlaß, eine auferlegte Last treibt zum flehentlichen Beten. So fleht Paulus für die Juden d), für Timotheus e), für die Christen in Thessalonich f). Er bittet, daß er sie wiedersehen und ihnen helfen kann.

d) Rö 10, 1
e) II 1, 3
f) 1 Th 3, 10

Gebete bezeichnet die Bewegung der Seele zu Gott. Als Antwort auf die Bitte der Jünger, daß Jesus sie beten lehre, gibt er ihnen die Grundstruktur aller Gebete g). Die Witwe, die Tag und Nacht vor Gott steht mit Flehen und Gebeten h), bittet als einzelne. Alle Ausdrücke können sowohl für die Gemeinschaft der Betenden wie auch auf den einzelnen angewendet werden. Auch der einzelne ist nie allein, wenn er betet, immer gilt das „unser Vater", immer ist er im Anrufen Gottes des Schöpfers zugleich in Herznähe zu allen Geschöpfen.

g) Lk 11, 1. 2
h) I 5, 5

Fürbitten. Ursprünglich eine Eingabe (Petition) an einen Fürsten. Wie sich der Heilige Geist für die Erlösten verwendet i), wie Jesus Christus als Hohepriester eintritt für die Gemeinde vor Gott k), so tritt die Gemeinde in Kraft des Geistes und im Namen Jesu ein für die ganze Welt.

i) Rö 8, 26. 27
k) Rö 8, 34; Hb 7, 25

Alles, was Gott geschaffen hat, wird geheiligt durch Gottes Wort und G e b e t l). In der Fürbitte (und Danksagung!) für die Welt vollzieht die Gemeinde ihren höchsten und unersetzlichen Auftrag: die Heiligung der Welt. „Mach aus allem ein Gebet" ist ein wahrhaft welt-lösender und welt-erlösender Zuruf an die Christen, sofern ihren Gebeten die ihnen entsprechenden Taten aus dem Geist Christi folgen. Gebet darf und kann nie Ersatz sein für die Tat; es bereitet und begleitet die Taten, die vor Gott Bestand haben, weil sie der Welt wirklich dienen. Gebet ist unsichtbare, aber wirksame Tat. Tat kann sichtbar gewordenes Gebet sein. Aber Taten sind kein Ersatz

l) I 4, 3—5

für Gebete. Die Spannung muß bleiben und in ihr die Einheit des Lebens aus Gott in der Welt.

Danksagungen (eucharistias): Dankerweisung, Dankbezeugung. Das Gebet findet im dankenden Lobpreis Gottes seine Fülle und Erfüllung. Nur der Dankende bleibt wach zu Gott, weil er nicht zurückfällt auf sich selbst und seine Bedürfnisse. Als Dankender bejaht er Gott und seine Gaben. Der Reichtum
m) Kol 2, 7 des Menschen ist so groß, wie er ein Dankender ist m) und im Danken überströmt. „Jedes Geschöpf Gottes ist gut, und nichts
n) I 4, 4 ist verwerflich, was mit Danksagung empfangen wird n)".

Erst der Dankende ist der richtig Nehmende, nämlich der Empfangende, der Beschenkte. Wer nicht dankt, reißt an sich. Wer nicht dankt, wenn er zugreift, der vergreift sich. Der innerste Abfall des Menschen von Gott beginnt dort, wo er nicht
o) Rö 1, 21 mehr dankt, sondern beansprucht o). Der undankbare Mensch wird in seinem Herzen verdunkelt; er lebt nicht mehr im hellen Licht der göttlichen Gnadensonne. Die Heilung der Gemeinde geschieht in ihren Gebeten, am allermeisten im Danken und in der Anbetung. Nur die danksagende Gemeinde erfüllt ihre wahre Aufgabe auf Erden, die darin besteht, der Größe und Güte Gottes dankend zu gedenken.

Es ist nicht zufällig, daß derselbe griechische Ausdruck (eucharistia) zur Bezeichnung für das Herrenmahl wurde, für die Tischgemeinschaft mit dem erhöhten und gegenwärtigen Herrn
p) 1 Ko 10, 16; 11, 24; Lk 22, 17; Mk 8, 6 p). Da ist ein Freudenmahl, die Anteilnahme an dem seligen Gott[2], die Vorwegnahme des endzeitlichen Mahles der Liebe. An der starren und leeren „Feierlichkeit", mit der heute in vielen Gemeinden das Abendmahl gehalten wird, läßt sich ermessen, wie groß der Schaden in der Gemeinde ist, welche nicht mehr vor und in allen Dingen alle Anliegen und alle
q) Phil 4, 6 Welt durch Gebet mit Danksagung vor Gott bringt q).

Von den ersten Christen sagt die Schrift: Sie brachen das
r) Apg 2, 46 Brot der Gemeinschaft voll Jubel (Jauchzen) und Einfalt r). Von diesem Jubel der Anbetung ist dieser Abschnitt noch durchdrungen: Allen, hoch und niedrig, soll das Heil zukommen, für alle ist zu bitten und zu danken, für alle ist Christus gestorben, Gott will, daß alle gerettet werden, allen Völkern soll diese Freudenbotschaft gebracht werden.

[2] Holtz zeigt eine Verbindung von Kapitel 2 und 3 mit dem Herrenmahl (53 f). Unsere Auslegung versucht, seine wichtigen Anregungen aufzunehmen und in einen weiteren Rahmen zu stellen, denn die Beziehung auf das Abendmahl scheint uns zwar richtig, aber zu einseitig und ausschließlich.

Für alle Menschen. Das Gebet ist so umfassend, wie die Liebe
s) unbegrenzt ist, die alles trägt, alles glaubt, alles hofft, alles s) 1 Ko 13, 7
erduldet[3]. Seit Christus den Horizont des jüdischen Rabbiners
Paulus gesprengt hat, war das Dichten und Trachten des Völ-
ker-Apostels t) nie auf weniger als auf alles und alle gerichtet. t) 2, 7
Alle sollen erleuchtet werden von dem offenbarten Geheim-
nis Gottes, der alles erschaffen hat u). Schon immer hat Pau- u) 1 Ko 9, 19. 22; Eph 3, 9; Kol 1, 28
lus selber für alle gebetet v). Auch über die Gemeinde hinaus
fleht er zu Gott für die Juden, daß sie errettet werden w), v) Phil 1, 4; Eph 5, 20; Kol 1, 9
denn er weiß, „da ist kein Unterschied zwischen Juden und
Griechen, denn der Herr von *allen* ist reich für *alle*, die ihn
anrufen; denn *jeder*, der irgend den Namen des Herrn anru- w) Rö 10, 1
fen wird, soll errettet werden" x). x) Rö 10, 12

In diesem Brief aber muß er noch deutlicher betonen, offenbar gegen eine einengende Tendenz in der Gemeinde, daß ihr Gebetsdienst wirklich allen Menschen gelten soll.

Für Könige[4] und alle Hochgestellten. Das Gebet für die Herr- 2
scher und Würdenträger gründet auf der biblisch durchgängi-
gen Überzeugung, daß jede Autorität (Macht) von Gott abge-
leitet ist und nur im Zusammenhang mit Gottes Macht und
Willen bestehen kann. Wer immer Macht ausübt, kann es nur
tun, weil ihm diese Macht *verliehen* ist, was freilich Verant-
wortlichkeit des Machtträgers bedeutet und demzufolge den Miß-
brauch der Macht nicht ausschließt y). Weil jeder Mächtige y) Jo 19, 10—11
durch die Macht besonders gefährdet ist, bedarf er des Gebe-
tes derer, die auf Gottes Macht trauen z), darum soll das Evan- z) 1 Pt 2, 13—20
gelium auch den Statthaltern und Königen verkündet wer-
den a). Kaiser Claudius hatte um das Jahr 50, zu der Zeit, als a) Mk 13, 9; Apg 9, 15
Paulus an die Thessalonicher schrieb, die Juden aus Rom vertreiben lassen. In den Augen der römischen Beamten waren die Christen eine jüdische Sekte. Ein Berichterstatter schreibt: „Auf Betreiben des Chrestos erzeugen sie beständig Unruhe." Man muß die Bitte um ein Leben in Ruhe und Stille auf dem Hintergrund solcher Aussagen und der sich häufenden Verfolgungswellen sehen. Die Christen wurden als „Atheisten und Hasser des Menschengeschlechts" gebrandmarkt. Warum? Sie lehnten die Vergötzung des Staates ab, sie weigerten sich, die

[3] In den Versen 1—8 begegnet das Wort „alles" achtmal. Die Freude an der Fülle gehört zum liturgischen, nicht zum kirchenrechtlichen Stil.

[4] „Könige" steht ohne Artikel, es handelt sich nicht um bestimmte Personen, etwa den Kaiser Nero, sondern um eine Kategorie von Menschen, ebenso das nachfolgende Wort, das mit „Eminenzen" übersetzt werden kann; bekannt im hellenistischen Sprachgebrauch.

offiziellen Götter anzubeten und den Kaisern göttliche Ehre zu erweisen. Kaiser Domitian (81—96) ließ sich Dominus et Deus titulieren. Die Verfolgung unter Kaiser Decius (249—51) verstand Cyprian gleich den atl Propheten von Gott her, der das zuließ: „Um seine Familie zu prüfen, sandte Gott eine neue Verfolgung." Nicht trotz der Verfolgungen, sondern durch sie war der kleine Haufen von Christen bis zum Jahre 300 auf ca. 7 Millionen angewachsen, und dies bei einer Gesamtbevölkerung des römischen Reiches von ca. 50 Millionen. Dann trat die verhängnisvolle Wende ein, so daß das zur Staatskirche und Staatsreligion erhobene Christentum anfing, die Heiden zu verfolgen. Das war Abfall!

Selbst wer die Past in spätere Zeit ansetzen wollte, darf nie außer acht lassen, daß die Christen damals eine geächtete und verfolgte Minderheit waren.

Das Gebet für Könige und Machthaber war nicht klug berechnete Politik der Anpassung, sondern Tat des Glaubens, Bekenntnis zum wahren Herrscher, Kritik und Relativierung der bestehenden Mächte durch die Fürbitte für sie.

So steht dieser Gebetsanruf in direkter Linie zu den Ausführungen über die Obrigkeit im Römerbrief b) und erhält eine zusätzliche Betonung dadurch, daß die Fürbitte für die Könige (sogar für solche, die die Christen verfolgen! Mt 5, 44) ihnen zwar Ehre gibt, in ihnen zugleich aber auch unmißverständlich zu schwache und fehlsame Menschen sieht, die der Fürbitte vor dem allein wahren Gott wirklich bedürfen. Schon im AT finden wir das Gebet für die Autoritäten, auch für diejenigen, welche die Juden in Gefangenschaft geführt haben, denn letztlich war es Gott selbst, der sein Volk weggeführt hat, obgleich er dazu menschliche Werkzeuge, eben „die Mächtigen", gebrauchte: „Sucht den Frieden der Stadt, wohin ich (!) euch weggeführt habe, und betet für sie zum Herrn, denn in ihrem Frieden werdet auch ihr Frieden haben c)."

b) Rö 13, 1 f; vgl. 1 Pt 2, 13 f

c) Jer 29, 7

Auf daß wir ein ruhiges und stilles Leben führen können. Es ist seltsam, daß moderne Ausleger meinen, gestützt auf diese und andere Stellen, den Past eine „Bürgerlichkeit" vorwerfen zu müssen, die ein Rückschritt sei gegenüber den unbestrittenen Paulusbriefen[5]. Dem ist zu entgegnen: Schon ein Vergleich mit dem Wort des Propheten Jeremia d) sollte zur Zurück-

d) Jer 29, 7

[5] Dibelius/Conzelmann, S. 7; R. Bultmann, Geschichte und Eschatologie, S. 58; E. Kähler, Die Frau in den paulinischen Briefen, S. 142.

haltung anleiten, bevor man das Gebet um Frieden als „bürgerlichen Wunsch" hinstellt. Was die weggeführten Juden durchmachten und was die Christen unter Nero erlitten, kann sehr wenig verglichen werden mit dem, was unsere Zeit aus einer falschen Gegenüberstellung von Elite und Masse und einer romantischen Unterscheidung von Genie und Revolutionär und Bürger als „Bürgerlichkeit" brandmarkt[6]. Sodann gilt es zu sehen, daß man im AT und im NT und so auch Paulus schon immer mit Gehorsam und Fürbitte ganz konkrete Auswirkungen und Segnungen verbunden hat. Die Verheißung, die den Kindern gilt, die ihre Eltern ehren, wäre dann ebenfalls echt bürgerlich: „Auf daß es dir wohlergehe und du lange lebest auf der Erde" e), was aber niemand behaupten wird! Weiter ist zu bemerken, daß das erwünschte und erbetene ruhige und stille Leben gerade nicht in bürgerlicher Selbstgenügsamkeit und Behaglichkeit geführt werden soll, sondern **in aller Gottseligkeit und Heiligkeit** mit dem Ziel, daß das Evangelium von dem Erlöser-Gott zu allen Menschen durchdringen kann. Kriege und gesellschaftliche Katastrophen erlauben weder den nötigen Aufbau der Gemeinde noch ihren Missionsdienst in aller Welt[7].

e) Eph 6, 3; 2 Mo 20, 12

Wem die Bitte des Propheten um den Frieden der Stadt bürgerlich und banal erscheint, der müßte diese Einstellung auch dem Herrengebet zur Last legen, wenn nach ihm zur wesentlichen Struktur jeden Gebets die Bitte um das tägliche Brot (gegen Hungersnot und Verwüstung des Landes) und um Verschonung vor der Versuchung gehört.

Darum sollte das, was ein ruhiges und stilles Leben der Christen ausmacht, nur im Zusammenhang mit den Worten vom

[6] Wendet man die Definition vom Bürger an, die C. F. Ramuz gegeben hat, so merkt man, daß die Scheidelinie nicht zwischen unseren Kategorien von Revolutionär und Bürger, Bohémien und Spießer durchgeht, sondern quer durch alle Gesellschaftsschichten verläuft: „Ich nenne, ganz allgemein, ‚Bourgeois' jeden, der keinen Sinn für das Wesenhafte hat." (Taille de l'homme, Maß des Menschen).

[7] Die Pax Romana, die relative Befriedung und der Frieden des römischen Weltreiches, steht nicht ohne Zusammenhang zur „Fülle der Zeit", in der Gott seinen Sohn sandte (Gal 4, 4); die „Infrastruktur" für den Lauf des Evangeliums durch die ganze damalige Welt war bereitet. Einen Eindruck von den Anschauungen über die Zustände im römischen Reich vermittelt der Anfang der Anklagerede des Anwaltes Tertullus: „Mit großer Dankbarkeit erkennen wir allezeit und allerorten an, hochedler Felix, daß wir durch dich tiefen Frieden genießen und durch deine Fürsorge das Volk in geordneten Verhältnissen leben kann" (Apg 24, 3 W). Das Gebet der Christen erstrebt aber mehr als nur „geordnete Verhältnisse" zum eigenen Wohlleben. Der nachfolgende Zusammenhang macht das deutlich.

f) I 1, 18 guten Kampf f) und dem Gebet als dem ständigen Kriegsdienst der Christen gesehen werden.

Gottseligkeit (E 15) ist die aus dem Geheimnis Gottes lebende g) und auf ihn weisende Grundrichtung des Lebens (E 15).

g) I 3, 16

Heiligkeit entspricht der Ernsthaftigkeit, die aus einem Leben vor Gott Gestalt gewinnt.

Das hebräische Gegenstück zum hellenistischen Sprachgebrauch finden wir im Lobgesang des Zacharias: „Daß wir, gerettet aus der Hand unserer Feinde, in Furcht (eben in Ruhe und Stille) ihm dienen sollen, in Gottseligkeit und Gerechtigkeit (= Heiligkeit) v o r i h m alle unsere Tage h)."

h) Lk 1,74—75. 79

Diese erstaunliche Parallele mahnt zur Zurückhaltung, wenn man zu schnell und ausschließlich hellenistische Einflüsse und Umprägungen feststellen will. In beiden Aussagen ist eine Frömmigkeit gemeint, die schwerlich mit „Bürgerlichkeit" verwechselt oder gar gleichgesetzt werden kann.

I n a l l e r G o t t s e l i g k e i t hat den Sinn von ganzer, völliger Frömmigkeit, die nicht nur nach außen i) weltangepaßt und sichtbar gemacht wird, sondern die den ganzen Menschen und das ganze Leben durchwirkt k). Wie ganz unbürgerlich diese Frömmigkeit zu sehen und auszuleben ist, zeigt II 3, 12: Wer so leben will, gottselig in Christus, der wird der Verfolgung (durch die Bürgerlichen und Antibürgerlichen) nicht entgehen!

i) II 3, 5

k) I 4, 7—8; 6, 3. 5. 6. 11 vgl. 1 Pt 3, 4

3 **Das ist gut und wohlgefällig vor Gott, unserem Retter.** Gegen alle Einwände und Zweifel ist das Recht und die Gewißheit des Gebets und eines damit übereinstimmenden Lebens in Gott, dem Erlöser, begründet. Er hat die „Rechtfertigung des Lebens" l) allen Menschen eröffnet. Das weltweite Gebet der Gemeinde ist gut[8] und wohlgefällig in Gottes Urteil, weil er

l) Rö 5, 18

4 **will, daß alle Menschen gerettet werden und zur Erkenntnis der Wahrheit gelangen.** Die Gemeinde bittet nicht um nur äußeres Wohlergehen, weder für sich noch für die Herrscher; vielmehr ist alles Flehen und Danken auf den Retterwillen[9] Gottes gerichtet und erhält von ihm ihre Begründung.

[8] gut (kalos), schön in der äußeren Erscheinung (Lk 21, 5), in der Beschaffenheit: brauchbar, gut, köstlich, edel; sittlich schön und gut; 24mal in den Past und 16mal in allen übrigen Briefen: 1, 8. 18; 2, 3; 3, 1. 7. 13; 4, 4. 6; 5, 10. 25; 6, 12. 13. 18. 19; II 1, 14; 2, 3; 4, 7; Tit 2, 7. 14; 3, 8. 14.

[9] „Gott will" übersetzt P hier mit thelo (Mt 6, 10; 23, 37!), das bei ihm 60mal vorkommt; es hat eher den Sinn von willentlich wünschen im Gegensatz zum befehlenden und anordnenden Wollen *(boulomai):* Lk 10, 22; Hb 6, 17; 2 Pt 3, 9; 1 Ko 12, 11 und in den Past I 2. 8: 5. 14.

Wie immer man es verstehen mag, daß „alle Menschen gerettet werden“ sollen, es steht fest, daß diese Erlösung nicht ein automatischer Vorgang ist; denn die Menschen müssen einzeln zur Wahrheit hinzukommen; nur wer in das erschienene Licht persönlich hineingeht, wird erleuchtet. Wer aber draußen steht, bleibt im Finstern m). **Erkenntnis der Wahrheit** als Ausdruck für Bekehrung und Errettung des Menschen erscheint nur in den Past n) und hat einen deutlichen Anklang an die bei Johannes gebräuchliche Wendung. Doch ist „erkennen“ sehr gebräuchlich bei Paulus[10], der das Evangelium immer mit der Wahrheit in Beziehung bringt, die es zu „erkennen“ gilt o).

m) Jo 3, 19—21
n) II 2, 25; 3, 7; Tit 1, 1; Ausnahme Hb 10, 26
o) Rö 2, 8; 3, 4; 2 Ko 6, 7

Einer ist Gott und einer Mittler zwischen Gott und den Menschen, (und zwar) der Mensch, der Messias Jesus. 5

Gal 2, 5. 14; 5, 7

Wir haben hier wahrscheinlich ein Zitat aus einem vorgeformten Gebet beim Herrenmahl vor uns (E 25e). Die Universalität des Heils beruht nach einer für Paulus typischen Begründung p) auf der Einzigartigkeit Gottes und darum der Einzigartigkeit des Heils und seines Mittlers. Vielleicht soll hier gegen die vielen lokalen Götter betont werden, daß der eine Gott für die eine Menschheit ein Heil durch e i n e n[11] Mittler verkündigen läßt.

p) Rö 3, 22; Gal 3, 20; Eph 3, 4—21; 4, 6; 1 Ko 8, 4—6; vgl. atl: 5 Mo 6, 4; Gal 3, 19; Mk 12, 32

Weil in Jesus Christus Gott und Mensch vereint sind, ist er zum Mittler[12] geworden zwischen Gott und Mensch. Als der wahre Mensch, der wirkliche Mensch[13], als der zweite Adam ist er der Stellvertreter der adamitischen Menschheit vor Gott geworden q). Die Wortfolge „Christus Jesus“ aber macht deutlich, daß er von Gott gekommen ist r) zur Sühnung der Sünden der ganzen Welt s). Er ist der Messias, der als Mensch Jesus hieß.

q) Rö 5, 15; 1 Ko 15, 47; Phil 2, 7. 8
r) 1, 15
s) 1 Jo 2, 2

Entscheidend für das Zeugnis von der Erlösung ist nun, daß 6
nicht einfach die Inkarnation (die Menschwerdung) als solche gepriesen wird, sondern Jesus ist der, **der sich selbst als Lö-**

[10] 11mal außerhalb der Past.

[11] Im griechischen Text ist beide Male das „einer“ betont. Man bedenke hierzu etwa, daß Artemis die Göttin der Epheser war (Apg 19, 35). Es kann aber auch an die Mittler des alten Bundes (5 Mo 5, 5) gedacht sein, denen der eine Mittler gegenübersteht (Hb 2, 16; 8, 6; 9, 15; 12, 24; Kol 2, 18). Auch die Mysterienkulte kannten viele Mittler, ebenso die spätere Gnosis.

[12] *Mittler* nur hier und Hb 8, 6; 9, 15; 12, 24, aber dem Inhalt nach gleich wie Rö 3, 24; 2 Ko 5, 19; Hio 33, 23 f; 16, 21. Zur Gottheit Christi I 3, 16; Tit 2, 13.

[13] Der Artikel vor „Mensch Christus Jesus“ ist ausgelassen, derart die einzigartige Menschlichkeit betonend.

segeld für alle gegeben hat. Dieses Wort vom **Lösegeld,** das direkt an die Aussage des Herrn in den Evangelien t) anknüpft[14], ist zentral für die biblische Lehre von der Erlösung. Das Lösegeld[15] ist der Preis, der für den Loskauf eines Sklaven bezahlt wird. Aus Liebe gibt Christus sein Leben als Lösegeld in den Tod. Sein blutiger Opfertod ist der Preis, mit dem wir Sünder freigekauft wurden von Sünden, Tod und Teufel u). Das gerade macht das Wort vom Kreuz zur Torheit für menschliches Begreifen: daß für die Erlösung der Menschheit die freiwillig-gehorsame Selbsthingabe des Erlösers unumgänglich nötig war. Nichts als das lebendige Sühnopfer, das Christus mit seinem eigenen Leben und Blut dargebracht hat, kann die Tatsache deutlicher machen, daß es in der Frohbotschaft von der Erlösung der verschuldeten Menschheit nicht einfach um eine Gedankenvorstellung und -konstruktion geht, sondern um ein echtes Lieben und Leiden im letzten und entscheidenden Sinn geschichtlichen Handelns.

t) Mk 10, 45; Mt 20, 28 Tit 2, 14

u) Gal 1, 4; 2, 20; 1 Ko 6, 20; 7, 23; Eph 1, 7; Kol 1, 14; vgl. Jo 10, 15—18; 1 Jo 3, 16; 2, 2

Als Mensch ist er der Mittler, weil er sich solidarisch, eins macht mit allen Menschen. Vor Gott tritt er für die in ihm repräsentierte Menschheit ein, indem er sein Leben als Lösegeld hingibt.

Die ohne Einschränkung für alle Menschen gültige Erlösung, die Jesus Christus durch seine Hingabe am Kreuz vollbracht hat, sollte von den Christen ohne Angst vor einer falschen Allversöhnungslehre[16] viel deutlicher betont, gepriesen und ins Bewußtsein erhoben werden, sowohl im Leben der Gemeinden wie im Alltag. In der Gemeinde würde sich das —

[14] Direkte Beziehungen zu den Synoptikern sind auch sonst in den Past nachweisbar: vgl. I 5, 18 mit Lk 10, 7; II 2, 12 mit Mt 10, 33.

[15] *lytron* in Mk 10, 45; hier: *antilytron; anti* hat den Sinn von: gegenüber von, anstelle von, stellvertretend für; vgl. Lk 11, 11: eine Schlange anstelle eines Fisches. Dazu das syn *apolytrosis* in Rö 3, 24; 8, 23; 1 Ko 1, 30. Der Zusatz *hyper panton* (für alle) hat die Bedeutung: zum Vorteil, zugunsten, zum besten von; wie in 1 Ko 5, 7; 11, 24; 15, 3; Eph 5, 2; vgl. Jo 6, 51: mein Fleisch, welches ich gebe für das Leben der Welt. „Für alle gegeben" entspricht dem „für viele vergossen" in Mk 14, 24.

[16] Diese Lehre (alle Menschen und alle bösen Mächte sollen schlußendlich mit Gott versöhnt werden) ist deshalb abzulehnen, weil sie „alles" für die menschliche Vernunft einsichtig erklären zu können meint. Doch Bibeltexte von der allumfassenden und bedingungslosen göttlichen Versöhnung können nur richtig gelesen und gehört werden, wenn sie in ihrer unauflöslichen Spannung zu ebenso eindeutigen Gerichtsworten gesehen werden. Wer sich von diesen Texten warnen und trösten läßt, in der Einsicht, daß wir die volle Erkenntnis in das Geheimnis von Gericht und Versöhnung nicht haben, eben weil Gott Gott ist und wir Menschen sind, der hört sie richtig. Wo aber die Heilsgeschichte in ein widerspruchfreies System gebracht wird, da überschreitet der Mensch seine Grenzen.

der Textzusammenhang macht es deutlich — in einer neuen Weite und Tiefe des Gebetslebens und einer neuen daraus erwachsenden glaubwürdigen Verkündigung zeigen. Im Alltag kann das bedeuten, daß einer in der Straßenbahn oder am Arbeitsplatz für Menschen bitten und danken kann, die Gott geschaffen und für die Christus sein Leben geopfert hat zur Erlösung[17]. Wirklich, Gemeinde und Gesellschaft kann und soll geheilt werden durch den einen Mittler: Christus! **Das Zeugnis in der Fülle der Zeit.** Dieser wegen seiner gedrängten Form schwer auszulegende Nachsatz bedeutet entweder: der Opfertod Christi ist der Beweis (das Zeugnis) für den allumfassenden Heilswillen Gottes, den er als der König der
Zeitalter v) zur von ihm festgesetzten Zeit w) gegeben hat, v) 1, 17
oder das Zeugnis vom erlösenden Tod des Herrn soll zu der w) 6, 15;
von Gott festgesetzten Zeit durch seine Boten kundgetan wer- Tit 1, 3;
den. Im Herrenmahl wurde der Tod des Herrn x) verkündet. Rö 5, 6;
Weil Christus für alle gestorben ist, darum soll und darf das 7
Gebet allen Menschen gelten. Doch nicht das Gebet allein, Gal 4, 4;
sondern der daraus entstehende Gehorsam soll zu einem Wei- 6, 9; Mk 1, 15
tergeben der Frohbotschaft an alle Welt führen. Aus der Hin- Jo 13, 1
gabe an Gott folgt das Hingehen zu den Menschen. **Dazu bin** x) 1 Ko 11, 26
ich zum Herold und Apostel bestellt worden y) **— ich sage** y) II 1, 11
die Wahrheit und lüge nicht — zum Lehrer der Völker in Glauben und Wahrheit. Wenn Paulus von der Erlösung spricht, die in Christus verwirklicht wurde, verbindet er da-
mit immer seine persönliche Berufung als Verkünder z). Jede z) 1, 11; 2 Ko
Aussage über das Heil wird unglaubwürdig abstrakt, wenn 5, 18—6, 1;
sie den, der davon spricht, nicht zum Heilsboten, zum Herold, Eph 3, 7—8
macht. Die Apostel sind die Fortsetzung des göttlichen Zeug-
nisses a): „als ob Gott durch uns ermahnt: Wir bitten an a) 1 Jo 5, 9—10
Christi Statt: Lasset euch versöhnen mit Gott“ b). Nicht er
selber hat sich dazu gemacht, er ist eingesetzt worden, damit b) 2 Ko 5, 20

[17] Johann Christoph Blumhardt vermeidet eine kurzschlüssige Allversöhnungslehre, läßt aber nicht ab von der Liebe, die alles hofft, und vor allem: er läßt nicht ab vom weltumfassenden Gebet, wie es unsere Stelle erwartet. Ein Gebet von ihm lautet: „Herr, unser Gott, deine Augen schauen auf die Welt und die Weltsünde. Aber deine Gnade ist groß, deine Barmherzigkeit ist ohne Grenzen. Um Jesu Christi willen wirst du der Welt das Heil bringen, das verheißen ist, wenn der große Tag kommt in Jesus Christus, dem Heiland, der für uns sein Blut vergossen hat, und der auch die, die jetzt in Not und Elend sind, besuchen kann, damit er seinen Frieden und seine Kraft in ihr Herz lege, daß das Sterben ein Leben werde.“

er das Zeugnis ausrufe als Herold[18], Apostel und Lehrer, und zwar nicht nur für Israel, sondern für alle Völker (E 25).

In Glauben und Wahrheit kann sich sowohl im subjektiven Sinn beziehen auf die Art und Weise, wie Paulus Lehrer der Völker ist c), wie auch objektiv auf den Inhalt der Botschaft, die allen Glaubens würdig ist, weil sie aus Gottes Wahrheit stammt.

c) 2 Th 2, 13. 14 vgl. Tit 1, 1

b) Der Gebetsdienst der Männer 2, 8

8 Ich will nun, daß an allen Orten die Männer beten, indem sie heilige Hände erheben ohne Zorn und Zank.

Für die Auslegung des Abschnittes 2, 8—15 muß uns das ganze Gewicht des Vorangegangenen ständig vor Augen bleiben, weil sonst Sinn und Zuordnung der einzelnen Anweisungen verlorengeht oder entstellt wird. Die große, weltweite Schau der Erlösung und des durch sie begründeten weltumfassenden Gebetes für alle Menschen[19] steht nicht im Gegensatz zu den jetzt folgenden einzelnen und konkreten Anweisungen für das Verhalten der Männer und Frauen im Gemeindegebet. Vielmehr ist es typisch für die Irrlehrer, daß sie die Spannung zwischen Gott und Mensch, Ewigkeit und Zeit, Geist und Fleisch aufheben, die eine Seite verabsolutieren und die andere unterdrücken[20].

[18] Ein Herold ist einer, der in allerhöchstem Auftrag eine öffentliche Bekanntmachung zu proklamieren hat. Bei P nur hier und II 1, 11, vgl. 2 Pt 2, 5.

[19] Die am 4. Dezember 1963 in Rom promulgierte Konstitution über die heilige Liturgie gründet ihre Aussagen auf 1. Timotheus 2: „Gott, der da will, daß alle Menschen gerettet werden und zur Erkenntnis der Wahrheit gelangen (1 Tim 2, 4), hat in früheren Zeiten vielfach und auf vielerlei Weise durch die Propheten zu den Vätern gesprochen (Hb 1, 1). Als aber die Fülle der Zeiten kam, sandte er seinen Sohn, das Wort, das Fleisch angenommen hat und mit dem Heiligen Geist gesalbt worden ist, den Armen das Evangelium zu predigen und zu heilen, die zerschlagenen Herzens sind (Jes 61, 1; Lk 4, 18), den Arzt für Leib und Seele (Ignatius von Antiochien), den Mittler zwischen Gott und Menschen (1 Tim 2, 5). Denn seine Menschheit war in der Einheit der Person des Wortes Werkzeug unseres Heils. So ist in Christus hervorgetreten unsere vollendete Versöhnung in Gnaden, und in ihm ist uns geschenkt die Fülle göttlichen Dienstes ... Nach dem Evangelium und der Homilie soll ... das allgemeine Gebet oder „Gebet der Gläubigen" wieder eingeführt werden, damit unter Teilnahme des Volkes Fürbitte gehalten werde für die heilige Kirche, für die Regierungen, für jene, die von mancherlei Not bedrückt sind, und für alle Menschen und das Heil der ganzen Welt" (1 Tim 2, 1 f).

[20] „So weit der erste Teil, so eng der zweite. Zwischen den beiden Teilen besteht ein ganz tiefer Zusammenhang. Je weiter die Gemeinde sich die Ziele des Dienstes steckt, um so sorgfältiger muß sie ihr inneres Leben regeln. Die im Gebet der Welt dienende Gemeinde ist und bleibt die ihrem Herrn gehorsame Gemeinde" (Brandt).

In 1 Ko 11, 17—34 ordnet Paulus an[21], wie sich die Gemeinde, die zum Abendmahl versammelt ist, zu verhalten hat; in unserer Stelle geht es nicht um verwilderte Eßgewohnheiten, sondern um Aggressionen der Männer, die in Zorn und Zank sichtbar werden, und um Aspirationen der Frauen, die im Verhalten und in der Kleidung sich zeigen; dadurch stehen Männer und Frauen im Widerspruch zum Bekenntnis beim Herrenmahl und zur Fürbitte für die Welt.

Gebetet soll werden an allen Orten a), wo das Evangelium verkündet wurde und wo Christen sich als Gemeinde versammeln, öffentlich und in den Häusern. Noch immer ist der Blick auf die Universalität des Heils gerichtet, auf Bitten und Dank für alle Menschen. Eine Anlehnung an Maleachi 1, 11 liegt nahe: „An allen Orten wird meinem Namen reine Opfergabe dargebracht.[22]"

a) 1 Ko 1, 2; 2 Ko 2, 14; 1 Th 1, 8

Heilige Hände erheben. Das Erheben der ausgestreckten Arme und Hände ist von alters her die Haltung[23], die ein Bittender einnimmt, der vor einen Vorgesetzten oder vor Gott hintritt b). Die Christen haben, wenn auch nicht ausschließlich, in dieser Stellung gebetet[24]. In den erhobenen Händen

b) 2 Mo 9, 29; 17, 11; 1 Kö 8, 54; Jes 1, 15; Neh 8, 6; Hio 11, 13; Ps 63, 5

[21] *boulomai* = ich will; wie Phil 1, 12; 1 Ko 12, 11; I 2, 8; *parangello* wie I 1, 3; 4, 11; 5, 7; 6, 13. 17; wie 1 Th 4, 11; 2 Th 3, 4. 6. 12; 1 Ko 7, 10!; kein Unterschied in der Bedeutung also; *diatasso*, anordnen, befehlen: 1 Ko 9, 14; 16, 1; 7, 17; *parangelia:* die apostolische Weisung, so in I 1, 18 wie im ersten Brief des Paulus 1 Th 4, 2; in I 1, 18 „als Anweisung fast gleich der Predigt" (Bauer); wie Tit 1, 5; 1 Ko 9, 14: der Herr hat verordnet; 1 Ko 16, 1.

[22] Justinus, Irenäus, die Didache erwähnen Mal 1, 11, um die universale Ausbreitung der Eucharistie (= Herrenmahl) zu begründen. Vgl. reine Hände = reine Opfergabe; dazu Hb 13, 15, das Gebet als Opfer des Lobes.

[23] „Der Gott Hadad kennt (erhört) die Erhebung der Hände" (das Gebet) (Hamurabi Codex Prol. 56, 57).

[24] In den Fresken der Katakomben sieht man diese Gebetsstellung. Tertullian ermahnt die Christen, daß sie nicht wie die Heiden ihre Hände ganz in die Höhe heben sollen, sondern eher so ausgestreckt, wie Christus am Kreuz hing. Verschiedene Gebetshaltungen in der Bibel:

1) stehen: 1 Mo 18, 22; 1 Sam 1, 26; Mt 6, 5; Mk 11, 25.
2) neigen des Kopfes: 1 Mo 24, 48; 2 Mo 12, 27; 2 Chron 29, 3; Lk 24, 5.
3) die Augen zum Himmel richten: Ps 25, 15; 121, 1; 123, 1; 145, 15; Jo 11, 41; 17, 1; Apg 7, 55.
4) knien: 2 Chron 6, 13; Ps 95, 6; Jes 45, 23; Dan 6, 10; Mt 17, 14; Mk 1, 40; Apg 7, 60; 9, 40; 20, 36; 21, 5; Eph 3, 14.
5) niederfallen, mit dem Angesicht auf der Erde: 1 Mo 17, 3; 24, 26; 4 Mo 14, 5. 13; 16, 4; Jos 5, 14; Ri 13, 20; Neh 8, 6; Dan 8, 17; Mk 7, 25; Offb 1, 17.
6) das Gesicht zwischen den Knien: 1 Kö 18, 42.
7) sich an die Brust schlagen: Lk 18, 13.

drückt der Mensch leiblich aus, daß er sein ganzes Leben auf Gott hin ausrichtet und aufrichtet. Herz und Hände werden erhoben zu Gott: „Erheben wir unsere Herzen samt unseren Händen zu Gott im Himmel c).“ Die Betonung liegt nicht auf der Geste, sondern auf der ganzheitlichen Haltung des Menschen vor Gott, das Innere soll mit dem Äußeren, der Leib mit dem Geist nicht in Widerspruch stehen, sondern eins sein; das gilt für die Männer wie für die Frauen, denn beide, sie alle können in den Gemeindezusammenkünften beten wie in Korinth d) und „an allen Orten“. **Heilige Hände** sind zunächst mit Wasser sauber gewaschene Hände[25], dann im übertragenen Sinn: die sittliche Reinheit, das heilige Handeln aus reinem Gewissen e). Das Wort des Propheten Jesaja f) hebt die zentrale Bedeutung der menschlichen Hand für alles H a n d e l n, auch für das Beten, hervor: „Und wenn ihr eure Hände ausbreitet, verhülle ich meine Augen vor euch; selbst wenn ihr des Betens viel macht, höre ich nicht; eure Hände sind voll Blutes. Wascht euch, reinigt euch; schafft die Schlechtigkeit eurer Handlungen (!) mir aus den Augen, laßt ab vom Übeltun[26].“

c) Kla 3, 41
d) vgl. 1 Ko 11, 5 mit 11, 16
e) Jak 4, 8; Hio 16, 17; Hb 10, 22; Ps 26, 6
f) 1, 15—16

Wer unversöhnlich ist gegen seinen Nächsten, wer seinem Bruder zürnt, wer mit ihm streitet und hadert, kann nicht im Gebet vor Gott treten g).

g) Mt 5, 22—25; 6, 14; Mk 11, 25; Eph 4, 31. 32

Die Mahnung gegen Wortstreitereien[27] ist besonders typisch

[25] Ob in späterer Zeit „reine Hände“ wieder buchstäblich, gesetzlich als kultische Reinigung mißverstanden wurde? *Christianus lavet manus omni tempore quo orat:* Der Christ wäscht jedesmal die Hände, wenn er betet (Can. Hippolytus 241), vgl. Mt 15, 2. 20! Unsere Stelle gibt dazu keinen Anlaß; sie ist eindeutig auf Gesinnung und Handeln bezogen: Zorn und Zank.

[26] rein *(hosios)* ist zwar hellenistisch gebräuchlich als „kultisch rein“, ist aber hier trotzdem mehr aus der atl Welt verstanden, als Kähler behauptet: „Ihm (dem Wortgebrauch von rein) wohnt kein ‚eschatologischer Kern‘ inne, sein ‚Sinngehalt‘ ist ‚selbstgerechter‘, als es der neutestamentlichen Gemeinde entspricht. Der Begriff fehlt in den unbestrittenen Paulinen ganz“ (148 f). Dagegen ist zu sagen, daß der Begriff „rein“ im ersten und unbestrittensten Brief des Paulus vorkommt, und zwar ganz im Sinne eines sittlichen Verhaltens, wie die Zusammenstellung von rein, gerecht, untadelig zeigt (1 Th 2, 10). Den atl Zusammenhang von „rein“ und Gebet läßt Hb 7, 25—26 noch erkennen: Christus ist der Hohepriester, der fürbittend eintritt für seine Gemeinde. Er ist rein und untadelig, arglos; ebenso sollen alle Männer und Frauen, die zu Priestern Gottes gemacht worden sind, rein und würdig hintreten zum Gebet für die Welt. Weiter: Apg 2, 27; 13, 35 nennt im Zitat von Ps 16, 10 den Messias als den Reinen; in Offb 15, 4; 16, 5: Gott selbst.

[27] *dialogismos* ist hier zu übersetzen mit „bösartiger Auseinandersetzung“, mit „Wortstreitereien“ oder „Zank“ und nicht: „zweifelnde Überlegung“ oder „Zweifel“. Das Wort be-

für die Past h); sie berührt einen konkreten und zentralen Schaden in der Gemeinde. Das gesetzliche Betonen der Formen und das Vorbringen von Sonderlehren fördert den Wortstreit. Darum muß zuerst das Selbstgericht und die Versöhnung geschehen i), bevor gebetet werden kann in der Gemeinde.

h) 3, 3. 8; 5, 13; 6, 20; II 2, 24; Tit 1, 7; 2, 3; 3, 2
i) 1, 18—20

c) Der Gebetsdienst der Frauen 2, 9—15
(Siehe Anhang 4: Die Stellung der Frau)

9 Ebenso (will ich), daß die Frauen keusch und verständig sich
schmücken mit schmucken Kleidern, nicht mit Haarputz,
10 Goldgepränge, Perlen oder aufwendigen Kleidern, * son-
dern mit guten Werken die Gottseligkeit verkündend, wie
11 es Frauen geziemt. Eine Frau lerne in Ruhe und ganzer Un-
12 terordnung. * Öffentlich zu lehren, erlaube ich einer Frau
nicht; sie soll nicht (mit Worten) über einen Mann herr-
schen, sondern sich ruhig verhalten. Denn Adam wurde zu-
13 erst geschaffen, dann Eva. * Und nicht Adam wurde ver-
führt, sondern die Frau wurde betört und fiel in Übertre-
14 tung. * Sie wird aber durch die Schmerzen der Geburt hin-
durchgerettet werden, wenn sie bleiben in Glaube und Lie-
15 be und Heiligung mit Verständigkeit. Zuverlässig ist das
Wort.

Die Männer sollen rein handeln mit ihren Händen, die Frauen rein sein in ihrer Kleidung; die Männer weder zürnen im Herzen, noch streiten mit Worten; die Frauen weder unkeusch sein im Herzen, noch um ihre Stellung kämpfen mit Worten. Wie für die Männer das Verhalten an Leib und Seele, die Übereinstimmung von Herz und Hand, von Gesinnung und Handlung unerläßlich ist für den hohen Auftrag der weltumfassenden Fürbitte und des Fürdankes, desgleichen soll auch der innere „Habitus" (Gewandung als Verfassung des inneren Menschen) der betenden Frau übereinstimmen mit dem sicht-

deutet ursprünglich Gedanke, Überlegung und kann, wo sich widerstreitende Überlegungen aufdrängen, zum Zweifel führen (Rö 14, 1) oder aber zu bösen Überlegungen, die sich in Streitgesprächen äußern (Lk 5, 22; 9, 46(!); Phil 2, 14). Jakobus 2, 1—13 illustriert treffend, wie in einer Gemeindeversammlung böse Gedanken und Worte aufkommen. 2, 4: *dialogismos* = „Seid ihr denn nicht mit euch selbst in Widerspruch geraten und Richter mit bösen Gedanken geworden?"

baren Gewand und Gebaren[28]. Männer und Frauen sind berufen zum Gebet in der Gemeinde. — **Sich schmücken.** Das Bedürfnis, sich zu schmücken, wird weder in Frage gestellt noch unterdrückt oder gar verboten, sondern auf seinen Ursprung bezogen: wahrer Schmuck, wahre Schönheit kann nur in der Übereinstimmung von innen und außen bestehen. — **Schmucke Kleider:** Das Adjektiv „schmuck" wurde für die Übersetzung gewählt, damit die Beziehung zu schmücken auch in der deutschen Sprache erhalten bleibt; **schmuck:** kosmios, entspricht kosmeo als Verb. Der ursprüngliche Sinn: geordnet wie der Kosmos, die geordnete Schöpfung im Gegensatz zum ungeordneten Chaos; im übertragenen Sinn: wohl geordnet, geziemend, ehrlich, bescheiden. Luther übersetzt: „in zierlichem Kleid mit Scham und Zucht sich schmücken"[29] — **keusch** ist eigentlich Schamhaftigkeit, Scheu, Ehrfurcht k). — **verständig** l): eigentlich: mit Besonnenheit, Zurückhaltung. Beide Ausdrücke sind aus der hellenistischen Vorstellungswelt übernommen, wo sie die persönliche innere Haltung des einzelnen ausdrücken. Im Zusammenhang unserer Stelle aber erhalten diese griechischen Tugenden einen ganz neuen Sinn: Sie sind nicht mehr beschränkt auf das Verhalten sich selbst gegenüber, sondern auf das Zusammenleben mit der Gemeinde vor Gott.

k) wie Hb 12, 28
l) 2, 15; Apg 26, 25

Wie die Knechte durch ihre Treue in der Arbeit die Lehre des Erlösers zieren m), so können die Frauen durch ihre Art, wie sie sich selbst schmücken und verhalten, **die Gottseligkeit verkünden mit guten Werken — verkünden:** eine Botschaft

m) Tit 2, 10

[28] Einige Handschriften beginnen Vers 9 mit *kai* = und; dadurch wird die Absicht noch mehr die, daß für Männer und Frauen inhaltlich einander entsprechende Aussagen gemacht werden sollen (ebenso = in gleicher Weise), wie auch in 1 Ko 11, 4 und 5: Jeder Mann, der betet oder weissagt . . ., jede Frau, die betet oder weissagt. In Korinth stand die Frage der Kopfbedeckung zur Diskussion, in den Past geht es um Kleidung und Zurschaustellung des Reichtums, da Reiche in der Gemeinde sind. Diese sollen ihren Reichtum nicht für die Hoffart der Frauen, sondern zusammen mit den Frauen für gute Werke einsetzen (I 6, 17. 18).

[29] Wir übersetzen *katastole* mit „Kleider". Das Wort ist zusammengesetzt aus *kata:* herablassen, und *stole:* das lange Gewand; es ist das Kleid der Engel (Mk 16, 5), der verklärten Frommen (Offb 6, 11; 7, 9. 13; 22, 14); so wird auch das Gewand der Priester genannt: Stola. *katastole:* das Herablassen des Überwurfes, so daß der rechte Arm bedeckt bleibt; daraus entsteht dann im übertragenen Sinn: die äußere Haltung, die sich auch in der Kleidung ausdrückt. Vgl. lat. *habitus,* was sowohl Kleidung wie Haltung bedeutet. Haarputz: Josephus berichtet; daß Frauen ihre Haare mit Goldstaub bepudert haben, um ihnen Glanz zu verleihen. Die Bereitung der Haartracht war eine große Arbeit, von Sklavinnen ausgeführt. Hld 4, 1; 6, 5 rühmt die Schönheit, 7, 6 die Verführungskraft der Frauenhaare.

laut und deutlich aussagen und weitergeben; wie 6, 21. Die guten Werke sprechen eine deutliche Sprache, und sie erst machen das Bekenntnis mit dem Munde sinnvoll (A 3).

Nicht mit Haarputz, Goldgepränge, Perlen oder aufwendigen 10
Gewändern. Die Frauen sollen nicht durch einen zur Schau getragenen Reichtum die ärmeren Frauen verletzen oder herausfordern zum Neid. Ebenso hat Paulus das Verhalten der Korinther gerügt, welche an den gemeinsamen Mahlfeiern die Armen durch ihr Verhalten beschämten n).

n) 1 Ko 11, 21—22; Lk 7, 25

Ihr Reichtum (oder der ihrer Männer) ist besser angewendet in guten Werken als in aufwendigem Schmuck und Gewand. Der wahre, **einer Frau geziemende** o) Schmuck besteht in guten Werken, das entspricht den reinen Händen der Männer und ihren Handlungen. „Ich kleidete mich in Gerechtigkeit und sie bekleidete mich." p) „Laß deine Priester bekleidet werden mit Gerechtigkeit und deine Frommen mit Jubel." q)

o) 1 Ko 11, 13 Eph 5, 3; Tit 2, 1; Hb 2, 10; 7, 26
p) Hio 29, 14
q) Ps 132, 9; Jes 61, 10

Man kann auch übersetzen, daß die Frauen sich durch gute Werke zur Gottesfurcht[30] bekennen, doch zielt die Aussage auf die aus der Gottesfurcht stammenden guten Werke. Im Gegensatz zu den (reichen?) Frauen, die müßig umhergehen und reden r), sollen sie Gutes wirken s).

r) I 5, 13
s) Tit 1, 16; 3, 8; I 6, 18

Die guten Werke sind Ausfluß wahrer Gottesfurcht, nicht Versuch, sich bei Gott Verdienste oder das Heil zu erwerben. „Das ‚Bekenntnis zu Gott' ist mehr als der Versuch, Gottesfurcht an den Tag zu legen oder zu versprechen. Die Art des Schmuckes ist eine besondere Form der Verkündigung."[31]

Eine Frau lerne t) in Ruhe und Unterordnung. — Der bescheidenen Kleidung und der verständigen inneren Haltung entspreche das Auftreten in der Gemeinde. Alle sollen ein **ruhiges und stilles Leben** führen, die Männer nicht Wortgefechte führen u), die Frauen bei der Teilnahme am Lehrgespräch der Gemeinde den Männern nicht vorlaut dreinreden, sondern sich unterordnen. „Die Glieder des Leibes geben sich einer einträchtigen Unterordnung hin[32]". Die korinthische Gemeinde

t) wie 5, 4. 13 II 3, 7. 14; Tit 3, 14
u) 2, 2. 8

[30] *theo-sebeia* (syn zu eu-sebeia = Gottseligkeit): Gottesfurcht. Nur noch als Adjektiv in Jo 9, 31; aber auch 1 Mo 20, 11 (LXX).

[31] O. Michel, S. 90; s. Anhang 3: Gute Werke.

[32] Bauer, Spalte 1676, zitiert außerbiblische Literatur. Vgl. ebendort: „in einmütiger Unterordnung vollendet".

v) 2 Ko 9, 13 — v) ordnet sich dem Evangelium von Christus unter, indem sie Gaben für die Bedürftigen[33] gibt.

In der Gemeinde sollen nicht Unfriede und Streit, sondern
w) 1 Ko 14, 33 — Friede und Unterordnung w) die Atmosphäre bestimmen, in der das Herrenmahl gefeiert, Gott angebetet, geweissagt und gebetet wird. Letztlich ist die innere Ruhe des Menschen eine Frucht seines Hörens auf Gottes Wort, die Unterordnung unter seinen Gnadenwillen.

11 **Öffentlich zu lehren, erlaube ich einer Frau nicht.** Der autoritive Ton ist derselbe wie in 1 Ko 14, 34, nur daß er dort, weil unpersönlich formuliert, noch härter erscheint als hier. **Lehren** ist in den ntl. Briefen, auch in den Past, in zweifachem Sinn zu verstehen. 1) Unterweisung, Lehrgespräch, Verkündigung. 2) Verpflichtende Weisung, autoritive Ausübung der Gemeindezucht gegen Irrlehre und unordentlichen Lebenswandel. Daß hier der zweite Sinn von Lehren zu verstehen ist, zeigt der nachfolgende Satz:

12 **Sie soll nicht (mit Worten) über einen Mann herrschen, sondern sich ruhig verhalten.** Die Frau soll ihre neue Freiheit, am Lehrgespräch teilzunehmen, nicht dazu mißbrauchen, um, wie die Irrlehrer, sich auf Gott berufend nun als Frau gebietende Aussagen über den Mann in der Gemeindeversammlung zu machen. Diese Weisung richtet sich wie alle andern gegen einen Mißbrauch. Was als Gebet und prophetisches Reden begann, konnte leicht als gebietendes Lehren enden. Eine Prophetin könnte sich in Anlehnung an die übergeordnete Stellung der
x) 1 Ko 12, 28—29 — Propheten x) den Lehrern überlegen vorkommen. Offensichtlich wurde ein solcher Kampf um Rangordnung und Geltung
y) 1 Ko 12, 15—25; Lk 22, 24; Phil 2, 3; 4, 2; Rö 16, 17 — nicht nur in Korinth ausgefochten y). Gegenüber dieser Tendenz gebietet Paulus: Eine Frau soll nicht öffentlich lehrend und gebietend auftreten in der Absicht, sich dadurch über den Mann zu stellen. Es wäre verfehlt, aus dem Verbot der autoritativ gebietenden Lehrausübung umgekehrt schließen zu wollen: Vielmehr soll der Mann lehrend über die Frau herrschen. Auch läßt sich aus diesem Wort nicht ableiten, daß die Frau überhaupt nicht lehren soll. Das Lehren ist nicht nur in den frühe-
z) Tit 2, 3—5; II 4, 19; 1, 5; 3, 15 — ren Briefen, sondern auch in den Past selbstverständlich Recht und Pflicht der Frau z). Wenn sie betet oder weissagt oder un-

[33] Auch die Frauen bekennen (verkünden) Gottesfurcht durch gute Werke in Unterordnung: beide Male sind 1) Bekenntnis 2) Evangelium 3) gute Werke 4) Unterordnung (Gehorsam) zusammen erwähnt.

terweist oder am Lehrgespräch teilnimmt, immer wird ihr ruhiger und stiller Geist a), ihr **ruhiges Verhalten** den Erweis erbringen, daß sie sich als Frau nicht behaupten will oder muß, sondern daß sie eine „heilige Frau“ ist wie Sara, die als Herrin[34] ihren Mann Herr nannte b).

a) 1 Pt 3, 4

b) 1 Pt 3, 6

Denn Adam wurde zuerst geschaffen, dann Eva. Diese und die folgenden Aussagen erwecken den Eindruck, daß der Verfasser nicht etwas Neues, Unerhörtes oder Anstößiges formuliere, sondern sich selbstverständlich und nur andeutungsweise auf Bekanntes beziehe, das die Leser und Hörer ohne weiteres verstehen. Aus dem Schöpfungsbericht c) zieht Paulus zwei Folgerungen: 1) Die Frau ist vom Manne, darum ist sie ihm gleich, ihm zugeordnet. 2) Die Frau ist vom Manne, darum kann sie als ihm gleiche untergeordnet sein. Denn erst wo echte „Gleichwertigkeit“ herrscht, kann von „Verschiedenrangigkeit“ und d. h. echter Unterordnung die Rede sein: Der Mann ist hier gesehen als „primus inter pares“, Erster unter Gleichen. Bildhaft ausgedrückt: Der Mann ist das Haupt der Frau. Die Frau ist die Herrlichkeit des Mannes. Die Frau sei der Liebe des Mannes untergeordnet; der Mann liebe die Frau als ihm gleiche, die „Miterbin der Gnade des Lebens“ ist. In dieser Zuordnung werden „die Gebete nicht gehindert“ (1 Pt 3, 7). Das höchste Beispiel und Vorbild der Unterordnung als freier Vollzug eines Gleichwertigen gibt Christus selbst d).

c) 1 Mo 2, 22—24

d) 1 Ko 15, 23

Und nicht Adam wurde verführt, sondern die Frau fiel in Übertretung, indem sie sich verführen ließ.

Dieser Vers ist nicht an Vers 13 anzuschließen, sondern an Vers 12. Die Verse 11 und 12 stehen in Parallele zueinander durch das in beiden vorkommende Wort vom ruhigen Verhalten. Vers 11 weist auf die sogenannte „Schöpfungsordnung“ hin wie Vers 13; Vers 12 auf das Nichtbeachten dieser Ordnung, ebenso wie Vers 14. Wir lesen deshalb: Eine Frau lerne in Ruhe und Unterordnung, denn Adam wurde zuerst geschaffen, dann Eva. Öffentlich zu lehren, erlaube ich einer Frau nicht, noch über den Mann zu herrschen, sondern sie soll sich ruhig verhalten, denn nicht Adam wurde verführt, sondern die Frau wurde verführt und fiel in Übertretung.

Falsche Lehrer v e r f ü h r e n e) (wörtlich wie V. 14a) mit süßen Worten und schönen Reden die Herzen der Arglosen f).

e) Rö 7, 11, 1 Ko 3, 18; 2 Th 2, 3;

f) Rö 16, 17—20

[34] Nach 1 Mo 17, 15 gebietet Gott dem Abraham, seine Frau fortan nicht mehr Sarai, sondern Sara, d. h. Fürstin oder Herrin, zu nennen. Vgl. auch 1 Mo 21, 12.

Wie Eva von Satan, so kann die ganze Gemeinde (Männer
g) 2 Ko 11, 3 f und Frauen) von falschen Aposteln verführt werden g). Die
falschen Lehrer versprechen den Frauen eine höhere Freiheit,
durch welche sie von der Ehe, der Geschlechtsgemeinschaft mit
h) 4, 3 dem Mann und dem Kindergebären befreit werden h).

Die Würde des Menschseins ist für Mann und Frau völlig gleich, im Bilde Gottes schuf er sie beide, als Mann und Weib schuf er sie: Verantwortung und Schuld ist darum ebenso gleich, nur Verführungsart und Fall sind verschieden.

15 **Sie wird aber durch die Schmerzen der Geburt hindurch gerettet werden, wenn sie (alle gläubigen Frauen) in Glaube und Liebe und Heiligung mit Besonnenheit bleiben.**

Der Abschnitt über die betenden Frauen zielt auf diesen abschließenden Vers hin. Sieht man ihn in Verbindung mit dem
i) 4, 3 Eheverbot der Irrlehrer i), so liegt es nahe, in 9—15 eine Entgegnung auf ganz bestimmte Ansprüche und Verirrungen in der Gemeinde zu sehen.

Eine Prophetin (und ihre Anhängerinnen) oder ein Irrlehrer und sein Kreis könnten aufgrund „göttlicher Weisung" behauptet haben: Durch Christus ist die neue Weltordnung schon verwirklicht. Er hat die Frau befreit von ihrer Jochgemeinschaft mit dem Mann, denn Gottes Geist spricht direkt zu ihr und befiehlt ihr, was sie zu tun und zu lehren hat. Die Prophetin ist Gott geweiht und darum erlöst von der Geschlechtlichkeit, vom Kindergebären und den häuslichen Lasten. Sie hat jetzt einen höheren Auftrag, der alles Bisherige übertrifft. Da sie, göttlich erleuchtet, in der Erkenntnis der Wahrheit nicht mehr irren und sie keine Macht mehr verführen kann, steht sie heilig da und gebietet Männern wie Frauen im Namen des Herrn, wie sie zu leben haben.

Die verheiratete Frau aber findet ihr Heil nicht dadurch, daß sie sich von ehelichen und mütterlichen Aufgaben löst, in der Meinung, eine höhere Freiheit zu erreichen. Mitten in ihren alltäglichen, irdischen und natürlichen Mühen und Schmerzen vermag sie die **Heiligung** in jeder Hinsicht zu verwirklichen, **Glauben und Liebe** zu betätigen und in allem die
k) Kol 1, 23; 1 Ko 3, 14; 7, 20. 24 wahre sittliche Kraft der Frau aufleuchten zu lassen. Wenn sie darin bleibt k) und sich nicht weglocken läßt, wird sie gerettet

werden, auch durch die Schmerzen der Mutterschaft hindurch[35].

Nicht anders lautet die Ermahnung und Verheißung an Timotheus: Wenn er in dem bleibt und verharrt, wozu er berufen ist, wird er sowohl sich selbst erretten als auch die, welche auf ihn hören l). l) I 4, 16

Der ganze Abschnitt gipfelt in einem zusammenfassenden Hinweis auf die „Erlösungsordnung" wie entsprechend in 1 Ko 11, 11—12. Dort steht „im Herrn", hier „in Glauben und Liebe und Heiligung". Glauben und Liebe sind aber dem Gebrauch in den Past gemäß immer nur „in Christus Jesus" m) vorhanden und wirksam. m) I 1, 5—14; II 1, 13; 2, 1; 3, 12

Besonnenheit ist die Grundverfassung des Menschen, durch die Glauben, Liebe und Heiligung bestimmt werden[36].

Zuverlässig ist das Wort n). Der erste große Abschnitt des Briefes ist zu seinem Abschluß gelangt. Die Heilung der Gemeinde beginnt in der Mitte ihres Lebens: im Gebet vor Gott; in der Mitte ihrer Zellen und Häuser: der Haltung und Beziehung von Mann und Frau. Nicht die Diener der Gemeinde, nicht Ämter oder Stellungen sind die Mitte oder das Erste, sondern Glaube und Liebe in Christus und daraus die Liebe aller Glieder, die gute Werke tun läßt; der Glaube aller, der sie beten läßt für alle, da sie ihren Erlöser gegenwärtig wissen in ihrer Mitte und durch ihn Gott lobpreisen. n) 1, 15

[35] *dia tes teknogonias:* durch das Kindergebären hindurch; *dia* mit Genitiv zeigt den Zustand oder die Bedingung an, in welcher eine Person sich einem Geschehen hingibt: mit ten in, mit, durch, hindurch. frz. au travers. Die Frau wird gerettet werden, nicht trotz des Geburtsvorganges, auch nicht kraft der Geburtsleiden (Verdienst), sondern in ihnen, in Erfüllung ihrer mütterlichen Aufgabe. 1 Ko 3, 15: gerettet, so wie d u r c h das Feuer hindurch; 2 Ko 2, 4; 6, 8: aus viel Trübsal und Herzensangst.

[36] Alle Frauen und alle Männer (heilige Hände I 2, 8!) sind zur Heiligung gerufen. Als Gereinigte sollen sie vor Gott treten zu den Gebeten und zum Mahl des Herrn. In der Didache (10, 6) wird das Herrenmahl eingeleitet durch die Worte: „Wer heilig ist, komme; wer es nicht ist, kehre um; maranatha. Amen." Das ist auch die Grundausrichtung von 2. 1—15!

3. Die Gemeinde und ihre Diener vor Gott
1. Timotheus 3, 1—16

a) Der Vorsteher im Gemeindedienst 3, 1—7

1 Wenn jemand einen Vorsteherdienst begehrt, so trachtet er
2 nach einem guten Werk. * Der Vorsteher nun soll unbe-
scholten sein, Mann einer Frau, nüchtern, besonnen,
3 würdig, gastfrei, lehrfähig, * kein Trinker, kein Schläger,
sondern freundlich, nicht streitsüchtig, nicht habsüchtig,
4 *der seinem eigenen Haus gut vorsteht, der seine Kinder
5 mit aller Würde in Gehorsam hält. * Wenn aber jemand sei-
nem eigenen Hause nicht vorzustehen weiß, wie wird er für
6 die Gemeinde Gottes sorgen können? * Nicht ein Neuer, da-
mit er nicht überheblich wird und dem Gericht des Teufels
7 verfällt. * Er muß aber auch ein gutes Zeugnis haben von
denen, die draußen sind, damit er nicht in böse Nachrede
und in die Schlinge des Teufels gerät.

Erst jetzt, nachdem der Apostel allen Gemeindegliedern ihre weltweiten und hausnahen Vorrechte und Verpflichtungen dargelegt hat, kommt er auch auf die Diener der Gemeinde zu sprechen. Diese Reihenfolge ist nicht ohne Bedeutung (E 1. 2). Von einer Überbewertung der Leiter oder gar eines einzelnen ist nicht die Rede[1]. Im Gegenteil, für den Vorsteherdienst bedarf man sogar einer ausdrücklichen Bestätigung und Ermutigung durch den Apostel. Wer danach trachtet, begehrt eine schöne und wertvolle Aufgabe, die nicht zu verachten ist a). Diese Diener stehen der Gemeinde „im Herrn" vor und weisen sie zurecht, darum sollen sie um ihres Werkes willen ganz besonders lieb und wert gehalten werden b).

a) 4, 12; 5, 17. 19

b) 1 Th 5, 12—13

Unter den Gnadengaben zählte der Apostel diejenige der Leitung zu den geringeren c). Noch der Letzte der Gemeinde sollte fähig sein, richterliche Entscheidungen zu fällen d). Es gilt vielmehr, nach den für die Gemeinde wichtigeren Gaben der Weissagung und der Lehre zu streben e). Während Paulus

c) 1 Ko 12, 28; Rö 12, 6—8

d) 1 Ko 6, 4

e) 1 Ko 14, 1

[1] Da ein tieferer Einschnitt zwischen Kap. 2 und 3 nicht anzunehmen ist, muß mit aller Deutlichkeit festgehalten werden, daß das Bischofsamt das Priestertum aller Gläubigen voraussetzt, ja ihm nachgeordnet ist, also ihm dienen soll. Eine eigene liturgische Funktion des Bischofs wird nicht einmal angedeutet. Sie wird sich in nichts von der aller männlichen Christen unterschieden haben.

den Korinthern gegenüber der Überbewertung des Sprachenredens wehren mußte, hat er jetzt einer Geringschätzung des Vorsteherdienstes zu begegnen[2].

Kap. 2 und 3 stehen in engem inneren Zusammenhang: a) der Mittelpunkt des Gottesdienstes, die Gegenwart des Herrn im Geist, im Wort, im Herrenmahl (1, 15; 2, 6; 3, 16); b) zu dieser Mitte hin versammelt war die Gemeinde, Männer und Frauen in weltumfassendem Gebet (2, 1. 8—15); c) ihrem Dienst zugeordnet sind Vorsteher und Diakone (3, 1—15).

Gegen die Tätigkeit der Irrlehrer, die nach dem Abscheiden des Paulus über die Herde herfallen werden, traf der Apostel nicht Maßnahmen kirchenrechtlicher oder organisatorischer Art, er vergrößerte auch nicht die Kompetenz der Vorsteher, sondern er ermahnte die versammelten Ältesten von Ephesus, sich ihrer Berufung durch den Heiligen Geist würdig zu erweisen, auf sich selbst achtzuhaben und auf die ihnen anvertraute Herde f). Nicht anders schreibt er an Timotheus: Er soll auf sich selbst achthaben und auf die Lehre, so wird er sich und die auf ihn Hörenden retten g). Entsprechend gilt es jetzt, die Vorsteher und Diakone auf ihr persönliches Leben und Dienen hin zu ermahnen.

f) Apg 20, 28—32

g) 4, 16

Vorsteherdienst. Die Mehrzahl der Ausleger stimmt darin überein, daß es sich hier nicht um das sogenannte monarchische Bischofsamt handeln kann. Nicht einmal die Einzahl für Vorsteherdienst (1) und Vorsteher (2) läßt den Schluß zu, daß nur

[2] In der „Zwölfapostellehre" (genannt Didache, entstanden vor 120) behandelt das letzte Kapitel die Wiederkunft des Herrn. Erst im vorletzten Kapitel ist von den Bischöfen und Diakonen die Rede: „Erwählt euch daher Bischöfe und Diakone, die des Herrn würdig sind, gütige Männer, frei von Habsucht, wahrhaftig und bewährt. Denn auch sie (!) versehen für euch den Gottesdienst wie die Propheten und Lehrer. Deshalb sollt ihr nicht überheblich auf sie herabsehen (!), sondern sie sollen unter euch mit den Propheten und Lehrern in gleicher Weise in Ehren gehalten werden" (XV, 1. 2). An dieser Mahnung ist zweierlei bemerkenswert: 1) Die Geringschätzung der Bischöfe und Diakone (sie werden zusammen aufgeführt) läßt noch nichts von der späteren Mächtigkeit und Herausstellung des Bischofs erkennen. 2) Die Propheten und Lehrer wurden „höher" gestellt, wogegen sich die Didache wendet. Sie sollen alle gleich in Ehren gehalten werden, als Bruderschaft dienen sie der Gemeinde im Gottesdienst (leiturgia), aber sie übernehmen nicht den Dienst der Gemeinde. Das sollte erst einer späteren Fehlentwicklung vorbehalten bleiben; jetzt geben noch die Propheten den Ton an, zusammen mit den Lehrern, Vorstehern und Dienern: Die Gemeinde ist noch von der Mitte her charismatisch geordnet. „Der Bischof der Past hat erkennbar keinen liturgischen Dienst. Er wird ebenso still wie Phil 1, 1 eingeführt, wie dort ‚alle Heiligen' zuvor genannt sind und in einem Nachtrag die Bischöfe und Diakone mit (syn) eingeschlossen werden, so der Sache nach auch hier" (Holtz).

ein einziger der Leiter einer örtlichen Gemeinde gewesen ist.
In 5, 17 ist von mehreren Ältesten die Rede, die *gut vorstehen*. Sie tun das, was sowohl von den Episkopen (Vorstehern)
h) 3, 12 wie von den Diakonen h) erwartet wird.

Darum übersetzen wir besser mit „Vorsteher" und seine
Aufgaben mit „Dienst", denn es handelt sich bei ihm eben
nicht — noch nicht — um ein Amt mit Ehre und Würde oder
um einen schönen Titel, sondern um ein „schönes Werk"
(E 25e).

Die Gemeinde an größeren Orten konnte aus mehreren
Hausgemeinden mit ihren Vorstehern bestehen (V 4!) und ein
Vorsteher verschiedene Aufgaben ausführen. Einige arbeiten
i) 5, 17 „in Wort und Lehre" i), andere sehen zu, daß in der Gemeinde
k) 3, 5b alles geordnet vor sich geht k). Das Wort Vorsteher, Aufseher (**episkopus**) bezeichnet ursprünglich „jeden, dem innerhalb
einer Gemeinschaft die Sorge für eine bestimmte Angelegenheit als dauernde oder zeitweilige Aufgabe anvertraut ist"[3].

Sich ausstrecken nach einem Vorsteherdienst und ihn begehren, darf man. Die Bibel verwirft das menschliche Streben
nicht, Gott hat es dem Menschen gegeben. Man soll nicht nach
Reichtum streben (6, 10 dasselbe Verb), wohl aber nach besse-
l) Hb 11, 16 ren Gütern l) und schönen Diensten m).

m) 3, 1 **Trachten:** verlangen[4]. Die Lust des menschlichen Herzens
soll nicht unterdrückt werden, sondern gereinigt und ausgerichtet sein auf würdige Ziele, „so hast du deine Lust an dem
Herrn, und er gibt dir, was dein Herz begehrt".

Indem der Heilige Geist die Lust des Herzens weckt, Gottes
Willen zu tun, leitet er den Glaubenden zu den Diensten und
Aufgaben, die der göttlichen Berufung entsprechen und die
darum des Menschen eigene Lust und Liebe werden können.

2 **Der Vorsteher nun soll unbescholten sein.** Diese Worte set-

[3] E. Lohmeyer, Die Briefe an die Philipper, Kolosser und an Philemon, S. 11; vgl. den atl Hintergrund: 4 Mo 4, 16; 1 Chro 24, 19; Apg 1, 15—26, wo unter Berufung auf Ps 109, 8 für Judas ein „Ersatzmann" verlangt wird.

[4] trachten *(epithymeo)*, verlangen, sein Herz daran setzen, begehren: Jesus verlangt sehnlich, das Passamahl mit seinen Jüngern zu essen, bevor er den Kreuzestod erleidet (Lk 22, 15). Die Propheten verlangten zu sehen, was die Jünger sehen (Mt 13, 17). Der Apostel hat nicht Gold und Silber begehrt (Apg 20, 33). Luther übersetzt „den *gelüstet* eines guten Werkes"; die lateinische Übersetzung enthält das belastete Wort Konkupiszenz, das wir sonst nur für böse (geschlechtliche!) Begierden kennen: *si quis episcopum concupiscit bonum opus concupiscit.*

zen den Vorsteher und seinen Dienst nicht ein, sondern voraus, und zwar ohne jede Betonung, wie Phil 1, 1. Zuerst war die Rede vom „Priestertum aller Gläubigen" (Kp 2) und jetzt von ihren Dienern, ganz in Übereinstimmung mit 1 Ko 3, 5. Wir können die nachfolgende Liste einen „Tugendkatalog" nennen im Gegensatz zu den sog. „Lasterkatalogen" n). Da fällt auf, daß mit Ausnahme vielleicht von „lehrfähig" keine besonderen Anforderungen gestellt werden. Vielmehr sind praktische und alltägliche Verhaltensweisen aufgezählt, die für jeden Christen als „elementar" zu gelten haben. Warum aber doch darüber schreiben? Man kann diese oder ähnliche Aufzählungen in den Past nur dann abschätzig als „bürgerliche Moral" oder „christliche Durchschnittsethik" abtun, wenn man übersieht, wie alles begründet ist und wie notwendig für den Glauben das Elementare ist und bleibt.

n) 1, 9—10; II 3, 2—5

Wo die Ausrichtung des Elementaren auf das Fundamentale (die Grundlage) und das Finale (das Ziel, die Vollendung, gr das Eschaton) nicht ständig erneuert und vollzogen wird, da werden schnell ebenso elementare Verstrickungen und Verirrungen auftreten und den einzelnen wie die Gesellschaft mit fortreißen. Vor dem Hintergrund eines wild aufgebrochenen Stromes der „Gesetzlosigkeit" in Gesellschaft und Gemeinde sind die Weisungen der Past zu sehen.

Unbescholten bedeutet nicht einfach, einen guten Ruf haben, sondern berechtigterweise ein gutes Zeugnis haben. Kritik und Vorwürfe sollen keine Blößen finden für ihren Angriff. Das Wort bezeichnet offenbar das umfassende Verhalten, grundlegend für alles Nachfolgende. Jesus betont die Bedeutung des guten Zeugnisses o); so auch überall im NT p).

Entscheidend ist dabei, daß das gute Zeugnis von denen erkannt und ausgestellt werden soll, die nicht zur Gemeinde gehören q). „Wandelt wohlanständig gegenüber denen, die draußen sind r)." Diese Mahnung aus dem ältesten Brief des Paulus stimmt ganz überein mit der Forderung nach einer Unbescholtenheit s), die auch von kritischen und feindlichen Beobachtern nicht in Frage gestellt werden kann. Eine solche Lebensweise ist nur möglich aus dem „Geheimnis des Glaubens, bewahrt in reinem Gewissen" t). Das ist der Ursprung und die Erneuerung aller echten Unbescholtenheit. Das ist das Gegenteil sowohl von asozialem Verhalten wie von biederer Überanpassung an alle und alles.

o) Mt 5, 16; 10, 18
p) Apg 10, 22; 16, 2; 22, 15; I 5, 10; Hb 11, 2. 4. 39; 3 Jo 6. 12
q) Apg 4, 13; 5, 14
r) 1 Th 4, 12
s) I 3, 7
t) s. I 3, 9

Mann e i n e r Frau. Der Vorsteher u) soll vorbildlich verhei-

u) 3, 12; 5, 9

ratet sein[5]. Nicht Ehelosigkeit, sondern volle Ehefähigkeit und Ehevorbildlichkeit darf von den Dienern der Gemeinde erwartet werden. Die beste „Eheschulung" geschieht durch „Ehe-
v) I 4, 12; 1, 16 Vorbilder" v). Vorsteher und Diakone sollen nur einmal verheiratet sein; das weist in 3 Richtungen:

w) Lk 2, 36—37; s. I 5, 5. 9 1. Von der Prophetin Hanna lesen wir w), daß sie Jungfrau gewesen war bis zu ihrer Ehe. Als ihr Mann nach 7 Jahren der Ehe starb, lebte sie fortan bis ins hohe Alter (84 Jahre) allein
x) Joel 1, 8 und diente Gott. Sie ist nach dem Prophetenwort x) dem „Bräutigam ihrer Jugend" treu geblieben[6].

y) Mt 19, 5. 6; Mk 10, 8; 1 Mo 2, 24; 1 Ko 6, 16; Eph 5, 31 2. Nach den Worten des Herrn y) ist die Einehe das ursprüngliche, von Gott gewollte Ziel der Beziehung zwischen Mann und Frau. Wenn schon bei den Heiden darauf gesehen wird und Christen nach Liebe und Treue in der Ehe trachten, wieviel mehr sollte das dann für diejenigen gelten, die sich „in allen Dingen" (also auch in der Ehe) als ein „Vorbild
z) Tit 2, 7 guter Werke darbieten" z).

3. Die hier gegebene Auslegung hat ihre Bedeutung gerade im Blick auf die in jener Zeit stark um sich greifende Praxis der Ehescheidung und der damit verbundenen Wiederverheiratung Geschiedener, und das unter Griechen wie Juden.

Der eine Ausdruck kann darum so allgemein gehalten sein, weil er umfassend die eine Grundhaltung der Keuschheit in allen Situationen kennzeichnen soll[7]. Der Keusche hat seine Geschlechtlichkeit nicht unterdrückt, sondern integriert, denn

[5] Über den Sinn der Aussage „Mann e i n e r Frau" ist viel gerätselt worden. Im AT wurden an den Priester strengere Anforderungen gestellt für seine Eheschließung (3 Mo 21, 14). Bezeichnend aber für die Grundhaltung des biblischen Zeugnisses ist, daß weder für den atl Priester noch für den ntl Vorsteher und Diakon die Ehelosigkeit gefordert wird. Die durch die Qumram-Texte besser bekanntgewordene Sekte der Essener kannte die Ehelosigkeit (Zölibat). Für die christliche Kirche jedoch ist erst um 250 der Satz bekannt: „Es ist gut, wenn der Bischof unverheiratet ist" (Apost. Konstitution XV, 2). Die griechische Kirche fordert vom Klerus die Ehe, gestattet aber kein Eingehen einer zweiten Ehe. Der meist aus dem Kreis der Mönche gewählte Bischof muß ehelos oder kann gelegentlich ein Witwer sein. Da die Heiden durch staatliche Gesetze verpflichtet waren zur Monogamie und die Juden dieser Zeit ebenfalls danach lebten, kann unser Wort kaum ein Verbot der Vielehe meinen (Polygamie). Doch konnten mit der Verachtung der Ehe als einer irdischen Bindung (4, 3) gleichzeitig schwärmerische, sich „freiheitlich" gebende Beziehungen zu mehreren Frauen oder Männern in die Gemeinden eingeführt worden sein, wie das in Offb 2, 14. 20 angedeutet ist. In ähnliche Richtung deutet schon 1 Th 4, 4—5.

[6] Heidnische Grabinschriften loben die Treue der e i n e n Gattin. Plutarch wirft dem Cato vor, daß er sich nach dem Tode seiner ersten Frau zum zweitenmal mit einer befreiten Sklavin verheiratet hat.

[7] Zur Keuschheit s. 4, 12. NEB übersetzt in diesem umfassenden Sinn: faithful to his one wife = treu gegenüber seiner einen Frau.

Keuschheit ist Freude an der Geschlechtlichkeit in den Grenzen der Ehrfurcht.

nüchtern (nephalios) gilt ebenso für Frauen a) wie für alte a) 3, 11
Männer b). Das dazugehörende Tätigkeitswort verwendet Pau- b) Tit 2, 2
lus schon in seinem ältesten Brief: „Laßt uns nicht schlafen
wie die übrigen, sondern wachen und *nüchtern* sein c)." c) I Th 5, 6. 6. 8
Nüchtern sein gehört zum Beten und Wachen und meint ein
endzeitlich ausgerichtetes Verhalten gegenüber aller Art von Schwärmerei, Trunkenheit, Ausschweifung im Denken, Fühlen und Verhalten[8].

Wer die Wahrheit in Gott erkennt, wird ernüchtert vom
Taumel der Sünde zu einem rechtschaffenen Leben e). e) 1 Ko 15, 34

besonnen (sophron): Wie „nüchtern" kommt auch dieses
Adjektiv nur in den Past f) vor, wird aber als Tätigkeitswort f) Tit 1, 8; 2, 2. 6. 12
im Römerbrief g) angewendet: ein jeder soll darauf sinnen, g) Rö 12, 3
besonnen zu sein, so wie Gott einem jeden ein Maß des Glaubens zugeteilt hat. Wer besonnen ist, hat ein rechtes Maß an Selbsteinschätzung, einen Sinn für das Gegebene. Er ist verständig. Der von der Besessenheit Geheilte sitzt ruhig da, er
ist bekleidet und *besonnen* h). Der Besonnene ist geistlich, h) Mk 5, 15
gesund i). Das Ziel aller Dinge ist nahe, so seid nun *beson-* i) 2 Ko 5, 13
nen und *nüchtern* zum Gebet!" k) Beide Worte — nüchtern k) 1 Pt 4, 7
und besonnen — sind endzeitlich ausgerichtet, und ihre Zusammenstellung unterstreicht das. Wer trunken ist und frommen Träumen über sich selbst und die Welt nachsinnt, der kann nicht wirklich beten, denn beten heißt gerade nicht aus der sogenannten „Wirklichkeit" in eine Traumwelt fliehen; das Umgekehrte ist wahr: der Beter erwacht für die wirklichen Zustände, und der Wachende betet mit offenen Augen. Daraus entstehen die guten Werke.

würdig (kosmios): besonnen und würdig (wie 2, 9 für die Frauen!) kann hier den Sinn haben von höflich, gefällig, was aber nicht als künstliche, auf Schein bedachte Höflichkeit verstanden werden darf, denn das stünde zu nüchtern und besonnen in Widerspruch. Wahrhaftig gefällig ist, wer aus der besonnenen Einschätzung seiner selbst und aller Dinge in Gottes Sicht wach geworden ist für die Bedürfnisse derer, denen er dient.

[8] Man tut gut, diesen eschatologischen Unterton nicht zu überhören, wenn man versucht ist, die Past im Bürgerlichen anzusiedeln. Vgl. II 4, 5: Du aber sei nüchtern in allem, erdulde mit Beharrlichkeit, was auf dich zukommt an Leiden. Beten und nüchtern sein im Blick auf das Ende aller Dinge: 1 Pt 1, 13; 4, 7; 5, 8; Mt 26, 41; Mk 13, 33. 37; Lk 21, 36.

l) Rö 12, 13
m) Tit 1, 8
n) Hb 13, 2; 1 Pt 4, 9

gastfrei: Auch sonst l) mahnt Paulus die Gemeinden, sie sollen sich der Bedürfnisse der Heiligen annehmen und Gastfreundschaft pflegen m). In den ntl Schriften lesen wir von durchziehenden, auch handeltreibenden Christen; andere sind Verfolgte und müssen in andere Städte fliehen. Die Apostel und ihre Mitarbeiter zogen von Ort zu Ort und waren dabei auf hilfsbereite Aufnahme in den Häusern der Gläubigen angewiesen. Für die Gemeindezusammenkünfte wie für die Durchreisenden waren die Familienhäuser der Gläubigen die gegebene Unterkunft. All das macht die Mahnung nötig, die Gastfreundschaft nicht zu vergessen n). Später muß die Gastfreundschaft geschützt werden vor Mißbrauch durch umherziehende Wanderer und „fremde Brüder"[9].

Wer in unserer Zeit in Ländern reist, wo die Gläubigen verfolgt werden oder in der Minderheit sind, der weiß, was Gastfreundschaft bedeutet und kostet. Aber auch dort, wo die Christen zwar gesellschaftlich in der Mehrheit, die kirchlichen Formen aber nicht (mehr) ausgeprägt und gemeinschaftsbildend sind, ist die herzliche Freiheit der an Christus gläubigen Familien gegenüber Besuchern, Bekannten und Unbekannten der Lebensnerv für eine in die Welt ausstrahlende Gemeinde. Die Gastoffenheit ist ein Wort nicht für, sondern gegen die Bürgerlichkeit, denn der Bürger verschanzt und verschließt sich in seiner eigenen Burg, und wenn es nur eine kleine Mietwohnung ist im gleichen Haus mit 10 oder 100 anderen Mietern. Weder ist der Bürger selber gern unterwegs, noch möchte er von Unentwegten sich stören lassen. Das Gettoleben vieler Kirchengemeinden findet seine Entsprechung in der abgeschlossenen Häuslichkeit und Privatisiertheit ihrer Glieder. Die Gemeindediener aber sollen Vorbilder in Ehe und Familie sein, darin, daß sie o f f e n sind, f r e i f ü r d e n G a s t.

lehrfähig (didaktikos): im ganzen NT nur hier und II 2, 24. Was darunter zu verstehen ist, beschreibt Tit 1, 9 ausführlich: Der Vorsteher soll „festhalten an dem der Lehre entsprechenden, zuverlässigen Wort, damit er imstande ist, aufgrund der gesunden Lehre sowohl zu ermahnen als auch die Widersprechenden zu überführen". Er soll offen sein für Lehrfragen, fähig, sich selbst eine Meinung zu bilden und andere zu unterweisen. Er soll Wichtiges von Abwegigem, die wahre von der

[9] 3 Jo 5; Gäste, die dem Vorsteher nicht bekannt sind, müssen zuerst geprüft werden oder ein Empfehlungsschreiben vorweisen können (Didache XII).

falschen, die gesunde von der kranken Lehre unterscheiden und das jeweils Gemäße richtig lehren und weitergeben können.

Vom Vorsteher wird Lehrfähigkeit erwartet, vom Diakon nicht. Daraus kann man nicht folgern, daß Lehren ausschließlich Sache des Vorstehers ist, noch läßt sich hier ein Ansatz für das spätere katholische „Lehramt" gewinnen. Denn nach II 2, 2 soll Timotheus das Evangelium an „treue Menschen", nicht speziell nur Vorsteher, weitergeben, die fähig sein werden, wieder andere zu lehren. Alles Lehren durch einzelne Lehrer hat Sinn nur unter der Voraussetzung, daß alle fähig sind, sich g e g e n s e i t i g zu lehren und zu ermahnen o). Das aber kann von ihnen nur dann erwartet werden, wenn und weil sie selber „von Gott gelehrt" sind[10]. Sodann ist nach I 5, 17 deutlich, daß nicht einer allein vorstand, und nicht alle, die vorstanden oder Älteste waren, auch lehrten.

o) Kol 3, 16

Die Vorsteher mußten Vorbilder im Lehren sein, nicht den andern das Lehren abnehmen, sondern sie dazu befähigen. In der Schule soll der Mathematiklehrer die Schüler dazu anleiten, daß sie selber Rechenaufgaben lösen können; weder soll er für sie die Aufgabe lösen, noch sollen alle Schüler Mathematiker oder Mathematiklehrer werden.

3 **Kein Trinker, kein Schläger, sondern freundlich, nicht streitsüchtig, nicht habsüchtig.**

In Korinth waren die Liebes- und Abendmahle der Gemeinde zu Freßgelagen entartet p). In ihrer Mitte lebten Menschen, die sich Brüder nennen ließen, deren Gott aber in Wahrheit ihr eigener Bauch war q). Der Bauch war die letzte bestimmende Macht über sie. Essen und Trinken und geschlechtliche Ausschweifung galten ihnen alles. Wer als Christ selber noch an solche Süchte versklavt war, konnte die Bekehrten aus der heidnischen Umwelt nicht gut hinführen zu neuen Lebensgewohnheiten. Daß für Vorsteher und Diakone r) überhaupt solche Weisungen gegeben werden mußten,

p) 1 Ko 11, 17—34
q) Phil 3, 19
r) 3, 8; Tit. 1, 7

[10] *theodidaktos:* 1 Thess 4, 9. Obwohl Paulus ihnen bestätigt hat, daß sie von Gott gelehrt sind, lehrt der Apostel sie und ermahnt sie; nur darum hat sein Lehren überhaupt einen Sinn: V. 10. Der Dienst der charismatisch begabten Lehrer soll die durch Gottes Geist selbst unterwiesenen Gläubigen dazu führen, daß sie selber wieder Lehrer werden können. Der Schreiber des Hebräerbriefes ist enttäuscht, daß die Hörer nicht imstande sind, selber Lehrer zu sein für andere (5, 12). Luther zur Stelle: „Damit wird gesagt, daß aus der Vernachlässigung der Schrift lauter Gestrüpp und Meinungen erwächst, ein Wirrwarr von Fragen und heißen Kämpfen, und daß sie vom ersten bis zum letzten Blatt ein entsetzlich ödes Aussehen bekommt."

läßt erkennen, daß zur Zeit der Briefabfassung die Gemeinde nicht in lebensfremder und unanfechtbarer „Bürgerlichkeit" dahinlebte: „Unzüchtige, Götzendiener, Ehebrecher, Lustknaben, Knabenschänder, Diebe, Habsüchtige, Trunkenbolde, Lästerer, Räuber", aus solchem Milieu stammte ein Teil der Gemeinde, nicht nur in Korinth s), und unter solchen Mitmenschen bewegten sich ihre Glieder im Alltag t). Wie sollten sie lernen, daß ein solches Leben für die Gemeinde unhaltbar, weil asozial und mit dem Reiche Gottes unvereinbar war u)? Nicht allgemeine Verordnungen und Verdammungen, sondern vorgelebte Modelle neuen Lebens konnten allein wirkliche Veränderung bringen. Darum soll der Vorsteher kein Trinker und das große Wort führender Streithahn, sondern ein freundlicher Anweiser zum wahren Leben sein. Eine entsprechende Liste müßte vielleicht für unsere Zeit lauten: kein Kettenraucher, kein Übergewichtiger, kein ans Zeitunglesen oder Fernsehen Gebundener, kein Polemiker.

s) 1 Ko 6, 9—10
t) 1 Ko 5, 9—13
u) Eph 5, 18

sondern freundlich: gütig, entgegenkommend, nachgiebig; das Gegenteil von unbeugsamer Strenge, die nur noch mehr zum Streit herausfordert. Dem heutigen Sprachgebrauch folgend, konnte man sinngemäß übersetzen: sachlich, frei von Aggression gegenüber den Aggressiven. In Tit 3, 2 v) ist „nachgiebig" mit „sanftmütig" verbunden, wie auch in 2 Ko 10, 1, wo Paulus schreibt, daß er gemäß der ihn bestimmenden Freundlichkeit (Nachgiebigkeit) und Sanftmut Christi die Gemeinde ermahnt. Auch in unserer Zeit der Brutalisierung zwischenmenschlicher Beziehungen, der weltweiten Proteste und Provokationen (Herausforderungen), da selbstbewußt gewaltsame (Über)Reaktionen in Worten und Taten hervorgerufen und dadurch entlarvt werden sollen, ist es für die Gemeinde Christi und ihre Diener unerläßlich, daß sie in der starken Sanftmut Jesu fest verwurzelt sind. Martin Luther King ließ keinen in den Protestmärschen mitgehen, der sich bei vorausgegangenen Prüfungen zu gewalttätigen Reaktionen hatte hinreißen lassen[11].

v) vgl. Tit 3, 9 mit II 2, 23

Auch in diesem Wort darf der endzeitliche Ton nicht überhört werden. Da der Herr nahe ist, sollen die Christen ihre

[11] Vgl. Coretta S. King, Mein Leben mit Martin Luther King, S. 106 f; S. 271 f. War King in einer bürgerlichen Frömmigkeit befangen? Wenn nicht, warum ruft er zum Bekenntnis für Gesetz und Ordnung auf? Wenn ja, warum widersteht er dem Bösen unter Einsatz des eigenen Lebens für andere?

F r e u n d l i c h k e i t allen Menschen w), auch den sie schmä- w) Phil 4, 5
henden und verfolgenden gegenüber, zum Ausdruck bringen[12].

nicht streitsüchtig: hier Streit um Worte, das große Wort
führen, im Gespräch unnachgiebig sein x). Im Unterschied zu x) 6, 4; II 2, 14—17. 23—25
„kein Schläger", der handgreiflich streitet, oft in Trunkenheit.

nicht habgierig: Weil Jesus sagte, man könne nicht Gott und
dem Geld dienen, verhöhnten ihn die Pharisäer, weil sie hab-
süchtig waren y). Jesus erwartet vom guten Haushalter, daß y) Lk 16, 14
er mit dem ungerechten Geld treu umgeht. Nach Tit 1, 7 soll
der Vorsteher, der ein Haushalter (Oekonom) Gottes ist, nicht
auf schändlichen Gewinn aus sein z). z) 6, 5. 9—10

Luther: „nicht händelsüchtig, sondern gelinde, nicht zän-
kisch, nicht geldgierig."

der seinem eigenen Haus gut vorsteht, der seine Kinder mit 4
aller Würde in Gehorsam hält.

Wenn aber jemand seinem eigenen Hause nicht vorzustehen 5
weiß, wie wird er für die Gemeinde Gottes sorgen können?

Wie das eheliche Verhältnis die Beziehung zwischen Christus
und der Gemeinde widerspiegelt a), so stellt der Familienver- a) Eph 5, 23—25
band in einem großen Hause das Abbild und die Urzelle der
Familie Gottes b) dar, von dem jede Vaterschaft im Himmel b) 3, 15; 5, 1; II 2, 20—21
und auf Erden ihren Namen hat c). Die Heiden sind durch c) Eph 3, 14
den Glauben an Christus „Hausgenossen Gottes" geworden[13].

Wie ein Vater den Kindern und allen im eigenen Haus, so soll
der Vorsteher der Gemeinde Gottes vorstehen e), seinen Dienst e) 1 Th 5, 12
mit Eifer, d. h. gut, ausführen f). Die Christen ließen im Ge- f) Rö 12, 8
gensatz zur griechischen Umwelt ihre Kinder nicht durch Pä-
dagogen-Sklaven erziehen, sondern sie übernahmen diese Auf-
gaben selber. Am echten Gehorsam (der das Gegenteil ist von
Zwang, denn echter Gehorsam ist Frei-willigkeit) und der dar-
aus entstehenden zuchtvollen Selbständigkeit der heranwach-
senden Kinder könnte man die Würde des freundlichen Va-
ters erkennen. Man kann es auch anders sagen: Nur wer wirk-
liche Autorität hat, kann den Gehorsam würdig fördern; wer
unfrei und unsicher ist, wird zu Gewaltmitteln greifen und
dadurch die Kinder zur Rebellion, nicht aber zur freien Un-
terordnung führen. „Mit aller Würde" betont die innere Au-

[12] „Euer gütiges Wesen sollen alle Menschen erfahren. Der Herr ist nahe" (H).
[13] Näheres zu Eph 2, 19—21 s. I 3, 14—15.

torität, die über dem Gegensatz autoritäre — antiautoritäre Erziehung steht[14].

Für die Gemeinde Gottes sorgen. Der Familien-Gemeinde-Vorsteher soll nicht willkürlich oder diktatorisch über sie herrschen, sondern auf ihr leibliches, gemeinschaftliches und geistliches Wohl bedacht sein. Die Gemeinde gehört nicht ihm, sondern Gott g). „Laß dies deine Sorge sein", betont Paulus später h).

g) 3, 15; Jo 21, 15
h) 4, 15; 4, 12—18

Familie und Gemeinde können dann gesund wachsen, wenn sie in engster Wechselwirkung zueinander stehen. Gemeinden verlieren ihren Familiencharakter, wenn christliche Familien nicht mehr die wahren Gemeindezellen bilden. Wo die Familien, auch die Kleinfamilien unserer Zeit, nicht mehr geistliche Zentren und Übungsorte der von Gott erfahrenen Liebe sind, werden die Gemeinden bei aller Betriebsamkeit veröden. Für die Gemeinden sorgen heißt daher, zuerst und zentral für im Glauben gesunde Familien sorgen. Die rechte „Ehesorge" ist wohl noch immer die meist vernachlässigte „Seelsorge"[15]. Steht die Kirche als Familie Gottes im Blickfeld, so ist ihre Vorbildlichkeit in Ehe und Familie grundlegend wichtig. Wieder darf man darunter nicht eine heuchlerische fromme Fassade verstehen. Vorbild heißt nicht vorgeben, was nicht da ist. Auch die ängstliche Frage, was die andern sagen, darf das Familienleben der Gemeindediener nicht bestimmen und einengen.

6 **Nicht ein Neuer, damit er nicht überheblich wird und dem Gericht des Teufels verfällt.**

Da vom Vor-bilden und Vor-gehen des Vor-stehers einer Gemeinde so viel abhängt, kann sein Versagen nicht nur für ihn,

[14] seinem Hause vorzustehen wissen: vgl. die gleiche Formulierung in 1 Th 4, 4: sein Gefäß zu besitzen wissen (über die Geschlechtlichkeit in bezug auf den eigenen Leib oder den der Ehefrau gesagt). Der ganze Vers 5 ist nicht als späterer Einschub zu sehen, im Gegenteil, die in Klammern gesetzte Frageform ist typisch für Paulus; vgl. 1 Ko 14, 7. 9. 16; Rö 10, 14—15. Vgl. ferner den atl Bezug etwa in 5 Mo 32, 7: Frage deinen *Vater*, er wird es dir verkünden, deine *Ältesten*, sie werden dir es sagen.

[15] Typischer Bezug dafür: 1 Pt 3, 7; vgl. I 2, 8—15; 3, 4—5; Eph 5, 21. 31—32; Mt 18, 19—20. Wo, wenn nicht in der Ehe, kann und soll das Übereinstimmen der Zielsetzungen in den Gebeten eingeübt werden (1 Ko 7, 5)? Wo, wenn nicht in der Familie, sind die 2 oder 3 beisammen, zu denen Jesus kommt, wenn sie seinen Namen anrufen? Wenn es aber im ehelichen Gefüge, in der gegenseitigen Ehrerbietung, Liebe und Unterordnung, wenn es in den intimen und recht verwundbaren geschlechtlichen Beziehungen, die Ausdruck der Liebe sein sollten, zu Unstimmigkeiten kommt, dann werden die Gebete verhindert und der Geist der Liebe wird gedämpft: Nicht nur die Ehe leidet darunter, sondern auch die Familie, und unter den „verhinderten Familien" leidet die ganze Gemeinde.

sondern für viele verhängnisvoll sein. Er darf deshalb kein Neubekehrter sein. Als Neuer hatte er ja noch keine Gelegenheit, seinen Glauben im Alltag zu bewähren[16].

Nicht die Frage des Alters ist hier gemeint (im Unterschied zu 5, 1. 9. 17. 19), Timotheus selber war „jung" den Jahren nach, zu jung für seine Kritiker i); doch Paulus stellt ihm das Zeugnis aus, daß er bewährt ist im Glauben und in der sich selbst vergessenden Liebe, die die Bedürfnisse der andern sieht und ihnen beisteht k). Die Autorität des Timotheus konnte nur in der Bewährung und im Vorbild bestehen, nicht im Alter oder im machtvollen Auftreten, noch weniger in einem verliehenen amtlichen Titel.

i) 4, 12

k) Phil 2, 20—22

Wem als Neuem Einfluß zuwächst, der wird leicht von der Macht, die er zu haben scheint, berauscht; unnüchtern geworden, verliert er den Sinn für Unterschiede und Unterscheidungen.

überheblich: aufgeblasen, benebelt; durch den aufsteigenden Rauch ist die Sicht verdunkelt. Der Vorsteher ist von der gleichen Gefahr bedroht wie die Irrlehrer l), wie die Frauen m): sich an den gewonnenen Freiheiten und Einflußmöglichkeiten zu berauschen und dann zu fallen. Der Aufgeblasene schwebt wie ein Ballon erhaben über den Niederungen der „bürgerlichen Alltäglichkeit". In seinem Höhenflug verachtet er heimlich die Armen und Einfachen, die Geringen und Gewöhnlichen. Er sieht, redet, wirkt über die Gemeinde hinweg[17].

l) 6, 4; II 3, 4

m) 2, 14

Die Versuchung zur Überheblichkeit kann nicht einmal durch Jahre der Bewährung endgültig gebannt werden, für die Neuen aber wird sie fast unvermeidlich sein, für den länger Bewährten eine ständige Gefährdung. So bekennt Paulus von sich, daß ihm ein „Satans Engel" zur Züchtigung gegeben sei, damit er sich nicht überhebe n).

n) 2 Ko 12, 7

Dem Gericht des Teufels verfallen: in Korinth o) war eine ganze Gemeinde aufgeblasen. Sie rühmte sich ihrer „Freiheit",

o) 1 Ko 5, 1–5

[16] *neophytos* eigentlich ein Neugepflanzter. Paulus hat die Pflänzlinge des neuen Lebens eingepflanzt — ein bildhafter Ausdruck für die missionarische Tätigkeit —, Apollos hat begossen, d. h. gelehrt und unterrichtet, beide aber können der Pflanze weder Leben noch Gedeihen geben, das geschieht allein von Gott aus (1 Ko 3, 6; vgl. Rö 11, 17; Ps 144, 12).

[17] Die Frage, wie gemeindliche Mitarbeiter, Diakone, Evangelisten, Pfarrer und Prediger ausgewählt werden, gehört hierher. Wie lange noch sollen sie alle akademisiert und damit den Gemeinden entfremdet werden? Müßte nicht zu einer breiten Grundausbildung eine möglichst lange Lehrzeit bei einem erfahrenen Verkünder und Hirten hinzukommen? Ist einer, der immer in der Schulatmosphäre lebte, nicht ein Neuer, wenn er in eine Gemeinde berufen wird?

in der sie einem Gemeindeglied erlaubte, die Frau seines (verstorbenen) Vaters zu heiraten, d. h. seine Stiefmutter. Eine solche „Ehe" war nicht einmal bei den Heiden gestattet, aber die Christen in ihrer Umnebelung fanden „nichts dabei".

p) vgl. 1 Ko 5, 5 mit 11, 32

Paulus ordnet an, den Betreffenden dem zeitlichen Gericht des Satans zu übergeben p), damit er am Tage des Herrn gerettet werde. Es ist dies ein Ausdruck sowohl der inneren Züchtigung im Gewissen (Selbstanklagen, Selbstvorwürfe, Reue, Beschämung) als auch der äußeren Gemeindezucht. Paulus erwartet nicht moralische Unterstützung, sondern Trauer über die Mitschuld der ganzen Gemeinde in ihrem aufgeblasenen Zustand, der solche Sünden ermöglicht und in ihrer Mitte duldet[18].

7 **Er muß aber auch ein gutes Zeugnis haben von denen, die draußen sind, damit er nicht in böse Nachrede und in die Schlinge des Teufels gerät.**

q) 1 Th 4, 12
r) 1 Ko 10, 32
s) Phil 2, 15; vgl. II 3, 2—5
t) Mt 5, 16
u) Eph 5, 9—11
v) I 2, 1 f

Schon in seinem ältesten Brief ermahnt der Apostel die Gemeinde q), daß sie den Außenstehenden gegenüber einen „wohlanständigen (ehrbaren) Wandel führen" sollen. Kein Ärgernis oder keinen Anstoß erregen! Diese Mahnung gilt für das Verhalten gegenüber allen: Juden, Griechen, Christen r). Das hat nichts zu tun mit einer falschen Anpassung an die Maßstäbe und Gebräuche der Welt, denn die Gemeinde soll untadelig und lauter sein mitten in einem verdrehten und verkehrten Geschlecht s). Ihre guten Werke sollen im Licht des Tages gesehen werden können t) und sich unterscheiden von den unbrauchbaren Werken der Finsternis u). Denn „während die Christen sich priesterlich um die Welt sorgen v), richtet die Welt das scharfe Auge der Feindschaft auf die Gemeinde, um Blößen zu finden. Es könnte sich darum nicht empfehlen, Männer, die wegen früheren Sünden oder Schwächen stadtbe-

[18] Vgl. W. Stb. 1 Ko S. 96—101; sodann S. 105, Anm. 5: „Freilich ist hier alles von der Grundstruktur der Gemeinde abhängig. Im volkskirchlichen Raum ‚Kirchenzucht' üben zu wollen, ist ein mißliches Ding, das nur zur Heuchelei und Verbitterung führen kann. Wo man aufgrund der Kindertaufe die volkskirchlichen Scharen zu ‚Gemeinden' im Sinne des NT erklärt und ntl Maßstäbe auf sie anwendet, gerät man in unlösbare Schwierigkeiten." Vgl. ferner Lk 10, 17—20: Die 70 Jünger kehren mit Freude zurück, sichtlich berauscht von der Erfahrung, daß ihnen die Dämonen untertan sind. Doch Jesus sieht darin die Urversuchung des Satan am Werk, der selber wie ein Blitz vom Himmel fiel. Die Jünger sollen sich wie Kinder einfältig freuen, daß sie ewig in Gott geborgen sind. Wenn sie befreiende Vollmacht ausüben, so ist das nicht eigene Frömmigkeitswirkung, sondern Krafttat Jesu (Apg 3, 6. 12. 16). Der Schritt von der Freude am Herrn zur Freude am eigenen Einfluß ist sehr klein — und schnell getan.

kannt waren, auch nach ehrlicher Besserung an die Spitze der Gemeinde zu stellen“[19].

Diejenigen, **die draußen sind,** sind zwar außerhalb der Gemeinde, aber deshalb nicht außerhalb der Reichweite von Gottes Gericht und Gnade. Diejenigen, die außerhalb der Gemeinde sind, haben ein unerbittliches Gefühl und unbestechliches Urteil für die Sünden derer, die sich Christen nennen. Damit verurteilen sie sich zwar selbst, denn sie bekennen damit, daß sie genau wissen, was nicht recht ist und wie man leben sollte w). Damit aber ist die Gemeinde nicht entschuldigt; sie sollte selber ein waches Urteil haben über ihre eigenen Verfehlungen und darum mit Demut und Sanftmut denen begegnen, die „draußen sind“ x).

w) Rö 2, 1

x) Rö 2, 4; II 2, 24—29; 1 Ko 5, 12—13

Bedenkt man, wie die Massenmedien das vergangene und gegenwärtige Leben politischer, wirtschaftlicher, religiöser Führer mit detektivischer Findigkeit aufspüren und öffentlich bloßlegen (meist aus unlauteren Motiven des Machtkampfes), so wird die Forderung nach dem *guten Zeugnis von draußen* um so aktueller y). Wo nämlich anstatt des guten Zeugnisses die üble Nachrede umgeht, kann sie so grauenhaft auf den Betroffenen wirken, daß sie ihm den Glauben an Gottes Vergebung raubt und ihn in Verzweiflung stürzt. Wie eine Fliege im Netz der Spinne ist er dann in den Fanggarnen des Teufels, des Urverklägers, verstrickt[20].

y) 5, 14; 6, 1; Tit 2, 5. 8. 10 1 Pt 2, 12. 15; 3, 1. 16

Scheinbar harmlos beginnt die Liste der 16 „Tugenden“ mit der Unbescholtenheit als grundlegender Voraussetzung für den Vorsteherdienst. Der Katalog endet mit der fast gleichlautenden Bedingung des guten Zeugnisses von außerhalb der Gemeinde und gibt überraschend die eigentliche Begründung und den ernsten Unterton der ganzen Aufreihung bekannt: Schlinge und Gericht des Teufels, das ist die eigentliche Bedrohung und Gefährdung dessen, der andern dienen will, indem er ihnen vorsteht. Indem damit der Blick freigegeben wird auf den Hintergrund der dämonischen Verführung, ver-

[19] Holtz 79.

[20] Die Damaskusschrift nennt 3 Netze des Teufels: Unzucht, ungerechten Reichtum und Befleckung des Heiligtums. Sprüche 7, 23: „Wer sich von der Frau eines andern zur Unzucht verführen läßt, der ist wie ein Vogel, der ins Garn eilt und merkt nicht, daß es sein Leben gilt.“ — Das Bild vom Netz des Vogelstellers begegnet häufig im AT: Netz Ps 9, 15; 10, 9; 25, 15; 31, 4; Spr 12, 13; Ps 18, 6. Schlinge Ps 38, 12; 91, 3; 119, 110; 124, 7; 140, 6; 141, 9; 142, 3. Vgl. Jes 58, 6; 1 Ko 7, 35; I 6, 9.

liert der Tugendkatalog seine hellenistische Begrenzung und den nur für oberflächliche Betrachtung spießbürgerlichen Geschmack z).

z) I 4, 1; 5, 15; II 2, 26

b) Die Diakone und die Diakonissen im Gemeindedienst 3, 8—13

8 Ebenso sollen die Diakone würdig sein, nicht doppelzüngig,
nicht unmäßig dem Wein ergeben, nicht ungerechten Gewinn
9 suchend, * die das Geheimnis des Glaubens in einem reinen
10 Gewissen bewahren. * Auch sie sollen geprüft und erst dar-
auf zum Dienst zugelassen werden, wenn sie unbescholten
11 sind. * Ebenso sollen die Frauen würdig sein, nicht verleum-
12 derisch, nüchtern, treu in allem. * Die Diakone sollen jeder
ein Mann e i n e r Frau sein, den Kindern und den eigenen
13 Häusern gut vorstehen. * Denn die, welche gut gedient ha-
ben, erwerben sich eine gute Stellung und viel Freimut im
Glauben an Jesus Christus.

8 Welches ist das Verhältnis der Diakone zu den Vorstehern? Manche Ausleger geben den Diakonen eine untergeordnete Stellung. Fest steht zunächst, daß beide Dienste zwar vorausgesetzt werden, ihre Beziehung zueinander aber gerade n i c h t geregelt wird. Von einer hierarchischen Unterordnung der Diakone unter einen „Bischof" ist nicht die Rede und kann nicht die Rede sein, wenn man die Aussagen des NT zur Diakonia berücksichtigt. In Rö 12, 6 führt Paulus nach der Prophetie sofort die Diakonie (Dienstleistung) auf, unter den Gnadengaben sogar noch vor der Lehrgabe.

Während die griechische und jüdische Umwelt vom „Amt" die Vorstellung des Herrschens hatte a), zeigte Jesus durch sein Leben und Sterben, daß er nicht gekommen war, um sich bedienen zu lassen, sondern um zu d i e n e n. Die Urchristenheit erkannte das Neue und Unvergleichliche, das in Jesus begonnen hatte. Sie führte mit diakonia ein Wort ein, das in dieser Bedeutung weder bei den Juden noch bei den Griechen bekannt war. Die Diakonie bezeichnet nicht einfach Armen- und Krankenpflege, wie man meint aus Apg 6, 1 schließen zu können. Die sieben Diakone sind nicht „Kirchendiener", sondern Gemeindeleiter der hellenistischen Judenchristen in Jerusalem. Die „Diakone" waren Evangelisten b), sie haben getauft c). Die von Stephanus berichtete Tätigkeit paßt nicht zu dem Bild, das man sich von einem Diakon als „Kirchen-

a) Mk 10, 42—45 Mt 20, 20—28 Lk 22, 24—27 Jo 13, 4 f

b) Apg 8, 5

c) Apg 8, 12. 26. 38

diener" macht. Die Leitung der Gemeinde lag, so muß man aus den Spannungen schließen, zu ausschließlich in den Händen von palästinensischen Judenchristen. Da aber immer mehr Juden aus Rom und Kleinasien (in Jerusalem ansässig) Christen wurden, war es nötig, auch hellenistische Judenchristen mitverantwortlich in der Leitung zu haben.

Der Einfluß des Stephanus war in aller Öffentlichkeit so groß und seine Verteidigung des Evangeliums in Kraft des Heiligen Geistes derart überführend, daß die Widerstrebenden ihn beseitigen mußten. Hatte Stephanus etwa seinen Dienst bei Tisch zur Versorgung der Witwen vernachlässigt, um Evangelist zu werden — oder war er als mitverantwortlicher Gemeindeleiter berufen worden, der dafür zu sorgen hatte, daß die leibliche und die geistliche Speise ausgeteilt wurde?

Eines ist klar: der „Diakon" Stephanus wurde zum ersten Blutzeugen (Märtyrer), den das NT erwähnt[21].

Die Voraussetzungen für den Auftrag des Diakons sind nicht „geringer" als für den Vorsteher, eher kann man eine stärkere Betonung der geistlichen „Begabungen" erkennen.

würdig: nur noch in Phil 4, 8, wo das Wort ebenfalls innerhalb einer Tugendliste[22] erscheint. In 2, 2 ist Ehrbarkeit mit Frömmigkeit zusammengestellt; „ehrbar", „würdig" bezeichnet eher das Gott zugewandte Verhalten, während „unbescholten" (3, 2) mehr auf das Urteil der Welt bezogen ist.

nicht doppelzüngig[23] kann sowohl den Sinn haben von „nicht verleumderisch" (V. 11) wie auch „unbestechlich", „lauter". Man soll und kann nicht allen alles sagen, was man denkt; aber man soll nicht etwas anderes sagen, als man denkt.

nicht unmäßig dem Wein ergeben: Völlige Abstinenz ist weder hier noch für den Vorsteher d) gefordert. Wenn man jeden Genuß radikal ablehnen oder unterdrücken will, führt das noch nicht zur Befreiung vom süchtigen Übergenuß e). Ein Alkoholverbot würde sogar den asketischen Selbsterlösungstendenzen der Irrlehrer entgegenkommen, denen Timotheus selber ausgesetzt war f).

nicht ungerechten Gewinn suchend g): Sowohl der Vorsteher

d) 3, 3 vgl. 5, 23
e) vgl. 4, 3; Kol 2, 21—23
f) I 5, 23
g) 3, 3; Tit 1, 7

[21] „Stephanus und Philippus sind dem Namen nach Diakone, der Sache nach Evangelisten" (Holtz, 82 f).

[22] Damit man über die Tugendlisten in den Past nicht vorschnell urteilt, ist ein eingehender Vergleich mit Phil 4, 8 angebracht.

[23] *dilogos:* eigentlich „zwiewortig", vgl. Jak 1, 8: *dipsychos* = zwiespältig in der Seele.

wie auch der Diakon hat Geld und Gut zu verwalten. Obwohl
Timotheus ein guter Diakon ist — er hat mit Paulus am
h) Phil 2, 20—22 Evangelium *gedient* h) und nicht seine eigenen Interessen
gesucht —, bedarf auch er der wiederholten Mahnung, die Hab-
i) I 6, 9 süchtigkeit zu fliehen i). Er kann vorgeben, andern zu dienen
und sich an ihnen bereichern zu wollen, sei es an materiellen
Gütern oder an Machtzuwachs.

9 **Die das Geheimnis des Glaubens in einem reinen Gewissen bewahren.**

Das Geheimnis (mysterion) des Glaubens oder der Frömmig-
k) Eph 3, 4; Kol 4, 3 keit (3, 16) kann mit Geheimnis Christi k) oder Geheimnis
des Evangeliums l) gleichgesetzt werden. Im Gegensatz zu
l) Eph 6, 19 den Mysterienkulten der hellenistischen Umwelt soll das Ge-
heimnis Christi *nicht* vor der Allgemeinheit verborgen und
nur wenigen Eingeweihten vorbehalten bleiben — es soll *al-
len* verkündigt werden. Allerdings kann der menschliche Ver-
stand das Geheimnis Gottes nicht ergründen, sondern der
m) 1 Ko 2, 7; 4, 1; 13, 2; 14, 2; 15, 21 Geist Gottes selber muß es dem Menschengeist offenbaren m).
So kann das Geheimnis Christi nur in Kraft des Heiligen
Geistes verkündet und erfaßt und nur in einem reinen Ge-
wissen bewahrt werden[24]. Das **reine Gewissen** ist nicht ein-
fach ein „gutes Gewissen" im bürgerlich-oberflächlichen Sinn.
n) Hb 9, 14 Erst durch die Versöhnungstat des Gekreuzigten kann n) das
Gewissen von den toten Werken[25] gereinigt werden. In Got-
tesdiensten und Mahlfeiern der Gemeinde sollen die Männer
heilige Hände zum Gebet erheben (2, 8) und die Diener mit
reinem Gewissen Gott dienen.

10 **Auch sie sollen zuerst geprüft und erst darauf zum Dienst zugelassen werden, wenn sie unbescholten sind.**

Paulus *prüft* (dasselbe Verb wie in V. 10) die Gemeinde
o) 2 Ko 8, 8 in Korinth, ob ihre Liebe echt ist o). Er ermahnt die Christen,

[24] Ist der Abstand zwischen Past und 1 Ko im Gebrauch des Wortes „Geheimnis" *(mysterion)* wirklich so groß, wie einige Ausleger meinen? Daß es sich hier gerade nicht um „abgegriffene Redensart" (Schleiermacher), um den bloß „formelhaften Gebrauch solcher Termini in der Gemeindesprache" (Dibelius) handeln kann, zeigt die Nähe zu 3, 16, wo das „Geheimnis der Gottseligkeit" seine volle Entfaltung in einem Christushymnus findet. Ferner gilt es zu sehen, daß auch im Römerbrief die Verkündigung des Geheimnisses Christi durchaus wie I 1, 5; 3, 9 auf Gehorsam des Glaubens (Rö 16, 25—26), d. h. auf Gottseligkeit in der Praxis zielt.

[25] In II, 1, 3 (wie wörtlich in Hb 9, 14) sagt Paulus von sich selbst, daß er mit reinem Gewissen Gott diene. Gewissen bei Paulus: Rö 2, 15; 9, 1; 1 Ko 4, 4; 8, 7; 10, 25; 2 Ko 1, 12; 4, 2; 5, 11; in den Past: I 1, 5. 19; 3, 9; 4, 2; II 1, 3; Tit 1, 15; vgl. Apg 23, 1. 24. 16.

die zum Mahl des Herrn kommen, daß sie sich zuerst selber prüfen sollen p), und schließlich sagt er ihnen: „Stellt euch selbst auf die Probe (prüft), ob ihr im Glauben seid" q). Die Prüfung der Diakone ist weniger als Examen oder Probezeit vor einer festen Anstellung auszulegen, eher ist in dem bei Paulus geläufigen Sinn an eine allgemeine Erprobung zu denken. Darauf weist die Wendung hin: „auch sie", nämlich wie die Vorsteher, sollen ein gutes Zeugnis haben in und außerhalb der Gemeinde. Wir wissen nichts Genaues, wie das Prüfen vor sich gegangen sein mag[26]. Entscheidend ist, daß Erprobung überhaupt als unerläßlich für alle (Gemeinde, Vorsteher, Diakone) angesehen wird. Der Glaube *muß* erprobt r) und geläutert werden. Der Sinn der Versuchung besteht nicht darin, daß der Mensch zur Sünde verführt, sondern daß er in der Versuchung erprobt und bewährt werde durch Ausharren[27]. Alle haben es mit Gott selbst zu tun, der die Herzen aller kennt und prüft, und der deshalb zu erkennen gibt, wen er wozu berufen hat[28].

p) 1 Ko 11; 28
q) 2 Ko 13, 5
r) 1 Pt 1, 7; Jak 1, 3

Ebenso sollen die Frauen würdig sein, nicht verleumderisch, 11
nüchtern, treu in allem.

Handelt es sich in diesem Vers um die Ehefrau der Diakone oder um Diakonissen? Mehrere Gründe sprechen dafür, hier ein Wort an die Diakonissen zu sehen: 1. Vers 11 steht für

[26] Man kannte viele Formen von Examen in Griechenland für Soldaten, Beamte, Politiker, Priester. Wer sich um die Einweihung in die Eleusischen Mysterien bewarb, mußte vor allem auf zwei Dinge geprüft werden: Hat der Kandidat selber ein Verbrechen begangen? Versteht und spricht er die attische Sprache?

[27] Einige Ausleger meinen, daß für die Vorsteher höhere Anforderungen gestellt werden (kein Neuer), während die Diakone nur geprüft werden; andere ziehen den gegenteiligen Schluß: an den Diakon als den liturgisch-geistlichen Leiter seien höhere geistliche Anforderungen gestellt. Je nachdem, wie man Vorsteher und Diakon versteht, wird man das durch die entsprechende Auslegung der „Tugenden" zu belegen suchen. Fest steht, daß zwar von zwei verschiedenen „Diensten" (1 Ko 12, 5) die Rede ist, ihre inhaltliche Bestimmung aber nicht geregelt, sondern vorausgesetzt ist, und die Anforderungen an die Anwärter sich wenig unterscheiden. Die Unterscheidungen sind jedoch charakteristisch und in sich sinnvoll zusammenhängend, so daß sie nicht einfach übernommene Formulare darstellen. Es könnte sinnvoll sein, im Vorsteher den administrativen Leiter, der oft auch eine Lehrgabe hat, im Diakon den geistlichen Leiter, der auch praktische Dienste übernimmt, zu sehen. Daß die verschiedenen „Dienste" so wenig festgelegt sind, fällt auf, sowohl dem Namen wie dem Inhalt und den Anforderungen nach (s. 5, 17).

[28] Apg 1, 24—25: „Und sie beteten und sprachen: Herr, der du die Herzen aller kennst, zeige, welchen von diesen beiden du erwählt hast, den Platz dieses *Dienstes* (*diakonia!*) und *Apostelamtes* zu empfangen"; vgl. Vers 20: „Sein *Vorsteheramt* soll ein andrer empfangen." Vgl. 6, 3; 15, 22. 25: Daß Gott zeigt, wen er erwählt, und daß die Gemeinde prüft und wählt, schließt sich nicht gegenseitig aus, sondern ein; vgl. 15, 28: „Denn es hat dem Heiligen Geist *und* uns gefallen..."

sich. Vers 12 schließt an Vers 10 an[29]. 2. Über die Frauen der Vorsteher vernehmen wir nichts; doch wäre ein Hinweis auf sie mindestens so wichtig wie auf die Frau der Diakone. 3. Der Hinweis auf das eigene Haus und die Kinder erfolgt nicht in Vers 11 (hier hätte die Erwähnung der eigenen Frauen einen Sinn), sondern erst in Vers 12. 4. Das Wort „ebenso" in V. 11 gibt wie in V.8 einen Einschnitt an. 5. Die Aussagen über die Frauen sind zum Teil wörtliche (würdig) und zum Teil inhaltliche (nicht doppelzüngig = nicht verleumderisch) Wiederholungen; das Geheimnis des Glaubens ... bewahren = Treue in allen Dingen. Diese Gleichheit hat eher Sinn, wenn sie nicht auf die Frauen, wohl aber auf den gleichen Dienst hinweist, den eine Frau ausübt: die Diakonisse. Das weibliche Wort für Diakon (Diakonisse) ist im NT unbekannt, darum mußte man, um Verwechslungen auszuschließen, hier den weiblichen Diakon mit „die Frau" umschreiben[30].

Ebenso sollen die Frauen würdig sein (in Tit 2, 3 von allen alten Frauen erwartet: in der Haltung würdig, nicht verleumderisch). Die Übersetzung „die Frauen" gibt die Möglichkeit, darunter sowohl Diakonissen wie auch im besonderen die Ehefrauen der Diakone und der Vorsteher zu sehen, die diakonisch tätig waren.

nicht verleumderisch (diabolous) ist ein stärkerer Ausdruck als doppelzüngig (dilogos), V. 8; bezeichnet ebenfalls den Miß-
s) II 3, 3 brauch s) des Wortes[31].

nüchtern: wie Vers 2 zum Vorsteher erwartet,

treu in allem: in jeder Hinsicht vom Glauben bestimmt, der Treue heißt und Treue wirkt. Vom Verwalter der Geheim-
t) 1 Ko 4, 2 nisse Gottes wird Treue t) verlangt, das gilt auch für die Diakonisse. Hatte die Diakonisse teil an der hohen Stellung des Diakons, so werden die Weisungen von 2, 9—15 in einer wei-

[29] Unmittelbar nach der Forderung, daß die Vorsteher unbescholten sein sollen, folgt der Hinweis auf die Ehe (Mann einer Frau). Das gleiche gilt für die Diakone: der Schluß von V. 10 (unbescholten) ist fortgesetzt in V. 12: (Mann einer Frau). V. 11 ist also eine Einheit für sich.

[30] Rö 16, 1—2: „Ich empfehle euch unsere Schwester Phöbe, die eine Dienerin (diakonos!) der Gemeinde in Kenchreä ist." Ihre große Selbständigkeit, die Beschreibung ihrer Tätigkeit paßt ganz zu dem Bild eines geistlich bedeutsamen Diakonats auch für die Frauen. (vgl. Exkurs 5). Albrecht übersetzt 3, 11: Auch die Diakonissen müssen achtbar sein.

[31] Aus den verschiedenen Worten in Vers 8 und 11 kann keine Diskriminierung der Frau abgeleitet werden, ebensowenig wie 2, 14 eine „ärgere" Verführung der Frau behauptet. Die Verführung ist nicht ärger, sondern anders, das gleiche gilt für den Mißbrauch des Wortes bei Mann und Frau.

teren Beziehung verständlich: Die verantwortliche und einflußreiche Diakonisse[32] durfte sich nicht überheben (wie auch der Diakon nicht, V. 6), sie sollte sich nicht dazu verleiten lassen, über den Mann, z. B. über den Vorsteher, und überhaupt über Mitarbeiter in der Gemeindeleitung zu herrschen. Wie der Vorsteher soll sie vielmehr nüchtern sein, ihr Maß erkennend und in ganzer Treue ihren Dienst ausrichten. Die bisherige Überprüfung der Aussagen ergibt eines gewiß: in den Past wie in den andern paulinischen Briefen sind die Dienste wenig fixiert und sehr beweglich in Einfluß und Umfang. Spätere Änderungen und Regelungen dürfen nicht in die Past hineingelesen werden, auch wenn man aus den Past die nachträgliche Begründung zu holen versuchte.

Die Diakone sollen jeder ein Mann einer Frau sein, den 12
Kindern und den eigenen Häusern gut vorstehen.

Die Anforderungen sind dieselben wie für die Vorsteher, nur knapper formuliert. Wichtig ist, daß auch von den Diakonen die Gabe des Vorstehens erwartet und deren Erprobung in der eigenen Familie vorausgesetzt wird[33]. Hier noch deutlicher (weil in Vers 11 ausdrücklich von den Frauen die Rede war) als in 3, 2 fällt auf, daß beide Male die Frauen nicht zusammen mit den Kindern aufgeführt sind. Die Männer sollen den Kindern und den eigenen Häusern gut vorstehen. Warum sind die Frauen nicht erwähnt? Eben hat Vers 11 die Mitarbeit der Frau betont. In 2, 11 war von Unterordnung die Rede, vor allem im Blick auf den Gottesdienst und das Verhalten in der Gemeinde. Das Verhältnis von Mann und Frau ist umschrieben in der Formel „Mann einer Frau", und das aber meint die eheliche Treue, das Einssein vor Gott. So ist auszulegen: die Diakone seien mit ihren Frauen in Liebe eins vor Gott; ihren Kindern und dem ganzen Haus samt Sklaven und Verwandten gegenüber aber seien sie gute Vorsteher.

[32] Die Diakonisse Phöbe war vielen ein Beistand geworden: *prostatis* hatte ursprünglich den Sinn für Vorsteher, Anführer, Oberhaupt, später: Fürsorgerin, Helferin. Wäre das Vorstehen irgendeiner Art völlig ausgeschlossen, würde Paulus das mißverständliche Wort *prostatis* vermieden haben. I 3, 12 zeigt, daß auch der Diakon vorsteht in irgendeiner Form. Wieder soll das Vorstehen des Mannes vom Vorstehen der Frau unterschieden werden; allen gemeinsam ist, daß ihr Vorstehen ein Dienen ist.

[33] Die Wiederholung des Wortes „Diakone" zeigt, daß der Schreiber nicht einfach in der Aufzählung fortfährt, sondern nachdem er in Vers 11 von den dienenden Frauen, den Diakonissen, geredet hat, knüpft er wieder an Vers 10 an.

13 **Denn die, welche gut gedient haben, erwerben sich eine gute Stellung und viel Freimut im Glauben an Jesus Christus.**

Soll man in der **guten Stellung** (Stufe, Rang) einen Hinweis darin sehen, daß der (niedrigere) Diakon bei gutem Verhalten zum ranghöheren Vorsteher befördert werden kann? Dem widerspricht, daß der Dienst des Diakons in sich selbst wertvoll und gut ist wie der des Vorstehers (3, 1); beide Dienste sind gleich eingestuft. Will „gute Stellung" den Einfluß des Diakons auf die Gemeinde und deren Wertschätzung ihm gegenüber anzeigen? Wenn Timotheus als ein Diakon Christi im Glauben lebt und dient, kann sein F o r t s c h r e i t e n von allen erkannt werden, und er wird sich selbst samt den Hören-
u) 4, 15—16; den erretten u). Auch Paulus will nicht nur andere retten, son-
vgl. 1, 15 dern selber an der Rettung durch das Evangelium teilhaben
v) 1 Ko 9, v). Die gute Stellung kann, so gesehen, die Auswirkungen auf
23—24 die Gemeinde und deren Antwort einschließen.

Viel Freimut im Glauben, der uns im Messias Jesus ist, weist dann auf Ursprung und Ziel der guten Stellung hin: in Jesus[34].

Sich erwerben[35] hat mehr religiösen als moralischen Klang, besonders in Zusammenhang mit **Freimut im Glauben**[36]. Der gut versehene Dienst macht offenbar, daß die Werke Frucht des **Glaubens** sind, daher der **Freimut** w). Weder Werkgerechtigkeit
w) Joh 3, 21 noch Nachlässigkeit im Werk! „Eine gute Stellung" weist auf die Verantwortlichkeit des Oekonoms, „viel Freimut im Glauben" weist auf die freie Annahme bei Gott. Wieder ist die charakteristische Spannung vorhanden und gewahrt: Gottes Allmacht und menschliche Verantwortung.

[34] „Wer immer seinen Dienst recht verwaltet hat, gewinnt für sich selber ein hohes Ansehen und freien Zeugenmut für den Glauben an Jesus Christus." (W.) „Deacons with a good record of service may claim a high standing" (NEB) = Diakone mit einem guten Zeugnis ihres Dienstes können einer hohen Wertschätzung gewiß sein.

[35] *peripoieisthai* = sich erwerben; bei Paulus sonst *peripoiesis:* Erwerben; 1 Th 5, 9; 2 Thess 2, 14; Eph 1, 14 = das Heil oder die Erlösung erlangen.

[36] Der Apostel begehrt für sich selbst, daß mit aller Freimütigkeit (= viel Zuversicht, *parresia)* Christus an seinem Leib verherrlicht werde, es sei durch Leben oder durch Tod (Phil 1, 20). Am Tage des Gerichts muß der Haushalter Rechenschaft ablegen. Wer über wenigem treu war (vgl. 3, 11c mit 1 Ko 4, 2), wird über viel gesetzt (Mt 25, 21. 23). Auch in diesem Gleichnis sind Stufen („Beförderungen") angeführt vom wenigen zum vielen und so verbunden mit der Freimütigkeit (dem „Eingang") am messianischen Freudenfest. Beides, Beförderung und Freimütigkeit, ist freie Gabe des Herrn, nicht Verdienst des Knechtes. In 1 Ko 4, 1—5 bezeichnet sich Paulus als Diakon Christi und Oekonom der Mysterien Gottes (vgl. nochmals I 3, 9: Geheimnis des Glaubens; 3, 11: treu in allem). Er erwartet das Urteil nicht von Menschen, sondern von Gott.

Im Glauben, der im Messias Jesus ist — eine ungewöhnliche Formulierung. Gemeint ist nicht nur der Glaube „an“ Jesus, sondern das Vertrauen, das im Messias gegründet ist und auf ihn sich verläßt (Schlatter), ja mehr noch: weil der Messias in unseren Herzen wohnt (Eph 3, 17), wohnt auch sein Vertrauen in uns. **Im Glauben** ist kausal zu verstehen. Der Grund für **Stellung** und **Freimut** liegt i m Glauben: Paulus 1, 4; 2, 7; Timotheus 1, 19; 4, 6; die Frau 2, 15; die Diakone 3, 13. Vgl dazu die guten Werke: der Frauen 2, 10; des Vorstehers 3, 1; der gut versehene Dienst der Diakone 3, 13; der Reichen 6, 18; **Eine gute Stellung** bedeutet in den Geheimkulten „Stufe“ als errungene Position auf dem Weg zum „Himmel“; hier aber soll das Gegenteil gesagt werden. Das geflügelte Wort, das auch in christlichen Kreisen aufgekommen sein mag, wird hier aufgenommen und gegen die Irrlehre der Selbsterlösung angeführt. Darum sollen die Frauen nicht in vermeintlich höheren Regionen (2, 15), die Diakone nicht in höheren Stufen (3, 13), die Reichen (6, 18. 19) nicht im Hoffen auf den Reichtum das Heil suchen, sondern **im Glauben** werden sie alle gerettet und erlangen das wahrhafte Leben; darum können sie in der Treue des Naheliegenden bleiben und dienen.

Vers 13 kann auch als Abschluß für 3, 1—13 gelten: Vorsteher, Diakone und Diakonissen sind dann eingeschlossen in die Mahnung zum guten Dienen und in die Verheißung der guten Stellung mit viel Freimütigkeit im Glauben. Ebenso kann 2, 15, die Anweisungen über das Gemeindegebet abschließend, Männer und Frauen umfassen und ermahnen: „Wenn sie (Männer und Frauen) bleiben in Glauben und Liebe und Heiligung mit Verständigkeit.“

c) Die Gegenwart des Herrn im Geist 3, 14—16

14 **Das schreibe ich dir, obwohl ich hoffe, in Kürze zu dir zu**
15 **kommen; * wenn sich aber mein Kommen verzögern sollte,**
damit du weißt, wie man sich im Hause Gottes verhalten
soll, das ist die Gemeinde des lebendigen Gottes, Säule und
16 **Fundament der Wahrheit. * Und, wie alle einmütig bekennen, groß ist das Geheimnis der Gottseligkeit: Er ist es, der offenbar geworden ist im Fleisch, der Recht bekommen hat im Geist, der geschaut worden ist von den Engeln, der ver-**

kündet worden ist unter den Völkern, der Glauben gefunden hat in der Welt, der aufgenommen worden ist in die Herrlichkeit.

14 Obwohl Paulus hofft, daß er selber bald kommen und mit
Timotheus sein kann (greift den Ausgangspunkt von 1, 3 wieder auf), muß er doch mit einer Verzögerung[37] oder mit einer
a) 1 Th 2, 18 Verhinderung a) rechnen. Während seiner ersten Gefangenschaft hatte er gehofft, die Gemeinde in Philippi bald besu-
b) Phil 2, 19. 23. 24 chen zu können; trotzdem sandte er Timotheus voraus b). Das
eine Mal sendet er einen Mitarbeiter voraus, das andere Mal
einen Brief an seinen Mitarbeiter. Er hat schon mit Timotheus
c) I 1, 3 über die „Gemeindefragen“ gesprochen c) und hofft, weiter mit
ihm sprechen zu können. Trotzdem will er das Gesagte und
das zu Sagende schriftlich festhalten, denn er kennt Wert und
d) Phil 3, 1; 4, 4 Notwendigkeit der Wiederholung d): „Euch dasselbe zu schrei-
ben, verdrießt mich nicht, euch aber macht es fest“ (E 25f).

Sich verhalten: sich benehmen, seine Aufgabe ausführen, seinen Wandel führen, auch sich verhalten gegeneinander. 2 Ko 1, 12: „Das Zeugnis unseres Gewissens, daß wir in Heiligkeit und Lauterkeit Gottes, nicht in fleischlicher Weisheit, sondern in Gottes Gnade in der Welt g e w a n d e l t sind“, d. h. wie wir uns verhalten haben“[38].

Das christliche Verhalten, die wahre Frömmigkeit, liegt
nicht im menschlichen Ermessen, nicht in bürgerlicher oder
unbürgerlicher Sitte, nicht in der „Natürlichkeit“ begründet,
e) I 3, 16 sondern im Geheimnis Gottes e).

Haus Gottes[39] bezeichnet im AT den Tempel, in dem Gottes
Name wohnt. Der Beter möchte beständig im Hause Gottes
f) z. B. Ps 23, 6; 26, 8; 27, 4; 52, 10; 84, 5. 11; 122, 1 wohnen und dort Gemeinschaft mit Gott haben f). Auffallend
ist, daß nirgends „Haus Gottes“ mit „Haus Israel“ gleichgesetzt wird, wie das dann im NT geschieht: „Sein Haus sind
g) Hb 3, 6 w i r g)“.

Offenbar war die Wirkung des sichtbaren, mit Händen gemachten Tempels so groß, daß der Gedanke eines „geistlichen

[37] Dasselbe Wort noch in 2 Pt 3, 9.

[38] vgl. Hb 13, 18, wie in 2 Ko 1, 12; 4, 2 wird das Gewissen zum Wandel in Beziehung gesetzt. „Wir sind der Zuversicht, daß wir ein gutes Gewissen haben, indem wir in allen Stücken würdig wandeln wollen.“ „Würdig wandeln“ entspricht der Redeweise der Past; „wissen, wie man ... soll“ ist eine typisch paulinische Wendung: 2 Th 3, 7; Kol 4, 6.

[39] *oikos theou*, damit verwandt Haushalter = *oikonomos*, der „Oekonom“, Lk 12, 42; 1 Ko 4, 1. 2; Gal 4, 2; Tit 1, 7; 1 Pt 4, 10. Haus kann auch im übertragenen Sinn die Hausbewohner, d. h. die Familie, bedeuten: 3, 4. 15; 5, 4; II 1, 16; Tit 1, 11

Hauses“ h) nur schwer aufkommen konnte. Doch sind Ansätze da für das Wohnen Gottes unter den Menschen, das über ein sichtbares Heiligtum hinausgeht i). Der Prophet sieht eine Zeit kommen, da wird das Gesetz nicht mehr äußerlich auf steinernen Tafeln geschrieben, im mitwandernden Zelt oder im immobilen Tempel in Jerusalem aufbewahrt sein, sondern in das Innere des Hauses Israel gelegt werden, d. h. in sein H e r z geschrieben sein k), und s o wird Gott ihr Gott sein, und sie werden sein Volk sein. (A 5)

h) 1 Pt 2, 5
i) 3 Mo 26, 11. 12
4 Mo 5, 3
k) Jer 31, 33; 32, 38

Was im AT in Ansätzen erkennbar ist, daß nämlich die von Gott aufgebotene und herausgerufene Gemeinde (das ist die Bedeutung des Wortes „ekklesia“), daß das Volk Gottes auch **Haus Gottes** ist, in dem er wohnt, das steht im NT ganz im Mittelpunkt, nicht aber so, daß nun doch wieder der Tempel bzw. die Kirche in der Mitte stünde; ihre Mitte ist der Herr.

Wie sehen die Past das Haus Gottes? (A 5) Man soll in den eigenen Häusern l) diejenige Frömmigkeit erweisen, die dem Charakter des Hauses Gottes entspricht, in welchem Gott sich offenbart in Christus, dem Geheimnis der Gottseligkeit m). Nur in diesem Christus ist das gottselige Leben wirklich und möglich n). Jede Familie, die Christus in der Mitte hat, ist ein Haus Gottes. „Was von den Vorstehern und Diakonen als Väter ihrer Familie erwartet wurde, findet seine Begründung und Erfüllung in Gott, dem Vater, von dem jede Vaterschaft im Himmel und auf Erden ihren Namen hat“ o). Die Familie ist das kleine Haus (allerdings damals meist etwas anders als unsere Kleinfamilie, wenn man an die vielen Kinder, die mitlebenden Großeltern oder Verwandten, Knechte und Mägde, Sklaven, Verwalter und Aufseher denkt), die Gemeinde ist das große Haus p), in welchem der Hausherr die verschiedenen Gefäße zu seinem Dienst gebraucht[40].

l) 3, 4. 12; 5, 4
m) 3, 16
n) II 3, 12
o) Eph 3, 14; I 1, 2; II 1, 2. 16
p) II 2, 20. 21

Als familia Dei soll Timotheus die verschiedenen Gemeindeglieder ansehen und ermahnen q).

q) I 5, 1—2

Die Gemeinde[41] des lebendigen Gottes: eine Steigerung ge-

[40] Vgl. Eph 2, 19; 1 Pt 2, 5. Gott will mit den „Hausgenossen“ ein „geistliches Haus“ bauen. Der lebendige Gott ist der wahre Gott (Jer 10, 10), der Himmel und Erde gemacht hat (Apg 14, 15). Paulus zitiert das Prophetenwort (Hos 2, 1) in Rö 9, 26. „Kinder des lebendigen Gottes“, „Ihr seid der Tempel des lebendigen Gottes“, 2 Ko 1, 1; 3, 3; 6, 16; I 4, 10; Hb 3, 12; 9, 14 (vgl 1 Thess 1, 9); 10, 31; (A 5).

[41] Lukas verwendet das Wort Ekklesia (Gemeinde) im Evangelium nie, in der Apostelgeschichte 23mal, Paulus 50mal von den über 100 Stellen im NT; das Wort fehlt in II; Tit; 1 und 2 Pt. Vgl. 1 Ko 1, 2; 11, 16. 22; 15, 9; 2 Ko 1, 1; Gal 1, 13; 1 Th 2, 14; Phil 3, 6 etc.

genüber „Gemeinde Gottes" (V. 5). Der lebendige Gott[42] läßt sich nicht festlegen von menschlichen Wünschen und Vorstellungen, religiösen Übungen. Er gibt sich ganz für die Gemeinde hin und bleibt doch ganz ihr Herr.

Die Gemeinde ist von Anfang an und ihrem Wesen nach immer sowohl in der **Bewegung** des von Gott Gerufen- und Gesammeltwerdens als auch im **Bleiben** und Verharren r) in dem großen Sammel- und Ruhepunkt Gottes: in Christus Jesus s).

r) Apg 2, 42
s) Eph 1, 10

Darum kann es uns nicht wundern, daß der Text eine dritte Bezeichnung anschließt:

Säule und Fundament der Wahrheit. Weil jeder Wiedergeborene eine Säule (oder ein Pfeiler) im Tempel seines Gottes t) sein darf, darum können einzelne auch besonders starke Säulen werden u). Gott will einen lebendigen Tempel aus lebendigen Steinen und Säulen bauen[43].

t) Offb 3, 12; 10, 1
u) Gal 2, 9

Fundament der Wahrheit[44]. Haben wir hier nun doch eine bloß statische Auffassung von der Gemeinde vor uns? Bekommt die Gemeinde eine bisher nicht bekannte Eigenbedeutung als Fundament und Trägerin der Wahrheit? Gegen diese Vermutungen ist zu sagen: 1) Beide Worte, „Säule" und „Fundament", stehen ohne Artikel, also ist nicht die Kirche gemeint als eine Größe eigener Ordnung, sondern jede Versammlung von Christen, die sich auf das Wort Christi gründen. 2) Paulus kann, ohne darin einen Widerspruch zu sehen, schreiben, er habe als Baumeister den Grund g e l e g t, der schon gelegt i s t: Jesus Christus v). Er legt den Grund, indem er Christus, den Grundstein, verkündet w). Zur Erkenntnis der W a h r h e i t kommt, wer den einen Mittler zwischen Gott und Menschen, Jesus Christus, erkennt x). Er hat das Wort der W a h r h e i t gehört und glaubt ihm y). Die Gemeinde ist „Fundament der Wahrheit", insofern sie auf Christus gründet. 3) Ein Vergleich mit II 2, 19. 20 bestätigt, daß im Ver-

v) 1 Ko 3, 10. 11
w) Rö 15, 20 vgl. Hb 6, 1; Eph 2, 20
x) I 2, 4—7; 4, 3
y) Eph 1, 13 I 2, 7; 2 Th 2, 13

[42] Der Artemistempel in Ephesus mit seinen 127 Säulen galt als Weltwunder, aber er war mit Menschenhand gebaut. Wenn auch die Epheser wie von Sinnen schreien: „Groß ist die Artemis der Epheser" (Apg 19, 34), so wurde die Fruchtbarkeitsgöttin doch nicht *lebendig*, und sie brachte dem Volk nicht wahres Heil, höchstens den Händlern Gewinn (Apg 19, 24).

[43] *hedraioma*, nur hier, aber als adj *hedraios*, festgegründet im Herzen: 1 Ko 7, 37; im Werk des Herrn: 15, 58. Kol 1, 23: im Glauben ausharren, festgegründet, unerschütterlich.

[44] An anderen Stellen benutzt Paulus das Wort *themelios:* der Grund, das gleiche Wort wie in I 6, 19; Eph 2, 20; 1 Ko 3, 10. 11, vgl. 1 Ko 3, 16—17!

ständnis der Past Gott derjenige ist, der den festen Grund[45] legt, und daß bei Gott die letzte Entscheidung bleibt, wer zu ihm, wer zur Gemeinde gehört und wer nicht II 2, 19—20.

Der von Gott gelegte feste Grund bleibt, er hat ein doppeltes Siegel: a) Die Kenntnis Gottes derer, welche er berufen hat, b) auf Gott, der beruft und heiligt, antwortet der Mensch, indem er sich heiligen läßt, also von der Unheiligkeit absteht (siehe Auslegung zu II 2, 19—20). Die gleiche Spannung wie in der Tempelrede des Jeremia bleibt bestehen: Wer sich zum Tempel des Herrn bekennt, der untersteht dem Herrn des Tempels, dem heiligen und lebendigen Gott, der ein Leben in Heiligung ermöglicht und darum auch erwartet. 4) Die drei sich überschneidenden Bilder „Haus", „Gemeinde", „Grund" (Gottes, des lebendigen Gottes, der Wahrheit) stellen eine Bewegung dar, den Übergang vom einen zum andern, so das Bewegliche und das Bleibende, das Dynamische und das Beständige andeutend[45]. 5) Wie Paulus seine Aussagen über das Verhalten der Männer und Frauen im Gottesdienst der Korinther mit einem Hinweis auf die „Gemeinde Gottes" zum Abschluß bringt z), so auch hier. Wenn hier mehr Worte gehäuft werden, so ist das nicht ein Beweis dafür, daß die Gemeinde wichtiger genommen würde. Paulus hatte alle Ausdrücke und mehr noch als diese in den Briefen an die Korinther ebenfalls, wenn auch im Zusammenhang verstreut, gebraucht. 6) Entscheidend aber ist die Tatsache, daß das Kapitel eben nicht mit dem Blick auf die Gemeinde abschließt, sondern mit einem Hymnus auf Christus. Auf diesen Hymnus zielt alles hin; das Letzte oder Erste ist nicht die Gemeinde, sondern Christus, nicht der Leib, sondern das Haupt, beide aber sind so eins, wie sie Vers 15 und 16 verbindet. Eine Entwicklung und Verfestigung gegenüber früheren Darstellungen des Paulus läßt sich nicht erkennen, das Gegenteil trifft

z) vgl. 1 Ko 11, 2—16 a mit 16 b

[45] Ebenso in Eph 2, 19—20: „Ihr seid nicht mehr Fremde und Beisassen, sondern Mitbürger der Heiligen und Hausgenossen (*oikeios*, wie Gal 6, 10; 1 5, 8) Gottes, aufgebaut auf den Grund (!) der Apostel und Propheten, wobei Jesus Christus sein Eckstein (!) ist, in (!) dem (nämlich in Christus, nicht in den Aposteln und Propheten) der ganze Bau zusammengefügt heranwächst (hier Übergang vom Bild statischen Baues zu dem des dynamischen Wachsens wie ein Baum) zu einem heiligen Tempel im (!) Herrn, in (!) dem auch ihr miterbaut werdet zu einer Wohnung Gottes im Geist." Vgl. auch die aus jüdischer Tradition stammende Aufzählung und Häufung von Bildern für das Wesen der Gemeinde in Hb 12, 22: „Ihr seid gekommen zu dem Berg Zion und zu der Stadt des lebendigen Gottes, dem himmlischen Jerusalem, und zu Zehntausenden von Engeln, zur Festversammlung und Gemeinde der Erstgebornen . . ."

zu. Ein Vergleich mit dem Christushymnus des Philipperbriefes legt das nahe. In Phil 2, 5—11 *begründet* Paulus das Verhalten der Gemeinde (in Demut einer den andern höher achte) mit dem Hymnus auf die Demut Jesu. Christus ist nicht einfach das Vorbild zur sittlichen Nachahmung; seine Gesinnung und Tat *begründen* Gesinnung und Tat der Philipper, so auch ist I 3, 16 Endziel und zugleich Begründung der Gottseligkeit, der heiligen Gesinnung und Tat in der Gemeinde.

Phil 2, 5 meint nicht eine „Gesinnung", die sich am Ideal einer Tugend orientiert, sondern ein „Sich-Ausrichten-auf", ein „Sich-Orientieren" nach einer gegebenen und erfüllten Wirklichkeit, die in Christus Jesus beschlossen und eröffnet ist[46]. Genau in dieser Weise ist der Christushymnus von I 3, 16 eingebettet in den Zusammenhang des Briefes und seiner Anweisungen.

16 **Und wie alle einmütig bekennen, ist groß das Geheimnis der Gottseligkeit: Er ist es, der offenbar geworden ist im Fleisch, der Recht bekommen hat im Geist, der geschaut worden ist von den Engeln, der verkündet worden ist unter den Völkern, der Glauben gefunden hat in der Welt, der aufgenommen worden ist in die Herrlichkeit.**

a) Hb 1, 3; Phil 2, 6—11; Kol 1, 15—20
b) 1 Ko 14, 26; Eph 5, 19; Kol 3, 16 f
c) Phil 2, 10; Rö 10, 9; Hb 1, 4
d) wie Phil 2, 5 f; Hb 3, 1; 4, 14; 10, 19 ff

Wir haben hier einen Christushymnus vor uns, der verwandte Züge aufweist zu andern Christushymnen im NT a). Die Urgemeinde hat Hymnen, d. h. Loblieder und Psalmen gesungen b) (E 25e). Die Gemeinde bringt Gott ein Lobopfer dar, indem sie mit dem Munde „den Namen" bekennt c). Der Zusammenhang in Hb 13, 7—15, wo vom Lobopfer die Rede ist, legt den Schluß nahe, daß diese Dankeshymnen vor allem beim Herrenmahl gesungen wurden[47].

Wie alle einmütig bekennen[48]. Der Hymnus ist Zuspruch und Ermahnung d). Er ist gegen Irrlehren gerichtet, welche

[46] G. Bornkam, Zum Verständnis des Christushymnus; in: Studien zu Antike und Urchristentum, Bd I, S. 177.

[47] *„Eucharistie"* heißt Danksagung und wird zum kennzeichnenden Wort für das Herrenmahl. Die Evangelien berichten, daß Jesus den Lobgesang anstimmte nach dem Mahl (Mk 14, 26). Es handelt sich um das sog. „Hallel" (Ps 115, 18).

[48] *homologoumenos* nur hier; doch *homologein,* übereinreden, bekennen in Rö 10, 9—10 an entscheidender Stelle: Jesus als Herrn bekennen, mit dem Munde wird das Bekenntnis abgelegt. *homologia* (Bekenntnis): I 6, 12. 13; 2 Ko 9, 13; Hb 10, 23; Jo 9, 22; 1 Jo 4, 2; 2, 23; vgl. 2 Ko 9, 13: „Unterordnung eures *Bekenntnisses* zum Evangelium" (siehe Auslegung und Exkurs zu I 2, 11). Bauer: „Euer Bekenntnis zum Evangelium äußert sich in gehorsamer Unterwerfung unter dessen Forderungen"; in der gleichen Weise will I 3, 16 verstanden sein, das macht auch ein Vergleich mit I 6, 12 und mit Tit 1, 16 deutlich: sie bekennen Gott in falscher Weise, in ihren Werken leugnen sie Gott.

die Menschwerdung Christi leugnen und das Evangelium mit andern Heilslehren verquicken; doch leitet der Hymnus die Gemeinde zum Lobpreis Gottes an, woran sie gesunden kann, anstatt daß sie sich in Wortkriege verwickelt e).

e) II 2, 23

Das Geheimnis der Gottseligkeit ist nicht ein „es", nicht eine Sache, nicht einmal eine Lehre oder ein Bekenntnis oder ein Verhalten, **er ist es** (E 15). Der Text sagt nicht, wie zu erwarten wäre, „das Geheimnis, d a s offenbart worden ist", sondern „das Geheimnis, d e r offenbart worden ist"[49] (E 7).

Zu der zurückhaltenden Art, wie „er", der Grund und Mittelpunkt der Gemeinde, eingeführt wird, gehört auch das schlichte „und", das den Vers 16 einleitet. Das Geheimnis ist groß, das sagt Paulus in bezug auf die eheliche Verbindung von Mann und Frau, und gleichzeitig deutet er es auf die Beziehung zwischen Christus und der Gemeinde f). Das Geheimnis besteht letztlich in einer B e z i e h u n g: der zwischen Gott und Mensch bestehenden Liebe. Sie ist allein auf Gottes Initiative begründet und erwirkt so die liebende Antwort des Menschen: Wir lieben, weil er uns zuerst geliebt hat g). Der Mittler Jesus Christus, der sich selbst als Lösegeld gab h) aus Liebe, offenbart und verwirklicht das Geheimnis der Liebe zwischen Gott und Mensch.

f) Eph 5, 32 vgl. I 3, 9

g) 1 Jo 4, 19. 10. 11

h) I 2, 4—6

Der Hymnus ist in drei Strophen gegliedert. Jede Strophe hat zwei Verben in der passiven Form. Die griechische Zeitform (aorist pass) drückt das Entstehen einer Tatsache, den Fortgang eines in der Vergangenheit begonnenen Geschehens und nicht eine allgemeine Idee aus. Die passive Form der Verben bezeugt das überwältigende Handeln Gottes[50] und verdeutlicht das Geheimnis der Gottseligkeit: er ist in der Gemeinde offenbart und doch jedem menschlichen Begreifen und Zugreifen entnommen. Je zwei Aussagen stehen sich gegenüber, zugleich bilden die drei Strophen parallele Aussagen[51].

[49] Dieser Wechsel vom unpersönlichen „es" zum persönlichen „er" ist in Jo 1, 9—10 besonders eindrücklich: „D a s wahre Licht, d a s jeden Menschen erleuchtet, kam in die Welt. E s war in der Welt, und die Welt ist durch i h n geworden, und die Welt erkannte i h n nicht. E r kam in d a s S e i n e, und die S e i n e n nahmen i h n nicht an." In I 3, 16 mag ein Grund für den Wechsel auch darin liegen, daß ein Bruchstück eines Hymnus eingefügt wird. Einige vermuten, daß Eph 5, 14 dazu gehöre oder gar den Beginn darstelle von I 3, 16. Beide Bruchstücke waren der Gemeinde in Ephesus bekannt, und durch die Vermittlung von Timotheus spricht der Hymnus neu in die Gemeindesituation hinein.

[50] Vgl. I 1, 13. 16: Mir ist Erbarmung widerfahren = Gott hat sich meiner erbarmt.

[51] Parallelismus und Antithese sind sowohl in der semitischen wie in der griechischen Literatur bekannt. Vgl. Mt 6, 9; Jes 37, 17.

Alle sechs Hauptwörter ohne Artikel erhalten elementare und umfassende Bedeutung, welche die himmlische und die irdische „Seinsweise" angeben. Der Hymnus beginnt im Irdischen (offenbart im Fleisch; das „offenbart" weist zugleich auf den verborgenen, im Hymnus nicht angedeuteten Ursprung), führt zum Himmlischen (bestätigt im Geist), bleibt in der zweiten Strophe im himmlischen Bereich (geschaut von den Engeln) und kehrt ins Irdische zurück (verkündet den Völkern). Die dritte Strophe wieder bleibt im Irdischen (geglaubt in der Welt) und endet schließlich im Himmlischen (aufgenommen in Herrlichkeit). Der irdische Bereich: offenbart im Fleisch, verkündet den Völkern, geglaubt in der Welt. Der himmlische Bereich: bestätigt im Geist, geschaut von den Engeln, aufgenommen in Herrlichkeit.

Schon die grammatikalische Struktur verdeutlicht damit das Geheimnis: **Er**, in dem Himmel und Erde umfaßt sind, den
i) 1 Ko 8, 5—6; Eph 4, 10; Kol 1, 16. 20
Himmel und Erde bekennen i) als den einen Mittler und Mittelpunkt[52].

Alle Christushymnen im NT haben kosmische Perspek-
k) Rö 8, 38. 39. 19
tive k). Ein weltweiter Lobgesang umfaßt himmelweite Unterschiede. Auch die Verben, die den himmlischen Bereich betreffen, führen vom Engsten und Verborgenen in die größte Weite und Höhe. Gerechtfertigt im Geist ist sozusagen inner-
l) Jo 13, 31
göttliches, trinitarisches Ereignis l), dann das Schauen der
m) 1 Pt 1, 12; 3, 22
Engel m) und wieder zuletzt die Auswirkungen bis in alle Fülle n) der Herrlichkeit hinein.

n) Eph 3, 18—19
Ursprung und Ziel, Fleisch und Herrlichkeit umspannen das gewaltige Geheimnis[53]. Offenbart wurde e r aus der himmlischen Herrlichkeit, dorthin ist er wieder erhöht worden. Aber er hat nicht eine vergehende Spur hinterlassen. Der wirkliche Christus wurde ein wirklicher Mensch, offenbart im Fleisch, er offenbarte sich in seiner irdischen Wirklichkeit: seinen Jüngern und Aposteln, die ihn wirklich gesehen haben und ihn verkündeten, und er fand wirklichen Glauben bei Menschen

[52] „In aller Weisheit und Einsicht hat er uns das G e h e i m n i s seines Willens mitgeteilt. So wollte es sein Heilsratschluß, den er durch ihn vollstrecken lassen wollte, um den Lauf der Zeiten so auf ihre Erfüllung hin zu ordnen, daß alles im Himmel wie auf Erden in Christus einheitlich zusammengefaßt werde" (Eph 1, 9—10. W).

[53] Auch der Christushymnus von Phil 2 umspannt eine unerhörte Gegenüberstellung: Gott gleich — den Menschen gleich; in Gottes Gestalt — in Knechtsgestalt; erniedrigt bis zum Kreuzestod — erhöht über jeden Namen.

aus Fleisch und Blut, in aller Welt. Das ist seine Gemeinde, die Herausgerufene.

offenbart im Fleisch. Fleisch als irdische endliche Existenz im Gegensatz zur Existenz Gottes: „Die Ägypter sind Menschen und nicht Gott, und ihre Rosse sind Fleisch und nicht
Geist o).“ „Das Wort wurde Fleisch“ p), lebte ein leibliches q) o) Jes 31, 3
Leben aus Fleisch und Blut[54]. In diesem Menschen ist die p) Jo 1, 14
Gnade, die Güte und Menschenfreundlichkeit Gottes r) leib- q) Jo 2, 21
haftig erschienen, sichtbar und erfahrbar geworden allen r) Tit 2, 11;
Menschen[55]. „Das Ziel aller Wege Gottes ist die Leiblichkeit.“ 3, 4
Gott wohnt in Christus „leibhaftig“ s). Vom Erlösertod spricht s) Kol 1, 22
I 1, 15; 2, 3—6. Hier in I 3, 16 ist primär die Inkarnation (Menschwerdung) Gottes in Christus gepriesen.

der Recht bekommen hat im Geist[56]. Besungen im Lobpreis ist hier nicht die Rechtfertigung des Sünders auf Erden, sondern die Bestätigung des Sohnes in Herrlichkeit. In diesem Sinne zitiert Paulus in Rö 3, 4 aus Ps 51, 6: „Damit du gerechtfertigt werdest in deinen Worten und den Sieg behaltest, wenn man mit dir rechtet.“ In einen ähnlichen Zusammenhang weist Rö 1, 3—4: „Dem Fleische nach aus Davids Geschlecht, dem Geiste nach eingesetzt in die Machtstellung des Sohnes, eingesetzt kraft der Auferstehung von den Toten“; dazu ist zu vergleichen II 2, 8: „Jesus Christus, von den Toten auferweckt (der Erweis der Sohnschaft in Kraft des Geistes), aus dem Geschlecht Davids (dem Fleische nach).“

Nicht Fleisch und Geist des Menschen im Menschen stehen im Gegensatz, sondern der Armut und Hinfälligkeit des menschlichen Fleisches steht die Fülle und Mächtigkeit des göttlichen Geistes gegenüber. Der in voller Menschlichkeit

[54] Vgl. 1 Pt 3, 18, ebenfalls in passivischer Form: Christus, der getötet wurde nach dem Fleische, lebendig gemacht wurde nach dem Geiste.

[55] Christus ist nicht ein vom Himmel gefallener Stein (Ursprung und Zentrum des Artemis-Kultes in Ephesus ist ein vom Himmel gefallener Stein, ein Meteorit), sondern ein vom Himmel her offenbarter, lebendiger Mensch aus Fleisch und Blut.

[56] „Offenbar ward er in einem armen Menschenleben — sein Recht ward ihm im Machtbereich des Geistes Gottes.“ Auffallend in den Evangelien ist „das sachliche Nebeneinander von Hoheits- und Niedrigkeitsaussagen“ (F. Neugebauer, Jesus der Menschensohn; S. 22), das diesen Christushymnus nahe zu den Evangelien stellt. Wie Paulus verschiedene Denkweisen nebeneinander fügt, ohne sie streng logisch zu verbinden, so tun das auch die Evangelisten, damit geben nicht nur die 3 Evangelien gemeinsam eine Zusammenschau (Synopsis), sondern innerhalb jedes Evangeliums durchdringt Hoheit die Niedrigkeit, Offenbarung die Verborgenheit Jesu und gibt so den Blick des Glaubens frei auf den Herrn, der sich allen zum Diener macht.

offenbarte Sohn Gottes[57] wird durch den Geist Gottes als Gottes- und Menschensohn bestätigt: „Du bist mein geliebter
t) Mk 1, 11; Lk 9, 35 Sohn, an dir habe ich Wohlgefallen gefunden t).“ Einige Ausleger denken darum auch an die Taufe Jesu, in der es darum
u) Mt 3, 15—16 geht, „alle Gerechtigkeit zu erfüllen“ u). Somit beugt sich Jesus stellvertretend unter die Sünde des Volkes und der Welt. Nach der Taufe empfängt er die Bestätigung durch den G e i s t,
v) Mt 4, 11 b; Mk 1, 13 und die E n g e l dienen ihm v). Doch der Aufbau des Hymnus, der dreimal den menschlichen und den göttlichen Bereich gegenüberstellt, spricht gegen diese Auslegung. In der ersten Zeile würde die Offenbarung im F l e i s c h und die Bestätigung durch den Geist in der T a u f e beide Male vom irdischen Geschehen handeln. Wilckens übersetzt verdeutlichend die Gegenüberstellung: „Offenbar ward er in einem armen menschlichen Leben / sein Recht ward ihm im Machtbereich des Geistes Gottes.“

Der Tod Jesu ist die Bestätigung seines wahren Menschseins, die Auferstehung in Kraft des göttlichen Geistes die Bestätigung seines wahren Gottseins. Nicht menschliche Wunschträume haben den Menschen Jesus zu einem Gott gemacht, einzig die Auferstehung hat ihn gegen alles menschliche Erwarten und Begreifen als das erwiesen, was er ist. Der Auferstandene aber wird nicht mit menschlichen Mitteln bewiesen und erkannt; Engel haben ihn g e s c h a u t — den Völkern ist er v e r k ü n d e t worden.

geschaut von den Engeln. Da Engel auch mit „Bote“ übersetzt werden kann, wollten einige Ausleger hier Zeugen und Boten der Auferstehung sehen. Doch wieder gibt hier der Aufbau des Hymnus den Ausschlag, bestätigt durch eine ähnliche
w) Hb 1, 4 f; 2, 7. 8. 16 Beziehung im Christuslied des Hebräerbriefes w).

x) Gal 4, 3. 9; Kol 2, 8. 20; Phil 2, 9. 10; Rö 8, 38. 39 Die Past wie Hebräer- und Kolosserbrief weisen Irrlehren ab, in denen Engelmächte eine vorherrschende Stellung einnehmen[58]. Doch Christus ist erhöht über alle, auch und besonders über die unsichtbaren Mächte x).

[57] Christus w a r Gottes Sohn und wurde zum Gottes-Sohn *eingesetzt,* das NT sagt beides, und das Zeugnis des Geistes verbindet beides (Mk 1, 11). Vgl. Rö 8, 3; Gal 4, 4; Phil 2, 5—11 (er war Sohn) mit Apg 2, 22—36; Hb 1, 2f; 5, 5f (er wurde zum Sohn eingesetzt).

[58] Das ganze NT lehnt einmütig die Vormachtstellung der Engel ab, wie sie in den synkretistischen, teils jüdisch-, teils hellenistisch-gnostischen Irrlehren herrscht. Das hindert die biblischen Autoren aber nicht daran, das Leben des irdischen und des erhöhten Herrn im Zusammenhang mit Engelmächten zu bezeugen (Lk 2, 13; 24, 23; Mk 1, 13; Jo 1, 51; Rö 8, 37—39; Kol 2, 15; 1 Ko 4, 9; 2 Th 1, 7). Bedeutsam ist die klare Unterordnung

Weder das Leben des Christus noch das der Gemeinde spielt sich nur im Bereich irdischer Mächte ab — das ist die zentrale Aussage des Bekenntnisses „geschaut von den Engeln" y).

y) 1 Ko 4, 9; 11, 10

verkündet den Völkern[59]. Weil das Heil für alle Menschen gilt z), darum soll die frohe Kunde auch alle erreichen. Zum Geheimnis des Christus gehört, daß es allen Völkern, nicht nur dem einen Volke Israel, kund werden soll. Paulus schreibt, ganz entsprechend der Aussage hier, daß das Evangelium an alle Völker k u n d g e m a c h t w o r d e n i s t a), also eine geschichtliche Tatsache geworden ist. Doch die besondere Zeitform drückt zwar ein Geschehen in der Vergangenheit aus, betont aber seine Fortsetzung in die Gegenwart hinein. „Das Evangelium ist in der gesamten Schöpfung unter dem Himmel verkündet worden b)."

z) I 2, 4. 6; Tit 2, 11
a) Rö 16, 25—26
b) Kol 1, 23 wie Mk 16, 15

Wie das wortlose Lob der Schöpfung in allen Landen Gottes Ehre verkündet, wie die Sonne freudig ihre Bahn zieht c), so durchläuft das Evangelium ungebunden von menschlichen Fesseln, Schwächen und Sünden die ganze Welt d). An dem von Jesus selber begonnenen und von Jesus angeführten Siegeszug des Evangeliums möchte Paulus teilhaben e). Gott ist der Urheber allen Heils, er offenbart das Heil in Christus allen, er läßt den Wohlgeruch seiner Erkenntnis über alle Welt verströmen f). Nicht Paulus hat das Evangelium geschaffen, ist er doch nicht für andere den Erlösertod gestorben, niemand ist auf seinen Namen getauft worden: Von Anbeginn ist Christus Inhalt und Ziel, Beweggrund und Beweger des Evangeliums an alle Völker. So rühmt der Hymnus sein Geheimnis: „Er ist verkündet den Völkern." Das mußte deutlich herausgestellt werden. Die passive Verbform ist auch in dieser Aussage nicht nur um des strengen Aufbaus der Strophen, sondern um der inhaltlichen Bedeutung willen durchgehalten: Gott ist in allem der Handelnde.

c) Ps 19, 1—7
d) II 2, 9; 2 Th 3, 1; Apg 6, 7; 12, 24; 19, 20; Kol 1, 6
e) 1 Ko 9, 23; Kol 2, 15
f) 2 Ko 2, 14

Diese Grundrichtung des Hymnus, von dem der ganze Brief geprägt ist, zu betonen, ist nicht überflüssig in einer Zeit, da die Manipulation des Menschen durch den Menschen ins Ungeheuerliche anwächst. Auch Christen rufen und werden gerufen zu Aktionen, Mobilisationen, Missionen, Evangelisa-

aller himmlischen Wesen unter den Christus (s. Erich Schick, Die Botschaft der Engel im Neuen Testament, 1963²); ferner vgl. 1 Pt 1, 12, wo auch der Heilige Geist und die Engel zusammen erwähnt werden.

[59] *ethne* (Ethnologie = Völkerkunde), „Heide" ist mißverständlich, weil negativ belastet, ebenso „Nationen", darum übersetzen wir „Völker".

tionen. Propaganda, Programme, Konzeptionen, strategische Pläne treiben zu Einsätzen, zum Engagement, zur Tat.

Alle Dringlichkeit — davon sind auch die Propheten erfüllt, ebenso lassen die Past sie spüren — will gemessen sein am Evangelium. Niemand kann dringlicher sein als Gott selber. Doch seine Dringlichkeit ist nicht treiberischer Art. Gerade weil er den Menschen nicht manipuliert, sondern ihn zur Freiheit und Gnade ruft, vermag der so gerufene Mensch — aus Gnade — kräftiger, anhaltender und unermüdlicher zu wirken als allein aus menschlichen Entschlüssen. Aus welchen Beweggründen (Motiven) werden wir zu „Aktionen“ bewegt? Was geschieht nach den „Einsätzen“, sind die eingesetzten Kräfte aufgebraucht oder werden sie erneuert und verstärkt? Was bleibt von den „Evangelisationen“? Werden Menschen in Christus gewurzelt und gegründet, die wachsen und Frucht bringen ein Leben lang, oder verschwinden die „Resultate“ in Kürze?

Das Maß des Evangeliums kann im Zusammenhang des Christushymnus ganz klar angelegt und überprüft werden: Führt der Lobpreis des Geheimnisses Christi, **verkündet den Völkern,** zur Verkündigung und Mission? Und mündet alle Evangelisation in den Glauben, der Gottes Gnade rühmt?

hat Glauben gefunden in der Welt. Die Sprachform „geglaubt“ erscheint nur hier im NT, angepaßt an dieselbe Gestalt der fünf anderen Verben. **Kosmos** (Welt) ist hier als Erweiterung und Steigerung zu **Ethnos** (Völkerwelt) zu sehen. Von Bedeutung ist dabei die Formulierung „geglaubt in der Welt“, und nicht „geglaubt von der Welt“. Es geht hier um die wahre Universalität des Heils in Christus, um die „Anbetung des Vaters im Sohn“ in aller Welt. Die Epheser behaupten, daß die Göttin Artemis „von aller Welt verehrt“ werde. Demgegenüber bezeugt der Hymnus, daß und warum Christus wirklich in aller Welt geglaubt wird.

Die Welt kennt Gott nicht, sie kennt die in Gott begründete Frömmigkeit (Gottseligkeit) nicht, sie kennt den Lobgesang auf den Erlöser nicht. Wie denn kann gesungen werden „geglaubt in der Welt“?

Das Wunder des Glaubens ist nicht minder groß als das Wunder der Verkündigung, weil beide leben aus dem Wunder des Evangeliums.

Wie kann Christus in die Welt gekommen sein, um Sünder zu retten g)? In dieser Frage verborgen liegen Fragen, die alle

g) I 1, 15

einander zugeordnet sind: Wie kann Gott Mensch geworden, gestorben und auferstanden sein? Wie kann Gott überhaupt eine Schöpfung ins Dasein rufen? Wie kann Gott eine neue Schöpfung mitten in der alten beginnen und vollenden? Das NT gibt darauf e i n e Antwort: in, durch und mit Christus.

Daß in der Welt Menschen sind, bei denen er Glauben findet, ist von gleicher „Größe" wie alle anderen „Teile" des Hymnus; gehört wesenhaft zur „Ganzheit" des Evangeliums; ohne das **„geglaubt in der Welt"** ist das große Geheimnis nicht vollständig. Die glaubende Gemeinde besingt mit diesem Satz das Wunder des Glaubens, das in ihrer Mitte aufleuchtet wie am ersten Schöpfungstage.

verkündet — geglaubt. Der Hymnus, auf den der vorangegangene Teil des Briefes hinzielt, läßt ohne allen Zweifel das ganze und wahre Evangelium aufleuchten: Weder menschliche Sonderlehren noch menschliche Sonderleistungen bringen das Heil. Das Evangelium kann nur verkündet und geglaubt werden, weniger oder mehr ist nicht mehr Evangelium, sondern eine „fremde Lehre".

Und schließlich ist aus diesem Teil des Hymnus die kosmische Bedeutung zu bedenken: geglaubt im Kosmos. Die Schöpfung selbst soll von der Versklavung an die Vergänglichkeit befreit werden zur Freiheit und Herrlichkeit, wie sie den Kindern Gottes gegeben ist h). Gott will die ganze Schöpfung erneuern durch erneuerte Menschen. Die Leiden der vergehenden Welt sind zugleich Geburtsschmerzen der neuen Welt, die mitten in der Welt erglaubt und erhofft wird „durch das Evangelium".

h) Rö 8, 19—22

aufgenommen in Herrlichkeit. Herrlichkeit ist die „Seinsweise" Gottes, Gottes Art und „Ausstrahlung", Herrlichkeit (**doxa**) ist überirdischer Lichtglanz, heiliges Feuer der Liebe Gottes. Jesus betet als Mensch um die Verherrlichung seines Wesens in Gott. „Jetzt verherrliche du mich, Vater, bei dir selbst mit der Herrlichkeit, die ich bei dir hatte, ehe die Welt war" i). Jesus erschien den Jüngern auf dem Berg der Verklärung im Lichtglanz (**doxa**) k). Er ist der H e r r d e r H e r r l i c h k e i t, den die gekreuzigt haben, die ihn mit ihrer Weisheit nicht erkannten l).

i) Jo 17, 5

k) Lk 9, 31

l) I Ko 2, 8

aufgenommen ist eine feste Redewendung für die Rückkehr des Sohnes zum Vater m). Diese sog. „Himmelfahrt" ist nicht ein Schweben auf Wolken in einen lokalisierten Himmel hinein, sondern ein Aufgehobenwerden in eine andere, in die

m) Mk 16, 19 Apg 1, 2. 11. 22

göttliche Seinsweise hinein, ein Eingehen in das Unsichtbare. Die Himmelswelt ist der Ort Gottes, ein Ort aber nicht in unserem menschlich begrenzten Verständnis von Raum und Zeit.

Auch den abschließenden Satz des Hymnus hat Paulus vorher eingeführt, wie überhaupt jeder Teil in den Past ausdrücklich entfaltet und vom Hymnus geprägt ist[60].

„Das Evangelium von der *Herrlichkeit* des seligen Gottes", deren *Verkündigung* ihm anvertraut worden ist. Er, der aus der Herrlichkeit in die Welt kam, ist aufgenommen in Herrlichkeit; nur der steigt hinauf, der hinabgestiegen ist n).

n) Jo 3, 13; vgl. Eph 4, 8—11 mit Rö 10, 6; Ps 68, 19

In diesem Christushymnus besingt die Gemeinde das große Geheimnis der Gottseligkeit, das Evangelium von der Herrlichkeit des seligen Gottes. Durch diesen Hymnus gibt der Apostel seinem Brief die bestimmende Mitte für Lehre, Mahnung, Warnung und Abwehr der Irrlehrer.

Der in die Welt Gekommene und in ihr Gestorbene und Auferstandene ist gleichzeitig der Verherrlichte, der in der Welt offenbart, verkündet und geglaubt wird. Der Hymnus ist im Geist empfangen, und im Geist o) lobpreist die Gemeinde ihren Schöpfer, Erlöser und Vollender; im Lobpreis wird sie des Geheimnisses inne, das Gott und den Menschen in Christus versöhnt und vereinigt. Ja, *Er* ist

o) Eph 5, 18—21; Apg 4, 31. 24—30; Jo 4, 23—24; 5, 23

geoffenbart im Fleisch — gerechtfertigt im Geist
geschaut von den Engeln — verkündet den Völkern
geglaubt in der Welt — aufgenommen in Herrlichkeit.

4. Die Gemeinde in der Welt
1. Timotheus 4, 1—11

a) Der Geist offenbart die falsche Enthaltsamkeit, 4, 1—5

1 **Der Geist aber sagt ausdrücklich, daß in den letzten Zeiten**
gewisse Leute vom Glauben abfallen werden, indem sie ach-
2 **ten auf verführerische Geister und Lehren von Dämonen,** *
die von heuchlerischen Lügnern ausgehen, deren Gewissen

60 Wieweit Paulus selber im Heiligen Geiste Christushymnen schrieb oder umgestaltete, läßt sich im einzelnen nicht ausmachen. Sicher dürfte sein, daß er, der sowohl im Geiste wie mit dem Verstande singen wollte, auch Lobgesänge empfangen hat (1 Ko 14, 15 b. 18). Das sogenannte Hohelied der Liebe (1 Ko 13, s. E 14) hat in seiner Schlichtheit hymnische Kraft, und eben das gilt auch von der dreigliedrigen Strophe des Christushymnus in I 3, 16.

3 **gebrandmarkt ist. * Sie verbieten zu heiraten und bestimmte**
Speisen zu essen, die Gott geschaffen hat zum Genuß mit
Danksagung für diejenigen, die glauben und die Wahrheit
4 **erkannt haben. * Denn alles, was Gott geschaffen hat, ist**
gut, und nichts ist verwerflich, wenn es mit Danksagung
5 **empfangen wird, * denn es wird durch Gottes Wort und Ge-**
bet geheiligt.

Wann und wo immer „die Gemeinde des lebendigen Gottes" das Geheimnis der wahren Frömmigkeit, die Gottseligkeit in Christus, gläubig preist und auslegt, treibt auch die falsche, von Gott gelöste Frömmigkeit ihr trügerisches Spiel. Das Offenbarwerden des Christus drängt das Gegenbild, den Antichristus, zur Enthüllung[1].

Derselbe Geist, der das Geheimnis der Gottseligkeit offenbart, der enthüllt auch die Gegenmacht der verführerischen Geister. Den prophetischen Aussagen über Timotheus, kraft derer er ein wahrer Lehrer gesunder Worte sein kann und soll a), entsprechen die prophetischen Aussagen über die falschen Lehrer b), deren Worte wie ein Krebsgeschwür um sich greifen c). Wo das Geheimnis des Glaubens und der Gottseligkeit aufleuchtet d), enthüllt es den dunklen Hintergrund des Unglaubens und der Gottlosigkeit. Auch dieser Hintergrund wird Geheimnis genannt e), weil er dem menschlichen Erkennen und Verstehen nicht zugänglich ist f).

a) I 1, 18
b) I 4, 2
c) II 2, 17
d) I 3, 9. 16
e) 2 Th 2, 7
f) Offb 2, 2. 9. 10. 13. 24

Die betende und dienende Gemeinde, die sich der rettenden Wahrheit öffnet g), ist in dem Wahrhaftigen geborgen h) und doch gleichzeitig und erst recht der Macht der Lüge und Ver-

g) I 2, 1—3
h) 1 Jo 5, 18—20

[1] „Christus ermöglicht den Antichristus. Der Antichristus ist die Macht in der Geschichte, welche die lieblose Erkenntnis zur Vernichtung der Liebe ins Feld führt. Sie ist freilich auch die Macht, die sich durch ihren Sieg selbst vernichtet. Dieser Kampf ist noch nicht ausgetragen. Wir stehen in ihm an einem Ort, den wir nicht gewählt haben und an dem wir uns zu bewähren haben" (Carl Friedrich von Weizsäcker, Die Geschichte der Natur, S. 126). In „Weltbild der Natur" schreibt er: „In einigen großen Gestalten (z. B. Kepler) ist das Bewußtsein deutlich geblieben, daß diese Welt, die wir lieben, eine Welt des Widerspruchs ist, und daß darum die Lehre von der Göttlichkeit der Welt ein Geheimnis und eine unendliche Aufgabe enthält. Wo man hingegen den Widerspruch umging und sich an die Welt verlor, da enthüllte die Liebe zur Welt mehr und mehr einen *dämonischen* Charakter. Sehnsucht schlägt um in Gier, Erfüllung in Sattheit . ." (2 1944, S. 143). Und der Atheist Max Horkheimer schreibt: „Ich sage jetzt etwas sehr Gewagtes: Ohne jede theologische Basis ist der Satz, daß Liebe besser sei als Haß, nicht zu begründen. Warum sollte sie besser sein? Die Erfüllung des Hasses macht doch manchmal mehr Vergnügen als die der Liebe. Deshalb ist es notwendig, sich über die Konsequenzen, die durch den Prozeß der Liquidation der Religion zustande kommen, ernsthafte Gedanken zu machen" (Verwaltete Welt? Ed. „Arche Noah" 1970, S. 36).

i) I 2, 13—14
k) I 1, 6
l) I 4, 1

führung ausgesetzt, und zwar nicht nur die Frauen i), sondern alle Gemeindeglieder, von denen schon manche vom Glauben abgefallen sind k) und noch manche abfallen werden l).

1 **Der Geist sagt ausdrücklich, daß in den letzten Zeiten gewisse Leute vom Glauben abfallen werden, indem sie achten auf verführerische Geister und Lehren von Dämonen.**

Der Heilige Geist offenbart durch Prophetenmund mit klar und deutlich zu verstehenden Worten, nicht in Rätselworten oder durch Gesichte, deren Sinn erst gedeutet werden muß, was jetzt der Gemeinde zu sagen ist (E 13). Man kann dabei an eine konkrete, in der Vergangenheit ergangene Weissagung über den Charakter der Endzeit denken, die zwar allgemeine Gültigkeit hatte, die jedoch den Umständen einer Gemeinde oder eines einzelnen entsprechend durch denselben Geist erneut und unmittelbar „zur Lage" sprach und sie beleuchtete[2].

m) 1 Ko 12, 10
n) Mk 13, 22; Mt 24, 5
o) 2 Th 2, 1—12; Rö 16, 18; Apg 20, 29;
p) 2 Ko 11, 1—15; Phil 3, 18—19
q) 1 Ko 12, 3; 2 Th 2, 2
r) Rö 16, 19. 20; Gal 1, 6—9; 1 Th 5, 20. 21; 1 Jo 4, 1—6

Der Geist der Weissagung offenbart sowohl das Geheimnis Gottes wie die Lügenmacht des Bösen. Prophetie gehört mit Unterscheidung der Geister unauflöslich zusammen m). Die Urchristenheit wußte, durch eben diesen Geist unterwiesen, wie unauflöslich das Kommen des Reiches Gottes verknüpft ist mit Trübsal, Leid, Anfechtung und Kampf, hervorgerufen durch den Widerstand und die Verlockung des Geistes der Verführung. Die Evangelien bezeugen übereinstimmend, daß von Anfang an damit zu rechnen war, daß mit dem wahren Messias viele falsche Messiasse und im Namen des wahren Propheten (Jesus) viele falsche Propheten auftreten werden n). Ebenso weissagte Paulus schon früh, daß nach ihm falsche Lehrer auftreten werden o), ja bereits aufgetreten sind p). Der Apostel lehrte die Gemeinde, die Geister der Propheten zu prüfen, denn auch die falschen Lehrer erheben den Anspruch, vom Geist inspiriert zu sein q). Darum darf den mit Gelehrsamkeit, Wortgewalt oder Begeisterungsfähigkeit auftretenden Lehrern nicht ohne prüfendes Unterscheiden geglaubt werden r). Denn wer **verführerischen Geistern und Lehren von Dämonen** arglos Gehör schenkt, wer auf sie seine Aufmerksamkeit richtet und sich ihren listigen Einflüsterungen hingibt, der wird **vom Glauben abfallen.** Was Paulus hier schreibt, ist weder im Zusammenhang seiner übrigen Briefe noch in dem vorliegenden neu und überraschend; immer ist bei ihm Irrlehre mit satanischer Verführung und Verblendung im Zusammenhang gese-

[2] An einen einzelnen: Apg 10, 10—11; an eine Gemeinde: Offb 2, 7. 11. 17. 29; 3, 6. 13. 22; 14, 13; 22, 17: „Der Geist sagt"

hen s). Die in 1, 3. 6 erwähnten Irrlehrer und der durch ihr Auftreten schon eingetretene Glaubensabfall sowie die besondere Verführung der Frauen in der Gemeinde von Ephesus (2, 14) sind nur der Anfang dessen, was in der kommenden Zeit noch offensichtlicher hervortreten wird (4, 1).

s) Rö 16, 19. 20; 2 Ko 4, 3—4; 11, 13—15; 2 Th 2, 2. 9—12

Die Anknüpfung an 3, 16 ist nicht zufällig: Das geistgewirkte Bekenntnis zu dem, der offenbart wurde im Fleisch, bewirkt durch eben denselben Geist die Warnung vor den Irrlehrern[3].

In den letzten Zeiten kann sowohl spätere wie auch letzte Frist bedeuten; ein gewichtiger Unterschied zwischen I 4, 1 und II 3, 1 besteht nicht. Die Zeit ist spät und auf das Letzte hin ausgespannt t). „Die Frist ist knapp bemessen."

t) Rö 13, 11—12; 1 Ko 7, 29—31

Zunehmender Widerstand und Abfall sind Zeichen der Endnähe. Wenn auch der Geist der Weissagung einen Bereich aufdeckt, in dem Gegenwart, Vergangenheit und Zukunft eins sind, so bleibt doch die Spannung zwischen der Jetztzeit als Endzeit und dem Abschluß der Endzeit wie auch sonst im NT u) in den Past bestehen.

u) I 4, 8; 6, 17 Tit 2, 12. 13 vgl. Eph 1, 21 Mk 10, 28—31

Vom Glauben abfallen: das Verb hier bezeichnet den willentlichen und bewußten Abfall, stärker also als 1, 6. 19; vgl. Lk 8, 13—14: Menschen, die „im Augenblick der Versuchung abfallen werden"; Hb 3, 12: „vom lebendigen Gott abfallen durch ein böses Herz der Glaubenslosigkeit." Das Wort kann auch den Sinn haben von „weichen": Die Witwe weicht nicht vom Tempel v). Timotheus soll nicht weichen, sondern ausharren, bleiben w).

v) Lk 2, 37
w) II 3, 14

Verführerische Geister[4]: Irren ist nicht — wie das Sprichwort sagt — menschlich, sondern letztlich — wie die Bibel betont — dämonisch, denn hinter dem Irrtum steht die Macht der Verführung. Nirgends ist der Irrtum verhängnisvoller als im religiösen Bereich. Man meint, Gott zu dienen, und ist in Wahrheit den Dämonen verfallen x).

x) 1 Ko 10, 20

Lehren von Dämonen. Die Gemeinde ist einer systematischen Beeinflussung unter organisierter Aufsicht ausgesetzt. „Satan schafft eine neue Religion! Das ist *die* Versuchung der letzten Zeit[5]." Dem *einen heiligen Geist* y) stehen die

y) I 3, 16; 4, 1; II 1, 7. 14

[3] „Nicht nur der bekennende Hymnus ist geistgewirkt, also prophetisch, sondern auch die Entschleierung der kirchlichen Zukunft" (Holtz, 99).

[4] *pneumasin planois; planos* in 2 Ko 6, 8 von P verwendet: auch wenn er unter der böswilligen Verleumdung leidet, er sei ein Verführer und Betrüger, so ist er doch wahrhaftig.

[5] J. Jeremias, S. 23.

z) I 1, 10; 6, 3; II 4, 3 vielen unheiligen Geister, der einen gesunden Lehre z) die vielen verderblichen Lehren gegenüber.

2 **Die von heuchlerischen Lügnern ausgehen, deren Gewissen**
Tit 1, 9; 2, 1. 8 **gebrandmarkt ist.** Grammatikalisch könnte „Heuchelei" zwar auf „Dämonen" bezogen werden, aber es ist naheliegender, an die von ihnen beeinflußten, gegenwärtig in der Gemeinde wirkenden Lügenredner zu denken. Heuchelei: Verstellung, an-
a) Mt 23, 28; Mk 12, 15; Lk 12, 1; Sach 2, 13; Jak 5, 12 geben oder sein wollen, was man nicht ist a). Die Falschredner **(pseudologoi)** sind falsche Apostel **(pseudo-apostoloi).** Die häufige Zusammensetzung von Worten mit dem auch in der deutschen Sprache gebräuchlichen **„pseudo"** (falsch)[6] zeigt die verfälschende Lüge, die täuschende Ähnlichkeit, ja schließlich die behauptete Echtheit an, die der Pseudoreligion mit ihrer Pseudoreligiosität entspricht. Es ist eine Frömmigkeitsform ohne die Kraft der von Gott gewirkten Wahrheit und Wirklichkeit
b) II 3, 5 b). Wo der auf der Wahrheit Gottes ruhende Glaube verlassen und verleugnet wird, da treibt der Aberglaube der Lüge sein Unwesen. Lüge ist aber nicht nur falsches Reden, die Macht der Lüge durchdringt alle Bereiche des Lebens, das Leben selbst wird verlogen. Die Lebenslüge verfälscht alles, noch bevor und ohne daß ein unwahres Wort über die Lippen kommen muß. Die Pseudopropheten, deren Wesen reißenden Wölfen gleicht, erscheinen in Schafskleidern als harmlose und un-
c) Mt 7, 15 schuldige Beglücker c). Die Gemeinde soll sich vor ihnen hü-
d) I 1, 2 ten; den echten d) Dienern sollen die listigen Anschläge des
e) Jo 8, 44. 45 Satans, der „Vater der Lüge" genannt wird e), nicht unbe-
f) 2 Ko 2, 11 kannt f) sein. Abgesehen davon, daß eine sich aufgeklärt vorkommende Mentalität alles „Dämonische" als veraltet oder unwirklich abtut, könnte gegen Paulus auch der Vorwurf erhoben werden, er verteufle seine Gegner. Die Dimension des Dämonischen kann hier nicht näher erörtert werden. Der Hinweis darauf, daß diese Kategorie zum unabdingbaren Bestand der biblischen Offenbarung gehört, muß genügen[7]. Zum Vor-

[6] Vgl. dazu *pseudoprophetai* (2 Pt 2, 1); *pseudochristoi* (Mt 24, 24); *pseudadelphoi* (falsche Brüder: 2 Ko 11, 26; Gal 2, 4); *pseudodidaskaloi* (falsche Lehrer: 2 Pt 2, 1); *pseudapostoloi* (falsche Apostel: 2 Ko 11, 13); *pseudonymos gnosis* (die fälschlich so genannte Erkenntnis: I 6, 20).

[7] Man vergleiche den atl Bericht über die Auseinandersetzung zwischen König und Prophet (1 Kön 22, 22 f) mit der ntl Vision in Offb 16, 13—14. Die fremd wirkende Bildsprache sollte uns nicht davon abhalten, die Wirklichkeit des nur in Symbolen Andeutbaren zu bedenken. Zur Lektüre: C. S. Lewis, Die große Scheidung oder zwischen Himmel und Hölle; Anweisungen an einen Unterteufel; Bernhard Welte, Über das Böse (Quaestiones Disputatae 6); Joseph Bernhart, Chaos und Dämonie; Von den göttlichen Schatten der

wurf der Verteufelung ist im übrigen zu sagen: Wir haben es hier nicht mit einer ungerechtfertigten Verketzerung Andersdenkender zu tun, die dem menschlichen Hang zum raschen Aburteilen Vorschub leisten oder ihn gar rechtfertigen würde. Läßt man freilich die ausdrückliche Beziehung auf die prophetische, d. h. geistgewirkte Redeweise außer acht oder nimmt man sie nicht ernst, so ist kein Verständnis für den geistlichen Kampf möglich. Dieser gute Kampf des Glaubens streitet eben nicht gegen Fleisch und Blut (sichtbare Menschen), sondern gegen geistige Mächte der Bosheit in der unsichtbaren Welt g).

g) Eph 6, 12

Die verführten Verführer, die an der Verführung der Menschen ihre Lust und ihren Gewinn gefunden haben h), sind in ihrem **Gewissen gebrandmarkt.** Vielleicht wirkt hier der Gedanke mit, daß diese Menschen dämonisch gezeichnet sind. Ihr Gewissen ist derart gelähmt i), daß sie keine Scham oder Reue mehr empfinden können über ihr Tun; „sie haben alles Schamgefühl[8] verloren k)."

h) II 3, 13

i) I 1, 19

k) Eph 4, 19

Gegen die Irrlehrer soll nicht angegangen werden, nicht durch Verleumdung und noch weniger gewalttätig, sondern vor ihnen ist zu warnen, ihr Lehren und Tun ist als verderblich zu entlarven.

Sie verbieten zu heiraten und bestimmte Speisen zu essen. 3
Kann denn der Ruf zur Enthaltsamkeit verführerisch sein? Bei Verführung denkt man meistens zuerst an Verlockung zu Ausschweifung und nicht an Askese. Und doch besteht zwischen Verbot menschlicher Grundbedürfnisse und hemmungsloser Ausschweifung ein enger Zusammenhang. Der maßlose Mißbrauch von Gottes Gaben führt zu Unlust, Leere, Ekel. Wer sich an einer Speise „überessen" hat, findet an ihr für lange Zeit keinen Geschmack mehr.

Verbieten zu heiraten. Nicht eine freiwillige Enthaltsamkeit, sondern eine für alle verpflichtende Menschensatzung soll das Heiraten verhindern. Dem Judentum war das Eheverbot fremd; allerdings ist bekannt, daß die Essener die Eheabstinenz freiwillig praktizierten, ebenso religiöse Kreise in Ephesus, die von orientalischen Kulten und magischen Praktiken

Schöpfung; Denis de Rougement, Der Anteil des Teufels; franz. Original: La part du diable.

[8] Simpson 65: shameproofed, wörtlich: schamdicht; vgl. wasserdicht. „Sie handeln mit heiligen Dingen ohne Gefühl" (Bacon).

beeinflußt waren[9]. Die Ursprünge des von Irrlehrern eingeführten Eheverbotes in den Gemeinden können verschieden sein: 1) Reaktion gegen die heidnischen Ausschweifungen, in
l) 1 Ko 6, 9—11
denen man selber vorher gelebt hatte l). 2) Falsche Auslegung und Anwendung der Lehre von der Auferstehung: „In der Auferstehung heiraten sie nicht und werden nicht verheiratet,
m) Mt 22, 30
sondern sind den Engeln gleich m)." Wenn die Irrlehrer behaupten, die „Auferstehung sei schon geschehen", zerstören sie
n) II 2, 18
den Glauben mancher Leute n). Die Gemeindeglieder konnten oder mußten sich jetzt (als Auferstandene) wie Engel ansehen. Offenbar war die Verführung zu einem „engelhaften" Leben schon in Korinth groß. Paulus muß betonen, daß geschlechtliche Enthaltsamkeit in der Ehe nur für begrenzte Zeit und
o) 1 Ko 7, 5
nur nach Übereinkunft richtig sei o). 3) Paulus selber mochte Anlaß gegeben haben zu Mißverständnissen, wie denn auch andere seiner Worte mißbraucht und verdreht ausgelegt wor-
p) Rö 6, 1—2; 7, 7 vgl. 2 Pt 3, 15—16
den sind p). Zwar schrieb er vom guten Heiraten, aber doch auch vom besseren Ledigsein und vom glückseligeren Nichtwiederheiraten q), doch hatte er daraus niemals ein Ehever-
q) 1 Ko 7, 38. 40
bot abgeleitet, sondern zur Freiheit in jeder „Berufung" aufgerufen r). Doch seine Worte konnten leicht dahingehend um-
r) 1 Ko 7, 18. 23. 24
gedeutet werden, daß das Bessere des Guten Feind ist. 4). Für die zu „Engeln" Gewordenen kam es nicht mehr darauf an, was in oder mit ihrem Leib geschah. Der Geist wurde ja davon nicht berührt. Der Umgang mit einer Tempeldirne in Korinth war somit gerechtfertigt, denn dem Freien ist „alles erlaubt". Diesen angeblichen Pneumatikern[10] hält Paulus entgegen, daß die neue Freiheit in Christus bestimmt und begrenzt ist durch drei Maßstäbe: Erlaubt ist nur, was 1. zur Reifung des ganzen Menschen führt (was „heilsam" ist; man vgl. dazu die „gesunden Worte" in den Past); 2. den befreiten Menschen in der Freiheit erhält (ich will mich von nichts beherrschen lassen) und 3. das mitmenschliche Zusammenleben im Heil und in der Freiheit fördert (was aufbaut) (1 Ko 6, 12; 10, 23!).

„Jungfräulich" als Bruder und Schwester zusammenzuleben und sich der Ehe zu enthalten, erschien manchen Korinthern
s) 1 Ko 6, 15
vereinbar mit Geschlechtsverkehr bei Tempeldirnen s) und
t) 1 Ko 5, 1
ehebrecherischen Verhältnissen t). Offenbar sind auch in Ko-

[9] Josephus, Jüdischer Krieg, II 8, 2.

[10] Vgl. die falsche Ausdeutung von 1 Jo 1, 8; 3, 9: Wer den Geist hat, kann nicht sündigen; sowie „den Reinen ist alles rein"; Tit 1, 15; vgl. I 4, 2.

rinth Ehe- und Speisefragen im Zusammenhang mit der Frömmigkeit aufgeworfen worden u).

u) 1 Ko 7 u. 8. 10

Sie verbieten ... bestimmte Speisen zu essen[11]. Die Form des Verbotes ist gemildert; nicht (alle) Speisen überhaupt, sondern (ohne Artikel) gewisse Speisen gelten als unrein. Tit 1, 10—15 legt den Zusammenhang mit jüdischen Speise- und Reinigungsgeboten nahe; auch das Verbot des Weingenusses könnte eingeschlossen sein. Danach wäre Timotheus selbst in Gefahr, von den Irrlehrern zu falscher Askese verführt zu werden (E 31 f) v). Die vier Beweggründe, die zu einem Eheverbot geführt haben mochten, könnten auch für die Speisevorschriften in Frage kommen. Wieder könnte ein Wort des Paulus verdreht und verabsolutiert worden sein: Ich will „in Ewigkeit kein Fleisch essen w)."

v) Rö 1, 5, 23

w) 1 Ko 8, 1—13; Rö 14, 1 f; Kol 2, 20—22

Speisen, die Gott geschaffen hat zum Genuß mit Danksagung für die, welche glauben und die Wahrheit erkannt haben. Was Gott für alle Menschen geschaffen hat, kann für diejenigen, welche gläubig geworden sind und die Wahrheit erkannt haben (2, 4!), nicht verwerflich sein oder werden, vielmehr werden erst sie angemessen auf die Schöpfungsgaben Gottes antworten können. Der Mensch wird nicht v o n der Geschöpflichkeit, sondern z u ihr erlöst, nicht von der Schöpfung entfernt, sondern als mit dem Schöpfer Versöhnter ihr zugeführt.

Genuß mit Danksagung. Wie der Bauer an den Früchten teilhat x), so darf der Christ an den Gaben des Schöpfers teilhaben, indem er Gott dafür dankt. Denn „solange uns das Ziel unseres Lebens verhüllt, die Schuld unversöhnt und der innere Lebensstand in Verwirrung ist, kann an der auswendigen Gabe kein dankbarer Sinn entstehen" (Schlatter). In 6, 17 lesen wir noch einmal von dem Gott, der den Menschen „alles reichlich darreicht zum Genuß". Wo jedoch die Menschen auf die Gaben, die sie genießen, nicht mit D a n k eingehen, indem sie nicht des Gebers g e d e n k e n (das ist der sprachliche und geistige Zusammenhang zwischen danken und denken), da verkehren sie den dankbaren Genuß in ein Ge-

x) II 2, 6

[11] Im Griechischen steht wörtlich: Sie verbieten zu heiraten (und gebieten) sich von Speisen zu enthalten. „Und gebieten" steht nicht da, sondern muß ergänzt werden. Man nennt diese abgekürzte Schreibweise grie Zeugma: Für zwei Gegenstände trifft nur ein Verb genau zu. Bei Paulus ist dieser „stenographische" Wortgebrauch auch sonst bekannt; vgl. 1 Ko 3, 2: Milch habe ich euch zu trinken gegeben, nicht feste Speise (man muß ergänzen: zu essen).

nießenwollen aus eigenem Recht, suchen den „flüchtigen Genuß der Sünde“[12] und werden süchtig.

4 **Denn alles, was Gott geschaffen hat, ist gut.** Das ist der Grundton der atl Frömmigkeit, der auch für das NT unvermindert gilt. Wichtig ist, daß die Schöpfung nicht nur „vor dem Fall“ gut war, sondern sie i s t noch jetzt gut und schön **(kalos)**, wie die Speisen bzw. die Früchte der Erde, die gedeihen und jetzt mit freudigem Dank genossen werden können, gut sind. Ebenso gilt ja auch für den gefallenen Men-
y) Jak 3, 9 schen noch immer, daß er im Bilde Gottes geschaffen ist y).
Wer seine Herkunft verleugnet, wer das Urheberrecht Gottes über sein Leben und dessen Erhaltung durch das tägliche Brot leugnet, verweigert Gott den Dank und gibt sich selbst und seiner Tüchtigkeit die Gott entzogene Ehre. Da sie dem Schöpfer nicht danken, machen sie aus dem Geschöpf ein Werk-
z) Rö 1, 18—32 zeug der Sünde z).

Und nichts ist verwerflich[13]. Wer dem Schöpfer wieder danken kann, weil sein Herz aus der danklosen und gedankenlosen Selbstherrlichkeit erlöst worden ist, der wird befreit von den Tabus alter und neuer, religiöser und säkularer Art. Dankbar darf er empfangen, teilhaben und genießen: Speise, Geschlechtlichkeit, Schöpfung, Gemeinschaft der Menschen, ja das Leben. Dieser ganz paulinische Grundton des zur Geschöpflichkeit, weil zum Schöpfer befreiten Menschen erhält im Korintherbrief wie hier in den Past seinen vollen Klang in der Auseinandersetzung mit gesetzlichen Einschränkungen und Verboten: „Alles ist euer, . . . es sei Welt oder Leben oder Tod, Gegenwärtiges oder Zukünftiges, alles ist euer, ihr aber
a) 1 Ko 3. 21 b—23 seid Christi. Christus aber ist Gottes a).“ Diese frohe Botschaft
von der in Christus aus allen Tabus befreiten Menschlichkeit darf nicht verschwiegen werden, auch wenn sie ständig von
b) Gal 5, 1. 13; I 6, 17 Mißbrauch und Verkehrung ins Gegenteil bedroht ist b). Jesus „erklärt alle Speisen für rein c)“, indem er die Verunrei-
c) Mk 7, 19 c nigung zurückführt auf das von Gott abgewandte Herz, aus dem alle bösen Gedanken und Taten entspringen.

5 **Wenn es mit Danksagung empfangen wird, denn es wird durch Gottes Wort und Gebet geheiligt.** Einzelne Ausleger denken an das Schöpfungswort (Schlatter), andere an Schrift-

[12] Hb 11, 25 dasselbe Wort wie I 6, 17.
[13] *apobletos:* weggeworfen sein; religiös: von der Gottheit verworfen sein; Moffatt übersetzt: „nothing is tabood“, nichts ist tabuisiert, was eine hilfreiche Übersetzung in den heutigen Sprachgebrauch ergibt.

verlesung, wieder andere an den Wortlaut des Tischgebetes in traditioneller Form. Der Dank bei der Mahlzeit liegt nahe, da hier gegen die Enthaltsamkeit von Speisen geschrieben wird, doch wird diese jüdische Sitte (verbreitet durch den Einfluß der Diaspora-Synagoge auf die heiden-christlichen Gemeinden) vom Schöpferwort Gottes und seinem Auftrag an den Menschen d) abgeleitet.

d) 1 Mo 1, 28—31

Danksagung (eucharistia), durch die Wiederholung in V. 3 und 4 besonders betont, kann den Sinn haben von: dankbare Gesinnung hegen (Paulus dankt für die Mitarbeit der Philipper Phil 1,3), Dankgebete sagen oder einfach beten e) (vgl. 1 Ko 14, 6. 17; 2 Ko 9, 12) und schließlich das Abendmahl feiern: „. . . als er das Dankgebet darüber gesprochen, hat er es gebrochen . . ." f). Brot und Wein sind die Urgaben der Schöpfung. Christus hat sie durch die Hingabe seines Fleisches und Blutes von allem Mißbrauch des selbstherrlichen Menschen befreit und sie neu geheiligt. So ist das Herrenmahl „die Danksagung" des neuen Menschen schlechthin, Teilhaben am Leben und an den Gaben Gottes. Jede Mahlzeit wird so zum Vorzeichen des neuen Mahles. Darum kann Paulus schreiben: „Wer ißt oder nicht ißt, sagt Gott Dank, wer den Tag hält oder nicht hält, sagt Gott Dank; möget ihr nun essen oder trinken oder sonst etwas tun, so tut alles zur Ehre Gottes g)."

e) I 2, 1

f) 1 Ko 11, 24

g) Rö 14, 6; 1 Ko 10, 31; Phil 4, 6

Darum ist das Dankgebet nicht einfach eine fromme Sitte, die man leichthin fallen lassen könnte, sondern in ihm antwortet der Christ auf die Bitte um das tägliche Brot. Und aus dem Dank für die empfangene Güte soll er sich verpflichtet wissen und tätig einsetzen für diejenigen, die deshalb hungern müssen, weil die Ungerechtigkeit der Menschen ihnen das Brot vorenthält h) (E 25 e).

h) 1 Jo 3, 16. 17

Durch Gottes Wort[14] bedeutet also: das Tatwort des Schöpfers, das gesprochene Wort beim Herrenmahl, das die Gegenwart des Erlösers verheißt, das Wort des Tischgebetes und das Wort, das alles Geschaffene zum Lobpreis aufruft. Der Zusammenhang von 1, 12; 2, 1; 3, 10, 4, 3—5 ist nicht nur der

[14] „Denn dies Wort Gottes *katexochen* (1 Mo 1, 28—31) hat das Natürliche geheiligt für immer und wehrt seinem gottlosen Gebrauch durch den Menschen" (Holtz 103, der auch Did. 10, 3. 4 zitiert. „Du, allmächtiger Herrscher, hast alles geschaffen um deines Namens willen, Speise und Trank hast du den Menschen gegeben zum Genießen, daß sie dir danken . . . Dir sei Ehre in Ewigkeit.") Ferner Just. apol. 67: „Über allem, was wir an Opfergaben herzubringen, loben wir den Schöpfer des Alls."

von Dank und Lob **(eucharistias)**, sondern er zeigt die Gottes Liebe bejahende Überwindung aller verführenden und gottverneinenden Selbstherrlichkeit des Menschen an. Der Dankende bekennt, daß das Natürliche nicht durch sich selbst heilig ist. Wenn er aber dankt, ist alles geheiligt: er selbst, die Gaben und deren Genuß, weil mit Gott, dem Urheber und Geber, verbunden.

i) Rö 1, 25

k) Mk 14, 22. 23; 6, 41; 8, 6.7; Lk 24, 30

Der Undankbare ist der Unnatürliche und Verkehrte i). Auch darin ist Jesus wahrer Mensch, daß er der Dankende ist k). Die christliche Ethik ist eine Ethik der Dankbarkeit. Alltag und Ruhetag, Schlafen und Wachen, Essen und Trinken, Leib und Geschlechtlichkeit können in der Dankbarkeit zu Gott empfangen, genossen und gefeiert werden. Wenn nach katholischem Dogma Mann und Frau sich gegenseitig das Sakrament der Ehe spenden, so kommt darin zum Ausdruck, daß sie ihr Einswerden mit Danksagung zu Gott feiern, d. h. es ist zu seiner Ehre getan.

Die Frömmigkeit, die in der Eucharistie (dem Lobpreis des Menschgewordenen; 3, 16) ihren Ursprung und ihr Ziel hat, wächst und weitet sich aus im dankbaren Genießen alles Geschaffenen. Der innere Zusammenhang zu 3, 16 bleibt deutlich, der Höhe- und Mittelpunkt des Christushymnus ist nochmal aufgenommen und überhöht hinein in den Lobpreis der ganzen Schöpfung auf den Schöpfer hin: die Eucharistie alles Geschaffenen im Schöpfer, die Heimholung des Kosmos in Christus zu Gott.

b) Die rechte Übung in der Gottseligkeit, 4, 6—11

6 **Wenn du dies den Brüdern darlegst, wirst du ein guter**
Diener des Messias Jesus sein, der sich nährt mit den Wor-
ten des Glaubens und der guten Lehre, welcher du genau
7 **gefolgt bist. *Die gottlosen und unsinnigen Fabeln weise ab,**
8 **hingegen übe dich in der Gottseligkeit, * denn die leibliche**
Übung ist nur beschränkt nützlich, die Gottseligkeit aber
ist zu allem nütze, sie hat die Verheißung für das jetzige
9 **und für das zukünftige Leben. * Zuverlässig ist das Wort**
10 **und aller Annahme wert. * Denn auf dieses Ziel hin mühen**
wir uns und kämpfen, weil wir unsere Hoffnung auf den
lebendigen Gott gesetzt haben, der Retter aller Menschen
11 **ist, erst recht der Gläubigen. * Dies gebiete und lehre.**

6 Wenn Timotheus selber von der wahren Speise des Wortes

sich nährt und der guten Lehre folgt, wird er imstande sein, der Gemeinde das Ja Gottes glaubhaft darzulegen, und das wird die wirksamste Art sein, um den Einfluß der Irrlehrer zu überwinden. Gewisse Ausleger haben behauptet, daß in diesem Brief keine Rede mehr sei von einer apologetischen Aufgabe an den Irrlehrern. Während im Kolosser-Brief noch eine Annäherung gesucht werde, gehe es in den Past nur noch um Verketzerung. Die Verse 3b—5 sind aber positive Darlegung, apologetische Begründung der in 3a verneinten Irrlehren. Die Anweisung an Timotheus in II 2, 24—26 macht vollends deutlich, daß die Grundeinstellung zu den Irrlehren dieselbe geblieben ist. Ja, wenn man die verschärfte Auseinandersetzung des 2. Briefes bedenkt, so überrascht die Aufforderung, gegen jedermann liebreich zu sein und Widerspenstige mit Sanftmut zurechtzuweisen, den unvoreingenommenen Leser[15]. Gott kann den Widerspenstigen noch immer Sinnesänderung, Besinnung und Befreiung geben. Nur dort, wo man unveränderbare „Gegner" vor sich zu haben meint, da macht sich der polemische Schimpfton breit, der den anderen nicht ändern, sondern verstoßen will. Eine Beobachtung bleibt zu Recht bestehen, man hätte durch die Jahrhunderte der kirchlichen Streitereien gut daran getan, darauf zu achten: Timotheus soll sich auf die Stärkung der Gemeinde konzentrieren und weder Kraft noch Zeit verlieren im Streit mit dem „Gegner". Lege den Brüdern a) das Ja Gottes in Christus ans Herz, so werden sie in ihrer bejahenden Dankantwort das Nein der Irrlehrer und überhaupt alle böse Verneinung überwinden.

a) I 5, 1; 6, 2
II 4, 21
vgl. Rö 16, 14
1 Th 5, 26;
1 Ko 16, 20;
Phil 4, 21

Darlegen: In Erinnerung bringen, nahelegen, ans Herz legen. Paulus verwendet dieses Wort in Rö 16, 4 in einem anderen Zusammenhang (sonst nirgends im NT!), der aber deutlich macht, daß hier wirklich „ans Herz legen" gemeint ist, ein liebendes Nahelegen im Unterschied zu bloßem Gebieten. Nicht mit falschem Autoritätsanspruch wie die Irrlehrer, nicht als amtlich befugter Bischof, sondern als **guter Diakon Christi Jesu** soll er der Gemeinde[16] nahetreten und ihr nahelegen, wovon und wofür er selbst lebt. Schon in seinem ersten uns erhaltenen Brief hatte Paulus genau diesen Auftrag für Timotheus umschrieben: Wir entsandten Timotheus, „unseren Bruder und Gottes Mitarbeiter am Evangelium Christi, damit er

[15] Vgl. II 2, 24—26 mit Gal 6, 1: Die Begründung für das sanftmütige Zurechtbringen.
[16] Der Gebrauch des Wortes *Brüder* für die Gemeinde und ihre Glieder spricht gegen die Behauptung, daß sich in den Past ein „früher Kurialstil" entfalte.

euch stärke und ermuntere für euren Glauben, auf daß keiner sich in diesen Bedrängnissen zum Wanken bringen lasse" b). Timotheus ist ein Diener des Christus und *deshalb* Diener der Gemeinde c), ein „treuer Mitknecht" d). Er ist ein **Diakon,** der das Geheimnis des Glaubens in einem reinen Gewissen bewahren soll e), im Gegensatz zu dem Irrlehrer, der im Gewissen gebrandmarkt ist. Die Irrlehrer wollen nicht Mithelfer an der Freude der Gemeinde sein, sondern Herren über ihren Glauben f).

Sich nährend, part. praes., ein ständiger Prozeß; bedeutet auch: in einem Gymnasium *erzogen* werden. Chrysostomus zur Stelle: wiederkauen, zurückkehren zu denselben Dingen, sie ständig meditieren, denn es ist nicht eine gewöhnliche Speise. Ein Diener Christi lebt wie sein Herr nicht aus den Lügenreden des Versuchers, sondern er nährt sich aus der Offenbarung Gottes g). Seine Speise ist es, den Willen Gottes zu tun h).

Worte des Glaubens sind die Worte des Evangeliums, die Glauben wirken. Sie verbinden den Hörenden mit Jesus Christus, denn „das Wort ist in deinem Munde und in deinem Herzen, nämlich das Wort vom Glauben . . ." i). Diese Worte des Glaubens, die den Geist des Menschen beleben, erfüllen und nähren können, stehen im Gegensatz zu den Mythen k), welche den daran Festhaltenden leer lassen. Worte des Glaubens kann aber auch den Sinn haben von zuverlässigen Worten, Treuworten, im Gegensatz zu den Lug- und Trugworten der Irrlehrer l) im Sinn des für die Past bezeichnenden Ausdruckes „zuverlässig ist das Wort" m).

Der guten Lehre n), **der du nachgefolgt bist, folgen:** befolgen aufgrund eines geistig-geistlichen Erfassens, also nicht nur eine äußere Beobachtung, sondern untersuchen, genau erkennen und folgen; wie II 3, 10: Du bist mir nachgefolgt in der Lehre o) etc. Wie Lk 1, 3: Der Verfasser ist den Ereignissen genau nachgegangen, Punkt um Punkt, er hat sich damit bekanntgemacht, ist ihnen auf die Spur gekommen. Wir übersetzen deshalb „der Lehre nachfolgen", was deutlich macht, daß die Lehre ein Weg ist, den man im Gehorsam geht, auf dem man dem Herrn nachfolgt p).

Lehre: Wieder ist zuerst der Gegensatz der guten Lehre zu den verderblichen Lehren der Verführer zu sehen. Lehre bezeichnet die Gesamtheit dessen, was Jesus den Menschen von Gott offenbart hat.. Zum verstandesmäßigen Erfassen muß das

b) 1 Th 3, 2-
c) Phil 2, 20—21 vgl. 1 Ko 3, 2 Ko 11, 23
d) Kol 1, 7
e) I 3, 9
f) 2 Ko 1, 24
g) Mt 4, 4;
h) Jo 4, 31—34
i) Rö 10, 8
k) I 4, 7 II 4, 4
l) I 4, 2
m) I 1, 15; 3, 1; 4, 9; II 2, 11; Tit 3, 8
n) I 1, 10; II 3, 10
o) 4, 1. 6. 13. 16; 6, 1. 3 II 3, 16; Tit 2, 7. 10
p) Apg 16, 17; 18, 26; 22, 4; 2 Pt 2, 2. 15. 21 Jo 14, 6

geistlich erleuchtete Erkennen, zum Erkennen die herzliche Hingabe und darin der „Gehorsam von Herzen“ hinzukommen q).

q) Rö 6, 17; 12, 1

Die gute Lehre ist mehr als die Summe einzelner Lehrsätze, obwohl sie auch aus Sätzen besteht und in Sätzen formuliert werden kann. Die Lehre ist eine ganzheitliche Wirklichkeit, die Vollgestalt des Evangeliums[17]. Daß „Lehre“ auch in den Past in diesem umfassenden Sinn zu verstehen ist, zeigt einmal der Zusammenhang zwischen Nahrung und Nachfolge in diesem Vers, sodann die wiederholte und ausführliche Darlegung im 2. Brief, wo Lehre ebenso eng mit Lebensführung verknüpft ist r). Wer sich aus den Worten des Glaubens nur nähren will ohne Bereitschaft zur gehorsamen Tat, wird bald in frommer Selbstgenügsamkeit versinken und versanden. Wer nur „entschieden“ gehorchen, lehren und kämpfen will, ohne sein Herz im Wort Gottes zu stillen und zu nähren, der wird bald austrocknen, zum harten Streiter werden und mitten im christlichen Dienst verarmen und schließlich geistlich absterben. Nahrung und Nachfolge gehören für den Diakon Christi zusammen. Die Bedeutung der Meditation von Gottes Worten ist weitgehend verlorengegangen, sowohl in der Gemeinde wie unter deren Dienern. Wo tägliches oder gelegentliches Bibellesen einzeln oder in Gruppen und Familien überhaupt noch geübt wird, bleibt es meist bei einem schnellen und nur verstandesmäßigen Erfassen, aber das Wort kann nicht mehr klärend und befruchtend in die unbewußten Bereiche des Lesers eindringen, weil die Bereitschaft zum Schauen weitgehend fehlt oder verlorengegangen ist. Was dann zu Entschlüssen und Taten führt, stammt meist aus dem eigenen (vielleicht religiösen) Willen und ist nicht der von Herzen kommende Gehorsam, der aus der befolgten Lehre zur Nachfolge führt. Das gleiche gilt auch für fachtheologischen Umgang mit der Bibel. Alles methodisch noch so gründliche Analysieren der Heiligen Schrift kann die persönliche Ernährung des Geistes aus ihrer Fülle und den praktischen Gehorsam ihren Weisungen gegenüber nicht ersetzen. Nur wer vom Brot der Glaubensworte wirklich **lebt** und der gesunden Lehre auch **folgt**, erfährt das Evangelium als Kraft Gottes zum Heil, das Leben aus Glauben zu Glauben s), und darum kann er die heillosen Mythen erkennen und zurückweisen.

r) II 3, 10

s) Rö 1, 16. 17

[17] Vgl. Rö 6, 17: „Der Gestalt (*typos*) der Lehre“, von Herzen gehorsam werden; „der ganze Ratschluß Gottes“ (Apg 20, 27).

7 **Die gottlosen und unsinnigen Fabeln weise zurück, hingegen übe dich in der Gottseligkeit.**

Heillos: eigentlich für jeden betretbar oder zugänglich (Heiligtum). Die Erzähler von Mythen tasten eigenmächtig das Geheimnis Gottes an, indem ihnen die Scheu vor Gottes Heiligkeit fehlt[18].

Unsinnig: Wörtlich altweibermäßig — nur hier im NT, aber in der Auseinandersetzung unter heidnischen Philosophen bekannt. Man darf aus dem Gebrauch dieses Wortes keinen frauenfeindlichen Zug ableiten wollen; eher ist an eine Anspielung auf schwarze Künste, von Frauen betrieben, zu den-
t) I 5, 13 ken t). Magische und abergläubische Praktiken sind in Ephe-
u) Apg 19, 19 sus, der Hauptstadt der okkulten Künste, weitverbreitet u).

Weise zurück: starke Abweisung, ebenso in II 2, 23: Streitfragen; Tit 3, 10: ketzerische Menschen. Die Fabeln müssen entschieden abgelehnt, die Verbreiter der Fabeln sollen mit Sanftmut überführt werden. Das ist eine klare Unterscheidung und Anweisung.

Hingegen übe dich in der Gottseligkeit. Dieser Satz stellt den direkten Zusammenhang zum Geheimnis der Frömmigkeit (3, 16) wieder her, von dem die Irrlehrer abgewichen sind zu den heillosen Mythen, welche das göttliche Geheimnis eigenmächtig erkunden und für ihre Zwecke gebrauchen wollen (E 15).

Übe dich[19]**:** im sportlichen Wettkampf, gilt aber übertragen auch für die Übung der geistigen und seelischen Kräfte, im Hellenismus häufig verwendet, bei Paulus nur hier; das kann aber nicht gegen seine Verfasserschaft angeführt werden, denn in V. 10 verwendet Paulus das Wort vom (Wett-)Kampf ebenso wie in 1 Ko 9, 24—27, und zwar im gleichen Sinn wie hier[20]: Es geht um die rechte Enthaltsamkeit um eines Zieles willen[21]. Der Übende will in Form sein und Fortschritte machen.

[18] Vgl. Apg 21, 26; 24, 6: Eine heilige Stätte entweihen. Man darf nicht vergessen, daß diese „Fabeln" durchaus immer in einem religiösen Zusammenhang stehen und vorgeben, mehr über das Heilige zu wissen als das gewöhnliche Evangelium; doch in ihrem Wesen sind sie unheilig; sie gehören in den Bereich der Nachahmung, der Pseudoreligion, der Magie.

[19] *gymnazein:* sich stählen (wörtlich: nackt üben, wie es in Griechenland Sitte war). Gymnasium ist der Raum für Leibesübungen, Versammlungsraum für Philosophen, Schule; vgl. Gymnastik: Leibesübungen.

[20] *Agonizo menos:* Wettkämpfer (vgl. unser Wort Agonie).

[21] Vgl. auch die anderen Stellen, in denen P Gleichnisse aus dem Sportleben anwendet: Phil 3, 12 f; Eph 6, 10 f; II 2, 5.

Die Kräfte des Leibes oder die Gabe des Geistes sollen entfaltet werden.

Aus Angst und Abwehr vor falsch verstandener Mystik hat man weithin den biblischen Sinn der Meditation verloren und damit die Gemeinde der geistlichen Unterernährung ausgesetzt; in gleicher Weise konnte der Sinn der Übung im Glauben dort nie überzeugend deutlich gemacht und dazu nicht angeleitet werden, wo man falsche Sicherheit, falsches Besitzen und Verfügen des Glaubens fürchtete. Doch der Übende hat nie ausgeübt, sein „Pensum" nie abgeschlossen. Üben heißt: wiederholen! (E 15 d).

Denn die leibliche Übung ist nur beschränkt nützlich, die 8
Gottseligkeit aber ist zu allem nütze, sie hat die Verheißung für das jetzige und für das zukünftige Leben.

Leibliche Übung[22]: Die Übung des Leibes ist hier im buchstäblichen Sinn verstanden. Die leibliche Askese der Irrlehrer konnte nicht vollständig verworfen werden. Enthaltsamkeit im Geschlechtlichen kann um der Gebetsübung willen v) ebenso sinnvoll sein wie das Sich-Enthalten von „allen Dingen", wenn es um einen Kampf geht, der alle Kräfte fordert w), und Paulus weiß von der Bedeutung und Notwendigkeit der körperlichen Zucht und Übung. Sagt er doch von sich: „Ich züchtige meinen Leib und zähme ihn[23] x)." 1 Ko 9, 27 heißt sinngemäß übertragen: Ich halte meinen Leib durch ein gezieltes, die besonderen Schwächen berücksichtigendes Training fit (oder in Kondition), damit ich ihn beherrsche und meinen Aufgaben als Herold des Evangeliums keine Nachteile und Behinderung erwachsen durch einen zuchtlosen oder verweichlichten Leib[24].

v) 1 Ko 7, 5
w) 1 Ko 9, 24; II 2, 4
x) 1 Ko 9, 27

[22] *Somátike gymnasia:* Damit sind vielleicht nicht die isthmischen Spiele gemeint, auf die Paulus sich sonst bezieht, sondern die heiligen Spiele von Ephesus, die jährlich für die Stadt und alle vier Jahre für die ganze römische Provinz stattfanden.

[23] Auch dieser Satz ist schwer mißdeutet worden. Aus dem Zusammenhang herausgelöst, wurde er den Denkformen einer grundsätzlich leibfeindlichen Askese eingefügt. Doch Paulus beschreibt hier den Faustkämpfer, der nicht in die Luft schlägt, wenn er Gegnern ausweicht, sondern der genau zielt und „unter das Auge schlägt", so ist wörtlich zu übersetzen. „Kasteien" bedeutet etwas ganz anderes (abtöten, mortifier); ebenso das zweite Verb heißt nicht versklaven, knechten, im Sinne von unterdrücken oder verneinen, sondern beherrschen. „Die schonungslose Härte gegen den Leib" (Kol 2, 23) hingegen kennzeichnet das Vorgehen derer, die durch eigene Vernichtung selig werden wollen.

[24] Vgl. 1 Ko 6, 12: „Alles ist mir erlaubt, ... aber ich darf mich von nichts beherrschen lassen." Paulus konnte freiwilliges Fasten, Hunger, Durst, schlaflose Nächte, Schläge und Körperhaft ertragen (2 Ko 6, 4—5; 11, 23—25). Sein Leib war gestählt, wir würden heute sagen: trainiert.

Nur beschränkt nützlich[25]: Der geringe Nutzen der leiblichen
Übung darf nicht abschätzig verstanden oder dahin ausgelegt
werden, als ob eigentlich gesagt sei, die Schulung des Leibes
sei überhaupt zu nichts nütze oder gar unnütz. Das wenige ge-
y) 2 Ko 4, 17 hört zum Vergänglichen y) und steht im Vergleich zu „allen
z) 2 Ko 4, 18 b Dingen", die Vergängliches und Unvergängliches z) umfassen[26].

Die Gottseligkeit ist zu allem nütze[27]. Der Hinweis auf die
alle Gebiete des Lebens bestimmende Frömmigkeit entstammt
nicht einem verflachten Utilitarismus (Nützlichkeitsdenken)
oder Pragmatismus (aus der reinen Zweckhaftigkeit gültige
Normen und Verhaltensweisen ableiten), denn Übung und Nut-
zen der Frömmigkeit sind nur deshalb sinnvoll, weil sie **Ver-
heißung**[28] hat. Die Verheißung Gottes kann sich der Mensch
a) Gal 3, 14 weder verdienen noch erzwingen. Den Heiligen Geist a) wie
die Frömmigkeit kann er nur im Glauben empfangen, was
nicht im Widerspruch steht dazu, daß man durch ausdauernde
b) Gal 3, 22; Übung im Tun des Willens Gottes die Verheißung b) wirklich
Hb 10, 36; 9, 15 erlangt[29].

Für das jetzige und das zukünftige Leben. Das Bewußtsein
einer Frömmigkeit, die den großen Unterschied zwischen Ge-
genwart und ewiger Zukunft und zugleich die spannungs-
reiche Beziehung zwischen dem „Jetzt" und dem „Einst"
kennt, ist unvermindert lebendig in den Past (E 9). Nicht an-
ders lesen wir in den Evangelien, wo die Jünger in dieser Zeit
c) Mk 10, 30 ein Hundertfaches empfangen c), und für das kommende
d) Lk 18, 30 Leben ist ihnen die Vollendung in Gott verheißen d). Da das
Mt 19, 29 Sinnen und Trachten auf das Reich Gottes und seine Gerech-
tigkeit gerichtet ist, kann dem Menschen das Irdische hinzu-
gegeben werden, ohne daß er das Geschenkte in eigenmächti-
e) Mt 6, 33 gen Besitz verkehrt und davon besessen wird e). Wer Lust
oder Macht oder Besitz oder Freude direkt anstrebt, geht leer

[25] *oligos:* wenig, gering an Zahl; 2 Ko 8, 15; von kurzer Dauer: Jak 4, 14.

[26] wie 1 Ko 9, 25; vgl. 2 Ko 4, 17; Rö 8, 18; Phil 3, 7—8. Eine für P typische Weise des Vergleichs: gemessen an der zukünftigen Herrlichkeit ist das Leiden wie Nichts (das, für sich allein gesehen und erlebt, übermächtig sein kann, auch für Paulus: 2 Ko 1, 8); nütze *(ophelimos):* nur noch II 3, 16; Tit 3, 8, sonst aber als Verb „nützen" *(ophelein):* Rö 2, 25; der Nutzen: Rö 3, 1.

[27] *pros panta:* in alle Richtungen nützlich, auf das Zeitliche und das Ewige hin für alles gut.

[28] *epangelia:* Ankündigung, Zusage, Versprechen, Anerbieten.

[29] Eph 6 f; 6, 2: „Das erste Gebot, das eine Verheißung hat", eine ähnliche Formulierung wie I 4, 8; 2 Ko 1, 19—20; vgl. II 1, 1; 1 Jo 2, 25; Rö 4, 13. 16; 9, 9; Apg 2, 39; 13, 32.

aus und verfällt der Süchtigkeit[30]. Das Wichtigste, das das Leben erst lebenswert sein läßt, kann weder gemacht noch gewollt werden; es fällt denen zu, die der Verheißung Gottes trauen und sich in diesem alle Angst und Gier überwindenden Vertrauen üben.

Der Mensch lebt vom Brot und von jedem Wort, das aus dem Munde Gottes hervorgeht. Erst wenn zum irdischen Brot das ewige Wort Gottes hinzukommt, hat der ganze Mensch seine ganze Nahrung. So soll sich Timotheus von den Worten des Glaubens nähren, der Lehre im Gehorsam folgen, für das Wachstum in der Gottseligkeit sich üben, dann wird ihm auch das alles zufallen, wonach die Heiden umsonst trachten f). f) Mt 6, 32

Zuverlässig ist das Wort und aller Annahme wert. Einzelne 9
Ausleger wollen diese Bekräftigung auf Vers 8 beziehen, den sie als eine weithin anerkannte Redeweise oder als ein Zitat auffassen. So wäre Vers 9 ein abschließendes Amen. Wir sehen ihn auf den folgenden Satz bezogen, wie es auch in II 2, 11 der Fall ist. Dann können wir die Verse 9—11 als eine den ersten Hauptteil des Briefes abschließende Einheit auffassen.

Denn auf dieses Ziel hin mühen wir uns ab und kämpfen, 10
weil wir unsere Hoffnung auf den lebendigen Gott gesetzt haben, den Retter aller Menschen, besonders der Gläubigen. Dies gebiete und lehre.

Ohne anstrengende Mühe und der ihr nachfolgenden Müdigkeit kann weder der Athlet seinen Sieg noch der Diakon sein Ziel der Frömmigkeit erreichen.

Sich mühen: Müde werden, sich erschöpfen, sich abmühen, plagen, gilt für körperliche und geistig-seelische Anstrengung g); es zeigt deutlich, daß der „Dienst an den Heiligen" Arbeit und Mühe erfordert h), durch das Wort angestrengt wirken i); sich im Herrn mühen k); sich um Menschen mühen l). g) Mt 6, 28; Lk 5, 5. 12. 27 1 Ko 4, 12. 16 h) II 2, 6; Eph 4, 28

Dafür mühen wir uns ab. Paulus weist auf sein eigenes Vorbild hin m), wie in I 1, 15. 16 und schließt gleichzeitig Timotheus und wohl alle, die in Glauben und Lehre zuverlässige Mitarbeiter sind, mit ein. Sie mühen sich gemeinsam im Einsatz aller Kräfte um die Verwirklichung der Gottseligkeit im eigenen Leben und in der Gemeinde. Das ist die Summe des i) I 5, 17 k) Rö 16, 12 a l) Gal 4, 11 vgl. Jes 49, 4; 53, 11 m) Kol 1, 29

[30] Phil 3, 19: „deren Abgott ihr Bauch ist (*koilia:* Bauch, hier für geschlechtliche Ausschweifung und Schwelgereien im Essen) und deren Ehre in ihrer Schande besteht (weil sie den Schöpfer aller Gaben nicht ehren), die (einzig) auf das Irdische sinnen". Da sie nur auf das Irdische sinnen, unter Verleugnung des Ewigen, können sie das Irdische nicht mit Dankbarkeit genießen, sondern werden vom Irdischen beherrscht und aufgesogen.

ersten Hauptteils, der in 3, 16 gipfelt, dem Ursprung und Ziel des seligen Lebens für diese und die zukünftige Welt.

n) I 6, 12; II 4, 7; 1 Ko 9, 25
o) Phil 1, 30; Kol 4, 12

Kämpfen, in den öffentlichen Spielen um den Preis laufen n). Das in unserer Sprache bekannte Wort Agonie o) ist hiervon abgeleitet und spricht von einem unerhörten Einsatz aller Kräfte.

p) Kol 2, 1

Mühen und kämpfen im vorliegenden Text entsprechen sprachlich und der Sache nach Kol 1, 29. Die Vorstellung von einer Gnade, die jeden menschlichen Einsatz ersetzt oder gar unmöglich macht, ist unbiblisch und verführt zu verhängnisvollen Mißverständnissen. Paulus arbeitet und kämpft den „großen Kampf" p) „gemäß der Wirksamkeit, die sich in mir wirksam erweist in Kraft". Für ihn schließt die Gnade den Kampf und die Verantwortung nicht aus, denn erst die volle Erfahrung der Gnade führt zum vollen Einsatz aller menschlichen Kräfte. Am deutlichsten bringt er dieses Verständnis in 1 Ko 15, 10 zum Ausdruck: „Durch Gottes Gnade bin ich, was ich bin, und seine Gnade gegen mich ist nicht vergeblich gewesen, sondern mehr als sie alle habe ich *gearbeitet*, doch nicht ich, sondern die Gnade Gottes mit mir." Was Paulus ist und was er tut, ist durch Gnade bestimmt und ermöglicht. Selbst daß er die Gnade mehr gebraucht, besser angewendet hat zu vermehrter Arbeit als die anderen, ist für ihn wieder Gnade. Das besagt mit anderen Worten dasselbe wie I 4, 3—5, wonach alles Gottes Gabe ist für den dankbaren Menschen, der nicht sich selbst, sondern den Geber preist. Ebenso soll Timotheus sich aus der Gnade nähren und stärken q) für die Nachfolge und den damit verbundenen Kampf r).

q) I 4, 6
r) II 2, 1
s) 3, 15
t) Phil 1, 6

Weil wir unsere Hoffnung auf den lebendigen Gott gesetzt haben. „Die Gemeinde des lebendigen Gottes" s) und seine Diener haben ihre Hoffnung ganz auf den *lebendigen* Gott gesetzt[31]. Wegen dieser Hoffnung arbeiten und kämpfen sie, denn der lebendige Gott vollendet, was er beginnt t). Darum hat die Frömmigkeit die Verheißung nicht nur des jetzigen, sondern des kommenden Lebens, d. h. sie ist Frömmigkeit in der Hoffnung. Wer nicht nur in diesem und für dieses Leben auf Christus hofft, der kann arbeiten und kämpfen, weil seine Mühe *nicht* vergeblich ist; die lebendige Hoffnung befreit ihn von der geheimen Resignation, die sich lähmend über das meiste Tun der Menschen legt, wenn sie auch noch so geschäf-

[31] *elpikamen* bezeichnet einen fortwährenden Zustand der Hoffnung; stärker als Vertrauen.

tig sich geben u) und sich viel vergebliche Mühe machen; denn ihr Treiben ist Lärm um ein Nichts. Sie häufen zusammen und wissen nicht, wer einsammeln wird. Wer aber auf Gott seine Hoffnung setzt, ist frei zum Tun v). Die Hoffnung umfaßt Vergangenheit, Gegenwart und Zukunft; der Mensch wird von dem Gott aller Hoffnung umfaßt w).

u) 1 Ko 15, 19. 58
v) Ps 39, 5—8
w) 2 Ko 1, 10

Retter aller Menschen, besonders der Gläubigen. Retter: Der Schöpfer ist der Erhalter alles Geschaffenen, „Menschen und Tiere erlösest du, Herr" x). Hier ist Rettung im Sinn von erhalten, helfen gesehen. Aber Rettung kann nicht allein auf das bloße Erhalten von Leben begrenzt werden, denn die ganze der Vergänglichkeit unterworfene Schöpfung harrt und hofft auf die Erlösung vom Vergehen y). Für alle Menschen darf die Gemeinde danken (2, 1), denn Christus hat sich für alle als Erlöser hingegeben (2, 6). Im Gebet um die Rettung aller Menschen macht sie sich eins mit Gottes Willen (2, 4). Und um diesen in seinem Heilswillen und Heilshandeln unbegrenzten und unerforschlichen Gotteswillen gibt sie sich hin in Mühe und Kampf. Wenn der lebendige Gott ein **Retter, besonders der Gläubigen**[32], ist, so heißt das gerade nicht, daß er nur ihr Heiland sei, vielmehr wird sein universaler Retterwille an „der Gemeinde des lebendigen Gottes" besonders und bahnbrechend für alles Geschaffene deutlich. Was an den Söhnen Gottes geschehen ist und geschieht, danach sehnt sich die ganze Schöpfung z). Was die Gemeinde als Erstlingsgabe empfängt, Gottes Geist a), soll zuletzt, d. h. in den letzten Tagen, über alles Fleisch ausgegossen werden b).

x) Ps 36, 7
y) Rö 8, 19—22
z) Rö 8, 19
a) Rö 8, 23
b) Joel 2, 28—32; Apg 2, 17

Die berechtigte Abwehr einer Allversöhnungslehre, durch die die für uns Menschen unaufhebbare Spannung zwischen dem universalen Retterwillen Gottes und der menschlichen Verantwortung aufgehoben wird, darf die Glaubenden nicht daran hindern, das Menschenunmögliche von dem Gott zu erwarten, bei dem alle Dinge möglich sind c), eine lebendige Hoffnung zu hegen, die sie nicht und nirgends erfüllt sehen d), ja gegen alle Hoffnung zu hoffen e) und darum für **alle Menschen** zu kämpfen.

c) Mk 10, 26—27; Mt 19, 26; Lk 18, 27
d) Rö 8, 25
e) Rö 4, 18

Für die Jünger ist der Gedanke entsetzlich f), daß Menschen, die nicht glauben, verlorengehen g). Es ist darum nahe-

f) Mk 10, 26
g) Jo 3, 16. 36; Mk 16, 16

[32] *malista* = am meisten; für P typisch und an keiner Stelle ausschließend, sondern immer einschließend zu verstehen: Grüßet alle Heiligen, ganz besonders die Hausgenossen: Phil 4, 22; lasset uns das Gute vollbringen gegen jedermann, am meisten aber gegen die Genossen des Glaubens: Gal 6, 10.

liegend, dieses Entsetzliche, weil Unbegreifliche, dialektisch auflösen zu wollen: Alle Menschen sind verloren (Gericht), alle Menschen werden gerettet (Gnade), darum führt Gott aus Erbarmen alle Menschen durch Gericht und Gnade zu einem Zustand ewigen Heils. So zum Verwechseln ähnlich dieser Gedankengang übereinstimmen mag mit Rö 11, 32, so weit entfernt ist er von der Schlußfolgerung des Apostels, der ein geschlossenes System menschlichen Wissens nicht zuläßt, sondern fortfährt: „Wie u n e r f o r s c h l i c h sind seine Entscheidun-
h) Rö 11, 33 gen (Gerichtsurteile) und u n a u s d e n k b a r seine Wege h)." Erst in diesem Halt vor dem letzten Geheimnis Gottes und der Tiefe seines Reichtums, erst im Eingeständnis des Nichtwissens darf dann bekanntwerden: „Denn aus ihm und durch ihn und
i) Rö 11, 36 zu ihm hin sind alle Dinge. Sein ist die Ehre in Ewigkeit i)." Wobei der Anbetende nicht meint oder vorgibt, dieses Geheimnis eigentlich doch gelüftet zu haben. Das genau ist die Versuchung der religiösen Mythen.

11 **Dies gebiete und lehre.** Schon der Vergleich von Vers 10 mit Rö 11, 33—36 läßt erkennen, daß hier wie dort ein Hauptabschnitt zu Ende geführt wird, in dem der Blick sich weitet zu dem Gott aller Hoffnung für alles Geschaffene. Vers 9 hat sowohl diesen Ausblick bestätigt wie auch das ganze bisherige zusammengefaßt. Vers 11 weist noch einmal auf den Anfang des ersten Teils in 1, 3 hin. Wie Paulus bei seiner Abreise den Timotheus beauftragte, in Ephesus zu g e b i e t e n, so schreibt
k) I, 3.18 er jetzt noch einmal: Dies gebiete und lehre k). Der Gemeinde muß mit Vollmacht geboten werden, wie Sünde und Irrlehre abzuweisen sind. Die Unterweisung im Ja Gottes soll ihr ans Herz gelegt werden (4, 6). Mit Geduld unter Einsatz aller Kräfte aus Gnade soll sie belehrt werden, damit sie sich in der Gottseligkeit üben kann. Die Mitte bleibt in allem das Geheimnis der Gottseligkeit: E r, der offenbart ward im Fleisch und sich im Leben der Gemeinde als der Erhöhte und Gegenwärtige ständig offenbart.

II. TEIL: DER WAHRE DIENER DES HERRN FÜR DIE GEMEINDE

1. Timotheus 4, 12—6, 19

A. TIMOTHEUS ZUM VORBILD FÜR DIE GEMEINDE BERUFEN

1. Timotheus 4, 12—16

1. Vorbildlich leben und dienen

1. Timotheus 4, 12—13

12 **Niemand soll dich verachten wegen deiner Jugend, sondern
werde ein Vorbild der Gläubigen im Wort, im Wandel, in
13 Liebe, im Glauben, in Keuschheit. * Bis ich komme, halte an
in der Schriftlesung, in der Ermahnung, in der Unterweisung.**

Vorbilden ist die beste Bildung. Das gelebte Vorbild kann 12
durch keinen größeren oder wirksameren, den Menschen bildenden Einfluß ersetzt werden. Autorität, das heißt Urheberschaft und Mehrung des Lebens im umfassenden Sinn, setzt zwar ein Mindestmaß an Jahren voraus, ist aber nicht an eine bestimmte Altersgrenze gebunden. Wir können keine genauen Altersangaben geben, weder für Paulus noch für Timotheus. Paulus ist mit Gewißheit mehr als 60 Jahre alt. Im Brief an Philemon bezeichnet er sich als einen alten Mann. Timotheus dagegen ist wahrscheinlich zwischen 30 und 40. Wenn man die Vorherrschaft, um nicht zu sagen Alleinherrschaft der „Ältesten" in Judentum und Antike kennt, wird man sich nicht wundern, daß ein Mann zwischen 30 und 40 seiner „Jugend" wegen verachtet werden kann[33]. Der Gemeinde in Korinth gegenüber muß Paulus seinen „jungen" Mitarbeiter in Schutz nehmen a). Er soll ohne Furcht bei ihnen sein können, „niemand soll ihn verachten" b) (E 31 c). Paulus erwähnt weder dort noch in den Past das Amt oder die Stellung als einen Grund für die Achtung, die ihm gebührt, sondern beide Male

a) 1 Ko 16, 10—11
b) 1 6, 2; Rö 2, 4; 1 Ko 11, 22

[33] Jugend *(neotes)* gilt bis zu vierzig Jahren. Soldaten werden noch als Junioren bezeichnet bis zum Alter von vierzig Jahren (Aulius Glius x, 28); Josephus nennt Agrippa (ca. 40) einen Junior (Antiqu. 18, 6); der Einwand des Propheten, der bei seiner Berufung sagt, ich bin zu jung, muß also nicht bedeuten, daß Jeremias noch ein Jüngling gewesen sei (Jer 1, 4—10). Albrecht macht folgende Schätzungen und Altersangaben: Im Jahre 49 war Timotheus 25 Jahre alt (Apg 16, 1—3); also war Timotheus um 62/63 (Abfassung des ersten Timotheusbriefes) etwa 38 Jahre alt.

gilt das, was einer tut: „Er treibt das Werk des Herrn wie ich." Paulus stellt seine Mitarbeiter sich selbst gleich. Sie beide arbeiten und kämpfen für den Aufbau der Gemeinde und die Verbreitung des Evangeliums.

c) I 1, 16; Rö 6, 17

Vorbild: Abbild, Gestalt c), Muster, Modell; im heutigen Sprachgebrauch eher: Leitbild. Alle Briefe des Paulus, vom ersten bis zum letzten, alle Evangelien, Synoptiker und Johannes, das ganze NT ist geprägt durch die Erfahrung des Vorbildes. Jesus, das Urbild Gottes, ist ihnen zum Vorbild des Menschseins überhaupt geworden. Man muß sich fragen, wieso dieses zentrale Thema fast völlig vergessen werden konnte. Sicher ist schon früh das moralistische Mißverständnis eingetreten, das nur eine äußerliche Angleichung an das Vorbild kannte. Aus der Nachfolge wurde die Nachahmung. Aus den „Begegnungen mit dem Vorbild" das bloße Kopieren von Verhaltensweisen.

Tatsächlich wird mit dem Ausdruck „Begegnung mit dem Vorbild" ein Maßstab gegeben, der uns wahre und verlogene Vorbildlichkeit — im Geben und Annehmen — unterscheiden läßt. Nur wenn Menschen sich begegnen, von Angesicht zu Angesicht, werden sie im Gegenüber und Miteinander auch den Spielraum finden und wahren, der vor sklavischer Nachahmung oder Abhängigkeit bewahrt; nur wenn das Vorbild über sich hinausweist zum Urbild, kann es befreiendes Leitbild werden[34].

d) Jo 1, 23

Johannes der Täufer war der Vorläufer d) und darum das Vorbild auf Jesus hin. Er selber war völlig auf das Urbild ausgerichtet und konnte darum die Augen der anderen dorthin lenken, wohin er selbst blickte[35].

Nicht anders versteht und verhält sich Paulus, wenn er die Gemeinde der Korinther auffordert: Ahmet mein Vorbild nach, wie auch ich das Vorbild Christi nachahme e). Seine Vorbildlichkeit besteht darin, daß er vorbildlich das Vorbild Christi vor Augen und im Herzen hat. Als von Christus Ergriffener ergreift er Christus, sein Vorbild, und jagt ihm nach. Er ist nicht der einzige, er versteht sich nicht als alle anderen überragendes und erdrückendes (moralisches) Vorbild. Andere sind gleichgesinnt wie er. Die Gemeinde soll diesen Vorbildern nachfolgen f).

e) 1 Ko 11, 1

f) Phil 3, 12—17

[34] Eine heute noch bedenkenswerte Meditation über das zentrale Thema des Vorbildes im Neuen Testament ist: Erich Schick, Begegnungen mit dem Vorbild, 1943.

[35] „Hinblickend auf Jesus", *part praes;* Jo 1, 29. 36; 13, 12—17.

Die Christen in Thessalonich sind den übrigen Gemeinden ein Vorbild geworden g). Indem sie den Apostel und seine Mitarbeiter nachgeahmt haben, sind sie dem Beispiel des Herrn gefolgt. Besonders lehrreich ist der Hinweis im zweiten Brief an die Thessalonicher. Offenbar bestand in jener Gemeinde eine Neigung zu „unordentlichem Wandel“: einige wollten nicht mehr arbeiten, sondern sie trieben sich unnütz herum. Ihnen kann Paulus deshalb gebieten und sie ermahnen h), weil er selber sich nicht unordentlich verhalten hat, als er unter ihnen war. Er selber hat sich sein Brot verdient, obwohl er das Recht gehabt hätte, „vom Evangelium zu leben“. Bestimmte Schwächen können nur durch den Einfluß vorbildhafter Gegenbilder überwunden werden. Alles Gebieten und Ermahnen im Herrn erhält seine Beglaubigung und seine Autorität (das heißt seine Ermächtigung, Neues hervorzurufen und zu vermehren) durch das stellvertretende Vorangehen in Tat und Wort. Ganz eindeutig bleiben die Past im Zentrum der paulinischen Auffassung und Begründung von apostolischer und diakonischer Autorität und damit auch in der Mitte der von Jesus selbst ganz neu vorbildlich und vollmächtig gesetzten Norm: nicht herrschen, sondern dienen i). Wenn je, dann wäre jetzt der Augenblick gegeben, um eine kirchenrechtliche Autorität für Timotheus einzuführen. Aber nichts dergleichen geschieht. In Vers 14 ist zwar die Rede von der Verleihung der Gnadengabe durch Weissagung, aber die Betonung liegt auf Vers 12: Sei ein Vorbild! Autorität ist mit Charakter, aber nicht mit Alter oder Amt verbunden. Charakter aber ist nicht eine erstarrte Form ohne Bewegung, sondern ein ständiges Fließgleichgewicht zwischen Gestalt und Bewegung[36].

g) 1 Th 1, 7

h) 2 Th 3, 12

i) Mt 20, 25—28

Werde ein Vorbild! Worin er Vorbild sein und werden soll, das ist nicht einfach von einem hellenistischen Tugendschema übernommen, sondern ganz auf die Bedürfnisse des Timotheus und den Zustand der Gemeinde zugeschnitten. Was ihnen fehlt, wo sie von falschen Leitbildern verwirrt sind, da soll Timotheus eine neue Gestalt sichtbar werden lassen: die lebendige Einheit von Wort und Wandel, Liebe und Glaube in Transparenz (Durchsichtigkeit). „Durch innerlich begründete Autorität, nämlich durch Vorbildlichkeit im Ernst der Verkündigung, in der Lauterkeit des Wandels, in der Innigkeit

[36] Vgl. H. Bürki, Im Leben herrschen, S. 25 ff, Bewegung und Gestalt des Glaubens.

der Liebe, in der Festigkeit des Glaubens und in der Keuschheit des Herzens soll er zu ersetzen suchen, was ihm an Alter fehlt[37]."

Im Wort: bedeutet hier missionarische Verkündigung des Evangeliums k). Sie gehört zum ersten und innersten Aufgabenkreis des Timotheus. Das hat er an Paulus gesehen und gelernt. Gott hat „das Wort der Versöhnung" in sie gelegt l). Ist er vorbildlich in der Verkündigung des Evangeliums, dann werden die Gläubigen durch ihn ermutigt und angeleitet, selber das Lebenswort festzuhalten und in Kraft m) weiterzugeben.

k) wie 1 Th 1, 5. 6; 2, 13; 2 Th 2, 17; I 4, 12; 5, 17, II 4, 2; Apg 2, 41; Eph 1, 13; Kol 4, 3
l) 2 Ko 5, 19
m) 1 Ko 4, 19. 20; vgl. II 3, 5; Tit 1, 16

Im Wandel: Betragen, Lebensart, Lebensführung, Benehmen, gehört zum Wortschatz des Paulus n). Hier ist das vor Menschen sichtbare Erscheinen und Benehmen gemeint, das dann die Bedeutung von W e r k annehmen kann. Der Wandel wird das Wort (der Verkündigung und des Zeugnisses) entweder **unter**streichen oder aber **durch**streichen. Wer nur mit dem Munde Gott bekennt, ihn aber mit seinen Werken verleugnet o), der trägt dazu bei, daß „der Name" gelästert wird unter den Heiden. Wer jedoch Gott nur mit seinen Werken bekennen will, ganz ohne Worte, der will zu viel. Ein wortloses Menschenleben kann nicht bestehen. Es würde an seinem eigenen Verstummen ersticken. Ein wortloser Christ ist genauso unmöglich wie ein glaubensloser und ein tatenloser Christ.

n) Gal 1, 13; Eph 4, 22 vgl. Jak 3, 13; 1 Pt 1, 15. 18; 2, 12
o) Tit 1, 16

In Liebe: Lieblose Worte können so wenig überzeugen wie lieblose Werke p). Die Liebe erst gibt den Worten des Glaubens die rechte Wärme, dem Auftreten das Gewinnende und Befreiende[38]. Wir lieben, weil er uns zuerst geliebt hat q). Unsere Liebe entzündet sich am Vorbild der Liebe Gottes.

Weil diese Liebe Wirkung und Frucht des Heiligen Geistes ist s), kann sie auch erstrebt t) und geübt werden (E 14).

Im Glauben: Weil die Liebe nicht einfach als menschliches Vermögen und Ideal gilt, darum bedarf sie des Glaubens: „Wir

p) 1 Ko 13, 1. 3
q) 1 Jo 4, 19
r) I 1, 5
s) II 1, 7; Rö 5, 5; Gal 5, 22
t) vgl. I 6, 11; II, 22 mit 1 Ko 14, 1

[37] Jeremias, S. 27.

[38] In 1 Pt 3, 1 ist davon die Rede, daß die ungläubigen Männer o h n e W o r t e gewonnen werden sollen durch den Wandel ihrer gläubigen Frauen. Das setzt voraus, daß die Männer überhaupt wissen, was ihre Frauen glauben. Ohne klare Umkehr und ohne öffentliches (Tauf-)Bekenntnis konnte es gar nicht zum Glauben der Frauen kommen. D a n a c h aber ist es von großer Bedeutung, daß bei einem so nahen und täglichen Zusammenwohnen der dem Glauben gemäße Wandel den Vorrang hat vor vielen Worten über den Glauben. Durch viele Worte kann und soll der Mann nicht „überredet" werden. Er würde nur abgestoßen, nicht gewonnen. Das Vorbild aber kann gewinnen; das gilt ebenso für die Beziehungen zwischen Eltern und Kindern und umgekehrt.

haben erkannt und g e g l a u b t die Liebe, die Gott zu uns hat u)." Für die Past ist charakteristisch, daß Glaube und Liebe miteinander verbunden sind v), denn der Glaube wird erst durch die Liebe wirksam, die Liebe aber hat im Glauben ihren Ursprung und Bestand w).

u) 1 Jo 4, 16
v) I 2, 15; II 1, 13; 3, 10
w) Gal 5, 6

In Keuschheit: Reinheit, reine Gesinnung, Lauterkeit, Keuschheit, Züchtigkeit. Keusch x) ist „alles, was der Persönlichkeit eine lautere, reine Art verleiht" (Schlatter). Bezeichnend für das auf Timotheus und seinen Auftrag bezügliche Leitbild ist die an den Schluß gestellte und dadurch betonte Keuschheit, die zur Liebe gehört. In I 5, 2, wo es für den unverheirateten Timotheus um die Beziehung zu jüngeren Frauen geht, steht die Bedeutung der geschlechtlichen Reinheit eindeutig im Vordergrund. Sie ist nicht eine negative Tugend, die den Umgang mit dem anderen Geschlecht vereitelt oder unterbindet. Wer die Gabe der Geschlechtlichkeit weder verleugnet noch mißbraucht, wer vielmehr in Ehrfurcht und Dankbarkeit zu Gott die Geschlechtlichkeit und ihre Grenzen bejaht, der ist keusch. Reinheit umfaßt jedoch nicht nur die Geschlechtlichkeit des Menschen, sondern seine ganze Person und Gesinnung. Der Diakon Christi empfängt seinen Dienst in R e i n h e i t der Beweggründe und Ziele seines Kampfes y). Er gibt nicht vor, das Beste der andern zu wollen, während er sein eigenes sucht. Er sucht Christus um seiner selbst willen und nicht um des Gewinnes an Ehre, Einfluß oder Selbstbestätigung willen. Wie der Diakon in Christus ist, so soll die Gemeinde seinem Vorbild gemäß werden: aufrichtig, lauter gegen Christus; wie eine Jungfrau z). Timotheus gehört zu den wenigen, die nicht sich selbst suchen, sondern Christus und darin das Wohl der Gemeinden a).

x) I 5, 2. 22; Tit 2, 5; 2 Ko 7, 11 vgl. 1 Pt 3, 2
y) 2 Ko 6, 6
z) 2 Ko 11, 1—3
a) Phil 2, 20—21

Werde ein Vorbild für die Gläubigen im Wort, im Wandel, in Liebe, im Glauben, in Keuschheit!

Ohne Vorbilder vor sich kann niemand Vorbild werden. Ohne Leitbilder von Familiengruppen und Gemeinden können auch Gemeinden nicht zum Vorbild und ein Anreiz werden für andere „Körperschaften". Das Vorbild der Liebe Gottes, das Geheimnis der Gottseligkeit, das uns zuerst in ebenso knappen Leitworten vorgestellt wurde, ermöglicht es der Gemeinde des lebendigen Gottes und ihren Dienern, zu Vorbildern für alle Menschen zu werden — genauso wie die Errettung des Paulus zum Vorbild geworden ist für das, was Gott an andern tun will b). Erst in diesen Zusammenhang ge-

b) I 1, 16

stellt, erhält das biblische Verständnis vom Vorbild seinen universalen Horizont.

13 **Bis ich komme, halte an in der Schriftlesung, in der Ermahnung, in der Unterweisung.** Dem Fünfklang des vorbildlichen Lebens, der durch keinen Mißklang gestört werden soll, folgt der Dreiklang vorbildlichen Wirkens als Diakon Christi: im Vorlesen, im Ermahnen, im Lehren.

Bis ich komme: läßt Timotheus erneut wissen, daß er nicht allein gelassen ist[39].

Halte an: Sorgsam achten auf, sich befassen mit. Anstatt auf die Irrlehren zu achten oder Süchtigkeiten zu verfallen, soll Timotheus sich ganz einlassen auf seinen Auftrag. Wenn er sich dem „guten Kampf" widmet und von ihm in Beschlag genommen ist, wird er vor den negativen Einwirkungen bewahrt bleiben.

Im Vorlesen: Gemeint ist das laute Vorlesen aus vorhandenen Schriften vor der versammelten Gemeinde. 2 Ko 3, 14; Lk 4, 16; Apg 13, 15 beziehen sich auf das in der Synagoge geübte Vorlesen aus dem Alten Testament, das jedem Mann zustand, der des Lesens kundig war. Nach I 5, 18 (AT und NT-Zitate), I Th 5, 27; Kol 4, 16; Offb 1, 3 kann das Vorlesen sowohl aus dem AT wie aus Teilen der schon vorhandenen neutestamentlichen Schriften bedeuten. Hier liegt der Akzent wohl auf dem Vorlesen apostolischer Schriften, was aber die bekannte Praxis der alttestamentlichen Lesung nicht ausschließt. „Ich beschwöre euch beim Herrn, daß der Brief allen Brüdern vorgelesen werde. Und wenn dieser Brief bei euch vorgelesen ist, dann sorgt dafür, daß er in der Gemeinde von Laodicea vorgelesen wird und daß ihr ebenso den von Laodicea zu lesen bekommt c)." Einen Unterschied zu diesem mit apostolischer Autorität veranlaßten Vorlesen seiner Sendschreiben lassen die Past nicht erkennen (E 21. 25e).

c) 1 Th 5, 27; Kol 4, 16

Im Ermahnen[40]: Im Synagogen-Gottesdienst wurde das vorgelesene Wort frei ausgelegt d). „Nach der Vorlesung aus dem Gesetz und dem Propheten aber sandten die Vorsteher der

d) Lk 4, 20—22

[39] Das Verb steht nicht im fut. P rechnet fest damit, daß er kommen wird (I 1, 3; 3, 14).

[40] *paraklesis:* im freien Mahnwort (W) wie 1 Th 2, 3; 1 Ko 14, 3; Phil 2, 1; 2 Ko 1, 4—7; 7, 4. 13. Das Verb *parakalein* hat die gleiche Vielfalt von Bedeutungen je nach dem Zusammenhang; freundlich zureden: 1 Ko 4, 13; 1 Th 2, 12; I 5, 1; aufrufen, auffordern, ermahnen: 2 Ko 10, 1; 5, 11, 14; 1 Ko 4, 16; Rö 12, 1; 15, 30; 16, 17; Phil, 4. 2; auffordern: I 2, 1; 6, 2; II 4, 2; Tit 1, 9; bitten, ersuchen: 1 Ko 16, 12; 2 Ko 12, 18; Phlm 10 (!); ermuntern, zusprechen, trösten: 2 Ko 1, 4; 7, 6; vgl. 2 Ko 7, 7 mit 2 Th 3, 2. 7; 4, 18.

(jüdischen) Synagoge zu ihnen und ließen ihnen sagen: Ihr
Brüder, habt ihr ein Wort des Zuspruchs an das Volk, so
redet e)!" Nach dieser Aufforderung steht Paulus auf und — e) Apg 13, 15
evangelisiert. Das ist nicht dasselbe wie lehren. Auch in Rö
12, 7. 8 unterscheidet er deutlich zwischen ermahnen und leh-
ren als zwei verschiedenen Gnadengaben f). Gott selber ist der — f) vgl. 1 Ko
Gott alles Trostes, Christus der Parakletos, der den anderen — 14, 31
Parakletos sendet, den Heiligen Geist g). Wir stehen hier vor — g) 2 Ko 1, 3;
einem Schlüsselwort der ntl Offenbarung, das die Past aufs — Jo 14, 16. 26;
engste mit allen übrigen paulinischen Briefen und den johan- — 15, 26; 16, 7;
neischen Schriften verbindet. Der Messias ist der Trost Israels, — 1 Jo 2, 1 b
der am Ende der Zeit offenbar werden wird und auf den die
Stillen im Lande warten h). Die Reichen, die sich durch ihren — h) Lk 2, 25
Reichtum in ihrer menschlichen Leere beschwichtigen wollen, — vgl. Jes 40, 1;
haben „ihren Trost dahin" i). In diesem Zusammenhang ist — 61, 2
auch „der Trost der Schriften" zu verstehen, weil sie auf den — i) Lk 6, 24;
Gott der Hoffnung hinweisen k). Aus der Schrift und ihrer — 16, 25; Mt 5, 4
Lesung kommt der rechte Trost und die rechte Ermahnung. — k) Rö 15, 4

Ermahnen heißt, aufgrund der Schriften l) und in propheti- — l) 1 Ko 14, 31
scher Bevollmächtigung durch den Heiligen Geist auf das einzelne, den einzelnen und die einzelne Gemeinde in ihrer gegenwärtigen Bedürftigkeit, Not und Gefahr eingehen, durch freundlich ernsten Zuspruch an Gewissen und Herz der Hörenden. „Paraklese" hat immer den Doppelsinn von Ermahnen und Ermuntern, von Zuspruch und Anspruch, von Trost und Stärkung. Ermahnen zielt auf den gegenwärtigen aktuellen Zustand, ist darum persönliche, wenn man will, subjektive, das heißt auf das Subjekt ausgerichtete Anwendung der Heiligen Schrift.

In der Lehre[41]: Lehrtätigkeit, Unterricht, Unterweisung m). — m) I 1, 10; 4,
Lehren ist etwas anderes und mehr als einen Bibelvers heraus- — 16; 5, 17; 6, 1,
nehmen und daran erbauliche Betrachtungen knüpfen. Es geht — II 3, 10. 16;
um das Gesamte des christlichen Glaubens und die Heilsge- — Tit 1, 9; 2, 1.
schichte: um „die Gestalt der Lehre" n). Wer unterweist, — 7; Rö 15, 11; Eph 4, 14
der legt den Ratschluß Gottes aus und zeigt die Gaben und — n) Rö 6, 17
Pflichten, die daraus folgen; er spricht die Erkenntnis an und fordert zum gehorsamen Vollzug auf. Wer ermahnt, der nährt und stärkt das Herz der Hörenden mit dem Wort Gottes; er stellt sie samt ihrem Versagen vor den, der vergibt und

[41] *didaskalia*, davon das Wort Didaktik, Unterrichtslehre.

wiederherstellt; er spricht ihr Gewissen an, damit sie erwachen aus der Gleichgültigkeit.

Timotheus soll sich selber nähren mit den Worten des Glau-
o) I 4, 6 bens und der Lehre folgen o), dann wird er imstande sein, die Gemeinde aus der Schrift zu ermahnen und zu lehren. Das Leben in der Schrift und das Vorlesen aus ihr ist die Grundlage für die beiden Haupttätigkeiten des Dieners am Wort: Ermahnen und lehren, auf den einzelnen zugehen, ihn von Gott her ansprechen und in den Gesamtzusammenhang des Ratschlusses Gottes mit der Gemeinde und der Welt hineinstellen, das Subjektive und das Objektive, das kleine Alltägliche und das große Weltumspannende und Überweltliche der Gedanken und Absichten Gottes. Beides muß miteinander im Gleichgewicht und in der Spannung bleiben. Wo die Lehre überbetont wird und die Ermahnung fehlt, kommt es zu einem Kopfwissen, das losgelöst ist vom täglichen Leben und Tun. Wo das Ermahnen das Übergewicht hat, verliert sich der Mensch im Subjektiven, in der Selbstbetrachtung und letztlich in der Selbstheiligung, im Kleinlichen, die Frömmigkeit wirkt dann muffig und eng; es fehlt der Bezug zum Großen und Ganzen des Ratschlusses Gottes. Darum ist beides nötig, so wie es der Geist für die jeweilige Situation deutlich macht.

2. Die Geistesgabe bestätigen

1. Timotheus 4, 14—16

14 Vernachlässige nicht die Gnadengabe in dir, welche dir aufgrund prophetischer Aussagen gegeben wurde unter Handauflegung, die zum Ältestendienst bevollmächtigt.
15 * Dieses bedenke sorgfältig, darin lebe, damit dein Fort-
16 schreiten allen sichtbar sei. * Habe acht auf dich selbst und auf die Lehre und sei beharrlich darin; denn wenn du dies tust, wirst du sowohl dich selbst erretten wie auch die, welche auf dich hören.

Indem Timotheus vorliest, ermahnt, lehrt, übt er die empfangene Gnadengabe aus und macht Gebrauch von ihr, anstatt sie zu **vernachlässigen.** Wieder ist das Zueinander von Gnade und Verantwortung, Gnadengabe und Gnadenaufgabe zu sehen. Eingeschüchtert durch die Herablassung oder Verachtung der Ältesten, bedrängt durch die Irrlehrer, kleinlaut gemacht durch eigene Zweifel und Ängste, steht Timotheus in Gefahr, das empfangene Charisma (Gnadengabe) zu vernachlässigen (E 31 d), die Gnade Gottes umsonst zu empfangen. (Man vergleiche die Parallele in 1 Ko 15, 10; 2 Ko 6, 1: Gnade und Dienst empfangen = arbeiten damit; umsonst empfangen = vernachlässigen.)

Gnadengabe (Charisma): Handelt es sich um eine bei der „Ordination“ empfangene geistliche Ausrüstung? Ist hier die Rede von „Amtsgnade“? Die Auslegung des ganzen Satzes muß hierauf eine Antwort geben. Für Paulus steht das Charisma am Anfang und im Zentrum allen Dienstes und des ganzen Gemeindelebens. Das Charisma ist nicht etwas, das erst zum Amt noch hinzukommt, oder gar etwas, das nur am Rande der eigentlichen Gemeindeordnung auch noch mehr oder weniger Berechtigung hat. Gnadengaben sind allen für alle gegeben, wenn auch nicht alle die gleichen empfangen. In 1 Ko 12—14 spricht Paulus nicht gegen die Gnadengaben, sondern nur gegen deren Mißbrauch. Timotheus steht nicht in der Gefahr der Geistbegabten von Korinth, im Gegenteil: ihm muß der Apostel sagen: **Vernachlässige[42] nicht die Gnadengabe in dir.** Gott selbst hat sie dir verliehen, nicht eine menschliche Instanz, darum nütze diese Gabe, übe dich darin, gebrauche sie fleißig!

Durch Weissagung: durch ein Prophetenwort; Weissagungen, die auf Timotheus hinweisen p); sie sprechen von seiner Be- p) I 1, 18
rufung. Aus diesem Ruf Gottes kommt ihm Kraft zu für seinen Kampf. Am Anfang des Dienstes steht nicht das Amt, sondern das Charisma. Am Anfang des Charismas steht nicht die Ordination, sondern die Berufung durch Gott selber. Sowohl das AT wie das NT machen unmißverständlich deutlich, daß die zu einem besonderen Dienst bestellten Diener die Gabe des Geistes empfangen, bevor sie Gaben des Geistes für den Dienst empfangen q). q) Apg 6, 3. 5

Unter Handauflegung[43]: Das Auflegen der Hände bestätigt, 13, 1
was geschehen ist, nämlich die vorangegangene und prophe-

[42] *amelein*, außer acht lassen, sich nicht kümmern um, mißachten; Hb 2, 3; 8, 9. Geht nicht achtlos um (W). Denke nicht gering von. Versäume nicht, die Gnadengabe zu betätigen (A).

[43] *meta epitheseos ton cheiron*, unter Auflegung der Hände. Zur Praxis der Handauflegung im Urchristentum: Empfang des Heiligen Geistes: Apg 8, 17; 9, 17; 19, 6; Heilung: Apg 28, 8; Mk 6, 5; 7, 33; 8, 23—25; Segnung: Mk 10, 16; Mt 19, 13—15; Sendung: Apg 6, 6; 13, 2. 3. Heiliger Geist, Segnung, Heilung ist aber auch ohne das Zeichen der Handauflegung empfangen worden.

tisch bekannt gemachte Berufung durch Gott. Die Praxis der Handauflegung gehört in den Bereich der sichtbaren Zeichen, die den Glauben begleiten.

Die zum Ältesten-Dienst bevollmächtigt: Wie ist dieser Genitiv zu verstehen? Als Gen. subj. müßte man übersetzen: Der Ältestenrat legt die Hände auf. Das könnte wohl, müßte aber nicht im Widerspruch zu II 1, 6 stehen, wo Paulus schreibt, daß er dem Timotheus die Hände aufgelegt habe. Entweder handelt es sich um zwei verschiedene Gelegenheiten[44], oder Paulus hat ihm zusammen mit den Ältesten die Hände aufgelegt (E 30). Nimmt man aber einen Gen. finalis an, der das Ziel anzeigt, was nicht nur naheliegend, sondern im Zusammenhang wohl das Gegebene ist, so lautet die Übersetzung: Unter Handauflegung, die zum Ältesten macht[45]. So

r) Tit 1, 5; vgl. I 5, 17

wie Titus von Stadt zu Stadt Älteste einsetzen soll r), so hatte Paulus selbst den Timotheus eingesetzt zum Ältesten. Das Einsetzen zum Ältesten war nicht ein eigenmächtiges Tun des Apostels, sondern er erkannte im Geiste, daß Gott schon seine Hand auf den Jüngling gelegt hatte: entsprechend handelte der Apostel. Obwohl Timotheus an Jahren jung war, hatte Gott ihn berufen zum „Ältesten“ und tat das kund durch Weis-

s) II 1, 7

sagung. Er schenkte ihm den Heiligen Geist s), legte das Charisma zu seinem Dienst in ihn hinein, bestätigte ihm die Berufung durch Handauflegung des Paulus vor vielen Zeugen.

Welches besondere Charisma hatte nun Timotheus empfangen? War er Hirte oder Lehrer oder Evangelist? („Tue das Werk eines Evangelisten!“ II 4, 5). Es würde ebenso schwierig sein, Paulus auf eine bestimmte Geistesgabe festzulegen. Die allgemeine „Wortgabe“, das heißt die Berufung zum „Dienst am Wort“, konnte Verkündigung, Mahnung, Lehre und Evangelisation umfassen, war aber in den verschiedenen Dienern verschieden akzentuiert; und auch je nach den Zuständen, die sie antrafen, konnte der eine oder andere Dienst mehr in den Vordergrund treten. Daß jeder der Ergänzung bedarf, ist das Wesentliche für alle Geistesgaben. Sie mögen noch so umfas-

[4] Bei jeder Abordnung zu einer Reise wurden die Hände aufgelegt (Apg 13, 3). Weder das AT noch das NT kennen eine sakramentale Priesterweihe, die man durch Handauflegung (Ordination) erhält. Der urchristliche Brauch ist etwas viel Bescheideneres und Wirklicheres: die ständig neu geschenkte Bevollmächtigung durch Gott zum Lehren und Dienen, bezeugt durch die Handauflegung der Brüder.

[5] Beide Deutungen sind sprachlich möglich und geben auch sachlich einen guten Sinn.

send sein, so sind sie doch in jedem nur begrenzt und bedürfen der ständigen Ergänzung durch andere.

**Dieses bedenke sorgfältig, darin lebe, damit dein Fortschrei- 15
ten allen sichtbar sei.**

Als Vorbild der Ältesten und der Gemeinde die empfangene Gnadengabe a u s ü b e n im Dienst, d i e s soll seine Sorge sein.

Bedenken: Kann bedeuten nachsinnen (meditieren) oder betreiben, sich befleißigen, üben (praktizieren). Wirkt das Bild vom sportlichen Wettkampf nach, so steht hier die Übung im Vordergrund. Aber sinnvoll ist es auch, über die empfangene Gabe n a c h z u d e n k e n[46], sie durch das neue Bewußtwerden wieder fleißiger auszuüben.

Darin lebe: Sein Geist soll eingetaucht sein in Gottes Geist. Hier ist an die Verwurzelung des Lebens im göttlichen Geber und seinen Gaben zu denken. Noch einmal wird deutlich, daß die persönlichen Anweisungen an Timotheus nicht in einer kirchenrechtlich verliehenen „Amtsgnade" gipfeln, vielmehr soll er mit seinem ganzen Wesen sich in den Dienst hineinbegeben, in den Auftrag einleben, **damit sein Fortschreiten allen sichtbar werde.** Phil 1, 12.25: Förderung des Evangeliums geht mit Förderung der Glaubensfreude Hand in Hand. Wenn Timotheus an innerer Festigkeit wächst, wird das zur Erstarkung der Gemeinde dienen.

**Habe acht auf dich selbst und auf die Lehre und sei beharr- 16
lich darin.** Timotheus soll sich selbst im Auge behalten t). Paulus als Herold des Evangeliums hat sich selbst unter Kontrolle u). Viele sind so sehr mit der rechten Lehre beschäftigt, daß sie das rechte Leben, ihr eigenes Leben vor Gott vernachlässigen.

t) wie Phil 2, 16

u) 1 Ko 9, 27

Wieder andere denken, wenn sie erst tätig und mit Aufgaben überhäuft sind, werden sie sich selbst vergessen können, oder es werden sich ihre ungeordneten eigenen Verhältnisse von selbst ändern. Doch kein noch so starker Aktivismus kann das Achthaben auf das eigene Leben ersetzen. Hier ist nicht die Rede von frommem Egoismus, von selbstsüchtiger Seelenpflege um des eigenen Wohlseins willen; unmißver-

[46] Das Verb erscheint sonst nur noch in Apg 4, 25 und dort als atl Zitat (Ps 2, 1: sinnen, d. h. eigentlich leise vor sich hinmurmeln, nämlich das Psalmgebet, das Wort Gottes. Nachsinnen, meditieren ist ein Grundwort der Psalmen; siehe Ps 119!). In der Zusammensetzung mit „*pro*" auch in Lk 21, 14: „Darum prägt es euren Herzen ein, nicht zum voraus darauf zu *sinnen*, wie ihr euch verantworten sollt." Das Nachsinnen soll ganz Vergegenwärtigung sein. Der Aufruf an Timotheus ist im atl Licht zu sehen; vgl. II 3, 14—15!

ständlich steht jedoch fest, daß das Wächteramt über das eigene Herz vorgeordnet ist und bleibt gegenüber dem der Lehre. Es ist Mode geworden, gegen die persönliche Frömmigkeit und „Innerlichkeit" zu Felde zu ziehen, doch tut man gut daran, diese Stimmen an der Schrift zu prüfen. Jesus vernachlässigte nicht den persönlichen Umgang mit Gott in der Stille und Abgeschiedenheit. Vor, mitten in und nach allem Dienst für andere zog er sich zurück, oft auch abgesondert von seinen Jüngern, und war allein mit Gott.

Wer aufmerksam vor Gott steht, der ins Verborgene sieht, der vermag auch über die **Lehre** im rechten Sinn zu wachen.

Sei beharrlich = bleibe darin[47]!

Wenn Timotheus im Glauben und in der Liebe bleibt (wie die Frauen in 2, 15!), **wird er sowohl sich selbst erretten wie auch die, welche auf ihn hören.** Sich selbst retten — ist damit Gottes Gnade ungültig gemacht? Doch weder hier noch in I 2, 15 denkt der Apostel an Synergismus (ein gleichwertiges und gleichartiges Zusammenwirken von Gott und Mensch), denn den Philippern schreibt er, daß sie ihr Heil mit Furcht und Zittern erwirken sollen, weil Gott Wollen und Vollbrin-
v) Phil 2, 12. 13 gen bewirkt v): eben deshalb haben sie keine Entschuldigung, als fehlten ihnen die Kräfte zum Heil; Gott hat ja alles getan und alles bereitet, so daß sie ihrerseits jetzt alles tun können aus Gottes Tun heraus. Ebenso lesen wir, daß die Gläubigen errettet werden sollen, w e n n sie im Glauben gegründet bleiben und daran festhalten (dabei bleiben, dasselbe Verb wie
w) Kol 1, 23 hier) und sich nicht von der Hoffnung abbringen lassen w). Das Heil ist nicht an eine Bedingung der Menschen gebunden: durch ihr Bleiben können sie das Heil nicht bewirken, aber durch ihren Abfall könnte die Gnade vergeblich gewesen sein. Paulus selber gibt acht auf sich, damit er nicht unbewährt dasteht, sondern am Evangelium und seiner Erlösung teil-
x) 1 Ko 9, 27 hat x).

Alle praktischen Anweisungen in den Past haben als Grundlage und Ziel das Heil, das Gott allen Menschen zukommen lassen will. Die Rettung hat Paulus an sich selbst erfahren, zum Vorbild für viele (I 1, 15. 16). Für die Rettung der Menschen soll die Gemeinde beten (2, 1. 4). Die Retterliebe Gottes in Christus soll sie als Mittelpunkt ihres Gottesdienstes und

[47] *epimenein,* verbleiben, festhalten; bekannt bei P in Rö 11, 22. 23: bei der Güte Gottes verharren.

Lebens preisen (3, 16), und dieses Heil sollen die Diener Christi für sich selbst und für die Gemeinde wirksam werden lassen (4, 16).

B. TIMOTHEUS ALS DIENER DER GEMEINDE

1. Timotheus 5, 1—6, 2

1. Die Gemeinde als Familie Gottes

1. Timotheus 5, 1—2

1 Einen älteren Mann fahre nicht hart an, sondern ermahne
2 ihn wie einen Vater, jüngeren begegne wie Brüdern, * älteren Frauen wie Müttern, jüngeren Frauen wie Schwestern in aller Keuschheit. *

Die Ermahnung soll ins einzelne gehen, jeden einzeln erreichen, im Herzen, in der Mitte seiner Person. Das ist nur möglich, wenn alle „g e e h r t" werden; das ist das Wort und die bestimmende Haltung für die Zuordnung aller Glieder untereinander. Dieses Wort zeigt die Einheit des ganzen Abschnittes an: 5, 3. 17; 6, 1; dabei ist besonders 6, 1 aufschlußreich, denn hier bedeutet „Ehre geben" offensichtlich nicht, materielle Unterstützung gewähren. Witwen und Älteste „ehren" darf darum nicht zu einseitig in diesem Sinn ausgelegt werden[1]. Jede Ermahnung, die zu Herzen gehen soll, wird ihr Ziel verfehlen, wenn sie nicht von einem großen Respekt, einer tiefen Achtung vor der geschöpflichen Einmaligkeit des andern ausgeht; sie wird den andern vergewaltigen, erdrücken, in Zwänge hineintreiben oder knechten, anstatt ihn zu befreien. Jeder ist der Liebe würdig, und nur aus dieser Würdigkeit und um dieser Liebe willen kann er richtig ermahnt werden. „Ehre Vater und Mutter", das Gebot mit Verheißung, ist in seiner weitesten Bedeutung zu sehen: im Familienkreis, in der Familie Gottes kann die gegenseitige Rücksichtnahme geübt und erfahren werden.

[1] Vgl. Eph 5, 21: „Seid einander untergeordnet in der Furcht vor Christus" mit Vers 33: „daß sie den Mann fürchte"; 6, 2: „Ehre" mit 6, 5: „in Furcht und Zittern als dem Herrn". 6, 9 an die Herren gerichtet: „tut dasselbe gegen sie", d. h. es gilt kein Ansehen der Person, alle sind zu ehren; 1 Pt 2, 17: „erweist allen Ehre": ihr Hausknechte (2, 18), gleicherweise ihr Frauen (3, 1), „ihr Männer den Frauen Ehre gebend" (3, 7). Rö 12, 10: „in der Ehrerbietung einer dem anderen vorangehend"; Phil 2, 3: „einer den andern höher achten als sich selbst".

Es ist hier nicht von einer Kasuistik (einer klug ersonnenen Anweisung im einzelnen) die Rede, sondern von dem aus Liebe und Ehrfurcht vor Gott stammenden Zuspruch an den je einzelnen in seiner besonderen Verfassung und Lebenslage.

Es kommt nicht nur darauf an, **was** gesagt wird, sondern **wie** es gesagt wird: aus welcher inneren Haltung dem gegenüber, dem etwas zu sagen ist. So vieles kommt deshalb nicht an, weil es von oben herab kommt, von weit weg oder daneben und darüber hinweg geht, aber nicht zu Herzen. Wie lebensrichtig ist die Redewendung „jemandem zu Herzen reden“. Wo wirklich zum Herzen geredet wird, kann dann auch „ins Gewissen geredet werden“. Wer zu Herzen redet, ist offen und frei, dadurch aber gefährdet und gefährdend in der verwundbaren menschlichen Nähe. Darum muß jedes Alter und jedes Geschlecht in besonderer Weise mahnend angesprochen werden.

Einen älteren Mann fahre nicht hart an, sondern ermahne ihn wie einen Vater. Älterer Mann (presbyteros) meint hier ohne jeden Zweifel eine Altersbezeichnung[2] und nicht einen mit dem Alter verbundenen Würdetitel oder gar ein festes Amt.

Fahre nicht hart an, auch schelten, tadeln. Timotheus soll einem alten Mann nicht Vorwürfe machen, ihn aber auch nicht sich selbst überlassen, wenn er der Ermahnung bedarf. Das Vorbild der Familie für die Gemeinde steht hier bestimmend im Vordergrund. Wenn es möglich ist, daß ein junger Seelsorger einen alten Mann **wie einen Vater** ermahnt, so fällt damit ein neues Licht durch das Evangelium auf das Verhältnis Vater—Sohn. In Ehrfurcht und Liebe ist es möglich und kann es nötig werden, daß ein Sohn seinen Vater ermahnt, und das nicht nur in der Gemeinde.

Wieso aber muß der eher zaudernde, schwache Timotheus ermahnt werden, einen Alten nicht hart anzufassen? Es ist die Versuchung des Schwachen, daß er in übertriebener Reaktion stark erscheinen will und darum hart auftritt; daß der Diener Christi, der sich seiner Jugend fast schämt, plötzlich Macht ausüben anstatt Vorbild sein will a), daß der Schüchterne unerwartet zum Streiter wird b), der Zaghafte vorschnell die

a) I 4, 12
b) II 2, 24

[2] *Presbytes:* der Greis, Lk 1, 18; Philem 9; Tit 2, 2. *Presbyteros:* ebenfalls als natürliche Altersbezeichnung, Jo 8, 9; Apg 2, 17; 1 Pt 5, 5; Lk 15, 25; *presbyteros* kann sowohl Dienstaufgabe wie Altersbezeichnung bedeuten: Apg 14, 23; 20, 17—38; 2 Jo 1; 3 Jo 1; 1 Pt 5. 1.

Hände auflegt c) (E 31 f). Hier greift die einfache Regel verändernd ein: Ermahne ihn, wie wenn es dein Vater wäre.

c) I 5, 22

Sondern ermahne ihn (parakaleo): zusprechen, ermahnen, trösten. Die Ermahnung und die Anleitung zum Ermahnen verbinden die Pastoralbriefe als *Mahnbriefe* d) aufs engste mit den anderen paulinischen Briefen. Schon im ältesten Brief, den wir von Paulus haben, klingt dieser Grundton an und bleibt bis zum letzten deutlich hörbar: „Ihr wißt, daß wir einen jeden von euch wie ein Vater seine Kinder ermahnten und ermunterten und beschworen ..." e). Schon in diesem ersten Brief schreibt Paulus davon, daß er Timotheus gesandt habe, damit er die Gemeinde stärken und *ermahnen* solle f). Dieses Mahnen ist nicht ein Befehlen und Gebieten, sondern ein Bitten um der Liebe willen g), ein Bitten an Christi Statt h). Gott selber in seiner Barmherzigkeit ermahnt die Gemeinde durch den Ruf seiner Diener i). Ja, der Mahner und Tröster schlechthin ist der Paraklet, der Heilige Geist, durch den der Gott alles Trostes tröstet und ermahnt k). Die Gabe des Ermahnens ist ein Charisma des Heiligen Geistes l), sehr oft verbunden mit der Gabe der Weissagung m), mit dem Blick, der ins Herz sieht, die verborgene Not und Sehnsucht erkennt und von Gott her darauf eingeht.

d) I 1, 3,; 2, 1; 4, 13; 5, 20; 6, 17; II 2, 25; 3, 16—17; 4, 2
e) 1 Th 2, 11—12
f) 1 Th 3, 2
g) Phlm 8—10
h) 2 Ko 5, 20
i) Rö 12, 1
k) 2 Ko 1, 4—7
l) I 4, 13; vgl. Rö 12, 8
m) 1 Ko 14, 1—3

Timotheus soll nicht kraft seines „Amtes" auftreten, sondern kraft der in dem *einen* Meister, Christus, gestifteten Brüderlichkeit. Die Sehnsucht des Menschen nach „Freiheit, Gleichheit, Brüderlichkeit" ist schon früh von der Kirche verraten worden. Daran ändert auch nichts, daß die Reformation zwar das Priestertum *aller* Gläubigen wieder deutlich aus der Bibel erkannte und lehrte, es aber doch nicht auf der ganzen Linie zum Durchbruch brachte. Neue Versuche und Ansätze zum Verständnis der Gemeinde als gegenseitiger brüderlicher Vermahnung und Tröstung (consolatio fratrum) brechen aber immer wieder verheißungsvoll auf. Wie ein Bruder **die jüngeren** (Männer) **wie Brüder** ermahnt, das ist nicht „frühkatholische Tendenz", sondern im Gegenteil, das ist Ruf zum Anfang in Jesus: „Ich bin unter euch wie ein Dienender, ich habe euch Freunde genannt, ihr seid meine Freunde, gehe und sage meinen Brüdern ..." „einer ist euer Meister, ihr alle aber seid Brüder n)".

n) Mt 23, 8; 28, 10

Ältere Frauen wie Mütter. Die vierfache Aufzählung — Väter, Brüder, Mütter, Schwestern — ist nicht überflüssig oder pedantisch. Durch sie wird erst das Prinzip ganz deutlich, daß der Mahner nicht von sich ausgehen, sondern sich anpassen soll. Andere Menschen f ö r d e r n und s c h ü t z e n in ihrem Eigentlichen und Eigenen, das ist das Wesen der Autorität. Der älteren Frau soll wie einer Mutter begegnet werden, damit sie in ihrer Mütterlichkeit bestätigt und bestärkt werde. Jesus stiftet neue Beziehungen, neue Verhältnisse.

Jüngere Frauen ermahne wie Schwestern in aller Keuschheit. Timotheus soll sich nicht nur mit den Männern befassen, sein persönliches Wort der Ermahnung, sein Zu-Herzen-Reden gilt auch den Frauen, den alten wie den jungen. Durch die in Jesus neu begründete Vater-, Mutterschaft, durch die in ihm bestehende neue Verwandtschaft, wird nicht nur die Vorherrschaft der durch Zeugung und Geburt abgeleiteten Familienansprüche gebrochen, auch die Vorherrschaft der Geschlechtsunterschiede, der Kampf der Geschlechter, die gegenseitige Verführung und Herrschaft wird gebrochen.

Deshalb kann und darf Timotheus den gleichaltrigen und jüngeren Frauen wie Schwestern begegnen. Was dies bedeutet, bringt die deutsche Sprache im Wort „Krankenschwester" zum Ausdruck, ein Berufsbild, das ursprünglich ganz eindeutig von Jesus her geprägt war. Wo der Staat oder nichtchristlich bestimmte Gesellschaftsordnungen das Berufsbild und den Dienst der Krankenschwester bestimmen, da steht entweder das Unpersönliche und damit Unweibliche oder das Geschlechtlich-Erotische mehr oder weniger im Vordergrund. Der Schwesternberuf hat in solchen Ländern einen schlechten Klang, weil die kranken Männer eine Pflegerin nicht primär als Schwester, sondern als Geschlechtswesen sehen, und weil auch sie selber trotz weißer Haube und Schürze sich nicht zuerst als Schwester zu verstehen vermögen. Das gilt auch zunehmend von den sogenannten christlichen Ländern, in denen das christliche Verständnis der Familienbeziehungen abnimmt. Wie stark die Auflösung des christlichen Familienbildes (und seine den Verfall mitbewirkenden Deutung durch Sigmund Freud) „fortschreitet", ist noch gar nicht abzusehen. Es entsteht eine Gesellschaft nicht nur ohne Väter (A. Mitscherlich), sondern auch ohne Mütter, ohne Brüder und Schwestern. Für Menschen, welche die Vaterschaft Gottes nicht mehr erfahren durch den Glauben an die Sohnschaft Jesu, kann es kaum mehr gefühlsmäßig starke und zugleich keusche Beziehungen geben zwischen Eltern und Kindern wie unter Geschwistern. Es ist nicht zufällig, daß der heidnische Mythos von Ödipus, der den Vater tötet, weil er die Mutter begehrt, das Urbild für S. Freud geworden ist, aus dem er nicht nur alle mitmenschlichen Beziehungen, sondern auch die Religion schlechthin erklärt.

Der ungebrochene Familienbann und Geschlechterzwang, das Netz aus Angst und Wollust, eben die „Heidenangst", ist von Jesus grundsätzlich und ein für allemal durchbrochen worden. Aber die Kirche hat nur zu eilfertig das Evangelium der Freiheit vertauscht mit der angsterfüllten Abwehr heidnischer Ängste.

„Keuschheit" wurde zur Abwehr des Geschlechtlichen. („Sie verbieten zu heiraten." 4, 3) Keuschheit aber ist das große Zeichen und Wort für die wahre Befreiung, eben weil durch sie nicht mehr alles immer zuerst und zuletzt geschlechtlich, d. h. sexuell oder erotisch gesehen und erlebt werden muß. Darum kommt das Geschlechtliche durch die Keuschheit erst richtig und ganz zu seiner Bestimmung. Keuschheit hat nichts zu tun mit Ängstlichkeit oder Prüderie, es bezeichnet genau das Hauptthema des Abschnittes: Ehret einander, hier angewendet auf den geschlechtlichen und leiblichen Bereich.

In aller Keuschheit. Keuschheit ist nicht Unterdrückung, Verachtung oder Leugnung des Geschlechtlichen. Keuschheit kann völlig und umfassend sein („in aller Keuschheit"), wenn sie eine Ausstrahlungskraft des Herzens geworden ist: Wenn dein Auge unbefangen ist, so ist dein ganzer Leib licht, so siehst du auch den fremden Leib licht o). Im Herzen wächst die wahre Keuschheit p). Gott ist es, der ein reines Herz schafft. Sein Schöpfungsakt ist ständig neues Schaffen q).

o) Mt 6, 22
p) Mt 5, 28
q) Ps 51, 12

Timotheus soll den jungen Frauen so in Keuschheit begegnen, daß sie in ihrer Schwesterlichkeit bestätigt und bestärkt werden, daß Frauen ihrer Gabe des Frauseins froh werden und angstfrei darin dem Ganzen, der Gemeinde, dienen.

In diesem Wort an Timotheus ist auch eine Warnung enthalten. Der geistliche Dienst der Seelsorge kann schnell ins Fleischliche umkippen. Wesley schreibt den Predigern: „Nicht zuviel mit jungen Mädchen." Er spricht aus eigener Erfahrung seiner jungen Jahre. Wenn man glaubt, besonders dazu bestimmt zu sein, als junger Mann unter jungen Frauen Seelsorge zu treiben, muß man sich nach den Beweggründen fragen lassen. „In aller Keuschheit" kann auch heißen „in aller Lauterkeit". Sind die Beweggründe lauter? Für alle Ermahnung (das ist das biblische Wort für Seelsorge) gilt, daß sie entbindende Seelsorge sein soll. Oft aber führt sie zur Bindung an den Seelsorger. Ermahnung aber soll allein auf den Herrn ausrichten und zu ihm hin befreien r).

r) Eph 6, 4

2. Die Sorge um die Witwen

1. Timotheus 5, 3—16

3 Ehre die Witwen, die wirklich Witwen sind. * Wenn aber
4 eine Witwe Kinder oder Enkel hat, sollen diese zuerst ler-
nen, in bezug auf das eigene Haus gottselig zu sein und
den Vorfahren die empfangenen Wohltaten zu vergelten,
5 denn dies ist wohlgefällig vor Gott. * Die wirkliche Witwe
aber, die alleinstehend ist, hat ihre Hoffnung auf Gott gesetzt
6 und verharrt in Gebeten und Fürbitte Tag und Nacht. * Die
7 aber ein ausschweifendes Leben führt, ist lebendig tot. *
8 Gebiete ihnen, daß sie untadelig bleiben. * Wenn aber je-
mand seine Angehörigen und besonders die in Hausgemein-
schaft mit ihm Lebenden nicht versorgt, so hat er den Glau-
ben verleugnet und ist schlimmer als ein Ungläubiger. *
9 Eine Witwe soll in das Verzeichnis aufgenommen werden,
wenn sie nicht weniger als sechzig Jahre alt ist, eines Man-
10 nes Frau war, * ein Zeugnis hat in guten Werken, wenn
sie Kinder aufgezogen, Fremde beherbergt, den Heiligen
die Füße gewaschen, Bedrängten geholfen hat, wenn sie
11 jedem guten Werk nachgegangen ist. * Jüngere Witwen
aber weise ab, denn wenn ihre Leidenschaft sie in Wider-
spruch gegen Christus bringt, begehren sie zu heiraten *
12 und fallen unter das Urteil, daß sie die erste Treue gebro-
13 chen haben. * Zugleich gewöhnen sie sich an den Müßig-
gang, laufen von Haus zu Haus, sind nicht nur faul, sondern
auch geschwätzig, vorwitzig und reden, was sich nicht ge-
14 ziemt. * Ich will nun, daß jüngere Witwen heiraten, Kinder
gebären, das Haus verwalten und dem Widersacher keinen
15 Anlaß geben zu übler Nachrede. * Denn schon haben sich
16 etliche abgewendet dem Satan nach. * Wenn eine gläubige
Frau Witwen hat, so soll sie diese unterstützen, und die
Gemeinde soll nicht belastet werden, damit sie den wirk-
lichen Witwen helfen kann.

Manche Ausleger sehen in diesen Versen eine „Witwenregel" oder die Ausbildung eines eigentlichen „Witwenamtes". Andere fragen, ob unter dem Eindruck der nachpaulinischen Entwicklung dieser Text wie auch 2, 9 f im Sinne einer Einschränkung des allgemeinen Priestertums der Frau und der Erstarkung christlicher Rechtsformen verstanden werden muß. Die Beschränkung der weiblichen Mitarbeit auf Gebet und Liebeswerke sei dringlich geworden im Kampf der Kirche gegen gnostische und montanistische Prophetinnen und andere Kultpriesterinnen.

Ein unvoreingenommenes Studium der Einzelheiten in diesem Abschnitt läßt den Schluß auf eine feste Witwenregel nicht zu. Das Ganze, obwohl ausführlicher[3] als die vorangehenden und nachfolgenden Anweisungen, steht einheitlich unter seelsorgerlichem Aspekt. Die Witwen (3) wie die Ältesten (17) und die Vorgesetzten (6, 1) sollen geehrt, alle sollen unter den ihnen entsprechenden Umständen e r m a h n t werden.

In Ephesus bestand damals eine der größten Gemeinden, in der auch entsprechend viele Witwen lebten. Die Kirche in Rom unterstützte im 3. Jahrhundert 1500 bedürftige Witwen. Zur Zeit des Chrysostomus sollen 3000 christliche Witwen im kirchlichen Dienst gestanden haben. Wie schon früh in Jerusalem, so waren auch in Rom und Ephesus gewisse Regelungen unumgänglich geworden a). Bedenkt man, daß noch Hippolyt von Rom (gest. 235), ein rigoroser Bekämpfer der Irrlehrer und strenger Asket, sich gegen die Ordination der Witwen wendet, so ist schwer ersichtlich, wie unser Text schon eine kirchliche Regelung des Witwendiakonats enthalten soll.

Im AT stehen Witwen, Waisen und Fremdlinge unter besonderem Rechtsschutz. Sie sollen weder verachtet noch ausgebeutet, sondern geehrt und ernährt werden b).

Die wirkliche[4] Witwe ist ohne eigene Mittel und Verwandte. Als Verlassene vertraut sie dem Gott der Witwen und Waisen c).

Ehren d): Der Ausdruck ist bewußt bezogen auf das Gebot „Ehre Vater und Mutter". Das Judentum zur Zeit Jesu deutete dieses Gebot auf die Pflicht des erwachsenen Sohnes, die alten Eltern zu sich zu nehmen und für ihren Unterhalt aufzukommen. „Ehre die Witwen" steht somit ganz im Zusammenhang

a) Apg 6, 1—4

b) 2 Mo 22, 22—24; 5 Mo 10, 18; 14, 29; 16, 11; 24, 17—22; 26, 12—13; Jes 1, 17. 23; Jer 7, 6; 22, 3; 49, 11; Hes 22, 7. 25; Mal 3, 5; Mk 12, 40; Lk 20, 47

c) Jer 49, 11

d) wie Mt 15, 4—6

[3] Derartige Exkurse sind bei Paulus nicht ungewohnt: I Ko 7, 12—17; 8, 9—11; ebenso im Brief an Philemon.

[4] Bei Paulus bekannte Wendung; I Ko 14, 25: daß Gott *wirklich* in euch ist; Gal 3, 21: die Gerechtigkeit käme wirklich aus Gesetz.

der Verse 1—2, welche als Grundmuster für alle seelsorgerliche Mahnung die Familienbeziehungen haben.

Das Wort „ehren" kann auch den Sinn von Ehrensold haben (heute noch gebräuchlich als Honorar; lateinisch). Für Besoldung und Ernährung aufkommen ist eine Ehrensache. Praktische Ehrerweisung aus Liebe wird die wirklichen Witwen wie Familienglieder so unterstützen, daß sich diese nicht abgespeist, sondern geehrt fühlen können. Alle Wohltat steht ständig in Gefahr, den Empfänger zu erniedrigen und zu verletzen, wenn sie nicht von Liebe ausgeht und auf Wertschätzung beruht.

4 **Wenn aber eine Witwe Kinder oder Enkel hat, sollen diese zuerst lernen, in bezug auf das eigene Haus gottselig zu sein und den Vorfahren die empfangenen Wohltaten zu vergelten, denn dies ist wohlgefällig vor Gott.**

Das eigene Haus = die eigene Familie. Gottselig sein, hier als Verb **(eusebein)**: so nur noch in Apg 17, 23, auf die Frömmigkeit der Athener ihren Göttern gegenüber bezogen (E 15 d).

Vorfahren: Eltern und Großeltern, vgl. II 1, 5.

Empfangene Wohltaten vergelten: das leisten, wozu man verpflichtet ist; genau in diesem Sinn verwendet in Rö 13, 7; I Ko 7, 3.

Wohlgefällig vor Gott: vgl. 2, 3: Wo die Hausgemeinschaft für ihre gegenseitigen Verpflichtungen der Ehrung, der Liebe und des Dankes wach ist, kann ein ruhiges und stilles Leben geführt werden.

Sollen die Witwen (Übergang von Einzahl in Mehrzahl) oder die Kinder **zuerst lernen?** Grammatikalisch ist beides möglich. Die Witwe muß ähnlich wie der Vorsteher sich erst im Hause der Familie bewähren, bevor sie in der Gemeinde dienen kann. Doch der Zusammenhang legt nahe, an die Kinder zu denken, welche die tatkräftige Hilfe und Ehrerweisung nicht geringschätzen, sondern darin ihre Frömmigkeit und Dankbarkeit zeigen sollen[5]. Der Tod des Ehegatten bringt für die Frau eine ganz neue Lebenslage mit sich, der sich die Kinder zu wenig oder zu wenig schnell bewußt werden. Sie müssen jetzt erst lernen, auf die neuen Bedürfnisse einzugehen. Hier ist die

[5] Schlatter denkt an die Witwen u n d die Kinder. „Er hat der Mutter, die die häusliche Gemeinschaft aufgeben und einzig in der Gemeinde leben möchte, und den Kindern, die bereit wären, den Unterhalt der Mutter auf die Gemeinde zu übertragen, gesagt: Euer erster Gottesdienst ist die Bewahrung der häuslichen Gemeinschaft, und eure erste Dankespflicht ist es, die ihr den Vorfahren zu erstatten habt" (139).

seelsorgerliche Mahnung an erwachsene Kinder und Großkinder gerichtet.

5 **Die wirkliche Witwe aber, die alleinstehend ist, hat ihre Hoffnung auf Gott gesetzt und verharrt in Gebeten und Fürbitte Tag und Nacht.**

Die wirkliche Witwe hat niemanden, der für sie sorgt, sie ist ohne Familienzusammenhang, sie steht allein. Sie hofft weder auf einen neuen Mann noch auf die Hilfe von Kindern oder auf die Gemeinde. Ihre Hoffnung ist in einem festen Entschluß des Herzens ein für allemal auf Gott gestellt[6]. Diese ihre innerste Blickrichtung läßt nicht zu, daß ihre Einsamkeit zur Vereinsamung werde, denn in ihrer Hoffnung auf Gott ist sie nicht alleingelassen, sondern sie **verharrt in ihren Bitten und ihren Gebeten Tag und Nacht.** Das Vorbild der Prophetin Hanna ist hier vor Augen e), aber auch das der unverheirateten und verwitweten Frauen, „die heilig an Leib und Geist, für die Dinge des Herrn besorgt" sind f), und nicht zuletzt die Erfahrung des Paulus selbst, der „Nacht und Tag aufs Inständigste betet g)." Darum kannte er auch für die Witwe „ein ununterbrochenes Gespräch des Herzens mit Gott, sei es in Bitte, sei es in Anbetung, das nicht zum leeren Geplapper entartet, sondern den vollen Ernst des Gebets besitzt und doch nicht auf Seufzer und einzelne stoßweise Regungen der Seele beschränkt ist, sondern ihre bleibende Beschäftigung werden kann" (Schlatter) (E 25 e).

e) Lk 2, 37
f) 1 Ko 7, 34
g) 1 Th 3, 10

Eine solche Beterin lebt wirklich, wenn sie auch für weltlich und religiös Betriebsame untätig, ja nutzlos erscheinen mag. Man muß dieses Bild der wirklichen Witwe und ihr Verankertsein im wirklichen Umgang und Gespräch mit Gott vor Augen haben, damit man nicht der Versuchung vieler Ausleger erliegt, welche die Anweisungen zur Häuslichkeit, Wohlanständigkeit, Frömmigkeit vorschnell und einseitig auf eine bürgerliche Christlichkeit festgelegt haben. Und dann: Welche Hochachtung gegenüber der menschlich-geistlichen Berufung der Frauen kommt in diesen Worten zum Ausdruck!

6 **Die aber, welche ein ausschweifendes Leben führt, ist lebendig tot.** Die Atmosphäre der ausschweifenden und vergnügungssüchtigen Weltstadt Ephesus klingt hier an. Auf einem Dorfe würde es einer Witwe schwerer fallen, ihren Kummer durch ein genußsüchtiges Treiben zu vergessen. Der Süchtige

[6] Wie I 4, 10, eine ein für allemal geschehene Handlung; vgl. I 6, 17; Rö 15, 12.

gibt sich und andern den Anschein, als ob er besonders lebendig, tätig, spontan und „mitten im Leben" sei; in Wahrheit aber ist er tot. Je größer seine nach außen gekehrte Aktivität erscheint, um so gelähmter ist sein innerer Zustand.

Lebendig tot[7]: Die Zeitform zeigt eine vollendete Tatsache an.

Die wirkliche Witwe ist lebendig, weil sie wach ist in Gott; die in Leichtsinn lebende ist schon gestorben. Auch dieser scharf herausgestellte Gegensatz läßt nicht an eine Anpassung an die Sitten der Umwelt denken. Wie I 2, 9—15 sprechen auch diese Worte in einen ganz konkreten Gemeindezusammenhang hinein.

7 **Gebiete ihnen, daß sie untadelig bleiben.**

8 **Wenn aber jemand seine Angehörigen und besonders die in Hausgemeinschaft mit ihm Lebenden nicht versorgt, so hat er den Glauben verleugnet und ist schlimmer als ein Ungläubiger.**

Der Vorsteher, die Witwen und schließlich alle Gemeindeglieder sollen unanfechtbar sein in den Augen der kritischen, heidnischen Umgebung (3, 2).

Angehörige müssen nicht unbedingt im gleichen Haus wohnen, im Unterschied zu den Hausgenossen, mit denen man in engster Hausgemeinschaft zusammenlebt.

Versorgen: bedacht sein auf, Vorsorge treffen[8]. Wenn erwachsene Kinder aus Nachlässigkeit die Bedürftigen im eigenen Hause nicht versorgen, wenn Witwen nicht auf ein untadeliges Verhalten bedacht sind, dann geben sie den Ungläubigen Anlaß zur Lästerung des Namens Gottes. Diejenigen, die sich gläubig nennen, verleugnen mit ihrem Verhalten den Glauben h). Sie erregen dabei mehr Ärgernis als die Ungläubigen. Dieses scharfe Urteil fällte Paulus schon in bezug auf die Christen in Korinth, wo eine Art von Unzucht getrieben wurde, wie sie selbst „auch unter Heiden nicht vorkommt i)." V. 7 und 8 sehen wir am besten als eine Einheit an, welche das in den V. 4 und 6 Gesagte zusammenfaßt. V. 9 greift V. 3 und 5 wieder auf. Wahrscheinlich hat das Wort von der ausschweifend lebenden Witwe Mahnung, Urteil und Kommentar von V. 7 und V. 8 hervorgerufen.

h) II 3, 5; Tit 1, 16; Mt 10, 33; Jak 2, 14—16
i) 1 Ko 5, 1

[7] Rö 7, 9. 10; vgl. Rö 6, 10; 2 Ko 5, 15: als Gestorbene dem leben, der für uns gestorben ist. Offb. 3, 1: Du hast den Namen, daß du lebest, aber du bist tot. Lk 15, 24: Der verlorene Sohn war tot in seinem Sündenleben und fern vom Vaterhaus. Vgl. Mt 8, 22: Laßt die Toten ihre Toten begraben; II 3, 4—5; Eph 2, 1. 5.

[8] wie Rö 12, 17; 2 Ko 8, 21: P ist auf das Gute bedacht vor Gott und Menschen; derselbe Zusammenhang wie V. 8.

Eine Witwe soll in das Verzeichnis aufgenommen werden, wenn sie nicht weniger als sechzig Jahre alt ist, eines Mannes Frau war, * ein Zeugnis hat in guten Werken, wenn sie Kinder aufgezogen, Fremde beherbergt, den Heiligen die Füße gewaschen, Bedrängten geholfen hat, wenn sie jedem guten Werk nachgegangen ist. 9

Ins Verzeichnis eintragen nur hier im NT: „katalogisieren", listenmäßiges Erfassen[9]. Bei den alten Männern werden diejenigen hervorgehoben, welche einen besonderen Dienst in der Gemeinde tun k). Warum ist dort nicht die Rede von einer Liste? Vielleicht machten die große Zahl und die verwirrenden Unterschiede der verwitweten Frauen eine stärkere Regelung nötig. Schon früh treffen wir auf die Witwen als einer besonders gekennzeichneten Gruppe in der Gemeinde[10]. Von Bedeutung ist, daß die alten Frauen (ebenso wie die alten Männer) eine Ehrenstellung in der Gemeinde innehaben. Sie lehren, sie leiten an, sie führen das Haus l). Die hier aus- und aufgezeichneten Witwen „waren wahrscheinlich dem weiblichen Teil der Gemeinde in ähnlicher Weise vorgesetzt wie die Ältesten den Männern[11]".

k) I 5, 17

l) Tit 2, 3—5

Sechzig Jahre gilt in der Antike allgemein als Altersgrenze. Paulus nennt sich selbst einen alten Mann m). Diese Altersangabe läßt erkennen, daß hier nicht allein der Lebensunterhalt für Witwen gemeint sein kann, denn aus welchem Grunde sollten Witwen erst von einem bestimmten Alter an unterstützt werden, anstatt vom Zeitpunkt an, da sie dieser Hilfe wirklich bedurften? Offensichtlich sollten aus dem großen Kreis der wirklichen Witwen diejenigen besonders gestellt werden, welche eine bestimmte und verantwortliche Aufgabe innerhalb der Gemeinde ausübten. Die spätere Kirche kannte ausdrücklich den Dienst der Presbyterinnen in der Kirche.

m) Phlm 9

Eines Mannes Frau: Die gleiche Voraussetzung, die für Vorsteher und Diakone gilt: I 3, 2. 12. Der Ausdruck ist hier in erster Linie wie an den andern Stellen gegen die Wiederverheiratung Geschiedener gerichtet, denn ein allgemeines Ver-

[9] Katalego, nur hier im NT; sonst bekannt für Soldaten-Listen: kann aber auch bloß bedeuten: rechnen mit, gelten als, auswählen.

[10] Petrus „rief die Heiligen und die Witwen". Apg 9, 39. 41. 39 b: „Alle Witwen traten zu ihm". Den „Unverheirateten und den Witwen" sagt Paulus: „Es ist gut für sie, wenn sie bleiben wie ich" (1 Ko, 7, 8).

[11] Schlatter, 98. Auch der katholische Ausleger Spicq ist der Auffassung, daß die vorliegende Aufzählung noch weit von einer festen Regel oder gar einem ordensmäßigen Stand entfernt ist (166).

bot einer zweiten Eheschließung kann für die Witwen nicht gemeint sein, legt doch Vers 14 jüngeren Witwen eine neue Eheschließung nahe. Freilich sagt Paulus auch den Witwen in Korinth, wahrscheinlich dort schon die älteren ins Auge fassend, es sei besser, wenn sie nicht wieder heiraten, sondern in dem Stand bleiben n), in dem sie jetzt sind[12].

n) 1 Ko 7, 8

10 **Ein Zeugnis o) guter Werke:** 3, 1; 5, 25; 6, 18; II Ko 9, 8. Gute Werke sind nicht verdienstliche Werke aus eigener moralischer Leistung, es sind Liebeswerke, die aus Dank und zum Zeugnis für die Liebe Gottes getan werden. Die Ältesten sollen nicht als besondere Leistung oder gar stellvertretend, sondern vorbildlich zur Anreizung der Gemeinde in guten Werken vorangehen, in der Liebe ihren Glauben erweisen; ebenso die wohlhabenden Glieder: 6, 18; die Frauen: 2, 10; und die Witwen: 5, 10. Im Zeugnis guter Werke erweist sich die Witwe nicht als besonders tugendhaft, sondern einfach als Vorbild der Gemeinde (vgl. I 2, 9! A 3).

o) Rö 10, 2; Gal 4, 15

Kinder aufziehen: Hier können sowohl eigene Kinder wie auch adoptierte Waisen gemeint sein.

Fremde gastlich aufnehmen p): Die Reihenfolge, in der die Liebeswerke aufgezählt werden, ist nicht unwichtig: Zuerst soll sich die Liebe im naheliegendsten Kreis, in der Auferziehung der eigenen oder anvertrauten Kinder erweisen, erst dann hat es Sinn, auch Fremde als Gäste zu beherbergen.

p) 3, 2; Hb 11, 31; Jak 2, 25; Lk 10, 38; Rö 12, 13; 16, 1. 2; Apg 16, 15

Heiligen die Füße waschen: Wie sonst bei Paulus sind hier unter Heiligen die Erlösten gemeint q). „Füße waschen" kann vielleicht, Johannes 13, 5 folgend, buchstäblich verstanden werden als zeichenhaftes Handeln. Auf alle Fälle ist hier ein sehr praktischer und demütiger Dienst der Erfrischung gemeint r).

q) Rö 1, 7; 1 Ko 1, 2

r) Mk 1, 7

Bedrängten Hilfe leisten: Den Menschen, die bedrückt und von Not heimgesucht sind, von außen Verfolgten oder Vertriebenen, von innen Geängsteten s) soll die Witwe Hilfe leisten (nur noch I 5, 16); sie steht den durch schwere Krankheit, Todesfall, Verlust oder Bedrohung Belasteten bei.

s) 2 Ko 7, 5; 1, 6

Jedem guten Werk nachgehen: Vielleicht ist hier daran gedacht, daß die Witwe über ihren Dienst im Haus hinaus im Eifer der Liebe noch weiteren Werken außerhalb des eigenen Hauses nachgehen kann, im Gegensatz zu den jüngeren Wit-

[12] Vgl. Judith 16, 22: „Viele wollten sie heiraten. Doch durfte kein Mann mehr sie berühren ihr Leben lang ... seitdem ihr Mann Manasse gestorben war." Siehe auch Kommentar zu I 3, 2.

wen, welche die Ordnung des Liebesdienstes „von innen nach außen“ überspringen und, ohne das eigene Haus zu beachten, müßig in fremden Häusern umherlaufen (V. 13).

Den hier aufgezählten guten Werken liegt ein klares Bild der Liebestätigkeit in der urchristlichen Gemeinde zugrunde: Hungrige und Durstige versorgen t), Gastfreundschaft üben u), Kleider spenden v), Besuchsdienst w), Erziehung von Waisen x).

t) Mt 25, 35; 10, 42; Jak 2, 15 f
u) Mt 25, 35; 10, 40; 1 Pt 4, 9; 3 Jo 5—8
v) Mt 25, 36; Apg 9, 39; Jak 2, 15 f
w) Mt 25, 36; Jak 1, 27; II 1, 16—18
x) Mk 9, 37

Jüngere Witwen aber weise ab: wie 4, 7; nimm sie nicht ins
11 Verzeichnis auf. Witwen konnten noch sehr jung sein, wurden in Palästina doch die Mädchen im allgemeinen mit 12 Jahren verlobt und mit 13 verheiratet. Im Unterschied zum Vorsteherdienst, der wenig begehrt war, bestand in Ephesus ein Andrang bei den Witwen auf Betätigung in der Gemeinde.

Denn wenn ihre Leidenschaft sie in Widerspruch gegen Christus bringt, begehren sie zu heiraten. Unter dem Eindruck des Trennungsschmerzes und der Verlassenheit beim Abscheiden des Mannes haben sie sich Christus geweiht, um ihm ganz zu dienen, doch konnten sie sich der wiedererwachenden und jetzt ungebundenen Sinnlichkeit nicht erwehren und lehnten sich so gegen Christus auf.

Widerspruch[13]: Nicht der Abfall vom Glauben, sondern die Untreue gegen Christus ist hier gemeint, wie 2 Ko 11, 2. Ausschweifend werden[14] wie junge Ochsen, die vom Joch loskommen wollen.

12 **Und fallen unter das Urteil, daß sie die erste Treue gebrochen haben.**

Urteil[15]: Man kann hier an das Urteil des Widersachers denken (V. 14) oder des göttlichen Gerichts (24; vgl. I Ko 11, 29) oder an die Anklagen des eigenen Gewissens y). Sie haben den festen Witwenstand und den Treuebund mit Christus für gut geachtet, müssen sich jetzt aber verurteilen, weil sie in ihrem Herzen gespalten sind und heiraten wollen.

y) Rö 14, 1. 2. 22. 23

[13] das dem Wort „Widerspruch“ entsprechende Verb bei P in Gal 2, 21; 3, 15 (verwerfen, als ungültig im Gebrauch erklären).

[14] *kata-straeniasosin:* nirgends sonst im NT oder in der Umwelt bekannt; eine eigene Wortbildung von Paulus wie Rö 11, 18: *kata-kauchaomai.* Das einfache Verb bedeutet: sich dem Luxus hingeben (Offb 18, 3. 7. 9) oder hochmütig sein, groß tun; dieser Prahlerei folgt das Gericht. Vgl. 2 Kön 19, 28: dein Toben wider mich (Widerspruch gegen Gott) und dein Übermut oder dein Großtun (wollüstig werden) und das entsprechende Gericht.

[15] *krima:* Gerichtsurteil; 1 Ko 11, 29; Rö 13, 2; gesteigert: kata-krima: Rö 5, 16; 8, 1.

Die erste Treue[16]: „Glaube" (pistis) hat hier noch nicht den Sinn von „Gelübde". Erst viel später wurde aus dieser Stelle die Berechtigung oder Notwendigkeit für ein Gelübde der Nonnen abgeleitet. Noch ist die ganze Gemeinde und jeder einzelne als Glied in ihr dem Herrn Jesus geweiht als Braut z). Im Abendland ist das Gelübde der Jungfräulichkeit für eine Nonne erst bezeugt bei Cyprian (gest. 304).

z) 2 Ko 11, 2

Brechen: wegwerfen, als ungültig erachten, annullieren, wie Gal 3, 15. Offenbar steht hier im Hintergrund die Treue der Witwe, die als wirkliche Witwe Nacht und Tag Gott dient, die zwar freiwillig, aber grundsätzlich auf eine Wiederverheiratung verzichtet hat (V. 5). Gewisse junge Witwen vermochten diesen einmal gefaßten Entschluß zur Treue nicht aufrechtzuerhalten; sie haben „die Treue" gebrochen. **Außerdem a) gewöhnen sie sich an den Müßiggang b), laufen von Haus zu Haus, sind nicht nur faul, sondern auch geschwätzig, vorwitzig und reden, was sich nicht geziemt.** Sie sind tätig in Haus- und Krankenbesuchen wie die wirkliche Witwe, aber hinter der Maske der christlichen Liebestätigkeit sind sie müßig, der Sinn zum Dienen ist ihnen abhanden gekommen, weil sie das Joch Christi abgeschüttelt haben[17]. Diese Frauen haben ihren Beruf vertauscht: anstatt mit Liebeswerken zu dienen, lernen sie den Müßiggang, anstatt mit Worten der Liebe und des Glaubens aufzurichten, schwatzen sie.

a) Phlm 22
b) Tit 1, 12. 13

Vorwitzig: buchstäblich: Werke außerhalb der Werke treiben, also Überflüssiges tun, unnütze Dinge treiben; ist aber auch gebräuchlicher Ausdruck für die magischen Künste, „Vorwitz" im Sinne des Wissens, das man normalerweise nicht wissen kann. Die vorwitzigen Künste, Magie und Zauberei, waren hoch im Schwange in Ephesus. Krankenheilungen mit magischen Gesängen waren sehr verbreitet c). Die verdrängte Wollust drängt zu großer Betriebsamkeit, indiskreter Neugier, abergläubischen und magischen Praktiken unter dem Deckmantel christlicher Liebestätigkeit. Unter diesen Umständen ist es verständlich, daß der Apostel kategorisch zur Wiederverheiratung aufruft, denn für jemand, der sich nicht enthal-

c) Apg 19, 19

[16] *ten proten pistin*, wie *agape prote*. Das Gerichtswort des erhöhten Herrn an die Gemeinde in Ephesus: „Ich habe wider dich, daß du deine e r s t e L i e b e verlassen hast" (Offb 2, 4. 5).

[17] Sie gewöhnen sich, eigentlich: sie lernen; das Verb bedeutet in der Fachsprache „einen Beruf lernen"; anstatt einen Beruf lernen sie den Müßiggang. W: „Außerdem sind sie dann ohne geregelte Arbeit und gewöhnen sich schnell daran, von Haus zu Haus zu laufen." Im Franz. 'des femmes désoeuvrées = Frauen ohne sinnvolle Aufgaben.

ten kann, ist es besser zu heiraten, als sich in Begierde zu verzehren und die Gemeinde zu verwirren. Verliert man den Hintergrund in Korinth und Ephesus nicht aus dem Auge, so erscheint die Anweisung des Apostels in ihrer Direktheit weder anstößig noch etwa erst jetzt in den Past auf gutbürgerliche Sittsamkeit ausgerichtet. Die stärkere Betonung der Wohlanständigkeit muß nicht zusammenhängen mit einer Anpassung der Gemeinde an den jetzigen Weltzustand und einem Verlust der Ewigkeitsnähe und -ausrichtung; hatte doch der Apostel unter ausdrücklichem Hinweis auf die gedrängte Zeit und das Vergehen dieser Weltgestalt die Verheiratung für diejenigen angeordnet, die sich nicht enthalten können (I Ko 7, 9). Die stärkere Betonung wahrer Gottseligkeit kann durchaus mit der zunehmenden Verwilderung der Sitten in der heidnischen Umwelt und dem entsprechend bedrängenden und verführenden Einfluß auf die Gemeinde zusammenhängen.

Ich will nun, daß jüngere Witwen heiraten, Kinder gebären, 14
das Haus verwalten und dem Widersacher keinen Anlaß geben zu übler Nachrede.

Ich will nun: wie 2, 4. 8. Deutlich spricht hier die apostolische Autorität durch das seelsorgerliche Anliegen hindurch. Die Anweisung steht n i c h t im Gegensatz zu I Ko 7, 32. 40, denn die Ehrung der wirklichen Witwe, die ganz auf Gott ausgerichtet lebt und n i c h t wieder heiratet, steht im Vordergrund des Textes (5, 3. 16 b).

Kinder gebären: hier im Plural derselbe Wortstamm wie 2, 15. An beiden Stellen sind nicht einfach die Frauen oder Witwen schlechthin gemeint: dort waren es Frauen, die sich um einer höheren Geistlichkeit willen von Mann und Kind lösen wollten, hier sind es junge Witwen, die das ungebundene Leben vorziehen und im Dunkeln (Okkulten) wirken wollen. Die seelsorgerlich-apostolische Weisung zielt auf ganz konkrete Umstände in Korinth wie in Ephesus hin.

Den Haushalt führen: wörtlich Herr sein über das Haus, einen Haushalt regieren[18]. Dieser Ausdruck erscheint zwölfmal im Mt; Mt 13, 27; 20, 1. 11: Hausherr (im Gleichnis erscheint Gott als Hausherr), entsprechend hier d i e F r a u a l s H a u s h e r r i n. Die Verwaltung des Hauses setzte die Gabe der Leitung und Übersicht, die Fähigkeit, anzuordnen und nach

[18] *oiko-despoteo.*

dem Rechten zu sehen, voraus. Darum mußten Mann und Frau eins sein, und ihre Einmütigkeit mußte geschützt werden, damit nicht das Haus wider sich selbst in Streit geriet
d) Lk 11, 17 und zerfiel d). In diesem Zusammenhang gesehen erhält I 2, 10—15 noch eine zusätzliche Erklärung. Als Hausherrin soll die Frau nicht zugleich auch Herr des Mannes sein und über ihn herrschen wollen. Sie soll sich aber auch nicht von ihm lösen, sondern mit ihm zusammen in aller Unterordnung dem Hause vorstehen.

Der Widersacher wird hier im Zusammenhang Satan sein. **Anlaß geben:** Gelegenheit, Vorwand, ein militärischer Ausdruck: einen Brückenkopf darstellen; beliebt als Bild bei Pau-
e) Rö 7, 8. 11; 2 Ko 5, 12; 11, 12; Gal 5, 13 lus e).

Die Lage der Gemeinde ist gerade nicht beruhigt und beruhigend, sondern aufs Schwerste angespannt und dem Spürsinn des Widersachers ausgesetzt, der jede Gelegenheit sucht,
f) 3, 7; 1 Pt 5, 8; 1 Ko 4, 12 um den Namen Gottes zu lästern f) und die Christen, vor allem die exponierten, zu Fall zu bringen. Wie die Neulinge im Glauben, so sollen auch die jungen Witwen nicht zu Dien-
g) vgl. 3, 6—7 mit 5, 14 b sten zugelassen werden, durch die sie verfrüht den Listen des Teufels ausgesetzt sind g).

15 **Denn schon haben sich etliche abgewendet** h) **dem Satan**
h) 1, 6; 6, 20; II 4, 4 **nach:** hinter dem Satan her, im Gegensatz zur Nachfolge hinter Jesus her i) und im Gegensatz zur wirklichen Witwe, die
i) Mt 4, 19; 10, 38; 16, 24 auf Gott gerichtet hinter den guten Werken her ist (V. 10). Schon sind etliche — und hier dürften nicht nur die jungen müßiggehenden Witwen gemeint sein — in die satanische Nachfolge geraten, zu Wegbereitern der satanischen Gegen-
k) Offb 2, 9 kirche, der „Synagoge des Satans" k), geworden. Nimmt man das dämonische Gefälle, dem dieser Text gegenübersteht, nicht ernst, wird man in der Ausführlichkeit der Weisungen nur
l) 2 Ko 1, 8; 5, 4; 11, 9; 12, 16; bürgerliche Ratschläge zu geruhsamem Familienleben erkennen und den hier gegebenen Alarmruf zu ganzem Wachen und letztem Wagen verkennen.

16 **Wenn eine gläubige Frau Witwen hat, so soll sie diese unter-**
1 Th 2, 9; 2 Th 3, 8 **stützen, und die Gemeinde soll nicht belastet** l) **werden, damit sie den wirklichen Witwen helfen kann**[19]**.**

[19] Die ungewöhnliche Länge des Abschnittes über die Witwen zeigt, daß wir nicht ein wohlabgewogenes Dokument von kirchenrechtlichen Paragraphen vor uns haben, sondern einen Brief, der auf eine konkrete Situation eingeht. Die Frage der Witwen ist in Ephesus so akut geworden, daß vom Evangelium her dringend geantwortet werden muß. Wir können wichtige Hinweise dafür gewinnen, was es bedeutet, vom Evangelium her neuen Aufgaben,

Die Weisung, daß Familienangehörige für ihre Witwen aufkommen sollen, gilt auch dann, wenn mehrere Witwen in einer Familie sind (verwitwete Schwestern oder Schwiegertöchter)[20]. Der Schluß des Abschnittes wiederholt und betont dadurch die Aufgabe der Gemeinde: sie soll denjenigen „wirklichen" Witwen helfen, die niemand anders unterhalten kann. Dadurch ehrt sie die Witwen und hält sie für die von Gott gegebenen Aufgaben in der Gemeinde offen.

3. Verhalten gegenüber den Ältesten
1. Timotheus 5, 17—25

17 Die Ältesten, die gut vorstehen, sollen doppelter Ehre würdig
geachtet werden, besonders die, welche in Wort und Lehre
18 arbeiten. * Denn die Schrift sagt: „Du sollst dem Ochsen,
wenn er drischt, das Maul nicht verbinden", und „der Ar-
19 beiter ist seines Lohnes wert". * Gegen einen Ältesten
nimm keine Klage an außer auf Aussage von zwei oder
20 drei Zeugen. * Haben sie aber wirklich gesündigt, so über-
führe sie vor allen, auf daß auch die übrigen Furcht be-
21 kommen. * Ich bezeuge ernstlich vor Gott und Christus Je-
sus und den auserwählten Engeln: befolge dies ohne Vorur-
22 teil, und tue nichts aus Parteilichkeit. * Lege niemandem
übereilt die Hände auf und habe nicht teil an fremden Sün-
23 den. Bewahre dich selbst keusch. * Trinke nicht länger nur
Wasser, sondern genieße ein wenig Wein wegen deines
24 Magens und deiner häufigen Erkrankungen. * Die Sünden
gewisser Leute sind vorher offenkundig und gehen ihnen
voran auf dem Weg zum Gericht, etlichen aber folgen sie
25 erst nach. * So sind auch die guten Werke vorher offenbar,
und wo es sich anders verhält, können sie nicht verborgen
bleiben.

So ist es auch mit den guten Werken, einige sind ganz offen-

die sich der Gemeinde stellen, zu begegnen, etwa: Was tun die Kirchen für die Gastarbeiter? oder: Wie begegnen sie den Hippies, denjenigen „Blumenkindern", die bezeugen, daß sie Christus begegnet sind? Als zur Zeit John Wesleys eine Erweckung unter den Arbeitern in England ausbrach, hatte die anglikanische Kirche keinen Raum für sie und konnte sich nicht einstellen auf die neuen Scharen von Arbeitern und Bauern. Ist das heute anders?

[20] Holtzmann zitiert eine christliche Grabinschrift aus Rom: „Errichtet von ihrer Tochter, der guten Regina, ihrer verwitweten Mutter, welche sechzig Jahre als Witwe lebte und nie der Kirche zur Last gefallen ist."

kundig, doch auch solche, mit denen es sich anders verhält, können nicht verborgen bleiben.

17 Wie Vers 3 die in der Gemeinde dienenden Witwen aus der Gruppe der alten Frauen (Vers 2) heraushebt und die ihnen gebührende Ehrerweisung betont, so werden jetzt (Vers 17) die leitenden Männer unter den Alten[21] und das ihnen gegenüber gebotene Verhalten erörtert a).

a) vgl. Apg 15, 22 c

b) wie I 3, 4. 5. 12

Gut vorstehen b): zuerst für die Haushalterschaft in der eigenen Familie und dann sowohl von den Vorstehern wie von den Diakonen erwartet; hier von allen Alten, die irgendeinen verantwortlichen Dienst in der Gemeinde tun, sei es wirtschaftliche Verwaltung oder, besonders hervorgehoben, der missionarische und lehrmäßige Dienst. Von ihnen allen erwartet die Gemeinde, daß sie **gut vorstehen,** das heißt: Nicht schon der Dienst (das Amt!) als solcher, sondern wie er ausgeführt wird, ist wichtig (E 12).

c) 1 Th 5, 12

Doppelte Ehre: Das Wort Ehre greift deutlich das Thema von Vers 3 wieder auf, wo schon ersichtlich wurde, daß damit nicht allein der Unterhalt oder der Lohn gemeint sein konnte. Einen Menschen ehren heißt ihn anerkennen c), ihm die Wertschätzung geben, die ihm gebührt. Timotheus selber hatte die ihm gebührende Ehre und Anerkennung nicht erhalten. Anstatt sie für sich zu fordern, soll er diesem Mangel mit vorbildlichem Leben begegnen. „Doppelte Ehre" geben kann entweder bedeuten, einen Alten, weil er ein Greis ist[22] und weil er als Greis in der Gemeinde arbeitet, ehren, oder die der Gemeinde vorstehenden Alten über den materiellen Unterhalt hinaus, den alle bedürftigen Greise erhalten, auch um ihres Dienstes willen (geistig) in Ehren halten. Die Gemeinde soll freigebig und großzügig im Unterhalt der alten Männer und Frauen und erst recht nicht zurückhaltend sein, wenn diese einen guten Dienst für die Gemeinde tun.

d) 1 Ko 4, 12; 15, 10; 16, 16; Rö 16, 6; Eph 4, 28; Phil 2, 16; Kol 1, 29; in den Past: I 4, 10; 5, 17; II 2, 6

Besonders die, welche in Wort und Lehre arbeiten: etwas leisten, sich anstrengen[23], oft bei Paulus d).

Wort: wie 4, 12; I Ko 1, 5; allgemein die Verkündigung der Christusbotschaft.

vgl. 1 Th 5, 12

Lehre: Anweisung zum Leben aus dem Glauben. Nach 3, 2

[21] so Schlatter, Jeremias, Holtz.

[22] Vgl. 6, 1: die Herren ehren kann nicht bedeuten, daß die Sklaven sie unterhalten müssen.

[23] Siehe den gleichen Ausdruck in Mt 11, 28: mühselig und abgearbeitet sein; Lk 5, 5: Der Dienst am Wort ist wirkliche Arbeit.

und Tit 1, 9 gehört das Lehren zu den Aufgaben des Vorstehers. Demnach ist hier von mehreren Vorstehern in Ephesus die Rede, ebenso wie das in der Gemeinde in Philippi der Fall ist e). Die Familienvorstände, in deren Häusern die ersten Hausgemeinden entstanden, waren auch die gegebenen Vorsteher für die Gemeinden, sofern sie sich bewährten.

e) Phil 1, 1

Entgegen der oft wiederholten Behauptung, daß die Past Amtstitel bevorzugen, ohne deren Funktion zu beschreiben, während Paulus selber kaum Amtstitel gebrauche, dafür aber den Inhalt der verschiedenen Dienste angebe, steht dieser Vers: „Besonders die, welche in Wort und Lehre arbeiten." Von einer hierarchischen Ordnung der Ämter ist weder hier noch in 3, 1 f die Rede[24]. Darum kann auch der jüngere Timotheus zum „Ältesten" berufen werden, weil letztlich nicht das Alter, noch das Amt als solches, sondern der Dienst am Evangelium, das Mühen und Arbeiten darin den Ausschlag gibt (4, 14).

Denn die Schrift sagt ist eine von Paulus oft verwendete 18
Formel, um ein Zitat anzuführen f). Das atl Zitat steht in 5 Mo 25, 4: **„Du sollst dem Ochsen, wenn er drischt, das Maul nicht verbinden."** Paulus hat es schon in I Ko 9, 9 a zitiert und dort ausführlich kommentiert: 9, 9 b—13. Das Gebot gilt ursprünglich dem Verhalten gegenüber einem arbeitenden Tier, dem der Israelit keinen Maulkorb umbinden soll. In der Fürsorge für das Tier unterschied sich der Jude von den andern Völkern. Aus diesem materiellen Gebot wurde durch symbolische Auslegung eine moralische Vorschrift für den arbeitenden Menschen. Das hatte seine Berechtigung, weil in der ursprünglichen Gesetzessammlung auch der Tagelöhner seines vollen und schnell bezahlten Lohnes wertgeachtet und vor der Ausbeutung durch den Arbeitgeber geschützt war. (3 Mo 19, 13) Auch I Ko 9 verbindet das atl Zitat mit einem Herrenwort (V. 14), das jedoch nicht wörtlich, sondern nur in seiner praktischen Anwendung angeführt wird. In Lk 10, 7 finden wir das Wort: **„Der Arbeiter ist seines Lohnes wert."** Paulus

f) Rö 9, 17; 10, 11; 4, 3; 11, 2; Gal 4, 30

[24] „Später wurde es zur feststehenden Meinung, daß hier neben Episkopat und Diakonat von einem dritten kirchlichen Amt die Rede sei, und so entstand eine Stufenleiter von Ämtern, die an die Rangordnung, die zwischen den staatlichen Ämtern und Würden bestand, angeglichen wurde. Dabei erhielt der Presbyter seinen Platz unter dem Bischof über dem Diakon. Es war aber schwer für den Presbyter, einen abgegrenzten Tätigkeitsbereich zu finden, wenigstens solange noch jede örtliche Gemeinde ihren Bischof oder gar mehrere Bischöfe, Phil 1, 1, besaß. Mit dieser Deutung wurde aber die Vorschrift des Paulus unverständlich" (Schlatter, 148).

also bezeichnet dieses Wort aus dem Lukas-Evangelium als
„Schrift“ und stellt es selbstverständlich neben die alttesta-
mentliche „Schrift“. Verschiedene Ausleger meinen, daß die-
ses Zitat als spätere Glosse anzusehen sei, weil es ein Jesus-
wort als Schriftwort bezeichne. Dem halten andere zu Recht
g) 1 Ko 7, 10; entgegen: a) Paulus zitiert öfters Herrenworte g). b) Das Zitat
1 Th 4, 15; muß noch nicht dem Lukas-Evangelium entnommen sein, es
auch Apg 20, 35 kann aus einer Spruchsammlung von Worten Jesu stammen.
c) Es kann ebensogut dem Lukas-Evangelium entnommen sein.
Ein nicht unbedeutender Hinweis dafür ist der Unterschied
des Zitates zum Matthäus-Evangelium. Dort heißt es: „Der Ar-
h) Mt 10, 10 beiter ist seiner Speise (!) wert h).“ Es ist naheliegend, daß
Paulus die Version seines Mitarbeiters Lukas übernimmt.
d) Gleichsetzung von Herrenworten mit der Schriftautorität
des AT muß nicht ein spätes Datum für die Abfassung des
Briefes voraussetzen. Schon in seinen ersten Briefen bean-
i) 1 Th 5, 27; sprucht Paulus die Autorität des Herrn für das, was er
2 Th 3, 14 schreibt i).

19 **Gegen einen Ältesten nimm keine Klage** k) **an außer**[25] **auf**
k) Tit 1, 6; **Aussage von zwei oder drei Zeugen.** Timotheus soll die Alten
Jo 18, 29; nicht hart anfahren, sondern sie in der Wertschätzung, die
Lk 6, 7 einem Vater gilt, ermahnen (5, 1). Entsprechende Klagen über
das Versagen alter Männer und insbesondere von leitenden
und in der Gemeinde arbeitenden Ältesten soll er aus dem
gleichen Grunde nicht rasch und ungeprüft annehmen, son-
dern durch zwei oder drei Zeugen erst bestätigen lassen.

Unberechtigte Klagen gegen Alte, sei es aus Eifersucht,
Klatschsucht oder Argwohn, können dadurch, daß ein Seelsor-
l) 5 Mo 19, 15 ger immer nur zwei oder drei l) g e m e i n s a m anhört, am be-
sten verhindert oder durchschaut und abgewiesen werden. Dieser
durch Jesus ausdrücklich bestätigte Schutz eines Angeklagten
m) Mt 18, 16; m) gehört wie der Tierschutz zum besonderen der jüdisch-
Jo 8, 17 christlichen Tradition. Auch Paulus beruft sich gegenüber den
n) 2 Ko 13, Korinthern ausdrücklich darauf n), hier allerdings in dem
1—3 Sinn, daß der Kläger, Paulus selber, dreimal zu den Korin-
o) vgl. Tit 3, 10 thern kommt und seine Klage vorbringt o).

20 **Haben sie aber wirklich gesündigt, so überführe sie vor**
allen, auf daß auch die übrigen Furcht bekommen. Sind die
Verse 20—25 als ursprünglich selbständiges Stück einer Buß-
Zucht zu sehen? Der Bezug auf die alten Männer und beson-

[25] „außer“ = *ektos ei me:* (eine im NT nur von Paulus gebrauchte Wendung): 1 Ko 14, 5; 15, 2.

ders die leitenden unter ihnen ist naheliegender. Genau wie bei den Witwen können auch bei ihnen Verirrungen vorkommen. Die Alten sollen zwar geehrt, aber nicht, weil sie alt sind, in falscher Weise geschont werden, wenn sie in Sünde geraten, darin leben[26] und anderen durch ihr Verhalten zum Ärgernis werden.

Überführen vor allen. I Ko 14, 24: Der Hereinkommende
wird von allen überführt p), von allen erforscht. Steht diese p) Tit 1, 9;
Anweisung im Widerspruch zu Mt 18, 15—17, wo das „ans 2, 15
Licht bringen" vor der Gemeinde erst den dritten Schritt darstellt, nach dem Gespräch unter vier Augen und dem Versuch, in der Gegenwart zweier oder dreier Brüder mit dem Betreffenden zu reden? Doch I 5, 1 setzt die persönliche Ermahnung durch den Seelsorger voraus. Hier ist an einen Men-
schen zu denken, der nach mehrmaligem Zureden q) nicht von q) Tit 3, 10
der Sünde weicht.

Auf daß auch die übrigen Furcht bekommen: Es liegt nahe, an die übrigen Alten zu denken, von denen vorher die Rede war. Sie sollen Furcht[27] bekommen, wenn sie erkennen, daß auch ein alter und erfahrener Christ zu Fall kommen kann. „Am Fall des andern sieht jeder, wogegen er selbst zu kämpfen hat" (Schlatter, 106).

Ich bezeuge r) **ernstlich vor Gott und Christus Jesus und den** 21
auserwählten Engeln: befolge dies ohne Vorurteil, und tue nichts r) 1 Th 4, 6
aus Parteilichkeit. Der Ernst der Lage im Kampf gegen Verirrungen in Lehre und Lebensführung, der sich verhärtende Wider-
stand der ketzerischen Menschen s) können den Apostel bewo- s) II 4, 1
gen haben, diesen ganz eschatologisch, das heißt auf das Ende aller Dinge ausgerichteten beschwörenden Ton anzuschlagen. **Der Engel**[28] repräsentiert bei Paulus die Gegenwart Gottes sowohl
im Gemeindegottesdienst t) wie beim Martyrium u) als auch am t) 1 Ko 11, 10
eschatologischen Gerichtstag (2 Th 1, 7). So verstanden, will der u) 1 Ko 4, 9
Apostel seinen Mitarbeiter nicht nur vor und mit menschlichen Zeugen (19) seinen Dienst tun lassen, sondern er stellt ihn vor das Angesicht des gegenwärtigen und lebendigen Gottes selbst. Vielleicht schreckt Timotheus vor dieser schwersten Aufgabe des Seelsorgers zurück: einen Sünder und besonders einen in Ansehen und Verantwortung stehenden öffentlich zu

[26] Tit 3, 10—11; sich versündigen: part. präs. = die Sündigenden.
[27] *phobos*, ohne Artikel, wie II Ko 7, 11.
[28] Auserwählte Engel: im Gegensatz zu den gefallenen Engeln: 2 Pt 2, 4; Jud 6.

überführen[29]. Was immer der Sinn dieser Worte sein mag, das eine ist klar: auch die Gemeinde der Past ist in ihrer Blickrichtung nicht einseitig auf die sichtbare Welt ausgerichtet, um sich darin einzurichten. Sie weiß sich — und wenn sie es vergißt, soll sie daran erinnert werden — machtvoll, heilig und barmherzig von der unsichtbaren Welt Gottes und seiner Engel umgeben, nicht anders als die Gemeinde der Korintherbriefe. Ohne Ansehen der Person, ohne den Starken auszuweichen und ohne den Schwachen Gunst[30] zu erweisen, wenn sie sündigen, so soll Timotheus seinen seelsorgerlichen Auftrag ausführen.

22 **Lege niemandem übereilt die Hände auf v) und habe nicht**
v) II 1, 6 **teil an fremden Sünden. Bewahre dich selbst keusch.** Das beschwörende Wort zur Zurechtweisung der Fehlenden scheint an einen zögernden und unsicheren Timotheus gerichtet, während jetzt plötzlich Zurückhaltung geboten ist. Soll hier vor einer zu schnellen Zulassung reuiger Sünder gewarnt werden? Im NT ist solches Handeln zwar bekannt, aber nicht mit Handauflegung verbunden bezeugt. In den Past steht die Einführung und Anleitung bewährter Männer für den Gemeindedienst im Vordergrund. Was könnte den eher zögernden und zaghaften Timotheus veranlassen, hier zu rasch zu handeln? Vielleicht ist es das Bedürfnis nach fähigen Mitarbeitern, das nicht nur ihn, sondern schon manche Gemeinde und manches christliche Werk zu übereilten Berufungen verführt hat.

Darum sollen neue Diakone und Vorsteher nur nach gründlicher Abklärung berufen, bestätigt und gesegnet werden. Timotheus also darf andern die Hände auflegen, das ist nicht nur den Aposteln oder besonders berufenen Menschen vorbehalten. Der sonst unbekannte Jünger Ananias aus Damaskus legte dem späteren Apostel die Hände auf und sprach ihm dadurch die Vergebung der Sünden und die Berufung zum Verkündiger im Namen Jesu zu, so daß er sein Augenlicht zurückerhielt und mit dem Heiligen Geist erfüllt wurde.

Und habe nicht teil an fremden Sünden: Timotheus und die

[29] „Wenn Timotheus schwankt, ob er den, der schon oft mit ihm zusammengearbeitet hat und in der Gebets-, Glaubens- und Liebesgemeinschaft mit ihm steht, offensichtlich vor der Gemeinde auf eine Sünde hin befragen und zurechtweisen soll, dann soll er sich an dieses feierliche Wort des Paulus erinnern" (Schlatter, 107). „Die Zucht in der Gemeinde ist zerbrochen, wenn ihre Übung nicht bei den angesehenen und den Amtsträgern einsetzt" (Jeremias, 34). Vgl. die Tat Johannes des Täufers und den Preis, den er dafür zu bezahlen hatte: Lk 3, 19—20; Mk 6, 17—29.

[30] *prosklisis*, wörtlich: Zuneigung.

ihm anvertrauten Gemeinden sollen wohl an den Bedürfnissen der Alten, nicht aber an ihren Sünden teilhaben[31]. Wenn er einen Unwürdigen in den Dienst aufnimmt, nimmt er teil an seinen bösen Werken[32].

Bewahre dich selbst rein w). Die Korinther haben durch ihre Reue bewiesen, daß sie „rein sind in der Sache", das heißt, sie haben nicht (mehr) teil an fremden Sünden x). Die Ermahnung zur persönlichen Lauterkeit, diesmal im Blick auf Anwärter zum Dienst in der Gemeinde, greift den Anfang dieses Abschnittes wieder auf, wo es um eine durchsichtige und aufrichtige Gesinnung des Herzens ging im Umgang mit allen Gemeindegliedern, um die Keuschheit den jungen Frauen gegenüber im besonderen y). Wenn lebenserfahrene Männer fehlen können, so muß auch Timotheus selber auf der Hut sein und über sich selbst wachen z). Nicht eine ermüdende Wiederholung, sondern der Wechsel der Blickrichtung führt den Apostel dazu, dasselbe nochmals zu sagen a), denn dadurch wird Timotheus in seiner Berufung fest werden b): Sei lauter und wachsam in deinem eigenen persönlichen Leben, in allen Lehrfragen (4, 16), im Umgang mit Jungen und Alten (5, 1—2), im Umgang mit gegenwärtigen und zukünftigen verantwortlichen Männern der Gemeinde (5, 22).

w) Jak 3, 17; I 4, 12
x) 2 Ko 7, 11
y) I 5, 2
z) I 4, 16
a) Phil 4, 4
b) Phil 3, 1

Trinke nicht länger nur Wasser, sondern genieße ein wenig 23
Wein wegen deines Magens und deiner häufigen Erkrankungen.

Dieser direkte Herzenston mitten in der Korrespondenz ist bei Paulus bekannt. Vielleicht ist Timotheus in der persönlichen Askese zu weit gegangen. Den Juden und Griechen galt der Genuß von Wasser anstatt Wein als Askese. Das „frühere Gelöbnis" der noch jungen Witwen (5, 12) kann entsprechende Entschlüsse bei jungen Männern wie Timotheus haben: Vielleicht entschied er sich, nie mehr Wein zu trinken. Im alten Bund tranken die „Gottgeweihten" keinen Wein noch irgend ein berauschendes Getränk c).

c) 4 Mo 6, 1—4

Der Wein gilt aber als klassische Medizin im Altertum. Plutarch verschreibt Wein für den Magen[33]. Hippokrates

[31] *koinoneo:* Anteil nehmen oder haben, gemeinschaftliche Sache machen, vgl. Phil 4, 15; Rö 12, 13; 15, 27; Gal 6, 6; *koinonia:* Gemeinschaft; als Substantiv: Apg 2, 42; 2 Ko 8, 4; Gal 2, 9.

[32] Vgl. 2 Jo 10—11: Wer einen Irrlehrer ins Haus aufnimmt oder ihn als Bruder begrüßt, nimmt teil an seinen bösen Werken.

[33] Symposium: 3, 5. 2.

spricht von einem Kranken, der nur Wasser trinkt und dadurch schwere Unannehmlichkeiten auf sich nimmt. Er rät ihm deshalb, ein wenig Wein zu trinken.

Wegen deiner häufigen Erkrankungen: (astheneia) kann Krankheit d), auch allgemeine körperliche Schwachheit bedeuten. Paulus selbst hat „in Schwachheit des Fleisches", körperlich geschwächt, das Evangelium den Galatern verkündet e). Vers 23 b ist vielleicht mit „häufige Schwächeanfälle" zu übersetzen. Oft ist nicht auszumachen, wo Schwäche des Körpers und des Gemütes ineinander übergehen. **astheneia** (der Astheniker ist ein zart gebauter Mensch) kann auch den Sinn der menschlichen Schwäche und Zerbrechlichkeit annehmen f). Aber keine dieser Schwächen in der psychosomatischen (leib-seelischen) Verfassung des Menschen ist für Gottes Wirken ein Hindernis. Christus selber war mit Schwachheit behaftet g). Weil der Heilige Geist der Schwachheit des Menschen aufhilft h), weil Christus seine Kraft gerade in den Schwachen zur Vollendung bringt i), darum ist es möglich, die Schwachheit anzunehmen, sich ihrer nicht zu schämen, sondern sogar sich ihrer zu rühmen k). Paulus verdeckte seine Schwäche nicht, die Gemeinden wußten davon, ja, nahmen sogar Anstoß daran. Er stand nicht als der Große, Starke und Unverwundbare dem schwachen und zaghaften Timotheus gegenüber.

d) Apg 28, 9; Jo 5, 5; 11, 4; Lk 8, 2; 13, 11
e) Gal 4, 13
f) 1 Ko 15, 43; 2 Ko 11, 30; 12, 5. 9
g) Hb 5, 2; 4, 15; 2 Ko 13, 4
h) Rö 8, 26
i) 2 Ko 12, 9
k) 2 Ko 12, 5. 10

Wer selber durch Schwachheit versucht ist und darin Gottes Erbarmen und Durchhilfe erfährt, vermag herzliches Mitgefühl mit den Schwachheiten der andern zu haben l). Wie Paulus während des Schreibens seines Briefes sich selbst die verantwortungsvolle Aufgabe des Timotheus neu ins Bewußtsein bringt, erinnert m) er sich auch an dessen Schwachheiten, und so ermuntert er ihn, für seinen Leib mehr Sorge zu tragen.

l) Hb 4, 15
m) II 1, 4

Die Frage könnte auftauchen: Ist denn hier die Möglichkeit der Krankenheilung durch Glaubensgebet übersehen, vergessen oder verlorengegangen? Bedenkt man das über Paulus Gesagte, so läßt sich zweierlei erkennen: Paulus scheint während seines ganzen Lebens körperliche und seelische Schwächen gekannt zu haben, die ihn in seinem Dienst jedoch nicht hindern konnten n). Bei einer ihn besonders störenden und quälenden Krankheit oder Plage bat er um Befreiung, erhielt aber die göttliche Weisung, daß diese nicht von ihm genommen werde, damit er sich nicht überhebe und damit Gottes Kraft gerade in seiner Schwachheit zum Durchbruch komme o).

n) Gal 4, 13—16; 5, 17
o) 2 Ko 12, 8—10

Wenn auch ein Mensch von Krankheiten geheilt werden kann durch das Gebet des Glaubens, wenn auch Gott die Gnadengabe der Heilung schenkt, so bleibt der Geheilte doch menschlichen Schwachheiten ausgesetzt; eine kleine Schwachheit kann ihn lahmlegen oder zur Sünde verführen. Auf der anderen Seite aber kann Jesus schwere Krankheiten seiner Jünger benützen, um sich zu verherrlichen[34].

Die Sünden gewisser Leute sind vorher offenkundig und 24
gehen ihnen voran auf dem Weg zum Gericht, etlichen aber folgen sie erst nach. Die Klammer von Vers 23, ausgelöst wahrscheinlich durch die Mahnung zur persönlichen Reinheit, ist zu Ende; Vers 24 setzt die Erörterung über *Sünden* fort (V. 20 und 22) und erweitert sie, so daß das Gesagte für *alle* und nicht nur für die Alten gilt.

Die den Menschen offenkundig gewordenen Sünden gehen zum Gericht Gottes voran, sie haben, wie das Sprichwort von der Lüge sagt, kurze Beine. Überall, wo der Sünder hinkommt, weiß man schon von seiner Tat, ist er schon gerichtet von allen, die darum wissen. Es ist deshalb offensichtlich, daß eine Witwe oder ein alter Mann, deren Sünden bekannt sind[35], nicht zu einem Dienst in der Gemeinde zugelassen und bestätigt werden sollen. Aber schwierig ist es dort, wo Sünden und Fehler verborgen sind, wenn etwa einer gierig ist
und heimlich sich bereichert aus der Gemeindekasse, wie das p) Jo 12,
von Judas berichtet ist p) und wie das der Zusammenhang in 4—6
den Past nahelegt q); aber auch an *heimliche* Zauberei-Sün- q) I 3, 3; 6,
den ist zu denken r); Hochmut s), Habsucht, Unzucht sind Sün- 5; Tit 1, 7 c. 11;
den, die lange unter einem frommen Mantel t) verborgen blei- vgl. 1 Pt 5, 2
ben können, und doch gehören gerade sie für einen Diener in r) I 5, 13;
der Gemeinde Gottes zu denjenigen Verfehlungen, die ihn um II 3, 6—7
so sicherer zu Fall bringen werden, je verborgener sie unscheinbar langsam aber sicher sich entfalten können.

So sind auch die guten Werke vorher offenbar, und wo es 25
sich anders verhält, können sie nicht verborgen bleiben. Ti-
motheus soll sich so der Gnade hingeben und befleißigen, daß s) 1 Pt 5, 3.
sein Fortschreiten allen *offenbar* wird u). Die guten Werke 5—8
sollen und werden, wenn sie wirklich gut, d. h. in Gott und t) II 3, 5
seiner Gnade getan sind, nicht den Menschen, sondern den u) I 4, 15

[34] Was sollte einen P bewegen, diese Krankheit des Timotheus zu „erfinden"? Warum gerade diese und an dieser Stelle erwähnen? Für Paulus aber war es das Natürlichste, davon zu schreiben, denn er kannte seinen Mitarbeiter wohl.

[35] Sie leben darin und lassen sich nicht überführen: I 5, 12—15. 19—20; Tit 3, 10—11.

v) Mt 5, 16

Vater im Himmel preisen v). Welches sind nun die Werke, bei denen es sich anders verhält? Die meisten Ausleger nehmen an, daß auch hier gute Werke gemeint sind, die im Gegensatz zu den offenbaren kaum, erst allmählich oder nie zu Lebzeiten des Täters bekannt werden. Die Gefahr für Timotheus würde dann darin bestehen, daß er einen zum Dienst in der Gemeinde geeigneten Menschen übersieht, weil dessen Qualitäten und Taten verdeckt und nicht ohne weiteres erkennbar sind. Die Schwierigkeit des Beurteilens von Menschen enthebt den Diener der Gemeinde nicht seiner Verantwortung, sondern vergrößert sie. So mag Timotheus in seine Schwachheit und Verzagtheit wohl zurückfallen, wenn er sich diesen Anforderungen gegenübergestellt sieht. Darum wird er die feierlich bezeugte Mahnung vor Gottes Angesicht nötig haben: Tue alles, was dir aufgetragen ist, ohne Vorurteil und Parteilichkeit! (21)

4. Mahnung an die Sklaven

1. Timotheus 6, 1—2

1 **Alle, die als Sklaven unter dem Joch sind, sollen ihre eigenen Herren aller Ehre würdig halten, damit nicht der Name**
2 **Gottes und die Lehre gelästert werden. * Die aber, welche gläubige Herren haben, sollen sie nicht verachten, weil sie Brüder sind, sondern ihnen um so mehr dienen, weil es Gläubige und Geliebte sind, die sich des Wohltuns befleißigen. Dies lehre und ermahne!**

Im Mittelpunkt dieser Anweisungen stehen nach wie vor Fragen der Seelsorge, die dringend geworden sind[1]. Da der Sklave zur Großfamilie des Hauses gehörte, wurde seine soziale Stellung, das Leben „unter dem Joch", von manchem als nicht mit dem neuen Glauben vereinbar empfunden. Jeden-

Durch übertriebene und unsachgemäße Anwendung formgeschichtlicher Kategorien und Gattungen hatte man die sogenannten „Haustafeln" viel zu starr in ein Schema gepreßt und deren schematische Übernahme überall, auch hier „gesehen". Die Haustafeln sind keine festgeprägten literarisch-ethischen Gattungen; sie wurden ständig weiter- und umgebildet. In Kapitel 5 haben wir es überhaupt nicht mit dem Schema der Haustafeln zu tun, Kinder und Eheleute werden nicht angesprochen, sondern in Anlehnung an das vierte Gebot von der Elternehrung werden die aktuellen Probleme in der Gemeinde behandelt. Zur Kritik der formgeschichtlichen Kategorien vgl. D. Schröder, Die Haustafeln des Neuen Testamentes. 1959.

falls brachte der Glaube die Frage nach der Stellung der Frauen wie der Sklaven in Fluß. Denn religiös gesehen wurde der Sklave zum gleichgestellten Bruder, die Frau zur Miterbin der Gnade a). Der griechische Sklave hatte ja weder zivile noch religiöse Rechte. Er erhielt keinen Zutritt zu den Kultversammlungen der religiösen Gruppen. Hier brachte das Evangelium eine entscheidende Änderung, welche durchaus dazu angetan war, die ganze Sklavenfrage von innen heraus zu revolutionieren. Der neue Glaube änderte und verbesserte von Grund auf die menschlichen und religiösen Beziehungen zwischen Herr und Sklave b); aber er verändert nicht die soziale Struktur. So ist es nicht verwunderlich, daß die ersten Jahrhunderte nach Christus das gesellschaftliche Grundgefüge unverändert ließen und daß die sozialen Folgerungen aus der religiösen Befreiung und Gleichstellung mehr als anderthalb Jahrtausende ausblieben. Wahrscheinlich spielt hier das Bündnis zwischen Christentum und Herrschaft des Staates mit eine Rolle. Christus hatte sich selbst zum Sklaven aller gemacht und das Dienen als Gegensatz zur Herrschaft der Könige und Kaiser seiner Zeit dargelegt c). Paulus hatte sich freiwillig zum Sklaven aller gemacht und als freier römischer Bürger sich selbst einen Sklaven Jesu Christi genannt d).

a) Gal 3, 28
b) 1 Ko 7, 22
c) Mk 10, 42—45
d) 1 Ko 9, 19 Phil 1, 1; Paulus u. Timotheus

1 **Alle, die** e) **als Sklaven unter dem Joch sind** bezeichnet in Gal 5, 1 die Abhängigkeit vom alttestamentlichen Gesetz f). Ein fremdes Joch, die Unterjochung unter eine „Besatzungsmacht", wurde besonders hart empfunden. Jesus ruft zu einer freiwilligen Jochgemeinschaft mit ihm auf; dieses Joch ist nicht hart, denn der Mensch, der sich ihm anvertraut, erfährt Liebe und Achtung und lernt Mensch zu sein g).

e) wie Rö 2, 12 Gal 3, 10
f) 1 Kö 12, 14; 1 Kö 12, 14; 5 Mo 28, 48; Jes 9, 4; 10, 27; 14, 25; Jer 30, 8; Nah 1, 13
g) Mt 11, 29—30

Sollen ihre Herren aller Ehre würdig halten h): Hier ist ganz deutlich, daß Ehre geben nicht als Entlöhnung oder wirtschaftliche Sicherstellung des Herrn verstanden werden kann, sondern als umfassendes Verhalten der Wertschätzung i). Es ist anzunehmen, daß in gnostischen Kreisen, ähnlich wie in den Fragen der Frauenemanzipation, auch für die Sklaven eine totale „Befreiung" propagiert wurde. Man übersah damals und übersieht heute, daß die äußere Befreiung von ungerechten und unwürdigen Verhältnissen zwar mit allen Mitteln des Rechts und der Liebe angestrebt werden soll, daß sie allein aber keine Befreiung des ganzen Menschen mit sich bringt, denn der von Selbstsucht beherrschte Mensch wird seine Mitmenschen auch unter freiheitlichen Verhältnissen in

h) 1 5, 17
i) vgl. Rö 13, 7. 8

neue Gefangenschaft bringen und obendrein selber von sich aus ein Sklave von Menschen werden k).

Die Sklaven, die unter einem heidnischen Herrn Christen geworden sind, haben es nun besonders schwer, da sie in der Gemeinde die Gleichstellung im Glauben erfahren, in ihrer sozialen Beziehung aber die Herrschaft des Herrn jetzt um so drückender empfinden. Doch sollen sie sich als Menschen ansehen, durch die Gott auch Herz und Haus der Herren mit dem Evangelium erreichen kann. Das Leben der gläubigen Sklaven ist eine Predigt l), darum sollen sie sich so verhalten, daß **der Name Gottes** m) und **die Lehre,** das heißt das Evangelium n), **nicht gelästert werde.**

Durch Christus sind die sozialen Verhältnisse zwar relativiert o), aber nicht aufgehoben. Haben Herr und Knecht beide
2 den Weg zu Jesus gefunden, dann werden sie nebeneinander
in der Gemeinde sitzen und zusammen zum gleichen Herrn beten; sie sind Brüder, die sich nicht mehr voreinander zu fürchten brauchen. Wie aber stehen sie sich in der Welt der Arbeit gegenüber? Verleugnen sie jetzt ihren Glauben? Nein, der Sklave beweist seine Freiheit darin, daß er seinem vorgesetzten Bruder u m s o m e h r p) dient, weil er in ihm den **Gläubigen und Geliebten** sieht q), der sich des Wohltuns befleißigt. Diese Aussage kann einen doppelten Sinn haben: Wenn die Sklaven ihren Dienst nicht vernachlässigen, sondern verbessern, kommt diese Wohltat ihren gläubigen Herren zugute; wenn die Herren in ihren Sklaven Brüder sehen, werden sie das beste ihrer Untergebenen suchen. Vielleicht ist der Doppelsinn gewollt und soll die Ermahnung zum gegenseitigen Wohltun an beide gerichtet sein r). Doch der Stachel in der Frage bleibt: Warum hat die Erfahrung der Herren, die in den gläubigen Sklaven „geliebte Brüder“ sehen, nicht schon früher zur Veränderung der sozialen Verhältnisse geführt? Wenn es auch eindeutig christliche Impulse und Christen waren, die schließlich zur Sklavenbefreiung führten[2], warum mußte das so lange dauern?

k) 1 Ko 7, 22—23; Gal 5, 1. 13

l) 1 Pt 3, 1. 2; Mt 5, 16; 2 Ko 3, 2

m) Rö 2, 24; Jes 52, 5

n) I 1, 19—20; 3, 7; 5, 14; Tit 2, 10

o) 1 Ko 7, 22

p) wie 1 Ko 14, 5. 18

q) Kol 4, 9; 1 Ko 4, 17; Phlm 16; wie Rö 11, 28

r) vgl. Phlm 16

[2] Von Konstantin dem Großen an verbesserte sich die Rechtsstellung der Sklaven unter dem Einfluß des Christentums. Europa kennt seit dem 13. Jahrhundert keine Sklaven mehr, während die Sklaverei in der islamischen Welt bis ins 19. Jahrhundert hinein herrschte. Um so verabscheuungswürdiger war darum der Rückfall in den furchtbaren Sklavenhandel, der von „christlichen“ Nationen betrieben wurde. Zwischen 1517 und 1860 wurden 30 Millionen Neger zur Arbeit in den Kolonien nach Süd- und Nordamerika transportiert. Weitere 30 Millionen starben bei den Sklavenjagden und während der Überfahrten. Die katholische Kirche verbot zwar schon 1537 die Sklaverei, aber für die Kolonien galten

Dies lehre und ermahne weist auf I 5, 1 zurück s), einen größeren Abschnitt abschließend und zugleich als Übergang zum nächsten dienend. Das Lehren richtet Blick und Aufmerksamkeit auf den Zusammenhang und die Begründung des Glaubens; das Mahnen gilt dem einzelnen in seiner gegenwärtigen Lage als Christ. Das ausgewogene Verhältnis von Lehre und Mahnung ist für die paulischen Briefe charakteristisch. Wenn die Kirche die Lehre überbetont, so führt das zu toter Orthodoxie, weil der Anschluß zum täglichen persönlichen und sozialen Leben fehlt. Steht die Mahnung allein im Vordergrund, so führt das leicht zu einem starren Moralismus, da der große Zusammenhang des Lebens verlorengeht und das liebende Erbarmen Gottes in Christus verdunkelt wird. Immer muß die Begründung für das praktische Verhalten in Gottes Handeln verankert sein, wenn Weisung und Zuspruch wirklich helfen und befreien soll: Die Sklaven sollen die gläubigen Herren nicht geringachten, weil sie Brüder sind, sondern ihnen noch besser dienen, weil sie Gläubige und Geliebte Gottes sind t). In den Past ist die Lehre meistens vorausgesetzt und darum nur in knappen Zusammenfassungen („Kurzformeln") und Teilen von Hymnen oder Bekenntnissen mit den Mahnungen theo-logisch, das heißt im Sinnzusammenhang des Evangeliums, verbunden.

s) I 4, 13

t) I 6, 2

C. WAHRE UND FALSCHE FRÖMMIGKEIT
1 Timotheus 6, 3—19

1. Gegen Streitsucht und Habgier
1. Timotheus 6, 3—5

3 **Wenn jemand anderes lehrt und nicht festhält an den gesunden Worten unseres Herrn Jesus Christus und der Lehre,**
4 **die der Gottseligkeit entspricht, * der ist aufgeblasen, ohne Einsicht, aber erkrankt an Streitfragen und Wortgezänken, aus denen Neid, Streit, Lästerungen, böse Verdächtigun-**

andere Gesetze. 1807 verbot das englische Parlament den Sklavenhandel. Völkerrechtlich gilt der Sklavenhandel heute als Verbrechen. Der Handel ist zwar unterbunden worden, aber der Hochmut und die Verachtung gegenüber anderen Rassen, gegenüber dem anderen Geschlecht und Stand, gegenüber dem Fremdling steckt tief im menschlichen Herzen. Dem kann mit Verboten allein nicht begegnet werden. Wo aber das Evangelium nicht verleugnet wird, da hat es die Kraft, aus Feinden und Fremden „geliebte Brüder" zu machen.

5 gen entstehen; * ständige Reibereien von Menschen, die in ihrem Verstand verdorben und der Wahrheit beraubt sind, die meinen, die Gottseligkeit sei ein Mittel zum Gewinn.

a) I 1, 3—11; 4, 1—11

Zum dritten Mal a) tritt die den Brief bestimmende Auseinandersetzung mit den eifrig tätigen Irrlehrern in den Vordergrund. Die eindringliche Mahnung zur Frömmigkeit, Gesundheit, Ehrbarkeit entspringt nicht dem Wunsch nach einem geruhsamen bürgerlichen Leben, sondern ist bestimmt vom Kampf gegen die Infektion der Irrlehren, die weite Gebiete der jungen Gemeinde bereits verseucht haben.

3 **Wenn jemand[3] anderes lehrt:** wie 1, 3. Das Fremde ist das, was nicht zur gesunden Lehre gehört und trotzdem ihr beigemischt wird (E 15 b. c).

b) vgl. I 1, 10; II 1, 13; 4, 3; Tit 1, 9. 13; 2, 1. 8
c) 1 Th 1, 8

Gesunde Worte b) **unseres Herrn Jesus Christus:** Im Unterschied zur Kurzformel „das Wort des Herrn“ c) steht hier der Plural mit einem feierlichen attributiven Genitiv, so daß hier ähnlich wie Apg 20, 35 an eine buchstäbliche Bedeutung zu denken ist. Eine Sammlung von Jesusworten wird schon für die Zeit um 40 angenommen[4]. Das Aufkommen der Irrlehren machte es notwendig, die gesammelten Jesusworte zu betonen und vorzulesen (4, 13; E 25 e).

d) vgl. Hb 4, 16; 10, 22; 12, 18

Festhalten an der Lehre: Das uns bekannte Wort Proselyt ist aus dem hier verwendeten Verb **(proserchomai)** abgeleitet d). Das Verb bedeutet, sich Gott und seiner Gegenwart nähern. Das Festhalten an dem Jesuswort und die Vertiefung in der Lehre sollen dazu führen, daß das Herz sich Gott nähert.

e) 1 Ko 15, 3; Rö 2, 16

Das ist der Gottseligkeit gemäß e): Die Lehre, das heißt die Entfaltung und Anwendung des Evangeliums auf neue Fragen und Umstände des Lebens (z. B. wie soll man sich als Witwe, als Alter, als Sklave verhalten? Wie sollen sich die Gemeinden ihnen gegenüber benehmen?). Zu solchen Fragen existierten keine bestimmten Jesusworte. Hier war die Lehre notwendig. Was ist nun „der Frömmigkeit gemäß“? (E 15). Sie hat nicht sich selbst im Mittelpunkt, sondern das Lob und die Ehre Gottes (3, 16). Sie sucht nicht den eigenen Vorteil, sondern den der andern. In diesem Spannungsfeld von Got-

[3] „jemand“ ist polemisch gemeint wie in I 1, 6; 4, 1; 5, 24.
[4] Feine/Behm/Kummel, Einleitung in das NT, 36.

tes Ehre und des Menschen Förderung muß auch heute die Lehre entfaltet werden in den Fragen unserer Zeit[5].

4
Der ist aufgeblasen[6]: In I 1, 9 f war der Lasterkatalog auf den Dekalog und die Gesetzeslehre der Irrlehrer bezogen; jetzt werden die verführerischen Lehren und Lehrer zurückgewiesen, im Grunde nicht anders als schon in Phil 3, 2f: Die Feinde des Kreuzes Christi ... deren Gott der Bauch ist und deren Ehre in ihrer Schande besteht .. f). Hier wie dort geht es um die unbestechliche „Aufdeckung des Pseudoevangeliums als Frucht falscher Lehre".

f) Phil 3, 19 vgl. Gal 5, 12; 6, 12

Ohne Einsicht: Vergleiche I 1, 7: Die Irrlehrer verstehen nicht, was sie sagen und zuversichtlich behaupten. Schon in 1 Ko 8, 1 hat Paulus den Hochmut derer gebrandmarkt, die sich als Wissende ausgeben und doch nichts verstehen.

Erkrankt an Streitfragen: Wer den gesunden Worten nicht anhängt und sich nicht von ihnen nährt, der wird wortkrank; er wird diskussionssüchtig, „krank in seinem Hang zu spitzfindigen Untersuchungen und Wortkämpfen" (Jeremias). Die Irrlehre greift wie eine Krankheit, ein Krebsgeschwür, um sich g).

g) II 2, 17

Streitfragen: Streitpunkte unter den Juden, betreffend ihre eigene Religion und einen „gewissen verstorbenen Jesus, von dem Paulus sagte, er lebe" (Apg 23, 29; 25, 19).

Wortgezänke[7]: Im Zeitalter der Massenmedien, durch die Propaganda, Schlagworte und Reklame nicht nur auf das Bewußtsein, sondern auch in die Tiefenschichten des Menschen wirken, können wir wieder deutlicher wissen, wie sehr die geistige Gesundheit oder Krankheit des Menschen abhängt von den Worten und Bildern, die auf ihn eindringen oder denen er sich ausliefert. Wie verheerend die religiösen Wortspaltereien gewirkt haben, haben die vergangenen Jahrhunderte zur Schande der Christenheit und zur Verunehrung Gottes deutlich genug gezeigt. „Liebe aus reinem Herzen und gutem Gewissen und ungeheucheltem Glauben" (1, 5), das ist die Frucht gesunder Worte. Streitfragen und Wortgezänk aber bringen nur Neid h) hervor.

h) Rö 1, 29; Gal 5, 21; Phil 1, 15

[5] z. B. viele Fragen nicht nur der Individual-, sondern auch der Sozialethik; Autorität-Gehorsam-Freiheit, seelisch und körperlich krank machende Lebensverhältnisse, Diskriminierung (und deren Überwindung) von Rasse, Geschlecht, Alter, Stand, Partei, Religion; Atomkrieg, Anwendung von Gewalt, Revolution, Hunger; Wirtschaftssysteme etc.

[6] Hochmut stand im frühen Mittelalter am Beginn der Lasterverzeichnisse.

[7] *logomachiai*, „a morbid craving for arguments" = eine krankhafte Sucht nach Argumenten (II 2, 14).

i) Rö 1, 29

k) I 1, 20; Rö 2, 24; 3, 8; 14, 16; 1 Ko 10, 30; Kol 3, 8

Streit (Hader) oft mit Neid zusammen genannt i). Aus den Wortstreitereien entstehen Feindschaften zwischen den Menschen: **Lästerungen (blasphemiai):** Lästern ist das abfällige Urteilen über andere und über Gott k).

Böse Verdächtigungen: Einbildung, Argwohn. Der Wort- und Streitsüchtige sieht überall Feinde.

5 **Ständige Reibereien**[8]: „Verhetzungen, wie sie Menschen anrichten, die am Verstand verdorben und der Wahrheit beraubt sind" (Schlatter).

l) Rö 1, 21—22

m) wie 1 Ko 6, 7; 7, 5

n) 1 Ko 7, 26. 36

o) 1 Th 2, 5; Tit 1, 11

p) 1 Th 2, 9; 2 Th 3, 10; 1 Ko 9, 1 a. 4—6. 12. 18

Von Menschen, die in ihrem Verstand verdorben l) **und der Wahrheit beraubt sind** m): Die Wahrheit verloren haben, vom Glauben abgekommen sein.

Sie meinen n), **die Gottseligkeit sei ein Mittel zum Gewinn:** Es scheint, daß das materielle Gewinnstreben von Anfang an eine Versuchung für die Gemeinde gewesen ist o). Weil die neue Freiheit, das Recht des Arbeiters auf Lohn (5, 18!), für viele eine Versuchung zum Mißbrauch wurde, darum enthielt sich Paulus dieses Rechts und arbeitete für seinen eigenen Unterhalt p).

Der blühende Handel, den Vertreter der katholischen Kirche mit dem Sündenablaß betrieben, wurde mit zu einem entscheidenden Anstoß, der die Reformation auslöste. In unserer Zeit sind die Millionen-Beiträge an Steuergeldern, die der Staat für die Kirchen auch von Ungläubigen und ihr völlig Entfremdeten einzieht, zu einem ähnlichen Ärgernis geworden.

2. Für Gottseligkeit in Genügsamkeit
1. Timotheus 6, 6—8

6 **Die Gottseligkeit ist wirklich ein großer Gewinn, wenn sie**
7 **mit Genügsamkeit verbunden ist. * Denn wir haben nichts**
in die Welt gebracht, wir können auch nichts hinausbringen.
8 *** Wenn wir aber Nahrung und Kleidung haben, so wollen**
wir uns daran genügen lassen.

6 Die ironische Wendung ist für Paulus typisch: Die Irrlehrer haben ganz recht. Die Frömmigkeit ist wirklich ein großer Gewinn, sie ist zu vielem nützlich; aber freilich nicht so, wie jene sich das vorstellen (E 15 d). Die Begründung ist in diesem Ab-

[8] *diaparatribe*, eigentlich: fortwährende Reibereien; sonst nirgends im NT. Luther: Schulgezänk. Das Wort ist eine Steigerungsform von *paratribe:* Gezänk.

schnitt nicht moral-philosophisch[9], sondern vom biblischen
Denken geprägt. Paulus kennt den Begriff der Genügsamkeit
durchaus als eine Folge des göttlichen Gnadenüberflusses, der
durch die materielle Freigebigkeit der Christen für andere ent-
steht a). Autarkie bedeutet nicht den unabhängigen Selbstver- a) 2 Ko 9, 8
sorger der historischen Philosophie, sondern jene Genügsam-
keit, die reich (überreich) macht zum Geben, die befähigt, sich
der Bedürftigen anzunehmen. In gleichem Zusammenhang ver-
wendet Paulus dasselbe Wort als Adjektiv b). Er kann sich b) Phil 4, 11
genügen lassen, nicht weil er an Gütern reich und dadurch von
Menschen unabhängig geworden ist, sondern weil er durch die
Kraft Christi beides vermag: arm und abhängig, ebenso wie
reich und für andere gebend (nicht unabhängig!) zu sein. Die
Genügsamkeit ist nicht das Resultat menschlicher Weisheit und
Selbstsorge, sondern ganz und gar die Frucht der Gnade: Laß
dir an meiner Gnade genügen c). Der gleiche Sachverhalt lau- c) 2 Ko 12, 9
tet in den Past: Genügsamkeit ist Frucht der Gottseligkeit.
Frömmigkeit ist wirklich ein großer Gewinn[10], denn sie lebt
aus dem großen Geheimnis des sich schenkenden Gottes d). d) vgl. 3, 16
Der Gewinn ist deshalb groß, weil er die Verheißung des jetzi- mit 4, 6
gen und des zukünftigen Lebens hat (4, 8)[11].

7 **Wir haben nichts in die Welt gebracht; wir können auch**
nichts hinausbringen: „Nackt bin ich aus meinem Mutterleibe
gekommen, und nackt werde ich dahin zurückkehren e).“ Auch e) Hio 1, 21;
dieser Vers zeigt, daß die „Genügsamkeit“ stark aus biblischem Pred 5, 15

[9] *Genügsamkeit (autarkeia):* Selbstgenügsamkeit, ein Begriff der hellenistischen Moral-Philosophie, aber in der LXX bedeutet das Verb *autarkein* gerade nicht die stoische Selbstgenügsamkeit, nicht das Streben nach Unabhängigkeit von äußerer Hilfe, sondern im Gegenteil: „sich seiner annehmen.“ Vergleiche V. 10 in 5 Mo 32, 10—15.

[10] Lat. *lucrum,* von da das gebräuchliche Wort: ein lukratives Geschäft; vgl. Phil. 1, 21! negativ: Tit 1, 11. Vgl. ferner Phil 4, 11—13 mit I 6, 6: der veränderte Wortgebrauch in der gleichen Sache spricht nicht gegen, sondern für die Echtheit der Past.

[11] Der Kulturgeschichtsschreiber J. Huizinga wurde gefragt, wie der Zerfall einer Kultur aufgehalten werden könne. Er antwortete: durch „Beschränkung, Vereinfachung, Verzicht.“ Dazu aber bedürfte es einer grundlegenden Wandlung des Menschen in seiner innersten Einstellung zum Leben. Wo aber dieses Leben das Letzte ist, das ein Mensch zu erwarten hat, wird er sich auf eine wirkliche Beschränkung nicht einlassen wollen und können. Das Wort vom „Konsumverzicht“ ist schnell in Umlauf gebracht. Zur Verwirklichung aber bedarf es einer Veränderung in den Grundlagen der menschlichen Erwartungen. „Genügsamkeit“ verliert jeden naiven Anstrich, denn ohne praktische Beschränkung gehen die Lebensbedingungen auf unserem Planeten schnell einem unumkehrbaren Ende entgegen. Das entscheidend Christliche an der Genügsamkeit ist ihre Ehrfurcht vor den Gaben der Schöpfung (Umweltschutz) und die wachsende Fähigkeit, Bedürftigen das Ihrige zukommen zu lassen. (Überwindung von Hunger und Elend im einzelnen, in der Gesellschaft und in den armen oder verarmten Völkern).

Denken geprägt ist: Die in den Evangelien bekannte Armut und Mittellosigkeit des Herrn, die Geburt des Königs im Stall f) und sein Tod am Kreuz, wo er aller Kleider beraubt wird g), — das zeigt den Menschen, der nicht vom Überfluß der Güter lebt h), sondern von der Gnade i).

f) Lk 2, 16
g) Mt 27, 28. 35; Mk 15, 24; Lk 23, 34
h) Lk 12, 15
i) vgl. 1 Ko 4, 11—13

Der bürgerliche Mensch läßt sich diese Entäußerung im Leben und Handeln nicht gefallen. Ihn verlangt danach, sich mit Gütern und Ehren einzukleiden und abzusichern gegen den Tod. Nichts haben wir hineingebracht, nichts können wir hinausnehmen; das ist nicht nur philosophische Weisheit[12], sondern letzte Ernüchterung des Menschen, der vor Gott steht (Vers 11).

8 **Wenn wir aber Nahrung und Kleidung haben, so wollen wir uns daran genügen lassen:**

Kleidung: wörtlich alles zum Bedecken; kann auch den Sinn von Dach haben; „ein Dach über dem Kopf". Nahrung und Kleidung zusammen bedeuten „das Unerläßliche" k).

k) 5 Mo 10, 18; Jes 3, 7; Mt 6, 25

Sich genügen lassen: kann übersetzt werden: Laßt uns zufrieden sein, oder: wir werden zufriedengestellt sein. Die Gedankengänge dieser Verse erscheinen nur dann hausbacken und banal, wenn sie nicht in der Spannung zur Praxis der Irrlehrer und nicht vom Leben aus Gott her gesehen werden. Die Kirche hätte gut daran getan, gerade diese Mahnung ganz ernst zu nehmen.

Die Erlösung in Christus bringt für den einzelnen und die Gemeinde eine Befreiung von der Vergeudung körperlicher, geistiger und materieller Kräfte und Mittel. Bei seinem Namen gerufen wird er Person, mit Liebe und Würde begabt. Sein Leben bekommt ein Ziel. Von Süchten und falschen Zielen befreit, kann er „vernünftig" leben. Auf dem sozialökonomischen Gebiet heißt das: Der Mittellose wird ein guter Arbeiter, Verdiener und Sparer. Er steigt auf in die Mittelklasse, spätestens in der zweiten Generation. Er verfügt jetzt über Mittel, und spätestens hier entscheidet sich auch das Schicksal seiner Frömmigkeit: Sein Glaube wird Mittel zum Erwerb, er wird vermögend, reich. Behält er das Erworbene als Eigentum für sich, oder aber setzt er seine Mittel ein für die andern?

Der Mensch lebt nicht vom Überfluß der Güter l). Das harmlos scheinende Wort trifft den Lebensnerv der Kirche. Der Protest gegen die Verschwendung der reichen Industrie-

l) Lk 12, 15

[12] bekannt bei Horaz, Seneca etc.

länder auf Kosten der hungernden Entwicklungsländer kann zwar ideologisch mißbraucht werden, ist aber der Sache nach berechtigt. Nur helfen hier weder Protest noch Gewalttat weiter, sondern wahre Sinnesänderung und entsprechende Taten.

Hat die Gemeinde das eingesehen und handelt danach, dann hat sie auch ein prophetisch kritisches Wort mit Vollmacht an die Welt zu richten. Denn eine Menschheit, die nicht in Gott ihre Seligkeit sucht, vermag und will nicht an der Genügsamkeit Geschmack finden. Sie wird ihr leeres Leben mit Gütern überhäufen, dabei die Welt ausbeuten und ihr eigenes Lebenselement buchstäblich zerstören. Genügsamkeit ist nicht eine biedere Zufriedenheit, ein spießbürgerliches Sattsein, sondern reifste Frucht der Menschlichkeit, die in Gott ihr wahres und wirkliches Genüge sucht und findet.

3. Gegen die den Glauben zerstörende Geldgier
1. Timotheus 6, 9—10

9 Die aber reich werden wollen, fallen in Versuchung und in
eine Schlinge und in viele unvernünftige und schädliche Be-
gierden, welche die Menschen in Untergang und Verderben
10 stürzen. * Denn die Geldgier ist eine Wurzel alles Bösen,
und etliche, die sich ihr ergeben haben, sind vom Glauben
abgeirrt und haben sich selbst mit vielen Schmerzen gepeinigt.

Die aber reich werden wollen a): Die Irrlehrer stehen nicht allein, alle sind gefährdet. Der Wille zum Reichtum (und zur Macht) stammt aus der verkehrten Richtung des menschlichen Strebens[13]. Die Angst, zu kurz zu kommen, zu wenig vom Leben zu haben, läßt das Vertrauen in das Leben nicht aufkommen. Der verderbliche Einfluß des Reichtums beginnt nicht erst, wenn man ihn hat. Die fortwährende Bemühung um den „Trug des Reichtums" schafft eine Unruhe, welche die Entfaltung des wahren Lebens hindert. Nicht erst von einer gewissen 9

a) I 2, 8; 5, 14

[13] Die Philosophen verkauften ihre Vorlesungen: Seneca Op. CV III. Für die Boten des Evangeliums war es ein Zeichen ihrer Autorität, daß sie keine finanziellen Ansprüche und Interessen hatten (Didache XI, 6, 12). Christus sagt allen seinen Dienern: „Umsonst habt ihr empfangen, umsonst gebt" (Mt 10, 8). Dieses Wort steht nicht im Widerspruch zu dem anderen Herrenwort: „Der Arbeiter ist seines Lohnes wert." Der Lohn ist freie Gabe für den Lebensunterhalt, aber nicht gefordertes Entgelt zur Bereicherung (Lk 10, 7).

Höhe des Vermögens oder von einer bestimmten Größe des Besitzes an verdirbt das Verlangen nach „mehr" die Gesinnung des Menschen. Schon im Kinde kann diese Verdrehung beobachtet werden: Nach einer freiwilligen Hilfeleistung wurde es durch ein Geschenk überrascht. Bald fängt es an, nur noch im Blick auf weitere Geschenke zu helfen. So ist der Trieb der falschen Lebenseinstellung schon früh mächtig und tyrannisch tätig bei den Kleinen und den Großen, die von wenig und die von viel Reichtum oder dem Streben danach besessen sind, „die in Sorgen und Reichtum und den Genüssen des Daseins dahinleben und darunter erstickt werden und bringen die (wahre) Frucht nicht zur Reife" (Lk 8, 13).

b) I 3, 7; II 2, 26; vgl. Lk 8, 13. 14
c) 1 Th 4, 5; Gal 5, 16; Rö 6, 12 II 2, 22 etc
d) I 4, 3—5
e) I 6, 16; 2, 10

Sie fallen in Versuchung und in eine Schlinge b) **und in viele unvernünftige und schädliche Begierden** c). Die Lösung von der falschen Begehrlichkeit ist nicht möglich durch falsche Askese; vielmehr ist es die wahre Dankbarkeit für Gottes Gaben d), die zum wahren Dienst am Nächsten befreit e).

Welche den Menschen in Untergang und Verderben stürzen. Wer der Versuchung nachgibt, verfällt der Begierde, und wenn sie vollendet ist, stürzt sie den Menschen in den Abgrund[14]. Nicht naiver Eudämonismus (Glücksstreben), nicht nützliche Lebensregeln führen die Feder des Briefschreibers, sondern das klare Wissen von der äußersten Gefährdung der Gemeinde, wenn sie erst einmal angesteckt ist von dem Wahn der Bereicherung.

10 **Denn die Geldliebe[15] ist eine Wurzel alles Bösen:** Handelt es sich hier um ein Sprichwort der Antike und (oder) des Judentums, das den Irrlehrern entgegengehalten wird? Dann wäre es in Anwendung auf die Gemeinde bedeutsam: Wer sich der Geldliebe ergibt, der **irrt vom Glauben ab.**

Und etliche, die sich ihr ergeben haben: nach etwas trachten wie I 3, 1 und Hb 11, 16. Ihr Gott ist der Mammon; nach dem Geld und seiner Ungerechtigkeit trachten sie; weil sie an die Macht des Geldes glauben[16], darum müssen sie den Glauben an Gott fahren lassen: **sie sind vom Glauben abgeirrt.**

[14] Vgl. Jo 17, 12: Judas, der Sohn des Verderbens; Apg 8, 20: Dein Geld fahre mit dir ins Verderben.

[15] *phil-argyria* buchstäblich: Geldliebe; nur hier im NT; vielleicht aus einem Zitat übernommen? sonst *pleonexia* (Habsucht): Lk 12, 15; Rö 1, 29; 2 Ko 9, 5; Eph 4, 19; 5, 3; Kol 3, 5; 1 Th 2, 5; 2 Pt 2, 3. 14; Mk 7, 22.

[16] Doppelsinnig ist die Aufprägung auf der amerikanischen 1-Dollar-Münze „in God we trust = auf Gott setzen wir unser Vertrauen." Man kann das als ständige Mahnung verstehen, daß auf diesen Dollar nicht zu trauen sei; sondern allein auf Gott. Öfter aber

Und haben sich selbst mit vielen Schmerzen gepeinigt, wörtl. durchbohrt: Man kann hier an die bohrende Qual des Gewissens denken (1, 19), das den von der Begierde Besessenen anklagt, weil er sein Herz vor den Armen verschlossen und allen die Aufmerksamkeit der wachen Liebe schuldig geblieben ist[17]. Paulus kennt die aus der Begierde kommenden Anklagen und die Selbstverteidigung des menschlichen Gewissens f). Das prophetische Wort von der zerstörenden Wirkung der Geldliebe trifft jede Art von Bürgerlichkeit im Zentrum. Noch einmal gilt es deutlich zu sagen, daß hier nicht die Rede ist von der Größe des Reichtums oder des Besitzes, sondern von der Begierde nach etwas, das man horten und hüten will. Das ist das Verkehrte, und das macht den Menschen verkehrt. Niemand ist von diesem selbstzerstörerischen Trieb ein für alle Mal frei, darum müssen wir ermahnt werden, dem Sog dieser Besessenheit zu entfliehen.

f) Rö 2, 15; 7, 7—24

4. Für den guten Kampf des Timotheus

1. Timotheus 6, 11—16

11 **Du aber, o Mensch Gottes, fliehe dies alles! Jage aber der**
Gerechtigkeit nach, der Gottseligkeit, dem Glauben, der
12 **Liebe, der Geduld, der Sanftmut. * Kämpfe den guten**
Kampf des Glaubens; ergreife das ewige Leben, dazu du
berufen worden bist, als du das gute Bekenntnis vor vielen
13 **Zeugen bekannt hast. * Ich gebiete dir vor Gott, der alles**
ins Leben ruft, und vor Christus Jesus, der vor Pontius
14 **Pilatus das gute Bekenntnis bezeugt hat, * daß du den**
Auftrag makellos und untadelig bewahrst, bis zur Erschei-
15 **nung unseres Herrn Jesus Christus, * die zu seinen eigenen**
Fristen sehen lassen wird der selige und alleinige Herr-
scher, der König der Könige und Herr der Herren, * der
allein Unsterblichkeit hat, der in unzugänglichem Lichte
wohnt, den kein Mensch gesehen hat noch sehen kann. Ihm
gebührt Ehre und ewige Macht! Amen.

Wie steht dieser Abschnitt im Textzusammenhang? Die prophetische (4, 1 a) Kennzeichnung der Irrlehrer hat ihre

wird der Dollar selber zum Gott gemacht, auf den der Besitzer baut. Das gilt nicht nur für die Dollarwährung.

17 Die ganze Stelle erinnert an Jesus Sirach: 7, 1—3. 18; 11, 25—28; 31, 1—11.

äußerste Schärfe und Konkretisierung erreicht. Doch der Schreiber bleibt sich bewußt, daß die strengste Verurteilung der Geldgier noch keine Änderung in den von der Begierde Besessenen erwirken kann. Ohne das konkrete Gegenbild, nämlich das Vorbild der überfließenden Genügsamkeit, und ohne die praktische Hingabe des Timotheus im unermüdlichen Dienst der Ermahnung werden selbst die „Hirtenbriefe" eines Paulus nichts ausrichten. So wußte Paulus auch in seiner intensiven Korrespondenz mit den Korinthern, daß nur sein eigener Besuch oder der anderer Mitarbeiter das im lebendigen „Gegenüber" ausrichten konnte, was die Briefe anzeigen und wofür sie den Grund legen.

Darum, angesichts schwerster Einbrüche des Irrglaubens in die Gemeinde, wendet sich der Blick auf den, der sich in seiner Person eben als „Mensch Gottes" — im Gegensatz zu den „Geldmenschen" — trotz den in der Gesinnung Verdorbenen a) jetzt im Glaubenskampf bewähren soll als lauterer Diener Christi an der Gemeinde. Paulus ist persönlich erschüttert, ihn trifft das Schicksal derer, die, von Schmerzen durchbohrt, sich selbst und andere in den Untergang mit hineinziehen[18]. Mit Timotheus soll und darf es nicht soweit kommen, darum der flammende Aufruf: **Du aber!** Du, fliehe diese Versuchungen, denn versuchlich bist auch du (E 31 f). Jage vielmehr dem unvergänglichen Preis nach. Jede betonte direkte Zuwendung und Anrede an Timotheus steht im unmittelbaren Zusammenhang mit der Darstellung der Irrlehrer und drängt den Apostel gleichzeitig auch zu einer ebenso unmittelbaren Zuwendung des Lobpreises an Gott oder aber zu einer bekräftigenden Erinnerung an seine unmittelbare Nähe. Denn die Gott untreuen und die treuen Mitarbeiter werden gleichzeitig gegenwärtig [19]

a) II 3, 8

[18] P betrachtet die Irrlehrer nicht als seine Feinde und Gegner, weder hier noch in den früheren Briefen. Von den Feinden des Kreuzes Christi kann er nur unter Tränen sprechen oder schreiben (Phil 3, 18). Ein Vergleich mit II 2, 24—26 und Gal 6, 1 (Sanftmut!) zeigt keine veränderte oder verhärtete Position eigener Sicherheit und Unversöhnlichkeit gegenüber Irrenden und in der Schlinge des Teufels Gefangenen an: vergleiche II 2, 26 mit I 6, 9; ebenso Tit 3, 2: Alle Sanftmut gegen alle Menschen erweisen. 1 Ko 4, 21: Was wollt ihr? Soll ich mit der Rute zu euch kommen oder mit Liebe und dem Geist der Sanftmut?

[19] Erstens: I 1, 17: Gott; V. 18: Mein Kind Timotheus; V. 19—20: Die Schiffbrüchigen. Zweitens: 3, 16: Offenbarung Gottes; 4, 1: Prophetische Offenbarung des Glaubensabfalls; 4, 6—16: Dreimaliges du! Drittens: 6, 9—10: Die vom Glauben Abirrenden, mit Schmerzen Durchbohrten; V. 11—12: Du aber, o Mensch Gottes; V. 13—16: Lobpreis Gottes. Viertens: 6, 20: O Timotheus; als Abschluß des Ganzen; 6, 21: die vom Glauben Abgeirrten; 6, 21: Gottes unmittelbare Gegenwart (Gnade); vergleiche Rö 8, 39: Der

vollbewußt geschaut in prophetischem Durchblick und mit persönlich erschüttertem Herzen. Im Schmerz über die verführten Verführer und in Sorge um den der Versuchung ausgesetzten Timotheus reißt Paulus ihn mit hinein in den Lobpreis des seligen Gottes.

O Mensch Gottes: Bevor man hellenistische Parallelen herbeizieht, muß bedacht werden, daß der Ausspruch in der griechischen Übersetzung des AT bekannt ist: für Mose b), einen unbekannten Propheten c), für David, den gesalbten König d). Der Mensch Gottes ist der „pneumatikos", der mit dem Geist Gottes Erfüllte. Ein Vergleich mit II 3, 17 legt nahe, im „Gottesmann" das Vorbild aller zu sehen, die als Geistbegabte ebenfalls „Gottesmenschen" sind[20]. Mensch Gottes (E 31 a) steht im Gegensatz zu Menschen des „Mammon-Gottes"[21], zu Menschen des Bauch-Gottes[22], vergleiche auch „Mensch der Gesetzesfeindlichkeit" e), „Sohn des Verderbens" f).

Fliehe dies g): Vielleicht sind alle in 6, 4—5 aufgezählten Laster gemeint oder im besonderen die Geldliebe h). Fliehen, entfliehen, das Heil in der Flucht suchen scheint feige und unheldisch zu sein. So handelten die Jünger, als sie Jesus verließen und flohen i): Der falsche Hirte flieht vor den reißenden Wölfen k). Doch anders ist die Situation im sittlichen Bereich. Hier setzt Flucht äußerste Entschiedenheit voraus. Jesus entflieht vor denen, die ihn zum König machen wollen l). Fliehen erhält den Sinn: Distanz schaffen, meiden, sich zurückhalten, zurückziehen, sich scheuen vor. Götzendienst m), Habgier n), Unzucht o) sind Mächte, deren dämonischem Sog man nur widerstehen kann durch entschiedene Flucht ohne Blick zurück p). Nur in der Flucht zu Gott und im Unterwerfen der eigenen Ohnmacht und aller Mächte unter Gottes gewaltige Hand ist es möglich, im Glauben dem Teufel zu w i d e r s t e h e n q). Aus einem brennenden Haus fliehen, ist nicht Feigheit, sondern erfordert sofortiges und mutiges Handeln r). Flie-

b) 5 Mo 33, 1 Ps 90, 1
c) 1 Sam 2, 27
d) 2 Chron 8, 14
e) 2 Th 2, 3
f) 2 Th 2, 3 b; Jo 17, 12; Apg 8, 20
g) II 2, 22
h) 1 Ko 6, 18
i) Mt 26, 56; Mk 14, 50—52
k) Jo 10, 12
l) Jo 6, 15
m) 1 Ko 10, 14
n) I 6, 11 vgl. Eph 5, 5
o) 1 Ko 6, 18
p) Lk 17, 28. 29. 32; 1 Mo 19, 22. 26
q) 1 Pt 5, 6—9
r) Jud 23

Lobpreis Gottes in seinen unausforschlichen Wegen und mitten in diesem Lobpreis das Gewahrwerden des unablässigen Schmerzes um diejenigen, welche für die barmherzigen Wege Gottes blind sind: Rö 9, 1 f. „Nun wird der Bewegung, die die ganze Kirche erschüttert, wieder Timotheus entgegengestellt . . . wie 4, 6—16" (Schlatter, 166).

20 Nicht aber „Gottmenschen"! Lediglich auf heidnisch-griechischem Boden begegnet *„theios anthropos"* (und „theios aner") für den Inspirierten und auch in schmeichlerischer Rede für den Kaiser oder große Männer: *theiotatos Pythagoras* = der göttliche Pythagoras.

21 Mt 6, 24; Lk 16, 13. Das dem Aramäischen entlehnte griechische Wort bedeutet Reichtum, Besitz.

22 „Deren Ende V e r d e r b e n , deren Gott ihr Bauch ist" (Phil 3, 19).

he — jage nach! So schreibt nicht, wer auf Anpassung bedacht ist. Heilige Dringlichkeit treibt zur Entscheidung.

s) Phil 3, 12. 14; 1 Th 5, 15; Rö 9, 30; 14, 19; 1 Ko 14, 1

Jage nach s)!

Abschnitt um Abschnitt des Briefes widerlegt die unhaltbare Behauptung, daß in den Past ein „gemütlicher Unterton", ein „Erschlaffen der Glaubensenergie" zu erkennen sei. Ganz im Gegenteil: Der Brief sagt uns, daß entschiedene[23] Flucht aus dem zerstörenden Sog[24] und Bannkreis dämonisch gesteigerter Mächte und ebenso entschiedene Jagd nach dem Guten nötig ist; neutrales Dazwischenbleiben und Sicheinrichten ist ausgeschlossen. Die Nachfolge ist nicht zu einem gemütlichen Spaziergang, sondern vielmehr zu einem den äußersten Einsatz erfordernden Nachjagen geworden (E 15 d).

t) Apg 10, 35

Nach Gerechtigkeit: Im weitesten Sinn verstanden, was Recht ist vor Gott und den Menschen t), aber nicht als vom Menschen selbst produzierte Tugend, sondern die Erziehungsfrucht der Gnade an denen, die zum Eigentumsvolk erlöst sind[25]. Dieses Wort Gerechtigkeit an die Spitze gestellt hat durchaus den bei Paulus üblichen unbedingten Sinn der von Gott geschenkten und gewirkten Gerechtigkeit aus Glauben[26].

u) I 2, 2; 3, 16; 4, 7; 6, 3. 5. 6

Nach Gottseligkeit u): Die Frömmigkeit ist nicht ein fester, ein für allemal erworbener Besitz. Nur der sich ständig in ihr Übende (4, 7), der ihr Nachjagende wird von ihr mit hineingenommen in das Zeit und Ewigkeit umfassende Geheimnis Gottes (3, 16), in die wahre Autarkie (6, 6), das heißt in das überströmende Leben der Liebe (E 15).

Glaube, Liebe, Geduld: Ein Vergleich mit 1 Th 1, 3 zeigt,

[23] Im gleichen Sinne die Jesusworte vom Abhauen und Ausreißen der eigenen Glieder, wo es um das Letzte geht: das ewige Leben (Mt 5, 29. 30).

[24] Die Wasserstoffbombe reißt über ihren unmittelbaren Zerstörungskreis hinaus einen viel weiteren Bezirk durch eine ungeheuere Druckwelle in den Untergang.

[25] so in Tit 2, 11—14 verleugnen — nachjagen; hier: fliehen — nachjagen; beide Male ist es die Gnade, die dazu unterweist und die Verwirklichung ermöglicht. Vergleiche auch II 3, 16: Erziehung in der Gerechtigkeit; der Mensch Gottes ist der durch das Wort Gottes und den Geist Gottes zur Gerechtigkeit Erzogene. Einige Ausleger sehen hier einen Zusammenhang zu Taufe und Abendmahl: Mt 3, 15; 21, 32; Lk 7, 29; Tit 3, 5—7; 2, 12; 1 Ko 6, 11; Rö 6, 7. 13. 16. 18. 19. 20. Gerechtigkeit ist Freiheit von Sünde. „Als einer, der tot ist in Sünde, steigst du herab (ins Wasser); du steigst empor, lebendig gemacht in Gerechtigkeit" (Cyrill von Jerusalem). „Das Sakrament garantiert nicht das Heil, aber es begründet die Möglichkeit und die Notwendigkeit des Gehorsams" (E. Käsemann). Fliehen, jagen, kämpfen würden demnach Worte sein, die zu einer Taufparänese gehören (so Holtz 140). Sollten hier Beziehungen bestehen, würde das die gefüllte Bedeutung von „Gerechtigkeit" nur noch mehr unterstreichen.

[26] Tit 3, 5: „errettet ... nicht aufgrund von Werken in Gerechtigkeit, die wir getan hätten .."

daß „Geduld“[27], im Zusammenhang mit Glaube und Liebe erwähnt, die Blickrichtung und Erwartung der Hoffnung in sich schließt[28] (E 14).

Sanftmut[29]: Jesus preist die Sanftmütigen selig und nennt sich selbst sanftmütig v)[30]. Der aller Versklavung Entfliehende kann in rechter Freiheit menschenwürdigen Zielen nachjagen. Der Sanftmütige kann recht kämpfen. Die „Tugendliste“ ist nicht beliebig übernommen oder zusammengestellt, denn Gerechtigkeit und Gottseligkeit, Glaube, Liebe, Hoffnung (Geduld) und die aus der Hoffnung auf Gottes Macht und Eingreifen lebende Sanftmut w) ist ganz auf Timotheus gezielt. Wenn er dieser von Gott bestimmten Lebenswirklichkeit nachjagt, wird er den Untugenden der Irrlehrer begegnen und für die Gemeinde aufbauend wirken können. Anstelle von unnützen Spekulationen, verstiegener und verlogener Frömmigkeit x) sollen die elementaren, zur Gesundung führenden Lebensworte des Herrn in Timotheus verwirklicht werden und durch ihn in der ihm anvertrauten Gemeinde.

v) Mt 5, 5; 11, 29

w) II 2, 25 vgl. I 5, 1 a

x) II 3, 5

Kämpfe den guten Kampf des Glaubens: Nur auf Grund der aus dem Geist geschehenen Weissagung und durch ständig geschehende Kraftmitteilung y) kann der Kampf ein guter sein, weil es kein sinnloser, kein zur zeitlichen oder ewigen Niederlage führender ist. Vom Glauben her und nicht um den Glauben ringt der Kämpfer z). Ob im sportlichen Wettkampf oder im Krieg, nur der in der Zucht lebende Kämpfer hat teil am Sieg a). 12

y) I 1, 18

z) II 4, 7

Ergreife das ewige Leben: Als Kampfpreis der Berufung ergreifen: erfassen, um sich anzueignen b). Als ein mit dem Geist Begabter und zum ewigen Leben Berufener soll er es im Glauben kämpfend ergreifen. Ergreife das ewige Leben! Ein Imperativ von höchster Kraft, ein Aufruf zu männlicher Tat. Ergreife jetzt das wirkliche und volle Leben, wozu Gott dich berufen hat! Wann, wenn nicht heute! Jage nicht einem Trugleben nach. Sei nüchtern: Ergreife das wahre Leben; Gott

a) Kol 1, 29; 2, 5; II 2, 4. 5

b) vgl. I 6, 19; 4, 8 c; II 4, 8

[27] *hypomone* — darunterbleiben; Beharrlichkeit, Standhaftigkeit; vgl. II Th 3, 5.

[28] Vgl. II 3, 10; Tit 2, 2; Rö 5, 1. 4. 5 (Glaube, Geduld = Hoffnung, Liebe); Rö 8, 25; Kol 1, 4—5. 8. 11. Gegen den Einwand, daß die Verwendung von Glaube und Liebe im Zusammenhang mit anderen Tugenden nicht paulinisch sei: Gal 5, 22 — wo Glaube, Liebe u. a. im Zusammenhang mit Geduld und Sanftmut erwähnt werden.

[29] Das Wort *praypatheia* wird nur hier verwendet, sonst *praytes:* Sanftmut, Freundlichkeit, Milde: 2 Ko 10, 1; Tit 3, 2; Gal 5, 23.

[30] Vgl. Phil 4, 5: Die Hoffnung auf die Nähe des Kommenden läßt die Sanftmut gegen alle Menschen aufblühen (Tit 3, 2).

hat es dir gegeben; es ist da. Werde das was du bist — ein Mensch Gottes!

Zu dem du berufen worden bist: Passive Form, eine semitische Redeweise, um den Namen Gottes zu vermeiden, also um
c) 1 Ko 1, 9; 1 Th 2, 12; II 2, 14 nicht zu schreiben: Wozu Gott dich berufen hat c). Weder kämpfen noch nachjagen macht für das ewige Leben würdig.

Als du das gute Bekenntnis vor vielen Zeugen bekannt hast: Das Bekenntnis ist nicht ein Akt der Vergangenheit, sondern es soll gegenwärtig und bis zur letzten Stunde neu bekannt werden. Der Kampf des Glaubens ist gut, weil das Bekenntnis gut ist, auch wenn die Welt verächtlich davon denkt. Die Christen mußten über ihren Glauben Rechenschaft geben vor den weltlichen Richtern. Theoretische Spekulationen und Spitzfindigkeiten waren da nicht am Platz, es ging um Leben und Tod. Wer sich zu Jesus als dem Herrn bekannte, stellte die Herren dieser Welt in Frage, die göttliche Autorität beanspruchten. Darum ist hier nicht von einem traditionellen und billigen Bekenntnis ohne Folgen die Rede; der Blick auf Jesus, der vor Pilatus stand, verbietet jede Leichtfertigkeit.

13 **Ich gebiete dir d) vor Gott, der alles ins Leben ruft:** feier-
d) I 1, 3. 5 liche Betonung der Gegenwart Gottes[31]. Mit diesem Wort „wird nicht nur die Schöpfertat des Anfangs angerufen, sondern auch die Auferstehung verkündet" (Schlatter, 168). Der Wahrheitszeuge, der dem Tode gegenübersteht, soll den Gott vor Augen haben, der alles ins Leben ruft und am Leben erhält, damit er diejenigen nicht fürchte, die nur den Leib töten können und keine Gewalt haben über den ganzen Menschen und sein ewiges Schicksal.

Christus Jesus, der vor Pontius Pilatus das gute Bekenntnis bezeugt hat: Bedeutsam ist, daß hier auf das irdische Leben Jesu Bezug genommen wird: auf den Menschen Jesus (I 2, 5), der vor dem menschlichen Gerichtshof Bekenntnis ablegt[32]. Alles, was in den Past von Lehre, Glaube, Bekenntnis ausgesagt ist, muß auf diese „Urszene" bezogen werden. Der zweite Brief an Timotheus macht den Ernstfall des Bekenntnisses vollends deutlich und unterstreicht ihn: das Martyrium.

14 **Bewahre den Auftrag makellos und untadelig bis zur Erscheinung unseres Herrn Jesus Christus:** Der Auftrag, entwe-

[31] Vielleicht Anspielungen an eine Schwurformel (Mt 26, 63. 64: Ich beschwöre dich bei dem lebendigen Gott, daß du uns sagst, ob du der Messias bist, der Sohn Gottes. Jesus antwortete: (sein Bekenntnis) Du hast es gesagt.)

[32] P ruft oft Gott zum Zeugen an: 1 Th 2, 5. 10; Rö 1, 9; 2 Ko 1, 23; Phil 1, 8.

der zu verstehen als Gottes offenbarter Wille, oder hier konkret die apostolische Anweisung dieses Briefes, die in den Versen 11—12 zusammengefaßte Beauftragung, die genügend feierlich hingestellt ist, um als „Gebot“ gelten zu können e). e) 1 Ko 14, 37

Makellos: unbefleckt; „ein reiner und unbefleckter Dienst vor Gott“ f). f) Jak 1, 27; 1 Pt 1, 19; 2 Pt 3, 14

Untadelig: unantastbar, unbescholten; nicht nur die Männer und Frauen, die in der Gemeinde vorstehen g), sondern Timotheus selber soll unbescholten sein in der Verwirklichung g) I 3, 2; 5, 7
dessen, was ihm aufgetragen ist vor Gottes Angesicht.

Bewahren: Steht am Anfang des Satzes, also betont. Wenn auch hier nicht wörtlich erwähnt, so ist doch in den Past klar, daß dieses Bewahren nur möglich ist in der Kraft des Heiligen Geistes, der in Timotheus wohnt h). h) II 1, 14

Bis zur Erscheinung unseres Herrn Jesus Christus (epiphaneia): nämlich sein Erscheinen zum Gericht und zur Vollendung[33]. Bei Paulus ist der „Tag des Messias“ i) das alles überstrahlende Ereignis, auf das hin der Glaubende untadelig be- i) 1 Ko 1, 8; Phil 1, 10; 2, 16
wahrt werden soll k). k) 1 Th 3, 13; 5, 23

Die Past stehen im selben Spannungsfeld wie die übrigen ntl Schriften (E 8). Sie wissen von dem Erscheinen Jesu als des leidenden Gottesknechts, als des Blutzeugen vor Pilatus (V. 13), als des Gekreuzigten, der sein Leben gab zum Lösegeld für alle (2, 6), und als H e r r n **(kyrios),** der jetzt in Herrlichkeit erhöht ist (3, 16), den jetzt die Blutzeugen erhöht se- l) Apg 7, 55
hen l). Gleichzeitig wissen die ntl Zeugen von dem bevorstehenden Erscheinen m) des wiederkommenden Herrn, den sie m; I 6, 14; vgl. II 4, 8
mit Liebe und Sehnsucht erwarten n). n) Tit 2, 13

Die zu seinen eigenen Fristen sehen lassen wird der selige und 15
alleinige Herrscher: Die Fristen sind allein von Gott gesetzt und nicht von einem allgemeinen (griechischen) Schicksal. Die Heilszeit ist durch den Versöhnungstod des Mittlers (2, 5) schon angebrochen o) und wird in letzter Vollendung kommen. o) Mk 1, 15; Tit 1, 3
Gott wird das **offenbaren,** eigentlich zeigen, schauen lassen; gehört der Offenbarungssprache an p). Daß Gott die Zeiten p) Apg 10, 28 Offb 1, 1; 17, 1
festsetzt, ist nicht eine fromme Umschreibung und Entschuldigung dafür, daß der Schreiber und die adressierte Gemeinde bereits die sogenannte Naherwartung aufgegeben hätten. Jede prophetische Offenbarung weiß um die andringende Nähe

[33] Schon in 2 Th 2, 8, wo die Begriffe „Epiphanie“ und „Parusie“ miteinander verbunden sind: „Erscheinung seiner Ankunft“; Tit 2, 13; II 1, 10; 4, 1. 8.

Gottes und lebt deshalb aus dem, was immer „bald" geschehen wird q).

q) vgl. Offb 1, 1; 22, 6

Der unsichtbare Gott wird sich im Erscheinen des Herrn Jesus Christus sehen lassen, denn wer ihn gesehen hat, hat den Vater gesehen[34]. Gott ist der **Selige** r). Er und die im Ende lebende Gemeinde der Seligen gehören zusammen. Die Herrlichkeit des Vaters führt schließlich zur Verherrlichung seiner Kinder im Sohn s).

r) vgl. Rö 6, 4 mit I 1, 11

s) Rö 8, 18. 21; 5, 2

Im Gegensatz zu den vielen irdischen kleinen und großen Machthabern ist Gott **der alleinige Herrscher (dynastes).** Gott als der alleinige Machthaber stürzt Gewaltige von ihrem Thron t). Der Titel ist auch im jüdischen Umkreis bekannt u).

t) Lk 1, 52

u) 2 Makk 13, 4

Der König der Regierenden und Herr der Herrschenden: Eigentlich: Der König derer, die regieren; der Herr derer, die Herrschaft ausüben (part. präs.)[35].

16 **Der allein Unsterblichkeit hat**[36]: Die Unsterblichkeit des Menschen ist keine in ihm wohnende Mächtigkeit. Er ist so sterblich wie seine Götter. Nur der lebendige Gott hat allein und einzigartige Unsterblichkeit. Das Leben, das er den Menschen gibt, ist Leihgabe, nicht Recht oder Macht. Genauso ist es mit der Unsterblichkeit der menschlichen Seele oder des Menschen überhaupt[37]. Sie ist nur geschenktes Teilhaben an Gottes Unsterblichkeit, an seiner Herrlichkeit und seinem wunderbaren Licht v). Anfang und Schluß des Briefes stehen im Zeichen des Gotteslobes, der Doxologie, wobei der Schluß die Grundworte des Anfangs wieder aufnimmt, aber im Himmlischen auch schon weit über sie hinausführt[38].

v) 1 Pt 2, 9; Kol. 1, 12

Der in unzugänglichem Licht wohnt: Gott hüllt sich in Licht wie in ein Kleid. Das Licht, das ihn offenbart, verhüllt ihn gleichzeitig w). Paulus bezeugt, daß sich dieses unzugängliche Licht ihm offenbart und ihn dabei geblendet hat x). Gott als die Quelle alles Lichtes und Lebens bleibt selber unsichtbar,

w) Ps 104, 2; Jo 1, 4. 9; 1 Jo 1, 5; Mt 17, 2

x) Apg 9, 3; 22, 6. 9

[34] Vgl. die Bitte des Philippus: „Herr (!), zeige uns den Vater;" Jo 14, 8.

[35] *kyrios tôn kyrion;* Ps 136, 3.

[36] wie I 1, 17: Unvergänglich, ebenso 1 Ko 15, 53. 54, wo *aphthartos* (unvergänglich) und *athanasia* (Unsterblichkeit) zusammen und gleichbedeutend stehen.

[37] Die griechischen Götter werden unsterblich *(athanatoi)* genannt. Doch schon Hesiod (700 v. Chr.) sagt in seiner Theogonie, daß das „Entstandene", das heißt: gewordene Götter, auch stirbt.

[38] I 1, 11: Herrlichkeit des seligen Gottes = 6, 15: Der selige und alleinige Machthaber, der König der Könige und Herr der Herren; 1, 17: Unvergänglich = 6, 16: Der allein Unsterblichkeit hat; 1, 17: Unsichtbar = 6, 16: Der in einem unzugänglichen Licht wohnt, den kein Mensch gesehen hat noch sehen kann.

so wie das geschaffene irdische Licht selbst unsichtbar ist und erst in seinen Brechungen gesehen werden kann.

Unzugänglich: unnahbar; gebräuchlich für unbesteigbare Vulkane (Sinai, Ätna). Hier im übertragenen Sinn die Transzendenz Gottes, das heißt seine alles Denken und alles menschliche Begreifen übersteigende Herrlichkeit. Gott, der in unzugänglichem Licht als seiner wahren Wohnung thront, kann auch unter Menschen wohnen y). Der von Gott geschaffene und in Christus erlöste menschliche Leib ist eine bessere Wohnstätte für Gott als alle mit Händen gemachten Tempel der Welt z).

y) Jes 57, 15

z) Apg 7, 48; 17, 24; s. I 3, 15

Den kein Mensch sah noch sehen kann: Diese Aussage ist bestimmt von dem alttestamentlichen Wissen um die Herrlichkeit Gottes, die selbst dann und erst recht dann undurchschaubar bleibt, wenn sich Gott in ihr offenbart. Die Spannung zwischen Offenbarsein und Verborgenheit Gottes ist in allen Schriften des AT und des NT bezeugt. Gott r e d e t zwar mit Mose „von Angesicht zu Angesicht, wie ein Mann mit seinem Freunde redet“ a), aber dieses Reden ist doch nicht dasselbe wie s e h e n b). Ein Mensch vermag Gott nicht zu sehen; auch Mose nicht c). Von Gottes heiligem Erbarmen, von seiner Herrlichkeit kann er ergriffen werden, aber den, der dieses Erbarmen i s t, vermag er nicht zu sehen d). Auch Paulus bekennt, daß er trotz höchster Offenbarungen und besonderer Gesichte noch nicht von Angesicht zu Angesicht in ganzer Unmittelbarkeit erkennt. Doch erwartet er, daß er so völlig erkennen werde, wie er selbst schon g a n z von Gott erkannt worden ist e). Bedeutet aber dieses „Gott ganz erkennen“ ihn restlos erkennen? Gott wird auch für den verherrlichten Menschen in Ewigkeit nie ausschöpfbar sein. Der unerschöpfliche Gott wird von seinen Geschöpfen nie zu Ende erkannt, geliebt und verherrlicht werden. Wer diese ewige Dynamik Gottes, seine Unsterblichkeit als Unerschöpflichkeit nicht bedenkt, gerät leicht dahin, daß er sich den Himmel, das heißt die Seinsweise der göttlichen Vollkommenheit, wo Gott alles in allem ist, langweilig, ereignislos und abgeschlossen vorstellt. Dem Gott aber, der uns zwar Anteil gibt an seinem Licht und seiner Herrlichkeit, den wir aber doch in Ewigkeit nie ergründen werden, ihm gebührt die **Ehre** f). Daß hier dasselbe Wort steht wie in der Ermahnung des Timotheus, ist nicht ohne Bedeutung. Timotheus soll den Gliedern der Gemeinde Ehre

a) 2 Mo 33, 11

b) 2 Ko 5, 7

c) 2 Mo 33, 18—23

d) 2 Mo 3, 1—5

e) 1 Ko 13, 12

f) I 5, 3. 17; 6, 1

entgegenbringen, denn sie alle leben von der Ehre Gottes, in dessen Bild sie geschaffen sind.

Ewige Macht[39]: Seine Macht ist nicht wie die der Herren dieser Welt zeitlich begrenzt und wird nicht durch den Tod in Ohnmacht verkehrt. Der Apostel, der in Höhen überirdischer Erfahrung durch den Geist entrückt worden ist g), schreibt einen solchen Hymnus nicht zur frommen Verzierung seiner Briefe; vielmehr treibt ihn der Geist im Bedenken der Not der Gemeinde und der Größe Gottes ins Gebet, in die „Eucharistia", das heißt in die Danksagung und Anbetung dessen, dem alle Macht und Ehre zukommt. Zwischen den vier hymnischen Stücken des ersten Timotheus-Briefes besteht ein enger innerer Zusammenhang. Der erste und letzte Lobpreis gilt dem alleinigen König der Ewigkeit (1, 17; 6, 15. 16). Die mittleren zwei Hymnenteile rühmen den einzigen Mittler und Erlöser Jesus Christus (2, 5. 6; 3, 16). Das Evangelium ist nicht eine zu bloßem Wissen erstarrte Form, sondern es ist die frohe Botschaft „von der Herrlichkeit des seligen Gottes" (1, 11; E 25 e).

g) 2 Ko 12, 2—4

5. Gegen Mißbrauch und für rechten Gebrauch irdischer Güter
1. Timotheus 6, 17—19

17 Den Reichen im gegenwärtigen Zeitlauf gebiete, sie sollen
nicht hochmütig sein noch auf den unsicheren Reichtum ihre
Hoffnung setzen, sondern auf Gott, der uns alles reichlich
18 darreicht zum Genuß. * Sie sollen Gutes tun, reich werden
19 an guten Werken, freigebig, gern mitteilend. * Dadurch
sammeln sie sich selbst eine gute Grundlage für die Zukunft,
damit sie das wirkliche Leben ergreifen.

[39] *kratos* wie Eph 1, 19; Hb 2, 14: die Macht des Todes. In I 6, 16 ist es Gott, der die Macht des Lebens hat, das heißt die Unsterblichkeit; vergleiche II 1, 10; Apg 19, 20; Luk 1, 51; vgl. V. 52: er hat G e w a l t i g e (wie I 6, 15) vom Thron gestürzt. Gegen die Macht des Todes sind auch die Mächtigen dieser Welt machtlos. Selbst dort, wo der allein wahre Gott des Lebens geleugnet wird, kann der Mensch doch das Suchen nach ihm nicht verdrängen. Der russische Dichter Bulat Okudschawa, der seit 1955 der Kommunistischen Partei angehört, hat François Villon ein Gedicht gewidmet und es mit „Gebet" betitelt, das im Russischen erschienen ist: Solange die Erde sich noch dreht — / Herr, Deine Macht! / Mach, daß sich die Macht / der Machtbesessenen nicht bemächtigt: / Dem Großmütigen gib genügend Atemweite, / sei es auch bloß bis zur Tagesneige, / räume Kain die Reue ein — / und denke auch an mich.

Die Unterbrechung der Gedankenfolge durch eine Doxologie ist für Paulus typisch und besonders deutlich erkennbar im Brief an die Römer a). Der Gedanke an die Geldgierigen, welche sich mit vielen Schmerzen durchbohren (10), leitete die beschwörende Mahnung an Timotheus ein, und diese mündete in den Lobpreis vor dem Angesicht Gottes, dem Ehre gebührt und ewige Macht. Denen, die reich werden wollen (9), wurde der große Erwerb wahrer Gottseligkeit mit Genügsamkeit vor Augen gestellt (6), ein Reichtum, der das jetzige und das zukünftige Leben umfaßt (6, 7; 4, 8). Nach dem preisenden Aufschwung in die ewige Welt, zu dem allein unsterblichen Gott und seiner unvergänglichen Ehre wendet der Schreiber die Aufmerksamkeit denen zu, die in der **jetzigen Welt** irdischen Reichtum erworben haben. Wir hören nichts, ob diese Reichen in der Gemeinde schon vor ihrer Umkehr und Reinigung im Glauben oder erst nachher als Christen reich geworden sind. **Sie sollen nicht hochmütig sein.** Den Reichen soll nicht nur nahegelegt, sondern mit Bestimmtheit geboten werden, wie sie die materiellen Güter recht zu verwalten haben. Warum verleitet Reichtum zum Hochmut? Man kann den Erwerb der Güter seiner eigenen Tüchtigkeit oder einer besonderen Gunst Gottes zuschreiben. Der Reiche kann versucht sein, mit den Möglichkeiten, die ihm das „Vermögen" verschafft, zu prahlen (wie es auch die reichen Frauen tun: 2, 9). Der Apostel und seine Mitarbeiter haben gelernt, ihre Hoffnung allein auf den lebendigen Gott zu setzen; auch die Witwen in ihrer Verlassenheit und Abhängigkeit leben als Hoffende b), die nicht beschämt werden; wer aber auf irdische Güter vertraut, ist betrogen; er hat sein Haus auf Sand gebaut, denn der Reichtum ist **unsicher**. Niemand kann zwei Herren dienen: niemand seine Hoffnung auf Gott und gleichzeitig auf den Reichtum setzen. Wer dem Reichtum vertraut, verfällt dämonischer Unsicherheit und Sorge. 17

a) Rö 1, 25; 9, 5; 11, 36; 16, 24. 27; Gal 1, 5; Phil 4, 20; Eph 3, 21; II 4, 18

b) I 4, 10; 5, 5; 1, 1

Der alles reichlich darreicht c) **zum Genuß.** Viele Christen kennen den Genuß nur als Sünde, als verbotene Frucht vom Baum des Lebens. Doch Gott erlaubt nicht nur den Genuß, sondern er bietet ihn reichlich (!) dar, in der Erwartung, daß das Geschenkte dem Empfangenden ein wahrer Genuß sei. Diese Aussage des reichlich zum Genuß schenkenden Gottes steht im Gegensatz zu dem falschen, daß heißt selbstsüchtigen Genuß der Reichen. Wieder ist eine konkrete Mahnung nicht moralisierend hingestellt, sondern verbunden mit dem

c) wie I 1, 4; Gal 6, 17; Kol 4, 1

d) vgl. Ps 23; 104, 27 f;

Lobpreis dessen, der alles geschaffen hat und darreicht zum Genuß d).

45, 15 f

18 **Sie sollen Gutes tun:** Als Empfänger der Wohltaten Gottes sollen die Reichen wahre Wohltäter sein, indem sie **reich werden in guten Werken**[40]. Sie sollen nicht das Gut für sich selbst verschwenden, noch gönnerhaft andern Geld geben, sondern sie sollen erst sich selbst hingeben und praktisch tätig sein in Werken der Liebe. Nur so ist es möglich, **freigebig**[41] zu sein und **gern mitzuteilen**[42]. Sie sollen Besitz, Freude und Genuß mit andern teilen[43]. Die Reichen sollen Vorbilder sein für die ganze Gemeinde in der Art, wie sie eine soziale Gesinnung an den Tag legen und praktizieren. Wo wurde je mit dieser klaren Forderung des Evangeliums ganz ernst gemacht? (A 3).

e) vgl. Mt 6, 20; Lk 6, 48. 49

f) Lk 14, 29; Apg 16, 26 Rö 15, 20; 1 Ko 3, 10. 11; Eph 2, 20; II 2, 19; vgl. Hb 6, 1; 11, 10; Offb 21, 14

g) Gal 3, 21; 1 Ko 14, 25; Jo 8, 36; Lk 24, 34; 23, 47; Mk 11, 32

19 **Dadurch sammeln** e) **sie sich selbst eine gute Grundlage** f) **für die Zukunft:** Der Blick auf die Zukunft weist auf den hin, der im Begriff steht zu richten (II 4, 1). Nicht materielle Schätze sollen die Reichen horten, sondern himmlische dadurch, daß sie das Irdische gebrauchen für Taten der Barmherzigkeit und der Liebe[44].

Damit sie das wirkliche g) **Leben ergreifen:** Der Reichtum verschafft kein wirkliches Leben. Wer nach ihm greift, um ihn festzuhalten, vergreift sich und verliert den Halt. Die Parallele zu Vers 12, wo Timotheus ermahnt wird, das ewige Leben zu ergreifen, zeigt, daß die Mahnung an die Reichen nicht willkürlich oder deplaciert erfolgt.

Kann sich etwa ein Reicher den Himmel verdienen, wenn er das Geld für gute Werke hingibt? Weder in 6, 19 noch in

[40] *ploutein en ergois kalois:* Mt 5, 16; 26, 10. Die Reichen sollen nicht Schätze auf Erden sammeln, sondern Schätze im Himmel, die bleiben; Mt 6, 19—21. „Herr, hilf denen, die sich ihren Reichtum zugute halten. Es sind armselige Reiche, kommen sie nicht zu jener Einfalt, die weiß, daß sie alles erhalten hat, und zu jener Brüderlichkeit, die nie vergißt, daß alle Menschen zur Teilhabe an Deinem göttlichen Reichtum eingeladen sind." (H. Camara, Gebet für die Reichen).

[41] *eumetadotos,* mitteilsam; nur hier im NT, aber sonst bezeugt. Zusammengesetztes Verb, vgl. *metadidous* in Rö 12, 8: mit Freudigkeit Barmherzigkeit üben; Eph 4, 28: Der Dieb soll nicht mehr stehlen, sondern arbeiten, damit er dem Bedürftigen freigebig geben kann. Jeder, ob arm oder reich, soll arbeiten, damit er, ob viel oder wenig, etwas hat, was er anderen, noch Bedürftigeren weitergeben kann.

[42] *koinonikos:* eine Steigerung von mitteilen; gern mitteilen.

[43] Gal 6, 6: *koinoneito,* imp. von *koinoneo,* mit jemand gemeinsam teilhaben an einer Sache. Spicq (210) übersetzt: „avoir le sens social" = eine soziale Gesinnung hegen.

[44] Vgl. 1 Pt 4, 5; Rö 8, 18: jetzige und zukünftige Zeit; Gal 3, 23: Auf den Glauben hin; Rö 8, 38: Gegenwärtiges, Zukünftiges.

6, 11; 2, 15 haben wir es mit Werkgerechtigkeit zu tun. Der reiche Jüngling kommt zu Jesus und fragt nach dem ewigen Leben. Er erhält die Weisung, alles zu verkaufen und es den Armen zu geben. Doch das verschafft ihm nicht das ewige Leben! „Und (dann) komm, folge mir nach." Das erst bedeutet, das ewige Leben zu ergreifen: die Nachfolge hinter Jesus her h). Wer aber seine Hände um den Geldbeutel gekrallt hat, kann nicht nach dem wahren Leben greifen, das nur mit leeren Händen zu erfassen und zu ergreifen ist. Paulus verwendet zwei volle Kapitel im Brief an die Korinther i), um die Gemeinde zur Freigebigkeit anzuspornen. Für ihn sind „Gnade" k) und „Liebeswerke" l) nicht zwei verschiedene oder voneinander zu trennende Größen. Was er über säen und ernten in Gal 6, 6—10 schreibt, hat einen durchaus konkreten Sinn im Blick auf Geben und Empfangen materieller Güter[45]. „Gott aber vermag j e d e Gnade (!) im Überfluß über euch zu bringen, damit ihr in a l l e m a l l e Z e i t a l l e s Genüge m) habt und zu jedem guten Werk überreich seid." Die guten Werke sind „Früchte der Gerechtigkeit" n) und n i c h t M i t t e l zur Gerechtigkeit.

h) Lk 18, 22
i) 2 Ko 8 u. 9
k) 2 Ko 8, 1
l) 2 Ko 8, 7
m) I 6, 8
n) 2 Ko 9, 10

Die neutestamentliche Kritik am Reichtum und an den Reichen stammt aus der gleichen Quelle, die auch die alttestamentlichen Propheten o) zu ihren flammenden Anklagen gebracht hat: Gott ist der allein Reiche, der aus seinem Reichtum a l l e n gibt, damit sie a l l e n geben können[46]. Der Arme ist nicht ein besserer Mensch, weil er wenig oder nichts hat, noch ist der Reiche ein schlechter Mensch, weil er viel hat. Jeder wird zur Rechenschaft gezogen für das, was er mit seinen Gaben und Talenten, d. h. seinen materiellen **und** geistigen Gütern, getan hat. Würde man den Reichen ihre Güter wegnehmen und den Armen geben, so hätte sich trotzdem weder in den Herzen noch in den sozialen Verhältnissen irgend etwas grundlegend geändert oder verbessert. Das Reich-werden-Wollen gehört zu dem Bösen, das nicht von den menschlichen Verhältnissen her in den Menschen eindringt, sondern das aus seinem eigensten Herzen kommt p). Das Christentum hat

o) Jes 58, 1—11 Jer 22, 13—17 Amos 8, 4—10 Micha 6, 9—16
p) Mt 15, 19

[45] 2 Ko 9, 6. 8 ist parallel zu sehen zu dem Gott, der „alles reichlich darreicht zum Genuß". Wer aus der Fülle des Segens Gottes lebt, überwindet die Angst vor dem Verlust und die Sorge des gierigen Ansichreißens; ebenso real ist säen und ernten in Gal 6, 6—10 gemeint.

[46] Vgl. in 2 Ko 9, 9 das atl Zitat: er hat ausgestreut (aus seinem Reichtum); er hat den Armen gegeben; seine Gerechtigkeit bleibt in Ewigkeit (Psalm 112, 9). Der Sämann macht den Samen nicht selbst. Gott reicht ihn dar: 2 Ko 9, 10.

weder die soziale Struktur der Sklaverei noch diejenige von arm und reich von außen verändert, dafür aber den entscheidenden Durchbruch geschaffen, der eine menschliche Veränderung der Verhältnisse und Beziehungen „von Herzen" ermöglicht. Die große und beschämende Frage bleibt bestehen, warum diesem Durchbruch nicht schneller und weltweiter eine sauerteigähnliche Wirkung folgte. Macht und Reichtum sollen dem wahren Wohl aller dienstbar gemacht werden. Wer aber kann dies tun, welcher einzelne, welche Gemeinschaft, es sei denn, daß sie selbst von der Versklavung an Machtgelüste und der Begierde nach Reichtum befreit sei?

Der Briefschluß

1. Timotheus 6, 20—21

Letzte Warnung vor Irrlehrern

1. Timotheus 6, 20—21

20 **O Timotheus, bewahre das anvertraute Gut, wende dich ab von dem heillosen, leeren Gerede und den Streitsätzen**
21 **der fälschlich so genannten Erkenntnis. * Manche haben sich zu ihr bekannt und sind vom Glauben abgeirrt. Die Gnade sei mit euch.**

O Timotheus[47]**, bewahre das anvertraute Gut!** Bewahren kann er das Anvertraute nur durch den Heiligen Geist, das heißt in seiner Kraft a). Und Gott muß und will selber das bewahren, was dem Timotheus der Apostel anvertraut b)[48]. 20

Genauso menschlich-persönlich wie Paulus dem Timotheus die kostbare Gabe des Evangeliums anvertraut, genauso persönlich soll Timotheus weitergeben, was er empfangen hat c). Von einer rechtlichen Institution, welche die Überlieferung der Überlieferung garantiert oder schützt, ist hier keine Rede, vielmehr steht das Gleichnis des treuen Haushalters, dem viel anvertraut ist, vor Augen d). Der unbescholtene Vorsteher, der an der Lehre festhält, ist ein treuer Haushalter Gottes e). Der Gedanke der zuverlässigen Überlieferung des Empfangenen ist von Anfang an und in allen neutestamentlichen Schriften erkennbar[49]. Eine Beziehung zum Mahnwort an die Reichen ist naheliegend: Der gute Schatz — das anvertraute Gut.

a) II 1, 14
b) II 1, 12; 2 Th 3, 3
c) II 2, 2
d) Lk 12, 42; 16, 1; vgl. Tit 1, 7. 9
e) vgl. 1 Ko 4, 1; I 3, 5

[47] Vgl. die persönliche Anrede „ihr Brüder" am Anfang und am Schluß von Gal 6, 1. 18; 1 Ko 1, 10; 16, 15; vgl. I 1, 18; 6, 20!

[48] Sonst *paradosis;* ein Wort, das durch die aufkommende „Überlieferung" der Gnosis in Mißklang geriet; 1 Ko 11, 2; 2 Th 2, 15; 3, 6. Hier also: *paratheke;* II 1, 12. 14; sonst nirgends im NT. Vgl. ein Depot auf einer Bank haben oder ein Safe-Fach = Sicherheitsfach.

[49] Vgl. 2 Th 3, 6. 14. 15: nach der Überlieferung wandeln, die sie von uns empfangen haben; 1 Ko 11, 23: ich habe vom Herrn her empfangen, was ich euch auch überliefert habe; 15, 3 f; Jud 3.

Wende dich ab: Geh aus dem Wege; wegwenden. Schließt an I 1, 6 an; das gleiche Verb: Die Irrlehrer wenden sich von der Wahrheit ab, der treue Haushalter soll sich von der Irrlehre abwenden (5, 15; E 25 d).

f) I 1, 6; 4, 7; II 2, 16
g) Jo 17, 3; 2 Ko 4, 6; Phil 3, 8; Kol 2, 3
h) Lk 11, 52; Rö 2, 20
i) 1 Ko 8, 1
k) Apg 17, 21

Von dem heillosen, leeren Gerede und den Streitsätzen der fälschlich so genannten Erkenntnis: leer kann auch den Sinn von unheilig haben und steht im Gegensatz zur heiligen Berufung des Timotheus f). Streitsätze sind Gegenaufstellungen = Antithesen **(antithesis).** Gnosis = Erkenntnis[50]. Die wahre Erkenntnis ist vom wahren Gott geschenkt g). Die falsche „Gnosis" behauptet, die Erkenntnis Gottes in eigenen Händen in eigener Macht zu verwalten. Die Schriftgelehrten erheben den Anspruch, „den Schlüssel der Erkenntnis" zu haben h). Schon in Korinth gab es „Gnostiker" i). Wir haben es in den Past mit judaisierenden Gnostikern zu tun. Die ganze griechische Literatur zeigt eine Vorliebe für Disputation k). Schon seit der Zeit der Vorsokratiker war „Antithesis" im Sinne von Einwand, Widerspruch, Gegensatz bekannt.

21 **Vom Glauben abirren:** genau wie am Anfang: I 1, 6; vgl. II 2, 18. Glaube ist das zweitletzte Wort des Briefes und unterstreicht die zentrale und unabgeschwächte Bedeutung, die er für alle Aussagen hat: Nicht Werke, nicht Wissen, sondern Glaube ist die entscheidende Gabe und Aufgabe, die das Evangelium bringt.

Die Gnade sei mit euch! (1, 2)

Der Gebetsgruß am Schluß schließt auch die Gemeinde mit ein.

Nur in der Kraft dieser Gnade vermögen Timotheus und die Gemeinde den Irrlehrern zu widerstehen, sich von ihrem Einfluß abzuwenden und in der wahren Gottseligkeit zu leben. Schließlich aber kann weder Paulus noch Timotheus sich selber oder die anvertraute Gemeinde vor Irrwegen bewahren. Gottes Gnade allein ist dazu imstande, sie aber genügt. Und gerade deshalb soll Timotheus in der Kraft dieser Gnade kämpfen, lehren, mahnen und dem Geheimnis der Gottseligkeit nachjagen.

50 Plutarch schreibt von „fälschlich sogenannten Philosophen"; Philo von „falschen Göttern" im Gegensatz zu *„ho alethinos theos"*, dem wahren Gott.

ANHANG 1

Die Grußformeln in den paulinischen Briefen

Die Grußformeln in den Past stehen in organischem Zusammenhang mit den übrigen paulinischen Episteln. O. Roller (Das Formular der paulinischen Briefe) hat zirka 15 000 Briefe des Altertums untersucht. 4 500 von ihnen weisen eine Struktur auf, die während tausend Jahren unverändert tradiert wurde, wie das noch auf klassische Weise in dem Dekret des Konzils von Jerusalem zu finden ist (Apg 15, 23—29; vgl. auch 23, 26). Absender: (eure) Brüder (nämlich die Apostel und die Ältesten). Empfänger: Den Brüdern in Antiochia und Syrien und Cilicien, die aus den Heiden stammen. Gruß: Heil. Dann folgt der Inhalt des Briefes. Der Schlußwunsch lautet: Lebt wohl! (V 29). So schreiben Cicero, Seneca, Plinius, die Kirchenväter etc. bis ins 5. Jahrhundert hinein. Schon nach dem ersten Jahrhundert wurde die Reihenfolge oft geändert, doch die Form blieb gleich. Paulus hingegen übernimmt die Reihenfolge genau (Absender, Empfänger, Gruß, Inhalt, Schlußwunsch), wandelt aber die Form in einzigartiger Weise und unverwechselbar ab:

1. In 98 % der von Roller untersuchten Privatbriefe ist der Absender nur mit dem Namen genannt. Paulus folgt in den ersten beiden Briefen (I und II Th) noch ganz der Tradition, er nennt nur die drei Namen (Paulus, Silas und Timotheus). Im Brief an die Galater aber bricht er mit der Überlieferung und verwendet für den Absender 26 Wörter; darin steht unter anderem: Paulus, Apostel des Messias Jesus nach dem Willen Gottes. Diese Bezeichnung sollte mit wenigen Änderungen bis ans Ende seiner Schreibtätigkeit bestehen bleiben. Die Erweiterung des Wortschatzes für die Selbstbezeichnung des Absenders ist gegen allen Brauch in der Umwelt. Im ersten Brief an die Korinther sind es acht Wörter, in I Tim fünfzehn, in II Tim vierzehn, in Tit 47, im Brief an die Römer 72. In den üblichen Briefen der Antike wird nur der Name erwähnt, damit soll die Bescheidenheit des Absenders ins Licht gerückt werden. Paulus aber schreibt als einer, der Autorität hat. Nur an Philemon und an die ihm besonders verbundene Gemeinde der Philipper schreibt er ohne Hinweis auf seine Autorität. Paulus verläßt auch den Gebrauch der dritten Person für den Absender, die sonst durchgehend Regel ist. Gal 1, 2 schreibt er z. B.: Die Brüder, die mit mir sind. Also faßt er „Paulus" in Vers 1 als „ich" auf, sonst müßte es nämlich heißen: Die Brüder, die mit ihm sind (ebenso Rö, Phlm, Tit 1, 3). Darum muß das fehlende besitzanzeigende Personalpronomen in I und II 1, 2 und Tit 1, 4 mit „mein Kind" übersetzt werden und nicht, wie meistens, dem klassischen Gebrauch folgend, sein Kind. Ganz neu ist außerdem, daß Paulus

im Absenderteil öfters seine Mitarbeiter nennt. Vielleicht ist das sogar ein Hinweis auf eine mögliche Form der Mitverfasserschaft. In den Past verbindet er die feierliche Autoritätserklärung mit einer persönlich-herzlichen Zuwendung.

2. 89 % der Adressen bei Privatbriefen enthalten nur den Namen des Empfängers. Doch die offiziellen Briefe weisen mehr Worte auf. So sind 1, 2 (fünf Wörter) und Tit 1, 4 (sechs Wörter) als Mitteilung herausgehoben, die den persönlichen Bereich übersteigen. II ist der letzte und ganz persönlich gehaltene Brief, seine Adresse weist nur drei Wörter auf. Einzig die Past enthalten nicht mehrere, sondern nur einen einzigen Namen als Empfänger. Paulus versteht es, seine Briefempfänger, die in der Mehrzahl Gemeinden oder Gruppen von Gemeinden sind, mit jeweils besonderen Worten schon in der Anschrift auf Gott auszurichten. Die Gemeinde der Thessalonicher ist in Gott, dem Vater, und dem Herrn Jesus Christus; Timotheus ist Kind im Glauben. Auch das ist in der antiken Briefliteratur völlig neu.

3. Der Gruß. Seit dem 4. Jahrhundert vor Christus war es üblich, den Gruß mit einem einzigen kurzen Wort auszudrücken: Chaire, Chairete, was wörtlich heißt: freue dich, freuet euch. Doch diese Grußformel ist in ihrer Bedeutung verblaßt und hatte schließlich nur noch den Sinn von: Sei gegrüßt! Guten Tag! Heil dir! (Mt 26, 49; 27, 29; 28, 9). Paulus ersetzt das „freue dich“ der Griechen durch das Wort „Gnade“ (charis) und weist damit auf den Ursprung aller wahren Freude in der göttlichen Gnade hin. Auch in charis ist das Element der Freude und des Wohlgefallens enthalten. Die Gnade verbindet er mit dem ursprünglich jüdischen Gruß: Friede dir; auch das zum erstenmal in der Geschichte (I und II Pt; Offb und später Clemens folgen). Vor Paulus hat niemand dem Gruß einen heiligen Sinn dieser Art und mit diesem Bewußtsein der göttlichen Gegenwart gegeben. Wünschten die Griechen einander Freude und schrieb Plato seinem Empfänger moralisches Handeln zu, Erfolg in der Tugendhaftigkeit, so betet Paulus um göttliche Gunst. Und nochmals neu, aber ganz in der Linie der bisherigen Praxis fügt der Apostel in I und II (aber wiederum ganz undogmatisch in Tit nicht) erstmals den dreigliedrigen Gruß zusammen: Gnade, Barmherzigkeit, Friede; der dann übernommen wird von 2 Jo 3; Jud 2 und später von Polykarp.

4. Einleitung. Die dem Gruß folgenden Einleitungen sind je nach Größe und Entfaltung der Gedanken verschieden ausführlich, am ausführlichsten in den Briefen an die Römer und Galater. Die Past offenbaren den persönlichen Stil eines mehr privaten Briefes. In der Einleitung stehen keine langen dogmatischen Exkurse; kein rhetorischer Stil, der schon in II Th und I Ko vorkommt, hat hier Platz. Doch haben die Past auch offiziellen Charakter. Da aber diese Briefe nicht in der Lehre unterweisen. sondern

zum Handeln anleiten und ermuntern wollen, sind die dogmatischen Ausführungen und Zitate auf kurze Formeln oder knappe Hinweise beschränkt.

5. Schluß. Auch den Briefschluß hat Paulus aus der Antike übernommen, ihn aber inhaltlich neu gestaltet. In I Th 5, 23; II Th 3, 16; Rö 16, 20 f ruft er den „Gott des Friedens" an für die Empfänger seiner Briefe. In Gal 6, 16; I Ko 15, 58; II Ko 13, 11 und Eph 6, 20 ermuntert er sie, indem er sie auf das Ziel der Vollendung hinweist (Phil 4, 19 ähnlich wie die ersten Episteln). In II fehlt der Schluß ganz wie in Kol, in I 6, 20 jedoch ist er gut erkennbar, ebenso Tit 3, 9—11 (ähnlich wie Eph). Also auch hier für Paulus typische Unregelmäßigkeiten.

6. Der Schlußgruß ist nochmals unverwechselbar unterschieden von der traditionellen Form. „Die Gnade unseres Herrn Jesus Christus sei mit euch... mit dir." Eine Form, wie sie nirgends in der Antike und auch bei keinem andern Schriftsteller des NT erscheint.

Die Einzigartigkeit der apostolischen Sendung des Paulus findet ihren Ausdruck bis hinein in das Formular seiner Briefe. Ein Beispiel dafür, wie Sprachgewohnheiten zwar aus der Umwelt übernommen werden, aber aus der Begegnung mit Christus eine neue Form erhalten und einen neuen Inhalt gewinnen. Die Past stehen eindeutig in dieser Linie des Neuen, das aus dem Alten hervorgeht. Das Formular dieser Briefe gehört gerade auch in den feinsten Unterschiedlichkeiten ganz zum einzigartigen Schreibstil des Apostels.

ANHANG 2

Gesetz und Evangelium

1. Unter „Evangelium" verstehen die Past, wie auch sonst Paulus, die Gesamtheit der „gesunden Lehre" von Jesus Christus: Gal 2, 7; I Ko 9, 16; Eph 3, 6 f; Kol 1, 23.25; Tit 1, 3. Als abgekürzte Redeweise kann für Evangelium stehen: Christus, Gnade, das Wort vom Kreuz.

2. Das Gesetz offenbart den Willen Gottes für den Menschen, aber es bringt nicht die Kraft, diesen Willen zu vollbringen. Die Sünde wird durch das Gesetz nicht nur als „nicht können", sondern als „nicht wollen" aufgedeckt (Rö 7, 9; 4, 15). So bewirkt das Gesetz, das gut und heilig ist, Zorn, d. h. das gerechte Urteil in bezug auf den Übertreter. Es zeigt unverhüllt die todverfallene, unter Gottes Gericht stehende Menschheit. In I 1, 8—10 nennt Paulus die äußersten, schwersten Verfehlungen, die das Gesetz kennt; ebenso in Rö 3, 10 f, wo die polemische Zuspitzung durch geeignete atl Zi-

tate erreicht wird; vgl. aber auch Rö 2, 22, wo Paulus selber einen wahrscheinlich selten vorkommenden Frevel anführt, um dem ins Gewissen zu reden, dem die Götzen ein Greuel sind: Du beraubst ihre Tempel! Die Worte in I 1, 8—10 mögen aus der Umwelt entliehen sein, in ihrer Bedeutung aber stehen sie ganz innerhalb der Gesetzeslehre des Paulus.

3. Dem Gesetz gegenüber steht der begnadende Retter (Rö 10, 4; Gal 3, 12 f). Der Messias begegnet dem unter dem Gesetz verurteilten Sünder mit dem unverdienten Erbarmen Gottes. Paulus war selber ein Gewalttäter (vgl. I 1, 13 mit V. 9; I Th 2, 2; II 3, 2; Rö 1, 30), also ein Gesetzesübertreter im schwersten Sinn. Gott aber hat ihn zu einem Boten der Liebe gemacht. Er war in Unglaube und Unwissenheit verloren, Christus aber hat ihm den Glauben zugetraut und geschenkt (I 1, 13c.14b.16c). Typisch ist die Gegenüberstellung von einst und jetzt; einst ein Gewalttäter, jetzt ein Diener; einst ein Sünder, jetzt ein Begnadigter und Begnadeter (vgl. Gal 1, 13 f; I Ko 15, 9.10). Nicht menschliche Anstrengung hat diese Wende bewirkt, sondern Gottes erbarmendes Eingreifen.

4. Gesetz und Evangelium sind zwar zwei sich gegenseitig ausschließende „Heilsordnungen", aber inhaltlich beruhen beide auf demselben Willen Gottes. Jesus bringt nicht ein inhaltlich neues oder anderes Gesetz, auch Paulus nicht. Das Gesetz Gottes muß erfüllt werden. „Die Liebe ist des Gesetzes Erfüllung" (Rö 13, 8—10; vgl. I 1, 5 im Zusammenhang mit V. 6—11). Aber diese Liebe ist nicht des Menschen Errungenschaft, sie ist Gottes eigene Liebe, ausgegossen in das Herz des Menschen durch den Heiligen Geist (Rö 5, 5). Der Unterschied besteht somit nicht im Inhalt des offenbarten Willens Gottes, sondern im Verhältnis des Menschen zu Gott. In Christus wird der Gottlose, der Sünder, der Feind, der Schwache als Gottes Kind angenommen (Rö 5, 6.8.10).

5. Wo die Unterscheidung zwischen gleichbleibendem Gesetz und verändertem Gottesverhältnis verwischt wird, da schleicht sich die Werkgerechtigkeit ein. Wenn auch mit Hilfe des Erlösers, so doch schließlich aus eigenem „guten Willen" versucht nun der Mensch, die Gebote zu erfüllen. Das aber führt nur noch tiefer in den Widerspruch des Menschen mit sich selbst und gegen Gott (Rö 7). Zwei ständig drohende Abwege sind auf dem Wege der Gnade möglich: a) die inhaltlichen Bestimmungen des Gesetzes zu übergehen in der Meinung, sie seien für den Glaubenden ohne Bedeutung; das führt schließlich in ein ausschweifendes Leben unter dem Deckmantel der Frömmigkeit (II 3, 5. 1—4); b) die Forderungen des Gesetzes in eigener Einsicht und Kraft erfüllen zu wollen mit Gebet, guten Werken, Askese (I 4, 3; II 1, 9; Tit 3, 5). Gegen beide Abwege wenden sich die Past unmißverständlich.

6. Im Laufe der Kirchengeschichte wurde immer wieder um das rechte Verhältnis von Gesetz und Evangelium gerungen. Nach der Zeit der Past gewinnen Werkfrömmigkeit und Askese, gegen die Paulus entschieden und

zum Teil scharf angeht (I 1, 10b.11.19.20 etc.), die Oberhand. Nicht zuletzt auch deswegen wird die Frau aus dem aktiven Leben der Kirche mehr und mehr hinausgedrängt (das Ideal der Jungfräulichkeit!, siehe A 4). Augustinus greift wieder auf Paulus zurück, doch finden Verschiebungen statt: Dem Gesetz steht nicht mehr der Messias gegenüber, sondern die Gnade als eine Art eigenständiger Größe (die Diskussion um Natur und Gnade), die der Mensch „hat" und mit der er (selber) arbeiten kann. So gerät das Leben unter der Gnade doch wieder mehr und mehr in eine seltsam gesetzliche Beleuchtung und wird schließlich erneut durch massive Gesetzesfrömmigkeit verdrängt. Die Reformation bringt einen neuen Durchbruch der Gnade in Jesus Christus. Für Luther hat das Gesetz einen politischen Gebrauch (Obrigkeit) und einen geistlichen Gebrauch (Gott überführt den Menschen von seiner Sünde). So ist das Gesetz Ankläger und Richter. Calvin nennt einen dritten Gebrauch, der nur für Wiedergeborene gilt: Das Gesetz sei Wegweisung für den Glaubenden, das sei sein eigentlicher Sinn. Auch Luther kennt diesen Gebrauch, er gibt ihm aber nicht den Namen Gesetz. Vielleicht kann man sagen, daß unter der Gnade die Sofort- und Totalgebote zu Zielgeboten werden, zu denen der Mensch unterwegs ist; nicht in ständigem Bemühen der Annäherung, sondern im Stand der völligen Nähe der Gotteskindschaft. Denn Rechtfertigung ist nicht eine gedankliche Theorie, sondern „Zusammensprechung" mit dem lebendigen Christus. Für Luther ist Glaube Verbindung mit Christus. Wo aber Glaube ist, da ist auch Heiligung, neues Leben. In der Orthodoxie gewinnt eine Scheinfrömmigkeit wieder die Oberhand, weil die „Rechtfertigung aus Glauben" zu einer leeren Lehre erstarrt, herausgelöst aus der Verbindung mit dem lebendigen Herrn.

7. Christus hat die Macht der Sünde und des Gesetzes endgültig gebrochen und die Herrschaft der Gnade aufgerichtet. So steht der Christus Angehörende nicht mehr unter dem Gesetz, sondern unter der Gnade (Rö 6, 14). Nun ist aber das Gesetz ebenso Offenbarung Gottes wie das Evangelium. Jesus ist der einzige Mensch, der das Gesetz Gottes erfüllt hat. Er ist der Maßstab Gottes. Das Gesetz wie das Evangelium ruft zur Umkehr. Umkehr aber ist nicht das Werk des Menschen, sondern Gabe Gottes (2 Ko 7, 9—11; Apg 5, 31; 11, 18; II 2, 25!). Wenn der Glaubende sündigt, hat er wie irgendein Mensch die Gebote übertreten, aber er ist deswegen nicht aus der Gnade gefallen. Das Gesetz will ihn anklagen und verdammen, aber Gott spricht ihn gerecht, und Christus tritt für ihn ein (Rö 8, 33—34). So überführt das Gesetz den Sünder und trennt ihn von Gott, doch Jesus überführt den Sünder und vereinigt ihn wieder mit Gott. Wie der Herr durch sein Gebet und seinen liebenden Blick der Vergebung den ihn verleugnenden Petrus zur Besinnung und Umkehr brachte, so führt heute der Geist des Herrn seine Jünger dazu, daß sie die Sünde erkennen, bekennen und lassen, und bestätigt ihnen, daß sie Gottes Kinder und in seiner Gnade geborgen sind.

ANHANG 3

Gute Werke

1. Der religiöse Mensch, der sein Heil mit guten Werken verdienen und bestätigen will, kann vor Gott nicht bestehen. Das bezeugen übereinstimmend nicht nur die Evangelien und die frühen Paulusbriefe, sondern auch die Past. Gott erlöst uns ... nicht nach unseren Werken, sondern nach seinem Vorsatz, aufgrund seiner Gnade, wegen seiner Barmherzigkeit (I 1, 12—17; II 1, 9; Tit 3, 5; vgl. Eph 2, 9). Tit 3, 5 ist dermaßen paulinisch, daß man (je nach Grundeinstellung zur Verfasserschaft) entweder einen späteren Einschub aus fremder Hand oder eine eigenhändige Korrektur des Paulus vermutet, der die Arbeit seines Sekretärs durchliest. Vergleicht man aber II 1, 9 mit Tit 3, 5 („nicht auf Grund unserer Werke"), so müßte man auch da eine Korrektur annehmen. Ein Sekretär des Paulus hätte demnach bei der Abfassung des Titusbriefes nichts gelernt für den zweiten Brief an Timotheus. Doch solcher Vermutungen bedarf es gar nicht, denn alle anderen Stellen über die guten Werke zeigen deutlich, daß sie (wenn auch z. T. mit anderen Worten ausgedrückt) der Sache nach zentral paulinisch sind.

2. In allen Briefen des Paulus nehmen die Werke eine wichtige Stellung ein. Gute Werke können den Menschen nicht erlösen, aber der Erlöste ist für gute Werke erlöst, er ist erlöst, „nicht aus Werken, damit niemand sich rühme; denn wir sind sein Werk, geschaffen in Christus Jesus zu guten Werken, welche Gott zuvor bereitet hat, damit wir in ihnen wandeln sollen" (Eph 2, 9—10; 1 Th 1, 3; 5, 13; 2 Th 1, 11; 2, 17; Gal 6, 4.10; Rö 15, 18; 1 Ko 3, 13; 9, 1; Eph 4, 12.28; Phil 1, 22; Kol 1, 10).

3. Die selbstverständliche Beziehung von Glaube und Werken ist ein wesentlicher Bestandteil der ntl Heilsbotschaft. Je nach den Umständen, in die hinein die verschiedenen Briefe und Evangelien geschrieben sind (z. B. Jakobusbrief!), erfährt die Grundbeziehung Glaube—Werke eine verschieden starke Betonung, nie aber eine umgekehrte Reihenfolge: Werke — Glaube (Heil). So ist es für jeden Leser offensichtlich, daß die Past ein großes Gewicht auf die Werke legen, wie übrigens auch die Johannesbriefe. Doch ihre klare Verankerung im Glauben ist nirgends aufgegeben.

4. Dibelius (38) aber schreibt: „Es ist auffällig, daß sie (die guten Werke, H. B.) in den Past immer wieder als Zeichen echten Christentums genannt werden, während die echten Paulusbriefe nur den Singular kennen und entsprechend eine andere Bedeutung des Ausdrucks (s. aber Eph 2, 10; Hb 10, 24; Dib.). Einflüsse jüdischer Paränesen mögen dabei mitwirken; aber sie würden nicht aufgenommen werden, wenn die rationale, auf ein verchristlichtes Leben abzielende Auffassung des Christentums sie nicht begünstig-

te." Gegen diese Behauptung ist zu sagen: Der Singular kommt auch in den Past vor (I 3, 1 vgl 1 Th 5, 13; II 4, 5 vgl dazu 1 Ko 9, 1; 3, 10.13—15; Eph 4, 12; Phil 2, 30). Sodann treten in je einem Vers gleichzeitig Singular und Plural auf: I 5, 10; Tit 1, 16. Titus soll ein Vorbild guter Werke sein wie Paulus (vgl Tit 2, 7 mit 2 Th 3, 7—13). Die Wendung „jedes gute Werk" (Sg als Pl) erscheint in den Past: I 5, 10; II 2, 21; 3, 17; Tit 1, 16; 3, 1, ebenso in den übrigen Briefen: 2 Ko 9, 8; 2 Th 2, 17; Kol 1, 10. Demnach kann aus dem unterschiedlichen Gebrauch von Sg und Pl kein durchgehender Bedeutungsunterschied abgeleitet werden. Die Werke sind nicht rational und nicht moralisch begründet, sondern im Glauben und in der Liebe, „die in Christus Jesus sind". „Verchristlichtes Leben" ist nicht Anpassung an die Welt, sondern Ausgestaltung des Christus im einzelnen und in der Gemeinde, und das durch den Heiligen Geist (II 1, 7; Tit 2, 14; vgl Gal 4, 19). „Werke meinen nicht nur einzelne Taten, auch nicht allgemeine Wirksamkeit, sondern überhaupt die Lebensfrucht der Gemeinden. Unter ‚Werken' erscheinen z. B. auch der Glaube (Offb 2, 19), das Harren und Ertragen (2, 2), die Schläfrigkeit (3, 2) und verschiedene geistliche Verfassungen" (A. Pohl, W. Stb. Offb, Bd I, 101). Die Betonung der guten Werke tritt in den Past stärker hervor, weil die bösen Werke (II 4, 18; Tit 1, 16) vermehrt um sich greifen. Die Kirche hätte zu allen Zeiten wohl daran getan, mehr auf diese „Auffassung des Christentums" zu hören. Die guten Werke sind die Früchte, an denen der Glaube zu erkennen ist (Mt 7, 17—20). Der Glaube erweist sich durch die Werke der Liebe als wirklich und wirksam (1 Th 1, 3; Gal 5, 6.13).

ANHANG 4

Die Stellung der Frau in I 2, 9—15

1. Die Schriften der Bibel sind in einer Umwelt entstanden, die durch die Vorherrschaft des Mannes und eine paternalistische Gesellschaftsstruktur gekennzeichnet ist. Die Schöpfungsberichte und viele prophetische Aussprüche hingegen machen deutlich, daß die Herrschaft des Mannes über die Frau — im Kleinen wie im Großen — nicht Gottes Willen entspricht, sondern eine Folge der Sünde ist.

Prophetische Gerichtsansage ist Hintergrund und Beweggrund der atl wie der ntl Aussagen über das Verhalten der Männer und — da sie ebenso verantwortlich sind — der Frauen. Die Hände der Männer sind befleckt, sie sind unfähig geworden, gerecht zu handeln (vgl Jes 3, 11—

15 mit I 1, 6—10.13.19.20; 2, 8; 4, 1—3; 5, 19—20; 6, 4—5.9.10; II 1, 15—18; 3, 1—9.13; 4, 3—4). Die Frauen haben sich ihrer Art entsprechend vergangen und sich so der Schuld der Männer ebenbürtig erwiesen. Ihre Hoffart ist nicht einfach lächerliche Modetorheit, sondern weiblicher Ausdruck der Gerichtsreife (vgl Jes 3, 16 — 4, 1 mit 2, 9—15; 5, 11—15; Tit 2, 5).

2. Jesus nahm die Frauen gegenüber den ungerechten und entwürdigenden Anschauungen und Handlungen der Männer nicht nur in Schutz, sondern er befreite sie zu ihrer ursprünglichen Berufung: zusammen mit dem Mann Ebenbild Gottes zu sein und gemeinsam über die Erde zu herrschen (Mt 19, 4.8). Er durchschaute die ungerechte Anwendung des Gebotes gegen Ehebruch und Ehescheidung, die nur die Frau behaftete (Jo 8, 1—11; Mt 19, 3—10). Jesus sah die Frau, die hereingekommen war, mit anderen Augen als der Pharisäer, der ihn zu Gast geladen hatte (Lk 7, 36—50). Frauen waren für ihn ebenso selbstverständlich Gesprächspartner wie Männer, sehr zum Verwundern der Jünger (Jo 4, 27). Nicht nur Männer, sondern auch viele Frauen folgten Jesus nach (Lk 8, 1—3; Mt 27, 55; Mk 15, 41). Sie konnten bei ihm, dem Meister, lernen wie echte Jüngerinnen; das war gegen alle Tradition, die nur den Unterricht der Männer kannte (Lk 10, 39.42; Apg 22, 3). Und Frauen waren es, die als erste die Auferstehung des Herrn verkündeten (Mk 16, 10—13).

3. Das Vorurteil der Männer gegen die Frauen war durch das Evangelium abgeschafft worden (Gal 3, 28); die neue Sicht und entsprechende Praxis konnte sich aber nur langsam und nicht ohne Widerstand und schwere Rückfälle durchsetzen. Die Jünger warteten zusammen mit den Frauen auf Pfingsten (Apg 1, 14). Für die Apostel war es klar (geworden), daß sie Missionsreisen zusammen mit ihrer Ehefrau durchführen können (I Ko 9, 5). Frauen waren an der Ausbreitung des Evangeliums aktiv beteiligt. Phöbe ist Diakonin (Rö 16, 1) und Beschützerin (Beistand, Patronin) auch für Paulus (V. 2); sie überbringt den Brief des Apostels nach Rom. Junia (einige MS haben Junio) ist wahrscheinlich ein weiblicher Apostel (Rö 16, 7; vgl E 12). Noch Chrysostomus († 407) sieht in der Annahme eines weiblichen Apostels keinerlei Schwierigkeit. Er schreibt in der Auslegung dieses Verses: „Wahrhaft, überhaupt Apostel zu sein ist eine große Sache. Sogar unter denen einen hervorragenden Platz zu haben, was für ein Lob ist das. Doch waren sie hervorragend wegen ihrer Arbeit und der daraus erstandenen Frucht. Wie groß ist die Hingabe dieser Frau, daß sie würdig erachtet worden ist, ein Apostel genannt zu werden!" Prophetinnen sind allgemein bekannt in den Gemeinden (Apg 21, 8—10; I Ko 11, 5). Euodia und Syntyche sind hervorragende Mitarbeiterinnen des Paulus am Evangelium, sie sind Evangelistinnen (Phil 4, 2—4). Prisca und Aquila sind vorbildlich im Lehren (Rö 16, 3—5a; I Ko 16, 19; Apg 18, 26).

Die Mahnreden an die Adresse der Frauen müssen alle a) im Lichte der prophetischen Gerichtsansage, b) der neuen, die Männerherrschaft durchbrechenden Haltung von Jesus und c) der Missions- und Gemeindepraxis des Apostels Paulus und der frühen Kirchen ausgelegt werden, was im folgenden etwas ausführlicher geschehen soll.

4. Eine Frau lerne in Ruhe und Unterordnung (V. 11). Der Zusammenhang von lernen, ruhig sein und Unterordnung soll an Apg 11 dargelegt werden. Judenchristen hören, daß Petrus mit unbeschnittenen Heiden Tischgemeinschaft hatte. „Die aus der Beschneidung" widersprechen ihm (V. 2). Daraufhin erzählt Petrus in geordneter Reihenfolge, wie alles gekommen war (V. 4). Als die Juden-Christen das hören, lenken sie ein, werden überzeugt, beruhigen sich und preisen Gott. Dadurch ordnen sie sich unter, nämlich unter die ihnen zuerst unverständliche Kunde, gegen die sie vorher laut protestierten. Jetzt haben sie gelernt, daß Gott auch den Heiden Umkehr zum Leben gegeben hat (V. 18). Ein weiteres Beispiel: Paulus nimmt Abschied von den Brüdern in Cäsarea, um nach Jerusalem zu gehen, wo er nach prophetischer Aussage gefangen genommen werden wird. Die Jünger versuchen, ihn von seinem Vorhaben abzuhalten. Doch Paulus geht nicht auf sie ein. „Als er aber sich nicht überreden ließ, schwiegen wir still und sagten: der Wille des Herrn geschehe" (Apg 21, 14). Sie lassen ab von eigenen und gutgemeinten Wünschen, sie werden still und ordnen sich dem Willen des Herrn unter. In den Thessalonicherbriefen ermahnt Paulus diejenigen, die ein unordentliches Leben führen, die nicht arbeiten wollen und sich in fremde Geschäfte einmischen, sie sollen ruhig sein, in der Stille arbeiten und ihr eigenes Brot essen (I Th 3, 11; 5, 14; II Th 3, 6.7.11.12). Entsprechendes gilt für die jungen Witwen, die müßig in den Häusern herumlaufen, geschwätzig und vorwitzig sind und reden, was sich nicht geziemt (I 5, 13). „In Ruhe" ist also derjenige, der offen ist für Neues und daraus lernt, oder wer einer geordneten Arbeit nachgeht. Ruhig und still leben (in Ruhe lernen und ruhiges Leben: beidemal dasselbe Wort, I 2, 2.11) ist in jedem Fall eine Frucht göttlichen Friedens (I Ko 14, 33.40). I 2, 11 meint die Art und Weise, wie eine Frau am Lehrgespräch der Gemeinde teilnimmt. Das Lernen-Wollen der Frau wird genauso ernst genommen wie ihr Sich-schmücken-Wollen (V. 11), und beides wird vor Abwegen bewahrt und in die rechte Richtung geleitet. In Korinth war das Lehrgespräch dermaßen entartet, daß die Frauen vorübergehend nicht mehr daran teilnehmen konnten. Sie mußten zu Hause mit ihren eigenen Männern im Gespräch fortfahren. Doch in Ephesus (nach I, 2, 11) ist von einer Beschränkung des Lernens auf das eigene Haus nicht die Rede, denn die Situation ist anders. Die Mahnreden sind keine Gesetze, sondern praktische Anweisungen aus prophetischer Sicht. Die Diskussion um die Stellung der Frau nach der Bibel hat allzuoft den Geruch

einer neuen Gesetzlichkeit, die den Menschen knechtet, anstatt ihn zu befreien zu seiner wahren Bestimmung, wie es das Evangelium tut.

Alles soll wohlanständig und in Ordnung geschehen (I Ko 14, 40). Ohne Unterordnung kann keine Ordnung erhalten bleiben. So soll in der Gemeinde der Sprachenredner schweigen, wenn ihn niemand auslegen kann (I Ko 14, 28), auch ein Prophet soll schweigen (d. h. nicht weiterreden), wenn ein anderer auftritt (V. 30). Da die Geister der Propheten dem Propheten untertan sind (auch den andern Propheten!), müssen sie nicht weiterreden, sondern können auf andere warten und der Reihe nach reden, in aller Ordnung. Sprachenredner und Propheten, Männer oder Frauen, sollen sich unterordnen und schweigen, wenn die Gefahr der Unordnung besteht. Doch Paulus denkt nicht an eine nur äußerliche, gesetzlich erzwungene Ordnung. Die wahre Ordnung kommt aus dem Herzen und verträgt sich sehr wohl mit spontaner Vielfalt, denn Gott ist nicht ein Gott der Unordnung, sondern des Friedens! (1 Ko 14, 33).

5. Unterordnung: Wer sich unterordnet, gibt nach. Vgl Gal 2, 5: Nicht durch Unterordnung nachgeben. I 3, 4: Ein Vorsteher soll seine eigenen Kinder „in Unterordnung halten". Bemerkenswert ist, daß es dort nicht heißt, er soll seine Frau und Kinder in Unterordnung halten. Es ist offenbar nicht die Aufgabe des Mannes, seine Frau Unterordnung zu lehren, sondern ihr in wahrer Liebe zu begegnen. Die Liebe ist diejenige Wirklichkeit, welche, ohne Spaltungen in der Gemeinde oder in der Ehe herbeizuführen, die verschiedenen Gaben anerkennt und zur Entfaltung bringt durch Unterordnung. Denn Unterordnung befreit zur Auferbauung, das ist die biblische Gemeinde im Bilde des Leibes gesehen (I Ko 12, 14—31; 14, 1). In Eph 5, 21 werden alle Glieder der Gemeinde ermahnt, sich gegenseitig unterzuordnen in der Ehrfurcht vor Christus. Seine Gegenwart ist die entscheidende Wirklichkeit, die solche Unterordnung ermöglicht und schafft. Darauf folgen in V. 22 ff die Anweisungen an Frauen, Männer, Kinder etc. Das Verb „unterordnen" ist in V. 22 im Urtext nicht wiederholt; damit wird deutlich, daß V. 21, d. h. die gegenseitige Unterordnung aller, sowohl Höhe- wie Zielpunkt der vom Heiligen Geist erfüllten Gemeinde wie auch Überschrift und Grundlage für die nachfolgende Haustafel ist (Kap. 6). Das biblische Verständnis für Unterordnung geht sofort verloren, wenn es auch nur im geringsten von der Beziehung auf Christus, den Retter und Richter, gelöst wird. Jeder ordne sich seiner Gabe und Aufgabe gemäß dem andern unter: die Frau durch anerkennende Ehrfurcht (V. 33), die Männer durch dienende Liebe (V. 25). Das Maß aber für die Unterordnung ist nicht der Mann (noch die Frau), sondern Christus selbst, der die Gemeinde liebt und der sich als der Gottgleiche (Phil 2, 6) dem Vater unterordnet in der Liebe des Geistes (Phil 3, 21; I Ko 15, 25—28; I Pt 3, 22; Hb 2, 8). I Ko 16, 15—16 zeigt ein weiteres Beispiel für die gegenseitige Unter-

ordnung: Die Gläubigen aus dem Hause des Stephanas haben sich dem Dienst für die Korinther zur Verfügung gestellt (tasso = zur Verfügung stellen). Darauf nun sollen die Korinther eingehen, indem sie deren Dienst anerkennen und durch die eigene Mitarbeit sich praktisch unterordnen (hypo-tasso = sich unterordnen). So kann und muß I 2, 11 ohne jede Herabsetzung oder Benachteiligung der Frau verstanden werden, also nicht so, als hätte sie allein, sie besonders, sie immer und ohne jede Einschränkung sich unterzuordnen. Wie immer auch ihr Sich-Unterordnen, ihr Nachgeben, ihr Sich-Einfügen aussehen mag, so kann es vom Evangelium her nur dann einen Sinn haben, wenn es vom gegenseitigen Sich-Fügen in der Liebe ausgeht. Wie steht es nun aber mit den folgenden Versen?

6. Ich erlaube einer Frau nicht (V. 12). In I Ko 14, 34 ist derselbe autoritative Ausdruck gebraucht, der dort, weil unpersönlich formuliert, noch härter klingt. Doch die Aussagen des Apostels sind hier nicht als eigene Meinung, sondern als Weisung des Herrn gekennzeichnet. Wer geistlich urteilt, kann sie als solche erkennen. Das Wort zur Frage der Jungfrau hingegen ist keine Weisung des Herrn, Schweigen und Unterordnung ist Weisung des Herrn (I Ko 7, 25; 14, 37). Freilich darf diese Weisung nicht so ausgelegt werden, daß sie dem Vorurteil der Männerherrschaft Vorschub leistet. Denn, ist es wirklich eine Weisung des Herrn, so durchbricht sie die Männervorherrschaft und kann damit weder die Frau zurückstellen, noch sie benachteiligen oder gar erniedrigen, denn der Herr hat der Frau ihre ursprüngliche Bestimmung durch Gott wiedergebracht.

7. Nicht lehren. Wir haben nach dem ntl Zeugnis zwischen zwei Arten von Lehren zu unterscheiden: 1) Lehren im Sinne der Unterweisung, des Lehrgesprächs und der Verkündigung, wie dies in den Gemeinden, den Häusern hin und her und zu allen Gelegenheiten in freier Weise geschehen kann. 2) Lehren im gebietenden Sinne (I 4, 11) als verpflichtende Weisung gegen Irrlehre und unordentlichen Lebenswandel sowie als autoritative Ausübung der Gemeindezucht. Es ist verständlich, daß beide Arten von Lehren oft ineinander übergehen: Aus der gebietenden Anweisung folgt die Unterweisung in der Aussprache; umgekehrt entsteht oft aus dem gemeinsamen Austausch eine klar ausgesprochene Mahnung. Kann gezeigt werden, daß beide Arten sowohl in den Past wie in den früheren Paulusbriefen vorkommen, dann läßt sich die unhaltbare Behauptung widerlegen, wonach die Kirche der Past schon eine Amtskirche geworden sei, in der die Ämter an einigen wenigen Männern hängen, so daß in einer solchen Amtshierarchie „das Amt des Lehrens" für die Frau verschlossen sei. Dem gegenüber folgende Übersicht: 1) Das freie Lehren — Lernen: a) in den früheren Briefen: Rö 14, 14; I Ko 14, 26; Gal 6, 1; I Th 4, 9; 5, 9; Phil 4, 8—9; Eph 5, 19—21; Kol 3, 16. b) Past: I 6, 3; II 1, 5; 2, 2. 14. 22. 23; 3, 6; 4, 19; Tit 2, 3. 4. 7. 2). Das Lehren im Sinne des Vorstehens und Gebietens: a) in den früheren Schriften:

I Ko 6, 5 (Ist keiner da, der die Vollmacht des Entscheidens hat?); I Th 5, 12—14 (!), vgl. I 5, 17; II Th 3, 14; Gal 6, 6. b) Past: I 4, 13 (vorlesen, ermahnen, lehren); 5, 17; II 4, 2 (!). 3; Tit 2, 15.

Daß man später in der Kirche aus unserer Quelle die Berechtigung abzuleiten suchte, der Frau „das Lehramt", und zwar in sehr umfassendem Sinne, vorzuenthalten, hängt mit der Entwicklung asketisch-gesetzlicher und die Geschlechtlichkeit abwertender Strömungen zusammen. Man mag dann noch so viel über die geistliche Ebenbürtigkeit der Frau reden, im Grunde ist sie doch weniger als der Mann. Im koptischen Thomas-Evangelium bittet Petrus: „Maria möge von uns gehen! Denn die Frauen sind des Lebens nicht würdig." Jesus antwortet darauf: „Siehe, ich werde sie ziehen, daß ich sie zum Manne mache, damit auch sie ein lebendiger Geist werde, der euch Männern gleicht." Thomas von Aquin rechtfertigt die Konzilsbeschlüsse, die der Frau das Lehramt verbieten. Er nimmt als Grund eine intellektuelle Unterlegenheit der Frau an, betont aber die geistliche Gleichheit, die Paulus verkündigt habe. Solche Beispiele machen deutlich, wie das Evangelium verraten wurde.

8. Nicht herrschen, (authentein) aus sich selbst handeln, eigenmächtig handeln. — Die Verbindung von lehren und herrschen macht eindeutig klar, welche Art von Lehren gemeint ist: Die Frau soll den falschen Herrschaftswillen des Mannes (der in seinem Lehren zum Ausdruck kommen kann) nicht mit ihrem Herrschaftsanspruch brechen oder überbieten wollen. Es handelt sich hier weder um ein allgemeines Schweigeverbot der Frau (keine Meinung äußern) noch um ein allgemeines Lehrverbot der Frau (überhaupt nicht lehren), sondern um die Mahnung, sich nicht mit eigenem Autoritätsanspruch als Frau gegen die Lehrentscheidungen in der Gemeinde zu stellen. Denn die Frau soll weder über den Mann herrschen, noch steht irgendwo in der Bibel, daß der Mann über die Frau zu herrschen beauftragt oder befugt sei. I Mo 3, 16 ist nicht ein Gebot (er soll über dich herrschen), sondern besagt lediglich, was als Folge der Sünde geschehen wird (er wird über dich herrschen). Christus aber schafft die Folgen der sündigen Männerherrschaft ab: das Lehren-Lernen steht der Frau frei. Noch in II 4, 19 grüßt Paulus zuerst Prisca, dann erst ihren Mann Aquilla. Das setzt voraus, daß auch Prisca, wenn nicht sie sogar besonders, in der Lehre des Evangeliums bewandert und fähig war, andere zu lehren (Apg 18, 26). In II Jo 1.5 wird eine Frau als „auserwählte Herrin" (kyria) angesprochen. Gemeint ist damit eine erfahrene Frau, unter deren Patronat und in deren Haus die Gemeinde sich versammelt. Doch diese „Herrin" beherrscht nicht die Gemeinde, sondern sie liebt, und darum wird sie vom Ältesten anerkannt und geliebt und von allen, die die Wahrheit erkannt haben.

9. Adam zuerst, danach Eva. Sowohl hier (V. 13) wie in I Ko 11, 8—10 und Eph 5, 22 stellt Paulus jedesmal einen Zusammenhang zum Schöpfungsbericht her (I Mo 2, 22—24). Die Frau ist dem Manne zugeordnet

als seine Entsprechung. I Mo 2, 18: Ich will ihm eine Hilfe machen, die zu ihm paßt. Vgl 2, 20: Für Adam fand er keine Hilfe seinesgleichen. Die Frau ist vom Manne, darum ist sie ihm gleich. Die Betonung liegt durchaus auf dieser Gleichheit und Entsprechung (I Mo 2, 18.20.23.24). Die Frau ist vom Manne, darum ist sie ihm zugeordnet, denn erst wo Gleichrangigkeit besteht, kann von Unterordnung die Rede sein. Echte Vor- und Nachordnung, Über- und Unterordnung ist aufeinander angewiesen und weist über sich selbst hinaus auf die in Gott gesetzte Ordnung (vgl I Ko 15, 23: jeder in seiner eigenen — ihm bestimmten — Ordnung). I Ko 11, 11—12 wehrt jeder falschen Schlußfolgerung, die aus der Nachordnung eine Rangordnung machen will; denn wie die Frau vom Manne stammt, so ist auch der Mann durch die Frau, alles aber kommt von Gott. Es liegt kein Grund vor, aus I 2, 13 etwas anderes zu entnehmen. Es ist naheliegend, daß falsche Prophetinnen den Anspruch erhoben, über dem Manne zu stehen, weil die Frau als Zuletztgeschaffene die Spitze der Schöpfung sei. Wie an die Korinther, so auch hier an die Epheser verwendet Paulus ganz verschiedene Motive in seiner Mahnrede: Schöpfungs- und Erlösungsordnung, Gesetz, Natur, Sitte und konkrete Umstände, Behauptungen, Irrlehren. P verbindet hier wie auch sonst *verschiedene* Denkweisen, die sich gegenseitig auslegen und vor Mißdeutungen absichern (s. Einleitungsfragen E 21, Fußnote 24).

10. *Adam nicht verführt, Eva verführt und gefallen* (V 14). 2, 11, 13 (das der Ordnung entsprechende Verhalten) gehört mit 2, 12 + 14 (das Nichtbeachten der Ordnung und seine Folgen) zusammen. Damit fällt auf V. 13 (Adam zuerst, dann Eva) nicht ein bereits mit einem Vorurteil belastetes „Verständnis" von V. 14 her. Vers 14 beginnt gerade nicht mit einem begründenden „denn", sondern setzt neu an (Vers 12 wieder aufgreifend mit „und"). Nicht weil Eva nachher geschaffen worden ist, war sie (minderwertig) die zuerst (leichter) Verführbare. Was bedeutet verführen (exapatao)? Nach II Ko 11, 1—15 ist die Gemeinde in Gefahr, einer satanischen Verführung zu erliegen und darin Eva vergleichbar, von der List der Schlange verführt zu werden. Falsche Lehrer bringen Entzweiung und Ärgernis in die Gemeinden, sie *verführen* die Arglosen (Rö 16, 17—20 wie II Ko 11, 3; wie I 2, 14 b). Wir begegnen demselben Zusammenhang in I 2 wie in II Ko 11: Gefährliche Arglosigkeit der Gemeinde, Verführung durch falsche Lehrer, Ruf zum Gehorsam, Verheißung der Befreiung von Satan. Satanischer Betrug gehört zum endgeschichtlichen Geschehen (I 4, 1; 6, 14; II 3, 1; 4, 1; Tit 2, 13). Irrlehrer sind der Schlange vergleichbar, die sich an Eva wendet, als sie allein ist, und ihr ein höheres Leben verspricht. Eva läßt sich in ein „Lehrgespräch" ein, wird verführt und kommt zu Fall. Dieses Beispiel von Verführung und Fall wendet Paulus in II Ko 11 auf die ganze Gemeinde an (auf Männer und Frauen!), außerdem auf die Männer besonders in II 3, 13; 2, 26 (vom Satan verführte Verführer) und auf die Frauen

besonders in I 2, 14. Nur wenn die Past die Frauen allein als Verführte hinstellen würden, könnte V. 14 negativ für die Frauen und ihre (alleinige!) Verführbarkeit ausgelegt werden. Doch Verantwortung wie Schuld ist für Mann und Frau gleich, nur Art und Weise von Verführung und Fall ist verschieden. Mann und Frau sind unterschiedlich gefährdet und anfechtbar, können aber ohne Unterschied durch das Evangelium gerettet werden.

„Nicht Adam wurde verführt" kann als eine Entgegnung auf eine ganz bestimmte Behauptung oder Lehre in den Kreisen der Irrlehren von Ephesus angesehen werden. Prophetinnen oder allgemein einer falschen Frömmigkeit huldigende Frauen konnten sich aus ehelichen Bindungen gelöst haben mit der Begründung, die Befreiung vom sinnlich-begehrlichen und verführbaren Mann mache sie für das heilige Leben mit Gott fähig und entferne sie von der Versuchung zur Sünde. Eine entsprechende Gemeindesituation schildert (auch als prophetische Mahnrede) Offb 2, 20—23: „Ich habe wider dich (den Gemeindevorsteher), daß du die Frau Isebel gewähren läßt, die sich eine Prophetin nennt und meine Knechte (!) lehrt und verführt, Unzucht zu treiben und Götzenopfer zu essen ..." Hier tritt eine Frau innerhalb der Gemeinde mit einem prophetischen Lehranspruch auf. Doch nicht das öffentliche Auftreten wird ihr vorgeworfen, sondern die verführerische Irrlehre. Diese Prophetin bedarf der Ehe nicht (Adam wurde ja betrogen und mußte ehelich werden und eine Familie haben), dafür treibt sie Unzucht, natürlich mit religiöser Begründung und Beschönigung. Es verwundert nicht, daß unter den Montanisten (Beginn durch Montanus um 172) eine phrygische Prophetin eines Tages Christus in Gestalt einer Frau sehen wird. Im folgenden versuchen wir die Rekonstruktion einer Lehre, wie sie eine falsche Prophetin vorgebracht haben und gegen die eine Stelle wie I 2, 9—15 gerichtet sein könnte: „Der Geist sagt, daß ich (und ihr Frauen alle, wenn ihr nur hören wollt) schon auferstanden bin und zur neuen Welt gehöre und darum in engelgleichem Zustand nicht mehr dem Gesetz der Geschlechtlichkeit und des Kindergebärens unterworfen bin. Da mich der Geist regiert, brauche ich mir von meinem Mann und den Lehrern in der Gemeinde nichts mehr sagen zu lassen, im Gegenteil, ich zeige ihnen in der Kraft des Geistes, wo sie noch verblendet und ans Fleischliche gebunden sind. Ich habe die Weisung erhalten, meinen unbelehrbaren und irdisch gesinnten Mann, der mich verführen will, zu verlassen, ebenso meine Kinder, um die neue Freiheit zu verkünden. Da ich den Geist habe, bin ich der Versuchung nicht mehr ausgesetzt, wie einst Eva und wie alle Frauen, die noch in der alten Welt leben. Eva ist das Ziel der ganzen Schöpfung. Sie steht über Adam, wenn sie dem Geist folgt."

Nur wenn die Past die Frauen allein als Verführte hinstellten, könnte V 14 negativ für die Frau gemeint sein. Ja, Paulus warnt selbst den Timotheus, er soll sich nicht verführen lassen (I 1, 19; 6, 10—11.20—21). Besonders wichtig für den Zusammenhang ist II 3, 13—14: Betrüger schreiten fort im Verführen und Verführtwerden, Timotheus aber soll bleiben in dem, was er gelernt hat. Die Parallele zu 2, 14—15 ist offensichtlich: Die Frauen sollen sich nicht verführen lassen und nicht andere verführen, sondern bleiben in Glauben, Liebe, Heiligung und Verständigkeit.

11. Kinder gebären, Erlösung und Heiligung (V. 15). Das Kindergebären macht ebensowenig fähig oder würdig zur Erlösung, wie die Leiden des Christen ihn die Herrlichkeit verdienen lassen (Rö 8, 17: wenn anders wir mitleiden ...).

Wer aufgerufen ist, in der Heiligung zu bleiben, der ist schon in der durch die Erlösung gegebenen Wirklichkeit darin, er muß nicht erst hineinkommen oder gar sich den Weg dahinein erst verdienen durch Leiden oder durch Kindergebären. Die wirkliche Witwe bleibt (verharrt) in dem Leben vor Gott. So sollen Frauen, die Kinder haben, bleiben, sie müssen also nicht einen besonderen Weg der Errettung verdienen. Vgl I 5, 5 mit Kol 1, 22—23: Christus wird die Gemeinde heilig und tadellos vor sich hinstellen, wenn sie im Glauben gegründet und fest bleibt und sich nicht (durch Verführung) abbringen läßt von der Hoffnung des Evangeliums. Der Zusammenhang ist jedesmal der gleiche. Das Festbleiben im Glauben begründet nicht das Heil, es ist auch keine Bedingung für die Erlösung, wohl aber ist es notwendig, damit sich die geschenkte und empfangene Erlösung weiter auswirken kann. Während die heidnischen Frauen in Ephesus ihr Heil von der Göttin Artemis erwarten, welche die Schutzpatronin aller Gebärenden ist, weist Paulus die gläubigen Frauen auf Jesus hin, durch den allein sie ihr Heil empfangen. Der Wechsel vom Singular zum Plural in Vers 15 fällt auf. Das Wort Frau kann als Kollektiv verstanden werden und dann durchaus das Verb im Plural haben. Doch die Wiederholung des Wortes Verständigkeit (andere übersetzen Sittsamkeit, zuchtvolles Leben, Besonnenheit) von V. 9 (keusch und verständig) legt eine andere Auslegung nahe. Der Plural weist auf Vers 9—10 zurück: die Frauen. So sind V. 9—10 und 15 b an alle Frauen gerichtet, ob verheiratet oder nicht. Die Parallele zu den Männern ist dann ganz deutlich: Jene sollen nicht streiten (darüber, wer der Stärkste ist), sondern heilige Hände aufheben zum Gebet; diese sollen nicht mit Kleidern ihren Wert verteidigen (wer die Schönste ist), sondern heilig leben in guten Werken. Die V. 11—15 a sind dann ein besonderes Mahnwort an falsche Prophetinnen oder durch Irrlehrer verführte Frauen, die ganz bestimmte Behauptungen aufstellen

ANHANG 5

Das Haus Gottes (I 3, 15).

Viele Hinweise im AT lassen erkennen, daß der Kampf um das Verständnis des Hauses Gottes, die Beziehung zum Tempel von großer Bedeutung war. Bekannt ist die Tempelrede des Propheten Jeremia (Kapitel 7). Die Frage ist, ob die Past noch die kritisch-befreiende Sicht von der Wohnung Gottes im Tempel des Leibes haben oder ob sie einen Rückfall in das überholte Tempel- bzw. Kirchendenken darstellen.

1. Die atl Kritik am „Tempeldenken" geht aus von der Heiligkeit Gottes (III Mo 11, 44.45; 19, 2; 20,7.26; 21, 6; Hos 11, 9; vgl I Pt 1, 16). Der Heilige wohnt in einem heiligen Haus (II Mo 25, 8; Ps 5, 7), in der Mitte einer heiligen Versammlung (II Mo 12, 16) und unter einem heiligen Volk (V Mo 7, 6; 26, 19), in einem heiligen Lande (Sach 2, 12; vgl II Chr 34, 8). Die heilige Gegenwart Gottes beschränkt sich nicht auf ein Gebäude, sie durchdringt Volk und Land. Nichts und niemand ist vor ihm verborgen oder von seiner heiligen und heiligenden Macht losgelöst. Im heiligen Gericht verwirft der heilige Gott das Volk und den Tempel. Die Zerstörung des Tempels ist Gottes Gericht (II Kö 23, 27). Weil Gott der Heilige und Heiligende ist, darum kann das Haus Jakobs, das aus der Herrschaft Ägyptens befreit wurde, unter die Herrschaft Gottes kommen und für seine Gegenwart ein Tempel werden: „Da ward Juda sein Heiligtum" (Ps 114, 2). Die Propheten sehen Gott als Vater über das Haus Israel, und die Glieder des Volkes werden „Söhne des lebendigen Gottes" genannt werden. Im Hause des Vaters wohnen seine Söhne und Töchter (Jer 31, 9; Hos 1, 10). Amos verkündet, daß Gott in der Endzeit die „verfallene Hütte Davids wieder aufrichten" werde (Am 9, 11; vgl Jes 7, 13; 22, 22). Damit ist mehr gemeint als nur ein mit Händen gemachter Tempel: die Wiederherstellung des Volkes Israel überhaupt.

2. Das atl Zeugnis vom Haus Gottes unterscheidet zwischen dem irdischen und dem himmlischen Haus. Zwar soll der Mensch Gott ein Haus bauen (II Mo 25, 8), aber letztlich ist Gott selber der Bauende, der sich ein Heiligtum gründet und sein Volk darein verpflanzt (II Mo 15, 17). Die Absicht Davids, dem Herrn ein Haus zu bauen, wird von Gott umgekehrt: Gott will dem David ein Haus bauen (II Sam 7, 1—29). Bei der Einweihung des Tempels betet Salomo: „Sollte Gott denn wirklich auf Erden wohnen? Siehe, der Himmel und aller Himmel Himmel können dich nicht fassen, wieviel weniger dieses Haus, das ich gebaut habe." Wie ein Refrain kehrt in diesem Weihegebet ständig der Aufruf an Gott wieder, der im Himmel ist, „... der Stätte, da du thronst" (I Kö 8, 27.39.43.45.49; vgl Jes 66, 1). Wo

dies vergessen wird, da setzt die prophetische Kritik ein. Wenn die Besucher des Tempels sich mit dem Tempel in eins setzen und wenn sie mit dem Tempel auch Gott zu besitzen meinen, müssen sie sich eine scharfe Rückfrage gefallen lassen (Jer 7, 1—11). Ein unheiliger Wandel verträgt sich nicht mit der falschen Sicherheit, mit der sich das Volk der Zugehörigkeit zum Tempel des Herrn rühmt. Wo das Bekenntnis zum Tempel als Vorwand für gottloses Treiben dient, bleibt nur das Gericht am Hause Gottes, der seinen Tempel herrlich machen will (Mal 3, 1—5). Die Ablehnung des falschen Tempelbewußtseins läßt erkennen, daß Gott in ganz anderer Weise, nämlich viel wirklicher und näher, mitten unter und in seinem Volke leben will. Der Hohe und Erhabene will beim Geringen und Demütigen wohnen (Jes 57, 15).

3. Alle atl Hinweise auf Gottes Art des Wohnens unter den Menschen gelangen im NT zur Erfüllung in der Person des Messias selbst. Ihm wird vor Gericht zur Last gelegt, daß er gesagt habe, er könne den Tempel Gottes zerstören und nach drei Tagen wieder aufbauen (Mt 26, 61). Nicht nur die Reinigung des Tempels (das Haus Gottes soll ein Bethaus und nicht eine Räuberhöhle sein, Mk 11, 15—19; Mt 21, 12—17; Lk 19, 45—48; Jo 2, 12—17), sondern die Aufhebung des Tempels überhaupt gehört zur Sendung Jesu. Seine Jünger, noch sichtlich vom Tempel beeindruckt und an ihn gebunden, konnten erst nach der Auferstehung ihres Herrn verstehen, daß er „vom Tempel seines Leibes" gesprochen hatte (Jo 2, 18—22). In diesem Tempel war Gott Fleisch geworden und hatte unter den Menschen sein Zelt aufgeschlagen (Jo 1, 14; 14, 23). Von jetzt an werden die wahren Anbeter Gott nicht mehr auf dem Berg der Samariter und nicht mehr im Tempel der Juden, sondern „in Geist und Wahrheit" anbeten (Jo 4, 23—24). Weil Stephanus in Kraft des Geistes bekannte, daß Gott im Messias Jesus und nicht in Bauwerken von Menschenhänden wohnt, wurde er von den Juden gesteinigt (Apg 7, 47—60). Weil Paulus dasselbe bekannte, wurde er von den Griechen in Athen, der Stadt der vielen Tempel, abgelehnt (Apg 17, 24—25). Doch mit der durchschlagenden Macht einer neuen Lebenswirklichkeit brach sich trotzdem das urchristliche Zeugnis Bahn: „Wir sind der Tempel des lebendigen Gottes, wie Gott gesagt hat: Ich will unter ihnen wohnen und wandeln, und ich will ihr Gott sein und sie sollen mein Volk sein . . ., und ich will euch ein Vater sein, und ihr sollt mir Söhne und Töchter sein" (II Ko 6, 16—18; Offb 21, 3; 15, 5; I Ko 3, 16—17; 6, 19—20).

4. Weichen die Past von dieser urchristlichen Sicht ab, zeigen sie einen Rückfall in ein überwundenes Kirchenbewußtsein? Gewisse Ausleger wollen sogar schon im Epheserbrief „hierarchische Züge" sehen. Was bei Paulus noch Angelegenheit der Gemeinde gewesen sei, sei nun Aufgabe fester Ämter geworden, die Gemeinde selbst als das Haus Gottes habe größeren Eigenwert erhalten (BLNT 790, 792). Dem ist zu entgegnen: a) Die Gemeinde und ihre Ordnung hat kein größeres Gewicht im Epheserbrief als im Korinther-

brief (1 Ko 12, 12—30; 10, 32; 11, 18.22.; 14, 4.5.12.19; 7, 17; 16, 1). b) In bezug auf „feste Ämter" ist zwischen Eph und 1 Ko kein Unterschied. 1 Ko 12, 28—29 bringt zweimal die gleiche Reihenfolge wie Eph 4, 11: Apostel, Propheten, Lehrer. In I Ko 12 fehlen „Evangelisten"; Hirten und Lehrer in Eph sind nicht zwei verschiedene Dienste. Wollte man eine hierarchische Ordnung vermuten, müßte man sie von 1 Ko 12, 28 ablesen: erstens (!) Apostel... zweitens (!) Propheten... drittens (!) Lehrer. c) In 1 Ko 12, 29 sagt Paulus deutlich: Nicht alle sind Apostel, Propheten, Lehrer, aber alle haben Gaben empfangen; so sieht es auch Eph 4, 7: „Jedem einzelnen (!) unter uns ist die Gnade nach dem Maße verliehen worden, wie der Messias beschenkt." Eph 4, 12 zeigt deutlich, daß die Diener nicht an Stelle der Gemeinde dienen, sondern im Gegenteil gerade dazu, daß deren einzelne Glieder zugerüstet und fähig werden, den ihnen zukommenden Dienst mit Weisheit und Vollmacht auszuführen, denn jedem einzelnen (in 4, 16 wiederholt, also betont!) ist eine Wirksamkeit für das Ganze zugedacht. Die Past betonen gleicherweise, wie sehr es auf jeden Mann, auf jede Frau, auf jede Familie ankommt. Die Unterstellung, daß hierarchische Züge und feste Ämter „entwicklungsgeschichtlich" in den ntl Briefen zunehmen, während die charismatische Bewegtheit abnehme, beruht auf einem Mißverständnis bezüglich des Verhältnisses zwischen Charisma und Amt oder zwischen Freiheit und Ordnung im Heiligen Geist. Ist doch der Heilige Geist gleichzeitig ein Geist der Freiheit (Freimut, 2 Ko 3, 17) wie auch ein Geist der Zucht (II 1, 7). Die Past haben diese Spannungen durchaus nicht aufgegeben. I 3, 16 erweist das deutlich: Die „Ordnung" der Gemeindeglieder (Kapitel 2) steht vor den „Dienstanweisungen" (an die Gemeindediener), die letztlich nicht in äußeren Regelungen, sondern im Geheimnis der Gottseligkeit, in Jesus selbst (vgl E 12.13) ihren Grund und ihre Bevollmächtigung haben (E 25e).

5. Gemeinde als Haus Gottes ist „urchristliches Allgemeingut und fester Traditionsstoff der Verkündigung", und das nicht erst in den Past, sondern durchgehend bei Paulus (Michel Th WB IV, 124). Die Qumramtexte nennen die Gemeinde ein heiliges, auf dem Fundament der Wahrheit gegründetes Haus (1 QH 7, 8 f). Die essenische Gemeinschaft verstand sich selbst als Tempel, als Haus, als Heiligtum (1 Qs 5, 6; 8, 5.9; 9, 6; CD 3, 19). Der atl Kampf um das rechte Verständnis des „Volkes Gottes", das Wohnen Gottes unter seinem Volk, ist auch im NT erkennbar, aber nicht so, wie eine entwicklungsgeschichtliche Historisierung das zu sehen meint: am Anfang der ntl Zeugen charismatische Bewegtheit, am Schluß gesetzliche Fixierung, oder eine Entwicklung von der freien Versammlung zur festgelegten Kirche und starren Kirchlichkeit. Alle ntl Schriften und mit ihnen die Past stehen im Kampf gegen zwei Grundmißverständnisse: das ist auf der einen Seite eine falsche Geistbewegtheit (Schwärmerei und unheiliges Leben ohne

Zucht), auf der anderen Seite eine falsche Gesetzlichkeit (Erstarrung und asketische Zucht, die als verdienstliche Werke gelten). Zusammengerufen werden, Zusammenkommen und geordnetes Zusammensein — das sind nicht notwendig sich ausschließende Gegensätze, sondern das gehört gemeinsam zur ganzen Wirklichkeit der Gemeinde, in deren Mitte Gott immer neu Wohnung nehmen will.

ANHANG 6

Themenvorschläge zum Bibelstudium in Gruppen

Viele Hauskreise und Jugendgruppen haben entdeckt, daß das gemeinsame Studium der Bibel wirklich zeitgemäß ist, weil hier die grundlegenden Fragen des Menschen von Gott her nicht nur zur Sprache kommen, sondern weil hier ein Weg zur Verwirklichung sichtbar wird. Die gemeinsame aufmerksame Beschäftigung mit einem Bibeltext löst unter dem Wirken des Heiligen Geistes einen Prozeß aus, der die Begegnung mit Gott, miteinander und mit sich selbst in der Wahrheit und in der Liebe fördert. Oft aber fehlt es an Fragestellungen, wenn ein biblischer Text verschlossen zu sein scheint. Deshalb werden hier als Anregung zu jedem Kapitel zehn thematische Abschnitte und zu jedem Thema zwei bis drei Formulierungen vorgelegt, insgesamt also zirka 180 stichwortartige Überschriften. Eine solche Kurzformulierung kann dienen a) als einleitende Fragestellung, b) als Zusammenfassung eines gemeinsamen Studiums, c) als Überleitung zum praktischen Teil: der Anwendung im eigenen Leben, in der Gruppe, in der gegenwärtigen Umwelt. Ob die Anwendung dessen, was der Text sagt, sowohl der Grundabsicht des Textes entspricht, ob er auch konkret genug ist für den Alltag, kann am besten durch eine vollständige Übersetzung (eigentlich Umschreibung) des biblischen Textes überprüft werden: Nicht nur jedes Wort, sondern auch der Sinn der Sätze wird in vollständig neuen (andern) Wörtern und Sätzen wiedergegeben, und zwar in einer Sprache, die jeder verstehen kann. Oft ist dieser Versuch fruchtbarer als das Bemühen um Definition einzelner Worte, was schnell zu Wortstreitigkeiten oder zu einer bloßen Wiedergabe des Wortlautes führen kann. Das ist aber nicht der Sinn des Bibelstudiums. Diesem Kommentar liegt die Auffassung zugrunde, daß die eigentliche Anwendung nicht im Kommentar gegeben werden kann. Er ist nur Vorarbeit, Hilfswerkzeug für das Verständnis der textlichen Situation und Aussage. Der Kommentar kann höchstens in die Richtung weisen, in welcher das Wort der Bibel zur Praxis führen will. Die praktische Anwendung aber wird je nach Personen und Gruppen wie nach Ort und Zeit verschieden sein. (Die Zahlen je am Ende der 10 Themen bezeichnen die Verse in den entsprechenden Kapiteln.)

1. Kapitel

1) Wie aus Kindern im Glauben verantwortliche Mitarbeiter werden. Der Weg zum mündigen Mitarbeiter. 2.5.18.19

2) Was der Liebe hilft, was ihr schadet. Das Ziel ist die Liebe. Der Sinn des Lebens ist die Liebe. 5.4.11.12.17

3) Gesetz und Evangelium. Wie man vor Gott bestehen kann und wie nicht. 8—11.12—17

4) Einst und jetzt nach dem Evangelium und im persönlichen Leben. Vom Verfolger zum Diener. 12—17

5) Das Evangelium in einem Satz. Die Hauptsache im Christentum. Das Zentrum des Glaubens. 15

6) Das Heil in einer heillosen Welt. Begnadigter Sünder. Auch Heiligung ist Gnade. 15—17

7) Gott lästern oder ihn anbeten. Vom Sinn der Anbetung. Anbetung und Weltverantwortung. 11.17.12

8) Kampf ist gut. Gut oder schlecht kämpfen. Ohne Kampf geht es nicht. 18—19

9) Verborgene Kraftquellen. Grüßen und segnen. Vom Sinn der Weissagungen. 2.12.14.18

10) Scheitern oder ans Ziel kommen. Das Leben als Risiko. Das Leben als Wagnis. 20

2. Kapitel

1) Wie das Gebet, so das Leben; wie das Leben, so das Gebet. Beten heißt, mit Gott wirken. Für alles und für alle danken. 1—5

2) Warum ein Mittler zwischen Gott und Menschen? Das alleinige Heil für die Welt. Die Auswirkung der Mittlerschaft Jesu für die Gemeinde. 1—7

3) Praktisch beten. Innere und äußere Haltung der Betenden. Die Zubereitung zum Gebet. 8—15

4) Friede für die Welt. Friede in der Gemeinde. Friede zwischen den Geschlechtern. 1.2.8.11.12

5) Vorurteile zwischen Mann und Frau und deren Überwindung. 13.14

6) Von der Macht der Verführung in der Gemeinde. Verführte Verführer. 14

7) Glaube, Liebe, Heiligung in zuchtvollem Leben. 15

8) Herrschen oder dienen. Versteckte Herrschaftsansprüche werden enthüllt im gemeinsamen Gebet. 11.12
9) Lehren und dienen oder lehren und herrschen. 11.12
10) Die Kraft der Ruhe. Ist Ruhe des Bürgers erste Pflicht? Ruhe und Stille als weltverändernde Kraft. 2

3. Kapitel

1) Das gute Begehren. Das Verlangen nach Verwirklichung. Die Gabe der Leitung. 1.2
2) Vorstehen und nachgeben. Vorstehen und vorangehen. Vorstehen und mitführen. 1—4.12.14.15
3) Das Neue ist leicht. Anreiz und Versuchung des Neuen. Die Gabe des Neuen. 6. 7
4) Geheimnis und Tat des Glaubens. Geschenk und Bewährung. Gewissen und Handeln. 9.10
5) Die Frau als Mitarbeiterin. Die Diakonie der Frau. Die Würde der Frau. 11
6) Die Gemeinde als Familie, als Haus, als Ort Gottes in der Welt. 4. 5. 15b
7) Die Gemeinde in Ruhe und Bewegung. Gotteslob und Weltdienst der Gemeinde. Die Mitte der Gemeinde. 9.10.15.16
8) Wo die Frömmigkeit beginnt und endet. Frommsein und Handeln aus Gott. Bewährung vor Menschen, Freimut vor Gott. 7.13.15a
9) Wahre Theologie entsteht und mündet in Anbetung. Mission aus Glauben zu Glauben. Meditation und Anbetung. 16
10) Errettung als Versöhnung. Das Geheimnis Gottes in Schöpfung, Erlösung, Vollendung. Gott und Mensch in Christus. 16

4. Kapitel

1) Dämonie: zwischen Leichtgläubigkeit und Zweifel. Dämonie: harmloser Vordergrund, gefährlicher Hintergrund. Dämonie: Aberglaube oder Wirklichkeit? 1.2
2) Verführung zur Askese? Danken befreit von Süchtigkeit. Gott danken heiligt die Welt. 3—5
3) Übung im Glauben. Der Christ im Training. Der Christ als Nachfolger. 6—8
4) Mühen und kämpfen. Hoffnung läßt kämpfen. Hoffnung für alle. 10
5) Die Macht der Vorbilder. Warum das Vorbild stärker wirkt als Worte. Wie wird man Vorbild? 12
6) Klare Aufgaben. Auch ein Fünfkampf. Vorbild worin? 12
7) Was tun? Was braucht die Gemeinde, was der einzelne? Warum? 13

8) Charisma und Verantwortung. Vom Gebrauch der Gaben. Berufung und Bestätigung. 14

9) Fortschritte kann man sehen. Meditieren lernen. Bei der Sache bleiben. 15

10) Kontrolliert und doch frei. Zuerst auf sich achten, dann auf das Anvertraute. Sich selbst und andere retten. 16

5. Kapitel

1) Freiheit in der Familie. Die gegenseitige Ermahnung in der Familie. Das Grundverhältnis unter Familiengliedern. 1.2

2) Ehre geben und Keuschheit gehören zusammen. Keuschheit ist die wahre Freiheit der Geschlechter. Ehren und mahnen. 1.2

3) Die soziale Verantwortung beginnt im engsten Kreis. Der Schutz der Benachteiligten. Die Kraft des Schwachen. 3—16.5

4) Wer nur sich selbst sucht, ist lebendig tot. 6.8.11

5) Der Dienst am Wort ist anstrengende Arbeit. Ehre und Schutz für Mensch und Tier. 17—19

6) Ohne Parteilichkeit handeln. Jeder wird gerichtet. Die Mahnung im Angesicht des göttlichen Gerichts. 20.21.24—25

7) Unterscheidung der Geister. Zuerst prüfen, dann handeln. Mitverantwortlich im Guten und Bösen. 22

8) Schwäche und Krankheit hindern Gottes Pläne nicht. Schwäche muß nicht verborgen werden. Die Person als Leib und Seele. 23.4,7.8

9) Erfolge wie Mißerfolge können täuschen. Öffentlich und verborgen leben. Durchsichtig werden. 24.25

10) Gerechtigkeit heißt: Jedem das Seine. Der Sinn der Seelsorge. Den einzelnen ermahnen im Blick aufs Ganze. 1—25

6. Kapitel

1) Wo die Veränderung der sozialen Verhältnisse beginnt. Die Befreiung der Herren und Sklaven in alter und neuer Zeit. Die brüderliche Gesellschaft. 1—2

2) In einer kranken Welt gesund leben? Die Wortkrankheit Die Gesellschaft der Neider. 3—4

3) Alles um Geld? Armut und Glaube in einer Gesellschaft von Vergeudern. Genügsamkeit: Umwelt, Wirtschaft und Glaube. 5—6

4) Realismus des Glaubens. Besitzlos in die Welt hinein, besitzlos heraus — und dazwischen? Nahrung und Kleidung genügt. Haben alle genug? 7—8

5) Die Unglaubwürdigkeit des Reichtums. Reich werden wollen alle, warum? Glaube ist mit Geldgier unvereinbar. 9—10

6) Menschenwürdige Ziele. Wofür sich zu leben lohnt. Was den ganzen Menschen fordert und fördert. 11

7) Kämpfen und bekennen. Ist der Glaube ein Kampf? Wie man das wirkliche Leben ergreift. 11—12

Der zweite Brief des Paulus an Timotheus, die Briefe an Titus und an Philemon

erklärt von

Hans Bürki

R. BROCKHAUS VERLAG

VORWORT

Im ersten Band zur Auslegung der Pastoralbriefe habe ich die Einleitungsfragen ausführlich dargestellt. Im zweiten Band setze ich direkt mit dem Kommentar zu 2 Tim ein, da ich nur noch zu Tit einen kurzen einführenden Beitrag habe. Überhaupt verweise ich in Tit oft auf 1 Tim, da beide Briefe sehr viel gemeinsam haben. Überall, wo ich ein Ausrufezeichen hinter eine Bibelstelle setze, gilt es, die Auslegung an der betreffenden Stelle nachzulesen, weil ich sie hier nicht wiederhole, höchstens hie und da ergänze.

Der Leser wird merken, daß ich die Verteilung der Stellenhinweise im Text, am Rand und in den Fußnoten nicht mit strenger Folgerichtigkeit vollzogen habe. Wo es um Wortaufzählungen geht, habe ich Bemerkungen zu biblischen Texten meistens direkt in den Auslegungsteil gestellt; im übrigen achtete ich darauf, daß der Kommentar um der besseren Lesbarkeit willen möglichst von Stellenangaben entlastet wurde.

Ich habe den Hinweisen auf andere Bibelstellen besondere Aufmerksamkeit gewidmet, weil ich glaube, daß die beste Auslegungsregel noch immer ist, die Schrift durch die Schrift zu erklären. Gleichzeitig versuche ich darauf zu achten, nicht einfach Bibelstellen zusammenzusetzen, die eine äußere Ähnlichkeit aufweisen, sondern solche, die in einem sinngemäßen Zusammenhang stehen. Die mehreren tausend Stellenangaben sind nicht als verzierende Beigabe gedacht, sondern als Studienhilfe, um tiefer in die biblischen Zusammenhänge einzudringen unter Berücksichtigung der Unterschiede zwischen und in den einzelnen biblischen Schriften.

Auch die Einleitung zum Brief an Philemon halte ich sehr kurz. Dafür gehe ich über den Rahmen einer eng am Bibeltext bleibenden Auslegung hinaus, obwohl ich dafürhalte, daß eine ausführlichere Übersetzung und Anwendung des biblischen Textes für die Gegenwart und die jeweils aktuelle Situation nicht Sache eines Bibelkommentars ist. Ich will gerne zugestehen, daß es nicht zufällig ist, wenn ich je einen längeren Anhang zur Frauenfrage (in Band I) und zur Sklavenfrage in diesem Band geschrieben habe! Das Menschliche in allen vier Briefen geht mir persönlich sehr nahe, und diese „sowohl in menschlicher Hinsicht wie im Herrn" (Phlm 16!) ergiebige apostolische Korrespondenz hat mein Herz schon in frühen Jahren berührt und in mir eigentlich das Grundthema für mein Denken und Wirken angerufen und erweckt. Nicht umsonst lautete der Titel meiner Dissertation: „Die Auseinandersetzung von Humanismus und Christentum bei Pestalozzi" (1949). Während der vergangenen 25 Jahre bin ich auf meinen Reisen rund um die Welt in der Begegnung mit Menschen der verschiedensten Kulturen und Religionen diesem Thema auf der Spur geblieben: was ist der Mensch und was heißt das, als Mensch Christ sein, als Christ Mensch sein?

Die Höhepunkte der vier Briefe sehe ich in den liturgischen oder hymnischen Abschnitten, da Gottes lebendige Wirklichkeit im Lobpreis angerufen und verkündet wird, und ich sehe sie an den Stellen, wo der menschliche Herzschlag vernehmbar wird in Leid und Schwachheit, in Scherz und Ironie, in Todesnähe und freundschaftlichem Trost, in inniger Herzlichkeit und befreiender Liebe.

Danken will ich wieder von Herzen Otto-Siegfried von Bibra für seine sorgfältig kritische Durchsicht des Manuskripts sowie Frau Heidi Bäuerle aus Stuttgart für die Abschrift von 2 Tim mit der Schreibmaschine. Titus und Philemon habe ich diesmal selber abgetippt und dabei erst recht gemerkt, wieviel ich denen verdanke, die mir im verborgenen geholfen haben. Ein Leser schrieb mir, daß er den ersten Band benutzt habe für seine tägliche Besinnung vor Gott. Er las einen Bibelabschnitt, bedachte ihn selber zuerst, und anschließend griff er zum Kommentar. Er schrieb mir einen Freudenbrief, als er mit 1 Tim fertig war, und das hat auch mich erfrischt. Eine Gruppe von Studenten bestellte 20 Exemplare, weil sie das gleiche gemeinsam tun wollten.

Ich möchte alle Leser grüßen und ihnen wünschen, daß sie „sowohl menschlich wie im Herrn" gewinnen, wenn sie sich Zeit nehmen, um über Gottes Wort zu sinnen und es in ihrem Leben wirken zu lassen.

Hans Bürki

INHALTSVERZEICHNIS

Der zweite Brief an Timotheus

Der Brief an Titus

Der Brief an Philemon

Der zweite Brief des Paulus an Timotheus

erklärt von

Hans Bürki

R. BROCKHAUS VERLAG

Der Briefkopf

2. Timotheus 1, 1—2

1 Paulus, Apostel des Messias Jesus durch den Willen Gottes
2 nach der Verheißung des Lebens in dem Messias Jesus,
*** an Timotheus, mein geliebtes Kind. Gnade, Barmherzigkeit,**
Friede von Gott, dem Vater, und von Christus Jesus, unse-
rem Herrn.

1. Absender und Empfänger

2. Timotheus 1, 1—2a

Auch seinen letzten Brief beginnt der Apostel mit der für ihn unerläßlichen und unvergeßlichen Bekräftigung: Durch den Willen Gottes ist Paulus geworden, was er ist a). **„Paulus, Apostel des Messias Jesus durch den Willen Gottes."** Genauso eröffnet er vier andere Briefe b). Für ihn ist das nicht eine leere Formel, sondern ständig erneutes Bewußtsein dessen, was Gott an ihm tut.

a) 1 Ko 15, 10

1

b) 2 Ko 1, 1; Eph 1, 1; Kol 1, 1; I 1, 1!

Nach der Verheißung des Lebens (kat'epangelian). Wenn mit „gemäß" übersetzt, müßte man an die atst Verheißungen denken c), die im Messias alle ihr Ja, d. h. ihre Erfüllung finden d). Man kann ‚kata' auch übersetzen als Zielvorstellung: „zur Erlangung von"; dann ist darin d i e H o f f n u n g ausgedrückt, die wir in I 1,1 finden. Der Grund seines Aposteldienstes ist Gottes berufender Wille, das Ziel ist Jesus selbst, die Hoffnung, die Verheißung des Lebens schlechthin. Angesichts des nahen Todes steht ihm die Verheißung des Lebens vor Augen[1]. In dieser knappen Aussage kann auch das dankbare Wissen enthalten sein, daß er als Apostel berufen ist, bis zur letzten Stunde ein Bote des Lebens e) zu sein, das im Messias Jesus erschienen und zu finden ist. Nicht abgeschwächt, sondern besonders betont und häufig verwendet Paulus diese für seine Theologie und seinen Dienst prägnanteste Zusam-

c) Gal 3, 19; Amos 5, 4. 6 Hab 2, 4
d) 2 Ko 1, 19—20

e) vgl. II, 1, 10

[1] In Tit 1, 2 sind Hoffnung, ewiges Leben und Verheißung miteinander verbunden.

menfassung aller Offenbarung, aller Gedanken und Erfahrun-
f) 1, 14!; 3, 13; II, 2, 1. 9. 10; 3, 12. 13. 15 gen: **im Messias Jesus** f)[2].

Mein geliebtes Kind[3]. Eine persönliche, herzliche Liebe verbindet den Apostel mit seinem treuesten Mitarbeiter. Der geistliche Vater, der zum alten Mann geworden ist, gebraucht
2a den zartesten Ausdruck, den er für den herangereiften jungen Mann findet: „mein geliebtes Kind“[4]. Es ist nicht selbstverständlich, daß das so lautere und ungetrübte Verhältnis zwischen diesen zwei Männern auf so viele Jahre hinaus Bestand hat. Im ganzen Brief schwingt der Dank, ja die Ergriffenheit des Paulus für das Geschenk solcher Freundschaft mit. Zu wenig ist die Bedeutung wahrer Freundschaft für die Ausbreitung des Evangeliums und den Aufbau der Gemeinde erkannt worden. Nicht umsonst hat Jesus seine Jünger zu zwei und zwei ausgesandt. Und das höchste, was er ihnen sagen und geben kann, ist dieses, daß er sie seine Freunde nennt. Letzte Tiefen mitmenschlicher Beziehungen läßt der „Titel“ ahnen, den Johannes der Täufer für sich wählt: „Freund des Bräuti-
g) Jo 3, 29; 15, 15 gams“ g).

2. Gruß

2. Timotheus 1, 2 b

2 b Gnade, Barmherzigkeit, Friede von Gott, dem Vater, und von Christus Jesus, unserem Herrn.

Der Gruß ist unverändert wie in I 1, 2 b. Von einer Ortsangabe vernehmen wir in der Anschrift nichts, doch ist Timotheus noch in Ephesus, denn er ist unterrichtet, zum Teil besser als Paulus, über das, was in Ephesus und der ganzen rö-
h) II 1, 15. 18 mischen Provinz Asia vorgeht h). Paulus erwartet ihn auf dem
i) II 4, 13 kürzesten Weg über Troas i); er läßt Aquila und Priska grü-
k) II 4, 19 ßen, die in Ephesus wohnen k).

[2] Zu „Verheißung“ siehe auch I 4, 8; ferner: Rö 4, 13. 14. 20; 9, 4; 15, 8; 2 Ko 7. 1; Gal 3, 3. 14. 16. 17. 18. 21. 22. 29; „Ewiges Leben“ in den Past : I 1, 16; 6, 12; Tit 1, 2; 3, 7.

[3] *agapeto tekno*, geliebtes Kind, hat in der LXX auch den Sinn von einziges Kind, so in 1 Mo 22, 2. 16; Amos 8, 10: der Eingeborene = der Geliebte.

[4] Paulus nennt die Korinther seine geliebten Kinder: 1 Ko 4, 14. 17; vgl. Rö 1, 7: Geliebte Gottes; Phlm 1: „unsern Geliebten und Mitarbeiter“. Holtz (152): „Die Innigkeit entströmt der Nähe zum Martyrium. Bei aller Verwandtschaft mit dem Philipperbrief (intime Einleitung) fehlt im NT ein vergleichbares persönliches Wort von Mann zu Mann, denn es konnte nur in einem Privatbrief gesprochen werden.“

Der Brieftext

2. Timotheus 1, 3—4, 18

I. TEIL: TIMOTHEUS IM EINSTEHEN FÜR DAS EVANGELIUM

2. Timotheus 1, 3—2, 13

1. Gebet und Dank für Timotheus

2. Timotheus 1, 3—5

3 **Dank sage ich Gott, dem ich von den Vorfahren her mit**
reinem Gewissen diene, wenn ich unablässig bei Tag und
4 **Nacht deiner in meinen Gebeten gedenke. * Ich sehne mich**
danach, dich zu sehen, eingedenk deiner Tränen, damit ich
5 **mit Freude erfüllt werde. * Ich empfange** (im Gebet) **die**
Erinnerung an den ungeheuchelten Glauben, der in dir lebt
und der zuerst wohnte in deiner Großmutter Lois und deiner
Mutter Eunike; ich bin aber überzeugt, daß er auch in dir
wohnt.

Dank sage ich Gott[5]**, dem ich von den Vorfahren her mit reinem Gewissen** l) **diene.** In der Gerichtsverteidigung beruft sich Paulus auf den Gott seiner Väter: „Ich bekenne ..., daß ich ... dem Gott der Väter diene, indem ich allem Glauben schenke, was dem Gesetz gemäß ist und was in den Propheten geschrieben steht" m). Ein solcher Angriff auf ihn ist auch hier vorauszusetzen, darum steht dieses Bekenntnis nicht im Gegensatz zu I 1, 13 f. Dort spricht er von einer vergangenen Verfehlung (ich war ein Lästerer), hier von einer ständigen Gegenwart (ich diene). In Phil 3, 5.6 ist Vergangenheit und Gegenwart beieinander: Die Abstammung von den Vorfahren 3

l) I 1, 19; 4, 2! Apg 23, 1

m) Apg 24, 14—16

[5] *Charin echo tô theo* wie I 1, 12; vgl. auch 1 Ko 15, 57; 2 Ko 2, 14; 8, 16; 9, 15; sonst bei Paulus gebräuchlicher: *eucharisto* in Rö 1, 8; 1 Ko 1, 4; Phil 1, 3; Kol 1, 3; 1 Th 1, 2; 2 Th 1, 3; Phlm 4. Dibelius (72) schließt daraus, daß „mindestens keine sklavische Imitation der uns bekannten Paulusbriefe" vorliege! Vgl. Wt. Stb. 1 Tim, (E 21) S. 28 f.

(5), das gute Gewissen, d. h. auch hier die vom Gesetz verlangte Gerechtigkeit (6) und die schuldhafte Verirrung: voll Eifer
n) wie I 1, 13 die Gemeinde verfolgend n). Siehe dazu I 1, 5 f!

Gottes Verhältnis zum Menschen fängt nicht erst bei dessen Umkehr an. Im Leben des Paulus wie im Leben jedes Menschen hat Gott schon mit einer Vorgeschichte begonnen. Gottes Handeln reicht bis in die vorgeburtliche Existenz hinein. Vgl. Gal 1, 13—15: 1. Ein Eiferer für die Überlieferungen der Väter. 2. Die Gemeinde Gottes verfolgend. 3. Die Zeit vor Damaskus (Gott, der von Mutterleib an absondert und beruft). 4. Die Stunde der Umkehr (Gott gefiel es, seinen Sohn zu offenbaren).

Wenn ich deiner gedenke[6]. Auffallend ist die Betonung des Gedächtnisses durch vier verschiedene Ausdrücke in den Versen 3—6:

4 **Eingedenk**[7] **deiner Tränen.** Das Elementare des Mitgefühls und der Mitverbundenheit kommt in der Erinnerung zum Ausdruck: Gedenkt der Gefangenen als Mitgefangene derer,
o) Hb 13, 3 die Ungemach leiden als solche, die auch im Leibe sind o). Paulus gedenkt in seinem Herzen der Traurigkeit des Timotheus
p) Vgl. II 1, 4 mit 4, 9 als einer, der selbst jetzt traurig ist und unter der Trennung von seinem geliebten Kind leidet p).

5 **Ich empfange** (im Gebet) **die Erinnerung,** so übersetzt Holtz. Die Erinnerung wird durch einen neuen Eindruck erweckt q).
q) 2 Pt 1, 13; 3, 1 Der Heilige Geist bringt im Betenden in Erinnerung[8], wofür
r) Eph 6, 18 der Beter danken und bitten soll r). „In den Gebeten geden-
s) Eph 1, 16 ken“ s) ist deshalb nicht eine fromme Redewendung, sondern eine wirkliche Erfahrung des Beters. „Bringe in Erinne-
t) II 2, 14; Tit 3, 1! rung!“ t). Der Diener Christi soll in Kraft des Geistes die Erinnerung der Gläubigen erwecken. Es geht hier um weit mehr als nur um Gedächtnisschulung oder um das äußere Wissen von Worten. Was wirklich in Erinnerung gerufen worden ist, berührt und verwandelt und stärkt das Innere[9].

6 **Ich erinnere dich**[10]. Erinnern an das, was man zu verges-

[6] Eigentlich eine lateinische Redewendung (Latinismus): im Gedächtnis haben = memoriam habeo; französisch: *Je fais mé-more de toi,* ebenso in 1 Th 3, 6.
[7] Wie 1 Ko 11, 2, ein Gedenken, das mit dem Festhalten der Überlieferung verbunden ist.
[8] Das entsprechende Verb in Jo 14, 26: der Heilige Geist ... wird uns alles lehren und euch an alles erinnern, was ich euch gesagt habe.
[9] Zum Verhältnis von Erinnerung und Meditation vgl. F. Melzer, Innerung, Wege und Stufen der Meditation. Grundlegung und Übungen, 1968.
[10] Vgl. auch II 2, 8: Halte im Gedächtnis; Apg 20, 31: Wachen durch Vergegenwärtigung; Mt 16. 9: Verstehen und Erinnern.

sen droht; wie 1 Ko 4, 7: Timotheus wird euch an meine Wege (Lehre) erinnern!

Unablässig u) **in meinen Gebeten.** Bittgebete; sie gehören mit zum Dank. **Tag und Nacht** v) unterstreicht die Beständigkeit des Gebetes. Ein Missionar, der nach einer weltweiten Tätigkeit an Erschöpfung zusammengebrochen war, sagte, daß in Zukunft seine Tätigkeit keinen größeren Umfang annehmen dürfe, als er mit dem Gebet decken könne.

u) wie Rö 9, 2
v) wie I 5, 5; Apg 20, 31

Die Tradition ist nicht ein bloßes „Wissensgut“; sie wird im Herzen überliefert, im Gedächtnis lebendig erhalten, in die Erinnerung gerufen durch den Heiligen Geist. Pneuma und Tradition stehen nicht zueinander im Gegensatz[11]. Die Synoptiker zeigen Jesus als den, der seine Jünger lehrt, indem er sie durch Erinnerung zum Verstehen bringt w), und bei Johannes spricht er vom Heiligen Geist, dem Lehrer der Wahrheit, der die Jünger an alles *erinnert* x). Paulus ermahnt die Gemeinde, indem er sie *erinnert* y): „Wißt ihr nicht?“ Mit dieser die Erinnerung aufweckenden Frage führt Paulus seine seelsorgerlichen Weisungen ein z).

w) Mt 16, 9; Mk 8, 17. 18
x) Jo 14, 26; 12, 16; 13, 7
y) Rö 15, 15; 2 Th 2, 5
z) 1 Ko 3, 16; 5, 6; 6, 2. 3. 9. 15. 16. 19; 9, 13. 24; 11, 3

Das ist nicht ein Wissen a) bloßer Information, sondern ein dem Bewußtsein des Menschen, d. h. seinem Geist durch den Geist Gottes geschenktes Wissen b). Das Wissen der Wahrheit soll durch ständige Erinnerung zur Erweckung und Erneuerung der Person führen, zu einer Wachheit und Mündigkeit, die die Glieder der Gemeinde befähigt, sich gegenseitig selber das Evangelium in Erinnerung zu rufen und zu halten c). In der Kraft des Geistes und seinem Erinnern empfängt Paulus das Überlieferte und gibt es weiter d). Besonders deutlich wird das in der Art und Weise, wie der Apostel die Überlieferung des Herrenmahls anführt e). „Vom Herrn her“ hat er empfangen, was er überliefert. „Das tut zu meinem Gedächtnis“ erhält in diesem Zusammenhang seinen ursprünglichen Sinn. Das ist nicht nur eine Gedächtnisübung, sondern eine durch den Heiligen Geist präsent gemachte Wirklichkeit: Der Herr ist wahrhaftig und wirklich gegenwärtig durch die „Erinnerung“ des Heiligen Geistes! Es kann darum nicht verwundern, wenn Paulus sein geliebtes Kind *erinnert*, das Charisma anzufachen. Der Geist bringt das Charisma zum Aufglühen in heller Flamme, indem er die Erinnerung lebendig macht.

a) Rö 2, 2; 3, 19; 5, 3; 6, 6; 8, 22. 26. 28; s. II 1, 12
b) 1 Ko 2, 11. 12; Rö 8, 16 1 Ko 11, 2
c) 2 Pt 1, 12—15; 3, 1—2
d) Rö 15, 15. 16. 19 Phil 1, 19; 3, 3; 6, 17. 18 I 4, 1!
e) 1 Ko 11, 23

Ich sehne mich danach, dich zu sehen. Das sehnende Verlangen ist bewegt durch die Liebe f). Wie Timotheus vor Jahren 4

f) Phil 1, 8; 4, 1

[11] Vgl. W. StB, 1 Tim S. 19 (E 10. 11).

g) 1 Th 3, 6
h) Phlm 4—7!

Paulus getröstet hat, indem er ihm das Verlangen der Gemeinde in Thessalonich nach einer Begegnung von Angesicht zu Angesicht überbrachte, so läßt der Apostel seinen Mitarbeiter wissen, daß er sich nach ihm sehnt und ihn sehen möchte g). Verlangen nach persönlicher Begegnung ist nicht ungeistlich. Da Paulus ständig an Timotheus denkt, d. h. an ihn erinnert wird im Gebet durch den Geist, obwohl er also unablässig mit ihm verbunden ist im Geiste, gerade deshalb hat er das Verlangen, ihn zu s e h e n. Weil ich dich liebe, bedarf ich deiner. Dieses persönliche Bekenntnis des Apostels kann eine ebenso starke Ermunterung für den jüngeren Mitarbeiter sein wie jede Beauftragung. Timotheus kann sich sagen: Paulus bedarf meiner, er hat mich nötig, er verlangt nach mir; ich bedeute ihm etwas, ich bin wertgeachtet in seinen Augen. Gerade weil der Geist selber die göttliche Bestätigung im Herzen wirkt und gibt, deshalb will er auch, daß einer den anderen bestätige im Herrn h).

i) wie 1 Ko 11, 2
k) 2 Kö 20, 3. 5; 22, 19; 1 Sam 20, 41; 2 Sam 15, 30; 19, 1; Neh 1, 4; Jer 13, 17; 14, 17; Hos 12, 5; Hiob 16, 20
l) Lk 19, 41; Jo 11, 35; Hb 5, 7
m) Apg 20, 19. 31; 2 Ko 2, 4; Phil 3, 18; Rö 9, 1—2; 8, 22. 23. 26; 2 Ko 5, 2. 4. 10
n) Rö 12, 15

Eingedenk deiner Tränen i). Tränen wurden in der Antike nicht als Zeichen schwacher oder weicher Sentimentalität angesehen. Könige und Propheten konnten sehr wohl bis zu Tränen vom Schmerz erschüttert werden k). Die Schrift bezeugt von Jesus, daß er weinte l). Der apostolische Dienst der Ermahnung war, so könnte man sagen, den Tränen nahe. Der Apostel konnte nicht unberührt bleiben von der Not, dem Leid oder der Verirrung derer, denen er diente m). Die Ostkirche kennt die „Gabe der Tränen" als eine Geistesgabe. Darum sind die Tränen des Timotheus kein Zeichen der Schwäche, sondern eine Äußerung leidfähiger Liebe. Timotheus hat sich seiner Tränen nicht zu schämen, denn bei Paulus hat er nicht stoischen Gleichmut gelernt, sondern das Weinen mit den Weinenden und das Sichfreuen mit den Fröhlichen n). Man kann dabei an eine Abschiedsszene denken, wie sie in Apg 20, 36—38 beschrieben ist. Ein Zusammentreffen der beiden zwischen dem ersten und zweiten Brief an Timotheus könnte aus I 3, 14 und II 4, 13 geschlossen werden. Timotheus war allein in Ephesus zurückgeblieben, während viele Mitarbeiter den Paulus begleiten durften o).

o) II 4, 10. 11. 20
p) Phil 2, 7; 2 Ko 7, 8—9

Damit ich mit Freude erfüllt werde[12]. Weil die Tränen nicht aus weichlichem Selbstmitleid hervorbrechen, sind sie der Freude sehr nahe p). Wer weinte, als Paulus ihn verließ, der kann den verlassenen Paulus mit Freude erfüllen, wenn

[12] Oft bei Paulus: Rö 15, 13; Phil 2, 2; 2 Th 1, 11; 2 Ko 7, 4.

er jetzt zu ihm kommt. Im Angesicht des Gerichtsurteils und des nahen Todes, in Ketten gefangen, schreibt der Apostel: Ich sehne mich nach dir, dein Kommen wird mich mit Freude erfüllen. Das Bild zweier Menschen, die erschüttert weinen und mit Freude **erfüllt** sein können, paßt schlecht in die Vorstellung christlicher Bürgerlichkeit oder stoischen Gleichmuts, vielmehr haben wir vor uns ein Zeugnis dessen, was Gemeinschaft im Heiligen Geist bedeuten kann q). Nicht zwei Amts- q) Phil 2, 1
personen, sondern zwei Pneumatiker[13], zwei Freunde stehen vor uns. Ihre Beziehung ist voll warmer Innigkeit und doch verhalten. Das zeigen die kurzen, inhaltlich schweren Sätze. Letztlich ist ihre Beziehung nicht auf sich selbst gerichtet, sie sind einander nicht gegeben zum Selbstgenuß. Ihre Freude aneinander gründet in der Freude des gemeinsamen Herrn und im Dienst für ihn[14].

Ich empfange (im Gebet) **die Erinnerung.** Der im Geist Be- 5
tende ist wach r) für die Bewegung des Geistes, der den r) Eph 6, 18
menschlichen Geist anhält zum Beten.

An den ungeheuchelten Glauben, der in dir lebt. Das Lebenswort treibt in Timotheus sein Werk auf das Endziel hin: Liebe aus reinem Herzen (davon zeugen die Tränen) und gutem Gewissen und ungeheucheltem Glauben s). Sein Glaube s) I 1, 5!
ist nicht Vorwand für selbstgerechte Beweggründe, sondern ein Glaube, der an der Treue Gottes festhält.

Der zuerst wohnte in deiner Großmutter Lois und in deiner Mutter Eunike. Vgl. II 1, 14: Der Heilige Geist, der in dir wohnt t). Die Namensnennung der beiden Frauen ist auffallend (in der Apostelgeschichte werden sie nicht erwähnt), ist sonst aber nicht ungewöhnlich bei Paulus u). Warum nennt Paulus ihre Namen? Im Gebet wird er an sie erinnert. Vom Vater hören wir nichts[15]. Ist es für Timotheus gut, unter dem Einfluß der beiden Frauen zu stehen? Paulus stellt nicht

t) Rö 8, 11; 7, 17; Kol 3, 16 Eph 3, 14f
u) Phil 4, 2. 3 Apg 16, 1

[13] „Was sich in ihm während seines Betens zuträgt, kennzeichnet ihn als Pneumatiker. Da der Geist seinem Denken und Wollen die Bewegung gibt, bestimmt der Geist das, was ihm zum Gegenstand des Gebetes wird ... indem die Erinnerung an Timotheus in ihm selbst lebendig wird, trägt er sie auch durch seine Bitten zu Gott empor" (Schlatter 213).

[14] „Der ganze Verkehr der beiden Männer trägt den Stempel einer für uns seltsamen Selbstlosigkeit, die nicht bei ihren persönlichen Wünschen verweilt" (Schlatter 218).

[15] Vgl. W. Stb. 1 Tim S. 41 f (E 31 b, c).

psychologische Überlegungen an[16], sondern richtet seinen
v) Hb 13, 7 Blick und den des Mitarbeiters auf den Glauben v) der beiden Frauen. Timotheus ist von Kindheit an in den Heiligen Schrif-
w) II 3, 15 ten w) des Alten Testamentes unterwiesen worden. Für ihn gilt deshalb das gleiche, was Paulus für sich sagte: Gott war in
x) I 1, 3! ihm schon von Mutterleib an x) gnadenvoll am Werk. Die geistgewirkte Erinnerung an die unwandelbare Treue Gottes führt zum Lobpreis und zur Stärkung im Glauben.

Ich bin aber überzeugt (, daß er) **auch in dir** (wohnt). Timotheus soll gewiß sein, daß Paulus nicht an seinem Glauben zweifelt, wenn er ihm Briefe der Ermahnung schreibt. Niemals, wenn er den Gemeinden schreibt, was für sie noch möglich ist an Wachstum in der Liebe und im Glauben, stellt er damit das schon Vorhandene in Frage, sondern bestätigt es viel-
y) Rö 15, 14; 1 Ko 1, 4—5. 10 f; Phil 1, 6—11 mehr y).

Die eigentliche Bedeutung der durch das Gebet hervorgerufenen Erinnerung an die Vorfahren kann darin liegen, daß Timotheus für seine schwere Aufgabe „wissen" soll, seine Sendung beruhe nicht auf seiner Bekehrung oder seiner Gläubigkeit, sondern auf dem Gott, der von Mutterleib an absondert
z) Jo 15, 16 und beruft z). „Ich bin überzeugt, daß der Glaube in dir wohnt." Im Gebet, im Geist ist im Apostel diese Überzeugung neu bestätigt worden, und er läßt das seinen geliebten Freund wissen.

2. Bekennen in Kraft des Geistes

2. Timotheus 1, 6—14

a) Geistesgabe und Geisteskraft 1, 6—7

6 **Aus diesem Grunde erinnere ich dich daran, die Gnaden-
gabe Gottes anzufachen, die in dir ist durch die Auflegung**
7 **meiner Hände. * Denn Gott hat uns nicht einen Geist der
Verzagtheit gegeben, sondern der Kraft, der Liebe und der
Zucht.**

[16] Man hätte dem eher zaghaften Timotheus einen gläubigen Vater gewünscht, doch hat Paulus ihm diesen Vater ersetzt. In der „Familie Gottes" darf einer dem anderen Vater oder Mutter, Sohn oder Tochter, Bruder oder Schwester werden. Die Beziehung, die in der eigenen Familie fehlte oder verloren ging, wird stellvertretend ersetzt oder erstattet (Rö 16, 13; Jo 19, 26. 27).

Aus diesem Grunde[17] **erinnere ich dich daran, die Gnaden-** 6
gabe Gottes anzufachen, die in dir ist durch die Auflegung meiner Hände. Zum Ganzen vgl. I 4, 14! Das Charisma, das Gottesgeschenk, ist **in dir**, d. h. es ist eine Wirklichkeit, die von der Mitte der Person aus wirkt, den ganzen Charakter der Gnade gemäß prägt a) und die natürlichen Gaben so beseelt, daß sie zur vollen Entfaltung im Dienst für Christus kommen: „Ich habe mehr gearbeitet als sie alle, nicht aber ich, sondern Gottes Gnade mit mir." Die Betonung liegt hier nicht auf dem ursprünglichen Empfang der Gabe, sondern auf der gegenwärtigen Verantwortung, sie zu voller Flamme auflodern zu lassen. Das Charisma bestimmt den Menschen nicht derart, daß er nicht mehr frei und verantwortlich wäre. Er kann die Gnade vergeblich empfangen haben, sie vernachlässigen oder aber sie durch Glauben und Liebe entfalten. Wäre an eine spezielle Amtsgnade gedacht[18], die einer einmal empfing und nun eben unverlierbar hat, so würde die Ermahnung, das Charisma nicht zu vernachlässigen oder es neu anzufachen, keinen Sinn geben[19]. Die Gnade Gottes oder das Charisma ermöglicht ein neues Bewußtsein. Das Selbstbewußtsein wird ganz durchtränkt oder — im Bild vom Feuer gesprochen — durchglüht von der Gnade, es wird zu einem Gnadenbewußtsein (durch Gottes Gnade bin ich, was ich bin). Und daraus entsteht ein neues Wirken aus Gnade (ich habe mehr gearbeitet als sie alle, nicht aber ich, sondern die Gnade Gottes mit mir).

a) 1 Ko 15, 10
II 1, 9

Anfachen[20] kann sowohl bedeuten: ein Feuer frisch anfachen, als auch: ein Feuer in voller Flamme bewahren. In der erinnernden Ermahnung des Paulus an Timotheus ist kaum ein Tadel zu sehen, vielmehr ein Zuspruch, damit der geliebte Sohn die brennende Gabe zu stärkerer Glut entfache. Gegenüber I 4, 14 ist die Lage verändert: Das Martyrium steht nahe bevor. Eine äußerste Entscheidungssituation ist eingetreten, die auch von Timotheus das Letzte verlangen kann. Nur wenn er im Charisma brennt b), wird er im Glauben und als Zeuge auch im Leiden bestehen. Die Glut im Herd muß nicht fort-

b) Mt 10, 20
Mk 13, 11

[17] Faßt alles bisher Gesagte zusammen.

[18] „Die Amtsgnade ist noch nicht habituell verstanden" (Dibelius 73). II 1, 6 wird im Konzil zu Trient angeführt als Schriftbeweis dafür, daß die Ordination ein Sakrament sei.

[19] „Die Gnadengabe ist nicht das ihm übertragene Amt der Verkündigung des Evangeliums selbst, sondern die dazu nötige Befähigung und Ausrüstung" (Wohlenberg 276).

[20] Das gleiche Verb in LXX: Wiederbeleben, wieder zum Leben kommen: 2 Kön 8, 1. 5; 1 Mo 45, 26—28. Josephus gebraucht das Verb für die Wiedererweckung einer Liebesleidenschaft (B. J. 1, 22).

während zu heller Flamme entfacht sein, nur wenn es nötig ist, dann aber schnell und ungehindert soll sie aufflammen können in Kraft[21]. Die Erinnerung ist wie ein Wind, der die Flamme des Geistes zum Brand entfacht[22], so daß der im Geist glühende Mensch in zuchtvoller Liebeskraft leben und handeln kann.

7 **Denn Gott hat uns nicht einen Geist der Verzagtheit gegeben, sondern der Kraft, der Liebe und der Zucht.** Enthalten diese Worte einen geheimen Tadel? Es könnte das „uns", das alle Christen einschließt, als schonende Rücksichtnahme angesehen werden, die den Timotheus nicht direkt auf seine Verzagtheit ansprechen will, um ihn nicht bloßzustellen. Doch liegt eine andere Deutung näher: Ein Vergleich mit den anderen Wir-Stellen c) legt den einfacheren Schluß nahe, daß Timotheus durch die Erinnerung an seine Zusammengehörigkeit mit Paulus zusammen mit allen Gliedern und Dienern der Gemeinde ermuntert[23] werden soll. Ein Hang zu schneller Verzagtheit oder zu depressiven Anwandlungen ist dabei für Timotheus nicht auszuschließen. Diese menschlichen Schwächen sollen und müssen ihm nicht zum Verhängnis, nicht einmal zur Beeinträchtigung des Dienstes werden. Timotheus hat nicht einen besonderen Geist oder eine besondere „Amtsgnade" empfangen im Unterschied zu anderen Christen; er hat im Heiligen Geist eine Gabe erhalten, die er gemäß der ihm verliehenen Gnade gebrauchen soll[24].

c) I 4, 10! 6, 7—8. 17 c; II 1, 14

[21] Das Bild des Feuers für den Heiligen Geist, bei Paulus auch in 1 Th 5, 19; Rö 12, 11; vgl. Apg 2, 3; 18, 25; Mt 25, 8; 3, 11 c.

[22] So ist das wiederholte Erfülltwerden mit Heiligem Geist für neue Aufgaben nicht eine neue Begabung mit dem Geist, sondern ein neues Entflammen der vorhandenen Glut: Apg 2, 4; 4, 8. 31; 6, 3. 8; 7, 55.
Stephanus — erfüllt mit Heiligem Geist — ist zum ersten Blutzeugnis bereit in der Nachfolge seines Herrn (Apg 13, 9. 52). Die verschiedenen Gezeiten des geistlichen Lebens bringt Zinzendorf in einem Lied von großer seelsorgerlicher Weisheit zum Ausdruck:
Merk, Seele, dir dies große Wort: Wenn Jesus winkt, so geh; wenn er dich zieht, so eile fort, wenn er dich hält, so steh. — Wenn er dich aber brauchen will, so steig in Kraft empor. Ist Jesus in der Seele still, so nimm auch du nichts vor.
Wenn er dich lobt, so bücke dich; wenn er dich liebt, so ruh; wenn er dich aber schilt, so sprich: Ich brauch's, Herr, schlage zu! Wenn Jesus seine Gnadenzeit bald da, bald dort verklärt, so freu dich der Barmherzigkeit, die andern widerfährt.

[23] Chrysostomos: „Es hängt von uns ab, ob wir dieses Feuer auslöschen oder es zu stärkerem Brennen bringen. Es erlöscht durch Faulheit und Nachlässigkeit, es entzündet sich durch Inbrunst. Ihr habt schon dieses Feuer in euch; arbeitet, um es glühender zu machen; seid hingebend, d. h. habt ein immer neues Vertrauen in Gott."

[24] Vgl. die Ähnlichkeit zu 1 Pt 4, 10: Wie jeder eine Gnadengabe empfangen hat, so dienet damit einander als gute Haushalter der mannigfaltigen Gnade Gottes.

Geist der Verzagtheit. Eine Frucht die schimpflich ist, weil sie Feigheit einschließt d). Eine negative Formulierung an den Anfang gestellt, betont den Gegensatz, ganz ähnlich wie Rö 8, 15: „Wir haben nicht einen Geist der Knechtschaft empfangen, wiederum zur Furcht, sondern einen Geist der Sohnschaft zum freimütigen Anrufen des Vaters." Man muß die betonte Ablehnung des Geistes der Verzagtheit[25] im Zusammenhang sehen mit dem Bekenntnis des Apostels, daß er sich des Evangeliums nicht schämt; läge keine Veranlassung oder Versuchung dazu vor, dann hätte es wenig Sinn, davon überhaupt zu reden e). Weil Gott uns seinen Geist gegeben hat, darum sollen wir in Kraft dieses Geistes seine Gaben anfachen, anwenden und in der jeweiligen Lage auch das Äußerste aus ihnen herausholen.

d) Mk 4, 40; Jo 14, 27

e) Vgl. Rö 1, 16 mit II 1, 8. 12. 16; 2, 15

Geist der Kraft (dynamis). Es ist der Geist Christi, der den Apostel stark macht zum Dienst (I 1, 12). In diesem Geist kann auch Timotheus neue Kraft gewinnen (II 2, 1). Der Geist der Kraft ist der Geist, der Freimut, Kühnheit, Unmittelbarkeit, Unbefangenheit, Furchtlosigkeit, Gewißheit[26] zum Zeugnis und zum Dienst schenkt.

Nicht die natürliche Stärke des Charakters oder die imponierende Macht der Persönlichkeit gibt den Ausschlag, sondern der Heilige Geist kann durch seine Dynamik in einem schwachen, begrenzten und sogar von Natur eher ängstlichen Menschen eine Bewegung und Beweglichkeit entfalten, die erstaunen läßt f). Der Freimut ungelehrter und unbeholfener Leute mag auch heute noch mehr Menschen verwundern als alles gekonnte Können in eigener Kraft. Allerdings darf der Freimut, den der Heilige Geist gibt, nicht verwechselt werden mit der von Selbstbewußtsein strotzenden Naivität von Christen, die ihr kleines Maß an Glauben, Wissen und Erfahrung für das Letzte und Eigentliche halten. Versteht man die Anweisungen des Paulus an Timotheus, dann kann man nicht der Meinung verfallen, als sei die wahre Unbefangenheit denen gegeben, die sich mit dem zufrieden geben, was sie an

f) Apg 4, 13

[25] Vgl. den Liedvers: Weicht ihr Trauergeister, denn mein Freudenmeister Jesus tritt herein. Denen, die Gott lieben, muß auch ihr Betrüben lauter Freude sein.

[26] So kann man das im NT sehr bedeutungsvolle Wort *„parresia"* übersetzen, das in I 3, 13 vorkommt. In Mk 8, 32 a von Jesus ausgesagt: Er redet frei heraus; vgl. Jo 7, 13: nicht frei herausreden aus Furcht vor . . .; Jo 16, 25; 18, 20; Apg 2, 29; 4, 13. 29. 31.
Mit viel Freimut auftreten: 2 Ko 3, 12; 7, 4; Eph 3, 12; 6, 19; Phil 1, 20, 1 Joh 2, 28; 3, 21; 4, 17. Freimut, Zuversicht im Zusammenhang mit der Liebe, die den Geist der Furcht austreibt, also ähnlicher Zusammenhang wie II 1, 7; 1 Jo 5, 14.

g) Vgl. Phil 3, 12—18 mit I 4, 7! 12—16; 6, 11—12; II 2, 1—6. 15

h) 1 Ko 14, 20. 21

eigenen Möglichkeiten haben g). Der Heilige Geist löst die Erstarrung des menschlichen Geistes auf. Er macht ihn glühend und bringt einen dynamischen Zug zur Umgestaltung und Entfaltung hinein[27].

Geist der Liebe (agape). Paulus weiß aus seiner eigenen Wirksamkeit, daß Kraft und Liebe gepaart sein müssen h). Denn Kraft allein macht hart; Liebe allein, wenn es dann noch wirklich Liebe ist, macht weich. Der Mensch Gottes, vom Geist Gottes durchglüht und getrieben, vereinigt in sich kraftvolle weibliche Liebe und liebevolle männliche Kraft. Der nur dynamische Diener ohne Liebe wird ein Eiferer; stößt er auf Widerstand, wird er bitter.

Geist der Zucht[28]. Der Heilige Geist macht den Menschen, den er erfüllt, nüchtern[29], besonnen, beherrscht[30]. Er verschafft klare Einsicht und Übersicht. Der den Menschen beherrschende Heilige Geist führt zur Beherrschung. Die „Selbstbeherrschung" ist eine G a b e, eine F r u c h t des Geistes und gerade n i c h t das Resultat der (stoischen) Selbst-Beherrschung (Selbstmanipulation). Der menschliche Geist, der sich selbst kontrollieren will, wird verhärtet, er vergewaltigt sich selbst und bindet die Kräfte des Menschen an sich selbst, anstatt sie im Dienst des Nächsten zu entfalten. Viel von dem, was man als „Verbindlichkeit" unter Christen ausgibt und erstrebt, gehört unter die menschlichen und weltlichen Versuche, im frommen Gewand, verbunden mit Gebet und biblischen Begründungen, zur Ordnung der eigenen Kräfte und der Gemeinschaft zu kommen. Diese Versuche übersehen die Tatsache, daß die „Selbstbeherrschung" genauso eine Frucht des Heiligen Geistes ist wie die Liebe oder die Freude. Man wird, um einer Verwechslung vorzubeugen, deshalb besser tun, dieses Wort mit **„Zucht"** wiederzugeben. Es bezeichnet einen Menschen, der vom Heiligen Geist in Zucht genommen, in der göttlichen **Erziehung** steht. So ist auch Titus 2, 12 f aufzufas-

[27] *Dynamis* bei Paulus: Rö 1, 16; 1 Th 1, 5; 2 Th 1, 11; Eph 3, 16; Gal 3, 5; 1 Ko 2, 4; 16, 10.

[28] Das Substantiv nur hier; das Verb hingegen bei Paulus in Rö 12, 3 im Zusammenhang mit den Geistesgaben; in 2 Ko 5, 13. 14 im Zusammenhang mit der Liebe Christi.

[29] Zu *nüchtern* vgl. die Übersetzung des *Splendor paterne glorie* (Ambrosius) durch F. Enderlin: Du Glanz aus Gottes Herrlichkeiten, du bist das Licht und bist sein Quell, vom Vater her vor allen Zeiten, du Tag, du machst den Tag uns hell. — Brich an, du bist die wahre Sonne, leucht uns mit deinem Himmelsschein; des Heilgen Geistes Glanz und Wonne dring tief in unsre Herzen ein. — Herr Christ, sei du uns Trank und Speise; erfülle uns mit deinem Geist, daß er im Überschwang uns weise, wie man dich heilig-nüchtern preist.

[30] *sophron*, nüchtern, in I 3, 2 für den Aufseher verlangt.

sen: Gottes Gnade e r z i e h t uns. Nahe zur Zucht steht das
Wort M a ß i). Der Besonnene ist der vom Geist unter Kontrolle Genommene. Durch den Geist bekommt er einen Sinn für das Maß, für das Gemäße, für das, was jetzt zu tun und zu lassen ist. Das Maß ist griechisches Ideal. Das sollte aber nicht verleiten, den biblischen Sinn des Maßes, nämlich des Maßgebenden, zu übersehen. Da ist ein Doppeltes zu sagen: Maß des Menschen ist nicht der Mensch, sondern Gott. Der von Gott getrennte Mensch hat kein Maß mehr. Wenn sich ein Mensch an Menschen mißt, dann geht er unter das Maß. Gott setzt dem Menschen sein Maß. Das ist der Mensch Jesus Christus, wie ihn der Hymnus von I 3, 16 hinstellt. So gesehen ist das biblische Maß nicht eine bürgerlich fade Mittelmäßigkeit. Das Maß ist genommen an dem unermeßlichen Gott der Liebe, der sich in Christus dem Menschen maßgebend offenbart und zuwendet.

i) Rö 12, 3

Der Geist der Zucht und des Maßes ist zugleich der Geist der Freiheit und des Freimuts k). Zucht des Geistes führt gerade nicht in neue Knechtschaft l), sondern in die Freiheit und Furchtlosigkeit (parresia) der Kinder Gottes. Der zur Flamme entfachte Geist wird den Timotheus nicht unnüchtern und ängstlich machen, er wird ihn mit Liebeskraft und nüchterner Einschätzung der wahren Lage erfüllen[31].

k) 2 Ko 3, 17
l) Rö 8, 15

b) Berufen zum Zeugen 1, 8—12

8 **Darum schäme dich nicht des Zeugnisses für unseren Herrn
noch meiner, der ich für ihn gefangen bin, sondern leide
mit für das Evangelium nach der Kraft Gottes, * der uns
9 erettet und berufen hat mit heiligem Ruf nicht aufgrund
unserer Werke, sondern aufgrund seiner eigenen Entscheidung und der Gnade, die uns im Messias Jesus zugedacht**

[31] Dibelius meint, „*sophron*" und die verwandten Wörter seien bezeichnend für die Bürgerlichkeit der Past. Neunmal erscheine diese Wortgruppe in den Past., im übrigen NT sechsmal, davon zwei Stellen, die von Dämonen Geheilte bezeichnen: „Besonnene Mäßigung". Freilich paßt II, 1, 8 dann nicht zu dieser bürgerlichen Mäßigung. Die Mahnung, für den Glauben zu leiden, durchzieht den ganzen Brief (1, 8. 12; 2, 3 — 13; 3, 10 — 12; 4, 5 — 8). Der Sinn von „Besonnenheit" muß im Licht dieses Zusammenhangs gesehen und ausgelegt werden. Dibelius zieht es vor, die einmal vorausgesetzte Annahme der Bürgerlichkeit beizubehalten. „Diese Gedankengruppe (!) des 2 Tim (für den Glauben zu leiden) bildet ein Problem; der Vertreter der Echtheit wird es mit dem Hinweis auf die wirkliche Situation des Paulus lösen, muß dann aber das noch größere Problem der christlichen Bürgerlichkeit in den Past ungelöst lassen . . ." (72). Man beachte dagegen die Mahnung, auf „besonnene Selbstschätzung bedacht zu sein" schon im Römerbrief (Rö 12,3).

10 ist vor ewigen Zeiten *, jetzt aber ist sie offenbar gewor-
den durch die Erscheinung unseres Retters, des Messias
Jesus, der den Tod entmachtet hat, dagegen Leben und Un-
11 vergänglichkeit ans Licht gebracht hat. * Das geschieht
durch das Evangelium, zu dessen Herold, Apostel und Leh-
12 rer ich bestimmt worden bin. * Aus diesem Grunde leide
ich auch dies; aber ich schäme mich nicht, denn ich weiß,
wem ich geglaubt habe, und bin überzeugt, daß er mächtig
ist, das mir Anvertraute zu bewahren auf jenen Tag.

Johannes der Täufer, der Vorläufer und Wegbereiter des Herrn, kam ins Gefängnis, wo er schließlich hingerichtet wurde, damit sein Haupt auf einer Schüssel den Launen einer Frau dargereicht werde a). So quittierte eine korrupte Welt den Bußruf des Täufers zum Leben. Jesus selber endete am Verbrecherpfahl, und sein Apostel, als Kehricht und Abschaum der Welt behandelt b) und betrachtet, verbringt Jahre im Gefängnis, wird in Untersuchungshaft dann verurteilt und schließlich hingerichtet wie einer der vielen Verbrecher oder Feinde des römischen Staates. Und dieser Paulus nennt sich ein „Gesandter in Fesseln“. Das ist ein paradoxer Ehrentitel genau wie „Sklave Jesu Christi“ c). Er ist frei inmitten menschlicher Bindungen und Gebundenheiten. Wer in Fesseln ist, so mag man denken, kann nicht seiner Sendung nachgehen und unterwegs sein. Wer gesandt ist, darf nicht gefesselt sein. Doch Paulus ist nicht Gefangener des Kaisers, er ist „sein“, d. h. des Herrn, um seinetwillen Gefangener d). Er gehört dem Herrn aller Herren an, und deshalb vermag keine irdische Macht den Lauf des ihm aufgetragenen Evangeliums zu hindern. Timotheus ist in dieselbe Nachfolge gerufen. „Nimm auch du den Leidensweg der Heilsbotschaft in dieser Welt auf dich, in Gottes Kraft“ (W). Das Heil für die Welt kommt und geht auf dem Weg des Leidens durch diese Welt. Der Mensch mag in inneren und äußeren Fesseln sein, „aber das Wort Gottes ist nicht gefesselt“ e). Man muß die Past von diesem Zeugnis aus lesen und in seinem Licht auslegen, denn der Aufruf zur Leidensbereitschaft steht nicht im Widerspruch zu den Anweisungen für ein würdiges Verhalten, sondern gibt ihnen erst die richtige Begründung: Im Angesicht von Verfolgung beten für die, welche verfolgen f), den Lästerern keinen Anlaß geben für ihre Ablehnung des Glaubens. Die Gesamtlage ist ähnlich wie in dem Brief an die Philipper, nur jetzt viel schärfer herausgestellt durch die Zunahme der Irr-

a) Mt 14, 8
b) 1 Ko 4, 13
c) Eph 6, 20 Rö 1, 1
d) Phlm 9! Eph 3, 1
e) II 2, 9
f) I 2, 1 f!

lehrer, durch den Abfall von Mitarbeitern und die bevorstehende Vollstreckung des Todesurteils g). Wie ein gewöhnlicher Bandit ist Paulus mit einer Kette an seine Wächter gefesselt h).

Wenn auf den Wortführer der Christen diese soziale Ächtung und persönliche Erniedrigung fällt, steht die Versuchung nahe, sich des Evangeliums zu schämen. Doch Timotheus hatte zu Paulus gestanden i), und er soll und wird es auch jetzt tun. **„Darum schäme dich nicht des Zeugnisses für unseren Herrn noch meiner, seines Gefangenen.“**[32] Nicht weil Timotheus besonders mutig und tapfer wäre, sondern weil Gottes Geist in
ihm wohnt, vermag er in der Kraft dieses Geistes unverzagt 8
dazustehen und mitzuleiden für das Evangelium k).

Das Zeugnis unseres Herrn. Der Ausdruck kann bedeuten: das Zeugnis, das Jesus selber gab, oder das Zeugnis, das der Zeuge für Jesus abgibt l).

Jesus hat vor Pontius Pilatus Zeugnis abgelegt m). Wir können sinngemäß übersetzen: Timotheus soll sich in der Bezeugung des Evangeliums nicht schämen n), auch wenn es Leiden, Verachtung, Verfolgung mit sich bringt und zum Tode führen wird o). Wer das Evangelium annimmt und weitergibt, muß mit Schmach und Verfolgung rechnen. In den Past ist dieses Wissen nicht vergessen oder gar verleugnet. Keine Anweisung verliert diesen Hintergrund aus dem Auge. Alle, nicht nur Paulus oder Timotheus, werden verfolgt werden, wenn sie in Jesus allein ihren Herrn sehen, nur in ihm ihre Lebenserfüllung und Erwartung suchen und finden p). Mit Jesus leben und verfolgt werden — beides gehört zusammen. Das Verfolgtwerden beleuchtet klar die Art und Weise, wie Frömmigkeit in den Past zu verstehen ist! Nicht einem hellenistisch-stoischen Lebensideal, sondern eher den mit Schmach, Angst und Verfolgung gesättigten Zeugnissen aus den atl Psalmen entstammt das Bewußtsein der Past, wenn es sich hier auch einer anderen Sprache bedient. Nicht umsonst beteten und sangen die Märtyrer in ihrer letzten Stunde gerade die Psalmen. Wer sich des Herrn *nicht schämt*, sondern auf ihn hofft, wird *nicht zuschanden* q) werden, auch nicht vor dem letzten Feind, dem Tode. „Laß mich nicht zuschanden werden“ ist keine Bitte um billige Bewahrung für ein geruhsames Leben, es

g) Phil 1, 7. 12—14. 20. 29. 30
h) II 1, 16; 2, 9; Phil 1, 12. 13; Apg 12, 6; 16, 24; 21, 11. 33; 22, 29. 30
i) Phil 1, 1
k) Vgl. Mt 10 20 Mk 13, 11 Lk 12, 12 mit II 1, 7. 14
l) Jo 15, 27 Off 1, 2. 9 Apg 1, 8; 26, 16 1 Ko 1, 6. 18. 21. 23; 4, 9—13
m) I 6, 13!
n) wie Rö 1, 16
o) vgl. I 2, 6!
p) II 3, 12
q) Phil 1, 20

[32] Hdte übersetzt Vers 8: „Nicht schäme dich darum des Martyriums unseres Herrn.“ Der Wortgebrauch von „Zeugnis“ *(martyrion)* im Sinne von Martyrium (Bezeichnung für den Tod Jesu) ist alt. Phil 1, 20 bezieht sich eindeutig auf das Martyrium; nicht zuschanden werden im Märtyrertod.

ist Aufschrei und zugleich vertrauende Hingabe in letzter Be-
r) Ps 22, 6; 25, 1—3; 31, 2; 34, 6; 69, 7—8 drängnis r).

Sich schämen steht im Gegensatz zu Freimut (parresia), den der Geist der Kraft verleiht[33]. Es wäre ein Zurückweichen und Verstummen vor jeder Form des Widerstandes: Vom Lächeln der Gleichgültigkeit und des Spotts bis zu Hohn, offener Verachtung, Drohung, Verfolgung, Marter und Tod.

Sondern leide mit für das Evangelium. Mit-Leiden: Dieses neue von Paulus hier in seiner Zusammensetzung geprägte Verb[34] faßt in einem einzigen Wort das Leidensverständnis des Apostels zusammen, wie es aus Phil 3, 10 bekannt ist: Ihn kennen heißt, mit seinen Leiden Gemeinschaft haben, und das führt zur Gleichgestalt[35] mit dem Tode Jesu und schließlich mit seiner Auferstehung. Wie die Gemeinde der Philipper für
s) Phil 1, 20 Christus leidet s), indem sie denselben Kampf an sich erlebt,
t) Phil 1, 30 wie ihn Paulus durchmacht t), so ist auch Timotheus gerufen — zusammen mit Paulus, und darin Jesus nachfolgend —, für das Evangelium Widerstand, Widerwärtigkeit, Verachtung, schlechte Behandlung, Verwerfung, Gefängnis, Verurteilung
u) vgl. 1 Pt 4, 13—15; 5, 9 und Tod zu leiden u). Wer für das Evangelium leidet, erfährt, daß das Böse seine verheerende und zerstörende Wirkung nicht vollenden kann: die Gotteskraft bewahrt den Leidenden. Er ist vereint mit der Liebe Gottes, die noch im Tode über-
v) Vers 7 und 4, 17 windet. Es ist jener Geist der Herrlichkeit und der Kraft v), der auf den Ohnmächtigen ruht, wie das vom ersten Märtyrer Stephanus bezeugt ist und wie es nachher viele Blutzeugen
w) Apg 6, 15; 7, 55—60 1 Pt 4, 13—15; 5, 9 erfahren haben w).

Es gibt ein Leiden an der Kirche, das durch ihre Verweltlichung und Verwässerung hervorgerufen wird. Paulus leidet auch darunter, daß sich die Feinde des Kreuzes Christi in der
x) Phil 3, 18 Kirche breitmachen x), weil sie nicht bereit sind, mit dem Evangelium zu leiden. Der zweite Brief an Timotheus bezeugt
y) 4,9—11. 16 dieselben Leiden y). Doch geht es jetzt um weit mehr, nämlich um die Bereitschaft, das letzte gemeinsame Leiden um des

[33] *parresia* siehe Fußnote 26; 2 Ko 3, 12 vgl. 4, 1—2; Rö 1, 16.

[34] *syn-kako-patheson* 2, 3; im hellenistischen Sprachgebrauch sehr selten; in 2, 9 und 4, 5 ohne die Vorsilbe *syn; kakos* ist das Schlechte, Böse, als menschliche Eigenschaft, Absicht: Phil 3, 20; Rö 13, 3; 1 Ko 15, 33. I 6, 10: böse Dinge, Untaten; II 4, 14; *pathema:* Leiden, 3, 11; Phil 3, 10; 2 Ko 1, 5. 6; Rö 8, 18; Kol 1, 24; Paulus leidet um des Evangeliums willen und nicht um politischer Gründe willen. „Lautete nun die Anklage so, er habe das Christentum, diese Verbrecher und Staatsfeinde erziehende Religion, in Rom verbreitet?" (Schlatter 22).

[35] Wörtlich: konform; gleichförmig machen.

Evangeliums willen an sich geschehen zu lassen und es nachzuvollziehen: das Blutzeugnis (Martyrium). Falsches Pathos, Wehleidigkeit, Selbstmitleid hat hier keinen Platz; statt dessen ist der Blick auf die heilige Berufung Gottes gerichtet, der uns erlöst und mit heiligem Rufe gerufen hat.

Die Verse 9 und 10 fallen auf durch ihre stilistische Eigen- 9
art. Sie sind vom Apostel entweder als schon liturgisch formuliertes Bekenntnis ganz übernommen oder teilweise neu geprägt und der Zielsetzung des Briefes angepaßt worden. Da das zentrale paulinische Thema der Rechtfertigung aus Gnade, nicht aus Werken, nur hier und in der ebenfalls liturgisch geprägten Stelle von Tit 3, 5 vorkommt, haben Ausleger angenommen, daß die Begriffe der Gerechtigkeit und der Werke in den übrigen Teilen der Past eine andere, nicht mehr paulinische Färbung haben. Dagegen ist zu sagen: E r s t e n s sind die guten Werke durchaus als Früchte des Glaubens gesehen[36]. Daß sie so oft erwähnt werden, ist durch die Lage der Gemeinde gegeben. Hier machen sich Irrlehrer breit, welche die praktischen Auswirkungen des Glaubens vernachlässigen oder leugnen. Aber auch der zunehmende Druck (Kritik, Widerstand, Verfolgung) von außen macht die Betonung der aus dem Glauben folgenden Liebe und ihre Werke nötig und verständlich z). Z w e i t e n s fassen die hymnischen Zitate bewußt den Sinn der vorangegangenen oder nachfolgenden Äußerungen zusammen und verbinden die Anweisungen mit der Quelle: Der höchste und umfassendste Sinn der Gottseligkeit (Frömmigkeit) ist nicht aus den praktischen Anleitungen, sondern aus dem Lobpreis seines Ursprungs in Gott zu erschließen a). Was Genügsamkeit, wahrer Reichtum und wirkliche Macht bedeuten, können die Reichen und diejenigen, die es werden wollen, an dem seligen und alleinigen Machthaber erkennen, dem die Ehre gebührt b). Ebenso steht der vorliegende Hymnus in einem inneren Zusammenhang mit dem Vorangegangenen: Gott, der den Apostel von Mutterleibe an berufen hat und der sich in den Vorfahren des Timotheus offenbarte, ist der, welcher in seiner Erlöserabsicht schon vor ewigen Zeiten erwählend gehandelt hat. Um der Auserwählung und der Auserwählten willen kann und soll alles standhaft ertragen werden c), denn Gott kennt die, die sein sind, und er

z) vgl. 1 Pt 2, 19—21

a) I 3, 16!

b) I 5, 15!

c) I 2, 9!

[36] II 3, 15—17: V. 15: Rettung durch den Glauben an Jesus Christus; V 17: Als gläubiger Mann ausgerüstet zu *jedem guten Werk* durch das Wort Gottes. Vgl. auch Wt. Stb. 1 Tim S. 218, Anhang 3: Gute Werke.

d) II 2, 19 wird nicht von ihnen ablassen d). Die Leiden stehen im Zeichen der Erwählung: nur so sind sie tragbar und werden sie durchsichtig auf das ewige Ziel hin[37].

Der Lobpreis ist in drei Sätze mit drei je einander gegenüberstehenden Aussagen gegliedert:

1. Nicht menschliche Werke — sondern Gottes Gnadenwille
2. Vor ewigen Zeiten beschlossen — jetzt kundgetan
3. Der Tod ist entmachtet — unvergängliches Leben sichtbar gemacht

Das Ganze beginnt auch hier mit der ewigen Welt, wenn man den Anfang mitrechnet, der anschließt an Vers 8: **„Das Evangelium nach der K r a f t G o t t e s**[38]**,** der rettet und beruft." Alle Partizipien stehen im Präteritum (Gott hat errettet, hat berufen, die Gnade ist verliehen worden etc.), aber grammatikalisch sind sie alle auf die rettende Kraft Gottes bezogen, das gibt ihnen einen präsentischen Sinn. Gott hat von Anbeginn der menschlichen Geschichte als Erlöser gehandelt und ist jetzt als Erlöser wirksam durch das Evangelium von Jesus, der **uns errettet und berufen** hat. Sein Erretten ist ein Berufen zu neuem Sein und zu dem daraus möglichen neuen Handeln[39]. Der Erlöste ist ein Berufener, der fortan unter einem **heiligen Ruf** steht. Er ist berufen zur Heiligung[40]. Der Errettete darf seine Gottzugehörigkeit durch sein tägliches Leben festmachen und verwirklichen. Das ist keine Werkgerechtigkeit. Der berufende Gott will sein heiliges Wesen in Leib und Leben der Berufenen ausprägen, denn „wie der, welcher euch berufen hat, heilig ist, sollt auch ihr heilig werden im ganzen
e) 1 Pt 1, 15. 16 Wandel e)".

Berufen[41]**.** Weil Timotheus zum ewigen Leben berufen ist, darum soll er es ergreifen; weil es ihm schon geschenkt worden ist, darum soll er aus der Kraft dieses Lebens und auf seine Erfüllung hin leben. I 6, 12 bringt das Thema der B e r u f u n g außerhalb eines liturgisch geprägten Rahmens, setzt aber den gleichen Sinn voraus. Dasselbe gilt für die W e r k e, ob sie nun in einem liturgischen Stück oder in einem anderen Text-

[37] II 2, 11—13 ebenfalls hymnisch gestaltet; Rö 8, 17—18. 26—30; 2 Ko 4, 17—18.
[38] Rö 1, 16: *Kraft* Gottes zum *Heil*
[39] Ich habe dich erlöst; ich habe dich bei deinem Namen gerufen; du bist mein (Jes 43, 1, vgl. 1 Ko 1, 9; Gal 1, 6; Rö 8, 28).
[40] So kann in Anschluß an 1 Th 4, 7 interpretiert werden.
[41] *klesis,* Berufung, Ruf, Rö 11, 29; Phil 3, 14; *kaleo* (rufen) 1 Ko 7, 20; Eph 4, 14; Hb 3, 1.

zusammenhang erwähnt sind[42]. Gott hat **uns** errettet und berufen. Wieder schließt Paulus **alle** ein, wenn sie Auserwählte (2, 10), d. h. von Gott Erkannte (2, 19), sind. Timotheus ist nicht allein; nicht an seine Berufung als Mitarbeiter ist hier gedacht, sondern an die Zeit, da er durch Gottes Ruf Rettung fand. Nicht Paulus hat ihn gerufen, sondern Gott selbst, allerdings durch menschliche Vermittler: seine Boten.

Nicht aufgrund unserer Werke. Eph 2, 9: „Nicht aus Werken." Werke sind im Sinne der Selbstbestätigung zu verstehen; das Tun und Trachten, womit man sich selbst legitimieren, beglaubigen, seine eigene Existenz rechtfertigen will. Geschieht das „vor Gott": dann werden vor allem religiöse gute Werke dafür in Frage kommen; wenn aber vor den Menschen: dann philanthropische, soziale, nützliche, politische; vor der eigenen Instanz: emotionale Selbstwertgefühle sichern, festigen, steigern; künstlerische, ästhetische, erotische Werte und Werke und Erfahrungen erstreben. Doch der Mensch kann seine Seele so nicht gewinnen. Er wird seiner eigenen Existenz nicht froh; auch wenn er die ganze Welt an Erfahrungen an sich reißt auf der Suche nach dem verlorenen Paradies. Die Unmittelbarkeit zu Gott und darin auch zu sich selbst kann er nur als reines Geschenk des freien Willens aus göttlicher Huld empfangen, und real erfahren wird er das nur in der Liebe unter den Menschen, unter denen er lebt.

Sondern aufgrund seiner eigenen Entscheidung. Nicht menschliche Absicht, Entscheidung und Tat, sondern Gottes eigener, von niemandem aufgezwungener, also göttlich freier Entschluß liegt am Anfang aller Erwählung und Begnadigung[43]. Die Erwählung des Menschen hängt ganz von der Erwählung des Messias durch Gott ab f). Selbst auf die Gefahr möglicher und naheliegender Mißdeutung und dem dahinterliegenden Mißtrauen gegen Gott g) muß dessen freier Gnadenwille herausgestellt werden. Nicht ein Prädestinationsschema, sondern die Gottheit Gottes, die Freiheit seiner Gerechtigkeit und die Souveränität seines Handelns bekennt hier der Apostel. Freiheit ist nicht philosophisch abstrakt, abstrakte Beliebigkeit oder gar Willkür, sondern Freiheit zur Erwählung in Liebe, die Gott in Jesus allen Menschen zukommen läßt.

f) Eph 1, 4. 5

g) Rö 9, 14

[42] Vgl. die Berufung des Gottesknechtes in Jes 41, 9; 42, 6; 46, 11; auch Gal 1, 15—16 in Verbindung mit Gal 1, 13—14.

[43] *prothesis:* Entscheidung, wie Rö 8, 28; 9, 11—12; verwandt zur Erwählung: Eph 1, 4; und Aussonderung: Gal 1, 15; immer verbunden mit Berufung und mit der Erwählung Jesu.

Gottes Entscheidung ist immer verbunden mit Jesus, seine Wahl ist **Gnadenwahl**, sein Wille ist **Liebeswille**.

h) wie Rö 16, 25. 26! 1 Ko 2, 7. 10 Eph 3, 9. 10; Kol 1, 26. 28; 1 Pt 1, 20
i) wie Eph 1, 4. 5. 10. 11. 13
j) wie Rö 16, 25
k) Tit 1, 2!
l) Tit 1, 3; Rö 16, 26
m) wie Phil 2, 6 f
n) 1 Pt 1, 20
o) Rö 11, 29; II 2, 13
p) Eph 1, 12. 14
q) Tit 2, 11!

Und der Gnade, die uns im Messias Jesus zugedacht ist vor ewigen Zeiten h). Ursprung und Ziel göttlichen Retterwillens ist Jesus, der Messias. In diesem Hymnus ist formal gesehen Gott der Rettende, aber inhaltlich ist alles auf die Mitte (auch äußerlich dargestellt) ausgerichtet: **auf Jesus** i). Gott hat vor alters j) die Erlösung verheißen k), die jetzt in Jesus offenbar wurde l). Mit eingeschlossen ist der Gedanke an die Präexistenz des Messias m). Gottes Entschluß liegt von Anbeginn n) fest; er ist unbereubar o), auf ihn ist Verlaß. Die dem Menschen gemäße Antwort auf Gottes Handeln ist der Lobpreis seiner Gnade. „Inkarnat" nennt man in der Malerei eine Farbe, welche die besondere Färbung der menschlichen Haut wiedergibt. Unser Leben ist berufen, lobpreisendes Inkarnat der Gnade Gottes zu sein p). Diese Gnade, das Angenommensein bei Gott, die Huld Gottes über unserem Leben, die göttliche Rehabilitierung (eine Umschreibung für die Rechtfertigung) und Legitimation (Bestätigung) unserer Existenz ist uns **gegeben,** d. h. als Geschenk dargereicht[44]. Die Gnade ist uns in Jesus verliehen worden, er selber ist die sichtbar gewordene Gnade Gottes q).

10 **Jetzt aber** — in der Fülle der Zeit — ist sie **offenbar geworden.** Die passive Form von **offenbaren** steht am Anfang der Aussage mit starker Betonung. Der bisher verborgene Ratschluß Gottes ist in unserer Zeit offenbar geworden, eine Gegenüberstellung, wie sie auch Rö 16, 25—27 kennt.

r) Tit 2, 11—13! 3, 4; I 6, 14! II 4, 1. 8
s) wie I 6, 14! 2 Th 2, 8

Durch die Erscheinung[45] unseres Erlösers. Der Begriff „Erscheinung" gilt hier für die Menschwerdung (Inkarnation) r), sonst für die Wiederkunft des Messias s) (die Parusie). **Unser Retter** ist nicht ein Heiland, wie ihn die römische Welt kennt

[44] Wie Jes 9, 6: Ein Kind ist uns geboren, ein Sohn ist uns g e g e b e n, und die Herrschaft ruht auf seiner Schulter; und man nennt seinen Namen: Wunderrat, starker Gott, Vater der Ewigkeit, Friedefürst.

[45] *epiphaneia* (das Erscheinen, die Erscheinung) war in der religiösen Sprache des Hellenismus weit verbreitet und wurde schließlich in den alltäglichen Sprachgebrauch übernommen. So konnte das Wort für einen Königsnamen Verwendung finden: Antiochus Epiphanes. Die Christen haben, um sich mit ihrer Botschaft vom Kommen des Messias in der hellenistischen Welt verständlich zu machen, dieses Wort wie viele andere aus der Umgangssprache für ihre missionarische Verkündigung übernommen. Offenbar war das Vertrauen selbstverständlich, daß Jesus seine Einzigartigkeit an den Hörern bekunden und damit die Andersartigkeit seiner Erscheinung selber offenbar machen werde. Anlaß zur Verwechselung bestand ohnehin nicht, denn Jesus erscheint nicht in Pracht und Machtentfaltung, sondern als der leidende Gottesknecht.

und preist; seine Macht ist nicht auf Unterwerfung und Zerstörung irdischer Feinde gerichtet, sondern durch seinen Tod überwindet er den Tod, den „König der Schrecken" t). Retter[46], für Gott selbst wie für den Messias ausgesagt, ist nicht einfach formelhafter Gebrauch; Gott ist wirklich Erlöser vom Tod und von der Verlorenheit; er will, daß alle Menschen errettet werden[47]. Jesus als Messias ist **der Retter**-Gott, der um der Erlösung willen Mensch geworden ist. Mit diesem Wort „Retter" bezeugten die Christen die Gottheit des Gekreuzigten, ihres Herrn.

t) Hiob 18, 14

Der den Tod entmachtet hat[48]. 1 Ko 15, 26 sieht die Vernichtung des Todes als des letzten Feindes zukünftig; ebenso wird der gesetzlose Mensch erst bei der (zukünftigen) Erscheinung Christi vernichtet werden u). Doch Hb 2, 14 stellt Inkarnation und Kreuzigung in den Zusammenhang der Vernichtung des Teufels, „der die Macht des Todes hat". Trotzdem besteht kein Widerspruch zum vorliegenden Lobpreis: Schon erwähnt wurde die stilistische Eigenart, daß alle Aussagen die gleiche Zeitform haben und sowohl als (vor-)geschichtliches wie auch als gegenwärtiges und zukünftiges Geschehen ausgelegt werden können. Das Handeln Gottes umfaßt alle Zeit, die wir Menschen für unser Verstehen eingeteilt haben in Vergangenheit, Gegenwart und Zukunft.

u) 2 Th 2, 8

Der Brief kennt die endzeitliche Vollendung, „die Verheißung des Lebens" v) durch die Erscheinung des Herrn, der alles Vollbrachte zu seinem Endziel führen wird w). Das Heil umspannt alle Zeitalter und Zeiten. Ewige Berufung zum Heil, Offenbarung des Heilandes auf Erden, Überwindung des Unheils, der Sünde und des Todes, Vollendung in Herrlichkeit. Alles ist für den im Lobpreis anbetenden Apostel gleichzeitig;

v) II 1, 1
w) II 4, 1. 8

[46] Der Ausdruck „Heiland der Welt" war universal bekannt und gebraucht; in den johanneischen Schriften wörtlich übernommen (Jo 4, 42; 1Jo 4, 14), kann aber gleichzeitig auch als betonter Gegensatz zu den Königen und Rettern der Welt verwendet sein. „*Soter*" (Retter, Heiland) für Gott [Jahwe] ist schon im Judentum bekannt und sehr früh für Jesus als Messias gebraucht: Lk 2, 11!; 1 Th 1, 10; Phil 3, 20; Eph 5, 23; für Gott: I 1, 1; Tit 1, 3; 2, 10; 3, 4; Jud 25. — Mt 1, 21 zeigt, daß der Name Jesus (hebr *Jehoschua* = Jahwe ist Heil, Jahwe ist unsere Rettung) schon früh vom Aramäischen her gedeutet wurde als Heiland.

[47] Vgl. Anfang von Vers 9 das Verb retten und besonders betont: I 2, 3—6.

[48] *katargeo:* außer Wirksamkeit setzen, kraftlos machen, aufheben. Ein von Paulus bevorzugtes Verb, 25mal, sonst ganz selten außerhalb des NT! Rö 3, 3. 31; 4, 14; 6, 6; 7, 2. 6; 1 Ko 1, 28; 2, 6; 6, 13; 13, 8. 10. 11. An die tyrannische Herrschaft der Sünde, die vernichtet wurde, ist hier mitgedacht: Rö 5, 14 dasselbe Verb, vgl. II 4, 1: Christus als der Weltenrichter. Sünde (Rö 5, 14). Tod (1 Ko 15, 26) und Teufel (Hb 2, 14. 15) gehören zusammen und werden zusammen vernichtet (vgl. 2 Ko 1, 10).

ebenso schaut er den Erlöser in eins als den Menschgewordenen (epiphaneia), den am Kreuz Gestorbenen (er hat den Tod zunichte gemacht), den Auferstandenen und Erhöhten:

Der Leben und Unvergänglichkeit ans Licht gebracht hat. Ans Licht bringen heißt, sichtbar machen, so daß man das bisher Verborgene sehen kann, denn die Todesschatten haben das Licht des Lebens verdunkelt und für die Menschen unsichtbar gemacht. „Steh auf von den Toten, so wird Christus dir als Licht (des Lebens) aufgehen" x). Die Getauften wurden schon früh Erleuchtete genannt y). Die Gnostiker verkündeten, daß das Heil durch Erleuchtung komme. Die ntl Aussagen aber machen deutlich, daß das Heil **durch das Evangelium** kommt, d. h. durch das Leben, Sterben und Auferstehen Jesu. „Das wahre Licht, das jeden Menschen erleuchtet, kam in die Welt" z). Gott will die „Augen des Herzens" erleuchten a) durch den Geist, er will ins Herz leuchten b), damit „die Herrlichkeit des Herrn", seine Klarheit, geschaut werden kann c).

x) 1 Ko 4, 5; Eph 3, 9; 5, 13. 14
y) Hb 6, 4; 10, 32
z) Jo 1, 9
a) Eph 1, 18
b) 2 Ko 4, 6
c) 2 Ko 3, 18

Unvergänglichkeit[49]. Das vom Tod gezeichnete und an die Sünde versklavte Leben ist überhaupt gar nicht das volle, wahre Leben, sondern nur ein Fristen des Daseins; erst wenn es unzerstörbar (im Gegensatz zum Tode, der zerstört und zerstört werden kann) und unvergänglich geworden ist, kann es seinen gegenwärtigen Sinn entfalten. **Jesus** ist es, der Leben und Unvergänglichkeit ans Licht gebracht hat durch seine in dieser Welt des Todes geschehene Auferstehung. Wer losgelöst von Jesus nach Erleuchtung sucht, wird vielleicht bisweilen erleuchtete Zustände haben, aber er wird doch mit sich allein bleiben und schließlich seines eigenen Lichtes überdrüssig werden. Wer ohne den „Fürst des Lebens" die Unvergänglichkeit anstrebt oder behauptet, wird dessen nie wirklich froh werden können; ihm fehlt doch die Gewißheit im gegenwärtigen Leben, weil die Schatten des Todes alle seine Hoffnungen umdüstern. Nicht allgemein Erleuchtungszustände suchen, sondern das Erscheinen Jesu liebgewinnen d), nicht abstrakter Unsterblichkeitsglaube, sondern den Herrn Jesus Christus lieben in seiner „unvergänglichen Herrlichkeit" e), das kennzeichnet den echten Glauben und gibt ihm im Angesicht des Todes die unvergleichliche Freude[50].

d) II 4, 8
e) Eph 6, 24

Unvergänglichkeit. Das ist die Sehnsucht der Griechen und das Verlangen der Menschheit, hier aber das letzte Wort des

[49] *phtharsin;* in Rö 2, 7 zusammen genannt mit ewigem Leben; 1 Ko 15, 42; Eph 6, 24.
[50] Der Textzusammenhang weist auf das bevorstehende Martyrium.

Hymnus, dessen tragende Mitte **Jesus** ist, der von Gottes Retterwille gesandte Erlöser. Er ist der Vernichter der Todesschrecken, er bringt Lebenslicht und Unvergänglichkeit. Die Botschaft der Auferstehung ist zusammengefaßt in dem einen Satz: „Weil ich lebe, werdet auch ihr leben" (Jo 14, 19).

Stellen wir den Hymnus vor uns hin in seinen drei Zeilen und beachten wir, daß die mittlere Zeile zweimal von Jesus Christus spricht, dem von Ewigkeit her uns zugedachten und jetzt offenbarten Erlöser:

Der uns errettet und berufen hat mit heiligem Rufe nach der Kraft Gottes:

1. Nicht aufgrund unserer Werke,	—	sondern aufgrund seiner eigenen Entscheidung und Gnade,
2. die uns in Christus Jesus zugedacht ist vor ewigen Zeiten,	—	jetzt aber offenbar geworden ist durch die Erscheinung unseres Erlösers Jesus Christus,
3. der den Tod entmachtet hat,	—	dagegen Leben und Vergänglichkeit ans Licht gebracht hat.

Das geschieht durch das Evangelium, zu dessen Herold, 11
Apostel und Lehrer ich bestimmt bin. Da der Gefangene seinen Tod vor Augen sieht, ist er jetzt wieder und immer noch ein Herold, „ein Gesandter in Ketten" f). Darum ist die Wiederholung aus I 2, 7 nicht überflüssig, sondern Bekräftigung von Gottes *Berufung*, die durch seine erneute Gefangenschaft nicht hinfällig, sondern erst recht in der alle Widerstände überwindenden Kraft und Freiheit sichtbar wird g).

f) Eph 6, 20
g) II 2, 9

Aus diesem Grunde leide ich auch dies; aber ich schäme mich
nicht, denn ich weiß, wem ich geglaubt habe, und bin über- 12
zeugt, daß er mächtig ist, das mir Anvertraute zu bewahren auf jenen Tag. Die Botschaft der Freude kann nicht ohne Leiden bezeugt werden, das gilt für Paulus h) wie für Timotheus i) wie für alle, die gottselig leben wollen k). Das ruhige und stille Leben in der Frömmigkeit l) ist keine behagliche Bürgerlichkeit, sondern es ist begleitet von äußeren und inneren Bedrängnissen, von Widerständen innerhalb der Gemeinde oder von Gesellschaft und Staat.

h) II 1, 12; 2, 9
i) II 1, 8; 4, 5
k) II 3, 12
l) I 2, 2!

„Aus diesem Grund" schließt mit der gleichen Formulierung wieder eng an die Verse 6 und 7 an, wo vom Charisma die Rede war. Vgl. Vers 14: Das Anvertraute kann nur im Heiligen Geist bewahrt werden. Widerstand, Bedrängnis und Leiden werden den, der im Heiligen Geist den Geist der Verzagtheit überwindet (V. 7) — sie können den, der dem Herrn vertraut, nicht einschüchtern m). Sie können ihn nicht niederschlagen oder beschämen[51].

m) vgl. Phil 1, 28—30

Denn ich weiß, wem ich geglaubt habe. In knapper Bestimmtheit faßt Paulus zusammen, worauf sein Leben beruht. Diese Aussage macht unmißverständlich deutlich, daß der „Glaube" nicht eine Form-Sache, nicht ein totes Wissen ist, losgelöst von der personalen Beziehung zu Jesus. Was hören wir aus diesem persönlichen Bekenntnis?

1. Paulus sagt nicht: Ich weiß, *was* ich geglaubt habe; so müßte man erwarten, wenn unser „Glaube" *nur* als Information[52] über etwas oder jemanden zu verstehen wäre. In diesem Sinn schreibt Paulus über das, was er von den Spaltungen in der korinthischen Gemeinde hört: „Zum Teil (!) glaube ich *es*" n)[53]. Glaube ist für ihn Vertrauen zu einer Person, nämlich dem Auferstandenen, ja, mehr noch: ein Sich-Anvertrauen. Paulus sieht sich darin nicht als Ausnahme, denn alle, die zur Gemeinde Jesu gehören, „haben Gott geglaubt" o). 2. Das Perfekt in 1, 12 und Tit 3, 8 bezeichnet die klare Hingabe an den Herrn in der Vergangenheit und die fortdauernde Gewißheit, die aus Gottes Treue dem sich Anvertrauenden zuteil wird[54]. 3. Glaube, der sich dem sich in Jesus schenkenden

n) 1 Ko 11, 18

o) Tit 3, 8!

[51] „Ich schäme mich nicht" ist eine doppelte Verneinung, die eigentlich sagen will: ich rühme mich, ich bin in meiner Ohnmacht überzeugt von seiner Macht, vgl. Rö 1, 16: ich schäme mich des Evangeliums nicht (und den damit verbundenen Leiden und Demütigungen); ich rühme vielmehr die Kraft *(dynamis)* Gottes, die in dieser Heilsbotschaft zur Auswirkung kommt. Rö 5, 3: Wir rühmen uns der Trübsal, da wir *wissen*, vgl. hier: Ich schäme mich nicht, denn ich *weiß*. Rö 8, 35—39: Aber in diesem allen überwinden wir weit durch den, der uns geliebt hat, denn ich bin überzeugt, vgl. V. 12; und ich bin überzeugt (genau wie Rö 8, 38), daß er mächtig *(dynatos)* ist (sachlich wie Rö 1, 16).

[52] Der Glaube beruht *auch* auf Information, aber eben nicht allein darauf; vgl. 1 Ko 2, 5: er würde sich als nichtig herausstellen, wenn er nur auf Menschenweisheit beruhte anstatt „auf Erweisung des Geistes und der Kraft".

[53] Vgl. Jak 2, 19: „Du glaubst, daß *es* (!) einen Gott gibt, du tust wohl daran: auch die Dämonen glauben *es* (!) und zittern." Sie haben ein sie beängstigendes Wissen über das Dasein Gottes, aber keine vertrauende Beziehung zu ihm. Gegensatz dazu: *pisteuein* mit Dativ = jemandem glauben: „Abraham glaubte Gott": Rö 4, 3; Gal 3, 6; Mt 21, 25.

[54] Es besteht kein Grund dazu, *„pistis en christo"* in den Past (II 3, 15; I 3, 13) anders zu verstehen als in Gal 3, 26; Eph 1, 15; Kol 1, 4. Alle ntl Zeugen verkünden nicht nur „den Glauben Jesu" oder „die Sache mit Jesus", sondern sie bekennen „den Glauben an Jesus" als eine personale Vertrauensbeziehung zu ihm, dem gegenwärtigen Herrn, deren Echtheit sich in liebender Hingabe an ihn und im freien Gehorsam zeigt.

Gott anvertraut, ist ebensowenig blinder Glaube, wie die wahre Liebe blind ist oder blind macht. Ich weiß, wem ich geglaubt habe. Dieses Wissen ist nicht eine beziehungslose Erkenntnis von Wahrheiten über jemanden oder über eine Sache. Das hier gewählte Verb bedeutet: Ich *kenne* den, welchem ich mich anvertraut habe. Petrus verleugnete seinen Herrn und sagte: „Ich kenne diesen Menschen nicht." Die Irrlehrer verleugnen Jesus, d. h. den Glauben an ihn p), weil sie sich zu einer Er- p) I 6, 21!
kenntnis bekennen, die an Jesus vorbei oder über ihn hinweg geht. Solche Erkenntnis stammt aus ihrem eigenen Innern, nicht aber aus der Person dessen, den man erkannt zu haben vorgibt.

Und bin überzeugt q), **daß er mächtig ist, das mir Anver-** q) Rö 8, 38
traute zu bewahren auf jenen Tag. Paulus weiß **heute** r), daß r) Hb 13, 8
der Gott, dem er in der Vergangenheit **geglaubt hat,** zu ihm stehen wird bis „auf jenen Tag". Davon ist er im Blick auf die Zukunft **überzeugt.** Ohne die Kraft Gottes wäre sein Glaube dem jener gleich, die nur eine Form der Frömmigkeit haben, aber deren Kraft nicht kennen, d. h. verleugnen s). s) II 3, 5

Das mir Anvertraute ist nach I 6, 20 und II 1, 14 ohne Zweifel der anvertraute Schatz des Evangeliums, wobei allerdings alles andere mit eingeschlossen ist: sowohl das eben von diesem Evangelium geprägte t) Leben des Paulus selbst bis hin t) II 1, 10 c. 11
zur endgültigen Erlösung „an jenem Tag", wie auch Leben und Dienst des Timotheus und darüber hinaus der weitere Lauf dieses Evangeliums bis an das Ende der Weltzeit. Denn wenn auch seine Herolde gefesselt sind, das Wort Gottes ist nicht gebunden (2, 9). Ist ihre Zeit des Abrufes da (4, 6), so werden andere gerufen, die ebenfalls am Kampf teilnehmen (2, 2.5) und den Kranz erlangen werden (2, 5; 4, 8)[55].

Die von Überzeugung glühende Ausrichtung auf **jenen Tag** zeigt erneut, daß die Past *nicht* eine ferne gerückte Erwartung vertreten[56].

[55] Paulus lebt aus der Überzeugung, welche in der Liedstrophe von A. Knapp Ausdruck gefunden hat: „Du wirst dein herrlich Werk vollenden, der du der Welten Heil und Richter bist; du wirst der Menschheit Jammer wenden, so dunkel jetzt dein Weg, o Heilger, ist; drum hört der Glaub nie auf, zu dir zu flehn, du tust doch über Bitten und Verstehn."

[56] Dibelius meint dazu: „Stellen wie diese zeigen, wieso das Ausbleiben der Parusie keine Enttäuschung bereitet: Das Bewußtsein der Gegenwärtigkeit der Heilsgabe dominiert." Er fügt hinzu: „Diese Umstimmung findet sich auch schon bei Paulus"(!)

c) Bewahren durch den Geist 1, 13—14

13 Die Gestalt der heilsamen Worte, die du von mir gehört hast, halte fest im Glauben und in der Liebe, die im Messias
14 Jesus ist. * Das anvertraute Gut bewahre durch den Heiligen Geist, der uns innewohnt.

13 Schon Rö 6, 17 kennt „die Gestalt der Lehre"[57], der die Gläubigen übergeben und von Herzen gehorsam geworden sind. Gestalt bezeichnet das Ganze wie auch den vollständigen Zusammenhang aller Teile im Ganzen. Das Ganze ist mehr und etwas anderes als die Summe aller Teile. Dieses ganzheitliche Verständnis, das im deutschen Wort Gestalt gut zum Ausdruck kommt, hilft auch den Zusammenhang zu den heilsamen Worten zu erkennen. Das Ganze im Füreinander und Miteinander des lebendigen Zusammenhangs[58] ist das heile Unversehrte, d. h. das Gesunde. Wo Worte, Sätze und Gedanken herausgerissen, überbetont, abstrahiert, d. h. abgezogen werden aus der ganzheitlichen Beziehung u), da verlieren sie ihren ursprünglich heilsamen Sinn und verwunden, machen krank[59]. Genau das aber geschieht durch die Irrlehrer, von denen sich Timotheus unterscheiden soll dadurch, daß er festhält an der Gestalt der gesunden Worte v). In I 6, 3 ist die heilsame Wortgestalt umschrieben mit „heilsame Worte des Herrn".

u) vgl. 1 Ko 12, 15—25

v) Vgl. II 3, 13 mit 14

w) vgl. dazu I 5, 18

Timotheus kann die heilsame Wortgestalt w) nur gesund festhalten **in Glauben und Liebe.** Will er festhalten mit eigenem Willen und Verstand, wird er ein sturer Verfechter von erstarrten Prinzipien. Die Wortgestalt des Evangeliums ist etwas anderes als ein aus Einzelstücken lückenlos aufgebautes System von Ideen, Gedanken, Problemen, Geboten. „Was von Anfang an gewesen ist, was wir gehört, was wir gesehen haben mit unseren eigenen Augen, was wir geschaut und was unsere Hände berührt haben, die Botschaft von dem Lebenswort ... tun wir euch kund. Das schreiben wir euch, damit unsere Freude vollkommen sei."[60]

„Die Botschaft von dem Lebenswort" und „die Gestalt heil-

[57] *typos*, Vorbild, wie I, 4, 12; 1 Th 1, 7; II 3, 9. 17. *hypotyposis* hier und I, 1, 16 das Urbild.

[58] Vgl. dazu den „Christusleib" in 1 Ko 12.

[59] Vgl. I 6,4 auf der Suche nach Streitfragen; Spr 15, 1: Ein kränkendes, verwundendes Wort erregt den Zorn, es macht krank. II 2, 17.

[60] 1 Jo 1, 1—4; Wilckens dazu: „Mit dem ‚Wort' ist nicht die Kunde vom Leben, sondern Christus selbst (Jo 1, 1) gemeint, der in seiner Person ‚das Wort' ist, das als solches ‚das Leben' in sich trägt und dem Menschen spendet." Jo 1, 4.

samer Worte, die du von mir gehört hast" — beides bezeichnet dieselbe Wirklichkeit: Jesus Christus. Dessen eigene göttliche Liebe ist gemeint, wenn es heißt **„in der Liebe, die im Messias Jesus ist"**. Ist es doch dessen eigene Liebe und damit die Liebe des Vaters, die „in unsere Herzen ausgegossen ist durch den Heiligen Geist" (Rö 5, 5b). So eröffnet sich uns ein Segenskreis: Timotheus kann anderen Vorbild sein (I 4, 12), indem er sich selber an das Vor-Vorbild, d. h. an das Urbild, hält: Jesus. Dieses Bild aber leuchtet und wirkt durch die Wortgestalt des Evangeliums, wie Timotheus es im gelebten Vorbild des Apostels empfangen hat. Die schriftliche und erlebte Wortgestalt bewirkt neue Menschen, in denen die Liebe Jesu Gestalt gewinnt[61]. Das geistgewirkte Wort Gottes schafft den Menschen Gottes. Darum die Doppelmahnung in I 4, 16: „Habe acht auf dich selbst (Lebensgestalt) und auf die Lehre (Wortgestalt); daran halte fest!"

Das anvertraute Gut bewahre durch den Heiligen Geist, der uns innewohnt. Da die Gedanken bei der Glauben und Liebe erweckenden Lebenswort-Gestalt verweilen, steigert sich der Ausdruck: Das Anvertraute (Vers 12) ist kostbar, gut, strahlend, herrlich. Das Heilig-Wertvolle kann nur durch den Heiligen Geist bewahrt werden. Dieser Geist **wohnt in uns** x); der Geist des Vaters spricht in den Blutzeugen y).

x) wie Rö 8, 11
y) Mt 10, 17–20

Was immer die Gestalt heilsamer Worte auch noch bedeuten kann als Katechese, als Kurzformel des Glaubens, als Liturgie, als Bekenntnis, als Grundlehre — eines muß festgehalten werden, wie das auch für das Verständnis von „bewahren, anvertrauen, weitergeben" gilt: Nichts steht in der Verfügungsgewalt des Menschen, vielmehr ist alles nur im innewohnenden *Heiligen Geist* wirklich und darum und dann auch *wirksam im Menschen*[62]. Nicht die Häufigkeit eines Wortes, sondern seine Bedeutung im Ganzen und für das Ganze ist entscheidend für die Auslegung[63]. Der Geist ist allen

[61] Vgl. Gal 4, 19 die wiederholten Geburtsschmerzen des Apostels für die Galater, bis Christus in ihnen Gestalt gewinnt.

[62] Timotheus „ist dadurch der sich selber Bewahrende, daß der Geist ihn bewahrt, wie Paulus der Bewahrte und Gerettete ist, daß Christus ihn behütet" (Schlatter 225). Ähnlich schreibt Paulus zuerst vom Kranz der Gerechtigkeit, der für ihn bereitliegt, fügt dann aber alle anderen, die wie er auf das Wiederkommen des Herrn in Liebe warten, mit ein (II 4, 6—8).

[63] I 4, 1: Die prophetische Weisung des Geistes ist „ausdrücklich" gesagt und gemeint. Sie ist eine Gnadengabe ebenso wie das Charisma, das Timotheus empfangen hat. Die Gabe ist nicht fester, unveränderlicher Besitz, objektive Amtsgnade oder sakramentale Weihe, die ihren Träger von allen Geistträgern unterscheidet. Die Gabe kann entweder vernachlässigt (I 4, 14) oder aber angefacht werden (II 1, 6).

gegeben, die durch „das Bad der Wiedergeburt und der Erneuerung“ gereinigt sind; der Geist ist „reichlich ausgegossen“ auf alle z). Er verleiht Kraft, Liebe, Zucht.

z) Tit 3, 5—6!

Die Verse 11—14 sind dicht verwoben mit dem ganzen Abschnitt 1, 3—2, 13, der von persönlichster Betroffenheit zeugt. „Das Verhältnis des Apostels zu seinem Schüler ist durch eine große seelische Zartheit gekennzeichnet, die darum so ergreifend wirkt, weil sie in der Forderung der Todesbereitschaft zur reinsten Vollendung kommt. Das Stück ist eines der menschlich ergreifendsten Dokumente der ganzen Bibel, das auch darum so hoch zu bewerten ist, weil ihm alle legendären und apokryphen Züge fehlen.“ (Holtz, 5.)

3. Das Beispiel der Zeugen

2. Timotheus 1, 15—18

a) Das schlechte Zeugnis 1, 15

15 **15 Du weißt, daß sich in Asia alle von mir abgewendet haben, darunter Phygelus und Hermogenes.**

Der Zusammenhang zum vorangegangenen Abschnitt ist deutlich: Timotheus soll sich der Ketten des Paulus nicht schämen, sich von ihm in seinem Leiden nicht abwenden, wie das die Mitarbeiter in der römischen Provinz Asia getan haben. Bedeutet „alle in Asia“ alle in der ganzen Provinz oder alle in der Hauptstadt, alle Gemeinden oder alle führenden Mitarbeiter? Gewiß ist, daß um die Person des Paulus schon früh (Korinth!) und um seine erste Gefangenschaft a) Auseinandersetzungen in den Gemeinden entstanden. Jetzt muß sich die Lage verschärft haben. Die beiden namentlich Genannten sind als einflußreiche Männer in den Gemeinden anzusehen.

a) Phil 1, 15—18

Da Paulus früher schon und stärker jetzt in der Gegenwart (vgl. 1. Brief an Timotheus) den Kampf gegen die Irrlehrer aufgenommen hatte, kann die Abwendung „aller“[64] auf das starke Anwachsen und vielleicht schon Überhandnehmen der evangeliumsfremden Einflüsse hindeuten. Wenn Timotheus

[64] „alle“ ist nicht absolut zu verstehen, sondern als hyperbolische, d. h. überdeutliche Redeweise. Vgl. dazu die Lage während der ersten Gefangenschaft: Alle suchen das ihre, Phil 2, 21; II 4, 16: Alle haben mich im Stich gelassen.

darüber im Bilde ist, warum schreibt ihm der Apostel davon? Dahinter kann die seelsorgerlich schonend verborgene Mahnung stehen: Auch wenn alle mich verlassen, anstatt für die Wahrheit b) des Evangeliums einzustehen, tue du es ihnen nicht gleich. b) Tit 1, 14

b) Das gute Zeugnis 1, 16—18

16 Der Herr gebe Barmherzigkeit dem Hause des Onesipho-
rus, denn er hat mich oft erquickt und sich meiner Ket-
17 ten a) nicht geschämt; * sondern hat eifrig nach mir ge- a) Mk 5, 3
18 gesucht, als er nach Rom kam, bis er mich fand. * Der Herr Apg 12, 6
gebe ihm, daß er vom Herrn Barmherzigkeit finde an 28, 20;
jenem Tag. Und wieviel er in Ephesus diente, ist dir am Eph 6, 20
besten bekannt.

Timotheus ist nicht der einzige, der zu Paulus gestanden hat. Auch Onesiphorus stand ihm bei. Die Lage, die Onesiphorus vorfand, als er nach Rom kam, wird schwierig gewesen sein. Die Christen hielten sich verborgen und wollten einem Fremden nicht ohne weiteres zeigen, wo Paulus gefangen war. Es bedurfte Mut und Eifer der Liebe, um in dieser gefährlichen Lage nicht aufzugeben. 16

Eifrig suchen: Kann auch den Sinn haben von eilig suchen[65]. Das ist ein vorbereitender Hinweis für den wiederholten Ruf an Timotheus: beeile dich, komme bald zu mir b)! Paulus mußte sich nicht schämen, daß er in seiner Verlassenheit den Trost brüderlicher Nähe suchte. Jesus selber sehnte sich nach Tischgemeinschaft und Gebetsgemeinschaft mit seinen Jüngern, bevor er den Tod erlitt c). 17 b) II 4, 9. 21

Onesiphorus hat ihn **oft erquickt** durch seine Gegenwart und Gemeinschaft, wahrscheinlich auch durch praktische Hilfeleistung. Er tat das, was Jonathan für David tun konnte: Er stärkte seine Hand in Gott[66]. c) Lk 22, 15 vgl. Vers 28; 23, 50—52; Mt 26, 36—38. 40

[65] Das gleiche Wort in ähnlicher Lage: Phil 2, 28; sodann Tit 3, 12. 13!

[66] Diese Aussage zeigt, daß Paulus jetzt unter sehr viel schwierigeren Umständen eingekerkert war als das erste Mal, vgl. Apg 28, 16—31. Zu Jonathan/David: 1 Sam 23, 14—18. Ein Aufruf an die Gemeinden, den Gefangenen zu helfen, lautet: „Wenn ein Christ um des Namens Christi und um der Liebe zu Gott und um des Glaubens willen von den Gottlosen ... zu Tierkämpfen oder Bergwerksarbeiten verurteilt wird, verabsäumt ihn nicht, sondern sendet ihm von eurer Arbeit und eurem Schweiß zu seiner Verpflegung und zum Entgelt für die Soldaten, damit ihm Erleichterung, sorgsame Behandlung widerfahre; auf daß, so viel an euch liegt, daß euer seliger Bruder nicht gequält werde" (Const. apost. lib. V. zit. bei Wohlenberg, 286).

Paulus verbrachte mindestens fünf Jahre seines Lebens in
d) II 1, 8 Gefangenschaft. Er ist „sein Gefangener“ d), nicht Gefange-
ner einer politischen Macht. Die Art und Weise, wie der
Apostel seine Gefangenschaft versteht und bezeichnet, ist un-
e) Eph 3, 1; 4, 1; Phlm 1, 9; Phil 1, 13 verwechselbar für ihn e). Er war „Gefangener für den Herrn“.
In diesen Worten ist eine ungeheure Spannung enthalten: die
Gewißheit höchster Ehre und Ehrung durch den Herrn aller
f) Phil 1, 29—30 Herren f), eingetaucht in tiefste menschliche Schmach und
Erniedrigung, gebrandmarkt und verurteilt als Staatsver-
g) II 2, 9 brecher g). Nur aus dieser biblischen Sicht wird das Wort des
Weltenrichters verständlich: „Ich war im Gefängnis, und ihr
h) Mt 25, 31—46 seid zu mir gekommen“ h).

Wie Onesiphorus den Apostel gefunden hat, so möge er vom
i) Mt 5, 7; Jak 2, 13 Herrn **„Barmherzigkeit i) finden an jenem Tage“.** Viele Aus-
leger sehen in dem eschatologisch ausgerichteten Gebets-
18 wunsch die Bestätigung dafür, daß Onesiphorus gestorben ist.
Ein Vergleich mit 1 Th 5, 23 aber zeigt, daß Paulus durchaus
das Gebet um Barmherzigkeit oder Bewahrung am letzten Tag
kennt, das noch lebenden Menschen gilt.

Wird aber angenommen, daß Onesiphorus gestorben sei, kann dann der vorliegende Gebetswunsch als Gebet für die Toten gedeutet werden, wie vor allem katholische Ausleger meinen? J. Jeremias antwortet darauf: „Paulus kennt nur den Segenswunsch, der die Trauernden (16) und den Heimgegangenen (18) in die Hände des ewigen Erbarmens legt.“

Ob Onesiphorus gestorben ist oder ob er lebt, er hat als Vorbild für Timotheus die feste Erwartung und Hoffnung zum Ausdruck gebracht, daß er in nichts zuschanden werde, sondern daß mit aller Freudigkeit wie allezeit, so auch jetzt, Christus verherrlicht werde an seinem Leibe, es sei durch Leben
k) Phil 1, 20 oder durch Tod k).

Die wörtliche Wiederholung von „jener Tag“ in II 1, 12 und 18 (vgl. II 3, 1) zeigt, daß der ganze Abschnitt einheitlich auf „das Letzte“ ausgerichtet ist.

4. Timotheus als Zeuge des Evangeliums

2. Timotheus 2, 1—13

a) Kämpfen als Leidensgefährte des Apostels 2, 1—7

1 Du nun, mein Kind, erstarke durch die Gnade im Messias
2 Jesus, und was du von mir gehört hast durch viele Zeugen,
das vertraue treuen Menschen an, die tüchtig sein werden,
3 auch andere zu lehren. * Leide mit als guter Streiter des Mes-
4 siaskönigs Jesus. * Keiner, der im Felde steht, verstrickt
sich in die Geschäfte des Lebensunterhaltes, damit er seinem
5 Feldherrn gefalle. * Wenn aber auch jemand am Wett-
kampf teilnimmt, wird er doch nicht bekränzt, wenn er
6 nicht nach der Regel gekämpft hat. * Der hart arbeitende
7 Landmann soll als erster von den Früchten genießen. * Mer-
ke auf das, was ich sage; denn der Herr wird dir Einsicht
geben in allem.

Der Apostel wendet sich wieder ganz seinem geliebten Sohn 1
zu: er soll erstarken in der Gnade für seine Aufgabe[1]! Dazu parallel lautet die Aussage an die Epheser: „Erstarket im Herrn durch die Kraft, die seine Stärke verleiht" a). Dort wie hier steht die Mahnung als Einführung bzw. Vorbedingung und Ausrüstung für den Kampf des Glaubens b).

a) Eph 6, 10

b) II 1, 7. 8; 4, 17 Phil 4, 13; Rö 4, 20

Da das neue Leben nie ohne Dynamis, d. h. nie ohne Bewegung durch göttliche Kraftwirkungen ist, kann der Begnadete darin zunehmen. Wie wird das geschehen? Timotheus soll an sich geschehen lassen, was die Gnade will. Er braucht nicht zu verzagen, denn er kann täglich erneuert werden c). Seine eigene menschliche Schwachheit steht seiner Stärkung durch Gott nicht im Wege d). Er trägt den Schatz (das Anvertraute) in einem irdenen, zerbrechlichen Gefäß, damit um so deutlicher werde, woher die überragende Größe der Kraft stamme, nämlich nicht aus menschlichem Wissen und Wollen, sondern aus Gott e). Da die Epheser den Geist empfangen haben, bittet Paulus für sie, daß sie durch diesen Geist mit Kraft gestärkt werden am inwendigen Men-

c) 2 Ko 4, 16

d) 2 Ko 12, 10

e) 2 Ko 4, 7

[1] Vgl. I 1, 1—18 mit II 1, 2; 2, 1. Zum Aufbau des Abschnittes vgl.: I 1, 3—11: Über die Irrlehrer; V. 12—17: Paulus über sich selbst (Jesus hat mich stark gemacht); V. 18—20: direkte Anrede an Timotheus (den Anfangsgruß „mein Kind" wiederaufgreifend und auf die Dynamik der über ihn ergangenen Weissagung in Kraft des Heiligen Geistes hinweisend).

f) Eph 3, 16 schen f). Und ebenso jetzt für Timotheus; da er den Geist der Kraft empfangen hat, soll er die Geistesgabe anfachen (1, 6) und in der Geistesgnade erstarken (2, 1), indem er im Glauben wagt, das Empfangene weiterzugeben.

2 **Was du von mir gehört hast durch viele Zeugen.** Was hat Timotheus von Paulus gehört und aufgenommen? Es ist die erlösende Heilswahrheit, das Evangelium, das kostbare Gut, die heilsame Wortgestalt. Er hat diese Heilswahrheit nicht nur von Paulus gehört, sondern aus vieler Zeugen[2] Mund bestä-
g) I 6, 12! tigt gefunden g).

Vier Imperative bestimmen diesen Abschnitt: Erstarke (1), vertraue an (2), leide mit (3), bedenke (8). Wir stehen vor der entscheidenden Frage: Wie überliefert Paulus das empfangene Evangelium? Hat sich die Lage seit dem 1. Korintherbrief verändert? Dort spricht Paulus von der Überlieferung, wie er sie
h) 1 Ko 11, 2. 23 „vom Herrn her empfangen hat" h), wie er sie den Korinthern
i) vgl. 1 Ko 15, 3 übergeben hat und wie diese daran festgehalten haben i).

Das vertraue treuen Menschen[3] an, die tüchtig sein werden, auch andere zu lehren. Die Überlieferung wird am besten bewahrt dadurch, daß man sie weitergibt! Dieses Weitergeben ist ein Anvertrauen an treue Menschen. In diesem einen Vers sind vier Übermittler des Evangeliums aufgezählt: 1. Paulus hat das Evangelium selber übermittelt erhalten von anderen. 2. Paulus gibt es an Timotheus weiter und 3. Timotheus an treue, lehrfähige Mitarbeiter und schließlich 4. diese Mitarbeiter wieder an andere.

Treue und Lehrfähigkeit sind die beiden Hauptbedingungen für den Diener am Wort. In der Treue ist eingeschlossen die Treue zum Herrn, zu den Mitarbeitern, zur Lehre, zum Auftrag des Weitergebens. Treue, das ist eine Grunderfordernis
j) 1 Ko 4, 1—2; I 1, 12! für den Haushalter j). Bei „Treue" ist immer „Glaube" mitzuhören (es ist ja im Griechischen dasselbe Wort).

Timotheus hat den Auftrag, das Evangelium glaubenstreuen und lehrfähigen Menschen (3) anzuvertrauen. Wer ist lehr-

[2] Auch das Blutzeugnis der Märtyrer = der Zeugen kann mitverstanden sein.

[3] Bemerkenswert ist der Plural und daß hier nicht „lehrfähige Männer", sondern der allgemeine Ausdruck „Menschen" steht. Zum Thema Lehre durch Frauen vgl. W. Stb 1 Tim 5, 87—93 und Anhang 4: Die Stellung der Frau, S. 219—227.

fähig, wer ist zum Lehren tüchtig[4]? Einerseits erhalten einige ein besonderes Charisma der Lehre k), andererseits wird erwartet, daß alle Gemeindeglieder in der Erkenntnis wachsen und dadurch befähigt werden, sich gegenseitig zu lehren und zu ermahnen l). Diese Ausrüstung der ganzen Gemeinde zur gegenseitigen Unterweisung geschieht durch Menschen, die Gott dazu begabt hat m). Halten diese Lehrer nicht am Glauben fest, werden sie zu Irrlehrern. Sie mögen dann zwar lehrfähig sein, aber sie sind untreu geworden. Die Vorbildlichkeit im persönlichen Glauben und Leben ist darum von zentraler Bedeutung für das Lehren, um das es hier geht n). Jesus lehrte, indem er mit seinen Jüngern verbunden war, in einer Gemeinschaft des Lebens. So lehrte auch Paulus. Er war immer Gebender und Empfangender zugleich o).

k) 1 Ko 12, 28. 29. Rö 12, 7 b; vgl. II 1, 6
l) Hb 5, 12! Kol 3, 16; Rö 15, 14
m) Eph 4, 11—16
n) I 4, 12! II 1, 5; 3, 10. 14. 15
o) Rö 1, 11. 12! 15, 23; 1 Th 2, 8 1 Ko 4, 7

Sein Lehren war ein **Anvertrauen**, was eine persönliche und gegenseitige Beziehung voraussetzt, die keinen der Beteiligten unverändert läßt. Lehren wie Lernen, aus der Gemeinschaft mit Gott und miteinander geübt, vereinigt das sonst oft Getrennte: Information (Unterweisung) und Transformation (Umgestaltung), Erkenntnis und Erfahrung.

Treu und lehrfähig: Manche sind treu, aber nicht fähig, Empfangenes so weiterzugeben, daß es die Empfänger fördert. Andere sind lehrfähig, aber nicht treu im Glauben und im Dienen. Sie mischen dem Evangelium Fremdes bei, ihr Können verleitet sie zu Hochmut oder Rechthaberei. Sie schreiben die Fähigkeit sich selbst zu, verlieren sich in eigene Spekulationen. Treu und lehrfähig: Das persönliche Leben des Dieners und seine Beziehung zu den anderen, das Achthaben auf sich selbst und auf die zuverlässige Weitergabe des Evangeliums p) sollen eine Einheit bilden.

p) I, 4, 16!

Hier ist nichts zu erkennen von kirchenrechtlicher Ämterlehre oder „apostolischer Sukzession". Am Anfang steht Jesus in der geistlichen Einheit von Lebens- und Wortgestalt, die Paulus wie alle anderen empfangen hat, daran er festhält q), die er verkündet und an Timotheus weitergegeben hat. Unterweisung ist auch hier nicht das erste, sondern das zweite. „Die

q) I 6, 3! vgl. Gal 1, 8. 9

[4] 2 Ko 3, 5 f, dasselbe Wort: Wir sind nicht von uns aus tüchtig, Diener Gottes zu sein; ebenso 1 Ko 15, 9: Paulus ist nicht tüchtig, ein Apostel zu sein, aber die Gnade hat ihn dazu bestimmt, so wie Timotheus aus der Gnade in Christus tüchtig gemacht wird zum Anvertrauen des Anvertrauten. Vgl. Apg 20, 32: Paulus vertraut die Ältesten von Ephesus Gott an und seinem Gnadenwort, d. h. der heilsamen Wortgestalt, die Kraft hat, im Glauben aufzubauen. Beachte den Zusammenhang von anvertrauen, Wort, Gnade, Kraft und vgl. II 2, 1—2.

Erweiterung der Traditionskette ist ein pneumatischer Vorgang" (Holtz, 163). Man kann sich des Eindrucks nicht erwehren, daß bald nach den Past griechisches Systemdenken und römisches Rechtsdenken den geistgewirkten Vorgang der Jesusüberlieferung verdrängt und schließlich ersetzt haben. „Über dem Vermitteln von Wissen vergessen wir jenes Lehren, das für die menschliche Entwicklung am wichtigsten ist: jenes Lehren, das nur durch die einfache Gegenwart eines reifen und liebenden Menschen gegeben werden kann[5]."

3 **Leide mit als guter Streiter des Messiaskönigs Jesus.** Die Verse 3 bis 6 zeigen die Umstände und Bedingungen für den, der das Evangelium weitergibt: die drei Bilder vom Soldaten (3—4), vom Sportler (5) und vom Landmann (6) sollen alle als Ansporn und Ermutigung dienen; sie beleuchten von verschiedenen Seiten die ganze und ungeteilte Beanspruchung derer, denen das Evangelium anvertraut ist. Alle drei sprechen von Anstrengung und Kampf: Das des Soldaten zeigt die Härte des Kampfes (auf Leben und Tod), das des Sportlers die Disziplin im Training und Wettkampf, das des Bauern die Ausdauer. Keine Weitergabe ohne Hingabe, aber auch keine Hingabe an Jesus ohne Weitergabe seines Wortes[6]!

Das erste, was zu tun ist, ist nicht „Mobilisierung" und „Aktivierung"; nicht zum Tatendrang, zur „aggressiven Evangelisation" wird Timotheus aufgefordert, sondern zum Mitleiden des Unrechts[7]. Paulus will sagen: Werde ein Evangelist, indem du mein Leidensgefährte wirst. Eigentlich steht das Verweigern des Leidens für das Evangelium am Anfang aller

[5] E. Fromm, Die Kunst des Liebens, S. 152; ein Urteil aus psychologischer Sicht. Um wieviel bedeutsamer ist der pneumatische Vorgang solchen Lehrenlernens! Vgl. Jo 16, 13—15; 14, 26: das Lehren des Geistes ist ein Erinnern an die Worte des Herrn und läßt seine Herrlichkeit aufleuchten im Herzen.
Die „Navigatoren", eine moderne, weltweite Evangelisationsbewegung, haben II 2, 2 als Motor für ihr Wirken genommen. Bei ihnen kann man erkennen, was für Früchte erwachsen aus dem Ernstnehmen dieser Anweisung. Jeder führt einen anderen persönlich ein in das Wort und Leben aus Gott. Aber ein Mangel ist, daß ihnen oft die Verbindung zur empirischen Gemeinde fehlt.

[6] Paulus gebraucht dieselben drei Illustrationen in 1 Ko 9, 6. 7. 24—27, wendet sie dort aber auf andere Weise an; auch das ein Zeichen für die paulinische Verfasserschaft der Past.: die gleichen Illustrationen, die uns vertraut sind, in neuer Anwendung verwendet, weil der Zusammenhang ein anderer ist.

[7] Vgl. dazu Erich Schick, Seelsorge an der eigenen Seele: „Täuschen wir uns nicht: Wir sind gerade mit unserem Besten immer in Gefahr des ungebrochenen Wirkens ‚mit ganzer Seele', in der Gefahr des Gebens aus dem eigenen inneren Gut . . . Sie, diese Helden im Reiche Gottes, haben an irgendeiner Stelle ihres Wesens eine geheime Botschaft gehört: nicht wirken, sondern sein; nicht wirken, sondern leiden; nicht wirken, sondern opfern."

Verfälschung und Verhärtung der Botschaft und des Boten. Das Ausweichen in die Form, in die objektive Regelung, in die Machtstellung entspringt der Leidensscheu des natürlichen Menschen. Aber so wenig die Hingabe des Leibes ohne Liebe etwas nützt (hingeben ist das gleiche Verb wie anvertrauen!) r), so wenig kann das Anvertrauen der Jesus-Botschaft ohne Liebe und Leiden geschehen. Wahre Theologie ist wie das, was sie bezeugt, aus Liebe und Leid entstanden.

r) 1 Ko 13, 3

Der rechte Glaube besteht und wird weitergegeben im rechten Handeln als Vorbild des Glaubens und findet seine letzte Bestätigung in „der Gemeinschaft seiner Leiden" s). So kann der Grundgehalt der Past zusammengefaßt werden.

s) Phil 3, 10. 17

Der Streiter (Soldat). Paulus verwendet häufig Bilder aus der Militärsprache[8]. In 2 Ko 6, 7 beschreibt er den Mitarbeiter, der die Heilswahrheit weitergibt in der Kraft Gottes und der mit den Waffen kämpft, die Gott darreicht t). Paulus nennt seine Mitarbeiter auch Mitstreiter[9]. Auch I 1, 19; 6, 12 handelt vom Kampf im Dienst für den König Jesus und zielt dort schon auf das Martyrium, nie aber auf einen Kampf mit menschlichen Machtmitteln oder gar Kriegswaffen zur Ausbreitung des Evangeliums. Denn das führt nur zur Aufrichtung von Herrschaft, nicht aber zur Liebe durch das Dienen. Das Bild vom Kriegsdienst meint nicht die Eroberung, sondern die Bereitschaft zum uneingeschränkten Dienst. Der Soldat ist aufgerufen zum **Mit-Leiden**[10]. Es gibt durchaus ein mutiges, aktiv kämpferisches Leiden! Martin Luther King hat Schmach, Erniedrigung, Widerstand, Verfolgung und schließlich den Tod durch Mörderhand erlitten, weil er mit den gewaltlosen Waffen der Liebe und des Glaubens gegen das Unrecht für Frieden und Versöhnung aller kämpfte.

t) vgl. II 1, 1 und 3; 2 Ko 10, 3—4

u) wie 2 Pt 2, 20

v) I 4, 3!

Keiner, der im Felde steht, verstrickt u) sich in die Geschäfte des Lebensunterhaltes, damit er seinem Feldherrn[11] gefalle. Die falsche Enthaltsamkeit verfolgt eigennützige Ziele v). Dem Herrn gefallen w), ihm zur Verfügung stehen wollen, gibt den rechten Beweggrund und die letzte Bewegungsfrei- 4

w) so 1 Ko 7, 32—34; Rö 8, 8; 2 Ko 5, 9; 1 Jo 3, 22

[8] Rö 4, 13; 7, 23; 1 Ko 9, 7; 2 Ko 4, 7; Eph 6, 11—18. Waffen: Rö 6, 13; 13, 12; 2 Ko 4, 7; 10, 4.

[9] Phil 2, 25; Phlm 2; vgl. dazu das unter Studenten gebräuchliche Wort Kommilitone = Mitstreiter.

[10] *synkakopatheo*, zusammen leiden.

[11] *Stratalogesas*, das Wort nur hier. In moderner Kriegssprache: Stratege der logistischen Kriegsführung. Im übertragenen Sinn einer, der die Wortgewalt hat zum gewaltigen Kämpfen.

heit, gelöst von den Verstrickungen in das Vordergründige. Das Erstrangige muß an erste Stelle gesetzt werden[12]. Ständig will Nebensächliches und Unwichtiges den Anspruch erheben, hauptsächlich und wichtig zu sein. Essen, trinken, sich kleiden, arbeiten und einkaufen — das alles ist nicht verwerflich, aber wenn es den Horizont des Menschen ganz ausfüllt, macht es
x) S. I 6, 6—10! ihn unmenschlich x). Dieser Text kann nicht verwendet werden, um das Heirats- oder das Handelsverbot für die Priester zu rechtfertigen. Wer angeworben ist, sucht (freiwillig!) seinem Herrn zu gefallen und enthält sich (freiwillig!) alles Störenden. Nicht die Sorge um das Leben, sondern die Sorge um das Wohlgefallen seines Herrn treibt ihn an in seinem Tun und Lassen.

5 **Wenn jemand aber auch am Wettkampf teilnimmt, wird er doch nicht bekränzt, wenn er nicht nach der Regel gekämpft hat.** Der Sportler wie der Soldat steht unter Zucht (Disziplin). Nur wenn man den Regeln entsprechend[13] am Wettkampf teilnimmt, wird man als Sieger bekränzt. Die Regeln für die Aufnahme zum Training bei den Olympischen Spielen (10 Monate lang mußte man vorher üben!) und für den Wettkampf selbst (zuvor wurde ein Eid abgelegt!) waren und sind noch immer sehr streng. Jedem steht zwar die Teilnahme offen, aber er muß die Anforderungen bestehen. Jeder kann gekrönt werden, aber er muß das Letzte drangeben[14]. Es könnte sein, daß er
y) Gal 2, 2; 3, 4; 4, 11; 1 Ko 15, 2; Phil 2, 16; 1 Th 3, 5 dennoch umsonst läuft und disqualifiziert wird y). Für die Weitergabe des Evangeliums können wir uns die Sportart des Stafettenlaufs vorstellen: Das Evangelium ist die Fackel des Lebens; von jedem wird der äußerste Einsatz gefordert, von allen das Eingespieltsein aufeinander. Wenn nur Christus ver-
z) Phil 1, 18 kündigt wird z), wenn nur das Wort nicht gebunden ist a),
a) II 2, 9 wenn nur das Evangelium läuft b). Die Regel Jesu ist die Lie-
b) 1 Ko 9, 23 c) Lk 24, 26 II 2, 11. 12 be, die auch das Leiden nicht scheut: ohne Kreuz keine Krone, ohne Leiden keine Herrlichkeit c).

6 **Der hart arbeitende Landmann darf keine Mühe scheuen, wenn er Früchte ernten will; dann aber soll er auch als erster davon genießen.** Paulus müht sich ab und kämpft gemäß der
d) Kol 1, 29 vgl. 1 Ko 9, 2; Eph 3, 9; 15, 58 Kraft, die in ihm wirkt, damit das Evangelium Gestalt gewinnt und in allen Menschen Christus zur Reife gelangt d). Wer sich

[12] Vgl. das englische Sprichwort: *First things first.*
[13] *nominos* — nach dem Gesetz, gesetzmäßig, vgl. I 1, 8.
[14] So auch 1 Ko 9, 24. *athlein,* als Athlet kämpfen, erscheint zwar nur hier im NT, aber Phil 1, 27; 4, 3 kennt das zusammengesetzte Verb: *syn-athlein.*

um die Weitergabe des Evangeliums müht (mühen ist bei Paulus spezifischer Ausdruck für den Evangeliumsdienst), muß auch bereit sein, die damit verbundene Schmach und das Leiden auf sich zu nehmen e). Aber die Frucht bleibt nicht aus: Er wird Früchte des Dienstes sehen f). Ein Vergleich mit I 5, 17—18 und 1 Ko 9, 7f könnte hier in Vers 6 auch den Gedanken nahelegen, daß Paulus den Timotheus ermuntern will, vom Evangelium zu leben. Vielleicht war Timotheus zu schwach und kränklich und wollte es doch dem Apostel gleichtun, auch noch für seinen eigenen Lebensunterhalt zu sorgen (Hinweis in Vers 4?). Ausdrücklich betont Paulus für a n d e r e, daß sie ein vom Herrn verordnetes Recht dazu haben, vom Evangelium zu leben g) und eine Schwester als Ehefrau auf ihre Reise mitzunehmen h).

e) I 4, 10!
f) Rö 1, 13; Phil 1, 22
g) 1 Ko 9, 14
h) 1 Ko 9, 5

Nicht ohne Bedeutung und Gewicht ist die Tatsache, daß alle drei Bilder eschatologisch ausgerichtet sind. Ihre Blickrichtung ist „das Ziel aller Dinge", das in die Gegenwart hineinleuchtet. Auf römischen Grabmälern sind Bilder aus dem Krieg, dem Sport und dem Bauernleben dargestellt, die alle von der himmlischen Belohnung handeln. Für uns offensichtlich ist der Zusammenhang nur in Vers 5; vergleiche mit II 4, 8; doch auch der Aufruf zum Mit-Leiden als Soldat des kommenden Königs steht deutlich in Verbindung mit „jenem Tag"[15].

Merke auf das, was ich sage; denn der Herr wird dir Ein- 7
sicht geben in allem. Das endzeitliche Verständnis des Vorangegangenen findet in diesem Mahnwort seine Bestätigung. Aufmerken ist endzeitlicher Ruf zur Nüchternheit, zum Wachwerden, zum unerschrockenen Sehen i). Der H e r r ist der Erhöhte und Wiederkommende j). Er gibt Einsicht, das heißt: er offenbart durch den Geist k). Die geistgewirkte Einsicht umfaßt „alles" l), d. h. sie ist auf das Ganze[16] gerichtet, sie durchschaut die Gestalt und das Wesen dieser Welt, die im Vergehen m) ist, und sie erkennt die Gestalt des Unvergänglichen im Evangelium n). Wer Einsicht empfängt durch den Geist des Herrn, der bringt Frucht o).

i) Mt 24, 15 Mk 13, 14
j) wie in II 1, 8. 16. 18
k) wie Eph 3, 4; Kol 2, 2 vgl. Eph 1, 17; 3, 3
l) 1 Ko 2, 15. 16; 1 Jo 2, 20. 27
m) 1 Ko 7, 31
n) II 1, 10
o) Kol 1, 9. 10

[15] II 2, 9—13; zum eschatologischen Bezug der Frucht: Jo 12, 24; bei Paulus: Gal 6, 6. 9. 10: „zu seiner Zeit werden wir ernten, wenn wir nicht ermatten"; sowie Phil 1, 10—11: „erfüllt mit Frucht der Gerechtigkeit auf den Tag Christi".

[16] „In allem" kann auch den Sinn haben von vollständig. Der Herr wird dich zum vollen Verständnis dessen führen, was ich dir sage. Wieder sehen wir hier die Bedeutung der Erinnerung, des „geistlichen Gedächtnisses", des Gedenkens und Erkennens im Geist des Herrn. Vgl. II 1, 3—6.

b) Ausharren in der Leidensgemeinschaft mit Jesus 2, 8—10

8 **Denke daran: Jesus ist der aus den Toten auferweckte**
Messias aus dem Geschlecht Davids, nach meinem Evange-
p) nur noch 9 **lium** p), * **in dem ich leide bis zu Fesseln wie ein Verbrecher**
Rö 2, 16; 16, 25 10 [17], **aber das Wort Gottes ist nicht gefesselt.** * **Deshalb erdulde**
ich alles um der Auserwählten willen, damit auch sie zu
dem Heil gelangen, das (wir) **im Messias Jesus** (haben und
das) **mit ewiger Herrlichkeit** (verbunden ist).

8 **Denke daran** bedeutet eigentlich: vergegenwärtige dir Jesus! Das geschieht oft im Gebet. Betend ist Paulus erinnert worden an die Vorahnen seines Mitarbeiters q). Timotheus soll nicht einer vergangenen Geschichte nachdenken, sondern eine gegenwärtige Erfahrung des auferstandenen Herrn empfangen, so wie er aufgerufen ist, seine Gnadengabe jetzt anzufachen r) und in der Gnade zu erstarken s). Für seine geistgewirkte Erinnerung ruft ihm der Apostel das Zentrum des Urbekenntnisses der Gemeinde zu, wie es schon in ähnlicher Form Rö 1, 3—4 erscheint: **Dem Hause Davids** war verheißen, daß Gott ihm einen Messias erwecken werde, der ewig herrscht; so hat die Urchristenheit 2 Sam 7, 12. 13 aufgenommen: Jesus ist der verheißene Messias! **Nach meinem Evangelium** ist eine verkürzte Schreibweise für: So lautet die Freudenbotschaft, die ich bringen darf. Ihretwegen leide ich.

q) II 1, 6
r) II 1, 6
s) II 2, 1

9 Im Angesicht des Todes soll sich Timotheus den aus den Toten Auferstandenen vergegenwärtigen, denn wer mitstirbt, wird auch mitleben t). Paulus leidet nicht nur für das Evangelium, er leidet in und mit Jesus. Er ist eingehüllt in dem Erhöhten und eingetaucht in dessen Erniedrigung, Schmach erleidend als ein Verbrecher, beschuldigt wie sein Herr. Paulus ist gebunden, aber das Wort Gottes ist durchaus nicht an ihn gebunden: viele andere sind da, die das Lebenswort weitertragen werden u). Der Apostel zeigt damit eine unerhörte Freiheit von der eigenen Person gerade in dem Augenblick, in dem er sich bis zum Märtyrertod mit dem Evangelium zusammenbinden läßt. Die Blume des menschlichen Lebens welkt dahin, aber das Wort Gottes bleibt in Ewigkeit v). Das Wort des Herrn wird weiterlaufen und verherrlicht werden w) durch Menschen, die es auf seinem Siegeslauf erreicht und mit-

t) Verse 11. 12; 1 Ko 15, 20—25; Hb 2, 9
u) Phil 1, 12—14; II 4, 17; 4, 10
v) Jes 40, 8; 50, 11; 1 Pt 1, 24. 25
w) 2 Th 3, 1

[17] Leiden hat hier den Sinn von Unrecht leiden. Das gleiche Wort nur noch in Lk 23, 23. 33; als Übeltäter leiden. „Er leidet Übles, als hätte er Übles getan, als ein für infam erklärter todeswürdiger Verbrecher." (A. Bengel)

nimmt, mag auch der Apostel seinen eigenen Lauf jetzt ab- x) II 4, 7; 2 Ko 2, 14
schließen x).

Deshalb erdulde ich alles um der Auserwählten willen, da- 10
mit auch sie zu dem Heil gelangen, das (wir) im Messias Jesus
(haben und das) **mit ewiger Herrlichkeit** (verbunden) **ist.**
Die Liebe erduldet alles y). Paulus ist nicht verbittert oder y) 1 Ko 13, 7
verzweifelt; er leidet, aber sein Leiden ist „in Christus", ist
um des Evangeliums willen z), um derer willen, die Gott aus- z) 2 Ko 11, 16—33 Rö 8, 35—39
erwählt, geliebt und geheiligt hat in Christus[18]. Paulus kennt
stellvertretendes Leiden für die Gemeinde **der Auserwähl-**
ten a). Dabei ist jeder Verdienstgedanke für ihn ausgeschlos- a) Kol 1, 24
sen. Die Erwählten erlangen das Heil nicht in ihm oder um
seiner Leiden willen[19], sondern in Jesus und durch dessen
Sterben am Kreuz b). Jesus allein bringt den Sündern das b) 1 Ko 15, 3. 4
Heil c) und mit ihm die ewige Herrlichkeit d), die in deutli- c) I 1, 15!
chem Gegensatz steht zu den zeitlichen Leiden (V. 3—6)[20]. d) Kol 1, 27; 3, 4
Daß die Auserwählten nicht bleiben in der Gnade, daß sie
vielmehr in den Trübsalen wanken und zu Fall kommen —
diese Gefahr besteht für sie durchaus. Und Paulus will durch
sein Leiden oder vielmehr durch sein Verhalten im Leiden
(Danksagung, Geduld, Bekennermut, Feindesliebe, Fürbitte)
dazu beitragen, daß sie das Heil erlangen, wie er selbst gewiß
ist, daß er des Heils teilhaftig wird e). e) II 4, 7 f

c) Der Herr bleibt treu 2, 11—13

11 **Glaubwürdig ist das Wort; wenn wir mitgestorben sind,**
12 **so werden wir mitleben; * wenn wir ausharren, so werden**
wir mitherrschen; wenn wir verleugnen werden, so wird
13 **er uns verleugnen; * wenn wir untreu werden, bleibt er**
treu, denn sich verleugnen kann er nicht.

[18] Kol 3, 12: Gottes heilige und geliebte Auserwählte. 1 Ko 1, 27. 28; 4, 7; Eph 1, 4; 2, 8; Mt 22, 1—14.

[19] Ist Paulus etwa für euch gekreuzigt worden? 1 Ko 1, 13.

[20] Rettung und Herrlichkeit bei Paulus: 2 Th 2, 13. 14; Rö 5, 1. 2; 8, 21—25. Leiden und Herrlichkeit: Rö 8, 18; 2 Ko 4, 17. Jeremias gibt zu bedenken, daß in dem Wort vom „alles erdulden um der Auserwählten willen" der neutestamentliche Gedanke des von Gott gesetzten Maßes einbezogen sein könnte. Wir sagen: „Alles hat sein Maß." Nach der Schrift ist es Gott, der das Maß setzt. Das Buch der Offenbarung ist deshalb so „maßvoll", weil seine Sicht auf den Gott gerichtet ist, der alles in Händen hat. Gott setzt der Notzeit ihr Maß (Mk 13, 5—27), der Sünde (1 Th 2, 16; Mt 23, 32), den Märtyrern (Offb. 6. 11), den bekehrten Heiden (Rö 11, 25), und so auch den Christusleiden „zugunsten seines Leibes" (Kol 1, 24).

Der erste Teil des Briefes strebt seinem Höhepunkt zu. Wieder — wie im ersten Brief (I 3, 16) — krönt der Apostel seine Ausführungen mit einem Hymnus, der mit allem bisher Erwähnten aufs engste verwoben ist und zugleich den zweiten Teil einführt und begründet.

Wir geben den griechischen Text mit der buchstäblichen Übersetzung wieder, um den gesetzmäßigen Aufbau des Ganzen an einem Beispiel zu veranschaulichen:

11 pistos ho logos
glaubwürdig (ist) das Wort

1\. ei gar syn-apethanomen,
wenn denn wir mitgestorben sind (aor.),

kai sy-zesomen;
so werden wir mitleben (fut.);

12 2\. ei hypomenomen,
wenn wir standhaft ausharren (präs.),

kai sym-basileusomen;
so auch werden wir mitherrschen (fut.)[21];

3\. ei arnesometha
wenn wir verleugnen werden (fut.),

ka' keinos arnesetai hemas;
so auch jener wird verleugnen uns (fut.);

13 4\. ei a-pistoûmen, ekeinos pistos menei;
wenn wir un-treu sind (präs.), jener treu bleibt (präs.);

arnesasthai gar heauton
zu verleugnen (aor. inf.) nämlich sich (selbst)

ou dynatai.
nicht ist er imstande (präs.).

Vermutlich haben wir in den Versen 11—13 vier Zeilen aus einem Lied vor uns, das eng verbunden ist mit einem Teil-

[21] Mitherrschen heißt eigentlich mit König sein (*basileus* = der König, *basileia* = das Reich, *basileuein* = als König, das Reich regieren: der Zusammenhang zu Vers 8, Jesus herrscht als Messias aus dem Königsgeschlecht Davids).

stück vielleicht eines anderen Liedes in Vers 8. Paulus verknüpft die beiden Auszüge durch den Kommentar seines Lebens (9—10), wie er durchgehend auch für Timotheus Lehre und Leben verbindet. Wenn wir den Fäden des Briefgewebes sorgfältig nachgehen, erkennen wir eine innige Verwobenheit des Ganzen. Nirgends sind Liedzitate zusammenhanglos aufgegriffen oder lose dazwischengestreut. Wie Jesus im irdischen Leben bei seiner Verurteilung verlassen war a) und als Übeltäter verurteilt wurde[22], so erduldet[23] sein Apostel Böses wie ein Übeltäter b), gefesselt wie Jesus c). Wie der Auferstandene als Messias aus dem königlichen Geschlecht Davids herrscht[24], so wird auch Paulus nach den Leiden das Heil in Jesus und die ewige Herrlichkeit samt allen Auserwählten (10), die mit Jesus ausharren, erlangen. Paulus hat sich nicht ungebührlich zwischen die beiden Liedstücke geschoben; indem er sie in bezug auf sich selbst auslegt, wendet er sie doch zugleich auf alle Mitarbeiter, ja auf alle Auserwählten an. Er führt durch seine Person hindurch zu dem Bekenntnis derer, die miteinander „wir" sagen d). Die Zeilen 1 und 2 bezeugen die Haltung und Tat, wie sie aus der Treue gegenüber dem Herrn entspringt. Die Zeilen 3 und 4 zeigen die Folgen der Untreue und Verleugnung. An den 4 Strophen beobachten wir weiter Zeitform und Personalform:

a) II 1, 15; 4, 16; I 6, 13!
b) II, 2, 9
c) Mt 27, 2

d) wie II 4, 6—8

Zeile	Zeitform	Personalform
1	Vergangenheit (aorist)	wir — wir
2	Gegenwart	wir — wir
3	Zukunft	wir — er
4	Gegenwart	wir — er

Zeile 1:

„Wenn wir mitgestorben sind." Die griechische Zeitform des Aorist kann eine Handlung in ihrer Ganzheit anzeigen, die zwar in der Vergangenheit geschehen ist oder begann, aber fortdauert: Wann immer wir mitgestorben sind, sterben oder

[22] Lk 23, 32. 33, Übeltäter, Verbrecher, dasselbe Wort wie II 2, 9.
[23] Das gleiche Verb wie 12, ebenfalls in Gegenwartsform: „wenn wir standhaft ausharren."
[24] 8 b, vgl. *syn-basileusomen* in Vers 12: zusammen mit ihm als Könige regieren.

sterben werden mit ihm, werden wir auch mitleben[25]. Ähnlich ist das **Mitleben** zu sehen, das schon jetzt in diesem Leben beginnt, aber erst nach dem Tode in Vollendung aufblüht[26].

12 Zeile 2:

e) II 1, 8; 2, 3
f) Offb 2, 26
Hb 3, 6. 4
Mt 10, 22
24, 13
g) Hb 12, 4
h) Offb 8, 3—5; 3, 21
i) 1 Ko 6, 2—3
Rö 5, 10. 17; 6, 10—12. 14. 22. 23
Offb 1, 6;
1 Pt 2, 5—9

Standhaft ausharren e) ist nur in Christus möglich[27]. Wer Grund und Kraft zum Ausharren f) in sich selbst sucht, wird umfallen und den Herrn verleugnen, wie Petrus es tat. Das Ausharren ist auf das Ende, auf den Widerstand bis aufs Blut g), auf das Martyrium gerichtet. **Mitherrschen:** Die Erlösten sind durch ihr Beten jetzt schon mitbeteiligt an der Weltregierung ihres erhöhten Herrn h). Ihre zukünftige Aufgabe soll jetzt schon praktische Auswirkungen haben i).

Zeile 3:

k) I 5, 8!
II 3, 5
Tit 1, 16; 2, 12

Wenn wir verleugnen werden. Der Blick ist auf die Zukunft gerichtet, auf die letzte Prüfung, wenn es um Leben und Tod geht wegen des Bekenntnisses zu Jesus. In unserem Zusammenhang ist an die Irrlehrer zu denken k). „Es haben sich gewisse Leute eingeschlichen, deren Verhalten schon längst so beschrieben worden ist: Gottlos sind sie, verkehren die Gnade, die Gott uns gegeben hat, in ein ausschweifendes Leben und verleugnen unseren einzigen Gebieter und Herrn Jesus Christus"[28]. Timotheus soll nicht wie die Irrlehrer seinen Herrn verleugnen, wenn die letzte Prüfung auf ihn zukommen wird, wie es jetzt bei Paulus eingetroffen ist. In seiner eigenen Standhaftigkeit im Herrn wendet der Apostel den Blick sei-

[25] Spicq übersetzt: *„Si nous avons commencé par mourir avec (lui)."* Wenn wir begonnen haben, mit ihm zu sterben. Dem entspricht das neutestamentliche Verständnis des Sterbens als einem Geschehen in der Vergangenheit des Christen (die Taufe: Rö 6, 2—8; Kol 3, 3) in der Gegenwart (2 Ko 4, 10. 11; Rö 8, 36; 1 Ko 15, 30. 31; vor allem aber 2 Ko 7, 3: „Ihr seid in unserem Herzen zum Mitsterben und Mitleben"). Das ist die einzige Stelle im NT, welche das Wortpaar genau gleich verwendet — ein starker Hinweis nicht nur auf den Autor der Past, sondern auf die Möglichkeit, daß Paulus den Hymnus (früher) als pneumatischen (geistlichen) Gesang (vgl. 1 Ko 14, 15b; Eph 5, 17—18) empfangen und weitergegeben hat. Sterben in der Zukunft, da der Tod nicht als Wassertaufe, sondern als Bluttaufe des Märtyrers zu verstehen ist (Mk 10, 38. 39; Lk 12, 50; II 4, 6; Phil 2, 17). Was soll der Anfang der Wasser- und Geist-Taufe für einen Sinn haben, wenn sie nicht in der Blut-Taufe bestätigt werden kann?

[26] Gegenwart (Phil 1, 21; 1, 6; 2, 5; Jo 17, 3; Offb 8, 3—5): Jetzt mit Jesus leben, heißt mit ihm sein, Gemeinschaft mit ihm haben, sich seiner freuen, ihn lieben, ihn verherrlichen durch heiligen Wandel.

[27] Vgl. Offb 1, 9 (das ist ein Selbstzeugnis des Johannes): Bruder und Mitgenosse im Ausharren in Jesus.

[28] Ju 4, Wilckens

nes Mitarbeiters auf den Herrn selbst l). Wer Jesus vor Ge- l) II 2, 8,
richt den Menschen gegenüber verleugnet und sich endgültig I 6, 13. 12;
von ihm lossagt, den wird auch Jesus im Gericht vor dem 4, 17—18! vgl. 1, 6. 7;
Vater verleugnen m). Das ist ein ernstes Mahnwort im Kampf 2, 1!
um die Wahrheit. Dabei war das traurige Beispiel von Petrus m) Mt 10, 33
schon in der Urchristenheit eine unüberhörbare ernste Warnung und ist es seither geblieben.

Jesus wird zu den Pseudopropheten und Irrlehrern sagen, die in seinem Namen aufgetreten sind: Ich habe euch nie gekannt, weichet von mir n). Von diesem Ernst sind die Past n) Mt 7,
durchdrungen, weil die Wirklichkeit der Irrlehre und des Ab- 15—23
falls mächtig vor Augen steht. A. Bengels Bemerkung zur Stelle gilt mit unverminderter Dringlichkeit: „Diese Verleugnung geschieht nicht nur in Verfolgungszeiten, sondern auch heutzutage, da die Vernunft sich über den Glauben erhebt.“ Die Gemeinde muß ständig darüber wachen, daß in ihrer Mitte nicht jemand ein böses Herz des Unglaubens hat oder aus purer Menschenfurcht und Geltungssucht feige den Namen des Herrn verschweigt, nur um sich keinem Spott und keiner Verachtung auszusetzen. Darum muß sie sich gegenseitig jeden Tag ermahnen o)[29]. o) Hb 3, 12—13

Zeile 4:

Wenn wir untreu werden, bleibt er treu. Im Vordergrund 13
steht hier die unwandelbare Treue des Herrn, die seine Jünger auch in der letzten Versuchung vor dem Bösen zu bewah-
ren vermag p). In diesem Zusammenhang wird die Bitte aus p) 2 Th 3, 3;
dem Herrengebet verständlich: Und führe uns nicht in Ver- I 5, 24!
suchung (in die Versuchung, in der wir letztlich und unwider- 1 Ko 1, 9; 10, 13;
ruflich von dir abfallen, dich verleugnen würden), d. h. be- II 1, 18;
wahre uns vor und in der Stunde der Versuchung (erlöse uns Phil 1, 6;
von dem Bösen) q). Gottes Reich wird vollendet werden trotz Hb 10, 23; Jud 24.
der Untreue und Schwäche der Erwählten, denn „sollte ihre q) Offb 3, 10
Untreue die Treue Gottes aufheben r)?“. Die vierte Zeile ist ganz r) Rö 3, 3
von paulinischem Sprachgebrauch her geprägt. „Menschlicher

[29] Wichtig in diesem Zusammenhang ist die Botschaft des Petrus, der den Herrn zwar selber verleugnet, aber Vergebung dafür erfahren hatte. Er sagt seinen jüdischen Zuhörern und ihren Oberen, daß sie Jesus vor Pilatus verleugnet und ihn als Verbrecher hingestellt haben. Sie verleugneten ihn, obwohl er der Gerechte und der Heilige war (Apg 3, 13. 14: zweimal!). Aber da sie nicht wußten, was sie taten (Apg 3, 17), kann ihnen die Umkehr angeboten werden. Wie Petrus selber, so können auch sie umkehren (Lk 22, 32 b; Apg 3, 19) und Vergebung der Sünden empfangen (Jo 21, 15—17). Nicht anders versteht sich Paulus selbst im Zeugnis aller seiner Briefe bis zu den Past (I 1, 12—16), und so sollen alle Diener des Herrn, ja alle Christen sich verstehen (Tit 3, 3—7).

Unglaube entkräftet Gottes Glaubhaftigkeit nicht" (Schlatter). Der vierzeilige Liedauszug endet nicht im dunkeln Geheimnis der Zukunft, die vielleicht unsere Verleugnung und unsern Abfall verbirgt. Das Lied führt in das wunderbare Licht der unwandelbaren Treue Gottes und unseres Herrn Jesus. Der Apostel „redet aus der Hoffnung des ewigen Lebens schon ganz gewiß, aus der Ewigkeit heraus, zurück in diese Vorbereitungszeit hinein. So muntert der alte Paulus sich in seinen Banden und Timotheus, seinen Sohn, und alle Christen auf." (A. Bengel) „Er bleibt uns treu, besser: er bleibt seinen Verheißungen treu. Auch wenn wir so oft versagen und untreu werden, er kann vergeben. Die Logik zerbricht an der Liebe des Heilandes. Dies ist kein Freibrief für Sünde und Abfall, das zeigt die vorangehende dritte Zeile des Liedes, aber ein Trost für erschrockene Gewissen, und der versagende Glaube darf sich an der Treue seines Herrn aufrichten"[30].

Denn sich (selbst) verleugnen kann er nicht. Dieser Satz mag als noch zum Lied gehörig und damit den unerwarteten Abschluß unterstreichend oder als Zusatz des Apostels angesehen werden. Der gewaltige Abschnitt 1,3—2,13 ist ein ergreifender Kommentar zu Lukas 12, 4—12 und mündet angesichts der Leiden und des Todes ein in den Lobpreis der Treue des Herrn. Wie immer es in der Welt und in der Gemeinde aussehen mag und wird, das eine bleibt gewiß und fest: „Der Herr ist treu, er wird euch stärken und bewahren vor dem Bösen" (2 Th 3, 3).

[30] Fridrichsen, zitiert bei J. Jeremias, 45.

II. TEIL: TIMOTHEUS IM WIDERSTAND GEGEN DAS VERFÄLSCHTE EVANGELIUM

2. Timotheus 2, 14—4, 5

A. DIE GEGENWÄRTIGEN IRRLEHRER

2. Timotheus 2, 14—26

1. Das Zentrum der Heilswahrheit festhalten

2. Timotheus 2, 14—19

a) Abwegiger Glaube und Wandel 2, 14—18

14 **Dies rufe ihnen ins Gedächtnis und bezeuge ihnen eindring-**
lich vor dem Angesicht Gottes, keine Wortkämpfe zu füh-
ren, was zu nichts nütze ist, sondern nur zur Verstörung
15 **der Zuhörer führt. * Sei eifrig bestrebt, dich selbst vor**
Gott als bewährt darzustellen als einen Arbeiter, der sich
nicht schämen muß, weil er das Wort der Wahrheit richtig
16 **darbietet. * Auf das heillose, leere Geschwätz laß dich**
nicht ein; denn damit werden sie nur in immer größere
17 **Gottentfremdung hineingeraten, * und ihr Wort wird**
weiter um sich fressen wie ein Krebsgeschwür. Zu ihnen
18 **gehören Hymenäus und Philetus, * die von der Wahrheit**
abgewichen sind, indem sie sagen, die Auferstehung sei
schon geschehen; damit zerstören sie den Glauben mancher
Leute.

Was Timotheus seinen Hörern **in Erinnerung rufen** soll[31], 14
ist entweder die heilsame Lehre (sie steht im Gegensatz zum heillosen Geschwätz (16)), auf die der Apostel seinen Mitarbeiter angesprochen hat, oder aber, und dieser Sinn ist vorzuziehen, das eben genannte Bekenntnislied, das vor der Versuchung zum Abfall mahnt (14.16—18) und zur Bewährung aufmuntert (15). Das Wort vom Arbeiter, der sich nicht schämen muß, verbindet den Abschnitt 14—18 mit dem ersten Teil des Briefes (1, 6—8.12.16). Auch wenn der Apostel die Blicke seines Mitarbeiters jetzt auf die schweren Aufgaben und Anfechtungen angesichts der Irrlehrer und der Gefahr des Abfalls wendet, soll er doch auf Gott ausgerichtet bleiben, vor dessen Augen er die Gemeinden beschwörend abhalten soll

[31] So nur noch Tit 3, 1.

von nutzlosen **Wortkämpfen.** Allzuoft waren die Diener des Wortes so von den gefährlichen Verhältnissen beeindruckt, daß sie wie gebannt darauf starrten und so ihren Herrn ganz aus ihrem Blickfeld verloren[32]. Paulus als beschwörender Mahner hält selber Herz und Auge auf Gott gerichtet, er bleibt a) in der Gegenwart Gottes. Wer aber Wortkämpfe führt statt den Glaubenskampf b), wird vom Wort der Wahrheit abgleiten, den Wellen menschlicher Meinungen preisgegeben c) wie ein steuerloses Boot auf offener See. Diese Art, mit dem Wort umzugehen, ist nicht nur zu **nichts nütze** — im Gegensatz zur heilsamen Lehre, die nützlich ist zur Seligkeit — d), sondern sie wirkt geradezu zerstörend und führt in die **„Katastrophe“**[33].

a) I 5, 21! II 4, 1; Apg 2, 40; 18, 5; 20, 21; 23, 11; 28, 23
b) II 2, 5; 4, 7; I 1, 18; 6, 12!
c) Eph 4, 14
d) I 4, 8! II 3, 16; Tit 3, 8!

15 Timotheus ist selber durch sein Leben und sein Zeugnis die stärkste Waffe gegen die falschen Lehrer e). Darum soll er eifrig sein, sein Äußerstes drangeben, sich selbst Gott darbieten als ein lebendiges Opfer[34]. Vor Gott soll er die Menschen beschwören, sich selbst soll er vor Gott hinstellen als einer, der bewährt ist, angenommen nach der Prüfung f). Als **Arbeiter** ist er Diener am Wort und nicht Herr über das Wort g). Der dienende Arbeiter ist Künder und Täter des Wortes im Gegensatz zu den bloßen Rednern und ihrem heillosen nichtigen Geschwätz (16). Wenn einmal im Feuer des gerechten Gerichts all das von Schwätzern gedroschene „leere Stroh“, die großen Heuhaufen angeblicher Erkenntnis, die Holzstapel törichter Menschenweisheit verbrennen werden h), soll er mit seinem Dienst vor Gott ohne Beschämung bestehen können: er soll **sich nicht schämen müssen.** Das Bestreben und die Hoffnung des Paulus bestehen darin, daß er als Herold des Wortes in nichts zuschanden wird, wenn er vor Gott erscheinen muß i).

e) II 2, 22—23; I 4, 16! Tit 2, 7—8!
f) wie Rö 16, 10 1 Ko 11, 19; 2 Ko 10, 18; 13, 7 vgl. Rö 14, 18 mit 2 Ko 10, 18
g) wie 2 Ko 11, 13; Phil 3, 2
h) 1 Ko 3, 12—15
i) Phil 1, 20; vgl. 1 Jo 2, 28

Das eifrige Bemühen um die Lehre und das Achthaben auf sie allein genügt nicht; auch auf sich selbst soll Timotheus achten, immer gehört beides zusammen; wenn aber beides auseinanderfällt, wird man zuschanden j).

j) I 4, 16a! 1 Ko 9, 27 b

[32] Vgl. den Propheten Jeremia, der das Volk zur Umkehr aufrief und doch selber von Gott zur Umkehr ermahnt werden mußte (Jer 15, 19—21), und im Gegensatz dazu die Haltung des Täufers als Urbild des Verkünders: Indem er seinen Blick selber unverwandt auf Jesus gerichtet hielt, ihn anschauend (Part. Präs.), lenkt er den Blick seiner Zuhörer ebenfalls auf ihn und sagt: Siehe das Lamm Gottes! Jo 1, 29. 36.

[33] Verstören, griech. *katastrophe*, von oben nach unten umkehren, verderben, zerstören (als Gegensatz zu aufbauen); sonst im NT nur noch in 2 Pt 2, 6.

[34] Das gleiche Verb wie Rö 12, 1 und Rö 6, 13—19! Paulus stellt die Menschen vor Gott: Kol 1, 28; 2 Ko 11, 2! Gott stellt den Menschen vor sich: 2 Ko 4, 14; Eph 5, 27; Kol 1. 22.

Das Wort der Wahrheit k) ist das Evangelium. Wie soll er sich in seiner Hingabe l) an Gott und in der Weitergabe des Evangeliums an die Menschen bewähren? Wie soll er das Wort der Wahrheit darbieten[35]? Die beste Auslegung gibt Paulus selbst in 2 Ko 2, 17: „Das Wort Gottes **bieten wir dar,** nicht verfälscht wie die vielen, sondern (1.) so wie aus Lauterkeit, (2.) so wie aus Gott heraus (aus Gottes Eingebung), (3.) vor Gott (in der Verantwortung vor Gott, vgl. 15a), (4.) in Christus (in der Gemeinschaft mit Christus) reden wir. Wer ist dazu tüchtig?“ m) An dieser Stelle finden wir vier Merkmale apostolischer Verkündigung. Wie verhängnisvoll war die Entwicklung in der Kirchengeschichte, als man alles nur auf die rechte Lehre allein abstellen wollte, während der Apostel sowohl in den Briefen an die Korinther wie unablässig und eindringlich überall in den Past das unentbehrliche Zusammenwirken von rechter Lehre und rechtem Leben betonte. Unser Abschnitt zeigt *kein* Absinken von der Höhe des Vorangegangenen. Er ist die notwendige Umsetzung dessen, was Paulus vorher zu bedenken gegeben hat, in die Praxis, auf die es letztlich ankommt.

k) II 1, 3; 2, 9; wie Eph 1, 13; Kol 1, 5
l) Rö 12, 1
m) 2 Ko 2, 16 c

Auf das heillose, leere Geschwätz n) **laß dich nicht ein;** denn 16
wer sich damit abgibt, wird selbst angesteckt von der Epidemie des bloßen „Maulbrauchens“ (Luther). Das Verhängnisvolle aller Polemik liegt darin, daß sie ihre Waffen und Methoden vom Gegner übernimmt, das gilt auch und gerade für die theologische Polemik.

n) I 6, 20! 6, 4! 1, 4! 4, 7!

Laß dich nicht ein. Der Ausdruck erscheint nur noch in Tit 3, 9 und kann auch umschrieben werden: drehe dich um, in der Absicht auszuweichen. Während die Irrlehrer zu größerer *Gottlosigkeit fortschreiten*, wenn sie nicht aufgehalten werden o), soll Timotheus in der *Bewährung fortschreiten* p). Ein Stehenbleiben gibt es nicht. Menschen, die einmal vom Kurs abkommen, werden immer extremer in ihren Ansichten und Äußerungen werden. Und wer auf geradem Kurs läuft (so kann 15b übersetzt werden), wird nur dann darauf bleiben, wenn er danach trachtet, zur vollen Reife und Bewährung zu kommen: „Du aber sei nüchtern in allem, halte aus im Leiden, tue das Werk eines Evange-

o) II 2, 23—26
p) I 4, 15

[35] Spr 3, 6; 11, 5 hat dasselbe Wort in der griechischen Übersetzung der LXX: „Erkenne ihn auf allen deinen Wegen, und er wird *geradem achen* deinen Pfad“; Paulus schreibt in Gal 2, 14: „Ich sah, daß sie nicht *richtig* (den geraden Weg) wandelten nach der Wahrheit des Evangeliums.“

q) II, 4, 5 listen, vollbringe deinen Dienst q)." Wieder ist die Parallele deutlich: Das Leben der Irrlehrer schreitet zu weiterer Gottlosigkeit fort (16), und **ihre Lehre frißt weiter um sich wie**
17 **ein Krebsgeschwür.** Das Leben ist von der Lehre nicht zu trennen, auch nicht im negativen Fall. Das Wort der Irrlehrer steht im Gegensatz zum Wort der Wahrheit (15). Der medizinische Ausdruck besagt, daß das Geschwür „Weide fin-
r) wie Jo 10, 9 det" r). Das Geschwür erscheint zunächst harmlos, greift dann aber schnell und verheerend um sich. Die falsche Lehre ist wie ein Geschwür im Leibe, es frißt die lebendige Substanz auf und macht die gesunden Zellen krank. Die Lüge nährt sich aus dem Teil der Wahrheit, den sie übernimmt, abspaltet und als Teil absolut setzt. Je mehr Wahrheit in einer Lüge ist, um so mächtiger und gefährlicher ist sie. „Ihr werdet sein wie Gott" ist die gefährlichste Lüge, weil sie am meisten Wahrheit enthält, aber sie ist die größte Lüge, weil sie die größte Wahrheit in ihr Gegenteil verkehrt. Nicht der Mensch kann sich zu Gott machen, sondern Gott macht ihn sich gleich, indem er dem Menschen gleich wird. Immer wird der Mensch in der Versuchung, in der Krise stehen zwischen sicut Deus (selber sein wollen wie Gott) und imago Dei (geschaffen und berufen zum Bilde Gottes). Das Grundwesen aller Irrlehre liegt schließlich darin, daß sie den Menschen über sich selbst hinausführen und Gott zum Mittel menschlicher Selbstverwirklichung machen will. Das Ende aber ist immer die Katastrophe (14c).

Offenbar hat der Ausschluß von Hymenäus, von dem I 1, 20 berichtet, zu keiner Umkehr geführt und ist die Hoffnung von II 2, 25—26 noch mehr geschwunden, denn die Anführung eines weiteren Namens, Philetus, kann bedeuten, daß Hymenäus bzw. seine krankmachende Lehre fortgeschritten ist, indem sie neue Anhänger und Wortführer gewonnen hat. Da sie mit Namen genannt werden, ist anzunehmen, daß sie noch immer, oder trotzdem wieder, in der Gemeinde sind oder zumindest in sie hineinwirken, denn sie sind den Christen bekannt. So würde auch der zunehmend dringlichere Charakter der beschwörenden Ermahnung in II einen konkreten Hintergrund ersichtlich machen[36]. (Vgl. aber II 2, 23—26!)

[36] Einzelne Ausleger wollen II zeitlich vor I setzen, weil sie aus der Erwähnung von Hymenäus folgern, daß er in II 2, 17 noch in der Gemeinde wirkte, während er in I 1, 20 ausgestoßen ist. Doch abgesehen davon, daß II im ganzen und im einzelnen ein späteres geschichtliches Stadium aufweist, wurde Hymenäus der Züchtigung übergeben in der Erwartung, daß er nicht mehr lästere, d. h. nicht gegen das wahre Evangelium lehre, sondern seinen Sinn ändere, wie II 2, 25 bis 26 erwarten läßt.

Auferstehung (ohne Artikel) **ist schon geschehen** = schon sind wir auferstanden! Das ist das Rühmen der aufkommenden Gnostiker (solche, die sich ihrer Erkenntnis rühmen, vgl. 1 Ko 8, 1—2). Auch in Korinth leugneten gewisse Kreise die kommende Auferstehung, und zwar wenn auch noch viele nicht die Auferstehung Jesu selber, so doch die Wirklichkeit der Auferstehung überhaupt s). Dort (20) wie hier t) bekräftigt Paulus: „Nun aber ist der Messias von den Toten auferstanden" und mahnt Timotheus, den von den Toten Auferweckten im Herzen zu haben u), ohne den es nach dem Mitsterben kein Mitleben gibt (11). Der Hinweis auf die Leugnung der Auferstehung, was einer Verleugnung des Herrn gleichkommt, zeigt noch einmal den inneren und folgerichtigen Zusammenhang zu II 2, 1—13. Ohne den lebendigen Herrn können Botschaft, Lehre und Glaube nicht lebendig bleiben noch Leben schaffen. Alles wird leer und nichtig v)[37]. Erlösung durch Jesus bedeutet, daß sündige, sterbliche Menschenleiber durch den Tod hindurch in ewigen Lichtglanz verwandelt und hineingenommen werden in das Reich Gottes w). 18

s) 1 Ko 15, 12—19
t) II 1, 10
u) II 2, 8!
v) 1 Ko 15, 14. 17
w) 1 Ko 15, 36. 44. 49
II 4, 18

b) Gottes fester Grund 2, 19

19 Doch der feste a) Grund b) Gottes bleibt bestehen und hat dieses Siegel c): Der Herr hat erkannt d), die sein sind. Und: Es stehe ab von der Ungerechtigkeit jeder, der den Namen des Herrn nennt.

Vers 19 steht im Gegensatz zu den grund- und uferlosen Irrlehren, die Leben, Lehre und Häuser zerstören. Der Grund ist das, worauf man bauen kann. Es war im Altertum üblich,

a) wie 1 Pt 5, 9;
Hb 5, 12. 14
b) 1 Ko 3, 11;
Kol 1, 23;
Eph 2, 20;
3, 17;
Hb 11, 10;
6, 11
c) wie Rö 4, 11;
1 Ko 9, 2;
d) wie 1 Ko 8, 3; 13, 12;
Gal 4, 9

[37] In diesem ganzen Brief denkt und schreibt Paulus von der Auferstehung her, „denn dort entspringt der Glaube, und dort erhebt die Hoffnung ihre universale Größe, und dort bekommt der Wille die Befreiung von der Übermacht des natürlichen Begehrens" (Schlatter 235). Zwar kennt Paulus eine gegenwärtig im Leben der Gemeinde wirksame Auferstehung (Rö 6, 34; Eph 2, 6; Phil 3, 11; Kol 2, 12; 3, 1; vgl. auch Lk 15, 24), aber er gründet alle Auferstehung, die gegenwärtige und die umfassend zukünftige, auf die Auferstehung des Messias von den Toten: 1 Ko 15, 3—4; das gilt auch für seine eigene Hoffnung: II 4, 18. Leugnung der Auferstehung (und damit eines zukünftigen Gerichtes) bedeutet Abwertung des Leibes. Entweder wird der Leib verachtet (I, 4, 3; 1 Ko 7, 5. 28), da er als Hindernis und „Käfig der unsterblichen Seele" (Plato) die Spiritualisierung des Auferstehungsglaubens stört, oder, da die Vergeistigung nicht gelingen will, schlägt sie in Leibesvergötzung und Leibesmißbrauch um (1 Ko 6, 12—13. 15b; 15, 32b; Phil 3, 18—19). Hymenäus schreibt später von einem samaritanischen Gnostiker, seine Anhänger bekämen (so sei seine Lehre) durch seine Taufe „die Auferstehung", und hinfort könnten sie nicht sterben und blieben ohne zu altern unsterblich erhalten.

daß nach Fertigstellung eines Hauses eine Inschrift über dem Eingang angebracht wurde, welche die Bestimmung des Hauses anzeigte e). Zum Grund gehört alles, was von Gott her gelegt und gebaut worden ist: Jesus und die apostolische Botschaft von ihm f). Dieser von Gott gelegte Grund und Bau g) ist fest und bleibt bestehen, wie das Wort des Herrn bestehen bleibt, auch dann, wenn alles Fleisch vergeht h). Das Siegel ist Zeichen des Eigentums und des Schutzes i) oder der Bestätigung. So schreibt Paulus k): „Das Siegel meines Aposteldienstes seid ihr im Herrn." Das Siegel trägt eine doppelte Inschrift und bringt dadurch ein Spannungsverhältnis zum Ausdruck: Ihr seid Siegel meines Dienstes, sofern *ihr* von der Ungerechtigkeit absteht und des Herrn würdig wandelt l); ihr seid Siegel *im Herrn*, sofern der Herr selbst euch versiegelt hat im Heiligen Geist m). Die Doppelinschrift des Siegels wird durch ein Spruchpaar gebildet, das wahrscheinlich ebenfalls einer urchristlichen Hymne entstammt. Bedeutsam ist seine alttestamentliche Herkunft, gibt sie doch Anlaß zu einem Vergleich zwischen dem alttestamentlichen und dem neutestamentlichen Gottesvolk[38]. Nicht erst in den Past, sondern von Anfang an gegründet auf die alttestamentliche Offenbarung kündet Paulus die Einheit der souveränen Erwählung Gottes und der menschlichen Verantwortlichkeit. Ein von Gott Erkannter zu sein, kann der Mensch nur dadurch bekennen, daß er dem ihn erwählenden Gott entsprechend lebt und seine Zugehörigkeit zu dem, der selber heilig ist und heilig macht, dadurch bezeugt, daß er sich heiligen läßt zu einem heiligen Leben[39]. Wer den Namen des Herrn nennt und dadurch bekennt, daß Gott sich zu ihm bekenne, der erweise das darin, daß er von der Sünde absteht. Das rechte Gottesbekenntnis zeige sich in der richtigen Lebensweise. Diese nie aufzulösende Doppelheit (vgl. auch das „Doppelgebot": Liebe Gott und deinen Nächsten wie dich selbst!) hat nichts zu tun mit einer verflachenden bürgerlichen Moral in den Past. Weil Leben und Lehre auseinanderklaffen und dadurch das innerste Gefüge der Gemeinde bedroht ist, gilt es, unermüdlich, vorbehaltlos

e) vgl. Offb 21, 14
f) 1 Ko 3, 10—11; Eph 2, 20
g) I 3, 15. 16
h) I Ko 7, 31; 15, 58; Hb 12, 27—29
i) Mt 27, 66; Holi 8, 6
k) 1 Ko 9, 1
l) Eph 4, 1
m) Eph 1, 13. 4; 4, 30; Rö 8, 16

[38] Die Beziehung zu 4 Mo 16, 5. 26 (morgen wird der Herr kundtun, wer zu ihm gehört) und Jes 52, 11; 26, 13; vgl. auch Jes 28, 16 (reinigt euch, die ihr die Geräte des Herrn tragt) wird erst im Vergleich mit der griechischen Übersetzung der LXX recht deutlich. Das Volk muß sich von der aufrührerischen Rotte Korah trennen, sie haben den Herrn gelästert (Vers 31) und verfallen dem Gericht (Vers 33). Vgl. Ju 11.

[39] Vgl. 1 Ko 6, 14—7, 1; 10, 1—22. Hier der Bezug zur alttestamentlichen Geschichte Gottes mit seinem Volk; 1 Ko 5, 13.

und eindringlich, das Grundübel aufzudecken und den Weg zu seiner Überwindung zu zeigen und zu gehen. Mitten in den verwirrenden Parteiungen und Auseinandersetzungen sollen die Bewährten n) offenbar werden o). Für Paulus bilden Erwählung und Heiligung eine Einheit. So ist gesunde Lehre verbunden mit gesundem Leben. „Wir müssen Gott allezeit eurethalben danken, vom Herrn geliebte Brüder, daß euch Gott von Anfang an erwählt hat *zum Heil in der Heiligung* durch den Geist und im Glauben an die Wahrheit, wozu er euch berufen hat durch unser Evangelium, damit ihr die Herrlichkeit unseres Herrn Jesus Christus erlangt p)." Auch hier wieder bilden frühere Worte des Apostels die beste Auslegung für den Sinn der vorliegenden Stelle. Die Doppelinschrift des Siegels ist *endzeitlich* ausgerichtet, wie es ein Vergleich mit Mt 5, 15—23 deutlich macht. „An jenem Tag" wird das Werk der falschen Propheten, die das tun, was wider das Gesetz ist, völlig offenbar werden, und sie selbst werden zuschanden werden.

n) vgl. II 2, 15
o) 1 Ko 11, 19; vgl. 1 Ko 5, 13 mit 2 Ko 12, 21—13, 2
p) 2 Th 2, 13—14

Die Gewißheit der Gemeinde beruht auf Gottes erwählendem Erbarmen, das von Ewigkeit her geschieht. Gott selber hat die Erwählten losgekauft als sein Eigentum, er hat den Preis bezahlt: so kennt er diejenigen, die ihm gehören. Die Reinigung der Gemeinde ist unausweichlich die Verantwortung der einzelnen in dieser Zeit, weil Gott mit *heiligem* Ruf berufen hat, und weil der *Heilige* Geist Kraft gibt und zu einem *heiligen* Leben drängt q). Die apostolische Mahnung war weder damals, noch ist sie heute unbegründet oder überflüssig. Die Kirchengeschichte sähe anders aus, wenn die Gemeinden und ihre Glieder der Gestalt heilsamer Worte immer gefolgt wären.

q) I 6, 11—12. 14! II 2, 15. 22

2. Wie Timotheus widerstehen kann

2. Timotheus 2, 20—26

a) Reinigung zum Dienst 2, 20—22

20 **In einem großen Hause gibt es aber nicht nur goldene und**
silberne Gefäße, sondern auch hölzerne und irdene, die
einen zu ehrenvollem, die anderen zu niedrigerem Ge-
21 **brauch. * Wenn nun jemand sich von ihnen reinigt, wird**
er ein Gefäß zur Ehre sein, ein geheiligtes, für den Haus-

22 **herrn brauchbares, zu jedem guten Werk zubereitet. ***
Fliehe die jugendlichen Lüste, jage aber nach Gerechtig-
keit, Glauben, Liebe, Frieden mit allen, die den Herrn
anrufen aus reinem Herzen.

20 Das Bild vom großen Haus, das verschiedenartige Gefäße enthält, ist nicht leicht zu begreifen und umzusetzen in ein praktisches Verständnis. Die einen Ausleger sehen in diesen Worten ein Nachlassen der ursprünglichen Kirchenzucht und eine Absage an eine heilige Kirche. Denn auch den Irrenden werde noch die Ehre eines Werkzeuges, wenn auch eines wenig rühmlichen, zuteil. Nicht mehr die Reinigung der Kirche von falschen Lehrern sei die Forderung und Folgerung, sondern die eigene Reinigung gegenüber diesen Lehrern, die aus der Kirche auszuschließen man nicht mehr die Kraft oder Autorität habe. Andere sehen in der Mahnung zur Reinigung von den Gefäßen der Unehre die Aufforderung zur Reinigung der Kirche von falschen Lehren um jeden Preis, auch um den Preis der Kirchenspaltung und Neugründung und den der Verfolgung von seiten der „verunreinigten Kirchen". Wieweit kann uns ein sorgfältiges Hören auf den Text Klarheit in dieser Frage verschaffen?

21 **Ein Gefäß zur Ehre:** Vgl. Apg 9, 15 — ein auserwähltes Werkzeug; ein **geheiligtes:** s. I 2, 15 für die Frau gesagt; **brauchbar:** nützlich, im Gegensatz zum unnützen Geschwätz — so nur bei Paulus II 4, 11; Philem 11. **Zubereitet:** s. II 3, 17, durch die Wirkung der Heiligen Schrift und den Umgang mit ihr, dem heilsamen und heiligenden Wort, Tit 3, 8. **Zu jedem guten Werk:** auch sonst bei Paulus, 2 Ko 9, 8. „Zu jedem guten Werk überreich"; Kol 1, 10 „Fruchtbringend in allem guten Werk". Das Bild vom großen Haus legt nahe, an die weltweite Kirche zu denken mit ihren verschiedenen Gemeindeprägungen. Ein Blick auf die Sieben Sendschreiben an die Gemeinden in Asia[40] zeigt, daß durchaus nicht alle Gemeinden gleich „gut" oder „schlecht", brauchbar oder unbrauchbar für ihren Herrn waren. Aber diese Unterschiedlichkeit wurde *nicht* einfach hingenommen; zu *allen* spricht der erhöhte Herr, mahnend und tröstend. Er deckt Mängel oder Sünden oder Irrlehre auf und ruft zur Umkehr und zu den der Umkehr entsprechenden Werken. In diesem Sinne könnten die verschiedenen Gefäße von II 2, 20 als verschiedene Gemeinden

[40] Offb. 2, 1—3, 22. S. A. Pohl, W. Stb. Offenbarung, Bd I, S. 106—158.

verstanden werden, dann aber auch innerhalb einer Gemeinde wieder verschiedene Glieder und Gruppierungen a).

a) Offb 2, 2. 6. 9. 14—15. 20 bis 24; 3, 9

Paulus hat als weiser Baumeister gebaut, andere bauen daran weiter. Jeder ist verantwortlich dafür, wie und was er baut: ein Werk aus Gold, Silber, Edelstein, das im Feuer des Gerichts standhält, oder aber bloß Holz, Heu, Stroh, was im Gericht verbrennen wird. Bei diesem Gleichnis setzt Paulus aber noch immer voraus, daß ein unkluger Baumeister doch selber gerettet wird, wenn auch sein Werk verbrennt b). Dieses Wort von Jesus, dem Grund, der gelegt ist, den Paulus nicht gelegt hat und nicht legen konnte, weist auf einen Zusammenhang mit II 2, 19—21 hin. Der Unterschied ist wohl dieser: In Korinth spielt Paulus auf Parteiungen an, die aus fleischlicher Gesinnung und geistlicher Unreife entstanden sind; Überbetonungen, Einseitigkeiten und unlautere Motive c) spielen dabei eine allzu starke Rolle d), aber um ausgeformte Irrlehre handelt es sich dort noch nicht. Hier jedoch, in den Past, und erst recht in II, sind die Irrlehren schon ausgeprägt[41] und deren Propagandisten zahl- und einflußreich. Sie wenden sich offen gegen Paulus und gegen ganze Gemeinden, wenn nicht gegen ganze Regionen, wenden sich von Paulus ab und den Irrlehrern zu[42].

b) 1 Ko 3, 10. 12—15

c) wie Phil 1, 15—18

d) 1 Ko 3, 1—9

Wie sollen wir diesen Vers nun verstehen? Zunächst fällt 21
auf, daß es nicht heißt: Wenn nun die Gemeinden oder Gemeindeglieder sich reinigen. Weist der Ausdruck „jemand" auf den einzelnen, besonders auf den Diener am Wort, hin? Ein Vergleich mit Vers 15 legt diese Deutung nahe: Timotheus soll sich als bewährter Arbeiter vor Gott darbieten, so nämlich wird er ein geheiligtes, zu jedem guten Werk brauchbares Gefäß sein (21b)[43]. 21a sagt nun eingehender aus, wie und warum Timotheus nach Bewährung streben kann: **Er muß sich reinigen.** Das einzige Mal, wo dieses Wort auch noch erscheint, ist 1 Ko 5, 7, also auch bei Paulus. Dort aber wird es unter dem Bild des Sauerteigs gebraucht: Reinigt euch vom alten Sauerteig und schafft ihn hinaus. Der Sauerteig versinnbildlicht die Bosheit und Schlechtigkeit im Unterschied zur Lauter-

[41] Aber vgl. wiederum II 2, 18 mit 1 Ko 15, 12.
[42] II 1, 15; 4, 14—16; Apg 20; 9, 29—30: Hier noch als zukünftig vorausgesagt.
[43] Auch der Vergleich mit II 3, 16—17 als Gegenbeispiel zu den Irrlehrern; II 3, 1—9 (die Irrlehrer, die ebenfalls mit atl Geschehen in Verbindung gebracht werden wie II 2, 19, das die vorangehenden Verse 16—18 aufnimmt und erklärt) weist auf denselben Sachverhalt; vgl. ebenso Tit 1, 10—16 mit 2, 7—8.

keit und Wahrheit[44]. Der Zusammenhang zeigt, daß Paulus über einen Fall schwerer Unzucht spricht, den die korinthische Gemeinde in ihrer Mitte geduldet hat (1—6). Der Betreffende soll ausgeschlossen werden und die Gemeinde soll sich darüber beugen. So wird sie sich reinigen von dieser Sünde, an der sie mitschuldig ist. Jesus warnt seine Jünger vor dem Sauerteig der Pharisäer und Sadduzäer, d. h. vor ihrer Lehre! Bekannt ist, daß die Sadduzäer die Auferstehung leugneten. Der Sauerteig (Bosheit, Schlechtigkeit, Heuchelei, Ungerechtigkeit und dazu falsche Lehre) ist wie ein um sich fressendes Krebsgeschwür (2, 17), denn „ein wenig Sauerteig durchsäuert die ganze Masse“ e). Reinigung richtet sich auf beides: Lehre und Leben. Nur der Diener, der sich selbst in beidem reinigt, kann einen reinigenden Einfluß in der Gemeinde ausüben.

e) Gal 5, 9; 1 Ko 5, 6

Das Gleichnis vom Unkraut und Weizen f) zeigt, daß die endgültige Reinigung und Scheidung erst im Endgericht zu erwarten ist; denn will man das Unkraut völlig und überall ausziehen, wird man auch den Weizen mit ausreißen und sein Wachstum hindern oder zerstören. Jesus selbst wird die „Endverteilung“ vornehmen, die Scheidung der Gefäße zur Ehre und zur Unehre g). Die Mischform der Kirche soll aber trotzdem nie zu einem Kompromiß weder mit der Irrlehre noch mit dem damit verbundenen Irrleben, der Ungerechtigkeit, führen; das zeigt das Gleichnis vom Sauerteig der Pharisäer, das Paulus aufgreift für die Gemeinde in Korinth und das er ins Bild vom Baumeister abwandelt: II 2, 14—21. Die empirische Kirche muß immer damit rechnen, daß es Wölfe in ihr gibt und Schafe außerhalb von ihr (Augustinus). Aber die Reinigung muß trotzdem immer wieder neu geschehen, weil auch die Vermischung, d. h. die Verunreinigung, ständig neu akut wird. Für jeden in die Gemeinde Aufgenommenen geht es um die Heiligung: er jage ihr nach (2, 22!), denn durch nichts ist er vor dem Rückfall in die Sünde gesichert h).

f) Mt 13, 24—30

g) Mt 25, 34—40. 41—45

h) 1 Ko 9, 27b Hbr 12, 14

22 **Fliehe die jugendlichen Lüste, jage aber nach Gerechtigkeit, Glauben, Liebe, Frieden mit allen, die den Herrn anrufen aus reinem Herzen** i). Dieser Vers bildet Mitte, Zusammenfassung und Zusammenhalt der Abschnitte 14—21 und 23—26: Wer den Namen des Herrn nennt, lasse ab von Ungerechtigkeit (19c) und jage nach Gerechtigkeit (22b); er reinige sich (21) von fremder und eigener Unreinheit, indem er sich von der gott-

i) I 1, 5! 1 Pt 1, 22; Ps 51, 12

[44] Mt 16, 6. 11. 12; Mk 8, 15; Lk 12, 1. Vgl. auch Mt 5, 20: Der Sauerteig des Herodes; Lk: die Heuchelei der Pharisäer, d. h. ihren Lebenswandel.

losen Seuche der zerstörenden Irrlehre abwendet (16—18) und im eigenen Leben den jugendlichen Lüsten entschieden absagt (22a). So wird er aus reinem Herzen den Herrn anrufen können mit allen, die auch so leben (22c), so wird er andere vor zerstörendem Streit warnen bzw. davon abbringen (14. 23—26).

Paulus wendet sich wieder direkt an Timotheus und greift Vers 15 auf, indem er das dort Gesagte nach zwei Seiten hin vertieft und erweitert: Mit seelsorgerlichem Feingefühl weist er jetzt auf die Gefährdung hin, die für Timotheus aus dem eigenen Inneren aufsteigt: die jugendlichen Lüste; doch gleichzeitig wendet er seine Aufmerksamkeit über sich selbst und seine Anfechtungen hinweg auf den Sinn der Bruderschaft im Glauben: Jage dem Frieden nach m i t a l l e n, die den Herrn anrufen aus reinem Herzen. Nachdem Paulus ihm sagte: Erinnere dich des von den Toten auferweckten Herrn (8), erinnere dich der dir Anvertrauten, daß sie sich nicht fortreißen lassen in fremde Lehren (14), erinnert er ihn jetzt an seine Versuchlichkeit im Innern des eigenen Herzens. Der mögliche Zusammenhang zu geschlechtlichen Versuchungen ist nicht ohne Begründung, wenn man die Ermahnung aus I mitbedenkt: Sei ein Vorbild in ... der Keuschheit; jüngere Frauen ermahne wie Schwestern in aller Keuschheit; in aller, d. h. mit ganzer Keuschheit; bewahre dich selbst keusch k).

k) I 4, 12! 5, 2. 22!

Aber unter jugendlichen Lüsten ist bei Timotheus nicht nur an geschlechtliche Begierde zu denken, sondern auch an geistlichen Hochmut und leidenschaftliche Ungeduld und Härte, was nicht im Widerspruch zu stehen braucht zu seiner eher zaghaften und zur Mutlosigkeit neigenden Art. Im Gegenteil: meistens stehen entgegengesetzte Tendenzen zueinander in einem Zusammenhang: Wer mit Minderwertigkeitsgefühlen zu tun hat, kann sehr überheblich sein, der Weiche sehr hart, der Niedergedrückte sehr ausgelassen, der Zurückhaltende sehr aufdringlich und umgekehrt.

Wie ernst ist für Timotheus der Hinweis auf seine eigenen jugendlichen Lüste[45], wenn er in diesen Briefen gleichzeitig

[45] Lust ist in positivem Sinn verwendet in Phil 1, 33; 1 Th 2, 17; Lk 22, 15. Als sündige Lust mit hauptsächlich geschlechtlicher Bedeutung: 1 Th 4, 5; Rö 1, 24; sündige Lust allgemein: Rö 6, 12; 7, 7. 8; 13, 14; Gal 5, 16. 24; Eph 2, 3; Jak 1, 14. 15; 1 Pt 4, 2. 3; 1 Jo 2, 16. 7; Ju 16. 18; Offb 18, 14. Ein Vergleich zum jugendlichen Joseph, der die geschlechtliche Verführung flieht, ist nicht unangebracht: 1 Mo 39, 12; vgl. 1 Ko 6, 18: Fliehet die Unzucht.

liest von den Lüsten derer, die reich werden wollen, von den mannigfachen und geheimen Lüsten schwacher Frauen, von krankhaften intellektuellen Lüsten derer, welche die heilsame
l) I 6, 9! Lehre nicht mehr ertragen l). Was Paulus an Titus schreibt,
II 3, 6; 4, 3 muß auch Timotheus bekennen, und zwar nicht nur für seine Vergangenheit, bevor er ein Christ wurde, sondern für die Gegenwart als anhaftende Versuchlichkeit: Auch wir dienten mancherlei Begierden und Lüsten, aber auch wir werden durch Gnade erzogen, daß wir die weltlichen Lüste verleugnen kön-
m) Tit 3, 3! nen m).
2, 12! Ein Vergleich mit I 6, 11, wo ebenfalls die entschiedene Abkehr (fliehe) und Hinkehr (jage nach) als tägliche Bestätigung der seinerzeitigen Umkehr erscheint, weist geringe, aber für die feine seelsorgerliche Anpassung doch bemerkenswerte Unterschiede auf. Geduld und Sanftmut, die in I am Schluß der Liste stehen, scheinen in II zu fehlen, aber sie tauchen ebenfalls am Schluß auf, nur um eine besonders eingehende Erörterung erweitert, weil die verschärfte Kampfsituation das nötig macht (23—26). So gesehen erscheint Vers 23 nicht als bloße oder unnötige Wiederholung von 2, 14.16—18. „Gottseligkeit" fehlt in der Aufzählung von II, weil der Sache nach schon in Vers 19 erwähnt und angewendet auf Timotheus in Vers 21. Hinzugefügt ist: **dem Frieden nachjagen,** weil der Kampf zugenommen hat, dem Frieden mit denen, **die den Herrn anrufen aus reinem Herzen,** weil das Anwachsen der Irrlehre die Verbundenheit der Glieder untereinander bedroht. Frieden und Reinheit des Herzens, d. h. Lauterkeit der Ge-
n) I 1, 5! sinnung in Lehre und Leben, gehören zusammen n).

Wird hier der Bildung von besonderen Kreisen das Wort geredet? Ist hier der Ansatz zu sehen für die Ecclesiola in Ecclesia (Zinzendorf), für das kleine Kirchlein in der großen Kirche, für die reine Hausgemeinde innerhalb des großen Hauses der Weltkirche? Ja und nein! Jede Gemeinde baut sich auf aus Zellen von kleinen Gruppen, in denen gegenseitige Mahnung und Ermunterung verwirklicht werden kann. Nicht erst die Erkenntnisse moderner Gruppenpsychologie zeigen die Unersetzlichkeit der kleinen Gruppe. Jesus stellt die brüderliche Mahnung und Einigung, welche das Zusammenkommen in seinem Namen voraussetzt, in die kleinste Gemeinschaft der zwei oder drei, wie aus Mt 18, 15—20 zu sehen ist: Rechte Gemeinde ist dort, wo Sünde in Leben und Lehre aufgedeckt und zurechtgebracht (15—18), wo im Gebet Einmütigkeit für neue Ziele aus Gott gesucht und gefunden (19), wo der Name des Herrn angerufen wird aus reinem Herzen (20), denn seine Gegenwart ist das entscheidende Merkmal der Gemeinde[46].

Ein Nein aber gilt jeder Gruppierung, die sich vom Ganzen abspalten und selbstgenügsam sich verschließen will. So wird sie zur Sekte, zuerst in der Gesinnung, dann in Tat und Lehre. Die Verse 23—26 zeigen, daß der Zusammenhang zum Ganzen n i c h t aufgegeben werden soll, auch unter den schwersten Umständen nicht. Viele erweckliche Kreise, die in ihren Anfängen durchaus gesund waren, sind kränklich und unfruchtbar geworden, weil sie die Leiden scheuten, die damit verbunden sind, wenn neu geschenktes Leben in erstarrte Formen und Beziehungen hineingetragen werden soll, um sie aufzubrechen und zu verwandeln. Wer sich dieser leidvollen, oft auf Mißverständnis und Widerstand stoßenden Aufgabe entzieht, wird selber bald erstarren und verholzen.

b) Widerlegung der Irrlehrer mit Sanftmut 2, 23—26

23 Aber die törichten und zuchtlosen Diskussionen weise ab,
24 weil du weißt, daß sie nur Streitigkeiten erzeugen. * Ein
Knecht des Herrn soll sich aber nicht herumstreiten, son-
dern freundlich sein gegen alle, geschickt zum Lehren, und
25 gelassen im Ertragen des Unrechts, * mit Sanftmut die
Widerspenstigen zurechtweisend, ob ihnen Gott nicht doch
noch Sinnesänderung verleihe zur Erkenntnis der Wahr-
26 heit * und sie wieder zur Besinnung kommen aus der
Schlinge des Teufels heraus, nachdem sie sich von ihm hat-
ten einfangen lassen, ihm zu Willen zu sein.

Timotheus soll sich denen beigesellen, die heilsamen Lehren 23
und Werken nachtrachten. Aber mit den Irrlehrern ist keine Eintracht möglich. Worin besteht nun der Unterschied zu Vers 16? Dort wird Timotheus um seiner selbst willen, damit er nicht verseucht werde, angewiesen, sich von denen abzuwenden, die nur Schwätzer sind. Er soll die Schwätzereien fliehen wie die Lüste der Jugend. Hier aber soll er als verantwortlicher Diener des Wortes die Diskutierer abweisen, indem er

[46] Das Rechnen mit der Gegenwart des Herrn, die Überwindung der Unstimmigkeit, die Übereinstimmung der Brüder — das sind die Merkmale der Gemeinde und jeder gesunden Gruppe in ihr. Krüger beschreibt sie unter den Stichworten: Inspiration, Kommunikation, Institution. Vgl. auch H. Bürki: „Zweierschaft", Besinnung über Grundlagen christlicher Gemeinschaft.

a) vgl. I 4, 7! 5, 11!

sie in die Schranken weist a). Vers 14 ist im Blick auch auf die Gemeinde gesagt; a l l e, nicht nur die Irrlehrer (wie könnten sie sonst solchen Anhang finden), sind in Gefahr, dem Streit um Worte zu verfallen. Die Streitfragen, man könnte auch sagen: bloßes Diskutieren um der Diskussion willen, ständiges Problematisieren ist nicht nur töricht, dumm, sondern zuchtlos und kindisch. Sehr oft ist wichtigtuerisches Gebaren, tiefsinniges Problematisieren und intellektuelle Arroganz verbunden mit einer infantilen Grundverfassung. Man hat eine Wortwelt aufgebaut und bewegt sich innerhalb dieser Welt virtuos, ohne daß aber verändernde Beziehungen zum eigenen Leben und zur Umwelt entstünden. Streit erzeugt neuen Streit, wie Gewalt nach neuer Gewalt ruft, wie das Böse stets neues Böses herausfordert. Aus dem Teufelskreis von Behauptung und Gegenbehauptung, von Argument und Gegenargument heraus führt nur die Bereitschaft, Böses zu ertragen und es mit Gutem zu überwinden b).

b) Rö 12, 16 bis 18. 21

24 **Ein Knecht des Herrn aber soll sich nicht herumstreiten,** sondern den guten Kampf des Glaubens führen. Paulus gebraucht hier einen Ehrentitel. Der Gedanke an den leidenden Gottesknecht, der Gottes Auftrag ausrichtet, liegt nahe[47]. „Streiten" hat hier den Sinn von bitter und hart kämpfen, verwunden, rechthaberisch behaupten, „zänkisch sein" (Luther). Paulus sagt immer zuerst, was und wie etwas nicht geschehen soll, dann fügt er hinzu, was gültig ist: Ein Diener des Herrn soll **gegen jedermann freundlich** sein. Er soll gegenüber allen liebreich auftreten. Das gleiche Wort erscheint nur noch in 1 Thes 2, 7! Da sagt Paulus von sich selbst, er sei freundlich, d. h. liebreich aufgetreten, wie eine stillende Mutter ihre Kinder hege. Das Auftreten in entwaffnender Milde verbindet den ersten und den letzten Brief, den wir von Paulus haben, miteinander. Darin ist er seinem Herrn nachgefolgt, und dazu mahnt er seinen Mitarbeiter c). Die aus dem Zwang von Angriff und Verteidigung befreiende Kraft der Sanftmut sollen alle uneingeschränkt erfahren, nicht nur die Irrlehrer, sondern jeder Bruder. Zweierlei sehen wir daraus: Das Wort vom liebreichen Auftreten gilt zwar allen Jüngern, besonders den Knechten des Herrn. Hier aber ist es zuerst ganz persönlich auf Timotheus bezogen, weil er vielleicht in seiner jugendlichen Leidenschaftlichkeit sich leicht fortreißen läßt in aus-

c) Sach 9, 9; Mt 11, 29; 12, 19; 21, 5; 1 Pt 2, 21—24

[47] Jes 42, 2; 53, 7. Aber auch die Verbindung zu „Mensch Gottes" ist hier anzunehmen: II 3, 17; I 6, 11.

fällige Diskussionen, von denen er dann entmutigt und (nieder-)geschlagen zurückkehrt.

Geschickt zum Lehren. Ein Zusammenhang zu II 2, 2 besteht. Wir erfahren nun des näheren, was von treuen Männern, die geschickt zum Lehren sind, erwartet wird d).

Gelassen[48] **im Ertragen des Unrechts.** Wer gelassen ist, kann den Widerstand auch der Bösen und Böswilligen geduldig hinnehmen e).

d) s. auch II 3, 16—17; I 3, 2!
e) vgl. 1 Ko 4, 12

Jede Zurechtweisung, ob in der Lehre oder im Verhalten, 25
soll im Geist der **Sanftmut** geschehen aus zwei Gründen: 1. im Blick auf sich selbst. Wer zurechtweist, kann es nur tun in Demut, weil er weiß, wie oft er selbst der Zurechtweisung bedarf und wie schnell er selber in den gleichen Fehler verfallen kann f). 2. Im Blick auf den anderen, der zurechtgewiesen werden soll. Wird ihm mit Härte begegnet (was nicht dasselbe ist wie Entschiedenheit und Klarheit der Liebe), so verschließt er sich nur noch mehr. Der Irrende soll *gewonnen*, nicht abgestoßen werden[49]! Was heißt schließlich zurechtweisen, wenn nicht dies, solchen Menschen die rechte Richtung weisen. Kann das anders geschehen als aus der rechten Gesinnung? Zur gegenseitigen Ermahnung bedarf es der guten Gesinnung (das vorbehaltlose Annehmen des anderen als Geschöpf Gottes, als Bruder) und der Erkenntnis (die vom Geist geschenkte Einsicht in das, was nottut) g). Zurechtweisen kann hier im Blick auf die Irrlehrer durchaus den Sinn haben von *unterweisen* h). Das ist mehr, als gegen den Irrtum angehen und sich in Wortstreit verstricken lassen. Der Irrtum soll überwunden werden durch unentwegte Darlegung der Wahrheit i). Das Wesen der Polemik liegt darin, daß sie nur abwehrt, abweist, kritisiert, bloßstellt und deshalb nicht aufbauen, nicht zurechtbringen, nicht heilen kann. Die Irrlehrer sollen nicht einfach zurückgewiesen oder beseitigt werden, so daß sie erledigt sind. Sie können ja zurückgewonnen werden, wenn Gott ihnen **Sinnesänderung** schenkt. Umkehr ist immer ein Ge-

f) Gal 6, 1—2
g) Rö 14, 15
h) wie II 3, 16
i) II 4, 2

[48] *anexikakos* kann hier mit ‚gelassen' übersetzt werden! Besteht hier etwa ein Widerspruch zu Offb 2, 2? Da sagt der erhöhte Herr lobend: „Du kannst die Bösen nicht ertragen." Die Gemeinde hat das Böse ertragen, das ihr angetan wurde (so Vers 3), aber die Bosheit der falschen Apostel hat sie nicht ertragen. So soll Timotheus das Böse, das *ihm widerfährt*, gelassen ertragen, aber den Irrlehrern entgegentreten, damit sie überführt werden und zur Umkehr gelangen.

[49] Mt 18, 15. Wenn dein Bruder sündigt, so gehe hin und weise ihn zurecht unter vier Augen. Hört er auf dich, so hast du deinen Bruder *gewonnen*! Zweimal heißt es „Bruder". Vgl. Tit 3, 2; 1 Ko 4, 21; 2 Ko 10, 1; Gal 5, 23; Eph 4, 2; Kol 3, 12; Jak 1, 21; 1 Pt 3. 15.

schenk von Gott — auch hier[50]. Darum soll man mit den Verirrten nicht streiten oder diskutieren, was ihnen nicht weiterhilft, sondern sie nur noch mehr in ihre Gedankengänge verstrickt. Vielmehr soll ihnen in Ernst und Liebe das göttliche Wort gesagt werden, das sie zur Umkehr bewegen kann, auch wenn sie es zunächst scheinbar nicht annehmen.

j) I 2, 4! **Erkenntnis der Wahrheit.** Das ist Gottes Wille für alle j). Nicht eine gefühlsmäßige Änderung allein, sondern eine volle, den ganzen Menschen umfassende Hinwendung zur Wahrheit. Das muß geschehen, und das **kann** auch geschehen. Diese Hoffnung darf nicht aufgegeben werden.

Das Ganze gilt auch für das Verhalten zwischen den Christen in den verschiedenen Kirchen und Denominationen. Viel berechtigte Kritik stammt nicht aus Beugung und Demut und trägt darum den Stempel der Selbstgerechtigkeit und des Verurteilens, des Richtgeistes; deshalb richtet sie mehr Schaden an, als daß sie heilen könnte.

26 Der Irrlehrer ist trunken, er ist von Sinnen, unnüchtern. Timotheus aber soll völlig n ü c h t e r n sein, das Leiden erdulden, das Werk eines Evangelisten vollbringen k). Wenn er selber in Wahrheit wach und nüchtern ist, kann er die verstörten Verstörer durch das Wort der Wahrheit zur Ernüchterung führen. Daß das Wirken und Leben der Irrlehrer dämonischen Hintergrund habe, ist nicht etwa eine ausfällige Beschuldigung, die man erst in den Past findet, wie einige Ausleger meinen l). Daß der Diabolos als der Verkläger der Brüder der Menschen Gedanken und Sinne verblendet m), verfinstert und versklavt, das sagt Paulus immer wieder n).

k) II 4, 5

l) 2 Ko 11, 1—15

m) I 3, 7! 6, 9!

n) 2 Ko 4, 4; 11, 13—15; Rö 1, 21; Eph 2, 2; 6, 11. 12

Die Mahnung zum geduldigen und sanftmütigen Überführen der Verführten entstammt nicht einer nachlassenden Wachsamkeit gegenüber der Wahrheit des Wortes und seiner Verwirklichung im Leben der Gemeinde. Vor den Augen Gottes o) und im Wissen um den dämonischen Hintergrund a l l e r Verführung, die womöglich bis zur Verleugnung und zum Abfall der Auserwählten führen kann p), gibt Paulus die Weisung, durch deren Befolgung im eigenen Leben, in der Führung der Gemeinde und in der Überführung der Irrlehrer Timotheus als bewährter Arbeiter v o r G o t t dastehen wird.

o) II 2, 8. 15. 19

p) II 2, 10. 11—13. 17. 26

[50] Zu *„metanoia"* als Geschenk von Gott vgl. Apg 5, 31; 11, 18; ähnlich in Rö 2, 4; 2 Ko 7, 9.

B. DIE ZUKÜNFTIGEN IRRLEHRER

2. Timotheus 3, 1—17

1. Der Charakter der Endzeit

2. Timotheus 3, 1—9

a) Durch die Frömmigkeit getarnte Sünde 3, 1—5

1 **Das sollst du wissen, daß in den letzten Tagen schwere Zei-**
2 **ten eintreten werden. * Denn die Menschen werden selbst-**
süchtig sein, geldgierig, prahlerisch, hochmütig, schmähsüch-
3 **tig, den Eltern ungehorsam, undankbar, ruchlos, * lieblos,**
unversöhnlich, verleumderisch, hemmungslos, brutal, dem
4 **Guten feind, * verräterisch, rücksichtslos, aufgeblasen, die**
5 **Wollust liebend anstatt Gott. * Sie werden zwar eine Form**
von Frömmigkeit zeigen, deren Kraft aber verleugnet haben.
Und von diesen wende dich weg!

Das Wort vom dämonischen Fallstrick[1] (2, 26) leitet über zur Beschreibung der dämonisch geprägten Endzeit, die eintreten wird und schon angebrochen ist.

Das sollst du wissen, daß in den letzten Tagen schwere Zei- 1
ten eintreten werden. Das steht im Zusammenhang zu 2, 7. Dort sind alle drei Bilder (Kriegsmann, Sportler und Bauer) unter endzeitlichem Vorzeichen gesehen. Jetzt führt Paulus aus, worauf zu merken ist im Blick auf die Entwicklung in Kirche und Gesellschaft. Merke auf beim Lesen, was geschehen wird a)!

In I 4, 1—5 steht der asketische, hier in II 3, 1—9 der ausschweifende Zug der Endzeit im Vordergrund. Der dämonische Aspekt der Zeit ist schillernd. Endzeit ist, was begonnen hat mit dem Kommen des Messias ins Fleisch b). Es besteht darum für das ntl. Verständnis kein Widerspruch zwischen den drei Aussagen: die Endzeit wird kommen, sie hat schon begonnen, und sie ist jetzt da. Die verschiedenen Autoren betonen nur verschiedene Aspekte dieses Einen, das ein Ganzes bildet. „Die letzten Tage" sind nicht ein punktuelles Ereignis, sie erfüllen sich in verschiedenen Etappen.

a) Offb 3, 3; Mt 24, 15; 10, 26; 24, 32. 39; Apg 20, 29. 30
b) Hb 1, 2

Zeiten (kairos): die rechte, bestimmte, erfüllte, gelegene Zeit. Hier steht das Wort im Plural, was zu übersetzen wäre

[1] Vgl. dasselbe Wort in Lk 21, 34—36: jener Tag wird kommen wie ein Fallstrick!

mit Zeitläufe, Epochen. Die im folgenden beschriebenen Zustände können zu verschiedenen Zeiten und an verschiedenen Orten verschieden auftreten. Typisch ist ein solcher Zustand der Gesellschaft nach einer Revolution, nach einer ein ganzes Volk erfassenden Katastrophe, in einer Zeit des allgemeinen Umbruchs, wenn eine alte Epoche zusammenbricht und eine neue erstehen soll. Die verschiedenen Katastrophen-Zeiten sind Geburtswehen der Endzeit — schon im Judentum sprach man von den „Wehen des Messias" —, sie sind noch nicht selbst das Ende c).

c) Mt 24, 8

Schwere Zeiten; gefährliche, bedrohliche[2], schlimme Zeiten treten ein, stehen bevor[3]. Aussagen über die Verderbnis der Menschen in der Endzeit sind im AT und im NT bekannt d). Endzeit trägt immer das Zeichen der Dringlichkeit. Das Heute Gottes begleitet jeden Augenblick des Menschen und jede Epoche der Menschheit, darum „ermahnet einander jeden Tag, solange das ‚Heute' ausgerufen wird, damit nicht jemand von euch verhärtet werde durch den Betrug der Sünde, denn wir haben am Messias Anteil bekommen, wenn anders wir die anfängliche Zuversicht bis zum Ziel unerschütterlich festhalten e)."

d) Jes 2, 5; 4, 1; Micha 7, 5—6; Mt 10, 21. 35

e) Hb 3, 13—14

Der hier vorliegende „Lasterkatalog", wie man ihn nennt, ist eher mit Rö 1, 29—32 zu vergleichen als mit hellenistischen Listen, obwohl der Typus solcher Aufzählungen und die Wahl der Worte auch von dort her beeinflußt sein mögen. Im folgenden numerieren wir die 19 Glieder[4] und fügen jedem Wort zur Vereinfachung nur knappe Bemerkungen und Stellenangaben bei. Dabei deuten wir überall die Beziehung zu Rö 1, 29—32 an. Beschreibt dieser Katalog zukünftige (und schon gegenwärtige) Zustände in der Welt oder in der Kirche? Das merkwürdige und bezeichnende „Dazwischen" dieser Aufzählung gilt nicht nur für die Zeitbeschreibung (Gegenwart und Zukunft), sondern auch für die Menschen (Welt und Kirche) und ebenso für die Zustände innerhalb der Gemeinde (Irrlehrer u. a. Gemeindeglieder). Mit anderen Worten: Es ist verfehlt zu sagen, dieser Abschnitt beziehe sich nur auf die Zukunft oder nur auf die Welt oder nur auf die Irrlehrer. Gerade weil der Charakter der Endzeit „Mischzeit" ist, weil das Unkraut mit dem Weizen zugleich wächst, darum gilt es aufzumerken, darum sich

[2] So nur noch Mt 8, 28.
[3] So in 1 Ko 7, 26; bei *Paulus* also: Die bevorstehende Not!
[4] Darin J. Jeremias folgend.

zu reinigen aus der Vermischung der Motive, der Lehren, der Erwartungen, der Absichten. Nur deshalb wird diese Aufzählung überhaupt gegeben. 2,19 steht im Hintergrund, ja als Überschrift über dem Abschnitt: Auch wenn die Gesetzlosigkeit überhand nimmt, so kennt Gott doch diejenigen, die er erwählt hat; er selber wird sich immer solche vorbehalten, die ihre Knie vor den Götzen nicht gebeugt haben f). Darum, wer sich zu diesem Herrn bekennt, der stehe ab von aller Ungerechtigkeit, wie sie hier als umgekehrter Tugendspiegel beschrieben ist.

f) 1 Kön 19, 18

Denn die Menschen werden sein; betonte Hervorstellung des Futur wie Mk 13, 19. Die Menschen bestimmen die Zeiten. Während sie Herren der Zeit zu sein scheinen, werden sie von der Zeit beherrscht. Hier könnte eine Besinnung über das Verhältnis des einzelnen zu den heute vielgenannten „Strukturen" einsetzen. Die Sünde-Struktur des einzelnen und im einzelnen schafft sündhafte Strukturen in der Gesellschaft, die den Sünder „bestätigen" und in der Sünde verhaften. Vgl. 2, 26. 2

1. **Selbstsüchtig** (phil-autoi); vgl. den Schluß: Vergnügen liebend, sich selber süchtig begehrend; Tit 1, 7; NEB: selfpleasing.
2. **Geldgierig** (phil-argyroi); wörtlich: das Geld liebend, geizig, habsüchtig. I 6, 10! Lk 16, 14: Jesus nennt die Pharisäer geldgierig. Darum verhöhnen sie ihn.
3. **Prahlerisch** (Rö 1, 30): großmaulig; Jak 4, 16; 1 Jo 2, 16; angeberisch, übertreibend.
4. **Hochmütig** (Rö 1, 30); vgl. auch Lk 1, 51; Spr 3, 34.
5. **Schmähsüchtig,** verleumderisch, lästernd; I 6, 4; 1, 20; Tit 3, 2; Apg 6, 11; 2 Pt 2, 11. Sie wollen sich selbst erhöhen (4), indem sie die anderen erniedrigen (5). Sie verachten all das, was sie nicht selber sind, und lästern Gott.
6. **Den Eltern ungehorsam** (Rö 1, 30); vgl. auch Tit 1, 16; 3, 3; Lk 1, 17; Apg 26, 9.
7. **Undankbar,** in Verbindung zu 6. zu sehen; Lk 6, 35; Rö 1, 21 gegenüber Gott.
8. **Ruchlos,** vor nichts zurückschreckend, nichts als heilig ansehend; vgl. I 1, 9: unheilige und ruchlose Elternmörder; diese Beziehung ist wichtig: dort geht es um die Bestimmung des Gesetzes. So ist der Hintergrund dieses Kataloges von dort her zu sehen.
9. **Lieblos** (Rö 1, 31); herzlos, gefühllos, ohne natürliches Empfinden. 6—10 können im Zusammenhang gesehen wer- 3

den: Wer in der primären Umgebung der Familie die Unterordnung verwirft, weiß nicht mehr zu danken, er verliert die Grenze für sein Verhalten, nichts mehr hält ihn zurück; er verliert das natürliche Empfinden, das im Vertrauen gegenüber den Eltern überhaupt erst empfangen und entfaltet werden konnte. Da er die engste und erste Bindung und Verbindlichkeit verweigert, ist er überhaupt nicht mehr fähig, sich zuverlässig zu binden. Vgl. Rö 1, 18—25, denselben Zusammenhang in der Einstellung zu Gott: Am Anfang steht ebenfalls die Weigerung, Gott zu ehren (Gehorsam) und ihm Dank zu erweisen (für seine Gaben, Vers 21).

10. **Unversöhnlich;** sie können nicht Frieden schließen, anerkennen keine Bindung, keine Freundschaft, keinen Vertrag, keine Verbindlichkeit.
11. **Verleumderisch** (diaboloi); falsche Ankläger (wie der Teufel) I 3, 6. 7. 11; Eph 4, 27; 6, 11; Tit 2, 3.
12. **Hemmungslos,** haltlos, unbeherrscht, unenthaltsam, zügellos, allen Impulsen freien Lauf gebend, unmäßig beim Genuß auch erlaubter Güter[5].
13. **Brutal,** roh, verwildert, ungezähmt, unzivilisiert, unmenschlich; Tit 1, 12.
14. **Dem Guten feind,** (a-phil-agathoi); sie sind vom Guten losgelöst, der Liebe zum Guten entwöhnt, ohne Liebe für das Gute, Tugendverächter.

4 15. **Verräterisch,** in der endzeitlichen Trübsal „werden viele abfallen und werden einander verraten und einander hassen"; Mt 24, 9. 10; Apg 7, 52. „Judas, der zum Verräter w u r d e" Lk 6, 16.

16. **Rücksichtslos, verwegen,** übereilte Menschen, Abenteurer, abgeleitet von: überfallen, voreilig unter dem Drang der Leidenschaft handeln, wobei das Ziel etwas Verkehrtes ist.
17. **Aufgeblasen** (tetyphomenoi); umnebelt und dadurch verblendet, hochtrabend, dünkelhaft, sich selbst wichtig nehmend, nie über sich im Zweifel; NEB: swollen with self-importance. I 3, 6; 6, 4.
18. **Die Wollust liebend anstatt Gott:** (phil(o)-donos) vergnügungssüchtig; (philo-theos) Gott liebend; Freunde des Genusses anstatt Freunde Gottes; für jedes Vergnügen, aber

[5] Auffallend ist, daß die Liste im Unterschied zu Rö 1 keine sexuellen Sünden direkt nennt. Doch in dem Wort „hemmungslos" ist auch die geschlechtliche Zügellosigkeit enthalten.

nicht für Gott bereit (Wilckens); NEB: Men who put pleasure in the place of God; Vergnügen als Ersatz für Gott; „deren Gott ihr Bauch ist", das ist von Menschen in der Gemeinde gesagt (Phil 3, 19!). Am Anfang dieser Reihe steht phil-autoi: die Ich-Liebe, am Schluß das Gegenstück, nämlich das, was eigentlich die Grundlage sein sollte: philo-theos, die Gottesliebe. Sein wollen wie Gott heißt, sich selbst an die Stelle von Gott setzen, sich selbst zum Gott machen und Gott absetzen; sich selbst Ehre und Dank und Anerkennung zuschreiben (lassen). Das führt zur Verkehrung aller Ordnungen im eigenen Leben und im Leben untereinander.

19. (Menschen), **die eine äußere Form der Frömmigkeit zei-** 5
gen, deren Kraft aber verleugnet haben, und von diesen
wende dich weg.

Die da haben den Schein eines gottesfürchtigen Wesens, aber seine Kraft verleugnen (Luther). Sie werden an der Form der Religion festhalten, aber sich von ihrer Kraft distanzieren (Wilckens). Sie halten wohl noch fest an den äußeren Bräuchen der Frömmigkeit, aber sie geben ihr keinen Einfluß auf ihr Leben (Albrecht). Who preserve the outward form of religion, but are standing denial of its reality (NEB).

Form (morphosis) **der Frömmigkeit,** Scheinheiligkeit wie in Rö 2, 20. Vgl. 2, 17—24: „Im Gesetz hast du die F o r m der Erkenntnis und der Wahrheit; belehrst du nun aber andere und folgst selbst deiner Lehre nicht?" In Rö 1 hat Paulus die Sünden der Heiden vorgestellt, in Rö 2 zeigt er die Sünden des Volkes Israel. Heuchelei war die Hauptsünde der Pharisäer, Lk 12, 1. „Die falschen Propheten werden aufstehen und viele verführen." Sie geben den Schein harmloser Schafe, aber sind in Wahrheit zerreißende Wölfe, „Wölfe in Schafskleidung" Mt 7, 15; 23, 3. Ohne die aufbauende Kraft eines gottesfürchtigen Wesens tragen sie den Deckmantel der Frömmigkeit zur Schau. S. den Zusammenhang zu II 2, 21[6]! Das Verb von Vers 5 steht in der Gegenwartsform im Unterschied zu Vers 2. Anstatt „das Geheimnis des Glaubens in reinem Gewissen"

[6] Ein zeitgenössisches Beispiel: Das Wort „christlich" müßte aus den Namen der Parteien, die es gebrauchen, gestrichen werden, weil sie mit diesem Wort Mißbrauch treiben. Es ist ein Aushängeschild geworden, um „Christen" zu fangen.

besitzen sie den „Schein der Gottseligkeit", ohne deren verändernde Kraft an sich zu erfahren. (S. I 3, 9!)

Dieser Vers 5 steht „dazwischen", das Bisherige zusammenfassend und überleitend zu den im folgenden ausdrücklich genannten Irrlehrern.

Die Kraft der wahren Gottesverehrung (Gottseligkeit) aber haben sie verleugnet. Der Zusammenhang zu 2, 11—13 ist durch das Stichwort **verleugnen** nicht nur äußerlich, sondern ganz der innersten Bedeutung nach sachlich gegeben. Die Zeitform des Verbes drückt einen aktiven Entschluß, eine gewollte Verwerfung der Gottseligkeit aus. Sie wollen sich nicht in der Disziplin der Frömmigkeit üben g). Freilich gilt dann auch, daß, wer die Kraft h) der Frömmigkeit verwirft, auch von ihr verlassen wird; er bleibt seinen Begierden ausgeliefert, er erfährt nichts mehr von der zurechtweisenden, umgestaltenden und zum Menschen Gottes erziehenden Gnade. Die Wirklichkeit des Lebens aus Gott ist ihm verschlossen (worden). Der Zusammenhang zu II 1, 7 ist durch das Stichwort „Kraft" gegeben. Ohne den Geist der Kraft und der Liebe und der Zucht, von Gott gegeben und im Gehorsam zu Gott sich auswirkend, muß die Frömmigkeit kraftlos und unwirklich werden. Sie kann nur noch „pro forma", zum Schein, also heuchlerisch gezeigt werden. Halten wir fest: Die Scheinfrömmigkeit kann asketische und sie kann ausschweifende Züge haben, meistens wechselt sie, schillernd und unlauter wie sie ist, von einem zum anderen hin und her.

g) I 4, 7—8! II 2, 5
h) vgl. 1 Ko 4, 18—21

Der Tiefpunkt der eigenmächtigen Frömmigkeit, die Heuchelei der kraftlosen Ich-Religion, ist entlarvt[7]. Doch selbst noch in der Anklage tritt der Höhepunkt hervor, leuchtet „die K r a f t der Gottseligkeit" auf! Das ist ihr Geheimnis: Gott geoffenbart im Fleisch. Jesus selber ist Grundlage, Quelle, Kraftinhalt, Weg und Ziel wahrer Frömmigkeit, der Gottesverehrung im Heiligen Geiste.

Und von diesen wende dich weg! Das Verb erscheint nur hier und ist stärker als der entsprechende Ausdruck in I 1, 6; 5, 15; II 4, 4, wo die Rede ist sowohl von Irrlehrern wie von Frauen und allgemein von Gemeindegliedern, die sich von der Wahrheit abwenden; abwenden hat auch den Sinn von fliehen, wie I 6, 11; II 2, 22. Nur noch stärker hier: mit Abscheu abwenden, fliehen. (Vgl. Rö 12, 9: Die Liebe sei ungeheuchelt,

[7] Das Geheimnis der Frömmigkeit steht dem Geheimnis der Gesetzlosigkeit gegenüber. 2 Th 2, 7. I 3, 16 und der Gegensatz II 4, 1—3 sind endzeitlich gesehen!

verabscheut das Böse, hanget dem Guten an.) Mit solchen Menschen soll er nicht Gemeinschaft pflegen (2, 16), wohl aber in Sanftmut ihnen die Wahrheit sagen. Vielmehr soll er den vertrauten Umgang mit denen suchen und vertiefen, die den Herrn anrufen aus lauterem Herzen (2, 22).

b) Die frommen Verführer 3, 6—9

6 **Zu diesen gehören die, welche sich in die Häuser einschlei-**
chen und kindische Frauen einfangen, die mit Sünden über-
häuft und von den verschiedensten Lüsten getrieben sind,
7 *** die ständig lernen und doch nie zur Erkenntnis der Wahr-**
8 **heit gelangen können. * Auf dieselbe Weise aber, wie Jannes**
und Jambres dem Mose widerstanden, so widerstehen diese
der Wahrheit, Menschen, deren Verstand zerrüttet ist, ohne
9 **Bewährung im Glauben. * Aber sie werden nicht weiter**
fortschreiten, denn ihr Unverstand wird allen offenbar wer-
den, wie auch (der Unverstand) **jener** (Magier) **offenbar ge-**
worden ist.

Zu diesen gehören die: Aus diesen Kreisen kommen[8]. Gemeint sind die in Vers 5 genannten Kreise, ein Hinweis mehr, daß nicht nur an die gedacht war in den Versen 2—4, sondern an alle jene „Menschen" (2). Aus ihrer Mitte stammen die Irrlehrer, die jetzt in ihrem Treiben beschrieben werden. Die hinterlistige und verdeckte Art, Propaganda zu treiben unter unsicheren Frauen, wo sie leichte Beute finden, ist in eine konkrete Lage hinein gesprochen. Der Hinweis auf die Tätigkeit unter Frauen gibt weiteren Aufschluß über die Bedeutung der Frau in der Urkirche und besonders über die Zustände, welche die Past im Auge haben a). 6

a) I 5, 3—16! 2, 9—15! Tit 2, 3—5!

Welche sich in die Häuser einschleichen und kindische Frauen einfangen b), **die mit Sünden überhäuft** c) **und von den verschiedensten Lüsten getrieben werden, * die ständig lernen und doch nie zur Erkenntnis der Wahrheit gelangen können.** 7

Kindische Frauen. Eigentlich in abschätzigem Sinn: Weiblein, Frauenzimmer, Weibsleute. Es sind wehrlose, weil in sich und in der Wahrheit unbefestigte Frauen. Die hier gewählte Übersetzung ‚kindische Frauen'[9] sucht den buchstäblichen Wortsinn wiederzugeben in der Annahme, daß diese Frauen

b) wie 2 Ko 10, 5; Eph 4, 8
c) wie Rö 12, 20

[8] Jo 1, 24: Aus den (Kreisen) der Pharisäer.
[9] s I 2, 15 im Gegensatz die frauliche Reife: Glaube, Liebe, Heiligung mit Verständigkeit.

infantil geblieben sind und die entsprechenden Merkmale aufweisen: skrupelhaft im Gewissen, darum mit dem Bewußtsein unvergebener Sündenlast (Schuldkomplexe) überhäuft, die durch kein noch so genaues und wiederholtes Sündenbekenntnis als vergeben erfahren werden; unfähig zur Begegnung und zum reifen Leben, weil die verdrängten Affekte im verborgenen ihr Unwesen treiben; unfähig zum Wachsen in der wahren Erkenntnis, weil der kindische Sinn am Äußeren hängen bleibt, was sehr wohl mit einer einseitig entwickelten und vom Leben gelösten „Intelligenz" verbunden sein
d) Apg 17, 21 kann[10] d).

e) Rö 12, 20

Überhäuft. Wie das Haupt des Bösen mit feurigen Kohlen der Beschämung überhäuft wird e): wenn ihm der Geschädigte Gutes tut, anstatt Böses mit Bösem zu vergelten. So sind diese Frauen von ständigen Gewissensbissen geplagt und mit Selbstvorwürfen überhäuft, voll Gier nach letztlich doch unvollziehbarer Erkenntnis und Erfahrung.

f) wie I 5, 11

Lüste bezeichnet Begierden aller Art. Wenn vor allem oder nur Unzuchtsünden gemeint sein sollten, so wäre das wohl genannt worden f). Eher ist an streng asketische Lebensführung zu denken, durch welche die Begierden unterdrückt werden sollen. Vielleicht verheißen die Irrlehrer endgültigen „Sieg" über den Leib, was aber die Niederlage nur vergrößert, wie Kol 2, 20—22 zeigt: „Obwohl diese Dinge als ‚Weisheit' geltend gemacht werden in eigenwilligen Gottesdiensten, Kasteiungen und leiblicher Zucht, sind sie doch (in Wirklichkeit) keiner Ehre wert und dienen nur zur Befriedigung eines sehr irdischen Sinnes"[11].

g) 1 Ko 12, 2

h) Rö 8, 14; Gal 5, 12; Eph 3, 10

Getrieben. Die passive Form zeigt das hilflose Getriebensein an; wie man von den Götzen in ekstatischen Erlebnissen mit fortgerissen wird g). Der Zusammenhang zu Vers 4: Die Wollust lieben, kann auch passiven Sinn haben: sich von der eingestandenen oder uneingestandenen Lust treiben l a s s e n. Gegensatz: Sich leiten lassen vom Heiligen Geist h). Das führt

[10] P. Tournier gibt in seinem Buch (Wahre und falsche Schuldgefühle) Hilfe zur Unterscheidung und Klärung in diesen verworrenen Seelenzuständen; vgl. das Entsprechende über die M ä n n e r: II 2, 23.

[11] Wilckens; NEB: *True, it has an air of wisdom with its forced piety, its self-mortification and its severity to the body, but it is of no use at all in combatting sensuality.* Diese Religion hat den Anschein von Weisheit, aber forcierte Frömmigkeit, Selbstabtötung und Härte gegen den Leib sind völlig nutzlos, wenn es um die Überwindung der sinnlichen Gier geht.

zur Reife, zur Gewißheit in Gott und zur Überwindung der aus dem natürlichen Menschen aufsteigenden Lüste i). i) Rö 8, 12—16

Ständig lernen. Holtz (182) sieht hier eine Anspielung auf die leere, weibliche Lernlust, 1 Ko 14, 35; vgl. I 2, 11: vielleicht „die Abwehr lern- und fragbegieriger Frauen". Das Wissen allein bläht auf. Es verändert weder den einzelnen noch seine Umwelt. Erst die Liebe baut auf k). Das aber gilt k) 1 Ko 8, 11
für Frauen und Männer in gleicher Weise. Und hier sind nicht „die Frauen" gemeint, sondern eine bestimmte Art unfreier Frauen, über die falsche Lehrer (und Lehrerinnen) ihren Einfluß ausüben.

Zur Erkenntnis der Wahrheit kommen. Zusammenhang zu 2, 25; dort sind Irrlehrer gemeint. Vgl. I 2, 4. Die Irrlehrer schleichen sich ein (sie sind ebenso unfähig zur offenen Begegnung), und einmal eingeschlichen, halten sie unbefestigte Menschen gefangen, von sich abhängig. Das unstillbare Bedürfnis nach „Seelsorge" hält das Bedürfnis nach ständigem „Beseelsorgern" wach. Beides steht im Gegensatz zur rechten Ermahnung. Die gegenseitige Weisung (Mahnung und Trost) in der Bruderschaft, das ist das Wesen mündiger Gemeinde (mutuum colloquium et consolatio fratrum). Dieser Abschnitt müßte als Ausgangspunkt genommen werden für eine kritische Überprüfung der Seelsorgepraxis an bestimmten Frauen. Führt die Seelsorge dazu, daß sie frei werden, daß sie wachsen und lernen, oder hält die Seelsorge sie weiterhin fest in dem kindischen Zustand?

Auf dieselbe Weise aber, wie Jannes und Jambres dem Mose 8
widerstanden, so widerstehen diese der Wahrheit, Menschen, deren Verstand zerrüttet ist, ohne Bewährung im Glauben. Lange vor der urchristlichen Zeit haben jüdische Schriftgelehrte zu den atl Büchern Auslegungen und Legenden geschrieben, gesammelt und tradiert. Paulus zitiert hier aus einem solchen Kommentar die Namen der ägyptischen Magier, die in 2 Mo 7, 11 selbst nicht erwähnt sind. Sie wollten sich dem Anspruch Moses, daß er im Auftrag Gottes rede und das Volk Israel aus dem Sklavenstand herausführe, nicht beugen und stellten ihm ihre eigenen Zauberkünste als Gegenbeweis ihrer religiösen Macht und der Kraft ihrer Götter entgegen. Schon in II 2, 19.20 begegnete uns nicht nur ein Zitat aus dem AT, sondern eine atl Geschichte, die „typisch"[12] als Warnung

[12] 1 Ko 10, 1—11: „Darin sind sie uns zu *Vorbildern* geworden, damit wir nicht am Bösen unsere Lust haben... Das ist ihnen als warnendes Vorbild für uns widerfahren und ist

für das ntl Gottesvolk ist. Beide Zitate, die Ausrichtung des Lasterkatalogs und der Bezug auf das atl Gesetz, zeigen den stark jüdisch gefärbten Grundzug der Irrlehren und die atl und endzeitliche Ausrichtung der paulinischen Entgegnung. Die Irrlehrer widerstehen eigentlich ihm, dem Gesandten Gottes in Christus; auch in 2 Ko 3, 13 vergleicht er sich mit Mose.

Sie widerstehen: In Rö 13, 2 dreimal, hier zweimal gebraucht — unterstreicht die Härte des Widerstandes; Gal. 2, 11.

Der Wahrheit: Wie „Glaube" im objektiven und umfassenden Sinn gebraucht: sie widerstehen Gott und dem Evangelium sowie denen, die das Wort der Wahrheit verkünden. Vgl. Rö 1, 18.25; Apg 7, 51—52.

Was die Irrlehrer mit den ägyptischen Zauberern gemeinsam haben, ist ihr Widerstand gegen die Wahrheit Gottes und nicht, daß sie Magie anwenden. Trotzdem besteht ein allgemeiner Zusammenhang zwischen Irrlehre und Aberglaube. Wer der Wahrheit nicht glaubt, glaubt der Lüge l). Auch das ist endzeitlich gesehen; die Menschen, welche der Wahrheit widerstehen, werden in ihrem Verstand zerrüttet. Sie sind **ohne Bewährung im Glauben.** Von der Skepsis angefressen, können sie sich der Wahrheit nicht mehr anvertrauen, so bleiben sie im Glauben ohne Bewährung[13]. Da ihr Wirklichkeitssinn verdorben ist, halten sie den Glauben für Aberglauben und bleiben im Leben unbewährt, sie verfehlen das Ziel. Das Schlußwort hier ist ganz ähnlich wie in I 6, 5. Entscheidend zur Beurteilung der Irrlehrer ist: sie bestehen die Probe im Glauben nicht. Aber sind das nur die Irrlehrer allein? Sie sind es vornehmlich; doch viele denken und handeln wie jene, darum schließen sie sich an, mitverführt und mitverführend.

l) 2 Th 2, 9—12

uns zur Lehre in der Schrift berichtet, denn wir sind die, auf die das Ende der Weltzeiten gekommen ist." — Paulus zitiert auch hier ein jüdisches Targum (4 Mo 20, 19). Nach einer jüdischen Legende sind die beiden Zauberer dem Schein nach Juden geworden, sind mit dem Volk in die Wüste gezogen und haben es zur Bereitung und Anbetung des Goldenen Kalbes geführt. Das könnte eine Illustration geben zu 1 Jo 2, 19. Spätjüdische Mosesgeschichten finden im NT ihren Niederschlag: Der Unterricht in der Weisheit Ägyptens: Apg 7, 21; das Alter von vierzig Jahren: Apg 7, 23; das Gesetz, durch Engel gegeben: Apg 7, 53; Gal 3, 19; Hb 2, 2; alle auf Mose getauft und von einer Wolke mit Mose eingehüllt: 1 Ko 10, 2; der Horebfels wandert mit: 10, 4; der Erzengel kämpft mit dem Satan um den Leichnam des Moses: Ju 9. Wichtig ist, wie diese Geschichten verarbeitet und in den Dienst des Evangeliums gestellt werden. Vgl. wie Paulus auch heidnische Schriftsteller zitiert: Tit 1, 12; Apg 17, 23. 28.

13 *adokimoi,* untüchtig zum Glauben: Rö 1, 28; 1 Ko 9, 27. Paulus sieht diese Möglichkeit für sich selbst, wenn er nicht wacht; und für die Gemeinde, wenn sie sich nicht prüft (2 Ko 13, 5).

Aber sie werden nicht weiter fortschreiten m), **denn ihr** 9
Unverstand n) **wird** (in der Zukunft!) **allen offenbar werden, wie auch** (der Unverstand) **jener** (Magier) **offenbar geworden ist.** Magier können nicht beliebig lange die vorgetäuschte Wirklichkeit, die Ersatzwelt vor der wirklichen Welt der Wahrheit verborgen halten[14]. Steht das nicht im Widerspruch zu II 3, 13 und 2, 16: Böse Menschen und Betrüger *werden fortschreiten*? Das Böse *wird* fortschreiten wie das Gute, bis alles ausgereift ist zum Endgericht. Das ist der Sinn des Gleichnisses vom Unkraut und Weizen und der Sinn der Endzeit überhaupt. Die Aussage hier ist bezogen auf die atl Geschichte; so wie dort einzelnen das Handwerk gelegt wurde, als Vorzeichen des letzten Gerichts über alle, so werden und müssen auch in dieser endzeitlichen Epoche Pseudoapostel aufgedeckt und überführt werden o). Die Entfaltung der Geschichte geschieht nicht automatisch geradlinig, sondern in „Fristen", in Epochen, in Wehen und Wellen[15], in Aufwärts- und Abwärtsbewegungen mit lokalen, regionalen, nationalen und kulturellen Unterschieden, Schwerpunkten und Gegenströmungen.

m) wie 2, 16; 3, 13
n) nur Past und Lk 6, 11
o) Offb 2, 2

3, 1—9 gilt für alle Zeiten, weil alle auf die letzte Zeit bezogen sind; gilt allen Menschen, weil in allen „das Geheimnis der Gesetzlosigkeit" wirkt; gilt allen Christen, weil sie nie endgültig in dieser Zeit von der Sündhaftigkeit befreit sind. Und trotzdem: was allen gilt, gilt nicht gleich zu allen Zeiten und für alle! Paulus schreibt hier in eine ganz bestimmte geschichtliche Lage hinein[16]. Daß dieses Wort doch „für alle Zeiten" Geltung hat, liegt nicht an der Verschwommenheit seiner Darstellung, sondern weil durch den Geist Gottes p) die letzten Voraussetzungen und Grundlagen des Menschseins in dieser Weltzeit ans Licht gebracht werden q).

Vielleicht hat unser Text eine bald zu erwartende Katastrophe vor Augen oder ist diese schon zum Teil eingetreten. Die genauen Umstände wissen wir nicht. Dem Schreiber und dem Briefempfänger aber waren sie ebenso klar vor Augen

p) Rö 2, 1. 7. 14; 3, 1 = I 4, 1!
q) Eph 5, 12—18; Hb 4, 12

[14] Auch die moderne Welt der Technik und Wissenschaft hat zu wählen zwischen Magie und Wahrheit. Die Versachlichung und Verobjektivierung der mitmenschlichen Beziehung kommt einer magischen Handlung gleich. Der faustische Mensch steht zwischen Magie und „Wirklichkeit".

[15] Man beachte die Schlagworte in Verbindung mit Welle: Freßwelle, Wohnwelle, Sexwelle, Pornowelle, Streikwelle etc.

[16] Vielleicht bezogen auf Ephesus allein oder Ikonium oder auf Asia überhaupt.

wie die Charakterisierung der Lage in den sieben Gemeinden der Offenbarung (2, 1—3, 22), nur werden sie hier nicht näher genannt.

2. Der wahre Lehrer des Evangeliums

2. Timotheus 3, 10—17

a) Paulus als Vorbild 3, 10—13

10 **Du aber bist mir in allem nachgefolgt, in der Lehre, in der**
Lebensführung, in der Zielsetzung, in Glaube, Geduld, Lie-
11 **be, im Ausharren, * in Verfolgungen, in Leiden, wie sie**
mir in Antiochia, in Ikonium, in Lystra widerfahren sind,
welche Verfolgungen ich ertragen habe, und aus allen hat
12 **mich der Herr errettet. * Alle, die gottselig leben wollen in**
13 **Christus Jesus, werden verfolgt werden. * Böse Menschen**
dagegen und Betrüger werden im Bösen fortschreiten, in-
dem sie irreführen und irregeführt werden.

Anfang und Ende berühren sich. Paulus hat die Erörterung über „die Menschen“ und die aus ihnen hervorstechenden Kreise samt deren Führern zu Ende gebracht. Jetzt wendet er sich wieder ganz direkt seinem echten Glaubenssohn zu: **Du aber** bedenke die ersten Anfänge unserer Kampfgemeinschaft, wie du mich kennengelernt hast und mich kennst seither (10—12). Wie ich um des Evangeliums willen verfolgt wurde (du hast es von Anfang an miterlebt und bist bis heute Schritt um Schritt mir nachgefolgt), so werden alle verfolgt werden, auch du, wenn du in der wahren Frömmigkeit verharren willst in Christus Jesus.

Darum bedenke deine eigenen Anfänge von Kindheit an (14—15)[17] und verharre im Wort Gottes, das dich zum Knecht Gottes machen kann (17), der sich vor Gott bewährt dar-
a) II 2, 15. 24 stellt a) bis zum Ende. Gedenke unser beider Wege, fasse Mut zum Ausharren in der Treue zum Herrn und zu seinem Wort, so wirst du ein wahrer Lehrer des Evangeliums bleiben.

10 **Du aber bist mir in allem nachgefolgt.** Vgl. die Spannung zu Vers 14: **Du aber bleibe;** nachfolgen ist zugleich ein Bleiben. Das Bleiben im Wort ist zugleich ein Nachfolgen im Gehor-

[17] Siehe II 1, 3—5 die Anfänge der b e i d e n „von Mutterleib an“.

sam. Paulus verwendet hier dasselbe Wort wie in I 4, 6: Er ist der guten Lehre nachgefolgt, ebenso wie dem guten Vorbild. Das ist ein Wort des Lobes und des Dankes an Timotheus[18]. Wieder folgt eine Aufzählung, diesmal von neun, für Timotheus genau überprüfbaren Kennzeichen des Apostels, die sein Leben ins Licht stellen. Wir erkennen eine sinnvolle Unterteilung von dreimal drei Gliedern, die wir der Reihe nach numerieren und kurz kommentieren, die griechischen Worte in den Text nehmend. Timotheus ist „Nachfolger" des Paulus nicht im Sinne dessen, der sein „Amt" übernimmt, sondern wörtlich als einer, der mit ihm auf dem Wege war, hinter ihm her, gemeinsam auf den Herrn ausgerichtet als sein Mitarbeiter:

1. **In der Lehre.** Steht am Anfang, ist in den Past und für die Lage, die sie beschreiben, von Bedeutung. I 1, 10; 4, 6; 5, 17; 6, 1.3; Lehre kann auch den Sinn von „Weg" haben. Weg des Lebens, vgl. 1 Ko 4, 17. Christus ist die volle und ganze Wirklichkeit, er ist Weg — Wahrheit — Leben (Jo 14, 6). Weg besonders in Apg 2, 28; 9, 2; 13, 10; 16, 17; 18, 26; 19, 9.23; 22, 4; 24, 14.22.
2. **In der Lebensführung** (agoge); nur hier; allgemeines Verhalten; bei Paulus ist Lehre mit Lebensführung gepaart. Darin ist er Modell; Jesus mahnt zur Einheit von Tun und Lehren: Mt 5, 19, vgl. Rö 2, 23.21; 1 Ko 4, 17 und immer wieder: 1 Ko 9, 27.
3. **In der Zielsetzung.** In der Gesinnung, im Streben, im Vorsatz, im Entschluß. Lehre und Leben sind verinnerlicht, vereinigt, vom Willen aufgenommen und umfaßt, darum echt und überzeugend geworden. Und so entstand der Entschluß im Herzen des Timotheus, diesem Mann und seinem Herrn nachzufolgen. Lebenslehre, Lebensführung und Lebensziel sind in diesem Manne eins geworden; auch da nicht absolut, nicht letztlich, endgültig, aber in großer Entschiedenheit und Klarheit. Phil 3, 12—14 beschreibt, was Paulus tut, 15—17 was andere tun sollen: seinem und dem Beispiel anderer nachfolgen.

[18] *kolutheo* ist das gewöhnliche Wort für einen Jünger, der seinem Lehrer (Rabbi) *nachfolgt*. Hier aber setzt Paulus eine Vorsilbe dazu, *Para-kolutheo*, was den Sinn von nachfolgen verstärkt: du bist mir genau, getreu, Schritt für Schritt nachgefolgt. In diesem Sinn gebraucht Lukas dasselbe Verb für seine Nachforschungen, die ihn zur Niederschrift des Evangeliums führten: Lk 1, 3. NEB: *But you my son have followed step by step*. Die Übersetzung: „In allem nachfolgen" versucht den verstärkten Sinn des gewöhnlichen Verbes wiederzugeben. Diese Deutung erscheint auch angebracht im Blick auf Phil 2, 19—22.

Pro-thesis: Sonst bei Paulus verstanden als Ratschluß Gottes: Rö 8, 28; 9, 11. S. II 1, 9 dasselbe Wort. Der Ratschluß Gottes umfaßt den Ratschluß für Paulus und ist in ihn eingegangen und zu seinem eigenen Entschluß geworden. Die englische Übersetzung hat: My purpose, chief aim. Der Katechismus fragt: What is man's chief end? To glorify God and to enjoy him for ever. Gott verherrlichen und sich seiner ewig freuen, sein Vergnügen in Gott finden und darum Freude an allem, Dank für alles haben, was von ihm kommt, das ist Grund und Ziel des Menschen. Du hast erkannt und bist nachgefolgt meiner Zielsetzung.

4. **In Glaube.** I 6, 11, Glaube ist Quelle und Kern des Christenlebens für Paulus.

5. **Geduld.** Wie I 6, 11; Geduld ist auf Hoffnung bezogen; Tit 2, 2; 1 Th 1, 3 läßt verstehen, daß Geduld für Hoffnung stehen kann: „Ausdauer in der Hoffnung"; vgl. Rö 5, 3—5, auch dort Glaube, Hoffnung, Liebe.

6. **Liebe** ist für Paulus kein leeres Wort, sondern Wirklichkeit in seinem Leben, in das hinein und aus dem heraus der Lobpreis der Liebe inspiriert werden konnte: 1 Ko 13. Du bist mir nachgefolgt in „Glaube — Liebe — Hoffnung".

7. **Im Ausharren** (hypomone); Ausdauer, Standfestigkeit gegenüber schlechten und widrigen Umständen; Voraussetzung für die Bewahrung in Verfolgungen und Leiden. Paulus gibt dem Mitarbeiterspiegel von 2 Ko 6, 1—10 allem voran und alles mitbestimmend die Überschrift: „Wir erweisen uns als Diener Gottes durch viel Standhaftigkeit"[19].

11 8. **In Verfolgungen.** 2 Th 1, 4; 2 Ko 1, 6; Hb 10, 32. Hier sind die äußeren Verfolgungen gemeint, nicht der innere Widerstand.

9. **In Leiden.** 2 Ko 11, 21—33. Verfolgungen und Leiden oft bei Paulus zusammen erwähnt. Wohin führt die Einheit von Lehre, Leben und Zielsetzung, die in Glaube, Hoffnung, Liebe die wahre Gottseligkeit findet und zum Ausdruck bringt? Sie führt zur Standhaftigkeit in Verfolgungen und Leiden bis zum Ende.

Im folgenden zählt Paulus konkrete Widerfahrnisse auf, die er erduldet hat. Warum zählt Paulus Verfolgungen auf, die

[19] Vgl. Rö 8, 25; 15, 4. 5; 2 Ko 1, 6; 12, 12: Die Zeichen des Apostelдienstes sind vollbracht in allem Ausharren; Kol 1, 11; 2 Th 1, 4; 3, 5; ferner Hb 6, 12; 10, 36; 12, 1; Jak 1, 3. 4; 5, 1; 2 Pt 1, 6; Offb 1, 9; 2, 2. 3. 19; 3, 10; 13, 10; 14, 12; Lk 8, 15; 21, 19. Der endzeitliche Grundton des Wortes ist deutlich zu hören: Wer ausharrt bis ans Ende, Mt 10, 22.

Timotheus gar nicht gekannt hat als Augenzeuge, während er ihm doch bezeugt, daß er ihm in allem nachgefolgt sei? Welchen Sinn kann es haben, daß Paulus Ereignisse erwähnt, die Timotheus unbekannt sind? Hat er nicht genügend viele Jahre mit ihm verbracht, um an Beispiele zu erinnern, die beiden bekannt sind? Ein Ausleger meint, es sei verständlich für einen ältern Mann im Gefängnis, wenn er sich seiner ersten Erfahrungen auf der ersten Missionsreise erinnere. Aber Paulus schreibt nicht im Blick auf sich selbst, sondern für Timotheus! Versuchen wir eine Auslegung, die darauf am einfachsten antwortet. Timotheus wird erst auf der zweiten Missionsreise erwähnt: „Ein Jünger, der ein gutes Zeugnis hatte von den Brüdern in Lystra und Ikonium." Von dort an nimmt ihn Paulus mit b). Wann aber ist Timotheus ein Jünger geworden? Aus Antiochia (in Pisidien) und dessen Gebiet c) wurden Barnabas und Paulus vertrieben, und in Ikonium wurde Paulus, nachdem er vorher wie ein Gott verehrt werden sollte, als Gotteslästerer gesteinigt. Juden kamen aus Antiochien und Ikonium und hetzten die Volksmenge gegen Paulus auf. Wenn — wie wir unserer Auslegung zugrunde legen — Timotheus bei der Steinigung des Paulus mit dabei war, dann hörte er die Juden aus Antiochia und Ikonium ihre Anklagen gegen Paulus vorbringen. Er wußte also aus erster Hand von der eben vorangegangenen Verfolgung in Antiochia und erlebte die jetzt geschehende Anklage und Steinigung als Augenzeuge: „Die Juden aus Antiochia und Ikonium ... steinigten den Paulus und schleiften ihn vor die Stadt hinaus in der Meinung, er sei tot. Als ihn aber die Jünger umringten, stand er auf und ging in die Stadt hinein. Und am folgenden Tag zog er mit Barnabas hinweg nach Derbe" d). Die Gegner aus Antiochia, Ikonium und Lystra waren vereinigt, als es um die Steinigung des Paulus ging. Die Jünger aber aus den gleichen Städten wurden mit Freude und Heiligem Geist erfüllt e) als Frucht der Verfolgung. Auch in Antiochia, Ikonium und Lystra[20] sind Menschen durch die Missionsverkündigung zum Glauben an Jesus, den Messias, gekommen und Jünger geworden. Diese wurden ermahnt, im Glauben zu verharren[21], weil der Weg ins Reich Gottes mit Drangsal verbunden ist. Timotheus ist damals ein Jünger geworden. Wie könnte er sonst echtes Glaubenskind des Paulus

b) Apg 16, 2—3
c) Apg 13, 50
d) Apg 14, 19—20
e) Apg 13, 52

[20] In Apg 14, 21 (wieder) zusammen erwähnt.
[21] Vgl. Apg 14, 22 mit ausharren in II 3, 11 und verfolgt werden in II 3, 12.

sein? Auf der zweiten Missionsreise, als Paulus ihn in Lystra besuchte, war Timotheus schon Jünger und hatte schon ein gutes Zeugnis unter den Christen in seiner Stadt und in Ikonium, d. h. in der ganzen Umgebung. Welches aber war für ihn der entscheidende Anstoß zum Glauben geworden? Das Blutzeugnis des Paulus. Paulus brach unter den Steinen, die auf ihn geworfen wurden, bewußtlos zusammen. Man schleifte den für tot Gehaltenen aus der Stadt hinaus, und dort suchten ihn die Jünger auf und bildeten einen Kreis um ihn. War er wirklich tot, oder lebte er noch? Hat Gott an ihm ein Wunder der Wiedererweckung getan, oder wurde er, der bewußtlos Gesteinigte, so wunderbar wiederhergestellt, daß er aufstehen, gehen und am anderen Tag seine Reise fortführen konnte? Paulus schreibt, daß er dreimal geschlagen und einmal gesteinigt worden ist f), und diese Steinigung ist für Timotheus zu einem Blutzeugnis geworden, daran hat sich sein Glaube entzündet[22]. Hier hat sich das geflügelte Wort erfüllt: Das Blut der Märtyrer ist der Same der Kirche. Der Mittelpunkt aller Verfolgungen und Leiden des Apostels in Antiochia, Ikonium und Lystra ist seine Steinigung. Sie hat Timotheus miterlebt, aus der Nähe oder aus der Ferne. Um den für tot gehaltenen Märtyrer hat er mit anderen Jüngern im Kreis gestanden. Aber aus diesen wie aus allen bösen Werken der Widersacher, aus dem Todesrachen selbst hat ihn **der Herr errettet**, und so wird er ihn auch hineinretten in sein himmlisches Reich g). In diesem Zusammenhang verstanden, erhält das Wort: „Du bist mir genau in allem gefolgt" seinen prägnanten Sinn. Der „Märtyrerbrief" ist innerhalb des ganzen nicht ein fremdes Stück, er hat in 2, 14 nicht seinen Abschluß gefunden, sondern die eingehende Beschäftigung mit den durch die Irrlehrer entstandenen Zuständen der Gemeinde in „den letzten Tagen" ist unablässig verbunden mit dem Bewußtsein wachsender Verfolgungen. Darum gilt es, sich nicht zu schämen (2, 16), sondern Böses zu ertragen (2, 24) und auf Verfolgungen gefaßt zu sein (3, 12). Darum die Erwähnung des alles in einen Brennpunkt zusammenfassenden Ereignisses der Steinigung als vorweggenommenes Blutzeugnis, wovon Timotheus Augenzeuge geworden ist; darum der Hinweis auf das unausweichlich bevorstehende endgültige Martyrium (4, 6), auf das auch Timotheus sich gefaßt machen (lassen) soll (4, 5). Der Hebräerbrief

f) 2 Ko 11, 25. 23—24. 26—28.

g) II 4, 17—18

[22] Siehe W. Stb. 1 Tim S. 38 (E 30).

weiß h), daß Timotheus gefangen war und freigelassen wurde. h) Hb 13, 23
Wir wissen nicht, wann und wie seine letzte Stunde geschlagen hat und er vor dem erschienen ist, der die Toten und die Lebendigen richtet (4, 1).

Noch eines ist zu bedenken: Paulus selber war Augenzeuge eines Martyriums gewesen. Durch das Blutzeugnis des Stephanus, der das Böse erduldete und für seine Feinde betete, ist der Stachel der Christuswahrheit in ihrer alles duldenden und alles überwindenden Liebe in das Herz des Gamaliel-Schülers Saulus gedrungen i). Nicht erst auf dem Wege nach Damaskus, i) Apg 7, 54—60
schon durch das Blutzeugnis des Stephanus ist Paulus der Wirklichkeit und Gegenwart des Messias begegnet. Er war schon überwunden, aber er wollte sich noch nicht überwunden geben, darum tobte er voll Wut gegen Jesus und seine Gemeinde. In den Männern und Frauen, die er ins Gefängnis schleifte, verfolgte er Jesus selbst und schlug gegen den Stachel aus, der schon in seinem Herzen saß.

So ist weder I 1, 13 noch II 3, 11 einfach historische Erinnerung eines alten Mannes im Gefängnis. Die jetzt vordringende Verfolgungszeit, die Gefahr der Irrlehre und des Abfalls, die Verzagtheit des bedrängten Mitarbeiters, das bevorstehende Ende des Apostels — das alles veranlaßt ihn, dem Timotheus zuzusprechen: Bedenke, daß Gott die schwersten Verfolgungen in Segen verwandelt; du weißt, wie es mir, dem Augenzeugen, bei der Steinigung des Stephanus ergangen ist; du weißt, wie es dir ergangen ist, als du Augenzeuge meiner Steinigung wurdest[23]. Darum verzage nicht, sondern rechne damit,
daß alle, die entschlossen sind, Gott zur Ehre in Christus 12
Jesus zu leben, verfolgt werden. Man bedenke die eindrückliche Parallele zu Apg 14, 22: Sie stärkten die Seelen der Jünger (in Lystra, Ikonium, Antiochia) und sprachen zu ihnen: Harret aus im Glauben, denn wir müssen durch viel Drangsal hindurch, um in das Reich Gottes einzugehen k). Menschen, k) vgl. 1 Th 3, 4
die „entschlossen sind, gottselig, d. h. Gott zur Ehre in Christus Jesus, zu leben“, werden Widerstand erfahren. Sie werden als Nachfolger des Gekreuzigten ihr eigenes Kreuz zu tragen haben. Der unmittelbare Zusammenhang weist auf eine Verfolgung hin, die von religiösen Menschen im Namen Gottes kommt. So wie Paulus selber ein religiöser Verfolger war und von religiösen Menschen gesteinigt wurde, hat Timotheus

[23] Vgl. Apg 8, 2: gottesfürchtige Männer bestatteten den Stephanus; Apg 14, 20: die Jünger umringen den totgeglaubten Paulus, weil sie ihn bestatten wollen.

mit Verfolgungen aus den Kreisen der Widerspenstigen zu rechnen. Wie aber bei Paulus auch die politischen Mächte verfolgend eingriffen, ebenso wird es bei Timotheus geschehen (er wurde gefangengenommen!). Darauf muß sich die Gemeinde Gottes gefaßt machen zu allen Zeiten „in den letzten Tagen". Wahrscheinlich sind noch nie so viele Christen verfolgt und getötet worden wie im 20. Jahrhundert.

Wie verkehrt ist es, in den Past das Vordringen einer sich mit den Weltumständen abfindenden und auf bürgerliche Ruhe ausgerichteten Geistesart erkennen zu wollen! Würde die Frömmigkeit so menschlich angenehm und vernünftig sein, wie könnte sie dann Widerstand und Verfolgung bis zum Martyrium erregen! Die Tyrannei dieser Welt und die Heuchelei des leeren Religionsbetriebes entdeckt man erst dann, wenn man ihr Joch abwirft und dafür verfolgt wird, weil man nicht mitmacht. Aber ein jeder sehe zu, daß er wirklich um der Gerechtigkeit willen verfolgt werde und nicht wegen seiner eigenen Verfehlungen oder Verschrobenheiten l)[24].

l) 1 Pt 2, 19—22

Der erste Brief des Timotheus hat diese Mitte: groß ist das Geheimnis der Gottseligkeit (I 3, 16), und der zweite Brief die ihr entsprechende Antwort: alle, die in dieser Gottseligkeit leben, werden verfolgt werden (II 3, 12). Beide Male geht es um Jesus. Er ist das Zeichen Gottes in der Welt, an dem die verborgenen Gedanken der Herzen offenbar werden. Er ist der kostbare Stein für die einen oder der Stein des Ärgernisses für die anderen, die sich an ihm stoßen und zu Fall kommen m).

m) Lk 2, 34—35; 1 Pt 2, 6—8

13 **Böse Menschen dagegen und Betrüger werden im Bösen fortschreiten, indem sie irreführen und irregeführt werden.** Das ist ein zusammenfassendes Wort (wie Vers 12 zusammenfaßt, was für alle treuen Zeugen gilt), das den Anfang der endzeitlichen Weisung von 3, 2 („die Menschen werden sein") aufgreift und so den Abschnitt zu Ende bringt. Es gilt das vorher schon Gesagte: „zu diesen Menschen" gehören „gewisse Kreise" und Bewegungen aus Welt und Kirche, aus Gemeindegliedern und Irrlehrern; das Tun und die Gesinnung kann bei den einen verborgen bleiben und trotzdem fortwirken, bei den anderen nicht n).

n) s. I 5, 24—25!

Wilckens übersetzt: „Sie bringen es zu Fortschritten nur

[24] Vgl. ferner: Mt 5, 10—12; 10, 22. 28; Jo 15, 17—20; 16, 1—4. 33; Paulus als religiöser Verfolger der Gemeinde: Apg 9, 4. 5; 12, 4. 7. 8; 26, 11. 14. 15; 1 Ko 15, 9; Gal 1, 13. 23: Phil 3, 6; I 1, 13.

noch im Bösen“, dadurch kommt die verborgene Ironie zum Ausdruck: das Böse wird böser. Die Triebkraft des „Fortschritts“ ist die Irreführung. Verführung steht in eschatologischem Zusammenhang[25]. Wer immer die Häretiker sind, ob ihr Tun offenbar wird und zerbricht, oder ob es weiterfrißt wie ein Krebs — sie sind „betrogene Betrüger“. Das war ein geflügeltes Wort bei den Griechen, doch ist an dieser Stelle die biblische Färbung nicht zu übersehen o).

Verführung ist verborgen — nicht offensichtlich, allmählich — nicht plötzlich, unheimlich anziehend — nicht erschreckend und abstoßend, harmlos erscheinend — nicht gefährlich, verlockend — nicht unheildrohend, **verführend** — nicht **überführend**[26].

Die verführten Verführer werden immer extremer, sie werden vom Zentrum der Wahrheit immer weiter weg verführen und weggeführt werden. Timotheus aber ist nicht einem Verführer gefolgt, er kennt den Mann von Anfang an genau, der ihn zu Jesus führte, der ihn in der Wahrheit unterwies, in der er bleiben soll, um in der Freiheit zu bleiben p).

o) atl: Jes 3, 12; 9, 16; 47, 10 Jer 23, 31. 32 Hes 13, 10; Hos 4, 12; Micha 3, 5 ntl: Gal 6, 7; 1 Ko 6, 9; 5, 15. 33 Ju 13 Rö 16, 18; 2 Ko 11, 3; Eph 5, 6; Kol 2, 4; 2 Th 2, 3; 1 Jo 2, 26; 3, 7

p) Jo 8, 30—32. 34—36

b) Timotheus, ein Mensch Gottes durch das Wort Gottes 3, 14—17

14 Du aber bleibe in dem, was du gelernt hast und dessen du
im Glauben gewiß geworden bist, da du weißt, von wem
15 du es gelernt hast, * und weil du von Kindheit mit den
Heiligen Schriften vertraut bist, die imstande sind, dich
weise zu machen zum Heil durch den Glauben, der im
16 Messias Jesus ist. * Denn alle Schrift ist von Gottes Geist
eingegeben und nützlich zur Lehre, zur Überführung, zur
17 Wiederherstellung, zur Erziehung in der Gerechtigkeit, * damit der Mensch Gottes voll zubereitet sei und zu jedem guten Werk völlig ausgerüstet.

Timotheus muß ermahnt werden nicht nur zum *Ausharren* in den Leiden und Verfolgungen, sondern auch zum *Verharren* in dem, was er empfangen hat. Vielleicht hat man sich ein zu niedliches Bild von Timotheus gemacht. War- 14

[25] Mt 24, 4. 11. 24; Offb 2, 20; 12, 9; 13, 14 etc. „denn es werden falsche Messiasse und falsche Propheten auftreten und werden große Zeichen und Wunder vollbringen, so daß sie wenn möglich, *auch die Auserwählten irreführen.*“

[26] Beachte nochmals den dämonischen Hintergrund aller Verführung. 2, 26; vgl. 2 Ko 11, 1—3 = I 2, 13. 14; Jo 8, 44—45.

um konnte das Zeugnis der Steinigung nötig gewesen sein, um
einen leidenschaftlichen jungen Menschen für Jesus, den Er-
löser, zu gewinnen? Warum die unverblümt direkte Mah-
nung, die jugendlichen Lüste und Begierden zu fliehen? War-
um die Warnung vor übereiltem und hartem Handeln und die
wiederholte Warnung vor den Irrlehrern, wenn bei Timotheus
keinerlei Anlaß dazu vorlag? Darum der Ausruf: O Timotheus!
Bewahre das anvertraute Gut, wende dich weg von der Pseu-
dognosis (vom Scheinwissen), sonst wirst auch du vom Glau-
a) I 6, 20! ben abirren. Die Gnade allein bewahre dich davor a). Darum
das starke: **Du aber** bist mir nachgefolgt (und nicht einem Ver-
führer), **du aber** bleibe und laß dich nicht wegführen von der
offenbarten Wahrheit, von der Gestalt der Lehre in den gott-
gehauchten Schriften. Sie haben in dir den Grund gelegt. Was
ich dir brachte, ist nichts anderes, als was die Schriften ver-
b) 1 Ko 15, künden b). Prüfe an der Schrift Leben und Lehre bei mir c)
1—4 und bei dir d). Wie du am Anfang gemahnt worden bist, im
c) II 3, 10—11 Glauben zu verharren e), ausharrend in allen Drangsalen, so
d) II 2, 15; verharre jetzt in den Heiligen Schriften und laß dich nicht
I 4, 16! fortreißen in unheilige und leere Fabeln, Legenden, Spekula-
e) Apg 14, 21 tionen, Diskussionen hinein. Bewahre aus der Kraft der
empfangenen Gabe (1, 6) das Anvertraute im Geist (1, 7.14), in
der Gnade (2, 1), in Christus (2, 8), in der Bewahrung vor
Gott (2, 15), auf dem festen Grund (2, 19), in der fortwähren-
den Reinigung (2, 21), in der Gemeinschaft (2, 22).

Im Unterschied zu denen, die immer lernen und doch nie zur Gewißheit gelangen, im Glauben nicht wachsen, hat Timotheus **gelernt** und ist zur Überzeugung gekommen in der Wahrheit, die sich in seinem Leben auswirkt. Er hat gelernt als ein Schüler des Paulus, aber er ist über das Schüler-Lehrer-Verhältnis hinausgewachsen und zur eigenen **Gewißheit** gelangt. Er glaubt nicht mehr nur, weil und was Paulus glaubt. Wie Paulus kann er sagen: Ich **weiß,** wem ich geglaubt habe (1, 12). **Du weißt, von wem du gelernt hast.** Geht es hier um den Inhalt des Evangeliums a l l e i n? Oder auch um den Vermittler? Wer hier einen Widerspruch oder eine Verfälschung des Ursprünglichen zu sehen meint, verkennt die Einheit von Leben und Lehre. Paulus bekennt: Ich weiß, wem ich geglaubt habe. Irrlehrer sind darum so verführerisch, weil sie dieselben Worte und Sätze gebrauchen und unbemerkt ins Gegenteil verkehren können, sei es durch schlaue Akzentverschiebungen, sei es durch Auslassungen oder Hinzufügungen. Richtige Worte können durch die Auslegung eines falschen

Lebens verfälscht werden! Darum die Verbindung von Person und Sache, von Inhalt und Form, von Leben und Lehre. Dringlich ist die Mahnung: Du hast es gut, denn du weißt, was du lerntest von Kindheit an, das Wort der Wahrheit von Gott, und du weißt, von wem (im Plural, also sind die Vorahnen von 1, 6 samt Paulus mit eingeschlossen, wenn nicht auch noch andere Lehrer); du weißt das, und trotzdem bist du in Gefahr, aus dem Darinbleiben herauszugehen, mit kleinen Schritten vielleicht, allmählich, aus Schwachheit oder Neugier. Man beachte den Unterschied: „Du bist mir nachgefolgt" — das ist eine Feststellung, wenn nicht auch eine Bestätigung, ja ein Lob der Treue. Dagegen: „Du aber bleibe" — das ist eine Aufforderung, nicht ohne warnenden Unterton, darum die ständigen, scheinbaren Unterbrechungen, die kurzen Hinweise auf abschreckende Beispiele.

Und weil du von Kindheit an mit den Heiligen Schriften 15
vertraut bist, die imstande sind, dich weise zu machen zum Heil durch den Glauben, der im Messias Jesus ist.

Von Kindheit an. Zu Hause und in der Synagoge wurden die Kinder vom 5. Lebensjahr an zum Lesen der atl Schriften erzogen; von früher Kindheit an: Lk 2, 12.16; 18, 15; Apg 7, 19; 1 Pt 2, 2[27].

Die Heiligen Schriften: ta hiera grammata, Pl., im AT reich belegt. Für Paulus ungewöhnliche Form, da er sonst den Sg. verwendet. In Rö 1, 2: en graphais hagiais, Gott hat durch die Propheten mittels der geschriebenen Worte gesprochen. Der Ausdruck „Heilige Schriften" läßt an den Gebrauch der atl Bücher im Gottesdienst denken; vgl. Lk 4, 16—22.

Du bist vertraut. Du bist im Bild darüber, du kennst sie; den Juden sind die Aussprüche Gottes anvertraut worden (Rö 3, 2).

Die imstande (mächtig) sind: ta dynamena, gibt an, warum die Heiligen Schriften hier überhaupt erwähnt sind. Sie sind

[27] Ein kurzer Hinweis auf die atl Unterweisung des Kindes im Wort des Herrn sei wenigstens in Form einer Übersicht von diesbezüglichen Schriftstellen gegeben: 1 Mo 18, 19; 2 Mo 10, 2; 12, 26. 27; 13, 14—16; 5 Mo 4, 9—10; 6, 7. 9; 11, 19; 32, 46. Inhalt der Unterweisung: Spr 1, 7; 9, 10; Pred 12, 13. Verantwortung der Eltern und Gehorsam der Kinder: Spr 1, 8; 6, 20; 2 Mo 20, 12; 21, 15—17; 5 Mo 6, 1—3 (Jes 38, 19), Hiob 1, 5; 1 Sa 1, 27. 28; 2, 11. 18. 19; Spr 22, 6. Zucht: Spr 13, 24; 23, 13. 14; 17, 10; Ps 103, 13; Jos 24, 15; Jes 28, 10. Wenn die Kinder fragen: 2 Mo 13, 8; 5 Mo 6, 7; 6, 20—25; 11, 9; Jos 12, 26—28. Nach dem Exil entstanden verschiedene Schultypen, die sich dann etwa zwei Generationen vor Christus zum Unterricht in der Synagoge entwickelten.

von **dynamischer** Wirkung, sie haben „die Kraft zum Heil" (Rö 1, 16); vgl. Hb 4, 12: energes (Energie). Die von alters her geschriebenen Aussprüche Gottes haben jetzt in der Gegenwart die Kraft, einen Menschen zur einzig nötigen Weisheit zu führen, welche das Heil Gottes aufschließt.

Dich weise zu machen. Sie können dich mit Weisheit erfüllen zur Erlösung aus Glauben; steht im Gegensatz zu den Irrlehrern, die sich ihrer Weisheit rühmen (I 1, 7; 4, 3; 6, 20.21; II 4, 3—4). Das Zeugnis des Herrn macht weise: Ps 19, 7; 18, 8; 119, 98. LXX das gleiche Verb wie hier. Im NT: Weisheit ist geistgewirktes Wissen von Gott. Apg 6, 3.10; 1 Ko 1, 24.30; 2, 6; Eph 1, 8.19; 3, 10; Jak 1, 5; 3, 13.15.

Zum Heil. Der schöne, von Luther gebrauchte Ausdruck „Seligkeit" verleitet dazu, nur an die jenseitige Welt zu denken. Das Heil ist umfassend für diese und jene Welt. Soteria, oft bei Paulus (Rö 11, 11; Phil 1, 19; 2, 12). Der Messias als Erfüllung des AT: Lk 24, 27.32.44; Jo 5, 39.46; Apg 3, 18.24; 7, 52; 10, 43; 1 Pt 1, 10. Weisheit ist Heilsweisheit, gewirkt vom Heiligen Geist, wie Wahrheit rettende Wahrheit ist. Wir haben es hier nicht mit einem intellektualistischen Wissen über die Heilige Schrift zu tun. Das zeigt der Doppelbezug der Weisheit
1. zum Heil,
2. durch Glauben.

Durch den Glauben. Inhaltlich wie Rö 1, 16, charakteristisch für Paulus. Nicht schon das bloße Lesen und Lernen schafft Heil; wenn der einzelne nicht zum Glauben kommt, hat die Schrift ihr Ziel bei ihm verfehlt. Der Lobpreis des AT, das zum Glauben an den Messias führt, ist typisch für Paulus.

Der im Messias Jesus ist. I 3, 13; das Endziel des Gebotes, des AT überhaupt, ist Liebe aus reinem Herzen und gutem Gewissen und ungeheucheltem Glauben, der geistgewirkte Glaube an den Messias Jesus allein als Retter und Erneuerer des Lebens, der betont am Schluß steht: das Ziel der Heiligen Schrift, ihrer Unterweisung, ihrer zum Glauben führenden Weisheit, ihres Heils ist der Messias Jesus Christus.

16 **Alle Schrift ist von Gottes Geist eingegeben und nützlich zur Lehre, zur Überführung, zur Wiederherstellung, zur Erziehung in der Gerechtigkeit.** Der vierfache Nutzen der Heiligen Schriften begründet, warum und inwiefern sie weise zu machen vermögen zum Heil: Sie haben diese Fähigkeit (s. V. 15: ta dynamena), diese göttliche Dynamik, weil sie aus Gottes Geist entstanden sind und von demselben Geist gebraucht werden. Zunächst sei wieder jedes einzelne Wort betrachtet:

Alle: pasa, kann bedeuten: jede, alle, ganz; Rö 11, 26: ganz Israel; Apg 2, 36. Eph 3, 15: jedes Geschlecht. Kol 4, 12: in allem. Darum umschreiben wir: die ganze Schrift, gesehen in jedem einzelnen Teil und gleichzeitig: jede einzelne Schriftstelle als Teil des Ganzen (wie Eph 2, 21: der ganze Bau ist zusammengefügt aus den einzelnen Teilen). Vgl. 1 Ko 12, 12. 13: was hier vom Christusleib gesagt wird, das gilt auch für den Wortleib: denn wie die Schrift nur eine ist und doch viele Schriftstellen hat, alle Schriftstellen aber, obgleich es viele sind, einen einzigen Leib bilden, so auch der Christus. Siehe dazu II 1, 13: „Die Gestalt (Sg.) heilsamer Worte" (Pl.) — Singular und Plural zusammen genannt, das Ganze und die Teile: als geistgewirkte Wortgestalt.

Schrift: graphe, ohne Artikel, müßte für die Übersetzung „jede Schriftstelle" sprechen; doch „Schrift" kann auch ohne bestimmten Artikel den Sinn haben von „die Schriften"; 1 Pt 2, 6: en graphe ist sinngemäß zu übertragen: darum steht in der Schrift folgende Schriftstelle; 2 Pt 1, 20: hoti pasa propheteia graphes: „keine einzige Weissagung der (ganzen) Schrift."

Der ntl Gebrauch für das AT: „die Schrift sagt" kann aber auch Schriftstelle bedeuten, irgendeinen Text der Bibel, einen Gottesspruch (Jo 19, 36.37; 20, 9; Apg 1, 16; 8, 32; Rö 16, 26; 1 Pt 2, 6). Also haben die beiden Worte „pasa" und „graphe" gemeinsam, daß sie sowohl das Ganze wie jede einzelne Stelle als Teil des Ganzen und alles als sämtliche Teile des Ganzen bezeichnen können. Holtz übersetzt: „Jede Bibelstelle ist von Gottes Geist eingegeben und nützlich zur Lehre." (186) Unsere Übersetzung aber soll den in der Schwebe gehaltenen Doppelsinn bewußt offenlassen: sowohl die ganze Schrift wie auch jede einzelne Bibelstelle. S. I 5, 18! Die Texte der Apostel können nicht ausgeschlossen werden von dem in II 3, 16 Bezeugten. Beinahe alle ntl Schriften existierten bereits um die Zeit, da II Tim, der letzte Brief des Apostels, abgefaßt ist. Schon sein ältester Brief gibt zu erkennen, daß Paulus sich dessen bewußt ist, im Auftrag Gottes zu schreiben: 1 Th 5, 27; 1, 5; 2, 13; 5, 20; II 2, 2; 3, 14, vgl. 2 Pt 3, 15—16, wo die Briefe des Paulus bereits den übrigen Heiligen Schriften, d. h. dem AT, gleichgestellt werden.

(Ist) von Gottes Geist eingegeben. Die Kopula (ist) fehlt im Griechischen, was für die Übersetzung einige Unsicherheit mit sich bringt. Ist aber bekannt in den Past: I 1, 8.15, beide Male ohne Kopula. Theopneustos (nur hier): zusammengesetzt aus theos = Gott und pneustos = gehaucht (von Pneuma = der

Geist), also: gottgehaucht. In dem aus dem Lateinischen übernommenen Wort „inspiriert" ist ebenfalls der Hinweis auf den Geist (spiritus, lat.) enthalten, was in „eingegeben" verlorengeht und deshalb ergänzt werden muß: „geist-gegeben". Alle Schrift ist geistgegeben, geistgewirkt. Dieses Verständnis der göttlichen Inspiration der Heiligen Schriften unterscheidet sich nicht von den atl Zeugnissen. Wenn auch das Wort nur hier vorkommt, so ist doch die Sache, die es bezeichnet, bei Paulus überall anzutreffen, denn sie liegt seinem Schriftverständnis zugrunde, Rö 1, 17; 3, 4.10; 8, 36; 1 Ko 9, 9[28].

Nützlich. I 4, 8; Tit 3, 8.9. Die Schrift ist nützlich, sie kann gebraucht werden für eine Aufgabe, die in vier Schritten entfaltet wird. Wie sind nun die Worte „alle Schrift", „gottgehaucht", „nützlich" miteinander zu verbinden? Das hängt zum Teil von dem Verständnis des griechischen Wortes „kai" ab, das entweder mit „und" oder mit „auch" übersetzt werden kann. Wir entscheiden uns für „und" in Anlehnung an I 4, 4: alles von Gott Geschaffene ist gut und nützlich, wo über das von Gott Geschaffene zwei Aussagen gemacht und miteinander verbunden werden. Damit haben wir gleichzeitig entschieden, wie wir „theopneustos" beziehen wollen: nicht als ein die Schrift beschreibendes Adjektiv: „gottgehauchte Schrift", sondern als Prädikat, d. h. als erste Aussage über die Schrift: sie ist 1. gottgehaucht und 2. nützlich. Ein Streit um Worte ist hier allerdings weder nützlich noch notwendig, denn grammatikalisch ist es durchaus möglich, das Wort theopneustos adjektivisch, also mit „gottgehauchte Schrift", zu übersetzen. Was wird dann aber aus dem „kai"? Man vgl., wie in diesem Fall I 4, 4 lauten würde: Jede gute Kreatur ist auch nicht zu verwerfen. Vgl. zu I 4, 4 auch I 1, 8.15. Da für Paulus wie für Timotheus vom AT her klar ist, daß jede Schrift inspiriert ist, würde die adjektivische Verwendung zugleich eine tautologische Aussage ergeben, d. h. dasselbe würde zweimal gesagt: jede gottgehauchte Inspirationsschrift. Wenn aber Paulus und Timotheus das wissen, weil sie beide von Kind auf in diesen Heiligen Schriften unterwiesen worden sind, warum schreibt dann der Apostel darüber? Er erinnert ihn an das,

[28] Zum Selbstzeugnis der Bibel über ihre Inspiration: 2 Mo 20, 1; 2 Sa 23, 2; Jes 8, 20; Mal 4, 4; Mt 1, 22; Lk 24, 44; Jo 1, 23; 5, 39; 10, 34. 35; 14, 26; 16, 13; 119, 36; 20, 6; Apg 1, 16; 7, 38; 13, 34; Rö 1, 2; 3, 2; 4, 23; 9, 17; 15, 4; 1 Ko 2, 4—10; 6, 16; 9, 10; 14, 37; Gal 1, 11—12; 3, 8. 16. 22; 4, 30; 1 Th 1, 5; 2, 3; Hb 1, 1. 2; 3, 7; 9, 8; 10, 15; 2 Pt 1, 21; 3, 16; 1 Jo 4, 6; Offb 22, 19.

was er weiß, weil er das jetzt ganz neu in Herz und Gedächtnis fassen und erwecken muß angesichts der Irrlehrer, die schon da sind und die noch kommen werden, da die heilsame Lehre nicht mehr erträglich und annehmbar — heute sagt man: nicht mehr „zumutbar"! — erscheint, sondern haufenweise neue Lehrer neue Lehren und Schriften ein- und aufbringen (II 4, 3—4).

Daß die Bibel inspiriert ist, bedeutet, daß sie Geist und Buchstabe vereinigt, eben weil Gottes Geist sie hervorgebracht hat durch die Propheten (und Apostel). Jeder in Schrift gefaßte Gottesspruch ist gottgehaucht und darum für die Gemeinde mit Autorität versehen. Die biblischen „Schriftsteller" waren nicht eigenmächtig von ihren Vorstellungen, Wünschen und Lüsten, geschweige denn vom Vater der Lüge inspiriert (wie die Irrlehrer II 2, 26; 3, 13; 4, 4; Jo 8, 44; 2 Ko 11, 13—15), sondern von Gottes Heiligem Geist bewegt (2 Pt 1, 21). Der Wille Gottes, nicht der Wille des Menschen, stand am Anfang jeder Schrift, die heilig genannt ist. Wilckens zu 2 Pt 2, 21: „Die Vorstellung göttlicher Eingebung war in der Antike weitverbreitet und ist im späteren Judentum auch als Erklärung für die göttliche Autorität des AT benutzt worden." Mit solchen Erklärungen (Übernahme von weitverbreiteten Vorstellungen) ist aber das Entscheidende keineswegs erklärt: sowohl innerhalb des AT wie des NT sind wahre und falsche Propheten aufgetreten. Daß der Heilige Geist die Schrift eingegeben hat, ist nur eine formale Erklärung, wenn nicht deutlich wird, daß eben dieser Geist die Schrift als von Gott gekommen an den Menschen bestätigt, die sich ihrem Anspruch, Wort und Autorität Gottes zu sein, unterstellen. Genauso ist auch der Sinnzusammenhang unserer Stelle II 3, 16: Wie kannst du beurteilen, ob mein Evangelium Gottes Wort ist? Messe es an der Wirkung, die es auf mich und dich ausübte, wie es uns die Rettung in Christus brachte durch den Glauben, indem Gottes Wort uns überführte, uns zurechtwies und in der Gnade erzog. Gebrauche so die Heilige Schrift, und du wirst erkennen, wie Gott zu seinem Wort steht. Aber in Wortkämpfe lasse dich nicht ein! Der Heilige Geist, der die Schrift durch den Mund von Propheten gegeben hat, wird eben diese Schrift zur Überführung von Irrlehre und Irrleben gebrauchen.

Die Schrift hat, weil sie geistgegeben ist, „bleibende Geltung und immer neue Wirkung" (Schlatter, 259).

Oft wird gegen die Inspiration der Heiligen Schrift angegangen, indem man unhaltbare Theorien aufgreift und ihre Unmöglichkeit demonstriert. Schon Philo verbreitet die Meinung, daß die menschliche Geistestätigkeit beim Vorgang der Inspiration ausgeschaltet werde zugunsten des göttlichen Geistes im Propheten; so schon bei Plato, doch nirgends im AT, denn das wäre eine dualistisch-mechanistische Vorstellung, typisch für hellenistisches, aber nicht für biblisches Denken, das eine ganzheitlich geschichtliche und damit eine „organische" Anschauung von Gottes Wirken in und mit Menschen hat. Von daher ist es gegeben, das Bekenntnis des Glaubens zur Heiligen Schrift ganzheitlich auszudrücken: Wir glauben, daß Gottes Geist am Wirken war für den ganzen Entstehungsprozeß der Bibel, darin eingeschlossen redaktionelle Verarbeitung von Quellen, Endgestalt der einzelnen Bücher und schließlich auch das geschichtliche Werden des Kanons. Gewiß, die Bibel ist geschichtlich geworden, aber ihre Geschichte ist spezifische Gottesgeschichte mit und durch Menschen. Die Bibel, wirklich von Gottes Geist durch wirkliche Menschen geschrieben und zustande gekommen, gleicht wohl allen anderen geschriebenen Büchern und unterscheidet sich doch so von ihnen, wie Jesus als wahrer Gott und wahrer Mensch allen Menschen wirklich gleicht und doch gleichzeitig sich von ihnen grundlegend unterscheidet als der Eine. Die *eine* Schrift des alten und neuen Bundes kündet den *einen* Mittler für alle Menschen.

1. **Nützlich zur Lehre** (didaskalia, vgl. den Wortgebrauch in der Pädagogik: Didaktik). Steht am Anfang wie Vers 10; vgl. I 5, 20; Tit 1, 9—13; 2, 15. In den Past hat die Lehre wohl einen besonderen Akzent, weil die Irrlehre überhand nimmt, doch steht die Lehre im ganzen NT — und nicht erst in den Past — immer am Anfang, denn sie ist die Grundlage des neuen Lebens. Apg 2, 42: Sie verharrten aber in der *Lehre* der Apostel; vgl. II 3, 14: Du aber verharre ... in der Schrift; Eph 2, 20: aufgebaut auf dem Fundament der Apostel und Propheten, wobei der Messias Jesus sein Eckstein ist.

Was bedeutet „Lehre"? Sie vermittelt Verständnis für den
f) II 1, 13. 14 Zusammenhang göttlichen Handelns und göttlicher Weisung f). Die Schrift ist nicht selbst schon Lehre, aber sie ist *nützlich* zur Lehre. Das eben ist der Dienst am Wort, worin ein Arbeiter sich vor Gott zu erweisen hat, daß er das Wort der Wahrheit richtig austeilt, es im Zusammenhang der göttlichen
g) II 2, 15 Offenbarung auslegt g). Hierin ist die Hauptaufgabe der Theo-

logie als Dienst am Wort zu sehen[29]. Die Lehre allein aber ohne das entsprechende Leben kann nicht im rechten Zusammenhang bleiben. Deshalb genügt Orthodoxie allein nicht, denn die rechte Lehre muß fähig sein, vom Unrecht zu überführen; die Wahrheit muß sich an dem Gewissen dadurch erweisen, daß sie alle Unwahrheit aufdeckt h).

h) 2 Ko 4, 2. 5 1 Ko 14,24.25

2. **Überführung** (elegmos) nur hier im NT; Aufdeckung sowohl der Schuld wie der Wahrheit. Das Verb (elencho) in Tit 1, 9.13 gibt denselben Zusammenhang ausführlicher: „Aufgrund der gesunden Lehre ermahnen und die Widersprechenden überführen." Das kann sowohl für Irrlehrer wie für Gemeindeglieder gelten. Jak 2, 9; Eph 5, 11.13; Mt 18, 15: unter vier Augen zur Rede stellen; I 5, 20: die, welche sündigen, in Gegenwart aller überführen und zurechtweisen; 1 Ko 14, 24: wo Rede aus Eingebung ist, wo der Geist aufgrund einer Weissagung in eine konkrete Lage hinein spricht, da wird ein Mensch von allen (in denen der Geist wirkt) überführt, von allen erforscht, und er fällt auf sein Angesicht nieder und betet Gott an — als Ausdruck des Überführtwordenseins in Beugung vor Gott. Er erkennt und bekennt: so bin ich, sein Wort ist wahr an mir. Vgl. Jo 16, 8—11: der Heilige Geist wird überführen von Sünde, Gerechtigkeit und Gericht. Ps 38, 14—19: das Bekenntnis eines überführten Menschen.

Wer von der Wahrheit seiner Schuld überführt wird, der ist beschämt. Überführen heißt aber nicht, einen Menschen in der Beschämung stehen lassen, sondern ihn zum Bekenntnis, d. h. zum Eingeständnis der Sünde vor Gott zu führen und ihn dann der Vergebung von Gott her zu vergewissern, wie das der Prophet Nathan mit David getan hat i). Das ist das Musterbeispiel für prophetische Überführung aufgrund der Weisung Gottes (oder der Schrift). Über die Reue hinaus zum Bekenntnis führen, das ist schon der erste Schritt zur Wiederherstellung.

i) 2 Sam 12, 1—25; Ps 51

3. **Wiederherstellung** (epanorthosis, nur hier), Zurechtweisung = wieder den rechten Weg weisen, der verlassen worden ist, den Sünder z u r ü c k f ü h r e n. Wer viele zum Leben in Gerechtigkeit zurückführt, der ist weise, er rettet Menschen vom Tode k). Der Reuige soll wieder aufgerichtet werden. Er wurde auf dem falschen Weg gestoppt, von seinem verfehlten Treiben überführt (2.). Jetzt soll er auf den rechten Weg zu-

k) Dan 12, 3; Jak 5, 13—20

[29] Zu Lehre und Belehrung bedarf es der Erneuerung des Denkens: Rö 12, 2; 1 Ko 9, 9. 13; Gal 3, 6; 4, 22; Apg 17, 2; 8, 35; das eine Musterbeispiel für die Anwendung der Bibel zur Belehrung, die zum Heil führt, ist das Gespräch des Philippus mit dem Schatzmeister aus Äthiopien: Apg 8, 26—40.

l) vgl. Ps 1; 139, 1. 23. 24

rückgeführt werden (3.) l). Wiederherstellung ist ein Tun des Erbarmens, während Überführung mit Entschiedenheit, ja Strenge geschehen kann, wobei Strenge nie dasselbe ist wie Härte. Man denke an die Anklagerede des Stephanus, dessen Angesicht dabei leuchtete wie das eines Engels und der für diejenigen im Gebet eintrat, die ihn steinigten und die er zu überführen versucht hatte. Ihr Knirschen mit den Zähnen zeigt ihre Verschlossenheit, sein Angesicht und vergebendes Bitten offenbart seine Offenheit m). Diese Rede zeigt übrigens den Ernst der Lage, auch für die Past. Auch und gerade dem Zeugen, durch den der Heilige Geist auf Grund der Schrift die Herzen und Gewissen überführt, kann und wird Verfolgung und Widerstand bis zum Martyrium entgegengebracht werden, wenn sich die Menschen verhärten.

m) Apg 6, 10. 15; 7, 51—60

Das Musterbeispiel wunderbarer Wiederherstellung nach dem Fall und den Tränen der Beugung ist das Gespräch des Herrn mit seinem Jünger, der ihn dreimal verleugnet hat n).

n) Jo 21, 15—19

4. **Erziehung in der Gerechtigkeit** (paideia; Pädagogik!), eigentlich mit dem heute oft gebrauchten Wort ‚Training‘ gut zu übersetzen; ebenso aus der Sportswelt: in Kondition bringen. Vgl. II 2, 22; Tit 2, 11—14: Gottes Gnade erzieht! Nicht strenger Rigorismus wird vor alten Wegen und Abwegen bewahren, sondern geduldiges Anleiten wird die Füße befestigen auf dem neuen Weg. Paideia meint die Formung des Menschen im äußeren wie im inneren Leben; auf die Vervollkommnung hin trainieren, aber nicht unter dem Gesetz, sondern unter Gnade o).

o) Mt 5, 48; Rö 6, 14: Phil 3, 12—17

Eph 6, 4: Die Kinder erziehen in der Zucht und Ermahnung des Herrn. Um beim Wort „Erziehung“ ein bloß philosophisch-pädagogisches Bemühen und Verständnis abzuwehren, steht hier: Erziehung i n d e r G e r e c h t i g k e i t : Gestaltwerdung, Menschwerdung des Menschen ja, aber zum Menschen Gottes (17), dessen Menschsein in Gottes Gerechtigkeit, in Gottes Gerechtsprechung und Gottes Gerechtmachung wurzelt. I 6, 11: Du aber, o Mensch Gottes. . . jage der Gerechtigkeit nach.

17 **Damit der Mensch Gottes voll zubereitet sei und zu jedem guten Werk völlig ausgerüstet.** D a s W o r t G o t t e s erweist seine inspirierte Vollmacht und Nützlichkeit darin, daß es den M e n s c h e n G o t t e s hervorbringt. Der Mensch Gottes ist im besonderen der Lehrer der Wahrheit p). Mann Gottes ist schon im AT vor allem der Titel für den Propheten, den Mann, der Gottes Aussprüche sagt. Aber alle Gläubi-

p) I 6, 11!

gen sollen zur vollen Reife des Mannesalters in Christus heranwachsen q). Der vielfache Gebrauch der Heiligen Schrift zielt auf die geistliche Reife in Christus. Wilckens übersetzt: „So soll der Gott-Mensch in uns voll ausgebildet werden." Christus soll in uns Gestalt gewinnen r).

q) Eph 4, 12. 13

r) Gal 4, 19

Das Ziel ist nicht einfach menschliche oder christliche Vollkommenheit, die man bewundern kann, nicht der fromme Selbstzweck, was nur eine Zerrform der Selbstsucht (3, 2) wäre, sondern das Handeln der Liebe aus Liebe. Vgl. Kol 1, 28—29: „Ihn **verkündigen** wir, indem wir jeden ohne Unterschied **zurechtweisen** und jeden ohne Unterschied in aller Weisheit **unterrichten,** um jeden einzelnen geistlich reif **darzustellen** in der Lebensgemeinschaft mit Christus" (A).

Zubereitet (artios); vollständig. Englisch: efficient. W.: „So daß er in jeder Hinsicht fähig wird, Gutes zu tun."

Zu jedem guten Werk. Siehe II 2, 21: der innere Zusammenhang ist klar. Wie kann Timotheus sich reinigen, so daß er für den Hausherrn brauchbar wird? Der Abschnitt 3, 10—17 zeigt es ihm deutlich. Vgl. I 5, 10; Tit 3, 1.

Ausgerüstet (exartizo); betont und unterstreicht den gleichen Gedanken. Ein Schiff wird ausgerüstet mit allem Nötigen und zur Abfahrt vorbereitet; wie Tit 2, 11—14 für das ganze Volk Gottes ausgesagt. „Nicht tote Erinnerung an einmal Gelerntes, sondern ein Aushalten in der Schule Gottes, ein Stehen in der Wirkung des Geistes, die in jeder Schriftstelle Gegenwart und Wirklichkeit wird" (Brandt, 140). Das macht den Mann Gottes aus.

Man darf dieses Endziel des Mannes Gottes in keinem Fall oberflächlich und farblos verstehen, als ein billiges und schwächliches Nett- und Nützlichsein gegenüber allen Menschen. Der nachfolgende Abschnitt öffnet mit letztem Ernst die Tiefe und Tragweite des Dienstes, den Timotheus vollbringen soll (II 4, 5).

Ja, der Bezug auf die Bedeutung der Heiligen Schrift weist für sich schon auf den ernsten Hintergrund kommender und vielleicht schon einsetzender Verfolgung hin: Diokletian wird die Christen verfolgen lassen, weil die Kirche die Einheit des Reiches zerstöre. In den Heiligen Schriften erkennt er eine Hauptstütze des Christentums. Darum verlangt er die Auslieferung aller Heiligen Bücher und läßt sie öffentlich verbrennen. Dieser Erlaß wurde später verschärft. Häuser, in denen versteckt gehaltene Heilige Schriften entdeckt wurden, hat man zerstört. Die Zahl der Bibeln ist um jene Zeit bereits groß. Auch von den Gegnern werden sie gelesen. Der Diakon Euplos von Catania auf Sizilien wird beim Lesen der Evangelien überrascht. Mit seinen kostbaren Schriften muß er vor den Richter. Der läßt ihn die Evangelien um den Hals hängen (wie ein Amulett zum Hohn) und ihn so enthaupten[30].

So ist der Hinweis auf die Heiligen Schriften nicht ein Zeichen der Verfestigung und Verhärtung des ursprünglich pneumatischen Glaubens, sondern vielmehr erneuter Hinweis auf Verfolgung und Martyrium um des willen, den die Schriften offenbaren.

c) In Treue den Dienst vollbringen 4, 1—5

1 Inständig mahne ich dich vor Gott und dem Messias Jesus,
der die Lebendigen und die Toten richten wird, so gewiß
2 er erscheinen und das Reich aufrichten wird: * Verkünde
das Wort, tritt dafür ein zu gelegener und ungelegener Zeit,
überführe, weise zurecht, mahne mit aller Langmut und Be-
3 lehrung! * Denn es wird eine Zeit kommen, da sie die heil-
same Lehre nicht ertragen werden, sondern sie werden sich
nach ihrem eigenen Belieben viele Lehrer zusammensuchen,
4 um sich von ihnen die Ohren kitzeln zu lassen. * Doch von
der Wahrheit werden sie die Ohren abwenden, um sich den
5 Fabeln zuzuwenden. * Du aber sei nüchtern in allem, er-
leide, was dir an Bösem widerfährt, tue das Werk eines
Evangelisten, vollbringe deinen Dienst.

Die letzte Mahnung des Apostels steht ganz unter dem Ernst seiner eigenen, wirklich letzten Zeit und unter dem Eindruck dessen, was er über „die letzten Tage" geschrieben hat. Der Mensch Gottes, zur Gerechtigkeit erzogen, soll vor dem Richter aller unbeschämt stehen können. Dies wird dann möglich sein, wenn Timotheus ohne Nachlassen, ohne Leidensscheu
a) vgl. II 3, 17; 2, 15; 4, 5 — seinen Auftrag der Verkündigung ausführt und vollendet a).

Noch einmal stellt er ihn vor das göttliche Angesicht, weg
1 von allen Urteilen der Menschen. Du stehst vor Gott und dem
Messias, dem Richter aller, ihm bist du Rechenschaft schuldig.
b) I 4, 12! — Was Menschen über dich sagen b), ist am Jüngsten Tage ohne
Bedeutung, darum sollst du auch jetzt schon frei davon sein,
c) 1 Ko 4, 1—5; 9, 19; II 4, 5 — um deinen Auftrag frei ausrichten zu können c), auch wenn es

[30] Zitiert bei I. Leipoldt, Heilige Schriften, S. 194.

dich Leiden und Verfolgung kostet. „Sie aber werden dem Rechenschaft geben müssen, der bereit ist zu richten die Lebendigen und die Toten“ d). Wahrscheinlich liegt hier eine schon geprägte Formel vor, die in einem Taufbekenntnis ihren Platz hatte. Gerade diese Worte aber hat Paulus gewählt, weil er in diesem letzten Brief sich selbst und seinen Mitarbeiter in heiliger Dringlichkeit vor den gestellt sieht, der zwischen Tod und Leben die Entscheidung gebracht hat und bringen wird e).

d) 1 Pt 4, 5

e) vgl. II 1, 10 mit II 4, 1

Im Unterschied zu I 5, 21 fehlt in diesem sonst gleichlautenden Mahnwort der Bezug auf die „auserwählten Engel“. Paulus verwendet diese Formel nicht formelhaft. Jetzt steht der Richter vor Augen[1]. Jesus als Messias ist der Richter, den Gott dazu bestimmt, den gesamten Erdkreis zu richten in Gerechtigkeit — das gehört für Paulus zum integralen Bestand des Evangeliums und seiner Verkündigung[2].

So gewiß er erscheinen und das Reich aufrichten wird. Wörtlich „bei seiner Erscheinung“ (wie I 6, 14; Tit 2, 13) „und bei seinem Reich“: Paulus denkt ganz persönlich an die Nähe dieses Reiches (Vers 18, vgl. 2 Th 1, 5). Sieht man „Erscheinung“ und „Reich“ als weitere Teile der Formel an, so muß man es so verstehen: Seine zukünftige Wiederkehr zum Gericht wie seine zukünftige Verwirklichung der Königsherrschaft Gottes wirkt jetzt schon als lebendige Hoffnung in die Gegenwart herein, darum ist sie jetzt schon Grund der Gewißheit und Bekräftigung der an Timotheus ergehenden Mahnung. In der gewissen Erwartung der Wiederkunft, des Gerichtes und der Herrschaft des Messias braucht Timotheus an seinem Dienst nicht zu verzagen und vor den Widerspenstigen nicht zurückzuweichen, vielmehr soll er „angreifen“ im Geist der Kraft, der Liebe und der Zucht.

Verkündige das Wort, tritt dafür ein zu gelegener und ungelegener Zeit, überführe, weise zurecht, ermahne mit aller Langmut und Belehrung. 2

Verkünde. Eigentlich „als Herold ausrufen“, der zentrale Auftrag bei Paulus. Hier ein kurzer Imperativ. Eine letzte

[1] Vgl. die Abwandlung der Formel in I 6, 13—16.

[2] Apg 17, 31; 10, 41; 1 Ko 4, 5; 15, 23. 24; Rö 2, 16; 14, 9; Offb 20, 11; die Irrlehren, welche die Auferstehung leugnen, behaupten damit auch, daß es kein Gericht mehr geben werde. Dies mag ein nicht unwesentlicher Beweggrund sein für ein ausschweifendes Leben, wie es in II 3, 1—5 geschildert wird.

Order wird erteilt, auf das Dringlichste und Notwendigste beschränkt[3].

Das Wort. Das Wort Gottes, das nicht gefesselt ist, aber auch nicht in seiner Wirkung gehemmt werden darf durch Untreue und Ungerechtigkeit. Es muß laufen, es muß gesagt und gehört werden können. Nichts ist dringlicher als das, II 2, 9.

Tritt dafür ein (epistethi). Zur Hand sein; bereit sein ist alles; sei ganz da, ganz gegenwärtig, ganz wach; ergreife jede Gelegenheit, ob sie günstig erscheint oder nicht. Freilich gilt auch bei all dieser Dringlichkeit: Gebt nicht das Heilige den Hunden preis (Mt 7, 6).

Zu gelegener und ungelegener Zeit (eukairos akairos). Keine Umstände sollen dich hindern oder beeinflussen. Opportune — importune (lat), so übersetzt die Vulgata; vergleiche ein eher gebräuchliches Beispiel: nolens — volens (wohl oder übel). Der Kairos soll erkannt und ergriffen, ausgekauft und ausgenützt werden, nicht im Sinne des Schlagworts „Zeit ist Geld", sondern Zeit ist Heil, ist Heilszeit zur Entscheidung. Der Tag des Heils ist höchstes und letztes Angebot vor dem Tag des Gerichts, das hereinbricht (Eph 5, 16). Die Mahnung könnte auch ganz persönlich gemeint sein: Verkünde, auch wenn es dir selber nicht darum gelegen ist. Häufigkeit und Dringlichkeit der Mahnung an Timotheus fällt auf. War er in einer bedrängenden Krise? Ist die Christenheit nicht auch heute in Gefahr, die e i n e grundlegende H a n d l u n g der Verkündigung zu vernachlässigen? Die rechte Verkündigung ist eine Tat! Sie gibt allem Tun und Lassen, allen guten Werken erst ihre Motivation (Beweggrund) und Zielsetzung, damit es ein Handeln aus dem empfangenen Heil zur Ehre Gottes wird. Nicht über Predigt-Not und leere Kirchen klagen, sondern klar und vollmächtig die Botschaft ausrichten! Nicht in immer neue Aktionsprogramme ausweichen, sondern das Wort Gottes verkünden. Nicht Wortstreit und theologische Diskussionen führen, sondern das Evangelium bezeugen. Im Wort bleiben und aus dem Wort die frohe Botschaft weitergeben, das ist das erste, das zwar zweites und drittes nicht ausschließt und ersetzt, aber ohne das alles andere keinen Grund unter den

[3] *kerygma* (Verkündigung, Heroldsbotschaft): Rö 16, 25; 1 Ko 1, 21; 2, 4; 15, 14; II 4, 17; Tit 1, 3; *kerysso* (verkünden): Rö 2, 21; 10, 8; 14, 15; 1 Ko 1, 23; 9, 27; 15, 11. 12; 2 Ko 1, 19; 4, 5; 11, 4; Gal 2, 2; 5, 11; Phil 1, 15; Kol 1, 23; 1 Th 2, 9; I 3, 16; II 4, 2; ausrufen: Rö 10, 14. 15; Paulus ist ein Herold: I 2, 7; II 1, 11. Ursprünglicher Sinn: Eine Sache von Bedeutung in allerhöchstem Auftrag öffentlich bekanntgeben: Mt 10, 27: 12. 41: Lk 11. 32.

Füßen hat. Chrysostomus gibt folgenden Kommentar zu dieser Stelle: „Die Quelle sprudelt immer, auch wenn niemand kommt zum Trinken, so auch das Wort Gottes!" — So auch sollte der Diener des Wortes sprudeln. Die Dringlichkeit der Botschaft wird nicht verständlich, wenn man in ihr nur moralische Belehrung, nur Kommentare zum Weltgeschehen, nur Auslegung eines Bibelverses sieht. Verkündigen heißt: Christus den Gekreuzigten vor Augen malen, heißt Christus in Erweisung des Geistes und der Kraft darbringen, ausrufen, vor Herz und Gewissen der Zuhörer stellen, damit sie sich zu ihm wenden und seinen Namen anrufen. „Die Heilskette" hat fünf Glieder und nicht nur vier: senden, verkünden, hören, glauben, anrufen! (Rö 10, 14—15.) Es darf nicht beim Glauben von gehörten Sätzen bleiben, sondern soll zum Anrufen des Erlösers kommen.

Überführe (elencho). Wie II 3, 16! I 5, 20; Tit 1, 9.13; 2, 15. Die Widersprechenden überführen; die Sünde ans Licht bringen; einen Fehler aufdecken. Die Verkündigung, wenn sie prophetisch ist, wird konkret aufdecken: Du bist der Mann!

Weise zurecht (epitimao). Strafen, schelten; 2 Ko 2, 6! Vgl. Lk 17, 3. Wenn dein Bruder sündigt, so weise ihn zurecht, und wenn es ihn reut, so vergib ihm: Mt 18, 15; Lk 23, 40; Ju 9. Wie Paulus gegenüber dem Unzüchtigen in Korinth: 1 Ko 5, 1—8.13; 2 Ko 3, 5—11. Wie Nathan gegenüber David: 2 Sa 13, 1—5.

Ermahne (parakaleo). Hat einen mehrfachen Sinn: ursprünglich herbeirufen, zu Hilfe rufen; dann bitten, auffordern, zureden, einladen, trösten; hier wohl vor allem: Ermahnen (mit Ernst) und ermuntern (mit Güte); wie 1 Th 2, 7—12; wie II 4, 8; I 2, 1; 5, 1; 6, 2. Paulus sagt zu den Ältesten in Ephesus: „Wachet, dessen eingedenk, daß ich drei Jahre lang Tag und Nacht nicht aufgehört habe, jeden einzelnen unter Tränen zu ermahnen" (Apg 20, 31). Zur allgemein-öffentlichen Verkündigung gehört also die persönliche Seelsorge (überführen, zurechtweisen, ermahnen) unter vier Augen oder in kleinem Kreise hinzu.

Mit aller Langmut. Wie Kol 1, 11; siehe II 2, 24! Er soll wirklich überführen und ermahnen, aber nicht in Härte, sondern liebreich mit Sanftmut, so wie Paulus ermahnt hat unter Tränen, so eindringlich, unnachgiebig, das Beste des andern im Auge haltend. II 3, 10; I 1, 16; 1 Ko 13, 7: Die Liebe, die alles erträgt, vgl. 2 Ko 6, 1—10.

Und Belehrung. In allem ist die Belehrung grundlegend. Wer ermahnen will, ohne Belehrung zu geben, der läßt die Wurzel des Irrtums unberührt. Die Belehrung aber ist noch nicht genug, „Training" im Glauben kommt hinzu (II 3, 16). Die notwendige und beharrliche Korrektur, die veränderte Kursrichtung muß aufgrund ständiger Belehrung eingeübt werden. Man kann Langmut und Belehrung miteinander verbinden zu „beharrlicher Belehrung"; so übersetzt W: „Überführe die Leute, rede ihnen ins Gewissen und mahne sie in unendlich geduldiger Belehrung." Da unter den Verkündigern die gegenseitige brüderliche Ermahnung oft fehlt, verfallen viele der Routine oder der Resignation. Die Predigtnot ist eine Predigernot; dasselbe gilt für Missionare und alle Diener in den Kirchen. Darum ist die Mahnung des Paulus an Timotheus heute so aktuell wie damals: Habe acht
f) I 4, 16! auf dich selbst, auf die Lehre, jage der Gerechtigkeit nach
II 2, 22 mit allen, die den Herrn anrufen, aus reinem Herzen f).

3 + 4 **Denn es wird eine Zeit kommen, da sie die heilsame Lehre
g) wie 1 Ko 4, 12; 2 Ko 11, 1. 4. 19. 20; Apg 18, 14; Eph 4, 2; 2 Th 1, 4; Hbr 13, 22 nicht ertragen werden g), sondern sie werden sich nach ihrem eigenen Belieben viele Lehrer zusammensuchen, um sich von ihnen die Ohren kitzeln zu lassen, doch von der Wahrheit werden sie die Ohren abwenden und sich den Fabeln zuwenden.**

Warum ertragen sie die Lehre nicht, wenn sie doch heilsam ist? Die Lehre bestätigt nicht, was sie schon wissen und sind. Gottes Wort stellt sie in Frage.

Der dem Wort gehorsame Diener überführt, weist zurecht, ermahnt. Diesen prophetischen Dienst wollen sie nicht, denn
h) II 3, 5 er ist ihnen zu unangenehm[4]. Man will Religion haben h), man will religiös betreut werden, aber man will nicht aufgerufen werden zur Umkehr, zur Gerechtigkeit und zum praktischen Tun aus der Liebe. Schon die Propheten des AT wußten von der Konsumenteneinstellung ihrer Zuhörer ein Lied zu singen: „Über dich, Menschensohn, besprechen sich die Kinder deines Volkes an den Mauern und unter den Türen der Häuser, und es sagt einer zum andern: ‚Kommt doch und hört, was für ein Wort von dem Herrn ausgeht.' Und dann kommen sie zu dir, wie eben Volk zusammenläuft, setzen sich vor dich hin und hören deinen Worten zu, aber sie tun nicht danach, denn Lügen sind in ihrem Munde, und ihr Herz ist hinter dem Gewinn her. Und wahrlich, du bist ihnen wie ein

[4] Ein Beispiel aus der „Verkündigungspraxis" des Paulus, als er ein Gefangener war: Vgl. Apg 24, 24—27; 26, 27—29.

Sänger der Liebe mit schöner Stimme und Geschick im Saitenspiel. Sie hören wohl deine Worte, aber sie tun nicht danach" i). Das Gehörte dringt nicht ins Herz, es soll nur den Ohren schmeicheln, ein wollüstiger Reiz nach neuen Theorien beherrscht sie. Sie wollen Pikantes essen und hören. Gaumenkitzel ist mit Ohrenkitzel nah verwandt. Die Neu-gier im Sinnlichen ist enger verbunden mit der Neu-gier nach (religiösem und anderem) Wissen, als man allgemein meint k). Aus dem Aufhorchen auf das Wort entsteht Glaube l), darum ist die Verkündigung des Evangeliums durch nichts zu ersetzen. So höre nicht auf zu verkündigen, auch wenn sie weglaufen und sich hohlen Reden und gescheiten Spekulationen zuwenden.

i) Hes 34, 30—33; Jes 30, 10; Jer 5, 31

k) Apg 17, 21

l) Rö 10, 17; 11, 26; Apg 3, 26

Du aber sei nüchtern in allem, erleide, was dir an Bösem 5
widerfährt, tue das Werk eines Evangelisten, vollbringe deinen Dienst. Wir lesen hier zum letzten Mal „du aber" (I 6, 11; II 3, 10.14).

Sei nüchtern in allem. Wie 1 Th 5, 6—11. Es ist die Nüchternheit des aus dem Schlaf und der Trunkenheit Erwachten, der sich ins Licht gestellt sieht und auf den kommenden Herrn wartet. Sei vollständig wach und geistesgegenwärtig. Laß dich nicht von ausschweifenden Spekulationen im Denken und von Leidenschaften im Leben fortreißen. Ebenfalls: Rö 12, 3. Nüchtern und besonnen sein in der Beurteilung des Glaubens, der Gaben, des Auftrages und der Widerstände. Behalte ein klares Urteil. Laß dich zu keinem Gefühlsrausch hinreißen, der dir das Urteilsvermögen vernebelt. Laß dir nichts vormachen, wir stehen in ernster Zeit.

Erleide das Böse. Erdulde mit Standhaftigkeit, was auf dich zukommt an Leiden und Verfolgung, als Diener des Wortes, wie II 2, 3.

Tue das Werk eines Evangelisten. Apg 21, 8 für Philippus gebraucht, um ihn vom Apostel zu unterscheiden. Paulus hatte Evangelisten als Mitarbeiter teils neben sich, teils selbständig. Sie haben später die missionarische und übergemeindliche Arbeit weitergeführt. In Eph 4, 11 steht der Evangelist in der Mitte zwischen Aposteln, Propheten und Hirten-Lehrern. — Der Ausdruck, wie ihn Paulus hier verwendet, spricht deutlich für seine Urheberschaft, für die Zeitumstände, welche der Brief voraussetzt. Es hätte darum wenig Sinn zu fragen: Ist Timotheus Hirte oder Lehrer oder Evangelist oder Prophet? Die Gnadengabe des Wortes kann in ihm zu verschiedenen Zeiten das zum Zuge kommen lassen, was jetzt gerade nottut[5]. Der wahre Evangelist wird arbeiten, dienen, leiden; nicht wie die Irrlehrer, die das Leiden vermeiden, die Einfluß gewinnen und herrschen wollen.

Vollbringe (plero-phoreo) **deinen Dienst** (diakonia). Zustande bringen, zur Ganzheit und zur Vollendung gebracht werden; passivisch in Rö 4, 21; 14, 5; Kol 4, 12. Das gleiche Wort verwendet Paulus für sich selbst (II 4, 17). Die Anspielung auf die Bereitschaft zum Martyrium scheint unüberhörbar.

Evangelisten sind diakonisch tätig! Diakone sind Evangelisten (Apg 12, 25), sie sind Diener des Wortes: Diakone am Evangelium; vgl. Kol 4, 17: Und sage dem Archippus: „Sieh auf den Dienst, den du im Herrn empfangen hast, damit du ihn erfüllst!" Eben das sagt Paulus jetzt seinem Mitarbeiter im Dienst am Evangelium direkt, darum hat er ihm auch so ausführlich geschrieben: Du hast den Dienst im Herrn empfangen, bringe ihn in der Gnade des Herrn zur Vollendung.

C. DER APOSTEL IST AM ZIEL

2. Timotheus 4, 6—18

1. Sein Lauf ist vollendet

2. Timotheus 4, 6—8

6 **Denn ich meinerseits werde nun als Trankopfer ausgegos-**
7 **sen, und die Zeit meines Abscheidens ist da. * Den guten**
Kampf habe ich gekämpft, den Lauf vollendet, den Glauben
8 **bewahrt. * Nun liegt für mich bereit der Siegeskranz der**
Gerechtigkeit, den der Herr, der gerechte Richter, mir an jenem Tage verleihen wird, doch nicht allein mir, sondern ebenso allen, die sein Erscheinen in Liebe erwarten.

Den letzten, beschwörenden Worten an Timotheus (4, 1—2.5) folgen eng verbunden die letzten Worte des Apostels über sich selbst: Ein zusammenfassendes Vermächtnis, sein abschließen-

[5] Der Sammelbegriff „Evangelist" ist noch unbestimmt und kann mehrere Dienste bezeichnen, genauso wie das in den Past für Episkopos und Presbyter der Fall ist.

des Bekenntnis, um damit seinen engsten Mitarbeiter zu stärken. Du, Timotheus, du hast noch eine Frist vor dir, kurz oder lang, nütze sie aus bis zum äußersten, vollende deinen Dienst (V. 5). Ich jedoch, ich bin ans Ziel gekommen, meine Zeit ist „nun" erfüllt (V. 6). Vollbringe du deinen Dienst, ich selber habe den Lauf vollendet.

Wenn man die kurzen Sätze mit den Abschiedsreden des Herrn vergleicht, erkennt man das Gemeinsame: Gefaßte, ja freudige Bereitschaft zum letzten Schritt, Gewißheit des Sieges und der Nähe der ewigen Herrlichkeit, Trost für die Jünger, ihnen das „Letzte" anvertrauend: Liebet einander so, wie ich euch geliebt habe a); Paulus: Liebet sein Erscheinen (V. 8). a) Jo 14, 17

6
Denn ich meinerseits werde nun als Trankopfer ausgegossen. So versuchen wir die betonte Stellung des „ich" im Gegensatz zum „du" von V. 5 zu übersetzen; ausgegossen: genau wie Phil 2, 17 (spendomai), dort noch zukünftig, doch hier hat das Geschehen schon begonnen, das zum Märtyrertod führen wird, das Urteil ist gesprochen. Wir wählen die buchstäbliche Übersetzung, um die Zusammenhänge zu Phil 2, 17 und zum atl Trankopfer deutlich zu machen. Paulus denkt in Vorstellungen, die ihm schon von Jugend auf vertraut sind. Das Trankopfer, bestehend aus starkem Wein, war nicht das eigentliche Opfer; es wurde vielmehr über das zu opfernde Tier ausgegossen b). So verstand Paulus sein eigenes Sterben als ausgegossene Opfergabe über dem Opfer der Gemeinde c) und ausgegossen im wahrsten Sinn über dem Ganzopfer des Messias Jesus d). Bedenkt man diese Zusammenhänge, so wird deutlich, daß Paulus die tiefste Auffassung seines Dienstes als Opfergabe nicht aufgegeben oder geändert, sondern bis zum letzten Zeugnis, das wir von ihm haben, nur vertieft, und — was am meisten zählt — zuletzt durch sein Sterben bestätigt hat.

b) 4 Mo 15, 1—10; 28, 7; 2 Mo 30, 9
c) Phil 2, 17
d) Rö 8, 32 u. 36! 12, 1; 15, 16!

Die Zeit (kairos) **meines Abscheidens ist da** (analysis). Ursprüngliche Bedeutung: das Lösen eines Schiffes vom Land; ein Trankopfer wurde vor der Abfahrt ins Meer gegossen; Apg 27, 12—13; auch das Lösen der Zeltpflöcke durch einen Soldaten, der im Aufbruch ist. Das Wort wird auch gebraucht, um damit den Tod, die Auflösung zu beschreiben. Paulus verwendet das Verb in Phil 1, 23 (abscheiden) im gleichen Sinn wie hier. Dadurch ist der Zusammenhang zum Trankopfer noch deutlicher unterstrichen. Dort spricht er von der Lust, abzuscheiden, hier vom Liebhaben seiner Erscheinung. Er wird „ihn bei seiner Wiederkunft in Liebe empfangen" (W).

e) Rö 14, 8 vgl. II 2, 11

Wer dem Herrn lebt, wird auch dem Herrn sterben e)[6]. Die Aussage ist direkt und doch verhüllt, klar und doch verhalten, nüchtern und doch mit tiefer Ergriffenheit gefüllt. Sokrates ist in Heiterkeit gestorben und hat dabei seine Freunde noch getröstet; er ordnete an, daß man den Göttern ein Opfer spende nach seinem Tode. Paulus weiß sich selber als Trankopfer ausgegossen über dem ein für allemal geschehenen Opfer des Leibes seines Herrn. Nicht der Abschluß des Lebens, nicht das Gesammeltsein vor dem Sterben ist für ihn entscheidend, sondern die Erwartung, daß er jetzt erkennen wird „von Angesicht zu Angesicht" — ohne Schatten und ohne Rätsel, ganz erkennen, wie er ganz erkannt worden ist — in der Liebe f) —, das Stückwerk ist vorbei, die Fülle holt ihn ein: verschlungen ist der Tod im Sieg. Gott aber sei Dank, der uns den Sieg gibt durch unsern Herrn Jesus Christus g).

f) 1 Ko 13, 12 g) 1 Ko 15, 54—57

h) vgl. 2 Ko 10, 3—6; Jo 18, 36 i) 1 Th 2, 2

7 **Den guten Kampf** h) **habe ich gekämpft.** Wozu er Timotheus aufrief (I 6, 12), das hat er selbst getan und jetzt bis zum sieghaften Ende durchgehalten. Er hat „das Evangelium Gottes verkündet unter viel Kampf" i), jetzt ist der Kampf vorbei, das Leben ist ausgekämpft, der gute Kampf fand ein gutes Ende. Er hat gekämpft gegen die finsteren Mächte der Bosheit, gegen Satan, gegen jüdische, christliche, heidnische Laster, Heuchelei, Gewalttat, gegen Streit und Unmoral in Korinth, gegen Fanatiker und Verwahrloste in Thessalonich, gegen jüdisch-hellenistische Gnostiker in Ephesus und Kolossä und nicht zuletzt — in der Kraft des Heiligen Geistes — gegen den alten Menschen in sich selbst k), gegen Anfechtungen von außen und Ängste von innen l); vor allem und in allem aber hat er gekämpft f ü r das Evangelium, das war der eine große Kampf seines Lebens, sein guter Kampf m).

k) Rö 7; 8, 2. 13; 1 Ko 9, 26—27; 2 Ko 12, 7; 1, 8—10 l) 2 Ko 7, 5 m) Kol 2, 1; Phil 1, 30 n) 2 Ko 12, 23—29

Den Lauf vollendet. Das Bild des Wettläufers, der sein Ziel erreicht hat, auf den der Siegeskranz wartet. Von den unzähligen Hindernissen, die er wohl kennt und aufzählen kann n), ist jetzt nicht zu reden, sondern vom Abschluß des Laufes, vom Durchhalten bis zum Ziel. Nichts konnte seinen Lauf aufhalten, durch nichts wurde er sinnlos abgebrochen, auch jetzt werden nicht weltliche Mächte sein Leben eigenmächtig zer-

[6] Für Paulus bedeutet Sterben Gewinn, weil er bei Christus sein wird (Phil 1, 21. 23); bei Christus sein aber heißt: daheim sein (2 Ko 5, 8); vgl. Jo 14, 2: Im Hause des Vaters sein, wo die vielen Wohnungen sind, die der Herr bereitet hat; Lk 23, 43: im Paradiese sein mit ihm. 1 Th 4, 14: In Christus entschlafen und in ihm erwachen, vgl. Apg 7, 59. 60.

stören, er ist „Gefangener des Herrn“[7]. Was er den Ältesten von Ephesus beim Abschied zugerufen hat, ist jetzt in Erfüllung gegangen: „Es geht mir nicht um den Wert meines Lebens für mich selbst, sondern darum, daß ich meinen Lauf um den Dienst vollenden kann, den ich vom Herrn Jesus empfangen habe: Das Evangelium von der Gnade Gottes zu bezeugen“ o). Du, Timotheus, bringe deinen Dienst zur Erfüllung, wie ich meinen Auftrag jetzt erfüllt habe. Ein Leben ist dann erfüllt, wenn der Auftrag erkannt und verwirklicht worden ist und dadurch Gott verherrlicht wird[8].

o) Apg 20, 24 Gal 2, 2; 5. 7; Phil 2, 16; 1 Ko 9, 22—2; 10, 31

Den Glauben bewahrt p). Soll man hier mit dem zum festen Sprachgebrauch gewordenen Satz „ich habe Treue gehalten“ übersetzen? Gewiß, „die Treue bis zum Tode“ ist hiermit gemeint; die Beziehung zu 2, 11—13 bewußt; auch die Treue des Haushalters, von dem Rechenschaft gefordert wird im Gericht q); die Bewährung des Mitarbeiters und seine Geduld in der mühsamen Arbeit bis zum Ende, da die Früchte reif sind r). Alles ist mit inbegriffen, aber vor allem und in allem gilt dieses eine: „Hier geht es um das standhafte Ausharren der Heiligen, welche die Aufträge Gottes und den Jesusglauben treu bewahren“ s). „Ich habe den Glauben bewahrt“, das ist Alpha und Omega, Ursprung und Ziel dessen, der in der ersten Gefangenschaft bekannt hat: Christus ist mein Leben und Sterben mein Gewinn. Glauben dürfen bis ans Ende, im Glauben an Jesus gehalten sein, diesen Glauben ständig erneuert und vertieft empfangen, das ist die größte Gnade, unverdientes Geschenk, Lobpreis der Treue Gottes.

p) I 5, 22! 2 Ko 11, 9; Eph 4, 3

q) 1 Ko 4, 1—5

r) II 4, 5; 2, 6. 15

s) Offb 14, 12

Der Soldat, der Wettkämpfer, der Haushalter (Bauer) — alle drei Bilder, die Paulus dem Timotheus zur Ermunterung zugerufen hat, alle drei endzeitlich ausgerichtet t), sind in Paulus zur Erfüllung gekommen. Nicht von Selbstruhm sind diese Aussagen bestimmt, sondern von Dank und Anbetung gegenüber dem, der ihn stark gemacht hat im Kampf, der ihn zur Vollendung geführt, der ihm den Glauben geschenkt und ihn bewahrt hat.

t) II 3 II 2, 3—6

[7] S. II 1, 8; vgl. Ps 22, 1—22: Alles, was *Menschen* antun können, faßt der Beter in das Bekenntnis: „In den Staub des Todes legst du (Gott) mich.“

[8] vgl. dazu Jesus im hohenpriesterlichen Gebet: „Ich habe dich verherrlicht auf Erden, indem ich das Werk vollendet habe, das du mir übertragen hast, damit ich es ausführe“ (Jo 17, 4). Vgl. auch Paulus in Phil 1, 20!

8 **Nun[9] liegt für mich bereit der Siegeskranz der Gerechtigkeit, den der Herr, der gerechte Richter, mir an jenem Tag verleihen wird, doch nicht mir allein, sondern ebenso allen, die sein Erscheinen in Liebe erwarten.** Paulus bekennt für sich persönlich, was er allen Gemeinden verkündigt hat: die endzeitliche Gewißheit des Glaubens, die nicht auf dem beruht, was man sich erarbeitet hat, sondern auf Gottes treuem Bewahren und unverdientem Belohnen: Die Erfüllung der Hoffnung liegt für euch jetzt schon (!) bereit in den Himmeln u). Darum freut euch (jetzt schon) darüber, daß eure Namen in den Himmeln eingetragen sind, und nicht so sehr darüber, daß euch die Dämonen untertan sind v). Hier nun bricht die Freude des Paulus durch! Der Kampfpreis liegt bereit. Diesem Ziel ist er nachgejagt w). Sollte er eigensüchtig nach seinem Ruhmeskranz, nach seiner Belohnung im Himmel gestrebt haben? Die Antwort gibt der Vers selber. Wer erhält den Siegeskranz? Der das Erscheinen seines Herrn liebgewonnen hat. Der Lohn der Liebe liegt in ihr selbst, darum muß sie nicht das ihrige suchen, weil sie selbstvergessen und unerwartet das ihrige empfängt, im ihrigen lebt: in der Liebe[10]. „Mein Lohn ist, daß ich darf" (W. Löhe).

u) Kol 1, 5; 1 Pt 1, 4
v) Lk 10, 20
w) Phil 3, 14

Der Siegeskranz der Gerechtigkeit. In der Antike war der Kranz Zeichen der Ehre, der Wertschätzung, der Belohnung für den Sieger im Sport[11], im Krieg und für die Toten, deren

[9] „*loipon*", was auch übersetzt werden kann „im übrigen, fortan, von jetzt an", erscheint in den paulinischen Briefen zehnmal, z. B. 1 Th 4, 1; im übrigen NT nur noch zweimal! (Wieder einer der vielen scheinbar nebensächlichen und gerade darum wichtigen Hinweise auf die paulinische Verfasserschaft der Past).

[10] 1 Ko 13, 5; 1 Jo 4, 8. 16—17. Die Liebe schafft Freimut für den Tag des Gerichtes. Die Liebe fürchtet nicht die Strafe, sondern sie kennt den Lohn; Liebe von Angesicht zu Angesicht. Petrus konnte von seiner selbstsicheren und selbstsüchtigen Art nur befreit werden durch Beugung und Umkehr hindurch zur Liebe hin: „Liebst du mich, dann weide meine Schafe!"
Vgl., was Jesus zum Lohn seiner Jünger sagt. Was sie um Jesu willen verlassen haben, sollen sie hundertfach zurückerhalten, jetzt schon zusammen mit Verfolgung in dieser Zeit und vollendet in der zukünftigen Welt. Mk 10, 28—31; der Schlußsatz von den Ersten und den Letzten zeigt an, daß die Belohnung nicht nach menschlicher Berechnung geschieht.

[11] Noch heute wird für die Olympischen Spiele am Hain von Alt-Olympia die olympische Flamme entzündet und, wie das für München der Fall war, von einer griechischen Schauspielerin ein „Gebet" gesprochen: „O Zeus, Herr über Alles und Führer Aller, an dich, o Zeus, richte ich diese Bitte und an dich, Olympia, Mutter der Athleten: Verleihet den Athleten die Schnelligkeit und die Kraft zum Sieg und krönt ihre Stirne mit Olivenzweigen." Die olympische Flamme für München 1972 wurde über eine Strecke von 5100 km hinweg aus Griechenland durch die Türkei, Bulgarien, Rumänien, Jugoslawien, Ungarn und

Grabmäler mit Kränzen geschmückt waren. Im NT bezeichnet der Kranz die von Gott geschenkte Gerechtigkeit, das ewige Leben x). Wie aber kann dabei der Gedanke an Ehrung und Belohnung vermieden werden? Wie soll man den Genetiv übersetzen? Entweder ist die Gerechtigkeit die Krone, oder die Krone ist der Lohn für die Gerechtigkeit? Unverdientes Geschenk und unverdiente Belohnung — beides gilt. Gott krönt alle seine Gaben in uns mit der Krone der Gerechtigkeit[12]! Die Richter dieser Welt (auch die den Apostel verurteilt haben) sind oft ungerecht. Ebenso ist bekannt, daß die olympischen Schiedsrichter nicht immer gerecht entschieden haben, sondern sich bestechen ließen. Jesus aber ist der **gerechte Richter,** der den Lohn recht verteilt. Nicht erst in den Past hat Paulus die Werke des Glaubens als Früchte bezeichnet und betont y), daß ein jeder seinen Lohn empfangen wird, je nachdem, wie er gehandelt hat z). Auch hat er schon früher deutlich die Maßstäbe für das Gericht Gottes dargelegt. Doch ebenso entschieden hat er gegen die Gesetzeswerke, die für das Heil verdienstlich sein sollen, gesprochen a). Im Siegeskranz der Gerechtigkeit ist die unverdiente Gabe der Rechtfertigung und des ewigen Lebens mit dem unverdienten Lohn entsprechend[13] den Werken des Glaubens und der Liebe verbunden. Man täusche sich nicht: die scheinbar höhere Tugend, die das Gute um seiner selbst willen ohne Lohn zu tun vorgibt, ist eine theoretische

x) Jak 1, 12; Offb 2, 10; 1 Pt 5, 4; 1 Ko 9, 25; I 4, 8

y) 2 Th 2, 17 Phil 1, 6; 2 Ko 9, 8; Kol 1, 10

z) 1 Ko 3, 13—15

a) Rö 2, 6. 10; Rö 3, 20. 28

Österreich bis nach München getragen: insgesamt 6400 Fackeln wurden an den Ablösestellen bereit gehalten.

Was unternehmen die Christen, um den Fackellauf der Liebe Jesu durch die ganze Welt voranzutreiben zum Ziel? Was können sie der „olympischen Idee" gegenüberstellen? P. de Coubertin (1863—1937) hat die Olympischen Spiele der Neuzeit in der Hoffnung gegründet, sie mögen „die Menschheit tapferer und stärker und dennoch edelmütiger und feinfühliger machen". Er sah den Sport als eine Möglichkeit der „Vervollkommnung des Menschen". Der neuzeitliche olympische Sport sollte eine neue, die Völker umfassende Religion werden und ihre Teilnehmer „eine Art Diener und Priester der Religion der Muskelkraft". Aber eine *religio athletae* (Sportfrömmigkeit) wird den Menschen nicht menschlicher machen können, wenn der Mensch sich und seinen Leib nicht aus Gottes Händen empfangen und in Gottes Händen wissen kann, wenn er sich nicht bewußt seinem Schöpfer zur Verfügung stellt. Siehe dazu I 4, 8! Sportliche Betätigung „aus Glauben" kann durchaus ein sinnvolles Tun und Spielen sein. Das mag manchem fremd erscheinen, aber nicht wenige Gruppen von Jesusjüngern haben erkannt, daß sie als Sportmannschaft durchaus Zeugen für ihren Herrn unter den Kameraden im Sport sein können.

12 Calvin: *„Deus sua dona in nobis coronat."*

13 Die Belohnung erfolgt nicht *„propter opera"*, sondern *„secundum opera"*, d. h. keinesfalls um der Werke willen, wohl aber gemäß der Werke. Lohn: 4 Mo 18, 31; Ruth 2, 12; Jes 14, 10; 49, 4; Mt 5, 10—12: Der endzeitlich ausgerichtete Lohngedanke für die Verfolgten! 1 Ko 9, 8.

Konstruktion von Tugendlehrern. Der Mensch, der Gott und seinen Nächsten selbstlos liebt, wie er sich selbst liebt, der wird ebenso Gott und den Nächsten anerkennen, wie er sich selbst anerkennt und Anerkennung empfängt. Die Liebe, die zwar nicht sich selbst sucht und dennoch das Ihrige empfängt, erfährt, daß sie durch Liebe anerkannt, das heißt aber belohnt
b) Phil 4, 1 wird. „Wer ist unsere Hoffnung oder unsere Freude b) oder unser Ruhmeskranz, seid nicht auch ihr es vor unserem Herrn Jesus bei seiner Wiederkunft? Ja, ihr seid unser Ruhm, unsere Freude" (1 Th 2, 19—20). Das ist die beste Auslegung unseres Textes. Aber Paulus sieht nicht auf sein Werk mit der Berechnung auf Lohn, er schreibt vom Werk[14] im Blick auf den gerechten Richter, in der liebenden Erwartung seines Kommens. Aller Lohn ist darin gekrönt und erfüllt, daß Gott sagt:
c) 1 Mo 15, 1 „**Ich** bin dein sehr großer Lohn" c). Paulus denkt nicht an das Besondere seines Wirkens[15], sondern an die Verbundenheit mit all den andern, die wie er ebenfalls die Krone empfangen werden. Im Blick auf sie, auf Timotheus im besondern, schreibt er jetzt[16]. Vers 7 ist nicht der Abschluß, er zielt über sich hinaus auf die mit Liebe erwartete Wiederkunft dessen, der sagt: Siehe, ich komme bald *und mein Lohn mit*
d) Offb 22, 12 *mir* d).

In den ersten Christen glühte ein brennendes Verlangen, eine mächtige Sehnsucht nach dem Wiederkommen ihres Herrn. Sie litten darunter, daß er verunehrt und verachtet wurde in einer Welt, für die er sein Leben geopfert hat. Er hatte sie gelehrt, wie um das tägliche Brot, so zu allererst um das Kommen seines Reiches zu beten, danach zu hungern und zu dürsten: „Dein Reich komme." Eben dies tun sie nun mit dem
e) 1 Ko 16, 22—24 Ruf: „Maranatha!" = „Unser Herr, komme" e).

Der Gedanke an das baldige Erscheinen des Herrn leitet über zu dem Schlußteil 9—22.

[14] Vgl. II 4, 5: Das Wort „Werk" faßt zusammen, was er in 4, 7 beschreibt.

[15] Er kann von sich sagen, er habe mehr gearbeitet als alle anderen, aber er weiß: was er ist und was er tut, geschieht aus Gnade; 1 Ko 15, 10. Zudem gilt auch für ihn das Wort: Wem viel gegeben ist, von dem wird viel gefordert werden.

[16] Darum ist die Bemerkung eines Auslegers deplaziert, der wahre Paulus hätte im Angesicht des Todes nicht sein Werk, sondern seinen Herrn gerühmt. Genau das tut aber Paulus hier, sogar wörtlich 4, 17—18. Gearbeitet hat er bis zum Ende, in der Kraft des Herrn, der gepriesen sei!

2. Timotheus soll dringend kommen

2. Timotheus 4, 9—13

9/10 Beeile dich, bald zu mir zu kommen. * Denn Demas hat
mich verlassen, weil er den jetzigen Zeitlauf liebgewann,
und ist nach Thessalonich gereist, Crescens nach Galatien,
11 Titus nach Dalmatien. * Nur Lukas ist noch bei mir. Nimm
Markus zum Reisebegleiter und bringe ihn mit dir, denn
12 er ist mir nützlich zum Dienst. * Tychikus aber habe ich
13 nach Ephesus gesandt. * Den Mantel, den ich in Troas bei
Karpus zurückgelassen habe, bringe mit, wenn du kommst,
und die Bücher, besonders die Pergamentrollen!

Beeile dich a), **bald zu mir zu kommen!** Darauf hat der Brief 9
abgezielt, was die menschliche Seite anbetrifft. Timotheus soll a) 1 Th 2, 17;
gestärkt werden für seinen schweren Weg zu Paulus. Nichts Gal 2, 10;
darf sein Kommen verzögern. **Beeile dich,** komme noch vor Tit 3, 12
Einbruch des Winters (V. 21)! Der Brief begann mit dem Aus-
druck sehnlichen Verlangens: Ich möchte dich wiedersehen b); b) vgl. 1 Th
er endet mit der dringenden und wiederholten Bitte: Komme 2, 17
bald, beeile dich, komme vor dem Winter. Paulus hat eben
Worte der Siegesgewißheit für sich, für Timotheus, für das
Evangelium, für das Kommen des Herrn und seines Reiches
ausgesprochen. Jetzt bittet er um die Gemeinschaft seines ge-
liebten Sohnes. Er leidet unter seiner Einsamkeit. Jubel und
Schmerz bei Paulus wirken oft scheinbar unvermittelt zusam-
men[17]. Die wahre Menschlichkeit dieses Mannes kommt er-
greifend zum Ausdruck in der bedrängenden Bitte: Komme
möglichst bald zu mir! Die folgenden Bemerkungen des Pau-
lus sollen die Dringlichkeit der Bitte unterstreichen: **Denn** 10
**Demas hat mich verlassen, weil er den jetzigen Zeitlauf lieb-
gewann, und ist nach Thessalonich gereist.** Demas war wie Lu-
kas ein näherer Mitarbeiter des Paulus[18]. Er gehörte nicht zu
denen, welche die Erscheinung ihres Herrn und der zukünfti-
gen Welt, sondern im Gegensatz dazu den jetzigen Zeitlauf
liebgewannen (beidemal agapan!). Er hat — anstatt in der Ge-

[17] Rö 8, 38—39: Das Siegeslied des Glaubens; und wie unvermittelt daneben Rö 9, 1—3 das Bekenntnis unablässigen Schmerzes und großer Traurigkeit im Herzen, vgl. 2 Ko 2, 4; 6, 10; 7, 4.

[18] Kol 4, 14. Es fällt auf, daß Lukas ein Lob erhält („der geliebte Arzt"), während Demas nur eben mit seinem Namen erwähnt wird. Aber immerhin war er ein den Gemeinden bekannter Mitarbeiter, der Grüße vermitteln läßt (Philemon 24).

meinschaft mit dem gefangenen Apostel unter eigener Lebensbedrohung auszuharren — das Leben in diesem Zeitlauf hochgeschätzt und vorgezogen. **Er hat mich verlassen** deutet eher auf diese Entscheidung als auf einen Abfall vom Glauben. **Er ist nach Thessalonich gereist** läßt mehrere Auslegungen offen: Entweder war es seine Heimat und er hat sich dort eingerichtet und vom Dienst am Evangelium zurückgezogen, oder aber er ging in die dortige, dem Paulus sehr verbundene Gemeinde zurück. Nähme sie ihn als „Weltmenschen" auf, würde das ein sehr zweifelhaftes Licht auf ihren jetzigen Zustand werfen. Zur Einsamkeit des Apostels kommt seine Trauer über einen Mitarbeiter, der die Liebe zum wiederkommenden Herrn aufgibt und sich dadurch auch vom Leiden mit Paulus absetzt. — Du, Timotheus, verhalte dich nicht wie er und wie Phygelus und wie Hermogenes, sondern wie Onesiphorus und wie Lu-
c) II 2, 15; 4, 11 kas, der allein noch bei mir ist c).

Crescens ist nach Galatien gereist[19]. Wir hören sonst nichts von ihm im NT. Die kirchliche Tradition bringt ihn mit den frühen Christengemeinden im heutigen Frankreich (Lyon, Mayence) in Verbindung.

Titus nach Dalmatien[20]. Daraus können wir nur schließen,
d) Tit 3, 12! daß er nicht mehr auf der Insel Kreta ist d). Darum gehört der Brief an Titus zeitlich vor den II Tim. Crescens und Titus sind Boten des Evangeliums, die Paulus noch von Rom aus wieder auf Reisen gesandt hat (das Wort Gottes ist nicht gebunden). „Wie lieblich sind die Füße dessen, der frohe Bot-
e) Jes 52, 7; Rö 10, 15 schaft bringt" e).

11 **Nur Lukas ist noch bei mir.** Auf dem ersten Gefangenentransport nach Rom war Lukas mit dabei. Er berichtet die Rei-
f) Apg 16, 10—17; 20, 6—11; Kap 27 se als Augenzeuge f). Hat er in Rom als Sekretär[21] oder als Arzt dem Apostel geholfen? Wir wissen es nicht. Lukas war
g) Kol 4, 14 „der geliebte Arzt" g) und ist es geblieben. Das zeigt sein Bleiben bei Paulus in der schwersten Lage. Hatte Paulus nicht ge-

[19] Einige Handschriften haben anstatt Galatien das Wort Gallien. *Galatien* ist in Asia. *Galatia* (Gallien) aber ist die Provinz, die zwischen Rom und Spanien liegt. Ist Kreszens nach Gallien (das heutige Frankreich) gereist, so würde das die uns nicht bekannte Spanienreise des Apostels biblisch belegen oder zumindest mit großer Wahrscheinlichkeit nahelegen. Der Kirchenhistoriker der alten Kirche, Eusebius, berichtet ebenfalls von einer Spanienreise des Paulus. W. Bauer (Wörterbuch, Spalte 297): die reicher bezeugte Lesart in II 4, 10 Gallien.

[20] Dalmatien liegt nordwestlich von Mazedonien am Adriatischen Meer bei Illyrien (Rö 15, 19).

[21] Interessant ist, daß die Past in ihrem Wortschatz eine gewisse Nähe zur Apostelgeschichte aufweisen.

nug an ihm? Warum die dringende Bitte an Timotheus: „Komme bald"? Lukas wird ja kaum als reisender Evangelist tätig gewesen sein. Der noch jüngere Evangelist Timotheus trägt die Verantwortung für die Gemeinden in Asia. Was er ihm schrieb, möchte er unter vier Augen bestätigen, und über all dem: Timotheus bleibt sein liebstes Kind im Glauben, der vertrauteste Mitarbeiter, den auch Lukas nicht ersetzen kann. Auch das muß für Timotheus ein Trost gewesen sein: Obwohl Lukas bei ihm ist, bittet er mich dringend zu kommen. Er verlangt nach mir: so viel bin ich ihm wert. Der nächste Satz könnte diesen Zusammenhang nahelegen: Lukas ist zwar da, aber komme du unbedingt, und **nimm Markus zum Reisebegleiter und bringe ihn mit dir, denn er ist mir nützlich zum Dienst**[22]. Markus[23] war nah verwandt mit Barnabas h). Er war ein geistlicher Sohn des Apostels Petrus i).

h) Kol 4, 10
i) 1 Pt 5, 13

Derselbe Markus, den Paulus bei Beginn seiner zweiten Missionsreise abgelehnt und dessentwegen er sich damals von seinem Freund Barnabas nach einem heftigen Wortwechsel getrennt hatte k), wird jetzt von Paulus gelobt! Die Zwischenzeit hatte eine Sinnesänderung bei Markus gebracht, und die beiden hatten sich versöhnt. — Dienst (diakonia) kann hier schwerlich persönliche Dienstleistungen bedeuten, dafür ruft Paulus nicht einen Missionar weg von seiner Arbeit. Dienst ist Missionswerk l). Markus muß eine durchaus selbständige Persönlichkeit geworden sein, denn er konnte sowohl mit Petrus wie mit Barnabas wie mit Paulus zusammenarbeiten und dabei doch seinen eigenen Dienst vollführen. Die Mahnung, den Markus als Reisebegleiter mitzubringen, das Lob seines Bewährtseins im Dienst, stimmt nachdenklich. Entscheidend ist damals wie heute, daß Konflikte überwunden und Entzweite wieder versöhnt werden. Markus ist für Paulus nicht eine bit-

k) Apg 15, 37—39

l) Rö 15, 31; 1 Ko 16, 15; 2 Ko 8, 4; 9, 1. 12; Eph 4, 12

[22] So übertragen wir die sonst unverständliche Verdoppelung: Nimm Markus zu dir und bringe ihn mit dir. Zugleich kann das ein Hinweis sein, daß die Evangelisten meistens zu zweit oder in kleinen Gruppen gereist sind, oder aber, wenn sie allein waren, wie eben Kreszens und Titus, sollten sie an den Orten gastlich aufgenommen und gestärkt werden, wo sie durch- oder hinreisten. In Tit 2, 13 soll der eine Reiseevangelist für die zwei anderen Reiseevangelisten die nötigen Reisevorbereitungen treffen. Apg 20, 13; 23, 31: Mitnehmen auf die Reise.

[23] Aus der langen Namensliste von Kol 4, 10—17 sind hier nur drei genannt: Lukas, der bei ihm ist in Rom; Demas, der unter zweifelhaften Beweggründen gegangen ist, und Markus, der kommen soll. Die drei übrigens auch auf der Grußliste des Briefes an Philemon, nicht nur sie (23—24). Einem Pseudopaulus wird viel zugemutet, wenn er aus der Namensliste ausgerechnet die drei ausgewählt haben soll, um seinem Brief „apostolisches Kolorit" zu geben.

tere Erinnerung geblieben, sondern Anlaß geworden zum Lob und zur Erwartung seiner guten Dienste als Mitarbeiter und Vermittler[24].

12 **Tychikus aber habe ich nach Ephesus gesandt.** Tychikus ist „ein geliebter Bruder und treuer Diener im Herrn". So erwähnt ihn Paulus als Überbringer seiner Briefe nach Ephesus und nach Kolossä[25]. Der zuverlässige und fähige Mitarbeiter kam als Vertreter für Titus in Frage, wenn dieser die

m) Tit 3, 12!

Insel verließ, um zu Paulus zu kommen m). So sendet ihn jetzt Paulus nach Ephesus anstelle von Timotheus, der nach Rom kommen soll[26]. Wie mit Timotheus, so verband ihn mit Tychikus nicht nur der gemeinsame Auftrag am Evangelium (Mitknecht und Diener), sondern auch eine persönliche, herzliche Liebe und Achtung: Er ist „ein geliebter Bruder". So kurz die Angaben in den Grüßen sind, so sind sie doch aufschlußreich zum Verständnis des Apostels und seiner mitmenschlichen Beziehungen. Er war nämlich alles andere als eine einsame und unnahbare Größe; kein „Apostelfürst" hoch über den andern; verschiedene seiner Mitarbeiter waren ihm persönliche Freunde geworden. Timotheus war vom Jüngling zum Partner herangewachsen, dem größte und schwerste Aufgaben zugemutet werden konnten, und den wiederzusehen Paulus sehnlich verlangte.

13 **Den Mantel, den ich in Troas bei Karpus zurückgelassen habe, bringe mit, wenn du kommst, und die Bücher, besonders die Pergamentblätter!** Paulus war oft in Troas gewesen[27]. Bei welcher Gelegenheit er den Mantel zurückließ, wissen wir nicht. Der Mantel ist ein Überwurf aus starkem Stoff, wie eine Pelerine oder ein in den südamerikanischen Anden üblicher Poncho[28]. Das Gefängnis ist feucht und kalt, der Winter

[24] Vielleicht ist sein Dienst auch deshalb wichtig, weil er als Vermittler zwischen den Gemeinden dienen konnte, die sich wegen Paulus und Petrus zerstritten haben. 2 Pt 3, 15—16 könnte auf eine solche Spannung hinweisen, die Petrus von sich aus zu überwinden suchte, in der gleichen Weise, wie auch Paulus bei den Korinthern ausgleichend eingriff, wo die Appollos-, Paulus-, Petrus-, Christuskreise sich gegenüberstanden (1 Ko 3 u. 4).

[25] Eph 6, 21; Kol 4, 7; Bruder, Diener, Mitknecht.

[26] Einige Handschriften ergänzen in Apg 20, 4: Tychikus a u s E p h e s u s. Es ist möglich, daß er Sekretär für den vorliegenden Brief ist und ihn selber an Timotheus überbringt.

[27] Apg 20, 4—6 kann nicht gemeint sein, das liegt mehrere Jahre zurück. Apg 16, 8; 2 Ko 2, 12.

[28] Der griechische Ausdruck ist dem lateinischen Wort für Mantel *paenula* nachgebildet, also ein sog. Latinismus. Man glaubt, mehrere Latinismen in den Past zu sehen, was ein Hinweis wäre auf den Ursprung des Briefes aus Rom. Auf alle Fälle ist es nicht zu verwundern, daß Paulus lateinische Ausdrücke brauchte, wenn er jahrelang in der Gefangenschaft mit lateinisch sprechenden Soldaten zu tun hatte.

steht vor der Tür, Paulus denkt an den wärmenden Mantel, den er in Troas in der Hoffnung zurückgelassen hatte, ihn selbst bei einer folgenden Durchreise wieder tragen zu können. —

Die Bücher. Gemeint sind damit Papyrosblätter für Notizen und um Bücher abzuschreiben.

Pergamentblätter[29] sind sehr teuer und werden nur für Dokumente von Wert verwendet. Wahrscheinlich handelt es sich hier um Abschriften alttestamentlicher Bücher und vielleicht sogar um eine Sammlung von Herrenworten[30]. Wie verträgt sich diese Bitte, die doch voraussetzt, daß Paulus noch zu lesen, zu studieren, zu schreiben gedenkt, mit dem vorangegangenen und nachfolgenden bestimmten Ton des unmittelbar vor der Tür stehenden Abrufes vor Gottes Angesicht[31]?

Paulus hatte die Christen in Thessalonich gewarnt, daß sie sich durch die Erwartung der unmittelbaren Wiederkunft des Herrn nicht von der Arbeit abhalten lassen sollten n). Sollte er sich selbst anders verhalten? Von Luther ist ein Ausspruch überliefert, der eine gleiche Einstellung verrät: Wenn morgen der Jüngste Tag anbrechen sollte, würde er heute noch ein Apfelbäumchen pflanzen.

n) 2 Th 2, 2; 3, 11—14

Zwischen Urteilsspruch und Vollstreckung konnte ohnehin eine längere Zeit vergehen. Paulus rechnet damit, den Timotheus noch zu sehen. Vielleicht sind auch noch einige dringliche Briefe zu schreiben. Wir wissen die Beweggründe nicht. Das eine ist klar, daß Paulus unablässig daran denkt, daß Timotheus kommt. Wie kann er am besten kommen? Wer soll ihn begleiten? Was soll er mitbringen? Was brauche ich am dringendsten? Die Bitte um den Mantel zeigt, daß von den Christen in Rom diesbezüglich keine Hilfe zu erwarten war. Er war im Gefängnis, und ihm war kalt. Da Paulus nicht im Blick auf andere schrieb und er selber der Verfasser ist, mußte er keine nähere Erklärung dazu geben: Timotheus wußte ja Bescheid o). Für seine Zeitgenossen und für Timotheus hatten diese Einzelangaben aus dem Alltagsleben des Apostels keine besondere Bedeutung. Für uns aber, die wir durch 19 Jahrhunderte vom Leben dieses Mannes getrennt sind, ha-

o) II 1, 18 b

[29] *membrania*, wiederum ein Latinismus.

[30] Lukas schreibt von vielen, die schon vor ihm solche Berichte und Sammlungen abgefaßt haben (Lk 1, 1—4).

[31] Sollte ein PP solche Ungereimtheiten übersehen, da es ihm doch darum gehen mußte, den Anschein von Echtheit zu erwecken? Hätte er nicht a n d e r e Details aus dem Alltag anführen oder es beim Mantel bewendet sein lassen können?

ben gerade solche „Nebensächlichkeiten"[32] einen ganz besonderen Wert. Sie lassen uns für einen Augenblick den Menschen Paulus spüren und sehen: seine Kämpfe und Erwartungen; seine Trauer und Sehnsucht; seine liebende Zuwendung; sein Bedürfnis nach Gemeinschaft, nach Wärme, nach Lektüre und Arbeit; gebunden in Ketten, einsam, verlassen, als entehrter Gefangener... Und das alles, damit offenbar werde, daß die überschwengliche Kraft in solcher Ohnmacht nicht von Paulus selbst stammt, sondern von Gott p).

p) 2 Ko 4, 7

3. Widerstände sind zu erwarten

2. Timotheus 4, 14—16

14 **Alexander, der Schmied, hat mir viel Böses zugefügt; der**
15 **Herr wird ihm nach seinen Werken vergelten. * Und auch**
du hüte dich vor ihm, denn er ist unseren Worten mit hef-
16 **tigem Widerstand entgegengetreten. * Bei meiner ersten Ge-**
richtsverhandlung hat mir niemand Beistand geleistet, sondern alle haben mich verlassen; es möge ihnen nicht angerechnet werden.

14 **Alexander, der Schmied, hat mir viel Böses zugefügt:** Denkbar ist es, daß derselbe Alexander wie I 1, 20 gemeint ist, dort zusammen mit Hymenäus erwähnt. Dann hätte jene Züchtigung nicht zur Wiederherstellung geführt, ja, Alexander hätte sich verhärtet und so dem Paulus erst recht viel Böses zugefügt: gegen ihn gesprochen und gewirkt in den Gemeinden, wenn nicht gar in Rom selbst. Doch wird es sich wohl um einen anderen Alexander handeln: dafür spricht die Erwähnung seines Berufes, der ihn von andern, sonst noch bekannten Trägern dieses Namens unterscheiden und so eindeutig kennzeichnen soll[33]. Warum sollte jetzt die Berufsbezeichnung hinzugefügt werden, wenn es sich um denselben Mitarbeiter handelt, den Paulus bereits im ersten Brief erwähnt? Da menschliche Überführung und Bestrafung q) ihn nicht zu-

q) vgl. I 1, 20 mit II 3, 16; 4, 2!

[32] Gedacht sei hier an das Detail aus dem Leben des Herrn: Auf einem Kissen schläft er im Boot mitten im Sturm, Mk 4, 38. Er, der nicht hatte, wo das Haupt hinlegen, war frei genug, diesen Liebesdienst anzunehmen, Lk 9, 58.

[33] Mindestens drei verschiedene Alexander sind im NT bekannt: Mk 15, 21; Apg 4, 6; 19, 33.

rückgewinnen konnte, wird er vor seinem Herrn, dem er nicht entgehen kann, Rechenschaft geben müssen.

Der Herr wird ihm vergelten nach seinen Werken: Nicht daß Paulus dies für ihn erbittet, aber er gibt ihn dem gerechten Richter anheim. Paulus klagt hier nicht an, wie ein Ausleger meint; er will den Timotheus warnen, darum bezeichnet er das gefährliche Tun des Mannes[34]. Beide, Paulus und Alexander, werden vor dem Herrn Vergeltung empfangen nach ihren Werken[35].

Und auch du hüte dich vor ihm, denn er ist unseren 15
Worten mit heftigem Widerstand entgegengetreten. Unsere Worte kann bedeuten: unsere Botschaft, unser Evangelium oder die Verteidigung des Paulus. (Plural statt Singular ist typisch für Paulus.) Der Zusammenhang läßt eher an den **direkten** Widerstand gegen Paulus im Verhör denken (siehe V. 16!): Jetzt bei der zweiten Gerichtsverhandlung ist dieser sogar als Zeuge gegen mich aufgetreten. Dann hätten Alexanders Aussagen den Apostel im gerichtlichen Verhör scharf angegriffen. Daß Christen zu Verrätern ihrer Brüder werden, war in der neutestamentlichen Zeit nicht ausgeschlossen und ist es auch heute nicht. Nach Vers 14 hat er Böses getan, nach Vers 15 mit Worten den Worten des Apostels Widerstand entgegengebracht[36], mit Worten und Taten hat er sich gegen Paulus gewendet. Auch wenn wir die genauen Umstände nicht wissen, so geben diese kurzen Sätze einen beklemmend deutlichen Kommentar zur inneren und äußeren Lage des Apostels.

Was ist die **„erste Gerichtsverhandlung“**, von der Paulus 16
hier schreibt? Verschiedene Erklärungen gibt es:

1. könnte es sich um die römische Gerichtsverhandlung und Gefangenschaft in Caesarea handeln (Apg 24). Der Hohepriester Ananias kommt mit einigen Ältesten und mit einem römischen Anwalt namens Tertulus und klagt Paulus vor dem Statthalter an. Darauf hält Paulus seine Verteidigungsrede, so wie es im römischen Recht vorgesehen ist. Der Hauptmann

[34] Ein anderer meint, dem Paulus wäre eine Verfluchung des Alexander zuzutrauen nach Gal 1, 8; 1 Ko 16, 22. Dazu ist zu sagen: soweit wir aus dem NT erkennen können, wäre ihm nicht zuzutrauen, eine Verfluchung auszusprechen über einen Menschen, der ihm persönlich Böses zugefügt hat. Sollte er andere lehren und selbst verwerflich werden? Rö 12, 17—21. Ferner: Spr 24, 12; Mt 25, 31—46; Jo 5, 28. 29; 2 Ko 11, 15; Offb 2, 23; 20, 13.

[35] *apodosei*, vergelten, sowohl in V. 8 wie in V. 13!

[36] Widerstehen: Gal 2, 11; Eph 6, 13; II 3, 8.

der Gefängniswache erhält Befehl, „daß Paulus in Haft zu halten sei und Erleichterung haben solle (d. h. keine Fesseln tragen muß), und er solle niemandem von den Seinen verwehren, ihm Dienste zu leisten“. Die Gerichtsverhandlungen aber schleppen sich über zwei Jahre hin!

Doch Caesarea kommt als Ort „der ersten Verteidigung“ schon deshalb nicht in Frage, weil die Umstände im Vergleich mit II Tim viel zu günstig und die römischen Behörden dem Apostel sogar freundlich gesinnt sind.

2. War es die Prozeßverhandlung während der ersten Gefangenschaft in Rom? Dringlichkeit und Bedrohung, die in II 4 durchtönen, passen schlecht zu der Lage in Apg 28, 30: „Er blieb zwei ganze Jahre in einer eigenen Mietwohnung und nahm alle auf, die bei ihm eintraten, und verkündete das Reich Gottes und lehrte von dem Herrn Jesus Christus mit allem Freimut ungehindert.“ Hier ist Paulus in Schutzhaft, die gegenüber Caesarea noch mehr erleichtert worden ist, daß er in einem Haus wohnen darf, das er aus eigenen Mitteln gemietet hat. Er steckt nicht in einem Staatsgefängnis, er kann mit Freude Jesus verkünden, ohne daß die Behörden eingreifen; und die Christen können ungehindert zu ihm kommen und ihm seinen Aufenthalt erleichtern[37]. Durch seine Verkündigung kamen sogar Juden r) zum Glauben an Jesus als ihren Messias[38]. Das Bild, das wir am Schluß der Apostelgeschichte erhalten, paßt durchaus nicht zu der ernsten, bedrohlich bedrängenden und traurigen Lage des letzten Kapitels im letzten Paulus-Brief. Dazu passen auch nicht die Umstände, wie Paulus sie im Philipperbrief erwähnt. Dort hat seine Gefangenschaft zur Förderung des Evangeliums gedient, die Mehrzahl der Brüder hat Zuversicht gewonnen und verkündet furchtlos und immer wagemutiger das Wort. Sie tun es aus Liebe zu Paulus, wissend, daß er um des Evangeliums willen gefangen ist; andere zwar sind auf ihn neidisch und verkündigen Christus aus unlauteren Motiven, um dem Apostel das Leben schwerzumachen; der aber freut sich, wenn nur Christus verkündigt wird. Die Gemeinde der Philipper hat ihm durch einen geliebten Mitarbeiter eine Gabe übersandt. Paulus ist nicht allein gelassen, Mitarbeiter sind bei ihm. „Es grü-

r) Apg 28, 24

[37] Vgl. das zweimalige ungehindert in Apg 24, 23 und 28, 3.

[38] Zu jener Zeit lebten etwa 50 000 Juden in Rom. Sie mußten gemäß kaiserlicher Verordnung im Judenviertel wohnen (Ghetto!).

ßen euch die Brüder, die bei mir sind!" (Es grüßen euch alle Heiligen, besonders die aus dem Hause des Kaisers[39].)

3. Die Prozeßverhandlung während der ersten Gefangenschaft in Rom, jedoch in einem späteren Stadium, als Apg 28 darstellt. Es ist schon viel über den unvermittelten Schluß der Apostelgeschichte gerätselt worden. Fest steht, daß von einer Gerichtsverhandlung nicht die Rede ist, sie steht noch bevor. Wie die Erfahrung in Caesarea zeigt, konnten sich solche Verhandlungen sehr wohl zwei Jahre hinziehen s).

s) vgl. Apg 24, 27

Im Laufe von zwei Jahren konnten sich die Verhältnisse sehr verschlechtert haben. Jetzt wurde es gefährlich, Paulus zu besuchen. Diejenigen Evangelisten, die schon vor dieser Zeit Paulus nicht wohlgesinnt waren, warnten jetzt die Gemeinde vor ihm. Auch engere Mitarbeiter zogen sich zurück, als es zum ersten Hauptverhör vor dem kaiserlichen Gericht kam, so daß er keinen Beistand hatte. Doch der Herr stärkte ihn, so daß er seine Verteidigungsrede mit Überzeugungskraft halten konnte. Das Urteil sprach ihn frei, er war „aus dem Rachen des Löwen errettet". Er konnte noch einmal reisen und evangelisieren, den Verkündigungsauftrag zu Ende führen. Sein alter Plan ging noch in Erfüllung: Er konnte nach Spanien[40] gehen und nachher sogar noch Gemeinden in Asia besuchen. Unmöglich erscheint diese Auslegung nicht, entgegen steht nur, daß zwischen II 4, 17 und 18 eine freie Reisezeit von mindestens ein bis zwei Jahren angenommen werden müßte, wozu wir uns vom Text her nicht entschließen können. Wir versuchen deshalb eine vierte Auslegung. Wir sehen es folgendermaßen: Es handelt sich wohl um das erste Verhör (prima actio) während der **zweiten** Gefangenschaft in Rom. Jetzt steht die Gemeinde in Rom nicht mehr hinter ihm, auch Ge-

[39] *apologia* (Verteidigung): Phil. 1, 7. 12—18; 4, 21—22; 1 Ko 9, 3; 2 Ko 7, 11; Apg 22, 1: 25, 16. „Aus dem Hause des Kaisers" bedeutet: Angestellte der kaiserlichen Behörden, das können Sklaven oder Freie sein. Einige Ausleger vermuten, der Brief an die Philipper sei aus der Gefangenschaft in Ephesus und nicht in Rom geschrieben worden.

[40] Rö 15, 22—24. 28; Clemens, Bischof in Rom, schreibt in seinem ersten Brief an die Korinther (im Jahre 96): Paulus „hat die ganze Weltgerechtigkeit gelehrt und ist bis zu dem fernsten Westen gekommen". Für die Antike war Spanien die äußerste Westgrenze. Die alten Kirchenväter Cyrillius von Jerusalem, Epiphanius, der Syrer Ephraim, Chrysostomus, Theodoret, schreiben alle von einer Reise des Paulus nach Spanien. Eusebius berichtet: „Es ist Überlieferung, daß, nachdem er sich gerechtfertigt, der Apostel wiederum zum Dienst der Verkündigung fortgezogen; daß er aber, als er zum zweiten Mal die genannte Stadt betrat, durch das Martyrium vollendet wurde. Während er bei dieser Gelegenheit gefangen war, hat er den zweiten Brief an Timotheus geschrieben" (Euseb. Hist. Eccl. II 22, 2. 3).

meinden und Mitarbeiter in Asia haben ihn verlassen (II 1, 15), Demas hat ihn verlassen, niemand tritt bei der Gerichtsverhandlung für ihn ein: ja, böswillige Zeugen wie Alexander treten sogar **gegen** ihn auf[41]. Dieser Auslegung scheint entgegenzustehen, daß Paulus selbst von einer Errettung aus dem Rachen des Löwen spricht, die schwer verständlich werden läßt, wie er daraufhin ins Gefängnis zurückgeführt worden ist, und wie dann die Vollendung der Verkündigung an alle Völker verstanden werden soll.

4. Der Herr rettet durch alles hindurch

2. Timotheus 4, 17—18

17 **Der Herr aber stand mir bei und gab mir Kraft; daß durch**
mich die Verkündigung an alle Völker voll ausgerichtet
würde, und ich wurde errettet aus dem Rachen des Lö-
18 **wen. * Der Herr wird mich vor jedem Anschlag des Bösen**
schützen und mich hineinretten in sein himmlisches Reich;
er, dem die Ehre gebührt in alle Ewigkeit. Amen.

17 **Der Herr aber stand mir bei und gab mir Kraft;** wie Rö 16, 2; stärken, kräftigen; vgl. Phil 4, 13. So spricht der Gefangene in Rom a). Jesus verheißt seinen Jüngern den Beistand des Heiligen Geistes, seine Kraft und Gegenwart dann, wenn sie vor Gericht stehen b).

a) Apg 9, 22; Rö 4, 20; Eph 6, 12
b) Lk 12, 11—12

Daß durch mich die Verkündigung voll ausgerichtet würde. Das könnte so verstanden werden, daß Paulus noch nicht „ausgedient" hat. Er war noch nicht im äußersten Westen gewesen, darum wollte er auch noch dorthin gehen c). Es kann aber auch bedeuten, daß Paulus vor dem kaiserlichen Gerichtshof „in Gegenwart aller Völker" zum letzten Mal oder bis zuletzt, bis zur vollen Erfüllung in seiner Verteidigungsrede das Evangelium verkündet, so wie er es vor König Agrippa getan hatte[42]. Das Zeugnis vor Gericht war eine der besten Mög-

c) Rö 15, 24. 28 vgl. 2 Ko 10. 16!

[41] Auf die Gegenwart von Alexander im Verhör könnte die Parallele hindeuten von 14 und 16, die doch einen so bedeutsamen Unterschied aufweist: Der Herr wird (nicht möge!) ihm vergelten nach seinen Werken; der Herr möge es ihnen nicht anrechnen, die mich verlassen haben aus Angst vor den Folgen.

[42] Apg 26, 27—29: „Ich bete zu Gott, daß ... alle, die mich heute hören, solche würden, wie ich bin, ausgenommen diese Fesseln."

lichkeiten, um das Evangelium zu verkündigen d). Schon in 1 Ko 4, 9 weiß er sich als ein wie zum Tode Verurteilter: Der geringste Apostel in der Welt, sowohl Engeln als Menschen zum Schauspiel geworden. In diesem Sinne, der die sichtbare und unsichtbare Welt umschließt, konnte er auch schreiben, daß das Evangelium schon in der g e s a m t e n Schöpfung unter dem Himmel verkündigt worden ist e). I 3, 16: Das Evangelium i s t verkündigt unter den Heiden, geglaubt in der Welt. Vergleichen wir nochmals II 4, 5. 7. 17: Dreimal schreibt Paulus vom Vollenden, dreimal dasselbe Wort. Ich habe den Lauf vollendet, ich habe jetzt die Verkündigung an alle Völker ganz beendet, nun vollführe auch du, Timotheus, deinen Dienst.

d) Mt 10, 18. 17. 19—33; Apg 23, 11; 27, 24

e) Kol 1, 23

Und ich wurde errettet aus dem Rachen des Löwen. Die passive Form bedeutet: Der Herr hat mich errettet, vgl. den Anfang des Verses: „Der Herr stand mir bei." Auch das kann sich auf ein historisches Ereignis in der Vergangenheit beziehen und den Sinn haben: Ich bin aus großer Gefahr gerettet worden; ich bin aus der Haft befreit worden[43]. Doch kann das „errettet werden" auch endzeitliche Bedeutung haben[44], wie das in Vers 18 der Fall ist. „Er hat uns errettet aus dem Machtbereich der Finsternis." Der Löwe ist Sinnbild für Satan, so deutet es auch Luther in seiner Auslegung f). Zudem hat Paulus schon in II 3, 11 von seinen vergangenen Verfolgungen und Leiden geschrieben, aus denen allen ihn der Herr errettet hat[45].

f) Kol 1, 13; 1 Pt 5, 8; Ps 22, 22; 35, 17

Obwohl er keine Verteidiger und keinen Beistand hatte, konnte er trotz höchster Bedrohung von seiten der Anklage, trotz falscher Zeugen aus dem christlichen Lager, trotz aller finsteren Mächte noch einmal in Kraft das Evangelium von der Gnade Gottes bezeugen, vollständig, bis zuletzt; denn der Herr stand ihm bei, stärkte ihn und rettete ihn aus aller Bedrängnis und Todesangst g). Die erste Verhandlung (actio prima) ist zwar beendet, aber sie hat unmißverständlich deutlich gemacht, daß mit einem Freispruch nicht mehr zu rechnen ist[46].

g) Hb 13, 6

[43] Man denkt an Daniel, der aus der Löwengrube befreit wurde (Dan 6, 20. 27).

[44] Rachen des Löwen: Äußerste Gefahr, tödliche Bedrohung, der Tod selbst (Ps 22, 22).

[45] Spicq hat in einer Gegenüberstellung von II 4 mit Psalm 22 nachzuweisen versucht, daß Paulus an diesen Psalm denkt.

[46] Eine *aktio secunda* konnte geraume Zeit später stattfinden, so daß Paulus hoffen konnte, er werde Timotheus noch sehen, wenn sich dieser beeile. Der Ton des Ganzen zeigt aber, daß nicht viel Zeit zu verlieren war.

18 **Der Herr wird mich vor jedem Anschlag des Bösen schützen und mich hineinretten in sein himmlisches Reich**[47]. Die letzte Bitte des Herrengebets klingt an: Erlöse uns von dem Bösen[48], denn dein ist das Reich. Nicht das Böse, das seine Widersacher ihm zugefügt haben (V. 14) oder noch zufügen wollen, sondern Satan, „der altböse Feind" (Luther), ist vom Herrn über Sünde, Tod und Teufel besiegt und überwunden.

Hineinretten in sein himmlisches Reich. Wieder ein anderes Verb für „retten": Aus Sünde, Tod und Gericht zum Heil führen, das Heil gewähren. Der Herr, der ihn, den Sünder, errettet und zum Dienst berufen hat h), der ruft ihn jetzt in das himmlische i) Reich. Paulus ist umfangen von der Retterliebe seines Herrn, die Freude des Abscheidens ist erfüllt, jetzt wird er bei Christus sein[49], was weit besser ist. Nun bricht sein Geist in den Lobpreis aus: **Er, dem die Ehre gebührt in alle Ewigkeit. Amen.** Jesus, der erhöhte Herr, sei gepriesen! Das NT kennt beides: den ehrenden Lobpreis für den Vater u n d für den Sohn k). Was in den Versen 6 bis 8 unausgesprochen mitklang, ist jetzt noch einmal preisend ausgesprochen vor dem, der ihn geliebt und sich selbst für seine Rettung hingegeben hat l). Mit ihm ist er gekreuzigt, mit ihm gestorben; so wird er jetzt mit ihm leben und herrschen in Ewigkeit. „Nicht uns, o Herr, nicht uns, sondern deinem Namen gib Ehre" m)!

h) wie I, 1, 15
i) 2 Ko 5, 1; 1 Ko 15, 48; Phil 2, 10; Eph 1, 3. 20; 2, 6; 3, 10
k) Jo 5, 23; Phil 2, 10; Rö 9, 5; 2 Pt 3, 18; Offb 1, 6
l) Gal 2, 20
m) Ps 115, 1

[47] Vgl. nochmals Kol 1, 13: Errettet aus dem Machtbereich der Finsternis.

[48] Der gleiche Wortstamm wie Mt 6, 13!

[49] Unpaulinisch soll sein, daß der Verfasser eine sofortige Vereinigung mit Christus erwartet, während das Reich doch erst nach der Parusie komme. Doch allein Phil 1, 23 außer vielen anderen Stellen genügt, um die Unhaltbarkeit dieses Arguments zu zeigen. Die Augen schließen in diesem Leben und sie öffnen in seinem Reich ist nur e i n Augen-blick; vgl. Lk 23, 43.

Der Briefschluß

2. Timotheus 4, 19—22

1. Grüsse

2. Timotheus 4, 19—21

19 Grüße Prisca und Aquila und das Haus des Onesiphorus.
20 * Erastus ist in Korinth, Trophimus aber habe ich in Milet
21 krank zurückgelassen. * Beeile dich, noch vor dem Winter
zu kommen! Es grüßen dich Eubulus und Pudens und Linus
und Claudia und die Brüder alle.

Grüße Prisca und Aquila. Paulus war diesem Ehepaar herzlich und dankbar verbunden während vieler Jahre. Prisca wird hier v o r ihrem Mann genannt. Diese Voranstellung des Frauennamens ist ungewöhnlich und besagt wenigstens so viel, daß Prisca eine markante Jesusjüngerin und Mitarbeiterin gewesen ist, nicht nur im Beruf, den beide zusammen ausüben konnten[50], sondern auch im Dienst am Evangelium: In Rö 16, 3—4 steht sie bzw. das Paar am Anfang der Grußliste wie auch in II. In Apostelgeschichte 18, 26 nimmt das Paar (Prisca ist wieder zuerst genannt) den in den Schriften sehr bewanderten und im Geist feurigen Apollos zu sich nach Hause und „sie legten ihm zusammen (!) den Weg Gottes genauer aus". Sie mußten also b e i d e gut bewandert gewesen sein in den Schriften, rasch den Mangel bei Apollos erkannt und daraufhin mit geistlicher Vollmacht gehandelt haben[51]. Nimmt man 19

[50] Wie auch in Rö 16, 3; Apg 18, 18. 26; 1 Ko 16, 19.

[51] Auf Grund der intensiven unfreiwilligen und freiwilligen Reisetätigkeit des Paares hat man vermutet, daß sie kinderlos waren. Während der Judenverfolgung unter Kaiser Claudius wurden sie aus Rom vertrieben (Apg 18, 1—3) und sind wahrscheinlich in Korinth durch Paulus zum Glauben an Jesus den Messias gekommen (Apg 18, 19). Später finden wir sie in Ephesus (18, 24—26). Von Ephesus aus übermitteln sie Grüße nach Rom samt der Gemeinde in ihrem Haus (1 Ko 16, 19). Nach Rö 16, 3—4 sind sie dann wieder in Rom. Was für die Past nicht ohne Bedeutung ist: dieses Paar zeigt nicht nur eine große Beweglichkeit in der Ortsveränderung, sondern auch Mut darin, daß sie als einst aus Rom vertriebene Juden wieder dahin zurückkehrten. Und nicht zuletzt sehen wir daraus, daß

die Past für echt und ihren Inhalt ernst, so gilt die Auslegungsregel, daß Schrift mit Schrift erklärt werden muß, auch
a) I 2, 15 f! für die Frage der paulinischen Einstellung zur Frau a). Wie könnte Paulus ein Frauenfeind sein, wie könnte er den Wert und Beitrag der Frau in der Gemeinde herabsetzen, wenn er mit einem so aktiven Ehepaar befreundet war und nicht nur um den Evangeliumsdienst auch der Frau wußte, sondern das noch lobend erwähnt? Dieses Paar läßt er j e t z t grüßen!

b) II 1, 16. 17 **Und das Haus des Onesiphorus** b). Zwei Häuser, zwei Familien, die zu grüßen und an die zu denken für den einsamen Mann Trost und Stärkung war. Der nächste Vers ist als Nachtrag zu Vers 10 zu verstehen.

20 **Erastus ist in Korinth geblieben.** Hier ist eher an den frühe-
c) Apg 19, 22 ren Reisegefährten von Timotheus zu denken c) als an den
d) Rö 16, 23 Schatzmeister von Korinth d). Erastus und Timotheus sind von Paulus als Gehilfen nach Mazedonien gesandt worden, während er selber in der Provinz Asia zurückblieb. Der kurze Satz bestärkt in der Annahme, daß Paulus vor der zweiten Gefangenschaft auch in Korinth gewesen war — zusammen mit Erastus, den er dort zurückließ.

Trophimus aber habe ich in Milet krank zurückgelassen.
e) Apg 21, 29 Trophimus stammte aus Ephesus e). Er ist erwähnt auf der dritten Missionsreise, ebenfalls zusammen mit Timotheus und
f) Apg 20, 4 noch anderen Mitarbeitern f). Er begleitete den Apostel nach Jerusalem und wurde ungewollt der Anlaß für dessen Gefangennahme: die Juden meinten nämlich, Paulus habe den unbeschnittenen Heiden in den heiligen Tempelvorraum ge-
g) Apg 21, 29 f führt g). Für Timotheus wäre es unverständlich gewesen, wenn die ihm bekannten Mitarbeiter keine Grüße gesandt hätten. So schreibt ihm Paulus: Sie sind nicht bei mir. Den Trophimus hatte er ursprünglich mit nach Rom nehmen wollen — so müssen wir vermuten —, aber da er krank wurde, konnte er nicht weiterreisen. Paulus weiß beides: daß Kranke in Jesu Namen geheilt werden können und daß Kranke, auch wenn sie gläubig sind, krank bleiben können, solange das Gott für gut befindet[52]. Die Erwähnung der guten Mitarbeiter und Freunde des Timotheus, die nicht in Rom sind, läßt das Al-

die politischen Zustände sich relativ schnell zum Guten oder zum Schlechten wenden konnten. Das ist zu bedenken für die Situation von I und II und besonders für die Frage der Gerichtsverhandlung.

[52] Einige Beispiele kranker Menschen in der Bibel: Elisa 2 Kö 13, 14; Hiskia 2 Kö 10, 1; Paulus Gal 4, 13; Epaphroditus Phil 2, 25—27; Timotheus I 5, 23; Trophimus II 4, 20.

leinsein noch einmal deutlich im Bewußtsein aufbrechen und drängt zur Wiederholung der Bitte:

Beeile dich, noch vor dem Winter zu kommen[53]! Während 21
der Wintermonate ruht die Schiffahrt, daher könnte es danach zu spät sein. Du wirst mich nach dem Winter vielleicht nicht mehr unter den Lebenden antreffen. — Die Wiederholung kann aber auch den Gedanken miteinschließen: Schiebe es nicht hinaus, zögere nicht, laß dich nicht durch Zaghaftigkeit und Unsicherheit oder irgendwelche Umstände zurückhalten! Komme wirklich ohne Verzug auf dem schnellsten Wege. Die Hände lege niemand zu schnell auf, aber wenn es gilt, mich noch einmal zu sehen, dann mache dich s c h n e l l auf den Weg!

Da Timotheus h) während der ersten Gefangenschaft des Apostels mit ihm in Rom war (wie lange wissen wir nicht), hat er Bekannte im Glauben gefunden: **Es grüßen dich Eubulus und Pudens und Linus und Claudia und die Brüder alle.** Sie alle sind sonst im NT unbekannt. Der Tradition nach soll ein Linus erster Bischof von Rom geworden sein. Wer sind „die Brüder alle"? Offenbar entsenden doch die Getreuen, wenn auch nicht die ganze Gemeinde, Grüße an Timotheus. Aber steht das nicht im Widerspruch zu Vers 16: in der Gerichtsverhandlung stand ihm niemand bei? Das schließt nicht aus, daß einzelne Näherstehende auch näher kamen.

h) Phil 2, 19—23

2. Segenswunsch

2. Timotheus 4, 22

Der Herr sei mit deinem Geist! Die Gnade sei mit euch!

Der Herr sei mit deinem Geiste i)! Der Gruß ist direkter 22
formuliert als sonst. Nicht „die Gnade" des Herrn, sondern „der Herr" selber sei mit deinem Geiste.

Die Gnade sei mit euch! Wie I und Tit eine Bestätigung dafür, daß die Past nicht ausschließlich privaten Charakters sind. Sie sind gleichzeitig Briefe von allgemeiner Bedeutung für die Gemeinde. Heute würde man von einem „offenen

i) vgl Phil 4, 23; Gal 6, 18; Phlm 25

[53] Im Herbst 64 brach die von Kaiser Nero inspirierte Verfolgung aus. Paulus wird seinen besten Mitarbeiter nicht gerade zu diesem Zeitpunkt nach Rom gerufen haben, darum ist für die Abfassung von II eher der Herbst 63 anzunehmen.

Brief" sprechen. Er ist zwar an eine wirkliche Einzelperson geschrieben und gesandt, gleichzeitig aber wird er veröffentlicht (in der Zeitung oder sonstwie), weil mit einem entsprechenden Allgemeininteresse zu rechnen ist.

Das letzte, was wir von Paulus lesen, ist ein Gebetswort, ein Segensgruß: der Herr, die Gnade sei mit dir, mit euch, mit uns.

Der Brief des Paulus an Titus

erklärt von

Hans Bürki

R. BROCKHAUS VERLAG

EINLEITUNGSFRAGEN

1. Die für alle drei Pastoralbriefe (Past) geltenden Überlegungen sind in den Einleitungsfragen des ersten Bandes (Wt. Stb. 1 Tim) dargestellt. Im folgenden werden nur die besonderen Umstände des Titusbriefes hinzugefügt.

Wenn ein Fälscher (PP) die Angaben der Apostelgeschichte „in blinder Gläubigkeit hingenommen" haben soll, wird man sich fragen, warum er dann auch noch einen Brief an Titus erfand, dessen Name in der Apg überhaupt nicht erwähnt ist. Und warum sollte ein PP die Insel Kreta einführen, die in den Plänen und Reiseberichten des Paulus nirgends genannt ist? Chr. Maurer (eine Textvariante klärt die Entstehungsgeschichte der Pastoralbriefe auf; in: ThZ 3. Jg 1947, S. 312 f) versucht darauf folgende Antwort: „Wo bleibt Titus seit dem Apostelkonzil, das doch etliche Jahre zurückliegt? Niemand weiß es. Wo sollte unser Verfasser ihn warten lassen, bis der Ruf des Paulus ihn erreichte? Doch am besten in einer Gegend, von der man möglichst wenig weiß und in welche nicht so schnell jemand hingeht, um die Angaben zu kontrollieren. Das ist eben (!) Kreta, für die damaligen Zeitgenossen das Land der Zigeuner, Lügner, bösen Tiere und faulen Bäuche, vgl. Tit 1, 12 f! Kreta lag nicht mehr in der Welt, mit der die damaligen Christen zu tun hatten." In einer Fußnote erwähnt Maurer, daß Kreta außer Apg 2, 11; 27, 7.12f.21; Tit 1, 5.12 sonst nirgends in der urchristlichen Literatur erwähnt werde. Und wie will ein PP erklären, daß auf Kreta keine Christengemeinden mehr bestehen, nachdem doch Paulus und Titus angeblich dort missioniert haben? Er erfindet die Beschimpfung der Kreter durch den Apostel, dadurch soll verständlich werden, wie sehr sie dem Evangelium widerstanden haben.

Ein anderer Ausleger meint, mit dem ersten Brief an Tim habe der PP eine fest organisierte Gemeinde vorausgesetzt, um die Pflichten für einen Gemeindeleiter darstellen zu können. Im Brief an Titus habe er eine Situation erfunden, in der noch keine festen Gemeinden bestehen, damit er die Aufgaben eines Missionars anschaulich schildern könne. Wieder ein anderer Ausleger ist der Ansicht, der PP habe den Paulus verherrlichen wollen, indem er die Zahl der von ihm gegründeten Gemeinden um diejenigen auf der Insel Kreta vergößert habe. Zypern sei schon von Barnabas beansprucht worden.

Man halte sich derartige Versuche einmal im Detail vor Augen, um erkennen zu können, wohin es führt, wenn man die Erklärungen, die der Brieftext selber gibt, von vornherein als Tarnung, Erfindung, Konstruktion hinstellt.

2. Auf obige und andere Erklärungsversuche, die einen PP voraussetzen, ist folgendes zu antworten: Die 260 km lange Insel Kreta ist nicht nur im Altertum durchaus bekannt, sondern außer im NT auch im AT erwähnt als das Ursprungsland der Philister, genannt Kaphtor (5 Mo 2, 23; Jer 47, 4; Amos 9, 7).

Die Stelle Apg 2, 11 ist von großer Bedeutung, denn sie bezeugt, daß Lukas um die Existenz von Juden auf Kreta weiß, die das Pfingstwunder in Jerusalem erlebt haben. Und Dibelius macht mit Recht darauf aufmerksam, daß Lukas auch die Missionierung von Kreta durch Paulus und Titus erwähnt hätte, wenn sie in die Zeit vor 63 (dem Abschluß der Apg) gefallen wäre (115). Doch offensichtlich will die Geschichte von den anwesenden Juden aus allen umliegenden Ländern nicht nur sagen, daß sie die Apostel in ihrer eigenen Sprache reden hörten, sondern daß die an Jesus als den Messias gläubig Gewordenen in den Ländern, aus denen sie kamen, das Evangelium verbreiteten (vgl. Apg 2, 12 mit 2, 37.41). Unter den Dreitausend, die an Pfingsten zur Jesusgemeinde hinzugetan wurden, waren sicher auch solche aus den in 2, 9—11 aufgezählten Ländern und Sprachgebieten. So konnten auf Kreta kleine Hauszellen von Jesusjüngern längst vor dem Besuch des Apostels begonnen haben: der judaistische Einfluß aber konnte von mangelhaft unterrichteten Judenchristen ausgegangen sein, woraus sich später die Irrlehren entwickelt haben mögen (Tit 3, 9; 1, 14!).

Auch die zweite Erwähnung der Insel in Apg 27, 7.21 ist einer näheren Beachtung wert. Kreta liegt im Kreuzpunkt zwischen Asien, Afrika und Europa. Das Wort „Synkretismus" stammt von den Kretern. Auf Kreta wollte jede der vielen Städte möglichst auf sich selbst gestellt sein gegen alle anderen. Nur wenn es galt, sich gegen einen gemeinsamen Feind zu verteidigen, taten sich die gerne unabhängigen Kreter zusammen und wurden so zu Syn-Kretern (Syn-kretismus). Das konnte aber auch in einem übertragenen Sinn verstanden werden, daß nämlich auf dieser Insel alle möglichen Kulte, Religionen, Philosophien und Geistesströmungen zusammenflossen.

Die vielen guten Häfen boten willkommenen Schutz auch für längere Winteraufenthalte: so hatte Paulus seinerzeit der Schiffsmannschaft vorgeschlagen, auf Kreta zu bleiben, bis sich die Stürme gelegt hätten (Apg 27, 21). Offenbar wußte der Vielgereiste Bescheid! Während der langen Wintermonate, da jeder Seeverkehr stillgelegt war, hatten durchreisende Evangelisten gute Gelegenheit, ihre Botschaft auszurichten. Die Insel war weder den Juden noch den Christen so unbekannt, wie Maurer das hinstellt. Außerdem führt der PP ins paulinische Missionsprogramm nicht nur Kreta neu ein, sondern noch weitere geographische Gebiete, die im NT bisher nicht erwähnt und die für die Glaubwürdigkeit der Past keinesfalls notwendig waren, sie vielmehr sogar gefährden konnten: Gallien (II 4, 10), Dalmatien, wohin Titus von Rom aus reist (II 4, 10), und Nikopolis, wo Paulus überwintern will (Tit 3, 12; vgl. die paulinische Praxis des Überwinterns in 1 Ko 16, 6).

Am naheliegendsten ist es, diese neuen geographischen Namen und Gebiete (Spanien mit eingeschlossen) tatsächlich als die neuen Reiseetappen anzusehen, die Paulus nach seiner Befreiung aus der Haft erreichen wollte gemäß seiner Hoffnung und seinen Plänen und nach seinem Grundsatz, möglichst Neuland zu erschließen, wo der Name Jesu noch nicht oder kaum verkündigt worden war (Rö 15, 19—23; 2 Ko 10, 16).

Gerade der Brief an Titus ist derart sachlich, nüchtern und knapp gehalten (wie eine Art Zusammenfassung von I), daß aus ihm weder eine Verherrlichung des Apostels noch ein Versuch herausgelesen werden kann, die Zahl seiner Gemeindegründungen zu vergrößern. In II 4, 7 zählt Paulus gerade **nicht** auf, wie viele oder welche Gemeinden er gegründet hat, was er aber in 2 Ko 11, 23—33 sehr wohl tut. Die Gemeindesituation auf Kreta weist auf eine kürzere Dauer und geringere Ausbreitung von festen Jesusgemeinden hin. Doch würde die Erfindung einer solchen Lage nicht genügen, um die Abfassung des Briefes zu begründen, dafür ist er dem ersten Brief an Timotheus zu ähnlich. Die knappere Darstellung weist vielmehr auf einen anderen Zusammenhang hin: der unabhängigere und selbständigere Mitarbeiter, dem Paulus lapidar und fast ohne persönliche Zwischenbemerkungen nur das wichtigste von dem mitzuteilen braucht, was er kurz zuvor ausführlicher und seelsorgerlich behutsam an Timotheus geschrieben hatte. Was wir aus den anderen paulinischen Briefen über Titus wissen, stimmt mit der Eigenart des Briefes an ihn durchaus überein; einer konstruierten Erklärung bedarf es nicht.

3. Wer ist Titus? Der Name Titus ist im Altertum verbreitet. Bekannt ist unter diesem Namen ein römischer Konsul. Titus ist Nichtjude, also „Grieche", was nicht sagen will, daß er aus Griechenland stammt (Ga 2, 3).

Einige Ausleger vermuten, daß er in Antiochien geboren ist. Wie Timotheus wurde auch Titus durch die Verkündigung des Apostels zu Jesus geführt. Darum nennt er ihn ein „echtes Kind" im Glauben (Tit 1, 4; I 1, 2), Timotheus nennt er außerdem sein „geliebtes Kind" (II 1, 2). Es fällt auf, daß Titus im Unterschied zu Timotheus keine besonderen Titel erhält. Paulus schreibt über Titus: „Für mich ist er Genosse (Partner, vgl. Phlm 17!), für euch mein Mitarbeiter, alle aber sind Brüder, Apostel der Gemeinden, ein Abglanz Christi" (2 Ko 8, 23). Timotheus hingegen nennt er Diakon (II 4, 5; I 1, 22; vgl I 4, 6! II 2, 24; Rö 11, 13; 1 Ko 3, 5; 2 Ko 3, 6.7; 4, 1; 5, 18; 6, 3.4), Evangelist (II 4, 5), Mitarbeiter Gottes am Evangelium (1 Th 3, 2), Mann Gottes (I 6, 11; II 3, 17). Hatte Timotheus diese Bezeichnung zur Stärkung nötig um seiner Angefochtenheit willen oder sind sie Ausdruck einer einzigartigen Anerkennung durch den Apostel? Vielleicht trifft beides zu.

Auch Titus steht bei Paulus in hoher Einschätzung (2 Ko 8, 16—23). Er ist schon vor Timotheus ein Mitarbeiter des Apostels, den er mit Barnabas zum Apostelkonzil begleitet (Ga 2, 1). Während Paulus zur Vermeidung unnötigen Anstoßes Timotheus beschneiden läßt (Apg 16, 3), weigert er sich entschieden, Titus beschneiden zu lassen (Ga 2, 3). Das mag mit unterschiedlichen Umständen zusammenhängen: bei Timotheus war es eine Frage der Missionspraxis (1 Ko 9, 20), bei Titus ging es um eine lehrmäßige grundsätzliche Auseinandersetzung über das, was heilsnotwendig ist und was nicht.

Titus war ein Mann von großer Selbständigkeit. Paulus trat ihm gegenüber als Bittender auf und weniger als einer, der verpflichtende Weisung erteilt: „Titus nahm das Zureden an, eigentlich kam er aus eigenem Antrieb nach Korinth, vielmehr hat es Gott ihm ins Herz gegeben. Gott aber sei Dank, der Titus einen solchen Eifer für euch ins Herz gegeben hat, daß er unsere Bitte (!) erfüllt hat . . ." (2 Ko 8, 16.17).

Da, wo der sensible und wohl etwas jüngere Timotheus seinen Auftrag in Korinth nicht ausrichten konnte, trat der stabile und eifrige Titus ein. Mit Bangen wartete Paulus auf den Ausgang der Verhandlungen, die dann mit einem vollen Erfolg gekrönt wurden (2 Ko 2, 13; 7, 6.13.14). Die Korinther haben Titus nicht mit Verachtung aufgenommen (diese Gefahr bestand Timotheus gegenüber: 1 Ko 16, 10—11), sondern vielmehr mit Furcht und Zittern! (2 Ko 7, 15.) Titus ist aber nicht hart oder autoritär aufgetreten. Sein Herz war den Korinthern zugetan; nur so konnte er als Vermittler und Friedensstifter zwischen Paulus und der Gemeinde wirken.

Paulus muß ihn weder wie den Timotheus ermahnen, alten Männern gegenüber gelinde zu sein (vgl. Tit 2, 2 mit I 5, 1!), noch schreiben, daß er als Knecht des Herrn den Irrlehrern gegenüber Sanftmut üben soll; vielmehr hat Titus die Gemeinden zu ermahnen, daß s i e sanftmütig seien gegenüber jedermann (vgl. II 2, 23 f mit Tit 3, 2). Der in sich selbst gefestigtere Titus kann andern gegenüber gewiß und ruhig auftreten und dadurch sehr schwierige menschliche Verwicklungen lösen. Da er im Auftreten wohl ebenso bestimmt war wie der in Korinth bewunderte Apollos, war die Gemeinde eher bereit, auf ihn „mit Furcht und Zittern" einzugehen, als auf Timotheus, ja, als auch auf Paulus selbst, der von sich schreibt, er sei ebenfalls „mit Furcht und Zittern" unter ihnen gewesen (1 Ko 2, 3). Übrigens wird auch Apollos von Paulus nicht mit zusätzlichen Titeln benannt. Er nennt ihn wie Titus entweder nur mit Namen (1 Ko 1, 12; 3, 5.6.22; 4, 6) oder Bruder (1 Ko 16, 12). Der Gebrauch des bloßen Namens läßt darauf schließen, daß sie beide als Apostel (vgl. Apg 14, 4.14; Rö 16, 7 und E 12 in Wt Stb 1 Tim) mit großer Selbständigkeit wirkten und anerkannt waren.

Doch Titus bleibt (mehr als Apollos) von den Weisungen des Apostels abhängig. Auch als Bittender gibt er ihm verbindliche Aufträge (vgl. Tit 1, 5; 3, 12; Phlm 8.21!). Er beauftragt ihn, in Korinth die Kollekte für Jerusalem zu organisieren, was ein wesentlicher Teil des missionarischen Auftrages war, unter dem Paulus stand (vgl. Rö 1, 5; 15, 15; 1 Ko 1, 4; Rö 3, 24; 5, 20; 15, 26; 1 Ko 16, 1—4; 2 Ko 8, 1—5.—2 Ko 8, 6.16.23; 12, 18).

Von der gemeinsamen Reise des Apostels mit Titus auf Kreta erfahren wir nur das eine, daß Paulus ihn dort zurückgelassen hat, damit er als Mann der Verhandlung und Administration das begonnene Werk weiterführe und vertiefe (vgl. Tit 1, 5 mit 2 Ko 8, 6: was er vorher angefangen hat, wird er jetzt vollständig ausführen).

Die kirchliche Überlieferung berichtet, daß Titus Bischof geworden sei, unverheiratet gelebt habe und mit 94 Jahren gestorben sei.

Der Briefkopf

Titus 1, 1—4

1 **Paulus, Knecht Gottes und Apostel des Messias Jesus ent-**
sprechend dem Glauben der Auserwählten Gottes und der Er-
2 **kenntnis der Wahrheit, die der Gottseligkeit gemäß ist * auf**
Grund der Hoffnung ewigen Lebens, das Gott, der nicht
3 **lügt, vor ewigen Zeiten verheißen hat — * jetzt hat er zur**
rechten, von ihm selbst bestimmten Zeit sein Wort geoffen-
bart durch die Verkündigung, die mir anvertraut worden
4 **ist nach dem Auftrag Gottes, unseres Retters, * an Titus,**
mein echtes Kind nach dem gemeinsamen Glauben: Gnade
und Friede von Gott, unserem Vater, und dem Messias Je-
sus, unserem Retter.

1. Absender

Titus 1, 1a

Der Briefkopf des Schreibens an Titus ist länger als I (1 Tim) und II (2 Tim) und als alle anderen Paulusbriefe, ausgenommen den an die Römer. Die Verse 1—3 stellen in knappen Worten die vollständigste Umschreibung des apostolischen Dienstes dar, wie ihn Paulus verstand und ausübte. Der Stil der Darstellung ist geradezu hymnisch. Paulus beginnt mit einem Lobpreis des ewigen Gottes, der vergängliche Menschen in seinen Dienst ruft. In der folgenden Auslegung wollen wir jeden einzelnen Ausdruck dieses apostolischen Bekenntnisses der Reihe nach beobachten:

Paulus, Knecht Gottes: vgl. Jak 1, 1; bei P nur hier, sonst 1
nennt er sich „Knecht des Messias": Rö 1, 1; Phil 1, 1; Ga 1, 10. Der Titel „Gottesknecht" ist alt und nur für die Propheten, für Abraham, Mose, David gebräuchlich: 2 Sam 7, 5; 2 Kö 8, 12; Ps 105, 42; Dan 9, 11. P stellt sich mit diesem (für das NT ungewöhnlichen) Titel den Patriarchen und Propheten an die Seite. Wahrscheinlich tut er das im Blick auf die judenchristlichen Irrlehrer (V 10).

Apostel des Messias Jesus: Vgl. I 1, 1; II 1, 1! Dieser Titel umschreibt, in welchem Sinn P ein Knecht Gottes ist, nämlich als ein von Jesus, dem Messias, Gesandter.

2. Grund und Ziel des apostolischen Dienstes (erster Hymnus)

Titus 1, 1b—3

Entsprechend dem Glauben: Der Dienst des Apostels gründet in dem, was Gott getan hat und fortwährend tut, darum steht das Wirken seines Knechtes auch in Übereinstimmung mit dem, was die Jünger des Herrn glauben und sind. Denn sie selbst haben ihren Ursprung nicht in Paulus, sondern in
a) 1 Ko 9, 2! Gott. Der Dienst des Apostels ist nur Vollzug und Siegel a) dessen, was Gott wirkt[1]. **Glaube** ist hier als „gläubig sein" zu verstehen (wie I 4, 2; II 3, 8) und nicht als Glaubenslehre. Es ist der persönliche Glaube **der Auserwählten Gottes.** II 2, 10 betont den auserwählenden Gott. „Erwählter" ist wie „Knecht Gottes" Ehrenname für Israel (1 Chro 16, 13; Ps 105, 6. 43). Im NT gibt nur P den Gliedern der Gemeinde diesen Titel (Rö 16, 13; 8, 33; Kol 3, 12).

Erkenntnis der Wahrheit: Vgl. I 2, 4; 4, 3; II 2, 25; 3, 7! Es geht nicht um eine Wahrheitserkenntnis an sich, sondern um eine solche, **die der Gottseligkeit gemäß ist!** Gottseligkeit steht hier im Gegensatz zu V. 10. Wenn Gottes Heilswahrheit nicht zur Frömmigkeit führt, hat sie ihren Sinn verfehlt. Es geht um das wahre Leben der Gläubigen. Was nicht in der Wahrheit begründet ist und von ihr bestimmt wird, ist kein wirkliches
b) vgl. I 6, 12! Leben b). Wahrheit gehört mit Leben zusammen wie Glaube mit Werken.

2 **Auf Grund der Hoffnung ewigen Lebens:** Wie in II 1, 1 auf den Apostel zu beziehen und nicht auf das unmittelbar Vorangegangene. Sein Dienst ist eschatologisch (endzeitlich) bestimmt: Rö 4, 18; 5, 2; 8, 20; 1 Ko 9, 10; 15, 30—34; I 4, 10; 2 Ko 4, 16. Darum gilt es, jetzt schon das ewige Leben zu ergreifen (I 1, 16; 4, 8; 6, 12; II 1, 10), denn die Hoffnung auf das, was man noch nicht sieht, ist doch schon gegenwärtig in dem Auferstandenen und in der Heilsbotschaft von ihm. So wird

[1] Man könnte mit Jo 17, 24 und Eph 1, 4 vergleichend sagen: Die in Gott Auserwählten sind dem Apostel und seinem Dienst anvertraut.

hier das ewige Leben der Zuhörer als Ziel der apostolischen Mission auch mit beinhaltet sein; vgl. 3, 7; I 1, 16; II 2, 10. Doch ewiges Leben bleibt unbegründetes Wunschdenken, ja, ein bloßer Wahn ohne den ewigen **Gott, der nicht lügt** (apseudes), wörtlich: frei von Falschheit; steht im Gegensatz zu V. 12; vgl. auch I 6, 20 pseudognosis = falsche Erkenntnis! Gott ist wahrhaftig und treu; vgl. II 2, 13; Rö 3, 4; 11, 29; 4 Mo 23, 19.

Vor ewigen Zeiten verheißen (chronoi aionioi): sagt aus, daß Gott nach seinem ewigen Ratschluß das Heil verheißen hat; vgl. Apg 26, 6: die Hoffnung auf die ergangene Verheißung; II 1, 1; I 4, 8; Rö 4, 13. 14. 16. 20. Was Gott verheißen hat, das vermag und wird er auch tun (Rö 4, 21).

Jetzt hat er zur rechten, von ihm selbst bestimmten Zeit 3
sein Wort geoffenbart: Der ewige Ratschluß ist in der Fülle der Zeit enthüllt worden. Und eben dieses Wort Gottes wird **durch die Verkündigung** c), **die mir anvertraut worden ist** d) **nach dem Auftrag Gottes, unseres Retters** e)[2], weitergegeben.

c) II 4, 2!
d) wie I 1, 11 vgl. Ga 1, 1; 2, 7; I 2, 7; II 1, 11
e) wie I 1, 1

In den Versen 1—3 beschreibt Paulus Ursprung, Eigenart, Inhalt und Ziel seines Aposteldienstes:

1. Gott, der das rettende Heil für alle Menschen verheißt und will, ist allein Ursprung dieses Heilsdienstes. Paulus missioniert wegen Gott und im Blick auf ihn und nicht wegen der Menschen und im Blick auf ihre Sehnsucht, Not und Verlorenheit; und gerade darum missioniert er in Wahrheit für die Menschen, denn gewinnen will er sie einzig vom göttlichen Erbarmen her, das auch in ihm wirkt.

2. „Apostel" ist ein geläufiger Begriff in der alten Welt, aber daß Apostelsein ein Dienst sein soll, ist etwas völlig Neues[3]. Gott will durch den demütigen Dienst seines Boten die Frohe Botschaft, das Evangelium von Jesus, ausrufen lassen an alle.

3. Inhalt der Verkündigung ist Jesus, der Retter. Er ist das Wort des Heils f), der Gnade g), des Lebens h), der Versöh-

f) Apg 13, 26
g) Apg 14, 3; 20, 32
h) Phil 2, 15

[2] Gottes Offenbarung war a) verheißen (1 Ko 2, 7; 1 Th 2, 13; 2 Th 1, 9; Eph 1, 4), b) noch verborgen (Rö 16, 25; Eph 3, 5. 6. 9; Kol 1, 26), c) noch nicht voll verkündigt, verstanden, verwirklicht, nur vorausgeschaut (1 Mo 3, 15; 12, 3; Ga 3, 8; Jes 60. 61; Joel 2, 28. 29; Amos 9, 11. 12), d) jetzt ganz geoffenbart in Jesus und durch die Verkündigung des Evangeliums (II 1, 10; Eph 3, 3—9; Kol 1, 26b—29). In der Verkündigung wird Gottes Offenbarung neu vergegenwärtigt, aktualisiert und verwirklicht. Das geschieht durch das Wirken des Geistes aufgrund des Wortes Gottes.

[3] Vgl. Wt. Stb. 1 Tim, S. 45, Anmerkungen 2 und 4.

i) 2 Ko 5, 19
k) V. 1; Jo 14, 6
l) 1 Ko 1, 21 Offb 19, 13
m) 1 Ko 2, 4—5; Rö 10, 8

nung i), der Wahrheit k), kurz: er ist das Wort Gottes an die Menschen l).

4. Das Ziel: Durch die Verkündigung und im Hören auf sie als Wort Gottes erweckt Gott den heilbringenden Glauben m).

So lautet die Beschreibung des Apostelldienstes „entsprechend dem Glauben der Auserwählten Gottes“. Diese klare Stelle darf bei der Auslegung der Past nie vergessen werden.

3. Empfänger

Titus 1, 4a

4 **An Titus, mein echtes Kind nach dem gemeinsamen Glauben.** Titus ist durch die Verkündigung des Apostels zum Glauben an Jesus gekommen, er ist eine wirkliche Frucht des apostolischen Dienstes. Echt[4] kann auch ein Mitstreiter im Glauben genannt werden, sofern er bewährt ist.

n) II 1, 2

Die Beziehung des Apostels zu Timotheus, dem „geliebten Kinde“ n), war wohl inniger, doch steht ihm auch Titus nahe[5]. Um so erstaunlicher ist es, daß ein so enger und vertrauter Mitarbeiter von Paulus in der Apg nirgends erwähnt wird[6].

Auf dem **gemeinsamen Glauben** beruht das geistliche Vater-Sohn-Verhältnis. Der Unterschied zu I 1, 2 fällt auf, wo es einfach heißt: mein echtes Kind im Glauben. Darf man aus der Betonung des Gemeinsamen auf größere Unabhängigkeit bei Titus schließen, oder soll die Gemeinsamkeit aller Glaubenden betont werden (vgl. 1b: entsprechend dem Glauben der Auserwählten)? Titus hat den Apostel in einer schwierigen Angelegenheit in der korinthischen Gemeinde mit Erfolg vertreten, während Timotheus gegenüber den Korinthern eher in Schutz genommen werden mußte[7].

Paulus schreibt auch sonst vom „gemeinsamen Glauben“,

4 Phil 4, 3: „echter Jochgenosse“; so nur bei P.

5 Die gleiche Anrede wie in I 1, 2. I und Tit haben mehr öffentlichen Charakter als II. Die „Echtheit“ der Apostelschüler soll im Gruß betont werden, während II als persönliches Schreiben die Freundschaft und Liebe zwischen P und Tim hervorhebt.

6 Würde ein PP, der möglichst glaubwürdig apostolische Zeitgeschichte darstellen will, nicht einen bekannteren, zumindest in Apg erwähnten Mitarbeiter einführen, z. B. Silvanus (Apg 15, 22. 27. 32. 40; 16, 19. 25. 29; 17, 4. 10. 14. 15 (Silas und Tim!); 18, 5; 1 und 2 Th 1, 1 oder dann Tychikus (Apg 20, 4)?

7 Vgl. Wt. Stb. 1 Tim, S. 42 (E 31 f).

den er mit allen Jesusjüngern teilt o); mit ihnen allen hat er Teil am „gemeinsamen Heil“ p). In diesem Sinn verstanden ist Katholizität, d. h. Allgemeingültigkeit oder Gemeinsamkeit des Glaubens, ein zentrales Anliegen in der Bibel q).

o) Rö 1, 12
p) Jud 3
q) Eph 4, 3—6

4. Gruß

Titus 1, 4 b

Gnade und Friede von Gott, dem Vater, und dem Messias Jesus, unserem Retter. Der gleiche Segenswunsch wie Rö; Kol; Eph; Phil; 2 Th; doch unterschieden von I und II, wo steht: Gnade, Barmherzigkeit, Friede. Die Past sind zwar in Wortgebrauch, Stil und Anliegen verwandt, aber sie unterscheiden sich voneinander in der bei Paulus auch sonst bekannten Art, die Ausdrücke zu variieren. Nur Tit hat den zweifachen Segensgruß, nur II hat Dank und Gebet in den Eingangssätzen[8]. 4 b

Der Segensgruß hat seinen Platz nicht nur im Gottesdienst oder in den ntl Briefen, sondern auch im alltäglichen Grüßen und Korrespondieren, nur sollte ihm nichts Künstliches anhaften.

[8] Weitere Unterschiede: I ist der längste Brief (113 Verse), fast so lang wie die beiden anderen zusammen (II: 83, Tit: 46). Tit erwähnt das Wort Retter am häufigsten, genauso oft wie I und II zusammen: 1, 3. 4; 2, 10. 13; 3, 4. 6, obwohl Tit der kürzeste Brief ist. Jesus, der Messias, wird Retter genannt in II 1, 10; Tit 2, 13; 3. 6, nicht aber in I.

Der Brieftext

Titus 1, 5—3, 11

I. TEIL: DIE WAHREN DIENER DER GEMEINDE UND IHR KAMPF

Titus 1, 5—16

A. DER DIENER ALS VORBILD DER GEMEINDE

Titus 1, 5—9

1. Jede Gemeinde braucht Älteste

Titus 1, 5

5 Dazu ließ ich dich in Kreta zurück, daß du das Mangelnde noch ordnen und besonders in jeder Stadt Älteste einsetzen möchtest, wie ich dir aufgetragen habe.

Aus diesem Satz kann geschlossen werden, daß Paulus und Titus zusammen auf Kreta evangelisiert haben. Juden aus Kreta waren am Pfingstfest in Jerusalem gewesen a). Es ist nicht auszuschließen, daß einige von ihnen zum Glauben an Jesus, den Messias, gekommen waren und als Erstlinge des Glaubens b) nach Kreta zurückkehrten. Solche erste Ansätze mögen dann eine spätere Missionsreise vorbereitet haben. Unmittelbarer Anlaß des Briefes sind die in 3, 13 erwähnten zwei Mitarbeiter, die nach Kreta reisen und das Schreiben an Titus überbringen.

Paulus ist zur Zeit der Abfassung des Briefes frei (3, 12). Die Situation ist ähnlich wie in I: Timotheus soll in Ephesus das Nötige ordnen, Titus auf Kreta. In I wie in Tit folgt der mündlichen Unterweisung die schriftliche Bestätigung und Ergänzung, ein Vorgehen, das für Paulus nicht ungewöhnlich ist c).

Titus wird die Insel auch verlassen d). Darum ist es nötig, daß die Anweisungen schriftlich gegeben werden zu Händen

a) Apg 2, 11
b) 1 Ko 16, 15; Rö 16, 5
c) 1 Th 4, 9; 5, 1—2; Phil 3, 1. 18; vgl. 2 Pt 1, 12 1 Jo 2, 21
d) Tit 3, 12

der mitarbeitenden und leitenden Brüder auf Kreta. In I sind schon festere Gemeindeformen und -dienste vorausgesetzt, auf Kreta scheint ein früheres Stadium der Gemeindebildung zu bestehen.

Das Mangelnde e) ist das, was noch fehlt zur Entfaltung einer voll mündigen Gemeinde. Was Paulus unvollendet zurückgelassen hat, vertraut er Titus zur Weiterführung an. Was Gott begonnen hat, will er zur Reife bringen f). Hier ist nicht nur an eine organisatorische Vervollkommnung gedacht! Schon in 1 Th 3, 10 schreibt Paulus davon, daß er den Mängeln abhelfen will, die dem Glauben noch anhaften. Die Gemeinden sollen zur Bewährung im Glauben gelangen g).

e) vgl. 3, 13; Lk 18, 22; Jak 1, 4
f) Phil 1, 6; 1 Th 5, 23
g) I 3, 10 Tit 2, 2b; 3, 8

Titus hat im besonderen den Auftrag, **in jeder Stadt**[9] **Älteste einzusetzen.** Offenbar hat sich der Glaube an Jesus zuerst in den Städten ausgebreitet, oder die Gemeinden sind dort am schnellsten gewachsen, so daß die Einsetzung[10] von Ältesten h) nötig wurde. Von den Städten aus wurden die Dörfer und Weiler der Umgebung evangelisiert i). Die Einsetzung von Dienern für die Gemeinde ist überall unter Mitwirkung der Gemeindeglieder geschehen k). Apg 14, 23 berichtet, daß Paulus und Barnabas in drei Städte zurückkehrten, in denen während der ersten Missionsreise Gemeinden entstanden waren. Erst jetzt, beim zweiten Besuch, wählen[11] sie in jeder Gemeinde Älteste und empfehlen sie zusammen mit der Gemeinde unter Gebet und Fasten dem Herrn. Die Missionierung auf Kreta mag ähnlich verlaufen sein. Zuerst reisten Paulus und Titus gemeinsam durch die Insel und verkündeten das Evangelium von Jesus. Bei einem zweiten, kurz darauf erfolgenden Besuch soll Titus (er ist auf der Insel zurückgeblieben, während Paulus weiterzog) in und mit den jungen Gemeinden Älteste bestätigen, die sich in ihrem Dienen unter den Glaubenden schon als von Gott begabt und bewährt erwiesen haben.

h) I 5, 17 f!
i) 1 Th 1, 8
k) Apg 6, 3

In allen Gemeinden, welche durch die Missionstätigkeit des Paulus entstanden waren, gab es geregelte Gemeindedienste schon in den ersten Anfängen, sobald überhaupt ein festerer Kern von Jüngern sich gebildet hatte l). Das NT kennt keine

l) 1 Th 5, 12—13

[9] Wörtlich: von Stadt zu Stadt. Im Ilias-Epos wird Kreta die Insel der hundert Städte genannt.

[10] *(kathistanai)* zu einem Dienst bestellen, wie Rö 5, 19; Lk 12, 14. 42; Mt 24, 45; Apg 7, 10. 27. Dieses Wort ist erst später in die Sprache des Kirchenrechts eingegangen. Von einer rechtlichen Regelung ist in Tit noch nicht die Rede.

[11] *(cheirotoneo)* wörtlich: durch Handaufheben bestimmen.

Gemeinde ohne Führung; der Führungsstil kann sehr verschiedene Gestalt annehmen, nie aber die Form einer ausschließlichen Sonderstellung oder eines festen Rechtsanspruchs.

2. Das persönliche Leben der Ältesten und Vorsteher

Titus 1, 6—8

6 (Eingesetzt kann werden) **wenn einer unbescholten ist, Mann**
nur *einer* **Frau, mit gläubigen Kindern, die nicht der**
7 **Liederlichkeit beschuldigt oder aufsässig sind. * Der Vorsteher soll als Haushalter Gottes unbescholten sein, nicht eigenmächtig, nicht jähzornig, kein Trinker, kein Raufbold,**
8 **nicht gewinnsüchtig, * sondern gastfreundlich, ein Freund des Guten, besonnen, gerecht, heilig, enthaltsam.**

6 **Wenn einer unbescholten ist:** in V. 7 wiederholt; in I 3, 10 für den Diakon, gilt also für jede Art von Diener, ebenso 1 Ko 1, 8; Kol 1, 22. I 3, 2 nicht das gleiche Wort, aber der gleiche Sinn.

m) I 3, 2!
n) I 5, 19!

Mann einer (einzigen) Frau m), **mit gläubigen Kindern, die nicht der Liederlichkeit beschuldigt** n) **oder aufsässig sind.** In I 3, 4 wird erwartet, daß die Väter fähig sind, ihre Kinder in Gehorsam zu halten. Setzt das Wort von den gläubigen Kindern eine zu lange Zeit der Gemeindeentwicklung auf Kreta voraus? Nein, es zeigt vielmehr, daß die Ältesten wirklich im Alter gereifte Familienväter waren, die zum Teil schon erwachsene Kinder hatten. Wo in einem Hause Kinder willig und gläubig sind, kann man schließen, daß der Vater auch für die Gemeindefamilie zum Vorsteher geeignet ist.

Liederlichkeit (Vulgata: luxuria); wie Eph 5, 18; 1 Pt 4, 4. Lk 15, 13: das gleiche Wort als Adjektiv: liederlich, unordentlich, verschwenderisch leben! atl Hintergrund: Spr 28, 7. **Aufsässig** kann auch mit ungehorsam, rebellisch übersetzt werden. Das Zusammenleben in einer Familie war von größter Bedeutung für die Ausbreitung und Vertiefung des Glaubens, weil die Gemeinden noch fast ausschließlich Hausgemeinden waren, und weil die oft feindlich gesinnte Umgebung scharf beobachtete, was in solchen Häusern vor sich ging[12].

[12] Das dritte Konzil von Karthago legte fest, daß die Ordination zu einem Amt nur dann geschehen kann, wenn alle im Hause des Betreffenden gläubig geworden sind.

Der Vorsteher[13] **soll als Haushalter Gottes** o) **unbescholten** 7
sein: Der Vorsteher ist einer der Ältesten und stammt aus o) I 3, 4—5!
deren Reihen, darum wird für ihn das entscheidende Merkmal 1 Ko 4, 1
wiederholt: er sei untadelig! Die Einzahl schließt nicht aus, Rö 16, 23
daß mehrere Vorsteher in einer Stadt gewesen sind, beson- Ga 4, 2
ders wenn in einem größeren Ort verschiedene Hausgemeinden heranwuchsen. Im Gegensatz zu I werden hier Diakone nicht erwähnt. Es geht nicht um eine vollständige Aufzählung von Gemeindediensten und noch weniger um die Einsetzung eines monarchischen Bischofsamtes[14] oder um die rechtliche Ordnung von Ämtern[15].

Die Dienstleistung im Haushalt Gottes geschieht im Glauben p). Jeder Haushalter gibt Rechenschaft über sein Tun und p) I 1, 4!
Lassen. Im folgenden werden fünf Laster aufgezählt, die der Vorsteher vermeiden soll (V. 7), dann folgen sechs Erfordernisse, die für seinen Beitrag am Gemeindeaufbau unerläßlich sind;

nicht eigenmächtig: anmaßend, rücksichtslos, eigenwillig, eigensinnig. Ein guter Vorsteher wird nicht sich selbst durchsetzen, nicht als Alleingänger und ohne die mitverantwortlichen Brüder vorangehen wollen. Der Leiter sei aller Diener, nicht ihr Befehlshaber und Herrscher;

nicht jähzornig: gehört zu eigenmächtig: wer sich selbst alles oder zuviel zutraut, verliert schnell die Geduld mit anderen. Ein Draufgänger wird bald zum Alleingänger, der nur noch hörige Gefolgschaft, aber nicht mitverantwortliche Bruderschaft hat;

kein Trinker, kein Raufbold, nicht gewinnsüchtig q): Man q) wie I 3,
hat diese selbstverständlich anmutenden Bedingungen mit den 3. 8!

[13] Das plötzliche Auftreten des Vorstehers *(episkopos)* überrascht nur dann, wenn man vorausgesetzt hat, daß dieser Titel bereits fest definiert und geregelt ist. Derart abgekürzte Einführungen sind im NT nicht unbekannt: I 5, 10 ist von V. 9 her zu ergänzen: (sie kann aufgenommen werden), wenn sie Kinder auferzogen hat etc.; Jo 5, 31. 32: (ihr sagt) wenn ich über mich selbst zeuge, so ist mein Zeugnis nicht wahr. (Ich sage euch) ein anderer ist es, der über mich zeugt.

[14] Spriydion war Bischof zu Trimithunt auf Kreta. Er übte seinen Beruf als Schafhirt auch weiterhin aus, nachdem er Bischof geworden war. Dann las er fleißig in den Schriften. Er war auf dem Konzil von Nizäa. So darf man sich noch im Jahre 325 unter einem „Bischof" eher einen schlichten und bescheidenen Mann des Volkes vorstellen und weniger einen Würdenträger im Sinne des „monarchischen Bischofsamtes".

[15] Wie wenig die Dienste festgelegt waren, kann auch an einem Vergleich von I 3, 1—7 mit Tit 1, 7 f gezeigt werden: In I erscheinen drei Erfordernisse, die in Tit nicht genannt werden (kein Neuling, ehrbar, gutes Zeugnis von außerhalb der Gemeinde). In Tit wiederum drei „Tugenden", die in I fehlen: Freund des Guten, gerecht, heilig. Vier Erfordernisse sind gleichlautend in beiden Listen; acht in beiden Listen gemeinsam, aber entweder für den Ältesten oder für den Vorsteher erwartet.

Anfängen der Mission und dem niedrigen Niveau der heidnischen Umwelt zu erklären versucht. Doch sind sittlich elementar scheinende Anforderungen nicht etwas, was sich von selbst versteht. Wenn man das Grundlegende (das Fundamentale und Elementare) nur ständig voraussetzt und nicht stets neu vor Augen hält, prüft und übt, bleibt alles Fortschreiten im Unklaren und verführt zur Selbsttäuschung[16];

8 **Gastfreundlich** r), **ein Freund des Guten** (philoxenos, philagathos): Gastfrei sein gilt als ein Beispiel für viele, wie die Bereitschaft zum Guten praktiziert werden kann; diese Freundlichkeit steht dem eigenmächtigen Verhalten (V. 7) gegenüber: anstatt verschlossen und voreingenommen sei einer offen für andere zu deren Bestem. Ein Freund des Guten ist „mit dem Besten des andern im Bunde". So kann er Verworrenes entwirren, Streit schlichten und darin weise und **besonnen** sein. ‚Besonnen' in I 3, 2 ebenfalls für den Vorsteher, in Tit 2, 2.56 aber für alle Gemeindeglieder, jung und alt, Männer und Frauen!

r) wie I 3, 2

gerecht s) und **heilig** gehören zusammen, denn Gerechtigkeit ist nicht eine rein menschliche Tugend, sie stammt aus Gottes Heiligkeit; vgl. Eph 4, 24: der neue Mensch in wahrhaftiger Gerechtigkeit und Heiligkeit. Paulus verwendet die gleiche Wortverbindung, um sein eigenes Verhalten als Evangelist und Diener der Gemeinden zu kennzeichnen: „Wir haben uns heilig und gerecht und untadelig euch gegenüber verhalten" (1 Th 2, 10);

s) I 6, 11! Tit 2, 12

enthaltsam (egkrates, nur hier im NT); beherrscht, zuchtvoll; als Hauptwort in Ga 5, 23, Zucht als Frucht des Geistes, vgl. dazu II 1, 7! Auch in Apg 24, 25 ist Enthaltsamkeit mit Gerechtigkeit verbunden. Der neue Mensch ist erwacht zum wahren Leben, zur Freundschaft mit allem Guten, zum Dienst an der Gemeinde bereit.

[16] Könnte man eine Liste für heutige Verhältnisse zusammenstellen? Z. B.: nicht süchtig im Diskutieren, Politisieren, Rauchen; nicht aggressiv und polemisch in Rede und Gebaren, nicht modernistisch, keiner, der die Wissenschaft vergötzt; keiner, der sozialkritisch oder autoritär auftreten will, keiner, der hastig und gehetzt ist, überall dabei sein will und sich einbildet, zu allem etwas sagen zu sollen, wohl aber innerlich gesammelt, auf das Wesentliche bedacht, fähig zur Zusammenarbeit und zur Einordnung in ein Team.

3. Ihr Dienst am Wort

Titus 1, 9

(Ein Mann) **der am zuverlässigen Wort festhält, wie es der** 9
(rechten) **Lehre entspricht, damit er imstande ist, aufgrund**
der gesunden Lehre sowohl zu ermahnen als auch die Wider-
sprechenden zu überführen.

Festhalten: wie 1 Th 5, 14, sich der Armen annehmen, sich kümmern um sie, sich angelegen sein lassen; einer Sache oder jemandem anhängen: Mt 6, 24; Spr 3, 18; Jer 2, 8. Das Festhalten am Wort ist Voraussetzung für alles Ermahnen und Überführen t).

t) I 3, 2; 4, 6; 5, 17; II 1, 13. 3, 16—17; 4, 2

Wie stehen Lehre und Wort miteinander in Beziehung? Das zuverlässige Wort des Herrn u) bildet die Grundlage für alles Lehren v). Die beste Auslegung für diesen Zusammenhang gibt wieder Paulus selbst in 2 Th 2, 15: „Haltet die Überlieferung fest, die ihr gelehrt worden seid, sei es durch ein Wort, sei es durch einen Brief von uns." Das zuverlässige Wort bezeichnet das Ganze der Überlieferung, diese aber, damit sie festgehalten werden kann, soll gelehrt werden, mündlich und schriftlich. Schon zur Zeit des 2 Th mußte die schriftliche Überlieferung gegen Fälschungen geschützt werden w). In den Past ist die Unterscheidung von zuverlässiger und falscher Lehre dringender geworden, entsprechend nahm die schriftliche Überlieferung festere Formen an. Wenn der Diener am Wort in diesem Wort verharrt, ist er **imstande** zu ermahnen (dynatos), wörtlich: ermächtigt, bevollmächtigt werden, wie II 1, 12! Die Bevollmächtigung zum Dienst wird n i c h t durch eine äußere Instanz garantiert, noch durch den Akt einer „Amtseinsetzung"! Nur der ist vom Wort Gottes her bevollmächtigt, der diesem Wort vertraut und ihm gehorcht.

u) II 1, 13; I 6, 3!
v) II 3, 16
w) 2 Th 2, 2. 3. 14. 17

Der Heilige Geist bevollmächtigt den Botschafter x). Das Empfangen, Festhalten und Weitergeben des vom Heiligen Geist inspirierten Wortes ist nur möglich in der Kraft desselben Geistes. Der Geist allein ist es, der Wort und Wandel lebendig, d. h. wirkungsmächtig y), werden läßt.

x) II 1, 6—7. 12—14; 2, 1; 4, 17
y) I 4, 6. 14. 16!

Aufgrund der gesunden Lehre z) **ermahnen:** Ein Vergleich mit I 5, 1; 6, 2; Tit 2, 6.15 zeigt, daß „ermahnen" hier im Sinn von „Seelsorge üben" zu verstehen ist. In der Verkündigung kann zwar auch allgemein ermahnt werden, aber das Ziel aller Ermahnung ist doch die konkrete Situation: es soll der einzel-

z) I 1, 10

ne, es soll die bestimmte Familie oder Gruppe mit dem Wort Gottes angesprochen werden.

Die Widersprechenden überführen: dasselbe Verb wie Mt 18, 15. Vgl. I 5, 20; II 4, 2!

Die Aufgabe ist für Titus klar umrissen, aber „von einem spezifischen Lehramt haben wir nichts vernommen" (Holtz). Nicht alle Ältesten sind Vorsteher, nicht alle Vorsteher haben
a) Rö 12, 7 die Lehrgabe (die von der des Ermahnens unterschieden ist) a). Belehrung aber ist immer mit dabei, auch in der seelsorgerlichen Tätigkeit, wenn sie wirklich jeden auf das Wort gründen und auf den Herrn ausrichten soll, denn das ist der Sinn
b) II 4, 2! aller Ermahnung und Zurechtweisung b).

B DER KAMPF GEGEN DIE IRRLEHRER

Titus 1, 10—16

1. Zerrüttung in Volk und Gemeinde

Titus 1, 10—12

10 Es gibt nämlich viele, die aufsässig sind, hohle Schwätzer
und Verführer, am meisten solche, die aus der Beschnei-
11 dung stammen, * und ihnen muß man den Mund stopfen,
weil sie ganze Häuser zerrütten, indem sie lehren, was man
12 nicht soll, um schändlichen Gewinns willen. * Einer ihrer
Landsleute, ihr eigener Prophet, hat gesagt: „Die Kreter
sind zumeist Lügner, böse Tiere, faule Bäuche."

Die jungen Gemeinden der Jesusjünger können nicht außerhalb der gesellschaftlichen Zustände leben, sie sollen vielmehr in der Bevölkerung der Insel Kreta, aus der sie ja selber
a) Tit 3, 3! stammen a), wie ein Licht in der Finsternis leuchten und wie Salz gegen die Zersetzung der gesellschaftlichen Zustände wirken. Doch der Geist der Unbotmäßigkeit und Aufsässigkeit ist noch oder schon (wieder) in den eigenen Reihen wirksam,
10 denn **viele sind aufsässig, hohle** b) **Schwätzer und Verführer.**
b) wie 1 Ko 3, 20; 15, 17 Die Aufsässigen wollen sich nicht einordnen ins Ganze, sie widerstehen der heilsamen Lehre und bringen ihre eigene verführerische, aber leere Weisheit. Schon von den Kindern der
c) V. 6! Ältesten wurde gesagt, daß sie nicht aufsässig sein sollen c), gerade sie könnten sich leicht von den Angebern verführen lassen. wenn der Vater es nicht versteht, mit wahrer Autorität

dem losen Treiben im eigenen Haus und in der Hausgemeinde Einhalt zu gebieten.

Die aus der Beschneidung d) sind judenchristliche Lehrer. Um jüdische Lehrer kann es sich nicht handeln, weil sie ja nicht in den Jesus-Gemeinden lehren würden. Der Grundsatz von 1 Ko 5, 11—13 gilt auch in den Past: Die Gemeinde ist nicht beauftragt, diejenigen zu richten, die draußen sind, vielmehr soll sie in ihrer eigenen Mitte zum Rechten sehen. Es handelt sich hier um keine Pauschalverurteilung „der Juden“[17]. Es ist nicht einmal nur von Judenchristen die Rede, auch andere Irrlehrer sind am Werk, am einflußreichsten sind „die aus der Beschneidung“.

d) Ga 2, 12; Kol 4, 11; Apg 10, 45; 11, 2

Und ihnen muß man den Mund stopfen[18], weil sie ganze Häuser zerrütten. Die in V. 10 genannten Lehrer verkehren 11
in den Gemeinden. Nicht ihr Ausschluß wird angeordnet, nur dies, daß sie am Lehren zu hindern seien. **Wie** sie zum Schweigen gebracht werden sollen, ist nicht gesagt. Es gibt das direkte Gebieten, das Schweigen verlangt[19], hier aber ist im Zusammenhang eher an die überführende Zurechtweisung zu denken, die zur Einsicht und darum zum Aufhören der losen Schönwortemacherei führt e). Im Unterschied zu II 3, 6 geschieht das Wirken dieser Leute nicht heimlich, sondern aufsässig und lautstark. Da Familien und Gemeinden noch mei-

e) II 2, 24—25; 4, 2

[17] Wilckens will hier „erste Zeichen eines kirchlichen Antisemitismus“ sehen. Zu einem solchen Urteil kann man nur kommen, wenn man die Past nicht P zuschreibt, sondern von vornherein ihre Niederschrift in eine spätere Zeit verlegt. P hat schon in 1 Th 2, 14—16 gegen die „eigenen Volksgenossen“ starke Worte gebraucht und ebenso deutlich im Galaterbrief gegen die judenchristlichen Irrlehrer geschrieben (6, 12—13; 5, 11—12). Nach diesen zwei Briefen aber schreibt er den an die Römer, und dort nimmt er in den Kapiteln 9—11 jedem Antisemitismus ein für allemal die Berechtigung, sich mit ntl Argumenten zu bewaffnen. Er warnt die Heidenchristen vor Selbstüberhebung und vor Verachtung oder gar Verurteilung der Juden (und Judenchristen). Die Heiden sind durch den Glauben an den Messias Jesus eingepfropft worden in den Ölbaum Israel (Rö 11, 17—24). Die Heiden waren ja Fremdlinge, Beisassen, ohne Bürgerrecht und ohne Anteil an Gottes Bund mit Israel. Erst durch den Messias Jesus werden sie Miterben und Mitteilhaber an den Verheißungen (Eph 2, 11—22; 3, 6). Daß Selbst-Überheblichkeit der Heiden(christen) und Verachtung der Juden(christen) in den Gemeinden aufkam, zeigen gerade die Warnungen, die P dagegen vorbringt; niemals kann ein derartiger Antisemitismus biblisch gerechtfertigt werden. Ein späterer, kirchlich-theologisch begründeter Antisemitismus konnte nur deshalb aufkommen, weil die apostolische Lehre betr. das Volk Israel nicht beachtet wurde. Von dieser Lehre weichen die Past nicht ab.

[18] Bei Plato bedeutet der Ausdruck „den Mund stopfen“: jemanden zum Schweigen bringen durch die Macht der Vernunft.

[19] I 2, 12c; 1 Ko 14, 28. 30. Hier ist Schweigen geboten nicht wegen Irrlehre, sondern wegen Unordnung; allerdings kann Irrlehre bei den hitzigen Diskussionen und Wortstreitereien auch eine Rolle gespielt haben.

stens unter **einem** Dache leben, kann es leicht zur Zerrüttung ganzer Häuser kommen, wenn Kinder gegen Eltern und Vater
f) I 2, 11. 12! und Mutter gegeneinander f) aufstehen und obendrein noch jeder sein Verhalten religiös begründet.

g) I 5, 13; II 3, 6—8! Diese falschen Propheten **lehren, was man nicht soll,** sie verkaufen ihre Lügen und Zaubereien[20] um teures Geld g).

12 **„Die Kreter sind zumeist Lügner, böse Tiere, faule Bäuche."** Der Ausspruch wird dem kretischen Priester Epimenides (6. Jahrhundert v. Chr.) zugeschrieben und ist in der Antike weit verbreitet[21]. Was dieser Mann viele Jahrhunderte zuvor sagte, gilt noch immer zur Zeit, da die Jesusgemeinden entstehen. So ist also ihr Landsmann ein Prophet. Das ist ironisch gemeint: „Dieses Zeugnis ist wahr" (V. 13). Wie kann Paulus ein derart summarisches Urteil übernehmen und noch bekräftigen? Stünden solche Sätze in einem Reisebericht über Kreta, wären sie fehl am Platze, weil sie nicht beschreiben, sondern aufdecken und anklagen. Hier aber ist prophetische Strafrede und Zurechtweisung[22] der bestimmende Hintergrund. Man wird hier an die Weherufe Jesu über die Pharisäer erinnert[23]. Als bloße Behauptung, als Ausdruck persönlicher oder kollektiver Aggression gegen Andersdenkende wären solche Sätze freilich unstatthaft und unverständlich.

Nur wer in letzter Hingabe um Menschen ringt und leidet, wie es Jesus, die Propheten und Apostel taten, kann so unverblümt alles Faule und Falsche bloßlegen, um einen einzelnen, einen Kreis, eine Gemeinde oder ein ganzes Volk aufzuwecken

[20] Zauberei war in der alten Welt so verbreitet, daß keine Jesus-Gemeinde ohne Berührung damit bleiben konnte. Die ägyptische Zauberei war in der ganzen zivilisierten Welt verschrien; durch sie war die Inselwelt des Mittelmeeres total verseucht. Die Zauberer sind das Gegenbild der Jünger Jesu, für die das Wort Mt 10, 8 gilt (Holtz, 212).

[21] Aus dem Wort Kreter hat das Griechische das Verb *cretizo* (lügen) abgeleitet; vgl. den selben Vorgang für Korinth, die moralisch verrufene Hafenstadt: „korinthisch leben" war ein griechischer Ausdruck, der soviel besagte wie ein ausschweifendes Leben führen. Vgl. 1 Ko 6, 9—20.
In Apg 17, 28 und 1 Ko 15, 33 werden Aussprüche des griechischen Dichters Menander zitiert.

[22] Ein Beispiel dafür ist in I 2, 9, Anmerkung 89, zitiert; vgl. Tit 3, 2!

[23] Mt 23, 13. 15. 23. 25. 27. 29: Heuchler, blinde Blindenleiter, übertünchte Gräber, Schlangen, Natterngezücht; ebenso der Täufer zur Volksmenge: ihr Natterngezücht... (Lk 3, 7—14). Vgl. Jes 1, 4; 5, 8. 11. 18. 20. 21. 22, aber auch dieses: wehe m i r (6, 5); 10, 1; 28, 1; 31, 1; Jer 22, 13; 23, 1; Hes 6, 11; 13, 3; 34, 2; Amos 6, 1; Mi 2, 1; Nah 3, 1; Hab 2. 6. 9. 12. 15. 19; Ze 2. 5; 3. 1; Sach 11. 17.

und zur Umkehr zu rufen[24]. Paulus schreibt „mit Weinen von
den Feinden des Kreuzes (es sind nicht seine persönlichen
Feinde) ..., deren Gott ihr Bauch ist" h), und Jesus weint h) Phil 4, 18,
über die Bewohner Jerusalems, die die Propheten gesteinigt 19
haben und auch ihn töten werden i). Jeremia weint über den i) Mt 23,
Hochmut seines Volkes und ruft ihm zu: „Dein Ehebrechen 37—39;
und dein Wiehern, die Schandtat deiner Hurerei auf den Hü- Lk 13, 34—35
geln im Felde habe ich gesehen. Wehe dir, Jerusalem!" k). Das 19, 41! k) Jer 13, 17.
sind gewiß keine schmeichelhaften Worte, aber als Beschimp- 27; 14, 17
fung können sie so wenig gelten wie das Zitat, das Paulus hier
anführt, um es aus eigener Erfahrung zu bestätigen.

2. Dem Einfluß der Irrlehrer Einhalt gebieten

Titus 1, 13—16

13 Dieses Zeugnis ist wahr, und deshalb überführe sie mit
14 Strenge, damit sie gesund werden im Glauben * und nicht
auf jüdische Fabeln und auf Gebote von Menschen achten,
15 die sich von der Wahrheit abwenden. * Den Reinen ist
alles rein; den Unreinen und Glaubenslosen aber ist nichts
rein, sondern unrein ist sowohl ihr Verstand als ihr Ge-
16 wissen. * Sie behaupten, Gott zu kennen, aber mit den
Werken verleugnen sie ihn; sie sind Gott ein Greuel, denn
sie gehorchen ihm nicht und sind zu jedem guten Werk un-
tüchtig.

Dieses Zeugnis ist wahr. Nicht um allgemeine Gesellschafts- 13
kritik handelt es sich hier, vielmehr steht der innere Zustand
der Gemeinde im Blickfeld. Wo dermaßen zerrüttete Verhält-
nisse herrschen, da muß **mit Strenge überführt** werden l). Da- l) 2 Ko 13, 10
zu braucht es volle Entschiedenheit m). Die ständig wieder- Rö 11, 22
holten Mahnungen des Apostels an Timotheus und Titus sind m) Tit 2, 15
nicht überflüssig. Wenn die beiden ihren Dienst entschlossen

[24] Ein moderner Wissenschaftler schreibt über sein Volk: „Apathie, Heuchelei, kleinbürgerlicher Egoismus und heimliche Grausamkeit prägen die ... Gesellschaft von heute." Ich nenne seinen Namen und sein Land hier nicht, weil mir keine vergleichbaren Aussagen über andere Länder zur Verfügung stehen. Kein Volk wird eine derart offene Sprache lieben. Doch dieser Ausspruch legt den Zustand der Mehrheit bloß, wie sie in ihrer Mentalität für alle Industrie-Gesellschaften unserer Zeit mehr oder weniger kennzeichnend ist.

n) I 4, 12; Tit 2, 15 o) II 4, 5; 3, 12; 2, 24 c

ausüben, werden sie Verachtung n) und selbst Verfolgung zu gewärtigen haben o).

Damit sie gesund werden im Glauben: Mit dieser klaren Zielsetzung ist zugleich die Diagnose ausgesprochen: Krank sind sie in ihrer innersten Grundeinstellung, nämlich im Glauben. Darum greift Aberglaube und moralische Zerrüttung wie
p) II 2, 17
ein Krebsgeschwür um sich p). Wenn Titus nicht im zuverlässigen Wort der gesunden Lehre verharrt, könnte auch er selbst angesteckt werden. Wenn er aber mit aller Entschlossenheit der Verwirrung durch das Wort der Wahrheit entgegentritt, wird das für die Irrlehrer zur Gesundung im Glauben führen. Nicht deren Ausschluß oder Verketzerung ist das Ziel, sondern ihre Heilung!

14 **Nicht auf jüdische Fabeln achten:** Das einzige Mal im NT begegnet hier das Wort „jüdisch". Wie in I 1, 4 (!) ist an Legenden und Genealogien oder Geschlechtsregister zu denken.

Gebote von Menschen: Vorschriften ritueller Art wie Kol 2, 22.21, was man zu tun hat, um vor Gott richtig zu sein. (V. 15) Die Evangelien nennen solche Gebote „Überlieferung
q) Mk 7, 2. 4. 7; Mt 15, 1—10 Jes 29, 13
der Alten" q). Wer eigene Gebote aufstellt und lehrt, der schiebt die Gebote Gottes beiseite, **er wendet sich von der Wahrheit ab:** abwenden vom Glauben, vom Evangelium, wie II 4, 4!

15 **Den Reinen ist alles rein; den Unreinen und Glaubenslosen ist nichts rein, sondern unrein ist sowohl ihr Verstand als auch ihr Gewissen.** Paulus gibt auf konkrete Auseinandersetzung eine wegweisende Antwort, die zurückgeht auf ein Wort des
r) Mt 15, 11. 17 s) Rö 14, 14. 20 I 4, 3—5!
Herrn r) und die er bei anderer Gelegenheit schon dargelegt hat: s) äußere Reinigungsvorschriften und -handlungen (wie Sitten und Gebräuche religiöser Art) können einen Menschen nicht rein vor Gott hinstellen, noch macht ihre Unterlassung unrein. Die Entscheidung über rein und unrein fällt einzig und
t) II 2, 22! Ps 51, 12
allein im menschlichen Herzen t). Daß diese Wahrheit so beharrlich in Frage gestellt werden kann, ist offenbar eine Äußerung gerade dieses in sich zerrissenen Herzens, das nicht wahrhaben will, wie allein Reinigung zustande kommen kann: wenn Gott dieses Herz reinigt!

Die Befleckten und Glaubenslosen sind in ihrem Gewissen
u) I 4, 2! v) Hb 12, 15 Jud 8 w) Rö 10, 4; vgl. I, 7—10!
gebrandmarkt u), in ihrem verworrenen Zustand verwirren sie andere v). Glaubenslos sind sie deshalb, weil sie nicht (mehr) dem auferstandenen, lebendigen Herrn vertrauen, der des Gesetzes Ende ist w), und der allein die Gewissen von to-

ten Werken reinigt x). Wenn das Gewissen, das die eigenen x) Hb 9, 14.
Gedanken, Worte und Taten beurteilt, befleckt ist, wird auch 22
der Verstand zerrüttet, da er keinen Maßstab mehr hat, um
zwischen Wahrheit und Lüge, zwischen Gut und Böse zu unter- z) I 6, 5;
scheiden z). II 3, 8!

Sie behaupten, Gott zu kennen, aber in den Werken ver- 16
leugnen sie ihn; sie sind Gott ein Greuel, denn sie gehorchen ihm nicht und sind zu jedem guten Werk untüchtig.

Die Auseinandersetzung mit Irrlehren und ihren Vertretern in den eigenen Reihen führt immer in schwere Not und Anfechtung, weil jeder seine Überzeugung und sein Tun moralisch zu rechtfertigen sucht und ihm den Anschein der Rechtschaffenheit gibt[25]. Diejenigen, die **behaupten, Gott zu kennen,** wollen also religiös erscheinen, sie sind keineswegs „Atheisten", vielmehr mögen sie behaupten, eine bessere, echtere Frömmigkeit zu vertreten. Sie sind denen gleich, die eine Form der Gottseligkeit zur Schau tragen, aber in Wirklichkeit nur sich selbst suchen. Wie sie die Kraft wahrer Frömmigkeit
nicht kennen (verleugnen) a), so verleugnen sie den wahren a) II 3, 5!
Gott auch in ihrem Tun. An ihren Früchten wird ersichtlich, wer sie sind. Aber offenbar ist ein geistliches Urteil hier nicht so leicht und schnell zu treffen, wie es oft wünschenswert wäre. Auch die Lehren sind Werke, die entweder mit dem Bekenntnis des Mundes im Einklang stehen oder nicht[26].

Sie sind Gott ein Greuel. Greuel ist das, was Gott verabscheut; in Rö 2, 22 das entsprechende Verb: „Du verabscheust die Götzen, aber begehst Tempelraub" (auch hier der Widerspruch zwischen Bekenntnis und Tat). Unreine Tiere waren
als Greuel zu betrachten b). Darauf kann dieses Wort anspie- b) 3 Mo 11,
len, denn wahrscheinlich sind in V. 14 auch Vorschriften über 10
reine und unreine Speisen enthalten c). Welche Ironie! Mit c) I 4, 3!
euren Reinigungsvorschriften und Geboten wollt ihr euch vor

[25] Es geht hier nicht um eine oberflächliche Verurteilung, sondern um eine unbestechliche Diagnose menschlicher Zerrüttung. Wenn Verstand und Gewissen unterdrückt, befleckt oder verstört werden, dann schreitet der Verfall sittlicher Maßstäbe rasch voran, dann kann man sogar „im Namen Gottes und des Gewissens" morden, kriegen, schänden und betrügen.

[26] Vgl. I 4, 3: durch Ehe- und Speiseverbote den Schöpfer verleugnen; I 5, 8: durch Vernachlässigung der häuslichen Geschäfte den Glauben verleugnen. Verleugnen kann also einen vielfachen Sinn haben: a) dem Glauben absagen, sich vom Glauben abwenden (Apostasie), b) dem Glauben widerstehen, c) im Widerspruch leben zwischen Überzeugung (Bekenntnis) und Praxis.

Greuel hüten, um vor Gott angenehm zu sein, und dabei seid ihr selbst zu einem Greuel geworden für Gott[27].

d) Tit 1, 10

Denn sie gehorchen ihm nicht d), sondern richten sich nach ihren eigenen Gesetzen und zwingen andere darunter. Darum sind sie unbrauchbar, unbewährt, **untüchtig** e).

e) II 3, 8!

Ein Paulus, der darauf achtet und dafür kämpft, daß er selbst nicht **unbrauchbar**[28] wird, nachdem er andern das Evangelium verkündet und sich zu Gott bekannt hat, der ruft jetzt auch mit aller Entschlossenheit seinen Sohn Titus auf, daß er selbst nicht unbrauchbar werde, dabei aber die Abtrünnigen zurückgewinne zur Gesundung im Glauben.

f) Mt 7, 16

„An ihren Früchten werdet ihr sie erkennen" f), — so schwer dieses Wort auch im einzelnen anzuwenden sein mag, so bleibt es doch der Maßstab zur Unterscheidung zwischen Irrlehre und gesunder Lehre. Die entscheidende Frage lautet: Wie sind die Werke? Stehen sie im Einklang mit dem Bekenntnis des Glaubens, wie es der gesunden Lehre des Evangeliums gemäß ist?

[27] Vgl. Ga 5, 12: möchten doch die, welche euch beunruhigen (mit Beschneidungsvorschriften), sich selbst verschneiden lassen.

[28] dasselbe Wort in 1 Ko 9, 27 wie in Tit 1, 16: untüchtig!

II. TEIL: DIE ERZIEHUNG DER GEMEINDE DURCH GNADE

Titus 2, 1—15

A. ERMAHNUNGEN ZU EINEM WÜRDIGEN WANDEL

Titus 2, 1—10

1. Die alten Männer und Frauen als Vorbilder

Titus 2, 1—3

1/2 Du aber rede, was der gesunden Lehre gemäß ist. * daß
alte Männer nüchtern sein sollen, ehrwürdig, besonnen, ge-
3 sund in Glauben, Liebe, Standhaftigkeit; * alte Frauen des-
gleichen in der Haltung würdevoll, nicht verleumderisch, nicht dem Weingenuß verfallen, Lehrerinnen des Guten, die zur Besonnenheit anregen.

Die Irrlehrer und ihre Kreise sollen nicht verleumdet und verächtlich gemacht werden. Das Ziel der prophetischen Überführung ist, „daß sie im Glauben gesund werden" (1, 13). Dasselbe gilt für die Mahnungen an die Gemeinde überhaupt und im besonderen an die alten Männer in ihrer Mitte (2, 2). Anstatt den Glauben an Gott durch ihr Tun zu verleugnen, sollen sie ihn durch ihr Verhalten bekennen (2, 1—10). Die „Haustafeln" in den Past sind nicht nach „Ständen" (Mann—Frau, Eltern—Kinder, Herren—Knechte) unterteilt wie sonst bei Paulus a), sondern nach Verschiedenheit in Alter und Geschlecht. Beiden Aufzählungen gemeinsam ist die Betonung der Familie, was in Tit noch stärker zum Ausdruck kommt als in I. Der innerste Kern der Familie wie der Gemeinde besteht im liebenden Einvernehmen von Mann und Frau „im Herrn" b). Was dieses Einssein im gegenseitigen Einverständnis praktisch bedeutet, wie es gefördert werden kann, wie den Entfremdungs- und Spaltungserscheinungen zwischen alt und jung, zwischen Männern und Frauen zu wehren ist, das zeigen die Verse 1—10 an. Danach folgt wieder ein Hymnus als Verkündigungsteil (2, 11—14). Vers 15 schließt dann den bisherigen Teil des Briefes (1, 10—2, 14) ab. Wieder folgt ein Ermahnungsteil, diesmal das Verhalten der Gemeinde gegenüber Gesellschaft und Obrigkeit betreffend (3, 1—2), dem nochmals ein Verkündigungsteil angeschlossen ist (3, 3—7). Die beiden

a) Eph 5, 22-6, 4; Kol 3, 18—21

b) Gal 3, 28

Verkündigungsabschnitte sind „wie Brückenpfeiler, die die ganze Reihe der Ermahnungen tragen" (Brandt, 95).

Werden Mahn- und Verkündigungsabschnitte nicht deutlich auseinandergehalten, kommt der Ausleger in Versuchung, das, was als praktische Anwendung des Evangeliums auf eine ganz bestimmte Situation gemeint war, zu einem allgemeinen Gesetz zu erheben.

Lehre und Leben ist nicht dasselbe, doch gilt es, beides in den immer neuen praktischen Herausforderungen des Alltags zur Übereinstimmung zu bringen. Der vorangegangene Teil von Tit legte dar, wie und warum Lehre und Leben oft auseinanderfällt, 2, 1—10 gibt Anweisungen, wie beides zusammenkommt und gesund wächst.

1 **Du aber c) rede, was der gesunden Lehre d) gemäß ist e):** schließt an 1, 13 an und entfaltet den in 1, 9 genannten doppelten Auftrag: die Widersprechenden überführen (1, 10—16) und alle ermahnen (2, 1—10). Du aber rede in Vollmacht (2, 15) im Gegensatz zu den Schwätzern, die lehren, was man nicht soll (1, 10—11). Was der gesunden Lehre widerspricht, soll unterbunden, was ihr im Leben entspricht, gefördert werden. Menschen werden gesunden und reifen, wenn sie Gottes Willen erkennen und tun lernen; sie werden erkranken im Glauben, wenn sie in Unwissenheit von Gottes Weisungen handeln und ebenso dann, wenn sie den Willen Gottes zwar kennen, ihn aber nicht erfüllen f).

c) wie I 6, 11; II 3, 10. 14; 4, 5
d) wie 1, 9
e) I 2, 10
f) 1, 16; vgl. I 1, 10; II 4, 3; Tit 1, 9

2 (Rede also) **daß alte Männer** g) (der Vorsteher stammt aus dem Kreis der alten Männer und hat darum auch teil an ihren Schwächen h)) **nüchtern sein sollen**: wach sein, sich bescheiden, maßvoll, Gegensatz zu 1, 12, vgl. I 3, 2! **ehrwürdig:** I 3, 5.8.11; **besonnen**: 1, 8; I 3, 2. Alle drei Eigenschaften weisen auf ein Gemeinsames hin: die ruhige Gelassenheit des reifen Mannes, bei dem Wort und Verhalten, Überzeugung und Tat zur Übereinstimmung gekommen sind.

g) I 5, 1!
h) vgl. Tit 1, 7—8

Gesund i) in Glaube, Liebe, Standhaftigkeit: I 6, 11; II 3, 10! Alle drei Hirtenbriefe (Past) haben als Grundanliegen, daß die Gemeinden gesund, reif, mündig werden im Glauben. Darin sollen die alten Menschen als Vorbilder vorangehen. Die Triade von Glaube, Liebe, Hoffnung faßt den innersten Kern dessen zusammen, was das Evangelium bedeutet. Mit „Bürgerlichkeit" hat das nichts zu tun, denn diese Glaubensreife ist im Geist gewirkte Frömmigkeit, und sie ist nicht ausgerichtet auf

i) 1, 9. 13; I 1, 10; 6, 3; II 1, 13; 4, 3

geschickte Anpassung an die Welt, sondern auf die Ehre Gottes[1].

Alte Frauen (presbytis) **desgleichen:** ihnen ist Ähnliches zu 3
sagen wie den alten Männern, nur wird es entsprechend ihrem Frausein anders betont.

In der Haltung k) **würdevoll:** Die Haltung umfaßt das ganze Wesen, die Einheit der inneren Verfassung und der äußeren Erscheinung. Würdevoll (hieroprepes), eigentlich: dem Heiligen angemessen; Wohlenberg übersetzt: „Die alten Frauen desgleichen, in der Haltung, wie es solchen geziemt, die im heiligen Dienste stehen, züchtig, würdevoll, Gottes Heiligkeit widerstrahlen." Vielleicht liegt hier eine Anspielung auf Hanna vor l), deren ganzes Wesen auf Gott ausgerichtet war m); man könnte dann übersetzen „priesterlich", dann würde deutlich, daß hier wie überall in den Past noch immer das königliche Priestertum aller Gläubigen vorausgesetzt ist, denn hier wird ja nicht speziell von einem Witwendienst gesprochen, sondern von den alten Frauen überhaupt. Unter ihnen können aber ebenso wie unter den alten Männern einzelne einen Presbyterinnen-Dienst ausgeübt haben. Im Ansatz ist ein solcher Dienst durchaus da (wie u. a. auch der Schluß dieses Verses zeigt); zu seiner Entfaltung brauchte es aber wohl mehr Zeit, weil die gesellschaftlichen Vorurteile groß waren;

k) I 2, 9!
l) Lk 2, 36
m) I 5, 5!

nicht verleumderisch: wie I 3, 11; II 3, 8. Man könnte fragen, warum bei den alten Männern keine negativen Eigenschaften aufgezählt werden. Diese sind aber bereits in 1, 6—7 erwähnt worden! 2, 2 umfaßt alle alten Männer, während 1, 6—7 aus dem Kreis der Alten besonders die Ältesten und Vorsteher als Gemeindediener anspricht;

nicht dem Weingenuß verfallen: vgl. 1, 7 = kein Trinker; I 3, 8: an Diakone gerichtet! Auffallend ist, daß hier von Trunksucht der Frauen die Rede sein kann. In moralisch zerrütteten Kreisen verlieren selbst die Frauen die Nüchternheit und werden Sklaven von Genußmitteln aller Art; **verfallen:** wie Gal 4, 3; Rö 6, 18.22, den Naturmächten der Welt, der Sünde unterworfen sein, an sie versklavt sein;

Lehrerinnen des Guten (kalodidaskalos) kann auch bedeuten: gute Lehrerinnen in Wort und Beispiel; also eine Älteste,

[1] Vgl. die Fürbitte, die am Anfang eines Gottesdienstes gebetet wurde in Apost. Konstit. VII, 10: „Lasset uns gedenken der Unmündigen in der Kirche, daß der Herr sie in seiner Furcht vollende und sie zum vollen Mannesalter führe ... Lasset uns beten für die Eheleute und Eltern, daß der Herr sich über sie alle erbarme."

die lehrt! Auch Brandt (97) denkt hier an die Anspielung auf
n) II 4, 19! ein weibliches Presbyteriat. Priska n) könnte als eine solche Älteste angesehen werden. Man vergleiche auch die Ausführungen über den Witwendienst in der Gemeinde von Ephe-
o) I 5, 1—16! sus o);

die zur Besonnenheit anregen. Das Hauptziel ihrer Lehrtätigkeit ist Besonnenheit, nicht anders, wie auch Titus lehren
p) 2, 6—7 soll p). Das Objekt ihrer Unterweisung wird nicht genannt! Die Satzkonstruktion ist wie 2, 2.6.9: die alten Männer sollen züchtig sein; die alten Frauen seien ebenfalls solche, die als gute Lehrerinnen Zucht wirken[2]. Die Lehrtätigkeit der alten Frauen ist allgemein gefaßt und nicht etwa auf die Unterweisung junger Frauen beschränkt. Durch ihr Lehren und Verhalten sollen sie in der Gemeinde zur Besonnenheit anregen. Natürlich werden dadurch besonders die jungen Frauen beeindruckt sein, wenn sie in ihren älteren Schwestern ein Vorbild finden.

2. Das Verhalten der jungen Frauen.

Titus 2, 4—5

4 (Sage, daß) **die jungen Frauen ihre Männer lieben und ihre**
5 **Kinder lieben,* besonnen sind, keusch, häuslich, gütig, ihren Männern untergeordnet, damit das Wort nicht gelästert werde.**

4 **Ihre Männer lieben** (philandros): Titus soll sich in seiner Ermahnung auch an die jungen Frauen wenden, nicht anders
a) I 5, 2! als Timotheus a). Wenn ältere Frauen diesen Ermahnungsdienst tun können, so ist das sehr erfreulich, aber daraus ein Gesetz ableiten zu wollen, wonach nur ältere Frauen jüngere Schwestern unterweisen oder Frauen nur unter Frauen (und Kindern) lehren dürfen, ist nicht den ntl Schriften gemäß. Zudem ist die Mahnrede sowieso nicht als Gesetz zu verstehen: das zeigt sich gerade auch darin, daß für die Gemeinden auf Kreta die Frauen ermahnt werden, ihre Männer zu lieben,

[2] „Lehrerinnen guter, schöner Art, beides durch Wort und Beispiel. Das Objekt bleibt absichtlich unbenannt; denn ‚junge Frauen' ist als solches nicht anzusehen." (D. Wohlenberg in Th. Zahn, NT Kommentar 1911, S. 241) „Mit ‚junge Frauen' ist, wie bereits Hofmann gesehen hat, ein neuer Satz zu beginnen." (I. P. Lange, Bibelwerk 1894, 11.—16. S. 143)

während für die Gemeinde in Ephesus dieser gleiche Zuruf
den Männern gilt b); dort war die Gegenliebe der Frauen vorausgesetzt, hier aber ist das nicht so selbstverständlich, denn die gesellschaftlichen Zustände sind anders c). Das Einverständnis zwischen Mann und Frau ist nur möglich, wenn ihre Liebe gegenseitig ist, und je nach den äußeren Umständen und Lebensabschnitten (den alten Frauen wird hier nichts gesagt in bezug auf ihr Verhalten gegenüber ihren Männern!) gilt es, bald den Mann, bald die Frau zur Liebe anzuhalten[3].

b) Eph 5, 25.

c) Tit 1, 11; 2, 3!

Ihre Kinder lieben (philoteknos): kinderliebend; auch das scheint auf den ersten Blick eine Selbstverständlichkeit zu sein, doch steht sie in Übereinstimmung zu dem, was bisher über die gesellschaftlichen Zustände auf Kreta und in der Gemeinde gesagt wurde. In I 2, 15 handelt es sich wohl um Mütter, die aus religiösen Gründen ihre Kinder vernachlässigten; hier in Tit 2, 4 scheint es, daß sie noch gar nicht zu wahrer Mutterliebe ihren Kindern gegenüber erwacht sind.

Besonnen: in V. 2 von den alten Männern erwartet, in V. 4 5
als Grundverhalten für die Lehrtätigkeit der alten Frauen erwähnt;

keusch (hagnos): ursprünglich auf kultische Reinheit bezogen, dann auf das sittliche Verhalten übertragen, hat aber noch immer religiösen Bezug, vgl. V. 3: ehrwürdig als heilige Frauen, die heilige Dienste tun. Hier ist im besonderen die sittliche Reinheit in der Ehe gemeint. Besonnen (sittsam) und keusch sein gehört zusammen; in I 2, 9 ist Keuschheit mit Schamhaftigkeit verbunden. Es fällt schwer, diese Wörter in dem hellen Klang und Sinn zu hören, den sie von Jesus her bekommen hatten: im Licht der Freude an der Befreiung der Geschlechter zum wahren Menschsein. Nicht Prüderie und Kälte, sondern Unbefangenheit und warme Herzlichkeit strahlt von diesen Worten aus d);

d) Mt 6, 22 vgl. Tit 1, 15 a

häuslich (oikourgous, von oikos = Haus): steht im Gegensatz zu denen, die ihr Haus der Zerrüttung durch Irrlehre überlassen e). Auch dieses Wort kann für unser Ohr nur schwer befreit werden von der engen und zwanghaften Spießbürgerlichkeit, mit der es gerade auch durch gesetzlich gebundene

e) 1, 11

[3] Ausleger wollen hier eine weitere Bestätigung sehen, daß die endzeitliche Ausrichtung abgeschwächt sei im Unterschied etwa zu 1 Ko 7, 29. Doch in 1 Ko 9, 5 sagt P, daß reisende Evangelisten ein Recht haben, ihre Ehefrauen mitzuführen, das war also mit der Endzeit durchaus zu vereinbaren. Die endzeitliche Ausrichtung ist auch in Tit gegeben: 2, 10 will im Licht von 2, 13 ausgelegt sein: als solche, die auf seine Erscheinung warten, liebet eure Männer!

und auf ihre (angeblich in der Bibel begründete) Vorherrschaft pochende Ehemänner umgeben worden ist. Ein Haus zu führen und zu gestalten wissen f), ist nicht ein langweiliges und geisttötendes Werk, sondern eine wahrhaft menschliche Aufgabe, wenn man nur nicht meint, den Frauen vorschreiben zu müssen, wie sie „häuslich" zu verstehen hätten, wenn man nur nicht daraus ein Gesetz ableitet, mit dem man die Frau ins Haus verbannt und alle außerhäuslichen Tätigkeiten verdächtigt oder verurteilt. Man müßte sich das „Lob der wackeren Hausfrau" in Sprüche 31, 10—31 einmal genauer ansehen, um zu merken, wie wenig das Selbstbewußtsein, die vielgestaltige Tätigkeit und die Verantwortung jener Hausherrin zu tun hat mit der engen und isolierten Lebensweise, in der heute viele Ehefrauen ihre einsamen Tage mit ein bis zwei Kindern in einer Kleinwohnung verbringen. Sie hatte noch das Tagewerk für ihre (!) Mägde zu bestimmen, und wenn sie einen Acker oder einen Weinberg kaufen wollte aus ihrem eigenen Geld, so schloß sie einen Handel ab! Mit reifer Überlegenheit lachte sie des kommenden Tages und überwachte alles Tun und Treiben in ihrem Hause;

f) I 5, 14; 3, 5. 15; II 2, 20

gütig zeigt an, worauf es vor allem ankommt, daß nämlich die Häuslichkeit der Frau einen freien Raum der Entfaltung habe, durch den ihre Güte allen zugute kommt, mit denen sie zu tun hat. Wo der Frau die eigene Gestaltung ihres Wirkungsraumes unmöglich gemacht oder künstlich beschnitten wird, da versauert das Gemüt, Depressionen und gekränktes Zurückstehen treten an die Stelle einer freudigen Grundhaltung, die Güte ausstrahlen kann;

ihren Männern untergeordnet: wie Eph 5, 21.22; Kol 3, 18; vgl. I 2, 12 und den speziellen Anhang dazu! Gemeint ist nicht eine sanfte Ergebenheit in alles, was der Mann will! Sie wird den Haushalt verwalten in Güte und in Übereinstimmung mit dem Willen ihres Mannes, nicht ohne ihn noch gegen ihn. Die Freiheit und Ebenbürtigkeit der Frau steht nicht im Widerspruch zu einer Unterordnung unter ihren Mann, sofern diese Unterordnung freiwillig und nicht nach den Vorstellungen männlicher Überlegenheitsphantasien und Herrschaftsgelüste geschehen kann. Überhaupt wird die Zuordnung von Mann und Frau zu verschiedenen Zeiten (auch innerhalb einer Ehe verschieden) und in veränderten gesellschaftlichen Verhältnissen jeweils eine andere Gestalt annehmen. Die Unterordnung ist nicht ein neues Gesetz, das im NT anstelle bisheriger Gesetze aufgerichtet würde. Das eine „Grundgesetz" ist die Liebe, und das heißt: Gegenseitigkeit in allem, auch in der Unterordnung. So wird die Zuordnung von Mann und Frau das eine Mal mehr patriarchalisch (Hauptverantwortung beim Manne), das andere Mal mehr partnerschaftlich (gegenseitige Verantwortung und Dienstbereitschaft je nach den Gaben, die jeder empfangen hat) geprägt sein. Das Neue, das durch Jesus in die Beziehung der Geschlechter kam, ist gerade nicht eine Bestätigung oder gar Verstärkung der Männervorherrschaft, sondern eine Wiederherstellung der ursprünglichen Gegenseitigkeit. Daß Mann und Frau nach gemeinsamer Beratung und Übereinkunft g) handeln, ist Ausdruck jener göttlichen Liebe, die in Jesus Menschengestalt angenommen hat.

g) 1 Ko 7, 5

Hat man einmal die herkömmliche falsche Vorstellung eines gesetzlichen und diskriminierenden Charakters dieser Ermahnung zur Unterordnung der Frau überwunden, dann könnte ein neues Verständnis für ihren wahren Sinn erwachen: die natürliche Überlegenheit der Frau in den vitalen Lebensbereichen, ihr selbstverständliches Mitten-im-Leben-Stehen könnte dort, wo sie durch Jesus die volle Befreiung von aller Bevormundung erfährt, leicht zur Überheblichkeit gegenüber dem Mann führen. Das könnte eine besondere Versuchung für die Frauen in den frühen Gemeinden gewesen sein.

Damit das Wort nicht gelästert werde h): Nicht nur die Unterordnung unter den Mann, sondern alles bisher Genannte miteinbezogen, gibt der Gemeinde und der Umwelt einen Anschauungsunterricht von der Befreiung durch das Evangelium im Leben derer, die Jesus nachfolgen.

h) I 6, 1; Tit 2, 8!

3. Titus als Vorbild der jungen Männer
Titus 2, 6—8

6 Desgleichen ermahne die jungen Männer, besonnen zu sein,
7 * indem du dich selbst in allem als Vorbild guter Werke darbietest, in der Lehre Unverfälschtheit, in würdigem Ernst,
8 * gesunde, unanfechtbare Rede, damit der Widersacher beschämt wird, weil er nichts Schlechtes von uns sagen kann.

Desgleichen ermahne die jungen Männer, besonnen zu sein: Erst jetzt folgt das Prädikat der ganzen Liste: ermahne a)! So

a) wie 1, 9; II 4, 2! Phlm 9. 10!

wird auch V. 2 gemeint sein: ermahne alte Männer. Jedesmal wenn das Wort „besonnen“ in den Past erscheint, ist es nötig, sich daran zu erinnern, daß das Wort zwar eine hellenistische Haupttugend nennt, der aber die Demut fehlt. Selbstbeherrschung ist das, was der Mann aus sich selbst macht! In den Past aber ist Selbstzucht immer Zucht des Heiligen Geistes,
b) II 1, 7! seine Gabe, seine Wirkung b). Wie aber wird die geschenkte Besonnenheit verwirklicht? Wer an der Wortgestalt festhält in
c) 1, 9; II 1, 13. 14 Kraft des Geistes c), wer die Gabe des Geistes zu immer neuer
d) II 1, 6 Glut anfacht d), wer im Wort bleibt e), wer den Herrn anruft
e) II 3, 14—17 in der Gemeinschaft mit anderen, wer die jugendlichen Lüste
f) II 2, 22 flieht und der Gerechtigkeit nachjagt f), wer sich in der Fröm-
g) I 4, 7 migkeit übt g), in dem bringt der Geist die Frucht eines zuchtvollen Lebens zur Reife. Den jungen Männern ist das gleiche zu sagen wie den jungen Frauen: seid besonnen! Wir merken immer wieder: Es lassen sich aus diesen Aufzählungen keine feststehenden Unterschiede der Geschlechter ableiten.

Die beiden folgenden Verse sind an Titus gerichtet. Da er selber als junger Mann anzusehen ist, gilt das ihm Gesagte auch seinen Altersgenossen.

7 **Indem du dich selbst als Vorbild guter Werke darbietest.** Ermahne durch dein Beispiel! In allen aufgezählten Eigenschaften, in allen Begegnungen mit Jungen und Alten, mit Männern und Frauen. **In allem** bist du vollständig und ganz gefordert. Ist das aber nicht eine Überforderung? Diese Mahnung darf nicht moralisch und gesetzlich mißverstanden werden. Vielmehr soll dem Zerrbild der Irrlehrer das Vorbild eines gesunden Lehrers entgegengestellt werden, denn die Macht schlechter Bilder kann nur überwunden werden durch mächtige bessere Bilder. Nicht kirchliche Machtpositionen werden aufgebaut, sondern ein Mensch wird hingestellt: **biete dich dar!** Gewähre allen die Möglichkeit, an dir zu sehen, was Gott
h) I 4, 12. 16 in einem Menschen wirkt h). Es kann nicht die Rede davon sein, daß Titus sich als Tugendbold mit einem Heiligenschein hinstellen soll! Für ihn gilt ebenso wie für alle seine Brüder: „Auch wir waren unverständig ... und dienten mancherlei Lüsten“ (3, 3). Die selbe alte Natur ist auch jetzt noch in Titus und wird immer dann zur Auswirkung kommen, wenn er nicht im Gehorsam und Glauben des neuen Lebens bleibt: die Gnade Gottes erzieht uns (Paulus und Titus inbegriffen), damit wir die Gottlosigkeit und die weltlichen Lüste verleugnen und das wirkliche Leben praktizieren (2, 12)!

In der Lehre Unverfälschtheit: Das Vorbild guter Werke erleuchte die Lehre, der Vorschrift gehe das Vorbild voran. In der Art und Weise, wie er die Lehre darbietet und sich selbst, sei er lauter, durchsichtig, in seinen Absichten rein i), ohne Gewinn zu suchen. Die beste Auslegung gibt 2 Ko 4, 2 und zugleich die Bestätigung, daß hier derselbe Grundton der Ermahnung vorliegt: „Wir (als Diener des Herrn) haben den heimlichen Dingen, deren man sich schämen muß, entsagt, indem wir nicht in Arglist wandeln, noch das Wort Gottes verfälschen, vielmehr uns vor Gott jedem Gewissen der Menschen empfehlen dadurch, daß wir die Wahrheit offenbaren."

i) 2 Ko 11, 2—4

In würdigem Ernst: wie I 3, 8.11. Der Dienst am Wort verträgt keine frivolen Spielereien und keine Menschendienerei. Verhalte dich entsprechend dem, was du vertrittst. Mache den kostbaren Schatz nicht zu einer billigen Marktware in der Art, wie du ihn und dich selbst darbietest.

Gesunde, unanfechtbare Rede (darbietend, von V. 7 her). 8
Die gesunde Lehre will auch gesund dargeboten sein. Weder schöngeistige Unverbindlichkeit (Rhetorik) k) noch unverständige Aufdringlichkeit, noch eine besonders gehobene fromme Sprache[4] wird der wahren Schlichtheit des Evangeliums gerecht. Deine Rede, im Einzelgespräch und in der Verkündigung wie in der Widerlegung der Irrlehrer, sei Ausdruck deines Lebens im Wort Gottes l). Suche nicht mit Worten Eindruck zu machen, verkündige nüchtern und gesund-menschlich, so wird die Wirkung nicht ausbleiben.

k) 1 Ko 1, 17

l) II 3,14—17

Damit der Widersacher[5] beschämt wird, weil er nichts Schlechtes von uns sagen kann: Das können Widersprechende und Kritiker in m) und außerhalb der Gemeinden sein. Der jeweilige Schluß von 2, 5.8.10 meint jedesmal das gleiche: keinen Anlaß zu Lästerung und herabsetzender Kritik geben.

m) 1, 9; 3, 15; II 2, 25

Beschämt werden: Der ursprüngliche Sinn ist: den Rücken kehren, dann: sich ändern, sich anders stellen, zuwenden; schließlich: Furcht und Respekt haben, so in Hb 12, 9. Diejenigen, die beschämt sind, können gewonnen werden, sie können vor Gott zur Einsicht und Umkehr von ihrem Tun gelangen n).

n) II 2, 24—26! 1 Ko 14, 24—25; 1 Pt 3, 1—2

[4] Es gibt alte und neue „Kanaan-Sprachen", d. h. fromm tönende, aber nichtssagende Redensarten.

[5] *(enantias)* Widersacher; nur hier, aber in 1 Th 2, 15 (enantius): entgegen, feindlich sein.

4. Das Zeugnis der Sklaven

Titus 2, 9—10

9 Sklaven (ermahne), **ihren Herrn sich unterzuordnen, in al-**
10 lem sie zufriedenzustellen, nicht zu widersprechen, * nichts
zu veruntreuen, sondern alle gute Treue zu erweisen, damit
sie die Lehre Gottes, unseres Retters, in allem schmücken.

Zur Sklavenfrage: I 6, 1—2 und Brief an Philemon!

9 Im Unterschied zu Eph 6, 9 und Kol 4, 1 sind hier die Herren nicht auch einbezogen in die Mahnrede. Ob vielleicht noch keine solchen in den Gemeinden waren — im Unterschied zu Ephesus a)? Ob die Mahnung verschärft sei, wie einige Ausleger meinen, ist fraglich b). **In allem** kann den Sinn haben von ganz, ungeteilt, von Herzen, nicht nur dem Schein nach c). Die Kirchenväter betonten immer sorgfältig, daß der Gehorsam der Sklaven sich nur auf erlaubte Dinge beziehen dürfe;

a) vgl. I 6, 2. 17
b) vgl. Eph 6, 5; Kol 3, 23!
c) vgl. Kol 3, 22

zufriedenstellen (euarestos); wohlgefällig sein, mit Ausnahme von Hb 13, 21 nur bei P, und zwar auf Gott bezogen, dem etwas wohlgefällt: Rö 12, 1; 14, 18; 2 Ko 5, 4; Phil 4, 18. Erscheinen hier die kleinen Herren im Abglanz der Herrlichkeit Gottes, dem wohlzugefallen erstes Anliegen des Menschen sein soll? Man kann hier schwerlich einen Unterschied zu Eph 6, 7: „gutwillig dienen" sehen und wird deshalb die Frage verneinen;

nicht widersprechen (antilegein); schon in 1, 9 als Hauptwort: die Gegensprecher; Luther: „nicht widerbellend", gemeint ist das Widersprechen aus gereiztem Herzen. Die Not der Klassenunterschiede kommt in dieser Versuchung der Sklaven unterschwellig zum Ausdruck. Ähnliches gilt für die notvollen Spannungen zwischen den Geschlechtern, die nur in der Liebe getragen und überwunden werden können: liebt ein Mann seine Frau, wird er sie nicht zum Widerspruch reizen, liebt eine Frau ihren Mann (2, 4), wird sie nicht widersprechen und das letzte Wort haben müssen. Die Liebe ist der entscheidende Beweggrund und die Kraft zu wohlgefälligem Verhalten, auch im Verhältnis von Sklaven und Herren d). Wie verfehlt das gesetzliche Pochen auf Untertänigsein der Frau ist, zeigt gerade ein Vergleich mit den Sklaven hier, von denen erwartet wird, daß sie **sich ihren Herren unterordnen:** nicht zuletzt durch die verändernde Kraft des Evangeliums ist die Sklaverei und da-

d) I 6, 2! Eph 6, 9 a

mit die sklavische Unterordnung aufgehoben worden! Für die Frauen aber soll sie die dauernde Ordnung sein?

nichts veruntreuen (nur noch Apg 5, 2 f!), unterschlagen, 10
entwenden. Der Sklave Onesimus war unehrlich gewesen, und
als er entdeckt wurde, ist er von seinem Herrn geflohen e). e) Phlm 18

In allem gute Treue erweisen f). Die Treue sei gut! (pistis f) wie I 1, 16
agathe.) Gut ist betont an den Schluß gesetzt, ist also nicht im II 4, 14
abgeschwächten Sinn zu übersetzen. Es ist das Gute, wie es vor Gottes Augen gilt, es sind die guten Werke, zu denen er
uns vorbereitet hat g); g) Eph 2, 10

damit sie die Lehre Gottes, unseres Retters, in allem Kol 1, 10
schmücken h). Die Lehre Gottes: Genitiv der Urheberschaft; h) I 2, 9!
die Lehre stammt von Gott; er ist selbst der Verkündende, Unterweisende, Erziehende (V. 11). Sein Lehren will in allen, die ihm gehören, zur Schönheit wahren menschlichen Lebens führen. Die Treue des ganzen Menschen aus ganzem Herzen
kennzeichnet den guten Knecht i). Ohne das Wirken des Ret- i) Mt 25, 21
ter-Gottes ist das Ganzwerden des Menschen nicht wirklich ein Heilwerden.

„Die Lehre" ist das Grundwort für Anfang (V. 1), Mitte (V. 7) und Ende (V. 10) des praktisch ermahnenden Teils. Diese heilsame Lehre, die den Glauben gesund, nüchtern und in den Werken tätig erhält, wird im folgenden entfaltet. Im **Retter** gipfelt der Mahnruf und leitet über zum Lobpreis eben dieser erlösenden und erziehenden Gnade Gottes (2, 11—14).

B. JESUS IST DIE HEILBRINGENDE GNADE GOTTES (2. HYMNUS)

Titus 2, 11—15

11 Denn: erschienen ist die Gnade Gottes, heilbringend allen
12 Menschen. * Sie erzieht uns dazu, daß wir der Gottlosigkeit
und allen weltlichen Lüsten absagen und besonnen und
gerecht und gottselig leben in der gegenwärtigen Welt-
13 zeit, * indem wir die beseligende Hoffnung, nämlich das
Erscheinen der Herrlichkeit unseres großen Gottes und Ret-
14 ters Jesus Christus erwarten, * der sich für uns dahinge-
geben hat, um uns von aller Ungerechtigkeit zu erlösen
und für sich selbst ein Volk zum Eigentum zu reinigen,
15 (das) eifrig (tätig ist) in guten Werken. * Dies rede und

ermahne und überführe mit aller Entschlossenheit; niemand soll dich dabei mißachten.

Der vorliegende Hymnus preist Gottes Gnade, die erschienen ist in der Vergangenheit (V. 11), die die Jünger Jesu erzieht in der Gegenwart (V. 12), deren volle Offenbarung erwartet wird in der Zukunft (V. 13), deren Grund und Kraft die Liebe des Erlösers ist, der sein Volk reinigt und entfaltet zum Leben in heiligem Eifer (V. 14).

11 **Erschienen:** steht ganz am Anfang, das Plötzliche, Unerwartete, Überraschende betonend. Das Verb (epiphanein) in der passiven Form im NT nur hier und 3, 4[6]; das Hauptwort (epiphaneia) Erscheinung ist typisch für die Past, doch zeigt seine frühe Verwendung in 2 Th 2, 8[7], daß das im Kaiserkult und für hellenistische Gottheiten sehr gebräuchliche Wort sicher nicht einseitig von dorther bestimmt ist, zumal der Zusammenhang mit dem AT mindestens ebenso beachtet werden muß a).

a) I 6, 14; II 1, 10, 4, 1. 8!

Die Gnade Gottes (charis): Gnade ist das Herzwort des Apostels, durch Gnade ist er errettet, durch Gnade ist er geworden, was er ist, durch Gnade geschieht sein Wirken b). Gnade ist unverdiente Gabe Gottes, Ausdruck seines Erbarmens, seines Wohlwollens, seiner Gunst und Huld c). Gott läßt sich nicht herab wie die großtuerischen Majestäten dieser Weltzeit, denen es beliebt, zu gewissen Anlässen dem Volk oder einzelnen eine Gunst zu erweisen d). Gottes Herablassung geschieht nicht aus „Eigennutz", sondern ganz und gar aus Liebe, die überströmt zu barmherziger Tat: in Jesus ist Gottes Gnade sichtbare und für die Menschen faßbare Wirklichkeit geworden. Durch Jesus wissen wir, daß Gottes gnädige Herablassung den Menschen nicht erniedrigt, denn Gott erniedrigt sich selbst, um den Menschen aus seiner schuldhaften Niedrigkeit zu erhöhen. Der Hymnus ist durchdrungen von Staunen und Jubel[8] darüber, daß in Jesus die heilbringende Gottesgnade wie eine Sonne aufgegangen ist über der von Todesschatten umdüsterten Welt e);

b) I 1, 14; 1 Ko 15, 10; 2 Ko 6, 1—2.
c) Eph 2, 8; Rö 3, 24
d) Lk 22, 25; Jo 18, 39
e) I 3, 16! Jo 1, 14. 16. 17.

[6] Sonst verwendet P ein anderes Verb: *phaneroun;* I 3, 16! In II 1, 10 zusammen mit *epiphaneia!*; Tit 1, 3; Rö 3, 21; 16, 26; 1 Ko 4, 5; 2 Ko 14; Kol 1, 26; 3, 4

[7] *epiphaneia* und *parusia,* zwei verschiedene Worte für dasselbe Geschehen: „Die Erscheinung seiner Wiederkunft."

[8] Ein Lied von Gerhard Tersteegen bringt diesen Jubel zum Ausdruck: 1. Jauchzet, ihr Himmel, frohlocket, ihr Engel, in Chören. / Singet dem Herren, dem Heiland der Menschen, zu ehren. Sehet doch da: / Gott will so freundlich und nah / zu den Verlornen sich keh-

heilbringend (soterios); als Adj. nur hier im NT[9]; wie salutaris, lat. sagt aus, wie die Gnade wirkt: mit rettender Mächtigkeit, heilsmächtig. Gnade ist nicht schwächliche Nachgiebigkeit, nicht kraftlose Gunsterweisung, sondern göttliche Liebeskraft;

für alle Menschen: der Retter hat sich für alle hingegeben, Gottes Gnade will, daß alle zum Heil gelangen; das universale Angebot des Heils ist hier uneingeschränkt ausgedrückt
wie überall bei Paulus f). Erlösung haben alle nötig, sie ist f) I 2, 4. 6!! Rö 8, 32; 2 Ko 5, 14
aber auch allen zugänglich: Männern wie Frauen, Alten wie Jungen, Sklaven wie Herrn, Juden wie Griechen.

Die Glaubenden sollen immer vor Augen haben, daß Gottes Gnade allen gilt und alle erreichen will. Und zwar soll das geschehen durch das Lebenszeugnis der Gemeinde Jesu. In ihrer Mitte will Gottes Gnade so real aufleuchten, indem sie vergibt, heilt, zurechtbringt und zur vollen Menschlichkeit erzieht nach dem Bilde Jesu, daß alle Welt erkennen kann, wie diese Gnade sich in denen verwirklicht, die sich ihr öffnen.

Zwischen den Versen 11 und 12 besteht eine ungeheure Spannung, die durch menschliches Verstehen oder Empfinden nicht beseitigt werden kann g). Die Gnade ist da **für alle Menschen,** und sie **erzieht uns.** „Uns", das sind alle, die den Heilsruf annehmen und sich von Jesus zum Eigentumsvolk reinigen lassen. Für alle — für uns! Erst im Blick auf diese Unterscheidung wird die prophetische Dringlichkeit aller vorangegangenen und nachfolgenden Ermahnungen deutlich. Gott will ein Eigentumsvolk, das eifrig mitwirkt am Heil der Welt, das durch den Retter angefangen hat, als er die Sünde der Welt auslöschte in seiner sühnenden Liebe h). Auch hier sehen wir den direktesten Bezug zum AT! Gott will seine Gnade aller Welt zukommen lassen durch sein Volk, das er erlöst hat und erzieht i).

g) Mk 10, 26. 27; Mt 19, 25—27

h) Jo 1, 29

i) vgl Ps 67, 2—3; 98,2—3 mit Tit 2, 14! Apg 13, 47; Lk 2, 30—32!

Sie erzieht uns (paideuein, part. präs.); erziehen, züchtigen, 12
strafen, zurechtweisen, unterweisen; das Hauptwort paideia
ist enthalten in „Pädagogik". Die Betonung des Satzes liegt

ren. 3. Sehet dies Wunder, wie tief sich der Höchste hier beuget. / Sehet die Liebe, die ganz nun als Liebe sich zeiget. / Gott wird ein Kind, träget und tilget die Sünd. / Alles anbetet und schweiget. / 4. Gott ist im Fleisch. Wer kann dies Geheimnis verstehen? / Hier ist die Pforte des Lebens nun offen zu sehen. / Gehet hinein, eins mit dem Kinde zu sein, die ihr zum Vater wollt gehen.

[9] Als Hauptwort verwendet an bezeichnenden Stellen, welche eine Parallele zu diesem Hymnus darstellen: Lk 3, 5 (Apg 28, 28); Lk 2, 30; Apg 13, 47; Jes 49, 6.

auf diesem Verb[10]. Es wurde behauptet, daß dieses Wort in den Past seine Bedeutung verändert habe, es sei nur noch unterweisend, nicht mehr zurechtweisend, züchtigend, strafend verstanden, wie sonst im NT. Doch I 1, 20 hat eindeutig den Sinn von Strafe, Züchtigung, ebenso II 2, 25. In II 3, 16 ist „Erziehung zur Gerechtigkeit" zusammenfassende Beschreibung eines ganzheitlichen Geschehens, das Überführung (von Sünde) und Wiederherstellung (in der Umkehr) umfaßt[11]. Auch Titus soll mit Strenge und Entschlossenheit überführen, erziehen k). Erziehung hat zwei Seiten: ermahnen und ermuntern, überführen und hinführen, züchtigen und ziehen, vormachen und mitgehen, führen und freigeben. Beide Seiten sind in Tit 2, 1—10 und 2, 11—14 miteinander verbunden. Auch die Gnade ist nicht ohne Zucht, aber sie ist von anderer Art, ja, sie steht im Gegensatz zum harten Zuchtmeister des Gesetzes, denn „ihr seid nicht unter Gesetz, sondern unter Gnade[12] l)".

k) 1, 9. 13; 2, 15; 1, 16 vgl. Hb 12, 5—11

l) Rö 6, 14

Sie erzieht uns, daß wir ... absagen: Das erste Ziel der Gnadenerziehung ist, daß wir **verleugnen** lernen! Das ist keine bloß formale oder weichliche, sondern eine folgerichtige und entschiedene Unterweisung. Verleugnen heißt entsagen, absagen, nein sagen können. Die Zeitform des Verbes (part. aor.) könnte wörtlich übertragen werden mit: nachdem wir in der Vergangenheit entschlossen mit der Sünde gebrochen haben

[10] „*paideuein* umfaßt beides: das Verbot und das Gebot, den Widerspruch Gottes gegen das, was wir sind, und sein begabendes Wirken, das in uns schafft, was er will. Darum entsteht aus der göttlichen Gnade unser Verleugnen, durch das wir dem absagen, was wir sind. In uns ist die Mißachtung Gottes, die *asebeia,* und dieser widersteht Gottes Gnade, weil sich Gottes Zorn gegen sie kehrt, Rö 1, 18; und in uns sind die der Menschheit eigenen Begierden, die den Verstand verwirren, die Leidenschaften erwecken, die Gemeinschaft zerstören und die Ungerechtigkeiten wirken. Auch ihnen widersteht Gottes Gnade in allen Menschen; denn sie fallen ebenso wie die Gottlosigkeit unter Gottes Zorn" (Schlatter, 195).

[11] Gleicherweise sind auch in Eph 6, 4 beide Aspekte der Erziehung zusammengestellt: der strafende, überführende und der zurechtbringende, ermunternde. „Ihr Väter, reizt eure Kinder nicht zum Zorn, sondern zieht sie auf in der Zucht *(paideia)* und Ermahnung *(nouthesia,* hat gegenüber *paideia* einen milderen Klang) des Herrn."

[12] Ein Vergleich mit 1 Ko 11, 28—32 ergibt noch eine andere Sicht auf unseren Text: in der Gemeinde sind viele krank und schwach, ja sogar gestorben, weil sie ohne Vorbereitung, ohne Prüfung, ohne Selbstgericht und Umkehr zum Herrenmahl kamen und dort ihre Brüder aus Hartherzigkeit benachteiligten. Gott hat züchtigend eingegriffen, damit sie jetzt schon überführt, gerichtet und wiederhergestellt werden. Tit 2, 1—10, ja alle vorangegangene, zum Teil scharfe Vermahnung könnte dann auch als vorbereitende Gemeindeseelsorge vor dem Herrenmahl angesehen werden. „Als Tischgenossen des Erhöhten seufzen wir nicht unter dem Zuchtmeister des Gesetzes *(paidagogos* Gal 3, 24 f), sondern stehen im pneumatischen göttlichen Unterricht. Der Herr des Mahles arbeite an den Seinen" (Holtz, 225).

und jetzt mit dieser Absage weiterfahren; die bereits erfolgte Absage bestätigen durch das gegenwärtige Verhalten. Das Gesetz verleitet den Menschen dazu, daß er vorschnell, aus Angst vor der Strafe, nein sagt, ohne wirklich im Herzen von der Notwendigkeit dieses Neins überzeugt zu sein. Die Gnade hat Kraft, wirklich von der Sünde zu überführen. Die Langmut Gottes kann zu wahrer Einsicht und Umkehr führen, weil im Licht der Liebe deutlich wird, daß Sünde nie lohnt, nie die erhoffte Bereicherung bringt, andrerseits unter dem Einfluß der Gnade das Nein nicht nur als notwendig, sondern als zu meinem Besten dienend erkannt und ermöglicht wird. Es ist nichts weniger als ein Wunder der Gnade, wenn ein Mensch von ganzem Herzen nein sagen kann.

Die Gottlosigkeit (asebeia) steht im Gegensatz zur wahren Gottesverehrung, zur Gottseligkeit, Frömmigkeit (eusebeia), die im gleichen Vers erwähnt ist. Das Wort weist auf die Vergangenheit hin, auf ein Leben ohne und gegen Gott. Wäre der Gottlosigkeit[13] ein für allemal und endgültig entsagt, so bedürfte es nicht der Ermahnung, so wären die apostolischen Briefe nicht nötig, so müßte die Gnade Gottes nicht züchtigen und erziehen. So gewiß ein Bruch mit der Vergangenheit zu geschehen hat, so gewiß ist auch, daß die Trennungslinie zwischen Gottlosigkeit und Gottseligkeit, nicht nur zwischen Vergangenheit und Gegenwart, zwischen Gemeinde und Gesellschaft, zwischen Christ und Welt verläuft, sie geht auch mitten durch das eigene Herz, denn jedes eigenmächtige und eigensüchtige Handeln und Begehren ist gott-los (1, 16!). Die Gnade unterweist, mahnt und kräftigt, daß wir der Gottlosigkeit des eigenen Herzens immer neu entsagen. Wie tief diese Gottentfremdung sitzt, kann man an der weltlichen Gier erkennen, die immer aus einem Mangel an Gotteslust (Gottseligkeit) aufbricht.

Die weltlichen Lüste: „weltlich“, nur noch in Hb 9, 1, dort im Sinn von „irdisch“; hier kann das Wort sehr stark Bedeutung haben im Sinn von „teuflischen Begierden“. Der verführerische Glanz und Sog von gottgelöster und ungezügelter Sinnlichkeit war für die Gemeinden der Frühzeit nichts Fremdes. Wieder gilt es, gut zu hören und zu unterscheiden: die Freude an Gottes Schöpfung und Geschöpfen, der Dank für Speise, Trank, Geschlechtlichkeit m) darf nicht verwechselt werden mit m) I 4, 3—4!

[13] Vgl. Rö 1, 18: Gottlosigkeit und Ungerechtigkeit der Menschen, welche die Wahrheit in Ungerechtigkeit aufhalten; derselbe Zusammenhang in Tit 1, 1; 2, 14. 12; 3, 7.

n) Eph 5, 18 süchtiger Gier, welche den Menschen zerrüttet n). Alles, was die Begierden erregt und den Menschen von sich selbst fortreißt, steht im Widerspruch zu einem besonnenen Leben in Gerechtigkeit und soll deshalb mit Entschlossenheit abgewiesen, verleugnet werden. „Fliehe die (jugendlichen) Lüste o)!"
o) II 2, 22
Wie kann dies in Wahrheit geschehen, wenn nicht durch Gnade? Wie sollte das begierliche Herz von sich aus dazu gelangen, die Begierden nicht zu begehren? Die Spielarten von Süchtigkeit sind schier unbegrenzt, von den gröbsten und offensichtlichsten bis zu den feinsten und verborgensten Formen[14]. Wo keine weltlichen Lüste verleugnet werden, da ist die Gnade zur billigen Gnade geworden, da ist man aus ihrer Schule davongelaufen. Viele Evangelisations- und Missionsmethoden erweisen sich als unbiblisch, wenn sie nur vom Glauben an den Sünder-Heiland, nicht aber auch von der Absage an die Sünde reden. Allerdings lauert auch hier wieder die Gefahr gesetzlicher Treiberei. Die beiden Wege, die dem rein menschlichen Bemühen um Überwindung der weltlichen Lüste offenstehen, führen nicht zum Ziel:

1) Man verleugnet nicht die Lüste, sondern leugnet, daß es sie überhaupt gibt. Man erklärt sie als Ausdruck der Lebenslust, als Wille zum Leben, als berechtigten Trieb oder natürliches Bedürfnis.

2) Man versucht die Lüste einzudämmen, ihre schlimmsten Auswüchse zu beseitigen. Der Mensch tritt den Kampf an gegen sich selbst. Religiöse Menschen werden zusätzlich Gebet und Besinnung, Beicht- und Bußübungen einspannen. Doch die Lüste werden nur ihre Gestalt wechseln und an unerwarteter Stelle zu unerwünschter Zeit durch Hintertüren und Hintergedanken wieder hereinkommen. Das Ende des asketischen Weges ist der Mensch, der das Gute, das er will, nicht tut, und
p) Rö 7, 7. 8. 19 das Böse, das er haßt, ausführt[15] p).

Unter dem Einfluß der erziehenden Gottesgnade werden die

[14] Man denke etwa an die überraschende Beobachtung von J. G. Hamann: „Wissensdurst ist unstreitig einer der stärksten, grauenhaftesten und gefräßigsten Triebe im Menschen", sofern er zur Gier entartet ist. Die Gnade aber „will uns bewegen, unsere Gottlosigkeit und unsere vergängliche, irdische Gier wie einen wüsten Traum hinter uns zu lassen" (Zink).

[15] „Es ist die ganze Kluft zwischen christlicher und außerchristlicher Ethik, die sich hier auftut. Dort ist die Triebkraft der Sittlichkeit die Forderung des Gesetzes oder der Vernunft oder des Gewissens, die den Menschen vor ein unerfüllbares „du sollst" stellt; das Christentum kennt ein neues Motiv der Ethik, das die Kraft zur Erfüllung schenkt: die Dankbarkeit des begnadeten Gotteskindes für Gottes Vergeben, in der sich die erziehende Gnade Gottes als Heiligungskraft auswirkt" (J. Jeremias, 60).

weltlichen Lüste nicht abgeleugnet, sondern verleugnet, weil der Retter von ihnen befreit und das Herz vom gesetzwidrigen Wesen reinigt (V. 14). Wie oft darf man kommen und Vergebung empfangen und wieder neu beginnen? Gottes Gnade ist grenzenlos wie seine Vergebung. Die Grenze verläuft in uns, nicht in ihm. Nicht an der Gnade liegt es, wenn in uns die Angst hochkommt. Wenn das Herz sich nicht ermahnen und nicht zu wahrer Umkehr führen läßt, wird es in den alten Geleisen weiterfahren, und die ursprüngliche Absage — war es denn überhaupt eine echte Absage? — bleibt ohne Erneuerung und Vertiefung. Unter einem frommen Mantel macht sich dann das alte Wesen breit. Ohne gegenseitige brüderliche Ermahnung werden die Grenzen schneller erreicht, als man leichthin annimmt: Lippenbekenntnis und tatsächliche Lebenspraxis fallen auseinander, widersprechen sich q).

q) II 3, 5 Tit 1, 16

„Jeder ‚Fortschritt' im Christenleben ist eine Rückkehr zur Gnade und eine Bitte darum, daß sie ihr Werk tut" (Brandt, 100). Die Gnade wird nie nein zu uns sagen, aber sie wird uns unerbittlich dazu führen, daß **wir** nein sagen zu unserer Gottlosigkeit und den daraus entspringenden Begierden. Das Ziel des ganzen Abschnittes ist: Heiliges Leben in der Gegenwart! Wer verleugnet, wird nicht ums Leben kommen. Erst er wird dem vollen Leben begegnen, er wird **besonnen und gerecht und gottselig leben in der jetzigen Weltzeit.**

Besonnen: ist wie „Lehre" ganz verwoben mit dem vorangegangenen Abschnitt[16]. Besonnenheit ist das Ziel r) der Gnadenerziehung: die klare Nüchternheit und Wachheit, die aus der Absage an die geheimen Lüste und aus der empfangenen Vergebung entsteht. In der Besonnenheit kann der verschwommene Selbstbetrug nicht andauern. Ganz gegenwärtiges Wachsein für das jetzige Leben, ganz erfüllt mit Erwartung (V. 14), das ist nicht Endprodukt der Selbsterziehung, sondern Wirkung der Gnade, die erst besonnene Selbstverantwortung ermöglicht und allem ein anderes Ziel gibt.

r) vgl. 2, 4!

Gerecht: Der Sinn des Wortes darf nicht vom Zusammenhang des Briefes gelöst werden. Diejenigen, die gerecht gesprochen worden sind, werden durch Gnade zu Gerechten (zu einem gerechten Leben) erzogen s). 1 Th 2, 10 zeigt, worauf „gerecht" bezogen ist, wie es verstanden sein will: „Ihr seid Zeugen und auch Gott (selbst), wie heilig und gerecht und untadelig wir uns euch Glaubenden gegenüber verhalten haben"

s) vgl. Tit 3, 5—7!

[16] Lehre: 2, 1. (5). 7. 10; besonnen: 2, 2. 3. 4. 6.

t) I 6, 11!

t). Heiliges Leben ist etwas anderes als bürgerliche Pflicht und Schuldigkeit! Die furchtbare Ungerechtigkeit in der Welt hat ihre Wurzel in den weltlichen Lüsten, die aus der Gottlosigkeit ihre Triebkraft gewinnen. Der Ungerechtigkeit kann nicht gesteuert werden, wenn nicht radikal, bis zu den Wurzeln, die zerstörerischen Begierden angegangen und abgelegt werden in Kraft der heilbringenden Gnade.

Gottselig[17]: Die mit Gerechtigkeit gepaarte und in nüchterner Wachheit gegenüber eigenen und fremden Begierden gelebte Frömmigkeit ist eine Kraft besonderer Art. Sie tritt nicht kraftstrotzend auf, ihre Wirkung ist unaufdringlich, fast wie selbstverständlich, und doch erweckt sie Widerstand, sie kann nicht übersehen, nicht übergangen werden. Diese Frömmigkeit

u) II 3, 12!

ist „in Christus“ u). Darin liegt ihr Grund und ihre Wirkung. Das Ziel der Gnadenerziehung ist eine Frömmigkeit, die ganz auf Gott gerichtet, mitten in dieser Welt lebt und wirkt, aber gar nicht in dem Sinn, daß sie ihre „Weltlichkeit“ dadurch beweisen will, daß sie möglichst so sein will (oder möglichst nicht so!) wie alle andern auch. Nicht Anerkennung oder Ablehnung ist für diese Frömmigkeit bestimmendes Motiv, sondern die ständig wirksame Gnade Gottes.

v) I 6, 17; II 4, 10!

In der jetzigen Weltzeit v): Entscheidend ist hier, daß die Gnade für ein Leben in dieser Welt erzieht und gleichzeitig das liebend-erwartende Gespanntsein auf die kommende Welt wach hält. Die Past haben nicht eine Schwenkung vollzogen, um sich hier weltlich einzurichten; ihre „Weltlichkeit“ bleibt

x) I 4, 8; 6, 14 II 1, 12; 2, 10. 4, 1.

von der kommenden Welt bestimmt x)[18].

Die Übersetzung von Wilckens bringt diese Grundspannung gut zum Ausdruck: „Sie erzieht uns dazu, der Gottlosigkeit und allen weltlichen Begierden abzusagen und zuchtvoll, gerecht und fromm zu leben, solange diese Weltzeit währt, denn unsere Erwartung richtet sich auf die erhoffte und seligmachende Erscheinung . . . “

13 **Indem wir die beseligende Hoffnung, nämlich das Erscheinen der Herrlichkeit unseres großen Gottes und Retters Jesus Christus erwarten:** part. präs. wie „erziehend“; ein fortdauernder Zustand, der die eschatologische Haltung, das endzeitliche

[17] zu Gottseligkeit vgl. Einleitungsfragen, S. 23—25 in Wt. Stb. 1 Tim

[18] Gnade und Hoffnung auf die Herrlichkeit sind hier genau so aufeinander bezogen wie in Rö 5, 2; überhaupt besteht eine enge Beziehung zwischen Rö 5, 1—10 und Tit 2, 11—14: Wir haben Zutritt erlangt zu dieser Gnade (Tit 2, 14, Vergangenheit), wir stehen in dieser Gnade (2, 12, Gegenwart), wir rühmen uns der Hoffnung auf die Herrlichkeit (2, 13, Zukunft).

Ausgerichtetsein ausdrückt[19]. Verleugnen, leben, erwarten, diese drei Verben bestimmen den Abschnitt, sie umfassen Vergangenheit, Gegenwart und Zukunft, ja, sie drücken eine Steigerung aus vom Absagen zum Zusagen und zur Erwartung; ebenso: besonnen, gerecht, gottselig. Wer in Begierde trunken ist, wird nicht warten, denn er ist nicht wach, er schläft y). Ernüchtert vom Schlaf der Vergangenheit, erweckt von der beseligenden Erwartung des Kommenden, kann ein Jünger des Herrn Jesus wirklich „geistesgegenwärtig" leben und sein Licht brennend erhalten: „Eure Lenden seien gegürtet und eure Lichter brennend. Und ihr (im Unterschied zu den anderen, die schlafen), ihr solltet den Menschen gleichen, die [mit Sehnsucht] ihren Herrn erwarten"[20].

y) 1 Th 5, 6—7

Die beseligende Hoffnung, nämlich das Erscheinen: selig wie in I 1, 11; 6, 15. Nur der Hoffende ist ein Wartender, er lebt in der Zeit zwischen dem Erscheinen der Gnade in Niedrigkeit (V. 11) und der Erscheinung in Herrlichkeit (V. 13). Weil die Gnade vergebend und erziehend durch das Leben führt, darum erwächst aus ihrem Wirken eine Hoffnung, die beflügelt und beseligt. **Die Erscheinung** des Herrn in Herrlichkeit ist Inbegriff und Höhepunkt der eschatologischen Erwartung, die den Beter bewegt zu sagen: Dein Reich komme ... dein ist die Herrlichkeit. Gottes heiliger Liebeswille wird im Erscheinen des Erlösers seine volle Erfüllung für die ganze Schöpfung finden.

Unser großer Gott und Retter Jesus Christus: Gott, der in der Unscheinbarkeit des Menschen Jesus gekommen war, ist jetzt schon denen, die sein Erscheinen liebgewinnen z), als der Erhöhte gegenwärtig in Geist und Wort und Mahl[21]. Weil sie schon von seiner Nähe berührt und bewegt sind, darum erwarten sie sein Offenbarwerden in Herrlichkeit. Nicht aus dem Gefühl der Leere und des Elends schaffen sie sich einen Trost im Jenseits, nicht als Ausgleich für ihre Not und Bedrängnis erträumen sie sich eine herrliche Wunschwelt, nicht auf einen gewöhnlichen Menschen haben sie ihre Vergottungs-

z) II 4, 8!

[19] Vgl. das Lied von Zinzendorf: Jesu geh voran auf der Lebensbahn. In jeder Strophe ist gegenwärtiges und zukünftiges Leben aufeinander bezogen; darin ist das Besondere der ntl Seelsorge widergespiegelt: Richte unsern Sinn auf das *Ende* hin ... ordne unsern Gang, Jesu, *lebenslang*.

[20] Lk 12, 35. 36; dasselbe Verb wie hier und Apg 24, 15; vgl. II 4, 1. 8! Auf das Reich Gottes warten: Lk 23, 51; 2, 25. 38; Mk 15, 43.

[21] Das Herrenmahl ist Hoffnungsmahl „bis er kommt": 1 Ko 11, 26; 16, 22; vgl. Mk 14, 25; Mt 26, 29.

phantasien vereinigt nach dem Muster des Kaiserkultes. Weil sie seine erlösende, reinigende und darum seligmachende Liebe jetzt schon täglich in neuer Begnadung erfahren, darum erwarten sie die volle Erfüllung dessen, was bereits begonnen hat; ihre Hoffnung ist nicht Ersatz für etwas nicht Vorhandenes, sondern Gewißheit des schon Beschenkten.

Und was ist zur behaupteten „Vergottung des Menschen Jesus" zu sagen? Wie ist **großer Gott und Retter** auszulegen? Liegt hier eine Beiordnung vor: die große (Majestät und Macht) Gottes und das Heil des Retters Jesus Christus? Danach würde die Größe Gottes in der Erscheinung des Messias ganz offenbar werden[22].

Doch der Text legt nahe, hier nur eine einzige Person zu sehen, nämlich Jesus, den in Herrlichkeit erscheinenden Messias. Ein entscheidendes Gewicht hat der Aufbau des Briefes: jedes Kapitel nennt je zweimal den Retter, und zwar einmal auf Gott und einmal auf den Messias bezogen: Gott (1, 3); der Messias (1, 4); Gott (2, 10); der Messias (2, 13!); Gott (3, 4); der Messias (3, 6).

Der Artikel **unser** Gott wird nur einmal angeführt[23], ein Ausdruck des Vertrauens und der persönlichen Zugehörigkeit; er ist der erhöhte Herr, dessen Gottheit in der Parusie offenbar werden wird. In 2 Pt 1, 16 ist das Wort „Größe" (Majestät) unzweifelhaft auf „unsern Herrn Jesus, den Messias" bezogen. In der Profanliteratur werden die beiden Titel „Gott und Erlöser" auch nicht für zwei Personen, sondern für den gleichen weltlichen Herrscher verwendet[24].

Die Herrlichkeit, in welcher der Messias erscheint, ist seine eigene göttliche Wirklichkeit, er wird sich „auf den Thron
a) Mt 25, 31 seiner Herrlichkeit setzen a)". Die göttliche Doxa (Herrlichkeit)
b) 2 Ko 4, 4—6 wird nicht nur **durch** ihn, sondern **an** ihm offenbar b), „damit
c) Jo 5, 23 alle den Sohn ehren, wie sie den Vater ehren c)".

Sind dann also die ntl Schriften Zeugnisse einer „wissenssoziologisch" nachweisbaren „Vergottung des Stifters" durch seine Nachfolger, dessen Lehre und damit auch sich selbst sie

[22] So begründen diejenigen Ausleger, welche annehmen, Jesus werde nirgends im NT Gott genannt, „groß" sei allein auf Gott bezogen.
[23] Doch selbst wo ein Artikel wiederholt wird, kann er auf eine einzige Person bezogen sein, wie in Offb 1, 9; 2 Pt 1, 11.
[24] Ptolemäus wird ausdrücklich als „großer Gott, Mächtiger und Erlöser" bezeichnet. *(tou megalou theou euergetou kai soteros)*, zit. bei Simpson, 108. Hier handelt es sich wirklich um Vergottung eines Menschen, und ein Vergleich mit Jesus macht den Unterschied deutlich.

göttlich verklären[25]? Mit dem Bekenntnis, Jesus sei wahrer Mensch und wahrer Gott, will der Glaube ausdrücken, daß Jesus in Tun und Empfinden, in Erkennen und Wollen ganz menschlich, im letzten aber von einer Selbstgewißheit durchdrungen war, die nicht aus dem Menschlichen stammt, sondern absolut und göttlich ist. Jesus stellt sich in seinem Anspruch nicht nur neben, sondern über Moses d). Jesus ist mit einem Anspruch und Selbstbewußtsein aufgetreten, das menschliches Maß übersteigt. Gleichzeitig ist Jesus als echter Mensch in der Selbsterfahrung gewachsen e), wie auch die Jünger in ihrer Glaubenserkenntnis wachsen konnten und mußten. Das wahre Menschsein und das unableitbare Selbstbewußtsein Jesu wird in den Evangelien gerade **nicht** verwischt. Jesus ist nicht eine menschlich-göttliche Zwittergestalt!

d) Mt 5, 21—48

e) Hbr 5, 7—9 Lk 1,80; 2, 40

Darum treffen die Einwände und die verschiedenen Vergottungstheorien daneben. Nach den Evangelien besteht kein Zweifel über die volle Menschlichkeit Jesu, seines Denkens, Fühlens, seiner Vorstellungswelt. Doch seine Selbstidentität ist anders und einmalig, sie ist göttlicher Natur.

Sowohl die Apostel wie auch Jesus wußten, was Vergottung durch Menschen bedeutet! Die Apostel entzogen sich dem Vergötzungstrieb der Menschen, weil sie eben keine Götter waren f). Jesus ließ sich nicht zum göttlichen Brotkönig machen, noch stellte er seine Herkunft durch Wunder unter Beweis, noch ließ er sich herbei, dem Versucher seinen Ursprung aus Gott („wenn du Gottes Sohn bist") zu demonstrieren, gerade weil er es in seinem göttlichen Selbstbewußtsein nicht nötig hatte g).

f) Apg 14, 8—18

g) Mt 4, 1—11; 11, 27

Die Gottheit des Erlösers wird offenbar werden bei seiner Erscheinung in Herrlichkeit. Diese Hoffnung drängt nicht aus Trieb und Traum in eine unwirkliche Ersatzwelt, sondern sie macht wach und fähig für ein volles Leben in der gegenwärtigen Weltzeit.

Der sich für uns dahingegeben hat, um uns von aller Ungerechtigkeit zu erlösen und für sich selbst ein Volk zum Eigentum zu reinigen, eifrig in guten Werken. 14

Für uns dahingegeben: (hyper hemon); hyper hat hier ein-

[25] So Max Scheler in: Die Wissensformen und die Gesellschaft, 1926; Adolf Holl, Jesus in schlechter Gesellschaft, 1971. Zum Thema siehe: R. Schwager, Vergottung Jesu? in: Orientierung, Zürich, 36. Jg. S. 160—164.

deutig[26] den Sinn von „anstelle von" wie I 2, 6; gemeint ist damit der Opfercharakter des Kreuztodes. Am Kreuz starb Jesus als unser Stellvertreter, dort wurde er an unserer Stelle (für uns) zum Fluch, damit wir vom Fluch des Gesetzes losgekauft werden h).

h) Ga 3, 13; 2 Ko 5, 15; Jo 11, 50

Erlösen von aller Ungerechtigkeit ist atl Zitat: Ps 130, 8 (LXX); erlösen heißt wörtlich: loskaufen; vgl. I 2, 6! Mk 10, 45: Jesus gibt sein Leben als Lösegeld[27]. Der Kreuzestod des Messias ist ein Sühnetod ganz im atl Sinn eines Sühnopfers. Die Betonung des blutigen Kreuzestodes im NT richtet sich gegen jede Form von Gnosis, die die Erlösung zu einem allgemeinen Prinzip machen will. Der Messias wird Israel erlösen (loskaufen durch sein Opfer i) von allen seinen Sünden[28].

i) Jes 53, 10

Ein Volk zum Eigentum k): auch dieser Ausdruck ist ganz aus der atl Welt zu verstehen. Gott hat sich Israel erwählt zum Eigentum, damit durch dieses Volk allen Völkern die erlösende Gnade Gottes kundgemacht werde l). Das NT beansprucht den Titel „Volk des Eigentums" zwar für die Gemeinde der Jesusjünger, aber nicht derart, daß dem Volk Israel sein Erwähltsein abgesprochen wird, vielmehr ist das Volk des neuen Bundes eingegliedert in das „Stammvolk" des alten m).

k) Rö 14, 7—9

l) 2 Mo 19, 5; 23, 22; 5 Mo 7, 6; 14, 2; 26, 18; Mal 3, 17; 1 Pt 2, 9; Eph 1, 14; Apg 20, 28

m) Tit 1, 10!!

Reinigen: die Reinigung folgt der Befreiung n), und ist hier Hinweis auf die Heiligung o). „Da wir also diese Verheißungen haben, ihr Geliebten, so wollen wir uns von jeder Befleckung an Fleisch und Geist reinigen und unsere Heiligung vollenden in der Furcht Gottes." Dieses Wort aus 2 Ko 7, 1 ist die beste Auslegung zur Stelle. Die Verheißung und Erwartung seiner Wiederkunft ist nicht Ersatz und führt nicht zu einem trägen Sich-gehen-Lassen, sondern ernüchtert und befreit zur Heiligung p). Das Ziel der Reinigung wird in einer neuen Frische und Fähigkeit für das Gute sichtbar:

n) Hes 37, 23; 36, 25

o) wie Eph 5, 25. 26

p) 1 Jo 3, 1—2

Eifrig in guten Werken[29]: Paulus sagt von sich, daß er einst in den Traditionen der Vorväter eifrig (zelotes) gewesen

[26] *hyper*, in Phlm 13: Ich (Paulus) wollte den Sklaven bei mir behalten, damit er mir *an deiner Statt diene;* ebenso V. 7: nimm den Sklaven auf an meiner Stelle = wie mich. So nimmt Gott uns an in Jesus, dem Erlöser; ebenso LXX: Jes 43, 3 hyper = an deiner Statt.

[27] lytron, hier in Tit 2, 14 das Verb lytroomai; in Rö 3, 24; 1 Ko 1, 30 der Retter Jesus ist uns gemacht zum Loskauf, zur Befreiung *(apolytrosis)*.

[28] *apo* = von, aus, heraus; betont das volle Herauslösen aus der Verstrickung in Ungerechtigkeit *(anomia); nomos* ist das Gesetz: loskaufen, auslösen aus allem gesetzwidrigen Wesen; vgl. Rö 6, 19; 2 Ko 6, 14; Hes 37, 23; 2 Mo 19, 5.

[29] Vgl. in Wt. Stb. 1 Tim, S. 218, Anhang 3: Gute Werke.

sei q); jetzt aber hat er einen neuen Eifer gefunden r). Die q) Ga 1, 14
Gnade erzieht zu einem neuen Geschmack, zu einer neuen r) 2 Ko 11, 2
Willigkeit und Lust für gute Werke. Aus dem Bewußtsein der
Zugehörigkeit zum Retter und seinem Volk erwächst eine neue
Hingegebenheit: Nicht mehr sich selbst sklavisch verfallen
sein s) und darum nicht mehr sich selbst leben müssen t), das s) 1 Ko 6, 19
ist wahre Erlösung und Befreiung zum Leben. t) 2 Ko 7, 9—11

Der Hymnus endet, indem er zum Anfang zurückführt: Gott läßt seine Gnade aufleuchten über Menschen, die, von ihm losgelöst und durch weltliche Lüste getrieben, unfruchtbare Werke hervorbrachten. Er erlöst sie von ihrem Treiben und reinigt sie zum Eifer in guten Werken, während sie offen bleiben in Hoffnung und Erwartung auf die Erfüllung aller Verheißungen durch „unseren großen Gott und Retter Jesus Christus".

Dies rede und ermahne und überführe mit aller Entschlos- 15
senheit; niemand soll dich dabei (deiner Jugend wegen) **miß-**
achten. Der Vers verbindet den ganzen bisherigen Teil des
Briefes. **Dies rede:** greift 2, 1 wieder auf und vereinigt 1, 10—2, 14 zu einer Einheit. Nicht nur die seelsorgerliche Ermahnung, sondern auch der hymnische Verkündigungsteil, der die heilige und heiligende Gegenwart des erhöhten Herrn in der Mitte seines Bundesvolkes preist, ist als prophetisch bevollmächtigtes Reden zu verstehen.

Ermahne: in 1, 9 zuerst genannt, erinnert an den eigentlichen Mahnabschnitt 2, 1—10, vgl. II 4, 2! Phlm 9. 10!

Überführe: ebenfalls in 1, 9. In 1, 13: überführe mit Strenge,
hier: überführe mit Entschiedenheit. Titus soll nicht schwach
oder zaghaft sein, nicht zögern, sondern klar und deutlich re-
den und handeln. Seine Entschiedenheit u) aber stammt nicht u) I 1, 1;
aus eigenem Antrieb, denn daraus entsteht nur Härte und ri- Tit 1, 3!
goroses Vorgehen; sie erhält ihre Kraft und Geduld vielmehr
aus dem Auftrag Gottes.

Niemand soll dich mißachten: das Verb erscheint nur hier
und hat den Sinn von „außer acht lassen". Titus soll nicht an
den Zuhörern vorbeireden, sondern zusehen, daß er nicht nur
gehört, sondern daß auf ihn gehört wird. Titus und Timotheus
können ihre Autorität weder aus dem Amt noch aus der Al-
terserfahrung ableiten. Wenn sie selbst auf Gott hören und
ihm gehorchen, wird man auch auf sie hören v). Alle Bevoll- v) I 4,
mächtigung stammt von Gott und muß sich im Gehorsam des 12—16!
Bevollmächtigten und in der Einheit von Wort und Leben als
innere Autorität erweisen. Diese Gedanken leiten über zu 3. 1.

III. TEIL: PRAKTISCHE AUSWIRKUNGEN DER GEMEINSCHAFT IM GLAUBEN

Titus 3, 1—11

A. DAS VERHÄLTNIS ZU STAAT UND GESELLSCHAFT

Titus 3, 1—2

1 **Erinnere sie daran, daß sie sich den Obrigkeiten und Macht-**
habern unterordnen, ihnen gehorchen und zu jedem guten
2 **Werk bereit sind. * Sie sollen niemand verketzern und**
nicht streitsüchtig sein, sondern allen Menschen nachgiebig
und voll Sanftmut begegnen.

Von guten Werken war in 2, 14 die Rede, auf sie hin zielte der ganze Verkündigungsteil von 2, 11—14. In 3, 1 steht die Bereitschaft zum Guten deutlich im Zusammenhang mit der Umwelt der Gemeinde, mit ihrer Verantwortlichkeit für Stadt und Land, für das Wohl der Insel Kreta.

1 **Obrigkeiten und Machthaber:** Die in Rö 13, 1—7 zum Ausdruck kommende Einstellung hat sich in den Past nicht verändert. Man kann weder aus Rö 13, 1—7 noch aus I 2, 2 und Tit 3, 1 eine theologisch begründete Staatslehre ablesen[1], noch auch nur im geringsten eine Rechtfertigung für das Unrecht, das eine Regierung begeht a), noch eine falsche Anpassung der Gemeinde an die Welt, um etwa der Auseinandersetzung oder der Verfolgung zu entgehen, die aus der Treue zum Evangelium erwächst.

a) 2, 9—10!

Unterordnen: wie 2, 5. 9; sich unterordnen ist nicht feige Nachgiebigkeit, Schwäche oder Trieb der Herde, die beherrscht werden will, denn nur der Freie, letztlich nur der Liebende kann sich unterordnen und dadurch auch einordnen ins Ganze b).

b) vgl. Jo 13; 1 Ko 3, 23; 15, 28 Lk 2, 51; 1 Pt 5, 5

Gehorchen: den Gesetzen und Anweisungen der zivilen Behörden nachkommen; vgl. Rö 13, 6: in guten Treuen Steuern zahlen. **Die Obrigkeiten und Machthaber**[2] sind nur ermächtigt zum Guten und um dem Bösen zu wehren. Gebet für die

[1] Die Hauptabsicht aller Texte ist auf das politische Verhalten der Christen als Friedensstifter gerichtet und nicht auf eine theologische Begründung der politischen Mächte.

[2] Wörtlich: Gewalten (archai), in Rö 13, 1 f nicht erwähnt; kann den Sinn von dämonischer Gewalt annehmen wie 1 Ko 15, 24; Kol 1, 16; 2, 15. 20; vgl. dazu Jo 19, 10—11; 18, 36: Mt 26. 52—53: Lk 22. 53.

Obrigkeit c) und Gehorsam ihren Anweisungen gegenüber bedeutet nicht, verwerfliche Taten der Regierung passiv hinzunehmen oder gar zu segnen. Wer für die Behörden betet, stellt sie unter Gottes Herrschaft und Gerichtsbarkeit[3]. c) I 2, 1—2!

Zu jedem guten Werk bereit: der Eifer der Gemeinde in guten Werken (2, 14) wirke sich für das Wohl des ganzen Volkes aus! Das ist die entscheidende Grundforderung einer ntl Sozialethik, die für jede Epoche und jedes Land neu ausgelegt und aktualisiert werden will. Die Gemeinde betet für die Wohlfahrt und den Frieden aller und setzt sich dafür ein in Wort und Tat.

Niemand verketzern d): Wer Jesus nachfolgt, wird nieman- 2
den überheblich und abschätzig verurteilen oder ihm Üb- d) I 1, 20
les nachreden. Von dieser Ermahnung aus ist 1, 12 auszulegen. Sollte Paulus die Kreter schmähen und im gleichen Brief jede Lästerung für die Glieder der Gemeinde ausschließen?

Nicht streitsüchtig: nur noch in I 3, 3, dort für den Vorsteher, von dem nicht etwas Außerordentliches erwartet wird, vielmehr soll an ihm sichtbar werden, was für alle gilt.

Nachgiebig: entgegenkommend, freundlich; wahre Freundlichkeit ist sehr kostbar.

Voll Sanftmut e): wörtlich „alle Sanftmut erweisen"; wie I 3, 3! Holtz übersetzt: „Sanftmut ohne Grenzen gegen alle Menschen ... beweisen." Wenn Titus und Timotheus die Widerspenstigen mit Sanftmut zurechtweisen f) und das Böse (Widerstand, Verachtung, Verleumdung, Verfolgung) ebenso mit Sanftmut erdulden g), werden sie für die Gemeinden zu anspornenden Vorbildern, damit alle das gleiche Verhalten lernen können[4]. Sanftmut ist nicht ein Zeichen von Schwäche, sondern der wahren Kraft. Die Sanftmütigen, nicht die Gewalttätigen, werden die Erde in Besitz nehmen h). Sanftmut setzt Ehrfurcht vor jedem Menschen voraus. Der Sanftmütige weiß um die Verflochtenheit aller mit allen in Sünde und Schuld und im Angebot der Vergebung. Ein Schuldiger kann nur im Geist der Sanftmut zurechtgebracht werden, denn der Sanftmütige weiß, daß die Schuld des andern seiner

e) 1 Pt 3, 15; Phil 4, 5
f) II 2, 24 a
g) II 2, 24 b; 4, 2. 5
h) Mt 5, 4; vgl. 11, 29; 21, 5; 2 Ko 10, 1; 1 Pt 3, 4. 15

[3] Von einem bedingungslosen Gehorsam den Behörden gegenüber ist in der Bibel nirgends die Rede. Beispiele zivilen Ungehorsams: Hbr 11, 23—27; Dan 3, 17—18; prophetische Kritik gegenüber Machthabern: Mt 14, 1—12, Jer 26, 7—15. 21—24; 32, 2—3; 36, 27—32; 37, 11—21.

[4] Aus der Clementinischen Liturgie: „Weiter rufen wir dich an für die, welche uns hassen und verfolgen um deines Namens willen, für die, welche draußen sind und irren, damit du sie zum Guten bekehrst und sie besänftigst."

i) Ga 6, 1; vgl. II 2, 25

eigenen nicht fremd ist i). Bedingungslose und grenzenlose Sanftmut gegenüber allen! Eine solche Lebenshaltung hat ungeheure revolutionäre Kraft[5]!

B. LEBEN AUS DER BARMHERZIGKEIT GOTTES (3. HYMNUS)

Titus 3, 3—7

3 Denn auch wir waren einst unverständig, ungehorsam, irre-
gehend, versklavt an mannigfache Begierden und Vergnü-
gungen, lebten in Bosheit und Neid dahin, verhaßt und ein-
4 ander hassend. * Als aber die Güte und Menschenliebe Got-
5 tes, unseres Retters, erschien, * rettete er uns, nicht auf-
grund von Werken, die wir in Gerechtigkeit getan hätten,
sondern nach seiner Barmherzigkeit durch das Bad der Wie-
dergeburt und die Erneuerung des Heiligen Geistes, * den
6 er reichlich über uns ausgegossen hat durch Jesus, den Mes-
7 sias, * damit wir, durch seine Gnade gerechtfertigt, der Hoff-
nung nach Erben des ewigen Lebens würden.

a) vgl. 2, 11—14

Wieder schließt ein hymnischer Verkündigungsteil eng an das Vorangegangene an a). Vers 3 begründet, warum die Gemeinde nicht verleumderisch und streitsüchtig, sondern freundlich und sanftmütig gegen alle sein soll: Sie stammt aus dem gleichen Volk und hat in den gleichen Begierden ihren Lebensinhalt gesucht b).

b) vgl. Lk 7, 40—50; 2 Mo 22, 21

1. Die Vergangenheit der Gemeinde
Titus 3, 3

c) vgl. Rö 6, 21 f 1 Ko 6, 9—11; Kol 3, 7 f; Eph 2, 1—10; 1 Pt 2, 10

Den 7 Tugenden (V. 1 und 2) werden nun 7 Laster (V. 3) gegenübergestellt. Darin liegt mehr als ein schematischer Vergleich von einst und jetzt c); die Aufzählung will auffordern zur Prüfung und Scheidung, sie ist gleichzeitig Mahnung nach

[5] Vgl. Vater Bodelschwingh: „Laß die barmherzige Auffassung aller Dinge deine Lebensaufgabe sein."

innen für die Gemeinde und missionarische Verkündigung nach außen.

Denn auch wir waren einst so wie die Menschen, in deren 3
Mitte wir leben, mit denen wir täglich verkehren und von deren Verhalten wir beeinflußt werden.

Unverständig: töricht, närrisch, ohne Einsicht in die eigene Verworrenheit oder Verkommenheit. Das Betörende und Unheimliche an jeder Sünde ist, daß sie das Empfinden für die Sündhaftigkeit der Sünde betäubt. Der Unverstand, der verfinsterte Sinn ist Kennzeichen der Entfremdung von Gott d). Auch die einmal Erleuchteten und aus ihrem Unverstand Befreiten können wieder vom alten Wesen umnebelt und bezaubert werden, dann oft in neuen und religiösen, scheinbar harmloseren Formen e).

d) Rö 1, 21—22

e) Ga 3, 1

Ungehorsam: Gegensatz zu 3, 1; vgl. 1, 16: der Ungehorsam der Irrlehrer und ihrer Nachfolger in den Gemeinden. Wer nicht mehr weiß, wofür er lebt, kann sich auch in keine wahre Beziehung einlassen, weder im engsten Kreis von Ehe und Familie, noch in den größeren Zusammenhängen von Volk, Gesellschaft und Staat. 2, 1—10 und 3, 1—3 deuten „anarchieähnliche Zustände auf Kreta“ an.

Irregehend: vgl. II 3, 13: verführt und einander verführend, verhaßt und einander hassend. Der Mensch läßt sich durch die Lüste betören, Gewissen und Verstand werden umdunkelt, der Mahnung wird kein Gehör mehr geschenkt, das Böse kann in harmloser Dosierung bis zur vollständigen Vergiftung des einzelnen und der gesellschaftlichen Beziehungen fortschreiten f).

Versklavt an mannigfache Begierden g) und Vergnügungen: „Das Rennen um das Vergnügen[6]“ läßt die Saat des Wortes Gottes nicht aufwachsen, sondern bringt sie zum Ersticken h).

Lebten in Bosheit und Neid dahin: Bosheit ist zu verstehen als aktive Schlechtigkeit, das Böse begehren und Böses antun. Selbstverständlich ist die ganze Aufzählung nicht wie das Resultat einer Volksbefragung zu verstehen, sondern wieder als prophetische Mahnrede, die das Exemplarische herausstellt. Nicht alle Menschen, zu keiner Zeit, leben in gleicher Weise und in gleichem Grade oder überhaupt „in Bosheit und Neid dahin“.

f) Hb 3, 10; Ps 95, 10; 119, 67; Hio 12, 16; Hb 5, 2; 1 Jo 4, 6; 2 Pt 2, 18 Jud 11

g) II 3, 6; II 2, 22

h) Jak 4, 1. 3; 2 Pt 2, 13; II 3, 4

[6] Lk 8, 14, dasselbe Wort wie hier! *(hedone)* Vergnügen; davon ist Hedonismus abgeleitet: Was gibt das Leben an Vergnügen her? Bengel bemerkt, daß die Begierden „nicht bloß im Reize des Gaumens und des Leibes überhaupt, sondern auch zum Beispiel in Verwünschungen, Lästerungen etc.“ zu sehen seien.

i) I 6, 4; Rö 1, 29; Ga 5, 21; Phil 1. 15; Mt 27, 18; Mk 15, 10; Jak 4, 5; 1 Pt 2, 1; Spr 14, 30
k) Rö 1, 29

Neid bedeutet eigentlich, gegen jemand sehen, ihn mit bösen Augen sehen im Blick auf das, was er ist und hat. Neid i) ist ebenso sehr eine gesellschaftlich verheerende Triebkraft wie Begierde und Haß.

Dahinleben: unser Leben zubringen, nur noch in I 2, 2: ruhig und still leben. Dieses Ziel ist alles andere als bürgerliche Behaglichkeit, wenn man den Hintergrund bedenkt, von dem es sich abhebt!

Verhaßt und einander hassend k): die Aufzählung hat ihren Tiefpunkt erreicht. Aus der Verstrickung in Unverstand, Ungehorsam, Verführung, Begierde und Neid ist ein Haß aller gegen alle geworden[7]. Dieser Haß kann als Aggression, brutales Verhalten oder Herzenshärte und Gleichgültigkeit unter einer dünnen Schicht gesellschaftlicher Anständigkeit verborgen sein. Wie schnell er vulkanartig auch schon bei kleinsten Anlässen aufbrechen kann, ist schon im Straßenverkehr zu erkennen.

Dem Tiefpunkt des Menschenhasses steht im folgenden Vers der Höhepunkt der Menschenliebe Gottes gegenüber. Die Philanthropie (Menschenliebe) Gottes überwindet die Misanthropie (Menschenverachtung) der Menschen.

2. Das Werk der Wiedergeburt im Geist

Titus 3, 4—7

l) Eph 4, 32

Die Gnade, die in 2, 11—14 das Erziehungsgeschehen innerhalb der Gemeinde betont, erscheint jetzt (3, 4—7) als Menschenliebe Gottes, die das Verhalten der Gemeinde gegenüber der Welt begründet: weil Gott in Jesus seine Güte und Barmherzigkeit allen zeigt, können die Jünger Jesu, aus der Gnade der Vergebung lebend, allen Menschen Güte und Sanftmut entgegenbringen l).

m) Eph 2, 7; Rö 3, 12; 11, 22; 2 Ko 6, 6
n) Ga 5, 22

4 **Unser Retter:** hier auf Gott, in V. 6 auf Jesus bezogen.

Güte (chrestotes): im NT ausschließlich bei P m); sie ist eine Frucht des Geistes n); Güte hier steht im Gegensatz zu Haß (V. 3). In die Welt des Hasses tritt Jesus, die verkörperte Güte Gottes. Weil die Jünger Jesu seine Güte erfahren, können

[7] W: „Auch wir sind einmal unverständig und ungehorsam in die Irre gegangen, gefügige Diener unserer vielen Süchte und Vergnügungen, haben in Bosheit und Neid unsere Tage zugebracht und, selber verhaßt, im Haß gelebt."

sie freundlich und sanftmütig werden (V. 2) gegen alle Menschen.

Die Menschenliebe Gottes (philanthropia): Luther übersetzt: „Freundlichkeit und Leutseligkeit Gottes"; nur hier auf Gott bezogen, die beiden andern Male im NT von Menschen ausgesagt: „Die Barbaren erwiesen uns ungewöhnliche Menschenfreundlichkeit" o). Diesem Wortsinn entspricht das lat. humanitas. Menschlichkeit und Mitmenschlichkeit sind große Worte in der heutigen Diskussion um die Gesellschaftsordnung. Wie wirklich und wirksam kann die Menschlichkeit werden, wenn sie nicht von der Menschenliebe Gottes ausgeht? Philanthropie ist ein Schlüsselwort griechischer Morallehre. Daß es von Paulus übernommen und auf Jesus gedeutet wird, überrascht ebensowenig wie die Übernahme eines anderen Grundwortes aus der griechischen Philosophie durch das Johannesevangelium: logos. Der Logos wurde Fleisch; die Philanthropie Gottes nahm Menschengestalt an in Jesus. Er hat Erbarmen mit dem Volk p), er heilt die Kranken und geht den Verirrten nach, er gibt sein Leben für die Verlorenen q).

o) Apg 27, 3; 28, 2 vgl. II 3, 4; Tit 2, 4!

p) Mt 9, 35—36

q) Jo 10, 10. 11. 15; Mt 4, 23—25; 8, 16—17

Nicht aufgrund von Werken, die wir in Gerechtigkeit ge- 5
tan hätten, sondern nach seiner Barmherzigkeit. Werke r) sind nicht Grund für das Heil, sondern Folge der Rettung. Von der Gnade ist hier nicht wörtlich die Rede, aber der Zusammenhang zu 2, 11—14 bleibt bestehen. Barmherzigkeit und Gnade sind wie in Eph 2, 4 aufeinander bezogen. Weil Gott Erbarmen hat, darum ist er gnädig[8]. Der Mensch hat keine eigene Gerechtigkeit aufzuweisen, d. h. er ist nicht fähig, sich selbst vor Gott zu rechtfertigen, obwohl der Drang zur Selbstrechtfertigung ungeheuer stark ist. Man denke dabei nicht nur an äußere „verdienstliche" Werke, sondern auch an die Bemühungen, in sich selbst einen richtigen Zustand, eine fromme Gemütsverfassung oder ein geheiligtes Bewußtsein herzustellen.

r) 2, 14; 3, 1!

Der Wechsel von bösen zu guten Werken ist nicht Folge eigener Anstrengung, sondern Frucht göttlicher Barmherzigkeit: **Gott hat uns gerettet nach seiner Barmherzigkeit.** Paulus bekennt in I 1, 13: „Mir ist Barmherzigkeit zuteil geworden." Menschliche Barmherzigkeit reicht nicht aus, um das angesammelte Maß an Verirrung, Bosheit und Haß zu überwinden. Die göttliche Barmherzigkeit allein ist stärker als des Men-

[8] Vgl. 2 Mo 34, 6: Gott der Herr, barmherzig und gnädig, langsam zum Zorn und groß an Güte und Wahrheit; Ps 78, 38; 112, 4: barmherzig und gnädig und gerecht; 116, 5; Jak 5, 11: Der Herr ist voll innigen Mitgefühls und barmherzig.

schen Verlorenheit. **„Er hat uns gerettet“**, das den ganzen Abschnitt regierende Verb steht in der Zeitform des Aorist und unterstreicht dadurch das in der Vergangenheit ein für allemal Geschehene.

Durch das Bad der Wiedergeburt und die Erneuerung des Heiligen Geistes. „Das Bad der Wiedergeburt“ ist ein Bild der Taufe; „die Erneuerung des Heiligen Geistes“ beschreibt das Leben der Heiligung aus der erziehenden Gnade.

Das Bad: (loutron) Wasserbad, Schwemme, eigentlich Waschung in aktiver Bedeutung; so in LXX, Holi 4, 2: Schafe kommen aus der Schwemme herauf, frisch gewaschen, nachdem sie geschoren worden sind. Der Täufling steigt ins Wasser, taucht unter in den Tod und kommt zu neuem Leben gerufen wieder heraus. Der Herr heiligt und reinigt die Gemeinde durch die Waschung im Ort s). Erst das Wort Gottes gibt die Kraft der Reinigung.

s) Eph 5, 26

Wiedergeburt (palingenesia); dasselbe Hauptwort nur noch in Mt 19, 28: „in der Wiedergeburt[9]“ bezeichnet dort die Neugeburt alles Geschaffenen, also ein Geschehen von kosmischen Ausmaßen[10]. Die in der Taufe sichtbar bezeugte Wiedergeburt des Glaubenden ist immer verbunden mit der Auferstehung, die in Jesus begonnen hat t). Und im Auferstandenen hat die Wiedergeburt der ganzen Schöpfung, das neue Leben aus der Todesverfallenheit begonnen u)[11]. Mit der Wiedergeburt jedes einzelnen soll bezeugt werden, daß Gott alles Geschaffene aus der Verfallenheit an Sünde und Tod herausretten will. Paulus bringt in 2 Ko 5, 17 zwar nicht das Wort, wohl aber die Wirklichkeit der Wiedergeburt als Neuschöpfung zum Ausdruck: „Ist jemand in Christus, so ist er eine Neuschöpfung“[12]. Und diese Neuschöpfung wird fortwäh-

t) Eph 5, 14

u) Kol 1, 18 c

[9] Wiedergeburt *(palingenesia)* hat verschiedenartigste Bedeutung in der Antike; mit ihr bezeichnet man die Wiederkehr der Jahreszeiten, besonders des Frühlings nach dem Tod allen Lebens im Winter; die politische Erneuerung oder Wiederbelebung eines Volkes (vgl. Renaissance!), die Seelenwanderung und das Erwachen in einem neuen Leben, so bei Pythagoras; das Wiederaufleben einer Krankheit in der Medizin; in der Stoa: die Erneuerung des Kosmos nach dem Weltenbrand; in den religiösen Sekten und Gemeinschaften: Reinigungs- und Einweihungsbäder, die den Kandidaten vorbereiten für die neue Geburt.

[10] Vgl. dazu Mt 24, 8 „der Anfang der Wehen“, auch hier ein Geburtsvorgang von universaler Größe.

[11] Vgl. Rö 8, 19—22: „Die ganze Schöpfung ist bis jetzt voll Klageseufzer und harrt mit Schmerzen einer neuen Geburt entgegen.“ (A)

[12] Vgl. Eph 2, 10. 15; 4, 24; Ga 6, 15; Kol 2, 13 und bei Johannes die zentrale Stelle in Jo 3, 3—7; sowie 1 Jo 2, 29; 3, 9; 4, 7; 5, 1. 4. 18; 1 Pt 1, 23.

rend in vollere Wirklichkeit ausgestaltet durch die **Erneuerung des Heiligen Geistes.** Viel ist um Sinn und Wirkung der Wassertaufe gestritten worden. Gerade die Past haben hier eine klare Antwort zu geben. Wer bekennt, in der Taufe wiedergeboren, d. h. von Gott erkannt und zu neuem Leben angenommen zu sein, der stehe ab von der Ungerechtigkeit, der zeige durch ein Leben in Liebe, daß er neu geboren wurde v), sonst verleugnet er nicht nur sein Bekenntnis zur Taufe, sondern zu Gott überhaupt w). Letztlich geht es nicht um die Streitfrage, ob Kinder- oder Erwachsenentaufe, sondern um die Glaubenstaufe. Wo aber ist der Glaube an unserer Stelle? Ist hier der Anfang eines Irrweges zu sehen, der dann zur Lehre von der Taufwiedergeburt führte, wonach die Wassertaufe in sich selbst die Kraft hat, neues Leben zu wirken? Keinesfalls, denn der Glaube wird als selbstverständlich vorausgesetzt, wie deutlich aus dem Zusammenhang hervorgeht; in V. 8 ist von denen die Rede, die gläubig geworden sind! Auch Eph 5, 26 spricht vom Bad der Taufe (dasselbe Wort wie Tit 3, 5) ohne direkten Bezug auf den Glauben, wohl aber wird dort gesagt, daß die Waschung im Wort geschieht. Das Wort Gottes gehört mit dem Glauben zusammen. Die Waschung der Wiedergeburt ist Wirkung des Heiligen Geistes. Hierin unterscheidet sich die biblische Taufe von den Waschungen und Taufpraktiken der verschiedenen Mysterienkulte; sie alle sind Werke, die in Gerechtigkeit Menschen getan haben (V. 5), um Reinigung für sich oder andere zu erwirken. Von der Jesusgemeinde aber gilt: „Ihr habt euch (in der Taufe) abwaschen lassen, ja, ihr seid geheiligt worden, ja, ihr seid gerecht gesprochen worden durch den Namen des Herrn Jesus und durch den Geist unseres Gottes" x). Auch hier ist der Glaube nicht direkt erwähnt, aber er ist enthalten im Namen des Herrn Jesus, denn dieser Name ist Rufname, damit er angerufen werde im Glauben: „Wer den Namen des Herrn anruft, der wird errettet werden" y).

v) II 2, 19

w) Tit 1, 16

x) 1 Ko 6, 11

y) Rö 10,9—13

Darum geht es nicht an, in den Past ein sakramentales Taufverständnis sehen zu wollen im Unterschied und Gegensatz zu 1 Ko 6, 11. Für beide Stellen ist entscheidend, was im Heiligen Geist durch den auferstandenen Herrn geschieht, und beide Male ist der Glaube mit einbezogen. Man könnte sogar sagen, daß Tit den Glauben besonders hervorhebt, denn 3, 8a kann auch übersetzt werden mit glaubwürdig, allen Glaubens wert, zu glauben ist das Wort, nämlich das soeben angeführte

Wort von Gottes Erbarmen, der allein aus Gnade neues Leben schenkt. Das im Glauben zu empfangende Heil ist allen frei zugänglich und wird allen ohne eigene Werke ein für allemal geschenkt. Darum bedarf die Taufe im Gegensatz zu den meisten Religionen und Mysterienkulten keiner Wiederholung, keiner besonderen Weihen und Waschungen, keiner Riten und Regeln, denn die Erneuerung, die in der Wiedergeburt begonnen hat, geschieht nicht äußerlich, sondern im Herzen, gewirkt durch den Heiligen Geist.

Der Sinn des biblisch zwar unbegründeten Ausdrucks „Sakrament" liegt in der Erkenntnis, daß alles, was die Erlösung des Menschen betrifft, nicht in menschlichen Maßstäben, Denkformen, Empfindungen und Willensentschlüssen aufgeht, eben weil das Heil allein von Gott kommt und nicht religiös getarnte Selbsterlösung ist. Die Past haben dafür einen klaren Ausdruck, den sie mit den anderen Briefen des Apostels teilen: das Geheimnis des Glaubens z), das Geheimnis der Gottseligkeit a). Das ntl Verständnis von „Geheimnis" ist eindeutig gegen die Mysterienreligionen gerichtet: „Wenn ich in alle Mysterien und in alle Gnosis eingeweiht bin, aber nicht Liebe habe, ist es mir nichts nütze." (1 Ko 13, 2).

z) I 3, 9. 16
a) Rö 11, 25; 16, 25; 1 Ko 2, 7; 4, 1; 14, 2; 15, 51; Eph 1, 9; 3, 3. 4. 9; 5, 32; 6, 19; Kol 1, 26. 27; 2, 2; 4, 3; 2 Th 2, 7
b) Rö 6, 4

Erneuerung des Heiligen Geistes: Der Genitiv zeigt die Urheberschaft an; der Geist ist der Urheber der Wiedergeburt und der Erneuerung. Die Erneuerung folgt der Neuschaffung. Das Neugewordene wird erneuert. Der in der Taufe Neugewordene soll „in Neuheit des Lebens wandeln" b). Durch die Barmherzigkeit Gottes, die Jesus als unsern Retter hingegeben hat, wird nun der Neugewordene instand gesetzt, auch seinen eigenen Leib hinzugeben, nicht um sein Heil zu erwirken, sondern um Gott aus Dankbarkeit für das geschenkte Heil zu dienen c). Und Gottes Gnade erzieht ihn dazu, die Gottlosigkeit und die weltlichen Lüste zu verleugnen, sich also nicht nach diesem Zeitlauf zu richten d), sondern besonnen, gerecht und gottselig zu leben (umgewandelt werden durch die Erneuerung[13] seines Sinnes).

c) Rö 12, 1
d) Rö 12, 2

Jesus ist der neue Mensch. In dieses Bild soll der Gläubige umgestaltet werden e).

e) Eph 4, 23; Kol 3, 20; 2 Ko 4, 16

Wie geschieht das im Alltag? Mit großer Eindringlichkeit weisen die Past auf die Praxis, das Verleugnen, die guten Werke hin. Das könnte leicht erneut in die Zwänge menschlicher Anstrengung und Selbstvervollkommnung führen, wenn nicht der

[13] „Erneuerung", dasselbe Wort in Rö 12, 2 wie in Tit 3, 5!

Heilige Geist ständig das Werk der Neuwerdung vorantriebe,
der Gottesgeist, **den er reichlich über uns ausgegossen hat**
durch Jesus Christus, unsern Retter. Weil der Geist in uner- 6
schöpflicher Fülle den nur zu schnell erschöpften Menschen
gegeben ist, darum kann die Erneuerung ständig geschehen
und Neues hervorbringen. Gott bietet alles reichlich f) dar. f) wie I 6, 17
Wer dieses reiche Schenken Gottes im Heiligen Geist erfährt,
in dem wird der Bann gebrochen, der ihn süchtig nach Ge-
nuß werden ließ. Wo das Wort des Herrn reichlich g) in der g) Kol 3, 16
Gemeinde ausgebreitet, gelehrt und befolgt wird, da ist auch
der Geist reichlich am Werk[14].

Die Wiedergeburt ist ihrem Wesen nach Geistestaufe[15]:
Eingefügtwerden in den Christusleib (Ko 12, 13), zum Glied
seiner Gemeinde gemacht werden.

Durch den Messias Jesus, unsern Retter: vgl. V. 4, Gott,
der Retter. Die Ausgießung des Geistes auf die Gemeinde be- h) I 3, 16!
stätigt die vollbrachte Sendung des Erlösers in Kreuzestod, vgl. Jo 7,
Auferweckung und Erhöhung h)[16]. 37—39; 4, 14.

Damit wir, durch seine Gnade gerechtfertigt, der Hoffnung 7
nach Erben i) des ewigen Lebens würden. Er rettete uns (V. 5), i) Rö 8, 17;
damit wir Erben würden. Der Heilige Geist verbürgt das Erbe Ga 3, 29; 4, 7
des ewigen Lebens k). Das ist eine Hoffnung, die nicht zusam- k) Eph 1,
menbricht, weil sie allein in Gottes Verheißung gründet l). 11—14
Gerechtfertigt: die Hoffnung ewigen Lebens beruht nicht l) Rö 5, 5
auf der gerechten Lebensführung, sondern auf dem rechtfer-
tigenden Gott[17].

Durch seine Gnade: gemeint ist die Gnade des Herrn Jesus:
Er gab sich dahin in die Armut des Todes am Kreuze, damit
wir reiche Erben würden m). Und nun erzieht Gott die Ge- m) 2 Ko 8, 9
rechtgesprochenen zu gerecht Lebenden n). „Erst durch die n) Tit 2, 12;
Ausgießung des Heiligen Geistes kommt es zu einem heiligen I 6, 11
Verhalten, das dem heiligen Verhältnis (Rechtfertigung) ent-
spricht“ (Wohlenberg, 206).

In 2, 13 ist die „selige Hoffnung“ auf die Wiederkunft des Retters, auf sein Erscheinen in Herrlichkeit, gerichtet; in 3, 7 ist die Hoffnung durch den Heiligen Geist über die Gemeinde

[14] Zu beachten ist die Zeitform: er hat über uns ausgegossen, wie 1 Ko 12, 13; Rö 5, 5!

[15] Taufe und Ausgießung des Heiligen Geistes gehört zusammen: Mt 3, 16; Apg 2, 17. 38; 10, 44f.

[16] Wasser ist in Jo 7 wie in Tit 3, 5 und Rö 5, 5 ein Bibelwort für den Heiligen Geist (vgl. Jes 44, 3).

[17] So auch in Ga 3, 11. 26. 27. 29; Taufe, Gerechtigkeit und Rechtfertigung gehören im NT immer zusammen.

o) vgl. Rö 5, 1—5

und in eines jeden Herz reichlich ausgegossen o). Den moralisch schwachen und im Glauben armen Gemeinden auf Kreta soll Titus die Quelle aller Erneuerung für Gemeinde und Volk zeigen: Gott ist reich an Barmherzigkeit und neuschaffender Gnade!

C. NOCHMALIGE MAHNUNGEN

Titus 3, 8—11

1. Glauben und Werke gehören zusammen

Titus 3, 8

8 Zuverlässig ist das Wort; und ich will, daß du dies mit Nachdruck vertrittst, damit die, welche zum Glauben an Gott gekommen sind, darauf bedacht sind, in guten Werken voranzugehen. Dies ist gut und den Menschen nützlich.

a) I 1, 15; 3, 1; 4, 9; II 2, 11!
b) I 2, 8; 5, 14

Zuverlässig ist das Wort a) ist hier als bekräftigendes Amen zu 3, 3—7 zu verstehen.

Und ich will: b) die beiden Bekenntnis- oder Verkündigungsteile stehen in der Wirform: Paulus, Titus und alle Mitarbeiter sind mit allen Gliedern der Gemeinde einbezogen. Jetzt tritt der Apostel seinem Mitarbeiter wieder ermahnend gegenüber: **vertrete mit Nachdruck**, was ich dir sage. In I 1, 7 sind es die Irrlehrer, die mit Nachdruck vertreten, was sie nicht verstehen. Titus aber soll dafür einstehen, was ihm der Heilige Geist von der Gnade Gottes deutlich gemacht hat, also alles in 2, 1—3, 7 Vorgebrachte.

Damit die, welche zum Glauben an Gott gekommen sind[18], **darauf bedacht sind, in guten Werken voranzugehen: vorangehen** — hier das gleiche Verb wie in I 3, 4—5! Das ist für den Zusammenhang der Past sehr wichtig. Das Vorstehen ist nicht ausschließliche Aufgabe oder ein abgesondertes und übergeordnetes Amt eines (einzigen) Gemeindeleiters, sondern alle, die gläubig werden, sollen auf gute Werke bedacht sein und dadurch einer dem andern wegweisend vorangehen. Der Vorsteher geht voran im eigenen Haus wie in der Gemeinde, auf diese Weise steht er vor. Die im Glauben gefestigten Glieder der Gemeinde können den andern vorangehen und vorstehen

[18] Part. perf. bringt die Bestimmtheit des Glaubens an Gott zum Ausdruck.

im Guten, so lernen alle am praktischen Beispiel von Vorbildern, wie das aussieht im Alltag, wenn man auf gute Werke bedacht ist.

Das ist gut und den Menschen nützlich, nämlich in guten Werken Eifer zu zeigen und mit Phantasie der Liebe Initiative zu ergreifen c). Das Wort „Menschen“ steht betont am Schluß des ganzen Abschnittes, der beginnt mit der Menschenfeindschaft der Menschen (V. 3) und der Menschenfreundlichkeit Gottes (V. 4). Gottes heiliger Liebeswille ist ausgerichtet auf die Menschen!

c) I 4, 8; II 3, 16

2. Warnung vor Streit und Irrlehre

Titus 3, 9—11

9 **Aber von den törichten Streitfragen** a) **und Geschlechtsre-**
gistern b) **und dem Zank** c) **halte dich fern,** d) **denn sie sind**
10 **unnütz und nichtig. * Einen sektiererischen Menschen wei-**
se ab, nachdem du ihn ein- oder zweimal zurechtgewiesen
11 **hast, * weil du weißt, daß ein solcher abgewichen und**
durch sich selbst verurteilt ist.

a) II 2, 23! b) I 1, 4; II 2, 23! c) I 6, 4! d) II 2, 16!

Die Aufgabe an der Welt ist in Frage gestellt, wenn die Gemeinde nur mit sich selbst beschäftigt und in den eigenen Reihen zerstritten ist. Anstatt gute Werke zu betreiben, die allen nützlich sind, streiten sie mit Worten, die nutzlos und fern aller Wirklichkeit sind. Ihr Treiben ist ein „leeres Getöse“. Offenbar haben sich nicht nur einzelne Irrlehrer, sondern ganze, ihnen hörige Kreise in solche nutzlose Diskussionen verstrickt. Welches sind entsprechend nutzlose und hitzige Wortgefechte, die heute die Gemüter bewegen? Jede Gemeinde oder Gruppe von Gläubigen möge darauf persönliche Antworten suchen. 9

Sektiererisch (hairetikos); davon stammt unser Wort Häretiker, Ketzer, Sektierer; das zugrunde liegende Hauptwort hat den Sinn von Schule, ein Kreis von Menschen; dann negativ Partei, Sekte e). Die Jesusjünger werden von den Juden eine Sekte genannt, und Paulus lehnt diese Beziehung ab f). Er verwendet das Wort nur im negativen Sinn für Gruppierungen und Spaltungen in der Gemeinde g). Wer willkürlich und eigenmächtig aus dem Ganzen der Wahrheit für sich 10

e) Apg 5, 17; 15, 5; 26, 5
f) Apg 24, 5. 14; 28, 22
g) 1 Ko 11, 19 Ga 5, 20

etwas Besonderes auswählt und „Jünger hinter sich her" zieht, der ist ein Sektierer, und eine derart abgespaltene Gruppe oder Gemeinde ist eine Sekte h).

h) Apg 20, 29; 1 Ko 3, 3—4

Die Zurechtweisung[19] soll nicht nur einmal geschehen, sondern Titus versuche alles, um einen vom Weg Abgewichenen zu gewinnen i). Erst wenn mehrmalige Bemühungen nicht fruchten, werde einer abgewiesen k). Von Ausstoßung aus der Gemeinde ist nicht die Rede. Die Past zeigen ein noch frühes Stadium der Ketzerbekämpfung. Noch sind keine Gegenkirchen errichtet, die Parteiungen verlaufen noch innerhalb der Gemeinden, ihr Überhandnehmen muß aber mit Nachdruck eingedämmt werden, damit es nicht zu einem endgültigen Schisma (Spaltung) komme[20].

i) Mt 18, 15—17
k) I 4, 7; 5, 11; II 2, 23

11 Wer Parteiungen stiftet, der ist **verdreht, verwirrt**[21] und gerät dadurch in Sünde.

Verurteilt (autokatakritos): eine sehr ungewöhnliche Wortzusammensetzung: „er hat seine Verurteilung durch sich selbst in sich" (Schlatter). Das Selbsturteil, das den Verständigen bestimmen sollte, wird beim Verdrehten zur Selbstverurteilung. Warum stehen die Verse 9—11 hier, und wie sind sie mit 1, 10—16 verbunden? Sind hier die gleichen Irrlehrer gemeint? Der Hauptteil 2, 1—3, 8 hat die Begründung dafür gegeben, wie notwendig die gute Lehre mit den guten Werken zusammengehört. Gott in der Lehre bekennen und im Werk verleugnen ist ein unhaltbarer Zustand. Gottes Gnade will retten und reinigen zu guten Werken, seine Menschenfreundlichkeit gilt Sündern und Unverständigen, darum auch denen, die sich gläubig nennen, aber ihre eigenen Wege gehen in Leben und Lehre. Ihnen als den Wankelmütigen, Verwirrten oder Abgefallenen soll Titus das Wort vom Erbarmen Gottes ausrichten, um sie zurückzugewinnen.

[19] *(nouthesia)* nur bei P im NT, wie in 1 Ko 10, 11; Eph 6, 4.
[20] Vgl. 1 Ko 11, 18—19, wo P unterscheidet zwischen Parteiungen (Häresien), „die sein müssen, damit die Bewährten offenbar werden", und Spaltungen (Schismen), die nicht sein sollen. Erst unter Justinus und Irenäus erhält Häresie den kirchentrennenden und von der Kirche ausschließenden Sinn.
[21] Dieses Wort nur hier, sonst bei P ein anderer Ausdruck in 1 Ko 5, 5. 11; Ga 6, 1.

Der Briefschluß

Titus 3, 12—15

1. Einzelne Aufträge

Titus 3, 12—14

12 Sobald ich Artemas oder Tychikus zu dir sende, komme
eiligst zu mir nach Nikopolis, denn ich habe beschlossen,
13 dort den Winter zu verbringen. * Zenas, den Gesetzes-
kundigen, und Apollos rüste sorgfältig zur Weiterreise aus,
14 damit es ihnen an nichts fehle. * Auch unsere Leute sollen
lernen, in guten Werken vorauszugehen für die notwendi-
gen Bedürfnisse, damit sie nicht ohne Frucht seien.

Artemas ist im NT nirgends, **Tychikus** öfter erwähnt: auf der dritten Missionsreise begleitet er den Apostel nach Troas. Er stammt wie Trophimus aus Asia a), wahrscheinlich aus Ephesus, wohin „der geliebte Bruder und Diener im Herrn" im Auftrag des Apostels reist b). Der gefangene Apostel sandte diesen treuen Mitarbeiter nach Ephesus, wahrscheinlich um dort Timotheus zu vertreten, ebenso wie er jetzt den Kreta verlassenden Titus ersetzen soll. Noch steht nicht fest, wer von den beiden, Artemas oder Tychikus, frei sein wird für die Reise nach Kreta. 12

a) Apg 20, 4

b) Eph 6, 21; Kol 4, 7

Nikopolis: mehrere Städte tragen diesen Namen. Die meisten Ausleger nehmen an, daß es sich um die Hafenstadt an der Adriaküste handelt, in Epirus. Paulus ist nicht in Gefangenschaft. Er kann frei entscheiden, wann er reisen und wo er den Winter verbringen will. Aber er wünscht, seinen Mitarbeiter dringend zu sehen, ihn verlangt überall auf seinen Reisen und bei Aufenthalten nach Austausch, Information, Bruderschaft c). Paulus hat oft, wie auch jetzt, Pläne gefaßt, von denen er nicht wußte, ob und wie sie ausführbar waren. „Ich werde zu euch kommen, wenn ich Mazedonien durchzogen habe; denn durch Mazedonien ziehe ich. Vielleicht (!) aber

c) 1 Th 2, 17

werde ich auch bei euch bleiben oder auch überwintern, auf
d) 1 Ko 16, 5—7 daß ihr mich geleitet, wohin irgend ich reise ..." d).

Die nüchterne Art, in der diese Pläne mitgeteilt werden, fällt wohltuend auf im Gegensatz zu manchen heutigen Briefen und Nachrichten aus Kirche und Mission.

Offenbar war der Winter ein großer Unsicherheitsfaktor und ein Einschnitt in der Reisetätigkeit nicht nur des Apostels,
e) II 4, 21 sondern auch seiner Mitarbeiter e). Der Winter konnte aber
f) 1 Ko 16, 6! auch zum nötigen Verweilen zwischen den Reisen beitragen f).

13 **Zenas** ist wie Artemas sonst nirgends im NT genannt. Aus der Berufsbezeichnung Gesetzeskundiger allein ist nicht auszumachen, ob es sich um einen ehemaligen jüdischen Schrift-
g) Mt 22, 35; Lk 10, 25; 7, 30 gelehrten g) oder um einen Juristen im Dienst des römischen Staates handelt. War er ein Judenchrist, konnte er in den speziellen Fragen und Streitereien auf Kreta behilflich sein. Offenbar sind Zenas und Apollos durchreisende Evangelisten. Wahrscheinlich überbringen sie den Brief des Apostels an Titus.

Apollos stammt aus Alexandrien[22]. Er war ein gebildeter
h) Apg 18, 24 Mann, der in Ephesus das Evangelium verkündet hatte h). Priska und Aquila hörten seine Verkündigung und merkten, wo Lücken waren. Sie nahmen ihn zu sich und legten ihm das
i) Apg 18, 26 Evangelium genauer aus i). Da er einen großen Einfluß hatte, war es wichtig, daß er dem heilsamen Wort gemäß lehrte. Darauf konnte er mit einem Empfehlungsschreiben versehen durch
k) Apg 18, 27—28 Achaja reisen und den Gemeinden eine große Hilfe sein k). Apollos war sehr selbständig; obwohl der Apostel ihm stark zuredete, ließ er sich nicht bewegen, nach Korinth zu gehen. Er fand die Zeit nicht für gelegen. Erst wenn es ihm paßte,
l) 1 Ko 16, 12 wollte er gehen l). Als in Korinth eine Apollospartei im Ent-
m) 1 Ko 1, 12; 3, 6 f stehen begriffen war, stellte sich Paulus ganz an seine Seite m), denn er wußte, daß auch um seinen eigenen Namen sich un-
n) 1 Ko 1, 13—16 reife Eiferer scharten n). Beide Diener des Herrn waren von Gottes Gnade abhängig. Sie hatten verschiedene Gaben, aber gerade dadurch ergänzten sie sich. Als Gottes Mitarbeiter sollten die Gemeinden sie ansehen und sich über die sich ergän-
o) 1 Ko 3, 5. 6. 22 zenden Gaben freuen und Gott dafür loben o).

Offenbar ist der Apostel noch immer mit Apollos in Verbin-

[22] Die Stadt wurde 332 v. Chr. durch Alexander den Großen gegründet und entfaltete sich zu einem Universitätszentrum mit großer Bibliothek. Nicht nur Apollos, sondern auch Lukas, Theophilus, Philemon waren als gebildete Griechen Jünger des Herrn Jesus geworden.

dung, und dieser war, obwohl selbständig, doch (oder gerade deshalb!) geübt und froh, mit einem zweiten Mitarbeiter zusammen reisen zu können. Und beide waren dankbar, wenn sie bei ihrem Zwischenhalt auf Kreta die Fürsorge der Gemeinde[23] erfuhren, veranlaßt durch Paulus und vorbereitet durch Titus.

Auch unsere Leute sollen lernen, in guten Werken voranzugehen. Bestand eine Lauheit unter den Gemeinden auf Kreta, während andere Kreise gebefreudig waren? Wer sind die andern, von denen sich „unsere Leute" unterscheiden? Waren es durchreisende Wanderrabbiner, die von den Ihrigen immer bestens versorgt wurden, oder waren es die Irrlehrer, die von ihren Kreisen viel Gewinn einsteckten p)? Das eine steht fest: „vorangehen in guten Werken" wiederholt V. 8 und unterstreicht an einem sehr konkreten Beispiel, was das praktisch bedeuten kann. So haben die Philipper auch für Paulus gesorgt q), so sollen sie allgemein Gastfreundschaft üben und sich der Bedürfnisse der Heiligen annehmen r). Die reisenden Evangelisten brauchen saubere und ordentliche Kleidung, sie haben Geld und Lebensmittel nötig für die Weiterreise, und sie bedürfen besonders der Gemeinschaft. Der Glaube bleibt **ohne Frucht,** wenn er nicht Werke hervorbringt. **Lernen** kann man das nur, wenn die Gelegenheiten erkannt und ergriffen werden. Eine solche ist jetzt gegeben durch den Besuch von Zenas und Apollos. In jedem Bedürftigen und in jedem Gast will der Herr selbst uns begegnen und uns segnen, damit wir seine Menschenfreundlichkeit erfahren und weitergeben. 14

p) Tit 1, 11
q) Phil 4, 16. 19
r) Rö 12, 13

2. Grüße und Segenswunsch

Titus 3, 15—16

Es grüßen euch alle, die bei mir sind s). Paulus ist nicht allein; wer aber seine Begleiter sind, schreibt er nicht; in Rom wird nur noch Lukas bei ihm sein t). 15

Grüße die, welche im Glauben uns lieben. Der Glaube will durch die Liebe wirksam werden. Die Liebe empfängt ihre

s) wie Rö 16, 21—23 1 Ko 16, 19 f
t) II 4, 11

[23] Zur Hilfeleistung für reisende Evangelisten und Mitarbeiter vgl. auch Rö 15, 24; 2 Ko 1, 16.

Kraft aus dem Glauben. Der wahre Glaube verbindet Menschen miteinander in Liebe. Sie alle werden gegrüßt.

16 **Die Gnade sei mit euch allen!** Vgl. dazu die ausführliche Form in 2 Th 3, 18: Die Gnade (unseres Herrn Jesus Christus) sei mit euch allen. — Vielleicht kann hier die Abkürzung genügen, weil der Brief so eingehend die Gnade des Herrn dargestellt hat, zuletzt in 3, 7 u). Grüße, hin und her gesandt, sind nicht bloße Höflichkeiten. Sie werden bewußt überbracht und empfangen, sie sind Zeichen der Verbundenheit, Boten des Segens. Der Apostel begleitet seine Briefe immer mit einem Segenswunsch. Gottes Gnade hat in Jesus Fleisch und Blut angenommen. Diesen Jesus geben wir weiter in unserem Leben: ein Gruß der Gnade Gottes an alle, denen wir begegnen.

u) vgl. I 6, 21; II 4, 22!

Der Brief des Paulus an Philemon

erklärt von

Hans Bürki

R. BROCKHAUS VERLAG

EINLEITUNGSFRAGEN

1. Der Brief an Philemon ist der kleinste und letzte (der Brief an die Römer ist der längste und erste) in der Sammlung der 13 Paulusbriefe, die wir im NT haben. Philemon ist ein wohlhabender Bürger von Kolossä (so kann aus den fast gleichlautenden Grußlisten von Phlm 23—24 und Kol 4, 7—14, besonders auch V. 9 geschlossen werden). Er ist durch den Apostel zu Jesus gekommen (V. 19). Die Beziehung zwischen Paulus und Philemon ist herzlich vertraut und partnerschaftlich. Paulus nennt ihn seinen Bruder, Geliebten, Mitarbeiter und Genossen (1. 17).

2. Onesimus ist ein Sklave, der seinem Besitzer Philemon entlaufen ist und bei Paulus nicht nur Zuflucht, sondern das neue Leben in Jesus gefunden hat (V. 10). Für diesen Sklaven, der nun ein „geliebter Bruder" (V. 16) geworden ist, verwendet sich der Apostel bei Philemon, damit dieser ihn nicht bestrafe, sondern so herzlich aufnehme, als wäre es Paulus selbst (V. 17).

3. Der Brief ist zwar an eine Einzelperson gerichtet und sehr persönlich gehalten, und doch ist er nicht ein reines Privatschreiben. Paulus erwähnt einerseits Timotheus als Mitabsender (V. 1) und nennt unter den Adressaten außer Philemon auch Apphia, Archippus und die Gemeinde im Hause des Sklavenbesitzers. Auch der Gruß am Schluß weist über ein ganz persönliches Schreiben hinaus, darin den Past ähnlich. Nach dem Gruß (1—3) leitet Paulus (wie meistens in seinen Briefen) über zu Danksagung und Fürbitte, darin er den Hauptteil des Briefes (8—20) inhaltlich schon andeutet. Der Hauptabschnitt ist in 4 Teilen aufgebaut: Erinnerung an eine gute Tat des Philemon (8—9); Darstellung der veränderten Situation von Onesimus (10—12); Rückblick und neue Deutung des Geschehens (13—16); Bitte an Philemon, aufs neue eine gute Tat zu vollbringen (17—20). Der Brief schließt mit einem zuversichtlichen Ausblick in die Zukunft (21—22) sowie den Gruß- und Segenswünschen (23—25).

4. Obwohl die paulinische Urheberschaft des Briefes nicht nur in der Frühkirche, sondern bis in die Gegenwart hinein unbestritten war (mit Ausnahme von F. C. Baur, der im Philemonbrief eine romanhaft eingekleidete Stellungnahme zur Sklavenfrage aus der nachapostolischen Zeit sah), fand er nur wenig Beachtung und führte zu wenig praktisch sichtbaren Auswirkungen (vgl. Anhang 1: Zur Sklavenfrage).

Paulus ist im Gefängnis (1. 9. 13. 22), wahrscheinlich in Rom; eine kürzere Haft in Ephesus ist allerdings auch nicht ausgeschlossen, wo ihn der entwichene Sklave leichter erreicht haben könnte. Paulus berichtet von verschiedenen Gefangenschaften schon zur Zeit des zweiten Korintherbriefes (2 Ko 11, 23) und daß er in Ephesus habe Schweres durchstehen müssen (1 Ko 15, 32). Stammt der Brief aus einer Haftzeit in Ephesus, so kann für seine Abfassungszeit das Jahr 53 angenommen werden; wurde er aber in der ersten römischen Gefangenschaft geschrieben, dann sind 5 oder 6 Jahre mehr verstrichen (vgl. II 4, 17: Rachen des Löwen und 1 Ko 15, 32: mit wilden Tieren gekämpft: überhaupt die Erwägungen über die verschiedenen Gefangenschaften: II 4, 16—17).

Der Briefkopf

Philemon 1—7

1 **Paulus, ein Gefangener (um) des Messias Jesus (willen), und**
Timotheus, der Bruder, an Philemon, den Geliebten und
2 **unseren Mitarbeiter * und Apphia, die Schwester, und Ar-**
chippus, unsern Mitstreiter, und die Gemeinde in deinem
3 **Haus. * Gnade sei mit euch und Friede von Gott und dem**
4 **Herrn Jesus Christus. * Ich danke meinem Gott allezeit,**
5 **wenn ich deiner gedenke in meinen Gebeten, * weil ich von**
deiner Liebe und von deinem Glauben höre, den du zum
6 **Herrn Jesus und allen Heiligen gegenüber hast, * damit dein**
Teilhaben im Glauben wirksam werde in Erkenntnis alles
7 **Guten, das in uns ist, auf Christus hin. * Denn ich hatte viele**
Freude und Trost an deiner Liebe, weil die Herzen der Hei-
ligen durch dich, Bruder, erquickt worden sind.

1. Absender

Philemon 1a

Paulus ist in zweifacher Hinsicht ein **Gefangener:** Jesus, der Herr, hat ihn für sich in Beschlag genommen a), und um dieses Herrn willen ist er von den Feinden des Evangeliums verleumdet und gefangen gesetzt worden b). Fünfmal erwähnt er im Brief seine jetzige Gefangenschaft c). Den üblichen Titel Apostel läßt er weg, weil er nicht von vornherein seine besondere Autorität herausheben will e). Auch **Timotheus,** der mit ihm ist, stellt er schlicht als **Bruder** vor f). Hingegen fährt Paulus nicht fort, im Wir-Stil zu schreiben g), sondern geht von V. 4 in die Ich-Form über und nennt allein seinen Namen ausdrücklich mehrmals im Brief h).

1
a) 2 Ko 2, 14
b) II 1,8; 2, 9!
c) 1. 9. 10. 13. 23
e) doch vgl. 21!
f) wie 2 Ko 1, 1
g) vgl. 1 Th 1, 1 f
h) 4. 9. 19

2. Empfänger

Philemon 1b—2

i) Rö 1, 7; Phil 2, 14; 4, 1; 1 Ko 10, 14
k) 1 Th 3, 2; Phil 2, 25; 4, 3; Rö 16, 3. 9. 21; 2 Ko 8, 23

Trotzdem ist es nicht ohne Sinn, wenn Timotheus als Absender mitgenannt ist, denn damit deutet Paulus an, daß er nicht als Privatmann handelt — sein Brief entstand unter Zeugenschaft (aus dem Mund von zwei oder drei Zeugen) —, und er wendet sich auch nicht nur an ein isoliertes Individuum, sondern **an Philemon, den Geliebten** i), **und unseren Mitarbeiter** k). Die Liebe des Herrn Jesus verbindet sie miteinander und macht sie zur Zusammenarbeit am Evangelium fähig. Beide Worte betonen die gegenseitige Verbundenheit. Apphia, die Schwester, ist Philemons Frau, wie aus der unmittelbaren Nachbarschaft der beiden Namen geschlossen werden kann. Interessant ist, daß sie als „Schwester" erscheint, also ihre Zugehörigkeit zur Gemeinde betont ist[1]. Die Verhandlung über den entlaufenen Sklaven ist weder eine reine Männersache, noch betrifft sie nur das Ehepaar, denn in ihrem Hause versammelt sich die Gemeinde, und wie die beiden über den Sklaven entscheiden werden, das ist für alle in ihrem Hauskreis — und darüber hinaus — von Bedeutung.

l) Phil 2, 25
m) Kol 1, 7

2 **Archippus, unser Mitstreiter,** ist in Kol 4, 17 erwähnt, was die Annahme unterstützt, daß Philemon in Kolossä wohnt. Doch weder die Mahnung in Kol an ihn, er solle seinen Dienstauftrag erfüllen, noch der Umstand, daß er jetzt ausdrücklich neben Philemon und Apphia mit Namen genannt und als Mitstreiter l) gekennzeichnet wird, zwingt dazu, ihn auch als Leiter der Gemeinde zu sehen. Vielleicht waren Philemon, Epaphras m) und Archippus zusammen oder einander ablösend (nach Kol 4, 2 war Epaphras zur Zeit des Briefes nicht in Kolossä) leitende Diener der Gemeinde.

n) Tit 1, 6; I 3, 4—5! Kol 4, 15; Apg 11, 14; 16, 15
o) Kol 4, 15. 16

Und die Gemeinde in deinem Haus n). Jetzt wird vollends deutlich, daß der Brief zwar an Philemon gerichtet ist, daß aber sein Inhalt die ganze Gemeinde betrifft. Philemon wird den Brief im Herzen bewegen, mit seiner Frau darüber sprechen, ihn einem nahen Freund und Mitarbeiter vorlegen und ihn schließlich der ganzen Gemeinde, in der vielleicht noch andere Sklaven anwesend sein mögen, vorlesen o).

[1] Einige Handschriften haben, wohl an die Anrede des Mannes angleichend: geliebte Schwester; unsere Schwester und Geliebte. Für P ist es nicht ungewöhnlich, eine Frau „geliebte Schwester" zu nennen (Rö 16, 12); vgl. auch 1 Ko 9, 5: „eine Schwester als Ehefrau".

3. Segenswunsch

Philemon 3

Aus der Gnade Gottes leben sie alle, Herren und Knechte, und die Kraft des göttlichen Friedens kann sie in der gegenseitigen Liebe verbunden halten. Wenn sie diesen Brief lesen und der Widerstreit der Gedanken in ihnen Unruhe stiftet, dann soll der **Friede Gottes** sie bewahren und die wahre Wohlfahrt für alle ermöglichen p).

p) I 1, 2 b; II 2, 2 b; Tit 1, 4 b!

4. Danksagung und Fürbitte

Philemon, 4—7

4 **Ich danke meinem Gott** ist Ausdruck des Vertrauens in den Psalmen q). Paulus ist wie Jesus in der Gebetsschule der Psalmen herangewachsen r). In den Briefen des Altertums war es üblich, einander zu versprechen: ich denke an dich. Paulus denkt an seine Mitarbeiter, indem er für sie dankt und betet s), und er rechnet ebenso selbstverständlich damit, daß die Gemeinden auch für ihn beten t).

5 **Der Glaube an den Herrn Jesus** u) ist Grundlegung für die Liebe, denn an ihn glauben heißt an seine Liebe glauben, die er den Menschen erwiesen hat durch sein Sterben am Kreuz für sie v).

Paulus hat von der Liebe des Philemon **gehört** w), er hat ihn also längere Zeit nicht persönlich gesehen, vielleicht sogar seit dessen Bekehrung x) zu Jesus nicht mehr. Zur Zeit des Briefes an die Kolosser steht fest, daß Paulus noch nicht selber in Kolossä gewesen ist y).

Aber seine Mitarbeiter haben ihm berichtet, wie Philemon im Glauben an den Herrn Jesus und in **der Liebe zu allen Heiligen** z) gewachsen ist. Er hat die Herzen der Heiligen[2] erfrischt (V. 7) durch seine Liebestaten, und gerade jetzt wird er Gelegenheit haben, seine Liebe erneut zu bewähren in einer Angelegenheit, die ihm persönlich nicht sehr angenehm gewesen sein wird.

q) Ps 3, 8; 5, 8; 18, 2. 6; 21, 2; 22, 1. 14, 31, 14; 38, 15; 59, 10; 89, 26
r) Mk 14, 26; vgl. II 1, 3;
Phil I, 3; 4, 9; 2 Ko 12, 21
s) II 1, 3—6!
t) 22; Eph 6, 19
u) Rö 10, 9; 1 Th 1, 8
v) Rö 5, 7—8 1 Jo 5, 1—5
w) Eph 1, 15; Rö 1, 8
x) 19
y) Kol 1, 4; 2, 1
z) 2 Th 1, 3; Kol 1, 4; Eph 1, 15; 2 Ko 2, 8

[2] „Die Heiligen" ist eine häufige Selbstbezeichnung der Jünger Jesu, während das Wor Christ im NT nur dreimal vorkommt, davon zweimal durch Menschen gebraucht, di außerhalb der Gemeinde sind: Apg 11, 26; 26, 28; 1 Pt 4, 16. Heilige: Rö 1, 7; 8, 27; 12 13; 16, 2. 15; 1 Ko 1, 2; 2 Ko 1, 1; Eph 1, 1; Phil 1, 1; Kol 1, 12. 26; I 5, 10; Phlm 7.

6 Paulus läßt seinem Dank die Bitte zu Gott folgen a), daß
a) wie Phil 1, 9; Kol 1, 3. 9 Philemons **Teilhaben am Glauben wirksam werde.** Der Glaube an Jesus macht sie zu Genossen[3], wenn dieser Glaube in der
b) Ga 5, 6! Liebe immer wieder neu wirksam b) und tatkräftig wird.

In Erkenntnis alles Guten, das in uns ist, auf Christus hin. Im Anfang steht nicht die Tat, sondern das Erkennen des
c) Rö 12, 2 Willens Gottes. Dieser Wille ist das Gute c). Gott will unser
d) Rö 8, 28 Bestes d); hat er das Gute angefangen in uns, so wird er es
e) Phil 1, 6 auch zur Vollendung bringen e). In den alltäglichen Vorkommnissen erkennt der Glaube das Gute (V. 14!), das jetzt zu tun ist, und das in der Liebe zubereitete Herz verschließt sich
f) 1 Jo 3, 17—18 nicht, sondern öffnet sich dem Bruder in Tat und Wahrheit f). Alles Gute, **das in uns ist,** das sind die Werke, die Gott für uns und für die er uns zubereitet hat, damit wir sie im rechten
g) Eph 2, 10 Augenblick erkennen und verwirklichen g), nicht zum Zweck unserer Erlösung, sondern **auf Christus hin,** d. h. für ihn und zu seiner Ehre. Das gibt den Werken einen neuen Ursprung
h) 1 Th 5, 15; Ga 6, 6. 10; Rö 2, 10; 5, 7; 12, 2. 9. 21; 13, 3; 14, 16 und ein anderes Ziel h).

In der koinonia (Teilhaben und Gemeinschaft) des Glaubens kann einer dem andern zur **Freude** und zum **Trost**[4] werden, wenn die Gemeinschaft nicht nur in Wort und Gefühl sich erschöpft, sondern zu wirklichem Beistand und zur Liebestat
7 führt. Solche Liebestaten hat Philemon den Heiligen oft erwie-
i) vgl. 5! sen i) und sie dadurch samt dem Apostel **erquickt**[5]. Die Zuneigung der Liebe vermag eine derart tiefe Bestätigung und Stärkung zu geben, daß sie den menschlichen Geist ruhig macht, indem sie ihn von der Mühe der nutzlosen Selbstrechtfertigung befreit. Durch Betätigung der Liebe werden die Herzen zur Ruhe gebracht von ihren toten Werken. Es ist etwas Wunderbares, daß ein Mensch des andern Herz trösten und erfrischen
k) 7. 12. 20! kann. Das Herz k) ist starker Empfindungen des Erbarmens und der Tröstung fähig, wenn es durch die Liebe offen und

[3] *(koinonia)* vgl. 17: *koinonos,* der Teilhaber, der Gefährte, der Genosse. 1 Ko 10, 16. 17. 18. 20.

[4] *(paraklesis)* Zuspruch, Trost, Ermahnung; auch in der Ermahnung ist die tröstliche Aufmunterung immer mitenthalten; 2 Ko 7, 4. 7. 13.

[5] *(anapauo)* ausruhen, erquicken, sich erholen; vgl. Mt 11, 28 dasselbe Verb und 11, 29 das entsprechende Hauptwort: Ruhe; Mk 6, 31; 1 Ko 16, 18: mein Geist ist beruhigt durch eure Zuneigung, die den Mangel ausfüllt. 2 Ko 7, 13: der Geist des Titus ist beruhigt worden; 1 Pt 4, 14: der Geist ruht auf euch; Offb 14, 13: ruhen von den Mühsalen.

mitfühlend geworden ist. Der ganze Mensch nach Leib[6] und Seele ist in Bewegung geraten. Auch Paulus ist in diesem Augenblick bewegt, das zeigt sich daran, daß er das Wort **Bruder** ganz an den Schluß setzt und dadurch betont herausstellt[7].

Der Apostel hatte Freude und Trost nötig, und im dankbaren Gedenken an die Liebe des Philemons findet er nun Ruhe und Erquickung; so viel können Brüder im Glauben füreinander bedeuten um Jesu willen. Schon in den Auseinandersetzungen und Nöten mit der korinthischen Gemeinde hatte Paulus erfahren, was es für ihn war, als Brüder die mangelnde Zuneigung der Korinther ersetzten und durch deren liebende Vermittlung eine Versöhnung zustande kam: „sie haben meinen Geist und den eurigen beruhigt[8]."

So bittet jetzt Paulus: Wie du mein Herz erquickt hast, Bruder, so erfrische es wieder, Bruder[9]. Der Hauptteil des Briefes ist zu Beginn und am Schluß eingebettet in das Verlangen des Herzens nach Erquickung und in den ganz persönlichen Anruf von Freund zu Freund. Und dabei geht es um die Wohltat für einen anderen! Das Gute, das diesem anderen geschieht, wird ihn, den Apostel, erfrischen.

[6] Das Wort für „Herz" bedeutet hier eigentlich „Eingeweide", wie Phil 1, 8; 2, 1; Kol 3, 12; 1 Jo 3, 17; 2 Ko 6, 11—13; 7, 15. Lk 1, 78: von Gott ausgesagt, nämlich die mitleidsvolle Barmherzigkeit Gottes; er hat sich von Herzen erbarmt. Diese leiblichen Ausdrücke für seelische Regungen finden in der psychosomatischen Medizin eine ganz neue Beachtung.

[7] (adelphe) Bruder! „nachgestellter, liebevolle Rührung atmender Vokativ".

[8] „Was ich von euch entbehren mußte, haben sie mir aufgewogen und so zur Entspannung beigetragen für mich und für euch." (W)

[9] 7 und 20 haben beide das Wort „Bruder" und das Verb „erquicken".

Der Brieftext: Fürsprache für Onesimus

Philemon 8—22

1. Bitte statt Befehl — um der Liebe willen

Philemon 8—9

8 **Daher, wiewohl ich in Christus vollen Freimut habe, dir zu**
9 **gebieten, was geschehen soll, * bitte ich doch lieber um der**
Liebe willen als ein solcher, wie (ich) Paulus (bin), ein alter
Mann, jetzt aber auch ein Gefangener (um) des Messias Je-
sus (willen).

8 **Mit daher** setzt das eigentliche Anliegen des Briefes ein, das in den ersten Sätzen bisher vorbereitet worden ist[10]. Und trotzdem verschiebt der Apostel seine Bitte noch zweimal! Bevor er die Bitte bringt, sagt er, daß er eigentlich berechtigt sei, Philemon eine apostolisch bindende Weisung zu geben. Doch will er nicht auf sein Recht und seine Stellung pochen a) in der unausgesprochenen Erwartung, Philemon werde das ebenfalls nicht tun, wenn es um den Sklaven geht, dessen Namen der Apostel erst am Ende von V. 10 aussprechen wird. Und noch einmal — am Ende des Hauptteils — wird Paulus die Frage des Rechts vorbringen und fast scherzhaft zurückweisen: Philemon hat ein Recht auf den Sklaven Onesimus, aber Paulus hat ebenso ein Recht anzumelden gegenüber Philemon, doch will er von diesem Recht nicht Gebrauch machen und lieber nochmals die rechtlichen Forderungen in einen Wunsch der Liebe umwandeln b).

a) 1 Ko 9, 15. 18; 4, 21

b) 18—20

Daher, wiewohl ich in Christus vollen Freimut habe (parresia): Freimut ist eine Offenheit und Weite des Herzens, die aus der Freiheit kommt und immer mit Freude verbunden ist; man kann daher auch übersetzen: Freudigkeit, Zuversicht, Unbefangenheit, Kühnheit. Paulus tritt freimütig auf vor Gott und den Menschen c). Diese furchtlose Zuversicht der Liebe

c) 2 Ko 3, 12; 7, 4; Eph 3, 12; Phil 1, 20; I 3, 13!

[10] In den Versen 1—7 sind sämtliche Themen des Briefes schon angeführt: Herz, Liebe, Guttat, brüderliche Verbundenheit, Erquickung.

ist eine Wirkung des Geistes, sie ist Freimut im Herrn und durch ihn[11]. Wer im Herzen eng ist, der ist bedrückt und hat eine peinigende Angst, die das Gegenstück ist zur parresia, der furchtlosen Unbefangenheit, die aus der Liebe kommt d). d) 1 Jo 4, 17. 18

Paulus ist frei, sowohl zu gebieten wie auch zu bitten. Als Apostel hat er die Vollmacht, bindende Weisung zu geben, damit Philemon tut, was geschehen soll, wörtlich: **was sich gebührt**[12], nämlich wie sich ein gläubiger Hausherr seinem ent- 9
laufenen Sklaven gegenüber zu verhalten hat. Aber er gebraucht seine Freiheit nicht dazu, sein Apostelrecht durchzusetzen e), sondern er tritt als bittender Bruder auf, der sich unter den stellt, der ihm die Bitte erfüllen oder verweigern kann: **ich bitte** dich[13]. Er bittet **um der Liebe willen,** damit ist nicht die Liebe gemeint, welche die beiden Männer zueinander haben, sondern die Liebe Gottes, die in Jesus ihnen geschenkt wurde und von der sie beide leben. Paulus schreibt gerade nicht: Ich bitte dich um deiner Liebe willen, denn dadurch würde er nur einen Druck auf den Briefempfänger ausüben, und gerade das will er vermeiden! Ja, sich selbst in seiner Niedrigkeit und Schwachheit stellt er als **gefangenen alten Mann** dar. Paulus wird zu jener Zeit zwischen 50 und 60 Jahre alt gewesen sein[14]. Er bittet um der großen Liebe Gottes willen, damit die Liebe vor dem Recht gehe, weil sowohl die beiden Briefpartner wie auch der Sklave von der gleichen Liebe leben.

e) Ga 5, 13!

2. Darstellung der veränderten Situation
Philemon 10—12

10 **Ich bitte dich für mein**[15] **Kind f), das ich in** (den) **Fesseln**
11 **gezeugt habe; Onesimus, * der dir einst unnütz war, jetzt**
12 **aber sowohl dir als mir nützlich ist. * Ich sende ihn dir**
zurück, ihn, das heißt mein Herz.

f) vgl. I 1, 2; II 1, 2; Tit 1, 4!

[11] Freimütige sind Menschen mit offenem Gesicht: 2 Ko 3, 17. 18; vgl. Eph 3, 5; Apg 4, 13. 29. 31! 1 Jo 2, 28; 3, 21; 5, 14
[12] *(aneko)* geziemen; in Tit 1, 11; 2, 1. 3; I 2, 10 *(prepei):* Wie es den Heiligen geziemt.
[13] 9. 10. *(parakalein)* hat immer den Unterton von Bitte und Vertrauen, auch dort, wo ermahnen (trösten!) stehen kann: I 1, 3; 2, 1; 5, 1; 6, 2; II 4, 2; Tit 1, 9; 2, 6. 15!
[14] Wt. Stb. 1 Tim (E 29), S. 36.
[15] „mein" ist im Grie vorangestellt und dadurch besonders betont.

Paulus bittet nicht für sich selbst und für seinen Vorteil, sondern für einen andern, der hilflos und wehrlos ist. Und er bittet nicht um ihn, daß er ihn bekomme für sich, sondern für ihn, d. h. er tritt für ihn ein (12.17).

Entflohene Sklaven konnten Zuflucht finden an heiligen Stätten, wo sie vor ihren Verfolgern sicher waren. Wie nun dieser Sklave zu Paulus fand und ihn im Gefängnis aufsuchen konnte, wissen wir nicht. Durch den Apostel hat er zu Jesus gefunden, durch das Evangelium ist er zu neuem Leben gezeugt und wiedergeboren worden g). Vielleicht erhoffte der Sklave, als er noch nicht sein Herz für Jesus geöffnet hatte, eine Befreiung, die weniger war, als sie das Evangelium zu geben hat. Vielleicht hat er, weil er von der Umkehr seines Herrn gehört hatte, die Freiheit gefordert und ist vielleicht, als er sie nicht bekam, ausgezogen, ähnlich dem jüngeren Sohn im Gleichnis h). Als der Zurückkehrende wurde er erst wirklich zum Sohn: **„Ihn sende ich dir zurück, das heißt mein Herz."**

g) 1 Ko 4, 15. 17; Ga 4, 19; 1 Pt 1, 23

h) Lk 15, 11 f

Wie Paulus das Wort „Bruder" besonders liebevoll an den Schluß seiner einleitenden Sätze stellt, so erwähnt er jetzt den Namen des Sklaven ganz am Schluß seiner Bitte. Ist nicht auch Philemon selbst durch Paulus zu Jesus gekommen, also ein Sohn des Glaubens und darum Bruder, genau wie Onesimus? Hat Paulus nicht beiden Männern das neue Leben in Jesus vermittelt, sind sie nicht dadurch gegenseitig Brüder geworden? Sollte nun Philemon etwa wie der ältere Bruder im Gleichnis handeln und mißgünstig auf seinen jüngeren Bruder herabsehen und ihn von sich weisen?

Paulus versteht es, solche Fragen unausgesprochen zu lassen, und doch sind sie zwischen den Zeilen zu lesen, man lese und vergleiche nur aufmerksam die Verse 7.16.20 mit 10.

11 „Der nichtsnutzige Sklave" war eine verbreitete Redensart i), die widerspiegelt, wie sich im sozialen Bereich das Verhältnis Herr—Sklave negativ ausgewirkt hat. Da der Sklave ausgenutzt wurde, suchte er selbst, wo es nur anging, auch den Herrn auszunützen und sich so viel wie nur möglich von der Arbeit zu drücken. Das neue Leben zeigt sich nun darin, daß der „nichtsnutzige Sklave" zu einem nützlichen Menschen wird inmitten der alten Verhältnisse. Doch die neue Nützlichkeit verändert die alten Verhältnisse von innen heraus durch eine neue Einstellung zur Arbeit und zum Leben überhaupt. Die vorher unnützen Knechte werden nicht nur zu „gewöhnlichen

i) Mt 25, 30

Knechten“[16], die tun, was man von ihnen erwartet, sondern
sie tun mehr, als sie müssen! Derart ist nun die Nützlichkeit
des Onesimus. Er ist vom „Nichtsnutz“ nicht nur zum nütz-
lichen Knecht geworden, sondern er ist mehr als nützlich ge-
worden k), genauso wie auch Philemon mehr tun wird, als nö- k) vgl. 16!
tig oder geboten ist l): Er wird den Sklaven als Bruder emp- l) 21
fangen in Liebe und ihm die Freiheit schenken, jener aber
wird aus freier Liebe bei seinem Herrn oder bei Paulus blei-
ben[17] und als Freier dienen wollen m). Jetzt schon ist seine m) 1 Ko 9, 19
über das gewöhnliche Maß hinausgehende Nützlichkeit daran
erkennbar, daß er für Paulus und für Philemon kostbar und
nützlich geworden ist. Die Nützlichkeit der Liebe und der
wahren Gottesverehrung n) ist der Gewinn, den echte Mensch- n) I 4, 8!
lichkeit bringt, für sich selbst und für den andern. Diese Nütz-
lichkeit ist allerdings ständig dem Mißverständnis und dem
Mißbrauch ausgesetzt, daß man sie verwechselt und verdreht
zur Ausnutzung und zum Benützen, wie man Haustiere und
Hausgegenstände benützt.

Das Recht verlangt, daß ein entlaufener Sklave zurückge- 12
sandt o) wird. Paulus erfüllt das Gesetz. Den Sklaven zurück- o) Apg 25, 21
senden ist eine rechtlich geforderte Handlung sowohl nach Lk 23,7. 11. 15
römischem wie auch nach jüdischem Recht. Zugleich aber
verbindet er das Recht: **Ich sende ihn dir zurück** mit der Liebe,
durch die er das Gesetz überbietet: **das heißt mein eigenes
Herz** p). Hier findet die Liebe ihre zarteste Sprache: ich bitte p) vgl. 7. 20
dich für mein Kind, ich sende dir zurück mein Herz. Hier
spürt man das Herz eines Mannes schlagen, der zu inniger
Liebe und Teilnahme befreit worden ist q). Der schwache und q) vgl. Phil 1,
alte Mann im Gefängnis setzt sich aus Liebe für einen ent- 8; 4, 1,
laufenen Sklaven ein, er macht sich eins mit ihm und seiner II 1, 4
Zukunft[18].

Luther hat den ausschlaggebenden Beweggrund dieser Herz-
lichkeit klar gespürt und ausgesprochen, wenn er schreibt:
„Wir sind alle seine Onesimi, so wir's glauben.“ Wie Jesus
sich bei Gott für uns verwendet, ja, an unsere Stelle tritt („ihn,

[16] So übersetzt die Jerusalemer Bibel, was zu einem sinngemäßeren Verständnis sehr hilfreich ist.

[17] 2 Mo 21, 5—6; auch in den Mysterienkulten wurde ein Sklave frei, wenn er die Weihen empfangen hatte; er blieb dann als freier Mann bei seinem bisherigen Herrn. Ein geliebter Bruder werden ist viel mehr als die „Gleichberechtigung“ aller Menschen.

[18] Von Plinius dem Jüngeren ist ein Brief erhalten, in welchem er sich bei Sabinianus für den Sklaven Libertus verwendet. Der Unterschied zwischen stoischer Milde und brüderlicher Herzlichkeit kommt beim Vergleichen der beiden Briefe deutlich zum Ausdruck.

das heißt: mein eigenes Herz"), so tritt Paulus bei Philemon für Onesimus ein. Es ist die stellvertretende Liebe des Herrn Jesus, die hier im Herzen eines Menschen zu praktischer Auswirkung gelangt.

3. Rückblick und neue Deutung des Geschehens

Philemon 13—16

13 **Ich wollte ihn bei mir behalten, damit er mir stellvertre-**
tend für dich diene in den Fesseln für das Evangelium.
14 *** Aber ohne dein Einverständnis mochte ich nichts tun,**
damit deine Wohltat nicht wie aus Zwang, sondern frei-
15 **willig geschehe. * Denn vielleicht ist er deshalb auf kurze**
Zeit (von dir) **getrennt gewesen, damit du ihn auf ewig**
16 **wieder erhältst, * nicht mehr als Sklaven, sondern als**
einen, der viel mehr als ein Sklave, der ein geliebter Bru-
der ist, besonders für mich, um so mehr aber für dich, so-
wohl im Fleisch als auch im Herrn.

13 **Den ich bei mir behalten wollte:** „ich" ist in diesem Satz mit Nachdruck betont. Paulus hatte den Wunsch und die bestimmte Absicht gehabt, den liebgewordenen und nützlichen Bruder zu behalten, aber er entschloß sich dann doch, darauf zu verzichten. Er wollte weder seine Wünsche durchsetzen noch auf sein Recht pochen (und Philemon möge es ihm gleichtun!), obwohl er als Apostel auf diese Weise einen Gehilfen hätte haben können, der ihm das Leben etwas erleichtert[19].

a) Tit 2, 14; I 2, 6!

Stellvertretend a) für dich: Ich sende dir Onesimus als meinen Stellvertreter (12: mein Herz), doch hätte ich ein Recht, ihn zu behalten als deinen Stellvertreter (13). Ja, die Umstände sprechen sehr deutlich zugunsten des Apostels, denn er befindet sich **in Fesseln** um des Evangeliums willen und ist dadurch besonders bedürftig: wenn je, dann sollte er jetzt einen Diakon zur Stärkung an seiner Seite haben.

14 **Aber ohne dein Einverständnis mochte ich nichts tun.** Paulus rechnet also mit Philemons Zustimmung, doch wieder ohne es ausdrücklich zu sagen. Er will nicht in erster Linie seine Zustimmung, deren er voll Vertrauen gewiß ist (21), sondern

[19] Apg 13, 5; Phil 2, 25. 30: Epaphras hat sich stellvertretend für die Gemeinde mit seinem Leben für den gefangenen Apostel eingesetzt.

seinen freiwilligen Entschluß: „Nicht daß ich die Gabe suche, sondern ich suche die Frucht, die einen Überschuß in eurer Rechnung erzeugt“ b). Die **Wohltat** (6.14), die sowohl Onesimus wie auch Paulus zugute kommen wird, hat nur dann eine befreiende Wirkung und erzeugt nur dann einen Überschuß auf Philemons Rechnung, wenn sie aus freiem Entschluß entstanden ist c), denn erst dann ist sie wirklich aus Liebe getan. Das Gesetz kann zu einer Tat zwingen und den Ungehorsam bestrafen. Die Liebe läßt sich nicht erzwingen, doch handelt es sich auch nicht darum, nur passiv auf sie zu warten wie auf ein Gefühl, das sich einstellen kann oder nicht. Liebe bewirkt Initiative des ganzen Menschen, freien Entschluß aus offenem Herzen.

b) Phil 4, 17!

c) 1 Pt 5, 2; 1 Ko 9, 17 2 Ko 9, 7

15 **Denn vielleicht** d) **ist er deshalb auf kurze Zeit**[20] (von dir) **getrennt gewesen, damit du ihn auf ewig wieder erhältst.** Nochmals gibt Paulus dem Ganzen eine überraschende Wendung, kühn und doch behutsam („vielleicht!“) stellt er die Frage, ob nicht hinter der Flucht des Sklaven noch eine andere Wirklichkeit erkennbar wird. Um darauf eine Antwort erhalten zu können, bedarf es einer veränderten Sicht der Flucht, denn erst das andere Sehen kann zu anderem Urteil und Entschluß führen.

d) wie Rö 5, 7

Von „Flucht“ ist bei Paulus überhaupt nicht die Rede, obwohl es rechtlich gesehen und dem äußeren Augenschein nach zweifelsohne eine Flucht gewesen war. Mit welchen Worten ein Geschehen beschrieben wird, ist nicht unwesentlich. Der Apostel bezeichnet das aktive Ausrücken als ein passives Geschehen, das beiden widerfahren ist: ihr seid voneinander getrennt worden[21].

Die passivische Form deutet — wieder ohne daß es mit Worten ausgesprochen wäre — auf eine göttliche Seite im ganzen Geschehen hin. Und das ist nicht nur eine unbestimmte Vermutung; denn so viel steht ebenso unbezweifelbar fest, daß die Flucht für diesen Sklaven zum Anstoß für seine ewige Errottung und gleichzeitig für Paulus zu einem trost- und hilfreichen Geschenk geworden ist. Sollte nun Philemon der einzig Benachteiligte bleiben? Nein, sein Sklave ist ihm für kurze Zeit verlorengegangen, damit er ihn als einen mit neuem Leben

[20] Wörtlich: auf eine Stunde, eine kurze Frist bezeichnend, wie Ga 2, 5; 2 Ko 7, 8.
[21] Er ist „dir für kurze Zeit abhanden gekommen“ (W).

beschenkten Bruder **auf ewig wieder erhalte**[22]. Philemon hat mehr gewonnen, als er verlor. Der Sklave wird nicht einfach zurückerstattet (wie eine geraubte Ware), der Verlust wird nicht nur ersetzt (18), sondern Philemon gewinnt mehr als nur einen Sklaven, nämlich einen vollwertigen Menschen und geliebten Bruder: er gewinnt für diese und für die zukünftige Welt[23].

16 **Nicht mehr als Sklaven, sondern als einen, der viel mehr als ein Sklave, der ein geliebter Bruder ist, besonders für mich, um so mehr aber für dich, sowohl im Fleisch wie im Herrn.**

Hier erst sind wir in der Herzmitte des Briefes angelangt. Die äußeren Umstände mögen die gleichen geblieben sein (vorläufig), vom Recht her gesehen wird ein gefangener Sklave seinem Herrn wieder zurückgeschickt mit dem Hinweis auf mildernde Umstände und der Bitte um schonende Behandlung[24]. Mit den Augen der Liebe gesehen aber geschieht hier das Wunder der wahren Menschwerdung, die alle Mitbeteiligten in neuer Weise miteinander verbindet und weit über alle rechtlichen Forderungen hinausführt. Onesimus, der einstige Nichtsnutz, kommt jetzt nicht einfach als guter und nützlicher Sklave brav zurück, sondern als einer, der **mehr ist als Sklave,** nämlich als **geliebter Bruder** wird er Philemon geschenkt. Das Geschenk der Liebe übertrifft jede Forderung des Gesetzes, weil es aus der Freiheit kommt, zur Freiheit führt und in ihr erhält.

Auch die Stoiker vertraten die Gleichheit aller Menschen, aber sie war begründet darin, daß sie alle aus demselben Samen stammen und dieselbe Luft atmen, was etwas ganz anderes ist als die Begründung der Brüderlichkeit in der Liebe Gottes, mit der alle geliebt werden. Diese Liebe verbindet zu einer bisher nicht gekannten neuen Gemeinschaft, die **im Herrn** ihre Begründung hat und **im Fleisch** ihren umfassenden menschlichen Ausdruck findet. In dieser koinonia (Liebesge-

[22] *(apechein)* wieder erhalten, bedeutet eigentlich: eine Quittung ausstellen, stammt also aus der rechtlichen Sprachwelt; vgl. Phil 4, 18.

[23] Ein freigesprochener Sklave konnte nachher freiwillig und für immer bei seinem Herrn bleiben (5 Mo 15, 17). Hier aber geht es nicht um einen Sklaven auf Lebzeit = ewig, sondern um ein neues Verhältnis. Der Sklave ist keine Sache mehr, sondern ein ebenbürtiger Mensch und ein geliebter Bruder. I 4, 7.

[24] Dieser Seite des Geschehens wird durch den Ausdruck als Sklave, als Bruder Rechnung getragen. Man könnte im modernen Sprachgebrauch von einer veränderten Rolle sprechen, und doch ist es mehr, sehr viel mehr als nur eine neue Rolle! Vgl. auch die Weise des Argumentierens in Rö 5, 15—21: viel mehr.

meinschaft) gibt es keine Benachteiligten mehr, denn die Liebe verhilft allen zum Vorzug: **besonders für mich, um so mehr aber für dich** und erst recht zum zeitlichen und ewigen Vorzug für Onesimus. Ja, dieser Vorzug der Liebe umfaßt Zeit und Ewigkeit (auf kurze Zeit — auf ewig), das irdisch-menschliche und das aus Gott geschenkte ewige Leben **(sowohl im Fleisch als auch im Herrn).** Dieser Ausdruck[25] ist von zentraler Bedeutung, obwohl er nur dieses eine Mal vorkommt. **Fleisch** kennzeichnet den menschlichen, weltlich-sozialen Bereich. Die **im Herrn** geschenkte Bruderschaft wird sich auch in den menschlichen, beruflichen, sozialen und gesellschaftlichen Beziehungen auswirken.

Obwohl Onesimus in der bestehenden Gesellschaftsordnung rechtlich noch immer als Ware angesehen wird, versteht er sich selbst jetzt anders, seit Jesus in sein Leben getreten ist und seit er die Liebe von Menschen erfahren hat, die ihm als ihresgleichen, eben als einem geliebten Bruder, begegnen und ihn in ihr Herz aufgenommen haben, wie Paulus es tat. Doch dabei wird und kann es nicht bleiben, wie es auch Paulus nicht dabei bewenden ließ. Er verwendet sich für den weggelaufenen Sklaven in einer Art und Weise, die bei aller Zurückhaltung und Zartheit im Ton des Briefes doch unmißverständlich heraushören läßt, daß die Anerkennung des vollen Menschseins und die Erfahrung der Bruderschaft schließlich zur ganzen Befreiung nicht nur im Herrn, sondern auch im weltlich-sozialen Bereich führen muß, d. h. zur rechtlichen Aufhebung der rechtlich verankerten Sklaverei.

Dieser rechtlichen Aufhebung wollte die Liebe vorangehen, zuerst im zwischenmenschlichen Bereich und im Kleinen (davon ist der Brief an Philemon ein Zeugnis), dann mehr und mehr durch das ansteckende Beispiel in den Gemeinden, die als Salz der Erde und Licht der Welt berufen sind, Vorboten und Angeld der Herrschaft Gottes zu sein. Und schließlich konnte die Liebe die Änderung des Rechts im Großen herbeiführen. Schmerzlich bleibt, daß dieser Prozeß so lange gedauert hat, nicht weil geschichtliche Notwendigkeiten dazu zwangen, sondern wegen der Herzenshärtigkeit derer, die sich durch die Jahrhunderte wohl zur Liebe Gottes bekannten, doch ohne ihr vollen Bewegungsraum im Bereich der weltlich-sozialen Ordnungen zu verschaffen.

Doch auch die rechtliche Befreiung der Sklaven im weltwei-

[25] Siehe dazu Anhang 1: Zur Sklavenfrage, besonders Punkt 6.

ten Maßstab ist noch immer erst vorläufige Befreiung des Menschen zur Menschlichkeit e). Neue und oft schlimmere, weil verborgenere Formen der menschlichen Versklavung, des Arbeitszwangs und der Arbeitsausbeutung lösen einander ab. Gerade deshalb ist jede kleinste und vorläufige Hilfe zum „Mehr-als-Sklave-Sein" gut und „den Menschen nützlich" f).

e) vgl. 1 Ko 7, 23

f) Tit 3, 8

4. Bitte an Philemon um eine neue Wohltat

Philemon 17—20

17 **Wenn du nun an mir einen Gefährten hast, so nimm ihn**
18 **auf wie mich** (selbst)! * **Wenn er dir aber einen Schaden**
zugefügt hat oder etwas schuldig ist, das setze mir auf die
19 **Rechnung * — ich, Paulus, schreibe es mit eigener Hand:**
Ich werde es bezahlen — um dir nicht zu sagen, daß du
20 **dich selbst mir schuldig bist. * Ja, Bruder, ich möchte von**
dir gerne Nutzen haben im Herrn. Erquicke mein Herz in
Christus!

17 Eigentlich erst jetzt erhält die in V. 10 vorgebrachte Bitte einen klaren Inhalt. Paulus schickt nicht nur den Sklaven zurück, als wäre er sein eigenes Herz, sondern — und das ist das Schwierigste — Philemon soll den Onesimus so aufnehmen, wie wenn er Paulus selbst in diesem Sklaven empfangen würde. Dabei beruft sich Paulus auf ihr gemeinsames Teilhaben am Glauben. Wenn du dich als **Gefährten**[26] in diesem Glauben bewähren willst, so tue, wozu der Herr dich leitet: Nimm den entlaufenen Sklaven auf als deinen geliebten Bruder.

18 Wieder wechselt Paulus von der Ebene der Glaubensgemeinschaft, in welcher die Liebe immer den ersten Schritt tut, über zur Ebene des Rechts. Der Apostel erklärt sich bereit, den rechtlich zu beanspruchenden Schadenersatz für Onesimus zu leisten. Es ist wohl vorstellbar, aber nicht unbedingt vorauszusetzen, daß der Sklave für seine Flucht Geld oder Gut entwendet hat. Doch allein schon der Arbeitsausfall ist ein Verlust für seinen Herrn, rechtlich gesehen. Paulus läßt offen, auf welche Weise der Besitzer zu Schaden gekommen sein mag,

[26] *koinonoi* sind Freunde, Partner, die gemeinsame Ziele haben oder als Genossen am gleichen Geschäft beteiligt sind; vgl. 2 Ko 8, 23; Lk 5, 10.

das ist Rücksichtnahme beiden gegenüber. Frieden stiften kann nur, wer sich selbst zwischen die Parteien stellt und sich mit beiden Seiten eins macht, auf das Risiko hin, von beiden Seiten abgewiesen und verdächtigt zu werden. Um wieviel schwerer ist es, zwei so ganz ungleiche Partner wie einen Herrn und seinen Sklaven als geliebte Brüder zusammenzubringen!

Im menschlich-rechtlichen Bereich war dies überhaupt unmöglich. Entflohene Sklaven wurden hart und oft grausam bestraft. In Rom brannte man ihnen mit einem glühenden Eisen ein Zeichen auf die Stirn. So war ein solcher Sklave für immer gebrandmarkt: das ist ein Entlaufener! Zum abschreckenden Beispiel wurden wieder eingefangene Sklaven auch in eiserne Ringe geschmiedet oder den wilden Tieren in der Arena vorgeworfen oder gekreuzigt.

Rechtlich gesehen konnte Paulus nur anbieten, daß er für 19
die entstandene Schuld aufkomme. Mit eigener Hand setzt er
seine Unterschrift unter eine Schulderklärung, wie sie zwi-
schen Geschäftspartnern üblich war. Und dieser kleine Zwi-
schensatz erlaubt einen Einblick in die Schreibtätigkeit des
Apostels. Seine Briefe hat er meistens einem Sekretär diktiert
und dann selber unterschrieben oder eben auch mitten im
Diktat eigenhändig einiges eingefügt g). Eine leise Ironie liegt g) Ga 6, 11!
über diesem Satz. Philemon wird verstehen — wieder ohne 1 Ko 16, 21;
daß es Paulus wörtlich schreibt —, daß der Apostel keinen 2 Th 3, 17;
irdischen Besitz hat, aus dem er eine Vergütung überweisen Kol 4, 18
könnte, er, der jetzt mittel- und machtlos im Gefängnis sitzt h). h) 2 Ko 6, 10
Und die nachfolgende, wieder ganz überraschende Wendung[27]
hat fast einen scherzhaften Unterton: **um dir nicht zu sagen** i), i) wie 1 Ko 9
daß du dich selbst mir schuldig bist. Philemon steht in der
Schuld des Apostels, er schuldet ihm nicht nur etwas, son-
dern sich selbst, zwar nicht im rechtlichen Sinn (wie sich
Onesimus als Ware seinem Besitzer schuldet), sondern in der
Liebe, der gegenüber sie beide Schuldner sind. Genau wie
Onesimus hat auch Philemon durch den Apostel die Liebe
Gottes in Jesus kennengelernt, darum verdankt er sich,
menschlich gesprochen, ebenso dem Apostel. Die gläubig Ge-
wordenen sind schuldig, diejenigen mit ihrem Besitz zu unter- k) Ga 6, 6;
halten, die ihnen das Wort verkündet haben k). Und darüber 1 Ko 9, 11 f
I 5, 17—18!

[27] Vgl. die vielen überraschenden Wendungen in 5. 6: Ich höre dankbar von deiner Liebe, und ich bitte, daß sie mehr wirksam werde. 8. 9: ich könnte dir befehlen — aber ich bitte dich. 10. 12: ich bitte dich für Onesimus — das heißt für mein eigenes Herz. 13. 17: ich wollte ihn behalten — aber ich sende ihn dir. 15: zeitliche Trennung — ewiger Gewinn. 11. 16: unnützer Sklave — nützlicher und geliebter Bruder.

l) Rö 13, 8; 15, 27! hinaus stehen sie als Brüder in einer gegenseitigen Schuldverpflichtung: Sie sind „schuldig, einander zu lieben" l).

20 In höchster Eindringlichkeit gelangt der Hauptteil des Briefes zum Abschluß: **Ja** m), **Bruder** n), **ich möchte**[28] **von dir Nutzen haben im Herrn.** Frage nicht, ob der Sklave dir geschadet hat und wie nützlich er dir ist, sondern vielmehr, ob und wie du mir nützlich[29] sein kannst.

m) Phil 4, 3
n) wie V. 16

Alles, was du ihm Gutes tun wirst, wird mir zugute kommen. „Ich möchte deiner froh werden im Herrn", wenn ich erfahre, wie deine Liebe über alles Bitten hinaus gehandelt hat. **Erquicke** o) **mein Herz** p) **in Christus!** Ein Bruder kann das Herz des andern erfrischen, wenn er der Liebe Raum gibt, von der beide leben. Die Verse 7 und 20 sagen dasselbe aus, die Wiederholung (nach allem Gesagten) unterstreicht und betont, wie dringlich es ist, daß Philemon jetzt die Gelegenheit ergreift, um seine Liebe zu bewähren. Er wird es tun, dessen ist Paulus gewiß.

o) wie V. 7
p) wie 7. 12. 20

5. Zuversichtlicher Ausblick in die Zukunft

Philemon 21—22

21 **Im Vertrauen auf deinen Gehorsam schreibe ich dir, weil**
22 **ich weiß, daß du sogar mehr tun wirst, als ich sage. * Zugleich aber bereite mir auch gastliche Aufnahme; denn ich hoffe, euch durch eure Gebete** (wieder) **geschenkt zu werden.**

21 In Vers 8 schreibt Paulus, daß er nicht mit apostolischer Autorität auftreten und gebieten will, was Philemon zu tun habe, und trotzdem erwartet er Gehorsam. Ohne das Einverständnis seines Partners wollte er nicht handeln, und doch setzt er gerade dieses Einverständnis voraus. Liegt da ein geheimer Widerspruch vor, widerspricht sich Paulus selbst?

[28] Ein seltener Optativ (Wunschform) im NT.
[29] *(oninemi)* Nutzen haben; obwohl der Ausdruck bei Ignatius sechsmal vorkommt, ist nicht von der Hand zu weisen, daß *oninemi* mit *Onesimus* in Beziehung steht. Der Ausdruck kommt im NT nur hier vor und könnte sehr wohl gewählt worden sein zur Formung eines Wortspiels: *oninemi — Onesimus.* Wie der Nichtsnutz Onesimus zum Nutzen geworden ist für dich, so möchte ich auch in dir einen Onesimus haben, der mir zum Nutzen *(oninemi)* ist. Aber auch abgesehen von einem möglichen Wortspiel ist der Anklang an V. 11 ganz unverkennbar: unnütz—nützlich.

Nein, denn der Apostel erzwingt weder das Einverständnis noch den Gehorsam, aber er traut dem Partner zu und seinem Gott, daß die freiwillige Antwort wirklich gegeben werden wird. Seine Bitte ist zwar wirklich Bitte des liebenden und vertrauenden Bruders, aber sie ist nicht unverbindlich, nicht rein privater Natur, denn es geht nicht um ihn selbst oder um ihn allein, sondern um einen Bruder (16), um das Gute (6.14), um die Liebe überhaupt (9). Und dieses wie alles wirklich Wesentliche und Menschliche kann letztlich nicht befohlen, sondern nur erbeten werden. Gott selbst macht sich ja zum Bittenden, wo es um das zeitliche und ewige Heil des Menschen geht. So ernst und eindringlich sein Wort durch seine Diener zu Herzen gehen mag, er bleibt der Bittende: „Gott läßt durch uns seinen Mahnruf ergehen, wir bitten an Christi
Statt: Laßt euch versöhnen mit Gott“ o). o) 2 Ko 5, 20

Darum kann Paulus sagen: **Im Vertrauen[30] auf deinen Gehorsam schreibe ich dir.** Wie Paulus zwar mahnend, aber doch bittend, eindringlich und doch nicht drohend auftritt, läßt sich daran erkennen, daß er an keiner Stelle im einzelnen ausführt oder auch nur andeutet, was nun Philemon eigentlich zu tun habe, obwohl es für den Apostel außer Frage steht, was sein Freund tun soll und tun wird: **Ich weiß (!), daß du sogar mehr tun wirst, als ich dir sage.** Aber worin dieses „mehr“ besteht, bleibt unausgesprochen.

Zusammen mit dem, was der Briefempfänger für den 22
Apostel tun wird, wie er nämlich seine Bitte betreffs des Skla-
ven über die Maßen erfüllen wird p), so soll er auch für die p) vgl. 2 Ko
gastliche Aufnahme des Paulus Vorkehrungen treffen. Noch 8, 1—5!
einmal ist hier Unausgesprochenes angedeutet: wie du dem Eph 3, 20
Bruder Onesimus gastliche Aufnahme bereiten wirst, so tue
es mir. Mit dem Hinweis auf sein Gebet hat er den Brief be-
gonnen; mit der selbstverständlichen Erwartung, daß die
Hausgemeinde q) für ihn, für seine Befreiung aus dem Ge- q) Rö 15, 30;
fängnis r) und für sein Kommen betet, schließt er. Wie Phile- 2 Ko 1, 11
mon und Onesimus ihm von Gott geschenkt wurden, so wird Phil 1, 19;
Gott — **durch ihre Gebete** — auch ihn, den Apostel und Bru- 1 Th 5, 25; 2 Ko 1, 11;
der, zu einem Geschenk des Segens für die Gemeinde r) Apg 12, 5. 11—17!
machen s). s) Rö 15, 29

[30] Das Vertrauen gründet im gemeinsamen Glauben. Glaube und Gehorsam gehören zusammen (Rö 1, 5; 16, 26). Gehorsam nach dem NT meint gerade nicht sklavisch blinden und erzwungenen, sondern mündigen, freiwilligen, von Herzen und aus eigenem Entschluß kommenden Gehorsam (Rö 6, 17; Phil 2, 8. 12; Phlm 14. 21). Dem bekannten Wort „Mein Lohn ist, daß ich darf“ (W. Löhe) könnte man zuordnen: „Mein Glück ist, daß ich will.“

Der Briefschluß

Grüße und Segenswunsch

Philemon 23—25

23 Es grüßen dich, * mein Mitgefangener in Christus Jesus, *
24 Markus, Aristarchus, Demas, Lukas, meine Mitarbeiter. *
25 Die Gnade des Herrn Jesus Christus sei mit eurem Geiste!

Durch **Epaphras** war eine Gemeinde in Kolossä entstanden, jetzt aber ist er **Mitgefangener** des Apostels **in Christus Jesus**[31]. Über die näheren Umstände, die zu seiner Gefangenschaft geführt haben, wissen wir so wenig wie über die in Hb 13, 23 erwähnte Freilassung von Timotheus. Immerhin machen diese kurzen Notizen ersichtlich, daß nicht nur Paulus das Los der Gefangenschaft kannte, sondern auch andere Mitarbeiter am Evangelium. Die frohe Botschaft von der Liebe Gottes wurde nicht ohne Widerstand gehört und angenommen.

t) Apg 12, 12. 25; 13, 18; 15, 37. 39 vgl. II 4, 11!
u) Apg 20, 4
v) Apg 27, 2
w) Kol 4, 14
x) II 4, 11 f!

Markus ist der Vetter von Barnabas t); Aristarchus stammt aus Mazedonien; er begleitete den Apostel nach Jerusalem u) und später nach Rom v). Demas ist noch Mitarbeiter des Apostels Paulus ebenso wie zur Zeit der Abfassung des Kolosserbriefes w), später allerdings wird er sich von Paulus abwenden und ihn verlassen x).

Alle diese Mitarbeiter sind für Philemon und die Gemeinde in seinem Haus keine Unbekannten. Die Erwähnung ihrer Namen und die Übersendung ihrer Grüße festigt das Band des Glaubens und der Liebe zwischen ihnen allen.

y) Ga 6, 18; Phil 4, 23

Zugleich mit der Weitergabe der Grüße erbittet Paulus den Segen für die Empfänger y). In der **Gnade des Herrn Jesus Christus** sind sie alle angenommen worden. Mit dem Zuspruch dieser Gnade begann der kurze und doch so inhaltsreiche Brief (3), und so endet er auch: **Die Gnade sei mit euch!**

[31] Einzelne Ausleger übersetzen: „Mitgefangener in Christus" und fügen „Jesus" als Name eines Mitarbeiters hinzu, wie in Kol 4, 11: „Jesus, genannt Justus."

ANHANG

Zur Sklavenfrage

1. Zur Zeit Jesu gab es in Galiläa nur sehr wenig Sklaven, mehr schon in Jerusalem, und große Scharen von Sklaven bevölkerten die Großstädte der alten Welt, so daß sie an manchen Stellen zahlreicher waren als die Freien. In Korinth waren die Armen und Sklaven verhindert, rechtzeitig zum Mahl des Herrn zu kommen, weil sie durch die Arbeit abgehalten waren. Das führte zu schweren Spannungen in der Gemeinde (1 Ko 11, 17. 21. 33). Sklaven, die keinen Namen hatten, wurden Perser genannt; so ist Persis nicht ein Frauenname, sondern Bezeichnung für eine Sklavin (Rö 16, 12: wörtlich die geliebte Perserin-Sklavin). Tabitha (gr Dorka) ist ein bei den Rabbinern üblicher Sklavenname; sie war eine Freigelassene, die ihren Sklavennamen weiterhin trug (Apg 9, 36. 40). In den Gemeinden waren die Sklaven den Freien gleichgestellt, denn Jesus war für sie zum Sklaven geworden, um alle zum Menschsein zu befreien (Phil 2, 5f; Ga 3, 28; 1 Ko 12, 13; Kol 3, 11). Die praktische Verwirklichung dieser neuen Freiheit führte aber zu viel Unsicherheit, Spannung und Widerstand.

2. Die atl Gesetze über die Sklaven sind im Vergleich zu den Verhältnissen umliegender Völker bemerkenswert menschlich. Entscheidend in der atl Gesetzgebung war, daß jeder Hebräer, der zum Sklaven (gemacht) worden war (ein Vater durfte zum Beispiel seine Tochter als Sklavin verkaufen, 2 Mo 21, 7), spätestens nach sieben Jahren freigelassen und reich mit Geschenken ausgestattet werden mußte (5 Mo 15, 12-18). Auch alle Darlehen und Verschuldungen mußten im sogenannten „Erlaßjahr" erlassen werden (5 Mo 15, 2). Die Befreiung von der Versklavung und die Entlastung von Schulden gehören zusammen, denn der Sklave wurde als Ware betrachtet, „denn er ist sein Geld"; Geld meint hier wörtlich: ein Stück Vieh (2 Mo 21, 21). Alle 7 Jahre konnte das ganze Volk erfahren, daß die Versklavung des Menschen etwas ist, das nicht sein soll, denn jeder Mensch ist im Bilde Gottes geschaffen und zur Freiheit berufen. Damit konnte die totale Verhärtung und Entmenschlichung einer sozialen Struktur (nämlich der Kauf und Verkauf von Sklaven als Ware) verhindert werden. Warum aber führte das nicht zur Veränderung bzw. völligen Abschaffung der Sklaverei? Der Hauptgrund liegt darin, daß dieses Gesetz nur für die Angehörigen des eigenen Volkes galt (und auch da noch so oft wie möglich umgangen wurde, wie aus den Warnungen zu sehen ist, die an die Nichtbeachtung des Gesetzes geknüpft wurden).

Man konnte aber Sklaven aus andern Völkern kaufen oder sie im Krieg als Beute rauben, und diese Sklaven konnten an die Nachkommenschaft als fester Besitz vererbt werden (3 Mo 25, 46). Immerhin durfte eine im Krieg geraubte Frau nicht zur Sklavin gemacht oder als solche verkauft werden; entweder mußte sie zur Frau erklärt und geheiratet oder dann entlassen werden (5 Mo 21, 10—14). Der Nächste, den es zu lieben galt wie sich selbst, war der eigene Volksgenosse, nicht aber der Angehörige eines anderen Volkes (3 Mo 19, 18; 25, 39—55). Doch ist auch hier ein Ansatz vorhanden zur Überwindung der eigenen Volksschranken: auch der Fremdling soll geliebt werden, wie man sich selbst und die Seinen liebt, denn Israel ist ebenfalls Fremdling gewesen in Ägypten (2 Mo 19, 33—34). Doch die Schlußfolgerung auf den Sklaven wird nicht gezogen, obwohl die Hebräer in Ägypten auch Sklaven gewesen sind (2 Mo 25, 39—43). Die Versklavung des andern, der nicht zu mir gehört, d. h. ihn zum Objekt und zur verfügbaren Ware machen, muß tief im gefallenen Bewußtsein des Menschen verankert liegen.

3. Erst Jesus hat endgültig die Liebe des Nächsten radikal und bedingungslos auf jedes Geschöpf mit Menschenantlitz (auch den Feind!) ausgelegt und angewendet. Er selbst ist diese radikale Liebe in Person. Im Zusammenhang mit der Auslegung von I 6, 1—2 und Tit 2, 9—10 habe ich in 1 Tim (S. 186f) die Frage gestellt: „Warum hat die Erfahrung der Herren, die in den gläubigen Sklaven ‚geliebte Brüder' sehen, nicht schon früher zur Veränderung der sozialen Verhältnisse geführt? Wenn es auch eindeutig christliche Impulse und Christen waren, die schließlich zur Sklavenbefreiung führten, warum mußte das so lange dauern?" Ja, im Blick auf Jesus drängt sich die Frage um so mehr auf, warum diese neue Liebe nicht imstande war, die rechtlich institutionalisierte Unmenschlichkeit im wahrsten Sinn des Wortes zu sprengen und aufzuheben.

Man kann dieser Frage nicht entgegnen, daß der Einfluß des AT eben sehr groß gewesen sei. Einmal ist das Tieropfer im Gottesdienst schlagartig abgeschafft worden, obwohl es im AT gesetzlich verankert war und obwohl noch Jesus die Geheilten zum Priester schickte zur Darbringung eines Opfers (obwohl Jesus selbst also die Institution des kultischen Tieropfers nicht aufhob) (Mt 8, 4; 3 Mo 14, 2—7).

Man könnte einwenden, daß dies eben eine zentral religiöse Institution sei, während die Sklavenhaltung den sozialen Bereich betreffe. Doch auch im sozialen Bereich gibt es zumindest ein Beispiel, das diesem Einwand entgegengehalten werden kann: Die im AT rechtlich gestattete und geregelte Eheform, nach der ein Mann mehrere Frauen heiraten durfte (5 Mo 21, 15), ist ebenfalls (wie das Tieropfer) mit überraschender Schnelligkeit und Übereinstimmung abgelöst worden durch die Einehe (I 3, 2.12; Tit 1, 6!). Hier fand das Herrenwort, das den ursprünglichen Gotteswillen wieder in die Mitte stellte, Gehör und Befolgung in der Gemeinde (Mt 19, 3—10). Die Liebe, die in Jesus offenbar geworden war, machte es klar, daß ein Mann Frauen nicht wie eine Ware erwerben und besitzen kann. Obwohl die Frau um dieser Liebe willen nicht mehr unter dem Herrschaftsanspruch des Mannes, sondern im Gegenüber seiner Liebe steht, blieb die äußere Struktur der Unterordnung vorläufig noch bestehen, aber nicht weil sie gerecht oder der Liebe entsprechend oder gar ewige göttliche Ordnung war, sondern weil sie jetzt von innen heraus durch die Liebe überwunden und verändert werden konnte und auch sollte. Die soziale Stellung der Frau hat sich aber schließlich noch länger erhalten als die Institution der Sklaverei! (Vgl. Anhang 4: Die Stellung der Frau, in: Wt. Stb. 1 Tim, S. 319—227).

4. Daß die Sklaverei als rechtliche Institution in Frage gestellt und schließlich abgeschafft wurde, war nur möglich von einer veränderten Sicht der menschlichen Person aus: Jeder Mensch ist geschaffen im Bilde Gottes; und für jeden Menschen ist Gott in Jesus Mensch geworden. Für jeden Menschen hat Jesus sein Leben in den Tod gegeben, damit jeder in die Freiheit der Gotteskindschaft gelangen kann. Deshalb kann ein Mensch nie mehr zum Objekt gemacht, er darf nicht mehr als Eigentum angesehen oder behandelt werden, und sein irdischer Stand in der sozialen Ordnung folgt nicht mehr „naturnotwendig" aus seiner Geburt (das Fortbestehen der Sklaverei durch Vererbung oder das Gegenstück des Erbadels). Die Liebe, wie Jesus sie lebte und lehrte, hat durchaus diese neue Sicht des Menschen eröffnet, aber die Liebe seiner Nachfolger hat das bestehende Recht nicht beeinflußt und verändert oder aber nur sehr langsam und unter großen Widerständen.

5. Für die Sklavenfrage ist das Verhältnis von Institution und Person wichtig. Institution wird es immer geben, solange Menschen sind, weil die Person (in sich selbst eine Institution, nämlich eine geordnete Einrichtung) nicht gelöst von Institution existiert. Aber jede (auch jede rechtlich humane) Institution wird unmenschlich, wenn sie von der Macht beherrscht anstatt von der Liebe offengehalten und dem Menschen dienstbar gemacht wird. So sagt Jesus ausdrücklich, daß die religiös-soziale Institution des Sabbats um des Menschen willen geschaffen worden sei (als Garant, Zeichen und Ort der Freiheit; vgl. das Halljahr, an welchem die Sklaven losgesprochen wurden!), und nicht der Mensch um des Sabbats willen (Mk 2, 27—28). Doch der (religiöse) Mensch hat die Gabe des Sabbats zu einem Machtmittel ausgebaut und mißbraucht, um den Menschen zu knechten. Die Institution, die des Menschen Freiheit in Gott feiern und bewahren sollte, ist übermächtig geworden und hat den Menschen mit Mühsal beladen und versklavt.

6. Ebenso wichtig ist die Frage nach dem Verhältnis von Liebe und Recht. Durch die Liebe, die Jesus verwirklichte, wird der Sklave „mehr als ein Sklave" (Phlm 16), das ist die Wirkung der Liebe im mitmenschlichen Bereich. Und um dieses „mehr als Sklave" willen wird es nun überhaupt erst möglich, daß auch die rechtlich institutionalisierte Stellung des Sklaven hinterfragt und verändert werden kann, denn jetzt erst ist auch deutlich geworden, daß er als Sklave „weniger als ein Mensch" war.

Die Liebe im sozialethischen Bereich der zwischenmenschlichen (und zwischenstaatlichen) Institutionen kümmert sich um das Recht aller Benachteiligten. Die Liebe allein kann und wird dafür sorgen, daß das Grundgesetz des Rechts („jedem das Seine") nicht zugunsten der Starken und auf Kosten der Schwachen ausgelegt wird.

7. Der biblische Ansatz für die Verbindung von Liebe und Recht, von geistlichem und weltlichem, von personalem und sozialem Bereich ist an vielen Stellen und sehr ausdrücklich gerade im Philemonbrief gegeben. Paulus schreibt (V. 16): „Ich sende dir den entlaufenen Sklaven zurück, nicht mehr als einen leibeigenen Sklaven, sondern als etwas viel Schöneres: als einen lieben Bruder. Das ist er für mich längst geworden, wieviel mehr für dich! Ein Bruder, weil er zu deiner Hausgemeinschaft gehört, ein Bruder, weil er mit dir Eigentum des Herrn ist." Dieser fundamentale Satz ist nach Übertragung von J. Zink zitiert, weil der zweifache Aspekt des Bruderseins durch die Wiederholung am Besten zum Ausdruck kommt. Wörtlich lautet der Ausdruck, der nur hier vorkommt: sowohl im Fleisch wie auch im Herrn (kai en sarki kai en kyrio); man könnte das auch so umschreiben: sowohl das Menschsein wie auch das Christsein betreffend, sowohl im weltlich-sozialen wie auch im geistig-geistlichen Sinn. Onesimus ist jetzt im umfassenden Sinn „mehr als Sklave", sowohl menschlich wie auch im Glauben ist er Bruder geworden. Das Sklave-Sein ist vollständig überwunden, wenn auch die äußere Institution (vorläufig) noch weiterbesteht. Sie wird von innen her eines Tages auch aufgelöst werden.

Seltsam ist das Zögern vieler Ausleger, die dem Apostel nicht zutrauen, daß er dem Philemon zugetraut haben soll, den Sklaven nicht nur nicht zu strafen, sondern ihm die Freiheit zu schenken, schreibt doch Paulus: „Ich weiß, daß du noch mehr tun wirst, als ich sage" (21). Dem Mehrsein von V. 16 folgt das Mehrtun von V. 21 auf dem Fuß. Es ist das „Mehr" der Liebe, die über das Gesetz hinausgeht und darum das Gesetz erfüllt und es in der Erfüllung überwindet.

Wenn der Sklave ein Bruder wird sowohl in der Gemeinschaft des Glaubens als auch im weltlich-sozialen Bereich, so ist damit die rechtliche Struktur der Sklavengesellschaft bereits im Ansatz von innen her durchbrochen, überwunden und überboten; überboten deshalb, weil die Liebe nicht einfach das Gegenteil von einem Sklaven will, nämlich einen emanzipierten Sklaven, d. h. einen sogenannten Freien (wie frei sind die Freien, die eine Sklavengesellschaft dulden und konservieren?), sondern einen Bruder. Ein Freier ist nicht „mehr als ein Sklave", er ist nur das Gegenstück zum Sklaven. Ein Bruder aber ist mehr als ein Sklave oder Freier, und Bruderschaft in Glauben und Liebe ist mehr als rechtliche Ordnung des Zusammenlebens.

„Die Liebe verzichtet auf *ihr* Recht, nicht auf *das* Recht. Der Christ selbst wird allen Recht und Billigkeit zukommen lassen (Kol 4, 1), er wird aber für sich selbst die Liebe immer über das Recht stellen. So gewiß also die bestehenden sozialen Gefüge und rechtlichen Ordnungen nicht annulliert werden, so werden sie doch auch nicht als starre Institutionen sanktioniert, sondern im Licht der Liebe kritisch geprüft, verwandelt, zurechtgerückt und in Bewegung gebracht, und dort, wo sie nicht zur Verwirklichung und Praktizierung der Liebe dienen, wird auf sie verzichtet. Dadurch erweist sich die Liebe nochmals als die auch den schöpfungsmäßigen Normen überlegene, ja schlechthin höchste Norm christlicher Lebensführung" (W. Schrage, Die konkreten Einzelgebote in der paulinischen Paränese, Gütersloh 1961, S. 266).

8. Durch Hingabe an die Liebe des Herrn Jesus wird der Sklave nicht einfach zu einem Emanzipierten, sondern zu einem Bruder, d. h. aber zu einem „Freigelassenen des Herrn" (1 Ko 7, 22). Diese Freiheit „im Herrn" aber ist die grundlegende und entscheidende, und sie steht über allen relativen Freiheiten, die der Mensch in den vorhandenen gesellschaftlichen Ordnungen genießen (oder entbehren) wird. Um dieses bleibenden Vorranges willen ist es begreiflich, daß das NT nicht von einer äußeren und aktiven Veränderung der Welt spricht, ganz abgesehen davon, daß die geschichtliche Lage damals eine ganz andere war als heute. So kann man mit Recht sagen und zeigen, daß Paulus (wie auch Jesus zuvor) von der Umwelt übernimmt, was allgemein als schicklich galt, dazu gehörte auch das Halten von Sklaven!

Das entscheidend Neue war nicht die Änderung der äußeren gesellschaftlichen Einrichtungen, sondern das Zusammenleben „im Herrn", das auch die menschlichen Beziehungen veränderte. Aber daraus die Schlußfolgerung zu ziehen, daß die äußere Veränderung der sozialen Strukturen nicht wichtig oder nicht nötig oder sogar nicht möglich sei, ist uns von der Bibel her verwehrt, denn was „im Herrn" möglich und wirklich geworden ist, das will und wird auch im Herrn Fleisch werden, eben: „sowohl im Fleisch wie im Herrn."

Die Veränderung und Verbesserung des sozialen Gefüges und seiner Einrichtungen ist m ö g l i c h, weil sie nicht ewige und absolute Ordnungen darstellen, ist n ö t i g, weil jede Institution durch ihren Machtzuwachs und ihre Dauer ständig in Gefahr ist, das Menschliche zu unterdrücken und den Menschen zu ihrem Objekt zu machen (der Mensch ist nicht für den Sabbat da, sondern der Sabbat für den Menschen); sie ist w i c h t i g, weil das fleischgewordene Wort Gottes ständig zur Vermenschlichung drängt und weil der persönliche Heilsglaube und die gemeindliche Bruderschaft „im Herrn" offen sind auf die Bruderschaft „im Fleisch" in den weltlich-sozialen Ordnungen hin. Die volle Menschlichkeit, wie sie Jesus brachte, umfaßt das persönliche Heil im Glauben, die Bruderschaft im Herrn und die Liebe in allen mitmenschlichen Bezügen dieser Welt. Wenn man von den notwendigen Auswirkungen des Glaubens im weltlich-sozialen und politischen Bereich absehen will, ist ein ganzheitliches Leben im Glauben nicht möglich ohne unheilvolle Widersprüche. Schon bei Justin, dem bedeutendsten Apologeten des 2. Jahrhunderts, ist dieser seltsame Widerspruch deutlich sichtbar. Er lehrte zwar, es sei besser, „die Menschen freizugeben als sie zu versklaven", aber gleichzeitig beanspruchte er für seine Gesetzgebung, daß sie göttlich begründet und gerechtfertigt sei, sie, welche das gesellschaftliche System der heidnischen Umwelt unbefragt übernommen hatte.

LITERATURVERZEICHNIS

zu den Briefen an Timotheus, Titus und Philemon

Johann A. Bengel — Gnomon, Auslegung des Neuen Testamentes in fortlaufenden Anmerkungen, Band II
Steinkopf Verlag, Stuttgart 1960 [7]

Wilhelm Brandt — Das anvertraute Gut, Eine Einführung in die Briefe an Timotheus und Titus.
Furche Verlag, Hamburg 1959 [2]

Martin Dibelius — Die Pastoralbriefe, Dritte Auflage, neu bearbeitet von Hans Conzelmann,
J. C. B. Mohr Verlag, Tübingen 1955

Gerhard Friedrich — Der Brief an Philemon, in: Das Neue Testament Deutsch 8, Verlag Vandenhoeck & Ruprecht,
Göttingen 1972 [13]

Donald Guthrie — The Pastoral Epistles, An Introduction and Commentary, The Tyndale Press, London 1957

Gottfried Holtz — Die Pastoralbriefe, in: Theologischer Handkommentar zum Neuen Testament, XIII
Evangelische Verlagsanstalt, Berlin 1965

Joachim Jeremias	Die Briefe an Timotheus und Titus, NTD 4, Vandenhoeck & Ruprecht, Göttingen 1947 [4]
Eduard Lohse	Die Briefe an die Kolosser und an Philemon, Meyers Kritisch-Exegetischer Kommentar IX/2, Vandenhoeck & Ruprecht, Göttingen 1968 [14]
Otto Michel	Grundfragen der Pastoralbriefe, in: Auf dem Grunde der Apostel und Propheten, Festschrift für Th. Wurm, Hrsg. Loser, Stuttgart 1948
Adolf Schlatter	Die Kirche der Griechen im Urteil des Paulus. Eine Auslegung seiner Briefe an Timotheus und Titus, Calwer Verlag, Stuttgart 1958 [2]
E. K. Simpson	The Pastoral Epistles, The Greek Text with Introduction and Commentary, The Tyndale Press, London 1954
P. C. Spicq	Les Epitres Pastorales, Librairie Lecoffre, J. Gabalda Editeurs, Paris 1947 [3]
D. G. Wohlenberg	Die Pastoralbriefe, in: Kommentar zum Neuen Testament, Hrsg. Theodor Zahn, A. Deichert Verlag, Leipzig 1909 [2]

STICHWORTVERZEICHNIS

zu den Pastoralbriefen und dem Brief an Philemon

Vollständigkeit der Stichworte wurde nicht angestrebt. Die röm. Ziffern I bzw. II bedeuten, daß sich die entsprechenden Angaben im jeweiligen Band der Pastoralbriefe befinden, z. B. Rechtfertigung II 189, 193.

Der Brief
an die Hebräer

erklärt von

Fritz Laubach

R. BROCKHAUS VERLAG

RICHTLINIEN FÜR DIE BENUTZER DER WUPPERTALER STUDIENBIBEL

Um dem Leser die Übersicht zu erleichtern, verfolgt die Wuppertaler Studienbibel in allen ihren Auslegungen einheitlichen Grundstrukturen. Der Bibeltext ist dabei stets fett gedruckt. Wiederholungen aus dem behandelten Bibeltext innerhalb des Auslegungstextes sind ebenfalls fett gedruckt.

Eine große Fülle von Bibelstellen ist als Parallele angegeben. Diese Parallelstellen finden sich am äußeren Rand der Seite. Auch Bibelstellen, auf die im Auslegungstext Bezug genommen wird, sind am Rand zu finden.

Aus Gründen der Verständlichkeit verzichtet die Wuppertaler Studienbibel auf die Wiedergabe griechischer Begriffe in Originalschreibweise. Statt dessen erscheinen diese in deutscher Umschrift. Rückgriffe auf den griechischen Originalwortlaut sind dabei auf ein für das Verständnis der Texte notwendiges Maß reduziert.

Zu den wichtigsten vom Text abweichenden Lesarten, die sich im Allgemeinen in den Fußnoten finden, sind folgende Bezeichnungen gewählt worden:

Die Handschriften des Neuen Testaments

Bezeichnung	*Zeit*	*Namen*	*Standort: In Bibliothek*	
ℵ (01)	4. Jh.	Sinaiticus	London	Neutestamentlicher Teil einer Vollbibel
A (02)	5. Jh.	Alexandrinus	London	Enthält das Neue Testament mit dem 1. Clemensbrief und den sog. Psalmen Salomos; Vollbibel mit einzelnen Lücken.
B (03)	4. Jh.	Vaticanus	Rom	Vollbibel mit Lücken
C (04)	5. Jh.	Ephraemi rescriptus	Paris	Bibel mit vielen Lücken

Diese vier Bibeln des 4. und 5. Jahrhunderts dürfen als die wichtigsten Zeugen gelten. Die Zusammenfassung der vier Handschriften ℵ A B C zu einer Textgruppe wird »hesychianische Textform« genannt. Hesychius war ein Grieche in Alexandria. Weil Alexandria in Ägypten lag, wird diese Textgruppe auch die ägyptische Textform genannt.

Bezeichnung	*Zeit*	*Namen*	*Standort: in Bibliothek*	
D (05)	6. Jh.	Bezae Cantabrigiensis	Cambridge	Enthält die vier Evangelien und die Apostelgeschichte, aber mit großen Lücken.
E (07)	8. Jh.	Basiliensis	Basel	Diese Handschriften enthalten die vier Evangelien.
F (09)	9. Jh.	Boreelianus	Utrecht	
G (011)	9. Jh.	Seidelianus I	London	
H (013)	9. Jh.	Seidelianus II	Hamburg	
L (019)	8. Jh.	Regius	Paris	
046	10. Jh.		Rom	046 enthält die Offenbarung des Johannes.

Die Zusammenfassung der einzelnen Handschriften E F G H L und 046 bildet die Handschriftengruppe der Koine (das späte Griechisch, die Gemeinsprache der hellenistischen Welt).

Es sind also die Handschriften aus dem 8. bis 13. Jahrhundert. Die Koine-Gruppe ist die später in Konstantinopel zur allgemeinen Verbreitung gekommene Textform. Diese Textform benutzte Erasmus von Rotterdam für seine Ausgabe eines griechischen NT. Martin Luther stützte sich bei seiner Bibelübersetzung auf das griechische NT von Erasmus, so daß uns die Textform auch in der Bibel Luthers entgegentritt.

Erasmus hat sehr flüchtig gearbeitet und nur wenige Handschriften zur Verfügung gehabt. Dennoch hat die von ihm benutze Grundtextzusammenstellung bis heute großen Einfluß. Bekannt ist sie auch unter dem Namen »Textus Receptus« (»der [von allen] angenommene Text«). Im Laufe der Jahrhunderte sind allerdings weitere Texte gefunden worden, die älteren Datums sind als die von Erasmus benutzten, so daß heute die Grundtextzusammenstellung von Nestle/Aland in der 27. Auflage als der am besten abgesicherte Bestand gilt.

Aus traditionellen Erwägungen heraus gilt ungeachtet des Standes der Textforschung bei vielen der Textus receptus noch als verbindlich (»die Bibel der Reformation«). Dies hat neben diesen traditionellen Gründen auch die Ursache, daß man Textkritik (= das Vergleichen von Handschriften) mit Bibelkritik (= der historisch-kritische Umgang mir der Bibel, hier u.a. das Infragestellen der Historizität biblischer Ereignisse und Aussagen - wie etwa der Worte Jesu) verwechselt. Die Wuppertaler Studienbibel greift dankbar auf die Ergebnisse der Textkritik zurück, grenzt sich aber deutlich gegen bibelkritische Haltungen ab.

Andere Handschriften werden jeweilig im Text erklärt.

ABKÜRZUNGSVERZEICHNIS

Die Abkürzungen folgen weitgehend dem von S. Schwertner für die Theologische Realenzyklopädie (TRE) zusammengestellten Abkürzungsverzeichnis.

Die Schreibweise der bibl. Bücher und – mit wenigen Ausnahmen – der bibl. Orts- und Personennamen folgt der Luther-Übersetzung 1984.

1. Abkürzungen der biblischen Bücher

a) Altes Testament

1Mo = 1. Mose
2Mo usw. = 2. Mose usw.
Jos = Josua
Ri = Richter
Rt = Rut
1Sam = 1. Buch Samuel
2Sam = 2. Buch Samuel
1Kön = 1. Buch der Könige
2Kön = 2. Buch der Könige
1Chr = 1. Buch der Chronik
2Chr = 2. Buch der Chronik
Esr = Esra
Neh = Nehemia
Est = Ester
Hi = Hiob
Ps = Psalter
Spr = Sprüche
Pred = Prediger
Hld = Hohelied
Jes = Jesaja
Jer = Jeremia
Klgl = Klagelieder
Hes = Hesekiel
Dan = Daniel
Hos = Hosea
Joel = Joel
Am = Amos
Obd = Obadja
Jona = Jona
Mi = Micha
Nah = Nahum
Hab = Habakuk
Zef = Zefanja
Hag = Haggai
Sach = Sacharja
Mal = Maleachi

b) Neues Testament

Mt = Matthäus
Mk = Markus
Lk = Lukas
Joh = Johannes
Apg = Apostelgeschichte
Röm = Römer
1Kor = 1. Korinther
2Kor = 2. Korinther
Gal = Galater
Eph = Epheser
Phil = Philipper
Kol = Kolosser
1Thess = 1. Thessalonicher
2Thess = 2. Thessalonicher
1Tim = 1. Timotheus
2Tim = 2. Timotheus
Tit = Titus
Phlm = Philemon
1Petr = 1. Petrus
2Petr = 2. Petrus
1Joh = 1. Johannes
2Joh = 2. Johannes
3Joh = 3. Johannes
Hebr = Hebräer
Jak = Jakobus
Jud = Judas
Offb = Offenbarung

2. Abkürzungen der außerkanonischen Schriften

Apk.Petr. Petrus-Apokalypse
Apk.Eliae Elias-Apokalypse
äthHen äthiopisches Henochbuch
grBar griechische Baruch-Apokalypse
1.2Clem 1./2. Clemensbrief
Did Didache
3.4Esr 3./4. Esrabuch
grHen griechisches Henochbuch
hebrHen hebräisches Henochbuch
IgnMagn Brief des Ignatius
– an die Magnesier

IgnPhld	– an die Philadelphier
IgnRöm	– an die Römer
Jdt	Judit
Jub	Jubiläenbuch
1–4Makk	1.–4. Makkabäerbuch
OrMan	Gebet Manasses
Sir	Jesus Sirach
slHen	slawisches Henochbuch
syrBar	syrische Baruch-Apokalypse
TestJud	Testament Judas
TestNaph	Testament Naphtalis
Tob	Tobias / Tobit
Weish	Weisheit Salomos
ZusDav	Zusätze zu David
ZusEst	Zusätze zu Ester

3. Sonstige Abkürzungen

a.a.O.	am angegebenen Ort
ägypt.	ägyptisch
Anm.	Anmerkung
aram.	aramäisch
assyr.	assyrisch
AT	Altes Testament
ATD	Altes Testament Deutsch
AThANT	Abhandlungen zur Theologie des Alten und Neuen Testaments
äthiop.	äthiopisch
atl.	alttestamentlich
babylon.	babylonisch
BAT	Botschaft des Alten Testaments
Bd.(e.)	Band (Bände)
BDR	Blass / Debrunner / Rehkopf Grammatik des ntl. Griechisch
BHH	Biblisch-historisches Handwörterbuch
Bill.	H.L. Strack, P. Billerbeck: Kommentar zum Neuen Testament aus Talmud und Midrasch
BKAT	Biblischer Kommentar Altes Testament
BSt	Biblische Studien
BWAT	Beiträge zur Wissenschaft vom Alten Testament
BZAW	Beihefte zur Zeitschrift für die alttestamentliche Wissenschaft
bzgl.	bezüglich
bzw.	beziehungsweise
ca.	circa
christl.	christlich
cm	Zentimeter
ders.	derselbe
d.h.	das heißt
d.i.	das ist
d.s.	das sind
dt.	deutsch
ebd.	ebenda
EKK	Evangelisch-katholischer Kommentar zum Neuen Testament
erg.	ergänzend
EvTh	Evangelische Theologie
evtl.	eventuell
Evv.	Evangelien
EWNT	Exegetisches Wörterbuch zum NT
EÜ	Einheitsübersetzung
f(f)	folgender / (folgende)
griech.	griechisch
ha	Hektar
HAT	Handbuch zum Alten Testament
hebr.	hebräisch
Hrsg.	Herausgeber
hrsg.	herausgegeben
Hs(s.)	Handschrift(en)
HThK	Herders Theologischer Kommentar
JBL	Journal of biblical literature
Jh.	Jahrhundert(e)
Jt.	Jahrtausend(e)
jüd.	jüdisch
Kap.	Kapitel
KAT	Kommentar zum Alten Testament
KEK	Kritisch-exegetischer Kommentar über das Neue Testament
km	Kilometer
KNT	Kommentar zum NT
latein.	lateinisch
LÜ	Luther-Übersetzung, revidierte, 1984
LXX	Septuaginta (griech. Übersetzung des Alten Testaments)
LzB	Lexikon zur Bibel, hrsg. von F. Rienecker
m	Meter
MT	Masoretischer Text
n.Chr.	nach Christus
NF	Neue Folge

nördl.	nördlich
NS	New Series (Neue Reihe)
NT	Neues Testament
NTD	Das Neue Testament Deutsch
ntl.	neutestamentlich
o.	oder
o.g.	oben genannt
östl.	östlich
palästin.	palästinisch
par.	parallel/Parallelstelle(n)
Pers.	Person
Peschitta	syrische Bibelübersetzung
pl.	Plural
RAC	Reallexikon für Antike und Christentum
RGG	Religion in Geschichte und Gegenwart
RevEB	revidierte Elberfelder Bibel
röm.	römisch
S.	Seite(n)
s.	siehe
s.a.	siehe auch
semit.	semitisch
sg.	Singular
s.o.	siehe oben
sog.	sogenannte
Sp.	Spalte
s.u.	siehe unten
südl.	südlich
TBLNT	Theologisches Begriffslexikon zum Neuen Testament
THAT	Theologisches Handwörterbuch zum Alten Testament
ThB	Theologische Bücherei
ThBeitr	Theologische Beiträge
ThBl	Theologische Blätter
ThWAT	Theologisches Wörterbuch zum Alten Testament
ThWNT	Theologisches Wörterbuch zum Neuen Testament
ThR	Theologische Rundschau
ThZ	Theologische Zeitschrift
TRE	Theologische Realenzyklopädie
übers.	übersetzen
u.a.	unter anderem(-n)
u.a.m.	und andere mehr
u.ä.	und ähnliche
u.ö.	und öfter
u.U.	unter Umständen
V.	Verse
v.a.	vor allem
v.Chr.	vor Christus
Verf.	Verfasser
vgl.	vergleiche
VT	Vetus Testamentum
Vulg.	Vulgata (latein. Übersetzung der Bibel)
w.	wohl
WB	Griechisch-deutsches Wörterbuch zum NT
westl.	westlich
wörtl.	wörtlich
WStB	Wuppertaler Studienbibel
WUNT	Wissenschaftliche Untersuchungen zum Neuen Testament
Z.	Zeile(n)
ZAW	Zeitschrift für alttestamentliche Wissenschaft
z.B.	zum Beispiel

Der Brief an die Hebräer

erklärt von

Fritz Laubach

VORWORT

Kaum ein Buch des Neuen Testamentes zeigt uns die Einheit von Altem und Neuem Testament so deutlich wie gerade der Hebräerbrief. So konnte Joh. Alb. Bengel die Erkenntnisse mancher Exegeten vergangener Jahrhunderte in dem einen Satz zusammenfassen: „Mithin hat man in diesem Brief eine kurze Wiederholung des ganzen Alten Testamentes." Darum kann auch eine Auslegung des Hebräerbriefes in der Gegenwart nicht darauf verzichten, immer wieder die geistlichen Verbindungslinien aufzuweisen, die beide Testamente miteinander verknüpfen. In der vorliegenden Auslegung wurde der Versuch unternommen, den Reichtum alttestamentlicher Schrifterkenntnis und Schriftauslegung auf dem Boden des Neuen Testamentes zu entfalten. Dankbar bekenne ich, daß mir viele schriftliche Ausführungen über den Hebräerbrief aus dem Raum der Gemeinde Jesu aus alter und neuer Zeit zur Hilfe und zum inneren Gewinn geworden sind. Wichtige Blickpunkte verdanke ich dem Hebräerbrief-Kommentar von Prof. Otto Michel.

Die Literaturhinweise am Schluß erheben nicht den Anspruch auf Vollständigkeit; sie sollen dem Leser dazu dienen, sich selbständig weiter in den Hebräerbrief zu vertiefen. Die dort genannten Auslegungen werden im Text nur unter Angabe des Verfassers und der Seitenzahl zitiert. Alle weitere Literatur ist in den Anmerkungen, die den theologisch interessierten Leser auf die Quellen verweisen, mit genauen bibliographischen Angaben aufgeführt. – Die Übersetzung erfolgte nach dem Urtext; die Übertragung der englischen Literatur ins Deutsche stammt vom Verfasser.

Dem Herausgeber der Wuppertaler Studienbibel, Herrn Oberkirchenrat Dr. Werner de Boor, danke ich für seine Anteilnahme und für seine Ratschläge, mit denen er die Entstehung dieser Auslegung begleitet hat. Ebenfalls gebührt mein Dank Herrn Günter Dulon, Theol. Lehrer an der Missionsschule Wiedenest, für die kritische Durchsicht des Manuskriptes und zahlreiche, wertvolle Hinweise.

Hamburg, im Frühjahr 1967 — Fritz Laubach

INHALTSVERZEICHNIS

EINLEITUNG

Seit frühester Zeit sind Hörern und Lesern des Hbr die besonderen Kennzeichen aufgefallen, die den Unterschied des Hbr zu den übrigen Schriften des NT deutlich hervortreten lassen. Der geschichtliche Hintergrund und das Ziel des Briefes bleiben für uns im Dunkel, aber die apostolische Botschaft tritt klar hervor: In keinem anderen Buch der Bibel wird das Wesen und Werk unseres Herrn Jesus Christus in so umfassender und zugleich einprägsamer Weise dargestellt wie im Hbr. Selbst Martin Luther, der von seinem Verständnis der Rechtfertigungslehre her meinte, die Abschnitte Hbr 6, 1–8 und 10, 26–31 stünden im Widerspruch zu den Evangelien und den Briefen des Apostels Paulus, schrieb doch in seiner Vorrede zum Hbr im Jahre 1522: „Wie dem allem auch sein mag, so ist es sicher eine ausbündig feine Epistel, die vom Priestertum Christi meisterlich und gründlich auf Grund der Schrift redet, auch das AT fein und reichlich auslegt." Das Besondere ist, daß der Hbr die Herrlichkeit Jesu Christi, des ewigen königlichen Hohenpriesters, auf dem Hintergrund des AT zeichnet und den wirklichen Sinn und die Bedeutung der atst Kultordnungen erkennen läßt. Gerade am Hbr wird in hohem Maße deutlich, wie die Christen zur Zeit der Apostel das AT gelesen und verstanden haben. Auf diese einzigartige Schau für das Wesen des AT, die der Hbr uns erschließt, treffen die Worte des Kirchenvaters Aurelius Augustinus zu, die er in seinem gewaltigen Werk „De Civitate Dei" (Vom Gottesstaat) geschrieben hat: „Man sieht, wie im Alten Bunde der Neue vorgeschattet ist. Denn der Alte Bund ist nichts anderes als die Verhüllung des Neuen, und der Neue Bund nichts anderes als die Enthüllung des Alten" (XVI, 26). „Denn nicht nur alle ausdrücklichen Prophezeiungen, nicht nur die Lebensvorschriften zur Förderung von guter Sitte und Frömmigkeit, die darin enthalten sind, sondern auch die heiligen Dinge, die zum Gottesdienst gehören, wie Priestertum, Stiftshütte und Tempel, Altäre, Opfer, Zeremonien und Feste, haben das vorgebildet und angekündigt, was um des ewigen Lebens der Gläubigen willen in Christus teils schon erfüllt ist, wie wir glauben, teils sich jetzt erfüllt, wie wir sehen, und teils sich noch erfüllen wird, wie wir zuversichtlich erwarten" (VII, 32). Im Hbr wird eine tiefe und reiche Schau entfaltet, in der das AT erst durch Christus seinen wahren Sinn empfängt und seine verborgene Herrlichkeit offenbart. Aber der Hbr hat die Ausleger zu allen Zeiten vor Fragen und Probleme gestellt, die bisher keine eindeutige Lösung gefunden haben. Bevor wir uns um das rechte Verständnis des Textes bemühen, wollen wir uns in der folgenden Einleitung diese Probleme bewußt machen.

VERFASSER

Im Hbr fehlen alle näheren Angaben über den Verfasser und die Empfänger—darin gleicht er dem 1. und 2. Johannesbrief[1]. Der Autor verrät uns seinen Namen nicht, aber er gibt sich als Bekannter oder Freund des Timotheus zu erkennen (13, 23). Offensichtlich hat er nicht zu den Uraposteln gehört; er bezeichnet sich selber nicht als Apostel, sondern reiht sich in die zweite oder dritte Generation ein, wenn er schreibt: „Das Heil ist zuerst vom Herrn verkündigt worden; von denen, die es gehört haben, ist es auf uns zuverlässig überliefert worden" (2, 3). Er selber ist also kein Augenzeuge des Erdenlebens Jesu und seiner Auferstehung gewesen, was ursprünglich als Voraussetzung zum Apostolat angesehen wurde (Apg 1, 21 f), sondern hat von den Zeugen Jesu die Botschaft empfangen und ist daraufhin zum Glauben gekommen[2]. In dieser Weise haben sich die Apostel Paulus, Petrus und Johannes in ihren Briefen im Blick auf ihre eigene Person und ihr vom Herrn empfangenes Apostelamt nie geäußert. Auch Paulus hat von einer Überlieferung durch das Zeugnis der Urapostel gewußt[3], aber er hat sich dabei immer wieder auf den Herrn selbst berufen und sich — im Gegensatz zum Verfasser des Hbr — in seinen Briefen stets unter Namensnennung, meistens als Apostel, eingeführt[4]. Lesen wir den Hbr im Grundtext, so fällt uns an der Wortwahl und am Satzbau auf, daß der Verfasser ein ausnehmend gutes Griechisch schreibt; auch kennt er die griechische Übersetzung des AT (Septuaginta, abgek. LXX) genau und benutzt sie oft. Das alles läßt auf eine hellenistische Bildung schließen, wie sie in der jüdischen Diaspora in damaliger Zeit weithin gepflegt wurde. Die Ausführungen über das Innere der Stiftshütte Hbr 9, 1—5 zeigen, daß der Verfasser die rabbinische Tradition der Schriftauslegung der alexandrinischen Synagoge kannte, aber nicht bei ihr stehen geblieben ist, sondern sie aus der persönlichen Glaubenserfahrung mit dem Herrn Jesus Christus neu gedeutet hat[5]. Die Art, wie sich der Verfasser in der Auslegung des AT der Formen der Allegorese und Typologie[6] bedient, erinnert mehr an den jüdischen Philosophen Philo, der in der zweiten Hälfte des ersten Jahrhunderts in Alexandrien lehrte und in ähnlicher Weise das AT auslegte, als an den Apostel Paulus, der seine Ausbildung zum Rabbi bei Gamaliel in Jerusalem erhalten hatte (Apg 22, 3) und der in der Auslegung anderen Traditionen folgte. Aber bei genauerer Prüfung zeigt sich, daß Philo und der Verfasser des Hbr in ihrer Auslegung von grundverschiedenen Voraussetzungen ausgegangen sind. Der französische Theologe J. Cambier schreibt dazu: „Man sollte den

[1] Auch beim 3. Johannesbrief fehlt die Angabe des Verfassers, aber er nennt doch einen Mann namens Gajus als Empfänger.

[2] Donald Guthrie, New Testament Introduction, Hebrews to Revelation, London 1964², S. 16: „In Hbr 2, 3 ist es offensichtlich, daß der Verfasser seine christliche Unterweisung direkt von denen empfangen hat, die noch den Herrn persönlich gehört haben."

[3] 1 Ko 15, 3; 1 Ko 11, 23; 1 Th 4, 15.

[4] Rö 1, 1; 1 Ko 1, 1; 2 Ko 1, 1; Gal 1, 1; Eph 1, 1; Kol 1, 1; 1 Tim 1, 1; 2 Tim 1, 1; Tit 1, 1; Philem 1.

[5] Ebenso O. Michel, S. 8 und Wilhelm Michaelis, Einleitung in das NT, Bern 1946, S. 277.

[6] Vgl. den Abschnitt „Schriftverständnis und Schriftauslegung im Hebräerbrief".

Alexandrinismus nicht überbetonen. Die geistigen Hilfsmittel mögen die gleichen sein. Hier aber hat sich ein christlicher Schriftgelehrter ihrer in souveräner Weise bedient, um die Botschaft seines Glaubens getreu auszurichten[7]."

Die Art und Weise, wie der Hbr vom Priestertum und Opferdienst der Stiftshütte berichtet (Hbr 7, 27; 9, 4) und dabei die tatsächlichen Gegebenheiten seiner Zeit völlig außer acht läßt, berechtigt zu der Frage, ob der Verfasser den alten jerusalemischen Tempel und seine Ordnungen überhaupt aus eigener Anschauung gekannt hat. Die Worte am Schluß des Briefes: „Es grüßen euch die von Italien!" (13, 24) haben die Vermutung aufkommen lassen, der Verfasser habe einer Gemeinde in Italien angehört. Vielleicht könnte es sich bei diesen Christen auch um eine Gruppe von Palästinern handeln, die im Jahre 70 nach der Zerstörung Jerusalems durch den römischen Feldherrn Titus als Gefangene nach Italien verschleppt worden waren. Wir können das jedoch nicht mit Gewißheit behaupten.

Die kirchliche Überlieferung hat sich nicht mit dem wenigen, was wir über den Verfasser wissen, begnügt. Der Kirchenvater Clemens von Alexandrien (gest. nach 211) meinte, der Brief sei eine durch Lukas übersetzte Schrift des Paulus; Origines (gest. 254) hielt den Arzt Lukas oder den Vorsteher der römischen Gemeinde, Clemens Romanus, für den Verfasser. Der älteste lateinische Kirchenvater Tertullian (gest. etwa 215) vermutete, Barnabas (Apg 13, 2 ff; 14, 4. 14) habe den Brief verfaßt[8]. Martin Luther meinte ihn in dem gewandten alexandrinischen Redner und Verkündiger des Evangeliums, Apollos (Apg 18, 24 ff; 1 Ko 3, 4), zu sehen. Der Reformator Johannes Calvin hielt ebenfalls Clemens Romanus für den Verfasser. Die christlichen Kirchen im Osten und nach 419 auch im Westen haben die Verfasserschaft dem Apostel Paulus zugeschrieben. Daran hat die römisch-katholische Kirche bis in die erste Hälfte unseres Jahrhunderts festgehalten, läßt aber diese Überzeugung jetzt mehr und mehr fallen. Jedoch sind das alles Vermutungen, und wir werden in dieser Frage nicht über den Satz des Kirchenvaters Origines hinausgehen können: „Wer aber den Brief geschrieben hat, weiß in Wahrheit nur Gott[9]."

Wenn der Verfasser auch weder seinen Namen nennt, noch für sich die Stellung des Apostels beansprucht, so haben wir ihn doch in unmittelbarer Nähe der Apostel zu suchen, weil Gott ihn mit Vollmacht zur Verkündigung und mit einem klaren Durchblick durch das Wort und den Heilsratschluß Gottes ausgerüstet hat[10]. Otto Michel

[7] A. Robert/A. Feuillet, Einleitung in die Heilige Schrift, Bd. 2, Wien 1964, S. 492. Vgl. dazu Willibrord Hillmann, Der Brief an die Hebräer, Düsseldorf 1965, S. 20: „Damit stoßen wir auf das besondere Bilddenken des Hebräerbriefes, das sich auf verschiedene Weise in all dem ausdrückt, was als typologisch bezeichnet werden kann. Auch dieses Bilddenken ist zu verstehen aus dem Zeitdenken, d. h., es ist nicht platonisch und auch nicht philonisch oder sonstwie griechisch, sondern ursprünglich biblisch."

[8] Vgl. Apg 4, 36 mit Hbr 13, 22: Barnabas heißt „Sohn des Zuspruchs" (grie *hyiós parakläseos)*; manche Ausleger wollten eine Verbindung zu den letzten Worten des Hbr erkennen: „Laßt euch das ‚Wort des Zuspruchs' (grie *lógos parakläseos*) gefallen!"

[9] Eusebius, Kirchengeschichte, Hrsg. E. Schwartz, 1932[4], S. 247 (VI, 25/14).

[10] Gerade die Tatsache der geistlichen Autorität des Briefes, des Durchblicks durch das AT und der vollmächtigen Verkündigung der biblischen Botschaft hat auch protestantische

schreibt dazu (S. 11): „Das Wort des unbekannten Verfassers wird in der Kirche nicht weniger ernst genommen als das Wort des Paulus, weil seine Autorität nicht eine historische, sondern eine theologische ist.“ Auf Grund der Ermahnung Hbr 5, 11—14, die der apostolische Autor den Gläubigen gibt, dürfen wir annehmen, daß er sich zu den geistlichen Führern der Gemeinde zählt, von denen er Hbr 13, 7. 17. 24 schreibt[11]. In Anlehnung an eine Gepflogenheit aus frühchristlicher Zeit werden wir deshalb in der Auslegung unseres Briefes vom Verfasser als „Apostel“ sprechen[12]. Wir denken dabei nicht an die zwölf Jünger, die im strengen Sinne den Kreis der „vorerwählten Zeugen“ (Apg 10, 41) bilden. Wir schreiben damit auch nicht dem Apostel Paulus die Verfasserschaft des Hbr zu, der ja nach seinen eigenen Worten eine Sonderstellung unter den Aposteln einnahm (vgl. Rö 1, 1 ff; Gal 1, 11 ff). Das NT zeigt uns deutlich, daß Gott sich neben diesen Männern auch noch andere Zeugen berufen hat, die er in gleicher Weise als Werkzeuge des Heiligen Geistes zur Grundlegung der Gemeinde Jesu Christi benutzt hat (2 Ko 8, 23; Eph 4, 11). Unter ihnen kennen wir namentlich Barnabas (Apg 9, 27; 14, 4. 14), Jakobus, den Bruder des Herrn (Gal 1, 19), Andronikus und Junias (Rö 16, 7), die als Apostel bezeichnet werden.

Die Kanongeschichte zeigt, daß der Brief im Osten und Westen zum apostolischen Schrifttum zählte, ohne daß man sich im einzelnen über die Verfasserschaft einigen konnte[13]. In den christlichen Gemeinden des Ostens hielt man Paulus für den Verfasser. Der Kanon Muratori, Tertullian, Cyprian, Eusebius und Augustinus zeigen den Einfluß dieser östlichen Gedanken auf die westliche Kirche. Aber es ist bezeichnend, daß Hilarius von Poitiers (gest. 367) den Hbr eben nicht als Paulus-Brief zitiert, obwohl er ihn als apostolisch ansah[14]. Hier gerade wird deutlich, daß auch in den frühchristlichen Jahrhunderten der Begriff des Apostolats über die Zahl der Zwölf und Paulus hinaus in erweitertem Sinne bekannt war. In dieser Weise möchten wir den Begriff „Apostel“ für den Verfasser des Hbr verstanden wissen.

In der Antike war es Gepflogenheit, Veröffentlichungen, denen man Beachtung

Theologen dazu geführt, den Apostel Paulus als Verfasser des Briefes anzunehmen, so z. B. die Berleburger Bibel in der Einleitung zu diesem Brief. Ebenso hält Johann Albrecht Bengel Paulus für den Verfasser und sieht im Hbr den Brief an die „christlichen Hellenisten aus dem Judentum“, den Petrus neben den anderen Briefen des Paulus an die Heidenchristen 2 Pt 3, 15—16 erwähnt (Bengel, S. 660).

[11] Grie *hägúmenoi* — Führer, Leiter der Gemeinde. Luther übersetzt dies Wort mißverständlich mit „Lehrer“. Ki-Th W Bd. 2,909, W-B 1958[5], Sp. 679.

[12] In unmittelbarer Anlehnung an das Wort Hbr 13, 7 schreibt der Berichterstatter im Martyrium des Pionius von Smyrna 250 n. Chr.: „Daß man die Verdienste der Heiligen im Andenken erhalten müsse, befiehlt der A p o s t e l . . .“ Bibl. d. Kirchenväter, Bd. 14, 1913, Frühchristliche Apologeten II, S. 345.

[13] Unübersehbar ist die Tatsache, daß schon in dem Chester Beatty Papyrus, der nach Meinung der Forscher in das 2. oder 3. Jahrhundert zu datieren ist, der Hbr unter den Paulusbriefen nach dem Rö aufgeführt ist. Vgl. Neil R. Lightfoot, Die Bibel — Entstehung und Überlieferung, Augsburg 1964, S. 49.

[14] Vgl. Donald Guthrie, a. a. O. S. 13.

sichern wollte, unter dem Namen großer Männer ausgehen zu lassen, und diese Gepflogenheit griff auch im Raum der jungen Christenheit um sich. So wurden im 2. Jahrhundert eine Reihe phantastischer Wunderberichte über das Leben Jesu und der Apostel unter dem Namen der ersten Apostel verbreitet (Apokryphe Evangelien und Apostelgeschichten). Der Verfasser des Hbr macht davon keinen Gebrauch; er ist dessen gewiß, daß sein Wort göttliche Autorität besitzt und von der Gemeinde angenommen wird.

EMPFÄNGER

Wie wir in der Frage nach dem Verfasser auf Vermutungen angewiesen sind, so fehlen uns auch zuverlässige Angaben über die Empfänger. In den Handschriften des NT steht die Überschrift „An Hebräer"; damit sind offensichtlich hellenistische Judenchristen der Diaspora gemeint. Jedenfalls dürfte es kaum möglich sein, die Empfänger mit den aramäisch sprechenden Judenchristen Palästinas gleichzusetzen, die wir bei den „Hebräern" Apg 6, 1 vor uns haben. Die Überschrift über unseren Brief ist zwar sehr alt, schon dem Kirchenvater Tertullian und den Lehrern an der Katechetenschule in Alexandrien war sie bekannt. Doch dürfen wir daraus allein nicht die Schlußfolgerung ziehen, daß der Hbr ursprünglich diese Überschrift getragen habe.

Die Ermahnung des Apostels Hbr 5, 11–14 legt die Annahme nahe, daß der Brief vielleicht nur an eine bestimmte Gruppe von Gläubigen innerhalb einer Gemeinde gerichtet sein könnte, wobei die leitenden Brüder, die Vorsteher, ausgenommen sind. Auf diesen Gedanken können wir auch beim Lesen der Grußworte am Schluß des Briefes kommen: „Grüßt alle eure Vorsteher und alle Heiligen!" (Hbr 13, 24 vgl. 13, 7). Sollte vielleicht zunächst nur der jüdische Teil einer heidenchristlichen Gemeinde durch den Brief angesprochen werden? Immerhin finden wir auch bei einem Gemeindebrief des Apostels Paulus ein Grußwort (Kol 4, 15–17), in dem er einzelne Namen von Gläubigen besonders hervorhebt[15].

Ausleger vergangener Jahrhunderte haben die Empfänger unter den Judenchristen Palästinas oder Roms oder anderer Städte gesucht, in denen es judenchristliche Gemeinden gab, z. B. Ephesus, Thessalonich, Alexandrien. Die erste Möglichkeit scheidet aus: Der Hbr dürfte wohl kaum an Gläubige der jerusalemischen Urgemeinde oder der judäischen Gemeinden gerichtet sein; in diesem Teil der Christenheit lebten noch lange Zeit Zeugen der ersten Anfänge; dazu paßt nicht Hbr 2, 3[16]. Außerdem hatten die Judenchristen Palästinas eine lebendige Anschauung vom Tempelkult in Jerusalem. Die Urgemeinde war ja erst im Jahre 66, also kurz vor der Zerstörung des Tempels, nach Pella im Ostjordanland ausgewandert. Sollten die Empfänger des Briefes vielleicht Judenchristen innerhalb einer heidenchristlichen Gemeinde Italiens

[15] Ähnliches beobachten wir in der Anrede Phil 1, 1, in der aus der Gemeinde der Gläubigen auch die Gruppe der „Aufseher und Diener" hervorgehoben wird.

[16] So auch A. M. Stibbs, S. 1088.

sein[17]? Dagegen spricht, daß der Apostel an die Gemeinde die Grußworte richtet: „Es grüßen euch die von Italien!" Man hat auch gemeint, der Brief sei an Judenchristen priesterlicher Herkunft gerichtet (Apg 6, 7), die Jerusalem verlassen mußten und sich in Antiochien, der Metropole des Ostens, angesiedelt hatten[18]. Wir können diese Frage nicht mit Sicherheit entscheiden. Auf jeden Fall sprechen die Worte des Apostels (vgl. Hbr 10, 19 ff; 12, 1 ff) in die konkrete Situation einer ganz bestimmten Gemeinde, deren Gründung offensichtlich einige Zeit zurückliegt, vielleicht schon 2 oder 3 Generationen. Die Gemeindeglieder sind durch Bedrängnis und Verfolgung, aber noch nicht durchs Martyrium gegangen. Sie müssen damit rechnen, daß erneut eine ernste Verfolgung über sie hereinbricht. Um nun die Gläubigen aus Angst und Nachlässigkeit (Hbr 10, 25) herauszureißen und vor dem drohenden Rückfall zu bewahren, schreibt der Apostel ihnen diesen Brief[19].

EIGENART UND BESONDERE PROBLEMATIK DES HEBRÄERBRIEFES

Verfasser und Empfänger des Hbr lassen sich nicht näher bestimmen, ebensowenig sind uns Ort und Zeit der Abfassung des Briefes bekannt. In einigen alten Handschriften werden Rom und Athen als Ort des Absenders angegeben, doch dürfen wir diesen Angaben nur geringen historischen Wert beimessen. Auch die Zeit der Niederschrift läßt sich nicht genau bestimmen. Gewöhnlich nimmt man ein Datum nach 67 n. Chr., dem wahrscheinlichen Todesjahr des Apostels Paulus an. Sicher ist der Brief vor dem letzten Jahrzehnt des ersten Jahrhunderts geschrieben, da der römische Presbyter Clemens bei der Abfassung seines Briefes an die Gemeinde in Korinth im Jahre 97 n. Chr. den Hbr benutzt hat[20].

[17] Leonhard Goppelt, „Die apostolische und nachapostolische Zeit" in „Die Kirche in ihrer Geschichte", Göttingen 1962, S. 86: „Der Hbr dürfte um 80 von einem aus der hellenistischen Synagoge herkommenden Lehrer der römischen Gemeinde an eine Hausgemeinde Roms geschrieben worden sein." — Wenn diese Vermutung zutreffen sollte, bleibt allerdings die Frage offen, warum der Vf nicht in gleicher Weise wie der spätere Presbyter Clemens Romanus von den Martyrien der Gemeinde unter Nero spricht, die im Bewußtsein der Gläubigen noch in lebhafter Erinnerung waren (1. Clemensbrief 5,1 — 6,2; vgl. „Die Apostolischen Väter". Hrsg. J. A. Fischer, 1956, S. 31 ff, Anm. 39—49).

[18] So C. Spicq, vgl. O. Michel, S. 373 f; dagegen A. Robert/A. Feuillet, a. a. O. Bd. 2, S. 485.

[19] Die ausführlichste Darstellung der Möglichkeiten in der Frage nach Verfasser und Empfänger des Hbr gibt E. Riggenbach in der Einleitung zu seinem Kommentar. Aber auch er kommt nicht über Vermutungen hinaus.

[20] Auch aus den folgenden Jahrzehnten haben wir Belege für die Benutzung des Hbr. In dem „Evangelium der Wahrheit", einer Art Meditation und Mahnrede, die aller Wahrscheinlichkeit nach von dem Gnostiker Valentin in Rom um die Mitte des 2. Jahrhunderts verfaßt worden ist, finden sich Zitate aus Hbr 2, 17; 3, 2; 9, 16 und besondere Hervorhebung der „Ruhe Gottes" (grie *anápausis*).
Vgl. Henri-Charles Puech, Gnostische Evangelien, bei E. Hennecke/W. Schneemelcher, Neutestamentliche Apokryphen, Bd. 1, 1959[3], S. 158 ff.
Auch der Barnabas-Brief, der wahrscheinlich um 150 in der christlichen Gemeinde in Alexandrien verfaßt wurde, zitiert den Hbr.

Aber nicht diese fehlenden Angaben kennzeichnen die Besonderheit des Hbr. Es ist vielmehr sein „literarischer Charakter". Die Apostel Paulus und Petrus schreiben in ihren Briefen alles, was sie auf dem Herzen haben; wir finden in ihnen neben ausführlichen theologischen Gedankengängen immer eine Fülle praktischer Anweisungen für unser tägliches Glaubensleben. In ihren Briefen spiegelt sich die innere und äußere Lage der ersten Christengemeinden mit ihren Freuden und Nöten, ihren Kämpfen und Schwierigkeiten wider. Dagegen entdecken wir im Hbr einen fortschreitenden theologischen Gedankengang. Ein einheitliches Thema ist in kunstvollem Aufbau durchgeführt. Dieser wesentliche Unterschied des Hbr gegenüber den anderen Briefen des NT hat immer wieder Anlaß zu der Vermutung gegeben, daß es sich beim Hbr nicht um einen Brief, sondern um eine schriftlich übermittelte Predigt handeln könnte. Tatsächlich scheint das auch der häufige Gebrauch von „Wort" und „reden"[21] und das Fehlen der Begriffe „Brief" und „schreiben" zu bestätigen. In neuerer Zeit haben O. Michel (S. 4) und J. Schneider (S. 10) die Ansicht vertreten, der Hbr sei eine urchristliche Predigt bzw. Homilie, eine erbauliche geistliche Rede mit praktischer Abzweckung, die möglicherweise für einen breiteren Leserkreis gedacht war.

Wir müssen jedoch bedenken, daß schon das Altertum — ebenso wie unsere Zeit — verschiedene Briefformen mit unterschiedlichem Briefstil entwickelt hat, so daß nicht alle Briefe notwendig in dem Stil abgefaßt sein mußten, wie ihn etwa der Apostel Paulus bevorzugte[22]. Aus der Geschichte der Kanonbildung wissen wir, daß die alte Kirche den Hbr zu den apostolischen Briefen zählte. So sprechen Origines und Eusebius, obwohl sie auf die sprachlichen und inhaltlichen Besonderheiten des Hbr aufmerksam machten, von ihm als einem B r i e f (grie epistolä). Auch Athanasius hat in seinem 39. Osterfestbrief vom Jahre 367 den Hbr unter den Briefen des NT (als Paulus-Brief) aufgeführt[23]. Diese Tatsache beweist, daß die literarische Eigenart unseres Briefes damals nicht als stilfremd empfunden wurde.

Aus den möglichen Angaben über Verfasser und Empfänger des Hbr ergibt sich, daß es sich um ein direktes Anschreiben an eine Gemeinde oder einen Kreis von Gläubigen handelt. In seiner Abfassung spricht er stark in eine bestimmte Gemeindesituation. Die Worte Hbr 13, 22 ff wecken nicht unbedingt den Eindruck der Zufälligkeit, sondern zeigen, daß die Unterweisung der Gläubigen in der vorliegenden schriftlichen Form eines Briefes gewollt war[24].

[21] Vgl. Hbr 2, 2. 3. 5; 4, 2. 12 f; 5, 11; 6, 1. 9; 8, 1; 13, 7. 22.

[22] Zum Vergleich können uns u. a. die Briefe dienen, die im Zusammenhang der geschichtlichen Berichte der Bibel überliefert sind: 2 Kö 19, 9—14 (par. 2 Chro 32, 17. 18; Jes 37, 9—14); Jer 29, 1 ff. 25 ff; Esra 4, 8 ff; 5, 6 ff; 7, 11 ff; Neh 6, 5—7; Apg 15, 23; 23, 25 ff.

[23] Vgl. E. Hennecke / W. Schneemelcher, Neutestamentliche Apokryphen, Bd. 1, 1959[3], S. 30 f.

[24] J. Cambier, bei A. Robert/A. Feuillet, a. a. O. S. 490: „Der rhetorische Stil kann bisweilen an eine Homilie erinnern. Da das Neue Testament am häufigsten die Briefform gebraucht, um zu belehren und zu ermahnen, wie es der Verfasser des Hbr beabsichtigt, hat auch er diese literarische Art gewählt. Er kannte wohl die Paulinischen Briefe und wandte sich, ihrem Vorbild — in einer allerdings sehr freien Form — folgend, an eine bestimmte Gemeinde."

Ein weiteres Problem entsteht im Hbr dadurch, daß wir seine Absicht und sein Ziel nicht mit Sicherheit angeben können. Ganz gewiß geht es im Hbr um Christen, die in Müdigkeit und Enttäuschung zum Abfall neigen. Nun hat man gefolgert: Jeder Abfall vom Glauben schließt die Frage ein „Abfall – wohin?" Die Antwort scheint klar: zurück ins Judentum! In manchen Kreisen ernster Christen hat man betont, der Hbr sei ausschließlich an Judenchristen gerichtet[25]. Man meinte, es handle sich in Hbr 6 und 10 um eine Warnung an rückfällige Juden, die vom sichtbaren Tempelkult in Jerusalem beeindruckt waren und sich innerlich von der Gemeinde der Gläubigen lösten; deshalb konnten die Warnungen und Mahnungen des Hbr für „Christen aus den Heiden" nicht zutreffen. Wir können dieser Überzeugung aus verschiedenen Gründen nicht folgen:

Im Jahre 70 wurde der Tempel in Jerusalem zerstört, der jüdische Staat vernichtet, der jüdische Kult verboten. Aus der Tatsache, daß die Zerstörung Jerusalems im Hbr nicht erwähnt wird, darf man nicht schließen, der Brief sei vor dem Jahre 70 geschrieben worden. Aus den Worten Hbr 8, 4 und 9, 6 f, in denen vom Opferdienst in der Zeitform der Gegenwart gesprochen wird, läßt sich auch nicht entnehmen, daß der Verfasser an das Opfer im Tempel denkt. In dieser Art schreibt auch der Presbyter Clemens an die Korinther, wenn er das AT auslegt, obgleich er doch sicher weiß, daß der Tempel fast drei Jahrzehnte zuvor bereits in Flammen aufging[26]. Die Worte in Hbr 2, 3 und 13, 7[27] legen uns vielmehr nahe, den Hbr nach 70 n. Chr. zu datieren. Damit wäre er in einer Zeit entstanden, in der durch die Zerstörung des Tempels jeder Opferdienst unmöglich gemacht worden war. Außerdem — wie schon gesagt — beobachten wir, daß den geschichtlichen Gegebenheiten des jerusalemischen Tempels und seiner Ordnungen keine Bedeutung zugemessen wird[28]. Es geht im Hbr offensichtlich gar nicht um den Gegensatz von Judenchristen und Heidenchristen. Sein Thema ist nicht die innere Loslösung rückfälliger Judenchristen vom jüdischen Opferdienst, sondern allein die Herrlichkeit des ewigen Hohenpriesters Jesus Christus. Zudem haben wir in den frühchristlichen Quellen keinen einzigen Hinweis darauf, daß gläubiggewordene Juden von Christus abgefallen und wieder zum Opferkult zurückgekehrt sind. Der Hbr zeigt das Verständnis richtiger Auslegung des AT, daß nämlich von der Erfüllung her alles auf die Erfüllung hin Gesagte deutlich erkannt wird. Er macht deutlich, daß nur auf dem Weg über das AT Jesus Chri-

[25] Vgl. John N. Darby, Betrachtungen über das Wort Gottes, Epistel an die Hebräer, Elberfeld o. J., S. 59 ff.

[26] 1. Clemens-Brief 41, 2: „Nicht überall, Brüder, werden Gott immerwährende Opfer, Gelübdeopfer oder Sündopfer und Schuldopfer dargebracht, sondern nur in Jerusalem; auch dort wird nicht an jedem Ort geopfert, sondern vor dem Tempelgebäude am Altar, nachdem die Opfergabe durch den Hohenpriester und die vorhin erwähnten Gehilfen auf ihre Tadellosigkeit geprüft worden ist."

[27] Das Wort Hbr 13, 7 weist darauf hin, daß die ersten Vorsteher der Gemeinde schon gestorben sind.

[28] J. Cambier urteilt: „Wir haben es mit einer christlich-charismatischen Exegese des LXX-Textes und nicht mit historischen Erinnerungen zu tun"; bei A. Robert/A. Feuillet, a. a. O. S. 485.

stus recht verstanden werden kann, daß aber umgekehrt auch das AT nur durch Jesus Christus seinen wahren Sinn empfängt.

Nach dem Zeugnis des NT darf es in der Gemeinde keinen wesenhaften Unterschied zwischen Judenchristen und Heidenchristen geben, alle sind Glieder des einen Leibes, denen das Wort Gottes in gleicher Weise gilt (Eph 2, 14—18). Der Hbr ist bereits in frühester Zeit in den christlichen Gemeinden bekannt gewesen, gelesen und anerkannt worden. Durch seine Aufnahme in den Kanon des NT haben die verantwortlichen Männer der Gemeinden unter der Leitung des Heiligen Geistes entschieden, daß auch der Hbr verbindliches Allgemeingut der ganzen Christenheit sei[29]. Die Gruppe von Gläubigen, an die der Brief gerichtet ist, steht vor Problemen der 2. und 3. Generation, Problemen, die sich in den örtlichen Gemeinden der Gläubigen immer wiederholen. Gerade hier kann unser Brief der Gemeinde Jesu zu allen Zeiten immer neu den rechten Ausweg aus den Schwierigkeiten zeigen.

Was ist das Ziel, das der Apostel mit seinem Brief verfolgt? Was möchte er bei seinen Lesern erreichen? Bei dem Versuch, diese Fragen zu beantworten, sind viele Vermutungen laut geworden[30]. Wie bereits gesagt, haben manche Ausleger gemeint, der Apostel wolle jüdische Christen vor dem Abfall in den Judaismus warnen. Andere sehen im Hbr eine Herausforderung an exklusive Judenchristen, sich der Weltmission anzunehmen. Wiederum andere meinen, der Hbr wolle einer vorwiegend heidenchristlichen Gemeinde die universale Bedeutung des Christenglaubens darstellen, oder aber er widerspreche einer frühen Form der Irrlehre, die durch jüdische Gnostiker in die Gemeinde hineingetragen wurde. Theodor Zahn hat sich sehr allgemein geäußert, das Ziel des Hbr sei, die Leser vor dem Abfall vom christlichen Bekenntnis zu bewahren. „Nicht ein Mißglaube, sondern Unglaube ist es, in welchen sie zu versinken in Gefahr sind[31]." Noch vorsichtiger drückt sich Eduard Riggenbach aus, wenn er sagt, der „Hauptzweck des Hbr sei, die Leser in der Verbindung mit Christus zu erhalten und zu befestigen[32]". Hermann Strathmann sieht das Ziel des Hbr in der Überwindung der an den Tempel gebundenen Kultusfrömmigkeit durch Christus[33]. Wir könnten in dieser Aufzählung fortfahren, erkennen aber deutlich, daß wir bisher in der Beantwortung unserer Frage nicht über Vermutungen hinausgekommen sind. Keine der gegebenen Antworten läßt sich eindeutig als richtig erweisen. Ob die Lösung des Problems vielleicht in der Zusammenfassung mehrerer der vorher versuchten Antworten liegen könnte? Wir möchten uns Otto Michel an-

[29] A. M. Stibbs, S. 1088: „Wir wissen weder, wer diesen Brief geschrieben hat, noch an wen er zuerst gerichtet war. Unsere Unkenntnis dieser Tatsachen jedoch verhindert weder das richtige Verständnis noch setzt sie den geistlichen und theologischen Wert eines Dokumentes herab, das sich von Anfang an durch seinen eigenen inneren Wert als bevollmächtigt und verbindlich erwiesen hat. Die einzig angemessene Antwort des christlichen Glaubens auf diese Frage lautet, daß Gott selber der ursprüngliche Verfasser und die Christen jeder Generation die von Gott gemeinten Leser sind."

[30] Übersichtliche Darstellung bei Donald Guthrie, a. a. O. S. 29 ff.

[31] Theodor Zahn, Einleitung in das NT, Bd. 2, Leipzig 1907[3], S. 135 ff.

[32] E. Riggenbach, S. XXIV.

[33] H. Strathmann, S. 67 f.

schließen, der die „Spitze des theologischen Gedankens" in den Ermahnungen sieht, die die Gemeinde zum Leiden bereit machen wollen[34]. Ziel des Hbr ist die Stärkung der Gläubigen für den Glaubenskampf im Leiden vor Beginn des Martyriums. Damit gewinnt unser Brief aber zunehmend an Bedeutung, je mehr der Weg der Gemeinde in die Endzeit, und damit in Leiden und Verfolgung, hineinführt, wie es die Schrift voraussagt. Nicht zuletzt ist es die einzigartige Darstellung der Person unseres Herrn Jesus Christus, die den Hbr zu einer kostbaren Gabe des Heiligen Geistes an seine Gemeinde macht, so daß Heinrich Thiersch (1817–1885) schreiben konnte: „Von allen Briefen der kanonischen Sammlung geht dieser am tiefsten in die Tiefe. Er bietet wirklich starke Speise für die Erwachsenen in Christo, und ohne lebendige Aneignung dieser Wahrheiten gibt es kein Wachstum der Kirche zur Vollkommenheit[35]."

SCHRIFTVERSTÄNDNIS UND SCHRIFTAUSLEGUNG IM HEBRÄERBRIEF

Schon beim ersten Lesen des Hbr spüren wir, daß sich in der Art, wie der Apostel das AT anführt, und der Form seiner Auslegung ein ganz bestimmtes Schriftverständnis zeigt. Offensichtlich hat sich der Verfasser damit im Einklang mit den Aposteln und den ntst Gemeinden gewußt. So können wir am Hbr einige wichtige Grundlinien atst Schriftauslegung ablesen, die auch an anderen Stellen des NT deutlich hervortreten.

1. Es gab in der Zeit der Abfassung unseres Briefes nicht nur eine, sondern zahlreiche Überlieferungen der hebräischen Schriften des AT, die gleiches Ansehen genossen, u. a. eine palästinensische, eine samaritanische und eine jüdisch-ägyptische Tradition. Unter diesen bestanden gewisse Verschiedenheiten und Abweichungen im Text, die einander jedoch nicht widersprachen. Bei der Übersetzung ins Griechische traten manchmal Sinnveränderungen ein. Dessenungeachtet bleiben die Bücher des AT in der schriftlich festgelegten Form sowohl des hebräischen als auch des griechischen Textes für den Apostel unantastbare Autorität[36]. In der Schrift des AT hört er Gott unmittelbar reden.

2. Das ganze AT wird als christologisch-messianisches Buch verstanden, ohne daß damit der ursprünglich geschichtliche Sinn der Worte für Israel und die Bedeutung der irdischen Verheißungen für die Endzeit vergeistigt oder gar aufgehoben würden.

[34] O. Michel, S. 15: „Hier redet nicht nur eine theologische Selbstbesinnung, sondern der Ernst einer bestimmten Situation, in der eine Gemeinde steht (10, 32 ff; 12, 1 ff). Die Gemeinde muß damit rechnen, daß eine ernste Verfolgung über sie hereinbricht (12, 4). In einer derartigen Situation droht der Abfall ... In dieser gefährlichen Stunde antwortet der Brief als apostolisches Wort."

[35] Heinrich Thiersch, Die Kirche im apostolischen Zeitalter, 1852, S. 189.

[36] O. Michel, S. 70, zu Hbr 2, 6–8: „Jemand hat irgendwo bezeugt. – Wenn unser Brief sich dieser hellenistischen Zitationsweise anschließt, dann bezeugt er, daß ihm das Schriftwort an sich (auch nach LXX) Autorität ist und daß es durch keinen menschlichen Namen gedeckt zu werden braucht."

Das AT wird aus der Sicht echter Christuserkenntnis gedeutet und dient der Begründung der Größe und Herrlichkeit Christi und seiner Gemeinde[37]. Der Apostel sieht im AT bereits den heilsgeschichtlichen Weg der Gemeinde Jesu Christi vorgezeichnet – ähnlich wie Paulus 1 Ko 10, 1–13; er findet in den Worten der Schrift die Person Christi, seinen Priesterdienst und sein Opfer beschrieben. In Hbr 3 und 4 hört er aus dem Text der LXX, wie Jesus, der „Apostel und Hohepriester", das ntst Gottesvolk ermahnt, die einmalige und endgültige Heilsverheißung nicht abzuweisen. Auf diese Weise wird verständlich, daß ntst Erkenntnisse der gläubigen Gemeinde auch dort in das AT eingetragen werden, wo sie ursprünglich nicht erkennbar sind. So wird z. B. Hbr 2, 6–8 ein Wort aus Ps 8, 5–7 angeführt. Wenn der hebr. Text vom „Menschen" spricht, steht dort noch gar nichts vom Messias oder dem „Menschensohn" im ntst Sinn. Die Tatsache, daß Ps 8 bereits ein Wort ist, das auf Jesus Christus hinweist und in ihm seine Erfüllung gefunden hat, ist eine ntst Erkenntnis, die hier eingetragen wird, allerdings für die Auslegung des AT innerhalb der Gemeinde Jesu legitim geworden ist. Ähnliches beobachten wir bei einem Vergleich von Hbr 10, 5–7 mit Ps 40, 7–9. Der Apostel erschließt damit jeder Generation neu den Reichtum des Christuszeugnisses im AT.

3. Meistens werden die atst Worte aus ihrem ursprünglichen Zusammenhang herausgelöst, ohne daß dabei aber die Einheit der Offenbarung gesprengt wird. Nie wird ein Gotteswort g e g e n ein anderes gestellt oder gar ausgespielt. Bei Zitaten aus dem AT ist es sogar möglich, daß im NT einzelne Worte ausgetauscht werden, ohne daß damit der theologische Sinn zerstört wird[38]. Beim Lesen der ntst Schriften sind wir immer wieder überrascht, wie einzelne Worte, die im AT in keinerlei Zu-

[37] Martin Luther schreibt in seiner Kirchenpostille 1522:
„Zum ersten ist zu wissen, daß alles, was die Apostel gelehrt und geschrieben haben, das haben sie aus dem Alten Testament gezogen; denn in demselben ist alles verkündigt, was in Christus zukünftig geschehen sollte und gepredigt werden" (WA 10 I, 1, S. 181, 15 ff).

[38] Hbr 1, 6 führt als Wort des AT an: „Es sollen anbetend vor ihm niederfallen alle Engel Gottes." Der hebr Text liest 5 Mo 32, 43: „Jubelt, ihr Heidenvölker, über sein Volk! Denn er wird das Blut seiner Knechte rächen und Rache an seinen Bedrängern nehmen und entsündigen sein Land, sein Volk." LXX übersetzt: „Jauchzt, ihr Himmel, ihm zu, und es sollen anbetend vor ihm niederfallen alle Söhne Gottes. Jubelt, ihr Heiden mit seinem Volk, und erstarken sollen in ihm alle Engel Gottes." Der Anklang von Hbr 1, 6 an 5 Mo 32, 43 LXX ist unverkennbar. In unserem Text ist aber das grie Wort der LXX *proskynäsátosan* „es sollen anbetend niederfallen" im ersten Teil des Verses mit dem Wort *enischysátosan* „es sollen erstarken" im zweiten Teil des Verses ausgetauscht worden, oder die Worte „Söhne Gottes" mit den Worten „Engel Gottes".
Im Spätjudentum bis 200 n. Chr. kannte man nicht nur das wörtliche Zitat aus dem AT, sondern man zitierte auch auswendig mit Umstellungen der Worte, ohne den Sinn des Zitates wesentlich zu verändern. Wir können vermuten, daß der Vf. des Hbr es hier ebenso macht. Wahrscheinlich haben die frühen jüdischen und christlichen Ausleger unsere genaue Unterscheidung zwischen dem Text der Heiligen Schrift und ihrer subjektiven Auslegung nicht gekannt. Sie hatten größeres Vertrauen als wir heute in die eigene Fähigkeit, die richtige Bedeutung des Textes zu finden. Das war in erster Linie für sie von Wichtigkeit. War einmal die Bedeutung gefunden, bestand die wichtigste

sammenhang miteinander stehen, unmittelbar nebeneinandergerückt und gleichbedeutend interpretiert werden.

4. Wir stoßen fortwährend auf die Tatsache, daß bestimmte Einzelheiten in der Schrift nicht erwähnt werden. So deutet das AT viele Ereignisse nur in großen Zügen an, oder Personen werden nur mit wenigen Charaktermerkmalen beschrieben, vieles, was uns darüber hinaus interessieren würde, wird verschwiegen. Aus diesem Tatbestand fehlender Angaben kann im NT eine wichtige Schlußfolgerung für die Auslegung gezogen werden. Ein deutlicher Hinweis darauf ist die theologische Beweisführung Hbr 7, 1–3. Im atst Bericht von Melchisedek 1 Mo 14, 18–21 wird uns nichts von der Herkunft und der weiteren Geschichte des Melchisedek nach der Begegnung mit Abraham gesagt. Seine Abstammung und Geburt wie auch sein Tod werden uns nicht genannt. Daraus gewinnt der Apostel die Erkenntnis, daß Melchisedek „weder Anfang der Tage noch Ende des Lebens" gehabt habe. Wenn er Hbr 1, 13 fragt: „Zu welchem der Engel hat er jemals gesagt: Setze dich zu meiner Rechten . . .?" so will er damit andeuten: In den atst Schriften ist nirgends davon die Rede, daß Gott dies Wort zu einem Engel gesagt haben könnte – also hat er es auch nie getan! Ähnlich verhält es sich mit der Aussage in Hbr 1, 5 und 2, 16. Mit dieser Art der Gedankenführung folgt das NT einem Grundsatz rabbinischen Denkens: Was nicht in der Tora steht, existiert nicht in der Welt[39].

5. Aus ein und demselben atst Wort können verschiedene theologische Erkenntnisse gewonnen werden, die sich gegenseitig ergänzen, aber nicht widersprechen. Anders ausgedrückt, es kann ein und dasselbe Wort des AT zur Begründung verschiedener ntst Aussagen herangezogen werden. Ps 110, 1 „Setze dich zu meiner Rechten . . ." wird als Prophezeihung auf Christus gedeutet, die sich bei seiner Himmelfahrt erfüllt hat (Mk 16, 19). Dieses eine Wort des AT dient Hbr 1, 3 und 13 zur Begründung der Gottessohnschaft Jesu; Hbr 8, 1 (vgl. Hbr 4, 14) ist das gleiche Wort Hinweis auf das Hohepriestertum des Sohnes Gottes, das Hbr 10, 12–13 (vgl. 1 Ko 15, 25–27) der atst Begründung für den Endsieg Jesu und die Weltvollendung dient[40].

6. Der Verfasser des Hbr verwendet ebenso wie die anderen Schreiber des NT die Auslegungsformen der Allegorese und Typologie[41]; für die Verkündigung der ntst Gemeinde sind beide Formen legitim[42]. Die allegorische Deutung enthüllt in einem geschichtlichen Vorgang oder an einer Person ein göttliches Geheimnis, dessen geistliche Bedeutung „nur vom Ganzen der Offenbarung her gefaßt werden" kann. In dem Ereignis selbst (oder auch Gegenstand, etwa Stiftshütte) muß dieses Geheim-

Aufgabe für sie nicht darin, den überlieferten Wortlaut des Textes möglichst genau wiederzugeben, als vielmehr seinen Sinn richtig zum Ausdruck zu bringen.
Ausführliche Darstellung des Problems bei Sidney G. Sowers, The Hermeneutics of Philo and Hebrews, Zürich 1965, bes. S. 139 f.

[39] St–B III, S. 694 „Quod non in tora, non in mundo".

[40] In ähnlicher Weise dient Ps 2, 7 zur Begründung der Gottessohnschaft Jesu (Hbr 1, 5), seines Hohenpriestertums (Hbr 5, 5) und seiner Auferstehung (Apg 13, 33).

[41] Paulus Rö 5, 14; 8, 32; 9, 30 ff; Gal 4, 21 ff; Lukas Apg 7, 44; Petrus 1 Pt 3, 20.

[42] Ebenso urteilt O. Michel, 8. Auflage 1949, S. IV.

nis nicht unmittelbar zum Ausdruck kommen. Wichtig ist, daß alle Einzelzüge bildlichen Sinn haben. Die Typologie dagegen faßt größere Geschichtszusammenhänge ins Auge, in denen das heilsgeschichtliche Geschehen der Vergangenheit vorbildliche Bedeutung für die Gegenwart oder Zukunft der Gemeinde gewinnt. Allegorie und Typologie heben den ursprünglichen Wortsinn, die „grammatische Bedeutung" eines atst Berichtes nicht auf. Während jedoch die Typologie die Entsprechung zwischen Personen und Ereignissen im Rahmen des Geschichtsablaufes beachtet[43], sucht die Allegorese einen tieferen Sinn in der Erzählung selbst zu finden. So wendet der Verfasser des Hbr z. B. auf den Vorhang der Stiftshütte, der Heiligtum und Allerheiligstes voneinander trennte, die allegorische Deutung an: Er sieht in ihm einen Hinweis auf die unsichtbare Grenzlinie, die unsere irdische Welt von der Herrlichkeit Gottes trennt, wie er andererseits im Vorhang den Weg Jesu in seiner irdischen Leiblichkeit angedeutet findet (siehe Auslegung zu Hbr 6, 19 und 10, 20). Meist finden wir im NT nur allegorische Einzelauslegungen im Rahmen typologischer Deutungen (so besonders 1 Ko 10, 4 im Abschnitt 1 Ko 10, 1—13). Im Hbr haben wir z. B. in Kapitel 3 eine unverkennbare typologische Auslegung des AT vor uns, während sich der Apostel in Hbr 7 bei der Deutung der geheimnisvollen Person des Melchisedek der Allegorese bedient.

7. Überblicken wir das zusammengetragene Material, so sind wir erstaunt über die große geistliche Freiheit, mit der die Männer des NT — so auch der Verfasser des Hbr — die Schrift auslegen, ohne dabei in phantasiereiche Spekulation zu verfallen. Vor solchem Abgleiten werden sie bewahrt, weil ihre Schriftauslegung immer auf Christus, die Mitte aller Offenbarung, bezogen ist, und weil sie sich unter die Autorität des ihnen überlieferten Schriftwortes beugen. In der Betrachtung des AT, wie wir sie im Hbr finden, geht es nicht um eine wissenschaftliche Exegese in historisch-kritischer Sicht, sondern um die Botschaft eines vom Geist Gottes geleiteten Apostels. „Der Verfasser des Hbr ist ein Charismatiker. Er liest das Alte Testament im Licht der neuen Heilsordnung und sieht im Schattenbild des alten Gesetzes bereits die von Christus gebrachte himmlische Wirklichkeit. Im Gleichnis des Alten Testamentes enträtselt er die verborgenen Hinweise auf die gegenwärtige Heilszeit (9, 9). Wir müssen ihm glauben, wenn er schreibt, daß Moses die Leiden des Gottesvolkes den Schätzen Ägyptens vorgezogen und sich für die Schmach Christi entschieden habe (11, 24 ff), oder wenn er uns versichert, daß Christus selbst im Ps 95 zu den Christen rede (Hbr 3, 7—11)[44]."

Wir haben das Problem von Schriftverständnis und Schriftauslegung im Hbr mit Absicht ausführlicher behandelt, weil wir der Überzeugung sind, daß die Haltung der Apostel dem Wort der Schrift gegenüber auch Norm für die Gemeinde Jesu der Gegenwart ist. In der Auslegung dürfen wir in dieser Art ihren Spuren folgen. Dort, wo die Apostel das Wort des AT auslegen, ist es verbindliche Offenbarung

[43] O. Michel, S. 18: „Die typologische Auslegung des ATs löscht den geschichtlichen Vorgang nicht aus, sondern sieht ihn in einem von Gott gefügten Zusammenhang mit dem endzeitlichen Ereignis der Sendung des Sohnes."

[44] J. Cambier, bei A. Robert/A. Feuillet, a. a. O. Bd. 2, S. 492.

für die Gemeinde Jesu Christi aller Generationen. Es besteht eine geistliche Berechtigung, unter der Leitung des Heiligen Geistes die Art und Methodik apostolischer Schriftauslegung auch heute anzuwenden, und sie wird in Verkündigung und Seelsorge – oft sicher unbewußt – immer wieder angewandt. Aber wir besitzen nicht die apostolische Vollmacht, unser Verständnis und unsere Auslegung in Form und Ergebnis für alle anderen zur Autorität zu erheben[45].

THEMA UND GEDANKENGANG DES HEBRÄERBRIEFES

Der Hbr stellt uns die Herrlichkeit des Neuen Bundes gegenüber dem Alten Bund vor Augen und faßt die alles überragende Größe des Opfers Jesu gegenüber allen atst Opfern in dem Wort „wieviel mehr" (Hbr 9, 14) zusammen. Er betont ganz besonders die Einmaligkeit der wunderbaren Erlösungstat des Herrn. Diese einzigartige Herrlichkeit der Offenbarung Gottes im Neuen Bund führt der Apostel in drei großen Gedanken aus. Im ersten Teil des Briefes (Hbr 1, 1 bis 5, 10) spricht er von der **Majestät der Person Jesu,** des Sohnes Gottes, der den himmlischen Mächten, den Engelwelten, aber ebenso den großen Männern des Alten Bundes, Mose, Josua und Aaron, überlegen ist. Diesem Gedanken stellt er im zweiten Teil des Briefes (Hbr 7, 1 – 10, 18) das **Werk Jesu** zur Seite und zeigt uns unseren Herrn als den ewigen barmherzigen Hohenpriester. Im dritten Teil des Briefes (Hbr 11, 1 – 12, 29) spricht er davon, wie sich die lebendige Begegnung mit der Person Jesu und die persönliche Erfahrung seines Heilswerkes im Leben der Menschen **auswirken soll,** nämlich in **Glaube und Heiligung.** Das praktische Ziel des Briefes sind die Ermahnungen, die jedem Hauptteil folgen. Alle seine theologischen Gedankengänge sind offensichtlich nicht Selbstzweck, sondern zielen auf jene kurzen Abschnitte, in denen er mit ernsten Worten die Gläubigen, die Christus in ihrem Leben erfahren haben, auf die ungeheure Tragweite ihrer Verantwortung aufmerksam macht. Der Apostel stellt seinen Lesern die Größe der Person Jesu vor Augen, um sie vor dem Abfall von Christus zu warnen (Hbr 5, 11 – 6, 20). Im Anschluß an den zweiten Teil, in dem er die Überlegenheit des Hohenpriestertums Jesu über Priestertum, Heiligtum und Opfer des AT darstellt, warnt er erneut vor vorsätzlichem Sündigen und ermahnt die Gläubigen zum standhaften Ausharren in der Bedrängnis (Hbr 10, 19–39). Schließlich fügt er im dritten Teil, in dem er von Glauben und Heiligung (Hbr 11 und 12) spricht, praktische Ermahnungen zur gläubigen Nachfolge an (Hbr 13). Der Aufbau des Briefes zeigt uns, daß die Beschreibung des ewigen

[45] In diesem Zusammenhang weisen wir hin auf J. Warns, Grenzen der Schriftauslegung, Witten 1950, ebenso auf den Aufsatz von Georg Vischer: Kennen und handhaben wir die Methode des NT bei der Auslegung des AT? in „Bibel und Gemeinde" 65, Jhg. 1, 1965, S. 9 ff.
G. Vischer schreibt S. 16: „Die Methode der Auslegung der Apostel ist identisch mit der, die Christus selbst handhabte. Sie ist die einzige, die theologische Wichtigkeit besitzt. Es ist für die Kirchen der Reformation entscheidend, daß sie zum schriftgemäßen Gebrauch der Schrift zurückfinden. Wenn wir nach der Anweisung des Neuen Testamentes in der Schrift des Alten Testamentes die uneingeschränkte Fülle des Herrn Jesus Christus in das Blickfeld bekommen, so genesen wir."

Hohenpriestertums Jesu (Hbr 7, 1 — 10, 18) das Kernstück des Briefes ist. Dabei ist dem Apostel nicht nur die Mittlerstellung des Hohenpriesters wichtig. Vielmehr bedeutet ihm die „Intercessio", das fürbittende Eintreten des ewigen Hohenpriesters vor Gott für seine Gemeinde (vgl. Jo 17 und Rö 8, 34 mit Hbr 7, 25) die entscheidende Hilfe im Leiden und das Unterpfand dafür, daß die Gläubigen das Ziel der Herrlichkeit erreichen werden.

Zwei Bemerkungen müssen wir noch hinzufügen:

Überdenken wir das vorher Gesagte und prüfen wir die von den einzelnen Auslegern vorgeschlagenen Gliederungen des Briefes, so haben wir bei allen das Empfinden, daß sie im Vergleich mit dem Text des Hbr den Eindruck einer Konstruktion erwecken und ihm nicht ganz gerecht zu werden vermögen. Wir sind uns dieser Schwierigkeit bei unserer eigenen Gliederung wohl bewußt. Das liegt an der dynamischen Ausdrucksweise des Verfassers. Er verfolgt offenbar seinen Gedanken beharrlich durch den ganzen Brief hindurch. Aber ganz unerwartet unterbricht er ihn, setzt mehrfach neu an, bringt immer wieder neue Gesichtspunkte herzu. So wird es außerordentlich kompliziert, einen einheitlichen Gedankengang aufweisen zu wollen. Schon Luther hat das Problem empfunden und die Meinung geäußert, der Hbr sei „eine aus vielen Stücken zusammengesetzte Epistel". So ist auch unser Aufriß des Gedankenganges im Hbr ein Versuch, der dem besseren Verständnis des Briefes dienen soll. Eine befriedigende Lösung des Problems steht noch offen.

Der Hbr preist die alles überragende Herrlichkeit des Christus. Er weiß, daß der erhöhte Herr mit dem irdischen Jesus aus Nazareth identisch ist. Aber die Herrlichkeit Jesu Christi, von der er spricht, ist eine u n s i c h t b a r e, himmlische Herrlichkeit. Der Hohepriesterdienst Christi vollzieht sich eben nicht auf Erden, sondern im Himmel. Er verdeutlicht an irdischen Bildern eine himmlische Wirklichkeit. So ruft der Apostel die Christen auf, zu dem „aufzuschauen" (12, 2), den sie mit ihren leiblichen Augen nicht sehen können, oder auch wie Mose an dem Unsichtbaren festzuhalten, als sähen sie ihn (11, 27). Durch Christus sind die Gläubigen mit der himmlischen Welt verbunden, sie sind Teilhaber der „himmlischen Berufung", ihr Weg ist der Weg des Glaubens. Das ist der bewußte Verzicht auf die sichtbare Darstellung des Heils in dieser Zeit, aber die Gewißheit seiner endgültigen Realisierung in der kommenden Welt!

Die „Berleburger Bibel", eine vollständige Übersetzung und kurze Kommentierung der Heiligen Schrift, eines der wichtigsten Dokumente des frühen Pietismus, sagt in ihrer Einleitung zum Hbr (1739): „Die Epistel an die Hebräer wird von einigen um ihrer Wichtigkeit willen allen anderen vorgezogen und hochheilig genannt, da gezweifelt wird, ob nach dem Evangelium Johannes ein Buch im Neuen Testament sei, das mehr von tiefer und verborgener Weisheit und Theologie in sich habe. In der Tat ist auch diese Epistel ein rechter Schlüssel des ganzen Alten und Neuen Testamentes und gleichsam der anderen Bücher Zentrum und Punkt, aus welchem der ganze Zirkel geht."

Die folgende Auslegung will versuchen, dieses Zeugnis im einzelnen zu verdeutlichen.

GLIEDERUNG DES HEBRÄERBRIEFES

Thema: „Die Herrlichkeit des Neuen Bundes gegenüber dem Alten Bund"

Erster Teil: Die Herrlichkeit der Person Jesu 1, 1 – 5, 10

1. Die Herrlichkeit des Gottessohnes 1, 1– 4
2. Die Überlegenheit des Gottessohnes über die Engel 1, 5–14
3. Die Überlegenheit des Menschensohnes über die Engel 2, 1–18
   A. Die Größe unserer Verantwortung, 2, 1–4
   B. Erniedrigung und Erhöhung des Menschensohnes, 2, 5–18
4. Die Überlegenheit Jesu über Mose, den Erbauer der Hütte Gottes 3, 1–19
   A. Die Überlegenheit des Sohnes über den Diener, 3, 1–6
   B. Die Wüstenwanderung Israels als warnendes Beispiel für die Gemeinde, 3, 7–19
5. Die Überlegenheit Jesu über Josua, den Führer Israels nach Kanaan 4, 1–13
   A. Aufforderung zum gläubigen Hören auf die Verheißungen Gottes, 4, 1–2
   B. Die Verheißung der Gottesruhe für die Gemeinde, 4, 3–11
   C. Die Wirksamkeit des Wortes Gottes, 4, 12–13
6. Die Überlegenheit Jesu über Aaron, den ersten Hohenpriester 4, 14 – 5, 10
7. **Erste Ermahnung:** Warnung vor dem Abfall 5, 11 – 6, 20
   A. Tadel der geistlichen Unreife, 5, 11–14
   B. Die Unmöglichkeit, die Buße zu erneuern, 6, 1–8
   C. Ermunterung zum Festhalten an den Verheißungen Gottes, 6, 9–20

Zweiter Teil: Das Werk Jesu, sein Dienst als ewiger Hoherpriester 7, 1 – 10, 18

8. Die Überlegenheit des Priestertums nach der Ordnung Melchisedeks über das levitische Priestertum nach der Ordnung Aarons 7, 1–28
   A. Melchisedek und Abraham, 7, 1–3
   B. Die Überlegenheit Melchisedeks über Abraham und Levi beim Empfang des Zehnten, 7, 4–10
   C. Das neue Priestertum fordert eine neue Priesterordnung, 7, 11–17
   D. Die Bestätigung des besseren Priestertums durch den Eidschwur, 7, 18–28

Erster Teil

DIE HERRLICHKEIT DER PERSON JESU

Hbr 1, 1 – 5, 10

1. Die Herrlichkeit des Gottessohnes

Hbr 1, 1–4

1 **Nachdem Gott einst vielfach und auf vielerlei Weise zu den Vätern**
2 **durch die Propheten gesprochen hat, * hat er am Ende dieser Tage**
zu uns durch den Sohn gesprochen. Ihn hat er zum Erben über
3 **alles eingesetzt; durch ihn hat er auch die Welten geschaffen. * Er**
ist der Abglanz der Herrlichkeit und hat das Gepräge seines We-
sens; er trägt das All durch sein machtvolles Wort. Nachdem er
die Reinigung der Sünden erwirkt hat, hat er sich zur Rechten der
4 **Majestät in der Höhe gesetzt. * Er ist so viel mächtiger geworden**
als die Engel, wie er einen höheren Namen als sie ererbt hat.

Zu Vers 1:
1 Pt 1, 10–11
2 Pt 1, 21
Zu Vers 2:
1 Mo 49, 1
4 Mo 24, 14
5 Mo 31, 29
Jes 2, 2
Da 10, 14
Hbr 9, 26
1 Pt 1, 20
1 Jo 2, 18
1 Pt 1, 10–12
2 Ko 6, 2
Mk 12, 6. 7
Ps 2, 8
Mt 11, 27
Ps 33, 6
Spr 8, 22–31
Jo 1, 3
1 Ko 8, 6
Kol 1, 16–18
Offb 3, 14
Zu Vers 3:
Jo 10, 30
Jo 12, 45
Jo 14, 9
2 Ko 4, 4
Kol 1, 15
Kol 2, 9
2 Mo 24, 16. 17
2 Mo 33, 18–23
2 Mo 40, 34
Jo 1, 14
2 Ko 3, 18
2 Ko 4, 6

Gott hat geredet. In einzigartiger Weise bezeugt der Hbr gleich im ersten Satz die Grundtatsache aller echten Gotteserkenntnis: Gott hat geredet. Was alles Suchen und Fragen des menschlichen Herzens nach Gott in den vielfältigen Formen religiösen Lebens und Denkens niemals hätte erzwingen können – das hat Gott von sich aus getan: Er hat sich offenbart! Alle Offenbarung in Vergangenheit und Gegenwart hat ihren Ursprung in Gott selbst. Gottes Reden, sein Wort steht am Anfang aller Geschichte. Durch sein Allmachtswort hat Gott den Kosmos ins Dasein gerufen (1 Mo 1, 1–2; Hbr 11, 3). In der Mitte der Geschichte der Menschheit ist das Wort Gottes in Jesus Christus Mensch geworden (Jo 1, 1–3. 14; Offb 19, 13). Am Ende der Geschichte wird Gottes schöpferisches Wort einen neuen Himmel und eine neue Erde schaffen (Offb 21, 1). „Und der auf dem Thron saß, sprach: Siehe, ich mache alles neu!" (Offb 21, 5). Gottes Offenbarung bestimmt den Lauf der Geschichte von Ewigkeit zu Ewigkeit. Wer Gottes Reden in Gericht und Gnade in seinem Leben persönlich erfahren hat, wie es den Männern des Alten und Neuen Bundes geschenkt wurde, der hat einen Blick dafür gewonnen, daß Gottes Offenbarung in allen Bereichen des Lebens wahrgenommen werden

Kol 1, 17
Ps 104, 29. 30
2 Pt 3, 5–7
Eph 1, 7
Hbr 9, 14. 26
Ps 110, 1
Mk 16, 19
Apg 2, 33
Eph 1, 21
Hbr 8, 1
10, 12
Mt 28, 18
Zu Vers 4:
Jes 45, 23
Phil 2, 9–11
1 Pt 3, 22
Mt 1, 21
Lk 1, 31
Lk 2, 21

kann. So redet Gott in der Natur (Ps 19, 1–4; 29, 3–5): Die gesamte Schöpfung in ihren gewaltigen Zusammenhängen von organischem und anorganischem Bereich, von Makrokosmos und Mikrokosmos, zeigt jedem, der sehen will, die Wirklichkeit des allmächtigen Schöpfergottes (Rö 1, 19–20).

Gott redet auch in der Geschichte. Er führt seinen Plan im Ablauf des Geschehens innerhalb der Völkerwelt durch. Das NT kennt aber nicht nur eine allgemeine Offenbarung Gottes an die Heidenwelt (Apg 17, 26–27; Rö 2, 14–15), sondern es weiß, daß Gott besonders in der Geschichte Israels geredet hat: **Vielfach hat Gott einst zu den Vätern durch die Propheten geredet.** Mit diesem Satz steht der Apostel bewußt in der Überlieferung des AT. Die Geschichte der Väter ist für ihn die Geschichte des Redens Gottes. Dabei denken wir nicht nur an die Schriftpropheten, deren Botschaft uns bis zur Gegenwart in den prophetischen Büchern des AT erhalten ist, sondern die ganze Geschichte Israels ist begleitet vom Wort der Propheten (Jer 7, 25).
1 Schon Abraham und Mose werden als Propheten bezeichnet (1 Mo 20, 7; 5. Mo 18, 15. 18; 34, 10; Hos 12, 14). Die Zeit der Propheten setzt besonders mit dem Niedergang des Priestertums unter Eli und seinen Söhnen und dem Beginn des irdischen Königtums in Israel ein. Generation um Generation, bis zur Zerstörung Jerusalems, sendet Gott seinem Volk Männer, die von ihm beauftragt sind, Israel und seinen Königen die Botschaft Gottes zu übermitteln[46]. Die atst

[46] Wie stark die Geschichte Israels vom Reden Gottes durch seine Propheten bestimmt ist, macht bereits eine kurze Übersicht über die Namen der Männer und Frauen deutlich, die in den Geschichtsbüchern des AT ausdrücklich als Propheten bezeichnet werden. Dabei handelt es sich außer Jesaja, Jeremia und Jona ausschließlich um „Wortpropheten", deren Botschaft uns also nicht in besonderen Büchern schriftlich überliefert worden ist.
Als Propheten werden namentlich in zeitlicher Reihenfolge genannt: die Prophetin Mirjam, die Schwester des Mose und Aaron (2 Mo 15, 20), die Prophetin Debora (Ri 4, 4), Samuel (1 Sam 3, 20), Nathan (2 Sam 7, 2; 12, 1. 25; 2 Chro 9, 29; 29, 25), Gad (2 Sam 24, 11; 2 Chro 29, 25), Ahia von Silo (1 Kö 11, 29; 14, 2; 2 Chro 9, 29), Semaja (1 Kö 12, 22; 2 Chro 12, 15), Jehu, der Sohn Hananis (1 Kö 16, 1. 11; 2 Chro 19, 2), Elia (1 Kö 17, 1; Mal 4, 5), Elisa (1 Kö 19, 16. 19; 2 Kö 3, 11), Micha, der Sohn Jimlas (1 Kö 22, 8; 2 Chro 18, 7), Jona, der Sohn Amitthais (2 Kö 14, 25), Jesaja, der Sohn des Amoz (2 Kö 19, 2; 2 Chro 26, 22; 32, 20. 32), die Prophetin Hulda (2 Kö 22, 14; 2 Chro 34, 22), der Seher Heman (1 Chro 25, 5), der Seher Iddo (2 Chro 9, 29; 12, 15; 13, 22), Asarja (2 Chro 15, 1. 8), Hanani (2 Chro 16, 7), Jahasiel, der Sohn Sacharjas (2 Chro 20, 14), Elieser, der Sohn Dodias aus Maresa (2 Chro 20, 37), Sacharja, der Sohn Jojadas (2 Chro 24, 20), Oded von Samaria (2 Chro 28, 9), Jeduthun, der königliche Seher (2 Chro 35, 15), Jeremia (2 Chro 35, 25; 36, 12. 21. 22; Esr 1, 1), Uria, der Sohn Semajas, von Kirjath-Jearim (Jer 26, 20).
Als Propheten werden ohne Angabe ihres Namens erwähnt: ein Gottesmann (1 Sam 2, 27), ein Gottesmann aus Juda (1 Kö 13, 1. 18), ein alter Prophet aus Bethel (1 Kö 13, 11), 100 Propheten (1 Kö 18, 4), weitere Propheten und Prophetenjünger (1 Kö 20, 13. 22. 28. 35. 38. 41; 2 Kö 2, 3. 5; 4, 38; 23, 2; 2 Chro 24, 19; 25, 15; 38, 18. 19).

Propheten sind nicht nur die Boten Gottes, die sein Wort von Gericht und Gnade verkündigen sollen (2 Kö 17, 13; Jes 61, 1–2; Jer 23, 25–32); sie sind Menschen, die unter besonderer Erleuchtung des Heiligen Geistes (1 Pt 1, 11) und unter Gottes besonderem Schutz stehen (Ps 105, 15). Zugleich gibt der Herr ihnen Kenntnis von seinen Plänen und bevollmächtigt sie dadurch zum Gebet und zur Fürbitte[47]. Der Prophet Amos bezeugt: „Gott der Herr tut kein Ding, er habe denn seinen Ratschluß seinen Knechten, den Propheten, enthüllt" (Am 3, 7). Sie sind Geheimnisträger der Offenbarungen Gottes.

Natur und Geschichte – und in ihr Gottes Reden durch die Propheten – sind für den Apostel Offenbarungswege Gottes. Besonders das *schriftliche Zeugnis* der Männer Gottes ist *unmittelbare* Anrede Gottes an den Menschen. So vernimmt er im überlieferten Wort des AT in mannigfacher Weise Gottes Stimme: hier reden Gott der *Vater*, Christus der *Sohn*, der *Heilige Geist* und der inspirierte *Prophet*[48]. Sicher geht der Verfasser des Hbr nicht nach einem strengen Schema vor, wenn er die Schrift auslegt. Aber das *ganze* AT ist für den Apostel Wort Gottes und deshalb uneingeschränkte Autorität.

Gott hat nicht nur eine kaum überschaubare *Zahl von Boten*, die er seinem Volk sendet, sondern er ist auch unbegrenzt in der Fülle seiner *Offenbarungsmöglichkeiten*. Das AT kennt eine mannigfache Verschiedenheit der Offenbarungsweisen: Vielfach und **auf vielerlei Weise** hat Gott einst geredet. Wie es

Im NT wird auch David als Prophet bezeichnet (Apg 2, 29–31). Vgl. auch Lk 2, 36 „die Prophetin Hanna".
Außerdem berichtet das AT vom Auftreten falscher Propheten. So weissagen zur Zeit der Könige Josaphat von Juda und Ahab von Israel 400 falsche Propheten, unter ihnen Zedekia, der Sohn Kenaanas (1 Kö 22, 6. 11; 2 Chro 18, 5. 10). Ebenso wird uns Hananja, der Sohn Assurs von Gibeon als falscher Prophet genannt (Jer 28, 1); vgl. auch Jer 23, 16 und Neh 6, 14.

47 Der Zusammenhang zwischen der Berufung zum Propheten und der Aufgabe der *Fürbitte* tritt deutlich im Leben Abrahams hervor (1 Mo 20, 7. 17; vgl. auch 1 Mo 18, 17–19. 22–33). Ebenso ist bei Mose das Prophetenamt nicht zu trennen von dem fürbittenden Gebet für Israel (2 Mo 32, 11 ff; Ps 106, 23). Dieser Gedanke tritt auch Hes 22, 30 zutage. In ähnlicher Weise sehen wir im Leben Elias prophetischen Dienst und Vollmacht zum Gebet vereint. Schließlich weisen uns auch die Worte Jer 7, 16; 11, 14; 14, 11 in die gleiche Richtung, in denen Gott dem Propheten Jeremia ausdrücklich die Fürbitte für Israel untersagt.

48 Das Psalmwort Ps 2, 7 versteht der Verfasser des Hbr als unmittelbare Rede Gottes, als Anrede des Vaters an den Sohn (Hbr 1, 5); auch Christus spricht im Wort des AT (vgl. Ps 40, 7–9 mit Hbr 10, 5–7). Hbr 2, 6–7 führt das Wort aus Ps 8, 5–7 an und leitet diese Verse mit den Worten ein: „Irgendwo bezeugt aber jemand". Das ist ein Hinweis darauf, daß hier ein vom Heiligen Geist inspirierter Prophet spricht (vgl. 2 Sam 23, 1 f mit 1 Pt 1, 10 f; 2 Pt 1, 21; vgl. auch Apg 1, 16). Ohne nähere Erklärung spricht der Verfasser auch vom Reden des Heiligen Geistes im AT, vgl. Ps 95, 7–11 mit Hbr 3, 7 und Jer 31, 33 mit Hbr 10, 15–16.

einen Unterschied der Offenbarungsinhalte als Weissagung und Verheißung, Befehl, Gesetz und Unterweisung gibt, so auch eine Verschiedenheit der Offenbarungsweisen. Gott spricht zum Menschen durch Träume (1 Mo 20, 3; 28, 10 ff; Da 7, 1) und durch Engelerscheinungen (1 Mo 19, 1 ff), durch Visionen (Ps 89, 20; Jes 6, 1 ff; Jer 1, 11; 24, 1; Hes 1, 1; Am 7, 1. 4. 7; Hos 12, 11) und Auditionen (1 Mo 22, 11; 1 Sam 3, 4. 10), durch ein Tier (4 Mo 22, 28 ff; 2 Pt 2, 16) und durch geheimnisvolle Schriftzeichen (Da 5, 5). Hio 33, 14—22 weiß davon, daß Gott durch Träume und Krankheiten zum Menschen zu reden vermag[49]. Aber das, was im AT Kennzeichen der unbegrenzten Offenbarungsmöglichkeiten Gottes ist, zeigt sich im Lichte des NT immer nur als vorläufige, teilweise und noch nicht abgeschlossene Offenbarung[50].

2 Darum fährt der Apostel fort: **Gott hat am Ende dieser Tage zu uns durch den Sohn gesprochen.** Das ist nicht eine selbstverständliche, geradlinige Fortsetzung der bisherigen Art und Weise göttlicher Offenbarung, sondern etwas völlig Neues. Das Unvorstellbare, das alle menschlichen Möglichkeiten und die Grenzen unseres Denkens übersteigt, ist Wirklichkeit geworden. Was die Engel den Hirten auf dem Felde bei Bethlehem verkündeten: „Euch ist heute der Retter geboren!", was der Apostel Johannes bezeugt: „Das Wort ward Fleisch!", das faßt der Apostel hier in dem Satz zusammen: Gott hat geredet **durch den Sohn.** In Jesus Christus ist Gottes Offenbarung vollkommen geworden. In ihm kommt Gott selber zu uns. Die ganze Fülle Gottes wohnt in Christus, „Gott war in Christus" (2 Ko 5, 19). Näher kann Gott uns Menschen nicht kommen, als er es in Jesus getan hat. „Das ist die höchste, vollkommene Gestalt, wie Gott mit uns reden kann[51]." Das Kommen des Sohnes Gottes in unsere Welt, sein Leben, sein Reden und Tun, sein Leiden und Sterben ist das unvergleichbare Geschenk Gottes an die sündige Menschheit, die im Aufruhr gegen Gott lebt. Jesus Christus ist die

[49] Die Bibel sieht diese Vielfalt der Offenbarungsweisen Gottes nicht auf die atst Zeit beschränkt oder als mit ihr abgeschlossen an. Auch im NT wird Gottes Reden zum Menschen im Traum bezeugt (Mt 1, 20; 2, 12. 13. 19. 22; 27, 19), wie Gott auch wiederholt Engel als seine Boten sendet (Mt 1, 20; Lk 1, 11—13; 2, 9; Apg 10, 3). Ebenso wird von Visionen und Auditionen im NT berichtet (Apg 10, 11; 16, 9; 2 Ko 12, 4; vgl. auch die Schilderungen der Offb). Selbst für die redende Eselin des Bileam (4 Mo 22, 28 ff) gibt es im NT eine Entsprechung, wenn Offb 8, 13 von einem Adler gesprochen wird, dem Gott die Verkündigung seiner Gerichtsbotschaft übertragen hat. Diese Tatsachen bestätigen, daß trotz der Unabgeschlossenheit der atst Offenbarung die mannigfaltigen Offenbarungsweisen des AT im NT nicht entwertet werden.

[50] J. Brown rechnet zur Mannigfaltigkeit der Offenbarungen Gottes im AT auch die Bilder-, Rätsel- und Gleichnissprache der Propheten und die äußeren Zeichen, mit denen sie ihre Verkündigung anschaulich machen (S. 19).

[51] A. Schlatter, S. 225.

„unaussprechliche Gabe" (2 Ko 9, 15). Er ist aber nicht nur die vollkommene Offenbarung, sondern er ist zugleich Gottes *letzte* Offenbarung. Gott tut über die Sendung seines Sohnes hinaus nichts mehr zum Heil der Menschen. Christus ist ein für allemal für die Sünden der ganzen Welt gestorben. Wer sein Opfer nicht persönlich im Glauben annimmt, geht verloren. Wenn Christus wiederkommt, dann nicht, um noch einmal für Sünder zu sterben (Hbr 9, 28). Damit ist Jesus Christus auch die *entscheidende* Offenbarung Gottes: Er ist Mittelpunkt der Welt- und Heilsgeschichte Gottes; mit seinem Kommen hat die Weltwende eingesetzt. Damit ist die „letzte Zeit" angebrochen. Gott hat **am Ende dieser Tage** durch den Sohn zu uns gesprochen[52]. Schon die Gottesmänner des Alten Bundes haben die letzte Zeit herbeigesehnt, wenn sie vom „Ende der Tage" sprachen. Diese im AT geweissagte Zeit ist die Zeit des Messias, zugleich die Zeit, in der der Verfasser und die Empfänger des Hbr leben. Darum sagt der Apostel: In *diesen* Tagen hat er *zu uns* geredet. Im gleichen Sinne kann auch der Apostel Johannes den Gläubigen schreiben: „Kinder, es ist die letzte Stunde" (1 Jo 2, 18). Gottes Heilshandeln ist in einem bestimmten Sinn zum Abschluß gekommen: Der Weg zum Herzen Gottes steht für alle offen, der Weg zum ewigen Heil wird allen Menschen im Worte Gottes klar bezeugt, es bedarf keiner weiteren Offenbarung Gottes mehr[53]. Jetzt ist die Zeit des Heils, in der Christus durch seinen Heiligen Geist seine Gemeinde sammelt und unter dem zunehmenden Druck der antichristlichen Mächte für die ewige Herrlichkeit vollenden wird. Dann wird er wiederkommen, um seine Gemeinde heimzuholen und Gericht über die Völker zu halten.

Jesus selber hat während seiner irdischen Wirksamkeit das Bewußtsein gehabt, daß mit ihm, in seiner Person, Gottes abschließende Offenbarung in die Welt gekommen sei. In dem Weinbergsgleichnis, in dem Gott als der Herr des Weinbergs geschildert wird, sagt er: „Am Ende hatte er nur noch Einen, den er senden konnte: seinen geliebten Sohn. Den sandte er zuletzt zu ihnen" (Mk 12, 6). Damit hat Jesus deutlich ausgesprochen, welch heiliger Ernst über seiner Sendung durch Gott, den Vater, lag. Und dieser einzige Sohn ist zugleich auch der Erbe. Es heißt im Gleichnis weiter: „Die Winzer

[52] Das NT kennt verschiedene Ausdrucksweisen, um die Zeit bis zur Wiederkunft Jesu zu kennzeichnen. So bedeutet „in den letzten Tagen" (grie *en eschátais hämérais)* Jak 5, 3 die Zeit bis zur Wiederkunft des Herrn. Der Ausdruck „in den letzten Zeiten" (grie *en hystérois kairoís)* 1 Tim 4, 1 meint die Zeit unmittelbar vor der Wiederkunft. Die Wendung „in der letzten Zeit" (grie *en kairó escháto)* 1 Pt 1, 5 deutet auf den Zeitpunkt des Eintritts der Wiederkunft Jesu.

[53] J. Calvin, S. 7: „Wenn also jetzt Gott zum letztenmal geredet hat, so gilt es, bis zu diesem Worte vorzudringen, dann aber auch hier Halt zu machen."

aber sprachen zueinander: Ha, da kommt der Erbe! Auf! laßt uns ihn töten, dann wird das Erbe unser sein!" (Mk 12, 7 par Mt 21, 38). Der einzige Sohn ist der Erbe — das bestätigt Hbr 1, 2: **Ihn hat er zum Erben über alles eingesetzt.** Jesus Christus, der Sohn Gottes, der Gottes letztes Offenbarungswort bringt, ist der Erbe, ihm gehört die ganze Herrlichkeit des Vaters. Darum konnte er seinen Jüngern sagen: „Alles ist mir von meinem Vater übergeben worden" (Mt 11, 27). Das prophetische Wort Davids[54]: „Ich will dir die Heiden zum Erbe geben und der Welt Enden zum Eigentum" (Ps 2, 8) hat sich in der Person Jesu erfüllt. Heute schon ist es verborgene Wirklichkeit in der Gemeinde; wenn Jesus Christus wiederkommen wird, wird sich die endgültige sichtbare Erfüllung dieses Psalmwortes vor den Augen aller Menschen vollziehen.

Durch ihn hat er auch die Welten geschaffen. Jesus Christus ist ebenso der Schöpfungsmittler, wie er auch der Erbe des Alls ist; aus seiner Hand sind die sichtbare und die unsichtbare Welt hervorgegangen[55]. Er steht am Anfang und am Ende der Schöpfung: „Ich bin der Erste und der Letzte" (Jes 48, 12; Offb 1, 17). So wie es am Anfang war, wird es auch wieder am Ende sein, wenn alle Welt ihm zu Füßen liegen wird. Diese Offenbarung, daß Jesus Christus der Schöpfungsmittler ist, stammt nicht aus dem Munde Jesu selbst, sondern ist eine Offenbarung Gottes durch den Heiligen Geist an seine Gemeinde. Wohl hat Jesus seinen Jüngern gesagt: „Bevor Abraham war, bin ich" (Jo 8, 58). Und im Hohenpriesterlichen Gebet hat er von seiner Herrlichkeit beim Vater gesprochen: „. . . die ich hatte, bevor die Welt war" (Jo 17, 5. 24). Aber die Tatsache, daß Gott durch Jesus Christus die Welt geschaffen hat, ist eine Offenbarung, die zu fassen die Jünger erst nach Pfingsten fähig waren.

[54] Apg 4, 25 sagt uns, daß Ps 2 von David stammt, vgl. ebenso Hbr 4, 7 mit Ps 95. Die Frage, w a n n Gott seinen Sohn zum Erben über alles eingesetzt hat, wird in unserem Text weder gestellt noch beantwortet. Da die Prophezeiung, d. h. die vorlaufende Offenbarung dieses Tatbestandes, nicht erst während der irdischen Lebenszeit Jesu, sondern viele Jahrhunderte früher erfolgte, dürfen wir vermuten, daß es sich bei der Einsetzung des Sohnes Gottes zum Erben um ein vorweltliches Ereignis in der himmlischen Welt handelt.
So auch A. M. Stibbs, S. 1092.
R. Kübel/E. Riggenbach sehen dagegen die Einsetzung des Sohnes zum Erben mit der Erhöhung des Menschgewordenen verbunden, in Strack/Zöckler, Kurzgefaßter Kommentar, Hbr S. 92. Vgl. dazu auch W. Stb. Phil. S. 75.

[55] Herm. Sasse, Ki—Th W, Bd. 1, S. 197 ff: „Die Bedeutung ‚Weltzeit, Weltlauf' kann in W e l t übergehen. Die Gleichsetzung von *aíon* und *kósmos* erklärt sich im NT aus dem jüdischen Sprachgebrauch . . . Auch der *plur aiónes* nimmt an dem Bedeutungswandel teil. So müssen die *aiónes* Hbr 1, 2 und 11, 3 räumlich verstanden werden als W e l t e n, W e l t r ä u m e" (203 f).
O. Michel, S. 37, hält es für möglich, daß der Vf hier an „apokalyptische Weltperioden, übereinandergelagerte Schichten des Weltgefüges" denkt. Vgl. auch W—B, 1958[5], Sp. 55.

Deshalb hat Jesus ihnen in seinen Abschiedsreden gesagt: „Ich habe euch noch viel zu sagen, aber ihr könnt es jetzt noch nicht tragen. Wenn aber der Geist der Wahrheit kommen wird, wird er euch in alle Wahrheit leiten" (Jo 16, 12–13). Als Jesus Christus vor aller Zeit in der Herrlichkeit Gottes des Vaters war (vgl. Mi 5, 1), war er nicht untätig: sein Auftrag war die Schöpfung der Welt (vgl. Jo 1, 1–5. 14)[56]. Wollen wir versuchen, uns die unermeßliche Größe unseres Herrn und Heilandes recht vor Augen zu stellen, so müssen wir uns deutlich machen, daß Jesus Christus Schöpfer der Welt, Erlöser der Welt und Vollender der Welt in einer Person ist. Der, durch dessen Allmachtswort die Welt ins Dasein trat, hat als kleines Kind in der Krippe gelegen und ist für uns am Kreuz gestorben, und er wird in Herrlichkeit wiederkommen, um Gottes Heilsplan zu vollenden.

Mit immer neuen Worten wird die überragende Größe Jesu zum Ausdruck gebracht, der Weg des Christus von Ewigkeit zu Ewigkeit als ein fortgesetztes und ständig sich steigerndes Offenbarwerden beschrieben. **Er ist der Abglanz der Herrlichkeit und das Gepräge** 3
(der Abdruck) seines Wesens. Über der Person unseres Herrn liegt ein Geheimnis, dessen Enthüllung in unserem Leben eine Tat der freien Gnade Gottes ist. Dem, der glaubt, erschließt sich dieses Geheimnis. Jesus aus Nazareth in seiner irdisch-menschlichen Gestalt trägt das Wesen Gottes. Er kann sagen: „Ich und der Vater sind eins!" und „Wer mich sieht, sieht den Vater". Wer ihm begegnet – begegnet Gott. Der Apostel Paulus bezeugt es immer wieder in seinen Briefen, daß Christus das Ebenbild des unsichtbaren Gottes ist. Nie wurde das Wesen Gottes je in reinerer Gestalt offenbar als in Jesus Christus. Darum schreibt auch der Apostel Johannes am Anfang seines Evangeliums: „Niemand hat Gott jemals gesehen; der einzige Sohn, der im Schoße des Vaters ist, der hat Kunde von ihm gebracht" (Jo 1, 18).

Abglanz der Herrlichkeit, das bedeutet, Jesus Christus empfängt das Licht aus der Herrlichkeit Gottes, aber er strahlt es selber rein und unvermindert in unsere dunkle Welt[57]. Und so, wie er Träger der göttlichen Herrlichkeit ist, so sollen es auch die Menschen werden, die ihm ihr Leben anvertrauen und ihm gehorchen (vgl. Mt 5, 14; Phil 2, 15). Der gleiche Vorgang, der sich im Leben Jesu

[56] Auch die Erwählung der Gemeinde rechnet das NT zu den vorweltlichen Ereignissen, bei denen Christus beteiligt war (Eph 1, 4; 3, 9–11; vgl. Offb 13, 8; 17, 8).

[57] Das grie Wort *dóxa* = Herrlichkeit ist die Übersetzung des hebr kābôd 2 Mo 24, 16–17; 33, 18–23; 40, 34. Die Herrlichkeit Gottes, die im AT immer wieder erscheint und die die Israeliten als Lichtglanz am Sinai schauten, begegnet uns in vollkommener Weise in der Person Jesu Christi, vgl. 2 Ko 4, 6.

vollzogen hat, soll sich im Leben der Christen wiederholen: „Mit unverhülltem Antlitz spiegeln wir die Herrlichkeit des Herrn wider" (2 Ko 3, 18). Weil Jesus Christus **Gepräge seines** (Gottes) **Wesens**[58] ist, erkennen wir an ihm, wie Gott in Wahrheit ist. In einem Bilde können wir sagen: Wie eine Münze das Bild des Prägestempels selbständig und klar wiedergibt, so ähnlich ist es mit der Wirklichkeit Gottes in Jesus Christus[59].

Er trägt das All durch sein machtvolles Wort. Christus ist nicht nur Weltschöpfer und Weltvollender, er ist zugleich der Welterhalter. Nicht nur das Dasein dieser Welt und die Entstehung allen Lebens auf ihr ist ein Werk Jesu Christi, auch der fortdauernde Bestand der Schöpfung ist sein Tun. Alles in dieser Welt, was besteht, das Leben jedes einzelnen Menschen wie auch die immer neuen Machtzusammenballungen großer Völker, die den Gang der Weltgeschichte im Fluß halten, haben ihren Bestand nur durch Jesus Christus. An dieser Aussage des Wortes Gottes wird deutlich: In Wahrheit befindet sich die gesamte Schöpfung seit dem Sündenfall in einem unübersehbaren Zerfallsprozeß; o h n e das Eingreifen Gottes würde eine völlige Auflösung eintreten[60]. So heißt es schon im Buch Hiob: „Wenn er zurücknähme seinen Geist und seinen Odem an sich zöge – verscheiden müßte alles Fleisch zumal, und zum Staube kehrte der Mensch zurück" (Hio 34, 14 f). N u r das „Tragen Gottes" erhält das Weltall. Und dieses „Tragen" vollzieht sich gerade durch das göttliche W o r t, dessen Auswirkungen sich nicht nur auf unsere sichtbare Welt, sondern auf den gesamten Kosmos erstrekken – „er trägt das All"! Das Wort Gottes ist das einzige, was die Welt vor dem Zerfall bewahren kann. Wir spüren in unserer Zeit unter dem Ansturm der dämonischen Mächte immer deutlicher: In dem Maße, wie das Wort Gottes abgelehnt wird, geht die Welt der Finsternis entgegen.

Die Aussagen über Christus steigern sich fort und fort. Er hat auf Gottes Geheiß die Welten geschaffen, und **er hat die Reinigung der Sünden erwirkt.** Das grie Wort *poiein* heißt, „machen, tun" und hat

[58] Das grie Wort *hypóstasis* steht in der LXX vorwiegend für „Dasein, Existenz", es kann aber im biblischen und profanen Sprachgebrauch sehr verschiedene Bedeutung annehmen. Wir werden es am sichersten Hbr 1, 3 mit „Wesen", Hbr 3, 14 mit „Zustand (d. h. seelische Verfassung), Standhaftigkeit" und Hbr 11, 1 mit „Wirklichkeit (Verwirklichung)" übersetzen.

[59] J. A. Bengel, S. 604: „Der Vater wäre das Original, welches auf einer Münze ausgeprägt wird; der Sohn das davon ins Wachs gedruckte allervollständigste Bild."

[60] O. Michel, S. 41: „Die ältere Auslegung versteht das Tragen als Schalten und Walten, als Heben und Regieren. Gemeint ist aber wohl die Bewahrung vor dem Zerfall. Es ist ein Ausdruck der Weltherrschaft des Christus, die trotz anscheinender äußerer Schwäche durch das ‚machtvolle Wort' den Zerfall der Welt aufhält."

in Vers 2, in dem von der Schöpfung der Welt gesprochen wird, die gleiche Bedeutung wie in Vers 3, wo der Apostel auf den Kreuzestod Jesu hinweist, durch den Christus „die Reinigung der Sünden gemacht hat" (wörtl.). Das grie Wort *poiein*, das hier und Hbr 11, 3 in gleicher Bedeutung gebraucht wird, entspricht dem hebr bara „schaffen" 1 Mo 1, 1 und Jes 43, 1, d. h. die Tat der Versöhnung und Erlösung ist ein gleiches Handeln Gottes wie beim Anbeginn der Welt[61]. Der Schöpfungsmorgen der Welt und der Anbruch des neuen Gottestages in der Erlösung, die Jesus Christus durch seinen Tod am Kreuz auf Golgatha erworben hat und die sich in der neuen Menschheit auswirkt, stehen in einer tiefen inneren Beziehung zueinander. Das meint Paulus, wenn er sagt: „Gott, der gesagt hat: Aus Finsternis soll Licht aufstrahlen! er ist es, der es in unseren Herzen hat aufstrahlen lassen, so daß wir erleuchtet wurden durch die Erkenntnis von der Herrlichkeit Gottes auf dem Angesicht Christi" (2 Ko 4, 6). Es ist derselbe Gott, der in Schöpfung und Erlösung wirkt, das ewige Wort, das mit gleicher Kraft die gleiche Wirkung hervorruft: Es entsteht neues Leben!

Aus der Anordnung der Satzteile ist deutlich zu erkennen, daß das Erlösungshandeln Gottes für den Apostel der Mittelpunkt allen Geschehens ist, um den sein Denken immer wieder kreist. Der Kreuzestod Jesu zur Vergebung unserer Sünden ist der Höhepunkt und das Ziel seiner irdischen Sendung (Mk 10, 45) und die Grundlage unseres Verhältnisses zu Gott[62]. Niemand könnte Vergebung und Frieden finden, niemand vor Gott gerecht werden und zu ihm kommen, wenn Jesus nicht für uns gestorben wäre. Sein Tod am Kreuz auf Golgatha ist für alle Ewigkeit das zentrale Ereignis der Weltgeschichte. Wir ahnen bei diesem Geschehen etwas von dem Ausmaß menschlicher Sünde, die Gott so furchtbar strafen mußte, daß sein einziger Sohn stellvertretend in der Gottverlassenheit starb, aber wir schauen auch das unendliche Maß der Liebe Gottes, die das Beste für uns zu geben bereit war. Darum wird das Leiden und Sterben Jesu für die Erlösten in Zeit und Ewigkeit immerfort Grund des Dankes und der Anbetung sein (Offb 1, 5; 5, 9. 12).

Gott antwortet auf den stellvertretenden Opfertod seines Sohnes mit der Auferweckung und Himmelfahrt. Jesus Christus wird zur Rechten Gottes erhöht und empfängt alle Gewalt im Himmel und auf Erden. Die tiefste Erniedrigung Jesu wird der Grund seiner ewigen Herrschaft. **Er hat sich zur Rechten der Majestät in der Höhe gesetzt.** Der Ausdruck „er hat sich zur Rechten gesetzt" weist uns

[61] Vgl. a. a. O. S. 37, Anm. 2.

[62] Auch viele Stellen im AT, besonders Ps 24, 3–4, sprechen davon, daß die Reinigung unseres Lebens von der Sünde Voraussetzung für unsere Gemeinschaft mit Gott ist.

auf Ps 110, 1: „Es spricht der Herr zu meinem Herrn: Setze dich zu meiner Rechten, bis ich deine Feinde hinlege als Schemel für deine Füße." Dieses prophetische Wort hat sich am Himmelfahrtstage erfüllt (vgl. Mk 16, 19). Die Gottessohnschaft Jesu, die eine Setzung Gottes vor aller Zeit war, die Jesus durch sein Leben, Leiden und Sterben auf Erden bewährt hat, wird in seiner Erhöhung allen himmlischen Mächten und bei der Wiederkunft Jesu in Herrlichkeit allen irdischen Mächten offenbar. Nachdem Christus das Opfer zur Erlösung der Menschen vollbracht hat, hat Gott ihn von der Erde entrückt und ihn in die Weltherrschaft eingesetzt. Jesus Christus hat Anteil am Thron Gottes[63]. Wie tröstlich ist dieses Wissen für die gläubige Gemeinde: Nicht der Machtbefugnis böswilliger, ehrgeiziger Menschen und nicht dem zerstörenden Einfluß dämonischer Gewalten, die hinter allem äußeren Geschichtsablauf ihr Spiel treiben, ist unsere Welt preisgegeben. Christus ist der Herr, er hält alle Fäden des Weltgeschehens in seinen gnädigen Händen, die für uns durchbohrt wurden, und er wird am Ende der Geschichte das letzte Wort behalten. Diesem mächtigen Herrn und König dürfen wir getrost auch in allen schwierigen Lebenslagen vertrauen.

4 **Er ist soviel mächtiger geworden als die Engel, wie er einen höheren Namen als sie ererbt hat.** Damit, daß Jesus Christus von Gott zum Weltherrscher eingesetzt worden ist, hat er auch über das Verhältnis des Sohnes zu den Engeln entschieden. Jesus ist „besser", d. h. erhabener als die Engel. Seine Macht ist ihnen überlegen; die Engel sind dem Sohn unterworfen. Wie im AT, so spricht sich auch im NT im Namen das Wesen und die Würde einer Person aus. In der Erhöhung des Gottessohnes wird deutlich, daß er einen besseren Namen als die Engel erhalten hat: Jesus Christus, der Schöpfungsmittler und Welterhalter, hat die Herrlichkeit Gottes verlassen. – Er starb am Kreuz zur Versöhnung der Sünden. – Gott hat ihn erhöht und ihm einen unvergleichlich erhabenen Namen verliehen. Der Eingang des Hbr enthält die gleiche Botschaft, die Paulus der Gemeinde in Philippi übermittelt, den sogen. „Christuspsalm" Phil 2, 5 ff. Dort heißt es: Jesus Christus wurde Mensch und starb im Gehorsam am Kreuz. „Daher hat ihn auch Gott über die Maßen erhöht und ihm den Namen geschenkt, der über jeden Namen ist, damit in dem Namen Jesu sich beuge jedes Knie derer, die im Himmel und auf Erden und unter der Erde sind, und jede Zunge bekenne, daß Jesus Christus der Herr ist, zur Ehre Gottes, des Vaters" (Phil 2, 9–11). Auf Grund des Engelwortes an Maria

[63] E. Riggenbach, S. 13: „Daß das Sitzen zur Rechten Gottes nicht ein müßiges Ruhen, sondern ein Versetztsein in den Stand ungehemmten und vollkommenen Wirkens ist, versteht sich für den Vf von selbst; aber die Art der Wirksamkeit wird hier noch nicht entfaltet."

und Joseph erhielt der Herr bereits am achten Tage bei der Beschneidung den Namen „Jesus". Nach seinem Tod und seiner Auferstehung wurde durch die Apostel die wunderbare Macht dieses Namens offenbar. Der neue Name aber, den Jesus Christus mit seiner Erhöhung erhalten hat, ist der Name „Herr" (grie kýrios), der im AT ausschließlich dem lebendigen Gott zukommt[64]. Damit wird ihm die unüberbietbare Macht und Herrlichkeit Gottes zugeeignet. Daß Jesus Christus, der Sohn Gottes von Ewigkeit her, in seiner Erhöhung mit der ganzen Machtfülle Gottes betraut worden ist, dient zugleich der Bestätigung des Sohnes-Namens vor den irdischen und himmlischen Mächten und gibt Christus die unvergleichliche Überlegenheit. Er ist wirklich Sohn, Gott und Herr, wie es die atst Anführungen in den Versen 5, 8 und 10 besonders hervorheben.

Zusammenfassung

Gott hat geredet – seit Anbeginn der Menschheits- und Heilsgeschichte. „Gott, der Herr, der Mächtige, redet und ruft der Welt vom Aufgang der Sonne bis zu ihrem Niedergang" (Ps 50, 1). Alle die vielfältigen Offenbarungsweisen Gottes – in Natur, Geschichte und Gewissen – verdichten sich in der Geschichte Israels: Hier wird Gottes Reden im Wort der Propheten vernehmbar. Aber was in der Zeit des Alten Bundes als Reichtum und Mannigfaltigkeit göttlicher Offenbarung erscheint, trägt doch im Licht des Neuen Bundes den Charakter der Vorläufigkeit und Unvollkommenheit. Alle Offenbarung Gottes drängt auf die Mitte der Geschichte hin, die Menschwerdung des Wortes Gottes in Jesus Christus, dem Sohn Gottes. Er verkörpert das Wesen Gottes, er strahlt Gottes Herrlichkeit aus. Zugleich Weltschöpfer und Welterhalter, ist er auch der Welterlöser und der erhöhte Weltherrscher. Als Erbe des Alls wird er am Ende der Geschichte stehen und Gottes Heilsplan zum Ziel führen; der wiederkommende Christus wird der Weltenrichter und Weltvollender sein. Was sich im AT an göttlicher Herrlichkeit im Amt des Priesters, im Dienst des Propheten und in der Würde des Königs widerspiegelt, ist in Jesus Christus in vollkommener Weise zusammengefaßt. Er bringt der Menschheit Gottes abschließendes Offenbarungswort und erfüllt das atst Prophetentum. Mit der Sühnung unserer Schuld, der Reinigung unseres Lebens von der Sünde, bringt er das priesterlich-kultische Handeln in Israel zum Abschluß. Mit seiner Erhöhung zur Rechten der Majestät Gottes vollendet er das messianische König-

[64] Das Bekenntnis „Jesus Christus ist der Herr" in Phil 2, 11 (grie *kýrion Jesús Christós*) hat seine Parallele und seinen atst Ursprung in Jes 45, 23 f (vgl. dazu auch das Bekenntnis Jo 20, 28).

tum Israels. Die Einheit von Königtum und Priestertum, wie sie die Prophetie des AT schaut (Sach 6, 9–13), kommt in Jesus Christus zur Erfüllung und Vollendung.

2. Die Überlegenheit des Gottessohnes über die Engel

Hbr 1, 5–14

5 Denn zu welchem der Engel hat er jemals gesagt: „Du bist
mein Sohn, heute habe ich dich gezeugt"; und weiter: „Ich will
6 ihm Vater sein, er soll mir Sohn sein"? * Wenn er aber aufs Neue
den Erstgeborenen in die Welt einführt, spricht er: „Und an-
7 beten sollen ihn alle Engel Gottes." * Von den Engeln sagt er
zwar auch: „Der seine Engel zu Winden macht und seine Diener
8 zur Feuerflamme." * Aber zum Sohn sagt er: „Gott, dein Thron
besteht von Ewigkeit zu Ewigkeit, und das Zepter der Geradheit
9 ist der Herrscherstab seiner Königsmacht. * Gerechtigkeit hast du
geliebt, Gesetzlosigkeit aber gehaßt. Darum hat dich, Gott, dein
10 Gott mit Freudenöl gesalbt vor deinen Gefährten." * Und: „Herr,
du hast am Anfang die Erde gegründet, und die Himmel sind
11 Werke deiner Hände; * sie werden vergehen, du aber bleibst.
12 Und alle werden wie ein Kleid veralten, * und wie einen Mantel
wirst du sie zusammenrollen, wie ein Gewand werden sie ge-
wechselt werden. Du aber bleibst derselbe, und deine Jahre neh-
13 men kein Ende!" * Zu welchem der Engel hat er jemals gesagt:
„Setze dich zu meiner Rechten, bis ich deine Feinde zum Schemel
14 deiner Füße lege?" * Sind sie nicht alle dienstbare Geister, die
zum Dienst ausgesandt werden für die, die das Heil erben
sollen?

Zu Vers 5
Ps 2, 7
Apg 13, 33
Hbr 5,5
2 Sam 7, 14
Ps 89, 27. 28
Zu Vers 6:
Lk 2, 7
Rö 8, 29
Kol 1, 15. 18
5 Mo 32, 43 LXX
Ps 97, 7
Mt 4, 11
Jo 1, 51
1 Tim 3, 16
Offb 5, 11. 12
Eph 3, 10
1 Pt 1, 12
Zu Vers 7:
Ps 104, 4
2 Mo 3, 2
Jo 5, 4
Zu V. 8 und 9:
Ps 45, 7. 8
Da 2, 44
Da 7, 14
Mt 6, 33
Offb 11, 15
Offb 19, 6. 11. 16
Jes 11, 2
Jes 61, 1
Jo 1, 32. 33
Jo 3, 34
Zu V. 10–12:
Ps 102, 26–28
Jes 34, 4
Jes 50, 9
Jes 51, 6
Mt 24, 35
Offb 6, 14
Hbr 13, 8

In Vers 4 hat der Apostel von der Überlegenheit des Sohnes Gottes über die Engel gesprochen, die Jesus Christus auszeichnet. Diese Aussage stützt er auf das Zeugnis der atst Schriften. Hier schon sieht er das vorgezeichnet, was er als Bote des Evangeliums zu verkündigen hat. In unserem Abschnitt führt er eine Reihe atst Stellen an, um in einem dreifachen Beweisgang seine theologische Aussage über den Sohn Gottes zu erhärten. Hbr 1, 5–6 spricht er zweimal vom Sohn, einmal von den Engeln. Die Zitate Hbr 1, 7–12 richten sich einmal an die Engel und zweimal an den Sohn. In Hbr 1, 13–14 bringt er abschließend ein Wort an den Sohn, aus dem er eine Schlußfolgerung im Blick auf die Engel ableitet. Während der Apostel Hbr 1, 5–6 die Kennzeichen der Würde herausstellt — der Sohn ist der Erstgeborene, die Engel sind anbetende

W e s e n – betont er Hbr 1, 7–12 die Merkmale des Dienstes: Die Engel sind D i e n e r Gottes (vgl. V. 14), der Sohn ist der K ö n i g und Schöpfer der Welt, er hat sie geschaffen und regiert sie auch. Die atst Stellen werden unmittelbar auf Christus bezogen. Jesus ist der Sohn (V. 5), er ist Gott (V. 8), und er ist der Herr (V. 10); er dient als Prophet (V. 2), als Priester (V. 3) und als König (V. 8 f), darin ist er den Engeln überlegen.

Zu Vers 13:
Ps 110, 1
Mt 22, 44
Mt 26, 64
Apg 2, 34. 35
1 Ko 15, 25
Eph 1, 20
Hbr 10, 13
Offb 3, 21

Zu Vers 14:
1 Kö 19, 5–7
Ps 34, 8
Ps 91, 11. 12
Ps 103, 20. 21
Da 6, 22
Mt 4, 11
Mt 18, 10
Mt 26, 53
Lk 2, 13. 14
Lk 16, 22
Lk 22, 43
Jo 1, 51
Jo 20, 12
Apg 5, 19–25
Apg 10, 3
Apg 12, 3–15

Der Apostel begründet seine Aussage von der Überlegenheit des Sohnes über alle himmlischen Gottesboten indirekt; er stellt die Frage: **Zu welchem der Engel hat er jemals gesagt: „Du bist mein Sohn, heute habe ich dich gezeugt?"** Der Hörer oder Leser soll sich die Antwort selber geben. Gott hat in der Verheißung des AT nur e i n e n, den kommenden Christus und Messiaskönig zum Sohn erklärt – „Du bist mein Sohn!" Wenn das Psalmwort fortfährt: „Heute habe ich dich gezeugt", so gilt dies „Heute" nicht erst für die Erhöhung Jesu, als ihm die Weltherrschaft übertragen wurde. Die Einsetzung des Christus als Sohn Gottes ist ein vorzeitliches Ereignis, ebenso wie die Berufung zum Erben, aber sie wird mit der Auferstehung und Himmelfahrt offenbar (Hbr 1, 5 weist zurück auf 1, 3)[65]. Das vorweltliche Verhältnis Jesu, des Sohnes Gottes, zu Gott, dem Vater, werden wir nie mit unserem Denken erfassen und in unseren Vorstellungen veranschaulichen können. Jede Spekula-
tion darüber ist uns untersagt. Alle geistreichen Versuche im Laufe 5
der Kirchengeschichte, besonders in den trinitarischen Streitigkeiten des 3. und 4. Jahrhunderts, dies Geheimnis irgendwie gedanklich zu durchdringen und auszusprechen, sind in einem Irrweg geendet. Gott selber hat hier eine Schranke aufgerichtet, die wir nicht überschreiten dürfen. Aber das wunderbare Geheimnis der ewigen Verbundenheit zwischen Gott, dem Vater, und Jesus Christus, dem Sohn, ist unaufgebbare Glaubenserkenntnis der Gemeinde durch den Heiligen Geist, die immer wieder bezeugt werden und die Gläubigen zu ehrfürchtiger Anbetung führen soll.

Das Wort Ps 2, 7 wird unmittelbar mit einem Zitat aus 2 Sam 7, 14 verbunden, das in der gleichen Art gedeutet wird. Ursprünglich bezieht es sich auf David und seine Nachkommenschaft: **„Ich will ihm Vater sein, und er soll mir Sohn sein."** Auch Engel können im AT als „Söhne Gottes" angesprochen werden[66]. Aber weder die Engel noch

[65] Das NT kennt das „Heute" auch als Ausdruck für die Zeit des Heils, die Zeit der Gemeinde, in der allen Menschen die frohe Botschaft zur ewigen Rettung verkündet wird. Lk 2, 11; 4, 21; 2 Ko 6, 2; Hbr 3, 7; 4, 7.

[66] Im masoretischen Text finden wir die Lesart „Söhne Gottes" 1 Mo 6, 2; Hio 1, 6; 2, 1; 38, 7; Ps 29, 1; 89, 7; Da 3, 25. In Hio 1, 6; 2, 1 und 38, 7 übersetzt LXX „Engel Gottes", sonst auch „Söhne Gottes".

Salomo als Nachkomme Davids tragen im Vollsinn des Wortes die Bezeichnung „Sohn", denn sie sind alle geschaffene Wesen aus Gottes Hand. Nur Jesus Christus kommt dieser Name zu, er ist der Sohn von Ewigkeit. Engel oder Menschen, die im AT den Sohnesnamen tragen, weisen also bereits über sich hinaus auf die kommende messianische Zeit. Auch hier begegnen wir wieder der vorlaufenden Offenbarung Gottes im Alten Bund, die erst mit der Menschwerdung Jesu ihren Abschluß und ihre Erfüllung gefunden
6 hat. Im AT hatte **der Erstgeborene** den Vorrang unter seinen Brüdern. Er war der geliebte Sohn, ihm fiel das zweifache Teil des Erbes zu (5 Mo 21, 17). Er herrschte in der Familie, ihm waren die jüngeren Brüder untertan. Auch Jesus Christus ist als der Erstgeborene (Lk 2, 7) der geliebte Sohn (Mk 1, 11); so sagt der Herr selber im Weinbergsgleichnis: „Da hatte er noch Einen, den geliebten Sohn. Ihn sandte er als letzten zu ihnen" (Mk 12, 6). Christus ist der unvergleichlich von Gott Geliebte, dem die Regierung der Welt übertragen ist. Darum ist er nicht nur der „König Israels" (Jo 1, 49), sondern ihm werden alle Könige und Herrscher der Erde untertan sein (Offb 19, 16). Diesem Erstgeborenen, dem Sohn Gottes, stellt der Vater die „Gemeinde der Erstgeborenen" zur Seite (Hbr 12, 23), Menschen, die den „Geist der Sohnschaft" (Rö 8, 15) empfangen haben, eine Schar wesensmäßig gleichgestalteter Brüder, unter denen Christus der Erstgeborene ist (Rö 8, 29). Der Erstgeborene ist der Geliebte und Erwählte, der zur Herrschaft berufen ist. Ebenso ist die Gemeinde der Erstgeborenen, die Gemeinde Jesu, eine Schar der Geliebten und Erwählten, die an der Herrschaft des Sohnes Anteil haben wird (Offb 20, 6; 22, 5). Der Erstgeborene hat den himmlischen Dienst des Königs und Priesters; in gleicher Weise sind auch die Glieder der Gemeinde der Erstgeborenen von Gott zu Königen und Priestern gemacht worden (Offb 1, 5–6; 5, 10). Darin findet die Einheit des Erstgeborenen mit der Gemeinde der Erstgeborenen ihren vollkommenen Ausdruck, daß die im AT geweissagte Einheit von Königtum und Priestertum (Sach 6, 13) in Christus erfüllt wird und in der vollendeten und verherrlichten Gemeinde zum Abschluß kommt (vgl. auch den Zusammenhang von Ps 110, 1 und 4).

„Wenn er aber aufs Neue den Erstgeborenen in die Welt einführt . . ." Diese erneute Einführung des Sohnes in die Welt ist eine Tat Gottes[67]. Als Jesus Christus in Bethlehem geboren wurde, kam

[67] Das grie Wort *oikuménä*, das hier mit „Welt" übersetzt wird, bedeutet ursprünglich die bewohnte Erde, den Erdkreis, und dient Lk 2, 1 zur Umschreibung des röm. Weltreiches. Es kann aber auch Ausdruck für die gesamte Welt, die Menschheit und die Bereiche der Geister sein. In unserem Zusammenhang dürfen wir es wohl nicht nur auf die sicht-

der Sohn Gottes aus der Ewigkeit in unsere irdische Welt, um mit uns Menschen zu leben und für uns zu sterben. Nach seiner Auferstehung ging er erneut in die himmlische Welt zurück, um dort die Huldigung der Engelmächte zu empfangen (Offb 4 und 5). Wenn Jesus Christus in Herrlichkeit wiederkommt, wird die „Wiedereinführung" in unsere sichtbare Welt erfolgen[68]. Für die Vorstellung des Apostels gehört zur Erhöhung Christi zum Weltherrscher notwendig die Huldigung bei seiner Thronbesteigung. Das Irdische wird zum Abbild des Himmlischen. Was jetzt bereits — unseren Augen verborgen — in der Himmelswelt geschieht, wird bei der Wiederkunft Jesu allen offenbar werden: **Alle Engel Gottes sollen ihn anbeten.** Jetzt erfolgt die Offenbarung und Darstellung des Sohnes Gottes vor den Engeln und der verherrlichten Gemeinde, den „Geistern der vollendeten Gerechten" (Hbr 12, 23), bei der Wiederkunft Jesu aber vor dem gesamten Kosmos.

Gottes Wort im Alten Bund weist nicht nur auf den kommenden 7
Christus hin, es klärt auch sein Verhältnis zu den Engeln. **Von den Engeln sagt er zwar auch: „Der seine Engel zu Winden macht und seine Diener zur Feuerflamme."** Das Zitat Ps 104, 4 ist wieder wörtliche Anführung aus LXX. Der hebr Text heißt an dieser Stelle: „Der die Winde zu seinen Boten bestellt, zu seinen Dienern Lohe und Feuer." Der hebr Text ist durch die Übersetzung in seinem ursprünglichen Sinn erweitert und vertieft. Gott ist nicht nur der Herr der Naturgewalten, der alle physikalischen Kräfte und Erscheinungen in seinen Dienst zu stellen vermag, der in der Feuerflamme erscheint (2 Mo 3, 2) und Wind und Meer gebietet (Mt 8, 26 f), ihm stehen auch die Engelmächte zur Verfügung. Er gibt ihnen den Auftrag, und diesem Auftrag wird auch jeweils ihre Gestalt angepaßt. Gott verfügt in seiner Allmacht über unendlich viele Möglichkeiten. Wenn auch hier unser menschliches Vorstellungsvermögen versagt, so öffnet die Bibel uns doch den Blick für die g a n z e Wirklichkeit: Unsere sichtbare Welt ist durchdrungen, umgeben und getragen von der Wirklichkeit der nichtgegenständlichen Welt der Herrlichkeit Gottes und seiner Engel. Das Zitat sagt von Gott: E r m a c h t seine Engel zu Winden. Hier begegnet uns wieder das grie Wort *poiein* (machen, tun) als Ausdruck des souveränen Handelns Gottes, mit

bare Welt beschränken; schon die Wahl des Zitates legt nahe, hier an Menschen- und Engelwelt zu denken. Darauf weist auch der Gebrauch des Wortes Hbr 2, 5. Vgl. W—B 1958[5]; Sp. 1111; Ki—Th W Bd. 5, S. 159 ff.

68 Manche Ausleger, u. a. Calvin, übersetzen: „Und abermals, wo er den Erstgeborenen einführt in die Welt, spricht er: ..." und denken dabei an den Lobpreis der Engel bei der Menschwerdung Jesu. Vgl. Strack/Zöckler, Kurzgefaßter Kommentar, Hbr ausgelegt von R. Kübel, 1898[2], S. 93.

dem in den Versen 2 und 3 Gottes allmächtiges Wirken in Schöpfung und Erlösung beschrieben wird. Dem Gott, der so Gewaltiges geschaffen hat, stehen unerschöpfliche Möglichkeiten im Blick auf Dienste und Offenbarungen durch Engel zu Gebote[69].

8/9 Die Überlegenheit Jesu über die Engel ist aber nicht nur durch seine überragende Würde als Gottessohn begründet, sondern zugleich in seiner Macht als himmlischer König. Mit den Worten von Ps 45, 7–8 verdeutlicht der Apostel seine Aussage, die er in V. 3 über Christus gemacht hat: „Er hat sich gesetzt zur Rechten der Majestät in der Höhe."

Ps 45 ist ein Hochzeitslied für den König. „Singen will ich mein Lied dem König" (Ps 45, 2). In Vers 7 des Psalmes heißt es nun: **Gott, dein Thron besteht von Ewigkeit zu Ewigkeit** (vgl. Kla 5, 19). Im AT bezeichnen aber niemals Menschen einen anderen Menschen (selbst bei der Krönung des Königs nicht!) als Gott. Gerade Israel kennt den weiten Abstand, der Gott und Menschen voneinander trennt. Wohl kann Gott einzelnen Menschen etwas von seiner göttlichen Würde beilegen[70], aber niemals wird die Distanz zu Gott dadurch aufgehoben[71]. In Ps 45 vertritt der irdische König den himmlischen König. Was hier dem König Israels zugesprochen wird, trifft nicht in vollem Sinn auf ihn zu; es gilt dem himmlischen König und findet seine Erfüllung in Jesus Christus.

Während alle irdischen Reiche einander ablösen und vergehen, währt einzig Jesu Herrschaft in alle Ewigkeit. Dieser den ganzen Lauf der Weltgeschichte umspannende Gedanke klingt auch in den Worten von Ps 102 an, die der Apostel im 12. Vers anführt: „Du aber bleibst derselbe!" und gipfelt in dem trostvollen Bekenntnis Hbr 13, 8 „Jesus Christus ist gestern und heute derselbe und in Ewigkeit!"

Jesus Christus, der *ewige* König der Herrlichkeit, ist auch ein *gerechter* König. Um seiner absoluten Gerechtigkeit wil-

[69] O. Michel, S. 57: „Zum Wesen des Engels gehört, daß seine Gestalt dem Dienst angeglichen wird. Gott selbst bestimmt den Auftrag und die Art seiner Erfüllung. *Der Engel ist seiner nicht mächtig, sondern er weist zurück auf den, der hinter ihm steht.* Der Satan vermag seine Gestalt zu verändern, aber hinter diesem Wechsel seiner Gestalt steht nicht Gott als Auftraggeber, sondern eine bestimmte Dämonie, List und Verschlagenheit" (1 Mo 3; 2 Ko 11, 14 f).

[70] Vgl. 2 Mo 21, 6; 22, 27; Ps 82, 6 und Jo 10, 34.

[71] Auch im NT gibt es eine Anzahl Worte, die die einzigartige Stellung der Kinder Gottes hervorheben, ohne aber dadurch von seiten des Menschen zu einer vertraulichen Annäherung Gott gegenüber oder zu einer unzulässigen Grenzüberschreitung zu führen: z. B. Christus nennt die Gläubigen seine Brüder (Mt 12, 49–50; Hbr 2, 11), aber er bleibt dabei doch für alle Ewigkeit der „Erstgeborene unter vielen Brüdern" (Rö 8, 29). Niemals bezeichnet jedoch das NT Christus als unseren „Bruder". Vgl. auch Rö 8, 14. 17; Gal 4, 6; 1 Jo 3, 2; ähnlich Mt 23, 8.

len, mit der er regiert und das Urteil spricht, ist ihm das Amt des Weltenrichters übertragen[72]. Was Jesus Christus in seinem Erdendasein verwirklicht hat, den Sünder zu lieben, die Sünde zu hassen, den Zerbrochenen aufzurichten und den Heuchler zu entlarven – diese seine unbestechliche Gerechtigkeit wird am Ende der Tage offenbar werden, wenn er „den Erdkreis in Gerechtigkeit richten wird" (Apg 17, 31)[73]. Immer wieder bezeugen die Apostel, daß es zur königlichen Herrschaft Jesu gehört, daß er als der Weltenrichter wiederkommen wird. Dann wird er die einen gerechtsprechen, weil sie an ihn, den Herrn und Retter, geglaubt haben (Jo 5, 24); die anderen, die nicht an ihn geglaubt haben, wird er verurteilen (Mk 16, 16). Gerade in der Situation der Bedrängnis und Verfolgung, in der die Gemeinde menschlichen Richtern ausgeliefert ist, die Gottes Wort und seinen Urteilsspruch nicht kennen, verleiht das Wissen von dem Kommen des gerechten Königs den Gläubigen das Bewußtsein der Geborgenheit und des Trostes. Nicht mit dem knechtischen Gefühl der Schadenfreude des Unterlegenen, der auf die Niederlage seines Bedrückers wartet, wohl aber mit heiliger Vorfreude wartet die Gemeinde in der Zeit des Leidens auf den Siegestag Jesu Christi, an dem die verborgene Gerechtigkeit Gottes offenbar werden wird.

Auch von der *Salbung* des Königs spricht das Psalmwort. Im AT war sie Sinnbild für die Mitteilung göttlicher Kraft und Vollmacht, zugleich Bestätigung des himmlischen Auftrages, der aber auch – wie wir es von Saul wissen – wieder von einem Menschen genommen werden kann. König, Hoherpriester und Prophet empfingen die Salbung[74]. Daß schon im AT der kommende Herr und Richter der Welt als der Gesalbte gesehen wird, erinnert daran, daß Christus diese drei Ämter in seiner Person vereinigt und von Gott Kraft und Vollmacht zu seinem Dienst empfängt. In den atst Worten, die in Vers 5 angeführt werden, ist Christus der Sohn; in Vers 8
wird er als Gott angesprochen, in Vers 10 begegnet er uns als der 10
Herr. **Du, Herr, hast am Anfang die Erde gegründet, und die Himmel sind Werke deiner Hände.** Das ist ein Wort aus Psalm 102, 26, in dem Gott als der Herr der Schöpfung angeredet wird. Hier können wir einer zweifachen Denkbewegung nachspüren, die der Apostel

[72] Luther hat in seiner Auslegung des Hbr zu V. 8 gesagt: Das Zepter ist nichts anderes als eben das Evangelium oder Wort Gottes selbst, während die anderen Reiche mit dem krummen Zepter der Ungerechtigkeit regiert werden (J. Ficker II 10, 19).

[73] An die Unbestechlichkeit des himmlischen Richters, der keinem menschlichen Irrtum unterliegt, vor dem aber auch alle verborgene Schuld der Menschen noch einmal aufgedeckt werden wird, denkt auch Hbr 13, 4.

[74] Vgl. zur Salbung des Hohenpriesters 3 Mo 8, 12; zur Salbung des Propheten 1 Kö 19, 16; Jes 61, 1 und Lk 4, 17 ff; zur Salbung des Königs 1 Sam 10, 1; 16, 13; 1 Kö 19, 15. 16.

beim Schreiben seines Briefes vollzieht. In Vers 2 hat er als grundlegende Glaubenserkenntnis der Gemeinde herausgestellt, daß Christus der Weltenschöpfer ist. Gott hat durch ihn die Welten geschaffen. Diese ntst Erkenntnis verhilft ihm zum rechten Verständnis des atst Wortes. Die Verse Psalm 102, 26–28 (LXX) werden von der theologischen Aussage Hbr 1, 2 her gedeutet. Umgekehrt sind die atst Worte dem Apostel Bestätigung und Vergewisserung seiner durch den Heiligen Geist gewirkten Erkenntnis von der Schöpfermacht Jesu Christi.

11 Der Herr, von dem Psalm 102, 26 spricht, ist niemand anders als Jesus Christus. **Sie werden vergehen, du aber bleibst:** Weltschöpfung und Weltende treten einander gegenüber; in gleichem Maße ist Christus an beiden beteiligt. So wie uns die Worte „am Anfang" an 1. Mose 1, 1 erinnern, so weisen uns die Worte „sie werden vergehen" auf Offb 21, 1–2. Die Menschen des Alten und des Neuen Bundes haben einen nüchternen Blick für die Wirklichkeit; sie wissen, daß diese Welt nicht ewig bestehen bleiben wird. Das prophetische Wort sagt uns, daß Katastrophen unsere Welt bis in die Grundfesten erschüttern werden. Jesus selber hat gesagt: „Himmel und Erde werden vergehen." Aber Jesus Christus wird da sein, auch
12 dann, wenn diese Welt nicht mehr existiert: „Du aber bleibst." **Alle werden wie ein Kleid veralten, und wie einen Mantel wirst du sie zusammenrollen, wie ein Gewand werden sie gewechselt werden.** Die Bildersprache des AT, die die Propheten besonders geliebt haben, findet ihre Fortsetzung im NT. Das Bild ist Vergleich und Hinweis auf eine ihm entsprechende Wirklichkeit. So wie ein Mensch in der Antike eine Schriftrolle oder auch sein Obergewand zusammenrollt und beiseite legt, so wird Jesus Christus in göttlicher Vollmacht der Geschichte dieser Welt ein Ende setzen. **Du aber bleibst derselbe, und deine Jahre nehmen kein Ende.** Das ist der Höhepunkt der atst Aussage, die sich der Apostel zu eigen macht[75]. Christus steht am Anfang der Schöpfung und als der unveränderliche Herr auch an ihrem Ende. Er ist derselbe, gestern, heute und in Ewigkeit (Hbr 13, 8). Er ist keinem Wechsel und keiner Veränderung unterworfen wie die Engel (V. 7), auch nicht der Vergänglichkeit von Himmel und Erde (V. 10–11).

13 **Zu welchem der Engel hat er jemals gesagt: „Setze dich zu meiner Rechten, bis ich deine Feinde zum Schemel deiner Füße lege?"** Geradezu triumphierend klingt das Wort des Apostels, mit dem er

[75] Auch hier begegnet uns der zweifache Gedankenschritt des Apostels: Hbr 13, 8 liefert als theologische Aussage die Begründung für die Auslegung von Ps 102, 26–28 auf Jesus Christus hin. Andererseits bestätigt ihm dieser Abschnitt des AT die Ewigkeit des Christus.

seinen biblischen Beweis für die unvergleichliche Erhabenheit des Sohnes Gottes abschließt. Die Würde und Macht, die der Sohn vom Vater empfangen hat, wird keinem Engel zuteil[76]. Der „Herr", der in diesem Wort der Weissagung des AT angeredet wird, ist niemand anders als Jesus Christus selbst. Er steht am Anfang der Welt, aus seinen Händen ist sie hervorgegangen (V. 10), er wird auch an ihrem Ende stehen (V. 11—12), und seine königliche und richterliche Gewalt (V. 8—9) wird darin sichtbar werden, daß er über alle seine Feinde triumphieren wird. Hbr 10, 13 führt noch einmal Ps 110, 1 an und zeigt durch die Einfügung der Worte „e r w a r t e t f o r t a n, bis seine Feinde zum Schemel seiner Füße gemacht werden", daß die Unterwerfung der Feinde durch Gott, den Vater, vollzogen werden wird. Entscheidend ist, daß am Ende der Welt- und Gottesgeschichte der Sieg Jesu stehen wird. Wer mit den Feinden gemeint ist, wird hier nicht näher beschrieben. Wir dürfen die Antwort auf unsere Frage deshalb im umfassenden biblischen Sinne geben. Hbr 2, 14 sagt uns, daß Jesus Christus durch sein Sterben am Kreuz den Gewalthaber des Todes, nämlich den Teufel, besiegt, vernichtet — das bedeutet hier: entmächtigt — habe. Das bringt uns in die Nähe von 1 Ko 15, 25 ff, wo Paulus ebenfalls die Niederwerfung aller Feinde Gottes bezeugt und sagt: „Als letzter Feind wird der Tod zunichte gemacht." Mit den Feinden Gottes und Christi ist aber sicher nicht nur der Teufel als Gewalthaber über den Tod gemeint. Zu seinem Gefolge gehören auch die abtrünnigen und feindlichen Engel. Paulus erinnert die Gläubigen daran: „Wißt ihr nicht, daß wir Engel richten werden?" (1 Ko 6, 3). Damit sind nicht die Engel gemeint, von denen in unserem Kapitel und besonders Hbr 1, 14 die Rede ist, die Boten Gottes, die seinen Willen ausrichten, sondern hier meint er die von Gott abgefallenen Engel, die zur Gefolgschaft Satans gehören (2 Pt 2, 4; Jud 6; Offb 12, 7—9), die kein Heimatrecht mehr in der Herrlichkeit Gottes besitzen und in ihrer Auflehnung gegen Gott sein Schöpfungs- und Erlösungswerk zu hindern versuchen. Ebenso haben wir die kosmischen Gewalten, die Dämonen und finsteren geistigen Mächte[77] zu den Feinden des Christus zu zählen. Das sind die okkulten Mächte und Kräfte, die zerstörend in

[76] Ps 2 und Ps 110, die in besonderer Weise vom Königtum und Hohenpriestertum des Sohnes Gottes sprechen, haben auch im NT besondere Bedeutung. Ps 2, 7 wird Hbr 1, 5; 5, 5; 7, 28 zitiert; Ps 110, 1 in Hbr 1, 3. 13; 8, 1; 10, 12. 13; 12, 2 angeführt und Ps 110, 4 in Hbr 5, 6. 10; 6, 20; 7, 3. 11. 15. 17. 21. 24. 28 erwähnt.

[77] Eph 6, 12 nennt Paulus als feindliche Gewalten *árchai, exusíai, kosmokrátores tu skótus tútu, ta pneumatiká täs ponärías*; d. h. Gewalten, Mächte, Weltbeherrscher der Finsternis, Geister der Bosheit; vgl. die Aufzählungen Eph 1, 20—22; 2, 2; Kol 1, 16; 2, 15. Eine ausführliche Untersuchung der biblischen Aussagen über die unsichtbaren Mächte findet sich bei H. Schlier, Mächte und Gewalten im Neuen Testament, Freiburg 1959[2].

unser menschliches Leben einwirken und mit denen wir auf keinen Fall Verbindung aufnehmen dürfen. Alle diese Mächte, die die Gemeinde des Herrn anfechten, die Ausbreitung des Evangeliums hemmen und die Gläubigen auf dem Weg der Nachfolge zu Fall bringen wollen, werden eines Tages endgültig überwunden sein. Wir erinnern uns daran, daß unser Brief sich an eine Gemeinde richtet, die Not und Bedrängnis erlebt hat und mit einer schweren Verfolgung rechnen muß. Der Apostel weiß, daß hinter der feindlichen Gewalt staatlicher Mächte der Widersacher Gottes steht[78]. Nun kann er mit dem Wort des AT der Gemeinde versichern, daß ihr Leidensweg und die scheinbare Überlegenheit der Christusfeinde ihrem Ende zugehen. Die Endzeit wird die große Wendung und Entscheidung bringen. Dann wird nicht nur das Ende alles Irdischen kommen, sondern auch die Offenbarung des Sieges Jesu Christi und die sicht-
14 bare Aufrichtung seiner Herrschaft[79]. Noch einmal wird der Gedanke von Vers 7 aufgegriffen und im Gegenüber zur Herrscherstellung des Sohnes das Wesen der Engel als dienender Geister gekennzeichnet: **Sind sie nicht alle dienstbare Geister, die zum Dienst ausgesandt werden für die, die das Heil erben sollen?** Von dieser Feststellung werden die von Gott abgefallenen Engel nicht betroffen. Hier handelt es sich um die Gott zu gehorsamem Dienst unterstellten himmlischen Wesen. Wenn auch die Bibel Unterschiede in Auftrag und Erscheinungsform der Engel kennt, ebenso eine Hierarchie der Engel, sind ihnen allen doch drei Merkmale gemeinsam:

Ihr Dienst vollzieht sich fortwährend in der Gegenwart Gottes (Mt 18, 10), er gleicht dem priesterlichen Dienst in Dank, Lobpreis und Anbetung (Jes 6, 2 f; Offb 5, 11 f; 8, 3 f). Darum gebraucht der Apostel hier für die nähere Bezeichnung des Dienstes der Engel das grie Wort *leiturgiká pneúmata*; in seiner Form als Zeitwort kennzeichnet es im Hbr immer den priesterlich-kultischen Dienst[80].

Darüber hinaus sind alle Engel Christus untertan. Er ist der sendende Herr, der ihren Dienst bestimmt (vgl. Offb 1, 1).

[78] O. Michel, S. 60: „Auffallend ist, daß unser Brief, der doch wahrhaftig menschliche Widersacher genug kennt, von den irdischen Verfolgern der Gemeinde so gut wie ganz schweigt; Hbr 10, 32–39 spricht von dem, was die Gemeinde erduldet und nicht von dem, was die Menschen ihr angetan haben. Es ist Anerkennung und Bestätigung des Leidens durch das Wort, nicht aber Anklage und Verteidigung vor Menschen."

[79] J. Calvin, S. 15: „Fragt man aber, ob nach Niederwerfung der Feinde das Reich Christi zu Ende gehen wird, so antworte ich: es wird bleiben, aber in der Weise, wie Paulus (1 Ko 15, 25 ff) es ausspricht. Denn wiewohl Gott, der jetzt nur in Christus erkannt sein will, uns dann durch sich selbst erscheinen wird, so wird doch deswegen Christus nicht aufhören, das Haupt der Menschheit und der Engel zu sein, und seine Ehre keine Verminderung erfahren."

[80] Vgl. Erich Schick, Die Botschaft der Engel im Neuen Testament, Wuppertal 1963, S. 16 f.

Schließlich teilt der Apostel hier einen wichtigen Tatbestand mit, der für die Gläubigen in der Anfechtung, in Not und Gefahr von größter Wichtigkeit ist: Alle Engel werden von Christus zum Dienst an den Gläubigen, den Gliedern seiner Gemeinde, ausgesandt. Haben wir in die Gemeinschaft mit dem auferstandenen Herrn Jesus Christus gefunden, sind wir „Erben Gottes und Miterben Christi" (Rö 8, 17) geworden und damit berufen, „das Heil zu erben", dann dürfen wir auch allezeit mit dem Schutz und der Bewahrung durch Gottes Engel rechnen, solange wir auf Gottes Wegen gehen.

Mt 18, 10 und Hbr 1, 14 machen uns deutlich, daß jedes Kind und jeder Erwachsene, der zur Gemeinde Jesu Christi gehört, seine Engel hat. Jesus Christus – Sohn, Gott und Herr, hat nicht nur ein vollkommenes Werk in Schöpfung und Erlösung vollbracht, sondern er weiß auch die Gemeinde der Erlösten unter dem Geleit seiner Engel sicher ans Ziel zu bringen.

Zusammenfassung

Die Verse 5 und 14 umspannen den ganzen Gedankengang dieses Abschnittes und lassen das Thema erkennen, das den Verfasser des Hbr bewegt: Jesus Christus, das menschgewordene Wort Gottes, Höhepunkt aller Gottesoffenbarung, ist allen himmlischen Mächten und Wesen überlegen. Der Apostel kennt aus dem Zeugnis des AT die Bedeutung der überirdischen Boten Gottes: Sie sind Gottes Diener, die in der ewigen Welt Gott anbeten und lobpreisen (V. 6 und 14) und die zugleich in wandelbarer Gestalt (V. 7) den Weg des wandernden Gottesvolkes auf Erden begleiten. Aber nun ist es ihm noch wichtiger, daß er auch schon im AT die unvergleichliche Stellung des Christus bestätigt findet. Darin offenbart sich für ihn Größe und Grenze des AT zugleich. Das schriftliche Gotteswort des Alten Bundes (Ps 2; Ps 45; Ps 102; Ps 110) weiß in seinen Augen von Christus als dem Sohn Gottes (V. 5), als Gott (V. 8) und Herrn (V. 10) zu reden. Er hat am Anfang Himmel und Erde geschaffen (V. 10), und er wird derselbe bleiben, wenn sie am Ende der Geschichte wieder vergehen (V. 11 f). Er wird König, Priester und Prophet sein, der durch seinen stellvertretenden Opfertod alle Gottesverheißungen zur Erfüllung bringen und sein ewiges Königreich aufrichten wird (V. 8 f). Aber all das bleibt auf dem Boden des Alten Bundes Prophetie, wird nur in verhüllter Form mitgeteilt. *Jetzt aber ist Christus in die Welt gekommen*, und die wunderbaren Zusagen Gottes haben sich in ihm erfüllt. Der Sohn Gottes ist in Wahrheit größer als alle Mittler göttlicher Offenbarung, größer als alle Wesen in der sichtbaren und unsichtbaren Welt.

Diese Gewißheit, die der Heilige Geist dem Apostel im Wort des AT erschließt, verleiht ihm das Bewußtsein absoluter Geborgenheit. Darum geht es ihm in dem Dienst, den er an der Gemeinde auszurichten hat: Der Blick des Glaubens soll auf den ewigen Sohn Gottes gerichtet sein – inmitten Bedrängnis, Not und Verfolgung. Das Wissen um die unüberbietbare Größe und Majestät des Christus, des Herrn der Gemeinde, dem alle irdischen und überirdischen Mächte unterworfen sind, soll den Gläubigen helfen, aus den unerschöpflichen Quellen der Kraft Gottes zu leben und durch alle Anfeindungen von außen und alle Anfechtungen von innen getrost den Weg der Nachfolge zu gehen.

3. Die Überlegenheit des Menschensohnes über die Engel

Hbr 2, 1–18

A. Die Größe unserer Verantwortung

Hbr 2, 1–4

Zu Vers 1:
Apg 8, 6. 12
2 Pt 3, 17
Spr 3, 21 LXX
Mt 7, 24–27
1 Ko 3, 11–15
Zu Vers 2:
5 Mo 33, 2 LXX
Apg 7, 38. 53
Gal 3, 19
Jo 1, 17
Zu Vers 3:
Hbr 10, 28. 29
12, 25
Mt 3, 7. 8
Mt 22, 5
Hbr 4, 2
Mk 1, 14
Apg 10, 37. 38
Apg 1, 21. 22
1 Ko 15, 5–8

1 Darum müssen wir um so mehr auf das Gehörte achten, damit wir
2 nicht am Ziel vorbeigleiten. * Denn wenn das Wort, durch Engel
verkündigt, rechtskräftig wurde, und jede Übertretung und jeder
3 Ungehorsam seine gerechte Vergeltung empfing, * wie werden wir
entfliehen, wenn wir ein so großes Heil mißachten? Es nahm sei-
nen Anfang, als es von dem Herrn verkündigt wurde; von denen,
die es gehört haben, ist es auf uns zuverlässig überliefert worden.
4 * Dabei gab Gott selbst Zeugnis durch Zeichen und Wunder und
durch vielerlei machtvolle Taten und Zuteilungen des Heiligen
Geistes nach seinem Willen.

In dem vorausgegangenen Abschnitt hat der Verfasser unseres Briefes die Überlegenheit des Gottessohnes über die Engel betont. Der gleiche Gedanke schwingt auch Hbr 2, 1–4 in dem Gegensatz nach: „Das Wort, das durch Engel geredet wurde" und „das Heil, das durch den Herrn verkündigt wurde[81]". Die Erkenntnis der Größe Jesu veranlaßt hier den apostolischen Autor zu einer kurzen, aber eindringlichen Ermahnung der Gläubigen. Alle seine Mahnungen

[81] Vers 1 mit seinem einleitenden „Darum" schließt unmittelbar an Hbr 1, 14 an und hebt deutlich hervor, daß unser Abschnitt die Schlußfolgerung aus dem Vorhergehenden darstellt. In Hbr 6, 1; 12, 12. 28 und 13, 12 beginnt er in gleicher Weise seine Mahnungen, nur gebraucht er anstatt des grie *diá túto* von Hbr 2, 1 an den anderen Stellen die kürzere Form *dió*. Jedesmal zieht er aus dem Vorhergesagten eine entsprechende Schlußfolgerung.

weisen in die Richtung des Wortes Jesu: „Von jedem, dem viel gegeben ist, wird viel gefordert werden, und wem man viel anvertraut hat, von dem wird man desto mehr verlangen" (Lk 12, 48). Israel wurde die Offenbarung des Alten Bundes anvertraut und damit eine große Verantwortung gegenüber den anderen Völkern auferlegt. An dieser Verantwortung ist Israel gescheitert. Der Gemeinde ist viel mehr als Israel anvertraut, damit aber auch eine viel größere Verantwortung übertragen. Sie hat in der Menschwerdung des Wortes Gottes in Jesus Christus etwas empfangen, was jede Offenbarung Gottes an Israel weit übersteigt und niemals überboten werden kann. Jesus Christus ist in Wahrheit die „unaussprechliche Gabe" (2 Ko 9, 15)! Daraus erwächst für die Gemeinde eine unausweichliche Verantwortung: **Darum müssen wir[82] um so mehr auf das Gehörte achten!** Der Apostel unterscheidet in seinem Brief deutlich zwischen einer evangelistisch-missionarischen Verkündigung, durch
die Menschen zum Glauben an Jesus Christus gerufen, in der die 1
Grundlagen für das Leben in der Nachfolge gelegt werden (Hbr 6, 1–2), und einer vertiefenden Unterweisung für Gläubige (Hbr 5, 12–14), die der gesunden Entfaltung des geistlichen Lebens dient. In unserem Vers ist „das Gehörte" die erweckliche Predigt, die die Hebräerchristen zum Glauben an Jesus Christus rief und den Gläubiggewordenen Hilfe für die ersten Schritte im neuen Leben bot. Daran sollen sie festhalten. Das apostolische Wort ist eine Mahnung an Gläubige, die von jeder Generation gehört werden muß: Es gibt Grundwahrheiten der Heiligen Schrift – der Hbr denkt dabei besonders an den Opfertod Jesu zu unserer Erlösung, Heiligung und Vollendung (Hbr 10, 8–18), auf denen unser Glaubensleben ruht, über die wir bei allem Wachstum in der geistlichen Erkenntnis nie hinausgelangen, ohne die wir nicht leben können. Wir sollen auf das Wort Gottes achten, uns täglich Zeit dafür nehmen, es aufmerksam lesen und hören, uns innerlich damit beschäftigen (Apg 17, 11). „Auf das Wort achten" (grie *prosechein*) ist nicht nur der Weg, um zum lebendigen Glauben an Jesus Christus zu kommen (Apg 8, 6. 12), sondern auch die notwendige Voraussetzung, um im Glauben zu bleiben.

Lk 1, 2
1 Ko 11, 23
1 Ko 15, 1–3
Rö 12, 6
Zu Vers 4:
Mk 16, 17. 18. 20
Apg 2, 43
Apg 4, 30
Apg 6, 8
Apg 14, 3
Apg 15, 12
Rö 15, 18. 19
Jo 3, 5
Apg 2, 38
1 Ko 12, 13
1 Ko 12, 4. 11

[82] Der Vf des Hbr kennt den Sprachgebrauch des „Wir" grie *hämeis* in dreifacher Form:
a) Der Apostel gebraucht den „schriftstellerischen Plural", um nicht seine eigene Person in den Vordergrund zu rücken, wenn er seine Leser anspricht: 5, 11; 6, 1. 3. 11.
b) Der Apostel schließt im „Wir" sich und die Leser zusammen: 2, 1. 3. Was er den Gläubigen schreibt, gilt für ihn selbst in gleicher Weise.
c) Es gibt auch das „Wir" im Bekenntnis der gläubigen Gemeinde, mit dem alle wahren Kinder Gottes gemeint sind: 3, 6. 14; 4, 15; 6, 20; 7, 26.
Darüber hinaus kennt das NT auch das „Wir", in dem die ganze Menschheit, Gläubige wie Ungläubige zusammengeschlossen sind: Eph 2, 3 vgl. Rö 3, 23.

Warum haben wir unbedingt daran festzuhalten? Dem Apostel geht es darum, daß wir „das uns gesetzte Ziel nicht verfehlen[83]". Wer nicht im Worte Gottes lebt, begibt sich in Gefahr, vom rechten Weg abzukommen, im geistlichen Leben zu erlahmen und Irrlehren anheimzufallen. Aber noch viel mehr: Das Ziel des Christen besteht nicht nur darin, bekehrt und gerettet zu werden. Jesus hat gesagt: „Ich habe euch erwählt und gesetzt, daß ihr hingeht und Frucht bringt und eure Frucht bleibe!" (Jo 15, 16). Gottes Absicht ist es, die Gläubigen wesensmäßig umzugestalten, uns Jesus ähnlich zu machen (Rö 8, 29); sein Ziel ist es, daß Christus in uns Gestalt gewinnt (Gal 4, 19)! Die Gesinnung Jesu und seine Liebe sollen in unseren alltäglichen mitmenschlichen Beziehungen zutage treten (Phil 2, 5). So soll unser ganzes Leben zu einem Zeugnis des Evangeliums werden, durch das andere Menschen den Weg zu Jesus Christus finden. Paulus richtet seinen ganzen Dienst an den Gemeinden darauf aus, „jeden Menschen vollkommen in Christus darzustellen" (Kol 1, 28 f). Das ist das Ziel, auf das hin der Heilige Geist im Leben der Gläubigen wirkt, und dieses Ziel sollen wir nicht verfehlen. Es gibt im Leben der Christen die verhängnisvolle Möglichkeit, daß wir wohl bekehrt und wiedergeboren sein können und doch Gottes Wort überhören und seinen Willen in unserem Leben nicht verwirklichen. Dann bringt unser Leben keine Frucht für die Ewigkeit, dann wird der Gerichtstag des Herrn offenbaren, daß unser irdisches Leben einem Bau aus Holz, Heu und Stroh gleicht, der im Feuer verbrennt (1 Ko 3, 11—15)[84]; wir haben so das uns gesetzte Ziel verfehlt!

2 Weil der Apostel in der Geschichte Israels bereits die Grundlinien ntst Heilsgeschichte vorgezeichnet sieht, greift er zur Begründung der geistlichen Verantwortung der Gläubigen auf die atst Gottesordnungen zurück. Israel erhielt das Gesetz durch Vermittlung der Engel[85], die Gemeinde hat das Wort der Gnade durch den Sohn empfangen.

[83] Das grie Wort *pararýomai* kommt schon Spr 3, 21 LXX vor und heißt vorbeigleiten, weggerissen werden. Hier ist es bildhafter Ausdruck, der uns an Mt 7, 24—27 erinnert. Das Leben eines Menschen, der Gottes Wort nicht ernst nimmt, gleicht einem Haus, das auf Sand gebaut ist und von den Fluten des Stromes weggerissen wird. In unserem Zusammenhang richtet der Apostel seine Mahnung an die Glieder der Gemeinde. Das scheint der schwere Ernst des Schreibers zu sein: Entweder alles oder nichts!

[84] Karl Heim, Die Gemeinde des Auferstandenen, 1949, S. 47: „Paulus schildert den Fall, daß einer sein ganzes Leben verbrannt sieht, nichts, was er aufgebaut hat, bleibt, alles verbrennt restlos, sein Leben scheint ihm vergeudet und wertlos zu sein. Er flüchtet mit verbrannten Kleidern aus seinem Lebenswerk, er flüchtet in Gottes Schoß. Im Bild ausgedrückt: Während er von Feuerwehrleuten aus dem Stockwerk herausgehoben wird, stürzen die Balken hinter ihm krachend zusammen."

[85] Vgl. W. Stb. Gal S. 76.

Auch hier handelt es sich wieder um eine Erkenntnis, die in dieser Gestalt im AT noch nicht zu finden ist. Erst im spätjüdischen Denken haben sich verschiedene Traditionen herausgebildet, wie man sich wohl die Mitwirkung der Engel bei der Gesetzgebung am Sinai vorzustellen habe[86]. Die Tatsache der Anwesenheit und des Dienstes der himmlischen Wesen bei der Offenbarung Gottes am Sinai erweist sich für den Apostel als eine Erkenntnis, die der göttlichen Offenbarung gemäß ist und die er deshalb unter der Leitung des Heiligen Geistes übernehmen konnte. Im Unterschied zum Spätjudentum entwickelt er hier aber keine ins einzelne gehende Theorien.

Für die Einhaltung seiner Rechtsordnung in Israel hatte Gott sich selbst verbürgt: „Verflucht ist, wer nicht die Worte dieses Gesetzes in Kraft erhält, indem er danach tut" (5 Mo 27, 26; vgl. Gal 3, 10). Wer sich Gottes Wort entzieht, sich gegen Gottes Willen auflehnt, wer vorsätzlich Gottes Ordnung übertritt, den trifft Gottes gerechte Strafe, zu einer Zeit und in einem Maße, die Gottes Urteilsspruch allein vorbehalten sind. Gottes Gericht muß nicht dem Vergehen des Menschen auf dem Fuße folgen, aber es trifft ihn mit Sicherheit (1 Mo 15, 13–16; 44, 16; Jos 7).

Gottes Heiligkeit, die uns im AT entgegenleuchtet, ist im NT nicht 3
vermindert. Im Gegenteil: Der Gerichtsernst des Wortes Gottes ist durch die unbeschreibliche Größe des Heilsangebotes noch vertieft. Gottes Offenbarung will zu allen Zeiten der Heilsgeschichte ernst genommen sein. Aber je größer die Gabe, um so größer auch die Verantwortung: **Wie werden wir entfliehen, wenn wir ein so großes Heil mißachten?** Gott kommt selber in Jesus Christus zu uns (2 Ko 5, 19), er bietet sich selbst an, er schenkt Vergebung, neues Leben und Errettung im Gericht. Das, was dem Glaubenden hier auf Erden schon als unsichtbare geistliche Wirklichkeit zuteil wird, „daß Christus wohne in euren Herzen" (Eph 3, 17), wird in der Vollendung des Heils sichtbar zur Darstellung kommen (vgl. Rö 8, 24). Der Ausdruck „das Heil gering achten" (grie *ameléo*) wird uns Mt 22, 5 näher erläutert. Im Gleichnis von der königlichen Hochzeit schildert Jesus den gleichen Tatbestand, der auch den Apostel bei der Abfassung seines Briefes bewegt: Gott hat alles getan zum Heil der Welt, er sendet nun seine Boten, um verlorene Menschen in die Gottesgemeinschaft, in die ewige Freude der Herrlichkeit Gottes heimzurufen. Aber die Menschen gehen an „solch großem Heil" vorüber. Sie achten die irdischen Güter höher als das Leben mit Gott. Wer jedoch das Angebot der suchenden Liebe Gottes mißachtet, hat hin-

[86] St–B III, 554 ff.

fort keine Möglichkeit mehr, Gottes Gericht zu entfliehen.

Der Apostel spricht von einer bestimmten Weise, wie Gott das Heil in unsere Welt gegeben hat: Das ewige Heil der Menschen ist an das lebendige Wort Gottes gebunden! Jesus Christus, der Sohn Gottes und Herr der Welt, hat das göttliche Heil in seiner Person verkörpert und in seiner Predigt verkündigt. Mit seinem Leiden, Sterben und Auferstehen hat er allen Menschen den Zugang zum Heil eröffnet. Die Apostel, Zeugen des Auferstandenen, bilden das Fundament der Gemeinde (Mt 16, 18; Eph 2, 20) und werden Träger der Heilsbotschaft[87]. Wie das atst Offenbarungswort, das durch die Engel gesprochen wurde, sich als rechtskräftig erwiesen hat, so gilt auch vom ntst Heil, daß es „von den Aposteln für uns rechtskräftig vorgebracht wurde, rechtlich gültig gemacht wurde[88]". Gott selber hat ihr Wort bestätigt.

Aus der Gemeinde heraus ruft der Herr sich nun wiederum Menschen, denen er die zuverlässige Überlieferung seines Wortes anvertraut, deren Verkündigung er mit göttlichen Zeichen bekräftigt. In diesem Sinne sagt J. Schneider (S. 21): „Von den Aposteln ist das Wort des Christus zu der zweiten Generation gekommen, und so geht es durch treue Hände weiter bis an das Ende der Tage. Es ist dem Verfasser des Hbr wichtig, daß es eine Geschichte der Heilsverkündigung gibt. Die von Jesus selber mit der Verkündigung des Evangeliums beauftragten Jünger bürgen für die Treue der Überlieferung."

4 Gott bestätigt sein Wort. Er greift immer wieder in den Gang der

[87] H. Ridderbos, Begründung des Glaubens, Wuppertal 1963, S. 24 f: „Die Apostel nehmen in der Geschichte des göttlichen Heilshandelns eine einmalige, nicht wiederholbare Stellung ein. Vor allem haben sie die Aufgabe, Fundament der Kirche zu sein, weil sie nicht nur Empfänger, sondern auch Träger und Organ der Offenbarung sind, an die Christus für alle Zukunft seine Gemeinde bindet, auf die er sie gründet und baut ... Das Apostelamt ist demzufolge in das Heilshandeln Gottes, das in der ‚Fülle der Zeit' geschieht, aufgenommen, und seine Bedeutung in der Heilsgeschichte besteht, wie Petrus in Apg 10 näher entfaltet, darin, der Welt den Verlauf und die Wahrheit des Heilsgeschehens autoritativ und ausschließlich zu bezeugen und dafür einzutreten ... Die Apostel sind darum mit Vollmacht und Auftrag versehene Repräsentanten Christi, und sie sind dies in ganz einmaligem und ausschließlichem Sinne, nämlich als diejenigen, denen Jesus das Evangelium des Königreiches anvertraut hat. Sie sind Instrumente und Organe Jesu Christi im weiteren Verlauf der Offenbarung. Sie empfangen Anteil an der Sendung des Christus und bilden mit ihm den Felsen, das Fundament, die Säulen der Kirche (Mt 16, 18; Eph 2, 20; Gal 2, 9)."

[88] H. Schlier, Ki–Th W, I, 603, 15 ff — Das grie Wort *bebaiún*, das der Apostel in V. 2 und V. 3 gebraucht, heißt ursprünglich „festmachen, rechtskräftig werden", vgl. 1 Ko 1, 6. Die Rechtsgültigkeit des Wortes Gottes wird im AT und NT durch den Bundesschluß, grie *diathåekä*, bestätigt; vgl. auch Mk 16, 20. Wichtig ist, daß nach 2 Ko 1, 21 f die Bestätigung und Bekräftigung des Wortes Gottes durch die Versiegelung mit dem Heiligen Geist in unseren Herzen erfolgt.

Geschichte ein, er beglaubigt mit machtvollen Taten die Verkündigung des Evangeliums und verbürgt so die Gewißheit des Heils. Die Apostelgeschichte berichtet, wie Jesus Christus den Weg seiner Zeugen begleitet und seine Verheißungen wahrmacht (Mk 16, 17 f 20). Gottes Wirken durch seinen Heiligen Geist nimmt immer in irgendeiner Form sichtbare Gestalt an. **Zeichen und Wunder und machtvolle Taten** (vgl. Apg 14, 3 u. a.) sollen zeigen, daß die Erlösung durch Christus nicht nur Seele und Geist, sondern die ganze irdische Existenz des Menschen und schließlich auch die gesamte Schöpfung umfaßt (Rö 8, 19; Offb 21, 1). Sie dienen niemals dazu, das Sensationsbedürfnis wundersüchtiger Menschen zu befriedigen. Darum stehen Zeichen und Wunder nicht in der freien Verfügung des Menschen, sondern bleiben Gottes Willen und seiner Macht vorbehalten. Auch geschehen sie nicht um ihrer selbst willen, sondern begleiten nur die Verkündigung der Heilsbotschaft, sie empfangen von dorther ihre Sinngebung[89]. Schließlich gibt es eine Grenze, an der die Zweideutigkeit von Zeichen und Wundern deutlich wird, „denn auch antichristliche und dämonische Mächte können solche Zeichen tun, die einem göttlichen Handeln nachgebildet sind[90]".

Unter den **Zuteilungen des Heiligen Geistes** dürfen wir wohl im Zusammenhang unseres Textes Gottes gnädiges Wirken durch seinen Geist innerhalb der ntst Gemeinde in jeder uns im NT berichteten und von Gott gewollten Gestalt verstehen. Gott wirkt durch seinen Geist die Bekehrung des Menschen zu Christus und beschenkt ihn zugleich in der Wiedergeburt mit den Gaben des Heiligen Geistes[91]. Kennt das NT einerseits die Geistausgießung unter wunderbaren Begleiterscheinungen (Apg 2, 1 ff; 10, 44–46), so weiß es doch andererseits auch von einem erneuten Erfülltwerden mit dem Heiligen Geist zum bevollmächtigten Dienst und Zeugnis (Apg 4, 8; 13, 9). Zu den Mitteilungen des Heiligen Geistes haben wir auch die „Gnadengaben des Geistes" (grie *charismata*) zu zählen, die in der Gemeinde in Erscheinung treten. Sicher gibt uns der Apostel Paulus bei der Aufzählung der Geistesgaben (1 Ko 12, 4–11. 28–30) und der charismatischen Dienstämter der Gemeinde (Eph 4, 11) keine vollständige Liste, sondern nennt aus der Vielzahl nur eine Reihe besonders auf-

[89] Vgl. dazu K. H. Rengstorf, Ki–Th W Bd. 7, S. 199 ff, besonders S. 259 f. Zu den Wundern, die in der Apg berichtet werden, schreibt er u. a.: „Der Glaube lebt nicht vom Wunder, sondern vom Wort, dem allerdings das Wunder als Zeichen zu- und untergeordnet ist ... Es gibt in ihr (Apg) keine Schauwunder, sondern nur gehorsames und selbstloses Handeln in der Kraft Jesu um seinetwillen" (S. 238, 30 ff).

[90] O. Michel, S. 66. — Von Zeichen und Wundern, die n i c h t göttlichen Ursprungs sind spricht das NT Mt 7, 22; 24, 24; 2 Th 2, 9; Offb 13, 13 ff; 16, 14; 19, 20.

[91] Vgl. F. Laubach, Bekehrung und Wiedergeburt in biblischer Sicht, Wuppertal 1954, S. 17 f.

fallender Gaben[92]. Wichtig ist uns in diesem Zusammenhang die Übereinstimmung der Aussage von 1 Ko 12, 11 mit Eph 4, 7 und Hbr 2, 4, daß Christus allein Ausmaß und Art der geistlichen Begabung jedes einzelnen Gläubigen bestimmt.

Der ganze Reichtum unserer ewigen Erlösung, der uns in der Person unseres Herrn Jesus Christus gegeben ist und sich im Leben der Gemeinde entfaltet, wird hier mit wenigen Worten angedeutet. War auch das AT schon Offenbarung Gottes, so ist doch in Christus alles Bisherige überboten. Nun liegt es in der Verantwortung der Gläubigen, nicht auf dem Boden atst Gotteserfahrung stehenzubleiben, sondern sich immer neu mit der Fülle göttlicher Gaben beschenken zu lassen.

B. Erniedrigung und Erhöhung des Menschensohnes

Hbr 2, 5–18

Zu Vers 5: Hbr 6, 5; Eph 1, 21; 2 Pt 3, 13; Offb 21, 1
Zu Vers 6: Ps 8, 5–7
Zu Vers 8: 1 Ko 15, 27; Phil 3, 21; Hbr 10, 13; Mt 28, 18; Jo 3, 35; Jo 13, 3
Zu Vers 9: Phil 2, 8. 9; Hbr 3, 3; 5, 4. 5
Zu Vers 10: Rö 11, 36; 1 Ko 8, 6; Kol 1, 16; Offb 4, 11; Rö 8, 29. 30; Phil 3, 21; Kol 3, 3. 4; 1 Jo 3, 2; Apg 3, 15; Apg 5, 31

5 Denn nicht Engeln hat er die zukünftige Welt unterworfen, von
6 der wir reden. * Irgendwo bezeugt aber jemand: „Was ist der
Mensch, daß du seiner gedenkst? Oder der Menschensohn, daß
7 du dich seiner annimmst? * Du hast ihn ein wenig unter die En-
gel erniedrigt; mit Herrlichkeit und Ehre hast du ihn gekrönt;
8 * alles hast du unter seine Füße gelegt." Denn wenn es heißt:
„Alles ist ihm unterworfen", dann ist nichts ausgenommen, was
ihm nicht unterworfen wäre. Jetzt aber sehen wir noch nicht, daß
9 ihm alles unterworfen ist. * Wir sehen aber Jesus, der eine kurze
Zeit unter die Engel erniedrigt war, um des Todesleidens willen
mit Herrlichkeit und Ehre gekrönt, damit er durch Gottes Gnade
10 für jedermann den Tod schmecke. * Denn es ziemte dem, um
dessentwillen alles und durch den alles geschaffen worden ist,
dadurch viele Söhne zur Herrlichkeit zu führen, daß er den Ur-
11 heber ihres Heiles durch Leiden vollendete. * Denn sowohl der,
welcher heiligt, als auch die, die geheiligt werden, stammen alle
von einem ab; aus diesem Grunde schämt er sich nicht, sie Brüder
12 zu nennen, * und spricht: „Ich will deinen Namen meinen Brüdern
13 verkündigen, mitten in der Gemeinde will ich dich loben." * Und
weiter: „Ich will mein Vertrauen auf ihn setzen"; und weiter:
14 „Siehe, ich und die Kinder, die mir Gott gegeben hat." * Da nun
die Kinder an Fleisch und Blut Anteil haben, hat auch er selbst in
völlig gleicher Weise Anteil an ihnen bekommen, damit er durch
den Tod den Machthaber des Todes, das heißt den Teufel, ver-

[92] Vgl. W. Stb. Eph S. 144 und 146 f.

15 nichtete * und die erlöste, die durch Todesfurcht ihr ganzes Leben
16 hindurch versklavt waren. * Denn offensichtlich nimmt er sich
nicht der Engel an, sondern er nimmt sich der Nachkommen Abra-
17 hams an. * Deshalb mußte er in allem den Brüdern gleich werden,
damit er barmherzig und ein treuer Hoherpriester vor Gott wür-
18 de, um die Sünden des Volkes zu sühnen. * Denn worin er selbst
versucht wurde und gelitten hat, kann er denen helfen, die ver-
sucht werden.

Noch einmal greift der Apostel den Vergleich der Größe Jesu mit der Macht der Engel auf. Was mag ihn bewegen, daß er so lange bei diesem Thema verweilt? War es für die Gläubigen denn nicht „selbstverständlich", daß Jesus Christus den Engelmächten überlegen ist? Die Empfänger des Hbr haben offensichtlich das AT gut gekannt. Schätzten sie vielleicht die wunderbaren Offenbarungen durch Engel, die Israel zuteil wurden und die ja auch am Anfang des Weges der ntst Gemeinde standen, zu hoch ein? Gerieten sie etwa in Gefahr, daß ihnen dadurch die einzigartige Offenbarung Gottes in Jesus Christus verdunkelt wurde? Sicher hatte Gott die Engel als seine Boten benutzt (grie *ángelos* = Bote), aber Christus ist ihnen gegenüber der bevollmächtigte „Gesandte" Gottes, im ursprünglichen Sinn des Wortes Gottes „Apostel" (vgl. Hbr 3, 1)!

Wir können auch die Frage stellen: Waren die Christen, an die unser Schreiben gerichtet ist, bereits von den Anfängen der Gnosis beeinflußt? Unter der Einwirkung griechischer Philosophie, orientalischer Mysterienkulte und spätjüdischer Engellehren entstanden schon im ersten Jahrhundert Lehrbildungen, die in den Gestirnen Engel oder Wohnungen von Engeln sahen und diesen Engeln besonderen Einfluß auf das menschliche Geschick zuschrieben und ihnen Verehrung darbrachten. Der Apostel Paulus warnt die Christen in Kolossä vor einer falschen, verhängnisvollen „Verehrung der Engel" (Kol 2, 18)[93]. Vielleicht standen die Empfänger des Hbr in einer ähnlichen Gefahr?

Jedenfalls hebt der Hbr stark hervor: Jesus ist der ewige Sohn Gottes, die Engel dagegen sind geschaffene Wesen der himmlischen Welt. Die Engel sind Mittler des Gesetzes, Jesus der Bringer des Heils. Jetzt haben die Engel eine beschränkte Herrschaft und üben ihren Einfluß auf die gegenwärtige Weltgestalt aus[94]. Am Ende der Zeit aber wird der Sieg Jesu und seine unumschränkte Weltherr-

Hbr 12, 2
5, 8. 9
Zu Vers 11:
Hbr 10, 10
Jo 17, 17. 19
1 Th 4, 3
1 Th 5, 23
Hbr 11, 16
Mk 8, 38
Mt 12, 49. 50
Mk 3, 34. 35
Lk 8, 21
Mt 25, 40
Mt 28, 10
Jo 20, 17
Rö 8, 29
Zu Vers 12:
Ps 22, 23
Jo 17, 6
Zu Vers 13:
Jes 8, 17
2 Sam 22, 3
Mt 27, 43
Ps 22, 9
Jes 8, 18
Zu Vers 14:
Rö 8, 3
Hbr 2, 17
Mt 26, 38
Mk 14, 34
Jo 12, 31
1 Ko 15, 55. 56
2 Tim 1, 10
1 Jo 3, 8
Offb 12, 10
Zu Vers 16:
Jes 41, 8. 9
Rö 4, 16
Gal 3, 7. 9
Zu Vers 17:
Ps 22, 23
Phil 2, 7
Hbr 2, 14
4, 15
5, 1
Lk 6, 36
1 Sam 2, 35

[93] Vgl. W. Stb. Kol S. 221 und 237 f.

[94] Die Worte 5 Mo 32, 8 und Da 10, 13 lassen auf den unsichtbaren Einfluß der Engelmächte auf unsere Welt schließen, während 2 Ko 4, 4; Eph 2, 2; 6, 12 und 1 Jo 5, 19 auf die geistige Einwirkung satanischer Mächte deuten.

Zu Vers 18:
Mt 4, 1–11
Mk 1, 12. 13
Lk 4, 1–13
Mt 26, 41
Mk 14, 38
Lk 22, 40
Mt 27, 39–43
Lk 22, 28
Hbr 4, 16
1 Ko 10, 13

schaft stehen. Die Gemeinde wartet auf die neue Welt[95], deren Kennzeichen die vollendete Gottesgerechtigkeit sein wird. Es ist die neue Weltzeit, die mit der Wiederkunft Jesu hereinbrechen (1 Th 4, 13 ff) und in der Neuschöpfung von Himmel und Erde ihre Vollendung finden wird (Offb 21, 1).

Stand bisher Jesus Christus als der G o t t e s s o h n von Ewigkeit im Mittelpunkt der apostolischen Botschaft, so tritt jetzt Jesus als der M e n s c h e n s o h n in unser Blickfeld. Wieder dient ein atst Zitat als Ausgangspunkt. Es wird bewußt ohne jede nähere Angabe
6 eingeführt. Die Person des atst Zeugen tritt völlig in den Hintergrund gegenüber der Botschaft, die er auszurichten hat. Das Wort Ps 8, 5–7 LXX gewinnt für den Apostel zentrale Bedeutung. Der Mensch, von dem hier gesprochen wird, ist d e r „Menschensohn". Der Apostel findet in diesem Gedanken den Ansatzpunkt für die messianische Auslegung des 8. Psalmes. Den Lesern des Hbr soll erneut der Blick für den prophetischen Reichtum des AT geöffnet werden. Jesus Christus ist der „Menschensohn", von dem bereits in Ps 8 geweissagt wird. Er, der die göttliche Herrlichkeit besitzt, wird wahrhaft „d e r M e n s c h". In ihm, dem zweiten Adam (Rö 5, 14), wird das von Gott gewollte Urbild des Menschen wieder sichtbar.
7 Hier rühren wir an ein unergründbares Geheimnis Gottes: Auf dem Weg der Erniedrigung wird Jesus zum Erlöser und Anfänger einer neuen Menschheit; die tiefste Selbsterniedrigung führt ihn zur Erhöhung und zur Weltherrschaft (vgl. Phil 2, 5–11). Er, der in vollkommener Weise Gottes Ebenbild trägt[96], muß sich für kurze Zeit[97] unter die Engel erniedrigen und Menschen ausgeliefert werden, um
8 dann erneut die göttliche Herrlichkeit zu empfangen. Gott krönt den Weg seines Sohnes dadurch, daß er ihm die Königsherrschaft über das All überträgt: **Alles hast du unter seine Füße gelegt.** Ps 8, 7 und Ps 110, 1 werden hier eng miteinander verbunden (ebenso 1 Ko 15, 25–27; Eph 1, 20–22). Niemand kann sich der Macht und Gewalt des himmlischen Königs entziehen. Christus hat „Macht über alles Fleisch" (Jo 17, 2). Jetzt aber ist seine Weltherrschaft **noch nicht**

[95] Das grie Wort für die „zukünftige Welt" *oikuménä méllusa* Hbr 2, 5 und *aión méllon* Hbr 6, 5 entsprechen einander und zielen auf die sichtbare Vollendung des Himmelreiches (grie *basileia ton uranón* vgl. Mt 13, 11 u. a.).
— Berleburger Bibel, S. 9 „. . . die künftige bewohnte Welt."

[96] Das „In göttlicher Gestalt sein" in Phil 2, 6 grie *en morphäe theú* entspricht dem hebr *demút* „Ähnlichkeit, Abbild, Gestalt" (vgl. Hebräisch. NT, hrsg. David Ginzburg, London o. J.), das im hebr Text 1 Mo 1, 26 steht, „ein Bild, das uns gleich sei". Was im Schöpfungsbericht vom Menschen gesagt wird, gilt in vollkommener Weise von Christus: Er ist das „Ebenbild Gottes", vgl. das grie *eikón tu theú* in 2 Ko 4, 4 mit 1 Mo 1, 26–27 LXX.

[97] „. . . ein wenig unter die Engel erniedrigt", grie *brachý bedeutet* „für kurze Zeit" vgl. Lk 22. 58.

sichtbar. Dieses in die Zukunft weisende „Noch nicht“ hat seine Parallelen Mk 13, 7; 1 Jo 3, 2; Offb 17, 10. 12.

In diesem „Noch nicht“ enthüllt sich die ganze Spannung der Christenheit zwischen Gegenwart und Zukunft. Der Weg der Gemeinde liegt zwischen der bereits geschehenen Erniedrigung und Erhöhung Jesu und dem noch nicht sichtbar offenkundig gewordenen Anbruch seiner Weltherrschaft. Das Leben der Gläubigen mit Christus vollzieht sich für menschliche Augen im Verborgenen, ihre Gemeinschaft mit dem Herrn wird erst bei seiner Wiederkunft vor aller Welt offenbar werden (Kol 3, 1–4). Deshalb muß der Apostel den Gläubigen vor dem Einbruch der Schwierigkeiten, der äußeren Not und Verfolgung und der inneren Anfechtungen einschärfen: Auch Christus ist durch Leiden zur Herrlichkeit gegangen. Für die Gemeinde gibt es in der Nachfolge nur den gleichen Weg. Jetzt ist die Zeit der Erniedrigung, der verborgenen Herrlichkeit Gottes, die sich nur dem Glauben erschließt. Aber das Wort wird Wirklichkeit werden: „Wenn wir ausharren, werden wir mitherrschen“ (2 Tim 2, 12).

Nun spricht es der Apostel noch einmal deutlich aus: **Jesus ist eine** 9
kurze Zeit unter die Engel erniedrigt worden. Unser Herr war während seines irdischen Lebens an Raum und Zeit gebunden. Durch seine Leiblichkeit war er allen Gesetzen des Menschseins unterworfen, er kannte Hunger und Durst, Müdigkeit und Schmerzen, Freude und Trauer. Noch mehr trat seine Erniedrigung darin zutage, daß Menschen ihn verhafteten, mißhandelten und töteten, und daß er in seinen irdischen Gegnern letztlich der Gewalt satanischer Mächte preisgegeben wurde. Jesus konnte sagen: „Dies ist eure Stunde und die Macht der Finsternis“ (Lk 22, 53 vgl. Jo 14, 30; 19, 11). Aber sein Todesleiden wurde die Voraussetzung für die „Krönung mit Herrlichkeit und Ehre“ in der Auferstehung und Himmelfahrt. Jesus Christus ist der Träger der göttlichen Herrlichkeit, trotz seiner Verhüllung und Erniedrigung, gerade auch dann, wenn er sich selbst preisgibt und freiwillig auf die Herrlichkeit verzichtet.

Diesen Weg hat Christus zum Heil der ganzen Welt beschritten: Er hat **für jedermann** den Tod auf sich genommen[98]. Nur weil sein Opfer und Erlösungswerk allen Menschen gilt, kann es auch von jedem einzelnen persönlich in Gewißheit erfaßt werden. Auch das Leiden und Sterben Jesu ist von Gottes Gnadenratschluß umschlossen. Darum sagt der Apostel, daß Christus **durch Gottes Gnade**[99] für alle

Der grie Ausdruck „den Tod schmecken“ begegnet uns auch Mt 16, 28 (par Mk 9, 1; Lk 9, 27) und Jo 8, 52.

Es gibt eine abweichende, aber gleichwertige Lesart, die anstatt des grie *cháriti theú* „durch Gottes Gnade“ das Wort *chorís theú* „ohne Gott“ setzt. Dadurch würde hervorden Tod erlitt. Über seinem Sterben liegt ein tiefes Geheimnis. Als er in letzter Gottverlassenheit stirbt, trifft ihn – den Unschuldigen – das Zorngericht Gottes über alle Sünde und Schuld der Menschen. Aber darin wird die Gnade Gottes offenbar, die sich als schenkende Liebe der schuldbeladenen Menschheit zuwendet.

Wir können die apostolische Aussage auch so verstehen, daß Gottes Gnade den Sohn in das Sterben hineingeleitet. Gott stärkt ihn in Gethsemane durch seinen Engel (Lk 22, 43), und selbst im Sterben am Kreuz hält Christus an der Verbundenheit mit Gott fest. Er betet „Mein Gott . . .“ (Mk 15, 34) und „Vater, in deine Hände befehle ich meinen Geist“ (Lk 23, 46).

10 Vers 10 vertieft in zweifacher Weise die Aussage von Vers 9. Nicht ein unbegreifliches Schicksal waltet über dem Leben Jesu. Sein Weg durch Leiden und Sterben widerspricht nicht der Ehre und Größe Gottes. Im Gegenteil: Nach dem unerforschlichen Ratschluß Gottes hat Jesus völlig freiwillig diesem einzig möglichen Weg zu unserer Erlösung durch seine Menschwerdung zugestimmt (Lk 24, 26; Jo 10, 17. 18). Gerade daran soll uns etwas von der unbegreiflichen Größe Gottes offenbar werden, der Weltschöpfer und Weltziel in einem ist[100] und dessen Heilsplan all unser Denken übersteigt. Hier wird der Plan Gottes ein Stück weit entfaltet: Jesus hat uns durch Tod und Auferstehung den Weg zum neuen Leben gebahnt. Er ist der Urheber und Bahnbrecher unseres Heils geworden[101]. Auf dem Weg durchs Leiden ist er in die Herrlichkeit gegangen. Er hat den eisernen Ring, den die Sünde um unser Leben gelegt hat, gesprengt, so daß wir ihm nach den Weg in die Freiheit gehen können. **Gott hat viele Söhne zur Herrlichkeit zu führen begonnen[102], indem er den Herzog der Seligkeit durch Leiden vollendete.** Schon in den Versen 7 und 9 war von der Herrlichkeit (grie *doxa*) des Menschensohnes die Rede. Der Apostel zeigt nun, wie auf die Verherrlichung des Menschensohnes auch die Verherrlichung der Kinder Gottes der „Söhne“ (Rö 8, 14), folgt. Christus hat auf dem Weg des Gehorsams die Vollendung erlangt (vgl. Hbr 5, 8 f) und zieht nun seine Gemeinde in dieses Geschehen hinein. Die Herrlichkeit des Sohnes

gehoben, daß Christus in der Anfechtung der Gottverlassenheit starb (Mk 15, 34 Gal 3, 13).

100 Der Ausdruck „um dessentwillen alles und durch den alles ist“ ist eine Umschreibun des Gottesnamens wie „Majestät in der Höhe“ Hbr 1, 3.

101 Das grie Wort *archägós* „Urheber, Bahnbrecher“ wird Hbr 12,2 mit „Anfänger“ überset und ist sinnverwandt mit den Begriffen *aítios sotárías aioníu* „Urheber ewigen Heils Hbr 5, 9 und *pródromos* „Vorläufer“ Hbr 6, 20.

102 Die grie Form *agagónta* ist ingressiver Aorist und deutet den Beginn einer Bewegur an. die Gott auch zum Abschluß führen wird.

soll die Herrlichkeit der Menschen werden, dadurch, daß die Gläubigen wesensmäßig völlig dem Christus gleichgestaltet werden (Rö 8, 29–30; Phil 3, 21). Die ungetrübte Gottesebenbildlichkeit, die die Menschen am Anfang der Geschichte im Paradies besessen und durch ihren Ungehorsam verloren haben, wird uns in Christus wiedergeschenkt. Calvin hat treffend gesagt: „Ausnehmender Trost liegt hierin, die Bitterkeit des Kreuzes zu lindern, wenn die Gläubigen hören, daß sie durch Leiden und Widerwärtigkeiten in der Gemeinschaft mit Christus zur Herrlichkeit zubereitet werden; da sehen sie sogar Grund, das Kreuz eher noch liebend zu küssen, als davor zu schaudern. Und dann muß ja die Schande des Kreuzes Christi alsogleich auslöschen und seine Herrlichkeit hervorleuchten. Wer möchte geringschätzen, was geweiht, ja von Gott geheiligt ist? Wer für schimpflich achten das, wodurch wir zur Herrlichkeit bereitet werden? Und dies beides wird hier von Christi Tod bezeugt[103]."

Der Menschensohn und die Gemeinde der Gläubigen gehen ge-
meinsam den Kreuzesweg zur Herrlichkeit; ihre innere Verbunden-
heit unterstreicht der Apostel noch einmal mit dem Satz: **Sowohl** 11
der, welcher heiligt, als auch die, die geheiligt werden, stammen alle
von einem ab. Dieser Satz ist uns nicht ohne weiteres verständlich,
wir müssen ihn näher erläutern.

Das Wort „heiligen" (grie *hagiázein*) finden wir in seiner biblisch-theologischen Bedeutung schon Jer 1, 5 LXX: „Ich kannte dich, ehe ich dich im Mutterleibe bereitete, und sonderte dich aus, ehe du von der Mutter geboren wurdest." Heiligen heißt aussondern: aus irdischen Gegebenheiten und äußeren Lebensumständen herausnehmen und in die Wirklichkeit der Gottesgemeinschaft und des Dienstes für den Herrn hineinstellen. Das tut der auferstandene Herr mit den Gliedern seiner Gemeinde (Jo 17, 6. 17–19). Heiligung und Dienst sind vollkommen miteinander verbunden.

„Der heiligt" (grie *ho hagiázon*) – im AT ausschließlich Umschreibung für das Wesen Gottes[104] – ist hier auf den Herrn Jesus Christus bezogen. Dadurch wird die letzte Willenseinheit und Wesensübereinstimmung zwischen dem allmächtigen Gott, dem Vater, und Christus, dem Sohn, offenbar. Jesus Christus hat durch seine Selbsthingabe im Opfer von Golgatha den Willen Gottes zur Heiligung der Gemeinde verwirklicht (Hbr 10, 10). Heiligung unseres Lebens gibt es nur, weil Christus für uns starb.

„Der heiligt und die geheiligt werden stammen **alle von einem ab**" (grie *ex henós pántes*). Wie sollen wir dies Wort verstehen?

[103] J. Calvin, S. 23.
[104] „Ich bin der Herr, der euch heiligt" 2 Mo 31, 13 vgl. 3 Mo 20, 8; 21, 15; 22, 9. 16. 32, Hes 20. 12; 37. 28.

Könnte mit diesem „Einen", von dem alle – auch Christus – abstammen, Gott gemeint sein? Gott wird im AT als „der Eine" bezeichnet (5 Mo 6, 5). „Was der Heiligende ist und was die Geheiligten werden, das sind und werden sie aus Gott[105]." Aber müßten dann die Engel nicht auch erwähnt werden, weil sie ebenso wie die Menschen Geschöpfe aus Gottes Hand sind? Dagegen betont ja gerade Vers 16: „Offensichtlich nimmt er sich nicht der Engel an"; die Bibel bezeichnet an keiner Stelle Engelwesen als „Geheiligte".

Dann wäre es wahrscheinlicher, daß der Apostel mit „dem Einen" Adam gemeint haben könnte (vgl. Apg 17, 26). Das, was Jesus Christus als den Heiligenden und die Geheiligten miteinander verbindet, ist das Menschsein im vollen Sinne. Jesus und die Menschheit stammen von Adam ab (Lk 3, 23. 38). Jesus wurde nicht auf Grund seiner göttlichen Herkunft unser Bruder – der wesensmäßige Abstand zwischen dem Menschensohn und den Menschen als Geschöpfen Gottes bleibt im NT überall erhalten; Jesus wurde vielmehr durch seine Menschwerdung als Nachkomme Adams der „zweite Adam" (Rö 5, 14; 1 Ko 15, 22. 47) und erhob uns dadurch zu seinen Brüdern. Aber bei diesem Gedanken könnte die Meinung entstehen, daß damit also alle Menschen als Nachkommen Adams zu den „Geheiligten" gehören. Das ist sicher nicht die Überzeugung des Apostels.

Seine Aussage zielt vielmehr auf die „Brüder": **Darum schämt er sich nicht, sie Brüder zu nennen!** So bleibt die dritte Möglichkeit, daß „der Eine" Abraham ist. Denn die „Geheiligten" (grie *hagiazómenoi*) sind zugleich die „Brüder" (grie *adelphoí*), d. h. die Gläubigen, die wahren Glieder der Gemeinde Jesu (vgl. die Gleichsetzung „Brüder" und „Gemeinde" in V. 12). Vers 16 sagt uns, daß Jesus Christus „sich des Samens Abrahams annimmt". Nach Mt 1, 1 ist Jesus selber Nachkomme Abrahams, und die Glieder der Gemeinde sind „Söhne Abrahams" (Gal 3, 7. 9). Dann dürften wir Abraham, den „Vater der Gläubigen" (Rö 4, 16), als den geistlichen Urgrund und das Bindeglied zwischen Christus und seiner Gemeinde betrachten. Er ist „der Eine", von dem der Heiligende und die Geheiligten abstammen.

Gott hat sich zum Glauben Abrahams und der Erzväter bekannt, er hat sich nicht geschämt, der Gott der Väter genannt zu werden (Hbr 11, 16). Ebenso schämt sich Jesus Christus, der Menschensohn, nicht, die Gläubigen seine Brüder zu nennen, weil sie miteinander eines Ursprungs sind. Je klarer wir unsere eigene Unwürdigkeit und Sündenverderbtheit im Lichte des Wortes Gottes erkennen, um so

[105] O. Michel, S. 80.

unbegreiflicher wird uns die Solidaritätserklärung Jesu mit uns, daß er sich nicht schämt, sich an unsere Seite zu stellen. Es ist eine unaussprechliche Würde und zugleich Verantwortung, die Jesus uns mit dem Wort auferlegt „Wer den Willen meines Vaters in den Himmeln tut, der ist mein Bruder, Schwester und Mutter" (Mt 12, 50 par).

Jesu Bekenntnis zu seinen geheiligten Brüdern findet der Apostel 12
bereits im Wort Ps 22, 23 vorgezeichnet: **Ich will deinen Namen meinen Brüdern verkündigen, mitten in der Gemeinde will ich dich loben.** Inmitten der Schar der geheiligten Brüder (vgl. Hbr 2, 11 mit Jo 17, 6) verkündet Christus den „Namen" Gottes, offenbart er Gottes Wesen und läßt seine Gemeinde einen Blick in das Herz seines himmlischen Vaters tun. Auf diese Weise erfüllt Jesus seinen Auftrag, der letzte Bote Gottes zu sein und wird im tiefsten Sinne der „Apostel" Gottes an die Welt[106]. Es gehört zum Geheimnis Christi, daß er nicht nur durch seinen Geist in den Gläubigen wohnt (Eph 3, 17; Kol 1, 27), sondern daß er sich auch mitten in seiner Gemeinde als der lebendige Herr durch sein Wort immer neu bezeugt (Mt 18, 20; 28, 20).

In Vers 12 wird von den „Brüdern" gesprochen, in Vers 13 von 13
den „Kindern". Wir können das atst Wort in Vers 12 als Anrede des Christus an Gott verstehen. In Vers 13 wendet sich der Herr mit seinen Worten an die Menschen. Trotz des tiefen Wesensunterschiedes[107], der zwischen Christus und uns besteht, stellt sich der Herr gemeinsam mit seinen „Brüdern" vor Gott und mit den „Kindern" vor die Welt[108].

Das erste Wort aus dem AT in Vers 13 stammt aus Davids Dankund Siegeslied 2 Sam 22, 3 (par Ps 18, 3); diese Worte finden sich ebenso Jes 8, 17 LXX. Daß dem Apostel in unserem Zusammenhang gerade das atst Wort vom Glauben und rechten Gottvertrauen wichtig erscheint, ist nicht zufällig. Auch Jesus als Mensch war während seiner irdischen Lebenszeit an Glauben und Vertrauen zu seinem himmlischen Vater gebunden. Niemand hat je auf Erden in solcher Weise in unerschütterlichen Vertrauen zu Gott gelebt wie Jesus Christus. Selbst als er am Kreuz hing, haben seine erbittertsten Gegner ihm

[106] Ps 22, 23 LXX steht das grie Zeitwort *dihägáesomai* „ich will erzählen". Der Apostel ersetzt dieses Zeitwort durch die Form *apangeló* „ich will verkündigen". Die Verkündigung (grie *apangelein*) ist in besonderer Weise der Auftrag des Boten (grie *ángelos*).

[107] Gerade an dieser Stelle hebt die Berleburger Bibel (S. 12) den tiefen Unterschied zwischen Christus und den Gläubigen in anschaulicher Weise hervor: „Freilich ist unsere Menschheit und die Gottheit ein ganz ungleiches Paar. Aber eben diese miserable Ungleichheit hat die Barmherzigkeit Gottes erregt, zu unserem Besten ein solches Werk vorzunehmen."

[108] Vgl. O. Michel, S. 81.

das bestätigt: „Er hat Gott vertraut, der helfe ihm nun!" Das Wort Mk 9, 23 „Alle Dinge sind möglich dem, der da glaubt" hat sich in wunderbarer Weise im Leben Jesu bewahrheitet: Durch seine Heilandstat am Kreuz, im gläubigen Gehorsam gegen Gott vollbracht, hat er das getan, was Menschen unmöglich war; er hat sich seine Gemeinde, die Schar der Kinder Gottes, erworben.

Darum schließt der Apostel an das Wort aus Jes 8, 17 auch den Vers Jes 8, 18 an: **Siehe, ich und die Kinder, die mir Gott gegeben hat.** Mit diesem Satz ist dem Apostel das Stichwort gegeben, das seine Gedanken weiterführt.

14 **Da nun die Kinder an Fleisch und Blut Anteil haben, hat auch er selbst in völlig gleicher Weise Anteil an ihnen bekommen, damit er durch den Tod den Machthaber des Todes, das heißt den Teufel, vernichtete.** Christus wurde wirklich Mensch. Das NT betont immer wieder: der Sohn Gottes blieb nicht in der ewigen Herrlichkeit, sondern in geheimnisvoller Weise wurde er völlig eins mit unserer menschlichen Natur. Christus nahm unsere Natur an, damit wir seiner Natur teilhaftig werden sollten (2 Pt 1, 4). Christus macht sich mit uns völlig eins, aber nicht nur, um einzelne Menschen zu erlösen. Der Blick des Apostels reicht weiter. Die Menschwerdung Jesu in unserer Welt, sein Leiden und Sterben bewirken eine ewiggültige Entscheidung gerade auch in der unsichtbaren Welt der himmlischen Mächte und der Dämonen. Jesu Kreuzestod ist der Sieg über den Teufel, den Machthaber des Todes[109]. Dazu kam Jesus in diese Welt, um den Feind Gottes zu besiegen (1 Jo 3, 8)[110].

Das NT sieht den Sieg Jesu über alle gottfeindlichen Mächte bereits in seiner irdischen Wirksamkeit anbrechen (Lk 10, 18; Jo 12, 31; 2 Tim 1, 10). Am Kreuz wird der Sieg vollbracht; Hbr 2, 14 erinnert uns daran, daß Jesu Sterben die Erfüllung der atst Verheißung 1 Mo 3, 15 ist: Er hat der Schlange den Kopf zertreten[111]! Mit de[r]

[109] E. Riggenbach, S. 56: „Dem Teufel kommt Gewalt über den Tod in dem Sinne zu, nich[t] daß er seiner Willkür anheimgegeben wäre, wann und wie er den Tod verhängen wollc[e] wohl aber so, daß er am Tode seinen Machtbereich hat. Weil er der Urheber des Tode[s] ist, so unterstehen die Sterbenden und die Verstorbenen vermöge ihres Sterbens seine[r] Obmacht."

[110] J. A. Bengel, S. 619: „Der Teufel wird vorgestellt als ein böser Herr, dessen Handlanger un[d] Kerkermeister der Tod war, der ihm die Menschen, welche er in ihren Sünden wegraffte in die Hände lieferte. Aber Jesus hat, da er gestorben ist, die Sterbenden zu seinem Eigentum gemacht, Rö 14, 9."

[111] M. Luther, S. 36 ff: „Wie also in dem ‚Urheber der Seligkeit', in dem Allerheiligsten, i[n] unserem Haupte Christus der Tod und alle Werke des Teufels zunichte worden sin[d,] so wird es gleicherweise auch in jedem seiner Glieder geschehen müssen. Denn gleichwi[e] Christus in seiner Person zugleich sterblich und unsterblich war, durch seine Menschhe[it] wohl dem Tode unterworfen, aber da er nicht mit ganzer Person sterben konnte, e[s] geschah, daß der Tod sich vergriff, und der Teufel im Töten unterlag ... so hat es nu[n]

Wiederkunft Jesu und der Auferstehung der Toten wird sein Sieg über den Teufel und den Tod vor aller Welt offenbar werden (1 Ko 15, 26. 54—57). Die Offenbarung schließlich schildert uns die Vernichtung des Teufels und aller gottfeindlichen Mächte als eines der großen endzeitlichen Ereignisse (Offb 12, 7—10; 20, 10. 14. 15), die der Neuschöpfung von Himmel und Erde vorausgehen.

Wie konnte dieser weltumspannende Sieg errungen werden? Nur 15
so, daß der Menschensohn selber durch die Versuchung und Anfechtung der Todesangst hindurchging (Lk 12, 50; Mk 14, 33—34; Jo 12, 27 f; Hbr 5, 7). In der Tiefe der Leiden hat er die Todesfurcht überwunden und in seinem Sterben die Macht des Teufels besiegt. Todesfurcht ist das Kennzeichen unserer natürlichen menschlichen Existenz. A b e r J e s u s h a t d e m T o d e d i e M a c h t g e n o m m e n (2 Tim 1, 10); dadurch werden auch die Glieder der Gemeinde von der Todesfurcht befreit. Sie können nun ohne Furcht dem Ende ihrer irdischen Lebenszeit entgegensehen, weil für sie der Tod der Durchgang zur ewigen Herrlichkeit Gottes wird. Der Autor des Hbr macht hier eine grundlegende Aussage. Er will den Blick der Gläubigen auf eine unwandelbare Tatsache richten, die Gott gesetzt hat und die von unauslotbarer Bedeutung für den Weg jedes Christen in den Tod ist. Damit nimmt der Apostel dem Sterben nicht den Ernst und die Schwere. Er ist sich dessen wohl bewußt, daß auch für den Gläubigen der Zerfall der körperlichen Kräfte, der Weg ins Sterben, zum Gang durchs „finstre Tal" werden und voller Not und Anfechtung sein kann. Aber er weiß zugleich auch: Christus selber geleitet uns an der Schwelle unseres Lebens hinüber in die Ewigkeit.

Mit wenigen Strichen entwirft der Apostel nun ein Bild, das uns 16
die ganze Weite und Tiefe zeigt, in der sich Jesu Opfertod auswirkt. Der Herzton des Evangeliums klingt hier an: Gott hat sich in Christus ganz der Welt zugewandt. Nicht den Engeln, aber uns Menschen kommt das Opfer von Golgatha zugute. Ziel der Sendung Jesu war nicht die Erlösung gefallener Engel, sondern die Überwindung unserer Gottesfeindschaft, Gottes Sieg über die Macht des Teufels und der Sünde. „Same Abrahams" war im AT die Gemeinde des Alten Bundes (Jes 41, 8—9), jetzt ist es die Gemeinde der Gläubigen, die Schar der Kinder Gottes (Gal 3, 7—9)[112]. Gottes Liebe gilt zwar

dem allerfrömmsten Gotte gefallen, auch in uns durch Christum den Tod und die Werke des Teufels zu zerstören ... Christus hat uns vom Teufel erlöst: nicht, daß er nicht mehr sei, sondern daß er nicht mehr gefürchtet werde; so auch vom Tode: nicht, daß der Tod nicht mehr sei, sondern, daß er nicht gefürchtet werde. Vor nichts hat der Christ sich noch weiterhin zu entsetzen, weder in diesem noch im künftigen Leben, daß auch der Tod und alles Unglück für ihn in Heil und Segen gekehret sind."

[112] Vers 16 ergänzt das, was wir zu Vers 11 gesagt haben. Hier wird vom „Samen Abrahams" gesprochen, nicht vom „Samen Adams". Die Schar der geheiligten Brüder, mit der

allen Menschen. Aber Jesus nimmt sich in besonderer Weise der Kinder Gottes an. Seine Hilfe und Fürsorge richtet sich vor allem auf die Gläubigen. Darum bittet Jesus im Hohenpriesterlichen Gebet gerade für seine Gemeinde: „Ich bitte für sie. Nicht für die Welt bitte ich, sondern für die, welche du mir gegeben hast" (Jo 17, 9). Daß Jesus sich unserer annimmt, daß er sich in seiner Liebe um uns kümmert und um uns müht, findet darin seinen deutlichen Ausdruck, daß er unsere Sünden vor Gott sühnt (Vers 17), daß er uns von der Todesfurcht erlöst (Vers 15), daß er uns heiligt (Vers 11) und daß er uns in der Versuchung hilft (Vers 18).

17 In diesem Zusammenhang rührt der Apostel noch einmal an ein Geheimnis Gottes. Er sagt: Durch seine Menschwerdung ging Jesus in unsere irdisch-menschliche Geschichte ein, er nahm teil an Versuchung, Leiden und Sterben. Er m u ß t e in allen Dingen den „Brüdern" gleichwerden. Sein Weg über diese Erde wurde für ihn zu einer Schule der Barmherzigkeit.

Jesus hat von seinem Vater im Himmel als dem „Barmherzigen" gesprochen (Lk 6, 36). Paulus betet zu Gott, dem „Vater der Barmherzigkeit" (2 Ko 1, 3). In Hbr 2, 17 spricht der Apostel von der Barmherzigkeit als einem besonderen Kennzeichen der Wesensart Jesu. Hier tauchen wieder letzte Zusammenhänge zwischen dem Wesen Gottes und dem Wesen Jesu auf. Aber ebenso, wie die Barmherzigkeit ein Kennzeichen des priesterlichen Wirkens Jesu ist, soll die tätige Barmherzigkeit auch Merkmal seiner Gemeinde sein, die zu einem Volk von Priestern berufen ist.

„. . . damit er barmherzig und ein treuer Hoherpriester vor Gott würde!" Im AT war der Hohepriester beides gleichzeitig: Vertreter des Volkes vor Gott und Beauftragter Gottes an das Volk. Schon der Priester Eli empfing von Gott eine Verheißung, die sich in unserem Wort widerspiegelt: „Ich aber will mir einen t r e u e n P r i e s t e r bestellen, der nach meinem Herzen und nach meinem Sinne tut" (1 Sam 2, 35). Diese Verheißung zielt nicht nur auf den Knaben Samuel, den Gott in außerordentlicher Weise herausstellt; Samuel wurde zum Propheten berufen, nicht zum Hohenpriester bestellt. Sie findet ihre endgültige Erfüllung erst in der Person Jesu, in dem „getreuen Hohenpriester". Jesu Leiden und Sterben waren das Sühneopfer des wahren Hohenpriesters. Weil er als der sündlose Gottessohn sich selbst opferte, bleibt sein Opfer von unermeßlichem Wert und ermöglicht zugleich seinen himmlischen Hohenpriesterdienst in alle Ewigkeit. Sein Sterben war ein Sterben **vor Gott**[113], d. h. er ga

sich Jesus Christus eins macht, hat ihre heilsgeschichtlichen Wurzeln in Abraham, nicht in Adam.

113 Der grie Ausdruck *ta pros ton theón* „vor Gott" kann im Sprachgebrauch der LXX un

sein Leben an Gott hin. Durch seinen Tod am Kreuz bezwang Christus den Widersacher Gottes und erwirkte die Versöhnung für alle unsere Sünden. Die Aufgabe des Hohenpriesters im AT war die Sühnung aller Schuld Israels am großen Versöhnungsfest (3 Mo 16, 5–24). Ebenso übt auch Christus im Sterben und im Hingang zum Vater sein hohepriesterliches Amt aus (Hbr 9, 11 ff). Er erfüllt den Dienst des Hohenpriesters, indem sein Tod der radikale Einsatz des Lebens für die Schuld anderer wurde[114].

Am Schluß unseres Kapitels weist der Apostel noch einmal auf 18
die Folgen der Menschwerdung Jesu (vgl. V. 14) hin. Zum vollen Menschsein Jesu gehört auch seine Versuchlichkeit. Was uns die Evangelisten über die Versuchung Jesu in der Wüste (Mt 4, 1–11) berichten, ist kein religiöses Schauspiel, sondern ein Geschehen, in dem bereits alles auf dem Spiel steht. Die Schwere der Versuchung liegt gerade darin, daß der Teufel etwas von Jesus erwartet, was ihm als dem Sohn Gottes zusteht. Er hätte ein Recht dazu gehabt, aus Steinen Brot zu machen, er hätte sich auch von der Zinne des Tempels herabstürzen können, und die Engel wären ihm zu Hilfe gekommen. Aber gerade darin überwindet er die Versuchung, daß er im Gehorsam gegen seinen himmlischen Vater freiwillig auf seine göttliche Macht und Herrlichkeit verzichtet. Lukas schließt seinen Bericht von der Versuchung Jesu in der Wüste mit den Worten: „Nachdem der Teufel alle Versuchung vollendet hatte, stand er von ihm ab bis zu gelegener Zeit" (Lk 4, 13). Der Versucher hat also Jesus nicht in Ruhe gelassen (vgl. Mt 16, 22 f). In Jesu Leiden hat die Versuchung ihren Gipfelpunkt erreicht. Als die Schriftgelehrten

des NT verschiedene Bedeutung haben: Anwalt vor Gott für das Volk (2 Mo 18, 19), widerspenstig sein gegen Gott (5 Mo 31, 27), an Gottes Statt sein (2 Mo 4, 16) und vor Gott, in seiner Gegenwart sein (Rö 15, 17; Hbr 2, 17; 5, 1).

[114] O. Michel, S. 90 f: „Durch Jesus Christus wurde der geschichtliche und theologische Begriff des Hohenpriesters einmalig erfüllt und zu Ende gebracht:

1. Durch die Erfüllung des Willens Gottes (10, 7), durch den Gehorsam (5, 7–8), durch Überwindung der Versuchungen und Leiden (2, 18; 4, 15) ist sein ganzes Leben einschließlich des Todes (*ephápax heautón anenégkas* 7, 27) ein einziges Opfer gewesen. Diese Tatsache allein ermöglicht den Zugang als Hoherpriester und ‚Vorläufer' *pródromos*) ins Allerheiligste (6, 20; 10, 19 20).
2. Durch die Übernahme der gleichen Situation (2, 18; 4, 15) gibt er uns die Bürgschaft, daß er uns in unserer Anfechtung versteht und hört, daß also keine Not ihm fremd ist. So ist das Mitfühlen (*sympathein, metriopathein* 4, 14; 5, 1), das Helfen (2, 18) und das Eintreten (*entygchánein hypér autón* 7, 25) Ausdruck seiner Barmherzigkeit (*hína eleáemon génätai* 2, 17). Diese Barmherzigkeit des Christus ist also eine geschichtlich gewordene, keine ohne Kampf und Gehorsam von Gott mitgegebene: sie trägt die Spuren der irdischen Existenz Jesu an sich. Durch den Gehorsam, der sich im Leiden bewährt (5, 7–8), erweist Jesus, daß er wirklich der getreue, zuverlässige Hohepriester ist, auf den Gottes Wort hingewiesen hat (1 Sam 2, 35), der also im Gebet für uns Gottes Ohr hat."

und Ältesten in den letzten Lebensstunden Jesu zu ihm sagen: „Er steige jetzt vom Kreuz herab, und wir werden an ihn glauben!", da stand noch einmal alles auf dem Spiel. Jesus hätte das Recht und die Macht gehabt, vom Kreuz herabzusteigen, aber er wußte, daß damit nicht der ganze Wille Gottes erfüllt würde, und darum ist er am Kreuz geblieben und hat dieser Versuchung widerstanden (Mt 26, 53 f). Er ist im Leiden und Sterben durch eine Tiefe der Versuchung geschritten, wie sie nie ein Mensch vor oder nach ihm durchlitten hat. Die heilsgeschichtliche Folge dieser Wirklichkeit aber – für die Gemeinde Jesu von entscheidender Bedeutung – ist, daß Jesus den bedrängten und versuchten Gotteskindern in jeder Lage helfen kann. Das „Mitleiden" mit den angefochtenen Gotteskindern (Hbr 4, 15) führt ihn zum Helfen. Der Endsieg Jesu in dieser Welt (2, 5) schließt auch den Sieg Jesu über die Versuchung im Leben der Gläubigen ein.

Zusammenfassung

Mit wenigen Worten, aber in erschütternder Deutlichkeit, stellt uns der Apostel die Größe des Menschensohnes in seiner Erniedrigung und Erhöhung vor Augen:

Jesus hat seine Herrlichkeit, die er beim Vater besaß, freiwillig aufgegeben (Jo 10, 17 f; Phil 2, 6 f) und sich unter die Engel erniedrigt (V. 9).

Er hat nicht die Natur der Engel, sondern die Natur sündiger Menschen, er hat unser Fleisch und Blut angenommen (V. 14).

Er machte uns zu seinen Brüdern (V. 11); er hat sich mit den Sündern auf die gleiche Stufe gestellt (Lk 15, 2).

Er ist in allen Dingen uns gleichgeworden (V. 17): Er wurde versucht (V. 18), er hat gelitten (V. 9. 10. 18), er ist gestorben (V. 9 14).

Im Kreuzestod Jesu hat seine Erniedrigung ihren tiefsten Punkt erreicht.

So unsagbar schwer wie sein Leiden und Sterben, so unaussprechlich groß ist aber auch die Frucht seiner Menschwerdung:

Gott hat seinen Sohn durch Todesleiden vollkommen gemacht (V. 10; 5, 9);

Gott hat Jesus Christus „mit Herrlichkeit und Ehre gekrönt" (V. 9)[115].

[115] E. Sauer, Der Triumph des Gekreuzigten, BSZ 4/5, 1962⁸, S. 14: „Die Herrlichkeit des verklärten Menschen Christus Jesus im Himmel ist gewiß keine geringere als die, welche das ewige ‚Wort' vor seiner Menschwerdung gehabt hat. Sagt er doch selbst: ‚Verherrliche du mich, Vater, bei dir selbst mit der Herrlichkeit, die ich schon bei dir besessen habe, ehe die Welt war' (Jo 17, 5)."

So ist Jesus für uns zum Bahnbrecher des Heils (V. 10), zum treuen Hohenpriester geworden (V. 17), der den Machthaber des Todes, den Teufel, entmächtigt hat (V. 14).

Gott hat seinem Sohn die Weltherrschaft übertragen (V. 8).

Nun ist der erhöhte Menschensohn in der Lage, den Kindern Gottes in jeder nur denkbaren Versuchung seine Hilfe zuteil werden zu lassen (V. 18).

Damit deutet der Apostel den Lesern des Hbr ihre eigene Situation und gibt ihnen die entscheidende Hilfe: Wenn Gott keinen anderen Weg als den des Leidens hatte, um seinen Sohn Jesus Christus vollkommen zu machen, so gibt es auch für die Gemeinde Jesu keinen anderen Weg zum Ziel der Herrlichkeit. Gott führte seinen Sohn durch Leiden, damit er barmherzig und ein treuer Hoherpriester würde. Das gleiche Ziel der Vollkommenheit hat Gott auch mit der Gemeinde im Auge, wenn er Leiden schickt: Wir sollen barmherzige und treue Priester werden!

Auf diesem Weg durch Leiden zur Herrlichkeit sind wir aber nicht allein. Die Bewährung des Glaubens in den Schwierigkeiten unserer irdischen Existenz ruht nicht auf unserer Treue oder unserer menschlichen Kraft und Befähigung. Wir sind nicht auf uns allein gestellt. Vielmehr haben wir in unsichtbarer Weise – und doch ganz real – den Sohn Gottes zur Seite. Er ist nicht der Ferne, sondern der ganz Nahe; bei ihm sind wir geborgen, und inmitten aller Bedrängnis ist er jederzeit in der Lage, uns zu helfen.

4. Die Überlegenheit Jesu über Mose, den Erbauer der Hütte Gottes

Hbr 3, 1–19

A. Die Überlegenheit des Sohnes über den Diener

Hbr 3, 1–6

1 Darum, ihr heiligen Brüder, Teilhaber der himmlischen Beru-
fung, richtet euer Augenmerk fest auf den Apostel und Hohen-
2 priester unseres Bekenntnisses, auf Jesus, * der dem treu war, der
ihn dazu gemacht hat, wie auch Mose in seinem ganzen Hause.
3 * Denn dieser ist in dem Maße größerer Herrlichkeit als Mose
wertgeachtet worden, wie der Erbauer (des Hauses) größere Ehre
hat als das Haus selbst. * Denn jedes Haus wird von jemandem
5 erbaut, der aber alles erbaut hat, ist Gott. * Auch Mose zwar war
als Diener treu in seinem ganzen Haus zum Zeugnis für das, was

Zu Vers 1:
Hbr 9, 15
Phil 3, 14
Hbr 2, 17
4, 14
10, 21. 23

Zu Vers 2:
4 Mo 12, 7
LXX

Zu Vers 3:
Hbr 2, 9; 8, 6
Zu Vers 6:
Hbr 10, 21
Eph 2, 19–22
1 Tim 3, 15
1 Pt 2, 5
Rö 15, 4
Kol 1, 23
Hbr 3, 14
6, 11
10, 23
Mk 13, 13

6 **gesagt werden sollte, * Christus aber als Sohn über seinem Hause. Dessen Haus sind wir, sofern wir die freudige Zuversicht und den Ruhm der Hoffnung bis zum Ende festhalten.**

Der erste Vers unseres Kapitels schließt an Hbr 2, 17 an. Jesus ist der wahre Hohepriester[116], der Vertreter des Gottesvolkes Gott gegenüber und der Beauftragte Gottes seinem Volk gegenüber. Er ist der „eine Mittler zwischen Gott und Menschen" (1 Tim 2, 5). Er kennt unsere Lage, denn er wurde ebenso versucht wie wir (Hbr 2, 18; 4, 15). Weil Jesus Christus barmherzig ist und helfen kann, **darum** kommt alles darauf an, daß die **heiligen Brüder,** die **Teilhaber der**
1 **himmlischen Berufung** die rechte geistliche Blickrichtung behalten.
Jesus ist der Heilige, der die Glieder seiner Gemeinde heiligt. Weil er sich nicht schämt, uns seine Brüder zu nennen (Hbr 2, 11), d a r u m sind auch wir untereinander heilige Brüder. Die Berufung zu dieser heiligen Bruderschaft ist nicht menschlichen Gedanken und Plänen entsprungen: sie ist eine himmlische Berufung, die von Gott durch seinen Sohn an uns ergeht, durch **„den Apostel",** d. h. den unvergleichlichen Gesandten Gottes[117]. Der Urgrund des neuen Lebens und der ewigen Seligkeit liegt nicht in uns, sondern in Gott selbst. Sein Ruf ergeht durch Christus an alle Menschen. Wer dem Ruf Gottes Gehorsam leistet, wird Teilhaber der himmlischen Berufung, er gewinnt Anteil am Reich Gottes, wird Bürger der himmlischen Welt (Phil 3, 20)[118].

Dieser Verwurzelung menschlicher Existenz in der Ewigkeit Gottes entspricht nun aber eine geistliche Lebensrichtung, die dem natürlichen Denken widersprüchlich erscheinen muß. Der Apostel fordert die Gläubigen auf: **Richtet euer Augenmerk fest auf den Apostel und Hohenpriester unseres Bekenntnisses, auf Jesus!** Ist es denn nicht unmöglich, eine Person anschauen zu wollen, die gar nicht s i c h t b a r gegenwärtig ist? Diese berechtigte Fragestellung macht uns sofort deutlich, daß hier nicht an einen Vorgang körperlicher Wahrnehmung, sondern an eine geistliche Erfahrung gedacht ist. Der Apostel meint hier die immer neue bewußte Vergegenwärtigung Gottes in unserem Leben (vgl. ähnlich 2 Tim 2, 8 „Halt im Gedächtnis Jesum Christum").

[116] Das Hohepriestertum Jesu wird im Hbr in seiner Einzigartigkeit ausdrücklich hervorgehoben: 2, 17; 3, 1; 4, 14; 5, 5. 10; 6, 20; 7, 26; 8, 1; 9, 11; 10, 21.

[117] Vgl. F. Rienecker, Über den Begriff „Apostel", W. Stb. Mark. S. 85 f, ebenso Theol. Begriffslexikon zum NT, Wuppertal 1965, S. 31 ff.

[118] „Unser Wandel aber ist im Himmel" Phil 3, 20 LÜ heißt sachlich zutreffender „Das Reich, in dem wir Bürger sind, ist in den Himmeln" ZÜ. Das grie Wort *políteuma*, das Luther mit „Wandel" übersetzt, bedeutet eigentlich „Gemeindewesen, Staatsverband". Vgl. W. Stb. Phil S. 134 f.

Daß er hier wie Hbr 2, 9 und 12, 2 nur den Namen Jesus ohne den Messiastitel Christus nennt, ist offenbar beabsichtigt. Es geht um die Identität des irdischen mit dem erhöhten Herrn. Der himmlische Christus, den sie mit den Augen des Herzens sehen (Eph 1, 18), ist niemand anders als der von den Aposteln verkündigte Jesus von Nazareth. Die Teilhaberschaft an der himmlischen Berufung, nämlich die persönliche Zugehörigkeit der einzelnen Gläubigen zur Gemeinde, legt ebenso wie die Wolke von Zeugen (Hbr 12, 1–2) eine innere Verpflichtung auf, den Glaubensblick auf Jesus gerichtet zu halten, d. h. in der ungebrochenen Lebensgemeinschaft mit ihm zu bleiben.

Vom Leben mit dem Herrn und der Zugehörigkeit zur Gemeinde läßt sich wiederum das Bekenntnis des Glaubens nicht trennen. Dabei geht es dem Apostel nicht um irgendein schriftlich festgelegtes Glaubensbekenntnis einer Gemeinde, sondern um das standhafte Zeugnis vom persönlichen Heil in Christus, das jedes Kind Gottes der Welt schuldig ist, gerade auch angesichts der Bedrohung durch die widergöttlichen Mächte (Rö 10, 10).

Wenn in unserem Vers von Jesus, dem Apostel und Hohenpriester, gesprochen wird, dann bilden hier zwei grundlegende Heilstatsachen den Inhalt des Bekenntnisses: Jesus ist der letzte Sendbote Gottes, der durch sein Opfer die vollkommene Sühnung für alle Schuld der Menschen erwirkt hat.

Dem Herrn Jesus Christus, der ein und alles im christlichen Be- 2
kenntnis und im Leben der Gemeinde ist, stellt der Apostel den Gottesmann Mose gegenüber, der im Denken Israels eine zentrale Stellung einnahm. Was das Erlösungswerk Christi für die ntst Gemeinde bedeutet, war für die Juden der Auszug Israels aus Ägypten unter Mose. Jesus und Mose werden miteinander verglichen, wobei einzelne Stichworte in der Auslegung des atst Textes für den Apostel besonders wichtig sind. **Er war treu dem, der ihn dazu gemacht hat, wie auch Mose in seinem ganzen Hause**[119]. Als Besonderheit wird die Treue hervorgehoben (das grie Wort *pistós* „treu" ist sinnverwandt mit dem Wort *pístis* „Glaube").

Beide, Mose und Jesus, haben ihre Treue und ihren Glauben in der Anfechtung bewährt. Die Worte „der ihn dazu gemacht hat" bedeuten nicht, daß Gott den Herrn Jesus Christus etwa geschaffen habe wie irgendeins seiner himmlischen oder irdischen Geschöpfe, sondern sie zielen entweder auf die Einsetzung Jesu als Apostel und Hoher-

[119] Hbr 3,2 greift zurück auf 4 Mo 12, 7 LXX: *uch hútos ho therápon mu Moysäs: en hólo to oíko mu pistós estin;* „Nicht so mein Diener Mose: In meinem ganzen Hause ist er treu."

priester durch Gott, den Vater, oder auf seine Menschwerdung[120]. Auf jeden Fall hebt unser Wort die bewußte Abhängigkeit von Gott hervor, in der Jesus in seiner menschlichen Existenz gelebt hat. Er selber hat den Juden gesagt: „Der Sohn kann nichts von sich aus tun, er sehe denn den Vater etwas tun; denn was jener tut, das tut ebenso auch der Sohn" (Jo 5, 19; vgl. Jo 17, 8a).

Das Haus, das Mose anvertraut worden war, war das Zelt der Offenbarung, die Stiftshütte. Das grie Wort *kataskeuázein* „bauen, einrichten" in Vers 4 hat seine besondere Bedeutung im Zusammenhang mit der Errichtung der Stiftshütte Hbr 9, 6. Spätjüdische Ausleger haben dieses Wort auf das ganze Volk Israel bezogen, das im AT oft „Haus Israel" genannt wird[121]. Eine letzte sichere Entscheidung hierüber ist nicht möglich. Vielmehr ergänzen beide Auslegungen einander sinnvoll.

3 Jesus und Mose werden im Blick auf ihre „Herrlichkeit" und „Ehre" miteinander verglichen. Jesus verhält sich zu Mose wie der Erbauer eines Hauses zum Haus selbst. Er besitzt größere Herrlichkeit als Mose, wie auch der Dienst des Neuen Bundes den Dienst des Alten Bundes an Herrlichkeit weit überragt (2 Ko 3, 7–11). Den gleichen Tatbestand hebt auch Jo 1, 17 hervor: „Das Gesetz ist durch Mose gegeben, die Gnade und die Wahrheit durch Christus geworden." Daraus erkennen wir, daß bei aller Übereinstimmung zwischen Mose und Jesus doch nicht nur ein gradueller, sondern ein qualitativer Unterschied vorhanden ist! – Jesus Christus wird in unserem Vers auch als „der Erbauer" bezeichnet. Das führt uns zum nächsten Gedanken.

4 **Der aber alles erbaut hat, ist Gott.** Manche Ausleger sehen darin einen Hinweis, daß Jesu Ursprung in Gott selbst liege, der der Schöpfer des Alls ist. Fassen wir aber die Verse 3 und 4 genauer ins Auge so sehen wir, daß Mose und die Stiftshütte bzw. Israel miteinander einem Bau verglichen werden, dem Christus als der Baumeister gegenübersteht. Jesus ist es, der das „Haus herrichtet", sowohl im AT wie im NT[122]. Er steht hinter den Aufträgen der Propheten (vgl

[120] Der grie Ausdruck *to poiáesanti autón* findet sich auch Jes 17, 7 LXX vgl. W–B 1958[5] Sp. 1350.
Hbr 3, 2 entspricht 5, 5; das würde nahelegen, an die Einsetzung Jesu zum Apostel und Hohenpriester zu denken; vgl. Apg 2, 36. Auch im Blick auf die Berufung Moses und Aarons spricht das AT von einem „Schaffen" Gottes 1 Sam 12, 6. 8.

[121] J. Brown, S. 162: „Der Ausdruck ‚das Haus zu bauen' ist gleichbedeutend damit, der Gründer einer Familie zu sein, vgl. 2 Mo 1, 21; Rth 4, 11; 2 Sam 7, 11." Er versteht mit Haus die „Familie Gottes". Die Berleburger Bibel (S. 16) stellt die „Haushaltung Moses der „Haushaltung des NT" gegenüber. L. Präger, S. 27: „Mose war betraut mit der Leitung des Hauswesens Gottes."

[122] J. A. Bengel, S. 632: „Das heißt: der Alles bereitet, von dem muß gesagt werden, der ist Gott. Nun aber hat Christus Alles bereitet; also ist Christus – Gott."

1 Pt 1, 11) und Engel ebenso, wie er sich im Leben seiner Gemeinde offenbart[123].

Der Vergleich zwischen Jesus und Mose wird weitergeführt. Noch 5
einmal wird das hervorgehoben, was beiden gemeinsam ist: Beide empfangen von Gott das Zeugnis, treu zu sein. Dann aber folgt die Betonung des Gegensätzlichen: Mose ist nur der Diener, er waltet in seinem ganzen Haus, das ihm von Gott anvertraut worden ist[124]. Aber Jesus Christus ist weit erhabener als Mose. Er ist nicht Diener, sondern Sohn; er ist nicht zur Verwaltung im Haus, sondern als Herr über sein Haus eingesetzt[125] und zugleich dessen Erbauer; sein „Haus" ist seine Gemeinde. Bei dieser Feststellung schließt sich der Apostel mit allen Gläubigen zusammen: **Sein Haus sind wir[126]!**

Die Zugehörigkeit zum Hause Gottes ist aber an eine Bedingung 6
geknüpft. Die geistlichen Gaben und Kräfte des Herrn sollen sich in der Gemeinde entfalten und in der frohen Glaubensgewißheit und der Hoffnung, der man sich zuversichtlich hingibt, ihren Ausdruck finden. Sein Haus sind wir, **sofern wir die freudige Zuversicht und den Ruhm der Hoffnung bis zum Ende festhalten.** Der Apostel trifft am Ende seines Gedankens zwei wichtige Feststellungen. Es gibt bestimmte geistliche Lebensäußerungen, die im Leben eines Christen nie fehlen und nie preisgegeben werden dürfen, die „beiden unzertrennlichen Begleiter des Glaubens" (Calvin). Dazu gehören die freudige Zuversicht, d. h. die Heilsgewißheit (grie *parräsía*)[127] und

123 E. Riggenbach, S. 71: „Die Gemeinde Gottes, die zur Zeit des Alten Bundes in der Gestalt des israelitischen Volkes vorhanden war, ist ebenso Christi Werk wie die ntst Gemeinde, weshalb auch schon Moses die Schmach Christi getragen hat, vgl. 11, 26."

124 Die Worte „zum Zeugnis für das, was geredet werden sollte", beziehen sich sowohl auf das, was dem Volk Israel durch Mose selber verheißen wurde (vgl. 5 Mo 18, 15. 18), als auch auf die Verkündigung Jesu und der Apostel. Der treue Dienst des Mose ist Zeugnis und Unterpfand dafür, daß Gott seine Zusagen erfüllen wird.

125 Diese Gegenüberstellung und Überlegenheit kommt betont in den grie Formen *en hólo to oíko* (Vers 5) „in seinem ganzen Haus" und *epí ton oíkon autú* (Vers 6) „über sein Haus" zum Ausdruck.

126 Mehrfach wird die Gemeinde im NT mit einem Bauwerk verglichen, so mit einem Tempel (grie *naós*) 1 Ko 3, 16; 6, 19; 2 Ko 6, 26; Eph 2, 21; mit einem Haus (grie *oíkos*) 1 Tim 3, 15; Hbr 3, 6; 10, 21; 1 Pt 2, 5; 4, 17; mit einem Gebäude, das im Aufbau befindlich ist *(grie oikodomáe)* Eph 2, 21.

127 *parräsía* „freudige Zuversicht, Gewißheit, Freudigkeit" wird uns als Gabe des Heiligen Geistes zuteil zum Zeugnis (Apg 4, 29. 31), zum Gebet (1 Jo 5, 14; Hbr 4, 16; 10, 19) und zur Begegnung mit Christus im Gericht bei seiner Wiederkunft (1 Jo 4, 17). Das Ausmaß und die Auswirkungen der Gewißheit in unserem Leben sind abhängig davon, wie weit unser persönliches Leben in der Gemeinschaft mit Christus und seinem Wort verwurzelt ist (1 Jo 2, 28).

O. Michel, S. 100: „Der Begriff entwickelt verschiedene theologische Seiten: 1. er bezeichnet die Überwindung der Scheu, die Bereitschaft, für eine Sache in der Öffentlichkeit die lebendige Hoffnung, die die endgültige Erfüllung aller Verheißungen Gottes mit Sicherheit erwartet. An diesen grundlegenden Bestandteilen echten Glaubenslebens gilt es festzuhalten – „bis zum Ende"! Der Apostel weiß, wie sehr der Weg der Nachfolge durch gottfeindliche Mächte gefährdet ist. Darum kann er nicht von der alles überragenden Größe Jesu Christi sprechen, ohne zugleich der Gemeinde den Ernst ihrer Verantwortung zu zeigen: „Nicht der Anfang, nur das Ende krönt des Christen Glaubensstreit" (Benjamin Schmolck).

Zusammenfassung

Wir überblicken noch einmal den kurzen Abschnitt Hbr 3, 1–6. Der Verfasser hat Jesus und Mose einander gegenübergestellt. Was beiden gemeinsam ist, wurde deutlich ausgesprochen: Beide sind von Gott in ihr hohes Amt eingesetzt, beide bewahren in ihrer irdischen Wirksamkeit ihre Abhängigkeit von Gott, beide erhalten das Zeugnis unwandelbarer Treue. Auf beider Weg ruht Gottes Herrlichkeit (grie *doxa* vgl. V. 3). Beide – Mose und Jesus – besitzen ein Volk. Für beide „Völker", in beiden „Häusern" gelten die gleichen Gesetze geistlichen Lebens: Es ist derselbe Heilige Geist, der im AT und NT zu den Menschen spricht.

Aber gerade im Gegenüber des atst Gottesmannes und Bundesmittlers erstrahlt um so stärker die Überlegenheit und Größe des Gottessohnes. Jesus Christus ist nicht ein „zweiter Mose", er ist mehr! Mose war ein Diener im Hause Gottes, Jesus aber als Sohn über das Haus gesetzt. Mose hat ein irdisches Heiligtum aufgerichtet, Jesus aber ist Herr über das Haus Gottes aus lebendigen Steinen (1 Pt 2, 5), über seine Gemeinde, den Organismus des Leibes, eine himmlische Körperschaft. Wohl besitzen beide ein Volk; aber Mose ist es nur anvertraut worden, Jesus jedoch hat sein ntst Gottesvolk durch sein Blut als Eigentum erworben (Apg 20, 28).

Das ist aber nun der Zielgedanke, auf den hin der Apostel seine Meditation angelegt hat: Jesus Christus – und zwar er ganz allein – ist Grund und Inhalt unserer Heilsgewißheit und unserer Hoffnung. In ihm besitzen wir das völlige Heil, ohne ihn, außerhalb seiner Gemeinschaft, haben wir nichts. Hat uns Gott durch seinen Geist einmal den Blick für die Wirklichkeit des auferstandenen Herrn erschlos-

einzutreten; 2. ein festes Vertrauen Gott gegenüber, die Freudigkeit und den Freimut die aus der Vergebung und der Heilsgewißheit stammen."
Die *parrăsia* ist hier die Gewißheit des ewigen Heils, das durch Gottes eigenes Handeln verbürgt und verwirklicht worden ist.

sen, *dann müssen wir aber auch unentwegt daran festhalten*. Im ganzen NT wird nirgends stärker als im Hbr mit solcher Eindringlichkeit auf die Tatsache hingewiesen, daß Beständigkeit im Christenleben der Beweis für die Echtheit des Glaubens ist. Mag auch das Gottesvolk des Alten Bundes unter Mose versagt haben, das Bleiben in der Heilsgewißheit und der Hoffnung, das Bleiben in Christus ist für uns möglich – eben *weil Jesus erhabener ist als Mose*. Diese trostvolle Verheißung beherrscht unausgesprochen die Ausführungen des Apostels im nächsten Abschnitt, wir werden in der Zusammenfassung von Hbr 3, 7–19 noch einmal davon sprechen müssen.

B. Die Wüstenwanderung Israels als warnendes Beispiel für die Gemeinde

Hbr 3, 7–19

7 Deshalb (gilt es so), **wie der Heilige Geist spricht: „Heute, wenn**
8 ihr seine Stimme hört, * verhärtet eure Herzen nicht wie bei der
9 Verbitterung am Tage der Versuchung in der Wüste, * wo eure
Väter mich versuchten und erprobten und meine Werke sahen
10 * vierzig Jahre lang. Deshalb zürnte ich diesem Geschlecht und
sprach: „Immer irren sie im Herzen." Sie aber erkannten meine
11 Wege nicht, * so daß ich in meinem Zorn schwur: „Sie sollen nicht
12 in meine Ruhe eingehen." * Seht darauf, Brüder, daß nicht bei
einem von euch ein böses, ungläubiges Herz entstehe, das sich
13 von dem lebendigen Gott abwendet; * sondern ermahnt euch
selbst jeden Tag, solange noch das „Heute" gilt, damit nicht je-
14 mand von euch durch Betrug der Sünde verhärtet werde. * Denn
wir sind Teilhaber des Christus geworden, sofern wir die ur-
15 sprüngliche Standhaftigkeit bis zum Ende fest bewahren. * Wenn
es heißt: „Heute, wenn ihr seine Stimme hört, verhärtet eure
Herzen nicht wie bei der Verbitterung am Tage der Versuchung
16 in der Wüste." * Denn welche hörten es und wurden verbittert?
Waren es nicht alle, die unter Mose aus Ägypten ausgezogen
17 waren? * Wem aber zürnte er vierzig Jahre lang? Nicht denen,
18 die sündigten, deren Leiber in der Wüste zerfielen? * Wem aber
schwur er, daß sie nicht in seine Ruhe eingehen sollten, als nur
19 den Ungehorsamen? * Und wir sehen, daß sie nicht hineinkom-
men konnten um des Unglaubens willen.

Zu Vers 7:
Ps 95, 7–11
Hbr 4, 7
Zu Vers 8:
2 Mo 15, 23 f
2 Mo 17, 1–7
4 Mo 20, 2–5
5 Mo 6, 16
Zu Vers 9:
4 Mo 14, 22
Zu Vers 11:
4 Mo 14, 21–23
Ps 106, 26
Zu Vers 12:
2 Chro 29, 6
Jer 16, 12
Jer 17, 5–6
Jer 18, 12
Hbr 12, 15
2 Th 2, 3
Zu Vers 13:
1 Th 5, 11
1 Mo 3, 13
Mk 4, 19
Rö 7, 11
2 Ko 11, 3
2 Th 2, 10
Zu Vers 14:
Rö 11, 22
Hbr 3, 6

Hat der Apostel im vorigen Abschnitt Mose und Jesus einander gegenübergestellt, so setzt er jetzt diesen Gedanken fort, indem er

Zu Vers 15:
Ps 95, 8
Hbr 3, 7–8
Zu Vers 16:
2 Mo 17, 1–7
4 Mo 14, 1–3
Zu Vers 17:
4 Mo 14, 29
1 Ko 10, 5. 10
Zu Vers 18:
4 Mo 14, 22b
Hbr 3, 11
Zu Vers 19:
Hbr 4, 6

den bedeutsamsten Abschnitt aus dem Leben des Mose, die Zeit der Wüstenwanderung, den Gläubigen vor Augen führt und Israel und die Gemeinde einander gegenüberstellt. Die Überlegenheit Jesu über Mose begründet die erhöhte Verantwortung der Gemeinde (vgl. Hbr 2, 1–4). Die Ermahnung des Apostels zielt darauf, daß die Gläubigen bewußt an der Gemeinschaft mit Christus festhalten, bis sie das Ziel der ewigen Herrlichkeit erreicht haben. Er weiß, daß der Weg der glaubenden und hoffenden Gemeinde hier auf Erden allezeit gefährdet ist. Die geistlichen Gefahren, die der Gemeinde drohen, sieht er bereits in der Geschichte Israels vorgebildet.

Deshalb – so setzt der Autor mit seiner Ermahnung ein und greift
auf ein Wort aus dem AT zurück; er führt das Zitat aus Ps 95, 7–11
7–11 als Reden des Heiligen Geistes ein (ebenso ist das Wort des Prophe-
ten Jeremia Jer 31, 33 Zeugnis des Heiligen Geistes vgl. Hbr 10, 15).
Ohne den Vorgang der Inspiration im AT aufzuhellen oder zu erklären, setzt der Apostel ihn doch als selbstverständlich voraus. **Heute, wenn ihr seine Stimme hört, verhärtet eure Herzen nicht.** In dieser Warnung an Israel haben schon die jüdischen Schriftausleger ein Geheimnis erkannt und es auf die Zeit des Messias gedeutet: Wenn ganz Israel seinen Ungehorsam gegen Gott und die Verstocktheit seines Herzens aufgeben und Gottes Gesetz vollkommen erfüllen wird, so wird der Messias, der Sohn Davids kommen. Ps 95 blickt zurück auf die Zeit der Wüstenwanderung. Gottes Wege mit Israel liefen anders, als die Menschen es erwarteten. Gott ersparte seinem Volk die Prüfungen und Belastungsproben nicht. Hunger und Durst, feindliche Heere und übermenschliche Gefahren wurden dem Volk Gottes zur Versuchung. „Du sollst gedenken des ganzen Weges, den dich der Herr, dein Gott, nun vierzig Jahre lang geführt hat in der Wüste, um dich zu demütigen und zu e r p r o b e n, auf daß er erkenne, wie du gesinnt seist" (5 Mo 8, 2). Diese Stelle macht deutlich, daß schon das AT – und nicht erst der Apostel auf Grund nt-licher Erkenntnis – rückblickend die Wüstenwanderung als eine Zeit der göttlichen Anfechtung sieht, in der die Möglichkeit zur Bewährung gegeben war. Die Israeliten bestanden die Probe nicht. Die Frage, die die Israeliten in der Versuchung stellten, lautete: „Ist der Herr in unserer Mitte oder nicht?" (2 Mo 17, 7). In der Verbitterung über das, was Gott ihnen zumutete, verhärteten sie sich, d. h. sie wiesen Gottes Wort von sich. Dieses Geschehen wird für den Apostel zu einer dringenden Warnung an die Gemeinde: Wenn Gott uns schwere, dunkle Wege gehen läßt, die wir nicht begreifen, dann ist das kein Grund, an Gottes Führung und an seiner Gegenwart zu zweifeln.

Sie sahen meine Werke . . ., aber sie erkannten meine Wege nicht.

Ps 95 wird durch ein Wort aus 4 Mo 14, 22 gestützt. Israel hat die herrlichen Taten Gottes seit dem Auszug aus Ägypten immer wieder mit eigenen Augen gesehen. Aber die Israeliten haben keinen Blick für Gottes gnädiges Walten über seinem Volk gehabt, sie haben seine Wege nicht erkannt; das Erlebte wurde nicht zum inneren geistlichen Besitz, der ihre Gemeinschaft mit Gott hätte festigen können. Sie haben Gottes Herrlichkeit mit ihren Augen gesehen und doch nicht erkannt[128]. Deshalb wurde Gott zornig über Israel. Wenn Gott schwört (vgl. Hbr 6, 13; 7, 21), dann verbürgt er sich mit seiner heiligen Person für das gegebene Wort. Gott macht sich selbst zum Unterpfand dafür, daß sein Wort unverbrüchliche Wahrheit ist und in Erfüllung gehen wird[129]. Hier wird Gottes Gerichtsandrohung durch den Schwur Gottes bekräftigt[130]. Die Wüstengeneration soll die „Ruhe", das verheißene Land, nicht erreichen.

Das Wort **Ruhe** (grie *katápausis*) finden wir in der LXX schon 1 Mo 2, 2—3. „Gott ruhte von allen seinen Werken." Die „Ruhe" ist im tiefsten Sinne Ausdruck der unbeschreiblichen Herrlichkeit Gottes und seiner ewigen Herrschaft, die in der kommenden Weltzeit offenbar werden soll[131]. Die verheißene Ruhe im Lande Kanaan ist nur Abbild der ewigen Ruhe Gottes und wird zum Hinweis auf die Herrlichkeit in der Vollendung. Das Wort aus Ps 95 jedoch warnt vor der Möglichkeit, daß Menschen, denen die Ruhe Gottes verheißen ist, um ihres Ungehorsams willen im Gericht Gottes umkommen können.

An das warnende Wort des AT schließt der Apostel seine eigene 12
Mahnung an. Die Glieder der Gemeinde werden zur Wachsamkeit und zur Verantwortung füreinander aufgerufen. **Seht darauf, Brüder, daß nicht bei einem von euch ein böses, ungläubiges Herz entstehe, das sich von dem lebendigen Gott abwendet.** Also auch die Gläubigen des Neuen Bundes ebenso wie die Gläubigen des Alten Bundes können in die Gefahr und Versuchung geraten, dem lebendigen Gott den Rücken zu kehren (vgl. 2 Chro 29, 6 mit Hbr 10, 25). Ihre letzte Wurzel hat die Abkehr des Menschen von Gott in seinem „bösen Herzen", dessen wesentliches Kennzeichen nicht moralische oder sittliche

[128] Vgl. Jes 6, 9—10; Mt 13, 14—15; Apg 28, 26—27; Rö 11, 8.

[129] Ebenso gebraucht Jesus die atst Schwurformel, wenn er sagt: „Wahrlich, ich sage euch!" grie *„amáen, légo hymín"* vgl. Mk 8, 13.

[130] Vgl. Jer 22, 5; 49, 13; 51, 14; Am 6, 7.

[131] Im Spätjudentum wird die „Ruhe" Umschreibung für die verheißene Vollendung, den ewigen Sabbat: „Das ist der Tag, der ganz Sabbat ist, an dem es kein Essen und Trinken gibt, kein Kaufen und kein Verkaufen; sondern die Gerechten werden dasitzen mit Kronen auf ihren Häuptern und sich laben an dem Glanz der Schechina" (Gnadengegenwart Gottes); vgl. O Michel, S. 102.

Schwäche ist, sondern der Unglaube. Schon Jeremia hat diesen Wesenszug des menschlichen Herzens gebrandmarkt: „Ihr folgt ja ein jeder der Verstocktheit seines bösen Herzens und hört nicht auf mich!" (Jer 16, 12). Unglaube, Ungehorsam, d. h. nicht hören und gehorchen wollen, und Verstocktheit sind Merkmale des „bösen Herzens", aus denen das „böse Gewissen" (Hbr 10, 22) folgt, sind die Kennzeichen des von Gott gelösten Menschen.

Unglaube und Ungehorsam lauern als Gefahr auch auf der Schwelle zum Herzen des Gläubigen. Mit jedem „Nein", das wir dem Wort Gottes entgegensetzen — ganz gleich, wo und wie es uns erreicht, wird unser Herz um einen Grad härter und unempfänglicher für die
13 Wirkungen des Heiligen Geistes. Darum ist die geistliche Fürsorge unter den Gliedern der ntst Gemeinde dringend geboten: Zu dem täglichen Umgang mit dem Wort Gottes in der Heiligen Schrift (Apg 17, 11) und der täglichen Gemeinschaft mit Gotteskindern (Apg 2, 46) gehört auch die tägliche Ermahnung und der ermunternde Zuspruch (vgl. 1 Th 5, 11)[132], weil der Gnadenzeit von Gott eine bestimmte Grenze gesetzt ist, „solange noch das Heute gilt". Wer diese Zeit nicht zu seinem ewigen Heil ausnützt, fällt dem Betrug der Sünde zum Opfer, er verliert die innere Widerstandskraft gegen die Sünde. **Damit nicht jemand durch Betrug der Sünde verhärtet werde** — das ist die apostolische Warnung vor der unausweichlichen Folge geistlicher Unachtsamkeit! Die Sünde betrügt, sie hält nicht, was sie verspricht. Schon die ersten Menschen mußten mit erschreckender Deutlichkeit erkennen, daß sie einem Betrug Satans zum Opfer gefallen waren, als sie Gottes Gebot übertraten. Sie hatten sich von Gottes Ordnung gelöst, aber anstatt der erwarteten Herrlichkeit fielen sie in die Sklaverei der Sünde. Das bekennt Eva mit den Worten: „Die Schlange betrog mich, und ich aß!" Der Gemeinde droht die gleiche Gefahr (2 Ko 11, 3), wenn die geistliche Wachsamkeit nachläßt.

14 Was in Vers 6 bereits anklang, vertieft der Apostel in Vers 14. Die Größe der Gabe Gottes und die Größe der Verantwortung der Gläubigen stehen in unauflösbarem Zusammenhang. Die **Teilhaber des Christus** sind die Menschen, die zum „Hause des Christus" gehören, die „lebendigen Steine" (1 Pt 2, 5), die Glieder der Gemeinde. Sie sind Brüder Christi (Hbr 2, 11), haben Genossenschaft, Bruderschaft

[132] F. F. Bruce, S. 67: „Die Ermunterung zu gegenseitiger Ermutigung war einsichtig: In der Absonderung von seinen Glaubensgenossen war jeder einzelne unter ihnen stärker in Gefahr, den schleichenden Versuchungen zu erliegen, die ihn von so manchen Seiten bedrängten. Aber wenn sie regelmäßig zu gegenseitiger Aufmunterung zusammenkämen, würde ihr geistliches Leben frisch erhalten bleiben, und ihre gemeinsame Hoffnung wäre nicht mehr in Gefahr, wie ein flackerndes Licht zu erlöschen."

mit ihm und haben Anteil an Wesen, Weg und Herrlichkeit ihres Herrn. So spricht der Apostel sie auch Hbr 3, 1 als „heilige Brüder" an, er erkennt sie als wahre Kinder Gottes an, die in der Wiedergeburt das ewige Leben empfangen haben. Aber sie sind noch nicht am Ziel, nicht am Ziel ihres Erdenlebens und auch noch nicht am Ziel ihres Glaubens. Eben darum gilt es, am Glauben bis zum Ende festzuhalten. Im grie Text fällt der wörtliche Gleichklang mit Vers 6 auf. Hier spricht der Verfasser mit besonderem Nachdruck. Der Glaube schafft sich bestimmte Ausdrucksweisen, die im Leben der Gläubigen nie fehlen dürfen: Glaubensfreudigkeit und frohe Hoffnung (vgl. Rö 5, 2), ebenso die Standhaftigkeit, d. h. das unerschrockene, beharrliche Einstehen für den Glauben. Diese geistliche Haltung, die den Anfang ihres Glaubensweges prägte, darf auf keinen Fall preisgegeben werden.

Noch einmal führt uns der Apostel auf den Anfang seines Psalm- 15
zitates zurück, um an dem grie Zeitwort „hören" anzuknüpfen und
von den drei Worten aus Ps 95, 7–11 „hören – zornig werden –
schwören" die ganze Wüstenwanderung Israels vor unseren Augen
erstehen zu lassen. Alle Israeliten hatten die Wunder Gottes gesehen 16
und seine Verheißung durch Mose empfangen. Aber alle hatten teil
an der Erbitterung, alle machten sich des Abfalls schuldig. Das wan- 17
dernde Gottesvolk mußte immer wieder die harte Wahrheit erfah-
ren: „Gottes Zorn vom Himmel wird offenbart über alles gottlose
Wesen" (Rö 1, 18). Wer dem „Betrug der Sünde" erlag, kam in der
Wüste um. Schließlich kam es zu jenem Gerichtsschwur Gottes, der 18
das murrende Volk Gottes traf. Gott hatte seinem Volk den Besitz
des Landes Kanaan versprochen. Die Kundschafter kehrten zurück,
aber zehn von ihnen machten dem Volk das Herz schwer. Weil Israel
Gott den Glauben und Gehorsam verweigerte, erlebten sie die Er-
füllung der Verheißung nicht. Mit einem einzigen Satz weist der
Apostel auf den atst Tatbestand hin, der auch für die ntst Gemeinde
von Bedeutung ist: Am Sinai mußte Mose auf Gottes Befehl alle
Israeliten vom 20. Lebensjahr an zählen (4 Mo 1, 1 ff). Die Zahl der
Männer, ohne die Leviten, betrug 603 550 (4 Mo 1, 46). Diese Män-
ner traf der Fluch Gottes (4 Mo 14, 29–30), außer Josua und Kaleb.
Vierzig Jahre mußten sie in der Wüste umherziehen (4 Mo 14,
33–34). Nach Ablauf dieser Zeit, als Israel an der Grenze Kanaans,
am Jordan gegenüber Jericho lag, mußte Mose das Volk erneut zäh-
len (4 Mo 26, 1 –2. 63). Dort wurde gewissermaßen der Schlußstrich
unter ein erschütterndes Kapitel Gottesgeschichte gezogen, und der
Bericht schließt mit den Worten: „Darunter war keiner von denen,
die von Mose und Aaron, dem Priester, gemustert worden waren, als
diese die Israeliten in der Wüste am Sinai musterten; denn der Herr

hatte ihnen gesagt, sie müßten in der Wüste sterben, und es war
19 keiner von ihnen übriggeblieben" (4 Mo 26, 64—65). Im Rückblick auf dies erschütternde Geschehen im Volk Israel schärft der Apostel seinen Lesern noch einmal neu ein: Die Verweigerung des Glaubens — des Gehorsams gegen Gottes Wort — ist Aufruhr gegen die höchste Majestät, in dem der Mensch umkommt.

Die Anwendung muß für die Empfänger verständlich genug gewesen sein. Auch sie hatten die erlösende Kraft Gottes erfahren. Sie hatten ein himmlisches Ziel, um sich darauf zu freuen. Aber der Unglaube konnte es verhindern, die göttliche Verheißung Wirklichkeit werden zu lassen, gerade wie er es verhindert hatte, daß die Israeliten, die aus Ägypten ausgezogen waren, nach Kanaan gelangten.

Zusammenfassung

Das NT spricht in mannigfacher Weise die Tatsache aus, daß die atst Offenbarung in Israel über sich hinaus in die Zeit der ntst Gemeinde weist. So ist das Gesetz, und zwar besonders das priesterlich-kultische Gesetz im AT Schatten (grie *skiá*) der ntst Heilsordnung (Kol 2, 17). Aufbau, Gliederung und Ordnungen der Stiftshütte sind Schatten und Abbild bzw. Beispiel (grie *hypódeigma*) himmlischer Urordnungen, die in den geistlichen Lebensordnungen der Gemeinde Jesu verwirklicht werden sollen (Hbr 8, 5; 9, 1—9. 23; 10, 1). Schließlich sind die geschichtlichen Ereignisse während der Wüstenwanderung Spuren und Vorbilder (grie *týpos*) des geschichtlichen Weges der Gemeinde bis zur Wiederkunft des Herrn (1 Ko 10, 6. 11).

So wird auch das Erlösungswerk Christi im NT immer wieder unter dem Blickpunkt eines neuen „Auszugs" gesehen. Der Tod des Herrn wird als „Auszug" bezeichnet (Lk 9, 31)[133], Jesus selber ist das wahre Passah (1 Ko 5, 7), das untadelige und unbefleckte Lamm[134]. Die Gläubigen sind wie Israel nach dem Auszug die „Gemeinde in der Wüste[135]", ihre Taufe entspricht dem Durchzug Israels durchs Rote Meer, die Mahlfeier der gläubigen Gemeinde am Tisch des Herrn hat ihr Urbild in der Speisung Israels mit Manna und Wasser aus dem Felsen; Christus, der lebendige Felsen, ist ihr Führer durch

[133] Lk 9, 30 f lesen wir: „Und siehe, zwei Männer redeten mit ihm — es waren Mose und Elia — die erschienen in Lichtglanz und redeten von seinem Lebensausgang, den er in Jerusalem vollenden sollte" ZÜ. Das grie Wort für „Lebensausgang", mit dem auf den Tod Jesu hingewiesen wird, heißt *éxodos* und ist in der biblischen Sprache fester Begriff für den Auszug Israels aus Ägypten; vgl. auch die Bezeichnung für 2 Mo als „Exodus".

[134] Vgl. 2 Mo 12, 5 mit 1 Pt 1, 19.

[135] Vgl. Apg 7, 38 mit 1 Pt 1, 1 und 2, 11.

die Wüste (1 Ko 10, 1—4)[136]. In einigen Handschriften des NT lesen wir sogar im Judasbrief V. 5: „Ich will euch aber, obgleich ihr dies alles wißt, daran erinnern, daß Jesus, nachdem er das Volk aus dem Land Ägypten einmal errettet hatte, das zweitemal die, welche nicht glaubten, hat umkommen lassen[137]." Diese typologische Auslegung ist dem Autor und den Lesern des Hbr vertraut gewesen. So zeigt der Apostel in Hbr 3, wie sich in der Wüstenwanderung Israels unter Mose mit ihren Segnungen und Gefahren bereits der Weg der ntst Gemeinde abzeichnet[138].

Ps 95, 7—11 weist zurück auf 4 Mo 14, 26—44. Es geht um einen Ausschnitt aus der Geschichte Israels, den Zug des Volkes Gottes durch die Wüste von Ägypten, dem Land der Knechtschaft, nach Kanaan, dem Land der Verheißung. Auf der Wüstenwanderung sollte das Volk demütige Abhängigkeit von Gott lernen (5 Mo 8, 2—3). Gott sorgte für alles, aber er ersparte seinem Volk auf diesem Erziehungsweg nicht die Schwierigkeiten und Überraschungen. An drei Klippen scheiterte das Volk:

Als die Israeliten kein Wasser hatten, stieg die Erbitterung (Hbr 3, 16) in ihren Herzen empor (2 Mo 15, 24; 17, 3. 7; 4 Mo 20, 2). Die Unzufriedenheit mit den äußeren Umständen des Lebens führte sie in die Verstockung, verschloß ihnen Ohren und Herzen für Gottes Wort und Weg. Weil ihnen Gottes Wege unverständlich blieben, lehnten sie sich gegen seine Führung auf.

Immer wieder fielen die Israeliten unterwegs in Sünde (Hbr 3, 17): Fremde Frauen verleiteten sie zur Anbetung fremder Götter (4 Mo 25, 1—2; 1 Ko 10, 8). Sie waren unzufrieden mit den Gaben Gottes, durch die er sie auf dem Weg stärkte. Sie wollten wieder zurück zu den „Fleischtöpfen Ägyptens". An ihrer Begierde (4 Mo 11, 4—7. 31—34; 1 Ko 10, 6) gingen sie zu Tausenden zugrunde.

In der Empörung gegen Gott und seinen Diener Mose (4 Mo 13—14

136 K. Heim, Die Gemeinde des Auferstandenen, 1949, S. 131 f: „Die alte Gottesgemeinde, die durch die Wüste ging, das sind die Väter der neuen Gottesgemeinde. Es handelt sich nicht um eine Vaterschaft im leiblich-völkischen Sinn, sondern um eine Vaterschaft in der Heilsgeschichte. Was der alten Gottesgemeinde geschah, ist darum der typische Ansatz, das Beispiel für das, was der neuen Gottesgemeinde geschieht."
„Wir haben eine volle Analogie zwischen dem zweiten Auszug, den Christus führt, und dem ersten Auszug, den Moses führte. Nur ist der Unterschied der, daß dem Tierpassah beim ersten Auszug beim zweiten Auszug das Passah in der Person des historischen Jesus entspricht. Der Weg für den neuen Zug ins neue Zeitalter, den Einzug in das neue Land, ist bereitet."

137 F. F. Bruce, S. 63, Anm. 46: „Die Belege der alten Texte unterstützen überzeugend die Auffassung, daß die ursprüngliche Leseart an dieser Stelle ‚Jesus' war (so Alexandrinus, Vaticanus und die lateinischen und koptischen Übersetzungen)."

138 Vgl. a. a. O. S. 62 f, ebenfalls Sidney G. Sowers „Old Testament Types of Christ", in The Hermeneutics of Philo and Hebrews, Zürich 1965, S. 115 ff.

und 16) steigerte sich der Unglaube und Ungehorsam (Hbr 3, 18 f) der Israeliten zum Höhepunkt. Da traf sie Gottes Zorn vernichtend. Die Wüstengeneration kam unterwegs um, auch Aaron mußte sterben (4 Mo 20, 23 ff), und selbst Mose durfte nur das verheißene Land schauen, aber seinen Fuß nicht über die Grenze setzen (5 Mo 34). Nur zwei Männer aus der ersten Generation erreichten das Ziel: Josua und Kaleb. Die Menschen, die ursprünglich die Verheißung empfangen hatten, kamen auf dem Zug durch die Wüste ums Leben. Tatsächlich führte Josua das Volk über den Jordan in das verheißene Land. Gottes Plan erfüllte sich, aber mit anderen Menschen, als zunächst vorgesehen war – weil die erste Generation versagt hatte. Gott kommt zum Ziel, auch ohne, ja sogar gegen die Menschen, die ursprünglich Träger der Verheißung waren.

Mit erschütternder Deutlichkeit stellt der Apostel diese Tatsachen vor uns hin, weil er weiß, daß der Weg der Gemeinde Jesu zu allen Zeiten von den gleichen Gefahren bedroht ist. Dabei will er aber gerade den Gläubigen, die erneuter äußerer Bedrängnis und Verfolgung entgegensehen müssen, bewußt machen, daß die entscheidenden Gefahren für das Glaubensleben nicht von außen, sondern von innen her, aus unseren eigenen Herzen kommen. Darum ist tägliche Ermahnung nötig (Hbr 3, 13; 1 Ko 10, 11)!

Aber über diesem Abschnitt Hbr 3, 7–19, der uns das düstere Bild des Unglaubens, des Abfalls vom lebendigen Gott, vor Augen führt, leuchtet die Erkenntnis von Hbr 3, 1–6 auf: Jesus ist größer als Mose! Mose konnte das Volk Israel nicht vor dem Abfall bewahren; Jesus aber kann seine Gemeinde, kann uns bis ans Ziel der Herrlichkeit bringen. Er kann uns völlig erretten; niemand vermag uns seiner Hand zu entreißen (Hbr 7, 25; Jo 10, 28). Er schafft in jeder Veruchung, durch die wir hindurchgehen, auch die Möglichkeit, sie zu bestehen (1 Ko 10, 13); darum gilt uns in der Anfechtung das Trostwort des Apostels Paulus: „Der Herr ist treu, der wird euch stärken und bewahren vor dem Argen" (2 Th 3, 3)[139].

[139] In diesem Zusammenhang verweisen wir auf Literatur, in der besonders anschaulic wichtige Begebenheiten des AT in ihrer Bedeutung für die ntst Gemeinde beschriebe werden: John Bunyan: Pilgerreise zur seligen Ewigkeit, Lahr 1957^{5}. Wilh. Busch: Spure zum Kreuz, Gladbeck 1959^{3}. H. F. Kohlbrügge: Die Sprache Kanaans, Berlin 193 G. D. Krummacher: Wanderungen Israels durch die Wüste nach Kanaan, Moers 188 Wilh. Vischer: Das Christuszeugnis des Alten Testamentes, München 1935^{2}.

5. Die Überlegenheit Jesu über Josua, den Führer Israels nach Kanaan

Hbr 4, 1–13

A. Aufforderung zum gläubigen Hören auf die Verheißungen Gottes

Hbr 4, 1–2

1 **Laßt uns nun fürchten, – weil die Verheißung, einzugehen in**
seine Ruhe, noch aussteht – daß nicht jemand von euch als zurück-
2 **geblieben erscheine. * Denn auch wir haben die frohe Botschaft**
empfangen, ebenso wie jene; aber das gehörte Wort nützte jenen
nichts, weil es sich bei den Hörern nicht mit dem Glauben ver-
band.

Zu Vers 1: Ps 95, 11; Mt 7, 21–23; 1 Ko 10, 12; Phil 2, 12; Hbr 12, 15
Zu Vers 2: 4 Mo 13, 31–32; 4 Mo 14, 11; Apg 2, 41; Eph 1, 13

Der apostolische Schreiber knüpft an den warnenden Beispielen des voraufgegangenen Kapitels an und läßt seinen Gedankengang in eine persönliche Ermahnung für die Gemeinde ausmünden. Bild und Vergleich mit der Wüstenwanderung werden wie in Hbr 3, 7–19 festgehalten und vertieft: jetzt faßt der Apostel das Geschehen
unter Josua schärfer ins Auge. **„Laßt uns nun fürchten . . ."** so be- 1
ginnt er seine Mahnung und erinnert uns daran, daß es auch im Leben der Kinder Gottes noch „Furcht und Zittern" (Phil 2, 12) gibt. Nicht nur die Ehrfurcht, eine heilige Scheu, soll unseren Umgang mit Gott bestimmen; es muß auch im Leben der Christen eine heilige Furcht um das eigene Heil geben (vgl. 1 Pt 1, 17)[140]. Niemals dürfen wir das Geschenk der Errettung leichtfertig aufs Spiel setzen[141]. Es geht nicht um „eine äußere Form von Frömmigkeit" (2 Tim 3, 5), in der wir mit dem Herzen fern von Gott leben. Dann mögen wir zwar von anderen Menschen als Christen angesehen, aber im letzten Gericht **„von Gott als zurückgeblieben erfunden werden".** Die Verheißung, an der ewigen Herrlichkeit Gottes teilzuhaben, steht ja noch unerfüllt vor uns. Wir sind noch nicht am Ziel.

Der Apostel greift hier schon einen Gedanken auf, den er in Vers 8 noch deutlicher ausspricht: Israel hat die Erfüllung der Verheißung nicht empfangen. Josua ist es nicht gelungen, das Volk in die letzte Ruhe einzuführen. Die Verheißung steht noch aus. Wo in besonderen Stunden der Heilsgeschichte Männer Gottes bekannten, daß Gott dem Volk Israel „Ruhe" gegeben habe (Josua, Salomo u. a.)[142], da handelt

[140] J. Calvin, S. 40: „Die Furcht wird uns empfohlen, nicht daß sie die Gewißheit des Heils raube, sondern daß sie die Unruhe uns verleihe, die vor dem Schlaf der Sicherheit bewahrt."

[141] Sirach 3, 24 „Wer die Gefahren liebt, kommt darin um". MÜ

[142] Vgl. Jos 1, 15; 21, 43–45; 22, 4; 23, 1; 1 Kö 8, 56; 2 Chro 14, 6–7; 15, 15; 20, 30.

es sich doch immer nur um eine *vorläufige Erfüllung*, die
2 über sich hinaus auf die Endvollendung der Gemeinde weist. Das ist die grundlegende Erkenntnis, von der aus der Apostel das AT auslegt. Die Verheißung der wahren Gottesruhe gilt der ganzen Gemeinde Jesu Christi zu allen Zeiten bis zur Wiederkunft des Herrn! *Sie gilt auch unserer gegenwärtigen Generation!* Sie wird uns im Wort Gottes angeboten – schon im Wort des AT – und soll nach Gottes Willen zur Vollendung kommen. Aber wir können durch Unglauben und Ungehorsam ihre Erfüllung versäumen. „Wer die Verheißung wegwirft, der beraubt sich selbst der Hilfe[143]." **Denn auch wir haben die frohe Botschaft empfangen, ebenso wie jene.** Immer wieder hebt der Apostel die Parallelität im Geschehen an atst und ntst Gottesvolk hervor. Gottes Handeln mit Israel ist vorbildlich für die Gemeinde. Israel empfing die Verheißung, „in die Ruhe einzugehen" (5 Mo 12, 9–10)[144]. Ihr entspricht im NT die Verheißung, „in das Reich Gottes einzugehen" (Mt 5, 20; 7, 21; Jo 3, 5). Aber das **gehörte Wort nützte jenen nichts, weil es sich bei den Hörern nicht mit dem Glauben verband.** Gottes Verheißungen gleichen einem Scheck, den wir einlösen dürfen. Das kann aber nur im Glauben geschehen. Es geht nicht nur darum, daß wir Gottes Wort hören, sondern es auch im Glauben aufnehmen, daß wir es uns aneignen, damit es zum Bestandteil unseres innersten Seins wird. Daß Gottes Wort sich bei uns mit dem Glauben verbindet, daß es bei uns Glauben weckt und unser Glaube unbeirrbar an seinem Wort festhält, das ist die einzige Voraussetzung dafür, daß Gottes Verheißungen im Leben seiner Gemeinde Wirklichkeit werden. Ist diese Voraussetzung erfüllt, dann kann Gottes Wort seine rettende Kraft in unserem Leben entfalten.

B. Die Verheißung der Gottesruhe für die Gemeinde

Hbr 4, 3–11

Zu Vers 3:
Ps 95, 11
Hbr 3, 11
1 Mo 2, 1
Zu Vers 4:
1 Mo 2, 2
Zu Vers 5:
Ps 95, 11

3 **Denn wir, die wir gläubig geworden sind, gehen in die Ruhe**
ein, wie er gesagt hat: „. . . daß ich in meinem Zorn schwur: Sie
sollen nicht in meine Ruhe eingehen"; und doch waren die Werke
4 **seit der Grundlegung der Welt geschaffen. * Denn irgendwo hat**
er über den siebten (Tag) **so gesprochen: „Und Gott ruhte am**
5 **siebten Tage von allen seinen Werken." * Und an dieser** (Stelle

[143] Berleburger Bibel, S. 19.

[144] J. A. Bengel, S. 628: „. . . es betraf nämlich die Verheißung des Landes Kanaan; perspektivisch aber sieht man hindurch auf das Evangelium vom ewigen Leben."

6 **wieder: „Sie sollen nicht in meine Ruhe eingehen." * Da nun be-**
stehen bleibt, daß einige in sie eingehen werden, und die, denen
die frohe Botschaft zuerst verkündigt wurde, nicht hineinkamen
7 **um des Ungehorsams willen, * bestimmt er wieder einen Tag, ein**
Heute, in dem er nach so langer Zeit durch David spricht, wie es
vorhin gesagt worden ist: „Heute, wenn ihr seine Stimme hört,
8 **verstockt eure Herzen nicht." * Denn wenn Josua sie zur Ruhe**
gebracht hätte, würde er nicht von einem anderen Tag danach
9 **reden. * Also steht noch eine Sabbatruhe für das Volk Gottes**
10 **aus. * Denn wer in seine Ruhe eingegangen ist, ruht auch selbst**
11 **von seinen Werken, geradeso wie Gott von seinen. * Laßt uns**
nun eifrig sein, in jene Ruhe einzugehen, damit nicht jemand
durch das gleiche Beispiel des Ungehorsams zu Fall komme.

Zu Vers 6: Hbr 4, 3. 11 · 4 Mo 14, 29. 30 · 4 Mo 26, 63–65 · Hbr 3, 19
Zu Vers 7: Ps 95, 7. 8 · Hbr 3, 7. 13. 15
Zu Vers 8: 5 Mo 31, 7 · Jos 22, 4 · Ri 2, 1–4
Zu Vers 9: Mt 11, 28
Zu Vers 10: 1 Mo 2, 2 · Offb 14, 13
Zu Vers 11: Hbr 3, 19 · 6, 6

Alles das, was der Apostel bisher nur indirekt, verhüllt gesagt
hat, spricht er nun unmittelbar aus: Die Verheißung der Gottesruhe
gilt der Gemeinde. **Wir, die wir gläubig geworden sind, gehen in**
die Ruhe ein, wie er gesagt hat . . . Zum echten Glauben gehört die
Gewißheit im Blick auf Weg und Ziel, die sich auf das Wort Gottes
gründet. „Gott hat geredet" – das ist der Grund allen Glaubens.
Der Apostel verweist seine Leser wieder auf das schriftlich festge- 3
legte Wort der LXX. Während er aber das Wort von der „Ruhe" aus
dem Davids-Psalm[145] überdenkt, das auf die kommende Zeit des
Messias, auf das „Heute" der Heilszeit hindeutet, taucht vor seinem
geistigen Auge jene ursprüngliche Gottesruhe auf, von der uns schon
bei der Vollendung der Schöpfung berichtet wird. Die „Ruhe", für
den am AT orientierten Apostel Umschreibung der unwandelbaren
Herrlichkeit und Majestät Gottes, ist ja nicht erst eine kommende
Wirklichkeit, sondern sie ist vorhanden seit jener Zeit, als bei der
Grundlegung der Welt Gottes Schöpfungswerk fertig war (2 Mo 31,
17). Damals fand Gottes schöpferisches Handeln im Kosmos seinen 4
Abschluß, aber sein schöpferisches Handeln zum Heil der Mensch-
heit ging weiter. Dieses Heil Gottes, das in der Teilhaberschaft der 5
Menschen an der Herrlichkeit Gottes besteht (vgl. Hbr 2, 9–10),
wird in den Worten von Ps 95 aufs neue verheißen[146]. Wenn Gott 6
aber den Menschen eine Verheißung gibt, dann will er sie auch ein-

[145] Die Erkenntnis, daß Ps 95 ein Wort Davids ist, wird uns erst im NT Hbr 4, 7 vermittelt, vgl. auch Ps 2 mit Apg 4, 25.

[146] Ed. Karl August Riehm, Der Lehrbegriff des Hebräerbriefes, Basel 1867, S. 801: „Obschon also die schon längst vorhandene Gottesruhe das Ziel und Ende der Schöpfertätigkeit Gottes war, so ist sie doch nicht das letzte Ziel, welches Gott sich vorgesetzt hat. Vielmehr geht aus der Vergleichung des über die Israeliten zu Moses Zeiten ergangenen eidlichen Gotteswortes mit dem Bericht über die Ruhe Gottes am siebenten Tage klar

lösen. Die Wüstengeneration hat die Verheißung – die „Ruhe" im Lande Kanaan als Abbild der ewigen „Ruhe" Gottes – nicht erlangt. Der Ungehorsam (grie *apeítheia*) der Menschen jedoch kann Gottes Plan und Verheißung nicht aufheben. Wohl kann sich im AT wie im NT der Mensch selbst von der Verheißung und dem Heil Gottes ausschließen. Aber dann ruft Gott eben andere Menschen herzu, mit
7 denen er seinen Heilsratschluß zum Ziel führt: **Einige werden in die Ruhe eingehen!** Deshalb bestätigt Gott noch einmal ausdrücklich seine ursprünglich gegebene Verheißung. Durch David läßt er auf die „Ruhe Gottes" hinweisen, die in der Heilszeit des „göttlichen Heute" den Menschen zuteil werden soll. Nach dem „Tag der Versuchung" (Ps 95, 7; Hbr 3, 8) setzt Gott seinen neuen „Tag" fest[147]. Dieser neue „Tag" ist die Heilszeit der Gemeinde (2 Ko 6, 2), ist das endzeitliche Geschehen, das David vorausgeschaut und das mit Christus begonnen hat[148].

8 **Denn wenn Josua [149] sie zur Ruhe gebracht hätte, würde er nicht von einem anderen Tag danach reden.** Noch ein letztes Mal setzt der Apostel die Verheißung der „Ruhe" an Israel (5 Mo 12, 9–10; Jos 1, 15) in Beziehung zu der erneuten Verheißung der Gottesruhe, die er in Ps 95 angekündigt findet. Und beim Nachsinnen über das atst Schriftwort enthüllt sich ihm ein zweifacher Schriftsinn. Die „Ruhe", die Israel zugesagt war, bestand in dem Besitz des Landes Kanaan und gleichzeitig in dem Friedenszustand, der dem Volke Gottes dort verheißen war. Auch wenn Israel durch eigene Schuld, durch Unachtsamkeit und Ungehorsam (Jos 9; Ri 2), nicht den wahren dauernden Frieden erlebte, so weiß der Apostel doch, daß Gott bei der Landnahme in Kanaan seine Verheißung an Israel erfüllte. Israel ist Zeuge dafür, daß Gott sein Wort in einer Kette von geschichtlichen Ereignissen eingelöst hat. Aber die irdische Erfüllung einer Verheißung an Israel ist nie das Letzte, setzt damit Gottes Handeln keine Grenze, sondern ist nur Vorletztes und weist über sich hinaus[150]: in der Gemeinde – auf ihrem irdischen Weg und in ihrer Vollendung in der Herrlichkeit werden Gottes Verheißungen eine noch

hervor, daß nach den Gnadenabsichten Gottes aus der Ruhe, welche er seit Grundlegung der Welt für sich allein genießt, schließlich eine Gottesruhe werden soll, welche er in Gemeinschaft mit seinem Volke genießt."

[147] Vgl. auch die göttliche Festsetzung des „Tages des Gerichts" Apg 17, 31.

[148] Vgl. Erich Sauer, Gott, Menschheit und Ewigkeit, 1955², S. 77 ff: Die „Tage" Gottes.

[149] Im grie Text steht hier der Name „Jesus". Das ist die grie Übersetzung des Namen „Josua". Schon frühere Schriftausleger haben auf die bedeutungsvolle Parallelität der Namen hingewiesen.

[150] O. Michel, S. 64 f: „Die eschatologische Vollendung zieht die Verheißung Gottes an sich und macht die geschichtliche Erfüllung eines Gotteswortes zu einem vorläufigen und auf die Endzeit hinweisenden Geschehnis." Vgl. auch L. Bender, S. 78 f.

umfassendere Erfüllung finden. Der Apostel erwähnt hier nicht,
daß auch das Volk Israel nach seiner endzeitlichen Umkehr zu Gott
an der Vollerfüllung der Verheißungen Gottes teilhaben wird (Rö 11,
26). Israel bleibt trotz seines Ungehorsams auch in der Zeit der
Gemeinde Gottes Volk, denn „Gott kann seine Gnadenverheißungen
und seine Berufung nicht bereuen" (Rö 11, 29)[151]. Darum fährt er
fort: **Also steht noch eine Sabbatruhe für das Volk Gottes aus.** Nicht 9
allein die Gemeinde, auch Israel wartet noch auf den großen Sabbat.

Auf Grund der Erkenntnis, die dem Apostel durch den Heiligen
Geist zuteilgeworden ist, erschließt sich ihm hier ein vertieftes Ver-
ständnis der atst Verheißung, wie es allein auf dem Boden des AT
noch gar nicht möglich gewesen ist: Ruhe ist nicht nur das Aufhören
aller feindlichen Anfechtung, sondern auch die Vollendung jedes
irdischen Werkes[152]. Diese wahre Gottesruhe in der ewigen Herr-
lichkeit nennt er grie *sabbatismós*. Es ist ein unmittelbarer Anklang
an das jüdische Wort Sabbat, hebr šābāt „ruhen", 1 Mo 2, 2—3. So
knüpft das apostolische Wort von der Gottesruhe für die Gemeinde
an der Ruhe Gottes nach Vollendung der Schöpfung wieder an. **Denn** 10
wer in seine (d. h. Gottes) **Ruhe eingegangen ist, ruht auch selbst**
von seinen Werken, geradeso wie Gott von seinen. Gottes Ruhe ist
also beispielhaft für unsere Ruhe. Die Verheißung, „einzugehen in
Gottes Ruhe", ist nicht nur zukünftiges und jenseitiges Hoffnungs-
gut der Gemeinde, sondern die Verheißung gilt auch für die Heils-
zeit der Gemeinde, ihre Erfüllung vollzieht sich anbruchhaft schon
in dieser Welt und Zeit. Die Gemeinde Jesu empfängt jetzt bereits
auf ihrem Weg mitten in aller Anfechtung einen Vorgeschmack der
göttlichen Ruhe[153]. Der Glaubende ist mit Christus gestorben und
auferstanden und liefert sich immer wieder neu in vollem Gehorsam
an Christus aus. Er handelt als Glaubender, aber doch so, daß in
Wirklichkeit Christus durch den Heiligen Geist sein
Leben in ihm vollzieht! „Nicht mehr ich lebe, sondern
Christus lebt in mir" (Gal 2, 20). Das ist das Ende des eigenen Wir-
kens. Dazu sagt die Berleburger Bibel (S. 20): „Wir, die glauben,
gehen in die Ruhe ein, nicht in die Faulheit des Fleisches, sondern in
die Kraft des neuen Lebens, das sich Gott stille ergibt und ihn in sich
herrschen und wirken läßt." Und was Gott in seinen Kindern hier
auf Erden beginnt, vollendet er im Leben des einzelnen beim Heim-

[151] Vgl. F. Laubach, Art. „Bekehrung, Buße, Reue" in Theol. Begriffslexikon zum NT, 1965, S. 72.

[152] Vgl. O. Michel, S. 112.

[153] So ist ebenfalls die Gabe des Heiligen Geistes ein „Angeld" des Erbes (wörtl. „Anzahlung"), d. h. eine Gewähr dafür, daß noch viel Größeres in der Herrlichkeit Gottes für uns bereit liegt. Vgl. Eph 1, 14 mit 1 Pt 1, 4.

gang des Gläubigen (Offb 14, 13), im Leben der Gesamtgemeinde aber bei der Wiederkunft Jesu und ihrer Entrückung in die Herrlichkeit, bei ihrem Eingang in die „Sabbatruhe des Volkes Gottes".

11 Immer wieder kehrt der Apostel zu dem gleichen Gedanken zurück, der ihn so stark bewegt: Dem alten Gottesvolk hat der Herr seine Offenbarung durch die Propheten gegeben; die Gemeinde des Neuen Bundes hat unendlich viel mehr empfangen. Gott hat uns seinen Sohn als Retter und Herrn geschenkt! Israel bekam die Verheißung der irdischen Ruhe, die Gemeinde Jesu aber die Zusage der ewigen Gottesruhe! Diese „Ruhe" jedoch, die Anteilnahme an der Herrlichkeit Gottes, ist kein statischer, ruhender Besitz, mit dem die Gläubigen nach ihrer Willkür schalten und walten könnten. Das Ziel der ewigen Herrlichkeit fordert vielmehr von der Gemeinde den Einsatz der ganzen Existenz. Gerade das „Eingehen in die Ruhe" verlangt die Konzentration aller Kräfte auf das eine Ziel. Jetzt ist die Zeit des Arbeitens und Wirkens, die Zeit des Kampfes und der Wanderschaft, die „Werktagswoche" der Gemeinde, der einmal die Sabbatfeier, der Ruhetag der Kinder Gottes folgen wird. Das Wort des AT ist nicht nur Trost und Verheißung für die ntst Gemeinde, sondern stellt ihr auch als Warnzeichen[154] den Ungehorsam der Wüstengeneration vor Augen. Wer nicht mehr auf das Ziel schaut, kann unterwegs zu Fall kommen[155]. Davor können wir nur im engsten Anschluß an Jesus Christus bewahrt werden.

C. Die Wirksamkeit des Wortes Gottes

Hbr 4, 12–13

Zu Vers 12: Jes 40, 8; Jes 55, 11; Jer 23, 29; Jo 6, 63; 1 Pt 1, 23; Jes 49, 2; Eph 6, 17; Offb 1, 16

12 Denn das Wort Gottes ist lebendig und wirksam und schärfer
als jedes zweischneidige Schwert und dringt durch bis zur Scheidung von Seele und Geist, Gelenken und Mark und ist ein Rich-
13 ter der Vorstellungen und Gedanken des Herzens; * auch ist kein Geschöpf vor ihm unsichtbar, alles aber ist unverhüllt und ist bloßgelegt vor seinen Augen; ihm haben wir Rechenschaft abzulegen[156].

[154] Wie die Wüstengeneration ein warnendes Beispiel (grie *hypódeigma)* für die Gemeinde, so ist der Untergang von Sodom und Gomorrha ein Warnzeichen für die gottlose Welt 2 Pt 2, 6 steht ebenfalls *hypódeigma.*

[155] Das grie Wort *píptein* „fallen" steht in innerem Zusammenhang mit dem Wort *parapíptein* „abfallen" in Hbr 6, 6 und bedeutet hier soviel wie „umkommen, dem Verderben anheimfallen", ebenso Rö 11, 11; 14, 4; 2 Ko 10, 8. 12; Offb 17, 10; 18, 2; vgl. E. Riggenbach, S. 109.

[156] Der Schluß von Hbr 4, 13 kann ebenso übersetzt werden: „. . . vor dem reden wir."

Offb 2, 12
Offb 2, 16
Offb 19, 15
Jo 12, 48
1 Ko 4, 5
Zu Vers 13:
Ps 139, 2
Rö 14, 12

Geht es einerseits dem Apostel darum, die Überlegenheit des
Neuen Bundes gegenüber dem Alten Bund herauszustellen, so hebt
er doch andererseits auch das Gemeinsame und Verbindende beider
heilsgeschichtlichen Zeiträume hervor. In Israel wirkt ebenso wie in
der Gemeinde der Heilige Geist (Hbr 3, 7; 9, 8; 10, 15)[157], altes und
neues Gottesvolk haben in gleicher Weise **Gottes Wort** empfangen
(Hbr 2, 2–3; 4, 2). Hatte der Apostel bisher stärker das Wort der
Verheißung in den Vordergrund gerückt, so geht es ihm im Zusam- 12
menhang seiner Ermahnung jetzt darum, von der offenbarenden
und richtenden Macht des Wortes Gottes zu sprechen. Fünf besondere
Aussagen unterstreichen seine Bedeutung: lebendig – wirksam –
scharf – durchdringend – richtend.

Lebendig ist das Wort Gottes, weil es aus der nie versiegenden Quelle allen Lebens (Ps 36, 10) strömt und imstande ist, neues Leben in Menschenherzen hineinzusenken (Jo 6, 63; 1 Pt 1, 23–25 vgl. Jes 40, 8). Auch von Christus, dem ewigen Sohn Gottes, bezeugt die Bibel, daß er das Leben in sich trägt und als der Lebendige Tote zum Leben rufen kann (Jo 5, 24–26; 14, 6; Offb 1, 18). Daran wird uns deutlich, daß wir die Leben schaffende Kraft des Wortes Gottes nie von der Person unseres Herrn Jesus Christus und dem Wirken des Heiligen Geistes lösen können.

Das Wort ist niemals nur „Schall und Rauch", es ist immer unmittelbar **wirksam**[158]. Die Begegnung mit dem Wort bringt uns in Berührung mit Gott; wer es mißbraucht oder geringachtet, tastet Gottes Heiligkeit an. Es wird gespeist von der „Wirksamkeit", grie *enérgeia*, Jesu Christi (Phil 3, 21), die sich als umwandelnde Kraft Gottes nicht nur in unserem Heiligungsleben, sondern noch viel stärker in der Umgestaltung unseres irdischen Leibes in den Herrlichkeitsleib ausweisen wird.

Gottes Wort ist **schärfer als jedes zweischneidige Schwert.** Wir werden hier nicht nur an das Wort des Apostels Paulus erinnert, uns mit dem Wort Gottes wie mit einem Schwert zu rüsten, um allen Anfeindungen und Versuchungen irdischer und überirdischer Mächte standzuhalten (Eph 6, 17). Vielmehr gebraucht schon Gott im AT den Mund des Propheten, d. h. das Wort, das er durch seinen Propheten spricht, „wie ein scharfes Schwert" (Jes 49, 2), das er auch gegen sein ungehorsames Volk richten kann. Der erhöhte Herr läßt seiner Gemeinde in Pergamon sagen: „Tue Buße! sonst komme ich schnell über dich und werde mit ihnen Krieg führen mit dem Schwert meines

157 Vgl. 2 Ko 4, 13.

158 Das grie Wort *energáes* wird in mehrfachem Sinne gebraucht: LÜ „Mir ist eine große Tür aufgetan, die viel Frucht wirkt" *(energáes)* 1 Ko 16, 9; „... daß der Glaube, den wir miteinander haben, in dir kräftig werde" *(energáes)* Phlm 6.

Mundes!" (Offb 2, 16). Gottes Wort soll also nicht zuerst eine Waffe in unserer Hand sein, mit der wir gegen andere kämpfen, sondern es bleibt vor allem „das Schwert des Geistes", das gerade auch das Leben der Gläubigen trifft. Ja, es **dringt durch bis zur Scheidung von Seele und Geist, Gelenken und Mark und ist ein Richter der Vorstellungen und Gedanken des Herzens.** Die offenbarmachende und richterliche Funktion des Wortes liegt hier allein im Blickfeld des Apostels[159]: „Das Wort Gottes kann Tod und Gericht mit sich bringen, wie sich auch der Gottesschwur tödlich ausgewirkt hat[160]" (vgl. 1 Mo 3, 19; 4 Mo 14, 28–33; Jer 22, 5; Apg 5, 1–10).

Wenn nicht nur von einer Scheidung zwischen „Seele und Geist", sondern auch zwischen „Gelenken und Mark" gesprochen wird, dann ist es dem Apostel sicher nicht zuerst um eine klare begriffliche Unterscheidung im Sinne der modernen Naturwissenschaft, besonders der Psychologie und Medizin zu tun. Er richtet vielmehr unsere Aufmerksamkeit auf den Tatbestand, daß Gottes Wort als geistige Macht sich sowohl im geistigen als auch im leiblichen Bereich des wiedergeborenen Menschen auswirkt. **„Seele und Geist"**, die im Sprachgebrauch der Bibel oft sinnverwandt auftauchen und an manchen Stellen scheinbar ausgetauscht werden könnten, sind doch voneinander unterschieden. Die Bibel kennt das Miteinander der beiden menschlichen Seinsbereiche, des körperlichen Seins und der immateriellen Wirklichkeit des Menschen, des „äußeren" und des „inneren" Menschen (2 Ko 4, 16), die beide zusammen die Ganzheit menschlichen Lebens ausmachen. Neben der Zweiteilung bei der Umschreibung des menschlichen Wesens finden wir aber auch die „trichotomische" (wörtl. „dreigeteilte") Schau, die den Menschen in drei Seinsbereiche gliedert: in Leib, Seele und Geist (vgl. 1 Th 5, 23). Der L e i b wird als Behausung und Stütze der Seele gesehen, ohne den keine irdische Existenz möglich ist. Die S e e l e ist das, was den Menschen zur Person macht, seine Fähigkeit wahrzunehmen, zu empfinden und zu wollen, sein Vermögen zur bewußten Steuerung des Antriebserlebens. Der G e i s t hingegen ist das Zentrum der Person, das „Nichtgegenständliche Ich" des Menschen, in das hinein

159 L. Präger, S. 28 f: „Dieses Wort ist lebendig, denn Gott ist lebendig. Es ist durchdringender als Röntgenstrahlen; wir liegen offen vor ihm wie die Organe des Körpers vor dem Messer des Operateurs oder, im Bilde des Textes: wie die zum Schlachten freigelegte Kehle des Opfertieres. Da hört alles Versteckspielen auf. Da kommt Licht in das unglaubliche Gewirr unseres Herzens, da werden wir ganz erkannt. Der Mensch steht mit Leib, Seele und Geist unter dem Gericht (Schwert) des Wortes Gottes. Daß dieses Ganz-Erkanntwerden, Ganz-Durchrichtetwerden größte Hilfe ist, das hat eine aus unseren Reihen verstanden, wenn sie bittet: Herr, wir sind Steine, die Schatten werfen; mach uns zum Glas, durch das deine Liebe und dein Gericht hindurchglüht."

160 O. Michel, S. 117.

Gott sich mitteilen kann (Rö 8, 16). Durch den Geist kann der Mensch in unmittelbare Beziehung zu Gott treten[161]. Das H e r z ist in der biblischen Sprache nicht nur Mittelpunkt und wichtigstes Organ des leiblichen Lebens, sondern es gilt ebenfalls als Ursprung für Denken, Fühlen und Wollen (Mt 15, 18 ff). Herz, Geist und Seele werden als biblische Begriffe nicht willkürlich gebraucht; wenn vom „Herzen" als dem Zentrum der menschlichen Existenz gesprochen wird, dann sind Seele und Geist darin eingeschlossen. „Beides wird im Herzen eins, es ist geistig-seelisch: die zentrale Innerlichkeit des Menschen, als Einheit gefaßt, nach allen Seiten und Beziehungen ihrer Betätigung, unter dem Gesichtspunkt der Verpflichtung zum Gehorsam gegen Gottes Willen[162]."

Es wird nicht unbedingt notwendig sein, die Worte des Apostels in unserem Vers im Sinne der paulinischen Unterscheidung von Seele und Geist zu verstehen. Noch viel weniger brauchen wir anzunehmen, der Apostel habe seine Begriffe von Philo entlehnt. Dieser jüdische Philosoph hatte die Zweiteilung in Seele und Geist betont, wobei der Geist für ihn der wertvollere Teil war, mit dem ein Mensch die göttliche Weisheit begreifen konnte. Der Apostel will vielmehr sagen, daß Gottes Wort in der Kraft des Heiligen Geistes in alle Bereiche des geistigen und leiblichen Lebens dringt und als sichtende und richtende Macht auch in den verborgensten Schichten unseres geistlichen Seins Ordnung schafft[163]. Das Wort Gottes – Jesus Christus, das fleischgewordene Wort, der sich uns im schriftlich überlieferten Wort des AT und NT offenbart – hat die richterliche Vollmacht. Letzter Maßstab für Gottes Urteil über alle Lebensäußerungen des Menschen bis in seine Willensregungen, Gedanken und Gemütsbewegungen hinein ist Gottes Wort, das auch die uns oft unbewußten Motive unseres Handelns ans Licht bringt.

Wir werden hier daran erinnert, daß Gott der „Herzenskündiger" ist (Apg 1, 24; 15, 8). Was der Herr am Tage des Gerichtes tun wird,

161 Wilh. Schlatter, Biblische Menschenkunde, Hamburg 1959, S. 15 f: „Der Mensch als Seele ist selbstbewußte Persönlichkeit; seine Seele ist dasjenige Organ in ihm, vermöge dessen er von sich selbst weiß, sich bewußt unterscheidet von Gott und Welt und jeder anderen Kreatur, auch jedem anderen Menschen und zugleich zu allem anderen sich in Beziehung setzt ... Die Seele hat das Leben durch den Geist. Er ist das Lebensprinzip im Menschen, das der Seele bedarf, damit in ihm das Leben bewußt persönlich wird, und durch das er in seiner Seele seine Gottbezogenheit erfährt."

162 a. a. O. S. 21 – Die ausführlichste Darstellung der biblischen Anschauung von Leib, Seele und Geist finden wir bei Johann Tobias Beck, Umriß der biblischen Seelenlehre, Stuttgart 1843, und Franz Delitzsch, System der biblischen Psychologie, Leipzig 1855. Zur neueren Literatur verweisen wir auf Hans Neuffer, Seelisches und geistliches Christentum, Geisweid 1956, S. 10 ff, und Alfred Lechler, Der seelische und der geistliche Christ, 3. Auflage, Stuttgart o. J., S. 11 ff.

163 Ebenso F. F. Bruce, S. 82.

daß er „auch das Verborgene der Finsternis ans Licht bringen und die Ratschläge der Herzen offenbar machen wird" (1 Ko 4, 5) – das vollzieht sich heute schon vorlaufend in der Begegnung des Menschen mit der Bibel. Gottes Wort richtet uns, aber wenn wir uns unter den Urteilsspruch Gottes stellen, werden wir auch gerettet (vgl. 1 Ko 11, 31–32). Niemand kann sich der durchdringenden Macht des Gottes-
13 wortes entziehen. **Kein Geschöpf ist vor ihm unsichtbar, alles ist unverhüllt und bloßgelegt vor seinen Augen.** Das grie Wort *ktísis* kann sowohl die gesamte Schöpfung wie auch das einzelne Geschöpf bezeichnen. Nichts kann sich vor Gottes Augen verbergen, alle irdischen und himmlischen Mächte sind vor ihm offenbar[164]. Das gilt in unserem Zusammenhang ganz besonders dem Menschen, der unter dem Einfluß der Offenbarung Gottes steht (vgl. das Wort *ktísis* in Mk 16, 15; 2 Ko 5, 17; Kol 1, 23[165]). „Es gibt kein Mittel, die richtende Macht des Wortes von uns abzuhalten. Hier gilt die Regel: entweder richten wir uns selbst, oder wir werden gerichtet. Entweder lassen wir das Wort willig und gehorsam sein richterliches Geschäft in uns vollbringen und das Böse in uns austilgen; dann schlägt sein Gericht uns zum Heile aus. Oder wir sträuben uns gegen das Wort und halten unsere Sünde fest; dann wird Seele und Leib am Schwertstoß des göttlichen Worts verderben[166]."

Ihm haben wir Rechenschaft abzulegen. Damit wendet sich der Apostel noch einmal dem Grundgedanken zu, der ihn in den voraufgegangenen Überlegungen geleitet hat. So wie die Israeliten sind auch die Glieder der Gemeinde dem Herrn Rechenschaft darüber schuldig, was sie mit dem offenbarten Wort in ihrem Leben getan haben (vgl. Hbr 2, 2–3 mit Mt 25, 15. 19). Der Apostel weiß sich selbst auch davon betroffen, deshalb sagt er: Wir müssen Rechenschaft ablegen. Das, was er im Auftrag Gottes und unter der Inspiration des Heiligen Geistes schreibt, verpflichtet ihn ebenso wie die Glieder der Gemeinde, an die er seinen Brief richtet. Die Worte am Ende des Verses lassen sich auch übersetzen „vor dem reden wir". Das könnte vielleicht bedeuten, daß der Apostel mit dem, was er als göttliche Botschaft von Gericht und Gnade, Verheißung und Warnung der Gemeinde schreibt, vor Gott steht und sich unmittelbar von ihm beauftragt weiß.

[164] O. Michel, S. 118: „Der seltsame Begriff grie *tetrachälisménos* „bloßgelegt" läßt mehrfache Auslegung zu ... Chrysostomus denkt zuerst an ein geschlachtetes Tier, dessen Inneres durch Abziehen der Haut freigelegt wird. Andere gehen in seinen Spuren und nehmen an, daß das Opfertier aufgehängt, mit zurückgebogenem Hals den tödlichen Stich erwartet."

[165] Vgl. Jes 29, 15–16.

[166] A. Schlatter, S. 289.

Zusammenfassung

Zwei Gedankenreihen hat der Apostel in dem Abschnitt Hbr 4, 1—13 miteinander verknüpft.

1. Gottes Handeln an Israel ist vorbildlich für den Weg der Gemeinde. Das Neue Gottesvolk hat ebenso wie Israel die Verheißung empfangen, in die Ruhe Gottes einzugehen. Vorbild aller Gottesruhe ist die Herrlichkeit und unumschränkte Herrschermacht Gottes am 7. Schöpfungstage[167]. Irdisches Abbild dieser wahren Ruhe war für Israel — und zwar für die Wüstengeneration — die Besitznahme des Landes Kanaan. Die Wüstengeneration hat die Verheißung nicht erlangt[168]. Die kurze, zeitweilige Ruhe Israels in Kanaan wurde zum Hinweis auf die ewige Ruhe bei Gott, zu der das Volk in Kanaan nicht gelangen konnte[169]. „Nach so langer Zeit", d. h. zur Zeit Davids (Hbr 4, 7), wird eine neue Ruhe (grie *katápausis*) für die Heilszeit verheißen, die der Israel verheißenen Ruhe entspricht, aber an ein heilsgeschichtliches „Heute" gebunden ist, zu dem Christus uns den Zugang eröffnet hat (2 Ko 6, 2). Diese uns verheißene, noch ausstehende Ruhe ist der *sabbatismós* in der Herrlichkeit Gottes (Hbr 4, 9—11). Damals hat Israel wegen seines Unglaubens und Ungehorsams die Verheißung nicht erlangt (Hbr 3, 18—19; 4, 6). Auf dem Wege der Gemeinde lauern die gleichen Gefahren. Weil wir das wissen, ist vermehrte Wachsamkeit geboten!

2. Aber die Gemeinde Jesu tritt ihren Weg unter unvergleichlich größeren Verheißungen an. Das wird deutlich in der Gegenüberstellung des Josua mit Jesus Christus. Was Josua („Der Herr ist Rettung") für Israel bedeutete, ist Hinweis auf die überragende Heilsbedeutung des ntst „Josua", des Jesus Christus für seine Gemeinde. Beide haben ein Volk, beide führen es auf einem bestimmten Wege ans Ziel. Aber Jesus ist größer als Josua. Josua führte Israel nach Kanaan, das nur ein Abbild wahrer Ruhe Gottes sein konnte. Israel fand dort fremde Einwohner vor, es gab neue Kämpfe. Jesus Christus dagegen führt seine

[167] Das hebr Wort sābat „ruhen" heißt in der LXX *katapaúo* 1 Mo 2, 2—3. Daran knüpft Hbr 4, 3—4 unmittelbar an. Im Anklang daran ist das Wort *sabbatismós* Hbr 4, 9 gebildet. Die „Ruhe", die Israel in Kanaan verheißen wurde, heißt hebr m^e^nuhāh, in der LXX *katápausis* 5 Mo 12, 9; Hbr 4, 3.

[168] Vgl. auch Jes 28, 12: „Er hat zu ihnen gesprochen: Das ist die Ruhe; schaffet Ruhe dem Müden, und das ist die Erlösung! Aber sie wollten nicht hören."

[169] Vgl. das Miteinander von Rückblick auf die Wüstenwanderung „... Als Israel wanderte, zu seiner Ruhe zu kommen" und Ausblick auf die Zukunftshoffnung Israels in Jer 31, 1—6.

G e m e i n d e i n d i e e w i g e H e r r l i c h k e i t, die der Ruhe Gottes am 7. Schöpfungstage gleicht, in die Sabbatruhe, in der es nichts mehr zu überwinden gibt. Die Anspannung aller geistlichen Kräfte in der ntst Gemeinde kann nur dazu dienen, im Glauben und Gehorsam diesem Ziel entgegenzugehen (Hbr 4, 11).

Israel und die Gemeinde haben beide Gottes Wort — als Verheißung und Maßstab für Gottes Richterspruch. Durch Ungehorsam und Zweifel kam Israel zu Fall. An der Stellung zu diesem Wort wird sich auch das Schicksal der Gemeinde und der ungläubigen Welt entscheiden (Jo 12, 48).

6. Die Überlegenheit Jesu über Aaron, den ersten Hohenpriester

Hbr 4, 14 — 5, 10

14 Da wir nun einen großen Hohenpriester haben, der die Him-
mel durchschritten hat, Jesus, den Sohn Gottes, so laßt uns am
15 Bekenntnis festhalten. * Denn wir haben nicht einen Hohen-
priester, der nicht Mitleid mit unseren Schwachheiten haben
könnte, sondern der versucht worden ist in allen Dingen, gleich
16 wie wir, doch ohne Sünde. * So laßt uns nun mit freudiger Zu-
versicht zum Thron der Gnade hinzutreten, damit wir Barm-
herzigkeit empfangen und Gnade zu rechtzeitiger Hilfe finden.
5, 1 * Denn jeder Hohepriester, der aus (dem Kreis der) Menschen
genommen wird, wird für Menschen zum Dienst vor Gott ein-
2 gesetzt, um Gaben und Opfer für Sünden darzubringen, * wobei
er mit den Unwissenden und Irrenden mitfühlen kann, da er selbst
3 auch mit Schwachheit behaftet ist; * und um ihretwillen mußte er
wie für das Volk, so auch für sich selbst Sündopfer darbringen.
4 * Niemand nimmt sich selbst die Ehre, sondern er wird von Gott
5 berufen, gerade wie auch Aaron. * So hat auch Christus sich nicht
selbst verherrlicht, als er Hoherpriester wurde, sondern der, der
zu ihm sprach: „Du bist mein Sohn, heute habe ich dich gezeugt."
6 * Wie er auch an anderer Stelle sagt: „Du bist Priester in Ewig-
7 keit nach der Ordnung Melchisedeks." * Er hat in den Tagen
seines Fleisches Gebete und Flehen mit starkem Geschrei und
Tränen dem dargebracht, der ihn vom Tod erretten konnte, und
8 er ist erhört worden auf Grund der Gottesfurcht. * Und obwohl
er der Sohn war, hat er an dem, was er litt, den Gehorsam ge-
9 lernt, * und nachdem er vollendet worden war, ist er allen, die
10 ihm gehorchen, der Urheber ewigen Heils geworden, * von Gott
„Hoherpriester nach der Ordnung Melchisedeks" genannt.

Zu Vers 14:
Hbr 2, 17
3, 1
5, 5
5, 10
6, 20
7, 26
8, 1
9, 11
10, 21
Hbr 3, 1
10, 23. 32—34
Zu Vers 15:
Mt 4, 1—11
Mk 1, 13
Lk 4, 1—13
Mt 26, 41
Mt 27, 40
Lk 22, 28
Hbr 2, 17. 18
5, 2
2 Ko 5, 21
Zu Vers 16:
Hbr 10, 22
Jo 14, 6
Rö 3, 25
Rö 5, 2
Eph 2, 18
Eph 3, 12
1 Pt 3, 18
1 Jo 3, 21—22

Schon in Hbr 2, 17 und 3, 1 hat der Apostel von Jesus als dem „Hohenpriester" gesprochen, ohne näher zu beschreiben, was er damit sagen wollte. Jetzt entfaltet er in kurzen, machtvollen Sätzen diese Aussage. **Da wir nun einen großen Hohenpriester haben, der die Himmel durchschritten hat, Jesus, den Sohn Gottes, so laßt uns am Bekenntnis festhalten.** Die ganze Gewißheit apostolischer Erkenntnis kommt in den Worten „wir haben" zum Ausdruck. Das ist echtes Kennzeichen lebendigen Glaubens: Kinder Gottes sind nicht nur im „Werden", sie leben auch im „Haben". Wir haben die Erlösung durch Christi Blut (Eph 1, 7), wir haben Frieden mit Gott (Rö 5, 1), wir haben einen Fürsprecher beim Vater (1 Jo 2, 1). Diese Gewißheit des „Habens" spiegelt sich auch in dem sicheren „Wissen", von dem der Apostel Johannes spricht, wenn er die Glaubenserfahrungen der Kinder Gottes umschreibt (1 Jo 3, 2. 14; 5, 15. 18–20)[170]. Der Apostel vergleicht Jesus Christus und den Hohenpriester Aaron miteinander. Er sagt: Jesus ist der **große Hohepriester,** weil er das vollbringt, wozu Aaron nicht in der Lage war[171]. Aaron war Hoherpriester auf Erden, Jesus Christus dagegen hat nicht nur auf Erden durch die Hingabe seines Lebens das vollkommene hohepriesterliche Opfer dargebracht; auch nach seiner Auferstehung dient er in der Ewigkeit Gottes als der himmlische Hohepriester.

Wie der Hohepriester das irdische Heiligtum zu durchschreiten hatte, um im Allerheiligsten zu dienen, so **hat Jesus die Himmel durchschritten,** um in die Gegenwart Gottes zu treten. Mit diesem Ausdruck weist der Apostel wie schon Hbr 1, 3 auf die Himmelfahrt Jesu hin. Sie ist Bestätigung der überragenden Größe des Hohenpriestertums Jesu. Er ist aus unserer irdischen Welt in die unsichtbare Welt Gottes eingegangen[172]. In Hbr 1, 10 sind „die Himmel" das Werk der Hände Gottes, ein Teil der Welt, der Schöpfung, des Kosmos. In unserem Vers und Hbr 7, 26 sind „die Himmel" der Zwischenbereich zwischen der ewigen Welt Gottes und unserer Menschenwelt (vgl. Eph 2, 2; 4, 10; 6, 12), der Wirkungsraum der unsichtbaren Geister, auch der bösen Mächte und Dämonen. In Hbr 8, 1 sind „die Himmel" der Wohnsitz Gottes, die ewige Herrlichkeit, das „himmlische Heiligtum". „Jesus geht nicht nur in den Himmel, son-

Zu Kapitel 5
Zu Vers 1:
Hbr 2, 17
8, 3
Zu Vers 2:
Hbr 4, 15
7, 28
4 Mo 15, 28–31
Lk 23, 34
Apg 3, 17
1 Tim 1, 13
Zu Vers 3:
3 Mo 9, 7
3 Mo 16, 6
Hbr 7, 27
Zu Vers 4:
Jo 3, 27
2 Mo 28, 1
4 Mo 3, 10
Zu Vers 5:
Ps 2, 7
Apg 13, 33
Hbr 1, 5
Zu Vers 6:
Ps 110, 4
Hbr 5, 10
6, 20
7, 1 ff
7, 17. 21
Zu Vers 7:
Mt 26, 36–46
Mk 14, 33–36
Lk 22, 41–44
Jo 12, 27
Phil 2, 6–8
Mt 27, 46. 50
Lk 23, 46
Zu Vers 8:
Phil 2, 8
Hbr 2, 10

14

170 Die Gewißheit persönlicher Heilserfahrung spricht auch aus den Worten des Philippus: „Den, von dem Mose im Gesetz und die Propheten geschrieben haben, ihn h a b e n w i r g e f u n d e n, Jesus, den Sohn Josephs, aus Nazareth" (Jo 1, 45).

171 O. Michel, S. 121, Anm. 2: „Wichtig ist . . ., daß der Hbr immer die drei Gedankenformen anwendet: Die Parallele, die Überbietung und die Verabsolutierung."

172 Der Apostel gebraucht das Wort „Himmel" in Einzahl und Mehrzahl. So steht die Pluralform Hbr 9, 23 grie *uranoí*, die Singularform Hbr 9, 24 grie *uranós*. Nur der Zusammenhang des Textes kann uns zeigen, welche theologische Bedeutung der Vf dem Wort „Himmel" gibt.

Zu Vers 9:
Jes 45, 17
Jo 17, 1. 5
Phil 2, 9–11
Hbr 9, 12
2 Ko 10, 5
Phil 2, 12
Zu Vers 10:
Ps 110, 4
Hbr 5, 6

dern durch den Himmel hindurch über ihn empor zu Gott. Für ihn gibt es keine Schranke, bei der er stille stehen müßte. Nirgends verwehrt ihm eine Warnungstafel den Zutritt; nirgends steht für ihn geschrieben: Hier gehe kein Unheiliger hinein. Er tritt nicht nur zu den seligen Geistern und himmlischen Mächten, sondern noch höher empor, auch über die Schranke empor, die jene von Gott trennt[173]."

Jesus Christus lebt jetzt als Hoherpriester in der ewigen Herrlichkeit Gottes; für die Gemeinde auf Erden erwächst daraus die Verpflichtung zum Bekenntnis vor der Welt. Daran erinnert der Apostel mit den Worten: **Laßt uns am Bekenntnis festhalten.** Auch hier wieder ist das „Bekenntnis" nicht identisch mit einem theologischen Lehrsatz, einem formulierten Glaubensbekenntnis der Gemeinde. Nein, im „Bekenntnis" geht es darum, sich in der Anfechtung und Bedrängnis eindeutig und öffentlich auf die Seite Jesu zu stellen. Gerade auch dann, wenn der Christ um seines Glaubens willen vor Gericht gestellt wird, soll er in der Gerichtsverhandlung die großen Heilstaten Gottes bezeugen (vgl. 1 Pt 4, 14–16)[174]. Nicht nur der Apostel – auch die Empfänger seines Schreibens sind Augenzeugen der ersten Verfolgungen gewesen. Hbr 10, 33 erinnert er sie an die durchstandenen Leiden: „Ihr wurdet teils durch Schmähungen und Trübsale zur Schau gestellt, teils seid ihr Genossen derer geworden, die das erlebten. Ihr habt mit den Gefangenen gelitten und den Raub eurer Güter mit Freuden hingenommen." Der Gang der Kirchengeschichte bis in unsere Tage hinein lehrt uns, daß jede Verfolgungszeit für die Gläubigen Sichtungszeit ist, weil sie die Möglichkeit des Abfalls in sich birgt. Es liegt unserer menschlichen Schwäche nahe, durch Verleugnung des Glaubens den vielfachen Leiden auszuweichen. Hier bangt der Apostel innerlich für die ihm anbefohlenen Christen. Er weiß aus dem Kreis der Urapostel, wie nahe am Rand des Glaubensweges die Gefahr der Verleugnung liegt. Es gilt aber um jeden Preis, auch im Leiden – in aller Öffentlichkeit – am Bekenntnis zum Herrn festzuhalten! Inhalt und innere Triebkraft zu diesem Bekenntnis wurzeln in den fünf Worten: **„Jesus ist der Sohn Gottes"** (vgl. Apg 8, 37). Wenn der Apostel hier wie schon Hbr 3, 1 nur den Namen „Jesus" nennt, dann geht es ihm darum, den heilsgeschichtlich unendlich wichtigen Tatbestand deutlich hervorzuheben: J e s u s von Nazareth, der Sohn der Maria, er, der Fleisch und Blut getragen hat wie wir, der gekreuzigte und auferstandene Herr i s t wirklich d e r S o h n G o t t e s (vgl. Mt 14, 33; 16, 16). Für den Hbr bezeichnen die Worte „Sohn" und „Hoherpriester" Wesen und

[173] A. Schlatter, S. 291 f.

[174] O. Michel, Ki–Th Wb. Bd. 5, S. 207: „Der forensische Sinn des *homologein* ist vielleicht in der ntst Überlieferung der wichtigste."

Würde, Person und Werk Jesu und gehören unlösbar zusammen (vgl. Hbr 7, 28).

Noch einmal greift der Apostel den Gedanken von Hbr 2, 14–18 15
auf. Zum Menschsein gehören sowohl die Geschöpflichkeit des Menschen als auch seine Versuchlichkeit. Wurde Jesus Mensch, dann mußte er auch daran teilhaben. **Wir haben nicht einen Hohenpriester, der nicht Mitleid mit unseren Schwachheiten haben könnte, sondern der versucht worden ist in allen Dingen, gleich wie wir, doch ohne Sünde.** Die „Schwachheit" des Menschen bezeichnet seine Hinfälligkeit in körperlicher und glaubensmäßiger Hinsicht. Seine „Krankheit"[175] besteht darin, daß er immer wieder der Versuchung nachgibt, „schwach" wird (Mt 26, 41). Das ist nun gerade das unbegreifliche Geheimnis des Lebens Jesu, daß er an unserer „Schwäche" Anteil hatte, ihr aber nie erlegen ist. Jesus hat die Versuchung überwunden. Er erwies „seine Gottessohnschaft durch das vollkommene Vertrauen, Gehorchen und Lieben[176]".

Von einer besonderen Versuchung, die an Jesus herantrat, erfahren wir zunächst unmittelbar vor Beginn seiner öffentlichen Wirksamkeit. Bei seiner Taufe hatte Jesus die göttliche Bestätigung empfangen: „Dieser ist mein geliebter Sohn" (Mt 3, 17). In der Wüste näherte sich ihm der Teufel mit der versucherischen Frage: „Wenn du Gottes Sohn bist . . ." (Mt 4, 3. 6). Diese Worte erinnern uns an 1 Mo 3, 1: „Ja, sollte Gott gesagt haben . . .?" Es gibt eine diabolische Methodik, in der der Teufel sich wiederholt. Hinter diesem Infragestellen der Gottessohnschaft Jesu steht das Messiasbild des Spätjudentums, das den leidenden Messias nicht kennt. Es ist eine wichtige Seite der Versuchung, die im Leben Jesu immer wieder auftaucht, sich dem Leiden zu entziehen. Wir finden sie auch in den beschwörenden Worten des Petrus: „Herr, schone dich selbst; das widerfahre dir nur nicht!", die Jesus mit dem Vorwurf zurückweist: „Hebe dich hinweg, Satan, von mir! Du bist mir ärgerlich; denn du meinst nicht, was göttlich, sondern was menschlich ist" (Mt 16, 22–23).

Adolf Schlatter hat darauf hingewiesen, daß es bei der Versuchung Jesu nicht um den äußerlich sichtbaren Erfolg unter Menschen geht[177]. Bei der ersten und dritten Versuchung entfallen die Zuschauer. So wird auch Mt 4, 5–6, bei der Versuchung zum Sturz von der Zinne des Tempels, nicht von dem Eindruck auf Menschen gesprochen. Es geht vielmehr um die Stellung Jesu zum Vater. Der Teufel spricht Jesus auf sein Vertrauen zu Gott an. Wenn Jesus unbedingten Glauben hat, darf er die Gefahr suchen. Aus der Vollkommenheit des

175 Das grie Wort *asténeia* bedeutet sowohl Schwäche wie auch Krankheit.
176 A. Schlatter, Der Evangelist Matthäus, Stuttgart 1959⁵, S. 111.
177 W. Stb. Matth. S. 42 ff; W. Stb. Luk. 2. 104; vgl. A. Schlatter, a. a. O. S. 95 ff.

Glaubens folgt der Mut, der alles wagt (Mk 9, 23; 10, 27). Die Haltung des Sohnes aber ist der vollendete Gehorsam (Hbr 5, 8). Jesus stellt die Verheißung nicht infrage, aber sein Glaube an Gottes Zusage schließt den Gehorsam gegen den Willen des Vaters ein. Die Tiefe dieser Versuchung liegt darin, daß der Teufel etwas erwartet, was Jesus mit Recht tun könnte. Jesus hätte als Sohn Gottes die Steine in Brot verwandeln können (Mt 4, 3), wie er später mit 5 Broten und 2 Fischen mehr als 5 000 Menschen gespeist hat (Mt 14, 19–21). Die versucherische Frage: „Wenn du Gottes Sohn bist . . ." tritt aber noch einmal an Jesus heran, als er in den allerschwersten Stunden seines Lebens am Kreuz hängt. Jesus hat auch dieser letzten, schwersten Versuchung widerstanden, vom Kreuz herabzusteigen (Mt 27, 40; Lk 23, 39). Im vollen Gehorsam gegen Gottes Willen blieb er am Kreuz, blieb er ohne Sünde, und so hat er uns den Weg zu Gott bereitet.

16 Weil Jesus uns den Weg zu Gott gebahnt hat, sollen wir ihn jetzt auch gehen (vgl. Rö 5, 1–2). Die Tatsache, daß wir einen Hohenpriester bei Gott haben, der für uns eintritt, ermächtigt uns nun auch, mit froher Zuversicht im Gebet zu Gott zu kommen[178]. Die freudige, innere Gewißheit, die unser Gebetsleben auszeichnen soll, hat ihre tiefste Wurzel im Hohenpriestertum Jesu, weil er mit seinem Opfer und seinem Gebet für uns eintritt[179]. Durch Jesus Christus, den rechten Hohenpriester, ist Gottes Thron für uns zum Gnadenthron geworden[180]. Der Weg zum Herzen Gottes steht allen Kindern Gottes offen. Nicht fromme Leistungen, sondern Jesu Mittlerwort beim Vater öffnet die Schleusen für den Segen Gottes, so daß wir seine Barmherzigkeit und Gnade erlangen und Gottes Hilfe zur rechten Zeit erfahren. Mit diesem Vers werden wir auf die Möglichkeiten und Grenzen unseres Gebetes verwiesen. In jeder Lage dürfen wir uns an den allmächtigen Gott wenden. Aber wir können ihm nicht den Zeitpunkt seiner Hilfe vorschreiben, der ihm allein vorbehalten ist. Das Wort sagt uns jedoch zu, daß Gott immer zur rechten Zeit eingreift und hilft.

5,1 Hat der Apostel zunächst von Jesus, dem himmlischen Hohenpriester, gesprochen, so stellt er jetzt Gottes Ordnung für das irdische

[178] Die grie Form *èchontes un* (V. 14) . . . *proserchómetha* (V. 16). „Da wir nun haben . . laßt uns herzutreten" finden wir im gleichen Zusammenhang auch Hbr 10, 19 und 22 Vgl. Eph 2, 13. 18; 3, 12; 1 Jo 3, 21 f.

[179] Ähnlich Jo 17, 15. 24: Die Gewißheit unseres Betens ruht auf der Fürbitte Jesu für seine Gemeinde. Vgl. auch die Auslegung zu Hbr 9, 24.

[180] Der Ausdruck „Thron der Gnade" (grie *thrónos täs cháritos*) erinnert uns an den Sühnedeckel, „Gnadenthron" (Luther), die goldene Deckplatte über der Bundeslade, welche die Cherube trug (hebr. kaporet, grie *hilastáerion*) 2 Mo 25, 22; Rö 3, 25.

Hohepriestertum in den Mittelpunkt. In den Worten „aus Menschen ... für Menschen" (grie *ex anthrópon ... hypér anthrópon*) begegnen uns Vorrecht und Begrenzung, Auftrag und Verpflichtung des irdischen Hohenpriestertums in Israel. Der Hohepriester war ausgesondert aus der Schar des Volkes Gottes zum Dienst für andere. Aber er blieb seinem natürlichen Wesen nach doch ein Mensch wie alle anderen auch. Obgleich die Erkenntnis seiner Gleichheit mit den anderen in seinem Dienst nie schwinden durfte, hatte er doch den Auftrag, für andere vor Gott[181] einzutreten und für sie zu leben. Die Aufgabe des Hohenpriesters, **Gaben und Opfer für Sünden darzubringen,** zeigte den tiefen Zusammenhang zwischen Sünde und Opfer[182]. Jedes Opfer war ein erneutes Erinnern an die Trennung des Menschen von Gott. Solange diese Trennungswand bestand, mußten Opfer dargebracht werden. Für den erlösten Menschen aber ist der Opferritus aufgehoben worden, weil das ganze Leben in allen Beziehungen zum Opfer wird (Rö 12, 1; 1 Pt 2, 5). In der Vollendung wird es keinen Tempel mehr, d. h. in irdischem und geistlichem Sinne keinen Raum mehr für das Opfer geben (Offb 21, 22). Der Unterschied in den Worten „Gaben und Opfer" kann verschieden verstanden werden. So können damit unblutige und blutige Opfer gemeint sein, oder allgemeine Gaben für den Tempel und besondere Opfergaben für den Altar. Ist das Wort „Gaben" als Oberbegriff in diesem Satz zu verstehen, so können wir sinngemäß übersetzen „sowohl Opfergaben als auch unter ihnen Schlachtopfer". Schließlich könnte uns das Wort „Gaben" an die Dank- und Speisopfer erinnern, und das Wort „Opfer für Sünden" auf den Vollzug der Sühnung am Altar hinweisen.

Um in rechter Weise für andere Menschen Opfer darbringen zu 2
können, bedurfte der Hohepriester nicht nur der rechten Gaben, sondern auch des rechten Herzens. Er mußte barmherzig sein. Er mußte **mit den Unwissenden und Irrenden mitfühlen** können. Das grie Wort *metriopathein* „mitfühlen", das nur hier im NT steht, hebt hervor, daß der irdische Hohepriester durch seine eigene Schuld und Schwachheit immer wieder gemahnt wurde, in seinem Unwillen und Zorn über die fortwährenden Übertretungen des Volkes Gottes maßvoll zu sein. Dieses Wort „mitfühlen" weist zurück auf den Ausdruck „Mitleid haben" (grie *sympathein*), den der Apostel Hbr 4, 15 für Christus gebraucht hat. Wenn beide Worte auch sprachlich eng ver-

181 Zu dem Ausdruck „vor Gott" vgl. S. 72 Anm. 113.

182 M. Luther, S. 78: „Es ist des Priestertums Amt und Natur, Sünde zu heben und zu tragen. Die Sünden sind also sein, weil er von anderen sie auf sich nimmt und trägt. Damit ist wiederum Christus, im Bilde begriffen, der wahre Aaron und das Lamm Gottes, das der Welt Sünden trägt."

wandt sind, so wird uns gerade an ihnen der wesensmäßige Unterschied deutlich, der zwischen der Gesinnung des Hohenpriesters Aaron und der Gesinnung unseres himmlischen Hohenpriesters Christus besteht. Jesus hat während seines Erdenlebens das ganze Ausmaß unserer menschlichen Versuchlichkeit und Schuld kennengelernt, obschon er ohne Sünde geblieben ist. Darum entspringt sein fürbittendes Eintreten für uns vor Gott nicht schwächlicher Nachsicht, mit der er etwa großzügig alle unsere Fehler übersehen würde. Vielmehr sieht er die tödliche Bedrohung unseres Lebens durch die Sünde deutlicher als je ein Mensch auf Erden das zu erkennen vermag; und das wird der Grund seines tiefen, herzlichen Erbarmens zu uns Menschen, die wir auch als Glaubende versuchlich und anfällig für die Sünde bleiben[183].

Unwissenheit und Irrtum sind Grundkennzeichen des unerlösten sündigen Menschen. Sie haben ihre Wurzel im Unglauben, der selber Sünde ist und notwendig die Sünden als konkrete Übertretungen der Ordnungen Gottes zur Folge hat (Jo 16, 9). Der Begriff der „Unwissenden und Irrenden" hat seine Wurzel im AT (4 Mo 15, 28—31): Gemeint sind die Menschen, die durch Unwissenheit und Irrtum in Sünde geraten. Wir erinnern uns auch an die Frage und Bitte des Psalmisten: „Wer kann merken, wie oft er fehle? Sprich mich ledig
3 von meinen verborgenen Fehlern" (Ps 19, 13). Weil der Hohepriester selbst nicht ohne Sünde war, mußte er zuerst persönlich das Sündopfer für eigene Schuld darbringen, damit das stellvertretende Opfer für das Volk möglich wurde, das alljährlich am großen Versöhnungstage wiederholt werden mußte (3 Mo 9, 7; 16, 6).

4 Neben die göttliche Ordnung für das Opfer tritt die Ordnung der Berufung, die für den Priester von gleicher Wichtigkeit war. **Niemand nimmt sich selbst die Ehre, sondern er wird von Gott berufen, gerade wie auch Aaron.** Die Berufung und Einsetzung in das Hohepriestertum durch Gott war für Israel unaufgebbare Tradition (2 Mo 28, 1; 4 Mo 3, 10). Niemand darf „die Ehre an sich reißen", Hoherpriester zu werden. Allein Gottes Wahl kann einem Menschen diese Würde
5 und Verantwortung auferlegen. Was im atst Bundesvolk als Ordnung Gottes galt, hat Christus in vollkommener Weise erfüllt. Auch er, der ewige Sohn, hat sich der Ordnung Gottes freiwillig unterstellt. Er hat sich nicht selbst zum Hohenpriester gemacht, er ist von Gott, dem Vater, dazu erhoben worden.

[183] Wilh. Michaelis, Ki—Th Wb., Bd. 5, S. 935 f: „Sein *sympatháesai* (mitleiden) ist nicht ein verstehendes Mitleid, das alles entschuldigt, ... sondern ein Mitfühlen, das aus der vollen Vertrautheit mit dem Ernst der Lage stammt und auch die uns selbst verborgene Schuld einzuschließen vermag."

Bisher hatte der Apostel, wenn er von der Erhöhung Jesu sprach und 6
sie aus den Schriften des AT belegen wollte, immer wieder auf Ps 110, 1 zurückgegriffen. Jetzt führt er einen anderen Vers aus diesem Psalm an, der für die gesamte weitere Gedankenführung von außerordentlicher Bedeutung werden soll: **„Du bist Priester in Ewigkeit nach der Ordnung Melchisedeks"** (Ps 110, 4). Ps 2 und Ps 110 dienen nicht nur zur Begründung der Sohnschaft und Königswürde Jesu, sondern liefern auch den atst Beweis für das ewige Hohepriestertum Jesu. „Aus Jesu Sohnesstellung vor Gott stammt alles, was er als Priester für uns vermag und tut[184]." Sohnschaft, Hohepriestertum und Königswürde sind in der Person Jesu untrennbar vereint.

Die Frage entsteht hier, auf welchen Zeitpunkt die atst Worte hinweisen. Handelt es sich bei der Einsetzung Jesu in das Hohepriestertum um ein vorweltliches Ereignis, geschah sie bei der Menschwerdung, in der Taufe, der Auferstehung oder erst bei der Himmelfahrt? Wann beginnt das ewige Hohepriestertum Jesu? Hier stehen wir an einer Grenze christologischer Aussagemöglichkeit: Jesus ist der Sohn von Ewigkeit her (Hbr 1, 1–2; 5, 8), vom Vater zum Hohenpriester berufen. Die Berufung erfolgt vor der Menschwerdung, wird aber wirksam im Leiden und Sterben und erfährt ihre Bestätigung in Auferweckung und Himmelfahrt. Die freiwillige Abhängigkeit des Sohnes vom Vater wird betont, der sich mit seiner Menschwerdung ganz den Ordnungen Gottes unterstellt (Jo 5, 19;
Gal 4, 4). Wie der atst Hohepriester, so hat auch Christus als der 7
Hohepriester des neuen Gottesvolkes Opfer dargebracht. Die ganze Lebenszeit, der gesamte irdische Weg Jesu war ein Leiden, war ein Opfergang (vgl. Phil 2, 5 ff). Hier aber ist besonders an das Geschehen von Gethsemane, an den Gebetskampf Jesu und an seinen Kreuzestod auf Golgatha gedacht[185]. Jesus opferte „Gebete und Flehen"[186], Jesus opferte im Gebet seinen eigenen Willen. Er wußte: Gott war der einzige, in dessen Hand sein Leben lag, und der seinen Leidensweg hätte ändern können. Aber er betet: „Nicht mein Wille, sondern dein Wille geschehe." Jesu Opfergang jedoch endet nicht in Gethsemane, er führt ihn bis ans Kreuz. Dort stirbt er unter „starkem Ge-

[184] A. Schlatter, S. 296.

[185] J. A. Bengel, S. 634 bezieht alle Aussagen ausschließlich auf das Geschehen in Gethsemane: „Jesus hat in Gethsemane dreimal gebetet. Gebet und Flehen ist zweierlei: Das Gebet ist Sache des Herzens, das Flehen geht auch den Leib an, es ist die tiefgebeugte Stellung des Supplikanten. Vgl. Mt 26, 39. Das starke Geschrei und Tränen betreffend, so liest man, daß er am Kreuz geschrien, nicht aber, daß er geweint habe. Die Worte: Schreien, Geschrei bezeichnen . . . ein innerliches Schreien der Seele oder ein heftiges Verlangen, Lk 22, 44."

[186] Im AT und im NT wird das Gebet mit dem Räuchopfer verglichen. Ps 141, 2 vgl. 3 Mo 16, 12–13; vgl. Offb 5, 8; 8, 3–4 mit Lk 1, 8–10.

schrei" (Mt 27, 46. 50; Lk 23, 46). Der Apostel beschreibt den Leidensweg des Herrn mit Worten, die das wahre Menschsein Jesu hervorheben. Er wurde wirklich „in jeder Weise versucht gleich wie wir" (Hbr 4, 15). Aber auch über dem schwersten Weg, den Jesus gehen mußte, dem Weg über Gethsemane ans Kreuz, liegt ein Glanz göttlicher Herrlichkeit. **„Er ist erhört worden auf Grund der Gottesfurcht."** Die grie Worte *apó täs eulabeías* können „erhört aus Furcht" oder „auf Grund seiner Gottesfurcht" heißen. Beide Übersetzungen sind wegen der Mehrdeutigkeit des Begriffes möglich. Da aber in Hbr 2, 15 die Worte *phóbos thanátu* für „Todesfurcht" stehen, ist deshalb hier wahrscheinlich „Gottesfurcht" gemeint. Jesus wurde von Gott erhört. Diese Gewißheit liegt über allen Gebeten Jesu. Er konnte beten: „Vater, ich danke dir, daß du mich erhört hast. Ich aber wußte, daß du mich allezeit erhörst" (Jo 11, 41–42). Aber in seinen Gebeten weicht Jesus nie den Leiden aus (vgl. Jo 12, 27–28). Darum kann Gott sein Gebet erhören. Allerdings spüren wir über diesen Worten auch das Geheimnis der Unterscheidung von Erhörung und Erfüllung unserer Gebete. Die Erhörung des Gebetes Jesu wurde in der Stärkung durch den Engel in Gethsemane deutlich (Lk 22, 43). Sie bestand in der Stärkung zum Leiden, in der Überwindung der Todes-
8 furcht, nicht in der Abwendung des Todes (vgl. 2 Ko 12, 8–9). Die Erhörung des Gebetes befreite selbst den Sohn Gottes nicht vom Gehorsam gegen den Vater. Dieser Gehorsam fiel ihm nicht mühelos zu, sondern er hat ihn durch Übung im Leiden erlernt. Auch der Sohn Gottes mußte den Gehorsam lernen, und dieser Gehorsam führte ihn ins Leiden – bis zum Kreuzestod (Phil 2, 8). Jesus selber verstand seinen Weg auf Erden als vollendeten Gehorsam; er sagte: „Ich kann nichts von mir aus tun . . . denn ich suche n i c h t m e i n e n W i l l e n, sondern den Willen dessen, der mich gesandt hat"
9 (Jo 5, 30). Weil er den vollkommenen Gehorsam auch im Leiden bewährt hat[187], kann er mit göttlicher Vollmacht seinen Jüngern befehlen: „Lernt von mir!" (Mt 11, 29)[188]. So wie zur Gottessohnschaft

[187] Die grie Worte *émathen aph hon épathen* „er hat gelernt an dem, was er litt", heben deutlich hervor: das Lernen des Gehorsams beginnt im Leiden. – Nur auf dem Weg des Leidens konnte Jesus die Vollendung erreichen. Hier drängt sich uns die Frage auf: Warum mußte Christus, der vollkommene Sohn Gottes von Ewigkeit her, noch durch das schwerste Leiden hindurchgehen, um vollendet zu werden? Der Zusammenhang des Satzes gibt uns die Antwort: „Nachdem er vollendet worden ist, ist er allen, die ihm gehorchen, zum Urheber einer ewigen Rettung geworden." Es fehlte nichts an der wesenhaften Vollkommenheit Jesu, aber nach dem Ratschluß Gottes sollte der S o h n Gottes auch noch der H e i l a n d der Welt werden. Das aber wurde er erst durch seine Menschwerdung, seinen Tod am Kreuz und seine Auferstehung. In ähnlicher Weise sieht Paulus, daß zur Vollkommenheit Christi auch die Gemeinde hinzugehört, die erst durch seine Heilandstat geschaffen wurde (Eph 1,23); vgl. W. Stb. Eph., S. 78.

[188] G e h o r s a m d e s J ü n g e r s und B e r e i t s c h a f t z u m L e i d e n sind schon in

Jesu sein Gehorsam gegenüber dem Vater gehörte, gibt es auch für uns keine wahre Gotteskindschaft ohne den Gehorsam gegen Christus (2 Ko 10, 5; Phil 2, 12). Mit dieser Aussage möchte der Apostel dem Gläubigen nun ins Bewußtsein rufen, daß auch die Gemeinde nur durch Leiden im Gehorsam sich bewähren kann und so vollendet wird. Praktischer Gehorsam bedeutet hier, auch im Leiden nicht zurückzuweichen, sondern festzuhalten am Bekenntnis zu Jesus.

Nur auf dem Weg des Leidens und Sterbens konnte Jesus unser Heil erwirken. Nach seiner Vollendung, d. h. durch seine Auferstehung und Himmelfahrt, ist er **der Urheber ewigen Heils geworden.** In der Erhöhung seines Sohnes hat der Vater dem Heilswerk des Heilsmittlers seine göttliche Bestätigung verliehen (vgl. Phil 2, 9—11).
Mit seiner Himmelfahrt tritt Jesus sein himmlisches Hohepriester- 10
amt an. Das prophetische Wort des AT hat sich erfüllt: Jesus ist „Hoherpriester nach der Ordnung Melchisedeks" geworden. In den Aussagen des Apostels über das Hohepriestertum Jesu finden wir eine deutliche Steigerung. Jesus ist Hoherpriester (3, 1), er ist der treue Hohepriester (2, 17), er ist der große Hohepriester (4, 14), und schließlich ist er der Hohepriester nach der Ordnung Melchisedeks (5, 10).

Zusammenfassung

Nachdem der Apostel die unvergleichliche Größe des Herrn Jesus Christus in der Gegenüberstellung mit den atst Gottesmännern Mose und Josua aufgezeichnet hat, vergleicht er abschließend in Hbr 4, 14 bis 5, 10 Jesus und Aaron miteinander. Auch hier zeigt er die überragende Größe und Herrlichkeit dessen auf, was der Gemeinde gegenüber Israel in der Person des erhöhten Herrn geschenkt worden ist. Jesus und Aaron: beide sind Hohepriester — Aaron war der erste Hohepriester, Jesus ist der letzte Hohepriester. Beide waren von Gott berufen, beide wurden „von Menschen genommen"; auch Jesus war wie Aaron wahrer Mensch (Hbr 2, 14). Beide, Aaron und Jesus, wurden „für Menschen eingesetzt"; auch Jesus kam um der Menschen willen (Hbr 2, 16) Beide wurden versucht, beide können deshalb „Mitleid mit unseren Schwachheiten" haben. Beider Aufgabe im

der messianischen Weissagung aus den Gottesknechtsliedern des Jesaja miteinander verbunden Jes 50, 4—6: „Gott der Herr hat mir eines Jüngers Zunge verliehen, daß ich den Müden durch das Wort zu erquicken wisse. Er weckt alle Morgen, weckt mir das Ohr, *wie ein Jünger zu hören*. Gott der Herr hat mir das Ohr aufgetan, ich aber *habe nicht widerstrebt*, bin nicht zurückgewichen; den Rücken bot ich denen, *die mich schlugen*, und die Wangen denen, die mich rauften; mein Angesicht verhüllte ich nicht, wenn sie mich schmähten und anspien."

AT und NT ist es, die Menschen vor Gott zu vertreten, um Sühnung zu erwirken (Hbr 2, 17; 5, 1–3), und beide bringen Opfer dar.

Aber Jesus ist größer als Aaron. Aaron war Hoherpriester, Jesus ist der große Hohepriester. Aaron war nur ein Mensch. Jesus war auch wahrer Mensch, aber er ist der Sohn Gottes; er hat seinen Ursprung in der Ewigkeit. Aaron wurde durch Mose zum Hohenpriester eingesetzt, Jesus wurde von Gott, seinem Vater, zu diesem Dienst berufen. Aaron mußte für sich selber zuerst Opfer darbringen, weil er mit Sünden behaftet war, Jesus aber war rein von aller Sünde, Aaron opferte Gaben und Opfer, die er zuvor von den Israeliten empfing (Hbr 8, 3), er ging mit „fremdem" Blut (Hbr 9, 25) in das Heiligtum. Jesus aber opferte Gebet, Flehen und Tränen, er brachte seinen Willen Gott dar, er opferte sein eigenes Leben. Aaron blieb trotz aller Opfer ein unvollkommener Mensch, Jesus wurde durch das Opfer seines Lebens zum vollkommenen Hohenpriester (Hbr 7, 28). Die Opfer Aarons bedurften der Wiederholung, jährlich einmal ging er in das irdische Allerheiligste (Hbr 9, 7. 25). Jesu eines Opfer gilt für alle Zeit, er hat die Himmel ein für allemal durchschritten, um jetzt auf ewig vor dem Angesicht Gottes für uns zu erscheinen (Hbr 4, 14; 8, 1. 2; 9, 24). Aaron legte die Sünden Israels einem Tier auf (3 Mo 16, 21. 22), sein Opfer hatte nur sinnbildliche Bedeutung, es war nicht aus sich selbst wirksam (Hbr 10, 4. 11). Jesus hat die Sünden der ganzen Welt auf sich genommen (Jo 1, 29; 1 Pt 2, 24), sein Opfer ist für alle Zeiten wirksam. Aaron hatte nur ein vergängliches Hohepriestertum zu verwalten, dessen Ordnung dem Volk Israel am Sinai gegeben worden war. Aber Jesus hat ein ewiges Hohepriestertum empfangen, dessen Gültigkeit in der ewigen Ordnung Melchisedeks begründet ist.

Auf dem Weg des Gehorsams, der ihn durch Leiden führte, ist Jesus der vollkommene Hohepriester und zugleich eine Ursache des ewigen Heils geworden. So wie Jesus dem Vater gehorsam war und in die Herrlichkeit einging, so führt auch der Weg der Gläubigen nur durch Gehorsam und Leiden in die Herrlichkeit (Apg 14, 22; 2 Tim 3, 12). Die göttlichen Heilslinien des Alten Bundes gelten auch für die Gemeinde des Neuen Bundes. Zugleich sind aber der Dienst und die Herrlichkeit der Gottesboten des AT durch Jesus Christus erfüllt und überboten. Die unermeßliche Größe der Gabe Gottes in Jesus Christus leuchtet auf dem Hintergrund der atst Geschichte des Volkes Israel und seines Hohenpriestertums auf. Jesus Christus ist die große Gabe Gottes, von ihm strömt uns die Kraft zu, die wir brauchen, um auch unter schweren inneren und äußeren Belastungen auf dem Weg der Nachfolge zu bleiben.

7. Erste Ermahnung: Warnung vor dem Abfall

Hbr 5, 11 – 6, 20

A. Tadel der geistlichen Unreife

Hbr 5, 11–14

11 **Darüber hätten wir noch viel zu sagen, aber es läßt sich mit**
Worten schwer erklären, da ihr stumpf geworden seid im Hören.
12 *** Denn während ihr der Zeit nach schon Lehrer sein müßtet,**
habt ihr wieder jemanden nötig, der euch in den allerersten
Grundlagen der Worte Gottes unterrichtet, und ihr braucht Milch,
13 **nicht feste Speise. * Denn jeder, der noch Milch genießt, ist un-**
erfahren im Worte der Gerechtigkeit; denn er ist unmündig.
14 *** Für die Vollkommenen aber ist die feste Speise, für die, die in-**
folge ihrer Gewöhnung geübte Sinne zur Unterscheidung des
Guten und Bösen haben.

Zu Vers 11: Hbr 6, 12
Zu Vers 12: 2 Tim 2, 2; 1 Ko 3, 1–3; 1 Pt 2, 2
Zu Vers 13: Eph 4, 14
Zu Vers 14: 1 Mo 2, 17; 1 Mo 3, 5; 2 Mo 18, 21; 1 Chro 26, 8; Rö 12, 2; Rö 16, 19; 1 Ko 2, 12–14; Phil 1, 9–10; 1 Jo 5, 20

Der Apostel hat von der überwältigenden Größe Jesu und seiner Überlegenheit über die Engel, über Mose, Josua und Aaron gesprochen. Nach Hbr 5, 10 unterbricht er plötzlich seinen Gedanken. Und jetzt wird deutlich, was den Apostel innerlich bewegt. Es ist nicht nur die Herrlichkeit der Person Jesu und die unfaßliche Größe des Heils, das Gott der Menschheit bereitet hat, die ihn überwältigt haben 11
und ihn dazu drängen, sein inneres Erleben und seine geistliche Erkenntnis niederzuschreiben. Es ist vielmehr die brennende Sorge um den geistlichen Stand der Gemeinde, die ihn umtreibt. Er möchte ihnen noch so vieles mitteilen von dem, was ihn innerlich zutiefst erfüllt, aber er spürt, daß das in der augenblicklichen Lage der Gläubigen gar nicht ohne weiteres möglich ist. Darum wendet er sich jetzt mit einem mahnenden und tadelnden Wort und einer unmittelbaren Warnung an die Gläubigen. Deshalb schreibt er ihnen im Rückblick auf all das, was er ihnen an Christuserkenntnis übermittelt hat: **Darüber hätten wir noch viel zu sagen, aber es läßt sich mit Worten schwer erklären, da ihr stumpf geworden seid im Hören.** Wir sehen hier, wie auch an manchen anderen Stellen des NT, daß sich das Ausmaß apostolischer Glaubenserkenntnis nicht auf das allein beschränkt, was die Verfasser der ntst Schriften uns überliefert haben. Der Apostel könnte der Gemeinde noch vieles aus dem Reichtum der geistlichen Erkenntnis weitergeben, die ihm durch den Heiligen Geist zuteil geworden ist[189]. Er möchte der Gemeinde noch so vieles

189 Auch das Wort 2 Th 2, 6 zeigt uns, daß die mündliche Verkündigung der Apostel weit über das hinausging, was sie schriftlich in ihren Briefen festgehalten haben.

zu ihrem inneren Aufbau sagen, aber es ist „schwer darzustellen". Die Begründung dafür liegt nicht in der Sache. Es ist nicht so, als bedürfe es einer außerordentlichen Erleuchtung durch Gottes Geist, um das Zeugnis der Apostel zu verstehen. Einsicht in die biblischen Wahrheiten und Zusammenhänge ist jedem Gläubigen möglich. Es geht nur darum, daß das Verhältnis des einzelnen Christen zu seinem Herrn lauter und klar ist. Die Begründung dafür, daß „es sich mit Worten schwer erklären läßt", liegt im Leben der Hörer. **Ihr seid stumpf geworden mit euren Ohren.** Der Apostel tadelt nicht ihr sittliches Verhalten, er klagt sie nicht wegen schwerer Sünden an. Er rügt vielmehr ihr Verhalten dem Wort Gottes gegenüber. Die Gläubigen sind „stumpf", „schwerhörig" für die Botschaft geworden. Es ist eine „negative Entwicklung" in ihrem geistlichen Leben im
12 Gange, die verhängnisvolle Folgen haben kann. Der Apostel gründet sich dabei auf die Tatsache, daß es für jeden Christen die Möglichkeit einer g e s u n d e n, n o r m a l e n Entwicklung und Entfaltung im Glaubensleben gibt. Das NT kennt Wachstumsstufen im geistlichen Leben der Kinder Gottes: 1. Kinder im Glauben – 2. heranwachsende „junge Menschen" im Glauben (Jünglinge) – 3. Menschen mit einem ausgereiften Glaubensleben (Väter). Dabei bedeutet reifer werden im Glauben immer tiefer in die Abhängigkeit von Jesus Christus hineinzuwachsen (1 Jo 2, 12–14; Eph 4, 14)[190]. Darum sagt Jesus zu Petrus: „Als du jünger warst, gürtetest du dich selbst und wandeltest, wohin du wolltest, wenn du aber alt wirst, wirst du deine Hände ausstrecken, und ein anderer wird dich gürten und führen, wohin du nicht willst" (Jo 21, 18). Das Normale ist Wachstum in der Erkenntnis und Fortschritt in der Heiligung (2 Pt 3, 18)[191]. Es gibt aber auch die Gefahr des inneren Stillstandes, der zum Abfall führen kann. Mangel an Glauben und geistlicher Aufnahmefähigkeit ist ein „unnatürlicher", dem Wachstum des Glaubens widersprechender Vorgang.

Ihr solltet der Zeit nach schon Lehrer sein. Die Zeitspanne seit ihrem Gläubigwerden wäre also schon ausreichend zu einem solchen angestrebten Reifungsprozeß gewesen, der sie in die Lage versetzt hätte, nun auch in rechter Weise andere im Worte Gottes zu unterweisen und zum lebendigen Glauben an Christus zu führen. Aber sie haben die Zeit ihrer Nachfolge nicht recht genutzt. Die Fähigkeit zur Unterweisung anderer wird ihnen abgesprochen. „Lehrer sein" bedeutet hier nicht, ein kirchliches Amt auszuüben. Es geht um die Be-

[190] Vgl. Fritz Binde, Die Vollendung des Leibes Christi, Wuppertal 1963, S. 46 ff.

[191] Auch das Wort Jesu Jo 16, 4: „Solches aber habe ich euch von Anfang nicht gesagt; denn ich war bei euch" zeigt uns, daß Jesus seinen Jüngern vieles erst im Laufe ihrer Jüngerschaft und Nachfolge offenbart hat, was er ihnen nicht gleich zu Beginn gesagt hat.

tätigung und Entfaltung einer geistlichen Begabung (1 Ko 12, 28; Eph 4, 11). Ihr ist der durch den Heiligen Geist geschärfte Blick für die gesunde Lehre eigen, ihr ist der Wächterdienst für die biblisch ausgerichtete Verkündigung anvertraut; ebenso ist aber mit der „geistlichen Lehrfähigkeit" die Verantwortung übertragen, andere für die Verkündigung des Evangeliums berufene Menschen auf diesen Dienst zuzurüsten[192]. Weil die Zeit ihrer Nachfolge[193] nicht den erwarteten Reifeprozeß in ihrem geistlichen Leben herbeigeführt hat, brauchen sie wieder jemanden, **der sie in den allerersten Grundlagen des Wortes Gottes unterrichtet.** Der Apostel sagt, daß die Hebräerchristen noch einmal Elementarunterricht[194] im christlichen Glauben brauchen. Die „Anfangsgründe des Wortes Gottes", mit denen sie auf den ersten Schritten ihres Glaubenslebens bekannt wurden, scheinen ihnen wieder verlorengegangen zu sein. Schon in Hbr 2, 1 hatte der Apostel darauf hingewiesen, wie notwendig es ist, an dem Wort Gottes festzuhalten, so wie es ihnen im allerersten Anfang gesagt wurde[195]. Unser Vers weist schon voraus auf Hbr 6, 2, wo wir die Bausteine zum „Fundament" des Glaubens näher kennenlernen werden.

[192] Vgl. 1 Tim 4, 16; 6, 3. 20; 2 Tim 1, 13–14; 2, 2; Tit 2, 1.

[193] Die grie Worte *diá ton chrónon* „der Zeit nach" können auch im Sinne des Ausdrucks „um der Zeit willen" übersetzt werden. Damit wäre dann weniger die Zeitdauer des Glaubenslebens der einzelnen Christen gemeint, als vielmehr der Charakter der Heilszeit angedeutet. Zum Wesen der ntst Heilszeit gehört es gerade, von Gott unmittelbar belehrt zu werden, also nicht unbedingt auf menschliche Lehrer angewiesen zu sein (Jer 31, 34; 1 Th 4, 9; Hbr 8, 11). Dann würde gerade die Tatsache, daß sie wieder menschlicher Lehrer bedürfen, auf den verhältnismäßig niederen geistlichen Stand im Glaubensleben der Hebräerchristen schließen lassen. — Wir möchten der oben genannten Deutung den Vorzug geben, da der Vf das grie Wort *chrónos* „Zeit" (im allgem. Sinn) und nicht *kairós* „Heilszeit" gebraucht.

[194] Der Begriff *stoicheía* stammt aus dem philosophischen und religiösen Sprachgebrauch der Antike und hat verschiedenartige Bedeutungen gehabt, die auch im NT ihren Niederschlag gefunden haben. Er kann im Sinne von „Anfangsgründe, Grundlehren" verwandt werden (Hbr 5, 12), wie er auch die Bedeutung „Urbestandteile, Grundstoffe, Elemente" (2 Pt 3, 10. 12) annehmen kann. Von hier aus gewinnt *stoicheía* den Sinn „Elementargeister", die nach heidnischer Anschauung als überirdische Wesenheiten die Elemente Feuer, Wasser, Erde und Luft repräsentierten (vgl. Gal 4, 3. 9; Kol 2, 8. 20), zugleich auch auf die Gestirne bezogen wurde, die vielfach als persönliche Wesen gedacht waren. Im NT wird der Ausdruck „Elemente der Welt" grie *stoicheía tu kósmu* meist in abwertendem Sinne für die menschliche Überlieferung der vor- bzw. außerchristlichen Religion gebraucht. Vgl. W–B 1958[5], Sp. 1523; Ki–Th W Bd. VII, 1963, S. 670 ff.

[195] Berleburger Bibel, S. 31: „Die ersten Buchstaben (Grundlagen) werden damit nicht verachtet; denn es sind Gottes Worte: Aber das ist wider Gottes Willen, daß man immer will sitzen bleiben. Der Katechismus ist aller Ehren wert; aber immer dabei sitzen bleiben und sagen: Ei, ich bleibe bei der Einfalt, beim Katechismus! das ist tückisch, nicht einfältig. Die Katechismuslehren greift der Apostel nicht an, sondern daß man nicht weitergehen will, zurückkriecht und sich wie Sechs-Wochen-Kinder traktieren läßt."

Die Glieder der Gemeinde, an die der Apostel seinen Brief richtet, haben seinen Tadel offensichtlich verdient. Müßte der Apostel an uns nicht ebenso schreiben? Es ist doch eine auffallende Not in unserer Zeit, daß so wenige Kinder Gottes noch wirklich mit dem Wort der Heiligen Schrift vertraut sind, daß sie nicht mehr in dem Wort leben, daß das Wort Gottes sich kaum noch im alltäglichen Verhalten der Christen auswirkt. Wie viele Mangelerscheinungen im geistlichen Leben lassen sich auch in unseren Tagen darauf zurückführen, daß wir den Elementarunterricht des geistlichen Lebens zu rasch vergessen haben. Diesem bedenklichen Zustand muß auch die Verkündigung gerecht werden. **Ihr braucht Milch, nicht feste Speise.** „Milch" ist hier ein Bild für die Verkündigung, die es einem junggläubigen Christen ermöglicht, in der Erfahrung des Heils zu wachsen. Im Verständnis des Hbr ist „Milch" (grie *gála*) die grundlegende Verkündigung, von der Hbr 6, 1–2 spricht, in der die Fundamente des Glaubenslebens gelegt werden. Die feste Speise (grie *stereá trophá*) dagegen ist eine Verkündigung im Sinne von Hbr 7, 1 ff, die eine tiefere Erkenntnis der Person Jesu Christi gewährt und einen umfassenderen Einblick in das uns geschenkte Heil; in unserem Zusammenhang ist es ein Hinweis auf die christologische Auslegung des AT. Es ist immer dort ein bedrohlicher Zustand des inneren Lebens eingetreten, wo Kindern Gottes, die schon längere Zeit auf dem Glaubensweg sind, noch eine Verkündigung zuteil werden muß, wie sie eigentlich für Jungbekehrte gedacht ist.

13 **Denn jeder, der noch Milch genießt, ist unerfahren im Worte der Gerechtigkeit; denn er ist unmündig.** Worin im einzelnen die „feste Speise" besteht, wird in diesem Zusammenhang nicht erörtert. Deutlich ist aber, daß „Milch" und „Unmündiger" einander entsprechen. Sie kennzeichnen den Zustand des ungereiften Christen, der noch stark in Abhängigkeit von Menschen lebt und jeder Lehrmeinung, damit auch jeder ungeistlichen Strömung in der Verkündigung des Wortes
14 Gottes offensteht und zuneigt. Ihnen gegenüber stehen die „Vollkommenen". Dabei handelt es sich nicht um Gläubige, die den „Stand der Sündlosigkeit" erreicht hätten. Wohl aber sind es Menschen, die in treuem und gehorsamem Leben mit Gott gereift sind, und deren Glaubenserfahrung es ihnen erlaubt, klar zwischen dem Willen Gottes und irriger Menschenmeinung zu unterscheiden. Sie haben durch **Gewöhnung geübte Sinne zur Unterscheidung des Guten und Bösen.** Zum rechten Glaubensleben gehören Übung und Bewährung. Die Fähigkeit des geistlichen Urteilsvermögens gewinnt man nicht von heute auf morgen, sondern im Verlauf eines geistlichen Lebensprozesses durch fortwährende geistliche Betätigung. Nur im ständigen Umgang mit Gott, in der regelmäßigen Beschäftigung mit seinem

Wort, in einem innigen Gebetsleben und durch die Gemeinschaft mit Gläubigen (Apg 2, 42) reifen wir zu erprobten, zuverlässigen Glaubensmenschen heran, werden wir „tüchtig zum Dienst" (2 Mo 18, 21; 1 Chro 26, 8).

Das „Gute und Böse", das es voneinander zu unterscheiden gilt, bezieht sich immer auf Lehre und Leben zugleich. Es geht hier nicht nur um sittliche Begriffe, sondern auch um die Fähigkeit und ernste Verantwortung, zwischen heilsamer und schädlicher Lehre zu unterscheiden. Aber dazu befähigt auch tatsächlich der lebendige Gott in einem Leben treuer Nachfolge. Diese Worte, „Gutes und Böses zu unterscheiden", erinnern uns ja unmittelbar an den „Baum der Erkenntnis des Guten und Bösen" im Paradies und an das versucherische Wort der Schlange, das sie an Eva richtet: „Ihr werdet sein wie Gott und wissen, was gut und böse ist" (1 Mo 2, 17; 3, 5). Die ersten Menschen wollten sich diese Gabe aus eigener Machtvollkommenheit aneignen und zerstörten dadurch die Gottesgemeinschaft. Tatsächlich erlangten sie kein unfehlbares Unterscheidungsvermögen. Gerade in einer gefallenen Welt sind „geübte Sinne zur Unterscheidung des Guten und Bösen" nötig und werden uns durch den Heiligen Geist in einem erlösten Leben zuteil.

Der kurze Abschnitt Hbr 5, 11–14, in dem der Apostel die Gläubigen tadelt, spricht wichtige Grundtatsachen des Glaubens aus. Jedes normale Christenleben ist durch gesundes Wachstum im Glauben gekennzeichnet. Alles Wachstum braucht Zeit, im geistlichen Leben ebenso wie im organischen Leben. Kennzeichen eines fortgeschrittenen Wachstumsstadiums sind geistliches Urteil und die Fähigkeit, die Grundlagen des christlichen Glaubens denkend zu verarbeiten und verbindlich weiterzusagen. Aber im Blick auf den tatsächlichen Zustand der Gemeinde sieht der Apostel zwei Möglichkeiten des Christseins. Man kann unmündig sein, im Kindheitsstadium leben, d. h. „unerfahren" sein im Wort Gottes. Solche Menschen gelten ihm als „Anfänger im Glauben", sie sind gewissermaßen die ABC-Schützen, sie bedürfen der Milch, einfacher Anfangsunterweisung für unerfahrene Kinder Gottes. Ihnen gegenüber stehen die „Vollkommenen", d. h. die Erwachsenen im Glauben, Christen mit geistlicher Erfahrung. Sie sind in der Lage, auch andere Menschen zu Christus zu führen und Gläubige in ihrem Leben mit dem Herrn zu fördern. Sie zeichnen sich durch Stetigkeit im Glaubensleben und durch Festigkeit im biblisch begründeten Urteil aus[196]. Ihr Leben ist in

[196] J. A. Bengel, S. 637: „Die innere Stärke macht, daß einer mit Munterkeit, Geschicklichkeit, Nutzen, ohne affektiertes Wesen oder jenes verkehrte Kopieren anderer, eine Übung erlangt."

allen seinen Bereichen und Möglichkeiten beständiger Dienst für den lebendigen Gott (Da 6, 16. 20; Kol 3, 17).

Ist der Tadel des Apostels auch unüberhörbar, so enthält er doch auch zugleich den deutlichen Hinweis auf eine wunderbare Möglichkeit, die Gott seinen Kindern schenkt. Es gibt im rechten Sinne „Einübung im geistlichen Leben". Es gibt „gute Gewohnheiten", die im Leben der Kinder Gottes nicht fehlen sollten, durch die wir „geübte Sinne" bekommen, d. h. zu echter geistlicher Urteilsfähigkeit gelangen. Aus dem Zusammenhang des ganzen Briefes können wir die Frage beantworten, um welche „Gewohnheiten" es sich hierbei handeln wird. Der regelmäßige Umgang mit dem Worte Gottes (Hbr 6, 1–2), die Geduld des Glaubens, die wir bewußt auch in schwierigen Lebenslagen üben (Hbr 6, 12), der innige Umgang mit Gott im Gebet (Hbr 4, 16; 10, 19) und die Pflege der brüderlichen Gemeinschaft (Hbr 10, 24) lassen uns zu reifen Christen heranwachsen. Dann wird auch unser persönliches Zeugnis von Christus (Hbr 4, 14; 10, 23), die gegenseitige brüderliche Ermahnung (Hbr 3, 13; 10, 25) und unser praktischer Dienst am Nächsten (Hbr 6, 10) von Gott gesegnet sein.

B. Die Unmöglichkeit, die Buße zu erneuern

Hbr 6, 1–8

Zu Vers 1:
Hbr 5, 12
Kol 3, 14
Hbr 5, 14
1 Ko 3, 10
Mk 1, 15
Apg 17,30. 31
Apg 20, 21
Eph 2, 1–2. 5
Hbr 9, 14
Jo 14, 1
Zu Vers 2:
Mt 9, 18
Mt 19, 13
Mk 5, 23
Mk 6, 5
Mk 7, 32
Mk 8, 23. 25
Mk 16, 18
Lk 4, 40
Lk 13, 13
Apg 6, 6
Apg 8, 17–19
Apg 9, 12. 17

1 Deshalb wollen wir den Anfang der Christus-Verkündigung da-
hintenlassen und uns der Vollkommenheit zuwenden, nicht wie-
der den Grund legen mit der Buße von toten Werken und dem
2 Glauben an Gott, * mit der Lehre von den Taufen, von der Hand-
auflegung, der Auferstehung der Toten und dem ewigen Gericht.
3/4 * Und dies wollen wir tun, sofern Gott es zuläßt. * Denn es ist
unmöglich, die, die einmal erleuchtet worden sind und die himm-
lische Gabe geschmeckt haben und des Heiligen Geistes teilhaftig
5 geworden sind * und das gute Wort Gottes und die Kräfte der
6 zukünftigen Welt geschmeckt haben * und (dann doch) **abgefallen**
sind, von neuem zur Buße zu bringen, da sie den Sohn Gottes für
7 sich noch einmal kreuzigen und der Schande preisgeben. * Denn
die Erde, die den oft auf sie herabfallenden Regen getrunken hat
und für diejenigen nützliches Kraut hervorbringt, um deretwillen
8 sie auch bearbeitet wird, empfängt Segen von Gott. * Wenn sie
aber Dornen und Disteln hervorbringt, ist sie unbrauchbar und
dem Fluch nahe, dessen Ende zur Verbrennung führt.

Eben noch hat der Apostel einen Tadel ausgesprochen: „Ihr seid träge geworden im Hören". – „Ihr müßt noch einmal von vorne anfangen!" Nun würden wir erwarten, daß eine nochmalige Unterweisung der Gläubigen in den Grundlagen des christlichen Glaubens einsetzen müßte. Aber wir sind überrascht. Der Apostel führt in ganz anderer Weise seine Gedanken fort, als wir es nach der uns gewohnten Art zu denken erwarten: **Deshalb wollen wir den Anfang der Christus-Verkündigung dahintenlassen und uns der Vollkommenheit zuwenden.** Der Anfang der Christus-Verkündigung, grie *ho täs archáes tu Christú lógos*, entspricht genau dem, was er in Hbr 5, 12 „die Anfangselemente des Wortes Gottes" genannt hatte. Er will das zum Stillstand gekommene geistliche Wachstum wieder beleben. Dazu erscheint ihm nun nicht die Anfangsverkündigung das geeignete zu sein, sondern vielmehr die Vertiefung in das Wesen und die Geheimnisse der Person Christi[197].

Ist das nicht ein Hinweis, den wir für unsere Praxis in Verkündigung und Seelsorge ernstnehmen müssen? Wie oft geschieht es, daß Gotteskinder in der Nachfolge zu Fall kommen, oder daß sie in ihrem Glaubensleben lau werden, daß ihr geistliches Wachstum nicht mehr weitergeht. Haben wir nicht alle Ähnliches irgendwann erlebt? Dann geht es nicht darum, daß wir immer und immer wieder von vorne anfangen und unser Leben lang am ABC des Glaubens herumbuchstabieren, um stets an der gleichen Stelle unseres Glaubensweges stehen zu bleiben. Wir sollen uns dann erst recht durch das Wort Gottes und den Heiligen Geist, vielleicht auch durch einen seelsorgerlichen Menschen, tiefer in das Verständnis der Person unseres Herrn Jesus Christus und seines Erlösungswerkes führen lassen, damit aus den neugewonnenen geistlichen Erkenntnissen auch neue Kräfte in unser Glaubensleben strömen.

„Wir wollen uns der Vollkommenheit zuwenden[198]!" Die Vollkommenheit ist für den Apostel der angestrebte Zustand eines geistlich reifen Christenlebens und zugleich eine Weise der Verkündigung, die dem Gläubigen hilft, das Wort Gottes immer tiefer zu erfassen und so in eine immer engere Gemeinschaft mit Christus hineinzuwachsen. In Hbr 5, 14 hat der Apostel nur kurz von der „festen Speise für die Vollkommenen" gesprochen. Auch an dieser Stelle sagt er uns nicht, was er darunter versteht. Wir dürfen aber aus dem Zusammenhang des Briefes schließen, daß der Apostel in seiner lehrhaften Unterweisung Hbr 7, 1 – 10, 18 den Gläubigen biblische Erkenntnis als „geistliche Gabe" (Rö 1, 11) vermittelt, die der ange-

Apg 13, 3
Apg 28, 8
1 Tim 4, 14
1 Tim 5, 22
2 Tim 1, 6
1 Ko 15, 23
Kol 1, 18
Mt 25, 31–46
1 Pt 4, 5
Zu Vers 3:
Rö 15, 18
1 Ko 4, 19
Jak 4, 15
Zu Vers 4:
Mk 10, 27
Jo 1, 9
2 Ko 4, 6
Hbr 10, 32
Jo 3, 16
Jo 4, 10
Jo 6, 32–33
Rö 5, 15
2 Ko 9, 15
Ps 34, 9
Zu Vers 5:
Jos 21, 45
Jos 23, 15
1 Pt 2, 3
Hbr 2, 5
Hbr 2, 4
Zu Vers 6:
Mt 12, 31
Mk 3, 29
Hbr 10, 26–29
2 Pt 2, 20–22
1 Jo 5, 16
Zu Vers 7:
1 Mo 1, 11–12
Jes 55, 10
Zu Vers 8:
1 Mo 3, 17–18
Mt 7, 16–17
Mt 13, 7

197 K. F. Hartmann, S. 4: „Wie man bei den äußerst Kranken und Schwachen oft die allerstärksten Arzneien gebraucht, so beobachtet die Heilige Schrift auch diese Weise, daß sie die Verlegensten durch Vorhaltung der höchsten Wahrheiten und Verheißungen wieder aufrichtet."

198 Vgl. Phil 3, 12–15.

strebten „Vollkommenheit“ entspricht; diese reiche Christuserkenntnis ist „feste Speise“ für Gläubige. Um so deutlicher sehen wir, was der Apostel zum „Anfang der Christus-Verkündigung“, zu den Bausteinen evangelistisch-missionarischer Verkündigung rechnet.

1b–2 **Wir wollen nicht wieder den Grund legen mit der Buße von toten Werken und dem Glauben an Gott, mit der Lehre von den Taufen, von der Handauflegung, der Auferstehung der Toten und dem ewigen Gericht.** Buße und Glaube gehören zusammen. Das kennzeichnet die Verkündigung Jesu und seiner Apostel von Anfang an (vgl. Mk 1, 15 mit Lk 15, 11 ff). Mit den „toten Werken“ sind nicht in erster Linie einzelne sündige Taten des unerlösten Menschen gemeint. Die Bibel sieht das ganze Sein des Menschen ohne Gott als „tot“ an[199]. Darum geht es in der Buße auch nicht um das Bekenntnis einzelner falscher Handlungen vor Gott, sondern um die totale Übergabe des Lebens an den Herrn, nicht nur um eine „Sinnesänderung“, sondern um die Wiederherstellung unserer Gottesbeziehung, eben darum, daß unsere ganze Existenz aus dem Todeszustand herauskommt. Das geschieht durch Glauben. Glaube an Gott ist im ntst Sinne nur möglich durch lebendigen Glauben an Jesus Christus (Jo 14, 1). Das bedeutet nicht ein gedankliches Erfassen und Fürwahrhalten der biblischen Aussagen, noch viel weniger nur das Nachsprechen eines christlichen Bekenntnisses. Glaube an Jesus Christus, das meint der Apostel hier mit „Glauben an Gott“, ist Ausdruck für die unmittelbare, persönliche Lebensgemeinschaft eines Menschen mit Gott. Glauben heißt, Jesus Christus als persönlichen Herrn und Retter in sein Leben aufzunehmen (Jo 1, 12).

Für die ntst Zeit ist es selbstverständlich, daß Buße und Glauben den Anfang des Christseins bedeuten. Ebenso selbstverständlich gehört aber zur grundlegenden apostolischen Verkündigung auch die Unterweisung über die **„Lehre von den Taufen“**. Uns befremdet vielleicht, daß hier von „den Taufen“ in der Mehrzahl gesprochen wird, obgleich doch die ntst Gemeinde nur e i n e T a u f e d e r G l ä u b i g e n kannte (Eph 4, 5). Dieser Ausdruck ist aber sicher vom Apostel mit Bedacht gewählt worden. Schon in vorchristlicher Zeit kannten die Mysterienreligionen einen Taufritus; auch die Juden vollzogen bei der Vollaufnahme eines nicht-israelitischen Jahwe-Gläubigen die Proselytentaufe, die ihren Ursprung in den levitischen Taufbädern des AT hatte (3 Mo 14, 8; vgl. 2 Kö 5, 14). Wenn auch in der äußeren Form Ähnlichkeiten bestehen, so grenzte die ntst

199 E. Thurneysen, Lehre von der Seelsorge, 1948, S. 202: „Nichts Gutes, nichts Edles, nichts Reines, das so gut, so edel, so rein wäre, daß es nicht doch mit allem Menschlichen noch unterhalb der unheimlichen Bruchlinie der Sünde läge. Die Gottlosigkeit des Menschen im Guten ist nicht weniger real als seine Gottlosigkeit im Bösen.“

Gemeinde die Taufe der Gläubigen doch klar von der hellenistischen Mysterientaufe und der Proselytentaufe der Synagoge ab.

Im NT selbst finden wir unterschiedliche Taufaussagen, die offenbar ihren Grund in der Verkündigung der Apostel haben. So werden die Johannestaufe[200], die Taufe Jesu[201], die Taufpraxis des Herrn und seiner Jünger[202], die Leidens- und Todestaufe Christi[203], die Feuertaufe des Gerichtes[204] und die Taufe der Gläubigen mit dem Heiligen Geist[205] deutlich von der nach Pfingsten geübten Taufe der Gläubigen[206] unterschieden. Offensichtlich gehörte in gewissem Umfang eine klare biblische Taufunterweisung in die „Anfangsverkündigung" hinein. Nur so können wir uns auch erklären, daß die Gläubiggewordenen gleich am Anfang ihres Glaubensweges die Taufe für sich begehrten (Apg 8, 36).

Es fällt uns auf, daß neben die Taufunterweisung eine Belehrung über die **Handauflegung** tritt. Ohne Zweifel wurde in urchristlicher Zeit bei der Taufe auch die Handauflegung geübt (Apg 19, 5–6), so daß beide in einen engen geistlichen Zusammenhang rücken. Umgekehrt wird aber aus der Heiligen Schrift deutlich, daß die Handauflegung in vielfältiger Bedeutung bekannt war. So diente sie der Segnung und wurde zur Stärkung und Heilung der Kranken ebenso geübt wie bei der Mitteilung von Geistesgaben. Die biblische Unterweisung darüber gehörte nach apostolischem Verständnis zur klaren Ausrichtung des geistlichen Lebens eines jungen Christen[207].

[200] Mt 3, 6–7; Mk 1, 4–5; Lk 3, 3. 7. 12; 7, 29–30; Jo 1, 25–26. 28; 10, 40; Apg 1, 5; 10, 37; 19, 3.

[201] Mt 3, 13–14. 16; Mk 1, 9; Lk 3, 21.

[202] Jo 3, 22. 26; 4, 1–2.

[203] Mk 10, 38 f; Lk 12, 50.

[204] Mt 3, 11–12.

[205] Mt 3, 11; Mk 1, 8; Lk 3, 16; Jo 1, 31–33; Apg 1, 5; 11, 16; 1 Ko 12, 13.

[206] Rö 6, 3–4; 1 Pt 3, 20–21 und die Taufstellen in Apg.

[207] Die Heilige Schrift berichtet von einer Vielzahl von Gelegenheiten, bei denen die Handauflegung geübt wurde:

1. Das AT kennt die Handauflegung bei der Opferhandlung; sie erfolgte im Zusammenhang mit der Weihe der Priester (2 Mo 29, 10. 15. 19 par. 3 Mo 8, 14. 18. 22) und der Weihe der Leviten (4 Mo 8, 12), ebenso beim Brandopfer (3 Mo 1, 4), beim Dankopfer (3 Mo 3, 2. 8. 13) und beim Sündopfer (3 Mo 4, 4. 15. 24. 29. 33). Am großen Versöhnungsfest mußte der Hohepriester beim Sündenbekenntnis dem „Sündenbock" beide Hände aufs Haupt legen (3 Mo 16, 21).
2. Eine einzige Stelle des AT spricht von der Handauflegung vor der Bestrafung eines Gotteslästerers (3 Mo 24, 14).
3. Die Handauflegung zur Erteilung des Segens ist im AT und NT bekannt: Jakob segnet Ephraim und Manasse (1 Mo 48, 14); Jesus segnet die Kinder (Mk 10, 16) par. Lk 24, 50.
4. Die Berichte von der Handauflegung bei der Einsetzung zum Dienst sind ebenfalls AT und NT gemeinsam: bei der Weihe der Leviten zum stellvertretenden

In der Verkündigung, die zu Buße und Glauben ruft, wird der Blick des Christen nicht zuerst auf sich selbst oder auf die menschliche Sünde gerichtet, sondern auf das Kreuz, die Tat Gottes auf Golgatha. Buße und Glauben vollziehen sich im Menschen, wenn der Heilige Geist das Wort vom Kreuz lebendig macht. Aber biblische Verkündigung ist nicht nur am Handeln Gottes in der Vergangenheit ausgerichtet, sondern richtet den Blick des Hörers auch in die Zukunft, auf die beiden großen Ereignisse, denen die gesamte Menschheit entgegengeht: **Auferstehung und Gericht.** Christus ist in seinem Tod und seiner Auferstehung der Anfänger einer neuen Menschheit geworden. Zugleich hat Gott in der Auferstehung Jesu den Grund zur Auferstehung aller Menschen gelegt (1 Ko 15, 22). Schließlich hat Christus durch dieses wunderbare Ereignis die Bestätigung göttlicher Vollmacht zum Gericht empfangen (Apg 17, 30–31). So bleibt er unwandelbar der Mittelpunkt aller Heilsgeschichte und der christlichen Verkündigung von Erlösung und Vollendung. „Achten wir auf die Reihenfolge, wie sie uns der Apostel hier aufzählt. Zuerst Buße und Glauben, dann Taufe und Handauflegung, und endlich das Ergreifen der Stücke der Hoffnung der Zukunft. Leider bleiben viele bei den ersten beiden Stücken stehen, ohne zu den andern fortzuschreiten. Aber man soll auch die Dinge nicht umkehren in ihrer Reihenfolge. Keine dieser Wahrheiten darf übersehen und gering geachtet werden, keine aber auch auf Kosten einer andern hervorgehoben werden. Sie alle gehören zu den Grundlagen, den Fundamenten, den Anfängen christlichen Lebens, und keine von ihnen kann ohne Schaden für das innere Leben vernachlässigt werden[208]."

Dienst für Israel (4 Mo 8, 10), bei der Berufung Josuas zum Nachfolger Moses (4 Mo 27, 18–33; 5 Mo 34, 9), bei der Einsetzung der 7 Armenpfleger zur diakonischen Mitarbeit (Apg 6, 6) und bei der Aussendung von Saulus und Barnabas zum Missionsdienst (Apg 13, 3); ähnlich 1 Tim 5, 22a.

5. Speziell in der Apg finden sich die Hinweise auf die Handauflegung zur Mitteilung des Heiligen Geistes (Apg 8, 17; 19, 6), und
6. nur die Pastoralbriefe sprechen von der Handauflegung zur Mitteilung besonderer geistlicher Gaben (1 Tim 4, 14; 2 Tim 1, 6).
7. Während uns im AT nur ein indirekter Hinweis (2 Kö 5, 11) auf die Handauflegung zur Krankenheilung gegeben wird, wird sie uns vielfach aus der Tätigkeit Jesu berichtet — Mk 5, 23 par. (Tochter des Jairus), Mk 6, 5 (Jesus in Nazareth) Mk 7, 32 (ein Taubstummer), Mk 8, 23. 25 (der Blinde zu Bethsaida), Lk 4, 40 (Jesus in Kapernaum), Lk 13,13 (die Frau, die 18 Jahre krank war) — und ist den Jüngern als fester Bestandteil ihres Dienstauftrages geboten (Mk 16, 18 in Verbindung mit Jak 5, 14–16), vgl. Apg 28, 8.

Zusammenfassend können wir sagen, daß die Bibel die Handauflegung zur Schuldübertragung, Segensvermittlung, Dienstweihe, Mitteilung der Kräfte und Gaben des Heiligen Geistes und zur Krankenheilung kennt.

[208] L. Bender, S. 110 f.

Was der Apostel mit wenigen Worten den Gläubigen in Erinne- 3
rung bringt, möchte er ihnen gerne noch einmal ausführlich mitteilen. *Aber er weiß sich in seinem Dienst für die Gemeinde vom Herrn abhängig*: Gott muß zum Lehren die Leitung des Heiligen Geistes geben. Er muß die Möglichkeit zu einer erneuten Unterweisung in den Glaubensgrundlagen schenken – und Gott *allein* kann den Empfängern des Briefes dafür die Herzen öffnen.

Nun aber bricht sich wieder die Sorge des Apostels um die Gemeinde Bahn. Es ist offensichtlich im geistlichen Leben der Gläubigen zu einem Stillstand der inneren Entwicklung gekommen. Er weiß, daß Trägheit im Glaubensleben dazu führen kann, daß ein Christ endgültig alles das wieder verliert, was ihm durch Christus geschenkt wurde. Zwar zeigt uns Hbr 6, 9, daß das innere Leben der Gemeinde noch nicht erloschen ist. Aber hier wird eine unüberhörbare Warnung ausgesprochen: Achtet darauf, daß eure Stumpfheit nicht zum Abfall führt!

Der Apostel beschreibt in den folgenden Sätzen geistliche Erfahrungen, die den Empfängern seines Briefes vertraut sind, Erfahrungen, die das Leben des einzelnen wie der Gemeinde mit Christus kennzeichnen.

Er spricht von Menschen, die **einmal erleuchtet wurden.** Hier han- 4
delt es sich um ein Glaubensereignis, das Einmaligkeitscharakter trägt. In Hbr 10, 32 heißt es: „Erinnert euch aber der früheren Tage, in denen ihr, nachdem ihr *erleuchtet* worden waret, viel Kampf der Leiden erduldet habt." Auch die Wendung „. . . nachdem wir die Erkenntnis der Wahrheit erlangt haben . . ." (Hbr 10, 26) weist uns auf ein grundlegendes Geschehen im menschlichen Leben hin. Vergleichen wir damit das Wort des Apostels Paulus 2 Ko 4, 6, das den gleichen Vorgang umschreibt[209], so werden wir darauf geführt, daß mit der einmaligen Erleuchtung[210] die Grundlegung des Glaubens, der Empfang des Heiligen Geistes in Bekehrung und Wiedergeburt gemeint sein wird. Darauf deuten auch die folgenden Worte.

Ein weiteres Kennzeichen der Menschen, die der Apostel ins Auge faßt, ist die Tatsache, daß sie die **himmlische Gabe geschmeckt** haben. Hier geht es um nichts anderes als die persönliche Glaubenserfahrung, in der ein Mensch Jesus Christus als seinen Heiland erlebt. Jesus Christus ist Gottes unermeßliche Gabe vom Himmel her.

[209] 2 Ko 4, 6 „Denn Gott, der gesagt hat: Aus der Finsternis soll Licht aufstrahlen! er ist es, der es in unseren Herzen hat aufstrahlen lassen, so daß wir *erleuchtet* wurden durch die Erkenntnis von der Herrlichkeit Gottes auf dem Angesicht Christi." ZÜ

[210] Das grie Wort *hápax* „einmal" steht auch Hbr 9, 7. 26. 27. 28; 10, 2; 12, 26. Der Einmaligkeit des Erlösungstodes Jesu entspricht der Einmaligkeitscharakter der Erleuchtung.

So hat es Jesus von sich selber gesagt (Jo 3, 16; 4, 10; 6, 32 f), so haben es auch die Apostel bezeugt (Rö 5, 15; 2 Ko 9, 15). Wenn der Apostel für diese Erfahrung den Ausdruck „schmecken"[211] wählt, dann nur, um dadurch hervorzuheben, daß es sich im Glauben um eine konkrete Erlebniswirklichkeit handelt, die nicht nur die Vernunft und den Willen, sondern auch das Empfindungsleben des Menschen anspricht.

5 **Sie sind des Heiligen Geistes teilhaftig geworden und haben das gute Wort Gottes geschmeckt.** Das ist wieder eine andere Weise, den Empfang des neuen Lebens durch Christus zu beschreiben[212]. Wie das Wort Gottes und der Heilige Geist untrennbar miteinander verbunden sind (vgl. Jo 6, 63), so gehören auch Christus und der Heilige Geist zusammen, weil sie ihren gemeinsamen Ursprung in der himmlischen Welt haben. Die Teilhaber am Christus (Hbr 3, 14) sind immer zugleich auch Teilhaber des Heiligen Geistes. Durch den Heiligen Geist ist den Gläubigen das ganze, unteilbare, vollkommene Heil in Christus geschenkt.

Das „gütige Wort Gottes" (LÜ)[213] sind die Verheißungen, deren Erfüllung die Gläubigen im irdischen Leben bereits erfahren haben. Hinter diesem Satz stehen bestimmte Erlebnisinhalte des Glaubens, die als persönliche Erfahrung in das Bewußtsein der Gläubigen getreten sind: Vergebung der Sünden, Frieden des Herzens und Gewissens, Glaubensfreudigkeit, geistliche Kraft zu einem neuen Leben, Erfahrungen der Hilfe Gottes im Alltag, frohe Zuversicht im Blick auf die Zukunft.

In diesen inneren Erfahrungen zeigen sich für den Christen bereits die **Kräfte der zukünftigen Welt.** Schon in der Vergangenheit hat Gott seinen Knechten in ungewöhnlichen Situationen auf außerordentliche Weise geholfen und seine Macht bewiesen (Hbr 11, 33–34). So wirkt auch Gott heute bei der Verkündigung des Evangeliums immer wieder in besonderer Weise mit durch „Zeichen, Krafttaten und Geistmitteilungen" (Hbr 2, 4), die als göttliche Kraft aus der Ewigkeit offenbar werden. Letztlich sind aber auch gerade der Empfang des Heiligen Geistes und seine Wirksamkeit in unserem Glaubensleben Anzeichen der Herrlichkeit Gottes, die in zukünftiger Zeit uns einmal in Vollkommenheit zuteil werden soll (Eph 1, 13 f)

[211] Vgl. Ps 34, 9, ebenso Spr 31, 18 „... sie erfährt, daß ihr Gewerbe gedeiht." Im NT steh grie *geúomai* für „erfahren" Mt 16, 28; Mk 9, 1; Lk 9, 27; Jo 8, 52; Hbr 2, 9.

[212] J. A. Bengel, S. 639: „Wir haben hier eine vollständige Beschreibung des Christentums in welches einer eintritt, wenn er durch den Glauben das Evangelium annimmt und sic taufen läßt."

[213] Der grie Ausdruck *kalón rhéma*, das „gute Wort" hat seinen Ursprung im AT Jos 21, 45 23. 15.

In den Worten des apostolischen Schreibers wird spürbar, daß die Christen von der zukünftigen Welt nicht nur als Hoffende reden oder gar als Phantasten von ihr träumen, wie man ihnen immer wieder vorgeworfen hat. Als Glaubende „schmecken" sie vielmehr ihre Kräfte schon hier und jetzt. Durch die Bezeichnung des Heiligen Geistes im NT als „Erstlingsgarbe", als „Angeld" oder „Pfand unseres Erbes" wird deutlich, daß er uns die zukünftige Welt ein Stück weit bereits hier in voller Wirklichkeit schenkt. Die „erste Garbe" ist tatsächlich schon ein Teil der kommenden Ernte. Zwar ist unsere irdische Leiblichkeit als „irdenes Gefäß" (2 Ko 4, 7) dieser göttlichen Gabe in keiner Weise angemessen, und wir werden in der Herrlichkeit Gottes einen neuen Leib empfangen, der dem Wesen des Heiligen Geistes völlig entsprechen wird. Der Heilige Geist aber, der uns dann vollkommen erfüllen wird, wird kein anderer sein als der, der heute schon in den Gläubigen wohnt.

Der ganzen Größe der geistlichen Erfahrungen, die wir als Gottes- 6
kinder machen dürfen, und die der Apostel in wenigen Worten umrissen hat, entspricht auch der tiefe Ernst der apostolischen Warnung: Es ist **unmöglich,** Menschen mit solchem Reichtum der Gotteserfahrung, **die dann doch abgefallen sind, von neuem zur Buße zu bringen**[214]**, da sie den Sohn Gottes für sich noch einmal kreuzigen und der Schande preisgeben.** Hier wird mit letzter Schärfe ausgesprochen, daß die Gefahr des Abfallens als Möglichkeit den Weg des Glaubenden begleitet. Mit dem Abfall ist sicherlich „nicht jede beliebige schwere Sünde[215]" gemeint, sondern ein völliger Bruch mit der Nachfolge Jesu, die Preisgabe der erfahrenen göttlichen Wahrheit. Ein Mensch, der die Brücken zu Christus radikal abgebrochen hat, kann nie mehr zu ihm zurück[216]. Damit rückt das Wort des Apostels in die Nähe des Wortes Jesu Mk 3, 29: „Wer wider den Heiligen Geist lästert, hat in Ewigkeit keine Vergebung!"

Der Apostel will mit seiner Warnung nicht ängstliche, zaghafte Seelen beunruhigen, sondern er will schlafende Christen aufstören, die in ihrer geistlichen Entwicklung steckengeblieben sind. Er weiß um die drohende Gefahr, daß Lauheit und Trägheit im Glaubensleben an die lebensgefährliche Grenze des Abfalls führen können. Nur Gott allein wird mit letzter Klarheit ein Urteil darüber sprechen können, ob und wann ein Mensch diese Grenze überschritten hat. Und doch nennt der Apostel auch ein untrügliches Kennzeichen dafür. Es wird für die Gemeinde unmöglich sein, einen solchen Men-

[214] Die grie Worte *parapiptein „abfallen"* und *anakainizein* „erneuern" stehen nur hier im NT; sie haben besonderes theologisches Gewicht.

[215] O. Michel, S. 149.

[216] Ebenso E. Riggenbach, S. 157.

schen zur Umkehr und geistlichen Erneuerung zu bringen. Alles Mühen um ihn wird umsonst sein. Nicht Gleichgültigkeit oder mangelndes Verständnis für das Wort der Vergebung werden dabei im Wege stehen, sondern dieser Mensch „kreuzigt aufs neue für sich den Sohn Gottes und gibt ihn der Schande preis". Er tritt in den unmittelbaren Aufruhr und Kampf gegen Christus, indem er „den Sohn Gottes mit Füßen tritt und das Blut des Bundes, durch das er geheiligt worden ist, für unrein achtet und gegen den Geist der Gnade frevelt" (Hbr 10, 29)[217]. Eben weil ein solcher Mensch das Geheimnis des Glaubens kannte, wird sich jetzt sein Widerstand um so erbitterter gegen Christus und seine Gemeinde richten[218].

7 Noch einmal wird deutlich, daß der Apostel mit seinen warnenden Worten den Lesern vor allem ihre Verantwortung vor Gott in Erinnerung rufen wollte. Die Gemeinde wird einmal Rechenschaft ablegen müssen, was sie mit dem ihr von Gott anvertrauten Auftrag gemacht hat, wie sie mit dem vom Herrn geschenkten Segen umgegangen ist (Mt 25, 19). Dazu gebraucht er ein Gleichnis aus der Natur, das schon aus dem AT bekannt ist. Das Land, das Frucht her-

[217] O. Michel, S. 150: „Das Kreuz Jesu wird zu einem gegenwärtigen Geschehnis, an dem nicht nur die Gegner Jesu, sondern auch die versagenden Glieder der Gemeinde schuldig sind. Mit dem Abfall setzt ein Zustand ein, der den Christus der Welt preisgibt und bekämpft. Es genügt also nicht, davon zu sprechen, daß der abfallende Christ der Kraft des Kreuzes beraubt wird, er tritt vielmehr unmittelbar in den Kampf gegen Christus ein."

[218] Ohne damit ein Urteil fällen zu wollen, verweisen wir hier auf die Biographie Friedrich Engels. Er stammte aus einer gläubigen Familie und ist in einer pietistischen Umwelt aufgewachsen. In einem Gedicht, das möglicherweise aus dem Jahre 1837 stammt, bekennt er:

Herr Jesu Christe, Gottes Sohn,
o steig herab von Deinem Thron
und rette meine Seele!
O komm mit Deiner Seligkeit,
Du Glanz der Vaterherrlichkeit,
gib, daß ich Dich nur wähle!
Lieblich, herrlich, ohne Leide ist die Freude, wenn dort oben
wir Dich, unsern Heiland, loben!
O wär sie da, die Zeit der Lust,
wo ich an Deiner Liebesbrust
vom Tode soll erwarmen!
Dann seh' ich, Gott, ich dank es Dir,
die all', die waren teuer mir,
kann ewig sie umarmen!
Ewig, ewig, ewig lebend, vor Dir stehend, Dich zu sehen,
wird mein Leben neu erblühen.

(Zitiert bei Auguste Cornu, Karl Marx und Friedrich Engels, Berlin 1954, S. 109 Anm. 149.)
Friedrich Engels hat sich später völlig von Christus abgewandt und ist zusammen mit Karl Marx zum philosophischen Vorkämpfer des atheistischen Kommunismus geworden.

vorbringt, wird von Gott gesegnet (5 Mo 11, 11–12), das unfrucht-
bare Land verworfen. **Wenn die Erde aber Dornen und Disteln her-** 8
vorbringt, ist sie unbrauchbar[219] **und dem Fluch nahe, dessen Ende zur Verbrennung führt.** Nicht nur Dornen und Disteln verbrennen, sondern Gott zieht das Land zur Verantwortung. Diese Mahnung an das Gericht Gottes führt über den Gedanken von 1 Ko 3, 12–15 hinaus[220]. Nicht allein die Gedanken, Worte und Taten des Christen, vielmehr unser ganzes Leben, wir selber werden vor Gottes Richterthron offenbar und gerichtet. Wir werden unmittelbar an das Wort Jesu aus den Abschiedsreden erinnert: „Jede Rebe an mir, die nicht Frucht trägt, nimmt er weg. – Wenn jemand nicht in mir bleibt, wird er weggeworfen wie die Rebe und verdorrt, und man sammelt sie und wirft sie ins Feuer, und sie verbrennen" (Jo 15, 2. 6)[221]. In all diesen ernsten Hinweisen auf das Gericht Gottes geht es nicht darum, eine Grenze für Gottes Vergebung aufzurichten. Der Apostel will im Hbr auch nicht gefallene Christen aus der Gemeinde ausschließen. Aber er will die Gemeinde noch einmal auf den ganzen Ernst der Nachfolge hinweisen – und das gerade angesichts kommender Schwierigkeiten, Not und Bedrängnis. Seine Worte wollen Warnlichter sein, die uns vor dem Sturz in den Abgrund bewahren sollen. Es bedarf eben doch des Einsatzes unserer ganzen Existenz als Christen, um mit dem uns „anvertrauten Gut" (2 Tim 1, 14) recht umzugehen, nicht selbstzufrieden und träge zu werden, sondern in der Nachfolge treu zu bleiben, bis wir das Ziel unseres Glaubensweges erreicht haben[222].

C. Ermunterung zum Festhalten an den Verheißungen Gottes

Hbr 6, 9–20

9 **Wir sind im Blick auf euch, Geliebte, eines Besseren gewiß und** **Zu Vers 9:**
zwar dessen, daß ihr dem Heil nahe seid, wenn wir auch so reden. Phil 1, 6
10 * **Denn Gott ist nicht ungerecht, daß er eure Arbeit und Liebe** **Zu Vers 10:**
vergäße, die ihr für seinen Namen bewiesen habt, indem ihr den Rö 15, 25

[219] Das grie Wort *adókimos*, das hier steht, kann mit „unbewährt, unbrauchbar, unfruchtbar, verworfen" übersetzt werden.

[220] Vgl. S. 55, Anm. 84. Der Abgefallene gilt als unrettbar verloren und kommt im Weltgericht (Offb 20) um. Die Aussagen von 1 Ko 3 treffen auf ihn nicht mehr zu.

[221] Vgl. Mt 22, 7.

[222] J. Schneider, S. 34: „Der Hebräerbrief vertritt mit großem Nachdruck den Satz, daß es keinen Heilsbesitz gibt, der ein für allemal gesichert wäre. Gott kann die Zusage, die Er dem Menschen gegeben hat, widerrufen, wenn der Mensch sich der Verpflichtung entzieht, der Heilsgabe Gottes entsprechend zu wandeln. Gott verlangt von uns beständigen Glauben und treuen Gehorsam."

2 Ko 8, 4; 9, 1
Gal 6, 6
Hbr 10, 32—34
13, 16
1 Jo 3, 17—18
Offb 2, 19
Zu Vers 11:
Hbr 3, 6. 14
Zu Vers 12:
Hbr 5, 11
1 Ko 4, 16; 11, 1
Phil 3, 17
1 Th 1, 6; 2, 14
2 Th 3, 7. 9
Hbr 13, 7
11, 9
Zu Vers 13:
1 Mo 22, 16—18
Lk 1, 73
Rö 4, 17—21
Zu Vers 15:
Hbr 10, 36
Zu Vers 16:
2 Mo 22, 10—11
Zu Vers 17:
Rö 11, 29; 15, 8
Zu Vers 18:
Jo 8, 17
Offb 11, 3
4 Mo 23, 19
1 Sam 15, 29
Tit 1, 2
Rö 5, 5
Kol 1, 5
1 Pt 1, 3—4
Zu Vers 19:
3 Mo 16, 2. 12
Mt 27, 51
Mk 15, 38
Lk 23, 45
Hbr 9, 3
10, 19—20
Zu Vers 20:
Jo 14, 2—3
Hbr 4, 14
Ps 110, 4
Hbr 5, 6. 10

11 Heiligen dientet und noch dient. * Wir wünschen aber, daß jeder
von euch den gleichen Eifer beweise, um die volle Gewißheit
12 der Hoffnung bis ans Ende festzuhalten, * damit ihr nicht stumpf
werdet, sondern Nachahmer derer, die durch Glauben und Ge-
13 duld die Verheißungen erben. * Denn als Gott dem Abraham die
Verheißung gab — da er niemand Größeres hatte, um zu schwö-
14 ren, schwur er bei sich selbst * und sprach: „Ich will dich gewiß
über die Maßen segnen und dich überaus zahlreich machen."
15 * Und so erlangte er durch geduldiges Ausharren die Verheißung.
16 * Denn Menschen schwören bei dem Größeren, und der Eid dient
17 ihnen zur Bekräftigung als Ende allen Widerspruchs. * Da Gott
ja besonders nachdrücklich den Erben der Verheißung die Unver-
brüchlichkeit seines Ratschlusses beweisen wollte, verbürgte er
18 sich mit einem Eid, * damit wir durch zwei unwandelbare Tat-
sachen, bei denen es unmöglich ist, daß Gott lügt, einen starken
Trost haben, die wir unsere Zuflucht dazu genommen haben, an
19 der vor uns liegenden Hoffnung festzuhalten. * Wir besitzen sie
als sicheren und festen Anker der Seele, der auch in das Innere
20 hinter den Vorhang hineinreicht, * wohin Jesus als Vorläufer für
uns hineingegangen ist, der nach der Ordnung Melchisedeks
Hoherpriester in Ewigkeit geworden ist.

Hatte der Apostel eben noch vom Gericht Gottes und der Verantwortung des Christen gesprochen, so leitet er nun mit einem trostvollen, ermunternden Wort zu einem neuen Gedanken über: **Wir sind im Blick auf euch, Geliebte, eines Besseren gewiß, und zwar dessen, daß ihr dem Heil nahe seid.** Der Abfall vom Glauben, auf den der Apostel mahnend hinwies, ist also noch n i c h t eingetreten; das wird hier deutlich herausgestellt. Ebenso wie Hbr 10, 26—39 schließt sich an die Warnung vor dem Abfall eine Ermunterung und Bestätigung für den Glauben der Empfänger an. Der Apostel bleibt in seinen Gedanken und Worten nicht bei dem geistlichen Zustand der Hebräerchristen stehen, auch nicht bei der Möglichkeit des Abfalls, er lenkt die Aufmerksamkeit der Gemeinde auf die Verheißungen Gottes, die über dem Weg des Glaubenden stehen. Nicht unser menschliches Versagen oder gefahrvolle Möglichkeiten, sondern die Treue Gottes ist das Letzte, auf das wir unseren Blick richten sollen. Sehr fein hat Luther hierzu bemerkt: „Nicht so soll man ja die Sünder schelten, daß man nur Wunden schlägt und zur Verzweiflung treibt, sondern soll sie auch wieder pfleglich behandeln, auf daß sie wiederum aufleben — zum Gehorsam[223]."

[223] M. Luther, S. 98.

Denn Gott ist nicht ungerecht, daß er eure Arbeit und Liebe ver- 10
gäße, die ihr für seinen Namen bewiesen habt. In diesen Worten begegnet uns apostolische Seelsorge. Selbst im Leben einer Gemeinde, deren geistliches Leben versandet zu sein scheint, erkennt der Blick der Liebe (vgl. V. 9 „Geliebte") noch etwas Gutes, woran er anzuknüpfen vermag. Der Apostel weiß, daß Gott nicht vergißt, was an echter Frucht des Heiligen Geistes gewachsen ist. „Liebe" und „Arbeit" lassen sich nicht voneinander trennen. Die Liebe erschöpft sich nicht in einer Gemütsbewegung, sondern drängt zur helfenden Tat. Die Liebe zu Jesus[224] will b e w i e s e n werden im **„Dienst an den Heiligen"** – das ist Ausdruck lebendigen Glaubens (Gal 5, 6; 1 Th 1, 3). Der Apostel Johannes fragt (1 Jo 3, 17): „Wer aber die Güter der Welt hat und sieht seinen Bruder Mangel leiden und verschließt sein Herz vor ihm, wie kann die Liebe Gottes in ihm bleiben?" Gerade darin soll das Leben Christi in seinen Jüngern und Jüngerinnen vor der Welt sichtbar werden, daß eine ständige Bereitschaft zum Dienst am Nächsten ihr Leben auszeichnet. Zum Wesen Jesu gehörte es zu dienen (Mk 10, 45), und sein Wesen will der Herr immer neu in den Gläubigen ausprägen[225]. Die vorbildliche Dienstwilligkeit, die uns im NT gezeigt wird, bedeutet eine ernste Gewissensfrage an unsere Generation der Christenheit, aus deren Wortschatz das „Dienen" beinahe verschwunden ist. Allein im Dienst am leidenden Menschenbruder kann sich unser Bekenntnis zu Gott bewähren.

Jetzt erst erkennen wir, was der tiefere Beweggrund für den Apo- 11
stel war, den Gläubigen ein tadelndes und warnendes Wort zu schreiben, wenn doch der „glimmende Docht" ihres Glaubenslebens noch nicht erloschen war: **Wir wünschen aber, daß jeder von euch den gleichen Eifer beweise, um die volle Gewißheit der Hoffnung bis ans Ende festzuhalten.** Es ist der brennende Wunsch des Apostels, daß die Gläubigen im geistlichen Leben standhaft bleiben möchten. Jedes Glied der Gemeinde soll in gleicher Weise seine ganze Kraft einsetzen, das Ziel des Glaubens zu erreichen. Wie kann das geschehen? Zunächst einmal dadurch, daß wir die Fülle des Reichtums der Hoffnung unbeirrbar festhalten. Das grie Wort *plärophoría,* das der Apostel gebraucht, ist doppeldeutig; es kann sowohl mit „volle Gewißheit" als auch mit „Fülle des Reichtums" übersetzt werden. Beides wird uns im neuen Bund geschenkt. In der biblischen Hoffnung

[224] „. . . für seinen Namen" weist uns an die Person Jesu. Die Liebe, die wir Ihm zuwenden, verwirklicht sich in angemessener Weise nur im Dienst am Nächsten (Mt 25, 35–40)!

[225] Vgl. Gal 6, 10; Phlm 5–6; 3 Jo 5–6. Vom „Dienst an den Heiligen" im Sinn der materiellen bzw. finanziellen Unterstützung sprechen Rö 15, 25; 2 Ko 8, 4; 9, 1; ähnlich Gal 6, 6; Hbr 13, 16.

für die Gemeinde, für Israel und für die Welt leben wir als Christen nicht in einem unsicheren Meinen, sondern in der vom Heiligen Geist gewirkten Gewißheit, daß Gott alle seine Zusagen einlösen wird. Aber diese Gewißheit soll nicht nur am Anfang des Glaubenslebens einmal blitzartig aufleuchten, sondern wir sollen sie festhalten, sie soll unseren Weg als Kinder Gottes begleiten bis zum Ziel[226]. Hier spricht der Apostel von der „vollen Gewißheit der Hoffnung", in Hbr 10, 22 von der „vollen Gewißheit des Glaubens". Beides läßt sich nicht voneinander trennen. Das zeigt uns auch der folgende Vers.

12 Immer und immer wieder tritt im NT die Bedeutung der Hoffnung für das Glaubensleben in den Vordergrund. Sie ist das Ziel, auf das der Glaube gerichtet ist, und zugleich die bewegende Kraft für ein Leben in der Heiligung. Den ganzen Reichtum ntst Hoffnung gegen alle Zweifel festzuhalten, ist eine Gewähr dafür, daß wir im Glauben **nicht stumpf werden.** Wie schon Hbr 5, 11–14 werden uns zwei Möglichkeiten der inneren Entwicklung gezeigt: „stumpf werden" oder „Erbe der Verheißung" sein. Auch ein Christ, der einen guten Anfang im Glauben gemacht hat, kann in der Nachfolge Jesu stekkenbleiben (vgl. Gal 5, 7). Aber dagegen hält der Apostel den Gläubigen das leuchtende Vorbild vor Augen: **Werdet Nachahmer derer, die durch Glauben und Geduld die Verheißungen erben.** In Vers 10 hatte er von der Liebe gesprochen, in Vers 11 von der Hoffnung, jetzt zeigt er der Gemeinde die Herrlichkeit des Glaubens. Glaube – Liebe – Hoffnung, das sind die Grundpfeiler, auf denen das Leben der Gemeinde Jesu ruht, die sie nie entbehren kann (1 Ko 13, 13)[227]. Alle drei geistlichen Lebensäußerungen bedürfen einander zur gegenseitigen Ergänzung: Ein Glaube ohne Liebe ist kalter, toter Vernunftglaube; Liebe ohne Glauben entspringt menschlichem Idealismus; eine Hoffnung, die nicht in der Glaubensgemeinschaft mit Christus verwurzelt ist und in die Tat helfender Liebe mündet, ist eigensüchtige Spekulation und Schwärmerei.

Der Glaube, von dem der Apostel spricht, hat seine Geschichte. Generation um Generation hat sich Gott in atst Zeit Menschen herausgerufen, die sich beharrlich an Gottes Versprechen geklammert und als „Erben" das Verheißungsgut empfangen haben. So stehen die einzelnen Glieder der Gemeinde also auch in diesem Sinn nicht

[226] Der grie Ausdruck *áchri télus* „bis ans Ende" (auch Hbr 3, 6. 14) hebt hervor, daß der Glaube nicht etwas Statisches, sondern etwas Dynamisches ist; der Glaubende ist unterwegs auf einem „Weg" (Apg 9, 2; 18, 25; 24, 14) hin zu einem „Ziel" (Phil 3,12–14).

[227] Die Verbundenheit von Glaube, Liebe und Hoffnung als Grundlage allen geistlichen Lebens der Gemeinde begegnet uns auch Eph 1, 15–18; Kol 1, 4–5; 1 Th 1, 3; Hbr 10. 22–24.

einsam da, sondern sie ordnen sich als „Nachahmer" in die Reihe der Väter ein (vgl. Hbr 11). Die Treue Gottes, die den Weg der Väter
begleitet hat, überstrahlt auch den Weg der Gemeinde Jesu. Diese 13
unverbrüchliche Treue Gottes in der Geschichte eines Menschen wird am Leben Abrahams nachgewiesen. Gott macht aus dem Leben eines schwachen Menschen, der durch Zweifel, Not und Sünde hindurchgeht, das Vorbild des Glaubens für alle kommenden Generationen, er bestimmt ihn selbst zum „Vater der Gläubigen" (Rö 4, 16). Ausgangspunkt des Glaubens ist allein Gottes Wort, seine Verheißung, die er Abraham gegenüber durch einen Eidschwur bekräftigt[228]. An der Zusage Gottes, die das menschlich Unausdenkliche und Un-
mögliche verspricht, soll sich der Glaube Abrahams entzünden. „Ich 14
will dich über alle Maßen segnen und dich überaus zahlreich machen." Abraham muß es lernen, „gegen alle Hoffnung auf Hoffnung hin zu glauben" (Rö 4, 18). So liegt im lebendigen Glauben immer beides ineinander: Gottes Treue und die Geduld des Glaubenden. Gerade die Beharrlichkeit ist ein wesentliches Merkmal des Glau-
bens; der Glaube kann warten. **So erlangte er durch geduldiges Aus- 15
harren die Verheißung.** Abraham ist für den Apostel das Vorbild, dem die Gläubigen nacheifern sollen. Dieses geduldige Ausharren und Wartenkönnen auf die Stunde Gottes, in der er sein Versprechen einlöst, wird vom Apostel besonders hervorgehoben, sicher auch im Blick auf die innere Bedrängnis der Hebräerchristen (Hbr 10, 36)[229]. Abraham erlangte die Verheißung; aber bei ihm blieb alles irdische Empfangen nur Angeld und Anfang, Vorzeichen des Zukünftigen, Hinweis auf die kommende Vollendung (Vgl. Hbr 11, 13—16).

Abraham empfing die Verheißung Gottes, die Gott durch seinen 16
Schwur bestätigte. Was bedeutet dieser Gottesschwur? Das ist die Frage, der der Apostel nun nachgeht. Der Eid ist die letzte und stärkste Bekräftigung einer Zusicherung (1 Mo 22, 16; vgl. 1 Mo 26, 31).
Er hebt jeden möglichen Zweifel und Widerspruch auf[230]. Das ist 17
nun das geradezu Unbegreifliche: Gott bestätigt die Unverbrüchlichkeit seines Gnadenwillens durch einen Eid. Er tritt als Bürge seines eigenen Wortes auf. Wem gegenüber verbürgt sich Gott mit seinem Eid? Den **Erben der Verheißung.** Der Apostel meint damit nicht nur Abraham, der den Gottesschwur als Bestätigung der Verheißung

[228] Zum „Schwur Gottes" vgl. die Auslegung zu Hbr 3, 11.

[229] Auf das Eingreifen Gottes nicht warten können, das war im Leben Sauls der entscheidende Punkt, an dem er scheiterte (1 Sam 13, 5—14). Dagegen wird im NT gerade das Wartenkönnen auf Gottes Stunde zum Kennzeichen demütigen Glaubens (Jo 2, 3—4; 7, 6—10; Jak 5, 7—8).

[230] Der Eid bewirkt den (wörtl.) „Abschluß der Gegenrede" grie *péras antilogías.*

empfing. Hier wird von „den Erben" in der Mehrzahl gesprochen.
18 Wer wird davon betroffen? Der in Vers 17 begonnene Satz geht im
nächsten Vers weiter „. . . damit **wir** einen starken Trost haben".
Der Eidschwur Gottes an Abraham gilt also u n s, den Gliedern der
Gemeinde Jesu. Es gibt nicht nur e i n e n Erben der Verheißung,
sondern eine V i e l z a h l v o n E r b e n der atst Verheißungen —
die Gotteskinder (Rö 4, 12. 16. 23—24). Die Verheißung Gottes ver-
spricht ein Erbe, ein zukünftiges Gut, ist also Gegenstand mensch-
licher Hoffnung. Aber die Hoffnung des Glaubens ist keine Phanta-
sie, sondern gründet sich auf die Zusage Gottes und seinen Eid,
„zwei unwandelbare Tatsachen". Schon Gottes Wort allein würde
uns genügen; nun aber hat Gott sich selbst in außergewöhnlicher
Weise verpflichtet, sein Versprechen einzulösen[231]. Darin liegt für
die Gläubigen ein **starker Trost.** Abrahams Glaube war in die Zu-
kunft gerichtet, er schaute nach der Erfüllung der Verheißungen
Gottes aus. Der Glaube der ntst Gemeinde weist ebenso in die Zu-
kunft (Rö 8, 24). Wir leben nicht allein davon, daß Christus für uns
starb, sondern unser Glaube weiß davon, daß Christus als der Auf-
erstandene wiederkommen wird, um in Gericht und Gnade seine
Herrlichkeit zu offenbaren. **Wir haben unsere Zuflucht dazu genom-
men, an der vor uns liegenden Hoffnung festzuhalten.** Ebenso wie
bei Abraham ist auch unser Glaube durch zähes, unbeirrbares Fest-
halten am Wort der Verheißung geprägt. Besonders in unseren Ta-
gen, in denen geistige Strömungen auf die Gemeinde einwirken, die
uns viele Zukunftsaussagen der Bibel nur als mythologische An-
schauungen und bloße Bilder hinstellen wollen, ist es für alle Gläu-
bigen wichtig, daß wir im vollen Vertrauen an den Verheißungen
19 Gottes festhalten. „Er hat's gesagt, er wird's auch tun!" Der ziel-
gerichtete Glaube des Christen lebt in Vergangenheit, Gegenwart
und Zukunft zugleich. Wir halten am vollbrachten Erlösungswerk
Christi fest; wir leben heute in der Gemeinschaft mit Christus, und
wir schauen aus nach dem wiederkommenden Herrn. **Wir besitzen
die Hoffnung als sicheren und festen Anker der Seele.** Der Apostel
greift ein Bild aus der Seefahrt auf: Der Anker verschwindet unter
der Oberfläche des Wassers, er sinkt auf den Meeresgrund und hält
das Schiff am verborgenen Felsengrund fest. So ist das Lebensschiff
des Christen durch die Hoffnung in dem unsichtbaren Felsengrund
der Ewigkeit verankert. Glaubende Menschen halten Gottes Ver-
sprechen, die Hoffnung auf die Herrlichkeit, für größere Realität als

[231] J. Brown, S. 318, meint, die „zwei unwandelbaren Tatsachen" seien Gottes Eidschwur an Abraham und Gottes Eidschwur durch David Ps 110, 4 „Der Herr hat geschworen, und es wird Ihn nicht gereuen: Du bist ein Priester ewiglich nach der Weise Melchisedeks", auf den sich die Hoffnung der Christen gründe.

die Bedrängnis der Gegenwart. Die Hoffnung, verbürgt durch Gottes Wort, ist der Anker ihres Lebens, der in der Ewigkeit haftet.

Der Apostel stellt im gleichen Gedanken ein zweites Bild unmittelbar daneben. Er denkt an den Gottesdienst Israels in der Stiftshütte. Ein Vorhang trennte Heiligtum und Allerheiligstes voneinander. Im Allerheiligsten erschien Gottes Gegenwart, seine strahlende Herrlichkeit, dem Blick der Menschen entzogen. Auch die Ewigkeit Gottes, das himmlische Heiligtum, hat gewissermaßen einen Vorhang, einen Schleier, der die Herrlichkeit Gottes unseren menschlichen Augen verbirgt. Aber unser Glaube und unsere Hoffnung reichen schon jetzt in die Herrlichkeit Gottes hinein, **in das Innere hinter den Vorhang,** in die unmittelbare Gegenwart Gottes, in der Jesus als unser Hoherpriester lebt.

Jesus ist dorthin als Vorläufer für uns eingegangen. Im AT durfte 20
nur der Hohepriester einmal im Jahr hinter den Vorhang in das Allerheiligste gehen (3 Mo 16, 2. 12), das Volk hatte keinen Zutritt. Als Jesus Christus am Kreuz starb, riß dieser Vorhang im Tempel entzwei (Mt 27, 51). Der irdische Vorhang ist nur Abbild und Hinweis auf den „himmlischen Vorhang", die Grenze zwischen Gott und unserer Welt. Jesus hat sie überschritten. Er ist der „Vorläufer", der uns den Weg in die Herrlichkeit gebahnt hat (Jo 14, 6; Hbr 10, 19 ff). Er lebt bereits in der unmittelbaren sichtbaren Gegenwart Gottes. Wir leben noch in einer gefallenen Welt und haben nur durch Glauben und Hoffnung den Zugang zu dieser Herrlichkeit. Aber einmal dürfen auch wir das Allerheiligste betreten, in der unmittelbaren Gnadengegenwart Gottes erscheinen (1 Jo 3, 2), wenn der „Vorläufer" seine „Brüder" (vgl. Hbr 2, 10–11) zu sich holen wird. Dann wird der Vorhang völlig weggenommen werden. Bis zu diesem Zeitpunkt bleibt der Herr zwar noch unseren Augen verborgen, aber er ist heute schon unser **Hoherpriester in Ewigkeit nach der Ordnung Melchisedeks.** Mit diesem Satz greift der Apostel den Gedanken wieder auf (Hbr 5, 10), den er durch seine seelsorgerliche Ermahnung unterbrochen hatte (Hbr 5, 11 ff). Was das bedeutet, daß Jesus unser Hoherpriester nach einer ewigen Priesterordnung Gottes ist, will er im folgenden der Gemeinde deutlich machen.

Zusammenfassung

Versuchen wir, den Abschnitt Hbr 5, 11 – 6, 20 mit einem raschen Blick zu überschauen, so entsteht der Eindruck, als ginge der Verfasser zwei einander widersprechenden, sogar einander ausschließenden Gedanken nach. Einerseits tadelt er die Gläubigen heftig und sieht bereits am Rande ihres Weges den Abfall vom Glauben drohen. Anderseits bestätigt er sie in ihrer Glaubensexistenz. Er spricht die

Überzeugung aus, daß sie das Heil nicht verloren haben, noch viel mehr: unter dem Hinweis auf die Glaubwürdigkeit und Treue Gottes versichert er sie ihrer Heilsgewißheit. Unser Abschnitt beginnt mit den schärfsten Warnungen und schließt mit den stärksten Ermunterungen zum Glauben und Hoffen. Ganz selbstverständlich erwächst uns daraus die Frage: Widerspricht der Apostel sich hier nicht selbst? Wir dürfen die Antwort in anderer Richtung suchen. Die seelsorgerliche Perspektive veranlaßt den apostolischen Autor, in dieser Weise zu schreiben. Ihm geht es in seinem gesamten Schreiben vor allem darum, daß die Empfänger als Beweis für die Echtheit ihrer Bekehrung die Geduld des Glaubens auch unter Druck und Verfolgung bewähren. Dazu ist aber beides in gleichem Maße notwendig: die ernste Warnung ebenso wie die trostreiche Verheißung! Wir können uns diese geistliche Wirklichkeit an einem gegenwartsnahen Bild veranschaulichen: Auf beiden Seiten einer modernen Autobahn sind die weißen Leitplanken angebracht; sie grenzen die Fahrbahn ab und dienen der Sicherheit und dem reibungslosen Ablauf des Verkehrs. Es wäre töricht von einem Kraftfahrer, wollte er auf der einen oder anderen Seite die Leitplanken mit großer Geschwindigkeit durchstoßen und jenseits der Leitplanken seine Fahrt fortsetzen. Der Tod wäre ihm sicher. So können wir auch niemals die beiden biblischen Wahrheiten außer acht lassen, ohne innerlich Schaden zu leiden wir brauchen den Zuspruch der **Heilsgewißheit** ebenso wie die Er mahnungen zu Treue und **Wachsamkeit.** Beide stehen nicht in Widerspruch zueinander; wir vollziehen in dieser Welt unsere Existenz als Glaubende, d. h. das Leben im Heiligen Geist immer nur in unserer irdischen Leiblichkeit, die jederzeit der Anfechtung und Versuchung offensteht. Bei aller Gewißheit dürfen wir uns deshalb ni in falscher Sicherheit wiegen.

Damit taucht aber in unserem Abschnitt unentrinnbar die Frag nach der Unverlierbarkeit des Heils auf. An den Versen Hbr 6, 1— sind heftige Kontroversen entstanden. Denn hier wird ja nicht vo einem „Straucheln" oder „Fallen im Glauben", auch nicht von eine Rückfall gesprochen, sondern von einem vollständigen Abfall. Können gläubige Menschen, die eine Bekehrung und Wiedergeburt durc den Heiligen Geist erlebt haben, von diesem Wort betroffen werden Es gibt eine große Zahl von Christen, die sich unbedenklich der Aus sage von Leopold Bender anschließen: „Es steht mir unerschütterlic fest, daß ein wahrhaft wiedergeborener Mensch nicht endgültig ab fallen kann. Er kann fallen, rückfällig werden, geistlich zurückgehe und sittlich zu Fall kommen, aber niemals abfallen, niemals wied den Sohn Gottes für Spott achten[232]." Wir möchten eine solche inne

[232] L. Bender. S. 119.

Einstellung wohl achten, müssen aber zu bedenken geben, daß jede vorgefaßte dogmatische Einstellung, mit der wir an die Heilige Schrift herantreten, es uns unmöglich macht, wirklich auf das zu hören, was das Wort Gottes sagt.

Wir müssen zunächst folgendes beachten: Der Hebräerbrief ist für Christen bestimmt; auch die Warnung von Hbr 6, 4–6 richtet sich an Gläubige, bei denen die geistlichen Fundamente, die Hbr 6, 1–2 genannt sind, vorausgesetzt werden. In Hbr 6, 4–5 werden Glaubenserfahrungen beschrieben, die Kennzeichen der ntst Gemeinde sind. F. F. Bruce vertritt die Überzeugung: „Die *Erleuchtung* legt den Gedanken an die Taufe nahe, das *Schmecken der himmlischen Gabe* läßt uns an die Teilnahme am Abendmahl denken (vgl. Apg 20, 11)[233]." Die Behauptung, mit der Warnung vor dem Abfallen würden Menschen angesprochen, die wohl vom Evangelium berührt, aber noch keine wahren Christen seien, läßt sich nicht begründen[234].

Der Apostel läßt keinen Zweifel darüber: auch für einen Menschen, der im vollen Sinne „Teilhaber des Heiligen Geistes" ist, ist es möglich, sich bewußt dem Geist der Gnade zu widersetzen.

Wie haben wir nun diese Aussage in das Gesamtzeugnis der Heiligen Schrift einzuordnen?

Die Bibel enthält eine Vielzahl von Worten, die von *unumstößlicher Heilsgewißheit* und der Zuversicht der bereits erfahrenen, *ewig-gültigen Errettung* sprechen. So sagt Jesus im Blick auf die Menschen, die ihm im rechten Glaubensgehorsam nachfolgen: „Ich gebe ihnen ewiges Leben, und sie werden in Ewigkeit nicht umkommen, und niemand wird sie aus meiner Hand reißen" (Jo 10, 28). Im Hohenpriesterlichen Gebet spricht der Herr: „Vater, ich will, daß dort, wo ich bin, auch die bei mir seien, die du mir gegeben hast, damit sie meine Herrlichkeit sehen!" (Jo 17, 24). Diese Worte legen Zeugnis ab für die unerschütterliche Geborgenheit, die wir Menschen hier schon inmitten der Welt im Glauben an Jesus Christus erfahren können. Es ist sicher von Bedeutung, wenn eine Zusage Gottes uns dreimal im gleichen Wortlaut begegnet: wir finden die Verheißung „Jeder, der den Namen des Herrn anruft, wird gerettet werden" an den Stellen Joe 3, 5, Apg 2, 21 und Rö 10, 13. Wohl handelt es sich nicht um eine voraussetzungslose Verheißung, denn Gott erwartet die bewußte Umkehr des Menschen aus seiner Verlorenheit. Sicher aber ist es ein universales Versprechen Gottes, das jeder Mensch sich zu eigen machen darf. Vor

[233] F. F. Bruce, S. 120 f; dort auch die Belegstellen.
[234] Ebenso E. K. A. Riehm, Der Lehrbegriff des Hebräerbriefes, S. 764 ff.

allem ist es eine Verheißung, deren Inhalt keiner zeitlichen Beschränkung unterliegt; es geht nicht um „Rettung auf Zeit"! Im Licht des Wortes 2 Ko 1, 20, daß „in Christus alle Gottesverheißungen Ja und Amen" sind, gelten auch sehr viele andere atst Verheißungen für den einzelnen Gläubigen der ntst Gemeinde. Die ungetrübte Heilsgewißheit als Gabe des erhöhten Herrn an die Glieder der Gemeinde begegnet uns immer wieder im Zeugnis des NT und hat ihren erhabensten Ausdruck im Bekenntnis des Paulus gefunden: „Ich bin überzeugt, daß weder Tod noch Leben noch Engel noch Mächte noch Gegenwärtiges noch Zukünftiges noch Gewalten noch Höhe noch Tiefe noch irgendeine andere Schöpfung imstande sein wird, uns zu trennen von der Liebe Gottes, die in Christus Jesus ist, unserem Herrn[235]!"

In die gleiche Richtung weisen uns auch die bildhaften Aussagen vom „Buch des Lebens", in denen schon im AT von der sicheren Gewähr des Heils und der endgültigen Errettung der Gläubigen die Rede ist (Da 12, 1 vgl. Ps 139, 16). In Anknüpfung an das Wort Jesu, daß die Namen der Jünger „im Himmel aufgeschrieben" sind (Lk 10, 20), schreibt Paulus Phil 4, 3 von seinen Mitarbeitern, daß „ihre Namen im Buch des Lebens stehen[236]". In der Offb finden wir ähnliche Wendungen als Zusage des ewigen Lebens, das uns mit der Vergebung durch Jesu Blut geschenkt wird (Offb 13, 8; 17, 8 20, 12. 15; 21, 27)[237]. Aber an einigen Stellen wird die Möglichkeit angedeutet, daß ein Mensch aus dem „Buch des Lebens" gestrichen werden, d. h. des Heils verlustig gehen kann (vgl 2 Mo 32, 32; Ps 69, 29; Offb 3, 5).

Das führt uns nun zu den Worten des Herrn und seiner Apostel hin, in denen wir darauf verwiesen werden, daß Menschen, die einmal gläubig geworden sind, trotzdem verloren gehen können, wenn sie sich wieder vom Herrn abwenden. So sagt Jesus in seinen Abschiedsreden Jo 15, 6: „Wenn jemand nicht in mir bleibt wird er weggeworfen wie die Rebe und verdorrt, und man sammelt sie und wirft sie ins Feuer, und sie verbrennen[238]." C. Roffhack hat in seiner Auslegung treffend geschrieben: „Es wird der Fall gesetzt daß irgendwer, der bisher in Christus erfunden, nicht in ihm bliebe Was nun bei einem solchen? Könnte er es denn mit dem, was er vom Christus empfangen und gelernt, nicht doch für sich noch zu etwas bringen, auch nachdem er von Christus geschieden ist? Nein, – Wegwerfung und Verdorrung würde die Folge davon sein . . . So müßt

[235] Vgl. W. Stb. Rö S. 218 f.

[236] Vgl. W. Stb. Phil S. 142.

[237] Vgl. Hellmuth Frey, Das Ziel aller Dinge, 1953, S. 127 f, 201.

[238] Ähnliche Gedanken finden wir Rö 11, 20–22; Phil 3, 17–19; 1 Jo 5, 16.

es Petrus, Jakobus und Johannes, nicht weniger als Judas, ergehen, wenn sie von Christus weichen wollten . . . Ohne Mittler steht er in der Nacktheit seiner Schande der Heiligkeit und Gerechtigkeit Gottes gegenüber und verfällt ihrem Gericht[239]." Neben den Warnungen in unserem Brief Hbr 6, 4–8; 10, 26–31. 39; 12, 15–17 finden wir diese Tatsache in schärfster Form 2 Pt 2, 20–22 ausgesprochen: „Wenn sie (die Irrlehrer) nämlich, den Befleckungen der Welt durch die Erkenntnis des Herrn und Heilandes Jesus Christus entflohen, aber wieder in diese verstrickt, sich von ihnen überwältigen lassen, so ist für sie das letzte schlimmer geworden als das erste. Denn es wäre ihnen besser, sie hätten den Weg der Gerechtigkeit nicht erkannt, als daß sie sich, nachdem sie ihn erkannt haben, von dem ihnen überlieferten heiligen Gebot wieder abwenden. Es ist ihnen widerfahren, was das wahre Sprichtwort sagt: Ein Hund kehrt wieder um zu dem, was er selber ausgespien hat, und: Ein Schwein, das sich gebadet hat, geht wieder in den Mistpfuhl." Diese Sätze stellen den Ausleger vor eine Reihe von Problemen, denen wir hier im einzelnen nicht nachgehen wollen. Sicher wird in erster Linie eine Warnung vor christlichen Irrlehrern ausgesprochen, die in den Gemeinden auftauchen und junge, ungefestigte Christen an sich binden. Jedoch enthalten diese Worte zugleich eine Charakteristik rückfälliger Christen. Hier wird der Rückfall der Verführten nicht nur mit harten Worten gegeißelt; es wird uns vielmehr deutlich gemacht, daß es ein echtes Zurück in den natürlichen Zustand des „Unbekehrtseins" für den Christen gar nicht gibt. Ein Mensch, der mit Christus gelebt hat, kann diese Wegstrecke seines Lebens niemals auslöschen. Wendet er sich wieder von Christus ab, so geht er einer unaufhaltbaren Katastrophe entgegen[240].

Beide Tatsachen, die ewige Errettung der Gläubigen, und die Möglichkeit, daß ein Erwählter verloren gehen kann, stehen in der Bibel unversöhnt nebeneinander. Wir können diese zwei sich anscheinend widersprechenden Aussageweisen nicht ohne weiteres mit unserem Denk- und Vorstellungsvermögen erfassen; die Gesetzmäßigkeit der aristotelischen Logik (im Gegensatz zu modernen naturwissenschaftlichen Denkformen) versagt hier. Wir müssen zugeben, daß Gottes Gedanken höher sind als unsere Gedanken. Die Heilige Schrift läßt

C. Roffhack, Evangelium des Johannes, 1871, S. 195 f: Th. Zahn, Evangelium des Johannes, 1921[6], S. 579 f sagt: „Für die Jünger besteht die Möglichkeit . . . sie können sich von Jesus losreißen und selbstwillig handeln . . . Mit dem inneren Band, das ihn an Jesus knüpfte, reißt auch das äußere. Er verliert auch das, was an Resten der von Jesus ihm zugeflossenen Lebenskraft ihm noch geblieben sein mag, und er wird dem Gericht überantwortet."

Zur Stelle vgl. G. Wohlenberg, im Kommentar zum NT, Hrsg. Th. Zahn, 1915[2], S. 240 ff; Friedrich Hauck, Die Kirchenbriefe, NTD, 1949[5], S. 96.

beide Linien nebeneinander stehen als Ausdruck der einen Wirklichkeit des lebendigen Gottes. Als Christen können wir auf den Tag der Herrlichkeit warten, an dem unser Herr uns zur vollen Erkenntnis führen wird (1 Ko 13, 9–12). Die Trostworte der Bibel sollen uns immer neu zur Dankbarkeit für das empfangene Heil anregen; die Mahnungen des Wortes Gottes lassen sich in dem Satz des Apostels Paulus zusammenfassen: „Darum, wer meint, er stehe, der sehe zu, daß er nicht falle!" (1 Ko 10, 12)[241].

Wir erinnern uns nun noch einmal an das, was wir eingangs über die seelsorgerliche Absicht des apostolischen Mahnwortes sagten. Der Autor verharmlost nicht die Gefahren, die sich im Glaubensleben der Hebräerchristen anbahnen. Aber er vermeidet mit der Weisheit des erfahrenen Seelsorgers, daß ihr Blick – wie auf einen schwarzen Punkt gebannt – nur die Gefahren, Anfechtungen und Versuchungen zur geistlichen Trägheit und Ermüdung sieht. Mag noch so viel Anlaß zur Warnung bestehen, der Apostel weiß sich und seine Brüder von der Treue Gottes getragen. Darum schärft er seinen Lesern ein: Gefährdung unseres Glaubens wird nicht dadurch überwunden, daß wir aus eigener Kraft der Schwierigkeiten Herr zu werden suchen, sondern allein dadurch, daß wir in großer Unbekümmertheit und Gelassenheit uns immer neu Christus anvertrauen, der als einziger imstande ist, uns von Tag zu Tag im Glauben zu erhalten.

[241] Das echte geistliche Spannungsverhältnis, in dem wir unser Christsein vollziehen, hat Philipp Friedrich Hiller in den Liedstrophen prägnant ausgedrückt:

Ich will streben nach dem Leben,
wo ich selig bin;
ich will ringen einzudringen,
bis daß ich's gewinn.
Hält man mich, so lauf ich fort;
bin ich matt, so ruft das Wort:
Fortgerungen, durchgedrungen
bis zum Kleinod hin!

Du mußt ziehen; mein Bemühen
ist zu mangelhaft.
Wo ihr's fehle, spürt die Seele;
aber Du hast Kraft,
weil Dein Blut ein Leben bringt
und Dein Geist das Herz durchdringt. –
Dort wird's tönen bei dem Krönen:
Gott ist's, der es schafft.

Zweiter Teil

DAS WERK JESU, SEIN DIENST ALS EWIGER HOHERPRIESTER

Hbr 7, 1 – 10, 18

8. Die Überlegenheit des Priestertums nach der Ordnung Melchisedeks über das levitische Priestertum nach der Ordnung Aarons

Hbr 7, 1–28

A. Melchisedek und Abraham

Hbr 7, 1–3

1 **Denn dieser Melchisedek, König von Salem, Priester des höchsten**
Gottes, der Abraham begegnete, als er von der Niederwerfung der
2 **Könige zurückkehrte und ihn segnete, * dem Abraham auch den**
Zehnten von allem entrichtete, heißt übersetzt zuerst König der
Gerechtigkeit, danach aber auch König von Salem, d. h. König des
3 **Friedens; * ohne Vater, ohne Mutter, ohne Geschlechtsregister, hat**
er weder einen Anfang der Tage noch ein Ende des Lebens, ist
aber dem Sohn Gottes gleichgemacht und bleibt Priester für immer.

Zu Vers 1: 1 Mo 14, 17–20
Zu Vers 2: Jes 9, 5–6 Jer 23, 5–6 Sach 9, 9–10 Rö 14, 17
Zu Vers 3: Jo 7, 27 Ps 110, 4

Mit den Worten Hbr 5, 6. 10; 6, 20, dem Zitat aus Ps 110, 4 „Du ist Priester in Ewigkeit nach der Ordnung Melchisedeks", ist das 1 Stichwort gegeben, das zum zweiten Hauptteil unseres Briefes überleitet, das alle weiteren Aussagen beherrscht: Jesus Christus ist der Hohepriester; sein Priestertum gründet sich nicht auf die levitische Ordnung des Aaron, sondern auf eine göttliche Urordnung, die sich im Priesterkönig Melchisedek verkörpert hat.

Ps 110, 4 ist die einzige atl. Stelle, die an dem geheimnisvollen Bericht von 1 Mo 14, 17–20 anknüpft. Zunächst erzählt der Apostel mit wenigen Worten noch einmal den Ablauf jener Begebenheit – so wichtig ist ihm der ursprüngliche geschichtliche Vorgang. Das Geschehen ist ihm bis in die Einzelheiten bedeutsam, jedes Wort des alten Berichtes wird transparent: Als Abraham aus dem „Krieg der Könige" – nach dem Sieg über vier Könige[242] – nach Hause zu-

[242] 1 Mo 14, 9 werden genannt: Kedor-Laomer, der König von Elam; Thideal, der König von Gojim; Amraphel, der König von Sinear; Arjoch, König von Ellasar. Es handelt sich

rückkehrt, treten ihm zwei Könige in den Weg. Es sind der König von Sodom, der erste Mann jener Stadt, die im AT Inbegriff der Sünde und des Strafgerichtes Gottes ist, und die vom Geheimnis Gottes umgebene Gestalt des Melchisedek. Er ist König von Salem, der „Stadt des Friedens[243]". „Eine geheimnisvolle Begegnung und eine Handlung von tiefster Bedeutung! Aus dem Nebel der Vorgeschichte leuchten hier für einen Augenblick die goldenen Zinnen der heiligen Hochburg auf. Jerusalem, der Gegenpol zu Babel! Jerusalem, die Stadt des großen Königs, der Mittelpunkt der priesterlichen Königsherrschaft Gottes über alle Reiche dieser Welt (Ps 76). Jerusalem, die Christusstadt, wo der Thron des Gesalbten Gottes und seiner Platzhalter aus dem Hause Davids stehen wird[244]." Melchisedek tritt auf den Plan, um Abraham zu segnen, um ihm nach der Schlacht Stärkung zu bieten; er bringt himmlische Gaben, Brot und Wein, als Zeichen der Gemeinschaft mit Gott. „Es ist eine Erquickung aus der oberen Welt, die dieser so unerwartet auftretende König von Salem, ein Priester Gottes, des Allerhöchsten, dem Abraham bringt. Als Priester Gottes, des Allerhöchsten, konnte er darum auch in Brot und Wein göttliche Kräfte legen, Erfrischung aus der oberen Welt, Gnaden- und Lebensmitteilung unter der Gestalt von Brot und Wein[245]." Der König von Sodom dagegen tritt Abraham mit einem versucherischen Angebot entgegen: „Gib mir die Leute; die Habe behalte für dich" (1 Mo 14, 21). Das ist bezeichnend für die Macht der Sünde und für den Versucher unserer Seele, in dessen Schatten der König von Sodom steht: Er fordert etwas, worauf er keinen Anspruch hat und verspricht etwas zu geben, was ihm nicht gehört. Aber durch die Gaben des Melchisedek ist Abraham in seinem Widerstand gegen das verführerische Angebot des Königs von Sodom gestärkt worden[246]. Auf den äußeren Sieg folgt der innere Sieg. Er weist den Versucher von sich.

nicht um erfundene Namen, sondern um geschichtliche Gestalten. Vgl. John Bright, Geschichte Israels, Düsseldorf 1966, S. 69.

[243] In den Keilschrifttafeln von Tel el Amarna wurde der Name Uruschalima entdeckt, der identisch mit Jerusalem ist und „Stadt des Friedens" bedeutet. Hierin hat man einen Hinweis auf die Stadt „Salem" gefunden. Auch in der hebr. Schrift sind die Buchstaben des Wortes „Salem" die gleichen wie im Wort „Frieden".

[244] Wilh. Vischer, Das Christuszeugnis des Alten Testaments, Bd. 1, 1935², S. 161 f.

[245] Otto Stockmayer, Abraham, der Vater der Gläubigen, 1953⁴, S. 43. Vgl. auch W. Vischer, Bd. 1, S. 164: „Wenn Melchisedek Brot und Wein brachte, so sehn wir darin den deutlichen Hinweis auf das Sakrament des Neuen Bundes, den Jesus zur Erfüllung und Aufhebung des Alten stiftete."

[246] Otto Stockmayer, Abraham, der Vater der Gläubigen, 1953⁴, S. 50: „In entscheidenden Augenblicken müssen wir zuerst eine Begegnung mit unserem Gott haben, von ihm aufs neue gesegnet werden, sonst können wir den Königen der Erde nicht königlich begegnen."

Abraham erkennt die göttliche Autorität des Melchisedek an; Ausdruck seiner Abhängigkeit und Dankbarkeit ist die Gabe des Zehnten an Melchisedek. Diesen letzten Gedanken entfaltet der Apostel erst im nächsten Abschnitt, zuerst geht es ihm um die Deutung des grundlegenden Geschehens. Er hat der Wiederholung des atst Berichtes das Psalmwort vorangestellt. Ps 110, 4 gibt uns den einzigen atst Hinweis: Melchisedek verkörpert eine ursprüngliche Priesterordnung Gottes, die Geltung für die Ewigkeit hat. Da aber Ps 110 eine messianische Weissagung ist (Mt 22, 41–45), so „erweist sich Melchisedek als ein Typus Christi und gewinnt dadurch erst seine volle Bedeutung[247]".

Der Verfasser des Hbr ist nicht der erste Schriftforscher, der sich 2
um das Verständnis der geheimnisumwobenen Gestalt des Melchisedek müht. Schon im Spätjudentum ist wiederholt der Versuch einer Erklärung unternommen worden. So sahen einige in Melchisedek Sem, den Sohn Noahs, der Abraham mit Brot und Wein die Bestimmungen über die Schaubrote und Trankopfer übermittelte. Andere verbanden mit Melchisedek den Erzengel Michael; der jüdische Philosoph Philo, der zur Zeit Jesu lebte, identifizierte ihn mit einer Erscheinung des „Logos", des göttlichen Geistes und Wortes. Diese Gedanken sind in späteren Jahrhunderten von christlichen Schriftauslegern wieder aufgegriffen worden, die Melchisedek als ein Engelwesen oder eine Fleischwerdung des Heiligen Geistes deuteten[248].

Der Apostel selber beschreitet einen anderen Weg, um der Gemeinde das Wort des AT zu erklären. Weil er in 1 Mo 14, 17–20 und Ps 110, 4 einen unzweideutigen Hinweis auf Christus sieht, legt r von der in Vers 3 mitgeteilten Erkenntnis her die Namen Melchiedeks aus. Genaugenommen trägt er seine persönliche Erkenntnis, lie ihm durch den Heiligen Geist zuteil geworden ist, in das AT inein.

Damit tritt uns in den apostolischen Worten erneut die Tatsache ntgegen, daß die Namen in der Bibel nicht zufällig gewählt wurden, ondern geistliche Bedeutung haben. **Melchisedek** war der **König von alem.** In der Übersetzung und Worterklärung tritt die Heilsbedeung der Namen zutage: **König der Gerechtigkeit und König des riedens.** Schon aus dem AT sind uns Gerechtigkeit und Frieden als eichen der messianischen Königsherrschaft bekannt. So verheißt saja: „Er wird genannt: Wunderrat, starker Gott, Ewigvater, r i e d e f ü r s t. Groß wird die Herrschaft sein und des F r i e d e n s

E. Riggenbach, S. 182.

Ausführliche Angaben und Literaturhinweise bei E. Riggenbach, S. 178 ff und O. Michel, S. 159 f.

kein Ende auf dem Thron Davids und über seinem *Königreiche*, da er es festigt und stützt durch Recht und *Gerechtigkeit* von nun an bis in Ewigkeit" (Jes 9, 5–6; vgl. Mi 5, 3–4; Mal 3, 20). Gerechtigkeit und Frieden, in der Person unseres Herrn Jesus Christus vereinigt, schenkt Christus den Menschen, die sich im Glauben an ihn anschließen; das sind zugleich auch die Kennzeichen der heute noch verborgenen, aber einmal sichtbar anbrechenden Gottesherrschaft[249]. Was die Namen Melchisedeks andeuten, ist in der Person Jesu zur vollkommenen Erfüllung gelangt.

3 Der Apostel bleibt jedoch bei der Erklärung der Namen nicht stehen. Er geht weit über das hinaus, was der atst Bericht von Melchisedek aussagt; gewissermaßen verleiht er dem Bild des atst Priesterkönigs einprägsame Züge. O. Michel schreibt dazu: „Unser Verfasser hat nicht das Empfinden, die Gestalt Jesu durch Hervorhebung des Melchisedek zu beeinträchtigen, sondern im Gegenteil: je mehr man über Melchisedek aussagen kann, desto mehr strahlt die Herrlichkeit des Sohnes Gottes auf[250]." Im Bericht 1 Mo 14, 17–20 wird nur der geschichtliche Ablauf des Ereignisses berichtet. Der Apostel aber kennzeichnet die Person des Melchisedek genauer: **ohne Vater, ohne Mutter, ohne Geschlechtsregister, hat er weder einen Anfang der Tage noch ein Ende des Lebens, ist aber dem Sohn Gottes gleichgemacht und bleibt Priester für immer.** Was uns bei diesem Satz zunächst ins Auge fällt, ist die Tatsache, daß der Apostel hier mehr sagt als im AT steht. Aus dem Tatbestand fehlender Angaben, daß also bestimmte Einzelheiten *nicht* in der Bibel stehen, zieht der Apostel für seine Auslegung einen wichtigen Schluß[251]. Darin folgt er dem rabbinischen Denken des Spätjudentums, das den Gedanken vertrat: „Was nicht in der Thora (Gesetz, Schrift) steht, existiert nicht in der Welt[252]!" Ob es auf dem Boden des NT die innere Freiheit und Berechtigung gibt, auch für die Unterweisung der gläubigen Gemeinde diese spätjüdische Auslegungsmethode anzuwenden, das ist eine Frage, die nicht wissenschaftlich, sondern nur geistlich entschieden werden kann. Der Apostel hat es jedenfalls getan. Und er erhebt den Anspruch, eine für die ganze Gemeinde verbindliche Auslegung des AT zu geben. Gerade damit will er betonen, daß AT und NT zusammengehören, daß Jesus Christus nur vom AT aus zu verstehen

249 Vgl. Rö 14, 17; Eph 2, 14 ff; Offb 21, 1–5; 22, 3–5.

250 O. Michel, S. 164.

251 J. A. Bengel, S. 606: „In diesem Briefe werden viele Beweise vom Stillschweigen der Schrift hergenommen, 1, 13; 2, 16; 7, 3. 14."

252 St–B Bd. III, S. 694; A. M. Stibbs, S. 1099: „In der Heiligen Schrift ist beides, was sie berichtet ebenso, wie das, was sie verschweigt, gleich wichtig."

ist, daß aber auch umgekehrt nur durch Jesus Christus das AT seinen Sinn empfängt[253].

Sieben Aussagen zur Person des Melchisedek reiht der Apostel aneinander. **„Ohne Vater"**, grie *apátor,* war ursprünglich eine Bezeichnung für verwaiste, verstoßene oder uneheliche Kinder[254], möglicherweise für Findelkinder, deren Abstammung unbekannt war. Das Wort **„ohne Mutter"**, grie *amáetor,* weist auf die mutterlose Entstehung hin. Beide Worte kommen nur hier im NT vor und dienen dazu, die himmlische Herkunft des Melchisedek zu bezeichnen[255]. Die dritte Angabe zur Person des Melchisedek **„ohne Stammbaum"**, grie *agenealógätos,* ist ein völlig ungewöhnlicher Begriff, der in der grie Sprache sonst unbekannt ist und ebenfalls im NT nur in unserem Vers vorkommt[256].

Wenn in Israel ein P r i e s t e r im Heiligtum Dienst tun wollte, dann mußte er ein N a c h k o m m e A a r o n s sein (2 Mo 28, 1; 4 Mo 3, 10; 18, 1–7). Sein Priesterrecht beruhte ausschließlich auf seiner Abstammung. Außerdem mußte seine Mutter eine Israelitin mit gutem Ruf sein (3 Mo 21, 7; Hes 44, 22). Darüber hinaus mußte ein Priester jederzeit seine H e r k u n f t aus einem Priestergeschlecht nachweisen können (vgl. Esr 2, 61–63; Neh 7, 63–65). Alle diese für das israelitische Priestertum unumgänglichen Voraussetzungen fehlen bei Melchisedek. Allein schon in diesen Andeutungen finden wir verborgene Hinweise auf Christus. Seiner irdischen Abstammung nach ohne Vater, seiner himmlischen Herkunft nach ohne Mutter, kam er aus einem Geschlecht Judas, das kein Anrecht auf das Priestertum besaß (Hbr 7, 14).

Aber der Apostel will gar nicht das für einen Juden Anstößige und Ärgerliche hervorheben, daß ein Mann ohne sichere Herkunft zum Priesterdienst berufen wird. Er will nicht nur sachlich feststellen, „die Heilige Schrift enthalte keine Geschlechtsregister Melchisedeks, während sie doch die Stammtafeln der Urväter und Erzväter mit großer Sorgfalt angibt[257]". Hier geht es um mehr! Melchisedek hat **weder einen Anfang der Tage noch ein Ende des Lebens.** „Auch hier klingt das Geheimnis an. In der Schrift wird weder Geburt noch Tod erwähnt; was aber in der Schrift nicht erzählt wird, ist entweder geschichtlich nicht nachweisbar oder hat sich nicht vollzogen. Der Priester ohne priesterliche Herkunft hat auch keine schriftgemäße Begrenzung seines Lebens und Wirkens. Damit werden die Grenzen

253 Vgl. O. Michel, Hebräerbrief. 1949[8], Vorwort S. IV.
254 W–B, 1958[5], Sp. 163.
255 a. a. O., Sp. 91.
256 a. a. O., Sp. 16.
257 E. Riggenbach, S. 184.

des menschlichen Seins gesprengt[258]." Der Apostel spricht nicht nur davon, daß das AT die Geburt und den Tod Melchisedeks verschweigt. Aus seinen Worten geht klar hervor: Hier fehlt der irdische Zusammenhang, Melchisedek steht außerhalb der üblichen Lebensordnung. Weder hat er sein Priestertum empfangen, noch hat er es weitergegeben[259]. Sein Ursprung ist himmlischer, unerklärbarer Art und weist auf die Ewigkeit des Melchisedek hin[260]. Das bestätigen uns die Worte „Er hat das Zeugnis, daß er lebt" (Vers 8), „Er ist Priester auf Grund der Kraft unauflöslichen Lebens" (Vers 16) und „Er hat, weil er in Ewigkeit bleibt, ein unvergängliches Priestertum" (Vers 24).

Gegen Ende seines Gedankenganges lüftet der Apostel ein wenig den Schleier des Geheimnisses: **Er ist aber dem Sohn Gottes gleichgemacht[261] und bleibt Priester für immer.** Auf diesen Satz hat der Apostel offenbar am meisten Gewicht gelegt. Darum greift er wieder auf das Psalmwort zurück; aber unter der Autorität des Heiligen Geistes verändert er in der Auslegung dessen Sinn. In Ps 110, 4 heißt es: „Du bist Priester in Ewigkeit nach der Ordnung Melchisedeks." Der Messias wird angesprochen; ihm wird das ewige Priestertum zugesagt. Melchisedek wird als Vorbild hingestellt, der Messias ist sein Abbild, nicht umgekehrt. Die Ordnung Melchisedeks wird vorbildlich für das messianische Priestertum. Diesen ursprünglichen Sinn vertauscht der Apostel hier; er sagt: Melchisedek ist dem Sohn Gottes gleichgemacht worden. C h r i s t u s i s t d a s U r b i l d

[258] O. Michel, S. 163. Ebenso J. Schneider, S. 62: „Die Schrift kennt weder den Vater noch die Mutter noch den Stammbaum Melchisedeks. Dafür gibt es nach dem Urteil unseres Verfassers nur eine Erklärung. Der Ursprung Melchisedeks ist ein übernatürlicher. Und wie sein Ursprung, so ist auch seine Existenz wunderbarer Art. In ihm ragt ein göttliche Geheimnis in die Zeit hinein."

[259] O. Michel, S. 164, Anm. 2.

[260] Die Feststellung bei E. Riggenbach, S. 185, stellt zweifellos eine Verkürzung der Schriftaussage dar: „Daß er weder Anfang der Tage noch Ende des Lebens hat, gilt nicht von Melchisedek überhaupt, sondern nur von dem, was die Schrift über ihn berichtet." Ebensowenig vermögen wir A. Schlatter, S. 329 f zu folgen, wenn er schreibt: „Das ist das Höchste, was zur Ehre Melchisedeks gesagt werden kann, daß er in manchem die Züge des Christus an sich trug. — Hier wird Melchisedeks Priestertum als fortwirkende Tat betrachtet, die nicht der Vergangenheit verfallen ist, sondern ihre bleibende Bedeutung hat. Das Psalmwort zeigt, daß sein Priestertum vor Gott nicht vergessen, sondern gegenwärtig ist; also hat es eine fortdauernde Wirkung und Gültigkeit." Ähnlich urteilt J. Calvin, S. 75 f.
Dagegen M. Luther, S. 105: „In gleicher Weise, wie in Christus die Menschheit durch Einigung mit der göttlichen Natur ein und dieselbe Person geworden ist, folgt daraus, daß dieser Melchisedek nicht anders ein König der Gerechtigkeit sein konnte, denn so, daß er in Name und Gestalt Christum darstellte, der da allein Sonne der Gerechtigkeit und König der Gerechtigkeit ist und alle, die je gerecht sind, rechtfertigt."

[261] Das grie Wort *aphomoiún* heißt „ähnlich, gleich machen", im Pass. „ähnlich, gleich werden", in den Vergangenheitsformen „gleichgestaltet sein". W—B, 1958[5], Sp. 252.

in ihm besteht von Ewigkeit her die wahre Priesterordnung, *Melchisedek ist das Abbild*, das wiederum auf die volle Erfüllung allen Priestertums in Christus hinweist[262]. Melchisedek ist die frühzeitige irdische Gestalt dieses ewigen Priestertums, das Abbild, in dem aber nichts von dem Gehalt des Urbildes verlorengegangen ist. Darum bleibt dieses Priestertum Melchisedeks in Ewigkeit[263].

In wenigen einprägsamen Sätzen hat der Apostel der Gemeinde das Verständnis der erhabenen Person des Melchisedek erschlossen, ihr den Schlüssel zum geistlichen Geheimnis der atst Aussagen in 1 Mo 14, 17—20 und Ps 110, 4 gegeben. Melchisedek ist dem Sohn Gottes gleich, ist Abbild des Sohnes. Die Gestalt des Melchisedek wird transparent für Jesus Christus; *in Melchisedek begegnet uns der Herr*[264] (vgl. Jo 8, 56).

B. Die Überlegenheit Melchisedeks über Abraham und Levi beim Empfang des Zehnten

Hbr 7, 4—10

4 **Seht aber, wie groß dieser ist, dem Abraham, der Patriarch, den** Zu Vers 4:
5 **Zehnten von der Beute gab. * Und zwar haben die, die von** 1 Mo 14, 20
den Söhnen Levis das Priestertum empfangen, ein Gebot, nach Zu Vers 5:
dem Gesetz den Zehnten von dem Volk zu erheben, also von 4 Mo 18, 21. 26
ihren Brüdern, obwohl sie aus den Lenden Abrahams hervor-
6 **gegangen sind. * Der aber, der nicht von ihnen abstammt, hat**
den Zehnten von Abraham erhoben und den gesegnet, der die
7 **Verheißungen besaß. * Ohne allen Widerspruch aber wird das**
8 **Geringere von dem Besseren gesegnet. * Und hier zwar empfan-**
gen sterbliche Menschen die Zehnten, dort aber einer, der das
9 **Zeugnis hat, daß er lebt. * Und sozusagen ist durch Abraham**
10 **auch Levi, der die Zehnten empfängt, verzehntet worden. * Denn**
er war noch in der Lende des Vaters, als Melchisedek ihm be-
gegnete.

[262] J. A. Bengel, S. 645: „Der Sohn Gottes ist älter als Melchisedek, er ist das Urbild (Hbr 8, 5); gleichwie die himmlischen Dinge vor den levitischen sind."

[263] O. Michel, S. 164: „Daß auch Melchisedek in Ewigkeit bleibt, geht über Wortlaut und Sinn von Ps 110, 4 hinaus."
H. Strathmann, S. 105: „Die Ewigkeit, die für den Verfasser das Wichtigste ist, ergibt sich ihm daraus, daß die Schrift nichts über seine Geburt und seinen Tod berichtet. Also, wird gefolgert, waren sie nicht zu berichten. Er kam aus der Ewigkeit und ging in sie, wie der Sohn Gottes selbst."

[264] W. Busch, Spuren zum Kreuz, 1959³, S. 31: „Der Hebräerbrief sagt uns deutlich, daß dieser König der Gerechtigkeit in dem Reiche des Friedens Jesus ist. Der Sohn Gottes, der — als die Zeit erfüllt war — Fleisch und Blut annahm und unser Bruder wurde, war vordem von Ewigkeit her beim Vater. Er selbst tritt dem Abraham entgegen."

Zwei heilsgeschichtliche Linien des Priestertums beherrschen das Denken des AT. Es gibt eine irdische Linie, die von Abraham über Levi auf Aaron und seine Nachkommen übergeht, und eine himmlische, die mit Melchisedek beginnt. Sie führt zu David, der in diesem Zusammenhang zum Mittler der Verheißung wird, weil ihm das Wort von dem kommenden messianischen Priesterkönig anvertraut ist. Die himmlische Priesterlinie mündet in dem kommenden Messias aus, sie weist auf Christus. Obwohl die Priester, Söhne Levis und Aarons, den Zehnten empfangen, gerade so wie Melchisedek ihn von Abraham entgegennahm, sind sie doch als Priester dem Melchisedek nicht gleichgestellt. Diesen Gedanken will der Apostel in unserem Abschnitt entfalten[265].

4 Der Apostel greift noch einmal auf eine Besonderheit des atst Berichtes zurück, die er zunächst nur am Rande erwähnt hatte: **Seht aber, wie groß dieser ist, dem Abraham, der Patriarch, den Zehnten von der Beute gab.** Abraham ist der Anfänger des atst und zugleich Vorbild des ntst Gottesvolkes, darin hat er bleibende Bedeutung. Wird er schon im AT als „Gottesfürst" bezeichnet (1 Mo 23, 6) und von Gott „Freund" genannt (Jes 41, 8), so spricht der Verfasser hier von ihm als dem „Patriarchen". Das, was von ihm berichtet wird, trägt zeichenhaften Charakter.

Abraham hat an Melchisedek den Zehnten entrichtet. Er hat diesen Zehnten von der Beute genommen[266]. Im Ablauf des atst Geschehens wird uns hier zum erstenmal berichtet, daß der Zehnte gegeben wird. Die Abgabe des Zehnten durch Abraham an Melchisedek (1 Mo 14, 20) steht in der Heiligen Schrift nicht isoliert; der Apostel setzt in diesem Abschnitt Hbr 7, 4—10 diese zuerst berichtete Abgabe des Zehnten mit großer Selbstverständlichkeit zu der späteren Zehntenordnung in Israel in unmittelbare Beziehung.

In Israel waren verschiedene Formen der Abgabe des Zehnten bekannt. Man unterschied zwischen einem „ersten Zehnten" und einem „zweiten Zehnten". Der erste Zehnte war eine Abgabe, die jeder fromme Israelit am Heiligtum für den Herrn zu entrichten hatte. Die ursprüngliche Ordnung lautete: „Alle Zehnten des Landes, sowohl vom Ertrag des Bodens als von den Früchten der Bäume, gehören dem Herrn, sind dem Herrn geweiht" (3 Mo 27, 30—32; 4 Mo 18, 21—24). Dagegen war der zweite Zehnte eine Art „Zwangssparkasse". Jeder Israelit sollte den zehnten Teil seines Besitzes zurücklegen, um davon seinen Unterhalt zu bestreiten, wenn er zum Temp[el]

[265] E. Riggenbach, S. 179: „Melchisedek ist Typus Christi und steht wie er in einem Gegensatz zu dem levitischen Priestertum."

[266] Das grie Wort *ta akrothinia* bedeutet eigentlich „die Auslese aus der Beute, die Erstlingsgabe".

des Herrn zog, um dort zu opfern und anzubeten. Alles an Gütern, was er nicht mitnehmen konnte, sollte er in Geld umsetzen, um sich dann an der Stätte seines Gottes mit dem zu versorgen, was er brauchte. Gottes Wort sagte: „Kaufe für das Geld, wonach nur dein Herz gelüstet, und iß daselbst vor dem Herrn, deinem Gott, und sei fröhlich, du und dein Haus" (5 Mo 14, 22—26). Außerdem kannte die atst Ordnung noch die dritte Form des „Armenzehnten" (5 Mo 14, 28—29). Alle drei Jahre sollte der fromme Israelit den Zehnten zurücklegen, um damit notleidenden Volksgenossen zu helfen. War es einerseits das Vorrecht der Leviten, daß sie den ersten Zehnten in Empfang nehmen durften, um ihn zu ihrem eigenen Unterhalt zu verwenden, so waren sie andererseits verpflichtet, auch wiederum von diesem Zehnten ihrerseits den Zehnten an den Herrn abzugeben, der dann in den unmittelbaren Besitz des Heiligtums überging (4 Mo 18, 26—28; Neh 10, 38). Zu den Besonderheiten der atst Zehn-enordnung gehörte, daß der erste und zweite Zehnte an die Stätte les Heiligtums (5 Mo 12, 6. 11. 17), also in die unmittelbare Gegenwart Gottes gebracht werden mußte. Der Armenzehnte dagegen verblieb am Wohnort des Israeliten und durfte dort von Notleidenlen in Anspruch genommen werden. Außerdem hatte jeder Israelit lie Verpflichtung, dann, wenn er jedes dritte Jahr den Armenzehnten ntrichtet hatte, vor Gott ein „Zehntbekenntnis" abzulegen, bei dem r vor Gott und Menschen aussprach, daß er Gottes Ordnung erfüllt abe, und um seinen Segen bat (5 Mo 26, 12—15).

Schon längst vor der Gesetzgebung am Sinai war den Patriarchen ie Gepflogenheit der Zehntenabgabe bekannt (1 Mo 14, 20; 28, 22) nd vor allem sichtbarer *Ausdruck ihrer Dankbarkeit* nd ein *Bekenntnis ihrer Abhängigkeit von Gott*. Diese geistliche Bedeutung ist auch in späterer Zeit erhalten geblieen. Zugleich sollte die pünktliche und gewissenhafte Ablieferung es Zehnten zu einer beständigen geistlichen Übung in der Gottesırcht werden (5 Mo 14, 22—23) und ein Schlüssel zum Segen Gottes 5 Mo 14, 28—29). Jedem Israeliten sollte es möglich sein, durch illige Hingabe im Glauben die Zuverlässigkeit der göttlichen Vereißungen zu prüfen (Mal 3, 10 vgl. Spr 3, 9—10).

So oft der Israelit den Zehnten entrichtete, sah er sich von Gott or grundsätzliche Fragen gestellt: Von wem empfängst du deine aben? Was erhältst du? Wem sollst du etwas geben? Was sollst du eben? Was bedeutet dir diese Gabe? Wie gibst du? — Fragen, die ıch der Gläubige der ntst Gemeinde immer neu zu bedenken hat. er Israelit mußte in der Praxis seines Lebens persönlich die Antort darauf geben.

Wenn Gott seinem Volk Zeiten besonderen Segens und eines

geistlichen Neubeginns schenkte, so etwa unter dem König Hiskia und unter Nehemia, berichtet die Bibel von der freudigen Erfüllung der Zehntenpflicht (2 Chro 31, 5. 6. 12; Neh 10, 38–39; 12, 44; 13, 5. 12). Gott nahm das demütige Bekenntnis menschlicher Abhängigkeit bei der Zehntenabgabe an und segnete es. Dagegen stand die ungeistliche Zehntenabgabe, bei der der Mensch nicht in der rechten Herzensstellung vor Gott lebte, unter dem Wort des Gerichtes (Am 4, 4; Mt 23, 23; Lk 11, 42; 18, 12).

Als die Israeliten von Samuel die Einsetzung eines Königs forderten, verkündete Samuel ihnen im Auftrag Gottes das Recht dieses Königs. Daß 1 Sam 8, 15–17 die Forderung des Zehnten zum Recht des Königs erhoben wird, hat zweifache Bedeutung. Der König in Israel tritt nicht an Gottes Statt, wird nicht – wie vielfach im Heidentum – zur Gottheit erklärt, kommt aber doch in eine unmittelbare Beziehung zu Gott. Aller Zehnte, der dem König gegeben wird, ist letztlich doch Zehnter an Gott. Ps 2 und Ps 110 verleihen dem Königtum Israels messianische Bedeutung für die Endzeit; in Jesus Christus ist es zur Erfüllung gekommen. Damit wird aber Christus zum eigentlichen König im Vollsinn der Verheißung, demgegenüber alle Könige Israels nur Vorläufer waren. Ihm steht im tiefsten Sinn al dem König des ntst Gottesvolkes das Recht des Zehnten zu. Es ist in unserem Zusammenhang wichtig, daß der Apostel auf Grund seine Erkenntnis **nicht ein neues Leistungsgesetz** aufrichtet, sondern da gesetzliche Denken überwunden hat. Der Christusgläubige im Neue Bund ist *nicht abgabepflichtig*. Vielmehr sieht der Auto in Hbr 13, 16 ebenso wie Paulus 1 Ko 16, 1 ff und 2 Ko 8, 9 ff, da in der ntst Gemeinde der Geber sich *aus Dankbarkeit* zu Opfer verpflichtet weiß.

5 Wir sehen, daß das Interesse des Verfassers nicht den Einzelheite
der Zehntenordnung gilt, sondern dem Verhältnis, in dem Abrahar
die Leviten und Melchisedek bei der Zehntenabgabe zueinand
stehen. Alle Zehntenordnung des AT gründet sich letztlich a
Abraham. Er selber hatte an Melchisedek den Zehnten entrichte
Nun hebt der Apostel hervor, daß eine Auswahl der Nachkomme
Abrahams, die Priester aus dem Geschlecht Levis, den Zehnten v
ihren Volksgenossen einziehen. Wie alle anderen Israeliten stamme
auch sie von Abraham ab, sind irdischer Herkunft. Und doch si
6 sie als Leviten gegenüber ihren Brüdern bevorrechtet. Dieser schö
fungsmäßigen Gleichheit aller Israeliten als Nachkommen Abrahar
tritt nun die Überlegenheit Melchisedeks über Abraham gegenüb
Die Israeliten entrichten ihren Zehnten an **Priester,** die *mensc*
licher Herkunft sind, deren Geschlechtsregister auf Abraha
zurückgeführt wird. Abraham aber hat den Zehnten an einen Pr

ster entrichtet, der himmlischer Herkunft war. Die Existenz des Melchisedek vor Gott ist einzigartig, unvergleichlich. Gott hat in Melchisedek ein Priestertum außerhalb des Gesetzes, ein Amt ohne gesetzliche Grundlage und Nachfolge aufgerichtet[267].

Darum war das Segenswort des Melchisedek auch in besonderer Weise wirksam im Leben des gesegneten Abraham und vermittelte ihm Anteil an Gottes Gaben und Reichtum. Dieser Gedanke wird im
nächsten Satz erläutert: **Ohne allen Widerspruch wird das Geringere** 7
von dem Besseren gesegnet. Immer nur will der Apostel die Überlegenheit Melchisedeks über Abraham und das levitische Priestertum herausstellen. Hier spricht er nicht von dem Zehnten, sondern von dem Segen. Der Unterschied zwischen dem „Geringeren und dem Besseren" besteht nicht in menschlichen Maßstäben von Würde und sozialer Stellung, sondern in der Bestätigung Gottes und der Ausrüstung mit geistlicher Vollmacht. Beim Segnen geht es immer um die Vollmacht von Gott, die dem priesterlichen Menschen aus dem persönlichen Umgang mit dem Herrn und dem Leben in seiner Nähe erwächst[268].

Die „Geringeren" sind sterbliche Menschen, der „Bessere" ist 8
Melchisedek, der das Zeugnis hat, „daß er lebt". Wenn unser Text auch gar nichts darüber aussagt, wie wir uns das Leben des Melchisedek vorzustellen haben, so macht doch das apostolische Wort deutlich, daß nicht nur an ein Fortleben des Melchisedek in den Gedanken Gottes zu denken sei, sondern daß er wirklich in der Ewigkeit Gottes lebt. Dieser Gedanke wird uns verständlich, wenn wir an das denken, was wir im voraufgegangenen Abschnitt über Melchisedek gesagt haben. Der königliche Priester Melchisedek ist niemand anderes als die vom Geheimnis Gottes überwaltete Person unseres Herrn Jesus Christus in einer für unser Denkvermögen unergründbaren Offenbarungsgestalt. Nach seiner kurzfristigen irdischen Erscheinung, die dem Aufleuchten eines Meteors am dunklen Firmament gleicht, ist er in der Kraft seines unvergänglichen Lebens wieder in die Herrlichkeit Gottes zurückgegangen.

Mit eindringlicher Schärfe geht der Apostel dem Gedanken nach, 9
die Überlegenheit Melchisedeks über Abraham und Levi nachzuweisen: Melchisedek empfing den Zehnten; Levi und seine Nachkommen empfangen auch den Zehnten. Sind beide deshalb nicht einander gleichgestellt? Gerade das verneint der Apostel. Er betont, daß eben auch die Leviten durch Abraham den Zehnten an Melchisedek entrichtet haben. Also stehen sie in einem Abhängigkeitsverhältnis von

[267] Vgl. O. Michel, S. 167.
[268] Vgl. Erich Schick: Vom Segnen, Stuttgart 1937, S. 11 ff.

10 ihm. Wir werden auf ein schicksalhaftes Geschehen hingewiesen, das über die Grenzen der persönlichen Existenz des einzelnen hinausgreift. Wie haben wir das zu verstehen? Im biblischen Denken ist der Ahnherr und Stammvater die Verkörperung seiner gesamten Nachkommenschaft[269]. Levi war ein Urenkel Abrahams und noch nicht geboren, als Abraham Melchisedek begegnete. Aber so wie Levi in seiner Person das israelitische Priestertum aller kommenden Jahrhunderte verkörperte, so kann auch von ihm gesagt werden, daß er in der Person seines Vorfahren Abraham den Zehnten an Melchisedek entrichtete. Anders gesagt: Mit der Abgabe des Zehnten an Melchisedek hat Abraham eine Entscheidung getroffen, deren Folgen sich auf alle kommenden Generationen erstrecken. Wir haben dazu auch eine ntst Parallele: Ohne unser persönliches Zutun stehen wir alle in einer schicksalhaften Verbindung mit dem ersten Menschen Adam, mit seiner Urschuld und dem Todesverhängnis. Ebenso stehen wir aber auch in einer schicksalhaften Verbindung zu Christus, indem seine Auferstehung die Grundlage dafür geworden ist daß einmal alle Menschen auferstehen werden (Rö 5, 12 ff; 1 Ko 15, 21 ff). Eine solche Schicksalsverbindung weist der Apostel auch zwischen Abraham, Levi und den levitischen Priestern nach. Levi, der Stammvater der israelitischen Priester, „war noch in der Lende de Vaters, als Melchisedek ihm begegnete".

C. Das neue Priestertum fordert eine neue Priesterordnung

Hbr 7, 11–17

Zu Vers 11:
Hbr 7, 18–19
8, 6
Ps 110, 4
Zu Vers 14:
1 Mo 49, 10
5 Mo 33, 7–10
Jes 11, 1
Mi 5, 1
Mt 2, 6
Offb 5, 5
Zu Vers 15:
Ps 110, 4
Zu Vers 16:
Rö 6, 9
Eph 1, 19–20

11 **Wenn nun die Vollendung durch das levitische Priestertum er**
reicht worden wäre, denn das Volk war darauf gesetzlich ver
pflichtet worden, wozu war es dann nötig, einen anderen Priest
nach der Ordnung Melchisedeks einzusetzen und ihn nicht na
12 **der Ordnung Aarons zu nennen? * Denn wenn das Priestertu**
verändert wird, tritt mit Notwendigkeit auch eine Änderung d
13 **Gesetzes ein. * Denn er, von dem dies gesagt wird, gehörte z**
einem anderen Stamm, aus dem niemand mit dem Altar zu tu
14 **gehabt hat. * Denn offensichtlich ist unser Herr aus Juda hervo**
gegangen: zu dem Stamm hat Mose nichts über Priester gesa
15 *** Und noch viel deutlicher ist es, wenn nach der Ähnlichkeit m**
16 **Melchisedek ein anderer Priester eingesetzt wird, * der es nic**
nach dem Gesetz eines fleischlichen Gebotes geworden ist, so

[269] Wir erinnern an die Auswirkung von Segen und Fluch auf die Nachkommenschaft Jakobs und Esaus, vgl. 1 Mo 25, 23; Mal 1, 2 f; Rö 9, 11 ff.

17 **dern nach der Kraft unzerstörbaren Lebens. * Denn es wird bezeugt: „Du bist Priester in Ewigkeit nach der Ordnung Melchisedeks."**

Zu Vers 17: Hbr 5, 6. 10

Der Apostel hatte in den Versen 4—10 vom Priestertum und dem Empfang des Zehnten gesprochen. Jetzt faßt er das Verhältnis von Priestertum und Gesetz (V. 11—17) näher ins Auge, um schließlich über die Bedeutung des Einsetzungswortes nachzudenken (V. 18—28), durch das Gott das Priestertum des Melchisedek in Geltung gesetzt hatte. In allen drei Beziehungen erweist sich das Priestertum nach der melchisedekianischen Ordnung dem aaronitischen Priestertum überlegen. Jetzt bildet eine Frage den Ausgangspunkt seiner Überlegungen: **Wozu war es nötig, einen anderen Priester nach der Ordnung Melchisedeks einzusetzen und ihn nicht nach der Ordnung Aarons zu nennen?** Gott selber hatte doch zusammen mit dem Bundesschluß am Sinai seinem Volk eine gültige Priesterordnung geschenkt. Gesetz und Priestertum waren gemeinsam in dem Bund verankert, den Gott mit seinem Volk geschlossen hatte. Israel wußte sich auf die Rechtssatzungen dieses Bundes verpflichtet. „Alle Gebote, die der Herr gegeben hat, wollen wir halten!" Das war das Bekenntnis aller Israeliten (2 Mo 24, 3—8). Warum wollte Gott nun eine neue Priesterordnung in Kraft treten lassen? Der Apostel weiß hierauf nur eine Antwort: **Weil durch das levitische Priestertum keine Vollendung erreicht worden ist.** Seit der Zeit der Makkabäerkriege war in vielen Juden die Hoffnung auf ein neues, besseres Zeitalter lebendig, die Zeit der Wiederherstellung der wahren Gottesordnung, in der ein ehrwürdiger Priester über das Volk herrschen würde[270]. Aber dieser künftige Priester aus dem Stamm Levi konnte bestenfalls das Idealbild des aaronitischen Hohenpriestertums verwirklichen, niemals aber die Vollendung herbeiführen in dem Sinne, wie der Apostel sie in unserem Brief versteht. Das grie Wort *teleíosis*, „Vollendung", begegnet uns im NT nur noch Lk 1, 45, im Segensgruß der Elisabeth an Maria, die Mutter des Herrn: „Selig bist du, 11

[270] Diese Hoffnung findet ihren Ausdruck u. a. auch in den Schriften von Qumran. An vielen Stellen taucht die Person des „letzten Priesters", des „Lehrers der Gerechtigkeit" auf, der das priesterliche Oberhaupt der Söhne des Lichtes ist. Im Jesaja-Kommentar heißt es: „Es wird einer der Priester mit angesehenem Namen hervorgehen." Die „Rolle der Regel" zeigt die Wertschätzung des eschatologischen Priestertums: „Nur die Söhne Aarons sollen in Sachen des Rechts und der Güter gebieten" (IX, 7) . . . „Der Priester trete an der Spitze der ganzen Gemeinde Israels ein, dann alle Häupter der Söhne Aarons, die Priester" (V 12—13). In der „Rolle der Bestimmungen für den Krieg" ist es der Oberpriester (Hoherpriester), der das Volk anführt. Vgl. André Dupont-Sommer, Die Essenischen Schriften vom Toten Meer, 1960, S. 103, 118, 211 ff, 293, 297, 387 ff. Ebenfalls Hans Bardtke, Die Handschriftenfunde am Toten Meer, 1958, S. 298 ff.

die du geglaubt hast! denn es wird vollendet werden (grie *éstai*
teleíosis), was dir gesagt ist von dem Herrn." Beide Aussagen
Lk 1, 45 und Hbr 7, 11 stehen sich innerlich nahe, sind aber doch
auch klar voneinander zu unterscheiden. In unserem Vers geht es
nicht nur um die Erfüllung einer einzelnen Zusage Gottes, sondern
um die Vollendung des göttlichen Heilsplanes. Das atst Priestertum
ist mit seinen von Gott gegebenen Ordnungen nur ein wichtiger
Abschnitt auf dem Weg der Heilsgeschichte zur Heilsvollendung; es
macht weder das Ganze der Heilsgeschichte aus, noch ist es die letzte
Etappe. Der Heilsratschluß Gottes zur Rettung der verlorenen Welt
hat in Christus und der Gemeinde seine Mitte; seine Vollendung
findet er in der Neuschöpfung von Himmel und Erde.
12 Priestertum und Priesterordnung waren nach Gottes Willen im AT
durch das Kultgesetz festgelegt. Setzt Gott ein neues Priestertum
ein, dann wird damit dieses Gesetz innerhalb der Ordnungen des
Alten Bundes aufgehoben und ein neues Gesetz tritt in Kraft[271]
13 Daß dies bereits tatsächlich geschehen ist, liegt für den Apostel offen
zutage. Das atst Gesetz sah vor, daß nur Männer aus dem Stamm
Levi zum Dienst am Heiligtum berufen werden konnten, und nu
Nachkommen Aarons als Priester am Altar stehen durften[272]. Da
durch, daß Jesus Christus von Gott zum Hohenpriester berufen
worden ist, hat Gott selber diese Ordnung außer Kraft gesetzt
14 **Denn offensichtlich ist unser Herr aus Juda hervorgegangen: zu dem**
Stamm hat Mose nichts über Priester gesagt. Die messianische Ver
heißung, die schon Jakob auf den Stamm Juda gelegt (1 Mo 49, 8–12
und die Gott auf der Höhe des Prophetentums erneuert hat (Jes 11, 1)
findet im Neuen Bund in Jesus Christus ihre Bestätigung und Erfül
lung (Mt 2, 6; Offb 5, 5). In ihm, dem „Löwen aus dem Stamm Juda"
sind Königtum und Priestertum vereinigt (Ps 110, 1. 4; Sach 6, 11
15 Aber nicht nur daran, daß der Hohepriester des ntst Gottesvolke
aus dem Stamm Juda kommt, wird deutlich, daß Gott die Prieste
ordnung des Alten Bundes durchbrochen hat. Der neue Hohepriest
steht seinem Wesen nach in einer unmittelbaren Beziehung zu Me
chisedek, sein Priestertum gründet sich auf ein
16 priesterliche Urordnung Gottes. Christus ist nic
Hoherpriester geworden **nach dem Gesetz eines fleischlichen Gebote**

[271] Andere Ausleger verstehen unter dem Begriff des „nómos" (Gesetz), das der Verfass hier verwendet, das gesamte mosaische Gesetz. Vgl. Ferdin. Zißler, Das Hohepriestertu Christi, Geisweid und Basel, o. J., S. 55: „Die geweissagte Aufhebung des Priestertur schließt notwendig die Aufhebung des Gesetzes ein. Der 110. Psalm weissagt ja d Aufhebung der ganzen mosaischen Zwischenanstalt. Vgl. Gal 3, 17. Diese Weissagu geschah mit einem Eidschwur Gottes. Das zeitweilige Priestertum Aarons, dem d Eidschwur Gottes mangelte, war zum Bleiben nicht bestimmt."

[272] Vgl. 2 Mo 28, 1. 43; 4 Mo 3, 10; 16, 8–10. 40; 18, 1–7; 5 Mo 33, 8–11.

Die alte Ordnung band das priesterliche Amt an irdisch-menschliche Voraussetzungen. Die Priester mußten bestimmter menschlicher Herkunft sein — eben Nachkommen Aarons, sie durften keine körperlichen Gebrechen haben (3 Mo 21, 17—21) und konnten nur bei kultischer Reinheit ihren Dienst versehen. Die neue Priesterordnung aber, nach der Christus zum Hohenpriester berufen wurde, trägt das Kennzeichen der **Kraft unzerstörbaren Lebens.** Diese Kraft (grie *dýnamis*) ist das Zeichen des neuen Bundes, der „zukünftigen Welt", ist zugleich die Kraft des Wortes, des Heiligen Geistes und der Wunder, die durch Jesus und die Apostel geschahen[273]. In dieser Kraft tut sich Gottes unmittelbar gegenwärtige Wirksamkeit kund. In elementarer Weise hat sich diese „göttliche Kraft unzerstörbaren Lebens" bei der Auferstehung Jesu offenbart und ist heute noch fort
und fort im Leben der Gläubigen wirksam (Eph 1, 19—20)[274]. Immer 17
wieder begegnen wir der Treue, mit der der Apostel an der Offenbarung Gottes im AT festhält. Darum ist ihm besonders daran gelegen, jede wichtige Glaubensaussage mit einem Wort aus dem AT zu begründen. So schließt er seinen Gedanken mit einem erneuten Hinweis auf Ps 110, 4. Schon das atst Wort, das Königtum und Priestertum in dem kommenden Messias vereinigt sieht, spricht von der Ewigkeit dieses neuen Priestertums. Keinem der Nachkommen Aarons galt die göttliche Zusage: „Priester in Ewigkeit". Aber in Christus ist sie Wirklichkeit geworden; als Auferstandener besitzt er die „Kraft des unzerstörbaren Lebens" (vgl. Rö 6, 9), er ist „Priester in Ewigkeit".

). Die Bestätigung des besseren Priestertums durch den Eidschwur

Hbr 7, 18—28

8 **Denn die Aufhebung des vorangegangenen Gebotes erfolgt um**
9 **seiner Schwäche und Nutzlosigkeit willen, * denn das Gesetz hat**
nichts zur Vollendung gebracht, es dient aber der Einführung
0 **einer besseren Hoffnung, durch die wir Gott nahen. * Und inwiefern es nicht ohne Eidschwur geschah, — denn jene sind ohne**

Zu Vers 18:
Rö 8, 3
Hbr 7, 11
9, 9
10, 1—2
10, 4. 11
13, 9

[273] Vgl. „Die Kräfte der zukünftigen Welt" Hbr 6, 5. — „Unsere Verkündigung des Evangeliums geschah bei euch nicht allein durchs Wort, sondern auch in Kraft und im Heiligen Geist und in großer Gewißheit" 1 Th 1, 5. — „Nicht auf Worten beruht das Reich Gottes, sondern auf Kraft" 1 Ko 4, 20. — „Gott gab Zeugnis durch Zeichen und Wunder und vielerlei machtvolle Taten (grie *dynámeis*)" Hbr 2, 4.

[274] Vgl. 2 Ko 13, 4 „. . . er lebt durch die Kraft Gottes." Weil er der ewig Lebendige ist, kann er geistlich tote Menschen zu neuem Leben erwecken und mit sich in den Himmel erheben.

Zu Vers 19:
Hbr 6, 18
1, 4
7, 22
8, 6
9, 23
10, 34
11, 16. 35. 40
12, 24
Zu Vers 21:
Ps 110, 4
Hbr 6, 17
Zu Vers 22:
2 Mo 24, 8
Jer 31, 31–34
Jer 32, 40
Sach 9, 11
Lk 22, 20
1 Ko 11, 25
2 Ko 3, 6–11
Hbr 8, 6–12
9, 15–20
10, 29
12, 24
13, 20
Zu Vers 24:
Ps 110, 4
Lk 1, 32–33
Hbr 13, 8
Zu Vers 25:
Hbr 10, 14
Offb 1, 18
Jo 14, 6
Rö 8, 34
1 Jo 2, 1
Zu Vers 26:
Hbr 1, 3
4, 14–15
Zu Vers 27:
3 Mo 16, 6. 15
Hbr 9, 12
10, 10
Zu Vers 28:
Hbr 5, 1–2
Ps 2, 7
Ps 110, 4

21 Eidschwur Priester geworden, * er aber mit einem Eidschwur durch
den, der zu ihm spricht: „Der Herr hat geschworen, und es wird
22 ihn nicht gereuen: Du bist Priester in Ewigkeit!" – * insofern ist
23 Jesus auch Bürge eines besseren Bundes geworden. * Und jene
sind in Vielzahl Priester geworden, da sie durch den Tod gehindert
24 wurden zu bleiben. * Er aber hat, weil er in Ewigkeit bleibt, ein
25 unvergängliches Priestertum. * Daher kann er auch die, die durch
ihn zu Gott kommen, völlig erretten, weil er allezeit lebt, um
26 für sie einzutreten. * Denn einen solchen Hohenpriester mußten
wir auch haben, der heilig, schuldlos, unbefleckt, von den Sün-
27 dern geschieden und über die Himmel erhöht worden ist; * der es
nicht täglich nötig hat wie die Hohenpriester, zuerst für die
eigenen Sünden Opfer darzubringen, danach für die des Volkes;
denn dies hat er ein für allemal getan, als er sich selbst dar-
28 brachte. * Denn das Gesetz bestimmt Menschen zu Hohenprie-
stern, die mit Schwachheit behaftet sind, das Wort des Eidschwu-
res aber, der nach dem Gesetz erfolgte, den Sohn, der in Ewigkeit
vollendet ist.

Zuerst hatte der Apostel von der Abgabe des Zehnten an di Priester, dann von der Zuordnung von Priestertum und Gesetz ge sprochen, um in stets neuen Perspektiven die überragende Größ des Priestertums nach der Ordnung Melchisedeks zu zeigen, das sic in Christus erfüllt hat. Den letzten Gedanken, die Aufhebung de alten Priesterordnung zugunsten einer neuen, greift der Aposte hier noch einmal auf. **Die Aufhebung des vorangegangenen Gebote erfolgt um seiner Schwäche und Nutzlosigkeit willen.** Schon im AT in dem zuvor angeführten Wort aus Ps 110, 4, wird eine neue Prie sterordnung, eine besondere Art und Form des Priestertums ange kündigt, das die Beibehaltung der aaronitischen Priesterordnun überflüssig macht. Das bedeutet keine Geringschätzung der at Ordnungen. Gesetz und Priestervorschriften entspringen der heilige Offenbarung Gottes, sie sind wunderbare Gabe Gottes an Israe Dieses Bewußtsein lebt in jedem gottesfürchtigen Israeliten und b herrscht das Denken des AT (Ps 27, 4; Ps 119, 18. 162; Rö 7, 12. 14 Das AT wird nicht abgewertet oder entwertet, vielmehr solle G r ö ß e und G r e n z e des G e s e t z e s deutlich hervorgehobe werden. Das Gesetz wird nur deshalb als „schwach und nutzlo bezeichnet, weil es nicht die „Vollendung" (vgl. Hbr 7, 11) herbeiz
18/19 führen vermag. Auf dem Weg des Gesetzes und der atst Prieste ordnungen wird nicht das Ziel der göttlichen Heilsabsichten erreic Warum nicht? Weil die durch das Gesetz angeordneten Opfer „de welcher Gott damit dient, nicht dem Gewissen nach zur Vollendu

führen können" (Hbr 9, 9). Wohl weist das atst Priestertum als Verheißung bereits auf die kommende Herrlichkeit hin; das AT wird zum Vorboten der Erfüllung des göttlichen Heilsratschlusses. Aber das priesterliche Gesetz bringt uns nicht in Gottes Nähe, es ist nicht der Weg zum Heil. Die beiden grie Ausdrucksweisen, die wir in unserem Vers finden: *teleiún* **zur Vollendung bringen** und *engízein to theó* **Gott nahen,** stehen hier in einem engen inneren Zusammenhang. Gottes Schöpferwille hatte die ungehinderte Gemeinschaft des Menschen mit seinem Schöpfer zum Ziel. Was durch die Sünde und Schuld des Menschen verhindert wurde, wird durch Gottes Heilswillen in Christus „vollendet". In Christus dürfen wir unmittelbar Gott nahen. Deshalb bekennt der Apostel Hbr 10, 19: „Wir haben die frohe Zuversicht zum Eintritt in das Heiligtum durch das Blut Jesu." Und was uns heute im Glauben an Jesus als beglükkende Möglichkeit geschenkt ist, wird in der erneuerten Schöpfung sichtbare Wirklichkeit sein (Offb 21, 22–27); „Vollendung" – das heißt: ungehindert, dankbar und froh in der unmittelbaren Nähe Gottes leben! Gerade das aber war auf dem Weg des atst Priestertums unmöglich!

Der ganze atst Gottesdienst mit Priesterordnung und Opfervorschrifen diente weit mehr dazu, dem Menschen seine natürliche Gottesferne bewußt zu machen, als ihn in die Nähe Gottes zu bringen. An anderer Stelle kann unser Verfasser sagen: „Die Opfer bewirken Erinnerung an die Sünden. Denn unmöglich kann Blut von Rindern und Böcken Sünden hinwegnehmen." Auf dem Wege des Kultes wird die menschliche Existenz nicht in ihrem Kern umgewandelt (vgl. Hbr 10, 1–2. 4. 11)!

Ganz am Rande seiner Überlegungen hat uns der Apostel damit eine Erkenntnis mitgeteilt, die von tiefgreifender Bedeutung für jede Generation der Christenheit ist, gewiß aber in unserer Zeit besondere Aktualität hat. Der Gang der Kirchengeschichte lehrt uns, daß die Gemeinde Jesu nur dort ihren Gottesdienst recht verstanden hat – als Ausdrucksform ihres gemeinsamen Lebens mit dem erhöhten Herrn, wo ihr Blick für die Wichtigkeit des Wortes Gottes und die Wirksamkeit des Heiligen Geistes ungetrübt war. Seit der frühchristlichen Zeit begegnen wir immer wieder Strömungen, die die persönliche Erneuerung des geistlichen Lebens durch Gottes Wort und den Heiligen Geist, durch eine echte Bekehrung und Wiedergeburt, zurücksetzten zugunsten menschlicher frommer Übungen und eines falsch verstandenen Sakramentsdenkens. Gerade in unserer Zeit, in der das Vertrauen in das Wort der Heiligen Schrift durch die moderne Theologie systematisch erschüttert wird und darum so wenige Menschen die neuschaffende Kraft des Heiligen Geistes in ihrem Leben erfahren, suchen viele ihre Zuflucht in Kultus und Liturgie, in strengen gottesdienstlichen Formen und Übungen und einem mystisch-magischen Sakramentsverständnis. Wo uns der lebendige Christus nicht mehr in seinem Wort begegnen und zu uns reden kann, da bleibt nur noch der Kultus, die äußere Form. Das aber bedeutet immer eine Verarmung des geistlichen Lebens und zwangsläufig einen Rückfall in Gesetzlichkeit. Kultus und Liturgie können niemals Ersatz für die persönliche Gemeinschaft mi Christus sein, in dem allein uns das Heil gegeben ist.

20/21 Hatte der Apostel bei der Begründung seiner theologischen Aussagen bisher den Nachdruck auf den zweiten Teil des Verses Ps 110, gelegt: „Du bist Priester in Ewigkeit nach der Ordnung Melchisedeks!", so besinnt er sich jetzt auf die erste Zeile dieses Verses: „De Herr hat geschworen, und es wird ihn nicht gereuen." Hier wird, wi bei Abraham (Hbr 6, 13) und wie bei dem Gericht über die Wüstengeneration (Hbr 3, 11), von einem Gottesschwur gesprochen. Die Einsetzung Aarons und seiner Nachkommen zu Priestern erfolgte durc das Wort des Gesetzes am Sinai – ohne Eidschwur. Das ist bei de Berufung zum neuen Priestertum anders. Christus ist durch de göttlichen Eidschwur zum ntst Hohenpriester berufen. Der Schwu Gottes unterstreicht die absolute Unverbrüchlichkeit – „es wird ih nicht gereuen" – und die ewige Gültigkeit – „Priester in Ewigkeit" - des Hohenpriesters Jesu.

Wenn der Apostel das Psalmwort **„es wird ihn nicht gereuen"** ohn weitere Erklärung übernimmt, so verbindet er damit die atst Vorstellungsweise. Wird im AT von einem Menschen gesagt, daß Reue empfinde, so bezeugt dieser Ausdruck die demütige Unterord nung und Übereinstimmung mit Gottes Willen, im Guten und Böse entsprechend seinem gerechten Gericht. Wenn das AT sagt, daß Go „bereue", so schließt das eine zweifache Möglichkeit in sich: Go kann trotz seiner früheren Erwählung Menschen verwerfen (1 Sa 15, 11. 35), weil sie sich im Ungehorsam gegen ihn gewandt habe Gott kann aber auch trotz seines Gerichtes dem Menschen erne seine Gnade und Barmherzigkeit zuwenden (1 Chro 21, 15; Ps 10 45; Am 7, 3. 6; Jon 3, 9 f; 4, 2). In Ps 110, 4 und Jer 4, 28 wird au drücklich betont, daß Gott keine Reue empfinden wird. Darin lie die Zusicherung, daß Gott auf keinen Fall von seinem ursprüngli gefaßten Plan abweichen will[275].

AT und NT stehen im gleichen Verhältnis wie die Gotteswor

[275] Vgl. W. Stb. Römer, S. 270, Anm. 215. – O. Michel, Ki–Th W Bd. 4, S. 630 ff – Kro minga, Art. Repentance, Bakers Dictionary of Theology, Hrsg. E. F. Harrison, 19 S. 443 ff.

durch die Gott das Priestertum einsetzt: Der Überlegenheit des gött- 22
lichen Eidschwures über das Gesetzeswort vom Sinai entspricht die überragende Größe des Neuen Bundes gegenüber dem Alten Bund. **Bürge dieses b e s s e r e n**[276] **Bundes** ist **Jesus** geworden. Schon durch die Anordnung der grie Satzkonstruktion unterstreicht der Apostel, daß Jesus der Träger göttlicher Vollmacht ist. Er, der Sohn Gottes, ist mit seinem Leben, Leiden, Sterben und Auferstehen der Garant für die Wirklichkeit und Vollendung des Heilswillens Gottes im Neuen Bund geworden.

Der Apostel sieht die alles überstrahlende Herrlichkeit des ntst 23
Hohenpriestertums nicht nur darin begründet, daß die Berufung und Einsetzung in dieses Amt durch den Eidschwur Gottes erfolgte, er denkt auch daran, daß sich das Psalmwort nur an e i n e n richtet: „D u b i s t Priester in Ewigkeit!" Als Aaron und seine Söhne am Sinai zu Priestern berufen wurden, da sprach Gott: „Das ist für ihn u n d s e i n e N a c h k o m m e n eine immerwährende Verpflichtung" (2 Mo 28, 43). Es war von vornherein an eine Vielzahl von Priestern gedacht. Das atst Priestertum hatte eine zeitliche Begrenzung, das Amt mußte von Generation zu Generation weitergegeben
werden. Der aber, zu dem Gott im Schwur gesprochen hat: „D u 24
b i s t Priester i n E w i g k e i t !" übergibt sein hohepriesterliches Amt nicht einem Nachfolger. Weil der Tod keine Macht mehr an ihm hat, besitzt er ein unvergängliches[277] Priestertum. Das Hohepriestertum Jesu reicht von Ewigkeit zu Ewigkeit, er ist „gestern und heute derselbe und in Ewigkeit" (Hbr 13, 8).

Alle Aussagen, die der Apostel in dem Vergleich des aaronitischen 25
Priestertums mit dem Hohenpriestertum Jesu, dem Priestertum nach der Ordnung Melchisedeks gemacht hat, gipfeln in diesem einen Satz: **Daher kann er auch die, die durch ihn zu Gott kommen, völlig erretten, weil er allezeit lebt, um für sie einzutreten.** Das, was Gesetz und Priestertum im AT nicht vermochten, das kann Jesus auf Grund seines ewigen göttlichen Lebens: er kann völlig erretten! „Er kann helfen!" (Hbr 2, 18) – das hatte der Apostel zunächst als Wirkung des Hohenpriesterdienstes Jesu herausgestellt. Hier geht er in seiner Aussage einen Schritt weiter. Jesus hat uns die totale Rettung gebracht, ein vollkommenes Heil erworben, das in alle Ewigkeit gültig ist[278]. Diese ewige, vollgültige Errettung gilt allen Menschen, wird

[276] grie *kreitton* „besser" ist eines der Schlüsselworte des Hbr, denen besondere theologische Bedeutung zukommt; vgl. 1, 4; 7, 19. 22; 8, 6; 9, 23; 10, 34; 11, 16. 35. 40; 12, 24 Das griech Wort *éngyos* „Bürge" findet sich nur hier im NT.

[277] Der Apostel gebraucht hier das grie Wort *aparábatos*, das ursprünglich „unverletzlich nicht zu übertreten" bedeutet.

[278] Der grie Ausdruck *eis to pantelés* bedeutet sowohl „völlig, gänzlich" als auch „für immer auf Dauer", hat also zugleich qualitativen und temporalen Sinn; vgl. Lk 13, 11.

jedermann angeboten, aber doch nur wirksam für den, der zu Gott umkehrt. Ähnlich wie Hbr 2, 16 grenzt auch hier der Apostel den Kreis von Menschen ein, denen das Heil zuteil wird. Dort hatte er gesagt: „Er nimmt sich des Samens Abrahams an." Hier heißt es: „Jesus kann die erretten, die durch Ihn zu Gott kommen!" Die Rettung von den Sünden wird nur denen zuteil, die sich in Buße und Glauben zum Herrn bekehren (vgl. Apg 3, 19). Wer durch die persönliche, freiwillige Glaubensentscheidung Jesus Christus als seinen Heiland und Herrn aufgenommen hat (Jo 1, 12), wer durch Jesus Christus zu Gott, dem Vater, gekommen ist (Jo 14, 6), der empfängt Vergebung und erfährt die Bewahrung in Anfechtung, Bedrängnis und Not. Der ewige Hohepriester (Offb 1, 18) ist nicht nur der Retter seines Volkes, sondern auch zugleich der Anwalt, der ewige Fürsprecher der Gläubigen (Rö 8, 34; 1 Jo 2, 1)[279].

Diese umfassende Heilstatsache stellt der Apostel einer Gemeinde vor Augen, die er auf kommende Leiden vorbereiten will: Rettung, Bewahrung und Vollendung sind uns durch unseren ewigen Hohenpriester geschenkt. Er lenkt dabei unseren Blick auf das vollbracht Heilswerk Jesu, der sich selbst als vollgültiges, unwiederholbare Opfer Gott dargebracht und die Sündenschuld der Menschheit getilg hat. Ebenso deutlich zeigt er uns die ganze Größe und Heiligkeit de

26 ntst Hohenpriesters. **Denn einen solchen Hohenpriester mußten wi auch haben, der heilig, schuldlos, unbefleckt, von den Sündern ge schieden und über die Himmel erhöht worden ist.** Nicht nur in de Rettungstat Jesu, sondern ebenso in dem Wesen seiner göt lichen Person ist unser Heil begründet. Was an kultischer Reinhe von atst Priestern gefordert wurde, ist durch Christus unendlich we überboten. Jesus ist **heilig** – völlig ohne sündhaftes Wesen[280], heili wie Gott der Vater heilig ist, vollkommen heilig nach dem Geset aber seine Heiligkeit erschreckt uns Sünder nicht, durch sie gerac

[279] F. F. Bruce, S. 153 f: „Die Christus als ihren Hohenpriester und Mittler vor Gott kenne besitzen in ihm einen Heiland, dessen rettende Kraft unbegrenzt wirksam und nicht de Mißgeschicken des menschlichen Lebens unterworfen ist. Er lebt ewig und ist unabläss darauf bedacht, die zu segnen und zu schützen, die ihr Leben ihm anvertraut habe Der Weg, um durch ihn Gott zu nahen, steht allezeit offen, weil er als ‚ewiger Priest sein Volk in Gottes Gegenwart vertritt. Er ist nicht Vermittler im gewöhnlichen Sin nicht ein Mittelsmann, der seine guten Dienste zwei Parteien zur Verfügung stellt, in d Hoffnung, sie zu einer Übereinstimmung zu bringen. Er ist der einzigartige Mittl zwischen Gott und Menschen, weil er in seiner Person Gottheit und Menschheit vo kommen vereinigt; in ihm kommt Gott den Menschen nahe, und durch ihn dürfen si die Menschen Gott nahen in der Gewißheit, in ihm den unveränderlichen und unmitt baren Zugang zu haben."

[280] Hier gebraucht der Verfasser nicht das grie Wort *hágios*, das „heilig", d. h. „für G und seinen Dienst beschlagnahmt" bedeutet, sondern das Wort *hósios*, d. h. ursprün lich „von aller Schuld rein".

kann er uns vor Gott vertreten. Er ist **schuldlos** – ohne Rückhalt und Hinterlist[281], **unbefleckt** – er konnte wahrhaft fragen: „Welcher unter euch kann mich einer Sünde zeihen?" (Jo 8, 46), **von den Sündern geschieden** – Mensch wie wir (Hbr 2, 14), versucht wie wir (Hbr 4, 15) und doch der einzige, der ohne Sünde blieb und deshalb
über die Himmel erhöht worden ist. Er hat durch Auferstehung und 27
Himmelfahrt den unmittelbaren Zugang zur Herrlichkeit Gottes gewonnen. Dieser unermeßliche Reichtum göttlichen Wesens in der Person Jesu wirkt sich schon in seinem Erdenleben, seinem irdischen Hohenpriesterdienst aus. Bewußt stellt der Apostel das täglich e Opfer des atst Hohenpriesters und das einmalige[282] Opfer Jesu einander gegenüber. Der Hohepriester mußte zuerst für sich selbst
opfern, um Sühnung für eigene Schuld zu erwirken. Das brauchte 28
Jesus nicht. Der atst Hohepriester brachte Opfergaben dar, Jesus opferte sich selbst! Worin ist dieser Gegensatz begründet? Mit dieser Frage kehrt der Apostel an den Ausgangspunkt seiner Überlegungen in unserem Abschnitt zurück. Das Priestergesetz vom Sinai bestimmte **Menschen zu Hohenpriestern, die mit Schwachheit**[283] **behaftet** waren. Erst viel später, z. Z. des Königs David, offenbarte Gott das **Wort des Eidschwures** in Ps 110, durch das er **den Sohn** berief, der **in Ewigkeit vollendet** ist. Gesetz und göttlicher Eidschwur stehen im gleichen Verhältnis zueinander wie die menschlichen, mit Schwachheit, d. h. Versuchlichkeit behafteten Priester und der ewige, vollkommene Sohn[284].

Zusammenfassung

In Hbr 1–6 ließen manche Äußerungen, besonders auch die immer wieder eingestreuten Warnungen und Ermahnungen es zu, in Umrissen ein Bild der Gemeindesituation zu entwerfen, in der der Apostel seine Verkündigung ausrichtet. Hbr 7 dagegen, das Kapitel, mit dem der Hauptteil des Briefes einsetzt, enthält keinen einzigen Hinweis auf die konkrete Lage der Gemeinde. Die Art, in der hier Alter und Neuer Bund einander gegenübergestellt werden, trägt nicht den

281 Das grie Wort *ákakos* „schuldlos, arglos" ist sinnverwandt dem Wort *akéraios* „ohne Falsch, lauter" Mt 10, 16.

282 grie *ephápax;* einmaliges Opfer (Hbr 7, 27), einmaliger Eintritt ins Heiligtum (Hbr 9, 12) und einmalige Heiligung der Gläubigen (Hbr 10, 10) stehen in innerem Zusammenhang.

283 grie *asthéneia* „Schwachheit", vgl. Hbr 4, 15; 5, 2 weist auf Wesen und Eigenart des Menschen hin, der kein Leben aus Gott hat.

284 O. Michel, S. 181 f: „Jesus wird niemals als ‚schwach' geschildert; er ist den Anfechtungen zwar ausgesetzt, aber nicht preisgegeben. ‚Vollendet' ist der Sohn: er hat auf Erden sich selbst zum Opfer gebracht, hat daher die Vollmacht und Würde empfangen, die ihn zum Sohn und Priester vor Gott beruft."

Charakter einer Auseinandersetzung eines ntst Gläubigen mit atst Gesetzesfrömmigkeit, wie etwa der Apostel Paulus sie im Galaterbrief durchführt. Wir können auch nicht sagen, daß die Ausführungen des Apostels sich gegen ein Wiederaufleben atst Kultordnungen in der Gemeinde richten. Bei den Gedanken, die der Autor in Hbr 7 niedergeschrieben hat, scheint er den Problemen seiner unmittelbaren Gegenwart entnommen zu sein. So wie Paulus im Epheserbrief zunächst ohne direkten Bezug auf die gegenwärtigen Probleme der Gemeinde über den Heilsratschluß Gottes von Ewigkeit zu Ewigkeit nachsinnt[285], so meditiert unser Verfasser in Hbr 7 über den Worten 1 Mo 14, 17–20 und Ps 110, 4. Dabei werden ihm diese Worte lebendiger Hinweis auf die *alles überragende Größe Jesu Christi*. Jesus allein – größer als alles, was Gott seinem Volk Israel und der Welt an Offenbarung hat zuteil werden lassen – da steht vor seinem geistigen Blick. Die Entfaltung des Wesens und der Vollmacht Jesu in V. 25 und V. 26 sind der Kern seiner Aussage, um die herum er seine Gedanken gruppiert: Was Jesus von den ats Priestern unterscheidet und ihn weit über sie hinaushebt, sind sein Sündlosigkeit, das einmalige Opfer seines göttlichen Lebens, di Erhöhung in den Himmel, seine Unsterblichkeit und sein immer währender Dienst der Fürbitte. Weil er bereits hinter der Person des Melchisedek die Herrlichkeit der Person Jesu Christi aufstrahlen sieht, und somit der Priesterkönig des Alten Bundes zum unmittelbaren Hinweis auf den ewigen königlichen Hohenpriester des Neue Bundes wird, darum ist Jesu Hoherpriesterdienst dem Hohenpriestertum des Aaron unendlich überlegen.

Seine Aussage begründet der Apostel in drei Gedankengängen, di er streng gegliedert durchführt.

1. Grundlegend stellt er heraus, daß **Melchisedek** dem Patriarche **Abraham,** seinem Nachkommen Levi und den aaronitischen Priester **überlegen** ist.

a) Die Leviten stammen von Abraham ab; Melchisedek ist ohne Vorfahren, himmlischer Herkunft. Dem entspricht die Wirklichkeit, daß die Leviten sterbliche Menschen sind, Melchisedek aber unvergängliches Leben hat.
b) Die Leviten nehmen den Zehnten von ihren Brüdern; Melchisedek hat den Zehnten vom Stammvater empfangen.
c) Auch die Leviten sind Melchisedek gegenüber zur Abgabe d Zehnten verpflichtet, denn ihr Stammvater Levi war bei der Begegnung Abrahams mit Melchisedek in den „Lenden" des Patriarchen.

[285] Vgl. W. Stb. Eph S. 18 ff.

d) Schließlich hat Melchisedek Abraham gesegnet, und dieses Segensverhältnis kann nicht umgekehrt werden.

2. Die Gegenüberstellung von **Priestertum** und **Gesetz** entfaltet der Apostel ebenfalls in vier Stufen:
a) Gesetz und Priestertum sind unlösbar miteinander verbunden. Die Einsetzung eines neuen Priestertums zieht notwendig auch die Einsetzung einer neuen Ordnung nach sich.
b) Das alte Priestertum war durch die „Ordnung Aarons" begründet, das neue Priestertum dagegen durch die „Ordnung Melchisedeks".
c) Die alte Ordnung war Israel am Sinai gegeben worden. Die neue Ordnung erweist sich als die ältere, ursprüngliche, sie hat ihren Grund in Gottes Ewigkeit.
d) Die Einführung der neuen Priesterordnung wurde notwendig, weil durch das aaronitische Priestertum kein Abschluß der Heilsgeschichte erreicht werden konnte. Die Opfer im AT sind nur Vorbilder, das wahre Opfer hat erst der Hohepriester des ntst Gottesvolkes gebracht.

3. Die letzte Gewißheit dafür, daß die neue Priesterordnung in Christus Gültigkeit gewonnen hat, findet der Apostel in der Tatsache: der heilige Gott hat seine Gottheit zum Unterpfand eingesetzt und sich mit einem Eid dafür verbürgt, daß er seine Zusagen erfüllen wird. Vier Beziehungen zwischen Gottesschwur und Priestertum hebt er hervor:
) Das Gesetz und die levitische Priesterordnung sind überholt durch den Eidschwur, durch den Jesus zum Hohenpriester eingesetzt ist. Aaron wurde Priester durch das Wort des Gesetzes, das keinen Abschluß der Heilsordnung brachte. Jesus ist zum Priester berufen worden durch das Wort des göttlichen Eides, das auf die letztgültige Erfüllung einer Urordnung Gottes hinweist.
) Das Gesetz hat „die Einführung der H o f f n u n g auf das Bessere" gebracht, der Schwur Gottes seine E r f ü l l u n g.
Die Vielzahl der Priester wurde ohne Eidschwur eingesetzt; sie waren sterbliche Menschen, mit Schwachheit behaftet. Der e i n e Priester wurde mit Eidschwur eingesetzt, er ist unsterblich und nach dem Gesetz vollkommen. Deshalb kann er auch Bürge des besseren Testamentes sein.
In gleicher Weise, wie der göttliche Eid dem Gesetz überlegen ist, ist auch der Priesterdienst Jesu besser als der des Aaron und der Neue Bund besser als der Alte Bund.

Die Erfüllung der atst Hoffnung auf eine neue Priesterordnung schließt ein, daß jemand Priester werden kann, der nach dem mosaischen Gesetz keine Verheißung dafür hat. Nicht mehr Levi – sondern

Juda ist im Neuen Bund Stammhaus des Priestertums. Die Folgen dieser neuen Ordnung Gottes wirken sich in der ntst Gemeinde aus. Es werden jetzt Menschen zu Priestern Gottes berufen, denen auf der Stufe des AT jede Voraussetzung dafür fehlte. Die Glieder der Gemeinde Jesu sind das ntst Priestergeschlecht (1 Pt 2, 9; Offb 1, 6; 5, 9–10). Das Hohepriestertum Jesu wie das Priestertum seiner Gemeinde gründen sich nicht auf das atst Gesetz, sondern wie bei Melchisedek auf den inneren Reichtum der Person des Herrn, auf seine göttliche Herrlichkeit: „. . . nicht auf Grund eines Gesetzes menschlicher Bestimmungen, sondern auf Grund der Kraft eines unauflöslichen Lebens." Im Hohenpriestertum Jesu „nach der Ordnung Melchisedeks" tritt die von Gott gewollte ursprüngliche Priesterordnung in Vollkommenheit zutage[286].

Fast möchten wir meinen, daß die theologischen Gedanken des Verfassers aus einer verschwenderischen Fülle übersprudeln. Ha der Apostel darüber die Wirklichkeit vergessen? Denkt er nicht an die Not und die Probleme der Gemeinde, an die er sein Schreiben richtet? Doch – aber er lehrt seine Leser, und damit auch uns heute – eine notwendige geistliche Erkenntnis. Immer dann, wenn Not und Anfechtungen oder praktische Lebensprobleme uns bedrängen, besteht die Gefahr, daß wir uns von den Schwierigkeiten gefangennehmen lassen. Wohl bekennen wir Christus als unseren Herrn wohl lassen wir ihn noch durch sein Wort zu uns reden und sprechen mit ihm im Gebet. Aber dennoch kreisen unsere Gedanken unablässig um die drohende Schwierigkeit und suchen einen Ausweg. Das hat verhängnisvolle Folgen: Wir können unsere Lage nicht mehr richtig beurteilen. Plötzlich erscheinen uns unsere Nöte übermächtig Wir fangen an, uns selbst zu bemitleiden oder zu resignieren. Noch viel schlimmer: Wir berauben uns dadurch der geistlichen Kraft zur Überwindung der Krise. Hier zeigt der Apostel den rechten Weg: Zeit haben für Jesus! Nicht immer die Schwierigkeiten überdenken, sondern sich betend in Gottes Wort versenken, um die Größe Jesu anzuschauen. In ihm ruhen die verborgenen Quellen unseres geistlichen Lebens und unserer Kraft. Lassen wir uns von dem Apostel das Vertändnis für die heilsgeschichtlichen Zusammenhänge erschließen dann gewinnen wir einen Blick für Gottes Offenbarung im geschichtlichen Wirken, gerade auch in der Entfaltung über lange Zeiträume hin; und wir lernen es, unser persönliches Leben in diesen große

[286] O. Michel, S. 159: „Sieht man den Hbr im Zusammenhang mit der Entwicklung d jüdischen Priestertums, dann fällt seine Absage an den Stamm Levi auf (Hbr 7, 5 f 7, 14). Mit Melchisedek begegnet uns das Anfangslied einer eschatologischen Ordnu (Ps 110, 4), das sogar aus dem Rahmen des jüdischen Volkes herausfällt. Man erinne sich an den Grundsatz, daß die Urzeit den eigentlichen Willen Go tes offenbart (Mt 19, 8; Gal 3, 17)."

Zusammenhängen zu sehen, die sich unter Gottes Hand alle zu einem vollkommenen Plan ordnen, und Gott dafür zu preisen und anzubeten.

9. Jesus Christus als himmlischer Hoherpriester ist der Mittler des neuen besseren Bundes geworden

Hbr 8, 1–13

1 Die Hauptsache aber bei dem, was gesagt wird, ist: Wir haben
einen solchen Hohenpriester, der sich zur Rechten des Thrones
2 der Majestät in den Himmeln gesetzt hat, * als Diener des Heilig-
tums und des wahren Zeltes, das der Herr errichtet hat, nicht ein
3 Mensch. * Denn jeder Hohepriester wird eingesetzt, um Gaben
und Opfer darzubringen; deshalb ist es notwendig, daß auch die-
4 ser etwas hat, was er darbringen kann. * Wenn er nun auf Erden
wäre, wäre er nicht Priester, weil (Priester bereits) **da sind, die**
5 nach dem Gesetz die Gaben darbringen. * Sie dienen dem Abbild
und Schatten der himmlischen Dinge, wie Mose die Weisung
empfing, als er das Zelt herstellen sollte; denn es heißt: „Siehe zu,
daß du alles nach dem Urbild anfertigst, das dir auf dem Berge
6 gezeigt worden ist.“ * Jetzt aber hat er einen vorzüglicheren
Dienst erhalten, wie er auch Mittler eines besseren Bundes ist,
7 der auf besseren Verheißungen aufgebaut ist. * Denn wenn jener
erste ohne Tadel wäre, würde nicht Raum für einen zweiten ge-
8 sucht. * Denn tadelnd sagt er zu ihnen: „Siehe, es kommen Tage,
spricht der Herr, da will ich mit dem Hause Israel und mit dem
9 Hause Juda einen neuen Bund aufrichten, * nicht nach der Art
des Bundes, den ich mit ihren Vätern machte, an dem Tage, als
ich sie an die Hand nahm, um sie aus dem Land Ägypten heraus-
zuführen; denn sie selbst blieben nicht in meinem Bund, und ich
10 kümmerte mich nicht mehr um sie, spricht der Herr. * Denn dies
ist der Bund, den ich mit dem Hause Israel schließen werde nach
jenen Tagen, spricht der Herr: Ich will meine Gesetze in ihren
Sinn geben und sie in ihr Herz schreiben, und ich will ihr Gott
11 sein, und sie sollen mein Volk sein. * Und nicht mehr werden sie
jeder seinen Mitbürger und jeder seinen Bruder belehren und sa-
gen: Erkenne den Herrn! Denn alle werden mich kennen vom
12 Kleinsten bis zum Größten unter ihnen. * Denn ich will ihren
Ungerechtigkeiten gnädig sein, und ihrer Sünden will ich nicht
13 mehr gedenken.“ * Indem er sagt: „Einen neuen (Bund)**“, hat er**
den ersten für veraltet erklärt, was aber veraltet ist und sich über-
lebt hat, ist dem Untergang nahe.

Zu Vers 1: Ps 110, 1; Hbr 1, 3; 4, 14; Offb 3, 21
Zu Vers 2: 4 Mo 24, 6 LXX; Hbr 3, 5–6; 9, 11; Offb 15, 5; Offb 21, 3
Zu Vers 3: Hbr 5, 1
Zu Vers 5: Hbr 9, 23; 10, 1; 13, 10; Kol 2, 17; 2 Mo 25, 9. 40; 2 Mo 26, 30; 2 Mo 27, 8; 4 Mo 8, 4; 1 Chro 28, 11–12; 1 Chro 28, 18–19; Apg 7, 44
Zu Vers 6: Hbr 7, 22; 9, 15; 12, 24; 2 Ko 3, 6
Zu Vers 7: Hbr 7, 18–19
Zu Vers 8: Jer 31, 31–34; Hbr 10, 16–17
Zu Vers 9: 2 Mo 19, 5–6

Zu Vers 10:
Sach 8, 8
2 Ko 6, 16
Hbr 10, 16
Zu Vers 11:
Rö 8, 3–4
Zu Vers 12:
Jes 43, 25
Hbr 10, 17
Zu Vers 13:
Mt 5, 17
Jo 1, 17
Apg 13, 38–39
Rö 10, 4
1 Ko 1, 30–31

Alles, was der Apostel im vorigen Kapitel über Christus gesag
hat, faßt er nun in einem Satz zusammen, der uns zugleich zeigt,
was für ihn die geistliche Mitte[287] seines ganzen Briefes ist: **Das is
die Hauptsache, von der wir reden: Wir haben einen solchen Hohen-
priester.** Hier bricht wieder der Ton völliger Glaubensgewißhei
durch. In letzter Klarheit wagt er es, etwas über den ewigen Besitz
auszusagen, den wir als Christen durch den Glauben haben. „Wi
haben" – das gilt ihm als ein allen Zweifeln entrücktes Wissen (vgl
Rö 5, 1–5)[288]. Aber die große Gabe Gottes sieht er nicht in erste
Linie in der Veränderung unseres inneren Wesens, in der Neu-
orientierung des menschlichen Lebens auf Gott hin, sondern in eine
Person, die uns geschenkt ist – eben dem himmlischen Hohenprie-
ster. Er ist in Auferstehung und Himmelfahrt von Gott mit der Herr-
schaft des ewigen Königtums über diese Welt betraut worden. All
1 Macht hat Gott in seine Hand gelegt (vgl. Jo 3, 31. 35). Damit wi
der Apostel der bedrängten Gemeinde erneut ins Bewußtsein rufen
Alle Fäden des irdischen und himmlischen Geschehens laufen i
Jesu Händen zusammen, der in göttlicher Majestät unumschränkt
Regierungsgewalt besitzt. Mit den Worten „gesetzt zur Rechten"
greift der Apostel wieder eine Wendung aus Ps 110, 1 auf. Diese
Psalm, der Königtum und ewiges Priestertum zusammenschaut, ha
in der Himmelfahrt Jesu seine Erfüllung gefunden.

Jesu Herrlichkeit umfaßt beides: ewige Königsherrschaft und ewi-
gen Hohepriesterdienst. Er hat sich nicht nur „zur Rechten des Thro-
nes der Majestät in den Himmeln gesetzt", sondern er ist zugleic
2 der **„Diener des Heiligtums"** geworden. Der grie Ausdruck *ta hágia*
„Heiligtum", umfaßt hier die gesamte himmlische Herrlichkeit Got-
tes. Für das Wort „Diener" gebraucht der Apostel das grie *leiturgó*,
das in der LXX immer auf den priesterlichen Dienst zielt (vgl. unse-
ren Begriff „Liturgie" = Gottesdienst). Jesu Dienst in der himm-
lischen Herrlichkeit wird noch näher gekennzeichnet: Er ist Diene
des wahren Zeltes, das der Herr errichtet hat. Mit den Worten „da
wahre Zelt", grie *hä skänáe hä aläthináe*, meint der Apostel das himm-
lische Urbild der Stiftshütte. Dieses „wahre Heiligtum" gehört de
gleichen göttlichen Seinssphäre an wie die „Sabbatruhe des Volke
Gottes" (Hbr 4, 9), die „Stadt mit den festen Fundamenten", da
„himmlische Vaterland" (Hbr 11, 10. 14–16) und auch das „uner-
schütterliche Königreich" (Hbr 12, 28).

Die Stiftshütte als Offenbarungsstätte des Herrn inmitten de
wandernden Gottesvolkes Israel hat in der Heilsgeschichte ihre

[287] W. Manson, Epistle to the Hebrews, London 1951, S. 123 umschreibt das grie Wo *kephálaion* „Hauptsache" mit den Worten „die Krönung der Beweisführung".
[288] Vgl. die Auslegung zu Hbr 4, 14.

eigenen Weg genommen. Als Mose auf dem Berg Sinai war, hat Gott ihm das himmlische Urbild (grie *týpos*) der Stiftshütte, des irdischen Heiligtums, gezeigt. In 2 Mo 35—40 wird uns bis in alle Einzelheiten die Anfertigung und Errichtung der „Stiftshütte", des Offenbarungszeltes, geschildert[289]. Sie ist das getreue irdische Abbild (grie *hypódeigma*) jener himmlischen Wirklichkeit, die Mose auf dem Heiligen Berg geschaut hatte. So ist also die Stiftshütte nicht nach menschlichem, sondern nach göttlichem Plan errichtet worden, wie später auch der Tempel in Jerusalem nach göttlicher Anweisung gebaut wurde. Für das Bauwerk und die ganze Einrichtung hatte David Modelle anfertigen lassen und „den Salomo auf Grund einer Schrift von der Hand des Herrn unterwiesen über alle die zur Ausführung des Bauplanes erforderlichen Arbeiten[290]."

Die Stiftshütte hat dann den Weg des Volkes Israel durch die Wüste begleitet bis in das Land Kanaan hinein (2 Chro 1, 3—4). Bei der Einweihung des Salomonischen Tempels wird uns berichtet, wie die Stiftshütte mit ihrem gesamten Inhalt im Tempel aufgenommen wurde. Der biblische Bericht sagt uns: „Als nun alle Ältesten Israels gekommen waren, hoben die Priester die Lade des Herrn auf (grie *hä kibotós*) und brachten sie hinauf, dazu das heilige Zelt (grie *to skáenoma tu martyríu* LXX) und alle heiligen Geräte, die in dem Zelte waren. Das trugen die Priester und Leviten hinauf" (1 Kö 8, 3—4). Von dieser Zeit an fehlt jede weitere Nachricht über das Zelt der Offenbarung. Mit der Zerstörung des Tempels scheint es verschwunden zu sein. Aber das himmlische Urbild existiert weiter.

Wir begegnen der Stiftshütte noch einmal in der Offenbarung des Johannes. Hier wird dem Seher Johannes ein Blick in die ewige Herrlichkeit Gottes erlaubt. Vor der letzten schwersten Gerichtskatastrophe, die über diese Welt geht, vor der Ausgießung der sieben Zornschalen, öffnet sich noch einmal der Himmel, und das Urbild der Stiftshütte wird im Himmel sichtbar. „Der Tempel, das heilige Zelt im Himmel, wurde geöffnet" (Offb 15, 5)[291]. Es ist eine Offenbarung der Gnadengegenwart Gottes; die Herrlichkeit des Herrn

289 H. Reuter: „Mose sah die fertige vollkommene Hütte und stellte nach diesem Vorbild die Stiftshütte her. Aber die irdische Nachbildung wurde sofort in Gebrauch genommen, während die Hütte Gottes im Himmel erst durch das Opfer Christi zum Gebrauch geweiht wurde, als der alte Tempel seine Aufgabe verlor. Weil wir nicht die Zeit der Herstellung beachten, sondern nach der Indienstnahme urteilen, setzen wir leicht die zwar früher, aber nur für die Zwischenzeit in Gebrauch genommene Stiftshütte als das Erste und Vorbild an, obwohl sie nur, wie auch das Gesetz, nebeneingekommen ist für die Zeit bis zur Verwirklichung des vollen Heils (Rö 5, 19)" (Aus einem vervielfältigten Manuskript, S. 227).

290 Vgl. 1 Chro 28, 11—12. 18—19.

291 Der grie Text hat hier die Worte *hä skänáe tu martyríu*, vgl. 1 Kö 8, 4 LXX.

leuchtet auch über den schwersten Gerichten auf. Die Gegenwart des
lebendigen Gottes, die der Seher Johannes unter dem Bild des Offen-
barungszeltes im Himmel schaut, soll vollkommene Wirklichkeit in
dieser Welt werden. So wird das „Zelt Gottes“ Ausdruck der Gegen-
wart Gottes, die sichtbar unter den Menschen auf Erden erscheint
Was das himmlische Urbild der Stiftshütte andeutet, wird bei der
Neuschöpfung von Himmel und Erde vollendete Wirklichkeit sein
„Ich hörte eine laute Stimme vom Thron her sagen: Siehe da, die
Hütte Gottes (grie *hä skänáe tu theú*) bei den Menschen; und er wird
bei ihnen wohnen und sie werden sein Volk sein, und Gott selbs
wird bei ihnen sein“ (Offb 21, 3). In diese Gegenwart Gottes und
unbeschreibliche Herrlichkeit der himmlischen Welt, die das Urbild
der irdischen Stiftshütte ist, ist Jesus eingegangen, um dort als unse
Hoherpriester Dienst zu tun[292].
3 Worauf der Apostel bereits Hbr 5, 1—3 hingewiesen hatte, wieder
holt er hier noch einmal: **Jeder Hohepriester wird eingesetzt, um
Gaben und Opfer darzubringen.** Priestertum und Opferordnung
sind im Alten und im Neuen Bund unlösbar miteinander verbunden
Jeder Hohepriester braucht notwendig etwas, was er als Opfer dar
bringen kann. Die Hohenpriester in Israel empfingen Opfergaben
4 aus der Hand des Volkes. Jesu Opfergabe war sein eigenes Leben
Schon in Hbr 7, 13—14 hatte der Apostel darauf hingewiesen, daß
das mosaische Gesetz und die irdische Priesterordnung die Möglich
keit des Priesterdienstes Jesu auf Erden ausschließen. Das bestätig
er noch einmal: Es gibt ein für das irdische Priestertum gültiges Ge
setz, dem zufolge bereits Menschen zu Priestern bestimmt sind
Jesus ist nicht Priester, der einen irdischen Dienst versieht. Er tu
vielmehr dort Priesterdienst, wo unerlösten Menschen für imme
der Zugang verschlossen bleibt. Mit der Einsetzung Jesu zum himm
lischen Hohenpriester hat das irdische Priestertum seine Vollendun
und seinen Abschluß gefunden. In der Vollendung, in der Herrlich
keit des himmlischen Jerusalems, wird es keine Stätte für ein beson
deres Opfer mehr geben: „Einen Tempel sah ich nicht in ihr; den
der Herr, der allmächtige Gott ist ihr Tempel und das Lamm“ (Off
5 21, 22; vgl. Hbr 13, 10). Was tun nun die Priester, wenn sie hier in
Gehorsam gegen das Priestergesetz Israels ihren Dienst verrichten
Sie dienen dem Abbild und Schatten der himmlischen Dinge. Alle
irdische Priesterdienst ist also ebenso wie das irdische Heiligtum i
Israel nur das Abbild einer ewigen himmlischen Urordnung und Wirk
lichkeit. Er kann nur schattenhaft darstellen, was wahre Gemeinscha

[292] H. Strathmann, S. 111: „Gemeint ist der Himmel als Ort der Gegenwart Gottes, vo
dem Jesus nun das auf Golgatha vergossene Blut darbringt.“

des Menschen mit Gott bedeutet. Diesen Tatbestand leitet der Apostel von einem geschichtlichen Ereignis ab, das über das ursprüngliche Geschehen hinaus eine unauflösliche Bedeutung auch für die Gemeinde Jesu behält. Mose empfing eine Weisung, als er das Zelt herstellen sollte; denn es heißt: **„Siehe zu, daß du alles nach dem Urbild anfertigst, das dir auf dem Berge gezeigt worden ist**[293]**."** Die Geschichtlichkeit der großen atst Heilstatsachen, die Offenbarung Gottes am Sinai, ist für den Apostel unaufhebbar; sein ganzes Denken ist geschichtlich orientiert. Das Sinai-Ereignis ist nicht nur grundlegend für den Weg Israels durch die Jahrhunderte, sondern weist über die Zeit Israels hinaus auf die Zeit der Gemeinde Jesu. Das Heiligtum und der Priesterdienst in Israel sind einerseits Abbild der wahren Gottesordnung in der himmlischen Herrlichkeit, zum andern auch Hinweis und Fingerzeig auf die Vollendung durch den Hohenpriesterdienst Jesu und die Herrlichkeit der Gemeinde[294].

Empfängt das atst Priestertum seine Würde und Größe dadurch, 6
daß es Nachbildung einer himmlischen Wirklichkeit ist, so empfängt der Hohepriesterdienst Jesu seine überragende Größe dadurch, daß er das wahrhaftige Urbild in Erscheinung treten läßt, daß Christus in seiner Person die Vollendung des atst Priesterdienstes darstellt. Jesus Christus, als der Hohepriester seiner Gemeinde, ist erhabener als jeder irdische Hohepriester. Der irdische Hohepriester ging in das irdische Heiligtum. Jesus Christus ist in den Himmel eingegangen. Der irdische Hohepriester diente in dem Heiligtum, das *nur Abbild und Schatten* des wahren Heiligtums war. Jesus ist in die „Stiftshütte" eingegangen, die Gott selber und nicht ein Mensch errichtet hat, in die ewige Herrlichkeit. Der irdische Hohepriester diente auf Grund eines irdischen Gesetzes. Jesus aber hat einen besonderen Dienst empfangen. Er ist als Hoherpriester der Bürge (Hbr 7, 22) und Mittler des Neuen Bundes geworden, der auf besseren Verheißungen ruht.

Der göttliche Auftrag des *Mittlers* und die Begründung des *Neuen Bundes* durch Jesus Christus sind in der Anschauung

[293] Eine ähnliche Offenbarung wurde Jahrhunderte später dem Propheten Hesekiel zuteil. Vgl. Hes 40, 2. 4; 43, 10.

[294] J. Calvin, S. 90: „Wie die äußere Einrichtung der Hütte auf ein höheres Vorbild hinwies, so sollte es auch mit den Gebräuchen und dem ganzen priesterlichen Dienst sein ... Zuerst lernen wir, daß es sich bei den früheren gottesdienstlichen Gebräuchen nicht um willkürliche Aufstellungen handelt, von Gott nur dazu bestimmt, das Volk wie in kindlichem Spiel zu beschäftigen ... Alles hatte vielmehr eine wahre geistliche Bedeutung, da Mose befohlen war, es genau in Übereinstimmung zu bringen mit dem himmlischen Urbild ... Zum zweiten werden wir hier belehrt, daß alle gottesdienstlichen Übungen verkehrt und falsch sind, welche die Menschen nach eigenem Ermessen und ohne göttlichen Befehl aufzustellen sich erlauben. Wenn Gott vorschreibt, daß alles nach seiner Ordnung geschehe, so darf daneben nichts völlig anderes gemacht werden."

des Hebräerbriefes fest miteinander verknüpft. Atst Aussagen bilden auch hier den Hintergrund des apostolischen Zeugnisses. Der einzige sündige Mensch, den die Bibel als Mittler bezeichnet, war Mose, denn Gott betraute ihn mit der Aufgabe, dem Volk Israel Gottes Gesetz und Gottes Bund zu vermitteln. In der geheimnisvollen Gestalt des Mittlerengels, des „einen aus tausend" (Hio 33, 23) ist uns schon ein Hinweis auf die Mittlertätigkeit des Sohnes Gottes gegeben. Aber alle Mittlerschaft der Engel trägt einseitig den Charakter des helfenden und fürbittenden Eintretens für die Menschen vor Gott (vgl. Hbr 1, 14) und muß streng unterschieden werden von dem einmaligen und einzigartigen Mittlerdienst des Sohnes. Gerade der grundlegende Satz 1 Tim 2, 5 „Es ist ein Mittler zwischen Gott und den Menschen, nämlich der Mensch Christus Jesus" stellt uns vor die unausweichliche Tatsache: Es gibt kein un-mittelbares Verhältnis des Menschen zu Gott und Gottes zum Menschen! Das war das höchste Ziel des an Gott hingegebenen Lebens und des Opfertodes Jesu: Gottes Ehre sollte wiederhergestellt, seine heilige Majestät durch keine Befleckung beeinträchtigt werden. Zugleich setzte er seine ganze Existenz zur Rettung der schuldig gewordenen, verlorenen Menschen ein, die in ihrer Rebellion gegen Gott seine Ehre antasten. So wurde er zum Vermittler und Bürgen des Neuen Bundes, den Gott schon in der Zeit des AT versprochen hatte. Als der erhöhte Herr tritt er mit seiner Person dafür ein, daß Gott die eingegangene Verpflichtung der Heilsverfügung einlösen wird. Er hat den Menschen gegenüber die Gewähr übernommen, daß Gottes Heilsverheißung nicht unerfüllt bleibt, daß die Rettung vollendet wird[295]. Besserer Dienst, besseres Testament und bessere Verheißungen kennzeichnen die Person des himmlischen Mittlers. Der Begriff „besser" wird vom Apostel nicht definiert, aber seinem Sinn und seiner Bedeutung nach an Tatsachen aufgezeigt. Dazu dient ihm das folgende Zitat aus dem Propheten Jeremia.

7 Der irdische Priesterdienst des Aaron und der himmlische Priesterdienst des Sohnes Gottes stehen im gleichen Verhältnis zueinander wie der Alte Bund zum Neuen Bund. Der Alte Bund war deshalb nicht „ohne Tadel"[296], er war „schwach und nutzlos" (Hbr 7, 18), weil es noch eines Neuen Bundes zum vollkommenen Heil aller Menschen bedurfte. Erst durch Jesu Opfertod ist die Rettung aller Menschen möglich geworden.

8 Darin, daß Gott schon im AT einen neuen Bund verheißt, sieht der Apostel eine Begrenzung, einen „Tadel" des ersten Bundes. Die at

[295] Vgl. Ki–Th W Bd. 4, S. 622 ff; Theol. Begriffslexikon zum NT, S. 161 ff; Lexikon zur Bibel, 1960, Sp. 929 f.

[296] Das grie Wort *ámemptos* heißt „untadelig, vollkommen".

Ankündigung des Neuen Bundes durch den Propheten Jeremia führt der Apostel zur Begründung seines Gedankens ausführlich an, wobei der Zusammenhang deutlich macht, daß es ihm nur auf die beiden Worte **„neuer Bund"** ankommt. An dieser Stelle strahlt die ganze Größe des AT auf, das auch hier bereits auf den kommenden Messias und den neuen Bundesschluß Gottes mit seinem neuen Gottesvolk hinweist.

Das AT kennt verschiedene Bundesschlüsse Gottes. So spricht es 9
von dem Bund Gottes mit Adam (Hos 6, 7), von Gottes Bund mit
Noah (1 Mo 9, 9) und mit Abraham (1 Mo 15, 18). Der „erste"
(V. 7) Bund, von dem der Apostel spricht, ist der „Bund mit den
Vätern", an den Gottes Wort durch den Propheten Jeremia erin-
nert[207]. Der Auszug Israels aus Ägypten und die Begegnung Gottes
mit seinem Volk am Sinai gehören für das AT als zwei voneinander
nicht zu lösende Tatsachen so eng zusammen, daß der Prophet Jere-
mia hier von dem Bundesschluß Gottes sprechen kann „an dem
Tage, als ich sie an die Hand nahm, um sie aus dem Land Ägypten
herauszuführen". Gemeint ist hier der Bund Gottes mit Israel am
Sinai (2 Mo 24, 3–11), den Gott mit allen Stämmen Israels schloß.
Dieser Bund ist durch die Schuld des Volkes zerbrochen, weil es die
Bundesforderung nicht hielt. Die Antwort Gottes war das Gericht:
„Ich kümmerte mich nicht mehr um sie." Nun verspricht Gott, einen 10
Neuen Bund aufzurichten. Der Inhalt dieses Bundes bleibt der gleiche
wie bei dem Alten Bund: Der Herr ist Israels Gott – Israel ist Got-
tes Volk. Das Gesetz, das Gott durch Mose gegeben hatte, bleibt
unverbrüchlich erhalten, sowohl in der Verheißung des göttlichen
Schutzes als auch in der Forderung des Gehorsams, der Erfüllung
des göttlichen Willens[208]. Das unbegreiflich Neue an diesem Bund
besteht darin, daß der Gehorsam gegen Gottes Wort restlos ver-
wirklicht werden wird, weil alle Glieder des Gottesvolkes ohne Aus-
nahme die rechte Erkenntnis Gottes besitzen werden. Das alte mo-
saische Gesetz stand auf Tafeln (2 Mo 31, 18; 34, 27–28) oder in
einem Buch (2 Mo 24, 7). Es trat dem Volk als fordernde Macht ge-
genüber. Nun aber tragen alle Glieder des Volkes Gottes dieses
Gesetz im Herzen, sind innerlich mit ihm eins, so daß das Wissen

[207] H. Strathmann, S. 108: „Der deutsche Ausdruck ‚Bund' ist insofern nicht ganz genau, als er an eine Vereinbarung aus dem freien Willen zweier oder mehrerer Partner denken läßt. Der biblische Begriff meint aber vielmehr die Festsetzung eines Verhältnisses, die auch durch einen einseitigen Willensakt, wie Erlaß eines Gesetzes oder Aufstellung eines Testamentes, erfolgen kann. Er wird mit Vorliebe für die Festsetzung eines solchen Verhältnisses von seiten Gottes gebraucht. Vgl. Theol. Begriffslexikon zum NT, S. 157 ff.

[208] Vgl. Wilhelm Rudolph, Jeremia, Handbuch zum AT, Tübingen 1947, S. 170 f.

11 vom Gesetz und seine Erfüllung in eins zusammenfallen. In der
Wirklichkeit dieses Neuen Bundes wird es auch kein Versagen ein-
zelner Glieder des Gottesvolkes mehr geben, das sich wie eine Last
auf die anderen überträgt. Man wird nicht mehr der gegenseitigen
Ermahnung und Unterweisung bedürfen. Glaube, Erkenntnis und
Leben werden bei allen eine geistliche Einheit sein. Vollkommene
Gotteserkenntnis ist die große Gabe Gottes an sein Volk im Neuen
12 Bund. Der tragende Grund der ganzen Verheißung besteht darin
daß Gott selber unter alles Bisherige einen Strich ziehen wird. Ein
völlig neues Leben mit Gott kann nun für die Menschen beginnen
„Denn ich will ihren Ungerechtigkeiten gnädig sein, und ihrer Sün-
den will ich nicht mehr gedenken." *Daß* Gott das tun will, darin
liegt die gnadenvolle Verheißung; *wie* Gott es tun wird, sagt Jere-
mia nicht. Der Apostel aber weiß, daß sich dieses Gotteswort in de
Gemeinde Jesu verwirklicht. Mit der Einführung des Hohenpriester-
tums Christi nach der Ordnung Melchisedeks ist auch der Neu
Bund in Kraft getreten.
13 Noch einmal kehrt er an den Anfang des Verheißungswortes durch
Jeremia zurück und spricht von dem „Neuen Bund". Vers 13 schließ
unmittelbar an Vers 8 an. **Indem er sagt: „Einen neuen", hat er de
ersten für veraltet erklärt, was aber veraltet ist und sich überlebt ha
ist dem Untergang nahe.** Es geht dem Apostel an keiner Stelle de
Hbr darum, in irgendeiner Form das AT mit seinen Ordnungen un
Offenbarungen zu kritisieren, zu entwerten oder gar als minder-
wertig darzustellen. Wenn er hier von dem „alten, ersten" Bun
spricht, dann meint er damit weder das AT in der uns schriftlic
überlieferten Form, auch nicht Gottes Reden und Handeln mit Isra
in Gesetz und Verheißung, in Gericht und Gnade, sondern die kult
sche Gesetzgebung, die Priesterordnung und den Opferdienst[299]. Da
durch, daß Christus mit seinem Opfer alle Opfer erfüllt hat, ist ein
neue Heilsordnung eingetreten, ist uns ein neuer Heilsweg gezeig
Damit ist die alte Heilsordnung, die Gott seinem Volk Israel offen
bart hat, nicht entwertet worden, sie bleibt Gottes heilige Offen
barung, aber Gott selber hat sie durch Christus außer Kraft gesetz

[299] Israel und die Kirche, hrsg. von der Niederländischen Reformierten Kirche, Zürich 196
S. 25 f: „Der Neue Bund besagt nicht die Tilgung des Alten, sondern vielmehr sein
Wiederherstellung, seine Wiederbelebung in einer neuen, unzerstörbaren Gestalt. S
ist im Hebräerbrief, wenn da von einem ‚besseren' Bunde die Rede ist (Hbr 8, 6), nic
gemeint, daß der Alte Bund, im sittlichen Sinne des Wortes, nicht gut gewesen wä
sondern daß der Neue besser ist in seiner Wirkung, also: ein stärkerer Bund.
Der Bund mit Abraham wird also nicht aufgehoben; nur das, was zu der alten For
gehört, der Tempelkult mit seinen vorläufigen Opfern, ist ‚dem Verschwinden nah
(Hbr 8, 13)." —
Vgl. hierzu auch im NT die Bezeichnung des Alten Bundes als „heiliger Bund" Lk 1, 7

Als Jesus zu unserer Erlösung starb, endete die Zeit des Gesetzes, und der „Tag des Heils" begann.

Zusammenfassung

Ständig hat sich der Apostel in seinen Äußerungen auf das AT bezogen, die Geschichte Israels mit den atst Ordnungen über Priesterdienst und Opfer, Heiligtum und Gottesdienst stehen lebendig vor ihm. Nun erklärt er das alles für abgelöst und aufgehoben. Der Alte Bund hat sein von den Propheten geweissagtes Ende erreicht – der Neue Bund ist an seine Stelle getreten. Die Frage drängt sich uns auf: Wenn schon die atst Heilsordnung von Gott außer Kraft gesetzt wurde, wozu dann dieser Aufwand an geistiger Kraft, an Begründungen und Beweisführungen für eine Sache, die ohnehin erledigt ist? Hätte sich der Verfasser nicht die Mühe sparen können? Warum schreibt der Apostel dies alles den Gläubigen?

Wir wollen uns einmal daran erinnern, daß alle Briefe des NT ausnahmslos an Christen gerichtet sind; die Apostel haben sich nicht gescheut, immer wieder einmal den Gläubigen bedeutsame Tatsachen auf schriftlichem Wege ins Bewußtsein zu rufen, die ihnen aus der mündlichen Verkündigung längst bekannt waren[300]. Wenn unser Verfasser hier auch so ausführlich von dem Verhältnis des Alten Bundes zum Neuen Bund schreibt, so dürfen wir bei den Lesern doch voraussetzen, daß sie mit den Grundlagen der christlichen Heilsverkündigung vertraut waren. Es mögen zwei Gründe gewesen sein, die den Apostel bewogen haben, seine geistliche Schau den Gläubigen weiterzugeben, Gründe, die auch in der gegenwärtigen Generation für unser persönliches Glaubensleben von Bedeutung sind:

Ihm geht es vor allem darum, daß die Empfänger seines Schreibens mit der vollen Herrlichkeit ihres Herrn und Heilandes vertraut werden[301]. Denn alles, was Christus als der erhöhte Herr in seiner Person wesensmäßig umfaßt, was er an Herrlichkeit besitzt und als ewiger Hoherpriester tut, gehört seiner Gemeinde zu. Weil der Apostel weiß, daß wir auf Erden in unserer geistlichen Erkenntnis nie zu einem Ende kommen, niemals fertige Leute werden, möchte er uns an immer neuen Beispielen und Hinweisen aus dem AT die unbeschreibliche Größe Christi verdeutlichen.

Wir dürfen auch annehmen, daß die Leser seines Briefes immer wieder mit Menschen, und zwar mit Israeliten, ins Gespräch kamen,

[300] Darauf zielt die bei Paulus immer wiederkehrende Formel „Wißt ihr nicht, daß ...?" Rö 6, 3; 1 Ko 6, 2 und 3 u. a. m., ähnlich 1 Th 3, 4; 2 Th 2, 5 f.

[301] Vgl. L. Bender, S. 156.

die noch an den atst Ordnungen festhielten und nun ihrerseits Fra-gen an die Christen richteten. Der Apostel wollte sicher nicht nur die Christen über die tiefen Geheimnisse der Christuserkenntnis unter-richten, sondern ihnen das Rüstzeug an die Hand geben, um auf die Fragen zweifelnder und suchender Menschen zu antworten und ihnen den Weg zu Christus zu zeigen. Das ist auch für uns heute wichtig. Immer wieder werden wir als Christen kritisch nach unserem Glau-ben gefragt. Als Glieder der Gemeinde Jesu dürfen wir nicht nur zu unserer eigenen Erbauung und zur Vertiefung unserer persönlichen Glaubenserkenntnis die Bibel lesen und die Gottesdienste besuchen. Wir sollen vielmehr die Heilswahrheiten der Heiligen Schrift so er-fassen und durchdenken, daß wir in der Lage sind, auf die Frage nach dem Inhalt unseres Glaubens eine klare, überlegte Antwort zu geben, die auch anderen eine Hilfe werden kann.

In unserem Kapitel hat der Verfasser die Mitte christlicher Offen-barung in knappen Sätzen zusammengefaßt. Er spricht von der ein-zigartigen Größe des Neuen Bundes, den Gott in Christus mit uns geschlossen hat. In dreifacher Weise zeichnet sich der Neue Bund vor dem Alten Bund aus:

1. Gott selber hat in Christus das Gesetz in allen seinen Forderun-gen erfüllt. Was Jesus in der Bergpredigt sagte: „Ich bin nicht ge-kommen, das Gesetz aufzulösen, sondern zu erfüllen", hat er im Sterben am Kreuz vollendet. Jede menschliche Leistung vor Gott bleibt ausgeschlossen, weil Gott den Gehorsam nicht abverlangt, sondern selber ins menschliche Herz schenkt, dort, wo beim natür-lichen Menschen Hochmut und Widerwillen ansetzen. Gott selber wirkt das Wunder. Seine Gesetze werden nicht mehr auf steinerne Tafeln, sondern in menschliche Herzen geschrieben (2 Ko 3, 3). Da-durch, daß Gottes Gesetze in Herz und Sinn geschrieben werden, entsteht ein neues Verhältnis zwischen Gott und seinem Volk. Got-tes Wort und Wille werden richtig verstanden und von Herzen ge-liebt. In der Gemeinde Jesu wird das Psalmwort Davids zu einer lebendigen persönlichen Erfahrung: „Ich habe Lust, deinen Willen zu tun, mein Gott, und dein Gesetz trage ich im Herzen" (Ps 40, 9). Es vollzieht sich eine Umwandlung von Herz und Sinn, die die Erfül-lung der Gebote Gottes möglich macht. Der Apostel Paulus faßt diese Tatsache in die Worte: „Die durch das Gesetz geforderte Gerechtig-keit *wird in uns erfüllt*, die wir nicht nach dem Fleische wan-deln, sondern nach dem Geiste" (Rö 8, 4)[302].

[302] O. Michel, S. 190: „Mit dem Tod Jesu setzt für Hbr der Vollzug des Neuen Bundes ein. Nicht so, als ob schon hier auf Erden dies verheißene Werk Gottes vollendet würde, wohl aber vollzieht es sich schon jetzt. Der Neue Bund bringt einen das Herz und Sinn erfüllenden Gehorsam, daher wird das Gesetz des ersten Bundes überboten."

2. Wohl gab es auch in der Zeit des AT wirksame Vergebung der Sünden, doch blieb der Mensch in seinem Tun gegenüber Gott immer auf seine eigene Kraft angewiesen. Erst der Neue Bund bringt die endgültige Vergebung aller Übertretungen und das Vergessen der Sünden, weil der Heilige Geist die Herzen umwandelt (vgl. 1 Jo 1, 9). Darum wird der Neue Bund im AT auch als „ewiger Bund" (Jer 34, 40) und als „Bund des Friedens" (Hes 34, 25) angekündigt. Die Verheißung Gottes durch Jesaja: „Ich, ich tilge deine Missetat um meinetwillen, und deiner Sünden will ich nimmermehr gedenken" (Jes 43, 25) hat sich mit Christus erfüllt. Die Vergebung unserer Sünden hängt nun nicht mehr von einem Opfer ab, das Menschen bringen müssen, sondern ruht allein auf der Tatsache, daß Christus für die Sünden aller Menschen sein Leben gab.

3. Die gegenseitige menschliche Belehrung wird aufgehoben. Gott gibt sich durch Jesus Christus jedem, der zum neuen Bundesvolk gehört, unmittelbar zu erkennen. Israel hat das Gesetz gehabt. Auch die durch den Geist Christi erleuchteten Propheten (1 Pt 1, 10—11) haben dem Volk Israel die Botschaft Gottes gebracht. Aber erst die Gemeinde Jesu, deren Glieder „Teilhaber des Heiligen Geistes" sind (Hbr 6, 4), der in den Gläubigen wohnt (2 Tim 1, 14), hat die volle Gotteserkenntnis[303].

10. Die zeitlich-irdische Begrenzung der Stiftshütte und ihrer Ordnungen

Hbr 9, 1—10

1 **Es hatte nun zwar auch der erste** (Bund) **Ordnungen des Gottes-**
2 **dienstes und das irdische Heiligtum. * Denn es wurde das erste**
(vordere) **Zelt aufgerichtet, in dem sich der Leuchter, der Tisch**
und die Schaubrote befanden, welches das Heilige genannt wird.
3 *** Hinter dem zweiten Vorhang aber war ein Zelt, das Allerhei-**
4 **ligste genannt, * das den goldenen Räucheraltar enthielt und die**
Bundeslade, die von allen Seiten mit Gold überzogen war, in der
sich ein goldener Krug mit Manna und der Stab Aarons, der ge-
5 **grünt hatte, und die Tafeln des Bundes befanden. * Über ihr aber**
waren die Cherubim der Herrlichkeit, die den Sühnedeckel über-
schatteten. Von diesen Dingen ist jetzt im einzelnen nicht zu

Zu Vers 1:
2 Mo 21, 1
2 Mo 24, 3
Zu Vers 2:
2 Mo 25, 23. 30. 31
4 Mo 8, 4
Zu Vers 3:
2 Mo 26, 31—33
Mt 27, 51
Mk 15, 38
Lk 23, 45

[303] Ferdin. Zißler, „Das Hohepriestertum Christi", S. 63: „Diese selige Gotteserkenntnis wird auch dem allergeringsten Gläubigen zuteil. Der Herr kennt die Seinen, und er ist bekannt den Seinen. Sie sind von Gott gelehrt. Diese Gnade der Gotteserkenntnis gründet sich auf die Gnade der Sündenvergebung."

Zu Vers 4:
2 Mo 30, 1—3. 7
2 Mo 25, 10—22
2 Mo 16, 33
4 Mo 17, 1—8
Zu Vers 5:
2 Mo 25, 17—21
2 Mo 26, 34
Rö 3, 25
Zu Vers 6:
2 Mo 27, 20—21
2 Mo 29, 38—39
4 Mo 18, 1—7
Zu Vers 7:
2 Mo 30, 10
3 Mo 16, 2. 34
3 Mo 16, 3. 6. 11. 15
3 Mo 5, 17—18
Zu Vers 8:
Hbr 10, 19
Zu Vers 9:
Hbr 7, 18—19
10, 4. 11
Zu Vers 10:
3 Mo 2, 1
3 Mo 11, 2
3 Mo 23, 13
4 Mo 6, 3
2 Mo 30, 19—20
2 Mo 40, 32
3 Mo 8, 6
3 Mo 16, 4
4 Mo 19,2—13
Hbr 13, 9

6 reden. * Nachdem sie aber in dieser Weise hergerichtet sind, ge-
hen die Priester allezeit in das erste Zelt, um den Gottesdienst
7 zu verrichten. * In das zweite (Zelt) aber geht einmal im Jahr
allein der Hohepriester, nicht ohne Blut, das er für sich selbst und
für die aus Unwissenheit begangenen Vergehen des Volkes dar-
8 bringt. * Damit zeigt der Heilige Geist, daß der Weg zum Heilig-
tum noch nicht offenbar geworden ist, solange das erste Zelt noch
9 Bestand hat. * Es ist ein Gleichnis für die gegenwärtige Zeit, in
der Gaben und Opfer dargebracht werden, die den nicht im Ge-
wissen zur Vollendung führen können, der den Dienst versieht
10 * sich ausschließlich auf Speisen und Getränke und verschiedene
Taufen (Waschungen) beziehen, fleischliche Ordnungen, die bis
auf die Zeit einer besseren Ordnung auferlegt sind.

Immer wieder neu setzt der Apostel in seinen Überlegungen an um die Ü b e r e i n s t i m m u n g zwischen Altem und Neuen Bund hervorzuheben, ebenso aber auch die G r e n z e des AT und die Ü b e r l e g e n h e i t des NT deutlich zu machen. Zentrum aller seiner Aussagen bleibt Christus, der Sohn Gottes, in dessen Person alle Linien der Heilsgeschichte zusammenlaufen, durch den alle ats Gottesverheißungen in Erfüllung gehen und durch dessen Hohenpriesterdienst alle Priesterordnungen und kultischen Gesetze des AT vollendet und aufgehoben werden. Im 8. Kapitel hatte er von dem verheißenen Neuen Bund gesprochen; jetzt gleiten seine Gedanken noch einmal zum AT zurück, zum Herzstück der atst Heilsordnung: Heiligtum und Opfer. **Es hatte zwar auch der erste Bund Ordnungen des Gottesdienstes und das irdische Heiligtum.** Alter und Neuer Bund sind beide auf Ordnungen Gottes aufgebaut. Auch die alten Ordnungen haben ihr Recht und ihre Bedeutung, weil sie Vorbild für das Zukünftige sind, das mit Jesus begonnen hat. Aber alt und neue Satzung verhalten sich zueinander wie Buchstabe und Geist (Rö 7, 6; 2 Ko 3, 6), wie Abbild (grie *hypódeigma*) und Urbild (grie *týpos*), vgl. Hbr 8, 5. **Denn es wurde das vordere Zelt aufgerichtet, in dem sich der Leuchter, der Tisch und die Schaubrote[304] befan-**
1/2 **den, welches das Heilige genannt wird.** Der Apostel findet die Ordnungen Gottes für den israelitischen Priesterdienst in reinster und klarster Form in den Anweisungen, die Mose zur Einrichtung der Stiftshütte empfing. Er ist nicht an den historischen Gegebenheiten seiner Gegenwart oder der unmittelbaren Vergangenheit interessiert etwa an den Gottesdienstformen, wie sie z. Z. Jesu im Jerusalem

[304] Hier steht der grie Ausdruck *hä próthesis ton árton,* der wörtlich übersetzt „die Auflegung der Brote" heißt.

schen Tempel geübt wurden[305], sondern nur an den Tatsachen der Geschichte Israels, des wandernden Gottesvolkes, soweit er in ihnen geschichtliche Hinweise auf die Gemeinde Jesu sieht. Deshalb geht er auf die Ordnungen des Wortes Gottes in 2 Mo 25 und 26 zurück. Die Stiftshütte, das Zelt der Offenbarung Gottes, gliederte sich in das „Heiligtum", den Vorraum, mit Leuchter, Tisch und Schaubroten, und das „Allerheiligste", die eigentliche geistliche Mitte der Offen-
barungsstätte Gottes. **Hinter dem zweiten Vorhang aber war ein** 3/4
Zelt, das Allerheiligste genannt. Es war uns schon bei dem Bericht über Melchisedek Hbr 7, 1–3 aufgefallen, wie sorgfältig der Verfasser einzelne Vorgänge der Geschichte auswertet; mit gleicher Genauigkeit gibt er auch hier eine bis ins einzelne gehende Schilderung des atst Heiligtums. Die Zueinanderordnung von Heiligtum und Allerheiligstem ist ihm für spätere Aussagen wichtig, ebenso die Tatsache, daß die beiden heiligen Räume durch den Vorhang getrennt waren. Die im AT berichteten Einzelheiten über die Anordnung der Stiftshütte werden für ihn transparent und lassen bereits die ntst Heilsordnungen durchschimmern. Luther hat in seiner Auslegung des Hbr[306] mit wenigen Worten deutlich die Verbindungslinien zwischen AT und NT und damit die vorlaufende Offenbarung Christi im Alten Bund aufgezeigt, daß wir ihn selbst sprechen lassen wollen: „Der Leuchter mit den Schäften und den sieben Lampen bedeutet entweder das Wort Gottes, ich meine das gepredigte Wort, dadurch die Kirche in diesem Leben erleuchtet wird . . . Oder, wenn man's mit Offb 1, 20 zusammen nimmt, so sind die sieben goldenen Leuchter, wie es dort heißt, die sieben Gemeinden, d. h. die Gemeinden insgesamt . . . Der Tisch mit den Schaubroten ist entweder ebenfalls die Heilige Schrift, welche die Gläubigen aus dem Munde des Predigers gleichsam wie von dem Tisch empfangen . . . oder der Tisch ist Christus selbst, der unser Altar und Opfer und Brot ist, wie er Jo 6, 35 und 48 spricht: Ich bin das lebendige Brot . . . Die Bundeslade aus unvergänglichem Akazienholz, von allen Seiten mit Gold überzogen, ist eben derselbe Christus, geboren aus dem allerreinsten und unverderbten Fleisch der Jungfrau, geziert von allen Seiten eben mit dem himmlischen Gold der Weisheit und Gnade."

Bei der Art der Berichterstattung fallen uns zwei besondere Tatsachen ins Auge: Der Apostel greift auf die Urordnungen Gottes für Israel zurück, wie sie dem Volk am Berge Sinai durch Mose übermittelt wurden. Wenn er von der **Bundeslade** und ihrem Inhalt spricht, so hält er sich ausschließlich an den Bericht über die Zeit

[305] Einzelheiten bei Werner Foerster, Das Judentum Palästinas zur Zeit Jesu und der Apostel, 1955[4], S. 150 ff.

[306] M. Luther. S. 121 ff.

der Wüstenwanderung. Den weiteren Weg, den die Bundeslade in der Geschichte Israels genommen hat, scheint er nicht zu berücksichtigen. Mit dem Volk Israel kam die Bundeslade nach Kanaan (Jos 3, 14–17); in Bethel fand sie eine Stätte, an der Israel zum Opfer und zur Anbetung zusammenkam (Ri 20, 26–27). Zur Zeit Samuels befand sich die Bundeslade im Heiligtum in Silo (1 Sam 1, 3; 4, 4; Ps 78, 60); von dort führten die Israeliten sie mit in die Schlacht gegen die Philister, die sie erbeuteten und sieben Monate in ihrem Besitz behielten (1 Sam 4, 11; 5, 1; 6, 1). Die Rückführung der Bundeslade in den Besitz des Volkes Israel erfolgte über Beth-Semes (1 Sam 6, 15) nach Kirjath-Jearim (1 Sam 7, 2), wo sie zwanzig Jahre lang gehütet wurde (vgl. Jos 15, 9; 2 Sam 6, 2). Der König David holte sie von dort weg, ließ sie drei Monate im Haus Obed-Edoms (2 Sam 6, 2–11) und brachte sie dann nach Jerusalem, wo er eigen ein Zelt dafür hergerichtet hatte, in dem sie aufbewahrt wurd (2 Sam 6, 12–17). Das ursprüngliche Zelt, die Stiftshütte, in der di Bundeslade eigentlich stehen sollte, befand sich bis zur Zeit Salomo in Gibeon (2 Chro 1, 3–4)[307]. Als Salomo den Tempel in Jerusalem erbaut hatte, wurden die Bundeslade und das „heilige Zelt" in den Tempel überführt (1 Kö 8, 3–4; 2 Chro 5, 2–5). Zu diesem Zeitpunkt befand sich in der Bundeslade nur noch das Gesetz Gottes (1 Kö 8, 9; 2 Chro 5, 10). Nach der Zerstörung Jerusalems war die Bundeslade verschwunden. Die Bibel berichtet nichts mehr von ih. Spätjüdische Überlieferungen nahmen an, die Bundeslade sei entweder nach Babel gebracht worden oder Josia oder vielleicht auc Nehemia habe sie an einem unbekannten Ort verborgen. In den at Apokryphen 2 Makk 2, 4 ff wird berichtet: „Der Prophet Jeremi ließ sich auf Grund einer göttlichen Weisung das Zelt und die Bundeslade nachtragen. Er ging nach dem Berge hin, von dessen Höh Mose einst das Erbland Gottes gesehen hatte. Nach seiner Ankun fand Jeremia dort eine geräumige Höhle, in die er das Zelt, die Lad und den Räucheraltar hineinbrachte und sodann den Eingang verschloß. Mehrere von denen, die ihn dort begleitet hatten, kame hierauf, um sich den Weg zu merken, konnten ihn aber nicht wiede finden. Als Jeremia das erfuhr, machte er ihnen Vorwürfe und sag ihnen, daß der Ort unbekannt bleiben solle, bis Gott sein Volk wieder zusammenbringen und sich ihm gnädig erweisen würde."

Werden wir durch die Schilderung einerseits an die grundlegende Ordnungen Gottes erinnert, die sich in der Stiftshütte widerspiegel so bemerken wir doch andererseits, wie unbekümmert der Apostel der Schilderung der Einzelheiten der Stiftshütte auf Überlieferunge

[307] Aus 1 Sam 21 und Mt 12, 4 läßt sich nicht mit Sicherheit schließen, daß die Stiftshüt vorübergehend in Nob aufgerichtet worden sei.

der spätjüdischen Theologie zurückgreifen kann. Das grie Wort *thymiatáerion* kann sowohl „Räucheraltar" als auch „Räucherpfanne" bedeuten. In unserem Vers werden wir es wahrscheinlich mit „Räucheraltar" zu übersetzen haben. Hbr 9, 4 sagt, daß der Räucheraltar h i n t e r dem Vorhang im Allerheiligsten stand. Die ursprüngliche Ordnung von 2 Mo 30, 6 und 2 Mo 40, 26 sagt aber, der Räucheraltar solle v o r dem Vorhang stehen. Am großen Versöhnungstag wurde wohl die Räucherpfanne hinter den Vorhang ins Allerheiligste gebracht (3 Mo 16, 12–13), aber der Räucheraltar blieb vor dem Vorhang stehen. Der Priester nahm lediglich von dem Feuer des Räuchopferaltares und brachte es mit Weihrauch in das Allerheiligste[308]. Über den Aufbewahrungsort der Pfanne und Feuerkelle jedoch wird uns in der Bibel nichts gesagt. Ganz ähnlich verhält es sich mit dem Krug mit Manna und dem Stab Aarons. Auf Anweisung Gottes wurden sie n i c h t i n der Bundeslade, sondern v o r der Bundeslade aufbewahrt. Seit dem Bau des Tempels in Jerusalem durch Salomo gab es dort einen äußeren und inneren Vorhof, den Vorderraum und den Hinterraum des Tempels; der Räucheraltar aber stand wieder unmittelbar vor dem Allerheiligsten (1 Kö 6, 20–22). Erst in später Zeit gab es im Judentum Überlieferungen, die von einer nachträglichen Änderung dieser ursprünglichen Ordnung wissen wollten, nach denen der Krug mit Manna und Aarons Stab im Allerheiligsten selbst aufbewahrt wurden. Eine spätjüdische Schrift, die syrische Baruch-Apokalypse, berichtet davon, daß der Räucheraltar im Allerheiligsten stand[309].

Wenn der Apostel unbekümmert diese alten jüdischen Überlieferungen übernimmt und sie in seinen Bericht von den Ordnungen Gottes in der Stiftshütte einbaut, dann macht uns diese Tatsache deutlich, daß er die Offenbarung des AT letztlich noch nicht als in sich abgeschlossen, sondern als erweiterungsfähig betrachtet, und daß uns erst im Neuen Bund unter der Wirkung des Heiligen Geistes die volle und endgültige Offenbarung zuteil wird. Hier wie auch an anderen Stellen erkennen wir die Bereitschaft des Apostels, Denkformen und Aussagen des Spätjudentums als das Gefäß anzuerkennen, das Gott sich für seine Offenbarung im Neuen Bund gewählt hat.

[308] Bei der Durchsicht der atst Texte fällt uns allerdings auf, daß der Räucheraltar in besonderer Beziehung zum Allerheiligsten stand, denn niemals durfte der Hohepriester das Allerheiligste ohne Räuchwerk vom Räucheraltar betreten; und am Versöhnungsfest wurde nicht nur der Sühnedeckel auf der Bundeslade, sondern ebenso der Räucheraltar mit dem Blut des Sündopfers besprengt (2 Mo 30, 10; 3 Mo 16, 18 f).

[309] Vgl. Emil Kautzsch, Apokryphen und Pseudepigraphen des AT, Bd. 2, 1921², S. 414, spez. Anm. d.

Auf jeden Fall geht es dem Autor hier nicht darum, irgendwelche Fragen über den Platz des Räucheraltars im Heiligtum zu beant- worten. Er will die Aufmerksamkeit der Leser einzig auf die Bundes- lade (mehr als auf ihren Inhalt oder die anderen Gerätschaften) rich- ten, eben auf die atst Stätte der Offenbarung und Versöhnung.

5 Der Apostel schließt den Bericht über den Aufbau der Stiftshütte mit dem Satz: **Über ihr aber waren die Cherubim der Herrlichkeit die den Sühnedeckel überschatteten.** Im Uranfang der Menschhei hatte Gott die Cherubim zu Vollstreckern seines Gerichtes an de ungehorsamen Menschen gemacht. Sie lagerten sich am Eingang de Paradieses und waren damit Hüter der Ordnungen Gottes, die den Menschen den Rückweg in die Gemeinschaft mit Gott versperrten Nachbildungen der Cherubim waren auch in den Vorhang einge wirkt, der das Heiligtum vom Allerheiligsten trennte. So wurden di Priester bei ihrem täglichen Dienst immer wieder an die vom Men schen selbst verschuldete Trennung von Gott erinnert. Aber Gotte Gedanken reichen auch schon im AT über die Schuld des Mensche hinaus und zielen auf die Versöhnung, die Christus einmal bringe sollte. So mußten nach Gottes Anweisung auf der Bundeslade, au dem „Sühnedeckel"[310], auf den alljährlich am großen Versöhnungs tag das Opferblut gesprengt wurde, zwei Cherubim angebracht wer den, die ihr Antlitz auf den Sühnedeckel, die Stätte der Versöhnung richteten. Dieser Sühnedeckel, der „Gnadenstuhl", war die Stätte de Offenbarung Gottes, im tiefsten Sinne die Stätte der Versöhnun des sündigen Menschen mit dem heiligen Gott. Das, was sich al jährlich erneut am großen Versöhnungstag mit sinnbildlicher Bedeu tung in Israel vollzog, die Versöhnung des Volkes an dem Gnaden stuhl, der Offenbarungsstätte Gottes, das hat uns in absoluter Vol endung Christus durch sein Sterben auf Golgatha erwirkt: „Ihn ha Gott vorgestellt zu einem Gnadenstuhl (grie *hilástáerion*) durch de Glauben in seinem Blut" (Rö 3, 25).

Der Apostel will bei der Schilderung der Stiftshütte nicht stehen bleiben, sondern weitergehen zu der Ausübung des atst Priesterdien stes. Deshalb fügt er den kurzen Satz an: **Von diesen Dingen i jetzt im einzelnen nicht zu reden.** Damit deutet er an, daß er noc viel mehr von den Einzelheiten der Stiftshütte, Bundeslade und de Zubehör des atst Gottesdienstes berichten könnte, und auch vo ihrer sinnbildlichen geistlichen Bedeutung für die Gemeinde Jes weiß, als er an dieser Stelle sagt. Daran können wir erkennen, da alle atst Gegebenheiten aus dem Priesterdienst und Heiligtum Israe eine geistliche Bedeutung für die Gemeinde Jesu haben, ohne daß w

[310] hebr kăpōrĕt, grie *hilastáerion* 2 Mo 25, 17—22; 31, 7; 35, 12; 37, 7—9 „Gnadenstuhl" Lt

heute noch in der Lage wären, in allen Einzelheiten mit letzter Verbindlichkeit über ihren tiefen Sinn entscheiden zu können (vgl. Hbr 9, 21. 23)[311].

Nach der Schilderung der Stiftshütte berichtet er von der Aus- 6
ibung des Priesterdienstes in Israel. Die Unterscheidung zwischen
rstem und zweitem Zelt, Heiligtum und Allerheiligstem ist dem
Apostel besonders wichtig. Das Heiligtum ist der Lebensraum des
tst Priesters. Hier hat er täglich seinen Gottesdienst zu verrichten.
Aber das Heiligtum ist doch nur Vorraum. Das eigentliche Zentrum,
ie Mitte aller göttlichen Offenbarung, ist das Allerheiligste, in das
llein der Hohepriester alljährlich nur ein einziges Mal zum Dienst
intreten darf[312]. Der Verfasser denkt hier besonders an den großen 7
Versöhnungstag in Israel, der uns 3 Mo 16 geschildert wird. Der
Hohepriester durfte nicht ohne Blut in die Gegenwart Gottes treten.
Gott hatte sich seinem Volk als ein heiliger Gott offenbart, in dessen
Nähe der sündige Mensch sterben muß. Allein das Opferblut er-
möglichte es dem irdischen Hohenpriester, vor der Bundeslade, der
tätte der Offenbarung Gottes, zu stehen. Schon an dieser Stelle
ißt uns der apostolische Autor etwas ahnen von dem unermeßlichen
Wert des Blutes Jesu, das uns einen immerwährenden Zugang zum
Herzen Gottes ermöglicht (vgl. Hbr 9, 22). Der Vollzug der Versöh- 8
ung im atst Heiligtum ist für ihn ein unmittelbarer Hinweis auf
as Erlösungswerk, das Christus vollbracht hat. **Damit zeigt der
Heilige Geist, daß der Weg zum Heiligtum noch nicht offenbar ge-
worden ist, solange das erste Zelt noch Bestand hat.** Der Heilige
Geist redet also nicht nur in den atst Propheten (2 Sam 23, 2) und
weist sie auf das Kommen Christi hin (1 Pt 1, 10—11), sondern er
enutzt auch die atst Heilsordnungen als Vorbilder und „Anschau-
ngsmaterial" für die Unterweisung des Volkes Gottes im AT und
T auf Christus hin. So wie Heiligtum und Allerheiligstes zusam-
engehören, so bedingen auch alte und neue Ordnung einander.
ie atst Ordnung des israelitischen Gottesdienstes ist vorbildlich für
e Heils- und Lebensordnung der Gemeinde Jesu. Zugleich schlie-
n sich aber auch alte und neue Ordnung gegenseitig aus: Solange
e alte Ordnung durchgeführt wird, ist die neue noch nicht wirk-

Eine ausführliche Darstellung dieser Zusammenhänge findet sich in dem Buch von G. R. Brinke, Die Symbolik der Stiftshütte, Bern 1956. Ähnliche Hinweise bei L. Bender, S. 171 ff.

Vgl. E. Riggenbach, 1913, S. 246: Die Gegenwartsformen beschreiben „die Kultushandlungen so, wie diese gemäß der Einrichtung der Stiftshütte nach Vorschrift des Gesetzes jederzeit vorgenommen werden, solange der gesetzliche Gottesdienst in seiner ursprünglichen Form zu Recht besteht. Sie beschreiben demnach nicht, was zur Zeit des Vf sich ereignet, sondern was nach der Heiligen Schrift zu geschehen hat."

sam; tritt aber die neue Ordnung in Kraft, so wird die alte Ordnung
aufgehoben (vgl. Eph 2, 14–18).
9 Die alte Priesterordnung in Israel ist ein **Gleichnis für die gegen-
wärtige Zeit, in der Gaben und Opfer dargebracht werden, die de
nicht im Gewissen zur Vollendung führen können, der den Diens
versieht.** Das AT ist Offenbarung Gottes im vollen Sinne, aber e
ist doch nur vorlaufende Offenbarung Gottes im Blick auf das ewig
Heil, das Gott allen Menschen bereiten will. Die Priesterordnung de
AT ist „ein Gleichnis", ein Sinnbild und Hinweis auf die Gegenwart
Das bedeutet, daß Heiligtum und Allerheiligstes, täglicher Dienst de
atst Priester und einmaliger Dienst des ntst Hohenpriesters einande
10 entsprechen wie AT und NT. Gaben und Schlachtopfer, Speisopfe
und Trankopfer und priesterliche Waschungen sind nur vorläufig
Ordnungen. Sie können die Gewissen der Menschen nicht wahrhaf
reinigen. Alle geistliche Kraft empfangen sie nur durch eine Setzun
Gottes im Blick auf die kommende Heilsordnung, die ihnen scho
vorlaufend ihre Kraft mitteilt. Sie sind nur vorübergehend eingesetz
bis auf die Zeit einer besseren Ordnung, die mit Christus anbricht. I
den gesetzlichen Ordnungen des AT kann das schuldbeladene Ge
wissen des Menschen, das um Gottes Recht und seine eigene Verfeh
lung vor Gott und die Verantwortlichkeit vor ihm weiß, nicht zu
Ruhe kommen. Es wird immer wieder an seine Schuld erinne
(Hbr 10, 2). Erst im Opfer Christi, in der Reinigung von den Sünde
durch das Blut Jesu erfährt der Mensch eine völlige Vergebung, Re
nigung und Erneuerung seines Herzens und Gewissens.

Zusammenfassung

Mit wenigen Strichen hatte der Apostel bereits in Hbr 8, 1–5 ei Bild des irdischen Heiligtums und Opferdienstes entworfen. Die Gedanken hat er in unserem Abschnitt wieder aufgegriffen und Einzelheiten ausgeführt. Dabei fallen uns besonders zwei Begrif auf, mit denen der Apostel die Akzente in seiner Berichterstattu setzt. Er sagt: das Heiligtum im Volk Israel mit seinem Opfergotte dienst trug *sinnbildlichen Charakter* und war ein *Hin-weis* auf **Christus und die geistlichen Lebensgesetze der Gemein Jesu**[313].

Die Stiftshütte war unterteilt in Heiligtum und Allerheiligste Das Heiligtum symbolisiert die Zeit des Alten Bundes, das Alle heiligste die Zeit der Gemeinde, in der Menschen – gereinigt dur das Blut Jesu – unmittelbar Zugang zu Gott haben. Im gleichen V

[313] Das grie Wort *paraboláe* bedeutet Hbr 9, 9 „Gegenbild, Sinnbild, Typus", vgl. W– 1958[5], Sp. 1214.

hältnis stehen AT und NT zueinander: im Heiligtum ahnten die Priester etwas von der Gnadengegenwart Gottes, im Allerheiligsten wurde die Gemeinschaft mit Gott als erlösende und befreiende Wirklichkeit erfahren. So ist das ganze AT hinführende Offenbarung auf Christus, dessen göttliche Herrlichkeit uns erst im NT im vollen Umfang offenbart ist. Aber noch ein anderes Verhältnis weist der Apostel an Heiligtum und Allerheiligstem nach. Christus und seine Gemeinde sind einander in gleicher Weise zugeordnet wie der eine Hohepriester zu der großen Schar der Priester. Während wir als Glieder der Gemeinde die neue Priesterschar sind und im Glauben mit Christus verbunden sind, täglich im Heiligtum leben – symbolisiert durch den goldenen Leuchter und die heiligen Brote, tut Christus als himmlischer Hoherpriester, unseren Blicken noch entzogen, seinen Dienst im Allerheiligsten, in der unmittelbaren Gegenwart Gottes, im vollen Besitz göttlicher Herrlichkeit.

Aber so reich das AT auch an Hinweisen auf Christus ist und uns damit zeigt, daß alle Heilsgedanken Gottes durch die Jahrhunderte hindurch zu Christus hinführen, so liegt eben hier auch die Grenze der atst Offenbarung. Irdisches Heiligtum und irdischer Opferdienst haben nur begrenzte Bedeutung, sind nur eine vorläufige Ordnung, die am „Zeitpunkt der Aufrichtung der wahren Ordnung" (Hbr 9, 10) aufgehoben wird. Dieser Zeitpunkt ist mit der Vollendung des Erlösungswerkes durch Christus eingetreten. Alle atst Opfer vermochten dem Menschen nur eine kultische Reinheit zu vermitteln, die ihm das Betreten der Stiftshütte erlaubte. Das Opfer Jesu erfaßt uns dort, „wo kein menschliches Gebot und Opfer jemals vordringen kann: im Gewissen. Dann aber ruft es den ganzen Menschen in ein neues Opfer hinein, das Nachfolge und Lobpreis zugleich ist (Hbr 13, 13. 15). Diese radikale Reinigung weist über jede gesetzliche Möglichkeit hinaus[314]."

11. Die Erfüllung aller alttestamentlichen Opfer, Vorbilder und Verheißungen durch das eine Opfer Christi

Hbr 9, 11–28

Christus aber ist als Hoherpriester der zukünftigen Güter gekommen und durch das größere und vollkommenere Zelt, das nicht mit Händen gemacht ist, das heißt, daß es nicht dieser Schöpfung angehört, * auch nicht durch Blut von Böcken und Kälbern, sondern durch sein eigenes Blut ein für allemal in das Heiligtum eingegangen und hat eine ewige Erlösung erlangt.

Zu Vers 11:
Hbr 4, 14
6, 20
9, 24
10, 1
2 Ko 5, 1

314 O. Michel, S. 200, Anm. 5.

13 * Denn wenn schon das Blut von Böcken und Stieren und di
Asche einer Kuh, mit der man die Verunreinigten besprengt, zu
14 Reinheit des Fleisches heiligt, * wieviel mehr wird das Blut de
Christus, der durch den ewigen Geist sich selbst als fehlerlose
Opfer Gott dargebracht hat, unser Gewissen von toten Werke
15 reinigen, damit wir dem lebendigen Gott dienen. * Und deshal
ist er Mittler eines neuen Bundes, damit nach (seinem) Tode, de
zur Erlösung von den unter dem ersten Bund geschehenen Über
tretungen erfolgte, die zum ewigen Erbe Berufenen die Verhei
16 ßung empfangen. * Denn wo ein Testament besteht, muß not
wendig der Tod des Erblassers (dessen, der das Testament ein
17 gesetzt hat) eingetreten sein. * Denn ein Testament wird ers
durch den Todesfall rechtskräftig, da es noch nicht in Kraft is
18 solange der Erblasser noch lebt. * Deshalb ist auch der erst
19 (Bund) nicht ohne Blut eingeweiht worden. * Denn nachde
jedes Gebot nach dem Gesetz von Mose dem ganzen Volk mi
geteilt worden war, nahm er das Blut der Kälber und Böcke m
Wasser, scharlachroter Wolle und Isop und besprengte sowo
20 das Buch selbst als auch das ganze Volk * und sprach: „Dies i
21 das Blut des Bundes, den Gott für euch angeordnet hat." * Ab
auch das Zelt und alles gottesdienstliche Gerät besprengte er i
22 gleicher Weise mit dem Blut. * Und fast alles wird nach dem G
setz durch Blut gereinigt, und ohne Blutvergießen gibt es kei
23 Vergebung. * So besteht nun die Notwendigkeit, daß die A
bilder der himmlischen Dinge durch diese (Mittel) gereinigt we
den, die himmlischen Dinge selbst aber durch bessere Opfer a
24 es diese sind. * Denn Christus ist nicht in ein mit Händen g
machtes Heiligtum eingegangen, das ein Nachbild des wahrha
tigen ist, sondern in den Himmel selbst, um jetzt vor dem A
25 gesicht Gottes für uns zu erscheinen; * auch nicht, um sich selb
oftmals zu opfern, wie der Hohepriester alljährlich mit fremde
26 Blut in das Heiligtum hineingeht, * sonst hätte er oftmals leid
müssen seit Erschaffung der Welt. Jetzt aber ist er einmal a
Ende der Zeiten geoffenbart worden, um die Sünde durch se
27 Opfer aufzuheben. * Und so gewiß es den Menschen bestim
28 ist, einmal zu sterben, danach aber das Gericht, * ebenso wi
auch der Christus, nachdem er einmal geopfert worden ist, u
die Sünden vieler wegzunehmen, zum zweitenmal ohne (Bez
hung zur) Sünde denen erscheinen, die ihn zum Heil erwarten.

Die Verse Hbr 9, 11–14 enthalten die zentralen Aussagen üb das Erlösungswerk Jesu: Der himmlische Hohepriester hat sich s ber zum Opfer gebracht. Was durch den Gang des Hohenpriest

Zu Vers 12:
Hbr 5, 9
7, 27
9, 28
10, 10
13, 20
Jes 45, 17
Da 9, 24
Lk 1, 68
Lk 2, 38

Zu Vers 13:
3 Mo 16, 3. 14. 15
4 Mo 19, 9. 17
Hbr 10, 4

Zu Vers 14:
Eph 1, 7
Kol 1, 14. 20
1 Pt 1, 18–19
1 Jo 1, 7
Hbr 1, 3
Offb 1, 5
Offb 7, 14
Apg 23, 1
Apg 24, 16
1 Ko 4, 4
2 Ko 1, 12
1 Tim 1, 5. 19
1 Tim 3,9
2 Tim 1, 3
Hbr 10, 22
13, 18
Eph 2, 1–2
Hbr 6, 1
Rö 1, 9
1 Th 1, 9

Zu Vers 15:
Gal 3, 19–20
1 Tim 2, 5
Hbr 7, 22
8, 6
12, 24
Rö 3, 25
Hbr 3, 1

Zu Vers 19:
2 Mo 24, 3–11
3 Mo 14, 4–7
4 Mo 19, 7. 18–19
Ps 51, 9

Zu Vers 20:
2 Mo 24, 8
Mt 26, 28

ım Versöhnungstage ins Allerheiligste angedeutet war, das hat Jesus :atsächlich in göttlicher Vollmacht vollbracht. Alles Alte ist überholt, überwunden, erfüllt! In diesem Zusammenhang werden uns die beiden entscheidenden Schlüsselworte genannt, die uns das Verständnis des ganzen Hbr erschließen: „ein für allemal" in Vers 12 und „wieviel mehr" in Vers 14. Die Einmaligkeit und die alles überagende Größe des ntst Priesters zeigt sich darin, daß Christus als Hoherpriester über die wahrhaften Güter der göttlichen Heilszeit ingesetzt ist. Er dient im himmlischen Heiligtum, das nicht dieser Schöpfung angehört. Er bringt sein eigenes Blut und schafft dadurch ine endgültige Erlösung. Durch Jesu Opfer ist erst wahrer Gottesdienst möglich geworden.

Die Handschriften des NT weisen am Anfang von V. 11 zwei voninander abweichende Lesarten auf, so daß wir den Vers verschieden übersetzen können. Der Vatikanus[315] liest hier: Christus ist als Hoherpriester der w i r k l i c h e n (tatsächlichen) Heilsgüter gekommen[316]. Auf dieses Verständnis weist auch einer der ältesten Textzeugen, der Chester-Beatty-Papyrus II. Dann könnten wir die Aussage des Apostels so verstehen, daß Jesus als Hoherpriester wirkliche Heilsgüter vermittelt (vgl. Hbr 6, 5 „die geschmeckt haben die Kräfte er zukünftigen Welt"), nicht nur in die Zukunft weisende Verheißungen. Im Sinaiticus, Alexandrinus und anderen wichtigen Handschriften finden wir: Christus aber ist als Hoherpriester der z u - ü n f t i g e n Heilsgüter gekommen[317]. Hier läge der Sinn nahe, daß e Gnadengaben Gottes, die uns durch Christus erworben wurden, st in der Zukunft offenbar werden. Die erste, im grie Text etwas hwieriger verständliche Lesart dürfte wohl hier die ursprüngliche in. Jedoch ergänzt die zweite Lesart den Sinn der ersten. Wir übertzen deshalb: **Christus ist als Hoherpriester der wirklichen Heilsiter gekommen.** Die wirklichen Heilsgüter sind die „zukünftigen üter" (vgl. Hbr 10, 1), das heißt: die kommende Herrlichkeit Got-, die sichtbar auf Erden erscheinen soll, das „ewige Erbe" der läubigen (Hbr 9, 15). Christus ist als der große Hohepriester in ese Welt gekommen, um j e t z t s c h o n in seiner Gemeinde die künftigen Segnungen auszuteilen.

In einem Satz (V. 11–12) faßt der Apostel noch einmal alles zummen, was er bereits in den Abschnitten 8, 1–6 und 9, 1–10 aus-

Mk 14, 24
Lk 22, 20
1 Ko 11, 25
Zu Vers 21:
3 Mo 8, 15. 19
Zu Vers 22:
3 Mo 5, 5–13
3 Mo 17, 11
Eph 1, 7
Kol 1, 14. 20
Zu Vers 23:
Hbr 8, 5
Zu Vers 24:
Rö 8, 34
1 Jo 2, 1–2
Hbr 7, 25
9, 11–12
Zu Vers 26:
1 Ko 7, 29
1 Ko 10, 11
Gal 4, 4
Eph 1, 10
1 Pt 1, 20
1 Pt 4, 7
1 Jo 2, 18
Hbr 1, 2–3
9, 12
Mt 13, 39. 40. 49
Mt 24, 3
Mt 28, 20
Zu Vers 27:
1 Mo 3, 19
2 Ko 5, 10
Hbr 6, 2
Zu Vers 28:
Jes 53, 12
Mt 26, 28
Mk 10, 45
Lk 19, 10
Rö 6, 10
Kol 2, 14
1 Tim 1, 15
1 Pt 2, 24
1 Pt 3, 18

Siehe auch S. 7 „Die Handschriften des Neuen Testaments".

grie *ton genoménon agathón*, von *ginomai aor. part.* „werden, entstehen, geschaffen werden"; *ta agathá* hier die „Güter höherer Ordnung", die himmlischen Güter, vgl. W–B 1958[5], Sp. 6.

grie *ton mellónton agathón*, vom Verbum *méllo* „sollen, müssen, bestimmt eintreten", im Partiz. „zukünftig", vgl. W–B 1958[5], Sp. 991.

Hbr 9, 12 führlich dargelegt hat: Der ganze Hohepriesterdienst des AT mit
10; 2.10.12.14 Berufung, Fürbitte, Mittlerschaft und irdischem Heiligtum ist in
Phil 3, 20 Christus auf eine neue Ebene gehoben worden. Das irdische Heilig-
1 Th 4, 15—17 tum, von Menschenhänden nach Gottes Ordnung aufgerichtet, wa
2 Tim 4, 8 vergänglich. Es unterlag in Bedeutung und Auswirkung einer vo
Offb 19, 11—21 Gott selbst gesetzten zeitlichen Begrenzung. Hier hatte der atst Hohe-
12 priester seinen Dienst zu tun. Christus dagegen steht in Verbindun
mit der unendlich größeren und vollkommeneren Stiftshütte, jenen
wahren Heiligtum, in dem Gottes Gegenwart unmittelbar offenba
ist, das nicht durch Menschenhände gemacht worden ist, das über-
haupt nicht dieser irdischen Welt und Schöpfung angehört[318]. De
überragenden Größe des himmlischen Heiligtums gegenüber den
irdischen Abbild entspricht auch das vollkommene Opfer, in den
der Hohepriester sein eigenes Blut herzubringt. Die ewige Erlösun
die als tiefste Sehnsucht hinter jeder Opferhandlung der atst From-
men stand, ist in Jesus Christus Wirklichkeit geworden. Die Tat-
sache, daß sein Gang in das himmlische Heiligtum nur einmal not-
wendig war und die ewige Erlösung für eine ganze in Sünde un
Schuld verlorene Welt erwirkte, läßt uns den unermeßlichen We
des Blutes Jesu ahnen[319].

13 Im AT hatte Gott seinem Volk Israel eine Ordnung gegeben, d
aller kultischen Opfersühne zu Grunde liegt: „Die Seele des Fleisch
ist im Blute, und ich habe es euch für den Altar gegeben, daß ma
euch damit Sühne erwirke; denn das Blut ist es, das durch die
ihm wohnende Seele Sühne erwirkt" (3 Mo 17, 11). Das Blut ist d
Sitz des Lebens, Gott allein verfügt darüber. Darum wird nicht n
schuldlos vergossenes Menschenblut von ihm gerächt (1 Mo 9, 5
sondern in gleicher Weise auch der Genuß von Tierblut bei Tode
strafe verboten[320]. Blut ist heilig, es gehört Gott. Das Blut des Opfe
tieres wurde Gott zurückgegeben, indem es am Altar ausgegoss
wurde. Das Blut diente der Besprengung des Altares (2 Mo 29, 1
3 Mo 3, 2), des Hohenpriesters (2 Mo 29, 21) und des Tempelvo
hangs (3 Mo 4, 6 wörtl. „Besprühung"; 4 Mo 19, 4). Das Opferbl

[318] J. Calvin verstand unter dem „größeren und vollkommeneren Zelt" nicht wie andere
himmlische Herrlichkeit, die Welt der Engel und seligen Geister, die Christus dur
schritten hat (vgl. Hbr 4, 14), sondern den Leib Christi. S. 101: „Wie nämlich einst
atst Hohepriester durchs Heilige gehen mußte, um ins Allerheiligste zu gelangen, so
Christus durch seinen Leib zur himmlischen Herrlichkeit eingegangen."

[319] E. Riggenbach, S. 260: „Wie der atst Hohepriester das Allerheiligste nicht ohne
Sühnemittel betreten durfte, so hat auch der hohepriesterliche Eintritt Christi in
himmlische Heiligtum den Vollzug einer Sühne zur Bedingung. Aber das Sühnemit
ist hier von dem atst so verschieden, wie das vom Priester dargebrachte Tierblut v
der freiwilligen Selbsthingabe des Sohnes Gottes."

[320] 3 Mo 3, 17; 7, 26—27; 17, 10—14; 5 Mo 12, 23; 1 Sam 14, 32 ff.

ıatte aber auch sühnende, reinigende und heiligende Kraft[321]. Die Be-ʼprengungen **mit dem Blut von Böcken und Stieren und mit der Asche ler Kuh** im „Reinigungswasser" (4 Mo 19) waren sinnbildliche Handlungen, die ihre Kraft durch Gottes gebietendes Wort empfin-;en. Der Gehorsam gegen diese Anordnungen Gottes vermittelte ·ine vorübergehende kultische Reinheit, die es dem Israeliten er-ıubte, in das irdische Heiligtum einzutreten. Befähigten auch diese orläufigen Opfer die Israeliten, die Gemeinschaft mit Gott zu su-ıen, so war durch sie doch keine bleibende Reinigung des Gewissens ınd Erneuerung des Herzens möglich.

Das Opfer Jesu jedoch, seine Bedeutung und Auswirkung sind 14
ınendlich viel größer als alles, was irgend ein menschliches Opfer zu rreichen vermochte: **Wieviel mehr wird das Blut des Christus, der urch den ewigen Geist sich selbst als fehlerloses Opfer Gott dar-ebracht hat, unser Gewissen von toten Werken reinigen, damit wir em lebendigen Gott dienen.** Gottes unermeßliche Heilstat und die ıenschliche Erlösungsbedürftigkeit liegen miteinander im Blickfeld ieses Wortes. Der ewige Hohepriester hat die wunderbare Er-ısungstat vollbracht: Er opferte sich selbst; er zahlte den Preis für e ewige Erlösung — sein eigenes Blut. Aber die Größe der Heilstat ottes und das Ausmaß der Heilsbedürftigkeit des Menschen ent-ırechen einander. So groß ist die Macht der Sünde, so unendlich ef der Fall des Menschen, daß es eines solchen Opfers bedurfte, n die Kluft zwichen Gott und Mensch zu überwinden.

Das Blut des Christus[322] ist Opferblut, das er im vollkommenen ehorsam (Rö 5, 19; Phil 2, 8; Hbr 5, 8) in seiner Selbsthingabe am reuz Gott dargebracht hat. Mit seinem Leiden und Sterben hat sus das tatsächliche Opfer zur Beseitigung der Sünden gebracht ıd an die Stelle aller von Menschen dargebrachten Opfer das voll-ımmene Opfer seines Lebens gesetzt. Damit hat er die Versöhnung s Menschen mit Gott vollzogen. Mit seinem Opferblut hat Chri-ıs das neue Gottesvolk, die Gemeinde der Gläubigen, aus der acht des Teufels und aller bösen Mächte losgekauft und befreit pg 20, 28; Eph 1, 7; 1 Pt 1, 19; Offb 5, 9). Das Blut Jesu erwirkt ı jeden die Rechtfertigung vor Gott, der den Opfertod Jesu im auben für sich persönlich in Anspruch nimmt (Rö 3, 25; 5, 1. 9). er sein Leben im Glauben Jesus Christus ausliefert, wer ein Eigen-n Jesu wird, empfängt durch die Kraft des Blutes die Reinigung

Von der sühnenden Kraft des Opferblutes spricht 3 Mo 16, 6. 15—17; auf die reinigende Kraft des Blutes weisen die Worte 3 Mo 14, 1 ff. 10 ff, und die heiligende Kraft des Blutes wird besonders bei der Priesterweihe deutlich 2 Mo 29, 20—21.

Vgl. F. Laubach, Art. „Blut", Theol. Begriffslexikon zum NT, 1965, S. 131 ff (ausführliche Literaturangaben).

von den Sünden. Gott tilgt die ganze Schuld im Leben des Menschen der in gläubigem Vertrauen ihm seine Sünden bekennt (1 Jo 1, 7—10 Offb 1, 5; 7, 14). Weil das Blut des Christus für seine Gemeind allezeit wirksam ist, ist es für die Glaubenden möglich, ein reine Gewissen vor Gott zu haben (vgl. Hbr 9, 14 mit 10, 22; 13, 18). In AT waren Versöhnung und Reinigung zwei verschiedene, innerlic aber aufeinander bezogene Handlungen. Die Versöhnung erfolgt durch das Opferblut im Allerheiligsten einmal im Jahr am große Versöhnungsfest. Die Reinigung konnte immer wieder im Jah außerhalb des Allerheiligsten vollzogen werden. Beides ist im N in der Erlösung durch das Blut Jesu Christi zusammengefaßt[323]. Abe wir empfangen durch Jesu Blut nicht nur die Vergebung unsere Schuld und die Lösung von der zwingenden Macht der Sünde (1 Pt 1 18—19). Im Blute Jesu liegt auch die Kraft zur Heiligung (Hbr 13, 12 und Überwindung aller gottfeindlichen Mächte (Offb 12, 11). Ein umwandelnde und erneuernde Kraft strömt vom Sühnetod Jesu i unser Leben, wenn wir seine Erlösung im Glauben angenomme haben. So ermöglicht uns sein heiliges Blut auch ein Leben in d Gegenwart Gottes, es öffnet uns den Zugang zu Gott (Hbr 10, 1 Eph 2, 13. 18). Wir haben unmittelbaren Zugang zu seiner Herrlic keit. Das alles wird uns durch das Blut Jesu zuteil, aber auch ebe n u r durch s e i n Blut. Das Blut Jesu ist nicht nur Zeichen u Ausdruck seines Opfertodes am Kreuz; man kann nicht ohne we teres die Begriffe „Blut Christi" und „Tod" vertauschen. Blut Chri bedeutet mehr. Ihm kommt eigenständige geistliche Wirklichk zu[324]. Mose opferte nicht nur das Tier (vgl. Hbr 9, 19—21), sonde er besprengte auch das Volk mit dem Opferblut, so daß die sühnen und reinigende Kraft jedem einzelnen Glied des Gottesvolkes pe sönlich zuteil wurde. Die Blutbesprengung ist als geistliche Wirklic keit auch im neuen Gottesvolk wichtig (Hbr 10, 22). Durch das Bl ist der Tod Jesu auf den einzelnen Menschen persönlich bezogen. D sühnende und reinigende Kraft des Opfertodes wurde dem Opfer den durch die Blutbesprengung persönlich zugeeignet. Was sich Bereich der atst Gemeinde mit Tierblut sinnlich wahrnehmbar vo zog, vollzieht sich im Bereich der ntst Gemeinde mit dem Blut Je unsichtbar als geistliche Realität. Wenn wir das Blut Jesu für u persönlich im Glauben in Anspruch nehmen, wird uns die Kr seines Opfertodes in allen ihren Auswirkungen zuteil.

[323] Vgl. Gottfried Menken, Homilien über das 9. und 10. Kapitel des Briefes an Hebräer, 1831, S. 110 f.

[324] Vgl. auch Hbr 10, 29 „Sohn Gottes" und „Blut des Bundes" stehen als zwei gleichwert geistliche Realitäten nebeneinander.

Christus hat sich durch den ewigen Geist Gott geopfert. In den
Gedanken des Verfassers taucht das Bild des Gottesknechtes auf,
lessen Kommen Jesaja angekündigt hatte (Jes 53); er sollte sein
Leben zum Schuldopfer für viele geben, ihre Sünde tragen und für
hre Rechtfertigung eintreten. Gottes Verheißung kündigte an: „Ich
abe meinen Geist auf ihn gelegt!" (Jes 42, 1)[325]. Jesu Opfer ent-
prang einer völligen Hingabe und ungetrübten Gemeinschaft mit
Gott. So wie der Heilige Geist während seines Erdenlebens die An-
riebskraft seines Handelns war (Mt 4, 1), so ist er es auch im Han-
eln Jesu zu unserer Erlösung gewesen. Weist das „Blut" auf unsere
nenschliche Natur, deren Jesus teilhaft war (vgl. Hbr 2, 14), so der
Geist" auf seine göttliche Natur[326]. Die Forderung Gottes im AT,
aß das Opfertier **fehlerlos** sein müsse (2 Mo 12, 5; 3 Mo 1, 3; 22, 20;
Mo 19, 2), ist im NT nicht aufgehoben. Christus hat auch dieses
Gesetz Gottes in seiner eigenen Person erfüllt (Mt 5, 17; 1 Pt 1, 19).
Christus selber war das fehlerlose Lamm, das für die Schuld aller
Menschen Genugtuung leistete, und er teilt durch den Heiligen Geist
en Gliedern seiner Gemeinde sein eigenes Wesen mit, das ihn selbst
um Opfer befähigte, damit auch wir zur Hingabe und zum Opfer
nseres Lebens fähig werden (Rö 12, 1–2).

An die Stelle der atst Priesterschaft ist die Gemeinde Jesu getre-
n (1 Pt 2, 9; Offb 1, 6; 5, 10); auch sie bedarf einer Reinigung,
cht einer kultischen, sondern einer Reinigung des Gewissens. Nur
as Blut Jesu hat die Kraft, unser Gewissen zu reinigen; Reinigung
edeutet nicht nur, daß Gott die Sünde vergibt, sie von uns nimmt,
ndern daß die Sünde vor Gott ausgelöscht wird. Darum schließt die
einigung des Gewissens ein, daß auch die Erinnerung an die Sünde
us unserem Bewußtsein weggenommen werden soll (vgl. Hbr
, 2–3).

Im Unterschied zum AT vollzieht sich der ntst Priesterdienst nicht
ehr in einem irdischen Heiligtum, sondern im Heiligen Geist in der
mittelbaren – wenn auch für uns noch nicht sichtbaren – Gegen-
art Gottes (Jo 4, 21–24). Wahrer Gottesdienst ist Anbetung Gottes
Geist und in der Wahrheit und schließt die Hingabe unseres Le-
ns an den Herrn ein. Wenn der Apostel besonders betont, daß das
ut Jesu Christi unser Gewissen **von den toten Werken reinigt,** so
nkt er dabei zunächst nicht an einzelne verwerfliche Taten, in denen
e Empörung des unerlösten Menschen offen zutage tritt; er bezeich-
t damit den gesamten Lebensbereich des Menschen in allen seinen
ußerungen, solange er außerhalb der Gemeinschaft mit Gott steht

Ebenso F. F. Bruce, S. 205.
Vgl. Ferdin. Zißler, Das Hohepriestertum Christi, S. 70.

(Eph 2, 1–2)[327]. Ohne Buße gibt es keine Reinigung. Ohne Reinigung von den toten Werken ist kein Dienst für Gott möglich. W aber die Lebenserneuerung durch das Blut Jesu eingetreten ist, d führt Gottes Geist den Gläubigen zum Dienst für den Herrn. Da Ziel Gottes mit dem Menschen hier auf Erden entspricht dem Ur stand des Menschen in der Schöpfung: er soll mit reinem Gewisse **dem lebendigen Gott dienen** (vgl. 1 Mo 1 und 2). Was der Mensc durch seine Loslösung von Gott vereitelt hat, ist durch Christus i der Gemeinde der Gläubigen wiederhergestellt. So hebt das Opfe Jesu Christi, sein Leiden und Sterben am Kreuz, die Folgen de Sündenfalles auf und führt den, der die Kraft dieses Opfers für sic in Anspruch nimmt, wieder in die ursprüngliche Bestimmung de Menschen zurück. In der Gemeinschaft mit Christus lernen wir e wieder, in freiwilliger Abhängigkeit Gott mit allen unseren Gabe und Fähigkeiten, die er uns geschenkt hat, zu dienen[328].

15 Jesu Blut ist Opferblut, das betont der Apostel auch hier noc einmal: Der Tod Jesu ist **zur Erlösung von den unter dem erste Bund geschehenen Übertretungen erfolgt.** Das Opfer Jesu reicht au für die Schuld aller Menschen, es wirkt eine umfassende Erlösun Trotz des Sündenfalles braucht nun niemand mehr verlorenzugehe (vgl. Apg 17, 30). Aber Jesu Blut ist Opferblut und Bundesblu Bundesschluß und Opferblut gehören zusammen (vgl. 2 Mo 24, 5. Ps 50, 5). Als Bundesblut bildet das Blut Jesu die Grundlage für d Verwirklichung der neuen Gottesordnung. Der Hohepriester ist i NT nicht nur der Vollstrecker des Opfers, sondern auch der Bür und Mittler des Bundes. Das bessere, vollkommene Opfer begründ zugleich den besseren, vollkommenen Bundesschluß, der auf besser testamentarisch festgelegten Verheißungen als der Alte Bund ru (Hbr 8, 6). Verhieß der Alte Bund ein irdisches Erbe, so der Ne Bund ein ewiges Erbe, die wahre Gottesruhe für die Erlöst (Hbr 4, 9). **Christus ist der Mittler eines neuen Bundes, damit d**

[327] E. Riggenbach, 1913, S. 266: „Wie nämlich die Berührung eines Toten nach der a Kultordnung den Menschen befleckte und vom Zutritt zum Heiligtum ausschloß, so ve ursachen die toten Werke (6, 1), d. h. die in der Entfremdung von Gott vollbracht Handlungen eine Befleckung des Gewissens. Die durch sie hervorgerufene Störung d Verhältnisses zu Gott reflektiert sich im Bewußtsein des Menschen und gibt ihm d Gefühl der Gottesferne."

[328] Berleburger Bibel, S. 50 f: „Mit der kahlen Entschuldigung aber kommt man ja nicht a da man sich und andere bereden will, man könne Gott nicht dienen, wie man sc Denn man soll es auch nicht von sich selbst aus tun: mit deinem eigenen verderb Dienst ist ihm nicht gedient. Es will aber einer in dir wohnen, durch den du dem Va dienen sollst, welcher ist Jesus Christus. Dieser will es in dir tun, und durch die Kr seines heiligen Blutes deinen ganzen Menschen dazu reinigen und untadelig in s selbst darstellen, damit du dem Vater angenehm werdest mit allen deinen Diensten u Anbetungen."

:um ewigen Erbe Berufenen die Verheißung empfangen. Die „Teil-
ıaber der himmlischen Berufung" (Hbr 3, 1) sind zu einem ewigen
:rbe berufen, ihnen fällt die Erfüllung unwandelbarer Verheißungen
·u (1 Pt 1, 4). Worin besteht das Erbe, das wir als Glieder der Ge-
neinde Jesu, als „Erben Gottes und Miterben Christi" (Rö 8, 17)
·rwarten? Die Bibel sagt uns, daß wir in der Ewigkeit bei Jesus
:hristus sein und die Herrlichkeit Gottes schauen werden (1 Th 4, 17;
)ffb 22, 3–4). Dann wird die endgültige Erlösung unseres Leibes
Rö 8, 23; Phil 3, 21) und damit die völlige Umgestaltung unseres
Vesens in die Wesensart Jesu abgeschlossen sein[329]. Und schließlich
vird es das Vorrecht der erlösten Gemeinde sein, an der himm-
schen Regierungsgewalt ihres Herrn in der erneuerten Schöpfung
eilzunehmen[330].

Der Apostel wechselt unvermittelt zwischen den beiden Bedeu- 16
ıngen des grie Wortes *diathḗkē* als „Bundesschluß" und „Testa-
ıent". Der Bundesschluß ist ihm zugleich Testament, weil er mit
'erheißungen verbunden ist, die auf kommende Generationen als
rbe übergehen und in ihrem Leben ihre Erfüllung und Verwirk-
chung finden sollen. Alter Bund und Neuer Bund stellen jeweils
:n solches „Testament" dar. Wo es sich aber um eine letztwillige
erfügung handelt, muß notwendig der Tod des Erblassers einge-
eten sein, bevor die Erben das Erbe antreten können. Für den 17
postel bedeuten die irdisch-menschlichen Rechtsordnungen einen
:inweis auf eine göttliche Wirklichkeit, von deren Ordnung sie
tztlich abgeleitet sind. Die irdische Ordnung spiegelt eine himm-
sche Ordnung wider. Ein Testament wird erst dann rechtskräftig,
enn der Testator gestorben ist; solange er noch lebt, besitzt es
:ine Geltung. Diesen Satz wendet er auf das „Alte und Neue Testa-
ent" Gottes an. Bei der Verfügung des zweiten Testamentes starb 18
hristus, damit es rechtskräftig wurde. Also mußte auch schon bei
·r Verfügung des ersten Testamentes durch Gott ein Ereignis ein-
treten sein, das dem Tod des Erblassers gleichkam. Dieser not-
endige Eintritt des Todesfalles wurde versinnbildlicht im Zeichen
·s Opferblutes. Es ist in diesem Zusammenhang bedeutsam, daß
ch der erste Bund, das erste Testament, nicht ohne Blutvergießen
rksam wurde. Auch hier schildert der Apostel die den Lesern und 19/20
örern zweifellos bekannte Begebenheit ausführlich, weil das atst
·schehen wieder vorbildlich für die ntst Heilswirklichkeit wird.
ose war der Bundesmittler und brachte Bundesblut: **Dies ist das
ut des Bundes, den Gott für euch angeordnet hat.** Auch der Neue

Rö 8, 29; 2 Ko 3, 18; 1 Jo 3, 2–3.
Lk 19, 17; 1 Ko 6, 2–3; 2 Tim 2, 12; Offb 1, 6; 5, 10; 22, 4.

Bund wurde mit Blut geschlossen, aber nicht mit Tierblut, sonderr mit dem Blut des Sohnes Gottes. Im AT diente das Opferblut de Tieres zugleich der kultischen Reinigung des Gottesvolke und der Heiligung der Offenbarungsstätte Gotte
21 (3 Mo 8, 15. 19). Mittlerschaft des Bundes und Reinigung des Hei ligtums waren Gottes Auftrag an Mose. Ebenso ist es bei Jesu Christus, nur daß sein Dienst als geistliche Wirklichkeit in Vollkom menheit geschieht. Er ist der „Mittler des Neuen Bundes" (V. 15 und „reinigt unser Gewissen" (V. 14). AT und NT stimmen in diese unveränderlichen Ordnung überein, daß das Opferblut dem Bundes schluß ebenso wie der Reinigung von den Sünden dient. Was im A in verschiedenen heiligen Handlungen getrennt voneinande vollzogen wurde, ist im Opfertod Jesu vereinigt: „Da ist mein Blut des Bundes, das für viele vergossen wird zu Vergebung der Sünden" (Mt 26, 28).
22 Das Grundwort aller atst Opferhandlungen 3 Mo 17, 11 finde hier auf dem Boden des NT seine ausdrückliche Bestätigung: „De Leibes Leben ist im Blut, und ich habe es euch auf den Altar gege ben, daß eure Seelen damit versöhnt werden." Der Apostel erklär **Ohne Blutvergießen gibt es keine Vergebung.** Mit diesem Satz b gründet er die Heilstatsachen, die er in den Versen 12–14 ausgespr chen hat. Das Blut des Christus bewirkt die ewige Erlösung, die i der Vergebung unserer Sünden besteht (vgl. Eph 1, 7). Damit finde alle blutigen Opfer des Alten Bundes in dem einen blutigen Opf des Neuen Bundes ihren Abschluß. Daß zur Versöhnung der Sünde vor Gott im AT und NT Blut fließen mußte, ist eine unumstößlich Heilsordnung nach dem Willen Gottes, deren Begründung wir m unserem natürlichen Denkvermögen nicht einsehen können, weil u auf Erden letzte Erkenntnisse versagt bleiben (vgl. 1 Ko 13, 9). W müssen uns im Glauben ehrfurchtsvoll darunter beugen[331].
23 Der Apostel greift noch einmal auf den Gedanken in Vers 21 z rück. Mose hatte mit dem Opferblut der Tiere die Stiftshütte u alle gottesdienstlichen Geräte gereinigt. Das Irdische ist aber au hier nur Abbild des Himmlischen. Die Abbilder (grie *hypodeigmat* der himmlischen Wirklichkeit sieht der Apostel in der Stiftshüt mit Heiligtum und Allerheiligstem (Hbr 9, 2–3) und in den gotte dienstlichen Gerätschaften (V. 21). Nicht nur der äußere Aufbau d Stiftshütte ist bedeutsam, sondern auch die einzelnen Geräte für d israelitischen Gottesdienst sind nach himmlischen Urbildern herg

[331] Vgl. dazu die folgende Auslegung von Hbr 10, 3–4. — O. Michel, S. 211: „Das AT we selbst um Vergebung ohne Blut, deutet damit selbst die Grenze des Blutgedankens a und doch wird der Ernst der göttlichen Forderung und Strafe erst dort erkannt, wo d Leben zur Sühne eingesetzt werden muß."

;tellt worden (2 Mo 25, 9) und haben sinnbildliche Bedeutung für las NT[332].

Die Abbilder der himmlischen Wirklichkeit mußten notwendig nit dem Opferblut der Tiere gereinigt werden. Nun offenbart uns ler Apostel eine Tatsache, die er bisher noch nicht erwähnt hat: **Die iimmlischen Dinge selbst** müssen **durch bessere Opfer** als durch ;ierblut gereinigt werden[333]. Der Sündenfall des Menschen, seine ;mpörung gegen Gott, hat sich nicht allein auf die Kreatur in der ichtbaren Schöpfung ausgewirkt (Rö 8, 20–22), sondern auch die)rdnung in der himmlischen Welt gestört. Auch das himmlische leiligtum bedarf der sühnenden und reinigenden Kraft des Blutes. rdische Tieropfer reichen dazu nicht aus, hier ist allein das Blut Jesu, es Sohnes Gottes, wirksam. Sein Blut dient nicht nur der Erlösung er Gemeinde, Christi Opfertod hat auch kosmische Auswirkungen, s „stiftet Frieden auf Erden und im Himmel" (Kol 1, 20)[334].

Immer und immer wieder betont der Apostel die unendliche Über- 24
genheit des ewigen Priesterdienstes Jesu über alles irdische Priertum. So erfüllt ist er von der geistlichen Schau, die ihm zuteil eworden ist, so stark beherrscht die Erhabenheit der Person Jesu hristi sein Denken, daß er die gleichen Grundgedanken immer ieder — wenn auch in neuen Wendungen — aufgreift (vgl. Phil 3, 1). **hristus ist nicht in ein mit Händen gemachtes Heiligtum eingegann, das ein Nachbild[335] des wahrhaftigen ist, sondern in den Himel selbst, um jetzt vor dem Angesicht Gottes für uns zu erscheinen.** achdem Christus als vollkommener Hoherpriester den Opferdienst n für allemal in der Hingabe seines Lebens am Kreuz vollzogen ıt, tut er jetzt den Dienst ewiger Fürbitte für die Glieder seiner emeinde: Er ist zur Rechten Gottes und vertritt uns (Rö 8, 34), er bt allezeit, um sich für uns zu verwenden (Hbr 7, 25), er, der selbst e Versöhnung für unsere Sünden ist (1 Jo 2, 1–2), ist unser Anwalt
i Gott, dem Vater[336]. Der Hohepriester in Israel mußte jedes 25
hr aufs neue am Versöhnungstag das Opferblut in das Allerhei-

Vgl. auch 4 Mo 8, 4 mit Offb 1, 12. 20.

J. A. Bengel, S. 661: „Im NT läßt sich eigentlich nur von e i n e m Opfer reden; die hier gebrauchte Mehrzahl aber, welche den vielen levitischen Opfern entsprechend gesetzt wird, soll die Vortrefflichkeit des in jeder Beziehung vollkommenen e i n e n Opfers Christi bezeichnen. Fragt der Jude: wo habt ihr denn eure Opfer? so antworten wir: unsere Opfer bestehen in dem e i n e n Opfer des Gekreuzigten."

Diese Tatsache hängt offenbar mit der Entmächtigung der gottfeindlichen Mächte durch Christus zusammen, Kol 2, 13–15.

Urbild Hbr 8, 5 grie *týpos*, Nachbild Hbr 9, 24 grie *antitypos*.

M. Luther, S. 144: „Deshalb muß ein Christ gewiß sein, nein, auf das gewisseste gewiß sein, daß Christus f ü r i h n erscheint und Priester ist vor Gott. Denn wie er glauben wird, so wird ihm geschehen."

ligste tragen und dort auf die Deckplatte der Bundeslade sprengen
Alljährlich mußte an diesem Tag ein Opfertier sterben, dessen Blut
die Sühnung der Sünden Israels erwirken sollte. Die fortwährende
Wiederholung dieses Opfers, durch das der irdische Hohepriester
die Versöhnung des Volkes Gottes mit fremdem Blut vollziehen
mußte, ist ein Beweis für die Vorläufigkeit dieser Heilsordnung.
26 Christus aber hat sein eigenes Leben nicht oftmals geopfert. Er ist
nur einmal in die Welt gekommen, um für unsere Sünden zu sterben.
Die Einmaligkeit des Opfers Jesu zeigt uns die alles überragende
Größe und den unermeßlichen Wert des Kreuzestodes Jesu. Trüge
Jesu Opfer den Charakter der Vorläufigkeit, dann hätte er sein Ster-
ben am Kreuz immer wiederholen müssen. Die Einmaligkeit seiner
geschichtlichen Existenz und seines Sterbens enthält die klare Ab-
sage an jede unmittelbare oder sinnbildliche Wiederholung seines
Opfers. Die **Aufhebung der Sünden**[337] ist dadurch erfolgt, daß Chri-
stus unsere Sünden auf sich nahm. „Er hat unsere Sünden an sei-
nem Leibe selber an das Holz hinaufgetragen, damit wir von den
Sünden loskämen und der Gerechtigkeit lebten" (1 Pt 2, 24). Damit
bedeutet das Kommen Jesu den Abschluß der alten und den Beginn
der neuen Zeit, es ist ein Zeichen für das Ende der Zeiten[338]. Gott hat
mit der Sendung seines Sohnes alles getan, was zur Rettung des
Menschen nötig und möglich war. Nun liegt es in der Entscheidung
des Menschen, dieses Heil persönlich anzunehmen oder Gottes An-
gebot auszuschlagen und dadurch Gottes Wort den Gehorsam zu
verweigern. Das nächste heilsgeschichtliche Ereignis, dem die ganze
Menschheit entgegengeht, wird die Wiederkunft Jesu sein, mit der
er das Gericht Gottes über die Welt heraufführen wird.
27 **Es ist den Menschen bestimmt, einmal zu sterben, danach aber das Gericht.** Die Einmaligkeit der menschlichen Existenz wird hier nicht nur als Schöpfungsordnung, und die Einmaligkeit und Unvertretbarkeit unseres Sterbens wird nicht nur als göttliches Gericht verstanden (vgl. 1 Mo 2, 17; 3, 19); weil Christus ganz in unser Menschsein eingegangen ist, gewinnen Leben und Sterben des Menschen zugleich die Bedeutung einer göttlichen Heilsordnung. Gerade die totale Unausweichlichkeit des Richterspruches Gottes über uns

[337] Die Aufhebung des Gesetzes Hbr 7, 18–19 (grie *athétäsis entoláes*) und die Aufhebung der Sünde Hbr 9, 26 (grie *athéthäsis täs hamartías*) stehen in einem inneren Zusammenhang.

[338] J. Calvin, S. 109: „Ende oder besser Vollendung der Welt wird das genannt, was Gal 4 Fülle der Zeit heißt. Die Zeit war nach Gottes ewigem Ratschluß gleichsam zur Reife gekommen. Dadurch wird allen neugierigen Fragen ein Riegel vorgeschoben; warum es nicht früher geschah; warum gerade zu dieser Zeit und nicht zu einer anderen. Wir sollen uns Gottes verborgenen Ratschluß gefallen lassen, auch wenn wir seine Absicht dabei nicht einzusehen vermögen."

.eben macht die persönliche Annahme des Opfers Jesu zu einer
ringlichen Notwendigkeit (vgl. Hbr 2, 3). Von Natur aus sind wir
lle vor Gott sündige, verlorene Menschen. Aber alle können die
:ettung erfahren. Wie ist das möglich? Noch einmal verweist uns
er Apostel auf die Grundlage unseres Heils: **Christus ist einmal** 28
eopfert worden, um die Sünden vieler wegzunehmen. Das war der
entrale Auftrag, mit dem Jesus Christus von Gott in die Welt ge-
andt wurde; er kam, um Sünder zu retten (1 Tim 1, 15). Er kam
icht „damit ihm gedient werde, sondern damit er diene und sein
eben gebe als Lösegeld für viele" (Mk 10, 45). Er hat sein Blut für
iele zur Vergebung der Sünden vergossen (Mt 26, 28), um uns von
en Sünden zu erlösen.

Was Gott zu unserem Heil getan hat, soll unsere Gedanken nicht
ı der Vergangenheit festhalten. Das einmalige Opfer des ntst Ho-
enpriesters weist den Blick der gläubigen Gemeinde in die Zukunft.
sus Christus wird wiederkommen – nicht um sein Erlösungswerk
ı wiederholen, sondern um es zu vollenden: um seine wartende
emeinde in die ewige Herrlichkeit Gottes zu führen. Das kom-
.ende, ewige Heil, das mit Jesu Wiederkunft sichtbar anbrechen
ird, wird jedoch nicht allen Menschen zugeeignet werden. Es ist
r die Menschen, die auf den wiederkommenden Herrn Jesus Chri-
us w a r t e n. Und nur Menschen, die wahrhaft bekehrt sind und
ı Alltag mit Christus leben, können auch mit Freuden auf ihren
mmlischen Herrn warten (1 Th 1, 9–10; 1 Jo 2, 28; 4, 17)[339].

Zusammenfassung

Durch den ganzen Brief klingt die Sorge des Apostels um die Ge-
einde hindurch, die sich in den eingestreuten Ermahnungen wider-
iegelt: Die Gläubigen sollen an dem ihnen überlieferten Offen-
rungswort festhalten (2, 1 ff), die zuversichtliche Hoffnung nicht
eisgeben (3, 6), standhaft bleiben (3, 14) und ein intensives Gebets-
en führen, weil Gott zur rechten Zeit helfen wird (4, 16)! Er er-
ıntert sie, in ihrer geistlichen Entwicklung nicht stehenzubleiben,
lmehr allezeit mit der Treue Gottes zu rechnen, die sich im Leben
rahams beispielhaft bewiesen hat (5, 11 6, 20) Hinter unserem
xtabschnitt steht die Erkenntnis, daß Leiden und Bedrängnis un-
e Aufmerksamkeit auf uns selbst lenken, unsere geistigen Kräfte
sschließlich an die Gegenwart binden und uns den Blick für die
kunft verdunkeln wollen. Dem setzt der Apostel drei Tatsachen

Berleburger Bibel, S. 56: „Auf ihn warten, das ist ein Kennzeichen der Christen. Warten auf die Glorie (Herrlichkeit), und unter der Schmach sich gedulden nach des Vaters Willen, ist ein wesentlich Stück eines Christen."

entgegen, die in dem überragenden Opfer des ewigen Hohenpriesters in Tod und Auferstehung Jesu gründen: Jesu Sterben erwirkt un ein neues Leben in der Gegenwart, es eröffnet uns den Weg in ein ewige Zukunft und erhält uns als Wartende in der Bereitschaft au seine Wiederkunft.

1. Jesu Opfertod ist für die Gemeinde zu Grundlage eines neuen gegenwärtigen Leben geworden (V. 11–14). Die Reinigung des Gewissens und dam die Erneuerung unseres Lebens ist nicht Hoffnungsgut der Christer sondern im „Heute" erfahrene geistliche Realität. Das Propheten wort sagte bildhaft voraus: „Du hast dich meiner Seele herzlich an genommen, daß sie nicht verdürbe, denn du wirfst alle meine Sün den hinter dich zurück" (Jes 38, 17) und „Ich habe deine Misseta weggefegt wie eine Wolke und wie einen Nebel deine Sünden (Jes 44, 22) – in Christus ist das vollendete Wirklichkeit geworde Gott wandelt den Kern unseres Lebens um; wer Vergebung erlan hat, empfängt ein gutes Gewissen. Der Apostel Paulus bezeugt au drücklich, wie wichtig ihm das gute Gewissen ist (Apg 23, 1), nic als Grund seiner Rechtfertigung (1 Ko 4, 4), wohl aber als Anspo zur Heiligung (Apg 24, 16). So kann auch unser apostolischer Aut im Bewußtsein empfangener Gnade sagen: „Wir sind überzeugt, e gutes Gewissen zu haben" (13, 18). Wenn schon das Blut Jesu in d himmlischen Welt seine reinigende Kraft als gegenwärtige Wirklic keit erweist (9, 23 f), wieviel mehr wird es sich am Herzen und G wissen eines Menschen auswirken, der in der Gemeinschaft mit Jes lebt. Wer mit der Schuld seines Lebens nicht fertig wird, wer sei Vergangenheit zu verdrängen sucht, dessen innere Kräfte si ständig nach rückwärts gebunden. Wer dagegen Vergebung empfa gen hat, braucht nicht mehr rückwärts gewandt zu leben, dess geistig-seelische Kräfte werden freigesetzt; Gott beschlagnahmt s zu neuen Aufgaben in seinem Dienst. Das schenkt unserem Allt wahre Erfüllung und neue Freude: Wir leben nicht mehr für u selbst, sondern für den, der für uns gestorben und auferstanden (2 Ko 5, 15).

2. Jesu Opfertod öffnet uns den Weg in ei ewige Zukunft – in die Herrlichkeit Gottes (V. 15–20. 25–2 Der Neue Bund, der das Neue Testament einschließt, verspricht e besseres Erbe. Es wird in der Ewigkeit nicht nur „den Erben d Alls" (Hbr 1, 2), sondern eben auch „die Erben Gottes und M erben Christi" (Rö 8, 17) geben. Nach Gottes Willen soll die G meinde Jesu an der vollendeten Herrlichkeit ihres Herrn Anteil h ben. Diese Gewißheit macht uns bereit zu sterben, weil wir wiss daß unser Weg nicht in Tod und Gericht enden, vielmehr das St

oen der Durchbruch zu einer neuen Seinsweise sein wird. Wenn wir ıuch nicht als fleckenlose Gotteskinder vor Gottes Richterthron er-scheinen können, so wird doch unser himmlischer Hoherpriester und 'ürsprecher für uns eintreten (V. 24).

3. Dieses Wissen, daß wir einen lebendigen Herrn haben, der einen Plan und seinen Willen in der Welt durchsetzen wird, erhält ıns in der Bereitschaft für seine Wiederkunft. Wenn vir daran denken, daß der Hbr erst gegen Ende des apostolischen Zeitalters entstanden ist, verstehen wir den Hinweis des Verfassers n V. 28 besser. In jener Zeit tauchten am Rande der Christenge-neinden Menschen auf, die fragten: „Wo ist die Verheißung seiner Viederkunft? Seitdem die Väter entschlafen sind, bleibt ja alles so vie von Anfang der Schöpfung an" (2 Pt 3, 4). Die Fragesteller wer-en deutlich als „Spötter" gekennzeichnet; wir haben sie offenbar icht in den Reihen der Gläubigen zu suchen. Aber ihre Art zu argu-ıentieren wird doch manchem einfältigen Christen zur Anfechtung eworden sein. Auf jeden Fall sehen wir hinter diesem Wort die efahr, daß die wartende, wachende Haltung der Gläubigen Ermü-ungserscheinungen Platz macht, daß die Bereitschaft auf die Wieder-unft Jesu erlahmt. Darum erinnert der Apostel die Gemeinde dar-ı: „Zum zweitenmal wird Christus ohne Beziehung zur Sünde für e erscheinen, die ihn zum Heil erwarten". Es kann wohl sein, daß in allen Epochen des „christlichen Abendlandes" Menschen gege-:n hat, die der Verkündigung der Wiederkunft Jesu nicht geglaubt ıben. Aber noch nie ist der gezielte Angriff auf die Botschaft, daß sus Christus persönlich wiederkommen wird, so massiv gewesen ie seit Beginn des 20. Jahrhunderts – ein Angriff aus den Reihen r Christenheit selbst, vorangetragen von evangelischen Theologen ıter Berufung auf den reformatorischen Glauben. Die Stimmen aus ıeologie und Kirche mehren sich, die uns sagen: „Die mythische chatologie ist im Grunde durch die einfache Tatsache erledigt, daß ıristi Parusie nicht, wie das Neue Testament erwartet, alsbald statt-funden hat, sondern daß die Weltgeschichte weiterlief und – wie er Zurechnungsfähige überzeugt ist – weiterlaufen wird[340]." Oder

Rudolf Bultmann, Neues Testament und Mythologie, in Kerygma und Mythos, 1960[4], S. 18.

Vgl. Karl Barth, Römerbrief, 1922[2], S. 484: „Will das unnütze Gerede von der ‚aus-gebliebenen' Parusie denn gar nicht aufhören? Wie soll denn ‚ausbleiben', was seinem Begriff nach überhaupt nicht ‚eintreten' kann? Denn kein zeitliches Ereignis, kein fabelhafter ‚Weltuntergang', ganz und gar ohne Beziehung zu etwaigen geschichtlich-ellurischen oder kosmischen Katastrophen ist das im Neuen Testament verkündigte Ende, sondern wirklich das Ende, so sehr das Ende, daß die 1900 Jahre nicht nur wenig, sondern nichts zu bedeuten haben, was seine Nähe oder Ferne betrifft."

ein anderes Urteil: „Der Himmel ist weder droben noch sonstwo er ist überhaupt nirgends. Die Vorstellung der Wiederkunft stimm weder heute noch morgen; sie stimmt überhaupt nicht . . . Jede Verständniswillige kann recht wohl begreifen, daß man zu Jes Zeiten solche Erwartungen hegte; . . . Jeder Urteilsfähige wird abe zugleich einsehen, daß man diese Requisiten heute nicht mehr über nehmen kann[341]." Wir hören hier einen frivolen Ton, gepaart mi dem Pathos der Überheblichkeit: Jeder Christ, der dem prophetische Wort so glaubt, wie es in der Heiligen Schrift steht, gilt als „naiv"[342] und wird des „Aberglaubens" bezichtigt[343]. Wir müssen hier kla sehen: Die Botschaft von der persönlichen Wiederkunft Jesu ist ein Aussage ntst Prophetie; unser Blick wird dabei auf kommendes Ge schehen gerichtet. Zu beweisen gibt es hier nichts, Möglichkeiten i Wirklichkeiten umzuwandeln, hat Gott sich allein vorbehalten. W dürfen zuversichtlich glauben, ebenso wie der lebendige Gott di Zukunftsverheißungen des AT im Blick auf das erste Kommen Jes eingelöst hat, wird er auch die Zusagen des NT im Blick auf d Wiederkunft Jesu zur Erfüllung bringen. Wird heute die Wiede kunft des Herrn nicht nur in Frage gestellt, sondern radikal geleu net: „Wir haben jetzt lange genug vergeblich auf die Wiederkun gewartet, wir brauchen auf nichts mehr zu warten, Christus wi nie wiederkommen!" – so ist das der Klang falscher Prophetie. D Gemeinde Jesu muß sich warnen lassen: Dort, wo wir das zukünfti Heilsgeschehen auflösen, bleibt nur noch ein intellektueller Glau ohne die notwendige Buße und Bekehrung, und christlicher Hum nismus wird mit echter Jesus-Nachfolge verwechselt. Dort erlisc aber auch die geistliche Bereitschaft für das Kommen des Herrn, u mit ihr die wesentlichen Kennzeichen dieser Bereitschaft und geis lichen Wachsamkeit – die Gewißheit der Vergebung, der praktisc Einsatz im Dienst und die Willigkeit zum Leiden. Umgekehrt ze uns gerade der Hbr immer wieder als beglückende Möglichk geistlicher Lebensgestaltung: Warten auf den wiederkommend Herrn Jesus Christus zielt nicht auf eine quietistische Lebenshaltu auf faulen Müßiggang, bei dem wir unsere Hände in den Sch legen. Warten auf Jesus bedeutet praktische Mitarbeit in der C

Von anderem Ausgangspunkt kommt Albert Schweitzer zu ähnlichen Ergebniss vgl. Aus meinem Leben und Denken, 1954, S. 33 ff.
Zur Auseinandersetzung mit diesen Anschauungen vgl. Karl Heim, Jesus der W vollender, 1937, S. 142 ff.

341 Manfred Mezger, Kommt Jesus wieder? in „Radius", Vierteljahresschrift der Eva Akademikerschaft in Deutschland, 1966, Heft 1, S. 6 ff.

342 a. a. O. S. 7.

343 Ernst Käsemann, Zum gegenwärtigen Streit um die Schriftauslegung in „Das W Gottes und die Kirchen", 1962, S. 20.

neinde überall da, wo unsere Gaben und Fähigkeiten gebraucht werden; Bereitschaft auch zum unscheinbaren Dienst treuer Fürbitte und des persönlichen Zeugnisses von Mensch zu Mensch; Willigkeit zum Verzicht auf eigenen Vorteil und Bequemlichkeit und die freudige Hingabe zum Dienst, echter „Diakonie", an den „Geringsten meiner Brüder[344]".

2. Das Opfer Jesu erwirkt Vergebung, Heiligung und Vollendung

Hbr 10, 1–18

1 Denn da das Gesetz nur ein Schatten der zukünftigen Güter ist,
nicht das Bild, die Gestalt der Dinge selbst, kann es durch die
gleichen alljährlichen Opfer, die man immer wieder darbringt,
2 die Hinzutretenden niemals zur Vollendung führen. * Hätte man
sonst nicht aufgehört, (Opfer) darzubringen, weil die, die den
Dienst tun, einmal gereinigt, keinerlei Sündenbewußtsein mehr
3 haben würden? * Vielmehr wird durch sie (die Opfer) Jahr für
4 Jahr die Erinnerung an die Sünden wachgerufen. * Denn unmög-
lich vermag Blut von Stieren und Böcken Sünden wegzunehmen.
5 * Deshalb sagt er bei seinem Eintritt in die Welt: „Opfer und
Gabe hast du nicht gewollt; einen Leib aber hast du mir zuberei-
6 tet. * An Brandopfern und Sündopfern hast du kein Wohlgefallen
gehabt." * Da sprach ich: „Siehe, ich komme – in der Buchrolle
steht über mich geschrieben –, um deinen Willen, o Gott, zu tun."
*** Während er oben (zuerst) sagt: Opfer und Gaben und Brand-**
opfer und Sündopfer hast du nicht gewollt und kein Wohlgefallen
daran gehabt, die doch nach dem Gesetz dargebracht werden,
*** hat er dann gesagt: „Siehe, ich komme, um deinen Willen zu**
tun." Er hebt das Erste auf, um das Zweite (als gültig) einzuset-
zen. * In diesem Willen sind wir ein für allemal geheiligt durch

Zu Vers 1:
Kol 2, 16–17
Hbr 8, 5
9, 9. 11
7, 18–19
Zu Vers 3:
3 Mo 16, 21
Rö 3, 20
Zu Vers 4:
Jes 1, 11 ff
Hbr 7, 11. 18–19
9, 9. 13
10, 11
Zu Vers 5:
Ps 40, 7–9
1 Sam 15, 22
Ps 51, 18–19
Hos 6, 6
Mi 6, 7–8
Mt 9, 13
Mt 12, 7
Zu Vers 7:
2 Mo 24, 4
Lk 24, 27. 44

Die Bereitschaft, auf die Wiederkunft Jesu hin zu leben, hat in einem Lied von Johann Christoph Rube ihren Niederschlag gefunden:

Der Herr bricht ein um Mitternacht;
jetzt ist noch alles still.
Wohl dem, der sich nun fertig macht
und Ihm begegnen will!
Wie liegt die Welt so blind und tot!
Sie schläft in Sicherheit
und meint, des großen Tages Not
sei noch so fern und weit.
So wach denn auf, mein Geist und Sinn,
und schlummre ja nicht mehr,
blick täglich auf Sein Kommen hin,
als ob es heute wär'!

Zu Vers 9:
Mt 6, 10
Mt 26, 39. 42
Mk 14, 36
Lk 22, 42
Jo 4, 34
Jo 5, 19
Jo 6, 38
Gal 1, 4
Zu Vers 10:
Jo 17, 19
1 Th 4, 3
Hbr 13, 12
Eph 5, 2
Hbr 9, 28
Zu Vers 11:
2 Mo 29, 38–39
Hbr 7, 18–19
9, 9
10, 4
Zu Vers 12:
Rö 6, 10
1 Pt 2, 24
1 Pt 3, 18
Hbr 9, 12
10, 10. 14
Ps 110, 1
Phil 2, 5–11
Hbr 1, 3
Zu Vers 13:
Ps 110, 1
Mt 22, 44
Mt 26, 64
Apg 2, 34–35
1 Ko 15, 25
Hbr 1, 13
2, 8
Offb 3, 21
Zu Vers 14:
Hbr 7, 25
9, 12. 28
Zu Vers 15:
Jo 15, 26
Jo 16, 13–14
Hbr 3, 7

11 **die Opfergabe des Leibes Jesu Christi. * Und jeder Priester zwa**
steht Tag für Tag da, um den Dienst zu verrichten und oftmal
dieselben Opfer darzubringen, die doch niemals Sünden weg
12 **nehmen können. * Dieser aber hat sich, nachdem er ein einzige**
Opfer für Sünden dargebracht hat, für immer zur Rechten Gotte
13 **gesetzt * und wartet fortan, bis daß seine Feinde zum Schem**
14 **seiner Füße gelegt werden. * Denn durch eine einzige Opfergab**
15 **hat er für immer vollendet, die geheiligt werden. * Das bezeu**
uns aber auch der Heilige Geist. Denn nachdem er gesagt ha
16 *** „Dies ist der Bund, den ich nach jenen Tagen mit ihnen schli**
ßen will", spricht der Herr: „Ich will meine Gesetze in ihre He
17 **zen geben und sie in ihren Sinn schreiben, * und ihrer Sünde**
18 **und ihrer Gesetzlosigkeiten will ich nicht mehr gedenken." * W**
aber Vergebung für diese da ist, bedarf es keiner Opfergabe f
die Sünde mehr.

Noch einmal faßt der Apostel zusammen, was er in seinen Au führungen über das Hohepriestertum Hbr 7, 1 – 9, 28 und über „d Gesetz", d. h. die Priesterordnung und den Opferdienst des A gesagt hat. **Das Gesetz ist nur ein Schatten der zukünftigen Güt nicht die Gestalt der Dinge selbst.** „Gestalt" (Bild grie *eikón*) d himmlischen Wirklichkeit und „Schatten" (grie *skiá*) stehen einand gegenüber wie „Urbild" (grie *týpos*) und „Abbild" (grie *hypódeigm* Hbr 8, 5. Wie die Stiftshütte nur die irdische Nachbildung des himı lischen Heiligtums, der wirklichen Herrlichkeit Gottes in seiner u sichtbaren Welt darstellt, so spiegelt auch die irdische Priester- u Opferordnung in Israel eine jenseitige Wirklichkeit der Welt Got wider, sie ist ein schwaches Abbild des wahren Gottesdienstes d himmlischen Mächte in der Gegenwart des Herrn. Israels Opfergott dienst vermittelt noch nicht die volle Offenbarung der Herrlichk Gottes. Zur Begründung dieser Aussage gibt der Apostel den gl chen Hinweis wie in Hbr 7, 11. 18 und 9, 9. **Das Gesetz kann durch gleichen alljährlichen Opfer, die man immer wieder darbringt, Hinzutretenden niemals zur Vollendung führen.** Er denkt besond an das hohepriesterliche Handeln am großen Versöhnungstag Isra **Jahr für Jahr** mußte der Hohepriester den gleichen Opferdienst Allerheiligsten vollziehen (Hbr 9, 7. 25; 10, 1. 3)[345]. Die jährli

[345] Die rechte Beziehung des grie Ausdruckes *eis to diänäkés* „für immer" vgl. Hbr 7 10, 12. 14) läßt sich nicht eindeutig entscheiden. Die Ausleger der Heiligen Schrift se hier zwei Möglichkeiten. Wir können Vers 1 in der oben angegebenen Weise überset und diese Worte auf die Opfer beziehen, die immer wieder dargebracht werden. können aber auch übersetzen: „Das Gesetz kann durch die gleichen alljährlic Opfer, die dargebracht werden, die Hinzutretenden niemals „für immer" (auf Da vollenden."

Zu Vers 16:
Jer 31, 33
Hbr 8, 10
Zu Vers 17:
Jer 31, 34
Hbr 8, 12
Zu Vers 18:
Jes 43, 25
Hbr 10, 3

Wiederholung des hohenpriesterlichen Opfers am Versöhnungstag
war geradezu ein Beweis für die U n v o l l k o m m e n h e i t dieser
Heilsordnung. Der Priesterdienst Israels, begründet in der Offen-
barung Gottes am Sinai, glich einem Wegweiser mit zwei Armen;
der eine Arm wies gewissermaßen nach oben, auf eine Urordnung
der himmlischen Welt, der andere Arm des Wegweisers wies in die
Zukunft auf den einen ewigen Hohenpriester, der in der Welt er-
cheinen sollte, um alles irdische Priestertum zu erfüllen und zum
Abschluß zu bringen. Die Größe des atst Opferdienstes lag im Hin- 1
weis auf das kommende, endgültige Heil der Menschen in dem
inen Opfer des ewigen Hohenpriesters Jesus Christus; die Grenze
und Ohnmacht des atst Opferdienstes ist darin zu sehen, daß er
elbst nicht zum Heil der Menschen wirklich beitragen kann. Das
wahre Heil schenkt Jesus Christus allein (Hbr 5, 9).

Der Apostel macht der Gemeinde noch einmal deutlich, worum es 2
igentlich bei allem Opferdienst geht (vgl. Hbr 9, 22). Der Mensch,
er um Gottes Urteil über sein Leben weiß, in dessen Bewußtsein
ie Sünden als unvergebene Schuld stehen, bedarf der totalen Reini-
ung seines Lebens, um im Herzen und Gewissen zur Ruhe zu kom-
ıen. Allein die Kraft der Vergebung, die dem Sünder unmittelbar
urch Gott zuteil wird, reicht aus, um den Menschen vom Schuld-
ewußtsein in seinem Gewissen zu befreien und ihm den Neuanfang
eines Lebens mit Gott zu schenken. Die einmalige, grundlegende,
tale Reinigung des Gewissens von den Sünden, die Geltung für
le Zeit hat, macht jedes weitere Sündopfer überflüssig (vgl. Hbr 9,
. 14). Gerade das aber vermögen die Opfer des AT nicht zu er- 3
irken. Nicht letztgültige Reinigung von den Sünden, sondern im-
er neue Erinnerung an die Sünden sollen die Opfer wirken
ö 3, 20). Das Sündenbekenntnis des Hohenpriesters am großen
ersöhnungstag (3 Mo 16, 21) ruft den Israeliten die einmal began-
ne Schuld in das Gedächtnis zurück. Damit weist der Apostel einen
nz neuen Wesenszug der atst Opfer auf. Das Opfer am Versöh-
ngstag, das ja nicht Gabe des einzelnen war, sondern stellvertre-
nd von dem Hohenpriester für das ganze Volk dargebracht wurde,
llte zur Erinnerung an die Sünde dienen, d. h. dem Volk die Not-
endigkeit einer endgültigen Erlösung vor Augen führen. Aber mit
m Hinweis auf diese Notwendigkeit der vollen Erlösung von allen
nden war zugleich die Verheißung eines vollkommenen Sünd-
fers gegeben, durch das alle Schuld getilgt werden sollte. Der
ferdienst am großen Versöhnungstag war ein direkter Hinweis
f das „Lamm Gottes, das der Welt Sünden trägt“ (Jo 1, 29). So
urde im tiefsten Sinn der israelitische Opfergottesdienst zum Aus-
ıck der Hoffnung auf die endgültige Erlösung durch Jesus Christus

(vgl. Hbr 7, 19). Warum erlösen die Opfer nicht? Mit einem lapida-
4 ren Satz antwortet der Apostel: **Unmöglich vermag Blut von Stiere**
und Böcken Sünden wegzunehmen. Das ist die abschließende Be-
gründung für die immer wiederkehrende Einschränkung des ats
Opfer- und Priestergesetzes und damit der ganzen Heilsordnung de
Alten Bundes. Die Mitte des Heilshandelns Gottes ist die Hinweg-
nahme der Schuld. Die Vergebung der Sünden und damit die Wieder
herstellung des ursprünglichen Verhältnisses zwischen Gott un
Mensch ist eben nicht durch Tierblut, sondern nur durch den To-
des Sohnes Gottes, durch das Blut Jesu möglich.
5 Die Vorläufigkeit der atst Opferordnung und die Begrenzun
ihrer Gültigkeit auf die Zeit des Alten Bundes sieht der Apostel nich
erst mit dem Kommen Jesu in diese Welt geoffenbart. Schon im A
selbst findet er die Grenze der atst Heilsordnung angedeutet. I
Psalmwort des AT sieht er einen Hinweis, der Christi Eintritt i
diese Welt und in unsere menschliche Existenz verkündet. Der He
Jesus Christus selber spricht hier durch den Mund seines Diene
David. **Deshalb sagt er bei seinem Eintritt in die Welt: „Opfer un**
Gabe hast du nicht gewollt; einen Leib aber hast du mir zubereitet
Die atst Heilsordnung hat nicht die Vollendung gebracht, sonde
nur die Weissagung des Heils; deshalb mußte Christus komme
um die Verheißungen des AT zu erfüllen. Der „Leib" Christi, sei
irdische Existenz, die Gott ihm verliehen hat, wird zur ntst Opfe
6 gabe, durch die Gott versöhnt wird[346]. Schon durch das prophetisc
Wort des AT hat Gott selber die Opferordnung des Alten Bund
abgelöst. Weil die Opfer keine Erneuerung des Herzens bringe
weil sie auch von Israel nicht in rechter Herzenshaltung dargebrac
wurden, darum ruhte kein Wohlgefallen darauf; erst das Erschein
des Messias konnte die wirkliche Erfüllung des Willens Gottes bri
gen. Deshalb wurde Christus Mensch, weil sein Leib, sein Leben, d
wahre Opfergabe werden sollte.

Der Verfasser zitiert das Psalmwort offenbar frei und lehnt si
dabei an LXX an (dadurch ist die Umstellung einiger Worte im g

[346] L. Bender, S. 209 f: „In Vers 5 finden wir die Lehre von der Gottheit Christi, we auch etwas verdeckt. Wir haben ja andere Stellen, die sich über diesen Gegenstand k rer aussprechen, aber wir wollen doch hier auch darauf hinweisen, daß er in die W gekommen und nicht erst mit seiner fleischlichen Geburt ins Dasein getreten ist. Er v bei dem Vater, und der Vater war nie ohne den Sohn. Er ist der Ausdruck, der Abgla das Ebenbild des Vaters. Aber er ist in der Fülle der Zeit in die Welt gekommen, u zwar freiwillig. Das liegt auch schon in dem 5. Vers ausgesprochen. In Vers 7 und 9 a wird das dann weiter ausgeführt und betont, daß dieses freiwillige Kommen geschie um den Willen des Vaters zu erfüllen. Der Kommende ist auch zugleich der Gesan des Vaters. Er kommt freiwillig, aber mit völliger Übereinstimmung und im Auft des Vaters."

Text zu erklären): „Einen Leib aber hast du mir bereitet." Die hebr Handschriften lesen hier: „. . . doch Ohren hast du mir gegraben." Wir können auch übersetzen: „Ohren hast du mir durchbohrt." Danit weist der Text vielleicht auf die jüdische Sitte, nach der einem Knecht, der freiwillig im Dienst seines Herrn verblieb, das Ohr durchbohrt wurde (2 Mo 21, 5–6; 5 Mo 15, 16–17). Der grie Überetzer konnte darin schon eine Andeutung finden, daß der kommende Messias mit seinem Leib und Leben sich ganz Gott zu eigen eben würde[347]. Eine andere Möglichkeit der Erklärung ist uns dadurch gegeben, daß nach hebr Verständnis das „Graben" oder Durchbohren" des Ohres (auch „aushöhlen") als ein Teil des Werens des menschlichen Leibes angesehen wurde. So hätte der Überetzer den hebr Wortlaut als „pars pro toto", als Umschreibung des anzen durch einen Teil des Lebensvorgangs verstanden und überetzt: „Einen Leib hast du mir bereitet." Und dieser Leib, der durch ott bereitet wurde, wird Gott als „lebendiges Opfer" zurückgegeen, um sich im gehorsamen Dienst für Gott hinzugeben[348].

Was Gottes Wille an den Menschen auch schon im AT war, ein 7
eben in voller Übereinstimmung mit Gott, im ganzen Gehorsam
egen sein Wort, das hat Christus in seinem Leben verwirklicht.
su Erdendasein ist die buchstäbliche Erfüllung dieses Psalmwortes.
as „Buch", wörtl. die **Buchrolle,** die von dem Kommen Christi
richt, ist im ntst Verständnis nicht nur das Gesetz Mose (2 Mo
, 4) oder die Psalmen, sondern das ganze AT (vgl. Lk 24, 27. 44).
Ps 40, 9 ist Christus allein derjenige, der den Willen Gottes tut.
ieser Wille Gottes aber ist das ewige Heil, die Rettung verlorener
enschen (Lk 19, 10), das Opfer des ewigen Hohenpriesters zur Verbung aller unserer Sünden (vgl. 1 Tim 2, 4)[349].

Das Wort des AT aus Ps 40, 7–9 greift der Apostel nun auf, um 8
wieder vom ntst Heilsereignis her auszulegen. Er kann gar nicht
ders, er muß das AT aus dem Blickwinkel der persönlich erfahren Christusoffenbarung lesen und auslegen. Die Fülle der atst pfer, die „nach dem Gesetz" (grie *katá nómon*) dargebracht wurden,

Vgl. Ferdin. Zißler, Das Hohepriestertum Christi, S. 79: „Der Heilige Geist wendet das auf den Heiland an, der, wie jener Leibeigene, sich freiwillig in den Dienst Gottes stellte, und mit dem Leib des Fleisches bekleidet, sich in Knechtsgestalt erniedrigte, um dem Vater gehorsam zu werden bis zum Tode am Kreuz (Phil 2, 7)."

Ebenso F. F. Bruce, S. 232.

K. F. Harttmann, S. 61: „Die Opfer sind also damals schon durch diese Handschrift Christi wie abgeschafft gewesen, und nur um dieser Handschrift des Sohnes willen hat der Vater dieselben noch fortbestehen lassen. Alles dieses aber macht uns das Opfer Jesu Christi groß. Denn der Vater hat schon im AT darauf gesehen und gewartet, und um desselben willen die andern Opfer angenommen. Es hat aber doch durch alle Zeiten hindurch nichts als Christi Opfer gegolten. Darum heißt er das Lamm, das zuvor erkannt worden vor Grundlegung der Welt."

wird durch das eine Opfer des Sohnes Gottes am Kreuz, das Jesus „durch den ewigen Geist" (grie *diá pneúmatos aioníu* Hbr 9, 14) dargebracht hat, durch seine vollkommene Gehorsamstat, abgelöst.
9 Christus hat gesagt: **„Siehe, ich komme, um deinen Willen zu tun."** Jesus selber hat den Inhalt seines Lebens und Dienstes in den Worten zusammengefaßt: „Ich bin nicht vom Himmel gekommen, um meinen Willen zu tun, sondern den Willen dessen, der mich gesandt hat" (Jo 6, 38). Das war höchste Lebensnotwendigkeit und innerste Lebensbefriedigung für ihn. „Meine Speise ist, daß ich den Willen dessen tue, der mich gesandt hat, und sein Werk vollende" (Jo 4, 34). Der Weg des Messias, der im Psalmwort Ps 40, 7–9 prophetisch angedeutet ist, daß nämlich der Christus seinen eigenen Leib als Opfergabe Gott darbringen sollte, hat Jesus Christus nach dem Willen Gottes ans Kreuz geführt. Damit hat die atst Offenbarung des Willens Gottes „Gehorsam ist besser als Opfer" (1 Sam 15, 22) ihre Überhöhung und letzte Vertiefung erfahren. Christus „war gehorsam bis zum Tod" (Phil 2, 8) und hat sich selbst als Opfer dargebracht. In diesem äußersten Gehorsam Jesu gegen den Willen seines Vaters liegt auch das Geheimnis seiner Vollmacht im Gebet begründet. Nur weil Jesus den Willen Gottes restlos erfüllt hat, hat er auch jetzt unbedingte Vollmacht, um in der Fürbitte als unser ewiger Hoherpriester alle Zeit für uns vor Gott einzutreten.

10 Die völlige Bereitschaft Jesu, den Willen Gottes zu tun, die Übereinstimmung seines Willens mit dem Willen des Vaters, hat für die Gemeinde unübersehbare Folgen. **In diesem Willen sind wir ein für allemal geheiligt durch die Opfergabe des Leibes Christi.** Der Wille Gottes und Jesu, durch den wir aus der Macht der Sünde losgekauft worden sind, der unsere Rettung will (Gal 1, 4), schließt zugleich unsere Heiligung (Jo 17, 19; 1 Th 4, 3) und unsere Vollendung (Hbr 10, 14) ein. Die freiwillige Selbsthingabe Jesu in den Kreuzestod hat uns nicht nur die Erlösung, die Vergebung aller unserer Sünden erwirkt. Sie übereignet auch das Leben dessen, der das Opfer Jesu für sich persönlich annimmt, an Gott; wir werden durch das Opfer Jesu „geheiligt", wir werden zu Menschen, die Gott gehören. Dieser neue Zustand ist die Voraussetzung für die Umgestaltung unseres Wesens in das Bild Jesu durch die Wirksamkeit des Heiligen Geistes (Rö 8, 29; 2 Ko 3, 17–18). Das Opfer Jesu und die Heiligung unseres Lebens gehören untrennbar zusammen[350].

[350] O. Michel, S. 225: „Was den Tieropfern unmöglich war — eine Umwandlung des Menschen in einen neuen Zustand vor Gott — ist durch Christi Werk Wirklichkeit geworden (Hbr 2, 11; 9, 13; 10, 14. 29; 13, 12). — Christi Opfer heiligt uns ein für allemal, ist also einmalig, einzigartig, nicht wiederholbar und darum abschließend. Die Welt der Wiederholung, des Schattens, der menschlichen, priesterlichen, gesetzlichen Opfer ist damit vergangen."

Und noch einmal weist der Apostel auf die schmerzlichen Grenzen 11
und die Unvollkommenheit des atst Priesterdienstes hin, um auf diesem
Hintergrund die wunderbare Größe des einmaligen Opfers Jesu Christi
um so heller aufstrahlen zu lassen. **Jeder Priester zwar steht Tag für
Tag da, um den Dienst zu verrichten und oftmals dieselben Opfer dar-
zubringen, die doch niemals Sünden wegnehmen können.** Wie so oft
schon, hören wir auch aus diesem Satz des Verfassers den Klang atst
Worte heraus: „Dies ist's, was du auf dem Altar darbringen sollst: Tag
für Tag zwei einjährige Lämmer als tägliches Brandopfer. Das eine
Lamm sollst du am Morgen darbringen, das andere um die Abend-
zeit" (2 Mo 29, 38—39). Kein Tag sollte ohne die heiligende und be-
wahrende Kraft des Opferblutes beginnen, das Ende jeden Tages
unter der vergebenden und reinigenden Kraft des Blutes stehen.
Jeden Morgen und jeden Abend, Tag für Tag, jahraus und jahrein,
mußten die Priester ein fehlerloses Lamm opfern — bis das „Lamm
Gottes" als vollgültiges Opfer sterben würde, um den eisernen Ring
der Sünde zu sprengen und allen Menschen die vollkommene Erlö-
sung zu bringen. Was kein Opfer vermochte, hat Jesus bei Gott 12
durch sein Leiden und Sterben erwirkt: Vergebung aller unserer
Sünden. Der E i n e hat das e i n e Opfer gebracht. Als Bestätigung
seines Opfers hat Gott Jesus erhöht, er thront für immer zur Rechten
Gottes. Mit einem einzigen Satz faßt der Apostel hier das Gesche-
hen von Karfreitag, Ostern und Himmelfahrt zusammen: **Dieser
aber hat sich, nachdem er ein einziges Opfer für Sünden dargebracht
hat, für immer zur Rechten Gottes gesetzt.** Die Priester standen täg-
lich vor dem Altar, sie opferten immer wieder, und doch waren ihre
Opfer letztlich umsonst. Sie s t a n d e n wie die Engel im unabläs-
sigen Dienst vor Gott (vgl. Jes 6, 2; Lk 1, 19; Offb 7, 11). Christus
dagegen hat sich nach seinem ein für allemal vollbrachten Opfer zur
Rechten Gottes g e s e t z t. Nachdem er das Heilswerk für alle
Menschen vollbracht hat, hat er die Herrschaft angetreten, die Gott
ihm gegeben hat (vgl. Mk 16, 19). Damit ist aber die Geschichte Got-
tes mit der Menschheit nicht abgeschlossen. Der unsichtbaren Macht-
ergreifung des Christus muß auch das Offenbarwerden seiner Herr-
lichkeit folgen. **Er wartet fortan, bis daß seine Feinde zum Schemel** 13
seiner Füße gelegt werden. Mit den Worten von Ps 110, 1 klingt
wieder etwas von Phil 2, 5—11 an: Jesus ist in freiwilliger Selbst-
erniedrigung den Weg ans Kreuz gegangen; er hat sein Leben zum
Brandopfer für die Menschheit hingegeben. Seine Auferweckung,
Erhöhung und damit seine Rechtfertigung sind nicht seine, sondern
G o t t e s Sache. Gott selber handelt in der Verherrlichung Jesu Chri-
sti vor der irdischen und himmlischen Welt. Die letzte, vor aller
Welt sichtbare Bestätigung des Opfertodes Jesu wird G o t t dann

geben, wenn er alle seine Feinde seinem Sohn Jesus Christus zu Füßen legen wird.

Ein Vergleich der Aussage des Apostels mit dem Wortlaut vor Ps 110, 1 zeigt uns, daß der Verfasser das atst Zitat erweitert hat „Er wartet fortan, bis daß . . .“ Das ist ganz offenkundig mit Absich geschehen. Jedesmal, wenn er von der Hoffnung spricht (Hbr 1, 6 3, 6; 4, 9; 6, 11. 18 f; 9, 28), will er den Blick der Christen über di gegenwärtige Not hinweg auf den Tag der Wiederkunft Christi rich ten. Er will, daß die Gemeinde des Herrn eine wartende Gemeinde ist, weil nur so die Leiden durchstanden werden könner Doch nun sagt er den Gläubigen etwas außerordentlich Trostvolles Nicht nur die Gemeinde wartet auf ihren wiederkommenden Herr Nein. Auch der erhöhte Herr Jesus Christus selbst wartet auf de Tag, an dem seine Gemeinde sichtbar mit ihm in der Herrlichke Gottes vereint sein wird. Beide, die Gemeinde und ihr Herr, de „Leib“ und das „Haupt“ sehnen sich nach der endgültigen Verein gung. Auch das ist ein Stück „Leiden dieser Zeit“, an dem der He mit seiner irdischen Gemeinde trägt!

In der Verknüpfung von Kreuzestod, Auferstehung und Himme fahrt Jesu mit der messianischen Weissagung Ps 110, 1 eröffnet d apostolische Autor seinen Lesern eine gewaltige Perspektive d Glaubens. „Setze dich zu meiner Rechten, bis ich deine Feinde a Schemel für deine Füße hinlege.“ Ein einziger Satz des AT umspan zwei Ereignisse, die wie zwei Brückenpfeiler aus dem Strom d Geschichte aufragen und die Brücke tragen, auf der das Volk d Heils sicher seinen Weg in die Ewigkeit geht. In Anknüpfung an d Bericht Mk 16, 19 hat der Apostel in Hbr 1, 3 und 8, 1 festgeste daß Christus bei seiner Erhöhung in Auferstehung und Himm fahrt „sich zur Rechten Gottes gesetzt hat“. Der erste Teil der gö lichen Zusage hat sich bereits endgültig erfüllt und bedarf nicht no eines erneuten Handelns Gottes. Der zweite Teil der Verheißu läßt sich aber nicht vom ersten Teil des Satzes ablösen, sondern g hört notwendig hinzu. Gottes Handeln zum Heil seiner Gemein und der Welt ist nicht abgeschlossen. Aus dem Sieg Jesu am Kre über Sünde, Tod und Teufel (Hbr 2, 14 ff) folgt die völlige Unt werfung aller Feinde Gottes. Der Apostel sagt deutlich, daß Je Sieg „jetzt noch nicht“ sichtbar sei (Hbr 2, 8). Dieses „Noch nic schließt aber eben die gleiche Tatsache ein, die der Autor in unser Vers bestätigt: Christus wird nicht in alle Ewigkeit vergeblich wart Mögen auch Jahrtausende zwischen Himmelfahrt und Wiederku Jesu liegen – Gott selber wird den großen Siegestag seines Soh Jesus Christus heraufführen, an dem alle Welt zu Jesu Füßen l gen wird.

Aber nicht nur in weiter Ferne, dann, wenn dieser Äon zu Ende 14
;eht, wird sich das Opfer Jesu in allumfassender Weise auswirken.)ie Kraft dieses Opfers, die einmal vor aller Welt offenbar werden ›oll, wird heute schon von denen persönlich erfahren, die dieses)pfer für sich in Anspruch nehmen. **Durch eine einzige Opfergabe ıat er für immer vollendet, die geheiligt werden.** Die Menschen, ie Jesus zum Eigentum Gottes erworben hat, die er zu „Geheilig-en" gemacht hat, wissen durch das Zeugnis des Heiligen Geistes, aß ihnen das ewige Heil, die Vollendung der Gläubigen in der Ierrlichkeit Gottes, verbürgt ist (2 Tim 4, 7–8; Offb 22, 3–5). Wie ie atst Propheten, wenn ihnen in der prophetischen Schau Gottes ukünftiges Handeln greifbar nahe war, das Zukünftige in der Form es Perfekts als etwas bereits Abgeschlossenes, Gegenwärtiges ver-ündigten[351], so kann auch unser Verfasser schreiben: Christus h a t ü r i m m e r v o l l e n d e t, die geheiligt werden. So sicher ist ihm e Zusage der Vollendung der Gläubigen, so ganz allein in Gottes ıädiger Allmacht begründet, daß er sie als bereits vollzogen an-:hen kann. Und ebenso fest möchte er diese frohmachende Gewiß-eit in den Herzen der angefochtenen und bedrängten Gläubigen :rankern.

Daß die ganze Fülle des Heils uns in Christus geschenkt ist, daß 15
ıs allgenugsame Opfer Jesu Christi ausreicht, um die gesamte Sün-:nschuld der ganzen Welt zu tilgen, daß Gott uns in Christus ılles geschenkt hat" (Rö 8, 32), Rechtfertigung, Heiligung und Vol-ıdung, Vergebung aller unserer Sünden und die Kraft zu einem :uen Leben, das findet der Apostel bereits im prophetischen Wort s AT angekündigt. **Das bezeugt uns aber auch der Heilige Geist.** 'so nicht willkürliche, eigenmächtige Auslegung des AT ist es, die r Apostel uns hier vorlegt. Was er der Gemeinde zu sagen hat, schieht unter der Leitung und Bevollmächtigung durch den Heiligen :ist. Der Heilige Geist ist es, der bereits im AT auf die kommende :rrlichkeit des Neuen Bundes hinweist. Der Heilige Geist bestätigt ht nur die richtige biblische Erkenntnis und Auslegung, sondern
:gt Zeugnis für uns ab". Wie in Hbr 8, 8–12 greift der Apostel auf 16
Verheißung des Neuen Bundes Jer 31, 31–34 zurück, aber dies-l nicht, um den Alten Bund dem Neuen Bund gegenüberzustellen d den Alten Bund damit aufzulösen, sondern um die tiefgreifende rksamkeit des Opfers Jesu im Leben des erlösten Menschen zu gen. Das ist Gottes Ziel: Menschen, deren Leben ganz an Gott ıgegeben ist, die von Herzen seinen Willen tun. Dieses Ziel wird

Vgl. etwa Jes 9, 5: „Ein Kind ist uns geboren, ein Sohn i s t uns g e g e b e n."

17 aber auch nur durch eine radikale Vergebung von seiten Gottes er
reicht, die am Kern der menschlichen Existenz ansetzt. Erlösung un
Erneuerung des Menschen sind nur möglich auf Grund der Verge
bung Gottes: **„Ihrer Sünden und ihrer Gesetzlosigkeiten will ich nich mehr gedenken!"** Totale Vergebung – das ist die Wirkung de
18 Opfers Jesu. Was Gott vergibt, vergißt er auch (Jes 43, 25). We
Gott um des Opfers Jesu willen unsere Sünde vergessen hat, ist auc
keine Erinnerung an die Sünde mehr nötig (Hbr 10, 3). Weil di
Vergebung durch Jesu Blut endgültig ist, sind alle anderen Sünd
opfer hinfällig geworden.

Zusammenfassung

In Hbr 10, 1–18 hat der Apostel uns auf den *Höhepunk seiner Botschaft* vom Hohenpriestertum Christi geführ Alles, was er in den vorausgegangenen Kapiteln ausführlich da gestellt oder auch nur kurz hat aufleuchten lassen, faßt er in de wenigen Sätzen unseres Abschnittes zusammen: *Christus ha das vollkommene, allgenugsame Opfer gebrach*

Kennzeichen der atst Priesterordnung war die Wiederholung d Opfer als Ausdruck ihrer Erfolglosigkeit. Sie konnten keine Sünde vergebung, keine Reinigung, keine Beruhigung des Gewissens u keine Vollkommenheit erwirken. Das Gesetz mit seinen Opfern w nur der Schatten einer kommenden Heilswirklichkeit. Jesus Christ hat uns dagegen mit den Verheißungen des Neuen Bundes die „wir lichen, zukünftigen Güter", Anteil an der himmlischen Wirklichk gebracht. Kennzeichen der ntst Heilsordnung ist die Einmaligkeit d Opfers Jesu um seiner allumfassenden Wirksamkeit willen.

Zwei wesentliche Fragen finden hier ihre Antwort, die wir uns n wenigen Worten vergegenwärtigen wollen:

1. Worin bestand das Opfer Jesu?

a) Jesus Christus verzichtete freiwillig auf seine göttliche Herrlichk (vgl. Phil 2, 6), er kam in diese Welt und nahm einen Leib (Hbr 10, 5). Er ging den Weg tiefster Erniedrigung.

b) Er erfüllte in vollkommenem Gehorsam Gottes Willen (Hbr 7. 9), der unsere Erlösung (vgl. Mk 10, 45) ebenso einschloß auch die Überwindung des Teufels (vgl. 1 Jo 3, 8) und die Voll dung des Heilsplanes Gottes. Der Sohn Gottes brachte sei eigenen Willen zum Opfer (Hbr 5, 8 f).

c) Jesus opferte sein eigenes sündloses Leben als vollkomme Schuldopfer (Hbr 10, 12; vgl. 2 Ko 5, 21; 1 Pt 2, 24) und erfü damit alle Opfer des AT (Hbr 10, 11. 18).

2. Was erwirkte uns das Opfer Jesu?

a) Auf Grund des Opfertodes Jesu schenkt Gott uns völlige Vergebung (Hbr 10, 11 f); weil sein Opfer ausreicht zur Sündentilgung für eine ganze verlorene Welt, braucht es nicht wiederholt zu werden (Hbr 9, 12. 26—28).

b) Das Opfer Jesu reinigt unser Gewissen (Hbr 9, 14). Jesu Blut wirkt als geistliche Macht in die geistige Sphäre unseres menschlichen Seins und befreit uns aus der Umklammerung eines ständig niederdrückenden Sündenbewußtseins (Hbr 10, 2. 17). Uns wird ein „gutes Gewissen" zuteil.

) Dadurch befähigt uns das Opfer Jesu zum Dienst für Gott (Hbr 9, 14). Der vollendete Gehorsam im Leben Jesu „. . . um deinen Willen, Gott, zu tun" (Hbr 10, 7), wird auch zum Grundmotiv der Jünger Jesu. So wird auch unser Leben zu einem „lebendigen Opfer" (Rö 12, 1—2).

) Das Opfer Jesu wirkt unsere Heiligung; die Kraft des Heiligen Geistes erneuert unser Leben und wandelt es um (Hbr 10, 10; 13, 12).

Jesu Opfer schließt auch unsere Vollendung ein (Hbr 10, 14), die göttliche Zusicherung, daß der auferstandene Herr unseren Glaubensweg in das Ziel der ewigen Herrlichkeit einmünden lassen wird.

Das Opfer Jesu sichert uns das Erbe (Hbr 9, 15), die ungetrübte Gemeinschaft mit unserem Herrn in der ewigen Herrlichkeit, und findet seine Krönung in dem offenbaren Sieg Gottes über alle seine Feinde (Hbr 10, 13), in der endgültigen Aufrichtung des Reiches Gottes.

Gewisser Glaubensbesitz im „Heute" und frohe Hoffnung auf das Morgen", **gegenwärtiges und zukünftiges Heil** — alles ist uns rch das Opfer Jesu am Kreuz geschenkt.

In der atst Heilszeit war Israel allein gegenüber allen anderen ölkern die Offenbarung Gottes zuteil geworden. Diese Auszeichng durch Gott bedeutete zugleich für das Volk Gottes eine heilige erantwortung. Die ntst Gemeinde, das wandernde Gottesvolk des euen Bundes, hat in Jesus Christus unendlich viel mehr als Israel pfangen. Um so größer ist aber auch die Verantwortung, die wir ott gegenüber haben, daß wir mit diesem anvertrauten Heilsgut ht umgehen. Weil der Apostel davon zutiefst erfüllt ist, wendet sich jetzt an die Gläubigen, um sie zu neuer Treue im Bekennen zu nuntern, damit sie im Glauben standhaft bleiben und an der Hoffng unbeirrbar festhalten.

13. Zweite Ermahnung: Aufruf zur Glaubenstreue

Hbr 10, 19—39

A. Treue zum Bekenntnis

Hbr 10, 19—25

Zu Vers 19:
Hbr 3, 1. 6. 12
9, 8
Rö 5, 2
Zu Vers 20:
2 Mo 26, 31
Mt 27, 51
Mk 15, 38
Lk 23, 45
Hbr 6, 19—20
9, 3
Jo 10, 7. 9
Jo 14, 6
Apg 4, 12
Apg 9, 2
Zu Vers 21:
4 Mo 12, 7
Sach 6, 11—13
Hbr 4, 14
1 Tim 3, 15
Hbr 3, 6
Zu Vers 22:
Hbr 4, 16
1 Kö 11, 4
1 Kö 14, 8
2 Kö 20, 3
2 Chro 6, 9
Jes 38, 3
Hes 36, 25—27
1 Tim 3, 9
Hbr 9, 14
Eph 5, 26
Zu Vers 23:
Hbr 3, 1. 6
4, 14
6, 11
1 Ko 1, 9
1 Ko 10, 13
2 Ko 1, 18
1 Th 5, 24
2 Th 3, 3
2 Tim 2, 13
Hbr 11, 11
1 Jo 1, 9

19 **Brüder, da wir nun die frohe Zuversicht zum Eingang in da**
20 **Heiligtum durch das Blut Jesu haben, * den er uns als neuen un**
lebendigen Weg durch den Vorhang eingeweiht hat — das heißt
21 **durch sein Fleisch —, * und da wir einen großen Priester über da**
22 **Haus Gottes haben, * so laßt uns mit wahrhaftigem Herzen i**
voller Gewißheit des Glaubens hinzutreten, die Herzen bespreng
und frei vom bösen Gewissen und den Leib gewaschen in reiner
23 **Wasser. * Laßt uns ohne Wanken** (unwandelbar) **am Bekenntni**
der Hoffnung festhalten, denn er ist treu, der uns die Verheißun
24 **gegeben hat. * Und laßt uns aufeinander achten, um** (uns) **zu**
25 **Liebe und zu guten Werken zu reizen** (anzuspornen), *** und nic**
unsere Versammlung verlassen, wie es für etliche Sitte geworde
ist, sondern einander ermahnen, und das um so mehr, je meh
ihr seht, daß sich der Tag naht.

Lesen wir den Hbr einmal im Zusammenhang ganz durch, fäl uns sogleich auf, daß die beiden Abschnitte Hbr 1, 1 — 5, 10 über d Person Jesu, den Sohn Gottes, und Hbr 7, 1 — 10, 18 über das We Jesu, den himmlischen Hohenpriesterdienst, auf die nachfolgend Warnungen und Ermahnungen hinzielen. Hier spüren wir am deu lichsten, was den Apostel beim Schreiben seines Briefes bewegt. will sich nicht in theologischer Selbstgefälligkeit mit neuartiger Ch stuserkenntnis hervortun; es geht ihm nicht darum, die Gläubig auf eine höhere Stufe geistlicher E r k e n n t n i s emporzuheben. I bewegt die brennende S o r g e u m d a s i n n e r e L e b e n d G e m e i n d e, auf die Bedrängnis und Verfolgung zukommt. W den sie an ihrem Bekenntnis festhalten? Ist ihr geistliches Leben gefestigt, daß sie allen Stürmen standhalten können? Finden sich Alltag ihres Christenlebens Treue und Beständigkeit als Vora setzung allen geistlichen Wachstums? Wie steht es mit ihrem U gang mit Christus im Wort der Heiligen Schrift, wie sieht ihr G betsleben aus, ihre Pflege der Gemeinschaft der Gläubigen? D Apostel hat sie in geheime Zusammenhänge des Wortes Got eingeführt, er hat ihnen die vielfachen Beziehungen zwischen AT u NT gezeigt. Aber er weiß auch, daß alle vermehrte geistliche Erken nis für die Gemeinde verhängnisvoll, ja zum Gericht werden ka

wenn sie nicht das Leben der Christen umgestaltet und gottgemäß
verändert. Mit einem Satz zieht der Apostel die Schlußfolgerung aus
dem, was er den Gläubigen von Hbr 9, 1 an über das irdische und
das himmlische Heiligtum gesagt hat: **Brüder, wir haben nun die**
frohe Zuversicht[352] **zum Eingang in das Heiligtum durch das Blut**
Jesu. Schon die Anrede „Brüder" zeigt den Umfang und die Begren-
zung des Personenkreises, an den der Verfasser seine Zeilen richtet
und dem die göttliche Zusage gilt (vgl. Hbr 3, 1. 12). Nur Menschen,
die in die Gemeinschaft mit Jesus Christus gefunden haben, die der
Herr selber zu seinen „Brüdern" gemacht hat, haben Heimatrecht
bei Gott, haben einen stets offenen Zugang zum Herzen Gottes, zum
himmlischen Heiligtum. Nachdem der himmlische Hohepriester sein
Werk in der Selbsthingabe seines Lebens vollendet hat, ist für die
ntst Gemeinde v o l l e W i r k l i c h k e i t geworden, was im Prie-
sterdienst des Alten Bundes nur s c h a t t e n h a f t a n g e d e u-
t e t, aber in Wirklichkeit noch nicht möglich war (Hbr 9, 8): W i r 19
h a b e n u n m i t t e l b a r e n Z u g a n g z u G o t t[353]. Jesus Chri-
stus hat uns den Zugang eröffnet[354] als **neuen und lebendigen Weg**
durch den Vorhang — das heißt, durch sein Fleisch. Die atst Heils-
ordnungen waren in Gesetz und Vorschriften gefaßt, die den Men-
schen in Schranken halten und ihm die Richtung zum Leben mit Gott
weisen sollten. Neu[355] und lebendig ist der Heilsweg im Neuen
Bund, weil er alle bisherigen Heilsordnungen und rituellen Vor-
schriften, die den Menschen kein ewiges Heil zu bringen vermochten,
aufhebt und sie durch die Bindung an eine lebendige Person ersetzt.
Auf diesem „neuen Weg" gewinnt der Mensch nicht nur ewiges
Leben, sondern er geht ihn auch in einer ständigen lebendigen Ver-
bindung mit dem Herrn. Dieser Weg ist an die Person Jesu gebunden
(Jo 14, 6; Apg 9, 2). Gerade hier wird das Wesen ntst Glaubens er-
neut deutlich: Glauben bedeutet Leben in der Gemeinschaft mit dem
auferstandenen Herrn unter seiner Führung. Dieses neue Leben hat
uns Jesus ermöglicht, er hat den Weg eingeweiht, er hat ihn als erster
beschritten und uns Zutritt zum Allerheiligsten verschafft; er ist
„unser Vorläufer" geworden (Hbr 6, 19—20). Wir haben jetzt schon
die Möglichkeit, im Glauben Gott zu nahen, und werden einmal ganz
in seiner Gegenwart stehen.

Offb 1, 5
Offb 3, 14
Offb 19, 11
Zu Vers 24:
Jes 58, 6 ff
Hos 6, 6
Mi 6, 8
Gal 6, 9—10
Hbr 13, 1. 16
Zu Vers 25:
2 Th 2, 1
Jak 2, 2
Kol 3, 16
Hbr 3, 13
13, 22
10, 37
Jak 5, 8

Zu dem grie Wort *parräsía* vgl. die Auslegung von Hbr 3, 6, besonders S. 77 Anm. 127.
Das „Heiligtum", grie *ta hágia* umfaßt Hbr 8, 2 das ganze Heiligtum, hier ist nur das „Allerheiligste" gemeint, aber das Allerheiligste in der himmlischen Welt, die unmittelbare Gegenwart Gottes. Darauf weist uns auch in V. 20 der atst Begriff „Vorhang" grie *to katapétasma*.
Das grie Wort *enkainízein* (vgl. Hbr 9, 18) heißt „einweihen, in Kraft setzen". Der Apostel verwendet hier den Ausdruck *tän eísodon enkainízein*, „den Zugang eröffnen".
Das grie Wort *prósphatos* steht nur hier im NT.

20 Wenn der Apostel sagt, daß Jesus uns den Weg zum Herzen Gottes „durch den Vorhang" gebahnt hat, dann macht er wie Hb 6, 19 deutlich, daß der Bericht in Mt 27, 51 mehr als nur zeichenhaft Bedeutung hat. Der Vorhang des Tempels zerriß in der Todesstund Jesu – das ist das Offenbarwerden eines unsichtbaren geistliche Geschehens in der himmlischen Welt. Aber der Vorhang im Tempe ist für unseren Verfasser nicht nur sinnbildlicher Ausdruck für de „Vorhang", der die unbeschreibliche Herrlichkeit Gottes heute noc unseren menschlichen Augen verbirgt, für die Grenze, die die sicht bare und die unsichtbare Welt voneinander trennt; dieser Vorhan wird ihm zum Bild des ganzen Erdenlebens Jesu. Hier deutet er bild haft den Weg Jesu an, der am Kreuz seine irdische Vollendung ge funden hat[356]. Wie der Hohepriester durch den Vorhang hindurch schreitet, so ist auch Christus durch ihn hindurchgeschritten, den dieser Vorhang ist sein eigenes Fleisch. Der ganze irdische Weg de Christus von seiner Menschwerdung an wird also hier als Wegbere tung für die Gemeinde in die Herrlichkeit verstanden.

21 **Wir haben einen großen Priester über das Haus Gottes.** Im gr Text ist dieser Satz abhängig von der Aussage in Vers 19: „Da w nun haben . . ." (grie *échontes un*). Hoherpriester und Zugang zu Heiligtum gehören im biblischen Denken zusammen; beides ist d Gemeinde in der Person unseres Herrn Jesus Christus geschenk Unter dem „Haus Gottes" wird hier wahrscheinlich nicht nur d Gemeinde zu verstehen sein (vgl. Hbr 3, 6; 1 Tim 3, 15), vielme wird es hier im umfassenden Sinne die ganze himmlische Welt me nen. Spricht aus den Versen 19–21 die ganze Gewißheit des Christe der sich des Umfanges des empfangenen Heils bewußt ist und die Wirklichkeit dankbar und anbetend bekennt, so folgen in den näc sten Versen die drei ermahnenden Aufrufe „laßt uns herzutreten laßt uns festhalten – laßt uns aufeinander achten".

22 Genau die gleichen Worte gebraucht der Apostel wie in Hbr 14. 16: „Da wir nun haben" (grie *échontes un* Hbr 4, 14; 10, 19) . „darum laßt uns herzutreten" (grie *proserchómeta* Hbr 4, 16; 10, 2 Jesus hat alles für uns bereitet. Nun liegt es in u serer Verantwortung, daß wir den Weg des Gla bens gehen. Der Apostel weiß, daß unser Glaube auf Erden i mer angefochten ist, darum verweist er die Empfänger seines Schr bens nachdrücklich aufs Gebet, in dem wir Gott nahen dürfen. Z gleich entfaltet er alle die wunderbaren Möglichkeiten, die uns

[356] J. Calvin, S. 119: „Der Vorhang verdeckte die Geheimnisse des Allerheiligsten u diente zugleich als Eingang dorthin. So verhüllte Jesu Knechtsgestalt im Fleisch Got Herrlichkeit und führt uns doch bis in den Himmel. Niemand kann zu Gott komm ohne daß ihm der Mensch Christus Jesus Weg und Tür geworden ist (1 Tim 2, 5)."

;eistlichen Leben geschenkt sind. Wir dürfen zu Gott mit einem ,**wahrhaftigen Herzen**" kommen. Gott selber wirkt durch seinen Heiligen Geist in unserem Leben das aufrichtige Herz, das uns freudig :u einer ungeteilten Nachfolge Jesu Ja sagen läßt (Lk 14, 33). Aus der Hingabe des ganzen Herzens an Gott (2 Chro 16, 9) erwächst uns ine Fülle des Reichtums[357] im Glaubensleben, eine innere Gewißheit, lie sich in klarer Glaubenserkenntnis (Kol 2, 2), in einem frohen Zeugnis (1 Th 1, 5) und in der ungebrochenen Hoffnung auf die Zu- .unft beim Herrn (Hbr 6, 11) äußert. Als neue Menschen, die Ver- ebung ihrer Schuld erlangt haben, dürfen wir Gott nahen. Das be- ont der Apostel mit den Worten: **die Herzen besprengt** und frei om bösen Gewissen. Im AT war die Besprengung mit Blut und Vasser, die der Priester zur Reinigung von den Sünden vollzog, für en Israeliten eine körperlich spürbare Wirklichkeit. Für den Neuen und hatte Gott eine ganz andersartige, aber ebenso wirkliche Weise er Besprengung vorgesehen. Er hatte verheißen: „Ich werde euch ıit reinem Wasser besprengen, daß ihr rein werdet; von all eurer 'nreinheit und von all euren Götzen werde ich euch reinmachen. 'nd ich werde euch ein neues Herz geben und einen neuen Geist in ıer Inneres legen; ich werde das steinerne Herz aus eurem Leibe erausnehmen und euch ein fleischernes Herz geben. Meinen Geist erde ich in euer Inneres legen und machen, daß ihr in meinen atzungen wandelt und meine Gesetze getreulich erfüllt" (Hes 36, i–27). Was der Prophet Hesekiel geweissagt hat, erfüllt sich im :ben eines jeden Menschen, der in Bekehrung und Wiedergeburt e Vergebung seiner Sünden und die erneuernde Kraft des Heiligen eistes erfährt (Jo 3, 5). Was im AT nur äußerlich geschah, vollzieht :h jetzt im Zentrum der menschlichen Existenz. Die Besprengung it dem Blut Jesu wird im Glauben als geistliche Wirklichkeit am ;enen Herzen, in der Mitte unseres persönlichen Seins erfahren Pt 1, 2)[358]. Jesus macht uns **frei vom bösen Gewissen** – das „böse :wissen" ist das Sündenbewußtsein des Menschen (vgl. Hbr 10, 2). reinigt unser Gewissen (Hbr 9, 14) als Voraussetzung dafür, daß r nun in rechter Weise Gott dienen können (vgl. Apg 23, 1; 24, 16; Tim 3, 9; 2 Tim 1, 3). Die Beschreibung der inneren Erfahrungen, denen wir als Gläubige im Umgang mit Christus gelangen, setzt r Apostel noch weiter fort: **und den Leib gewaschen in reinem asser.** Im AT waren Besprengung und Waschung notwendig, da- t die Priester ihren Dienst vor Gott versehen konnten (2 Mo 29, 21; 3 Mo 8, 6. 30). Im Neuen Bund erfährt jedes Glied der Ge-

;rie *plärophoria* vgl. die Auslegung von Hbr 6, 11.

Vgl. Jakob Vetter, Das heilige Blut, Geisweid 1958[14], S. 49 ff.

meinde Jesu diese Reinigung und Besprengung, nicht mit Tierblut sondern mit dem Blut des Christus, nicht am Leib, sondern am Herzen. Es ist ein geistliches Geschehen, menschlichen Augen verborgen, das sich in uns vollzieht; d a s W o r t G o t t e s in de Kraft des Heiligen Geistes r e i n i g t u n d h e i l i g t u n s e r L e b e n. In diesem Sinne haben wir auch das Wort Jesu in seinen Abschiedsreden zu verstehen: „Ihr seid schon rein um des Wortes willen, das ich zu euch geredet habe" (Jo 15, 3), wie auch Petrus vo den Heiden sagt, die zur Gemeinde gefunden haben: „Gott hat ihr Herzen durch den Glauben gereinigt" (Apg 15, 9)[359]. Dieses verborgene Geschehen am Herzen und Gewissen des Menschen, de das Wort Gottes angenommen hat, findet seinen sinnfällige Ausdruck in der Taufe (Apg 2, 41; Rö 6, 3–5).

23 Gottes große Gabe an uns fordert als Antwort des Glaubens ur sere Hinwendung zum Herrn („laßt uns hinzutreten" V. 22), ebens aber auch die Standhaftigkeit des Glaubens. „Wer glaubt, der flieh nicht!" (Jes 28, 16 LÜ). **Laßt uns unwandelbar am Bekenntnis de Hoffnung festhalten!** Der Blick des Gläubigen in die Zukunft, de Blick auf die Wiederkunft Jesu (vgl. V. 25), darf nicht getrübt we den. Deutlich klingt die Sorge des Apostels durch seine Worte: E geht nicht nur um einen guten Anfang im Glaubensleben, sonder um das Ausharren auf dem Weg bis ans Ziel. Was der Herr sein Gemeinde an Erkenntnis im geistlichen Leben geschenkt hat, da nie wieder preisgegeben werden. Zum Bekenntnis zu Jesus Christ gehört nach ntst Verständnis immer auch das Zeugnis lebendig Hoffnung, die für uns an die Person Jesu geknüpft ist (1 Pt 1, 3 Eben weil die Hoffnung eine der stärksten Antriebskräfte für uns Heiligungsleben (1 Jo 3, 3) und zur Überwindung aller Anfechtung ist, darum ist es für den Glauben lebensgefährlich, wenn auch n ein Teil aus der „Fülle des Reichtums der Hoffnung" vernachlässi wird oder ganz herausgebrochen wird (vgl. Hbr 3, 6; 6, 11). Anfec tungen werden uns immer wieder überfallen, darüber besteht ke Zweifel (1 Ko 10, 13). Aber **Gottes Treue** wird sich gerade da beweisen, daß er dem Gläubigen in der Anfechtung hilft, wenn Hoffnung ins Wanken gerät. Gottes Treue ist unwandelbar; er w alle seine Zusagen im Blick auf die Zukunft buchstäblich erfüll wir dürfen daran unbeirrbar festhalten. Auch in diesem Punkt w

359 Die Mehrzahl der Ausleger sieht in den Worten „den Leib gewaschen in reinem Wass einen Hinweis auf die Taufe. Daß wir den hier gebrauchten Ausdruck *lelusménoi* „ waschen, gebadet" vom grie *lúo* auch bildlich, im übertragenen Sinne verstehen dürf zeigt der sinnbildliche Gebrauch von *lúo* in Jo 13, 10 und Offb 1, 5 (Koine); vgl. Eph 5, Oepke, Ki–Th W, Bd. 4, S. 305 ff versteht dies Wort nur im Zusammenhang mit Taufterminologie des NT.

ie Gemeinde einmal vom Glauben zum Schauen kommen. Gottes Ieiliger Geist läßt uns dessen ganz gewiß sein (vgl. 2 Ko 5, 5–7). o wie Gott unbeweglich zu seinen Verheißungen steht, so soll auch ie Gemeinde Jesu ohne Wanken am Bekenntnis zu ihrem wiederommenden Herrn festhalten.

Die Hinwendung zum Herrn (V. 22), d. h. das intensive Gebets- 24
ben, und die Beharrlichkeit im Glauben (V. 23) sind Äußerungen iner geistlichen Lebenshaltung, die auf das persönliche Leben es einzelnen Christen in besonderer Weise zielen. Die dritte postolische Mahnung hebt die Gemeinschaftsbezogeneit der Christen hervor: **Laßt uns aufeinander achten, um uns zur iebe und zu guten Werken anzuspornen.** Auch hier hat die Sünde as göttliche Urbild des Menschen zerstört. Zur Sünde Kains gehörte sein Leben in der Verantwortungslosigkeit seinem Bruder geenüber. „Der Herr sprach zu Kain: Wo ist dein Bruder Abel? Er rach: Ich weiß nicht; soll ich meines Bruders Hüter sein?" (1 Mo 9). In der Gemeinde Jesu stellt der Heilige Geist das verlorene rbild des Menschen, die verlorene Gottesebenbildlichkeit, wieder er. Ein wesentlicher Grundzug besteht darin, daß jedes einzelne lied freiwillig die menschliche und geistliche Verantwortung und irsorge für den Bruder übernehmen kann. Gott hat die Glieder der emeinde so zueinander gestellt, „damit die Glieder die gleiche orge füreinander tragen sollten" (1 Ko 12, 25). Während es die türliche Lebenshaltung des unerlösten Menschen ist, sich der Verntwortung für den Nächsten zu entziehen, ihn vielmehr zu beobhten, um sich ihm gegenüber durchzusetzen und selbst zu behaupn, sollen die Gläubigen aufeinander achten, um sich zu lieben und genseitig zu helfen[360]. Wie in 1 Ko 13, 13 und Hbr 6, 10–12 begnet uns auch in diesen Worten wieder die geistliche Einheit von aube (V. 22), Hoffnung (V. 23) und Liebe (V. 24), den Grundpfein des persönlichen und gemeinsamen Glaubenslebens. Die Gläugen sollen sich **zur Liebe und zu guten Werken anspornen.** Hat ristus unser Gewissen von den „toten Werken" (Hbr 9, 14) genigt, so befähigt uns jetzt die Liebe zu „guten Werken", zu Taten r Barmherzigkeit und praktischer Nächstenliebe (vgl. Jes 58, 6 ff; s 6, 6; Mi 6, 8). Es muß uns doch nachdenklich machen, daß der ostel, der die Gläubigen auf die Höhen verborgener Christusenntnis geführt hat, so stark auf die Bewährung des laubens im Alltag drängt. Die Liebe zum Herrn und die be zum Nächsten muß sich immer in der helfenden Tat auswirken,

O. Michel, S. 232: „*paroxysmós* ist ebenso gern in bösem Sinn verwandt (Anreizung Erbitterung)." Vgl. Apg 15, 39 *paroxysmós* = Streit, bitterer Zwist.

die nicht nur materielle oder körperlich-seelische Not lindert sondern gleichzeitig dem anderen auch im Glaubensleber weiterhilft. Das läßt sich aber nur im gemeinsamen geistlicher
25 Leben verwirklichen. Deshalb mahnt der Apostel: **Laßt uns nich unsere Versammlung verlassen, wie es für etliche Sitte geworden ist** Der grie Ausdruck *mä enkataleipontes tän episynagogáen* muß zu nächst übersetzt werden: „die Versammlung nicht verlassen." Di Aufforderung von V. 24 „einander zur Liebe zu reizen", läßt sic ja nur in der konkreten Gemeinschaft der Gläubigen in die Tat um setzen, die am gleichen Ort wohnen und sich dort auch regelmäßi zum Gottesdienst versammeln (vgl. Jo 13, 34–35; Apg 2, 42). De christliche Einzelgänger ist nicht in der Lage, Jesu Liebesgebot z erfüllen. Denn Liebe drängt uns in die Verantwortung für den Bru der, fordert Verzicht auf Freiheit und persönlichen Einsatz für de anderen.

Das grie Wort *episynagogáe* wird 2 Th 2, 1 aber auch für die En rückung der gläubigen Gemeinde bei der Wiederkunft Jesu ge braucht. Damit besteht die zweite Möglichkeit der Übersetzung „die Entrückung nicht aus den Augen verlieren (versäumen)". We „der Tag des Herrn naht", darum sollen die Gläubigen für de Augenblick der Entrückung bereit sein. Sicher stehen beide Übe setzungsmöglichkeiten in einem inneren geistlichen Zusammenhan Wer sich leichtfertig von der Gemeinschaft der Gläubigen trenr wird auch bei der Wiederkunft Jesu dem Herrn nicht mit Freude entgegengehen können (vgl. 1 Jo 2, 28). Die Gemeinschaft bedeut ein starkes, bewahrendes Element für den Glauben. Wer sie ve nachlässigt oder meidet, gerät dadurch in eine ernste Gefahr, d zum Abfall führen kann (vgl. V. 26!). Solche Haltung kommt d Absonderung einzelner Israeliten vom Volk während der Wüste wanderung gleich (4 Mo 16); sie kamen unterwegs um! Hier soll d brüderliche Ermahnung – **laßt uns einander ermahnen!** – einsetze die mit liebevoller Geduld dieser verhängnisvollen geistlichen En wicklung entgegenzuwirken sucht (vgl. Hbr 3, 13; 4, 11; 13, 2 **Und das um so mehr, je mehr ihr seht, daß sich der Tag naht.** „D Tag" ist hier der Tag der Wiederkunft Jesu. Die Anfechtung u Gefahr für die Gemeinde wird größer, je näher es dem Ziel d Wanderschaft zugeht. Je näher der Tag des Herrn rückt, um so en schiedener soll auch die Glaubenshaltung der Gemeinde sein. D Gefahren des geistlichen Lebens kann man am wirksamsten bege nen, wenn man an der Gemeinschaft der Gläubigen und an der V heißung der Wiederkunft Jesu (vgl. V. 37) unbeirrbar festhält.

B. Warnung vor vorsätzlichem Sündigen

Hbr 10, 26–31

6 **Denn wenn wir vorsätzlich** (freiwillig) **sündigen, nachdem wir
die Erkenntnis der Wahrheit empfangen haben, bleibt kein**
7 **Opfer für Sünden mehr übrig, * sondern nur ein furchtbares Er-
warten des Gerichtes und des Feuereifers, der die Widersacher**
8 **verzehren wird. * Hat jemand das Gesetz des Mose gebrochen,
so stirbt er ohne Erbarmen auf** (die Aussage von) **zwei oder drei**
9 **Zeugen hin. * Wieviel schwererer Strafe, meint ihr, wird der
wertgeachtet werden, der den Sohn Gottes mit Füßen getreten
und das Blut des Bundes für gemein** (wertlos) **geachtet hat, durch
das er geheiligt worden ist, und den Geist der Gnade geschmäht**
0 **hat? * Denn wir kennen den, der gesagt hat: „Mein ist die Rache,
ich will vergelten" und ein anderes Mal: „Der Herr wird sein**
1 **Volk richten." * Furchtbar ist es, in die Hände des lebendigen
Gottes zu fallen.**

Je größer die Gabe, um so größer auch die Verantwortung, um so werer das Gericht – das ist einer der Grundgedanken, von denen h der Autor leiten läßt (vgl. Lk 12, 47–48; Hbr 2, 1–3). Den ersten oßen Teil seines Briefes (Hbr 1, 1 – 5, 10) hatte der Apostel in eine arnung vor dem Abfall ausmünden lassen (Hbr 6, 4–8). In glei- r Weise schließt er auch seinen zweiten Teil, in dem er von dem erk Jesu, seinem ewigen Hohenpriestertum, gesprochen hat. Die abene Größe der Person Jesu und sein vollbrachtes Erlösungs- rk sollen die Gläubigen neu anspornen zur Treue im Glauben d zum gemeinsamen Bekenntnis der Hoffnung. Das Bewußtsein r unverrückbaren Grundlagen unseres Heils soll uns aber gleich- tig davor bewahren, daß **wir vorsätzlich sündigen.** Es fällt uns auf, 3 der Apostel seine ernste Warnung mit den Worten einleitet: enn w i r vorsätzlich sündigen". Er schließt sich hier mit den Emp- gern seines Briefes zusammen. Der Apostel stellt sich nicht außer- b der Schar der Gläubigen, er stellt sich auch nicht über sie. Er ß vielmehr, daß der Weg j e d e s Gläubigen gefährdet ist (1 Ko 12), daß wir uns aber auch allezeit der bewahrenden und zurecht- ngenden Fürsorge Gottes trösten können (2 Th 3, 3; 1 Jo 2, 1). s AT kennt den Unterschied zwischen der willentlichen und der bsichtlichen Versündigung: „Wenn sich aber ein einzelner unab- tlich verfehlt, so soll er eine einjährige Ziege als Sündopfer dar- ngen. Wenn dann der Priester einem solchen, der sich unvorsätzlich Vergehen gegen den Herrn hat zuschulden kommen lassen, Sühne

Zu Vers 26:
Hbr 6, 4–8
1 Tim 4, 3
2 Tim 2, 25
2 Tim 3, 7
Tit 1, 1
2 Jo 1
2 Pt 2, 20–22

Zu Vers 27:
5 Mo 4, 24
Ps 79, 5
Jes 26, 11 LXX
Jes 30, 27
Jes 66, 24
Zeph 1, 18

Zu Vers 28:
4 Mo 15, 28–31
4 Mo 35, 30
5 Mo 17, 6
5 Mo 19, 15
Mt 18, 16
Jo 8, 17
2 Ko 13, 1
1 Tim 5, 19

Zu Vers 29:
Lk 12, 47–48
Hbr 2, 3
12, 25
Jes 26, 6
Jes 28, 3
Da 8, 10
Mi 7, 10
Mal 4, 3
Mt 7, 6
Lk 21, 24
Ps 41, 10
Jo 13, 18
2 Mo 24, 8
Mt 26, 28
Mk 14, 24
Lk 22, 20
1 Ko 11, 25
Hbr 7, 22
1 Ko 11, 27.29

Zu Vers 30:
5 Mo 32, 35–36
Rö 12, 19

Ps 135, 14
1 Pt 4, 17
Zu Vers 31:
Mt 10, 28
Lk 12, 5
Hbr 12, 29

durch Vollzug der Sühnegebräuche erwirkt hat, so wird ihm Ver
gebung zuteil werden. Wenn sich aber jemand v o r s ä t z l i c
vergeht, mag es ein Einheimischer oder ein Fremdling sein, ein sol
cher gilt als Gotteslästerer, und der Betreffende soll aus seinem Vol
ausgerottet werden" (4 Mo 15, 27. 28. 30 MÜ)[361]. Der Apostel über
nimmt die Grundanschauung des AT in den Hbr, aber er überträg
26 sie auf eine andere geistliche Ebene. Die Sünde der Ungläubiger
die nichts vom Evangelium wissen, steht unter der Nachsicht Gotte
„Gott hat die Zeit der Unwissenheit übersehen" (Apg 17, 30; vg
Apg 3, 17; 1 Tim 1, 13). Der Gläubige dagegen, der die Vergebun
der Sünden und die Reinigung seines Lebens bereits erfahren ha
hat eine größere Verantwortung. Hier werden ja Gläubige angespr
chen; der Apostel schließt sich und die Gemeinde zusammen, als
Menschen, die **die Erkenntnis der Wahrheit empfangen haben,** d
„mit ihrer Bekehrung zu klar bewußter Erfassung und innerer Ane
kennung der Wahrheit gelangt sind (Tit 1, 1; 1 Tim 2, 4; 2 Ti
2, 25)[362]". Die Heilserfahrung, die der Apostel mit diesem Ausdru
umschreibt (grie *to labeín tän epígnosin täs alätheías*) entspricht d
„einmaligen Erleuchtung", von der er in Hbr 6, 4 gesprochen hat
(vgl. Hbr 10, 32; 2 Pt 2, 20). Der Mensch, der zum lebendigen Gla
ben kommt, empfängt die „Erkenntnis der Wahrheit", die Leben
gemeinschaft mit Christus, das ewige Leben (Jo 17, 3). „Die Wah
heit" ist nicht nur der Inhalt des Evangeliums, die verkündigte Bo
schaft, sondern Jesus Christus selbst (Jo 14, 6). Diese Erkenntnis d
Wahrheit wird nicht durch menschliche Denkanstrengung zugängli
(2 Tim 3, 7), sondern allein durch die bewußte Hingabe unser
Lebens an Jesus. Die Sünde wird in der Bibel nirgends verharmlo
auch nicht die Sünden der Gläubigen. Wenn der Apostel hier ab
seine Warnung ausspricht, so meint er ähnlich wie in Hbr 6, 4-
nicht irgend eine Sünde, auch nicht eine besonders schwere Sün
sondern die völlige Absage an Gott[363]. Was er mit der Warnu
aussprechen will „wenn wir vorsätzlich sündigen" (grie *hekusíos g*
hamartanónton hämón), wird uns erst in V. 29 deutlich. Der Apos
sieht die furchtbare Möglichkeit, daß ein Mensch, der sein Leb
Jesus Christus ausgeliefert hatte, sich wieder vom Herrn abwend
und in eine haßerfüllte Gegnerschaft gegen Jesus Christus eintret
könnte. Dann **bleibt kein Opfer für Sünden mehr übrig.** Mit dies
Worten setzt der Apostel nicht der Größe des Opfers Jesu ei
Grenze, sondern er macht nur deutlich, daß wir niemals, wenn w

[361] Vgl. auch Hes 45, 20: „. . . die aus Irrtum oder Einfalt gesündigt haben". Ebenso 3
4, 2. 13. 22. 27; 5, 15.
[362] E. Riggenbach, S. 325.
[363] Vgl. J. A. Bengel, S. 669.

ıns einmal zum Herrn hingewandt haben, diese Entscheidung wieder
ückgängig machen können, wir können nie zurück in einen „Zustand
ˈor der Bekehrung". Wer sich von Jesus Christus endgültig lossagt,
chließt sich nicht nur selbst von der Vergebung aus, sondern stellt
ich gegen sie. Wer sich von Christus bewußt lossagt, wird „Wider- 27
acher" (grie *hypenántios*), Gegner Gottes, und verfällt dem ewigen
;ericht[864]. Auch hier ragt die Wirklichkeit und der Ernst des AT
ıitten in das NT hinein. Gott ist ein heiliger Gott. Sein „Feuereifer",
ıusdruck seiner Heiligkeit, seines Zornes und seines gerechten Ge-
ichtes, wird „seine Gegner verzehren" (vgl. 3 Mo 10, 1 f; 5 Mo 4, 24;
Ibr 12, 29). Die Gerichtsworte des AT bleiben auch im NT gültig und
ıüssen von den Gläubigen ernstgenommen werden (vgl. 4 Mo 16,
2. 35; Jud 11).
In Hbr 3, 1–6 hatte der Apostel Mose und Christus in ihrem Auf- 28
ag und in ihrer Herrlichkeit miteinander verglichen. Hier stellt er
e im Ernst ihrer göttlichen Gesetzesordnungen und des Gerichtes
ɛgenüber. Gottes Ordnungen für Israel waren unumstößlich. Wer
ırch vorsätzliches Sündigen den Alten Bund brach, mußte unwei-
ɛrlich sterben[865]. Kein unberechtigtes Mitleid konnte das Gericht 29
ottes aufhalten. Wie die Herrlichkeit des Neuen Bundes weit die des
lten Bundes überragt (2 Ko 3, 7–9), so stellt in gleichem Maße auch
e Vergeltung des Neuen Bundes die Vergeltung des Alten Bundes
den Schatten. Im V. 29 wird deutlich, was im tiefsten Grunde mit
m „vorsätzlichen Sündigen" gemeint ist. Es geht hier um die v ö l -
g e A b k e h r e i n e s G l ä u b i g e n v o m H e i l, um letzte,
dikale Gegnerschaft und Auflehnung gegen den Herrn. Ein Mensch,
r Gottes größte Gaben, seinen Sohn, die Kraft des Blutes Jesu und
e erneuernde Macht des Heiligen Geistes in seinem Leben erfahren
t, gibt alles wieder preis, löst sich aus der Nachfolge und wird zum
sterer und Feind Gottes. Vielleicht hat der apostolische Verfasser
im Niederschreiben seiner Worte an die Mahnung Jesu gedacht:
Venn aber der unreine Geist aus dem Menschen ausgefahren ist,

J. Brown, S. 469: „Wenn es heißt, daß für den Abgefallenen nur ein furchtbares Erwarten des Strafgerichtes bleibt, so besagt das nicht, daß jeder Abgefallene von der schrecklichen Erwartung des kommenden Unterganges verfolgt wird. Denn wenn es auch einigen so ergangen ist, ist es doch keineswegs ein Kennzeichen aller Abgefallenen. Es besagt nur, daß der Abgefallene nichts anderes als ein furchtbares Strafgericht zu erwarten hat ... ein Strafgericht von unbegrenzter, unbestimmbarer Größe. Wir können nicht genau sagen, was es ist; wir können nur sagen, daß eine bestimmte schreckliche Strafe ihn erwartet, deren Wesen und Grenzen von einem Menschen nicht völlig verstanden werden können. Als Sünder ist er dem Zorn Gottes ausgeliefert."

Das geschah besonders durch Gotteslästerung (3 Mo 24, 13–16), durch Götzendienst (5 Mo 17, 2–7), durch falsches Prophetentum (5 Mo 18, 20) und durch Frevel am Heiligtum (Hes 22, 26–31), vgl. O. Michel, S. 235.

durchzieht er wasserlose Orte und sucht eine Ruhestätte und finde keine. Dann sagt er: Ich will in mein Haus zurückkehren, aus der ich weggegangen bin. Und wenn er kommt, findet er es leer, gesäubert und geschmückt. Dann geht er hin und nimmt sieben ander Geister mit sich, die schlimmer sind als er, und sie ziehen ein un wohnen dort; und es wird nachher mit jenem Menschen schlimmer als vorher" (Mt 12, 43–45)[366]. **Den Soh Gottes mit Füßen treten** bedeutet, etwas zu tun, was selbst die er bittertsten Gegner Jesu zu seinen Lebzeiten nicht mit ihm getan haben[367]. Wir werden unmittelbar an die Worte des Apostels in Hb 6, 6 erinnert, wo er davor warnt, „den Sohn Gottes öffentlich de Schande preiszugeben". Das haben die Hohenpriester und Schriftgelehrten getan, als sie Jesus verspotteten, anspuckten, mit Fäuste ins Gesicht schlugen, geißeln und öffentlich als Verbrecher hinrichte ließen. Der Abfall von Christus ist auch dadurch gekennzeichne daß ein Mensch **„das Blut des Bundes für wertlos achtet, durch das geheiligt ist"**. Wer Christus verachtet, mißachtet auch den Wert seine Blutes[368], das für den Gläubigen Grund seines Heils und Inbegri aller reinigenden und erneuernden Kraft ist, die Gott seinem Lebe hat zuteil werden lassen. Das Blut Christi wird für den Abgefallene zum Gegenstand spöttischer Ablehnung, hohnvoller Verachtun Auch hier wird erneut deutlich, daß es sich wie Hbr 6, 4–8 um ei Mahnung an Gläubige handelt. Denn nur ein Mensch, der berei die heiligende Kraft des Blutes Christi in seinem Leben erfahren ha kann eine solche Sünde begehen. Der Abfall von Christus ist zu gleich Auflehnung gegen den Heiligen Geist, der uns das Verstän nis für das Heilswerk Jesu am Kreuz erschlossen hat (vgl. Sach 12, 1C Dadurch wird **der Geist der Gnade geschmäht.** Das grie Wort, d der Apostel hier gebraucht, heißt *enhybrízo* und bedeutet „verspc ten". In ihm steckt die Wurzel des grie Wortes *hýbris*; es kennzeic net den frevelhaften Stolz, die maßlose Überheblichkeit des natü

366 Zu der Aussage Mt 12, 43 ff vgl. W. Stb. Matth. S. 168; ebenfalls Adolf Schlatter, D Evangelist Matthäus, 1959, S. 419 ff: „Aus der Größe des Empfangenen entsteht für d Empfänger die Verantwortlichkeit; denn der Mißbrauch des Empfangenen erzeugt Schuld. — Damit setzt sich aber nicht nur der alte Jammer fort, sondern daraus entste vergrößertes Elend."

367 Mit „Füßen treten" ist Ausdruck äußerster Verachtung, vgl. in wörtlichem Sin Jes 26, 6; 28, 3; Mi 7, 10; Mal 4, 3; in übertragenem, bildhaften Sinne Da 8, 10; Lk 21,

368 Der Ausdruck „das Blut des Bundes für wertlos achten" ist nicht eine zufällige gedan liche Wiederholung des vorausgegangenen Satzes „den Sohn Gottes mit Füßen trete Vielmehr stehen „Sohn Gottes" und „Blut des Bundes" als zwei gleichwertige Rea täten nebeneinander. Vgl. O. Michel, S. 235: Nach dem Gesetz Mose mußte ein Üb treter auf zwei oder drei Zeugen hin sterben. „Vielleicht ist damit schon auf V. 29 h gewiesen, so daß der Sohn Gottes, das Bundesblut und der Geist der Gnade zu A klägern und Zeugen gegen den Abgefallenen werden."

ichen Menschen, mit der er sich gegen Gott auflehnt. Eines macht
ler Apostel hier unabweisbar deutlich: für den Christen gibt es kein
Zurück mehr in den „vorchristlichen Stand"; wenn er abfällt, wird
r zum radikalen Gegner Gottes, schlägt sich mit Entschiedenheit auf
ie Seite des ewigen Widersachers des Herrn. Ein solcher Mensch geht
nausweichlich dem ewigen Gericht Gottes entgegen. **Denn wir ken-** 30
en den, der gesagt hat: „Mein ist die Rache, ich will vergelten."
er Apostel hat die Heiligkeit und Liebe Gottes in seinem persön-
chen Leben erfahren[369]. Er kennt aber auch das richterliche
Wort Gottes aus dem AT und weiß, daß es im Neuen Bund
eine Autorität und Gültigkeit nicht verloren
at. Gott bleibt der Richter, er behält sich das letzte Wort vor. **„Der**
lerr wird sein Volk richten." Die Tatsache, daß Gott sein Volk, ja
erade sein Volk richten wird (1 Pt 4, 17), unterstreicht noch ein-
al, daß die vorausgehende Mahnung an Gläubige gerichtet ist und
e ihnen drohende Gefahr zeigen soll. Gott bleibt auch für die Ge- 31
einde Jesu ein heiliger Gott. Gegen Gottes Gericht gibt es
eine menschliche Sicherung und Vertröstung (vgl. Hes 9, 3—11).
ırchtbar ist es, in die Hände des lebendigen Gottes zu fallen. Aber
r letzte Ernst dieses Wortes gilt doch nur denen, die der Gefahr
legen sind, auf die der Apostel hingewiesen hat. Über dem Weg
r Gemeinde, die durch alle Anfechtungen und Bedrängnis hindurch
rem Herrn in Treue und Hingabe nachfolgt, bleibt das Wort Gottes
östend stehen: „Darin ist die Liebe bei uns zur Vollendung gekom-
en, daß wir Zuversicht haben am Tage des Gerichtes" (1 Jo 4, 17).
erade die folgenden Verse machen uns deutlich, daß nicht die dunk-
n Schatten der drohenden Gefahr, die Warnung vor dem Abfall
ıser Denken gefangennehmen soll. Vielmehr zeigt der Apostel, daß
s wandernde Gottesvolk, die glaubende und wartende Gemeinde,
t froher Zuversicht dem Tage der Wiederkunft Jesu entgegengehen
rf.

C. Ermahnung zur Standhaftigkeit

Hbr 10, 32—39

Erinnert euch aber der früheren Tage, in denen ihr, nachdem ihr erleuchtet worden wart, einen harten Leidenskampf ertragen habt, * als ihr teils mit Schmähungen und Bedrängnissen zum öffentlichen Schauspiel geworden seid, teils Gemeinschaft hattet

Zu Vers 32:
Hbr 6, 4. 10
12, 4
Mt 16, 24 ff
Apg 14, 22

Das grie Wort *oidamen* „wir kennen, wir wissen" steht auch 1 Jo 3, 2. 14; 5, 15. 18. 19. 20
ls Ausdruck persönlicher Heilserfahrung.

Phil 1, 28—30
1 Th 1, 6
Zu Vers 33:
Lk 23, 48
Apg 16, 22—24
1 Ko 4, 9
Phil 4, 14
2 Tim 3, 11
1 Pt 4, 15—16
Zu Vers 34:
Hbr 12, 3—4
Mt 6, 20
Mt 13, 44
Mt 19, 21. 29
Kol 3, 1—4
1 Pt 1, 4—5
Hbr 6, 9—20
Zu Vers 35:
Hbr 11, 6
Zu Vers 36:
Hbr 6, 12
Lk 8, 15
Lk 21, 19
Offb 3, 10
Offb 13, 10
Offb 14, 12
Zu Vers 37:
Hbr 10, 25
Jes 26, 20
Hab 2, 3
Mt 3, 11
Lk 21, 28
2 Pt 3, 9
Jak 5, 8
Offb 22, 12
Zu Vers 38:
Hab 2, 4
Rö 1, 17
Gal 3, 11
Zu Vers 39:
Lk 21, 19
1 Pt 1, 9
Jo 6, 39
Jo 10, 28

mit denen, die so wandelten (die auf solche Weise leiden mußten)
34 *** Denn auch mit den Gefangenen habt ihr gelitten und den Rau**
eurer Güter mit Freuden hingenommen, in der Erkenntnis, da
35 **ihr einen besseren und bleibenden Besitz habt. * Werft nun eu**
36 **Zuversicht nicht weg, die eine große Belohnung hat! * Gedul**
aber ist euch not, daß ihr den Willen Gottes tut und die Verhe
37 **ßung erlangt. * „Denn noch eine ganz, ganz kurze Zeit, dan**
38 **wird der kommen, der kommen soll, und nicht ausbleiben. * Mei**
Gerechter aber wird aus Glauben leben, und wenn er zurück
39 **weicht, hat meine Seele kein Gefallen an ihm." * Wir aber gehöre**
nicht zu denen, die zurückweichen, um zugrunde zu gehen, so
dern zu denen, die glauben und die Seele retten (um das Heil d
Seele zu gewinnen).

Der Christ lebt nicht von seiner Bekehrung allein, sondern a den Lebenskräften des gegenwärtigen Christus. Aber es gibt do ein Recht und eine Notwendigkeit, sich an die Vergangenheit imm wieder einmal zu erinnern und neu auf den Anfang des Glauben weges zu besinnen. Darum mahnt der Apostel: **Erinnert euch d früheren Tage!** Diese Erinnerung wird in Jo 14, 26 als das Werk d Heiligen Geistes beschrieben (vgl. Lk 24, 6). Die Erinnerung an ih Bekehrung und Wiedergeburt („nachdem ihr erleuchtet worden wa grie *photisthéntes* vgl. Hbr 6, 4), an die ersten Tage ihres Glauber lebens, soll den Hebräerchristen in ihrer gegenwärtigen Lage z geistlichen Hilfe werden (vgl. 1 Pt 1, 3—9). Ihr Glaubensweg war v Anfang an durch Kampf und Leiden gekennzeichnet. Beispielhaft f die ganze Gemeinde Jesu zu allen Zeiten hat sich in ihrem Leb erfüllt, was Jesus vielfach in seinen Reden angedeutet (Mt 10, 17— 34—39) und in den Worten zusammengefaßt hat: „Will mir jema nachfolgen, der verleugne sich selbst und nehme sein Kreuz auf s und folge mir. Denn wer sein Leben erhalten will, der wird's v lieren; wer aber sein Leben verliert um meinetwillen, der wir finden" (Mt 16, 24—25). Was Paulus in seiner Missionstätigkeit, der Praxis der Verkündigung, am eigenen Leibe erfahren hatte, auch den Hebräerchristen nicht erspart geblieben: „Wir müssen du viel Trübsale in das Reich Gottes gehen" (Apg 14, 22). Christus in seinem Leiden und Sterben zum „öffentlichen Schauspiel" gew
32/33 den (Lk 23, 48), seinen Nachfolgern ergeht es in keiner Weise bes **Ihr seid teils mit Schmähungen und Bedrängnissen zum öffentlic Schauspiel geworden, teils hattet ihr Gemeinschaft mit denen, die solche Weise leiden mußten.** Die Hebräerchristen, an die unser V fasser sein Schreiben richtet, sind um ihres Christennamens wi öffentlicht gebrandmarkt worden. Auch darin erfüllt sich Jesu W

Der Knecht ist nicht größer als sein Herr. Haben sie mich verfolgt,
;erden sie euch auch verfolgen" (Jo 13, 16; 15, 20). Gott macht
einen Kindern den Weg nicht leicht. Aber das Leiden um Jesu wil-
n ist stellvertretendes Leiden (Kol 1, 24), das dem Ausreifen und
er Vollendung der Gesamtgemeinde dient, und verpflichtet die
läubigen, am Schicksal ihrer leidenden Brüder Anteil zu nehmen[370].

Glaube, Hoffnung und Liebe, von denen der Apostel gesprochen 34
atte, sollen sich gerade im Leiden bewähren. Echter Glaube bewährt
ch darin, daß der Mensch auch die schweren Führungen m i t
r e u d e n aus Gottes Hand nehmen kann. **Auch mit den Gefange-
en habt ihr gelitten und den Raub eurer Güter mit Freuden hinge-
ommen.** Bei den Hebräerchristen ist es offenbar noch nicht zum
lartyrium gekommen (vgl. Hbr 12, 4), wohl aber zur Einziehung
es Vermögens[371]. Der Apostel trifft nicht nur eine Feststellung, son-
ern er deckt auch die geheimen Quellen auf, aus denen den Gläubi-
n die Kraft zum Leiden zufließt, aus denen ihre Glaubensfreudig-
eit gespeist wird. Die Gläubigen leben **in der Erkenntnis,** daß sie
nen besseren und bleibenden Besitz haben. Das ewige Leben, die
usage der kommenden Herrlichkeit Gottes, sind uns ohne jedes
enschliche Zutun zuteil geworden. Kein Mensch kann sich die Ge-
ißheit des Glaubens selber aneignen, sie ist das Geschenk der freien
ttlichen Gnade. Was aber kein Mensch einem Menschen zu über-
gnen vermag, kann auch kein Mensch einem anderen nehmen. Die
läubigen haben einen unverlierbaren geistlichen Besitz. Es ist ur-
ristliche Gewißheit, was Martin Luther in die Worte gefaßt hat:
Nehmen sie den Leib, Gut, Ehr', Kind und Weib: laß fahren dahin,
habens kein'n Gewinn, das Reich muß uns doch bleiben!" Hinter
eser Leidensbereitschaft steht das Wissen, daß Leiden um Jesus
aristus willen Gnade ist: „Selig seid ihr, wenn euch die Menschen
ssen und wenn sie euch ausschließen und schmähen und euren
amen als einen bösen ächten um des Menschensohnes willen. Freut
ch an jenem Tage und frohlockt; denn siehe, euer Lohn wird groß
n im Himmel" (Lk 6, 22—23, vgl. 1 Pt 2, 19). So widerfährt den
äubigen in der Verfolgung und Bedrängnis nichts Befremdliches
gl. 1 Pt 4, 12—13), sondern sie lernen gerade auf diesem Weg, daß
endiger Glaube immer angefochtener Glaube ist (vgl. Ps 40, 13—18;
: 1, 2. 10). Eben auch unter schweren Belastungen kommt es dar-
f an, standhaft zu bleiben. Was Jesus seinen Jüngern unmittelbar

Die sprachliche Formel „teils . . . teils" grie *túto men . . . túto de* findet sich nur hier im NT.

O. Michel, S. 239: „Nach römischem Recht ist Vermögensverlust Verschärfung und Begleiterscheinung einer anderen Strafe; die Obrigkeit steht also auf seiten der Gegner der Gemeinde."

vor seinem Gang ans Kreuz gesagt hat, gilt der gläubigen Gemeind
35 zu allen Zeiten: „Wer aber beharret bis ans Ende, der wird selig
(Mk 13, 13). Diesen Gedanken greift der Apostel in seiner Ermah
nung auf: **Werft eure Zuversicht nicht weg, die eine große Belohnun
hat!** Das Ziel ist die Herrlichkeit bei Gott selbst. Gott selber wird d
Vergelter sein, „der Belohner" (grie *misthapodótäs* Hbr 11, 6), d
den Gläubigen die „Belohnung" (grie *misthapodosía*) zuteilen wi
(vgl. 1 Ko 3, 12–15). Wie die anderen Schreiber des NT verwend
auch der Verfasser des Hbr mit großer Selbstverständlichkeit de
Lohngedanken, löst ihn aber eindeutig von jeder Form des Verdiens
denkens. Ähnlich den Aussagen der Evangelien und der Briefe d
Apostels Paulus macht auch der Zusammenhang unseres Text
deutlich, daß die Stellung der Gemeinde zu ihrem Herrn im streng
Sinne kein Lohnverhältnis ist. Als Gläubige gehören wir ganz de
Herrn an, bleiben damit auch in einer ständigen Abhängigkeit v
ihm. Trotzdem gefällt es ihm, in seiner souveränen Güte und Freih
uns zu belohnen. Nur wird mit dieser „Belohnung" in der ewig
Herrlichkeit nicht unser Dienstverhältnis aufgelöst. Auch in der e
neuerten Schöpfung gilt: „Seine Knechte werden ihm dienen" (Of
22, 3). Zugleich schließt der Lohngedanke die Erwartung des Gericht
ein: alles menschliche Tun hat unwiderrufliche Folgen zum Heil od
zum Verderben. Schließlich macht unser Brief deutlich, daß nicht d
Lohngedanke das Motiv echten Gehorsams ist, sondern Liebe u
Vertrauen, die Hingabe unseres Lebens an Gott, die aus der persö
lichen Teilhabe am Opfer Jesu erwächst, der im vollen Gehorsa
den Weg ans Kreuz ging (Hbr 12, 2)[372].

36 Wahre Erkenntnis des Willens Gottes wird nicht auf dem W
intellektueller Anstrengung erreicht. Vielmehr ist die Bereitsch
nötig, unseren Willen ganz dem Willen Gottes unterzuordnen,
ganze Hingabe unseres Lebens an den Herrn, um den Wil
Gottes zu erkennen (Rö 12, 1–2). Und die Geduld, die B
harrlichkeit im Glauben, ist erforderlich, um den Willen Gottes z
tun. Geduld aber lernen wir im Christenleben nur in der Bedrän
nis, nur durch Schwierigkeiten (Rö 5, 3). **Geduld aber ist euch n
daß ihr den Willen Gottes tut und die Verheißung erlangt.** Rec
Erkenntnis und rechter Gehorsam sind also Voraussetzungen, um
37 Erfüllung der Verheißungen zu erfahren. So wie die Geduld in
Anfechtung, in der schwierigen Situation erprobt und bewährt wi
so kann sie aber auch nicht ohne eine lebendige Hoffnung dur
halten (Rö 5, 4). Darum erinnert der Apostel die Gläubigen n
einmal mit allem Nachdruck an die Zukunftshoffnung der Gemein

[372] Vgl. Günther Bornkamm, Der Lohngedanke im NT, in „Theologie und Verkündigur
1947. S. 6 ff.

Denn noch eine ganz, ganz kurze Zeit, dann wird der kommen, der ommen soll, und nicht ausbleiben." Schon in der messianischen Veissagung Hab 2, 3–4 sieht der Apostel die Wiederkunft Jesu orausgesagt. Er bestätigt die Zuverlässigkeit des atst Prophetenortes — mehr noch: er stellt sich selbst ganz hinein in die Art es Denkens und der Verkündigung der atst Gottesmänner. Bei vien Weissagungen im AT fällt uns auf, daß die Propheten zukünftig eschautes als bereits eingetretenes Geschehen verkündigen (vgl. s 9, 5 „Ein Kind i s t uns g e b o r e n . . ."). So gewiß ist ihnen die füllung der göttlichen Offenbarung, daß sie Gottes Zusagen als solut sicheres Geschehen, als „bare Münze" hinnehmen. So war ich der Prophet Habakuk von der Gewißheit im Blick auf das ommen des Messias erfüllt, daß jedes Zeitmaß für ihn relativ urde. Geradeso geht es dem Apostel, wenn er das atst Zitat aufeift. Mag es in menschlichen Augen auch eine „lange" Zeit sein, e bis zum zweiten Kommen des Herrn verstreicht; unter dem ewicht der T a t s a c h e, daß Jesus Christus wiederkommt, wird e Zeitspanne bis zu jenem Tage „kurz".

Diese Hoffnung wird zur stärksten Antriebskraft des Glaubens. 38
n ihr scheiden sich Glaube und Unglaube, Gerettetwerden und erlorengehen. Es gibt nur zwei Möglichkeiten der Entscheidung — r e i n e n Weg zum Leben, zur ewigen Rettung. Ganz unbekümert kann der Apostel das Wort des AT aus der Sicht der ntst Offenrung auslegen und verkündigen: **Mein Gerechter wird aus Glauben en.** Was heißt das? Doch nichts anderes, als daß die wahre, vor ott geltende Gerechtigkeit allein dem Glaubenden geschenkt und gerechnet wird. Der Glaube an Jesus Christus ist unsere Gerechtigit; wer durch Glauben gerecht geworden ist, erlangt die Verheing. Wer aber diesen einzig krisenfesten Grund verläßt oder durch uld des Unglaubens überhaupt nicht findet, an dem hat Gott inen Gefallen; er verfällt unerbittlich dem Gericht Gottes und dem igen Verderben.

Die Gemeinde Jesu ist die Schar der Menschen, die endgültig ihre tscheidung für Christus getroffen haben. Hatte der Apostel in rs 23 die Gläubigen zum Festhalten am Bekenntnis der Hoffnung gefordert, zum öffentlichen Zeugnis ihres Glaubens vor der Welt, legt er hier noch einmal ein persönliches Bekenntnis zur Hoffnung Gemeinde vor den Gläubigen ab, zur Stärkung und Bestätigung es Glaubens. **Wir aber gehören nicht zu denen, die zurückweichen, zugrunde zu gehen, sondern zu denen, die glauben und die Seele ten.** Wieder schließt er sich mit den Empfängern seines Briefes ammen und versichert ihnen noch einmal: Wer im Glauben lebt, sich seines Weges und Zieles ganz gewiß.

Zusammenfassung

Wenden wir uns zunächst der äußeren Gestaltung unseres Tex abschnittes Hbr 10, 19—39 zu, fällt uns sogleich die Parallelität z Hbr 5, 11 — 6, 20 in Aufbau und Gedankenführung auf. Dreifa gliedert der Apostel jedesmal seine Aussage — in Tadel, Warnur und Ermunterung.

Der Tadel:
„Ihr seid schwerhörig geworden, ihr **solltet längst Lehrer sein . .** 5, 11 f.
„Verlaßt nicht die Versammlung, wie etliche zu tun pflegen . . 10, 25.
Die Warnung:
„Es ist unmöglich, die . . . die dann doch **abgefallen** sind . . ." 6, 6.
„Denn wenn wir **vorsätzlich sündigen** . . ." 10, 26.
Die Ermunterung:
„Gott ist nicht ungerecht . . ., daß ihr durch geduldiges Ausharr die **Verheißungen** erbt . . ." 6, 10. 12.
„Geduld ist euch not . . . noch eine ganz, ganz kurze Zeit, **so wi kommen, der kommen soll** . . ." 10, 36 f.

Damit stoßen wir auf die inhaltliche Übereinstimmung beider A schnitte: Es handelt sich um zwei breit angelegte Ermahnungen, die der Verfasser jeweils seine theologischen Aussagen einmünd läßt. Der Apostel möchte nicht nur seinen Brief als Ganzes als „Wort der Ermahnung" verstanden wissen (Hbr 13, 22); was er d Gemeindegliedern dringend ans Herz legt, „einander zu ermahne (Hbr 10, 25), das tut er selbst in unserem Abschnitt ganz konkr Dabei möchte er ihr Augenmerk in eine dreifache Blickrichtung l ken, sie sollen in ihrem Bewußtsein Vergangenheit, Gegenwart u Zukunft ihres Christenlebens zugleich umfassen. Er erinnert Gläubigen an die Vergangenheit, in der sie die „Feuerta des Leidens" erduldet haben; er fordert sie auf, in der Gegenwart den verborgenen Umgang mit Gott im Gebet zu pflegen, der Gemeinschaft untereinander festzuhalten und das Zeugnis geg über der Welt auszurichten, und er richtet ihren Blick hoffnungs auf die Zukunft, auf den Tag, an dem die Wiederkunft Jesu d natürlichen Ablauf der Weltgeschichte ein Ende setzen wird.

In der Mitte seiner Ausführungen steht die eindringliche Warnu das einmal empfangene Heil nie mehr preiszugeben. Fraglos geht dabei um einen ernsten Tatbestand; der Apostel zeigt einen „Gre fall" im geistlichen Leben auf, der als gefahrvolle Möglichkeit im am Rande unseres Glaubensweges lauert. Nun ist unverkennbar, durch diese apostolische Warnung immer wieder Christen mit ei

esonders empfindsamen, ängstlichen Gewissen in große Beunruhi-
ung und Traurigkeit über sich selbst geraten sind, daß sich ihnen die ange Frage aufdrängte: Bin ich nicht schon längst vom Glauben ab-
efallen? Stehe ich überhaupt noch unter der Gnade Gottes? Nicht ur seelisch Kranke, etwa Menschen, die unter Gemütsdruck leiden, erden von dieser Frage überfallen, auch leiblich und seelisch Ge-
nden kann die Frage zu einer inneren Not werden. Was können ir in den Linien apostolischer Seelsorge darauf antworten?

Wenn wir unseren Abschnitt genau ansehen, dann entdecken wir it unabweisbarer Klarheit: Das eine will der Apostel gerade nicht — r will die Gläubigen nicht entmutigen. Natürlich irfen wir die Gefahren für unser geistliches Leben nie verharm-
sen. Wir dürfen mit dem Versucher unserer Seele nie spielen! Der eufel sucht immer nach Möglichkeiten, um uns zu Fall zu bringen Pt 5, 8). Aber das mahnende Wort des Verfassers richtet sich doch fenbar an sehr selbstsichere Menschen, an Christen, die es mit ihrem ehorsam nicht so genau nehmen, die so etwas wie ein „Gummi-
ewissen" haben, die in der Gefahr stehen, sich auf den Lorbeeren üher durchstandener Leiden auszuruhen. Unser Text macht uns utlich, daß der Glaubensweg eines jeden Menschen — ohne Aus-
hme — gefährdet ist; niemand darf sich in falscher Sicherheit wie-
n; wir sind erst am Ziel „daheim bei dem Herrn". Je klarer uns er die Gefahr vor Augen steht, um so bewußter werden wir die ähe des Herrn suchen!

Ein zweites wollen wir uns vergegenwärtigen: Das Mahnwort or 10, 26—31 steht zwischen zwei Sätzen (V. 25 und V. 37), die auf e Wiederkunft Jesu hinweisen; sie bilden gewissermaßen das auptthema. Der Apostel will die Empfänger seines Schreibens durch n Hinweis auf die Gefahr nicht in Bedrängnis führen, er will ihnen elmehr zeigen, daß wir einem geschichtlichen Ereignis entgegen-
hen, um dessentwillen es sich lohnt, allen Gefahren standzuhalten, e Müdigkeit zu überwinden. Jesus Christus wird wiederkommen, d bei ihm wird all unsere Not enden. Über dem Dunkel dieser it strahlt schon der Glanz der Ewigkeit auf. Alles bange Fragen in serem Herzen darf übertönt werden vom Jubelklang unaussprech-
ner Freude über den Sieg Gottes.

Schließlich müssen wir alle Ermahnungen und Warnungen des ostels im Gesamtzusammenhang des ganzen Briefes lesen; wir rfen nicht einzelne Worte aus dem Zusammenhang herauslösen. nn merken wir, daß die ernsten Worte des apostolischen Autors n nicht das Wichtigste sind, sie machen weder dem Umfang noch m Inhalt nach die Hauptsache aus, sie tragen nicht das Gewicht, das r ihnen vielleicht zumessen. „Die Hauptsache aber ist, wir haben einen solchen Hohenpriester, der sich zu Rechten des Thrones der Majestät in den Himmeln gesetzt hat (Hbr 8, 1). Jesus, der lebendige Herr, die volle Erlösung, die er un gebracht hat, und seine immerwährende Fürbitte für uns stehen in der Mitte aller theologischen Aussagen unseres Briefes; sie sollte auch die Mitte unseres geistlichen Lebens sein und dürfen uns mit dem Bewußtsein des Friedens und der Geborgenheit erfüllen. „Er kann völlig erretten, die durch ihn zu Gott kommen" – er wird uns auch völlig erretten! Dafür sollten wir ihm jeden Tag neu danken.

Dritter Teil

Hbr 11, 1 – 12, 29

GLAUBE UND HEILIGUNG DER GEMEINDE

14. Die Zeugen des Glaubens

Hbr 11, 1–31

A. Das Glaubenszeugnis der Urväter

Hbr 11, 1–7

Es ist aber der Glaube die Vergewisserung (Zuversicht) **dessen, was man erhofft, und ein inneres Überführtsein von Dingen** (Wirklichkeiten), **die man nicht sieht. * Denn durch ihn haben die Alten das** (gute) **Zeugnis erlangt. * Durch den Glauben erkennen wir, daß die Welten durch Gottes Wort ins Dasein gerufen worden sind, so daß aus dem Unsichtbaren das Sichtbare entstanden ist. * Durch den Glauben hat Abel Gott ein besseres Opfer als Kain dargebracht; durch ihn empfing er das Zeugnis, daß er gerecht sei, da Gott das Zeugnis über seinen Opfergaben ablegte; und durch ihn redet er noch, obwohl er gestorben ist. * Durch den Glauben wurde Henoch entrückt, damit er den Tod nicht sehen sollte, und er wurde nicht gefunden, weil Gott ihn entrückt hatte. Denn vor der Entrückung hat er das Zeugnis empfangen, daß er Gott wohlgefallen habe. * Ohne Glauben aber ist es unmöglich,** (ihm) **wohlzugefallen; denn wer sich Gott nahen will, muß glauben, daß er ist und denen, die ihn suchen, ein Vergelter sein wird. * Durch den Glauben empfing Noah eine göttliche Weisung über Geschehnisse, die noch nicht zu sehen waren; in Gottesfurcht erbaute er eine Arche zur Rettung seines Hauses; durch ihn** (den Glauben) **verurteilte er die Welt und wurde ein Erbe der Gerechtigkeit auf Grund des Glaubens.**

Zu Vers 1: 2 Ko 9, 4; 2 Ko 11, 17; Hbr 1, 3; 3, 14; Rö 8, 24–25; 2 Ko 4, 18; 2 Ko 5, 7
Zu Vers 2: Apg 6, 3; Apg 16, 2; Hbr 11, 39; Rö 8, 16
Zu Vers 3: 1 Mo 1; Ps 33, 6. 9; Rö 1, 20; Rö 4, 17
Zu Vers 4: 1 Mo 4, 3–8; Mt 23, 35; Lk 11, 51; Hbr 12, 24
Zu Vers 5: 1 Mo 5, 22–24; Jud 14–15
Zu Vers 6: Rö 10, 14; Rö 14, 23; Hbr 7, 25; 2 Mo 3, 14; Jo 8, 58; 1 Mo 15, 1; Mt 5, 12; Hbr 10, 35

Nachdem uns der Apostel in einzigartiger Weise die Größe der rson Jesu und die Erhabenheit seines hohenpriesterlichen Werkes r Augen gestellt hat, spricht er nun von dem, was als Frucht der lösung im Leben der Gemeinde sichtbar werden soll. Glaube und iligung als Antwort des Menschen, der von der Person und dem erk Jesu erfaßt worden ist, sind das Thema des dritten Teiles seis Briefes. Ohne einen Gedankensprung leitet er von der zweiten oßen Ermahnung zu dem neuen Thema über. Er hatte den hoff-

Zu Vers 7:
1 Mo 6, 8—9. 13—22
1 Mo 7, 1
Mt 24, 37—39
1 Pt 3, 20
2 Pt 2, 5
Ps 37, 29
Rö 3, 22. 24
Rö 4, 13

nungsvollen Ausblick der Gemeinde auf die Wiederkunft Jesu m
dem Bekenntnis geschlossen: „Wir aber gehören nicht zu denen, d
zurückweichen, um zugrunde zu gehen, sondern zu denen, die g l a u
b e n und die Seele retten." Diesen Gedanken greift er auf und bear
wortet zunächst die Frage, was das Wesen ntst Glaubens eigentli
ist. **Es ist aber der Glaube die Vergewisserung dessen, was man e**
hofft, und ein inneres Überführtsein von Dingen, die man nicht sieh
Mit diesem Satz gibt uns der Apostel eine rein gedankliche, theore
sche Klarstellung dessen, was er unter Glauben versteht. Es ist d
1 einzige Definition des Glaubensbegriffes, die wir in der Bibel finde
Aber es ist nun eben bezeichnend für den Verfasser, daß er dies
Satz nicht weiter ausführt; er schließt nicht eine eingehende Begrif
erklärung an. Vielmehr begründet er die Richtigkeit seiner theolo
schen Aussage dadurch, daß er auf die Heilige Schrift zurückgrei
aus der Fülle atst Beispiele wählt er einige aus, um am Leben ei
zelner Menschen deutlich zu machen, was Glaube ist. Damit will
den Gliedern der Gemeinde sagen: Gewiß können und sollen w
uns Gedanken darüber machen, was Glaube im biblischen Sinne b
deutet. Eine solche gedankliche Klärung und Formulierung kann hi
reich sein, aber wir haben damit noch nicht das Geheimnis des Gla
bens erfaßt. Der dänische Philosoph Sören Kierkegaard hat treffe
gesagt: „Wenn man auch dazu imstande wäre, den ganzen Glauber
inhalt in die Form des Begriffs umzusetzen, so folgt daraus nic
daß man den Glauben begriffen hat, begriffen, wie man in ihn hi
einkommt oder wie er in einen hineinkommt[373]." Wenn wir wiss
wollen, was Glaube ist, dann müssen wir vielmehr das Leben d
Menschen ansehen, denen Gott begegnet ist, das Leben Noahs, Abr
hams, Moses und so vieler anderer, deren Zeugnis unauslöschlich
die Offenbarung der Heiligen Schrift eingegangen ist — und w
müssen uns der Wirklichkeit Gottes öffnen, wie sie es taten!

Mit Vers 1 gibt der Apostel dem 11. Kapitel des Briefes gewisse maßen die Überschrift. Er fragt nach dem, was den Menschen d Glaubens, die er in langer Reihe an seinem geistigen Auge vorb ziehen läßt, gemeinsam in ihrer Begegnung mit Gott war. Was si die Grundelemente des Glaubens, die sich bei diesen Menschen a weisen lassen[374]? Der Glaube ist das unerschütterliche Vertrau

[373] S. Kierkegaard, Gesammelte Werke, Kopenhagen 1901, III, 59.

[374] Noch heute lesenswert sind die Ausführungen über Hbr 11, 1 von A. Tholuck, Au gewählte Predigten, 1888, S. 247 ff; seine Leitgedanken sind:

1. Der Glaube, von dem die Schrift spricht, hat es nicht mit dem zu tun, was die Sin wahrnehmen, sondern mit dem, was über alle sinnliche Wahrnehmung des Mensch hinausgeht.
2. Es ist nicht ein Meinen, das sich über Nacht ändern kann, sondern vielmehr ei Gewißheit, für die der Gläubige auch das Leben einzusetzen imstande ist.

rauf, daß Gott alle seine Zusagen und Verheißungen einmal ein- sen wird[375]. Zugleich ist der Glaube das innere Überführtsein, r uns durch den Heiligen Geist geschenkte Beweis für die Wirk- hkeit der Welt Gottes[376]. Der Apostel Johannes sagt, daß uns mit m Glauben ein neues Erkenntnisvermögen geschenkt worden ist: Wir wissen aber, daß der Sohn Gottes gekommen ist und hat uns nen Sinn gegeben, daß wir erkennen den Wahrhaftigen" (1 Jo 5, 20).

Hbr 11, 1 wird hervorgehoben, daß der glaubende Mensch Gewiß- it, einen neuen Blick für die unsichtbare Wirklichkeit Gottes ge- henkt bekommen hat. Gerade das, was für das natürliche Denk- rmögen des unerlösten Menschen widerspruchsvoll, ja unmöglich scheint, vollzieht sich im Leben des Gläubigen: „Wir schauen nicht f das Sichtbare, sondern auf das Unsichtbare" (2 Ko 4, 18). Im auben wird uns tatsächlich eine ganz neue Welt erschlossen; wir halten Zugang zur Herrlichkeit Gottes. Gerade das, was für den türlichen Menschen unfaßlich ist, solange er noch außerhalb des bens mit Gott steht, wird für die Gläubigen zur höchsten Reali- t. Die ewige Welt Gottes wird uns in ganz anderer Weise wirklich s alles, was uns in dieser gegenständlichen Welt gegeben ist[377].

Zwei Begebenheiten aus dem AT können uns das veranschau- hen. Als Abrahams Magd Hagar mit ihrem Sohn Ismael von braham vertrieben wurde (1 Mo 21, 12 ff), irrte sie in der Wüste nher und war mit ihrem Sohn dem Tode nahe. In ihrer ausweg- sen Lage griff Gott ein. „Und Gott öffnete ihr die Augen, daß sie nen Wasserquell sah. Da ging sie hin, füllte den Schlauch mit Was- r und gab dem Knaben zu trinken" (1 Mo 21, 19). Wichtig an dieser gebenheit ist die Tatsache, daß nicht berichtet wird, Gott habe in nem Augenblick einen Wasserquell geschaffen; vielmehr heißt es Gott tat ihr die Augen auf", so daß dieser Frau der Blick für eine irklichkeit geöffnet wurde, die ihr bisher verborgen war. Ähnlich geht es dem Diener des Propheten Elisa, als die feindlichen Heere othan eingeschlossen hatten (2 Kö 6, 8 ff). Als der Diener ratlos

3. Er ist nicht ein Wissen, das Beweise aufbauen und Beweise wieder umstürzen können, sondern eine Überzeugung, die auf dem Leben des Menschen selber beruht.
4. Er ist nicht ein fauler Gedanke, der nicht weiter dringt als bis auf die Lippen, sondern eine überschwengliche Kraft, die das ganze Leben regiert.

grie *hypóstasis elpizoménon*, wörtlich „festes Vertrauen auf Gehofftes".

Das grie Wort *élengchos* bedeutet hier nicht wie an anderen Stellen des NT „Zurecht- weisung", sondern „Beweis, Überführung".

J. Schneider, S. 104: „Dem Glauben ist die Fähigkeit eigen, sich der nicht gegenständ- lichen Welt auf eine besondere Weise zu bemächtigen. Es werden unsichtbare Dinge als Wirklichkeit erkannt und anerkannt. Der Glaube trägt also in sich eine Gewißheit, die über alle Erfahrungsgewißheit hinausgeht."

zum Propheten kommt und ihn fragt: „Wehe, Herr, was wollen w
nun machen?", antwortet Elisa: „Fürchte dich nicht, denn derer, d
bei uns sind, sind mehr als derer, die bei ihnen sind." Und Eli
betete: „O Herr, öffne ihm doch die Augen, daß er sieht!" Und Go
öffnete dem Diener die Augen, und er sah: da war der Berg rin
um Elisa her voll feuriger Rosse und Wagen (2 Kö 6, 16–17). Au
hier wird nicht berichtet, daß Gott erst in jenem Augenblick sei
himmlischen Heere gesandt habe. Diese himmlischen Mächte hatt
längst den Propheten umringt, aber sie waren den Augen des Di
ners verborgen. Es bedarf einer besonderen Öffnung des Blick
damit auch der Diener diese Wirklichkeit schauen kann, die seine
Herrn, dem Propheten, längst offenbar war. So bedeutet Glaub
daß uns in der persönlichen Hinwendung zu Gott die Realität d
2 unsichtbaren Welt erschlossen wird. Auf diese Weise wird d
Glaube zum Weg, auf dem wir die Erfahrung der Wirklichkeit Go
tes machen; es ist ein sich Hineinstellen in das Tun Gottes. Go
bezeugt sich nur den Glaubenden, und zwar durchaus nicht immer
sinnenfälliger Weise, sondern oft gegen unsere natürliche Erken
nis, in unserem Herzen und Gewissen. Der Heilige Geist schenkt u
eine innere Gottesgewißheit (vgl. Rö 8, 16), die allen scheinb
widersprechenden äußeren Erfahrungen überlegen ist (vgl. V. 3
Dieses Zeugnis des Heiligen Geistes, das der gläubigen Gemein
geschenkt ist, haben auch die Väter des Glaubens empfangen. G
hat sich zu den Vätern und ihrem Glauben bekannt und ihnen se
„Zeugnis" ausgestellt im Wort der Heiligen Schrift.

3 Der Glaube ist nicht nur eine innere Erfahrung der Gegenwa
Gottes. Der Glaube gibt auch Einsicht in verstandesmäßig nicht a
hellbares Geschehen. Das betont der Apostel mit den Worten: **Du
den Glauben erkennen wir, daß die Welten durch Gottes Wort i
Dasein gerufen worden sind, so daß aus dem Unsichtbaren das Sic
bare entstanden ist.** Niemand war bei der Schöpfung der Welt z
gegen. Über das Werden des Kosmos und den Anfang unseres Er
balles hat Gott für unsere menschliche Erkenntnis den Schleier d
Geheimnisses gelegt, den Menschen wohl nie lüften werden. We
der Apostel uns in diesem Zusammenhang auf das erste Blatt d
Bibel verweist, so kann uns daran deutlich werden, daß es sich
Schöpfungsbericht der Bibel nicht um alte Sagen oder längst üb
holte mythologische Vorstellungen handelt, sondern um zuverlässi
Offenbarung Gottes, die allerdings nur dem Glauben zugängl
ist. Gerade hier erweist sich der Glaube als „sechster Sinn" (v
1 Jo 5, 20). Dem glaubenden Menschen ist eine Erkenntnis der Wi
lichkeit geschenkt, die dem ungläubigen Menschen immer verschloss
bleiben wird. So erhärtet also Vers 3 die Aussage, die der Apos

ı Beginn dieses Abschnittes gemacht hatte, daß der Glaube „ein
ıeres Überführtsein von Dingen ist, die man nicht sieht[378]".
Durch den Glauben hat Abel Gott ein besseres Opfer als Kain 4
rgebracht. Schon mit dem ersten Beispiel der atst Zeugen des Glau-
ns zeigt der Apostel, daß der Glaube an Jesus Christus uns ein
nz neues Verständnis für die Aussagen des AT schenkt. Der atst
richt 1 Mo 4, 3–5 legt die Frage nahe: Woher wissen Kain und
bel vom Opfer? Jedes Opfer, von dem die Bibel erzählt, stellt den
rsuch des Menschen dar, die Sünde zu überwinden und die Ge-
einschaft mit Gott wiederzugewinnen. Auch hinter den Worten
Mo 3, 21 steht die Erkenntnis, daß ein unschuldiges Tier an Stelle
r schuldigen Menschen sterben muß, um ihnen die irdische Exi-
enz zu ermöglichen: „Und Gott der Herr machte dem Menschen
d seinem Weibe Röcke von Fell und legte sie ihnen um." Die
schichte der ersten Menschen ist schon unlösbar verbunden mit
r Tatsache des Opfers. Kain und Abel bringen beide Opfer dar;
er Abel bringt das „bessere, größere" Opfer[379]. Abels Opfer ist
m Opfer des Kain überlegen; in ähnlicher Weise ist auch der Dienst
su dem Dienst des Mose überlegen, ebenso der Neue Bund dem
ten Bund (Hbr 3, 3 und 8, 6).

Immer wieder sind die Ausleger der Heiligen Schrift der Frage
chgegangen, aus welchem Grunde Kains Opfer zurückgewiesen
ırde. Der hebr Text legt nahe, in 1 Mo 4, 7 die Begründung zu
chen: „Wenn du recht handelst, so kannst du dein Angesicht frei
ıeben; wenn du aber nicht recht handelst, so lauert die Sünde vor
r Tür." Das entspricht auch der Botschaft der Propheten im AT;
ht der Inhalt oder die Form der Opfer sind vor Gott wesentlich,
ndern ob die Opfer sichtbarer Ausdruck eines demütigen und ge-
rsamen Herzens sind. LXX setzt in ihrem Verständnis des Textes
raus, daß es ein ritueller Grund gewesen sei, warum Kains Opfer
ht angenehm war: „Hast du nicht gesündigt, wenn du recht
ferst, aber nicht richtig geteilt hast[380]?" Der jüdische Philosoph

H. Reuter: „Sinnlos ist der Streit um die Schöpfungsfrage, denn jeder muß sie für seine Person durch Entscheidung beantworten. Wer sich für den Glauben an den Schöpfer Gott entscheidet, wird in der Schöpfung überall das Wunderwerk Gottes mit sehenden Augen erkennen, und er wird sich wundern, daß andere Menschen die Hand Gottes nicht erkennen können. Wer sich gegen den Glauben an den Schöpfer Gott entscheidet, wird am Verstande dessen zweifeln, der Wesen und Dinge zu sehen vorgibt, von denen er nichts zu erkennen vermag" (Hebräerbrief, vervielfältigtes Manuskript, S. 313).

Grie *pleiona* vgl. Mt 6, 25; 12, 41–42.

1 Mo 4, 7 LXX wird wörtlich im 1. Clemensbrief 4, 4 angeführt. Vgl. Die Apostolischen Väter, Hrsg. J. A. Fischer, 1956, S. 29, Anm. 27: „Kains Opfer scheint dem LXX-Text zufolge korrekt gewesen zu sein in der Form der Darbringung, doch nicht in der Auswahl der Opfergaben."

Philo sah den Grund für Annahme oder Verwerfung des Opfe allein in der Opfergabe selbst: „Abels Opfergabe war lebend: Kains war leblos. Jene war überragender an Stärke und Üppigke Kains war schwächer (wertloser)." Ähnlich hat der jüdische G schichtsschreiber Josephus diese Stelle verstanden[381].

Während im atst Bericht der Unterschied der beiden Opfer nic mit letzter Klarheit begründet wird, entschlüsselt der Apostel hi dieses Geheimnis. Abels Glaube hat sein Opfer vor Gott angeneh gemacht. Hier liegt die entscheidende Aussage: Abel hat im Glaub gelebt, darum hat Gott sein Opfer angenommen. **Durch den Glaub empfing er das Zeugnis, daß er gerecht sei, da Gott das Zeugnis üb seinen Opfergaben ablegte.** Im atst Bericht wird uns nur gesagt, d „der Herr wohlgefällig auf Abel und sein Opfer sah, auf Kain ab und sein Opfer sah er nicht". Ob das auch nach außen in Ersch nung trat, wird uns nicht berichtet[382]. Auf jeden Fall wußten bei wie Gott über ihr Opfer dachte. Die Annahme des Opfers, das Al brachte, war Gottes Zeugnis über seinen Glauben. Die Glauben gerechtigkeit, die Gottes Wort Abraham zuspricht (1 Mo 15, 6), h auch Abel bereits empfangen. Frucht seines Glaubens ist, daß se Blut heute noch redet; der Zeuge des Glaubens **redet noch, obwo er gestorben ist.** „Abels Blut redet" (Hbr 12, 24), das Blut der Gla benszeugen ist fortwirkendes Geschehen. Das gilt nicht nur für Blutzeugen des Alten Bundes (Mt 23, 35), sondern in unüberbi barer Weise auch für das Blut Jesu Christi. Die furchtbare Üb nahme der Schuld am Tode Jesu durch Israel Mt 27, 25 „sein B komme über uns und unsere Kinder" bleibt wirksam bis zur Wied kunft Jesu in Herrlichkeit und der Wiederannahme des alten Gott volkes. Aber auch das Blut der Märtyrer der Gemeinde Jesu (O 6, 9–11) erhält besondere Bedeutung für die Erfüllung des Hei planes Gottes und wird bei der großen Endabrechnung Gottes r seinen Feinden als Ankläger und Zeuge gegen sie auftreten (O 17, 6; 18, 24). Es ist ein gewichtiges Zeugnis, das Gottes Wort d Zeugen des Glaubens ausstellt, daß *ihr Leben und Sterb* sich über ihren Tod hinaus in ferne Generationen auswirkt. A die Gemeinde Jesu braucht zu allen Zeiten solche Menschen in ih eigenen Reihen, die über ihren Tod hinaus ein beredtes Zeugnis Glaubens sind. Zu ihnen gehört auch jene Frau, die Jesus vor sein Sterbensweg salbte, und von der Jesus sagte: „Wo immer in

[381] Einzelheiten bei F. F. Bruce, S. 283 ff.

[382] M. Luther, S. 166 f: „Hieronymus gibt die Antwort, daß die Übersetzung Theodoti es deutlich mache, welche sagt: ‚Und es entflammte Gott über Abel' usw. So sagt a Chrysostomus zu unserer Stelle: ‚es heißt, ein Feuer sei aufgestiegen und habe s Opfer verzehrt' . . ."

elt dieses Evangelium gepredigt wird, da wird auch das, was sie tan hat, zu ihrem Gedächtnis erzählt werden" (Mt 26, 13).

Fortlaufend legt der Apostel das AT aus der Sicht des NT aus. 5
ırch den Glauben wurde Henoch entrückt, damit er den Tod nicht hen sollte, und er wurde nicht gefunden, weil Gott ihn entrückt tte. Zweimal wird im Bericht von Henoch 1 Mo 5, 21–24 gesagt: Ienoch wandelte mit Gott." Hier erklärt der Apostel, was das beutet: Henoch lebte im Glauben, und dieser Glaube war die Vorssetzung seiner Entrückung. Daran wird uns wieder deutlich, ß es sich beim Glauben nicht um einen menschlichen Denkakt ndelt, um ein gedankliches Fürwahrhalten irgendwelcher biblischer ıssagen oder theologischer Lehrsätze; glauben heißt, mit ott leben. Auf diesem Leben mit Gott ruht seinn Wohlgefallen. **nn vor der Entrückung hat er das Zeugnis empfangen, daß er Gott ›hlgefallen habe.** Im NT wird uns außerdem bezeugt, daß Henoch n Gott zum Zeugen und Verkündiger seiner richterlichen Gerechkeit berufen wurde (Jud 14–15). Glaube und Zeugnis des Henoch r seiner Entrückung werden auf diese Weise zum Hinweis auf die tscheidenden Voraussetzungen für die Entrückung der Gemeinde. ır Menschen, die im Glauben mit Gott leben und den Zeugendienst f Erden für ihn treu ausrichten, werden an der Entrückung teilben. Daß Gottes Wohlgefallen auf dem Glauben des Menschen, f seinem beharrlichen Festhalten an den Verheißungen Gottes
ıt, betont der Apostel noch einmal ausdrücklich: **Ohne Glauben** 6
er ist es unmöglich, ihm wohlzugefallen; denn wer sich Gott na- n will, muß glauben, daß er ist und denen, die ihn suchen, ein rgelter sein wird. Hier handelt es sich nicht um einen dogmatischen ‹ang, der uns aufgenötigt wird, sondern um eine Ordnung und gel, die Gott gesetzt hat. Der Glaube an Gott, so wie er uns am ispiel der Glaubenszeugen des AT aufgewiesen wird, ist von Gott ›ordnete Voraussetzung für den, der das Heil erlangen will. Wie Zeugen des AT, so sind auch die Glieder der ntst Gemeinde an ı Glauben gebunden. Die Erklärung des Glaubensbegriffes von rs 1 wird wieder aufgenommen; die Existenz Gottes gehört zu den sichtbaren himmlischen Dingen, die unserer Vernunftserkenntnis ht zugänglich sind. Immer wieder spricht das NT von der Unsichtkeit Gottes (vgl. Kol 1, 15–16); Gottes Ewigkeit und seine Unıtbarkeit in dieser Welt sind unlösbar miteinander verbunden, „er ›hnt in einem unzugänglichen Lichte" (1 Tim 1, 17; 6, 16), und doch ın ein Mensch in der Begegnung mit Jesus Christus die Wirklichit des unsichtbaren Gottes so erfahren, als sei er sichtbar gegenırtig (Jo 1, 18; Hbr 11, 27). Ist die Unsichtbarkeit Gottes einerseits unausgesprochene Voraussetzung für den Glauben, so ist anderer-

seits der Glaube doch mehr als nur ein gedanklicher Vorgang, in d ein Mensch die Unsichtbarkeit Gottes anerkennt; unser Glaube vielmehr Ausdruck einer totalen Lebensgemeinschaft mit Gott, alle Bezirke unseres Lebens umgreift. Glaube ist der Schritt zu G hin, durch den wir ihm nahen, und ist unlösbar an die Person unse Herrn Jesus Christus gebunden (Jo 14, 1. 6; Hbr 7, 25). Wer du Christus in die Gemeinschaft mit Gott gefunden hat, wer mit G lebt, ist auch erfüllt von der tiefen Hoffnung auf ein letztes Geri Gottes, in dem der verborgene Gott und seine verborgene Gerecht keit offenbar werden. Gott wird der „Vergelter" sein. Die Wied kunft Jesu zur endgültigen Erlösung seiner Gemeinde wird zugle das Gericht über die Feinde Gottes bringen[383].

7 Mit unüberbietbarer Klarheit spricht der Apostel aus, daß Leben der Gotteszeugen, von denen die biblische Urgeschichte beri tet, durch ihren Glauben gekennzeichnet ist. Auch Noah gehörte diesen Männern des Glaubens. Ebenso wie von Henoch sagt die Bi auch von ihm: „Noah wandelte mit Gott" (1 Mo 6, 9); das heißt ntst Sinne: Noah stand in einer echten Glaubensbeziehung zu d lebendigen Gott. Noah empfing eine Offenbarung Gottes[384]; s Glaube bewährte sich darin, daß er diese Offenbarung Gottes oh Zweifel und Widerspruch annahm; er handelte gemäß der empfan nen Offenbarung. Im Glauben wurde ihm der Blick in die Zuku geöffnet; zugleich aber nahm er Gottes Gerichtsandrohung ganz ern Aus Ehrfurcht vor Gott und aus Furcht vor der kommenden Ka strophe begann Noah mit dem Bau der Arche. Gott hatte es ihm fohlen, Noah gehorchte. Glaube und Gehorsam gehören zusamm und sind Voraussetzung dafür, „Gnade vor dem Herrn zu finde (1 Mo 6, 8), sie sind die einzige Voraussetzung zum Heil, u wirken sich in einem Gott wohlgefälligen Leben aus. Damit begeg uns schon im Leben der atst Zeugen eine Tatsache, die gerade au für die Glaubenserfahrung jedes Christen wichtig ist: Es gibt kein Glauben ohne praktischen Gehorsam gegen das Wort Gottes. I Apostel Paulus weiß sich geradezu von Gott gesandt, durch se Verkündigung des Evangeliums Menschen zum „Gehorsam Glaubens" aufzurufen (Rö 1, 5; 15, 18; 16, 26)[385]. Wie Abel du sein Opfer, so richtet Noah durch den Bau der Arche ein Zeichen Glaubens auf, das für den Unglauben sichtbar wird. Noahs Glau und sein Gehorsam gegen Gottes Wort bedeuten das Urteil über von Gott abgefallene ungläubige Menschheit und erwirken ihm Gerechtigkeit vor Gott. „Gehorsam gegen Gott löst von der W

[383] Vgl. Mt 25, 10–12; 1 Pt 1, 3. Siehe auch die Auslegung zu Hbr 10, 35.
[384] Grie *chrämatizesthai* „eine göttliche Weisung erhalten" vgl. Mt 2, 12. 22; Hbr 8, 5.
[385] Vgl. Apg 6, 7; 2 Ko 10, 5; 1 Pt 1, 22; Hbr 11, 8; siehe dazu W. Stb. Rö S. 33.

geradezu Gericht über die Welt[386]." So wird der Gehorsam des
ubens zu einem Zeugnis für die Umwelt, er wird Verkündigung;
ah wird durch seinen Gehorsam zum „Prediger der Gerechtigkeit"
Pt 2, 5).

Gott gestaltet die Geschichte durch Menschen des Glaubens. Dafür
dem Apostel die biblische Urgeschichte ein beredter Hinweis.
on im Leben der atst Glaubenszeugen zeichnen sich die Linien
die für die Gemeinde wichtig sind. Abel bewährt seinen Glauben
Martyrium, Noah geht durch Bedrängnis inmitten einer ungläubi-
Welt. Aber sie werden von Gottes Hand gehalten. Der Gott
Väter ist auch der Gott der Gemeinde. Darum sollen die Gläubigen
der Bedrängnis standhalten, in der Gewißheit, daß Gott auch ihr
gnis benutzen wird, um die Heilsgeschichte zu seinem Ziel zu
ren.

B. Der Glaubensweg der Erzväter

Hbr 11, 8—22

I. Abraham

Hbr 11, 8—19

Durch den Glauben gehorchte Abraham, als er berufen wurde, an einen Ort auszuziehen, den er zum Erbe empfangen sollte, und er zog aus, ohne zu wissen, wohin er kommen werde. * Durch den Glauben siedelte er sich als Fremdling im Lande der Verheißung wie in einem fremden an und wohnte in Zelten mit Isaak und Jakob, den Miterben der gleichen Verheißung, * denn er wartete auf die Stadt, die feste Fundamente hat, deren Erbauer und Schöpfer Gott ist. * Durch den Glauben empfing auch Sara selbst Kraft, Nachkommenschaft zu erhalten entgegen der Zeit des Alters, da sie den für treu erachtete, der die Verheißung gegeben hatte. * Daher sind auch von einem, und zwar einem Erstorbenen, Nachkommen entsprossen wie die Sterne des Himmels an Zahl und wie der Sand am Ufer des Meeres, der unzählbar ist. * Im Glauben sind diese alle gestorben, ohne die Verheißungen erlangt zu haben, aber sie sahen sie von ferne und grüßten sie und bekannten, daß sie Fremde und durchreisende Gäste auf der Erde seien. * Denn die solches sagen, geben zu er-

Zu Vers 8:
1 Mo 12, 1. 4
Rö 4, 16
Zu Vers 9:
1 Mo 12, 5—9
1 Mo 23, 4
1 Mo 26, 3
1 Mo 35, 12
1 Mo 47, 9
1 Pt 2, 11
Hbr 6, 12. 17
Zu Vers 10:
Hbr 9, 11. 24
12, 22
13, 14
Gal 4, 26
Offb 21,
2. 14. 18—20
Zu Vers 11:
1 Mo 17, 19

O. Michel, S. 256.

1 Mo 18, 10
1 Mo 21, 1–7
Lk 1, 45
Rö 4, 19–20
1 Ko 10, 13
Hbr 10, 23
Zu Vers 12:
1 Mo 15, 5
1 Mo 22, 17
1 Mo 32, 13
2 Mo 32, 13
Da 3, 36 LXX
Zu Vers 13:
1 Mo 49, 18
Mt 13, 17
Jo 8, 56
Hbr 11, 39
1 Mo 23, 4
1 Mo 47, 9
1 Chro 29, 15
Ps 39, 13
2 Ko 5, 6
Eph 2, 19
1 Pt 1, 1
1 Pt 2, 11
Hbr 13, 13–14
Zu Vers 14:
Jo 14, 2–3
2 Ko 5, 1 ff
Zu Vers 16:
Hbr 7, 19
2, 11
2 Mo 3, 6
Mt 22, 32
Mk 12, 26
Lk 20, 37
Offb 21, 2
Zu Vers 17:
1 Mo 22, 1–18
Jak 2, 21
Jo 1, 14. 18
Jo 3, 16. 18
1 Jo 4, 9
Zu Vers 18:
1 Mo 21, 12
Rö 9, 7
Zu Vers 19:
Rö 4, 17
1 Ko 15, 26

15 kennen, daß sie ein Vaterland suchen. * Und wenn sie an je
gedacht hätten, aus dem sie ausgezogen waren, so hätten sie Z
16 gehabt, umzukehren. * Jetzt aber begehren sie ein besseres,
heißt ein himmlisches. Deshalb schämt sich Gott ihrer nicht,
Gott genannt zu werden; denn er hat ihnen eine Stadt berei
17 * Durch den Glauben hat Abraham den Isaak (als Opfer) **d**
gebracht, als er versucht wurde, und er brachte den einzi
18 (Sohn) **dar, er, der die Verheißungen empfangen hatte, * zu d**
gesagt worden war: „Nach Isaak soll dir Nachkommenschaft
19 nannt werden"; * er rechnete damit, daß Gott mächtig sei, a
von den Toten zu erwecken. Daher erhielt er ihn auch als
Gleichnis zurück.

Die ganze Vielfalt ntst Glaubenserfahrungen weist der Apos schon im Leben Abrahams nach. Abraham ist der „Vater der Gl bigen" (Rö 4, 16). Was Glaube heißt, lernen wir an seinem Leb sein Glaube ist vorbildlich für den Glauben der ntst Gemeinde. M wenigen Worten läßt der Apostel noch einmal die Geschichte Erzväter lebendig vor unseren Augen erstehen[387]. Gottes Ruf h Abraham aus seiner bisherigen Umwelt heraus. „Gott sprach" wie das geschah, wird uns nicht gesagt. Aber Abraham weiß, daß der lebendige Gott ist, der zu ihm spricht, und er weiß auch, daß Abraham, persönlich von Gott gemeint ist. Gott gibt ihm Auft und Verheißung. Er löst ihn aus allen bisherigen Lebensbindun heraus, um ihn in eine ganz neue Wirklichkeit, die Wirklichkeit Glaubensgemeinschaft mit Gott, hineinwachsen zu lassen. Abrah gehorcht wortlos! Im Gehorsam gegen die Verheißung geht Abrah aus seiner Heimat, ohne das Ziel zu kennen. Abrahams G l a u i s t G e h o r s a m g e g e n ü b e r d e m W o r t G o t t e s. Er sitzt nichts anderes als die Verheißung Gottes und tut etwas, außerhalb der Gottesgemeinschaft völlig widersinnig wäre. M Recht kann Kierkegaard sagen: „Im Glauben wanderte Abrah aus dem Lande der Väter und wurde ein Fremdling im Lande Verheißung. Eins ließ er zurück, doch eins nahm er mit sich: sei irdischen Verstand ließ er zurück, und den Glauben nahm er m sonst wäre er wohl nicht ausgewandert, sondern hätte gedacht: ist ja Wahnwitz[388]." Abraham verläßt sich unterwegs auf die F rung durch Gott, auf seine unsichtbare Wirklichkeit, die für das türliche Denken des Menschen einer Wahnvorstellung gleichkom Gerade die Berufung Abrahams in ihrer heilsgeschichtlichen Einma

[387] Wir verweisen auf die Auslegung der Geschichte Abrahams in dem Buch von Johan Busch, Ausländer auf Befehl, Wuppertal 1953².

[388] Sören Kierkegaard, Ges. Werke III, S. 59 f.

it als Vorbild für das souveräne Handeln Gottes im Leben der
äubigen, und Abrahams Antwort in Gehorsam und Vertrauen,
t die Ausleger der Heiligen Schrift immer stark bewegt. Als ein
ispiel dafür lassen wir die Worte Luthers folgen: „Eben das ist
Herrlichkeit des Glaubens: nicht wissen, wohin du gehst, was du
it, was du leidest, alles, Gefühl und Verstand, Können und Wollen
fangen geben und der bloßen Stimme Gottes folgen, also mehr
h führen und treiben lassen, denn selber treiben. Und so mag sicht-
r sein, daß Abraham mit diesem Glaubensgehorsam das höchste
rbild eines evangelischen Lebens gegeben hat, da er alles hinter
h gelassen hat, allein dem Herrn gefolgt ist, das Wort Gottes allem
rgezogen, über alles geliebt hat, freiwillig ein Fremdling und jede
inde Gefahren auf Leben und Tod unterworfen[389]."
Als Abraham in das Land der Verheißung kommt, findet er es 9
reits besiedelt vor, die Kanaaniter wohnen dort (1 Mo 12, 6). Er
ßt sich nicht in ihren Städten nieder; er baut auch selber keine Stadt.
wohnt zwischen ihren Städten in Zelten. Sein Glaube macht
n auf Erden zum Fremdling und Pilger. Nicht nur
Herzen weiß er sich gelöst von der Welt und gebunden an seinen
tt, er bringt seinen Glauben auch äußerlich sichtbar zum Ausdruck.
ne Fremdlingschaft tritt nach außen zutage: das Zelt ist die Woh-
ng des Nomaden und Reisenden. Abraham wohnt im Land der
rheißung als Fremdling; das aber gerade trägt ihm die erneute
rheißung Gottes ein. „Da erschien der Herr dem Abram und sprach
ihm: Deinen Nachkommen will ich dieses Land geben" (1 Mo
7). Seine Fremdlingschaft im Glauben wird zugleich zu einem
erwältigenden Zeugnis für die Umwelt. Die Heiden bekennen:
u bist ein Gottesmann mitten unter uns" (1 Mo 23, 6). Das gleiche
erfährt später Isaak; Gott spricht zu ihm: „Weile als Fremdling
diesem Lande, ich will mit dir sein und will dich segnen" (1 Mo
3). Und seine heidnischen Nachbarn können nicht umhin, ihm das
ugnis auszustellen: „Wir sehen nun in der Tat, daß der Herr mit
ist" (1 Mo 26, 28). Aber dieses Zeugnis ist nur möglich, weil die
ter des Glaubens in einer bewußten Distanz zu ihrer Umwelt blei-
. „Der Einzug in das gelobte Land bringt keinen Abschluß, kein
de der Probezeit, kein Aufhören der Versuchung. Im Gegenteil,
neue Situation verlangt neuen Glauben und neuen Gehorsam.
s Leben der Patriarchen steht also äußerlich im Widerspruch zur
pfangenen Verheißung. Auch ihr Glaube ist auf die Unsichtbar-
t und die zukünftige Welt eingestellt[390]." Die Gemeinde Jesu
ernimmt das geistliche Erbe der Väter des Alten Bundes. Auch sie

M. Luther, S. 173.
O. Michel, S. 260.

kann sich in dieser Welt nicht häuslich niederlassen; es bleibt in i
allezeit das Bewußtsein lebendig, Fremdkörper in dieser Welt
sein: „Wir haben hier keine bleibende Stadt, sondern die zukünfti
10 suchen wir" (Hbr 13, 14 vgl. 2 Ko 6, 10)[391]. Auf die kommende He
lichkeit Gottes, die „zukünftige Stadt", die das Ziel der Gemein
Jesu ist, hat bereits Abraham gewartet. Der Apostel weist auf him
lische Wirklichkeiten hin, die uns in Offb 21 und 22 unter dem B
des himmlischen Jerusalem in Einzelheiten erläutert werden. Zugle
macht er eine Aussage, die von der ntst Erkenntnis aus bei weit
die Offenbarung des AT überschreitet: Abraham hat bereits um d
himmlische Jerusalem gewußt; er hat mit Bestimmtheit erwart
daran Anteil zu haben, und er hat die Endoffenbarung der Herrli
keit Gottes herbeigesehnt. Wie Abraham um das Kommen Jesu g
wußt hat (Jo 8, 56), so hat er auch mit der Vollendung der Herrli
keit Gottes auf Erden gerechnet. Sein *Glaube rechnet m*
der konkreten Verwirklichung der Herrlichke
Gottes. Abraham hat die kommende Stadt Gottes *erwartet*[392]
wir haben *im Glauben* bereits unmittelbaren *Anteil an Go*
tes Stadt (Hbr 12, 22); die sichtbare Vollendung steht aber a
für die Gemeinde Jesu noch aus. Gott selbst ist Bildner und Bauh
dieser zukünftigen Stadt. Sie ist nach Gottes Plan entworfen u
geht aus seiner Schöpferhand hervor; sie ist wunderbare Schöpfu
Gottes, die nicht mit Händen gemacht ist (vgl. Hbr 9, 11. 24). I
„Zelte", die Wohnungen des wandernden Gottesvolkes im Al
und im Neuen Bund (vgl. 2 Ko 5, 1) haben kein Fundament; sie s
auf Abbruch gebaut. Die kommende Stadt Gottes aber hat
Fundament, Gott selber garantiert ihren ewigen Bestand.
11 **Durch den Glauben empfing auch Sara Kraft, Nachkommensch**
zu erhalten, entgegen der Zeit des Alters, da sie den für treu era
tete, der die Verheißung gegeben hatte. Dieser Vers bereitet ein
textlich Schwierigkeiten; wir könnten ihn nach einigen Handschrif
des NT auch übersetzen: „Durch den Glauben *empfing er* (Ab
ham) auch *mit der Sara*, obwohl sie unfruchtbar war, sel
Kraft, Nachkommenschaft zu erzeugen, entgegen der Zeit des Alte
Diese Lesart entspräche sachlich dem atst Bericht. Doch die Mehrz
der Textzeugen liest „Sara" als Subjekt des Satzes. Damit steh
wir vor der Frage, was der Apostel mit seiner Aussage gemeint h
ben könnte. Sara ist im AT gerade kein Beispiel des Glaube
1 Mo 18, 12 berichtet: Sara lachte, als sie die göttliche Verheißu
hörte. Der Tadel Gottes macht deutlich, daß es ein ungläubiges Lac

391 Vgl. Esth 3, 8.

392 Ebenso hat auch schon der Prophet Hesekiel die heilige Stadt Gottes schauen dürf
vgl. die Schilderung Hes 40, 1–2; 47, 1–7. 12 mit Offb 21, 1–2; 22, 1–2.

r. Trotzdem gebar sie Isaak. Ihr Lachen nach Isaaks Geburt war eifellos anderer Art: „Ein Lachen hat mir Gott bereitet" (1 Mo 6); hier ist es das Staunen über ein unbeschreibliches Wunder. nnoch sagt der Apostel, daß ihr Glaube der Empfängnis Isaaks rausging. Damit tritt eine Grundlinie hervor, die unser ganzes pitel durchzieht: Er kann mit seinem geistlichen Blick den Glau- dort erkennen, wo andere Menschen gar nichts wahrnehmen[393]. d noch einen weiteren Gesichtspunkt müssen wir bedenken: Die wierigkeiten des Textes lösen sich auf, wenn wir Abrahams Ehe t Sara im ursprünglich schöpfungsmäßigen Sinne als die totale heit zweier Menschen nach Leib, Seele und Geist verstehen. Was Sara ausgesagt wird, gilt in gleicher Weise von Abraham. Im uben empfingen Abraham und Sara die Kraft zur Nachkommen- aft, obwohl dies menschlich unmöglich war (vgl. Rö 4, 18–21). Glaube bindet sich allein an die Verheißung d Treue Gottes, nicht an die irdischen Mög- hkeiten. Sie „empfangen Kraft" (grie *dýnamis*) durch das nderbare Eingreifen Gottes, das die Ordnung des natürlichen seins aufhebt (vgl. Lk 1, 35; Hbr 1, 3; 7, 16). Die Glaubenserfah- g Abrahams und Saras berührt sich mit der Glaubenserkenntnis, der Apostel in Hbr 11, 3 ausgesprochen hat: Gott schafft aus Nichts, aus dem Tod das Leben (Rö 4, 17). Das Geheimnis aber ibt bestehen, daß Gott sein Heilshandeln an den Glauben gebun- hat. Erst der Glaube ermöglicht die Wirksamkeit Gottes[394]. Gott wortet auf den Glauben des Menschen, der „ihn für treu erach- ', der an dem Wortlaut seiner Verheißungen festhält, auf die ise, daß er alle seine Zusagen erfüllt, auch dann, wenn diese üllung erst in ferner Zukunft liegt. Schon der Wortlaut der atst 12
heißung an Abraham macht ja deutlich, daß es sich um ein Ver- echen handelt, das erst jenseits der irdischen Lebensmöglichkeit rahams seine Erfüllung finden kann. Abraham hat nur den ıen Nachkommen erlebt, die geschichtliche Erfüllung dieser Ver- ßung hat sich über den ganzen Alten Bund erstreckt und wird Enderfüllung erst mit dem Abschluß des Neuen Bundes, mit der lendung der Gemeinde finden. Denn der Apostel weiß, daß die- „Same Abrahams" gegenwärtig in der Gemeinde des Christus talt gewinnt[395].

Diese alle, die Urväter und die Erzväter, **sind im Glauben gestor-**
. Die Erfüllung der Verheißung – der Empfang der Ruhe Gottes, 13

'gl. F. F. Bruce, S. 299 f.
'gl. Mk 6, 5–6: „Er konnte allda nicht eine einzige Tat tun; ... er verwunderte sich ihres Jnglaubens." par. Mt 13, 58; vgl. Mk 9, 24.
'gl. Gal 3, 6–7; Hbr 2, 11–16; Offb 7, 9.

die verheißene Erlösung, der Anbruch der Herrlichkeit Gottes a
Erden — ist ihnen während ihrer irdischen Lebenszeit nicht zut
geworden; dennoch rechnen sie fest mit der Zuverlässigkeit d
göttlichen Wortes. Ihr Glaube erweist sich in zuve
sichtlicher Geduld, in unbeirrbarer, kons
quenter Lebenshaltung. Sie leben als „Fremde und dur
reisende Gäste" auf Erden. Wie die Gemeinde Jesu die Verheißung
des wandernden Gottesvolkes des Alten Bundes übernommen h
so auch seine Fremdlingsschaft. Die natürlich-menschliche und
geistliche Seinsweise schließen sich notwendig gegenseitig aus: W
mit seiner ganzen Existenz in dieser irdischen Welt verwurzelt
dem bleibt die Welt Gottes fremd. Wer aber das Bürgerrecht in
Stadt Gottes erlangt (Eph 2, 19; Phil 3, 20), wer mit den Wurz
seiner Existenz in der Ewigkeit Gottes haftet, der hat kein Heim
recht mehr in dieser Welt (1 Pt 1, 1; 2, 11; Hbr 13, 13–14). D
Glaube ist Wanderschaft nach der himmlisch
14 Heimat, die besser als die irdische ist. Die Erzväter suchen ni
das, was sie verloren haben; sie streben vielmehr nach der Heim
von der sie durch Gottes Offenbarung Kenntnis erlangt haben u
15 die sie um jeden Preis gewinnen wollen. Für ihren Glauben gibt
kein Zurück mehr. Ihr persönliches Verhalten im alltäglichen Leb
ihr unbeirrbares Wandern auf das Ziel Gottes zu, bestätigt ih
16 Glauben. Sie wissen, daß Gott für die ewige Zukunft seiner Kin
vorgesorgt hat; „er hat ihnen eine Stadt bereitet". Gott schämt s
seiner sündhaften, fehlbaren Kinder nicht, er geht vielmehr
Gemeinschaft mit ihnen ein und bekennt sich zu ihnen, weil sie s
im Glauben ganz ihm ausgeliefert haben. Die Erzväter haben s
durch ihren Glauben zu Gott bekannt (V. 13), deshalb bekennt s
Gott zu ihrem Glauben. Wie Gott sich nicht schämt, der „Gott
Väter" genannt zu werden (2 Mo 3, 6), ebenso schämt sich a
Christus nicht, die Glieder seiner Gemeinde „seine Brüder" zu n
nen (Hbr 2, 11).

17 Aller Glaube muß durch die Bewährung hindurch, durch Anfe
tung und Versuchungen. Auch in dieser Beziehung richtet Gott
Leben des Abraham ein Zeichen auf, das für alle Zeiten gültig
Die schwerste Glaubensprobe steht nicht am Anfang seines Weg
sondern sie trifft den im Glaubensgehorsam gereiften Zeugen
Herrn. Gott fordert seinen Knecht auf, das ihm gegebene Versp
chen wieder in seine Hand zurückzulegen. Dadurch gerät Abrah
in eine Anfechtung, deren Mächtigkeit und Tiefe auch für die Gl
bigen des Neuen Bundes unvorstellbar ist. „Wir sollten die V
suchung Abrahams nicht allzu nahe mit den Schwierigkeiten unse
Glaubenslebens verknüpfen, so gewiß sie uns zum Trost und

lehrung aufgeschrieben ist. Wir müssen bedenken, daß es sich,
e Luther sagt, um eine wahrhaft patriarchalische Anfechtung han-
:t, wie sie so nur der Erzvater der Gläubigen bestehen konnte.
geht ja hier um viel mehr als um Persönliches und wäre es das
erteste und Liebste. Es geht wirklich um das Ganze der göttlichen
rheißung, um die ganze Hoffnung, um das ganze Heil der Welt,
; Abraham in Isaak versprochen war[396]." Gott begegnet Abraham
r in seiner unergründlichen Verborgenheit. Doch Abraham wider-
ebt ihm nicht; in der Stunde der Versuchung ist er auch zum
zten Opfer bereit. Er spricht mit niemandem über die ungeheuer-
ie Forderung Gottes, sondern geht in völliger Einsamkeit den
eg des Glaubens. Aber sein Glaube klammert sich an
n Gott der Verheißung, der auch über den
ärksten Feind Herr wird. Abraham weiß, daß der Gott
Verheißung Sieger auch über den Tod ist. „Entgegen aller Hoff-
ng hat er auf Hoffnung geglaubt" (Rö 4, 17—18). Mit seiner Ein- 18
ligung in die Opferung Isaaks gibt er die Verheißung Gottes
is. Aber Abraham rechnet mit der Wirklichkeit der Auferstehung 19
d der Überwindung des Todes (1 Ko 15, 26). Sein Glaube wird
bildlich für die Gemeinde des Neuen Bundes. So wird die Opfer-
g Isaaks auf Morija zu einem „geheimnisvollen Sinnbild" (grie
aboláe) für den Tod und die Auferstehung Jesu, für jenes heilige
schehen, in dem der himmlische Vater seinen einzigen geliebten
in als Opfer für die Sünden einer verlorenen Welt dahingab[397].

II. Isaak, Jakob und Joseph

Hbr 11, 20—22

Durch den Glauben segnete Isaak den Jakob und den Esau sogar im Blick auf die zukünftigen Ereignisse. * Durch den Glauben segnete Jakob sterbend jeden der Söhne Josephs, und er betete

Zu Vers 20: 1 Mo 27, 28—40

Wilhelm Vischer, Das Christuszeugnis des Alten Testaments, München, 1935², S. 176.
. a. O. S. 176 f: „Und sehen wir denn nicht, wie über diesem Opfergang das Dunkel les Karfreitags liegt und wie die finstre Wolke umsäumt ist von dem Glanz der Ostersonne? So wie die Erzählungen von der Erwartung und Geburt Isaaks, wenn das Licht les Evangeliums hinter sie gestellt wird, zu Weihnachtstransparenten werden, so werlen die Worte dieses Kapitels durchsichtig: ‚... Nimm deinen Sohn, den Eingeborenen, den lu lieb hast ... Morija ... erhöhe ihn dort als Opfer auf einem der Berge ... Nach dreien 'agen ... er sprach zu seinen Knechten: bleibt ihr hier mit dem Esel ... er legte die Hölzer zur Darhöhung seinem Sohne auf ... mein Vater! ... mein Sohn!' Können wir las alles lesen ..., ohne daß wir wie durch ein Fenster in die Ferne blicken und den Eingeborenen, den der Vater lieb hat, vom Ölberg über Gethsemane den Passionsweg gehen sehen als das Lamm, das der Welt Sünde trägt?"

Zu Vers 21:
1 Mo 47, 29–31
1 Mo 48,1–20
Zu Vers 22:
1 Mo 50, 24–25

**22 an (neigte sich) über der Spitze seines Stabes. * Durch den Gl
ben gedachte Joseph, als er starb, des Auszuges der Söhne Isra
und traf Anordnungen über seine Gebeine.**

Schritt für Schritt öffnet uns der Apostel den Blick für die gei
lichen Zusammenhänge des atst Geschehens, die nur aus der Sicht
NT recht geschaut werden können. Die Bibel weiß davon, daß
20 letzten Worte eines gläubigen Menschen, der unmittelbar an
Schwelle der Ewigkeit steht, von besonderer Bedeutung sind (1 M
49; 5 Mo 33; Jos 24; 2 Sam 23, 1–5). Darum haben die Jünger J
auch die Abschiedsreden ihres Herrn und seine Worte am Kreuz
besonderer Treue und Sorgfalt überliefert, wie uns auch das let
Wort des Stephanus berichtet wird (Apg 7, 58–59). Im Segensw
der sterbenden Erzväter geht die Verheißung Gottes weiter
Generation zu Generation und begleitet die Geschichte des Glaub
in Israel bis auf jenen Tag, an dem mit dem Kommen Jesu Chr
in diese Welt die Herrlichkeit Gottes anbricht.

Selbst im Sterben noch haben die Erzväter Isaak, Jakob und Jose
Zeugnis von ihrem Glauben abgelegt und mit der Erfüllung
göttlichen Verheißung gerechnet[398]. Isaaks Glaube fügt sich in G
tes Plan ein. Auch durch die persönliche Schuld der glaubenden M
schen hindurch wirkt Gott in einer verborgenen Weise zum Heil
Menschen. An Isaak wird für alle Zeiten deutlich, daß der Se
der Väter und ihr Gebet wirksames Geschehen sind.
21 Jakobs Glaube gibt den Segen weiter. Der Stab ist das Zeic
seiner Wanderschaft. Die Spitze des Stabes, der ihm hier auf Er
gedient hat, zeigt jetzt nach oben, weist auf das Ziel seiner Wanc
22 schaft. Der Glaube Josephs rechnet – auch nachdem bereits Gene
tionen seit der ersten Verheißung verflossen sind – fest mit der
füllung der Verheißung Gottes (1 Mo 50, 24). Sein Glaube ist „
feste Zuversicht des Erhofften" (V. 1). Selbst als Sterbender, ja ü
seinen Tod hinaus, bleibt Joseph unter dem Zeichen der Wanc
schaft. Er weiß, daß er auch in dem Lande, in dem er stirbt, ke
bleibende Stadt hat.

398 A. Schlatter, S. 403: „Der Segen, den die Väter über ihre Söhne sprachen, ist darum besonderer Weise eine Äußerung ihres Glaubens, weil sie hier über das, was ihnen heißen ist, verfügen, als wäre es ihr gegenwärtiger Besitz. Sie rechnen das zu ihrer H die sie ihren Söhnen hinterlassen können, nicht nur in Wünschen, sondern mit ma voll segnendem Wort. So fest eigneten sie sich die Gaben Gottes an; sie waren i gewiß."
Vgl. auch W. Loew, S. 94: „Die Überwindung des Todes ahnend, gibt von den Vä einer nach dem andern sterbend die Hoffnung weiter, deren Erfüllung ihm nicht z geworden ist; sie bezeugen damit, daß die Grenze des Todes im Glauben keine Gre mehr ist."

C. Moses Glaubensvollmacht

Hbr 11, 23–29

Durch den Glauben wurde Mose nach seiner Geburt drei Monate von seinen Eltern verborgen, weil sie sahen, daß es ein schönes Kind war, und sie fürchteten den Befehl des Königs nicht. * Durch den Glauben weigerte Mose sich, als er groß geworden war, ein Sohn der Tochter Pharaos zu heißen; * er erwählte lieber, zusammen mit dem Volk Gottes schlecht behandelt zu werden als einen zeitweiligen Genuß der Sünde zu haben. * Er achtete die Schmach des Christus für einen größeren Reichtum als die Schätze Ägyptens; denn er sah auf die Vergeltung. * Durch den Glauben verließ er Ägypten, ohne den Zorn des Königs zu fürchten; denn den Unsichtbaren vor Augen, als sähe er ihn, blieb er standhaft. * Durch den Glauben hat er das Passah durchgeführt und die Bestreichung (der Türpfosten) mit Blut, damit nicht der Verderber ihre Erstgeburt anrühre. * Durch den Glauben zogen sie durch das Rote Meer wie durch trockenes Land; als die Ägypter es versuchten, ertranken sie.

Zu Vers 23: 2 Mo 2, 1–2; 2 Mo 6, 20; 4 Mo 26, 59; Apg 7, 20–34; Apg 5, 29
Zu Vers 24: 2 Mo 2, 11–12; Apg 7, 23
Zu Vers 26: Ps 69, 10; Ps 89, 51–52; Hbr 10, 34–35; 11, 6; 13, 13
Zu Vers 27: 2 Mo 2, 15; 2 Mo 12, 51; Jo 1, 18; Jo 6, 46; Rö 1, 20; Kol 1, 15; 1 Tim 1, 17; 1 Tim 6, 16; 2 Ko 4, 18; Hbr 11, 1
Zu Vers 28: 2 Mo 12, 1–14; 1 Ko 5, 7
Zu Vers 29: 2 Mo 14, 5–31; 1 Ko 10, 1–4

23

Vir können uns in die geistliche Schau des Apostels nur einfühlen, n wir den atst Bericht 2 Mo 2, 1–10 mit den Aussagen in Apg 7, -34 vergleichen. Dabei wird uns sofort auffallen, daß das NT in Einzelheiten, die es uns über Mose berichtet, über die Aussagen AT hinausgeht. Mose wurde „im Glauben" verborgen; seine rn hofften ganz auf Gottes Hilfe und seinen Beistand. Aus dem ıbigen, vertrauensvollen Umgang mit Gott schöpften sie die ft, an Gottes bewahrender Ordnung festzuhalten und um seinet- en Menschensatzungen zu übertreten. In ihrem Verhalten tritt its die göttliche Grundregel zutage, die Petrus vor dem Hohen in die Worte faßte: „Man muß Gott mehr gehorchen als den ıschen" (Apg 5, 29). An vielen Stellen der Heiligen Schrift wird deutlich, daß jede staatliche Gewalt nur Autorität beanspruchen n, solange sie sich bei der Ausübung ihrer Macht den göttlichen ndordnungen unterstellt[398].

as Fundament seines Glaubenslebens wurde bei Mose schon in ıester Kindheit gelegt. Die ersten Eindrücke, die er von seinen esfürchtigen Eltern empfing, wurden bestimmend für sein gan- Leben. Auch eine jahrzehntelange Erziehung im Geiste heidni- r Kultur konnte den Keim göttlichen Lebens in ihm nicht er- ten. Mose macht im Glauben keine Zugeständnisse an die Sünde:

gl. Rö 13, 1–7 mit Offb 13, 1 ff.

24 Die Anerkennung der Adoption wäre Verleugnung und Loslös
vom Volk Gottes, also auch Absage an den „Gott der Väter"
damit Sünde im umfassendsten Sinne gewesen[400]. Er lehnt
ägyptische Adoption ab und tritt auf die Seite seines Volkes. S
25 Glaube ist ein Bekenntnis zum Volk Gottes. M
lebt kompromißlos, auch wenn seine Auflehnung gegen die g
fremde Herrschaft aussichtslos erscheint. Er wählt den Weg aus
Fülle in die Armut. Weil die Schätze der zukünftigen Welt grö
sind als irdischer Reichtum, darum zieht Mose den Leidensweg
26 dem Volke Gottes vor. Ohne daß sich Mose der heilsgeschichtlic
Bedeutung seines Handelns bewußt ist, richtet Gott auf heimli
Weise in seinem Leben ein Zeichen für alle Zeiten auf. Sein V
fort vom ägyptischen Hof, hin zum verachteten Volk Gottes, v
vorbildlich für jeden, der den Weg des Glaubens in der Gemei
Jesu gehen will. Der Weg der Nachfolge steht unter dem Zeichen
Kreuzes. Es ist nicht der Weg der Masse, nicht ein Weg des Tri
phes und der Herrlichkeit, sondern ein Weg, der uns als einz
aus der Masse heraustreten läßt, den wir streckenweise ganz al
und einsam gehen müssen, ein Weg der Verachtung und der Schm
(vgl. Hbr 13, 13). Was sich in Israel schattenhaft abzeichnet, kom
in der Gemeinde Jesu Christi zur vollen Ausgestaltung. Aber z
Glauben gehört auch das Wissen um die kommende Endabrechn
Gottes (Hbr 10, 35; 11, 6). Auf dem irdischen Weg der Gemei
soll den Gläubigen bewußt werden: Nicht die Lösung der Ma
frage steht im Vordergrund! Zunächst geht es um die Klärung
seres Verhältnisses zu Gott, um die Lösung der Schuldfrage! G
selber hat es sich vorbehalten, am Ende aller Kreuzeswege der
meinde seine Macht und Herrlichkeit zu offenbaren. Alle Not,
Anfechtung und alle Spannungen lassen sich nur in dieser Gewiß
tragen.

27 Die Flucht aus Ägypten, das Passah und der Durchzug durch
Rote Meer sind Ereignisse, die aus Glaubensentscheidungen erw
sen. Glaube und Gehorsam sind die einzigen Voraussetzungen da
daß Gott durch Menschen seinen Heilsplan zum Ziele führen k
Was Mose am Vorbild seiner gläubigen Eltern gelernt hat, wir
seinem eigenen Glaubensleben wirksam: Der Gehorsam gegen G
macht frei von Menschenfurcht. **Durch den Glauben verließ er Äg
ten, ohne den Zorn des Königs zu fürchten.** Denken wir an
Bericht 2 Mo 2, 14–15: „Da fürchtete sich Mose; denn er dac
wahrhaftig, die Sache ist ruchbar geworden. Auch der Pharao h
von der Sache, und er trachtete danach, Mose zu töten", so scheine

[400] In Hes 18, 24 werden Sünde und Treulosigkeit gegenüber Gott einander gleichges

ɔrte des Apostels mehr auf den Aufbruch Israels als auf die Flucht
; Mose aus Ägypten hinzudeuten. In diesem Falle wären die Ereig-
se nicht in der zeitlichen Reihenfolge geordnet. Mag der Apostel
ı an die Flucht des Mose oder den Auszug Israels aus Ägypten
ıken, in jedem Falle handelt es sich um eine Glaubensentschei-
ıg, die vorbildlich für den Schritt eines Menschen in die Nachfolge
d, in der er als Glied der Gemeinde wie Mose ganz darauf ange-
sen ist, sich an den unsichtbaren Herrn zu halten. Martin Luther
dazu gesagt: „Das nämlich ist des Glaubens Eigenschaft: sehen,
; keiner sieht, und nicht sehen, was jeder sieht" (vgl. 2 Ko 4, 18).
; Leben des Mose wird ein sprechender Beweis für die Richtigkeit
theologischen Aussage, die der Apostel als Überschrift über diese
he der Glaubenszeugen gestellt hat. Der Glaube ist das innere
erführtsein von der unsichtbaren Wirklichkeit und Gegenwart
ttes. Damit wird aber auch eine Tatsache deutlich gemacht, die für
Verkündigung und Seelsorge in der Gemeinde von unüberseh-
er Bedeutung ist: Die Unsichtbarkeit Gottes hemmt oder hindert
keiner Weise die Gewißheit des Glaubens!
)ie Teilhabe an dem rettenden Opfer des Passahlammes erfolgte 28
nfalls auf Grund einer Glaubensentscheidung. Das Blut war das
chen, das die Glieder des Volkes Gottes vor dem Verderber, vor
Gerichtskatastrophe, rettete. Das Passahmahl, bei dem das
ferlamm verzehrt wurde, ließ die Gemeinschaft der Geretteten
tbar werden. Der gehorsame Vollzug des Passahopfers wird zum
weis auf den ntst Heilsglauben, der das Passahopfer des Neuen
des (1 Ko 5, 7) für sich persönlich in Anspruch nimmt und damit
Voraussetzung zur Teilnahme an der Mahlgemeinschaft der
ubigen Gemeinde gewinnt[401]. Auch der Durchzug durch das Rote 29
er ist ein Glaubensschritt; dem Durchzug Israels durch das Rote
er entspricht in der Heilsgemeinde des Neuen Bundes die Taufe
Gläubigen (1 Ko 10, 1—2)[402]. Der Durchzug durch das Rote Meer
d am Anfang der Wüstenwanderung. Hier wurde die Grenze
schen dem Land der Knechtschaft und der Wüste sichtbar. Der
durch das Rote Meer bedeutet die Trennung vom Land der
chtschaft, die endgültige Absage an die Vergangenheit, den Ab-
ch aller Brücken zum Land der Sünde. Er erfolgte nur einmal und
iner Richtung und stellte Israel in die unlösbare Schicksalsgemein-
ft mit Mose. Hier wurden sie „auf Mose getauft". Für die ntst
ıeinde bedeutet die Taufe der Gläubigen in parallelem Sinne die
ntliche Absage an das Leben unter der Herrschaft der Sünde, den
ruch aller Brücken zur Vergangenheit. Vor aller Welt soll sicht-

gl. F. Laubach, Das Abendmahl, 1957, S. 23 f.
gl. K. Heim, Die Gemeinde des Auferstandenen, 1949, S. 101 ff.

bar werden, daß wir in die unauflösliche Gemeinschaft mit Chris eingetreten sind. Über dem Durchzug Israels durch das Rote M liegt Gottes allmächtige, segnende Hand; er bringt sein Volk sic ans rettende Ufer. Nur der Glaube erlebt Wunder, während der glaube an seinen eigenen Wagnissen zugrunde geht.

D. Die wirksame Kraft des Glaubens in Jericho

Hbr 11, 30–31

Zu Vers 30:
Jos 6, 1–20
Zu Vers 31:
Jos 2, 1–21
Jos 6, 17. 22–25
Mt 1, 5
Jak 2, 25

30 Durch den Glauben fielen die Mauern Jerichos, nachdem sie
31 ben Tage lang umkreist worden waren. * Durch den Glau
kam die Dirne Rahab nicht mit den Ungehorsamen um, weil
die Kundschafter mit Frieden aufgenommen hatte.

Nicht nur die Wüstenwanderung Israels ist eine Kette von G benserfahrungen; auch die Einnahme des Landes Kanaan steht u dem Zeichen des Glaubens. Der Glaube als die einzige Möglich und der einzige Weg, um mit Gott zu leben (V. 6), zieht sich ein roter Faden durch die ganze Geschichte Israels. Aus der Fülle atst Beispiele greift der Apostel einige besonders eindrückliche Er
30 nisse heraus. Gott hatte Josua versprochen: „Ich gebe Jericho deine Hand" (Jos 6, 2). Gott setzte die Erfüllung seines Versprech aus, damit Israel in der Zwischenzeit ein Zeichen seines Glauben Gottes Wort aufrichten konnte. An sechs Tagen sollte Israel Stadt umschreiten, während die Priester mit der Posaune vo gingen. Am siebten Tage sollte Israel sechsmal unter dem Schall Posaunen um die Stadt herumziehen und beim siebten Mal Feldgeschrei erheben. Der praktische Glaubensgehorsam der Isr ten war in den Augen der Feinde ein lächerliches Tun. Aber löste seine Zusagen buchstäblich ein. Die Einnahme Jerichos war tes Antwort auf den Glauben seines Volkes – **durch den Glau fielen die Mauern Jerichos,** – eine Demonstration seiner Macht Stärkung ihres Glaubens. Was zur Zeit des Mose galt, was Israel Jericho erfuhr, ist auch Grundsatz für allen Glaubenskampf der der Gottes: „Ihr sollt euch nicht fürchten noch zagen vor die großen Haufen; denn ihr streitet nicht, sondern Gott[403]."
31 Aber nicht nur Israel, aller Welt soll der Glaubensweg zu Got öffnet werden. Die frohe Botschaft, daß Gott die Welt geliebt daß niemand von seinem Heil ausgeschlossen sein soll, leuchtet reits im Leben der Rahab auf. An ihr soll die Gemeinde erken

[403] 2 Chro 20, 15. 17; vgl. 2 Mo 14, 14.

e durch den Glauben auch ein tief in Sünde verstrickter Mensch
rettet und in den Heilsplan Gottes hineingenommen wird. Der
postel faßt den atst Bericht in einem Satz zusammen: **Durch den
auben kam die Dirne Rahab nicht mit den Ungehorsamen um,
il sie die Kundschafter mit Frieden aufgenommen hatte.** In wel-
r Weise haben wir Jos 2, 1 ff als Geschichte des Glaubens zu ver-
hen? Josua (grie *„Jesus"* LXX, vgl. Hbr 4, 8) sendet zwei Kund-
after, Vorboten des göttlichen Gerichtes, in diese Stadt. Diese Bo-
gehen zu einem Menschen, der von den anderen gemieden ist
gl. Jo 4, 6–18). Aber die verworfene Frau weiß um das kommende
richt Gottes über ihre Stadt und hat den Wunsch, gerettet zu wer-
(Jos 2, 9–12). Sie möchte die volle Gewißheit ihrer Errettung
angen. Von den Boten erhält sie das Versprechen, daß sie gerettet
rden soll, sie empfängt eine mündliche Zusage ihres Heils.
gleich erhält sie von ihnen das Zeichen ihrer Rettung
der Gestalt der roten Schnur, das sie im Glauben annimmt. Schon
ersten Christen haben in der roten Schnur einen Hinweis auf das
t Jesu Christi gesehen, das Zeichen und Unterpfand unserer
gen Errettung ist. So hat der römische Presbyter Clemens in dem
en. 1. Clemens-Brief 12, 7 von dieser roten Schnur geschrieben:
was Rotes sollte sie zum Hause hinaushängen; damit offenbarten
(die beiden Männer), daß durch das Blut des Herrn allen, die an
tt glauben und auf ihn hoffen, Erlösung zuteil werden wird."
knüpft die rote Schnur an das Fenster. Täglich, wenn sie aus
n Fenster schaut, in jene Richtung, aus der das Gericht Gottes über
Stadt kommen wird, gleitet ihr Blick am Zeichen der Rettung
bei. Sie lebt weiterhin in ihrem Haus, in einer Stadt, die unter
Gerichtsurteil Gottes steht. Aber seit der Stunde, in der sie die
Schnur an das Fenster gebunden hatte, ist sie gerettet, auch
an die Rettung noch nicht öffentlich zutage getreten ist. So wird
heute noch ein Mensch in dem Augenblick gerettet, wenn er
Blut Jesu, den Opfertod Christi zur Vergebung seiner Schuld
önlich annimmt. Wer glaubt, ist gerettet. Allerdings wird diese Ret-
g erst in der Zukunft offenbar werden, bei der Wiederkunft Jesu
isti, dann, wenn der Herr zu Gericht und Gnade in Herrlichkeit er-
inen wird. Darum sagt der Apostel Paulus: „Auf Hoffnung hin
wir gerettet worden. Eine Hoffnung aber, die man sieht, ist keine
fnung; denn was einer sieht, weshalb hofft er es noch? Wenn
dagegen hoffen, was wir nicht sehen, so warten wir darauf mit
uld" (Rö 8, 24–25). Das Gericht tritt nicht unmittelbar nach
er Ankündigung ein – aber es kommt! Als die Bewohner Jeri-
bei der Einnahme ihrer Stadt durch das Volk Israel ums Leben
men, wird die Hure Rahab gerettet. Sie findet Aufnahme in der

Volksgemeinschaft Israels (Jos 6, 22–25), sie gewinnt Bedeutu
für die Heilsgeschichte des ntst Gottesvolkes (Mt 1, 5); ihr Na
geht in den Stammbaum Jesu ein, und ihr Leben wird ein Beisp
dafür, daß der Glaube unser Leben umwandelt, bis hinein in
praktische Tun.

Zusammenfassung

In einer ungewöhnlichen Vielfalt hat der Apostel an praktisch
Beispielen aus dem Leben seinen Lesern die vielen Seiten, wir k
nen auch sagen: die vielen Ausdrucksformen und Erscheinungswei
lebendigen Glaubens vor Augen gestellt. Dabei beansprucht er
keiner Weise für sich, eine vollständige Aufzählung aller Lebe
beziehungen zu geben, in die uns die Glaubensgemeinschaft
Christus hineinführen kann. Darum ist es auch an dieser Stelle n
notwendig, noch einmal alle Aussagen des Verfassers in Hbr 11, 1-
über den Glauben zu wiederholen. Wir müssen uns vielmehr
seelsorgerliche Anliegen des Apostels bewußt machen: Er w
Mut machen zum Glauben! Diese Absicht beeinflußt
bei der Auswahl der Beispiele und der Art seiner Berichterstattu

Einmal will er am Zeugnis des AT veranschaulichen, daß die M
ner und Frauen, die er nennt, entsprechend der ihnen geschenk
Offenbarung mit Gott gelebt, ihm vertraut und gehorcht haben. U
diese Offenbarung in der Zeit des AT erreichte ja noch in kei
Weise die unüberbietbare Herrlichkeit, die uns in Jesus Chris
geschenkt ist (Hbr 1, 2). Wieviel mehr Grund zum gehorsa
Glauben und liebenden Vertrauen Gott gegenüber haben wir,
Glieder der ntst Gemeinde. Niemand kann also etwa sagen: „W
ich Gott so erlebt hätte wie Abraham, oder wenn er sich mir of
bart hätte wie Mose am Sinai, dann wollte ich wohl glauben!"
ist mehr geoffenbart als den Zeugen des Alten Bundes: Gott ist
in Jesus Christus ganz nahe gekommen. Seine Offenbarung im
ben und Wort Jesu und im apostolischen Zeugnis kann nicht n
überboten werden. Leichter kann uns der Weg zum Glauben n
gemacht werden. Daß es für manche der atst Glaubenszeugen
besondere Erlebnis-Unmittelbarkeit gab – z. B. Gottes Reden
Abraham, die Erscheinung Gottes im brennenden Dornstrauch
Horeb – wie wir sie heute nicht haben können, liegt in Gottes W
len beschlossen und ist durch den Gang der Heilsgeschichte beg
det. Gott offenbart sich uns heute im Wort der Heiligen Sc
durch seinen Heiligen Geist, ganz anders, aber ebenso unmitte
wie den Menschen des AT. Die Männer und Frauen damals habe
gewagt, im Glauben ihren Weg zu gehen – durch alle Anfechtur
hindurch; wir dürfen es ebenso tun.

Zum anderen fällt uns an unserem Abschnitt auf, daß der Autor
r die positiven Seiten der Glaubenszeugen erwähnt. Will er ihre
nschlichen Schwächen, ihren Kleinglauben und Ungehorsam ver-
weigen? Ganz gewiß nicht. Die Empfänger seines Schreibens wa-
ı im AT wohl bewandert, ihnen waren die Lebensgeschichten die-
Menschen gut bekannt; eine Art „Schwarz-weiß-Malerei" ist
möglich. Was will der Apostel seinen Lesern deutlich machen?
ne die Wahrheit über unsere Sünde – auch wenn sie schmerzt –
verschweigen, müssen wir lernen, in einer neuen Weise vom
ɔen des Glaubenden zu reden. Wenn ein Mensch sein Leben Gott
ertraut und Vergebung seiner Schuld empfängt, dann tilgt Gott
Sünde aus. Dann gibt es auch für erneutes Versagen eine zurecht-
ngende Gnade, dann sieht Gott zuerst auf das, was sein Heiliger
ist im Leben eines solchen Menschen wirkt. Er hält uns nicht
ndig unsere Fehler und Schwächen vor, er will vielmehr in uns
Freude über das neue Leben wecken, und wir sollen danken ler-
ı für das, was durch Gottes Handeln an uns über unseren irdischen
g hinaus für die Ewigkeit bleibt.

15. Sieg und Leiden des Glaubens

Hbr 11, 32–40

**Und was soll ich noch sagen? Denn die Zeit würde mir fehlen,
wenn ich von Gideon, Barak, Simson, Jephtha, David und Samuel
und den Propheten erzählen wollte, * die durch den Glauben
Königreiche bezwungen, Gerechtigkeit gewirkt, Verheißungen
erlangt, Löwenrachen verstopft haben; * sie haben die Kraft des
Feuers ausgelöscht, sind der Schärfe des Schwertes entronnen,
ıus Schwachheit zu Kraft gekommen, im Kriege stark geworden,
ıaben Heere fremder (Völker) in die Flucht geschlagen. * Frauen
empfingen ihre Toten durch Auferstehung wieder. Andere aber
ıaben sich martern lassen und die Freilassung nicht angenom-
nen, um eine bessere Auferstehung zu erlangen. * Andere muß-
ten martervolle Verhöhnung und Geißelung über sich ergehen
assen, dazu noch Fesseln und Gefängnis. * Sie wurden gesteinigt,
versucht** (durch die Folter erprobt), **zersägt, durchs Schwert ge-
ötet, gingen in Schafpelzen und Ziegenfellen umher, litten Man-
gel, wurden bedrängt und gequält; * sie, deren die Welt nicht
vert war, sie irrten in Wüsten umher, in Gebirgen, Höhlen und
Erdlöchern. * Und diese alle, obwohl sie durch den Glauben das
Zeugnis empfangen haben, haben die Verheißung nicht erlangt,**

Zu Vers 32:
Hbr 13, 22
2 Jo 12
3 Jo 13
Ri 4, 6
Ri 6, 11
Ri 11, 1
Ri 13, 24
1 Sam 1, 20
1 Sam 3, 20
Rth 4, 17. 22
1 Sam 16, 13
Apg 3, 24
Zu Vers 33:
Ri 14, 6
1 Sam 17, 34–35
Da 6, 22–23
1 Pt 5, 8–9
Zu Vers 34:
Da 3, 23–25
1 Kö 19, 9–10
Ri 16, 28–30

Rö 4, 20
1 Sam 17, 45. 49
Eph 6, 10—13
2 Mo 14, 14
1 Sam 17, 52
2 Chro 20, 22
Zu Vers 35:
1 Kö 17, 22—23
2 Kö 4, 33—36
2 Makk 6, 18 — 7, 42
Zu Vers 36:
Jer 20, 1—3. 10
Jer 37, 11—21
Jer 38, 1—13
Hbr 12, 3
Zu Vers 37:
2 Chro 24, 19—21
Jer 26, 20—23
Mt 23, 35—37
Jak 5, 10
Zu Vers 38:
Rö 8, 17—18
1 Kö 17, 2—6
1 Kö 18, 4
Zu Vers 39:
Hbr 11, 2. 13
Zu Vers 40:
Offb 6, 9—11
Offb 21, 1—5

40 * weil Gott etwas Besseres für uns zuvor ersehen hat, damit nicht ohne uns vollendet würden.

Zunächst hatte der Apostel eine knappe Antwort auf die Fr
gegeben: Was bedeutet für die Gemeinde Jesu der Glaube? „
Glaube ist die Vergewisserung dessen, was man erhofft, und
inneres Überführtsein von Wirklichkeiten, die man nicht sie
(Hbr 11, 1). Diese Antwort genügt ihm aber nicht. Es geht nicht
um eine gedankliche Klarstellung, es geht ihm vielmehr darum,
Gläubigen bewußt zu machen, daß es sich beim Glauben um ei
Lebensvollzug handelt. Darum setzt er seine theoretische Erklär
nicht fort, sondern er zeigt am menschlichen Leben die Wirklich
des Glaubens auf. Warum läßt er es nicht mit einem Beispiel ge
sein? Am Leben Abrahams etwa hat er doch auf viele wichtige Se
des Glaubens hingewiesen. Warum erinnert er die Gläubigen an
vielen Namen, deren Lebensgeschichte ihnen aus dem AT beka
ist? Eben weil jeder von ihnen in seiner Weise Glaubenserfahrun
mit dem lebendigen Gott gemacht hat. Das läßt sich auf die
Gemeinde übertragen: Im Glaubensleben der Christen gibt es k
Einförmigkeit; jeder erfährt die Begegnung mit Gott in einer
eigentümlichen Weise. Bei jedem bezieht Gott das natürliche sch
fungsgemäße Element, Temperament und Charakter, mit in
Glauben ein. Gott geht mit jedem seiner Kinder seinen eigenen
und führt sie über Höhen und durch Tiefen zum Ziel seiner Herr
keit. Es gibt eine unendliche Mannigfaltigkeit von Glaubenser
rungen und inneren Führungen Gottes. Gerade deshalb können
in der Schule der atst Zeugen lernen, was Glauben ist. Die Mä
des AT werden zu Vorbildern für den Glauben der ntst Gemei
sie sind Zeugen dafür, daß Gott ihren Glauben nie enttäuscht.
ihrem Leben steht die persönliche Erfahrung des Wortes Jesu „
33 Dinge sind möglich dem, der da glaubt" (Mk 9, 23). **Sie haben d
den Glauben Königreiche bezwungen.** Jeder Sieg, den Israel im
men seines Gottes errungen hat, ist nicht nur ein Erweis göttl
Macht über dem Weg seines Volkes, sondern weist schon da
hin, daß einmal alle Feinde Gottes überwunden sein werden
Gott seine Herrschaft in Vollmacht auf dieser Erde aufrichten
(1 Ko 15, 25—26). Die Geschichte Israels und der Weg der Geme
Jesu sind ein Niederschlag jenes unheimlichen Ringens zwische
göttlichen und der satanischen Macht, das erst am Ende dieser W
zeit mit dem Sieg Gottes enden wird. Der Apostel zählt eine R
Glaubenserfahrungen auf, die er offenbar in Beziehung zu den
men setzt, die er vorher genannt hat. **Sie haben Gerechtigkei
wirkt.** Ganz besonders **Samuel,** der erste Prophet in der Zei

nige, und **David,** der Vorbote des messianischen Königtums, ha-
ı „gerecht gehandelt" und damit ein Zeichen der Gerechtigkeit
ttes aufgerichtet. Auch Noah, Hiob und Daniel haben von Gott
Zeugnis der Gerechtigkeit ihres Lebens erhalten (Hes 14, 14. 20).
haben Verheißungen erlangt – das sehen wir besonders deutlich
Leben der Richter **Barak** und **Gideon** (Ri 4, 14–15; 6, 14; 7, 7).
ttes Verheißungen gelten nicht nur für die zukünftige Welt, sie
d auch der Grund aller Glaubenserfahrungen, die Gottes Volk in
eser Welt macht. **Sie haben die Rachen der Löwen verstopft.**
fenbar sieht der Apostel die Überwindung des Löwen nicht allein
Leben Daniels, sondern auch bei **Simson** (Ri 14, 6) und **David**
am 17, 34–35) unter dem Wort „durch den Glauben". Wenn er
h den Namen Daniels nicht genannt hat, so enthält diese Aus-
e doch einen direkten Hinweis auf Da 6. Daniels Treue (Da 6, 4),
Dienst für Gott (Da 6, 16. 20) und sein ungetrübtes Gottver-
ıen (Da 6, 23) sind in seinem Leben unlösbar miteinander ver-
nden und bilden den Schlüssel für das wunderbare Eingreifen
tes zur Errettung seines Lebens. **Sie haben die Kraft des Feuers** 34
gelöscht. Hier denkt der Apostel offenbar an das Beispiel der drei
nner im Feuerofen, von denen uns im Buch Daniel berichtet wird,
e jedoch ihren Namen ausdrücklich zu erwähnen. Gerade an
m Leben wird deutlich, daß der lebendige Glaube, der alle feind-
en Mächte überwindet, zu ganzer Hingabe bereit ist. **Sie sind der**
ärfe des Schwertes entronnen. Immer wieder hat Gott seine
chte aus der äußersten Gefahr des Lebens gerettet, um so ein
hen seiner herrlichen Macht aufzurichten. Auch **David** ist auf der
ht vor Saul keinen Fußbreit vom Weg Gottes abgewichen und
erlebt, wie der Herr sein Leben in wunderbarer Weise bewahrte.
lich wurde Elia vor dem König Ahab bewahrt (1 Kö 19, 10); das
che wird uns vom Apostel Petrus berichtet, den Gott durch seinen
el aus dem Gefängnis rettete (Apg 12, 11). **Sie sind aus Schwach-**
zu Kraft gekommen. Vorher hatte der Apostel den Namen
sons genannt. **Simson** ist in der letzten Stunde seines Lebens von
t mit neuer Kraft ausgerüstet worden, so daß er über seine Feinde
ı werden konnte (Ri 16, 28)[404]. **Sie sind im Kriege stark gewor-**

arl Heinrich Rieger, Betrachtungen über das NT, Bd. 4, 1857[4], S. 263: „In dieses son-
rbaren Mannes Gang ist vieles, das er sich selbst zur Plage tat, das aber doch zum
eil für Gottes Volk ausschlug, wie er denn zuletzt mit seinem freiwillig übernommenen
od den Philistern mehr Schaden tat, als er ihnen in seinem Leben getan hatte. Er ist
n Muster von denen, deren eigener Herzenszustand vor Gott schwer zu beurteilen ist,
d bei denen man mehr auf das sehen muß, was sie doch aus wirklichem Glauben und
erehrung Gottes in seinen Worten und Werken am Volk Gottes Gutes getan haben,
d wozu sie Gott gegen seine Feinde gebraucht hat."

den. Der Glaube stärkt im Kampf. Was **David** vor Goliath (1 S 17, 49) erlebte, das kann in übertragenem Sinne zur Erfahrung je Gläubigen im Neuen Bund werden. Auch wir stehen unablässig Kampf mit einem unsichtbaren Gegner; es geht nicht um ei Kampf gegen irdische Mächte, sondern gegen Einflüsse aus Geisterwelt, die uns aus der Gemeinschaft mit dem Herrn hina drängen wollen. Es ist für jeden Gläubigen tröstlich zu wissen, Gott mit der gleichen Kraft, mit der er seine Knechte im Alten Bu gestärkt hat, auch uns im Glaubenskampf zur Seite steht (Ep 10—13). **Sie haben Heere fremder Völker in die Flucht geschlag** Echter Glaubensgehorsam hat oft eine feindliche Übermacht z Weichen gebracht (vgl. 1 Sam 17, 52). Die vielen Kriege Israels, denen Gott mit mächtigem Arm eingegriffen hat, sind eine Glaube stärkung auch für die ntst Gemeinde: so werden auch einmal gottfeindlichen Mächte durch Jesus Christus überwunden s

35 **Frauen empfingen ihre Toten durch Auferstehung wieder.** I wird auf eine Erfahrung hingewiesen, die im Glauben die Überw dung des Todes, Gottes Sieg über den letzten Feind vorausnin (1 Ko 15, 26). „Gott läßt sich von seinem eigentlichen Vorha nicht abbringen, sondern gibt hier und da in der Geschichte Isr seinen Willen kund, aus dem Tode neues Leben zu schaffen[405] Lebendiger, biblischer Glaube erlebt immer wieder wunderbare rettung durch Gott, aber er ist auch stets bereit, sich unter schw unverstandene Führungen zu beugen. Die Gedanken des Apos die er in diesem Abschnitt festgehalten hat, werden in ihrer Ge sätzlichkeit von Sieg und Leiden zusammengehalten durch den G ben; aber eben durch den Glauben in der besonderen Weise, wi etwa im Leben der drei Freunde Daniels vorbildlich zum Ausd kommt. Nebukadnezar sagte zu ihnen: „Nun wohl, wenn ihr be seid, niederzufallen und das Bild anzubeten, das ich habe ma lassen, so ist es gut; wenn ihr es aber nicht anbetet, so werdet sofort in den brennenden Feuerofen geworfen. Wer ist der C der euch aus meiner Hand erretten könnte?" Sadrach, Mesach Abed-Nego antworteten und sprachen zu König Nebukadne „O König, wir haben nicht nötig, dir darauf eine Antwort zu ge Wenn das geschieht, so vermag unser Gott, dem wir dienen, aus dem brennenden Feuerofen zu erretten; ja, er wird uns a deiner Hand erretten, o König. Tut er es aber nic so magst du, o König, wissen, daß wir deinen Gött doch nicht dienen und das goldene Bild, das du errichtet h

[405] O. Michel. S. 280.

ıt anbeten werden" (Da 3, 15–18)[406]. Wahrer Glaube, der uns in unmittelbaren Gemeinschaft mit Gott erhält, ist keine Lebenssicherung. Gottes Plan kann darauf zielen, daß seine Kinder ihn ch Leiden verherrlichen sollen; dennoch bleibt die Verheißung Wirklichkeit über unserem Leben bestehen: „Ich bin dessen ge-, daß weder Tod noch Leben, weder Engel noch Gewalten, weder ;enwärtiges noch Zukünftiges, noch Kräfte, weder Hohes noch fes, noch irgendein anderes Geschöpf uns zu scheiden vermag von Liebe Gottes, die in Christus Jesus ist, unserm Herrn" (Rö 8,
-39). Im AT wird uns aus dem Leben einiger Propheten berichtet, 36
sie ins Gefängnis geworfen wurden, daß sie geschlagen, gesteit und getötet wurden (vgl. 1 Kö 22, 27; 2 Chro 16, 7–10; 24, 20 f; 26, 20 ff). Auch im NT hören wir das gleiche aus dem Leben der ger Jesu, der ersten Zeugen der Gemeinde. Und doch sind es ntlich nur wenige kurze Berichte, die uns davon Nachricht geben. r aus der Zeit des Spätjudentums, besonders von den Makkakriegen, und ebenso aus den ersten drei Jahrhunderten der Gechte der Gemeinde Jesu liegen zahlreiche Nachrichten vor, die uns der Bedrängnis, Verfolgung und dem Martyrium berichten, das
e Gläubige erleiden mußten. Der Apostel weist in die Ver- 37
ngenheit, um die Gläubigen auf zukünftige Ereigsse vorzubereiten[407]. **Sie wurden gesteinigt, gefoltert, ägt, durchs Schwert getötet, gingen in Schafspelzen und Ziegenn umher, litten Mangel, wurden bedrängt und gequält.** In der tjüdischen Schrift von der „Himmelfahrt des Jesaja" lesen wir: ergriffen sie den Isaias, den Sohn des Amos, und zersägten ihn einer Baumsäge. Es standen aber Manasse, Belchira, die Lügenpheten, die Fürsten und das Volk alle dabei und sahen zu. Er e aber den Propheten bei ihm vor seiner Zersägung gesagt: et in die Gegend von Tyrus und Sidon! Denn mir allein hat Gott Becher gemischt. Isaias aber schrie nicht und weinte nicht, als er ägt wurde; vielmehr redete sein Mund mit dem Heiligen Geist, er entzwei gesägt worden war" (5, 11–14)[408]. Einer anderen hricht zufolge soll der Prophet Jeremia von den Juden in Ägypgesteinigt worden sein. Der Prophet Uria wurde auf Befehl König kims enthauptet (Jer 26, 20–23). Der Prophet Elia floh in die ste, um den Häschern Isebels zu entgehen (1 Kö 19, 1 ff); der Hofster Obadja verbarg 100 Propheten in Höhlen, um sie dem Zu-

iese gleiche Bereitschaft zur Hingabe des Lebens, die aus einer echten Glaubensverndung zu Gott heraus erwächst, spiegelt sich auch in den Worten des Apostels Paulus Ko 4, 13; 2 Ko 6, 4–10; 11, 23–27.

gl. die Voraussage des Martyriums für die Gläubigen Da 11, 33.

aul Rießler, Altjüdisches Schrifttum außerhalb der Bibel, Augsburg 1928, S. 484.

griff Ahabs und Isebels zu entziehen (1 Kö 18, 4)[409]. Mehrfach w
uns berichtet, daß der Apostel Paulus fliehen mußte (Apg 9, 25.
14, 6; 17, 14), in Ephesus geriet er in große äußere und innere I
(1 Ko 15, 32; 2 Ko 1, 8—10); er berichtet uns in einem seiner Bri
von der Fülle seiner Verfolgungen und Leiden, die er durchstel
mußte (2 Ko 11, 23—27). Die Belastungen können bis an die Gre
des menschlich Tragbaren gehen, manchmal scheinen sie sogar darü
hinauszureichen. Über den ganz schweren Lebenswegen der Kin
Gottes bleibt ein Geheimnis, das sich erst in der Ewigkeit auflö
wird. Es ist der Schatten des Kreuzes, aber über allem Leiden str
38 die Krone der Herrlichkeit auf. „Menschen, die keine richtige K
dung und Wohnung besitzen, die am Notwendigsten des Leb
Mangel leiden, denen ihre Mitmenschen hart zusetzen, die Tag
Tag Ungemach und Unbill erfahren, die unstet und flüchtig sich b
hier, bald dort verbergen, sind Zeichen des Elends und des Fluc
für andere . . . Und doch weiß der Glaube von der Hoheit die
Gottes-Männer. Darum spricht er der Welt, die diese Boten absch
teln will, das Urteil: sie ist ihrer nicht wert . . . Gott aber schre
mit ehernem Griffel ihren Namen in die Geschichte: heilige Bü
nennen sie und machen ihr Leiden zum Vorbild für die letzte gr
Stunde der Versuchung[410]." Leiden sind eine Gnade, durch die G
seine Kinder zubereitet (Ps 73; Phil 1, 29; Kol 1, 24—25; 1 Pt 2, 19
Gott wählt diesen Weg, um seine Gemeinde für die kommende W
zeit ausreifen zu lassen. Sind die Boten Gottes, die ihr Zeugnis
der Welt mit ihrem Leben besiegelt haben, auch verachtet, so ur
Gott anders: „Der Tod seiner Heiligen ist wertgehalten vor d
Herrn" (Ps 116, 15 LÜ)[411]. Das Wort der Märtyrer hat nicht nur

[409] Vgl. den Bericht über die Sekte der Essener bei Flavius Josephus, Geschichte des dischen Krieges, Hrsg. H. Clementz, 1900, Neudruck Köln 1959; § 151 ff: „Dabei das schrecklichste Ungemach sie kalt; denn Schmerzen überwinden sie durch Seelenstä und einen ruhmvollen Tod ziehen sie dem längsten Leben vor. Diese ihre Gesinn trat so recht im Kriege gegen die Römer zutage. Auf die Folter wurden sie gespa ihre Glieder gereckt, verbrannt, zerbrochen; mit allen erdenklichen Marterwerkzeu quälte man sie, um sie zur Lästerung des Gesetzgebers oder zum Genuß einer ih verbotenen Speise zu zwingen — aber weder das eine noch das andere vermochte durchzusetzen. Kein bittendes Wort an ihre Peiniger kam über ihre Lippen, und Augen blieben tränenleer. Lächelnd unter Schmerzen spotteten sie ihrer Henker, freudig gaben sie ihre Seelen dahin in der sicheren Hoffnung, sie einst wieder erhalten."

[410] O. Michel, S. 282 f.

[411] A. Schlatter, S. 406: „Gottes Urteil und das Urteil der Welt widersprechen sich vollständig. Nach der Meinung der Menschen waren sie der Welt nicht wert, wes sie sie vernichten wollten und zur Flucht in die Wüsten und Berge nötigten. In W heit sind ihre Leiden, ihre Einsamkeit und Verborgenheit im Versteck der Berge Höhlen vielmehr der Beweis dafür, daß sie eine Würde und Größe besaßen, für die Welt keinen Raum hat und zu niedrig und sündig ist. Ihr Geschick ist die Verurteil

r Welt, sondern auch in der Ewigkeit Gottes besonderes Gewicht
ffb 6, 9–11; 20, 4–6; vgl. Jes 57, 1; Joe 3, 21).
Diese alle, obwohl sie durch den Glauben das Zeugnis empfangen 39
ben, haben die Verheißung nicht erlangt. Hier faßt der Apostel
t einem Satz nicht nur die Erzväter (vgl. V. 13), sondern alle
aubenszeugen des AT zusammen. Das ist die größte Würde, die
tt ihnen zusprechen konnte, daß sie vom Heiligen Geist das Zeug-
der Glaubensgewißheit, der Gerechtigkeit Gottes und der Teil-
erschaft an der Vollendung erhalten haben. Aber die Verheißung,
die sie alle gewartet haben, die Verheißung der Erlösung, der
llendung und des Anbruchs der Herrlichkeit Gottes in dieser
lt – die Enderfüllung dieser Verheißung haben sie noch nicht
bt, nicht durch eigene Schuld, nicht durch eine Verzögerung auf
en Gottes, sondern weil es Gottes Heilsplan entsprach, **weil Gott** 40
as Besseres für uns zuvor ersehen hat, damit sie nicht ohne uns
lendet würden. Das „Bessere" ist die ewige Herrlichkeit, die neue
öpfung (Offb 21, 1–5), an der das wahre Volk Gottes des AT
d die Gemeinde des Neuen Bundes in gleicher Weise Anteil haben
rden. Unmittelbar leitet der Apostel von der Reihe der Zeugen
AT zu den Gliedern der Gemeinde über; die Glaubenden des
en und des Neuen Bundes stehen Seite an Seite. Die Männer des
haben die Erfüllung der Verheißungen nicht erlangt – damit sind
r die Verheißungen Gottes nicht aufgehoben. Erst mit dem Hinzu-
mmen der Gemeinde wird das Volk Gottes vollzählig. Mit der
lendung der Gemeinde wird die endgültige Erfüllung aller den
Zeugen zuteil gewordenen Verheißungen eintreten, auch die Ver-
klichung der vielen irdischen Verheißungen für Israel, deren Er-
ung bis zur Gegenwart noch aussteht.

Zusammenfassung

4 mal hat der Verfasser in Hbr 11 vom Glauben gesprochen und
damit das Stichwort gegeben, das beide Teile des Kapitels mit-
nder verbindet. Am Leben einzelner Zeugen des AT von Abel bis
ab und an Ereignissen aus der Zeit der Wanderung Israels hat
ezeigt, daß Glaube verwirklichte Lebensgemeinschaft mit Gott

er Welt und überführt sie, daß sie gegen Gott streitet und seinem Gericht entgegenreift.
gl. dazu Karl Friedrich Hartmann in seinem Lied „Endlich bricht der heiße Tiegel ..."

„Leiden macht das Wort verständlich,
Leiden macht in allem gründlich;
Leiden, wer ist deiner wert?
Hier heißt man dich eine Bürde,
droben bist du eine Würde,
die nicht jedem widerfährt."

ist. Er hat hervorgehoben, wie der Glaubensweg dieser Mensch unter dem offenbaren „Ja" Gottes stand. Nun möchte er aber se Leser in dem Abschnitt Hbr 11, 32–40 vor einem Mißverständ bewahren: Der Glaube ist keine Erfolgsrechnur Glauben bedeutet ebensowenig eine Lebensversicherung, wie er ke Garantie für irdisches Wohlergehen, Erfolg und Ansehen bei M schen ist. Die Gemeinde steht allezeit vor einem heiligen Gott, d die Gläubigen ihren Glauben nicht wie ein Geschenk darbrin können, um seinen Segen dagegen einzutauschen, etwa nach d lateinischen Spruch „Do ut des", „Ich gebe dir, damit du mir gib Der Weg des Glaubens gleicht nicht einer verlockenden Ferienre auf der geheimnisvolle Abenteuer warten. Der Weg der Nachfo bringt nicht nur Gottes Nähe, Hilfe und Bewahrung, er schließt a Verzicht und Opfer, Not und Anfechtung mit ein.

In unserem Abschnitt stellt der Apostel beides dicht nebeneinanc Sieg und Leiden des Glaubens. Es wäre völlig verfehlt, daraus zu gern, der Glaube sei nichts anderes als eine dialektische Denkbe gung im modernen philosophischen Sinne. Dialektik bedeutet da daß eine positive Aussage nur dann Wirklichkeitsgehalt hat, w sie zugleich verneint wird; etwa in der Weise: Der Sieg des Glaub besteht in seiner Niederlage. Die Gedanken des Apostels ziele eine ganz andere Richtung. Die Bedeutung der atst Berichte, auf er zurückgreift (vgl. 1 Ko 10, 11; 2 Tim 3, 16), sieht er vor al darin, daß die ungeheure Spannung sichtbar wird, die Gott den M schen des Glaubens auszuhalten zumutet. Gott hat alle in Schwie keiten hineingeführt; vielen hat er in wunderbarer Weise gehol so daß sie über ihre Feinde triumphieren konnten. Es gibt tatsäch Gottes machtvolles Wirken in unserer Welt. Gott antwortet auf Glauben der Menschen dadurch, daß er eingreift und ihre Lage lig verändert. Aber wenn Gottes Hilfe ausbleibt, dann ist das Erweis des Unglaubens oder sündhaften Versagens der Mensc Gott kann mit einzelnen seiner Kinder und ganzen Gemeinden a einen anderen Weg gehen – und er ist ihn immer wieder in der schichte gegangen! Hier erfüllt sich in einem eigentümlichen, über genen Sinn das Wort Jes 55, 8 f: „Meine Gedanken sind nicht Gedanken, und eure Wege sind nicht meine Wege, spricht der H sondern so hoch der Himmel über der Erde ist, soviel sind m Wege höher als eure Wege und meine Gedanken als eure Gedank

Der Apostel möchte die Empfänger seines Briefes ermuntern Glauben; zugleich will er sie darauf vorbereiten, daß die be durchstandenen Leiden nicht das letzte gewesen sein könnten. kann auch ihren Weg so gestalten wie bei manchem Glaubenden atst Zeit, daß ihre irdische Bahn in Verfolgung, Leiden und Ma m endet. Aber gerade dann sollen sie wissen, daß ihre Leiden notndig sind zum endzeitlichen Vollmaß der Leiden (vgl. Kol 1, 24) die Vollendung der Gemeinde[412]. Daran teilzuhaben, ist ein merzliches Vorrecht — aber es bleibt doch ein Vorrecht. Es mag ı, daß die Gläubigen das Ziel der Herrlichkeit „nur unter Tränen" eichen; aber „Gott wird alle Tränen von ihren Augen abwischen" fb 7, 17; 21, 4).

16. Der Glaubenskampf als Erziehungsmittel Gottes

Hbr 12, 1–11

A. Jesus, unser Vorbild im Glauben

Hbr 12, 1–3

)arum wollen auch wir, da wir eine so große Wolke von Zeugen m uns haben, jede Last und die (uns so) leicht umstrickende ünde ablegen und mit Geduld in dem uns verordneten Kampf ufen, * indem wir hinblicken auf den Anfänger und Vollender es Glaubens, Jesus, der um der vor ihm liegenden Freude willen as Kreuz erduldete und die Schande gering achtete und sich zur echten des Thrones Gottes gesetzt hat. * Denn betrachtet den, er einen solchen Widerspruch von den Sündern gegen sich erdulet hat, damit ihr nicht ermattet und in euren Seelen verzagt.

Zu Vers 1: Hbr 12, 23 Rö 7, 21 Apg 20, 24 1 Ko 9, 24 Phil 3, 13—14 1 Tim 1, 18 1 Tim 6, 12 2 Tim 4, 7 Jud 3 Lk 8, 15 Lk 21, 19 Rö 5, 3—4 Hbr 10, 36 Offb 3, 10 Offb 13, 10 Offb 14, 12

Zu Vers 2: Mt 17, 8 Hbr 11, 1. 27 Jo 8, 56. 58 Apg 3, 15 Apg 5, 31 Hbr 2, 10 Jo 12, 32 Phil 1, 6 Mt 25, 21 Phil 2, 7—8 Hbr 13, 13 Ps 110, 1 Offb 3, 21

ie Glaubenserfahrungen der Väter bedeuten eine unmittelbare kung für den Glaubenskampf der Gemeinde in der Gegenwart. apostolische Verfasser denkt in ähnlichen Vorstellungen wie lus im Römerbrief: „Alles, was vormals geschrieben worden ist, ist zu unserer Belehrung geschrieben, damit wir durch die Standigkeit und durch den Trost der Schriften die Hoffnung haben" 15, 4 vgl. 1 Ko 9, 10). Was er über das Erleben der atst Gottesner gesagt hat, steht also in direkter Beziehung zum Glaubensn der Gemeinde. Darum schließt er unmittelbar an Hbr 11, 40 an sagt: **„Darum auch wir . . ."** Die Gemeinde steht im Glauben der gleichen Ebene wie die Väter. Daraus erwächst aber auch Verpflichtung: Wir haben ein Erbe übernommen und zu veren und rein an die nächste Generation weiterzugeben! Er verdet ein Bild, das der Antike sehr geläufig war; der Christ wird m Wettkämpfer verglichen, der im Stadion oder der Arena um

gl. W. Stb. Kol., S. 197 ff.

Zu Vers 3:
Hbr 10, 32
Lk 2, 34
Lk 4, 28
Mt 27, 39—43
Mk 15, 29—32
Lk 23, 35—39
Apg 28, 22
1 Ko 1, 23
Gal 6, 9

den Siegeskranz läuft, während Tausende von Zuschauern in ‹ Rängen Zeugen des Wettkampfes sind. Ein Ereignis aus dem Sp leben auch unserer Zeit kommt diesem Vergleich sehr nahe: I olympische Feuer wird durch das Land getragen, ein Läufer gibt d nächsten die brennende Fackel in die Hand, bis der letzte sie in Anwesenheit einer unübersehbaren Menschenmenge in das Stad trägt. **Die große Wolke von Zeugen,** die der Apostel den Gläubi vor Augen stellt, ist nicht nur die Vielzahl atst Zeugen, die uns Wort der Schrift begegnen (Hbr 11). Vielmehr haben wir dies W
1 im ursprünglichen Sinne zu verstehen: Die Schar der Geister vollendeten Gerechten (Hbr 12, 23) nimmt teil am Weg der meinde auf Erden, die triumphierende Gemeinde steht in Verbind mit der kämpfenden und leidenden Gemeinde. Die irdische Situa der Gemeinde verlangt von allen Gläubigen, die zur Verfüg stehenden Kräfte auf das eine Ziel zu konzentrieren. Alles, was in der Nachfolge hindern könnte, auch alles „Gute und Schöne", unsere geistigen, seelischen und körperlichen Kräfte in Anspr nehmen und binden will und uns von Christus ablenkt, soll verm den werden. Das entscheidende Hindernis für den Glaubenska ist die Sünde — ihr Wesen die scheinbare Unmerklichkeit. Was u Glaubensleben nicht fördert, gehört nicht in unser Leben hi (vgl. Phil 4, 8—9). Unser Christenleben erfordert die gleichen V aussetzungen wie ein Wettlauf im Stadion (1 Ko 9, 24—27). U müdliches Training und zähe Beharrlichkeit sind notwendig, um Siegespreis zu erlangen; das geht nur unter Aufbietung aller Kr und unter Wahrung äußerster Selbstdisziplin. Nachfolge Jesu gle nicht einem harmlosen Spaziergang, sondern stellt die höchsten forderungen an unsere Kraft[413]. Es geht auch nicht anders, als wir immer wieder einmal bereit sind, um des Dienstes für J willen auf Dinge zu verzichten, die uns als Christen grundsät erlaubt sind. Und in diesem Glaubenskampf dürfen wir nicht m werden. Die Glaubenszeugen des AT mahnen uns, daß wir **mit duld in dem uns verordneten Kampf laufen**[414]. Der Kampf des G bens kommt unausweichlich auf uns zu; wir können ihn nicht gehen. Aber er ist uns doch von Gott verordnet; er ist also ni Widergöttliches, das uns anfechten könnte. Dabei dürfen wir r nur an persönliche Anfechtungen und Nöte durch Schwierigkeite

[413] G. Menken, Homilien, 1831, S. 251: „Alles vergessend, auf nichts gerichtet als auf Lauf und das Ziel, von dem freiwilligen Geist des Glaubens beseelt, mit einer Ans gung, die kein Säumen kennt und die sich selbst nicht schont; nicht als solche, die Bequemlichkeit und Ruhe l a n g s a m w a n d e l n, weil sie Zeit haben; vielr l a u f e n, wenn man so sagen darf, mit heiliger U n g e d u l d und E i l e."

[414] Wir verweisen auf die anschauliche Auslegung von Hbr 12 in dem Buch von Erich Sa In der Kampfbahn des Glaubens, Wuppertal 1952.

milie oder Beruf, in schwerer Krankheit oder durch Verlust von
b und Gut denken – Nöte, wie sie die Nichtchristen auch kennen!
geht immer wieder um die Beziehung, in der wir als einzelne zur
nzen Gemeinde stehen. Die Nöte, die die Gemeinde treffen und
ser persönliches Leben mit einbeziehen, stehen besonders im
ckfeld des Apostels. Wir werden an das Wort Jesu erinnert, das
in den Abschiedsreden zu seinen Jüngern sagte: „Gedenket an das
rt, das ich euch gesagt habe: Ein Knecht ist nicht größer als sein
rr! Haben sie mich verfolgt, so werden sie euch auch verfolgen;
en sie mein Wort gehalten, so werden sie auch das eure halten"
15, 20). Deshalb kann auch der Apostel Petrus den Gläubigen
reiben: „Ihr Geliebten, laßt euch durch die Feuersglut bei euch,
zur Versuchung über euch kommt, nicht befremden, als wider-
re euch etwas Befremdliches; sondern demgemäß, daß ihr an den
den Christi teilhabt, freut euch, damit ihr auch bei der Offen-
ung seiner Herrlichkeit euch freuen und frohlocken möget!"
t 4, 12—13). Je mehr der Weg der Gemeinde durch Leiden, An-
tung und Kampf hindurchgeht, um so mehr ist Geduld not
fb 13, 10). Aber dabei gehört es gerade zu den wunderbaren
ubenserfahrungen der Kinder Gottes, daß der Herr die Geduld in
r B e d r ä n g n i s, in Kampf und Leiden w a c h s e n läßt. Ge-
liges Ausharren in der Anfechtung verhilft uns nicht nur zur
ährung im geistlichen Leben, es ist auch der zielsichere Weg zur
hrung der Durchhilfe Gottes, die uns für weitere Glaubensproben
k macht[415]. Jeder Krieg fordert für die Kampfführung eine den 2
hältnissen entsprechende Taktik. Der geistliche Kampf des Glau-
s verlangt die Einordnung in geistliche Kampfregeln. Was der
stel Paulus mit den Worten andeutet: „Die Waffen unseres
pfes sind nicht fleischlich" (2 Ko 10, 4), das spricht er noch deut-
r 2 Tim 2, 5 aus: „Wenn aber jemand an einem Wettkampf teil-
mt, erlangt er den Kranz nicht, es sei denn, daß er nach Vor-
ft kämpft." Unser Vers enthält die entscheidende Regel für den
benskampf: **Hinblicken auf Jesus, den Anfänger und Vollender
Glaubens.** Genau übersetzt heißt es: Hinwegblicken — auf Jesus
Wir sollen von der Bedrängnis und Sünde wegsehen und den
bensblick auf Christus heften[416]. Im geistlichen Leben gilt das

5, 3—4; Jak 1, 3—4.

. Trillhaas, Göttinger Predigt-Meditationen II, 2, 1948, S. 16: „Wer auf Jesus blickt, n von ihm Hilfe zu empfangen, der muß zugleich ‚wegsehen'. Viele Dinge hindern s, ihn anzublicken. Es gibt ein Hingenommensein von seinen Sorgen, bei denen kein fblick zu Jesus mehr möglich ist. Eines schließt das andere aus. Es gibt eine Beschäfti- ng mit sich selbst, ein Wichtignehmen seiner selbst, das überwunden werden muß, nn man aufblicken will zu Jesus. Es gibt eine Verstrickung im kleinen Hader, im id gegen den Nachbarn, die unseren Blick hemmen. Darum ‚wegsehen'! Das bedeutet

Gesetz: Was wir anschauen, gewinnt Macht über uns. Lassen w uns von den Sorgen und Schwierigkeiten des Alltags gefangenn men, so wird unser Glaubensleben freudlos werden. Der Blick auf Wellen ließ Petrus verzagen und sinken (Mt 14, 30). Aufsehen a Jesus heißt, mit der Wirklichkeit des unsichtbaren Gottes rechn auf den Unsichtbaren schauen. Damit ist ohne Frage auch ein pr tisches Tun des Christen verbunden: „Auf Christus blicken" bed tet sicher nicht, daß wir lange Zeit ein Kreuz aus Holz oder Me anschauen, das auf einem Altar steht oder an der Wand eines G teshauses hängt, auch nicht, daß wir uns betrachtend in das Ch stus-Gemälde eines berühmten Künstlers versenken. Beides ka wohl eine Hilfe zur Meditation sein. Immer wieder dagegen kön wir „Christus anschauen" beim betenden Lesen der Bibel, ebe in der Gemeinschaft mit anderen Christen, wenn wir gemeinsam das verkündigte Wort Gottes hören und uns mit den Gliedern Gemeinde zusammenfinden zum Gebet. Wir haben es ja nicht einem abwesenden Herrn, oder gar mit einem längst Verstorbe zu tun. Die Gemeinde Jesu lebt in allen ihren Gliedern von der K des **gegenwärtigen Christus**. Der Heilige Geist will uns in jeder Anfechtung, in jeder Glaubensprobe neu bewußt chen, daß Jesus Christus selber in uns lebt. Nehmen wir „aus se Fülle Gnade um Gnade" (Jo 1, 16), leben wir heute in der Kraft auferstandenen Herrn, so verwirklichen wir, was der Bericht Evangelisten von den Jüngern sagt: „Sie sahen niemand als Je allein" (Mt 17, 8). Er ist ja nicht nur der Anfänger des Glaub der „Anführer" des Zuges von Glaubenszeugen, die der Apost Hbr 11 uns vor Augen gestellt hat. Jesus ist auch der **Vollen unseres Glaubens**. In den Worten des Apostels liegt für eine unüberhörbare Mahnung zur Demut und Bescheidenheit. mand von uns hat sich selbst zum Glauben geholfen. Die Teil am Heil ist göttliches Geschenk. „Wir sind **sein** Werk" (Eph 2, Zugleich liegt in diesen Worten eine trostvolle Verheißung der H nung, die angefochtenen Seelen helfen soll. Gott läßt nicht halbf liegen, was er als Gnadenwerk begonnen hat. Er selber steht fü Vollendung unseres Glaubensweges ein (Hbr 10, 14). Hier berü sich die Gedanken des Hbr mit den Worten des Apostels Paulus: bin guter Zuversicht, daß, der in euch angefangen hat das gute W der wird's auch vollführen bis an den Tag Jesu Christi" (Phil Weil Jesus das Ziel erreicht hat, vermag er durch sein Beispiel a nach sich zu ziehen. **Er hat um der vor ihm liegenden Freude w**

natürlich andererseits, daß das Aufblicken auf Jesum viele Dinge aus unserem Blic aus unserem Gesichtskreis verschwinden läßt, an denen wir hängen oder die uns gefangennehmen."

; Kreuz erduldet und die Schande gering geachtet und sich zur chten des Thrones Gottes gesetzt. Not und Bedrängnis, durch die Gemeinde hindurchgehen muß, erscheinen in einem anderen Licht, nn wir den Durchblick für den geheimen Sinn allen Leides geınen. Schon Hbr 1, 2–4 und 2, 5–9, ebenso Hbr 10, 5–7 hat der ostel darauf hingewiesen, daß der Weg des Christus über die bstpreisgabe seines Lebens am Kreuz in die Herrlichkeit führt l. Phil 2, 5–11). Noch einmal strahlt hier die verborgene Herrlicht Christi auf. Er ist freiwillig den Weg der Schmach gegangen; tt hat ihn dafür mit ewiger Herrlichkeit gekrönt. Der grie Relativz leitet mit den Worten ein: *hos antí täs prokeiménäs autú charás* l kann in doppeltem Sinne verstanden werden, da das Wort *antí* zweifacher Weise übersetzt werden kann mit „anstatt" und „für". kann es einmal heißen: Jesus hat a n s t a t t d e r v o r i h m g e n d e n F r e u d e das Kreuz erduldet. Er hätte beim Vater in Herrlichkeit bleiben können. Die Welt ewigen Friedens und unsprechlicher Freude war sein Lebensbereich. Aber Jesus setzte alein zu unserer Erlösung, er verließ das Sein in der Herrlichkeit, de Mensch und starb am Kreuz. Wählen wir die andere Überungsmöglichkeit, so lautet der Satz: Jesus hat f ü r (im Blick auf) v o r i h m l i e g e n d e F r e u d e das Kreuz erduldet. Dabei ken wir nicht zuerst an die himmlische Freude, die er preisgab, dern an die Freude einer ewigen Erlösung für die ganze verlorene t, die er durch seinen Kreuzestod erwarb[417]. Der Freudenpreis, den Jesus alles eingesetzt hat, war die Erhöhung zur Rechten tes: In der Erfüllung der Weissagung Ps 110, 1 am Himmelfahrtshat Gott die ewige Gottessohnschaft Jesu bestätigt[418].

ım Kampf des Glaubens hat Gott uns nicht nur die Kampfregel, 3
dern auch das Vorbild des Kämpfers gegeben. Jesus selber hat Leben so verstanden, als er seinen Jüngern unmittelbar vor sei- Gang ans Kreuz sagte: „Ein Vorbild habe ich euch gegeben" 3, 15). Er hat den Widerspruch und Widerstand einer gottlosen gegen sich ertragen. Er ist den Schwierigkeiten nicht ausgewi-, sondern hat sie durchstanden. Sein Weg wird auch zum Weg r Gemeinde (Mt 10, 24–25; Apg 14, 22). **Betrachtet den, der solchen Widerspruch von den Sündern gegen sich erduldet hat.** Apostel denkt auch hier wohl weniger an ein mystisches Sichnken in die Passion Jesu; vielmehr wird er dabei im Auge hadaß in den Schwierigkeiten des alltäglichen Glaubenslebens wie in besonderen Verfolgungen und Nöten der Gedanke, daß Jesus

ıch Hbr 12, 16 wird das grie Wort *antí* im Sinne von „für" gebraucht.
l. Hbr 1, 3; 8, 1; 10, 12.

für uns den allerschwersten Weg ging und wir keinen leichte wählen können, unseren Glauben vor geistlicher Erschlaffung u Ermüdungserscheinungen bewahren wird. Aber wie wir auf Er den Weg der Nachfolge beschreiten, so sollen wir auch das Ziel Kampfes erreichen, das Gott der Gemeinde Jesu gesteckt hat. Vollendung, die Jesus in seinem Kampf errungen hat, soll uns gleichem Maße zuteil werden (vgl. 2 Tim 4, 7).

B. Erziehung zur Heiligkeit

Hbr 12, 4—11

Zu Vers 4:
1 Ko 10, 13
Hbr 10, 32—36
11, 35—37
Zu Vers 5:
Spr 3, 11—12
Hio 5, 17
1 Ko 11, 32
Jak 1, 12
Zu Vers 6:
Offb 3, 19
Zu Vers 7:
2 Sam 7, 14
Zu Vers 8:
Ps 73, 14—15
Zu Vers 9:
Spr 10, 17
4 Mo 16, 22
4 Mo 27, 16
Offb 22, 6
Zu Vers 10:
1 Ko 1, 30
1 Pt 4, 1
Zu Vers 11:
Jo 16, 20—22
Rö 8, 17—18
2 Ko 4, 17—18
1 Pt 1, 6—7
Spr 11, 30 LXX
Jo 15, 5. 8
Eph 5, 9
Phil 1, 11
Jak 3, 18

4 **Ihr habt noch nicht bis aufs Blut widerstanden im Kampfe ge**
5 **die Sünde * und habt den Trost vergessen, der zu euch wie**
Söhnen spricht: „Mein Sohn, achte die Züchtigung des H
nicht gering, verzage auch nicht, wenn du von ihm gestraft w
6 *** Denn wen der Herr liebt, den erzieht er; er schlägt aber je**
7 **Sohn, den er annimmt." * Ihr leidet zum Zweck der Erzieh**
Gott behandelt euch wie Söhne. Denn wo ist ein Sohn, den
8 **Vater nicht erzieht? * Wenn ihr aber ohne Erziehung seid, d**
alle teilhaftig geworden sind, so seid ihr ja unechte Kinder
9 **nicht Söhne. * Ferner hatten wir unsere leiblichen Väter als**
zieher und haben sie geachtet. Sollten wir nicht vielmehr
10 **Vater der Geister untertan sein und leben? * Denn sie erz**
uns zwar (nur) **wenige Tage nach ihrem Gutdünken, er**
(uns) **zum Besten, damit wir Anteil an seiner Heiligkeit erlan**
11 *** Alle Erziehung scheint uns zwar für den Augenblick nicht Fre**
sondern Traurigkeit zu sein; später aber bringt sie denen,
durch sie geübt sind, eine friedvolle Frucht der Gerechtigkeit.

Der Apostel weiß, wie Jammer und Seufzen, Ungeduld und Se mitleid das Leben eines Menschen vergiften können, der vom Le heimgesucht wird. Auch Kinder Gottes stehen im Leiden in der fahr, im Glauben nachzulassen, an Gottes Liebe und Gerechti zu zweifeln. Deshalb ist es ihm in besonderer Weise darum zu den Gläubigen den Sinn ihres Leidens aufzuschlüsseln. Die Chr sollen das Vorbild Jesu „betrachten" (V. 3), das er seiner Geme in seinem Leiden hinterlassen hat. Denn nur, wer ihm willig Weg des Kreuzes nachgeht, kann in die Leidensgemeinschaft ihm treten. Jesus Christus, der ewige Hohepriester, ist seiner meinde dann in besonderer Weise nahe, wenn er sie ins L führt, sie Anteil an der „Gemeinschaft seiner Leiden" (Phil und damit an der „ganzen Fülle des Christus" haben läßt.

·ichzeitig sind die Leiden auch ein Erziehungsmittel in
r Hand Gottes, um das Leben der Christen neu zu gestalten. Diese 4
kenntnis ist wichtig für die Gläubigen, an die der Apostel seinen
ef richtet, damit sie in der drohenden Gefahr einer Verfolgung
ndhalten können. Die erste Welle der Verfolgung ist bereits über
Gemeinde hingegangen (Hbr 10, 32–36); aber das Martyrium
offenbar den Gläubigen bisher erspart geblieben. **Ihr habt noch
ht bis aufs Blut widerstanden im Kampf gegen die Sünde.** In
rs 1 sprach der Apostel von der Sünde, die zutiefst unser mensch-
es Wesen durchdringt und vergiftet; er meint damit die von Gott
gewandte Lebensrichtung des unerlösten Menschen, den Aufruhr
en Gott, in dem der Mensch sich selbstherrlich seine eigenen
dnungen setzt. In Vers 4 wird die „Sünde" zum Ausdruck für
e feindliche Macht, die die Gemeinde in ihrem äußeren Bestand
nichten will. Der Zusammenhang unseres Satzes mit dem, was
Apostel Hbr 11, 32 ff über frühere Leiden der Gemeinde – Ge-
genschaft, Einziehung des Vermögens – gesagt hatte, ist offen-
dig. Die Gemeinde wird von außen her bedroht; die Gefahr er-
hst ihr aus der staatlichen Macht, sie ist „Widerspruch der Sün-
" (Hbr 12, 3). Dieser Gefahr kann die Gemeinde nur mit dem
satz ihrer ganzen Existenz – „bis aufs Blut" begegnen. Es geht
wirklich darum, den „guten Kampf" unter Einsatz aller Kraft
zum Ende zu kämpfen[419]. Hilfe und Trost in diesem Kampf ist 5
der das Wort des AT, weil es den Schlüssel zum
hten Verständnis der gegenwärtigen Lage
ntst Gemeinde bildet. „Die Schrift sieht voraus" (Gal 3, 8) auf
Zeit des Neuen Bundes. Hier wird uns gezeigt, wie wir die
vierigkeiten im Glaubensleben zu verstehen und zu verarbeiten
en. Weder sollen wir versuchen, sie geringschätzig abzutun oder
erdrängen, noch sollen wir darunter verzagen[420]. Alles Leiden
Leben der Kinder Gottes hat einen tiefen Sinn. Leiden kann
licher Erweis unseres Heils sein, Vorrecht im Leben des Gläubi-
(Phil 1, 28–29). Schon das AT spricht davon, daß Leiden Beweise 6
die Liebe Gottes sind, mit der er an seine Kinder denkt. Der
stel will der Gemeinde einschärfen, alles Leiden in ihren eigenen

gl. 2 Ko 10, 4–5; 1 Tim 6, 11–12; 2 Tim 2, 22.

gl. zu unserer Stelle Thomas von Kempen, Nachfolge Christi III, 19, 1; Übersetzung n Johann Arnd, Zürich o. J., S. 118: „Es ist klein und gering, was du leidest im Ver- eich zu denen, die so viel gelitten haben, so gewaltig angefochten, so schwer betrübt, mannigfaltig geprüft und bewährt worden sind. Darum sollst du die schweren Leiden r anderen Menschen in deinem Herzen betrachten, auf daß du deine desto leichter gst, die viel kleiner sind, wiewohl sie dich auch nicht klein dünken. Siehe aber, ob es ht deine Ungeduld ist, die sie so ermißt. Sie sei aber nun groß oder klein, so befleißige h, doch alles geduldig zu leiden."

Reihen ausschließlich positiv zu beurteilen. Er weiß, daß Ant
nahme an den Leiden Christi Voraussetzung für die Anteilnah
an der Herrlichkeit Christi ist; die Leiden, die die Gläubigen in
Zeit ihres irdischen Lebens treffen können, stehen in keinem V
hältnis zu der Herrlichkeit, für die Gott seine Kinder vorbereitet.
erwächst gerade aus dem geduldigen Ertragen des Leidens die
wißheit, daß denen, die Gott lieben, alle Dinge zum Guten mit
7 ken (vgl. Rö 8, 17–18. 28). **Ihr leidet zum Zweck der Erziehung;**
mit Söhnen geht Gott mit euch um. Die Gläubigen sollen das Lei
willig auf sich nehmen, weil Gott ein Ziel mit dem verfolgt, wa
seinen Kindern widerfahren läßt. Die Bibel weiß von dem man
fachen, oft verborgenen Sinn des Leidens, das Menschen widerfah
kann und uns oft erst in der Rückschau offenbart wird. Es gibt n
nur ein Strafleiden als Folge der Sünde (2 Sam 12, 14 ff; Ps 32, 3
und ein Bewährungsleiden (Hio 1–2), durch das unser Glaube auf
Probe gestellt wird. Gottes Wort spricht auch vom Läuterungsle
(1 Pt 1, 6–7), das der inneren Klärung unseres Glaubenslebens di
Jesus spricht vom Leiden zur Verherrlichung Gottes (Jo 9, 3; 11
der Apostel Paulus schreibt von der Notwendigkeit seines stell
tretenden Leidens für die Gemeinde (Kol 1, 24; vgl. Offb 6, 9–
Darüber hinaus wird uns in unserem Vers gesagt, daß Leiden E
hungsmittel in der Hand Gottes sind, durch die er seine Kinder
die kommende Herrlichkeit vorbereitet. Die Züchtigung Gotte
unserem Leben ist also eine Gewähr dafür, daß unsere Gottesk
schaft echt ist.
8 So selbstverständlich, wie irdische Väter für die Erziehung
Kinder sorgen, sorgt Gott auch für die Erziehung seiner Ki
Wenn ihr aber ohne Erziehung seid, deren alle teilhaftig gewo
sind, so seid ihr ja unechte Kinder[421] **und nicht Söhne.** A l l e
den gezüchtigt, niemand wurde verschont. Leiden der Geme
glieder stellen keine Ausnahme dar; Gott geht so mit allen se
Kindern um. Im tiefsten Grunde ist Gottes Erziehungsweg mit
nen Kindern Vorbild für die Erziehung der Kinder in der me
lichen Familie, ebenso auch für die Erziehung der Gläubigen i
Gemeinde. Wie es keine echte Erziehung ohne ein Erziehung
gibt, so auch keine Erziehung ohne Autorität, die Gehorsam
langt. Gott erzieht seine Kinder zur geistlichen Reife und U
fähigkeit (Eph 4, 14; Hbr 5, 14), er formt unser Wesen um,
9 es dem Wesen Jesu ähnlich werde. Dabei erwartet Gott von s
Kindern völligen Gehorsam und ganze Hingabe des Lebens a
Gott gibt uns nicht nur das irdische Leben, sondern darüber h
jedem, der sich seinem Wort und Willen unterordnet, auch das

[421] Das grie Wort *nóthos* bedeutet „unehelich, illegitim" und steht nur hier im NT.

ben. Weil Gott der Schöpfer und Erhalter des irdischen und über-
ischen Lebens ist, der leiblichen und leiblosen Wesen, darum
ißt er **Vater der Geister.** Dieser Ausdruck findet sich als Umschrei-
ng der Wirklichkeit Gottes nur hier im NT, steht aber offensicht-
ı im inneren Zusammenhang mit manchen anderen Gottesworten
: Heiligen Schrift. Gott, der den Geist in den Menschen gelegt hat
Mo 16, 22; 27, 16), sendet als der „Herr der Geister" (Offb 22, 6)
n prophetisches Wort in diese Welt. Nicht nur die auf Erden leben-
ı Menschen, sondern auch die Toten und die Engel sind als Geist-
sen ihm, dem Herrn, untertan (Mt 17, 3; 22, 32; Hbr 12, 23;
fb 6, 9–11). Auch eine spätjüdische Schrift, das „Buch Henoch",
von Gott als dem „Herrn der Welten" und „Herrn der Her-
" (9, 4) und dem „Herrn der Herrlichkeit" (27, 3) spricht, nennt
tt den „Herrn der Geister" (37, 2. 4; 38, 2; 47, 1. 2. 4), wobei in
er Linie die Engel, aber auch die Seelen der Gerechten gemeint
d.
Jber aller göttlichen Erziehung waltet seine Weisheit und Liebe, 10
jedem irdischen Erzieher in diesem Maße versagt bleiben. Alle
schen Erzieher sind nicht nur in ihren zeitlichen Möglichkeiten
eschränkt – sie können immer nur für kurze Zeit ihren Einfluß
end machen – schwerwiegender ist noch, daß sie **nach ihrem
dünken** mit Menschen umgehen. „Es fehlt ihnen eine letzte Ein-
t und Sicherheit, ja sie sind nicht vor Irrtum und Mißgriff ge-
itzt[422]." Gott aber hat mit all seinen Führungen immer nur unser
es im Auge. Seine Erziehung zielt auf den **„Nutzen"** ab, der
n besteht, daß wir **Anteil an seiner Heiligkeit** gewinnen sollen.
e Teilhabe am Wesen Gottes, die „Heiligung" unseres Lebens,
ngen wir als Kinder Gottes nicht nur durch den Glauben (1 Ko
)), sondern auch durch die Erziehung Gottes (vgl. 1 Pt 4, 1)[423].
Erziehung scheint uns zwar für den Augenblick nicht Freude, 11
lern Traurigkeit zu sein. Wie trostvoll klingen diese nüchternen,
rlichen Worte, mit denen der Apostel vom Leiden spricht. Er
armlost nicht die Wirklichkeit und den Ernst des Leidens; auch
lem Weg der Nachfolge gibt es Tränen[424]. Zum Glauben gehö-
dle schweren Führungen in unserem Leben (Hbr 11, 35–40).
: in der Bedrängnis offenbart sich Gottes weise, seelsorgerliche
hung. Der Glaube weiß um die zeitliche Begrenzung der Leiden
ihr wunderbares Ziel. **Später aber bringt sie denen, die durch
eübt sind, eine friedvolle Frucht der Gerechtigkeit.** Wie die
stliche Übung im Glaubensleben durch den

Michel, S. 300.
l. Jes 28, 19 LÜ „Denn allein die Anfechtung lehrt aufs Wort merken."
l. Apg 20, 31; 2 Ko 11, 23 ff; Phil 3, 18; Offb 7, 17; 21, 4.

treuen Umgang mit Gottes Wort, dem Gebet und der Gemeinsch
der Gläubigen zu einer geistlichen Urteilsfähigkeit führt (Hbr 5, 1
so die *geistliche Einübung im Leiden* zu innerem Fr
den und Gerechtigkeit. Die „friedvolle Frucht der Gerechtigkeit"
für die Gläubigen ein gewisses Zeichen des Heils und Angeld für
kommende Herrlichkeit[425]. Den Ausdruck „Frucht der Gerechtigke
finden wir auch schon im AT. Die LXX übersetzt das Wort Spr 11,
„des Rechttuns Frucht ist ein Baum des Lebens" mit den Wor
„aus der Frucht der Gerechtigkeit wächst ein Baum des Lebens"[4
Daß Gott aus dem Leben seiner Kinder Frucht erwartet, gehört
den grundlegenden Aussagen der Heiligen Schrift (vgl. Ps 1
Jer 17, 8; Jo 15, 1—8). Frucht ist nichts anderes als das Weitergel
des empfangenen Lebens aus Gott.

In welch mannigfaltiger Ausprägung diese selbstverständli
Äußerung geistlichen Lebens zutage treten kann, zeigen uns
zahlreichen Aussagen des NT. Die „Frucht des Geistes" (Gal 5,
ist die sichtbar in Erscheinung tretende Umformung unseres Wes
in das Wesen Jesu. Zu diesem inneren Umformungsprozeß, in d
wir Jesus ähnlich werden, treten Gebet und Zeugnis als „Frucht
Lippen" (Hbr 13, 15). Ihr zur Seite tritt als „Frucht" im alltäglic
Leben der Gläubigen der praktische Einsatz für das Reich Gottes,
Bereitschaft zu tätiger Hilfe (Phil 4, 17). Das geistliche Fruchtbrin
im Leben des Christen führt zur „Frucht des Werkes" (Phil 1,
nicht zum äußeren Erfolg der Arbeit, wohl aber dazu, daß Go
Geist durch uns sichtbare Frucht unter Menschen wirken kann,
durch, daß Ungläubige das Heil Gottes annehmen (Rö 1, 13; 1
9, 22). Die „Frucht der Gerechtigkeit", von der Rö 6, 22; Phil 1,
Hbr 12, 11 und Jak 3, 18 sprechen, ist die Heiligung unseres Leb
das Werk des Heiligen Geistes in uns, der uns in eine immer tie
Lebens- und Leidensgemeinschaft mit dem gekreuzigten und au
standenen Herrn hineinführen will, damit wir auf dem Weg
Nachfolge ihm zur Ehre leben können.

[425] Vgl. Ps 85, 11; Jes 32, 17.
[426] *ek karpú dikaiosýnäs phýetai déndron zoáes*; vgl. dazu Am 6, 12.

17. Unermüdliche geistliche Wachsamkeit im Heiligungsleben

Hbr 12, 12–29

A. Abwehr geistlicher Ermüdungserscheinungen

Hbr 12, 12–17

Darum richtet die erschlafften Hände und die ermatteten Kniee wieder auf * und verschafft euren Füßen gerade Pfade, damit das Lahme nicht abkomme, sondern vielmehr geheilt wird. * Jagt dem Frieden mit jedermann nach und der Heiligung, ohne die niemand den Herrn sehen wird! * Seht darauf, daß nicht jemand die Gnade Gottes versäumt, daß nicht eine bittere Wurzel aufwächst und hinderlich wird und die vielen durch sie befleckt werden; * daß nicht jemand ein Abtrünniger (Hurer) oder Gottloser wie Esau sei, der um einer einzigen Speise willen sein Erstgeburtsrecht verkaufte. * Denn ihr wißt, daß er auch nachher, als er den Segen erben wollte, verworfen wurde; denn er fand keinen Raum zur Buße (Umkehr), obwohl er sie unter Tränen suchte.

Zu Vers 12: Jes 35, 3
Zu Vers 13: Spr 4, 26 LXX
Zu Vers 14: Ps 34, 15; Mt 5, 8–9; Mk 9, 50; Rö 12, 18; Rö 14, 19; 2 Tim 2, 22; 1 Pt 3, 11; 1 Jo 3, 2
Zu Vers 15: 2 Ko 6, 1; Hbr 3, 12; 4, 1; 5 Mo 29, 18; Apg 8, 23
Zu Vers 16: 1 Mo 25, 33–34
Zu Vers 17: 1 Mo 27, 30–40

)as Wort des AT aus Spr 3, 11–12 vermag den S i n n des Leidens
erschließen, das dem einzelnen Gläubigen wie auch der ganzen
neinde widerfahren kann (Hbr 12, 5–7). Ebenso gibt aber auch
Wort des AT der Gemeinde in dieser Situation die rechte E r -
h n u n g und Ermunterung. Der Apostel greift auf Jes 35, 3
ick: „Stärket die schlaffen Hände und festigt die wankenden
ee!" und lehnt sich an den Wortlaut der LXX an. Jesaja hatte im
trag Gottes in prophetischer Schau dieses Wort dem wandernden
tesvolk der messianischen Endzeit zugerufen. Jetzt spricht der 12
stel es der ntst Gemeinde zu und macht deutlich, daß gerade ihr
er Zuspruch Gottes gilt. In gleicher Weise hat unser Herr Jesus
stus bei der Anfrage Johannes des Täufers die Verheißung aus
5, 5–6 durch sein Kommen und seine irdische Wirksamkeit er-
gesehen. Er hat die Jünger des Johannes mit dem Wort des
a zu ihrem Meister zurückgeschickt: „Die Blinden sehen und die
nen gehen, die Aussätzigen werden rein und die Tauben hören,
'oten stehen auf und den Armen wird das Evangelium gepredigt"
11, 5). Mit dem Kommen Jesu ist die messianische Endzeit an-
ochen, die die Propheten geweissagt haben. Schon jetzt leuchtet
der gegenwärtigen Weltzeit, die noch im Zeichen der Sünde und
.eides steht, ein Strahl der göttlichen Herrlichkeit auf als Angeld
r, daß die zukünftige Weltzeit als eine Zeit der Freude und der
windung allen Leides einmal sichtbar hereinbrechen wird. Die

13 beiden atst Gottesworte, die der Apostel in den Versen 5–6 u
12–13 anführt, stehen in engem geistlichen Zusammenhang. We
uns der Sinn der schweren Führungen Gottes in unserem Le
deutlich wird, werden dadurch starke innere Kräfte frei. Es geht d
um, um jeden Preis bei diesem wandernden Gottesvolk der End
zu bleiben, das auf dem Weg zur ewigen Gottesstadt ist. **Verscha
euren Füßen gerade Pfade, damit das Lahme nicht abkomme, so
dern vielmehr geheilt wird.** Das grie Wort *ektrépesthai*, das der A
stel hier gebraucht, kann „vom Wege abbiegen"[427] oder „ausgere
werden" bedeuten. Im sinngemäßen Zusammenhang des Satzes s
beide Übersetzungen möglich. Wählen wir die erste Übersetzur
möglichkeit, so schließt sich dieser Ausdruck stärker an den Vor
satz an: „Verschafft euren Füßen gerade Pfade, damit das Lah
nicht vom Wege abkomme." Wählen wir dagegen die zweite Üb
setzungsmöglichkeit, so verbindet sich dieser medizinische Ausdr
stärker mit dem Nachsatz: „. . . damit das Lahme nicht ausgere
werde, sondern vielmehr geheilt wird". In jedem Fall sind die
zelnen Gemeindeglieder auf ihre persönliche Verantwortung geg
über ihren angefochtenen Mitchristen angesprochen. Es gibt „Lahme
den Reihen der Kinder Gottes; sie sind besonders gefährdet im ge
lichen Leben. Wohl gelten Zuspruch und Verheißung des Wortes Go
allen Gliedern der Gemeinde; aber gerade das Vorbild eines lebe
gen Christen kann dem Bruder und der Schwester in der Anfecht
Hilfe und Wegweisung sein. In Haltung und Handeln sollen
einzelnen Glieder der Gemeinde sich ihrer Verantwortung vor
Herrn, der Gemeinde und der Welt bewußt sein. Nur ein kl
zielbewußtes Gehen des Glaubensweges hilft zur Vermeidung
Irrwegen, die ins Verderben führen!

14 Anstatt der geistlichen Erschlaffung und Müdigkeit nachzuge
sollen die Gläubigen vielmehr alle ihre Kräfte auf die Nachf
konzentrieren. Jetzt ist die Zeit des Kampfes, der erst später ei
die Zeit ewiger Ruhe folgen wird (Hbr 4, 9). Ein „lahmes Chris
tum" wird den Sturm der Verfolgung nicht überstehen. Da
schwingt in den Worten des Apostels ein ernster Grundton
wenn er sagt: **„Jagt dem Frieden mit jedermann und der Heili
nach, ohne die niemand den Herrn sehen wird!"** Auch in die
Vers begegnen sich AT und NT auf der gleichen Ebene. Die M
nung aus Ps 34, 15: „Laß vom Bösen und tue Gutes; suche Fri
und jage ihm nach", die wörtlich 1 Pt 3, 11 angeführt wird, gib
Apostel hier mit eigenen Worten wieder[428]. Jesus hatte seinen
gern in der Bergpredigt gesagt: „Selig sind, die reines Herzens

[427] In diesem Sinne 1 Tim 1, 6; 5, 15; 6, 20; 2 Tim 4, 4.
[428] Vgl. Rö 12, 18; 14, 19; 2 Tim 2, 22; ähnlich Mt 6, 12; 18, 35; Jak 3, 18.

ın sie werden Gott schauen. Selig sind die Friedfertigen; denn sie
rden Gottes Kinder heißen" (Mt 5, 8–9). An den Worten des
ostels wird deutlich, in welch hohem Maße die Seligpreisungen
h in der Gegenwart ihre Gültigkeit für die Gemeinde Jesu haben.
geht eben nicht nur darum, daß innerhalb des Lebensraumes der
meinde der einzelne den Frieden Gottes am Herzen und Gewis-
erfährt; auch das Verhältnis der Gläubigen untereinander soll
n Frieden Gottes geprägt sein. Jesus hat in seinem Gleichnis von
beiden Schuldnern Mt 18, 21–35 keinen Zweifel darüber ge-
en, daß wir den Frieden Gottes, der aus der Vergebung aller un-
er Schuld kommt, in einer steten Bereitschaft zur Vergebung je-
n anderen gegenüber bewähren müssen. Dieser Friede Gottes,
unsere Herzen erfüllt, soll auch soweit als möglich (Rö 12, 18)
er Verhältnis zu den ungläubigen Mitmenschen gestalten. Alles
ichbezogene Verlangen nach Frieden ist uns im Raum der Ge-
nde Jesu versagt; an dem Frieden, der uns persönlich geschenkt
d, soll auch unser Nächster teilhaben. Darin besteht ein wesent-
es Stück der Heiligung, der Ausgestaltung unseres alltäglichen
ens durch Christus nach den Ordnungen des Wortes Gottes[429].
de und Heiligung sind praktische Lebensäußerungen, Kenn-
hen und Gewähr dafür, daß wir auf dem rechten Wege sind und
Ermüdungserscheinungen nicht erliegen.

ur Heiligung gehört auch eine innere Wachsamkeit und Bereit- 15
ft, gefährliche Strömungen innerhalb der Gemeinde zu über-
den. Mose mußte Israel warnen: „Es sei nur ja niemand unter
, dessen Herz sich heute von dem Herrn, unserem Gott, ab-
de, daß er hingehe, den Göttern jener Völker zu dienen! Es sei
ja nicht eine Wurzel unter euch, die Gift und
rmut als Frucht trage!" (5 Mo 29, 18). An diese Mah-
g denkt der Apostel bei seinen Worten. Der Weg der Gemeinde
benso wie der Weg des Volkes Israel ständig von Gefahren be-
et, die nur überwunden werden können, wenn jedes einzelne
d der Gemeinde wirklich aus der Gnade lebt. Der Teufel wird
er wieder versuchen, im Herzen und Leben der Gläubigen An-
ofungspunkte zu finden, um Verwirrungen und Unfrieden zu
n. Warnende Beispiele aus dem AT, brüderlicher Zuspruch und
bewußte Inanspruchnehmen der Gnade Gottes für den Glaubens-
können hier entscheidende Hilfe sein. Nur nicht müde werden

gl. dazu Theol. Begriffslexikon zum NT, 1965, S. 61: Es geht in der Heiligung und in
m Frieden untereinander um „Ziele bzw. Aufgaben, die der Christ ein Leben lang nicht
nter sich bringt ... Diese Aufgaben lassen sich nicht nach und nach erledigen und
tun. Sie gehören bleibend zu der einen großen Glaubensbewegung des Christen-
ens".

16 auf dem Glaubensweg! Das ist der warnende Ruf des Apost
Esau hat in einem einzigen Augenblick der Müdigkeit sein gan
zukünftiges Glück verscherzt. **Niemand sei ein Hurer oder Gottlo (Unzüchtiger oder Unreiner) wie Esau, der um einer einzigen Sp willen sein Erstgeburtsrecht verkaufte**[430]. Die Worte „Unzüchti oder Unreiner" (grie *pórnos ä bébälos*) sind hier offensichtlich übertragenen Sinne als „Abtrünniger und niedrig Gesinnter" verstehen. Im AT wird der Ehebruch oft als Bild des Abfalls Gott gebraucht (Hes 16, 1–43)[431]. Im tiefsten Grunde spricht Apostel hier eine Warnung aus, die seinen Worten in Hbr 6, und 10, 26–31 gleichkommt. Esau war der Erstgeborene – die G bigen der ntst Heilszeit gehören zur „Gemeinde der Erstgeboren (V. 23). Niemals dürfen wir unser „Erstgeburtsrecht" in einem flug geistlicher Ermüdung preisgeben! Der Preis, mit dem Jesus von Sünde und Tod erlöste, war zu hoch, als daß wir unser Heil eines irdischen Vorteils oder einer Erleichterung unserer äuß Lage willen aufs Spiel setzen dürften. Wir erinnern uns noch ein an Mose, der darin der Gemeinde ein Vorbild ist, daß er „lieber dem Volke Gottes Ungemach leiden, als einen zeitweiligen Ge von der Sünde haben wollte" (Hbr 11, 25). Esau bleibt ein warne
17 Beispiel für alle Zeiten. **Denn ihr wißt, daß er auch nachher, al den Segen erben wollte, verworfen wurde; denn er fand ke Raum zur Buße, obwohl er sie unter Tränen suchte.** Immer wi haben Ausleger der Heiligen Schrift gemeint, dieser Aussage dogmatischen Gründen eine besondere Deutung geben zu müs Schon in Hbr 6, 4–6 und Hbr 10, 26 ff wurde deutlich, daß es einer bewußten, radikalen Absage an den Glauben kein Zurück r gibt zu Gott. An unserem Vers bricht die Frage auf: Kann Gott einer „Buße unter Tränen" verschließen? Hat er nicht in sei Wort zugesagt, jedem zu vergeben, der seine Schuld wahrhaft reut? Wie konnte Esau der Weg zur Umkehr versperrt bleiben?

Das Problem findet eine Lösung, wenn wir das grie Für *autáen* in unserer Übersetzung „obwohl er s i e mit Tränen suc anstatt auf den Genitiv *metanoías* „Buße" auf den vorausgehe Akkusativ *eulogían* „Segen" beziehen. Dann lautet die Übersetz „Er fand keinen Raum zur Buße, obwohl er i h n (den Segen) Tränen suchte[432]." Danach war es Esau überhaupt nicht um

[430] Das grie Wort *pórnos* bedeutet „Unzüchtiger" und steht 1 Ko 5, 9 ff; 6, 9; Ep 1 Tim 1, 10; Hbr 13, 4. *bébälos* heißt „profan, gottlos, gemein", hier als Substant braucht; vgl. 1 Tim 1, 9; 4, 7; 6, 20; 2 Tim 2, 16. Das Wort „Erstgeburtsrecht" g *prototókia* steht nur hier im NT.

[431] Vgl. Hes 23, 1–7, 30. 37.

[432] Ferdin. Zißler, „Das Hohepriesterum Christi", S. 157; F. F. Bruce, S. 368.

te Buße zu tun; er suchte nur den Segen des Vaters. Diese Form Auslegung schließt sich eng an den atst Bericht an, nötigt aber einer grammatisch etwas gezwungenen Konstruktion und wächt offensichtlich die Aussage des Apostels ab.

Eine andere Lösung bietet sich an, wenn man erklärt: „Buße ist nesänderung. Esau hatte durchaus nicht das Bedürfnis, seinen enen Sinn zu ändern. Das geht aus seinem Beschluß hervor, sei Bruder zu ermorden — es handelt sich bei seinen Tränen vielhr um eine Sinnesänderung seines Vaters. Esaus nen waren eben nicht Tränen einer ernsten Buße[433]." Mit dieser tung ist aber dem biblischen Grundtext noch mehr Gewalt ange. Denn von Isaak ist keine Rede, auf den die mögliche Sinneserung bezogen sein soll.

Wir möchten die apostolische Aussage unabgeschwächt in ihrem zen Ernst stehen lassen. Die Worte „denn er fand keinen Raum Buße" stehen nicht nur im grammatischen Aufbau des Satzes, dern auch in ihrer theologischen Bedeutung im Mittelpunkt. Ob us Buße möglicherweise nur eine oberflächliche, menschliche Reue , darüber sagt der Apostel nichts. Es bleibt bestehen: Gott kann m Menschen jede Möglichkeit der Buße nehmen. Das atst Beil wird zu einer eindringlichen Warnung für die Gemeinde: Es eine Grenze für die Gnade Gottes, die wir nie überschreiten en. „Es gibt ein Maß von Schuld und eine Preisgabe göttlicher en, die jede Möglichkeit einer Reue und Umsinnung zerstören. z alles menschlichen Strebens versagt sich Gott und schenkt die rene Gnade nicht zurück. Es gibt ein Zuspät vor Gott, das nicht der gutzumachen ist[434]."

B. Die Überlegenheit des Neuen Bundes verpflichtet uns zur Heiligung

Hbr 12, 18—29

Denn ihr seid nicht (zu einem Berg) **herzugekommen, den man etasten kann, noch zu loderndem Feuer, noch zu Dunkelheit, insternis und Gewittersturm, * zum Schall der Posaune und der**

Zu Vers 18:
2 Mo 19, 9—17
5 Mo 4, 11—12

Bender, S. 326; ebenso Berleburger Bibel S. 79; ähnlich A. Schlatter, S. 420; E. Riggench, S. 407 f verwirft diese Lösung; O. Michel, S. 311 f läßt die verschiedenen Ausungsmöglichkeiten offen.

Michel, S. 312; ebenso J. Schneider, S. 121: „Es gibt nach der Lehre unseres Briefes ne zweite Buße. Gewiß, es können viele Sünden, die der Christ tut, vergeben werden; er die Sünde des bewußten Abfalls, in der ein Christ den Bruch vollzieht, trennt auf ig von Gott und Christus. In dem Abfall spricht der Christ sich selbst das Gericht."

Stimme von Worten, bei der die Hörer sich weigerten, daß ni
20 weiter zu ihnen geredet würde. * Denn sie ertrugen nicht,
angeordnet wurde: „Auch wenn ein Tier den Berg anrührt,
21 es gesteinigt werden." * So furchtbar war die Erscheinung,
22 auch Mose sprach: „Ich bin voll Furcht und Zittern." * Sond
ihr seid zum Berg Zion und der Stadt des lebendigen Gottes
kommen, dem himmlischen Jerusalem, und zu Zehntausen
23 von Engeln, zur Festversammlung * und der Gemeinde der E
geborenen, die im Himmel aufgeschrieben sind, und zu Gott, d
Richter über alle, und zu den Geistern der vollendeten Gerech
24 * und zu dem Mittler des Neuen Bundes, Jesus, und dem
der Besprengung, das besser (mächtiger) **redet als (das B**
25 Abel(s). * Seht zu, daß ihr den nicht abweist, der redet! D
wenn jene nicht entfliehen konnten, die den abwiesen, der
auf Erden kundgab, wieviel weniger wir, die wir uns von
26 abwenden, der vom Himmel her (redet). *** Seine Stimme ersc**
terte damals die Erde; jetzt aber hat er verheißen: „Noch
mal werde ich nicht allein die Erde, sondern auch den Him
27 erschüttern." * Das „noch einmal" offenbart die Umwandl
der erschaffenen Dinge, die erschüttert werden, damit die u
28 schütterlichen bleiben. * Darum wollen wir, weil wir ein u
schütterliches Königreich empfangen, dankbar sein, wodurch
29 Gott wohlgefällig dienen, mit Scheu und Furcht. * Denn
unser Gott ist ein verzehrendes Feuer.

Zu Vers 19: 2 Mo 19, 18—19; 2 Mo 20, 18—19; 5 Mo 5, 23—24
Zu Vers 20: 2 Mo 19, 13
Zu Vers 21: 5 Mo 9, 19
Zu Vers 22: Offb 14, 1; Jes 52, 1; Hes 40, 2; Gal 4, 26; Phil 3, 20; Hbr 11, 10. 16; 13, 14; Offb 21, 2. 10 ff; Offb 5, 11
Zu Vers 23: 2 Mo 32, 32; Jes 4, 3; Da 12, 1; Lk 10, 20; Phil 4, 3; Offb 3, 5; Lk 18, 7; 2 Tim 4, 8; Jak 4, 12; Jak 5, 9; Offb 6, 10; Mt 8, 11; Mt 22, 32; Hbr 11, 13; 12, 1; Offb 7, 9—17
Zu Vers 24: Lk 22, 20; 2 Ko 3, 6; 1 Tim 2, 5; Hbr 7, 22; 8, 6—10; 9, 15—20; 1 Pt 1, 2; 1 Mo 4, 10; Hbr 11, 4
Zu Vers 25: Hbr 2, 3; 10, 28—29

Noch einmal kehrt der Apostel zu dem beherrschenden Th seines Briefes zurück und zeigt die große Überlegenheit der G des Neuen Bundes gegenüber dem, was Israel zuteil wurde. Er das durch die gegensätzliche Einleitung der beiden Gedanken he die ihn in den Versen 18—24 beschäftigen: „Denn ihr seid nicht zugekommen . . ." (*u gar proselälýthate* V. 18) — „Sondern ihr gekommen . . ." (*allá proselälýthate* V. 22). Bei aller Größe der Offenbarung wird hier doch ihre Grenze gezeigt: **„Dunkelheit, sternis, Sturm."** Der Apostel kennzeichnet den Alten Bund durch eine Schilderung des Sinaiereignisses, deren Einzelheite den Berichten in 2 Mo und 5 Mo entnommen hat. Die Begeg Gottes mit Israel am Sinai war eine Kundgebung seiner hei Majestät. Das göttliche Wort der Gerichtsandrohung war fü Menschen nicht zu ertragen. Durch die Gegenüberstellung des und Neuen Bundes werden der Ernst und die Bedeutung der Offenbarung nicht abgeschwächt. Die Heiligkeit Gottes wird in nicht verkleinert; aber sie wird überstrahlt von der Gnade G Die Begegnung Israels mit Gott und die Mittlerschaft des Mos ten auch für die ntst Heilsgemeinde vorbildliche Bedeutung. Auch r legt der Apostel größten Wert auf die Genauigkeit in den geichtlichen Einzelheiten der Begegnung. **So furchtbar war die Ereinung, daß auch Mose sprach: „Ich bin voll Furcht und Zittern."** ch in der Zeit des Neuen Bundes bleibt die Begegnung mit dem endigen Gott etwas, das den Menschen bis in die Tiefen seiner stenz erschüttert. Darin behält der Alte Bund mit seinen Ordigen seine unauflösliche Bedeutung bis ans Ende der Zeiten, daß ade im Gesetz die Heiligkeit Gottes gewahrt und den Menschen ner wieder der Abstand zwischen Gott und Mensch vor Augen ührt wird. Auf dem Hintergrund dieser ernsten Wirklichkeit entet aber nun der Apostel den ganzen Reichtum der Offenbarung Glaubenserfahrung im Neuen Bund. Gott verbirgt sich nicht r, sondern bietet die Gaben des Heils jedem an. Wer Gott in istus begegnet und Vergebung findet, den erfüllt diese Begegg nicht mit Schrecken, sondern mit dem Bewußtsein des Friedens der Geborgenheit.

n den Versen 22—24 entfaltet er in dreifacher Weise das Zeugnis ntst Offenbarung; er zeigt den Ort des Heils, er beschreibt Gemeinde des Heils und spricht von dem König des ils. **Ihr seid zum Berg Zion und der Stadt des lebendigen Got- dem himmlischen Jerusalem, gekommen.** Jetzt schon hat die Gende vollen Anteil am Heil, das einmal sichtbar in dieser Welt aufchtet werden soll. **Zion** ist der **Gottesberg,** auf dem Gottes Herreit wohnt, auf dem nach dem Zeugnis des AT der Messias lieren[485] und von dem Gottes Heil und Segen für alle Völker gehen wird[486]. Wie die Erzväter Abraham, Isaak und Jakob r 11, 10. 16), so wartet auch die Gemeinde Jesu auf die **kommende t Gottes** (Hbr 13, 14), auf die zukünftige Offenbarung der Herreit Gottes. Die Gemeinde der Gläubigen des Neuen Bundes soll il haben an der irdischen Machtentfaltung und ewigen Herrlich- Gottes; sie wird Heimatrecht bei Gott haben, sie wird zu Hause im **„himmlischen Jerusalem"**. Die Stätte des Heils und der Rettritt dem Sinai, der Stätte des Gesetzes, gegenüber. Was im chen Jerusalem nur Schatten und Abbild war, ist der Gemeinde immlischen Jerusalem als Wirklichkeit gegeben: die unmittel- Gegenwart Gottes. Wer wird im himmlischen Jerusalem (vgl. 21—22) an der Herrlichkeit Gottes teilhaben? Der Apostel läßt einen Augenblick die ganze Größe der Gemeinde des ls aufleuchten. Seine Worte erinnern uns an die gewaltige Schau, em Seher Johannes zuteil wurde, und die er uns in Offb 4, 5. 7

2, 7; 74, 2; Jes 8, 18; Joe 4, 17. 21.
50, 2; Jes 2, 3; 28, 16; Joe 3, 5.

Zu Vers 26:
Ri 5, 4—5
Ps 68, 8—9
Ps 77, 19
Ps 114, 7
Hag 2, 6
Mt 24, 29
Mt 27, 51
Mk 13, 24—25
Lk 21, 25—26
Offb 6, 12—14

Zu Vers 27:
Ps 96, 9—13
2 Pt 3, 10—13
Offb 20, 11
Offb 21, 1

Zu Vers 28:
Da 7, 14
Kol 1, 12
Lk 1, 74—75
Rö 1, 9
Phil 3, 3
2 Tim 1, 3
Hbr 9, 14
Offb 7, 15
Offb 22, 3

Zu Vers 29:
3 Mo 10, 1—2
4 Mo 16, 35
5 Mo 4, 24
5 Mo 9, 3
Jes 33, 14
Hbr 10, 31

22

beschreibt. **„Zehntausende von Engeln"** sind im himmlischen Jeru
lem, dem göttlichen Lebensraum, in dem unwandelbare Gerechtigk
und völlige Harmonie herrschen. Auch hier spricht der Apostel
Hbr 1, 14 nur von den guten Engeln, die in völligem Gehorsam G
jederzeit zur Verfügung stehen. Die abgefallenen Engel werden
Bereich der Finsternis für das ewige Gericht festgehalten (2 Pt 2
Jud 6). Damit öffnet der Apostel uns den Blick dafür, daß die Wi
lichkeit des Reiches Gottes, in die wir hineingenommen sind,
über Diesseits und Jenseits erstreckt. Durch Gottes Geist ist die
meinde auch in die Verbindung mit dem Reich der Engel eingetre
Die Engel sind zwar unseren menschlichen Augen nicht sichtbar, a
sie sind doch eine ganz nahe Wirklichkeit.

Den guten himmlischen Mächten gesellen sich die **„Geister**
vollendeten Gerechten" zur Seite; der Autor meint wahrschein
die Gläubigen und Märtyrer des Alten Bundes, zu denen auch
Glaubenszeugen gehören, die er in Hbr 11 erwähnt hat, und
denen Jesus im Streitgespräch mit den Sadduzäern gesagt hat: „C
ist nicht ein Gott der Toten, sondern der Lebenden; denn sie
ben ihm alle" (Lk 20, 38). Wir müssen bei dieser Aufzähl
immer wieder das Wort des Apostels hindurchklingen hören:
seid gekommen! Es soll dem Leser deutlich werden, in w
hohem Maße die zukünftige Herrlichkeit bereits ihren Glanz mi
hinein in unser Erdendasein ausstrahlt. Die Gemeinde Jesu ist sc
in dieser Zeit mit der oberen Welt verbunden.

23 Vereint mit den Glaubenszeugen des AT wird die **„Gemeinde**
Erstgeborenen" im himmlischen Jerusalem leben. Es gibt nicht
„den Erstgeborenen" (Rö 8, 29; Hbr 1, 6), sondern auch eine
meinde der Erstgeborenen", Menschen, deren Namen in der E
keit vor Gott aufgezeichnet sind, Menschen, die die Vergebung
Sünden durch das Blut Jesu Christi empfangen haben. An ih
wird sich das Wort Jesu erfüllen: „Viele werden kommen vom M
gen und vom Abend und mit Abraham und Isaak und Jakob
Himmelreich sitzen" (Mt 8, 11). Mehrdeutig ist das Wort **„Fest**
sammlung" (grie *panáegyris*), das nur an dieser Stelle im NT s
Im AT bedeutet es einfach „Fest" oder „Feiertag"[437]. Wir kö
es als Oberbegriff in der Aufzählung der einzelnen Gruppen
göttlichen Heilsgemeinde verstehen. Dann würde dadurch be
daß die Schar der Erlösten in der ewigen Herrlichkeit Gottes
feiernde und triumphierende Gemeinde ist. Im grie Satzbau i
auch möglich, das Wort „Festversammlung" zu den „Zehntause
von Engeln" hinzuzuziehen, dann müßten wir übersetzen: „Ihr

[437] Vgl. Hes 46, 11; Hos 2, 11; 9, 5; Am 5, 21 LXX.

: Festversammlung der Zehntausenden von Engeln gekommen."
s würde uns daran erinnern, daß die unzählbaren Scharen heiliger
gel Gottes Thron umgeben, um ihm allezeit den Lobpreis und die
betung darzubringen (vgl. Jes 6, 1–3; Offb 5, 11–12). Verstehen
aber das Wort „Festversammlung" als ein Glied in der Aufzäh-
g der himmlischen Gemeinde, so kann dadurch nur eine Gruppe
Menschen bezeichnet sein, die weder zu den Gläubigen des
en Bundes noch zur Gemeinde Jesu hinzugehören. Dazu dürften
dann das erlöste Volk Israel zählen (Rö 11, 26), das sich bei der
ederkunft Jesu zum Herrn bekehren wird (Sach 12, 10), und die
en Menschen aus den Nationen, die sich in der Zeit des Tausend-
rigen Reiches Gott zuwenden werden. Inmitten der Gemeinde
Heils schaut der Apostel den König des Heils. **Gott** bleibt
Richter aller Menschen, er wird das letzte Wort in dieser Welt
das gültige Urteil über unser Leben sprechen. Auch der Hbr weiß
on, daß jedes Glied der Gemeinde einmal vor Gottes Thron er-
inen und Rechenschaft ablegen muß (vgl. 2 Ko 5, 10). Aber die
ubigen dürfen ihm mit getroster Zuversicht, ja sogar mit großer
ide nahen (1 Jo 4, 17; zur Frage des Gerichtes Gottes über die
neinde und die Welt vgl. W. Stb. Matth. S. 324. 334 und W. Stb.
S. 321). Denn ihm zur Seite steht **Jesus, der Mittler des Neuen** 24
des; das ist die wichtigste aller Heilstatsachen, auch wenn der
stel sie erst gegen Ende seiner Aufzählung nennt. Denn allein
hm ist der Gemeinde das Heil geschenkt. Jesus ist der Mittler
Versöhner, der auf sein Opferblut weist, das die Sünden der
ischen tilgt. Der Apostel rühmt die Macht des Blutes Jesu, das
im Leben eines jeden Gläubigen unmittelbar wirksam erweist.
Blut der Besprengung[488] ist geradezu Kennzeichen des Königs
Heils. Es tilgt nicht nur die Schuld und reinigt unser Leben von
Sünde; als „Blut der Besprengung" erweist es auch seine Macht
ler fortwährenden Bewahrung und Heiligung unseres Lebens
im Schutz gegen alle Angriffe der gottfeindlichen Mächte. Abels
klagte vor Gott an, Jesu Blut rechtfertigt uns vor Gott. **Son-**
ihr seid gekommen – an diesem umfassenden Heil, das der
stel in den Versen 22–24 beschrieben hat, haben wir heute im
uben Anteil, es soll aber einmal sichtbar, gestalthaft vor
Welt offenbar werden.

ht zu, daß ihr den nicht abweist, der redet! Es gibt keine Offen- 25
ng und Annahme des Heils ohne praktische Folgerungen für
r Leben (vgl. Hbr 3, 12). Wie es der Apostel bereits in Hbr 2, 1–4
10, 19 ff gesagt hat, entspricht der Größe der Gottesoffen-

gl. dazu die Auslegung von Hbr 9, 14 und 10, 22.

barung, die den Gläubigen zuteil geworden ist, auch die Größe
uns auferlegten Verantwortung. Wer Gottes Wort verachtet, es
weist oder sich seinem Anspruch zu entziehen versucht[439], geht ein
schweren Gericht entgegen. Israel ging am Ungehorsam gegen Go
Wort zugrunde; wer das Heilsangebot Gottes in Jesus Christus
weist, geht ewig verloren, verscherzt die Gnade Gottes in dieser
der kommenden Welt. Als Gott sich Israel am Sinai offenbarte,
26 bebte der Berg (2 Mo 19, 18). **Seine Stimme erschütterte damals**
Erde. Schon die atst Propheten wissen, daß im Erdbeben nicht
die Vergänglichkeit alles Geschaffenen offenbar wird, sondern
es sich hier um ein Vorzeichen des Endgerichtes Gottes handelt (
Hes 38, 17—23). Am Ende der ntst Heilszeit wird Gott in machtvo
Weise in den Lauf des Weltgeschehens eingreifen, der Tag se
Erscheinens wird von gewaltigen irdischen Katastrophen begle
sein[440]. Gerade dieser Hinweis auf das endzeitliche Geschehen
uns nachdenklich machen. Der Apostel ruft die Gläubigen mit
zem Ernst zur Heiligung ihres Lebens auf (V. 14). Aber er tu
eben nicht in der Weise, daß er ihnen eine Vielzahl von Gebo
und Verhaltensmaßregeln auf den Weg gibt, die ihren Glauben
einen engen Panzer einschnüren und ihr geistliches Leben freu
machen könnten. Er richtet ihren Blick vielmehr auf das Ende
Dinge, auf die Wiederkunft Jesu (Hbr 10, 37—38) und den Anb
27 der neuen Welt. Die Endzeit bringt die endgültige sichtbare Of
barung der Herrlichkeit Gottes, den Untergang alles Geschaffe
das Erscheinen einer neuen, unvergänglichen Welt. Die Freude
das herrliche Ziel der Wege Gottes mit seinen Kindern und mit
ser Welt soll zur starken Kraft der Heiligung im Leben der G
bigen werden (1 Jo 3, 3). Allein der Blick aufs Ziel, auf das
aller Geschichte, gibt uns den rechten Maßstab zur Beurteilung
Irdischen: Alles Irdische, Sichtbare, ist vergänglich, es wird ers
tert werden. Nur das Unsichtbare, die unvergängliche komm
Herrlichkeit Gottes wird „nicht zu erschüttern" sein (vgl. 2 Ko 4
28 Hbr 11, 1. 3). Die glaubende Gemeinde des Herrn steht jetzt sch
Verbindung mit der unsichtbaren Welt Gottes. Wir haben jetzt s
Anteil am ewigen Königreich Gottes. Darum setzt auch der D
der Gemeinde Jesu im kommenden Königreich Gottes berei
dieser Zeit auf Erden ein. **Darum wollen wir, weil wir ein uners**
terliches Königreich empfangen, dankbar sein[441], wodurch wir

[439] Das grie Wort *apostréphestai* bedeutet „sich von jemandem abwenden, jemander werfen" und steht nur hier im Hbr.

[440] Das NT spricht von Erdbeben als Zeichen der Endzeit: Mt 24, 7, par: 27, 51. 54; Offb 6, 12; 8, 5; 11, 13; 16, 18.

[441] Grie *échein chárin* heißt „dankbar sein, Dankbarkeit hegen".

hlgefällig dienen, mit Scheu und Furcht. Die rechte Dankbarkeit
det ihren Ausdruck im priesterlichen Dienst vor Gott. Jesu Opfer
Erden möchte das Opfer unseres Lebens nach sich ziehen, das
er Gläubige aus Dankbarkeit Gott darbringen soll (Rö 12, 1–2).
der Gemeinde Jesu ist es schon auf Erden möglich, Gott in wohl-
älliger Weise zu dienen (Phil 2, 13). Gott wohlgefällig (grie
restos) ist das, was Gottes Willen entspricht. Weil Gott uns sei-
Willen in seinem Wort kundtut, bleibt der Gehorsam gegen das
rt Gottes eine heilige Pflicht – und zugleich ein befreiendes
recht – im Leben der Gläubigen. Unsere Teilhaberschaft an der
en Welt und der Herrlichkeit Gottes entscheidet sich an unserer
lung zum Wort Gottes. Wer es verachtet, geht ins Gericht. Gerade
unserer inneren Einstellung und äußeren Haltung dem Wort
tes gegenüber wird deutlich werden, ob unser Dienst für den
rn wirklich **mit Scheu und Furcht** geschieht. Auch im kindlichen
uben und in der einfältigen Hingabe an den Herrn dürfen wir nie
gessen, daß wir es mit einem heiligen Gott zu tun haben[442]. Die
enbarung der Heiligkeit Gottes an Israel bleibt auch für das neue
desvolk gültig: **Denn auch unser Gott ist ein verzehrendes Feuer.** 29
verzehrende Feuer ist ein Bild für Gottes Heiligkeit, für sein
rn und Richten (vgl. Mt 3, 12; 10, 28). Israel empfing nur eine
äufige, begrenzte Offenbarung mit zeitlich-irdischen Verheißun-
und doch verpflichtete diese Offenbarung das Volk des Alten
des dazu, ein heiliges Volk Gottes zu sein. Das ntst Bundesvolk
es hat die volle Offenbarung des Heils und der Gnade empfan-
Uns sind ewige Verheißungen geschenkt worden. Auch uns gilt,
Israel gesagt wurde: Gnade verpflichtet! In weit höherem Maß
rael sind wir aufgerufen, das heilige Volk Gottes zu sein; der
ige Geist will unser Leben nach dem Wort und Willen Gottes
lten. „Das ist der Wille Gottes: eure Heiligung" (1 Th 4, 3).

Zusammenfassung

e Worte von der Heiligkeit Gottes (V. 10) und der Heiligung
Christen (V. 14) treten als Schlüsselworte des 12. Kapitels deut-
hervor und bilden die Klammer, durch die die verschiedenen
agen dieses Briefteils zusammengehalten werden. Beide Worte
unmittelbar aufeinander bezogen, denn Heiligung wird nicht
rs verstanden als die Wiederherstellung des Wesens Gottes –
seiner Heiligkeit – in der Gottesebenbildlichkeit des erlösten
schen. Gott prägt uns sein Wesen ein – das ist Heiligung. Ver-

e Wendung „mit Scheu und Furcht", grie *metá eulabeías kai déus*, erinnert an Hbr
21 „ich bin voll Furcht und Zittern", ähnlich 1 Ko 2, 3; Eph 6, 5; Phil 2, 12.

gleichen wir die Grundgedanken von Kap 11 und Kap 12 miteinan so fällt uns auf, daß die Wesensmerkmale, die in Kap 11 dem Gl ben zugeordnet sind, in Kap 12 in etwas anderer Form von Heiligung ausgesagt werden. Wir können nun weder sagen, Glaube sei die Voraussetzung zur Heiligung, noch: die Heilig sei eine Folge des Glaubens; vielmehr ist es so: was wir in unse Denken und in der Verkündigung nur im Nebeneinander und N einander uns bewußt machen können, bildet in Wirklichkeit Einheit. Glaube und Heiligung gehören als zwei untrennbare Leb äußerungen der Christusbezogenheit des Gläubigen zusamn Diese Tatsache vergegenwärtigen wir uns noch einmal an ei Überblick über Kap 12.

1. Heiligung und Nachfolge sind im Glauben Einheit; sie können nicht voneinander getrennt werden (Hbr 12, 1- „Aufsehen auf Jesus" bedeutet im Sprachgebrauch des Hbr n anderes als das Wort Jesu in den Evangelien: „Komm, und folge nach!" – „Er stand auf und verließ alles" (vgl. Mt 4, 18 ff), das spricht der apostolischen Mahnung: „Laßt uns jede Last ablegen

2. Heiligung und Leiden sind nicht voneinander zu t nen (Hbr 12, 4–11). Gott hat die Menschen des Glaubens, von de sein Wort berichtet (Hbr 11), nicht nur über Höhen, sondern durch Tiefen geführt. Leiden, die Gott in unser Leben hinein wollen uns daran erinnern, daß er uns nicht vergessen hat, im genteil, daß er an unserem Wesen arbeitet, um es neu zu formen brauchbar zu machen für seine ewige Herrlichkeit.

3. Zur Heiligung gehört die Wachsamkeit im geistli Leben (Hbr 12, 12–17). Ein alter Spruch, den wir hier anwe dürfen, sagt: „Uns ist gegeben, auf keiner Stufe zu ruhen."

Glaubenserfahrungen, die Gott uns schenkt, dürfen nie A zur Selbstgefälligkeit werden, sollen uns nicht sicher machen, dern sind Ansporn zu neuer Hingabe und neuer Bewährung. U Weg auf Erden geht immer „aus Glauben zu Glauben" (Rö 1, 1

4. Die Heiligung empfängt ihre Impulse stets neu aus Heilsfreude (Hbr 12, 18–24). Uns ist in der Gemeinschaf Christus, im Leben mit Gott so unermeßlich viel geschenkt, da „Freude am Herrn" (Neh 8, 10) auch die schweren, unverstand Führungen im Christenleben überstrahlen kann.

5. Heiligung ist Leben in der Verantwortung vor heiligen Gott (Hbr 12, 25–27). Diese Verantwortung schließt chen und gehorchen" ein. Im Leben mit Christus geht es nicht das bereitwillige, betende Hören auf sein Wort in der Hei Schrift. Sein Wort allein ist Richtschnur für Glaube und Leben.

:tes Wort von sich weist und seine eigenen Maßstäbe aufrichtet, liert Christus und mit ihm das ewige Heil.

. Antriebskraft zur H e i l i g u n g ist die H o f f n u n g, die Gott auf unserem Weg geschenkt (Hbr 12, 28–29). Alles Streben h einem gottwohlgefälligen Leben darf sich nie in sich selbst fangen, sondern muß ausgerichtet bleiben auf das Ziel, das Gott er ihm gesetzt hat – die Teilhabe an der ewigen Herrlichkeit, ler Gott in Vollkommenheit die Ehre und Anbetung empfängt, in Wahrheit ihm allein gebühren.

18. Dritte Ermahnung: Nachfolge im Alltag

Hbr 13, 1–21

A. Ermahnung für das persönliche Leben

Hbr 13, 1–6

Die Bruderliebe soll bleiben. * Die Gastfreundschaft vergeßt cht; denn durch diese haben einige, ohne es zu wissen, Engel herbergt. * Gedenkt der Gefangenen als Mitgefangene, derer, e Ungemach leiden, als solche, die auch selbst im Leibe sind. Ehrbar sei die Ehe bei allen und das Ehebett unbefleckt, denn nzüchtige und Ehebrecher wird Gott richten. * Frei von Geldgier i euer Lebenswandel (Sinnesart), **und laßt euch genügen an dem, as vorhanden ist. Denn er selbst hat gesagt: „Ich will dich nicht rlassen noch versäumen!" * Daher können wir getrost sprechen: Der Herr ist mein Helfer; ich werde mich nicht fürchten; was soll r ein Mensch tun?"**

aube und Heiligung gehören im Leben des Christen zusammen. i handelt es sich aber nicht nur um die Zusammengehörigkeit ogischer Gedanken. Es geht vielmehr darum, daß wir die Erg durch das Blut Jesu und unsere Fremdlingschaft auf Erden aktischen Leben verwirklichen. Darum läßt es der Apostel auch nur dabei bewenden, daß er die Gläubigen in die großen Heilsnken Gottes und in den Reichtum der atst Offenbarung einführt. ht ja um die praktische Bewährung unseres Glaubens. Gott weiß lie verborgenen Motive unseres Herzens und schaut die geheiStunden unseres Lebens. Darum fügt der Apostel seinen grundchen theologischen Ausführungen eine Reihe von Ermahnungen , die eine Hilfe im Alltag des Glaubenslebens sein sollen. **Die erliebe soll bleiben.** Wer zum „Königreich Gottes" (Hbr 12, 28)

Zu Vers 1:
Jo 13, 34–35
Jo 15, 12–13. 17
Rö 12, 10
1 Th 4, 9
2 Th 1, 3
1 Pt 1, 22
2 Pt 1, 7
1 Jo 2, 10
1 Jo 3, 11. 23
1 Jo 5, 1
2 Jo 5

Zu Vers 2:
Rö 12, 13
1 Tim 3, 2
1 Tim 5, 10
Tit 1, 8
1 Pt 4, 9
3 Jo 7–8
1 Mo 18, 1–16
1 Mo 19, 1–3
Ri 13, 2 ff

Zu Vers3:
Mt 25, 36
Hbr 10, 34
11, 36–37

Zu Vers 4:
5 Mo 22, 22–24

1 Ko 5, 13
1 Ko 6, 9
Eph 5, 5
Kol 3, 5
1 Th 4, 3–8
Offb 21, 8
Offb 22, 15
Zu Vers 5:
Spr 30, 8
Phil 4, 11
1 Tim 3, 3
1 Tim 6, 6–8
5 Mo 31, 6. 8
Jos 1, 5
Mt 6, 25
2 Ko 4, 9
Zu Vers 6:
Ps 118, 6
Mt 6, 34
Phil 4, 6
1 Pt 5, 7

gehört, beweist das in der Bruderliebe. Es gibt keine echte Li
zum Herrn, die sich nicht in der Liebe zum Bruder Ausdruck
schafft (vgl. Mt 22, 36–40; 25, 40). Gerade im Nächsten, den wir
nicht aussuchen können, gerade auch im Bruder und in der Sch
ster, die uns vom Herrn in der Gemeinde zur Seite gestellt sind,
uns der Herr selber begegnen. In Anfechtung und Verfolgung
auch Kinder Gottes in der Gefahr, zuerst an sich selber zu denk
gerade angesichts drohender Schwierigkeiten gilt es, um so fe
zusammenzurücken. Eine besonders hervorgehobene Weise der
derliebe ist die Gastfreundschaft, die unter Gliedern der Geme
Jesu die Möglichkeit vertiefter geistlicher Gemeinschaft gewä
Die Gastfreundschaft vergeßt nicht; denn durch diese haben ei
ohne es zu wissen, Engel beherbergt. Der Verfasser denkt woh
Lot in Sodom und Abraham in Mamre. Auch unter den ganz and
Verhältnissen, in denen wir heute leben im Vergleich mit den C
sten des 1. Jahrhunderts, behält das Wort seine Gültigkeit. Das
spiel der Glaubensväter zeigt, daß auf der Gastfreundschaft ein
sonderer Segen ruht. Wer Gastfreundschaft gewährt, ist nie a
1/2 nur der Gebende, sondern selber auch immer der Empfangende.
der Gottes haben gerade hier die Möglichkeit, die Freude am H
und die Erfahrungen des Glaubens miteinander zu teilen und
zutauschen. Darum schreibt der Apostel Paulus den Römern: „
verlangt, euch zu sehen, um euch eine geistliche Gabe mitzute
damit ihr gestärkt werdet, das heißt, damit ich bei euch mit getr
werde durch den gemeinschaftlichen Glauben, euren und meinen
Gott gibt seiner Gemeinde immer wieder besondere Gelegenhe
3 die Bruderliebe unter Beweis zu stellen. **Gedenkt der Gefangene**
Mitgefangene, derer, die Ungemach leiden, als Menschen, die s
noch im Leibe sind. Offenbar liegen einzelne Glieder der Geme
um des Herrn willen im Gefängnis. Ihnen wird um ihres Glau
willen schweres Leid zugefügt, sie werden geplagt und gequä
Nun muß die Gemeinde erfahren, daß die Glieder am Leibe C
alle in gleicher Weise gefährdet sind; „wenn ein Glied leidet, s
den alle Glieder mit" (1 Ko 12, 26). Wenn der Apostel die Gläub
die sich noch auf freiem Fuß befinden, auffordert, ihrer „zu ge
ken, sich ihrer zu erinnern", so sollen sie sich nicht nur geisti
dem Schicksal ihrer leidenden Brüder auseinandersetzen, nicht nu
sie beten, sondern der Apostel verlangt praktische Fürsorge un
helfende Tat der Liebe. Dazu bestanden fraglos Möglichkeiten,
die Märtyrerakten der frühchristlichen Kirche berichten uns h

443 Zu Rö 1, 11 f vgl. W. Stb. Rö S. 40.
444 Das grie Wort *kakucheisthai* heißt „plagen, quälen" und steht auch Hbr 11, 37.

ß Christen verhaftete Gemeindeglieder im Gefängnis besuchen
:ften. „Christliche Liebe setzt sich an die Stelle des anderen und
gt fremdes Leid als eigenes[445]."
)ie wahre Bruderliebe und die Erhaltung der Reinheit und Heilig- 4
t der Ehe sind in einer nichtchristlichen Umwelt das stärkste
ignis der Gläubigen. Das hat auch der lateinische Kirchenvater
tullian sehr stark empfunden, wenn er uns berichtet, daß die
iden selber von den Christen sagen: „Siehe, wie sie
untereinander lieben und wie einer für den anderen zu sterben
eit ist." Und er fährt dann fort: „Und so haben wir, die wir nach
st und Seele innigst verbunden sind, keine Bedenklichkeit hin-
tlich der Mitteilung unserer Habe. Alles ist bei uns gemeinschaft-
, nur nicht die Frauen. In diesem Punkt, welcher der ein-
ist, worin die übrigen Menschen Gemeinsamkeit haben, lösen
die Gemeinsamkeit[446]." Erst im Leben des Christen, in der wie-
iergestellten Gemeinschaft des Menschen mit Gott, erhält die
ihre ursprüngliche Heiligkeit als Schöpfungsordnung Gottes
19, 3–9) zurück. Die Christusgemeinschaft bewirkt im Menschen
e leibfeindliche Einstellung, sondern befreit ihn erst zum vollen
u seiner erlösten Geschöpflichkeit (vgl. Eph 5, 22–33). Wird die
durch Unzucht und Ehebruch angetastet, so wird damit Gottes
ot und Ordnung übertreten (1 Mo 1–2)[447]. Weil der Apostel
ß, daß der sittliche Zerfall und die geschlechtliche Zügellosigkeit
nichtchristlichen Umwelt auch in die Reihen der Gemeinde Ein-
; zu finden suchen (vgl. 1 Ko 5, 1), warnt er nachdrücklich vor
ichen Verfehlungen: **Ehrbar sei die Ehe bei allen und das Ehe-
unbefleckt, denn Unzüchtige und Ehebrecher wird Gott richten.**
veiß, wieviel Sünde im Verborgenen geschieht, die nie vor einem
schlichen Gericht geahndet wird. Aber Gott hat die Macht, auch

Michel, S. 330; vgl. dazu Gotthold Müller, Hebräerbrief, Halle 1903², S. 224: „Wie
t tut dem Leidenden ein einziges Wort herzlicher Teilnahme, und wie karg sind wir
ch so oft darin, wie völlig teilnahmslos oft gegen fremdes Wohl und Weh, selbst-
chtig nur mit den eigenen Angelegenheiten und Sorgen beschäftigt."

bliothek der Kirchenväter, Bd. 24, 1915, Tertullian II, Apologetikum S. 143 f.

Michel, S. 331: „Im AT ist Ehebruch die Verletzung einer fremden Ehe oder
schlechtlicher Verkehr der Ehefrau mit einem anderen Mann. Unzucht dagegen ist eine
rch das Gesetz nicht erlaubte Beziehung zu einer ledigen weiblichen Person. Jüdischer
undsatz ist: Ehebruch gibt es nur bei einer Ehefrau bzw. einer Verlobten. Ehebruch
r nur dann strafbar, wenn er mit der Ehefrau eines Juden begangen war; außerdem
ißte der Schuldige verwarnt sein und Zeugen der Tat sollten beigebracht werden.
rkehr mit einer Nichtjüdin war zwar straffrei, aber verpönt. Man maß im Judentum
t verschiedenem Maß: nur die Ehefrau, nicht aber der Ehemann brach durch eine
che Tat die eigene Ehe. Das Urchristentum bindet Mann und Frau unter das
iche Gebot Gottes (Mk 10, 6 ff; 1 Ko 7, 4), hebt also die Ungleichheit der Geschlechter
der Bindung vor Gott und die Kasuistik des Gesetzes auf."

über die verborgenen Sünden zu richten, und er wird es an sein
Tag tun.

5/6 Ehebruch und Habsucht verletzen die wahre Liebe. Wahre Bruc liebe jedoch, Reinheit der Ehe und heilige Sorglosigkeit sind Ke zeichen der Menschen, die teilhaben an dem „unbeweglichen Kör reich Gottes" (Hbr 12, 28). Wer das Bürgerrecht in der Welt Go besitzt (Eph 2, 19; Phil 3, 20), soll innerlich frei vom irdischen Be sein, weil er sich in der Fürsorge und dem Schutz Gottes gebor weiß. Wieder sind es zwei atst Worte, in denen der Apostel Ver ßung und Bekenntnis der Gemeinde Jesu findet. Das Wort des erschließt uns also nicht nur den Heilsratschluß Gottes von Sch fung, Erlösung und Vollendung; es liefert auch nicht nur den Schl sel zum rechten Verständnis des Weges und der gegenwärti Situation der Gemeinde (vgl. Hbr 12, 5—6), sondern es gibt uns a praktische Ermahnungen und Ermunterungen für den Alltag des G bens. **Er selber hat gesagt: „Ich will dich nicht verlassen noch säumen!"** Dabei bekümmert es den Apostel keineswegs, daß er Verheißungen des AT aus dem gedanklichen Zusammenhang her löst, in dem sie ursprünglich gestanden haben. Denn für den M schen, der in der Gemeinschaft mit Christus lebt, „sind alle Go verheißungen Ja und Amen" (2 Ko 1, 20). Mit seiner Mahnung, er den beiden atst Worten vorausschickt, macht er aber zugl deutlich, daß die Verheißungen Gottes im AT wohl vorbehaltl aber n i c h t b e d i n g u n g s l o s e Zusagen Gottes sind. Nur dem es nicht darum zu tun ist, seine persönlichen Ziele zu erreic der Gottes Sache in seinem Leben an erste Stelle setzt, der e macht mit dem Wort Jesu: „Trachtet am ersten nach dem R Gottes und nach seiner Gerechtigkeit!", der wird auch die Hilfe tes in jeder Lage erfahren und mit dem Beter des AT bekennen k nen: „Der Herr ist mein Helfer; ich werde mich nicht fürchten; soll mir ein Mensch tun?"

B. Rechtes Verhalten in der Gemeinde

Hbr 13, 7—19

Zu Vers 7:
Hbr 13, 17. 24
Lk 22, 26
Apg 15, 22
1 Ko 4, 16
1 Ko 11, 1
Eph 5, 1

7 **Gedenkt eurer Vorsteher, die euch das Wort Gottes gesag**
ben; schaut den Ausgang ihres Wandels an und ahmt ihren
8 **ben nach! * Jesus Christus ist gestern und heute derselbe u**
9 **Ewigkeit. * Laßt euch nicht durch mannigfaltige und fremde**
ren abbringen! Denn es ist gut, daß das Herz durch Gnad
festigt wird, nicht durch Speisen, von denen die keinen N

haben, die sich damit befassen. * Wir haben einen Altar, von dem zu essen die kein Recht haben, die dem Zelte dienen. * Denn die Leiber der Tiere, deren Blut für die Sünde durch den Hohenpriester in das Heiligtum hineingetragen wird, werden außerhalb des Lagers verbrannt. * Darum hat auch Jesus, damit er durch sein eigenes Blut das Volk heilige, außerhalb des Tores gelitten. * Laßt uns also zu ihm hinausgehen außerhalb des Lagers und seine Schmach tragen. * Denn wir haben hier keine bleibende Stadt, sondern suchen die zukünftige. * Durch ihn nun laßt uns Gott jederzeit ein Lobopfer darbringen, das heißt Frucht der Lippen, die seinen Namen bekennen. * Wohltätigkeit und Mitteilsamkeit vergeßt nicht; denn an solchen Opfern hat Gott Wohlgefallen. * Gehorcht euren Vorstehern und fügt euch, denn sie wachen über eure Seelen, weil sie Rechenschaft abzulegen haben, damit sie dies mit Freuden tun und nicht mit Seufzen, denn das bringt euch keinen Nutzen. * Betet für uns! Denn wir sind überzeugt, ein gutes Gewissen zu haben, da wir in jeder Beziehung tadellos (sittlich einwandfrei) **zu leben suchen. * Um so mehr aber ermahne ich** (euch), **dies zu tun, damit ich euch schneller wiedergeschenkt werde.**

er Apostel legt großen Wert darauf, daß der persönliche Bereich eben eines Christen und auch das Miteinander der Gläubigen in Gemeinde vom Heiligen Geist geleitet und geprägt werden kön- Im Glaubensleben geht es nicht ohne Führung und Gehorsam. mal erwähnt er in diesem Kapitel die „Vorsteher“[448]: in Vers 17 len die Empfänger angewiesen, ihnen zu gehorchen, in Vers 24 er ihnen auf, alle Vorsteher zu grüßen, und hier ermahnt er die bigen, an die bereits gestorbenen Vorsteher zu denken. Die teher der Gemeinde sind Männer, die das Leben der Gemeinde ıtwortlich leiten, die ihr das Wort Gottes verbindlich auslegen. entscheiden auf Grund ihres geistlichen Urteilsvermögens 5, 14) in den konkreten Fragen des Gemeindelebens. Wir haben Männer sicher wohl in den Reihen der „Ältesten und Bischöfe“ 20, 17. 28) zu suchen. Sie sollen in ihrem Lebenswandel eing am Wort Gottes ausgerichtet, sie sollen Vorbilder sein (1 Tim ; 1 Pt 5, 3), ihnen soll die Gemeinde folgen. Die Erinnerung an Glaubensväter (Hbr 11), auch an die Führer der Gemeinde in ıngenen Generationen, ist von bleibender Bedeutung. Denn nur im Leben, sondern auch im „Ausgang ihres Wandels“ (grie sis), im Sterben des Gläubigen, soll die Herrlichkeit Gottes of-

Phil 3, 17
1 Th 1, 6
1 Th 2, 14
Hbr 6, 12
Zu Vers 8:
2 Mo 3, 14
Jes 41, 4
1 Ko 3, 11
Hbr 1, 12
7, 24
Offb 1, 17–18
Zu Vers 9:
Eph 4, 14
Kol 2, 20
1 Tim 4, 16
1 Tim 6, 3
2 Tim 1, 13
Tit 1, 9
Tit 2, 1
2 Jo 10–11
1 Ko 1, 6
2 Ko 1, 21
Rö 14, 17
1 Ko 8, 8
Kol 2, 16. 21–22
Hbr 9, 10
Zu Vers 10:
Hbr 8, 4–5
Zu Vers 11:
3 Mo 16, 27
Hbr 9, 11–12
Zu Vers 12:
Mt 21, 39
Mk 12, 8
Lk 20, 15
Jo 19, 17. 20
Apg 7, 58
2 Ko 5, 21
Zu Vers 13:
Hbr 11, 26
12, 2
Mt 5, 11
Zu Vers 14:
Gal 4, 26
Hbr 11, 10. 16
12, 22
Offb 21, 2
Zu Vers 15:
3 Mo 7, 11–12

Das grie Wort *hägúmenoi* ist sinnverwandt mit *prohistámenoi* in Rö 12, 8; 1 Th 5, 12.

2 Chro 29, 31
Ps 50, 14. 23
Jes 57, 19
Hos 14, 2
Eph 5, 20
1 Pt 2, 5
Zu Vers 16:
Jes 58, 7
Hos 6, 6
2 Ko 8, 1 ff
2 Ko 9, 6–7
Gal 2, 10
Phil 4, 18
Zu Vers 17:
1 Ko 16, 15–16. 18
Phil 2, 29
1 Th 5, 12–13
2 Th 3, 14
1 Tim 5, 17
Hbr 13, 7
Hes 3, 17–18
Hes 33, 7
Mt 12, 36
Lk 16, 2
Apg 19, 40
Rö 14, 12
1 Pt 4, 5
Hbr 4, 13
Zu Vers 18:
Rö 15, 30
2 Ko 1, 11
Eph 6, 19
Kol 4, 3
1 Th 5, 25
2 Th 3, 1
Apg 23, 1
Apg 24, 16
1 Ko 4, 4
2 Ko 1, 12
1 Tim 3, 9
1 Pt 3, 16
Zu Vers 19:
Phil 1, 24–26

fenbar werden[449]. Ihr Glaube ist darin vorbildlich, daß er sich
Wandel der Generationen immer an den einen unwandelbaren He
gehalten hat. Auch Vorsteher und Leiter einer Gemeinde, auch v
Herrn gesegnete Knechte Gottes sterben; aber **Jesus Christus ist**
stern und heute derselbe und in Ewigkeit. Während die irdische
stalt der Gemeinde im Wechsel der Generationen einem fortwäh
den Wandel unterliegt, bleibt Jesus Christus immer der gleiche.
der „Christus gestern" ist er der Gottessohn, der vor aller Zei
der Herrlichkeit Gottes lebte, der ins Fleisch kam und gekreu
wurde, der die Erlösung einer verlorenen Welt erwirkt hat. Als
„Christus heute" ist er der auferstandene Gottessohn, der als Ho
priester zur Rechten Gottes thront und durch seinen Heiligen G
in den Gläubigen wirkt, um seine Gemeinde auf Erden zu samm
und zu vollenden. Als der „Christus in Ewigkeit" ist er der wie
kommende Gottessohn, der sein ewiges Königreich in dieser V
aufrichten wird.

Vers 8 weist zurück auf die Offenbarung Gottes am Sinai, in
Gott sich Mose bekanntgab als der „Ich bin, der ich bin" (2
3, 14); Jesus hat teil an der Ewigkeit Gottes; wie er selbst ewig
hat er auch einen ewigen Dienst empfangen (Hbr 7, 17. 25). So f
der Apostel seine Leser zurück zu dem Gedanken, den er an
Anfang seines Briefes gestellt hatte (Hbr 1, 12), als er das V
Ps 102, 27 auf Christus deutete: „Du bleibst derselbe, und d
Jahre nehmen kein Ende!"

Laßt euch nicht durch mannigfaltige und fremde Lehren ab
gen[450]! Ein wichtiges Kennzeichen des unreifen, ungefestigten C
sten ist seine Beeinflußbarkeit durch irrige Lehren (Eph 4, 14).
Hbr hat der Apostel „feste Speise" für gereifte Christen vermi
Aus der empfangenen Unterweisung sollen die Gemeindeglieder
die Konsequenzen ziehen. Die Reinheit und Klarheit des per
lichen Verhältnisses zu Christus und der untadelige Wandel
Christen sind wichtig, aber ebenso wichtig ist eine eindeutige b
sche Lehrbildung, die sich allein am Wort Gottes ausrichtet.
irrige Lehre hat unausweichliche Folgen auch im persönlichen L
derer, die sie übernehmen und verkündigen. Das Wort des H
bleibt in alle Ewigkeit das gleiche. Aber es gehört zu den notw
9 Erscheinungen im Raum der Gemeinde, daß immer wieder in
eigenen Reihen Menschen auftauchen, die „mannigfaltige und f
de", d. h. unrichtige Lehren verkündigen (Apg 20, 30). Darum g
allen Christen die Mahnungen der Bibel, festzuhalten an dem z

[449] Auch das Wort des Sterbenden hat in der Bibel besonderes Gewicht (1 Mo 48, 21; 4
vgl. die Auslegung zu Hbr 11, 20–22.

[450] Das grie Wort *parapherésthai* heißt „sich abdrängen lassen" und steht nur hier im

igen Wort Gottes, an der gesunden Lehre, die in der beschwö-
den Bitte des Apostels Paulus gipfeln: „Gib acht auf die Lehre!"
. 1 Tim 4, 16; 6, 3; 2 Tim 1, 13; Tit 1, 9; 2, 1)[451]. Letztlich ste-
hinter jeder Irrlehre die bösen geistigen Mächte, die ihre ganze
aubernde, überzeugende Macht zu entfalten versuchen, um die
ubigen aus der „Einfalt in Christus" (2 Ko 11, 3) abzudrängen
ins Verderben zu ziehen. „Das Urchristentum weiß von der Ge-
t fremder Geistesbewegungen, warnt aber die Gemeinde davor,
von ihnen tragen zu lassen[452]." Nur so können wir die aposto-
e Mahnung recht verstehen: „Wenn jemand zu euch kommt und
e Lehre nicht bringt, so nehmt ihn nicht ins Haus auf und begrüßt
nicht! Denn wer ihn begrüßt, nimmt teil an seinen bösen Wer-
" (2 Jo 10 f). An manchen Orten werden die Irrlehrer ihre
en Erkenntnisse verkündigt und „Speisegebote" als heilbringend
priesen haben. Nicht nur die Hebräerchristen, auch die heiden-
stlichen Gemeinden standen vor dem gleichen Problem[453]. Dem
erspricht der Apostel hier deutlich: **Es ist gut, daß das Herz durch
de gefestigt wird, nicht durch Speisen, von denen die keinen
zen haben, die sich damit befassen.** Die Glaubensfestigkeit des
schlichen Herzens wird nicht durch Übung äußerer, gesetzlicher
nmigkeit, sondern als Wirkung der Gnade Gottes gewonnen[454].
sein Leben in der Verkündigung von Jesus Christus verwurzeln
wird auch durch die Gnade Gottes befestigt (1 Ko 1, 6). Wer
frohe Botschaft vom Heil in Jesus Christus annimmt, dessen
wird in das Unsichtbare und Zukünftige, in die Wirklichkeit
es selbst eingesenkt, so daß es von diesem Wurzelgrund aus
und wächst. So kommt es zu der Glaubensfestigkeit, die unwan-
ar an Gott festhält (vgl. Jos 14, 8. 9. 14).

rleburger Bibel, S. 84: „Darum laßt euch nicht so herumtreiben mit mancherlei Lehren, e einen Schein der Weisheit und Wahrheit haben; welches zum Vorwand gebraucht rd, weil das Eingang hat, wenn die Leute von einer Lehre hören. Laßt euch nicht nehmen, verführen, und wie von einem Wind umtreiben im Kreis herum. Der Mensch sehr flüchtig und geht nicht aufs Zentrum der Sache, sondern bleibt außerhalb drum rum, und macht sich da viel Wesens. Und der Feind suchet allerhand Mancherlei mit ein zu mengen, daß es bunt durcheinander geht. So gings den Hebräern: Da kamen le, und ein jeder wollte eine Rarität haben. Weil das Christus wohl wußte, so sagte bei seinem Abschied, sie sollten sich nicht zerstreuen lassen. Dies ist sonderlich nötig f Universitäten, da ein beständiger Jahrmarkt ist. Wer sich da nicht an etwas Ge- sses hält, der kann sich schwerlich erhalten."

Michel, S. 338, Anm. 3.

l. Kol 2, 16—22, dazu W. Stb. Kol., S. 234 f. Im gleichen Sinne ist die Aussage des ostels Paulus 1 Ko 8, 8 zu verstehen: „Speise aber wird uns vor Gott nicht angenehm chen. Weder sind wir im Nachteil, wenn wir nicht essen, noch sind wir im Vorteil, nn wir essen."

s freiwillige Fasten nach der Anweisung Jesu Mt 6, 16 ff ist etwas ganz anderes und gt nicht im Blickfeld unseres apostolischen Wortes; vgl. W. Stb. Matth. S. 77.

10 Noch einmal strahlt die ganze Größe und Herrlichkeit des Ne Bundes auf. Altes und neues Bundesvolk Gottes besitzen eine tesdienstliche Ordnung; in der Gemeinde gilt die neue bes Opferordnung. Der atst Opferdienst war ein irdischer Dienst; Dienst der Gemeinde trägt himmlischen Charakter und weist auf ewige Welt. So, wie der himmlische Dienst Jesu von dem Di der Priester auf Erden (Hbr 8, 4–5) unterschieden – geradezu gegengesetzt – erscheint, so ist es auch mit der Anteilhabe am O Jesu. Wer das Heil in Christus gefunden hat, kann seine Rett nicht mehr von der Einhaltung atst Opferordnungen erwarten. Heilszeit des Alten Bundes ist zu Ende gegangen, die Heilszeit Neuen Bundes hat begonnen.

Gerade Vers 10 scheint manches beizutragen zur Klärung Frage, wer denn eigentlich die Empfänger unseres Briefes gew sein könnten. Legt es der Wortlaut nicht nahe, an eine Gruppe in halb einer Gemeinde zu denken, möglicherweise an die Priester, in Jerusalem zum Glauben gekommen (Apg 6, 7) und bei der folgung nach der Steinigung des Stephanus nach Antiochien geflo waren (Apg 8, 1; 11, 19)[455]? In diesem Zusammenhang ließe sich Anspielung auf die Ausübung des priesterlichen Dienstes am be verstehen: **„Wir haben einen Altar, von dem zu essen die Recht haben, die dem Zelte dienen."** Damit wäre dann im Geger zur Gemeinde die Priesterschaft in Jerusalem gemeint. Dagege folgendes einzuwenden: Mit großer Wahrscheinlichkeit ist der erst nach der Zerstörung Jerusalems abgefaßt worden. Damals es keinen Opfergottesdienst mehr. Außerhalb Jerusalems bes auch vor der Zerstörung der Stadt keine Möglichkeit zum Opfer atst Gesetz. Nun ist es aber nicht zufällig, daß auch an unserer S der Verfasser nicht vom Tempel, sondern nur vom „Zelt" der St hütte spricht. Er denkt also wieder an die ursprüngliche prieste Ordnung. So dürfen wir annehmen, daß es ihm bei seiner Aus um einen grundsätzlichen theologischen Gedanken geht, er weniger die historischen Gegebenheiten seiner Zeit im Auge ha gebraucht einen bildhaften Vergleich.

Die Gemeinde hat einen Altar, auf dem das vollkommene O dargebracht wurde: das Kreuz Jesu[456]. Die Glaubenden haben d Anteil. Wer Gott und seinem Wort den Glauben verweigert, nichts „von der speisenden, nährenden Kraft, die Jesu Tod

[455] Vgl. in der Einleitung den Abschnitt „Empfänger", dazu Anm. 18.

[456] Das Wort „Altar" gewinnt hier die Bedeutung von „Opfer"; vgl. F. F. Bruce, S. Einen ähnlichen Gedanken finden wir 1 Pt 2, 24: „Er hat unsere Sünden an seinem selber an das Holz hinaufgetragen."

t[457]". Darum können die Glieder der Gemeinde keine Gemein-
ıft haben mit Menschen, die Jesus Christus ablehnen. Die atst 11
lnung beim Vollzug des Opfers war nur sinnbildliche
ıdlung und enthielt den unmittelbaren Hinweis auf den
fergang Jesu ans Kreuz. Das Blut des Opfertieres, das
großen Versöhnungstag zur Sühnung aller Sünden Israels ster-
mußte, wurde in das Allerheiligste getragen (Hbr 9, 11–12);
Leichnam des Tieres wurde außerhalb des Lagers verbrannt
Mo 16, 27). Auch diese Einzelheiten sind also nicht willkürlich
gesetzt, sondern entsprechen dem Willen und Heilsplan Gottes
finden erst vom NT her letzte Aufhellung und verbindliche
tung. **Darum hat auch Jesus, damit er durch sein eigenes Blut** 12
Volk heilige, außerhalb des Tores gelitten. Jesus hat die wahre
llung der atst Opfer gebracht und sich im Vollzug der Selbst-
gabe ganz unter die Ordnungen des Alten Bundes gestellt. Aber
freiwillige Hingabe seines Lebens war mehr als alle Tieropfer,
je dargebracht wurden. Er starb außerhalb der Tore der Gottes-
t, der „Stadt des großen Königs" (Mt 5, 35). „Nach dem AT
l der Schuldige außerhalb des Lagers zu Tode gebracht (3 Mo
14; 4 Mo 15, 35). Hier aber stirbt der rechte Hohepriester selbst
erhalb des Tores, um das schuldige Volk zu heiligen[458]." Sein
hat reinigende und heiligende Kraft für die Menschen, die sich
r die Besprengung mit seinem Blut stellen. Niemand kann aber
gebung, Reinigung und Heiligung empfangen, d. h. in die Le-
sgemeinschaft mit Christus eintreten, der nicht auch in die „Ge-
ıschaft seiner Leiden" kommen will. Das drückt der Apostel in
Worten aus: **Laßt uns also zu ihm hinausgehen außerhalb des** 13
rs und seine Schmach tragen. Jesus starb vor den Toren Jeru-
ns den Tod eines Verbrechers, er war damit ausgeschlossen aus
Heilsgemeinschaft Israels (5 Mo 21, 23; Gal 3, 13). Er ging
villig (Phil 2, 6–8) den Weg äußerster Schmach und Schande.
e innere Bereitschaft fordert der Herr auch von seiner Gemeinde.
s Christsein bedeutet den inneren Bruch mit der Welt, die nicht
Christus und sein Sühnopfer glaubt, und die sich in ihrem Leben
Handeln nicht von ihm bestimmen läßt. Das ist eine Tatsache,
Schmach, Leid und Anfechtung mit sich bringt. Denn hier wird
Lebensordnung der Welt die Lebensordnung der Gemeinde ent-
ngesetzt. Und hier gibt es keinen Ausgleich, sondern nur ein
eneinander oder in ernsten Entscheidungsstunden ein Wider-
nder[459]." Der Weg der Nachfolge wird immer ein verachteter

Schlatter, S. 430.
Michel, S. 345.
Schneider, S. 129.

Weg bleiben, der aber — wie der Weg des Mose (Hbr 11, 26)
der Weg des Christus (Hbr 12, 2) — zu einem herrlichen Ziel führ
Wer „außerhalb des Lagers" steht, hat kein Heimatrecht in di
14 Welt; das bezeugt der Apostel mit den Worten: **Wir haben keine bleibende Stadt, sondern suchen die zukünftige.** Der Verfa erinnert uns noch einmal an das, was er bereits Hbr 11, 10. 16 Hbr 12, 22 von der Stadt Gottes, dem „himmlischen Jerusalem" sagt hatte. Die ntst Gemeinde übernimmt das Erbe des atst Go volkes, das seit der Berufung Abrahams als wanderndes Volk der ewigen Heimat unterwegs ist. Gott selber führt uns durch se Heiligen Geist und bringt uns sicher ans Ziel!

15 Noch einmal greift der Apostel den Gedanken des Opfers auf, bereits in den Versen 10—12 anklang. Jesus Christus hat mit sei einzigartigen Opfer die gesamte atst Opferordnung aufgeho Durch ihn tritt ein neuer Opferdienst in Kraft, der sich im L der Gotteskinder in Gebet, Zeugnis, praktischer Nächstenliebe Gehorsam auswirkt. Das Dank- und Lobopfer, das im AT einge wurde (3 Mo 7, 12), wird im NT nicht aufgehoben, nur seine äu Gestalt wandelt sich. Es ist ein Opfer, das aus innerstem An des Herzens kommen soll (2 Chro 29, 31). Im Gottesvolk des A Bundes war das Lobopfer die Antwort des Menschen auf beson Erfahrungen der Güte Gottes (Ps 107, 22; 116, 17). Den Glie des neuen Gottesvolkes wird durch Gottes Geist die Kraft zu das Dankopfer, den Lobpreis Gottes im Gebet, in j Lage, auch unter den größten Schwierigkeiten darzubringen (Ap 22—25)[461]. Das rechte Lobopfer, die „Frucht der Lippen" Hos 14, 2) zeigt sich aber nicht nur im Gespräch des Beters mit (Ps 141, 2), sondern ebenso im Zeugnis von dem erfahrenen H Jesu Namen.

16 Immer wieder ist es dem Apostel darum zu tun, Glaube und H gung, rechte Lehre und rechtes Tun, Bekenntnis mit Worten un kenntnis durch den Lebenswandel den Lesern seines Briefes als unlösbare Einheit vor Augen zu stellen. Zur „Frucht der Lippen hört auch die helfende Tat[462]. Dort, wo im Leben und in der Fröm keit des AT die vielen Opfer standen, steht im Leben der Gem die Lebenshingabe an Gott im praktischen Dienst am Nächsten Liebeswerke haben weder sühnenden noch verdienstlichen Ch ter. Aber gegenüber den gesetzlichen Opfern, die der Gläubige mehr bringen soll, bleiben die Werke der Barmherzigkeit r

[460] Vgl. Jes 52, 11; 2 Ko 6, 17; Offb 18, 4.
[461] Vgl. Phil 4,4.
[462] Vgl. die Auslegung zu Hbr 12, 11 „Frucht der Gerechtigkeit".

:t wohlgefällige Opfer[463]. Damit kehrt der Apostel wieder zum
sgangspunkt seiner Ermahnungen zurück und betont, daß Liebe
n Herrn und Liebe zum Bruder unlösbar zusammengehören.
Seine Anweisungen zum rechten Verhalten in der Gemeinde hatte 17
Apostel damit eingeleitet, das er zunächst der b e r e i t s h e i m -
r u f e n e n Vorsteher (grie *hägúmenoi*) gedachte, sie waren die
antwortlich leitenden Brüder in der Gemeinde, denen in beson-
er Weise die Verkündigung des Wortes Gottes übertragen war.
:t spricht der Apostel von der Verantwortung der Gemeinde
enüber den n o c h l e b e n d e n leitenden Männern der Gemeinde.
**orcht euren Vorstehern und fügt euch, denn sie wachen über
e Seelen, weil sie Rechenschaft abzulegen haben, damit sie dies
Freuden tun und nicht mit Seufzen, denn das bringt euch keinen
zen**[464]. Gott hat seiner Gemeinde geistliche Lebensgesetze gege-
, die wir beachten müssen. Dazu gehört, daß der Herr sich aus
er Gemeinde Menschen beruft, denen er ein besonderes Maß an
antwortung auferlegen und denen er die Führung seiner Ge-
nde anvertrauen kann[465]. Führer und Hirte sein bedeutet Vorbild
Glauben (V. 7) und Verkündiger des Wortes Gottes zu sein. Es
ießt aber auch die Notwendigkeit in sich, einmal vor Gott für die
ertrauten Menschen Rechenschaft ablegen zu müssen[466]. In die-
Sinne kann Jakobus mahnen: „Liebe Brüder, unterwinde sich
t jedermann Lehrer zu sein, und wisset, daß wir desto mehr Ur-
empfangen werden" (Jak 3, 1)! Es gibt aber auch in der Gemeinde
den einzelnen keine vermehrte Verantwortung, ohne daß den
effenden Menschen ein erhöhtes Maß an Autorität zugestanden
. Deshalb können die Vorsteher den Gehorsam der Gemeinde-
der beanspruchen; die rechte brüderliche Ordnung und Unter-
nung wirkt sich nicht nur in der gegenwärtigen Lage der Gemeinde
erlich aus, sondern sie bedeutet Segen für alle Beteiligten, der in
Ewigkeit reicht.
er Gehorsam soll nicht eine widerwillige Unterordnung sein, 18
dern aus innerer Einsicht und brüderlicher Liebe kommen. In die-
Haltung können die Gläubigen die geistliche Verpflichtung zur
itte für die von Gott bestätigten Vorsteher übernehmen. **Betet
uns!** Mit diesen drei Worten umreißt der Apostel die unerschöpf-

gl. Hos 6, 6.
as grie Wort *alysiteláes* heißt „unnütz, nachteilig, schädlich"; es findet sich sonst weder
der LXX noch im NT.
gl. Ri 5, 2. 9 MÜ: „Daß Führer an der Spitze standen in Israel ... dafür preiset den
rrn! — Mein Herz gehört den Führern Israels, denen, die willig sich zeigten im
lk: — Preiset den Herrn!"
gl. die Verantwortung der Propheten vor Gott im AT Hes 3, 17—18; 22, 30; 33, 7—8.

lichen Möglichkeiten, aber auch die Verantwortung der Gemeinde
verborgener Weise mitzuwirken an der Ausbreitung des Evangeliu
der Sammlung und Vollendung der Gemeinde bis zur Wiederk
des Herrn (vgl. 2 Pt 3, 12). Der Aufruf zu anhaltendem Gebet
zur Fürbitte für alle Gläubigen, besonders aber für die Männer,
von Gott mit der missionarischen Verkündigung des Evangeli
betraut worden und damit dem Widerspruch und der Feindschaft
ungläubigen Welt in erhöhtem Maße ausgesetzt sind, durchzieht
ganze NT. Durch das Gebet bewegen die Kinder Gottes den A
ihres himmlischen Vaters; die Fürbitte greift unmittelbar in die A
einandersetzungen in der unsichtbaren Welt ein; darum bittet Pa
die Christen in Rom: „Ich ermahne euch aber, liebe Brüder, d
unseren Herrn Jesus Christus und durch die Liebe des Geistes,
ihr mir helfet kämpfen mit Beten für mich zu G
(Rö 15, 30). Der Apostel, der den Hebräerchristen schreibt, weiß
innerlich berechtigt, die Gläubigen zur Fürbitte für sich aufzuru
**Denn wir sind überzeugt, ein gutes Gewissen zu haben, da wi
jeder Beziehung tadellos zu leben suchen.** Natürlich gibt es für je
wiedergeborenen Menschen die Möglichkeit, die Erlösung durch
Blut Jesu, die wir erfahren haben, auf dem Glaubensweg festzuha
und zu bewahren; wir können ein gutes Gewissen haben und
geheiligtes Leben führen. Aber in den Worten des Apostels han
es sich offenbar nicht um eine allgemeine Aussage, die er über
Glaubensleben macht. Er hat auch den staatlichen Mächten ge
über, die einen Druck auf die Gemeinde ausüben (Hbr 10, 32–
12, 4), ein gutes Gewissen. Niemand kann ihm etwas vorwe
19 (vgl. 1 Pt 4, 15–16). Nur deshalb kann er auch die Gemeinde zu
mehrter Fürbitte aufrufen, weil diese Fürbitte seinem Dienst
den er um des Herrn willen an den Gläubigen tut. Seine eigene
son tritt dabei ganz in den Hintergrund. Unter diesen Vorausset
gen ist die Fürbitte der Gemeinde eine Macht vor Gott (vgl.
12, 5). Damit unterstreicht der Apostel noch einmal, was er den G
bigen durch seine Ermahnungen einschärfen wollte: Wird u
Leben im persönlichen Bereich vom Wort Gottes und der Kraft
Heiligen Geistes gestaltet, so finden wir auch im gemeinsamen
ben der Gläubigen in der Gemeinde zur rechten brüderlichen
nung und gemeinsamen Verantwortung vor dem Herrn.

C. Segensspruch

Hbr 13, 20–21

Zu Vers 20:
Rö 15, 33

**20 Der Gott des Friedens aber, der den großen Hirten der Schafe
den Toten heraufgeführt hat durch das Blut eines ewigen**

es, unseren Herrn Jesus, * der rüste euch mit allem Guten aus,
m seinen Willen zu tun, und schaffe in uns, was vor ihm wohl-
efällig ist, durch Jesus Christus, dem die Herrlichkeit gebührt
on Ewigkeit zu Ewigkeit. Amen.

en noch hatte der Apostel die Gemeinde zur Fürbitte aufgerufen; betet er selber für die Gläubigen, an die er seinen Brief htet hat. Seine lehrhafte Unterweisung und alle Ermahnungen, er der Gemeinde geschrieben hat, faßt er in diesem Gebets- sch zusammen. Mit ganz einfachen Worten des Lobpreises und Fürbitte schließt er seinen Brief und richtet noch ein letztes Mal Blick der Gläubigen auf Person und Werk Jesu Christi, der elpunkt seines ganzen Briefes ist. Diese Verse haben besondere utung, weil sie ein Hymnus sind. Nachdem der Apostel über die bene Person Jesu und sein einzigartiges Erlösungswerk gespro- hat, bleibt ihm nur noch eines — die Anbetung! So will der stel auch uns heute durch die großen Heilsgedanken Got- eiten, uns zur Verwirklichung des Glaubens im Alltag helfen schließlich zur rechten Anbetung Gottes führen.

mitten aller Not und Bedrängnis, angesichts einer drohenden e der Verfolgung und des Martyriums, wendet sich der Apostel en **„Gott des Friedens"**. Mit dieser Anrede Gottes spricht er die rung aller Gläubigen des Alten und Neuen Bundes aus. Schon on hatte im Kampf mit der vielfachen Übermacht der Midianiter Gegenwart und Hilfe des Herrn erfahren und einen Altar mit
Bekenntnis errichtet: „Der Herr ist der Friede!" (Ri 6, 24)[467]. 20
Gott des Friedens war der Gott der Väter, er ist auch der Gott Gläubigen des Neuen Bundes, die sich in seinem Frieden gebor- wissen. Der Apostel knüpft am atst Bild des guten Hirten an, on dem Heilswerk Jesu zu sprechen, das er für uns vollbracht Was der allmächtige Gott in seiner Verborgenheit für Israel war, „Hirte Israels" (Ps 23; 80, 2), das ist Jesus Christus, der im h offenbarte Gottessohn, für die Gemeinde des NT[468]. Jesus gesagt: „Ich bin der gute Hirte. Der gute Hirte läßt sein Leben ie Schafe" (Jo 10, 11). **Jesus** ist der **große Hirte der Schafe,** der Hirtenamt in einzigartiger Weise ausübt (vgl. 1 Pt 5, 4). Er ging uns in den Tod. Gott hat ihn für uns auferweckt. „Er wurde unserer Übertretungen willen in den Tod gegeben und um un- Gerechtsprechung willen auferweckt" (Rö 4, 25). Durch sein n und Sterben, mit seinem Blut, hat Jesus den ewigen Bund indet, der uns die unwandelbare Gemeinschaft mit Gott zu-

Rö 16, 20
1 Ko 14, 33
2 Ko 13, 11
Phil 4, 9
1 Th 5, 23
Jes 63, 11
Hes 34, 23
Jo 10, 14
1 Pt 2, 25
1 Pt 5, 4
Jes 55, 3
Hes 37, 26
Sach 9, 11
Lk 22, 20
Hbr 7, 22
8, 6
9, 12
Zu Vers 21:
Phil 2, 13
Rö 16, 27
Gal 1, 5
Eph 3, 21
Phil 4, 20
1 Tim 1, 17
2 Tim 4, 18
1 Pt 4, 11
2 Pt 3, 18
Jud 25
Offb 1, 6
Offb 4, 11

6, 24 hebr šālōm; grie *eiráenā kyríu* LXX.
l. besonders die messianische Weissagung Hes 34, 11—16. 23—24.

sichert[469]. Der Gott des Friedens hat uns in Versöhnung und
sung seinen Frieden geschenkt. Jesus hat das Heilswerk *für*
21 am Kreuz vollbracht. Nun vollendet der erhöhte Herr auch
Heilswerk *in uns*. Was der Apostel der Gemeinde als Weg
Glaubens und der Heiligung vor Augen gestellt hat (Hbr 11-
das wirkt Christus durch seinen Heiligen Geist selber in den (
bigen[470]. Im Gebet für die Gemeinde schließt der Apostel sich
ein: **Er rüste euch mit allem Guten aus, um seinen Willen zu
und schaffe in uns, was vor ihm wohlgefällig ist.** Das „Gute" is
Wille Gottes. Gut ist also im Leben der Gläubigen nur, was
Willen Gottes entspricht[471]. Weil es unserem natürlichen W
widerspricht, ja unmöglich ist, Gottes Willen zu tun (Gal 5, 17)
staltet Gott selber durch die Kraft seines Geistes das Leben der
schen, die sich ihm ganz anvertrauen, nach seinem Willen um. E
es durch den, der unsichtbar in der Gemeinde gegenwärtig ist,
Jesus Christus. So wie der Sohn auf Erden nichts tun konnte
den Willen des Vaters und seine Vollmacht (Jo 5, 19), so tut u
kehrt der Vater in der Zeit der Gemeinde nichts unmittelbar, sor
wirkt alles durch Christus[472].

Die Gemeinde Jesu lebt in der Gewißheit, daß Christus das W der Erlösung für uns vollbracht hat und sein Heilswerk in uns enden wird; darum dient nun alle Verkündigung des Wortes G vor der Welt und alle biblische Unterweisung in der Gemeinde, die Bewährung unseres Glaubens im Alltag, nur dem einen Z der Verherrlichung Jesu Christi. Deshalb mündet der Gebetsw des Apostels in der Anbetung aus: **Ihm gebürt die Herrlichkeit Ewigkeit zu Ewigkeit. Amen.** In diesen Worten vereinigt sich Apostel mit den Scharen der Engel, die über den Feldern Bethle Gott lobpreisen (Lk 2, 14), mit dem Lobpreis der feiernden M die den Herrn Jesus beim Einzug in die heilige Stadt begrüßt 19, 38), und er stimmt ein mit dem Apostel Paulus, der über unendlichen Reichtum der Heilsgedanken Gottes anbetet: „O w eine Tiefe des Reichtums und der Weisheit und der Erkenntnis tes! Wie unerforschlich sind seine Entscheidungen und unausden seine Wege! . . . denn aus ihm und durch ihn und zu ihm hin alle Dinge. Sein ist die Ehre in Ewigkeit! Amen" (Rö 11, 33. 36)

[469] Schon in der Prophetie des AT wird der Neue Bund als ein *ewiger* Bund bes ben: Jes 55, 3; 61, 8; Jer 32, 40; 50, 5; Hes 16, 60; 37, 26.

[470] J. Calvin, S. 178: „Zum Guten sind wir ja in keiner Weise geschickt, bis Got neugeschaffen hat, noch sind wir fähig, darin zu bleiben, wenn er uns nicht krä Denn das Beharren im Heilsstand ist allein seine Gnade."

[471] Vgl. Rö 12, 1—2; 2 Th 2, 17; 1 Pt 5, 10.

[472] Vgl. 2 Ko 3, 17—18.

19. Briefschluß: Gruß und Gnadenwort

Hbr 13, 22—25

**ch ermahne euch aber, Brüder, laßt euch das Wort der Ermah-
ıung gefallen; denn ich habe euch (nur) kurz geschrieben. * Wißt,
laß unser Bruder Timotheus freigelassen ist; wenn er bald
ommt, werde ich mit ihm zusammen euch sehen. * Grüßt alle
ure Vorsteher und alle Heiligen. Es grüßen euch die von Italien.
)ie Gnade sei mit euch allen!**

.ehrfach hatte der Apostel den Gläubigen aufgetragen, sich gegen-
ȝ zu ermahnen, um einander zum rechten Bleiben in der Ge-
ıschaft mit Christus zu helfen (Hbr 3, 13; 10, 25). Dieser geist-
n Verpflichtung will er auch mit seinem Brief nachkommen, er
Wort der Ermahnung sein. Dabei weiß der Apostel wohl, daß
ahnung auch von den Gliedern der Gemeinde nicht immer selbst-
tändlich und ohne Widerspruch angenommen wird. Wiederum
ıen wir hier lernen, was rechte seelsorgerliche Haltung ist. Der
stel hätte das Recht, zu fordern; aber er bittet die Brüder darum,
Wort mit offenem Herzen und vorurteilslos aufzunehmen: **Ich
ahne euch aber, Brüder, laßt euch das Wort der Ermahnung ge-
n.** Er schließt eine persönliche Nachricht an, die uns in bestimmten
ızen Aufschluß über ihn selbst und über Timotheus gibt. Er muß
Timotheus und damit dem Mitarbeiterkreis des Paulus (Apg
.) persönlich nahe gestanden haben. Timotheus hatte das gleiche
hick ereilt, das auch manche Glieder der Gemeinde betroffen
ɛ (Hbr 10, 34; 13, 3), er war in Haft gewesen. Aber er ist in-
chen entlassen worden. Der Apostel verspricht, bald mit Timo-
s zusammen die Gemeinde zu besuchen; Gemeinschaft des Gei- 22/23
drängt immer wieder zur sichtbaren Gemeinschaft der Gläu-
ı, zur gegenseitigen Stärkung auf dem Wege zum himmlischen

rüßt alle eure Vorsteher und alle Heiligen. Es grüßen euch die 24
Italien. Wie bei allen apostolischen Briefen sind die Grüße und
Gnadenwunsch wichtig und eng miteinander verknüpft; Grüße
anvertraute Liebe; sie enthalten Entscheidendes, was die Glieder
Gemeinde einander zu sagen haben: sie festigen das Band der
e, das die Gläubigen miteinander verbindet. Jedem, der zur Ge-
ıde gehört, gilt der apostolische Gruß. Sein letztes Wort ist nicht 25
theologische Formel, sondern es soll bewußt den Blick der Gläu-
n noch einmal auf das Fundament hinlenken, auf dem ihr ganzes
:liches Leben ruht. **Die Gnade sei mit euch allen!** Es ist ein Wort,

Zu Vers 22:
Apg 13, 15
Hbr 3, 13
10, 25
Jak 1, 21
1 Pt 5, 12
2 Jo 12
3 Jo 13
Hbr 11, 32

Zu Vers 23:
Apg 16, 1
Apg 17, 14—15
Apg 18, 5
Apg 19, 22
Apg 20, 4
Rö 16, 21
1 Ko 4, 17
1 Ko 16, 10
Phil 2, 19—22
1 Tim 1, 2
2 Tim 1, 2. 5
2 Tim 3, 15

Zu Vers 24:
Lk 22, 26
Apg 15, 22
Hbr 13, 7. 17

Zu Vers 25:
2 Ko 8, 9
Eph 6, 24
Offb 22, 21

das der Gemeinde aller Zeiten gilt. Gott hat uns seine Gnade z wandt, als Jesus Christus in die Welt kam, um uns zu erlöse wendet diese Gnade jedem zu, der den Herrn Jesus liebhat. Die seiner Gnade ist für jeden da und reicht für jede Lage unseres Le aus. Die Gnade hat uns erlöst, die Gnade Gottes heiligt uns, Gnade Gottes wird uns vollenden.

Das letzte Wort des Apostels können wir nicht aus dem Zu menhang des ganzen Briefes lösen. Gerade dadurch gewinnt es Ende dieses apostolischen Schreibens ein besonderes Gewicht, es den bedrängten und angefochtenen Christen vernehmbar Gottes Gnade macht uns das Leben nicht leicht, nimmt uns nich Not und Belastungen heraus. Aber das ist seine Gnade, daß w der Not geborgen sind und unter unserer Last Frieden finden.

)IE CHRISTUSBOTSCHAFT DES HEBRÄERBRIEFES

ach den Worten des Verfassers enthält das Mittelstück des Briefes die „Haupt-
e"; das Hohepriestertum Christi ist ihm von besonderer Wichtigkeit. Auch dem
r fällt auf, daß das Geheimnis der Person Christi an keiner anderen Stelle des
in dieser Form und Aussageweise entfaltet wird. Aber wir dürfen nicht über-
n, daß es auch dem Hbr als „Wort der Ermahnung" um das Ganze der Christus-
chaft geht. Jesus Christus steht im Mittelpunkt der apostolischen Verkündigung.
inden wir am Anfang des Briefes Aussagen über Christus von ungewöhnlicher
zentration — jedes einzelne Wort muß in seinem theologischen Reichtum beson-
entfaltet werden. Und der Brief endet mit einem christologischen Abschnitt
13, 8—14), in dem das Erlösungswerk des himmlischen Hohenpriesters zusam-
fassend kurz dargestellt wird. Selbst die beiden Schlußverse Hbr 13, 20—21 lassen
gesamte Thematik des Briefes noch einmal anklingen. Dabei können wir fest-
en, daß der apostolische Schreiber seinen Lesern das Christuszeugnis in außer-
öhnlich weiter Schau vermittelt: Jesus Christus ist der Schöpfungsmittler; er
d am Anfang aller Geschichte. Und er ist auch der Erbe des Alls, der Welt-
nder, in dessen Hand und Macht alle Geschichte ausmünden wird. Er hat in der
gangenheit vor seinem Erdendasein schon durch seinen Heiligen Geist zu Israel
rochen, in der Zukunft wird er als derselbe Herr wiederkommen, um seine
ende Gemeinde in die Herrlichkeit aufzunehmen.

n grundlegender Gedanke, der alle Aussagen des Autors trägt, ist die Gottes-
schaft Jesu. Er war der Sohn vor aller Ewigkeit. Zugleich ist Jesus Mensch,
t könnte er nicht unser Mittler und Hoherpriester sein. Als Gesandter und Ge-
er Gottes ("Apostel" und „Christus" Hbr 3, 1. 6) bringt er uns Gottes Wort und
es Gnade. Als unser Hoherpriester hat er sich selbst Gott als Opfergabe dar-
acht und uns dadurch das Heil verschafft, das ewiggültigen Wert besitzt. „Weil
s der Sohn Gottes ist, hat sein Opfer sündentilgenden Wert. Durch sein Blut hat
nen neuen Bund geschlossen, und er ist der Mittler, der ständig vor dem Throne
lebendigen Gottes steht, um für uns wirksam einzutreten"[473].

ıristus ist nach seinem Kreuzestod durch Auferstehung und Himmelfahrt voll-
t worden. Er ist der „Vorläufer" (Hbr 6, 20), der „Anführer" (Hbr 2, 10; 12, 2)
„Vollender" (Hbr 12, 2) seiner Gemeinde geworden. Als der lebendige Herr ruft
ıs hinaus aus dieser irdischen Welt; er schließt uns mit allen Glaubenden zusam-
zum wandernden Gottesvolk des Neuen Bundes und stellt uns auf den Weg,
vor dem Thron Gottes endet, wo unser wahres Vaterland ist.

Cambier, in A. Robert — A. Feuillet, Einleitung in die Heilige Schrift, Bd. 2, Wien
964. S. 500.

LITERATURHINWEISE

Wissenschaftliche Kommentare

F. F. Bruce	The Epistle to the Hebrews, The New London Commentar London 1964
Otto Michel	Der Brief an die Hebräer, Kritisch-Exegetischer Kommentar Göttingen 1957[10]
Eduard Riggenbach	Der Brief an die Hebräer, Kommentar zum Neuen Testa herausgegeben von Theodor Zahn, Bd. 14, Leipzig/Erlangen 1922[3]

Alte Bibelauslegungen

Johann Albrecht Bengel	Gnomon, Deutsch von C. F. Werner, Bd. 2, Teil 2, Berlin
Berleburger Bibel	Bd. VII, NT 3. Teil, Berleburg 1739
John Brown	An Exposition of Hebrews, Neudruck der Ausgabe von 186 London 1961
Johannes Calvin	Auslegung der Heiligen Schrift, Bd. 14, Neukirchen o. J.
Karl Friedrich Harttmann	Der Brief an die Hebräer, Neuausgabe Basel 1866
Martin Luther	Hebräerbrief-Vorlesung von 1517/18, Deutsche Übersetzung Erich Vogelsang, Berlin/Leipzig 1930

Allgemeinverständliche Auslegungen aus neuerer Zeit

Leopold Bender	Gott hat geredet, Witten 1914
Wilhelm Loew	Der Glaubensweg des Neuen Bundes, Die urchristliche Bots 18. Abteilung, herausgegeben von Otto Schmitz, Berlin 19
Adolf Schlatter	Erläuterungen zum Neuen Testament, 9. Teil, Stuttgart 19
Johannes Schneider	Der Hebräerbrief, Bibelhilfe für die Gemeinde, Kassel 19
A. M. Stibbs	The Epistle to the Hebrews, The New Bible Commentary London 1954[2]
Hermann Strathmann	Der Brief an die Hebräer, Das Neue Testament Deutsch, Göttingen 1947

Kurze Hilfen zum selbständigen Bibelstudium

Theodor Lorch	Christus heute — Der Hebräerbrief, Stuttgart 1951
Lydia Präger	Der Hebräerbrief, Stuttgarter Bibelhefte, Stuttgart 1959

Der Brief des Jakobus

erklärt von

Hans-Jürgen Peters

R. BROCKHAUS VERLAG

INHALTSVERZEICHNIS

VORWORT DES AUTORS

er je ein Buch geschrieben hat, weiß es: Es gehört mehr dazu als ein Autor und /erlag. Es sind viele Menschen daran beteiligt, deren Namen weder im Titel im Impressum auftauchen. Nachdem das fertige Manuskript vorliegt, ist das vort der Ort, an dem die empfundene Dankbarkeit zum Ausdruck kommen .

ne den Mitherausgeber Fritz Laubach wäre dieser Kommentar nicht zustande mmen. Er hat dazu den Anstoß gegeben und sein Werden kompetent begleitet. t mich gelehrt, ein Buch zu schreiben. In China sagt man: »Wer ein Tag mein er war, ist mir ein Leben lang mein Vater.« Geradezu väterlich hat er mich er wieder zum Weitermachen ermuntert und selber die Geduld behalten, bis Kommentar fertiggestellt war.

möchte meinen Schwiegereltern danken, durch die ich zum Theologiestu- gekommen bin. In meinem Schwiegervater Sven Findeisen habe ich ein ild vor Augen von jemandem, der das Wort Gottes lieb hat, es ernst nimmt und dlich auslegt.

ine Frau Claudia hat mich für diese Aufgabe freigestellt und ist den Weg lich mitgegangen. Sie hat dafür manche Entbehrungen – vor allem während Jrlaubszeiten – gerne in Kauf genommen und mir Mut gemacht, das Ziel nicht len Augen zu verlieren. Ihr sei darum dieser Kommentar insbesondere zu-net.

Herausgeber und Lektoren Adolf Pohl, Claus-Dieter Stoll und Eckhard abel haben viele Verbesserungsvorschläge gemacht und gute Anregungen ben. Es war eine Freude, mit diesem Team zusammenzuarbeiten.

denke auch dankbar an die ersten Hörer der Auslegung zum Jakobusbrief: tudenten des Bodelschwingh-Studienhauses in Marburg sowie die Feriengäste Pension Paladina in Pura/Tessin.

arles Haddon Spurgeon hat einmal gesagt: »Ein einziger Tropfen der unver-ten Tinktur des Wortes Gottes ist besser als ein See von Erklärungen und igten.« Ein Kommentar ist ein Hilfsmittel, bestenfalls ein Wegweiser. Er soll Wort Gottes führen, aus dem er schöpft. Der Leser gehört zu einem Buch dazu der Autor. Ich würde mich darüber freuen, wenn dieser Kommentar Leser t, die sich durch die Auslegung zum »Ausgelegten« zurückführen lassen.

Hans-Jürgen Peters

A. Einleitung

1. Der besondere Charakter des Jakobusbriefs

r Jakobusbrief ist seiner **Form** nach ein **Brief**, genauer: ein Send- bzw. lschreiben an mehrere Einzelgemeinden (die »zwölf Stämme in der Zer- ung«). Er wird daher unter die sog. »katholischen« (d.h. allgemeinkirchlichen) e[1] gerechnet. Der Briefgruß (das kurze »Freude zuvor« in 1,1) ist im Vergleich len anderen neutestamentlichen Briefen ungewöhnlich, findet sich aber neben 23,26 noch im Sendschreiben, mit dem Paulus, Barnabas, Judas Barsabbas und nach Antiochien geschickt wurden, um der dortigen Gemeinde die Ergebnisse postelkonzils mitzuteilen (Apg 15,23).[2]

Briefschluss mit Grüßen, wie wir ihn aus den Paulusbriefen kennen, fehlt. In iteratur zum Jakobusbrief ist deshalb immer wieder behauptet worden, dass ein eigentlicher Brief sei[3], sondern bestenfalls eine *»paränetische Lehrschrift mit icher Einleitung«*[4]. Doch wie gesichert ist dieses – in der bisherigen Forschung ibereinstimmend geäusserte – Urteil?

tscheidend ist, wie der Autor selbst sein Schreiben verstanden wissen wollte. *weideutig will Jakobus, daß sein Schreiben als Brief an konkrete Adressaten … nden werden soll.«*[5] In der Antike gab es keine einheitliche Briefstruktur und verbindlichen Regeln für die Abfassung eines Briefes.[6] Alles, was einen ftlichen Inhalt von einem Absender an einen Empfänger übermittelt, ist ein [7] Neben dem Privatbrief gab es in der griechischen Kultur eine Fülle anderer

len »katholischen Briefen« gehören neben Jak: 1+2Petr, 1–3Joh und Judas.

se Beobachtung veranlasst einige Ausleger dazu, hinter dem Schreiben vom Apostelkonzil dem Jakobusbrief denselben Schreiber zu vermuten, der dann als Mitarbeiter des Jakobus an Schriftlegung des Briefes beteiligt gewesen wäre. Da der Gruß charakteristisch für einen benen griechischen Stil ist, hätte man es in ihm mit einem Mann von guter griechischer ung zu tun. Das würde den guten griechischen Stil des Jakobusbriefs erklären. Die Annahme s Schreibers (sog. Sekretärshypothese) ist nicht unmöglich (vgl. P. DAVIDS: James, S. XX), ehrt auch nicht eines neutestamentlichen Vorbilds (vgl. 1Petr 5,12), lässt sich aber nicht ter erhärten.

IBELIUS: Komm, S. 3. W. POPKES: Adressaten, S. 10.

OPPELT: Theologie, S. 530.

RANKEMÖLLE: Komm, S. 66.

O., S. 68.

rin spiegelt sich unmittelbar der wichtigste Zug des antiken Verständnisses vom Wesen des Briefes, ein den der moderne Interpret nicht vergessen sollte, nämlich daß der Brief nicht eine einheitliche ndstruktur besitzt, … sondern daß sie eine Vielfalt von Gestalten und Formen annehmen kann, denen n das Element des Übermittelns vom Absender zum Empfänger gemeinsam ist und die sich sonst in vorstellbarer Mannigfaltigkeit voneinander unterscheiden. Stärker als alle anderen Formen schlichen Redens oder Schreibens unterliegt der Brief in seiner Gestaltung den individuellen

Briefformen. Deshalb »*kann das für Paulus typische Formular nicht zum Maßsta andere Brieftypen im NT ... gemacht werden*«.[8]

In einem Brief konnten durchaus dialogische Elemente wie fingierte Einw (1,13; 2,14.18), rhetorische Fragen (2,6f.14; 3,11ff; 4,1.5) und rhetorische An (2,19; 4,13; 5,1) enthalten sein.[9] Auch die fehlenden Grüsse am Ende sprechen gegen den Briefcharakter. Der Ausblick auf das Ende (5,7), die Mahnung Geduld (5,8–11), der Aufruf zum gläubigen Gebet (5,13–18) und die Ermah zur Wachsamkeit gegenüber Irrtum und Verführung (5,19f) finden sich auc Schlussteil anderer neutestamentlicher Briefe (1Thess 5,22–25; 1Kor 16,13.22; 5,1.5b-10; 2Petr 3,12–15; Jud 18.21–24; 1Joh 5,14–17.21).

Dem **Inhalt** nach handelt es sich um eine **ermahnende Lehrschrift.**[10] Doch die Kennzeichnung des Jak als »Mahnschreiben« (»Paränese«[11]) zu kurz. Der I erschöpft sich nicht in Ermahnungen.

Jak möchte in der Situation der Versuchung durch den Blick auf den wi kommenden Herrn trösten. Er möchte Mut machen zu lebendigem Glauben zur Verantwortung füreinander vor Gott. Er *ermahnt* zum Aushalten in der suchung, zum Tun des Gehörten, zur Gleichbehandlung aller Gemeindegli zum zuchtvollen Gebrauch der Zunge, zum friedfertigen Umgang untereina und zur Geduld bis zum Kommen des Herrn, der am Ende sein Gericht h wird. Er *warnt* vor der Macht der Begierden, vor Streit und Zorn, vor entehre Verhalten und Gewalt gegenüber den Armen, vor Glauben, der ohne Werke b vor Freundschaft mit der Welt, vor Verleumdungen, vor selbstsicherer Le planung und vor falschem Vertrauen auf eigene Kraft und Reichtum. Er *tröst* Angefochtenen in der Versuchung und die Armen in der Bedrückung durc Reichen. Er *macht Mut*, in der Versuchung durchzuhalten, um die Weisheit G

Gegebenheiten, vor allem den Absichten und dem Gestaltungswillen des Schreibenden, der den o Empfänger zu berücksichtigen hat« (C.J. CLASSEN: Paulus und die antike Rhetorik, S. 8).

8 H. FRANKEMÖLLE: Komm, S. 70, unter Hinweis auf K. BERGER: Hellenistische Gattung Neuen Testament. Schon in der Einschätzung der äußeren Form steht Jak im Schatt Paulusbriefe und wird in diesem Schatten falsch eingeschätzt. Von ihnen her werd Kriterien entwickelt, nach denen Jak beurteilt wird. Aufgrund dieser Beobachtung sch sinnvoll zu sein, sich bereits an dieser Stelle den *ersten Grundsatz angemessener Jakobusaus* zu verdeutlichen: es ist nicht ratsam, Jak von Paulus her zu lesen oder Jak geradezu von P her zu beurteilen. Im Kanon des Neuen Testaments stehen Paulus *und* Jak, und der Gem würde etwas fehlen, wenn sie nur die Briefe des Paulus kennen würde. Jak hat im Ch neutestamentlichen Verkündigung sein eigenes Wort zu sagen, das es unvoreingenomm hören gilt. Das ist nur möglich, wenn die Interpretation nicht durch den vorgesetzten » der Paulus-Interpretation eingefärbt ist. Freilich ist es unumgänglich, auch das Verhältn Jak zu Paulus zu klären. Das kann aber nur eine zweite und nicht die erste Aufgabe sei

9 Teile der Argumentation des Jak gleichen der antiken Lehrform der »Diatribe« (einer von Popularphilosophen verwendeten Form der volkstümlichen moralischen Belehrung). D kann jedoch nicht der Schluss gezogen werden, dass es sich deshalb nicht um einen wirk Brief handle. Auch Paulus benutzt rhetorische Elemente der Diatribe in seinen Briefen.

10 In den 108 Versen finden sich 47 Imperative. Vgl. H. FRANKEMÖLLE: Komm, S. 76.

11 Zur Kennzeichnung des Jak als »Paränese« durch M. DIBELIUS vgl. S. 38 in diesem Komm

tten, das Wort Gottes mit Sanftmut anzunehmen, Gott untertan zu sein und so Teufel zu überwinden, sich Väter im Glauben zum Vorbild zu nehmen, für die ken zu beten und sich um die Irrenden zu kümmern.

: hat vor allem die Praxis christlichen Glaubens im Blick. Darin stimmt er mit ermahnenden Teilen der Paulusbriefe überein. Allerdings fehlt der für die ısbriefe übliche erste Teil mit der Entfaltung des Evangeliums. Bei Jak werden ıerungen an Gottes gutes Handeln und an das Evangelium als die Voraus-ng für christliche Ethik im Zusammenhang der Ermahnungen gegeben.[12] Jak erholt nicht das den Gemeinden durch mündliche Predigt bekannte Evan-m von Jesus Christus[13], sondern er legt den Finger auf die wunden Punkte im n der Gemeinden und der Christen.

Gliederung des Jakobusbriefs ergibt sich nach der Abfolge der angespro-en Themen. Eine weiter ins Detail gehende Gliederung des Briefes ist kaum ich, will man sie nicht gewaltsam herbeiführen und einzelne Verse dabei rücksichtigt lassen. Es finden sich keine Ober- und Unterthemen, die sich ıder eindeutig zuordnen ließen. Lediglich das erste Kapitel kann man als einen ss (Disposition) des Briefes verstehen. Die Versuche, einzelne Themen (etwa hema »Glaube und Werke« im zweiten Kapitel) als Hauptthema und Mitte des uszumachen, werden seinem Aufbau nicht gerecht und haben oft zu einer erpunktverlagerung oder gar Verzeichnung des Briefganzen geführt. Am en lässt sich in dem immer wieder auftauchenden Thema »Vollkommenheit« was wie ein »roter Faden« im Jak erkennen.

fällt auf, dass dieselben oder ähnliche Themen (»Vollkommenheit«, »Gebet«, und reich«, »Glaube und Werke«, »Weisheit von Gott«) an verschiedenen n im Brief auftauchen. Zueinander gehörende Themen werden nicht immer in lossenen Argumentationsketten abgehandelt. Andererseits lösen verschie-Themen einander ab. Durch Stichwortverknüpfungen scheinen diese Ab-tte nur locker miteinander verbunden zu sein.

n könnte daher den Eindruck gewinnen, dass es sich bei Jak um eine lose nlung und Aneinanderreihung von Sprüchen ohne einen inneren Aufbau elt. Dies hängt mit der besonderen Eigenart, mit **Gedankengang** und **form** des Jakobus zusammen.

r Jakobusbrief erinnert sowohl in seiner Thematik als auch in seiner Denk-tur und Argumentationsweise an die alttestamentliche und vorchristlich-he **Weisheitsliteratur**. Man kann ihn mit Recht als eine *»neutestamentliche eitsschrift in Briefform«*[14] bezeichnen.

isheitliche Ermahnung hat das Ziel, den Menschen so zu orientieren, dass er in n Verhalten mit dem Leben, wie es in Wirklichkeit ist, übereinstimmt. Sie te den Menschen in die von Gott geschaffene Ordnung einweisen. Dazu gibt

.. z. B. Jak 1,5f.12.17f.; 2,5; 5,15f.

kobus führt nicht erst zum Kreuz hin, sondern er kommt schon vom Kreuz her« (G. MAIER: nm, S. 13).

FRANKEMÖLLE: Komm, S. 87.

sie Ratschläge und Ermahnungen. Weisheitsliteratur ist jedoch mehr als Sammlung von Ermahnungen – sie ist Lebensliteratur. Sie möchte in erster auf den rechten Weg stellen und zeigt dazu die Konsequenzen eines gott Handelns auf.[15]

In dieser Sprach- und Lehrtradition steht Jak zu einem großen Teil. In den le beiden Versen des Briefes ist das **Anliegen des Verfassers** gut zusammengefas möchte mit seinem Schreiben Menschen, die vom Weg der Wahrheit abgeirrt so ermahnen, dass sie wieder zurechtkommen und ihre Seele vom Tode er wird. Weisheitliche Ermahnung, wie wir sie im Jak vor uns haben, hat das Zie die Kraft, »eine Menge Sünden zuzudecken« (Jak 5,20).

In der weisheitlichen Literatur[16] finden sich dieselben charakteristischen M male wie bei Jak: Unterschiedliche Themen sind – auf den ersten Blick u bunden – aneinander gereiht; andererseits tauchen dieselben Motive an an Stellen wieder auf, zum Teil sogar in derselben Verknüpfung mit den an Themen. Das Auswendiglernen und die mündliche Weitergabe dieser L werden durch eine gleich bleibende Abfolge von Themen erleichtert. Doch n diesem praktischen Grund gibt es dafür inhaltliche Gründe, die für die Ausle bedeutsam sind.

Die vielfältigen Gedankenverbindungen, die im Wechsel der Themen leuchten, sind kein Hinweis auf einen Mangel an innerer Struktur oder ein Ze von Unklarheit und Uneindeutigkeit der Gedanken. Im Gegenteil: Die Literatu Weisheit möchte dem Leben in seinen vielfältigen Bezügen entsprechen. heitliche Literatur ist in einem gewissen Sinne »unsystematisch«, wird darin a mehr als jede Systematik – dem Leben in seinen verschiedenen Facetten ge Die Anordnung der Themen spiegelt in der Weite und Verschränkung des De die Weite und Verschränkung des Lebens wider. Sie entspricht darin einem tie Zusammenhang, der in einer thematischen Gliederung nicht so zum Aus kommen kann: Sie orientiert sich an der Vielfalt menschlichen Lebens. Die heitliche Redeweise lässt Spielraum für das Wahrnehmen verschiedener Zu menhänge.

Schon im ersten Kapitel des Jak wird das deutlich: die Art und Weise, Anfechtung durchzustehen, beeinflusst das Gebetsleben und umgekehrt. W mand im Gebet mit Gott umgeht, hängt damit zusammen, wie er mit Zw umgeht. Wiederum kann der Zweifel zur Anfechtungssituation werden, in d gilt, sich in der Geduld zu bewähren. Versuchung, Gebet, Zweifel: ob das Leb diesen Bereichen gelingt, hängt davon ab, was jemand von Gott erwartet, umgekehrt wird die Erwartung an Gott den Ausschlag dafür geben, ob man i Versuchung Erfahrungen mit Gott oder mit seiner eigenen Begierde macht: o

15 Vgl. dazu vor allem das Weg-Motiv in Spr 8 mit seinem elementaren Gegensatz vo und Leben.

16 Der Zusammenhang des Jak mit der jüdischen *Weisheitsliteratur* ist erst in neuere umfassend zur Kenntnis genommen worden, u. a. von E. BAASLAND, H. FRANKEM B.R. HALSON, R. HOPPE, J.A. KIRK und U. LUCK.

:nde der Dank gegen Gott steht, der der Geber guter Gaben ist, oder die gende Frage, warum Gott die Versuchung zugelassen oder gar geschickt hat. · geistlichen Lebenszusammenhänge lassen sich nicht theoretisch und syste-:ch entfalten. Sie werden im gelebten Glauben sichtbar. Deshalb drängt Jak auf ıt, und diesem Drängen entspricht seine weisheitliche Redeweise.

r finden deshalb bei Jak keine – unserem Denken vertraute – durchgehend :e, systematische Verknüpfung der Gedanken. Seinem Brief liegt eine Denk-gung zugrunde, die in wiederkehrenden Kreisen (spiralförmig) fortschreitet n immer neuen Verknüpfungen sowie in Entgegensetzungen von positiven ıegativen Aspekten einer Sache an das zuvor Gesagte anschließt. Viele Ne-:danken spielen in einen Hauptgedanken hinein und können kurz darauf · zu einem Hauptthema werden, an das sich wieder andere Themen an-ßen.[17]

· vermisste systematische Gliederung (insbesondere wenn man hier in un-emäßer Weise etwa die Paulusbriefe zum Maßstab heranzieht) erweist sich .en zweiten Blick als ein besonderer Vorzug. Die verschiedenen Themen :n miteinander an und lassen den nötigen Spielraum, sie mit eigenen Er-ngen zu füllen und auf verschiedene Situationen zu beziehen.

: Jakobusbrief ist – im Bild gesprochen – nicht so sehr einem Baum ver-ıbar, dessen verschiedene Zweige und Äste als Teile desselben Baumstammes natisch gegliedert dargestellt werden könnten. Er gleicht vielmehr einer honie, bei der mehrere Stimmen gleichzeitig erklingen und erst im Zusam-lang ihre Vollständigkeit und Vollkommenheit erreichen. Die einzelnen en müssen – wie bei einer Partitur – nicht nacheinander, sondern gleichzeitig ozusagen übereinander »gelesen« und aufgenommen werden. Dabei greifen en verschiedener Stimmen ineinander. Die Vollständigkeit entsteht im ıklang der einzelnen Motive.

n harmonischen Zusammenklang der Themen soll der harmonische Zu-ıenklang des Lebens mit den gegebenen Ermahnungen entsprechen. Deshalb 'ak nicht auf die Vollendung im Erkenntnisbereich, sondern auf die Voll-ıg im Leben. Die inhaltliche Einheit des Jak sucht ihre Entsprechung in der it des christlichen Handelns nach dem »Gesetz der Freiheit« und kommt in m Ziel. Der Symphonie des Textes entspricht die »Symphonie« im Zusam-ben der Christen. Insofern kommt die Einheit, auf die Jak abzielt, nur in der inschaft von Christen zum Ausdruck. Man könnte die »Vollkommenheit«, armonischen Gleichklang im Leben des Christen, geradezu als das Haupt- und den Leitgedanken des Jak bezeichnen.[18]

inneren thematischen Bezüge und Verschränkungen werden erkennbar, wenn man sich Aufbau des Gedankengangs verdeutlicht, der die Verseinteilung oft überschneidet oder sie greift. Vgl. die ausführliche Gliederung zu Kap. 1.

MIJEWSKI hat herausgearbeitet, dass die »Vollkommenheit« zu den Schlüsselworten des busbriefs zählt (Vollkommenheit, S. 52–55).

Die Auslegung hat der von unserer gewohnten systematischen Darstell weise abweichenden Lehrart des Jakobusbriefes Rechnung zu tragen.[19]

2. Verfasser

Als Verfasser des Briefes wird Jakobus genannt. Von den fünf im Neuen ment erwähnten Personen dieses Namens kommen drei für die Abfassung bedeutsamen Rundschreibens an die zwölf Stämme in der Diaspora (1,1) wohl in Frage, da sie zu unbekannt sind.[20] Der Apostel Jakobus – Sohn des Zebedäu Bruder des Johannes[21] – starb bereits sehr früh (44 n.Chr.) als Märtyrer Aposteltitel wird aber im Jak nicht erwähnt, und es ist nicht anzunehmen, das Schreiber, wenn es sich um einen Apostel (im engeren Sinne dieses Wortes) ha würde, bei seiner Selbstvorstellung auf diesen Titel verzichtet hätte. Auße setzt das Schreiben einen hohen Bekanntheitsgrad des Verfassers voraus, der c ausgehen kann, dass er allein an seinem (Vor-)Namen identifizierbar ist. Eine s Bedeutung hat aber der Apostel Jakobus – so weit wir wissen – nicht gehabt. frühen Kirche gab es nur einen Jakobus, der diesen Bekanntheitsgrad gehab Jakobus, der Bruder des Herrn.[22]

19 Die inneren Zusammenhänge müssen – entsprechend der kreisenden bzw. hin u pendelnden Denkbewegung – in ihren Quer- und Rückbezügen deutlich werden, oh Gefahr zu erliegen, dem Jak eine fremde Systematik überzustülpen.

20 1. Jakobus, Sohn des Alphäus (Mt 10,3; Mk 3,18; Lk 6,15; Apg 1,13). 2. Jakobus, Va Apostels Judas (Lk 6,16; Apg 1,13). 3. Beim dritten Jakobus fällt die Zuordnung schwer, zu sich hier nochmals um zwei verschiedene Personen handeln könnte. Es bleiben Frager Wer ist der zusammen mit seinem Bruder Josef (Mt 27,56) bzw. Joses (Mk 15,40; 16,1) ode ohne diesen Bruder (Lk 24,10) erwähnte Jakobus, Sohn der Maria? (a) Ist es der Bruder vor Auf letzteres deutet die Nennung des Bruders Josef / Joses, der nach Mt 13,55 und Mk 6,3 Jakobus, Simon und Judas zu den Halbbrüdern Jesu gehörte. Ein wichtiger Hinweis da die bei den beiden Evangelisten sachlich einheitliche, aber in der Schreibweise vonei abweichende Nennung des Josef (Mt) bzw. Joses (Mk). Dann wäre die in Joh 19,25 erw unter dem Kreuz stehende Maria (Mutter Jesu) mit Maria, der Mutter des Jakobus und Jo 27,56) und mit Maria, Mutter von »Jakobus, dem Kleinen« und Joses (Mk 15,40) identisch stellt sich jedoch die Frage, warum dann nicht in diesem Zusammenhang auch Mari Mutter Jesu) Söhne Simon und Judas genannt werden. (b) Oder ist dieser Jakobus mit de genannten Jakobus, Sohn des Alphäus, identisch, dessen Mutter dann auch Maria hieße u – wie der Herrnbruder Jakobus – ebenfalls noch einen Bruder Josef bzw. Joses hätte? (haben wir es mit einem weiteren, bisher noch nicht erwähnten, Jakobus zu tun, der na 15,40 den Beinamen »der Kleine« trägt? Seine Mutter Maria könnte dann im Vergleich 27,56 und Mk 15,40 mit Joh 19,25 mit der Schwester der Mutter Jesu, der Frau des identisch sein.

21 Mt 4,21; 10,2; 17,1; Mk 1,19.29; 3,17; 5,37; 9,2; 10,35.41; 13,3; 14,33; Lk 5,10; 6,14; 8,51; (Joh 21,2); Apg 1,13; 12,2.

22 Vgl. die einfache Nennung des Namens Jakobus ohne weitere Zusätze in der Apostelges (Apg 12,17; 15,13; 21,18) und im Eingang des Judasbriefs. Wo im Neuen Testament v

raus folgt: In Jak 1,1 ist Jakobus, der vermutlich älteste von vier (Halb-) ern des Herrn (Mt 13,55; Mk 6,3) gemeint.[23] Nur er hatte in der frühen (juden-) lichen Gemeinde die Position, die für den Verfasser eines autoritativen ibens an die »zwölf Stämme in der Zerstreuung« vorausgesetzt werden muss. r Zeit des öffentlichen Wirkens Jesu gehörte Jakobus noch nicht zu dessen erkreis. Zusammen mit seiner Mutter Maria und seinen anderen Brüdern and er nicht, wer Jesus eigentlich war (Mk 3,21.31–35). Mit anderen zusammen n die Brüder Jesu wohl die Hoffnung, er werde auf dem Laubhüttenfest seine t als Messias erweisen; aber sie glaubten noch nicht an ihn (Joh 7,3–5).[24]

ch seiner persönlichen Begegnung mit dem Auferstandenen zwischen Ostern Pfingsten (1Kor 15,7), die man als seine Lebenswende betrachten muss, trafen akobus, seine Mutter und seine Brüder regelmäßig mit den Aposteln (Apg Jakobus war zugegen, als der Heilige Geist über die junge Gemeinde aus- sen wurde. Schon bald war er – zusammen mit Petrus und Johannes – eine agenden Säulen der Jerusalemer Urgemeinde (Gal 2,9) und übernahm nach Weggang des Petrus deren Leitung (vgl. Apg 12,17; 21,18).[25] Jakobus schlug er tiefgreifenden Auseinandersetzung zwischen Juden- und Heidenchristen ntscheidenden Kompromiss vor, der für die Einheit der frühen Christenheit len Fortgang der Heidenmission ausschlaggebend war (Apg 15,13). Er wird als eine vermittelnde Person der ersten Christenheit erkennbar.[26]

er Jerusalem hinaus war er als maßgebende Persönlichkeit bekannt: in chien (Gal 2,12) und bis hin nach Griechenland (1Kor 9,5). Paulus gibt ihm

bus die Rede ist, da ist der Herrnbruder – eine der Säulen der Jerusalemer Gemeinde – neint.

nteresse der bleibenden Jungfräulichkeit Marias (auch nach der Geburt Jesu) hatte man die liche Halbbruderschaft des Jakobus mit Jesus in der kirchlichen Lehre schon früh bestritten l ihn, sowie die anderen Brüder Jesu, zu Söhnen aus einer ersten Ehe Josefs bzw. zu Vettern gemacht. Dies lässt sich angesichts der eindeutigen Aussagen im Neuen Testament nicht en.

e autoritative Stellung des Jakobus wird durch die synoptischen Berichte von der Ablehnung Jesu h die eigene Verwandtschaft nicht gemindert, sondern eher befestigt, und zwar gerade dann, wenn Bekehrung des Jakobus angenommen werden muß« (J. HAAR: Komm, S. 21).

h EUSEBIUS (Kirchengeschichte II,2,117f) erhielt Jakobus *»als erster den Bischofsstuhl der Kirche Jerusalem«*. Vgl. außerdem Gal 1,19; 2,12; Jud 1.

var kein Legalist, wie oft behauptet wird. Der Herrnbruder Jakobus vertritt eine vermittelnde tion zwischen den heidenchristlichen Missionaren und den gesetzlichen »Falschbrüdern« 2,4), die in der Gemeinde Verwirrung stifteten und als solche bezeichnet werden, die *»von* *bus kamen«* (Gal 2,12). Es ist durchaus denkbar und sogar wahrscheinlich, dass sie nicht im trag und im Sinne des Jakobus gehandelt haben, obwohl sie seine Autorität missbraucht en mögen. Auf jeden Fall waren die *»Jerusalemer Autoritäten ... keine ›Judaisten‹, auch* obus] *nicht. Sie haben mit der Agitation der ›Falschbrüder‹ (Gal 2,4) nichts zu tun«* (K. NIEDER-MER: Jakobus, S. 412). Nach Gal 1,19; 2,9 akzeptierte Jak die Sendung des Paulus an die len; Apg 15,13-21 und 21,18-25 zeigt ihn als eine vermittelnde Persönlichkeit, der es um die heit der Kirche ging und die zu Kompromissen zwischen Paulus und den gesetzlichen Juden it war. Vgl. dazu P. DAVIDS: James, S. XIX.

sogar den Titel »Apostel«[27] (Gal 1,19; 1Kor 15,7). Nach 1Kor 9,5 war Jak heiratet.

Wegen seines frommen Lebens wurde Jakobus »der Gerechte« genannt. E nicht nur eine bedeutsame judenchristliche Führergestalt, sondern genoss off auch unter den übrigen Juden großes Ansehen. Viele empörten sich, als er im 62 n.Chr. einer Lynchjustiz zum Opfer fiel und den Zeugentod starb.[28]

27 Diesen Titel trägt Jak aufgrund seiner Begegnung mit dem auferstandenen Herrn und auf seines Auftrags mit gleichem Recht wie Paulus, der ebenfalls nicht zum engeren Apost der Zwölf gehörte.

28 Die ausführlichste *Nachricht über Jakobus* findet sich bei HEGESIPPUS im fünften Buch (verlorengegangenen) »Erinnerungen« (geschr. ca. 150–180 n.Chr; vgl. zur Datierung P. D Comm, S. XLVIIIf). Teile davon werden ausführlich von EUSEBIUS (260/65–339) im z Buch seiner Kirchengeschichte zitiert. HEGESIPPUS schildert Jakobus in seinem Bericht ü erste Generation nach den Aposteln als strengen Juden. Er schreibt, Jakobus habe als gelebt, sich des Alkohols und des Fleischgenusses enthalten, sein Haupthaar nicht gesc sich nie mit Öl gepflegt noch je ein Bad genommen [II,23,5]. Er pflegte allein und mit Leinengewand zum Zeichen seiner priesterlichen Würde in den Tempel zu gehen, um d den Knien, die davon *»hart wie die eines Kameles«* wurden, für das Volk um Verzeihung zu [II,23,6]. Auf diese Weise zu einer *»Stütze des Volkes«* geworden, wurde er *»der Gerechte«* g [II,23,7]. Einige Sektenmitglieder, die weder an die Auferstehung noch an das zuk Gericht nach den Werken glaubten, gewann Jakobus *»für den Glauben, daß Jesus der Mess* indem er auf ihre Frage *» Welches ist die Türe Jesu?«* antwortete: *»Jesus ist der Erlöser«* [II,23, selbst viele Führer des Volkes an Jesus zu glauben begannen und man befürchtete, das Volk könne an Jesus als den Messias gläubig werden, entstand unter den Juden – insbes unter den Schriftgelehrten und Pharisäern – ein Aufruhr. In dieser Situation wandten s vertrauensvoll an Jakobus und baten ihn, auf dem bevorstehenden Passahfest ein klä Wort über Jesus zu sagen. *»Denn wir und das ganze Volk geben dir das Zeugnis, daß du gere unparteiisch bist. Rede daher dem Volk zu, daß es sich nicht bezüglich der Person Jesu irreführen l Stelle dich auf die Zinne des Tempels, damit du dort oben gesehen und deine Worte vom ganzen Vo verstanden werden! Denn wegen des Passahfestes sind alle Stämme mit den Heiden versammelt* 10f]. Jakobus lässt sich auf die Zinne des Tempels führen, nutzt aber die Gelegenheit zu kräftigen Zeugnis für Jesus, der *»im Himmel zur Rechten der großen Kraft«* thront und ko wird *»auf den Wolken des Himmels«* [II,23,12f]. Als daraufhin viele der Anwesenden Lobpreis »Hosanna dem Sohne Davids!« ausbrechen, reut die Schriftgelehrten und Ph ihre List und sie versuchen, dem Ganzen doch noch eine Wendung zu ihren Gunsten zu *» Wir haben ungeschickt gehandelt, da wir Jesus zu solchem Zeugnis halfen. Doch lasset uns hinau und ihn hinabstürzen, damit sie aus Angst nicht an ihn glauben!«* [II,23,14]. Mit den Worten » *auch der Gerechte hat sich irreführen lassen!«* [II,23,15] stürzen sie ihn von der Zinne des T herunter, und da er trotz des gewaltigen Sturzes noch am Leben ist, beginnen sie steinigen. Er aber fällt auf seine Knie und beginnt für sie zu beten: *»Ich bitte dich, Herr, G Vater, verzeihe ihnen, denn sie wissen nicht, was sie tun!«* [II,23,16]. Und während ein Priester Familie Rechab für ihn mit den Worten *»Haltet ein! Was tut ihr? Der Gerechte betet für* einzutreten suchte, schlug ihn ein Walker mit seinem Walkholz tot [II,23,17f]. HEG schließt seinen Bericht mit den Worten: *»So starb er den Zeugentod. Man begrub ihn an d Stelle in der Nähe des Tempels. Jakobus war für Juden und Heiden ein glaubwürdiger Ze Messianität Jesu. Bald darauf folgte die Belagerung durch Vespasian«* [II,23,18]. EUSEBIU mentiert, das Ansehen des Jakobus sei so hoch gewesen, dass selbst viele Juden die Bela

Verfasserschaft des Jak war jedoch von Anfang an umstritten.[29]
Argumente gegen das traditionelle Verständnis der Verfasserangabe in 1,1 len sich auf folgende Überlegungen:
eit M.L. DE WETTE (1847) wird angeführt, **Sprache und Stil** des Jak verrieten für einen Juden unwahrscheinlich gute Griechischkenntnis, die einem in äischer Sprache aufgewachsenen Juden nicht zuzutrauen sei.
ak enthalte **philosophische Redewendungen,** wie sie nur in der griechischen vorkommen.
ak sei aufgrund seines Inhalts keine christliche Schrift. Es handele sich um eine spärlich christlich überarbeitete – **jüdische Schrift.**[30]
estenfalls sei Jak ein Werk aus dem Judenchristentum, das sich dem **Früh-lizismus** angenähert habe. Der Brief gehöre daher in das nachapostolische ter.[31]

salems für eine Folge des Vorgehens gegen Jakobus hielten. Selbst der berühmte jüdische chichtsschreiber JOSEPHUS (geb. 37/38 n.Chr.) sagt in einem nur bei EUSEBIUS erhaltenen t: »*Dieses Schicksal widerfuhr den Juden als Rache für Jakobus, den Gerechten, den Bruder Jesu, des nannten Christus; denn obwohl er der Gerechteste war, hatten ihn die Juden getötet*« [II,23,20]. PHUS weiß übrigens ebenfalls von einer Hinrichtung des Jakobus unter dem Hohenpriester nus zu berichten, der die Zeit vor dem Eintreffen des neuen römischen Prokurators Albinus zt, um Jakobus und einige andere Männer vor den Hohen Rat zu zitieren, wo sie der etzesübertretung beschuldigt und zur Steinigung ausgeliefert werden. Das geschieht – wie PHUS bemerkt – ausdrücklich gegen den Willen all derjenigen, »*die als gute Bürger und issenhafte Gesetzesmenschen galten*«. Sie wenden sich an den König Agrippa mit der Bitte, nus in seine Schranken zu verweisen, damit so etwas nicht mehr geschieht. Andere gehen r dem Albinus entgegen und weisen ihn darauf hin, dass es einem Hohenpriester nicht ubt ist, ohne Einverständnis des Königs eine Gerichtssitzung abzuhalten. Die Steinigung Jakobus kann zwar nicht aufgehalten werden; aber der König setzt Ananus nach nur monatiger Amtszeit von seinem hohenpriesterlichen Amt ab [Jüdische Altertümer XX, 97–203 (9,1); zit. nach EUSEBIUS: Kirchengeschichte, II,23,21–24].
früheste Hinweis darauf findet sich bei EUSEBIUS: Kirchengeschichte, II,23,24f. Vgl. den chnitt »Stellung im Kanon«, S. 42ff in diesem Kommentar.
chrieb F. SPITTA 1896: »*Von den beiden Stellen 1,1; 2,1 abgesehen, findet sich nirgends eine Spur tlicher Gedanken ... Ein Schriftsteller, der als Vorbild des Leidens und der Geduld die alttesta-tlichen Propheten nennt und dann als hervorragendes Beispiel noch besonders Hiob (5,11), von stus aber schweigt, kann schwerlich ein Christ gewesen sein*« (Komm, S. 154). Die Schrift ist seiner nung nach den unechten Schriften (»Pseudepigraphen«) zuzuordnen. Die beiden er-nten Stellen seien spätere Hinzufügungen mit dem Zweck, dem Brief ein christliches ehen zu geben. Die Annahme, bei Jak handele es sich um eine ursprünglich jüdische Schrift, de später von A. MEYER ausgebaut und von H. WINDISCH in seinem Kommentar aufge-men. Sie ist jedoch so abwegig und auch von der neueren Forschung widerlegt worden, man sich fragen kann, warum man sich mit ihr in der einschlägigen Literatur bis auf den tigen Tag so ausführlich – wenn auch in der Regel ablehnend – auseinander setzt.
chon die Tübinger Schule um F. CHR. BAUR (vgl. W.G. KÜMMEL: Einleitung, S. 358). Eine gnung der Autorschaft durch den Herrnbruder, verbunden mit einer Spätdatierung wird reten durch: ALAND, BACON, BULTMANN, CANTINAT, DIBELIUS, EASTON, EICHHOLZ, NKEMÖLLE, FULLER, GOODSPEED, HAUCK, HENSHAW, JÜLICHER-FASCHER, KÜMMEL, KUSS,

5. Die **Ähnlichkeit** mit dem **»Hirt des Hermas«** und dem **1Petr** – beide Sch
werden auf das Ende des 1. Jahrhunderts datiert – schließe ebenfalls eine fr
Abfassungszeit des Jak und damit Jakobus, den Herrnbruder, als Verfasser

6. Jak ist erst sehr **spät** als apostolisch und damit als **kanonisch aner**
worden.[32] Dieser Tatbestand zeige, dass vermutlich keine alte Tradition über
Herkunft vom Herrnbruder bestanden habe.

7. Die Auseinandersetzung in Jak 2,14–26 sei nur auf dem Hintergrun
Auseinandersetzung mit einem missverstandenen Paulinismus verständl
Das setze aber wiederum die vorliegenden Paulusbriefe – insbesondere de
merbrief – voraus. Jak könne daher nur in zeitlichem Abstand von Paulu
schrieben worden sein. *»Die Zeit des Paulus liegt schon weit zurück, der Kampf um
oder Gültigkeit des Gesetzes ist vergessen.«*[34]

Gegenüber diesen Argumenten, die aufgrund ihrer vermeintlichen Einsicht
eine breite Wirkungsgeschichte haben[35], sind folgende **Gegenargumente** ge
zu machen.

Zu 1. **Sprache und Stil.** Neben den Passagen, die ein gutes Griechisch erke
lassen, gibt es andere, die eindeutig auf semitisches Denken hinweisen
Semitismen).[36] Das Griechisch des Jak ist zwar gut, aber keinesfalls auf
wöhnlich für einen Juden zur damaligen Zeit.[37] Die Sprachkenntnisse des V
sers des Hebr-Briefs etwa reichen wesentlich weiter.

Um von Sprache und Stil her Rückschlüsse auf die Verfasserschaft zieh

LAWS, LOHSE, MARSHALL, MARTY, MARXSEN, MCNEILE, MEYER, MOFFATT, POPKES, R
ROPES, SCHOEPS, SCHRAGE, SEITZ, SHEPHERD, SOUČEK, SPITTA, STREETER, THYEN, T
WINDISCH-PREISKER, YOUNG.

32 Vgl. den Abschnitt »Stellung im Kanon«, S. 42ff in diesem Kommentar.

33 *»Und ist die Behandlung des Themas ›Glaube und Werke‹ Jak 2,14–26 anders verständlich denn
Auseinandersetzung mit einem mißverstandenen Paulus?«* (R. BULTMANN: Theologie, S. 48

34 E. LOHSE: Einleitung, S. 131.

35 *»These arguments are powerful and have convinced many, but they are far from the whole*
(P. DAVIDS: James, S. XVIII).

36 Vgl. F. MUSSNER (Komm, S. 26–32) und M. DIBELIUS (Komm, S. 34f). P. DAVIDS möc
auffallende Ineinander von aramäischer Denk- und griechischer Sprachform mit eine
träglichen Bearbeitung des Jak erklären. Der Jakobusbrief gehe auf Reden und Ausssprü
Herrnbruders Jakobus zurück, die vermutlich in Aramäisch oder in einem einfachen
schen Griechisch vorlagen. Später seien diese Abschnitte von einem Sammler als Bu
ausgegeben und als Brief in verschiedenen Gemeinden gelesen worden (P. DAVIDS:
S. XX). Ähnlich P. FEINE: *»Paränesen, Ansprachen und Worte des Jak* [können] *von einem Hel
gesammelt, in griechischer Sprache niedergeschrieben und im Auftrag des Jak verbreitet word*
(Einleitung, S. 198f).

37 Zur Zeit Jesu war Palästina dreisprachig (vgl. F. MUSSNER: Komm, S. 237). Die Einheim
sprachen Aramäisch, die offizielle Sprache war Latein, und die Handels- und Verkehrss
war Griechisch. Nazareth lag an einer der wichtigsten Handelsstraßen der damaligen Ze
nur 6 km von Nazareth befand sich die römische Garnisonsstadt Sepphoris. In ihr
griechisch gesprochen. Es ist nicht auszuschließen, dass Jesus selbst griechisch sp
konnte.

n, müssten entsprechende Vergleichsdaten vorliegen. Das ist jedoch nicht ll. *»Die Frage kann nicht beantwortet werden, weil wir über die Sprachfähigkeit rrenbruders schlechthin nichts wissen.«*[38] Allein anhand von sprachlichen chtungen lässt sich also die Verfasserfrage nicht klären.

2. Die erwähnten **philosophischen Redewendungen** – sofern sie sich als ausmachen lassen – werden zitiert, aber anders gebraucht als in der phiischen Tradition, aus der sie möglicherweise stammen. Jesus Sirach und die eit Salomos wurden in Palästina gelesen. In diesen Schriften war die griee Kultur gegenwärtig.[39]

3. **Jak – keine christliche Schrift.** Die Meinung, bei Jak handele es sich um christliche, sondern ursprünglich um eine jüdische Schrift, lässt sich angeder Aussagen des Jak selbst und angesichts der vielfältigen Parallelen zum n Neuen Testament nicht halten.[40] Als rein jüdische Schrift lässt sich Jak nicht hen.[41]

umente gegen die Verfasserschaft des Herrnbruders auf dem Hintergrund Spätdatierung des Briefes sind bei K. ALAND zusammengestellt. F. MUSSNER ich in seinem Kommentar mit diesen Argumenten ausführlich auseinander[42] ommt abschließend zu dem Urteil: *»Es lassen sich keine wirklich überzeugenden e gegen eine Verfasserschaft durch den Herrenbruder ins Feld führen«*[43].

4. Abgesehen von der Frage, ob es im Neuen Testament überhaupt so etwas nen **»Frühkatholizismus«** gibt, lassen sich die für den Frühkatholizismus

USSNER: Komm, S. 8. Er stellt deshalb fest, *»daß man mit dem sprachlichen Argument nicht mehr eren kann«* (Komm, S. 238). Vgl. den Abschnitt »Stil und Rhetorik«, S. 37ff in diesem mentar.

P. DAVIDS: James, S. XIX.

ibt keine Schrift des NT außer den Evangelien, die so mit Anklängen an Herrnworte gespickt ist wie G. KITTEL: Der geschichtliche Ort, S. 84).

die Ausführungen im Abschnitt »Der Jakobusbrief – eine christliche Schrift?«, S. 34ff in em Kommentar.

LAND: Der Herrenbruder Jakobus und der Jakobusbrief, S. 97–104. ALAND vermisst den – inem Judenchristen seiner Meinung nach zu erwartenden – Hinweis auf die Beachtung von llen Gesetzesvorschriften sowie die Merkmale einer strengen Gesetzlichkeit, wie sie das ge Neue Testament bei Jak voraussetze. Außerdem lege die sich nur langsam vollziehende kennung des Jak als kanonische Schrift ein Zeugnis gegen den Herrnbruder Jakobus als asser ab. – Abgesehen davon, dass es sich bei jedem der drei Punkte um ein Argument aus Fehlen eines erwarteten Sachverhalts (um ein sog. »argumentum e silentio«, ein »Argut aus dem Schweigen«) handelt, macht F. MUSSNER demgegenüber deutlich: 1. Von einem nchristen, der in der Tradition der Bergpredigt steht, ist keineswegs zu erwarten, dass er die altung von Riten im strengen jüdischen Sinne fordert. 2. Die neutestamentliche Überlieng von Jakobus zeichnet nicht das Bild eines Vertreters jüdischer Gesetzlichkeit. 3. Die erst e kirchliche Anerkennung des Jakobusbriefs kann durchaus damit erklärt werden, dass er *n juden-christliche Gemeinden geschrieben ist, die schon bald fast ganz aus der Gemeinschaft der kirche verschwunden sind, und vor allem daraus, daß (b) das häretische Judenchristentum den enbruder Jak zu seinem Papst erhob«* (Komm, S. 20, Anm. 4).

USSNER: Komm, S. 21, Anm. 4.

angeführten Merkmale im Jak nicht finden. »*Gerade die sogenannte Naherwart*
im Jak noch äußerst lebendig (Jak 5,8f!).«[44] Und die fehlende Naherwartung g
eines der hervorstechenden Merkmale »frühkatholischer« Literatur.

Zu 5. Der **»Hirt des Hermas«** ist vermutlich literarisch von Jak abhängig, e
– wenn überhaupt – 1Petr, nicht umgekehrt. Eine literarische Abhängigk
dieser Richtung setzt aber keine gleiche Entstehungszeit voraus.

Zu 6. Die **späte kanonische Anerkennung** des Jak wird noch unverständ
wenn man annimmt, dass ihn ein uns unbekannter Judenchrist am Ende des
bzw. zu Anfang des zweiten Jahrhunderts geschrieben habe. Die Bedeutur
Judenchristentums ging im Laufe der Zeit immer mehr zurück.[45] Würde jem
späterer Zeit die Autorität des Herrnbruders für sein Schreiben in Ans
nehmen, müsste auch die Identität der Person eindeutiger aus dem Bri
hervorgehen. Der Autor nennt sich aber nur demütig einen »Knecht Christi

Zu 7. **Paulus und Jak** vertreten ähnliche Anliegen mit verschiedenen Beg
Auf der anderen Seite verstehen sie dieselben Worte unterschiedlich. Paulus
eigenes Verständnis von »Glaube«, »Werke«, »Gesetz«, »Gerechtigkeit« e
benutzt die Worte im jüdischen Sinn.[46] Im Übrigen finden sich manch
»Spannungen«, die man zwischen Jak und Paulus zu erkennen glaubt, auch
Briefen des Paulus selber: Gerechtigkeit durch das Tun des Gesetzes (Röm
Gerechtigkeit durch den Glauben ohne des Gesetzes Werke (Röm 3,28).[47]

Bei genauer und unvoreingenommener Prüfung der Texte gibt es keinen G
an der These von der Abhängigkeit des Jak von Paulus und seiner The
festzuhalten, auch wenn diese Annahme nahezu zum Standardrepertoi
Jakobusexegese der letzten beiden Jahrhunderte gehört. Erst in neuerer Zeit b
man die Eigenständigkeit des Jak zu erkennen und ihn aus dem »Schatt
Paulus« in das ihm eigene Licht treten zu lassen.[48]

44 F. MUSSNER: Komm, S. 238.

45 Für T. ZAHN ist die späte »kanonische« Anerkennung des Jakobusbriefs »*nicht verwur*
wenn man erwägt, daß der ntl. Kanon die Zusammenfassung der in der heidenchristlicher
eingebürgerten gottesdienstlichen Vorlesebücher aus apostolischer Zeit ist, und wenn man an
daß der Jk an die noch wesentlich jüdische Gemeinde um d.J. 50 gerichtet war« (Einleitung, Bd
zit. nach F. MUSSNER: Komm, S. 20).

46 Vgl. H. FRANKEMÖLLE: Komm, S. 117; P. DAVIDS: Comm, S. 50f. Vgl. dazu auch den Al
»Jakobus und Paulus«, S. 49ff in diesem Kommentar.

47 »*... das kontroversielle Problem ›Jk und Paulus‹ ist ebenso sehr ein Problem innerhalb des Römer*
solchem. Das Verhältnis zwischen Röm 2,6.13 und Röm 3,28 ist ein genauso akutes Problem
›Doctorfrage‹ nach der Relation zwischen Jk 2,24 und Römer 3,28« (E. BAASLAND: Weisheits
S. 130).

48 Jak enthält »*nicht die geringste Anspielung an die Paulusbriefe oder gar eine Berufung au*
MUSSNER: Komm, S. 19). Ähnlich H. FRANKEMÖLLE: »*Beachtet man, daß wichtige theo*
Begriffe wie Glaube, Werke, Rechtfertigung, Gesetz bei Paulus und Jakobus semantisch unters
strukturiert sind und beide es mit unterschiedlichen Adressaten zu tun haben, ... erweist
vielverhandelte Frage von der Abhängigkeit des Jakobus von Paulus bzw. von einem mißverst
Paulinismus ... als falsch gestellt« (Komm, S. 117). Natürlich gab es auch früher bereits S

:ann daher keine Rede davon sein, dass Jak den Paulus missverstanden habe, ι bei der weiten Verbreitung der Paulusbriefe in den christlichen Gemeinden /ahrscheinlichkeit dafür abnimmt, je später man die Entstehung des Jak :t.[49]

bt noch die These, Jak setze sich mit einem *missverstandenen Paulinismus* ıander, also mit einer Richtung, die Paulus einseitig im Sinne eines »Glaubens Werke« aufgenommen hat. In der neueren Literatur ist diese These – ver- :n mit einer Bestreitung der Verfasserschaft des Herrnbruders Jakobus – zum ıeidenden Argument für eine Spätdatierung geworden. Alle anderen Ge- gumente haben mittlerweile ihre »zwingende Beweiskraft«, die man ihnen zumaß, eingebüßt. Damit ist die Frage, ob sich Jak mit einem »missver- :nen Paulinismus« auseinandergesetzt habe, zum Dreh- und Angelpunkt der serfrage, der Frage nach den Empfängern (S. 29ff) sowie der Datierungsfrage) geworden.

Befund, um den es hier geht, ist nicht so eindeutig, wie er auf den ersten Blick :inen mag. Zunächst springt die Ähnlichkeit zwischen Jak 2,14–26 und den echenden Passagen in den Paulusbriefen geradezu ins Auge. Bei näherem hen wird aber deutlich, dass es zwischen Jak und Paulus beträchtliche schiede gibt, die darüber hinausgehen, dass der eine *das* ablehnt, was der e behauptet.

Tatsache, dass kein *direkter* Zusammenhang zwischen Jak und Paulus vor- wird in der Literatur zumeist dadurch Rechnung getragen, dass man zwei zugleich behauptet, die sich eigentlich gegenseitig ausschließen:

ak ist ohne eine vorausgegangene, entfaltete Theologie des Paulus nicht ndlich; b) Jak lehnt eine Position ab, die Paulus überhaupt nicht vertreten hat. Paulus »missverstanden« bzw. er setzt sich mit einem »missverstandenen ismus« auseinander. Man behauptet also eine Abhängigkeit des Jak von ; und stellt gleichzeitig beim konkreten Textvergleich fest, dass sich Jak nicht ulus direkt beziehen kann.

entscheidende Frage lautet: Kann eine Haltung, bei der es an den dem en entsprechenden Werken fehlt, nur auf dem Hintergrund einer zuvor nmenen und dann missverstandenen Verkündigung des Paulus entstehen? efahr, etwas nur zu hören und nicht zu tun, die Gefahr, zum Glauben :nde Werke zu vernachlässigen, ist nicht erst in der Folge paulinischer

. A. SCHLATTER), die die Eigenständigkeit des Jak gegenüber Paulus erkannt und davor arnt haben, zwischen Jak und Paulus eine falsche Alternative zweier theologischer Posi :n aufzubauen, zwischen denen man sich entscheiden müsse. P. FEINE schrieb 1923: »... *wir en aufhören müssen, den Verfasser unseres Briefes als Antipoden des Paulus zu betrachten. Er setzt nit Paulus selbst überhaupt nicht auseinander«* (Einleitung, S. 199).

Jak Paulus missverstanden haben sollte – wofür wir keinen Anhaltspunkt haben – so wäre olches Missverständnis früher wahrscheinlicher als später, wo die wichtigsten Briefe des us schon vorlagen. »*James was more likely written before Romans rather than afterwards when 's position was clearly known, for the real Paul would have agreed with what James meant even if he d have expressed it differently*« (P. DAVIDS: James, S. XVIIIf).

Verkündigung entstanden. Die Betonung des Tuns gehört zur jüdischen judenchristlichen) Tradition und ist darüber hinaus fest in der Überlieferu Worte Jesu verankert (Mt 7,21.24; Joh 13,17).

Das vorgebrachte Argument erledigt sich, wenn der Abschnitt Jak 2,14–2 ständlich ist, ohne die vage Annahme bemühen zu müssen, es handele sich um die Auseinandersetzung mit einem missverstandenen Paulinismus der zw Generation.

Es gibt von daher keinen zwingenden Grund, Jak im Zusammenhang s Überlegungen so spät zu datieren, dass seine Entstehung nicht mehr in d benszeit des Herrnbruders Jakobus fällt.[50]

Insgesamt ist dem resümierenden Urteil F. MUSSNERS zuzustimmen: *»Es k ... keine überzeugenden Gründe genannt werden, die gegen eine Verfasserschaft des durch den Herrenbruder Jakobus sprechen würden.«*[51]

Wenn wir nach Gründen für den Herrnbruder als Verfasser des Jak fra so werden wir in erster Linie auf die Selbstaussage der Schrift verwieser dieser lässt sich der Autor zwar nur indirekt, aber doch deutlich erke erschließen.[53]

In der gegenwärtigen Exegese besteht – trotz unterschiedlicher Auffassun der Verfasserfrage – kein Zweifel daran, dass der vorliegende Brief *»vom renbruder geschrieben sein will«*[54]. Wir möchten den Brief so nehmen, wie er u

50 Im Übrigen ist es an der Zeit, Jak sein eigenes Wort sagen zu lassen und ihn aus d klammerung durch die Theologie des Paulus zu befreien, auf die er – wie man sagt – le reagiere, ohne sie jedoch richtig verstanden zu haben. Wenn man Jak – wie Paulus – se nes Wort sagen lässt, kann sich dabei zeigen, dass sich ihre Worte nicht nur ergänze dern viel enger beieinander sind als gemeinhin angenommen wird, und dass sie – als d Wort Gottes – in ihrer Unterschiedlichkeit in dieselbe Richtung weisen.

51 F. MUSSNER: Komm, S. 240.

52 Die Verfasserschaft des Herrnbruders Jakobus vertreten nach W.G. KÜMMEL: BE BEYSCHLAG, BRUCE, CHAINE, ELLIOT-BINNS, FEINE-BEHM, GRANT, GRÜNZWEIG, G HARRINGTON, HARRISON, HEARD, HERDER, HORT, KITTEL, KLIJN, KNOWLING, LACKM SEUR, MAIER, MARIANI, MAYOR, MICHAELIS, MITTON, MOULTON, MUSSNER, PARRY, RE ROBINSON, ROSS, SCHLATTER, SCHNEIDER, SPARKS, TASKER, WESSEL, WIKENHAUSER, W. BEYSCHLAG: *»... alles, was wir von ihm* [Jak] *wissen, stimmt mit den Verhältnis Leserkreises, an den unser Brief geht, sowie mit der eigenthümlichen Denk- und Lehrweise derselbe bekundet, aufs beste überein«* (Komm, S. 4). A. SCHLATTER: *»Hier erreicht uns eine S die aus der nächsten Nähe Jesu und dem engsten Kreise der engsten Jünger kommt. Ein Bru spricht hier. Was er sagt, hat selbstverständlich für die Gestaltung des geschichtlichen Bil maßgebende Bedeutung. Wir haben uns deutlich zu machen, wie sich der Brief zu Jesus Geschichte und seinem Wort verhält«* (Komm, S. 7). Auch das etwas ungewöhnliche Vot HERDERS sei hier angeführt, dass es *»selbst bis auf die Schatten seiner Vorurtheile u lingsengen der ... Bruder des Herrn, Jakobus, ist. Einem andern zugeschrieben, wäre die unerklärlich von End zu Ende; mit ihm erklärlich in jedem Zuge, jedem Wort, jeder Sylbe – den Brief Jakobus in unserm Kanon«* (Briefe zweener Brüder, S. 492).

53 Vgl. S. 20f in diesem Kommentar.

54 K. ALAND: Jakobusbrief, RGG[3] III, 526.

;egeben ist: unter dem Namen des Jakobus. Eine Auslegung des vorliegenden s kann an dieser – vom Text selber gemachten Angabe – nicht vorbeigehen.[55]

3. Empfänger

· Jakobusbrief ist an die »zwölf Stämme in der Zerstreuung« (1,1) gerichtet. ıter verbirgt sich, wie es für ein Sendschreiben charakteristisch ist, keine adresse«, sondern eine Zielangabe. Mit ihr wird der Horizont angegeben, in as Schreiben hineinragen soll. Jak hat sicherlich zunächst konkrete Gemein- ınd deren Belange vor Augen; dennoch wendet sich sein Brief an einen nenkreis, der weit über das hinausragt, was ihm bekannt gewesen ist. Die :hnung »zwölf Stämme in der Zerstreuung« hat a) eine räumliche und b) eine ›gisch-heilsgeschichtliche Bedeutung.

Aus verschiedenen Gründen hatten sich in vielen Ländern der damaligen jüdische Diasporagemeinden gebildet.[56] Sendschreiben an die verstreuten

›en dem geistlich-biblischen Grund (Gott hat uns sein Wort in der vorliegenden Gestalt ɜben) ist der kanongeschichtliche Grund zu nennen: der Brief ist uns im Rahmen des testamentlichen Kanons als ein Brief des Jak überliefert). Im Übrigen möchte ich dem *legungsgrundsatz* folgen, dass der in seiner Endgestalt vorliegende Text – und nicht ein hinter ı Text zu suchender »eigentlicher« Text – auszulegen ist. Ein Text mag seine Entstehungs- ı seine Wirkungsgeschichte haben – Gegenstand der Auslegung ist die Letztgestalt des ɛes. Wenn wir den Brief in seinem Selbstanspruch lesen und verstehen wollen, können wir an er Selbstaussage nicht vorbeigehen. *»Jeder Mann, der in den heiligen Schriften einen anderen ı findet, als die Verfasser beabsichtigt haben, der befindet sich in einem Irrtum«* (AUGUSTINUS: De trina christiana I 37,41). Zum Sinn eines Textes und zu der von Gott gegebenen Gestalt gehört Angabe über seinen Verfasser. Aber auch historisch ist die Verfasserangabe des Jakobus- fs – da keine anderen Quellen vorliegen – ernst zu nehmen. Mögliche Einwände gegen die orschaft des Jakobus müssten in der Lage sein, die Verfasserangabe des Briefes aus den ;eln zu heben und gleichzeitig den Brief darin besser zu verstehen, als er in der gegebenen talt verständlich ist. Untersuchungen zu Form und Stil, möglichem Sitz im Leben und ;lichen literarischen Abhängigkeiten leisten das nicht. Im Blick auf die kritische Rückfrage, ler Herrnbruder Jakobus tatsächlich der Verfasser des Briefes sein könne, gibt es a) keine tliche Veranlassung, b) keinen exegetisch zwingenden Grund, c) keine historische Not- ıdigkeit und d) keine ausreichenden Fakten, diese Frage negativ zu beantworten.

Zerstreuung der Juden (Diaspora) entstand zum einen durch israelitisch-jüdische Han- .kolonien in Damaskus (1Kön 20,34) und anderen Orten, sowie durch den Dienst jüdischer lner in anderen Ländern (z. B. in Elephantine), zum anderen infolge der Deportationen scher Gruppen nach Assyrien (2Kön 15,29), Mesopotamien, Medien (2Kön 17,6) und ylonien (2Kön 24,14–16; 25,11; Jer 52,28–30). Als die persische Regierung die Erlaubnis zur kkehr nach Juda gab, blieben viele Exulanten in Babylonien. Das zunächst aufgezwungene wurde für viele zur freiwilligen Diaspora. Während der Wirren im 3. u. 2. Jh. v.Chr. siedelten e Juden aus Palästina nach Ägypten über. Anhänger der Seleukiden flohen nach Syrien tiochien). Verschleppte jüd. Kriegsgefangene bildeten nach ihrer Freilassung am neuen Ort ›poragemeinden. Durch die jüd. Präsenz wurden den Diasporagemeinden in aller Welt ɜ Mitglieder (Proselyten) zugeführt. Im 1. Jh. n.Chr. lebten im Römischen Reich ca. 3–9

Diasporajuden waren zur damaligen Zeit nicht ungewöhnlich. Das Besond Jak ist, dass hier – im Gegensatz zu den jüdischen Sendschreiben – ein jüd Christ schreibt und dass sein Brief – im Gegensatz zu den beiden anderen » steln« unter den Juden, Petrus und Johannes – nicht nur an einige vers Stämme gerichtet ist, sondern an alle zwölf. Er erhebt damit einen umfass Anspruch. Jak hat etwas zu sagen, was das ganze Gottesvolk angeht.

b) Die Zielangabe des Jak erschöpft sich nicht in den geographischen Ang Die Zerstreuung des Volkes Israel hat eine lange, wechselvolle Geschichte un tiefe heilsgeschichtliche Bedeutung. Was als Gerichtshandeln Gottes begann 4,25–27; Ps 60,3; Hes 20,23f; Sach 7,14), endet durch Gottes Erbarmen als handeln (Hes 34,5.11f). Das Elend der Zerstreuung und Gottesferne führt zur Begegnung mit Gott (Hes 22,15f). Am Ende der Zeiten – so sagt die alttesta liche Verheißung – wird ein Reis aus der Wurzel Isais aufgehen. Nach ihm w die Heiden fragen. Und Gott wird sein Volk, das er selber zerstreut hat, au Zerstreuung wieder sammeln (Jes 11,10–12; Jer 31,10; Dan 12,7). Er wird ein und geringes Volk übrig lassen, das auf den Herrn traut (Zef 3,9–12). Di streuung, die nach menschlichem Ermessen zur Auflösung des Volkes Israe führen können, diente in Gottes Heilsplan gerade der Sammlung Israels un ganzen Völkerwelt. Sie soll damit erfahren, dass Gott der Herr ist (Ps Hes 6,8–10; 36,19–27). Und so werden am Ende alle Völker seinen Namen an (Zef 3,9).

Jak schreibt in erster Linie an Judenchristen. Es ist der Brief eines jüdi Christen an jüdische Christen. Die (nichtchristliche) jüdische Diaspora gerät zwar nicht aus dem Blick, ist jedoch als direkter Empfänger kaum vorstellbar. fehlt dem Brief die ausdrückliche missionarische Verkündigung.[57] Nach

Millionen Juden; nach STRABO gab es keine Stadt ohne einen jüdischen Bevölkerungst jüd. Diaspora genoss im Röm. Reich eigene Rechte (Bleiberecht; Errichtung von Bethäuse Friedhöfen; freie Ausübung ihrer Bräuche; Freistellung vom Kaiserkult; Recht, eigene S zu erheben; eigene interne Rechtspflege; Freistellung vom Militärdienst). Vgl. A. VON *Jüdische Diaspora*, RGG³ II, 174–176; F. DEXINGER: Judentum, TRE 17, 331–377.

57 Jak 2,1 etwa kann nicht an Juden gerichtet sein, die noch nicht an Jesus Christus gl Dennoch werden die noch nicht an Christus glaubenden jüdischen Volksgenossen von gemeint sein, zumindest hat er sie nicht ausgeklammert. Die zu Christen gewordenen lebten unter ihren jüdischen Volksgenossen – wo immer es ihnen möglich war und so la nicht von ihnen selber aus der jüdischen Gemeinde ausgestoßen wurden. Die ersten C hatten ihren Ort innerhalb der jüdischen Synagoge. Die erste (judenchristliche) Geme Jerusalem versammelte sich täglich im Tempel (Apg 2,46). Selbst der Heidenapostel suchte auf seinen Missionsreisen immer auch – und meist zuerst – die Synagoge auf, um d Evangelium zu verkündigen (Apg 13,14; 14,1; 17,1.10.17; 18,4.19; 19,8). Gleichzeitig hab die Judenchristen aber von Anfang an unter sich getroffen (Apg 2,42; 5,12f), u. a. um den Herrn und das Herrnmahl miteinander zu feiern. Man verstand sich nicht als d Gottesvolk im Gegensatz zu Israel, sondern als das *wahre* Israel im Einklang mit den gö Verheißungen an Israel. Aus der Perspektive der Judenchristen gab es keinen Bruch m Judentum. Sie haben lediglich Jesus als den Messias erkannt und bekannt, auf den all warten. Bezüglich ihrer Berufung sahen sie keinen Gegensatz zwischen sich und den a

ımmen von Gal 2,9 hatte Jakobus – zusammen mit Kephas (Petrus) und Jo-
ɛs – die Missionierung der Juden übernommen. In welchem Maße es zu seiner
· über die Jerusalemer Gemeinde hinaus – eigenständige, von der übrigen
schaft abgetrennte judenchristliche Gemeinden gab, ist nicht sicher.
ın Jak seinen Brief dennoch an die »zwölf Stämme in der Zerstreuung«
siert, so bedeutet dies, dass er die judenchristlichen Gemeinden in ihrem
ssenden Zusammenhang anspricht. Sie sind der »heilige Rest« Israels (Jer 23,3;
12), der das wahre Israel repräsentiert, der schon die Verheißung, die ganz
gilt, angenommen hat und in ihr lebt. Was sich in der (juden-)christlichen
inde verwirklicht, geschieht nicht im Winkel einer jüdischen Sekte, sondern
ck auf *ganz* Israel. Der Jakobusbrief ist somit ein Brief an die aus allen Enden
de zusammengerufene Gemeinde der Endzeit.
nit hängt ein weiterer Aspekt zusammen: Die Gemeinden – auch die ju-
ristlichen – sind gleichzeitig die Erstlingsfrucht des wahren Gottesvolks, in
ie Heiden eingeschlossen sind. Jesus hat die verstreute Herde, die keinen
hat, gesammelt (Mt 9,36). Er wollte die zerstreuten Kinder Gottes wieder
ımenbringen (Joh 11,52). Auf diesem Hintergrund hatte Jesus seine zwölf
r als Repräsentanten der zwölf Stämme Israels berufen (Mt 19,28). Der Weg
mit seinem Volk Israel findet seine direkte Fortsetzung in seinem Weg mit
utestamentlichen Gemeinde, zunächst unter den Juden, dann auch unter den
n.[58] Dem entspricht die Missionsmethode des Paulus, der – wo immer es
ch war – bei den Juden zu missionieren begann. Indem der Jakobusbrief an
aspora gerichtet ist, gibt er eine missionarische Absicht zu erkennen.[59] Jak hat
eidenmission im Blick und hat auch Paulus als Heidenmissionar anerkannt.[60]

uchten allerdings, ihre jüdischen Brüder für den Glauben zu gewinnen, dass Jesus der
sias ist. Schon hinter der Berufung der zwölf Jünger stand der Gedanke einer Sammlung
els in der Endzeit. In der Zwölfzahl war das Israel der Messiaszeit vollständig. Damit ist die
icht verbunden, Israel nicht im inklusiven, nationalen Sinn zu erreichen, sondern im
hetischen Sinn. Der Ansatz war nicht beim Volksganzen, sondern beim Inhalt, bei der Mitte
Verheißungen an Israel. Deshalb hat man in der ersten Christenheit an der Zwölfzahl
ehalten; nicht nur die ausgewählten *Personen* waren wichtig, sondern die Tatsache, dass es
f Jünger – später Apostel – sind (Apg 1,15–26). Erst seit dem Jahre 70 begann man unter den
n diejenigen, die an Jesus Christus glaubten, endgültig auszustoßen. Die Judenchristen
n sich dann in eigene synagogale Gemeinden zurückgezogen, die auch über das Land
reut waren. Bauliche Reste und historische Zeugnisse belegen die Existenz judenchrist-
r Gemeinden in Jerusalem und in Kapernaum bis ins 4. Jh. n.Chr. Vgl. dazu EUSEBIUS:
hengeschichte, III,5,2–3 und BARGIL PIXNER: Wege des Messias und Stätten der Urkirche,
. v. R. Riesner, 2. Aufl. Giessen, 1991. Es ist also möglich, dass Jak – der »Apostel der Juden« –
inem Brief an die schon Christen gewordenen Juden auch die anderen Juden mit ange-
chen hat und sie dadurch erreichen wollte. A. SCHLATTER hält sogar die allgemeine
che Diaspora für den Empfänger des Jak.
ion durch Zerstreuung – dieser Vorgang wiederholte sich in der christlichen Gemeinde
; 8,1–4).
G. MAIER: Inwiefern ist der Jakobusbrief missionarisch?
Zerstreuung der 12 Stämme Israels dient in heilsgeschichtlicher Perspektive der Samm-

Die weite Verbreitung und endgültige Aufnahme in den Kanon[61] zeigen, da Jakobusbrief – über die Empfängerangabe (1,1) hinaus – in anderen christ Gemeinden gelesen wurde.[62] Schon die »zwölf Stämme« weisen in ihrer Vo (12) auf die Einheit des alttestamentlichen und neutestamentlichen Gottesvo

In der neueren Literatur beginnt man, sich mehr und mehr von dem durch M LIUS aufgestellten »Kontext-« und »Situationsverbot« zu lösen[64] und erneu der voraus-gesetzten Situation der Adressaten zu fragen: Was lässt sich au Brief über die Situation der Gemeinden erfahren, an die Jak schreibt? W Probleme möchte er verändern?[65]

Einige Hinweise sollen an dieser Stelle genügen. Jak tadelt die bevo Behandlung der Reichen und die Herabsetzung der Armen (2,1–7). Die Geme bestehen aus beiden Gruppen; sie sind weder ausschließlich reich noch Offenbar haben sie grundsätzlich die Möglichkeit, Bedürftigen zu helfen (Einige der Gemeindeglieder treiben gewinnbringenden Handel und erliegen der Gefahr, ihre Berufsinteressen und Pläne über den Glauben zu stellen, sich zu rühmen und die Bedürftigen zu vergessen (4,13–17).[67]

Im Hinblick auf Streitigkeiten in den Gemeinden warnt Jak vor der Freund mit der Welt. Ursache für den Zank scheint ihm eine begehrliche Lebenseinst (Neid, Habgier) zu sein, die auch davor nicht zurückschreckt, das Gebet f eigenen Interessen zu missbrauchen (4,1–12). Jak hat es mit Gemeinden z deren Glieder in der Gefahr stehen, sich an die Lebensgewohnheiten der christen anzugleichen und so zu »verweltlichen«. Er wendet sich gegen We (4,4), Hochmut (4,6.10), mangelnden Widerstand gegen den Teufel (4,7), Unre und Zwiespältigkeit (4,8).

lung der Völkerwelt. Und die Sammlung der Gemeinde der Endzeit dient in heilsges licher Perspektive der Sendung in die Welt.

61 Vgl. den Abschnitt »Stellung im Kanon«, S. 42ff in diesem Kommentar.

62 EUSEBIUS bestätigt, dass Jak *»in den meisten Kirchen öffentlich verlesen worden«* ist (K geschichte, II,23,25).

63 Vgl. Offb 4,4; 21,12.14.

64 So z. B. W. POPKES: Adressaten, S. 11 u. 33 und H. FRANKEMÖLLE: Komm, S. 57f. Die I »Kontext-« bzw. »Situationsverbot« bezeichnen bei POPKES die an DIBELIUS kritisier thodisch durchgehaltene These, dass die Ermahnungen des Jak auf keine konkreten Situ in bestimmten Gemeinden bezogen seien, sondern allgemeine, situationsunabhängig nungen im Stil einer Paränese darstellen.

65 *»Es gehört zu den Grunderkenntnissen der Jakobus-Forschung, daß Jakobus soziale Probler Änderung zuführen will«* (W. POPKES: Adressaten, S. 53).

66 *»Der Gemeinde wird der Vorwurf gemacht, daß sie sich nicht mit den Armen solidarisiert; si selber (mehrheitlich) nicht arm. Ihr Interesse weist in die umgekehrte Richtung: sie möchte an prestige der Wohlhabenden Anteil gewinnen«* (W. POPKES: Adressaten, S. 54).

67 Dass jene Reichen, die ihre Sicherheit im Besitz suchen und die Arbeiter um ihren Lohn (5,1–6), auch zur Gemeinde gehören, ist nach V. 6 schlecht vorstellbar. Es ist möglich, c hier Außenstehende in »prophetischer Art« indirekt anspricht (5,1) und ihnen das Gottes ankündigt. Rhetorische Anreden sind nicht unbedingt situative Anreden, aus man den Zustand einer Gemeinde erschließen könnte.

ı wird also sagen können, dass viele Gemeindeglieder *»unter wirtschaftlich günstigen Bedingungen«*[68] leben.

4. Abfassungsort und -zeit

bei der Frage nach den Empfängern des Jak stehen uns auch bei der Frage Abfassungsort und -zeit keine ausreichenden Informationen zur Verfügung.[69] önnen bestenfalls indirekt Schlüsse ziehen.

ler dem Jakobusbrief noch der übrigen neutestamentlichen Überlieferung n wir eine konkrete Angabe über den Ort entnehmen, an dem Jak geschrieben :. Als Brief eines Judenchristen an Judenchristen ist es jedoch wahrscheinlich, er Brief im Zentrum der judenchristlichen Gemeinde – in Jerusalem[70] – oder ndest auf palästinischem Hintergrund geschrieben wurde. Jakobus hat in lem gelebt.

Rundschreiben muss vor dem Märtyrertod des Jak im Jahre 62 n.Chr. rieben worden sein. Überlegungen zu literarischen Abhängigkeiten des Jak estimmten Paulusbriefen und zu der daraus folgenden späteren Datierung[71] n konstruiert und vage. Im Grunde sind sie auch unnötig und weisen in

OPKES: Adressaten, S. 62. Ob es die Mehrheit der Gemeindeglieder ist, wie W. POPKES meint, ı man den Texten nicht entnehmen. Überhaupt ist Zurückhaltung in den Fragen um die ausgesetzte Situation der Empfänger angebracht. Es besteht die Gefahr, in dieser Hinsicht r wissen zu wollen als man wissen kann. So erscheint es mir etwa überzogen zu sein, Jak 2,11 Hinweis auf ein »bürgerlich-anständiges« Christentum mit einer *»Mittelstandsmoral«* zu ehmen, *»das sich zwar sexual-ethisch vorbildlich verhält, sich jedoch seiner sozialen Verpflichen gegenüber den ärmeren Schichten nicht bewußt ist bzw. ihnen nicht nachkommt«* (ebd). Schon Begrifflichkeit zeigt, dass damit neuzeitliche Gesellschafts- und Gemeindeprobleme in Jak hineingetragen werden.

Jakobusbrief ist ein weisheitlich geprägter Text, der nicht genau zu datieren, zu lokalisieren und ı bekannten Autor zuzuweisen ist« (H. FRANKEMÖLLE: Komm, S. 45). *»... die klassischen itungsfragen nach Verfasser, Anlaß, Adressaten oder Datum lassen sich nicht leicht beantworten«* POPKES: Adressaten, S. 9). Vgl. dazu P. DAVIDS: Comm, S. 18f. Wäre ein Text – wie oft uptet wird – nur dann verständlich, wenn man seine Entstehungssituation, seinen urnglichen Adressaten und die Front seiner Auseinandersetzung genau kennt, so wäre Jak – uch andere Teile des Neuen Testaments (z.B. der Hebräerbrief) – nicht oder nur teilweise tändlich. Historische Fragestellungen haben – in einem genau zu begrenzenden Rahmen – Berechtigung in der Wahrnehmung vorhandener Quellen. Als (hermeneutischer) issel zu den biblischen Texten erweisen sie sich jedoch als wenig geeignet. Sie führen als ıe notwendig in einen undurchschaubaren Zirkel. Aus dem vorhandenen Text, der ja blich ohne genaue Kenntnis seines historischen Ursprungs nicht verständlich ist, müsste chst die »Ursprungssituation« hypothetisch erhoben werden, auf Grund deren der Text erst »verständlich interpretiert« werden könnte.

n der Tat der Herrenbruder Jakobus der Verfasser des Briefes, dann kommt als Abfassungsort nur ılem in Frage« (F. MUSSNER: Komm, S. 23). – *»Durch Jakobus ist die Stimme der Jerusalemer meinde immer noch unter uns lebendig«* (G. MAIER: Komm, S. 14).

oben, S. 26ff.

Bezug auf die Auslegung von Jak 2,14ff in die falsche Richtung. Jak enthält »*n*
geringste Anspielung an die Paulusbriefe oder gar eine Berufung auf sie«[72]. Die
sungszeit des Jak muss von daher nicht in nachpaulinische Zeit verlegt werd
ist sogar möglich, dass wir in Jak eines der frühesten Dokumente urchris
Literatur vor uns haben.[73]

Ein weiterer Hinweis auf eine frühe Abfassung des Jak liegt in der Tatsache
es schon bald nach dem Tode des Herrnbruders Jakobus kein orthodoxes J
christentum mehr gab, an das der Brief gerichtet gewesen sein könnte.[74]

Genauere Zeitangaben sind aufgrund der Quellenlage nicht möglich.[75]

5. Der Jakobusbrief – eine christliche Schrift?

Um es vorwegzunehmen: Der Jakobusbrief ist eine eindeutig **christliche S**
Warum muss das besonders hervorgehoben werden?

Zum einen ist am christlichen Charakter von Jak gegenüber denjenigen Ex
festzuhalten, die Jak in seinem Gehalt allein von vorchristlich-jüdischer
heitsliteratur oder von hellenistischer Popularphilosophie ableiten mö
Manche sehen in Jak eine ursprünglich rein jüdische Schrift, die später
spärlich – christlich überarbeitet worden sei.[76] Es finden sich – abgesehen vo
deutlichen Hinweisen in Jak 1,1; 2,1 – im Jakobusbrief Aussagen, die n
christlichem Ursprung verständlich sind.[77]

Aufgrund theologischer Abwertungen wurde die Christlichkeit des Jak hi

72 F. MUSSNER: Komm, S. 19.

73 Jak ist »*ein erstrangiges Dokument für die Lehre Jesu, nämlich das erste Zeugnis aus der Urchris* (J. HAAR: Komm, S. 24). Für eine **Frühdatierung** in die 40-er Jahre sind in neuerer Z CARSON; P. DAVIDS; D.J. MOO; L. MORRIS (Introduction, S. 414.), J.A.T. ROBINSON un Einschränkung – D. GUTHRIE (Introduction, S. 761–764) eingetreten. P. DAVIDS nimmt 49 n.Chr. an: »*The church was by that time more than fifteen years old, which is fully old enoug any of the problems described in James*« (James, S. XXII). G. KITTEL nimmt an, dass Jak »*in noch vor dem Apostelkonzil und unmittelbar vor der ersten Missionsreise, also etwa Mitte der Jahre, gehört*« (Der geschichtliche Ort, S. 71).

74 »*Grundsätzlich ist festzustellen, daß es nach dem Tode des Herrenbruders Jakobus, spätestens a dem Jahre 70, kein repräsentatives Judenchristentum innerhalb der orthodoxen Kirche und a Palästinas mehr gab, das man ernsthaft mit den ›zwölf Stämmen in der Diaspora‹, an die der brief gerichtet ist, identifizieren könnte*« (F. MUSSNER: Komm, S. 19). MUSSNER datiert etwa 60 n.Chr.

75 Wir finden bei Jak eine der stärksten Naherwartungen im NT (vgl. Jak 5,7f) und darin v einen zusätzlichen Hinweis auf seine frühe Abfassungszeit. Das gilt jedoch nur u Voraussetzung, dass wir eine Naherwartung lediglich für die Frühzeit des Christ annehmen. Diese These ist allerdings umstritten, so dass auf dieser Grundlage kein rungen vorgenommen werden können.

76 A. MEYER hat die Hypothese aufgestellt, Jak sei die Überarbeitung einer jüdischen schrift. Vgl. dagegen E. LOHSE: Entstehung, S. 128.

77 Vgl. W.G. KÜMMEL: Einleitung, S. 361.

wieder in Zweifel gezogen. Das nachhaltig wirkende Urteil LUTHERS, Jak sei eine »stroherne Epistel« und »treibe nicht Christus«[78], kann nicht länger fortgeschrieben werden.[79] Ein abwertendes Urteil über Jak entsteht in der Regel dann, wenn man Jak mit anderen Schriften des Neuen Testaments – insbesondere mit den Paulusbriefen – vergleicht, an ihnen misst und ihn von dort her beurteilt. Dieses Verfahren ist unsachgemäß. Damit kann man einer solchen Schrift nicht gerecht werden. In der Auslegung des Jak ist es notwendig, die Freiheit zurückzugewinnen, Jakobus sein eigenes Wort sagen zu lassen, es zu hören und es auch – gemäß Jak – zu tun.[80]

Der röm.-kath. Exeget F. MUSSNER hat überzeugend herausgearbeitet, dass Jak im »Geiste Jesu« geschrieben[81] ist und deshalb sehr wohl »Christus treibt«. Der ethisch-paränetische (ermahnende) Grundton des Jak widerspricht dem nicht. Auch die Lehre Jesu selbst enthält eine Fülle ethischer Anweisungen. »*Wer sich die ethischen Forderungen Jesu zu eigen macht, sie an die Kirche weitervermittelt und sie selbst in ihr laut erhebt, der ›lehret Christum‹.*« Und das hat Jak getan. »*Auf Jakobus hören heißt darum auf Jesus hören! Beiden geht es um die Verwirklichung des Wortes! So gehört gerade der Jak-Brief zu jenen Schriften im NT, die in ganz besonderer Weise Christum treiben und lehren.*«[82]

In der Tat ist der Jakobusbrief nicht nur eine christliche Schrift, sondern – vielleicht gerade für die heutige Zeit – ein wichtiger Zeuge des Neuen Testaments, dessen Stimme aus dem »Chor der Zeugen« nicht wegzudenken ist. K. BARTH hielt im Blick auf seine Zeit Jak für die vielleicht sogar »*allerchristlichste*« Schrift.[83]

78 Vgl. die Haltung LUTHERS im Abschnitt »Stellung im Kanon«, S. 44ff in diesem Kommentar.

79 Das negative Urteil über Jak wird bis in unser Jahrhundert fortgeschrieben. So schrieb A. JÜLICHER in seiner Einleitung, dass der Jak »*trotz seines kräftigen Ernstes wohl das am wenigsten christliche Buch des NT's ist, daher Luthern so unsympathisch: sollte das ein Dokument aus der Zeit des Urchristentums sein?*« (Einleitung, S. 194). Eine ähnliche Haltung nimmt prinzipiell M. DIBELIUS ein. Er meint, in der »*konventikelhaften Enge*« des Jak »*das unterchristliche Moment, das man an der Schrift des Jak bisweilen … empfindet*«, erkennen zu können (Komm, S. 49). Das Urteil der Exegeten wirkt hinein bis in die Predigtvorbereitungs-Literatur: »*Bekennen wir es freimütig: wir predigen nicht gerne über Jakobustexte. Nur zu gerne beziehen wir uns auf das vernichtende Urteil Luthers über diesen Brief. Zweifellos erreicht ›Jakobus‹ bei weitem nicht die gedankliche Tiefe des Theologen Paulus*« (A. SCHÖNHERR: Predigtmeditation zu Jak 1,2-12, S. 338). H. BRAUN hält es sogar für angebracht, den Prediger »*gegen den Text*« zu treiben (H. BRAUN: Monatsschrift für Pastoraltheologie, S. 209f). »*Wir werden den gesetzlichen Tenor dem Jakobusbrief nicht abnehmen und werden darin Jesus nicht finden wollen*« (H. BRAUN: GPM, S. 273). Und selbst ein relativ konservativer Ausleger wie G. VOIGT hält den Jak zwar nicht für unchristlich oder unterchristlich, aber doch für unevangelisch. In einer Predigtmeditation zu Jak 1,2-12 schreibt er: »*Zu den ›großen‹ Texten gehört dieser zweifellos nicht … wir müssen den Text erst evangelisch anleuchten, ehe auch er anfängt, ›Christum‹ zu treiben.*« Er schlägt daher vor, »*evangelischer* [zu] *predigen, als der Text es unmittelbar rechtfertigt*« (S. 321f).

80 Auch die lutherische Rechtfertigungslehre ist nicht davor gefeit, zu einem »toten Glauben« zu werden, demgegenüber Jak zu seinem Recht kommen möchte.

81 F. MUSSNER: Komm, S. 51.

82 F. MUSSNER: Komm, S. 52f.

83 »*Wenn das wirklich der Sinn des Jakobusbriefes wäre, ›die Welt aus der Kirche hinauszutreiben‹* –

Bis heute ist das Votum A. SCHLATTERS bedenkenswert, es sei ein ernsthafter Schaden, dass die evangelischen Kirchen den Jakobusbrief nur sehr oberflächlich zur Kenntnis genommen und beherzigt haben.[84] So wartet Jak aufs Ganze gesehen immer wieder – gelegentlich auch: immer noch – *»auf den Ausleger, der seiner kompromißlosen Einschärfung der Botschaft gewachsen ist und ihr nicht – die Spitze abbricht«*[85].

Die nicht nur äußerlichen, sondern auch inneren Beziehungen des Jak zum Ganzen der Heiligen Schrift werden an den vielen Querbezügen und **Parallelen** deutlich.

Parallelen finden sich zum übrigen Neuen Testament[86], vornehmlich zu Mt (insbesondere zur Bergpredigt[87]), zu Hebr, 1Petr[88] und 1Joh. Daneben lassen sich einige Verbindungslinien zu den ermahnenden Abschnitten der Paulusbriefe aufzeigen (Röm, 1+2Kor, Gal, Eph, Kol). Auffällig sind die vielen Anklänge an Jesusworte. Auch wenn Jak Jesus nur zweimal beim Namen nennt (1,1; 2,1[89]) und weder Kreuz noch Auferstehung erwähnt, erweisen die vielen Parallelen die Nähe des Jak zur Botschaft Jesu und zur übrigen frühchristlichen Verkündigung.

Die vielen Parallelen zur Tradition der Jesusworte – insbesondere zu der des Matthäus – zeigen, dass Jak diese Tradition kennt und eigenständig verarbeitet.[90] Eine literarische Abhängigkeit lässt sich nicht nachweisen[91]: ein Hinweis darauf,

wie Jülicher in der Einleitung in das NT formuliert hatte, könnte es nicht sein, daß er dann gerade darum zu Zeiten das allerchristlichste Buch, jedenfalls das allernotwendigste Buch des NT's wäre?« (K. BARTH: Almanach des Kaiser-Verlags München 1927, S. 8). Ähnlich äußerte sich K. BARTH in einem Brief an E. THURNEYSEN am 23.1.1923: *»Über den Jakobusbrief ... ist nicht viel zu berichten. Er ist eben doch ein ›Zeuge‹, der ›es‹ gemerkt hat«* (Briefwechsel Karl Barth – Eduard Thurneysen, 1914-1924, Siebenstern-TB 72, 1996, S. 111).

84 *»Was Jakobus sagt, steht weit über dem, was bisher befestigter und wirksamer Besitz unserer Kirchen, auch unserer evangelischen, geworden ist. Sie haben sich dadurch ernsthaft geschädigt, daß sie Jakobus nur ganz oberflächlich Gehör gewährten«* (A. SCHLATTER: Komm, S. 7).

85 G. EICHHOLZ: Herr tue meine Lippen auf, Bd. 4, S. 475.

86 Die Parallelen zu anderen frühchristlichen Schriften (Clemensbrief, Hirt des Hermas) können hier unberücksichtigt bleiben, weil sie eher von Jak abhängig sind.

87 Vgl. W. POPKES: Adressaten, S. 174.

88 Es ist möglich, dass 1Petr an Jak anknüpft.

89 Indirekt wird der Name Jesu Christi noch Jak 2,7 genannt.

90 Das Matthäusevangelium – nach dem Zeugnis der alten Kirche das älteste – hat *»in der alten Kirche die übrigen Evangelien an Bedeutung weit übertroffen«*, so E. LOHSE. Die Hochschätzung des Matthäus ist wohl begründet in der *»Zusammenfassung von Jesusworten zu katechismusartigen Stücken, die in der Bergpredigt des Matthäus ihren wirkungsvollsten Ausdruck gefunden hat«*. Die Verwendung von Jesusworten innerhalb paränetischer Zusammenhänge findet sich neben Mt und Jak auch in der Didache, was für LOHSE allerdings den Jak in die Situation der zweiten und dritten Generation verweist (E. LOHSE: Glaube und Werke, S. 11). Die Überlegungen LOHSES sind aber auch dann von Bedeutung, wenn wir davon ausgehen, dass Jak noch nicht das – später geschriebene – Matthäusevangelium kannte, wohl aber die Mt zugrundeliegende mündliche Tradition.

91 Vgl. E. LOHSE: Entstehung, S. 129.

dass die Worte Jesu vor allem mündlich – und das heißt lebendig – überliefert wurden.[92]

Daneben finden sich in Form und Inhalt Anklänge an alttestamentliche und frühjüdische Weisheitsliteratur (Hiob; Ps; Spr; Weish; Sir), an die Propheten (Jes; Jer; Hos) sowie – vor allem in Zitaten – an die fünf Bücher Mose.

Jak steht somit sowohl in der Tradition der Jesusüberlieferung als auch in der der früchristlichen Paränese (Ermahnung), in der Tradition der Weisheitsliteratur und der alttestamentlichen Gerichtspredigt (vgl. Jak 4,8 mit Hos 12,7 [LXX], Sach 1,3 und Mal 3,7).[93]

6. Stil und Rhetorik

Jak ist in einem guten griechischen Stil geschrieben. Das hat zu Überlegungen Anlass gegeben, der Brief könne nicht von einem aus Palästina stammenden Juden geschrieben worden sein. Doch lässt sich dies nicht beweisen, *»weil wir über die Sprachfähigkeit des Herrenbruders schlechthin nichts wissen.«*[94]

Daneben finden sich – neben den von gutem Griechisch geprägten Sprachformen – ein für semitisches Denken charakteristischer Satzbau sowie viele hebräische Sprachformen (sog. »Semitismen«)[95], deren Anzahl die der typisch griechischen Formen (»Gräzismen«) sogar noch übertrifft. Unter dem guten griechischen Sprachkleid zeigt sich immer wieder sein semitisch denkender Verfasser. Jak stellt also eine eigentümliche Mischung aus hebräischen Formulierungen und griechischer Sprachwelt dar.

Jak wird in seinem Stil als ein mit einem Autoritätsanspruch auftretender und auf Entscheidung und Tat drängender Mann erkennbar.[96] Er spricht nicht in langen theoretischen Ausführungen, sondern in großer Unmittelbarkeit mit einer Vorliebe für Bilder und Vergleiche. Gelegentlich wird seine Rede eindringlich und unge-

92 Die Tatsache, dass Jak offensichtlich Jesusworte in einer ursprünglichen Form zitiert (5,12), ohne sie jedoch als Zitate Jesu zu kennzeichnen, macht es nach P. DAVIDS wahrscheinlich, dass sich darüber hinaus an einigen Stellen (z. B. 3,18; 4,17) weitere Worte Jesu finden, die nicht in den Evangelien aufgezeichnet sind (James, XXXIII). T. C. PENNER, The Epistle of James and Eschatology, Sheffield 1996, zeigt, dass Jak »Herz und Seele« des Wirkens Jesu als reformatorischer Prophet innerhalb des Judentums repräsentiert.

93 *»Der Verfasser unseres Briefs zitiert die Schrift selten, aber er schöpft aus ihr, liebt insbesondere ihren Prophetenton«*; er ist *»der Jeremias des NT«* (H. V. SODEN: Komm, S. 164).

94 F. MUSSNER: Komm, S. 8. Zudem war die *»Kenntnis der griechischen Sprache ... schon seit der Zeit der syrischen Herrschaft in Palästina viel weiter verbreitet, als man früher angenommen hat«* (ebd).

95 Belege bei F. MUSSNER: Komm, S. 26–33.

96 Stil und Denkart des Jak sind geprägt von a) Imperativen und Scheltworten, b) direkter Anrede (»Brüder«; 2. Pers. Plur.), c) unverbundenen Worten und Satzteilen (Asyndeta), d) rhythmischer (skandierender) Sprache mit Endreim (Homoioteleuton) und Stabreim (Alliteration), e) Stichwortverknüpfungen (Kettenreihung), f) rhetorischen Fragen, g) Wortspielen und h) bildhaften Vergleichen (vgl. F. MUSSNER: Komm, S. 29–33).

stüm. In seinem Stil zeigt sich: Er ist weniger der bedächtige Lehrer als vielmehr der engagierte und herausfordernde Prediger. Das bedeutet nicht, dass ein innerer Zusammenhang fehlt; er würde allerdings beim Hören deutlicher hervortreten als beim Lesen. A. SCHLATTER sagt dazu: *»Der Stil, der die Kunst des Jakobus formt, ist der des Psalms und der Spruchdichtung, der die einander entsprechenden Sätze gleich lang macht.«*[97] Jak muss auf Grund seiner Sprachgestalt eher wie eine Dichtung als wie eine Lehrschrift gelesen werden.

7. Innere Ordnung und Einheitlichkeit

DIBELIUS ordnet den Großteil des Jak der Gattung der »Paränese«[98] zu. Da sein Kommentar auf weite Strecken die Untersuchungen zu Jak in diesem Jahrhundert geprägt hat, seien im Folgenden die vier Merkmale genannt, durch die seiner Auffassung nach die Gattung der Paränese gekennzeichnet ist:

1. Eklektizismus. Jak habe vorhandene ethische Tradition aufgenommen, sie jedoch nicht von Grund auf neugestaltet. Er habe lediglich Ermahnungen aus Jahrhunderten ausgewählt, sie *»christlich umgestaltet«* und *»unter den Christen … populär gemacht«*. Der Anteil des Verfassers an der Gedankenbildung dürfe daher nicht überschätzt werden.[99]

2. Fehlen des Zusammenhangs. Trotz der drei abhandlungsartigen Ausführungen im Mittelteil (2,1–3,12) bestehe Jak im wesentlichen aus einzelnen Sprüchen und Spruchgruppen, die durch Stichwortverknüpfungen nur locker aneinander gereiht sind. Im Grunde gebe es nur ein einheitliches Merkmal des Jak: *»es fehlt in dem ganzen Schriftstück der gedankliche Zusammenhang«*[100].

3. Wiederholung des gleichen Motivs an verschiedenen Stellen. *»Was verbunden überliefert war, wurde in dieser Verbindung belassen; so konnten verwandte Gedanken nicht immer zusammengefügt werden.«*[101] Es würden keine zusammenhängenden Gedanken entwickelt, sondern Traditionsstücke aneinandergereiht. Das Ergebnis sei eine

97 A. SCHLATTER: Komm, S. 84f. Der Brief *»besteht aus Spruchreihen, die rhythmisch geformt sind, wobei die Zeilen bald mehr, bald weniger Silben haben«*. SCHLATTER gestaltete den griechischen Text in seinem Kommentar so, dass der rhythmische Stil deutlich hervortritt. P. LE SEUR macht – im Anschluss an A. SCHLATTER - im Anhang seines Kommentars den Versuch einer rhythmischen Übertragung des Jakobusbriefes in die deutsche Sprache (Komm, S. 100–107). In neuerer Zeit hat H. FRANKEMÖLLE in seinem Kommentar diese – schon ältere – Tradition aufgenommen und den Text in Sentenzen und Stichen drucken lassen, um die Ähnlichkeit des Jak mit weisheitlicher Literatur hervorzuheben.

98 S. zum Folgenden M. DIBELIUS: Komm, S. 6–10.

99 Damit wird für M. DIBELIUS die Verfasserfrage unbedeutend. Der Schreiber des Jak habe *»auf Originalität der Gedanken … keinen Anspruch«* erhoben (M. DIBELIUS: Komm, S. 6). Der Inhalt einer paränetischen Schrift sei verständlich, auch wenn man die Situation des Absenders und der Adressaten nicht kenne, was für eine Paränese ja gerade typisch sei.

100 M. DIBELIUS: Komm, S. 2.

101 M. DIBELIUS: Komm, S. 9.

gewisse Planlosigkeit und das Fehlen einer systematischen Ordnung. Es sei deshalb falsch, nach einem zusammenhängenden Faden zwischen den einzelnen Stücken zu suchen.

4. Fehlen eines Situationsbezugs. Eine Paränese wolle zeitlose und allgemein gültige Wahrheiten weitergeben und nicht ein klärendes Wort in eine konkrete Situation hinein sagen.[102] Es sei deshalb verfehlt, hinter den Beispielen und Ausführungen des Jak einen bestimmten Situationsbezug entdecken zu wollen.

Das Material, das M. DIBELIUS zur Stützung seiner Thesen in seinem Kommentar anführt, ist von enormem Umfang. Dennoch befriedigt seine Gattungsbestimmung nicht. Man kann wohl sagen: Jak *enthält* Paränese (Ermahnung), aber er *ist* nicht Paränese. Er geht in dieser Form nicht auf. Die Bezeichnung »Paränese« ist überdies zu ungenau und lässt mehr Fragen offen als mit Hilfe dieser Bestimmung gelöst werden können.[103]

Im Einzelnen ist zu seinen Argumenten Folgendes zu sagen:

Zu 1. Bei M. DIBELIUS ist – dem Forschungsschwerpunkt seiner Zeit entsprechend – eine starke Fixierung auf jüdisch-apokalytische und hellenistische Traditionen festzustellen. Die innerbiblischen Bezüge kommen demgegenüber zu kurz. Natürlich lassen sich manche Parallelen zu außerbiblischer Literatur feststellen. Aber das gilt nicht nur für den Jakobusbrief, sondern für weite Teile ethischer Anschauungen im Neuen Testament. Das Neue an christlicher Ethik und Ermahnung besteht oft nicht in ihrem Inhalt, sondern in der Begründung in Jesus Christus, im neuen Gehorsam gegenüber Gott und in der Ausrichtung auf den kommenden Richter.[104]

Zu 2. »*Prinzipiell sollte man ... von der Kohärenz eines Textes ausgehen. Das ist auch beim Jakobusbrief nötig und möglich. Der Jakobusbrief ist ... ein Sinnganzes.*«[105] Es ist

102 Von daher sei es erklärlich, »*daß seine Mahnungen nicht alle das gleiche Publikum und dieselben Verhältnisse angehen*«; sie »*fallen aus dem Rahmen einer bestimmten Situation heraus*« (ebd).

103 »*Die Gattungsbestimmung des Jakobusbriefes kann noch nicht als abgeschlossen gelten*« (W. POPKES: Adressaten, S. 49). POPKES versucht in seiner Arbeit den Charakter des Jak als sittliche Unterweisung für Neubekehrte (Neophyten-Unterweisung) deutlich zu machen. K. KÜRZDÖRFER schreibt: »›*Paränese*‹ *als Gattungsbezeichnung des Jak befriedigt schon deshalb so wenig, weil der Terminus ... in der gesamten neutestamentlichen und urchristlichen Literatur nicht ein einziges Mal vorkommt ... Außerdem ist der Terminus Paränese so vieldeutig, daß man ihn in Zukunft wegen seiner begrifflichen Unschärfe vorübergehend vermeiden sollte*« (Charakter des Jakobusbriefes, S. 121). Und K. BERGER fasst in seiner »Formgeschichte des Neuen Testaments« die Diskussion dieser Frage mit den Worten zusammen: »*Von Dibelius' These bleibt daher nicht viel übrig*« (S. 147).

104 Das aber ist mehr als bloße »Verchristlichung« außerchristlicher Ethik. Es ist ja keine nebensächliche Frage, worin eine Ethik gründet und woher damit die Kraft kommt, nach bestimmten ethischen Maßstäben zu leben, die ihrem Inhalt nach auch Nichtchristen bekannt sein mögen.

105 W. POPKES: Adressaten, S. 189. Etwas vorsichtiger urteilt E. RUCKSTUHL: »*Zweifellos fehlt unserer Schrift ein durchgehender und fortschreitender Aufbau. Eine genauere Prüfung zeigt allerdings, daß ihr Zusammenhang und ihre Einheit größer sind, als es dem oberflächlichen Leser scheinen mag*« (Komm, S. 5).

davon auszugehen, dass der Brief von seinen Lesern als Einheit aufgenommen und verstanden worden ist.[106]

Der Zusammenhang der einzelnen Stücke des Jak ist kein systematisch-theologischer. Es handelt sich nicht um einen geschlossenen »ethischen Entwurf«. Das ist aber bei großen Teilen der Ermahnungen in den Paulusbriefen nicht anders. Es liegt natürlich im Wesen eines ermahnenden Schreibens, dass unterschiedliche Mahnungen aufeinander folgen und die Reihenfolge dabei lockerer ist als bei einer durchgehenden Entfaltung einer Lehre. Aber das muss nicht bedeuten, dass sie eines inneren Zusammenhangs entbehren. Die ethischen Weisungen werden bei Jak in Verbindung mit nicht ethisch orientierten Passagen auf einer einheitlichen Grundlage gegeben. Sie stützen und bedingen sich gegenseitig.

Ist überhaupt eine Schrift ohne ein Strukturbild und ohne eine – wie auch immer – zusammenhängende Gedankenführung denkbar? Bei der Auslegung eines Textes muss von der vorgegebenen Struktur ausgegangen werden. Die auffallenden Stichwortverknüpfungen sind mehr als nur formale – inhaltlich unbedeutende – Überleitungen, die nach DIBELIUS bestenfalls dem Memorieren dienen.[107] Sie sind der Schlüssel dafür, wie die einzelnen Stücke in ihrem inneren Zusammenhang verstanden werden wollen. Die im Zuge der traditions- und formgeschichtlichen Fragestellung nahezu ignorierten Überleitungen und Anknüpfungen stellen etwa aus dem Blickwinkel linguistischer Methoden eine bewusste Lenkung des Lesers dar, die es ernst zu nehmen gilt, wenn man den gegebenen Text verstehen möchte.

Zu 3. Statt eines linearen systematischen Aufbaus finden sich bei Jak kreisende Denkbewegungen. Häufig finden sich Querbezüge und Verschachtelungen (Inklusionen): Die Themen greifen und »spielen« ineinander. Ein Gedanke wird nicht systematisch entfaltet; er taucht in verschiedenen Zusammenhängen und Gedankenkreisen auf.[108]

Zu 4. Der Jakobusbrief greift offenkundig konkrete Situationen auf, die in verschiedenen Gemeinden aktuell sind. Allerdings wird aus seinen Ausführungen der spezifische Hintergrund – wie auch bei anderen Briefen – nicht immer genügend transparent. Das liegt zum einen daran, dass Jak an mehrere Gemeinden gleichzeitig schreibt. Seine Worte müssen in verschiedene Situation hineinragen. Zum andern liegt es in der Tat in der Absicht des Jak, Anweisungen und Ermahnungen von einer gewissen Allgemeingültigkeit zu geben, die zwar immer wieder konkret werden, aber mit der Veränderung der konkreten Situation nicht hinfällig werden. Auch hierin ist Jak nicht weit von den übrigen Schriften des Neuen Testaments entfernt.[109]

106 *»Durch die Koppelung paränetischer Topoi wird der Text für die Empfänger als Einheit hergestellt. Er setzt darin Zeichen, die in der Lebenswelt der Leser nicht als zusammenhanglos, sondern als einander zugeordnet begriffen werden«* (H. PAULSEN: Jakobusbrief, S. 489).

107 M. DIBELIUS: Komm, S. 8.

108 Vgl. zu Gedankengang und Denkform im Abschnitt »Der besondere Charakter des Jakobusbriefes«, S. 17 in diesem Kommentar.

109 Erst im Zuge der sog. Situationsethik des 20. Jh. wird ein Gegensatz zwischen Konkretheit der Situation und Allgemeingültigkeit von Weisungen und Geboten empfunden. Konkrete

W. POPKES nennt die Art der Analyse, die DIBELIUS betreibt, eine *»atomisierende und zeitlose Auslegung«* und kritisiert an ihm und der ihm folgenden Forschungsrichtung vor allem das auffällige *»Kontextverbot«*.[110]

Das von vielen Forschern nahezu übereinstimmend geäußerte Urteil über Jak ist durch den Kommentar von M. DIBELIUS nachhaltig geprägt worden. In der Folge dieser Einschätzung hat es bis hinein in die Literatur zur Predigtvorbereitung zu einer regelrechten Verlegenheit geführt, wenn es darum ging, Jakobustexte in ihrem Zusammenhang auszulegen. Der Prediger wird nach ihrer Lektüre im Grunde mit dem Text allein gelassen und ist kaum in der Lage, aus dem Trümmerfeld, das die exegetische Arbeit zurückgelassen hat, einen zusammenhängenden Gedanken für die Predigt zu fassen.[111]

Mit der formgeschichtlichen Einordnung des Jak als Paränese sind bei M. DIBELIUS außerdem inhaltliche (Ab-)Wertungen verbunden. So sagt er z.B., Jak habe keine Theologie.[112] Muss diese Wertung aber nicht angesichts der deutlichen und in

Weisungen im Neuen Testament gelten von diesem Ansatzpunkt her als zeitbedingt und überholt, wogegen allgemeine Weisungen als unkonkret empfunden werden.

110 W. POPKES: Adressaten, S. 11.

111 Ein Beispiel aus dem Jahre 1954: Göttinger Predigtmeditation von H. BRAUN zu Jak 1,2–12. BRAUN beginnt seine Betrachtung mit den Worten: *»Das im engeren Sinne Exegetische des Textes ist klar und durchsichtig. Voraussetzung der rechten Exegese ist die entschlossene Erkenntnis, daß wir es im Jak. mit einzelnen Gedankenkomplexen zu tun haben, die untereinander gar nicht (wie hier V. 9–11 zu V. 5–8) oder nur äußerlich (... V. 2–4 und 5–8) verbunden sind. Man darf also die drei Gedankengänge unseres Abschnittes ... nicht miteinander verknüpfen (was logisch unschwer durchführbar wäre), wenn man den T e x t wiedergeben will; d. h., im Sinne des Textes hebt das Beten V. 5–8 nicht ab auf die Anfechtung V. 2–4, der Niedrige V. 10 ist nicht der Versuchte V. 12. Die drei Komplexe wollen jeder für sich genommen werden«* (S. 207). BRAUNS Analyse bedeutet für die Predigtpraxis, dass der Prediger mit unzusammenhängenden Textfetzen allein gelassen wird – abgesehen davon, dass der Text *das* gerade *nicht* nahelegt, was BRAUN so »klar und durchsichtig« meint, in ihm erkennen zu können. Ähnlich argumentieren in späteren Jahrgängen der Göttinger Predigtmeditationen H. TRAUB (1958): *»Der Text enthält vier Einzelsprüche ... Ein innerer sachlicher Zusammenhang scheint zwischen ihnen ganz zu fehlen. Es ist deshalb eigentlich unmöglich, wenn man den Text nicht vergewaltigen will, einen Gesamtnenner zu finden.«* (Predigtmeditation zu Jak 1,2-12, S. 63.) und A. SCHÖNHERR (1976): *»Der ›Jakobusbrief‹ ist ein kaum verbundenes Nebeneinander von Spruchreihen«* (Predigtmeditation zu Jak 1,2-12, S. 338). G. MÜNDERLEIN schreibt in den Calwer Predigthilfen (1969): *»Wie öfters in Jak werden Mahnungen verschiedenen Inhalts relativ unverbunden aneinander gereiht«* (Predigtmeditation zu Jak 1,2-12, S. 327). Und G. VOIGT resümiert: *»Kein planvoller Gedankenaufbau, vielmehr lose Aneinanderreihung von Sprüchen, vielfach durch Stichwort-Assoziationen geleitet ... Es wird uns schwer werden, einen roten Faden durch den ganzen Text zu finden«* (Predigtmeditation zu Jak 1,2-12, S. 320f).

12 M. DIBELIUS: Komm, S. 19. *»Man wird gut tun, den Anteil des Verfassers an der Gedankenbildung nicht zu überschätzen«* (Komm, S. 6). Jak ist eine *»Paränese, die doch keinen Raum für die Entfaltung und Durchführung religiöser Ideen bietet«* (Komm, S. 19). Schon H. V. SODEN hatte 1891 behauptet: *»Der Brief verfolgt keinerlei dogmatische Interessen, beschäftigt sich überhaupt nicht mit dem religiösen Wesen des Christentums; er will nur Mißstände in dem nach außen gehenden Verhalten der Christen bekämpfen«* (Komm, S. 162f). Bis in unsere Zeit hat sich diese Einschätzung in Bezug auf das »theologische Defizit« des Jak erhalten: W. SCHRAGE bedauert an der ethischen Orientierung

sich einheitlichen Lehraussagen des Jak korrigiert werden? Jak lehrt, dass aus dem Hören das Tun folgt und dass ein Glaube ohne Werke tot ist. Die Bedeutung der Werke erhält eine zusätzliche Dringlichkeit im Blick auf das baldige Kommen des Herrn und auf das bevorstehende Gericht nach den Werken. Gleichzeitig erwächst aus der Ausrichtung auf das Kommen Jesu die Geduld in den Versuchungen und Bedrängnissen.

Deshalb hebt J. SEIM im Anschluss an G. EICHHOLZ zu Recht hervor, *»daß die Ethik, die Rechtfertigungslehre und die Eschatologie des Jakobusbriefes aus einem Guß sind, sofern ihr gemeinsames Kriterium die Bewährung des Glaubens (1,3) ist«*[113].

8. Stellung im Kanon

Die Stellung des Jakobusbriefs im Kanon war seit jeher umstritten. EUSEBIUS zählt ihn zu den sog. »Antilegomena«[114]: *»Von Jakobus soll der erste der sogenannten Katholischen Briefe verfaßt sein. Doch ist zu bemerken, daß er für unecht gehalten wird.*

des Briefes, dass *»von einer Begründung und Motivierung dieser Ethik... im Brief nur wenig die Rede ist und von einer spezifisch christlichen bzw. christologischen Begründung erst recht kaum die Rede sein kann«* (Komm, S. 6). Gegenüber M. DIBELIUS macht J. HAAR geltend, *»daß der Apostel zwar nicht auf religiöse Ideen, sondern auf das Kerygma Jesu zurückgreift«* (Komm, S. 28). M. DIBELIUS bemängelt nicht nur das Fehlen einer zusammenhängenden Theologie. Er bemängelt auch inhaltlich die theologischen bzw. ethischen Aussagen des Jak. In ihm finde sich eine *»Konventikel-Ethik«*, der es an *»Motiven zu einer gründlichen sittlichen Weltbearbeitung«* fehle und die statt dessen nur eine *»Hoffnung auf das Ende«* kenne. Ihre *»Weltfeindschafts-Stimmung«* sei die Quelle einer *»passiven Frömmigkeit«*, die sich in ihrer *»konventikelhaften Selbstbeschränkung ... nicht zu ihrem Vorteil von der inneren Freiheit* [unterscheidet], *mit der Jesus Buße wie Vergebung gepredigt hat, und von dem Missionseifer des Paulus ...«* (Komm, S. 48). *»In dieser konventikelhaften Enge«* – so DIBELIUS - *»liegt das unterchristliche Moment, das man an der Schrift des Jak bisweilen ... empfindet«*. Im Jak finde sich konzentriert, was F. NIETZSCHE am Christentum insgesamt zu bemängeln hatte: das Ressentiment der Massen, der Aufstand der Schlechtweggekommenen, der Sklavenaufstand der Moral, die Botschaft für die kleinen Leute usw. *»Alle diese Urteile Nietzsches über das Christentum sind für das Ethos des Jak bezeichnender als für die christliche Frömmigkeit überhaupt, aber sie gelten auch für Jak mit umgekehrter Wertbetonung«* (Komm, S. 49f).

113 J. SEIM: Med. zu Jak 5,7–11, S. 231. Es ist eine *»theologische Kontur«* des Jakobusbriefs erkennbar, auch wenn *»der Autor eine ausgearbeitete Lehre zu den genannten Punkten nicht vorträgt und auch deren inneren Zusammenhang nicht theoretisch erörtert«*; er hat jedoch *»eine feste Vorstellung von der Ausprägung der Botschaft ... » die er in seiner Situation zu sagen hat«* (ebd). Ähnlich vertritt W. BIEDER die Auffassung, *»daß wir es in den fünf Kapiteln des uns vorliegenden Schriftstückes mit einem einheitlichen Zeugnis zu tun haben, das eine geheime Offenbarung im denkerischen Haushalt des Zeugen zu offenbaren imstande ist. Die exegetische Arbeit am Jakobusbrief besteht wesentlich darin, diese in sich geordnete Einheitlichkeit aufzudecken«* (Christliche Existenz, S. 96f).

114 »Antilegomena« sind Schriften, denen »widersprochen« wurde. Damit ist jedoch kein inhaltlicher Widerspruch, keine Kritik an den Schriften gemeint. Es handelt sich um Schriften, über die man sich in der Alten Kirche nicht einig war, ob sie von Aposteln verfasst sind und von daher uneingeschränkte Autorität haben.

Denn nicht viele von den Alten haben ihn und den sogenannten Judasbrief erwähnt, der ebenfalls zu den Katholischen Briefen gehört. Doch ist uns bekannt, daß auch diese beiden Briefe wie die übrigen in den meisten Kirchen öffentlich verlesen worden sind.«[115]

Damit benennt EUSEBIUS den spannungsvollen Umstand, der in der Folge lange Zeit dazu geführt hat, damit zurückhaltend zu sein, den Jakobusbrief in den neutestamentlichen Kanon der für die Christenheit verbindlichen Heiligen Schriften aufzunehmen: a) einige der älteren kirchlichen Autoritäten nennen ihn nicht; b) er wird in den meisten Kirchen öffentlich verlesen.

MARCION (145 n.Chr.) hatte nur zehn Paulusbriefe und ein von jüdischen Einflüssen »gereinigtes« Lukasevangelium anerkannt. Er wurde als Irrlehrer verdammt. Die Kirchenväter TERTULLIAN, CYPRIAN, IRENÄUS, HIPPOLYT und CLEMENS VON ALEXANDRIEN nennen Ende des 2. Jahrhunderts den Jakobusbrief in ihren Aufzählungen der für die christlichen Gemeinden verbindlichen Heiligen Schriften nicht. Auch im KANON MURATORI – einem Verzeichnis der in der katholischen (= gesamten) Kirche angenommenen und öffentlich zu lesenden Schriften – fehlen 1Petr, Hebr, 3Joh und Jak.[116]

Erst nach 200 Jahren wird Jak in Palästina und Ägypten sicher erwähnt, und erst im 4. Jahrhundert findet der Prozess der Kanonbildung – zunächst für die Ostkirche – durch die Entscheidung der Synode von Laodicea (360) und durch den berühmten 39. Osterbrief des ATHANASIUS (367 n.Chr.) seinen Abschluss. In diesem Brief werden alle 27 Bücher des Neuen Testaments, die wir heute kennen, als kanonische Schriften aufgeführt. Es darf nicht übersehen werden, dass dem Jak in der frühen Ostkirche besondere Bedeutung zuerkannt wurde. Das schlägt sich bereits in der Reihenfolge der Textanordnung nieder. In der syrischen Bibelübersetzung steht Jak unmittelbar hinter den Evangelien und der Apg, noch vor den Paulusbriefen.[117] Durch die Vermittlung von HILARIUS, HIERONYMUS und AUGUSTIN wird die in der Ostkirche vollzogene Festlegung des Kanons auf den Synoden von Rom (382) und Karthago (397) auch für den Westen verbindlich bestätigt.[118]

115 EUSEBIUS: Kirchengeschichte, II,23,24f. EUSEBIUS bestreitet an dieser Stelle nicht die Echtheit des Jak – wie immer wieder behauptet wird (z.B. E. FASCHER: Katholische Briefe, Sp. 1198) – sondern er stellt fest, dass Jak und Jud für unecht gehalten werden. Er merkt jedoch ebenso an, dass beide öffentlich verlesen wurden, d.h. apostolische Autorität hatten; »*... aus seinen Worten geht deutlich hervor, daß er und seine Gemeinden keine Bedenken haben, sondern mit dieser Klassifizierung vor allem der Meinung anderer Rechnung getragen werden soll*« (M. DIBELIUS: Komm, S. 52).

116 Vgl. dazu und zum Folgenden W. G. KÜMMEL: Einleitung, S. 357.

117 Die Textgruppe des sog. »westlichen Textes« enthält Jak nicht. Später rückte Jak – zusammen mit 1+2Petr, 1–3Joh und Jud – in der Westkirche an den Schluss des Kanons (s. dazu H. V. SODEN: Komm, S. 159). Im einzelnen ist jedoch die »*Textgeschichte des Briefes ... kaum mehr völlig aufzuhellen*« (F. MUSSNER: Komm, S. 55).

118 Die Tatsache der erst relativ spät erfolgten Aufnahme des Jak in den Kanon erklärt L. GOPPELT im Anschluss an G. KITTEL mit dem besonderen Inhalt des Jak. Seine Paränese war – etwa im Gegensatz zu dem temperierten christlichen Ethos der Apostolischen Väter – »*so einseitig und rigoros, daß sie seit Beginn des 2. Jh. gemeinhin nicht mehr als gottesdienstliche Lesung wiederholt*

Der Kanon ist – das darf nicht vergessen werden – nie durch Entscheidungen von Synoden o.ä. verbindlich festgelegt worden. Man hat dort jeweils nur die faktische Geltung nachvollzogen. Der Kanon hat sich – wie K. BARTH formuliert hat – »selber imponiert« (d.h. eingesetzt). Das spricht nicht etwa gegen die Autorität des biblischen Kanons, wie er heute vorliegt, sondern gerade für sie. Der Kanon ist kein Produkt kirchlicher und theologischer Urteilsbildung, sondern das Werk des Heiligen Geistes in der Kirchengeschichte. Die Kirche hat in ihren Entscheidungen den gewachsenen Kanon lediglich bestätigt.[119]

Im 16. Jahrhundert ist die Stellung des Jak im neutestamentlichen Kanon neu diskutiert und in Frage gestellt worden. Nach ersten Einwänden durch ERASMUS und CAJETAN ist das Urteil von **LUTHER** von weitreichender Bedeutung gewesen. Zu Beginn seiner Lehrtätigkeit konnte LUTHER im Anschluss an AUGUSTINUS noch keinen Gegensatz zwischen Jak und Paulus erblicken.[120] Erst im Zuge seiner reformatorischen Erkenntnis und vor allem aufgrund der Polemik seiner röm.-kath. Gegner, die Jak für ihre Position gegen Luther in Anspruch zu nehmen suchten[121], kam er zu einer immer schärfer werdenden theologischen Kritik am Jakobusbrief.[122] In der allgemeinen Vorrede zur sog. Septemberbibel (1522) – seiner Übersetzung des Neuen Testaments ins Deut-

werden konnte. Schriften aber, die nicht regelmäßig gelesen wurden, erlangten keine kanonische Geltung« (Theologie, S. 532).

119 *»Im kirchlichen Entscheidungsprozeß kommt also die Überzeugung zum Ausdruck, daß uns in diesem Ensemble von Schriften die Offenbarung begegnet. Der Kanon ist kein Produkt der Kirche, sondern ein Produkt desselben göttlichen Geistes, der die einzelnen Schriften hervorgebracht hat«* (G. MAIER: Biblische Hermeneutik, S. 134).

120 In seiner Römerbriefvorlesung von 1515/16 erklärt LUTHER mehrfach Textstellen mit Zitaten aus dem Jakobusbrief. In Übereinstimmung mit AUGUSTINUS hat er das *Verhältnis von Paulus und Jakobus* folgendermaßen beschrieben: *»Wenn also Jakobus und der Apostel sagen, der Mensch werde aus den Werken gerechtfertigt, dann streiten sie wider das falsche Verständnis derer, die meinten, es genüge ein Glauben ohne Werke, obschon der Apostel nicht sagt, daß der Glaube ohne die ihm eigenen Werke ist (denn dann wär's kein Glaube mehr, da ›die Tätigkeit beweist, dass eine Form vorhanden ist‹, wie die Philosophen sagen), sondern daß er ohne des Gesetzes Werke rechtfertigt. Die Rechtfertigung erfordert also nicht die Werke des Gesetzes, sondern den lebendigen Glauben, der seine Werke wirkt. Wenn aber der Glaube mit seinen Werken, doch ohne des Gesetzes Werke rechtfertigt …«* (Römerbriefvorlesung, S. 213; zit. bei H. FRANKEMÖLLE: Komm, S. 113). LUTHER unterscheidet bezüglich der Werke zwischen den *opera legis* (den Werken des Gesetzes), die Paulus im Hinblick auf die Rechtfertigung verwirft und den *opera fidei* (den Werken des Glaubens), die Jak im Hinblick auf den lebendigen Glauben fordert.

121 Der Hintergrund für LUTHERS negative Wertung des Jak ist die Art und Weise, wie seine Gegner den Jakobusbrief interpretierten (JOHANNES ECK in der Leipziger Disputation im Sommer 1519 als Vertreter des Papstes und LUTHERS Doktorvater KARLSTADT). LUTHERS Theologie war *»eine durch und durch situative Theologie … «* (H. FRANKEMÖLLE: Komm, S. 107f mit Hinweis auf G. KAWERAU [Schicksale] und F. SCHMIDT-CLAUSING [Die unterschiedliche Stellung]).

122 *»Martin Luther hat an den Jakobusbrief den Maßstab der Rechtfertigung durch den Glauben angelegt«* (G. HÖRSTER: Einleitung, S. 166).

sche – bezeichnete er Jak als eine »stroherne Epistel«, die nichts enthalte, was dem Evangelium gemäß ist.[123]

In der speziellen Vorrede zu den Briefen des Jak und Jud sagt er zwar, dass er die Epistel Sanct Jacobi – obwohl sie von den Alten verworfen wurde – doch für gut erachte, weil sie nicht Menschenlehre enthält, sondern Gottes Gesetz eindrücklich vor Augen stellt, setzt aber sogleich – als seine persönliche Meinung, durch die er niemand binden möchte – hinzu: Ich meine, dass sie nicht die Schrift eines Apostels ist.[124] Seine Gründe[125]:

1. Sie widerspreche Paulus und allen anderen Schriften, indem sie die Rechtfertigung an die Werke knüpfe. Sie möchte mit 1Mo 15 – gegen den Sinn dieser Textstelle, den Paulus in Röm 4 richtig gedeutet hat – beweisen, dass die Rechtfertigung aus den Werken komme. Dieser Mangel lasse sich nicht mit einer apostolischen Verfasserschaft verbinden.

2. Sie will eine Lehrschrift für Christen sein und redet nicht an einer einzigen Stelle vom Leiden und der Auferstehung Christi, erwähnt auch nicht den Heiligen Geist. Das Amt eines Apostels wäre es aber, den Grund für den Glauben zu legen. Das Kennzeichen aller heiligen Bücher ist es, dass sie »Christum predigen und treiben«. Jak tue das nicht; deshalb sei er nicht apostolisch.[126]

3. Stattdessen treibe Jak zum Gesetz und seinen Werken.

4. Die Epistel habe keine innere Ordnung (sie »wirfft so vnordig eyns yns ander«), so dass er glaubt, sie sei von irgendeinem frommen Mann geschrieben, der vielleicht einige Sprüche der Apostel gesammelt und aufgeschrieben hat. Einiges habe er offenbar nicht richtig verstanden. So bezeichnet er das Gesetz als »Gesetz der Freiheit« (1,25; 2,12), wo doch Paulus das Gesetz ein »Gesetz der Knechtschaft« (Gal 4,24f; 5,1) nennt.

5. Der Schreiber des Jak wollte denen, die sich auf den Glauben ohne Werke verlassen, wehren, sei aber der Sache mit seinem Geist, seinem Verstand und den

123 Im Vergleich mit dem Johannesevangelium, den Paulusbriefen (Röm, Gal, Eph) und dem 1Petr urteilt LUTHER über Jak: *»Darumb ist sanct Jacobs Epistel eyn rechte stroern Epistel gegen sie, denn sie doch keyn Euangelisch art an yhr hat«* (WA, DB, 6,10). J. G. HERDER bemerkte einmal dazu: *»Wenn der Brief strohern ist, so ist in dem Stroh viel starke, feste, nahrhafte, nur unausgelegte unausgetretene Frucht«* (Briefe zweener Brüder Jesu in unserm Kanon, WW VII, 500 A, 2 Suphan; zit. nach M. DIBELIUS: Komm, S. 1).

124 *»Die Epistel Sanct Jacobi, wie woll sie von den allten verworffen ist, lobe ich vnd halt sie doch für gutt, darumb, das sie gar keyn menschen lere setzt vnd Gottis gesetz hart treybt. Aber das ich meyn meynung drauff stelle, doch on ydermanns nachteyl, acht ich sie fur keyns Apostel schrifft, vnnd ist das meyn ursach«* (WA, DB, 7,384).

125 Vgl. zum Folgenden WA, DB, 7,384f.

126 *»Was Christum nicht leret, das ist nicht Apostolisch, wens gleich Petrus odder Paulus leret, Widerumb, was Christum predigt, das ist Apostolisch, wens gleych Judas, Annas, Pilatus vnd Herodes thett«* (WA, DB, 385). – Es fällt auf, dass für LUTHER an dieser Stelle »apostolisch« nicht – wie sonst üblich – dasselbe bedeutet wie »von einem Apostel stammend«. Er gebraucht das Wort »apostolisch« im Sinne eines inhaltlichen Urteils, das er nach dem Kriterium dessen fällt, »was Christum treibet«.

Worten nicht gewachsen gewesen und habe so die Schrift auseinander gerissen, widerstehe damit dem Paulus und aller Schrift und versuche mit dem Gesetz das auszurichten, was die Apostel mit Reizen zur Liebe ausrichten.

Sein Resumée: »Darum will ich ihn in meiner Bibel nicht unter die rechten Hauptbücher zählen.«[127] Das hat seine praktischen Auswirkungen: Luther setzt die von ihm geschätzten Briefe des Petrus und des Johannes vor den Hebräerbrief. Dadurch rücken die Briefe des Jakobus und des Judas an das Ende des Neuen Testaments, direkt vor die Offenbarung. In seiner Anordnung der neutestamentlichen Schriften hat somit das Urteil Luthers bis in die deutschen Lutherbibeln hinein Gestalt angenommen.

Für das scharfe – und mit der Zeit immer schärfer werdende – Urteil LUTHERS über Jak war die Auseinandersetzung mit den röm.-kath. Gegnern ausschlaggebend, die sich ihrerseits auf Jak beriefen und dessen Betonung der Werke als Argument gegen die lutherische Rechtfertigungslehre verwandten.[128]

127 Es ist zu beachten, dass für LUTHER die *Grenzen des neutestamentlichen Kanons* nicht fest abgesteckt waren. Der Umfang des durch die Tradition vorgegebenen Kanons heiliger Schriften, wie er in der röm.-kath. Kirche in Gebrauch war, war ihm im Hinblick etwa auf die alttestamentlichen Apokryphen fraglich geworden. Er wollte zurück zum Kanon Heiliger Schriften, wie er bei den ersten Christen in Geltung stand. Sein Urteil über den Jak ist etwa dem über die alttestamentlichen Apokryphen zu vergleichen, die er ebenfalls für »gut und nützlich zu lesen« erachtete, aber nicht unter die »Heiligen Schriften« zählte. Für Jak hat er zwar nicht dieselbe Konsequenz gezogen und ihn nicht aus dem Kanon ausgeschlossen, hat auch seine kritischen Äußerungen zu Jak in den Vorreden zur Deutschen Bibel in den späteren Ausgaben nicht wieder abdrucken lassen. Aber seine Beurteilung geht in eine vergleichbare Richtung. Wenn man sich in der gegenwärtigen Exegese gerne auf LUTHER beruft und bereits bei ihm erste Ansätze zu bibelkritischen Äußerungen ausmachen möchte, so ist dabei zu bedenken: Luthers äußere Kanonkritik kann nicht als innere Schriftkritik gedeutet werden. Sein Urteil über Jak war ein Urteil über eine Schrift, die aus seiner Sicht nicht eigentlich zum Kanon Heiliger Schriften zählt. Er hat – zumindest aus seiner Sicht – nicht Kritik an der Heiligen Schrift als solcher üben wollen, sondern darüber geurteilt, was zum Kanon Heiliger Schriften gehört und was nicht. Diese Frage war für ihn offen. Sein Grundsatz »was Christum treibet« war dabei ein Kriterium zur Unterscheidung zwischen kanonischen und nicht-kanonischen Schriften. Es diente nicht dazu, innerhalb der Heiligen Schrift Wichtiges von Unwichtigem, Echtes von Unechtem zu scheiden bzw. einen »Kanon im Kanon« zu finden. In diesem Sinne wird jedoch das lutherische Prinzip »was Christum treibet« in der neueren Exegese immer wieder in Anspruch genommen. Als Maßstab zu kritischen Sachentscheidungen *innerhalb* des neutestamentlichen Kanons kann man sich hierbei nicht zu Recht auf LUTHER berufen. »Was Christum treibet« war für ihn ein Mittel, mit dem er den Kanon ordnete, mit dem er ihn aber nicht sprengte. Durch seine Unterscheidung wollte er gerade die »Heiligen Schriften« von aller Menschenlehre absondern und sie so der eigenmächtigen Kritik menschlicher Vernunft entziehen. Vgl. dazu ARMIN BUCHHOLZ: Schrift Gottes, S. 71–74.

128 Im Zuge der Auseinandersetzung mit seinen Gegnern, die sich u. a. auf den Jakobusbrief beriefen, konnte LUTHER gelegentlich – bes. im privaten Kreis zu Tisch – noch schärfer und vernichtender über Jak urteilen: *»Jeckel wollen wir schier aus der Bibel stoßen hier zu Wittenberg, denn er redet nichts von Christo«* (WA, TR, 5,414). Oder – noch polemischer: *»Ich werde einmal mit dem Jeckel den offen heizen«* (WA, TR, 5,382). LUTHER wird den Verdacht nicht los, dass die Schrift

In den **Bekenntnisschriften** der evangelisch-lutherischen Kirche – insbesondere in der Apologie der Confessio Augustana – finden sich ebenfalls Spuren dieser theologischen Auseinandersetzung mit den röm.-kath. Gegnern um den Jakobusbrief, nur wird dort (von MELANCHTHON) ein anderer Weg eingeschlagen. Auch Jak – so heißt es dort – lehrt nicht die Rechtfertigung aus den Werken, sondern aus dem Glauben. Er spricht von den Werken, die dem Glauben derer folgen, die schon mit Gott versöhnt sind, und er zeigt, dass ein Glaube ohne diese nachfolgenden Werke tot ist. Nichts anderes haben Paulus und – im Anschluss an ihn – die Reformatoren gelehrt. Insofern besteht zwischen Jak und Paulus kein Gegensatz.[129] Die heutige

nicht von einem Apostel, sondern von irgendeinem unbekannten Juden verfasst worden sei (vgl. WA, TR, 5,157). Ein ähnlicher Vorgang ist bei LUTHERS zunehmend negativer Einschätzung der Johannes-Apokalypse zu beobachten. Hier war es seine theologische Front gegen die Schwärmer, die ihn zugleich in einen Abstand zur Apokalypse geraten lies. »*Luthers Ringen mit dem Täufertum führte ... zu sachlichen Vorwürfen gegen die Apokalypse*« (G. MAIER: Das Verständnis der Johannesoffenbarung in der Kirchengeschichte, KuD 43, 1997, S. 160).

129 MELANCHTHON sucht im IV. Artikel der Apologie der Confessio Augustana (»Von der Rechtfertigung«; Bekenntnisschriften, S. 207–210) deutlich zu machen, dass sich *die Gegner in ihrer Ablehnung der lutherischen Rechtfertigungslehre zu Unrecht auf Jak berufen*. Dem Wort aus Jak 2,24 (»So seht ihr nun, dass der Mensch durch Werke gerecht wird, nicht durch Glauben allein.«) dichten die Widersacher – so Apol. IV,123 – an, dass wir durch unsere Werke Vergebung der Sünde verdienen und die guten Werke somit ein Mittel der Versühnung seien. »*Der keines ist dem Apostel Jakobo in sein Herz kommen.*« Jak spricht geradezu gegen die Widersacher, die lehren, dass der Mensch durch Liebe und Werke vor Gott gerecht werde. »*Jakobus ... läßt den Glauben nicht außen, sondern redet vom Glauben, damit läßt er Christum den Schatz und den Mittler bleiben*« (Apol. IV,124). Jak redet von den »*Werken ..., welche dem Glauben folgen ... Darum ist Jakobi Meinung nicht gewesen, daß wir durch Werke Gnade oder Vergebung der Sunde verdienen. Denn er redet von Werken derjenigen, welche schon durch Christum gerecht worden sein, welche schon Gott versühnet sein und Vergebung der Sunde durch Christum erlanget haben*« (Apol. IV,125). Auch Jak hat zu Anfang davon gesprochen, dass die geistliche Wiedergeburt durch das Evangelium geschieht (Jak 1,18). Wir werden »*durch das Evangelium neu geboren*« und »*durch den Glauben gerecht ... für Gott ... Darum ist seine* [des Jak] *Meinung nicht, daß wir durch unsere Werke sollten neu geboren werden*« (Apol IV,126). Insofern stehe Jak nicht gegen die Reformation. Er schelte nur einige faule Christen, die sich allzu sicher geworden seien in dem Gedanken, sie hätten den Glauben, obwohl sie ihn nicht haben. Jak unterscheide zwischen »*lebendigem und totem Glauben. Den toten Glauben nennt er, wo nicht allerlei gute Werke und Früchte des Geistes folgen ... Lebendigen Glauben nennet er, da gute Früchte folgen*« (Apol. IV,128). Glaube – das haben die Reformatoren immer gelehrt – sei eine »*göttliche Kraft im Herzen*« und »*reich von guten Werken*« (Apol. IV,130f). »*Darum ist das recht geredet*«, was Jak schreibt, »*daß der Glaube nicht recht ist, der ohne Werke ist. Und ob er sagte, daß wir durch den Glauben und Werke gerecht werden, so sagt er doch nicht, daß wir durch die Werke neu geboren werden, so sagt er auch nicht, daß Christus halb der Versühner sei, halb unser Werke, sondern er redet von Christen, wie sie sein sollen, nachdem sie nun neu geboren sind, durch das Evangelium. Denn er redet von Werken, die nach dem Glauben folgen sollen, da ists recht geredt. Wer Glauben und gute Werk hat, der ist gerecht. Ja, nicht um der Werke willen, sondern um Christus willen durch den Glauben. Und wie ein guter Baum gute Frücht tragen soll, und doch die Frücht machen den Baum nicht gut, also müssen gute Werk folgen nach der neuen Geburt, wiewohl sie den Menschen nicht für Gott angenehm machen ... Also ist Jakobus S. Paulo nicht*

Gemeinde ist – sofern sie in der Tradition der evangelisch-lutherischen Kirche steht – an das Urteil der Bekenntnisschriften und nicht an die Privatmeinung LUTHERS über den Jak gebunden.

ZWINGLI[130] und CALVIN[131] haben zu Jak ein positiveres Verhältnis als LUTHER.

LUTHERS Beurteilung des Jakobusbriefs hat bis in die heutige Zeit nachgewirkt[132], und der Platz des Jak innerhalb des neutestamentlichen Kanons wurde seit LUTHERS Kritik immer wieder neu diskutiert.[133] Dabei steht vor allem das Verhältnis zwischen Jakobus und Paulus im Vordergrund der Überlegungen.

entgegen ...« (Apol IV,131f). Die »Solida Declaratio« nimmt in ihrem III. Artikel (»Von der Gerechtigkeit des Glaubens«) die Argumentation der Apologie auf und bekräftigt sie nochmals, übrigens im Anschluss an ein Lutherzitat (SD III, 41–43, S. 928f). Man ist also in den Bekenntnisschriften der kritischen Sicht Luthers über den Jak nicht gefolgt – im Gegenteil! In den Bekenntnisschriften wurde nicht mit LUTHERS abwertendem Urteil über den Jakobusbrief gegen die Widersacher argumentiert, sondern mit Jak selbst. Die Schrift als Ganze – und nicht der Ausschluss von unliebsamen Schriftstellen – blieb das entscheidende Argument.

130 Es fällt ein interessantes Licht auf den *Gegensatz zwischen* LUTHER und ZWINGLI und damit auf den zwischen lutherischer und reformierter Lehrtradition, wenn man sich deutlich macht, dass LUTHER seine reformatorische Entdeckung beim Studium des Römerbriefes machte, wogegen ZWINGLI am 1.1.1519 damit begann, in Zürich – entgegen der vorgeschriebenen Predigtordnung – das Matthäusevangelium fortlaufend auszulegen. Und Jak hat eine besondere Nähe zum Matthäusevangelium.

131 Auch CALVIN weiß darum, dass der Jak vorzeiten *»bei vielen Gemeinden nicht ohne Widerspruch in die Sammlung der für den Gottesdienst bestimmten Schriften aufgenommen worden«* ist und verweist auf HIERONYMUS und EUSEBIUS. Und obwohl der *» Widerspruch gegen das kanonische Ansehen des Jakobusbriefes keineswegs verstummt«* ist, findet er selbst *»keinen ausreichenden Grund, ihn abzulehnen«* (Auslegung der Heiligen Schrift in deutscher Übersetzung, 14. Bd, Komm. zu Jak, S. 407). In seiner Auslegung zum Römerbrief unterstreicht CALVIN, dass der Mensch *allein* aus dem Glauben und allein durch die Gnade Gottes gerechtfertigt ist. Wenn nun Jak schreibt, dass der Mensch nicht allein durch den Glauben, sondern durch die Werke gerechtfertigt wird, so ist das für CALVIN *»kein Widerspruch«*. Man müsse nur unterscheiden, was Paulus und Jak jeweils zeigen wollen, und das ist nicht dasselbe. Jak *»geht es nicht um die Frage, wieso der Mensch vor Gott Gerechtigkeit erlangt, sondern wieso er sich als gerecht erweist. Er wendet sich gegen Heuchler... Es ist also ein grobes Mißverständnis, wenn man nicht darauf achtet, daß ›rechtfertigen‹ bei Jakobus etwas anderes bedeutet als bei Paulus; sie sprechen ja von zwei ganz verschiedenen Dingen. Auch das Wort ›Glaube‹ wird in verschiedenem Sinne gebraucht ... Wie sich aus dem Zusammenhang ergibt, will Jakobus nur zeigen, daß der Mensch mit einem erheuchelten, toten Glauben weder gerecht wird noch sich als gerecht erweist; es bedarf vielmehr der Bestätigung der Gerechtigkeit durch die Werke«* (Auslegung der Heiligen Schrift, Bd. 16, Komm. zu Röm 3,28).

132 Nirgends zeigt sich so deutlich wie hier, in welcher Weise eine *konfessionelle Befangenheit* die Auslegung beeinflussen kann. Das gilt auch für die »kritische« Forschung. Selbst dort, wo diese Befangenheit als solche wahrgenommen wird, kann es sein, dass man sie als eine unaufgebbare theologische Grundentscheidung verteidigt. Beispiele: U. LUCK: Theologie, S. 1f; P. ALTHAUS: Das Menschenbild im Lichte des Evangeliums, S. 48; H. SCHAMMBERGER: Einheitlichkeit, S. 31; W. SCHRAGE: Komm, S. 5.

133 In diesem Zusammenhang fällt eine für die Auslegungsgeschichte bemerkenswerte Verschiebung der Motive und Begründungen auf. An die Stelle der dogmatischen Gründe treten

9. Jakobus und Paulus

Für den, der von einer intensiven Beschäftigung mit Paulus herkommt, kann der Jakobusbrief gelegentlich Irritationen bereiten. Widersprechen sich nicht Paulus und Jakobus und zwar an ganz entscheidender Stelle? Fällt man nicht hinter den Durchbruch der Reformation zurück, wenn man Jak etwa dem Röm gleichberechtigt an die Seite stellt? Muss nicht um der Einheitlichkeit der evangelischen Lehre willen dem Jakobus von Paulus und seinem Verständnis der Rechtfertigung her widersprochen werden? Darf aber – so muss andersherum gefragt werden – Schriftwort gegen Schriftwort gestellt werden? Wird damit nicht die Einheitlichkeit des neutestamentlichen Kanons aufgegeben? Und vor allem: Ist es überhaupt sachgemäß, Jakobus mit Paulus so ohne weiteres auf derselben Ebene zu vergleichen? Sagen beide Gegensätzliches zu demselben Thema? Oder sprechen sie mit denselben Worten von verschiedenen Themen?

Diese Fragen werden besonders dann bedrängend und erfordern eine Klärung, wenn sie nicht am theologischen Schreibtisch, sondern im Zusammenhang der praktischen Bibelauslegung in Predigt und Bibelstunde gestellt werden.[134]

Wird aber ein Gegensatz zwischen Jakobus und Paulus festgestellt[135], ergibt sich daraus das theologische Problem, wie man mit der Tatsache umgeht, dass beide im Kanon stehen und somit beide als Zeugnisse der einen Offenbarung gelten.[136] Die

im 18. und 19. Jahrhundert historisch-kritische Argumente. *»Der Widerspruch gegen Jk aus dogmatischen Gründen in der alten Kirche (nicht apostolisch, darum nicht kanonisch) und bei Luther (unvereinbar mit dem paulinischen Ev.) wird im 19. Jh. abgelöst durch Zweifel an der Echtheit aus historisch-kritischen Gründen«* (W. G KÜMMEL: Einleitung, S. 358). Die von vielen Exegeten und Dogmatikern (!) als unumgänglich empfundene theologische Entscheidung zwischen Jak und Paulus gilt als Paradebeispiel für die Berechtigung und Notwendigkeit historischer Kritik als Sachkritik innerhalb des neutestamentlichen Kanons. Demgegenüber ist es m.E. jedoch nötig, den Jak als Teil des neutestamentlichen Kanons wahrzunehmen, ihn sein eigenes Wort sagen zu lassen und ihn im Zusammenhang (und nicht im Gegensatz) mit dem Ganzen der Heiligen Schrift auszulegen. Damit ist die tiefer liegende hermeneutische Frage berührt, in welchem Maße die neutestamentliche Exegese in der Lage ist, die Einheit der Schrift als ganze in den Blick zu bekommen, von ihr auszugehen (wie die Alte Kirche und die Reformation) und ihre Auslegungsarbeit in diesem Horizont zu bewähren.

134 *»Die Schwierigkeiten, die sich für die Predigt mit Jakobus-Texten ergeben, liegen ... in dem Eindruck, den der Text auf Leser macht, die von andern Lektüren, etwa des Paulus, herkommen«* (J. SEIM: Med. zu Jak 5,13–20, S. 174).

135 Belege bei W. G. KÜMMEL: Einleitung, S. 365, Anm. 46.

136 W. G. KÜMMEL unterstellt, dass gerade dies der Grund dafür sei, dass immer wieder versucht wurde, den Gegensatz abzuschleifen und etwa *»die Rede von der ›Rechtfertigung aus Werken‹ Jk 2,24 auf den Glaubenden zu deuten«*. Dabei werde aber – wie er meint – *paulinische Theologie in den Jak eingetragen*. Vom paulinischen Verständnis der Rechtfertigungslehre ausgehend leugne man dann, dass bei Jak ein »additives« Verständnis von Glauben und Werken vorliege (Einleitung, S. 366). Man kann den von KÜMMEL angesprochenen Sachverhalt ebenso umgekehrt beschreiben – und das zeigt die verfahrene Situation, in der sich die Diskussion befindet. Es ist durchaus möglich, dass nicht der Gegensatz künstlich abge-

Aufgabe christlicher Lehre besteht darin, sowohl den Zusammenhang als auch die unterschiedlichen Schwerpunkte von Paulus und Jakobus herauszuarbeiten und zur Geltung zu bringen.

Die Frage, inwiefern Jak literarisch oder theologisch direkt von Paulus abhängig ist bzw. auf einen »missverstandenen Paulinismus« reagiert, wurde bereits unter Punkt 2, Abschnitt 7 (S. 26ff) behandelt. Wir sind davon ausgegangen, dass Jak ohne Rückbezug auf Paulus verständlich ist und verstanden werden muss. An dieser Stelle soll es um die Frage gehen, wie sich Jakobus und Paulus im direkten Vergleich zueinander verhalten, worin ihre Gemeinsamkeiten, aber auch ihre Unterschiede bestehen.

Zunächst ist festzuhalten: Jakobus und Paulus sagen nicht dasselbe. Wir haben es mit verschiedenen Personen und verschiedenen Situationen zu tun, in die hinein sie sprechen. Die entscheidende Frage lautet jedoch: Tut sich zwischen dem, was sie sagen, ein unüberbrückbarer Graben auf, so dass man sich theologisch und geistlich zwischen Paulus und Jak entscheiden müsste?

Einige Schwierigkeiten im Verständnis des Gegenübers von Jakobus und Paulus entstehen dadurch, dass der unterschiedliche Zusammenhang und Gebrauch wichtiger Worte wie »Gesetz«, »Werke«, »Glaube« nicht beachtet wird.

Gesetz. Paulus spricht in seiner Gegenüberstellung »Werke – Glaube« vom mosaischen Gesetz (Röm 2–4; Gal 2)[137]; Jak spricht vom »Gesetz der Freiheit«. Beides darf nicht einfach gleichgesetzt werden. An der ersten Stelle, an der Jak das »Gesetz der Freiheit« erwähnt (1,25), *»löst der Hinweis auf das ›Gesetz‹ ... das vorhergehende Reden vom ›Wort‹ ab«*[138]. Mit dem »Wort« aber ist nach allgemeinem urchristlichen Sprachgebrauch die Botschaft, das Evangelium gemeint, das den Getauften eingepflanzt ist (1,21) und die Wiedergeburt wirkt (1,18). Das »Gesetz« ist bei Jak mit dem Evangelium verbunden. Es ist die fordernde (imperativische) Seite des Evangeliums.[139] Zumindest haben wir es bei Jak mit einem – im Gegensatz zum Judentum – veränderten, neuen Verständnis des Gesetzes zu tun, das vom Evangelium geprägt ist.

Das Gesetz, das Jak meint, ist ein Gesetz der »Freiheit« (1,25; 2,12), d.h. ein Gesetz, das Freiheit bringt. Es ist dasselbe Gesetz, das – nach der prophetischen

schliffen wird, um das Problem zu umgehen, sondern dass umgekehrt an dem angeblich »unüberbrückbaren« Gegensatz – und damit an dem Problem – künstlich festgehalten wird, und zwar aus demselben Grund, den KÜMMEL den anderen vorwirft: weil paulinische Theologie in den Jak eingetragen wird.

137 Der Gebrauch des Wortes »Gesetz« ist bei Paulus jedoch nicht auf das mosaische Gesetz festgelegt. Er redet vom Gesetz Christi (Gal 6,2); vom Gesetz des Glaubens (Röm 3,27); vom Gesetz des Geistes (Röm 8,2); vom Gesetz der Sünde (Röm 7,21–23); vom Gesetz, das ins Gewissen geschrieben ist (Röm 2,15) usw. (manche Ausleger wollen selbst diese Formulierungen im Sinn des mosaischen Gesetzes verstehen).

138 L. GOPPELT: Theologie, S. 533. Vgl. auch zum Folgenden.

139 A. SCHLATTER beschreibt den hier gemeinten Zusammenhang so: *»Es gibt ... kein Wort Gottes, das nicht auch Gesetz wäre, und dies ist es gerade dann, wenn es Rettung verkündet und schafft«* (Komm, S. 150).

Verkündigung – am Ende der Zeiten »ins Herz geschrieben« (Jer 31,33) wird. Dasselbe ist Joh 13,34 vom »neuen Gebot« gesagt; und selbst Paulus kann davon sprechen, dass er »unter dem Gesetz Christi« ist (1Kor 9,21).

Das »Gesetz der Freiheit« wird in Jak 1,25 als »vollkommen« (ganz, heil, heilschaffend) bezeichnet. Es nimmt *»den Menschen ganz für seinen Schöpfer in Anspruch«*[140]. In Jak 2,8–14 wird die ungeteilte Gültigkeit des *ganzen* Gesetzes betont.

Auch Paulus geht es darum, dass die Gebote Gottes bewahrt werden (1Kor 7,19; Röm 13,9). Das Gesetz ist gut und bleibt in seiner ganzen Gültigkeit bestehen (Röm 3,31; 7,12–16; 1Tim 1,8). Auch für ihn ist nicht *der* gerecht, der das Gesetz hört, sondern der es tut (Röm 2,13).[141] In gleicher Weise hat Jesus das mosaische Gesetz zur ungeteilten Geltung gebracht.[142] Es heißt bei Jak das »königliche Gesetz« (2,8), weil es vom König der Gottesherrschaft ausgeht und weil der Gehorsam ihm gegenüber seinem totalen, königlichen Anspruch angemessen ist.[143]

Werke. Jak entfaltet in 2,14–26 die These: Ein Glaube, der keine Werke bei sich hat, kann nicht retten. Er scheint damit gegen Paulus zu stehen, der sagt: der Mensch wird aus Glauben gerecht und nicht aus den Werken des Gesetzes (Röm 3,28; Röm 9,32; Gal 2,16). *»Aber dieser Eindruck trügt. Der Grundsatz im Röm 3,28 lautet nämlich anders als die von Jakobus bestrittene Losung. Röm 3,28 proklamiert die Rechtfertigung durch Glauben ›ohne Gesetzeswerke‹ …, nicht jedoch durch Glauben ›ohne Werke‹!«*[144] Das Wörtchen allein (der Mensch wird ohne des Gesetzes Werke gerecht, *»allein«* durch den Glauben) hat LUTHER in seine Übersetzung von Röm 3,28; 9,32 und Gal 2,16 (an den letzten beiden Stellen in der neuen Revision der Lutherbibel wieder gestrichen) mit einer für ihn wichtigen theologischen Zuspit-

140 L. GOPPELT: Theologie, S. 535.

141 Paulus denkt lediglich über das, was Jak 2,10 angesprochen wird, weiter nach: Wenn man am mosaischen Gesetz schuldig wird, kann das Gesetz nicht (mehr) rechtfertigen, d.h. in die zerbrochene Gemeinschaft mit Gott zurückführen (Röm 2,12f.25). Darüber sagt Jak nichts. Er denkt nach über die Vollkommenheit, die Christen anstreben, wenn sie durch das Wort der Wahrheit (Jak 1,18) zu Erstlingen der (neuen) Schöpfung geworden sind.

142 *»Er macht … jedes Gebot transparent für den lebendigen Anspruch Gottes«* (L. GOPPELT: Theologie, S. 536).

143 Auf den *unterschiedlichen Lebenshintergrund* von Jak und Paulus macht P. LE SEUR aufmerksam: *»Jakobus war von seinem verdorbenen Messiasbilde her an Jesus irre geworden … »Paulus aber durch seine pharisäische Auffassung des Gesetzes.«* So musste Gott mit ihnen auch verschiedene Wege gehen, und beide haben ihre Bekehrung sehr unterschiedlich erlebt. Jakobus blieb äußerlich sehr viel stärker als Paulus an die Gemeinde des alten Bundes und an das – nun neu verstandene – Gesetz gebunden. Zerbrochen wurde seine verkehrte Vorstellung vom Messias, den er zu Lebzeiten nicht als solchen erkannt hat. Paulus dagegen musste von seinem gesetzlichen Fanatismus bekehrt werden, der ihn – in bester Absicht – zum Verfolger der Christen hat werden lassen. Auf dem Weg nach Damaskus wurde er *»völlig aus seiner alten Bahn geschleudert …* [und] *aus allem herausgerissen, was ihm bis dahin Heimat war«* (Komm, S. 96f). Dieser unterschiedliche Erfahrungshintergrund hat auch die Theologie der beiden nachhaltig beeinflusst.

144 L. GOPPELT: a.a.O., S. 539.

zung »hineingetragen«.[145] Die unterschiedliche Akzentsetzung zwischen Jakobus und Paulus wurde dadurch zu einem Gegensatz verschärft.

Jak spricht von den »Werken des Glaubens«, Paulus – in einem völlig anderen Zusammenhang – von den »Werken des Gesetzes«.[146] Jakobus geht es darum, dass der Glaube nicht ohne Werke bleiben kann. Paulus geht es darum, dass der rettende Glaube allein auf Jesus Christus bezogen ist und nicht des Gesetzes, d.h. auf den Weg der Erfüllung des mosaischen Gesetzes.

Der Ausgangspunkt für die Überlegungen des Paulus ist die Frage, ob Heiden, die Christen werden wollen, zuvor Juden werden müssen. Müssen sie folglich das ganze Gesetz einschließlich der Opfer- und Speisegebote sowie die Anweisung der Beschneidung befolgen? Paulus möchte in Röm 4,9–25 nicht zeigen, dass der Glaube ohne (die dem Glauben entsprechenden) Werke ist, sondern dass den Unbeschnittenen die Verheißung an Abraham ebenso gilt wie den Beschnittenen. Das »Werk« der Beschneidung rettet nicht, sondern der Glaube. Es ist der Glaube, den auch Abraham schon vor seiner Beschneidung hatte, aufgrund dessen ihm die Verheißung gegeben wurde (Röm 4,11). Es ist der Glaube, in dessen Fußtapfen auch die Beschnittenen gehen müssen, wenn sie wirklich in der Nachfolge Abrahams stehen (Röm 4,12). Er zeigt, dass die Verheißung an Abraham und sein Glaube älter sind als das Gesetz. Folglich bekommen Nichtjuden – ohne Beschneidung! – zu derselben Verheißung Zugang wie Abraham: »*... in dir sollen gesegnet werden alle Geschlechter auf Erden*« (1Mo 12,3). Von Beginn an zielte diese Verheißung nicht nur auf die Berufung Israels, sondern stand in einem umfassenden »missionarischen« Horizont, der die gesamte Völkerwelt umgreift (Gal 3,14).

Paulus geht es also nicht in erster Linie um das Verhältnis »Glaube-Werke« im engeren Sinn (wie es Jak versteht), sondern um das Verhältnis der Heiden zur Abrahamsverheißung.[147] Wenn nur die Werke retten würden – und zu diesen Werken würde unabdingbar die Beschneidung gehören – könnten die Unbeschnittenen nicht gerettet werden. Es wäre keine Heidenmission möglich.

Dass die vorherige Beschneidung für die Heiden nicht nötig sei, um zum Heil zu gelangen, darauf hatte man sich bereits auf dem Apostelkonzil (Apg 15) geeinigt. Hinter diesen Durchbruch zur Heidenmission fällt auch Jak nicht zurück. Im Übrigen hat er den entscheidenden Kompromiss auf dem Apostelkonzil selber vorgeschlagen (Apg 15,13. 19f).

Paulus nimmt auf 1Mo 15,6 Bezug: auf die Verheißung an Abraham, dass ihm trotz seines hohen Alters noch ein Nachkomme geboren werde. Hier war nicht Abrahams Tun gefordert, sondern sein Glaube, dass Gott tun könne, was bei der

145 Selbst L. GOPPELT lässt sich – um den richtigen Sachverhalt selbstverständlich wissend (S. 538 Anm. 23.) – zu der Aussage verleiten: Jak »*polemisiert in 2,14–26 gegen die paulinische Losung Glaube allein!*« (Theologie, S. 530).

146 Vgl. K. STENDAHL: Letter of James, S. 842.

147 In der auf LUTHER fußenden Auslegungstradition wurde die theologische Front »Abraham der Vater der Beschnittenen und der Unbeschnittenen« in Richtung auf den Gegensatz »Glaube und Werke« bzw. »Gesetz und Evangelium« verschoben.

Menschen unmöglich ist. Im Unterschied dazu *nimmt Jakobus vor allem auf 1Mo 22 Bezug.* (Jak 2,21).[148] Hier war die gehorsame Tat Abrahams gefordert. Sein Vertrauen in Gott zeigte sich (nach Jak: vollendete sich) in den Vorbereitungen zur Opferung seines Sohnes Isaak. Es ging nicht – wie in 1Mo 15 – darum Gottes Wort ohne Zweifel stehen zu lassen, sondern darum, den Befehl Gottes auszuführen.

Wenn Jak am Ende seiner Argumentation, die sich auf 1Mo 22 stützt, auf 1Mo 15,6 zu sprechen kommt (Jak 2,23), so dient Jak diese Stelle nicht als Beleg für die These, dass zum Glauben die Werke gehören (was dort zweifellos auch nicht steht), sondern dafür, dass Abraham wirklich geglaubt hat, und dies wird an seinem Gehorsam deutlich. Der Glaube des Abraham (1Mo 15) ist durch sein Werk des Glaubens, das aus dem Glauben folgt (1Mo 22), erfüllt und vollkommen geworden (Jak 2,22). In Verbindung mit Jes 41,8 zeigt Jak, dass Abraham ein vor Gott Gerechter, ein »Freund Gottes« war. Damit ist er für die Leser als Vorbild sowohl für den Glauben als auch für die zum Glauben gehörenden Werke ausgewiesen, dem sich nachzueifern lohnt.[149]

Insofern kann man aus beiden Episoden im Leben Abrahams in der Tat unterschiedliche Dinge lernen. Jak lernt etwas anderes daraus als Paulus. Paulus ging es darum, dass ungläubige Heiden gläubig werden, ohne dass sie dabei die traditionellen jüdischen Hürden (Beschneidung, Speisegebote) überspringen müssten. Ihm war es wichtig festzuhalten, dass die Gerechtigkeit aus dem Glauben kommt, damit die Verheißung für beide – Juden und Nichtjuden – bestehen bleibt. Jak ging es darum, dass bei denen, die gläubig geworden sind, der neugewonnene Glaube in der Liebe tätig wird.[150]

Paulus spricht davon, wie man durch »Glauben« gerettet wird; Jakobus spricht davon, wie der Glaube der Geretteten lebendig bleibt. Paulus wendet sich gegen die Werke, die dem Glauben vorauslaufen und durch die ein Mensch ohne das Verdienst Christi gerecht zu werden hofft, Jakobus spricht von den Werken, die dem rettenden Glauben an Jesus Christus nachfolgen.[151] Dass zum Glauben das entsprechende Handeln gehört, meinen Paulus und Jak gleichermaßen.

148 Es ist also nur teilweise richtig, wenn G. HÖRSTER schreibt, dass ein Gegensatz besteht in der Art und Weise wie Paulus und Jak 1Mo 15 auslegen (Einleitung, S. 166). Bei diesem Urteil bleibt die Aufnahme von 1Mo 22 durch Jak unberücksichtigt.

149 Vgl. Jak 5,10. K. BERGER weist darauf hin, dass das Abraham-Beispiel bei Paulus und Jak in einem unterschiedlichen Zusammenhang steht (Abraham, S. 372–382).

150 *»Während Paulus eine grundsätzliche Diskussion um den Heilsweg führt, ... bekämpft«* Jakobus *»eine bestimmte christliche Haltung ... Damit besteht, was den Gegensatz von Glauben und Werken betrifft, keine funktionale Identität, die die Annahme rechtfertigt, daß sich Jakobus mit paulinischem Denken kritisch oder weiterführend auseinandersetzt«* (R. HEILIGENTHAL: Werke als Zeichen, S. 50).

151 Auf diesen wichtigen Unterschied hatte schon AUGUSTINUS (354–430) hingewiesen. Er ist der Erste, von dem wir wissen, dass er sich mit den unterschiedlichen Aussagen von Paulus und Jakobus beschäftigt hat. Er unterschied zwischen den Werken, die dem Glauben vorausgehen (opera quae fidem praecedunt) und den Werken, die dem Glauben folgen (opera quae fidem sequuntur). Mit den ersten beschäftige sich Paulus, um die zweiten gehe es Jak. AUGUSTINUS hat damit eine wichtige Unterscheidung herausgearbeitet, die mit LUTHER und in seiner

Paulus hatte zwei grundlegende Erfahrungen gemacht: a) trotz strengster Beachtung des Gesetzes war es möglich, dass er an Christus vorbeiging und sogar zum Verfolger des Messias werden konnte; b) in der Begegnung mit dem Auferstandenen hatte er erkannt, dass das Heil allein in Jesus Christus liegt und dass das Gesetz den, der an ihm schuldig geworden war, nicht gerecht machen konnte. Diese beiden Erfahrungen bzw. Erkenntnisse wurden für ihn zum Ausgangspunkt, grundsätzlich darüber nachzudenken, welche Bedeutung das Gesetz im Heilsplan Gottes hat.

Durch das Kommen des Messias hatte sich die Situation gewandelt. Alle Wege Gottes münden in Person und Werk Jesu Christi. Ein Weg zu Gott an Jesus Christus vorbei – und sei es der Weg der Beachtung des von Gott gegebenen Gesetzes – würde Christus und sein Werk wieder zunichte machen (Gal 5,4). Von da her erscheint das ganze Gesetz bei Paulus in einem anderen Licht. Es weist auf Christus hin und führt über die Aufdeckung der Sünde zu Gottes endzeitlichem Heilswerk. Den Menschen, der von Grund auf Sünder ist, kann es nicht (mehr) gerecht machen. Das kann allein durch Jesus Christus geschehen.

Der Gegensatz lautet bei Paulus nicht isoliert »Glaube oder Werke«, sondern »Werke des Gesetzes oder Glaube an Jesus Christus«.[152] Die Parole lautet daher nicht »allein der Glaube« (sola fide) – ohne Werke überhaupt, sondern »Christus allein« (solus Christus) – im Gegensatz zu den Werken des Gesetzes (Röm 3,22–24).[153]

Nachfolge weithin wieder in Vergessenheit geraten ist. Etwa zur gleichen Zeit unterschied in der griechischen Ostkirche JOHANNES CHRYSOSTOMUS (gest. 407) zwischen dem Glauben vor der Taufe, von dem Paulus spreche und dem Glauben nach der Taufe, um den es Jak gehe. Beide – AUGUSTINUS und JOHANNES CHRYSOSTOMUS – haben gesehen: Paulus betont, dass Abraham ohne die Werke des Gesetzes gerechtfertigt wird, während Jak betont, dass die guten Werke aus dem Glauben Abrahams notwendig folgen (vgl. P. BERGAUER: Der Jakobusbrief bei Augustinus, S. 83f.87). Ähnlich urteilte der im Mittelalter bekannte Exeget BEDA VENERABILIS (672/3–735): *»In ein und derselben Tat des seligen Abraham lobte nämlich Jakobus die Großartigkeit von seinen Werken, Paulus die Beständigkeit seines Glaubens. Dennoch hat Paulus nicht eine von Jakobus verschiedene und abweichende Auffassung vertreten. Beide wußten nämlich, daß Abraham sowohl durch Glauben als auch durch Werke vollkommen war, und deswegen hat jeder von ihnen jene Tugend dort mehr hervorgehoben, wo er sah, daß seine Hörer mehr Bedarf haben. Weil nämlich Jakobus jenen schrieb, die einen ohne Werke nutzlosen Glauben vertraten ...«* (BEDA in der Auslegung zu Jak 2,15–17; übers. bei H. FRANKEMÖLLE: Komm, S. 112).

152 Dass Paulus gleichwohl »Glaube« und »Werke« einander gegenüberstellen kann (Röm 3,28; 4,5), wird man wohl am ehesten als »abkürzende Redeweise« verstehen müssen. Vgl. dazu POHL: Galaterbrief, S. 98f. »Werk« steht für die eigene Gerechtigkeit durch das Halten des Gesetzes (ohne Christus und an Christus vorbei); »Glaube« steht für Gottes Gerechtigkeit durch die Erlösungstat Jesu Christi (Phil 3,6–9).

153 Der Grund für das Heil liegt im Versöhnungshandeln Gottes in Christus durch Kreuz und Auferstehung. Wir werden durch Jesus Christus gerecht, nicht durch unseren Glauben (Röm 3,25; 4,25; 5,8f; Gal 3,13; 1Kor 5,7; 2Kor 5,19.21). Aber angenommen wird die in Christus erwirkte Versöhnung im Glauben, der durch das Wort von der Versöhnung möglich wird (Röm 1,17; 10,17; 1Kor 1,21; 2Kor 5,20; Eph 2,8). Wir werden also gerecht im Glauben an die Versöhnungstat Jesu Christi.

Christus ist das Ende des Gesetzes im Sinne der Vollendung (Röm 10,4). Gleichzeitig wird in ihm aber auch das Gesetz erfüllt. In seiner Nachfolge gilt: »Die Liebe ist des Gesetzes Erfüllung« (Röm 13,8–10; Gal 5,14). Dass die Gebote Gottes zu halten sind, ist für Paulus selbstverständlich (1Kor 7,19; 14,34); der Glaube ist durch die Liebe tätig (Gal 5,6). Jeder empfängt im letzten Gericht den Lohn für das, was er getan hat (2Kor 5,10).

Es gibt für Paulus durchaus einen »guten Gebrauch des Gesetzes« (1Tim 1,8–11). Wer den Heiligen Geist empfangen hat, wird auch in diesem Geist leben (Gal 5,25), und d.h. in Übereinstimmung mit dem Willen Gottes, wie er sich im Gesetz niedergeschlagen hat. Er wird darüber hinaus die Gebote Christi halten (1Thess 4,1–3; 1Kor 5,1ff). Was bei Jak mit den »Werken des Glaubens« angesprochen ist, wird von Paulus entsprechend unter den Begriffen »Frucht« (Röm 6,22), »Frucht des Geistes« (Gal 5,22), »Frucht des Lichts« (Eph 5,9) oder »Frucht der Gerechtigkeit« (Phil 1,11) abgehandelt. An anderer Stelle spricht er davon, dass wir des Evangeliums Christi würdig wandeln (Phil 1,27) und Gutes tun sollen (Gal 6,7–10). Und selbst Paulus kann die Frucht des Glaubens als »Werk« bezeichnen (1Thess 1,3; Tit 3,8.14; Eph 2,10; Kol 1,10).

Glaube. Wenn Paulus vom »Glauben« spricht, so meint er damit den von Gott geschenkten Glauben, der das Heil empfängt und die dazugehörige Frucht (die aus dem Glauben folgenden »Werke«) enthält bzw. notwendig hervorbringt. Glaube ist für ihn ein Lebenszusammenhang. Im Glauben leben bedeutet: das neue Leben in Jesus Christus haben. Wenn Jakobus von »Glauben« spricht, so kann er damit dasselbe meinen wie Paulus (1,3.6; 2,1; 5,15); er kann damit aber auch eine theoretische Haltung, ein Meinen und Fürwahrhalten bezeichnen (2,19), das keineswegs schon rettet und nicht mit dem neuen Leben aus dem Glauben identisch ist. Glaube ist für ihn nur dann echter, lebendiger Glaube, wenn er sich im Werk erweist.[154]

Jakobus beschreibt also in seiner Verhältnisbestimmung von »Glauben und Werken« dieselbe Lebenshaltung, die Paulus meint, wenn er von »Glauben« spricht. Das, was Jak an Übereinstimmung von »Glaube und Werk« fordert, ist für Paulus in seinem Verständnis von »Glaube« als »Frucht« bereits enthalten, allerdings auch nicht so, dass er auf entsprechende Ermahnungen verzichten könnte.

Die entscheidende Frage zum Verhältnis von Jakobus und Paulus muss also lauten: Würde Paulus von den Früchten der Gerechtigkeit das gleiche sagen, was Jakobus von den Werken sagt? Ich meine, ja: In dieser Hinsicht stehen Paulus und Jak nahe beieinander. Der Unterschied in der Ausdrucksweise ist kein inhaltlicher Unterschied.[155]

154 *»Glaube ist nicht ein Werk, sondern er erweist sich im Werk«* (L. GOPPELT, Theologie, S. 541). Es handelt sich daher um ein grundlegendes Missverständnis, wenn Jak immer wieder ein »defizitärer Glaubensbegriff« vorgeworfen wird (vgl. z. B. W. HÄRLE: Dogmatik, S. 64, Anm. 18).

155 Zwar meint L. GOPPELT, Paulus würde fragen, *»ob da, wo der Gehorsam fehlt, überhaupt Glaube vorliege (2Kor 13,5). Er würde nicht fordern, daß zum Glauben das Werk hinzugefügt werde, sondern*

Noch ein abschließender Aspekt, der in eine ganz andere Richtung weist, hier aber doch genannt sein soll. Paulus hat mit dem Römerbrief ein Zeugnis für den Durchbruch des Evangeliums zu den Heiden abgelegt. Der Jakobusbrief ist ein Zeugnis für die Aufnahme des Evangeliums unter den Juden. Er ist damit ein mahnender Hinweis auf den bis in die heutige Zeit schuldig gebliebenen, bleibenden Missionsauftrag an den Juden. Vielleicht ist der Jakobusbrief selbst die offene Tür, durch die Juden Zugang zum Glauben an Jesus, ihren Messias finden können. Die christliche Kirche muss sich für diese Möglichkeit grundsätzlich offen halten. Das lehrt sie der Jakobusbrief zwar nicht in seinem Inhalt[156], aber durch sein bloßes Vorhandensein im Neuen Testament.

Die Unterschiede zwischen Jakobus und Paulus bleiben und sollen nicht nivelliert werden. Aber der angeblich »unüberbrückbare Graben« – den zu überwinden LUTHER seinen Doktorhut als Preis ausgesetzt hat[157] – ist wohl eher das Produkt der Auslegungsgeschichte als der Befund der vorliegenden Texte. Paulus und Jak stehen sich näher als zumeist angenommen wird. Das kann aber erst dann deutlich werden, wenn man damit aufhört, Jakobus weiterhin in den »Schatten« von Paulus zu stellen, wenn man damit aufhört, Jakobus von Paulus her zu lesen und zu beurteilen – und wenn man damit beginnt, Jakobus sein eigenes Wort im neutestamentlichen Chor der Zeugen sagen zu lassen. Das Hören auf den Jakobusbrief kann uns helfen, die Schrift als Ganzes neu zu verstehen in ihrer Vielfältigkeit, aber auch in ihrer Einheit.[158]

daß der Glaube lebendig werde. Das aber ist nicht nur ein terminologischer Unterschied« (Theologie, S. 541). – Hier aber hat er Jak missverstanden. Es ist nicht die Meinung des Jak, dass zum Glauben Werke *hinzugefügt* werden müssen. Er erwartet, dass sich der Glaube in den Werken erweist. Das ist etwas anderes. Für Jak stellt sich – ebenso wie für Paulus – die Frage, ob ein Glaube echt ist, dem der Gehorsam und damit die Werke fehlen. Wenn GOPPELT von Paulus sagt, er würde von einem Glauben, der keine Werke hervorbringt, fordern, dass er lebendig werde, so finden wir bei Jak dieselbe Konsequenz, indem er einen Glauben, der keine Werke hat, als tot bezeichnet (2,17).

156 Das steht in Röm 9–11 viel ausführlicher und deutlicher.

157 »Der Glaube rechtfertigt« – »der Glaube rechtfertigt nicht«, so hatte LUTHER die beiden Positionen von Paulus und Jak – in einer Weise, die Jak nicht entspricht – polemisch einander gegenübergestellt und hinzugefügt: *»Wer die zusammen reimen kann, dem will ich mein Piret aufsetzen und will mich einen Narren lassen schelten«* (Tischreden, WA, TR, 3,253).

158 *»Die Gemeinde Jesu Christi braucht beide Stimmen, die zum Kanon des NT gehören, damit sie in ihrem Glaubensverständnis nicht durch Einseitigkeiten auf Abwege gerät. Insofern ist die Schrift des Jakobus eine unverzichtbare Stellungnahme im NT«* (G. HÖRSTER: Einleitung, S. 166).

B. Auslegung

Kapitel 1

Zum Aufbau: Die Verse 1–18 des ersten Kapitels des Jak bilden eine sinnvolle Einheit. Das gilt in formaler, aber auch in inhaltlicher Hinsicht. Lange ging man in den wissenschaftlichen Kommentaren im Großen und Ganzen davon aus, dass es sich bei Jak um eine lose Aneinanderreihung ermahnender Einzelsprüche handle, die nicht oder nur vordergründig miteinander verbunden seien. Über Jakobustexte ließ sich in der Folge dieser Einschätzung nur sehr schwer predigen.[159] Ein Überblick über das 1. Kapitel zeigt, wie die einzelnen Themen aufeinander bezogen sind und einen sinnvollen dynamischen Aufbau haben.

Zur Gliederung:

I. Gruß: 1,1
II. Der Christ in der Versuchung: 1,2–18
  A) Die Freude in der Versuchung: Geduld und Vollkommenheit: 1,2–4
     In Anfechtung zu fallen, ist positiv
  B) Die Bewährungsfelder in der Versuchung: Gebet und Kraft: 1,5–11
    1. *Gebet*: der Christ zwischen Vertrauen und Zweifel: 1,5–8
      a) Wer im Vertrauen bittet, ohne zu zweifeln, empfängt Hilfe: 1,5–6a
      b) Wer zweifelt, wird unbeständig: 1,6b–8
    2. *Kraft*: der Christ zwischen Niedrigkeit und Höhe: 1,9–11
      a) Vertrauen auf Gott: die Höhe der Niedrigkeit: 1,9
      b) Vertrauen auf eigene Kraft und Reichtum: die Niedrigkeit der Höhe oder: die Armut des Reichtums: 1,10–11
  C) Die *positive Dynamik* der Versuchung: Geduld, Bewährung und Leben: 1,12
     Seligpreisung der erduldeten Anfechtung
  D) Der Ursprung der Versuchung: 1,13–15
    1. Der Ursprung liegt nicht in Gott: 1,13.16
    2. Der Ursprung liegt in der menschlichen Begierde: 1,14f
  E) Die *negative Dynamik* der Versuchung: Begierde, Sünde und Tod: 1,14f
     In der Anfechtung der Begierde zu verfallen, ist negativ
  F) Empfangen und Gebären: Tod und Leben: 1,15.18
    1. Die Begierde empfängt in der Versuchung, gebiert die Sünde, führt zum Tod: 1,15
    2. Gott gebiert durch das (empfangene) Wort der Wahrheit neues Leben: 1,18
  G) Gott ist der Geber guter Gaben: 1,17–18
III. Vom Hören und Tun: 1,19–27

[159] Siehe Punkt 7 in der Einleitung.

Im Folgenden soll beispielhaft eine Skizze des inneren, organischen Zusammenhangs der ersten 18 Verse gegeben werden.

Die Anrede »meine Brüder« begegnet in V. 2, 16 und 19. Es lässt sich beobachten, dass Jak einen neuen Gedankengang häufig mit der intensiven Anrede »meine (lieben) Brüder« einleitet.[160] Die V. 16–18 sind jedoch inhaltlich fest mit dem vorangehenden Abschnitt verbunden, so dass sich ein markanter inhaltlicher Einschnitt erst zwischen V. 18 und V. 19 ausmachen lässt.[161]

Zu dieser äußeren Einheit der V. 1–18 kommen Beobachtungen zu formalen und inhaltlichen *Verknüpfungen* innerhalb des Abschnitts 1,1–18. Da ist zunächst das häufig vorkommende »aber« (griech. *de).* Es schließt bisweilen einfach sachlich einen Gedanken an den vorhergehenden an und wird daher in vielen Fällen nicht übersetzt. Das Wörtchen »aber« findet sich in den Versen 4.5.6.9.10.14.15 und verbindet somit den Abschnitt 1,2–4 mit 1,5–8 und diesen wiederum mit 1,9–11.[162]

Daneben finden sich in unserem Abschnitt zahlreiche Verknüpfungen von gleichen bzw. inhaltlich entsprechenden oder aber von gegensätzlichen Wortpaaren:

Freude (V. 1)	–	Freude (V. 2)
Geduld (V. 3)	–	Geduld (V. 4)
Mangel (V. 4)	–	Mangel (V. 5)
bitten (V. 5)	–	bitten (V. 6)
einfach *(haplos)* (V.5)	↔	gespalten *(dipsychos)* (V. 8)
Unbeständigkeit des Zweiflers (V. 8)	–	Vergänglichkeit des Reichtums (V. 11)
unbeständig/vergänglich (V. 8.11)	↔	keine Veränderung beim Vater des Lichts (V. 17)
Versuchung (V. 2)	–	Versuchung (V. 12.13)
Bewährung (V. 3)	–	Bewährung (V. 12)
Böses (V. 13)	↔	Gutes (V. 17)
von Gott kommt der Kranz des Lebens (V. 12)	↔	von Gott kommt nicht die Versuchung (V. 13)
positive Dynamik der Versuchung (V. 2–4.12)	↔	negative Dynamik der Versuchung (V. 14+15)
Leben (V. 12)	↔	Tod (V. 15)

160 Jak 1,2.16.19; 2,1.14; 3,1; 4,11; 5,7.12.19.

161 Das »liebe Brüder« in V. 16 will die Aufmerksamkeit für einen letzten Gedanken zum Thema »Anfechtungen« wecken. Die Verse 16–18 sind mit dem Vorhergehenden mehrfach verbunden.

162 In der Anwendung linguistischer Methoden wird neuerdings vermehrt auf diese Art von Verknüpfungen geachtet. Sie stellen eine bewusste Leserlenkung durch den Autor dar, die man bei der Auslegung nicht übersehen darf. Verbindungsworte (Kopula) wie »und«, »aber« oder »denn« sind keine bedeutungslosen, vordergründigen, nur literarischen Verknüpfungen. Sie zeigen an, dass eine inhaltliche Verbindung (Verkoppelung) gemeint ist. Wer sie überliest, geht am Text vorbei.

Jak trägt den Grundton der Freude, der im Gruß (V. 1) anklingt, in die Erfahrung der Anfechtung und Versuchung hinein. Von »mancherlei Versuchungen« ist die Rede. Schon in den ersten Versen (2–12) werden unterschiedliche Aspekte und Beispiele von Versuchungen angesprochen, die später im Brief ausführlicher entfaltet werden. Jak 1,2–12 ist deshalb als Vorrede, als »Stichwortgeber« des gesamten Briefes anzusehen. In der Regel wird ein Mangel angesprochen, der in der Situation der Versuchung zutage tritt, dem dann ein Weg zur Überwindung und Bewährung (in der Sprache des Jak: »zur Vollkommenheit«) gegenübergestellt wird.[163] Es handelt sich um die Themen: vollkommenes Werk (1,4 → 1,19–27); vollkommenes Sein (1,4 → 3,1–12); Weisheit (1,5 → 3,13–18); Glauben (1,6–8 → 2,14–26); richtige Selbsteinschätzung von Armen und Reichen (1,9–11 → 2,1–13; 4,13–5,6); Lohn der Bewährung im Blick auf das Ende (1,12) → Ringen um die Bewährung im Blick aufs Ende (4,1–12; 5,7–20).

Zusammenfassend lässt sich folgende *inhaltliche Dynamik* des Gedankengangs nachzeichnen: Versuchungen sind Zeiten der Orientierungslosigkeit, in denen man nicht weiß, was man tun soll. Gerade diese Ratlosigkeit lässt eine Lebenssituation zur Versuchung werden. Damit ist die Frage nach dem Ausweg aus der Ratlosigkeit, die Frage nach der Weisheit (V. 5–8) gestellt. Versuchungen sind aber auch Zeiten, in denen man die eigene Armut und Niedrigkeit zu spüren bekommt. Damit ist die Frage gestellt, was noch trägt, wenn alles Eigene unter den Händen zerrinnt, die Frage, was noch Bestand hat, wenn der eigene Reichtum vergeht (V. 9–11).[164]

Das Thema »Versuchung« wird von Jak unter verschiedenen Gesichtspunkten entfaltet, wie sie im Aufbau der ersten 18 Verse erkennbar werden:

a) Der Blick des Jak geht über die Situation der Versuchung hinaus auf die *Weisheit*. Versuchungen sind für Jak Situationen, in denen es an Weisheit fehlt. Sie darf von oben, von Gott erbeten werden (V. 5). Die Weisheit Gottes lehrt die Versuchung im richtigen Licht – und das heißt: mit Gottes Augen – zu sehen.

Gleichzeitig kann aber die Bitte um Weisheit, die in der Versuchung und aus der Versuchung allein helfen kann, selbst wieder zur Situation der Versuchung werden bzw. die Versuchung noch größer werden

163 Vgl. die Übersicht bei H. FRANKEMÖLLE: Komm, S. 162.

164 Der materielle Gegensatz von arm und reich, der in V. 9–11 gemeint ist, verstärkt die Anfechtung an diesem Punkt. Der Reiche wird dem Armen zur zusätzlichen Anfechtung. Aber auch der Reiche ist durch seinen Reichtum angefochten, vielleicht ohne es zu merken. Der Arme mag denken, dass es ihm besser ginge, wenn er etwas reicher wäre. Der Reiche mag denken, dass es ihm gut geht, weil er reich ist. Beide verlassen sich dabei auf etwas, was letztlich keinen Bestand hat und worauf in der Anfechtung deshalb auch kein Verlass ist.

lassen (V. 6–8). Denn das ist die tiefste Not der Versuchung, nicht mehr glauben zu können, dass Gott heraushilft; nicht mehr sehen zu können, dass er es gut meint und einen nicht verlassen hat, obgleich es so scheint; dass er geben will, wo Mangel vorzuherrschen scheint.

b) Der Blick des Jak geht über die Situation der Versuchung hinaus auf das *Ende*: Am Ende wird der Zweifler, der nicht mit der freimütigen Gebefreudigkeit Gottes zu rechnen vermag, in seinem inneren Widerspruch und in seinem Hin- und Hergetriebensein offenbar (V. 6+8). Am Ende verwelkt der Reichtum und der Glanz des Reichen (V. 10). Am Ende ist das Niedrige hoch und das Hohe niedrig. Am Ende wird die wahre – jetzt noch verborgene – Situation offenbar (V. 11). Am Ende wird der Siegeskranz dem gegeben, der in der Versuchung seinen Glauben – sein Vertrauen in den Reichtum Gottes – bewährt hat (V. 12). Das kann den, der in der Anfechtung steht, schon jetzt trösten. Der Blick auf das Ende gewährt einen Durchblick durch die gegenwärtige Situation.

c) Der Blick des Jak geht über die Möglichkeit von Menschen hinaus auf Gottes Handeln. Jak macht Christen Mut zu einem Weg in Versuchungen, auf dem sie im Aufblick zu *Gott* Weisheit, Kraft und alles Gute empfangen und dadurch nicht nur die Versuchung bestehen, sondern in ihr »reich« werden. Der eigentliche Grund für die Freude in der Versuchung liegt also in Gott, der der Geber aller vollkommenen Gabe ist (1,17). Von ihm kommt die Einsicht in das rechte Tun (die Weisheit) und die Kraft für das rechte Tun (das vollkommene Werk). Jak geht es um mehr als um eine Ermahnung an Angefochtene sich in der Versuchung zu bewähren. Sein Blick bleibt nicht bei den Menschen hängen, die in Versuchung geraten sind. Er erwartet das Entscheidende von Gott und seinen Gaben. Das wird schon im ersten Abschnitt mehrfach deutlich: Gott hat uns als Erstlinge seiner neuen Schöpfung durch sein Wort wiedergeboren (V. 18). Er gibt jedem, der ihn darum bittet, gerne seine Weisheit (V. 5). Von ihm kommt alle vollkommene Gabe (V. 17). Er ist ungespalten (V. 5) und bei ihm ist keine Veränderung (V. 17). Er hält am Ende den »Kranz des Lebens« bereit für den, der sich im Glauben bewährt hat (V. 12) und macht mit dieser Verheißung Mut, die Durststrecken des (Glaubens-)Lebens durchzustehen.

Der Jak ist damit eine Schrift, die mit ihren Ermahnungen zwar auf das angemessene Verhalten der Christen abzielt, aber in Gott gegründet ist. In ihr steht nicht der Mensch mit seinem Verhalten im Mittelpunkt, sondern Gott mit seiner Gabe, die den Menschen reich machen kann. Jak predigt keinen Perfektionismus, bei dem der Mensch seine letzten Kräfte mobilisieren und das Entscheidende von seiner Entschlusskraft erwarten müsste. Der Christ ist bei Jak gerade der, der sich in der Versuchung befindet, seinen Mangel, sein Angewiesensein auf Gott spürt und darin das Beten lernt.

d) Der Blick geht über die Chance, die in der Versuchung liegt, hinaus auf die *Gefährdung*, die in ihr liegt. Das verbindet die V. 13–16 mit den V. 1–12. Obwohl Jak das glückliche Ende im Blick hat, das jetzt noch verborgen ist, verkennt er nicht die mögliche Gefährdung, an deren Ende nicht das Leben, sondern der Tod steht.

Wenn Jak sagt, dass es ein Grund zur Freude ist, in Versuchung zu fallen, weil Gott dem, der seinen Glauben in ihr bewährt, den »Lebenskranz« verheißen hat (V. 12), so könnte der Gedanke aufkommen, dass Gott selbst die Versuchung schickt, um damit eine Situation herbeizuführen, in der er etwas schenken möchte. Aber dies würde sowohl das Wesen der Versuchung als auch das Wesen Gottes verkennen. Jak lehnt diesen – in gewisser Hinsicht naheliegenden – Gedanken ab (V. 13f).

Die Versuchung führt nämlich nicht notwendig und sozusagen automatisch in einer positiven Dynamik zur Bewährung im Glauben (V. 2–4.12). Der Mensch kann in der Versuchung ebenso in eine negative Dynamik geraten, wenn sich die Begierde im Herzen festhakt und in der Versuchung gereizt und gelockt wird (V. 14f). Dann befindet sich der Mensch nicht auf dem verborgenen Weg der Vollkommenheit, an dessen Ende der Siegeskranz wartet, sondern auf dem Weg der Sünde, an dessen Ende der Tod steht.

I. GRUSS: 1,1

1 Jakobus, Gottes und des Herrn Jesu Christi Knecht, den zwölf Stämmen in der Zerstreuung: Freude zuvor!

Zur Übers.: Grammatisch ist auch die Übersetzung »Knecht des Gottes und Herrn Jesu Christi« möglich. Das etwas umständliche »Freude zuvor« ist ein ganz normaler Gruß, etwa dem »alles Gute!« im Deutschen vergleichbar. Man könnte also auch übersetzen: »Jakobus . . . grüßt die zwölf Stämme«. Da aber Jakobus an diesen Freudengruß in V. 2 direkt anknüpft und das Thema »Freude« aufnimmt, bleibt das »Freude zuvor« wörtlich stehen.

Jakobus stellt sich nur mit seinem Vornamen vor, ohne den Namen 1
seines Vaters oder andere verwandtschaftliche Bezüge zu nennen.

Jakobus muss also bei den Adressaten – und damit über einen weiten Kreis hinaus – bekannt gewesen sein.

Wenn man mit »Knecht des Gottes und Herrn Jesus Christus« übersetzt, hätten wir es mit einer der wenigen Stellen im NT zu tun, in denen Jesus Christus ausdrücklich als Gott bezeichnet wird.[165]

Selbst wenn wir dieser Übersetzungsmöglichkeit nicht folgen, werden an dieser Stelle Gott und Jesus Christus in einem Atemzug genannt und so in einer Weise nebeneinander gestellt, wie es – zumal für einen Juden, der das erste Gebot kennt – nur möglich ist, wenn Jesus Christus auf derselben Stufe steht wie Gott selbst, d.h. wenn er göttliche Würde besitzt. Der leibliche Halbbruder Jesu stellt Jesus damit Gott gleich und unterstellt sich beiden als Knecht – für einen Juden eine ungeheuer weitreichende Aussage. Er bekennt darin: Jesus ist der Messias (*christos*) und der Herr (*kyrios* als Entsprechung zu hebr. *adonai*).[166]

Nehmen wir diese Angabe ernst, so fällt von ihr aus ein Licht auf den ganzen Brief. In dem, was Jak über »Gott« sagt, ist Jesus Christus eingeschlossen, auch wenn sein Name – außer in Jak 2,1 – nicht ausdrücklich erwähnt ist. Sein Name und sein Werk sind aus diesem Brief nicht wegzudenken. Jak schreibt in seinem Namen und in seinem Auftrag als sein Knecht.

»Knecht« (hebr. *ebed*) ist ein Ehrentitel, den viele Große im AT trugen.[167] Als »Knecht Gottes« bezeichnete sich auch der Apostel Paulus[a]. Jak stellt sich mit seiner Selbstbezeichnung in diese Reihe

[a] Röm 1,1; Gal 1,10; Phil 1,1

165 Vgl. Tit 2,13: »Wir erwarten die selige Hoffnung und das Erscheinen der Herrlichkeit unseres großen Gottes und Heilandes Christi Jesu.« R. BULTMANN schreibt dazu: *»So muß man hier zweifellos übersetzen, wenn man grammatisch korrekt übersetzen will. Aber es gibt Exegeten, die daran zweifeln, daß man hier korrekt nach der Grammatik übersetzen darf«* (Das christologische Bekenntnis, S. 248). Wegen dieses exegetischen Vorbehalts steht daher in vielen gängigen Übersetzungen: »die Herrlichkeit des großen Gottes und unseres Heilandes Christi Jesu«. Es wird angenommen, dass erst bei den apostolischen Vätern Jesus Christus eindeutig als »unser Gott« bezeichnet wird, so z.B. in 1Clem 1,1: »So müssen wir über Jesus Christus denken als über Gott, als über den Richter der Lebenden und der Toten«.
Die gleiche »Unsicherheit« in der Übersetzung finden wir in 1Petr 1,1, wo Petrus von der Gerechtigkeit spricht, die »unser Gott und Heiland Jesus Christus« gibt, oder in 2Thess 1,12, wo übersetzt werden könnte: »... nach der Gnade unseres Gottes und Herrn Jesus Christus«. Eindeutig ist Joh 20,28, wo Thomas Jesus mit »mein Herr und mein Gott« anredet. Zur Gottheit Jesu Christi vgl. auch Joh 1,1.18 (das Wort ist Gott); Röm 9,5; 1Joh 5,20 (Jesus Christus ist Gott); Joh 10,30 (Einheit mit dem Vater); 2Kor 4,4; Kol 1,15; Hebr 1,3f (das Ebenbild Gottes) Phil 2,6 (in göttlicher Gestalt); Hebr 1,3; Joh 1,3; Kol 1,16f (Schöpfungsmittler). Seine Bezeichnung als »Sohn Gottes« weist in dieselbe Richtung.

166 Jakobus *»vermeidet ... es, sich als ›Bruder Jesu‹ vorzustellen – wie könnte man sich auch als ›Bruder‹ Gottes vorstellen!«* (G. MAIER: Komm, S. 16).

167 Mose (Ps 105,26; Dan 9,11; Mal 4,6), David (Ps 89,4.21), Josua (Ri 2,8), Abraham (Ps 105,42),

hinein. Er will Diener Gottes und Diener des Herrn Jesus Christus sein. Er vermeidet es, sich als leiblichen Bruder des Herrn vorzustellen. Damit wird deutlich: Seine Autorität stammt nicht aus verwandtschaftlichen Beziehungen.

»Knecht Gottes« ist sowohl eine Demuts- als auch eine Hoheitsbezeichnung. Ein Knecht Gottes ist ein Mensch, der sich seiner Niedrigkeit Gott gegenüber bewusst ist und sich dessen Herrschaft freiwillig unterstellt. Gleichzeitig ist es eine Selbstbezeichnung, die die besondere Beauftragung durch Gott zum Ausdruck bringt. Ein Knecht Gottes ist jemand, der durch Gott gesandt wurde und daher im Auftrag und im Namen seines Herrn spricht. Die Worte des Knechtes bekommen dadurch ein besonderes Gewicht (vgl. Mt 22,3; Lk 14,17). Es sind nicht seine eigenen Gedanken, die er mitteilt; er spricht im Auftrag eines andern.[168]

Indem sich Jakobus als »Knecht Gottes und des Herrn Jesus Christus« vorstellt, weist der Brief in seiner Absenderangabe über die Person, die ihn schreibt, hinaus. Jak stellt sich nicht in erster Linie in seiner Funktion als Leiter der Gemeinde und als Theologe vor: er spricht als ein Knecht. Und durch den Knecht spricht der Herr, der ihn gesandt hat. Damit kommt über die vordergründige historische Bestimmung des Absenders hinaus ein anderer Absender in den Blick: Gott selber und der Herr Jesus Christus sind es, die in diesem Brief an die Gemeinden reden. Wir wollen den Inhalt des Briefes so aufnehmen und ihn als Kundgabe des göttlichen Trostes und Willens und nicht vornehmlich als theologische Meinungsäußerung des Jak verstehen.

Die Empfänger sind die »zwölf Stämme in der Zerstreuung«, in der »Diaspora«.[169] Es handelt sich dabei vermutlich um Judenchristen, die entweder schon in eigenständigen Gemeinden oder noch unter ihren jüdischen Volksgenossen lebten. Nach dem Abkommen von Gal 2,9 hatte Jakobus – zusammen mit Kephas und Johannes – die Missionierung der Juden übernommen.[170]

Dennoch macht Jakobus an dieser Stelle keine ausdrücklichen Einschränkungen, d.h. er hält den möglichen Adressatenkreis seines

Jakob (1Mo 32,10; Jes 41,8; 48,20; Jer 26,27; Hes 28,26), die Propheten (Am 3,7; Jer 44,4) und – nicht zuletzt – der Knecht Gottes in den »Gottesknecht-Liedern« des Jes (42,1–4; 49,1–6; 50,4–11; 52,13–53,12), die auf Jesus Christus weisen.

168 Dem Hauptwort »Knecht« sind die Genitive »Gottes« und »Herrn Jesu Christi« vorangestellt. Der Ton liegt nicht auf dem Knecht, sondern auf denen, durch die er gesandt ist.

169 Vgl. Joh 7,35; 1Petr 1,1. Vgl. dazu die Ausführungen unter Punkt 3 der Einleitung.

170 Das bedeutet freilich nicht, dass der Heidenapostel Paulus auf die Predigt unter den Juden verzichtet hätte (vgl. 1Kor 9,20). Er begann seine Missionstätigkeit in den großen Städten in der Regel in den jüdischen Synagogen. Die Bekehrung der Juden lag ihm zeitlebens am Herzen, und er litt darunter, dass die Juden insgesamt Jesus nicht als ihren Messias erkennen wollten (vgl. Röm 9–11).

Briefes offen. Er richtet seinen Brief zuerst an die christlichen Juden unter den zwölf Stämmen, behält jedoch die Gesamtheit der zwölf Stämme im Blick. Gleichzeitig spricht er damit die judenchristliche Minderheit in ihrem umfassenden Zusammenhang an. Sie, die Jesus als den Messias erkannt haben, sind das erwählte Volk, der »heilige Rest«, der das wahre Israel in seiner Gesamtheit repräsentiert.

Die »Zerstreuung« der Juden zur Zeit des Jak steht am Ende eines langen Weges, auf dem Israel infolge des Gerichtes Gottes immer wieder in die »Diaspora« geschickt wurde.[171] Es gehört zur alttestamentlich-jüdischen Erwartung, dass in der letzten Zeit der Messias kommt und die zwölf Stämme Israels sammelt.[172] Aus der Zerstreuung werden sie zum Zion bzw. in die himmlische Stadt Jerusalem zurückgerufen werden (Jer 31,7ff). Dieser Rückruf aus der Diaspora beginnt mit Jesus Christus. Das Gottesvolk wird nun gesammelt.

In der Heilsgemeinde des Messias am Ende der Zeiten kommt zugleich die Sendung des erwählten Gottesvolkes in die Völkerwelt zu ihrem Ziel. Am Ende des Heilsplans Gottes werden nicht nur die verstreuten Stämme des jüdischen Volkes wieder zu einer Gemeinde gesammelt werden; auch die anderen Völker werden zu ihr gehören.[173]

Auf demselben Hintergrund hatte Jesus seine zwölf Jünger als Repräsentanten der zwölf Stämme Israels berufen (Mt 19,28). Der Weg Gottes mit seinem Volk Israel findet seine kontinuierliche Fortsetzung in seinem Weg mit der neutestamentlichen Gemeinde – zunächst unter den Juden, dann auch unter den Heiden. Indem der Jakobusbrief an die Diaspora gerichtet ist, hat er zugleich eine missionarische Dimension.[174]

Der Jakobusbrief ist somit ein Brief an die aus allen Enden der Erde zusammengerufene Gemeinde der mit dem Kommen des Messias eingesetzten Endzeit, in der die Glieder des atl. und ntl. Gottesvolkes zusammenfinden. Letztlich gilt das, was Jak im Auftrag Gottes zu sagen hat, allen Christen aus Juden und Heiden.

Die »Zerstreuung« der Juden ist mehr als nur ein geschichtliches Faktum. Der »wandernde Jude« ist für das Judentum zum Symbol

171 Vgl. 5Mo 4,25ff; 28,36ff; 1Kön 8,46ff; 2Kön 17,6ff; 25,11; Jer 23,1ff; 30,1ff.

172 Vgl. Jes 49,12; Hes 34,12f; Sir 36,13; 1Makk 1,27.

173 Vgl. Ps 44,12; Hes 6,8–10; 36,19–27; Zef 3,9.

174 *»Wenn … Jakobus an Gläubige ›in der Diaspora‹ schreibt, werden mit dieser überlegten Ausdrucksweise wesentliche Linien der heilsgeschichtlichen Mission berührt: a) Noch lebt die Christusgemeinde in der Zerstreuung; b) aber sie ist schon das eine Gottesvolk unter dem einen Hirten; c) als solches wird sie in der endzeitlichen Vollendung das Ende ihrer Diasporasituation auch im Äußeren erfahren«* (G. MAIER: *Inwiefern ist der Jakobusbrief missionarisch? S. 89*).

seiner Existenz in dieser Welt geworden.[175] Im Neuen Testament wird die Gemeinde Jesu das »wandernde Gottesvolk« (Hebr 13,14) genannt, zur Erinnerung daran, dass die Christen Fremdlinge in dieser Welt sind und ihre Heimat im Himmel haben, dass sie sich deshalb auch nicht in dieser Welt einrichten sollen, sondern bis zur Wiederkunft Christi mit ihr im Streit liegen. Jak hat seinen Brief an bedrängte und angefochtene Judenchristen geschrieben. Wir dürfen ihn heute lesen als Miterben derselben Verheißung. Wir dürfen ihn lesen als einen Brief an Angefochtene.

Der Briefeingang endet mit einem kurzen, alltäglichen Wunsch: Freude zuvor!

II. DER CHRIST IN DER VERSUCHUNG: 1,2–18

1. Die Bewährung des Glaubens in der Versuchung: 1,2–4

2 Haltet es für lauter Freude, meine Brüder, wenn ihr in mancherlei Versuchungen geratet,
3 und erkennt, dass das Prüfungsmittel eures Glaubens Geduld bewirkt.
4 Die Geduld aber soll zu einem vollkommenen Werk führen, damit ihr vollkommen und ganz seid, so dass es euch an nichts fehlt.

Zur Übers.: V. 2: wörtl.: »für lauter Freude erachtet es«. V. 3: »Geduld« oder »Standhaftigkeit«. V. 4: and. Übers.: »Die Geduld soll ihr Werk an euch vollenden«/für »ganz« kann auch übersetzt werden: »unversehrt« oder »untadelig«.

Jak nennt die Empfänger seines Briefes **»meine Brüder«**. Damit gibt 2
er sich selber als Bruder zu erkennen und möchte als Bruder zu Brüdern reden. Seine leibliche Bruderschaft zu Jesus tritt zurück hinter die geistliche Bruderschaft, in der die Christen verbunden sind, indem sie denselben himmlischen Vater haben. Jak will nicht meisterlich belehren, sondern brüderlichen Rat geben. In seiner Anrede schwingt sicher die Erinnerung an ein Wort Jesu mit: Keiner soll sich Meister oder Lehrer nennen lassen (Mt 23,8ff).

175 Dieses jüdische Lebensgefühl hat sich im Bereich der Kunst niedergeschlagen, z. B. in den Bildern von MARC CHAGALL oder in dem Roman »Tewje, der Milchmann« von SCHOLEM-ALEJCHEM, der dem Musical »Anatevka« zugrunde liegt. Vgl. CHAIM POTOK: Wanderungen: Geschichte des jüdischen Volkes, Tübingen, 1980.

[a] Phil 2, 17

»Freude zuvor«[a] – so lautete (V. 1) der kurze Gruß an die Empfänger des Briefes. Ist es eine leere Formel, die nicht zur Situation passt, in der sich die Gemeinden befinden? »Haltet es für lauter **Freude** ...« – Das Motiv der Freude aus dem Briefgruß (1,1), wird von Jak aufgenommen und im Alltag der Christen zum Klingen gebracht.[176] Dieser Alltag ist jedoch auf den ersten Blick nicht von Anlässen zur Freude bestimmt, sondern von Versuchungen bzw. Anfechtungen.[177]

Die Freude wird von Jak mit Lebenssituationen in Zusammenhang gebracht, die sonst als Gegensatz zur Freude empfunden werden. Können denn Versuchung und Freude zusammengehören? Schließen sie sich nicht gegenseitig aus? Vertreibt nicht die Versuchung die Freude? Oder müsste nicht zumindest die in Gott gegründete Freude die Versuchung vertreiben? Kann Freude vorherrschen, wo man in der Versuchung steht? Und kann Versuchung sein, wo das Leben von wirklicher Freude bestimmt ist?

Freude und Versuchung schließen sich für Jak nicht aus. Ein Christ muss die Freude nicht verlieren, wenn er in Versuchung gerät. Doch damit ist das, was Jak sagen will, in seinem Kern noch nicht getroffen. Er schreibt ja nicht: »Freut euch, *obwohl* ihr in Anfechtungen geratet«; er schreibt: »haltet es für lauter Freude, ***wenn* ihr in** mancherlei **Versuchungen** geratet«. Jak ruft die Gemeinden nicht nur dazu auf, sich *trotz* des Leids zu freuen. Christen sollen sich vielmehr darüber freuen, *wenn* Anfechtungen und Versuchungen sie treffen – und zwar »rundum«. Die Freude soll nicht nur in der Versuchung (trotzig oder tapfer) durchgehalten werden. Die Versuchung selber wird hier positiv verstanden als ein Anlass zur Freude.

Für Jak sind Freude und Versuchung nicht wie Licht und Schatten. Jak vermag in der Nacht der Versuchung das Licht des ewigen Lebens zu erblicken. Er vermag der »Nacht« einen positiven Sinn abzuge-

176 In ähnlicher Weise wird im achten Brief PLATONS der Briefgruß »chairein« im Folgenden thematisch aufgenommen. *»Platon, den Vertrauten und Freunden Dions fröhliches Gedeihen! Worauf jedoch euer Sinn gerichtet sein muß, um wirklich fröhlich zu gedeihen, das will ich euch, so gut ich es vermag, darzulegen versuchen.«*

177 Im Griechischen gibt es für die beiden Worte »Anfechtung« und »Versuchung« nur ein Wort (*peirasmos*). Dennoch kann inhaltlich zwischen zwei Aspekten unterschieden werden. Die ursprüngliche Bedeutung des deutschen Wortes »Versuchung« bringt mehr den »positiven«, läuternden Aspekt als »Erprobung« bzw. als »Prüfungsmittel« zum Klingen, wogegen das Wort »Anfechtung« zum Ausdruck bringt, dass auf feindlicher Seite gegen uns gefochten wird. »Versuchung« stellt auf die Probe, »Anfechtung« in den Kampf. In der Regel benutzen wir die Worte in umgekehrter Bewertung. M. LUTHER gebraucht in seiner Übersetzung beide Worte in dieser anderen Akzentuierung: In den V. 2–12 gibt er das Wort *peirasmos* mit »Anfechtung« wieder und gebraucht ab V. 13 das Wort »Versuchung«. Im Folgenden wird – abweichend vom gewohnten Sprachgebrauch – das Wort »Versuchung« im Sinne von »Erprobung durch Gott« verwendet.

winnen. Er versteht die dunkle Zeit als eine Zeit, in der – bei äußerer Schwachheit – die Kräfte wachsen, in der Wesentliches zu Tage kommt.

Worin bestehen die Anfechtungen bzw. Versuchungen, die die Empfänger des Briefes getroffen haben? Im Vergleich mit 1Petr (1,6; 4,12f) fällt auf, dass Jak nicht an eine Verfolgungssituation denkt, sondern eher an die alltäglichen Versuchungen. Es ist von **»mancherlei Versuchungen«** (Plural) die Rede. Es sind verschiedene, und sie wiederholen sich, kehren immer wieder. Man wird sie einfach nicht los. Und doch ist gerade das kein Grund zum Verzagen. Denn wenn Versuchungen sich wiederholen und sich in mancherlei Weise abwechseln, so sind das in der Perspektive des Jak immer wieder neue Gelegenheiten, sich neu und andauernd zu bewähren.[178]

Wenn nun aber – wie im Folgenden noch deutlicher werden wird – Versuchungen Gelegenheiten zur Bewährung und daher Anlass zur Freude sind, könnte jemand auf den falschen Gedanken kommen, sich Versuchungen zu wünschen oder sie gar zu suchen. Doch um Leidenssehnsucht geht es Jak nicht. Er möchte nicht aus der Not eine Tugend, aus dem Widrigen etwas Wünschenswertes, aus der Versuchung etwas Angenehmes machen. Das Leid bleibt leidvoll, die Nacht bleibt dunkel, die Versuchung bleibt versuchlich. Deshalb sagt Jak: »... wenn ihr in mancherlei Versuchungen **geratet** ...« Versuchungen sucht man sich nicht selbst aus. Sie treffen einen plötzlich von außen, ungewollt und ungesucht. Man gerät – sozusagen ohne eigene Verursachung und ohne eigenes Zutun – in sie hinein wie in einen Seesturm.[179]

Versuchungen stehen dem geistlichen Leben nicht im Weg. Sie sind keine Sackgassen. Sie gehören zum geistlichen Leben dazu.[180] Im frühjüdischen Weisheitsbuch Jesus Sirach lesen wir den Satz: *»Mein*

178 Vgl. das durative Präsens in V. 3b+12.

179 In Jak 1,14 wird gesagt, dass die Versuchung nicht von Gott kommt, sondern dadurch entsteht, dass einer von seinen eigenen Begierden gelockt und gefangen wird. Doch das ist kein Widerspruch dazu, dass man – wie hier gesagt ist – in die Versuchung »hineingerät«. Auch die Begierde bringt nicht die Versuchung hervor, sie wird in der Versuchung gereizt und gelockt und »empfängt« in ihr die Sünde (Jak 1,14–15). Jede Versuchung kommt von außen. Doch Jak zeigt zwei Wege, wie sich jemand in Versuchungen verhalten kann: Jak 1,2–4 und Jak 1,14–15.

180 In seiner Vorrede zum 1. Band der Wittenberger Ausgabe seiner deutschen Schriften (1539) gibt M. LUTHER in einer Auslegung zu Ps 119 drei Regeln zum Studium der Theologie: *oratio* (Gebet), *meditatio* (aufmerksames Lesen, Innerung) und *tentatio* (Anfechtung). *Tentatio* (Anfechtung) *»ist der Prüfstein, die lehrt dich nicht allein wissen und verstehen, sondern auch erfahren, wie recht, wie wahrhaftig, wie süß, wie lieblich, wie mächtig, wie tröstlich Gottes Wort sei. Weisheit über alle Weisheit ... sobald Gottes Wort aufgeht durch dich, so wird dich der Teufel heimsuchen, dich zum rechten Doktor machen und durch seine Anfechtungen lehren, Gottes Wort zu suchen und zu lieben«* (WA 50, S. 657–661).

Kind, willst du Gottes Diener sein, so bereite dich auf Anfechtung vor« (Si 2,1). Versuchungen sind keine Freude (Hebr 12,11); sie sind aber ei Anlass zur Freude. Jak sagt nicht, dass wir uns an Versuchunger freuen sollen, sondern dass wir uns freuen sollen, wenn wir in si hineingeraten. Der Weg über die Bewährung in den Versuchungen mi dem Ziel der Vollkommenheit und die Belohnung mit dem Sieger kranz des Lebens sind der Anlass zur Freude.

Unser deutsches Wort *»Erfahrung«* ist eine Übersetzung des lat *experiri*[181], das sich noch im Englischen (experience) und Französi schen (expérience) findet. *Experiri* geht seinerseits auf denselber Wortstamm zurück, der sich im griechischen Wort für »Versuchung« *(peirasmos)* findet. Der innere Bezug zwischen Versuchung und Er fahrung, zwischen Erfahrung und dem, was mir von außen – ar Gutem, aber auch an Bösem – widerfährt, hat sich sprachlich nie dergeschlagen, ist uns aber kaum noch bewusst in einer Zeit, in der das Streben nach Glück zu den vorherrschenden Leitbildern gehört.[182] Echte Erfahrung im Glauben hat etwas mit Erfahrung von Versu chung, mit Leiderfahrung zu tun.[183]

181 Vgl. H. SEESEMANN, ThWNT VI, S. 23.

182 Das Streben nach Glück (the pursuit of happiness) gehört zu den verfassungsmäßig verbriefter Rechten der Bürger der USA. Demgegenüber betont A. SCHÖNHERR zu Recht: *»In der Anfechtung erfahren wir, daß ›Gott‹ als Garant von Glück und Erfolg ein toter Götze ist«* (Meditatior zu Jak 1,2–12, S. 343).

183 Wenn Christen vermehrt nach »Erfahrungen im Glauben« suchen, so ist von Jak an dieser Stelle etwas Wesentliches zu lernen. Es kann nämlich sein, dass sie dabei etwas anderes »erleben« werden als sie erwarten, zumindest dann, wenn es sich bei ihren »Erfahrungen« um echte Glaubenserfahrungen handelt. Die Suche nach »Erfahrungen im Glauben« wird dann wei davon entfernt sein, eine christliche Variante heutiger Glückserwartungen zu sein. Man wird sogar umgekehrt sagen müssen: wo man den Wert von »Erfahrungen im Glauben« danach beurteilt, ob sie positive Gefühle, Freude und Glück, Begeisterung und Unbeschwerthei bringen und wo sich Christen gleichzeitig darum bemühen, Erfahrungen von Anfechtunger und Versuchungen, Bedrängnissen und Leid aus dem Weg zu gehen, da droht geradezu Erfahrungsverlust. Auch Jak geht es um den Grundton der Freude, aber er findet ihn nicht au den »spirituellen« Wegen, die das Leid umgehen möchten, sondern mitten in der Versuchung Jak nimmt darin eine Weisheit auf, die im Alten Testament häufig begegnet und auch den Neuen Testament nicht unbekannt ist. Das bekannteste alttestamentliche Beispiel für Erpro bung und Versuchung ist Abraham (1Mo 22,1–19). Die Versuchung, die ihn trifft, reich besonders tief. Abraham hält dieser Bewährungsprobe stand und wird darin zum Vorbild fü die Frommen. Darin liegt der Grund, warum sich Jak an zentraler Stelle ausführlich mi Abraham beschäftigt (2,20–24). Auch Jesus war der Versuchung, ja dem Versucher selbe ausgesetzt (Mt 4,3). Er hat an der Stelle, wo Adam versagte, standgehalten. Nachdem Jesus die Prüfung bestanden hatte, musste der Versucher von ihm weichen, und die Engel kamen und dienten ihm (Mt 4,11). Versuchungen haben eine unterscheidende und scheidende Kraft. Vgl auch 5Mo 8,2: Gott versucht sein Volk in der Wüste, um zu prüfen, wie das Volk zu ihm steht, ob es seine Gebote hält oder nicht. Gott will wissen, was im Herzen des Menschen ist; Hiob 7,18

Versuchungen *machen* keine Freude. Wenn jemand in Versuchung fällt, soll er das für Freude **halten.** Er soll dies als Freude – so wörtl. – »einschätzen«. Es ist dabei nicht an ein »Gedankenspiel« gedacht, an eine christliche Variante des »positiven Denkens«, das an der Wirklichkeit letztlich vorbeigehen würde. Es handelt sich vielmehr um ein nüchternes »Einschätzen«, »Bilanzieren«, »Anrechnen« (vgl. 4Mo 18,27.30).[184] Der Grund für die auf den ersten Blick ungewöhnliche Einschätzung der Versuchung wird in V. 3 genannt. Es geht nicht um das richtige Gefühl, sondern um die richtige Einschätzung und den richtigen Beurteilungsmaßstab. Es geht um eine angemessene, aus Gottes Perspektive stammende Betrachtungsweise.

3 Wenn Christen in Versuchung fallen, sollen sie es für lauter Freude halten, weil sich in der Versuchung der **Glaube bewährt.** Erst in der Versuchung stellt sich heraus, ob der Glaube echt gewesen ist. Das Bewährungsmittel des Glaubens – damit ist die Versuchung gemeint – bewirkt **Geduld.** Es ist nicht so, dass der Glaube Geduld bewirkt – wie manche Übersetzungen nahelegen, sondern die Bewährung des Glaubens zeigt sich in der Geduld. »*Geduld* [ist die] *Gestalt, die der Glaube annimmt, wenn uns die Möglichkeit und Gelegenheit zu eigenem Handeln genommen ist …*«[185]

Geduld *(hypomonä)* ist daher kein passives Hinnehmen der Situation, kein ohnmächtiges Erleiden, sondern ein aktives Widerstehen im Blick auf ein konkretes Ziel. Es handelt sich um eine aktive, kämpferische Geduld im Unterschied zum Ausharren und geduldigen Erwarten von etwas, auf das man keinen Einfluss hat. So lesen wir etwa in Ps 27,14: »Hoffe auf den Herrn und sei stark! Hab festen Mut und hoffe auf den Herrn!« Es geht um mutiges Ausharren, um ausdauernde Beharrlichkeit – gegen den Schein der Erfahrung. »Glaube ist ein Vogel, der singt, wenn die Nacht noch dunkel ist.«

Christen wissen, dass sie in einer Zwischenzeit leben, in der Zeit zwischen dem »Schon jetzt« und dem »Noch nicht«, zwischen Christi Erlösungstat und seiner Wiederkunft. In dieser Spannung, die ihre heilsgeschichtlichen Gründe hat[186], bleiben die Christen den Leiden

23,10; 1Kön 10,1: Probe zur Bewährung; 2Mo 17,2: Das Volk versucht Gott; diese Versuchung wächst aus einer Vertrauenskrise; 5Mo 8,16: Gott demütigt und versucht, um hernach wohlzutun; das Ziel der Versuchung ist etwas Gutes; Joh 6,6: Erprobung des Glaubens. In Zeiten der Versuchung wird nach außen erkennbar, was sonst verborgen im Herzen ist. Versuchungszeiten sind Prüfungszeiten.

184 Vgl. G. MAIER: Komm, S. 19.

185 H. J. HELD: Predigtmeditation, S. 95.

186 Die jüdische *Endzeiterwartung* rechnete damit, dass der Messias am Ende der Zeiten als Erlöser, Herr und König sichtbar und mächtig kommen und als Richter Israel zum Recht verhelfen werde. Die christliche Endzeiterwartung rechnet mit einer »Dehnung« der Zeiten. Die Erfüllung der Messias-Weissagungen vollzieht sich in zwei Stufen. Jesus Christus ist als Erlöser

dieser Zeit (Röm 8,18) unterworfen. Sie können ihren Glauben nur in Geduld leben. *Geduld* ist deshalb keine »Charaktereigenschaft«, die manche mehr und andere weniger besitzen. Geduld ist ein Festhalten an der Hoffnung unter den widrigen Bedingungen unserer Zeit. *Geduld* kann nur der haben, der eine *Hoffnung* hat (Jak 1,12; Röm 5,3–5; 1Petr 4,12f). Geduld ist darum die Kraft, die aus der Hoffnung inmitten der Bedrängnis der Gegenwart gewonnen wird. Hoffnung und Geduld bezeichnen zwei unterschiedliche Haltungen, in denen man auf eine von außen kommende, unabwendbare Bedrängnis geistlich angemessen reagiert. Es sind zwei Aspekte, die zueinander gehören: *Hoffnung* lässt über die Bedrängnis hinaus erwartungsvoll und froh nach vorne blicken; *Geduld* ist die Kraft, unter der Bedrängnis der Gegenwart zu bleiben. Geduld und Hoffnung hängen aneinander: Wer die Geduld verliert, verliert den Glauben und die Hoffnung; wer die Hoffnung verliert, hat keine Kraft mehr zur Geduld.

Anders gesagt: *Hoffnung* ist die Antriebskraft der Geduld, aus ihr schöpft sie ihre Zuversicht. *Geduld* ist die Kraft der Überbrückung, die Kraft, die Spannung auszuhalten, dass das Vollkommene noch nicht erschienen ist. Geduld ist der Mut, sich währenddessen nicht an die Welt und ihre Verlockungen und Anfechtungen zu verlieren. Geduldig sein heißt, die Kraft zu haben, nicht aufzugeben und das Ziel nicht aus den Augen zu verlieren. In dieser Kraft können selbst Märtyrer ihren Weg gehen (vgl. Offb 13,10; 14,12). Bis der Herr wiederkommt, steht der Glaube deshalb in einer Bewährungsprobe.[187]

gekommen. Seine Erlösung ist in ihrem ganzen Umfang wirksam. Er hat seine Herrschaft – das Reich Gottes – wirksam aufgerichtet, doch bleibt sein Königtum, seine Macht und Herrlichkeit unter dem Kreuz verborgen und wird erst bei seiner Wiederkunft für alle Welt sichtbar sein. Am Ende der Zeiten wird er als Richter ein endgültiges Gericht über alle Völker halten. Die Zeitspanne bis zum letzten Gericht ist die »Zeit der Heiden«, in der alle Welt Gelegenheit hat, die Versöhnung anzunehmen. Es ist die Zeit der Gnade und die Zeit der Mission. Mit ihren Anfechtungen und Leiden haben die Christen Anteil an der »Dehnung der Zeiten« und »seufzen« darunter (Röm 8,23). Sie hoffen auf ihre endgültige, sichtbare Erlösung und Herrlichkeit (Röm 8,24), solange Gott noch Zeit zur Umkehr schenkt. Gegenüber der Herrlichkeit am Ende fallen die Leiden dieser Zeit nicht ins Gewicht (Röm 8,18). Die Leiden der Endzeit und die Gnade der letzten Zeit sind zwei Seiten desselben Heilsplans Gottes. Wäre Jesus Christus schon beim ersten Kommen als König und Richter erschienen, wären den Frommen die Leidens- und Anfechtungszeiten erspart geblieben. Doch wir würden nicht zu ihnen gehören, hätte Gott den Heiden nicht noch Zeit zur Umkehr gegeben. Das ist der heilsgeschichtliche Grund dafür, dass Christen, die für ihren Herrn Zeugnis (*martyrion*) ablegen, immer wieder ins Martyrium geführt werden können. Es ist ebenfalls der Grund dafür, dass Christen noch nicht die Vollendung ihres Glaubens genießen können, sondern ihren Glauben unter den gegenwärtigen Versuchungen zu bewähren haben.

187 Versuchung, Hoffnung und Geduld sind drei Elemente des christlichen Lebens in der Zeit des Wartens: *Versuchung* bedeutet: Ich leide darunter, dass sich die Zeit der Vollendung hinzieht.

Erfahrungen im Glauben haben etwas mit Anfechtungen und Versuchungen zu tun. Und weil Versuchung etwas mit Erfahrung des Glaubens zu tun hat, wird sie zur Freude. Unangefochtene »Glaubenserfahrungen« haben etwas Oberflächliches und Unechtes an sich.

Auch an anderen Stellen der Schrift wird dieser Zusammenhang aufgewiesen.[188] Es geht um einen geistlichen Lernprozess, *»um ein Verwandeltwerden in eine Existenz, die tragen, ertragen, ausharren, warten, dulden und erdulden kann.«*[189] Dass dies für den Menschen, der diesen geistlichen Lebenszusammenhang nicht kennt, ein Ärgernis ist und eine Zumutung darstellt, zeigen erschütternd die Worte des Faust, die er Mephisto entgegenschreit: *»Fluch sei der Hoffnung! Fluch dem Glauben, und Fluch vor allen der Geduld!«*[190]

Zum Schluss sei ausdrücklich hervorgehoben: Nur der Glaube kann versucht werden. Wo kein Glaube ist, da ist auch keine Versuchung. *»Es bedarf des Glaubens, um der Anfechtung teilhaftig zu werden.«*[191] Insofern sind Versuchungen ein Kennzeichen echten Christseins.

Die Geduld aber soll zu einem vollkommenen Werk führen. Der 4
Gedanke der »Vollkommenheit« mutet uns etwas fremd an (»Keiner ist vollkommen!«); er ist aber durchaus biblisch. Jak steht in der Linie zweier Worte Jesu: »Darum sollt ihr vollkommen sein wie euer Vater im Himmel vollkommen ist« (Mt 5,48) und »Wer aber beharrt bis ans Ende, der wird gerettet« (Mt 24,13). In diese Sichtweise möchte Jak seine Leser einweisen und einüben und zu entsprechender Lebensgestaltung einladen. Vollkommen bzw. vollendet werden bedeutet also: »beharren bis ans Ende«, den Glauben auch unter Bedrängnis nicht aufgeben.

Die Haltung der Geduld erwartet das Entscheidende vom Ende, von der Vollendung. Man kann auch umgekehrt sagen: Wer keine Geduld hat, wer unter dem Druck widerwärtiger Verhältnisse ausbricht, der besteht die Bewährungsprobe des Glaubens nicht, der bricht den Weg der Vollendung ab, und ihm wird am Ende erst recht das Entscheidende fehlen.

Erst wenn ein Mensch seinen Glauben in einem lebenslangen Prozess bewährt hat, erweist er sich als echt, ist er vollkommen, erreicht er

Hoffnung bedeutet: Ich freue mich darüber, dass die Zeit der Vollendung gewiss kommt. *Geduld* bedeutet: Ich habe die Kraft, in der Versuchung die Hoffnung festzuhalten und jetzt schon mit dem Kommenden zu rechnen.

188 1Petr 1,6; 4,12ff; Röm 5,2f [Die Herrlichkeit ist für die Ewigkeit (5,2), das Leben der Christen während dieser Zeit ist von der Versuchung bzw. von der Bedrängnis (5,3) bestimmt]; Spr 27,21; Sir 2,1ff; Weish 3,4f.

189 J. HAAR: Komm, S. 41.

190 J.W.V. GOETHE: Faust I, 1605f.

191 K. BARTH: Kirchliche Dogmatik II/1, S. 280.

das Ziel[192] und empfängt die Lebenskrone (1,12). Ob der Glaube echt ist, erweist sich im Tun. Die Werke offenbaren den Glauben, zeigen das Innere. Dem Tun (dem vollkommenen Werk) entspricht das Sein (»damit ihr vollkommen seid«). »**Vollkommenheit** und ihre Bewährung im vollkommenen Tun« – dieser Gedanke zieht sich wie ein roter Faden durch den ganzen Brief: Hören und Tun (1,19–27); das angemessene Verhalten gegenüber Personen (2,1–13); »Glaube ohne Werke« und »Glaube mit Werken« (2,20–26); göttliche und irdische Weisheit (3,13–18). Immer wieder taucht das Stichwort »vollkommen« in verschiedenen Zusammenstellungen auf: vollkommenes Werk (1,4); vollkommener Glaube (2,22); vollkommene Gabe Gottes (1,17); vollkommenes Gesetz (1,25); vollkommener Mann (3,2).

Vollkommenheit ist in der Bibel kein ethisches Ideal.[193] Sie meint die ungebrochene, ganze Beziehung zu Gott.[194] Als solche soll sie das Leben jetzt schon prägen. Die Blickrichtung des Jak geht zwar auf das Zukünftige (1,12), aber die Vollkommenheit ist nicht zukünftig gemeint.[195] Dass es hierbei aber nicht um einen unrealistischen Perfektionismus geht, zeigt Jak 3,2.

»Vollkommen« *(teleios)* ist ein Qualitätsbegriff: etwas (das, was schon da ist) ist nicht mehr steigerungsfähig. »Ganz, unversehrt« *(holokläros)* ist ein Quantitätsbegriff: Es fehlt nichts mehr; etwas ist vollständig, es ist alles da.[196] »Unversehrt« beschreibt positiv, was anschließend negativ ausgedrückt wird: »damit es euch an nichts mangelt«. Damit ist zugleich das Stichwort »Mangel« für das Folgende gegeben.

Jak zeigt uns in der Versuchung, die unseren Zielen im Wege zu stehen scheint, ein höheres Ziel. Aus einer Situation, in der der eigene Mangel besonders schmerzlich bewusst wird, entsteht – durch die geduldige Bewährung des Glaubens – eine neue Situation, in der die Fülle der Gaben Gottes bewusst wird und in der es **keinen Mangel mehr** gibt. Darin kommt ein geistlicher Reifungsprozess zu seinem

192 In dem Wort »vollkommen« *(teleios)* steckt das Wort »Ziel«, »Erfüllung«.

193 In der philosophischen Richtung der Stoa galt die *ataraxia*, die unerschütterliche, innere Ruhe und Unbeeinflussbarkeit gegenüber den Widerständen als Vorbedingung auf dem Weg zur ethischen Vollkommenheit. Dagegen wird bei Jak deutlich, dass der Christ nicht eine Haltung einnehmen kann, in der er sich innerlich unangreifbar für Versuchungen macht. Es geht um das Durchhalten in der Versuchung. Ein Christ spürt und erträgt die Versuchung im Glauben und bewährt sich gerade in ihr.

194 Vgl. 1Kön 9,4f; 11,4; 15,3.14; 5Mo 18,13 in der griech. Übersetzung des AT sowie Mt 5,48; 1Kor 2,6; Eph 4,13.

195 V. 4b kann umschreibend so übersetzt werden: »damit ihr (jetzt, dauernd) vollkommen seid«. Das schließt einen rein futurischen Klang aus.

196 Vgl. W. Foerster, ThWNT 3, 1938, S. 765. Beide Begriffe sind nicht synonym, wie M. Dibelius meint (Komm, S. 102).

Ziel, der allerdings nicht wie von selber entsteht, sondern durch die Bewährung hindurchgehen muss.

Einige Verse später (V. 15) stellt Jak diesem Reifungsprozess einen anderen »Reifungsprozess« gegenüber, der ebenfalls aus der Versuchung heraus entstehen kann. Es handelt sich um die »Vollendung« der Sünde, die von der Begierde geboren wurde und im Tod ihr Ziel findet.

Versuchungen können deshalb der Grund zur Freude[b] sein, weil im Ausharren die Geduld gestärkt und die Echtheit des Glaubens bewährt und so der Weg zur christlichen Vollkommenheit beschritten wird.[197]

[b] Hebr 12,6 Offb 3,19 Spr 3,12

»Die im Jakobusbrief gemeinte Vollkommenheit ist vor allen Dingen praktischer Natur. Ein Wachsen im Glauben meint nicht eigentlich eine Bereicherung unserer Erkenntnis, sondern das beharrliche Bleiben auf dem Weg der Einübung und Bewährung unseres Glaubens im Vollzug unseres Lebens.«[198] **Die Geduld hat ihr Werk**: In Situationen auszuhalten, die man nicht ändern kann, ist eine elementare Form christlichen Handelns. Nur wer leidenswillig ist, ist auch handlungsfähig.

2. Bitte um Weisheit, ohne zu zweifeln: 1,5–8

5 Fehlt es aber einem von euch an Weisheit, so erbitte er sie von Gott, der jedem einfach gibt und niemandem einen Vorwurf macht, und sie wird ihm gegeben werden.

6 Er bitte aber in vollem Vertrauen und ohne zu zweifeln; denn wer zweifelt, der ist wie eine Meereswoge, die vom Wind bewegt und dabei hin und her geschaukelt wird.

7 Ein solcher Mensch bilde sich nicht ein, dass er irgendetwas vom Herrn empfangen werde.

8 Er ist ein Mann mit zwiespältigem Herzen, unbeständig auf allen seinen Wegen.

197 Das Leben der Christen wird von Jak unter dem *Blickwinkel* des Endes gesehen. Der Blick auf die gegenwärtigen Verhältnisse kann deshalb nicht als der letzte und entscheidende Blick verstanden werden. Nur unter diesem »Blick aufs Ende« erscheint das, was – nach menschlichem Ermessen – Anlass zu Traurigkeit geben könnte, als ein Anlass zur Freude. Der Weg des scheinbaren Scheiterns und Versagens wird gedeutet als ein Weg der Bewahrung. Die krummen Pfade, die von Dunkelheit umgeben zu sein scheinen, werden als Pfade sichtbar, die auf das Ziel des ewigen Lebens zulaufen. Was wie eine Aufsplitterung und Desorientierung des Lebens aussieht, ist der Weg zur Vollkommenheit. Die Ereignisse, die als Bestrafung Gottes oder als Verlassenheit durch Gott erscheinen, sind ein Hinweis auf die Annahme, Begleitung und Bewahrung durch Gott; sie sind Widerfahrnisse, die den Kranz des Lebens zum Lohn haben. Was wie eine Verwerfung erlebt werden kann, ist in geistlicher Perspektive ein Weg zur Belohnung.

198 H. J. HELD: Predigtmeditation zu Jak 1,2–12, S. 94.

Zur Übers.: V. 5: »einfach« – wörtl.: »schlicht«, »geradeheraus« im Sinne von »rückhaltlos«, »ohne Hintergedanken«, »aufrichtig«/»einen Vorwurf machen« – wörtl.: »beschimpfen«, »schelten«, »schmähen«. V. 6: »in vollem Vertrauen« oder »im Glauben« *(pistis)*. V. 7: »sich einbilden« oder »meinen«, »wähnen«. V. 8: »zwiespältigen Herzens« – wörtl.: »von geteilter Seele«, »zweifelnd«/»unbeständig« oder »haltlos«, »wankelmütig«, »ohne klare Richtung«.

Zum Aufbau: Jak hat in einigen wenigen Strichen die innere Dynamik beschrieben, in der ein Christ mitten in der Versuchung seinen Glauben bewährt und dem Ziel der Vollkommenheit entgegengeht. Bevor er auf das letzte Ziel – den Empfang der Krone des Lebens (V. 12) – zu sprechen kommt, nimmt er beispielhaft einige der Schwierigkeiten auf, die es auf diesem Weg zu bewältigen gilt. In der Versuchung entstehen vor allem zwei Fragen:

a) Was gibt mir in dieser undurchsichtigen Lage Orientierung? Woher kann ich jetzt wissen, wie ich mich richtig verhalten soll?
b) Was gibt mir in dieser haltlosen Situation Halt und einen Grund, auf dem ich stehen kann? Was steht jetzt noch unerschütterlich fest? Worauf ist noch Verlass? Was bleibt bestehen? Worauf kann ich mich gründen? Wessen kann ich mich rühmen?

Im ersten Fall ist man mit seiner Weisheit am Ende, im zweiten mit seiner Kraft. Mit dem ersten Fragenkreis haben die V. 5–8, mit dem zweiten die V. 9–11 zu tun.

5 Zunächst erwähnt Jak den **Mangel an Weisheit.** Nur in der Weisheit Gottes kann das, was in V. 2–4 steht, im Tiefsten verstanden werden. Unserer natürlichen Vernunft leuchtet es nicht ein, dass wir uns in Versuchungen freuen sollten.[199] Wer das nicht verstehen kann, der möge Gott um Weisheit bitten.

Die Bitte um Weisheit beinhaltet zugleich die Bitte um einen Weg, die Versuchung zu bestehen. Der Mangel an Weisheit ist es, der eine Situation zur Versuchung werden lässt. Solange wir noch Auswege wissen, werden wir eine widrige Lage vielleicht als schwierig, aber noch nicht als Versuchung empfinden. Aber wenn wir nicht mehr wissen, was zu tun ist und wenn wir uns nicht mehr sicher sind, was der Wille Gottes in einer bestimmten Sache ist, dann stehen wir in der Versuchung. Ohne die Weisheit Gottes wissen Christen nicht, wie sie

199 *»Da unsere Vernunft, ja alles natürliche Gefühl weit von dem Glauben entfernt sind, daß im Unglück Glückseligkeit geborgen sei, so werden wir angewiesen, Gott um Unterweisung in solcher Weisheit zu bitten. Denn ich verstehe das Wort ›Weisheit‹ hier im Zusammenhang der vorliegenden Stelle: wenn die oben gegebene Lehre über eure Fassungskraft geht, so bittet Gott um Erleuchtung mit seinem Geist!«* (J. CALVIN: Komm, S. 412).

sich in einer Situation der Versuchung oder der Bedrängnis richtig verhalten soll.[200] Um Versuchungen richtig bestehen zu können, um in ihnen die angemessene Sichtweise und Haltung zu finden, bedarf es der **Weisheit**, einer Weisheit jedoch, die nicht auf menschlicher Erfahrung beruht, sondern die von oben (3,15), von Gott selber kommt. Nur in dieser göttlichen Weisheit ist es möglich, die verworrene Wirklichkeit als Einheit und als Weg zur Vollkommenheit zu begreifen.

Jak macht uns Mut, um diese Weisheit zu bitten, denn Gott möchte sie uns schenken. *»So nahe ist uns Gott, daß wir, wenn wir nicht wissen, was wir tun sollen, ihn bitten dürfen, daß er uns zeige, was zu geschehen hat ...«*[201]

Wer um die Weisheit Gottes bittet, weiß, dass er sein Leben nicht eigenwillig gestalten kann. Wer um Weisheit bittet, möchte unter der Führung Gottes leben. Wer um göttliche Weisheit bittet, der darf wissen, dass sein Gebet nicht unerhört bleibt; denn die Bitte um Weisheit ist die klügste aller Bitten (2Chr 1,10–12) – gerade in einer angefochtenen Lage. Das Gebet um Weisheit ist ein Gebet, das nie umsonst geschieht, und gerade die Erkenntnis unseres Mangels führt zu diesem wichtigen Gebet.

Gott ist ein großzügiger Geber.[a] Er **gibt jedem einfach**, das heißt gerne und rückhaltlos. Unser Bitten mag oft kompliziert sein, wenn wir nicht wissen, was wir bitten sollen. Aber Gott gibt einfach und unkompliziert. Diese »Rückhaltlosigkeit« Gottes lädt uns zur Ein-falt des Glaubens und zum vorbehaltlosen Bitten ein. Wenn der Vater einfach gibt, darf das Kind auch einfach bitten. Die Ein-falt und Ungespaltenheit, in der Gott gibt, verträgt sich nicht mit der Gespaltenheit des Zweiflers (V. 6–8).[202]

[a] Spr 2,1-6 Mt 7,7

Gott gibt einfach – das heißt auch: Er gibt ohne Hintergedanken. Wir warnen unsere Kinder davor, von Fremden Geschenke anzunehmen, weil man nicht wissen kann, welche Absicht ein Fremder dabei hat. Und wir scheuen uns, jemanden zu oft um etwas zu bitten oder etwas freiwillig Angebotenes anzunehmen, weil wir unsicher sind, ob wir dadurch nicht abhängig werden von dem, der uns gibt. Wir wissen nicht, ob der andere unsere Abhängigkeit nicht einmal gegen uns verwenden wird oder zu einem späteren Zeitpunkt – sozusagen als Gegenleistung – einmal sehr viel mehr von uns erwartet. In China

200 Für die Verfolgungssituation hat Jesus die Verheißung gegeben: »Es soll euch zu der Stunde gegeben werden, was ihr reden sollt. Denn eures Vaters Geist ist es, der durch euch redet« (Mt 10,19f).

201 A. SCHLATTER: ... daß meine Freude in euch sei, S. 224.

202 Eines der tragenden Grundmotive des Jak lautet: »*Weil Gott ungespalten ist* (haplos), *sollte der Glaube nicht gespalten erscheinen* (dipsychos)« (G. SCHILLE: Wider die Gespaltenheit des Glaubens, S. 77).

heißt es: »Wer mit Geschenken kommt, hat sicher eine Bitte«. Bei Gott müssen wir diese Ängste nicht haben; er gibt ohne Hintergedanken.

Gott **macht niemandem einen Vorwurf,** d.h. er hält uns nicht vor, dass wir in eine Lage gekommen sind, in der wir auf ihn völlig angewiesen sind. Er hält uns unseren Mangel nicht vor. Er macht es nicht wie jene, die zwar aus Pflichtbewusstsein geben, den Bittsteller aber deutlich ihr Missvergnügen spüren lassen, damit er nicht noch ein zweites Mal kommt. Gott gibt gerne und nicht, weil er dazu gedrängt wurde.

Man kann an dieser Stelle auch übersetzen: Gott gibt ohne zu schmähen, ohne die Überlegenheit auszukosten, in der derjenige stehen kann, der einem anderen etwas in dessen Not gibt. Wenn wir Gott um Weisheit bitten, stehen wir vor ihm nicht als Bittsteller auf verlorenem Posten, wie Unterlegene einem Sieger gegenüberstehen. Wir stehen nicht in der Situation von Menschen, die in eine Notlage geraten sind, in der ihnen nichts anderes übrig bleibt, als sich unter ihrer Würde zu demütigen und sich die Schmähungen gefallen zu lassen, unter denen die Bitte herablassend gewährt wird. So ist es nicht bei Gott. Da gibt es keine Unterlegenen und keinen Sieger, keine Bittsteller und keinen herablassenden Geber. Da gibt es nur den Geber und die Beschenkten.

6 Der rückhaltlosen Gebefreudigkeit Gottes entspricht es, wenn der, der um Weisheit bittet, vertrauensvoll betet und nicht zweifelt. **Er bitte aber in vollem Vertrauen und ohne zu zweifeln.** Welchen Grund zum Zweifeln hätte er auch? Jak verwendet hier wieder ein Jesuswort (Mt 21,21f). Wer glaubt und nicht zweifelt[b], hat eine ungeheure Macht. Er kann sogar Berge versetzen und sie ins Meer stürzen lassen.

[b] 1 Tim 2,8

LUTHER beschließt seine Auslegung des Vaterunsers – des letzten Wörtchens »Amen« – im Großen Katechismus mit einem Hinweis auf Jak 1,6: *»Siehe, soviel ist Gott daran gelegen, daß wir gewiß sollen sein, daß wir nicht ümbsonst bitten und in keinem Wege unsere Gebete verachten.«*[203]

Wer aber zweifelt, der ist wie eine Woge, die vom Wind hin- und hergeworfen wird. Er wendet sich mal auf die eine, mal auf die andere Seite. Er ist unbeständig und ruhelos. Zweifel entsteht dann, wenn in einem Menschen zwei Bewertungsmaßstäbe[204] miteinander im Streit liegen, wenn ein Mensch sich nicht ungeteilt auf die Zusage Gottes, auf

203 M. LUTHER: Großer Katechismus, Bekenntnisschriften, S. 690.

204 Auf diesen Bildhintergrund geht das hier verwendete Wort »zweifeln« (*diakrinein*) zurück. Die griechische Sprache kennt vier Worte für das, was wir im Deutschen mit »zweifeln« wiedergeben. Ihre Bildhintergründe lassen das Wesen des Zweifels in seinen verschiedenen Facetten erkennen: a) *distazoo* – es sind zwei Standpunkte, Voraussetzungen oder Fundamente im Widerstreit; b) *dialogizomai* – Widerstreit zwischen zwei Bestimmungen, Prinzipien oder Wahrheiten; c) *diakrinein* – Widerstreit zwischen zwei Beurteilungsmaßstäben, Bewertungen

das Urteil Gottes und auf dessen Maßstab verlassen kann. Es ist, als ob sich zwei Stimmen zugleich melden. »*Die eine Stimme in ihm sagt: Ruf Gott an, er verdient dein Vertrauen! Die andere Stimme sagt: Du betest umsonst, Gott denkt gar nicht daran, sich mit dir zu beschäftigen – schlimmer noch: so, wie du bist, hast du von ihm nichts zu hoffen.*«[205] In diesem Hin und Her ist viel Bewegung, und doch geht es nicht voran – wie beim Spiel der Wellen, die der Wind vor sich her treibt. Es ist eine innere Lebhaftigkeit ohne Ziel.

In der Neuzeit ist der Zweifel zur Tugend geworden. Der Zweifel gilt hier als der Anfang der Weisheit. In der Bibel besteht der Anfang der Weisheit in der Gottesfurcht (Spr 1,7).

Wer im Zweifel betet, betet umsonst. Er **empfängt nichts** von Gott. 7
Wer zweifelt, leidet doppelt: Er muss nicht nur die Versuchung aushalten, sondern er findet obendrein keinen Weg, in ihr Geduld zu üben. Er findet nicht den Weg, der ihn zur Vollkommenheit führen könnte.

Jak möchte den Zweifel nicht verbieten. Er weiß, wie leicht Christen in der Versuchung ins Zweifeln geraten, sonst würde er in diesem Zusammenhang nicht davon sprechen. Es ist die tiefste Nacht der Versuchung, zu meinen, dass selbst Gott mich verlassen hat. Es ist die schwerste Anfechtung, wenn sich der Zweifel selbst ins Gebet hineinschleicht. Wie ist dann noch ein Ausweg zu finden? Jak bietet kein Rezept, weil es dafür kein Rezept gibt.

Aber er hilft uns mit zwei Hinweisen: er zeigt uns Gott als den, der einfach gibt und niemandem einen Vorwurf macht (V. 5). Gott kennt unser unbeständiges Herz besser als wir es selber kennen. Jak zeigt uns nicht die Größe Gottes gegenüber der wir noch kleiner werden, sondern seine Einfachheit. Aus der Einfachheit und Einfalt Gottes können wir den Mut schöpfen, selber einfach und einfältig zu bitten. »*Man kann unserm Zweifel gar nicht besser begegnen als so, daß man an Gottes gütige und väterliche Art erinnert, immer wieder!*«[206]

Daneben zeigt uns Jak das Ende des Zweiflers (V. 8), damit wir daraus lernen können, wie unfruchtbar der Zweifel ist. Er führt die Konsequenzen vor Augen und möchte darin einen besseren Weg zeigen. Jak möchte die, die auf einen Irrweg geraten sind, auf den Weg der Wahrheit zurückführen (5,19f). Für den, der es verstehen kann, hat auch die Warnung vor einem falschen Weg etwas Tröstliches und Bewahrendes. Wir müssen nicht alles verstehen – an Weisheit mangelt

oder Deutungsrastern; d) *dipsychos* – gespaltene Seele, geteiltes Herz oder innerliche Zerrissenheit. Vgl. dazu: H.-J. PETERS: »Was tun, wenn Zweifel kommen?« ICHTHYS Nr. 17, 1993, S. 8–23.

205 G. VOIGT: Meditation zu Jak 1,2–12, S. 324.

206 G. VOIGT: Meditation zu Jak 1,2–12, S. 325.

es uns ja gerade. Wir müssen nicht alles ergründen und ergrübeln – ein verzweifeltes Herz ist ein gespaltenes Herz, das nichts empfangen kann. Aber wir dürfen mit offenen Händen empfangen.

8 Noch einmal kommt Jak auf den Zweifel zu sprechen. Es ist die einzige Stelle im Neuen Testament, an der der Zweifler als ein Mensch gezeigt wird, der »zwei Seelen« hat.

Er ist ein Mann mit zwiespältigem Herzen. Der Zweifel ist tief in der Existenz verankert. Er ist nicht allein ein Phänomen des Verstandes. Zweifel rührt an die Tiefe der Seele. Und er rührt an die Tiefe des Verhältnisses zu Gott. Im Glaubensbekenntnis Israels heißt es: »Du sollst den Herrn, deinen Gott, liebhaben von ganzem Herzen, von ganzer Seele und mit aller deiner Kraft« (5Mo 6,5). Man kann an Gott also nur mit ganzem und ungeteilten Herzen hängen. Die Gerichtspredigt der Propheten traf immer wieder das Volk Israel, wenn es mit seinem Herzen an anderen Göttern hing (Hes 14,3–6), auf beiden Seiten »hinkte« (1Kön 18,21) und eine zwiefache Sünde beging, indem es Gott, die lebendige Quelle verließ und sich selber Zisternen baute (Jer 2,13).

Ein geteiltes Herz führt zu **unbeständigen Wegen.** Aus Menschen mit »zwei Seelen« (d.h. mit einer doppelten Bindung in ihrer Seele) werden Menschen, die auf ihren Wegen haltlos und ohne Ordnung sind. Das einfache Gebet um Weisheit hat eine Verheißung. Der Zweifel hat keine Verheißung. Er bringt nur das hervor, was er selber ist: Unbeständigkeit auf allen Wegen.[207]

3. Die Höhe des Niedrigen – die Niedrigkeit des »Hohen«: 1,9–11

9 Der Bruder, der in niederem Stande lebt, rühme sich seiner Höhe,
10 der reiche aber seiner Niedrigkeit; denn wie eine Blüte am Halm wird er vergehen.
11 Denn die Sonne geht auf und trocknet mit ihrer Hitze den Halm aus, seine Blüte verwelkt und die Schönheit ihres Anblicks ist dahin. So wird auch der Reiche in seinen Unternehmungen dahinwelken.

Zur Übers.: V. 9: »Bruder in niederem Stande« – wörtl.: »der niedrige (oder erniedrigte) Bruder«/»Höhe« oder »hohe Würde (vor Gott)«; V. 11: »ist dahin« –

207 Der Zweifel bringt gerade das nicht hervor, was R. DESCARTES – und mit ihm die Wissenschaft der Neuzeit – von ihm erwartet hatte: sichere Gewissheit und einen festen Grund unter den Füßen, auf den sich alles Wissen aufbauen lässt.

wörtl.: »geht zugrunde«, »die Pracht vergeht« / »dahinwelken« – wörtl.: »allmählich verlöschen«, »dahinschwinden« / »Unternehmungen« – wörtl.: »(Geschäfts-) Reisen«.

Der Reiche soll sich nicht seines Reichtums, sondern seiner Nied- 9–10
rigkeit rühmen. Wie ist das zu verstehen? Er soll sich rühmen, dass er vor Gott nichts ist, dass auch er – aus der Sicht Gottes – Mangel hat und bedürftig ist, genau wie der Arme. Er untersteht demselben Gesetz der Vergänglichkeit, nur fällt es ihm schwerer, das zu erkennen. Die Erfahrung der Vergänglichkeit, der der Reiche spätestens am Ende seines Lebens nicht ausweichen kann, ist um so stärker, je mehr er besitzt. Je mehr einer hat, desto mehr kann er verlieren.

Wenn Jakobus den Reichen auffordert, sich seiner Niedrigkeit zu rühmen, so ist das nicht ironisch gemeint. Er möchte den Reichen vielmehr zur Erkenntnis führen, dass er, wenn er sich auf seinen Reichtum verlässt, auf etwas Vergängliches vertraut.[208] Jak führt den Reichen, indem er ihm seinen Niedergang vor Augen stellt, geradezu in die Anfechtung hinein. Er zeigt ihm seine Vergänglichkeit und damit seine Niedrigkeit, jedoch nicht um ihm zu schaden. Im Gegenteil: Sein Schade wäre es, wenn er dies nicht sehen würde.[209]

Jak fordert den Reichen nicht auf, arm zu werden oder die Gemeinde zu verlassen. Er gibt ihm aber ein ermahnendes Wort mit auf den Weg. Die Worte mögen in den Ohren eines Reichen hart klingen, und doch zeigt Jak in ihnen auch dem Reichen seine Würde: *»Gott gibt ihm seinen Wert, nicht die Höhe seines Kontos.«*[210]

Indem er den Reichen in die »Anfechtung« stellt, begegnet Jak zugleich der Anfechtung, die der Reiche für den Armen darstellt. Vergleicht der Arme sich mit dem Reichen, so spürt er noch stärker seine Anfechtung, seinen Mangel und seine Bedürftigkeit. In Zeiten der Anfechtung kann die wirtschaftliche Armut wie ein »Verstärker« wirken. Dem Armen ist es dann so, als spiegele sich im Äußeren, Finanziellen seine ganze Lebenssituation: zurückgelassen, zu kurz

208 *»So spricht der Herr: ... der Reiche rühme sich nicht seines Reichtums; sondern dessen rühme sich, wer sich rühmen will: einsichtig zu sein und mich zu erkennen, zu wissen, daß ich, der Herr, es bin, der Gnade und Recht und Gerechtigkeit auf Erden übt; denn an solchen habe ich Wohlgefallen, spricht der Herr«* (Jer 19,23f).

209 J. CALVIN schreibt zur Stelle: Jak *»heißt ... die Niedrigen sich des rühmen, daß Gott sie als Kinder angenommen, die Reichen aber des, daß sie zurechtgebracht wurden, indem sich ihnen die Welt als eitel erwies ... Ihnen befiehlt er, sich der Niedrigkeit und Kleinheit zu rühmen. Er will damit jene hochmütigen Geister beugen, die durch ihr Glück sich aufblasen lassen. Von Niedrigkeit spricht er, weil die Offenbarung des Himmelreichs uns zur Verachtung der Welt bringen muß ... Damit also die leere Weltfreude nicht die Reichen ergreife, mögen sie sich daran gewöhnen, des Sturzes ihrer Fleischesherrlichkeit sich zu rühmen«* (Komm, S. 415).

210 G. VOIGT: Meditation zu Jak 1,2–12, S. 326.

gekommen, auf der Schattenseite des Lebens, von Menschen verraten und verkauft und selbst von Gott verlassen und verflucht.

Neben die persönliche Anfechtung tritt hier eine Anfechtung, die aufgrund der sozialen Situation innerhalb der Gemeinde entsteht. Viele Christen waren damals Sklaven.[211] Daneben gab es aber auch einige Reiche in den ersten Gemeinden. Da blieben Spannungen nicht aus. Jak geht später ausführlich auf diese Spannungen ein (2,1–7; 4,13–17; 5,1–6).

[a] 1 Tim 6,9.17

Es gibt beides: die Anfechtung in der Armut und die Anfechtung im Reichtum[a]; die Anfechtung des Armen, der meint, er habe keinen Grund zum Rühmen, und die Anfechtung des Reichen, der meint, er habe Grund genug, sich zu rühmen, sich dabei aber auf das Vergängliche verlässt. Jak wendet sich an beide Seiten und zeigt, welches der für beide von Gott bestimmte Platz ist.

Dem Armen sagt Jak ein tröstliches Wort: Wenn du niedrig bist, dann rühme dich deiner Höhe! Du bist erwählt und beschenkt, geehrt und gesegnet. Du bist reich (vgl. Jak 2,5). Du bist nicht unten; du bist auf der Höhe. Wenn du arm bist, dann sieh nicht auf den Reichen, sondern sieh dich mit den Augen Gottes. Wenn du dich mit dem Reichen vergleichst, dann erscheint dir deine Lage noch niedriger und auswegloser. Doch wenn du auf Gott siehst und deine Lage von ihm aus betrachtest, dann siehst du etwas, was du vorher in deiner Situation nicht gesehen hast: du hast einen Grund, dich zu rühmen – und zwar nicht deiner Schwäche und Niedrigkeit, sondern deiner Höhe. Wenn du in dir selbst arm bist, mag das ein Grund zum Verzweifeln sein. Aber wenn du in Gott arm bist, ist das ein Grund zum Rühmen. Für manche mag das ein schweres, unverständliches und ungewöhnliches Wort sein.[212] Aber es ist nicht weniger unge-

211 Vgl. die Ermahnungen an die Sklaven in Eph 6,5ff; Kol 3,22ff; 1Tim 6,1ff; Tit 2,9f; 1Petr 2,18ff. In der damaligen Zeit war die Situation der Armen bedrückend. *»Denn es fehlten soziale Netze. Das beste Sozialwerk hatte die Synagoge aufgebaut. Aber der Anschluß an Jesus führte zum Ausschluß aus der sozialen Fürsorge der Synagoge (vgl. Joh 9,22; 12,42; Apg 6,1ff)«* (G. MAIER, Komm, S. 23).

212 »Müsste Jak nicht den Reichtum anprangern und dem Armen zum Reichtum verhelfen?«, so mag man fragen. Würde es den Armen nicht mehr trösten und ihm mehr nützen, wenn man ihm einen Weg aufzeigen könnte, seine Armut zu überwinden? Hier mag manches zu sagen und zu tun sein, und Jak findet an mehr als einer Stelle deutliche Worte gegenüber den Reichen (2,1–17; 4,13–17; 5,1–6). Doch es geht ihm dabei um mehr als um soziale Umschichtungen, nämlich darum, dass jeder die richtige Stellung zu Gott findet – der Arme und der Reiche. Im Blick auf Gott findet eine Umwertung der Werte statt. Im Blick auf Gott ist der Arme hoch und der Reiche niedrig. Die große Wende, an der die Umwertung für alle sichtbar zum Ausdruck kommt, erwartet Jak – wie die übrigen Schreiber im NT – von dem Tag, an dem der Herr kommt (Jak 5,7). Der Blick auf das Ende gibt die Kraft und die Gelassenheit, unter den widrigen Umständen der Gegenwart auszuhalten.

wöhnlich und genauso schwer zu fassen wie sein erstes Wort über die Freude in der Versuchung (V. 2). Es findet eine ähnliche Umwertung der natürlichen Beurteilung statt.

Das Motiv der Vergänglichkeit aus Jes 40,6.7 wird auf den Reichen **11**
zugespitzt.[213] Wenn er das Gras und die Blumen betrachtet, kann er etwas lernen, was auch für sein Leben gilt: Die schöne Pracht kann schnell vergehen – von einem Tag auf den andern kann, was eben noch blühte, **dahinwelken.** Als Beispiel nennt Jak die vermeintlich erfolgreichen **Unternehmungen** (Geschäftsreisen) der Reichen, auf die er später (4,13 ff) nochmals zu sprechen kommt.

Die Vergänglichkeit des Reichen hat ihre Entsprechung in der Unbeständigkeit des Zweiflers (V. 8). So verschieden der Zweifler und der Reiche sein mögen – ihnen ist eines gemeinsam: Sie setzen ihr Vertrauen nicht ausschließlich und vorbehaltlos auf Gott. Der eine setzt neben die Weisheit Gottes seine eigene Klugheit, der andere setzt neben die Gabe Gottes seinen eigenen Reichtum. Beide stehen in der Gefahr, sich nicht ausschließlich auf Gott zu verlassen und ihn allein zu lieben (V. 12).

In der Versuchung, in einer Lage der Unsicherheit, ist die Gefahr besonders groß, sich neben Gott andere – vermeintlich tragfähigere – Sicherheiten zu suchen. Gerade in der Versuchung fällt es besonders schwer, alles auf *eine* Karte zu setzen und nicht noch andere Trümpfe zur Sicherheit in der Hinterhand zu behalten. Doch gerade hier zeigt sich die Bewährung des Glaubens, von der Jak in V. 3+12 spricht. In der Versuchung erweist es sich, wie ernst es einem damit ist, sein Vertrauen ganz auf Gott zu setzen. Der Zweifler, der in sich selbst gespalten ist, und der Reiche, der sich seines Reichtums rühmt und neben Gott auch dem Geld dienen möchte – beides sind Beispiele für Menschen, die ihren Glauben nicht bewähren.[214] Und beide stehen uns in ihrer Haltung sehr nahe.

»Lehre uns bedenken, dass wir sterben müssen, damit wir weise werden« (Ps 90,12).[b] Es ist Weisheit, das Ende anzusehen.[c] Jak tut es beim Zweifler und beim Reichen. Er tut es aber ebenso bei dem, der sich in der Versuchung bewährt.

[b] Ps 39,5–7
[c] Hebr 13,7

213 Vgl. auch Jer 9,22f, Ps 104,29 und – im Blick auf den gerechten Hiob – Hiob 15,30.

214 Auch der Arme, der auf seine Niedrigkeit schaut, weil er sich mit dem Reichen ständig vergleicht, anstatt sich im Blick auf Gott seiner Höhe zu rühmen, ist ein Beispiel für einen Menschen, der sich in der Versuchung nicht bewährt.

4. Die Seligpreisung der Versuchung: 1,12

12 Glücklich zu preisen ist der Mann, der in Versuchung durchhält! Denn wenn er sich bewährt, wird er die Krone des Lebens empfangen, die Gott denen verheißen hat, die ihn lieben.

Zur Übers.: »durchhalten« – wörtl: »darunter bleiben«, »ausharren«.

12 Das **Prüfungsmittel** des Glaubens, die Versuchung, bewirkt Geduld (V. 3). Der Mann, der die Versuchung erduldet und sich darin bewährt, empfängt am Ende zum Lohn den Kranz des Lebens. Es handelt sich um eine Kettenreihung: Versuchung – Geduld – Bewährung – Lohn. Eine ähnliche Gedankenkette findet sich bei Paulus in Röm 5,3–5: endzeitliche Bedrängnis – Geduld – Bewährung – Hoffnung.

Es handelt sich um eine Seligpreisung nach dem Vorbild der Bergpredigt. Seligpreisungen haben auf dem ersten Blick oft etwas Widersinniges, etwas, das uns gerade nicht einleuchtet. Die, die Leid tragen und Verfolgung leiden (Mt 5,4.10), und die, die in Versuchung geraten (V. 12), sind nach unseren Maßstäben keine Menschen, die wir glücklich preisen würden. Reichtum, Anerkennung, Gesundheit, Schönheit, Erfolg – das sind Dinge, um deretwillen Menschen einander beneiden und glücklich preisen. Das würde unserem menschlichen Denken näherliegen; wir würden uns nicht wundern, wenn hier stünde »Glücklich zu preisen ist der Mann, der vor Versuchungen und Prüfungen bewahrt bleibt«.[215] Wir machen die Erfahrung, dass es uns nicht so gut geht, wenn wir in Versuchungen geraten. Versuchungszeiten sind Leidenszeiten, und wer begibt sich schon freiwillig in Versuchungen, um in ihnen besonders glücklich zu sein? Wir empfinden es eher so: »Glücklich der, dem das Leid erspart bleibt.«

Vielleicht müssen wir deshalb um so aufmerksamer auf dieses Wort hören. Es ist die »Perle« in dem Kapitel über die Versuchung. Gott verheißt die Krone des Lebens nicht denen, die ihr Lebensschiff um die Klippen der Versuchung herumgeschifft haben, sondern denen, die in der Versuchung standgehalten haben, die unter ihr geblieben und in ihr bei Gott geblieben sind.

Jak zeigt, dass das Leben der Christen in einem größeren Horizont steht. Er zeigt, dass der Glaube nicht das »Glück des Augenblicks« sucht, sondern sich in den Widerfahrnissen der Gegenwart als echt bewährt und der Belohnung am Ende entgegenblickt. Die Ehrenkrone wird am Ende und nicht am Anfang gegeben. »Wer bis ans Ende beharret, der wird selig werden« (Mt 10,22; 24,13). Jak macht Mut, auf

215 *». . . nicht die, welchen alles nach Wunsch gelingt, seien glücklich, wie man gewöhnlich meint, sondern die, welche vom Unglück sich nicht überwinden lassen«* (J. CALVIN: Komm, S. 416).

dieses Ende geduldig zu warten und daraus Kraft zu schöpfen: Aushalten ist nicht vergebens! Es gibt ein lohnendes Ziel.[216]

Von der verheißenen Belohnung am Ende der Bewährung her deutet Jak die mühsame, angefochtene Gegenwart. Bisweilen kann sich der Versuchte wie ein Unterlegener, ein Verlierer fühlen. Gegen dieses mögliche Gefühl schreibt Jak an. In der Versuchung auszuhalten, erfordert Mut, der aber der Umwelt nicht als solcher auffällt. Wer in der Versuchung steht und darin aushält, kann sich in den Augen der Menschen damit keine Lorbeeren verdienen. Es fehlt der Glanz des Heroischen. Versuchungen zu erdulden ist etwas Unspektakuläres und Unauffälliges.

Wer mit Jak durch die Nacht der Versuchung hindurchzusehen und sie als eine Etappe auf dem Weg zur Vollkommenheit zu erkennen vermag, der empfängt daraus schon jetzt eine große Kraft. Er ist schon heute – in der Versuchung – glücklich zu preisen.[217]

Die Krone bzw. der Ehrenkranz, mit dem der geschmückt wird, der sich auf diese Weise bewährt, ist das (ewige) Leben. Vgl. Offb 2,10: »*Sei getreu bis in den Tod und ich will dir die Krone des Lebens geben.*«[218] Gott wird den Siegerkranz, die Krone des Lebens, denen geben, die die Versuchung erduldet haben.[a] Was Christen erdulden, ist also nicht umsonst.

[a] Mt 19,28f

Und doch handelt es sich bei diesem Geschenk Gottes um mehr als um die Belohnung für eine Geduldsprobe. Er hat die Ehrenkrone denen verheißen, **die ihn lieben.**[b] Nicht das Geschenk steht im Mittelpunkt, sondern die Beziehung zu dem, der schenkt. Es geht deshalb um mehr als um die Bewährung des Gläubigen; es geht um sein echtes Verhältnis zu Gott, um seine Liebe zu ihm. Christen halten in der Versuchung nicht aus, weil ein großer Preis sie lockt, sondern weil sie Gott lieben, mehr als alles andere auf der Welt (vgl. Jak 2,5). Doch diese Haltung bleibt nicht unbelohnt.

[b] 5Mo 30,16 Ps 145,20

Die Liebe zu Gott ist etwas anderes als ein »religiöses Gefühl«. Die Liebe zu Gott erweist sich nicht in einer besonderen Stimmung, sondern im Gehorsam Gott gegenüber.[c] Liebe, Gebundenheit und Gehorsam sind in der Bibel keine Gegensätze.[219]

[c] 1Joh 5,3

Immer wieder ist an zentralen Stellen des Alten und Neuen Testa-

216 *»Leidensscheu hindert uns also an der Bewährung«* (G. MAIER: Komm, S. 26).

217 Die Freude in der Versuchung hat ihre Ursache nicht in der Vergangenheit oder in der Gegenwart, sie hat eine sog. Final-Ursache, die im Ziel liegt. Das »denn« ist ein Schluss, der von der erreichten Wirkung ausgeht.

218 Jak stimmt mit anderen neutestamentlichen Zeugen überein. Vgl. 1Kor 9,25; 2Tim 2,5; 4,8; 1Petr 5,4; Offb 2,10.

219 Die Liebe ist die Erfüllung des Gesetzes, und das Halten der Gebote ist der Ausweis der Liebe (1Joh 5,3).

ments von denen die Rede, die »Gott lieben und seine Gebote halten«. Im Glaubensbekenntnis Israels – im sog. »Schema Jisrael« – heißt es: »Höre Israel: der Herr, unser Gott ist *ein* Herr. Und du sollst den Herrn, deinen Gott, lieben von ganzem Herzen, von ganzer Seele und mit aller deiner Kraft«. Die Liebe zu Gott wird darin konkret und sichtbar, dass Israel seine Gebote hält (5Mo 6,4–7).[220] Jesus nimmt diese Rede von der Liebe zu Gott, der Hingabe an Gott und dem Gehorsam gegenüber dem Gebot Gottes auf und bestätigt sie in Bezug auf seine eigene Person: »Wenn ihr mich liebt, werdet ihr meine Gebote halten« (Joh 14,15.21.23).[221]

5. Der Ursprung der Versuchung: 1,13–15

13 Keiner, der versucht wird, soll sagen: Ich werde von Gott versucht. Denn Gott ist nicht versuchbar zum Bösen und versucht auch selbst niemand.
14 Vielmehr wird jeder versucht von seiner eigenen Begierde, die ihn ins Schlepptau nimmt und ihn ködert.
15 Dann, wenn die Begierde empfangen hat, gebiert sie die Sünde; ist die Sünde reif geworden, gebiert sie den Tod.

Zum Aufbau: Die Versuchung bringt nicht automatisch eine positive innere Dynamik hervor, die über die Bewährung zur Geduld, zur Vollkommenheit und zum Empfang der Lebenskrone führt (V. 2–4.12). Die Versuchung einer Situation besteht ja gerade darin, dass auch eine negative Dynamik und ein negativer Ausgang möglich sind: über die Begierde zur Sünde und zum Tod (V. 14f). Der »Vollendung« durch die Geduld steht die Vollendung durch die Sünde gegenüber. In beiden Fällen wird ein Ausreifungsprozess zu seinem Ziel geführt. Versuchung stellt in die Krise und damit in die Entscheidung. Der Ausgang einer Versuchung ist offen – das kann die Versuchung (Erprobung durch Gott) zur Anfechtung (vom Teufel attackiert) machen. Versuchungen sind Bewährungsproben des Glaubens. Deshalb ist auch nicht die Versuchungssituation als solche ein Grund zur Freude (V. 2), sondern der Weg der Bewährung in ihr (V. 3), der darin ein echter Weg der Bewährung ist, dass er auch fehlschlagen kann (V. 14f).

Jak stellt den Christen in die Verantwortung vor Gott. Er macht ihm Mut, sich in der Versuchung zu bewähren; er zeigt ihm aber auch, welche Konsequenzen es hat, wenn er sich in der Versuchung nicht

220 Vgl. auch 2Mo 20,6; 5Mo 5,10; 7,9; Dan 9,4; Ri 5,31; Ps 97,10; 145,20.
221 Vgl. auch Mt 6,24; Joh 21,15–17.

bewährt, sondern dem Reiz zum Sündigen erliegt (V. 15). Deutlich stellt er den Weg zum Siegerkranz des Lebens für den vor Augen, der geduldig aushält. Ebenso deutlich stellt er aber auch den umgekehrten Weg zum Tod dem vor Augen, der sich von seinen Begierden locken lässt.

Wer den positiven Lebenszusammenhang vor Augen hat, in den die **13**
Versuchung führt, der könnte auf den Gedanken kommen: Gott schickt die Versuchung. Damit wäre dann aber sogleich der zweite Gedanke verbunden: Gott ist dafür verantwortlich, wenn ich in der Versuchung der Sünde erliege. Die Prüfung (das Experiment) ist dann eben fehlgeschlagen. Gott trägt dann letztlich die Verantwortung dafür.[222]

Gott führt den Menschen wohl in Situationen der Versuchung hinein, die ihm Anlass zur Freude sein, aber auch Anlass zum Sündigen werden können. *Aber er verführt nicht* zum Sündigen. Das bedeutet, dass der, der sich in der Versuchung nicht bewährt und sich von seinen Begierden reizen lässt, seine Schuld nicht auf Gott abwälzen kann.[223]

»Versuchen« bedeutet in diesem Zusammenhang, anders als in V. 2: versuchen zum Bösen. Ab V. 13 ist der negative Ausgang der Versuchung im Blick. Weil **Gott** selber nicht zu Bösem versucht wird, weil er keine Neigung zum Bösen hat, **kann** er auch andere **nicht zum Bösen versuchen.** Gott ist nicht der »Versucher«.[224] Nun beten wir aber im Vaterunser: » ... und führe uns nicht in Versuchung ...« Wir könnten Gott nicht darum bitten, wenn nicht die Möglichkeit bestünde, dass uns Gott in die Versuchung führt. Wie passt das zu dem, was uns Jak lehrt?

Um diese Frage zu beantworten, richten wir unser Augenmerk auf die Versuchungen, die Jesus getroffen haben:

a) Der Bericht über die Versuchung Jesu am Beginn seiner öffentlichen Wirksamkeit beginnt mit den Worten: »Dann wurde Jesus vom Geist in die Wüste geführt, damit er vom Teufel versucht würde« (Mt 4,1). Jesus wird vom *Geist* in die Wüste geführt, damit er vom *Teufel* (vom Diabolos, »Durcheinanderbringer«) versucht wird. Das geschah aber nicht zufällig, von Gott sozusagen unbeabsichtigt. Sondern gerade darum hat ihn der Geist in die Wüste geführt, *damit* Jesus vom

222 Alle Menschen suchen – wenn sie scheitern – nach einer Entschuldigung für ihre Sünde: Gott, Teufel, die gesellschaftlichen Gegebenheiten, die Prägung durch die Eltern, die Umstände, etc. Jak aber schiebt diesem Gedanken einen Riegel vor.

223 Wir können unsere Sünde, für die wir selber verantwortlich sind, nicht auf andere schieben, wie es bereits in der Erzählung vom Sündenfall versucht wurde. Adam macht Eva verantwortlich, Eva die Schlange und diese gibt Gott selbst die Schuld.

224 Dass Gott selber im ersten Sinn Menschen »versucht«, um den Glauben auf die Probe zu stellen (nicht um ihn zunichte zu machen), lesen wir in 1Mo 22,1; 2Mo 16,4.

Teufel versucht würde. Gott führte Jesus in die Versuchung, aber der »Versucher« ist ein anderer. Es lag also in der Absicht Gottes, dass Jesus versucht wurde, so wie es in der Absicht Gottes lag, dass er seinen Weg zum Kreuz ging.

b) Nach bestandener (bewährter) Anfechtung muss der Teufel von ihm weichen, und die Engel Gottes dienen ihm (Mt 4,1.11). Jesus wurde in allem angefochten und versucht wie wir, doch er blieb ohne Sünde (Hebr 2,18; 4,15). An seinem Beispiel sehen wir, dass die Anfechtung nicht notwendig zur Sünde führt. Wenn Gott auch den Glaubenden in die Erprobung stellt, so ist er doch nicht die Ursache der Sünde, die in der Erprobung mächtig werden kann.

c) Jesus hat sich die Versuchung ebensowenig gewünscht wie wir, und er hat im Garten Gethsemane – im Sinne der Vaterunser-Bitte »führe uns nicht in Versuchung« – seinen Vater gebeten, er möge diesen Kelch an ihm vorübergehen lassen. Aber er war bereit, sich dem Willen des Vaters unterzuordnen: »doch nicht mein, sondern dein Wille geschehe« (Mt 26,39). Wie im Vaterunser stellt Jesus den Willen seines Vaters (»Dein Wille geschehe!«) über die Bitte um Bewahrung vor der Versuchung. Die positive Möglichkeit, dass Gottes Weg über die Versuchung führt (vgl. Jak 1), steht also nicht im Gegensatz zur Bitte, Gott möge nicht in die Versuchung führen.[225] Wie beide Aspekte im Gebet Jesu in Gethsemane nebeneinander stehen, so auch im Jak.

d) Nach der Versuchung wich der Teufel von Jesus. In der Versuchung hatte er mit dem Versucher zu tun. Doch nach bestandener Versuchung wird deutlich, dass er in allem nur mit Gott zu tun hatte. Der Himmel, die unsichtbare Welt Gottes, tat sich auf und die Engel kamen und dienten Jesus.

Wir sehen: Gott kann in die Versuchung *führen*, aber er *versucht* nicht. Gott führt zwar in die Anfechtung bzw. Versuchung, d.h. er stellt uns in Lebenssituationen hinein, in denen wir versucht werden bzw. angefochten sind, aber Gott ist nicht der »Versucher«. Jak 1 und das Vaterunser gehören zueinander. In der Bitte des Vaterunsers wird deutlich, dass es unangenehm und keineswegs wünschenswert ist, in Versuchung geführt zu werden. Und auch Jak weiß – wie die Bitte im Vaterunser – darum, dass man sich die Versuchung nicht wünscht, sondern dass man in sie – ungesucht und ungewollt – hineingerät. Er

225 Christus »musste« solches leiden (Mk 8,31; Lk 24,26; Apg 26,23), und hinter diesem »muss« steht der Wille Gottes; aber verworfen wurde er nicht von Gott, sondern von den Menschen. Christus »musste« verraten werden, aber wehe dem Menschen, durch den dieser Verrat geschieht (Mt 26,24). Gott führt in die Versuchung, aber das Böse, das in ihr zutage tritt, kommt nicht von ihm. Einen ähnlichen Zusammenhang sehen wir im Buch Hiob. Gott lässt es zu, dass Hiob in die Erprobung seines Glaubens gestellt wird. Aber das Böse, das Hiob erleiden muss, kommt vom Satan (Hi 1,9–12).

zeigt aber darüber hinaus, welchen Segen es bedeutet, in der Versuchung den Willen Gottes zu erkennen, Geduld zu bewahren und sich darin zu bewähren (1,3f.12).

Gott versucht niemanden. Es ist des Menschen **eigene Begierde, die** 14
ihn reizt und lockt, ihn ins Schlepptau nimmt und ihn ködert. Die Begierde steigt aus dem eigenen Herzen, *»aus dem sündhaften Grund des natürlichen Menschen«* auf. Es ist der Reiz des Verbotenen. Die Begierde *»wird als Buhlerin personifiziert, von welcher der Mensch (nach dem Fischfang entlehnten Bildern) herausgelockt und mittels des Köders, den ihm die Begierde vorspiegelt, herangelockt wird«*[226].

Begierde ist nicht etwas, das ungesucht und ungewollt über einen kommt. Es ist eine Haltung, in der man leidenschaftlich und lebhaft begehrt. Der Mensch wird von seinen Begierden zwar »geködert«, aber damit sie Macht über ihn bekommen, muss er »anbeißen«. Ein Mensch, der von seinen Begierden gelockt und überwunden wird, gibt ihren Reizen und Lockungen gerne und aktiv nach.

Die Begierde der Sünde steht im Gegensatz zum Begehren des Siegerkranzes (vgl. 1Petr 2,2.11). Man kann sagen: Geduld ist das Trachten nach der Hoffnung, ist Begehren des Siegerkranzes; Begierde ist dagegen Trachten nach der Erfüllung der eigenen Wünsche, ist das Wollen der Sünde.

Die **Begierde empfängt** (hier geht das Bild in ein anderes über) wie 15
eine Frau. Sie wird vom Menschen, der mit ihr (strafbaren) Verkehr hat, befruchtet. Sie geht schwanger und **gebiert – die Sünde.** Die Sünde kommt nicht wie ein unabänderliches Verhängnis über den Menschen, sie wird erst langsam geboren; sie tritt nach und nach deutlicher zutage.

Sünde setzt beim Menschen eine Empfänglichkeit voraus. Da gibt es viele kleine Gedanken und viele kleine Entscheidungen, bis die Sünde geboren wird. Und an jeder dieser Stationen sagt der Mensch »Ja« zur Sünde. Dieses geheime oder offene »Ja-Sagen« zur Sünde, das willentliche Verlangen nach der Sünde nennt Jak »Begierde«.

Wir stehen zwar unter der Sünde wie unter einer Macht, aber dennoch gehört die Sünde nicht unabänderlich zum Menschsein, so dass sich der Mensch mit seiner Natur entschuldigen könnte. Es gibt keine Notwendigkeit zum Bösen; Jesus hätte ihr sonst erliegen müssen. Er wurde aber versucht wie wir, doch ohne Sünde (Hebr 4,15). Jak zeigt uns auf, dass wir für die Sünde in unserem Leben verantwortlich sind.

226 B. WEISS: Komm, S. 266. Ohne Bezug auf eine »Buhlerin« nimmt G. MAIER die Bilder direkt auf: Der Mensch wird von seiner Begierde ins Schlepptau genommen wie ein manövrierunfähiges Schiff bzw. von einem Köder geangelt wie ein anbeißender Fisch.

Die **Sünde** ist zunächst wie ein unreifes Kind. Wenn sie nicht in ihrer Entwicklung durch rechtzeitige Umkehr gehemmt wird, wächst sie heran und **gebiert** ihrerseits – **den Tod.** Es gibt also auch eine Dynamik der Sünde. Sie zieht noch nicht unmittelbar den Tod nach sich, aber sie gebiert ihn.

Die Sünde führt zum gegenteiligen Ergebnis wie die Bewährung in der Versuchung. Während dem Menschen, der sich geduldig in der Versuchung bewährt, das Leben verheißen ist, geht der Mensch, der der Versuchung in seiner Begierde erliegt, darauf zu, dass sich die Sünde zum Tod auswächst.

Begierde und Sünde sind sehr »fruchtbar«, bringen aber dennoch kein Leben hervor, sondern den Tod. Ihnen wird in V. 18 eine ganz andere Art von Zeugung gegenübergestellt: Das Wort der Wahrheit gebiert uns neu zu Erstlingen der Schöpfung; diese »Schwangerschaft« bringt wirklich neues Leben hervor.

Die Begierde ist die böse Absicht; die Sünde ist das verwirklichte Böse. Begierde ist Unterwegs-Sein zur Sünde; in ihr tritt die Sünde ans Licht; Sünde ist Unterwegs-Sein zum Tod. Menschen ernten also die Frucht, die sie selbst empfangen haben.

Gleichzeitig wird deutlich, dass unsere Taten und unser ganzes Leben in größeren Zusammenhängen stehen als es uns bewusst ist. Nachdem sie von uns ausgegangen sind, stehen unsere Taten und ihre Folgen nicht mehr unter unserer Kontrolle und zu unserer Verfügung.[227] Ob wir uns in der Versuchung bewähren oder uns von der Begierde zur Sünde verführen lassen – in beiden Fällen geschieht etwas mit uns, das im unsichtbaren Bereich liegt. Den Siegerkranz und das ewige Leben können wir uns nicht selber geben; sie kommen von Gott. Ebenso haben wir die Folgen unserer Sünde nicht mehr in der Hand; sie führen zum Tod, den wir eigentlich nicht wollen. Einfach ausgedrückt: in dem, was wir im Gehorsam oder in Eigenmächtigkeit tun, haben wir es mit Gott zu tun. Von ihm empfangen wir Leben oder Tod.

6. Die gute Gabe Gottes: 1,16–18

16 Lasst euch nicht irreführen, meine lieben Brüder!
17 Jede gute Gabe und jedes vollkommene Geschenk kommt von oben, vom Vater der Lichter: bei ihm gibt es keine Veränderung und keine Verfinsterung.

227 Unsere Verantwortlichkeit *für* unser Tun und unsere Verfallenheit *in* unserem Tun sind zwei Aspekte des Menschseins, die sich nicht entflechten lassen.

18 **Nach seinem Willen hat er uns durch das Wort der Wahrheit geboren, damit wir gleichsam die Erstlingsfrucht seiner Schöpfung seien.**

Zur Übers.: V. 17: Verfinsterung wörtl.: »Schatten, der durch Sonnenuntergang entsteht«; V. 18: wörtl. »Erstlinge« (Opfersprache).

Lasst euch nicht irreführen, »indem ihr euch wegen eures Unter- 16
liegens in der Prüfung entschuldigt«. Der Irrtum besteht darin, zu glauben, dass das Böse, das jemand in der Versuchung erfährt, von Gott stamme. Diesem Irrtum liegt nicht ein falsches Verständnis von Versuchung zugrunde, sondern ein falsches Verständnis von Gott. Irrt euch nicht über Gott! Jak bekräftigt das, was er in V. 13 gesagt hat und unterstreicht es mit V. 17.

Niemand ist gut als allein Gott (Mk 10,18). Er ist aber nicht gut für 17
sich selbst. Gott besitzt seine Vollkommenheit nicht für sich allein. Er lässt sie dem Menschen zuteil werden, indem er, der Schöpfer, **»gute Gaben« schenkt.** Alles, was von Gott kommt, ist gut.[228] Alles, was gut ist, kommt von Gott, und nur das, was von Gott kommt, ist in Wahrheit gut. Wenn wir diese Wahrheit in der Tiefe verstehen, fangen wir an, neu und anders über das Gute in dieser Welt nachzudenken. Alles, was uns gut erscheinen mag, aber nicht von oben herab kommt, nicht mit Gott in Verbindung steht, verdient nicht, gut genannt zu werden.[229] Deshalb hat es auch der Reiche mit all seinen Gütern nicht gut, wenn er sich nicht seiner Niedrigkeit vor Gott rühmen kann (V. 10) und damit anerkennt, dass er das Gute allein von Gott erwartet.

Alles Gute kommt **»von oben«** und nicht von unten, von uns selbst geleistet und errungen. So haben wir keinen Grund, uns des Guten zu rühmen, das wir in unserem Leben haben (1Kor 4,7). Auch unsere guten Werke sind deshalb Gabe von oben. Alles Gute kommt aber

228 *»Der Jakobusbrief hält ... jede Polarität, jeden Dualismus dem Gottesgedanken fern: bei Gott ist nur Gutes und nichts Böses«* (vgl. 1,13) (O. HANSSEN: Meditation zu Jak 1,17–21, S. 288f). Dass es viel Böses in der Welt gibt, widerspricht dem nicht, obwohl dies immer wieder behauptet wird. Die Gefallenheit der Welt stellt Gottes Güte und sein Gutsein nicht in Frage. *»Weil die ganze Welt böse ist, ist deshalb etwa Gott nicht gut? Wäre dir besser damit gedient, daß er bloß gut wäre, so wie die ganze Welt es ist? Ist dies nicht das eine, das not ist und das eine Selige in Zeit und Ewigkeit, in Not und in Freude – daß Gott der eine Gute ist, daß niemand gut ist außer Gott?«* (S. KIERKEGAARD: Erbauliche Reden, 1843–1844, S. 30). – *»Alles Gute und Schöne in dieser Welt ist seine Gabe, für die wir ihn preisen wollen ... Was aber böse und finster war, das kam nicht von Gott, sondern aus der Menschen Bosheit und aus unserem eigenen Herzen ... So ist die Schöpfung, die gute Gabe Gottes, durch uns Menschen geschädigt worden und wartet mit uns auf des Leibes Erlösung«* (A. KÖBERLE: Das Brot des Lebens, S. 190).

229 Das Gute ist in Gott verankert. Wir können nicht angemessen vom Guten reden, ohne von Gott zu reden. *»Die Frage nach gut und böse ...* [kann] *nicht an der Gottesfrage vorbei gelöst werden. Sie hat den Rang einer religiösen Frage«* (O. HANSSEN: Meditation zu Jak 1,17–21, S. 292).

auch nicht – wie manche meinen – von den Himmelslichtern, von den Sternen, die als Symbole von Heil und Glück gelten. Alle gute Gabe (vgl. Sir 1,8; Phil 4,15) kommt ohne Ausnahme von Gott. Er ist der **Vater der (Himmels-)Lichter;** er hat auch sie geschaffen.

Alle **Veränderung,** jede **Verfinsterung,** ist bei ihm **ausgeschlossen.** Von ihm kann nicht einmal Gutes und dann wieder Böses kommen. In ihm sind nicht Gutes und Böses, Licht und Schatten vereinigt.

Gott ist unveränderlich; das bedeutet nicht, dass er unbeweglich, unflexibel oder altmodisch wäre. Es bedeutet: Er ist treu und verlässlich.[230] In seiner Unveränderlichkeit und verlässlichen Treue steht Gott a) der Schöpfung gegenüber, die dem Wandel unterworfen ist. Er steht b) dem Zweifler gegenüber, der wie eine Woge hin- und hergeworfen wird und auf seinen Wegen unbeständig ist (1,6). Und er steht c) dem Reichen gegenüber, der in seiner Pracht vergänglich ist (V. 11). Nur von Gott her erhalten diese letzten Urteile über die Schöpfung, über den Zweifel und den Reichtum ihr Gewicht und ihre Berechtigung. Erst im Vergleich zu Gott treten die vergänglichen und veränderlichen Dinge in ihrer Bedeutung, die wir leicht überschätzen, zurück.

18 Im Zusammenhang des Themas »Geduld in der Erprobung« wird an den Beginn des neuen Lebens zurückerinnert, das nun in der Versuchung steht. Jak erinnert an die Einmaligkeit der neuen Geburt (Aorist *apekyäsen)*, und er erinnert daran, dass die Wiedergeburt nach dem Willen Gottes geschieht, nicht nach unserem Willen. Wiedergeburt geschieht durch das Wort der Wahrheit (vgl. 1Petr 1,23).

Unser Verhältnis zu Gott ist nicht das der menschlichen Wahl, sondern der göttlichen Zeugung. Wir werden dadurch neue Menschen, dass er uns zeugt. Dadurch wird er uns zum Vater, dem wir als Kinder zugehören. In V. 15 haben wir gehört, dass die Sünde den Tod gebiert. Hier vernehmen wir nun, dass **Gott** uns **durch sein Wort gebiert** zur Erstlingsfrucht seiner neuen Schöpfung. Weil Gott uns das neue Leben gegeben hat, dürfen wir das Vertrauen haben, dass er nichts tun wird, was dieses neue Leben wieder nehmen oder in Frage stellen würde (V. 13).

Das neue Leben der Christen ist in Gott gegründet. Jak spricht in seinem Brief viel von dem, was ein Christ tun soll. An dieser Stelle wird deutlich, dass auch für ihn das entscheidende Handeln von Gott ausgeht. Die entscheidenden Aussagen werden nicht vom Menschen sondern von Gott gemacht. Von Gott werden in den V. 13–18 drei wichtige Dinge gesagt: a) er ist die Quelle des Guten; b) er ist der Vater des Lichts; c) er ist der Erzeuger und Schöpfer neuen Lebens.

230 Die Unveränderlichkeit Gottes hat nichts mit der Unveränderlichkeit eines metaphysischen Gottes zu tun, wie wir ihn aus der griechischen Philosophie kennen. Sie ist ein Ausdruck der Treue und der Verlässlichkeit Gottes.

Christen sind **Erstlinge der neuen Schöpfung.**[231] Sie sind Erstlingsfrüchte einer Ernte, die noch einzubringen ist. Es ist also in Gottes Plan noch mehr zu erwarten als das, was sich in der kleinen Schar der ersten Christen bereits verwirklicht hat. Das gilt sowohl quantitativ (es gehören noch nicht alle dazu) als auch qualitativ (die Fülle der neuen Schöpfung ist nicht an dem abzulesen, was sich bei Christen wahrnehmbar verwirklicht hat).[232] Mit der Bezeichnung »Erstlinge« wird die kleine Gemeinde der Christen in einen universalen Horizont gestellt, der in der Mission seine angemessene Entsprechung findet.[233]

Christen sind – auch dann, wenn sie in der Versuchung stehen – ein Hinweis. Sie weisen in ihrer Existenz über sich hinaus auf die neue Schöpfung und damit auf Gott selbst, der der Vater und Schöpfer dieser neuen Schöpfung ist. »*Gottes schenkende Herrlichkeit wird heute nicht an den Werken der Weltschöpfung angeschaut, sondern an der ›zweiten Schöpfung‹, an der Geburt der Kinder Gottes.*«[234]

Am Ende dieses Abschnitts, der mit dem Bild einer großen Ernte schließt, machen wir uns deutlich, was dies mit dem Thema »Versuchung« zu tun hat. Versuchungen gehören zum »Acker dieser Welt«, aus dem wir als Erstlinge der neuen Ernte »geerntet« werden. Der Same ist das Wort Gottes, das in uns eingepflanzt ist (V. 21). Die »Frucht« ist das ewige Leben (V. 12). Versuchungen sind der Boden, auf dem diese Frucht wächst.

Früher bildeten die Verse 17–21 eine Perikope (Predigteinheit). V. 18 und V. 21 rücken dann enger zusammen: die *Zeugung* (von außerhalb des Menschen), die *Pflanzung* (in den Menschen hinein) und die *Annahme* (vom Menschen aus) sind dann unmittelbar aufeinander bezogen. Das Wort der Wahrheit, das nicht vom Menschen stammt und von ihm aus nicht gesagt werden kann, bleibt nicht außerhalb des Menschen. Es wird in ihn eingepflanzt, findet seinen Platz im Menschen, und es entwickelt dort seine Kraft und Fruchtbarkeit. Dieses Wort, durch das der Mensch wiedergeboren wird und das Gott selber in ihn einpflanzt, muss jedoch auch vom Menschen angenommen (V. 21) und von ihm befolgt werden (V. 22); das ist kein Gegensatz.

231 Gemeint ist das Christwerden als Neuschöpfung des Menschen (vgl. Eph 2,10; 4,24; 1Petr 1,3f; Joh 1,13).

232 Jak spricht »*nicht von dem empirischen Verhalten der Christen … (dann wären seine folgenden Ermahnungen überflüssig), sondern von ihrer Bestimmung, zu der sie durch das Wort eingesetzt sind*« (H. GOLLWITZER: Meditation zu Jak 1,17–21, GPM, 1968, S. 230).

233 »*… das letzte Ziel Gottes umfaßt die Menschheit, alle von ihm Geschaffenen*« (A. SCHLATTER: Komm, S. 137). Vgl. dazu G. MAIER: »Inwiefern ist der Jakobusbrief missionarisch?«

234 M. DOERNE: Furcht ist nicht in der Liebe, S. 108. »*Das Dasein von Christen in diesem gegenwärtigen Äon ist nicht ein Restbestand der Vergangenheit. Es weist im Gegenteil … in die Zukunft hinaus*« (a.a.O., S. 109).

III. HÖRER UND TÄTER DES WORTES: 1,19–27

1. Das Reden der Menschen und das Reden Gottes: 1,19–21

19 Wisset, meine Brüder: Jeder Mensch sei schnell zum Hören, langsam zum Reden, langsam zum Zorn!
20 Denn der Zorn eines Mannes bewirkt nicht Gottes Gerechtigkeit.
21 Darum legt ab alle Unsauberkeit und alle überschäumende Bosheit und nehmt in Sanftmut das eingepflanzte Wort auf, welches die Kraft hat, eure Seelen zu retten.

Zum Aufbau: Mit der Anrede »meine Brüder« ist der Beginn eines neuen Abschnitts markiert, der wie der vorangegangene mehrere Themen anschneidet, die in den folgenden Kapiteln weiter ausgeführt werden. In Anknüpfung an V. 18 (das »Wort der Wahrheit«) behandelt Jak in diesem Abschnitt zunächst allgemein das rechte Hören und Reden, kommt danach jedoch auf das rechte Hören und Tun des Wortes Gottes zurück. Das »Gesetz der Freiheit« in V. 25 entspricht dabei dem »eingepflanzten Wort« in V. 21 und dem »Wort der Wahrheit« in V. 18.

Die einzelnen Motive dieses Abschnitts sind – ähnlich wie in Jak 1,1–18 – mehrfach durch Gegensatzpaare und Stichwortanknüpfungen formal und inhaltlich miteinander verbunden: dem »schnellen Hören« entspricht das »langsame Reden«; der »Zorn, der nicht tut, was vor Gott recht ist«, soll abgelöst werden durch die »Sanftmut«, in der das Wort Gottes aufgenommen wird; das Ablegen der Bosheit (»negativer« Aspekt) ist eng mit der Aufnahme des Wortes (»positiver« Aspekt) verknüpft.

So steht der negativen Wirkung menschlichen Redens (Zorn) die positive Wirkung des göttlichen Wortes gegenüber (Seelen retten); zum richtigen »Hören« gehört das richtige »Tun«.

Der Zielpunkt des Abschnitts besteht in dem folgenden Gedanken: durch rechtes (»schnelles«) Hören, durch rechtes (»langsames«) Reden und durch rechtes Aufnehmen des Wortes Gottes entsteht das rechte Tun, der rechte Gottesdienst.

19 Das »Wort der Wahrheit« (V. 18) will – wie alle Worte – vernommen werden. Worte werden mit der Absicht gesprochen, dass sie gehört werden. Worte dienen der Kommunikation und stiften Verbindung. Die ersten, ursprünglichen Worte werden in der Bibel von Gott gesprochen (1Mo 1). Durch sein Wort wurde der Mensch geschaffen und mit Gott in Beziehung gesetzt. Das erste Wort, das Gott zum Menschen spricht, ist ein Gebot (1Mo 2,16f). Die »Antwort« auf dieses erste

Reden Gottes ist (zunächst) das Hören. Menschen sind zuerst auf das Hören angelegt.

Alles Reden, das aus diesem Hören kommt, stärkt die Gemeinschaft der Menschen mit Gott und untereinander. Ein Reden aber, das nicht aus dem Hören auf Gottes Wort kommt, führt in Verwirrung und Verderben (1Mo 3,1ff). Es zerstört die ursprüngliche Verbindung mit Gott, in die der Mensch gestellt ist. Es zerstört auch die Verbindung der Menschen miteinander.

Jak möchte im Folgenden auf die Gefahr eines solchen Redens aufmerksam machen, das nicht aus dem Hören kommt, das in seiner Steigerung zum Zorn wird und in seiner Konsequenz die Gemeinschaft der Menschen untereinander stört oder sogar unmöglich macht. Auch Christen sind gefährdet, zu schnell zu sein mit ihrem Urteil (V. 19), ihre Zunge nicht im Zaum zu halten (V. 26), mit ihrem falschen Reden das Wort Gottes zu übertönen, viel zu hören, aber wenig zu tun, also vergeblich zu hören (V. 22).

Ein jeder sei schnell bereit, zuzuhören – zurückhaltend im Reden und erst recht langsam zum Zorn. Es kommt in diesem Satz eine Erfahrung zum Ausdruck, die alle Menschen machen können. Die Weisheitsliteratur des Alten Testaments geht in dieselbe Richtung: »Behüte deine Zunge vor Bösem« (Ps 34,14.15); »Sei schnell bereit zum Hören« (Sir 5,13).

Wir leben im »Zeitalter der Geschwindigkeit«, in dem Schnelligkeit einen Wert in sich hat. Alles, was schneller geht, scheint besser zu sein. Darüber verlieren wir leicht die Fähigkeit, wirklich zu hören. Doch gerade da gilt es, schnell zu sein.

Im Hören schnell zu werden, das lässt sich gar nicht so einfach lernen. Wir können dabei ja nichts tun, wodurch sich die Geschwindigkeit steigern ließe. Hier muss sich die Grundhaltung eines Menschen verändern. Wer gelernt hat, **schnell im Hören** zu werden, der hat gelernt, still und aufnahmebereit zu sein; er hat gelernt, zu empfangen und zu vernehmen und das, was er vernehmen kann, nicht mit seinen eigenen Worten zu ersticken. Viele Gespräche leiden darunter, dass die Kunst des Hörens nicht vorhanden ist. Viele Ehen leiden darunter, dass das Gespräch erstorben ist und dass man langsam oder unfähig geworden ist, zu hören.

Was schon unter uns Menschen gilt, gilt noch viel mehr im Hinblick auf das Reden Gottes. Vielleicht können wir deshalb so wenig von dem vernehmen, was Gott uns sagen möchte, weil wir noch nicht »schnell genug im Hören« geworden sind. Vielleicht sind für uns deshalb so viele Gottesdienste unfruchtbar und uninteressant geworden, weil wir nicht mehr hören, nicht mehr aufnehmen können. Und wenn wir nicht mehr in den Gottesdienst gehen, um dort auf Gott selbst zu hören, dann werden wir zunehmend Anstoß nehmen am Prediger, an den

Liedern, an der Ordnung des Gottesdienstes. Dass die Predigt zu ihrem Ziel kommt, ist nicht nur eine Aufgabe des Predigers, sondern noch viel mehr eine Aufgabe des Predigthörers. Wer nicht aufs Hören eingestellt ist, den wird keine noch so gewaltige Predigt erreichen. *»Wen danach verlangt, immer wieder aus der Quelle der Wahrheit das Wort zu vernehmen, ... der muß ... sich taub machen gegen den Lärm der Welt und das Gerede der Menschen; der muß in sich selbst zum Schweigen bringen, was an eigenen Gedanken in ihm aufsteigt; der muß auch die Stille der Einsamkeit nicht scheuen, nein, er muß sie suchen und lieben, um mit seinem Gott allein zu sein.«*[235]

[a] Spr 29,20 Pred 7,9

Die Bereitschaft der Menschen, schnell zu reden[a], ist zugleich ein Ausdruck dafür, dass sie die Bereitschaft verloren haben zu hören: zunächst auf Gott und in der Folge auch auf die Worte der anderen. Jak ermahnt dazu, **»langsam zum Reden«** zu werden. Er mahnt zu einer »Askese im Reden«. »Wo viel Worte sind, da geht es ohne Sünde nicht ab« (Spr 10,19), »und wo viele Worte sind, da hört man den Toren« (Pred 5,2). Worte haben eine ungeheure Macht. Das liegt daran, dass wir im Sprechen an der Schöpferkraft Gottes teilhaben, der die ganze Welt durch sein Wort geschaffen hat (1Mo 1,3ff); auch der Beginn der Erlösung, der neuen Schöpfung geschieht durch sein Wort (Joh 1,1ff).

Wir müssen umlernen und unsere gewohnte Haltung in diesen Dingen korrigieren. Wir müssen gerade da schnell werden, wo wir von uns aus viel zu langsam sind: im Hören. Und wir müssen dort langsam werden, wo wir leicht zu schnell sind: im Reden.

Erst recht gilt es, **langsam zum Zorn** zu sein. Wer nicht bereit ist, zuzuhören, wird um so schneller reden und innerlich schnell zum Zorn bereit sein. Wer sein Ohr nicht unter Kontrolle hat, wird auch seine Zunge nicht zähmen können, und wer seine Zunge nicht zähmen kann, wird am Ende auch seinen Zorn nicht mehr unter Kontrolle haben.

Menschen mit einer schweren oder ungeübten Zunge können Propheten werden (Mose: 2Mo 4,10; Amos: Am 7,14f); wer aber eine lockere Zunge hat, ist immer besonders gefährdet. Das Thema wird noch einmal in Jak 3,1–12 aufgenommen.

20 Im Zorn tun wir niemals, was Gott gefällt. Zorn ist Sünde und schafft Sünde (Spr 29,22; Pred 7,9; Eph 4,26; Kol 3,8). Zorn wird deshalb von Jesus im Zusammenhang mit dem Gebot, nicht zu töten, angesprochen (Mt 5,21f). Zorn kann töten. Deshalb soll der Zorn auch abgelegt werden (Kol 3,8).[236]

235 T. ZAHN: Brot und Salz aus Gottes Wort, S. 155f.

236 *»Zorn, Gewalt und Strafe werden heute vom Zeitgeist abgelehnt; man sieht darin die Ursache allen Leides und aller Unzufriedenheit. Wenn Zorn, Gewalt und Strafe überwunden sind, dann wird Friede auf Erden sein. Der Irrtum dieser Haltung steckt darin, daß man Ursache und Wirkung verwechselt. Zorn*

Das gilt zunächst ganz allgemein vom Zorn, in den wir im Alltag verfallen können. Ein Mensch entspricht darin nicht der Gerechtigkeit Gottes. Besonders schwer ist es, seine Zunge und seinen Zorn im Zaum zu halten, wenn man den Eindruck hat, der Zorn sei berechtigt, wenn man meint, durch seine Empörung der Gerechtigkeit Gottes zu dienen. Es mag sein, dass Zorn auch seine Berechtigung hat. Das wird von Jak nicht völlig von der Hand gewiesen. Wir sollen langsam zum Zorn sein.[237] Das bedeutet: Stille werden vor Gott, dass uns der Zorn nicht mit sich reißt. »Wenn ihr zürnt, so sündigt nicht; redet in eurem Herzen auf eurem Lager und seid stille« (Ps 4,5). Zorn darf nicht blind und spontan sein, und er darf nicht zum leitenden Motiv des Handelns werden.

Ein Mensch ist in seinem Zorn offenbar dann besonders gefährdet, wenn er sich damit auf der Seite Gottes wähnt, wenn er glaubt, sein Zorn sei ein »heiliger Zorn«. Gerade wenn jemand einen »heiligen Zorn« für sich in Anspruch nimmt, steht er in der Gefahr, sich in Selbstgerechtigkeit zu überhöhen und sich damit unangreifbar und unkorrigierbar zu machen. Deshalb stellt Jak unmissverständlich fest: **Durch eines Menschen Zorn kann Gottes Gerechtigkeit nicht bewirkt werden.** Es geht ja nicht darum, dass die Gerechtigkeit von Menschen durchgesetzt wird, sondern dass Gottes Gerechtigkeit geschieht. Gerechtigkeit muss allein *Gottes* Gerechtigkeit sein.[238] Deshalb steht auch der Zorn letztlich nur Gott zu.[239]

und Gewalt sind nicht die Ursache der Unzufriedenheit und Friedlosigkeit, sondern die Folge. Deshalb ist die zentrale Frage: Wie kommt es zum Frieden und zur Zufriedenheit? Diese Frage aber ist letztlich die Frage nach Gott und seinem Handeln« (O. HANSSEN: Meditation zu Jak 1,17–21, S. 294).

237 *»Hat nicht auch Jakobus mit ›langsam‹ gesagt, daß es Vorgänge gebe, auf die der Zorn die von Gott gewollte Antwort sei? Auf die Frage nach dem Recht und dem Unrecht des Zorns gibt aber der neue Satz mit großer Klarheit die Antwort: nie ist das, was der Zornige mit seinem Reden und Handeln wirkt, Gerechtigkeit. Was aber neben der Gerechtigkeit noch geschehen muß, ist Gericht. Hier greift aber die Regel Jesu ein, die Jakobus mit unbegrenztem Glauben bewahrt hat, die dem Jünger das Gericht untersagt. Sein Beruf ist einzig, Gerechtigkeit zu wirken, nicht Gericht. Unzweifelhaft geschehen auch Dinge, auf die Zorn die richtige Antwort ist. Da sich aber der Christ, wenn er im Zorn handelt, zum Diener des Gerichts machte, hat er dringenden Anlaß, mit größtem Ernst zu erwägen, ob er wirklich zum Zorn berufen sei«* (A. SCHLATTER: Komm, S. 141f).

238 Mit »Gerechtigkeit Gottes« ist in Jak 1,20 nicht die von Gott geschenkte Heils-Gerechtigkeit gemeint, die vor Gott gilt und die den Menschen vor Gott gerecht macht (Röm 3,21–26), sondern die Gerechtigkeit, die Gott auf Erden übt (Jer 9,23). »Die Rache ist mein«, spricht der Herr, »ich will vergelten« (5Mo 32,35). »Der Herr wird seinem Volk Recht schaffen« (5Mo 32,36). Darin liegt auch die tiefere Bedeutung der sonst schwer verständlichen »Rachepsalmen« (Ps 58; 79; 94): Die Rache – und damit auch die Gerechtigkeit – wird Gott überlassen. Dadurch ist der Mensch davon entlastet, seine »gerechte Sache« selber durchzusetzen. Er darf dem »Zorn Gottes Raum geben« (Röm 12,19).

239 Jak 5,9; Mt 18,34; 22,7; Offb 6,16f; 14,10.19; 19,15.

21 Doch wie kann dieses falsche Reden und Unruhe-Stiften überwunden werden? Jak nimmt ein Bild auf, das uns im NT mehrfach begegnet: das *Bild vom Umkleiden* (Eph 4,22.25.31; Kol 3,8–10; 1Petr 2,1). **Legt alle Unsauberkeit und alle überschäumende Bosheit ab!** Das Bild vom Ablegen der Kleidung will sagen: Die Unsauberkeit und die Bosheit hat sich wie ein Kleid um uns gelegt, so dass unser äußeres Erscheinungsbild völlig davon bestimmt ist.

Andererseits wird aber deutlich, dass wir uns gegenüber der Unsauberkeit und der Bosheit aktiv verhalten können, dass wir ihnen nicht ausgeliefert sind. Sie sind nicht ein Teil von uns selbst, so wie auch die Kleidung nicht ein Teil von uns selbst ist. Unsauberkeit und Bosheit gehören ebensowenig untrennbar zu uns wie ein Kleidungsstück. Das Bild vom Umkleiden zeigt, wie sehr wir vom Bösen umkleidet sein können und zeigt zugleich, dass wir ihm nicht passiv gegenüberstehen müssen, sondern es ablegen können. **»Unsauberkeit«** bzw. »das Schmutzige« ist alles das, was wir durch eigene Schuld auf unser Leben gelegt haben. »Das Unsaubere beseitigen« bedeutet: Nach dem Bekennen der Schuld[b] seine Lebensweise, seinen Lebensstil gründlich zu ändern. Vielleicht ist es für uns wichtig festzuhalten: Jak rechnet damit, dass es alle mögliche Schlechtigkeit in der Gemeinde gibt. Er ist sehr realistisch und hat kein idealisiertes Bild von Christen und Gemeinden. Aber er ist nicht in pessimistischem Sinne realistisch, dass er davon ausgeht: »das ist nun einmal so«, »damit müssen wir rechnen und können es nicht ändern«. Er rechnet damit, dass Christen sündigen, aber er geht dagegen an, indem er seinen Finger auf die wunden Punkte legt und den Christen zur Sündenerkenntnis und damit zur Umkehr verhilft.

[b] Jak 5,16

Es gilt, in all dem langsam zu werden, was das Hören des Wortes dämpfen könnte (V. 19) und all das abzulegen, was die Aufnahme des Wortes verhindern würde.

Doch kann dieses Ablegen nur in Verbindung mit dem Aufnehmen des Wortes Gottes geschehen. Denn nur sein Wort hat die Kraft, unsere Seelen zu retten. Deshalb hat auch das Wort die Kraft uns zu neuen Menschen, zu einer neuen Schöpfung (1,18) zu machen. Das Wort ist in uns gepflanzt und wächst in uns und bringt seine Frucht.

Der Gegensatz zum Ablegen der Unsauberkeit und der Bosheit ist in diesem Vers nicht die »gute Tat«, sondern zuerst eine andere Haltung, die Sanftmut (vgl. Mt 5,5): **»nehmt das eingepflanzte Wort in Sanftmut auf«.** Allein in der Haltung der Sanftmut ist es möglich, das Wort Gottes aufzunehmen. Jesus hat von sich gesagt: »Ich bin sanftmütig und von Herzen demütig« (Mt 11,29; 21,5). Seine Sanftmut wurde deutlich in der Art und Weise, wie er sich gerade zu den verachteten und verlorenen Menschen herabbeugte, wie er auf seine Herrlichkeit beim Vater verzichtete, sich selbst erniedrigte und Knechtsgestalt annahm (Phil 2,5–11). Darin war er gehorsam, nahm also den Willen Gottes für sich sanftmütig an und konnte aus dieser Haltung dem Vater gegenüber auch sanftmütig gegenüber den Menschen sein. So sollen auch wir uns in Sanftmut demütig herabbeugen und Gottes Gabe (Jak 1,17) und seinen Willen in seinem Wort als unseren Auftrag empfangen. Sanftmut ist dabei nicht etwas Weichliches und Unentschiedenes; Sanftmut *»ist Zeichen von zäher Geduld und königlicher Freiheit«*[240]. Sich in Sanftmut von Gott beschenken lassen, das ist *»gelebte Zufriedenheit«*[241].

Das Wort in Sanftmut aufzunehmen ist für Jak ein Ausdruck von Weisheit und Klugheit (3,13f). In Weisheit wird das Wort so aufgenommen, dass es mich von innen heraus verwandelt und zur Sanftmut führt. Damit steht die Art und Weise, wie wir das Wort aufnehmen, im heilvollen Gegensatz zum Zorn, in dem wir unsere Worte verschleudern. Richtiges Hören und Aufnehmen macht das Reden und die Beziehungen unter Menschen heil.

Das Wort, das wir aufnehmen sollen, ist bereits in uns **gepflanzt.** Es liegt das *Bild der ausgesäten Saat* zugrunde, die wächst und zur Frucht heranreift.[242] Das Wort ist in uns von außen hineingelegt worden und verwandelt uns von innen heraus. Was immer im Leben eines Christen an Frucht sichtbar wird – es ist die Frucht dieses Wortes. Das ist Jak entscheidend wichtig. Es geht ihm nicht um einen bloßen Aktivismus (Tun statt Reden!), in dem der Mensch zum Zuge kommt, sondern darum, dass das Wort seine eigentliche Wirkung tut – zunächst am Hörer selbst (V. 23). Ziel des Wortes Gottes ist die **»Rettung eurer Seelen«.**

Wortverkündigung und Wortauslegung verlieren ihren Auftrag und ihre Vollmacht, wo sie dieses Ziel verfehlen. Um die »Rettung der Seelen« ging es in den Erweckungsbewegungen, von denen wir aus der Kirchengeschichte wissen. Wenn wir die »Rettung der Seelen« aus unserem Sprachschatz und damit aus unserem Bewusstsein streichen, geben wir die Mitte des Wortes Gottes preis; denn darum geht es Gott, wenn er sein Wort spricht und in uns einpflanzt.

Jak versteht seine Verantwortung gegenüber den Gemeinden in der Zerstreuung genau in dieser Zielrichtung. Jak schreibt seinen Brief nicht bloß um der (weisheitlichen) Belehrung willen. Er schreibt seinen Brief mit dem Ziel, durch das »Wort der Wahrheit«, das ihm selber als Same übergeben wurde, Seelen vom Tode zu erretten (Jak 5,20).

Aufnehmen bedeutet offenbar, dass wir immer wieder neu dieses Wort hören und in uns bewegen. Auch Christen können sich im Laufe der Zeit dem Wort Gottes gegenüber verschließen, können müde und

240 H. GOLLWITZER: Meditation zu Jak 1,17–21, GPM, 1968, S. 232.
241 O. HANSSEN: Meditation zu Jak 1,17–21, S. 294.
242 Zum Wort Gottes als Same und Pflanze vgl. Mt 13,1ff.; 15,13; 1Kor 3,6.

träge werden (Hebr 5,11). Das Wort wird im Hören lebendig, und die Wirkung des Wortes lebt davon, dass es immer wieder von neuem gehört und angenommen wird.[243] Weil das Wort allein die Kraft hat, zu retten, gibt es für Menschen nichts Wichtigeres, als dieses Wort anzunehmen.[244]

In der Langsamkeit zum Zorn, im Ablegen der Unsauberkeit und im Annehmen des Wortes der Wahrheit wird die Wiedergeburt (V. 18) konkret.

2. Hören und Tun: 1,22–25

22 Werdet aber Täter des Wortes und [seid]; nicht Hörer allein, die sich selbst betrügen.

23 Wenn jemand ein Hörer des Wortes ist und nicht ein Täter, so gleicht er einem Mann, der sein natürliches Angesicht im Spiegel betrachtet,

24 denn nachdem er sich gesehen hat, geht er wieder davon und hat sofort vergessen, wie er beschaffen war.

25 Wer aber hindurchgeschaut hat in das vollkommene Gesetz der Freiheit und dabei geblieben ist, der ist nicht ein vergesslicher Hörer, sondern ein Täter des Werkes; dieser ist glücklich zu preisen in seinem Tun.

Zur Übers.: V. 22: »sich betrügen« – wörtl.: »sich vorbeimogeln«. V. 23: »natürliches Angesicht« – wörtl.: »das Angesicht seiner Herkunft«. V. 25: »hindurchschauen« – wörtl.: »sich vorbeugen, um etwas genau zu sehen«.

Zum Aufbau: Nachdem in V. 21 der Grund gelegt wurde (das Wort ist in euch eingepflanzt und hat die Kraft, eure Seelen zu retten), wird in den folgenden Versen die Wirkung dieses Wortes beschrieben: Es führt zu einem Tun, das Wirkung dieses Wortes ist. In Kap. 2,14–26 wird das Thema nochmals aufgenommen und entfaltet.[245]

243 *»Ihr habt nun schon das Wort, das ihr nicht selbst erdacht noch erworben, sondern Gott aus Gnaden euch gegeben und in euch gepflanzt hat ... Allein liegt es daran, daß ihr es auch annehmet und euch zu Nutz machet, und brauchet es mit Sanftmut, daß ihr je fest daran haltet ... Solches ist nun unter und in euch gepflanzt, daß ihr euch eurer Seligkeit könnet gewißlich trösten und hoffen; allein sehet zu, ob ihr euch wollt davon treiben oder abwenden lassen den Zorn oder die Unsauberkeit dieser Welt; oder dasselbe Wort, so euch Gott so gnädiglich und reichlich gegeben ohne eure Arbeit und Verdienst, annehmen und behalten mit Geduld und Reinigkeit«* (M. LUTHER: Kirchen-Postille, Walch, 12. Bd., Sp. 590f).

244 Apg 8,14; 11,1; 17,11; 1Thess 1,6; 2,13.

245 Auch für die Auslegung von Jak 2,14–26 ist deshalb die Voraussetzung zu bedenken, die Jak in 1,21 beschreibt: Das Wort hat die Kraft, zu retten.

Christen sind neue, lebendige Geschöpfe (1,18). Das neue Leben kommt zur Entfaltung; sie handeln anders als die alte Kreatur.

»Täter des Worts« sein bedeutet: tun, was Gott will und was er in seinem Wort sagt. Wie schon im AT großen Wert darauf gelegt wird, dass das Gesetz nicht nur vernommen, sondern auch getan wird (5Mo 4,1.6; 31,12), so hat auch Jesus auf das Tun seiner Worte großes Gewicht gelegt (Mt 7,21ff; 25,31ff; Lk 11,28; Joh 13,15.34f). Auch Paulus hat davon gewusst, dass Gott sein Gesetz (sein Wort) nicht allein zum Hören, sondern zum Tun gegeben hat (Röm 2,13). Vgl. auch 1Joh 3,18. 22

Das Gericht erfolgt – nach übereinstimmendem Zeugnis des Neuen Testaments – nach den Werken: Mt 7,2; Joh 5,29; Röm 2,5–11.13; 2Kor 5,10; Offb 14,13.

Gottes Wort ist nicht nur zum Hören da. Es will zur Wirkung kommen. Durch sein Wort hat er die Welt geschaffen; wenn er spricht, so geschieht es. Die hebr. Vokabel für Wort *(dabar)* beinhaltet beides: die Sprache und die Sache. Unverbindliches Reden gibt es bei Gott nicht. Im Anfang war das Wort (Joh 1) und mit dem Wort die Tat. Gottes Wort verhallt nicht im Raum, es kehrt nicht leer zurück, sondern richtet aus, wozu es gesandt ist (Jes 55,11).

Bei Menschen mag es das geben, dass Wort und Tat zweierlei sind. Bei ihnen gibt es diese seltsame Gespaltenheit, die Gottes Wesen fremd ist. Sie können sich selbst betrügen, indem sie hören und nur hören; indem sie hören, aber nicht gehorchen, vernehmen, aber die Tat schuldig bleiben. Weil der Mensch in diesem inneren Zwiespalt leben kann (vgl. Jak 1,8.26; 3,9f; 4,1), ermahnt Jak: **Werdet Täter des Wortes und nicht Hörer allein!**

Wort und Tat gehören für Jak untrennbar zusammen. Das Wort ist nicht recht gehört, wenn es nicht zur Tat führt. Dazu möchte Jak hinführen. Nicht Wort und Tat sind in sich getrennt, der Mensch ist in seiner Sünde in sich gespalten, so dass er in sich trennt, was von Gott her zusammengehört.

Wer nicht nach dem Wort handelt, das er hört, **betrügt sich selbst.** Wenn ihr das tut, dann »mogelt ihr euch vorbei«, sagt Jak wörtlich. Ihr mogelt euch an dem Wort und seiner Wirkung vorbei. Durch »bloßes Hören«, in dem man das Wort nicht zur Wirkung kommen lässt, wird keiner gerettet (V. 25). Wer das Wort gehört hat, aber weiter so lebt, als wenn ihn das Wort nicht getroffen hat, der »betrügt sich selbst«.

Wenn Christsein heißt, den alten Menschen abzulegen und den neuen anzuziehen (V. 21; Kol 3,8–10; Eph 4,17–32), dann ist es eine Form von Selbstbetrug, dahinter zurückzufallen, dass wir als Christen bereits den alten Menschen ausgezogen und den neuen angezogen haben. Es wäre eine gelebte Lüge, wenn wir als neuer Mensch mit den

Verhaltensweisen des alten weiterlebten. Wir würden dann nicht in der Wahrheit stehen, sondern in uns selbst gespalten sein.

23–24 Das folgende Gleichnis illustriert den Selbstbetrug, von dem Jak in V. 22 spricht.[246] Im Wort erkennt sich der Mensch wie in einem **Spiegel.** Das Wort vermittelt uns ein Bild von uns. Aber das Bild kann wieder verschwinden. Der Spiegel deckt auf, was da ist. Aber er bewirkt noch nicht ohne weiteres die Veränderung.

Wer in den Spiegel schaut, sieht sein **»natürliches Angesicht«**, genauer: das Gesicht seiner Herkunft, seiner Entstehung. Das kann darauf gedeutet werden, dass jemand in seinem Gesicht das Dokument seiner *»bisherigen Lebens- (und Sünden-)geschichte«*[247] sieht. Er sieht, wer er seiner geistigen Herkunft nach ist. Dass es hier um mehr als nur ein äußeres Anschauen geht, wird auch in der Formulierung deutlich: **»er hat sofort vergessen, wie er beschaffen war«**, d.h. welcher Art er war. Der Spiegel wird zum Gleichnis für das Aufdecken; er »spiegelt« nicht nur, sondern zeigt auf, wer man eigentlich ist. Er macht sichtbar, was sonst unsichtbar ist. Wer in diesen Spiegel schaut, erblickt darin nicht nur sein äußeres Aussehen, sondern erkennt, wer er wirklich ist. Wir merken: es ist nicht von einem gewöhnlichen Spiegel die Rede, sondern vom Wort Gottes, vom Gesetz der Freiheit.[248]

Ein Täter des Wortes ist jemand, der in diesem Spiegel gesehen hat, wer er selber ist, und nicht wieder geht, wie er gekommen ist. Das hat Konsequenzen! Wer wieder geht, wie er gekommen ist, wer wieder vergisst, was er im Spiegel gesehen hat, hat umsonst in den Spiegel geschaut.

Wir schauen in das Wort Gottes wie in einen Spiegel. Hier ist uns ein Hinweis darauf gegeben, wie wir uns mit dem Wort Gottes beschäftigen sollen. Wir sollen es betrachten – nicht wie ein Stück Literatur, sondern wie einen Spiegel, in dem wir uns selber sehen, wer wir sind. Gott hält uns in seinem Wort einen Spiegel vor, und wir nehmen sein Wort richtig auf, wenn wir erkennen: So bist Du, Du bist gemeint! Gott hat uns sein Wort nicht zur unverbindlichen Betrachtung oder nur wissenschaftlichen Bearbeitung gegeben. Sein Wort ist eine Kraft, die verändern will. Wer das Wort Gottes recht hört, der kann es nicht anschließend beiseite legen, so als wäre nichts geschehen. Gleichzeitig kann Gottes Wort uns auch zeigen: So bist du von Gott gemeint! Es überführt nicht nur, sondern beruft uns auch.

25 Die Metapher vom Spiegel wird nun positiv angewendet. Hier ist mehr als ein Spiegel, der in der Antike zumal nur ein undeutliches Bild

246 Es steht dem Gleichnis in Mt 7,24–27 nahe.

247 G. MAIER: Komm, S. 39.

248 Es handelt sich – genau genommen – nicht um ein Gleichnis, in dem ein in sich verständliche Bildteil auf etwas anderes übertragen wird, sondern um eine Metapher, die die Übertragung die Anwendung schon in sich enthält.

reflektierte. Hier ist ein geöffnetes Fenster, durch das wir einen Blick tun dürfen in die Welt Gottes, damit wir erkennen, welches Gottes Urteil über unser Leben und welches sein Wille für unser Leben ist. **»Hindurchschauen«** bedeutet: »sich darin vertiefen«, wörtl.: »sich vorbeugen, um etwas genau zu sehen«. Wer in das Gesetz der Freiheit schaut, hat einen genauen Einblick und kann die Dinge in der Tiefe erfassen (vgl. 1Petr 1,12).

Was ist mit dem **»vollkommenen Gesetz der Freiheit«** gemeint? Das atl. Gesetz? Das Wort Jesu? Das Evangelium? Der enge Anschluss von V. 25 (Gesetz der Freiheit) an V. 22 (das eingepflanzte Wort) und an V. 18 (das Wort der Wahrheit) macht deutlich, dass in den drei Fällen entweder dasselbe gemeint ist oder dass das in den drei Formulierungen Angesprochene in sehr enger Beziehung zueinander steht. Aus Jak 2,8–12 geht hervor, dass Jak (als Jude) vom mosaischen Gesetz redet. Gleichzeitig ist jedoch deutlich, dass sein Brief (als Judenchrist) in enger Verbindung mit den Worten Jesu, insbesondere denen der Bergpredigt steht. Darin gibt sich Jesus als der »neue Mose« zu erkennen, der das Gesetz einerseits verschärft und es andererseits in die Herzen der Menschen schreibt und so alle innere Gespaltenheit im Menschen überwinden möchte. Die Mitte und Zusammenfassung des Gesetzes, wie es Jak in Einklang mit dem Übrigen NT (Mt 22,34–40; Röm 13,8–10) versteht, ist das Liebesgebot (2,8). Das Liebesgebot aber ist die Nahtstelle zwischen »atl. Gesetz« und »ntl. Evangelium«.[249]

Wir werden also beides miteinander im Blick behalten müssen. Jak redet vom atl. Gesetz, aber so wie es durch Jesus aufgenommen und in seiner Person zum Ziel und damit zur eigentlichen Wirkung gekommen ist: zum Tun im Hören auf das Evangelium. Darin, im Tun seines Wortes, besteht nach Jesus das Ziel der Nachfolge.

»Gesetz der Freiheit« – der Ausdruck bildet für unsere Ohren ein seltsames Wortpaar! Beschränkt nicht das Gesetz die Freiheit? Bedeutet das Gesetz nicht eine starke Bindung? Macht das Gesetz nicht abhängig, die Freiheit aber unabhängig? Jak denkt hier offenbar anders, und nicht nur er.[250] In der ganzen Bibel finden wir ein anderes Verständnis von Freiheit und Gesetz als wir es gemeinhin kennen. Die Bindung an das *Gesetz* ist dem Frommen ein Grund zu beständiger Freude (Ps 19,8–15).

249 An dieser Stelle ist *nicht* die lutherische Bestimmung von »Gesetz« und »Evangelium« gemeint.

250 In der griechischen Antike hatte das Wort »Gesetz« den Klang von Ordnung und Freiheit in dieser Ordnung und nicht den von Einschränkung und Unfreiheit. Ähnliches gilt für PHILO VON ALEXANDRIEN (Dekalog, 180; Über die Weltschöpfung, 3).

[a] Ps 119,14
[b] Ps 119,9–11
[c] Ps 119,14.24
[d] Ps 119,50.92
[e] Ps 119,103
[f] Ps 119,104

Das Gesetz Gottes raubt uns nicht die Lebensfülle, sondern ist selber ein wertvoller Schatz, der unser Leben bereichert[a]; es hindert uns nicht daran, unseren Weg zu finden, sondern hilft uns dabei[b]; es schränkt unsere Lebensmöglichkeiten nicht ein, sondern bewahrt uns auf dem Weg, damit wir nicht abirren und das Ziel erreichen[c]; es nimmt uns nicht die Lebensfreude, sondern gibt sie uns; es führt nicht ins Elend der Abhängigkeit, sondern ist ein Trost im Elend[d]; es lässt nicht versauern, sondern ist süß[e]; es macht uns nicht dumm, sondern klug[f]; es verfinstert nicht unser Leben, sondern macht es hell: »Dein Wort ist meines Fußes Leuchte und ein Licht auf meinem Weg« (Ps 119,105).

Freiheit ist in der Neuzeit ein Wort, das mit Selbstbestimmung (Autonomie), Unabhängigkeit, Ungebundensein zu tun hat.[251] In der Bibel gilt der Mensch, der sich von Gott und seinem Gebot »frei« gemacht hat, als unfrei. Der Weg des Menschen in die »freie Selbstbestimmung« ist nach dem Urteil der Bibel ein Weg in die Unfreiheit (vgl. 1Mo 3). Der Mensch kann seine Gebundenheit an Gott nur eintauschen gegen eine Gebundenheit an die Macht der Sünde. Die »Freiheit, zu der uns Christus befreit hat« (Gal 5,1) besteht in der Befreiung von dem Gesetz der Sünde zur neuen, freien Bindung an Gott und seinen Willen.[252] Die neue »Freiheit der Kinder Gottes«, von der Paulus im Zusammenhang der zukünftigen Befreiung von der Vergänglichkeit in der neuen Welt Gottes spricht (Röm 8,21), gibt dem Apostel eine Unabhängigkeit gegenüber allen Menschen, aus der heraus er sich sogar freiwillig wieder zum Knecht machen kann (1Kor 9,19).

251 Das Wort »Freiheit« hat einen tief greifenden Bedeutungswandel erfahren. Ursprünglich is der Freie – bei Griechen, Römern und Germanen – derjenige, der den Schutz des Volkes ode der Sippe genießt, weil er rechtmäßig dazugehört oder weil er als Sklave in diese Gemeinschaf freigelassen wurde. Freiheit drückt also eine Beziehung aus, eine Abhängigkeit, die Gebor genheit und Schutz gewährt. In der indogerman. Sprachwurzel bedeutet »frei«: schützer schonen, gern haben, lieben. Wir kennen diese Bedeutung noch in dem Wort »freien«, der Werben um eine Geliebte. Seit dem 18. Jh. entwickelte sich der Begriff »frei« in Richtung au »nicht gebunden, unbelastet, unabhängig«. Aus der freien Abhängigkeit zur eigenen Sipp wird die Unabhängigkeit. Aus einem Begriff der Beziehung wird ein Begriff der Bezie hungslosigkeit. Aus einem Begriff, der eine Bindung bezeichnet, wird ein Begriff der Unge bundenheit. Das Wort »Gedankenfreiheit« (als Unabhängigkeit von fremden Autoritäter findet sich zuerst bei F. SCHILLER. Im selben Geist sind auch die Worte »Freidenker«, »Fre geist« und »Freitod« gebildet worden.

252 »Wer gestorben ist, der ist frei geworden von der Sünde« (Röm 6,7). »Indem ihr nun fr geworden seid von der Sünde, seid ihr Knechte geworden der Gerechtigkeit« (Röm 6,18 »Als ihr Knechte der Sünde ward, da ward ihr frei von der Gerechtigkeit« (Röm 6,20). D Bibel kennt keine Unabhängigkeit des Menschen von jeglichem Gesetz. Die entscheidend Frage ist, welchem Gesetz der Mensch unterworfen ist: »Denn das Gesetz des Geistes, d lebendig macht in Christus Jesus, hat dich frei gemacht von dem Gesetz der Sünde ur des Todes« (Röm 8,2).

Dies bedeutet, dass uns das Gesetz nicht länger in die Knechtschaft führen soll, sondern in die Freiheit. Im Sinne der Antithesen der Bergpredigt wird das Gesetz dadurch zu seiner Vollendung gebracht, dass es den Menschen ins Herz geschrieben wird[g], wie es erst durch Christus möglich wurde.

[g] Jer 31,33

Das »Gesetz der Freiheit« ist daher ein erlösendes Gesetz, ein Gesetz, das Freiheit bringt (vgl. Mt 5,17–20; Joh 8,32ff; Röm 8,2; Gal 5,13). Wer den Willen Gottes in seinem Wort aufnimmt, der ist Gott gegenüber in die Freiheit gestellt. Wer sein Wort aber nicht aufnimmt und nicht danach tut, wer sein Leben nicht vom Willen Gottes, sondern von seinen Begierden bestimmen lässt (1,14f), ist unfrei.

Das Gesetz der Freiheit deckt uns unsere Unfreiheit auf und ermöglicht uns dadurch Freiheit in der Bindung an Gott und sein Wort. Je mehr wir dieses Wort beachten und in uns aufnehmen, je mehr wir **»dabei bleiben«**, desto fester werden wir in dieser Freiheit. Es ist deshalb gut, wenn wir dieses vollkommene Gesetz nicht nur oberflächlich betrachten, sondern tief in es hineinschauen, daran ausdauernd (beharrlich) festhalten und danach tun. Jak hat zu Anfang des Kap. 1 von der Geduld in der Bewährung des Glaubens gesprochen, die zum Ziel der Vollkommenheit führt. Die Geduld, das beharrliche Bleiben unter der Versuchung, findet hier eine Entsprechung in der Ausdauer, mit der einer durch den Spiegel hindurchschaut in das vollkommene Gesetz der Freiheit und in der er seine eigene Situation erkennt.

Wer so handelt, der ist **glücklich zu preisen in seinem Tun.** Geht man von der Übersetzung in der Lutherbibel aus (»der wird selig sein in seiner Tat«), so könnte die Frage entstehen, wie sich diese Aussage zu der in V. 21 (»das Wort hat die Kraft, eure Seelen selig zu machen«) verhält. Macht das Tun selig oder das Wort? Im Griechischen finden sich an beiden Stellen zwei verschiedene Wörter. In V. 21 steht »retten«, »selig machen« *(sozein)*, in V. 25 steht »glücklich«, »glückselig« (*makarios;* vgl. Mt 5,3ff).

Glücklich zu preisen im Tun – das bedeutet nicht, durch das Tun gerettet werden, sondern in seinem Tun in Übereinstimmung leben mit dem Wort. Wer so lebt, der ist nicht in sich selbst gespalten (ein Grundthema bei Jak) und ist deshalb glücklich zu preisen. Jesus sagt: »Wenn ihr dies wisst, so seid ihr glücklich zu preisen, wenn ihr es tut« (Joh 13,17).

3. Die rechte Gottesverehrung: 1,26–27

26 Wenn jemand sich dünkt, er sei gottesfürchtig, seine Zunge jedoch nicht im Zaum hält, sondern sein Herz betrügt, dessen Gottesverehrung ist nichtig.
27 Ein reiner und unbefleckter Gottesdienst vor Gott und dem Vater ist folgender: Waisen und Witwen in ihrer Bedrängnis besuchen, sich selbst von der Welt unbefleckt halten.

Zur Übers.: V. 26: »nichtig, eitel«: Das Wort *»mataios«* ist eine Bezeichnung für den heidnischen Gottesdienst. V. 27: Für »Gottesdienst« steht hier dasselbe Wort wie in V. 26 für »Gottesverehrung«.

26 Ein »frommes« Herz und ein »unfrommer« Lebenswandel lassen sich nicht miteinander verbinden. Der Versuch, Gott zu dienen, dabei aber weder das Gute zu tun noch das Böse zu lassen, führt zum Selbstbetrug.

Jak spricht in V. 19–21 von der Gefahr des voreiligen Redens und der mangelnden Bereitschaft zu hören, in V. 22–25 von der Gefahr, das Gehörte wieder zu vergessen und nicht lebendig werden zu lassen. In V. 26f redet er von der Gefahr der Heuchelei, des frommen Selbstbetrugs, in welcher der steht, der meint, Gott zu dienen und doch an Gottes Willen vorbeigeht. Womöglich redet so einer schlecht über andere, die »es noch nicht begriffen haben«, beurteilt sich selber jedoch sehr viel besser, ohne zu sehen, wo es bei ihm selber fehlt. Damit macht er nicht nur die anderen schlecht, sondern betrügt sich selbst. Was andere tun, wird verkleinert, damit die eigenen Bemühungen um den rechten Gottesdienst um so glänzender hervortreten. *»Wer die gröberen Fehler abgelegt hat, ist meistens dieser Krankheit unterworfen.«*[253]

Wenn von diesem Menschen gesagt wird, sein **Gottesdienst** sei **nichtig** bzw. eitel, so deutet dies an, dass sein Gottesverhältnis nicht nur durch den Makel der Lästerung getrübt ist. Seine **ungezügelte Zunge** zeigt vielmehr, dass sein ganzer Gottesdienst im Grunde nicht aufrichtig ist. Das Wort *»mataios«*, das hier verwendet wird, charakterisiert sonst den heidnischen Gottesdienst als »nichtig«. Ein Gottesdienst, der in dieser Weise »nichtig« ist, ist also nicht nur ein wenig falsch, sondern völlig verkehrt und steht in einem falschen Bezug. Auch hier geht es Jak – wie an vielen anderen Stellen – darum, dass unser Glaube und unser Verhältnis zu Gott ganz und ungeteilt, also »vollkommen« ist.

27 **»Rein und unbefleckt«** sind ursprünglich Wörter aus dem kultischen Bereich (Opfer). Hier werden sie ethisch verwendet: vor Gott

253 J. CALVIN: Komm, S. 424.

ohne Tadel sein. Der rechte Gottesdienst besteht nicht darin, reine und unbefleckte Opfertiere auszuwählen, sondern rein und unbefleckt zu handeln.

»Rein« handeln bedeutet: **Witwen und Waisen in ihrer Bedrängnis besuchen.** Es handelt sich dabei um Alleingelassene und Losgelassene, um Menschen, die ohne eigenes Verschulden in große Bedrängnis geraten sind. Die christlichen Witwen sind um ihres Glaubens willen aus der sozialen Versorgung der Synagoge herausgefallen. Deshalb muss die christliche Gemeinde die Aufgabe übernehmen und für sie sorgen.[a] Sie entspricht darin dem Wesen Gottes, der ein »Vater der Waisen« und ein »Anwalt der Witwen« ist (Ps 68,6).

[a] Apg 6,1ff 1Tim 5,16

Ein »reiner« Gottesdienst besteht also nicht darin, sich vom Elend und der Not in dieser Welt fernzuhalten, sondern dort hineinzugehen, wo die Not am größten ist, so wie sich Gott selbst in unsere Not und Armut begeben hat. Reiner Gottesdienst versucht nicht, den Schattenseiten dieser Welt aus dem Weg zu gehen.

Witwen und Waisen **besuchen** bedeutet, dorthin zu gehen, wo sie sind: in ihren Lebenskreis und in ihre Lebensverhältnisse. Jak weitet den Gottesdienst in den Alltag der Welt und den der Gemeinde. Die Bedürftigen sollen nicht nur aus ihrer Lebenssituation heraus in die Gemeinde, in den Gottesdienst eingeladen werden. Wer einen »reinen« Gottesdienst halten will, muss zu ihnen hingehen.

Gleichzeitig soll dieser Gottesdienst aber auch **unbefleckt** sein. Darunter versteht Jak, dass sich der, der Gottesdienst hält, nicht an die Welt verliert, die voller Sünde und Unreinheit ist.

Beim reinen und unbefleckten Gottesdienst geht es um tätige Nächstenliebe und um eindeutige Gottesliebe. Der Christ soll der Not in der Welt nicht aus dem Weg gehen, sich aber gleichzeitig nicht an die Welt und an die Sünde in ihr binden.

Es ist auffällig, dass beim Thema »Gottesdienst« das doppelte Verhältnis zur Welt in den Blick kommt. Christen geben das, was sie von Gott empfangen haben, an andere weiter. Die Gottesliebe wird konkret und sichtbar in der Nächstenliebe. Gottesdienst ist nicht allein das, was sich zwischen Gott und mir abspielt, sondern auch das, was sich zwischen mir und dem alleingelassenen Nächsten abspielt. Gleichzeitig bleibt aber der Gottesdienst Gottes-Dienst; er geschieht **vor Gott.** Gottesdienst wird nicht zum Weltdienst. Wir sollen in die Welt hineingehen, uns aber nicht an sie verlieren. Die Welt ist nicht so unrein, dass wir nichts in ihr zu suchen hätten; sie ist aber auch nicht heilig, dass wir uns an sie verlieren dürften. In der Welt sollen wir Gott suchen und nicht uns selbst. Deshalb gehört zu einem christlichen Leben immer auch eine angemessene Distanz zu dem, was die Welt zur Welt macht.

In V. 19–27 begegneten uns immer zwei Aussagereihen: Zum einen sollen Christen die Bosheit ablegen und sich von der Welt unbefleckt halten; zum anderen sollen sie das vernommene Wort tun, Witwen und Waisen besuchen. Darin lassen sich zwei Haltungen gegenüber der Welt erkennen, die beide gleichermaßen wichtig sind: Weltabwendung und Weltzuwendung. Das eine kann nicht ohne das andere sein. Wir sollen uns nicht so der Welt entziehen, dass wir uns ihren Problemen nicht mehr zuwenden. Wir sollen uns ihr aber auch nicht so zuwenden, dass wir dabei der Unsauberkeit und Bosheit erliegen. Die Welt ist nicht unsere Heimat, aber unser Missions- und Aufgabenfeld.

Kapitel 2

I. WARNUNG VOR MISSACHTUNG DER ARMEN: 2,1–13

Zum Aufbau: Mit der Anrede »Brüder« beginnt ein neuer Gedankenkreis, der bis V. 13 reicht. In V. 1–4 kommt Jak auf einen Fall zu sprechen, der sich so oder ähnlich in den Gemeinden häufiger zugetragen haben wird. In 2,5–13 stellt Jak, ausgehend von dem konkreten Fall, grundsätzliche Überlegungen an: a) über die Art und Weise, wie Gott in dieser Sache urteilt (V. 5); b) wie die Reichen sich gegenüber den Armen verhalten haben (V. 6–7); c) über die aufdeckende und überführende Kraft des Gesetzes (V. 8–11). Zum Abschluss erinnert der Abschnitt an das letzte Gericht, vor dem sich Menschen für ihr Handeln zu verantworten haben (V. 12–13). Mit V. 14 beginnt, eingeleitet durch die erneute Anrede »meine Brüder«, ein neuer Abschnitt.

Jak 2,1–13 ist mit dem vorangehenden Kap. durch zwei Motive verknüpft:

a) Das erste Kapitel endete mit dem Aufruf zum Tun des Wortes. Der reine und unbefleckte Gottesdienst, den Jak als das Ziel des Tuns nennt, bestand u.a. darin, dass die Witwen und Waisen in ihrer Bedrängnis besucht werden sollen. Jak führt dieses Motiv in 2,1–13 weiter und behandelt grundsätzlich die Stellung der Gemeindeglieder zu den Armen.

b) Jak geht es immer wieder darum, dass der Glaube »vollkommen« ist. Das bedeutet, dass der Glaubende ganz und ungeteilt auf Gott ausgerichtet ist und nicht gleichzeitig durch etwas bestimmt wird, das dem Glauben fremd ist. Wenn Gott »ungespalten« (*haplos,* 1,5) gibt und sich so ungeteilt den Menschen zuwendet, die ihn um seine Gaben bitten, dann kann auch der Glaube der Menschen nicht gespalten sein (vgl. 1,6–8.13.22; 2,1–4.14–16; 3,9f.14; 4,4.11).

Jak weist auf einen Widerspruch im Leben seiner Adressaten hin: In den Gemeinden hat eine Beurteilung von Menschen nach ihrem Sozialstatus Eingang gefunden, wie sie zwar in der Umwelt üblich war, sich aber mit Gottes Beurteilungsmaßstäben nicht vereinbaren lässt. Christen sollen sich – das ist die Grundaussage des Jak in diesem Abschnitt – die Beurteilungsmaßstäbe Gottes ungeteilt zu eigen machen.

1. Kein Ansehen der Person: 2,1–4

1 **Meine Brüder, habt den Glauben an Jesus Christus, unsern Herrn der Herrlichkeit, nicht so, dass ihr die Person anseht.**

2 Denn wenn in eure Versammlung ein Mann mit goldenem Ring und prächtigem Gewand kommt, es kommt aber auch ein Armer in schmutziger Kleidung,
3 ihr blickt aber auf den im prächtigen Gewand und sagt: du, setz dich bequem hierher! und zu dem Armen sagt ihr: du, stell dich dorthin oder setz dich zu meinen Füßen!
4 macht ihr dann nicht Unterschiede unter euch und seid Richter mit bösen Gedanken geworden?

Zur Übers.: V. 2: Versammlung: griech. *synagoge,* kann allg. einen Versammlungsort bezeichnen, steht häufig für die jüdische Synagoge, aber auch für die (gottesdienstliche) Versammlung.[254] V. 4: »Ihr macht untereinander Unterschiede« kann auch übers. werden mit »ihr seid mit euch selbst in Widerspruch geraten«; es würde dann an 1,6 anklingen, wo dasselbe Wort *»diakrinein«* steht (dort mit »zweifeln« übersetzt).

1 Die Anrede *»meine Brüder«* eröffnet bei Jak häufig einen neuen Sinnabschnitt. Doch ist diese Anrede nicht nur in dieser formalen Hinsicht bedeutsam. Jak spricht im Folgenden einen heiklen Punkt in den Gemeinden an. Gerade da, wo er etwas Unangenehmes ansprechen und zur Sinnesänderung verhelfen möchte, wirbt er durch diese ausdrückliche Anrede um Aufmerksamkeit und betont zugleich die brüderliche Verbundenheit mit denen, die er jetzt ermahnen muss. Jak fordert die Empfänger seines Briefes dazu auf, ihren Glauben an Jesus Christus von dem freizuhalten, was sich mit diesem Glauben nicht vereinbaren lässt: das Ansehen der Person.

Der Glaube an Jesus Christus ist in diesem Zusammenhang näher gekennzeichnet als Glaube an den **»Herrn der Herrlichkeit«**. Jesus ist der Herr der Herrlichkeit (1Kor 2,8); er ist der von Gott gesandte Messias, der von Gott auferweckt wurde, der in Macht und Herrlichkeit wiederkommen (Mt 24,30; 25,31) und uns von dem zukünftigen Zorn erretten wird (1Thess 1,10).[255]

Der Ausdruck »Herr der Herrlichkeit« bildet einen Kontrast zu dem Ansehen der Person, die in äußerlicher Pracht in die Gemeinde kommt. Im Angesicht der Herrlichkeit Christi muss alle Menschen-

254 Es gab eigene judenchristliche Synagogen, so z.B. in Jerusalem auf dem Zionsberg und i Kapernaum die Hauskirche des Petrushauses.

255 Es ist wichtig, darauf zu achten, welche Bezeichnungen jeweils in einem bestimmten Zusammenhang für Gott oder Jesus Christus gewählt werden. Die Namen sind in der Regel mi Bedacht gewählt. So wird Jesus z.B. in 1Kor 2,8 der »Herr der Herrlichkeit« genannt, um de Kontrast herauszuarbeiten zwischen der wahren, verborgenen Weisheit und Herrlichkei Christi und den Herren dieser Welt, die in ihrer Pracht und Weisheit die Herrlichkeit Chris nicht erkennen und ihn deshalb kreuzigen. In Eph 1,17f steht die Bezeichnung Gottes als de »Vaters der Herrlichkeit« im Zusammenhang mit den Ausführungen des Apostels über di innere Erleuchtung und den herrlichen Reichtum, den die Heiligen erben werden.

herrlichkeit zurücktreten. Wo sein Name geehrt wird, da kann es keinen Personenkult unter Menschen mehr geben. »*Wer an Christus glaubt, sieht seine Herrlichkeit, und wer diese Herrlichkeit tatsächlich erfaßt, kann sich unmöglich von den armseligen Herrlichkeiten imponieren lassen, die aus Menschenrücksichten geschenkt oder verliehen werden. Die Herrlichkeit Christi macht uns blind für goldene Ringe und prächtige Gewänder (Vers 2).*«[256]

Die Bezeichnung **»Ansehen der Person«** hat ihren Ursprung in der Gerichtssprache.[257] Dem Richter ist es verboten, nach dem Ansehen, d.h. nach der allgemeinen äußeren Wertschätzung eines Menschen zu urteilen.[258] Gott selbst läßt sein Urteil nicht vom äußeren Schein trüben: »*Gott lässt kein Ansehen gelten und nimmt keine Bestechung an*« (5Mo 10,17). »*Denn der Gott des Rechtes ist er, und es gibt bei ihm keine Parteilichkeit. Er nimmt nicht Partei gegen den Armen ...*« (Sir 35,15f). Jak macht Gottes Verhalten zum Maßstab des mitmenschlichen Umgangs in der Gemeinde.

Manche Ausleger nehmen diesen Ausdruck zum Anlass, die in diesem Abschnitt vorgestellte »Versammlung« als Gemeindezusammenkunft zu interpretieren, in der Rechtsstreitigkeiten von (neuen?) Gemeindegliedern geschlichtet werden sollen (vgl. V. 4+6; s. auch 1Kor 6,1–11).

Am Ende des Abschnitts 2,1–13 kommt Jak auf das Thema Gericht Gottes zu sprechen (V. 12f). Die Art und Weise, wie in der christlichen Gemeinde Menschen behandelt werden, soll geprägt sein von der Art und Weise, wie Gott im letzten Gericht Menschen beurteilt, nämlich nicht nach dem Ansehen der Person, sondern nach den Taten. Im letzten Gericht bestehen Menschen nicht aufgrund ihres gesellschaftlichen Status, nicht aufgrund ihrer inneren Haltung und guten Absicht, sondern aufgrund ihrer Werke im Glauben. Sie werden nach dem »Gesetz der Freiheit« gerichtet.

Jak gibt ein konkretes Beispiel, wie es durchaus in einer christlichen 2
Versammlung geschehen sein könnte. Da kommen eines Tages gleichzeitig ein reicher und ein armer Mann in die Gemeinde. An ihrer äußeren Erscheinung sind sie als reich bzw. arm zu erkennen. Der **Reiche** wird hofiert und auf einen Ehrenplatz gesetzt, der **Arme** wird mit einer geringschätzigen Handbewegung auf einen minderwertigen Platz gewiesen. Man behandelt sie – je nach ihrem Äußeren – unterschiedlich. Ob der Reiche und der Arme Gemeindeglieder sind

256 O. JAGER: Biblisches Tagebuch, S. 214.
257 Auch im übrigen NT steht der Ausdruck »Ansehen der Person« immer im Zusammenhang mit der Gerichtssprache (Apg 10,34f; Röm 2,11; Eph 6,9; Kol 3,25; 1Petr 1,17).
258 Nach unserer Rechtsauffassung soll die Justitia ›blind‹ sein, d.h. nicht auf das achten, was an Äußerlichem sichtbar im Vordergrund steht.

oder ob sie unregelmäßige oder erstmalige Gäste sind, ist für das, was Jak deutlich machen möchte, unerheblich. Ihm kommt es auf das Verhalten der Gemeinde an.

3 Den reichen und bedeutenden Menschen zu beachten, ist ganz natürlich und fast selbstverständlich. Aber diese in der Welt natürliche Selbstverständlichkeit ist für die Gemeinde Jesu geradezu gefährlich.

Es wäre auch verständlich, wenn man in der Gemeinde versuchen würde, gerade reiche, einflussreiche Persönlichkeiten zu gewinnen und alles dafür einzusetzen. Es könnte der Gemeinde nutzen, ihr eigenes Ansehen heben helfen. Aber offenbar ist das nur möglich zum Preis der Geringschätzung unbedeutender Personen. Gott aber ist jeder Mensch gleich viel wert.

Die Formulierung **»auf ihn blicken«** ist hier eigentlich wörtlich zu nehmen: zu ihm aufsehen. Da schwingt im griechischen Wort (*epiblepein)* etwas mit von staunender Bewunderung. *»Nicht der Mensch, sondern das Zufällige, Äußerliche an ihm wird zum Entscheidungsgrund für ihr Handeln.«*[259]

4 Was Jak empört, ist nicht die »Höflichkeit«, die man dem Reichen erweist, sondern die herablassende Art, mit der man den Armen behandelt. Ihn stört die ungleichmäßige Behandlung der beiden.

Vielleicht versucht man aus missionarischen Gründen, die bedeutende Persönlichkeit besonders zu erreichen, aber zu welchem Preis? Es werden **Unterschiede** gemacht. Der Arme wird dabei zurückgesetzt, und im Handeln der Gemeinde zeigt sich menschliche Parteilichkeit, die Gott fremd ist. D.h. ihr Handeln läuft den Maßstäben ihres Glaubens zuwider; es ist der Welt angepasst. Gottes Art kommt in ihrem Handeln nicht zum Ausdruck. Gerade der Reiche könnte durch eine dem Armen gleichberechtigte Behandlung den neuen Maßstab Gottes kennenlernen. In der Gemeinde wird jedoch gehandelt wie in der Welt draußen. Dadurch wird das missionarische Ziel gerade nicht erreicht. Die Gemeinde kann das Wort, das sie verkündigen möchte, durch ihr Verhalten unglaubwürdig machen.

Christen übernehmen hier die Maßstäbe, die in der Welt gelten, anstatt Gottes Urteil zum Maßstab zu machen. Das allein wäre schon ein Anlass zur Kritik. Nun aber finden diese dem Glauben fremden Maßstäbe gerade an dem Ort Eingang, wo es darum geht, dass Gott mit seinem Wort und seinem Urteil zum Zuge kommt – im Gottesdienst. Wo Menschen zusammenkommen, um jenseits der sonst vorhandenen sozialen Unterschiede eins zu werden in der Anbetung und im Lob Gottes, ist diese Einheit – und damit das Lob der Herrlichkeit Gottes – gefährdet, wenn wieder die sozialen Unterschiede das Miteinander bestimmen und allein in der Sitzordnung die unter-

259 F. HAUCK: Komm, S. 96.

schiedliche »Würde« und »Herrlichkeit« der Gottesdienstbesucher zum Ausdruck kommt. Wenn einzelne Gemeindeglieder durch das »Hofieren« von angesehenen Persönlichkeiten zurückgesetzt werden, wird die Basis des gemeinsamen Glaubens aufgegeben.[260] Das gemeinsame Lob der Herrlichkeit Gottes und die Abstufung nach sozialer Rangordnung in der Gemeindeversammlung passen nicht zueinander. Wo beides nebeneinander steht, geht die Mitte verloren.

Ein Mensch soll nicht danach beurteilt werden, was er vor anderen Menschen gilt, sondern nach dem, was er vor Gott ist. Wo in der Gemeinde nicht so gehandelt wird, machen sich Christen durch solche Voreingenommenheit zu parteiischen **Richtern, die böse urteilen,** d.h. so, wie es einem Richter nicht zusteht.[261]

2. Gottes anderer Maßstab deckt die Sünde auf: 2,5–7

5 Hört zu, meine lieben Brüder! Hat nicht Gott die, die vor der Welt arm sind, auserwählt zu Reichen im Glauben und zu Erben des Königreichs, welches er denen verheißen hat, die ihn lieb haben?
6 Ihr aber habt den Armen verachtet. Sind es nicht die Reichen, die euch unterdrücken und euch vor die Gerichte ziehen?
7 Verlästern sie nicht den guten Namen, der über euch angerufen worden ist?

Mit der Anrede **»Hört zu, meine lieben Brüder«** wirbt Jak um 5
erneute Aufmerksamkeit. Was er in V. 1–4 behauptet und gefordert hat, wird nun begründet: Gott handelt doch ganz anders, als es im Leben der Gemeinde zum Ausdruck kommt! Die Leser sollen – im Gegensatz zu ihrem eigenen Verhalten – bedenken, was Gott getan hat. An seinem Handeln sollen sie ihren eigenen Beurteilungsmaßstab korrigieren.

Im Gegensatz zum Verhalten einiger Gemeindeglieder sieht Gott nicht, was vor Augen ist, sondern er sieht das Herz an (1Sam 16,7).

260 Das muss nicht bedeuten, dass es bei besonderen Anlässen in der Gemeinde keine Ehrengäste geben darf. Es kommt Jak darauf an, dass im Zusammenhang solcher Ehrungen unscheinbare und anscheinend unbedeutende Menschen nicht zurückgesetzt werden. Gott hat gerade die unbedeutenden und einfachen Leute im Blick. Jesus hat sich besonders um die armen, elenden und kranken Menschen gekümmert. Als seine Jünger ihn fragten, wer der Größte im Himmelreich sei, da hat er ein Kind in die Mitte gestellt (Mt 18,1–5). Da kann es nicht sein, dass eine Gemeinde im Gottesdienst gerade diese einfachen und unscheinbaren Leute aus dem Blick verliert.

261 Ungerechtes Urteilen, das durch Ansehung der Person zustande kommt, wird im AT häufig verurteilt: 3Mo 19,15ff; 5Mo 1,17; Ps 82; Am 5,11–15; Jes 10,1–3; Mi 3,1–4 u.ö.

Gott lässt sich in seiner Gnadenwahl nicht von äußeren Dingen bestimmen. Er hat **die Armen erwählt** und liebt sie. Nicht die materielle Armut an sich ist es, die die Armen für Gott qualifiziert, sondern ihr Reichtum im Glauben. Armut – geistlich verstanden – bedeutet: wissen, dass man seinen Wert nicht in sich selber hat, dass man auf Gott angewiesen ist. An die Stelle der Liebe zum Geld und zum Reichtum tritt bei ihnen die Liebe zu Gott. Diese Einsicht darf allerdings die konkrete Realität der sozialen Armut, die im Text eine wichtige Rolle spielt, nicht verdecken.

Dreh- und Angelpunkt des Verständnisses von V. 1–13 ist Gottes **Erwählung.**[262] Gott hat die Maßstäbe dieser Welt auf den Kopf gestellt: was der Welt als arm gilt, ist im Glauben Reichtum. Diese Umwertung der Maßstäbe bei Gott ist ein zentrales Thema des NT. Sie findet sich z.B. im Magnificat (Lk 1,46–55), im Gleichnis vom reichen Mann und armen Lazarus (Lk 16,19ff) und mehrfach im 1. Korintherbrief.[263] Den bei Gott gültigen Maßstab erkennen wir nicht von uns aus; er wird uns im Wort des Evangeliums mitgeteilt. Der Aufruf »Hört!« (V. 5) steht bei Jak an zentraler Stelle, verstärkt durch die wiederholte Anrede »meine lieben Brüder«. Dem bei Menschen üblichen »An-Sehen« steht das »Hören« gegenüber, aus dem eine neue Beurteilungsweise kommt.

»Arm« und *»reich«* sind bei Jak Worte, die zwar einen unterschiedlichen Sozialstatus, vor allem aber das unterschiedliche Verhältnis der Menschen zu Gott bezeichnen (vgl. 1,9–11; 4,13–5,6). Die griech. Antike kannte den Gedanken nicht, dass Arme unter einem besonderen Schutz Gottes stehen. Wir finden ihn bei den atl. Propheten, die für die Armen und Schwachen eintraten.[a] Gott hatte sein Volk erwählt; seine große Befreiungstat, in der er seine Erwählung bestätigte, war die Herausführung aus Ägypten, aus der Knechtschaft, aus der Armut in ein reiches Land. Das Land wurde ihnen von Gott geliehen; deshalb sollte kein Landarbeiter übervorteilt werden; selbst dem Vieh sollte Gerechtigkeit widerfahren. Das Lebensrecht im Land war in Gott gegründet. Ausbeutung würde dieses Lebensrecht angreifen. Gott selbst schützt dieses Lebensrecht – besonders für die, die keinen andern haben, der für sie einsteht. Der Arme wird zum Beispiel für den Frommen, der in seiner Not und Bedrängnis auf Gott angewiesen ist und demütig genug ist, die Hilfe allein von Gott zu erwarten.[b] Im NT ist dieser Gedanke aufgenommen und fortgeführt worden: Selig sind die Armen (Mt 5,3; Lk 6,20).

[a] Am 2,6f Jes 3,15

[b] Ps 34; 37; 40,18; 49; 73; 109,22.30f

Gottes Handeln läuft den Beurteilungen der Welt entgegen. Er erwählt gerade die, die vor den Augen der Welt niedrig, arm und

262 Vgl. A. FALKENROTH: Predigtmeditation, S. 398.

263 In Bezug auf das Kreuz: 1Kor 1,18–25; in Bezug auf die Gemeinde: 1Kor 1,26–28; in Bezug au die Person des Apostels: 1Kor 2,1–5.

unwürdig sind (Mt 11,25; Lk 10,21). Gott dreht die offensichtlichen Verhältnisse um. Die arm erscheinen, sind jetzt schon **reich im Glauben** und werden einmal **das Gottesreich erben.** Im Urteil Gottes ist nicht mehr *der* reich, der goldene Ringe trägt oder sich ein prächtiges Gewand leisten kann; der wahre Reichtum des Menschen besteht darin, dass Gott ihn erwählt. Das gerade ist ein Zeichen seiner Erwählung, dass er **Gott lieb hat** (Jak 1,12).

Jak hat seinen Lesern das gnädige Handeln Gottes vor Augen 6
gestellt und ihnen den Maßstab gezeigt, nach dem Gott beurteilt. Nun deckt er ihnen noch einmal den Zwiespalt auf, in dem sie stehen: **Ihr habt den Armen verachtet,** d.h. ihr tut das Gegenteil von dem, was Gott tut. Darin liegt ein großer Widerspruch. Lebt nicht in diesem Widerspruch! Den drei Aussagen über die Erwählten in V. 5 werden hier drei Aussagen über die Reichen gegenübergestellt.

Neben die theologische Argumentation (V. 5) stellt Jak ein Erfahrungsargument: **Sind es nicht die Reichen, die euch unterdrücken und euch vor die Gerichte ziehen?** Die Reichen zerren die Armen vor Gericht. In dieser Welt gibt es keine vollkommene Gerechtigkeit. Die Reichen sind den Armen aufgrund ihres Standes im Rechtsstreit überlegen. Die Armen bekommen nicht ihr Recht.

Aus den schlimmen Erfahrungen mit den Reichen hat die Gemeinde offenbar nichts gelernt. Die Reichen gebrauchen ihre Machtstellung und ihr Ansehen für sich selbst. Sie gebrauchen sie dazu, die Armen zu übervorteilen und ihnen Unrecht zuzufügen. Jak wird wie die Propheten (Jes 5,8ff; Am 6) zum Ankläger der Reichen.[264]

Noch einmal wird deutlich: Es geht nicht um den Reichtum als 7
einem materiellen Besitz. Es geht um die Haltung, die dahinter steht. Indem die Reichen auf die Armen herabschauen, wird die tiefere Wurzel ihrer Einstellung deutlich: sie verlästern den Namen Christi. Der Name Jesu Christi gilt den Reichen, die Jak im Auge hat, in Wahrheit nichts. Ihr Vorgehen gegen die Armen richtet sich somit gegen Gott selbst. Es handelt sich – so wörtlich – um Blasphemie: »Sie verlästern den guten Namen«.

»Der gute Name, der über euch angerufen worden ist« – das ist kein anderer Name als der Name Gottes und der Name Jesu Christi. Er wurde über ihnen in der Taufe angerufen (Apg 2,38; 10,48). In diesem Namen ist die Erlösung, und wer sich »Christ« nennt, trägt diesen Namen Christi immer mit sich.

264 Der Vorwurf der ungerechten und gewaltsamen Übervorteilung der Armen durch die Reichen hat im AT eine lange prophetische Tradition (vgl. Am 4,1; 8,4ff; Hes 18,12). Häufig begegnen dabei – wie in Jak 1,27 – die Witwen und Waisen als Prototypen der Armen und Bedrängten (Hes 22,7; Sach 7,10; Mal 3,5). Immer wieder mahnen die Propheten das Unrecht an, das den Armen insbesondere vor Gericht geschieht (Jes 1,23; 5,8ff; 10,1f).

3. Menschen stehen unter dem *ganzen* Gesetz: 2,8–13

8 Wenn ihr jedoch das königliche Gesetz erfüllt – gemäß der Schrift – »Liebe deinen Nächsten wie dich selbst«, so tut ihr recht.
9 Wenn ihr aber die Person anseht, tut ihr Sünde und werdet von dem Gesetz als Übertreter überführt.
10 Denn wer das ganze Gesetz hält, verfehlt sich aber in einem, der ist in allem schuldig geworden.
11 Denn der gesagt hat »Du sollst nicht ehebrechen!«, hat auch gesagt »Du sollst nicht töten!«. Wenn du nun die Ehe nicht brichst, tötest aber, [so] bist du ein Übertreter des Gesetzes geworden.
12 Redet so und handelt so wie solche, die nach dem Gesetz der Freiheit gerichtet werden sollen.
13 Denn das Gericht wird unbarmherzig sein gegen den, der keine Barmherzigkeit geübt hat; die Barmherzigkeit triumphiert über das Gericht.

Zur Übers.: V. 9: Die »Person ansehen« heißt: nach dem Ansehen der Person urteilen/»überführen« oder »zurechtweisen«. V. 13: Statt »die Barmherzigkeit triumphiert über das Gericht« kann auch übers. werden mit »die Barmherzigkeit rühmt sich gegen das Gericht«.

Die Verse 8 u. 9 sind parallel gebildet: Die Erfüllung des königlichen Gesetzes ist dem Ansehen der Person, das rechte Tun der Sünde gegenübergestellt.

8 Das **»königliche Gesetz«** ist das Gebot der Nächstenliebe. Im Anschluss an Jesus[265] wird dieses alttestamentliche Gebot[266] als Zusammenfassung des alttestamentlichen Gesetzes, insbesondere der 10 Gebote, verstanden (vgl. Röm 13,8–10). Der Glaube an Gott wird in der Liebe zum Nächsten konkret.

Indem Jak dieses Gesetz »königlich« nennt, weist er auf den König der hinter diesem Gesetz steht: Gott ist der König aller Könige.[267] Zugleich steht das königliche Gesetz – ebenso wie die Formulierung

265 Für Jesus hängt in diesem Gebot – zusammen mit dem Gebot der Gottesliebe – das ganze Gesetz und die Propheten (Mt 22,37–40; Lk 10,27). Es ist das »neue Gebot«, das er seinen Jüngern gibt (Joh 13,34f; 15,12). Paulus hat die durch Jesus vorgenommene Zuspitzung des alttestamentlichen Gesetzes auf das Gebot der Nächstenliebe aufgenommen: Die Liebe ist die Erfüllung des Gesetzes (Röm 13,8–10; Gal 5,14).

266 3Mo 19,18 gehört zu den sog. Heiligkeitsgeboten, die unter dem Motto stehen: Ihr sollt heili sein, denn ich bin heilig, der HERR, euer Gott (3Mo 19,2).

267 Die seinen Willen tun und sein königliches Gesetz erfüllen, gehören selber zu einem königlichen Geschlecht (vgl. 1Petr 2,9; Offb 1,6; 5,10).

»Herr der Herrlichkeit« (2,1) – in einem Kontrast zu der Art, wie in den Gemeinden auf äußere Pracht und Herrlichkeit Rücksicht genommen und wie der Reiche geradezu königlich behandelt wird.

Das königliche Gesetz stellt die Menschen vor dem König auf eine Stufe. Es gilt das Gebot: **»Liebe deinen Nächsten wie dich selbst!«** – ganz gleich, ob dieser Nächste in prächtigen oder schäbigen Kleidern kommt.

Das »königliche Gesetz« (V. 8) bzw. das »Gesetz der Freiheit« (V. 12) ist ein Gesetz, das gerade denen zum Recht verhilft, gerade die schützt und ihnen einen Lebensraum gewährt, die nicht in der Lage sind, ihre Angelegenheiten selbst mit Macht durchzusetzen. Gleichzeitig deckt das Gesetz den Ungehorsam als Übertretung auf (V. 9). Das Gesetz ist ungeteilt in Geltung; wer ein Gebot nicht hält und sündigt, der ist ganz schuldig. Das Gesetz deckt die Sünde auf. Auch das dient der Freiheit (vgl. unten zu V. 12).

Wer nicht nach dem königlichen Gesetz handelt, sondern vom 9
äußeren Glanz sein Handeln bestimmen lässt, wird vom Gesetz als Übertreter überführt. Das Wort **»überführen«** (*elenchein*) kann man auch mit »zurechtweisen« übersetzen. Es hat eine doppelte Bedeutung: vom Gesetz a) als schuldig erwiesen und b) zur Besserung gewiesen werden. Das Wort »überführen« stellt nicht bloß einen Tatbestand fest (Gerichtssprache), sondern will durch das Aufdecken der Übertretung zur Besserung verhelfen (Spr 3,11f).

Jak hat weit ausgeholt. Er stellt das von ihm getadelte **Ansehen der Person** in den großen Zusammenhang von Gesetz und Sünde. *»Mit scharfem Blick reiht er einen fast harmlosen alltäglichen Vorgang unter eine vorhandene Rubrik ein und gibt damit den Lesern einen Maßstab zur Beurteilung an die Hand.«*[268] Die Behandlung des Reichen ist nicht – wie manche vielleicht meinen – eine Frage der Höflichkeit. Jak gebraucht an dieser Stelle das unmissverständliche Wort **»Sünde«**. In dem von Jak angeführten Beispiel wird nicht nur ein Armer zurückgesetzt, es geht um die Frage nach Gott. *Er* ist mit diesem Vorgehen getroffen; gegen *ihn* verfehlen sich diejenigen, die so handeln. Das macht Jak durch den nächsten Gedankengang noch deutlicher (V. 10f).

Das durch Gott gegebene Gesetz zielt auf das Herz des Menschen; es 10
will nicht nur einen Zaun um sein Leben ziehen, sondern ihn in seiner Lebensmitte treffen. Als Ausdruck der Liebe und des Willens Gottes will es den Menschen ganz ergreifen. Er soll Gott von *ganzem* Herzen, von *ganzer* Seele und mit *aller* seiner Kraft liebhaben (5Mo 6,5).

Wer Gott liebt, der hält seine Gebote; das hat auch Jesus für sich in Anspruch genommen (Joh 14,15; 15,10). Als auferstandener Herr hat er seinen Jüngern aufgetragen, zu lehren, *alles* zu halten, was er ihnen

268 F. HAUCK: Komm, S. 108.

geboten hat (Mt 28,20). Man kann das Gesetz daher nur *ganz* halten, ohne ein Iota abzustreichen (Mt 5,19) oder man wird es *ganz* verfehlen.

Die Forderung, **das *ganze* Gesetz** zu **halten,** zielt vor allem darauf, dass sich der Mensch nicht an einigen Punkten, die ihm nicht wichtig erscheinen, dem Willen Gottes entzieht. Es geht an dieser Stelle nicht um einen »Perfektionismus«. Jak weiß sehr wohl, dass Christen schuldig werden; er hätte sonst seinen ermahnenden Brief nicht schreiben müssen. Es geht vielmehr darum, dass Christen nicht in der Meinung leben, Gott zu gefallen, dabei aber deutlich ausgesprochene Gebote Gottes nicht beachten. Jak möchte keine unerfüllbaren Forderungen aufstellen, sondern die innere Gespaltenheit von Christen aufdecken, die nicht ungeteilt Gott liebhaben und seine Gebote halten. Er möchte den inneren Widerspruch aufzeigen, der darin besteht, dass Menschen einerseits das Gesetz beachten möchten, sich aber andererseits bestimmten Weisungen entziehen.[269]

11 Jak betont die Einheit der Gebote. Der Grund für diese Einheit wird in V. 11 genannt: Alle Gebote gehen auf *einen* Urheber, auf den Willen *einer* Person zurück. Das Gesetz wird hier nicht verstanden als Niederschlag einer Kultur im Wechsel der Zeiten, als Zusammenfassung von Regeln, die unter den Menschen üblich geworden sind. Es wird verstanden als die Kundgabe des Willens Gottes, als das ungeteilte Wort Gottes, das vom Menschen eine ungeteilte Antwort und Verantwortung verlangt. Weil sich Gott und sein Wille nicht teilen lassen, deshalb lässt sich auch das Gesetz Gottes nicht teilen.

Die von der Aufzählung der Gebote in 2Mo 20,13ff abweichende Reihenfolge in der Argumentation entspricht wohl rabbinischer Tradition und findet sich auch bei Paulus (Röm 13,9).

Jak bezieht das *Tötungsverbot* auf das Verhalten dem Nächsten gegenüber. »Mord« kann auch geschehen in der Art, wie jemand seinen Nächsten verachtet und herabsetzt (Sir 34,26f; Mt 5,22). Die Verweigerung der Nächstenliebe ist, geistlich verstanden, Mord.

Möglicherweise hat auch das Gebot, die **Ehe nicht** zu **brechen** einen Bezug zu dem von Jak gewählten Beispiel. Dann wäre *»in den Augen des Jak das Buhlen mit den Reichen eine Art von (geistigem) ›Ehebruch‹ …«*[270]

12 Die Christen sollen sich dessen bewusst sein, dass sie einmal vor dem Richterstuhl Christi erscheinen müssen und **nach dem »Gesetz der Freiheit« gerichtet** werden.

Das Gesetz bildet als Ausdruck des Willens Gottes mit Gott eine solche Einheit, dass es in der Bibel für Gott selber stehen kann, ohne

269 *»Jac will mit dem Satz dem Leichtsinn wehren, der da glaubt, sich wegen einzelner, vielleicht leichter Verstöße, kein Gewissen machen zu müssen«* (F. HAUCK: Komm, S. 111).

270 F. MUSSNER: Komm, S. 126.

sich jedoch an seine Stelle zu setzen. Es kann handeln, kann Gegenstand der Liebe des Frommen sein (Ps 119), es kann richten, wie es hier heißt. Dass dabei Gott selber der Richter bleibt, geht aus Jak 4,11f hervor.

Jak möchte, dass seine Leser wissen: Wir gehen auf einen Tag zu, an dem wir Rechenschaft für unser Leben abgeben müssen.[a] Wir sind vor Gott für unser Leben verantwortlich und werden uns einmal vor ihm rechtfertigen müssen für das, was wir getan und gelassen haben. Von diesem unausweichlichen Ende her soll jetzt schon alles **Reden** und **Handeln** bestimmt sein.

[a] 1Petr 4,5f

Die Unterschiede, die in der Gesellschaft gelten, gelten nicht im Gericht, und sie sollen auch nicht in der Gemeinde gelten. Die Gemeinde lebt in einem weiteren Horizont. Sie weiß, dass am Ende Gott, der Richter steht. Dieser Tatsache soll das Leben schon jetzt entsprechen.

Das Reden des Jak vom letzten Gericht hat eine dreifache Bedeutung:

a) Das ganze Leben des Menschen ist von Gott umspannt: Von ihm kommen wir und zu ihm gehen wir wieder; er hat uns unser Leben geschenkt und ihm geben wir es wieder zurück; er ist unser Schöpfer und unser Richter; er ist der Ursprung und das Ziel unseres Lebens. Am kommenden Gerichtstag wird eine Frage vernehmbar, die immer schon – wenn auch jetzt noch verborgen – die entscheidende Frage für das Leben eines Menschen ist: Wie sieht dein Leben im Urteil Gottes aus? Der Gerichtstag ist nicht der Ort einer letzten Drohung mit einer ungnädigen Endabrechnung, sondern der Ort einer letzten Wahrhaftigkeit. Weil Gott für das Leben eines Menschen unentbehrlich ist, darum ist das Urteil Gottes über dieses Menschenleben unentbehrlich.

b) Wir werden nicht durch ein Gesetz gerichtet, das – wie unsere Gesetzbücher – dazu geschaffen ist, Grundlage für eine Verurteilung zu sein. Wir werden durch das »**Gesetz der Freiheit**« gerichtet, d.h. durch dasselbe Gesetz, dessen Befolgung uns jetzt schon Freiheit und nicht etwa Knechtschaft bringt. Auch diese Freiheit wird am Gerichtstag offenbar werden.

c) Die Ermahnungen des Jak haben das Ziel, Sünder von ihrem falschen Weg zur Umkehr zu rufen (5,19f). Er verbindet damit die Hoffnung, dass seine eindringlichen Worte die Kraft haben, zurechtzuweisen und zurechtzubringen. Er redet so ernst, weil er noch keinen aufgegeben hat. »*... nicht als etwas Furchtbares gibt er den Gedanken ans Gericht in ihre Seelen, sondern er redet aus der Erwartung und mit der Erwartung zu ihnen, daß sie ihr Reden und Tun den Anforderungen gemäß einrichten werden.*«[271]

271 F. HAUCK: Komm, S. 114.

13 Jak spricht von einem Gericht, das nicht nur kühl und sachlich Recht oder Unrecht feststellt. Er redet von der Barmherzigkeit. Es kann ein **unbarmherziges** oder ein barmherziges **Gericht** ergehen. Ob wir das eine oder das andere erfahren, richtet sich danach, wie wir mit Menschen, insbesondere mit unseren Brüdern und Schwestern umgegangen sind. Ein unbarmherziges Gericht erwartet die, die selber **nicht Barmherzigkeit geübt** haben. Ein barmherziges Gericht bekommen die, die selber Barmherzigkeit geübt haben.[272] Jeder wird mit dem Maß gemessen, mit dem er selber gemessen hat (Mt 7,2; 18,29.34).

»Barmherzigkeit triumphiert über das Gericht« bedeutet: wer Barmherzigkeit geübt hat, wird im letzten Gericht auch Barmherzigkeit erfahren und so aus dem Gericht »siegreich« hervorgehen. »Wer sich des Armen erbarmt, der leiht dem HERRN, und der wird ihm vergelten, was er Gutes getan hat« (Spr 19,17).

Mit der Barmherzigkeit ist an dieser Stelle nicht die Barmherzigkeit Gottes gemeint. Das Wort steht im Gegensatz zu dem zuvor erwähnten unbarmherzigen Handeln, das dem Armen die nötige Ehrerbietung schuldig bleibt. Dennoch wird man sich daran erinnern, dass Jesus von denen Barmherzigkeit verlangt, denen selber Barmherzigkeit widerfahren ist: »Seid barmherzig, wie auch euer Vater barmherzig ist« (Lk 6,36; Mt 18,23–35). Jak meint die Barmherzigkeit von Menschen, die ihrerseits bereits die Barmherzigkeit Gottes erlangt haben und davon leben.

Der Abschnitt 2,1–13 ist voll ernster Ermahnungen; er endet aber mit einem Jubelruf: Die Barmherzigkeit wird triumphieren, sie wird jubeln, sich gegen das Gericht »rühmen« (so wörtl.). Damit ist nicht gemeint, dass sich der Barmherzige in Selbstruhm erhebt. Die Barmherzigkeit triumphiert über das Gericht, weil sie es nicht zu fürchten braucht.

II. DER GLAUBE ERWEIST SICH IN WERKEN: 2,14–26

Zum Aufbau: Der folgende Abschnitt ist in den Jakobusbrief als Ganzen eingebettet und muss in diesem Zusammenhang interpretiert werden. Man ist nicht gut beraten, wenn man V. 14–26 als ein isoliertes Stück versteht und dieses isolierte Stück dann noch als das Zentralstück des Jak[273] betrachtet, was in der Kommentarliteratur häufig

272 Mt 5,7; 6,14f; 18,21–35; 25,35–46; Tob 4,10f; 12,9.

273 In der Geschichte der Auslegung des Jak ist der Abschnitt 2,14–26 allerdings in den Mittelpunkt des Interesses gerückt. Im Zusammenhang seiner Auslegung wurde immer wieder die Frage

geschieht. Die Auslegung kommt vom Thema des Jak ab, wenn sie diesen Abschnitt auf dem Hintergrund der Verkündigung des Paulus zu interpretieren sucht. Jak bezieht sich nicht auf Paulus und seine Verkündigung, auch nicht auf einen missverstandenen Paulinismus, wie häufig angenommen wurde.[274]

Dennoch wird jeder, der Jak 2,24 liest, fast unwillkürlich an die ähnlich klingenden und doch anders lautenden Worte des Paulus (Röm 3,28; Gal 2,16) erinnert. Um uns über die Bedeutung der Formulierungen von Jakobus und Paulus und ihr Verhältnis zueinander klar zu werden, ist es nötig, sie im größeren Kontext zu betrachten, in dem sie jeweils stehen.

Jak und Paulus gehen von unterschiedlichen Fragestellungen aus. Jak beantwortet die Frage, ob ein Glaube ohne Werke bleiben, ob er ohne sie etwas nütze sein kann. Er macht deutlich, dass ein Glaube nicht ohne die zu ihm gehörenden Werke bleiben kann, sonst wäre es kein lebendiger Glaube.

Paulus behandelt eine ganz andere Frage: Ist der Weg der Werke des Gesetzes der Heilsweg oder der Glaube an Jesus Christus? Müssen die Heiden zuvor Juden werden, sich beschneiden lassen und die Werke des Gesetzes beachten, um gerettet werden zu können? In der Beantwortung dieser Frage kommen bei Paulus mehrere Aspekte zusammen:

a) Wäre der Weg der Gesetzeserfüllung (noch) ein gültiger Heilsweg, dann wäre Christus umsonst gekommen und vergeblich gestorben (Gal 2,21). Die Werke des Gesetzes können nicht retten, denn Christus ist zu unserer Rettung gekommen – für die Juden ebenso wie für die Heiden.

b) Der Heilige Geist wurde in der Folge der Verkündigung Jesu Christi geschenkt, nicht als Wirkung der Befolgung des Gesetzes (Gal 3,2).

c) Paulus hat selbst die persönliche Erfahrung gemacht, dass ihn seine Beachtung des Gesetzesweges davon abgehalten hat, Christus zu erkennen. Auf dem Weg der Gesetzeserfüllung kann man also in

nach dem Verhältnis des Jak zu Paulus gestellt. In diesem Abschnitt finden sich – schon bei LUTHER – die meisten Anstöße und der Anlass dafür, dass man – bis in die Gegenwart hinein – immer wieder Bedenken geäußert hat, ob sich denn dieser Brief mit Paulus zusammenreimen lasse oder nicht vielmehr un-evangelische Lehre enthalte und hinter die Rechtfertigungsbotschaft des übrigen NTs zurückfalle. – Demgegenüber wurde im Einleitungskapitel darauf hingewiesen, dass Jak im guten Einklang mit dem ganzen NT, insbesondere mit der Verkündigung Jesu steht. Das ist auch in 2,14–26 wieder festzustellen.

274 Zumindest können wir darüber nichts Bestimmtes sagen. Und es ist auch nicht etwa so, dass der vorliegende Abschnitt nur auf dem Hintergrund einer Auseinandersetzung mit dem Paulinismus verständlich wäre. Vgl. Einleitung, Punkt 9.

bester Absicht an Christus vorbeileben. Dieser Weg ist nun an sein gutes Ende gekommen.

d) In der Missionsverkündigung an die Heiden kommt der ursprüngliche Wille Gottes zum Ziel, wie er – 430 Jahre vor Mose (Gal 3,17) – in der Verheißung an Abraham zum Ausdruck kommt: In dir sollen alle Heiden gesegnet werden (1Mo 12,3; Gal 3,8). Der Weg des Heils für die Heiden knüpft nicht an das mosaische Gesetz und die dort geforderten Werke an, sondern an Gottes Verheißung. Abraham ist nicht (allein) der Vater der Juden, er ist der Vater aller Glaubenden (Gal 3,7.14).

e) Die Werke des Gesetzes können nicht retten, weil das Gesetz den nicht gerecht machen kann, der nur ein einziges Gebot Gottes übertreten hat und so am ganzen Gesetz schuldig geworden ist. Er steht dann unter dem Fluch des Gesetzes (5Mo 27,26; Gal 3,10) bzw. unter dem Zorn des Gesetzes (Röm 4,15). Diesen Fluch des Gesetzes kann das Gesetz selbst nicht aufheben. Die weitere Befolgung des Gesetzes würde die eine Verfehlung nicht aufheben und den Schuldspruch nicht ändern. Die Werke des Gesetzes können also – nachdem jemand am Gesetz schuldig geworden ist – nicht (mehr) retten. Sie können den, der durchs Gesetz »getötet« wurde, nicht mehr lebendig machen (Gal 3,21).

f) Gerecht wird ein Mensch nur durch den Glauben an Jesus Christus (Hab 2,4; Gal 3,11.14) und an das Werk seiner Erlösung, d.h. seinen Sühnetod am Kreuz (Röm 3,24f). Alles Rühmen ist ausgeschlossen; der Mensch wird ohne des Gesetzes Werke, durch den Glauben gerecht (Röm 3,28; Gal 2,16). Dieser Glaube macht sogar die Gottlosen (und deshalb auch die Heiden) gerecht durch Vergebung ihrer Sünden (Röm 4,5–8).

g) Nachdem Jesus Christus, das Ziel der Verheißung Gottes, gekommen ist, hat das Gesetz – als Zuchtmeister – seinen Dienst getan (Gal 3,23). Es hat die Menschheit auf Christus hin erzogen. Es hat die Menschen zur Erkenntnis ihrer Sünde gebracht (Röm 3,20). Der »Pädagoge« wird nicht mehr gebraucht, nachdem die Weltzeit zur Vollendung gekommen ist. Das Gesetz und die Werke des Gesetzes haben ihren Dienst getan. Nun gilt auch der Unterschied zwischen Juden und Heiden nicht mehr. Alle sind im Glauben an Jesus Christus als Abrahams Kinder vereint (Gal 3,28f).

h) Die Heiden müssen daher nicht erst Juden werden, wenn sie Christen werden wollen. Denn die Verheißung an Abraham gilt auch ihnen (Röm 4,9), indem sie glauben (Röm 4,16). Denn auch Abraham wurde als Unbeschnittener gerecht gesprochen (Röm 4,10.13). Gott ist nicht nur der Gott der Juden, sondern auch der Gott der Heiden (Röm 3,30). Außer den im Aposteldekret festgehaltenen vier Punkten (Apg 15,20), die übrigens Jak vorgeschlagen hatte (Apg 15,13), soll den Heidenchristen weiter nichts auferlegt werden. Sie müssen sich nicht beschneiden lassen (Gal 5,2.14). Wären nur »die unter dem Gesetz« (Juden) Erben der Verheißung, dann könnte die Verheißung an Abraham nicht erfüllt werden.

Paulus sagt also von den Werken des Gesetzes, dass sie weder für die Juden noch für die Heiden ein Heilsweg sind. Er macht damit keine Aussage über Werke überhaupt. Er stellt den »Weg des Glaubens an Jesus Christus und seine Heilstat« dem »Weg der Gesetzeserfüllung unter Absehung von Jesus Christus« gegenüber. Er stellt aber nicht den Glauben gegen die Werke. Werke (des Glaubens) gehören für ihn ebenso zum Glauben wie für Jak; der Glaube ist durch die Liebe tätig (Gal 5,6). Im Übrigen sagt er auch nicht, dass das Gesetz nicht beachtet werden soll – das Gesetz wird durch den Glauben nicht aufgehoben, sondern vielmehr aufgerichtet (Röm 3,31). Er sagt lediglich, dass der Weg des Gesetzes kein Heilsweg ist, nachdem das Gesetz die Sünde des Menschen offenbar gemacht hat und Gott jetzt, in der neuen Heilszeit, seine Gerechtigkeit durch Jesus Christus schenkt.

Jak bestreitet nicht, dass allein der Glaube an Jesus Christus rettet; aber er drängt darauf, dass lebendiger Glaube sich in einer völlig veränderten, erneuerten Verhaltensweise der Glaubenden, eben in ihren »Werken« ausweisen müsse.

1. Glaube ohne Werke ist unnütz: 2,14–17

Zum Aufbau: In V. 14 beginnt ein neuer Abschnitt mit der erneuten Anrede »meine Brüder«. Mit den vorhergehenden Briefabschnitten ist er durch vier Aspekte verbunden: a) Zum einen wird der Grundgedanke aus 1,4 aufgenommen, dass die Geduld ihr *Werk* tun soll bis ans Ende. b) Zum andern knüpft Jak an seine Mahnung gegen ein Hören an, dem kein Tun folgt (1,19–27). Dort kam es darauf an, dass das *Gehörte* im *Tun*, im reinen und unbefleckten Gottesdienst konkret wird, will sich der Mensch nicht selbst betrügen. Nun macht er deutlich, dass auch der *Glaube*, wenn er meint, auf das *Tun* bzw. auf die Werke verzichten zu können, tot ist. c) In 2,2–4 war in einem Beispiel davon die Rede, wie die Gemeinden *Reiche* in unrechter Weise bevorzugen, sich um ihre geringsten Bedürfnisse kümmern, *Arme* jedoch zurücksetzen. Hier führt Jak in einem Beispiel (2,15f) vor Augen, wie Arme lieblos allein mit Worten »abgefertigt« werden, ohne dass man sich um ihre elementaren Lebensbedürfnisse kümmert. d) Der Abschnitt 2,1–13 schloss mit dem Ausblick auf das *letzte Gericht* ab: nur wer Barmherzigkeit tut, kann im Gericht bestehen. Damit steht die Frage im Raum: Rettet nicht der Glaube trotz allem im letzten Gericht? Rettet nicht der Glaube allein?

14 Was nützt es, meine Brüder, wenn jemand sagt, er habe Glauben, hat aber keine Werke? Ist etwa der Glaube in der Lage, ihn zu retten?
15 Wenn da [z.B.] ein Bruder oder eine Schwester ist: dürftig gekleidet und ohne die tägliche Nahrung;
16 es spräche aber einer von euch: »Geht hin in Frieden; wärmt euch und esst euch satt!« – ihr gäbet ihnen aber nicht das, was der Leib notwendig braucht – was nützt das?
17 So ist auch der Glaube, wenn er nicht Werke hat, für sich allein tot.

Zur Übers.: V. 14+15: »dürftig gekleidet« – wörtl. nackt, hier aber wohl nicht im wörtlichen Sinn zu verstehen.

14 Man könnte sich den Einwand, den Jak hier aufnimmt, etwa so vorstellen: »Jakobus, du wirfst uns vor, dass wir keine Barmherzigkeit erzeigen und die Armen abschätzig behandeln, und du hältst uns vor, dass wir damit im letzten Gericht nicht bestehen können. Aber wir glauben doch! Rettet uns das etwa nicht? Ist uns nicht gerade unser Glaube im letzten Gericht von großem Nutzen?«[275] Jak hat in diesem Abschnitt Leute vor Augen, die sich dem Ernst seiner Mahnungen und den Konsequenzen, die er aufzeigt, entziehen möchten, indem sie auf ihren vorhandenen Glauben verweisen. Doch diese Ausflucht lässt Jak nicht gelten. Er stellt die Gegenfrage: **»Was nützt es, meine Brüder, wenn jemand sagt, er habe Glauben, hat aber keine Werke? Ist etwa der Glaube in der Lage, ihn zu retten?«**

Damit von vornherein kein Missverständnis entsteht: Jak sagt nicht, dass ihr Glaube nicht in der Lage ist, sie zu retten und dass nur Werke retten können. Er sagt nur sehr deutlich, dass der Glaube *allein*

275 Vgl. dazu J. CALVIN: Komm, S. 433. – Hinter dieser Einstellung hat man paulinische Tradition bzw. deren Missverständnis vermutet: Gemeindeglieder, die mit der Verkündigung des Paulus oder seiner Schüler in Berührung gekommen waren, seien in die Gefahr geraten, das Tun im Glauben zu vernachlässigen und hätten sich gegen Vorwürfe auf ihren Glauben berufen, der sie allein rettet. Das ist natürlich vorstellbar, allerdings gibt es keine Belege für eine solche Argumentationsweise unter Berufung auf Paulus in den ersten (juden- oder heidenchristlichen) Gemeinden. Zudem ist es auch nicht so, dass die Gefahr, in der Menschen über ihrem Glauben das Tun vergessen und doch weiterhin meinen, in der rechten Weise zu glauben und Gottesdienste zu feiern, nur auf dem Hintergrund einer vorausgegangenen paulinischen Verkündigung entstehen kann. Haben nicht die alttestamentlichen Propheten immer wieder in diesem Sinne mit dem Volk Israel reden müssen? (Jes 1,10–17; Hos 8,13; Amos 5,21–24). Auf jüdischem Hintergrund ist es durchaus möglich, sich Gottes zu rühmen, ja sogar sich des Gesetzes zu rühmen und doch nicht das Rechte zu tun (vgl. Röm 2,17–24).

nicht zu retten vermag (vgl. 2,24), ein Glaube also, der keine Werke hat.[276] Welchen Nutzen hat ein solcher Glaube? Kann sich ein Mensch etwa auf seinen Glauben berufen und sich dabei zugleich der Ermahnung entziehen, die ihm seine Sünde aufdeckt? Was ist das für ein Glaube? Ein Glaubender, der meint, auf Werke verzichten zu können, weil es auf sie ja nicht ankomme, der steht nicht im Heil.

Um es noch einmal mit anderen Worten zu sagen: Jak geht es nicht um Werke, die gegen den Glauben gestellt werden oder zum Glauben hinzugefügt werden müssten. Es geht ihm um einen Glauben, der Werke hat. Es ist nicht so, dass es ihm auf den Glauben nicht ankäme. Um den Glauben geht es Jak von Anfang an (1,3): es ist der Glaube, der in der Bewährung steht, und der bewährte Glaube empfängt die Krone des Lebens (1,12). Aber Jak kommt es entscheidend darauf an, dass sich der Glaube tatsächlich in den Versuchungen und Herausforderungen der Zeit bewährt. In der Versuchung erweist der Glaube seine Echtheit. Ein Glaube, der keine Werke hat, ist ein Glaube, der sich nicht bewährt hat.

Wie der Same auf Frucht abzielt, so der Glaube auf den Glaubensgehorsam und die Glaubenstat. »*Ein Mensch, der nichts anderes als gläubig sein will, wird sich samt seinem Glauben draußen finden und Gottes Reich verschlossen sehen.*«[277]

Die Grundeinsicht des Jak versteht sich eigentlich von selbst, und er steht mit ihr im NT wahrlich nicht allein.

Jak macht sein Anliegen durch ein einleuchtendes Beispiel deutlich. **15–16**
Da sind **ein Bruder oder eine Schwester,** denen es an den Grundbedürfnissen[278] fehlt: Sie sind **dürftig gekleidet und haben nicht** einmal das Nötigste **zum Essen.** Vielleicht wenden sie sich an Reiche in der Gemeinde; doch darauf kommt es nicht an: jeder kann einem helfen, der so bedürftig ist wie es in diesem Beispiel geschildert wird.[279] Dazu bedarf es nicht viel.

Ein paar Worte sind hier einfach zu wenig, auch wenn sie noch so gut gemeint sind. Jak hat keine heuchlerischen, frommen Redensarten im Blick, sondern den Friedensgruß[280], mit dem man sich schon seit langer Zeit gegenseitig den Beistand Gottes wünschte: »Geht hin in

276 A. SCHLATTER schreibt dazu: »*Er redet nicht gegen, sondern für den Glauben, nicht weil der Glaube nutzlos ist, vielmehr gerade dazu, damit er nicht nutzlos sei … Wir berauben uns nämlich seiner Frucht, wenn wir sagen: Wir haben Glauben, und uns deswegen das Werk erlassen, wenn uns der Glaube gefällt als ein bequemer Weg, auf dem man Gott leicht und ohne Anstrengung zufrieden mache*« (Erläut, S. 174f).

277 A. SCHLATTER: Erläut, S. 175.

278 Nahrung und Kleidung sind *die* Grundbedürfnisse des Menschen; vgl. 1Tim 6,8; 5Mo 15,7–11.

279 Jak tritt nicht dafür ein, dass aus den Bedürftigen Wohlhabende, aus den Armen Reiche werden. Er will lediglich, dass den Bedürftigen in ihrer Not beigestanden und materiell geholfen wird, wie es die Situation erfordert.

280 Vgl. Ri 18,6; 1Sam 1,17; 20,42; 29,7; 2Sam 15,9; Mk 5,34; Apg 16,36.

Frieden!« Jak tadelt nicht die Worte – die Worte sind gut – er tadelt, dass diesen guten Worten keine guten Taten entsprechen. Hier ist etwas auseinandergerissen (gespalten), was zueinander gehört – was so selbstverständlich zueinander gehört, dass man es geradezu künstlich trennen müsste.[281] Jak macht auf einen Widerspruch aufmerksam, wie er im Leben dieser Leute zutage tritt.[282] Der Gegensatz ist umso krasser, als sie ja selber sagen: »**Wärmt euch und esst euch satt!**«, aber sie handeln nicht so, wie es ihre Worte sagen.

Das Beispiel, das Jak anführt, soll nicht in erster Linie auf die Art von Werken hinweisen, die Jak am Herzen liegen, obwohl es sicher nicht zufällig ist, dass das Beispiel aus dem sozialen Bereich stammt, auf den Jak immer wieder zu sprechen kommt. Es soll vielmehr verdeutlichen, wie unsinnig und unnütz Worte des Glaubens sind, die nicht von entsprechenden Taten begleitet werden. Dabei fordert er nicht außergewöhnliche, zusätzliche oder besonders schwere Taten, die zum Glauben (oder zu den Glaubenssätzen) hinzukommen müssten und von denen die Adressaten womöglich noch gar nichts gehört haben.[283] Er zieht lediglich die Konsequenzen aus ihren eigenen Worten. Sie wissen offensichtlich, worauf es ankommt: auf Wärme und eine ausreichende Mahlzeit; denn genau das wünschen sie denen, die da bittend vor ihnen stehen. Aber ihr Handeln steht im Widerspruch zu ihren Worten: sie tragen zwar den Wunsch nach Sättigung und Erwärmung auf ihren Lippen, aber ihre Hände sind leer. Sie spenden Trost, aber sie spenden weder Nahrung noch Kleidung.

So haben ihre Worte keinen Nutzen, sie sind wie in den Wind gesprochen. Das Beispiel zeigt: ein Glaube *allein*, ein Glaube ohne Werke nützt einem Menschen so wenig wie einem Bedürftigen in seiner Not gute Worte *allein* nutzen.

17 **Der Glaube, wenn er nicht Werke hat, ist für sich allein tot.** Das ist die Hauptthese des Jak. Es geht ihm um den Glauben und darum, dass dieser Glaube lebendig ist und bleibt. Man hat dem Jak häufig vorgeworfen, er habe einen »defizitären Glaubensbegriff«, d.h. eine Vorstellung vom Glauben, die den Glauben nicht umfassend genug im Blick hat. Jak gehe von einem Glauben aus, der für sich unzureichend

281 Vgl. Jes 58,7; Spr 3,27f; Mt 25,31–46; Lk 10,25–37.

282 Obwohl die Beispiele, die Jak hier und an anderer Stelle bringt, konkrete Anhaltspunkte im Leben einzelner Gemeindeglieder haben dürften, wäre es verfehlt, von ihnen auf den allgemeinen Zustand in den Gemeinden zu schließen. »*Die Stelle berechtigt nicht zu dem Schluß, daß die Gemeinden es an der Bruderliebe in der gebrandmarkten krassen Weise fehlen ließen. Der Verfasser zieht nur eine letzte Folgerung aus einer Einstellung, die auf das Leben nach dem Glauben weniger Gewicht legt als auf den Glauben selbst* ...« (J. MICHL: Komm, S. 38).

283 Es wäre daher falsch interpretiert, wollte man aus Jak ein Plädoyer für ein sozialpolitisches Evangelium, für eine Umverteilung der Güter herauslesen. Vgl. dazu G. MAIER: Reich und arm

ist, da zu diesem Glauben erst noch die Werke hinzukommen müssten, damit es zusammen ein Ganzes ergibt.

Das Gegenteil ist der Fall. Der Glaube ist für Jak nicht ergänzungsbedürftig, sondern er ist eine Ganzheit, und deshalb kann es Jak nicht zulassen, dass jemand von diesem Glauben einen seiner Bestandteile – in diesem Fall seine Werke – abtrennt. Gerade weil der Glaube für Jak etwas Umfassendes, Ganzes ist, kritisiert er bei seinen Lesern eine »Glaubenshaltung«, die den Glauben von den Werken trennt. Glaube und Werke gehören für ihn so eng zusammen, dass er den »Glauben« für unnütz hält, wenn die Werke, die zu seinem Wesen dazugehören, von ihm geschieden werden.[284]

Jak findet bei den Leuten, mit denen er sich auseinandersetzt, ein verkürztes, defizitäres Glaubensverständnis vor. Nun hätte er sofort sagen können, dass sie gar keinen (rechten) Glauben haben, wenn sie ihn so ansehen, dass er ohne Werke sein könne und sich mit dieser selbstsicheren Haltung obendrein gegen die Aufdeckung ihres Defizits durch Jak zur Wehr setzen. Jak würde ihnen dann ihren Glauben absprechen. Er argumentiert aber zunächst anders und möchte ihnen auf den richtigen Weg helfen. Jak deckt auf, dass bei ihnen etwas Entscheidendes fehlt und ihnen der Glaube, so wie sie ihn verstehen, überhaupt nichts nützt.

In V. 17 sagt er dann deutlich, was seine Meinung ist. Ein solcher Glaube ist nicht nur defizitär, ergänzungsbedürftig – er ist tot. D. h. ein »Glaube« (und hier ist das Wort »Glaube« tatsächlich in Anführungszeichen zu setzen), der sich so darstellt bzw. sich gerade nicht in Werken zeigt, ist eigentlich kein Glaube mehr. Er ist abgestorben.[285]

2. Glaube und Werke gehören zusammen: 2,18–20

18 Nun wird einer sagen: »Hast du Glauben?« Und ich [werde sagen]: »Ich habe Werke. – Zeige mir deinen Glauben ohne die Werke; und ich werde dir aus meinen Werken den Glauben zeigen.
19 Du glaubst, dass Gott *einer* ist? Da tust du recht: auch die Dämonen glauben, und sie erschauern [vor Angst].
20 Willst du wohl erkennen, du hohler Mensch, dass der Glaube ohne die Werke wirkungslos ist?«

284 *»Nicht die Verflochtenheit oder gar Gleichwertigkeit von Glaube und Werk wird betont, sondern die Sinnlosigkeit eines behaupteten Glaubens ohne Werke«* (W. SCHRAGE: Komm, S. 32).

285 *»Ein ›toter Glaube‹ ist kein christlicher Glaube – er ist überhaupt keiner. Folglich addiert Jakobus nicht ›Glaube plus Werke‹, sondern er sagt, was christlicher Glaube überhaupt ist ...«* (G. MAIER: Komm, S. 56).

Zur Übers.: V. 18: Im griech. Text fehlen ursprünglich die Satzzeichen. Die hier gewählte Frageform ist daher eine Möglichkeit, den etwas dunkel bleibenden Einwand eines Gesprächspartners zu übersetzen. V. 20: »hohler Mensch« – wörtl. »leerer Mensch«. Dies Schimpfwort kann man auch mit »Prahlhans«, »eitler Mensch«, »törichter Mensch«, »unvernünftiger Mensch«, »Hohlkopf« wiedergeben. / Das griech. Wortspiel »der Glaube ist ohne *ergoon argä*« ist im Deutschen mit der Formulierung »ohne Werke wirkungslos« wiedergegeben.

18 Ein neuer Einwurf wird vorgebracht, und es ist nicht ganz deutlich, wie er im Einzelnen gelautet hat.[286] Es ist möglich, dass einer gesagt hat: »du redest so viel von den Werken. Darauf scheint dir alles anzukommen. Uns wirfst du vor, dass wir keine Werke haben. Aber **hast du denn Glauben?** Du siehst bei uns keine Werke, aber wo sehen wir denn deinen Glauben?« Darauf antwortet Jak: »Ja, **ich habe Werke.** Und ich kann dir aus meinen Werken den Glauben zeigen – wenn du mir deinen Glauben ohne die Werke zeigst. Aber kannst du das denn? Wie willst du mir deinen Glauben zeigen, wenn du keine Werke hast, in denen sich dein Glaube als lebendig erweist?«

Jak ist der Überzeugung, dass sich der Glaube in den Werken zeigt und aus ihnen erkennbar ist. Jesus hat das auch gelehrt: »An ihren Früchten sollt ihr sie erkennen! Jeder gute Baum bringt gute Früchte, aber ein fauler Baum bringt schlechte Früchte« (Mt 7,16f). Und: »Es werden nicht alle, die zu mir sagen: Herr, Herr! in das Himmelreich kommen, sondern die den Willen tun meines Vaters im Himmel« (Mt 7,21). Im Tun zeigt sich die Nachfolge. An den Früchten lässt sich die Art des Baumes erkennen. Ob er gut oder faul ist, das bleibt nicht verborgen.

Das Tun ist ein Kriterium für das Vorhandensein von Glauben. Dabei dürfen Baum und Früchte, Glaube und Werke nicht verwechselt werden. Nicht die Werke machen den Glauben, und gute Werke machen nicht den Glauben gut. Das ist wie beim Barometer. Es gibt nicht gutes Wetter, weil das Barometer steigt, sondern es ist umgekehrt: wir sehen an dem steigenden Barometer, dass es gutes Wetter gibt. So sehen wir auch an den Werken, ob Glauben vorhanden ist oder nicht. *»Denn Glaubenswerke kann nur einer vollbringen, der Glauben hat …; wer aber keine Glaubenswerke hat, dessen Glaube ist tot.«*[287]

286 Es gibt für diesen Einwand verschiedene Deutungsmöglichkeiten. a) Der ursprüngliche Einwurf ist verloren gegangen. Es ist nur die Antwort des Jak erhalten geblieben. b) »Du« hast Glauben, »ich« habe Werke ist tonlos im Sinne von »der eine – der andere« zu fassen. Der Einwand würde dann etwa so lauten: Was wirfst du uns einen Mangel an Werken vor? Der eine hat Glaube, der andere Werke. Es gibt verschiedene Aufgaben in der Gemeinde. Warum sollen wir uns das gegenseitig zum Vorwurf machen?

287 O. KNOCH: Komm, S. 62. – Auch Nichtchristen können vieles von dem tun, was Jak als »Werke« bezeichnet. Allein aus den Werken wird man daher nicht auf den Glauben schließen

Jak geht es vornehmlich um den Glauben.[288] Der Glaube ist das Erste; die Werke folgen daraus. Nur in der Erkenntnis ist es umgekehrt: da folgt der Glaube aus den Werken, d.h. der Glaube wird aus den Werken erkennbar. »*Die Werke sind nicht ohne den Glauben zustande gekommen ... Kann man den Glauben aus den Werken aufweisen, so ist der Glaube das Frühere; er trägt zur Entstehung der Werke bei.*«[289]

Jak führt seine Entgegnung fort: **»Du glaubst, dass Gott *einer* ist?«** 19
Er spielt damit auf die einleitenden Worte des Gebets »Höre Israel!« (das sog. Schema Jisrael) an, das zur Zeit Jesu dreimal täglich von jedem Juden gesprochen wurde. Es war ein Ausdruck des jüdischen Glaubens an den *einen* Gott (Monotheismus), der die Juden von ihrer Umgebung deutlich unterschied. Mit eben diesen Worten »Höre Israel: der Herr, unser Gott, ist *ein* Herr« (5Mo 6,4) gibt Gott durch Mose dem Volk Israel sein Gesetz kund.[290]

Ein wichtiges, zentrales Glaubensbekenntnis! Jak bestätigt das: **Du tust recht** daran, wenn du so glaubst. Und doch ist darin ein ironischer Unterton zu hören: Du glaubst schon recht – **die Dämonen glauben** das **auch, aber sie erschrecken** dabei. Ihr Wissen, dass es nur einen Gott gibt, der der Herr über alle ist, ist für sie kein Anlass zum Jubel. Ihr Wissen, ihr »Glaube« kann sie nicht aus ihrer Verlorenheit retten.[291] Die Tatsache, dass der Herr *einer* ist, wird ihnen zum Verderben. Vor seinem Namen müssen sie Angst haben; denn wenn er über ihnen ausgerufen wird, müssen sie vor ihm weichen und die Menschen

können. Jak geht es um den notwendigen Zusammenhang von Glauben und Werken. Er stellt die Werke nicht an die erste Stelle, sondern betont sie dort, wo sie im Leben von Christen fehlen.

288 In diesem Abschnitt ist an sechs Stellen vom Glauben in einer sprachlich und sachlich den Werken vorgeordneten Weise die Rede (17: Glaube, tot in sich selber; 18: Glauben zeigen aus den Werken; 20: Glaube ohne Werke nutzlos; 22a: Glaube wirkt zusammen mit seinen Werken; 22b: Glaube vollkommen geworden durch die Werke; 26: Glaube ohne Werke ist tot). Ohne direkten wörtlichen Bezug zum Glauben ist von den Werken an zwei Stellen die Rede (21: Abraham durch Werke gerecht geworden; 25: Hure Rahab durch Werke gerecht geworden). Nebeneinander werden Glaube und Werke an ebenfalls zwei Stellen genannt (14; 24). Der statistische Überblick zeigt: das vorrangige Thema ist der Glaube. Zwar redet Jak vom Glauben, der keine Werke hat und insofern von den Werken, die in diesem Fall fehlen. Das Thema Werke ist aber auf den Glauben bezogen und diesem untergeordnet.

289 F. HAUCK: Komm, S. 126.

290 Der Glaube an den einen Gott, gefolgt von der Weisung »Du sollst den Herrn, deinen Gott, lieb haben von ganzem Herzen, von ganzer Seele und mit aller deiner Kraft«, steht also ursprünglich im Zusammenhang mit dem Gesetz Gottes. Es ist vielleicht ein weiterer – wenn auch versteckter – Hinweis auf den Hauptsatz des Jak, dass der Glaube nicht ohne Werke sein kann. Es gibt in der Bibel kein Bekenntnis zu dem einen Gott ohne die Anerkennung seines Willens in seinen Geboten.

291 »*Nach Justin (Dial. 141,2) legten jüdische Schrifterklärer die Stelle Ps 32,2 so aus, daß man nur das Dasein des einen Gottes anerkennen müsse, dann rechne Gott die Sünden dem Menschen nicht mehr an*« (J. MICHL: Komm, S. 41).

wieder verlassen, von denen sie Besitz ergriffen haben (Mt 8,29; Lk 4,34). Sie zweifeln nicht daran, dass Gott *einer* ist, aber sie haben nicht die Möglichkeit, in diesem Wissen ein befreites Leben in der Gegenwart Gottes zu führen und nach diesem Glauben zu handeln.

20 So wird auch ein bloßer Glaube, der nicht zu einem Leben im Gehorsam Gott gegenüber führt, nicht zum Heil nützlich sein, sondern zum Gericht werden. **Ein Glaube ohne Werke ist wirkungslos.** Wer das nicht sehen will, ist wahrlich ein **»Hohlkopf«**, ein unvernünftiger und verblendeter Mensch. Jak gebraucht hier ein derbes Wort. Er möchte aufrütteln und dadurch zurechtweisen, um zurechtzubringen (5,19f).

3. Vorbilder für Werke des Glaubens – Abraham und Rahab: 2,21–26

21 Abraham, unser Vater – ist er nicht aus Werken gerecht gemacht worden, als er Isaak, seinen Sohn auf den Opferaltar legte?
22 Du siehst, dass der Glaube mit seinen Werken zusammenwirkte und dass aus den Werken [heraus] der Glaube zur Vollkommenheit gelangte.
23 Und [so] wurde die Schrift erfüllt, die sagt: »Abraham aber glaubte Gott, und [dies] wurde ihm als Gerechtigkeit angerechnet«, und er wurde »Freund Gottes« genannt.
24 Ihr seht: ein Mensch wird aus Werken gerecht gemacht und nicht aus Glauben allein.
25 Wurde nicht ebenso die Hure Rahab aus Werken gerechtfertigt, als sie die Boten aufnahm und auf einem anderen Weg wieder hinausließ?
26 Denn gleichwie der Leib ohne Geist tot ist, so ist auch der Glaube ohne Werke tot!

Zur Übers.: V. 21: wörtl. »hinauftrug« – Fachausdruck in der Opfersprache. V. 22: »zusammenwirken« = *synergein:* unterstützen, helfen, hilfreich zur Seite treten / aus den Werken = durch die Werke oder: in den Werken.

21 Dem starken gefühlsmäßigen Ausdruck in V. 20 stellt Jak nun eine sachliche biblische Argumentation an die Seite. Jak hatte zwei Argumente gebracht, die in der Verneinung deutlich machen, worum es ihm geht: a) Glaube ohne Werke ist genauso unnütz wie Nächstenliebe, die sich nur in unverbindlichen Worten äußert (V. 15–17); b) die Berufung auf Glauben allein nähert sich einer dämonischen Möglichkeit (V. 18f).

Den beiden negativen Argumenten lässt er nun zwei positive Argumente oder Beispiele folgen: a) der Glaube Abrahams wurde durch das Werk ans Ziel gebracht (V. 20–24); b) auch Rahab wurde aus Werken gerechtfertigt (V. 25).

Jak führt im Folgenden einen doppelten Schriftbeweis[292], damit seine Leser verstehen, dass es bei der Frage nach den Werken des Glaubens nicht um seine private Meinung geht. Er möchte aus der Schrift zeigen, in welchem Irrtum sich seine Gegner befinden, wenn sie die Werke des Glaubens als unwichtig ansehen. Die Notwendigkeit und Richtigkeit seines Anliegens erweist er vor allem anhand einer Gestalt, die seit jeher als vorbildlich für einen festen Glauben galt: Abraham.

Abraham, unser Vater: Das »unser Vater« ist betont nachgestellt, um anzuzeigen, dass die jüdischen Leser von ihm stammen und in ihm ein hervorragendes Beispiel für ihren Glauben haben. Nach Abraham nannte sich das Volk Israel »Abrahams Kinder«. Auch den Christen ist Abraham der Vater des Glaubens.[a] Gleichzeitig ist Abraham ein Beispiel für einen Mann, dessen Glaube in eine schwere Versuchung gestellt wurde und der sich in dieser Versuchung bewährt hat. Er ist daher nicht nur ein Vorbild des Glaubens, sondern auch der Bewährung des Glaubens. Was von ihm zu lernen ist, darf deshalb als exemplarisch gelten.[293] Glaube in der Versuchung, Glaube in der Bewährung – das ist ein Leitthema des Jak schon in Kap. 1, das hier wieder aufgenommen wird. Zur Illustration wählt Jak die Episode aus dem Leben Abrahams, in der sein Glaube in die schwerste Prüfung gestellt wurde.

[a] Röm 4,16

Jak knüpft also nicht – wie Paulus (Röm 4) – primär an 1Mo 15 an (obwohl er auch diese Stelle später zitiert), sondern an 1Mo 22. In 1Mo 15 geht es darum, dass Abraham Gott glaubte, er werde tun, was menschlich nicht möglich war: Gott verheißt Abraham, er werde noch Nachkommen zeugen; in 1Mo 22 geht es darum, dass Abraham seinen Glauben bewährte: Gott befiehlt Abraham, seinen Sohn Isaak zu opfern. Im ersten Fall gab es für ihn nichts zu tun; Verheißung und Erfüllung der Verheißung waren allein Gottes Sache. »Abraham aber glaubte dem Herrn, und das rechnete er ihm zur Gerechtigkeit« (1Mo 15,6).

Im zweiten Fall stellt Gott diesen Glauben Abrahams in die Versuchung (1Mo 22,1). **Isaak, seinen Sohn,** soll er **opfern,** den Sohn, den Gott ihm verheißen und ihm und seiner Frau – gegen alle menschliche Erfahrung – im hohen Alter noch geschenkt hat. Damit wurde nicht

292 Dahinter mag auch der Gedanke stecken, dass bei den Rabbinen eine Lehre möglichst durch mindestens zwei Schriftstellen (Zeugen) belegt wurde. Vgl. G. MAIER: Komm, S. 62.

293 Indem Abraham dieser Bewährungsprobe standhält, wird er – schon in der jüdischen Auslegungstradition – zum Vorbild für die Frommen. »*Dies ist die zehnte Versuchung, mit der Abraham versucht wurde, und er wurde als gläubig und geduldigen Geistes erfunden*« (Jubiläenbuch 19,8 [50–100 v. Chr.]).

nur ein schweres menschliches Opfer von ihm erwartet; mit dem Sohn Isaak stand darüber hinaus die Verheißung an Abraham auf dem Spiel, die an diesen einen Sohn geknüpft war, dass aus seinem Samen ein großes Volk entstehen werde und in seinem Namen alle Geschlechter der Erde gesegnet werden sollten. Gott scheint zum Moloch zu werden, der Menschenopfer verlangt. Doch Abraham ist gehorsam. Er besteht die Prüfung. Er ist bereit, auf den Befehl Gottes hin seinen Sohn auf dem Brandopferaltar zu schlachten. Schon hat er das Messer zum tödlichen Stoß erhoben, da fällt ihm der Engel des Herrn in den Arm: »Lege deine Hand nicht an den Knaben und tu ihm nichts; denn nun weiß ich, dass du Gott fürchtest und hast deines einzigen Sohnes nicht verschont um meinetwillen« (1Mo 22,12). Aus seiner Bereitschaft zum Gehorsam, aus seinem »Werk«, erkennt der Engel, dass Abraham Gott fürchtet, d.h. er erkennt die Echtheit seines Glaubens.

Nun wird deutlich: Gott will kein Menschenopfer; ein Widder kann stellvertretend geopfert werden. Mitten in der dunkelsten Versuchung leuchtet ein Weg auf, den Abraham zuvor nicht geahnt hatte. Sein Sohn wurde ihm neu geschenkt.

Daraufhin wird die Verheißung aus 1Mo 15,5 (»wie die Sterne am Himmel«) wiederholt und neu begründet: »*Weil* du solches getan hast ... will ich dein Geschlecht segnen ... und durch dein Geschlecht sollen alle Völker auf Erden gesegnet werden, *weil* du meiner Stimme gehorcht hast« (1Mo 22,16–18). Der Glaube, durch den Abraham in Kap. 15 gerecht gesprochen wurde, ist in Kap 22 zur Vollendung gekommen: Glaube und Werk bilden eine Einheit. Im Glauben hat Abraham so gehandelt und an seinem gehorsamen Werk erkennt Gott seinen Glauben. Man kann also sagen: Abraham ist gerecht gesprochen worden durch *den* Glauben, der zu einer solchen Tat bereit war. Abrahams Glaube in Kap. 15 zielt auf Abrahams Werk in Kap. 22 und das Werk in Kap. 22 erweist seinen Glauben als echt.

Der Hebräerbrief sagt: »Durch den Glauben opferte Abraham den Isaak« (Hebr 11,17); Jak sagt: durch dieses (Glaubens-)Werk ist Abraham gerecht geworden. Jak spricht das aus, was in Hebr 11,8 im Anschluss an 1Mo 12 so formuliert wird: »Durch den Glauben wurde Abraham gehorsam.« Jak geht es um nichts anderes als um diesen Gehorsam, der aus dem Glauben kommt. Glaube und Werk liegen hier wie zwei Seiten einer Münze untrennbar beieinander; der erste bedingt das zweite, und das zweite erweist den ersten. Deshalb kann Jak sagen, dass **Abraham aus *Werken* gerecht gemacht worden ist.**[294]

[294] *»Zwar wird nach Gn 15,6 dem Abraham sein Glaube an Gott zur Gerechtigkeit angerechnet, aber Jak interpretiert die Erzählung von Isaaks Opferung nicht falsch, wenn er in der Bereitschaft des Abraham, seinen Sohn Isaak zu opfern, den Grund seiner Rechtfertigung ex ergoon* [aus Werken] *sieht«* (F. MUSSNER: Komm, S. 141).

Er meint damit nicht die Werken anstelle des Glaubens oder neben dem Glauben; er meint die Werke *dieses* Glaubens.

Nun kann auch der »törichte Mensch« aus V. 20 einsehen: **Der** 22
Glaube wirkt mit seinen Werken zusammen. In dem Wörtchen »seinen« hängt das Verständnis des ganzen Abschnitts. Jakobus meint die Werke des *Glaubens*. Es handelt sich nicht um zusätzliche, vom Glauben unterschiedene oder gar ihm fremde Werke, sondern um seine eigenen Werke. Die Werke sollen nicht als etwas Zweites zum Glauben hinzukommen. Der Glaube ist in dieser Hinsicht nicht ergänzungsbedürftig. Der Glaube soll nicht ergänzt, sondern lebendig werden.

Dabei bildet der Glaube mit seinen Werken eine wirksame Einheit. Es gibt für Jak so etwas wie einen »Synergismus«[295] (so wörtl.), ein Zusammenwirken des Glaubens mit seinen Werken. Durch das Wort **»zusammenwirken«** wird der Glaube in seiner Wirksamkeit erkenntlich. Dabei wirken nicht die Werke, die Menschen tun, mit dem Glauben zusammen, den Gott schenkt, sondern der Glaube wirkt zusammen mit *seinen* Werken. Es handelt sich also nicht um das Zusammenführen von zwei »Werken« oder Handlungen, sondern um einen einzigen, ganzheitlichen Wirkungszusammenhang.

Der Glaube zielt auf sein Werk; er kommt in seinen Werken zur **Erfüllung.** Glaube und Werke ergeben zusammen nicht etwas Drittes, Umfassendes, sondern durch die Werke wird der *Glaube* vollendet. Wiederum wird deutlich, worauf bereits oben hingewiesen wurde: Es geht Jak nicht darum, dass der Glaube durch Werke ergänzt wird, sondern darum, dass der **Glaube** an sein Ziel, **zur Vollkommenheit gelangt.**[296]

Diese Vollendung des Glaubens meint Jak, wenn er sagt, dass in 23
der Gehorsamstat des Abraham **die Schrift erfüllt wurde,** die sagt: **»Abraham aber glaubte Gott, und (dies) wurde ihm als Gerechtigkeit angerechnet.«** Der Satz aus 1Mo 15,6 soll für Jak keine Beweisstelle dafür sein, dass die Werke zum Glauben dazugehören.[297] Das steht dort nicht, und das weiß natürlich auch Jak. Die Belegstelle für Jak ist 1Mo 22. In V. 23 weist er nur auf den Zusam-

295 Das Wort »Synergismus« hat für uns eine andere Bedeutung. Sie stammt aus dem Streit zwischen AUGUSTIN und PELAGIUS und bezeichnet dort eine Anschauung, nach der bei der Erlangung des Heils Gott und Mensch zusammenwirken müssen. Davon redet Jakobus nicht. Die Werke, von denen er spricht, sind nicht »menschliche« Werke, sondern Werke des Glaubens, die dem Menschen allerdings aufgetragen sind und an denen der Glaube sichtbar wird.

296 Gott ist ungespalten und gibt ungeteilt (1,5); so soll auch der Mensch nicht in sich gespalten und sein Glaube nicht geteilt bzw. zertrennt sein. Vollkommenheit bzw. Ganzheit auf der einen und Gespaltenheit, Zweifel und Zertrennungen auf der anderen Seite sind zwei Motive, die sich durch den ganzen Brief ziehen.

297 Man kann deshalb auch nicht sagen, dass Paulus und Jak dieselbe Stelle (1Mo 15,6) gegensätzlich auslegen.

menhang zwischen den beiden Kapiteln der Abrahamgeschichte hin: In 1Mo 22 kommt derselbe Glaube zur Erfüllung, von dem bereits in 1Mo 15 die Rede war.[298] Das Wort »erfüllt« *»hat hier fast den Sinn: da erwies sich die Schriftaussage von Gn 15,6 über den Glauben Abrahams in ihrer Richtigkeit«*[299]. Der Glaube, der am Anfang der Grund für die Rechtfertigung des Abraham war, ist darin nicht abgeschlossen und zu seinem Ziel gekommen. Er ruht nicht in sich selbst; er hat eine Bewährungs- und Erfüllungsgeschichte.

Abraham ist durch seinen Glauben in die enge Gemeinschaft mit Gott hineingenommen worden. Weil sich sein Glaube in seinen Werken vollendet hat, **wurde** er mit dem Ehrentitel **»Freund Gottes«**[300] genannt. In dem Ehrenprädikat »Freund Gottes« steckt offenbar noch mehr als in dem Wort »gerecht«. Es ist ein Ausdruck der engen Freundschaft zwischen Gott und Abraham, als ob er Gott in besonderer Weise ans Herz gewachsen wäre – vielleicht die Antwort darauf, dass Gott dem Abraham lieber und wichtiger war als sein eigener Sohn, der ihm besonders am Herzen lag.

24 So ist uns die Schlussfolgerung des Jak verständlich, die er am Ende seiner Beweisführung zieht: **ein Mensch wird** [zu ergänzen ist: auch] **aus Werken gerecht gemacht und nicht aus Glauben allein.** Die Quintessenz aus dem Beispiel Abrahams gilt allgemein für alle Menschen (von Abraham ist hier nicht mehr ausdrücklich die Rede) und zu allen Zeiten (Wechsel der Zeitform in das Präsens).

Jak wollte deutlich machen, dass der Glaube nicht für sich allein bleiben kann, ohne Werke. Er möchte weder den Glauben gering erachten noch die Werke über den Glauben stellen.[301] Für ihn besteht nicht der Gegensatz »Glaube ↔ Werke«. Der Gegensatz lautet für ihn: »Glaube ohne Werke ↔ Glaube, der Werke hat« bzw. »Glaube allein ↔ Glaube nicht allein«. Bei seinen Gegnern hat er eine Haltung vorgefunden, die den Glauben verkürzt und sich auf die notwendigen Werke nicht ansprechen lassen will. Jak möchte demgegenüber den Glauben wieder in die biblische Weite führen: Wissen um den einen Gott, Vertrauen in Gott, Gehorsam gegenüber

298 Die Verbindung von 1Mo 22 mit 1Mo 15,6 kam bereits in der Literatur des antiken Judentums vor, z. B. 1Makk 2,52: *»Abraham wurde versucht und blieb im Glauben fest; das ist ihm zur Gerechtigkeit angerechnet worden«*. Vgl. Sir 44,20ff.

299 F. MUSSNER: Komm, S. 143. Ähnlich G. MAIER (Komm, S. 60): *»Jakobus bestreitet ... nicht, was in 1. Mose 15,6 oder in Röm 4,2ff steht. Er sagt nur, daß man diesen Glauben Abrahams erst in 1. Mose 22 in seiner ganzen Fülle sieht.«*

300 Vgl. Jes 41,8; 51,2; 2Chr 20,7.

301 *»Jak leugnet nicht, daß dem Glauben rechtfertigende Kraft zukommt; aber er bestreitet entschieden, daß ein von den Werken der Liebe ›isolierter‹ Glaube, ein Glaube ›allein‹ den Menschen rechtfertigt; ein derartiger Glaube rettet den Menschen nicht«* (F. MUSSNER: Komm, S. 147).

seinem Willen und Taten der Liebe und Barmherzigkeit sind zusammen der Ausdruck desselben Glaubens, wie er Jak – in Einheit mit dem Übrigen NT – vor Augen steht.

Mit den Werken ist – wie bereits oben gezeigt wurde – nicht die Summe sämtlicher Taten eines Menschen gemeint. Damit würde keiner im letzten Gericht vor Gott bestehen können. Jak weiß: Wenn einer nur ein einziges Gebot übertritt, so wird er schuldig gesprochen (2,10). Mit den Werken sind die Werke des Glaubens gemeint. Von diesen Werken sagt Jak, dass ein Mensch aus ihnen gerecht gemacht wird.

Die Passiv-Konstruktion **»gerecht gemacht«** zeigt an: Der Mensch ist nicht in sich selbst gerecht, er macht sich auch nicht selbst gerecht durch seine Werke – er wird gerecht gemacht. Die Rechtfertigung ist eine Tat Gottes.

Wir können zum Abschluss noch einmal zusammenfassen, worin der Unterschied zwischen Paulus und Jak in ihrer Behandlung des Abraham-Beispiels besteht. Die Worte »Glaube« und »Werke« sind bei Jak anders gefüllt und stehen bei ihm in einem anderen Zusammenhang, als das bei Paulus in Röm 3f und Gal 3f der Fall ist. Paulus meint mit »Werken« in abgekürzter Weise die »Werke des Gesetzes«, und mit »Werken des Gesetzes« meint er die Gesetzeserfüllung des Alten Bundes als Heilsweg. Jak redet von den »Werken des Glaubens«.[302] Beide greifen zwar auf das Abraham-Beispiel zurück, werten es aber in unterschiedlichen Zusammenhängen und unter anderen Fragestellungen aus. Für Paulus wird Abraham, den die Juden als Vater ihres (Gesetzes-)Glaubens ansehen, zum Vater aller Menschen, auch der Heiden, die an Jesus Christus glauben. Abraham wird zum Beispiel für einen Menschen, der vor Gott gerecht gesprochen wird aus Glauben, lange bevor das Gesetz durch Mose gegeben wurde. Für Jak wird Abraham dagegen zum Beispiel für einen gerechtfertigten Menschen, der seinen Glauben in der Versuchung durch entsprechendes Handeln bewährt. Beide können sich zu Recht auf Abraham berufen; aber beide machen unterschiedliche Dinge an seinem Beispiel deutlich und beide beziehen sich auf unterschiedliche Episoden im Leben Abrahams.

Ein kurzer Hinweis auf die **Hure Rahab** bringt einen weiteren **25**
Aspekt des Themas »Glaube, der Werke hat«, zum Tragen. Die aus dem heidnischen Jericho stammende Prostituierte Rahab versteckt auf ihrem Dach zwei Kundschafter des Volkes Israel und lenkt, nachdem der Stadtkönig von Jericho auf sie aufmerksam geworden ist, seine Soldaten auf eine falsche Fährte. Sie ist der Überzeugung, dass der HERR, der Gott Israels, den Israeliten das Land gegeben hat; denn mit

302 AUGUSTINUS sagte: Paulus redet von den Werken, die dem Glauben vorausgehen, Jak von denen, die dem Glauben folgen (De div. quaest, oct. trib., 76 [PL XL, 89]).

der gleichen Macht, in der er sie aus Ägypten durch das Schilfmeer geführt hat, wird er ihnen wohl bei der Eroberung des Landes Kanaan und seiner Stadtstaaten beistehen. Sie weiß: »der Herr, euer Gott, ist Gott oben im Himmel und unten auf Erden« (Jos 2,11). Sie schließt mit den Männern einen Vertrag: Ich lasse euch in Frieden gehen und helfe euch, heil aus der Stadt zu kommen, verschont ihr mich und mein Haus bei eurer Eroberung. Nachts, als die Gefahr vorüber ist, lässt sie die Männer an einem Seil über die Stadtmauer hinunter in die Freiheit.

Rahab hatte ihren Glauben nicht öffentlich bekannt und war auch nicht zum jüdischen Glauben übergetreten. Doch in ihrer mutigen Tat zeigt sich ihr Glaube. So deutet es auch der Hebräerbrief: »Durch den Glauben kam die Hure Rahab nicht mit den Ungehorsamen um« (Hebr 11,31). Ihr Glaube kommt in ihrem Handeln zum Ausdruck und ist umgekehrt an ihrem Werk zu erkennen. Das ist es, was Jak deutlich machen möchte.

Auch hier ist – wie bei Abraham – ein bestimmtes Werk des Glaubens gemeint und nicht die Summe ihrer bisherigen Taten, ihre Lebensführung. Denn ihr Leben war bis dahin wirklich nicht vom Gehorsam gegenüber den Geboten Gottes bestimmt. Aber ihr Handeln gegenüber den beiden Kundschaftern brachte ihr zunächst Schonung bei der Zerstörung Jerichos (Jos 6,25) und gab ihr ein Heimatrecht im Volk Israel. Darüber hinaus wurde sie durch diese Tat zu einem Vorbild des Glaubens (Hebr 11,31).[303] Selbst im Stammbaum Jesu taucht sie später als Ahnfrau auf (Mt 1,5).

Und noch ein weiteres Moment kommt in dem kurzen Hinweis auf Rahab zum Ausdruck, wenn man die ganze Geschichte vor Augen hat, die Jak hier als bekannt voraussetzt. Sie ist ein Beispiel für einen Menschen, der dadurch Barmherzigkeit erlangt hat, dass er selber Barmherzigkeit geübt hat. »Schwört mir nun bei dem Herrn, weil ich an euch Barmherzigkeit getan habe, dass auch ihr an meines Vaters Hause Barmherzigkeit tut« (Jos 2,12), sagt sie zu den Kundschaftern. Damit schließt sich der Gedankengang bei Jak und knüpft noch einmal an den vorangehenden Abschnitt (2,13) an.

Im Vergleich zu Abraham bewährt sich hier nicht ein Glaube in der eigenen Versuchung, sondern in der Bedrängnis, die andere getroffen hat. Es ist anzunehmen, dass in dem Gegenüber von Abraham und Rahab auch ein Hinweis darauf enthalten ist, dass das Anliegen des Jak, der Glaube müsse mit den Werken zusammenwirken, sowohl für die Christen aus den Juden (Abraham, der Vater der Juden) als auch für die Christen aus den Heiden (Rahab) von Belang ist.

303 Vgl. auch die Seligpreisung der Rahab »wegen des Glaubens und der Gastfreundschaft« im Klemensbrief 12,1.

Jak fasst seine Ausführungen in einem abschließenden Vergleich zusammen: **»Gleichwie der Leib ohne Geist tot ist, so ist auch der Glaube ohne Werke tot.«** Jak will nicht sagen, dass die Werke für den Glauben dasselbe sind wie der Geist für den Leib, oder dass die Werke das »Eigentliche« sind, denen gegenüber sich der Glaube wie ein äußerlicher Leib verhält. Die Zuordnung von Leib und Geist ist hier nicht ein Gleichnis für die Zuordnung von Glaube und Werken. 26

Der Vergleichspunkt liegt vielmehr im Todeszustand. So wie ein Leib, von dem der Geist gewichen ist, darauf schließen lässt, dass dieser Leib tot ist, so kann man vom Fehlen der Werke darauf schließen, dass der Glaube tot ist. Wo Leib und Geist nicht mehr beieinander sind, da ist bei einem Menschen der Tod eingetreten. So ist es auch beim Glauben. Wo der Glaube ohne Werke bleibt, da ist ein solcher »Glaube« wie ein Leichnam. Es ist noch »etwas« da, aber es ist nichts Lebendiges mehr vorhanden. Obwohl solche Menschen sich gläubig nennen, kann es sein, dass der Herr am Ende zu ihnen sagen wird: »Hinweg von mir! Ich habe euch niemals gekannt!« (Mt 7,23).

Kapitel 3

Zum Aufbau: Das dritte Kapitel handelt von der Gefährdung menschlicher Rede, von der zerstörenden und verheerenden Macht der Zunge sowie von der Ausrichtung des Redens und Handelns durch die Weisheit von oben. Jak hatte bereits zuvor die Themen Zunge (1,19.26) und Weisheit (1,5) angeschnitten. Der »Mangel an Weisheit« ist die Ursache dafür, dass die Gabe der Rede[304], die Gott dem Menschen gegeben hat, missbraucht wird und nicht zu ihrem Ziel kommt. Es ist Mangel an *der* Weisheit, die von Gott kommt. Dieser Mangel führt dazu,

– dass Menschen, die nicht dazu berufen sind, übereilt und falsch lehren (3,1f),
– dass Menschen fluchen (3,10), obwohl sie zum Lob Gottes bestimmt sind,
– dass Worte zu Mitteln der Ungerechtigkeit (3,6) und des Giftes (3,8) werden, statt der Gerechtigkeit und dem Heil zu dienen,
– dass Neid und Streit herrschen (3,14).

304 Das *Wort* hat in der biblischen Tradition eine hohe Bedeutung: a) Gott hat die *Welt* durch sein Wort *geschaffen* (1Mo 1,3). b) Gott hat den Menschen als sein *Bild* geschaffen und ihn als sein direktes Gegenüber angesprochen (1Mo 2,16). Die Bestimmung des Menschen ist es, Gott in Vertretung der gesamten Schöpfung für sein Werk loben. c) Der Mensch hat die Fähigkeit und Aufgabe, über die Welt zu herrschen. Er tut dies dadurch, dass er Dingen, Pflanzen und vor allem Tieren einen *Namen gibt* (1Mo 2,20). Durch Benennung ordnet er die Welt. d) Sprache – im Ursprung als Reden mit Gott! – macht die Größe des Menschen in der Schöpfung aus. Sie gehört jedoch auch zu seiner ständigen *Gefährdung*. Durch die Macht der Sprache ist er verführbar. Die *Verführung* durch die Schlange geschah mit Worten (1Mo 3,1). e) In der Macht der Sprache kann sich der Mensch mit anderen gegen Gott *zusammenschließen*: der Turm zu Babel (1Mo 11,1–9). Gott hat dem Menschen zu seinem Schutz die mächtige, umfassende Verständigung genommen. f) Gott hat dem Abraham einen Auftrag und eine *Verheißung* gegeben. Er hat versprochen, ihm einen großen Namen zu machen. Verheißung ist »erhobenes« Wort (1Mo 12,2). g) Gott hat Mose die Worte des *Gesetzes* gegeben, eine Richtschnur des Lebens, die das Leben erhält (2Mo 20,1ff). h) Gott hat durch den Mund der Propheten Worte des *Gerichts* über die Schuld seines Volkes gegeben – zur Aufdeckung, zur Beunruhigung, zur Ermahnung (Jer 1,9f). i) Gott hat seinem verschleppten Volk Worte der *Tröstung* und der *Verheißung des Heils* gegeben, um es aufzurichten und ihm neue Hoffnung zu geben. Damit bereitet er den Tag vor, an dem der Messias, der große König, kommt (Sach 9,9). k) *Jesus Christus* ist der Messias. Er ist zugleich das lebendige Wort Gottes (Joh 1,1.14), das Gott für alle Menschen am Ende der Zeiten gesprochen hat (Hebr 1,2). In ihm sind die alttestamentlichen Verheißungen vor den Ohren erfüllt (Lk 4,21). Seither scheiden sich an diesem Wort die Geister. l) An Pfingsten wird die babylonische Sprachverwirrung aufgehoben. Die Jünger begannen mit lauter Stimme und in allen Sprachen von den großen Taten Gottes zu erzählen. Im Lobpreis wird die Einheit der Sprache wiederhergestellt, die in der Sünde zerbrochen war (Apg 2,1ff). m) Der biblische Glaube im AT und NT ist eine Bewegung des Wortes, eine Bewegung der frohen Botschaft, eine Bewegung des Hörens und des Gehorsams. Die Apostel konnten nicht anders als von dem zu reden, was sie gesehen und gehört hatten (Apg 4,20).

I. DIE GEFÄHRDUNG DURCH DAS REDEN: 3,1–12

1. Die Macht der Zunge: kleine Ursache – große Wirkung: 3,1–8

1 Werdet nicht [so] viele Lehrer, meine Brüder; ihr wisst ja, dass wir ein desto strengeres Urteil empfangen werden;
2 denn wir verfehlen uns alle vielfältig. Wer sich aber im Wort nicht verfehlt, der ist ein vollkommener Mann, der auch seinen ganzen Leib zügeln kann.
3 Wenn wir den Pferden das Zaumzeug ins Maul legen, damit sie uns gehorchen, lenken wir auch ihren ganzen Leib.
4 Sieh, auch die Schiffe, die groß sind und von rauhen Winden getrieben werden, werden durch ein ganz kleines Steuerruder dahin gelenkt, wohin der Steuermann mit Macht will.
5 So ist auch die Zunge ein kleines Glied und rühmt sich doch [so] großer Dinge. Sieh, ein Feuer, wie klein es auch ist: es steckt einen Wald, so groß er auch ist, in Brand.
6 Auch die Zunge ist ein Feuer; als die Welt der Ungerechtigkeit erweist sich die Zunge unter unseren Gliedern, die den ganzen Leib beschmutzt und das Rad der Entstehungen in Brand setzt und [selbst] von der Hölle in Brand gesteckt wird.
7 Denn jede natürliche Art – wilde Tiere wie Vögel, Kriechtiere wie Meerestiere – wird gezähmt und wurde [bleibend] gezähmt durch die menschliche Art.
8 Aber keiner der Menschen kann die Zunge zähmen, das unruhige Übel, voll von tödlichem Gift.

Zur Übers.: V. 4: *hormä* (Macht) kann bedeuten: Druck, Drang, Wille, Eifer, Begier, Trachten, Absicht. V. 5: *hälikon* kann in einer Gegenüberstellung den doppelten Sinn »wie klein – wie groß« haben. Einige Textzeugen haben zur Verdeutlichung das erste *»hälikon«* durch *»oligon«* (= klein, gering) wiedergegeben. V. 6: Das »Rad der Entstehungen« kann auch mit »Rad des Werdens« (Frankemölle), »Umkreis des Werdens« (Mussner), »Rad des Lebens« (Einheitsüb.), »Kreis des Lebens« (Zür) »Lauf des Daseins« (RevElb) übersetzt werden.

Jak erinnert mahnend an die große Verantwortung, die mit dem Reden 1
und noch mehr mit der biblischen Lehre – verbunden ist. **»Werdet nicht so viele Lehrer, meine Brüder; ihr wisst ja, dass wir ein desto strengeres Urteil empfangen werden.«** Lehren ist eine große Gabe und Aufgabe.[305] Das Lehren steht unter einer besonderen Verheißung: »Die da lehren,

305 Vgl. Sir 39,7–9. *»Wir bedürfen der Lehre; denn die Lehre zeigt, wie wir den Willen Gottes tun«* (A. SCHLATTER: Erläut, S. 183). – Auch in der griech. Antike galt der Lehrer viel. Vgl. PLATON: Apologie, IV.

werden leuchten wie des Himmels Glanz« (Dan 12,3). Es ist deshalb verständlich, wenn mancher danach strebte, Lehrer zu sein – im Judentum (vgl. Mt 23,6f) wie auch in den ersten christlichen Gemeinden.

Wer redet, hat Verantwortung, zumal der, der das Wort Gottes sagt. Wer lehrt, wird aber auch – wegen der Wichtigkeit seines Dienstes – umso mehr zur Verantwortung gezogen und wird ein strenges Urteil empfangen, wenn er seine Gabe und seine Macht zu reden missbraucht. Wem viel gegeben ist, von dem wird viel gefordert (Lk 12,48). Deshalb soll nicht jeder versuchen, Lehrer zu werden.

Doch dieses Wort ist nicht nur eine Mahnung für die Gemeindeglieder, die (noch) nicht mit der Aufgabe des Lehrens betraut sind.[306] Es gilt ebenso – und vielleicht noch mehr – den Lehrern selber. Dieser Vers soll nicht den Berufsstand der christlichen Lehrer gegenüber den Nicht-Lehrern schützen, sondern das Wort der Lehre selbst – wo es Not tut, auch gegen die Lehrer. In den Vorgängen der Gemeinden, die Jak vor Augen hat, erkennt er die *»gefährliche Neigung des Menschen, sich zum selbstgerechten und machtbeanspruchenden ›Lehrer‹ der anderen aufzuwerfen«*[307].

Wer sich in der Lehre verfehlt, wird die ganze Gemeinde in die Irre führen, die von der »gesundmachenden Lehre« (Tit 2,1) lebt. Denn durch Lehre wird Gemeinde geprägt. Durch die Lehre wird das Wort ausgesät, das allein die Kraft hat zu retten (Jak 1,21). Wenn das Wort der Lehre nicht mehr stimmt, dann stimmt das Fundament nicht mehr. Das Wort der Lehre hat die Kraft, uns Orientierung zu geben, uns zu korrigieren und zurechtzubringen. Wenn Lehre ihr Ziel verfehlt oder Lehre verdreht wird, dann werden wir des einzigen Mittels beraubt, das uns allein auf den richtigen Weg stellen kann.

Wir empfangen nicht nur **ein Urteil** für unsere Taten, sondern auch ein Urteil über unsere Worte. Wir werden nicht nur nach unseren gelungenen Reden beurteilt, sondern auch nach unseren verunglückten Worten, nach den Worten, die uns später Leid tun. Wir müssen Rechenschaft geben von einem jeden bösen Wort, das aus unserem Munde geht (Mt 12,36f). Die Lehrer werden sogar ein »umso größeres« Urteil empfangen.[a] Ihre Worte werden desto genauer gewogen; denn die Taten der Lehrer sind ihre Worte.

Lehrer und Prediger haben schon im Judentum und in der ersten Christenheit eine große Bedeutung gehabt. Es war ein Amt, das großes Ansehen genoss (Hebr 13,7), aber auch eine große Verantwortung in sich barg. Die Lehrer der Christenheit haben als warnendes Beispiel

306 F. MUSSNER übersetzt an dieser Stelle: Werdet »nicht zu jeder Gelegenheit« Lehrer. Er sieht die Mahnung in V. 1 nicht allein an die Lehrer gerichtet, sondern an alle Gemeindeglieder, die sich bei verschiedenen Gelegenheiten lehrend betätigen.

307 F. MUSSNER: Komm, S. 159.

die Schriftgelehrten vor Augen, über die Jesus ein hartes Urteil spricht (vgl. Mk 12,39f par.; Lk 11,46.52). Diese ließen sich gern in der Öffentlichkeit ehren. Obwohl sie eifrig beteten, waren sie daneben zu habgierigen Geldgeschäften fähig und scheuten auch nicht davor zurück, Witwen um ihre Habe zu bringen (vgl. dazu Jak 1,27; 2,2). Jesus hatte deshalb seine Jünger davor gewarnt, sich öffentlich Lehrer (Rabbi) nennen zu lassen (Mt 23,8).

Auch wenn nicht anzunehmen ist, dass die christlichen Lehrer, die Jak anspricht, ebenso handelten, stehen sie doch in der gleichen Gefahr. Große Verantwortung bringt große Versuchlichkeit mit sich. Das Lehramt ist kein Karriereposten; es kann zum Fallstrick werden. Auch in ihrer besten Absicht, die Gemeinde durch Lehre geistlich zu prägen, sind Lehrer nicht von Sünde frei. Die Lehre, die sie weitergeben, ist das Schönste und Wichtigste, was die Gemeinde hat; ihre Sünden – etwa falsche Unterweisung – können der Gemeinde aber auch zum Verhängnis werden. Es ist ihnen viel gegeben und viel anvertraut; es wird auch viel von ihnen gefordert (Lk 12,48). Lehre – gerade auch ermahnende und zurechtweisende Lehre, wie sie Jak in seinem Brief vorbringt – kann nicht ohne Furcht vor der eigenen Versuchlichkeit und Sünde vorgetragen werden. Deshalb fordert Jak dazu auf, mit der Lehre behutsam und verantwortlich umzugehen.

Jak ist unbedingt ehrlich. Er klagt nicht die anderen an, die sich in 2
der Lehre irren. Er weiß: **wir verfehlen uns alle vielfältig.** Jak, einer der großen Lehrer der ersten Christenheit, schließt sich hier nicht aus. Er weiß, dass es ohne Verfehlung beim Reden nicht abgeht. Wer viel redet, hat viele Gelegenheiten, sich zu irren, und *»wem ist noch nie ein böses Wort entfahren«?* (Sir 19,16).

Und doch redet Jak nicht so, als ginge es hier um eine unabänderliche Selbstverständlichkeit. Er benutzt die Einsicht, dass wir uns alle verfehlen, nicht zur Rechtfertigung der Verfehlungen, »da ja alle anderen sich auch verfehlen«.[308] Es ist nicht sein Ziel, uns deutlich zu machen, dass wir alle unausweichlich straucheln und irren; es ist sein Ziel, dass die Lehrer – und alle anderen – ihre große Verantwortung beim Reden erkennen. Jak möchte, dass das Reden klarer und wahrhaftiger wird. Er verwendet dazu den Ausdruck »vollkommen«. Wir haben bereits gesehen (1,4; 2,22), dass Jak mit »vollkommen« kein unerreichbares Ideal beschreibt, sondern das Ziel, das Gott mit den Menschen hat. Nur **wer sich im Wort nicht verfehlt, ist ein vollkommener Mann.**

308 Etwas Entsprechendes scheint in der Deutung von W. SCHRAGE anzuklingen: *»Offenbar soll durch diese Konzession* [sc. an die allgemeine Sündhaftigkeit] *die bei solcher Ausgangslage beinahe unmöglich zu bewältigende Verantwortung und Versuchung des Lehramts angedeutet werden, mit der selbst ein berühmter Apostel kaum fertig wird ...«* (Komm, S. 39).

Im Reden liegt – nicht nur beim Lehren, sondern ganz allgemein – offenbar unser Schwachpunkt. Die große Gabe der Rede kann gleichzeitig zum größten Stolperstein werden. Wem es jedoch an dieser Stelle gelingt, Ordnung in sein Leben zu bringen, dem gelingt es auch an anderen Stellen.

Die Kontrolle über die Zunge ist der Weg zur Vollkommenheit, der Weg dazu, **den ganzen Leib im Zaum zu halten**. Wessen »Leib« ist hier gemeint? Zunächst ist an den Leib dessen zu denken, der redet. Wer das Wort austeilt, muss auch sich selbst in der Gewalt haben. »Leib« wäre dann Zusammenfassung des ganzen Lebens. Ein Lehrer, der Ordnung in seinen Worten halten kann, der kann auch Ordnung in seinem ganzen Leben halten. Dann ist er ein »vollkommener Mann«.

Vielleicht ist hier aber auch die Beziehung zwischen dem »Wort« und dem »Leib« ein Bild für die Beziehung zwischen dem Lehrer und der Gemeinde. Die Gemeinde ist der Leib, dessen Zunge der Prediger oder Lehrer ist.[309] »Leib« ist ein geläufiges Bild für die Gemeinde. Es ginge dann an dieser Stelle um das Reden in der Gemeinde. Der »vollkommene« Mann (bzw. Lehrer), der wahr redet, bewirkt, dass die Gemeinde im Zaum gehalten, d.h. auf den guten Weg geführt wird.

3 Ab V. 3 redet Jak allgemein von der Macht und der Gefahr unbedachter Worte. Die folgenden Ausführungen sind nicht mehr auf den Stand der Lehrer beschränkt.[310] Dennoch verliert Jak die Lehrer nicht aus den Augen. Was für die Lehrer im Besonderen gilt, gilt im Allgemeinen für alle Menschen: jeder steht in der Gefahr, sich mit falschen Worten zu verfehlen und damit in der Gemeinde Schaden anzurichten.

Worte haben eine enorme Wirkung. Doch diese Wirkung geht aus von einem kleinen Teil, das man kaum sieht.[311] Worte kommen aus dem Verborgenen und entscheiden über das, was sichtbar geschieht. Wir sind oft geneigt, dem Wort keine so große Bedeutung zuzumessen. Wir reden oft Dinge leichtfertig dahin und sind dann erschrocken darüber, was daraus wird. Am liebsten möchten wir das Gesagte dann zurücknehmen oder zumindest abschwächen: »das habe ich doch nur so dahingesagt«; »ich sag ja bloß …« Wir halten zumeist die Tat für wichtiger als das Wort.

Jak zeigt uns: Auch Worte sind wie Taten, für die wir verantwortlich sind. Er macht das an zwei Beispielen deutlich[312]:

309 Vgl. B. Reicke: Komm, S. 37.

310 *»Zwar erwartet die Lehrer ein strengeres Urteil, aber die Gefährdung durch die Zunge gilt nicht nur für sie«* (W. Schrage: Komm, S. 38).

311 Den Zusammenhang mit dem Denken, der inneren Einstellung oder dem Herzen eines Menschen hat Jak hier noch nicht im Blick.

312 Jak redet in den folgenden Versen ganz allgemein von der Macht der Zunge und der Wirkung

Die ungebändigte **Kraft von Pferden** wird **über das Zaumzeug** und damit über ihre Zunge beherrscht und **gelenkt,** so dass sie uns gehorchen. Anders könnten sie uns nicht nützen. Durch ein kleines, unscheinbares Hilfsmittel wird die große Kraft eines Pferdes gelenkt.

Ebenso ist es bei **Schiffen.** Die Kraft zur Fortbewegung geht von **4**
den Winden aus. Damit diese Kraft aber auch zu einem sinnvollen Ziel eingesetzt werden kann, muss das Schiff gelenkt werden. Das geschieht durch eine kleine »Zunge« am Heck, deren geringste Veränderung in der Stellung darüber entscheidet, welchen Kurs ein Schiff nimmt.[313] Es ist unscheinbar unter der Wasseroberfläche verborgen und ist doch das entscheidende Navigationsmittel. Das kleine Teil lenkt das Ganze.

Eine kleine Bewegung zur anderen Seite, und alles bekommt eine andere Richtung. Die beiden Beispiele von den Pferden und den Schiffen machen deutlich, worum es beim Reden allgemein und bei der Lehre insbesondere geht. »*Wer das Kleine beherrscht … beherrscht dadurch das Große!*«[314] Schon die kleinste Veränderung im Zaumzeug oder in der Ruderstellung entscheidet darüber, ob das Pferd bzw. das Schiff sein Ziel erreicht oder nicht.

So ist es auch bei unserem Reden. **Ein kleines Glied** – unscheinbar **5a**
und fast unsichtbar – richtet große Dinge an. Durch nur wenige Worte kann eine gewaltige Wirkung entstehen. Die Bedeutung unserer Worte sollten wir daher nicht unterschätzen. Das gilt auch für die Lehre in der Gemeinde. Wo die Lehre nicht stimmt, stimmt der Kurs nicht. An dieser Stelle ist daher besondere Sorgfalt nötig. Immer wieder wird in der Heiligen Schrift darauf geachtet, dass das Wort der Rede bzw. der Lehre stimmt und dass die Verkündiger oder Lehrer nicht eigenmächtig davon abweichen.[315]

Bisher hat Jak »neutral« davon gesprochen, dass von der Zunge eine **5b–6**
große Wirkung ausgeht. Diese Wirkung kann aber positiv oder negativ sein. Die Zunge hat nicht nur eine große Kraft, sondern oft auch eine verheerende und zerstörende Wirkung. Davon handelt das folgende Bild.

von Worten. Wir behalten aber das Thema »Lehre« im Blick, mit dem Jak diesen Abschnitt begonnen hat. Das, was schon allgemein für unser Reden gilt, gilt noch mehr im Blick auf das besondere Reden in der Lehre.

313 B. REICKE deutet das Gleichnis symbolisch: »Schiff« ist – wie der »Leib« – ein Bild für die Gemeinde Jesu. Das Ruder – äußerlich einer Zunge ähnlich – ist die Verkündigung des Evangeliums. Die »Winde« stehen für die unterschiedlichen Interessen der Menschen bzw. christlicher Gruppierungen. Im Epheserbrief (4,14) ist von den »Winden der Lehre« die Rede, von denen sich die Gemeinde leicht umtreiben lässt. Der Kapitän, der Führer des Segelschiffes ist ein Hinweis auf den Leiter der Gemeinde und darüber hinaus auf den wahren Kapitän: Christus. Vgl. Komm, S. 37f.

314 F. MUSSNER: Komm, S. 160.

315 Vgl. Gal 1,8f; 1Tim 4,1.16; 6,3; 2Tim 4,3; Tit 2,1.7.

Ein kleines Feuer, ja schon ein Funke **kann einen ganzen Wald in Brand setzen. Auch die Zunge ist ein solches Feuer,** von dem nicht nur Wärme, sondern auch Zerstörung ausgehen kann.[b] Unsere Worte können einen Flächenbrand erzeugen.

[b] Spr 16,27 18,21

Die Bilder vom Wagenlenker und Steuermann zeigen, wie das größere Ganze (der eigene Leib, die Gemeinde, die Welt) gesteuert werden kann. Dagegen zeigt das Bild vom Feuer, was geschieht, wenn ein Mensch von seinen Leidenschaften und Begierden bestimmt wird (vgl. Jak 4,1ff).[316] Das Bild vom Brand und die gemeinte Sache sind hier ganz nah beieinander. Das griech. Wort, das mit »Wald« übersetzt wurde *(hylä)* kann auch mit »Sache«, »Angelegenheit«, »Stoff«, »Material« wiedergegeben werden.

Wir wissen, wie schnell ungerechte Worte über andere wie ein Lauffeuer die Runde machen. Die ganze **Welt der Ungerechtigkeit** steckt in der kleinen Zunge. Wo wir auch hinschauen: Überall, wo Böses, Verheerendes, Ungutes geschieht, gehen diesen Dingen oft Worte voran.

Die **Zunge** ist dasjenige unter unseren Gliedern, das **den ganzen Leib beschmutzt**. Jesus hat gesagt: Nicht was zum Munde eingeht, verunreinigt den Menschen, sondern was zum Munde ausgeht (Mt 15,11). Nicht unreine Speisen verunreinigen uns, sondern unsere unreinen Worte, die aus einem bösen Herzen kommen.[317]

Angesteckt von unserer Zunge, d.h. ausgehend von unseren Worten setzt sich eine ganze Welt wie ein Rad in Bewegung. Die Zunge setzt das **»Rad der Entstehungen«** in Brand, das dann wie ein Feuerrad durch die Welt läuft und alles Böse hervorbringt. Wir wissen nicht, woher der ungewöhnliche Ausdruck »Rad der Entstehungen« kommt. Für die Meinung, ihn mit dem indischen »Rad der Wiedergeburt« oder mit dem »Rad der Sonne« in Verbindung zu bringen, gibt es zu wenig oder gar keine Anhaltspunkte.[318] B. REICKE zieht die Verbindung zu stoischen Ideen.[319] Nach der Lehre der Stoa wird die Welt in einem Feuerbrand untergehen (vgl. auch 2Petr 3,10). Die Zunge wäre dann das Instrument, um das große Weltenfeuer anzuzünden und auszubreiten. Doch auch diese Herleitung ist nicht

316 Unter Hinweis auf die Parallelität der Bilder bei PHILO VON ALEXANDRIEN schreibt M. DIBELIUS: *»... wie Steuermann und Wagenlenker typische Illustrationen sind für die Herrschaft der Vernunft, so wird der Feuerbrand in der Diatribe gern gebraucht, um das Regiment der Leidenschaft und der Begierde darzustellen«* (Komm, S. 178). Vgl. auch F. MUSSNER: Komm, S. 161f.

317 Vgl. 1Mo 6,5; 8,22; Mt 15,19.

318 *»Jak denkt vermutlich einfach an den ganzen Umkreis des Lebens: Es gibt niemand und nichts, vor dem die verleumderische Zunge haltmachen würde; alles vermag sie in Brand zu stecken«* (F. MUSSNER: Komm, S. 165.

319 Vgl. B. REICKE: Komm, S. 38.

sicher. Wenn wir den Ausdruck wörtlich als das »Rad der Entstehungen« verstehen, so ist es kein Bild für die ewige Wiederkehr des Gleichen, sondern ein Bild für einen Ursache-Wirkung-Zusammenhang, für das unaufhörliche Rollen von etwas, das einmal angestoßen wurde. Eine kleine Ursache setzt ein ganzes Rad von unaufhaltsamen Wirkungen in Bewegung.

Von der Zunge geht alles Übel aus.[c] Wir haben die Wirkungen, die wir durch unser Reden auslösen, nicht mehr unter Kontrolle. Deshalb sollen wir unsere *Zunge* im Zaum halten, weil wir die *Auswirkungen* keinesfalls mehr im Zaum halten können.[d] Es setzt sich ein Rad in Bewegung, das nicht mehr aufzuhalten ist.[320]

[c] Spr 22,27 28,22

[d] Hi 5,21

Jak sieht hier aber noch tiefer: Wenn es geschieht, dass die Zunge ein solch gewaltiges Feuer entfacht, dann wird deutlich, dass auch die Zunge nicht die letzte Ursache dieses Brandes sein kann. Die Zunge ist nicht nur Brandstifterin. Sie ist selber **in Brand gesteckt von der Hölle**. Sie ist die Lunte, durch die alles angezündet wird. Gott hat uns zwar die Macht der Worte gegeben, aber die Gewalt des vernichtenden Feuers stammt von unten. Deshalb sagt Jesus, dass aus dem Herzen böse Gedanken usw. kommen (Mt 15,19).

Mit »denn« wird das eben Gesagte begründet: Wie kann es sein, **7–8**
dass von der Zunge eine so verheerende Wirkung ausgeht? »Weil **kein Mensch die Zunge zähmen kann**«, antwortet Jak. *»Das ist aber um so erstaunlicher, als der Mensch sonst durchaus in der Lage war und ist, andere Lebewesen zu bezähmen.«*[321]

Der Mensch ist ein seltsames Wesen: Alles hat er sich untertan gemacht. Er hat die **wilden Tiere gezähmt** und sie für sich dienstbar gemacht: die Tiere des Waldes und Feldes, die Vögel in der Luft, die Kriechtiere und die Seetiere, mit anderen Worten: alles, was lebt.[322] Nur eins hat er nicht zähmen können: seine eigene Zunge. Niemand kann sie kontrollieren und zur Ruhe bringen. Sie ist und bleibt **ein unruhiges** (vgl. Jak 1,8) **Übel, voll von tödlichem Gift**. Das Bild vom tödlichen Gift erinnert an die »züngelnde Giftschlange« (Ps 140,4), die eine gespaltene Zunge hat (s. V. 9) und ihre Opfer mit ihrem Gift betäubt. Es ist somit das Gift der Schlange, das durch die Zunge verspritzt wird.[323]

Wie viel Unnützes und Vergiftendes kommt im Laufe eines Tages, einer Woche, eines Jahres aus unserm Mund. Je mehr wir reden, desto mehr besteht die Gefahr, dass sich Übles und Giftiges unter unsere

320 *»Was ein Mann in seiner Hast sagt, hat er gewöhnlich in seiner Muße zu bereuen«* (C.H. SPURGEON: Ein Gramm Glauben, S. 45.
321 F. MUSSNER: Komm, S. 166.
322 Die Aufzählung von vier Tierarten steht für die Gesamtheit der Tierwelt. Vgl. 1Mo 1,26; 2,9.
323 Die Schlange hat durch ihre Worte die heile Welt des Anfangs zerstört (1Mo 3,1ff).

Worte mischt. »Wo viele Worte gemacht werden, da geht es ohne Sünde nicht ab« (Spr 10,19).[324]

Die Sprachfähigkeit des Menschen gilt bereits seit der Stoa als das positive Unterscheidungsmerkmal, durch das sich der Mensch vom Tier abhebt. Jak zeigt, dass der Umgang des Menschen mit der Sprache zwiespältig ist. »*Das, was für Cicero, Seneca und andere ein Ruhmesblatt des Menschen ist, wird hier zur Anklage.*«[325] »Denn Reden bringt Ehre, aber Reden bringt auch Schande; und der Mensch kommt durch seine eigne Zunge zu Fall« (Sir 5,15).

Jak möchte uns durch den Vergleich mit der Tierwelt deutlich machen: Es sind nicht die wilden, ungebändigten Tiere, von denen die größte Gefahr ausgeht, sondern die Zunge des Menschen. Sollen wir nicht sie zuerst zähmen? Werden wir uns die Welt untertan machen können, wenn uns unsere ungezähmte Zunge nicht untertan ist? Zähmen heißt wie bei den Tieren: die Kraft bändigen, das Wilde in die Ordnung bringen, das Ungebändigte in den Dienst stellen und so zu etwas Nützlichem machen.

Jak sagt, dass die Zunge unbezähmbar ist. Ist es uns dann überhaupt möglich, sie zu zähmen und in den Dienst zu stellen? Jak beschreibt an dieser Stelle sehr drastisch die Wirkung der Zunge, wie wir sie in dieser Welt erfahren können. Doch er will damit nicht ein Naturgesetz beschreiben, als wäre die Zunge prinzipiell untauglich für etwas Gutes. In V. 3+4 hat Jak zwei Beispiele für die gewaltige Bedeutung der Zunge genannt. Sowohl das Pferdemaul als auch das Schiffsruder stehen unter der Gewalt eines Lenkers. Nur wenn die Zunge sich selbständig macht und keinem Herrn mehr gehorcht, wird sie zur ungebändigten Gefahr, von der V. 5–8 reden. Doch das »soll nicht so sein«, sagt Jak in V. 10 – und das bedeutet, dass es auch nicht so sein muss. Seine drastischen Worte und Bilder wollen nicht entmutigen, sondern aufrütteln.

2. Die Gespaltenheit der Zunge: 3,9–12

9 Mit ihr loben wir den Herrn und Vater, und mit ihr verfluchen wir die Menschen, die nach Gottes Bild geschaffen sind.
10 Aus demselben Mund kommen Lobpreis und Fluch heraus. Das muss, meine Brüder, nicht so sein.

324 F. GRÜNZWEIG schreibt: »*Der Apotheker würde mit den Gesetzen in Konflikt kommen, wenn er unbegrenzt Gift verkaufte. Wieviel Gift, die Menschen Vergiftendes, wird dagegen ungestraft gesprochen, gedruckt, gefunkt!*« (Komm, S. 104).

325 W. SCHRAGE: Komm, S. 40.

11 Lässt etwa eine Quelle aus derselben Öffnung Süßes und Bitteres hervorsprudeln?
12 Kann denn etwa, meine Brüder, ein Feigenbaum Oliven tragen oder ein Weinstock Feigen? Auch [kann] eine Salzquelle nicht süßes Wasser hervorbringen.

Zum Aufbau: In V. 8 sprach Jak vom todbringenden Gift, das von der Zunge ausgeht. Wir wurden an das »Züngeln« der giftigen Schlange erinnert und an das »giftige« Reden dessen, der der Widersacher Gottes ist. Nun zeigt Jak, dass die Zunge des Menschen, der unbezähmbar Gift verspritzt, gespalten ist – und wieder ist die gespaltene Zunge der Schlange ein Bild für das uneindeutige Reden eines Menschen.

Die Zunge hat keine eindeutige Ausrichtung mehr. **Mit ihr loben wir Gott**, und **mit ihr verfluchen wir die Menschen.** Die Empfänger des Briefes scheinen das für natürlich zu halten: Gott gebührt die Ehre, der Fluch aber trifft ja nur Menschen. Jak sagt: Auch der Fluch, der nur Menschen treffen soll, trifft Gott; denn er hat die Menschen gemacht. Sie sind seine Geschöpfe. Jeder Mensch bildet Gott ab; er ist als sein **Ebenbild** geschaffen.[326] Hinter jedem Menschen wird deshalb Gott sichtbar. Wer aber das »Bild Gottes« verflucht, der verflucht Gott selbst. 9

Jak zeigt nicht nur, dass der Mensch in einem Fall so und in einem anderen Fall anders redet. Er zeigt, dass letztlich beides – sein Segnen und sein Fluchen – Gott trifft. Damit deckt er die Gespaltenheit des Menschen Gott gegenüber auf: *»Wir preisen mit ihr Gott, und wenige Augenblicke später verfluchen wir das Geschöpf desselben Gottes.«*[327]

Wir sind zum **Lobpreis** bestimmt. Unser Lob ist *»eine gute Antwort auf Gottes Liebe«*[328]. Diese Bestimmung soll nicht durch **Fluchen** verfehlt werden. Fluchen heißt immer: ein letztes Urteil sprechen und jemanden in den Verderbenszusammenhang stellen. Fluch ist der drängende Wunsch, Gott möge sein »Nein« über einen Menschen sprechen. Das steht uns aber nicht zu. Das Recht, endgültig zu urteilen und zu verwerfen, hat Gott allein. 10

Doppelzüngigkeit ist eines der großen Übel der Menschen. »Ehre und Schmach liegen in der Hand des Schwätzers, und die Zunge des Menschen ist sein Untergang. Du sollst nicht doppelzüngig heißen und mit deiner Zunge nicht verleumden« (Sir 5,13). Aus Gottes Mund

326 Vgl. 1Mo 1,26f; 9,6; Weish 2,23; Sir 17,3; 1Kor 11,7.
327 F. MUSSNER: Komm, S. 168.
328 *»Es ist die Sinnerfüllung unseres Lebens, Gott zu danken und zu dienen«* (F. GRÜNZWEIG: Komm, S. 106).

geht nicht zugleich Gutes und Böses hervor (Klgl 3,38). Und so sollen auch wir nicht zugleich Segnen und Fluchen (vgl. Ps 62,5). Nach dem Willen Jesu sollen wir sogar die segnen, die uns fluchen (Mt 5,44). Paulus schließt sich dem an: »Segnet und fluchet nicht!« (Röm 12,14). Und Johannes schreibt: »Wenn jemand spricht: Ich liebe Gott, und haßt seinen Bruder, der ist ein Lügner« (1Joh 4,20).

Doppelzüngigkeit weist auf einen tieferen, inneren Zwiespalt hin. Sprudeln aus uns zwei verschiedene Quellen? Bringen wir zweierlei »Früchte« hervor? Haben wir zwei Seelen in unserer Brust (Jak 1,8)? Es mag sein, dass das bei uns so ist. Aber es soll nicht so sein, sagt Jakobus (vgl. Eph 4,29). Es **muss nicht so sein,** weil Gott dem Menschen die Zunge gegeben hat, damit er ihn loben kann. Jak macht auf einen Widerspruch aufmerksam und möchte dadurch seine Leser wachrütteln. Wenn sie doppelzüngig reden, dann leben sie nicht eindeutig mit Gott. Zu dieser Eindeutigkeit möchte er ihnen helfen. Das Reden und Tun eines Menschen bekommt eine eindeutige Ausrichtung, wenn er um die Weisheit Gottes bittet (1,5) und nach ihr lebt (3,17). Jak ermahnt seine Leser ausdrücklich dazu, indem er sie nochmals mit **»liebe Brüder«** anredet.

11–12 Anhand von drei Beispielen aus der Natur illustriert Jak das Böse der doppelzüngigen Rede. Jede Quelle gibt nur eine Art von Wasser, bitteres oder süßes, genießbares oder ungenießbares. Jede Pflanze bringt nur das hervor, was ihrem eindeutigen Wesen entspricht. Eine salzige Quelle kann kein Süßwasser hervorbringen.

»An ihren Früchten sollt ihr sie erkennen.« Die Eindeutigkeit und »Wahrhaftigkeit« der Natur hat auch Jesus der Mehrdeutigkeit und Unwahrhaftigkeit der falschen Propheten gegenübergestellt (Mt 7,15–17). Jak nimmt das Bild im Hinblick auf die Lehrer auf. Menschen – auch Christen – sind in der Lage, das durcheinander zu bringen, was in der Natur nicht durcheinander geht: Sie können segnen und zugleich fluchen; aus ihrem Mund kann Heilsames und Giftiges kommen. Das wird an dem Bild bestürzend deutlich. Bäume und Pflanzen können dem Menschen zeigen, wie Gott sich seine Schöpfung gedacht hat.

Was der Natur nicht möglich ist, nämlich ihrem Wesen entgegen zu leben, das ist offenbar dem Menschen möglich. Pflanzen bleiben ihrer Art treu; der Mensch nicht. In der Schöpfung gibt es Einheit und Eindeutigkeit; wir haben diese Eindeutigkeit verloren. Wir Menschen »können« etwas, was die übrige Natur nicht kann: Wir können unserem Wesen und unserer Bestimmung untreu werden. Ein Fluss kann nicht zugleich Süßwasser und Salzwasser führen. In uns aber kann sich verbinden, was nicht zueinander gehört. Dieses »Können« stammt nicht aus unserer geschaffenen Natur, sondern aus unserer Sünde. An unserer gespaltenen Zunge wird deutlich, dass wir im tiefsten Inneren gespalten sind. Diese Gespaltenheit ist nur im Menschen. Wir sind der Teil der Schöpfung, der in der Gefahr steht, seine von Gott gegebene »natürliche« Eindeutigkeit zu verlieren.

Jak zeigt uns, wie es um uns steht, wie sehr wir mit uns selbst uneins sind. An den Beispielen aus der Natur macht er deutlich, dass unser abwechselndes Loben und Fluchen gerade nicht »natürlich«, das heißt von Gott so geschaffen ist. Er möchte uns aus unserem Zwiespalt herausholen und uns unser Ziel deutlich vor Augen malen: dass wir »vollkommen« werden, d.h. zur Fülle kommen, die Gott – der selber ungespalten ist und ungeteilt gibt (1,5) – für uns bereit hat.[329] Er möchte, dass wir zu Menschen werden, die so leben und reden wie Gott es gemeint hat.[330]

II. DIE WEISHEIT VON OBEN: 3,13–18

1. Die Weisheit zeigt sich in guten Werken: 3,13–16

13 Wer von euch ist weise und verständig? Er zeige aus dem guten Wandel seine Werke in Sanftmut der Weisheit.
14 Wenn ihr aber bittere Eifersucht und Streitlust in eurem Herzen habt, so rühmt euch nicht und lügt nicht gegen die Wahrheit.
15 Dies ist nicht die Weisheit, die von oben herabkommt, sondern eine irdische, seelische, dämonische.
16 Denn wo Eifersucht und Streitlust [sind], da [sind] Unbeständigkeit und lauter schlechte Dinge.

Zur Übers.: V. 16: »Unbeständigkeit« oder »Unordnung«, »Zerrüttung« / »schlecht« - wörtl. »faul«.

329 Die Analogien aus dem Bereich der Natur zeigen, dass die scheinbar »pessimistische Sicht« des Jak *»nicht im Sinn einer Kapitulation vor den sogenannten ›Realitäten‹ verstanden werden darf. Auch die zugespitzten Sätze über die Unbezähmbarkeit der Zunge und menschliche Ohnmacht sollen offenbar gerade zu einem besonders intensiven Versuch herausfordern, die Gefahren der Zunge doch zu bannen«* (W. SCHRAGE: Komm, S. 41).

330 In einem Tageszeitenbuch der Jesus-Bruderschaft in Gnadenthal findet sich ein Gebet, das nach dem Empfang des Abendmahls gesprochen wird. Es nimmt die Warnungen des Jak auf und formuliert sie als Hingabe an Gott: »*Unsere Ohren, die dein Wort hörten, sollen fortan für die Stimme des Streites und des Unfriedens verschlossen sein. Unsere Augen, die deine Liebe gesehen haben, sollen ein Spiegel deiner Reinheit sein. Unsere Zungen, die dein Lob gesungen haben, sollen fortan die Wahrheit bezeugen*« (Tageszeitengebete der Jesus-Bruderschaft Gnadenthal, Hünfelden 1985, S. 51).

Zum Aufbau: Jak nimmt das Thema »Weisheit« aus 1,5 auf und verknüpft es mit dem Thema »Macht der Zunge« (3,5-12) und dem rechten Umgang (der Lehrer) mit dem Wort (3,1f). Der Lehrer galt als der Weise. Die Bezeichnungen »Lehrer« (Rabbi) und »Weiser« waren geradezu identisch. *»Wer wirklich und wahrhaft Lehrer in den Gemeinden sein will, bedarf himmlischer Weisheit.«*[331] Und so kommt Jak in diesem Zusammenhang auf die Weisheit zu sprechen.

13 Für Jak ist »Weisheit« nicht Schriftgelehrsamkeit oder philosophische Erkenntnis, sondern – in Anknüpfung an die alttestamentliche Weisheitstradition – praktisches Wissen um den rechten Lebensvollzug. Weisheit ist *»die von Gott geschenkte Gabe, die Dinge des Lebens recht zu beurteilen und sie, durch kluge Einsicht in ihre Zusammenhänge, dem Willen Gottes gemäß zu gestalten.«*[332]

»Weise« sein ist eine Art des Wissens, das in Beziehung zum Handeln steht. Weise ist, wer das rechte Tun erkennt und danach handelt. Zum richtigen Handeln gehört jedoch eine **verständige**, d.h. angemessene Wahrnehmung der Lage, in der wir zu handeln haben.[333] Die Wendung *»weise und verständig«* begegnet häufig im Alten Testament: Josef ist weise und verständig (1Mo 41,33.39), ebenso Salomo (1Kön 3,12) und Daniel (Dan 5,12).[334] Wer die Gebote Gottes hält, gilt als weise und verständig (5Mo 4,6; Sir 19,20f). »Siehe, die Furcht des Herrn, das ist Weisheit, und Böses meiden, das ist Verstand« (Hi 28,28).

Die Weisheit des Lehrers zeigt sich nicht in der Streit- und Eifersucht, mit der er im Kampf um die Wahrheit steht. Die wahre Weisheit und Klugheit zeigt sich nach Jak in den Werken, die aus dem **guten Wandel** erkennbar werden. So wie sich der Glaube aus den Werken erweist (2,18), so auch die Weisheit aus dem guten Wandel. Die Weisheit des Lehrenden erweist sich also darin, dass er – in Übereinstimmung von Lehre und Leben – ein gutes Beispiel gibt und zum Vorbild wird.[335]

Die Abschnitte 2,14–26 und 3,13–18 sind durch das Motiv des »Erweisens« miteinander verbunden. Aus der Art der Werke wird deutlich, ob der Glaube echt und lebendig ist und ob die Weisheit, deren sich ein Mensch rühmt, von Gott oder aus ihm selber stammt.

331 F. MUSSNER: Komm, S. 168.

332 J. SCHNEIDER: Komm, S. 6.

333 Vgl. A. SCHLATTER: Komm, S. 232.

334 Vgl. außerdem 5Mo 1,13.15; Spr 14,33.

335 Des Öfteren greift Jak auf das Beispiel guter Vorbilder zurück: Vorbilder des Glaubens (2,21–25), Vorbilder des Leidens und der Geduld (5,10f) und des wirksamen Gebets (5,17f). Ein weiser Lehrer ist ein Mensch, der solche Vorbilder nicht nur kennt und zitiert, sondern das, was man von ihnen lernen kann, selber lebt.

(Jes 5,21). Jak diskutiert nicht theoretisch, ob der Anspruch, weise zu sein, zu Recht besteht oder nicht. Er fordert: Wer vorgibt, weise zu sein, der trete den Echtheitserweis an![a]

[a] 1Petr 2,12

Dem zwiespältigen Gebrauch der Zunge (3,9f) und den unnötigen, selbstsüchtigen Streitereien in den Gemeinden (3,14; 4,1) stellt Jak die Haltung der **Sanftmut** gegenüber. Weisheit lässt sich nicht vereinbaren mit Geltungsbedürfnis und Streitsucht. Weisheit kann nur in Sanftmut angenommen werden (vgl. 1,21) und sie erweist sich in Sanftmut und Freundlichkeit als echt.[336]

Der Frieden in den Gemeinden ist u.a. durch rechthaberische Lehrer gefährdet, die »weise« zu sein vorgeben. MUSSNER übersetzt »Streitsucht« mit »Parteienbuhlerei« und denkt an die Haltung, in der sich jemand um die Gunst seiner eigenen Partei bemüht und dadurch Streit in die Gemeinden bringt.[337] Das aber ist das Gegenteil von Weisheit und Klugheit. 14

Wo **bittere Eifersucht und Streitlust** vorherrschen[338], da kann sich einer **nicht** seiner Weisheit **rühmen.** Wo er es dennoch tut, da lügt er wider die Wahrheit, d.h. er verfälscht sie. Sein Leben spricht eine andere Sprache als die Worte, mit denen er sich rühmt.

Jak deckt die Lebenslüge auf, in der Menschen leben können, die sich selber für weise und klug halten. Ihre Weisheit ist eine »Weisheit«, die in der Lüge steht und aus der Lüge kommt.

Solche »Weisheit« kommt nicht von oben, sondern von »unten«: 15
aus der Tiefe des Irdischen, aus der Tiefe des Seelischen und Eigennützigen, ja, im Grunde aus der dämonischen, teuflischen Tiefe. Eifersucht und Zank sind Zeichen dafür, dass sich ein Mensch von anderem bestimmen lässt als von der Weisheit, die von oben kommt. Es sind irdische und nicht göttliche (Phil 3,19), psychische und nicht geistliche (1Kor 2,13f; Jud 19), es sind dämonische Motive, von denen er sich leiten lässt. Paulus gebraucht dafür das Wort »fleischlich« (1Kor 3,3; 2Kor 1,12; Gal 5,19f).

Wer **irdisch** ist, lässt sich von dem bestimmen, was auf der Erde, im sichtbaren Bereich zählt. Er betreibt alles (materialistisch) nach irdischen Interessen. Wer **seelisch** oder sinnlich ist, lässt sich vom inneren Gefühl bestimmen, von dem, was er in sich spürt, von dem, was ihn freudig oder zornig erregt, von dem, was für ihn selbst gilt. Seine Interessen sind (idealistisch) geleitet von seinen Begierden und von seinem Eigennutz.

Diese Art von »Weisheit« ist **dämonisch**: Wer sich vom Irdischen

336 W. SCHRAGE schlägt vor, Sanftmut an dieser Stelle zu übersetzen mit »*Gelassenheit und Bescheidenheit, die auch dem anderen Raum einräumt*« (Komm, S. 42).

337 F. MUSSNER: Komm, S. 169.

338 Vgl. 2Kor 12,20; Eph 4,31.

oder vom Seelischen bestimmen lässt, lässt sich unmerklich mit fremden Mächten ein, letztlich mit dem Teufel, der auf dem Wege irdischer und seelischer Beurteilungen seine Macht ausübt.[339] Menschen sind von beiden Seiten in Anspruch genommen und umkämpft: von Gott und vom Teufel, vom Heiligen Geist und von dämonischen Geistern. Der Mensch ist das Schlachtfeld beider Mächte. Jeder bittere Eifer und jeder Streit hat ein dämonisches Gefälle – trotz aller berechtigter »Streitkultur«. Irdische und psychische »Weisheit« stellt den Menschen auf sich selbst; sie ist gottlos. Bei der Weisheit von oben dagegen zählt der Wille Gottes.

Aus dem bisher Gesagten wird deutlich: Die Weisheit, die Jak meint, entsteht nicht im Menschen und kommt nicht von Menschen. Weisheit ist nicht das unmittelbare Ergebnis von Lebenserfahrung. Sie ist keine Frage des Alters, sondern des Bezugs zu Gott. Die Weisheit kommt »von oben« und sie kann von oben erbeten werden (1,5.17).

16 Weisheit, die »von unten« kommt, führt zu **Unbeständigkeit** und schlechtem (wörtl. faulem) Tun. Wo die Weisheit Gottes nicht herrscht, da herrschen Neid und Streit (vgl. 1,8; 3,8).

Eine »dämonische Weisheit« hat zur Folge Eifersucht und Streitlust, Rivalitäten und Unordnung in den Gemeinden.[340] Das sind ihre offensichtlichen Früchte. Damit aber kann sie nicht mehr mit Recht Weisheit genannt werden, denn Weisheit führt zu rechtem Tun. Weisheit dient dem Frieden und bringt keine Unordnung (3,18). Der böse und widergöttliche Ursprung der Pseudoweisheit wird an ihren bösen und widergöttlichen Werken erkennbar, die sie hervorbringt (vgl. 4,1ff).

2. Das »Hohelied der Weisheit«: 3,17–18

17 Die Weisheit aber von oben her ist zuerst heilig, sodann friedfertig, freundlich, fügsam, voll von Barmherzigkeit und guten Früchte, nicht zwiespältig, ungeheuchelt.
18 Denen aber, die Frieden stiften, wird die Frucht der Gerechtigkeit in Frieden gesät.

Zur Übers.: V. 17: »heilig« oder »rein«, »keusch«: Der Stabreim *»eiränikä, epieikäs eupeithäs«* wurde mit dem Stabreim »friedfertig, freundlich, fügsam« wiedergegeben/»freundlich« oder »mild«, »schicklich«, »geziemend«, »mäßig«/»fügsam«

339 *»Der tiefste Grund für die Unfähigkeit des Menschen, mit dem Leben fertigzuwerden, liegt also darin, daß er unter dem Einfluß widergöttlicher Mächte steht«* (J. SCHNEIDER: Komm, S. 27).

340 *»Mit dem Stand der didaskaloi* [Lehrer] *waren in der Urkirche nicht nur erfreuliche Erfahrungen verbunden«* (F. MUSSNER: Komm, S. 173).

oder »nachgiebig«, »folgsam«, »gehorsam«, wörtl. »gut zu überreden«/»nicht zwiespältig« oder »ohne kritisch zu beurteilen« oder »ohne zu zweifeln«, kann aber auch »unparteiisch« bedeuten.

Man hat den V. 17 zu Recht das »Hohelied der Weisheit« genannt.[341] 17
Die Weisheit von oben ist der Liebe verwandt und bringt ihre Werke hervor (vgl. 1Kor 13,4–7).[342] Die erste »Strophe« handelt von der Heiligkeit und Lauterkeit der Weisheit. Die zweite »Strophe« zählt in einem Stabreim drei positive Eigenschaften auf: friedfertig, freundlich, fügsam. Als drittes folgt eine zusammenfassende Beschreibung der Wirkung der Weisheit: voll von Barmherzigkeit und guten Früchten. Den Abschluss bilden zwei Aussagen über Haltungen, die mit der Weisheit nicht vereinbar sind.

Durch sieben (!) Kennzeichen wird die Weisheit als vollkommen und von Gott gegeben erwiesen.

Die Weisheit ist als erstes **heilig**. »Heilig« ist so etwas wie das entscheidende Leitwort; heilig meint: im Dienste Gottes stehend, von Gott gegeben, gereinigt und in Beschlag genommen. Die Weisheit ist rein und lauter. Sie ist »gerade« in ihrem Tun und hält sich fern von »krummen Wegen« (Spr 21,8).

Die Weisheit ist – im Gegensatz zur streit- und parteisüchtigen »Weisheit von unten« – **friedfertig, freundlich** und **fügsam**. Sie ist friedfertig und nicht auf Streit aus. Sie ist auf das Gute bedacht und hält – so weit es möglich ist – Frieden (vgl. Röm 12,17f). Sie ist freundlich (vgl. 1Tim 3,3) und mäßig und nicht voll bitteren Eifers. Sie lässt sich nicht vom Zorn hinreißen (vgl. Jak 1,19f; Eph 4,31f; Phil 4,5). Sie ist fügsam und nachgiebig (wörtl.: »gut zu überreden« bzw. »guten Einwirkungen zugänglich«) und verzichtet auf eigensinnige Rechthaberei und Selbstdurchsetzung.

Die Weisheit, die von oben kommt, bewirkt darüber hinaus zweierlei: **Barmherzigkeit und gute Früchte**. Barmherzigkeit gehört zu den Hauptmerkmalen eines christlichen Lebens (2,13), und in den guten Früchten zeigt sich die Echtheit des Glaubens wie der Weisheit. Die guten Früchte sind das Ergebnis der Bemühung um die Übereinstimmung des eigenen Lebens mit den Geboten Gottes. Barmherzigkeit ist das Bemühen um die Armen und Schwachen und die Nachsicht mit den Mitmenschen und ihren Unvollkommenheiten.

Die kurze Zusammenfassung »voll Barmherzigkeit und guter Früchte« enthält für uns die wichtige Ermahnung, weder nach guten Früchten zu streben und darüber die Barmherzigkeit zu verlieren

341 G. MAIER: Komm, S. 74.

342 Vgl. auch Gal 5, 19–26, wo die Frucht des Geistes den Werken des Fleisches gegenübergestellt wird.

(falsche Heiligung), noch Barmherzigkeit zu lernen und darüber die guten Früchte zu vergessen (falsche Nachsicht).

Denn wer Weisheit besitzt und danach tut, steht leicht in der Gefahr, andere zu verachten und sich über die zu stellen, die nicht so handeln. Wer gute Taten tut, wird leicht überheblich und unbarmherzig. So ist aber die Weisheit nicht, die von oben kommt. Ein Weiser, der nach Jak diesen Namen verdient, ist nicht nur reich an guten Früchten; er ist auch voller Barmherzigkeit. Er strebt nach dem rechten Weg, vergisst aber nie, welches Geschenk von oben es ist, diesen Weg zu finden und auf ihm zu bleiben.

Ebenso kann zunehmende Barmherzigkeit unter der Hand zu einer Entschuldigung – anderen und sich selbst gegenüber – dafür werden, dass die guten Früchte ausbleiben. Barmherzigkeit und gute Früchte sollen nicht gegeneinander stehen; es soll auch nicht das eine auf Kosten des anderen entwickelt werden. Weisheit zeigt sich darin, dass Barmherzigkeit und gute Früchte im gleichen Maße wachsen.

Das »Hohelied der Weisheit« wird abgeschlossen mit zwei »negativen« Bestimmungen. Mit der Weisheit lässt sich nicht eine **zwiespältige** Haltung vereinbaren, in der einer – mit seinen eigenen Maßstäben – misst und beurteilt, zweifelt oder Zweifel sät (vgl. 1,6), andere kritisch beobachtet und in einer unzulässigen Weise Partei nimmt, auf das äußere Ansehen achtet (2,1ff) und damit einen schwelenden Konflikt zwischen Brüdern verschärft (3,14; 4,1). Zweifel führt zur Unbeständigkeit (1,8). Weisheit ist dagegen ungespalten, eindeutig und deshalb nicht unbeständig (vgl. 3,16).

Die Weisheit lässt sich ebensowenig vereinbaren mit einer Haltung, die von **Heuchelei** (vgl. Röm 12,9; 1 Petr 1,22) und Scheinheiligkeit geprägt ist. »Scheinheilig« ist – im Deutschen – das Gegenteil von »heilig«, dem ersten Wort in dieser Reihe. Jede Wirkung, die im Grunde nur die Weisheit von oben hervorbringen kann, lässt sich auch zum Schein nachahmen. Es ist möglich, Friedfertigkeit, Freundlichkeit und Fügsamkeit zu heucheln. Sie sind dann zwar scheinbar vorhanden, aber sie sind nicht echt. In der Versuchungssituation, auf die Jak immer wieder zu sprechen kommt, werden sie geprüft, und es tritt ihre Unechtheit zutage. Hinter der frommen Fassade zeigen sich die tiefer liegenden Streitigkeiten (3,16; 4,1), hinter den segnenden Worten die bösen Worte eines Fluches (3,9f). Weise Lehrer sollen in ihrer Rede eindeutig und echt sein.[343]

18 Auf den ersten Blick scheint V. 18 nicht zum Vorangegangenen zu passen. Was haben Gerechtigkeit und Frieden mit dem Thema Weisheit zu tun? Diese Frage lässt sich leichter beantworten, wenn man

343 *»Die wahre Weisheit … ist … ›ohne Heuchelei‹ …; ihre Äußerungen entsprechen der wirklichen Überzeugung des Lehrenden; er ›verschlüsselt‹ seine Ziele nicht«* (F. MUSSNER: Komm, S. 174).

nicht nur V. 13–18 vor Augen hat, sondern den größeren Zusammenhang beachtet, in dem sie stehen. In Jak 3,1–12 war von der verheerenden und zerstörenden Macht der Zunge die Rede. Eine Welt der Ungerechtigkeit wurde sie genannt und ein unruhiges, ungezähmtes Übel. Wo die Zunge *so* herrscht, da ist Eifersucht und Streitlust, also Unfriede. Dem stellte Jak die Weisheit gegenüber, die von oben kommt (3,16f). Aus ihr entsteht ein guter Wandel (3,13), der zu Sanftmut und **Frieden** führt. Von den Streitigkeiten und Kämpfen ist im anschließenden Kapitel (4,1ff) wieder die Rede. Sie entstehen, wo Menschen die Weisheit nicht von Gott erbitten (vgl Jak 1,5f; 4,2), sondern selbstsüchtig und streitlustig nach dem trachten, was für sie das Beste zu sein scheint. Jak 3,18 stellt also ein wichtiges Verbindungsstück[344] dar: Der Weise verbreitet durch seinen guten Wandel um sich herum keinen Streit, sondern Frieden; er dient mit seiner Zunge nicht der Ungerechtigkeit, sondern der Gerechtigkeit.

Weisheit und Gerechtigkeit werden mitunter parallel gebraucht (vgl. Weish 4,16f). Die Frucht der Weisheit ist zugleich die **Frucht der Gerechtigkeit**.[345] Gerechtigkeit aber kann nur dort wachsen, wo der Friede gesucht, ja mehr noch: gestiftet wird. Die Friedensstifter[a] sind Menschen, die sich nicht nur Frieden wünschen und nicht nur bereit sind, Frieden zu halten, wo er ihnen angeboten wird. Friedensstifter sind Menschen, die aktiv um den Frieden bemüht sind, die von sich aus bereit sind, Frieden anzubieten, wo Streit und Zwietracht herrschen. Es sind Menschen, die den Frieden auch dort halten, wo die anderen (noch) nicht bereit sind, Frieden zu machen.

[a] Mt 5,9

Wer so den Frieden sucht und stiftet, wird als Frucht die Gerechtigkeit ernten, die Gott in Frieden aussät. Die Formulierung **»wird gesät«** (Passiv) ist eine Umschreibung für das Tun Gottes. Er sät, und er pflanzt das Wort (1,21). Die Frucht der Gerechtigkeit kann von uns nur in Frieden empfangen werden, d.h. die Saatarbeit kann nur im Frieden geschehen. Andererseits führt die Frucht der Gerechtigkeit ihrerseits zum Frieden: »Das Werk der Gerechtigkeit wird Friede sein« (Jes 32,17; vgl. auch Mt 5,9f). Der Hebräerbrief spricht von der »friedvollen Frucht der Gerechtigkeit« (Hebr 12,11).

Das bedeutet aber auch umgekehrt: wo der Friede nicht eingelassen wird, wo Streit und Zwietracht herrschen, kann keine Saat empfangen werden (4,3).

344 *»Der Vers schließt ... nicht bloß die unmittelbar vorausgehenden Kataloge über irdische und himmlische Weisheit ab, sondern das ganze Kap. 3 mit seinen Ausführungen über die ›Zunge‹, deren unheimliches Wirken die Gemeinden spaltet und ihren Frieden zerstört«* (F. MUSSNER: Komm, S. 175).

345 Vgl. die ähnlichen Ausdrücke »Frucht (bzw. Fülle) der Weisheit« (Sir 1,16), »Frucht des Geistes« (Gal 5,22), »Frucht des Lichts« (Eph 5,9), »Frucht der Arbeit« (Phil 1,22).

Kapitel 4

I. WARNUNG VOR ZWIETRACHT UNTEREINANDER UND VOR FREUNDSCHAFT MIT DER WELT: 4,1–12

Zum Aufbau: Im folgenden Abschnitt nimmt Jak Themen auf, die bereits am Anfang des Briefes auftauchten: Bittgebet (4,2f; vgl. 1,6), Weltliebe (4,4; vgl. 1,27; Demut (4,6.9b; vgl. 1,9); Nächstenliebe (4,11; vgl. 2,13).

Der Abschnitt 4,1–12 knüpft in seiner Hauptthematik an 3,14–16 an. Dem Neid und dem Streit, der zwischen einigen Gemeindegliedern herrscht, wurde dort die Weisheit von oben gegenübergestellt, die ihrem Wesen nach friedfertig, freundlich und fügsam ist (3,17). Nun führt Jak konkreter aus, was geschieht, wenn das Irdische, Seelische und Dämonische – also die »Weisheit«, die nicht von oben kommt – herrschen. Er beantwortet die Frage, woher Neid und Streit in den Gemeinden rühren.

Man spürt Jak in diesen Versen die innere Erregung und Entrüstung[346] an, mit der er gegen Missstände in den Gemeinden angeht.

1. Die Ursache der Streitigkeiten: 4,1–3

1 Woher [kommen] unter euch Kämpfe und woher Streitigkeiten?
Nicht daher: Aus euren Lüsten, die in euren Gliedern streiten?
2 Ihr seid begierig und habt nichts; ihr mordet und neidet und
könnt nichts erreichen; ihr streitet und kämpft. Ihr habt nichts,
weil ihr nicht bittet.
3 Ihr bittet und empfangt nichts, weil ihr in böser Absicht bittet,
[nämlich] damit ihr es in euren Leidenschaften vergeudet.

Zur Übers.: »Lüste« *(hedonai)* oder »Drang zum Vergnügen«.

1 Jak spricht das Problem von Neid, Zank und Streit in der Gemeinde an. Es ist anzunehmen, dass er dabei immer noch die Konflikte im Auge hat, die von rivalisierenden Gruppierungen und deren Lehrern innerhalb der Gemeinde herrühren (vgl. 3,1ff). Da wird um die Wahrheit und Weisheit gestritten, doch das Ergebnis sind nicht größere Wahrheit und Weisheit in den Gemeinden, sondern Streit und Zank (3,13ff). Anstatt das Rechte zu tun (3,13) wird um das Rechte gestritten.

346 Vgl. J. MICHL: Komm, S. 51.

Obwohl die Streitereien der Lehrer für Jak der Anlass gewesen sein mögen, sind seine Ausführungen nicht auf die Lehrer beschränkt. Wie er schon in 3,1ff die Gefährdung des Redens bei den Lehrern zum Ausgangspunkt nahm für allgemeine Ausführungen über die Macht der Zunge, so stellt er auch hier grundsätzliche Überlegungen an zu den inneren Kämpfen, in die ein Christ geraten kann, wenn er sich mit seinem Leben nicht ganz auf Gott stellt, sondern die Freundschaft der Welt sucht und dann von seinen Leidenschaften hin- und hergeworfen wird.

Für Jak sind Neid, Zank und Streit unter Brüdern wie Kriege und Kämpfe. Er gebraucht diese harten Worte, um den Streitenden einen Spiegel vorzuhalten.

Woher kommen die Kämpfe und Streitigkeiten? Jak ist nicht an den äußeren Anlässen für die jeweiligen Streitereien interessiert, sondern möchte die inneren Ursachen für die Streitbereitschaft aufdecken. Bevor der Streit nach außen tritt, tobt er bereits im Inneren. Jak zeigt, dass die Streitigkeiten ihre Ursache nicht im Eifer für das Gute haben, sondern in den unordentlichen Begierden.[347]

Die Lüste streiten in den Gliedern. Wogegen? Streiten sie gegeneinander? Es ist wohl eher daran gedacht, dass die Lüste gegen den Geist (vgl. Röm 7,5.23; Gal 5,17; 1Petr 2,11) und gegen die Weisheit von oben streiten. Der Streit im Inneren ist die Ursache für den äußeren Streit. Menschen, die mit sich selbst im Widerspruch leben, leben auch im Widerspruch zu anderen Menschen. Die innere Gespaltenheit (vgl. 4,8) überträgt sich nach außen.

Hinter den äußeren Kämpfen und Streitereien steht ein innerer Kampf; und hinter dem Kampf, der im Inneren dieser Menschen tobt, steht die eigentliche Auseinandersetzung zwischen Gott und der Welt. Wer zwischen diesen beiden hin und her schwankt und sich für keine Seite ganz entscheiden kann, für den gibt es keinen Sieg, sondern nur einen beständigen inneren Kampf.

Wo die Bedürfnisbefriedigung zum Lebensgefühl und zum Lebensziel wird, sprechen wir von Hedonismus.[348] Das Wort »Lüste« kann auch mit »Drang zum Vergnügen« übersetzt werden. Dieser kann seine Herrschaft auch über Christen ausüben, sogar bis in das Gebet hinein (V. 3).

Ihr seid begierig und habt nichts. Hinter der Begehrlichkeit steht 2
immer ein Sehnen nach erfülltem Leben. Aber diese Sehnsucht kann auf diesem Wege nicht zur Erfüllung kommen.

347 Vgl. J. Calvin: Komm, S. 447.

348 Von griech. *hedonai* = Gelüste, Leidenschaften.

Menschen, die ihrem Begehren ausgeliefert sind, werden unzufrieden bleiben.[349] Und dann drängt der innere Unfriede nach außen, äußert sich in **Mord** und **Neid,** in **Streit** und **Kampf,** im Habenwollen, das doch nichts gewinnt. Das Begehren ist die Ursache allen Übels, die Wurzel von Sünden und Auseinandersetzungen.

Man hat daran Anstoß genommen, dass hier das Wort **»morden«** steht.[350] Es ist hier freilich nicht an tatsächliche Mordtaten gedacht. Mord ist eine Umschreibung für den Bruderhass: Wer seinen Bruder hasst, der ist ein Mörder (Mt 5,21f; 1Joh 3,15).[351] Auch in Gal 5,20 wird Mord in enger Verbindung mit Neid, Zorn, Zank, Zwietracht und Hass genannt.[352] In diesen Zusammenhang gehört auch das Wort von der verderbenden und zerstörenden Macht der Zunge in Sir 28: »Durch scharfe Zungen sind mehr Menschen ums Leben gekommen als durch scharfe Schwerter ... Der Tod, den sie bringt, ist schlimm; aber tot sein ist besser als unter ihrer Gewalt zu leben« (V. 17f.21f).

Der innere Widerstreit äußert sich – zunächst weniger sichtbar – in Neid und Zorn und entlädt sich schließlich im offenen Streit und Zank. Und am Ende stehen Mord und Tod – nicht im Sinne des Strafgesetzbuchs, aber in einem tieferen geistlichen Sinn. *»Jak denkt an jene eifersüchtige Gesinnung, die ihren Gegner am liebsten liquidieren möchte.«*[353] Wir haben hier ein anschauliches Beispiel für die innere Dynamik der Sünde, die Jak in 1,14f beschrieben hat.

Es gibt einen besseren Weg, zur Lebenserfüllung zu kommen als die Lust (den Drang zum Vergnügen) oder das Begehren. Es ist das Gebet zu Gott, das darauf vertraut, dass er jedem das gibt, was er zum Leben braucht.[354] Denn von ihm kommen alle guten Gaben (Jak 1,17). Diese Möglichkeit – so mahnt Jak – habt ihr noch gar nicht ausgeschöpft. **»Ihr habt nichts, weil ihr nicht bittet.«** Anstatt auf Gott zu vertrauen und ihn zu bitten, dass er das zum Leben Notwendige geben möge, versucht jeder, sich eigenmächtig auf Kosten des andern das Glück zu nehmen, das ihm zuzustehen scheint.

349 *»Für dieses ›Begehren‹ gilt die Erfahrungsregel: von der Begierde zum Genuß und vom Genuß zur Begierde, aber niemals zum bleibenden, seligen Besitz; denn das Präsens echete* [haben] *besagt dauernden Besitz. Dieser aber bleibt der ›Begierde‹ versagt«* (F. MUSSNER: Komm, S. 178).

350 Schon ERASMUS wollte es durch eine Konjektur in »neiden« abschwächen. Dafür gibt es aber in den griechischen Handschriften keinen Anhaltspunkt.

351 *»Denn er neidet und bestreitet ihm* [dem Bruder] *das Leben, das jenem von Gott geschenkt wurde, genauso wie ihm selbst«* (O. KNOCH: Komm, S. 82).

352 Der römische Dichter HORAZ sagte: *»Es gibt keine tyrannischere Folter als den Neid«* (Episteln I,1; II,58).

353 F. MUSSNER: Komm, S. 178f.

354 *»Glücklich wollen sie werden, aber nicht von Gott her ... Glücklichen Erfolg kann man doch nur von Gottes Segen erwarten«* (J. CALVIN: Komm, S. 448).

Die Christen, die Jak vor Augen hat, beten zwar, aber sie beten nicht recht; sie **beten in böser Absicht.** Sie bitten nicht um die Weisheit Gottes (1,5f; 3,17f), sondern um unnötige äußere Dinge, die sie in ihrem lustvollen Begehren gebrauchen wollen. Sie wollen irdische Freuden genießen, und darum beten sie. Sie sind – selbst in ihrem Gebet – weltlich gesinnt (V. 4). Eine schreckliche Möglichkeit: im Gebet, das Gott die Ehre geben soll, stellt sich der Mensch selber in den Mittelpunkt. Selbst das Gebet, in dem ein Mensch von seinen Möglichkeiten absieht und auf Gott schaut, kann also »missbraucht« werden als Mittel zum Zweck, als »verlängerter Arm« der Lüste. Wo das aber geschieht, werden Gottes Gaben verschwendet. Diese Gebete finden keine Erhörung. Wer so betet, empfängt nichts. Gott lässt sich nicht für die eigensüchtigen Wünsche der Menschen missbrauchen. 3

Jesus hat dem Gebet eine große Verheißung gegeben. Wer sich vertrauensvoll an Gott wendet, wird von ihm nicht enttäuscht werden.[355] Das ernste Gebet ist auf den Willen Gottes ausgerichtet: »Dein Name werde geheiligt; dein Wille geschehe« (Mt 6,9f; Lk 22,42). Der Beter betet im »Namen« Gottes bzw. im »Namen« Christi (Joh 16,23f), d.h. er steht in Übereinstimmung mit dem Wesen dessen, in dessen Namen das Gebet geschieht. Im Gebet, zu dem Jesus ermutigt, ist das Herz auf den »Ton Gottes« gestimmt.

Das Gebet derer, die Jak vor Augen hat, ist von einem »Misston« durchdrungen. Es geschieht nicht zur Ehre Gottes. Nicht Gott, sondern die Menschen sollen groß werden. Es ist nicht vom kindlichen Vertrauen zum Vater geprägt, sondern vom eigenen Begehren, vom egoistischen Willen (vgl. Ps 66,18). Es handelt sich um eine fromme Variante des »Drangs zum Vergnügen«, der Lust nach weltlichen Dingen. »*Es ist die Urversuchung des Menschen, gerade auch des Frommen, sich Gottes zu bemächtigen und ihn den eigenen Zielen dienstbar zu machen.*«[356]

2. Christen zwischen Welt und Gott?: 4,4–6

4 **Ihr Ehebrecherinnen! Wisst ihr nicht, dass Freundschaft mit der Welt Feindschaft gegen Gott ist? Wer also ein Freund der Welt sein will, erweist sich als Feind Gottes.**
5 **Oder meint ihr, die Schrift sage ohne Grund: »Zum Neid drängt es den Geist, den er in uns wohnen ließ«?**
6 **Er gibt aber umso reichlicher Gnade. Deshalb sagt er: »Gott widersteht den Hochmütigen, aber den Demütigen gibt er Gnade.«**

355 Vgl. Mt 7,7–11; 17,20; 21,22; Mk 11,23f; Lk 18,1–8; Joh 14,13.
356 O. KNOCH: Komm, S. 83.

Zur Übers.: V. 5: Es kann auch übersetzt werden: »Oder meint ihr, die Schrift rede vergeblich?« Das folgende wäre dann kein Schriftzitat.

4 Im Gebet, das den eigenen Wünschen und Lüsten dient, findet nicht nur ein Missbrauch Gottes statt. Es ist zugleich der Ausdruck für ein Herz, das nicht in völliger Hingabe an Gott lebt. Die Leidenschaft, die Gott allein gehören sollte, richtet sich zugleich auf die Dinge dieser Welt. Zu ihnen besteht eine »Liebe«, die Gott die Treue raubt. Deshalb spricht Jak seine Leser nicht mehr mit dem sonst üblichen »liebe Brüder«, sondern mit harten Worten an: **Ihr Ehebrecherinnen!**

Der Ausdruck klingt ungewöhnlich. Er geht zurück auf den Vergleich der Beziehung Gottes zu seinem Volk mit dem Verhältnis des Bräutigams zu seiner Braut (Jes 49,18; 62,5; 23,37). Auch im NT wird die Kirche im Bild der Braut Christi gesehen (2Kor 11,2; Eph 5,23; Offb 21,2.9; 22,17).

Gott zum Freunde zu haben – wie es z.B. von Abraham (Jak 2,23) oder von Mose (2Mo 33,11) gesagt wurde – beinhaltet zugleich die Verpflichtung, ihn *ganz* zum Freunde zu haben. Es ist nicht möglich, nach zwei Seiten – mit geteiltem Herzen – wirkliche Freundschaft zu halten. **Wer ein Freund der Welt sein will, erweist sich als Feind Gottes.**

Die Braut, die ihrem Bräutigam nicht treu ist, wird als Ehebrecherin bezeichnet (Hos 4,13). Da das Volk Gottes immer im Bild der Braut erscheint, ist auch die weibliche Form »Ehebrecherinnen« erklärlich.[357] Ehebruch ist ein Bild für den Götzendienst, für eine »geteilte Liebe«. Der Begriff wird häufig mit »abtrünnig« übersetzt (vgl. Mt 12,39; 16,4). Der Götzendienst Israels bestand ja nicht darin, dass es seinen Glauben aufgab und Gott nicht mehr anbetete. Sie wollten den Glauben an den Gott, der sie aus Ägypten geführt hat, mit dem ägyptischen Stierkult oder den kanaanäischen Fruchtbarkeitskulten verbinden: im Tempel Gott und zu Hause die Himmelskönigin; Gott im Tempel und Baal im Vorhof.[358] Das abtrünnige, untreue Israel wird von den Propheten und auch von Jesus der Hurerei bezichtigt.[359]

Indem er das Bild vom Ehebruch aufnimmt, geht es auch Jak darum, Götzendienst aufzudecken. Die Christen, an die Jak denkt, beten (zusätzlich) ein Bild an, die Welt. Weltliebe ist Ehebruch, ist Aufkündigung der ausschließlichen Treue zu Gott.[360] So hat Jesus in Bezug auf

357 Der Zusatz »Ehebrecher und Ehebrecherinnen« findet sich erst in späteren, unbedeutenden Handschriften. Er geht vermutlich auf den Gedanken zurück, dass mit »Ehebrecherinnen« nur die Frauen in der Gemeinde gemeint sein könnten und die Anrede deshalb einer Ergänzung bedürfe.

358 Vgl. dazu P. DAVIDS: James, S. 72.

359 Vgl. Jes 1,21; 57,3; Jer 3,1–9; Hes 16,35ff; Hos 1–3; Mt 12,39; Mk 8,38.

360 *»Der Zwiespalt zwischen Gott und Welt ist derart und so groß, daß das Maß der Zuneigung zur Welt auch das der Entfremdung von Gott ist«* (J. CALVIN: a.a.O., S. 449).

den irdischen Reichtum gesagt: »Niemand kann zwei Herren dienen« (Mt 6,24; Lk 16,13) und in Bezug auf die Freundschaft mit der Welt: »Weh euch, wenn alle Menschen von euch wohlreden!« (Lk 6,26).

Mit **»Welt«** ist hier nicht die Schöpfung Gottes gemeint, sondern die gefallene Welt, die sich von Gott abgewandt hat und nun unter der Herrschaft des Teufels, des »Fürsten dieser Welt«, steht und deshalb für Menschen, die Gott gehorchen wollen, eine Anfechtung darstellt (Joh 12,31; 14,30; 15,18–16,11). Deshalb mahnt Jak so eindringlich, nicht mit der Welt Freundschaft zu schließen und die Liebe zu Gott nicht mit der Welt zu teilen. **Freundschaft mit der Welt** wäre **Feindschaft gegen Gott.** Mit seiner Ermahnung steht er im NT nicht allein: »Habt nicht lieb die Welt noch was in der Welt ist. So jemand die Welt lieb hat, in dem ist nicht die Liebe des Vaters ... Die Welt vergeht mit ihrer Lust« (1Joh 2,15–17). Paulus meint dasselbe, wenn er davor warnt, fleischlich gesinnt zu sein, d.h. den selbstsüchtigen Begierden nachzugeben (Röm 8,7; Gal 5,17). In Offb 2,4 wird mit der Wendung »die erste Liebe verlassen« der Gemeinde in Ephesus das Nachlassen ihrer Liebe zu Gott vorgehalten. Jesus hat im Anschluss an 5Mo 6,5 bekräftigt: »Du sollst Gott, deinen Herrn, lieben von ganzem Herzen, von ganzer Seele und mit aller deiner Kraft« (Mt 22,37; Mk 12,30; Lk 10,27).

Die Streitereien in der Gemeinde (V. 1) und die Freundschaft mit der Welt haben also miteinander zu tun. Streit und falsche Freundschaft sind wie *»zwei Zweige aus demselben Stamm; auf beiden Wegen macht der Mensch seine kranke Lust zur Führerin, der er gehorcht«.*[361]

Jak betont immer wieder die Vollkommenheit bzw. Ganzheit des Glaubens. Hier wird deutlich, dass Ganzheit im Sinne von Jak nicht bedeutet, alles zu integrieren, sondern die notwendigen Scheidungen zu vollziehen. Im Glauben ganz oder vollkommen zu sein bedeutet nichts anderes als eine ungeteilte Liebe zu Gott zu haben.

V. 5 hat den Auslegern seit jeher Rätsel aufgegeben. Jak bringt ein 5
Zitat ein, das sich im AT wörtlich nicht nachweisen lässt: **»Zum Neid drängt es den Geist, den er in uns wohnen ließ.«** Auch die Bedeutung dieses Satzes ist umstritten. Man kann das Zitat auch so übersetzen: »Neidisch verlangt er (Gott) nach dem Geist, den er in uns wohnen ließ«. Das würde dann bedeuten: Gott hat dem Menschen seinen Geist gegeben, ihn in ihm wohnen lassen (vgl. 1Mo 2,7; Ps 104,29f). Deshalb hat Gott das Recht, den Menschen ganz für sich zu beanspruchen und ihn nicht mit der Welt oder gar mit dem Teufel zu teilen.[362] Es ist

361 A. SCHLATTER: Komm, S. 198.

362 Gott ist ein eifersüchtiger Liebhaber, der seine »Geliebte«, das Volk Israel, nicht mit anderen teilen will und keinen »Ehebruch« duldet. So versteht F. MUSSNER (Komm, S. 181–183) das Wort »neidisch« im Sinne von »eifersüchtig«. Gott hat dem Menschen seinen Geist gegeben und wacht eifersüchtig darüber, dass der Mensch mit diesem Geist keinem anderen dient. Für

jedoch eine ungewöhnliche und unpassende Ausdrucksweise, dass Gott *neidisch* nach dem Geist des Menschen trachten sollte. Das Stichwort »Neid« steht bei Jak in diesen Versen in einem negativen Zusammenhang (V. 2). In V. 6 ist von der umso reichlicheren Gnade die Rede, die dem in V. 5 Gesagten gegenübersteht. Dies macht die vorgeschlagene – und vom Grundtext aus ebenso mögliche – Übersetzung wahrscheinlich. Der Sinn der Aussage wäre dann: Voller Neid ist das Verlangen des Menschengeistes, obwohl er eine Gabe Gottes ist.[363]

Der Grundgedanke geht aber trotz unterschiedlicher Übersetzungsmöglichkeit und Auffassung dieses Verses in die gleiche Richtung. Gott hat seinen Geist in uns wohnen lassen, d.h. der Geist des Menschen kommt von Gott. Wenn sich nun der Mensch von seinem Geist zum Neid drängen lässt, dann wird darin eine innere Gespaltenheit und Zerrissenheit des Menschen erkennbar. Gott hat dem Menschen seinen Geist nicht gegeben, damit dieser sich dann von Gott abwendet und neidisch nach den Dingen trachtet, die in dieser Welt zu haben sind, um darüber in Streit mit anderen zu geraten.

6 Wie sehr der Mensch auch von Neid und Begehren bestimmt sein mag – viel **reichlicher** ist die **Gnade** Gottes. In ihr ist mehr enthalten als in allem, wonach der Mensch auch immer neidisch trachten mag. Nach dieser Gnade sollen die Christen streben und nicht nach weltlichen Gütern.

Neidisch sein bedeutet: mehr haben wollen als das, was einem im Leben zugeteilt ist. Der neidische Mensch denkt, dass er zu kurz gekommen ist. Er richtet seinen Sinn auf mehr und Besseres. Er vergisst, was Gott ihm gegeben hat und wird hochmütig. Die neidische Gesinnung richtet sich nicht nur gegen andere Menschen; sie

diese Eifersucht Gottes lassen sich viele Belegstellen anführen: z. B. 2Mo 20,5; 34,14; 5Mo 4,24; 5,9; 6,15; Jos 24,19; Jes 9,6; 37,32; 59,17; Hes 5,13; 16,38. Es wäre allerdings die Frage, was dann mit der »größeren Gnade« in V. 6 gemeint ist. MUSSNER denkt an die »*Erwählung und Einsetzung zu Erben seines Reiches*« (Komm, S. 184).

363 Zur Übersetzung vgl. G. MAIER: Komm, S. 80f; J. MICHL: Komm, S. 53. Eine dritte Möglichkeit, auf die hier wenigstens hingewiesen sein soll, besteht darin, beide Sätze in V. 5 als rhetorische Fragen aufzufassen, wie es etwa schon CALVIN getan hat: »*Oder lasset ihr euch dünken, die Schrift rede umsonst? Oder äußert sich etwa das Begehren des Geistes, der in euch wohnt, in Neid?*« (Komm, S. 448). Es würde sich dann bei der Rede vom »Begehren des Geistes … – nicht um ein Schriftzitat handeln, das sich ohnehin so nicht nachweisen lässt. Der Hinweis auf die Schrift wäre ein zusammenfassender Hinweis auf die vielen Schriftstellen, die vor dem Neid warnen. Demgegenüber würde die zweite Frage in rhetorischer Form auf den offensichtlichen Widerspruch aufmerksam machen, der darin besteht, dass der Geist, den Gott im Menschen wohnen ließ, nicht nach Gott verlangt, sondern sich im Neid verzehrt. »*Aus der Tatsache des bei den Lesern vorhandenen Neides soll bewiesen werden, daß sie sich nicht von Gottes Geist beherrschen lassen*« (J. CALVIN: Komm, S. 449).

richtet sich in ihrer Undankbarkeit auch gegen Gott selbst. Dieser Haltung leistet Gott Widerstand: **Gott widersteht den Hochmütigen** (wörtl. den Überheblichen), **aber den Demütigen gibt er Gnade** (Spr 3,34; 1Petr 5,5).

Dem Hochmütigen wird das, was Gnade ist, immer fremd bleiben. Ihm sind im Grunde drei Dinge zuwider: a) dass einer über ihm steht, dem er sich unterordnen soll und der ihm notfalls auch widersteht (V. 7); b) dass er Sünder sein soll (V. 8) und nicht in sich selbst vollkommen ist; c) dass er deshalb auf Gnade angewiesen sein soll (V. 6).

Denn die Gnade ist nicht die Zugabe für diejenigen, die nach hohen Dingen streben und mit neidischem Begehren nach dem trachten, was ihr Leben erfüllen soll und darüber in Streit geraten mit denen, die ebenso von ihren Lüsten bestimmt sind. Wer sein Leben nach diesen Werten ausrichtet, wer ein Freund der Welt sein will, dem widersteht Gott. Bei Gott gelten andere Regeln als bei den Menschen. Zum Niedrigen beugt sich Gott in seiner Herrlichkeit und Gnade herab. Aber dem Hochmütigen tritt er in seiner königlichen Majestät und in seiner richterlichen Gewalt entgegen. Deshalb sollen wir uns nicht über Gott erheben, sondern uns seinem Willen unterordnen. Hochmütig ist derjenige, der sich nicht ausschließlich unter Gott stellt. Wer nicht unter der Herrschaft Gottes steht, dem widersteht Gott. Wer sich aber unter seine Herrschaft stellt, dem gibt Gott Gnade.[364]

Jak nennt die Sünden seiner Briefempfänger konkret beim Namen, aber er rechnet sie nicht auf. Vor Gott zählt nicht die Menge der Sünden, sondern das Herz, wie es jetzt zu Gott steht. Unschuldig ist keiner – doch Gott gibt Gnade dem, der sich demütig unter ihn stellt.

3. Die richtige Haltung gegenüber Gott: 4,7–10

7 So unterwerft euch nun Gott! Dem Teufel aber widersteht, so wird er von euch fliehen!
8 Naht euch Gott und er wird sich euch nahen! Reinigt die Hände, ihr Sünder, und heiligt die Herzen, ihr [Menschen mit] zwei Seelen!
9 Fühlt euer Elend und klagt und weint! Euer Lachen verwandle sich in Trauer und die Freude in Niedergeschlagenheit!
10 Demütigt euch vor dem Herrn und er wird euch erhöhen!

364 Dass Gott sich zu den Niedrigen und Armen hält und gerade sie erhebt, den Hohen und Mächtigen aber Widerstand leistet, gehört zu den Grundaussagen des Alten und Neuen Testaments (Hiob 5,11; Ps 147,6; Lk 1,52 u.ö.). In Jesus Christus wurde Gott selbst arm und gering.

7 Weil Gott gnädig ist, fordert Jak mit zehn Imperativen[365] dazu auf, umzukehren, um diese Gnade zu ergreifen. Er predigt keine »billige Gnade«; er weiß um den Zusammenhang von Gnade und Buße. Gnade macht Buße nicht überflüssig, sondern ruft sie geradezu hervor. Ein Mensch zeigt seine Demut Gott gegenüber darin, dass er Buße tut.

1) **Unterwerft euch Gott!** Die erste Aufforderung betrifft die elementare Stellung zu Gott. Gott ist ein mächtiger Herrscher. Ihm kann sich der Mensch nur demütig unterordnen (vgl. Hebr 12,9).[366] Ihm gegenüber kann es sich der Mensch nicht erlauben, sich von seinen Lüsten und Begierden abhängig zu machen. Er verstößt damit gegen Gottes Gebot, der nicht möchte, dass Streit und Hass unter seinen Kindern herrschen. Es geht nicht an, im Gebet Gott zu seinem Dienstboten zu machen oder neben Gott die Freundschaft der Welt zu suchen.

2) **Widersteht dem Teufel!** In V. 1 wurde deutlich, dass die äußeren Streitereien aus dem Inneren kommen. Nun wird deutlich, dass ein Mensch darin im Tiefsten mit dem Teufel selber zu tun hat. Die Streitereien haben einen dämonischen Ursprung (vgl. Jak 3,15). Auch das Begehren und die Leidenschaften kommen vom Teufel. Hinter der Sünde des Menschen, hinter seinem Widerstand gegen Gottes Willen steht der Teufel. Zum Bösen versucht werden heißt, dem Teufel nachgeben (Mk 8,33; Lk 22,31; Joh 13,2.27). Der Teufel kann uns zwar verführen. Aber wenn wir ihm widerstehen, dann **muss er fliehen** (Mt 4,1–11).[367]

365 Vgl. zum Folgenden P. DAVIDS: James, S. 74–76.80f. DAVIDS erkennt in den Imperativen (Jak 4,7–11) zehn Stufen der Umkehr, wie sie sich auch in der Bußpraxis der großen Erweckungsbewegungen wiederfinden.

366 Der Gedanke der Unterordnung taucht in der Heiligen Schrift mehrfach auf: Unterwerfung der Schöpfung unter den Sohn Gottes (1Kor 15,27; Eph 1,22; Hebr 2,8; vgl. Ps 8,6f); Unterwerfung des Sohnes Gottes unter den Vater (1Kor 15,28); gegenseitige Unterordnung der Christen (Eph 5,21); Unterordnung der Jüngeren unter die Älteren (1Petr 5,5), der Männer unter Christus (1Kor 11,3), der Frauen unter die Männer (Eph 5,22), der Bürger unter den Staat (Röm 13,1), vor allem aber: Gehorsam und Unterordnung des Christen gegenüber Gott (Hebr 12,9) bzw. gegenüber Christus (Eph 5,24). Im 2. Jahrhundert parallelisiert IGNATIUS VON ANTIOCHIEN die Unterordnung unter Gott mit der Unterordnung unter den Bischof: *»Denn es steht geschrieben: Den Hochmütigen widersteht Gott. Streben wir deshalb danach, dem Bischof nicht zu widerstehen, damit wir Gott unterstellt seien«* (An die Epheser 5,3). Er geht damit über die Schrift hinaus. Jak fordert von seinen Adressaten keine Unterwerfung unter seine Autorität, sondern Unterwerfung allein unter Gott – auch wenn er gerade dies mit seiner eigenen Autorität nachdrücklich einschärft.

367 J. CALVIN macht mit Recht darauf aufmerksam, dass die Verheißung, der Teufel werde fliehen, wenn man ihm widersteht, in der Erfahrung eines Christen anders wahrgenommen werden kann. Denn gerade die, die dem Teufel tapfer Widerstand leisten, können mitunter besonders in Bedrängnis geraten. Um die anderen muss er sich nicht mehr kümmern. Dem Widerstand gegen den Teufel ist aber insofern Erfolg verheißen als er nicht zu seinem Ziele kommt und

Das Thema »Kampf« wird von Jak in doppelter Weise aufgenommen. Wer nicht bereit ist, dem Teufel zu widerstehen, diesen geistlichen Kampf also nicht kämpfen möchte, der nimmt diesen »Streit« und diesen »Kampf« in sich selbst hinein. Dann streiten die Lüste in seinen Gliedern (V. 1). Und aus diesem inneren Widerstreit kommen dann wieder äußere Streitigkeiten mit anderen Menschen. Jak möchte uns dazu Mut machen, den Kampf an der richtigen Stelle zu führen. Denn man kann diesem Kampf nicht ausweichen; man kann ihn nur in sich selbst hineinnehmen und dabei erst recht zwischen die Fronten geraten. Wer dem Teufel nicht widersteht und widerspricht, wird notwendig in einen inneren Widerspruch geraten (V. 8).

Jak zeigt den Weg aus diesem verhängnisvollen Kreislauf: Gott untertan sein und dem Teufel widerstehen. Aktive Unterordnung und ktiver Widerstand. Wir können dem Teufel nicht von uns aus widerstehen. Dazu reicht unsere Kraft nicht. Nur in der Unterordnung (wörtl. Jnterwerfung) unter Gott sind wir dazu in der Lage (vgl. Eph 6,11). Venn wir uns ihm unterstellen, stehen wir unter einer größeren Macht. Jur aus dieser »sicheren« Position heraus können wir dem Teufel Widerstand leisten. *»In jedem einzelnen Christenleben wird die große Entscheidungsschlacht zwischen Gott und dem Teufel geschlagen …«*[368]

A. SCHLATTER weist zu Recht darauf hin, dass der Mensch zwar reich und biegsam ist, *»aber an der falschen Stelle: nachgiebig gegen den Satan, hartnäckig und widerspenstig gegen Gott«*[369]. Es soll jedoch umgekehrt sein: Der Mensch soll sich Gott unterwerfen, dem Satan aber widerstehen.

Wie können wir dem Satan Widerstand leisten? Es geschieht dadurch, dass wir uns dem Willen Gottes unterordnen. Nur so ist unser Wille Satan entzogen, der nach ihm greift und ihn bestimmen möchte. Wenn unser Herz ungeteilt Gott gehört, dann hat der Widersacher keinen Angriffspunkt mehr.

Wir sollen vor dem Teufel nicht fliehen, sondern ihm widerstehen. Es handelt sich um einen Kampf, allerdings nicht um einen Angriffskampf, sondern um einen Abwehrkampf. Wir sollen die Auseinandersetzung mit dem Teufel nicht von uns aus suchen; wenn wir aber in sie hineingeraten (Jak 1,2), sollen wir uns darin bewähren.[370]

Zweimal taucht das Wort »widerstehen« in Jak 4,6f auf. Entweder wir widerstehen dem Teufel, oder Gott widersteht uns in unserem

keinen Sieg davon trägt: *»… daß der Teufel fliehet, bedeutet, daß er eine Niederlage erleidet. Und gewiß ist's: obgleich er beständig seine schmählichen Angriffe erneuert, muß er doch immer fruchtlos abziehen«* (Komm, S. 451).

[368] J. MICHL: Komm, S. 53.

[369] A. SCHLATTER: Komm, S. 201.

[370] Vgl. Mt 4,11; Eph 4,27; 6,11; 1Petr 5,8f.

Hochmut. Wer sich über Gott erhebt, der ist wehrlos dem Teufel ausgeliefert. Wer sich aber Gott unterordnet, der kann dem Teufel widerstehen. Denn dann ist es Gott selber, der dem Teufel widersteht (vgl. 1Joh 3,8). Der eigentliche Kampf findet zwischen Gott und dem Teufel statt. Wer sich in seinem Hochmut über Gott stellt, der stellt sich außerhalb dieses Kampfes, d.h. er ist dem Teufel nicht mehr gewachsen. Wer sich Gott unterstellt, der stellt sich auch unter den Sieg, den Gott in diesem Kampf errungen hat.

8 3) **Naht euch Gott und er wird sich euch nahen!** Ist dieser Satz so zu verstehen, dass Gottes Nähe von unserem Nahen abhängt bzw. unser Nahekommen Gott erst nahebringt? Das wäre ein Missverständnis. Die Aufforderung des Jak beruht nicht auf einem Ursache-Wirkung-Zusammenhang, sondern ist eine Verheißung. Nicht unser Nahen macht Gott nah, sondern unser Nahen steht unter der Verheißung der Gottesnähe. Jak stellt das Nahen des Menschen unter die Verheißung: Es ist nicht vergeblich, wenn du dich Gott nahst; er wird sich dir nahen! (Vgl. Ps 145,18; Sach 1,3; Mal 3,7.)[371]

Die Ferne Gottes ist *unsere* Gottesferne. *Wir* haben uns von ihm entfernt; *er* ist uns nahe geblieben (vgl. Apg 17,27). Die Ferne zu Gott verschwindet in dem Maße, wie wir umkehren und uns auf den Weg zu ihm machen. Die beste Illustration für das, was Jak hier meint, finden wir im Gleichnis vom verlorenen Sohn (Lk 15,11ff). In der Ferne von Gott kehrt der verlorene Sohn um, und als er sich dem Vaterhaus nähert, läuft ihm der Vater entgegen. Er hat immer schon auf ihn gewartet und seinen Sohn nicht aufgegeben. Der Zielgedanke des Gleichnisses ist identisch mit dem, was Jak sagt: Naht euch Gott und er wird sich euch nahen! Das »Nahen zu Gott« ist kein Weg nach oben, kein Emporstreben, kein Aufschwingen der Seele zu Höherem; es meint vielmehr dasselbe wie »Umkehren«, »Buße tun«.

4) Im AT steht das »Sich-Nahen« in einem kultischen Zusammenhang. Man konnte sich Gott nicht ohne weiteres nahen (Jos 3,4). Nur einzelnen war es erlaubt, ihm ganz nahe zu kommen, z.B. Mose (2Mo 24,2) und dann vor allem den Priestern. Die Priester, die sich Gott nahen wollten, mussten sich zuvor **reinigen** (2Mo 19,22; 30,19–21; 4Mo 8,21). Vor den großen Festen musste sich das ganze Volk reinigen (Joh 11,55). Da

371 Auch CALVIN hat die Möglichkeit dieses Missverständnisses gesehen: »*Wenn aber jemand hieraus den Schluß ziehen wollte, wir müßten den Anfang machen, Gottes Gnade folge dann nach, so liegt solche Meinung dem Apostel ganz fern. Zugegeben, daß wir anfangen müßten, so folgt daraus noch lange nicht, daß wir es auch vermöchten. Und mit der Mahnung zur Pflicht verzichtet der Geist Gottes nicht im geringsten auf sein und seiner Kraft Vorrecht, selbst eben dies, was er befiehlt, auch in uns zustande zu bringen. In Summa: Jakobus beabsichtigt hier nichts anderes als dies, zu versichern, daß Gott uns niemals fehlen werden, es sei denn, daß wir uns selbst von ihm entfernen*« (Komm. S. 451).

Menschen sich zuvor reinigen müssen, ist der Ausdruck dafür, dass sie so, wie sie sind, Gott nicht nahe kommen können (Ps 18,21.25).

Später wurde dieser Ausdruck auch im übertragenen, nicht kultischen Sinne gebraucht – vor allem bei den Propheten (Jes 1,16; Jer 4,14), aber auch im NT (Mt 5,8; Mk 7,20–23; 1Petr 1,22; 1Joh 3,3). Reinigung bedeutet wiederum hier: So wie der Mensch in seiner Sünde ist, kann er nicht vor Gott kommen. Gott möchte nahe sein, und Jak fordert dazu auf, Gott nahe zu kommen. Aber die Hände, die nicht dazu bereit sind, Gott allein zu dienen, sondern nach dem greifen, was sie in der Welt an Lust und Glück für sich beanspruchen, sind nicht dazu in der Lage, Gott anzubeten und sich ihm so zu nahen.

Buße tun heißt konkret: *»die Finger von der Sünde lassen«*[372], **die Hände reinigen**, die nur das haben wollen, was die Lüste begehren. Die Hände stehen für unser »Handeln«. Die Frucht unseres Lebens ist das Ergebnis unseres Handelns. Aber auch die Verfehlung unseres Lebens ist das Ergebnis unseres Handelns. Soll das Leben in Übereinstimmung mit dem Willen Gottes kommen, so ist es nötig, dass das Handeln gereinigt wird.

5) Unser Handeln ist getragen von unseren Motiven, von unseren inneren Zielen, die wir anstreben. Wo das Ziel verfehlt wird, müssen deshalb auch die Herzen geheiligt werden: **heiligt eure Herzen!**[373] Wie das Herz ist, so sind auch die Hände, und das Herz wird durch das geprägt, was die Hände tun. Deshalb sind Hände und Herzen gleichermaßen angesprochen (vgl. Ps 24,4; Sir 38,10). Die Hände können sich nicht eindeutig nach Gott »ausstrecken« und ihm nicht ungeteilt dienen, wenn das Herz zwischen Gottesliebe und Weltliebe schwankt. Jesus sagte: »Selig sind, die reinen Herzens sind« (Mt 5,8; vgl. 1Petr 1,22; 1Joh 3,3).

Mit dem Stichwort »heiligen« ist wiederum ein Ausdruck aufgekommen, der ursprünglich in einen kultischen Zusammenhang gehört. Sich heiligen und sich reinigen gehören eng zusammen (2Mo 19,10). Hier ist die Verunreinigung nicht äußerlich, sondern innerlich. Es sind nicht nur die Hände mit unheiligen Dingen in Berührung gekommen, sondern das Herz selber ist unheilig, weil es gespalten ist, weil es seine Aufmerksamkeit und sein Sehnen zwischen Gott und der Welt aufgeteilt hat. An anderer Stelle bezeichnet Jak solche Menschen als die, in denen zwei Seelen wohnen (Jak 1,8).

Auf der einen Seite möchten die Christen, an die Jak denkt, wirklich

372 G. MAIER: Komm, S. 82.

373 *»Daraus wird uns die wahre Art und Natur der Buße klar: nicht nur das äußere Leben soll in ihr gebessert werden, sondern sie macht den Anfang mit der Reinigung des Herzens. Umgekehrt ist's natürlich nötig, daß die Früchte der inneren Buße in der Reinheit der Werke zur Erscheinung kommen«* (J. CALVIN: Komm, S. 452).

Christen sein und Jesus nachfolgen, aber auf der anderen Seite sind sie nicht dazu bereit, die Welt loszulassen. Sie meinen, beides miteinander verbinden zu können; aber Gott will die, die ihm gehören, nicht mit einem anderen teilen. Ihnen gegenüber sagt Jak: die Gemeinschaft mit Gott soll wieder das erste und wichtigste Bedürfnis werden. Sich heiligen bedeutet: eindeutig werden, das Herz ungeteilt auf Gott richten und ihm unterstellen. Heiligung des Herzens bedeutet: das Leben Gott zur Verfügung stellen als sein Eigentum.

9 6) Können wir das? Uns Gott so nahen, dass er uns nahe kommt? Unsere Hände so reinigen und unsere Herzen so heiligen, wie es Gott angemessen ist? **Fühlt euer Elend und trauert und weint!**[a] Die Reinigung, von der Jak spricht, vollzieht sich nur als echte Buße.

[a] Jes 22,12 Joel 2,12f

Ein Mensch soll seine Schuld wirklich spüren und nicht nur – wie im Vorbeigehen – darum wissen. Das Wort, das mit »fühlt euer Elend« übersetzt wurde, taucht nur dieses eine Mal im NT auf. Ähnliche Formulierungen finden sich in Röm 3,16; 7,24; Offb 3,17. Streit, Neid und Begehren und der innere Streit der Lüste, das missbrauchte Gebet und die Freundschaft mit der Welt – all das ist ein Ausdruck des Elends. Nur – von denen, die darin leben, wird es als Streben nach Erfüllung empfunden. Echte Sündenerkenntnis zeigt sich darin, dass ein Mensch die Dinge erkennt wie sie wirklich sind, dass er das, was andere als gute oder notwendige Lebensart bezeichnen, als sein Elend erkennt.

7+8) Wo ein Mensch sein Elend nicht nur erkennt, sondern es auch spürt, findet eine Reinigung und Umorientierung des Herzens statt. Ein Herz, das sich vor Gott elend fühlt, oder – wie die Reformatoren gesagt haben – ein »erschrockenes Gewissen« ist ein Kennzeichen echter Erweckung und Umkehr.[374] Das wird auch nach außen erkennbar in **Klagen** und **Weinen**. Diese »Lebensäußerungen« eines Menschen, der zu Gott umkehrt, sind ein immer wiederkehrendes Thema in der Bibel: Ps 69,10f; Jes 32,11; Jer 4,8; Amos 5,16; 8,10; Mal 3,14.

Die weinenden und klagenden Töne sind kein Zeichen für eine depressive Lebenseinstellung, sondern der notwendige Ausdruck für ein Leben, das seine Eindeutigkeit und damit seine Richtung eingebüßt hat. Es sind zugleich die ersten Töne eines neuen Lebens in der Nähe Gottes.[375]

374 P. DAVIDS macht darauf aufmerksam, dass Klagen, Weinen und ein Grundgefühl des Elends vor Gott (er nennt es das »What have I done« – feeling) Kennzeichen einer echten Erweckung sind. In modernen Evangelisationen vermisst er dieses Element: »*Modern evangelism has tended to short-circuit this process by promising peace before a person has fully realized the seriousness of his or her condition*« (James, S. 75).

375 Vielleicht ist es mehr als nur eine äußerliche Analogie, dass die ersten Töne eines neugeborenen Menschen keine Jubeltöne, sondern Klagen und Weinen sind.

9) Das Thema aus Spr 3,34 (»den Demütigen gibt er Gnade«) taucht hier nochmals in abgewandelter Form auf. Wenn Gott nur dem Demütigen gnädig ist, dann ist Buße der einzige Weg, sich vor Gott zu demütigen und sich nicht hochmütig vor ihm aufzuspielen. Das **Lachen** soll sich **in Trauer verwandeln und die Freude in Niedergeschlagenheit**. Denn: »Selig sind die, die Leid tragen, denn sie sollen getröstet werden« (Mt 5,4). Lachen und ausgelassene Freude werden manchmal mit dem Toren in Verbindung gebracht, der nicht erkennt, worum es in seinem Leben geht (Sir 21,20; 27,13; Spr 10,23). Vielleicht wird auch der hochmütige Mensch hier als Tor gesehen. Jammern und Klagen wären der angemessene Ausdruck für die Situation des hochmütigen Menschen: Buße und nicht Freudentaumel. Jammern und Klagen würde die Not zum Ausdruck bringen, die sich bei einem solchen Menschen unter einem vordergründigen Leben in Freude nur notdürftig verbirgt. Nicht als wäre das Lachen an sich schon ein Kennzeichen von Hochmut und Torheit; doch wenn Lachen und Freude nicht mit dem Fundament des Lebens übereinstimmen, kann in ihnen eine trügerische Leichtigkeit zum Ausdruck kommen, die den Blick auf die wahre Lage verstellt.

Jak möchte aus falscher Sicherheit und Fröhlichkeit herausreißen. Wer jetzt nicht weint, weil er Reue über seine Schuld empfindet, der wird weinen müssen wegen des Elends, das über ihn kommen wird (Jak 5,1ff). Wahrscheinlich schwingt hier ein Gedanke mit, der von Jak nicht ausdrücklich ausgesprochen wird: Wenn sich das Lachen nicht jetzt in der Buße in Trauer verwandelt, wird es sich am Ende im letzten Gericht in Weinen verwandeln müssen: »Wehe euch, die ihr jetzt lacht! Denn ihr werdet weinen und klagen« (Lk 6,25; vgl. Am 8,10).

Es scheint, als sollte der Mensch noch tiefer in sein Elend gestoßen werden. Aber es dient nur seinem Heil: Wer sein Elend nie empfunden hat, wer nie mit der Möglichkeit gerechnet hat, dass er verloren sein könnte, kann kein wirklicher Christ sein, hat Gnade nicht erfahren.[376]

So paradox es klingen mag: wer jetzt nicht unter Tränen umkehrt, hat eine düstere Zukunft. Wer aber jetzt schon über sein Elend klagt und weint, dem ist die Herrlichkeit verheißen. Das eine Weinen bringt

376 Vgl. dazu den Arzt und Therapeuten HANS MÜLLER-ECKHARD (Die Krankheit, nicht krank sein zu können, Stuttgart 1955. S. 304–313): »*Der Mensch des entstellten und substanzlos gewordenen Christentums hält es seit einigen hundert Jahren in der Nähe Gottes aus, ohne zu erschrecken und ohne sich ganz und gar verdorben und verloren vorzukommen! Niemals hat er die Möglichkeit der eigenen Verlorenheit ernsthaft erwogen*« (S. 304).

[b] 2Kor 7,8–10 Pred 7,3–6

Heil, das andere gehört zum Verderben. Es gibt eine *»heilsame Traurigkeit, die uns zur Buße führt«*[377]. In diesem Sinne kann Trauern besser sein als Lachen[b]; es kann Ausdruck der Weisheit sein.

10 10) Neid und Eifersucht sind Mittel, mit denen Menschen »nach oben« kommen wollen, mit denen sie sich Anerkennung zu erwerben suchen. Oft scheint dieser Weg von Erfolg gekrönt zu sein. Der Teufel begünstigt den Hochmütigen und den Geringen macht er noch kleiner. Das kann als Anfechtung erfahren werden.

Bei Gott aber gilt die umgekehrte Regel: seine Art ist es, die Kleinen aufzurichten. Wer vor Gott über seine Schuld trauert, den nimmt er in Freuden an; wer arm ist vor ihm, den macht er reich (Lk 6,20); wer jetzt weint, der wird einmal lachen können (Lk 6,21) und ihm werden die Tränen abgewischt werden (Jes 61,3; Ps 126,5f; Offb 7,17); wer vor ihm niedergeschlagen ist, den richtet er auf.[378]

Vor Gott gilt: »Wer sich selbst erhöht, der wird erniedrigt werden, und wer sich selbst erniedrigt, der wird erhöht« (Mt 23,12 par.; Lk 14,11; 18,14). Wenn das stimmt, dann kann das für einen Menschen, der Gott nahe kommen möchte, nur bedeuten, dass er sich in die Niedrigkeit vor Gott begibt.[379] Deshalb fordert Jak dazu auf: **Demütigt euch vor dem Herrn und er wird euch erhöhen!**[380] [c]

[c] Hiob 22,29 1Petr 5,6

4. Die richtige Haltung gegenüber den Brüdern: 4,11–12

11 Verleumdet einander nicht, [liebe] Brüder! Wer einen Brude verleumdet oder seinen Bruder verurteilt, der verleumdet da Gesetz und verurteilt das Gesetz. Wenn du aber das Geset verurteilst, [so] bist du nicht ein Täter des Gesetzes, sondern ei Richter.

12 *Einer [nur]* ist Gesetzgeber und Richter: der die Macht hat z erretten und zugrunde zu richten. Du aber, wer bist du, dass d den Nächsten verurteilst?

377 J. Calvin: Komm, S. 452.

378 Vgl. Hiob 5,11; 22,29; Ps 149,4; Spr 3,34; Hes 17,24; 21,31.

379 Diese Aufforderung steht wohl auch im Hintergrund von Jak 1,10: der Reiche rühme sich sein Niedrigkeit!

380 Wie das Gebet (4,3) können auch falsche Demutsäußerungen selbstsüchtig missbrauc werden. Man kann sich erniedrigen, nicht aus wahrer Demut, sondern allein zu dem Zwec von Gott erhöht zu werden. Dabei ist dann nicht die Erkenntnis der Größe Gottes und d eigenen Niedrigkeit vor Gott das treibende Motiv, sondern der egoistische Wunsch, für sei Selbstdemütigung Anerkennung zu finden – vor Gott und vor den Menschen. So kann e »freudloses« Christsein entstehen mit methodisch »gemachter« Reue, das im Gegensatz ste zu wahrer Demut und Umkehr.

Zur Übers.: V. 11 b: Oder: »Wenn du aber das Gesetz verurteilst, handelst du nicht nach dem Gesetz, sondern bist sein Richter.«

Zum Aufbau: Die vorangehenden Verse handelten von der Gnade Gottes, die es dem schuldigen Menschen ermöglicht, das letzte Gericht durch sein Klagen und Weinen vorwegzunehmen und so aus dem Gericht zu kommen. Daraus folgt nun noch ein letzter Gedanke: Wenn Gott uns gnädig ist, dürfen wir nicht zu Anklägern unserer Brüder werden.

Nachdem Jak seinen Lesern eindringlich ins Gewissen geredet hat, 11
wird sein Ton wieder versöhnlicher. Hatte er sie zuvor als »Ehebrecherinnen« bezeichnet (V. 4), redet er sie nun wieder mit **»Brüder«** an. Er erinnert damit an die Bruderschaft, die selbst beim notwendigen Tadel in der Liebe bleibt. Einerseits ist es angebracht, in einer Ermahnung die Sünden offen anzusprechen. Andererseits widerspricht es sowohl der Gnade und Barmherzigkeit Gottes (vgl. Jak 2,12f) als auch der Liebe, Brüder zu verleumden. **Verleumden** bedeutet, jemanden Dritten gegenüber negativ darzustellen, vielleicht noch mit dem Ziel, im Hinblick auf die Verfehlungen anderer selber besser dazustehen. Jak meint: Macht eure Mitchristen nicht schlecht! Ihr werdet dadurch nicht besser.

In einem verdrehten und zwiespältigen Herzen (V. 8) wird nicht nur das Gebet zu eigensüchtigen Zwecken missbraucht (V. 3), sondern auch das Gesetz Gottes. Statt es als Maßstab für das eigene Leben zu gebrauchen, wird es als hartes Gesetz gegen den Bruder gewendet. Statt sich demütig unter das Gesetz zu stellen und in seinem Licht die eigene Schuld zu erkennen, wird mit Hilfe des Gesetzes die Schuld des Bruders herausgestellt. Hinter der Sucht zu tadeln steht im Grunde eine Selbstgerechtigkeit, die von sich selber ablenkt, sich nach außen jedoch gerne auf das Gesetz Gottes beruft und so der Gerechtigkeit und Wahrheit zu dienen vorgibt.

Ganz gleich, ob es beim andern dafür Anhaltspunkte gibt oder nicht, die üble Nachrede oder heimliche Verleumdung, das schlechte Reden über den Bruder steht unter der Ablehnung Gottes.[381] Die Liebe »publiziert« die Sünden der Brüder nicht, sie deckt sie vielmehr zu (1Petr 4,8). Nächstenliebe wird schon im AT gefordert (3Mo 19,18) und von Jesus mit der Gottesliebe zusammen als das wichtigste aller Gebote bestätigt (Mk 12,31). Sie zeigt sich nicht nur im direkten Umgang mit dem Nächsten, sondern erweist ihre Echtheit in der Art

381 Vgl. Ps 101,5; Weish 1,11; Mt 7,1–5; Röm 1,30; 2Kor 12,20; 1Petr 2,12; 3,16.

und Weise, wie über den Nächsten geredet wird, wenn er nicht anwesend ist.[382]

Das richtende Urteil wendet sich nicht nur gegen den Mitbruder, sondern gegen das Gesetz Gottes, das die Liebe zum Nächsten gebietet.[a]

Wir sind nicht in der Rolle des Richters[b] und haben nicht das Recht, unsere Brüder zu richten.[383] Unsere Aufgabe ist es **nicht,** nach dem Gesetz andere zu **verurteilen,** sondern nach ihm zu handeln. Wir stehen nicht über, sondern unter dem Gesetz.

[a] Mt 5,22
[b] Lk 6,37 Röm 2,1 14,4.13 1Kor 4,5

Hinter dem Kritisieren und Verleumden steht ein stolzer und hochmütiger Geist.[384] In tiefer, psychologisch genauer Einsicht in das sündige Verhalten des Menschen deckt Jak auf, dass sich hinter der Verurteilung des anderen immer der Versuch verbirgt, sich über das Gesetz zu stellen und sich damit dessen Autorität zu entziehen. *»Jakobus zeigt, daß jeder so viel dem Gesetz an Autorität entzieht, als er sich gegen seine Brüder an Autorität anmaßt.«*[385] Wer das Gesetz zu etwas anderem gebraucht als dazu, selber danach zu handeln, der fällt ein Urteil über das Gesetz und seine Aufgabe. Das ist bei Jak durch die Formulierung »er richtet das Gesetz« ausgedrückt.

12 Wer das Gesetz dazu gebraucht, mit ihm zu richten, der greift in das Amt Gottes ein. **Gott allein ist Gesetzgeber und Richter** zugleich.[386] In seiner Hand ist die Legislative, die Judikative und die Exekutive. Er ist es, der das Urteil vollzieht: **Er kann retten und zugrunde richten.**[387]

Wir sind auf Gottes Urteil und auf seine Gnade angewiesen. Das wirft uns ganz auf ihn. Zugleich schließt dieses Wort aber auch eine Relativierung aller menschlicher Urteile ein. Wir stehen und fallen nicht mit dem Urteil anderer Menschen. So sehr deutlich ist, dass Gott auch zugrunde richten kann, so sehr ist es doch tröstlich zu wissen, dass unser Leben und dessen Beurteilung allein in der guten und gerechten Hand Gottes steht.

Das Gesetz stellt alle Menschen vor Gott in dieselbe Ordnung. Wer nun als Richter andere nach diesem Gesetz verurteilt, stellt sich an die Stelle Gottes und begeht damit die Ursünde schlechthin.[388] Das wird von Jak mit großem Ernst gesagt. Es ist vermessen, wenn ein Bruder

382 *»Durch nichts wird erfahrungsgemäß die Nächstenliebe so oft und leicht verletzt wie durch Rede und Urteil über die Mitmenschen«* (J. MICHL: Komm, S. 54).

383 Helfendes Zurechtbringen und Gemeindezucht sind damit jedoch nicht ausgeschlossen; vgl. Mt 18,15–20; 1Kor 5,1–5.12f; Gal 6,1ff; Jak 5,19f.

384 *»Während in katalalein* [verleumden] *das Gehässige und Hinterhältige liegt, liegt in krinein* [richten] *das Lieblose und Selbstgerechte«* (F. HAUCK: Komm, S. 206).

385 J. CALVIN: Komm, S. 453.

386 Vgl. 1Mo 18,25; 5Mo 32,39; Jes 33,22; Ps 75,6f; Röm 2,1.3; 14,4; Hebr 12,23.

387 Vgl. 1Sam 2,6; Mt 10,28; Lk 12,5.

388 Ein ähnlicher Gedankengang findet sich bei Paulus in Röm 14.

über den anderen richtet. Beide stehen vor einem größeren Richter. Vor diesem Gericht kommt es darauf an, das Gesetz Gottes getan zu haben. Die vom Gesetz geforderte Nächstenliebe aber verträgt sich nicht mit einer Verurteilung des Nächsten (vgl. Mt 7,1).

II. WARNUNG VOR FALSCHER SELBSTSICHERHEIT: 4,13–17

13 Wohlan nun, die ihr sagt: heute oder morgen werden wir in die und die Stadt reisen und werden dort ein Jahr zubringen und Handel treiben und Gewinn machen –
14 ihr wisst doch nicht, wie es morgen um euer Leben stehen wird; denn ihr seid ein [Wasser-]Dampf, der für eine kleine Zeit in Erscheinung tritt und danach wieder verschwindet.
15 Stattdessen solltet ihr sagen: Wenn der Herr will, werden wir [noch] leben und werden dies oder jenes tun.
16 Nun aber rühmt ihr euch voll Großtuerei. Alles Rühmen dieser Art ist böse.
17 Dem aber, der weiß, Gutes zu tun, und tut's nicht, ist es Sünde.

Zur Übers.: V. 13: Die Futurform »werden« trifft den Sinn des Satzes, die Gewissheit des selbstmächtigen Planens, genauer als die Konjunktivform »wollen« und ist deshalb wohl ursprünglicher.

Zum Aufbau: Dieser Abschnitt ist mit dem ersten Teil von Kap. 4 dadurch verbunden, dass es sich bei der Planungssicherheit in 4,13–17 um einen Ausdruck der weltlichen Gesinnung (4,4) handelt.

Jakobus redet im Stil der Propheten vehement (**»wohlan nun«**) eine andere Gruppe an. Er hat Menschen vor Augen, die in ihrem Alltagsleben Sicherheit suchen und deshalb planen. Es wird nicht nur der nächste Schritt geplant, sondern gleich das ganze kommende Jahr. Dabei wird von Jakobus wohl kaum das Planen als solches kritisiert. Wie im Gleichnis vom reichen Kornbauer (Lk 12,16–21) geht es ihm um die trügerische Ruhe von Menschen, die sich mit wirtschaftlichen Mitteln Sicherheit verschaffen wollen und meinen, damit für die Zukunft vorgesorgt zu haben. 13

Heute oder morgen *werden* wir in die und die Stadt reisen und *werden* dort ein Jahr zubringen ... Die Futurform der Verben drückt eine große Zuversicht und Gewissheit des Gelingens aus. Die Menschen, die so reden, sind sich ganz sicher, dass es so kommen wird, wie sie es sich vorgenommen haben. Es gehört zu den Selbstverständlichkeiten ihrer Lebenshaltung, dass sie ihr Leben selber gestalten. Ihre Planung steht unter keinem erkennbaren Vorbehalt. Es sind typische Erfolgsmenschen: Sie reagieren nicht – sie agieren; sie lassen sich nicht verplanen – sie planen selber; sie scheinen ihr Leben im Griff zu haben, sie verbreiten um sich eine positive Erwartung der Zukunft, stecken mit ihrem Optimismus andere an und ziehen den Erfolg durch ihre positive Erwartung förmlich auf sich.

Und doch: So kann man nur denken und handeln, wenn man entscheidende Dinge vergessen hat. Die so die Zukunft planen, verlieren leicht jene Zukunft aus dem Blick, die jeder Mensch vor sich hat: Er wird sterben und den Reichtum zurücklassen müssen. Wie in 1,10 spricht Jak in prophetisch-eindringlicher Weise von der Vergänglichkeit des Menschen, der sich auf der Erde keine letzte Sicherheit verschaffen kann.

14 Die Zukunft ist ungewiss: **ihr wisst doch nicht, wie es morgen um euer Leben stehen wird**. Deshalb kann über die Zukunft nicht so verfügt werden, wie es diese Leute tun. Schon was der nächste Tag wirklich bringen wird, ist unbekannt. Wie viel weniger können die nächsten Wochen und Monate, ja das ganze Leben in dieser Weise geplant werden.

Die Heilige Schrift macht immer wieder diese falsche Sicherheit bewusst und zeigt, wie wenig der Mensch sein Leben in seiner Hand hat. »Lehre uns bedenken, dass wir sterben müssen, damit wir klug werden« (Ps 90,12).[a] Es gibt offensichtlich eine »Klugheit« in der Welt, die – recht betrachtet – Dummheit ist.

[a] Ps 39,5f.12; 49,17–20; 102,4; 144,4

Obwohl in der Lebenshaltung dieser Menschen alles auf Gewinn, Vorsorge und Sicherheit ausgerichtet ist, kann es schnell geschehen, dass sie sich dabei verrechnen und das Entscheidende aus dem Blick verlieren.[b] Am Ende des Strebens nach Gewinn könnte der Verlust stehen, am Ende des Bemühens um Vorsorge das Erschrecken, sich um die entscheidenden Dinge des Lebens nicht gekümmert zu haben.

[b] Spr 27,1; Sir 11,20ff; Hos 13,3; Lk 12,16ff

Jesus hat immer wieder eindringlich davor gewarnt: »Was hülfe es dem Menschen, wenn er die ganze Welt gewönne und nähme doch Schaden an seiner Seele?« (Mt 16,26). In seinem Gleichnis vom reichen Kornbauer (Lk 12,16–21) erzählt Jesus vom vorausschauenden Planen eines Mannes, der einen Vorrat für Jahre sammelt und dadurch ein Gefühl der Ruhe und Sorglosigkeit bekommt. Doch die gewonnene Sicherheit ist trügerisch. Jesus zeigt, dass der kluge Kornbauer im Grunde ein Narr ist. Er hat die Zukunft abgesichert, aber er hat nicht mit Gott gerechnet, der ihn noch am selben Tag sterben lässt. Er hat auf Erden Reichtümer gesammelt, ist aber vor Gott arm geblieben.

Wer nicht bedenkt, dass er sein Leben nur auf Zeit hat und dass es ein Maß des Lebens gibt, das er nicht selber in der Hand hat, der h das Entscheidende außer Acht gelassen. Wer das nicht bedenkt und leichtfertig die Zukunft plant, wird mit einem Mal, wenn das Unvorhersehbare und Unberechenbare auf ihn zukommt, die ganze Hohlheit und Oberflächlichkeit der bisherigen Lebensplanung und -gestaltung erkennen müssen. Im Angesicht des Unberechenbaren zeigt sich der gelebte Hochmut und die Unwahrhaftigkeit eines vordergründigen Optimismus.

Der Mensch kann sein Leben nicht selber planen; er hat nicht alle Planungsfaktoren in der Hand. Er kann nur mit dem haushalten, was Gott ihm gibt. Wann und was Gott ihm aber gibt, darauf hat er keinen Einfluss. Die Macht des Todes zeigt, dass der menschlichen Freiheit Grenzen gesetzt sind. Wir haben unser Leben nicht in unserer Hand. Das Leben des Menschen ist **wie ein Wasserdampf.** Kaum aufgestiegen, verschwindet er auch schon wieder aus den Augen. Das Bild zeigt die Vergänglichkeit des Menschen.

Jakobus schreibt an Christen. Der Gefahr, zu leben und zu planen »als ob es Gott nicht gäbe«, können auch Christen erliegen. Mit seinem nüchternen Blick auf das Ende will Jak die Leser nicht erschrecken und von der Gestaltung des Lebens abhalten. Er will vielmehr dazu helfen, dass wir uns nicht auf trügerische Absicherungen verlassen, dass wir das eigentlich Wichtige im Leben nicht aus den Augen verlieren: Gott und seinen Willen für unser Leben.[389]

Stattdessen solltet ihr sagen ... In der Art und Weise, wie jeweils 15
über die Zukunft gesprochen wird, drückt sich eine Haltung aus, die die Orientierung des gesamten Lebens offenbar macht. Hatte sich Jak oben gegen ein falsches Vertrauen in die Sicherheit der eigenen Lebensplanung gewandt (V. 13), so stellt er dem nun eine andere Haltung, eine andere Weise, über die Zukunft zu reden, gegenüber. Für Christen ist es angemessen, zu sagen: »Wenn der Herr will, werden wir leben und werden dies oder jenes tun.«

In der alten, geläufigen Lutherübersetzung hieß es: »wenn der Herr will und wir leben ... – Das konnte man so verstehen, als gäbe es zwei Bedingungen, unter denen unser Planen steht: der Wille des Herrn und unsere Gesundheit. Oft rückte im allgemeinen Bewusstsein die zweite Bedingung in den Vordergrund. Jak kommt es aber entscheidend darauf an, deutlich zu machen, dass unser Leben nicht nur durch unsern Tod begrenzt ist, sondern dass es unter Gottes Wollen und Planen steht. Ob wir leben oder nicht, hängt ab von Gottes Willen. Wir unterstehen nicht nur in unserem Planen Gott; unser ganzes Leben steht unter dem Willen des Herrn.

389 *»Jak verbietet dem Christen nicht, Pläne für die Zukunft zu machen; aber er setzt ihm eine Bedingung dabei, weil der Christ wissen muß, wer er selbst und wer der Herr der Zeit ist«* (F. MUSSNER: Komm, S. 191).

Wenn der Herr will, ***werden*** **wir leben und** ***werden*** **dies oder das tun.** Dem eigenmächtigen Planen steht – ebenfalls in zwei Futurformen – ein Planen unter dem Vorbehalt gegenüber, dass Gott in allem das letzte Wort hat. Ist das Planen in V. 13 ein Ausdruck des eigenen Willens, so ordnet sich das Planen in V. 15 dem Willen Gottes unter.

Der Satz, den Jak vorschlägt, ist mehr als eine Floskel, die ein Mensch seinem eigenen Planen zufügt, um anzuzeigen, dass alles unter einem gewissen Vorbehalt steht. Es geht Jak um eine grundsätzlich andere Lebenseinstellung als die, vor der er oben gewarnt hat. So ist dieser Satz denkbar ungeeignet, ihn hin und wieder wie ein Stereotyp zu wiederholen (dann wirkt er unecht). Es geht darum, entsprechend zu leben und zu planen, weil die Wahrheit dieses Satzes ständig gilt. Wir leben nur dann in der Gegenwart mit Gott, wenn wir für die Zukunft mit ihm rechnen.

Jak befindet sich in dem, was er schreibt, im Einklang mit den anderen Aposteln, die ebenso gedacht und gehandelt haben (Röm 1,10; 1Kor 4,19; 16,7; Hebr 6,3). Was sich Paulus und seine Mitarbeiter auf ihren Missionsreisen vornahmen, stand unter dem Vorbehalt, dass Gottes Plan möglicherweise anders sein könnte. Sie machten ihre Pläne nicht ohne Gott (Apg 18,21) und hielten sich dafür offen, dass Gott sie auch anders führen könnte. Dies ist hin und wieder auch geschehen (Apg 16,7).

Die Anweisung des Jak hat sich den Christen im Laufe der Zeit tief eingeprägt und ist zu einem Kennzeichen eines christlichen Umgangs mit der Zukunft und dem eigenen Planen geworden. In alten Briefen findet man noch häufig die damals gebräuchliche Abkürzung »s.c.J.«, d.h. »sub conditione Jacobeae« (unter der Bedingung des Jakobus). Man wusste: Gott hat Termine, die nicht in unserem Kalender stehen.

16 Ein Planen, das nicht unter dem von Jak genannten Vorbehalt steht, birgt eine dreifache Gefahr: a) Bei allem Planen kann man sich verrechnen. Man wird dann schnell von etwas überrascht, was man nicht für möglich gehalten hat. Das eigene Planen kann scheitern (V. 14). b) Wenn es aber von Erfolg gekrönt ist, so wird das übermütige Vertrauen in sich selbst bestätigt, was noch gefährlicher sein kann, weil darin die trügerische Sicherheit nicht bewusst wird, in der man sich wiegt. Es kommt zum »Rühmen«. Man rühmt sich seiner Taten und seiner erfolgreichen Planung, und auch andere beginnen jemanden wegen seines Erfolgs zu rühmen: man wird be-rühmt (V. 16). c) Die dritte Gefahr wird in V. 17 genannt (s. dort).

Nun aber rühmt ihr euch ... Statt zu sehen, dass das Leben und alles Planen allein von Gott abhängt, rühmen sich die Leute, die Jak im Blick hat, auch noch. Die von Jak kritisierte Plänemacherei ist also durch das mit ihr verbundene Rühmen als falsch entlarvt. Gott wi als wesentlicher »Faktor« des Lebens außer Acht gelassen. Seiner Gesundheit und Kraft, seines Gelingens und Erfolgs kann sich nur der rühmen, der verkennt, dass dies alles nur von Gott kommt und dass das Leben allein von Gott abhängt.

Selbstruhm bzw. **Großtuerei** gehört in der Bibel zur Ursünde[390], weil im Selbstruhm *dem* die Ehre und der Ruhm geraubt werden, der sie allein verdient: Gott.[391] Selbstruhm überschätzt den Menschen und unterschätzt Gott. Es gibt sicherlich Anlässe, andere Menschen zu rühmen[392], vielleicht auch selber gerühmt zu werden, aber solches Rühmen hat immer die Tendenz, von Eitelkeit und Ehrsucht bestimmt zu werden. Deshalb sagt Paulus: »Wer sich rühmen will, der rühme sich des Herrn« (1Kor 1,31; 2Kor 10,17; Jer 9,23).[393]

Der Mensch hat keinen Anlass, sich darüber zu rühmen, dass er sein Leben planvoll in der Hand hat: »Rühme dich nicht des morgigen Tages; denn du weißt nicht, was der Tag bringt« (Spr 27,1). **Derartiges Rühmen** wäre ein Ausdruck von Prahlerei und Übermut. Deshalb nennt es Jak **böse.** Er deckt denen, die so selbstherrlich Pläne machen (V. 13), die eigentliche Wurzel ihrer Motive auf. Ihre »vollen Terminkalender« sind ein Ausdruck von Selbstherrlichkeit, Wichtigtuerei und Prahlerei – offensichtlich eine Haltung, die nicht nur die »Welt« kennt.

c) Eine dritte Gefahr wird daran deutlich, wie wir mit unserer 17
(Lebens-) Zeit umgehen. Wer aus seinem eigenen Wollen heraus plant, wie es ihm richtig erscheint, der plant an Gott vorbei und damit an dem, was in Gottes Plan getan werden sollte. Wer das Falsche tut, wer sich verplant, verpasst und verfehlt das Gute.

Wir können nicht wissen, was morgen sein wird (V. 14), aber wir können wissen, was das Gute ist, das getan werden soll. Wie viel Gutes wird nicht getan, weil wir zu beschäftigt sind[c], die Dinge zu vollbringen, die wir geplant haben?[394] **Dem aber, der weiß, Gutes zu tun, und tut's nicht, ist es Sünde.** Das Böse ist nicht nur das Böse, das wir

[c] Sir 11,10

390 Ri 7,2; 1Sam 2,3; Ps 75,5; Jes 10,15; Hes 35,13; 1Kor 1,29; Eph 2,9.

391 Ps 22,23f; 32,7.11; 34,3; 44,9; 59,17; 126,2; 145,2.7; Jes 41,16; Jer 9,22f; Rö 5,2.11; Gal 6,14; Phil 3,3.

392 2Kor 5,12; 7,4.14; 9,2; 11,16ff – s. aber 2Kor 12,1.11.

393 So ist auch das »paradoxe Rühmen« zu verstehen, das uns bei Jak begegnet: der Niedrige rühme sich seiner Hoheit, der Reiche aber seiner Niedrigkeit (1,9f); der reiche und bedeutende Mann soll nicht höher angesehen werden als der arme und unsaubere (2,1–4); Gott hat gerade die Armen, die sich ihrer selbst nicht rühmen können, erwählt (2,5); das Amt des Lehrers, das in der Gemeinde vermutlich als »hoch« und erstrebenswert angesehen wurde, wird in eine besondere Verantwortlichkeit gestellt. Auch Paulus will sich, wenn er sich denn rühmen soll, lieber seiner Schwachheit rühmen als seiner Stärke (2Kor 11,30; 12,5); er rühmt sich der Hoffnung der zukünftigen Herrlichkeit, aber auch der Bedrängnisse (Röm 5,2f).

394 THEODOR BOVET stellte vor Jahrzehnten in einem kleinen Büchlein die Frage »Ist die Krankheit ›Ich habe keine Zeit‹ heilbar?« Jak gibt uns dazu etwas zu denken.

tun, sondern auch das Gute, das wir lassen. Sünder ist ein Mensch sowohl in seinem (falschen) Tun als auch in seinem Nichttun (des Guten).

Jak kommt hier auf ein Thema zurück, das uns in seinem Brief häufig begegnet: die Aufspaltung von Wissen und Tun, die Schuld des Nicht-Getanen. Immer wieder spricht er neben den *»aktiven Sünden«* – Begierden (1,14), Zorn (1,20), Unsauberkeit und Bosheit (1,21), ungezähmte Worte (1,26), Ansehen der Person (2,1.9), Fluchen (3,9f), Neid und Streit (3,16; 4,1), Freundschaft mit der Welt (4,4), Verleumden des Bruders (4,11); Selbstruhm (4,16), widereinander Seufzen (5,9) – von den *»passiven Sünden«*, die darin bestehen, dass jemand das Rechte nicht erkennt oder das Erkannte nicht tut: bitten, ohne Vertrauen zu haben (1,6–8); Gott für die eigene Sünde verantwortlich machen (1,13ff); hören, ohne zu tun (1,22); das Erkannte wieder vergessen (1,23f); dem Bedürftigen Kleidung und Nahrung schuldig bleiben (2,15f); Glaube ohne Werke (2,14–26); Planen ohne Gott (4,13ff); Vertrauen auf materielle Absicherung (5,2f).

Die Unterlassungssünden wiegen ebenso schwer wie die Tatsünden. Vielleicht ist die Sünde im Versäumnis sogar noch gefährlicher, weil sie hier als Sünde meist unerkannt bleibt. Jesus hat in einem Gleichnis den Knecht, der den Willen des Herrn kennt, ihn aber nicht tut, vehementer verurteilt als den Knecht, der den Willen des Herrn nicht kennt und Übles getan hat (Lk 12,47f). Deshalb wird Jak nicht müde, diese »unsichtbaren« Sünden immer wieder aufzudecken. Er tut uns darin einen wichtigen seelsorgerlichen Dienst.

Kapitel 5

I. WEHERUF GEGEN DIE REICHEN: 5,1–6

Zum Aufbau: Nachdem Jak bereits früher die Themen »Reichtum« (1,10) und »Verhalten gegenüber den Reichen« (2,1ff) angesprochen hat, richtet er sich nun direkt an die Reichen. Mit dem vorangehenden Abschnitt (4,13–17) sind die folgenden Verse dadurch verbunden, dass sich Jak in beiden Fällen gegen eine Haltung wendet, die sich vom eigenen Planen und Gewinnstreben Sicherheit für das Leben verspricht. Dennoch ist der Ton hier ein ganz anderer als in Kap. 4. Wir haben hier keine Mahnrede vor uns, sondern eine Gerichtsrede im Stil der atl. Propheten[395], die das vollzogene Gericht ankündigt. Bei den Reichen, an die Jak hier denkt, handelt es sich nicht um Gemeindeglieder.[396]

1. Die trügerische Sicherheit des Reichtums: 5,1–3

1 **Wohlan nun, ihr Reichen, weint und klagt über das Unheil, das über euch kommt.**
2 **Euer Reichtum ist verfault und eure Kleider sind von Motten zerfressen worden.**
3 **Euer Gold und Silber ist verrostet und ihr Rost wird zum Zeugnis gegen euch sein und euer Fleisch wie Feuer fressen. Ihr habt Schätze gesammelt in den letzten Tagen.**

Zur Übers.: V. 1: Die Verben bezeichnen ein laut aufschreiendes Weinen und Klagen. V. 3: Rost: wörtl. »Gift« – im Hinblick auf das giftige Metalloxyd.

395 Wie wir das bei den atl. Propheten oft finden, spricht Jak von dem bevorstehenden Gericht Gottes in Perfektform (perfectum propheticum). Er kündet prophetisch das unabwendbare Unheil an. Was sich mit Sicherheit in Zukunft ereignen wird, soll die Hörer jetzt schon so treffen als wäre es bereits geschehen. Die Chance zur Umkehr bleibt dabei offen.

396 *»Die, von denen gesprochen wird, sind zunächst nicht Leute aus der Gemeinde«* (F. GRÜNZWEIG: Komm, S. 148). Dennoch ist dieser Abschnitt für die Gemeinden in dreierlei Hinsicht von Bedeutung: a) Die Gerichtsrede soll den Gemeinden vor Augen führen, dass Gott sich zu den von den Reichen niedergeworfenen Armen hält und ihnen Recht verschafft, indem er den Reichen das zukommen lässt, was sie für ihr ungerechtes Handeln verdient haben. b) Darüber hinaus sollen die Gemeinden aus diesen Worten lernen, dass es angesichts des Endes der gottlosen Reichen unangebracht ist, auf deren scheinbares Glück neidisch zu sein. c) Es gibt von daher keinen Grund, gerade diese Reichen zu »hofieren« und ihnen gegenüber die Armen zurückzusetzen (vgl. Jak 2,1–7).

1 Die Gerichtsrede beginnt – wie bei den atl. Propheten – mit einem Aufruf zum **Weinen** und **Klagen.** Der Grund für das Weinen und Klagen ist das herannahende Gericht Gottes.[a] In ihm wird offenbar werden, welches ihre Werke sind. Nun gilt nicht mehr ihr eigener Maßstab, sondern das Urteil Gottes, dem sie sich unterwerfen müssen.

[a] Jes 13,6; 14,31; Sach 11,2

Schon im AT findet sich mehrfach die Anklage gegen die Reichen, die das Recht übertreten (Jer 5,26–29; Am 5,9–13; Mi 2,1–4). In der Weisheitsliteratur wird vor Selbstüberschätzung und Hochmut der Reichen gewarnt (Spr 28,11, Sir 11,19). Die Worte des Jak erinnern auch an Jesu Weheruf: »Weh euch Reichen; denn ihr habt euren Trost schon gehabt!« (Lk 6,24ff) sowie an das Gleichnis vom reichen Kornbauern (Lk 12,16–20).[397]

Die Reichen sollen über das Elend, das über sie kommen wird, weinen und heulen. *»Zur ungehemmten Lebensfreude besteht, wenn man die Zeit recht versteht, kein Anlaß.«*[398] Worin besteht ihr »Elend«? Die Reichen verstoßen gegen die beiden wichtigsten Gebote: gegen das Gebot der Gottesliebe und gegen das der Nächstenliebe. Durch das Schätzesammeln und durch ihr Vertrauen auf diese scheinbare Sicherheit stehen sie gegen Gott. Durch die Ausbeutung der Armen und Gerechten verstoßen sie gegen die Nächstenliebe.

2–3 Der Besitz, der den Reichen angesichts der Unbeständigkeit der vergehenden Welt Sicherheit bieten soll, wird selbst ein Opfer der Vergänglichkeit.

Beim **verfaulenden Reichtum** ist wohl an die großen Getreidevorräte zu denken, die von den Großgrundbesitzern gehortet werden. Ihre **Kleider** werden **von Motten zerfressen**. Und **das Gold und Silber ist verrostet.** Sie haben mehr Getreide als sie brauchen oder überhaupt lagern können. Sie haben mehr Kleider als sie anziehen können. Mittlerweile machen sich die Motten über die Garderobe her. Und selbst das Gold und Silber wird vom langen Lagern wertlos.[399] Statt ihre Lohnarbeiter angemessen zu bezahlen (V. 4), lassen sie ihren Reichtum in ihren Truhen verrosten.

Jak tadelt nicht den Reichtum an sich. Geld und Güter können ein Segen sein und im Segen gebraucht werden.[b] Aber die Reichen, die Jak anklagt, sind nicht bereit, mit ihrem Reichtum Nützliches zu tun. Bevor sie einen Teil davon jemand anderem geben, verstecken sie lieber ihren Besitz und lassen es darauf ankommen, dass er dabei verdirbt. Schon Jesus hatte den Finger auf diesen wunden Punkt

[b] Apg 10,2; 12,12; 16,15; Hebr 13,16

397 Vgl. auch Offb 18,11–17.

398 J. SCHNEIDER: Komm, S. 31.

399 *»›Gold‹ und ›Silber‹ waren im Altertum nicht ganz rein. Deshalb konnte sich Rost ansetzen«* (G. MAIER: Komm, S. 93).

gelegt: »Ihr sollt euch nicht Schätze sammeln auf Erden, wo sie die Motten und der Rost fressen.«

Im Buch Jesus Sirach, auf das Jak mehrfach Bezug nimmt, wird auf die Alternative verwiesen, wie man besser mit dem Reichtum umgehen kann: »Gib dein Geld lieber für einen Bruder oder Freund aus, als es unter irgendeinem Stein zu vergraben, wo es verrottet! Verwende deinen Reichtum, wie Gott, der Höchste, es angeordnet hat; das bringt dir mehr ein als dein Gold« (Sir 29,10f).

Ein Reicher kann mit seinem Besitz durchaus etwas Sinnvolles tun. Reichtum kann ein Mittel zu einem guten Zweck sein. Doch wo der Reichtum zum eigentlichen Zweck wird, wandelt er sich in einen Fluch. Was dem Leben Sicherheit bieten sollte, wird bei näherem Zusehen als trügerische Sicherheit erkennbar.

Der **»Rost«** steht für die Vergänglichkeit und Hinfälligkeit des Reichtums.[400] Am Ende wird er ein beredtes Zeugnis ablegen, d.h. der Rost wird im letzten Gericht gegen sie sprechen. Er wird nicht nur das Vermögen aufzehren, sondern auch die Menschen, die sich an ihr Vermögen geklammert haben. Nicht nur die Reichtümer werden vergehen. Die Reichen selbst, die auf selbstsüchtige Weise mit ihrem Reichtum umgegangen sind, werden wie **vom Feuer verzehrt** werden.[401] Sie »schneiden« sich mit ihrem Verhalten »ins eigene Fleisch«. »Wer auf seinen Reichtum vertraut, welkt dahin« (Spr 11,28).

Jak geht es um mehr als nur um einen Hinweis auf die Vergänglichkeit aller irdischen Schätze. Ihm geht es um das rechte Verhältnis zu Gott und um das rechte Verhalten zum Nächsten. Das Rosten ist ein natürlicher Verfallsprozess; Jak aber spricht vom richtenden Eingreifen Gottes im Blick auf das letzte Gericht.[402]

Das Sammeln und Horten von Reichtümern hat im Allgemeinen den Zweck, für die Zukunft vorzusorgen. Aber diese Zukunft steht nach Jak nicht mehr zur Verfügung. Die **»letzten Tage«** sind angebrochen, d.h. das Ende der Zeiten steht unmittelbar bevor (vgl. V. 7). Der Herr kann jederzeit kommen und sein Gericht halten. Das Sammeln von Schätzen mag in der Welt als klug und vorausschauend gelten. Angesichts des nahen Endes ist es aber gerade nicht »vorausschauend«. Es ist nichts anderes als Torheit, denn »Reichtum hilft

Das griech. Wort für »Rost« bedeutet ursprgl. »Gift« (in dieser Bedeutung von Jak in 3,8 gebraucht) und erinnert darin an die Giftigkeit von Metalloxyd. Im übertragenen Sinn bedeutet das: Gold und Silber werden mit der Zeit »giftig«. Reichtum, der nur dazu dient, gehortet zu werden, »vergiftet« das Leben.

Zur Ausdrucksweise »ihr Fleisch wird vom Feuer verzehrt« vgl. Judith 16,17; Offb 17,16; 19,18.21.

»Wo euer Schatz ist, da wird auch euer Herz sein« (Lk 12,34). Wo das Herz so an einen Schatz gebunden ist, besteht die Gefahr, dass es mit diesem Schatz angegriffen wird und vergeht.

nicht am Tage des Zorns« (Sir 11,4). In der letzten Zeit käme es vielmehr darauf an, sich einen »Schatz im Himmel« zu erwerben, wie Jesus das oft gepredigt (Mt 6,19f; Lk 12,33f) und auch dem reichen Jüngling nahe gelegt hat (Mt 19,21 par.).

2. Das ungerechte Verhalten der Reichen: 5,4–6

4 Siehe, der von euch vorenthaltene Lohn der Arbeiter, die eure Felder abmähen, schreit, und das Geschrei der Schnitter ist zu den Ohren des Herrn der Heerscharen gedrungen.
5 Ihr habt geschwelgt auf Erden und üppig gelebt. Ihr habt eure Herzen gemästet am Schlachttag.
6 Ihr habt verurteilt, habt den Gerechten gemordet; er hat euch keinen Widerstand geleistet.

Zur Übers.: V. 5: »üppig leben« (*spatalaoo*) hängt mit »*spaoo*« = »schlürfen, in langen Zügen trinken« zusammen.

4 In V. 4 wird deutlich, dass sich die Reichen, die Jak anklagt, nich nur selbstsicher auf ihren Reichtum verlassen haben. Sie haben ihr nicht nur selbstgenügsam für sich selbst gehortet, statt denen davon zu geben, die es nötig haben. Sie haben ihren Reichtum oder zumindes einen Teil ihres Reichtums obendrein dadurch erlangt, dass sie Men schen ausnutzten, die von ihnen abhängig waren. Sie sind ihre Erntearbeitern den gerechten Lohn schuldig geblieben. Sie haben vo deren Arbeit profitiert, ohne ihnen ihren vereinbarten Anteil zukom men zu lassen.[403] Sie haben nur an sich selbst gedacht und die Belang der anderen außer Acht gelassen.[404]

403 Im mosaischen Gesetz war dieser Punkt genau geregelt. Ein Tagelöhner sollte noch am selbe Tag seinen Lohn erhalten (3Mo 19,13; 5Mo 24,14f; Tob 4,14). Sie waren so arm, dass sie nich einen Tag hätten überbrücken können, ohne dass es ihnen an Nahrung gefehlt hätte. Wen dieses Gebot nicht eingehalten wurde, haben die Propheten immer wieder mit scharfen Worte auf diesen Missstand aufmerksam gemacht (Jer 22,13; Mal 3,5). Wer einem bedürftige Tagelöhner seinen Lohn vorenthielt, konnte sogar »Mörder« genannt werden (Sir 34,25–27

404 Die Chassidim erzählen dazu eine nachdenkenswerte Geschichte: Eines Tages kommt Mosh zum Rabbi und fragt: »Rabbi, sage mir, was hat es auf sich mit dem Reichtum? Warum sind di Reichen immer so kalt und hartherzig?« »Geh ans Fenster und sieh durch die Scheibe antwortet der Rabbi, »Was siehst du?« »Nun«, sagt erstaunt der Moshe, »was soll ich sehen? D Straße, die Leute, die Häuser, die Synagoge.« »Gut, dann geh an den Spiegel da und sieh hinei Was siehst du?« »Mich«, sagt der Moshe, »mich, Rabbi!« »Siehst du, wenn du durch eir normale Scheibe siehst, siehst du die anderen, die Welt. Aber wenn du in den Spiegel siehst, n noch dich selbst. Es ist dasselbe Glas, nur ein bisschen Silber ist dazwischen, und schon sieh du nur noch dich. Das ist es mit dem Reichtum und den Reichen.«

Wo das aber geschieht, da ist ein »Rufen« in der Welt, das bis ans Ohr Gottes dringt. Die Taten der Landbesitzer »schreien zum Himmel«, und die Schnitter rufen Gott als Beistand an. Gott *hört* das Elend. **Das Geschrei der Schnitter ist zu den Ohren des Herrn der Heerscharen gedrungen.**[405] [a]

[a] 1Mo 4,10 2Mo 3,7 Ps 9,13 18,7

Mit dem Ausdruck »Herr der Heerscharen« wird Gott in seiner kämpferischen Macht den Reichen gegenübergestellt, die ihre Macht über die Armen ausüben. Wer seine Macht zum Bösen ausübt, bekommt es mit dem Herrn der Heerscharen zu tun. Gott selbst tritt für die Entrechteten und Ausgebeuteten ein.

Auch der Ungerechte und Gottlose ist Gott nicht los. Er steht mit seinen Taten in einem für ihn verhängnisvollen »Dialog« mit Gott.

Die Reichen haben **geschwelgt** und **üppig gelebt**. Sie haben es sich 5
gut gehen lassen – unbarmherzig gegen andere und auf Kosten anderer. Der harte Gegensatz zwischen dem bedürftigen Tagelöhner, der selbst in der Erntezeit auf sein lebensnotwendiges Auskommen verzichten muss, und den schlemmenden Landbesitzern erinnert an die Erzählung vom reichen Mann und armen Lazarus (Lk 16,19ff). **»Auf Erden«** steht in Kontrast zum Himmel, in dem diese Taten beurteilt werden.[406]

Ihr habt eure Herzen gemästet am Schlachttag. Der **Schlachttag** mag zunächst einfach eine Anspielung auf einen Festtag sein, an dem die Reichen besonders ausgiebig und üppig geprasst haben. Doch diese Bezeichnung ist doppeldeutig. Zugleich schwingt der Gedanke an den großen »Schlachttag« Gottes mit, der ein Bild für das letzte Gericht ist.[407] Ihr harmlos erscheinender Schlachttag wird zum bitteren Ernst.

Vor einem Schlachttag werden die Tiere gemästet, die geschlachtet werden sollen. Jak nimmt dieses Bild auf und wendet es gegen die, die ohne Maß üppig leben. Es sind ihre eigenen **Herzen**, die bei dieser Lebensart **gemästet** und so auf einen ganz anderen »Schlachttag« vorbereitet werden.

Das Herz ist hier verstanden als *»Sitz der physischen Lebenskraft«*[408] (vgl. Ps 104,15). Auch hinter dem Schlemmen und Prassen steht ja – psychologisch gesprochen – die Suche nach Lebenserfüllung und Sicherheit.

405 Vgl. 1Mo 4,10; 2Mo 3,7; Ps 9,13; 18,7.
406 Vielleicht erinnert der Ausdruck »auf Erden« auch daran, *»daß die Vergeltung sie an einem andern Ort, nicht auf der Erde, heimsuchen wird«* (F. RIENECKER: Sprachl. Schl., S. 569).
407 Vgl. zur Rede vom »Schlachttag« Jes 34,5–8; Jer 12,3; 25,34; 46,10; 50,26f; Hes 39,17; Zef 1,17; Offb 19,17–21.
408 W. SCHRAGE: Komm, S. 51.

6 Die drohende Gerichtsrede des Jak gegen die Reichen gipfelt in dem Vorwurf, dass sie **den Gerechten verurteilt und gemordet** haben.[b] Wer ist dieser Gerechte? Zunächst ist es der »arme Gerechte«, d.h. der Fromme.[409] Damit wird der Vorfall aus V. 4 aufgenommen und weitergeführt, wobei »morden« dann im übertragenen Sinn gemeint ist (vgl. 4,2).

[b] Ps 37,14.32f 94,21 Spr 17,15 Weish 2,10–20 Am 5,12

Der Gerechte wehrt sich nicht und erweist gerade darin seine Gerechtigkeit (Mt 5,39). In der Verachtung und Verwerfung des Gerechten aber wird Gott selber angetastet. Er wird sich deshalb Recht verschaffen – anstelle der Armen, die dazu nicht in der Lage sind.

Mit dem »Gerechten« ist aber sicherlich auch an Jesus gedacht[410], der am Ende der Zeiten als *der Gerechte*[411] arm auf diese Welt kam und das Schicksal des leidenden Gerechten auf sich nahm (Jes 53,7).

II. ERMUTIGUNG ZUR GEDULD: 5,7–11

Zum Aufbau: Mit V. 7 beginnt ein neuer Gedankengang. Jak wechselt wieder in die Anrede **»Brüder«**. Gleichzeitig ist der folgende Text durch das Wörtchen **»darum«** auf den vorangegangenen Abschnitt bezogen. Jak stellt damit einen Kontrast her und gibt den Gemeinden zu bedenken: Ganz gleich, was die gottlosen Reichen tun – wartet ihr geduldig auf die Wiederkunft des Herrn![412] Die Empfänger des Briefes sollen ihren Blick nicht wie die Reichen auf die äußeren Absicherungen des Lebens in der Gegenwart (Reichtum, Kleidung, Wohlergehen) richten, sondern auf die Zukunft, in der der Herr bald wiederkommt.

In auffälliger Häufung redet Jak seine Leser dreimal mit »Brüder« an. Seine abschließenden Aufforderungen zur Geduld sind aus dem Herzen gesprochen und wollen zu Herzen gehen. Sie sind mehr als Ermutigung denn als Ermahnung zu verstehen.

1. Das Warten hat ein lohnendes Ziel: 5,7–8

7 Haltet darum geduldig aus, Brüder, bis zur Ankunft des Herrn. Siehe, der Bauer wartet auf die kostbare Frucht der Erde und hat Geduld, bis sie Frühregen und Spätregen empfängt.

409 Aus dem »Armenpsalm« 37 geht hervor, dass »der Arme« kollektiv gemeint ist. Vgl. F. MUSSNER: Komm, S. 198.

410 Vgl. F. MUSSNER: Komm, S. 199.

411 Jesus wird im NT mehrfach »der Gerechte« genannt: Apg 3,14f; 7,52; 22,14; 1Petr 3,18; 1Joh 2,1.

412 *»Die Gottlosen mögen indessen machen, was sie wollen: geduldet euch so lange, bis der Herr Jesus Christus kommt«* (J.A. BENGEL: Gnomon, S. 654).

8 Ebenso sollt auch ihr ausharren. Macht eure Herzen fest, denn die Ankunft des Herrn ist nahe herbeigekommen.

Zur Übers.: »macht eure Herzen fest« oder »stärkt eure Herzen«.

Haltet geduldig aus bis zur Ankunft des Herrn! Mit diesem Satz 7
wird ein großer Bogen gespannt zum Anfang des Jakobusbriefs (1,3f.12). Mit der »Ankunft des Herrn« kann nur das Kommen des Herrn Jesus Christus gemeint sein. Das Wissen um die Wiederkunft les Herrn *»wird als bekannter Glaubensgegenstand bei den Adressaten oraussgesetzt«*[413]. Die erwartete Wiederkunft des Herrn ist wie eine Klammer, die den Brief als Ganzen zusammenhält. Das Thema des Briefes ist die Vollkommenheit: der Glaube soll sich im Blick auf das Ende dieser Zeit bewähren. Das geschieht durch Geduld und durch echtes Handeln.[414]

Gottes Langmut ist das Vorbild für diese Geduld. Geduldig sein ist ıach dem Alten Testament zunächst eine Eigenschaft Gottes. Das ntsprechende hebräische Wort bedeutet: »den Atem verlängern«, ›den Ausbruch des Zorns verzögern«[415]. Es bezeichnet ein Verhalten Gottes, in dem er seinen berechtigten Zorn zurückstellt, um seine Gnade und Güte walten zu lassen. *»Zorn und Gnade Gottes sind nun die eiden Pole, die die Spannweite seiner ›Langmut‹ ausmachen.«*[416] Gott erzichtet auf eine spontane Reaktion gegenüber der Sünde, »spart« einen Zorn auf und vergilt nicht sofort. Er hat Geduld mit seinem Volk. Ausgangsstelle ist 2Mo 34,6. Von hier aus durchzieht dieses Motiv das gesamte Alte Testament.

In der Weisheitsliteratur wird diese Langmut und Geduld dann uch vom Menschen gefordert. Es geht dabei also nicht um eine ıenschliche Charaktereigenschaft, sondern um eine Teilhabe am Handeln Gottes. Der Mensch, der von der Langmut Gottes lebt, soll un selber in Langmut seinem Nächsten begegnen. Er *»soll seinen Zorn icht gleich losbrechen lassen, sondern zurückhalten, er soll dem Tun Gottes uschauen.«*[417] Langmut bedeutet kein Übersehen von Bösem. Langıut ist keine in sich ruhende Eigenschaft; sie ist spannungsgeladen. ie steht in der Spannung zwischen Zorn und Erbarmen.[418] In der

3 F. MUSSNER. Komm. S. 201.

4 Damit ist zwei Gefahren gewehrt, die sich im Hinblick auf das nahe Ende mitunter einstellen: Quietismus (Verzicht auf ernsthaftes Handeln) und Aktivismus (ungeduldige Überaktivität, mit der man die Welt zu retten versucht).

5 Vgl. J. HORST, ThWNT IV, S. 377ff.

6 J. HORST: a.a.O., S. 379.

7 J. HORST, ebd.

8 Es ist *»kein Verzicht auf das, was den Zorn begründet. Es stellt nur neben diesen Zorn ein Verhalten*

Weisheitsliteratur gilt das Warten als der angemessene Weg zum Empfang der Weisheit (Sir 6,18–20). Die Weisheit ist wie eine gute Frucht der Geduld.

Im Jak besteht die Langmut darin, in der Bedrängnis auszuharren und auf die Ankunft des Herrn zu warten. Es ist eine überwindende Standhaftigkeit, *»die nicht aus den heroischen Tiefen des eigenen Herzens geholt wird, sondern aus der Gewißheit der Nähe der Parusie ... Das Wissen um seine Nähe ... läßt ... alles zornige Rachegefühl gegen die Widersacher (v 4 ff), ja jedes vorschnelle Murren und Seufzen gegen die Brüder verstummen« (V. 7).*[419]

In diesem Sinne kommt »Langmut« auch in den ermahnenden Teilen anderer neutestamentlicher Briefe vor (1Kor 13,4; 2Kor 6,6; Gal 5,22). Sie bezeichnet – noch stärker als im Alten Testament – einen Spannungsbogen, der sich zwischen erstem und zweitem Kommen Christi, zwischen Erlösung und Vollendung spannt. Der Grund für das Ausbleiben der Wiederkunft liegt in der Barmherzigkeit Gottes. Weil er noch geduldig ist, kommt der Herr noch nicht wieder.

Dazwischen spannt sich die Zeit der Heiden, die Zeit der Geduld, die Zeit der Mission. Gott lässt sich Zeit mit seinem endgültigen Gericht, damit die Menschen Zeit haben, seine Gnade anzunehmen. Christen sind mit in diesen Spannungsbogen hineingestellt. Sie erwarten ihre Befreiung aus bedrängenden Verhältnissen (2,6; 4,1; 5,6) und sie erwarten den Siegerkranz (1,12). Der Langmut Gottes mit den Menschen muss nun die Langmut der Christen mit ihren Brüdern und Mitmenschen entsprechen. Sie sollen – wie Gott – nicht ungeduldig sein. Wer die Verheißung empfängt, muss dieselbe Geduld aufbringen wie der, der die Verheißung gibt (vgl. Hebr 6,11–15). Christen sind Wartende – das ist eines ihrer Erkennungsmerkmale.

Sofern die Christen, an die Jak schreibt, zu den »Armen« gehören, die von den Reichen übervorteilt (5,4), ungerecht behandelt und gedemütigt werden (2,6), ist für sie der kommende Tag ein Tag der Hoffnung. Für die Reichen wird es ein Tag des Unheils werden (5,5), für die frommen Armen aber ein Tag des Heils und der Erlösung.[420]

Jak gebraucht zur Verdeutlichung das Bild vom **Bauern**, der auf das Aufgehen seiner kostbaren Saat **wartet.** Der Vergleichspunkt ist dabei

Gottes, das seine Auswirkung hinausschiebt, bis ein anderer Sachverhalt beim Menschen eingetreten ist, der eine Rechtfertigung dieses Hinausschiebens bedeutet. Tritt die neue Haltung nicht ein, so kommt der Zorn zu seiner vollen Auswirkung ...« (J. HORST: a.a.O., S. 380).

419 J. HORST: a.a.O., S. 388.

420 *»Die starke Absetzung der beiden Abschnitte* [5,1–6 u. 5,7–11] *voneinander im Nestle-Text ist deshalb verfehlt«* (F. MUSSNER: Komm, S. 200. Anm. 1).

sein geduldiges Warten. Der Bauer stellt sich auf die Reifezeit seiner Pflanzen ein. Diese Zeit ist nach hinten und vorne begrenzt durch Aussaat und Ernte. Der Bauer greift nicht vorzeitig in den Wachstumsprozess ein. Er hält die Dauer der Zeit aus. Er erntet keine unreifen Früchte. Er schätzt seine Zeit richtig ein und tut das Zeitgemäße.

Das Warten auf den Regen ist für den Bauer kein leichtes Warten.[421] Kommt der Regen nicht, ist – zumindest für ein Jahr – alles zerstört, wofür er gelebt und gearbeitet hat. Das Eintreten des **Spät- und Frühregens**[a] (Herbst und Frühjahr) steht im Jahreslauf nicht so fest wie etwa der Winterregen (vgl. 1Kön 17,1; Sach 10,1). Sie waren deshalb immer ein Bild für Gottes Handeln, das der Mensch nicht steuern und nicht voraussehen kann.[422] Es ist jedes Jahr wieder ein Bangen, wann der Herbstregen kommt, der den Boden aufweicht, so dass man mit der Aussaat beginnen kann. Jedes Jahr musste geduldig gewartet werden, ob der Frühjahrsregen kommt, der die Pflanzen vor dem Vertrocknen bewahrt. Jedes Jahr die bange Frage, ob der ganze Einsatz umsonst gewesen sein könnte und der Ertrag – und mit ihm die eigene Existenz – auf dem Spiel steht.

[a] 5Mo 11,14 Joel 2,23

Das Ziel der Aussage besteht gerade darin, dass die Wiederkunft Christi ebenso »unmittelbar« bevorsteht wie die Ernte für den Bauern (2Tim 2,6). Wie das Leben des Bauern davon geprägt ist, dass er auf den Regen wartet, so ist das Leben eines Christen davon geprägt, dass er auf das Kommen seines Herrn wartet. Dazu steht das Warten auf die Wiederkunft Christi unter der Verheißung, dass er sicher kommen wird. Es handelt sich also nicht um ein vergebliches Warten. Und wenn schon der Bauer hoffnungsvoll wartet, wie viel mehr können wir das dann mit gutem Grund tun![423] Die Alltagswelt ist durchscheinend, gleichnisfähig für die Welt Gottes.

421 Gegen J. SEIM: Predigtmeditation z. St., S. 231. SEIM meint, der Vergleich mit dem Bauern sei nicht sehr ergiebig, weil der Bauer aus seiner Erfahrung wisse, dass er eine Ernte erwarten darf. Ihm fällt das Warten also leicht.

422 Vgl. dazu G. DALMANN: Arbeit und Sitte in Palästina, I,1, S. 177: Herbstregen und Frühjahrsregen gelten im Gegensatz zum sicher eintretenden Winterregen *»als unsicher und deshalb von Gottes Bestimmung besonders abhängig«*.

423 Wir haben oft keine lebendige Hoffnung mehr auf den wiederkommenden Herrn, und das Wissen darum ist zum Sektenwissen herabgekommen. Es gibt dafür viele Gründe: a) Bultmann: Die Wiederkunft gehört zum mythologischen Weltbild, das wir heute nicht mehr teilen können. b) Es wird nicht mehr gelehrt. c) Die Erwartung ist unbequem – ein Wohlstandsphänomen. d) Glaube an die Allmacht der Geschichte; Gott greift nicht in den Lauf der Geschichte ein. e) Umkippen der Hoffnung in die Horizontale der menschlichen Zukunft. f) Gegenwartskult; Auskosten des jetzigen Lebens. g) Abgeklärte geschichtliche Erfahrung: Man hat die Wiederkunft schon so oft erwartet; wir wollen diesen Fehler nicht wieder begehen (rationalistische Verarbeitung der Geschichte). h) Heilsgeschichte wurde säkularisiert zum

8 Die Tatsache der **Ankunft des Herrn** steht nicht in Frage, sie **ist nahe herbeigekommen.**[424] Fraglich ist nur, wodurch das Warten auf diese Ankunft bestimmt ist.

Die Zeit bis zur Wiederkunft ist wie der Wachstumsprozess. Die Zeit zwischen Saat und Ernte (V. 7) entspricht dem »endzeitlichen Maß«, in dem die Menschen dieses Zeitalters leben. Christen, die auf die Wiederkunft ihres Herrn gespannt, erwartungsvoll und geduldig warten, handeln zeitgemäß. Es zählt nicht die gegenwärtige Zeit, die Zeit der Moden, sondern die Zeit, die von der Wiederkunft bestimmt ist und mit ihr rechnet.[425] Es ist eine Zeit, in der die Kraft zum Durchhalten nicht aus der Gegenwart kommt, sondern aus der Zukunft. »Geduld aber ist euch not ... Denn noch eine kurze Zeit, dann wird der kommen, der kommen soll, und nicht ausbleiben« (Hebr 10,36f).

Jak sagt in einem Atemzug: **»Harrt aus!«** und **»Macht eure Herzen fest!«**. Geduld und Stärke bzw. Festigkeit gehören für ihn zusammen. Geduld ist keine Schwäche, keine Haltung, in der passiv alles hingenommen wird, was kommt. Geduld ist eine innerliche Kraft, die zu einem aktiven Ausharren befähigt.[426] Umgekehrt ist es wichtig, dass die Herzen befestigt und darin stark gemacht werden. Das ist nötig, damit die Kraft vorhanden ist, auch unter widrigen Umständen auf das erlösende Kommen des Herrn zu warten. Und gleichzeitig dient die Befestigung der Herzen dazu, Menschen vorzubereiten auf das bevorstehende Gericht.

Zwei Motive der nahen Ankunft des Herrn sind zu erkennen: a) das Kommen des Herrn bringt Frucht und Erlösung; wir dürfen auf ihn geduldig warten wie auf eine kostbare Frucht; das lohnende Ziel erleichtert das Warten (V. 7f); b) das Kommen des Herrn bringt das endgültige Gericht; das Wissen um das kommende Gericht richtet die Gedanken und Taten auf Gott aus; man soll entsprechend leben und handeln (V. 9). Der erste Aspekt macht Mut, nicht zu verzagen; der zweite Aspekt macht Mut, die Spannung nicht bei den Geschwistern abzuladen oder bei ihnen die Schuld zu suchen und sie anzuklagen.

Man kann die Formulierung »Macht eure Herzen fest!« auch mit »Stärkt eure Herzen!« übersetzen. Dieser Imperativ bildet den Kon-

evolutiven Fortschrittsglauben. i) Verdächtigung der Hoffnung auf die Wiederkunft Christi al[s] Vertröstung auf ein Jenseits.

424 Vgl. zur nahen Ankunft: Mt 24,33; Röm 13,11f; 1Kor 15,23; Hebr 10,36f; 1Petr 4,7; Offb 1,3.

425 »Laßt uns nicht schlafen wie die übrigen, sondern wachen und nüchtern sein!« (1Thess 5,5–8[)]

426 *»Wir betrachten Geduld als eine Sache des Charakters. Hiob aber und die Propheten, die Jakobus hie[r] anführt, waren ihrer Art entsprechend nicht gerade geduldig. Geduld ist keine Sache des Temperament[s]. Geduld ist Glaube, der auf die Probe gestellt wird. Sie bedeutet nicht: untätig zusehen, wie d[as] Schlimme noch schlimmer wird, sie ist im Gegenteil: aktives Ausharren, und zwar auf Grund d[er] Gewißheit, daß die Rettung nahe ist, oder, wie Jakobus sich konkret ausdrückt: die Ankunft des Herr[n] ist nahe«* (O. Jager: Biblisches Tagebuch, S. 369f).

trast zu dem Mästen der Herzen in V. 5 (das ja nach dem Wunsch dieser Leute auch ihrer Stärkung dienen sollte)[427] und zur gegenseitigen Anklage der Brüder in V. 9. Stärken bzw. Festmachen (griech. *stärixate*) ist im NT geradezu terminus technicus für die gegenseitige Seelsorge. Die Brüder stärken einander und werden durch die Apostel gestärkt.[428] Einer macht den andern stark, keiner kann sich selber stark machen.

Die Brüder sollen sich gegenseitig stark machen (V. 8) und sich nicht dadurch schwächen, dass sie sich gegenseitig Vorwürfe machen und aufeinander schimpfen (V. 9).

2. Ungeduld führt zu ungerechter Anklage: 5,9

9 **Seufzt nicht übereinander, [liebe] Brüder, damit ihr nicht gerichtet werdet. Siehe, der Richter steht vor der Tür.**

Zur Übers.: V. 9: »Seufzt« oder »stöhnt« oder »klagt«.

Das **Seufzen übereinander**, in welchem einer den anderen als 9
Hindernis auf seinem Lebensweg empfindet, steht im Kontrast zur Stärkung der Herzen (V. 8) und zur endzeitlich begründeten Langmut (V. 7). Der gegenseitige Zuspruch fördert die Langmut. *»Kritik aneinander schwächt die Bruderschaft und beeinträchtigt so die Fähigkeit, Gott Zeit zu lassen. Sie nimmt das Richten, das Gott zukommt, vorweg, maßt sich an, was Gottes Sache ist.«*[429]

Wir begegnen dem gleichen Zusammenhang in 1Kor 4,5a: »Richtet nicht vor der Zeit, solange der Herr noch nicht gekommen ist!« und in Mt 7,1: »Richtet nicht, auf daß ihr nicht gerichtet werdet!« Der Sinn ist an beiden Stellen: Wenn Gott am Ende der Zeiten Recht schaffen wird, brauche ich mir selber jetzt kein Recht zu verschaffen und mich – in meinem Rechthaben – in der Gemeinde nicht durchsetzen wollen.

427 *»Während die Reichen ihre Herzen ›füttern‹ ..., sollen die armen Christen i h r e Herzen aus ihrem Glauben ›stärken‹«* (F. MUSSNER: Komm, S. 203).

428 Vgl. Apg 14,22; 15,32.41; 18,23; Röm 1,11; 1Thess 3,2.13; Offb 3,2.

429 R. STUHLMANN: Predigtmeditation, S. 10. *»Wenn die Fäden der Intriganten innerhalb der Gemeinde gesponnen werden, Fallstricke gespannt werden, die Brüder einander Stricke drehen, statt an einem Strang zu ziehen, so führt das notwendig dazu, daß der gemeinsame Geduldsfaden reißt oder erschlafft – statt gespannt zu sein. Die angesprochenen Brüder stehen also in der Gefahr, sich durch gegenseitige Kritik als Bruderschaft zu schwächen und damit ihren Wartestand in einen Kampfstand zu pervertieren. ›Stärkt eure Herzen!‹ – das mag man durchaus auch ›organisch‹ verstehen – in einer Bruderschaft, die erschreckend viele Herzkrankheiten produziert«* (a.a.O., S. 11).

Man kann zwei Weisen zu seufzen voneinander unterscheiden. Es gibt ein »Seufzen in uns selbst« (Röm 8,23; 2Kor 5,2–4), in dem die Sehnsucht nach Erlösung zum Ausdruck kommt. Und es gibt ein »Seufzen gegen andere« (Jak 5,9; wörtl. stöhnen, klagen). Auch hier hält man die Spannung fast nicht aus. Aber im Gegensatz zum ersten Seufzen wird der Blick nicht nach oben (zu Gott) und nach vorne (auf die Wiederkunft des Herrn) gerichtet, sondern man macht den Brüdern Vorwürfe. Doch das Gericht fällt auf den zurück, der auf diese Weise zum Ankläger geworden ist. Wer gegen die Brüder klagt und sie kritisiert, macht sich selbst zum Richter, der nicht bedacht hat, dass ein anderer der Richter ist (vgl. Röm 2,5–8).

Siehe, der Richter steht vor der Tür. Damit rückt die Gefahr, aufgrund des eigenen Richtens und Klagens gerichtet zu werden in unmittelbare Nähe (vgl. Mk 13,29). Die Aufforderung »Siehe!« möchte dafür die Augen öffnen. Jak möchte damit zum Ausdruck bringen noch ist das, was ich euch nahe bringen möchte, verborgen wie hinter einer Tür; noch seht ihr die spannungsvolle Not in euren Gemeinden vor euch, noch habt ihr die Fehler der Brüder vor Augen und klagt über sie, aber schaut nur genau hin, dann seht ihr, dass hinter der Tür der unmittelbaren Zukunft bereits der Richter wartet.

3. Vorbilder für geduldiges Warten: 5,10–11

10 Brüder, nehmt für das Erleiden [von Unglück] und das Aushar ren die Propheten zum Vorbild, die im Namen des Herrn gerede haben.
11 Siehe, wir preisen die glückselig, die durchgehalten haben. Ih habt von der Standhaftigkeit Hiobs gehört und das Ende gese hen, zu dem es der Herr geführt hat; denn der Herr ist vol Erbarmen und Mitleid.

Zur Übers.: V. 11: »durchhalten« und »Standhaftigkeit« haben denselbe Wortstamm, den man auch mit »geduldig sein/Geduld« übersetzen kann. De Genitiv »Ende des Herrn« bzw. »Ziel des Herrn« ist wie oben aufzulösen: Ihr hab gesehen, zu welchem Ende oder Ziel es der Herr geführt hat.

10 Zur Ermutigung erinnert Jak an exemplarische Gerechte der Glaubensgeschichte, die den Lesern bekannt waren.[430] Die Leser seines Briefes sollen sich die Geduld der **Propheten** zum **Vorbild** nehmen

430 Vgl. Sir 44ff und die Ruhmeskataloge der Makkabäerbücher; Hebr 11; 1Clem 4–19.

die ebenfalls unter widrigen Umständen gelitten haben. Dennoch sind sie ihrem Auftrag treu geblieben und haben das Wort des Herrn ausgerichtet, selbst wenn ihnen das noch mehr Widerstand eingebracht hat. Dadurch haben sie sich als echte Zeugen (Märtyrer) erwiesen.[a]

Auch für die Christen, an die Jak schreibt, ist die letzte Zeit eine Zeit der Versuchungen und Erprobungen und zugleich eine Zeit, in der sie ihren Glauben in Geduld bewähren können. Sie sind nicht die Ersten, die solche Zeiten durchstehen müssen und können sich an den Vorbildern der Propheten orientieren. Zur Versuchung in solchen Zeiten gehört es, dass andere – oder auch die Christen selbst – den Eindruck gewinnen können, das erfahrene Leid spreche gegen die Glaubwürdigkeit ihres Auftrags und gegen die Berechtigung ihres geduldigen Wartens. Für den außenstehenden Betrachter sind es Zeiten des Niedergangs und der Krise. Jak hat seinen Brief geschrieben, um diesen Eindruck zu korrigieren, die verborgenen Zusammenhänge aufzudecken und zu zeigen, dass solche Zeiten durchaus ein Anlass zur Freude sein können (vgl. 1,2–4).

[a] Mt 5,11f Jer 26,14–16 Hebr 11,32–38

Jak **preist** – wie schon am Anfang seines Briefes (1,12) – jene 11
glückselig, die durchgehalten haben (vgl. Röm 12,12; Hebr 6,12). Als besonderes Beispiel für erprobte Geduld hebt er **Hiob** hervor. Er ist in seinem Leben hart geschlagen worden. Obwohl er nicht wusste, welches Ende es mit ihm nehmen würde, hat er dennoch darin ausgehalten und Gott nicht abgesagt (Hiob 1,21f; 2,10).

Leser des Hiobbuches wissen, dass Hiobs Leiden dem Erweis seiner Gerechtigkeit dienen. Wir können von seinem Beispiel lernen und wissen, dass Gott die nicht im Stich lässt, die auf ihn vertrauen. Am Ende greift er ein und steht zu seinen Gerechten. Geduld ist also angebracht, und das Beispiel Hiobs berechtigt dazu, auf das befreiende und erlösende Handeln Gottes zu warten.

Jak möchte, dass wir in dunklen und undurchschaubaren Lebenssituationen wissen: Das Ende ist nahe herbeigekommen! Der Herr kommt und wird die Erlösung bringen. Am Ende steht Hiob da als ein reich Gesegneter (Hi 42,10–17).

Es ist nicht Gottes Art, seine Kinder im Stich zu lassen. »Wie sich ein Vater über Kinder erbarmt, so erbarmt sich der Herr über die, die ihn fürchten« (Ps 103,13). **Der Herr ist voll Erbarmen und Mitleid.** Das haben die Beter und Gottesmänner im AT erfahren[431] und das bezeugt auch Jak.

431 »Barmherzig und gnädig ist der Herr, geduldig und von großer Güte« (Ps 103,8). Vgl. 2Mo 34,6; Ps 86,15; 111,4; Klgl 3,32.

III. VERBOT DES SCHWÖRENS: 5,12

Zum Aufbau: Jak kommt in einem kurzen Wort auf das Thema »Schwören« zu sprechen und nimmt dabei das schon häufiger behandelte Thema »Reden, Zunge« (1,26; 2,16; 3,1–12; 4,11.13–15) nochmals auf. Das Thema wird im Blick auf das bevorstehende Gericht zugespitzt. Jak liegt daran, dass die Worte wahrhaftig und zuverlässig sind. Die Wahrhaftigkeit, die im letzten Gericht unumgänglich sein wird, soll jetzt schon das Reden bestimmen.

12 **Vor allen Dingen aber, meine Brüder, schwört nicht – weder beim Himmel noch bei der Erde noch mit irgendeinem anderen Eid. Es sei aber euer Ja ein Ja und euer Nein ein Nein, damit ihr nicht dem Gericht verfallt.**

12 Die einleitende Formulierung **»vor allen Dingen aber«** soll den V. 12 nicht sachlich hervorheben, so als wolle Jak hier das Wichtigste des ganzen Kapitels oder gar des ganzen Briefes sagen. Es ist eher so zu verstehen: *»Vor allem darf ich nicht vergessen, euch noch diese Mahnung zu schreiben ...«*[432]

Das **Schwören** als Bekräftigung der eigenen Rede hat seinen *»Grund darin, daß man dem bloßen Wort des Menschen mißtraut«*[433].[a] Man schwört, um eine wichtige Aussage abzuheben von der sonstigen Rede, bei der nicht immer die (ganze) Wahrheit gesagt wird. Man unterscheidet also zwischen Situationen, in denen es darauf ankommt, unbedingt die Wahrheit zu sagen und solchen, in denen das nicht in gleichem Maße nötig ist.

[a] Sir 5,10 23,9–11

Vor dieser Art, in unterschiedlicher Weise mit der Wahrheit umzugehen, warnt Jak. Er greift dabei auf ein Jesuswort zurück (Mt 5,33–37) und schärft es ausdrücklich ein. Wer in seiner Rede nicht wahrhaftig und eindeutig ist, der verfällt dem Gericht; denn die Menschen müssen im letzten Gericht Rechenschaft geben für jedes unnütze Wort, das sie gesprochen haben (Mt 12,36).

IV. DIE GROSSE WIRKUNG DES GEBETS: 5,13–18

Zum Aufbau: Der folgende Abschnitt handelt von der Macht des Gebets. Dadurch sind die Wahrhaftigkeit im alltäglichen Reden und

432 F. MUSSNER: Komm, S. 211.
433 J. SCHNEIDER: Komm, S. 36.

das Gebet im Glauben zu Gott eng miteinander verknüpft. Damit ist zugleich ein inhaltlicher Zusammenhang gegeben. Das Gebet kann nicht wahr und vollmächtig sein, wenn das sonstige Reden des Menschen unwahrhaftig und unzuverlässig ist. *»Das Gebet des Glaubens ist der Verzicht auf jede eigenmächtige Anrufung Gottes, die ihn dem menschlichen Begehren dienstbar machen will.«*[434]

Jak beschreibt die Macht des Gebets: 1. in misslicher Lage (5,13a), 2. in guter Lage (5,13b), 3. in Krankheit (5,14–15), 4. in Sünden (5,15b-16a), 5. generell in der Fürbitte (5,16b–18).

1. Beten in allen Lebenslagen: 5,13

13 Erleidet jemand von euch ein Unglück, der bete; ist jemand guten Muts, der singe Psalmen.

Erleidet jemand ein Unglück, so soll er nicht jammern oder die 13
Schuld bei anderen suchen, sondern er soll sich direkt an Gott wenden (so die Bedeutung des griech. Wortes *proseuchomai*) und ihn um Errettung bitten.[435] Gott möchte in Notlagen angerufen werden, und er möchte helfen: »Rufe mich an in der Not, so will ich dich erretten, und du sollst mich preisen« (Ps 50,15).[436] Das griech. Wort für »Unglück erleiden« (griech. *kakopathein*) *»meint mehr als nur körperliche Krankheit; es umfaßt jeden Verlust und Schmerz, der uns zugefügt wird«*[437], also z.B. auch Formen seelischer Belastung. Dasselbe Wort steht in Jak 5,10, wo vom Ausharren in solchem Leid die Rede war.

Ist jemand guten Muts, weil es ihm gut geht, so soll er das nicht für selbstverständlich nehmen, sondern Gott dafür danken und Psalmen und Loblieder singen.[438] Das Bittgebet in angefochtener Lage und das Loblied aus fröhlichem Herzen gehören zueinander. Jemand wird in den Notzeiten seines Lebens kaum die Freiheit haben, Gott um Hilfe anzurufen, wenn er die Anbetung Gottes nicht bereits in den glücklichen und unbeschwerten Zeiten seines Lebens geübt hat. *»Wie können wir erwarten, daß Gott unsere Gebete in Leidenszeiten erhört, wenn wir ihm in guten Tagen nicht immer wieder danken?«*[439]

Aus dem Folgenden kann man erschließen, dass es dabei nicht nur um das persönliche Bitten und Lobsingen geht. In der Gemeinde

434 A. SCHLATTER: Komm, S. 10.
435 Vgl. Hi 22,27; Ps 50,15; 91,15; 2Kor 12,8.
436 Vgl. Jak 1,5–6.
437 F. LAUBACH: Herr, heile mich, S. 39.
438 Vgl. Ps 18,50; 57,8; Eph 5,19; Kol 3,16; Apg 16,25.
439 F. LAUBACH: a.a.O., S. 40.

tragen andere mit und freuen sich andere mit. Beides hat seinen Raum. Im Christenleben erklingen weder nur Hilfeschreie noch allein Jubelrufe. Ein Christ ist nicht oberflächlich, wenn er guten Mutes ist. Ein Christ ist auch nicht aus der Gemeinschaft mit Gott getreten, wenn er Leid zu tragen hat und darin betrübt ist. Leid und Fröhlichkeit werden gleichermaßen ernst genommen und gleichermaßen vor Gott gebracht.

2. Gebet um Heilung und Sündenvergebung: 5,14–16

14 **Ist jemand von euch krank, der rufe die Ältesten der Gemeinde herbei. Sie sollen über ihm beten, indem sie ihn mit Öl salben im Namen des Herrn.**

15 **Und das im Glauben gesprochene Gebet wird den Kranken retten, und aufrichten wird ihn der Herr. Und wenn er Sünden begangen hat, wird ihm vergeben werden.**

16 **Bekennt also einander eure Sünden und betet füreinander, damit ihr geheilt werdet. Viel vermag eines Gerechten Bittgebet in seiner Wirkung.**

Zur Übers.: V. 14: »krank« (*asthenei*) kann auch mit »kraftlos« oder »schwach« übersetzt werden. V. 15: Der »Kranke« (*kamnonta*) kann auch der »Ermüdete« oder der »Ermattete« bedeuten. V. 16: Es kann auch übersetzt werden: »Viel vermag ein kraftvolles Gebet…«, wenn man die Kräftigkeit und Wirksamkeit des Gebets auf die Weise bezieht, in der der Gerechte betet. Fasst man das Partizip als Passivform auf, würde die Übersetzung »das wirksam gemachte Gebet« lauten.

14 Zeiten der **Krankheit** werden häufig als Zeiten der Gottesferne und der Isolation erlebt. Jak weist hier einen anderen Weg. In der Krankheit kann deutlich werden, wie der Mensch allein von Gott abhängig ist. Krankheit ist für Jak eine Gelegenheit, besonders nach Gott zu fragen und eine geistliche Sicht für das ganze Leben – einschließlich der Krankheit – zu gewinnen. So wird Krankheit – wie schwer sie auch sein mag – zu einem Weg, Gott zu nahen und zu begegnen.

Kranke Menschen gehören nicht nur in das Wartezimmer des Arztes, sondern mitten in die Gemeinde. Ein kranker Mensch leidet nie nur an seiner Galle, an seinen Bandscheiben, an Viren oder an Depressionen. Er ist als ganzer Mensch betroffen, verunsichert, im Glauben angefochten.

Krankheit weist den Menschen auf Gott und stellt ihn mitten in die Gemeinde. Wenn er so krank ist, dass er die Gemeindeversammlungen nicht mehr besuchen kann, dann ist er damit nicht aus der Gemeinde ausgeschlossen. Er darf die **Ältesten herbeirufen**, durch die die Gemeinde dann vertreten ist. Darüber hinaus: In der

Ältesten *»tritt auf verborgene Weise Jesus selbst an das Krankenbett«*[440]. Es ist für einen Kranken gut zu wissen, dass er die Ältesten der Gemeinde zu sich rufen darf, damit sie mit ihm beten. Der kranke Mensch wird durch die Anweisungen des Jak aus der Isolation herausgeholt. Jak zeigt hier – wie an anderen Stellen seines Briefes – einen fruchtbaren geistlichen Weg, mit Versuchungen umzugehen, die einen getroffen haben.

Die **Ältesten** werden vom Kranken **gerufen**, d.h. die Initiative geht vom Kranken aus. Er muss entscheiden, in welcher Situation und in welchem Zustand er die Ältesten zu sich ruft. Die Tatsache, dass der Kranke die Ältesten zu sich kommen lassen muss, zeigt, dass es sich um eine schwere Krankheit handelt. Doch muss der Kranke nicht bereits im Sterben liegen.[441] Es wird von dem Kranken lediglich erwartet, dass er bereit ist, in seiner Krankheit Gott zu begegnen und Hilfe von ihm zu erbitten. Der Ruf nach den Ältesten ist ein Ausdruck seines Glaubens, der in dieser Angelegenheit etwas von Gott erwartet.

Die Ältesten sollen **über ihm beten**. Mit dieser Formulierung ist wohl eine Handauflegung gemeint, wie sie Jesus seinen Jüngern aufgetragen hat (Mk 16,18). Die Handauflegung ist das äußere Zeichen dafür, dass der ganze Mensch samt seinem Körper vor Gott gebracht wird. Auch der Körper eines Menschen wird dabei in einem geistlichen Zusammenhang gesehen. Bei den Ältesten handelt es sich um »normale« Älteste einer Gemeinde, also nicht um Menschen, die notwendig die besondere Gabe der Krankenheilung haben (vgl. dagegen 1Kor 12,9.28.30).

Das Gebet der Ältesten ist durch eine **Ölsalbung** begleitet. Aus dem Wortlaut des griech. Textes geht hervor, dass die Salbung mit Öl nicht als eine zweite Handlung zum Gebet hinzutritt, sondern das Gebet selbst verstärkt.[442] Beim Öl muss man wohl nicht an die Zuhilfenahme eines damals üblichen Universalheilmittels denken. Im Anschluss (V. 15) ist allein von der Wirksamkeit des Glaubensgebets die Rede

440 F. LAUBACH, a.a.O.

441 Die röm.-kath. Kirche gründete ihr Sakrament der »Letzten Ölung« auf diese Stelle und verstand dabei die Ölung als eine Zusage des Heils beim Sterben, also beim Übergang zum Tod. Für Jak ist die Salbung mit Öl nicht eine Handlung an einem Sterbenden, sondern er rechnet mit der Möglichkeit, dass der Kranke geheilt und wieder aufgerichtet wird. Allerdings war es zur Zeit des Jak nicht möglich, so eindeutig zu unterscheiden zwischen Krankheiten, von denen man genesen kann und solchen, die mit Sicherheit zum Tode führen. Im Gegensatz zur heutigen Zeit mit ihren medizinischen und pharmazeutischen Möglichkeiten rechnete man eher mit der Möglichkeit des Sterbens bei Krankheiten, die einen Menschen so niedergeschlagen hatten, wie Jak es beschreibt. (Seit dem 2. Vatikanischen Konzil wird von röm.-kath. Seite vom Sakrament der »Krankensalbung« gesprochen.)

442 Im Text ist die Ölsalbung durch eine Partizipialverbindung mit dem Bittgebet verbunden.

und nicht von der kombinatorischen Wirkung von Gebet und Öl (Glaube und Medizin).[443]

Handauflegung und Salbung mit Öl unterstützen das Gebet.[444] Sie sind darüber hinaus Zeichen für Gottes Beistand und Berufung. Mit Öl wurden im AT der Altar und alle Geräte der Stiftshütte gesalbt (2Mo 40) und damit für den Dienst Gottes geheiligt. Auch Priester und Könige wurden gesalbt.[445] Ein Mensch wird durch die Salbung mit Öl (erneut) in den Dienst Gottes gestellt und Gott übereignet. Der Kranke soll nicht nur gesund werden, sondern mit seiner Gesundheit wieder in den Dienst Gottes gestellt werden. Gott macht Menschen gesund, damit sie ihm besser dienen und ihm die Ehre geben können. Physische Heilung durch Gott hat immer ein geistliches Ziel.[446]

Gebet und Salbung mit Öl geschehen **im Namen des Herrn**. Sie stehen, wie wir schon sahen, in einem geistlichen Zusammenhang. Darüber hinaus wird deutlich: Es geht hier nicht um gewaltige, magische Worte oder Symbolhandlungen, von denen eine Heilung erwartet wird. Bei dieser Handlung stehen weder die Macht und Autorität der Ältesten noch der besondere Glaubensmut des Kranken im Vordergrund, sondern der Herr, in dessen Namen das alles geschieht. In seinem Namen heißt auch: in seinem Willen.

Das Anliegen des Jak wird an einem Beispiel aus der Apg sehr schön

443 Damit soll nicht etwa gesagt sein, dass Jak beim Gebet für den Kranken eine Zuhilfenahme von Medizin ausschließt. Nirgends wird in der Bibel der Gang zum Arzt als Unglaube bezeichnet - das Lukasevangelium wurde von einem Arzt geschrieben. Es soll nur gesagt sein, dass an dieser Stelle eine Verbindung von beidem nicht angesprochen ist. Im Übrigen wäre das Verabreichen von Medizin eher die Aufgabe eines Arztes als die der Ältesten.

444 Die Wirkung des Gebets hängt weder an der Handauflegung noch an der Salbung mit Öl, auch wenn wir uns dieser Zeichen gerne bedienen dürfen. Vielleicht muss diese Art von geistlichem Handeln wieder entdeckt und geübt werden. Für die Praxis bietet sich heute etwa Olivenöl an. Es ist dabei jedoch darauf zu achten, dass sich kein magisches Verständnis solcher Zeichenhandlungen einschleicht, als gehe die Wirkung von Handauflegung und Salbung aus. Über dieses Verständnis muss in den Gemeinden gelehrt und notfalls auch mit dem Kranken vorher geredet werden. F. LAUBACH weist mit Recht darauf hin: »*Besteht keine ausreichende Möglichkeit mit dem Kranken über den biblischen Hintergrund der Salbung und ihre Bedeutung zu sprechen, sollte die Salbung mit Öl wohl besser unterbleiben*« (a.a.O., S. 43).

445 Vgl. z. B. 2Mo 28,41; Ri 9,8; 1Sam 15,1; 16,12f; 2Sam 5,3. Der Messias ist *der* Gesalbte (Apg 4,27; 10,38; Hebr 1,9). Christen sind mit dem Geist Gottes gesalbt (2Kor 1,21).

446 Der Missionar D. SCHEUNEMANN berichtet aus der indonesischen Erweckungsbewegung: »*Während des Gesprächs mit einer Mitarbeiterin, einer schlichten Frau, die offensichtlich die Gabe des Heilens und Helfens empfangen hat, überraschte mich die Art, wie sie für die Kranken betete. Sie betete z.B.: ›Herr Jesus, heile diese blinden Augen, daß dieser Mann allein den Weg zur Kirche findet!‹ Oder sie betete: ›Herr Jesus, gib dieser Frau das Gehör zurück, damit sie auf dein Wort hören kann!‹ Ich fragte sie: ›Wer hat dich gelehrt, daß physische Heilung immer ein geistliches Ziel hat?‹ Sie antwortete schlicht: ›Der Herr Jesus‹*« (Erweckung in Indonesien, in: Das Feste Prophetische Wort, Gladbeck 196[illegible], S. 234. [Zit. nach F. LAUBACH: a.a.O., S. 42]).

deutlich: Petrus und Johannes heilen vor der Tempelpforte einen Gelähmten und richten ihn auf. Sie tun es ausdrücklich im Namen Jesu und wundern sich darüber, dass sie von den Umstehenden direkt mit dieser Heilung in Verbindung gebracht werden, als sei dies durch ihre Kraft und Frömmigkeit geschehen. Durch den Glauben an den Namen Christi ist er gesund geworden, sagen die Apostel. Und selbst dessen Glaube ist nicht sein Verdienst und seine Vorleistung; er ist ihm geschenkt worden (Apg 3,6.12.16; vgl. auch Apg 14,15). Deshalb ist bei Jak im Folgenden auch nicht mehr von der Handauflegung und der Salbung mit Öl die Rede.

Das im Glauben gesprochene Gebet wird den Kranken retten. Die 15
erhoffte Wirkung wird vom Gebet erwartet, das im Glauben, d.h. im Vertrauen zu Gott und in Erwartung seines Eingreifens gesprochen wird (Mk 11,24).[447] Aber auch das Gebet hat keine Wirkung in sich selbst. Nicht das *Gebet* hilft, sondern der *Herr:* **und aufrichten wird ihn der Herr.**

Was ist damit gemeint, dass das Gebet den Kranken ***retten*** (griech. *sozein)* wird? Warum spricht Jak hier nicht ausdrücklich von Heilung, sondern von Rettung? Zweifellos rechnet er damit, dass durch das Gebet des Glaubens Heilung geschieht – äußere wie innere.[a] Hinter dem Wort »retten« verbirgt sich aber mehr als bloßes Gesundwerden. Jak gebraucht das Wort »retten« an den anderen Stellen seines Briefes im Zusammenhang der Errettung aus dem Endgericht (1,21; 2,14; 4,12; 5,20).

[a] Sir 38,1–15 Mk 6,13

Kranksein ist in der Bibel mehr als nur ein physischer Defekt. Es hat etwas zu tun mit der Todverfallenheit dieser Welt, die eine Folge der Sünde ist. Krankheit kann sein wie vorweggenommenes Sterben, wie das Ergriffenwerden von dunklen Mächten. Krankheit kann auch direkte Folge persönlicher Sünden sein. Beim Gebet in der Krankheit muss es daher um etwas anderes bzw. um mehr gehen als um die physische Wiederherstellung. *»Die Rettung umfaßt Vergebung der Sünden und Gemeinschaft mit Gott als gegenwärtige Wirklichkeit, die Errettung vor dem kommenden Zorn und Anteil an der göttlichen Herrlichkeit. Das Gebet der Ältesten zielt also nicht zuerst auf die Wiederherstellung der körperlichen Unversehrtheit, sondern auf das ewige Heil des Kranken, die Rettung im Endgericht. Retten ist etwas anderes als Heilen. Es bedeutet in unserem Text, daß der Kranke in Jesu Hand bleibt.«*[448]

Der Herr wird ihn aufrichten. In der griech. Übersetzung des AT wird das Wort »aufrichten« im Sinne von »ermutigen, stärken«

447 Für Jak hat das Gebet des Glaubens eine tiefe Bedeutung. Er möchte die Leser seines Briefes zum Bitten anhalten. Warum sollen Christen bitten? Das hat seinen Grund in Gott selbst: Er gibt gerne (1,5–8; 4,1–3; 5,13–18). Wer betet, steht mit Gott und seinem Willen in Übereinstimmung. Von daher kritisiert Jak alles eigenmächtige Beten (4,3), jedes Gebet, das im Dienst der eigenen Interessen steht. In diesen Zusammenhang gehört auch das Verbot des Eids (5,12).

448 F. LAUBACH: a.a.O., S. 44.

gebraucht (vgl. Dan 8,18; Ri 2,16.18). Im NT kann »aufrichten« (griech. *egeirein)* im Zusammenhang stehen von Krankenheilungen (Mt 8,15; 9,7; Mk 2,9.12; 3,3; 10,49) und Totenauferweckungen (Jes 26,19; Mk 5,41; Lk 7,14), es kann von der Auferstehung Jesu (Joh 2,22; 21,14; Röm 6,4.9; 8,34; 1Kor 15,12.20) und der Auferstehung der Toten am Ende der Zeiten (1Kor 15,42) reden. Wie Gott einen Menschen in der Krankheit aufrichtet, kann unterschiedlich aussehen: Bei einem kommt die Krankheit zum Stillstand, einem anderen schenkt er Kräfte zur Genesung, und wieder ein anderer erfährt direkte Heilung. Anderen bleibt die erhoffte Genesung oder Heilung versagt. Aber auch sie wird Gott aufrichten und ihnen die Kraft schenken, mit ihrer Krankheit zu leben, oder ihnen den Mut geben, das bevorstehende Sterben aus seiner Hand zu nehmen, in der sie auf der letzten Wegstrecke geborgen sind.

[b] Spr 28,13; 1 Joh 1,9

Wenn er Sünden begangen hat, wird ihm vergeben werden.[b] Jak geht davon aus, dass Krankheit mit konkreter Sünde in Verbindung stehen kann. »Wer gegen seinen Schöpfer sündigt, gerät dem Arzt in die Finger« (Sir 38,15). »Als ich es wollte verschweigen, da verschmachteten meine Gebeine ... Darum bekannte ich dir meine Sünde, und meine Schuld verhehlte ich nicht« (Ps 32,3–5).

Jak rechnet mit der Möglichkeit, dass im Zusammenhang mit der Krankheit und infolge des Gebets für den Kranken begangene Sünden aufgedeckt werden. Nicht jede Krankheit kann direkt auf eine bestimmte Sünde des Kranken zurückgeführt werden – und auch Jak geht nicht davon aus. Er sagt: *Wenn* er Sünden begangen hat ... Dennoch muss mit dieser Möglichkeit gerechnet werden. Selbst wenn ein direkter Zusammenhang zwischen den Sünden und der Krankheit eines Menschen nicht erkennbar ist, ist es für den Kranken hilfreich zu wissen, dass ihm seine Sünden vergeben sind (vgl. Jes 38,17). In seinem heilenden und zurechtbringenden Handeln hatte die Sündenvergebung für Jesus einen sehr hohen Stellenwert (vgl. Mt 9,1–8).

Krankheit ist mehr als ein Defekt des Leibes. Es gibt verborgene Zusammenhänge. Jak spricht von dem Zusammenhang zwischen Sünde und Krankheit und von dem Zusammenhang zwischen Krankheit und der Beziehung zu Gott.[449] Indem er aber dem Kranken die

449 Wir können daraus für unser Verständnis von Krankheit viel lernen. Für uns ist Krankheit ein Versagen des Körpers oder ein Defekt, der möglichst schnell behoben werden soll. Indem Jak dazu Mut macht, bei Krankheit die Ältesten zu sich zu rufen, damit die Situation im Gebet vor Gott gebracht wird, stellt er das äußere Leben (und sein Versagen in der Krankheit) in Beziehung zu Gott. Krankwerden und Gesundwerden kommen als geistliche Erfahrungen in den Blick. Dabei ist bei Jak an mehr gedacht als an »psychosomatische« Zusammenhänge. Es geht ihm um mehr als um die Beziehung zwischen dem Körper und der Seele eines Menschen. Er hat vor allem die Beziehung eines Menschen zu Gott im Blick, sowohl in positiver (Gebet, retten) als auch in negativer Hinsicht (Sünden, Sündenvergebung).

Möglichkeit eröffnet, die Ältesten zu sich zu rufen und seine Sünden zu bekennen, damit sie vergeben werden, macht er deutlich: Krankheit trennt den Menschen nicht von Gott und auch nicht von der Gemeinde.

Auch da, wo der Zusammenhang zwischen Krankheit und Sünde **16**
nicht direkt sichtbar ist, so dass man nicht sagen kann: »*diese* Krankheit hat ihre Ursache in *dieser* Sünde«, ist er indirekt vorhanden.

Mit der Sünde sind Krankheit und Tod in die Welt gekommen. In der neuen Welt Gottes werden weder Krankheit noch Tod einen Platz haben. Heil und Heilung gehören dann – im Gegensatz zu unserer gegenwärtigen Zeit – im Sinne des umfassenden Heils zueinander, so wie das bereits im Wirken des Messias zeichenhaft vorweggenommen wurde. Vom Heil und von einer völligen und umfassenden Heilwerdung sind Menschen durch ihre Sünde getrennt. Deshalb ist die Vergebung der Sünden das Entscheidende, um auf den Weg des Heils und der Heilung zu gelangen.

Deshalb sollen die **Sünden bekannt** werden. Jak spricht hier für die erste Christenheit – wie für das Judentum – eine Selbstverständlichkeit aus[450], die heute besonders unterstrichen werden muss: Sündenvergebung vollzieht sich nicht allgemein und unverbindlich; sie ist an das Bekenntnis der Sünden gebunden. Dieses geschieht auch vor Menschen. Beichte gehört für Jak zum lebendigen und tätigen Glauben (vgl. Jak 2).[451] Wo Sünden öffentlich geschehen sind, ist es wichtig, dass sie auch öffentlich bekannt werden.[452] Jak sagt dies in einer wunderbaren Freiheit. Menschen sollen dadurch nicht peinlich berührt oder in die Enge getrieben werden. Er weiß vielmehr: Von diesen Sündenbekenntnissen geht eine heilsame und heilende Befreiung aus.[453]

»Heilen, gesund werden« (griech. *iaomai)* kann beides bedeuten: körperliche Heilung[454] sowie Heilung des Herzens, Heilung vom Schaden des Irrwegs und der Sünde.[455] Jak gebraucht hier einen Begriff, den man vom Zusammenhang her eher in V. 15 erwartet hätte,

450 3Mo 5,5; 4Mo 5,7; Ps 38,4–6.19; 51,5–8; Spr 28,13; Mk 1,5; Mt 3,6; Apg 19,18. Vgl. O. MICHEL, ThWNT V, S. 203–206.

451 In der Apologie der Confessio Augustana heißt es: Jak *»redet ... da nicht von der Beichte, die dem Priester geschiehet etc., sondern redet von einem Versühnen und Bekennen, wenn ich sonst mich mit meinem Nächsten versühne«* (Apol. XII,12).

452 *»An ein öffentliches Sündenbekenntnis ›voreinander‹ ist auch in Jak 5,16 gedacht«* (F. MUSSNER: Komm, S. 226).

453 In Sir 4,26 heißt es: »Schäme dich nicht, deine Sünden zu bekennen, und stelle dich der Strömung des Flusses nicht entgegen«.

454 Mk 5,29; Mt 8,8.13; 15,28; Lk 5,17; 6,18f; 7,7; 8,47; 9,2.11.42; 14,4; 17,15; 22,51; Joh 4,47; 5,13; Apg 9,34; 10,38; 28,8.

455 In Anlehnung an Jes 6,10: Mt 13,15; Joh 12,40; Apg 28,27. – Hebr 12,13; 1Petr 2,24. Vgl. auch die Stellen, wo von der gesunden (griech. *hygeinein)* Lehre oder der Gesundung im Glauben die Rede ist: 1Tim 1,10; 6,3; 2Tim 1,13; 4,3; Tit 1,9.13; 2,1f.

wo vom Gebet für den Kranken die Rede war. Seine Wortwahl ist nicht auf sofortige körperliche Heilung oder auf künftige Rettung aus dem Gericht durch Vergebung der Sünden festgelegt. Er gebraucht die entsprechenden Bezeichnungen (retten, heilen) in einem offenen Sinn und umfasst sie damit in einem größeren Zusammenhang.[456]

Jak zeigt einen Weg **gegenseitiger** Verantwortung und Bedürftigkeit in der Gemeinde. Da ist keiner ausgenommen. Da gibt es nicht auf der einen Seite Sünder, die krank sind und auf der anderen Seite Heilige, die sie gesundbeten. Jeder braucht den anderen und jeder kann für den anderen eintreten.[457] Es kann sogar sein, dass die Krankheit des einen auch zum geistlichen Wachwerden der »Gesunden« beitragen kann. Der Weg zur Gesundung – zur inneren wie zur äußerlichen, zum Heil wie zur Heilung – ist nicht ein Weg der menschlichen Reifung oder ein Weg, auf dem Menschen von Heilungspredigern abhängig werden. Es ist ein Weg des Gebets, und dieser ist ein Weg der Abhängigkeit von Gott, der hier allein das Entscheidende tun kann.

Jak schließt mit einer Verheißung: **eines Gerechten Gebet vermag viel**. »Der Herr ist ferne von den Gottlosen; aber der Gerechten Gebet erhört er« (Spr 15,29; vgl. Ps 145,18f). Der Gerechte ist der, der in Übereinstimmung mit Gottes Willen leben möchte und deshalb auch sein Gebet nach dem Willen Gottes richtet. Das Gebet eines Gerechten unterscheidet sich daher von den Versuchen, die eigenen Wünsche zum Gebet zu machen. Es kann hier also nicht darum gehen, dass jeder Wunsch nach Genesung von einem Gebrechen erhört wird (vgl. den »Pfahl im Fleisch« bei Paulus, 2Kor 12,7).

Das nachgestellte **»in seiner Wirkung«** weist uns darauf hin, dass sich die Wirkung eines Gebets nicht automatisch einstellt, sondern von Gott abhängt. Nicht der Beter, sondern Gott macht das Gebet wirksam. Weder die Gerechtigkeit des Beters noch seine Inständigkeit sind der Grund für die Wirkung eines Gebets. Die »Macht des Gebets« liegt nicht in der Macht der Worte, sondern in der Macht der Erhörung durch Gott.[458]

456 *»Auffällig ist …, daß mit … ›heilen‹ … jener Terminus technicus steht, den man in 15a und b erwartet hätte. Semantisch offen wie dort formuliert Jakobus auch in 16c; verstand er dort metaphorische Begriffe konkret, so hier einen konkreten Begriff metaphorisch«* (H. FRANKEMÖLLE: Komm, S. 720f).

457 Beten könnte auch jeder für sich alleine. Doch indem Jak seine Leser dazu auffordert, sich gegenseitig einen Dienst zu erweisen, macht er deutlich, dass jeder auf Hilfe von außen angewiesen ist, dass er Ermutigung und Zurechtweisung und das Wort der Vergebung braucht. Aus Äthiopien stammt das schöne Sprichwort: *»Den Dschungel deines Lebens kannst du nicht selber roden. Den Acker deines Herzens kannst du nicht selber pflügen. Das Wort, das dir hilft, kannst du dir nicht selber sagen.«*

458 F. RIENECKER (Sprachl. Schl., S. 571) fasst das Partizip als Passivform auf. Damit wird dieser Aspekt noch deutlicher: »viel vermag das wirksam gemachte Gebet eines Gerechten«.

3. Ein Vorbild für wirksames Gebet: 5,17–18

17 Elia war ein Mensch, gleich [geartet] wie wir; und er flehte im Gebet, es möge nicht regnen, und es regnete nicht auf der Erde drei Jahre und sechs Monate.
18 Und er betete wieder, und der Himmel gab Regen, und die Erde brachte ihre Frucht hervor.

Zur Übers.: V. 17: »gleich geartet« – wörtl.: »von gleichen Empfindungen«, »von gleichem Erleiden«.

Für das wirksame Gebet eines Gerechten gibt es im AT viele Bei- 17
spiele: durch das Gebet Abrahams wird Abimelech geheilt (1Mo 20,17); Abraham tritt vor Gott für die Stadt Sodom ein (1Mo 18,16ff); Moses betet für das abtrünnige Volk nach der Aufrichtung des goldenen Stierbilds (2Mo 32,11–14). Jak wählt das Beispiel des **Elia**. Elias Gebet dient als Ermutigung und Vorbild sowohl für die Inständigkeit als auch für die Wirksamkeit eines Gebets.[459]

Damit aber nicht einer denkt, eine solche Gebetserhörung könne nur Propheten und besonderen Auserwählten Gottes zuteil werden, fügt Jak hinzu: Er **war ein Mensch, gleich wie wir**. Elia war wohl ein Gerechter, aber es wäre falsch, daraus zu entnehmen, dass nur *er* so beten konnte. Jak möchte Mut machen, von ihm zu lernen, was unser Gebet – in Übereinstimmung mit Gottes Willen – vermag. Denn wie Elia erwarten wir alles nicht von unserem Gebet, sondern von Gott.

Die Formulierung »gleich wie wir« (griech. *homoiopathes)* steht darüber hinaus in Verbindung zu dem, was über die Propheten ganz allgemein gesagt wurde (V. 10b): Sie waren Leiden ausgesetzt (griech. *kakopatheia).* Man könnte übersetzen: Elia hatte die gleichen (Leid-)Erfahrungen wie wir. Jak hat bei Elia also auch das Ertragen von Konflikten und körperlichen Schwächen im Blick, die er ebenso ertrug wie wir (V. 13). *»Gerade weil Elia unter gleichen Vorbedingungen … aber vertrauensvoller als alle anderen Menschen betet, kann er wirklich deren Vorbild sein.«*[460]

Elia sagte dem König Ahab eine Dürrezeit an, die drei Jahre währen sollte. Dass er darum inständig betete, erfahren wir nur bei Jak.[461] Wenn wir aber das Schriftzeugnis in seiner Ganzheit ernst nehmen, dürfen wir davon ausgehen, dass es sich hierbei *»um einen inspirierten*

459 Jakobus, dem Bruder des Herrn, wurde später der Beiname »der Gerechte« gegeben. HEGESIPPUS erzählt von ihm, dass er oft für die Sünden seines Volkes vor Gott eingetreten ist und dabei lange Zeit auf den Knien verbrachte, die davon *»hart wie die eines Kameles«* wurden. Jak hat also selber getan, was er seinen Lesern nahelegt.

460 H. FRANKEMÖLLE: Komm, S. 720.

461 Vgl. aber Sir 48,3, wo von Elia – in einer Andeutung seines Gebets – gesagt wird: »Auf das Wort des Herrn hin verschloß er den Himmel und ließ dreimal Feuer herniederfahren.«

(geistgeleiteten) Kommentar des Neuen Testaments zu 1. Kön 17,1 [handelt], *dem wir vertrauen dürfen«*[462]. Die vom 1. Königsbuch abweichende Zählweise von dreieinhalb Jahren finden wir durch Jesus bestätigt (vgl. Lk 4,25).[463] Möglicherweise liegt Jak dafür eine mündliche Tradition vor. Der Hinweis des Jak, dass Elia inständig gebetet hat, bezieht sich nicht nur auf den Beginn der Trockenzeit, sondern auf die ganze Zeit bis zum Wiedereinsetzen des Regens.

Wer die Geschichte Elias kennt – und das darf bei den Lesern des Jak vorausgesetzt werden – weiß, was sich in den drei Jahren zwischen dem Beginn der Dürrezeit in Israel (1Kön 17,1) und dem ersten Regen danach (1Kön 18,1) zugetragen hat.[464] Elia wurde von Gott während dieser Zeit auf wunderbare Weise versorgt.

Es ist anzunehmen, dass mit der Erwähnung des Namens Elia die mit dem Propheten verbundenen Ereignisse aus der Erinnerung mitschwingen und vor dem inneren Auge der Leser erscheinen. Jak redet nicht ausdrücklich von diesen Geschichten; aber sie fügen sich gut in den Zusammenhang ein, den Jak verdeutlichen möchte. Elia erlebte Dürrezeiten, die den Zeiten der Versuchung seiner Leser (vgl. Jak 1,2–4; 5,13) vergleichbar sind. Er erfährt in diesen Zeiten die wunderbare Durchhilfe Gottes. Und er erlebte, wie Gott auf sein Gebet hin einen Menschen wieder zum Leben erweckte.[a] Die Verbindung zu Jak 5,15f steht plastisch vor Augen.

[a] 1Kön 17,2–26

18 Elia handelte in Übereinstimmung mit dem Willen Gottes. Auf die Weisung Gottes hin verkündete er, dass es nicht mehr regnen sollte. Wir erfahren aus dem Tempelgebet Salomos, dass es sich bei der Dürrezeit um ein Gericht Gottes handelt, das erst dann wieder ein Ende haben wird, wenn sich Israel von seinen Sünden bekehrt, seine Sünden bekennt und Gott darum bittet, dass er wieder Regen senden möge (1Kön 8,35f). Die Dürrezeit steht mit der Sünde, das Ende der Dürrezeit mit der Bitte um Vergebung in Zusammenhang. Die Verbindung zu Jak 5,15f ist dabei deutlich.

Elia betete auf dem Karmel, dass die Zeit der Trockenheit vorübergehen möge. König Ahab hatte er bereits vorausgeschickt in der festen Zuversicht, dass es nun wieder regnen werde (1Kön 18,41: »es

462 G. MAIER: Komm, S. 115.

463 Die dreieinhalb Jahre werden häufig als symbolische Zahl verstanden: die Hälfte von sieben Jahren, wie sie etwa in Dan 9,27 erwähnt werden. So z.B. B. REICKE: Komm, S. 61. Anders dagegen H. FRANKEMÖLLE: *»Dabei meint die Zeit von dreieinhalb Jahren ... nicht eine symbolische Unglückszahl ... »vielmehr ist sie im Sinne des jüdischen Erzählens ... als ›gut drei Jahre‹, also als runde Zahl zu verstehen«* (a.a.O., S. 734).

464 Sir 48 erwähnt nach dem Hinweis auf den verschlossenen Himmel die Wundertaten Elias (V. 4) und ausdrücklich die durch ihn geschehene Totenerweckung (V. 5). Es ist anzunehmen, dass sich Jak auf das Preislied Elias in Sir 48 bezogen hat.

rauscht, als wollte es sehr regnen«). Doch als er anfängt zu beten, lässt der Regen auf sich warten. Siebenmal kniet er nieder und wird nicht müde, zu Gott zu flehen, bis sich die erste Regenwolke zeigt (1Kön 18,42–45).

Der Regen ist – wie in V. 7 – ein Bild für die rettende Gnade Gottes. Das Gebet eines Gerechten kann das rettende Eingreifen Gottes verzögern oder schnell herbeirufen.[465] Doch handelte Elia darin nicht willkürlich oder eigenmächtig. Er tat es auf das ausdrückliche Gebot Gottes hin (1Kön 18,1).

Elia ist in dem allen ein Vorbild dafür, wie viel das Bittgebet eines Gerechten in seiner Wirkung vermag. Er hat nicht nur das Angenehme von Gott erbeten, sondern war bereit, den Beginn der Dürrezeit ebenso anzusagen wie deren Ende. Er hat die Sünden nicht verschwiegen und hat Gottes Urteil darüber verkündet. Deshalb hat Jak dazu Mut gemacht, im Zusammenhang mit einer Krankheit auch von der Sünde zu reden, auch wenn das von den Beteiligten auf den ersten Blick als »unangenehm« empfunden werden könnte.

Elia handelte und betete nicht eigenmächtig, sondern in Übereinstimmung mit Gottes Willen und auf die Weisung Gottes hin. Das *»könnte ein Hinweis darauf sein, daß die Ältesten erst auf besondere Weisung des Heiligen Geistes um Heilung des Kranken beten sollten.«*[466]

Elia wird nicht müde, mit derselben Bitte mehrfach zu Gott zu kommen. So dürfen auch wir mit derselben Bitte wiederholt vor Gott treten. Der »Gerechte« lässt sich nicht dadurch entmutigen, dass sein Gebet nicht sogleich Erhörung findet. Er hört nicht auf zu beten, wenn er weiß, dass Gott handeln möchte.

V. VERANTWORTUNG FÜR DEN IRRENDEN BRUDER: 5,19–20

19 Meine Brüder, wenn einer von euch abirren würde von der Wahrheit und jemand würde ihn zur Umkehr bewegen,
20 der möge erkennen: wer einen Sünder von seinem Irrweg zur Umkehr bewegt hat, der wird seine Seele aus dem Tode erretten und eine Menge Sünden zudecken.

Die Verse 18 u. 19 bilden nicht nur den Abschluss der letzten 19
Anweisungen des Jak. Sie sind auch der programmatische Schluss und Zielpunkt des ganzen Briefes. Jak fasst hier sein Anliegen knapp zusammen. Es ging ihm im ganzen Brief um nichts anderes als darum,

465 Vgl. B. REICKE: Komm, S. 61.
466 F. LAUBACH: Komm, S. 46.

die Wahrheit in Erinnerung zu bringen und Christen, die **von der Wahrheit abgeirrt** sind, zu bekehren und den rechten Weg zurückzuführen.

Offensichtlich ist ihm dieser Punkt besonders wichtig; deshalb kommt er als Letztes darauf zu sprechen. Jak fühlt eine große Verantwortung für die irrenden Brüder. Wenn er gelegentlich scharfe Töne anschlägt, so will sich Jak nicht über die Zustände in den Gemeinden beklagen, sondern helfen, dass es besser wird.

Wenn einer von euch von der Wahrheit abirren würde. Jak hat vermutlich keinen konkreten Fall vor Augen. Er rechnet mit der Möglichkeit, dass selbst gestandene Christen in diese Gefahr geraten können. Die Gefahr des Abirrens kann vielfältig sein. Keiner ist dagegen gefeit. Jeden könnte es treffen.[467] Da ist es gut zu wissen, dass die Brüder mit darauf achten und helfen, dass das nicht geschieht.

In vielerlei Hinsicht hat Jak seine Leser dazu ermahnt, Geduld miteinander zu haben, langsam im Zorn zu sein (1,19), keine falschen Unterschiede zu machen (2,4), Barmherzigkeit zu üben (2,13; 3,17), nicht unnütz zu reden oder gar zu fluchen (3,10), Eifersucht und Streitlust zu meiden (3,14–16; 4,1ff) und stattdessen Sanftmut zu üben (3,13f), friedfertig und freundlich zu sein (3,17), Frieden zu stiften (3,18), einander nicht zu verleumden und zu verurteilen (4,11) und nicht übereinander zu klagen (5,9).

Doch wenn es darum geht, dass jemand den Weg der Wahrheit verlässt, dann kann es sich die Gemeinde Jesu nicht erlauben, ihn einfach seiner Wege ziehen zu lassen. Sie kann sich nicht auf den Standpunkt stellen, dass jeder selber entscheiden müsse, was für ihn das richtige ist. In Fragen der Wahrheit wäre eine solche vermeintlich »tolerante« Haltung ein Zeichen für Verantwortungslosigkeit und Lieblosigkeit. So wie Jesus den Verlorenen nachgegangen ist (Mt 18,12ff), so besteht auch die Verantwortung der Gemeinde darin, dem irrenden Bruder nachzugehen und zu versuchen, ihn von seinem falschen Weg zurückzuholen. Es gibt so etwas wie eine nachgehende, bekehrende Seelsorge, die den Einzelnen auch und gerade dann nicht loslässt, wenn er einen anderen Weg geht.

20 In der Frage der Wahrheit geht es um die Frage des Heils. Wer von der Wahrheit abirrt, dessen Seele ist auf dem Weg zum Tod. Wenn wir das erkennen, dürfen wir unsere Brüder und Schwestern nicht auf diesem Weg sich selbst überlassen. Jak macht dazu Mut, diese Aufgabe ernst zu nehmen und es sich darin nicht zu leicht zu machen. **Wer**

467 *»Es wird von dem großen Abt Bernhard von Clairvaux erzählt, er habe jedesmal, wenn ihm der Fall eines Bruders gemeldet wurde, mit tiefem Ernste gesagt: ›Heute er – wer weiß, ob ich's nicht morgen bin?‹«* (P. LE SEUR: Komm, S. 93).

einen Sünder von seinem Irrweg zur Umkehr bewegt hat, der wird seine Seele aus dem Tode erretten.

Für diese Aufgabe ist Weisheit nötig. Es ist wichtig zu unterscheiden, a) wo wir es mit Irrlehrern zu tun haben, die andere verführen und von denen wir uns trennen sollen (vgl. Röm 16,17f), b) wo wir es mit Verirrten zu tun haben, denen wir – wie Jak sagt – nachgehen sollen, um sie zurechtzubringen und c) wo wir es – bei uns oder bei anderen – mit Rechthaberei zu tun haben, die sich gerne als Kampf um die Wahrheit ausgibt und sich dadurch der Kritik und Korrektur entzieht.

Die meisten Briefe des NT sind geschrieben worden, weil ihre Schreiber dasselbe Anliegen wie Jak vertraten. Sie haben eine geistliche Verantwortung gespürt für die Gemeinden und Menschen, die ihnen anvertraut waren. So schreibt Paulus in Gal 6,1: »Liebe Brüder, wenn ein Mensch etwa von einer Verfehlung ereilt wird, so helft ihm wieder zurecht mit sanftmütigem Geist, ihr, die ihr geistlich seid; und sieh auf dich selbst, dass du nicht auch versucht werdest« (vgl. 2Tim 2,24f; Tit 1,7.9).[468]

Ein Lehrer soll nicht Streit in die Gemeinden bringen (Jak 3,1ff), sondern über die Seelen der Gemeindeglieder wachen (vgl. Hebr 13,17). Der Weg zur Erkenntnis der Sünde und der Weg zum Heil ist ein Weg der Wahrheit. Wer von der Wahrheit abirrt, ist in der Mitte seines Lebens gefährdet. Seine Situation ist derjenigen vergleichbar, in der einer auf einen Abgrund zuläuft, ohne die Gefahr zu erkennen. Ihm nachzugehen und ihn so zu warnen, dass er es hören und annehmen kann, ist ein mühevoller Weg. Das Ziel der nachgehenden Seelsorge kann nicht durch voreilige Abgrenzungen oder eilige Appelle erreicht werden. Nachgehende Seelsorge schließt eine gründliche Auseinandersetzung mit den verführenden Ideen und das Bemühen um gesunde Lehre ein – man sollte das nicht als »leere Dogmatik« abtun!

Gesunde Lehre dient dem ewigen Leben und muss deshalb so ernst genommen werden wie die missionarische Predigt. »Bekehrung« ist nicht nur ein Thema für die Anfänger des Glaubens. Es geht nicht nur darum, dass Menschen Christen werden. Ein Teil der Verkündigung und der Arbeit in der Gemeinde besteht darin, dass Christen ganz und »vollkommen« Christen werden, wie es Jak sagt und dass sie – wie Paulus sagt – ihren Lauf vollenden (1Kor 9,24; 2Tim 4,7).

Jak fordert dazu auf, den Sünder **zur Umkehr zu bewegen** (wörtl.: »umzuwenden«, »zu bekehren«). Kann das unsere Aufgabe sein? Jemanden zu bekehren – ist das nicht allein Gottes Möglichkeit? Auch Jak weiß, dass Gott allein das Wunder der Neugeburt bewirken kann (1,18). *»Aber er schätzt das Handeln des Glaubenden nicht gering ein, der*

468 Vgl. auch Ps 51,15; 2Kor 13,11; Gal 1,6–9; 5,7–10; Phil 3,2.17–19; Kol 2,4.8.18; 1Thess 5,14; 2Thess 2,3.15; 1Tim 1,3–7; 6,2c-5; 1Petr 5,8f; 2Petr 3,17; 1Joh 5,16f; Jud 23; Hebr 13,17; Offb 2,5.

dem Irrenden zur Umkehr hilft.«[469] Das Wissen um Gottes Handeln darf unsere Bemühungen nicht verringern. Jak lehrt keine Werkgerechtigkeit, sondern geistliche Verantwortung.

»Wenn wir uns von unserem Herrn nicht mitnehmen lassen zu solchem Dienst an Menschenseelen, dann wird uns das einmal zur Anklage vor dem ewigen Gericht.«[470] Jak spricht mit prophetischem Ernst. *»Liest man Ez* [Hes] *34,4, so könnte man fast meinen, daß Jak seinen Lesern schon von 5,13 an Mahnungen erteilt, die ihnen einen Vorwurf Gottes, wie er dort die schlechten Führer des Volkes trifft, beim Gericht ersparen sollen: Das Schwache habt ihr nicht gestärkt, das Kranke nicht geheilt, das Verletzte nicht verbunden, das Verirrte nicht gesucht . . .«*[471]

Umgekehrt gilt aber auch für die, die ihrer Verantwortung gerecht werden, was Paulus an Timotheus schreibt: »Hab acht auf dich selbst und auf die Lehre; beharre in diesen Stücken! Denn wenn du das tust, wirst du dich selbst retten und die, die dich hören« (1Tim 4,16). **»Er wird seine Seele aus dem Tode erretten«** darf deshalb auch so verstanden werden: Der, der einen anderen zur Umkehr bewegt hat, errettet dadurch seine *eigene* Seele.[472] Wir begegnen diesem Gedanken auch in Hes 3,20f: »Wenn sich ein Gerechter von seiner Gerechtigkeit abwendet und Unrecht tut, so ... muss er sterben. Denn weil du ihn nicht gewarnt hast, wird er um seiner Sünde willen sterben müssen ..., aber sein Blut will ich von deiner Hand fordern. Wenn du aber den Gerechten warnst, dass er nicht sündigen soll, und er sündigt auch nicht, so wird er am Leben bleiben; denn er hat sich warnen lassen, und du hast deine Seele gerettet«.

Eine Menge Sünden wird dadurch **zugedeckt.** Sünden werden aufgedeckt, um sie zudecken zu können: die Sünden dessen, der abgeirrt war, die Sünden dessen, der ihn zur Umkehr bewegt hat und vielleicht auch die Sünden vieler anderer, die sonst auch in die Gefahr geraten wären, auf den falschen Weg zu kommen.[473] »Die Liebe deckt alle Übertretungen zu« (Spr 10,12; 1Petr 4,8).

Jak tut uns einen wichtigen Dienst, indem er uns zeigt, wie wir vor Gott stehen sollen und welche Verantwortung wir für unsere Brüder und Schwestern haben. Der Jakobusbrief ist mehr als ein Weisheitsbuch oder eine Lehrschrift und mehr als ein Mahnschreiben; er ist ein seelsorgerlicher Brief.

469 P. LE SEUR: Komm, S. 93.
470 F. GRÜNZWEIG: Komm, S. 179.
471 F. MUSSNER: Komm, S. 232.
472 *»Sich in der Zeit des großen Abfalls mit Herzen, Mund und Händen darum bemühen, daß andere nicht hinter Jesus zurückbleiben, bewirkt, daß man selber nicht hinter ihm zurückbleibt, sondern durch diese versuchungsreiche Zeit hindurchkommt«* (F. GRÜNZWEIG: Komm, S. 180f).
473 Vgl. B. REICKE: Komm, S. 62f.

LITERATURVERZEICHNIS

[Kurztitel in eckigen Klammern]

Aland, Kurt. »Der Herrenbruder Jakobus und der Jakobusbrief«. ThLZ 69(1944). S. 97–104.
Aland, Kurt. »Der Jakobusbrief und die Apostolischen Väter«. ZNW 43(1950/51). S. 54–112.
Aland, Kurt. »Jakobus«. RGG III/3. Tübingen, 1959. Sp. 525f.
Aland, Kurt. »Jakobusbrief«. RGG III/3. Tübingen, 1959. Sp. 526–528.
Althaus, Paul. »›Bekenne einer dem andern seine Sünden‹: Zur Geschichte von Jak 5,16 seit Augustin«. Festgabe für T. Zahn. 1928. S. 165-194.
Althaus, Paul. »Das Menschenbild im Lichte des Evangeliums«. FS für E. Brunner. 1950. S. 48.
Baasland, E. »Der Jakobusbrief als Neutestamentliche Weisheitsschrift«. StTh 36(1982). S. 119–139. [Weisheitsschrift]
Bannach, Horst (Hg.). Starker Glaube – schwache Werke? Fragen zum Jakobusbrief. Stuttgart, 1968.
Barkman, Paul F. Der heile Mensch: Die Psychologie des Jakobusbriefes. Kassel, 1968.
Beckmann, Joachim. Invokavit (Jak 1,12–18). In: hören und fragen: Eine Predigthilfe. Hg. v. A. Falkenroth u. H.J. Held. Ergänzungsband zu Band 5 und 6. Neukirchen-Vluyn: Neukirchener, 1983. S. 322–328.
Bedae in Epistolas Septem Catholicas. Corpus Christianorum, Series Latina 121. Ed. by D. Hurst. Turnhout, 1983.
Die *Bekenntnisschriften* der evangelisch-lutherischen Kirche. Hg. im Gedenkjahr der Augsburgischen Konfession 1930. Göttingen, 1986.
Belser, J. E. Die Epistel des Heiligen Jakobus. Freiburg i. B., 1909.
Bengel, Johann Albrecht. Gnomon oder Zeiger des Neuen Testaments, eine Auslegung desselben in fortlaufenden Anmerkungen. In deutscher Sprache hg. v. C. F. Werner. 2. Band. Ludwigsburg, 1860. [Gnomon]
Bergauer, Paulus. Der Jakobusbrief bei Augustinus und die damit verbundenen Probleme der Rechtfertigungslehre. Wien, 1962. [Der Jakobusbrief bei Augustinus]
Berger, Klaus. »Abraham II. Im Frühjudentum und Neuen Testament«. TRE 1(1977). S. 372–382. [Abraham]
Berger, Klaus. »Hellenistische Gattungen im Neuen Testament«. ANRW II 25.2, 1984. 1132–1138.1326–1363
Berger, Klaus. Formgeschichte des Neuen Testaments. Heidelberg, 1984.
Beyschlag, W. Der Brief des Jakobus. Meyer Kommentar. 4. Aufl. Göttingen, 1882. [Komm]
Bieder, W. »Christliche Existenz nach dem Zeugnis des Jakobusbriefes«. ThZ. 5(1949). S. 93–113. [Christliche Existenz]
Billerbeck, Paul. Die Briefe des Neuen Testament und die Offenbarung Johannis. Erläutert aus Talmud und Midrasch. 8. Aufl. München, 1985,
Bornkamm, G.; Rahner, K. (Hg.). Die Zeit Jesu. Festschrift für Heinr. Schlier. Freiburg, 1970.
Bourbeck, Christine. 19. So. n. Trin. (Jak 5,13–20). Göttinger Predigtmeditationen. 18. Jg. Göttingen, 1964. S. 334–338.
Boyens, Armin. Invokavit (Jak 4,6b-10). Predigtstudien IV,1. Stuttgart; Berlin, 1975. S. 148–152.
Braumann, Georg. »Der theologische Hintergrund des Jakobusbriefes«. ThZ 18(1962). S. 401–410.
Braun, Herbert. 11. So. n. Trin. (Jak 1,2–12). Monatsschrift für Pastoraltheologie. 43. Jg. Göttingen, 1954. S. 207–210.
Braun, Herbert. 8. So. n. Trin. (Jak 2,10–17). Göttinger Predigtmeditationen II,3. Göttingen, 1948. S. 43–46.
Braun, Herbert. 9. So. n. Trin. (Jak 1,2–12). Göttinger Predigtmeditationen. 18. Jg. Göttingen, 1964. S. 270–273.

Breit, Herbert. 19. So. n. Trin. (Jak 5,13–20). Calwer Predigthilfen. Bd. 8. Stuttgart, 1969. S. 281–288.

Buchholz, Armin. Schrift Gottes im Lehrstreit, Frankfurt/M. u.a., 1993. [Schrift Gottes]

Bultmann, Rudolf. »Das christologische Bekenntnis des Ökumenischen Rates«. In: Glauben und Verstehen. Bd. 2. 5. erw. Aufl. Tübingen, 1968. [Das christologische Bekenntnis]

Bultmann, Rudolf. Theologie des Neuen Testaments. 3.Aufl. Tübingen, 1958. [Theologie]

Burchard, C. »Gemeinde in der strohernen Epistel: Mutmaßungen über Jakobus«. In: Kirche. Festschrift für G. Bornkamm. Tübingen, 1980. S. 315–328.

Burchard, C. »Zu einigen christologischen Stellen des Jakobusbriefes«. In: Anfänge der Christologie. Festschrift für F. Hahn. Göttingen, 1991. S. 353–368.

Calvin, Johannes. Auslegung der Heiligen Schrift in deutscher Übersetzung. 14. Band: Ebräerbrief und katholische Briefe. Neukirchen, o.J.

Calvin, Johannes. Auslegung der Heiligen Schrift in deutscher Übersetzung. Bd. 16. Hg. v. O. Weber. Moers, 1960. [Komm]

Cladder, H.J. »Der formale Aufbau des Jakobusbriefes«. ZHTh 28(1904). S. 295–330.

Cladder, H.J. »Die Anlage des Jakobusbriefes«. ZHTh 28(1904). S. 27–57.

Classen, C.J. »Paulus und die antike Rhetorik«. ZNW 82(1991). S. 1–33.

Dächsel, August (Hg.). Das Neue Testament mit in den Text eingeschalteter Auslegung, ausführlichen Inhaltsangaben und erläuternden Bemerkungen. 2. Hälfte. 1. Abteilung. Leipzig, o.J.

Davids, Peter H. James. A Good News Commentary. San Francisco, 1983. [James]

Davids, Peter H. The Epistle of James: A Commentary on the Greek Text. The New International Greek Testament Commentary. Ed. by W.W. Gasque and H. Marshall. Grand Rapids, 1982. [Comm]

de Wette, J.M.L. Kurze Erklärung der Briefe des Petrus, Judas und Jakobus. Basel, 1847. [Komm]

Dibelius, Martin. Der Brief des Jakobus. Kritisch-exegetischer Kommentar über das Neue Testament. 8. Aufl. Göttingen, 1956. [Komm]

Dobiáš, F.M. 9. So. n. Trin. (Jak 3,13–18). Göttinger Predigtmeditationen. 21. Jg. Göttingen, 1967. S. 291–298.

Döbrich, Wolfgang. Invokavit (Jak 4,6b-10). Predigtstudien IV,1. Stuttgart; Berlin, 1975. S. 152–156.

Doerne, Martin. Cantate (Jak 1,16–21). In: Die Alten Episteln: Homiletische Auslegung. 2. Aufl. Berlin, 1973. S. 126–130.

Doerne, Martin. Cantate (Jak 1,16–21). In: Furcht ist nicht in der Liebe: Homiletische Auslegung der Alten Episteln. Berlin, 1947. S. 107–110.

Doerne, Martin. Rogate (Jak 1,22–27). In: Furcht ist nicht in der Liebe: Homiletische Auslegung der Alten Episteln. Berlin, 1947. S. 110–114.

Doerne, Martin. Rogate (Jak 1,22–27). In: Die Alten Episteln: Homiletische Auslegung. 2. Aufl. Berlin, 1973. S. 130–134.

Eichholz, Georg. Herr, tue meine Lippen auf. Bd. 4.

Eichholz, Georg. 8. So. n. Trin. (Jak 2,14–24). Göttinger Predigtmeditationen. Göttingen, 1959–60. S. 267–271.

Eichholz, Georg. Glaube und Werk bei Paulus und Jakobus. Theologische Existenz heute. N.F. 88. München, 1961.

Eichholz, Georg. Jakobus und Paulus: Ein Beitrag zum Problem des Kanons. Theologische Existenz heute. N.F. 39. München, 1953.

Eusebius von Cäsarea. Kirchengeschichte. Dt. hg. von H. Kraft. 2. Aufl. München, 1981. [Kirchengeschichte]

Falkenroth, Arnold. 18. So. n. Trin. (Jak 2,1–13). In: hören und fragen: Eine Predigthilfe. Hg. v. A. Falkenroth u. H.J. Held. Ergänzungsband zu Band 3 und 4. Neukirchen-Vluyn: Neukirchener, 1981. S. 395–401.

Falkenroth, Arnold. 8. So. n. Trin. (Jak 2,14–24). In: hören und fragen: Eine Predigthilfe. Hg. v. G. Eichholz u. A. Falkenroth. Band 6: Dritte Epistelreihe. Neukirchen-Vluyn, 1971. S. 363–372.

Fascher, Erich. »Katholische Briefe«. RGG III/3. Tübingen, 1959. Sp. 1198–1199.

Feine, Paul. Einleitung in das Neue Testament. Leipzig, 1923. [Einleitung]

Fendt, Leonhardt. Die alten Perikopen für die theologische Praxis erläutert. Tübingen, 1931. S. 122f.125–127.

Fischer, Karl Martin. Quasimodogeniti (Jak 1,17–21). Göttinger Predigtmeditationen. 28. Jg. Göttingen, 1974. S. 219–224.

Francis, F.O. »The Form and Function of the Opening and Closing Paragraphs of James and 1 John«. ZNW 61(1970). S. 110–126.

Frankemölle, Hubert. »Das semantische Netz des Jakobusbriefes: Zur Einheit eines umstrittenen Briefes«. BZ 34(1990). S. 161–197.

Frankemölle, Hubert. »Der Jakobusbrief als Weisheitsschrift im Kontext frühjüdischer Weisheit«. rhs 33(1990). S. 305–313.

Frankemölle, Hubert. »Gesetz im Jakobusbrief: Zur Tradition, kontextuellen Verwendung und Rezeption eines belasteten Begriffes«. In: K. Kertelge (Hg.). Das Gesetz im Neuen Testament. Freiburg, 1986. S. 175–221.

Frankemölle, Hubert. »Gespalten oder ganz: Zur Pragmatik der theologischen Anthropologie des Jakobusbriefes«. In: H.U. v. Brachel / N. Mette (Hg.). Kommunikation und Solidarität. Freiburg; Münster, 1985. S. 160–178.

Frankemölle, Hubert. Der Brief des Jakobus. Ökumenischer Taschenbuchkommentar zum Neuen Testament. Bd. 17/1+2. Hg. v. E. Grässer u. K. Kertelge. Gütersloh; Würzburg, 1994. [Komm]

Frick, Robert. Invokavit (Jak 4,6b-10). Göttinger Predigtmeditationen. Göttingen, 1963/64. S. 102–107.

Friedrich, Gerhard. 2. So. n. Trin. (Jak 2,1–10). Göttinger Predigtmeditationen. Göttingen, 1957–58. S. 28–33.

Friesenhahn, H. »Zur Geschichte der Überlieferung und Exegese des Textes bei Jak 5,14f«. BZ 24(1938/39). S. 185–190.

Fürst, Walther. 8. So. n. Trin. (Jak 2,14–24/26). Predigtstudien VI,2. Stuttgart; Berlin, 1971/72. S. 140–143.

Fürst, Walther. Invokavit (Jak 4,6b-10). In: hören und fragen: Eine Predigthilfe. Hg. v. A. Falkenroth u. H.J. Held. Band 4. Zweite Epistelreihe, 1. Teil. Neukirchen-Vluyn, 1975. S. 165–171.

Geense, Adriaan. Invokavit (Jak 4,6b-10). Göttinger Predigtmeditationen. 24. Jg. Göttingen, 1969. S. 114–121.

Gollwitzer, Helmut. Kantate (Jak 1,17–21). Göttinger Predigtmeditationen. 22. Jg. Göttingen, 1968. S. 225–232.

Gollwitzer, Helmut. Neujahr (Jak 4,13–17). Göttinger Predigtmeditationen. Göttingen, 1961/62. S. 69–73.

Goppelt, Leonhard. Theologie des Neuen Testaments. Zweiter Teil: Vielfalt und Einheit des apostolischen Christuszeugnisses. Hg. v. J. Roloff. Göttingen, 1976. [Theologie]

Grünzweig, Fritz. Der Brief des Jakobus. Wuppertaler Studienbibel. Hg. von Fritz Rienecker und Werner de Boor. Wuppertal, 1973. [Komm]

Guthrie, Donald. New Testament Introduction. Leicester; Illinois, 1990. [Introduction]

Haar, Johann. 7. So. n. Trin. (Jak 3,1–12). Göttinger Predigtmeditationen. 21. Jg. Göttingen, 1967. S. 281–286.

Haar, Johann. 8. So. n. Trin. (Jak 2,14–24). Göttinger Predigtmeditationen. 20. Jg. Göttingen, 1966. S. 306–312.

Haar, Johann. Der Jakobusbrief. Praktische Schriftauslegung für Predigt, Bibelarbeit, Unterricht. Hg. von Ludwig Schmidt. Band 9. Stuttgart; Göttingen, 1971. [Komm]

Haar, Johann. Drittletzter So. d. Kirchenjahrs (Jak 5,7–11). Göttinger Predigtmeditationen. 24. Jg. Göttingen, 1970. S. 431–438.

Haar, Johann. Rogate (Jak 1,22–27). Göttinger Predigtmeditationen. 22. Jg. Göttingen, 1968. S. 232–237.

Hahn, Ferdinand. Drittletzter So. d. Kirchenjahrs (Jak 5,7–11). Göttinger Predigtmeditationen. 18. Jg. Göttingen, 1964. S. 376–386.

Hahn, Traugott. Glaubet an das Licht! Ein Jahrgang Predigten nebst Anhang. Gütersloh: C.Bertelsmann, 1920. Predigt zu Jak 1,2–4. S. 317–321.

Halson, B.R. »The Epistle of James: ›Christian Wisdom‹?«. In: Studia Evangelica. Bd. 4. Berlin, 1968. S. 308-314.

Hanssen, Olaf. Kantate (Jak 1,17–21). Calwer Predigthilfen. Bd. 12. Stuttgart, 1973. S. 288–294.

Härle, Wilfried. Dogmatik. Berlin; New York, 1995.

Hartenstein, Karl. Predigt am 3. So. n. Epiphanias (Jak 5,1–20). In: Vom Wachen und Warten: Ein Jahrgang Predigten. Stuttgart, 1953. S. 69–76.

Hauck, Friedrich. Der Brief des Jakobus. Kommentar zum Neuen Testament. Hg. v. T. Zahn. Band XVI. Leipzig, 1926. [Komm]

Hauck, Friedrich. Die Briefe des Jakobus, Petrus, Judas und Johannes (Kirchenbriefe). Das Neue Testament Deutsch. Bd. 10. Göttingen, 1947. [NTD]

Hausmann, Manfred. Predigt über Jak 5,12–20. In: Wort vom Wort: Acht Predigten. 5. Aufl. Neukirchen, 1974. S. 90–101.

Heiligenthal, R. Werke als Zeichen: Untersuchungen zur Bedeutung der menschlichen Taten im Frühjudentum, Neuen Testament und Urchristentum. Tübingen, 1983. [Werke als Zeichen]

Held, Heinz Joachim. 9. So. nach Trin. (Jak 1,2–12). In: hören und fragen: Eine Predigthilfe. Hg. v. A. Falkenroth u. H.J. Held. Band 4. Zweite Epistelreihe, 2. Teil. Neukirchen-Vluyn: Neukirchener, 1976. S. 91–99.

Hengel, Martin. »Der Jakobusbrief als antipaulinische Polemik«. In: Tradition and Interpretation in the New Testament. Essays in Honor of E.E. Ellis. Tübingen, 1987. S. 248–278.

Hengel, Martin. »Jakobus der Herrenbruder – der erste ›Papst‹?«. In: Glaube und Eschatologie. Festschrift für W.G. Kümmel. Tübingen, 1985. S. 71-104.

Herder, J.G. »Briefe zweener Brüder Jesu in unserm Kanon«. Herders Sämtl. Werke. Hg. von B.Suphan. Bd. VII. Berlin, 1884. S. 471–530. [Briefe zweener Brüder]

Hoppe, Rudolf. Der theologische Hintergrund des Jakobusbriefes. Würzburg, 1977. [Hintergrund]

Hoppe, Rudolf. Jakobusbrief. Stuttgarter Kleiner Kommentar: Neues Testament 15. Hg. v. P.-G. Müller. Stuttgart, 1989. [Komm]

Hörster, Gerhard. Einleitung und Bibelkunde zum Neuen Testament. Handbibliothek zur Wuppertaler Studienbibel. Wuppertal; Zürich, 1993. [Einleitung]

Iwand, Hans Joachim. (Jak 2,14–26) Nachgelassene Werke. 3. Band. Hg. v. H. Gollwitzer u.a. München, 1963. S. 17–22.

Jager, Okke. Biblisches Tagebuch: Neues Licht auf alte Texte. Wien; Freiburg; Basel, 1970.

Jeremias, Joachim. »Paul and James«. ExpT 66(1954/55). S. 368ff.

Josephson, Hermann. Die Briefe des Jakobus und Judas. Das Wort des Heils: eine volkstümliche Auslegung der Bücher des Neuen Testaments. Hg. v. H. Josophson. Hamburg, 1908.

Jülicher, Adolf. Einleitung in das Neue Testament. 5. u. 6., neu bearb. Aufl. Tübingen, 1913. [Einleitung]

Karrer, M. »Christus der Herr und die Welt als Stätte der Prüfung: Zur Theologie des Jakobusbriefes«. KuD 35(1989). S. 166–187.

Kawerau, G. »Die Schicksale des Jakobusbriefes im 16. Jahrhundert«. Zeitschr. f. kirchl. Wissenschaft u. kirchl. Leben 10(1889). S. 359–370. [Schicksale]

Kierkegaard, Sören. Zur Selbstprüfung der Gegenwart anbefohlen: Jak 1,22–27. Kopenhagen, 1851. In: Ges. Werke. Hg. v. E. Hirsch u. H. Gerdes. Gütersloh, 1953. S. 45–88.

Kirk, J.A. »The Meaning of Wisdom in James: Examination of a Hypothesis«. NTS 16(1969/70). S. 24–38.

Kistemaker, S. J. »The Theological Message of James«. JETS 29(1986). S. 55–62.

Kittel, G. »Der geschichtliche Ort des Jakobusbriefes«. ZNW 41(1942). S. 71–105. [Der geschichtliche Ort]

Kittel, G. »Der Jakobusbrief und die Apostolischen Väter«. ZNW 43(1950/51). S. 54–112.

Kittel, Gerhard. »Die Stellung des Jakobus zu Judentum und Heidenchristentum«. ZNW 30(1931). S. 145–156.

Klaus, Bernhard. 19. So. n. Trin. (Jak 5,13–20). Predigtstudien IV,2. Stuttgart; Berlin, 1976. S. 234–238.

Klaus, Bernhard. Drittletzter So. d. Kirchenjahrs (Jak 5,7–11). Predigtstudien IV,2. Stuttgart; Berlin, 1976. S. 255–258.

Klein, Günter. 8. So. n. Trin. (Jak 2,14–24/26). Göttinger Predigtmeditationen. 26. Jg. Göttingen, 1972. S. 308–320.

Knoch, Otto. Der Brief des Apostels Jakobus. Erläuterungen zum Neuen Testament für die Geistliche Lesung. Hg. v. W. Trilling. Düsseldorf, 1964. [Komm]

Knox, W.L. »The Epistle of James«. JThSt 46(1945). S. 10ff.

Köberle, Adolf. Das Brot des Lebens: Evangelische Abendandachten für jeden Tag. Berlin, 1933. S. 190+149.

Kreck, Walter. Invokavit (Jak 4,6b-10). Göttinger Predigtmeditationen. 30. Jg. Göttingen, 1976. S. 138–143.

Kroeker, Jakob. ER sprach zu mir: Biblische Betrachtungen für die stillen Stunden des täglichen Umgangs mit Gott. Gießen; Basel, 1934. S. 84.

Kugelman, Richard. James & Jude. New Testament Message: A Biblical-Theological Commentary. Ed. by W. Harrington and D. Senior. Vol. 19. Wilmington, 1980. [Comm]

Kümmel, Werner Georg. Einleitung in das Neue Testament. Berlin: Evangelische Verlagsanstalt, 1989. (Unveränd. Nachdruck der 21. Aufl. Heidelberg, 1983.) [Einleitung]

Kürzdörfer, K. Der Charakter des Jakobusbriefes. Masch.schriftl. Diss. Tübingen, 1966. [Charakter des Jakobusbriefes]

Laubach, Fritz. Herr, heile mich! Krankheit und Heilung in biblischer Sicht. Wuppertal; Zürich: R. Brockhaus, 1991.

Lautenschlager, M. »Der Gegenstand des Glaubens im Jakobusbrief«. ZThK 87(1990). S. 163–184.

le Seur, Paul. Der Jakobusbrief. Bibelhilfe für die Gemeinde. Eine volkstümliche Einführung für Bibelleser. Hg. v. E. Stange. Neutestamentliche Reihe. Bd. 17. Leipzig; Hamburg, o.J. [Komm]

Linke, Karl. 8. So. n. Trin. (Jak 2,14–24/26). Predigtstudien VI,2. Stuttgart; Berlin, 1971/72. S. 143–147.

Lohse, Eduard. »Glaube und Werke – zur Theologie des Jakobusbriefes«. ZNW 48(1957). S. 1–22. [Abgedr. in: Ders. Die Einheit des Neuen Testaments. 1973. S. 285–306.] [Glaube und Werke]

Lohse, Eduard. Entstehung des Neuen Testaments. 2., durchges. u. erg. Aufl. Stuttgart; Berlin; Köln; Mainz, 1975. [Entstehung]

Luck, Ulrich. »Der Jakobusbrief und die Theologie des Paulus«. Theologie und Glaube 61(1971). S. 161–179. [Jakobusbrief]

Luck, Ulrich. »Die Theologie des Jakobusbriefes«. ZThK 81(1984). S. 1–30. [Theologie]

Luck, Ulrich. »Weisheit und Leiden: Zum Problem Paulus und Jakobus«. ThLZ 92(1967). S. 253–258. [Weisheit und Leiden]

Luther, Martin. Predigt am 4. So. n. Ostern. Dr. Martin Luthers sämtliche Schriften. Hg. v. J.G. Walch. 12. Band. Kirchen-Postille. Groß Oesingen, 1987. S. 581–591

Maier, Gerhard. »Inwiefern ist der Jakobusbrief missionarisch?«. Martyria: Festschrift zum 60. Geburtstag von Peter Beyerhaus am 1.2.1989. Hg. v. J. Kniffka. Wuppertal; Zürich, 1989. S. 88–92.

Maier, Gerhard. Biblische Hermeneutik. Wuppertal; Zürich, 1990.

Maier, Gerhard. Das Ende der historisch-kritischen Methode. 2. Aufl. Wuppertal, 1975.

Maier, Gerhard. Jakobusbrief. Bibelkommentare zum Neuen Testament. Hg. v. G. Maier. Bd. 23. 2. Aufl. Neuhausen-Stuttgart: Hänssler, 1991. [Komm]

Maier, Gerhard. Reich und arm: Der Beitrag des Jakobusbriefes. Theologie und Dienst, Heft 22. Gießen; Basel, 1980.

Marquardt, Friedrich-Wilhelm. Neujahr (Jak 4,13–16). Göttinger Predigtmeditationen. 28. Jg. Göttingen, 1973. S. 72–80.

Martin, Ralph P. James. World Biblical Commentary. Ed. by D.A. Hubbard and G.W. Barker. Vol. 48. Waco, 1988. [Comm]

Marxsen, Willi. »Christliche« und christliche Ethik im Neuen Testament. Gütersloh, 1989. [Christliche Ethik]

Marxsen, Willi. Der »Frühkatholizismus« im Neuen Testament. 1958. S. 22ff.

Maurer, Wilhelm. »Luthers Verständnis des neutestamentlichen Kanons«. Fuldaer Hefte 12. Berlin, 1960. S. 47–77.

Meinertz, M. »Luthers Kritik am Jakobusbrief nach dem Urteil seiner Anhänger«. BZ 3(1905). S. 273–286.

Meinertz, Max. Der Jakobus und sein Verfasser in Schrift und Überlieferung. Freiburg i.Br., 1905.

Meyer, Arnold. Das Rätsel des Jacobusbriefes. BZNW 10. Gießen, 1930.

Michl, Johann. Die katholischen Briefe. Regensburger Neues Testament. Hg. v. O. Kuss. 8. Bd. 2. Teil. Regensburg, 1968. [Komm]

Mildenberger, Friedrich. Neujahrstag (Jak 4,13–15). In: hören und fragen: Eine Predigthilfe. Hg. v. A. Falkenroth u. H.J. Held. Band 2. Erste Epistelreihe. Neukirchen-Vluyn, 1979. S. 50–57.

Müller-Eckhard, Hans. Die Krankheit, nicht krank sein zu können. Stuttgart: Klett, 1955.

Münderlein, Gerhard. 8. So. n. Trin. (Jak 2,14–24). Calwer Predigthilfen. Bd. 10. Stuttgart, 1971. S. 299–304.

Münderlein, Gerhard. 9. So. n. Trin. (Jak 1,2–12). Calwer Predigthilfen. Bd. 8. Stuttgart, 1969. S. 325–332.

Münderlein, Gerhard. Drittletzter So. d. Kirchenjahrs (Jak 5,7–11). Calwer Predigthilfen. Bd. 8. Stuttgart, 1969. S. 332–336.

Mussner, Franz. »Die ethische Motivation im Jakobusbrief«. In: Neues Testament und Ethik. Festschrift für R. Schnackenburg. Freiburg, 1989. S. 416–423.

Mussner, Franz. »Jakobusbrief«. NBL 2(1992). S. 277–278.

Mussner, Franz. Der Jakobusbrief. Herders Theologischer Kommentar zum Neuen Testament. Hg. v. A. Wikenhauser u. A. Vögtle. Band XIII: Faszikel 1. 5., durchges. Aufl. Freiburg; Basel; Wien, 1987. [Komm]

Nestle-Aland. Novum Testamentum Graece. 26. Aufl. Stuttgart, 1979.

Niederwimmer, K. »Ἰάκωβος Jakobus«. EWNT 2(1981). S. 411–415. [Jakobus]

Niemöller, Martin. Predigt zu Jak 1,22–27. In: Dennoch getrost: Die letzten 28 Predigten des Pfarrers M. Niemöller. Zollikon, 1939. S. 132–138.

Obermüller, R. »Hermeneutische Themen im Jakobusbrief«. Bibl 53(1972). S. 234–244.

Öffner, Ernst. Drittletzter So. d. Kirchenjahrs u. 19. So. n. Trin. (Jak 5,7–11.13–20). Predigtstudien IV,2. Stuttgart; Berlin, 1976. S. 238–247.

Paulsen, Henning. »Jakobusbrief«. TRE. Bd. 18. S. 488–495.

Peters, Hans-Jürgen. »Was tun, wenn Zweifel kommen?« ICHTHYS Nr. 17, 1993, S. 8–23.

Pfeiffer, E. »Der Zusammenhang des Jakobusbriefes«. ThStKr 23(1850). S. 163–181.

Pfitzner, Klaus. 9. So. n. Trin. (Jak 1,2–12). Predigtstudien IV,2. Stuttgart; Berlin, 1976. S. 164–167.

Pixner, Bargil. Wege des Messias und Stätten der Urkirche. Hg. v. R. Riesner. 2. Aufl. Giessen, 1991.

Pohl, Adolf. Kommentar zum Galaterbrief. Wuppertaler Studienbibel, Ergänzungsband, 1995. [Galaterbrief]

Popkes, Wiard. Adressaten, Situation und Form des Jakobusbriefes. Stuttgarter Bibelstudien 125/126. Hg. v. H. Merklein u. E. Zenger. Stuttgart, 1986. [Adressaten]

Pratscher, W. »Der Herrenbruder Jakobus und die Jakobustradition«. Göttingen, 1987.

Reicke, Bo. The Epistles of James, Peter, and Jude. The Anchor Bible. Ed. by W.F. Albright and D.N. Freedman. New York, 1964. [Komm]

Rendtorff, H. Hörer und Täter: Eine Einführung in den Jakobusbrief. Hamburg, 1953.

Rendtorff, Heinrich. Von den guten Werken des Glaubens: Handreichung zur Bibelwoche 1953 über den Jakobusbrief. Hg. von D. Heinrich Rendtorff. Berlin, 1953.

Rienecker, Fritz. Sprachlicher Schlüssel zum Griechischen Neuen Testament. Gießen; Basel: Brunnen, 1970.

Robinson, J.A.T. Redating the New Testament. London, 1976. 4. Aufl. 1981. Deutsch: Wann entstand das Neue Testament? Wuppertal, 1986. [Redating]

Ruckstuhl, Eugen. »Jakobus (Herrenbruder)«. TRE. Bd. 18. S. 485–488.

Ruckstuhl, Eugen. Jakobusbrief; 1.-3. Johannesbrief. Die Neue Echter Bibel. Hg. v. J. Gnilka u. R. Schnackenburg. Bd. 17/19. Würzburg, 1985. [Komm]

Rustler, M.K. Thema und Disposition des Jakobusbriefes. Masch.schriftl. Diss. Wien, 1952.

Sasse, Hermann. Predigt am Sonntag Rogate (Jak 1,22–27). In: Zeugnisse: Erlanger Predigten und Vorträge vor Gemeinden 1933–1944. Hg. v. F.W. Hopf. Erlangen, 1979. S. 75–86.

Saxer, Ernst (Hg.). Huldrych Zwingli. Ausgewählte Schriften. In neuhochdeutscher Wiedergabe mit einer historisch-biographischen Einführung. Neukirchen-Vluyn: Neukirchener Verlag, 1988.

Schammberger, Hermann. Die Einheitlichkeit des Jakobusbriefes im antignostischen Kampf. 1936. [Einheitlichkeit]

Schawe, E. »Die Ethik des Jakobusbriefes«. WuA 20(1979). S. 132–138.

Schille, Gottfried »Wider die Gespaltenheit des Glaubens – Beobachtungen am Jakobusbrief«. TheolVers 9(1977). S. 71–89.

Schlatter, Adolf. Der Brief des Jakobus. 3. Aufl. Stuttgart, 1985. [Komm]

Schlatter, Adolf. Erläuterungen zum Neuen Testament. 3. Band. Stuttgart: Calwer, 1928. [Erläut]

Schmidt-Clausing, Fritz. »Die unterschiedliche Stellung Luthers und Zwinglis zum Jakobusbrief«. Reformatio 18(1969). S. 568–585. [Die unterschiedliche Stellung]

Schmithals, W. Paulus und Jakobus. Göttingen, 1963.

Schneider, Johannes. Die Briefe des Jakobus, Petrus, Judas und Johannes. Das Neue Testament Deutsch. Hg. v. P. Althaus u. G. Friedrich. Teilband 10. 1. Aufl. der Neubearb. Göttingen, 1961. [Komm]

Schoeps, Hans Joachim. Theologie und Geschichte des Judenchristentums. 1949. S. 343ff.

Schönherr, Albrecht. 9. So. n. Trin. (Jak 1,2–12). Göttinger Predigtmeditationen. 30. Jg. Göttingen, 1976. S. 338–345.

Schrage, Wolfgang. Die »Katholischen« Briefe: Die Briefe des Jakobus, Petrus, Judas und Johannes. Das Neue Testament Deutsch. Hg. v. G. Friedrich u. P. Stuhlmacher. Teilband 10. 2. Aufl. der Neubearb. Göttingen, 1980. [Komm]

Seim, Jürgen. 19. So. n. Trin. (Jak 5,13–20). In: hören und fragen: Eine Predigthilfe. Hg. v. A. Falkenroth u. H.J. Held. Band 4. Zweite Epistelreihe, 2. Teil. Neukirchen-Vluyn: Neukirchener, 1976. S. 174–180.

Seim, Jürgen. 25. So. n. Trin. (Jak 5,7–11). In: hören und fragen: Eine Predigthilfe. Hg. v. A. Falkenroth u. H.J. Held. Band 4. Zweite Epistelreihe, 2. Teil. Neukirchen-Vluyn: Neukirchener, 1976. S. 229–234.

Seitz, O.F. »James and the Law«. StEv II. TU 87(1964). S. 472ff.

Selms, A. von . »Jüdische Diaspora«. RGG III/2. Tübingen, 1958. Sp. 174–176.

Shepherd, M.H. »The Epistle of James and the Gospel of Matthew«. JBL 75(1956). S. 40ff.

Sidebottom, E.M. James, Jude and 2 Peter. The Century Bible. New Edition. London; Edinburgh, 1967. [Comm]

Soden, Hans von. Hand-Commentar zum Neuen Testament. 3. Band. Freiburg i.B., 1891. [Komm]

Souïek, Josef B. »Zu den Problemen des Jakobusbriefes«. EvTh 18(1958). S. 460–468.

Souïek, Josef B. Drittletzter So. d. Kirchenjahrs (Jak 5,7–11). Göttinger Predigtmeditationen. Göttingen, 1957/58. S. 57–62.

Spitta, F. Der Brief des Jakobus. Göttingen, 1896.

Spurgeon, Charles Haddon. Ein Gramm Glauben wiegt mehr als Berge von Philosophie. Wuppertal; Kassel: Oncken, 1979.

Steck, K.G. 8. So. n. Trin. (Jak 2,14–26). Monatsschrift für Pastoraltheologie. 43. Jg. Göttingen, 1954. S. 190–194.

Stendahl, Krister; Sander, Emilie T. »Biblical Literature: New Testament canon, texts, and versions: The letter of James.« Encyclopaedia Britannica. Macropaedia, Vol. 14. 15. Aufl. Chicago, 1985. S. 842. [Letter of James]

Stoevesandt, Hinrich. 19. So. n. Trin. (Jak 5,13–20). Göttinger Predigtmeditationen. 30. Jg. Göttingen, 1976. S. 406–417.

Stöhr, Martin. 8. So. n. Trin. (Jak 2,14–26). Predigtstudien VI,2. Stuttgart; Berlin, 1978. S. 152–157.

Strecker, G. »Jakobusbrief«. EKL 2(1989). S, 794–795.

Stuhlmacher, Peter. Gerechtigkeit Gottes bei Paulus. FRLANT 87(1965). S. 191ff.229.

Stuhlmann, Rainer. 2. Advent (Jak 5,7–8). In: hören und fragen: Eine Predigthilfe. Hg. v. A. Falkenroth u. H.J. Held. Band 2. Erste Epistelreihe. Neukirchen-Vluyn: Neukirchener, 1979. S. 7–13.

Tamez, E. »Elemente der Bibel, die den Weg der christlichen Gemeinde erhellen: Eine hermeneutische Übung anhand des Jakobusbriefes«. EvTh 51(1991). S. 92–100.

Tannert, Werner. 9. So. n. Trin. (Jak 1,2–12). Göttinger Predigtmeditationen. 24. Jg. Göttingen, 1970. S. 327–331.

Thomas, J. »Anfechtung und Vorfreude: Ein biblisches Thema nach Jak. 1,2–18, im Zusammenhang mit Ps. 126, Röm5,3–5 und 1 Petr 1,5–7 formkritisch untersucht und parakletisch ausgelegt«. KuD 14(1968). S. 183–206.

Thurneysen, Eduard. Der Brief des Jakobus ausgelegt für die Gemeinde. 3. Aufl. Basel, 1959.

Thyen, Hartwig. Der Stil der Jüdisch-Hellenistischen Homilie. FRLANT. NF 47(1956). S. 14ff.

Tielemann, Th. »Versuch einern neuen Auslegung und Anordnung des Jakobusbriefes«. NKZ 5(1894). S. 580–611.

Tielemann, Th. »Zum Verständnis und zur Würdigung des Jakobusbriefes«. NKZ 44(1933) S. 256–270.

Traub, Hellmut. 2. So. n. Trin. (Jak 2,1–10). Göttinger Predigtmeditationen. 43. Jg. Göttingen, 1954 S. 169–172.

Traub, Hellmut. 25. So. n. Trin. (Jak 5,7–11). Monatsschrift für Pastoraltheologie. 43. Jg. Göttingen, 1954. S. 282–286.
Traub, Hellmut. 9. So. n. Trin. (Jak 1,2–12). Göttinger Predigtmeditationen. Göttingen, 1957–58. S. 63–69.
Traub, Hellmut. Cantate (Jak 1,16–21). In: Herr, tue meine Lippen auf. Eine Predigthilfe hg. v. G. Eichholz. Band 2. 3. Aufl. Wuppertal-Barmen, 1962. S. 287–292.
Traub, Hellmut. Rogate (Jak 1,22–27). In: Herr, tue meine Lippen auf. Eine Predigthilfe hg. v. G. Eichholz. Band 2. 3. Aufl. Wuppertal-Barmen, 1962. S. 292–296.

Vicedom, Georg F. u.a. Gepredigt den Völkern: Zur missonarischen Relevanz der Perikopen der VI. Predigtreihe. Breklum, 1971. S. 185–188.
Voigt, Gottfried. 19. So. n. Trin. (Jak 5,13–20). In: Der zerrissene Vorhang: Homiletische Auslegung der Predigttexte der Reihe IV. 2. Aufl. Berlin, 1975. S. 394–400.
Voigt, Gottfried. 2. So. im Advent (Jak 5,7–8). In: Das heilige Volk: Homiletische Auslegung der Predigttexte der Reihe II. Berlin, 1979. S. 18–25.
Voigt, Gottfried. 8. So. nach Trin. (Jak 2,14–24). In: Die neue Kreatur. Homiletische Auslegung der Predigttexte der Reihe VI. Berlin, 1966. S. 251–256.
Voigt, Gottfried. 9. So. n. Trin. (Jak 1,2–12). In: Der zerrissene Vorhang: Homiletische Auslegung der Predigttexte der Reihe IV. 2. Aufl. Berlin, 1975. S. 320–327.
Voigt, Gottfried. Drittletzter So. d. Kirchenjahrs (Jak 5,7–11). In: Der zerrissene Vorhang: Homiletische Auslegung der Predigttexte der Reihe IV. 2. Aufl. Berlin, 1975. S. 439–445.
Voigt, Gottfried. Invokavit (Jak 1,12–18). In: Die lebendigen Steine: Homiletische Auslegung der Predigttexte der Reihe VI. 2. Aufl. Berlin, 1989. S. 146–152.
Voigt, Gottfried. Invokavit (Jak 4,6b-10). In: Der zerrissene Vorhang: Homiletische Auslegung der Predigttexte der Reihe IV. 2. Aufl. Berlin, 1975. S. 127–134.
Voigt, Gottfried. Neujahr (Jak 4,13–15). In: Das heilige Volk: Homiletische Auslegung der Predigttexte der Reihe II. Berlin, 1979. S. 72–78.

Walker, R. »Allein aus Werken: Zur Auslegung von Jak 2,14–26«. ZThK 61(1964). S. 155–192.
Weiss, Bernhard. Die Apostelgeschichte – Katholischen Briefe – Apokalypse im berichtigten Text. Mit kurzer Erläuterung zum Handgebrauch bei der Schriftlektüre. Das Neue Testament: Handausgabe. Dritter Band. 2., neubearb. Aufl. Leipzig, 1902. [Komm]
Wendland, Gerhard. 8. So. n. Trin. (Jak 2,14–26). Predigtstudien VI,2. Stuttgart; Berlin, 1978. S. 157–159.
Wendland, H.-D. Ethik des Neuen Testaments. NTD. Erg.-reihe. Bd. 4. Göttingen, 1970.
Wiesner, W. So. n. Neujahr (Jak 4,13–17). Göttinger Predigtmeditationen II,1. Göttingen, 1947. S. 42–44.
Wikenhauser, Alfred. Einleitung in das Neue Testament. Freiburg; Basel; Wien, 1963.
Williams, R.R. The Letters of John and James. Cambridge, 1965. [Comm]
Windisch, H. Die katholischen Briefe. HNT. Bd. 15. 3., stark umgearb. Aufl. v. H. Peisker. Tübingen, 1951. [Komm]
Wuellner, W.H. »Der Jakobusbrief im Licht der Rhetorik und Textpragmatik«. LingBibl 43(1978). S. 5–66.

Zahn, Theodor. Einleiung in das Neue Testament. 2 Bde. 4. Aufl. Leipzig, 1924. [Einleitung]
Zahn, Theodor. Brot und Salz aus Gottes Wort.
Zmijewski, J. »Christliche ›Vollkommenheit‹: Erwägungen zur Theologie des Jakobusbriefes.« In: A. Fuchs (Hg.). Studien zum Neuen Testament und seiner Umwelt. Serie A V. Linz, 1980. S. 50–78. [Vollkommenheit]

Die Briefe des Petrus und der Brief des Judas

erklärt von

Uwe Holmer

und

Werner de Boor

R. BROCKHAUS VERLAG

VORWORT

Anfangs hatte der Unterzeichnete es übernommen, alle drei hier vorliegenden biblischen Bücher auszulegen. Es erwies sich jedoch, daß ihm das neben der laufenden Arbeit an der Bibelschule nicht möglich war. So hat sich der Herausgeber der Wuppertaler Studienbibel, OKR Dr. Werner de Boor, entschlossen, den 2. Petrusbrief und den Judasbrief selbst auszulegen. Darüber werden sich alle Benutzer dieser Kommentarreihe freuen. Für ihn freilich bedeutete das noch viel anstrengende Arbeit in seinem letzten, dem 77. Lebensjahr. Ja, bis in die letzten Wochen seines irdischen Lebens hinein hat Dr. de Boor am vorliegenden Band gearbeitet. Dieser Einsatz, in dem Mühe und Reichtum des Dienstes für Jesus unlöslich verbunden waren, ist uns zum Vorbild geworden. So dürfen wir nun nach seinen vielen Bänden in der W.Stb. ein letztes Werk von ihm vor uns haben.

Das dringliche Anliegen von Dr. de Boor war es, daß wir unsere eigenen Gedanken und Meinungen über biblische Probleme zunächst einmal zurückstellen und achtsam hinhören auf das lebendige Wort Gottes. Diesen Grundsatz hatte er von Adolf Schlatter übernommen. Es ist geradezu das Kennzeichen seiner Kommentare, daß sie das Wort Gottes selber aufleuchten lassen. – Am 18. 3. 1976 durfte er still und friedlich heimgehen zu seinem Herrn. Wir danken Gott für diesen Lehrer und Bruder!

Dr. de Boor hat seine Auslegung jedoch nicht mehr selber druckfertig machen können. Die noch nötige Durchsicht hat seine langjährige Mitarbeiterin Dorothea Vogt nach Absprache mit ihm besorgt. Ihr habe ich auch für die Durchsicht des 1. Petrusbriefes viel zu danken. Gemeinsam danken wir Pfarrer Plötner für seine umsichtige Beratung.

„Willst du die Bibel recht lesen, dann halte oft ein, wundere dich, frage, forsche, entdecke" (Werner de Boor).

Daß viele Leser sich die dafür nötige Zeit nehmen, daß sie anderes zurückstellen und dankerfüllt erleben, wie das Wort Gottes ihren Weg hell macht und ihre Herzen erleuchtet (2. Petrus 1, 19), ist mein Wunsch und Gebet.

Falkenberg/Mark, im Februar 1978

Uwe Holmer

INHALTSVERZEICHNIS

Der 1. Petrusbrief

Der 2. Petrusbrief und der Judasbrief

Der 2. Petrusbrief

Der Judasbrief

Der erste Brief des Petrus

erklärt von

Uwe Holmer

R. BROCKHAUS VERLAG

EINLEITUNG ZUM 1. PETRUSBRIEF

Der erste Petrusbrief gehört mit dem Jakobusbrief, dem zweiten Petrusbrief, den drei Johannesbriefen und dem Judasbrief zu den sieben „Katholischen Briefen" des NT. „Katholisch" heißt „allgemein". Daher wird der Name gedeutet als Bezeichnung für Briefe, die sich an die ganze Christenheit wenden, im Unterschied zu anderen Briefen des NT, die an einzelne Gemeinden, Gruppen oder Personen gerichtet sind. Man hat dagegen jedoch eingewendet, daß die Katholischen Briefe sich ursprünglich nicht an die ganze Christenheit wenden, sondern an einen begrenzten, wenn auch sehr großen Empfängerkreis. So findet sich auch die andere Deutung: „katholisch" heißen die Briefe deshalb, weil sie schließlich allgemein, d. h. von der gesamten Kirche, als kanonisch anerkannt seien (vgl. Barclay S. 133). Daher werden sie auch „Kanonische Briefe" genannt.

Der Verfasser

„Petrus, Apostel Jesu Christi", so lautet die Angabe über den Verfasser (1, 1). Gemeint ist also der Jünger Simon, dem Jesus den Zunamen ›Kephas‹ (aramäisch) = ›Petrus‹ (griechisch-lateinisch) gegeben hatte mit der Zusage, auf diesen Felsen wolle er seine Gemeinde bauen (Mt 16, 18; Jo 1, 42). In den Evangelien ist er uns anschaulich geschildert. Seine Führungsrolle in der Anfangszeit der Urgemeinde von Jerusalem und die erste Wirksamkeit wird aus der Apostelgeschichte deutlich, die jedoch von Kap. 15, 7 an über ihn schweigt. So erfahren wir aus dem NT über seine weitere Wirksamkeit und sein Lebensende nichts, außer daß er zunächst vor allem unter Juden Mission trieb (Gal 2, 8), daß er von Paulus in Antiochia zurechtgewiesen wurde (Gal 2, 11 ff.) und daß er bei seinem Missionsdienst seine Frau mitnahm (1Ko 9, 5). Ein gewisser Hinweis auf sein Lebensende wird in Jo 21, 18 f. vorliegen, wo berichtet wird, daß der Auferstandene ihm den (wohl inzwischen eingetretenen) Märtyrertod vorausgesagt hat.

Die Empfänger

„Auserwählte Fremdlinge der Diaspora in Pontus, Galatien, Kappadokien, der Asia und Bithynien" sind die Empfänger. Zu jener Zeit bezeichnen diese alten kleinasiatischen Landschaftsnamen größere römische Provinzen, die alle im Zeitraum zwischen 133 v. Chr. (Asia) und 17 n. Chr. (Kappadokien) entstanden waren. Die römische Provinz Galatien umfaßt außer der alten Landschaft dieses Namens im Zentrum von Kleinasien noch Lykaonien, Pisidien und den Osten Phrygiens. Zur römischen Provinz Asia (Asia proprie dicta) gehörten die Landschaften Mysien, Lydien,

Phrygien und Karien. Unter der Voraussetzung, daß Petrus sich an die offiziellen römischen Bezeichnungen gehalten hat, umfassen die angegebenen Namen fast das ganze Gebiet von Kleinasien. Nur Lykien und Pamphylien und Kilikien im äußersten Süden sind nicht genannt. Letzteres ist wahrscheinlich eng mit der Missionsgemeinde Antiochia verbunden gewesen. Waren die Gemeinden in Lykien und Pamphylien zu unbedeutend oder lagen sie außerhalb der Reiseroute des Briefboten oder bestand keine Veranlassung, an dortige Gemeinden zu schreiben, weil deren Lage anders war? Diese Fragen müssen offen bleiben[1].

Die Empfänger scheinen überwiegend Heidenchristen gewesen zu sein. Denn nur von ehemaligen Heiden kann gesagt werden: ihr Leben ist früher in Unwissenheit von den Lüsten bestimmt worden (1, 14), sie sind erlöst von dem eitlen, von den Vätern überlieferten Wandel (1, 18), sie waren einst „nicht ein Volk", nun aber sind sie Gottes Volk (2, 10) und „es ist genug, daß ihr die vergangene Zeit den Willen der Heiden vollbracht habt" (4, 3 f.). Auch die Beobachtung, daß Petrus in 2, 22 das atst jüdische Wort „Gesetzlosigkeit" durch den allgemeinverständlicheren Ausdruck „Sünde" ersetzt, deutet in diese Richtung. Doch gehörten sicher auch Judenchristen zu den Gemeinden, an die er schreibt. Das entspricht ganz dem Bild, das wir schon von der Wirksamkeit des Apostels Paulus in Kleinasien haben. Nur wenige Ausleger (B. Weiß; Kühl) nehmen an, Petrus habe den Brief an Judenchristen geschrieben. Zweierlei ist kennzeichnend für die Empfänger des Briefes: Es sind viele Neubekehrte unter ihnen (2, 2), und sie stehen in mancherlei Leiden und Bedrängnis (1, 6; 2, 12; 3, 14 ff.; 4, 12 ff. u. ö.).

Abfassungsort

Als Abfassungsort nennt der Brief Babylon (5, 13). Wahrscheinlich ist damit Rom gemeint. Näheres dazu siehe in der Auslegung von 5, 13.

Abfassungszeit

Für die Abfassungszeit sind vor allem die Angaben der Kirchenväter wichtig. Sie besagen, Petrus sei unter Nero, etwa im Jahre 64, den Märtyrertod gestorben[2]. Danach müßte der Brief Anfang bis Mitte der 60er Jahre geschrieben worden sein. Einer so frühen Datierung entspricht auch die Beobachtung, daß in den Gemeinden, an die der 1. Petrusbrief gerichtet ist, das Amt des „Bischofs" noch nicht so bestimmend gewesen zu sein scheint, wie das in späterer Zeit der Fall war. Die Gemeinden wurden geleitet von „Ältesten" (5, 1). Das deutet auf ein frühes Stadium der Gemeinden (vgl.

[1] Sollten in 1, 1 doch nur die alten (kleineren) Landschaften gemeint sein, so sind weitere Gebiete ausgenommen. Einige Forscher sind überzeugt, daß dies der Fall ist, so u. a. Michaelis (Einleitung, S. 283 f.), der daraus folgert, Petrus habe sich vor allem an Gemeinden gewandt, die Paulus nicht gegründet hat. Die meisten Ausleger denken jedoch bei den angegebenen Namen an das größere Gebiet, das auch von Paulus missionierte Landstriche umfaßt.

[2] Andere nennen das Jahr 65 oder auch 67, s. Schelkle, S. 7 und 12.

Apg 20, 17 ff.). Doch lassen sich aus den Angaben der Kirchenväter und den Beobachtungen im Brief selbst nur Wahrscheinlichkeitsurteile fällen. Schlatter sagt: „Auf der Zeit und dem Ort, wann und wo Petrus seinen Brief geschrieben hat, liegt eine nicht zu beseitigende Unsicherheit" („Einl. in die Bibel" S. 487).

Der 1. Petrusbrief und Paulus

Zwei Tatsachen sind im Blick auf diese Frage bedeutsam:

1. Der 1. Petrusbrief hat eine große Nähe zur paulinischen Theologie (besonders zum Römer- und Epheserbrief). Petrus tut seinen brieflichen Seelsorgedienst an den kleinasiatischen Gemeinden ohne irgendeinen erkennbaren Gegensatz zu Paulus.
2. Der 1. Petrusbrief enthält weder einen Gruß von Paulus noch eine andere Notiz über ihn.

Die Beobachtung eines spannungslosen Verhältnisses zwischen Petrus und Paulus wird vertieft durch die Tatsache, daß Petrus mit den Paulus-Mitarbeitern Silvanus und Markus (vgl. 5, 12 f. mit Phlm 24; Kol 4, 10; 2Tim 4, 11) zusammenarbeitet. Auch die Notiz in 2Pt 3, 15 bezeugt ein gutes Verhältnis zwischen Petrus und Paulus. Wie aber ist es zu erklären, daß der 1. Petrusbrief keinen Gruß von Paulus enthält? Wir müssen daraus wohl schließen, daß Paulus zur Zeit der Abfassung des Briefes nicht mit Petrus am gleichen Ort weilte. Es muß offen bleiben, wo er sich befand. Nach den Pastoralbriefen (Tit 1, 5; 3, 12) muß Paulus aus der in der Apostelgeschichte berichteten römischen Gefangenschaft (Apg 28, 30 f.) wieder freigekommen sein und den östlichen Mittelmeerraum besucht haben. Auch besagen einzelne Nachrichten der alten Kirche, daß Paulus noch nach Spanien reisen und dort Missionsdienst tun konnte[3]. Ob Petrus seinen Seelsorgedienst an den Gemeinden von Kleinasien mit Paulus abgesprochen hat, muß offenbleiben.

Die Frage der Echtheit

Der 1. Petrusbrief ist in der alten Kirche verhältnismäßig gut bezeugt. Schon der 2. Petrusbrief hat ihn gekannt (2Pt 3, 1). Eusebius berichtet, daß Bischof Papias von Hierapolis (um 130) den 1. Petrusbrief zitiert, ohne diese Zitate allerdings als solche zu kennzeichnen (Eusebius, Kirchengeschichte III, 39, 16). Bischof Polykarp von Smyrna (gest. 156) übernimmt ganze Sätze aus dem 1. Petrusbrief in seinem Brief an die Philipper. Die alten Kirchenlehrer Irenäus, Clemens von Alexandrien und Tertullian sind von der Echtheit des 1. Petrusbriefes überzeugt. Origenes zählt den Brief zu den allgemein als echt anerkannten Schriften. Dementsprechend finden wir ihn im Kanon des Origenes und des Euseb. Daß er im Kanon Muratori nicht enthalten ist, mag andere Gründe als die der Bezweiflung seiner Echtheit haben.

[3] Feine-Behm (S. 250) schreibt: „Wenn 1Pt in die Zeit der spanischen Reise des Paulus fällt, so kann Petrus Anlaß gehabt haben, anstelle des im fernen Westen weilenden Apostels von Kleinasien den Gemeinden dort ein Wort des Trostes und der Ermahnung zu sagen." Doch bleibt das eine unbewiesene, wenn auch begründete Vermutung.

Dennoch gibt es eine Reihe von Gründen, die etliche Forscher zu der Überzeugung kommen lassen, der 1. Petrusbrief sei nicht vom Apostel Petrus geschrieben, sei also unecht. Folgende Argumente führen sie an:

a) Der Brief ist in gewandtem Griechisch geschrieben. Solch guter Stil könne nur von einem gebildeten Menschen stammen, nicht aber von einem ehemaligen Fischer aus Galiläa. Manche Forscher weisen auch hin auf die Notiz des Papias (bei Eusebius, Kirchengeschichte III, 39, 15), daß Markus „Hermeneut" des Apostels war. Sie verstehen Hermeneut als Übersetzer und schließen daraus, Petrus selbst sei der griechischen Sprache nicht mächtig gewesen.

b) Die schon oben festgestellte Übereinstimmung mit paulinischem Gedankengut deute auf Abhängigkeit von Paulus hin. Der Persönlichkeit des Petrus aber müsse man mehr Eigenständigkeit zutrauen. Deshalb müsse irgendein Paulusschüler der Verfasser von 1Pt sein. Auch läßt sich manche Übereinstimmung mit dem Jakobusbrief nachweisen. Das kennzeichne den Verfasser des 1. Petrusbriefes ebenfalls als einen wenig eigenständigen Denker.

c) Die atst Zitate entstammen nachweislich der grie Übersetzung des AT, der Septuaginta (LXX). Petrus aber müsse das hebräische AT benutzt haben.

d) Petrus schreibe an verfolgte Gemeinden. Verfolgung aber hat es in größerem Umfang erst unter Nero gegeben (ab Juli 64), wahrscheinlich zunächst noch auf Rom beschränkt. Aus Kleinasien aber sind allgemeine Verfolgungen erst in späterer Zeit bezeugt (Domitian 81—96, Trajan 98—117). Demnach könne der Brief erst unter Domitian oder Trajan geschrieben worden sein, also erst lange nach dem Tode des Apostels.

e) Der 1. Petrusbrief enthält keine Erinnerung an den Umgang mit Jesus während seiner Erdenzeit.

Diese Einwände müssen ernstgenommen und geprüft werden. Denn wenn sie zwingend sein sollten, müßten wir die Verfasserschaft des Petrus in Frage stellen. Aber sind sie das? Bei dem großen Gewicht der positiven Bezeugung könnten nur beweiskräftige Argumente die Echtheit des 1. Petrusbriefes widerlegen. Gerade auf diesem Gebiet muß sehr gewissenhaft geprüft werden, ob die Kritik sich auf zwingende Gründe stützt oder nur auf Bedenken, die auch anderswie erklärt werden können. Denn die Bibelkritik muß sich vor allem zunächst einmal selbst der Kritik stellen. Somit sind nun die Bedenken gegen die Echtheit des 1. Petrusbriefes zu erörtern:

zu a): Das Griechisch des Briefes ist tatsächlich gut und gewandt. Aber „schon die Kirchenväter bis Hieronymus haben den Ausdruck ‚Hermeneut' in dem oft verwerteten Papiaszeugnis nicht im eigentlichen Sinne als Dolmetscher verstanden, sondern auf die sachliche Abhängigkeit des Markus von Petrus bezogen" (als Mittelsmann, der den Inhalt der Predigten des Petrus schriftlich überliefert hat, so Feine-Behm, Einleitung S. 60). O. Cullmann (S. 24) zitiert G. Dalman „Orte und Wege Jesu" 1924³, S. 177: „Wer in Bethsaida aufgewachsen war, wird nicht nur Grie verstanden haben, sondern auch durch den Verkehr mit Fremden abgeschliffen und an grie Kultur gewöhnt sein." Wir wissen nichts über die Sprachbegabung des Petrus. Sie kann vorzüglich gewesen sein. Hinzu kommt ein Zweites: In 5, 12 wird bemerkt, der Brief sei „durch Silvanus" geschrieben. Silvanus (oder „Silas") hat als römischer Staatsbürger (Apg 16, 37) und langjähriger Mitarbeiter des Apostels Paulus sicher gut grie gesprochen und geschrieben. So kann es sein, daß Silvanus dem Brief die Sprachgestalt gegeben hat, daß der Inhalt aber von Petrus stammt. Zu dieser Annahme neigen viele

Ausleger (s. zu 5, 13). Doch bleibt die Möglichkeit, daß auch die Sprachgestalt von Petrus stammt.

zu b): Die Übereinstimmung mit Gedanken aus den Paulusbriefen kann zum Teil daraus abgeleitet werden, daß beide Apostel Anteil haben an dem breiten Strom gemeinsamen urchristlichen Erkenntnisgutes. Auch ist es wahrscheinlich, daß Petrus einige Paulusbriefe gekannt hat (vgl. 2Pt 3, 15) und daß er bei seinem Dienst an von Paulus gegründeten Gemeinden gerade das Gemeinsame betont. Ja, es ist nicht ausgeschlossen, daß Petrus und Paulus im Anfang der sechziger Jahre einigen Austausch miteinander gehabt haben.

zu c): Die „Bibel" für das gesamte römische Reich war nicht das hebräische AT, sondern die LXX. Daher ist es wahrscheinlich, daß Petrus auch in ihr zu Hause war, ebenso wie die Empfänger des Briefes. Ein Missionar aber benutzt die Bibel, die in dem Missionsland verstanden wird, in diesem Fall also die LXX.

zu d): Petrus schreibt zwar an Gemeinden in mancherlei Bedrückung und wachsender Bedrohung. An keiner Stelle aber kommt in seinem Brief zum Ausdruck, daß es sich um eine allgemeine Verfolgung größeren Ausmaßes handelt. Begriffe wie *diogmos* (Verfolgung) und *thlipsis* (Drangsal) fehlen noch. So kann Petrus eine sich anbahnende Verfolgung, sich mehrende Übergriffe, eine gefährliche Stimmung gegen die Christen im Auge haben. Dieses aber wird für einzelne Orte schon aus der Zeit des Stephanus (Apg 8, 1; vgl. auch Apg 12, 1–4) und der paulinischen Evangelisationen sichtbar (Apg 13, 50; 14, 5 f. 19; 17, 5–8 u. ö.). So ist es denkbar, daß sich eine solche Stimmung mit weiterer Ausbreitung der Gemeinden verbreitete und allgemeiner wurde. Deshalb brauchen wir die Abfassung des Briefes noch nicht mit einer der offiziellen Verfolgungszeiten zu verbinden. Die Lage, die in 1Pt deutlich wird, kann durchaus v o r der neronischen Verfolgung, also zu der Zeit der Wirksamkeit des Petrus, bestanden haben.

zu e): Gewiß, der Brief enthält keine Erinnerung an Erlebnisse mit Jesus während seiner Erdenzeit. Wie wenig jedoch derartige Bedenken besagen, zeigt der 2. Petrusbrief. Dort wird sehr deutlich an Jesu Erdenzeit erinnert (1, 16 ff.). Und gerade das wird nun wieder von manchen als ein Zeichen für die Unechtheit angesehen. Petrus konnte überzeugt davon sein, daß die Gemeinden über das Leben und Wirken des Herrn allgemein gut im Bilde gewesen sind. Das mag ihm Grund genug gewesen sein, darüber nicht noch einmal neu zu berichten.

Wir können abschließend feststellen, daß sich alle Einwände, die gegen die Verfasserschaft des Apostels Petrus zu sprechen scheinen, ohne Willkür entkräften lassen. Die im allgemeinen zuverlässige altkirchliche Tradition scheint uns stärker zu sein als die gegen die Echtheit erhobenen Bedenken. Deshalb meinen wir, den 1. Petrusbrief als einen Brief dessen lesen zu können, nach dem er genannt ist.

Ziel und Inhalt des 1. Petrusbriefes

Petrus selbst gibt Ziel und Zweck seines Briefes an: die Gemeinden von Kleinasien zu ermahnen und zu bezeugen, „daß dies die wahre Gnade Gottes ist, in die ihr euch stellen sollt" (5, 12). Er will in den Empfängern die Erkenntnis ihres Heils befestigen und ihnen die Größe ihrer gegenwärtigen und zukünftigen Errettung zeigen, damit sie die Kraft haben, in den Bedrohungen ihrem Herrn und Erretter treu zu bleiben. Diesem Anliegen ist der erste Abschnitt gewidmet (1, 1 – 2, 10). Der zweite Abschnitt soll den Empfängern helfen, ihren Alltag vom Glauben her zu bestehen, ja tiefer in diese Gnade einzudringen, um sich in allen Lagen in der Welt als Jünger Jesu bewähren zu können (2, 11 – 4, 6). Im Schlußabschnitt geht es um das Verhältnis der einzelnen zur Gemeinde (4, 7 – 5, 14). In der Gemeinde erfährt man Stärkung, und in ihr hat jeder seine Aufgaben. Daher stärkt Petrus seine Brüder dadurch, daß er ihnen hilft, sich recht in die Gemeinde einzuordnen.

Die Eigenart des 1. Petrusbriefes

Schlatter weist auf das apostolische Sendungsbewußtsein hin, das den Verfasser kennzeichnet: „Der, der hier spricht, redet nicht zu den Brüdern als einer der ihrigen ... Der Redende nimmt das Botenamt für sich in Anspruch ..." (Petrus und Paulus, S. 17). Diese Autorität des Apostels, die gewiß ist, bei den Empfängern Gehör zu finden, und das Ziel, die leidenden Christen von Kleinasien zu stärken, gibt dem Brief sein Gepräge. Daher sind die Worte „Errettung" (1, 5. 9. 10; 2, 2; 3, 21), „Hoffnung" (1, 3. 13. 21; 3, 15) und „Herrlichkeit" (1, 11. 21; 4, 13. 14; 5, 1. 4. 10) Hauptbegriffe des Briefes. Aber auch die Mahnung, der Unwissenheit der Umwelt mit konsequentem Gutestun zu begegnen (2, 12. 15. 20; 3, 9 ff. 16; 4, 15), zieht sich als starke Linie durch den Brief. Besonders auffällig ist seine Verwurzelung im Zentrum biblischer Lehre, in Kreuz und Auferstehung Jesu Christi: Die Mahnung zu rechtem Wandel wird ausführlich begründet mit dem Leiden Christi (1, 17 ff.; 2, 21 ff.; 3, 18 ff.). Sein Leiden *für* uns und sein Leiden *vor* uns, sein Vorbild, gibt Kraft zu gutem Wandel, auch unter Leiden. „Weil nun Christus am Fleisch gelitten hat, so wappnet euch auch mit demselben Sinn" (4, 1)! Menschliche Wärme, verbunden mit dem Mut, zum Leiden um Jesu willen zu mahnen und auch das eigene Leiden auf sich zu nehmen, kennzeichnen den 1. Petrusbrief, dazu seelsorgerliche Anteilnahme und apostolische, wachsame Fürsorge. Dabei ist der ganze Brief bestimmt von der Freude über das Heil, das in Jesus den Gemeinden widerfahren ist. Mit alledem bekommt der 1. Petrusbrief auch für unsere Zeit neu eine aktuelle Bedeutung.

Der erste Brief des Petrus

Eingangsgruß

1. Petrus 1, 1–2

1 **Petrus, Apostel Jesu Christi, den auserwählten Fremdlingen der**
Diaspora von Pontus, Galatien, Kappadokien, der Asia und von
2 **Bithynien, * nach der Vorsehung Gottes des Vaters, in der Heili-**
gung durch den Geist, zu Gehorsam und Besprengung durch das
Blut Jesu Christi. Gnade und Friede werde euch vermehrt.

Zu Vers 1: Ps 39, 13; Jo 7, 35; Phil 3, 20; Hbr 11, 9. 10. 13; Jak 1, 1
Zu Vers 2: 2Mo 24, 3–8; Rö 8, 29; 2Th 2, 13; 1Jo 1, 7; Hbr 12, 24

Für das Verständnis eines Briefes ist es wichtig zu wissen, wer ihn eschrieben hat und an wen er gerichtet ist. Ein antiker Brief war in er Form einer Briefrolle geschrieben. Eine Unterschrift wäre also icht gleich zu lesen gewesen. Daher war es damals üblich, daß schon er Briefanfang die Angabe des Absenders, des Empfängers und ein rußwort enthielt. Auch Petrus richtet sich nach dem Briefstil seiner eit. **Petrus, Apostel Jesu Christi,** so bezeichnet sich der Absender. **etrus** heißt „Fels“. Das ist der neue Name, den Jesus selbst seinem ekannten Jünger Simon gegeben hat (Jo 1, 42; Mt 16, 18; Näheres Einleitung). Als Auferstandener hatte er ihm den Auftrag erteilt: Veide meine Schafe (Jo 21, 17). Die Stärkung der Gemeinde, das Weien der Herde Jesu ist darum auch das Grundanliegen dieses Briefes. etrus nennt sich **Apostel.** Das heißt Botschafter, Gesandter. Ein **postel Jesu** hat deshalb so hohe Bedeutung, weil hinter ihm die Iacht und Autorität seines himmlischen Herrn steht. Zugleich sind nem Apostel in seinem Dienst feste Grenzen gesetzt. Er hat nicht eine eigenen Ansichten zu bringen, sondern nur die Botschaft seines errn auszurichten. Ein Botschafter, der die ihm aufgetragene Bothaft nach eigenem Gutdünken verändert, wird unbrauchbar[4].
Der Auftraggeber, der seine Apostel aussendet, ist **Jesus Christus.** eaktion auf das Wort der Apostel ist also Antwort auf den Anruf es Herrn selbst. Deshalb ist das Wort eines Apostels so ernst zu ehmen. Das wird noch deutlicher, wenn wir uns klarmachen, daß

[4] Zu dem Begriff „Apostel“ vgl. W. Stb. zu 2Ko 1, 1 sowie LzB, ThBL und Ralf Luther, Neutestamentl. Wörterbuch.

das Wort „Christus“ eigentlich nicht, wie wir es heute empfinden, ein Name ist, sondern ein Titel, und daß es der Gesalbte heißt (hebr. ›maschiach‹, der Messias). Petrus ist also ein Apostel des Messias Jesus. Der Gekreuzigte ist von Gott zum Herrn und Messias erhöht worden (Apg 2, 36), damit er den Vollendungsplan Gottes mit der Welt durchführe und gleichzeitig jedes einzelnen Menschen Schicksal bestimme (Apg 10, 42). Dessen bevollmächtigter Botschafter ist der Absender.

Er schreibt an die **auserwählten Fremdlinge der Diaspora von Pontus, Galatien, Kappadokien, der Asia und von Bithynien.** Es empfiehlt sich, diese Namen auf der Karte aufzusuchen. Sie bezeichnen wahrscheinlich die von den Römern geschaffenen Provinzen.[5] Fast alle kleinasiatischen Landschaften waren in diese größeren Provinzen eingegliedert. Nur der äußerste Süden von Kleinasien (Lykien, Pamphylien, Kilikien) ist nicht erwähnt. Wir haben also einen Rundbrie an fast alle Gemeinden von Kleinasien vor uns. Nur in einem Tei dieses großen Gebietes hatte Paulus evangelisiert. Es ist nichts dar über bekannt, daß das übrige Gebiet durch andere Apostel missio niert worden ist. So scheinen die dortigen Gemeinden durch den Zeu gendienst unbekannter Jünger entstanden zu sein. Außer den pauli nischen Gemeinden gab es in Kleinasien schon einzelne Christen, di Pfingsten Jesus als Herrn angenommen hatten (Apg 2, 9 f.). Es wa für die ersten Christen offenbar selbstverständlich, daß Christsei missionarische Existenz bedeutet. Petrus sagt von den Empfänger sie seien dort in der **Diaspora** (= Zerstreuung, Ausstreuung). Diese Wort wird in der LXX häufig gebraucht und bezeichnet die Juden schaft, die außerhalb von Judäa und Galiläa als Minderheit in heid nischer Umgebung lebte. Manche Ausleger meinen deshalb, Petru schreibe an Judenchristen, die in einer solchen jüdischen Diaspor nämlich der von Kleinasien, zu Jesus gekommen sind. Das ist jedoc unwahrscheinlich. Die Empfänger werden wohl überwiegend Heiden christen gewesen sein (siehe Einleitung). Es ist nämlich durchau denkbar, daß das Wort ›diaspora‹ schon damals auf die Lage de Jesusgemeinden bezogen worden ist. Sie lebten ja ebenfalls in eine überwiegend andersgläubigen Umgebung. Eben dies ist die Not dere an die der Brief gerichtet ist: Sie leben in der Zerstreuung als ein zelne, oft auch Einsame unter vielen Andersgläubigen. Sie dürfe wissen: der Herr kennt ihre schwere Lage, und auch Petrus hat s beim Diktieren vor Augen Aber es ist sicher nicht nur an ihre Lag in der Zerstreuung gedacht. **Diaspora** meint nämlich auch Ausstreu ung, Aussaat.[6] Die Lage dieser einzelnen Jesusjünger in Kleinasie ist zugleich auch sehr hoffnungsvoll. Sie sind die „Aussaat“ Gotte

[5] Vgl. Einleitung über „Die Empfänger“.
[6] Es stammt von dem grie ›diaspeirein‹ = aussäen, ausstreuen.

Wie die Saat ausgestreut werden muß, so gehören die Christen in die Diaspora.[7]

Warum nennt Petrus die Empfänger hier **Fremdlinge,** warum nicht einfach Brüder, Heilige o. ä.? Damit wird der Grund des Unverständnisses aufgezeigt, das ihnen von der Welt her begegnet und mancherlei Anfechtung und Verfolgung einschließt. Sie sind Kinder Gottes geworden und haben eine Heimat bei Gott bekommen (Jo 14, 3; 2Ko 5, 6 u. 8).[8] Eben damit wurden sie aus der Welt herausgerufen und sind nun in ihr ein Fremdkörper (vgl. Jo 15, 19!). Fremdling sein ist ihr schweres und gleichzeitig herrliches Los. Die Fremdlingschaft wird von Petrus voll bejaht, weil sie unlöslich mit der Zugehörigkeit zu Jesus zusammenhängt. So bedeutet es eine entscheidende Hilfe für alle, die unter Verkennung und Spott leiden, wenn sie aus Freude über ihre Gotteskindschaft ein Ja zu ihrem Fremdlingsdasein finden. Damit finden sie das rechte Verhältnis zur Welt, zu deren Drohungen und zu der Versuchung, sich ihr anzupassen.

Daß Petrus ihre Fremdlingschaft nicht bedauert, weil sie einer hohen Berufung entspringt, drückt er durch das Beiwort **auserwählt** aus: Wir machen aus diesem Wort leicht ein Problem und bleiben bei der Frage der Vorherbestimmung stehen[9]. Nicht so die Apostel. Ganz unproblematisch bezeugen sie denen, die durch ihre Umkehr nun Rettung gefunden haben: ihr seid von Gott erwählte Leute. Wir finden solche Aussagen über die göttliche Erwählung in der Bibel immer erst, nachdem jeweils die Entscheidung für Jesus gefallen ist. An dieser Entscheidung lesen die Apostel gleichsam die göttliche Erwählung ab. Das Wort vom Erwähltsein steht für sie im Dienst der Seelsorge. Es soll den Christen zeigen: Nicht e u r e Entscheidung hat eure Errettung geschaffen, sondern diese ruht ganz fest in Gottes Erwählen. Bei dem Wort „auserwählt" klingt ein weiteres mit: die staunende Freude über den unausdenkbar hohen Stand, zu dem die

[7] Petrus hatte es selbst erlebt, wie solche notvolle Diaspora-Situation zu einer großen Chance werden kann: Die in Jerusalem verfolgte und vertriebene Gemeinde zerstreute sich über Samaria hinaus bis nach Antiochien, und dadurch brach an vielen Orten geistliches Leben auf (Apg 8, 1 ff. und 11, 19 ff.). Voraussetzung dafür ist allerdings, daß der ausgestreute „Same" keimkräftig ist. Sind die Christen geistlich gesund, daß durch sie in ihrer Umgebung neues Leben entstehen kann? Petrus setzt in unserem Brief alles daran, um die Gemeinden für diesen Auftrag zu rüsten.

[8] Besonders eindrücklich hat Paulus das dargelegt in Phil 3, 18–21: Viele sind Feinde des Kreuzes Christi, ihr Ende ist das Verderben, ihr Gott ist ihr Bauch, sie sind irdisch gesinnt. Im Gegensatz dazu ist „unser Bürgertum in den Himmeln"!

[9] Bei der Vorherbestimmung oder Prädestination geht es um die Frage, ob Gott einen Teil der Menschheit zur Errettung und ob er gar einen andern Teil zur Verdammnis vorherbestimmte. Damit hängt die Frage zusammen, ob der Mensch dann überhaupt die Möglichkeit einer freien Entscheidung hat. Wir werden das Problem nie ganz lösen können. Hier steht vor uns ein Paradoxon, das seinen letzten Grund in der Unbegreiflichkeit Gottes hat. Unsere Errettung ist ganz in unsere Entscheidung gestellt, und wir sind voll verantwortlich für sie. Andererseits aber beruht unsere Errettung ganz auf Gottes Vorherwahl, auf seiner unbegreiflichen Güte gegen uns in Jesus Christus. Vgl. dazu die Auslegung von Kap 2, 8 sowie auch W. Stb. zu Rö 8, 28 und Eph 1, 4.

Empfänger des Briefes berufen worden sind (vgl. 2,9; Kol 3,12 u. ö.).[10] Sie sind durchaus nicht etwa bedauernswerte, sondern **auserwählte** Fremdlinge, und sie haben damit einen unverdienten Vorzug. Wer das im Glauben erfaßt, kann seine Fremdlingschaft dankbar annehmen. Nur die herrlichen Realitäten Gottes können angefochtene Christen letztlich wirklich trösten und froh machen[11].

2 Die Präpositionen in Vers 2 („nach", „in" und „zu") sind sicher mit Bedacht gewählt. Dieser Halbsatz zeigt in prägnanter Zusammenfassung, ja in geradezu klassischer Kürze den Heilsweg auf, den die Empfänger geführt worden sind. Erwählte Fremdlinge sind sie **nach** (oder: ausgehend von) Gottes Vorsehung, verwirklicht wurde die Erwählung **in** der Heiligung durch den Geist, und der Zweck des Ganzen liegt darin, daß sie sich **zu** dem nötigen Gehorsam führen lassen und die Besprengung mit dem Blut Jesu ständig in Anspruch nehmen. **Nach** (oder: ausgehend von) **der Vorsehung Gottes** sind sie erwählt. Das grie Wort ›prognōsis‹ = Vorsehung beinhaltet auch „Vorherbestimmung"[12], eigentlich sogar „Vorhererkennen"[13], in dem Sinne, daß Gott den einzelnen Menschen schon vor dessen Erdenzeit zur Gemeinschaft mit sich bestimmt hat. Wie auch immer man ›prognōsis‹ übersetzt, man darf den Begriff jedenfalls nicht im Sinne eines unpersönlichen Schicksals verstehen. Gottes vorzeitlicher Liebesratschluß sowie seine Weisheit und Macht, mit der er den Weg seiner Kinder lenkt – das alles ist in dem Begriff enthalten. Weil die Leser in ihrer Diaspora-Situation mit Verfolgung und Leiden in gefährliche Anfechtung kommen können, sollen sie wissen: Gott hat einen weisen und liebevoll vorher ersehenen Plan für ihr Leben, der ihr Heil und ihren Lebensweg umfaßt: sie stehen als auserwählte Fremdlinge an ihrem Platz in Pontus ... **nach der Vorsehung Gottes**. Dieser Gedanke wird unterstrichen durch die Kennzeichnung Gottes als **des Vaters.** Wo auch immer die Empfänger leben, was ihnen auch widerfahren mag: über ihnen waltet Gottes liebevoll vorhersehender Vaterwille.

Durch Gott den Vater vorherersehen zu auserwählten Fremdlingen der Diaspora – dieser Plan wurde Wirklichkeit **in der Heiligung durch den Geist.** Heilig, auf den Menschen bezogen, heißt „Gott zugehö-

[10] Daß das Wort „auserwählt" auch diese Bedeutung hat, zeigt ein Blick auf 2, 4: Jesus ist „auserwählt", kostbar, erlesen.

[11] In seiner Schrift „Von der Freiheit eines Christenmenschen" gibt Martin Luther einen treffenden Vergleich: Der Auserwählte ist einer armen Hure gleich, die von einem Königssohn zur Braut genommen wird. In sich selbst nichts – in Jesus zur höchsten Würde erwählt! Das ist der Stand der Christen.

[12] Eine Verdeutlichung für Gottes Möglichkeit, den Weg seiner Kinder vorherzusehen und vorherzubestimmen, gibt E. Modersohn in seinem Buch „Wiedergeburt", Bibl. Betrachtungen über 1Pt 1 u. 2: Ein Beobachter auf dem Gipfel eines Gebirges sieht lange voraus, was den Wanderer begegnen wird, der sich auf dem verschlungenen Gebirgspfad um den Aufstieg müht. Gott aber hat den Weg seiner Kinder nicht nur vorhergesehen, sondern auch geschaffen und ihn damit zugleich vorherbestimmt als Weg zum Leben.

[13] Vgl. 1Mo 4, 1: Adam erkannte sein Weib, d. h. er hatte Gemeinschaft der Liebe mit ihr.

rig".[14] **Heiligung** bedeutet beides, das Geheiligtsein und das Heiligwerden.[15] Heiligung ist im NT einerseits die Inanspruchnahme, die Indienstnahme eines Menschen für Gott, wie schon im AT ein Gegenstand (etwa die heiligen Geräte im Tempel) oder eine Person geheiligt wurde und damit nur noch für den Dienst Gottes da war. So vollzieht sich Heiligung in der Umkehr, in der bewußten Übereignung des Menschen an Gott. Andererseits setzt sich Heiligung nach der Umkehr im Leben fort und meint dann die Umgestaltung der ganzen Person und ihres ganzen Lebens von dem Tatbestand her, daß der Mensch geheiligt, für Gott mit Beschlag belegt worden ist. Entsprechend sagt Paulus im Römerbrief 12, 2: „Verändert euch durch die Erneuerung des Sinnes!" Heiligung ist also Heiligwerden im Sinne des Verwandeltwerdens mit dem Ziel, daß die Erlösten dem Sohne Gottes gleichgestaltet werden (Rö 8, 29; 2Ko 3, 18; Gal 4, 19).)aher können die Apostel alle Gläubigen einerseits schon gegenwärig Heilige nennen (2Ko 1, 1; Eph 1, 1 u. ö.) und ihnen zusagen: „ihr seid geheiligt" (1Ko 6, 11). Andererseits ist die Aufforderung nötig: „Jaget nach der Heiligung, ohne die niemand den Herrn sehen wird" (Hbr 12, 14; vgl. auch 1Th 4, 3). Und Petrus sagt: Wie der, der euch berufen hat, heilig ist, werdet auch ihr heilig im ganzen Wandel (V. 15).)ie Heiligung geschieht **durch den** (Heiligen) **Geist.**[16] Sie ist also nicht unsere Leistung, sondern sowohl als erstmalige Beschlagnahme wie auch als andauernde Umgestaltung allein Werk des Heiligen Geistes. Unsere Aufgabe und Verantwortung liegt lediglich darin, dem Wirken des Geistes Raum zu geben.

Die Christen von Kleinasien wurden geheiligt **zu Gehorsam und Besprengung durch das Blut Jesu Christi.** Diese Aussagen zeigen, daß ier ein Mann schrieb, der das AT gut kannte und solche Kenntnis uch bei den Empfängern des Briefes voraussetzte.[17] Er bezieht sich uf 2Mo, Kap 19–24, den Bericht vom Bundesschluß. Als Gott mit em Volk Israel seinen Bund geschlossen hatte, ließ er es heiligen 2Mo 19, 10. 14), zum Gehorsam verpflichten (2Mo 19, 8; 24, 7) und it dem Blut des Bundes besprengen (2Mo 24, 7 f.). Indem Petrus iese Worte auf die durch Jesus Geretteten bezieht, kommt zum Aus-

Vgl. dazu ThBL und Ralf Luther, Ntst Wb Artikel „heilig".

Es ist abgeleitet von dem grie Tätigkeitswort)hagiazein(= heilig machen, heiligen, weihen. Das Substantiv)hagiasmos(= Heiligung bedeutet also in der Grundbedeutung: die Heiligmachung, das Heiliggemachtwerden. Vgl. auch Rendtorff z. St.

Einige übersetzen „in der Heiligung des Geistes" und beziehen das auf den Geist des Menschen. Diese Übersetzung ist sprachlich in Ordnung (genitivus objectivus), aber der Deutung steht entgegen, daß Gott nie nur unsern Geist heiligt, sondern immer den ganzen Menschen. Unsere Übersetzung „in der Heiligung durch den Geist" ist sprachlich ebenso korrekt (gen. subjectivus). Sie wird von den meisten Auslegern bevorzugt, weil sie der Theologie des NT entspricht, vgl. auch 2Th 2, 13.

Das ist bemerkenswert, weil es zeigt, in welch starkem Maße auch Heidenchristen im AT zu Hause waren. Und doch ist es auch nicht verwunderlich, da ja das AT für die Urgemeinde, auch für Paulus und die Heidenchristen, „die Bibel" und als solche das prophetische Zeugnis von ihrem Messias Jesus war (V. 11; Rö 1, 2; 1Ko 15, 3 f. u. ö.).

druck, daß an ihnen das gleiche geschehen ist, jedoch durch das Blut Jesu Christi, d. h. auf der Ebene des Neuen Bundes. Auch sie sind geheiligt und Gottes Volk geworden. Damit aber wurden auch sie **zum Gehorsam** gerufen. Und auch sie wurden mit dem Blut des Lammes besprengt und stehen auch weiterhin unter dessen Schutz. Daß wir uns in der Umkehr grundsätzlich zum Gehorsam gegenüber Gottes Willen entschlossen haben, war Voraussetzung und Grundlage für unsere Heiligung. Gleichzeitig gilt aber auch, was im Text steht: unser Geheiligtsein hat den Zweck, daß wir **zu** konkretem **Gehorsam** im Alltag fähig werden und uns in solchem Gehorsam bewähren. In V. 14 wird die Bedeutung des Gehorsams für unser Leben noch besonders betont werden. Es darf ja nie vergessen werden, daß Adams Ungehorsam der Ausgangspunkt für alles Unheil war, das über die Menschheit gekommen ist. Im Gehorsam kommt zum Ausdruck, daß der Mensch Gott als Schöpfer und Herrn anerkennt. Nur in dieser Stellung kann er Gott ehren und ihm dienen.[18] Und wo wir uns haben heiligen lassen **zu Gehorsam,** haben wir die Geborgenheit wiedergefunden, die durch den Sündenfall verlorengegangen war.

Die Worte „zu Gehorsam und **Besprengung durch das Blut Jesu Christi"** lassen das Zentrum des AT aufklingen und führen zugleich hinein in das Zentrum des NT. Man kann diese Grundlinie biblischer Theologie nur verstehen, wenn man die Heiligkeit Gottes und die Verlorenheit des Menschen ganz ernst nimmt. Vom Sündenfall an zieht sich durch das ganze AT als roter Faden die Frage nach dem der die Sünde überwindet und damit den Verlorenen die Gemeinschaft mit Gott zurückbringt. Und das NT ist die Antwort, ist die Kunde von dem Lamm Gottes, das der Welt Sünde hinweg trägt, da sein Blut am Fluchholz vergossen hat zur Sühne der Sünde, und da dem Volke Gottes Anteil gibt an der Sühnung in der Besprengung durch sein Blut. 2Mo 24, 7–8 lautet: „Und Mose nahm das Buch de Bundes und las es vor den Ohren des Volkes. Und sie sprachen: Alles was der Herr gesagt hat, wollen wir tun und darauf hören. Da nahm Mose das Blut und besprengte das Volk damit und sprach: Seht, da ist das Blut des Bundes, den der Herr mit euch geschlossen hat au Grund aller dieser Worte." Ein allein auf Gehorsam gegründete Bund wäre längst an der Übertretung des Menschen zerbrochen. Deshalb gab Gott sowohl dem Alten Bund wie auch dem Neuen Bun eine andere Basis: **das Blut** des Lammes und die Vergebung, die ständig dadurch bewirkt wird. Dabei wird von der Forderung Gottes, da Gute zu tun, von der Notwendigkeit des Gehorsams nichts zurückgenommen. Andererseits weiß Gott um die Sündhaftigkeit des Menschen, daß er dem Willen Gottes zuwider handeln und die Gebot

[18] Auch Paulus stellt uns vor das unerbittliche Entweder-Oder: entweder wir dienen „der Sün zum Tode" oder wir stellen uns Gott zur Verfügung für den „Gehorsam zur Gerechtigkei (Rö 6, 16b). Ja, er sieht geradezu den Zweck seines Apostolats darin, Gehorsam des Glaube aufzurichten (Rö 1, 5; 16, 26).

Gottes übertreten wird. Das aber ist keine Kleinigkeit, sondern jedesmal eine Mißachtung Gottes, die seinen Zorn herausfordert (Rö 1, 18 ff.). Dieses vor Gott schreckliche Geschehen muß durch ein ebenfalls schreckliches Geschehen gesühnt werden, nämlich durch Blutvergießen. „Ohne Blutvergießen geschieht keine Vergebung", sagt die Schrift (Hbr 9, 22). Auf Sünde steht der Tod. Das ist göttliches Recht. Nur durch Tötung kann Sünde gesühnt werden. Die **Besprengung durch das Blut** gibt Anteil an dem Tod und an der Sühnung. Dieses für das AT fundamentale Geschehen ist im NT nicht etwa aufgehoben. „Das Blut des Neuen Bundes" ist das Blut Jesu Christi (Mt 26, 28). Die Besprengung mit diesem **Blut Jesu Christi** gibt völlige Vergebung und Gewißheit des Heils. **Zu** Gehorsam und Besprengung drückt eine Zielsetzung Gottes aus: Gott hat den Erlösten ein Leben zugedacht, das vom Gehorsam gegen seinen Willen geprägt und dadurch reich erfüllt ist. Gott will weiter, daß sie in der immer wieder neuen Vergebung durch das Blut Jesu leben und, gegründet auf dieses Blut, die frohe Gewißheit haben, mit ihm im unverbrüchlichen Bunde zu stehen.

So haben wir einen sehr gefüllten Briefeingang vor uns. Der Apostel erhellt darin gleich zu Anfang die Existenz der Empfänger. Sie müssen wissen, wer sie sind, was Gott an ihnen getan hat und was er von ihnen erwartet.

Gnade und Friede werde euch vermehrt, so lautet das Grußwort. Es entspricht der antiken Grußform (vgl. W. Stb. zu Rö 1, 7 und 2Ko 1, 2 und die Anmerkung). Das Besondere an diesem Gruß ist, daß es bei **Gnade und Friede** nicht um „fromme Wünsche" geht, sondern um beglückende Wirklichkeit. Sie haben zwar bereits Gnade und Frieden empfangen, aber es soll ihnen **vermehrt** zuteil werden, auch mit diesem Brief.

Wiedergeboren zu lebendiger Hoffnung!

1. Petrus 1, 3–9

Gepriesen sei der Gott und Vater unseres Herrn Jesus Christus, der uns nach seinem großen Erbarmen neugeboren hat zu lebendiger Hoffnung durch die Auferstehung Jesu Christi aus (den) Toten * zu einem unvergänglichen und unbefleckten und unverwelklichen Erbe, das in den Himmeln verwahrt wird für euch, * die ihr in Kraft Gottes bewacht werdet durch Glauben zur Errettung, die bereitliegt, enthüllt zu werden in der letzten Zeit. * Darüber frohlockt, die ihr jetzt ein wenig, wenn es sein muß, betrübt worden seid in vielerlei Prüfungen, * damit das Echte eures Glaubens viel wertvoller erfunden werde als vergängliches Gold, das

Zu Vers 3: 1Pt 1, 23 Eph 2, 4–6
Zu Vers 4: Eph 1, 11 Kol 1, 5. 12
Zu Vers 5: Jo 10, 28; 17, 11 1Ko 2, 5
Zu Vers 6: 1Pt 4, 12 f.; 5, 10

2Ko 4, 17
Jak 1, 2
Zu Vers 7:
Spr 17, 3
Mal 3, 3
Rö 2, 7. 10;
5, 2
1Ko 1, 7
Jak 1, 3
Zu Vers 8:
Jo 20, 29
2Ko 5, 7
Eph 6, 24
2Tim 4, 8
Zu Vers 9:
Rö 6, 22
Hbr 10, 39

durch Feuer bewährt ist, zu Lob und Herrlichkeit und Ehre bei der
8 **Enthüllung Jesu Christi! * Ihn liebt ihr, obgleich ihr ihn nicht ge-**
sehen habt, auf ihn setzt ihr euer Vertrauen, obgleich ihr ihn jetzt
nicht seht, ihm jubelt (oder frohlockt) **ihr mit unaussprechlicher**
9 **und verherrlichter Freude entgegen**[19]**, * die ihr das Ziel eures Glau-**
bens davontragt, die Errettung der Seelen.

Gepriesen sei der Gott und Vater unseres Herrn Jesus Christus.[20] Auch im 1. Petrusbrief fällt auf, was wir ebenso bei den paulinischen Briefen feststellen können (außer im Brief an Titus und im Galaterbrief wegen der besonderen Situation dort), daß die Apostel ihre Briefe mit Dank oder Lob beginnen. Sie folgen darin jüdischer Sitte. In Israel begann man möglichst alles mit Gebet. Die Apostel verachten nicht gute fromme Sitte, sondern füllen sie mit dem Evangelium. Die unausdenkbaren Wohltaten Gottes fordern zum Dank auf, auch wenn viele Sorgen und Anliegen das Herz bewegen. Dieser positive Blick macht das Denken der Christen gesund. Petrus beginnt hier betont mit: **gepriesen**[21] sei Gott. Dank kann man vielleicht noch still im Herzen behalten, nicht aber den Lobpreis Gottes. Er wird laut, wird zur Anbetung, zum Zeugnis oder Lied. Wo das Lob Gottes echt ist, wird der Christ das, was er sein soll: ein Lob der herrlichen Gnade Gottes (Eph 1, 6. 12). Und zugleich wird er ein unüberhörbarer Zeuge in dieser Welt. Wir empfinden kaum noch die Aktualität und Spannung, die in diesen Worten liegt. Die Juden sagten: Gepriesen sei der Gott Abrahams, Isaaks und Jakobs! Und nun bekennt die Gemeinde Jesu: **Gepriesen sei der Gott und Vater unseres Herrn Jesus Christus.** Das mußte einen Juden erregen. Denn damit bezeugten die Christen: Gott hat sich über Abraham, Isaak und Jakob hinaus endgültig offenbart, in dem Jesus, den die Juden verworfen haben. Gott ist **der Gott und Vater,** der sich an Jesus herrlich erzeigt hat. Nun ist er nur noch in Jesus zu finden. Es ist uns heilsam, die gewisse Fremdheit zu spüren, die in der wörtlichen Übersetzung dieses Verses durchklingt: Gott ist nicht zunächst und selbstverständlich unser Gott und Vater. Er ist Jesu Gott und Vater. Unser Vater ist er nur, wenn Jesus **unser Herr ist.** Wie leicht werden die zwei Wörter „unser Herr" überlesen. Und doch hängt alles daran, daß „Jesus Christus sei mein Herr" (M. Luther, Kleiner Katechismus, 2. Art.). Alle, die Jesus als ihren Herrn aufgenommen haben, sind „in Christus" und haben alles mi

19 Wörtlich lautet V. 8b: . . . auf ihn hin jubelt (oder: frohlockt) ihr – als solche, die nicht sehen aber vertrauen (oder: glauben) – mit unaussprechlicher und verherrlichter Freude. Der To liegt in V. 8 auf den Aussagen: ihr liebt ihn, ihr jubelt im Blick auf ihn.

20 So wörtlich auch bei Paulus in 2Ko 1, 3 und Eph 1, 3.

21 Man kann auch übersetzen „gelobt", „gerühmt". Das grie ›eulogein‹ heißt wörtlich „gut rede von". Wo Menschen von Gott „gut reden", muß man mit „loben" oder „preisen" übersetze Dasselbe Wort wird in der Bibel auch umgekehrt gebraucht: Gott „redet gut" zum Mensche sagt dem Menschen Gutes. Das ist dann mit „segnen" zu übersetzen, denn Gottes „Gut reden ist zugleich ein „Gutes tun". Vgl. ThBL Artikel „Segnen".

ihm gemeinsam. Sein Gott und Vater ist nun auch ihr Gott und Vater. Sein Tod ist nun ihr Tod (2Ko 5, 14–15), sein Leben ist nun ihr Leben geworden (Kol 3, 4). Sie haben den Geist des Sohnes bekommen (Gal 4, 6) und sind Miterben Christi (Rö 8, 17). Sein Heil und Erbe ist nun ihr Erbe. Das bedeutet umgekehrt: Wer Jesus nicht als Herrn hat, hat weder Gott zum Vater noch den im folgenden dargelegten Reichtum des neuen Lebens.[22] Wer Gott preisen will, muß wissen und aussagen können, was er an ihm hat.

Allem voran steht, wie bei Paulus in Eph 2, 4, das **große Erbarmen Gottes.** Der Grund für die Wohltaten Gottes liegt nicht in uns, sondern in Gottes Erbarmen. Das ist zu rühmen. Solches Rühmen und Loben aber schließt jegliches Eigenlob aus, denn es weist hin auf den Zustand des Menschen. Wer das Erbarmen rühmt, bezeugt damit, daß er vorher elend, verloren, hilflos war. Gottes Urteil lautet sogar: tot in Sünden und Übertretungen (Eph 2, 1; Lk 15, 32; Joh 5, 24–25). Jede Art von Selbstruhm übersieht diese Realitäten und vergiftet das Zeugnis der Christen.

Und nun nennt Petrus das Grundgeschehen, das entscheidende Ereignis in seinem Leben und in dem seiner Empfänger: Sie sind **neugeboren zu lebendiger Hoffnung durch die Auferstehung Jesu Christi aus** (den) **Toten** (oder: neugeboren zu einer Hoffnung, die durch die Auferstehung Jesu Christi aus Toten eine lebendige ist). Die Ausleger sind unterschiedlicher Meinung über die Frage, in welchem Sinne hier das Wort **neugeboren** zu verstehen ist. Die einen verstehen es ganz im Sinne von V. 23 und Jo 3 als Wiedergeburt zum Leben aus Gott. Diese beruht auf der Auferstehung Jesu. Eine lebendige Hoffnung könne es für die Christen nur geben, weil sie neugeboren sind. Die anderen sagen, Petrus gebrauche das Wort „neugeboren" hier in uneigentlichem Sinne. Es gehe hier eigentlich nur um die lebendige Hoffnung. Diese sei den Jüngern durch die Auferstehung Jesu gegeben. Das sei auch eine Art von Wiedergeburt.[23]

Bei diesem unterschiedlichen Verständnis erscheint es ratsam, die Formulierung **neugeboren zu lebendiger Hoffnung** nicht auseinanderzureißen, sondern die Begriffe in ihrer Zuordnung zu verstehen. Dabei wird deutlich, daß die Betonung auf der Hoffnung liegt. Sie ist der Zielpunkt der Aussage. Daher formuliert Petrus: „neugeboren **zu** lebendiger Hoffnung". Hier wird das seelsorgerliche Anliegen des 1. Petrusbriefes spürbar. Er ist gerichtet an angefochtene und verfolgte Christen. Wer ihnen durch solche Notzeiten hindurchhelfen

[22] Deshalb ist die entscheidende Frage für jeden Menschen, ob er Jesus schon ganz persönlich, in freiem Willensentschluß, als seinen Herrn angenommen hat mit allen Konsequenzen. Das ist die wichtigste, ja heilsnotwendige Entscheidung im Leben eines Menschen.

[23] In V. 23 bezeugt Petrus es den Christen in Kleinasien ausdrücklich, daß sie neugeboren sind und alle das göttliche Leben durch das lebendige Wort erhalten haben. Es ist unwahrscheinlich, daß er von diesem grundlegenden Ereignis der Wiedergeburt absieht, wenn er in unserem Vers die Hoffnung der Christen darstellt. Doch braucht diese Frage hier nicht weiter erörtert zu werden, das geschieht in der Auslegung von V. 23.

will, muß ihre Hoffnung stärken. Der Wanderer in der Wüste, der die Hoffnung verliert, gibt auf. Der Christ, der keine Hoffnung hat, wird auf den „Durststrecken“ des Lebens nicht durchhalten können. Deshalb stärkt Petrus die Bedrängten in Kleinasien nicht durch einen Appell an ihre menschliche Standhaftigkeit, sondern durch die Erinnerung an den unausdenkbaren Reichtum, in dem sie schon stehen und der noch auf sie wartet. Die Wiedergeburt ist der Beginn eines nie endenden Lebens aus Gott und bei Gott. Sie ist der Anfang eines Lebens mit ungeahnten Perspektiven. Die Empfänger des Briefes in Kleinasien sind **neugeboren zu lebendiger Hoffnung.** Nur die Hoffnung, die auf das in Jesu Auferstehung offenbar gewordene ewige Leben gegründet ist, ist **lebendig.** Jede andere, auf Irdisches gerichtete Hoffnung ist wesensmäßig eine vergehende, eine tote.[24] Das grie Wort für Hoffnung meint nicht nur einen Vorgang im Inneren des Menschen, sondern ist zugleich im Sinne von „Hoffnungsgut“ zu verstehen. Es meint eine Hoffnung aufgrund des gegenwärtigen Heils, das erst in der Zukunft vollends offenbar wird. Die Wiedergeburt zu einer lebendigen Hoffnung erfolgte durch die Auferstehung Jesu Christi **aus den Toten.** Das NT sagt nicht „vom Tode“. Jesus ist nicht nur wieder lebendig geworden, ist also nicht nur der Macht „des Todes“ entnommen. Er hat als Erster das Gefängnis der Toten durchbrochen und zieht sie nun zu ihrer Zeit nach sich. Petrus sagt: **Auferstehung Jesu Christi.** Im NT heißt es im allgemeinen: Gott hat Jesus „auferweckt“ (s. V. 21). Der Ausdruck „auferweckt“ betont das Handeln Gottes an Jesus. In der Auferweckung hat Gott den von der Menschen verklagten und hingerichteten Jesus von Nazareth für gerecht erklärt und die Menschen für schuldig. Zugleich hat er ihn damit als Messias bestätigt, zum Herrn aller Herren gemacht, zu dem der der Welt das Leben gibt, das Urteil (Apg 10, 42) und die Vollendung. Der Ausdruck **Auferstehung Jesu Christi** enthält das alle auch. Er betont jedoch die Siegesmacht Jesu, seine Todesüberwindung, die Unmöglichkeit, daß der Tod ihn halten konnte (Apg 2, 24). Doch wird noch ein anderer Punkt dafür maßgeblich gewesen sein daß im NT verhältnismäßig häufig von der **Auferstehung** Jesu Christi die Rede ist: die Prägung des Begriffes durch das Judentum. In de jüdischen Hoffnung auf die endzeitliche Vollendung nahm die Auferstehung eine zentrale Stellung ein. Wer da hinein die „Auferstehung“ Jesu verkündigte, bezeugte damit: was von den Juden erwartet wird, ist in Jesus da. „Jesus Christus hat den Tod zunichte gemacht und Leben und Unvergänglichkeit ans Licht gebracht“ (2Tim 1, 10) Dieses Leben beginnt für den Menschen in der Neugeburt. Es ha

[24] Es ist heilsam, einmal darüber nachzudenken, wie viele Hoffnungen in unserem Leben enttäuscht wurden bzw. tot sind. Und wenn die Zeit, die man überdenkt, nur genügend lang is (was hat sich erfüllt von den Hoffnungen der Menschen vor 300 Jahren, was würde aus unser Hoffnungen in 300 Jahren geworden sein?), so geht einem auf: jeder sterbliche Mensch ha auch nur sterbliche Hoffnungen. Wie groß ist da die Tatsache, daß Gott eine lebendige Hoffnung in sterbliche Menschen gibt durch ewiges Leben!

aber seinen Grund in dem neuen Leben Jesu, in seiner Auferstehung. Wie wird ein Mensch neugeboren zu einer lebendigen Hoffnung? Petrus antwortet: **„Durch** die Auferstehung Jesu Christi aus den Toten.“ Diese Antwort gibt scheinbar den „Objektivisten“ recht, denen, die alles vom objektiven Heil erwarten, von dem, was Gott getan hat, und nichts vom Menschen. Die Frage ist nur die, ob man einem Menschen, der wie Nikodemus fragt: wie mag solches zugehen? – und die Frage muß der Mensch doch stellen! – nach 1Pt 1 sagen kann: Jesus Christus ist auferstanden, und damit bist du neugeboren. Petrus hat so nicht geantwortet. Er sagt, Gott hat **uns** wiedergeboren zu einer lebendigen Hoffnung, also die Christen. Er weiß wohl, daß es noch viele gibt, die nicht wiedergeboren sind trotz der Auferstehung Jesu, ja, die noch im „wüsten, unordentlichen Wesen“ leben und sogar lästern (4, 4). Wie kann Gott durch ein für alle geltendes kosmisches Ereignis, die Auferstehung Jesu, einen Teil der Menschen wiedergeboren werden lassen und einen anderen Teil nicht? Die Antwort auf diese Frage liegt in den obigen Worten: **unseres Herrn.** Alle, die Jesus als Herrn haben, sind von neuem geboren, weil sie „in Christus“ sind; und die, die ihn nicht als Herrn haben, „haben das Leben nicht“ (1Jo 5, 12) trotz der Auferstehung Jesu. Jesus ist völlig das Schicksal der Seinen, so sehr, daß Jesu Leben ihr Leben ist, daß sein Lebendigwerden und Auferstehen auch ihr Lebendigwerden in der Wiedergeburt ist.[25]

In V. 3 wurde deutlich, daß mit der lebendigen Hoffnung nicht nur 4
ein innerliches Hoffen, sondern wirkliches Hoffnungsgut gemeint ist. Dementsprechend werden die Worte „neugeboren zu lebendiger Hoffnung“ jetzt näher bestimmt: **zu einem unvergänglichen und unbefleckten und unverwelklichen Erbe.** Das Wort **Erbe** macht die Hoffnung real, denn ein Erbe existiert nicht in Gefühlen, sondern in Realität. Dieser Ausdruck hat in der Bibel eine wichtige Bedeutung. Schon im AT ist das „Erbteil“ Ziel der Verheißungen Gottes, zunächst auf das Land Kanaan bezogen (1Mo 12, 7; 50, 24; 4Mo 16, 14; 5Mo 9, 5 f.; Jos 1, 2; 22, 19) und sodann auf Gottes himmlische Welt (Dan 12, 13). Im NT finden wir das Wort besonders bei Paulus (Rö 8, 17; Gal 4, 7; Kol 3, 24; Tit 3, 7; Apg 20, 32). **Erbe** besagt: die Erlösten haben als Kinder Gottes noch Großes vor sich, nämlich die Vollendung ihrer Existenz und Anteil an der himmlischen Welt Gottes. Paulus nennt

[25] Wir können das anschaulich am Leben des Petrus aufzeigen: Als Jesus am Kreuz gestorben war, war alle Hoffnung des Petrus dahin, und er hatte keinerlei berechtigte Aussicht auf eine Zukunft bei Gott, auf ewiges Leben und Herrlichkeit bei ihm. Der Tod Jesu war auch der Tod der Hoffnungen des Petrus. Als Jesus auferstanden war, brachte dieses Ereignis die entscheidende Wendung für Petrus und alle andern Jünger. Ihr Herr lebte, und mit ihm bekamen auch sie das Leben, weil sie zu ihm gehörten. Sie waren verbunden gewesen mit Jesus, sie hatten seine Verheißung: Ich lebe und ihr sollt auch leben. Sie hatten alle ihre Hoffnungen auf ihn gesetzt, aber allein die Auferstehung Jesu ist die „Garantie“ dafür, daß dies alles nicht Illusion, sondern Wirklichkeit ist. Erst durch die Auferstehung wurde Jesus ermächtigt, seinen Jüngern den Heiligen Geist mitzuteilen und ihnen damit geistliches Leben zu geben. So ist die Auferstehung Jesu das Grundgeschehen, auf dem die Wiedergeburt zu einer lebendigen Hoffnung ruht – für die, die Jesus gehören.

sie „Miterben des Christus" (Rö 8, 17). An allem, was ihm gehört, erhalten sie Anteil. Das Wort **Erbe** ist besonders treffend: Man kann heute schon Erbe sein und doch das Erbteil noch nicht „haben". „Schon" Erben und doch „noch nicht" völlige Besitzer – das kennzeichnet die Lage der Wiedergeborenen. Unser geistliches Selbstverständnis und unsere Eschatologie (Lehre von den letzten Dingen) ist nur dann gesund, wenn wir beides zugleich sehen. Ein Erbe muß ganz nüchtern das „Noch nicht" erfassen, damit er nicht verzagt, wenn er noch viel Armut an sich entdeckt. Und ein Erbe muß ebenso das „Schon jetzt" begreifen, um ein Mensch der Freude und der Hoffnung zu sein.[26]

Wie kann man das Erbe näher beschreiben? Dafür reicht die menschliche Vorstellungswelt und Sprache nicht aus. Darum wird das Erbe durch Negation negativer Ausdrücke näher bestimmt: **unvergänglich** und **unbefleckt** und **unverwelklich**[27]. Diese negativen Beifügungen drücken die wunderbare Überlegenheit des himmlischen Erbes über jedes irdische Gut aus. Trotz des treffenden Vergleiches mit einem irdischen Erbe ist das himmlische doch letztlich unvergleichlich. Im Gegensatz zu jedem irdischen Erbe ist dieses **unvergänglich** oder auch „unverderblich", „unzerstörbar". Das ist der entscheidende Makel an jedem irdischen Erbe, daß es irgendwann einmal vergeht. Auch kann es gestohlen oder zerstört werden. Unser Erbe aber vergeht nie! Ein irdisches Erbe ist leicht befleckt dadurch, daß es durch Unrecht zusammengebracht wird. Das Erbe hingegen, das Jesus uns erwarb, ist **unbefleckt,** makellos. Und nie wird es durch Neid oder Streit der Miterben befleckt, sondern je mehr Miterben, desto mehr Mitfreude bei allen Gotteskindern. Auch an Jer 27 könnte gedacht sein, wo es in der LXX heißt: „Und ihr gingt hinein (nach Kanaan) und beflecktet mein Land, und mein Erbe machtet ihr zum Greuel..." Das kann beim himmlischen Erbe nicht geschehen. **Unverwelklich** deutet darauf hin, daß auf Erden alles Schöne seine Frische verliert, jede Blume, jeder Siegeskranz, jedes Gut. Auch jede Freude über ein irdisches Erbe wird matt und verwelkt, zumindest, wenn der Erbe selbst „verwelkt". Im Gegensatz dazu behält das ewige Erbe unvergängliche Frische und bleibenden Wert. Das Erbe wird **in den Himmeln**[28] **verwahrt für euch**[29]. Wenn es auch noch verborgen ist, so liegt es doch jetzt schon bereit. Verborgen bleibt es nur solange, bis es in der Parusie[29a] offenbar wird, aber es ist sicher und gewiß.[30] Es

[26] Vgl. 1Jo 3, 2: Wir sind nun (schon) Gottes Kinder, und es ist „noch nicht" erschienen, wa wir sein werden. Wir wissen aber, wenn es erscheinen wird, daß wir ihm gleich sein werde denn wir werden ihn sehen, wie er ist!

[27] Es wird kein Zufall sein, daß diese drei Adjektive im Buch der Weisheit Salomos als Au sagen über die himmlische Welt gebraucht sind: Weish 12, 1 und 18, 4; 4, 2; 6, 13.

[28] Die Bibel redet vom Himmel meist im Plural und deutet damit an, daß er mehrere Dime sionen hat (vgl. 2Ko 12, 2).

[29] Oder: auf euch hin, mit Bestimmung für euch.

[29a] = Wiederkunft Christi

[30] Vgl. ähnliche Aussagen des NT über die Verborgenheit, aber auch Geborgenheit der Heil

wartet gleichsam auf den Erben. Und daß es **in den Himmeln** aufbewahrt wird, macht das Erbe vollkommen sicher. Unmöglich kann es jemand von dort wegnehmen. Darum lohnt sich für dieses Erbe jeder Einsatz, auch das Leiden! Wer die unvergleichliche Größe dieses Erbes erfaßt hat, wird es nicht um irdischer Vorteile willen aufs Spiel setzen.[31]

Aber nicht nur in den Himmeln wird das Erbe bewahrt, sondern 5
auch auf Erden werden diejenigen bewahrt, denen das Erbe zugedacht ist. Sie werden **in Kraft Gottes bewacht durch Glauben zur Errettung, die bereitliegt, enthüllt zu werden in der letzten Zeit.** Große Dinge stehen der Welt noch bevor. Starke Gottesgerichte werden kommen. Denn anders kann Gott das Anwachsen der Sünde und der Auflehnung gegen ihn nicht beantworten. Die Gläubigen sind mitten dazwischen, aber sie besitzen eine **Errettung,** die – wie das Erbe – jetzt schon **bereitliegt.** Die Bibel redet von Errettung in zweifacher Weise: einerseits von einer bereits geschehenen – „ihr seid errettet"! (Eph 2, 8) – und andererseits von einer zukünftigen. Wer durch Jesus von seinen Sünden errettet ist, darf wissen, daß er auch von dem kommenden Zorn Gottes errettet werden wird (1Th 1, 10; Rö 8, 24). Die Errettung ist schon eine perfekte, von Gott beschlossene Sache. Aber sie ist jetzt noch verborgen und wird dann **enthüllt** werden, wenn es darauf ankommt, nämlich **in der letzten Zeit.** Im Grie gibt es für **Zeit** zwei Ausdrücke: ›chronos‹ ist die gleichmäßig ablaufende, meßbare Zeit, hingegen ist ›kairos‹ die gefüllte, von bestimmten Ereignissen geprägte Zeit, der von Gott bestimmte Zeitpunkt, der Termin, die Frist. An unserer Stelle steht ›kairos‹. Der Begriff kann im NT geradezu eschatologischer Ausdruck für den Tag der Parusie und des Gerichtes sein, also für die endgültige und totale Durchsetzung der Gottesherrschaft (vgl. Lk 21, 8; 1Pt 5, 6; Offb 1, 3; 11, 18). Diese Sinngebung des Begriffes beginnt bereits in LXX: 1Mo 6, 13; Hes 22, 3; 7, 12; Klagel 1, 21; 4, 18). Die **letzte Zeit** ist nicht einfach das Ende der Zeiten, sondern sie ist von den Endereignissen geprägte Zeit.[32] Es wird den Glaubenden gehen wie der Hure Rahab (Jos 2 und 6, 22 ff.): Als die große Not über die Stadt Jericho kam, wurde Rahab errettet. Im Lager der Sieger war diese Errettung nämlich vorher schon beschlossene Sache. So ist die Errettung der Kinder und Erben Gottes schon festbeschlossene Sache im Himmel. Petrus macht hier die gewissesten Aussagen, um ja keinen Zweifel an der Errettung aufkommen zu lassen. **In Kraft Gottes werden sie bewacht durch**

güter in den Himmeln: der Lohn (Mt 5, 12), der Schatz (Mt 6, 20), das Bürgerrecht (Phil 3, 20), das Leben (Kol 3, 3).

[31] Welche Kraft hat der Blick auf dieses Erbe den Märtyrern der ersten Jahrhunderte gegeben! Für sie waren das Realitäten. Welche Kraft zum Zeugnis (›martyria‹) werden auch wir empfangen, wenn wir auf dieses Erbe bei Jesus blicken! Es gibt ein Lied, das unter uns wieder neu bekannt werden sollte: „Erbe des höchsten Herrn, Erbe der Kron', warum noch traurig sein, Gott ist dein Lohn ...".

[32] Vgl. zu ›kairos‹ die Ausl. von Jo 7, 6; Rö 3, 21 mit Anm. und 1Th 5, 1 in der W. Stb.

Glauben zur Errettung. Das ist kein Synergismus[33]. Es ist ganz die **Kraft Gottes,** die die Erben des Himmels bewacht zur Errettung. Ebenso aber ist auch der Glaube nötig, zur Errettung, denn nur **durch Glauben** erfährt man die Kraft Gottes, bleibt man in der Schutzzone Gottes. So erfüllt sich die Verheißung des Herrn: „niemand wird sie mir aus meiner Hand reißen" (Jo 10, 27 f.). Diese Aussage des Petrus zeugt von großer seelsorgerlicher Weisheit. Wer nur die Kraft Gottes betont, die uns bewahrt, macht die Menschen in gefährlicher Weise sicher. Wer aber die bewahrende Kraft allein von dem Glauben abhängig macht, macht die Bewahrung ungewiß und unsicher. Beides zugleich ist zu betonen.

6 **Darüber frohlockt[34], die ihr jetzt, wenn es sein muß, ein wenig betrübt worden seid in vielerlei Prüfungen.** Das grie Wort für „darüber" kann auch bedeuten: „darin" (in der letzten Zeit, V. 5). Und der Imperativ „frohlockt" kann auch ein Indikativ sein: „ihr frohlockt". So gibt es drei Übersetzungsmöglichkeiten: darin frohlockt ihr..., oder: darüber frohlockt ihr..., oder: darüber frohlockt! Unsere Übersetzung hat sich für Letzteres entschieden, weil der Imperativ am deutlichsten dem Anliegen des Petrus entspricht, nämlich die Heilsfreude bei den Empfängern zu mehren. Das Wort **darüber** meint das ganze in V. 3–5 geschilderte Heil. **Frohlocken** meint Freude, die sich ausdrückt in Freudenbezeigungen bis zum Hüpfen. Luthers Lied: „Nun freut euch, lieben Christen gmein, und laßt uns fröhlich springen..." entspricht diesem **Frohlocken.** Das Wort wird gern verwendet, um die Freude über Gottes Heil, meist in der Vollendung, auszudrücken (Ps 96, 11–13; Jes 55, 12 f.; Mt 5, 12; Offb 19, 7 u. ö.). Schon die Satzkonstruktion ist so gewählt, daß „frohlocken" und „betrübt werden" nicht gleichgewichtig nebeneinander stehen; der Ton liegt auf dem Frohlocken. Heilsfreude ist Gottes Wille, ist Ziel biblischer Ermahnung, ist echte Glaubens- und Lebenshilfe.[35] Petrus hat von den Bedrängnissen gehört, in denen seine Brüder in Kleinasien stehen. Er zeigt ihnen die Größe des Heils, um sie darüber zur Freude zu führen. In der Freude über die Errettung und die kommende Vollendung bekommen sie die Kraft, die damit verbundenen Nöte zu ertragen. So zieht sich durch seinen ganzen Brief das seelsorgerliche Anliegen, ihnen im Leiden zu helfen. Er tut es zunächst dadurch, daß er ihnen die Größe des Heils vor Augen stellt. Im Folgenden lehrt er sie nun die Leiden, in denen sie stehen, richtig sehen. In starker Bedrängnis braucht man Hilfe von außen, da sich dem Leidenden leicht das Leid so übergroß darstellt, daß sich sein Blick trübt. Da wird ihnen gesagt: **Jetzt** seid ihr nur **ein wenig betrübt worden** und auch

[33] Synergismus heißt Zusammenarbeit und bezeichnet die falsche Lehre, die besagt, die Errettung des Menschen sei nur zum Teil Gottes Werk, den übrigen Teil müsse der Mensch selbe beitragen, Gott und Mensch müßten also zusammenwirken.

[34] oder: jubelt.

[35] Es wird hier deutlich, daß Gott frohlockende, sich freuende Christen will. Der Blick auf Gottes Heilshandeln ist der Weg dazu.

nur dann, wenn es sein muß. **Jetzt** deutet einen vorübergehenden Zustand an, im Gegensatz zu einem Später der kommenden Vollendung, auf die alles abzielt. **Ein wenig** kann sich im Grie entweder auf die Zeitspanne beziehen, also „eine kleine Zeit", oder auf die Bedrängnis, also „ein wenig betrübt". „Eine kleine Zeit" – das können, irdisch gerechnet, Monate oder gar Jahre sein, und doch ist es eine kleine Zeit im Blick auf die Ewigkeit. „Ein wenig" – das können sehr heftige Leiden sein, und doch ist es im Blick auf die Größe der Herrlichkeit, um die es geht, „wenig". Damit sollen die Leiden keineswegs verharmlost werden – das ist nie eine Hilfe für Angefochtene –, wohl aber ins rechte Licht treten, nämlich ins Licht Gottes. So sagt auch Paulus (2Ko 4, 17 f.): Wir richten unsern Zielblick nicht auf das Sichtbare, Vorübergehende, sondern auf das jetzt noch Nicht-Sichtbare, Ewige. Deshalb können wir die Drangsal sehen als „augenblickliches Leichtgewicht[36]". Nur wer auf das neue Leben und das herrliche Erbe sieht, der schätzt die bedrückenden Prüfungen dieser Zeit richtig ein, nämlich als begrenzte Leiden. Dieses können die Apostel nur schreiben als solche, die selbst durch viele Leiden gegangen (Apg 5, 40 f.; 2Ko 11, 23 ff. u. ö.) und die auch weiter zum Leiden bereit sind. Echte Seelsorge ist auch für den Seelsorger verbindlich.

Die Leiden kommen aber nur dann, **wenn es sein muß** und nur in dem Maße, wie es sein muß. Das „es muß sein" drückt eine nicht zu umgehende Notwendigkeit aus. Schon über dem Leiden des Herrn hatte dieses göttliche Muß gestanden (Mt 16, 21; Mk 8, 31; Lk 22, 37; 24, 44; Jo 3, 14 u. ö.). Nun steht es auch über dem Leiden seiner Gemeinde. Die Leiden werden hier **Prüfungen** oder auch „Erprobungen", „Versuchungen" genannt. Das Wort „Prüfung" zeigt an, daß diese Leiden nicht sinnlos sind, sondern daß sie in Gottes Plan hineingehören, daß eine göttliche, liebende Absicht dahintersteht. Darin liegt ein großer Trost. Sicher ist für die urchristliche Anschauung von der Prüfung oder Versuchung das Hiob-Buch wichtig. Danach gestattet Gott es, daß Satan den Gläubigen versucht, um dessen Glauben an Gott zu erproben. Und Gott selbst bestimmt dabei Maß und Grenze der Prüfungsleiden, auch wenn er sie nicht selbst vornimmt. Die Prüfung dient, wenn sich der Glaube bewährt, der Ehre Gottes, obwohl Satan sie in böser Absicht ausführt.[37]

Und nun wird der Zweck der Prüfungen dargestellt: **Damit das** 7
Echte eures Glaubens viel wertvoller erfunden werde als vergängliches Gold, das durch Feuer bewährt wird zu Lob und Herrlichkeit und Ehre bei der Enthüllung Jesu Christi. Unserem Vers liegt ein in der Bibel häufiger Vergleich zugrunde (Ps 12, 7; Spr 17, 3; 27, 21; Mal 3, 3). Um zu klären, ob Gold echt ist, muß es im Feuer geschmol-

[36] Vgl. W. Stb. 2Ko S. 109 ff.

[37] Dazu gehört die Aussage von Mt 4, 1: „Da ward Jesus vom Geist in die Wüste geführt, daß er vom Teufel versucht würde." Auch Jak 1, 13: „Gott versucht selbst niemand" ist von hier aus zu verstehen (vgl. W. Stb. z. St.). Die Bitte „führe uns nicht in Versuchung" (oder Prüfung) steht dem nicht entgegen (vgl. W. Stb. zu Mt 6, 13).

zen werden. Dem Gold schadet das nichts, aber alles Unreine wird dabei abgestoßen und **das Echte**[38], das eigentlich Wertvolle, tritt rein hervor. Weil der Glaube sich oft vermischt mit manchen unlauteren Beimengungen, darum muß Gott den Schmelzprozeß vornehmen. So wie die Läuterung des Goldes ist auch das Leiden als Prüfung des Glaubens positiv zu sehen. Diese Sicht kann in Bedrängnis entscheidend helfen. Sinnvolles Leiden erträgt sich leichter. **Damit das Echte eures Glaubens wertvoller erfunden werde.** Warum ist der Glaube wertvoll? Weil er uns Herzensfrieden oder Lebenshilfe gibt? Das Größte an ihm ist, daß er Gott ehrt: **Zu Lob und Herrlichkeit und Ehre.** Ohne Glauben ist's unmöglich, Gott zu gefallen (Hbr 11, 6). Und ohne Glauben ist's unmöglich, Gott zu ehren und ihm zu dienen. Das aber ist die eigentliche Sinnerfüllung unseres Lebens, daß wir „etwas seien zum Lob seiner Herrlichkeit" (Eph 1, 12). Schon einen Menschen ehrt es, wenn man ihm vertraut. Das gilt auch Gott gegenüber: Das Geschöpf ehrt seinen Schöpfer, das Gotteskind seinen Vater, indem es ihm vertraut. Wenn aber der Glaube Gott ehren soll, muß er echt sein. So muß er um der Ehre Gottes willen geprüft werden. Dies alles bekommt noch ein besonderes Gewicht durch die **Enthüllung Jesu Christi.** Das ist der Zielpunkt, auf den alles zuläuft. Das ist das nächste große Ereignis im Ablauf der Heilsgeschichte: Der verachtete Nazarener wird in seiner messianischen Würde enthüllt werden[39]. Jetzt ist er noch verborgen. Wenn aber Jesus sichtbar wird, wird auch das Echte des Glaubens seiner leidenden Gemeinde erst richtig sichtbar werden. Und das wird zu Gottes Ehre geschehen. Wenn auch der Teufel sein ganzes Interesse darauf richtet, die Men-

38 Das grie ›dokimion‹ ist in seiner Bedeutung nicht klar zu bestimmen. Es gibt zwei Möglichkeiten, es zu verstehen, nämlich als Prüfungsmittel (so Schlatter u. a.) oder als Prüfungsergebnis. Schelkle sagt zur Stelle: „›Dokimion‹ bedeutet in der klassischen Gräzität wie in der LXX (Spr 27, 21) das Prüfungsmittel. 1Pt 1, 7 aber bedeutet es als substantiviertes Neutrum des Adjektives das Geprüfte, das Echte . . .". So wird man sagen können, ›dokimion‹ ist das, was beim Läuterungsprozeß als ganz echt und rein zurückbleibt, das Echte. Aber auch „Echtheit" (W–B), „Bewährtheit" kommt als Übersetzung in Frage. Die Elberfelder Bibel übersetzt: „Damit die Bewährung eures Glaubens viel köstlicher erfunden wird als die des vergänglichen Goldes . . .". Das Tätigkeitswort ›dokimazein‹, in unserem Vers mit „bewährt" wiedergegeben, beinhaltet den Vorgang des Prüfens, schließt aber oft das positive Ergebnis ein, wie ja auch wir unser deutsches „bewähren" verstehen.

39 Die Worte „Enthüllung" (›apokalypsis‹) und Offenbarung (›phanerosis‹) sind andere biblische Ausdrücke für die Wiederkunft bzw. genauer: Ankunft (›parousia‹) Jesu. Das Sieghafte, das Machtvolle seiner Rückkehr (Apg 1, 11) wird an dem Begriff „Parusie" deutlich. Wie in der Antike ein siegreicher Feldherr seine Parusie, seine machtvolle prächtige Ankunft veranstaltete, so wird Jesus einmal seine Parusie auf dieser Erde – also vor den Augen einer Menschheit, die ihn ausgestoßen und bis heute auch seine Jüngerschar verachtet und verfolgt hat – als der Sieger erleben. Dann wird er in Macht und Herrlichkeit erscheinen (2Th 2, 8; Offb 19, 11 ff.) und sein Messianisches Reich in Gerechtigkeit kraft der ihm von Gott verliehenen Vollmacht aufrichten. Doch drückt die Bibel dieses Geschehen nicht nur mit dem Wort „Parusie" (Ankunft) aus. Es könnte sonst der Eindruck entstehen, als ob Jesus jetzt ferne sei. Nein, er ist schon jetzt gegenwärtig, schon jetzt der Herr. Seine Parusie ist eigentlich nur seine herrliche Enthüllung und die Offenbarung seiner Macht. So ist das ntst Wort „Enthüllung" eine sachlich notwendige Ergänzung zu dem Wort „Ankunft", es bezeichnet aber das gleiche Ereignis.

schen von Gott weg in seine antigöttliche Rebellion hineinzuziehen, so wird sich an jenem Tage doch herausstellen, daß ihm das bei unzählig vielen Menschen nicht gelungen ist (Offb 7, 9 f.). Auffällig ist, daß der Text die Frage offen läßt, wem eigentlich das Lob und die Ehre zuteil werden. Sicherlich mit Bedacht. Denn die Verherrlichung Jesu bei seiner Enthüllung ist zugleich die Enthüllung und Verherrlichung seiner Erlösten (Rö 8, 17; 1Jo 3, 2), und in dem allen wird dem Vater selbst Lob und Herrlichkeit und Ehre zuteil. Denn Gottes Ehre ist das Ziel (1Ko 15, 28). In seiner Enthüllung wird Jesus „verherrlicht werden in seinen Heiligen und bewundert werden in allen, die geglaubt haben“ (2Th 1, 10). „Wenn aber Christus, unser Leben, sich offenbaren wird, dann werdet auch ihr zusammen mit ihm offenbar werden in Herrlichkeit“ (Kol 3, 4).

Ihn liebt ihr, obgleich ihr ihn nicht gesehen habt, an ihn glaubend 8
– obgleich ihr ihn jetzt nicht seht – frohlockt ihr (ihm) mit unaussprechlicher und verherrlichter Freude (entgegen). Das Wort „Enthüllung Jesu“ schließt ein: Jesus ist jetzt zwar anwesend, aber noch verborgen. Diesem seinem Verhalten entspricht das Verhalten seiner Gläubigen. Eigentlich ist es sehr merkwürdig: sie lieben einen Herrn, den sie nicht gesehen haben, sie glauben an ihn, obgleich sie ihn jetzt nicht sehen. Ja, sie **frohlocken** im Blick auf ihn, dessen Verborgenheit ihnen Not und Anfechtung bereitet, auf dessen Enthüllung sie sich aber jetzt schon **mit unaussprechlicher und verherrlichter Freude freuen.** Man achte auf die starken Ausdrücke „frohlocken“, „unaussprechlich“, „verherrlicht“. Petrus kann diese Realität nur in Superlativen beschreiben. Man spürt das Staunen und die Freude des Apostels darüber, daß Jesus dieses für menschliches Denken nicht zu erklärende Verhalten zustandebringt mitten in der Verfolgung. **Ihn haben sie lieb, an ihn glauben sie, im Blick auf ihn frohlocken sie.** Liebe, Glaube und Frohlocken bestimmen nun mehr und mehr als geistliche Grundhaltung das Leben und geistliche Wachstum der Christen. Sie haben das alles nicht aus sich, sondern Jesus hat es in ihnen entzündet. Daran, daß sie ihren unsichtbaren Herrn über alles liebhaben, ihm glauben und über ihn frohlocken, wird eine Realität spürbar, die die Welt sonst gar nicht erkennen könnte.[40] So wird dieses erstaunliche Verhalten zum Zeugnis vor der Welt. **Unaussprechlich wird die Freude** von Petrus genannt. Man kann die Freude einfach nicht genügend ausdrücken, die die frühe Christenheit innerlich erfüllte im Blick auf die Enthüllung Jesu Christi.[41] **Verherrlicht**

[40] Die Aussage: „auf ihn hin ... frohlocket ihr“ entspricht inhaltlich dem Hoffen der Christen. So gleicht der Dreiklang lieben, glauben, frohlocken dem des Paulus in 1Ko 13, 13: Glaube, Hoffnung, Liebe; auch in 1Th 1, 3; 5, 8; Kol 1, 4 f.; Eph 1, 18–19. Es wird deutlich, welche große Bedeutung die Apostel einmütig diesen Kennzeichen gesunden Glaubenslebens zugemessen haben.

[41] Manchmal läßt sich die Freude eher heraussingen als aussprechen. Zu einem biblischen Gemeindeleben gehören daher auch die Psalmen, Lobgesänge und geistlichen Lieder (Kol 3, 16). Aber selbst die stehen noch unter dem „Unaussprechlich“.

ist die Freude, weil sie jetzt schon von der Herrlichkeit (›doxa‹)[42] Gottes bestimmt ist. Sie lebt ja nicht von den vergänglichen Dingen dieser Welt, sondern von dem Blick auf die Herrlichkeit, die in der Enthüllung Jesu offenbar wird.

9 **... die ihr das Ziel eures Glaubens davontragt, die Errettung der Seelen.** Die Heilsgeschichte hat als Ziel die Enthüllung Jesu in Herrlichkeit. Auch der Glaube hat ein **Ziel:** die Errettung der Seele. Das grie Wort für **Ziel** heißt zugleich auch „Ende". Wenn das Ziel des Glaubens erreicht ist, ist auch das Ende des Glaubens da. Dann kommt das Schauen. Der Apostel will, daß die Christen auf das Ziel schauen, daß sie zielgerichtet leben. Nur wenn die Christen von Kleinasien das Ziel fest im Auge haben, werden sie die Gegenwart im richtigen Licht sehen. Das wird unterstrichen durch den Ausdruck: das Ziel eures Glaubens **davontragen.** Es kann dem Wort noch etwas von seiner ursprünglichen Bedeutung anhaften, nämlich das Erlangen eines Ertrages aufgrund von Kampf, Mühe oder Anrecht, wie man eine Beute erlangt, einen Lohn oder einen Verdienst o. ä. (vgl. Kap 5, 4; 2Ko 5, 10; Kol 3, 25; Eph 6, 8). Es geht um einen Endertrag, auf den alles Glauben und die damit verbundenen Mühen und Leiden hinzielen. Die Gegenwartsform („davontragt") zeigt an, daß dieses zukünftige Geschehen die Gemeinde schon jetzt bestimmt, daß es schon in die Gegenwart hineinragt. Das Ziel des Glaubens oder der Ertrag wird beschrieben als **Errettung der Seelen.** Dieser Ausdruck ist nur scheinbar der grie Philosophie entnommen. In Wahrheit entspricht er der Verkündigung des Herrn, der angesichts von Verfolgung und Todesbedrohung gesagt hatte: „Fürchtet euch nicht vor denen, die den Leib zwar töten, aber die Seele nicht zu töten vermögen" (Mt 10, 28). Das klingt zwar nach grie Anthropologie (Lehre vom Menschen), entspricht aber in Wirklichkeit ganz der biblischen Schau und ist von der grie grundverschieden. Die Griechen hielten die Seele für das einzig Wertvolle am Menschen. War ihnen doch die Erlösung der Seele aus der „Kerkerhaft des Leibes" das wichtigste Ziel. Und so ersehnten sie sich eine vom Leib gelöste Existenz der Seele. Auch die Bibel spricht zwar von dem unvergleichlichen Wert der Seele (Mt 16, 26) und weiß um deren Existenz, auch ohne den Leib (Mt 10, 28; Offb 6, 9; vgl. auch 1Pt 3, 19). Aber der Leib ist nach der Bibel keineswegs Kerker der Seele, sondern er macht mit der Seele und dem Geist zusammen überhaupt erst den ganzen Menschen aus. Leiblosigkeit der Seele ist nach der Bibel nicht ein Ideal, sondern wird als schmerzlicher Zustand der Unvollkommenheit gesehen (vgl. 2Ko 5, 4; 1Th 4, 13). Vollendet wird der Gläubige erst dann sein, wenn er den neuen geistlichen Leib hat, den er bei der Parusie Jesu erhält. So erwarten die Christen nicht Befreiung der Seele vom Leib, sondern ihres „Leibes Erlösung" (Rö 8, 23). Immerhin ist das Ziel ihres Glaubens zunächst **die Errettung der Seelen,** das Hindurchgetragenwerden de[r]

[42] Vgl. W. Stb. zu Jo 1, 14 (S. 54).

eigentlichen Person durch die Endzeitnöte im Sinne von Mt 10, 28. Die Errettung der Seele ist nach der Bibel abhängig vom Verhältnis des Menschen zu Gott. So ist die biblische Anthropologie nicht von der grie Philosophie geprägt, sondern von der biblischen Theologie und Eschatologie (Lehre von den letzten Dingen). Hätte Petrus das Wort „Seele" in unserem Vers gemieden und einfach von „eurer Errettung" gesprochen, so hätte die Gefahr des Mißverständnisses nahe gelegen. Die Empfänger hätten denken können, Petrus verheiße ihnen, daß sie am Leben bleiben. Das hätte sie in trügerischer Weise sicher machen können. Letztlich geht es ja nicht um die Bewahrung des irdischen Leibes, der doch vergehen muß (1Ko 15, 50). Denen, die im Leiden stehen, denen vielleicht sogar der Märtyrertod droht, wird zugerufen: Es gibt etwas, was euch Menschen nicht nehmen können: die Seele (zu der auch der Geist gehört, vgl. Lk 23, 42 f. 46; Apg 7, 58), das Zentrum der Persönlichkeit, der „innere Mensch" (2Ko 4, 16). Daß eure Seele gerettet wird, soll eure Freude und Gewißheit sein. Und daß die errettete Seele bei der Parusie vollendet werden wird mit dem neuen, dem geistlichen Leib – das ist die Verheißung des NT.

Begreift die Größe eurer Errettung!

1. Petrus 1, 10–12

10 **Über diese Errettung suchten und forschten Propheten, die über**
11 **die auf euch** (gekommene) **Gnade geweissagt haben, * forschend,**
auf welche oder was für eine Zeit hin der Geist Christi in ihnen
Offenbarung gab (wörtlich: offenbarte, kundtat), **als er die auf**
Christus (zukommenden) **Leiden und die nach diesen** (folgenden)
12 **Herrlichkeiten vorausbezeugte. * Ihnen wurde enthüllt, daß sie**
nicht sich selbst, sondern euch das zudienten, was euch nun verkündigt worden ist durch die, die euch das Evangelium brachten
im Heiligen Geist, der vom Himmel gesandt ist – was Engel zu
erspähen begehren.

Zu Vers 10: Mt 11, 13; 13, 17 Lk 10, 24
Zu Vers 11: Ps 22 Jes 53
Zu Vers 12: Apg 2, 2–4 Eph 3, 10

Vers 10–12 hat das Ziel, den Empfängern eindrücklich klarzu- 10
machen, wie groß die Errettung ist, in der sie stehen dürfen. Denn diejenigen sind arm, die den Reichtum, den sie haben, nicht begreifen. Es gibt auch Christen, die die Größe der ihnen geschenkten Gottesgnade nicht erfassen. Solche führen nur ein müdes Glaubensleben und sind in Gefahr, den Verlockungen oder Drohungen der Welt zu erliegen.

Petrus macht den Christen von Kleinasien deutlich, daß sie etwas besitzen, was schon die Männer Gottes im Alten Bund dringlich ersehnten. Daß er ohne Artikel formuliert, soll wohl die Größe noch unterstreichen: Propheten, ja sogar Engel (V. 12) haben ausgeschaut

nach der Errettung, in der ihr steht! **Propheten** sind Männer mit heilsgeschichtlichem Durchblick. Wie groß muß das Heil der ntst Gemeinden sein, wenn die Propheten solch ein Interesse daran haben! Die **Errettung** ist das Zentrum des Christenglaubens. Das Wort „Errettung“ hat einen Zustand tödlicher Gefahr im Hintergrund. Seit dem Sündenfall ist der Mensch verloren, weil er Gott verloren hat. Und seitdem ist das Hauptthema der Heilsgeschichte, auch des AT, die Errettung des Menschen, seine Heimkehr zu Gott. Ohne das Wissen, daß die Sünde die Grundnot der Welt ist, weil aus ihr der Zorn Gottes folgt, ist die ganze Bibel überhaupt nicht zu verstehen. Wer in ihr ein anderes Thema findet als des Menschen Verlorenheit und Errettung, mißversteht sie trotz umfassenden theologischen Wissens. Und nur der, dem das als Hauptthema für sich und andere aufgegangen ist, kann die Größe der geschenkten Gottesgnade begreifen. Petrus sagt: Propheten haben über **die auf euch** (gekommene) **Gnade geweissagt. Gnade** ist hier die Zusammenfassung für alles, was ihnen in Jesus geschenkt ist. Sie umfaßt die Errettung und alles, was aus ihr an Wohltaten Gottes folgt.[43] Die Propheten **suchten und forschten** nach der Rettung. Hier stehen im Grie zwei intensive Wörter, die etwa
11 bedeuten: Sie schöpften alle Möglichkeiten zu suchen und zu forschen aus. Es ist ein Zeichen für die Echtheit des Suchens und Forschens, daß nach dem Zeitpunkt gefragt wird, wann das ersehnte Ereignis endlich eintrifft. So erklärt V. 11 den vorigen näher: Die Propheten forschten, **auf welche oder was für eine Zeit hin der Geist Christi in ihnen Offenbarung gab. Welche oder was für eine Zeit** besagt: Die Propheten suchten nicht nur den Zeitpunkt (grie ›kairos‹, siehe die Auslegung zu V. 5), sondern auch die näheren Umstände dieser Heilszeit zu erforschen. Ihre Gedanken bewegten sich oft um das „Wann“ und das „Wie“ dieser ihnen geoffenbarten Heilszeit. Und jetzt kommt eine der interessantesten und erstaunlichsten Aussagen unseres Briefes. **Der Geist Christi in ihnen bezeugte die auf Christus** (zukommenden) **Leiden und die nach diesen** (folgenden) **Herrlichkeiten voraus.** Zeigte uns schon die Tatsache, daß die Propheten das ntst Heil brennend ersehnten, die enge Zusammengehörigkeit von NT und AT, so vollends dieses Wort. Christi Geist war schon in den Propheten des Alten Bundes heilsvorbereitend wirksam, und im Neuen Bunde vollendet er dieses Heil. Der **Geist Christi** schafft die kontinuierliche heilsgeschichtliche Linie vom AT zum NT. Petrus redet hier zwar nicht ausdrücklich von der Präexistenz Christi (die biblische Lehre, daß Christus schon vor der Grundlegung der Welt lebte, „existierte“). Manche Ausleger meinen denn auch, in unserer Petrus-Stelle sei nicht an die Präexistenz Christi gedacht, sondern hier sei nur allgemein der „messianische Geist“ gemeint, der in den Propheten gewesen sei. Aber wir müssen diese Stelle doch von der Präexistenz Christi her

[43] Näheres über „Gnade“ siehe zu V. 13.

verstehen. Nur das entspricht dem NT.[44] Die Apostel haben die Präexistenz Christi gelehrt (Jo 1, 1–3. 14; 8, 58; Phil 2, 6 u. ö.). Wer im Glauben diese Lehre annimmt, dem ist es fast „natürlich", wenn auch wunderbar, daß der Sohn Gottes schon im Alten Bund in den Propheten gewirkt hat. Es ging ja um die Errettung von Menschen, um die eigentliche Angelegenheit des Retters. Die Schrift bezeugt, daß Christus sogar schon bei der Schöpfung der Welt mitbeteiligt war (Kol 1, 14) und auch beim Zug des Volkes Gottes durch die Wüste (1Ko 10, 4). Petrus sagt nicht: Geist „des Christus", sondern **Geist Christi.** Das klingt personhaft, Christus als Person. Auch formuliert Petrus geschichtlich korrekt, nicht „Geist Jesu Christi". Der Name „Jesus" wurde ihm ja erst bei seiner Erdengeburt gegeben. **Der Geist Christi in den Propheten** – wer diese Wahrheit annimmt, kann zwar auch noch reden von der „Theologie des Jesaja" oder der des Jeremia o. ä., um sie in ihrer Eigenart voneinander zu unterscheiden. Er ist aber überzeugt, daß letztlich alle Propheten und biblischen Schreiber von der Theologie des Geistes Christi geprägt sind. Das ist die Grundlage heilsgeschichtlichen Denkens. Der Geist Christi hat die auf Christus zukommenden Leiden und die danach folgenden Herrlichkeiten **vorausbezeugt.** „Vorausbezeugt" unterstreicht die persönliche Beteiligung Christi an der Rettungsbotschaft. Bezeugen ist zu unterscheiden von unverbindlichem Überbringen einer objektiven Wahrheit. Wer eine Wahrheit bezeugt, ist mit ihr personhaft verbunden. Christus ist an der Errettung der Menschen so beteiligt, daß sein Geist davon nicht nur Kunde gibt, sondern vorausbezeugt. Was bezeugte er? **Die auf Christus** (zukommenden) **Leiden und die nach diesen** (folgenden) **Herrlichkeiten."** Sie sind das Zentrum aller Christusbotschaft. Das kann wiederum nur der verstehen, der die Sünde als Hauptnot der Menschheit erkennt und ihre Überwindung als Hauptanliegen. Wer das nicht sieht, dem imponiert Christus vielleicht als Religionsstifter, als edler Mensch oder dergleichen. Er wird aber Christus nie wirklich verstehen, sondern sich an seinen Leiden und am Wort vom Kreuz ärgern. Es gibt letztlich in der ganzen Menschheitsgeschichte nur eine Frage: Wer kann die Schuld wegnehmen, die Menschen mit Gott versöhnen? Auf diese Frage gibt es nur eine Antwort: Christus ist das Lamm Gottes, welches der Welt Sünde trägt. Deshalb kann man von Christus nicht anders reden, als daß man von seinen **Leiden** spricht. Deshalb bezeugt schon der Geist Christi in den Propheten den leidenden Gottesknecht. Und die ntst Boten haben nichts anderes zu wissen als Jesus Christus, den Gekreuzigten (1Ko 2, 2). Wer Christus predigt, muß die Leiden Christi predigen als die Lösung der Schuldfrage für jeden Menschen, als die einzige Möglichkeit, zu Gott zurückzukommen. Ein Zweites gehört ganz eng dazu: **die nach den Leiden** (folgenden) **Herrlichkeiten.** Sie folgen nicht nur

[44] Es ist immer entscheidend für das Verständnis einer Schriftstelle, daß man sie vom Gesamtzeugnis der Schrift her liest.

zeitlich den Leiden, sondern auch ursächlich. Die Leiden sind die Ursache für die folgenden Herrlichkeiten. Auch Paulus sieht die Leiden und Herrlichkeiten Christi eng miteinander verknüpft: „Jesus Christus ... erniedrigte sich selbst und ward gehorsam bis zum Tode, ja zum Tode am Kreuz. Darum hat ihn auch Gott erhöht" (Phil 2, 1–11). Die Verherrlichung folgt aus den Leiden Christi, die Erhöhung aus der Erniedrigung. **Leiden** und **Herrlichkeiten** stehen hier im Plural. Damit ist angedeutet, daß das Leiden Christi vielfältig ist, daß es nicht erst auf Golgatha, sondern schon im Stall von Bethlehem begann und sich fortsetzte durch Jesu ganze Erdenzeit.[45] Aber auch die Verherrlichung Jesu umfaßt nicht eine, sondern mehrere **Herrlichkeiten.** Die Auferstehung ist Herrlichkeit, ebenso aber auch Jesu Himmelfahrt, seine Parusie, das „Tausendjährige Reich" und die Vollendung von Himmel und Erde. So sind die **Leiden Christi und die nach diesen** (folgenden) **Herrlichkeiten** die zentrale Aussage über Christus, von der her die ganze Heilige Schrift zu verstehen ist.

12 Den Propheten wurde **enthüllt, daß sie nicht sich selbst,** sondern den ntst Gemeinden **das zudienten, was** ihnen **nun verkündigt worden ist durch die, die** ihnen **das Evangelium brachten im Heiligen Geist, der vom Himmel gesandt ist.** Ihr Sehnen blieb ungestillt. Ihr Dienst zielte auf spätere Zeiten ab, auf **euch,** d. h. auf die Christen. Diese sind das Ziel der Heilsveranstaltungen Gottes. Die Propheten **dienten** ihnen das Heil **zu** schon lange vor Christi Erdenzeit. Doch auch **nun** in der Jetztzeit ist Gott weiter am Werk, um das Heil zu den Menschen zu bringen: den Gläubigen von Kleinasien ist das von den Propheten angekündigte Heil **verkündigt worden** durch die, die ihnen das Evangelium brachten. **Verkündigen** des Heils ist zugleich Anbieten, Überbringen, ein „Mitteilen" im Sinne von „weiterreichen". In der Verkündigung ist das Heil so nahe, daß man es nur noch anzunehmen braucht. Die Formulierung **die euch das Evangelium brachten** (wörtlich: „die euch evangelisierten") scheint zu berücksichtigen, daß das Evangelium auf vielfältige Weise und durch verschiedene Boten zu den Empfängern in Kleinasien gekommen ist. Petrus schreibt an Gemeinden, die weithin durch den Dienst des Paulus entstanden sind. So ist dieser Vers eine brüderliche Anerkennung und Bestätigung der Missionsarbeit des Paulus durch Petrus. Andere Gemeinden sind durch den Dienst anderer Boten, auch unbekannter Christen, entstanden, auch durch das Gespräch von Mann zu Mann. Alles das nennt Petrus **evangelisieren.** Evangelisieren geschieht auf vielfältige Weise und ist ein notwendiger Dienst der Gemeinde, durch den Gott immer neu Menschen zum ewigen Leben erweckt. Grundlegend wichtig für alles Evangelisieren ist der in V. 11 geschilderte Inhalt: die Botschaft von der Errettung durch die Leiden und Herrlichkeiten Christi. Mögen die Boten auch sehr verschieden gewesen

[45] Darum ist es sinnvoll, daß manche christliche Symbolzeichnung die Krippe Jesu schon mit dem Kreuz darstellt. Vgl. dazu Werner de Boor: „So ist Jesus", S. 100 f.

sein, klug oder schlicht, in großem oder kleinem Rahmen wirksam, sie alle konnten nur evangelisieren **im Heiligen Geist** (oder auch: „durch den Heiligen Geist"), der vom Himmel gesandt ist. Evangelisieren kann nur, wer den Heiligen Geist hat, das heißt, wer sich im Glauben Jesus übereignete (Eph 1, 13), wer sich zu ihm bekehrte (Apg 2, 38). Und nur der kann evangelisieren, der es dann nicht in eigener Kraft und Weisheit tut, sondern in der Abhängigkeit vom Heiligen Geist. Nur dann ist evangelisieren nicht Menschenwerk, sondern Wirkung des Heiligen Geistes, Handeln Gottes an Menschen. Die Aussage **der vom Himmel gesandt ist,** macht noch einmal deutlich, daß es wirklich um den Geist Gottes geht und nicht um etwas, was von der Erde stammt, etwa um geheiligten Menschengeist. Die Formulierung drückt eine abgeschlossene Handlung aus. Der Heilige Geist ist da. Er ist von Gott nie zurückgenommen worden und wird es auch nicht werden.[46]

Noch eine Gruppe wichtiger Persönlichkeiten hat Interesse an der Errettung der Menschen: **was Engel zu erspähen begehren.** Die Engel wissen viel. Sie sind Gott nahe. Sie sehen im Himmel allezeit sein Angesicht (Mt 18, 10), und es ist Freude vor den Engeln Gottes über einen Sünder, der umkehrt (Lk 15, 10). Aber Engel wissen nicht alles. Sie wissen z. B. nicht Tag und Stunde des Kommens Jesu (Mk 10, 32). Besonders große Ereignisse wissen sie nicht. Die Errettung begnadigter Sünder, die Entstehung und Vollendung der Gemeinde Gottes aus verlorenen Sündern, ist solch ein großes Ereignis. Die Engel sind brennend daran interessiert. Sie spähen und lauschen (der grie Ausdruck meint ein intensives, fast neugieriges Schauen). Aber auch die Engel können es erst erkennen, wenn es geschieht. Jetzt geschieht es! Jetzt wird „kund an der Gemeinde, den Mächten und Gewalten im Himmel die mannigfaltige Weisheit Gottes" (Eph 3, 10). Wenn sogar die Engel so interessiert an unserer Errettung sind, dann sollte es keinen Christen geben, der gering von ihr denkt.[47]

[46] Es ist demnach unbiblisch, zu erwarten, daß er noch einmal vom Himmel gesandt wird. Das NT sagt, er „ist ausgegossen". Das drückt aus: Er ist bleibend auf der Erde und zwar reichlich (Apg 2, 33; 10, 45; Tit 3, 6).

[47] Als Konstantin von Tischendorf im Papierkorb des Klosters am Sinai ganz alte Schriftrollen fand, wollte er sie brennend gern haben. Erst sein großes Interesse an diesen bisher unbeachteten und daher bereits fürs Feuer vorgesehenen Pergamenten weckte die Aufmerksamkeit der ahnungslosen Mönche und brachte ihnen zum Bewußtsein, was für einen unvergleichlichen Schatz sie in ihren alten Mauern beherbergten, erwies er sich doch als die wertvollste Bibelhandschrift, die je entdeckt worden ist: der inzwischen weltberühmt gewordene sogen. „Codex Sinaiticus" – ein Schatz also, den das Katharinenkloster seit Jahrhunderten besessen hatte, ohne seinen unermeßlichen Wert zu ahnen.
(Vgl. D. Ludwig Schneller, Tischendorf-Erinnerungen, 1975).

Wandelt eurer Hoffnung entsprechend

1. Petrus 1, 13–21

Zu Vers 13:
1Pt 5, 8
Lk 12, 35. 36
1Ko 1, 7
Zu Vers 14:
Rö 12, 2
Eph 2, 2;
4, 17. 18
Zu Vers 16:
3Mo 11, 44;
19, 2; 20, 7
Mt 5, 48
Zu Vers 17:
Mt 6, 9
Rö 2, 11
2Ko 5, 11;
11, 15
Phil 2, 12
Zu Vers 18:
1Pt 4, 3
Jes 52, 3
1Ko 6, 20;
7, 23
Zu Vers 19:
Jes 53, 7
Jo 1, 29
Apg 2, 23
Hbr 9, 14
Zu Vers 20:
Rö 16, 25. 26
Eph 1, 4
2Tim 1, 9. 10
Hbr 1, 2
Zu Vers 21:
Rö 4, 24
Kol 1, 27

13 **Deshalb umgürtet die Lenden eures Denkens, seid nüchtern und**
setzt eure Hoffnung völlig auf die Gnade, die euch (mit-) **gebracht**
14 **wird in** (der) **Enthüllung Jesu Christi. * Als Kinder des Gehorsams**
15 **gleicht euch nicht den früheren Lüsten in eurer Unwissenheit an, ***
sondern entsprechend dem Heiligen, der euch berufen hat, werdet
16 **auch ihr heilig im ganzen Wandel, * denn es steht geschrieben:**
17 **„Ihr sollt heilig sein, denn ich bin heilig.“ * Und wenn ihr den als**
Vater anruft, der ohne Ansehen der Person richtet nach eines
jeden Werk, wandelt in Furcht während der Zeit eurer Fremd-
18 **lingsschaft, * wissend, daß ihr nicht mit vergänglichen Dingen,**
Silber oder Gold, losgekauft seid aus eurem nichtigen[48] Wandel,
19 **von den Vätern überliefert, * sondern mit dem kostbaren Blut**
20 **Christi als eines fehlerlosen und fleckenlosen Lammes, * der zwar**
vorherersehen ist vor Gründung der Welt, aber zum letzten Teil
21 **der Zeiten offenbart ist um euretwillen, * die ihr durch ihn gläu-**
big seid an Gott, der ihn auferweckte aus (den) **Toten und ihm**
Herrlichkeit gab, so daß euer Glaube auch Hoffnung auf Gott ist
(oder: so daß euer Glaube und eure Hoffnung auf Gott gerichtet
sind).

In unserem Abschnitt folgen wichtige Mahnungen, die den „Wandel“ (V. 15), die Lebensführung der Gläubigen betreffen. Es ist bedeutsam, daß sämtliche Briefe des NT darauf ausgerichtet sind, die Gemeinden zu stärken und zu ermahnen zu einem rechten Wandel vor Gott und den Menschen. Selbst die Briefe, in denen es von ihrem Anlaß her mehr um den rechten Glauben geht (Römer- und Galaterbrief), haben beträchtliche ethische (den Wandel der Christen betreffende) Abschnitte. Daß die Heiligen auch heilig leben – darauf kommt es entscheidend an! Wenn ihr Leben nicht dem entspricht, „der sie berufen hat“ (V. 15), so ist ihr Verhältnis zu Gott und den Menschen in Gefahr, in Gefahr auch ihr Glaubensleben und ihre Glaubwürdigkeit vor der Welt. Deshalb haben die Apostel geradezu gerungen um einen rechten Lebenswandel der ihrer Seelsorge anvertrauten Gotteskinder (siehe z. B. Apg 20, 31; Rö 12, 1 f.; 1Th 2, 11 f.).

Deshalb – schon an diesem Wort wird die Beziehung der beiden Abschnitte zueinander deutlich. Unser Abschnitt ist die Folgerung aus dem vorigen. Die Verse 3–12 sind bestimmt vom Indikativ, der den neuen Tatbestand im Leben der Wiedergeborenen „anzeigt“ und feststellt. Die Verse 13 ff. dagegen sind bestimmt vom Imperativ, der Aufforderung. Solcher Imperativ ist jedoch nur möglich, weil und wenn der Indikativ vorausgeht. Anders gesagt: Man kann Menschen

[48] oder auch: eitel, vergeblich, inhaltsleer, sinnlos.

nur dann auffordern zu einem heiligen Lebenswandel, wenn sie vorher wiedergeboren wurden. Wenn sie es aber sind, dann folgt daraus die Notwendigkeit einer neuen Lebensgestaltung. Wer zum Glauben gekommen ist, muß unbedingt auch zu einem dem Glauben entsprechenden Leben angeleitet werden.[49] Deshalb **umgürtet die Lenden eures Denkens, seid nüchtern und setzt eure Hoffnung völlig auf die Gnade, die euch (mit-)gebracht wird in der Enthüllung Jesu Christi.** Es ist ein Mangel, daß die deutsche Übersetzung nicht imstande ist, die Aussagekraft des grie Grundtextes voll wiederzugeben. Im Grie ist schon in der Satzkonstruktion angezeigt, wo der Schwerpunkt liegt, nämlich auf den Worten „setzt eure Hoffnung völlig auf die Gnade, die euch mitgebracht wird in der Enthüllung Jesu Christi".[50] Auch bleibt in der Übersetzung die typische grie Verbform des Aorist unberücksichtigt. Der Imperativ (die Befehlsform) des Aorist drückt aus: ihr sollt das sofort und mit Nachdruck tun.[51] Wir verstehen die Mahnung der Apostel weithin viel zu harmlos und unverbindlich. Damit, daß Pt sie in die Verbform des Aorist setzt, bringt er zum Ausdruck: Ihr könnt nicht auch anders handeln, sondern die Weisungen sind ernstlich und unbedingt zu befolgen, damit Gottes Werk in euch und durch euch zum Ziel kommt.

Aller Wandel (V. 15), alle geistliche Lebensgestaltung beginnt mit unserem **Denken.** Das grie ›dianoia‹[52] ist mehrdeutig. Gemeint ist:

[49] Wie wichtig ist das für uns heute! Im Lichte unseres Briefes erweist sich die Predigtpraxis, die wir weithin vor Augen haben, als unbiblisch: noch nicht wiedergeborene Menschen werden unaufhörlich zu christlicher Lebensführung ermahnt. Der Erfolg: sie werden „christlich" nach dem Augenschein, vielleicht auch „fromm" in der eigenen Einbildung, aber es ist ein freudloses, kraft- und lebloses Gesetzeschristentum. Solche Praxis hat keine Verheißung. Vgl. das Wort Luthers: „Gute, fromme Werke machen nimmermehr einen guten, frommen Mann, sondern ein guter, frommer Mann macht gute, fromme Werke" („Von der Freiheit eines Christenmenschen"). Doch trifft unser Text noch eine andere Not der Christenheit heute: Wir legen großes Gewicht auf Evangelisation mit dem Ziel, daß Menschen sich bekehren. Danach wird oft der Wandel der Christen trotz Wiedergeburt eine recht ruhige Angelegenheit. Die Umwälzung aber, die Christus im Blick auf den Lebenswandel bewirken will, bleibt aus, wird auch meistens gar nicht genug in der Verkündigung und Seelsorge betont.

[50] Wörtlich: „umgürtend die Lenden eures Denkens, nüchtern seiend setzt eure Hoffnung völlig auf die Gnade ...". Wenn man diese Partizipialkonstruktion auch nicht überbetonen darf, da die Griechen mit Vorliebe so formulieren, so ist es doch nicht unwichtig, zu beachten, wo der Ton in einem Satz liegt, hier also auf der erwartenden, hoffenden Haltung.

[51] Der Imperativ des Aorist ist im 1. Petrusbrief verhältnismäßig häufig (1, 15. 17. 22; 2, 2. 13. 17; 3, 15; 4, 1. 7; 5, 2. 5. 6. 8. 12 u. ö.). Der Aorist ist „punktuell" zu verstehen, faßt also jeweils einen bestimmten Punkt ins Auge, etwa den Beginn oder das Ende einer Handlung. Als „komplexiver" Aorist kann er „in zusammengeraffter Schau" die ganze Handlung in einem entscheidenden Punkt darstellen (Steyer 42 M). Dieser entscheidende Punkt ist das Jetzt, der Moment, in dem die Mahnung des Apostels die Hörer trifft. Dabei scheint oftmals der Gedanke mitzuschwingen, daß die Mahnung den Christen im Grunde schon lange gilt, nämlich seit ihrer Hinwendung zu Christus, daß sie also Ausdruck einer bereits vorhandenen Wirklichkeit und Folge einer bereits getroffenen Entscheidung ist. Sie wird aber zusammengefaßt in einer heute wichtigen, energischen Aufforderung.
„Da das Präsens mehr ‚gleitend' (linear), der Aorist mehr ‚stechend' (punktuell) ist, eignet sich der Aorist für scharfe Befehle und kategorische Verbote" (Steyer 42 P; vgl. auch Bl-De § 337, 3).

[52] Es wird abgeleitet von dem Tätigkeitswort ›dianoeomai‹: sich etwas durch den Sinn gehen lassen.

Denkkraft, Verstand, Gesinnung, Gedanke, aber auch Gemüt oder Gedankenwelt – all das ist in dem Ausdruck enthalten. In der LXX ist ›dianoia‹ meist Übersetzung für „Herz“. Wir müssen berücksichtigen, daß nicht nur das klare, rationale Denken gemeint ist, sondern auch das mit dem Unbewußten verbundene Wunschdenken. Weil unser Denken eine ganze „Gedankenwelt“ ist, unser Trachten, Wünschen und Träumen einbezogen, ist es nötig, dessen **Lenden zu umgürten.** Dieser Ausdruck ist für modernes Sprachempfinden fast „unmöglich“. Er entspricht orientalisch-bildhaftem Denken. In der Antike war es nötig, die langen flatternden Gewänder aufzuschürzen. Sie hätten sonst bei der Arbeit gestört und beim Kampf gehindert. Darum umgürtete der antike Mensch seine Lenden und steckte die Zipfel des Gewandes unter den Gürtel. Auch wir werden leicht gehindert an zielstrebigem Arbeiten und Leben, und zwar durch „flatterhafte Gedanken“, durch unkonzentriertes Denken, durch Träumen, Wünschen und Phantasieren. Dabei klingt ein Wort des Herrn auf, der ja gesagt hat: „Eure Lenden seien umgürtet und eure Lampen brennend, und so solltet ihr gleich sein Menschen, die ihren Herrn erwarten...“ (Lk 12, 35. 36a). Dabei ist zu erinnern an die denkwürdige Nacht des Auszugs der Israeliten aus Ägypten; damals hatte Gott für das Passahmahl folgendes angeordnet: „So sollt ihr es essen: die Lenden umgürtet, die Schuhe an den Füßen und den Stab in der Hand“ (2Mo 12, 11). Das sollte heißen: jederzeit zum Aufbruch bereit! Dasselbe meint Jesus: seine Jünger sollen jederzeit für die Parusie ihres Herrn gerüstet sein – bereit zum Aufbruch, nämlich zur Entrückung (1Th 4, 17). In diesem Sinn meint sicher auch Petrus seine Mahnung, zumal er ja am Schluß des Satzes auf die zu erwartende Parusie des Herrn hinweist. Die Mahnung könnte modern heißen: Konzentriert euer Denken, Fühlen, Wollen! Alles geistliche Leben beginnt mit klarer Gedankenausrichtung. Zerstreute Leute leisten nichts Großes. Wer gar die Zerstreuung sucht, wird unbrauchbar für Gottes Arbeit. Diese Mahnung hat Konsequenzen für unsere Lebensgestaltung! Ergänzt wird die Aussage durch das Wort **seid nüchtern.**

Petrus könnte damit schwärmerisches Wesen treffen wollen. Schwärmerei beginnt damit, daß Christen die Grenzen nicht beachten, die unserer diesseitigen Existenz noch gesetzt sind Sie überbetonen das „Schon“ unserer geistlichen Existenz und übersehen das „Noch nicht“ (vgl. 1Jo 3, 2 und die Auslegung zu dem Wort „Erbe“ in V. 4). Nüchtern sind die, die sowohl das „Schon“ als auch das „Noch nicht“ beachten. Gerade der, der nüchtern das „Noch nicht“ erkennt, der darunter leidet, daß die Christen, das Reich Gottes und die Welt noch so unvollendet sind, der wird mit starkem Sehnen nach der Zukunft Jesu Christi ausschauen. Diese Spannung muß im Beten, Glauben und Warten durchgehalten werden. Sie darf nicht überspielt werden dadurch, daß die Grenzen unserer leiblichen Existenz, Vergänglichkeit, Krankheit und dgl. geleugnet werden. **Seid nüchtern** kann auch gegen Trunkenheit durch Alkohol oder allgemein gegen jede Art von Berauschung der Sinne gerichtet sein. Aber dies Wort hat auch in noch anderer Hinsicht Bedeutung. Wer konzentriert auf eine Arbeit oder einen Kampf ausgerichtet ist, versagt sich bewußt Dinge, die zwar erlaubt sind, die aber unnötig Kräfte beanspruchen. So bedeutet der Hinweis auf das Nüchternsein eine Mahnung, die Jagd nach dem Wohlstand und den vielen Zerstreuungen nicht mitzumachen und statt dessen das ganze Denken und Trachten zu konzentrieren auf das große Ereignis der Zukunft. Dieses ist die Hauptsache und steht deshalb im Hauptsatz: **Setzt eure Hoffnung völlig auf die Gnade, die euch** (mit-)**gebracht wird in** (der) **Enthüllung Jesu Christi**[53]. Die **Enthüllung Jesu Christi** ist der nächste Zielpunkt aller Heilsgeschichte und auch alles Weltgeschehens (s. V. 7). Während des jetzigen Äons – zwischen Karfreitag und Parusie – wird Jesus aus Nazareth vom Gros der Menschheit noch verkannt und übersehen, im allgemeinen nur als Mensch betrachtet und vielleicht gerade noch als zwar edler und vorbildlicher, aber eben doch mit seinen Plänen gescheiterter Mensch eingestuft. Erst durch sein Erscheinen in Herrlichkeit wird er in seiner messianischen Stellung und Siegesgewalt offenbar. Dann erst tritt Jesus, der verachtete und verkannte Nazarener, in seiner göttlichen Sendung und messianischen Würde als der „Gesalbte", der göttliche Heilskönig, hervor. Bis dahin sind auch die Nachfolger des Gekreuzigten noch verachtete, übergangene und sogar verfolgte Leute. Wenn aber Jesus als Messias enthüllt wird, dann bringt er ihnen das Mit-enthüllt-Werden in Herrlichkeit mit. Kol 3, 4: „Wenn Christus offenbart wird, unser Leben, dann werdet auch ihr mit ihm offenbart werden in Herrlichkeit." Dann bekommen sie den neuen geistlichen Leib und sind endlich vollendete Menschen in Gemeinschaft mit Gott. Dieser Tag bringt die Vereinigung der Gemeinde als des Leibes mit Christus dem Haupt. Das bedeutet den Beginn der Vollendung auf den neuen Himmel und die neue Erde hin. Das alles aber heißt: **die Gnade, die euch gebracht wird in** (der) **Enthüllung Jesu Christi.**[54] **Gnade** bezeichnet in umfassender Weise alles, was Gott den Erlösten in Jesus schenkt, hier im besonderen die zukünftige Vollendung, die Darreichung des in den Himmeln aufbewahrten Erbes. Gnade ist unverdientes Geschenk. Nun geht es darum, ganz

[53] Oder: Jesu, des Messias.

[54] Die Enthüllung Jesu bringt zwar auch Trübsal und Verderben, nämlich für den Antichristen und seine Anhänger (2Th 1, 6 f.). Es ist ein Doppelereignis. Doch darum geht es in unserem Zusammenhang nicht. Dem Petrus liegt hier nicht an dogmatisch vollständiger Darstellung, sondern an seelsorgerlicher Hilfe für angefochtene Christen. Da ist die Betonung des positiven Aspektes der Enthüllung wichtig und ausreichend.
Gelegentlich trifft man die Auffassung, Petrus meine hier die gegenwärtige oder die schon in der Bekehrung empfangene Gnade, als nämlich Jesus sich den Christen offenbarte. Dem steht jedoch entgegen, daß „Enthüllung Jesu Christi" nicht Ausdruck für Jesu gegenwärtiges Sichoffenbaren, sondern für die zukünftige Parusie ist. Wörtlich heißt es in unserem Vers: „. . . gesetzt auf die euch gebracht werdende Gnade in der Enthüllung . . .". Hier ist Gleichzeitigkeit ausgedrückt. Die Gnade wird gleichzeitig mit der zukünftigen Enthüllung gebracht. Es handelt sich also um zukünftige Gnade.

ausgerichtet zu sein auf die Enthüllung Jesu Christi und damit auf die Gnade, auf das unverderbliche Erbe, das Jesus ihnen mitbringt. Es heißt hier: **Setzt eure Hoffnung auf ...**[55]. Wer seine Hoffnung auf die zu erwartende Gnade setzt, setzt damit auch sein Vertrauen auf sie. Das Wort **völlig** macht die Sache noch radikaler. Wer dem Gekreuzigten mit Entschiedenheit nachfolgt, lebt sehr einseitig, nämlich „eschatologisch", auf Jesu Zukunft ausgerichtet.

14 Das erlaubt ihnen jedoch nicht, die Gegenwart zu verträumen. Wer sich ganz auf die Parusie ausrichtet, wird seine Lebensführung (V. 15) hier und jetzt besonders ernstnehmen. Das ist das Anliegen unseres Abschnittes. Wie kann das geschehen? Zunächst durch klare Bindung an den Herrn **als Kinder des Gehorsams.** Heiliger Wandel beginnt mit Gehorsam (vgl. zu V. 2). Im Gehorsam findet die Bindung des Menschen an Gott ihren Ausdruck. Deshalb gehört Glaube mit Gehorsam eng zusammen (Jo 3, 36; Rö 1, 5). Nur im Gehorsam kann die Berufung erfüllt werden, Kind Gottes und Diener Gottes zu sein. „Kinder des Gehorsams" ist eine semitische Redewendung. Sie bedeutet so viel wie: Menschen, die ganz und gar vom Gehorsam geprägt werden. So wie ein „Kind des Todes" vom Tode, ein „Kind des Zornes" vom Zorn (Eph 2, 3) geprägt ist[56], so werden „Kinder des Gehorsams" vom Gehorsam geprägt. Wer gehorchen will, muß hören. Nur durch Hören und Gehorchen kommt das Offensein für Gott und die Bereitschaft zustande, von ihm geprägt und zu heiligem Leben angeleitet zu werden. Dieser positiven Aussage folgt die negative: **... gleicht euch nicht** (wieder) **den früheren Lüsten in eurer Unwissenheit an.** Hier wird davor gewarnt, wieder ins alte Leben zurückzusinken, bei dem die Lüste und Begierden das prägende „Schema", die Norm sind. Das ist offenbar möglich. Wer die Umkehr vollzog, hat zwar das Geschenk des Heiligen Geistes bekommen (Apg 2, 38; Eph 1, 13) und hat sein Leben der Herrschaft dieses Geistes unterstellt, um es nun durch ihn gestalten zu lassen. Aber er ist auch noch im Fleische. Aus dem Fleisch, d. h. aus dessen Bedürfnissen und Regungen entspringen mancherlei Lüste und Begierden.[57] Gemeint ist dabei durchaus nicht nur die sexuelle Lust, die Eßlust oder die Vergnügungslust, auch nicht nur andere grobe Lüste und Süchte, wie Geldgier, Rachgier, Ruhmsucht, Klatschsucht. Petrus meint hier ebenso alle selbstmächtige Lebensgestaltung nach dem Motto: „Ich habe Lust, ich will dies oder das." **Früher** war diese Haltung normal, denn vor der Umkehr regierte ohnehin die Selbstsucht und Selbstherrlichkeit. Nun aber sind die Leser daraus gerettet. Früher kannten sie in ihrer **Unwissenheit** nichts anderes als ein Leben nach den Lüsten. Jetzt aber sind sie Wis

[55] Das grie)elpizein(heißt zwar zunächst einfach „hoffen", kann aber auch in intensiveren Sinn gemeint sein: seine Hoffnung, sein Vertrauen auf etwas setzen. Das wird besonders deutlich in der LXX, wo das hebr Wort)batach(in der Bedeutung von „sein Vertrauen auf etwas setzen" mit)elpizein(übersetzt wird (Ps 62, 11 und 119, 42 = 61, 11 und 118, 42 LXX).

[56] Vgl. auch Apg 13, 10; Eph 2, 2; 5, 6; 1Th 5, 5; 2Th 2, 3.

[57] Siehe zu 2. 11.

sende. Sie haben „geschmeckt die Kräfte der zukünftigen Welt" (Hbr 6, 5). Lebensgestaltung nach der Norm der Lüste wäre Rückfall und Handeln wider besseres Wissen.

Vers 15 zeigt nun positiv die Norm für das neue Leben auf: ... **son-** 15
dern entsprechend dem Heiligen, der euch berufen hat, werdet auch ihr heilig im ganzen Wandel. Gott wird hier bezeichnet als der, **der berufen hat.** Gottes Wesen wird an seinem Handeln erkannt. Er selbst wird nach seinem Tun genannt.[58] Das Wort **berufen** bezeichnet jenen vollmächtigen, schöpferischen Ruf Gottes (1Mo 1, 3; Ps 33, 9), der das Nichts zum Sein, die Toten zu Lebendigen, die Verlorenen zu Geretteten macht. Wenn der heilige Gott seine Berufung ergehen läßt, dann werden sündige Menschen zu Heiligen. Daneben enthält das Wort **berufen** noch den Gedanken: Berufen wird man zu einer hohen Stellung. Christsein ist eine unverdiente, aber staunenswert große Sache. Der berufen hat, ist **„der Heilige"**, d. h. der vom Profanen Geschiedene, der ganz Andere.[59] Was das heißt, zeigt Jes 6, 1–7 und 33, 14. Der sündige Mensch kann nicht einfach zu Gott kommen. Er würde in der Glut der Heiligkeit Gottes verderben, so wie ein Mensch, der sich der Sonne nähern würde. So ist es eigentlich eine „unmögliche" Sache, daß die Christen in die Nähe dieses Dreimal-Heiligen berufen worden sind. Es ist nur möglich geworden durch die Besprengung mit dem Blut Jesu Christi. Ohne sie kann kein Mensch es wagen, dem Ruf in Gottes heilige Nähe zu folgen. Die Gemeinschaft mit dem heiligen Gott ist nicht nur zukünftiges Ziel, sondern sie will schon jetzt das Leben, den **Wandel** bestimmen. Sie will eine Veränderung im Leben der Christen bewirken, die hier beschrieben ist: Entsprechend dem Heiligen, der euch berufen hat, **werdet auch ihr heilig im ganzen Wandel.** Unser konkretes Alltagsleben soll nicht so ichhaft-sündig bleiben, wie es vor unserer Berufung war, sondern es soll heilig werden." **Heilig im ganzen Wandel** heißt, daß kein Gebiet und keine Stunde davon ausgenommen ist. Zwei Grundzüge ntst Ethik (Lehre vom rechten Wandel) leuchten hier auf. Zunächst: der Maßstab des Wandels ist **der Heilige,** der berufen hat. Kein geringerer als dieser radikale Maßstab wird anerkannt. Nicht bürgerliche Anständigkeit, nicht edles Menschentum sind Maßstab für den rechten Wandel der Christen, nicht einmal die Gerechtigkeit aus dem Gesetz oder den Geboten (Phil 3, 6), sondern der heilige Gott selbst! Deshalb haben die Apostel den Gemeinden nie ein anderes Ziel vor Augen gestellt als ein dem heiligen Gott entsprechendes Leben, wobei ihnen sicher

[58] Gott ist z. B. der, „der die Kinder Israel ... aus Ägyptenland geführt hat" (2Mo 20, 2; Jer 23, 7). Er ist der, „der da hieß das Licht aus der Finsternis hervorleuchten" (2Ko 4, 6), „der uns mit sich selber versöhnt hat durch Christus" (2Ko 5, 18) und der, „der ohne Ansehen der Person richtet" (V. 17). Das alles sind Aussagen über Gott, weil es Aussagen über sein Tun sind. Die Bibel liebt es, in dieser lebendigen Weise Gottes Heilshandeln und sein Wesen zugleich auszudrücken.

[59] Das hebr Wort)kadosch((heilig) bedeutet ursprünglich: abgesondert vom Profanen, siehe auch ThBL, Art. „heilig".

auch das Wort des Herrn vor Augen stand: „ihr sollt vollkommen sein, gleich wie euer Vater im Himmel vollkommen ist" (Mt 6, 48). Auch wir dürfen nicht aus Angst vor dem Perfektionismus[60] ein niedrigeres Ziel haben. Wie schwer hat eine zu geringe oder falsche Zielsetzung der Christenheit geschadet! Und ein weiterer Grundzug ntst Ethik wird in unseren Versen offenbar: Es wird nicht jedermann zu heiligem Wandel aufgefordert – die Apostel wußten, daß das für die Welt nur Krampf und Gesetz wird – sondern nur solche, die sich zur Gemeinschaft mit dem Heiligen haben rufen lassen. Weil ihr **berufene Heilige** geworden seid (1Ko 1, 2), darum wandelt nun heilig! Petrus sagt: Werdet heilig **in allem Wandel,** wohlgemerkt: „in", nicht „durch"! Heilig sind sie durch Gottes Berufung und Heiligung. Und nun sollen sie auch tatsächlich heilig werden **in allem Wandel.**

16 Ist das nicht doch ein zu hohes Ziel? Nein, schon die Bibel der Urgemeinde, das AT, läßt dieses Ziel aufleuchten: **Denn es steht geschrieben: Ihr sollt heilig sein, denn ich bin heilig,** spricht der Herr. Wir sahen schon in V. 10 f., daß die ersten Gemeinden das AT heilsgeschichtlich gelesen haben. So konnten die Aussagen, die zunächst das Volk des Alten Bundes betreffen, auf die ntst Gemeinde übertragen werden – der Alte Bund zielt auf den Neuen Bund und bekommt in ihm überhaupt erst seine Erfüllung. Unser Text findet sich wörtlich in 3Mo 19, 2. Dort ist das Wort eine zusammenfassende Überschrift über vielerlei Gebote für das alltägliche Leben. Petrus braucht die vielen Einzelgebote nicht mehr aufzuzählen, denn die Befreiten des Herrn stehen ja nicht mehr unter dem Gesetz, sondern unter der Gnade (Rö 6, 14). Wichtig aber bleibt dieses Grundwort. Wer das begriffen hat, wird den rechten Blick haben für die jeweilige Lage und Aufgabe.[61]

17 Und nun wird die Notwendigkeit eines heiligen Wandels weiter ausgeführt: **Und wenn ihr den als Vater anruft, der ohne Ansehen der Person richtet nach eines jeden Werk, wandelt in Furcht während der Zeit eurer Fremdlingschaft.** Das **Wenn ...** ist kein zweifelndes, sondern ein argumentierendes, etwa so: Als solche, die Gott als Vater anrufen, steht ihr ihm besonders nahe; dann müßt ihr euch aber auch klarmachen, wem ihr nahe seid (dem, der recht richtet) und was das für Konsequenzen hat (in Furcht wandeln). Der Brief geht nicht an besonders ausgewählte, sondern an alle Glieder der Gemeinden. Petrus ist sicher, daß alle den Vater **anrufen,** daß sie beten. Hat man sie doch geradezu als solche bezeichnet, „die den Namen des Herrn anrufen" (Apg 9, 14. 23; 22, 16). Das geistliche Leben äußert sich im Beten. Petrus sagt: „wenn ihr den **als Vater** anruft ...". Jesus hatte seine Jünger gelehrt, Gott als „Vater" anzurufen (Mt 6, 9). Und Pau-

[60] Das ist die unbiblische Lehre, daß der Mensch auf Erden schon sündlos, „perfekt" werden könne.

[61] Statt „Ihr sollt" kann auch futurisch übersetzt werden: „Ihr werdet heilig sein ...". Das gibt dem Satz den Klang eschatologischer Verheißung: Gott wird dafür sorgen, daß wir einmal wirklich ganz heilig sein werden.

lus schreibt: „Derhalben beuge ich meine Knie vor dem Vater, der der rechte Vater ist über alles, was da Kinder heißt ...“ (Eph 3, 14 f.). Auch in unserem Beten sollte zum Ausdruck kommen, daß wir Gott **als Vater** anrufen. Eine allzu einseitige oder ausschließliche Anrufung des Namens Jesu entspricht nicht der Praxis der Apostel. Sie rufen den Vater an „im Namen Jesu“, durch den wir den Geist der Sohnschaft empfangen haben und rufen können: „Abba, Vater“ (Rö 8, 14–15; Gal 4, 6; vgl. auch Jo 15, 16 u. ö.).

So nahe also sind sie dem heiligen Gott gekommen, daß sie ihm gegenüber dieselbe Anrede – ›abba‹ – gebrauchen dürfen wie der Sohn. Im gleichen Atemzug aber fügt Petrus hinzu: **der ohne Ansehen der Person richtet nach eines jeden Werk.** Diese Aussage ist vorgebildet im AT (Ps 89, 27; Mal 1, 6; Jer 3, 19; Ps 62, 13; Spr 24, 12 – besonders deutlich in der LXX). Schon im AT wie auch hier soll dieses Wort warnen vor Selbstsicherheit und Leichtfertigkeit im Blick auf die Sünde. Manche könnten denken, sie ständen Gott besonders nahe, über ihnen walte nur noch die Güte des Vaters und nicht mehr der Ernst des Richters. Sünden bei ihnen könnten nicht mehr Gottes Zorn bewirken, da sie ja unter der Gnade stehen. Wer so denkt, hat Gott verhängnisvoll mißverstanden. Gott ist der, der **ohne Ansehen der Person** richtet. Gott hat wohl Kinder, aber keine Günstlinge. Immer haßt er die Sünde. Das gehört zu seinem Wesen (vgl. 1Jo 3, 6). Gott und Sünde sind nicht vereinbar (1Mo 39, 9). Deshalb kann er die Sünde auch bei seinen Kindern nicht leicht nehmen. Gott richtet **nach eines jeden Werk.** Auch seine Gotteskindschaft kann der Christ nicht vorbringen, wenn Gott das Leben ansieht. **Eines jeden Werk** ist gefragt.[62] Das trifft zunächst die Ungläubigen, die unentschuldbar sind, weil sie „Gott kannten und ihn nicht als Gott geehrt, noch ihm gedankt“ haben (Rö 1, 21). Es trifft aber auch die Gläubigen, deren Lebenswerk noch offenbar werden muß vor den Augen des Christus (2Ko 5, 10). Daher steht hier sicher mit Absicht die Einzahl: „eines jeden **Werk**“. Der Gläubige kommt zwar nicht in das Gericht (Jo 5, 24)[63] – er ist ja gerettet durch den Glauben an Jesus (1Ko 3, 15;

[62] Es erhebt sich die Frage, wie sich dieses Wort zu den andern Aussagen der Schrift verhält, zu der Gerechtigkeit allein aus Glauben ohne des Gesetzes Werke (Rö 3, 28) und zu dem Worte Jesu aus Jo 5, 24: „Wer mein Wort hört und glaubt dem, der mich gesandt hat, der hat das ewige Leben und kommt nicht in das Gericht ...“. Widerspricht es nicht dieser Botschaft Jesu und des Apostels Paulus? Nein, die gleiche Aussage, daß Gott nach den Werken richtet ohne Ansehen der Person, finden wir auch bei Paulus, und zwar gerade da, wo er den Grund des Evangeliums legt (Rö 2, 6. 11). Diese Botschaft ist grundlegende Botschaft der ganzen Heiligen Schrift, ist Hintergrund für die Gerechtigkeit allein aus Glauben. Sie zeigt, wie ernst es ist, dem heiligen Gott zu begegnen, wie notwendig, die Gerechtigkeit Christi zu gewinnen, und treibt geradezu hin zu dem, der gesagt hat: „... wer glaubt ..., kommt nicht in das Gericht“ (Jo 5, 24). Jesus reißt den aus dem Gericht, der an ihn glaubt. Aber das Wort vom Richten Gottes bleibt bestehen für den, der noch ungläubig ist, und den, der als Christ die Sünde leicht nimmt und in ein Sündenleben zurückfällt. So soll das Wort des Petrus „Gott richtet ohne Ansehen der Person nach eines jeden Werk“ dem Christen zeigen, wie ernst er seinen Wandel nehmen muß.

[63] Zur Unterscheidung von Weltgericht vor dem großen weißen Thron (Offb 20, 11–15) und dem Gericht über das Werk der Gläubigen siehe W. Stb. zu 1Ko 3, 12–15 und 2Ko 5, 10. ›bæma‹ in

Jo 3, 18) – aber seine Arbeit muß doch noch durch das erprobende Feuer hindurch (1Ko 3, 12–15).[64] Gott richtet **nach eines jeden Werk.** Diese verkürzende Formulierung meint: der Mensch wird gerichtet nach dem Urteil über sein Werk. Das Werk entscheidet über das Schicksal der Person. Person und Werk sind nicht zu trennen. Gott zum Vater haben, läßt erst recht ihn ernst nehmen als den, der unser Werk ernst nimmt. Welcher Ansporn ist das zu rechtem Wandel!

Wandelt in Furcht während der Zeit eurer Fremdlingschaft. Im Grie stehen die Worte „in Furcht" betont voran. Wandel in Furcht Gottes ist vom Satzbau und vom Sinn her Zentrum und Ziel der Verse 17–21. **Wandelt in Furcht** darf nicht abgeschwächt werden zu dem, was wir heute unter „Ehrerbietung" oder dergleichen verstehen. Es darf auch nicht verfinstert werden zu der knechtischen Furcht des Sklaven oder Feindes, die ja „nicht in der Liebe ist" (1Jo 4, 18). Gemeint ist „Ehrfurcht" im eigentlichen Sinn des Wortes, eine Haltung also, die Gott als Vater und Richter ehrt und fürchtet. Es ist nicht so sehr die Furcht vor der Strafe, wohl aber die Furcht vor dem Vater, die Scheu, ja nicht seinen Zorn zu erregen. Wandelt in Furcht heißt: Nehmt es genau mit eurem Leben als einem Leben vor Gott! Ebenso wird auch bei Paulus deutlich, daß die „Furcht des Herrn" Grundvoraussetzung zu heiligem Wandel ist.[65] Warum dieser Ernst? Weil die Lage ernst ist: **... während der Zeit eurer Fremdlingschaft.** Für **Zeit** steht hier ›chronos‹, denn es ist die ablaufende, vergehende Zeit des Erdenlebens. Wer sich klarmacht, daß er Fremdling ist, denkt daran, daß die Zeit vorübergeht, und er achtet mit Vorsicht darauf, daß er durch alle Gefahren der Fremde hindurch die Heimat erreicht.

18 Die Mahnung zum rechten, achtsamen Wandel beherrscht auch noch die folgenden Verse: Wandelt in Furcht ... **wissend, daß ihr nicht mit vergänglichen Dingen, Silber oder Gold, losgekauft seid von eurem nichtigen Wandel, von den Vätern überliefert.** Man achte auf die von tiefer Überzeugung getragenen Ausdrücke **wissend** und **losgekauft seid.** Der Apostel will wissende und gewisse Christen. Erlösungsgewißheit, Heilsgewißheit ist nicht selbstsicheres Pharisäertum, sondern frohmachendes Geschenk Gottes an den, der die Heilstatsachen im Glauben annimmt. Rechter Wandel geschieht da, wo man **wissend** ist, wieviel er gekostet hat. Warum kein Rückfall in den alten Wandel, warum Wandel in Furcht? Weil die Erlösung vom alten Wandel einen unendlich hohen Kaufpreis gekostet hat. An-

2Ko 5, 10 muß nicht ausschließlich als „Richterstuhl" verstanden werden. Es ist allgemein der erhöhte Amtssitz sowohl zum Richten wie auch zum Reden, wie auch zum Beurteilen einer Sache. Daher nennen manche das in 1Ko 3 und in 2Ko 5 bezeichnete Gericht über die Werke der Gläubigen auch „Preisgericht".

[64] Das in unserem Vers verwendete grie Wort für „richten" (›krinein‹) läßt das Ergebnis offen. Es ist kein bloßes ›anakrinein‹ (ausfragen, beurteilen, einen Tatbestand feststellen), aber auch nicht von vornherein ein ›katakrinein‹ (verurteilen). Petrus stellt hier einfach die Tatsache fest, daß unser Werk und Wandel immer in Beziehung zu Gott steht, daß wir von ihm gerichtet werden.

[65] Vgl. dazu: Rö 3, 18; 11, 20; 2Ko 5, 11; 7, 1; Phil 2, 12.

schaulich ist hier der Vergleich mit dem antiken Sklavenhandel. Ein Sklave wurde aus der Gewalt eines Zwingherrn für hohes Lösegeld losgekauft, um für den neuen Herrn zu leben. So hat Jesus uns am Kreuz **losgekauft** (od. erlöst)[66] **aus dem nichtigen Wandel, von den Vätern überliefert.** In der lat Bibel, der Vulgata, heißt es: „losgekauft von ... der väterlichen Tradition." Alle Menschen stehen von Natur in der Tradition ihrer Väter. Während nun die ältere Generation meist überzeugt ist, sie überliefere der Jugend so gute Ausgangswerte, daß man mit Recht ein sinnvolles, zuchtvolles Leben erwarten könne, sagt die Bibel es ganz anders: die Väter überliefern der Jugend auch nur, was sie schon übernommen haben, nämlich einen nichtigen Wandel. Was nichtiger Wandel letztlich heißt, macht sich der von Gott gelöste Mensch meist nicht klar. Ja, er kann dieses Leben nur deshalb ertragen, weil und solange er sich das nicht in letzter Konsequenz klarmacht. Denn unter das Urteil **nichtig** fällt selbst vieles, von dem der Mensch meint, es bleibe „ewig". Dazu kommt ein weiteres: Moderne Erkenntnisse über den Menschen machen uns deutlich, welch eine Macht für den Menschen der von Vater und Mutter überlieferte Lebenswandel ist. Atmosphäre und Erziehung der ersten Lebensjahre prägen den Menschen für das ganze Leben. Ein Blick in das alte Heidentum zeigt, wohin es führt, wenn Menschen Generationen hindurch gesetz- und gottlos leben. Dem **Wandel, von den Vätern überliefert,** kann die nachfolgende Generation sich kaum entziehen oder selbst heraushelfen. Nur Loskauf hilft.

Was hat dieser Loskauf Gott gekostet? **Nicht vergängliche Dinge,** 19
Silber oder Gold. Das sind die üblichen Zahlungsmittel. Man konnte Sklaven damit loskaufen. Der Loskauf aber, von dem Petrus hier spricht, ist unvergleichlich viel schwerer und größer! Silber und Gold, auf Erden die höchsten Zahlungsmittel, sind zu gering, um aus dem alten Wandel zu befreien und den neuen zu ermöglichen. Obwohl von hohem Wert, sind sie doch vergänglich wie die Erde. Jedoch, „was Gott an uns gewendet hat", ist unvergleichlich wertvoller: Losgekauft ... **mit dem kostbaren Blut Christi als eines fehlerlosen und fleckenlosen Lammes.** Weder Silber noch Gold vermag einen

[66] Erlöst „von allen Sünden, vom Tode und von der Gewalt des Teufels, auf daß ich sein eigen sei ...", so sagt Luther in der Erklärung zum zweiten Artikel. Es gibt allerdings keine Bibelstelle, in der es ausdrücklich steht: Jesus hat uns „von der Gewalt des Teufels losgekauft". Das könnte mißverstanden werden, als hätte Jesus dem Teufel für unsere Sünden Zahlung geleistet. Nein, der Teufel ist kein rechtmäßiger Herr, dem eine Zahlung zusteht. Seine ganze Herrschaft ist Unrechtsherrschaft. Daher entfaltet das NT das Bild von dem Loskauf nicht weiter. Es spricht einfach von der „Erlösung durch Christus Jesus" (Rö 3, 24) oder der „Erlösung durch sein Blut" (Eph 1, 7). Oder es sagt: Christus hat uns losgekauft „von dem Fluch des Gesetzes" (Gal 3, 13), „von aller Gesetzlosigkeit" (Tit 2, 14), „von den Übertretungen" (Hbr 9, 15). Diese Zurückhaltung, die das Bild vom Sklavenloskauf nicht ausmalt, lehrt uns, daß der Ausdruck „losgekauft" zwar eine Hilfe ist, um den Tod Jesu zu verstehen, daß es aber nichts gibt, was dem Tode Jesu völlig vergleichbar ist. Die Erlösungstat von Golgatha behält für uns etwas Unbeschreibliches und Unbegreifliches. Dieses Wunder der Liebe wird besser durch Glauben und Dank erfaßt als durch intellektuelles Begreifen. Zum Begriff „Erlösung" vgl. Mt 20, 28; 1Ko 1, 30; 6, 20; 7, 23; Hbr 9, 12; Offb 5, 9.

Menschen aus der Zwingherrschaft des nichtigen, der Sippe und Sitte verhafteten Wandels zu befreien. Aber **das kostbare Blut Christi** befreit und erneuert Menschen so, daß auch ihr Wandel neu wird. Das Blut Christi ist **kostbar** (oder auch „vielkostend“, „von hohem Wert“), weil das Wertvollste, was Gott hat, sein einziggeborener Sohn ist. Im Blut ist das Leben. So ist die „Erlösung durch das kostbare Blut Christi“ zugleich die Erlösung durch seine Lebenshingabe. Christus wird **als fehlerloses und fleckenloses Lamm** bezeichnet. Das ist im NT nicht nur ein Vergleich, sondern er „ist“ wirklich das Lamm Gottes. In Jo 1, 29 wird er das Lamm Gottes genannt, das die Sünde der Welt hinwegträgt. Ja, bis in die Ewigkeit hinein wird Jesus, unser Herr, auch im Himmel als „das Lamm“ gerühmt und angebetet werden. Heißt es doch im Lobgesang der Myriaden von Engeln: „Würdig ist das Lamm, das sich opfern ließ . . .“ (Offb 5, 12). Die Ausleger sind sich zwar nicht einig in der Frage, ob Petrus außer an Jes 53, 7 auch noch an das Passahlamm (2Mo 12) und an atst Opfervorschriften (etwa 2Mo 29, 1; 3Mo 22, 17–25) denkt, aber sicher ist dies der Fall. In dem Gekreuzigten haben wir das Lamm Gottes vor uns, in dem nicht nur die messianische Weissagung von Jes 53 sich verwirklicht hat, sondern auch die prophetische Bedeutung des Passahlammes ebenso zur Erfüllung gekommen ist wie die aller Opfer, die je im Tempel zu Jerusalem dargebracht worden sind.[67] Daß hier an Jes 52/53 zu denken ist, macht schon 52, 3 deutlich: „Ihr werdet nicht mit Silber losgekauft werden.“[68] Andererseits geht die Formulierung **fehlerloses und fleckenloses Lamm** über Jes 53 hinaus und weist hin auf die allgemeinen Opferbestimmungen des AT, nach denen nur fehlerlose Tiere geopfert werden durften. Die Urgemeinde hat sich überhaupt nicht auf einzelne Bibelstellen festgelegt, sondern ganz allgemein den atst blutigen Opferdienst als Typos, als Vorschattung auf Jesus Christus hin gesehen. „Ohne Blutvergießen geschieht keine Vergebung“, so faßt der Hbr-Brief den Sinn des Opferdienstes zusammen (9, 22). Wer Sünde als harmlose Fehlerhaftigkeit des Menschen ansieht, der wird weder die atst Tieropfer noch das Opfer Jesu Christi am Kreuz verstehen können. Wer aber die Schrecklichkeit der Sünde begriffen hat, der beginnt zu erfassen, daß nur durch „schreckliche“ Opfer die Sünde überwunden werden kann. Wer Sünde tut, hat sein Leben vor Gott verwirkt. Das vergossene Blut macht das deutlich. Es ist um der Sünde willen hingegebenes

[67] Es trifft auch auf Petrus das zu, was W. de Boor zu Jo 1, 29 von Johannes am Jordan sagt: „Ob der Täufer bei dem ‚Lamm Gottes‘ an das Passahlamm dachte oder an die beiden Lämmer, die nach 4Mo 28, 3–4 täglich als Opfer im Tempel bluteten, oder ob er einfach von Jes 53 geleitet war, das wissen wir nicht. Aber jedenfalls i s t Jesus die ‚Erfüllung‘ dessen, was die Opferlämmer Israels nur vorausdeuten konnten und was der Prophet voraussah . . . Er ist das Lamm, das Gott selbst darbringt in der Erfüllung alles dessen, was ‚Opfer‘ im Gesetz und in der ganzen Welt heißt.“ (W. Stb., Johannes-Evangelium, 1. Teil, S. 69).

[68] Jes 53 hat der Urgemeinde überhaupt ganz allgemein vor Augen gestanden, wenn sie die Kreuzigung Jesu deutete. Das hat H. W. Wolff aufgezeigt in „Jesaja 53 im Urchristentum“, Berlin 1952.

Leben. Die atst Opfer sind kein Irrtum von Menschen auf primitiver Religionsstufe, sondern ständiger Hinweis auf die Hauptnot der Menschen, auf die Sünde als Trennung von Gott. Und zugleich sind die atst Tieropfer Ausblick auf den, der einmal endgültig die Sünde der Menschen wegtragen würde. So ist Jesus als das Lamm Gottes die Offenbarung des heiligen Zornes Gottes über die Sünde und zugleich die Offenbarung der wunderbaren Liebe Gottes, die nicht mit ansehen kann den Tod des Sünders. Diese Botschaft ist Zentrum der Bibel. Deshalb sagt Paulus: „Ich entschied mich dafür, nichts unter euch zu wissen als nur Jesus Christus und diesen als Gekreuzigten" (siehe W. Stb. zu 1Ko 2, 2 und zu Jo 1, 29).

Wer ist dazu fähig, Erlösung von Sünde für andere zu schaffen? Was für Qualitäten muß das Lamm haben? Petrus ergänzt die atst Forderung **fehlerlos** (2Mo 29, 1; 3Mo 22, 17–25; Hes 43, 22) durch die weitere: **fleckenlos.** Während nämlich im AT eine körperliche Fehlerlosigkeit des Opfertieres nötig war, mußte das Lamm des Neuen Bundes frei sein von jedem „Flecken" (grie ›spilos‹, auch Schmutz- und Schandfleck). Das ist im NT geistlich, sittlich verstanden, nicht körperlich, wie Eph 5, 21 zeigt. **Fleckenloses Lamm** heißt also: das Lamm Gottes durfte nicht einen einzigen Flecken, nicht eine Sünde haben, als es an die Stelle der Menschen treten, sich für sie opfern und sie loskaufen wollte. Jesus allein erfüllt diese Bedingung. Er allein konnte die Menschheit erlösen, der einzig Reine und Sündlose[69]. Er hat sein kostbares Blut für uns gegeben. So viel hat er getan, um uns loszukaufen zum neuen Wandel! Das begründet die Aufforderung: Nehmt es genau mit eurem Lebenswandel! Wisset, daß er teuer bezahlt ist. Man geht sorgsam um mit dem, was viel gekostet hat!

„Christus, das Lamm Gottes, ist **zwar vorherersehen vor der Grün-** 20
dung der Welt, aber in dem letzten Teil der Zeiten offenbart worden um euretwillen." Um euretwillen – das zieht sich durch diesen ganzen Abschnitt. „Um euretwillen" ist Christus vor Gründung der Welt zum Lamm Gottes vorherersehen. „Um euretwillen" ist er in dem letzten Teil der Zeiten offenbart. Ja, selbst die Auferstehung Jesu (V. 21) geschah „um euretwillen". Jeder Gläubige soll es nun wissen: Gott will mich! Sein Wille, mich zu lieben und zu retten, durchzieht die Ewigkeit und die Zeit. Das ist ein starker Antrieb, so zu leben, daß ich das Ziel nicht verfehle. Gott hat Christus **vorher ersehen,** wörtlich „vorhererkannt", vor Gründung der Welt. Zum Vorhererkennen Gottes ist Näheres unter V. 2 gesagt. **Vor Gründung der Welt** war Gott also schon da, aller Immanenz-Theologie, allem Diesseitigkeits-Denken zum Trotz (vgl. Jo 1, 3; Eph 1, 4 f.). **Gründung**

[69] Siehe Jo 8, 46: „Welcher unter euch kann mich einer Sünde zeihen"; vgl. auch die Ausl. zu 2, 22. Wie nötig die Fleckenlosigkeit, die Sündlosigkeit Jesu ist, zeigt ein Vergleich mit irdischen Verhältnissen: Nur ein Schuldloser könnte u. U. vor den Richter hintreten und sagen: Ich trage die Strafe für diesen Verurteilten. Wer selbst schuldig ist, würde von dem Richter die Antwort hören: Du mußt deine eigene Schuld büßen.

oder „Grundlegung" – wir möchten es gern zutreffender übersetzen, wenn wir es nur könnten! Die deutschen Ausdrücke sind fast mehr dem Mißverständnis eines primitiven Weltbildes ausgesetzt als der grie Begriff. Wörtlich übersetzt heißt er: „Niederwurf". Wirklich, die Schöpfung der Welt war ein „großer Wurf". Zwar **vorherersehen**, aber jetzt erst **offenbart** – darin liegt die Spannung dieses Verses. Diese Worte zeigen deutlich, daß es einen Heilsplan Gottes gibt. Alles zielt in diesem Heilsplan Gottes auf die Offenbarung Jesu Christi. Schon vor der Erschaffung der Welt hat Gott auf Christus geschaut, der das Lamm werden sollte, ja nur, weil der Sohn bereit war, das Lamm Gottes zu werden, hat die Welt nach dem Sündenfall überhaupt noch Sinn und Bestand behalten.[70] Es ist völlig unbiblisch, zu sagen, Jesu Kreuzestod sei die Katastrophe seines edlen Lebens gewesen. Nein, sein Leben und Sterben ist längst **vorherersehen** und gibt der Heilsgeschichte Sinn und Ziel. Deshalb wartet alles darauf, daß dieser Vorherersehene endlich erscheint, daß er **offenbart** wird. Offenbart wird etwas, was zwar da ist, aber noch verborgen. So macht die Aussage, Christus ist in dem „letzten Teil der Zeiten **offenbart** um euretwillen", deutlich: Jetzt ist die große Zeit, auf die alles hinzielt. Jetzt ist Gott in Christus aus der Verborgenheit herausgetreten und hat sich der Menschen heilbringend angenommen. Deshalb erscheint dieses Wort auch an anderen wichtigen Stellen des NT, wo es um das den Menschen betreffende Heils- oder Unheilswirken Gottes geht. Rö 1, 17: im Evangelium wird **offenbart** die Gerechtigkeit Gottes; 1, 18: es wird „offenbart" der Zorn Gottes; 3, 21: nun aber ist die Gerechtigkeit Gottes „offenbart" worden. Die jetzige Zeit wird der **letzte Teil der Zeiten** genannt oder auch „die letzte der Zeiten, das Ende der Zeiten". Dazu sagt Beck (a. a. O. S. 105): „Mit der Erlösung Christi ist nämlich das eingetreten, was die Entscheidung der Weltkrise in Gang setzt (Jo 12, 31: Jetzt ist die Krisis, Scheidung, Gericht dieser Welt), was auch beim Einzelnen über Sein oder Nichtsein absolut entscheidet. Jo 3, 18: ‚Wer nicht glaubt, ist schon gerichtet.' Alle noch ablaufenden Zeiten und Zeitereignisse bringen nichts Neues, sondern sind nur Entwicklungen des einen, mit Christus begonnenen göttlichen Vollendungswerkes, das alles zum Abschluß führt, teils durch Erlösung, teils durch Gericht."

21 Das „Um euretwillen" (V. 20) wird nun noch weiter erklärt: **... die ihr durch ihn gläubig seid an Gott, der ihn auferweckte aus** (den) **Toten und ihm Herrlichkeit gab, so daß euer Glaube auch Hoffnung auf Gott ist** (oder: so daß euer Glaube und eure Hoffnung auf Gott

[70] Bewegend hat Paul Gerhardt das ausgedrückt, indem er das „Gespräch" zwischen Gott dem Vater und dem Sohn schildert, in dem es um die Erlösung der Menschen geht: „Geh hin, mein Kind, und nimm dich an der Kinder, die ich ausgetan zur Straf und Zornesruten, die Straf ist schwer, der Zorn ist groß, du kannst und sollst sie machen los durch Sterben und durch Bluten." „Ja, Vater, ja von Herzensgrund, leg auf, ich will dirs tragen; mein Wollen hängt an deinem Mund, mein Wirken ist dein Sagen." (Aus dem Liede: „Ein Lämmlein geht und trägt die Schuld ...").

gerichtet ist). Damit sind die Heilsempfänger klar bezeichnet und zugleich abgegrenzt. Wer **gläubig** ist, an dem erfüllt sich die Heilsabsicht Gottes, an den Ungläubigen nicht. Die Apostel haben so unterschieden und Menschen als Gläubige angesprochen im Unterschied zu den Ungläubigen. Diese Unterscheidung der Menschen ist biblisch und notwendig. Wer den fundamentalen Unterschied zwischen gläubig und ungläubig verwischt, handelt nicht aus Liebe, sondern entweder aus Blindheit oder aus Menschengefälligkeit. Glaube entsteht **durch ihn.** Es geht nicht um unsere Gläubigkeit. Des Menschen Glaube ist keine Vorleistung, aufgrund derer ihm das Heil geschenkt wird. Glaube kommt von Jesus. Er entzündet sich an seiner Person, an seinem Opfer für uns. Ja, er ist es, der den Glauben in uns durch den Heiligen Geist wirkt. Da aber Jesus und der Vater eins sind (vgl. Jo 10, 30), ist an Jesus entstandener, auf Jesus gerichteter Glaube zugleich **Glaube an Gott.** Jo 12, 44: „Wer an mich glaubt, glaubt nicht an mich, sondern an den, der mich gesandt hat." Diese Einheit zwischen Vater und Sohn hat Gott vor aller Welt bestätigt, als er ihn **auferweckte.** Noch in einem weiteren Sinne ist Gläubiggewordensein durch Jesus **gläubig sein an Gott:** Wäre Gott nicht da und hätte er nicht alle Macht, auch über den Tod, so wäre Jesus nicht auferweckt worden. In der Auferweckung seines Sohnes ist Gottes Allmacht zu erkennen. Wer also durch Jesus zum Glauben kommt, glaubt damit zugleich an den, der ihn **auferweckte aus** (den) **Toten.** Der Punkt, an dem sich alles entscheidet, ist die Auferweckung Jesu. Sie ist keineswegs eines unter vielen Heilsereignissen, sondern das grundlegende. In der Auferweckung Jesu bestätigt Gott den sieghaften Ausruf des Gekreuzigten „es ist vollbracht". Er bestätigt damit den Kreuzestod Jesu als Sühnopfer für die Sünden der Menschen. Gäbe es die Auferweckung Jesu nicht, so gäbe es keine Vergebung. Wir wären noch in unseren Sünden (1Ko 15, 17). Es gäbe keine lebendige Hoffnung für uns (1Ko 15, 18). Auferweckt **aus** (den) **Toten** heißt: aus der Menge der Toten ist Jesus herausgeführt worden, als der Erstling (1Ko 15, 23), als der „Fürst des Lebens" (Apg 3, 15), als der „Hirte der Schafe, der groß ist durch das Blut des ewigen Bundes" (Hbr 13, 20).[71]

Gott hat den Gekreuzigten auferweckt und **ihm Herrlichkeit gegeben.** Das Wort **Herrlichkeit** (grie ›doxa‹) kommt im 1Pt besonders häufig vor (9mal). Das erklärt sich daraus, daß er an leidende Gemeinden gerichtet ist, deren Hoffnung gestärkt werden soll. ›Doxa‹ bedeutet zunächst: „Lichtglanz" und gewinnt dann den Sinn von „Ehre, Majestät". Es ist Ausdruck für die Lichtfülle und Macht, die Gott umgibt, gleichzeitig für die Siegesgewalt, die er ausübt. Daher ist ›doxa‹ gebunden an Gott (vgl. Mt 6, 13). Unabhängig von ihm

[71] In Phil 3, 11 spricht Paulus von seiner eigenen „Ausauferstehung" aus den Toten. Diese wird allen Gläubigen bei der Parusie Jesu zuteil (1Th 4, 16).

gibt es keine Herrlichkeit.[72] Wenn gelegentlich in der Schrift auch von der Herrlichkeit des Menschen und der Welt geredet wird (V. 24; Spr 14, 28; Jes 35, 2; Mt 4, 8), so ist das doch nur Abglanz der Herrlichkeit Gottes. Gott hat Jesus **Herrlichkeit** gegeben. Damit bekam Jesus teil an der Herrlichkeit Gottes. So wie Jesu Auferweckung der Grund dafür ist, daß auch die, die ihm gehören, auferweckt werden, so ist Jesu Verherrlichung der Grund dafür, daß auch die Seinen Herrlichkeit erhalten werden. Jesu Herrlichkeit beinhaltet große Ereignisse (Himmelfahrt, Parusie ..., Näheres siehe in der Ausl. zu V. 11). Der Glaube der Christen an den Gott, der Jesus Herrlichkeit gegeben hat, ist damit Glaube an die Zukunft Gottes in Jesus. Das heißt, **daß der Glaube** der Christen auch **Hoffnung auf Gott ist.** Unsere Übersetzung wird von einer beträchtlichen Anzahl von Auslegern (s. Kühl S. 127, auch Weizsäcker, Menge, Hauck) bevorzugt. Es ist ja das Anliegen des Petrus, die **Hoffnung** der angefochtenen Christen von Kleinasien zu stärken. Jedoch übersetzen ebensoviele, besonders die neueren Ausleger, im Sinne der LÜ: „so daß euer Glaube und eure Hoffnung auf Gott (gerichtet) ist". Rein sprachlich kann das nicht entschieden werden. Auch letztere Übersetzung hat ihren guten Sinn. Man braucht sie nicht als unnötige Verdoppelung zu dem „gläubig an Gott" vom Anfang des Verses aufzufassen. Es kann folgenden Sinn haben: Durch die Auferweckung Jesu und die ihm gegebene Herrlichkeit ist euer Glaube und eure Hoffnung nicht subjektive, leere Empfindung, sondern hat objektiven Grund in Gott. Jesu Verherrlichung garantiert auch unsere Verherrlichung. So ist unser Glauben und Hoffen auf dem Heilshandeln Gottes gegründet.

Habt einander von Herzen beharrlich lieb!

1. Petrus 1, 22–25

Zu Vers 22: Jo 13, 34; Rö 12, 10; 1Th 4, 9; 1Jo 3, 18; 5, 1
Zu Vers 23: Jo 1, 13; 3, 5; Jak 1, 18
Zu Vers 24: Jes 40, 6–8; Jak 1, 10. 11
Zu Vers 25: Mt 13, 8; Hbr 4, 12

22 **Eure Seelen gereinigt habend im Gehorsam** (gegenüber) **der**
Wahrheit zu ungeheuchelter Bruderliebe habt einander von Her-
23 **zen beharrlich lieb, * als die da neugeboren sind nicht aus ver-**
gänglichem Samen, sondern aus unvergänglichem, durch das le-
24 **bendige und bleibende Wort Gottes. * Denn „alles Fleisch ist wie**
Gras und alle seine Herrlichkeit wie des Grases Blume. Verdorrt
25 **ist das Gras und die Blume ist abgefallen; * das Wort des Herrn**
aber bleibt in Ewigkeit." Das ist aber das Wort, das euch als gute
Botschaft verkündigt ist.

Die Hauptsache steht im Hauptsatz. Er lautet: **Habt einander von Herzen beharrlich lieb.** Unser Abschnitt steht im großen Zusammen-

[72] Vgl. ThBL, Artikel „Ehre"; Ralf Luther, Ntst. Wb., Art. „Herrlichkeit"; W. Stb. zu Jo 1, 14.

hang der Mahnung zum rechten Wandel. Wenn es darum geht, muß unbedingt auch von der Bruderliebe gesprochen werden. Das rechte Verhalten gegenüber dem Bruder wächst gleichsam aus der Bruderliebe heraus. Ja, nur wer die Brüder liebt, wird zur helfenden Tat in der Welt fähig werden. So ist die Bruderliebe für den rechten Lebenswandel grundlegend. Bevor Petrus auf sie zu sprechen kommt, zeigt er die Voraussetzung auf: **Eure Seelen gereinigt habend im Gehorsam der Wahrheit.** Die Satzkonstruktion macht deutlich: Der Bruderliebe geht die Reinigung der Seele voraus und zwar so, daß sie nicht ein für allemal geschehen ist, sondern immer neu geschehen muß, um immer neu die Bruderliebe zu ermöglichen. Diese im Text angedeutete Reihenfolge ist auch praktisch sehr wichtig: Wo es in der Gemeinde an Bruderliebe mangelt, muß mit der Reinigung begonnen werden. Die Reinigung geschieht an der **Seele.** Das Wort „Seele" findet sich verhältnismäßig häufig im 1Pt (5mal). Die Seele ist der Sitz des Lebens, umfaßt aber auch das ganze natürliche Sein mit dem Denken, Fühlen und Wollen.[73] Die Seele wird leicht „unrein", weil sie nicht nur vom Geist, sondern auch vom Leib, ja auch vom „Fleisch" beeinflußt wird. Zorn, Zank, Neid, Egoismus und Mißtrauen ist Unreinheit, die die Seele vergiftet und die Bruderliebe blockiert. Diese Unreinigkeit darf kein Christ bei sich dulden. Es geht auch nicht darum, daß er sich „beherrscht". Nein, die Unreinigkeit muß heraus! Deshalb heißt es: „Eure Seelen gereinigt habend **im Gehorsam** (gegenüber) **der Wahrheit.** Die **Wahrheit** ist mich treffendes Wort, ist das, was ich aus Gottes Wort als Wahrheit über mich erkannt habe. Sie deckt meinen Haß und Neid, meine Zuchtlosigkeit, Ichsucht und dgl. auf. Doch reinigt sie mich erst dann, wenn ich ihr gehorche. Es gibt keine Reinigung und Heiligung ohne konsequenten Gehorsam. So ist **Gehorsam** (gegenüber) **der Wahrheit** das Mittel zur Reinigung der Seele. Nur, wenn die Seelen gereinigt sind in solchem Gehorsam, ist der Weg frei **zu ungeheuchelter Bruderliebe.** Hier leuchtet eine biblische Grundwahrheit auf. Das hat Jesus seinen Jüngern veranschaulicht, als er ihnen in Demut die Füße wusch (Jo 13, 15). Nur eine von Hochmut und jeglicher Unreinigkeit gereinigte Seele ist zur Bruderliebe fähig (vgl. 1Jo 3, 11 f.).[74] Das beigefügte Adjektiv **ungeheuchelt** (vgl. Rö 12, 9; 2Ko 6, 6) zeigt die Gefährdung der Bruderliebe auf. Wenn es an der Bruderliebe fehlt, flüchtet man

[73] Vgl. ThBL, Artikel „Seele", und die Ausl. zu V. 9.

[74] Amy Carmichael, die in Indien ein Rettungswerk für Tempelkinder aufbauen durfte, schreibt in den Grundsätzen für ihre Hausgemeinschaft: „Wenn die Liebe unter uns zu schwinden droht, wenn es möglich wird, den leisesten Schatten eines lieblosen Wortes zu dulden, dann fängt unsere Gemeinschaft an zu sterben. Lieblosigkeit ist tödlich, sie ist gefährlicher als eine Kobra. Gerade so, wie ein winziger Tropfen des Kobragiftes sich schnell in dem ganzen Körper dessen verbreitet, dem es eingespritzt wurde, so genügt ein Tropfen galliger Lieblosigkeit in meinem oder deinem Herzen, daß er sich in furchtbarer Macht in unserer ganzen Familie ausbreitet; denn wir sind ein Leib ... Wenn du irgendwo Lieblosigkeit entdeckst, laß alles liegen und bringe es in Ordnung, wenn möglich sofort!" Aus „Amy Carmichael von Dohnavur", S. 85/86.

leicht in christliche Umgangsformen. Freundliches Benehmen, zuvorkommende Höflichkeit – damit wird in der Gemeinde oft nur Liebe vorgetäuscht. Das ist dann geheuchelte Liebe. Heuchelei ist so gefährlich, weil sie den Mangel an Bruderliebe verdeckt und unser Verhältnis zu Gott und dem Bruder vergiftet. Könnten wir nicht heucheln, so würden wir viel eher erschrecken über unseren Mangel an Liebe und offen mit dem Bruder reden. Wie manche Gemeinde ist durch das Fehlen ungeheuchelter Bruderliebe gelähmt! Jesus hat ernst vor der Heuchelei gewarnt (Mt 6, 5. 16; 7, 5; Lk 12, 1). Und Petrus wird es noch einmal in Kap. 2, 1 tun.

Nun folgt der Hauptsatz: **Habt einander von Herzen beharrlich lieb.** Die Bruderliebe kennzeichnet das Grundverhältnis der Jünger untereinander. Das wird deutlich an Bibelworten wie Jo 13, 34 f.; 15, 12; 17, 26; Rö 12, 10; 1Th 3, 12; 4, 9 f. Die Hörer[75] in Kleinasien stehen schon in der Bruderliebe. Die Mahnung **habt einander lieb**[76] läßt das durchaus stehen, betont aber: jetzt ist die Bruderliebe neu und mit Nachdruck zu praktizieren, denn ohne Bruderliebe kann kein Gemeindeleben gedeihen. Sie ist gleichsam die Atmosphäre, in der die Bruderschaft lebt. Die beiden Ausdrücke **von Herzen** und **beharrlich** machen deutlich, mit welchem Ernst Petrus um die Bruderliebe ringt. Wo Bruderliebe **von Herzen** kommt, entkrampft sie das Verhalten und macht frei. Da benimmt man sich nicht anders als man im Herzen denkt. Da weiß man auch, woran man mit dem anderen ist. **Beharrlich** (eigentlich „angespannt") deutet an, daß Bruderliebe nicht immer leicht ist. Ichsucht, schwierige Verhältnisse oder auch unsympathisches Wesen des Bruders können das Lieben schwer machen. Da gilt es, beharrlich zu lieben, d. h. die Bruderliebe gegen allen Widerstand festzuhalten.

23 In Vers 23 wird eine zweite, die grundlegende Voraussetzung für die Bruderliebe gezeigt: **... als die neugeboren sind.** Wieder geht wie in V. 13 der Imperativ (habt einander lieb) aus dem Indikativ (ihr seid neugeboren) hervor. Es ist geradezu das Wesen der apostolischen Ermahnungen, daß sie keine gesetzlichen, moralischen Anweisungen für ein gottgemäßes Leben enthalten. Der Mensch kann keine geistliche Haltung aus seiner Natur hervorbringen. Die Apostel geben deshalb Ermahnungen aufgrund von Tatsachen, die Gott in das Leben der Seinen hineingestellt hat. Die Tatsache, die die Ermahnung zur Bruderliebe begründet, heißt: ihr seid **neugeboren** (auch: von neuem geboren, wiedergeboren)[77]. „Neugeboren" bezeichnet nicht nur ein Bild, sondern eine Realität: Gott hat ein neues, göttliches Leben

[75] Wir müssen uns klarmachen, daß die apostolischen Briefe von den Empfängern nicht gelesen, sondern gehört wurden, indem man sie ihnen vorlas.

[76] Hier steht wieder der Imperativ des Aorist (vgl. Anm. zu 1, 13).

[77] Rendtorff sagt zur Stelle: „Das grie Wort hat einen vielfältigen Gehalt. Es meint einen neuen Anfang in der Zeit, einen Anfang von vorne zum zweiten Mal; es meint aber zugleich einen Anfang von einer anderen Art als das alte Leben, einen Anfang von oben, aus einer anderen Welt heraus" (S. 20).

in das alte Leben der Christen hineingegeben. Größeres gibt es nicht, Geringeres hilft dem Menschen nicht. Um ewige Gemeinschaft mit Gott zu haben, braucht der Mensch Leben aus Gott. Dieses Leben erhält er in der Wiedergeburt. Jesus betont: Wenn jemand nicht von neuem geboren ist, kann er die Königsherrschaft Gottes nicht sehen (Jo 3, 3).[78] Es ist nur eine andere Formulierung, aber die gleiche Wirklichkeit, wenn es im Johannes-Evangelium heißt: „Wer an den Sohn glaubt, der hat das ewige (das neue) Leben" (3, 36). In 1Jo 5, 11 ist die gleiche Sache in gleicher Gewißheit ausgedrückt: „das ist das Zeugnis, daß uns Gott das ewige Leben gegeben hat, und solches Leben ist in seinem Sohn." Und Paulus sagt in 2Ko 5, 17: „Ist jemand in Christus, so ist er eine neue Kreatur." Auch er drückt damit aus, Christsein heißt Leben aus Gott haben. An der Formulierung des Petrus, **... als die neugeboren sind,** fällt auf: Die Wiedergeburt ist ihm keine unsichere Sache, sondern er redet von ihr mit Gewißheit. Das ist nicht überheblich, sondern biblisch-realistisch. Weiter fällt auf, daß die Wiedergeburt ein zurückliegendes Ereignis ist, ein perfectum, kein futurum. Und schließlich ist bemerkenswert, daß Petrus die Neugeburt von sich und jedem Christen in Kleinasien bezeugt. Er weiß nichts von Christen, die „nur glauben", aber noch nicht wiedergeboren sind. Auch das übrige NT kennt die Unterscheidung nicht. Entweder man ist Christ, dann ist man auch wiedergeboren, oder man ist noch nicht wiedergeboren, dann ist man auch noch nicht wirklich Christ.[79] Der Hinweis auf die Wiedergeburt ist die tiefste Begründung der Bruderliebe. Mit der Wiedergeburt sind die Christen Brüder und Schwestern geworden, ob sie einander sympathisch sind oder nicht. Das gleiche Grundereignis, ja die gleiche göttliche Lebenskraft verbindet die Christen: als die wiedergeboren sind **nicht aus vergänglichem Samen, sondern aus unvergänglichem durch das lebendige und bleibende Wort Gottes.** Für **Samen** steht im Grundtext ›spora‹. Das bedeutet – wie unser Wort „Saat" – zugleich auch den Vorgang des Aussäens. Daher kann die Übersetzung auch lauten: „... wiedergeboren nicht aus vergänglichem Säen, sondern aus unvergänglichem durch das Wort Gottes." In dieser Übersetzung kommen die Präpositionen **aus** und **durch** mehr zur Geltung: wiedergeboren **aus** dem Vorgang des Säens **durch** die Lebenskraft des Wortes Gottes. So zeigt der V. 23 nicht nur die fundamentale Bedeutung des Wortes Gottes, sondern zugleich auch die seiner Verkündigung. Wie der Same gesät werden muß, muß auch das Wort Gottes verkündigt

[78] In Jo 3 steht zwar nicht der gleiche Ausdruck (s. W. Stb. zu dieser Stelle), aber beide Ausdrücke sind eng verwandt und meinen die gleiche Sache.

[79] Die Klassifizierung der Christen in Wiedergeborene und Nicht-Wiedergeborene schafft theologische Unklarheit. Sie entsteht dadurch, daß man die Wiedergeburt auf innere Erlebnisse gründet. Es ist immer gefährlich, theologische Lehrsätze aus der inneren Erfahrung zu erheben, statt aus Gottes Wort. Ebenso deutlich, wie wir betonen müssen: „nur der", der von Herzen an Jesus glaubt, hat den Heiligen Geist (Eph 1, 13) und ist wiedergeboren zu einem Kinde Gottes, ebenso deutlich müssen wir auch betonen: „Jeder", der an Jesus gläubig ist, hat den Heiligen Geist und ist wiedergeboren.

werden, um wirksam zu sein. Im Gegensatz zum Säen auf dem Ackerfeld aber ist das Säen des Wortes Gottes ein **unvergängliches:** es wirkt Wiedergeburt und ewiges Leben.

Aber ebenso muß auch das andere gesagt werden: auf den **Samen** kommt es an, auf das Wort Gottes selbst. Verkündigung, die ewiges Leben schafft, kann es nur geben **durch das lebendige und bleibende Wort Gottes.** „Der Same ist das Wort Gottes", so sagt es Jesus im Gleichnis vom vierfachen Ackerfeld (Lk 8, 11). Weil dieser Same lebendig und bleibend ist, schafft er auch lebendige und bleibende Frucht. Es muß für jeden Verkündiger klar sein, daß er durch kein anderes Mittel Frucht seines Säens erreichen kann, als durch **das lebendige und bleibende Wort Gottes.** Der grie Satz kann auch anders übersetzt werden: „durch das Wort des lebendigen und bleibenden Gottes." Ein Grieche konnte also aus der Formulierung beides heraushören: Das Wesen Gottes, des lebendigen und bleibenden, bestimmt die Qualität des Wortes – und die Qualität dieses lebendigen Wortes Gottes bestimmt wiederum die der Aussaat und der Wiedergeburt.

24 Der Christ muß die Größe und Herrlichkeit des Wortes erkennen, um zu begreifen, was damit geschehen ist, daß dieses Wort in sein Leben trat und in ihm bleibendes, göttliches Leben wirkte. Das ist der Sinn von V. 24 f. Hier wird Jes 40, 6 ff. zitiert: **„Alles Fleisch ist wie Gras und alle seine Herrlichkeit wie des Grases Blume.** Mit dem Ausdruck **alles Fleisch** sind alle Menschen gemeint. **Fleisch** bezeichnet den natürlichen Menschen.[80] Groß ist der Mensch, sein Können, seine Kultur und Wissenschaft! Und doch ist das alles „Fleisch", auch in dessen schönsten und edelsten Blüten. Und sein Schicksal ist gekennzeichnet durch die Worte: **„verdorrt ist das Gras, und die Blume ist abgefallen".** Die Vergangenheitsform besagt: Das ist nicht nur Vorhersage der Zukunft, sondern millionenfache Erfahrung. Zugleich ist es aber auch „prophetisches Perfekt", eine prophetische Aussage, die so gewiß über jedem jetzt noch lebenden Menschen steht, daß man sie als schon geschehen aussagen kann.

25 Davon hebt sich die wunderbare Tatsache ab: Es gibt etwas, das **in Ewigkeit bleibt, nämlich das Wort des Herrn**[81]. Für **Wort** steht hier im Grie nicht ›logos‹, sondern ›rhæma‹ = das unmittelbar Gesprochene, die Rede. Im NT ist es das vom lebendigen Gott gesprochene und damit zugleich auch wirkende Wort. So ist es das mich treffende,

[80] Siehe Jer 17, 5: „Verflucht ist der Mann, der sich auf Menschen verläßt und hält Fleisch für seinen Arm." Dasselbe versteht auch Paulus unter „Fleisch" (Gal 1, 16; Rö 8, 3b u. ö.).

[81] Hier ist Jes 40, 8 zitiert. Dort heißt es: „das Wort Gottes". Petrus wandelt es ab in „das Wort des Herrn". Die Juden scheuten sich je länger desto mehr, den Namen Gottes, Jahwe, auszusprechen. Sie sagten dafür „Herr" (hebr ›adonaj‹, in der LXX: ›kyrios()‹. Es war dann eine gewaltige Sache, daß die Urgemeinde ihr Bekenntnis zu Jesus in die Worte faßte: ›KYRIOS JESOUS‹, Herr ist Jesus. So identifizieren sie das „Herr-Sein Jahwes mit dem Herr-Sein Jesu. Sie konnten das, weil Jesus es bezeugt hatte: Ich und der Vater sind eins (Jo 10, 30). Das hatten sie in seiner Auferstehung und Erhöhung bestätigt gefunden (vgl. auch Phil 2, 6–11).

lebendige Wort des gegenwärtigen Herrn. ›Rhæma‹ entspricht dem häufig in der Schrift vorkommenden Satz: „Es geschah das Wort des Herrn." Es ist ein Gottesgeschehen, wenn dieses Wort als **gute Botschaft verkündigt** wird. Im Grie steht hier ›euangelizesthai‹ = evangelisieren, eine Freudennachricht überbringen (vgl. V. 12). Die Christen von Kleinasien waren das Ziel des Redens Gottes: Das ist aber das Wort, das **euch** (wörtlich: an euch, auf euch zu) evangelisiert worden ist. Als **das Wort** sie traf, griff der lebendige Gott nach ihnen und wirkte bei ihnen Wiedergeburt und ewiges Leben. Wer das erlebt hat, der kann die Brüder lieben. Leben aus Gott haben, wirkt sich aus im Lieben, denn Gott ist Liebe (1Jo 4, 8).

Die Gemeinde, eine heilige Priesterschaft!

1. Petrus 2, 1—10

1 **Ablegend**[82] **nun alle Schlechtigkeit und alle Verschlagenheit und**
2 **Heuchelei und Neid und alle üble Nachrede * seid als** (oder: wie)
eben geborene Kinder begierig[82] **nach der vernünftigen, unver-**
3 **fälschten Milch, damit ihr durch sie wachset zur Rettung, * wenn**
4 **„ihr geschmeckt habt, daß der Herr gütig ist". * Zu ihm herzu-**
kommend, dem lebendigen Stein, der von (den) **Menschen zwar**
5 **verworfen, bei Gott aber auserwählt und kostbar ist, * laßt auch**
ihr selbst euch als lebendige Steine aufbauen zu einem geist-
lichen Hause, zu einer heiligen Priesterschaft, um geistliche Opfer
darzubringen, die Gott wohlgefällig sind durch Jesus Christus.
6 *** Deshalb steht in der Schrift: „Siehe, ich setze in Zion einen**
auserwählten Stein, einen kostbaren Eckstein, und wer an ihn
7 **glaubt, wird nicht zuschanden." * Euch nun, den Glaubenden,**
(wird) **die Kostbarkeit** (zuteil). **Den Ungläubigen aber** (gilt): **„der**
Stein, den die Bauenden verworfen haben, dieser ist zum Eck-
8 **stein geworden" * und „ein Stein des Anstoßes und Fels des**
Ärgernisses". Sie stoßen sich, weil sie dem Wort nicht gehorchen
9 **— wozu sie auch gesetzt sind. * Ihr aber** (seid das) **auserwählte**
Geschlecht, (die) **königliche Priesterschaft,** (das) **heilige Volk,**
(das) **Volk zum Eigentum, damit ihr weit hinaus verkündigt die**
Machttaten dessen, der euch aus der Finsternis herausgerufen
10 **hat in sein wunderbares Licht. * Die ihr einst „nicht Volk"** (wa-
ret), **nun aber Volk Gottes** (seid), **die ihr nicht begnadigt** (waret),
nun aber begnadigt (seid).

Zu Vers 1:
Jak 1, 21
Eph 4, 22. 31
Zu Vers 2:
Mt 18, 3
1Ko 3, 2
Hbr 5, 12 f.
Zu Vers 3:
Ps 34, 9
Zu Vers 4:
Ps 118, 22
1Ko 3, 11; 10, 4
Zu Vers 5:
Mt 16, 18
Rö 12, 1
Eph 2, 21 f.
Hbr 3, 6; 13, 15 f.
Zu Vers 6:
Jes 28, 16
Zu Vers 7:
Mt 21, 42
Apg 4, 11
Zu Vers 8:
Lk 2, 34
Rö 9, 33
Zu Vers 9:
2Mo 10, 5. 6
Jes 43, 10. 20 f.
Mt 5, 16
Jo 12, 46
Apg 26, 18
Eph 5, 8

Durch das **nun** ist dieser Abschnitt mit dem vorigen verbunden. Er baut auf ihn auf, ist aber deutlich ein neuer Abschnitt mit neuer

82 Wieder steht hier der Aorist. Vgl. die Anmerkung zu 1, 13.

Phil 2, 15
Kol 3, 12
2Pt 1, 3
Offb 1, 6
Zu Vers 10:
Hos 1, 6. 9
Rö 9, 24–26

Zielrichtung.[83] Der Schlüssel zum Verständnis liegt in den Worten: **als eben geborene** (oder neugeborene) **Kinder** (V. 2). Das entspricht dem „wiedergeboren" von Kap. 1. Ein neugeborenes Kind wird man durch Geburt, ein neugeborenes Gotteskind, das ist hier gemeint, durch Wiedergeburt. Der Ausdruck **eben geborene Kinder** bezeichnet nicht nur einen Vergleich, sondern den neuen wirklichen Tatbestand. Christen sind wirklich Kinder, nämlich Gottes Kinder. Weil sie es aber sind, kann man sie auch vergleichen mit jungen Menschenkindern. Deshalb steht hier das grie Wort ›hōs‹, das beides ausdrückt: **als** und „wie" eben geborene Kinder. **Eben geboren** besagt: viele der Empfänger sind erst vor kurzer Zeit Christen geworden, sind noch jung im Glauben.[84] Es ist wohl anzunehmen, daß zu jener Zeit, als Petrus schrieb, eine Erweckungsbewegung durch das kleinasiatische Land ging. Durch den Vergleich von jungen Gotteskindern mit neugeborenen Menschenkindern leuchten in unserem Abschnitt wesentliche Grundlinien gesunden Gemeindelebens auf. Zunächst ist bemerkenswert, wie die Apostel um junge Christen gerungen haben. Jung Bekehrte sind nicht „fertig". Es steht mit ihnen genauso wie mit Säuglingen: Sie bedürfen sorgfältiger Pflege.[85] Davon hängt es ab, ob ihr geistliches Leben sich gesund entwickelt oder aber langsam abstirbt. Die Apostel waren um die jungen Christen mit Eifer bemüht „wie eine Mutter" und „wie ein Vater" (1Th 2, 7. 11).

Vers 1 zielt grammatisch hin auf Vers 2. So wird das Bild von V. 2 schon den ersten Vers bestimmen. Zur rechten Pflege junger Kinder gehört das „Ablegen", die Reinigung, ebenso auch bei den Gotteskindern. **Ablegend alle Schlechtigkeit und alle Verschlagenheit und Heuchelei und Neid und alle üble Nachrede, seid begierig.**[86] **Schlech-**

[83] Treffend bemerkt Beck a. a. O. S. 109: „Überhaupt haben wir als Eigentümlichkeit des Stils in unserem Brief erkennen können, wie sich Satz in Satz, Gedanke in Gedanken verwebt rückwärts und vorwärts."

[84] Der Ausdruck „eben geborene Kinder" hat manche Forscher vermuten lassen, es handle sich im 1Pt um eine Taufansprache, also eine Ermahnung an eben getaufte Christen. Die Urgemeinde habe die Taufe als Wiedergeburt verstanden und Neugetaufte als eben geborene Kinder Gottes. Ein weiterer Hinweis darauf liege in der Erwähnung der Taufe in Kap. 3, 21 vor. Der eigentlichen Taufrede, die von Silvanus stammen könnte (5, 12), sei eine Einleitung vorangestellt und ein Schlußabschnitt angefügt. So sei alles zu einem Brief ausgeweitet worden. Für das Verständnis des 1Pt trägt diese Hypothese nicht viel ein. Ihr scheint eine Überbewertung der Taufe zugrunde zu liegen, eine zu selbstverständliche Identifizierung von Wiedergeburt und Taufe. Auch sind wir letztlich durch kein Argument genötigt, dem 1Pt abzusprechen, daß er von vornherein als Brief geschrieben worden ist.

[85] Zuweilen findet sich in der Gemeinde das Mißtrauen gegenüber den jung Bekehrten, ob deren Bekehrung auch echt sei. Erst wenn genügend Früchte der Umkehr zu sehen sind, ist man bereit, die Echtheit anzuerkennen. Diese Haltung kannten die Apostel nicht. Eine Mutter sieht nicht mißtrauisch darauf, ob das Leben ihres Kindes echt ist. Auch erwartet sie von ihm noch keine großen Leistungen, sondern nimmt es voll Dank an und pflegt es. Genau das ist die Haltung der Urgemeinde gegenüber den eben geborenen Kindern Gottes.

[86] Man beachte die Verbindung von Partizipialsatz und Hauptsatz in 1, 13; 1, 22 und an unserer Stelle. Die Hauptaussage steht im Hauptsatz (setzt eure Hoffnung; habt euch lieb; seid begierig). Dem ist jeweils ein Partizipialsatz vorangestellt, der sachlich dazu gehört, weil er die Voraussetzung bildet (begürtend; gereinigt habend; ablegend). Ablegend ... seid begierig -

tigkeit ist ein sehr allgemeines Wort. Jeder Christ muß sich fragen, ob noch Schlechtigkeit in seinem Leben vorhanden ist und wie diese konkret bei ihm aussieht. Das ist bei den einzelnen sehr unterschiedlich. **Verschlagenheit** (oder auch „List“, „Betrug“) meint eine Gesinnung, die auf eigenen Vorteil sinnt auf Kosten anderer. **Heuchelei** (wie auch **Neid** und **üble Nachrede**) steht im Grie im Plural. Damit wird angedeutet, daß es vielerlei Versuchungen zur Heuchelei gibt. Es besteht die Gefahr, etwa das Fasten, Beten und Opfern nicht um Gottes willen zu tun, sondern um der Menschen willen, nicht aus Herzensgrund, sondern um vor den Menschen in gutem Licht dazustehen. Die Heuchelei vergiftet unsere Frömmigkeit, wie man an den Pharisäern und z. B. an Ananias und Saphira (Apg 5, 1—11) sehen kann. Alles, was man tut, um vor den Menschen als fromm zu erscheinen, ist Heuchelei. Ja, in manchem christlichen Kreis wird der fromme Schein geradezu erwartet. Dadurch aber wird der Mensch zur Heuchelei gedrängt und verführt. Es ist auch Heuchelei, wenn ein Mensch heimlich Sündengedanken nährt und äußerlich noch den frommen Schein wahrt. So begann der Abweg des Judas Ischarioth. Heuchelei bietet dem Menschen die Möglichkeit, innere Unwahrhaftigkeit durchzuhalten unter dem Anschein von Frömmigkeit. Deshalb kann man einem Heuchler so schwer helfen. Und deshalb hat Jesus so ernst vor der Heuchelei gewarnt (Lk 12, 1).[87] Leget alle Heuchelei ab, sagt Petrus, das heißt, gebt allen frommen Anschein auf, damit ihr in eurer Frömmigkeit echt seid. **Neid** kommt aus der Ichsucht und vergiftet die Nächstenliebe. Neid setzt sich das Ziel, auch haben zu wollen, was der andere hat. Damit stellt der Neid falsche Lebensziele vor Augen. Der Plural könnte wiederum auf die vielen Versuchungen zum Neid hinweisen. Schließlich sind hier noch die **üblen Nachreden** genannt. Sie sind die besondere Gefahr der Gotteskinder! Je mehr Gemeinschaft man hat, desto besser kennt man sich und desto mehr weiß man vom andern zu erzählen. Nichts aber vergiftet die Gemeinschaft so sehr, wie die üble Nachrede. Genau betrachtet sind das alles „Wesenssünden“, aus denen Tatsünden erwachsen. Sie sind ein Zeichen unserer verdorbenen, fleischlichen Art, die auch nach unserer Wiedergeburt noch da ist. Zugleich aber zeigt Petrus uns hier, daß ein Christ sich damit nicht abfinden und diese Dinge nicht bei sich dulden darf. Was hier aufgezählt wird, sind nicht etwa Schönheitsfehler, sondern tödliche Gefahren für das geistliche Leben. Wie ist dem zu begegnen? **Legt ab,** sagt Petrus. Er sagt nicht: Kämpft dagegen an. Das würde doch nur Krampf werden, da es sich

diese Zuordnung von Nebensatz und Hauptsatz gibt dem grie Satz seine Spannung und ist sehr aussagekräftig.

[87] Es kommt die Stunde, da alle vor Gott offenbar werden müssen. Wie einem Heuchler dann zumute sein wird, sagt die Schrift in Jes 33, 14: „In Zion sind die Sünder erschrocken, Zittern hat die Heuchler befallen, und sie sprechen: Wer ist unter uns, der bei verzehrendem Feuer wohnen kann? Wer ist unter uns, der bei ewiger Glut wohnen kann?“ Vgl. auch die Ausl. zu 1. 22.

um unsere tiefsitzende fleischliche Gesinnung handelt. Die wird dadurch erst noch gereizt, und wir werden in Zerrissenheit getrieben. „Legt ab", sagen auch Jakobus (1, 21) und Paulus (Rö 13, 12; Eph 4, 22. 25; Kol 3, 8–14). In Kol 3, 9 nennt Paulus die Voraussetzung: Sie haben einmal grundmäßig in ihrer Glaubenshingabe an Jesus den alten Menschen „ausgezogen", sie haben ihn in den Tod Christi mit hineinnehmen lassen. Ablegen heißt, im Glauben damit rechnen, daß das nicht mehr zu mir als Gotteskind gehört. So erfordert der Ausdruck **legt ab** nicht die moralische Anstrengung des Christen, aus eigener Kraft, nicht geistliche Klimmzüge, durch die er sich zu bessern sucht, sondern seinen Glauben, sein Festhalten an dem, was in der Bekehrung an ihm geschehen ist[88]. Eine Sache, die abgelegt wird, wird abgetan. Sie ist wie etwas, das nicht zu einem gehört, das man nicht mehr will. So entspricht das Ablegen der Reinigung der Kinder Gottes. Zugleich geschieht beim Ablegen eine Wandlung des Christen, eine Veränderung des Wesens „durch Erneuerung des Sinnes" (Rö 12, 2).

2 Üble Nachrede, Heuchelei und dgl. sind oft ein Zeichen dafür, daß dem geistlichen Leben die positive Richtung fehlt. Daher nennt Petrus nun die Lebenskräfte, die dem Glaubensleben den positiven Inhalt geben. Es geht in V. 2 um die geistliche Ernährung **der neugeborenen Kinder.** Neugeborene Kinder werden **mit Milch** ernährt. Die Nahrung für junge Gotteskinder ist das Wort Gottes. Das Wort ist die Kraft, die ihnen das Leben gab (1, 23). Es ist auch die Kraft, die das Leben nährt[89]. **Milch** wird näher bestimmt durch **vernünftig** und **unverfälscht. Vernünftig** hat nichts mit dem zu tun, was wir unter Vernunft (lat ratio) verstehen, sondern eher mit dem, was wir „logisch" oder auch „sachentsprechend" nennen. Die Nahrung muß dem neugeborenen Gotteskind entsprechen. **Vernünftig,** grie ›logikos‹, begegnet uns auch in Rö 12, 1. Dort dient der Ausdruck zur Übertragung atst Begriffe auf das Leben im Neuen Bund: die Leiber Gott zum Opfer geben – das ist der vernünftige, der „logische", dem neuen Stand der Christen entsprechende Gottesdienst. Ebenso wird ›logikos‹ auch hier zu verstehen sein. Der Ausdruck soll andeuten, es handle sich nicht um wirkliche Milch, sondern um Milch im übertragenen, geistlichen Sinn. Da ›logikos‹ von ›logos‹ (= Wort) abgeleitet ist, mag das zugleich ein Hinweis darauf sein, daß die Milch der Kinder Gottes aus dem Wort kommt. **Unverfälscht** deutet darauf hin, daß nicht jede Milch gut ist und nicht jedes Wort das geistliche Wachstum der Kinder Gottes fördert. Milch kann verpanscht oder sogar vergiftet werden. Ebenso kann auch das Wort Gottes durch Menschenmeinung oder satanische Absicht verfälscht werden. Der Christ soll nicht kritiklos alles in sich aufnehmen. Er soll nur nach

[88] Siehe auch Rö 6, 11 und die Auslegung dazu in der W. Stb.
[89] Vgl. 1Ko 3, 2 und Hbr 5, 12 f.

unverfälschtem Gotteswort Verlangen haben. Das erfordert eine aus dem Umgang mit der Bibel gewonnene Urteilskraft.

Das Hauptverb lautet: **Seid begierig,** habt Verlangen. Dieser Ausdruck entspricht dem gesetzesfreien Evangelium. Die geistliche Nahrungsaufnahme wird nicht an ein festgesetztes Maß, an Zeit oder Form gebunden. Wer begierig ist, sucht Gelegenheiten, sein Begehren zu stillen. Wem aber dieses Verlangen fehlt, der hat ständig anderes zu tun und hat nie Zeit für Gottes Wort. Man kann das Begehren nicht befehlen, aber der Appetit kommt beim Essen. Es ist ein geistliches Lebensgesetz, daß der, der das Wort Gottes in sich aufnimmt, von geistlicher Lebenskraft erfüllt wird. Und das bedeutet geistliches Wachstum und wachsende Freude in Jesus. Wenn auch das Verlangen nach Gottes Wort nicht befohlen werden kann, so kann doch die Notwendigkeit, danach begierig zu sein, eingesehen werden: **damit ihr ... wachset zur Rettung.** Es ist die Sorge jeder rechten Mutter, daß das Kind wächst, denn wo kein Wachstum ist, besteht Lebensgefahr. Ebenso ist es die Sorge jedes rechten Seelsorgers, daß die geistlichen Kinder **wachsen.** Wo keine Nahrungsaufnahme erfolgt, bleibt das Leben nicht nur stehen, sondern geht zurück und endet im Sterben. Die beste Sicherung dagegen ist Nahrungsaufnahme und Wachstum. Wo das vorliegt, **ist Rettung.** Immer ist das Leben der Kinder Gottes gefährdet. Sie sind zwar errettet (Eph 2, 5), es ist aber nötig, daß sie auch heute aus den Gefährdungen ihres geistlichen Lebens errettet werden. Und nur wenn ihr geistliches Leben erhalten wird, werden sie die Errettung in den zukünftigen Gottesgerichten erleben (s. zu Kap. 1, 5). **Damit ihr durch sie wachset zur Rettung** besagt: Haupterfordernis ist, daß die Kinder Gottes wachsen. Dann darf man der Rettung gewiß sein.

Einen weiteren Anreiz, begierig nach dem Wort zu sein, fügt Petrus an: **Wenn ihr geschmeckt habt, daß der Herr gütig ist.** Das wenn stellt die Aussage nicht etwa in Frage, sondern will anreizen, konsequent zu leben, etwa in dem Sinn: wenn ihr schon geschmeckt habt ... dann seid doch ganz konsequent und fahret fort, Verlangen zu haben. Es ist wahrscheinlich, daß Petrus auch hier noch an das Bild vom Säugling denkt, der die Nahrung **geschmeckt hat.** Ein Säugling, der die Milch geschmeckt hat, will nicht wieder aufhören, bis er satt ist. Daß er geschmeckt hat, verstärkt sein Verlangen. Wer begnadigt wurde, wer Leben aus Gott empfing, der hat **geschmeckt, daß der Herr gütig ist.** Im Wort hat er geschmeckt, daß der Herr gütig (oder freundlich) ist (zitiert aus Ps 34, 9). Im Wort, das ihn nährt, wird er es immer wieder erfahren. Es ist zu beachten, daß auch dieser Vers Verlangen wecken will, statt Vorschriften über das Bibellesen und den Bibelstundenbesuch zu machen. 3

In V. 4 ist das alte Bild verlassen. Ein neues leuchtet auf, das Bild vom **lebendigen Stein.** Inhaltlich ist V. 4 jedoch eng mit dem vorigen verbunden. V. 3 blickte auf den gütigen Herrn. Das gibt V. 4 den hellen Hintergrund: hinter der Mahnung zur Gemeinschaft steht die 4 gemeinsame Erfahrung der Güte des Herrn. **Zu ihm,** dem gütigen Herrn, **herzukommend** ... laßt auch ihr selbst euch aufbauen. Wenn man dazu noch die Satzkonstruktion[90] beachtet, wird folgendes Sinngefälle deutlich: laßt euch zum geistlichen Hause bauen, indem ihr zu eurem gütigen Herrn kommt, ihm näher rückt. Aller notwendigen Brudernähe muß die Christusnähe vorausgehen. Zum Herrn **herzukommen** (Hbr 7, 25; 10, 22) ist immer wieder nötig. Nur so kann er als der Herr seine Gemeinde bauen. Das Bild vom Stein in V. 4 ist schon auf V. 5 bezogen, auf das Bild von den vielerlei Bausteinen, die sich zum geistlichen Hause bauen lassen. Der Herr, wie auch die Christen (V. 5), werden **lebendige Steine** genannt. Es geht um lebendige Grundelemente eines geistlichen Gebäudes. Christus ist **lebendiger Stein** in dem Sinn, daß er das Leben ist und zugleich lebendig macht. Dasselbe sagt der Evangelist Johannes (1, 4), wenn er von ihm bezeugt: In ihm war das Leben, und das Leben war das Licht der Menschen. Der Grundstein, Christus, ist **von den Menschen verworfen** (wörtlich: weggeschätzt, d. h. geprüft und als untauglich befunden), **bei Gott aber auserwählt und kostbar.** Der ganze Brief, besonders aber unser Abschnitt ist voll von atst Theologie. Das zeigt sich in wörtlichen Zitaten (1, 24; 3, 10–12) und vor allem in frei wiedergegebenen atst Redewendungen und Begriffen. Der Verfasser war offensichtlich im AT zu Hause.[91] Deshalb war seine Botschaft und Sprache vom AT her geprägt und zwar von dessen ntst messianischer Deutung. In unserem Vers leuchten Ps 118, 22 und Jes 28, 16 auf. Jesus selbst hatte Ps 118, 22 auf sich gedeutet.[92] Erst recht nach Ostern sah die Urgemeinde in diesen atst Worten die Kreuzigung und Auferweckung Jesu dargestellt. Die Kreuzigung Jesu ist seine Verwerfung durch die Menschen, nicht nur durch die Juden, sondern auch durch die Heiden. Und nach seiner Auferweckung las die Urgemeinde aus Ps 118, 22 das Urteil Gottes, sein alles umkehrendes „Dennoch" heraus. Jesus ist **von (den) Menschen zwar verworfen, bei Gott aber**

[90] Wieder ist ein partizipialer Nebensatz (zu ihm herzukommend) einem Hauptsatz (laßt euch aufbauen) vorangestellt (s. zu V. 1). Wieder gibt die Befehlsform des Hauptsatzes (V. 5) dem Partizip in V. 4 die imperativische Bedeutung. Durch das Partizip (herzukommend) wird deutlich, daß zwischen beiden Sätzen ein innerer Zusammenhang besteht.

[91] Das gilt auch von den Empfängern des Briefes. Petrus braucht ihnen das Bild nicht zu erklären. Bestimmte, grundlegende Abschnitte des AT waren Allgemeingut der Gemeinde des 1. Jahrhunderts. Das hat H. W. Wolff für die messianische Deutung von Jes 53 gezeigt. Er weist nach, daß Jes 53 wesentlich den Wortschatz der Urgemeinde geprägt hat (Jesaja 53 im Urchristentum, Berlin 1952, S. 99 f.). Das erklärt auch die starken Anklänge des 1Pt an andere ntst Schriften (besonders Eph und Rö). Nur wer das sieht, kann trotz mancher Gemeinsamkeiten die Originalität der einzelnen Apostel erkennen. Nicht literarische Abhängigkeit muß man aus der Übereinstimmung der Briefe schließen, sondern echte, sachliche Koinonia, Gemeinsamkeit in der messianischen Deutung des AT!

[92] Mt 21, 42–44: „Habt ihr nie gelesen in den Schriften: ‚Der Stein, den die Bauleute verworfen hatten, gerade der ist zum Eckstein geworden. Vom Herrn ist dies geschehen, und wunderbar ist er in unseren Augen?' Deswegen sage ich euch: Gottes Herrschaft wird von euch genommen und einem Volk gegeben werden, das deren Früchte bringt. Und wer über diesen Stein zu Fall kommt, der wird zerschmettert werden; auf wen er aber fällt, den wird er zermalmen." Vgl. auch Dan 2, 34 f. 44 f.

auserwählt und kostbar. Verworfen steht im Perfekt, das seine Bedeutung für die Gegenwart behält. Das macht deutlich, dieser Gegensatz geht seitdem durch alle Zeiten hindurch. Auch heute noch verwerfen Menschen diesen **lebendigen Stein** und stellen sich damit in Gegensatz zum Urteil Gottes: **bei Gott aber auserwählt und kostbar.** Wer zu ihm kommt, ist sofort hineingenommen in diesen Gegensatz. Wer sich auf die Seite dieses Messias Jesus stellt, muß bereit sein, das Mit-verworfen-werden durch die Menschen zu erdulden.

Laßt auch ihr selbst euch aufbauen als lebendige Steine zu einem 5
geistlichen Hause, zu einer heiligen Priesterschaft. Würde Petrus das Bild von V. 1—3 beibehalten haben, müßte er jetzt von der Wärme (oder „Nestwärme“) reden, die ein Kind Gottes zu seiner Entwicklung braucht.[93] Es ist jedoch bedeutsam, daß Petrus in V. 5 das Bild vom Säugling verlassen hat. Das Wort von der „Nestwärme“ ist nämlich auch gefährlich. Es könnte den Eindruck erwecken, als ginge es nur um die Pflege passiver Gläubiger. Nein, es geht um das **geistliche Haus** und damit um Gottes Ehre und seinen Dienst. Es geht um die Aufgabe, die die Kinder Gottes haben. Sie bilden als Gemeinde ein **geistliches Haus,** den Tempel des neuen Bundes, in dem Gott wohnt (Eph 2, 21; 1Ko 3, 16 f.; 2Ko 6, 16), in dem er verherrlicht wird und sich offenbart. **Geistlich** bezeichnet nicht nur den Gegensatz zu einem stofflichen Gebäude, sondern weist auf den göttlichen Geist, der dieses Haus erfüllt (vgl. 1Ko 3, 16). Dieses geistliche Haus umfaßt die Gläubigen aller Jahrhunderte auf der ganzen Erde. Gott selbst hat den Grund gelegt (V. 6). Das heißt auch, daß er diesen geistlichen Bau geplant hat und ausführt. Er vollendet den Bau der Gemeinde zu einer „Behausung Gottes im Geist“ (Eph 2, 22). Sie ist unlöslich verbunden mit Gottes Zukunft in Herrlichkeit (Offb 7, 15; 21, 3). Haben sich die Leser dem einen lebendigen Stein, dem auferstandenen Herrn angeschlossen, dann sind sie selber **lebendige Steine** geworden. Sie stehen nun unter der Mahnung: **Laßt auch ihr selbst euch aufbauen** (oder: erbauen, einbauen) **als lebendige Steine zu einem geistlichen Hause.** Es gibt hier drei Übersetzungsmöglichkeiten: bauet euch, werdet gebaut und laßt euch bauen. Letzteres entspricht am besten dem Sinn unseres Abschnittes, da hier weder ein rein aktiver noch ein rein passiver Vorgang gemeint ist. Es geht darum, daß der Christ sich von Gott in den geistlichen Bau, in die Gemeinde Gottes dort einbauen läßt, wohin Gott ihn haben will. Baumeister bleibt Gott. Die Christen aber sind aktiv und mit Hin-

93 Erfahrene Seelsorger führen das Bild vom Säugling gern konsequent durch. Sie sagen: der Säugling braucht vier Dinge: Atmung, Reinigung, Wärme, Nahrung. Entsprechend braucht der Christ zur gesunden Entwicklung Gebet, Reinigung, Gemeinschaft und Wort Gottes. Das sind Grundelemente geistlichen Wachstums. Wir finden sie etwa in Apg 2, 42: Die jungen Christen „blieben aber beständig in der Apostel Lehre (Ernährung) und in der Gemeinschaft (Wärme) und im Brotbrechen (Reinigung) und im Gebet (Atmung)“. Der Reinigung entspricht das „ablegen“ in unserem Text, der Apostellehre entspricht die „Milch“ des Wortes Gottes, Gemeinschaft findet ihre Entsprechung im „sich bauen zum geistlichen Hause“ und Gebet entspricht den „geistlichen Opfern“ unseres Textes.

gabe ihres eigenen Lebens am Bau beteiligt. Anders als ein toter Stein ist ein Christ für den Bau und den Platz, den er ausfüllen soll, verantwortlich. Das setzt Verbundenheit mit dem Grundstein voraus und schafft Verbindung mit den übrigen **lebendigen Steinen.** Man könnte die Mahnung des Petrus auch so umschreiben: sucht im Hause Gottes die Aufgabe, die ihr tun sollt, den Platz, an dem ihr wie ein Stein getragen werdet und andere tragt. So wird die Gesamtheit der Gläubigen eine Dienstgemeinschaft und ein Instrument der Offenbarung Gottes, durch das es Fernstehenden möglich wird, Gott zu finden.

Die Sache ist so wichtig, daß Petrus sie weiter ausführt: Die Kinder Gottes bilden nicht nur ein geistliches Haus, sondern auch – und damit wird das Bild personhaft – **eine heilige Priesterschaft.** Das Vorbild ist die atst Priesterschaft. Hochbedeutsam war ihr Dienst.[94] Es war ein Vorrecht, zur heiligen Priesterschaft des Alten Bundes gehören zu dürfen. Wir heutigen Heidenchristen haben im allgemeinen zu wenig Verständnis für die Größe des von Gott selbst verordneten atst Priestertums. Darum können wir so schwer die Bedeutung dieses Verses begreifen. Atst Ämter und Opferdienst hatten ihre Herrlichkeit, aber sie waren doch begrenzt und vorläufig (vgl. 2Ko 3, 11). Die eigentliche Herrlichkeit leuchtet jetzt erst auf in Christus, im Neuen Bund, an der Gemeinde.[95] Jedes lebendige Glied in ihr ist jetzt zum Priester berufen. Eine heilige Priesterschaft, **um geistliche Opfer darzubringen,** das ist sachlich und grammatisch der Höhepunkt der Verse 4 und 5. **Opfer darzubringen** ist die eigentliche Tätigkeit des Priesters. Damit wird nun im NT die Aufgabe der Gemeinde beschrieben. Im Opferdienst geht es um Gott. Er ist der Mittelpunkt allen Priestertums. Theozentrisch denkt die ganze Bibel! Nur, wo Gott im Mittelpunkt des Denkens steht, bekommt man auch

[94] Ihre Aufgabe war es, vor Gott einzustehen für das Volk und umgekehrt zu stehen vor dem Volk im Auftrag Gottes. Sie hatten dem Volk Versöhnung zu vermitteln (vgl. 3Mo 16) durch den Opferdienst, hatten das Recht und die Weisung des Herrn zu verkündigen (das Gesetz) und sie hatten das Volk zu segnen: „Ihr sollt meinen Namen auf die Kinder Israel legen, daß ich sie segne" (vgl. 4Mo 6, 22–27).

[95] Leonhard Goppelt hat in seinem Buch „Typos" (1939) die typologische Auslegung des AT im NT untersucht. Für die typologische Auslegung ist kennzeichnend: ein ntst Antitypos wird in Vergleich gesetzt zu einem atst Typos. Dabei wird in der „typologischen Steigerung" die Überlegenheit des ntst Antitypos über den atst Typos festgestellt. Der Priesterschaft des Alten Bundes entspricht die Priesterschaft des Neuen Bundes (typologische Entsprechung) Wenn nun schon die atst Priesterschaft eine große Sache war, so ist die ntst noch viel größer (typologische Steigerung): Im NT sind die Priester wirklich heilig, nämlich geheiligt durch Christus. Im Neuen Bunde sind nicht mehr nur Einzelne Priester, sondern alle. Die ntst Priesterschaft bringt nicht fleischerne, sondern geistliche Opfer. Gerade in der typologischen Steigerung liegt die besondere Aussagekraft der typologischen Auslegung des AT durch die ntst Gemeinde.
Die Väter haben dafür auch den Ausdruck „Vorschattung" geprägt (vgl. Kol 2, 17; Hbr 10, 1) ntst Heilsordnungen haben bereits in die atst Zeit hinein ihre Schatten vorausgeworfen. Diese Ausdrucksweise macht besonders gut die enge heilsgeschichtliche Beziehung zwischen AT und NT deutlich. Danach ist die atst Priesterschaft und ihr Opferdienst ein „Schatten" der ntst Priesterschaft aller Gläubigen.

den richtigen Blick für den Menschen. **Geistliche Opfer** bedeutet: vom Geist gewirkte Opfer. Denn echte Opfer, die vor Gott etwas bedeuten, sind nur möglich durch den Heiligen Geist. Gleichzeitig unterscheidet die Bezeichnung **geistlich** sie von den atst Tieropfern. Der grie Ausdruck für **Opfer** bezeichnet eigentlich „Schlachtopfer". Damit ist wohl angedeutet: echte geistliche Opfer können nur da gebracht werden, wo gestorben wird. Der Heilige Geist wirkt, daß der Christ seinen Leib zur Verfügung stellt als Opfer, das da lebendig, heilig und Gott wohlgefällig ist (Rö 12, 1). Unter geistlichem Opfer ist weiter das Gebet zu verstehen (Ps 141, 2; 119, 108; Offb 5, 8; 8, 3 f.) ebenso wie der Dank (Ps 50, 14. 23; 116, 17), Lob und Bekenntnis des Namens des Herrn (Hbr 13, 15; Ps 27, 6), wie auch das Wohltun und Mitteilen (Hbr 13, 16; Phil 4, 18). Wo dem Herrn priesterlich gedient wird, kommt es stets auch zur diakonischen Verantwortung. Ebenso ist der priesterliche Dienst am Evangelium (Rö 15, 16; Phil 2, 17) ein Darbringen geistlicher Opfer. Die atst Opfer, wenn sie als Werkfrömmigkeit verstanden werden, gefallen Gott nicht, denn so spricht der Herr: „Und wenn ihr mir auch Brandopfer und Speisopfer darbringt, so habe ich kein Wohlgefallen daran" (Am 5, 22 f.). Von den geistlichen Opfern aber darf man wissen, daß sie **Gott wohlgefällig sind.** Was alle Religionen mit großen Mühen – und dabei doch vergeblich – zu erreichen suchen, das darf die Gemeinde besitzen! Sie darf Gott wohlgefällige Opfer darbringen und zwar **durch Jesus Christus.** Damit ist durch Jesus etwas errungen, was keine Religion kennt, nicht einmal der Alte Bund in voller Wirklichkeit. Die Formulierung macht deutlich: nur zum Darbringen geistlicher Opfer ist die heilige Priesterschaft da. Das ist der Lebenszweck der Gemeinde Jesu. Es geht darum, daß ihre Glieder nicht ihr Dasein verfehlen (vgl. Jo 15, 6), sondern ihre Aufgabe voll erfassen.

Die Sache ist so wichtig, daß Petrus mit einem atst Zitat aufzeigt, 6
wo der Grund aller geistlichen Existenz und Wirksamkeit liegt: **Deshalb steht in der Schrift: „Siehe, ich setze in Zion einen auserwählten Stein, einen kostbaren Eckstein, und wer an ihn glaubt, wird nicht zuschanden."** Dieser Vers ist Zitat aus Jes 28, 16. Dort wird berichtet, daß die Obersten dem Volk von Jerusalem Rettung schaffen wollten dadurch, daß sie mit dem Tode und mit der Lüge einen Bund machten. Dem setzt Gott ein besseres Rettungshandeln entgegen: „Siehe, ich gründe einen Stein in Zion ..., einen kostbaren Eckstein." Schon im Judentum wurden diese Worte auf den Messias gedeutet. Die Apostel sahen in ihnen das Ostergeschehen geweissagt. Durch **„siehe"** soll die Aufmerksamkeit geweckt werden: Achtung! Hier geschieht etwas, was nicht übersehen werden darf, was niemand ohne Schaden übergeht. Im Ostergeschehen ist Gott dem Verwerfungsurteil der Menschen entgegengetreten, hat das Urteil der Menschen verworfen und ein Heil geschaffen, das der ganzen Welt gilt. Die Wortwahl sowie das Bild vom festgegründeten Eckstein drücken das souveräne, machtvolle Handeln Gottes so massiv aus, daß man spürt: wer das

nicht respektiert, wer sich dem widersetzt, steht gegen Gottes entschiedenen Willen und wird daran zugrunde gehen.

Jedoch, **wer an ihn glaubt, wird nicht zuschanden.** Dieser Fels der Geschichte, dieser Eckstein des ganzen Heilsgeschehens ist der Auferstandene. An ihn glauben heißt, auf ihn sich gründen. In der hebr Grundsprache haben „glauben" und „gründen" die gleiche Sprachwurzel: ›aman‹. Daran wird deutlich, daß Glauben nicht nur mit den Gedanken geschieht, sondern mit dem ganzen Leben. Weil es um die zeitliche und ewige Existenz geht, ist die Zusage so wichtig: wer sich auf den von Gott gesetzten Eckstein „gründet", d. h. wer an ihn glaubt, der **wird nicht zuschanden.**

7/8 An diesem Eckstein fällt die Entscheidung für jeden Menschen. **Euch nun, den Glaubenden,** (wird) **die Kostbarkeit** (zuteil).[96] **Den Ungläubigen aber** (gilt): **„der Stein, den die Bauenden verworfen haben, dieser ist zum Eckstein geworden" und „ein Stein des Anstoßes und ein Fels des Ärgernisses"** (Zitat aus Ps 118, 22 und Jes 8, 14). **„Sie stoßen sich, weil** (oder: indem) **sie dem Wort nicht gehorchen – wozu sie auch gesetzt sind."** Der grie Text enthält in V. 6 (›timios‹ = kostbar) und V. 7 (›timæ‹ = Kostbarkeit) den gleichen Wortstamm. Das sollte auch in der Übersetzung zum Ausdruck kommen, denn V. 7 nimmt das in V. 6 zitierte atst Gotteswort auf und wendet es auf die Empfänger an. Das grie ›timæ‹ heißt „Wert", „Ehre", „Ehrenstellung", hier am besten **Kostbarkeit** entsprechend dem „kostbar" in V. 6. Der Vers 6 sprach vom kostbaren Eckstein. V. 7 f. macht deutlich: den Gläubigen wird das Kostbare, die Ehre dieses Ecksteins zuteil, die Ungläubigen aber haben gerade den verworfen, den Gott zum Eckstein gemacht hat. Und damit haben sie sich gegen Gott gestellt. Christus ist für sie zum Stein des Anstoßes und Fels des Ärgernisses geworden. So hat der gleiche Stein entgegengesetzte Wirkung, je nachdem die Menschen sich im Glauben oder Unglauben ihm stellen. Die Ausdrücke **Kostbarkeit** (Ehre), **Anstoß** und **Ärgernis** sind von den atst Zitaten her geprägt. Sie beinhalten mehr, als es zunächst scheint. Die **Kostbarkeit** und Ehre umfaßt Rechtfertigung, Gemeinschaft mit Gott und ewige Herrlichkeit. Aber auch die Worte **Anstoß** und **Ärgernis** haben schicksalsschwere Bedeutung. „Stein des Anstoßes" meint einen Steinblock, gegen den man anrennt und an dem man sich Schaden holt. Das wird unterstrichen durch den Ausdruck **Fels.** Statt **Fels des Ärgernisses** müßte man nach dem Grie eigentlich sagen: „Fels, der zu Fall bringt"[97]. Es geht nicht nur um ein „Ärgernis", sondern um den Fall, den Zusammenbruch der ganzen Existenz, den der Mensch sich durch die Ablehnung Christi verursacht.

Euch nun, den Glaubenden ... den Ungläubigen aber, das sind die

[96] Im Grie steht kein Verb, so daß man auch übersetzen kann: Euch ... ist er die Kostbarkeit den Ungläubigen aber ist er ...; oder: Euch ... gilt ... den Ungläubigen aber gilt ...

[97] Grie ›skandalon‹, eigentlich „Falle", oder auch „das, was zu Fall bringt".

beiden Möglichkeiten, wie man sich dem Heilshandeln Gottes in Christus gegenüber verhalten kann. Nach dem NT ist nur dieser Unterschied zwischen den Menschen letztlich bleibend und entscheidend. Dabei wird deutlich, daß es bei dem Glauben nicht um menschliche Gläubigkeit geht, sondern um Stellungnahme zu dem Christus, den Gott als Eckstein in die Völkerwelt hineingestellt hat und durch den er nun jeden Menschen zur Entscheidung veranlaßt. ... **den Ungläubigen aber** (gilt): **„Der Stein, den die Bauenden verworfen haben, dieser ist zum Eckstein geworden" und „ein Stein des Anstoßes und ein Fels des Ärgernisses." Ungläubige**[98] sind nicht einfach Nichtglaubende. Gemeint sind Leute, die das Evangelium schon gehört haben. Ihnen ist Christus begegnet als das von Gott in diese Welt gestellte Heil. Was sie mit Christus machen, entscheidet darüber, was er ihnen ist. Verweigern sie den Glauben, so verwerfen sie Christus. Daran holen sie sich das Verderben. Einfach damit, daß er von Gott in die Welt gestellt ist, nötigt er jeden zur Entscheidung.

Sie stoßen sich, weil sie dem Wort nicht gehorchen – wozu sie auch gesetzt sind. Das Wort als Botschaft von Jesus Christus ist nicht bloßes Menschenwort, sondern Heilsangebot Gottes. Man muß darauf reagieren und eine Entscheidung fällen. Die einzig richtige Reaktion ist Glaube, der sich auf Gehorsam festlegt. Unglaube ist in den meisten Fällen ein Ausdruck des Nicht-gehorchen-wollens. Das ist keineswegs vor allem eine Frage des Verstandes, sondern des gesamten Lebens. Daher wird auch hier wieder der Unglaube Ungehorsam genannt: **sie stoßen sich, weil sie dem Wort nicht gehorchen.** Ob der kostbare Eckstein dem Menschen Kostbarkeit oder Anstoß zum Fallen wird, das kommt nicht schicksalhaft über ihn, sondern hat seine Ursache im Glauben oder im Ungehorsam gegenüber dem **Wort. Wozu sie auch gesetzt sind,** darf nicht auf „weil sie dem Wort nicht gehorchen" bezogen werden, sondern auf „sie stoßen sich". Die Bibel lehrt nicht, daß Gott Menschen zum Ungehorsam oder zum Unglauben gesetzt hat.[99] Wohl aber hat Gott die Menschen, die ungehorsam sind, gesetzt, sich zu stoßen und zu fallen. Die Bibel erörtert nicht das Problem der Prädestination (Vorherbestimmung). Sondern denen, die bereits glauben, wird gesagt: Gott hat euch erwählt (1Th 1, 4; Eph 1, 4 u. ö.) und den Ungehorsamen: dazu seid ihr gesetzt. Gott stellt den Menschen in die Entscheidung, und dann gibt er zur Entscheidung des Menschen seine göttliche Willensbestätigung. Es geht um Gottes Gottheit. Kein Gläubiger darf sich einbilden, seine Entscheidung bringe ihm das Heil. Nein, Gott hat ihn erwählt. Und kein Ungläubiger darf meinen, seine Willensentscheidung stehe am Ende trotzig und sieghaft da. Gott stellt sich dem Trotz des Menschen

98 Einige Handschriften sagen: „Ungehorsame". Im NT wird Unglaube häufig Ungehorsam genannt (Jo 3, 36; Apg 14, 2; 1Pt 4, 17 u. ö.). Das drückt den Entscheidungscharakter aus, der im Unglauben liegt.

99 Auch Rö 11, 32 „Gott hat alle beschlossen unter den Unglauben" ist nicht so zu deuten, denn es folgen unmittelbar die Worte „auf daß er sich aller erbarme".

entgegen: du willst nicht, nun sollst du auch nicht. Auch die Ungehorsamen können Gottes Plan nicht durchkreuzen. **Wozu sie auch gesetzt sind,** heißt, Gott baut sie in seinen Plan ein.

9 Mit den Worten **Ihr aber** wird noch einmal der Gegensatz zwischen den Gläubigen und Ungläubigen aufgegriffen, der schon in V. 7 deutlich geworden war. Die Glaubenden haben durch Christus einen unvergleichlich hohen Stand. Das zu wissen ist nicht Hochmut, sondern biblischer Realismus. Es gibt ein echtes, notwendiges Standesbewußtsein. Damit sie nicht in ihren Schwachheiten und Verfolgungen verzagen, oder aber in der Welt groß zu werden suchen, müssen sie wissen, wie beglückend ihr Stand und ihre Aufgabe in Christus ist. **Ihr aber** (seid das) **auserwählte Geschlecht,** (die) **königliche Priesterschaft,** (das) **heilige Volk,** (das) **Volk zum Eigentum.**[100] Petrus zitiert Jes 43, 20 f. und 2Mo 19, 5 f., allerdings wieder sehr frei, wahrscheinlich auswendig. Beim Bundesschluß am Sinai hatte Gott Israels eigentliche Bestimmung erklärt: ihr sollt mein Eigentumvolk sein, eine königliche Priesterschaft, ein heiliges Volk. Und in Jes 43, 20 f hatte Gott von dem aus Babel zurückzuführenden Volk gesagt: es ist „mein auserwähltes Geschlecht, mein Volk, welches ich mir bereitet habe, meine Wohltaten zu erzählen" (nach LXX). Gottes Volk im AT hatte eine andere Bestimmung als die übrigen Völker. Israels Schuld und Not hatten darin ihren Grund, daß es immer wieder diese Würde vergaß. In dieser falschen Grundhaltung hatte Israel keinen Blick für die Gottheit Jesu; so haben sie ihn verworfen. Nun gilt die Israel gegebene Würde und Aufgabe – in dem Messias Jesus – dem ntst Volk Gottes. Es ist heilsgeschichtlich bedeutsam, daß für die Berufung zur Gemeinde des Neuen Bundes nun nicht mehr Volkszugehörigkeit entscheidet, sondern Glaube! Zwar behält Israel einen Sonderstand in der Völker- und Heilsgeschichte (Rö 9–11), aber der eigentliche Unterschied vor Gott ist aufgehoben (Eph 2, 14). Nun sind alle Glaubenden das „Israel Gottes" (Gal 6, 16; Phil 3, 3). Ihnen gilt ihr seid das **auserwählte Geschlecht.** Geschlecht bedeutet gemeinsame Abstammung, bei Israel eine natürliche, bei den Christen eine durch geistliche Geburt entstandene (1, 3 und 23). Auserwählte sind sie geworden durch Gottes Wahl. Diese beruht nicht auf besonderer Güte des Menschen, sondern allein auf der Güte Gottes (Eph 1, 5–6) Außer dieser Gnadenwahl klingt in dem grie Wort ›eklektos‹ = „auserwählt" auch der auserlesene hohe Stand an, in den die göttliche Wahl erhebt. **Königliche Priesterschaft:** im hebr AT steht in 2Mo 19, 6 „ein Königreich von Priestern". Israel sollte, anders als die Nationen, nicht eine politische, sondern eine priesterliche Aufgabe in der Welt haben (vgl. 1Mo 12, 3). Damit, daß in Israels Denken immer mehr das „Königreich" statt der Priesteraufgabe in den Vordergrund gerückt war, hatte es, zumindestens für den jetzigen Äon, seine

[100] Wörtlich heißt es im Grie: „Ihr aber: auserwähltes Geschlecht, königliche Priesterschaft, heiliges Volk, Volk zum Eigentum!"

eigentliche Priesteraufgabe in der Welt verloren. Im NT werden die Akzente deutlicher auf die Priesterschaft gelegt: **eine königliche Priesterschaft.** Eine Priesterschaft für diese Welt – das ist Stand und Aufgabe der Gemeinde Jesu (s. auch V. 5 und Offb 1, 6; 5, 10). **Königlich** ist sie, weil sie der Königsherrschaft Gottes angehört und auf sie hin lebt. Trotz Bedrängnis und Verachtung ist sie dennoch königlich frei, weil sie gebunden ist an Gott. Ein **heiliges Volk** sind sie, weil sie Gott gehören, ausgesondert für seinen Dienst. Die Christen leben unter den Völkern und sind doch ein Volk, zusammengehörig, weil sie Christus gehören, ausgesondert für den Dienst Gottes (vgl. Jo 17, 15–19). Ein vierter Ausdruck wird gebraucht, um bei ihnen ein rechtes Selbstverständnis zu wirken: sie sind **Volk zum Eigentum.** Das grie Wort für Eigentum kann auch „Erhaltung" und „Erwerbung" bedeuten. Gemeint ist ein Eigentum, das Gott selbst für sich erworben hat. Niemand anders kann Besitzanspruch auf dieses Volk erheben als allein Gott. Auch nicht für sich selbst ist dieses Volk da, sondern nur für Gott (vgl. Tit 2, 14). „**Zum** Eigentum" mag andeuten, daß dieses Eigentumsverhältnis nicht auf die Gegenwart beschränkt ist, sondern sich erst noch in Herrlichkeit vollenden wird.

Das Ziel der göttlichen Berufung lautet: **Damit ihr weit hinaus verkündigt die Machttaten dessen, der euch aus der Finsternis herausgerufen hat in sein wunderbares Licht.** Wenn es nicht zu diesem Verkündigen kommt, haben die Christen ihre Berufung verfehlt. Gottes Volk ist dazu da, daß es **weit hinaus verkündigt.** Hier steht im Grie ein Wort, das ein betontes, ausrufendes Verkündigen meint. Das Gottesvolk des Neuen Bundes hat Grund, weit hinaus zu verkündigen die **Machttaten** seines Herrn. Das grie Wort für Machttat (›aretæ‹) ist sehr vielschichtig. Die alte LÜ hat „Tugend", aber das ist zu moralisch. Die rev. LÜ hat „Wohltat", das ist richtig, wenn wir es nicht auf das Gebiet des äußeren Lebens beschränken, sondern als machtvolle Heilstat verstehen. Das hier zitierte Wort aus Jes 43, 21 meint im Hebr „Verherrlichung", Lobgesang, Ruhm, Ruhmestat (›tehilah‹) und im Grie Tugend, göttliche Machttat, Wunder. Man muß den Zusammenklang der Bedeutungen hören. Gottes Volk hat Gottes Machttaten zu verkündigen, die objektiven Tatsachen der Heilsgeschichte und nicht menschliche Meinung über Gott! Zu der objektiven Seite der Taten Gottes gehört jedoch auch die subjektive, (die vom einzelnen persönlich erlebte). Petrus schreibt: Gott ist der, **der euch herausgerufen hat aus der Finsternis in sein wunderbares Licht.** Wenn Christen von Gott reden, ist es ihnen ein Bedürfnis zu bezeugen, was er an ihnen getan hat. Gott ist ihnen nicht eine Theorie, nicht ein Begriff oder Gegenstand theologischer Meinungen, sondern der, der sie berufen hat von der Finsternis in sein wunderbares Licht. Daß er der Schöpfer der Welt ist, der Gott Abrahams, Isaaks und Jakobs, der Vater Jesu Christi – das alles wird ihnen erst erfaßbar und anbetungswürdig dadurch, daß dieser Gott sie herausgerufen hat aus der Finsternis in sein wunderbares Licht. **Finsternis** ist Gottesferne (Mt 22, 13; vgl. auch Jo 1, 5; 12, 46), ist Bezeichnung des teuflischen Bösen.[101] Der Mensch in der Gottesferne wandelt in der Finsternis (1Jo 1, 6) und tut Werke der Finsternis (Eph 5, 11). Wo Gott nicht geehrt und ihm nicht gedankt wird, werden die Herzen verfinstert (Rö 1, 21). Für die Welt folgt daraus: „Finsternis bedeckt das Erdreich und Dunkel die Völker" (Jes 60, 2). Und vom Einzelnen, der in der Finsternis bleibt, sagt die Schrift: ihm ist „behalten das Dunkel der Finsternis in Ewigkeit" (Jud 13; Mt 25, 30). Gott aber ruft heraus aus der Finsternis – **hinein in sein wunderbares Licht.** Hier ist vom **Licht** als von einem Bereich gesprochen, nämlich dem der Nähe Gottes. Licht ist sein Kleid (Ps 104, 2). Sein Reich ist von Licht geprägt. Er wohnt in einem Licht, da niemand zukommen kann (1Tim 6, 16). Ja, sein Licht ist so intensiv, daß man ihm nicht ohne weiteres nahen kann: „Wer ist unter uns, der bei ewiger Glut wohnen kann" (Jes 33, 14)? Nur in der Gerechtigkeit Christi kann der Mensch die Nähe Gottes ertragen (2Ko 3, 18; Jud 24; Offb 22, 4). Niemand wird gegen seinen Willen in das Licht Gottes hineingestellt. Man wird von Gott hinein**gerufen** (oder: berufen). Wenn ein Mensch dem Ruf Gottes zum Licht folgt, bedeutet das für ihn Gericht über alle Finsternis in seinem Leben. Dabei bringt er die Sünde an das Licht, wird wahr vor Gott (Jo 3, 19–21) und kehrt um zu einem Leben in Gottes Nähe. So sind die Empfänger des Briefes Christen geworden.[102] Und auch heute wird man Christ dadurch, daß einem die Augen aufgetan werden und daß man sich bekehrt von der Finsternis zu dem Licht und von der Gewalt Satans zu Gott (Apg 26, 18). Petrus nennt das Licht **wunderbar** und bringt damit das Staunen zum Ausdruck über den Unterschied zwischen der Finsternis, in der die Christen vorher lebten und dem jetzigen Licht Gottes. Wunderbar ist das Licht auch deshalb, weil es alle menschlichen Begriffe von Licht übersteigt, vollends alle Vorstellungen im Blick auf die kommende Herrlichkeit.

10 Die Berufung in das Licht Gottes erscheint erst recht wunderbar, wenn die Berufenen bedenken, wer sie vorher waren: **Die ihr einst „nicht Volk"** (waret), **nun aber Volk Gottes** (seid), **die ihr nicht begnadigt** (waret), **nun aber begnadigt** (seid). Petrus läßt in diesem Vers Worte des Propheten Hosea aufklingen (1, 6. 9). Dort wird deutlich: für Israel ist **„nicht Volk** Gottes sein" äußerstes Gericht. Es ist ja wirklich Volk Gottes. Zum „Nicht-Volk" erklärt zu werden, kommt einer Verwerfung gleich, ähnlich wie wenn ein Vater sein Kind ver-

[101] Vgl. Lk 22, 53: dies ist die Macht der Finsternis; Kol 1, 13: der uns errettet hat von der Macht der Finsternis.

[102] Petrus sagt das von allen Christen Kleinasiens. Angesichts dieser Tatsache ist es müßig, darüber zu debattieren, ob man auch noch auf andere Weise Christ werden kann, etwa durch die Sakramente oder das Lernen biblischer Wahrheiten. Die Berufung aus der Finsternis zu dem Licht Gottes und das persönliche Ins-Licht-kommen ist notwendig, um Christ zu werden. Es kann durch nichts ersetzt werden. Die Sakramente sollen die persönliche Annahme des Heils nicht überflüssig machen, sondern eine Hilfe und Bestätigung dafür sein.

stößt. Wenn Petrus nun auch die frühere Lage von Heidenchristen mit dem Ausdruck „nicht Volk" beschreibt, so sagt er damit: für sie war dieser trostlose Zustand bisher „normal". Nun aber sind sie **Volk Gottes** und **begnadigt,** und damit haben sie Heil und Frieden (Hos 2, 3. 25). Es geht darum, daß sie jetzt nach ihrer Errettung diesen Wandel tief erfassen. Petrus unterscheidet deutlich zwischen einem **einst** und **nun aber** im Leben der Empfänger. Es gab eine Zeit im Leben der Christen, in der sie nicht begnadigt waren (wörtlich: ohne Erbarmen), sondern noch unter dem Zorn Gottes (Rö 1, 18 ff.) und daher preisgegeben an die Verderbensmächte. **Nun aber** sind sie begnadigt und stehen unter dem Erbarmen Gottes. Das macht sie dankbar und heilsgewiß. In solchem Wissen können sie Zeugen der Wohltaten Gottes sein.

Führt einen guten Wandel!

1. Petrus 2, 11–12

11 **Geliebte, ich ermahne euch, als Beisassen und Fremdlinge euch fernzuhalten von den fleischlichen Begierden, welche gegen die**
12 **Seele streiten, * indem ihr euren Wandel unter den Heiden gut führt, damit sie in dem, worin sie euch als Übeltäter verleumden – von den guten Werken her schauend – Gott preisen am Tage der Heimsuchung.**

Zu Vers 11: Ps 39, 13; Gal 5, 24
Zu Vers 12: Jes 10, 3; Mt 5, 16; Jak 3, 13

Geliebte ist im NT eine häufig gebrauchte Anrede[103]. Sie zeigt die Grundatmosphäre unter denen, die Jesus in Seine Liebe aufgenommen hat. „Wir wissen, daß wir aus dem Tode in das Leben gekommen sind, denn wir lieben die Brüder" (1Jo 3, 14). Zugleich ist mit dieser erneuten Anrede angedeutet, daß ein neuer Abschnitt beginnt. **Ich ermahne euch als Beisassen und Fremdlinge.** „Auserwählte Fremdlinge" hieß es in 1, 1.[104] Aus dem Wissen, daß sie **Beisassen und Fremdlinge** sind, eröffnet sich ihnen die rechte, nämlich realistische Sicht für ihre Lage. Das ist Voraussetzung zum rechten Wandel. Schon die Glieder des atst Volkes Gottes werden Beisassen und Fremdlinge genannt. Im hebr Text vom Ps 39, 13 heißt es: Ein Fremdling bin ich mit dir (ein Fremdling „mit Gott" !), ein Beisasse wie alle meine Väter. „Fremdling und Beisasse" sind dort einfach parallele Ausdrücke wie ja das Hebr parallele Formulierungen liebt. Im Grie bezeichnet **Beisasse** (›paroikos‹) den, der ohne Heimat- und 11

[103] Luther übersetzt meistens mit „liebe Brüder".
[104] Beck a. a. O. S. 151 f. sieht den bisherigen Abschnitt (1, 1 – 2, 10) als eine Auslegung des Begriffes „Auserwählte". In ihm gehe es insbesondere um das Verhältnis der Christen zu Gott. Im folgenden Abschnitt behandle Petrus das Verhältnis der Christen zur Welt. Das stehe unter dem Stichwort „Fremdlinge".

Bürgerrecht an einem fremden Ort wohnt, und **Fremdling** (›parepidæmos‹) mehr den, der sich vorübergehend irgendwo aufhält oder als Reisender oder Pilger unterwegs ist. Auch die Glieder des ntst Gottesvolkes sollen sich als Beisassen und Fremdlinge verstehen (s. Auslegung zu 1, 1). Es ist wichtig, daß sie die Ungesichertheit und Vorläufigkeit ihrer irdischen Existenz kennen, daß sie sie bejahen und von daher alles richtig bewerten, was ihren Lebenswandel betrifft. Ihre Fremdlingschaft vollzieht sich **unter den Heiden** (V. 12). Man kann daher den folgenden großen Abschnitt (2, 11 bis 4, 19) auch unter das Thema stellen: „Des Christen Wandel unter den Heiden"[105].

Die Mahnung zum **guten Wandel** hat in den apostolischen Briefen größtes Gewicht. Ganz ähnlich wie Paulus in Rö 12, 1—2 beginnt Petrus als Einleitung in den ethischen (die Lebensführung betreffenden) Teil seines Briefes damit, daß er einige wichtige Grundlinien aufzeigt. Er will einleitend sagen: Denkt daran, daß ihr Fremdlinge seid. Sorgt dafür, daß euer eigenes geistliches Leben geordnet ist, daß ihr nicht von den Lüsten regiert werdet. Törichte oder böswillige Vorurteile der heidnischen Umgebung sollt ihr durch einen **guten Wandel** zu überwinden suchen!

Die Apostel überlassen den Wandel der Gläubigen nicht der Willkür und auch nicht dem inneren Wirken des Heiligen Geistes allein. Auch ordnen sie deren Lebensführung weder durch das Gesetz noch lassen sie die Gemeinden in falscher Freiheit ihren Weg gehen. Statt dessen geben sie ihnen Lebensanweisung in Form von Mahnungen. Das apostolische **ich ermahne euch** regiert den nun folgenden ethischen Teil des Briefes bis zum Schluß. Es entspricht einerseits der Freiheit vom Gesetz und andererseits der Gebundenheit an Jesus als Herrn. Es zwingt nicht und ist dennoch verbindlich. Das grie Wort für „ermahnen" (›parakalein‹) bedeutet auch „zusprechen", „ermutigen", „trösten". So ist biblisches Ermahnen zugleich Ermutigen und Trösten. Es entspringt der liebenden Sorge um den Bruder.[106]

Ich ermahne euch, ... euch fernzuhalten von den fleischlichen Begierden, welche gegen die Seele streiten. Fleisch bezeichnet zunächst die Beschaffenheit des Menschen, seine Kreatürlichkeit. Der Mensch ist als vergängliches Wesen von Fleisch und Blut geschaffen. Da er sich aber von Gott gelöst hat, bezeichnet „Fleisch" zugleich auch die Trennung von Gott, das Gestellt-sein auf sich selbst, ja die Selbstbehauptung des Menschen gegenüber Gott. Die **fleischlichen Begierden** (oder: „fleischlichen Lüste") sind daher die natürlichen Triebe

[105] Im Alten Bund meint der Ausdruck „Heiden" alle Völker außer Israel. Daher sind „Heiden" Menschen, die den lebendigen Gott nicht kennen. Dieses Verständnis des Wortes haben die Christen von den Juden übernommen.

[106] Dieses Ermahnen im ermutigenden Sinn, diese Sorge um den Bruder ist geradezu das eigentliche Kennzeichen des 1Pt. Wer ermahnen lernen will, muß hier in die Schule gehen. Die heutige Christenheit resigniert weithin vor vielen Gemeindenöten, weil sie die innere Kraft zum Ermahnen verloren hat, weil weder die Wahrheit noch die Liebe bei ihr stark genug ist.

des Menschen, etwa der Selbsterhaltungstrieb mit seinem Verlangen nach Essen, Trinken und Schlafen, der Geschlechtstrieb mit seinem Verlangen nach dem anderen Geschlecht, der Mitteilungstrieb, der sich im Reden ausdrückt, wie auch der Sammeltrieb, der besitzen will. Dieses natürliche Begehren ist nicht an sich schon Sünde. Es ist dem Menschen mit seinem Fleisch mitgegeben. Da aber der Mensch von Gott getrennt ist, liegt in allem Begehren des Fleisches das Verlangen, sich gegen Gott zu behaupten, unabhängig von Gott zu sein und in der Befriedigung des natürlichen Begehrens Inhalt und Ziel des Lebens zu finden. Zudem liegt es im Wesen des fleischlichen Begehrens, daß es unersättlich ist. Bekommt es die Freiheit, sich zu entfalten (Gal 5, 16), so endet das in den „Werken des Fleisches", die Paulus mit großem Ernst in Gal 5, 19–21 aufzählt. Daher hat der Begriff „Begierde" im NT meist einen negativen Klang (Rö 7, 7. 8; 13, 14; Kol 3, 5 u. ö.).[107] Der Plural „die Begierden, die Lüste" ist immer negativ gemeint (Rö 1, 24; 6, 12; Eph 2, 3; Tit 2, 12). Wer sich aber in der Bekehrung der Herrschaft Gottes unterstellt hat, lebt nun nicht mehr sich selbst und seinen fleischlichen Begierden. Doch behält er seinen Leib von Fleisch und Blut und damit auch das naturhafte fleischliche Begehren.[108] Von den Begierden heißt es nun, sie streiten **gegen die Seele.** Der Begriff **Seele** kann in der Bibel identisch sein mit „Leben". Jo 10, 11: Der gute Hirte gibt seine ›psychæ‹, seine Seele, sein Leben für die Schafe. „Seele" kann aber auch einfach Bezeichnung für „Mensch" sein (3, 20). Und schließlich kann der Ausdruck die eigentliche Person bezeichnen, die den Tod überdauert (vgl. Mt 10, 28: fürchtet euch nicht vor denen, die den Leib töten und die Seele nicht können töten).[109] Weil die Seele den Tod überdauert, weil sie bestimmt ist zur Gemeinschaft mit Gott, kommt alles darauf an, daß sie in dieser Gemeinschaft bleibt und die Gefährdungen übersteht. Die fleischlichen Begierden nämlich **streiten** (oder: „kämpfen") gegen die Seele. Wenn sie siegen, wir also nach den Begierden leben, kann das den geistlichen Tod bedeuten. Paulus sagt: „Wenn ihr nach dem Fleisch lebt, so werdet ihr sterben müssen" (Rö 8, 13).[110] Es ist wichtig, wie man sich zu den fleischlichen Begierden stellt, ob man sich von ihnen oder aber vom Geist Gottes beherrschen läßt (Rö 8,

107 Mit positiver Bedeutung ist das Wort „Begierde", „Begehren" gebraucht Lk 22, 15 und Phil 1, 23.

108 Auch Paulus rechnet mit dieser Tatsache, wenn er sagt: „wandelt im Geist, so werdet ihr die Lüste des Fleisches nicht vollbringen" (Gal 5, 16). Die Begierden des Fleisches sind auch im Leben des Christen immer wieder da, aber es geht darum, sie nicht zu vollbringen.

109 Zu dem Begriff „Seele" siehe die Ausl. von V. 9. Vgl. weiter das ThBL S. 1118: „Es geht um die Seele in ihrem Gegenüber zu Gott. Gegen sie, gegen ihren Willen und Gehorsam streiten die fleischlichen Begierden" (1Pt 2, 11).

110 Das zu betonen, war wohl nie wichtiger als heute, wo ein Leben nach den fleischlichen Begierden auch in christlichen Kreisen als natürlich, modern, frei und gesund für Leib und Seele hingestellt wird. Wer sich einbildet, ungestraft seinen Lüsten frönen zu können, lebt in einem gefährlichen Selbstbetrug. Paulus schreibt an Wiedergeborene! Und er meint mit „sterben müssen" nicht den zeitlichen Tod, sondern den anderen, den zweiten Tod (vgl. Adolf Pohl zu Offb 20, 14 und 21, 8 in der W. Stb.).

13b; Gal 5, 16). Petrus schreibt: „Ich ermahne euch ... **euch fernzuhalten** von den fleischlichen Begierden". „Sich fernhalten" von den Begierden heißt, sich nicht mit ihnen beschäftigen, ihnen den Rücken kehren und sich etwas anderem zuwenden. Das Gegenteil wäre, sich den Begierden nähern, sich mit ihnen abgeben. Auch der Kampf gegen die Begierden ist verhängnisvoll. Denn auch dadurch beschäftigt man sich zu viel mit ihnen. Man macht sie dadurch erst groß und wird verkrampft. Sich fernhalten von den Begierden, bei etwas anderem, Positivem, Geistlichem sein, in der Arbeit für Jesus und den Nächsten – das ist die Hilfe.[111]

12 Sich fernhalten von den Begierden steht in enger Beziehung zu einem guten Wandel. Die Satzkonstruktion macht das deutlich: **Indem ihr euren Wandel unter den Heiden gut führt. Wandel** ist die konkrete alltägliche Lebensweise. Jeder Mensch, ob er will oder nicht, muß sein Leben irgendwie gestalten. Da gilt es für die Christen, ihren Wandel zu einem guten zu formen, denn es ist ein Wandel **unter den Heiden.** Darin liegt Verantwortung und Chance zugleich. Die „Heiden" beobachten, oft mit Vorurteil und getroffenem Gewissen, das Leben der Christen. Es ist eine biblische Erfahrung, in der Gemeinde immer neu bestätigt: Wenn Zeugen Gottes das Gewissen der Heiden treffen, dann ist Abwehr deren erste Reaktion. Diese richtet sich meist zuerst gegen die Zeugen. Das erlebten schon die Propheten des AT, dann auch Jesus selbst (Mt 11, 19) und nun die Zeugen Christi. So rechnet Petrus wie selbstverständlich damit, daß gegen die Christen von Kleinasien Böses geredet wird, wie wenn sie **Übeltäter** wären. Wie aber sollen sie darauf antworten? Mit **gutem Wandel.** Das ist die beste und einzig verheißungsvolle Antwort auf Verleumdungen: **Damit sie in dem, worin sie euch als Übeltäter verleumden – von den guten Werken her schauend – Gott preisen am Tage der Heimsuchung.**[112] Petrus verbindet hier grammatisch und inhaltlich die Verleumdungen eng mit der Ehre Gottes. Die Verleumdungen richten das Augenmerk der Öffentlichkeit auf die umstrittenen Jesusjünger. Wenn nun aber gute Werke bei ihnen sichtbar werden und sich die Anklage als Verleumdung erweist, kann es dahin kommen, daß die Heiden Gott preisen. So können die Verleumdungen zur Ehre Gottes beitragen. Beck sagt zur Stelle: „Eben in

[111] In der Erkenntnis, daß der Zwiespalt zwischen den Begierden und den Geboten Gottes die Seele schädigt, sind sich die alte Bibel und die moderne Menschenkunde einig. In der Frage der Hilfe aber brechen entgegengesetzte Standpunkte auf. Freiheit für die Triebe, haltet euch fern von den Geboten, sagt die Welt. Freiheit für den Geist Gottes, haltet euch fern von den Begierden, sagt Pt.

[112] Die Übersetzung ist schwierig, da wir die gedrängte grie Formulierung im Deutschen nicht nachvollziehen können ()en ho(muß wohl verstanden werden als)en touto, en ho(, ebenso wie in 3, 16; Rö 2, 1; 2Ko 11, 21; Hbr 2, 18). Unsere Übersetzung folgt Beck und Wohlenberg. Schlatter übersetzt ähnlich: „... damit sie das, worüber sie euch als Übeltäter verlästern, durch die löblichen Werke sehen und Gott ... preisen." Das Wort, das wir mit „schauen" wiedergegeben haben ()epopteuein() findet sich auch in 3, 2 und bedeutet: anschauen, betrachten, beobachten, wahrnehmen (Weizsäcker). Es meint ein nachdrückliches und zum Verstehen gelangendes Hinsehen.

derselben Sache, in welcher die Heiden euch als Übeltäter anklagen, sollen sie infolge der guten Werke bei näherer Einsicht Gott Ehre geben müssen." Diese wunderbare Veränderung der Lage hängt aber daran, daß die Geschmähten ihren **Wandel unter den Heiden gut**[113] **führen,** daß **gute Werke** ihr Kennzeichen sind. Von daher beginnen die **Heiden** erst richtig zu sehen. Die guten Werke der Christen machen ihnen klar, daß ihr Urteil über die vermeintlichen Übeltäter auf purer Verleumdung beruhte. Sie sind also unbedingt nötig, damit die Heiden **schauend** werden und Durchblick bekommen. Petrus weist hier dem Wandel der Christen eine entscheidende Bedeutung für die Mission unter Heiden zu.

Das Ziel ist dabei nicht, daß die Verleumdeten ihr Recht bekommen, sondern daß Gott geehrt wird: ... **damit sie,** die Heiden, **Gott preisen** (oder: die Ehre geben). Die erste Bitte aus dem Gebet des Herrn leuchtet auf: „Geheiligt werde dein Name" und Eph 1, 12: „daß wir etwas seien zum Lob seiner Herrlichkeit". Wenn aber der Heide beginnt, Gott zu preisen, dann muß der lebendige Gott in sein Leben getreten sein. Das kann mit seiner Errettung enden, wiederum Gott zum Preis. Allerdings hängt das letztlich am Wirken Gottes, daran, daß er den **Tag der Heimsuchung** heraufführt. Petrus rechnet damit, daß das geschieht[114], denn immer, wenn Christen vor Gott wandeln, ist er am Wirken. Der „Tag der Heimsuchung"[115] ist der Tag des Eingreifens Gottes, nicht als Tag des letzten Gerichtes, sondern als Tag des Eingreifens in das Leben eines einzelnen oder des Volkes (Jes 10, 3; Jer 6, 15; Hes 34, 11; Lk 19, 44). Heimsuchung bedeutet für den, der in gutem Wandel lebte, Tröstung durch Gott und auch oft Rechtfertigung vor den Heiden. Für den Ungläubigen aber ist Heimsuchung Zerbruch seiner falschen Lebenshaltungen und Lebensstützen. Wenn das alles zerbricht, dann kann es dazu kommen, daß er Gott die Ehre gibt. Er hat sehen gelernt durch den guten Wandel der Christen. Das kann dem, der danach verlangt, daß Gott geehrt werde, Ansporn genug sein zu einem geheiligten Leben. So sind die Verse 11 und 12 eine grundlegende Einführung in den folgenden ethischen Teil des Briefes.

[113] Oder auch „löblich", „tadellos", „einwandfrei".
[114] Und doch müssen wir beachten, daß Petrus keine „Garantie" dafür gibt und diese Wirkung auch einmal ausbleiben kann. Aber es bleibt das Ziel, so unter den Heiden zu wandeln, daß „sie Gott preisen".
[115] Wörtlich: „Tag der Aufsicht". Das mit „Heimsuchung" übersetzte grie Wort)episkopæ(kann auch „Besuch" heißen. Es meint das „Dreinschauen" Gottes, daß er sich einer Sache annimmt.

Rechtes Verhalten gegenüber jedermann

1. Petrus 2, 13–17

Zu Vers 13: Rö 13, 1–7; Tit 3, 1
Zu Vers 15: 1Pt 3, 16; Tit 2, 8
Zu Vers 16: Gal 5, 13; 2Pt 2, 19
Zu Vers 17: Spr 24, 21; Mt 22, 21; Rö 12, 10

13 **Seid untergeordnet jedem menschlichen Geschöpf um des Herrn**
14 **willen, es sei dem König als dem Obersten * oder den Statthaltern**
als denen, die durch ihn gesandt werden, zur Bestrafung der Übel-
15 **täter, zur Belobigung aber derer, die Gutes tun. * Denn so ist es**
der Wille Gottes, daß ihr (oder: wir) **durch Gutestun den Unver-**
16 **stand der törichten Menschen zum Verstummen bringt, * als Freie**
und nicht als solche, die die Freiheit als Deckmantel der Schlech-
17 **tigkeit haben, sondern als Gottes Knechte. * Allen erweist Ehre,**
die Bruderschaft liebt, Gott fürchtet, den König ehrt.

13 **Seid untergeordnet** ist in unserer Übersetzung bevorzugt worden (gegenüber „seid untertan"), weil im grie Verb anklingt: sich unter eine Ordnung stellen. Es geht nicht um willenloses Untertansein, nicht um blinden Gehorsam, sondern um ein bewußtes Sicheinfügen in eine Ordnung. Zur Verbform (Aorist) vgl. die Anmerkung zu 1, 13. Seid untergeordnet **jedem menschlichen Geschöpf um des Herrn willen.** Was bedeutet **menschliches Geschöpf?** Das grie ›ktisis‹ heißt „Schöpfung" in dem Sinne, daß es den Vorgang des Schaffens bezeichnet, aber auch das Ergebnis. Daher heißt ›ktisis‹ auch „Geschöpf".[116] Für die meistens gebrauchte Übersetzung: „jeder menschlichen Ordnung" findet sich in der grie Literatur kein Beleg. Zwar ist „Ordnung" naheliegend, weil Schöpfung auch Ordnung ist. Aber dem Begriff Ordnung fehlt ein wichtiger Gesichtspunkt, der in ›ktisis‹ = Geschöpf enthalten ist: die Beziehung zu Gott. „Jede menschliche Ordnung" könnte als „Ordnung der Menschen" mißverstanden werden. **Jedes menschliche Geschöpf** aber hat in Gott seinen Ursprung und seine Begrenzung.[117] Auch legt die Fortsetzung des Verses es nahe, daß hier nicht Ordnungen, sondern Personen gemeint sind (König, Statthalter). Daher also die Übersetzung: **Seid untergeordnet jedem menschlichen Geschöpf um des Herrn willen.** Es geht darum, daß ein Christ sich einordnet in jede Ordnung, in der ihm ein menschliches Geschöpf übergeordnet ist. Das „seid untergeordnet" regiert grammatisch den ganzen Abschnitt 2, 13 bis 3, 7. Die Verse 18 und 3, 1 nehmen es wieder auf. So liegt es nahe, daß die Herren in V. 18 und die Ehemänner in 3, 1 auch als „menschliches Geschöpf" verstanden werden, denen ein Christ sich unterzuordnen hat, weil und

[116] In letzterem Sinn verstehen Schlatter und Schweizer unsere Stelle ebenso auch Ki-ThW, s. Artikel ›ktizein‹ von Foerster, insbesondere die Anmerkung am Schluß.

[117] Im NT wird das Wort „Schöpfer" nur von Gott gebraucht, und Schöpfung oder Geschöpf stammen nur von Gott her. Nie wird menschliches Schaffen mit diesen Worten ausgedrückt. Daher wird man auch nicht übersetzen dürfen: „jede menschliche Schöpfung" in dem Sinn, daß die Obrigkeit Schöpfung der Menschen, eine menschliche Einrichtung, im Gegensatz zur göttlichen Schöpfung der Welt, ist.

sofern sie ihm übergeordnet sind. Aber Petrus scheint noch einen Schritt weiterzugehen, auch 3, 8 ff. wird noch zu unserem Abschnitt gehören, wo der Blick nun wirklich auf **jedes menschliche Geschöpf** gerichtet ist. Auch für das dort geforderte Verhalten zu den Brüdern und zur Welt ist Ein- und Unterordnung unter „jedes menschliche Geschöpf“ nötig. Man braucht bei dieser Aufforderung keine unbiblische Knechtung durch Menschen zu fürchten. In V. 17 sagt Petrus: „allen“ erweist Ehre. Das entspricht genau der Forderung, sich „jedem“ menschlichen Geschöpf unterzuordnen.[118] Doch ist bemerkenswert, daß es nicht heißt: Seid untergeordnet „jedem Menschen“. Die Christen sollen die Menschen nicht losgelöst von Gott sehen, sondern wissen: jeder Mensch ist Geschöpf und hat seinen Platz und Stand vom Schöpfer angewiesen bekommen. Damit hat jedes menschliche Geschöpf eine vom Schöpfer verliehene Würde erhalten. Indem die Christen jeden Menschen als Geschöpf achten, respektieren sie den Schöpfer. **Um des Herren willen** ordnen sie sich jedem menschlichen Geschöpf unter. Der Herr, der jedem Menschen seine geschöpfliche Würde gegeben hat, will, daß diese Würde gewahrt wird. Doch muß noch in einem weiteren Sinn bedacht werden, daß jeder dem Christen übergeordnete Mensch Geschöpf ist. Ihm steht Unterordnung nur als einem Geschöpf zu, nicht als einem selbstherrlichen Wesen. Wenn er sich zum absoluten Herrn macht, zum Herrn auch über den Schöpfer, über dessen Gebote und über die Gewissen der Menschen, so gilt das Wort aus Apg 5, 29: „Man muß Gott mehr gehorchen als den Menschen.“ So fordert V. 13 Unterordnung um des Herrn willen und bewahrt zugleich vor falscher Unterordnung, vor unbedingtem und verantwortungslosem Gehorsam.

Seid untergeordnet ... **es sei dem König als dem Obersten**[119] **oder den Statthaltern als denen, die durch ihn gesandt werden zur Bestrafung der Übeltäter, zur Belobigung aber derer, die Gutes tun.** Der **König** zu damaliger Zeit war der Kaiser in Rom. „König“ meint also den jeweiligen **Obersten,** wie sein Titel auch sei und welche Regierungsform ein Land auch besitzt. Die Frage ist nicht die, ob der Oberste auch genügend organisatorische und moralische Fähigkeiten besitzt oder wie er an die Macht gekommen ist. Einfach die Tatsache, daß er der Oberste ist und als solcher die Gewalt hat, macht ihn zu einer Obrigkeit, der man sich unterzuordnen hat.

Der Oberste kann seine Macht **Statthaltern** übertragen. Auch sie 14
sind übergeordnete menschliche Geschöpfe, die Unterordnung fordern können. Sie werden durch den Obersten **gesandt zur Bestrafung der Übeltäter, zur Belobigung aber derer, die Gutes tun.** Von dieser

[118] Paulus schreibt der Gemeinde in Philippi: „In Demut achte einer den andern höher als sich selbst“ (2, 3; vgl. Eph 5, 21). Luther erklärt in seiner Schrift „Von der Freiheit eines Christenmenschen“: „Ein Christenmensch ist ein dienstbarer Knecht aller Dinge und jedermann untertan“ – durch die Liebe. Allerdings muß man auch den anderen Satz in derselben Schrift hören: „Ein Christenmensch ist ein freier Herr über alle Dinge und niemand untertan.“

[119] Andere übersetzen „Oberherr“, „Oberhaupt“ oder auch „der die Obergewalt hat“.

Aufgabe her erhält die Obrigkeit ihre Daseinsberechtigung. Keine Obrigkeit kann auf die Dauer existieren, wenn sie dem Bösen freie Entfaltung läßt. Sie muß in ihrem eigenen Interesse so handeln, daß sie die Übeltäter bestraft und die, die Gutes tun, belobigt. Damit aber dient sie dem welterhaltenden Willen Gottes, ob sie es weiß und will oder nicht.[120] Daher sieht die Bibel in der Obrigkeit und in ihrer Aufgabe eine göttliche Schöpfungsordnung zum Wohl des Menschen.[121] **Gesandt zur Bestrafung der Übeltäter, zur Belobigung aber derer, die Gutes tun,** das zeigt nicht nur die Aufgabe, sondern auch die Grenze der obrigkeitlichen Macht. Wenn die Obrigkeit Böses gut nennt und Gutes böse (Norm dafür ist Gottes Wort), wenn sie Anspruch auf Glauben erhebt und Unterordnung der Gewissen verlangt, so gilt das Wort Jesu: Gebt dem Kaiser, was des Kaisers ist und Gott, was Gottes ist (Mt 22, 21). Dagegen wird der Christ sich der Aufforderung der Obrigkeit, Gutes zu tun, gern unterordnen, denn Gutes tun ist auch sein Anliegen. So ist die Basis zu einem positiven Verhältnis zwischen Christen und Obrigkeit gegeben. In der Aufgabe der Obrigkeit, Gutes zu **belobigen,** das heißt öffentlich anzuerkennen, liegt eine echte Chance der Christen, denn sie wollen ja Gutes tun.

15 **Denn so ist es der Wille Gottes, daß ihr durch Gutestun den Unverstand der törichten Menschen zum Verstummen bringt.** Das grie Zeitwort heißt eigentlich: einen Maulkorb anlegen, den Mund stopfen und daher **zum Verstummen bringen. Unverstand** meint nicht einen intellektuellen Mangel, sondern fehlendes Verständnis für das Wesen einer Sache. Die Ungläubigen haben von ihrer weltlicher Existenz her weltliche Urteile, verständnislose Vorurteile. Sie sind damit **törichte Menschen.** „Töricht" bezeichnet kein Urteil über der Verstand eines Menschen. „Törichte Menschen" sind Leute, die das Christsein aus eigener Erfahrung nicht kennen und deshalb falsche Urteile darüber haben. Die Andersartigkeit der Jesusjünger weck bei ihnen Mißtrauen. Die Christen sind auf Gottes zukünftige Wel ausgerichtet. Das nennen die Ungläubigen weltfremd, weltuntüchti und weltflüchtig. Die unbedingte Entschlossenheit, Gott mehr zu gehorchen als den Menschen, nennen sie widerspenstig. „Einer ist Kyrios, Herr, nämlich Jesus", so rief die junge Christenheit aus! Di unwissenden Menschen aber folgerten: das Christentum ist gege die Autorität der Obrigkeit. „Alle sind vor Gott gleich", sagten di

[120] Gewiß kennt die Geschichte viele Ausnahmen von dieser Regel, viele Beispiele dafür, da Obrigkeiten anders gehandelt haben. Dennoch bleibt diese Wahrheit als Regel bestehen. Di Geschichte kennt auch viele Beispiele dafür, daß die Erkenntnis sich durchgesetzt hat, es se notwendig, das Gute zu fördern und das Böse zu hindern, selbst bei ursprünglich unmora lischen Obrigkeiten. Und auch dafür gibt es Beispiele, daß Obrigkeiten daran zugrunde ge gangen sind, daß sie dem Bösen freien Lauf ließen. Dietrich Bonhoeffer sagt in diesem Zu sammenhang: „Es ist einfach in dieser Welt so eingerichtet, daß die grundsätzliche Achtun der letzten Gesetze und Rechte des Lebens zugleich der Selbsterhaltung am dienlichsten ist (Aus „Widerstand und Ergebung" unter der Überschrift „Immanente Gerechtigkeit").

[121] Vgl. W. Stb. zu Rö 13, 1–2.

Christen, und die „törichten Menschen“ folgerten: das Christentum hetzt die Sklaven und die Frauen auf. So sah die Welt die Christen als gefährliche Sektierer an, die Ungehorsam bewirken und bestehende Ordnungen umstürzen wollten. Die Heiden haben begriffen, daß eine Kraft in der Lehre Jesu enthalten ist. In ihrer Unwissenheit meinen sie, es sei eine gegen die bestehenden Ordnungen gerichtete Sprengkraft. Die Christen aber wissen: es ist eine Kraft zum Gutestun, zur Bewahrung auch der weltlichen Ordnungen. Das muß durch die Tat erwiesen werden. Petrus sagt: es ist der Wille Gottes, **daß ihr durch Gutestun den Unverstand der törichten Menschen zum Verstummen bringt.** Diese allgemeine Formulierung paßt auf alle Verhältnisse und Zeiten. Dem Unverstand der Ungläubigen mit Gutestun zu begegnen, ist **der Wille Gottes** (siehe zu V. 12). Darum ist es nicht in das Belieben der Christen gestellt, ob sie Gutes tun oder nicht. Sie dürfen im Glauben damit rechnen, daß, wenn überhaupt etwas, dann Gutestun den Unverstand der törichten Menschen zum Verstummen bringt.

Ist es aber nicht unter der Würde eines von Gott befreiten Chri- 16
sten, sich Menschen unterzuordnen, besonders wenn diese doch in geistlichen Dingen unverständig sind? Petrus sagt, gewiß, Christen sind Freie durch die Freiheit, die Christus ihnen erwarb. Aber es kommt alles darauf an, daß sie die Freiheit nicht mißbrauchen: **als Freie und nicht als solche, die die Freiheit als Deckmantel der Schlechtigkeit** (oder Bosheit) **haben, sondern als Gottes Knechte.** Es besteht also die Gefahr, **Schlechtigkeit** zudecken zu wollen mit dem **Deckmantel** der **Freiheit.** Die Parole lautet dann: „Wir sind frei. Wir lassen uns nicht knechten durch Menschen, auch nicht durch die Obrigkeit.“ Dadurch aber würde Widerstand gegen die öffentliche Ordnung, Schlechtigkeit mit dem Deckmantel der Freiheit verdeckt. So würde die Freiheit der Kinder Gottes mißbraucht. Denn wahre Freiheit ist Freiheit von der Sünde und Bosheit. Und Schlechtigkeit unter dem Deckmantel der Freiheit ist neue Knechtschaft, eine ständige Gefahr für das Christenleben.[122] Auch heute erklingt die Parole durch die Gemeinden: „Wir sind frei, wir lassen uns nicht durch die alte biblische Moral knechten.“ Solche Freiheit wird zum „Deckmantel der Bosheit“. Die wahre Freiheit der Kinder Gottes zeigt sich darin, daß sie frei von der Knechtschaft der Sünde sind und **Gottes Knechte.** An ihnen soll das Wesen ihres Herrn zu merken sein, der das Böse haßt, der keine Gemeinschaft mit der Schlechtigkeit haben kann. So bleiben die Knechte (wörtl.: Sklaven) Gottes die wahrhaft Freien, gerade auch weil sie sich der Obrigkeit unterordnen im Gutestun.

Petrus faßt zusammen: **Allen erweist Ehre, die Bruderschaft liebt,** 17

122 Auch Paulus hat dem Mißbrauch der Freiheit entgegentreten müssen, weil sich in Korinth Sünde ausgebreitet hatte, verharmlost durch das Schlagwort „mir ist alles erlaubt“ (1Ko 6, 12 ff.; vgl. dazu die W. Stb.).

Gott fürchtet, den König ehrt. Von entscheidender Bedeutung für unsere Haltung und unser Tun ist, daß wir zu jedem das rechte Verhältnis finden. **Allen erweist Ehre:** ein Christ hat in jedem Menschen die zur Gemeinschaft mit Gott bestimmte Persönlichkeit zu sehen, das Geschöpf, das Gott neben ihn gestellt hat. Nichtachtung des Mitmenschen ist Verneinung dieser seiner Würde und Zerstörung des Verhältnisses zu ihm. Es geht um das Empfinden für den unendlichen Wert jedes Menschen. Dieses schafft das rechte Verhältnis zu jedem, auch dem uns eigentlich lästigen Menschen. Christen mit so positiver Sicht haben einen guten Einfluß auf ihre Umgebung. **Die Bruderschaft liebt.** Schlatter übersetzt: „Die Brüderschaft habt lieb." Das bringt zum Ausdruck: nicht nur die brüderliche Gesinnung ist zu pflegen, auch nicht allgemein die bruderschaftliche Gruppe, sondern wirklich die ganze Schar der Brüder ohne Ausnahme soll unsere Liebe erfahren. Die Schwestern gehören selbstverständlich dazu. Wer mein Bruder ist, hat Anspruch auf meine Liebe. Gewiß sollen auch die anderen Mitmenschen geliebt werden, wenngleich sich im NT keine pauschale Aufforderung findet, jedermann zu lieben. Denn Liebe ist persönliche, aktive Zuwendung. Auch der Nächste ist zu lieben (Mt 19, 19 u. ö.), ja sogar der Feind (Mt 5, 44; Lk 6, 35). Aber Liebe zur Bruderschaft ist „Familienliebe", gehört zum Wesen ihrer Gemeinschaft (Jo 13, 35; vgl. auch zu 1, 22). **Gott fürchten** (vgl Apg 9, 31; Rö 3, 18; 2Ko 5, 11; 7, 1; Eph 5, 21) ist die angemessene Haltung des Menschen seinem Gott gegenüber. Nur wer Gott fürchtet, kann ihn auch recht lieben und ihm vertrauen, ohne daß die Liebe zu Gott falsche Vertraulichkeit wird. Wer Gott lieben will ohne ihn zu fürchten, hat nicht den Gott der Bibel vor sich. Selbst die höchsten Engel bedecken ihr Angesicht vor dem dreimal Heiligen (Jes 6, 2). Und gerade an den Menschen, denen Gott besonders nahe kam, ist zu erkennen, daß Gottes Nähe heilige Furcht auslöst (Jes 6, 5; Mt 17, 6; Offb 1, 17). Wer Gottes Wesen begriffen hat, wird ihn fürchten. Und die Furcht Gottes wird das ganze Glaubens- und Alltagsleben gesund machen. Sie wird die Liebe zu Gott, die Buße, das Beten, die Arbeit und das Denken läutern (vgl. auch zu 1, 17). Denn „die Furcht des Herrn ist der Anfang der Erkenntnis" (Spr 1, 7). Doch muß auch das andere gesagt werden: „Furcht ist nicht in der Liebe sondern die völlige Liebe treibt die Furcht aus" (1Jo 4, 18). Wer versöhnt ist mit Gott, wird Gott zwar fürchten, nicht aber Angst haben vor ihm, vor seinem Zorn, vor seinem Gericht, vor der Begegnung mit ihm, denn er ist ganz und gar umgeben von der Liebe Gottes seines Vaters. **Den König ehrt,** das faßt diesen Abschnitt zusammen. Es drückt das positive Verhältnis zur Obrigkeit aus und zugleich die Grenze: nie darf ein Jünger Jesu dem König geben, was Gottes ist sondern nur das, was er den Menschen schuldet, Ehre, Achtung und Anerkennung. Wer als Christ nach diesen Anweisungen lebt, wird das rechte Verhältnis zu allen finden.

Rechtes Verhalten gegenüber den Vorgesetzten

1. Petrus 2, 18–25

18 **Ihr Diener, seid untergeordnet in aller Furcht den Herren, nicht
nur den guten und freundlichen, sondern auch den verkehrten,**
19 *** denn das ist Gnade, wenn jemand wegen des Gewissens vor**
20 **Gott Schmerzen erträgt, sofern er zu unrecht leidet. * Denn was
ist das für ein Ruhm, wenn ihr als solche aushaltet, die sündigen
und** (dafür) **geschlagen werden? Aber wenn ihr aushaltet, indem**
21 **ihr Gutes tut und leidet, das ist Gnade bei Gott. * Denn dazu seid
ihr berufen. Denn auch Christus hat gelitten für euch, euch ein**
22 **Vorbild hinterlassend, damit ihr seinen Fußspuren nachfolgt. *
Welcher keine Sünde getan hat und in dessen Mund keine Arglist**
23 **gefunden wurde. * Welcher nicht wiederschmähte, als er geschmäht wurde, nicht drohte, als er litt. Er übergab es aber dem,**
24 **der gerecht richtet. * Welcher unsere Sünden selbst hinaufgetragen hat an seinem Leibe auf das Holz, damit wir, den Sünden
gestorben** (oder: von den Sünden losgeworden), **für die Gerech-**
25 **tigkeit leben. Durch dessen Striemen wurdet ihr geheilt. * Denn
ihr waret wie die irrenden Schafe, aber ihr habt euch nun bekehrt zu dem Hirten und Aufseher eurer Seelen.**

Zu Vers 18: Eph 6, 5; Kol 3, 22–25; Tit 2, 9
Zu Vers 19: Rö 13, 5
Zu Vers 20: Mt 5, 10; 26, 67; Lk 6, 32 f.
Zu Vers 21: Mt 16, 24; Jo 13, 15
Zu Vers 22: Jes 53, 9; Jo 8, 46; 2Ko 5, 21
Zu Vers 23: Jer 11, 20; Mt 5, 39; Jo 8, 50
Zu Vers 24: Jes 53, 4. 5. 12; Rö 3, 24 f.; 6, 11. 18; 1Jo 3, 5; Hbr 9, 28
Zu Vers 25: Jes 53, 6; Hes 34, 5; Mt 9, 36; Jo 10, 11 f.

Es ist ein Zeichen der Liebe und des Glaubensmutes der Apostel, daß sie die tiefen Nöte der Gemeindeglieder nicht übergangen haben, daß sie ihre Mahnungen nicht auf den frommen Bereich des nneren Menschen beschränkten. Sie wußten, daß das geistliche Leen krank ist, wenn das Alltagsleben nicht bewältigt wird. Dabei ıatten sie den Mut, auch schwierige Fragen anzusprechen und Ermahnungen zu geben, die dem Empfinden des natürlichen Menschen widersprechen.

Ihr Diener, seid untergeordnet in aller Furcht den Herren, nicht 18
ıur den guten und freundlichen, sondern auch den verkehrten. Das Stichwort von V. 13 **seid untergeordnet** ist hier wieder aufgenommen. Der grie Ausdruck ›oiketai‹ = **Diener** (abgeleitet von ›oikos‹ = Haus) bezeichnet Hausgenossen, Haussklaven; auch freigelassene Sklaven eines Hauses wurden so bezeichnet. Dieser Abschnitt betrifft ılso antike Haus- und Dienstverhältnisse, ist aber offen für Dienstverhältnisse aller Zeiten. Die für den Sklaven typische Bezeichnung, doulos‹, ist hier nicht gebraucht. Daher kann man von unserem Abchnitt keine grundsätzliche Stellungnahme zur Sklavenfrage erwaren. Petrus gibt keine Bestätigung der Sklaverei, sondern nur eine Weisung für alle, die in einem Dienst stehen, Sklaven und Freie. Seid ntergeordnet **in aller Furcht den Herren.** Auf wen bezieht sich **urcht?** Nur auf den menschlichen Herrn und dessen Strafe? Es gilt, inter den Verhältnissen stets Gott zu sehen und ihn zu fürchten V. 17). So wird hier die Gottesfurcht gemeint sein. Sie gibt dem

Dienst Gewissenhaftigkeit auch gegenüber irdischen Herren. Daß hier nicht Menschenfurcht oder gar Sklavenfurcht gemeint ist, zeigt ein Blick voraus auf den Eheabschnitt (3, 2), wo sich das Wort „Furcht" wiederum findet und dort erst recht nicht in erster Linie auf den Ehemann, sondern ebenfalls auf Gott bezogen werden muß. Petrus greift eines der schwersten Probleme seiner Zeit auf. Sicher hat er manchmal in der Gemeindeversammlung Striemen auf den Gesichtern der **Diener** gesehen und in der Seelsorge Klagen über die **Herren** gehört. Dennoch lautet seine Mahnung: **Seid untergeordnet den Herren, nicht nur den guten und freundlichen, sondern auch den verkehrten.** ›skolios‹ = **verkehrt** heißt eigentlich krumm, verdreht. Darin liegt eine Wertung. Der Apostel zeigt mit dieser negativen Beurteilung, daß er das Unrecht, das seinen Brüdern widerfährt, nicht übersieht.

19 **Denn das ist Gnade, wenn jemand wegen des Gewissens vor Gott Schmerzen erträgt, sofern er zu unrecht leidet.** Mit diesen Worten stellt Petrus die notvolle Lage der unfreien Christen in ein neues Licht. Er will bei diesen bedrückten Brüdern und Schwestern, deren Not er äußerlich nicht ändern kann, eine positive innere Einstellung erreichen, damit sie ihre Lage durchstehen und zur Ehre ihres Gottes leben können. Nur wenn sie in ihrer Rechtlosigkeit mit einer das Leiden überragenden Kraft erfüllt werden, können sie vor schwächendem Selbstmitleid und verkrampfender Erbitterung bewahrt bleiben. Von solch einer Leidensbewältigung kann man sagen: **das ist Gnade.** Nicht das Leiden ist Gnade, sondern **wenn jemand die Schmerzen erträgt. Schmerz** (›lypæ‹) ist nicht so sehr Leid, wie vielmehr Leidensempfindung, Trauer, Kummer. Denn das ist Gnade, wenn jemand **wegen des Gewissens vor Gott** Schmerzen erträgt. Das grie ›syneidæsis‹ (Gewissen) heißt auch Bewußtsein, Mitwissen, Gewißheit. Eine Reihe von Auslegern übersetzt: „wegen des Bewußtseins Gottes". Das kann als Bewußtsein der leidenden Menschen vor Gott verstanden werden und auch als Wissen Gottes um sein leidendes Kind. Danach ist es Gnade, wenn jemand die Schmerzen erträgt, weil er um Gott weiß, oder weil er um Gottes Mitwissen weiß. Doch hat das Wort ›syneidaesis‹ im Laufe der grie Sprachentwicklung immer mehr die Bedeutung dessen erhalten, was wir unter **Gewissen** verstehen, des Wissens um mich selbst und meine Taten in der Verantwortung vor Gott.[123] So wird es in unserem Vers um die Gewissensbindung an Gott gehen. Sie kann die Ursache für mancherlei Leiden sein, die die gläubigen Diener zu ertragen haben. Sie ist aber auch Kraft zum Ertragen der Schmerzen. Es wird hier deutlich, daß Petrus die Lage des Jüngers und Sklaven nicht losgelöst von Gott sieht. Selbst in dessen schwere Situation hinein kann Gott noch

[123] Vgl. Cremer, S. 346: „Wo Kenntnis und Erkenntnis Gottes ist, da wird das Gewissen eben dadurch bestimmt." Zum Begriff „Gewissen" vgl. auch zu 3, 16.

Gnade schenken.[124] Gnade kann allerdings nur dann aus dem Leiden werden, wenn der Christ **zu unrecht leidet.** Der nächste Vers erklärt das genauer:

Denn was ist das für ein Ruhm, wenn ihr als solche aushaltet, die 20
sündigen und (dafür) **geschlagen werden? Aber wenn ihr aushaltet, indem ihr Gutes tut und leidet, das ist Gnade bei Gott.** An was für eine Lage Petrus hier denkt, ist schwer auszumachen. Es gab sicher manches heldenmütige Aushalten in Leiden. Die Gemeinde wird oft mit Hochachtung von ihren unfreien Gliedern gesprochen haben. Aber Petrus muß doch unterscheiden lehren. Manches Leiden hat mit Christus nichts zu tun und ist kein gottgewolltes Zeugnis, weil es selbstverschuldet ist: **Was ist das für ein Ruhm, wenn ihr als solche aushaltet, die sündigen und** (dafür) **geschlagen werden?** Petrus schätzt mit diesen Worten nicht das Leiden des Bruders gering, aber er muß es als Seelsorger sagen: wenn du Unrecht getan hast, hast du dir die Chance genommen, daß Ruhm aus deinem Leiden wird. **Aber wenn ihr aushaltet, indem ihr Gutes tut und leidet, das ist Gnade bei Gott.** Es fällt auf, daß der Satz nicht endet: „das ist Ruhm". Solche Worte könnten eine Ruhmsucht vor Menschen fördern. **Das ist Gnade bei Gott** – damit ist auf Gott geschaut, auf seine Durchhilfe und sein Urteil (vgl. 3, 4: das ist kostbar „vor Gott"). Im grie Text heißt es wörtlich: „aber wenn ihr Gutes tuend und leidend aushaltet." Mit dieser unscharfen und allgemeinen Formulierung trifft Petrus die je verschiedenen Verhältnisse. Dadurch kann jeder die Worte auf sich und seine Lage beziehen. Einige leiden, obgleich sie Gutes tun, andere sogar, weil sie Gutes tun. In jedem Falle mahnt Petrus, nicht nur geduldig zu leiden, sondern im Leiden Gutes zu tun.

Nur wenn wir es so verstehen, wird auch deutlich, warum es so 21
betont heißt: **denn dazu seid ihr berufen.** Es wird nicht eine Berufung zum Leiden, sondern zum Gutestun auch unter Leiden gemeint sein. Wie kühn, den Leidenden so zuzusprechen! Und wie helfend, wenn Menschen das erfassen können, wenn sie von Gott her noch unter schwerem Leiden die Berufung zum Gutestun erkennen können! Damit ist der Schuld und Not der Welt eine neue, unüberwindliche Gesinnung entgegengesetzt. Zu dieser neuen Gesinnung aber kann es nur kommen, wenn sie tief genug, vom Zentrum des Glaubens und der neuen Existenz her begründet ist.

Darum malt Petrus den Lesern nun anschaulich **Christus** vor Augen, besonders die Züge, die in diesem Zusammenhang wichtig sind, nämlich sein Leiden und die daraus entspringende Siegeskraft. **Denn auch Christus hat gelitten für euch, euch ein Vorbild hinter-**

Daß das nicht Theorie ist, sondern daß die Apostel wirklich Leidenssituationen als Gnade ansehen konnten, zeigt Phil 1, wo Paulus seine eigene Lage im Gefängnis unter positivem Gesichtspunkt schildert und außerdem im Blick auf die Gläubigen von Philippi schreibt: „Euch ist die Gnade gegeben in bezug auf Christus, nicht allein an ihn zu glauben, sondern auch für ihn zu leiden" (V. 29). Daß Petrus darin auch eigene Erfahrung hatte, wissen wir u. a. aus Apg 5, 40 ff.

lassend, damit ihr seinen Fußspuren nachfolgt. Hier sind im Grie Ausdrücke verwendet, die auf genaue Nachahmung abzielen: **Vorbild,** eigentlich Schriftvorlage, Muster. **Seinen Fußspuren nachfolgen** verlangt genaues Beachten und Nachmachen! Manche wollen nur das Leiden Jesu „für uns", aber Christus als Vorbild, dem nachzufolgen ist, halten sie sich fern. Andere preisen ihn als Vorbild, aber sein Leiden „für mich" meinen sie nicht zu benötigen. Wir brauchen aber beides: Christus „für uns", damit wir überhaupt erst die Befreiung zum neuen Leben erfahren und Christus „vor uns" (sein Vorbild), damit wir wissen, wie wir wandeln sollen. **Auch Christus hat gelitten für euch.** Was haben wir doch für einen Herrn! Andere Herren lassen die Knechte für sich leiden. Hier leidet der Herr für seine Knechte. Gerade dieses Leiden ist an Christus das Größte, das Vorbildliche. Es ist wichtig, daß wir in unserem Abschnitt das doppelte **damit** beachten: Christus hat für euch gelitten ... **damit ihr seinen Fußspuren nachfolgt** (V. 21). Und er selbst hat unsere Sünden auf das Holz getragen, **damit wir für die Gerechtigkeit leben** (V. 24). Es geht um das Leben, um das rechte Verhalten im Alltag. Wenn es nicht zum „Nachfolgen der Fußspuren Christi" kommt und nicht zum „Leben für die Gerechtigkeit" (s. zu V. 24), so ist das Ziel Gottes mit unserem Leben nicht erreicht.

22 **Welcher keine Sünde getan hat und in dessen Mund keine Arglist gefunden wurde.** Die Anknüpfung an V. 21 (welcher ...) macht deutlich, daß Petrus hier bereits Bekanntes vor Augen stellt. Seelsorge besteht zum großen Teil nicht aus Verkündigung von neuen Heilswahrheiten, sondern aus Erinnern[125] an schon bekannte, jetzt gerade wichtige Dinge. Petrus zitiert Jes 53, 9. Jedoch hat er das jüdische Wort „Gesetzlosigkeit" in Jes 53 durch das allgemeine Wort **Sünde** ersetzt oder, besser gesagt, übersetzt, verdeutlicht. Wörtlich heißt es Jesus **hat Sünde nicht getan.** Das ist eine gewaltige Aussage.[126] In Jo 8, 46 sagt Jesus: „Wer von euch kann mich einer Sünde überführen." An der Tatsache, daß Jesus **keine Sünde getan hat,** hängt alles (vgl. zu 1, 19). Es ist die Ursünde des Menschen, sein zu wollen wie Gott (1Mo 3, 5). Jesus aber wollte keine Selbständigkeit, keine eigene Größe neben Gott. Er war völlig abhängig von seinem Vater. Daß Jesus von der Ursünde frei war, hat er am Kreuz bewiesen, wo er alle Selbständigkeit aufgab und dem Vater gehorsam war bis zum Tode (Phil 2, 8). Diese Haltung Jesu, die nur auf die Ehre des Vaters bedacht war, darauf, daß Sein Name geheiligt werde, Sein Reich komme und Sein Wille geschehe – diese Haltung, die das ganze Leben Jesu bestimmte, ist der Grund dafür, daß er auch von andere

[125] Vgl. zu 2Pt 1, 12 f. und Jud 5; s. auch 2Pt 3, 1; Jud 17.

[126] Sie ist so groß, daß wir Bultmanns Anstoß an diesem Zeugnis der Heiligen Schrift verstehe können („Neues Testament und Mythologie", veröffentlicht in „Kerygma und Mythos" Bd 1960⁴ S. 20). Wer die Aussage von der Sündlosigkeit Jesu für selbstverständlich hält, hat noc gar nicht gründlich darüber nachgedacht. Und doch dürfen wir dankbar und gewiß an diese Wahrheit festhalten. Gerade sie ist durch Gott in der Auferweckung Jesu bestätigt worde Vgl. auch Mt 4, 1 ff. und 2Ko 5, 21.

Sünden frei blieb. So ist das Kreuz der tiefste Erweis der Sündlosigkeit Jesu. Nur weil Jesus sündlos war, konnte Gott sich ganz zu ihm stellen. Und nur deshalb kann Jesus für uns vor Gott eintreten, denn nur ein Unschuldiger kann stellvertretend für andere sühnen. Ein Schuldiger muß seine eigene Schuld tragen. Jesus aber **hat keine Sünde getan,** und doch hat er willig gelitten. Wie schwer ist unschuldiges Leiden! Wie schwer ist es, unschuldig Leidende zu trösten! Ihr habt ein Vorbild, sagt Petrus: Jesus, der keine Sünde getan hat. **Und es wurde in seinem Munde keine Arglist gefunden.** Immer hängen sündige Tat und listige, verschlagene Rede zusammen. Wenn die entrechteten Christen dem Vorbild ihres Herrn nachleben, werden sie bis in ihr Reden hinein dessen klare, lautere Art widerspiegeln. Das kann nicht ohne Wirkung auf die Umgebung bleiben.

Welcher nicht wiederschmähte, als er geschmäht wurde, nicht drohte, 23
als er litt. Er übergab es aber dem, der gerecht richtet. Die Antwort des natürlichen Menschen auf Schmähung und Leiden ist Vergeltung. Zwar wird kein Diener laut vor seinem ungerechten Herrn wiederschmähen und drohen, wohl aber in seinem Herzen und hinter dessen Rücken. Ob nun aber Schmähung ins Gesicht oder hinter dem Rücken, die Wirkung ist immer Vergiftung der Herzen und feindliche Atmosphäre. Jesus hat dieser Normalreaktion des Menschen eine neue Haltung gegenübergestellt. Auch als er ungerechterweise von den Führern des Volkes geschmäht wurde, schmähte er nicht wieder. Das bestaunt der Christ und ist doch empört, wenn er selber im Alltag ungerechterweise beschimpft wird. Christus **litt und drohte nicht.** Davon soll auch die Haltung seiner Nachfolger geprägt sein! V. 23b zeigt, daß Nichtschmähen und Nichtdrohen nicht als reine Passivität, als Reaktion der Schwäche mißverstanden werden darf: **Er übergab es aber dem, der gerecht richtet.** Das ist die Hilfe. Ungerechtes Leiden verletzt das Gerechtigkeitsgefühl, verursacht Schmerz und Gegnerschaft und verfinstert das Herz. Christus übergab das alles Gott und behielt es nicht in seinem Herzen. Das entlastet und befreit. Das ist aktives Handeln, geistliche, sieghafte Reaktion. Sie ist nur dem möglich, der mit Gott rechnet, dem, der glaubt, daß Gott immer Herr der Lage bleibt und daß er zu seiner Zeit eingreift. Gott ist der, **der gerecht richtet.** Wieder ist Gott hier gekennzeichnet durch sein Tun (vgl. zu 1, 17). Richten heißt nach biblischem Verständnis nicht nur Urteilen, etwa am Ende der Tage, sondern immer auch eingreifen, machtvoll handeln. **Der gerecht richtet,** das ist der gerechte und allmächtige Gott. Ihm hat Jesus seine Sache übergeben. Er ist auch der Anwalt Seiner Jünger und will, daß auch sie ihm jedes Unrecht übergeben. Er ist so mächtig, daß er aus Kreuz Sieg machen kann. Er kann so „mit Joseph sein" (1Mo 39, 2. 21), daß sich die Notlage wunderbar ändert. Solange er die Lage aber nicht ändert, gibt er Kraft, das Unrecht ohne inneren Schaden zu tragen. Schon allein dadurch, daß sie keinen Zorn gegen den andern im Herzen behalten, wird die Lage wunderbar entschärft.

24 **Welcher unsere Sünden selbst hinaufgetragen hat an seinem Leibe auf das Holz, damit wir, den Sünden gestorben, für die Gerechtigkeit leben.** Petrus zitiert hier – wieder in freier Form – Jes 53. Dort ist von dem leidenden Gottesknecht die Rede, der unsere Krankheit und Schmerzen trug, auf dem unsere Strafe liegt, durch dessen Strieme wir geheilt wurden (V. 4 f. 12). Die Gemeinde sieht darin prophetisch das Leiden des Messias Jesus geschildert und gedeutet. Er ist der Knecht, der sich zum D i e n e r für alle machte, der für die ganze Menschheit litt. Sein Leiden ist unvergleichlich. Kein anderes Leiden kann Vorbild dafür sein. Wohl aber kann Jesus nun Vorbild sein für alle Dienenden und damit für alle Christen. Er hat unsere Sünden **selbst hinaufgetragen** an seinem Leibe auf das Holz. In diesen Worten ist Jesu unausdenkbare Liebe und das wunderbare Geheimnis der Stellvertretung ausgedrückt. Kein Lamm war imstande, die Sünden der Welt zu tragen. Und nicht wir selbst sollten die ewige Strafe für unsere Sünden erleiden, sondern **er selbst** hat sie an unserer Statt getragen. **Hinaufgetragen** bedeutet in der Opfersprache „ein Opfer darbringen". Das mag in unserem Vers anklingen. Aber die wörtliche Bedeutung ist hier vor allem zu hören: Wie ein Sklave Lasten schleppt und darunter zerschunden wird, so hat Jesus sich abgeschleppt mit unseren Sünden. Wie ein Sklave mußte Jesus sein Hinrichtungsinstrument **hinauftragen.** Wie ein Sklave wurde er auf das Marterholz erhöht. So hat er unsere Sünden selbst hinaufgetragen **an** (oder: mit) **seinem Leibe.** Wer die Sünden der Menschheit tragen will, kann sie sich nicht vom Leibe halten. Er muß sich mit ihnen identifizieren. Das bedeutet, daß der Leib das Gericht Gottes über die Sünde miterleidet, so daß er dabei zerschunden und zerbrochen wird. **Auf das Holz** meint „auf das Kreuz". **Holz** war ein Ausdruck für Hinrichtungsgeräte, Pfahl, Galgen oder Kreuz. Wer an das Holz gehängt wurde, war damit von der Menschheit ausgestoßen, in Israel sogar auch von Gott verflucht (5Mo 21, 23; Gal 3, 13): „Verflucht ist jedermann, der am Holz hängt."[127] **Damit wir, den Sünden gestorben, für die Gerechtigkeit leben. Damit** drückt ein Ziel aus. Wird bei einem Christen dieses Ziel nicht erreicht, so war für ihn das Opfer Jesu vergeblich. Das Ziel lautet: damit **wir, den Sünden gestorben, für die Gerechtigkeit leben. Gestorben** ist ein radikaler Ausdruck. Ein Gestorbener ist nicht mehr ansprechbar. Die Sünde hat ihm nichts mehr zu befehlen. Der Plural – **den Sünden** – will die vielen alltäglichen Anläufe der Sünde ausdrücken. Paulus sagt

[127] Das müssen wir bedenken, wenn vom Kreuz Jesu die Rede ist. Es ist das Fluchholz, an dem er an unserer Statt der Verfluchte wurde. Es ist nicht ein „Schmuckzeichen", sondern ein Zeichen grauenvoller Menschenquälerei und Gottverlassenheit. Jesus hat sich den Sündern gleichgemacht, um uns vom Fluch der Sünde, aus der ewigen Gottesferne zu befreien. Er hat das Sklavenlos auf sich genommen. Nun ist keine Not so groß, daß Jesus sie nicht kennt und daß er nicht helfen könnte. Wer das im Glauben erfaßt hat, dem wird das Kreuz zum Zeichen des Sieges und unerschöpflichen Trostes. Wer deshalb das Zeichen des Kreuzes trägt, sollte es nicht einfach als „Schmuck", sondern als Bekenntnis zu Jesus, dem für ihn Gekreuzigten tragen.

„Die wir gestorben sind für die Sünde, wie sollen wir noch in ihr leben“ (Rö 6, 2). Die grie Wendung „den Sünden gestorben“ kann auch bedeuten „von den Sünden losgeworden“. Es ist eine biblische, durch vielfache Erfahrung bestätigte Wahrheit: nur wenn Menschen von den Sünden losgeworden sind, sind sie frei in ihrem Verhältnis zu Gott, in ihrem Gewissen und in ihrem Verhältnis zum Nächsten. Nur dann können sie **für die Gerechtigkeit leben. Die Gerechtigkeit** ist fundamentaler, wesenhafter Gegensatz zu den Sünden. Man kann nur entweder in dem einen oder in dem anderen leben. Wie Sünde das Grundprinzip der gefallenen, von Gott gelösten Welt ist, so ist Gerechtigkeit das Grundprinzip Gottes. Gott ist unbedingt gerecht, so daß er auch bei seinem eigenen Volk die Ungerechtigkeit nicht erträgt. Der Sohn hat Gott mit „Gerechter Vater“ angesprochen (Jo 17, 25). Paulus sagt, Gott ist gerecht und macht gerecht den, der da ist des Glaubens an Jesus (Rö 3, 26). Gerechtigkeit ist Grundvoraussetzung ebenso für die Erneuerung des Menschen (das wird besonders deutlich im Römerbrief) wie für die Erneuerung von Himmel und Erde. „Wir erwarten neue Himmel und eine neue Erde, in welchen Gerechtigkeit wohnt“ (s. zu 2Pt 3, 13)! **Für die Gerechtigkeit leben** heißt gerecht leben. Aber es heißt auch, für die gerechte Herrschaft Gottes im Menschenherzen und in der Welt leben. „Für die Gerechtigkeit leben“ – dieser Ausdruck ist sehr umfassend und allgemein. Jeder Christ in jeder Lage, bei jeder Arbeit muß fragen, was jetzt der Gerechtigkeit entspricht. Der Antrieb zu solch einem Leben für die Gerechtigkeit liegt im Kreuz Jesu, darin, daß er unsere Sünden selbst hinaufgetragen hat an seinem Leibe auf das Holz.

Wenn Menschen den Sünden gestorben sind und nun für die Gerechtigkeit leben, dann trifft auf sie das Wort Jes 53, 5 zu: **„durch dessen Striemen wurdet ihr geheilt“.** Der **Striemen** ist die durch Schläge hervorgerufene Wunde. Das ist die Paradoxie der Stellvertretung: Der Gesunde wurde wund, und durch die Wunde wurde der Kranke heil. Das gilt allen Christen, muß aber hier besonders für die Diener aufleuchten. Auch sie hatten manche Strieme zu tragen. Aber Jesu Strieme heilt auch zerschlagene Sklaven. Sie dürfen wissen, daß sie wahre Heilung haben, auch wenn sie von Menschen zerschunden sein sollten. Diesen harten Trost für die Sklaven kann nur verstehen, wer mit Petrus konsequent theozentrisch, von Gott her, denkt und weiß: krank macht letztlich die Sünde. Wer Vergebung hat, ist geheilt vor Gott. Deshalb steht das ganze Leben der Christen, auch das der glaubenden Sklaven und Diener, unter einem alle Not umkehrenden positiven Vorzeichen.

Petrus faßt die Heilserfahrung der dienenden, ja aller Christen 25
zusammen: **Denn ihr waret wie die irrenden Schafe, aber ihr habt euch nun bekehrt zu dem Hirten und Aufseher eurer Seelen.** Vorbild für diesen Vers ist wiederum Jes 53 (V. 6). Der Prophet hat dort die Not, für die der Gottesknecht leiden mußte, zusammengefaßt in den Worten: „Wir irrten alle umher wie Schafe.“ Ein verirrtes Schaf hat

seinen Beschützer verloren und ist damit selbst verloren. Das ist die Grundnot des von Gott gelösten Menschen. Auf sich selbst gestellt ist er einsam den Verderbensmächten preisgegeben. Ohne Jesus hat man hoffnungslos das Verderben durch Sünde, Tod und Gericht vor sich. Unser Vers ist ein Mischzitat. Petrus schildert nur die negative Seite mit Worten aus Jes 53. Die positive Wendung, die jetzige Geborgenheit der Christen, formuliert er mit eigenen Worten in Anlehnung an Hes 34 (11 f. 23): **... aber ihr habt euch nun bekehrt zu dem Hirten und Aufseher eurer Seelen.** Die Christen, auch die Sklaven, sind nun nicht mehr irrende Schafe, hilflos ausgeliefert gefühllosen Verderbensmächten. Sie haben einen Hirten, der sich ihrer persönlich annimmt. Zugleich damit sind sie nicht mehr zerstreut, sondern haben nun Brüder und Schwestern.

Die große Wendung in ihrem Leben kam durch das Ereignis: **ihr habt euch bekehrt**[128]**.** Hier wird deutlich, daß Bekehrung keine passive Sache ist. Sie ist zwar auch nicht rein aktiv, nur Handeln des Menschen, weil sie nämlich Antwort auf Gottes Ruf ist. Der Ruf zur Umkehr geht von Gott aus. Aber die Antwort des Menschen auf Gottes Ruf ist eben doch aktives Handeln. Der Mensch wird nicht gegen seinen Willen bekehrt. Er ist gerufen, sich in freier Willensentscheidung von einem Leben in der Irre zu einem Leben unter dem guten Hirten zu bekehren. Der Christenstand beginnt mit dieser Entscheidung. Nur, wo die Bekehrung klar ist, kann das ganze Christenleben echt werden. Die Bekehrung ist der entscheidende Einschnitt, der das Leben der Christen von Kleinasien in zwei Epochen teilt: **ihr wart wie die irrenden Schafe – ihr habt euch nun bekehrt zu dem Hirten und Aufseher eurer Seelen.** Man beachte, mit welcher Gewißheit das von den Christen damals gesagt wird.[129] Auch die andere Beobachtung ist wichtig: von a l l e n Gemeindegliedern wird ausgesagt, ihr seid bekehrt. Man kann das entscheidende Ereignis im Leben der Christen zwar mit verschiedenen Ausdrücken bezeichnen, Wiedergeburt (von Gott her gesehen) oder Bekehrung (vom Menschen her gesehen), gläubig werden o. ä. Entscheidend aber ist, daß einmal auf den Ruf Gottes hin in bewußter Glaubensentscheidung eine persönliche Verbindung mit Jesus entstand, dem **Hirten und Aufseher eurer Seelen.**[130]

128 Die meisten Übersetzer formulieren: ihr wurdet bekehrt. Doch weist W-B bei)epistrepho unter Punkt 2 nach, daß die Verbform hier, wie oben dargeboten, medial übersetzt werden muß (ebenso Pape, Benseler, Wohlenberg, Hauck, Weizsäcker). Das wird erhärtet durch Stellen wie Mk 5, 30; 8, 33 und Jo 21, 20, wo die gleiche Form auch nicht passiv übersetzt werden kann (vgl. auch Mt 5, 42 und 2Tim 1, 15).

129 Was würde eigentlich geschehen, wenn Petrus in eine heutige Gemeinde hinein die Frage stellen würde: Seid ihr bekehrt? Wie würden die Leiter der Gemeinden reagieren, wie die Gemeindeglieder? Viele reagieren sehr betreten und problemerfüllt auf diese Frage. Für die Christen des NT war die Sache klar. Glaubensgewißheit und Zeugnisfreude entstehen immer da, wo ein Mensch weiß: Ich ging in die Irre – nun bin ich bekehrt zu Jesus.

130 Einige Ausleger streiten darum, ob hier Gott oder Christus gemeint ist (Kühl S. 185, von Soden S. 141). Das scheint uns müßig. Die Theologie des NT ist bestimmt von dem Satz: „Ich und der Vater sind eins“ (Jo 10, 30). Vgl. auch die Anm. zu 1, 25.

Im AT wird Gott oft als **Hirte** bezeichnet (1Mo 48, 15; 49, 24; Ps 23, 1; 80, 2; Jes 40, 11; Hes 34). Das Bild drückt besonders treffend die Fürsorge und Macht Gottes aus, aber auch die Hilflosigkeit der Menschen und ihre Geborgenheit in Gottes Nähe. In Hes 34 heißt es: Ich will ihnen einen einzigen Hirten erwecken, der sie weiden soll, nämlich meinen Knecht David (V. 23). Das deutet auf den Messias aus Davids Stamm. Entsprechend dieser messianischen Verheißung bezeichnet sich Jesus als den guten Hirten (Jo 10, 11. 14). Und der Hbr nennt Jesus den „großen Hirten der Schafe" (13, 20). Der **Aufseher,** grie ›episkopos‹ (unser Wort „Bischof" ist davon abgeleitet) hat die Aufgabe, über das Wohl einer Gruppe zu wachen. Deshalb übersetzen einige auch: Hirte und „Hüter" oder „Befreier". Doch enthält auch die wörtliche Übersetzung „Aufseher" den Gedanken des fürsorglichen, wachenden und verantwortungsvollen Ausschauens und Aufblickens auf anvertraute Schützlinge. Wer Jesus gehört, der hat sich nicht nur dem mächtigsten, sondern auch achtsamsten Beschützer anvertraut. Bewahrung ihres Leibes kann Petrus den Christen in notvoller Lage nicht zusagen, wohl aber Bewahrung ihrer Person, **der Seele.** Er wird sich an ein Wort erinnert haben, das Jesus seinen Jüngern bei ihrer Aussendung mitgegeben hatte: „Fürchtet euch nicht vor denen, die den Leib töten und die Seele nicht können töten" (Mt 10, 28; vgl. auch zu 2, 11). Das Entscheidende kann den Dienern, und darüber hinaus allen Christen, niemand nehmen, selbst ein tyrannischer Herr nicht.[131]

Rechtes Verhalten gegenüber dem Ehepartner

1. Petrus 3, 1–7

1 **In gleicher Weise ihr Frauen, seid untergeordnet euren Ehemän-**
nern, damit sie, auch wenn einige dem Wort nicht gehorchen, durch
2 **den Wandel der Frauen ohne Wort gewonnen werden, * wenn sie**
3 **euren in Furcht reinen Wandel beobachten. * Euer Schmuck soll**
nicht der äußerliche sein, Flechten der Haare und Anlegen von
4 **Goldschmuck, oder Anziehen von Gewändern, * sondern der ver-**
borgene Mensch des Herzens in dem unvergänglichen (Schmuck)
des sanftmütigen und stillen Geistes – das ist sehr kostbar vor
5 **Gott. * Denn so haben sich einst auch die heiligen Frauen, die ihre**

Zu Vers 1:
Eph 5, 22
Kol 3, 18
1Ko 7, 16
Tit 2, 5
Zu Vers 3:
Jes 3, 18–24
1Tim 2, 9–15
Zu Vers 4:
1Ko 14, 25
Eph 3, 16

[131] Griechisch-römische Gelehrte haben behauptet: Sklaven haben keine Seele. Barclay (a. a. O. S. 200): Varro ... unterteilt das landwirtschaftliche Inventar in drei Gruppen, in die Gruppe des artikuliert sprechenden, des unartikuliert sprechenden und des stummen Inventars: „Zur ersten Gruppe gehören die Sklaven, zur zweiten das Vieh, zur dritten die Fuhrwerke." Mit dieser Anschauung ließ sich die Unterdrückung des Sklaven gut rechtfertigen. Welch ermutigende und befreiende Wirkung mußte da, besonders für die Sklaven, die Botschaft von Jesus, dem Hirten und Aufseher der Seelen haben!

Zu Vers 6:
1Mo 18, 12
Zu Vers 7:
1Ko 7, 5
Eph 5, 25
Kol 3, 19
1Th 4, 4

Hoffnung auf Gott setzten, geschmückt, indem sie sich ihren Ehe-
6 **männern unterordneten, * wie Sara Abraham gehorchte, indem sie**
ihn „Herr" nannte. Deren Kinder seid ihr geworden, wenn ihr das
7 **Gute tut und vor keiner Einschüchterung erschreckt. * In gleicher**
Weise ihr Männer, wohnt mit Erkenntnis bei ihnen und gebt
(ihnen) **als einem schwächeren, dem weiblichen Gerät Ehre, als die**
auch Miterben der Gnade des Lebens sind, damit eure Gebete nicht
gehindert werden.

1 **In gleicher Weise ihr Frauen, seid untergeordnet euren Ehemännern.** Die Anknüpfung **in gleicher Weise** (oder: „ebenso") zeigt, daß unser Text in den Zusammenhang des vorigen Abschnittes gehört (2, 13 ff.). Auch hier geht es um Unterordnung unter ein „menschliches Geschöpf" und zwar in der Ehe.[132] Mit der Mahnung an die Frauen, sich unterzuordnen, steht Petrus nicht allein. Auch Paulus mahnt die Frauen an allen Stellen, an denen er dieses Thema anspricht, mit dem gleichen Ausdruck (Eph 5, 22. 24; Kol 3, 18; Tit 2, 5). Wieder muß die Grundbedeutung des Wortes beachtet werden. Es geht nicht um ein willenloses Untertansein, sondern um die rechte Zu-ordnung von Mann und Frau und damit um Bestand und Funktion der Ehe. Die Mahnung, sich unterzuordnen, bedeutet keinen Gegensatz zu der Gleichberechtigung der Geschlechter. Diese sollte gläubigen Eheleuten selbstverständlich sein.[133] Gewiß könnte der Mann die Mahnung an die Frau mißbrauchen im Sinne der Rechtfertigung von unterdrückendem, tyrannischem Wesen. Aber dieses Wort ist ja an Christen gerichtet, und dem christlichen Mann ist durch V. 7 jede Unterdrückung seiner Frau verwehrt. **Euren Ehemännern,** wörtlich heißt es „euren eigenen Männern". Die Griechen sagten im allgemeinen einfach „eure Männer", wie auch wir. „Eigene Männer" will jedes Mißverständnis ausschließen (ebenso Paulus in

132 Auch grammatisch wird die Zusammengehörigkeit mit dem vorigen Abschnitt deutlich. Das Partizip des Aorist, „Untergeordnet seiend", ist abhängig von dem Hauptverb in 2, 13 und erhält von dort die Bedeutung der Befehlsform.

133 „Sich unterordnen", dieses Wort trifft das Wesen von Mann und Frau. Sie sind gleichberechtigt, aber nicht gleichartig. Es ist einfach eine Tatsache, daß die Frau ein natürliches Anlehnungsbedürfnis hat. Und zwar ist es ihr so arteigen, daß die gesund empfindende Frau nur den Mann wirklich lieben kann, an den sie sich anlehnen, dem sie sich anvertrauen kann. Das ist weder erniedrigend noch minderwertig. Hier geht es überhaupt nicht um den Wert, sondern um die Art.
Der Schöpfer hat dem Mann und der Frau eine verschiedene Veranlagung gegeben, um ein festes Zueinander und ein inniges Miteinander zu bewirken. Ihre Art ergänzt sich. Ständig brauchen sie sich gegenseitig, und dauernd sind sie aufeinander angewiesen. Sie haben bei voller Gleichberechtigung verschiedene Aufgaben zum Wohl der Ehe, entsprechend ihrer Veranlagung. Wer diese Verschiedenartigkeit übersieht, wird dem Wesen von Mann und Frau nicht gerecht. Und wer den Unterschied von Mann und Frau einebnen will, macht die Ehe langweilig und nimmt ihr etwas von ihrer Eigenart, ihrer inneren Dynamik und Schönheit. Recht verstandenes Sich-Unterordnen kann der Frau geradezu helfen, die ihr arteigenen Wesenszüge zu entfalten. Das Wesen von Mann und Frau, ihre Gleichwertigkeit und Verschiedenartigkeit kommt zum Ausdruck in dem Satz: Der Mann ist das Haupt und die Frau das Herz der Familie.

Eph 5, 22). **Damit sie, auch wenn einige dem Wort nicht gehorchen, durch den Wandel der Frauen ohne Wort gewonnen werden.** Das ist eine, besonders in Erweckungszeiten, häufige Erscheinung: Frauen kommen zum Glauben, und die Männer gehen den Weg noch nicht mit. Sie sind nicht einfach ungläubig in dem Sinn, daß sie den Christenglauben nicht kennen. Durch ihre Frauen haben sie den Anspruch Jesu an ihr Leben vernommen. Aber dem Worte Gottes gegenüber kann man nicht neutral bleiben. Nicht glauben ist daher in diesem Fall soviel wie **dem Wort nicht gehorchen.** Eine solche Ehe kann nur unter starken Spannungen durchgehalten werden. Die Apostel geben den Gläubigen keine Weisung, diesen Spannungen auszuweichen, aber sie wissen auch um die Not solcher Ehen, in denen man in den letzten Fragen nicht einig ist (1Ko 7, 12 f.). Es kann nur das Ziel der gläubigen Frau sein, daß der Mann **gewonnen** wird, nämlich für Gott. Denn der, der seinen Partner wirklich liebt, wünscht vor allem, daß er für Gott gewonnen und damit errettet wird. Wenn das aber geschieht, ist er zugleich auch erst im vollen Sinne für den Ehepartner gewonnen. Die Bibel gibt der Frau, die einen ungläubigen Mann hat, keine feste Zusage, daß sie den Mann gewinnen wird (1Ko 7, 16). Wohl aber zeigt sie ihr den Weg, den sie gehen soll, um möglichst dieses Ziel zu erreichen: **durch den Wandel.** Der geheiligte Lebenswandel ist eine wirksame Möglichkeit dort, wo das Wort Gottes abgelehnt wird.[134] Allerdings heißt es ausdrücklich: **Ohne Worte.** Damit weist Petrus auf den Hauptfehler mancher Frauen hin. Etliche werden ihm vorgeklagt haben, daß der Mann einfach nicht hören wolle trotz ihres häufigen Redens. Viele Worte reizen jedoch nur zu Widerspruch und Verhärtung.

Hören die Männer nicht auf die Worte der Frau, so sehen sie aber 2
auf sie. Sie **beobachten ihren in** (oder: durch) **Furcht reinen Wandel. Beobachten** drückt ein längeres genaues Hinsehen aus. Daher ist es wichtig, daß der Wandel nicht nur oberflächlich, sondern bis in die Verborgenheit hinein **rein** (oder auch „heilig" oder „keusch") ist. Petrus fügt hinzu: **in Furcht** (s. zu 1, 17 und 2, 18). Ein **in Furcht reiner Wandel** nimmt Gott ernst und deshalb auch den von ihm gegebenen Ehepartner. Wo man es mit seinem Wandel vor Gott genau nimmt, da beeindruckt das den Partner und gewinnt ihm Achtung und Vertrauen ab.

Euer Schmuck soll nicht der äußerliche sein, Flechten der Haare 3/4
und Anlegen von Goldschmuck oder Anziehen von Gewändern, sondern der verborgene Mensch des Herzens in dem unvergänglichen (Schmuck) des sanftmütigen und stillen Geistes – das ist sehr kostbar vor Gott. Eine Frau ist darauf angelegt, dem Mann zu gefallen. So zieht es ihn immer wieder hin zu seiner Frau. Das will der Schöpfer. Und ganz sicher ist das in einer spannungsreichen Ehe besonders nö-

[134] Dafür gibt es viele überzeugende Beispiele u. a. auch bei J. E. Adams: „Befreiende Seelsorge", Gießen und Basel 1974, bes. S. 204 f., und „Christsein auch zu Hause", 1976, S. 117 ff.

tig. Die Frau darf das Ihre dazu tun und ihre Schönheit unterstreichen durch **Schmuck.** Aber Petrus will, daß die Frauen nicht in **äußerlichen** Dingen, **im Flechten der Haare, in Anlegen von Goldschmuck, im Anziehen von Gewändern** ihren eigentlichen **Schmuck** sehen. Allzu leicht fesselt das die Gedanken und macht das Wesen des Menschen oberflächlich, ichbezogen und kalt. Was wirklich schmückt, ist der **verborgene Mensch des Herzens.** Nicht auf den äußeren, sondern auf den **verborgenen Menschen** kommt es an, auf den inneren, auf das eigentliche Wesen des Menschen. Damit wird nicht einer Vernachlässigung des Äußeren, einer Verachtung des Leibes das Wort geredet, wohl aber vor einer verhängnisvollen Überbewertung des Äußeren gewarnt. Ein **Mensch des Herzens** soll die Frau sein, d. h. ein Mensch, der vom Herzen her geprägt wird. Solch ein Mensch ist warmherzig, fürsorglich und treu. Ihn kennzeichnet nicht vor allem berechnender Verstand, sondern das mitfühlende Herz. Wenn der verborgene Mensch des Herzens sich entfaltet, so wird das im Hause spürbar durch viel Liebe, Wärme und Verstehen wie für die Kinder und Gäste, so ganz bestimmt auch für den Mann. Eine solche Frau wird dann auch ihren Schmuck haben, und zwar **den unvergänglichen** (Schmuck) **des sanftmütigen und stillen Geistes.** Das Wort **unvergänglich** drückt die Überlegenheit solchen Schmuckes gegenüber den Äußerlichkeiten von V. 3 aus. Unvergänglich ist dieser Schmuck, weil er aus einem **sanftmütigen und stillen Geist** kommt, der nicht vergeht. Hier ist der Geist der Frau gemeint, der aber, weil sie Christin ist, unter der Herrschaft des Heiligen Geistes steht und von ihm geprägt wird. In dieser Richtung, **sanftmütig** (das grie Wort kann auch „freundlich" heißen) und **still,** will der Heilige Geist den Geist der Frau formen. Gemeint ist nicht etwa ein passives Wesen. Geist ist immer etwas Aktives, Gestaltungswilliges.[135] Nicht das Herz allein soll eine Frau prägen, sondern auch der Geist, mit dem sie ihre Aufgaben durchdenkt, Zucht und Ordnung hält, aber auch den Geist des Mannes und der Kinder anregt und ihnen ein notwendiges Gegenüber ist. Der Geist schließt bewußtes Denken und Wollen ein. Gerade deshalb wird er auch auf den Willen anderer stoßen, besonders auf den des Mannes. Nur ein sanftmütiger und stiller Geist wird Streitigkeiten mit dem Mann ausweichen, Verständigung zwischen Familiengliedern suchen und Kinder mit Wärme erziehen. Damit hat die Frau eine wirkliche, innere Schönheit und übt einen mächtigen Einfluß aus, auch über die Familie hinaus.[136]

135 Man bedenke, welch eine Aktivität in Spr 31, 10 ff. der rechten Frau und Mutter zugeschriebe[n] wird! Sie vollbringt eine unschätzbare Leistung und erntet die dankbare Anerkennung ihre[s] Mannes und ihrer Kinder (V. 26–28).

136 Es wäre viel gewonnen, wenn die gläubigen Frauen wieder begriffen, daß sie durch solche[s] Verhalten viel eher und fester den Mann gewinnen können. Wir unterschätzen meistens de[n] Einfluß einer echt weiblichen Frau. Sie kann oft auch harte Männerherzen bewegen. Das gilt nicht erst für die Ehefrau, sondern auch für die noch nicht verheiratete. In seine[m] Buch „Heiraten oder nicht" (spätere Aufl.: „Heiraten – warum nicht?") stellt Walter Trobis[ch]

Bemerkenswert ist, daß unser Vers nicht endet: „das ist wohlgefällig dem Mann“, sondern: **... das ist sehr kostbar vor Gott**[137]. Christen fragen nicht zunächst, was den Menschen gefällt, sondern was vor Gott recht und wohlgefällig ist. Biblisch orientierte Christen denken „theozentrisch“, d. h. auf Gott hin ausgerichtet. Weil der verborgene Mensch des Herzens in dem unvergänglichen Schmuck des sanftmütigen und stillen Geistes vor Gott sehr kostbar ist, darum wird die gläubige Ehefrau bestrebt sein, so zu werden. Damit aber schafft sie zugleich die besten Voraussetzungen für eine harmonische Ehe. Es ist wunderbar, daß rechtes Verhalten vor Gott genau dem entspricht, was auch im Zusammenleben von Mann und Frau das beste ist.

Hatte Petrus in den ersten Versen dieses Abschnittes auch zunächst 5
und besonders die gläubigen Frauen im Auge, deren Männer noch ungläubig waren, so geht es jetzt immer mehr um die christliche Ehe allgemein. Das zeigen die folgenden Beispiele und vollends V. 7. **Denn so haben sich einst auch die heiligen Frauen, die ihre Hoffnung auf Gott setzten, geschmückt, indem sie sich ihren Ehemännern unterordneten.** Das gesamte häusliche Leben wird letztlich von der Gottesbeziehung der Ehepartner bestimmt. Wir sahen es schon in Vers 4. Auch in Vers 5 wird das deutlich. Dort ist die Rede von **heiligen Frauen, die ihre Hoffnung auf Gott setzten.** Heilige Frauen waren sie dadurch, daß sie Gott gehörten, wie ja auch die Empfängerinnen des Briefes Heilige sind, weil sie Gott gehören. Heilige sollen sich Heilige zum Vorbild nehmen und nicht die Welt. Das Kennzeichen dieser heiligen Frauen ist: **Sie setzten ihre Hoffnung auf Gott.** Das „Hoffen auf Gott“ schließt bei Petrus (wie in 1, 13) das Vertrauen mit ein. Es ist also ein „existenzielles Hoffen“, ein Hoffen, das die gesamte Existenz bestimmt. Dadurch, daß die heiligen Frauen auf Gott hofften, waren sie bereit, mit ihren Männern Glaubenswege zu gehen. Sie **ordneten sich ihren Ehemännern unter,** und das ermöglichte es ihnen beiden, Glaubenswege zu gehen, ohne daß es zu Zank und Zerwürfnis kam. Die Anknüpfung an V. 4 („denn“) und die Satzkonstruktion von V. 5 machen deutlich: „der verborgene Mensch des Herzens“, ein „sanftmütiger und stiller Geist“ und „sich unterordnen“ gehören zusammen und bedingen sich gegenseitig. Diese Haltung ist der eigentliche Schmuck der Frau. So haben sich **einst auch die heiligen Frauen geschmückt.**[138]

dar, welch wichtige Rolle die weibliche Zurückhaltung, und im Blick auf verfrühte sexuelle Gemeinschaft ihr Widerstand, für das Reifen der gemeinsamen Liebe hat. „Gerade die Verbindung von Attraktivität (Anziehung) und Zurückhaltung macht den Liebreiz aus, durch den das Mädchen für den wirklich Liebenden umso liebenswerter wird, so daß er schließlich gern bereit ist, die große Leistung des Wartens zu vollbringen“ (S. 80).

137 So übersetzt beziehen sich die Worte auf den ganzen Vers 4. Die Übersetzung kann aber auch lauten: „... der vor Gott sehr kostbar ist.“ Das würde sich auf den sanftmütigen und stillen Geist beziehen.

138 Es mag sein, daß sich an diesem Punkt mancher Widerspruch regt. Ein Exeget und Verkündiger darf aber nicht Textaussagen abschwächen oder verändern, nur weil sie zur Zeit nicht beliebt sind. Es sind uns in diesem Gotteswort Leitlinien für eine erfüllte Ehe gegeben. Wer

Daß von der gläubigen Frau durchaus nicht Urteilslosigkeit und
6 Willensschwäche erwartet wird, zeigt das Beispiel der Sara: **... wie Sara Abraham gehorchte, indem sie ihn „Herr" nannte** (1Mo 18, 12). Sara gehorchte, und das bedeutete Einordnung in den Lebensweg Abrahams, bewußtes Mitgehen auf dem ungesicherten Weg aus Haran in das Land, das Gott dem Abraham zeigen wollte. Nur „heilige Frauen, die auf Gott hoffen", werden zu solchem Glaubenswagnis bereit sein.[139] **Sara nannte ihn „Herr".** Das bedeutet: Sie erkannte die Führungsrolle Abrahams in der Ehe an. Für Sara war es außerdem ein Ausdruck der Achtung vor ihrem Mann. Wir werden in V. 7 sehen, daß dementsprechend vom gläubigen Mann verlangt wird, seiner Frau „die Ehre zu geben".

Deren Kinder seid ihr geworden, wenn ihr das Gute tut und vor keiner Einschüchterung erschreckt. Die Juden nannten sich mit Stolz „Abrahams Kinder". Jesus aber hatte ihnen entgegnet: Kinder Abrahams seid ihr nur, wenn ihr Abrahams Werke tut (Jo 8, 33. 39). Dementsprechend ist auch die Aussage **„deren Kinder seid ihr geworden"** nicht biologisch zu verstehen, sondern: wer mit Sara **das Gute tut und vor keiner Einschüchterung erschrickt,** ist deren „Kind"[140]. **Das Gute tun** ist Rückgriff auf 2, 15, hier als allgemeine Zusammenfassung des rechten Handelns der Frau in der Ehe. Statt **vor keiner Einschüchterung erschrecken** kann man auch übersetzen: „vor keinem Schrecken sich fürchten" (vgl. Spr 3, 25). Das Leben der Sara war reich an Einschüchterungen und Schrecken: Auszug aus Haran, Isaaks Opferung, vgl. auch 1Mo 12, 11 ff. Eine Frau, die angesichts von Einschüchterungen erschrocken und ängstlich reagiert, kann ihrem Mann keine Gehilfin auf dem Weg des Glaubens sein. „Der Schmuck des sanftmütigen Geistes" muß daher mit Unbeirrtheit im Glauben verbunden sein, um das spannungsreiche Leben einer Ehe vor Gott in unruhiger Zeit durchstehen zu können.

7 **In gleicher Weise ihr Männer, wohnt mit Erkenntnis bei ihnen und gebt** (ihnen) **als einem schwächeren, dem weiblichen Gerät Ehre, als die auch Miterben der Gnade des Lebens sind, damit eure Gebete nicht gehindert werden.**[141] Hier sind nun die gläubigen Ehemänner

sich daran orientiert, wird seine Segenskraft voll erfahren. Man darf unsere Textaussagen nur nicht ichhaft mißdeuten. Auch sollen wir die Mahnung des Petrus nicht radikalisieren entstellen. Es läßt sich mit unserem Text durchaus eine gut partnerschaftliche Haltung de Eheleute verbinden.

139 Wilhelm Busch stellt in dem Buch über seinen Bruder einen Abschnitt unter die Worte „Sar zog mit" (mit Abraham). Er schildert anschaulich und bewegend, wie das in der Zeit de dritten Reiches für die Frauen aussah, deren Männer um ihres Bekenntnisses zu Jesus wille Beruf, Eigentum und Leben aufs Spiel setzten. Gehorchen und sich unterordnen hieß da mals, bewußt das Wagnis und die Entbehrungen des Mannes mittragen, aber auch teilhabe an der Größe solchen Glaubensweges. (Johannes Busch, ein Botschafter Jesu Christi, S. 1 bis 132).

140 Kind von jemand sein bedeutet, völlig von ihm geprägt sein. Kind der Sara sein heißt als von Saras Haltung geprägt, von der gleichen Art sein (vgl. auch die Auslegung zu 1, 13).

141 Wörtlich lautet unser Vers: „... wohnet bei ihnen mit Erkenntnis als dem schwächeren Ge rät, dem weiblichen (ihnen) Ehre gebend als die auch Miterben der Gnade des Leben

angesprochen. **In gleicher Weise** deutet an, daß es für sie ebenfalls gilt, sich in die Ordnung der Ehe einzuordnen. Die Mahnung an die Frau, sich unterzuordnen, darf den Mann nicht zu Ungebundenheit und Willkür verleiten, sondern muß bei ihm vermehrte Verantwortung und Fürsorge bewirken. Das gilt auch für den Fall, daß die Frau ungläubig ist. Die Befolgung dieser apostolischen Mahnung hebt die christliche Ehe heraus aus dem tiefen Niveau der antiken Ehe[142]. Nur wo selbstlose Liebe des Mannes die Frau ganz an seine Seite rückt, ja, wo er für sich selbst sie über sich stellt (s. die Auslegung zu „ihnen Ehre gebend"), wird die Frau davor bewahrt, Dienerin des Mannes zu sein.[143] Schon biologisch gesehen trägt die Frau die größere Last im Blick auf die Nachkommenschaft und Fürsorge für die Familie. Der rechte Mann wird die Last voll mittragen und dadurch ein gleiches Maß an Last und Geborgenheit schaffen. Das gilt auch für die heutige Ehe, ja ganz besonders für sie. Wird aber das Liebesverhältnis und das Familienband zerrissen, so bleibt der Frau die schwerere Last. Es gibt nur einen Weg, das zu verhindern: wirkliche Liebe des Mannes, von Jesus empfangene Agape. Das heißt aber, nicht der Mann, sondern Jesus gibt der Frau ihre Würde, weil er dem ihm gehorchenden Mann durch sein Wort klare Anweisung gibt. **Wohnet mit Erkenntnis bei ihnen als dem schwächeren, dem weiblichen Gerät. Wohnet mit Erkenntnis** (oder: Einsicht, grie ›gnosis‹) **bei ihnen** meint das gesamte Leben und umfaßt Gemeinschaft von Seele, Geist und Leib. Die LÜ „wohnet bei ihnen mit Vernunft" ist möglich und hilfreich, denn Vernunft ist auch eine Gabe Gottes in der Ehe. Und doch klingt das zu sehr nach „Vernunft-Ehe". „Vernunft" erfaßt auch nicht die Tiefe des grie Wortes ›gnosis‹. „Verständnis" wäre schon besser. Es muß ein ständiges Anliegen des gläubigen Ehemannes sein, seine Frau zu verstehen. So kann Rücksicht und Anteilnahme das Zusammenwohnen harmonisch machen. Aber das Wort ›gnosis‹ geht darüber noch hinaus: es heißt **„Erkenntnis"** und ist als ein „Erkennen mit der ganzen Person" zu verstehen. „Erkennen" ist identisch mit „lieben", entsprechend dem hebr ›jada‹ in 1Mo 4, 1: Adam „erkannte" seine Frau. Das **wohnt mit Erkenntnis bei ihnen** bedeutet also ungeteilte liebende Gemeinschaft, auch die geschlechtliche. Pe-

sind ..." Wozu gehören die Worte „ihnen Ehre gebend"? Da das Grie kein Komma kennt, ist das grammatisch nicht zu entscheiden. Manche beziehen es auf die vorhergehenden Worte. Dann ist ausgedrückt: gebt ihnen als dem schwächeren Gerät Ehre. Andere verbinden es mit den folgenden und übersetzen: gebt ihnen Ehre, da sie auch Miterben der Gnade des Lebens sind. Das Grie formuliert gern unbestimmt und mehrdeutig und läßt damit beide Bedeutungen zugleich hören und gelten.

142 Barclay zitiert (a. a. O. S. 212) den römischen Zensor Cato. Dieses Zitat zeigt das beschämende Niveau selbst einer Patrizierehe: „Solltest du deine Ehefrau dabei ertappen, daß sie dich betrügt, kannst du sie ungestraft und ohne Gerichtsverhandlung töten. Wenn sie dagegen dich ertappen sollte, wird sie nicht einmal wagen, dich mit dem kleinen Finger zu berühren, wozu sie ja auch nicht das Recht besitzt."

143 Man lese dazu, was Trobisch über das „Garten-Leitbild" der Ehe sagt („Heiraten oder nicht", S. 32 ff.).

trus gibt damit die gleiche Anweisung an die Männer wie Paulus in Eph 5, 25 und Kol 3, 19: „Ihr Männer, liebet eure Frauen." Es ist wunderbar befreiend und zugleich verpflichtend: Gott duldet nicht nur die Liebe in der Ehe, gleichsam als Konzession an den Trieb des Menschen, sondern er will die Liebe, und zwar in umfassender Weise. Die Zusammengehörigkeit von Erkenntnis und Liebe besagt: der Mann, der seine Frau zu erkennen sucht, muß sie lieben, und der, der sie lieben will, muß sie zu erkennen suchen, und zwar in ihrer Eigenart. **Und gebt** (ihnen) **als einem schwächeren, dem weiblichen Gerät Ehre.** Das grie ›skeuos‹ ist schwer ins Deutsche zu übertragen. Es heißt nicht nur **Gerät,** sondern kann auch mit „Gefäß" oder „Werkzeug" übersetzt werden. Der Ausdruck meint etwa ein „Gebilde zum Zweck eines Dienstes, zur Erfüllung einer besonderen Aufgabe". Damit, daß die Frau als das **schwächere Gerät** bezeichnet ist, ist auch der Mann als Gerät oder Gebilde gedacht. Die Frau ist nur das schwächere. Das ist keine Wertschätzung. Es stellt einfach die Konstitution, die Veranlagung der Frau fest. Sie ist „schwächer gebaut", und zwar körperlich wie auch seelisch. Der Mann soll das bedenken und auch verstehen. Er wird dann diese Eigenart als etwas typisch Weibliches an ihr erkennen und lieben. So wird die weibliche Eigenart bei ihm den männlichen Zug des Beschützens wecken. Das grie Wort für **schwächer** (›asthenæs‹) heißt auch sensibler. Diese Sensibilität kann geradezu die Stärke der Frau sein. Sie macht sie fähig für ihre Aufgabe an Schwachen und Hilfsbedürftigen. Wenn der Mann das positiv zu sehen lernt, wird ihm die Frau als das schwächere, das weibliche Gerät zu einem weiten „Entdeckungsfeld", das er in Liebe zu verstehen und zu erkennen sucht.

Und gebt (ihnen) **Ehre, als die auch Miterben der Gnade des Lebens sind.** Hier ist der letzte Zweifel an der Gleichwertigkeit der gläubigen Frau beseitigt. Sie ist **Miterbe der Gnade des Lebens. Das Leben** ist das ewige Leben, das Leben aus Gott, das einem in der Stunde der Wiedergeburt geschenkt wird und das sich in der zukünftigen Herrlichkeit vollendet. **Gnade des Lebens** meint unverdientes aus Gottes Huld gegebenes Geschenk der neuen Existenz und des zukünftigen himmlischen Reichtums. Die Größe dieses Reichtums war in Kap 1, 3 ff. näher geschildert. Erbe und **Miterbe** dieses Reichtums zu sein, gibt dem Leben den eigentlichen bleibenden Wert. Vor Gott her also hat die Frau den gleichen Wert wie der Mann bekommen. Gott selbst hat die Frau neben den Mann gestellt. Das gibt e in der ganzen Antike sonst nicht! Der Mann soll die Frau nicht nu als Miterbin anerkennen, sondern ihr **Ehre geben.** Der Ehemann, de seiner Frau Ehre gibt, stellt sie nicht nur neben sich, sondern übe sich. Petrus fordert den Mann aus doppeltem Grunde auf, seine Fra zu ehren. Einmal, weil sie empfindsamer ist an ihrer Seele un schwächer an Leibeskraft. Es liegt darin die Mahnung, der Fra Schutz und Fürsorge zu geben und ihr Hochachtung und Ehrerbie tung entgegenzubringen.[144] Zum andern soll der Frau die Ehre gege ben werden, weil Gott sie so wert geachtet und ihr, wie auch dem gläubigen Mann, die Gnade des ewigen Lebens gegeben hat. Diese Mahnung an den Mann ist eine notwendige Ergänzung zu der Mahnung an die Frau (V. 1). Solches Verhalten beider Eheleute wird eine frohmachende Familienatmosphäre bilden, in der Kinder und Gäste sich wohlfühlen und in der Gott gemeinsam gedient werden kann.

Das Verhalten des Mannes hat das Ziel: **... damit eure Gebete nicht gehindert werden.** Es geht nicht gleich um die letzte Frage, ob überhaupt noch gebetet wird. Schon „gehinderte" Gebete sind ein schwerer Schade für gläubige Eheleute. Daher ist alles zu meiden, was das Beten hindert. Beten ist nicht so sehr eine Frage des Willens. Mit starkem Willen durchgehaltenes Beten kann zur Zweigleisigkeit und Heuchelei werden, wenn es nicht mit dem Leben übereinstimmt. Beten ist letztlich eine Wirkung des Heiligen Geistes (Rö 8, 15). Deshalb ist der Ausdruck **die Gebete nicht hindern** identisch mit dem, was Paulus in Eph 4, 30 sagt: „betrübet nicht den Heiligen Geist".[145] Das Bindewort **damit** macht wieder die theozentrische, die auf Gott bezogene Sicht deutlich (vgl. V. 4 und 5). Gott und das Gebet zu ihm ist die Hauptsache. Im Leben der Christen kommt alles darauf an, daß gebetet wird. Wenn die Gebete verstummen oder so gehindert werden, daß sie nur noch Formsache sind, ist das geistliche Leben und auch die Ehe in Gefahr. Der Plural, **Gebete,** soll sicher die Vielfalt des Betens in der Ehe zum Ausdruck bringen.[146] Gebet und liebevolles Eheleben hängen eng zusammen, weil beide vom Wirken des Heiligen Geistes abhängen. Mit Erkenntnis zusammenwohnen und einander Ehre geben ist die notwendige Voraussetzung für ein rechtes Gebetsleben. Und umgekehrt ist das gemeinsame Gebet ein starker Anreiz zum offenen Wort, zur Vergebung und zur gegenseitigen Ehrerbietung in der Ehe.

Überblick über 1. Petrus 3, 8 – 4, 6:

„Führet einen guten Wandel unter den Heiden" (2, 12), das beherrscht auch diesen Abschnitt. War vorher vom rechten Verhalten

[144] Das ist „jene innerlich begründete Rücksichtnahme, die ... im christlichen Rittertum die duftige Blüte der Ritterlichkeit hervorgebracht hat" (Rendtorff a. a. O. S. 67).

[145] Zitat bei Barclay (S. 210): „Die Seufzer der gekränkten Frau stehen zwischen den Gebeten des Ehemannes und Gott."

[146] Die LÜ sagt: euer „gemeinsames Gebet". Das Wort „gemeinsam" steht nicht im grie Text. Aber gewiß rechnet Petrus damit, daß gläubige Eheleute nicht nur einzeln, sondern auch gemeinsam beten. Nichts verbindet so sehr wie das gemeinsame Gebet. Seelsorger erleben es immer wieder: wo eine Ehe in Krisen steckt, ist meist schon längere Zeit vorher das Gebet verstummt, zumindest das gemeinsame. Das wiederum ist oft eine Folge von Schwierigkeiten in der Ehe. Daß der grie Text allgemein von „den Gebeten" spricht, deutet an: nicht nur das gemeinsame, sondern auch das einsame Gebet wird gehindert, wenn Eheleute nicht in rechter Weise miteinander leben.

der Bürger, der Diener und der Eheleute die Rede, so beginnt jetzt ein neuer Abschnitt, der das rechte Verhalten aller Christen betrifft (3, 8 – 4, 6). Er wird beherrscht von der Tatsache, daß die Gemeinden von Kleinasien in mancherlei Leiden und Bekämpftwerden stehen, wahrscheinlich in einem besonders bedrängenden Maße. Wir versperren uns jedoch den Zugang zum Verständnis des Textes, wenn wir an ständige Verfolgungen im Sinne der Blutzeugenschaft denken.[147] Ein gewisses Maß an Leiden muß jeder wirkliche Christ ertragen, mindestens Spott, Verachtung und dergleichen. Das gehört zum Christenstand. Petrus will anleiten, darauf richtig zu reagieren. Es ergeben sich folgende Sinneinheiten:

Auf Böses nicht mit Bösem reagieren (3, 8–12)!
Das Böse mit Gutem überwinden (3, 13–22)!
Das Böse mit der Gesinnung Christi erdulden (4, 1–6)!

Auf Böses nicht mit Bösem reagieren!

1. Petrus 3, 8–12

Zu Vers 8: Rö 15, 5; Phil 2, 2 f.
Zu Vers 9: Mt 5, 39. 44; Rö 12, 17; 1Th 5, 15
Zu Vers 10: Jak 1, 26
Zu Vers 11: Hbr 12, 14

8 **Endlich aber** (seid) **alle einträchtig, mitfühlend, die Brüder lie-**
9 **bend, barmherzig, demütig. * Zahlt nicht Böses zurück für Böse**
und Schmähung für Schmähung, sondern im Gegenteil segnet
10 **weil ihr dazu berufen seid, daß ihr Segen ererbet. * Denn, „we**
begehrt, das Leben zu lieben und gute Tage zu sehen, der halt
seine Zunge vom Bösen zurück und seine Lippen, daß sie nich
11 **Arglistiges reden. * Er wende sich ab vom Bösen und tue Gutes**
12 **er suche Frieden und jage ihm nach. * Denn die Augen des Herr**
(sind) **auf die Gerechten** (gerichtet) **und seine Ohren auf ihre Bitte**
das Angesicht des Herrn aber (ist) **gegen die, die Böses tun“.**

Das Wort **endlich** will nicht den Schluß des Briefes einleiten, sondern die in 2, 11 begonnenen Mahnungen zusammenfassen in eine Ermahnung an alle. In Verfolgungszeiten redet nichts so laut wie da Leiden für Jesus, verbunden mit einer guten Lebensführung. Nich intellektuelle Überlegenheit ist entscheidend oder überragendes Können, sondern ein neues Wesen. Verwandlung unseres Wesens von de

[147] Die Christen von Kleinasien haben „Böses“ und „Schmähung“ (3, 9) zu ertragen, „Trotzen der Gegner (3, 14), „Verleumdet- und Geschmähtwerden“ (3, 16; 4, 19) und „Leiden“ (3, 1 4, 1). Ihnen widerfährt „Lästerung“ (4, 4) und „Prüfungshitze“ (4, 12), und „der Teufel geh umher wie ein brüllender Löwe“ (5, 8). Diese Übersicht über die von Petrus verwendete Ausdrücke zeigt, daß die Lage der Gemeinden sehr allgemein und wenig konkret gezeichn ist. Dadurch trifft der Brief Christen in verschiedenen Lagen, in heißen Verfolgungen, d wohl zur Zeit der Abfassung des Briefes sich abzuzeichnen begannen, wie auch in wenige schweren Bedrängnissen und auch in relativ friedlichen Verhältnissen.

Ichsucht zu der Art Jesu, das ist das Ziel.[148] Für die Worte „endlich aber (seid) alle einträchtig" ist auch eine andere Übersetzung möglich: „Das Ziel aber ist: alle einträchtig ..." (so Schlatter). Wenn Schlatter auch mit dieser Übersetzung allein dasteht, so ist sie doch ernstlich zu erwägen. Sie ist streng wörtlich. Das grie ›to de telos‹ kommt dreimal im NT vor, zweimal klar in der Bedeutung: „das Ziel aber ist" (Rö 6, 22; 1Tim 1, 5). Mit dieser Übersetzung würde dem Abschnitt noch ein stärkeres Gewicht gegeben. Es ist tatsächlich das Ziel apostolischer Mahnung, eine Christengemeinde, die so geprägt ist, wie es die Verse 3, 8 – 4, 6 schildern. Welch eine Leuchtkraft hatten die Christen im ersten Jahrhundert! Und welch eine Segenskraft für Gemeinde und Welt wäre es heute, wenn alle Christen einträchtig ... barmherzig ... bereit zur Verantwortung ... bereit zum Leiden wären! Das muß wieder als Ziel unter uns erkannt werden.

Endlich aber (seid) **alle einträchtig, mitfühlend, die Brüder liebend, barmherzig, demütig.** Mit dem im NT einmaligen grie Wort ›homophrōn‹ = **einträchtig,** gleichgesinnt (das Wort enthält die Bedeutung: Gleiches denken, auf das Gleiche gerichtet sein), ist dasselbe gemeint wie in Phil 2, 2: „... daß ihr euer Denken auf dasselbe gerichtet sein laßt, daß ihr nach einem trachtet". Der Begriff **einträchtig** drückt noch stärker als das sonst übliche „einmütig" (›homothymadon‹) das gemeinsame Trachten, das Ringen um Einmütigkeit aus. Denn die Einmütigkeit ist ständig gefährdet durch unterschiedliche Erkenntnisse und mehr noch durch die Neigung zu Rechthaberei und Streitsucht. Gewiß gibt es Lehrgegensätze in biblischen Grundfragen, die nicht verwischt werden dürfen. Aber es gibt auch weniger wichtige Lehrfragen. Mit dem Wort **seid einträchtig** mahnt Petrus die Gläubigen, nicht aus untergeordneten Lehrunterschieden Streitpunkte zu machen und niemals die Bruderschaft leichtfertig aufzugeben. Dazu allerdings ist es wichtig, daß sie das Wesentliche von Nebenfragen unterscheiden können.[149] Es gibt Fälle, in denen Eintracht nur unter ernstem, brüderlichem Ringen durchgehalten werden kann. **Seid einträchtig** kann bedeuten: Laßt euch die Einmütigkeit und damit die Bruderschaft notfalls viel kosten an Mühen um den Bruder und an

[148] Tersteegens Formulierung „Laß die Deinen noch auf Erden ganz nach deinem Herzen werden; mache deine Kinder schön ..." drückt treffend aus, worum es hier geht, nämlich um eine echte Schönheit des Wesens. (Aus dem Liede „Jesu, der du bist alleine ...")

[149] In necessariis unitas, in dubiis libertas, in omnibus autem caritas („In den notwendigen Dingen Einheit, in zweifelhaften Freiheit, in allen aber die Liebe") – dieser Wahlspruch Zinzendorfs, der sich schon bei J. A. Comenius findet, kann sehr hilfreich sein, sowohl für die Bruderschaft im Großen (Ev. Allianz) als auch für die Bruderschaft in der Einzelgemeinde. F. B. Meyer sagt zur Stelle: „Wir werden niemals in der Art gleichgesinnt sein, daß wir alle dieselben Ansichten haben; aber wir können alle gleichgesinnt sein, wenn wir trotz Verschiedenheiten der Meinung, des Ausdrucks und der Ansicht von einer gemeinschaftlichen Hingebung an Christum beseelt sind; von einer gemeinschaftlichen Treue gegen die großen, uns miteinander verbindenden Tatsachen der Erlösung; und von einer gemeinsamen Liebe zu allen, welche am Haupt bleiben, obgleich sie in einer unendlichen Menge minder wichtiger Punkte von uns abweichen mögen." „Durch Feuer erprobt", Betrachtungen über die ersten Epistel Petri, Bln. 1908.

Demut und Selbstentäußerung! Die Gemeinde und ihr Zeugnis in der Welt ist nur dann gesegnet, wenn die Gläubigen diese Gesinnung haben (vgl. Mt 18, 19; Jo 17, 11. 21 f.; Apg 1, 14; 2, 1. 46; 4, 24; 5, 12; 15, 25). **Mitfühlend** heißt wörtlich „mit Leid empfindend". Die Parallele in 1Ko 12, 26 macht deutlich: im Mitleiden kommt zum Ausdruck, daß die Christen untereinander Glieder sind. „Wenn ein Glied leidet, so leiden alle Glieder mit." [150] **Die Brüder liebend** – so heißt es wörtlich – wird meistens mit „brüderlich" wiedergegeben. Diese Mahnung begegnete uns schon in 1, 22. Die hier erneute Erwähnung zeigt die Wichtigkeit der Bruderliebe[151]. Dem Wort **barmherzig** (wörtlich: „von guten Eingeweiden") liegt die Erfahrung zugrunde, daß plötzliches schweres Leid anderer Menschen einem durch die Eingeweide gehen kann. Dieses Empfinden ist zuweilen sehr schmerzlich, und mancher wendet sich ab, wenn er Leid sieht. **Seid barmherzig** heißt: laßt euch die Not anderer „durch das Herz" und „an die Nieren" gehen.[152] Aller Einsatz für andere beginnt damit, daß man ihre Not mitfühlt. Barmherzigkeit ist das Kennzeichen, ja die Triebkraft all derer, durch die Gott Großes tun konnte.[153] Doch er will, daß j e d e r Christ an der Barmherzigkeit zu erkennen ist. Paulus sagt: „Ziehet an ... herzliches Erbarmen" (Kol 3, 12; vgl. auch Mt 5, 7; 9, 13; 18, 33; Lk 6, 33; Rö 12, 8; Eph 14, 32; Phil 2, 1). Endlich aber (seid) **alle ... demütig,** wörtlich: „niedrig gesinnt, gering (von sich) denkend". Im heidnischen Griechentum wurde die Demut meistens als etwas Unwürdiges empfunden.[154] Dem aber, den Jesus in seine Nachfolge gerufen hat, ist es keine Schmach mehr, niedrig zu sein. Und wer die Herablassung Gottes erfahren hat, der wendet sich dem Niedrigen zu in der Freude am Helfen und Retten. Nur wer **demütig** ist, kann Gott die Ehre geben. Auch ist ohne Demut kein gesundes Gemeindeleben möglich, denn Hochmut fordert zum Hochmut heraus, zu Trotz und Stolz. Und umgekehrt: wo Demut herrscht, ist die Voraussetzung für brüderliches Ermahnen und Zusammenarbeiten gegeben. Für das Verständnis aller Ermahnungen in V. 8 ist es

[150] Es geht hier um das Verhalten der Christen zueinander. Doch kann sich von Jesus empfangenes Mitempfinden mit den Leiden anderer nicht auf die Brüder beschränken. Auch die Leiden der anderen Menschen werden von den Christen mit empfunden.

[151] Vgl. auch zu Phil 1, 8 in der W. Stb. einschließlich Anmerkung 9.

[152] Siehe ebenfalls die Ausl. zu Phil 1, 8 in der W. Stb.

[153] Luther, Francke, von Bodelschwingh, Mutter Eva u. a. wären nie das geworden, was sie waren, ohne tiefes Erbarmen mit der geistlichen und leiblichen Not der Mitmenschen.

[154] Ganz anders in der Bibel: Gott neigt sich zu den „Armen" und „Elenden" (Ps 69, 34; 72, 12 f. 113, 7; 119, 67 u. ö.). Er wohnt „in der Höhe und im Heiligtum und bei denen, die zerschlagenen und demütigen Geistes sind" (Jes 57, 15). „Weil du dich vor mir gedemütigt hast .. so habe ich dich auch erhört", spricht der Herr (2Chro 34, 27). Jesus, der Größte unter den Menschenkindern, sagt von sich: „Ich bin von Herzen demütig" (Mt 11, 29). Und Paulus mahnt: „In Demut achte einer den anderen höher als sich selbst." Und er erklärt, was Demut ist und wie man sie bekommt: „Ein jeglicher sei gesinnt wie Jesus Christus auch war: welcher, ob er wohl in göttlicher Gestalt war ... entäußerte sich selbst und nahm Knechtsgestalt an ... Er erniedrigte sich selbst und ward gehorsam bis zum Tode, ja zum Tode am Kreuz" (Phil 2, 3–8; vgl. auch 5, 5; Apg 20, 19; Eph 4, 2; Kol 3, 12).

wichtig zu sehen, daß es hier um Wesenszüge geht, die man nur haben kann, wenn Taten daraus werden. Es besteht eine unauflösliche Einheit zwischen Wesen und Tat, so daß z. B. die Mahnung, barmherzig zu sein, gleichbedeutend ist mit der Aufforderung, barmherzig zu handeln. Unser Wesen kommt in unserem Tun zum Ausdruck.

Das gilt auch für unser Verhältnis zu Gegnern und Feinden. **Zahlt** 9
nicht Böses (oder: Unrecht) **zurück für Böses** (oder: Unrecht) **und Schmähung für Schmähung, sondern im Gegenteil segnet, weil ihr dazu berufen seid, daß ihr Segen ererbet.** Der natürliche Mensch meint, es sei logisch und gerecht, soviel **Böses,** wie er erleiden mußte, **zurückzuzahlen.** Jesus aber gebietet seinen Jüngern ein anderes Verhalten, ein Verhalten, das seiner Art, seinem Geist entspricht (Mt 5, 44; Lk 6, 27 ff.). Und die Apostel geben diesen Willen des Herrn an die Gemeinden weiter (Rö 12, 14; 1Ko 4, 12; 1Th 5, 15). Vergeltung schafft den Streit nicht aus der Welt, sondern verschärft ihn noch. Vor allem aber: wer Böses mit Bösem heimzahlt, tut selbst Böses. Das entspricht der alten Welt, aber nicht der neuen, göttlichen. Nur eine neue Haltung kann Ausdruck unseres Lebens aus Gott sein, und nur eine Jesus gemäße Andersartigkeit kann Feindschaft überwinden und den Frieden Gottes zu den Menschen bringen (Lk 10, 5). Bemerkenswert ist, daß Petrus keine passive Haltung, nicht Flucht und Reaktion der Schwäche fordert, sondern aktive Erwiderung: **im Gegenteil segnet**[155]. Im AT segneten die Patriarchen und Priester. Sie waren von Gott beschenkt und beauftragt zum Segnen. Im NT ist jeder Wiedergeborene ein Priester (2, 9) und darum zum Segnen berufen. Jesus hat geboten, die Feinde zu segnen (Lk 6, 28). Paulus schreibt: „man schilt uns, so segnen wir" (1Ko 4, 12; vgl. auch Rö 12, 14). Das kann sehr still geschehen als Fürbitte, als freundliches Wort in feindlicher Atmosphäre (Apg 16, 28. 31; 2Tim 2, 24) oder auch als Zuspruch göttlicher Zuwendung (Apg 3, 26). Immer aber ist im Segnen zugleich die eigene menschliche Zuwendung des Segnenden mit enthalten. Ohne sie wäre jedes Segnen unecht. Es bleibt offen, ob der Zusatz **weil ihr dazu berufen seid** zum vorigen oder nachfolgenden Satzteil gehört, ob die Gläubigen zum Segnen berufen sind oder dazu, Segen zu ererben. Die Ausleger sind unterschiedlicher Meinung. Petrus wird diese Doppeldeutigkeit empfunden und gewollt haben. Christen haben zu segnen, weil sie dazu berufen sind und weil sie selbst Gottes Segen ererben. Berufen **... daß ihr Segen ererbet,** deutet ein Ziel an. Petrus meint das zukünftige Heil Gottes, aber nicht nur das. Auch jetzt schon dürfen die Christen immer wieder unter Gottes segnender Zuwendung stehen. **Ererben** oder „erben" besagt: der Segen Gottes ist nicht bloßer Wunsch, sondern realer Reichtum. Wer im Glauben damit rechnet, wird sein Handeln davon bestimmen lassen und Böses nicht mehr mit Bösem vergelten.

155 Oder: „dagegen aber segnet", so LÜ u. a. Zum Begriff „segnen" s. Anm. zu Kap 1, 3 „gepriesen".

10 Diese Mahnung ist so wichtig, daß Petrus sie durch ein Zitat aus Ps 34, 13—17 unterstreicht: **Denn wer begehrt, das Leben zu lieben und gute Tage zu sehen, der halte seine Zunge vom Bösen zurück und seine Lippen, daß sie nicht Arglistiges reden. Das Leben** ist ein umfassender biblischer Begriff und meint das jetzige und kommende Leben (1Tim 4, 8). Ebenso beziehen sich die „guten Tage" auf die Gegenwart und auf die Vollendung. Eine Beschränkung dieser Verheißung auf das irdische oder auf das ewige Leben allein, wäre eine unbiblische Verkürzung. **Wer begehrt, das Leben zu lieben,** könnte man etwa so umschreiben: wer ein liebenswertes Leben, wer Freude am wirklichen Leben haben will. Ähnlich sagt Jesus beim Laubhüttenfest: Wenn jemand dürstet ... (Jo 7, 37 f.).[156] Gottes Botschaft ist etwas für die, die das Leben begehren. **Wer begehrt,** heißt: jeder darf dieses liebenswerte Leben haben. Doch zwingt Gott nicht zu solchem Leben, sondern bietet es an. Damit stellt Gott in die Entscheidung. Denn nicht alle werden dieses Leben erhalten. Es gibt dafür unerläßliche Bedingungen, nämlich ein ernstliches Begehren nach diesem guten Leben und ein Wandel, der den Normen Gottes für ein lebenswertes Leben entspricht: **Der halte seine Zunge vom Bösen zurück und seine Lippen, daß sie nichts Arglistiges reden.**[157] Hier ergänzt und verdeutlicht **Arglistiges** (oder: „Trug") den allgemeinen Begriff **Böses.** Kein Böses, Arglistiges reden, das ist die Voraussetzung für **gute Tage.** Das gilt besonders in Zeiten der Bedrängnis, gilt aber auch für jede Zeit und alle Verhältnisse. Wieviel Einfluß haben die Christen auch bei Gegnern, und wieviel Not ersparen sie sich im Umgang miteinander, wenn sie ihre Zunge vom Bösen zurückhalten (vgl. Jak 3, 5 ff.)!

11 Wort und Tat gehören zusammen: **Er wende sich ab vom Bösen und tue Gutes.** „Sich abwenden" verlangt einen Entschluß. Nur wer sich vom Bösen abwendet, findet das gute Wort, die gute Tat. Die zweite Satzhälfte ergänzt wieder: **Er suche Frieden und jage ihm nach.** Wer Böses mit Bösem vergilt, vertieft die Feindschaft. Wer statt dessen segnet, macht Raum dem Frieden. Man achte auf die intensiven, aktiven Ausdrücke: den Frieden **suchen,** ihm **nachjagen** Der Friede liegt uns nicht. Er ist ständig gefährdet. Vielleicht macht der Nächste, oder gar der Widersacher, es dem Gläubigen schwer Frieden zu halten. Gerade dann aber ist er ernstlich zu suchen.

12 Vers 12 begründet die vorigen Aussagen mit letzter Realität: **Denn die Augen des Herrn** (sind) **auf die Gerechten** (gerichtet) **und seine Ohren auf ihre Bitte, das Angesicht des Herrn aber** (ist) **gegen die die Böses tun.** Um der Verständlichkeit willen mußte der Text ergänzt werden. Daß sachlich richtig ergänzt wurde, geht aus Ps 34, 1

156 Vgl. zu Jo 7, 37 f. in der W. Stb.

157 Es ist hebr Stilform, besonders in den Psalmen, die Aussage der ersten Satzhälfte in de zweiten zu wiederholen (parallelismus membrorum = Parallelität der Satzglieder). Die zweit Aussage ergänzt, vertieft oder konkretisiert die erste. Gelegentlich zeigt sie auch einen Gegensatz zur ersten auf.

hervor. In unserem Vers geht es um den Weg zum Leben. Das Leben hängt von Gott ab und von unserem Verhältnis zu ihm. Gottes Wesen aber ist absolute Heiligkeit und Gerechtigkeit. Nie wird er Gemeinschaft haben können mit dem Bösen. Daher ist die alte Wahrheit von V. 12 nicht nur atst, sondern ebenso auch ntst, weil sie im Wesen Gottes begründet ist. **Die Augen des Herrn** (sind) **auf die Gerechten** (gerichtet) **und seine Ohren auf ihre Bitte.** Hier wird deutlich, wie fundamental wichtig es für den Menschen ist, vor Gott ein **Gerechter** zu sein. Ebenso aber macht unser Abschnitt klar, daß gerecht sein und gerecht handeln nicht voneinander zu trennen sind. Die Ausdrücke **die Augen des Herrn ... und seine Ohren** wollen die liebevolle Achtsamkeit Gottes ausdrücken zugunsten der Gerechten. **Gottes Ohren sind gerichtet auf ihre Bitte** (oder: ihr Bitten). Das Gottesverhältnis äußert sich im Beten, und hier ist die Verheißung, daß Gott achtsam hört. Wer Bedrängnis und Schmähung erduldet, hat viel zu bitten. Wer betet, bekommt die Kraft, auf Böses nicht mit Bösem zu reagieren. Und wer im Glauben damit rechnet, daß Gottes Augen und Ohren auf ihn achtgeben, wird meiden, was Gott haßt, und suchen, was er will. **Das Angesicht des Herrn aber** (ist) **gegen die, die Böses tun.** Diese Worte zeigen die aktive Gegnerschaft Gottes. Die, die Böses tun, haben Gott frontal gegen sich.

Das Böse mit Gutem überwinden

1. Petrus 3, 13–22

13 **Und wer ist, der euch Böses antun wird, wenn ihr Eiferer des Gu-**
14 **ten werdet? * Aber wenn ihr auch leiden solltet wegen Gerech-**
tigkeit – glückselig (seid ihr). **Fürchtet euch aber vor ihnen nicht**
15 **und laßt euch nicht verwirren. * Heiligt aber den Herrn, den Chri-**
stus, in euren Herzen, immer bereit zur Verteidigung für jeden,
16 **der Rechenschaft von euch fordert über die Hoffnung in euch. * Je-**
doch mit Sanftmut und Furcht, als solche, die ein gutes Gewissen
haben, damit, worin ihr verleumdet werdet, die zuschanden wer-
17 **den, die euren guten Wandel in Christus schmähen. * Denn es ist**
besser, Gutes tuend zu leiden, wenn der Wille Gottes es wollen
18 **sollte, als Böses tuend. * Denn auch Christus ist ein für allemal**
um der Sünden willen für uns gestorben, als Gerechter für Un-
gerechte, damit er uns zu Gott führte, getötet zwar am Fleisch,
19 **lebendiggemacht aber am Geist. * In welchem er auch zu den**
20 **Geistern im Gefängnis ging und ihnen verkündigte, * welche einst**
ungehorsam waren, als die Langmut Gottes abwartete in den Ta-
gen Noahs, während die Arche zugerichtet wurde, in welche hin-
ein wenige, das sind acht Seelen, hindurchgerettet wurden durch

Zu Vers 13: Rö 8, 34; Tit 2, 14
Zu Vers 14: 1Pt 2, 20; Jes 8, 12 f.; Mt 5, 10; Offb 2, 10
Zu Vers 15: Apg 24, 10. 15; Kol 4, 6
Zu Vers 16: 1Pt 2, 12; 1Tim 3, 9
Zu Vers 17: 1Pt 2, 20; 4, 13. 14. 16
Zu Vers 18: 1Pt 2, 21–24; Rö 6, 10; 1Ko 15, 44; Eph 3, 12; Hbr 9, 28

Zu Vers 19:
1Pt 4, 6
Eph 4, 9
Zu Vers 20:
1Mo 7, 7. 17
2Pt 2, 5;
3, 5 f. 9
Zu Vers 21:
Eph 5, 26
Hbr 10, 22
Zu Vers 22:
Ps 110, 1
Apg 1, 9 f.
Rö 8, 38 f.
Eph 1, 20. 21
Hbr 1, 4

21 (das) **Wasser. * Welches auch euch gegenbildlich jetzt rettet als**
Taufe, die nicht ein Abtun des Schmutzes am Fleisch ist, sondern
eine an Gott gerichtete Bitte um ein gutes Gewissen durch die
22 **Auferstehung Jesu Christi, * welcher ist zur Rechten Gottes, nach-**
dem er in den Himmel gegangen ist und ihm die Engel, Mächte
und Kräfte untertan geworden sind.

Und wer ist, der euch Böses antun wird, wenn ihr Eiferer des Guten werdet? Da **das Gute** ein sehr allgemeiner Ausdruck ist, muß jeder prüfen, was „das Gute" konkret in seiner Lage ist (vgl. Rö 12, 21). Petrus will, daß die Christen **Eiferer**[158] (wörtlich: Zeloten[159]) **des Guten** werden. Er rechnet mit Schwierigkeiten von seiten der Umgebung, besonders dann, wenn sie feindlich eingestellt ist. Was ist dann zu tun? Petrus sagt: **Werdet Eiferer des Guten!** Eiferer wollen das Gute so ernsthaft und unbedingt, daß sie nicht fragen, ob es leicht oder schwer ist. Sie nehmen viel Anstrengung und Verzicht auf sich, um ihr Ziel zu erreichen, so daß von ihnen eine große Wirkung ausgeht. **Werdet Eiferer,** sagt Petrus. Man ist es nicht von Natur, auch nicht immer gleich mit der Bekehrung. Darin soll ein Christ wachsen. **Wer ist, der euch Böses antun** (oder „schädigen") **wird, wenn ihr Eiferer des Guten werdet,** fragt Petrus. Hinter diesem Satz steht die Überzeugung, daß ihnen kaum jemand Böses für Gutes antun wird. Sie bieten Gegnern ja nicht einmal eine Handhabe. Es gehört viel dazu, einem konsequenten Wohltäter Böses zu tun. Die meisten Menschen bringen das nicht fertig. Denn wer Gutes mit Bösem vergilt, setzt sich ins Unrecht vor Gott und den Menschen und seinem eigenen Gewissen. Deshalb ist es Gottes Wille und wahrhaft weise, Eiferer des Guten zu werden.

14 Der Apostel ist jedoch nüchtern und macht keine falschen Versprechungen. Wenn Vers 13 auch die normale Reaktion aufzeigt, so kann doch der Fall eintreten, daß Gutestun Leiden einbringt: **Aber wenn ihr auch leiden solltet wegen Gerechtigkeit – glückselig**[160] (seid ihr)! Die Formulierung **wenn ihr auch leiden solltet** drückt aus: die Gemeinden stehen nicht allgemein in akutem Leiden, aber es steht als Möglichkeit ständig vor ihnen. Wie in 2, 20 ist die Haltung des Petrus gegenüber den Leiden auch hier erstaunlich. Er läßt kein schwächendes Selbstmitleid aufkommen. Auch mahnt er nicht zur

158 Die Handschriften der zwar späteren, aber doch beachtlichen „Koine"-Gruppe haben: „Nachahmer des Guten". Zum Nachahmen gehört ein Vorbild. Christen sollten sich oft das Gute, den Guten, Jesus vor Augen halten. Doch dürfen sie auch schauen auf die „Wolke der Zeugen", auf „die Leitenden", die ihnen im Gutestun vorangegangen sind (Hbr 13, 1).

159 Zeloten waren Leute, die mit letztem Einsatz ein Ziel verfolgten. „Zeloten des Guten" erstreben das Gute mit äußerster Anspannung. Ähnlich wie Petrus schreibt auch Paulus: Christus reinigte sich selbst ein Volk zum Eigentum, das „zelotisch" wäre zu guten Werken (Tit 2, 14).

160 Oder auch: „glücklich", „selig", „wohl euch"!

161 „Glückselig sind, die um Gerechtigkeit willen verfolgt werden, denn das Himmelreich ist ihr" (Mt 5, 10)!

Vorsicht. Nein, wenn Christen als Eiferer des Guten leiden, leiden sie **wegen Gerechtigkeit.** Und dann gilt ihnen der Ausruf Jesu, den Petrus schon in der ersten Zeit seiner Jüngerschaft gehört hat: **glückselig** seid ihr.[161] Solche Seligpreisung drückt beneidenswertes Glücklichsein aus. Seligpreisungen finden sich sowohl im Griechentum als auch im Judentum, besonders in der Weisheitsliteratur, im AT also in den „Lehrbüchern" (z. B. Spr 3, 13; Ps 1, 1; 2, 12; Hio 5, 17; aber auch 1Kö 10, 8). Im NT wird die Seligpreisung noch vertieft in Verbindung mit dem Heil, das Jesus bringt. Denn, wer durch Jesus Anteil hat am Reich Gottes, ist wahrhaft **glückselig** zu preisen. Besonders eindrücklich sind diejenigen Seligpreisungen, in denen ein Paradoxon aufklingt: Leute, die man eigentlich für bedauernswert hält, werden glückselig gepriesen (Mt 5, 3–6. 9–12; 1Pt 3, 14; 4, 14). Damit, daß Petrus den Christen seiner Zeit die Seligpreisung Jesu (Mt 5, 10) weitergibt, hilft er ihnen zu echter Leidensbewältigung, zu einer aktiven, bejahenden Glaubenshaltung auch in Leiden.[162] Die Seligpreisung gilt allerdings nur denen, die **wegen Gerechtigkeit leiden. Gerechtigkeit** ist hier im Sinne der guten, gerechten Herrschaft Gottes gebraucht, im Sinne des radikalen Gegensatzes zu allem Bösen, wie auch in 2, 24. Wegen Gerechtigkeit lohnt es sich zu leiden. Wieder ist zu bedenken, daß dieses nicht nur für Verfolgungszeiten gilt. Jeder Gläubige, der wegen Gerechtigkeit benachteiligt wird, darf wissen, es gilt auch ihm: glückselig!

In solcher Lage kommt alles auf die rechte Glaubenshaltung an: **Fürchtet euch aber vor ihnen nicht und laßt euch nicht verwirren** (oder: einschüchtern, erschüttern, erschrecken).[163] Petrus zitiert Jes 8, 12 f. Dort ist gemeint, die Glaubenden sollen nicht fürchten, was das abtrünnige Volk fürchtet. Furcht vor Menschen würde ein Zeichen von Unglauben sein. Für die Widerstandskraft der Gemeinde aller Zeiten ist es entscheidend, sich nicht zu **fürchten** und sich nicht **verwirren** zu lassen. Durch alle Jahrhunderte ist es ein Prinzip der Feinde Gottes, seiner Gemeinde Furcht einzujagen. Gelingt das, so ist der Kampf schon verloren, der Abfall ist da. Wer Menschen fürchtet, hat sein Vertrauen nicht ganz auf Gott gesetzt, und wer glaubt, wird Menschen nicht letztlich fürchten. So sind Verfolgungszeiten stets Bewährungszeiten des Glaubens.

Wie aber kann Menschenfurcht überwunden werden? Durch Got- 15
tesfurcht. **Heiligt aber den Herrn, den Christus, in euren Herzen, immer bereit zur Verteidigung für jeden, der Rechenschaft von euch fordert über die Hoffnung in euch. Heiligt den Herrn** ist noch Zitat aus Jes 8 (V. 13). Es bildet dort den Gegensatz zur Menschenfurcht.

[162] Es ist eine große Hilfe, wenn einem Christen im Verspottetwerden, in der Erniedrigung, in Benachteiligung oder im Ausgeschlossensein aufgeht: ich bin nicht zu bedauern, sondern gerade jetzt werde ich glückselig gepriesen.

[163] Wörtlich: „Ihre Furcht fürchtet nicht", oder auch „ihr Schrecken, ihr Furchteinjagen fürchtet nicht". Diese Doppelbedeutung des Wortes ›phobos‹ als Furcht und Schrecken deutet an, daß die, die Schrecken um sich verbreiten, weithin selbst von Furcht getrieben sind.

„Heilig" heißt „abgesondert", „den Herrn heiligen" heißt also, ihm die von allem Menschlichen abgesonderte, absolut überragende Stellung einzuräumen. **Heiligt den Herrn in euren Herzen** heißt: laßt euer Herz allein von der Wirklichkeit Gottes her bestimmen. Das **Herz** ist das Zentrum des menschlichen Denkens, Trachtens und Fühlens. Wenn dort der Herr geheiligt wird, ist die Voraussetzung für ein unerschrockenes Leidens- und Glaubenszeugnis gegeben. In Jes 8 ist „der Herr" = Jahwe. Es ist für die Lehre von Jesus Christus sowie auch für das Verständnis des Alten und Neuen Testamentes äußerst wichtig, daß Petrus diese Gottesbezeichnung des AT auch auf Christus überträgt: **der Herr** ist **der Christus!**[164] **Immer bereit zur Verteidigung für jeden, der Rechenschaft von euch fordert über die Hoffnung in euch** – diese Worte stehen in enger Beziehung zu den vorigen. Da die Formulierung zwar eine enge, aber unbestimmte Verbindung beider Satzteile ausdrückt, müssen wir wohl eine Wechselbeziehung annehmen. **Bereit zur Verteidigung** sind die, die den Herrn in ihren Herzen heiligen. Und die, die sich bereithalten zur Antwort an die Welt, heiligen Christus wirklich. Damit aber wird deutlich, daß die Bereitschaft zum Antworten nicht in erster Linie eine Frage der Schulung und der richtigen Ausdrucksweise ist, sondern daß sie davon abhängt, ob Christus wirklich in den Herzen der Bekenner geheiligt wird, ob sie ganz von ihm erfüllt sind. „Wir können es ja nicht lassen, daß wir nicht reden sollten" (Apg 4, 20) – in dieser Haltung wurden die Apostel so aufsehenerregende Zeugen. Und wovon das Herz übervoll ist, „davon redet der Mund" (Mt 12, 34). Die Fortsetzung des Verses läßt sich sowohl auf ruhige als auch auf spannungsreiche Verhältnisse deuten. Man kann übersetzen: „Immer bereit zur Antwort für jeden, der ein Wort (so wörtlich) von euch erbittet", ebenso aber auch: „zur Verteidigung (oder gar Verantwortung) vor **jedem, der Rechenschaft von euch fordert".** Die hier verwendeten grie 'Wörter haben einen weiten Bedeutungsspielraum Dadurch treffen sie alle Christen, jeden in seiner Lage. Ob ein Christ in ruhiger Zeit von einem Mitmenschen um ein Wort über die Hoffnung in ihm gebeten wird oder ob ein anderer in einem Verhör vor Behörden steht, jeder ist vom Apostel aufgerufen, **immer bereit** zu sein und zwar **für jeden.** Petrus rechnet damit, daß die Mitmenschen selbst zu fragen beginnen. Das ist immer die günstigste Situation. So wird die Botschaft von Jesus nicht aufgedrängt, sondern erbeten. Es ist zu beachten, daß das Fragen der Umwelt nicht so sehr am Glauben der Christen entsteht, als viel mehr an ihrer **Hoffnung!** Lebendige Hoffnung (1, 3) fällt auf, da ja die Menschen dieser Welt sich letztlich nur tote, trügerische Hoffnungen (sprich: Illusionen) machen und so überhaupt „keine Hoffnung haben" (1Th 4, 13). Die **Hoffnung** gibt dem Christenleben etwas Strahlendes, Anziehendes. Sie klingt hin-

164 Auch Paulus tut das, z. B. in Phil 2, 11. Und Jesus selbst bezeugt von sich: Ich und der Vater sind eins (Jo 10, 30).

durch durch alles Reden und Handeln. Die Frage ist nicht die, ob die Christen ihre Hoffnung glaubhaft in Worte fassen können, sondern ob sie überhaupt eine wirkliche Hoffnung haben. Dann werden sie auch klare Auskunft geben können über ihre **Hoffnung,** die ja zusammenhängt mit dem „Hoffnungsgut", das für sie bereitliegt (vgl. zu 1, 3). Nicht Klugheit, sondern von Gott geschenkte Wirklichkeit ist entscheidend, wenn Rechenschaft über ihre Hoffnung von ihnen gefordert wird.

Auch die Art und Weise, wie der Christ seine Antwort gibt, ist 16
wichtig, nämlich: **mit Sanftmut und Furcht, als solche, die ein gutes Gewissen haben**[165]**, damit, worin ihr verleumdet werdet, die zuschanden werden, die euren guten Wandel in Christus schmähen.** Petrus betont die **Sanftmut,** weil sich in das Zeugnis auch der für das Gute Eifernden leicht blinder Eifer, Streitsucht und Überlegenheitsgefühl einmischt. Dadurch entsteht eine Atmosphäre der Auseinandersetzung, die vieles verdirbt. Hinter Streitsucht verbirgt sich Ichhaftigkeit, hinter **Sanftmut** (= „Freundlichkeit", „Milde") dagegen Zuwendung zum Nächsten. Des Christen Antwort an die Mitmenschen geht in den Verstand, wenn sie mit Klugheit vorgetragen wird, aber ins Herz, wenn sie von der Freundlichkeit Jesu gegenüber unverständigen Gegnern geprägt ist. Jesus sagt von sich: „Ich bin sanftmütig ...". Und er ruft uns zu: „Nehmt auf euch mein Joch und lernt von mir" (Mt 11, 29)! Petrus sagt: Seid immer bereit zur Verteidigung ... mit Sanftmut und **Furcht.** Wieder meint er die Furcht vor Gott, das achtsame Ernstnehmen der heiligen Gegenwart Gottes. Sie bewahrt davor, die Wahrheit des Evangeliums aus Menschenfurcht zu verschweigen. Die Furcht Gottes läßt uns die Verlorenheit der Ungläubigen ernstnehmen und ebenso auch die Tatsache, daß uns die Rettungsbotschaft für sie anvertraut ist. Die Furcht Gottes bewahrt vor Unlauterkeit und Eigenruhm und ebenso auch vor Selbstsicherheit. Wer Gott fürchtet, wird darum besorgt sein, daß er abhängig bleibt vom Wirken Jesu (Jo 15, 5!) und daß er selbst diesem Wirken nicht im Wege steht. **Die ein gutes Gewissen haben** – das **Gewissen,** wörtlich „Mitwissen", ist die Instanz im Menschen, die bezeugt, ob er dem, was er als das Gute erkannt hat, gefolgt ist oder nicht.[166] Es ist bedeutsam, daß unser **Gewissen** ein ständiges „Mitwissen" aller unserer Taten ist und daß dieses Mitwissen uns begleitet bis in die Ewigkeit. Es gibt kein Vergessen. Auch ist das Gewissen unbestechlich. Eher läßt es sich totschlagen, als daß es Böses gut oder Gutes böse nennt. Es ist unabhängig vom Willen des Menschen, aber abhängig von seinen Taten. Deshalb gehören nach unserem Vers ein gutes Gewissen und ein guter Wandel zusammen. Vor Menschen kann man tadellos erscheinen. Ihrem Urteil kann man

[165] Wörtlich: mit Sanftmut und Furcht, ein gutes Gewissen habend ...

[166] Zum Begriff „Gewissen" siehe zu 2, 19, so wie auch zu Rö 2, 15; 9, 1; 2Ko 1, 12; 4, 2; 1Tim 1, 5; 3, 9 in der W. Stb. Vgl. außerdem ThBL Sehr empfehlenswert ist auch: O. Hallesby, „Vom Gewissen".

sich entziehen, nicht aber dem Urteil Gottes im Gewissen. Um ein **gutes Gewissen** zu haben, gilt es, so lauter vor Gott zu wandeln, daß er nicht im Gewissen gegen uns zeugt. „Gut" ist ein Gewissen, das Gott nicht unruhig macht wegen heimlicher, verborgener Sünde und Schande. **Sanftmut** und **Furcht** und **gutes Gewissen** sind auf ein Ziel ausgerichtet: **Damit, worin ihr verleumdet werdet, die zuschanden werden, die euren guten Wandel in Christus schmähen.** Wieder wird von vornherein mit Verleumdungen um Jesu willen gerechnet (vgl. 2, 12; 4, 14). Das gilt auch für Zeiten, die nicht von Verfolgung gekennzeichnet sind. Das rechte Zeugnis von Jesus beinhaltet immer auch Gottes Gericht über die Sünden der Menschen. Oft beantworten die Unbußfertigen dieses Zeugnis damit, daß sie nun ihrerseits bei den Christen Sünden suchen. Darauf gibt es nur eine Entgegnung, die angemessen und verheißungsvoll ist: **ein guter Wandel in Christus. In Christus** sein (2Ko 5, 17) heißt mit der ganzen Existenz von Christus umgeben und geprägt zu sein. Ein guter Wandel in Christus ist ein von dieser Existenz her bestimmter Wandel. Wenn die Christen so leben, können ihre Verleumder nur ihren **guten Wandel in Christus** schmähen. Damit aber werden sie früher oder später **zuschanden** (oder: beschämt).

17 Zuschanden gewordene, beschämte Verleumder – das heißt nicht in jedem Falle, daß sie aufhören zu verleumden oder zu verfolgen. Es kann sein, daß die Zeugen Jesu trotzdem oder auch gerade deshalb leiden müssen, weil die Verleumder in ihrem Gewissen getroffen sind (vgl. Apg 5, 33; 7, 54 u. ö.). In jedem Fall gilt es, unbeirrt beim guten Wandel zu bleiben. **Denn es ist besser, Gutes tuend zu leiden, wenn der Wille Gottes es wollen sollte.** Diese Formulierung (Möglichkeitsform) zeigt, daß Gutes tun zwar normalerweise der beste Schutz vor Leiden ist (V. 13), daß dies aber nicht in jedem Falle gilt. Wer dem Gekreuzigten nachfolgt, muß immer mit der Möglichkeit von Leiden rechnen. Er steht jedoch letztlich nicht unter der Willkür der Feinde, sondern unter dem **Willen Gottes.** Gott bestimmt über das Leiden und hat auch dessen Art und Dauer in seiner Hand. **Gutes tuend zu leiden** ist wieder (wie in 2, 20) sehr allgemein gehalten. Es kann bedeuten: leiden, obgleich sie Gutes tun, oder auch: weil und während sie Gutes tun. Die Lage der einzelnen Christen war jeweils anders. **Denn es ist besser, Gutes tuend zu leiden ... als Böses tuend.** Das grie ›kreitton‹ (= **es ist besser**) ist nicht nur Steigerungsform von ›agathos‹ (= gut), sondern auch von ›kratys‹ (= mächtig, gewaltig). „Es ist kraftvoller, wirkungskräftiger" sollte deshalb mitgehört werden. In V. 13–16 ging es um die Überwindung der Verleumder durch Gutestun. V. 17 faßt das zusammen: im Leiden derer, die Gutes tun, liegt eine wirkungsvolle, überwindende Macht. Der folgende Abschnitt veranschaulicht das am Beispiel des Leidens unseres Herrn.

18 **Denn auch Christus ist ein für allemal um der Sünden willen für uns gestorben, als Gerechter für Ungerechte, damit er uns zu Gott**

führte,[167] **getötet zwar am Fleisch, lebendiggemacht aber am Geist.** Es ist für das Verständnis eines Textes wichtig, genau auf die verknüpfenden Bindewörter zu achten. Dadurch wird in unserem Zusammenhang deutlich: der folgende Abschnitt muß als Begründung **(denn)** und als Parallele **(auch)** zum vorigen Abschnitt verstanden werden. Daran, daß Petrus den vorigen Abschnitt so ausführlich und zentral mit der nun folgenden Christusverkündigung begründet, wird seine Bedeutung unterstrichen. Am Leiden ihres Herrn sollen seine Jünger lernen, auch unter Leiden konsequent am Gutestun zu bleiben und solchem Leiden überwindende Kraft zuzutrauen („es ist besser, wirkungsvoller"). Zugleich wirft die Zuordnung der beiden Abschnitte Licht auf das Verständnis des folgenden: Leiden unter Gutestun ist immer wirkungskräftig, das Leiden Christi sogar bis in das Totenreich und in die Himmelswelt hinein, mit Rückwirkung auf die vergangenen und mit Vorauswirkung auf die zukünftigen Generationen der Menschheit. Die Formulierung **denn auch Christus** deutet an, daß in gewisser Weise auch das Leiden seiner Nachfolger Ewigkeitswirkung hat, wenn nämlich daran ihre Hoffnung offenbar wird, so daß dadurch Fernstehende nach dem Grund dieser Hoffnung fragen (V. 15). Welche Chance in solchem Leiden liegt, haben später die großen Christenverfolgungen bewiesen. Und doch suchen wir am Ende des Abschnittes vergeblich nach einer zusammenfassenden Parallelisierung zwischen dem Leiden Christi und dem der Christen. Das Leiden Christi ist unvergleichlich. Die Folgerung, die Petrus aus diesem Abschnitt zieht, steht in 4,1 und lautet: „Wappnet euch mit demselben Sinn."

Christus ist ein für allemal um der Sünden willen gestorben. Daß sein Sühnopfer **ein für allemal** gilt, ist eine ganz bedeutsame Aussage.[168] Sie macht den grundlegenden Unterschied zwischen den Tieropfern des Alten Bundes und dem Opfer Christi deutlich, das den Neuen Bund begründet. Während die Opfer des Alten Bundes ständig wiederholt werden mußten, und dabei doch nicht imstande waren, die Sünden wirklich wegzunehmen (Hbr 10,11), ist das Opfer Christi einmalig, endgültig, ewig wirksam. Es war unausdenkbar schwer. Nun aber ist es abgeschlossen. Die Auswirkungen jedoch gehen bis in die Ewigkeit hinein. Christus ist ein für allemal **um der Sünden willen** für uns gestorben. Das gibt den Grund des Sterbens Christi an (vgl. auch Gal 1,4; Rö 4,25). Nach der ganzen heiligen Schrift ist die Sünde die Grundnot des Menschen, weil sie die Trennung von

[167] In einer anderen Handschriftengruppe lautet der Text: „Denn auch Christus hat ein für allemal um der Sünden willen (es fehlt: „für uns") g e l i t t e n als Gerechter für Ungerechte, damit er ‚euch' zu Gott führte." Es läßt sich schwer entscheiden, welcher Text ursprünglich ist, da beide durch gute alte Handschriften bezeugt werden. Es ist jedoch zu bedenken, daß es hier gerade auf das „gelitten" ankommt, daß daher auch diese Text-Variante ernstlich zu erwägen ist.

[168] Vgl. Rö 6,10; Hbr 7,27; 9,12. 26. 28; 10,2. 10. Meist wird das grie ›hapax‹ mit „einmal" wiedergegeben. „Ein für allemal" ist sprachlich ebenfalls korrekt und drückt den Sinn der Stelle treffender aus.

Gott bewirkt (1Mo 3; Jes 53, 5; Jo 1, 29). Sie ist so schwer, daß nur das Sterben des unschuldigen Gottessohnes sie sühnen konnte (Kol 1, 21 f.). Nur wer das Gewicht der Sünde erkannt hat, kann das Kreuz Jesu verstehen. Nur der kann begreifen, welch unermeßliches Geschenk die Sühnung und Vergebung der Sünden ist. **Christus ist für uns gestorben.** Das **für uns** gilt allen Menschen. Nicht alle nehmen dieses Opfer an, aber allen gilt es. **Für** uns (grie ›hyper‹, auch „zum Besten" oder „zum Vorteil von jemandem"), drückt die Stellvertretung aus. Christus starb stellvertretend **für uns. Als Gerechter für Ungerechte,** diese beiden Begriffe sind absolut und uneingeschränkt zu sehen. Jesus war völlig gerecht und brauchte für sich nicht zu leiden. Er ist „der Gerechte" schlechthin (Jes 53, 11; Apg 3, 14; 7, 52; 22, 14; 1Jo 2, 1). Aber auch **für Ungerechte** ist absolut gemeint und trifft ohne Einschränkung auf uns alle zu. Alle sind von Natur ungerecht, und das heißt: verloren. Der Gerechte starb für die Ungerechten, das bedeutet für uns Rechtfertigung, für ihn aber schuldloses Leiden. Dieses Leiden nahm er auf sich in dem unbedingten Willen, uns den Rückweg zum Vater frei zu machen. **Damit er uns zu Gott führte** – das ist das Ziel seines Opfers. **Damit** macht noch einmal deutlich: es gibt eine unabdingbare Voraussetzung, um zu Gott zu kommen, nämlich die Wegnahme der Sünden. Dadurch aber gibt es wirklich Zugang zu Gott. Was alle Religionen ersehnen und doch nicht erreicht haben, nämlich einen Weg zu Gott zu finden, das ist in Jesus Wirklichkeit geworden. Wer meint, ohne Vergebung der Sünden einen Zugang zu Gott zu finden, hat die Heiligkeit Gottes und des Menschen Verlorenheit noch nicht wirklich begriffen. Seine Sünde trennt ihn von Gott. Wer noch in Sünden ist, kann nie Frieden mit Gott haben. Weil aber Jesus um der Sünden willen für uns gestorben ist, wird jeder, der sich ihm anvertraut, wirklich zu Gott gelangen (Jo 14, 6). Jesus wurde **getötet zwar am Fleisch, lebendig gemacht aber am Geist**[169]. Durch das **zwar ... aber ...** liegt der Ton auf der zweiten Aussage: lebendig gemacht am Geist. Als Jesus **am Fleisch getötet** worden war – mehr konnten die Feinde ihm nicht antun – wurde er **am Geist lebendig gemacht.** Da wurde er zu ganz neuer Lebendigkeit und Wirksamkeit erhoben. **Lebendig gemacht am Geist** heißt nicht, daß der Geist Jesu gestorben war. Es gibt in der Schrift keinen Hinweis darauf, daß Jesus auch „am Geist" gestorben sei (vgl. Lk 23, 46). Das grie Wort ›zoopoiein‹ kann neben „lebendigmachen" auch „beleben"[170] heißen. Wir können das im Sinne von Rö 8, 36 („wir werden getötet den ganzen Tag") und von 1Th 3, 8 („denn nun leben wir, wenn ihr stehet im Herrn") verstehen. Die Zitate zeigen, daß die Begriffe „töten", „leben", ebenso auch „beleben", ver-

159 Oder auch „im Fleisch" und „im Geist". Häufig wird auch übersetzt: „nach dem Fleisch" „nach dem Geist". Auch „in bezug auf das Fleisch", „in bezug auf den Geist" ist möglich (vgl. Steyer, Kap 32 K). Zu unserer Übersetzung s. 1Ko 7, 34: „Heilig am Leib und am Geist"

170 So W-B. H.-G. Link in ThBL S. 839.

standen werden können im Sinne des Empfangens von zusätzlichen Sterbens- bzw. Lebenskräften. Christus wurde getötet am Fleisch, aber er wurde am Geist (oder: im Geist) zu neuer, größerer Wirksamkeit belebt (vgl. Phil 2, 9). **Getötet am Fleisch** kann diesen Gedanken noch verstärken. Sein Kommen ins Fleisch bedeutete Erniedrigung, Begrenzung seiner Wirksamkeit. Diese ist nun aufgehoben, und sein Geist ist ganz frei zu uneingeschränkter, weltumfassender Wirksamkeit.[171]

In welchem er auch zu den Geistern im Gefängnis ging und ihnen 19
verkündigte. Luther hat über unsere Stelle gesagt: „Das ist ein wunderlicher Text und ein finsterer Spruch, so nur einer im NT ist, daß ich nicht genau weiß, was St. Peter meint." Welcher Bibelleser hätte nicht schon ähnlich geseufzt! Göttliche Dinge sind immer schwer zu verstehen für uns gefallene Menschen, die wir der himmlischen Welt seit dem Sündenfall so ferne gerückt sind. Daher ist es ganz besonders an unserer Stelle wichtig, daß wir hindurchdringen zum stillen Hören auf die wichtige Wahrheit dieses Gotteswortes. Und diese Wahrheit lautet: Christus ist nicht nur zu denen gekommen, die noch im Fleisch sind und hat sie erlöst, sondern er ist auch im Geist zu den Geistern gekommen und hat ihnen **verkündigt,** das heißt sicher: das Heil angeboten. Ja, nicht nur auf die Erde und ins Totenreich, sondern auch in die himmlischen Welten dringt die sieghafte Wirkungsmacht seines Leidens (V. 22).

Vers 18 besagte: durch den Tod wurde Christus von der Begrenzung durch das Fleisch frei und wurde lebendig gemacht, belebt am Geist. V. 19 fährt fort: **In welchem** er auch zu den Geistern im Gefängnis ging. Die grie Formulierung kann bedeuten: im Geist, durch den Geist oder auch vermöge des Geistes. Wie auch immer wir übersetzen, wir müssen es verstehen als: Christus als Geist und Christus im Geist. Er war nach dem Sterben am Kreuz also nicht inaktiv. Er wurde befähigt, in Bereiche zu gehen, die er im Fleisch nicht erreicht hat. Auch dort hat er seinen Sieg wirksam gemacht. Die **Geister im Gefängnis** sind nach 4, 6 verstorbene Menschen. Auch sie sind nicht inaktive Wesen oder gar ausgelöschte Nichtse. Sie sind „im Gefängnis" und können die Botschaft Christi vernehmen, sicher auch antworten und sich entscheiden. Das stimmt mit dem übrigen Befund des NT überein: der Mensch verliert beim Sterben zwar seinen sterblichen Leib, bleibt aber als Person erhalten (Mt 10, 28; Lk 16, 22 ff.; 23, 43; Apg 7, 58 f.; Hbr 12, 23; Offb 6, 9). Dabei kann der Verstorbene sowohl als „Seele" wie auch als „Geist" bezeichnet werden, wie die

171 Etliche Ausleger sind der Meinung, die Worte „lebendig gemacht am Geist" beziehen sich auf die Auferweckung Jesu. Doch entstammt dieses Verständnis weithin der Neigung, eine Wirksamkeit Christi im Geist, unabhängig vom Leibe, zu leugnen. Das aber scheint uns dem Sinn der Stelle zu widersprechen, besonders dem nächsten Vers.
Im übrigen ist es bemerkenswert, daß Petrus in Vers 18b und 19 „ganzheitlich" formuliert. Er sagt nicht: Christi Geist ist belebt und hingegangen, sondern: Christus ist „am Geist" belebt, und er ist in ihm zu den Geistern im Gefängnis gegangen.

genannten Bibelstellen zeigen. **Gefängnis** (wörtlich: Aufbewahrungs- oder Bewachungsort) ist der Ort, an dem sich die Geister der Entschlafenen befinden, also das Totenreich (grie ›Hades‹). Das Wort **Gefängnis** bringt zum Ausdruck, daß die Person des Menschen in jedem Fall erhalten bleibt, ob der Mensch das will oder nicht. Da die **Geister im Gefängnis** warten müssen auf das Gericht, kann unser Wort auch den Klang eines unangenehmen, qualvollen Bewachungsortes haben, an dem die Toten unfreiwillig sind.[172] Christus hat den Geistern im Gefängnis **verkündigt,** wörtlich: „geheroldet". Petrus ist hier äußerst zurückhaltend und sagt nichts Näheres über den Inhalt der Botschaft. Einzelne Ausleger meinen, der Herr habe den Toten Gericht gepredigt. Daran aber, daß Petrus hier den gleichen Ausdruck gebraucht wie bei der Verkündigung der Heilsbotschaft an die Lebenden, dürfen wir wohl erkennen, daß er auch hier an ein Heilsangebot denkt (vgl. auch 4, 6). Diesen Toten, die die Rettung durch Christus in ihrem Leben nicht erfassen konnten, wird er die Möglichkeit gegeben haben, sie im Totenreich annehmen zu können.[173] In diesem Zusammenhang ist eine Beobachtung aus der Bergpredigt wichtig. Jesus spricht dort von klugen Menschen, die sein Wort hören und tun und von törichten, die es hören und nicht tun (Mt 7, 24–27). Es werden dort also nur Menschen geschildert, die sein Wort gehört haben. Für sie hängt alles davon ab, wie sie sich bei Lebzeiten Jesus gegenüber verhalten haben. Sein Wort stellt den Menschen in die letzte Verantwortung! Unsere Stelle aber spricht von Menschen, die die Christusbotschaft noch nicht gehört haben und die sie daher erst im Totenreich erfahren. Petrus sagt nichts über die Wirkung der Predigt, etwa, daß diese Toten alle gerettet werden. Ob und wie für sie noch eine Entscheidung möglich ist, bleibt offen. Daß sich aber Christus diesen vor seiner Erdenzeit Gestorbenen zugewendet hat mit der Verkündigung seines Sieges, ist die frohe Kunde dieses Abschnittes von seiner sogenannten „Höllenfahrt". Wir sollten jedoch den Ausdruck „Höllenfahrt" meiden, denn Christus ist nicht in die Hölle, den endgültigen Verdammungsort, gegangen, sondern in den Hades, das Totenreich. Dieser Abstieg Christi in das Totenreich ist ferner bezeugt in Rö 10, 7; Eph 4, 9 f.; angedeutet auch in Mt 12, 40 und an anderen Stellen.

20 In Vers 20 werden die Geister im Gefängnis näher bestimmt: **welche einst ungehorsam waren, als die Langmut Gottes abwartete in den Tagen Noahs, während die Arche zugerichtet wurde, in welche**

[172] Vgl. Lk 16, 23: „Als er nun im Totenreich seine Augen aufhob, in Qualen sich befindend . . ." Daß nicht alle Toten an diesem „Ort der Qual" (Lk 16, 28) sind, keinesfalls die in Christus Entschlafenen (1Th 4, 16b) –, denn die Erlösten werden mit ihrem Erlöser vereint sein! (Phil 1, 23) – das sagt die Schrift mit klaren Worten (2Ko 5, 1. 8), auch der Herr selbst in Lk 23, 43 (vgl. W. Stb. zu den genannten Stellen!).

[173] Das besagt nicht, daß Menschen, die Christus bei Lebzeiten bewußt abgelehnt haben, sich im Totenreich noch für ihn entscheiden können. Jesus sagt in Jo 3, 36: „. . . wer aber dem Sohn nicht gehorcht, wird das Leben nicht sehen, sondern der Zorn Gottes bleibt auf ihm." Der Ernst dieser Worte wird durch unsere Stelle keineswegs abgeschwächt.

hinein wenige, das sind acht Seelen, hindurchgerettet wurden durch (das) **Wasser.** Petrus faßt zunächst eine bestimmte Gruppe ins Auge, nämlich die Zeitgenossen **Noahs.** Er kennzeichnet sie als **ungehorsam.** Das kann nur von Leuten gesagt werden, die eine gewisse Kenntnis des Willens Gottes hatten. **Die Langmut Gottes wartete ab.** Das vermehrt ihre Schuld. Sie haben ihren Ungehorsam festgehalten durch lange Zeit, obgleich sie die Warnung Gottes vor Augen gehabt hatten: das Bauen der Arche. – Hat der Herr nur diesen Zeitgenossen Noahs im Totenreich gepredigt, oder sind sie ein Beispiel für alle Generationen? Unser Text läßt die Frage offen. In 4, 6 jedoch spricht Petrus ganz allgemein von „den Toten". So dürfen wir annehmen, daß er nicht nur an die in der Sintflut Umgekommenen denkt. Warum nennt er gerade sie? An ihnen wird die Auswirkung des Leidens Christi besonders deutlich. Selbst bis zu diesen in grauer Urzeit Gestorbenen dringt der Geist Christi vor, und selbst solche dauernd und bewußt Ungehorsamen dürften noch die Botschaft Christi vernehmen. – An der **Arche** hatte sich damals Rettung oder Untergang entschieden. Für alle war sie Ankündigung des Flutgerichtes und Mahnung Gottes. Einigen wenigen dagegen wurde sie Rettung: **In welche hinein** (-gehend) **wenige, das sind acht Seelen, hindurchgerettet wurden durch** (das) **Wasser** (vgl. 1Mo 7, 7; 9, 18). **In welche hinein**[174] will andeuten: die acht Seelen mußten, um errettet zu werden, in die Arche hineingehen. Gerettet wird nur, wer auf Gottes Ruf hört, wer gehorsam ist und zum Rettungsort herzukommt. Die ausdrückliche Nennung der geringen Zahl Geretteter – **wenige, das sind acht Seelen** – könnte den Gegensatz zur großen Menge der Umgekommenen besonders hervorheben. Oder soll die kleine Zahl den Gegensatz zur viel größeren Zahl der durch Jesus Geretteten aufzeigen? Jesu Rettungsmacht ist ungleich größer als die der Arche. Damals nur acht Gerettete, jetzt unzählige. Da in unserem Abschnitt, wie Vers 21 ausdrücklich sagt, ein typologischer Vergleich vorliegt, ist letzteres wahrscheinlich. Im NT finden wir häufig den Vergleich eines atst Vorbildes (›Typos‹) mit einem ntst Gegenbild (›Antitypos‹). An dieser Auslegungsform ist gerade die „typologische Steigerung" das Eindrückliche, nämlich der Erweis, daß das durch Jesus gebrachte Heil größer ist als das atst Vorbild.[175] Wenige wurden **hindurchgerettet durch** (das) **Wasser.** Man kann – wieder als nachlässig im Stil damaliger Zeit – übersetzen: „durch Wasser gerettet". Das tun etliche Ausleger und deuten das Wasser als das Mittel, durch das Noahs Familie gerettet wurde. Sprachlich schließt sich V. 21 besonders gut daran an: welches (das Wasser) auch euch rettet. Es erhebt sich aber ein sachlicher Einwand. Das Wasser war zwar auch Rettungsmittel, insofern als es die Arche trug. Es war aber vor allem Gerichtselement. Daher möchten wir

174 Andere übersetzen: „in welcher". Das ist möglich, weil das Grie der ntst Zeit in der Verwendung der Präpositionen nicht sehr genau war. Der 1Pt achtet jedoch im allgemeinen auf gutes Grie. Daher bleiben wir bei dem genaueren „in welche hinein".

175 S. Anmerkung zu 2, 5.

die zwar ungewöhnliche, aber genauere Übersetzung bevorzugen: in die Arche hinein (-gehend) wurden die acht Seelen **hindurchgerettet durch** (das) **Wasser.** Somit ist der Text offen für das doppelte Verständnis: die acht Seelen wurden „durch das Wasser gerettet" als auch „durch das Wasser hindurchgerettet". Diese Formulierung entspricht genau dem im AT geschilderten Vorgang des Sintflutgerichtes.

21 **Welches auch euch gegenbildlich jetzt rettet als Taufe, die nicht ein Abtun des Schmutzes am Fleisch ist, sondern eine an Gott gerichtete Bitte um ein gutes Gewissen durch die Auferstehung Jesu Christi.** Sprachlich liegt es nahe, das Relativpronomen („welches") auf das Wasser zu beziehen. Das Wasser brachte der Familie des Noah ja tatsächlich Rettung dadurch, daß es die Arche trug. Und auch heute, im Neuen Bund, gibt es in gewisser Weise eine Rettung durch Wasser. Es läßt sich das Relativpronomen aber auch auf den gesamten Vorgang der Rettung in Vers 20 beziehen.[176] Die Rettung im Neuen Bund wird in unserem Vers als **gegenbildlicher** Vorgang, als Antitypos bezeichnet. Das atst Vorbild (der Typos) ist die Hindurchrettung Noahs und seiner Familie durch das Wasser. In der Sintflut geschah Gericht und Rettung zugleich. Die acht Seelen wurden mittels des Wassers hindurchgerettet durch das Wasser des Gerichtes. Ein entsprechendes Ereignis gibt es auch jetzt im Neuen Bund, nämlich als Taufe. Auch in der Taufe geschieht Rettung durch Wasser des Gerichtes hindurch: der Mensch wird in den Tod Christi getauft (Rö 6, 3 f.) und damit zugleich an Christus übereignet. Rettung durch Wasser hindurch, das ist das Geschehen, das Typos und Antitypos verbindet. Doch rettet in der Sintflut wie auch in der Taufe das Gesamtgeschehen, nicht das Wasser allein.[177] **Die Taufe ist nicht ein Abtun des Schmutzes am Fleisch, sondern an Gott gerichtete Bitte um ein gutes Gewissen durch die Auferstehung Jesu Christi.** Hier ist nur der typologische Vergleich der beiden Rettungsvorgänge verlassen, und in einem neuen Bild setzt sich der Gedankengang fort. Das Wasser wird nun als Reinigungselement gesehen. Das entspricht dem ursprünglichen Verständnis der Taufe, nach dem die Taufe Ausdruck einer Waschung ist. **Die Taufe ist nicht ein Abtun der Schmutzes am Fleisch.** In der Taufe geschieht zwar eine Reinigung. Aber das kann mißverstanden werden. Deshalb wird betont: Den äußeren Menschen untertauchen und waschen ist noch keine Taufe. Die Taufe ist nicht eigentlich ein Geschehen am äußeren Menschen. Sie ist nicht ein Abtun des Schmutzes am Fleisch, sondern ein Abtun des Schmutzes am inwendigen Menschen – so müßte der Satz in Parallele zum vorangegangenen vollendet werden. Aber das könnte schon wieder miß-

[176] Das wird besonders deutlich in der Elberfelder Übersetzung: „... welches Gegenbild auch euch jetzt errettet, das ist die Taufe ...". Demnach ist es das Gegenbild, das rettet, nämlich die Taufe.

[177] Luther sagt: Wasser tut's freilich nicht, sondern das Wort Gottes, so mit und bei dem Wasser ist, und der Glaube, so solchem Wort Gottes im Wasser trauet" (Kleiner Katechismus).

verstanden werden, so als ob die Taufe als solche durch ihren bloßen Vollzug die Sünden abtun würde. Nein, sagt Petrus: die Taufe ist **eine an Gott gerichtete Bitte um ein gutes Gewissen.** Die Bedeutung des grie Wortes)eperōtæma(= **Bitte** ist nicht ganz sicher.[178] Doch wird in jedem Falle deutlich, daß es in der Taufe um ein Geschehen am inneren Menschen, um persönliche Hinwendung des Täuflings zu Gott geht. Damit ist die Taufe als ein Akt gekennzeichnet, in dem der Täufling das ernste Verlangen ausdrückt, **ein gutes Gewissen** zu Gott zu bekommen. Bekenntnis der Sünden und Unterstellung des Lebens unter die Herrschaft Gottes gehören unabdingbar dazu. Und es geschieht in der Taufe ein weiteres: Gott bestätigt dem Menschen die Zugehörigkeit zu ihm, die Vergebung der Sünden und damit das gute Gewissen[179]. Unser Vers zeigt, daß das **Gewissen** eine zentrale Bedeutung im Verhältnis des Menschen gegenüber Gott hat. Solange er vor Gott „tot in Übertretungen und Sünden" (Eph 2, 1) ist, hat er ein abgestumpftes Gewissen. Es wird ihn zwar immer wieder anklagen, aber der Mensch bringt es doch bis zu einem gewissen Grade fertig, sein Gewissen zum Schweigen zu bringen bzw. sich der Stimme seines Gewissens zu verschließen. Solch ein abgestumpftes Gewissen aber ist keineswegs ein **gutes Gewissen,** sondern geradezu ein Zeichen der Gottesferne des Betreffenden. Deshalb ist es der Bibel auch völlig fremd, das Gewissen des natürlichen Menschen zu beruhigen und einzuschläfern.[180] Die Bitte zu Gott um ein gutes Gewissen er-

[178])eperotæma(kommt im NT nur an dieser Stelle vor, das Verbum allerdings häufig, und zwar in der Bedeutung: fragen, anfragen, befragen, bitten (Mt 16, 1). Deshalb übersetzen die meisten Ausleger: Bitte um ein gutes Gewissen. In den Wörterbüchern findet sich auch die Bedeutung „Anrufung", „Befragung", bei Pape auch „Angelobung". Zusammengesetzte Wörter wie dieses grie)ep-erotæma(bedeuten oft eine Verstärkung der Grundaussage, hier etwa eine ernstliche, verbindliche Bitte, so daß man auch übersetzen könnte: auf Gott gerichtetes Verlangen oder Begehren.
Dabei ist noch eines zu bedenken: Das Verb)eperotan(heißt auch „dagegen fragen" (bei Benseler unter)epeiromai().)Eperotæma(war daher auch Ausdruck für wechselseitige Befragung und Bestätigung zweier Partner bei einem Vertragsabschluß. Wenn wir also)eperotæma(als an Gott gerichtete Bitte um ein gutes Gewissen übersetzen, sollten wir berücksichtigen, daß das Wort wahrscheinlich eine wechselseitige Befragung meint, daß es die erwidernde Bestätigung Gottes mit enthält.
Andere allerdings verstehen die Stelle so, daß die wechselseitige Befragung von Gott ausgeht. Schlatter erklärt:)eperotæma(war die technische Formel für den Antrag, den der Leiter einer Versammlung zur Abstimmung brachte . . . das)eperotæma(war die der Gemeinde zur Entscheidung vorgelegte Frage; auf diese folgt die Abstimmung, durch die aus dem)eperotæma(ein Beschluß wird (Petrus und Paulus . . . S. 143)." Auf S. 144 sagt er: „Der Bericht über die Taufe des Äthiopen zeigt, warum Petrus bei der Taufe von einer ‚Befragung' sprach. Der Äthiope fragt: was hindert, daß ich getauft werde? Nun antwortet Philippus: wenn du von ganzem Herzen glaubst, kann es geschehen. Damit war ihm das)eperotæma(vorgelegt (Apg 8, 36. 37)." Rendtorff übersetzt: „Angebot eines guten Gewissens zu Gott" und sagt zur Stelle: „Sehr dramatisch ist dann hier die zugrunde liegende Vorstellung von der Taufe. Gott fragt: willst du dein Innerstes mir öffnen? Willst du ein Mensch werden, der im Zentrum seines Lebens durch mich bestimmt ist? Willst du mein Eigentum werden? Ja, oder nein? Und der Taufbewerber antwortet mit seinem gläubigen Bekenntnis: ja" (S. 77).

[179] Zum Begriff „Gewissen" s. zu V. 16 und 2, 19.

[180] Auch die Sakramente, hier also die Taufe, sollen keineswegs in dieser oberflächlichen Weise das Gewissen „beruhigen"!

wächst nur aus einem erschrockenen Gewissen. Wenn nämlich Gott in ein Menschenleben hineinredet, so wird das Gewissen wach. Das Licht des Wortes und Geistes Gottes deckt die Sünde des Menschen auf, und dadurch wird das Gewissen unruhig. In diesem Sinne ist ein erschrockenes Gewissen geradezu ein Werk Gottes im Menschen! Ja, je deutlicher Gott in das Gewissen des Menschen hineinredet, desto mehr erschrickt er über seine Sünde und desto dringlicher wird ihm die Bitte zu Gott um ein gutes Gewissen.[181] **Ein gutes Gewissen** gibt es nur bei Gott, bei demselben Gott, der das erschrockene Gewissen wirkt – wenn der Mensch sich nämlich zu Gott hinwendet, wenn er ihm sein Leben übergibt, ihm seine Sünden bekennt (1Jo 1, 9) mit dem Verlangen nach Vergebung um Christi willen. Wo das im Leben eines Menschen geschieht, erhält er Frieden mit Gott (Rö 5, 1). Ein gutes Gewissen ist Folge und Ausdruck dieses Geschehens, dieses neuen Friedens- und Kindesverhältnisses gegenüber Gott.[182] Von hier aus fällt noch einmal Licht auf die Taufe. Sie ist als Bitte zu Gott um ein gutes Gewissen und als Antwort Gottes die Zusammenfassung und Bestätigung der Bekehrung des Menschen. Insofern, als Taufe und Hinwendung zu Gott zusammengehören, konnten die Getauften damals die Taufe durchaus als ihre Rettung ansehen. Sie war tatsächlich das abschließende, bestätigende Geschehen im Gesamtvollzug der Errettung.[183]

Der letzte Satzteil: **durch die Auferstehung Jesu Christi** kann bezogen werden auf den ganzen Satz, besonders aber auf die Bitte um ein gutes Gewissen. Die Taufe, die Vergebung der Sünden und das gute Gewissen, alles ruht auf dem Ereignis der Auferstehung. Denn daß Jesu Tod am Kreuz die Sünden der Menschen gesühnt hat, ist von Gott bestätigt in der **Auferstehung Jesu Christi.** Sie trägt alles Heil (1, 3). Ohne sie gäbe es keine Vergebung der Sünden. Ohne sie hätte die Taufe keine Wirkung und wäre ein gutes Gewissen Einbildung. Daher gibt auch erst der Auferstandene seinen Jüngern den

[181] Daher heißt es in den lutherischen Bekenntnisschriften (C. A. XX, 17, lat. Text): „Diese ganze Lehre (von der Glaubensgerechtigkeit) ist auf jenen Kampf des tieferschrockenen Gewissens zu beziehen und kann ohne jenen Kampf nicht verstanden werden."

[182] Wer daher Menschen zu einem guten Gewissen helfen will, muß ihnen helfen, Frieden mit Gott zu finden. Mit einem „guten Gewissen" gibt Gott dem Menschen eine unsagbar große Wohltat an Geist, Seele und Leib (Ps 32, 1–5)! Deshalb sucht Gott den Menschen mit seinem Wort nicht zunächst im Gefühl zu treffen oder im Denken, so gewiß beides mit ergriffen wird, sondern im Gewissen. Paulus sagt: „Wir weisen uns aus (als Diener Gottes) an jedem Gewissen der Menschen vor Gott (2Ko 4, 2)."

[183] Um der Errettung der Menschen willen ist es sehr wichtig, zu sehen, daß Taufe und gläubige Hinwendung zu Gott („Bitte um ein gutes Gewissen") zusammengehören, entsprechend dem Wort des Auferstandenen: „Wer da glaubet und getauft wird, wird gerettet werden, wer aber nicht glaubt, wird verdammt werden" (Mk 16, 16). Dies ist offenbar der Hauptgesichtspunkt im Wort des Auferstandenen bzgl. der Taufe.
Demgegenüber ist der Zeitpunkt und die Art, wie die Taufe vollzogen wird, weniger wichtig. Es ist darauf zu achten, daß zweitrangige Tauffragen keine ungebührliche Bedeutung bekommen. Das müßte sonst zu mancherlei Nöten und unnützen Kämpfen führen. In diesen Fragen sollten Christen einander respektieren, sich die Freiheit lassen und die Ordnung der jeweiligen Gemeinde achten.

Auftrag: „Gehet hin und machet zu Jüngern alle Völker: tauft sie auf den Namen des Vaters und des Sohnes und des Heiligen Geistes" (Mt 28, 19).

Welcher ist zur Rechten Gottes, nachdem er in den Himmel gegangen ist und ihm die Engel, Mächte und Kräfte untertan geworden sind. Für das Verständnis unseres Verses ist es wichtig, sich noch einmal die große Linie des ganzen Abschnittes klar zu machen: Leiden unter Gutestun ist wirkungskräftig (V. 17), das ist an Christi Leiden zu sehen (V. 18). Durch sein Leiden bekam er Wirkungsmacht im Totenreich (V. 19. 20), auf Erden (V. 21) und im Himmel (V. 22). Die **Rechte Gottes** bezeichnet die göttliche Regierungsgewalt (Ps 110, 1; Mt 26, 64; Apg 7, 55; Hbr 1, 3 u. ö.). Christus **ist** zur Rechten Gottes. Seine Macht ist nicht erst zukünftig, sondern jetzt schon gilt es: „Mir ist gegeben alle Gewalt im Himmel und auf Erden" (Mt 28, 18). **Er ist in den Himmel gegangen. Der Himmel** ist der Inbegriff des Machtbereiches Gottes. Dorthin mußte er **gehen,** um die Macht von Gott zu übernehmen. Nach seinem sieghaften Leiden sind ihm alle Bereiche der sichtbaren und unsichtbaren Welt „zugänglich". Damit, daß Jesus alle Gewalt im Himmel und auf Erden gegeben worden ist, sind ihm auch **die Engel, Mächte und Kräfte untertan geworden** (wörtlich: untergeordnet). Die Bibel bezeugt, daß es eine Vielfalt überirdischer und auch unterirdischer Mächte (Phil 2, 10) gibt, von denen wiederum die irdischen Mächte und Kräfte, vor allem aber die Menschen (meist ohne es zu wissen und zu wollen) beeinflußt werden. Daher sind sie in der Bibel in der Mehrzahl genannt. Und stets spricht das NT von ihnen in einer Aneinanderreihung mehrerer Ausdrücke, etwa „Engel, Mächte und Kräfte" oder „Engel, Fürstentümer und Gewalten" (Rö 8, 38). Es gibt nach der Schrift einerseits Gott dienende Engelmächte, die besonders deutlich hervortreten bei der Geburt Jesu, seiner Auferstehung, seiner Himmelfahrt und Wiederkunft (ebenso auch Mt 4, 11; 13, 39; 16, 27; 18, 10; 26, 53; Apg 5, 19; 8, 26; Hbr 1, 13 f.; Offb 1, 1 u. ö.). Diese greifen im Auftrag Gottes in die Geschichte der Welt und der Gemeinde ein (vgl. auch Da 10, 13. 20; wohl auch 2Th 2, 6 f.). Andererseits gibt es auch Engel, Mächte und Kräfte im Dienst Satans (Mt 25, 41; 2Ko 12, 7; 2Th 2, 9; Offb 13, 2). Letztere sind gemeint, wenn Paulus in Eph 6, 12 sagt: „Wir haben nicht mit Fleisch und Blut zu kämpfen, sondern mit Mächtigen und Gewaltigen, nämlich mit den Herren der Welt, die in dieser Finsternis herrschen, mit den bösen Geistern unter dem Himmel" (vgl. Eph 2, 2).[184] Alle **Engel, Mächte und Kräfte sind ihm** (Jesus) **untertan geworden.** So bezeugt es auch Paulus: Gott hat Jesus „gesetzt zu seiner Rechten im Himmel über alle Reiche, Gewalt, Macht, Herrschaft und was sonst genannt mag werden nicht allein in dieser

22

[184] Der Jünger Jesu soll um diese guten und bösen Mächte wissen. Aber die Schrift gibt ihm auch eine Warnung: „Lasset euch niemand das Ziel verrücken, der sich gefällt in falscher Demut und Verehrung der Engel und sich mit seinen Gesichten rühmt" (Kol 2, 18; vgl. auch 2Ko 11, 14).

Welt, sondern auch in der zukünftigen" (Eph 1, 20 ff.; vgl. auch Kol 2, 10. 15; 1Ko 15, 24).[185] Wer um die absolute Überlegenheit Jesu über alle diese Mächte weiß, wird aus diesem Wissen Zuversicht und Hoffnung schöpfen. Er wird, selbst unter Leiden, diese Mächte nicht wirklich zu fürchten brauchen. Er wird in Bedrängnissen sein Vertrauen auf seinen über alles erhöhten Herrn setzen, ihm zu Ehre und Dienst.

Das Böse mit der Gesinnung Jesu erdulden

1. Petrus 4, 1–6

Zu Vers 1: Rö 6, 6 f. 2Ko 5, 14 f.
Zu Vers 2: 1Jo 2, 16 f.
Zu Vers 3: Rö 1, 28 f. Eph 2, 2 f. Tit 3, 3
Zu Vers 5: Lk 16, 2 Apg 10, 42 2Tim 4, 1
Zu Vers 6: 1Pt 3, 19 Rö 8, 10 1Ko 5, 5

1 **Da nun Christus am Fleisch gelitten hat, seid auch ihr mit der-**
selben Gesinnung gewappnet, — denn wer am Fleisch litt, hat auf-
2 **gehört mit der Sünde, * auf daß er**[185a] **die noch übrige Zeit im Fleisch**
nicht mehr für die Begierden der Menschen, sondern für den Willen
3 **Gottes lebt. * Denn es ist genug an der vergangenen Zeit, das Wol-**
len der Heiden vollbracht zu haben, als die da gewandelt sind in
Ausschweifungen, Begierden, Trunkenheit, Eßgelagen, Trinkgela-
4 **gen und frevelhaften Götzendiensten. * Darüber sind sie befrem-**
det, daß ihr nicht mitlauft in denselben Strom der Heillosigkeit,
5 **und sie lästern. * Sie werden Rechenschaft geben dem, der sich**
6 **bereithält zu richten Lebende und Tote. * Dazu nämlich ist auch**
(den) **Toten das Evangelium verkündigt worden, damit sie zwar**
gerichtet wurden am Fleisch nach Menschenart, aber leben im
Geist nach Gottes Art.

1 **Da nun Christus am Fleisch gelitten hat, seid auch ihr mit derselben Gesinnung gewappnet.** „Leiden am Fleisch" ist ernstes, schmerzvolles Leiden, das die irdische Existenz in der Tiefe trifft. Andererseits ist „Leiden am Fleisch" vergehendes Leiden am vergänglichen Fleisch. Petrus will den Christen Mut machen, das Leiden am Fleisch nicht zu scheuen. Der vorige Abschnitt zeigte, welche Segenswirkungen für andere aus dem Leiden hervorgehen. Dieser Abschnitt nun zeigt, welche Segenswirkungen das Leiden an den leidenden Christen selbst hat: es trennt sie immer mehr von der Sünde und auch von ihrer früheren Umgebung und damit von dem Gericht über sie. **Seid auch ihr mit derselben Gesinnung gewappnet.** Gemeint ist die Gesinnung Christi, die den Willen Gottes und das Heil der Menschen für wichtiger hält als das eigene Wohlergehen auf Erden. Jesus

[185] Daß auch diese Mächte in Jesus bereits geschaffen (Kol 1, 16 f.), daß sie in gewisser Weise also schon immer unter ihm waren, muß kein Widerspruch zu der Aussage unseres Verses sein. Diese Mächte haben sich ja z. T. gegen ihn gestellt. Damit, daß sie ihm nun untergeordnet sind, können sie die Vollendung des Heilsplanes durch Jesus nicht mehr verhindern. Unser Vers macht gegen allen Zweifel deutlich, daß es nach Jesu Kreuz und Auferstehung nichts mehr gibt, was seiner Herrschaft widerstehen kann.

[185a] Oder auch: ihr.

hat die Sünde so sehr verabscheut, daß er für ihre Beseitigung starb. Er hat nicht für die Begierden gelebt, sondern für Gott. Und er hat die Lästerer nicht gefürchtet, sondern sich von ihnen töten lassen, um Gottes Willen zu tun. **Seid gewappnet** (wörtlich: „bewaffnet") deutet auf Anfechtung. In der Nachfolge Christi stößt man oft genug auf Ablehnung durch eine andersgläubige Umgebung. Dabei kann die Versuchung, das eigene Fleisch zu schonen, zu einem inneren Kampf werden. Mit der Gesinnung Christi gewappnet sein heißt, entschlossen zu sein, wie Christus die Ehre Gottes und das Heil der Menschen über das eigene Wohlergehen zu stellen. „Sich wappnen" muß rechtzeitig erfolgen. Wer sich diese Gesinnung für später vornimmt, jetzt aber sein Fleisch verwöhnt, wird für Gottes Aufträge nicht brauchbar sein. Wer aber mit der Gesinnung Christi gewappnet ist, ist gerüstet gegen die Anläufe der Sünde, der Begierden und der Lästerer. **Denn wer am Fleisch litt** (oder auch: zu leiden begonnen hat), **hat aufgehört mit der Sünde** (oder auch: abgelassen von der Sünde). Es ist eine alte Erfahrung, daß Tage des Leidens uns weniger geneigt zur Sünde machen, daß andererseits Tage des Wohllebens Tage der Gefährdung zur Sünde sind. Vers 3 nennt die typischen Sünden des Wohlstandes! Wer gewappnet ist mit der Gesinnung Christi, für den ist die Entscheidung gegen die Sünde und für Gott innerlich schon gefallen. Wer nun gar schon im **Leiden am Fleisch** steht, für den ist die Bewährungsstunde gekommen, in der er die Entscheidung bestätigt, lieber zu leiden als der Sünde zu dienen. Rendtorff sagt: „Das Leidenmüssen unter der Feindschaft der Welt ist ein sicheres Anzeichen dafür, daß der große Bruch vollzogen ist, daß der Schritt getan ist aus der Welt heraus in die Nachfolge Christi" (a. a. O. S. 77). Es geht darum, daß die Nachfolger Jesu ihm ähnlich werden (Mt 11, 29; Jo 13, 15; Rö 8, 29; Gal 4, 19; 2Ko 3, 18) und daß sie Mut haben zum konsequenten Anderssein gegenüber der Welt. Sie müssen wissen, daß das mit Leiden verbunden ist, aber sie dürfen sogar die Leiden positiv sehen, weil sie beitragen zu einem entschiedeneren Leben der Hingabe an Gott.

Auf daß er die noch übrige Zeit im Fleisch nicht mehr für die Be- 2
gierden der Menschen, sondern für den Willen Gottes lebt. Auf daß deutet ein Ziel an, nämlich **nicht mehr für die Begierden der Menschen, sondern für den Willen Gottes zu leben.** Es ist wichtig, daß ein Christ dieses Ziel klar und bewußt erfaßt. In seiner Bekehrung hat er sich dafür entschieden. Doch ist es nötig, daß er diese Entscheidung durchhält im täglichen Leben. Der Lebensinhalt des Christen wird von Petrus negativ ausgedrückt: **nicht mehr für die Begierden der Menschen zu leben** und positiv: **sondern für den Willen Gottes.** Die negative Haltung wird sie in Gegensatz zu ihrer früheren Umgebung bringen und die positive wird ihr Leben sinnvoll und fruchtbar machen. **Der Wille Gottes** steht verbindlich über ihrem Leben und hat unbedingte Gültigkeit. **Die noch übrige Zeit im Fleisch** meint die noch vorhandene Lebenszeit. Sie ist Geschenk, ja eine Chance. Aber

sie ist begrenzt. „Die Zeit ist kurz" (1Ko 7, 29) – diese Tatsache gibt dem Christenleben den Ernst. Entscheidend ist nun, ob diese „noch übrige Zeit" **für die Begierden der Menschen,** oder **für den Willen Gottes** genutzt wird (vgl. Eph 5, 16). Jesu Leben und Trachten war davon erfüllt, „den Willen dessen zu tun, der ihn gesandt hat". Das nannte er seine „Speise" (Jo 4, 34). Wir dürfen von ihm lernen, daß erst solch ein „Leben für den Willen Gottes" wirkliches, erfülltes Leben ist.

3 **Denn es ist genug an der vergangenen Zeit, das Wollen der Heiden vollbracht zu haben, als die da gewandelt sind in Ausschweifungen, Begierden, Trunkenheit, Eßgelagen, Trinkgelagen und frevelhaften Götzendiensten.** Die **vergangene Zeit** ist nicht mehr verfügbar. Man kann sie nicht zurückholen wie auch nicht die in ihr vollbrachten Taten. Sondern man kann nur „endlich Schluß machen". Die eigenartige Formulierung **es ist genug,** die wir im Deutschen auch kennen („nun ist es aber genug" im Sinne von: es ist schon zuviel), soll besagen: es soll **der vergangenen Zeit** auch nicht das geringste mehr angefügt werden. Der Rückblick auf die Vergangenheit demütigt den Christen, weil er in ihr die Begierden der Menschen, das Wollen der Heiden vollbracht hat. Dieser demütigende Rückblick verstärkt aber den Entschluß: **es ist genug.** Mit dem Ausdruck **Heiden** sind ursprünglich alle Völker außer dem Volk Israel bezeichnet. Für sie ist ein Leben ohne Bindung an den lebendigen Gott, d. h. ein Leben in Sünde und Zuchtlosigkeit das Normale. Ein Christ hat sich entschieden, den Willen Gottes zu tun. Ein Heide wird bestimmt vom **Wollen der Heiden**[186]. Das „Wollen der Heiden" ist eine Macht, der sich der Heide normalerweise nicht entziehen kann und will. Solange er Heide ist, wird er ein vom **Wollen** oder **Verlangen der Heiden** bestimmtes Leben als normal und natürlich empfinden, und er wird es selbst „wollen" und **vollbringen.** Wie ein solches Leben konkret aussieht, zeigt Petrus in dem nun folgenden „Lasterkatalog"[187]. **Als die da gewandelt sind in Ausschweifungen, Begierden, Trunkenheit, Eßgelagen, Trinkgelagen und frevelhaften Götzendiensten.**[188] Mit dieser Darstellung wird den Lesern der Unterschied zwischen dem Einst und Jetzt ihres Lebens aufgezeigt. Sie können nur mit großer Dankbarkeit daran denken, aus was für einem Leben sie herausgerettet sind.

186 Meistens wird übersetzt: „Wille der Heiden". Diese Übersetzung läßt aber unberücksichtigt, daß hier nicht das grie Wort ›thelæma‹ (entschiedener, bewußter Wille) steht wie in V. 2 („Wille Gottes"), sondern ›boulæma‹. Letzteres enthält zugleich das menschliche Wunschdenken, das von den Trieben her beeinflußte Wollen. Außer Wille, Wollen und Verlangen kann ›boulæma‹ auch Absicht, Plan, Rat heißen.

187 Lasterkatalog nennt man eine Aufzählung von konkreten Sünden. Wenn die Sünde beim Namen genannt wird, tritt ihre Verwerflichkeit erschreckend deutlich hervor. Solch ein Erschrecken vor der Sünde ist in jedem Leben notwendig, auch immer einmal wieder nach der Bekehrung. Der Lasterkatalog hier ist verhältnismäßig kurz, verglichen mit Rö 1, 29 ff.; 1Ko 6, 9 f.; Gal 5, 19–21; 2Tim 3, 2–5.

188 Diese Schilderung des früheren Lebens der Empfänger deutet von neuem darauf hin, daß sie zum großen Teil aus dem Heidentum kommen, s. Einleitung.

Zugleich wird ihnen bewußt, daß eine tiefe Kluft zwischen ihnen und ihrem früheren Freundeskreis entstanden ist. Von daher wird ihnen auch die Spannung gegenüber ihrer früheren Umgebung verständlich, daß sie nämlich ihren Grund in der Veränderung ihres Lebens hat. Und sie begreifen, daß diese Spannung auch unter Leiden durchzuhalten ist.

Alle Begriffe des Lasterkataloges stehen im Plural. Das deutet auf vielerlei Arten von Ausschweifungen, Begierden und Götzendienst. **Ausschweifungen** sind Folge der inneren **Begierden.** Das grie Wort für **Trunkenheit** bedeutet etwa: übermäßiger Weingenuß, Weinzecherei. Auch das den übermäßigen Weinverbrauch begleitende leere Geschwätz ist in dem Wort angedeutet.[189] Daß außerdem noch die **Trinkgelage** aufgeführt sind, zeigt, welche Bedeutung dieses Gebiet für das verderbliche Leben hat, dem die Christen entronnen sind. **Eßgelage** (das grie Wort meint ursprüngl.: ländliche Festgelage, sodann allgemein: ausschweifende Schmausereien) und **Trinkgelage** haben wiederum viele andere Sünden zur Folge. **Götzendienst** ist der Gipfel der Laster, weil hier das, was Gott gebührt, Anbetung und Dienst, den Götzen gegeben wird. Hinter jeder Art von Götzen steht die Gegenmacht gegen Gott. Daher kann die Bibel von diesen Dingen nicht sprechen, ohne zugleich ein Urteil hinzuzufügen. In 5Mo 18, 12 ist Aberglaube „ein Greuel" genannt, und in unserem Vers bekommt **Götzendienst** die Beifügung **frevelhaft** oder auch „ruchlos".[190] Es fällt auf, daß Petrus hier besonders Gesellschaftssünden nennt. Die Begierden zwar sind mehr innerlicher, persönlicher Art. Aber ausgelebt werden sie im Umgang mit anderen. In unserem Abschnitt ist ein Zweifaches bemerkenswert: Einerseits rechnet Petrus wie selbstverständlich damit, daß ein Leben in solchen Lastern für die Christen zur Vergangenheit gehört. Und andererseits ist es ihm wichtig, daß ihnen die Wappnung mit der leidensbereiten Gesinnung Christi zur Entschiedenheit gegenüber der Sünde hilft. Offenbar besteht also für sie die Gefahr des Kompromisses gegenüber der Sünde. Immer, wenn Christen eine entschiedene Stellung gegenüber den Gesellschaftssünden einnehmen, entstehen Konflikte mit der früheren Umgebung.

Darüber sind sie befremdet, daß ihr nicht mitlauft in denselben 4
Strom der Heillosigkeit, und sie lästern. Das Wort **befremdet** (oder „verwundert") hat den Unterton der Verärgerung. Es ist wirklich eine Entfremdung eingetreten. Die Ursache: Die Christen sind zur Besinnung und Umkehr gekommen und **laufen nicht** (mehr) **mit in denselben Strom der Heillosigkeit**, oder auch: „Flut von Liederlich-

[189])oinophlygia(, zusammengesetzt aus)oinos(= Wein, und)phlyo(= strotzen, überfließen, bzw.)phlyareo(= schwatzen, leeres Geschwätz treiben, prahlen.

[190] Wir sollten nicht meinen, daß Petrus bei der Schilderung damaligen Heidenlebens übertreibt. Auch auf moderne Lebensweise trifft diese Schilderung weithin zu und ebenso auch auf frühere, bürgerliche Lebensverhältnisse mit ihren „Kavaliersdelikten", Festen und Bällen und vielen Arten von Aberglauben.

keit“[191]. **Mitlaufen** drückt die Jagd nach dem Vergnügen aus, Hemmungslosigkeit auf den Abweg. **Strom** (oder: Flut) von **Heillosigkeit** bezeichnet die weite Verbreitung dieser heidnischen Lebenshaltung. Wie ein Strom hat sie etwas Mitreißendes. Ein Christ aber, der sich in solcher Umgebung nicht mitreißen läßt, gibt Anstoß und stößt auf Befremden. Es ist eine alte Erfahrung, schon in der Bibel bezeugt (Mt 10, 22; Lk 6, 22; Jo 15, 18 ff.), daß der, der nicht umkehren will, dem Anruf Gottes in seinem Gewissen dadurch auszuweichen sucht, daß er lästert. Sie **lästern** steht hier ohne Objekt, ohne Angabe, ob Gott oder seine Gemeinde oder seine Botschaft verlästert wird. Im Grunde hängt das alles zusammen. Wer Jesu Anspruch an sein Leben abschütteln will, sucht Böses bei denen, die ihn bekennen, und verspottet sie. Mit Vorliebe wird gerade die Tatsache, daß die Christen nicht mehr mitlaufen in dieselbe Heillosigkeit, ihnen ausgelegt als Unkameradschaftlichkeit, Hochmut und dergleichen. **Lästern** (oder auch: verleumden, in üblen Ruf bringen) enthält von jeher die Tendenz zur Verfolgung. Jede Bedrückung der Gemeinde wird damit eingeleitet, daß man sie in üblen Ruf bringt. Zuweilen scheuen sich die im Gewissen Getroffenen auch nicht vor der direkten Lästerung des Heiligen und Allerhöchsten.

5 Petrus nimmt das Lästern der früheren Freunde der Christen sehr viel ernster als das törichte Reden der Menschen in Unwissenheit (Kap 2, 12. 15). Diese Lästerer haben erkannt, was Jesus an seinen Heiligen getan hat und was er auch an ihnen selbst tun will. So sind sie nicht mehr Unwissende, sondern Widerstrebende. Ihre Auseinandersetzungen mit der Gemeinde sind nicht einfach Streitereien über das Christentum, sondern ihnen ist in den Christen der lebendige Herr selbst begegnet. Das macht diese Begegnung so verantwortungsvoll. Daher **werden sie Rechenschaft geben dem, der sich bereithält, zu richten Lebende und Tote.** Eindrücklich ist das Futur: **sie werden Rechenschaft geben.** Sie werden es zwar nicht wollen, aber es kommt unausweichlich auf sie zu. **Er aber, der sich bereithält zu richten,** ist kein anderer als eben der, dem sie ausweichen und dessen Zeugen sie schmähen: Jesus, der Gekreuzigte (Jo 5, 22; Apg 17, 31). Er **hält sich bereit zu richten,** d. h.: er hält sich dauernd auf dem laufenden. Er achtet genau auf das Geschehen zwischen den Christen und den Lästernden. Auch dadurch hält er sich bereit, daß er zur Rechten Gottes sitzt (Mk 16, 19; Eph 1, 20; Hbr 1, 3), also die Macht hat, mit dem Richten zu beginnen, sobald die Stunde Gottes kommt. Jesus wird **richten Lebende und Tote.** Niemand entrinnt ihm, auch nicht durch den Tod. Der Tod, der Hades, das Meer werden dann die

[191] Das grie Wort für Heillosigkeit ()asotia() wird meist mit „Liederlichkeit“ übersetzt. Doch sollte die Grundbedeutung dieses Wortes nicht übersehen werden: Heil-losigkeit. (Von)a-sotos(= un-heilvoll, heil-los, ohne Rettung, sittlich verdorben.) Das Wort hat offenbar einen Doppelklang. Dieser ist auch dem entsprechenden Adverb in Lk 15, 13 eigen: der verlorene Sohn vergeudete sein Vermögen, „heillos“ oder „liederlich“ ()asotos() lebend. Heillosigkeit und Liederlichkeit hängen zusammen.

Toten herausgeben müssen, damit sie alle beurteilt werden können, jeder einzelne gemäß seinen Werken (Offb 20, 13). Wenn es hier nun auffälligerweise nicht „die Lebenden ...“ heißt, sondern **Lebende und Tote** (ohne Artikel!), so ist damit nicht gemeint, daß etwa nur einige von ihnen zum Gericht zu erscheinen hätten.[192] Die Schrift sagt ausdrücklich, daß vor dem Großen Weißen Thron „die Toten“ ohne Unterschied anzutreten haben: die Großen und die Kleinen, die Hohen und die Niedrigen, die Armen und die Reichen, die Anständigen und die Frevler, aus allen Religionen und Nationen und auch aus allen Jahrhunderten (Offb 20, 11. 12a). – Und doch wird das Fehlen des Artikels seine Bedeutung haben, denn nicht alle Lebenden und Toten werden dem allgemeinen Weltgericht unterworfen werden. Die, die als Glaubende zu Jesus gehören, werden vor dem Großen Weißen Thron nicht zu erscheinen brauchen, um gerichtet zu werden (Offb 20, 11 f.), sondern im Gegenteil: sie werden als die Heiligen des Herrn mit ihm zusammen die Welt zu richten haben (Jo 3, 18; 5, 24; 1Ko 6, 2).[193] Aus diesem Grund werden sie auch nicht mit den übrigen Toten zusammen an der allgemeinen Totenauferstehung beteiligt sein, sind vielmehr bereits vor dem Tausendjährigen Reich aus dem Tod erweckt worden (1Th 3, 13; 4, 13 ff.; 2Th 1, 10; Offb 20, 4). Als die zu Christus Gehörenden wurden sie schon bei seiner Wiederkunft zum Leben erweckt (1Ko 15, 23b). Das ist die „Herausauferstehung aus (der Mitte der übrigen) Toten heraus“ (Phil 3, 11), oder die „Erste Auferstehung“ (Offb 20, 5–6). In unserem Vers wird mit großem Ernst vom Gericht und Tod gesprochen. Die Apostel sprechen nicht häufig vom Gericht, wenn aber, dann in großer Verantwortung.[194] Mancher bringt es nur deshalb fertig, ein leichtfertiges Leben zu führen, weil er den letzten Realitäten, Tod und Gericht, ausweicht. Deshalb hat auch die heutige Gemeinde die biblische Botschaft vom Tod und Gericht treu und unverkürzt zu bezeugen.

Die Aussage, daß Jesus sich bereithält, zu richten Lebende und 6
Tote, gab die Veranlassung für Vers 6. Daß Jesus Lebende richtet, mag den Hörern verständlich gewesen sein. Ihre Verantwortung hat Petrus in V. 5 geschildert, aber die Toten? Wie sollen **Tote** aus vergangenen Jahrhunderten, also aus der Zeit vor Christus zur Verantwortung gezogen und gerichtet werden? Verantwortlich sein und gerichtet werden kann doch nur, wer die Botschaft Gottes hören und dazu Stellung nehmen konnte. Daß das nicht nur für die Lebenden, sondern auch für die Toten zutrifft, begründet V. 6: **Dazu nämlich ist**

[192] Nach Bl-De § 254 fehlt der Artikel oft bei besonderen Gattungen und Arten und daher auch bei dem Begriff „Tote“. Unsere Stelle versteht Bl-De in dem Sinne: „alle, mögen sie tot oder lebendig sein“.

[193] Daß auch sie selber mit dem Ertrag und Ergebnis ihres erlösten Lebens früher schon einer Prüfung und Beurteilung unterzogen werden, steht auf einem anderen Blatt, weil es vor einem anderen Forum erfolgt: nicht vor dem Großen Weißen Thron, sondern vor dem Preisrichterstuhl Christi (vgl. Kap 1, 17; 2Ko 5, 10; 1Ko 3, 12–15 sowie die W. Stb. zu diesen und den andern angeführten Stellen).

[194] Für Paulus gehört die Botschaft vom Gericht unlöslich zum Evangelium (Rö 2, 16; Apg 17, 31).

auch (den) **Toten das Evangelium verkündigt worden, damit sie zwar gerichtet wurden am Fleisch nach Menschenart, aber leben im Geist nach Gottes Art.** Schon die Satzverbindung **dazu nämlich** (oder „denn dazu") zeigt an, daß der vorige Vers begründet werden soll. **Den Toten ist das Evangelium verkündigt worden.** Sicher ist das gleiche Ereignis wie in 3, 19 gemeint, so daß mit dieser Aussage der Begriff „herolden" aus 3, 19 inhaltlich umschrieben ist. Den Toten wurde das **Evangelium verkündigt** oder auch „sie wurden evangelisiert". Damit kann nur die Verkündigung des Evangeliums von Jesu Sieg gemeint sein. Wo aber dieses Evangelium verkündigt wird, wird auch die Möglichkeit der Entscheidung gegeben sein und damit die Möglichkeit der Errettung. **Damit** bezieht sich sowohl auf **gerichtet wurden** als auch auf **leben.** Das **zwar ... aber** legt jedoch den Ton auf das zweite Satzglied, also: **damit sie ... aber leben im Geist nach Gottes Art.** Gottes Art ist es, Leben zu geben, ewiges Leben bei ihm. Mit diesem Ziel ist nicht nur den Lebenden das Evangelium verkündigt worden, sondern auch den Toten, die es bei Lebzeiten nicht gehört haben. **... damit sie zwar gerichtet wurden am Fleisch nach Menschenart. Gerichtet** steht hier – anders als im 2. Satzglied „leben" – im Aorist, der gegenüber dem Präsens („leben") Vorzeitigkeit ausdrückt. Daher die Übersetzung: **gerichtet wurden.** Das Gericht über die Toten, von dem Petrus hier spricht, liegt also schon hinter ihnen. Er kann demnach nicht an das allgemeine Weltgericht vor dem Großen Weißen Thron denken (Offb 20, 11 ff.), sondern er wird mit der Aussage: **sie wurden gerichtet am Fleisch nach Menschenart** den Tod meinen. Daß schon das Sterben ein Gericht am Fleisch nach Menschenart genannt ist, liegt durchaus im Bereich biblischer Theologie. Der Tod ist ja „der letzte Feind" (1Ko 15, 26) und „der Sünde Sold" (Rö 6, 23). Daher wird der Tod selbst für die Christen in Hinsicht auf das Fleisch als Not gesehen (2Ko 5, 4).

Eine gewisse Schwierigkeit im Verständnis unseres Textes besteht darin, daß Petrus nur sehr knappe Ausführungen macht. Er kann das tun, weil er an Christen schreibt, die eine gegründete biblische Theologie haben. Er wendet sich ja weithin an von Paulus gegründete Gemeinden. Diesen konnte er zumuten, seine kurzen Ausführungen in das Ganze der apostolischen Theologie richtig einzuordnen. Nach dieser biblisch-apostolischen Lehre bedeutet das Sterben – das Gericht über das Fleisch – nicht ein Auslöschen der Person, sondern leiblose Existenz im Totenreich, in dem der Mensch wartet auf das Endgericht (vgl. Mt 10, 28). Das Wissen darum setzt Petrus schon in 3, 19 als bekannt voraus. Unser Vers sagt nun: mit der Evangeliumsverkündigung an solche Toten, die nie von Christus gehört haben, wurden auch sie unter die Absicht Gottes gestellt, daß sie „leben im Geist". Mit der Evangeliumsverkündigung im Totenreich bietet Gott auch ihnen noch die Möglichkeit der Errettung an. Annahme des Angebotes bringt diesen Toten noch „Leben im Geist". Ablehnung aber macht das kommende Endgericht (V. 5) für sie erst richtig ernst. Deshalb ist es folgenschwer, für Lebende und Tote, welche Stellung sie zu Jesus Christus einnehmen.[195]

Gute Haushalter der vielfältigen Gnade Gottes

1. Petrus 4, 7–11

7 **Das Ende von allem aber ist nahe gekommen. So seid nun beson-**
8 **nen und seid nüchtern zu Gebeten! * Vor allem haltet die Liebe**
9 **zueinander ausdauernd, denn Liebe deckt eine Menge Sünden zu. ***
10 **Seid gastfreundlich zueinander ohne Murren. * Ein jeder, wie er**
eine Gnadengabe empfangen hat – dienet einander damit als gute
11 **Haushalter der vielfältigen Gnade Gottes. * Wenn jemand redet**
– als Worte Gottes; wenn jemand dient – als aus der Kraft, die
Gott darreicht, damit in allem Gott gepriesen werde durch Jesus
Christus. Ihm ist die Ehre und Macht in die Äonen hinein. Amen.

Zu Vers 7: 1Ko 10, 11; 1Jo 2, 18; Mt 26, 41
Zu Vers 8: 1Ko 13, 7; Jak 5, 20
Zu Vers 9: Rö 12, 13; Hbr 13, 2
Zu Vers 10: Lk 12, 42
Zu Vers 11: Jo 12, 50; 2Ko 2, 17; Rö 12, 6 f.; 16, 27

Das Ende von allem aber ist nahe gekommen. Das grie ›telos‹ bedeutet „Ende“ und zugleich „Ziel“ im Sinne von Vollendung. Es ist eindeutige Botschaft der ganzen Heiligen Schrift, daß diese Welt ein Ende haben wird: „Himmel und Erde werden vergehen“ (Mt 24, 35; vgl. 1Ko 10, 11; 1Tim 4, 1; 1Jo 2, 18 u. ö.). Dieses Vergehen aber bedeutet nicht wirkliches Ende, sondern nur Beendigung des jetzigen Zustandes und Beginn einer neuen, göttlichen Welt: das „Schema“, die Gestalt dieser Welt vergeht (1Ko 7, 31). „Wir warten aber eines neuen Himmels und einer neuen Erde ... in welchen Gerechtigkeit wohnt“ (2Pt 3, 13). Der Ausdruck **es ist nahe gekommen** (oder auch „es hat sich genaht“) ist schon aufgeklungen in der ersten Botschaft, mit der seinerzeit Jesus als Messias vor die Öffentlichkeit trat: „Kehrt um, denn das Reich der Himmel ist nahe (herbei-)gekommen“ (Mt 4, 17 u. ö.). Damit ist zweierlei gemeint: Das Reich Gottes ist in Jesus schon da; und: Das Reich Gottes ist im Kommen, seine Vollendung rückt immer näher. So ist auch unsere Stelle zu verstehen. **Das Ende von allem ist** in Jesus schon da (Hbr 9, 26; 1Ko 10, 11 und Hbr 1, 2). Die Endzeit hat begonnen mit seinem Kommen auf die Erde, mit der Ausrufung der Gottesherrschaft, mit seiner Kreuzigung, Auferste-

[195] Entsprechend den exegetischen Beobachtungen könnte man den Sinn der Verse 5 und 6 etwa so wiedergeben: die Menschen werden Rechenschaft geben müssen vor Jesus, der sich bereit hält, das zukünftige Gericht über Lebende und Tote zu halten. Damit sich auch die Toten, die zu ihren Lebzeiten nie etwas von Jesus gehört haben, entscheiden können, die Begnadigung in Christus anzunehmen oder ohne sie ins kommende Gericht zu gehen, dazu ist auch ihnen das Evangelium verkündigt worden. Nur, wenn sie vor diese Entscheidung gestellt wurden, sind sie im Blick auf das zukünftige Gericht voll verantwortlich. Ziel der Evangeliumsverkündigung ist, daß sie, die bereits das Gerichtetsein am Fleisch, den Tod, hinter sich haben, nur dieses erdulden mußten, daß aber auch sie noch das ewige Leben im Geist nach Gottes Art erhalten.

hung und Himmelfahrt. Zugleich aber gilt: Das Ende von allem steht noch bevor und kommt immer näher. Die Endzeit wird ihren Höhepunkt erreichen mit den Endereignissen, die diesen Weltlauf abschließen und vollenden, mit der Ankunft (Parusie) Jesu, mit der Aufrichtung des Tausendjährigen Reiches, mit dem Gericht und mit der Vollendung von Himmel und Erde (vgl. V. 5; Mt 24, 6; 1Ko 15, 24 u. ö.). In der Formulierung **das Ende ist nahe gekommen** liegt Vergangenheit und Zukunft zugleich, und beides bestimmt die Gegenwart.[196] Da das Ende schon begonnen hat, ist alle jetzige Zeit von den hinter uns und vor uns liegenden Endereignissen her geprägte Zeit, Endzeit. Und da das Ende ständig näher rückt, ist diese Zeit begrenzte, unwiederholbare, zu Ende gehende Zeit. Es geht darum, daß die Gemeinde diese Zeit als Endzeit erkennt und ihr Leben von dieser Erkenntnis her bestimmen läßt.[197] Schon in 1, 13 klang das auf. In dem nun folgenden letzten Abschnitt des Briefes wird gezeigt, wie ein von den Endereignissen her geprägtes Leben aussieht. Dabei ist dem Apostel vor allem das Gemeindeleben wichtig. Es geht um die Verbindung jedes einzelnen Christen mit dem erhöhten Herrn und um die rechte Einordnung in das Gemeindeleben.

So seid nun besonnen und seid nüchtern zu Gebeten. Wenn die Apostel zum endzeitlich ausgerichteten Leben mahnen, rufen sie nicht zunächst zu Tat und Anstrengung auf, sondern **zu Gebeten.** Sie folgen damit ihrem Herrn, dessen ganzes Leben geprägt war von seinem Gebetsumgang mit dem Vater, wofür er sich viel Zeit nahm.[198] Auch seine Jünger hatte Jesus angewiesen, alle Missionsarbeit mit Gebet zu beginnen: „die Ernte ist groß, aber wenige sind der Arbeiter. Darum bittet den Herrn der Ernte, daß er Arbeiter in seine Ernte sende" (Mt 9, 37 f.)[199] Und seine große Parusie-Rede schließt er mit dem Aufruf: „Seid aber wachsam, indem ihr allezeit betet" (Lk 21, 36). Endzeitlich ausgerichtet leben heißt beten. An ihrem Gebetsleben erweist es sich, ob die Gemeinde auf ihre eigene Kraft oder auf die Kraft des Herrn vertraut. Dabei schreibt Petrus als einer, der selber in allem Gemeindedienst dem Beten den wichtigsten Platz eingeräumt hat: „... wir aber wollen anhalten am Gebet und am Dienst des Wortes" (Apg 6, 4). In dem Plural **zu Gebeten** mag die Aufforderung enthalten sein, viel zu beten. Auch ist damit die Vielfalt der Formen und Arten des Betens ausgedrückt, z. B. gemeinsames und

196 An dieser Stelle wird deutlich, daß die biblische Eschatologie (die Lehre von den letzten Dingen) bestimmt ist von einem Paradoxon im göttlichen Heilsplan: Das Ende von allem ist „schon" da und doch auch „noch nicht". Dieses „schon" und „noch nicht" gilt z. B. auch für das Reich Gottes, für die Entmachtung Satans, für die Überwindung der Sünde und für die Gotteskindschaft (vgl. auch 1Jo 3, 2).

197 Das ist auch das Anliegen der übrigen Apostel: „Die Nacht ist vorgerückt, der Tag aber nahe herbeigekommen. So lasset uns ablegen die Werke der Finsternis und anlegen die Waffen des Lichtes. Lasset uns ehrbar wandeln als am Tage ..." (Rö 13, 12 ff.; vgl. auch 1Ko 7, 29 Phil 4, 5; 1Th 5, 1 ff.; 1Jo 2, 17 f.; Hbr 13, 14 f.).

198 Mt 14, 23; 26, 36. 39; Mk 1, 35; 6, 46; Lk 3, 21; 5, 16; 6, 12; 9, 18. 28 f.; 11, 1 u. ö.

199 Vgl. auch Jo 15, 16; Apg 1, 14; 13, 3 u. ö.

einsames, freies und vorgeformtes, Anbetung, Danksagung und Fürbitte. Der Apostel weiß, daß Beten uns schwer fällt, daß Zeitmangel, Zerstreutheit und Weltliebe uns am Beten hindern. Daher gibt er zur Mahnung auch die Hilfe: **Seid besonnen und seid nüchtern** zu Gebeten. **Besonnen** (oder auch: „weise") sind nach der Bibel diejenigen, die mit Gott rechnen, die zuerst nach dem Reiche Gottes trachten und von daher ihr Leben prägen lassen (Spr 1, 7; 15, 31; Jer 9, 22 f.; Jak 3, 13. 17).[200] Das grie ›sophronein‹ (besonnen, weise sein) drückt das Wissen darum aus, wie man richtig lebt, und zugleich meint der Begriff die Zucht und Selbstbeherrschung, nach diesem Wissen das Alltagsleben zu gestalten. **Besonnen sein zu Gebeten** heißt daher: wissen, wie entscheidend wichtig die Gebete für das rechte Leben in der Endzeit sind und also auch wirklich zu beten. **Seid nüchtern** (vgl. zu 1, 13) erinnert daran, daß mit der Umkehr seinerzeit ja eine grundlegende Ernüchterung erfolgt ist und enthält gleichzeitig die Aufforderung, sich auf dem Gebiet des Wohlstandes und des Wohllebens einzuschränken. Wer das befolgt, wird die nötige Zeit und Konzentration zum Beten und dem daraus folgenden Tun finden. Christen gelten weithin als versonnene Träumer. In Wahrheit macht das Rechnen mit dem Ende aller Dinge und mit der Zukunft Gottes sie **besonnen und nüchtern.**

Die folgenden Verse sind abhängig von V. 7 und lauten wörtlich: 8
„... seid nüchtern zu Gebeten, indem ihr vor allem die Liebe zueinander ausdauernd haltet ..., indem ihr gastfreundlich seid ..., indem ihr einander dient ...". Dadurch wird deutlich, daß Beten und Tun in untrennbarer Beziehung zueinander stehen, daß Bruderliebe, Gastfreundschaft und Diakonie mit dem Beten beginnt und das Beten zur Grundlage hat, daß man sich aber andererseits davor hüten muß, über dem Beten das Tun zu vergessen. **Vor allem haltet die Liebe zueinander ausdauernd** (vgl. zu 1, 22). Die Liebe ist die wichtigste Frucht des Heiligen Geistes, von der jede andere Frucht abhängt (Gal 5, 22). Sie ist das Band der Vollkommenheit (Kol 3, 14), die den Christen erst wirklich „kleidet", ihn schön macht (Kol 3, 12). Die Worte **vor allem** zeigen, wie wichtig die Bruderliebe für das Verhältnis der Gemeindeglieder untereinander ist. Wo sie fehlt, wird die Freundlichkeit zur Heuchelei und Unfreundlichkeit zum Zerwürfnis. **Haltet die Liebe zueinander ausdauernd** (oder auch: beharrlich, anhaltend, inbrünstig, wörtlich: angespannt). Durch alle Gefährdungen hindurch, die vom eigenen Ich oder vom Bruder ausgehen, ist die Bruderliebe festzuhalten. **Denn Liebe deckt eine Menge Sünden zu** (Spr 10, 12). Hier ist nicht ein Vertuschen von Sünden gemeint, sondern eine Haltung, die von der Liebe Gottes gelernt hat. Gott sieht die Sünde genau. Er nimmt sie ernst und deckt sie auf. Erst dann deckt er sie zu, indem er sie vergibt. So auch die Gemeinde-

[200] Zu dem reichen Kornbauern dagegen, der sein Leben von den Dingen dieser Welt her bestimmen ließ und nicht nach Gott fragte, sagt Gott: du Narr! (Lk 12, 20; vgl. auch Rö 1, 22).

glieder untereinander: Ihre Liebe macht sie nicht blind, vielmehr sehen sie die Sünden des Bruders deutlich und werden sie im persönlichen Gespräch beim Namen nennen. Die **Liebe zueinander** aber bewegt sie, die Sünden zu vergeben. Und nie wird die Liebe Sünden und Fehler des Bruders vor anderen ausbreiten.[201] Das Vergeben wird besonders dann schwer, wenn es sich um **eine Menge Sünden** handelt, wenn ein Bruder oft sündigt. Da ist Liebe nötig, die von Gottes Liebe lebt und lernt.[202]

9 **Seid gastfreundlich** (oder: gastfrei) **zueinander ohne Murren.** Zur Gastfreundschaft wird auch an anderen Stellen der Schrift gemahnt (Rö 12, 13; 1Tim 3, 2; Hbr 13, 2 u. ö.). Sie war zu damaliger Zeit besonders nötig, weil es keine Gasthäuser in der heutigen Form gab.[203] Doch auch heute hat die Gastfreundschaft (wörtlich: Liebe zum Fremden, zum Gast) eine wachsende Bedeutung. In unserem Text geht es insbesondere um die Mahnung an die Christen: seid gastfreundlich **zueinander.** Kaum etwas fördert die Gemeinschaft der Gläubigen untereinander so sehr wie die Gastfreundschaft. Ohne sie ist herzliches, frohes Gemeindeleben gar nicht möglich. Dabei geht es nicht nur um das Anbieten von Übernachtungsquartieren, sondern um von Herzen kommende, freundliche Aufnahme ins Haus bei verschiedensten Anlässen. Gastfreundlich sein setzt Liebe voraus, Offenheit für den Bruder und das Aufgeben von Bequemlichkeit und Familienegoismus. Gastfrei sein fordert Opfer an Zeit und Kraft, manchmal auch an Geld.[204] Daher sagt Petrus: Seid gastfreundlich zueinander **ohne Murren. Murren** verdirbt die beste Tat. Es ist besser, gar keine Gäste aufzunehmen, als es unter Murren zu tun. Murren vergiftet das gegenseitige Verhältnis. Ohne Murren gastfrei zu sein ist nicht so sehr eine Frage des Wohnraumes. Auf die Einstellung des Herzens kommt es an, auf die Zuwendung zum Bruder.

10 **Ein jeder, wie er eine Gnadengabe empfangen hat – dient einander damit als gute Haushalter der vielfältigen Gnade Gottes.** Da die **Gnadengaben** (grie ›charisma‹) durch den Heiligen Geist gegeben werden, können sie auch „Geistesgaben" (1Ko 14, 1) genannt werden. Unser Vers liefert einen wichtigen Beitrag zu der Frage, was Charismen sind und wie sie ausgeübt werden sollen. Der Zusammenhang zeigt, daß gastfreundlich sein, Gottes Wort reden und Diakonie üben Gnadengaben-Dienste sind. Das NT beschränkt die Bezeichnung „Gnadengabe" also nicht auf die besonders auffälligen Gaben, etwa die der Krankenheilung (1Ko 12, 9) oder die der „Spra-

[201] Weil die Mutter ihr Kind lieb hat, erzählt sie anderen nicht gern dessen Sünden. Ebenso deckt die Liebe der Gemeindeglieder eine Menge Sünden zu.

[202] Vgl. Mt 18, 21 ff.: wie oft? 70mal 7mal!

[203] Die „Herbergen" waren meistens Übernachtungsstätten für Karawanen, mit oder ohne Wirt (vgl. Lk 10, 34). Siehe auch LzB Art. „Herberge".

[204] Und doch gewinnt man durch Gewährung von Gastfreundschaft mehr, als man einsetzt. In vielen Lebensbeschreibungen wird das deutlich. Jedes Haus, das offen ist für Gäste, wird bezeugen können, wie sie den Horizont einer Familie weiten und viel Segen zurücklassen. Wer möchte nicht gern einmal „Engel beherbergen" (Hbr 13, 2)!

chen" (auch Glossolalie, Zungenrede genannt, 1Ko 12, 10; 14, 13).[205] Wer die Gabe der Gastfreundlichkeit hat, hat eine Gnadengabe. Und jeder, der eine Gabe zum Aufbau der Gemeinde empfangen hat, ist ein „Charismatiker"[206]. Petrus schreibt nicht: ein jeder, „wenn" er eine Gnadengabe empfangen hat, sondern **wie** (oder: „nach dem Maße, wie") **er empfangen hat.** Er rechnet damit, daß jeder Christ teilhat an der vielfältigen Gnade Gottes, daß er demzufolge auch eine Gnadengabe hat.[207] Man kann sie nicht aus sich selbst hervorbringen, sondern nur **empfangen.** Man kann zwar nach ihr „streben" (1Ko 14, 1), aber immer bleibt sie Geschenk Gottes durch den Heiligen Geist. **Dienet einander damit** besagt: die Gnadengaben sind zu gegenseitigem Dienst gegeben und anzuwenden[208]. Die anvertraute Gnadengabe will den Gläubigen zu einem Dienenden machen. So wird die Gabe zur Aufgabe. Jeder ein Diener des anderen, das ist die Ordnung der Gemeinde Jesu. Daher ist mit Ernst darauf zu achten, daß die Gnadengaben nicht mißbraucht werden als Mittel zum Eigenruhm. Sonst würden sie als gute Gaben Gottes verkehrt werden zu einer Gefährdung der Gemeinde. **Als gute Haushalter der vielfältigen Gnade Gottes.** Die **Gnade Gottes** ist seine schenkende Zuwendung zu den Seinen (vgl. zu 1, 13). **Vielfältig** ist sie insofern, als sie ein vielfältiges Werk hat an der Gemeinde und an jedem einzelnen (vgl. 5, 10). Als vielfältige Gnade reicht sie aus für alle vielfältigen Bedürfnisse der Gemeinde. **Haushalter** nennt Jesus selbst seine Jünger in manchen Gleichnissen (Lk 12, 42; 16, 1; vgl. Mt 25, 14 ff.). Ein Haushalter ist dadurch gekennzeichnet, daß er Gaben zum Dienst anvertraut bekam. Sie sind nicht sein Eigentum. Er behält sie nicht für die Dauer. Über ihre Verwendung hat er Rechenschaft abzulegen, und deshalb muß er Zeit und Gelegenheit nutzen, solange er die Gaben hat. Fleißiger Einsatz für seinen Herrn mit den ihm anvertrauten Gnadengaben macht den Christen zu einem **guten Haushalter.**

Wenn jemand redet – als Worte Gottes, wenn jemand dient – als 11
aus der Kraft, die Gott darreicht. Da es hier um den Dienst der Gläubigen aneinander (V. 10) geht, wird Petrus sowohl an die Rede in der Gemeindeversammlung denken als auch an das persönliche Wort von Bruder zu Bruder. **Wenn jemand redet,** so sollen es **Worte** (oder „Aussprüche") **Gottes** sein. Hier sind nicht vor allem Bibelworte gemeint, sondern Worte, die aus dem Hören auf Gott kommen, doch

[205] Das wird auch deutlich in Rö 1, 11; 6, 23; 1Ko 7, 7, wo im Grie jeweils „charisma" steht.

[206] Wir sollten den Ausdruck „Charismatiker" jedoch meiden, da das NT ihn nicht kennt. Vor allem ist es wider das NT, diesen Ausdruck so zu gebrauchen, als seien nur diejenigen, die auffallende Gnadengaben haben, „Charismatiker", die aber, die „nur" unauffällige Dienstgaben haben, „Nichtcharismatiker".

[207] Paulus schreibt in 1Ko 12, 7: *Einem jeden* wird aber die Offenbarung des Geistes zum (gemeinsamen) Nutzen gegeben.

[208] Siehe die vorige Anm. Wer daher weiß, daß eine bestimmte Gabe umstritten ist, soll eher diese Gabe zurückstellen, als Spaltung in der Gemeinde durch sie hervorrufen (1Ko 14, 32 f.) – eben weil es um den Dienst aneinander, um den gemeinsamen Nutzen, um Auferbauung der Gemeinde (Rö 14, 19; 1Ko 14, 3. 26) geht.

nicht losgelöst von der Heiligen Schrift. Es geht um das Wort Gottes heute und hier, um das Reden Gottes in die jeweilige Situation hinein. Wenn jemand redet – **als Worte Gottes.** Hier darf nicht abgeschwächt übersetzt werden: „wie Worte Gottes". Im Grie ist nicht nur ein Vergleich gebraucht, sondern die Wirklichkeit bezeichnet. Der Redende soll Worte sprechen, die wirklich von Gott her kommen. Wo das geschieht, wird es eine wirksame Rede, vom Heiligen Geist und seinen Gnadengaben bestimmt (vgl. auch Kol 3, 16). Unser Petrus-Wort entspricht dem Wort des Paulus: „Befleißiget euch der geistlichen Gaben, am meisten aber, daß ihr weissagen (grie: ›prophæteuein‹) möget" (1Ko 14, 1). Es geht dabei um verständliche Rede, die von Gott geschenkt ist und das Verborgene des Herzens offenbar macht (1Ko 14, 24 f.). In 2Ko 2, 17 sagt Paulus: „Wir reden aus Gott, vor Gott in Christus". Daß das in der Gemeinde reichlich und klar geschieht, ist der Wille des Herrn.[209] **Wenn jemand dient – als aus der Kraft, die Gott darreicht.** Das grie ›diakonein‹ (= dienen) prägte unser Wort „Diakonie". Ursprünglich heißt ›diakonein‹ „zu Tische dienen" und meint im NT Hilfe für leibliche, aber auch für geistliche Nöte und Bedürfnisse (vgl. ThBL, Art. „Dienen"). Daß Petrus von den vielerlei Charismen hier gerade das ›diakonein‹ nennt, zeigt, wie wichtig es in einer lebendigen Gemeinde ist. Rechtes Gemeindeleben wird sich immer auch in Diakonie äußern. Es ist hier keine besondere Mahnung an Diakone oder Diakonissen gegeben, sondern an die gesamte Gemeinde. Petrus rechnet wie selbstverständlich damit, daß es in der Gemeinde viele Dienende gibt. A l l e Jünger sind angewiesen zu dienen (Jo 13, 15–17). Wohl hat es zur Zeit des NT schon Anfänge des Diakonen- und Diakonissendienstes gegeben (Apg 6, 3; Phil 1, 1; 1Tim 5, 9). Die Mahnung des Petrus an die gesamte Gemeinde zeigt jedoch, daß diese geordneten Dienste nicht das diakonische Handeln der übrigen Gemeindeglieder überflüssig machen sollen. Die diakonische Aufgabe ist so groß, daß das diakonische „Amt" des einzelnen und das diakonische Handeln aller Gemeindeglieder sich gegenseitig ergänzen müssen. Wenn jemand dient – **als aus der Kraft** (oder „Stärke"), **die Gott darreicht.** In der **Kraft, die Gott darreicht,** liegen theologisch und geschichtlich die Quellen der Diakonie.[210] Wirkliche Diakonie kann deshalb nur einer ausüben, der täglich aus der Kraft lebt, die Gott darreicht. Die Not, der der Christ begegnet, kann so hart und entmutigend sein, daß man ihr nicht anders begegnen kann als in der Stärke, die Gott darreicht Letztlich aber gilt es für alle Notleidenden: umfassend kann ihnen

[209] An dieser Stelle wird wieder deutlich, warum Petrus unseren Abschnitt mit der Mahnung „zu Gebeten" begann. Denn „Worte Gottes" bekommt man nicht anders als im betenden Hören auf Gott, auf sein Wort.

[210] Ein Blick in die Kirchengeschichte zeigt, daß fast alle diakonischen Werke der letzten Jahrhunderte ihre Wurzeln in Erweckungsbewegungen haben. Wenn überhaupt, dann waren es die „Stillen im Lande", die die diakonische Aufgabe anpackten, bevor die Volkskirche sie überhaupt nur sah.

nur aus der Kraft Gottes geholfen werden. Auch hier wird wieder deutlich: Diakonie kann nur unter Gebet getan werden.

Es ist bezeichnend, daß auch unser Abschnitt wieder theozentrisch, mit dem Blick auf Gott schließt: **Damit in allem Gott gepriesen werde durch Jesus Christus.** Ein Christ ist berufen, etwas zu sein zum Lob der Herrlichkeit Gottes (Eph 1, 12). Darauf zielt das Wirken Jesu (Mt 6, 9 f.; Jo 17, 4). Darauf zielt auch der Heilige Geist in den Gläubigen. Ein Christ ist nicht für sich selbst da. Wo er sich zum Mittelpunkt macht, verfehlt er seine Bestimmung. Immer geht es um Gott und seine Ehre. Das ganze Leben, auch die brüderliche Liebe, die Gastfreundschaft und die Diakonie hat Grund und Ziel in Gott: **Damit in allem Gott gepriesen** (oder: geehrt, verherrlicht) **werde durch Jesus Christus.** Im Dienst am Bruder ehrt der Christ Gott. **In allem** (oder: durch alle) soll **Gott gepriesen** werden. Der Christ hat die Ehre Gottes zu suchen **in allem,** was er tut. Die ersten Hörer des Briefes entnahmen der grie Formulierung zugleich: *durch alle* soll Gott gepriesen werden. Es ist das Ziel apostolischer Ermahnung, daß *jeder* Christ *in allem* Tun zur Ehre Gottes lebt. Erst das gibt der Gemeinde eine unübersehbare Ausstrahlungskraft.[211] Ein Christ kann nichts ohne Jesus tun, auch nicht Gott die ihm gebührende Ehre geben. Was er zu Gottes Ehre tut, geschieht **durch Jesus Christus.** Jesus ist es, der sich seine Gemeinde aus der Gottesferne herausgerufen und „gereinigt hat zum Volk des Eigentums, das fleißig wäre zu guten Werken" (Tit 2, 14). Daher kann die Gemeinde nur durch Jesus Christus Gott ehren. **Ihm ist** (oder: er hat) **die Ehre und Macht in die Äonen der Äonen hinein. Amen.** Mit einem Lobpreis, einer „Doxologie" (von ›doxa‹ = Ehre) schließt dieser Abschnitt. Wie groß ist unser Gott! Den Aposteln war es wichtig, von Gott wenigstens einigermaßen angemessen zu reden. Petrus hat so formuliert, daß die Doxologie zugleich auch auf Jesus Christus bezogen werden muß. Denn Jesus ist mit dem Vater zugleich anbetungswürdig bis in die Ewigkeit hinein (vgl. Offb 4 und 5)! Es heißt hier betont: „Ihm **ist** die Ehre und Macht", nicht nur wie meistens „ihm sei", oder „ihm gebührt die Ehre". Gerade Christen, die im Leiden stehen, sollen keinerlei Zweifel daran haben, daß Gott zu jeder Zeit die Ehre und die Macht hat. **Äon** können wir am besten mit „Zeitalter" wiedergeben. Unseren statischen, von der Philosophie her beeinflußten Begriff ruhender „Ewigkeit" kennt die Heilige Schrift nicht. Sie spricht mehr dynamisch von **Äonen** und meint damit die verschiedenen von Gottes Heilshandeln geprägten Zeitalter. Über den Ausdruck: **in die Äonen der Äonen hinein** heißt es in der W. Stb. zu Rö 16, 27: „Die Zukunft ist nicht leere Ewigkeit, sondern eine Fülle neuer Zeitalter, die immer mehr und immer tiefer den überschwenglichen Reichtum seiner Gnade (Eph 2, 7) entfalten werden."

[211] In der Lausanner Verpflichtung heißt es: „Die Evangelisation der Welt verlangt, daß die ganze Gemeinde der ganzen Welt das ganze Evangelium bringt" (Punkt 6; s. ZdZ 6/1975).

Freuet euch, daß ihr mit Christus leidet!

1. Petrus 4, 12–19

Zu Vers 12:
Jak 1, 2
Zu Vers 13:
Apg 5, 41
Rö 8, 17
2Tim 2, 12
Zu Vers 14:
Mt 5, 10 f.
Lk 10, 6
Eph 1, 13
Jak 2, 7
Zu Vers 16:
Apg 11, 26
Phil 1, 20
Zu Vers 17:
Jer 25, 29
Hes 9, 6
1Ko 11, 32
2Th 1, 5 ff.
Zu Vers 18:
Spr 11, 31
Lk 22, 31
Zu Vers 19:
Lk 23, 46

12 **Geliebte, laßt euch nicht befremden durch die Feuersglut unter**
euch, die euch zur Prüfung widerfährt, wie wenn euch etwas
13 **Fremdes begegnete, * sondern in dem Maße wie ihr teilhabt an**
den Leiden des Christus, freuet euch, damit ihr euch auch bei der
14 **Enthüllung seiner Herrlichkeit jubelnd freut. * Wenn ihr ge-**
schmäht werdet wegen[212] **des Namens Christi – glückselig** (seid
15 ihr), **denn der Geist der Herrlichkeit und Gottes ruht auf euch. ***
Keiner nämlich unter euch leide als Mörder oder Dieb oder Übel-
16 **täter oder als einer, der sich in fremde Dinge einmischt. * Wenn**
(er) **aber als Christ** (leidet), **schäme er sich nicht, sondern verherr-**
17 **liche Gott mit diesem Namen. * Denn es ist Zeit, daß das Gericht**
anfange beim Hause Gottes. Wenn aber zuerst bei uns, was (wird)
das Ende derer (sein), **die dem Evangelium Gottes ungehorsam**
18 **sind! * Und wenn der Gerechte kaum gerettet wird, wo wird der**
19 **Gottesverächter und Sünder erscheinen? * Daher sollen auch die,**
die nach dem Willen Gottes leiden, dem treuen Schöpfer ihre
Seelen anbefehlen im Gutestun.

Petrus schreibt einen echten Brief ohne strenge Gliederung. So macht es ihm auch nichts aus, früheres noch einmal wiederaufzunehmen. Die Lage der kleinasiatischen Gemeinden ist vom Leiden beherrscht gewesen. Das durchzieht den ganzen Brief. Schon in 1, 7 hatte Petrus seinen Lesern deutlich gemacht, daß das Leiden einen wichtigen Zweck erfüllt, indem es die Echtheit ihres Glaubens bewähren soll. Doch hat er bisher noch wenig darüber geschrieben welche Folgerungen aus den Leiden zu ziehen, in welcher Haltung sie durchzustehen sind. Das tut er nun hier. So ist unser Abschnitt keineswegs eine einfache Wiederholung des Themas „Leiden", sondern eine Weiterführung, eine Hilfe zur Bewährung im Leiden.[213] Dabei fällt erneut auf, wie herb und unsentimental Petrus mahnt Für die Apostel steht nämlich nicht der Mensch und sein irdisches „Glück" an erster Stelle, sondern Gottes Werk und Gottes Ehre

[212] Andere Übersetzung: „In" dem Namen, oder: „mit" dem Namen Christi.

[213] Aus der Tatsache, daß Petrus ab 4, 7 Fragen der Gemeinde behandelt und aus der Formulierung: Feuersglut „unter euch" (12) schließt Kühl, Petrus habe hier ein innergemeindliches Leiden im Auge: „Wir müssen anerkennen, daß hier von einer ganz anderen Art von Leiden die Rede ist, von solchen nämlich, die gleichsam in der eigenen Mitte der Gemeinde aufstehen und zwar insofern, als sie von Leuten ausgehen, mit denen sie noch in gemeindlichem Verbande stehen" (a. a. O. S. 266). Diese Deutung würde den letzten Abschnitt des Briefes einheitlicher erscheinen lassen (nur Gemeindefragen behandelnd). Doch kann auch Kühl nicht Näheres über innergemeindliche Leiden der Empfänger sagen, als daß er annimmt, sie gehen von Juden und Judenchristen aus (s. seine Einleitung § 3, 2). Das bleibt jedoch nur eine Vermutung.

wenn er aber als Christ leidet, schäme er sich nicht, sondern verherrliche Gott mit diesem Namen.

Geliebte, laßt euch nicht befremden durch die Feuersglut unter 12
euch, die euch zur Prüfung widerfährt, wie wenn euch etwas Fremdes begegnete. Zum Ausdruck **Geliebte** vgl. zu 2, 11. Bevor Petrus jetzt noch einmal zum Leiden Stellung nimmt, betont er den Empfängern noch einmal seine besondere Verbundenheit in der Liebe Jesu Christi. **Laßt euch nicht befremden** (oder: seid nicht erstaunt oder verwundert) sagt soviel wie: laßt euch nicht irritieren, laßt euch nicht aus der Bahn werfen, seid nicht in eurem Glauben enttäuscht. Wenn ihnen in den Leiden **etwas Fremdes begegnen** würde, könnten sie **befremdet** sein, könnten sie denken, es stimme etwas nicht mit den Verheißungen Gottes oder mit ihrer Gotteskindschaft. Sie könnten fürchten, **etwas Fremdes,** etwa der Böse, sei stärker als Gottes Schutz. Aber Leiden sind für Nachfolger des Gekreuzigten keineswegs **etwas Fremdes,** sondern etwas Normales. Sie gehören zu ihrem Christsein wesensmäßig dazu und sind daher von vornherein in die Nachfolge mit einzurechnen. Das Leiden wird hier **Feuersglut** genannt, die ihnen **zur Prüfung widerfährt.** Petrus nimmt damit die Aussage von 1, 6 wieder auf: wie die Feuersglut das Gold läutert, so läutert das Leiden den Glauben der Christen. Indem Petrus statt „Leiden“ **Feuersglut** sagt, gibt er dem Leiden eine Deutung, die er gleich näher erklärt mit den Worten: **die euch zur Prüfung widerfährt.** Zu „Prüfung“ oder auch „Erprobung“, „Versuchung“ vgl. 1, 6. Wer weiß, daß das Leiden von Gott her den Sinn hat, zu prüfen und zu erproben, der wird vor ihm nicht fliehen, sondern es bejahen. Damit gewinnt er die rechte Einstellung, das Leiden durchzustehen! Aber noch größeres soll den Christen zuteil werden:

Sondern in dem Maße, wie ihr teilhabt an den Leiden des Christus, 13
freuet euch, damit ihr euch auch bei der Enthüllung seiner Herrlichkeit jubelnd freut. Der grie Satz enthält zwei Aussagen, für die wir im Deutschen zwei Sätze benötigen. Der Gedanke ist der: in dem Maße, als (oder: so wie) ihr teilhabt an den Leiden des Christus, werdet ihr teilhaben und euch jubelnd freuen an der Enthüllung seiner Herrlichkeit. Und: daher bejaht das Leiden, ja freut euch darüber eben in dem Maße, als ihr leidet. Es ist eine große Sache, daß die Apostel ihre Brüder und Schwestern in bezug auf die Leiden ermahnen: **freuet euch.**[214] Welch eine Kraft steht dahinter! Es ist die Kraft der urchristlichen Erwartung (vgl. 1, 3), der lebendigen Hoffnung auf die Enthüllung der Herrlichkeit des Christus. Petrus hatte es selbst erlebt, daß der Herr Jesus die Herzen der Seinen mitten im Leiden mit sieghafter Freude erfüllen kann. Es heißt von ihm und Johannes: „Sie gingen fröhlich vom Hohen Rat hinweg, weil sie gewürdigt

214 Paulus schreibt in seinem Freudenbrief an die Philipper (1, 29): „Denn euch ist es in bezug auf Christus geschenkt worden, nicht allein an ihn zu glauben, sondern auch für ihn zu leiden“, vgl. auch Jak 1, 2.

worden waren, für den Namen (Jesu) Schmach zu leiden" (Apg 5, 41). Es heißt hier: **Ihr habt teil an** (oder: ihr steht in Gemeinschaft mit) **den Leiden des Christus.** Christus hat zwar ein für allemal gelitten (3, 18; Hbr 9, 28). Der Sieg von Golgatha ist endgültig vollbracht (Jo 19, 30). Das die Schuld der Menschheit sühnende Leiden wiederholt sich nie mehr. Und doch gibt es weiterhin noch **Leiden des Christus.** Der erhöhte Herr Jesus Christus leidet nämlich mit seiner Gemeinde. Und seine Gemeinde leidet, weil sie sich zu ihm hält, weil sie seinen Namen in dieser Welt bezeugt. Das Leiden trifft sie, zielt aber auf Christus. Er hat sich mit seiner Gemeinde unlöslich verbunden. Er ist ja ihr Haupt (Eph 1, 22; 4, 15; 5, 23; Kol 1, 18), und sie ist sein Leib (1Ko 12, 27; Eph 1, 23; 4, 12. 16). Jesus identifiziert sich mit seiner Gemeinde so sehr, daß er zu Saulus, der die Gemeinde verfolgt, sagen kann: „was verfolgst du mich" (Apg 9, 4)? In Kol 1, 24 schreibt Paulus: „Jetzt freue ich mich in den Leiden für euch und erfülle stellvertretend, was an Christusdrangsalen noch fehlt, an meinem Fleisch für seinen Leib, der die Gemeinde ist." In der W. Stb. heißt es zu dieser Stelle: „Bis dahin (bis zur Parusie) aber dauern die ‚Wehen des Messias' noch an, die nun seinen Leib, die Gemeinde treffen. Darum steht dieses ‚Muß' göttlicher Notwendigkeit des Leidens auch über dem Weg der Gemeinde dem kommenden Reich entgegen (Apg 14, 22)." Klar und deutlich ist der Gemeinde vorausbezeugt, daß sie im Bekenntnis zu Jesus durch Leiden gehen muß (Mt 10, 22; Mk 13, 9; 1Th 3, 3 f.; 2Tim 3, 12; Offb 1, 9; 2, 9 f.; 7, 14). Aber das Teilhaben an den Leiden des Christus stellt sie zugleich hinein ins Teilhaben an der Vollendung: **damit ihr euch auch bei der Enthüllung seiner Herrlichkeit jubelnd freut** (vgl. auch Rö 8, 17). Christus hat jetzt schon Herrlichkeit. Ihm „ist gegeben alle Gewalt im Himmel und auf Erden" (Mt 28, 18). Sie ist aber noch verborgen. Noch wartet die Gemeinde auf die **Enthüllung seiner Herrlichkeit,** darauf, daß er sichtbar alle Macht ergreift.[215] Diese wird bei seiner Parusie geschehen (1Th 4, 13 ff.). Dann wird sich die Gemeinde **jubelnd freuen,** wörtlich: „als Jubelnde" freuen, als eine Schar von Frohlockenden. Auf dieses Ereignis hin lebt sie und leidet sie. Nur die unverkürzte biblische Eschatologie, die Erwartung der kommenden Herrlichkeit Jesu gibt den Christen Kraft, ja Freude im Leiden!

14 **Wenn ihr geschmäht werdet wegen des Namens Christi – glückselig** (seid ihr), **denn der Geist der Herrlichkeit und Gottes ruht auf euch. Wenn ihr geschmäht werdet,** sagt Petrus. Das betrifft nicht nur Schmähworte, sondern kann sich ebenso auch auf eine schmachvolle Behandlung beziehen. Jede Benachteiligung und jede Verfolgung geht Hand in Hand mit Verleumdung oder Beschimpfung. **Wegen des Namens Christi** geschmäht zu werden, ist für Christen nicht eine Schande, sondern eine Ehre. Ja, Petrus preist die für Christus Ge-

215 Vgl. dazu die Ausführungen Karl Heims über die „Schuldfrage und Machtfrage" und über die „Weltversöhnung und Weltvollendung" in „Jesus der Weltvollender".

schmähten **glückselig** (vgl. 3, 14). Es ist ein starker Trost und ein innerer Sieg, wenn es einem Christen im Leiden für Christus, in der Beschimpfung und Benachteiligung aufgeht: ich bin glückselig zu preisen. Petrus begründet die Seligpreisung: **Denn der Geist der Herrlichkeit und Gottes ruht auf euch.**[216] Äußerlich ist Schmähung zu sehen. In Wirklichkeit aber ist den Christen, gerade wenn sie geschmäht werden, Gottes Herrlichkeit im Heiligen Geist besonders nahe. Um die Aussagekraft dieses Verses zu erfassen, muß man den Gegensatz und die Gleichzeitigkeit von Geschmähtwerden und Herrlichkeit beachten. Zwar haben die Gläubigen den Heiligen Geist schon bei der Bekehrung bekommen (Apg 2, 38). Er wohnt in ihnen (Rö 8, 11). Hier aber wird den leidenden Jüngern ein besonderes Wirken des Heiligen Geistes an ihnen und durch sie zugesagt: **der Geist der Herrlichkeit und Gottes ruht auf euch.** Zu dem Ausdruck „**ruhen** des Geistes" vgl. Jes 11, 2; 4Mo 11, 25 f.; 2Kö 2, 15; ferner Apg 2, 3: Er, der Geist, „setzte sich" auf einen jeden von ihnen. Daß der Geist der Herrlichkeit auf den Geschmähten ruht, besagt: er bleibt bei ihnen, er prägt sie, und er wirkt an ihnen und durch sie. Gerade von denen, die um Jesu willen unter Anklage und Schmähung standen, berichtet das NT, wie der Geist Gottes als Geist der Herrlichkeit in ihnen und durch sie wirksam wurde.[217] Es erfüllte sich an ihnen die Verheißung Jesu, daß seinen zur Verantwortung gezogenen Jüngern der besondere Beistand des Heiligen Geistes gegeben werde (Mt 10, 19 f.; Lk 12, 11; 21, 14 f.). Man hat oft gefragt, warum erfahrungsgemäß geschmähte und unterdrückte Christen von besonderer Kraft erfüllt sind und gerade leidende Gemeinden wachsen. Hier ist die Antwort: Der Geist der Herrlichkeit, der Geist Gottes ruht auf ihnen.

Keiner nämlich unter euch leide als Mörder oder Dieb oder Übel- 15
täter oder als einer, der sich in fremde Dinge einmischt. Dieser Vers enthält eine Mahnung und Warnung. Es ist wichtig, daß die bedrohten Christen durch Gutestun die Vorurteile der „törichten Menschen" überwinden (2, 12. 15 f. 20; 3, 16 f.). Das ist aber nur dann möglich, wenn man ihnen kein anderes „Vergehen" nachweisen kann, als daß sie den Namen Christi bekennen. Das Bindewort zeigt den inneren Zusammenhang beider Sätze auf: weil der Geist der Herrlichkeit nicht auf Übeltätern ruhen kann, deshalb **nämlich** ist es wichtig, daß

[216] Der Text der ägyptischen Handschriftengruppe lautet: der Geist der Herrlichkeit „und Kraft" und der (Geist) Gottes ...

[217] Als Petrus sich vor den Obersten seines Volkes verantworten mußte, sprach er zu ihnen, „voll des Heiligen Geistes ..." (Apg 4, 8), und „sie sahen den Freimut des Petrus und Johannes und verwunderten sich" (Apg 4, 13). Von Stephanus vor dem Hohen Rat heißt es: „sie sahen sein Angesicht wie eines Engels Angesicht" (Apg 6, 15), und als die Volksmenge sich dann anschickte, ihn zu steinigen, war „er voll Heiligen Geistes, sah auf gen Himmel und sah die Herrlichkeit Gottes und auch Jesus, stehend zur Rechten Gottes, und sprach: Siehe, ich sehe den Himmel offen ..." (Apg 7, 55). Und den erst kurze Zeit vorher zum Glauben gekommenen Thessalonichern bezeugt Paulus: Ihr „habt das Wort aufgenommen unter viel Bedrängnis mit Freuden im Heiligen Geist" (1Th 1, 6).

keiner als Mörder, Dieb oder wegen eines anderen Verbrechens leidet. Alles wäre verdorben, wenn ein Christ als Übeltäter leiden müßte, ja gar als Mörder oder Dieb erfunden würde. Ihm würde weder die Seligpreisung noch die Verheißung von V. 14 gelten, sondern das Gericht von V. 17. Petrus hält es offenbar nicht für selbstverständlich, daß solche Dinge bei Christen nicht mehr vorkommen. Er ist Seelsorger und weiß um die Gefährdung auch der Glaubenden. Deshalb will er mit der Warnung, nicht als **Mörder, Dieb oder Übeltäter** erfunden zu werden, gefährdete Hörer im Gewissen aufschrecken. Es ist schwer zu sagen, was Petrus konkret meint, wenn er sagt: Keiner leide ... als einer, **der sich in fremde Dinge einmischt,** wörtlich: der sich über fremde (Menschen oder Dinge) zum Aufseher macht. Es könnte eine Einmischung in die Amtsbefugnis anderer gemeint sein oder einfach ein Sich-wichtig-Machen in Dingen, die einen nichts angehen. Schlatter nennt als Beispiel die Einmischung in elterliche Erziehungsaufgaben oder in eine fremde Ehe. Schweizer denkt „an das taktlose Sichaufdrängen, mit dem manche Christen andere beurteilen und richten". Die Gefahr, sich in fremde Dinge einzumischen, kann vielerlei Formen annehmen je nach den Verhältnissen, in denen man sich befindet. Wohl trägt jeder Christ Verantwortung für andere und ist tatsächlich „seines Bruders Hüter" (1Mo 4, 9). Wer sich jedoch in Übereifer und Wichtigtuerei überall einmischt, schafft sich selbst Widerstand und Nöte. Er soll sich nicht einbilden, er leide um des Namens Christi willen. Es geht darum, Verantwortung mit Demut und Bescheidenheit zu verbinden.

16 **Wenn** (er) **aber als Christ** (leidet), **schäme er sich nicht, sondern verherrliche Gott mit diesem Namen.** Der Ausdruck **Christ** (genauer „Christianer") ist im NT noch selten. Er war in Antiochien entstanden (Apg 11, 26) und bezeichnet die zu Christus Gehörenden. In allen Leidens- und Verfolgungszeiten hat die Welt die Christen vieler und schwerer Verbrechen bezichtigt, um ihre Drangsalierung zu rechtfertigen. Für den Christen ist es wichtig, daß diese Anklagen unberechtigt sind (V. 15). Wenn das der Fall ist, so ist die Gewähr gegeben, daß er wirklich **als Christ leiden** muß, daß also der Grund seines Leidens seine Christuszugehörigkeit ist.[218] Und dann **schäme er sich nicht.** Es ist keine Schande, Christus-Jünger zu sein. Sich nicht schämen heißt, öffentlich dazu zu stehen, daß man Christ ist. So hatten

[218] Die Formulierungen unseres Abschnittes lassen auch offizielle, öffentliche Verhöre vermuten. Petrus rechnet damit, daß jemand einfach deshalb leiden muß, weil er Christ ist. Daraus schließen manche Ausleger, daß der 1Pt zur Zeit einer allgemeinen Christenverfolgung geschrieben sein müsse. Da eine solche aber erst wenige Jahre vor dem Tode des Apostels begann, sei das ein weiteres Anzeichen dafür, daß der Brief nicht von Petrus geschrieben sei. Diese Argumentation ist jedoch nicht beweiskräftig. Man könnte sie geradezu als ein Beispiel dafür ansehen, wie wenig aus solch allgemeinen Angaben zu folgern ist. Denn die Ausdrücke „leiden als Christ", „Feuersglut", hätte man auch schon in der frühesten Christenverfolgung verwenden können, in der nach dem Tode des Stephanus. Daß wir unseren Brief in die Zeit der beginnenden Christenverfolgung unter Nero einordnen (s. Einleitung), stimmt mit seinem Inhalt durchaus überein.

Petrus und Johannes vor dem Hohen Rat gestanden („wir können es ja nicht lassen, daß wir nicht reden sollten von dem, was wir gesehen und gehört haben", Apg 4, 20). Nun ermutigt der Apostel seine Leser zu gleicher Haltung. Sprachlich schwingt in unserem Vers eine Verheißung mit: „er schäme sich nicht" kann auch heißen „er soll nicht zuschanden werden". Wer sich seiner Zugehörigkeit zu Christus nicht schämt, sondern dazu steht, daß er Christ ist, der **verherrlicht Gott mit diesem Namen.** Die Leute werden sich fragen, wer den Christen die Kraft gibt, diesen Namen so bewußt und froh zu tragen trotz Spott und Hohn, und sie werden dahinter die Wirklichkeit Gottes spüren.

Denn es ist Zeit (oder: die Zeit ist da), **daß das Gericht anfange** 17
beim Hause Gottes. Für **Zeit** steht im Grie wieder ›kairos‹ (s. Anmerkung zu 1, 5), hier die Bezeichnung für die vom Ereignis des Gerichtes her bestimmte Zeit. Es gibt zwei Stellen im AT, die Petrus beim Schreiben im Sinn gehabt haben kann. In Hes 9, 6 ist von einem Strafgericht die Rede, das um der Sünde willen über Gottes Volk kommt. Die Boten, die es ausführen müssen, erhalten den Auftrag, sorgfältig zu unterscheiden zwischen den Sündern und denen, die unter der Sündenverderbnis des Volkes leiden. Der Auftrag an sie lautet weiter: das Gericht soll am Heiligtum anfangen und sich danach fortsetzen im ganzen Volk. In Jer 25, 29 ist ebenfalls ein Strafgericht geschildert, das bei der Stadt Gottes beginnen soll. Petrus macht deutlich: so geschieht es auch jetzt in der Endzeit. Sie ist Gerichtszeit, in der Gott die Sünden der Menschheit, ihre Auflehnung gegen ihn bestraft. Da Gott absolut gerecht ist, trifft sein Gericht mit Notwendigkeit alle Bosheit der Menschen, hier auf Erden schon (Offb 6, 17; 14, 7; Eph 5, 6 f. u. ö.)[219] und vollends nach dieser Zeit (Mt 25, 31 ff.; Offb 20, 11–15). Die Gemeinde muß wissen, daß Gott nicht nur die Sünden der Ungläubigen straft, sondern ebenso auch die Übeltaten derer, die glauben. Deshalb ist es wichtig, daß keiner in der Gemeinde als Mörder, Dieb oder Übeltäter erfunden wird, denn **Gericht** bedeutet Bestrafung der Übeltäter, wer immer sie seien. **Das Gericht fängt an beim Hause Gottes.** Damit ist ausgedrückt: Gott nimmt die Sünde bei seinem Volk besonders ernst. Bei ihm straft er sie zuerst. **Es ist Zeit** oder „die Zeit ist da" besagt: jetzt ist Gerichtszeit. Daher kommt es für die Gemeinde darauf an, heute mit jeder Sünde zu brechen, Sündenbekenntnis und Umkehr nicht aufzuschieben. Wenn es aber eine so ernste Sache um die Sünde ist, was steht

219 Besonders deutlich wird das in Offb 16, 1, wo die Ausgießung der göttlichen Zornesschalen auf die Erde geschildert wird. Dabei handelt es sich um Gerichtsereignisse in der Erdenzeit, noch vor dem alle Gerichte abschließenden Endgericht (Offb 20, 11–15). Solche irdischen Gerichtsepochen sind auch in Hes 9 und Jer 25 wie auch an unserer Petrus-Stelle gemeint (vgl. auch Rö 11, 33). Wenn das bedacht wird, so ergibt sich kein Widerspruch zu dem Wort Jesu aus Jo 5, 24: „wer ... glaubt ..., der hat das ewige Leben und kommt nicht in das Gericht". Denn Jo 5, 24 bezieht sich auf das Endgericht (Offb 20, 11 ff.). In dieses kommen die Gläubigen nicht. Wohl aber müssen auch sie durch die endzeitlichen apokalyptischen Gerichte über diese Welt noch hindurch, von denen Petrus hier spricht.

dann noch der Welt bevor: **Wenn aber zuerst bei uns, was** (wird) **das Ende derer** (sein), **die dem Evangelium Gottes ungehorsam sind.** Die Apostel haben nicht nur die Gemeinde, sondern immer auch die Welt im Blickfeld. Das Evangelium ist für alle da. Deshalb ist es entscheidend, wie die einzelnen darauf antworten, ob sie bereit sind zum Gehorsam, zur Unterstellung unter Gottes Herrschaft. **Dem Evangelium Gottes ungehorsam** kann sich nur auf solche beziehen, die das Evangelium schon gehört haben und es ablehnen, die damit den Gehorsam verweigern (vgl. 2Th 1, 8). Sie sind in besonders ernster Lage, weil sie in das Gericht hineingehen ohne Heiland, ohne Retter. Dieser Vers 17b muß verstanden werden als Ausruf des Erbarmens mit den sich selbst durch Ungehorsam gegenüber Gott zugrunde richtenden Menschen. Wer kann angesichts des Gerichtes noch ruhig bleiben! Wer kann als Geretteter die Lage der Menschen um sich her erkennen ohne erbarmende Liebe, ohne Rettersinn, ohne den ganzen Einsatz, die Ungehorsamen zu warnen und ihnen die Errettung in Jesus vor Augen zu stellen?

18 **Und wenn der Gerechte kaum gerettet wird, wo wird der Gottesverächter und Sünder erscheinen?** Hier ist Spr 11, 31 zitiert (nach der LXX). Der Satz unterstreicht noch den Ernst der Lage. **Der Gerechte** wird zwar errettet, aber **kaum** (oder: „mit Mühe"; vgl. Mt 24, 22). Er geht durch solch ernste Zeiten, durch Feuersglut der Prüfung und Leidensgerichte, daß er nur dann errettet werden kann, wenn er mit ganzer Entschlossenheit das Böse meidet. **Wo wird der Gottlose und Sünder erscheinen,** das heißt „sich wiederfinden"? Petrus will sagen: an den Gerechten, an der Gemeinde kann man sehen, wie ernst Sünde und Gericht sind. Wenn nun dieser Ernst des Gerichtes über den Gottlosen und Sünder kommt, kann das nur ein furchtbares Ende nehmen.

19 Nun wird — verknüpft durch **Daher** — der ganze Abschnitt zusammengefaßt und die Folgerung daraus gezogen: **Daher sollen auch die, die nach dem Willen Gottes leiden, dem treuen Schöpfer ihre Seelen anbefehlen im Gutestun.** Die Empfänger des Briefes leiden **nach dem Willen Gottes.** Letztlich steht hinter ihrem Leiden nicht die Willkür der Menschen oder die Macht des Teufels, sondern **der Wille Gottes** (vgl. 3, 17). Er bestimmt das Maß des Leidens. Nichts kann sie von der Liebe Gottes scheiden, auch das Leiden nicht (Rö 8, 35). Das Wort **Schöpfer** drückt die Allmacht Gottes aus. Der alles geschaffen hat, hat auch Macht über alles. Zugleich ist in dem Wort seine liebende väterliche Fürsorge enthalten, gemäß dem bekannten Vers: „Was unser Gott geschaffen hat, das will er auch erhalten."[220] Gott wird „der **treue** Schöpfer" genannt. Er enttäuscht nicht. Auf ihn kann man sich verlassen. Was ihm übergeben ist, ist gut aufgehoben. Die Leidenden dürfen Geborgenheit finden darin, daß sie diesem treuen Schöpfer **ihre Seelen anbefehlen.** Über den Begriff „Seele" siehe zu

[220] Aus dem Liede: „Sei Lob und Ehr dem höchsten Gut".

1, 22 und 1, 9. **Seele** bezeichnet u. a. auch das Innenleben des Menschen mit seinen Gefühlen und Stimmungen, seinem Schmerz und Ärger, seinen Hoffnungen, Wünschen und Ängsten. Wer mitten im Leiden steht oder es vor sich hat, ist aufgefordert, seine Seele mit all ihrer Unruhe Gott anzubefehlen. Wenn nämlich die Seele Gott anbefohlen wird, ist es damit zugleich der ganze Mensch, da die Seele Geist und Leib durchdringt. **Anbefehlen** oder auch „anvertrauen" heißt wörtlich: „übergeben" (vgl. Apg 14, 23; 20, 32; 1Tim 1, 18). Der leidende Christ darf sich mitten in den Gefährdungen dem treuen Schöpfer übergeben. So wird er frei von dem Sorgen um sich selbst, frei zum Tun des Guten. Die Formulierung **im Gutestun**[221] besagt: alles ist eingebettet im Gutestun. Hier kommt noch einmal ein Hauptanliegen des 1. Petrusbriefes zum Ausdruck, nämlich die Brüder und Schwestern zu mahnen, daß sie unter allen Umständen Gutes tun und daß sie sich auch durch erlittenes Unrecht nicht davon abhalten lassen (2, 15. 20; 3, 9. 13 f. 17; 4, 15).[222]

Die Verantwortung der Ältesten und der Jüngeren für die Gemeinde

1. Petrus 5, 1–5

1 **Die Ältesten nun unter euch ermahne ich, der Mitälteste und Zeuge**
der Leiden des Christus, der (ich) **auch Teilhaber an der Herrlich-**
2 **keit** (bin), **die im Begriff steht, enthüllt zu werden: * weidet die**
Herde Gottes bei euch, nicht gezwungen, sondern freiwillig, gemäß
Gott und nicht in schändlicher Gewinnsucht, sondern bereitwillig
3 *** auch nicht als solche, die sich über das ihnen Zugeteilte zu Herren**
machen, sondern als solche, die Vorbilder der Herde werden (oder:
4 sind). *** Und wenn der Erzhirte offenbar geworden ist, werdet ihr**
5 **den unverwelklichen Kranz der Herrlichkeit erhalten. * Ebenso ihr**
Jüngeren, ordnet euch den Ältesten unter! Alle aber bindet euch
füreinander die Demut um, denn Gott stellt sich den Hochmütigen
entgegen, den Demütigen aber gibt er Gnade.

Zu Vers 1: Rö 8, 17
Zu Vers 2: Jo 10, 12; 21, 16 f. Apg 20, 28 1Tim 3, 2–7 Tit 1, 11
Zu Vers 3: Hes 34, 2–4 2Ko 1, 24 Phil 3, 17 Tit 2, 7
Zu Vers 4: 1Ko 9, 25 2Tim 4, 8 Hbr 13, 20
Zu Vers 5: Spr 3, 34

Die Ältesten nun unter euch ermahne ich, der Mitälteste und Zeuge der Leiden des Christus, der (ich) **auch Teilhaber an der Herrlichkeit**

[221] Schlatter übersetzt „durch Gutestun" und erklärt: Gutestun ist „das Mittel, durch das wir unsere Seelen in Gottes Obhut und Fürsorge bringen, unbeirrt durch den Widerstand der Gegner, auch wenn daraus das Leiden kommt."

[222] Ein Beispiel dafür ist Apg 4, 23 ff. Nachdem Petrus und Johannes vom Hohen Rat bedroht worden waren, nicht mehr im Namen Jesu zu reden, betet die Gemeinde mit ihnen zu dem, der Himmel und Erde ... gemacht hat: Sie befehlen also ihre Seelen dem Schöpfer an (V. 29) und erbitten die Kühnheit dazu, trotz des Verbotes die Botschaft von J e s u s auszurichten. Das Tun des Guten, d. h. hier vor allem die Bezeugung der Frohen Botschaft, bleibt für sie

Lk 14, 11
Eph 5, 21
Jak 4, 6

(bin), **die im Begriff steht, enthüllt zu werden.** Das Wort **nun** kann einfach den Beginn eines neuen Abschnittes anzeigen. Aber im allgemeinen verbindet es zwei Abschnitte miteinander. Es zeigt dann an, daß der folgende Abschnitt eine Schlußfolgerung aus dem vorigen enthält. Petrus deutet mit dem **nun** an: für die leidenden und zum Gutestun aufgerufenen Christen bekommt das Gemeindeleben eine ganz besondere Bedeutung. Es ist abhängig vom rechten Verhältnis der Gemeindeglieder untereinander. Schon die jüdische Gemeinde hatte die Leitungsfunktion **Ältesten** übertragen. So haben es nun auch die Christengemeinden übernommen und „Älteste" zur Leitung eingesetzt. Im Grie heißen sie ›presbyteroi‹, wörtlich übersetzt: „die Älteren". Für die Leitung der Gemeinde ist Reife des Alters und Reife in geistlicher Hinsicht nötig. Unser Text läßt nicht klar erkennen, ob Petrus mit den ›presbyteroi‹ einfach die Altersgruppe der Älteren meint, oder ob er „Älteste" im Sinne des Presbyteramtes vor Augen hat. Da er an eine größere Anzahl von Gemeinden schreibt, kann er bewußt so allgemein formuliert haben. Denn die Verhältnisse in den einzelnen Gemeinden werden unterschiedlich gewesen sein.[223] Zu dem Wort **ermahnen** siehe zu 2, 11. Petrus nennt sich hier nicht „Apostel" (wie in 1, 1), sondern **Mitältester** und stellt sich damit auf die gleiche Stufe mit den Ältesten. Damit deutet er an, daß jede Mahnung, die er gibt, auch ihm selbst gilt, daß er ihnen keine Last auflegt, die er nicht selbst zu tragen bereit ist. Weiter nennt Petrus sich einen **Zeugen der Leiden des Christus.** Zeuge heißt auf Grie ›martys‹. Unser Wort „Märtyrer" ist davon abgeleitet. Es ist das Kennzeichen eines Zeugen Christi, daß er verkündigt, was er erlebt hat und daß er bereit ist, dafür zu leiden (Apg 4, 20 f.; Offb 2, 13; 17, 6). Daß Petrus sich als Zeugen der Leiden des Christus bezeichnet, kann also besagen: er hat die Leiden Christi miterlebt, er hat jetzt diese Botschaft zu verkündigen, er hat dafür gelitten und hält sich mit den Briefempfängern bereit, auch künftig dafür zu leiden, „wenn es sein muß" (1, 6). Doch erhebt sich die Frage, ob damit schon der Sinn unseres Wortes ganz erfaßt ist. Petrus nennt sich nämlich sonst nicht einen Zeugen des Leidens Christi, sondern einen Zeugen der Auferstehung Jesu (Apg 2, 32; 3, 15; 5, 30–32; 10, 41). Er sagt selbst, ein Apostel müsse ein Zeuge der Auferstehung Jesu sein (Apg 1, 22). Gewiß ist es etwas Großes, ein Augenzeuge der Leiden Jesu zu sein. Als solcher hatte Petrus der Gemeinde viel zu berichten. Aber gab es nicht auch Ungläubige und Spötter, die Jesus

nicht ruhigen Zeiten vorbehalten, sondern überall und allezeit, auch in bedrohlicher Lage, sehen sie darin ihren Auftrag, den auszuführen sie sich von niemandem verbieten lassen.

223 In der späteren Entwicklung trat der Presbyterdienst hinter dem Bischofsamt zurück. Das ist hier offensichtlich noch nicht der Fall. Damit ist ein weiterer Hinweis auf eine frühe Abfassung des 1Pt gegeben (s. Einleitung). Schon bald entwickelte sich aus dem Ältestendienst das Presbyteramt, mit dem dann auch jüngere Gemeindeglieder betraut wurden. In der späteren kirchlichen Entwicklung wurde daraus das Priesteramt, allerdings unter starker Umformung des ursprünglichen Presbyterdienstes.

am Kreuz hatten leiden sehen? Warum nennt also Petrus sich hier nicht einen „Zeugen“ der Auferstehung Jesu, sondern **der Leiden des Christus?** In 4, 13 wurden die Christen genannt: Teilhaber an den Leiden des Christus.[224] Das kann – wie dort dargelegt – verstanden werden als ein Leiden des erhöhten Herrn („des Christus“) mit seiner Gemeinde und als Leiden der Gemeinde mit Christus. So wird Petrus, wenn er sich hier einen **Zeugen der Leiden des Christus** nennt, zwar auch das Zeugnis von den Leiden Jesu meinen, die er selbst miterlebt hat. Er wird damit aber vor allem seine Teilhaberschaft an den Leiden des erhöhten Christus im Sinne von 4, 13 ausdrücken, ebenso wie Paulus in Kol 1, 24. Wer selber zum Leiden bereit ist oder schon darin steht, kann auch glaubwürdig zu Leidenden reden. Wahrscheinlich war Petrus nicht mehr fern vom Märtyrertod. Nun ergänzt er die Aussage über sich selbst: **der** (ich) **auch Teilhaber an der Herrlichkeit** (bin), **die im Begriff steht, enthüllt zu werden.** Zu dem Begriff **Herrlichkeit** siehe zu 1, 21. Leiden und Herrlichkeit gehören zusammen als zwei Seiten der gleichen Sache, nämlich der Christusnachfolge (vgl. Rö 8, 17 f.). Es ist für den Apostel selbst wichtig, aber auch für jeden Christen, beides zusammen zu sehen. Wer nur das Leiden sieht, verzagt, und wer nur die Herrlichkeit sieht, nicht aber die Notwendigkeit des Leidens beachtet, ist ein Schwärmer, der im entscheidenden Augenblick versagt. Damit, daß Petrus sich einen **Teilhaber an der Herrlichkeit** nennt, bringt er zum Ausdruck: ich werde Teilhaber an der Herrlichkeit sein, und darum bin ich es jetzt schon (ähnlich wie „Erbe“ in 1, 4 Zukunft und Gegenwart zugleich bezeichnet). Die zukünftige Herrlichkeit ist für die Apostel kein nur tröstliches Gedankengut, sondern Realität, an der alle Anteil haben, die Gottes Berufung annahmen (V. 10). Die Herrlichkeit **steht im Begriff, enthüllt zu werden.** Vorhanden ist sie schon. Sie ist jedoch noch verborgen. Daher wartet die Gemeinde sehnlich auf ihre Enthüllung. Petrus gebraucht hier im Grie nicht einfach das Futur, sondern einen Ausdruck, der die Gewißheit und die zeitliche Nähe der Enthüllung betont: die Herrlichkeit **steht im Begriff, enthüllt zu werden.**

Der Auftrag an die Ältesten lautet: **weidet die Herde Gottes bei** 2
euch! Das Bild von Hirt und Herde wird in der Bibel häufig gebraucht (vor allem in Hes 34 und Jo 10[225]). Der eigentliche Hirte seines Volkes ist Gott selbst (vgl. 2, 25). Die zur Leitung eingesetzten Menschen sind Hirten im Auftrage Gottes. Dementsprechend ist die Gemeinde **Herde Gottes.** Nie haben Menschen an sie einen Anspruch, auch dann nicht, wenn sie als Hirten fleißig und treu an ihr gearbeitet haben.[226]

[224] Der grie Text in 4, 13 und 5, 1 kann übersetzt werden als „Leiden des Christus“ oder auch „Leiden Christi“.

[225] Außerdem in Ps 77, 21; 78, 52; Jes 40, 11; Jer 10, 21; 23, 1. 3 f.; 31, 10; 50, 6; Mi 7, 14; Lk 12, 32; Apg 20, 28 f.; 1Ko 9, 7 u. ö. Vgl. auch Ps 23; 1Pt 2, 25; 5, 8.

[226] Daher sollte ein Gemeindeleiter von der ihm anvertrauten Gemeinde nie sagen: „meine Gemeinde“; vgl. auch 1Ko 1, 2; 11, 22; 2Ko 1, 1 u. a.

Daß sie **Herde Gottes** ist, macht den Dienst an ihr verantwortungsvoll. Es gilt auch hier, was Paulus in 1Ko 3, 17 in einem anderen Bilde sagt: Wenn jemand den Tempel Gottes verdirbt, den wird Gott verderben. Wie im AT, so hat Gott auch im NT den Hirtendienst Menschen übertragen, „Aufsehern" (Apg 20, 28), Hirten (Eph 4, 11) und Ältesten (oder „den Älteren"). Dadurch, daß Petrus nicht eindeutig zwischen den Ältesten und den „Älteren" unterscheidet, sind beide Gruppen angesprochen. Keiner der Älteren kann die Verantwortung für die Herde Gottes auf die „Ältesten" abwälzen. Jeder von ihnen steht vor Gott in Mitverantwortung für die Gemeinde.[227] Der Auftrag der Ältesten besteht im **Weiden.** Dabei geht es um die Bedürfnisse der Herde. Das Weiden steht unter der Frage: was braucht die Gemeinde zu einem guten Gedeihen und zum Schutz vor Gefahren? Ein rechter Hirte kann sich und seine Belange vergessen wegen der Not der Herde und jedes einzelnen der ihm anvertrauten Schafe, ebenso auch ein Ältester im Blick auf die ihm anvertrauten Gemeindeglieder.[228]

Durch drei Gefahren ist der Hirtendienst in besonderer Weise bedroht: durch mangelnde Bereitschaft, Gewinnsucht und Herrschsucht. Mit den Worten **nicht gezwungen, sondern freiwillig, gemäß Gott** warnt Petrus vor mangelnder Bereitschaft und Unwilligkeit. Es gibt eine Art von Pflichterfüllung, an der niemand Freude hat. Unlust und Widerwillen übertragen sich auf die, an denen die „Pflicht" erfüllt wird, und prägen das Werk. Natürlich kann niemand im eigentlichen Sinn **gezwungen** werden, einen Dienst in der Gemeinde zu tun. Wenn aber jemand zu den Älteren gehört oder wenn er gar Ältester ist, hat er die Aufgabe, und es wird von ihm erwartet, daß er den Dienst tut. Dieser „Zwang" ist gemeint. „Nicht gezwungen" heißt dann, den Dienst nicht deshalb zu tun, weil er erwartet wird, sondern aus freiem Willen. **Freiwillig,** oder „willig", „aus freien Stücken" bezeichnet die persönliche Initiative, das Erfaßt- und Getriebensein von dem Ernst und der Größe des Dienstes. Wenn der Wille Gottes den Willen der „Älteren" prägt, so handeln sie freiwillig, und zwar **gemäß Gott**[229]. Das grie ›kata theon‹ (gemäß Gott) kann bedeuten: „nach der Art Gottes" oder „nach dem Willen Got

[227] Es war die Stärke der frühen Christenheit, daß viele Verantwortung trugen, sich von Go in den Dienst an der Gemeinde nehmen ließen. Die Ämter dürfen nicht das „allgemeine Prie stertum der Gläubigen" zurückdrängen (vgl. 2, 9).

[228] Damit ist auch klar, daß „weiden" mehr ist als bloße „Menschenführung" oder die organisa torische Leitung einer Gemeinde, nach welchen Gesichtspunkten auch immer. Man kann nu recht weiden in dem Vertrauen, daß bei Gott „Leben und Überfluß" (Jo 10, 10; vgl. Ps 23, ist und er alles geben kann und will, was jeder einzelne braucht. Daher ist weiden nur beten möglich im immer neuen Flehen zu Gott um das, was die anvertraute Gemeinde benöti (Apg 6, 4; Eph 6, 18; Phil 4, 6 u. ö.).

[229] In manchen Handschriften fehlt „gemäß Gott". Die ntst Handschriftenkunde hat das Prinz entwickelt, die schwierigere Lesart für die ursprüngliche anzusehen. Es ist wahrscheinliche daß eine schwierige Ausdrucksweise beim Abschreiben geglättet wurde, als daß ein kl verständlicher Text erschwert wurde. Entsprechend diesem Grundsatz werden die Wor „gemäß Gott" wohl ursprünglich sein, denn sie machen den Stil schwerfälliger.

tes". Schlatter übersetzt: „im Blick auf Gott". Wie auch immer wir übersetzen, es kommt hier die Abhängigkeit alles Hirtendienstes von Gott zum Ausdruck. Petrus nennt eine weitere Gefährdung des Hirtendienstes: **nicht in schändlicher Gewinnsucht**[230]**, sondern bereitwillig.** Ob schon in ntst Zeit die Ältesten einen Entgelt erhielten? Zwar hat Jesus gesagt: „Ein Arbeiter ist seines Lohnes wert" (Lk 10, 7). Aber die Gefahr ist groß, in diesem Dienst den eigenen Vorteil zu suchen. Das jedoch vergiftet Herz und Dienst.[231] Es geht darum, daß die Ältesten nicht die Güter der Gemeindeglieder suchen (auch nicht andere Vorteile, wie Ehre und Ehrenmahlzeiten), sondern sie selbst und ihr Wohl. Das tritt hervor in der Gegenüberstellung: **sondern bereitwillig.** Die Grundbedeutung des grie Wortes ›prothymos‹ drückt aus: „den auf etwas oder jemand gerichteten Sinn", dann auch: „geneigt, mit Zuneigung, mit Hingebung, mit Eifer, gern". Der andere also steht im Blickpunkt und der entschiedene Wille, ihm zu dienen.

Eine letzte Mahnung an die Ältesten folgt: **Auch nicht als solche,** 3
die sich über das ihnen Zugeteilte zu Herren machen, sondern als solche, die Vorbilder der Herde werden (oder: sind). Das grie Wort für **das ihnen Zugeteilte** heißt eigentlich „Los". Es bedeutet sodann: das Verloste, das Erbteil, den ausgelosten Anteil. In unserem Zusammenhang meint es sicher die Gemeinde bzw. den jeweiligen Aufgabenbereich, der den Ältesten anvertraut war. Zweierlei schwingt in diesem Wort mit: daß es etwas Großes ist, was ihnen anvertraut wurde und daß sie es sich nicht selbst gesucht, sondern daß sie es zugeteilt bekommen haben.[232] **Sich zu Herren machen** heißt wörtlich: „herunterherrschen", dann „unterdrücken", „unterjochen". Die Ältesten haben die Gemeinde zu leiten und dabei auch Gemeindezucht zu üben. In dieser führenden Stellung liegt eine Gefahr. Sie kann mißbraucht werden im Sinne des menschlichen Machttriebes. Es gibt einen Mißbrauch der Dienstvollmacht, ein falsch verstandenes Amtsbewußtsein. Durch **Herunterherrschen**[233] spielen sich die Diener der Gemeinde als Herren auf, nehmen Gott die ihm gebührende Ehre und Herrscherstellung, und sie entmündigen dadurch die Gemeindeglieder. Freiheit und verantwortliche Mitarbeit, die Freude am

230 Hier steht im Grie das Wort ›aischrokerdos‹ = „auf schändlichen Gewinn ausgehend". Andere Ausdrücke für dieses Gebiet sind: ›philargyria‹ = Geldliebe und ›pleonexia‹ = Habsucht, Mehrhaben-Wollen (s. ThBL, Art. „Geiz").

231 Auch Paulus hat sehr ernst vor der Habsucht gewarnt (Rö 1, 29; 1Ko 6, 10; Eph 5, 3. 5; 1Tim 6, 10). Er läßt nur solche Mitarbeiter in der Gemeinde zu, die nicht „geldliebend" (1Tim 3, 3) und nicht „schändlichen Gewinn suchend" sind (1Tim 3, 8; Tit 1, 7). Obgleich er grundsätzlich denen, die in der Gemeinde arbeiten, einen Lohn zuerkennt (1Ko 9, 9–11; Gal 6, 6; 1Tim 5, 18), hat er für sich selbst auf Lohn verzichtet, um auch den geringsten Anschein der Gewinnsucht auszuschließen (1Th 2, 9; Apg 20, 33 f.). Nur in Ausnahmefällen hat er der Gemeinde gestattet, ihn zu unterstützen (2Ko 11, 9; Phil 4, 15).

232 In Apg 20, 28 sagt Paulus: der Heilige Geist hat euch zu Aufsehern gesetzt, zu weiden die Gemeinde Gottes.

233 In Mt 20, 25 und Mk 10, 42 gebraucht Jesus das gleiche Wort im Blick auf die weltlichen Fürsten.

Dienst und das Gemeinschaftsbewußtsein gehen auf diese Weise verloren. So können Älteste das ihnen Zugeteilte durch „Herunterherrschen" geradezu „herunterwirtschaften". Dem stellt Petrus die rechte Art des Weidens gegenüber: **sondern als solche, die Vorbilder der Herde werden.** Wie Petrus, so verwendet auch Paulus das Wort **Vorbild** oder „Muster" (grie ›typos‹) und mahnt die Gemeindeleiter im gleichen Sinne (1Tim 4, 12; Tit 2, 7; vgl. auch 1Th 1, 7; 2Th 3, 9). In Phil 3, 17 sagt er: „Seid zusammen meine Nachahmer und sehet hin auf die, welche also wandeln wie ihr uns zum Vorbilde habt." Nicht Herrschernaturen, sondern **Vorbilder** braucht die Gemeinde.[234] Wer sich zum Herrn macht, verlangt von der Gemeinde Dienste, die er selbst nicht zu tun bereit ist. Wer dagegen Vorbild ist, geht im Dienen voran. Alle „Älteren" stehen unter dem Auftrag: **werdet Vorbilder der Herde.** Nicht die Predigtgabe und nicht überragende menschliche Fähigkeiten sind in erster Linie für den Ältestendienst nötig, wohl aber eine Lebenshaltung, die von Jesus und den Aposteln und das heißt von der Heiligen Schrift her, geprägt ist.

4 **Und wenn der Erzhirte offenbar geworden ist, werdet ihr den unverwelklichen Kranz der Herrlichkeit erhalten.** Die Ältesten müssen wissen, daß über den Gemeinden ein **Erzhirte**[235] steht. Sie betreuen nur dessen Eigentum. Er wird ihren Dienst beurteilen und belohnen (1Ko 3, 8. 14; Offb 11, 18). Das macht den Dienst der Ältesten verantwortungsvoll vor ihm und unabhängig von dem Urteil der Menschen. Das Urteil über ihren Hirtendienst wird an jenem Tage gefällt werden, **wenn der Erzhirte offenbar geworden ist.** Noch ist er verborgen. Und doch ist er in Vollmacht gegenwärtig. Er beobachtet allen Dienst der Ältesten. Wie aber alles Geschehen in Gemeinde und Welt auf das Offenbarwerden des Erzhirten zugeht, so ist es nötig, daß auch die Ältesten auf dieses Ereignis hin ihren Dienst ausrichten. Das gibt ihnen Verantwortungsbewußtsein und Zuversicht. Es wird ihnen verheißen: wenn der Erzhirte offenbar geworden ist, **werdet ihr den unverwelklichen Kranz der Herrlichkeit erhalten.** Nach Wettkämpfen wurde damals dem Sieger ein Kranz überreicht. Der **Kranz** ist also Zeichen des Sieges. So wird einst der Erzhirte alle, die seine Herde recht geweidet haben, mit dem **Kranz der Herrlichkeit** belohnen. Er ist im Gegensatz zu jedem irdischen Kranz **unvergänglich.** Er besteht nämlich nicht aus irdischem Material, sondern aus Herrlichkeit (vgl. auch 2Tim 4, 8; Offb 2, 10; 3, 11). **Herrlichkeit** ist der Inbegriff der Gottesnähe und damit alles Guten, alles Lichtes und aller Schönheit. Paulus schreibt in Kol 3, 4: „Wenn aber Christus, unser Leben, sich offenbaren wird, dann werdet ihr auch offenbar werden mit ihm in Herrlichkeit." Diese Verheißung

234 Deshalb liegt ein großer Gewinn im Lesen guter Lebensbilder.

235 Oder: Oberhirte. Das grie Wort ›archipoimæn‹ meint den ersten, einzigartigen, wirklichen Hirten. Er ist das Urbild aller Hirten. Er ist „der gute Hirte" (Jo 10, 11).

gilt in besonderer Weise denen, die in Treue die Herde Gottes geweidet haben.

5 **Ebenso ihr Jüngeren, seid untergeordnet den Ältesten.** Mit dem Wort **ebenso** bringt Petrus zum Ausdruck, daß auch die **Jüngeren** eine Mahnung des Apostels zu beachten haben, damit es in der Gemeinde zu einem frohen Miteinander kommt. Jede Gruppe, auch jede Generation in der Gemeinde, hat ihre besonderen Gaben, Aufgaben und Gefährdungen. Eine Ermahnung des Apostels an die Älteren konnte von den Jüngeren mißbraucht werden zur Kritik an den Alten. Und ebenso konnten die Älteren eine Mahnung an die Jüngeren mißverstehen. Deshalb brauchen beide Gruppen die apostolische Ermahnung. Wer nur die Mahnung an die andern hört, hat eine unreife Sicht von sich selbst und von der Gemeinde. In V. 1 war es als wahrscheinlich bezeichnet worden, daß Petrus dort nicht nur an berufene „Älteste" denkt, sondern darüber hinaus an die Altersgruppe der „Älteren". Das geschah vor allem deshalb, weil auch die **Jüngeren** als Altersgruppe zu verstehen sind. Zu der Mahnung **seid untergeordnet** siehe zu 2, 13; vgl. auch 2, 18 und 3, 1. Nachdem Petrus die Älteren ermahnt hat, den Leitungsdienst nicht in Herrschsucht zu mißbrauchen, kann er nun auch die Jüngeren zur Unterordnung anhalten. Wie in der Ehe die Unterordnung nicht Entrechtung, sondern Wahrnehmung unterschiedlicher Gaben und Aufgaben bedeutet, so auch hier die Unterordnung der Jüngeren. Mag es auch hier und da eine Gemeinde einmal anders ordnen, grundsätzlich aber ist es so, daß die Älteren mehr zur Leitung und die Jüngeren zur Unterordnung berufen sind. In der Unterordnung gewinnen die Jüngeren die nötige Umsicht und Zucht zur späteren Leitung der Gemeinde. **Alle aber bindet euch füreinander**[236] **die Demut um.**[237] Das Tätigkeitswort ›enkomboomai‹ kann einfach **„umbinden"**, „anknoten" heißen. Es enthält aber das Wort „Schurz" und heißt daher ursprünglich: sich die Sklavenschärpe anziehen. Daß Petrus dieses Wort wählt, ist eindrücklich. Wie ein Sklave sich den Schurz umgebunden hat und dann zu jedem Dienst bereit ist, so gürten sich die Gemeindeglieder als Dienstkleidung mit Demut und sind dadurch bereit zu jeglichem Dienst aneinander.[238] Zu dem Begriff **Demut** siehe die Auslegung von 3, 8. Das Wort hat im Griechentum weithin einen negativen Klang, aber nach dem NT ist Demut eine notwendige Haltung für jeden

[236] Schlatter („Petrus und Paulus" S. 169) versteht die Mahnung des Petrus so, daß die Gemeindeglieder aufgefordert werden: bindet e i n a n d e r die Demut um. „Damit ist betont, daß es auf das Verhalten aller ankommt, ob sie den Ehrgeiz hervorlocken ... oder ob sie durch ihren einträchtigen Verzicht auf die Größe jedem ohne Mühe die zum Dienst bereite Haltung geben." Ebenso v. Soden und Weizsäcker.

[237] Im Grie steht hier wieder der Imperativ des Aorist (vgl. die Anm zu 1, 13).
Da der Grundtext keine Satzzeichen hat, ist auch folgende Übersetzung möglich: „ihr Jüngeren, seid untergeordnet den Älteren, alle aber einander. Die Demut bindet euch um ...".

[238] Was es heißt, sich die Demut wie eine Sklavenschürze umzubinden, hatte Jesus seinen Jüngern vor Augen gestellt, als er sich ein Leinentuch umband und seinen Jüngern die Füße wusch (Jo 13, 4). Hier wird auch deutlich, daß Demut und Dienst zusammengehören.

Christen. Sie ist wichtig für den Dienst an der Gemeinde (Apg 20, 19), für den Wandel allgemein (Eph 4, 2) und vor allem für das Miteinander der Gläubigen (Phil 2, 3; vgl. auch Phil 2, 8; Kol 3, 12). Hochmut ruft Hochmut hervor und damit Trennung. Demut heilt vergiftete Verhältnisse. Es ist bedeutsam, daß Petrus zwar durchaus Unterschiede in den Aufgaben und Befugnissen der Alten und der Jungen aufzeigt, daß er aber sowohl für das Leiten als auch für das Untertansein die Weisung gibt: Grundhaltung aller muß die Demut sein. In jeder Gemeinde entstehen Konflikte. Wenn aber die Gemeindeglieder mit Demut umgürtet sind, lassen sich die Konflikte im Frieden lösen.[239] Die Sache ist so wichtig, daß Petrus sie mit letzter Autorität begründet, nämlich von Gott her: **denn Gott stellt sich den Hochmütigen entgegen, den Demütigen aber gibt er Gnade** (Zitat aus Spr 3, 34 LXX). **Hochmütig** heißt auch „stolz" oder „überheblich". Gott sieht darauf, welche Haltung wir unserem Nächsten gegenüber einnehmen. Und er antwortet darauf mit Widerstand oder Gnade. Wer im Glauben mit Gott rechnet, wird sich vor Hochmut hüten und bewußt gering sein wollen. Denn Gottes Gegnerschaft fürchtet er über alles, und Gottes Gnade ist ihm wichtiger als alles. Schlatter schreibt: „Sowie wir nach unserer Ehre begehrlich greifen, beginnen wir den Streit mit Gott. Gott versteht es aber, den Hoffärtigen zu beugen" („Erläuterungen" z. St.). Gott „wohnt" nur bei demütigen Leuten (Jes 57, 15). Und „er läßt seine Gnade walten über denen, die ihn fürchten" (Ps 103, 11).

Mahnung zur Wachsamkeit

1. Petrus 5, 6–11

Zu Vers 6: Jak 4, 10
Zu Vers 7: Mt 6, 25; Phil 4, 6
Zu Vers 8: Lk 22, 31; 2Ko 2, 11; 1Th 5, 6
Zu Vers 9: Jak 4, 7; Eph 6, 11–13. 16; 2Tim 4, 17
Zu Vers 10: Eph 3, 16 f.

6 **Demütigt euch[240] nun unter die mächtige Hand Gottes, damit e**
7 **euch erhöhe zur** (rechten) **Zeit, * alle eure Sorge auf ihn werfend[24**
8 **denn ihm liegt an euch. * Seid nüchtern, seid wachsam![240] Eue**
Feind, der Teufel, geht umher wie ein brüllender Löwe suchen
9 **wen er verschlinge. * Dem widerstehet[240] fest im** (oder: durch
Glauben, wissend, daß sich dasselbe an Leiden über eure Bruder
10 **schaft in der Welt vollzieht. * Der Gott aller Gnade aber, der eu**
berufen hat zu seiner ewigen Herrlichkeit in Christus, wird euch
nachdem ihr eine kleine Zeit gelitten habt, selber vollbereite
11 **festigen, stärken, gründen. * Ihm die Macht in die Äonen de**
Äonen hinein, Amen!

[239] Das gilt auch für die außergemeindlichen Probleme in Beruf und Familie.

[240] Hier steht wieder der Aorist (vgl. die Anm zu 1, 13), also die intensive, energische Ermahnungsform.

Demütigt euch nun unter die mächtige Hand Gottes, damit er euch 6
erhöhe zur (rechten) **Zeit!** Das Zitat aus Spr 3, 34 hatte die Mahnung zur gegenseitigen Unterordnung begründet (V. 5). In unserem Abschnitt nimmt Petrus das Wort von der Demut wieder auf und zieht daraus Folgerungen für die Lage der Briefempfänger. Das wird deutlich an dem **nun. Die mächtige Hand Gottes** ist die wirkende Gewalt Gottes, mit der er Realitäten setzt. Er bestimmt seinen Kindern Ort und Zeit und Verhältnisse, Gaben und Grenzen. Die mächtige Hand Gottes verordnet Verfolgungszeiten und Ruhezeiten. Für alle Verhältnisse, die unser Brief angesprochen hat, für die gesellschaftlichen (2, 13–25) und familiären (3, 1–7), besonders aber für die Leidenssituation und für die Ordnungen in der Gemeinde gilt: **Demütigt** (oder: erniedrigt) **euch nun unter die mächtige Hand Gottes.** Das heißt: lehnt euch nicht auf gegen schwere Lebensführungen. Erkennt dahinter im Glauben Gottes mächtige Hand. Es heißt aber auch: Ordnet euch den Menschen unter, die Gott euch übergeordnet hat! Wer sich so unter Gottes mächtige Hand **demütigt,** findet sich viel leichter in schwierige Verhältnisse hinein. Er nimmt dienstwillig den ihm angewiesenen Platz ein und findet ein grundsätzliches Ja zu Ältesten, Vorgesetzten und schwierigen Weggenossen. Damit ehrt er Gottes mächtige Hand, sein Herz wird zufrieden, und er wird frei zum Erkennen und Tun des Willens Gottes. Der Hochmütige dagegen kann sich nur schwer in Gegebenheiten einfügen, weil er die mächtige Hand Gottes dahinter nicht erkennen will. Er reibt sich wund an Verhältnissen und Menschen. Petrus formuliert mit bemerkenswerter Gewißheit: demütigt (oder: erniedrigt) euch unter die mächtige Hand Gottes, **damit er euch erhöhe zur** (rechten) **Zeit.** Wer im Glauben damit rechnet, daß Gott den Demütigen Gnade gibt und sie zur rechten Zeit erhöht, dem wird es zur Notwendigkeit, sich unter Gott und die von ihm gesetzten Verhältnisse zu beugen. So wirkt Glaube Demut. Gott **erhöht zur** (rechten) **Zeit.** Wörtlich steht hier: „in der Zeit". Doch hat Petrus nicht das grie Wort ›chronos‹, den Ausdruck für die gleichmäßig ablaufende Zeit, sondern ›kairos‹ gebraucht, womit die jeweils entscheidende Zeit, der richtige Zeitpunkt bezeichnet ist. ›Kairos‹ meint die Zeit des Eingreifens Gottes.[241] Daher kann man auch übersetzen: zu „seiner" Zeit. „Seine Zeit" oder „die rechte Zeit" kann sich auf einen Zeitpunkt noch während des Erdenwandels oder danach beziehen. Der Christ wird es erleben, daß Gott gelegentlich jemanden schon während seiner Erdenzeit **erhöht.** Auf Demütigungen folgen oft erstaunliche „Erhöhungen". Gott kann die Lage wandeln und aus Not und Niedrigkeit emporheben, so daß man darin dankbar sein Handeln erkennt. Oft handelt er schon durch die Mitmenschen. Wer hochmütig ist, schafft sich außer der Gegner-

[241] Dementsprechend hat der „Codex Alexandrinus", sowie auch einige andere Handschriften den erklärenden Zusatz: (zur Zeit) „der Aufsicht" oder „der Heimsuchung", d. h. zur Zeit da Gott eingreift.

schaft Gottes selber die Ablehnung seiner Weggenossen. Wer sich dagegen demütigt, findet Gnade bei Gott und außerdem die Zuwendung der Mitmenschen. Die Wahrheit und Bedeutung unseres Verses ist eindrücklich an der Geschichte Josephs zu sehen (1Mo 37 u. 39–50; vgl. auch Lk 15, 21 f. und 18, 13 f.)[242]. Aber nicht immer fällt Gottes Zeit, da er erhöht, in die Zeit unseres Erdenlebens. Alles Erhöhen geschieht hier nur zeichenhaft und begrenzt. Die volle Erhöhung der Gedemütigten erfolgt erst, wenn Gottes große Zeit des Erhöhens beginnt, d. h. mit der Parusie des Herrn. Daher kann ›en kairo‹, „in der Zeit" auch bedeuten: „in der Endzeit"[243].

7 Petrus schließt eine weitere Mahnung an: **alle eure Sorge auf ihn werfend, denn ihm liegt an euch.** (Zitat aus Ps 55, 23). Der Satzbau legt es nahe, daß der Apostel einen Zusammenhang zwischen beiden Mahnungen sieht, zwischen Demut und dem Abwerfen der Sorge. **Alle eure Sorge,** sagt Petrus. Daß bei den Christen von Kleinasien Sorge vorhanden ist, damit rechnet er. Nachdem er zur Beugung unter Gottes mächtige Hand gemahnt hat, konnte er die Antwort vermuten: Ich will mich ja gern demütigen, mich beugen und die mir Vorgesetzten als mir von Gottes Hand übergeordnet anerkennen. Aber wo soll das hinführen? Ich sorge mich um den rechten Fortgang in der Gemeinde. Petrus würde antworten: wirf die berechtigte Sorge um Gemeindeverhältnisse (und auch alles andere) auf Gott und du bist frei, dich zu beugen, einzufügen und zu dienen. Auch an die Leidenden ist diese Mahnung gerichtet. Leiden bringt normalerweise Sorgen mit sich. Wer aber gelernt hat, hinter allen Gegebenheiten Gottes mächtige Hand zu sehen, weiß: diese mächtige Hand wird mit jeder Sorge fertig. Mit den Worten: alle eure Sorge **auf ihn werfend** warnt Petrus davor, mit der Sorge selbst fertig werden zu wollen. **Werfen** beinhaltet ein energisches Handeln, aber auch den Entschluß, sich völlig von etwas zu trennen. Der Christ soll seine Aktivität nicht gebrauchen, um die Sorge zu bewältigen, sondern, um sie „von sich zu werfen". **Alle eure Sorge werft auf ihn** meint ein entschiedenes Abgeben der Sorge in die Hand Gottes. Schlatter sagt („Erläuterungen" zur Stelle): „So machen wir uns von unserer Sorge auf die rechte Weise frei, wenn wir sie in die Bitte umsetzen: Sorge du." Die Begründung lautet: **denn ihm liegt an euch** oder: „er kümmert sich um euch". Gott ist nicht nur mächtig genug, mit den Sorgen seiner Kinder fertig zu werden, sondern er ist auch willig dazu. Das Wort **es liegt ihm an euch** drückt die persönliche, väterliche Fürsorge Gottes für seine Kinder aus. Wer das im Glauben ergreift, wird froh darüber werden, alle seine Sorge auf ihn werfen, und große Ge

[242] Die Bibel gibt uns noch viele andere Beispiele dafür, z. B. Hanna und Samuel, David, Daniel, Esther, Maria und Joseph, der Hauptmann von Kapernaum, die kanaanäische Frau, Paulus und Silas im Gefängnis.

[243] Vgl. W-B. ›kairos‹ (unter Punkt 4): „Die bestimmte, festgesetzte Zeit kann natürlich auch die letzten Dinge betreffen, wie denn ›kairos‹ ein Hauptausdruck der Eschatologie ist: ›ho kairos‹, die Endzeit."

trostheit wird über ihn kommen.[244] Welch eine Lebenshilfe liegt in diesem Wort Gottes!

8
Die Worte: **Seid nüchtern, seid wachsam!** sind so formuliert, daß sie als Mahn- und Warnruf verstanden werden müssen. Die Aufforderung **seid nüchtern** ist in zweierlei Hinsicht wichtig. Sie mahnt zur Beschränkung in Lebensbedürfnissen und zu der daraus entstehenden Freiheit von geistiger und seelischer Trunkenheit (s. dazu 1, 13 u. 4, 7). Sie mahnt aber auch dazu, die Dinge zu sehen, wie sie sind. Der Nüchterne rechnet mit der hintergründigen Realität, der göttlichen und der satanischen. Er weiß, daß er sterben muß (Ps 90, 12), daß die Welt mit ihrer Lust vergeht (1Jo 2, 17) und daß „wir alle offenbar werden müssen vor dem Richterstuhl Christi" (2Ko 5, 10). Es ist wichtig, daß die Christen diese „letzten Realitäten" nüchtern sehen und sich von ihnen in ihrem Wandel bestimmen lassen. Daher finden wir die Mahnung zur Nüchternheit besonders im eschatologischen, endzeitlichen Zusammenhang (1Th 5, 6. 8; 2Tim 4, 5). Der Mahnruf **seid wachsam** wird im NT ebenfalls vor allem im Blick auf die Endzeit gebraucht (Mt 24, 42; Mk 13, 35; Apg 20, 31; 1Th 5, 6). Ein Schläfer merkt nicht, was um ihn her geschieht. Wachsam sein heißt, achthaben auf alle Anzeichen von Gefahr für das geistliche Leben der Gemeinde (Apg 20, 28) und des einzelnen. Es geht darum, die endzeitlichen Verführungsmächte zu erkennen und vor ihnen auf der Hut zu sein. In V. 7 mahnte Petrus: habt keine falsche Sorge, sondern rechnet mit Gottes Fürsorge. In V. 8 ergänzt er: habt keine falsche Sorglosigkeit, sondern Wachsamkeit. Es geht darum, daß die Christen weder in Ängstlichkeit noch in Sorglosigkeit leben, sondern in Geborgenheit und Wachsamkeit.

Der Ruf zur Wachsamkeit zielt auf die Gefahr, in der die Gemeinden stehen: **euer Feind, der Teufel geht umher wie ein brüllender Löwe suchend, wen er verschlinge.** Es ist sowohl Jesus als auch den Aposteln wichtig, daß die Gemeinde mit der Wirklichkeit des Teufels rechnet. Er ist „der Vater der Lüge" und „ein Menschenmörder von Anfang an" (Jo 8, 44), er ist „der Gott dieser Welt" (2Ko 4, 4; vgl. auch Eph 2, 2; 2Th 2, 9; Offb 13, 2 u. ö.). In unserem Vers wird er **Feind** oder „Widersacher" genannt. Das mit **Teufel** übersetzte grie Wort ›diabolos‹ heißt eigentlich „Verleumder" oder auch „Verkläger" (vgl. Sach 3, 1; Offb 12, 10). Dem entspricht die vom Hebr abgeleitete Bezeichnung ›Satan‹. Der Teufel wird hier mit einem **brüllenden Löwen verglichen.** Mit seinem Brüllen versetzt der Löwe seine Umgebung in Angst und Schrecken, um sie desto sicherer zur Beute zu bekommen. So will der Teufel die Nachfolger Jesu in Angst versetzen, so daß sie Gott verlassen. Sie sollen aber hinter der Bedrohung

[244] Wenn ein Mensch Gerichtssorgen hat, wird er zu einem Rechtsanwalt gehen. Er überträgt ihm die ganze Angelegenheit. Ein Klügerer sorgt, was nützt dann noch das eigene Sorgen! Ebenso entlastet darf ein Kapitän sein, der sein Schiff einem Lotsen übergeben hat. Und ob auch diese Menschen versagen können, Gott versagt nie! Deshalb hat der Christ, der seine Sorge auf Gott geworfen hat, wahrlich Grund genug, geborgen und „sorglos" zu sein.

durch Menschen die Einschüchterungsversuche Satans sehen, der sie zum Abfall von Gott und zum Verlassen der Gemeinde bewegen will. Der Teufel **geht umher**[245]. Es ist überall mit ihm zu rechnen. Nirgends ist man vor ihm sicher. Er **sucht, wen er verschlinge.** Diese Worte zeigen seine Absicht: Er lauert auf Menschen, die angstgelähmt oder selbstsicher und damit schutzlos sind. Der Christ muß die Absicht des Teufels kennen. Es steht alles auf dem Spiel. Es geht um das Leben!

9 Nun gibt Petrus die Weisung, wie der Christ zu reagieren hat: **Dem widerstehet fest im** (oder: durch) **Glauben, wissend, daß sich dasselbe an Leiden über eure Bruderschaft in der Welt vollzieht.** Die Christen brauchen sich nicht von der Angst, auch nicht vom Teufel unterkriegen zu lassen. Sie können **dem widerstehen** und zwar **im Glauben** (oder: durch Glauben). Im Glauben hat Hiob den Anfeindungen des Teufels widerstanden und sich nicht von Gott losgesagt. „Durch den Glauben" waren „die Alten" (Hbr 11) stark, zu Gottes Ehre zu leben und in den Versuchungen zu widerstehen. Jakobus schreibt: „widersteht dem Teufel (nicht: fürchtet den Teufel!), so flieht er von euch" (4, 7). Und Paulus mahnt: „ziehet an die Waffenrüstung Gottes, daß ihr bestehen könnt gegen die listigen Anläufe des Teufels" (Eph 6, 11; vgl. auch 2Ko 10, 4 f.; Hbr 10, 39; Jes 28, 16).[246] Der Glaubende hat gar keine Veranlassung, sich von ihm Angst einjagen zu lassen oder gar zu resignieren und den Kampf aufzugeben, steht er doch auf der Seite dessen, der den Widersacher am Kreuz endgültig besiegt hat. **Fest im Glauben** Widerstand leisten heißt deshalb nichts anderes als jedem satanischen Angriff gegenüber sich auf Jesus berufen und seinen Sieg für sich an Anspruch nehmen. Er ist der Erste und der Letzte und der Lebendige (Offb 1, 17), vor dem der Teufel in jedem Fall die Waffen strecken muß. Denn durch das Kreuz ist er ein für allemal „entwaffnet" worden. Deshalb haben die Erlösten im täglichen Kampf, in den jeweiligen Versuchungen und Anläufen des Widersachers nur eins zu tun: wegzublicken auf Jesus, den Bahnbrecher und Vollender des Glaubens (Hbr 12, 2), und dessen Sieg auszurufen. Petrus fährt fort: **wissend, daß sich dasselbe an Leiden über eure Bruderschaft in der Welt vollzieht.** Dieser Satz kann die leidenden Christen in dreifacher Weise stärken. Sie dürfen erstens wissen, daß sie in einer weltweiten **Bruderschaft** stehen, mit der sie gemeinsam am Heil und auch an den Leiden Anteil haben, denn wenn ein Glied leidet, leiden alle mit (1Ko 12, 26).[247] Zweitens, da

245 Bei dem Ausdruck „umhergehen" kann Petrus an das Buch Hiob gedacht haben. Dort wird vom Satan gesagt, er gehe umher und durchschweife alles unter dem Himmel (1, 7; 2, 2). Sein Ziel ist es, die Menschen dahin zu bringen, daß sie sich von Gott lossagen (2, 5).

246 Wir sollten auch für die Seelsorge von Petrus lernen. Es gibt häufig Situationen, in denen man mit solcher Bestimmtheit wie er raten muß: gib nicht nach, gib nicht auf, klage nicht und verzage nicht, sondern leiste Widerstand im Glauben.

247 In diesem Sinn nennt sich der greise Seher auf Patmos „euer Bruder und Mitbeteiligter an der Bedrängnis und an der königlichen (= messianischen) Herrschaft und am Harren auf Jesus (= auf seine Parusie)" (Offb 1, 9a).

das Leiden, in dem sie stehen, nicht etwa eine Strafe ist, nicht ein Zeichen, daß mit ihnen etwas nicht stimmt. Nein, daran, daß sich **dasselbe an Leiden an ihrer Bruderschaft in der Welt vollzieht,** können sie erkennen, daß das Leiden zum Christenstand gehört, daß es „normal" ist. Und schließlich dürfen die bedrängten Christen wissen, daß ihr Leiden eingeordnet ist in den Heilsplan Gottes: ›epiteleisthai‹ = **sich vollziehen** heißt auch „sich vollenden" oder „erfüllt werden", aber auch „auferlegt werden". Das deutet einen vorher bedachten, notwendigen Vorgang an, ein Geschehen, das fest in der Hand Gottes ruht, der auch Ende und Vollendung schaffen wird. Wenn die leidenden Gläubigen **wissend** sind, wenn sie den Plan Gottes und die Lage der Gemeinde in der Welt kennen, werden sie dadurch gestärkt für den Kampf des Glaubens an ihrem Platz.

Der Gott aller Gnade aber, der euch berufen hat zu seiner ewigen 10
Herrlichkeit in Christus, wird euch, nachdem ihr eine kleine Zeit gelitten habt, selber vollbereiten, festigen, stärken, gründen. Petrus schließt die Mahnungen von V. 6–9 mit einem Zuspruch ab. Wir finden es oft im NT, daß die Gemeinden nach einer Mahnung einen Zuspruch erfahren, damit ihr Blick von menschlichem Tun weggelenkt wird auf Gott (Rö 16, 20; 1Ko 15, 58; 2Ko 13, 11; 1Th 5, 24; Jud 24). Häufig wird Gott im NT gekennzeichnet durch die Gaben, die er schenkt: der Gott der Geduld und des Trostes (Rö 15, 33; 16, 20 u. ö.), der Liebe (2Ko 13, 11). Hier heißt er **Gott aller Gnade.** Zu **Gnade** s. 1, 13; 2, 19; 3, 7; 4, 10. Gnade ist unverdiente Gabe, freies, huldvolles Geschenk. Gott ist der, von dem alle Gnade kommt. Bei ihm ist alles vorhanden, was die Gemeinde und der einzelne braucht, **alle Gnade** für jede Lage. Er ist auch willens, es entspricht seinem Wesen, ja es ist ihm eine Freude, reichlich zu schenken. Wer Gnade braucht, darf sie von ihm her erwarten. **Der euch berufen hat** macht deutlich: das Christsein beginnt nicht mit dem Tun des Menschen, sondern mit Gottes Berufung. Die Berufung zielt hin auf einen hohen Stand, nämlich die Teilnahme an **seiner ewigen Herrlichkeit.** Diese ist Ausdruck der immerwährenden Nähe Gottes (vgl. zu ›doxa‹ in 1, 21). „Was kein Auge gesehen und kein Ohr gehört hat und was in keines Menschen Herz gekommen ist", das „hat Gott bereitet denen, die ihn lieben" (1Ko 2, 9). Mit den Worten „berufen zu seiner ewigen Herrlichkeit" stellt Petrus klar und hoffnungsfroh den Gläubigen ihr Ziel vor Augen.[248] Nur **in Christus** ist die Berufung von sündigen Menschen zu Gottes ewiger Herrlichkeit möglich. Denn ohne Christus bleibt über dem Menschen der Zorn Gottes (Jo 3, 36; Eph 5, 6) wegen der Sünde. Wer zu Gottes ewiger Herrlichkeit gelangen will, muß zu Christus kommen. Darin liegt für Verlorene die einzige Rettung. Allen denen aber, die sich durch Jesus retten ließen, kann mit Gewißheit zugerufen werden: „Er, der in euch ein gutes Werk begonnen

[248] Wie problematisch ist dagegen der Ausdruck „ewige Herrlichkeit" manchem heute. Kein Wunder, wenn dann die Christenheit an Hoffnungsschwund leidet!

hat, wird es auch zur Vollendung bringen bis zum Tag Jesu Christi" (Phil 1, 6). Petrus drückt die gleiche Gewißheit aus: Der Gott aller Gnade ... **wird euch, nachdem ihr eine kleine Zeit gelitten habt, selber vollbereiten, festigen, stärken, gründen.** Hier steht im Grie die Vergangenheitsform: **nachdem ihr eine kleine Zeit gelitten habt.** Damit ist angedeutet: erst das Leiden, dann die Stärkung, oder: gerade aus dem Leiden erwächst Zubereitung, Festigung, Stärkung des Glaubens. Doch ist damit die Gleichzeitigkeit nicht ausgeschlossen, daß Gott sie nämlich auch schon während der Leiden stärkt. Daher übersetzen etliche: Gott ... „wird euch, die ihr eine kleine Zeit leidet, selber vollbereiten, festigen ...". Ihr leidet **eine kleine Zeit,** schreibt Petrus. Im Vergleich zur ewigen Herrlichkeit kann alles Leiden nur **eine kleine Zeit** oder „ein wenig" genannt werden (vgl. 1, 6; 2Ko 4, 17; Rö 8, 18). Gott **selber** ist damit am Werk, die Gläubigen **vollzubereiten, zu festigen, zu stärken und zu gründen.** Er hat sein Werk an ihnen begonnen, hat sie berufen und wird sie auch ans Ziel, zur ewigen Herrlichkeit bringen. In der Zwischenzeit ist er an der Arbeit, die Gläubigen zu Menschen zu prägen, wie er sie haben will und zwar er **selbst.** Letztlich haben nicht die Verfolger ihr Werk an den Verfolgten, sondern Gott selbst. Petrus erwartet sein Wirken an den Gemeinden in vierfacher Weise: er wird sie **vollbereiten,** eigentlich: einrichten, oder auch: in die rechte Ordnung, in den gehörigen Zustand versetzen, ausrüsten, vollenden. Er wird sie **festigen,** eigentlich: aufstellen, dann auch: stützen, bestärken, ermutigen, beständig machen. Es ist allen Aposteln ein wichtiges Anliegen, daß die Jünger Jesu, besonders die gerade erst gläubig gewordenen, gefestigt werden. Dafür gebrauchen sie gern das hier verwendete grie Wort ›stærizein‹, z. B. in 1Th 3, 2. 13; Jak 5, 8; Apg 14, 22; 15, 32. **Stärken** (oder kräftigen, grie ›sthenoun‹), kommt nur an dieser Stelle im NT vor und unterstreicht den vorigen Begriff. In dem Wort **gründen** (oder befestigen) ist das grie ›themelion‹ = Fundament enthalten. Es heißt also wörtlich: mit einem Fundament versehen. Alle vier Begriffe sind sicher wegen der besonderen Lage der Christen von Kleinasien gewählt, wegen ihrer Leiden und Anfechtungen. Es geht darum, daß sie in den Bedrohungen nicht zu Fall kommen. Petrus erwartet, daß Gott sie in den Leiden stärkt und sie daraus in ihrem Glauben gefestigt hervorgehen läßt. Das wird zugleich ihre Einsatzbereitschaft für Gott und den Nächsten fördern. Auch wird diese Gründung und Festigung sie davor bewahren, sich „umhertreiben zu lassen von jeglichem Wind der Lehre" (Eph 4, 14).

11 **Ihm die Macht in die Äonen der Äonen hinein! Amen** (vgl. 4, 11). Diese Doxologie beschließt den Abschnitt. Sie hat die Form eines Ausrufes. Die Formulierung ist daher kurz gehalten. Dadurch, daß das Hilfsverb fehlt, kann übersetzt werden: Ihm „ist" oder: Ihm „sei" die Macht. Dieser Ausruf ist Huldigung und Anbetung: wir wollen nicht mehr selbstmächtig sein. Wir erwarten alles Heil von dem Gott aller Gnade. Wir wollen diesen und keinen anderen Herrn, und w

warten darauf, daß er die Macht auch vor aller Augen übernimmt (Ihm „sei" die Macht). Zugleich bedeutet die Doxologie Stärkung: Wir sind gewiß, daß Gott schon jetzt die Macht hat und sie bald sichtbar ausüben wird (Ihm „ist" die Macht). Welch ein Gegensatz zu der Lage der verachteten Christen, in der es so aussieht, als ob Gott ohnmächtig sei! Aber, „das Schwache Gottes ist stärker als die Menschen" (1Ko 1, 25). Die entrechteten Auserwählten von Kleinasien wissen bei allem Leiden um die Allmacht Gottes, ja sie können es nur durchstehen im Blick auf seine Macht und seinen Sieg. Ihm die Macht **in die Äonen der Äonen hinein** (vgl. zu 4, 11)! Das aus dem Hebr übernommene Wort **Amen** heißt etwa: es ist fest, gewiß, wahr (vgl. W. Stb. zu 1Ko 14, 16 und die Anmerkung zu 2Ko 1, 20). Der Beter, so wie auch die Gemeinde, unterstreicht damit das Gebet oder den Lobpreis als auch für sie gültig und gewiß.

Grüße und Segenswunsch

1. Petrus 5, 12–14

12 **Durch Silvanus, den treuen Bruder, wie ich urteile, habe ich euch**
kurz geschrieben, euch ermahnend und bezeugend, daß dies die
13 **wahre Gnade Gottes ist, in die ihr euch hineinstellen sollt. * Es**
grüßt euch die Mitauserwählte in Babylon und Markus, mein
14 **Sohn. * Grüßt einander mit dem Kuß der Liebe. Friede euch allen,**
die (ihr) **in Christus** (seid).

Zu Vers 12: Apg 15, 22. 27
Zu Vers 13: Apg 12, 12. 25; 2Tim 4, 11
Zu Vers 14: Rö 16, 16; 1Ko 16, 20

Durch Silvanus, den treuen Bruder, wie ich urteile, habe ich euch 12
kurz geschrieben, euch ermahnend und bezeugend, daß dies die wahre Gnade Gottes ist, in die ihr euch hineinstellen sollt. Es bestehen kaum Zweifel, daß **Silvanus** der gleiche Bruder ist, der uns in der Apg als „Silas" begegnet. Er hatte entweder zwei Namen, oder Silvanus ist die lat Form des grie Namens Silas.[249] Petrus hat ihn schon von Jerusalem her gekannt. Er war einer der beiden Brüder, die die heidenchristliche Gemeinde in Antiochia besuchen und mit dem Beschluß der Apostelversammlung bekanntmachen sollten (Apg 15, 22. 27). Er war danach in Antiochia geblieben (Apg 15, 32. 34) und hatte den Apostel Paulus auf seiner zweiten Missionsreise als Mitarbeiter begleitet (Apg 15, 36 – 18, 22; vgl. auch 2Ko 1, 10; 1Th 1, 1; 2Th 1, 1). Die angegebenen Stellen zeichnen ein anschauliches Bild von Person und Wirken des Silvanus. Es wird ihm bezeugt, er habe sein Leben eingesetzt für den Namen Jesu (Apg 15, 26). Er war Prophet und hatte dadurch in besonderer Weise den geistlichen Durchblick, um die Ge-

[249] Dieser wiederum wird aus dem Aramäischen (›Schë'ila‹) und dem Hebr (›Scha'ul‹ – „Saul") gebildet sein (s. W-B „Silas").

meinden zu stärken (Apg 15, 32). Er hat mit Paulus und Timotheus zusammen die Mühen und Gefahren des Missionsdienstes getragen. Ja, er nahm mit Paulus Gefangenschaft und Folter um Jesu willen auf sich (Apg 16, 22–24). In schwierigen Lagen konnte Paulus ihn bei den Gemeinden zurücklassen, damit er die Arbeit weiterführte und die Gläubigen stärkte (Apg 17, 14). Dadurch hat er die paulinische Missionsarbeit wesentlich mitgetragen. Was Silvanus nach der Wirksamkeit der Missionsmannschaft in Korinth getan hat (Apg 18, 5), ist uns nicht überliefert. Ob er im grie und kleinasiatischen Missionsraum zurückgeblieben ist, um die Gemeinden zu festigen? Ob er nach Antiochien zurückgegangen ist? Jedenfalls kann Petrus nur diesen in Kleinasien bekannten und geschätzten Mitarbeiter des Paulus meinen, wenn er nun gegenüber den Gemeinden des paulinischen Missionsgebietes ohne nähere Kennzeichnung einfach von „Silvanus" spricht. Die Bemerkung: **Durch Silvanus, den treuen Bruder, wie ich urteile, habe ich euch kurz geschrieben** kann eine Schwierigkeit beseitigen, nämlich die, daß der 1. Petrusbrief in auffallend gutem Grie geschrieben ist.[250] Sicher hatte Silvanus beim Diktat die Möglichkeit, den Brief mehr oder weniger zu beeinflussen. Es könnte sogar sein, daß er ihn nach mündlicher oder schriftlicher Anweisung des Petrus selbständig verfaßt hat, denn daß er gebildet war und schreiben konnte, ist sehr wahrscheinlich (vgl. Apg 13, 23). Es ist jedoch auch möglich, daß unser Vers gar nicht den Schreiber, sondern den Überbringer des Briefes bezeichnet.[251] Unser Vers ist dann eine Beglaubigung für den Überbringer. Er bestätigt, daß Silvanus im Auftrag des Apostels kommt. Silvanus konnte zugleich die Weisung bekommen haben, die Gemeinden über den Brief hinaus mündlich zu stärken. Die Wirkung eines Briefes hing weithin ab von der Haltung dessen, der ihn überbrachte. Ob er sich darum bemühte, den Brief wirklich zu allen Empfängern gelangen zu lassen, wie er ihn erläuterte und ergänzte, alles das war entscheidend. Daher fügt Petrus hinzu: **den treuen Bruder, wie ich urteile**[252]. Petrus kann nur sein auf gute Gründe gestütztes Urteil zum Ausdruck bringen. Das letzte Wort steht Gott zu. Ist nun Silvanus Schreiber oder Überbringer des Briefes? Eine dritte Möglichkeit ist die, daß er beide war. Er hatte schon einmal einen solchen Doppeldienst getan.[253] Man muß bedenken, wieviel Entbehrungen und Gefahren solch umfangreicher Reisedienst durch Kleinasien mit sich bringt. Er kostet viel Einsatzbereitschaft und Selbstlosigkeit. Barclay sagt von Silvanus (S. 262): Er „gehört zu den Männern, ohne die die Kirche zu keiner

250 Siehe die Einleitung.

251 Schlatter („Erläuterungen" zu 5, 12) sagt: „Weil Silvanus nach Kleinasien ging, darum schrieb Petrus an die dortigen Gemeinden. Er brachte ihnen den Brief. Petrus benützt ihn zu diesem Dienst, weil er in ihm den treuen Bruder sieht."

252 Das grie Wort drückt mehr aus als unser „wie ich meine" (vgl. LÜ). Der Apostel will nicht seine Unsicherheit ausdrücken, sondern seine begründete Überzeugung.

253 Vgl. Apg 15, 22–23. Dort heißt es: die Apostel beschlossen ... Judas, genannt Barsabas, und Silas nach Antiochien zu senden, und sie „schrieben durch ihre Hand": ...

Zeit auskommt. Er begnügte sich mit einem Platz im Hintergrund, um dem Werk Gottes zu dienen. Manch einer, der weder ein Petrus noch ein Paulus sein kann, kann doch ein getreuer Silvanus sein, ohne den weder Paulus noch Petrus ihr Werk hätten ausrichten können.“ **Kurz** (wörtlich: „durch weniges“) **habe ich euch geschrieben** – damit wird Petrus ausdrücken wollen, daß er nur das Wichtigste geschrieben hat, daß er gern manches noch weiter ausgeführt hätte, es sich aber versagen muß. Er faßt Ziel und Inhalt des Briefes noch einmal zusammen: **euch ermahnend und bezeugend, daß dies die wahre Gnade Gottes ist.** Es ist wichtig, daß das grie ›parakalein‹ = **ermahnen** zugleich auch „trösten“ und „ermutigen“ bedeutet (vgl. zu 2, 11). Wer in schwerer Lage angefochten ist, braucht innere Hilfe, Tröstung und Ermutigung.[254] Doch können nur diejenigen ermutigt werden, die in der **wahren Gnade Gottes** stehen. Das ist die Grundfrage, ob der Weg richtig ist, ob die Christen von Kleinasien in der wahren Gnade Gottes stehen. Sollen sie bei der von Anfang an umstrittenen paulinischen Rechtfertigungsbotschaft bleiben oder nicht doch zu der judaistischen Gesetzesgerechtigkeit übergehen? Diese Fragen mögen die Gemeinden bewegt haben. Petrus will mit unserem Brief **bezeugen, daß dies die wahre Gnade Gottes ist.** Natürlich hat ihm vor Augen gestanden, daß die Gemeinden, an die er schreibt, weithin durch den Dienst „unseres geliebten Bruders Paulus“ (2Pt 3, 15) entstanden sind. Mit diesen Worten bestätigt er den Dienst des Paulus und die Bruderschaft zwischen ihnen beiden. Mag es zu gewissen Zeiten auch einmal Differenzen zwischen Petrus und Paulus gegeben haben (Gal 2, 11), hier spüren wir wieder Einmütigkeit. Gott sorgt dafür, daß wirkliche Brüder sich wiederfinden und neu schätzen lernen. Petrus bezeugt, „daß dies die wahre Gnade Gottes ist, **in die ihr euch hineinstellen sollt“.** Andere übersetzen: „in der ihr steht“.[255] Im Grie klingt beides an: ihr steht schon in der wahren Gnade Gottes, und: stellt euch in diese einst von Paulus und jetzt von mir, Petrus, bezeugte Gnade Gottes bewußt neu hinein. Das entspricht ganz und gar dem Wesen ntst Ermahnens (1Th 4, 1; vgl. auch 1Th 4, 9 f.: ihr steht schon in der Bruderliebe – wir ermahnen euch, ... „daß ihr noch völliger werdet“).

Es grüßt euch die Mitauserwählte in Babylon und Markus, mein 13
Sohn. „Die **Mitauserwählte**“ oder „Miterwählte“ wird eine Christengemeinde bezeichnen.[256] Schon im AT ist Israel als „Braut“ gesehen (Jer 2, 2), und im NT wird die Gemeinde die „auserwählte Herrin“

[254] Es ist töricht, wenn gesagt wird, von Worten könne man nicht leben. Mahnung und Zeugnis können lebensrettend sein, wenn sie von göttlicher Wahrheit erfüllt sind.

[255] Das Grie der ntst Zeit (das sog. Koine-Griechisch) formuliert nicht immer ganz exakt. Daher sind kleinere Übersetzungsunterschiede durchaus vertretbar. Da Petrus jedoch im allgemeinen genau formuliert, dürfen wir annehmen, daß er hier bewußt eine unscharfe Ausdrucksweise gewählt hat.

[256] Die andere Deutung, daß es sich um die Frau des Petrus handeln könne und bei Markus um seinen leiblichen Sohn, wird von den Auslegern zwar erwähnt, aber im allgemeinen nicht ernstlich erwogen.

genannt (2Jo 1). Auch an 2Ko 11, 2 wäre zu erinnern, wo Paulus den Korinthern schreibt, er eifere mit göttlicher Leidenschaft um sie, da er sie doch einem einzigen Manne verlobt habe, um sie schließlich „als reine Jungfrau dem (kommenden) Messias zuzuführen". So entspricht es biblischem Sprachgebrauch, daß von der Gemeinde wie von einer weiblichen Einzelperson gesprochen wird. Da der Brief an die „auserwählten" Fremdlinge von Kleinasien geht (s. zu 1, 1), ist es sinnvoll, wenn Petrus die Gemeinde des Abfassungsortes, „die Mitauserwählte" nennt. Auch der Abfassungsort selbst ist angegeben: **Babylon.** Im eigentlichen alten Babylon gab es tatsächlich zur Zeit des NT noch eine beachtliche jüdische Gemeinde, und es wäre an sich denkbar, daß Petrus dort Missionsdienst getan hat. Die Mehrzahl der Ausleger neigt aber zu der Annahme, daß „Babylon" ein Deckname für R o m ist. Babylon war seit der babylonischen Gefangenschaft für das atst Bundesvolk der Inbegriff der Gottesfeindschaft, des Götzendienstes und der weltlichen Verführung. Diese Rolle der verschwenderischen, antigöttlichen Weltmacht war inzwischen an die Welthauptstadt Rom übergegangen. So ist es durchaus möglich, daß Petrus zwar „Babylon" sagt, aber R o m meint, um damit zu kennzeichnen, er schreibe vom Zentrum der antichristlichen Bewegung her, die auch die Gemeinden von Kleinasien bedrohte. Ebenso hat später der Seher Johannes den Namen „Babylon" in uneigentlichem Sinne gebraucht (Offb 14, 8; 16, 19; 17, 5. 9). Nach der kirchlichen Überlieferung hat Petrus ja gegen Ende seines Lebens in Rom gewirkt und dort zuletzt auch den Märtyrertod erlitten.[257] Auf Rom als Abfassungsort deutet übrigens auch die Anwesenheit von Markus. Nach Phlm 24 sowie Kol 4, 10 und 2Tim 4, 11 wird er sich zu Anfang der sechziger Jahre in Rom aufgehalten haben. Auch Silvanus (V. 12) deutet mehr in die griechisch-römische Welt als in die babylonische. **Markus, mein Sohn,** wird geistlich gemeint sein, entweder so, daß Markus durch Petrus zum Glauben gekommen ist oder daß er zu ihm steht wie zu einem geistlichen Vater.

14 **Grüßt einander mit dem Kuß der Liebe.** Für **Liebe** gebraucht Petrus hier das grie Wort ›agapæ‹. Es geht bei diesem Kuß um die heilige, von Gott ausgehende Liebe. Paulus nennt diesen Bruderkuß den „heiligen Kuß" (Rö 16, 16; 1Ko 16, 20; 2Ko 13, 12; 1Th 5, 26)[258]. Der Bruderkuß war in der frühen Christenheit Ausdruck ihrer inneren Gemeinschaft, ihrer Bruderliebe (vgl. 1, 22; 4, 8). Es ist eine Sache von weittragender und ewiger Bedeutung, daß es in dieser Welt eine Gemeinde von Erlösten gibt, die durch die Liebe Gottes zusammengeschlossen und von ihr erfüllt ist, die trotz aller Verschiedenheit ihrer Glieder weiß: „unum corpus sumus in Christo" = „e i n Leib sind wir in Christus". Diese ihre geistliche Gemeinschaft sollte immer wieder einmal zum Ausdruck gebracht werden, auf welche Weise

257 Vgl. Einleitung.
258 Vgl. dazu die W. Stb., insbesondere die Anm. zu 2Ko 13, 12, auch das LzB, Art. „Kuß".

auch immer. Die ersten Christen bestätigen sich ihre Verbundenheit bei besonderen Gelegenheiten, etwa bei einer gottesdienstlichen Mahlfeier oder nach der Verlesung solch eines Briefes, indem sie sich **mit dem Kuß der Liebe grüßten,** und zwar Brüder die Brüder und auch Schwestern die Schwestern.

Unser Brief schließt mit den Worten: **Friede euch allen, die** (ihr) **in Christus** (seid) (vgl. Kap 1, 2). In dem Wort **Friede** läßt sich alles zusammenfassen, was man andern Gutes wünscht. Das grie ›eiræne‹ = Frieden entspricht dem hebr ›schalom‹, dem Gruß der Menschen des Alten Bundes. Schalom umfaßt den Frieden mit Gott und als Folge davon auch alle Wohltaten, die Gott uns für Leib, Seele und Geist zuteil werden läßt. Alles das gilt auch für das ntst ›eiræne‹. Jesus hat diesen Friedensgruß vertieft, als er seinen Jüngern nach der Auferstehung mit den Worten begegnete „Friede euch" (Jo 20, 19). Er wünschte nicht nur Frieden, sondern er brachte ihn und zwar in umfassender Weise. Er hat auf Golgatha mit den Menschen als Feinden Gottes (Rö 5, 10) Frieden gemacht durch sein Blut (Kol 1, 20). Wer das im Glauben ergreift, wer die Versöhnung annimmt (2Ko 5, 20), der hat Frieden mit Gott (Rö 5, 1). Damit ist auch die Voraussetzung gegeben für den Frieden des Herzens und den Frieden mit Menschen. Dieser **Friede** im umfassenden Sinn wird hier in der Vollmacht Gottes zugesprochen **allen, die in Christus** sind. Der Ausdruck **in Christus** kennzeichnet nicht ein „mystisches Verhältnis zu Christus", sondern die neue Existenz der Versöhnten. Ganz in diesem Sinne gebraucht auch Paulus diesen Ausdruck (z. B. Rö 8, 1; 2Ko 5, 17). Die Apostel bezeichnen die Christen auf vielfältige Weise (z. B. als „Berufene" Offb 17, 14; „Heilige" Rö 1, 7; „Auserwählte", „Geliebte Gottes" Kol 3, 12) und betonen damit jeweils einen besonderen Wesenszug des Christseins. Damit, daß sie sie bezeichnen als Menschen, **die in Christus sind,** drücken sie aus: Christus ist ihr Lebenselement geworden. Sie sind so von der Gerechtigkeit Christi, so von seiner Nähe umgeben, daß sie völlig in ihm geborgen sind. Sie haben ein ganz persönliches, nahes Verhältnis zu Jesus gefunden, als sie von ihm gerufen wurden, als sie sich in seine Arme geworfen haben und bei ihm Zuflucht fanden vor Sünde, Tod und Teufel. Solchen Menschen **in Christus,** und zwar **allen,** kann man mit Zuversicht **Frieden** zusprechen, auch in schwerer Zeit, weil realer Grund dafür vorhanden ist.

LITERATURHINWEISE

William Barclay:	Briefe des Jakobus und Petrus, Wuppertal, o. J.
J. T. Beck:	Erklärung der Briefe Petri, Gütersloh 1896
Friedrich Hauck:	Die Kirchenbriefe, NTD
Ernst Kühl:	Die Briefe Petri und Judae, Göttingen 1897
Heinrich Rendtorff:	Getrostes Wandern, Eine Einführung in den ersten Brief des Petrus, Furche-Verlag 1951
K. H. Schelkle:	Die Petrusbriefe. Der Judasbrief, Leipzig 1966
Adolf Schlatter:	Die Briefe des Petrus. Erläuterungen zum NT, Berlin 1953
Adolf Schlatter:	Petrus und Paulus nach dem ersten Petrusbrief, Stuttgart 1937
Eduard Schweizer:	Der erste Petrusbrief, Zürich 1972
H. v. Soden:	Die Briefe des Petrus. Handkommentar zum NT, Freiburg 1899
G. Wohlenberg:	Der erste und zweite Petrusbrief. Kommentar zum NT, hrg. von Theod. Zahn, Leipzig 1923
Hermann Cremer:	Bibl.-theol. Wörterbuch der ntst Grācität, Gotha 1899
Oscar Cullmann:	Petrus, Berlin 1961
Paul Feine / Joh. Behm:	Einleitung in das NT, Leipzig 1951
Feine / Behm / Kümmel:	Einleitung in das NT, Heidelberg 1964, 13. Aufl.
Ralf Luther:	Neutestamentliches Wörterbuch, Berlin 1965, 17. Aufl.
Wilhelm Michaelis:	Einleitung in das NT, Bern 1954
Carl Weizsäcker:	Das Neue Testament übersetzt, Freiburg 1898
Benseler:	Griechisch-Deutsches Wörterbuch, Leipzig 1962
W. Pape:	Griechisch-Deutsches Handwörterbuch, Braunschweig 1888
Gottfried Steyer:	Handbuch für das Studium des ntst Griechisch. 2 Bde. Berlin 1968

Der zweite Brief des Petrus und der Brief des Judas

erklärt von

Werner de Boor

R. BROCKHAUS VERLAG

EINLEITUNG ZUM 2. PETRUS- UND JUDASBRIEF

I. Echtheitsfrage

1. **Ist der Brief,** den wir miteinander lesen wollen, wirklich – wie die Überschrift in unserem Band sagt – ein **Schreiben des Jüngers und Apostels Petrus?** Das wird heute von den meisten Theologen bestritten. Die Gründe dafür lassen wir uns am besten von einem Mann wie Dr. A. Schlatter sagen, dessen gläubige Unterordnung unter die Bibel niemand anzweifeln kann. Die „Echtheit" des Briefes bezweifelt er nicht aus Lust an „Bibelkritik". Frei und offen stellt er den „Bibellesern", denen er in seinen „Erläuterungen zum NT" alle ntst Schriften auslegt, gleich zu den beiden Anfangsversen des 2. Petrusbriefes folgendes vor Augen: „Aus der Art, wie dieser Brief den Brief des Judas wiederholt, und aus dem Unterschied der Sprache, die ihn vom ersten Brief des Petrus trennt, ergibt sich deutlich, daß hier nicht Petrus selbst, sondern ein anderer Christ zur Kirche spricht. Er schrieb, um der Christenheit zu sagen, worin das rechtschaffene Christentum bestehe, und wählte für seine Ermahnung diese Form, weil nicht das, was der Verfasser selbst meint und will, sondern das, was die Apostel der Kirche übergeben haben, ihren Anteil an Gottes Gnade fest und ihren Dienst Gottes richtig macht. Den Verdacht, der Verfasser müsse dabei ein schlechtes Gewissen gehabt haben und habe irgendwelchen Betrug im Sinn, brauchen wir nicht zuzulassen; er wählte diese Weise, zur Christenheit zu sprechen, weil er mit Ernst und Überzeugung danach strebt, daß die Gemeinde nicht aus der Bahn weiche, die ihr die Apostel gezeigt haben, sondern das bewahre, was sie von ihnen empfangen hat. Darum setzte er auch nicht den Namen eines andern Apostels, sondern den des Petrus über seinen Brief, weil Jesus Petrus zum ersten seiner Boten gemacht hat und die Kirche durch sein Zeugnis entstanden ist. Sie bleibt deshalb dann auf dem Weg Jesu, wie er ihr von Anfang an gezeigt worden ist, wenn sie das nicht verliert, was ihr Petrus verkündigt hat."

Was haben wir dazu zu sagen?

2. **Die Verschiedenheit in Sprache** und **Stil** zwischen den beiden Petrusbriefen wird jedem aufmerksamen Leser auffallen. Kann der gleiche Mann in so verschiedener Weise schreiben? Nun, es ist immer ein gewisses Wagnis, wenn wir in irgendeiner Sache das Urteil fällen, das und das „könne" nicht sein. Wie sehr verschieden kann auch ein Apostel Paulus in seinem Römer- und im 2. Korintherbrief sprechen. Das hat einfach seinen Grund schon in der Verschiedenheit der Menschen, an die sich der Apostel mit seinen Briefen wendete, und in dem erheblichen Unterschied der Themen, von denen zu reden war. Ist das aber nicht auch bei den beiden Briefen des Petrus der Fall? Ein Trost- und ein Ermutigungsbrief an Christen in der Verfolgung ist etwas ganz anderes als die schroffe und erregte Abwehr gefährlicher Verfälscher und Verführer, die nicht ohne Erfolg in Gemeinden eingebrochen sind. Dazu müssen wir hier noch einmal daran denken, daß Petrus seinen ersten Brief ausdrücklich „durch Silvanos, den treuen Bruder" schreibt. Dieses ausdrückliche Hervorheben

der „Treue“ des Silvanos scheint mir ein klarer Hinweis darauf zu sein, daß Silvanos nicht nur „Diktatschreiber“ war, sondern nach Besprechung mit Petrus und nach den Angaben des Apostels stilistisch eine gewisse Freiheit für die Herstellung des Briefes hatte[1]. Der Brief wäre dann in gewisser Weise noch mehr ein Schreiben des Apostels selbst, da an seinem Schluß jede Erwähnung eines „Schreibers“ fehlt. Die Schroffheit und Derbheit in der Verurteilung und Abweisung der Irrlehrer entspräche dem einfachen Fischer, dem Mann aus dem Volk, aus welchem Jesus sich seinen Petrus nach der Weisung seines Vaters erwählt und berufen hat.

3. Es würde dann auch die **starke Verwandtschaft mancher Partien** im **2. Petrus-** und **Judasbrief weniger auffallend** sein. Männer wie Petrus und Judas gehören nach ihrer menschlichen Herkunft und Umwelt sehr nahe zusammen. Da die bibelkritische Theologie oft recht kühn im Aufstellen von Hypothesen und Konstruktionen ist, dürfen wir es wohl auch einmal sein. Könnten nicht Petrus und Judas in gemeinsamer Sorge über den Einbruch der Irrlehrer in apostolischen Gemeinden gesprochen, ihr Urteil miteinander abgestimmt und eine briefliche Hilfe für die Gemeinde verabredet haben? Nun klingt bei ihnen beiden vieles an, was ihre Gespräche bestimmt hatte.

Die genaue Auslegung beider Briefe wird zeigen, daß von einem „Abschreiben“ des einen Briefes aus dem andern nicht gesprochen werden kann. Gerade die „ähnlichen“ Partien und Sätze beider Briefe sind auch wieder so charakteristisch verschieden, daß ein selbständiges Schreiben auf Grund gemeinsamer Besprechungen tatsächlich die bessere Erklärung für diesen Tatbestand bieten würde. Der Einwand ein Apostel Petrus könne doch nicht aus dem Brief eines geringeren Mannes geschöpft haben, verliert dann seine Kraft.

4. Aber kommt es dann auf die Frage der „Echtheit“, also der Verfasserschaft überhaupt so sehr an? Wir sahen, wie Schlatter den von ihm nicht für echt gehaltenen 2. Petrusbrief mit dem gleichen Ernst und der gleichen Hingabe und Aufmerksamkeit auslegt, wie er es bei einem „echten“ Petrusbrief getan haben würde. Kommt es nicht einfach auf den Inhalt des Schreibens als solchen an?

Aber wie steht es denn mit der Abgrenzung des NT? Die Alte Kirche hat – wenn auch nach längerem Schwanken – den Brief in den ntst Kanon aufgenommen, weil sie ihn für einen Brief des Apostels Petrus hielt. Daran ändert auch die sicher richtige Beobachtung nichts, daß im Altertum das Verfassen von Schriften unter dem Namen eines berühmten Mannes als eine unanstößige Form der Schriftstellerei mehrfach zu beobachten ist. Es wurde in keiner Weise als „unredlich“ oder gar als „Betrug“ empfunden. Trotzdem kann niemand daran zweifeln, daß wir den 2. Petrusbrief sicher nicht in unserem NT hätten, wenn die alte Kirche in seinem Verfasser einen Christen späterer Zeit erkannt hätte, der nur im Namen des Apostels Petrus zu den Gemeinden sprach. Es ist doch ein erheblicher Unterschied, ob jemand unter dem Namen eines „berühmten Mannes“ schrieb, oder ob er bis in das ganz persönliche Leben hinein die Rolle eines maßgebenden Apostels spielt. Das haben trotz eines andern Empfindens im Altertum, die Kirchen doch als eine unmögliche Amtsanmaßung und Unwahrhaftigkeit angesehen. Auch der Apostel Paulus le

[1] Vgl. dazu die Einleitung zum 1. Petrusbrief.

ernsten Wert darauf, daß nur Briefe, die wirklich von ihm selber stammen, in den Gemeinden Geltung haben (2Th 2, 2).

5. Vollends müssen wir aber doch wohl fragen, ob der Heilige Geist, der Geist der Wahrheit, einem Mann seine Leitung und seine Vollmacht geschenkt hätte, der ausdrücklich als „Petrus“ zu den Gemeinden sprach, ohne doch Petrus wirklich zu sein? Mag der Wille jenes Mannes noch so redlich gewesen sein, durch diesen Brief die Gemeinden bei der Lehre des Petrus zu erhalten, immer ermangelt seinem Verfahren jene letzte Redlichkeit und „Sonnendurchsichtigkeit“, auf die der Apostel Paulus so entscheidenden Wert legte. Dazu sagt der Heilige Geist nicht sein Ja.

Dann aber ist die Frage nach dem Verfasser dieses Briefes doch von großem Ernst. Gute und lehrreiche Schriften, gewiß nicht ohne Licht des Heiligen Geistes geschrieben, hat es in der frühen Christenheit genug gegeben. Aber damit sind sie noch nicht qualifiziert zur Aufnahme in die Bibel. Wir werden in diesem Band den 2. Petrusbrief als einen Brief des Apostels selbst lesen und darin uns mit der Alten Kirche verbunden wissen.

II. Abfassungszeit, Empfänger, Anlaß des Briefes, Kirchliche Überlieferung

1. Abfassungszeit

Über die Abfassungszeit des 2. Petrusbriefes erfahren wir nur aus dem Brief selbst, daß er in der letzten Lebenszeit des Apostels geschrieben wurde, ehe er in der Verfolgung der Christen durch Kaiser Nero den Märtyrertod erlitt.

2. Die Empfänger

Die Empfänger werden nur nach ihrem Glaubensstand, nicht nach ihrem Wohnort gekennzeichnet. Sie sind freilich auch Empfänger des 1. Briefes. Aber auch der erste Brief hatte die Art eines Rundschreibens, das wahrscheinlich auch zu andern Gemeinden gelangt sein kann, die nicht zu den kleinasiatischen Landschaften gehörten[2]. Dieser weitere Kreis von Gemeinden wird im 2. Petrusbrief von den Aposteln angesprochen.

3. Der Anlaß

Der Anlaß, der Petrus sowohl wie Judas zum Schreiben trieb, wird in den Briefen selbst sehr deutlich aufgezeigt. Es ist ein Einbruch in die Gemeinden geschehen durch Irrlehrer und Verführer, die in steigendem Maße Einfluß auf die Gemeinde gewinnen. Wir werden das Recht haben, diese neuen Männer der großen Bewegung der

[2] Vgl. dazu die Einleitung zum 1. Petrusbrief.

„Gnosis" zuzurechnen, die damals in einem weiten und darum unübersichtlichen Strom durch alle Länder flutete und überall in die Religionen und Gedankensysteme einzudringen suchte. Es gibt heidnische „Gnosis" im Judentum und es gab, wie wir in unseren beiden Briefen sehen, starke Bemühungen der „Gnosis", sich auch des jungen Christentums zu bemächtigen. Wir wissen nicht allzu viel über die „Gnosis". Die Männer, die in die Gemeinden eingedrungen waren, wollten durchaus „Christen" sein, sonst hätten sie auch gar keinen Einfluß gewinnen können. Ja, sie wollten ein höheres, freieres Christentum bringen. Schon in Korinth wurde das sichtbar (1Ko 5, 6).

Wir versuchen hier in der Einleitung nicht ein umfassendes Bild der **„Gnosis"** zu geben. Das „Theologische Begriffslexikon" beschreibt die Gnosis in folgender Weise:

„Gnosis (grie gnōsis Erkenntnis) ist eine allg. Sammelbezeichnung für relig. Bewegungen, die die Erlösung und Befreiung des Menschen von der Erkenntnis über Wesen, Ursprung und Ziel der Welt, des Menschenlebens sowie der göttlichen Regionen abhängig machen. Unter Gnostizismus und Gnosis im engeren Sinn versteht man eine Richtung im Judentum, Hellenismus und Christentum vom 1. Jh. v. Chr. bis zum 4. Jh. n. Chr. (Höhepunkt im 2. Jh. n. Chr.), die zu einer Erkenntnis Gottes zu gelangen suchte, deren Ziel die Vergöttlichung der Geistmenschen (Pneumatiker) durch das Schauen und das oft ekstatische Einswerden mit der Gottheit war.

Zum gnostischen Lehrsystem gehören der theologische Dualismus zwischen Schöpfung und Erlösung, Emanationstheorien über das Ausströmen des Göttlichen zur Welt, Erlösungsvorstellungen, die die Befreiung des Christen von der Materie und Rückkehr zur ursprünglichen göttlichen Heimat behaupten, so wie die Lehre über die physische Wirksamkeit der Sakramente als pharmaka athanasias, Heilmittel der Unsterblichkeit. In der christlichen Gnosis wird der Glaube aus seiner geschichtlichen Bezogenheit gelöst, die reale Fleischwerdung Christi geleugnet (Doketismus) und der Glaubensgehorsam eingeschränkt. Anhänger dieser Richtung heißen Gnostiker, entsprechende Vorstellungen werden gnostisch genannt" (a. a. O. S. XVIII).

Wer sich noch näher unterrichten will, wird in jeder KG und auch in dem Sammelwerk J. Leipoldt / W. Grundmann „Umwelt des Urchristentums" (Bd. 1, 2. Aufl. Berlin 1967, besonders S. 371—415) genügend Material finden. Wir werden in der Auslegung die einzelnen Stellen aufzeigen, die den Aposteln so gefährlich erschienen und die sie darum mit großer Härte und Entschiedenheit bekämpften. Von daher versteht sich auch die Heftigkeit ihrer Sprache in den Briefen.

4. Kirchliche Überlieferung

Dieser Brief hat sich nur langsam in der Kirche durchgesetzt, bis er als ein Schreiben des Apostels Petrus anerkannt und in den Kanon aufgenommen wurde. Origenes (185—254) bezeugt ihn, Hieronymus (340—420) hält ihn für echt, zum Kanon gehört er seit dem 39. Osterfestbrief des Athanasius im Jahre 367.

III. Zum Judasbrief

1. Der **Verfasser** bezeichnet sich selbst als „Judas, ein Sklave Jesu Christi und Bruder des Jakobus“ (V. 1). Damit weist er unzweifelhaft hin auf den Herrnbruder Jakobus. Er selbst ist also auch einer der leiblichen Brüder Jesu, die in Mk 6, 3 genannt werden. Über sein Leben ist nichts Näheres bekannt. Wahrscheinlich gehörte auch er zu Jesu Lebzeiten nicht zu dessen Jüngerkreis.

2. Die **Abfassungszeit** des Briefes mag in das letzte Drittel des 1. Jh. fallen. Aus dem Briefinhalt geht hervor, daß Judas zu einer Zeit schrieb, in der die „Gnosis“ gerade in die Gemeinden einbrach, die sie noch keineswegs als allgemein anerkannte Irrlehre kannte und ausschied.

3. Über den **Ort der Abfassung** wissen wir nichts.

4. Die **Echtheit des Briefes** ist des öfteren in Frage gestellt worden. Hierfür wird vor allem V. 17 f. herangezogen, aus denen herausgelesen wird, daß bereits von den Aposteln Zeiten vorausgesagt wurden, in denen Spötter auftreten werden. Auch Judas gehöre zu diesen Aposteln. Der Verfasser verstecke sich hinter diesem „Judas“, um unter Berufung auf apostolische Überlieferungen die gnostischen Irrlehrer und deren Einfluß zu bekämpfen.

Diese Auffassung ist allerdings nicht mehr als eine bloße Vermutung, die keinen verbindlichen Anspruch erheben kann. (Vgl. dazu die Auslegung von V. 17 f. auf S. 243.)

5. Schon die **frühkirchliche Überlieferung** (Tertullian, Kanon Muratori) kennt diesen Brief und stellt die Verfasserschaft des Judas nirgends in Frage.

IV. Literaturhinweise

A. Schlatter „Die Briefe des Petrus, Judas, Jakobus, der Brief an die Hebräer“, Bd. 9 „Erläuterungen zum NT“

NTD Bd. 10 „Die Kirchenbriefe“ von Fr. Hauck

K. H. Schelkle „Die Petrusbriefe, der Judasbrief“, Benno-Verlag Leipzig und Herder-Verlag Freiburg.

Der zweite Brief des Petrus

Eingangsgruß

2. Petrus 1, 1–2

Zu Vers 1: Apg 15, 8 f. Rö 1, 12
Zu Vers 2: Kol 1, 9 f. Jud 2

1 **Symeon Petrus, Sklave und Apostel Jesu, des Christus, an die, die**
den gleichwertigen Glauben mit uns empfangen haben durch die
2 **Gerechtigkeit unseres Gottes und** (des) **Retters Jesus Christus: ***
Gnade und Friede werde euch reichlich zuteil durch die Erkenntnis
Gottes und Jesu, unseres Herrn.

Ebenso wie in seinem 1. Brief folgt Petrus hier der Sitte seiner Zeit, wenn er den Absender an den Anfang des Schreibens setzt, sodann die Empfänger kennzeichnet und beide durch einen Gruß verbindet.

1 **Symeon Petrus, Sklave und Apostel Jesu, des Christus**[1]: Petrus nennt hier, anders als in seinem 1. Brief, seinen ursprünglichen Namen „Simeon" und schreibt ihn in seiner hebr Wortform **Symeon**. Wir können daraus wohl schließen, daß sein Brief an judenchristliche Kreise geht, die sich freuen, seinen Namen in seinem ursprünglichen Klang[2] zu hören. **Petrus** ist der von Jesus selbst ihm verliehene Zuname, der in der Urchristenheit weithin ebenfalls noch in seiner aramäischen Form Kephas gebraucht worden ist[3]. Seine Stellung zu Jesus bezeichnet er in doppelter Weise. Mit vollem freien Willen ist er **Sklave** Jesu, des Messias Israels, und will leiden und wirken als einer, der Jesus total gehört, in der völligen Abhängigkeit von ihm lebt und in ganzem Gehorsam wirkt. Dieses Wirken aber ergibt sich aus seiner Berufung zum apostolos, zum bevollmächtigten Gesandten **des Christus,** d. h. des Königs **Jesus.** Dessen **Sklave**[5] ist er. Ein Sklave in der damaligen Gesellschaftsordnung hatte jede freie Verfügung über sich selber verloren und war seinem Herrn „leibeigen": Nichts konnte er von sich selber aus tun, sondern hatte stets die Weisung des Herrn zu befolgen. Genauso wollte Petrus seinem „Herrn Jesus"

[1] Über die Fragen der Verfasserschaft des 2. Petrusbriefes vgl. die Einleitung S. 177 ff.
[2] Genau genommen lautet er Schimeon.
[3] Vgl. Mt 16, 18; Jo 1, 42; 1Ko 1, 12; 3, 22; 9, 5; 15, 5; Gal 1, 18; 2, 9; 11, 14.
[4] Vgl. dazu 2Ko 2 in der W. Stb.
[5] Vgl. dazu die Auslegung von Judas V. 1.

dem Christus Gottes, – allerdings mit freiem Willen! – gehören und dienen, und zwar aus tiefer Dankbarkeit dafür, daß dieser ihn mit dem Einsatz seines Lebens zu seinem Eigentum erworben und gewonnen und damit herausgerissen hatte aus Sünde und Tod. Sein Dienst für Jesus aber wird bestimmt durch seine Berufung. Das haben die Briefempfänger zu bedenken, wenn sie ihn zu sich reden hören.

Wer sind diese Hörer[6]? Im Gegensatz zum ersten Brief wird das von ihnen bewohnte Gebiet nicht genannt. Welchen Grund Petrus dafür hatte, wissen wir nicht. Da es aber sein zweiter Brief an sie ist (vgl. 3, 1!), müssen es die gleichen Empfänger sein, die in 1Pt 1, 1 angesprochen sind.

Sie werden aber diesmal anders gekennzeichnet, nämlich als solche, **die den gleichwertigen Glauben mit uns empfangen haben durch die Gerechtigkeit unseres Gottes und** (des) **Retters Jesus Christus.** Demnach ist **der Glaube** das entscheidende Kennzeichen jedes wirklichen Christen[7].

Glauben meint in der Bibel das hingebende Vertrauen zu dem Gott, der sich in seinem Wort, in seinen rettenden Taten und abschließend in der Person des Christus offenbart. Ein solches Vertrauen kann nicht von uns selbst „gemacht“ werden, so wenig es ohne unsere eigene Beteiligung und ohne unseren eigenen Willen zustande kommt. Es wird **empfangen** in der Begegnung mit dem lebendigen Gott, zu der uns die bevollmächtigten Boten führen.

Es ist **der gleichwertige Glaube**[8], den sie **mit uns**[9] (den Aposteln) **empfangen haben.** Das ist eine erstaunliche Sache! Von Natur sind wir geneigt zu denken: die großen Apostel hatten doch einen ganz anderen inneren Besitz als die späteren Gemeindeglieder. Nein, gerade im Eigentlichen, vor Gott Entscheidenden, im „Glauben“, stehen sie nicht hinter den Aposteln zurück; sie haben Gleichwertiges. Ja, daß es mit dem gleichwertigen Glauben bei denen, die Jesus selber nie sahen, noch etwas Erstaunlicheres ist, sagt Jesus dem Thomas (Jo 20, 29), und Petrus spricht es seinem Herrn nach (1Pt 1, 7–9).

Wie aber kommen sie zu solchem **gleichwertigen Glauben,** der sie mit dem Apostel Petrus in einer kostbaren Gleichheit[11] verbindet?

[6] Wir denken daran, daß damals ein apostolisches Schreiben nicht zum Lesen von Hand zu Hand wanderte, sondern in der Gemeindeversammlung vorgelesen und so von den Gemeindegliedern „gehört“ wurde.

[7] Im NT wird verhältnismäßig wenig von „Bekehrung“ und „Bekehrten“ gesprochen. „Zum Glauben kommen“, „gläubig werden“, das ist der Vorgang, den das NT heraushebt.

[8] Das grie Wort kann auch den Klang von „gleichartig“ haben. Ein dem Glauben eines Petrus „gleichartiger“ Glaube ist auch „gleich kostbar“, wie gern übersetzt wird.

[9] Das „mit uns“ meint hier nicht zeitlich „zugleich mit uns“. Der Glaube in den Gemeinden entstand ja erst durch die apostolische Verkündigung.

[10] Ob wir selber das genug vor Augen haben, da wir doch auch diesen „gleichwertigen Glauben“ empfingen?

[11] Hier liegt die tiefe Einheit aller wirklichen Christen aus allen Jahrhunderten, allen Völkern, allen Lebensständen, über alle großen Unterschiede hinweg.

Nun wird es vollends klar, daß es nicht ihr Machwerk ist, sondern das Werk Gottes in ihnen: Sie haben den Glauben **empfangen durch die Gerechtigkeit unseres Gottes und** (des) **Retters Jesus Christus.** Fraglich ist, ob wir in diesem Satz mit Recht vor „Retter" den im grie Text nicht ausdrücklich stehenden Artikel „des" einschieben müssen, oder ob Petrus Jesus wirklich als „unser Gott und Retter" bezeichnen wollte. Gewiß ist das ganze NT von der gottheitlichen Würde Jesu überzeugt, aber nur ganz selten wird er ausdrücklich als „Gott" bezeichnet[12]; ob auch hier, bleibt als Möglichkeit offen. Der nächste Vers unterscheidet aber sofort „Gott" (den Vater) und „Jesus Christus, unseren Herrn".

Weit wichtiger ist die Frage, wie wir es zu verstehen haben, daß uns mit den Aposteln gleichartiger und gleichwertiger Glaube geschenkt worden ist **durch die** (oder: in der) **Gerechtigkeit Gottes.** Eine Reihe von Auslegern sehen diese „Gerechtigkeit" nur darin, daß Gott im Zuteilen des Glaubens keinen Unterschied macht, sondern jedem Glaubenden das gleich kostbare Geschenk verleiht. Aber selbst wenn Petrus hier nicht mehr sagen will, müssen wir doch weiter fragen: Warum tut Gott das so? Nur um einer äußerlichen, formalen „Gerechtigkeit" willen ohne einen inneren und wesentlichen Grund? Schon im AT ist die „Gerechtigkeit Gottes" doch etwas ganz anderes als was wir vom juristischen und politischen Denken her darunter verstehen. Es ist die Recht verleihende, dem Bedrängten Recht schaffende, schenkende Gerechtigkeit. Im NT wird sie die „rechtfertigende" Gerechtigkeit Gottes (Rö 1. 17!), die im Evangelium sich enthüllt und gerade dem Sünder ein neues Recht und den Frieden mit Gott verleiht (Rö 5, 1). Auf unserer Seite ist dabei nur eins nötig und kann nur eins geschehen: das glaubende Annehmen des einzigartigen Geschenkes, das Gott uns in der Erlösungstat Jesu (Rö 3, 21–26) anbietet. Damit stehen wir aber genau bei unserem Text. Es gibt überhaupt nur diesen einen „Glauben", durch den jeder in dieser rechtfertigenden, rettenden Gerechtigkeit Gottes das Leben findet, der gleich errettend und darum „gleich kostbar" ist, in einem Apostel oder in einem geringsten Christen in Kleinasien, ob damals oder in irgendeinem Winkel der Welt heute. Durch den **Retter Jesus Christus** durch seine Versöhnungstat wird Gott erst zu **unserem** Gott, der „für uns" da ist (Rö 8, 31 ff.).

Gerade darum aber, weil alle, die überhaupt errettet sind, von dieser wunderbaren **Gerechtigkeit** Gottes leben, hat sich Petrus hier unwillkürlich an „alle" gewandt und keine geographische Eingrenzung der Empfänger vorgenommen.

2 **Gnade und Friede werde euch reichlich zuteil durch die Erkenntnis Gottes und Jesu, unseres Herrn.** Den Zuspruch von Gnade und Friede kennen wir aus vielen Briefen des NT. Aber während sich Jakobu

[12] Ob es in Rö 9, 5 geschieht, ist fraglich (vgl. W. Stb. z. St.), ebenso ist Tit 2, 13 nicht völlig eindeutig, wie die LÜ zeigt. In Hbr 1, 9 wird die Anrede „Gott" an Jesus nur im Zitat eines ats Psalmes gebraucht; und in Jo 20, 28 ist es der anbetende Ruf eines einzelnen Jüngers.

mit dem üblichen ganz knappen „Freude zuvor“[13] begnügt, hat Petrus hier den Segensspruch eigentümlich erweitert. Er verweist nicht nur im allgemeinen wie Paulus auf Gott und auf Jesus als Quelle von „Gnade und Frieden“, sondern sagt uns, daß uns diese Gaben **durch die Erkenntnis Gottes und Jesu, unseres Herrn, reichlich zuteil werde.** Warum dieser Zusatz? Vielleicht ist der Blick des Petrus hier schon auf die „Gnostiker“[14] gerichtet. Sie halten „bloßen Glauben“ für eine niedere Stufe der Beziehung zu Gott, und „Pistiker“ war in ihrem Mund eine abwertende Bezeichnung. Sie selbst sahen sich jedenfalls durch Gnosis = „Erkenntnis“ weit darüber erhaben. Nun stellt Petrus die lebendige Verbindung zwischen „Glauben“ und **Erkenntnis**[15] her. Gerade nur in der Glauben schaffenden Begegnung mit Gott in Jesus unserem Herrn „erkennen“ wir wahrhaft und richtig. Alle Erkenntnis aber, die wir nur aus unseren Gedanken oder aus philosophischen Systemen zu gewinnen meinen, geht an Gottes wahrem Wesen, an seiner **Gnade** und seinem **Frieden** vorbei. Für Petrus folgt die „Erkenntnis“ der grundlegenden Beziehung zu Gott im Empfangen des kostbaren Glaubens. Etwas von der späteren Aussage des großen Kirchenlehrers Anselm von Canterbury: credo ut intelegam = „ich glaube, damit ich erkenne“, wäre hier schon der Sache nach den Briefempfängern als innere Gegenwehr gegen die Gnosis nahegelegt.

Gottes Gaben und unsere Aufgaben

2. Petrus 1, 3—11

3 **Da uns seine göttliche Macht das alles geschenkt hat, was zum**
Leben und zur Frömmigkeit (dient), **durch die Erkenntnis dessen,**
der uns durch die eigene Herrlichkeit und Tüchtigkeit gerufen
4 **hat, * durch die er uns die teuren und großen Verheißungen geschenkt hat, damit ihr durch diese Teilhaber der göttlichen Natur**
werdet, entflohen dem Verderben, das durch die Begierde in der
5 **Welt ist: * Eben deshalb wendet allen Eifer an und reicht dar in**
eurem Glauben die Tüchtigkeit, in der Tüchtigkeit aber die Er-
6 **kenntnis, * in der Erkenntnis aber die Enthaltsamkeit, in der**
Enthaltsamkeit aber die Tragkraft, in der Tragkraft aber die
7 **Frömmigkeit, * in der Frömmigkeit aber die Brüderlichkeit, in**
8 **der Brüderlichkeit aber die Liebe. * Denn wenn diese bei euch**
vorhanden sind und wachsen, stellen sie euch nicht untätig und

Zu Vers 3: 2Ko 4, 4. 6; 7, 1 1Pt 2, 9
Zu Vers 4: Eph 4, 22 Phil 2, 12 Kol 3, 9. 10
Zu Vers 5: Gal 5, 6. 22
Zu Vers 6: 1Ko 9, 25
Zu Vers 7: Jo 15, 16 f. Gal 6, 10; 4, 9

13 Jak 1, 1; vgl. Apg 23, 26 (in der rev. LÜ mit „Gruß zuvor“ wiedergegeben).
14 Vgl. dazu die Einleitung auf S. 170 und die Auslegung des Judasbriefes S. 244 f.
15 Dem Wort)gnosis(setzt Petrus die Vorsilbe)epi(voran, die im hellenistischen Grie meist kein großes Gewicht hatte. Immerhin kann das)epi(hier eine „eindringliche“ Erkenntnis meinen.

1Th 3, 12
Zu Vers 8:
Mt 13, 22
Zu Vers 9:
1Jo 2, 9. 11
5Mo 28, 28 f.
Zu Vers 11:
Jo 3, 5

auch nicht fruchtlos hin zu der (vollen) **Erkenntnis unseres Herrn**
9 **Jesus Christus. * Denn bei wem diese nicht sind, blind ist er in**
seiner Kurzsichtigkeit, indem er die Reinigung von seinen alten
10 **Sünden in Vergessenheit geraten ließ. * Um so mehr, Brüder, setzt**
Eifer daran, eure Berufung und Erwählung festzumachen. Denn
wenn ihr dies tut, werdet ihr keinesfalls jemals zu Fall kommen.
11 *** Denn so wird euch reichlich dargereicht werden der Zutritt zu**
dem ewigen Königtum unseres Herrn und Retters Jesus Christus.

3 Petrus beginnt sein Schreiben mit ernsten und umfassenden Mahnungen. Unser Christenleben und Gemeindeleben vollzieht sich nicht einfach von selbst, vielmehr ist dazu unser eigener entschlossener Einsatz nötig (V. 10). Aber Petrus ist auch in seinem Mahnen „evangelisch“ und nicht „gesetzlich“, indem er von Gottes freiem und reichem Schenken ausgeht. **Da uns seine göttliche Macht das alles geschenkt hat, was zum Leben und zur Frömmigkeit dient.** Für „schenken“ steht im Grie ein Wort, das die ganze Freiheit des göttlichen Gebens bezeichnet. Keiner hat es Gott abverdient, frei und umsonst kommt es aus der **göttlichen**[16] **Macht** zu uns.

Wenn uns aber Gottes Macht beschenkt, dann sind wir reich und wirkungsvoll begnadet. Gott hat dabei viel mehr mit uns im Sinn als nur die Gewährung von allerlei irdischen Gütern. Wohl dient uns Gottes Schenken zum „Leben“; aber es ist göttliches Leben, das sich als Frömmigkeit zeigt[17]. Frömmigkeit hat mit „Frömmelei“ nichts zu tun. Gott wahrhaft kennen – Petrus spricht sogleich davon –, Gott ehren und lieben, für Gott da sein, das ist zugleich das wahre, uns schon in der Schöpfung (1Mo 1, 27) zugedachte „Leben“. Dafür schenkt uns Gott in reichem Maße **das alles**, was dazu dient; nichts fehlt, was wir nötig haben. Da bleibt solch ein **Leben** nicht ein fernes Ideal, sondern wir dürfen es tatsächlich haben. Das ist „Evangelium“.

Seinem Wesen nach kann es uns allerdings nicht wie ein äußerer Besitz zufallen. Es ist von uns ganz persönlich zu ergreifen **durch die Erkenntnis dessen, der uns durch die eigene Herrlichkeit und Tüchtigkeit gerufen hat.** Wieder verwendet Petrus das Wort **Erkenntnis**. Gewiß deshalb, weil all unser innerer Besitz nur auf dem Wege des „Erkennens“ in unser Herz gelangt. Wahrscheinlich will Petrus die Hörer auch aufs neue gegen die „Gnosis“ wappnen. Auch wir haben „Erkenntnis“, und sie ist auch für uns grundlegend. Aber es ist nicht

[16] Das Wort theios = „göttlich“ ist ein Wort grie Religiosität. Im NT kommt es sonst nur noch einmal vor in der Areopagrede Apg 17, 29. Das gibt uns einen Hinweis, wie der jüdische Apostel Petrus dazu kommt, ein solch fremdes Wort zu gebrauchen. Wie Paulus auf dem Areopag und wie jeder echte Bote spricht er die Sprache seiner Hörer. Auch wenn es judenchristliche Gemeinden waren, in ihrer Umgebung hörten sie bei religiösen Gesprächen ständig dieses Wort theios, wie auch die grie Übersetzung des AT, die Septuaginta LXX, es aufgenommen hat. Ein zwingender Einwand gegen die Verfasserschaft des Petrus ist also damit keineswegs gegeben.

[17] Wieder ist mit eusebaia = Frömmigkeit ein typisch hellenistisches Wort verwendet.

jenes falsche „Erkennen“, mit welchem der Mensch sich Gottes in allerlei Gedankensystemen und Spekulationen zu bemächtigen sucht. Genau im Gegensatz dazu gründet die echte **Erkenntnis** Gottes nicht in dem Mühen des Menschen, sondern in dem Ruf Gottes, der aus der Ewigkeit in unser Leben eindringt und uns Menschen sucht und trifft und zu sich zieht. Da zeigt sich dem Menschen Gottes **eigene Herrlichkeit und Tüchtigkeit.** Also nicht um die „Tüchtigkeit“ des Menschen in irgendeiner „religiösen Anlage“, um irgendein „strebend sich bemühen“ geht es, sondern allein um **Gottes Tüchtigkeit.** Und **Gottes Tüchtigkeit** ist seinem gottheitlichen Wesen entsprechend etwas sehr anderes als die unsrige. Er vollbringt mit ihr Wunder, vor allem das Wunder, Menschen aus Verderben und Tod (V. 4) zum wahren Leben zu bringen[18].

Und eben diese Herrlichkeit und Vollkommenheit ist es, **durch die** 4
er uns die teuren und großen Verheißungen geschenkt hat, damit ihr durch diese Teilhaber der göttlichen Natur werdet, entflohen dem Verderben, das durch die Begierde in der Welt ist. Von Natur aus sind wir alle dem **Verderben** verfallen[19], **das durch die Begierde in der Welt ist.** Das muß nicht näher erklärt werden. Wem nämlich die Augen dafür aufgegangen sind, wer unter Schmerzen den heißen, vergeblichen Kampf mit der **Begierde** geführt und dabei Rö 7, 14 f. durchlitten hat[20], der weiß das, und ihm ist es eine wunderbare Tatsache, nun **dem Verderben entflohen** zu sein. Aber bei diesem „Entfliehen“ bleibt es nicht. Unlöslich damit verknüpft – Voraussetzung und Folge zugleich – ist ein unerhörter Gewinn: wir werden **Teilhaber der göttlichen Natur.** Hier stehen wir wirklich vor **teuren und größten Verheißungen.** An Gottes eigenem heiligen Leben sollen wir Anteil bekommen. Der Sache nach ist es aber nichts anderes als das, was schon in 1Pt 1, 15 f. den Gemeindegliedern vor Augen gestellt wurde und was sich nach vielen Stellen des NT durch die Einwohnung des Heiligen Geistes in uns verwirklicht. So werden ehemals widergöttliche und dem Verderben verfallene Menschen zu „Heiligen“ (vgl. 1Ko 1, 2). Petrus sagt es an dieser Stelle mit hellenistischen und religiösen Ausdrücken, welche die Bibel sonst nicht gebraucht[21]. Er mag sich wieder ganz bewußt den gnostischen Aussagen anschließen, um

[18] Die rev. LÜ gibt das Wort aretae hier mit „Kraft“ wieder, um das gleiche Wort in V. 5 in alter Weise mit „Tugend“ zu übersetzen. Die LXX benützt das Wort in Jes 42, 12 und 43, 21 für den hebr Ausdruck tehilla = „Ruhm“, im Wortlaut etwa auch als „Ruhmestaten“ zu fassen. Der Ausdruck „Tugend“ ist in der Tat veraltet und moralistisch, aber „Tüchtigkeit“ läßt sich im Sinne unserer Auslegung an dieser Stelle verwenden, damit der Leser zugleich sieht, daß in V. 3 u. 5 tatsächlich dasselbe Wort steht. Vgl. auch 1Pt 2, 9. Es ist wieder ein grie Wort, das von Paulus nur in Phil 4, 8 einmal verwendet wird.

[19] Vgl. dazu Rö 1, 18 ff., wo von Paulus das Dahingegebensein des Menschen von Gott aufgezeigt wird. (Siehe W. Stb. z. St.)

[20] Vgl. die Auslegung dazu in Rö 7, 14 f. in der W. Stb.

[21] Eine gewisse Parallele finden wir dazu in der Art, wie der Apostel Paulus in Apg 17, 29 auf seine Hörerschaft in Athen ebenfalls den grie Gedanken von der „Verwandtschaft“ des Menschen mit Gott anwendet: „Da wir nun Gottes Geschlecht sind.“

den Gemeinden in ihrer Auseinandersetzung ermutigend zu zeigen: was die neue Lehre euch mit ihren Methoden zu verschaffen sucht, das haben wir von Gott her in einer ganz anderen Wirklichkeit.

Petrus sagt allerdings, daß wir Teilhaber der göttlichen Natur erst **werden** sollen. Wir haben überhaupt darauf zu achten, daß unser Satz den Blick auf **die teuren und großen Verheißungen** richtet und so dem eschatologischen Grundzug der ganzen Bibel folgt. Ganz gewiß gelten die großen Zusagen Gottes auch schon für unser jetziges Leben, denn gerettet durch Jesus Christus entfliehen wir jetzt schon dem Verderben in der Welt (vgl. auch 1Th 1, 10), hier allerdings nur so. daß wir der Mahnung „du aber, Gottes Mensch, fliehe solches“ (1Tim 6, 11; 2Tim 2, 22) immer neu folgen. Endgültig „entflohen“ werden wir erst am ewigen Ziel sein. Aber das **Teilhaben an der göttlichen Natur** beginnt, sobald Christus in uns ist und „in mir lebt“ (Jo 17, 23; Gal 2, 20) und wir „Heilige“ und Glieder am Leibe Christi sind. Doch wie bruchstückhaft und unvollkommen bleibt das, bis wir „ihm gleich sein werden“, wenn wir „ihn sehen, wie er ist“ (1Jo 3, 2; Rö 8, 29)! Wahrlich, das sind „teure und große Verheißungen“, die uns eine unbeschreiblich herrliche Zukunft eröffnen. Dieser eschatologische Zug wird von Petrus wohl auch deshalb von Anfang an so hervorgehoben, weil der Zweifel an der zukünftigen Hoffnung in die Gemeinden eingebrochen war. In Kap 3, 1–13 wird der Brief noch ausdrücklich darauf eingehen.

5 Petrus blickt auf all das, was er als Gottes großes Geschenk vor uns hingestellt hat, und zieht daraus die Folgerung. Der lange Satz begann ja mit einem „Da“. Die Folgerung lautet: **eben deshalb wendet allen Eifer an . . .** Überall im NT erwächst aus dem mächtigen Zuspruch wesensmäßig der entsprechende Anspruch, aus der Gabe die Aufgabe, aus dem uns verliehenen Sein dessen Realisierung in unserem Tun[22]. Gottes Gaben sind uns nicht zum frommen Genießen verliehen und die großen Zukunftsverheißungen nicht zum interessanten Betrachten. Wir sind zu eigenem, ernsthaftem Einsatz gerufen. Und gerade in diesem Einsatz erfahren wir das „Leben“ und den „Anteil an der göttlichen Natur“.

Petrus geht aus von dem Lebensgrund unseres ganzen Christseins, von unserem **Glauben.** Er weiß, daß **Glauben** nicht theoretische Ansicht, nicht gedankliches Fürwahrhalten ist, sondern „ein lebendig wirkend, tätig, mächtig Ding“. Er fragt auch nicht, ob gute Werke zu tun sind, sondern ehe man fragt, hat er sie getan und ist immer im Tun[23]. Hier heißt es in aller Kürze: **und reicht dar in eurem Glauben die Tüchtigkeit:** ist Gott **tüchtig** in seinen Ruhmestaten, so dürfen wir als Glaubende und im Glauben zu Gott Gehörende auch tüchtig sein zu fruchtbarem Handeln; dazu werden wir klare Erkenntnis des

[22] Schon in der Urform des Evangeliums Mt 4, 17 wird das sichtbar. Paulus legt es besonders in Rö 6 und für die Eschatologie in 1Th 5, 6–8 dar.

[23] Luther in der Vorrede zum Römerbrief WA DB 7, 2.

Willens Gottes haben müssen (vgl. Rö 12, 1. 2): einen von Gott geschenkten Durchblick durch die jeweilige Lage und ein rechtes Urteilen als wachsende Erfahrung (Phil 1, 9 f.). Darum: reicht dar **in der Tüchtigkeit die Erkenntnis.** Wenn aber unser Wirken in der Welt 6
fruchtbar sein soll, muß neben die Erkenntnis sogleich die **Enthaltsamkeit** (oder: Selbstzucht, Selbstbeherrschung) treten[24]. Nur mit ihr überwinden wir die vielen Verlockungen von außen und von innen, die uns im Wirken für Gott aufhalten wollen. Und weiter: **in der Enthaltsamkeit aber die Tragkraft.** Jedes echte und wirksame Leben für Gott begegnet dem mächtigen Widerstand der Welt und ihres unheimlichen Fürsten. Da gilt es viel auszuhalten und zu tragen. Darum wird auf die Tragkraft (LÜ „Geduld") im NT immer wieder hingewiesen (auch Gal 5, 22). Wenn Petrus nun einfügt: **in der Tragkraft aber die Frömmigkeit,** dann kann uns das zunächst wundern. War nicht in V. 3 die Frömmigkeit als etwas Umfassendes und Grundlegendes genannt? Warum nun hier mitten in dieser Reihe? Vielleicht, damit wir **Enthaltsamkeit** und **Tragkraft** nicht hart und schwer empfinden, sondern es erwarten, daß gerade im Verzichten auf Lokkungen, in unserer Selbstzucht und im standhaften Tragen von Leiden für Gott die Freude am Herrn und die Hingabe an ihn wächst. Vor allem aber wohl deshalb, weil wirkliche „Brüderlichkeit" und eigentliche „Liebe" erst möglich wird in unserem Verhältnis zu Gott. Immer ist es Gott, der „zuerst" „liebt" und durch die Hingabe Jesu in den Tod uns aus dem Tod unserer Lieblosigkeit in das Leben der Liebe bringt.

So geht der Blick von Gott wieder zu den Menschen zurück, unter 7
denen wir leben und wirken. Die „Gnostiker" und die großen „Geistesmenschen" unter ihnen lassen es gerade an dieser Blickwendung fehlen, die es ermöglicht, den Menschen im Licht der Liebe Gottes zu sehen[25]. Mangelnde Liebe bei allen geistigen Höhen – das ist es, was Paulus und Johannes grundlegend der „Gnosis" vorwarfen. Das hat wohl auch Petrus in den Gemeinden gesehen, an die er sich mit diesem Brief wendet. Darum mahnt er: **In der Frömmigkeit aber die Brüderlichkeit, in der Brüderlichkeit aber die Liebe.** Natürlich kann man ›philadelphia‹ (Brüderlichkeit) auch mit Bruderliebe übersetzen, dann muß man aber zu dem folgenden Wort „Liebe" das Wort „allgemein" hinzufügen, das im grie Text nicht steht. Philein hängt mit ›philos‹ = „Freund" zusammen und bezeichnet darum das „freundliche", herzliche Verhalten zum „Bruder", eben die **Brüderlichkeit.** Mit **Liebe** = Agape aber ist Gottes einzigartiges, bedingungsloses Lieben gemeint, das wir in Jesus vor Augen haben. Und

[24] Das Wort ist im NT selten; immerhin ist es in Gal 5, 22 f. in der „Frucht des Geistes" ausdrücklich mitgenannt. Zugleich ein Hinweis, daß es auch hier nicht einfach um eine menschliche „Tugend" geht. In 1Ko 9, 25 wird klar, daß es ohne „Enthaltsamkeit" keinen siegreichen Kampf geben kann (vgl. dazu W. Stb.). Diese Tatsache haben wir im Schwärmen für die „evangelische Freiheit" zu oft vergessen!

[25] Vgl. 1Ko 3, 1–4; 8, 9–13; Rö 14, 15; 1Ko 13; 1Jo 3, 11–18.

eben diese Gottesliebe ist durch den Heiligen Geist in unsern Herzen ausgegossen, und sie ist die Grundfrucht des Geistes (Rö 5, 5b; Gal 5, 22). Sie kann und soll freilich auch dem Bruder gelten (1Jo 3, 14). Aber sie ist „unteilbar" und umfassend bis hin zum Lieben des Feindes[26].

Eine ganze Kette von Äußerungen des neuen Lebens wurde uns vor Augen gestellt. Es ist bedeutungsvoll, daß diese Kette mit dem „Glauben" beginnt und mit der **Liebe** endet. Von Glauben und Liebe ist alles umfaßt. Durch Glauben und Liebe wird alles andere lebendig erhalten, und eins ist ohne das andere nicht da.

8 Und nun läßt Petrus den Gewinn aus einem solchen Leben des „Darreichens" von einer „Tüchtigkeit" zur andern vor uns aufleuchten: **Denn, wenn diese bei euch vorhanden sind und wachsen, stellen sie euch nicht untätig und auch nicht fruchtlos hin zu der** (vollen) **Erkenntnis unseres Herrn Jesus Christus.** Das **Wenn** in diesem Satz werden wir nicht anders aufzufassen haben wie an Phil 2, 1. Petrus zweifelt nicht, daß all dieses, was er aufzählt, wirklich bei den Hörern seines Briefes zu finden ist. Freilich, es muß auch noch die andere Bedingung erfüllt sein: daß es wie alles Lebendige wächst (vgl. 1Th 4, 10b–11). Und dann erfahren sie es auch, daß ihr Christenleben und Gemeindeleben nicht **untätig und fruchtlos** ist. All diese Tüchtigkeiten bringen sie weiter in der **Erkenntnis unseres Herrn Jesus Christus.** Auch hier kann wie bei Vers 2 die Vorsilbe ›epi‹ vor ›gnosis‹ das tiefere Eindringen in die Erkenntnis unterstreichen. Zugleich ist der Satz auch wieder gegen die neuen Strömungen gerichtet, die ihre „Erkenntnis" rühmen und gegen einen „bloßen Glauben" ausspielen. Nein, zur echten Erkenntnis kommen wir auf dem Wege der „Gnostiker" gerade nicht. Nur die praktischen Betätigungen christlichen Lebens, die im Glauben ihre Wurzel haben (V. 5), bringen uns tiefer in die Erkenntnis unseres Herrn Jesus Christus hinein. Es geht ja nicht um das gedankenmäßige Erfassen von „Wahrheiten", sondern um das Erkennen einer „Person", um ein unmittelbares Erkennen, durch das personhafte Gemeinschaft zustande kommt. Im Kampf gegen die „Gnosis" soll ja das Erkennen nicht abgewertet, sondern vielmehr von der Gemeinde in seiner vollen Bedeutung gewertet werden. Es muß aber jenes Erkennen sein, von dem Jesus selbst bezeugte: „Das aber ist das ewige Leben, daß sie dich, den allein wahren Gott, und den du gesandt hast, Jesus Christus, erkennen" (Jo 17, 3). Dazu aber soll eine Gemeinde der „Glaubenden" nicht untauglich und auch nicht fruchtlos zu der Erkenntnis Jesu Christi sein.

9 Nein, Petrus sieht den Schaden viel tiefer! Der Gegensatz zur wahren Erkenntnis ist „Blindheit", nicht „Unkenntnis". Niemand ist in der Gemeinde, der nicht viel von Jesus wüßte. **Denn bei wem diese**

[26] „Allgemeine Liebe" sagt das nicht klar genug. „Liebe zu allen Menschen", könnte diese Liebe recht verschwommen erscheinen lassen. Das „große Gebot" hat sie nicht umsonst für „den Nächsten" gefordert.

nicht sind, blind ist er in seiner Kurzsichtigkeit, indem er die Reinigung von seinen alten Sünden in Vergessenheit geraten ließ. Wieso **blind in seiner Kurzsichtigkeit?** Nun, total blind wird keiner sein, der überhaupt noch in und mit der Gemeinde lebt. Aber man kann sehr **kurzsichtig** sein, also nur das allernächste sehen und auch das nur undeutlich auffassen, dann ist man von der Not eines „Blinden" nicht weit entfernt[27]. Die Gnosis wird die schweren Schäden einer solchen **Kurzsichtigkeit** in den Gemeinden gesehen und ins Licht gestellt haben. Das aber kann gerade ernste und eifrige Christen damals beeindruckt und veranlaßt haben, sich einer Bewegung zu öffnen, die hier Abhilfe versprach. Deshalb muß auf den eigentlichen Grund des Übels hingewiesen werden. Warum gibt es blinde Gemeindeglieder in ihrer **Kurzsichtigkeit?** Es fehlen ihnen alle jene praktischen Lebensäußerungen vom Glauben der Tüchtigkeit bis zur wahren Liebe, und zwar deshalb, weil sie **die Reinigung von ihren alten Sünden in Vergessenheit geraten ließen.** Das kann in zweifacher Weise verstanden werden: Entweder sie drangen gar nicht bis zur Reinigung von allen ihren Sünden durch, auch wenn sie bei ihrem Christwerden einen Anfang dazu machten. Weil sie **vergessen,** wie notwendig eine ganze und volle Reinigung ist, nehmen sie ihr altes Wesen und Leben weitgehend mit in ihren Christenstand hinein. Oder sie ließen die einst bei der Bekehrung erfahrene **Reinigung in Vergessenheit geraten,** indem sie nicht mehr aus der Vergebung und Reinigung lebten und dadurch alte Sünden neu in sich aufleben ließen. Beides könnte gerade durch die Gnosis mit ihren „Höhenwegen" gefördert worden sein[28]. Dann fehlte alles das, was Petrus als praktisches Glaubensleben beschrieben hat, und Menschen werden **blind.** Man sieht Jesus, den Gekreuzigten, mehr und mehr nur noch durch einen Nebel, mag man sich auch noch so stolz seiner Erkenntnisse rühmen[29].

Petrus schreibt das alles, weil er diese Gefahr in die Gemeinden 10
eindringen sieht. Die Gemeinden müssen sich vor ihr schützen. Wer hören kann, soll den Warnruf hören: **Um so mehr, Brüder, setzt Eifer daran, eure Berufung und Erwählung festzumachen!** Sie sind, wie schon V. 3 feststellte, von Gott „Gerufene", die gehört, sich dem Ruf

27 Welch eine Menge „kurzsichtiger" Christen gibt es in unseren Gemeinden! Wie arm ist ihr innerer Besitz! Wie wenig, wie unzureichend ihre Erkenntnis Jesu! Wie unfähig sind sie deshalb auch für die Aufgaben, die der Gemeinde Jesu in der Welt gestellt sind!

28 Wie es in gnostischen Kreisen dann direkt zu einem bewußten, unbußfertigen Festhalten von alten Sünden kommen konnte, zeigt uns 2Ko 12, 21. Vgl. auch die Auslegung zu V. 4: der eschatologische Zug war nicht wirklich da, darum war auch die Reinigung nicht dringlich für sie. Vgl. auch 1Jo 3, 3.

29 Diese Hinweise sind in jeder Zeit von ernster Bedeutung. Immer ist uns die Gefahr nahe, über irgendwelchen geistigen und geistlichen Reichtümern und Höhen unsere Sünden leicht zu nehmen und die Reinigung von ihnen in Vergessenheit geraten zu lassen. Man wird für die eigene Sünde und Sündhaftigkeit immer „kurzsichtiger" und sieht das Kreuz Jesu nicht mehr wirklich. Darum betont Paulus den Korinthern gegenüber, er sei zu ihnen nicht mit hohen Worten und hoher Weisheit gekommen und habe unter ihnen nichts wissen wollen als nur Jesus, und ihn als Gekreuzigten (1Ko 2, 1–2).

erschlossen und mit Staunen und Dank in dieser **Berufung** zugleich ihre ewige **Erwählung** gesehen haben. Ist dann mit dieser Berufung und Erwählung durch Gott nicht alles Notwendige geschehen, da Gottes Berufung ihn doch nicht gereuen kann? (Rö 11, 29). Ja, aber die **Berufung und Erwählung** macht uns doch nicht zu „Marionetten" in Gottes Hand, er läßt uns „Person" bleiben mit eigener Verantwortung. Darum haben wir auf seine Erwählung und Berufung zu „antworten", indem wir beides bei unserer Bekehrung persönlich annehmen, und dadurch, daß wir sie weiter und weiter **festmachen.** Dieses **Festmachen**[30] geht durch unser ganzes Leben bis hinein in die letzten Anfechtungen des Sterbens. Dazu gehört in jeder Lebenslage wieder neu unser **Eifer**[31], denn wir stehen ja im Strom einer „Welt", die uns in starken Strömen von Gott und von unserer Berufung und Erwählung wegzureißen sucht.

Es folgt die Zusage: **Denn wenn ihr dies tut, werdet ihr keinesfalls jemals zu Fall kommen.** Natürlich kann dieses **zu Fall kommen** auch einzelne sittliche Fehltritte meinen; aber im Zusammenhang unseres Textes soll das hauptsächlich heißen: in eine Irrlehre und eine Irreführung hineingeraten. Verführerischen Strömungen steht der Christ oft scheinbar wehrlos gegenüber, vollends dann, wenn die Irreführer zu einem höheren und glänzenderen Christentum zu führen scheinen. Wer aber seine ursprüngliche Berufung und Erwählung je länger desto mehr „festgemacht" hat und von seinem Glauben aus diese ganze in V. 5 aufgezeigte Kette[32] entwickelt, der wird vom Strudel wechselnder Strömungen nicht zu Fall gebracht werden[33].

11 Er erreicht das große Ziel. Es ist nicht verwunderlich, wenn gerade Petrus dieses Ziel mit dem Urwort **Gottes Königtum** aus der Verkündigung des Täufers und des Herrn Jesus selbst bezeichnet. Freilich ist es jetzt nicht mehr „Königtum der Himmel" oder „Königtum Gottes". Inzwischen ist es ja durch die heilsgeschichtlichen Ereignisse – nämlich die Sendung Jesu, seinen Kreuzestod, seine Auferstehung, seine Erhöhung **das Königtum unseres Herrn und Retters Jesus** geworden, der als der Christus dieses Königtum in seiner Person verkörpert. Der „Zutritt" oder „Eingang" zu diesem herrlichen Königtum ist Sache der Zukunft und der Gegenwart zugleich. Es ist ja auch in den Reden und Gleichnissen Jesu selbst dies „Himmelreich" etwas,

[30] Petrus hat hier nichts darüber gesagt, wie dieses „Festmachen" geschieht. Er wird vor allem an die Kette der Lebensäußerungen denken, von der er eben gesprochen hat, die vom „Glauben" bis zur „Liebe" reicht. Aber er wird auch das im Blick haben, wovon er gleich in den Versen 12–15 reden wird. Es geht um die ständige „Erinnerung" an die großen Taten und die teuren und großen Verheißungen, die Gott uns geschenkt hat. Auch an 1Pt 2, 9 ist in diesem Zusammenhang zu denken.

[31] Wie schnell wird das in der Christenheit vergessen und versäumt! Wir begeistern uns in großen Plänen christlicher Aktivität in der Welt und achten nicht auf unsere erste und grundlegende Aufgabe.

[32] Es steht im grie Text das Wort tauta (= „diese"), das schon in V. 8 stand, in welchem „diese Dinge" der Verse 5–7 angesprochen sind.

[33] Vgl. auch die Auslegung zu Judas 24.

was erst noch „kommt", und doch auch etwas, was sich jetzt schon in bestimmter Weise ereignet. Es ist „herbeigekommen" und wirkt aufs stärkste schon hier und jetzt. Und doch wird es erst noch wahrhaft „kommen" müssen und jene „neuen Himmel" und die „neue Erde" schaffen, von der in 3, 13 die Rede sein wird. Der „Zutritt" zu diesem Reich aber ist für uns jetzt schon in unserem Herrn und Retter Jesus und durch die von ihm als Messias vollbrachte Errettung ermöglicht. Und niemand wird dem Verderben der Welt wirklich entfliehen, wenn er nicht hier schon in das Gottesreich eingegangen ist (V. 4)[34]. Wir dürfen gewiß sein, daß uns dieser Zutritt **reichlich dargereicht wird.** Auch hier wieder denkt Petrus ganz und gar „evangelisch" und nicht „gesetzlich". Denn dieser Zutritt muß von uns gerade n i c h t errungen, erarbeitet oder gar irgendwie verdient werden; er ist Geschenk der Gnade. Aber er wird nur denen **dargereicht**[35], die wirklich „glauben" und diese Wirklichkeit ihres Glaubens in jener „Tüchtigkeit" erweisen, von der wir eben in V. 5—7 hörten.

Zugleich aber ist auch für Petrus dieses **ewige Königtum unseres Herrn und Retters Jesus Christus** notwendig eine zukünftige Größe, von der jetzt das Prophetenwort redet (V. 19) und die erst mit „dem Tag des Herrn" in ganzer, alles erfüllender Herrlichkeit in Erscheinung treten wird (3, 8—13). Doch gerade an diesem „Tag des Herrn" kommt für uns alles darauf an, daß uns der Zutritt zu dem **ewigen Königtum** frei und reich „dargereicht" wird. Gerade einem Petrus mag das alles sehr ernst vor Augen stehen, was der Herr selbst von der verschlossenen Tür und dem „Draußenstehen" gesagt hat (Mt 25, 10—13; Lk13, 25—27). Dementsprechend ist auch der nächste Abschnitt ganz der Zukunft zugewandt.

Die Bürgschaft der großen Zukunftserwartung der Gemeinde

2. Petrus 1, 12—21

12 **Darum will ich immer bedacht sein, euch an diese Dinge zu er-**
innern, obwohl ihr sie kennt und durch die (euch) **gegenwärtige**
13 **Wahrheit gestärkt seid. * Ich halte es aber recht, solange ich in**
14 **diesem Zelt wohne, euch wachzuhalten durch Erinnerung, * da**
ich weiß, daß der Abbruch (oder: das Ablegen) **meines Zeltes nahe**
15 **ist, wie es auch unser Herr Jesus Christus mir offenbart hat. * Ich**

Zu Vers 12:
Rö 15, 15
Kol 1, 6
1Jo 2, 21
Jud 5
Zu Vers 13:
2Ko 5, 1. 1

[34] Von dem „Zutritt" oder „Eingang", den wir im Glauben durch Jesus Christus haben, spricht auch Paulus in Rö 5, 2. Hbr 10, 19 ff. und Kol 1, 13 rühmen sogar unsere „Versetzung" aus dem Machtbereich der Finsternis unter die „Königsherrschaft des Sohnes seiner Liebe".

[35] Dies „Darreichen" geschieht nach Eph 4, 16; Kol 2, 19 auch durch die Glieder der Gemeinde selbst, die hier einen ganz entscheidenden Dienst aneinander tun, natürlich nicht aus sich selbst, sondern vom Haupt des Leibes her. Geschieht dieser Dienst heute bei ihnen?

Zu Vers 14:
Jo 21, 18. 19
2Tim 4, 6
Zu Vers 16:
Mt 17, 1. 2
Lk 9, 32. 43
Jo 1, 14
Apg 4, 20
Zu Vers 17:
Jes 42, 1
Ps 2, 7
Mt 3, 17; 17, 5
Zu Vers 19:
Ps 119, 105
Lk 1, 78 f.
Jo 1, 9
Zu Vers 20:
Mk 4, 34
Zu Vers 21:
Apg 2, 1–6; 28, 25
2Tim 3, 16 f.
1Pt 1, 10–12

will mich aber bemühen, daß ihr auch jederzeit nach meinem Hin-
16 **gang die Möglichkeit habt, euch dieser Dinge zu erinnern. * Denn**
nicht mit Weisheit ausgedachten (oder: ausgeklügelten) **Mythen**
folgend haben wir euch die Macht und die Parusie unseres Herrn
Jesus Christus kundgetan, sondern weil wir Augenzeugen seiner
17 **Hoheit geworden sind. * Denn von Gott, dem Vater, empfing er**
Ehre und Herrlichkeit, als für ihn eine solche Stimme von der er-
habenen Herrlichkeit erging: Mein geliebter Sohn ist dieser, an
18 **dem ich Wohlgefallen gefunden habe. * Und diese Stimme hörten**
wir selber vom Himmel her ergehen, als wir mit ihm zusammen
19 **auf dem heiligen Berge waren. * Und umso fester ist das prophe-**
tische Wort, das wir haben; ihr tut gut, wenn ihr auf dieses achtet,
als auf eine Lampe, die an finsterer Stätte leuchtet, bis der Tag
20 **anbricht und der Morgenstern aufgeht in euren Herzen. * Das**
aber erkennt zuerst, daß keine Weissagung der Schrift eigene
21 (eigenmächtige) **Deutung zuläßt. * Denn nie wurde durch den Wil-**
len eines Menschen eine Weissagung gegeben, sondern vom Hei-
ligen Geist getrieben haben Menschen von Gott her gesprochen.

12 Im ersten Abschnitt unseres Briefes hat Petrus das Leben der Gemeinde Jesu und aller ihrer wahren Glieder geschildert, wie es sich aus ihrem Glauben durch jene Kette von Haltungen und Handlungen bis zur „Darreichung der Liebe" (V. 5–7) entfaltet. Das ganze Leben der Gemeinde stand ihm dabei im Lichte der großen Zukunftserwartung. Sehr bedacht und bewußt schreibt er: **Darum will ich immer bedacht sein, euch an diese Dinge zu erinnern, obwohl ihr sie kennt und durch die** (euch) **gegenwärtige Wahrheit gestärkt seid.** Die Apostel wenden sich in ihren Briefen an Gemeinden, die die Botschaft kennen, deren **Wahrheit** in den Gemeinden **gegenwärtig** ist und die Gemeindeglieder **stärkt.** Das haben sie vielfach erfahren. Dieses „Stärken" ist ein „Festigen" und „Stützen", gerade auch in den Anfechtungen, denen die Gemeinde ausgesetzt ist[36]. Aber weil es sich um so wichtige Dinge handelt, will Petrus **immer bedacht sein euch an diese Dinge zu erinnern.** Wir alle haben dieses **Erinnern** nötig[37], es geht ja nicht um ein natürliches, in sich selbstverständliches „Wissen". Gottes Wahrheit steht in fundamentalem Gegensatz zu allem, was der Mensch nach dem Sündenfall denkt und will. Gottes Botschaft erscheint dieser Welt als „Torheit", wie umgekehrt diese Welt bei Gott Torheit ist (1Ko 1, 21; 3, 18–20). In dieser Lage sind wir ständig in Gefahr, Gottes Wahrheit abzuschwächen, ja zu „vergessen" und uns dieser Welt anzupassen. So ist das **Erinnern**[38] eine we-

[36] Auch die Apostel Paulus und Johannes rechnen mit dem „Wissen" der Gemeinden, an die sie schreiben. Vgl. 1Jo 2, 20.
[37] Vgl. zu diesem wichtigen biblischen Wort die Auslegung zu Jud 5.
[38] Nach Jo 14, 26 ist es der Heilige Geist selbst, der durch die Apostel, Prediger und Lehrer heute dieses „Erinnern" ausübt. Dabei ist dieses Erinnern im biblischen Sinn ein immer

sentliche Aufgabe der apostolischen Schriften, wie auch aller Verkündigung, die jemals in der Gemeinde des Auferstandenen geschehen ist[39].

Die Notwendigkeit dieser Aufgabe unterstreicht Petrus im nächsten
Satz: **Ich halte es aber für recht, solange ich in diesem Zelt wohne,** 13/14
euch wachzuhalten durch Erinnerung, da ich weiß, daß der Abbruch (oder: das Ablegen) **meines Zeltes nahe ist, wie es auch unser Herr Jesus Christus mir offenbart hat.** Die Gemeinde und ihre Glieder müssen immer neu **„wachgehalten“**, ja auch neu „geweckt“ werden durch lebendiges und vollmächtiges Erinnern alles dessen, was sie bereits „kennen“ (1Ko 15, 1–2). Das „Vergessen“ geschieht durch ein Müdewerden, Schläfrigwerden, Einschlafen, gerade auch im Blick auf die Zukunftserwartung (vgl. Rö 13, 11; 1Th 5, 6–8).

Bei diesem **Erinnern** fällt den Aposteln eine einzigartige Aufgabe zu. Sie sind die Urzeugen des Retters Jesus Christus und die Träger der ersten Gemeinde gründenden Verkündigung. Petrus konnte von Jesus, von seinem Lehren, Handeln, Leiden, Sterben, Auferstehen sprechen wie kaum ein anderer, er, der „Felsen“, auf den Jesus seine Gemeinde bauen wollte. Es geschah bisher vor allem mündlich; aber das war nur möglich, **solange er in diesem Zelt wohnte.** Diese Zeit nähert sich nun ihrem Ende: **Ich weiß, daß der Abbruch** (oder: das Ablegen) **meines Zeltes nahe ist**[40]. Das hier für „nahe sein“ verwendete Wort kann auch die Plötzlichkeit eines Geschehens bezeichnen. Woher „weiß“ Petrus, daß sein Sterben herannaht und plötzlich kommen kann? Schon seine Lage macht es ihm deutlich. Er ist ja in Rom; dort wächst die Gefahr. Und sein Herr, Jesus Christus, hatte es ihm ja selbst gedeutet, „mit welchem Tode er Gott preisen würde“ (Jo 21, 18 f.). Ein gewaltsames Ende wird es sein, wirklich ein **Abbruch** des **Zeltes,** in dem er jetzt noch weilt[41].

Im Blick darauf schreibt Petrus seinen Hörern: **Ich will mich aber** 15
bemühen, daß ihr auch jederzeit nach meinem Hingang die Möglichkeit habt, euch dieser Dinge zu erinnern. Dazu dient ihnen sein Brief[42],

neues „Vergegenwärtigen“ dessen, was Gott gesagt und getan hat. Vgl. dazu W. Stb. zu 1Ko 11, 24 ff.

39 Auch heute hat Predigt und Unterricht immer neu zu „erinnern“, und niemand darf solches „Erinnern“, Vergegenwärtigen, Wiederholen und Einprägen für überflüssig halten.

40 So sah es auch Paulus für sich, daß das Ende nahe ist: 2Tim 4, 6.

41 Es ist wichtig für uns, wie Petrus hier von seinem Leben und Sterben spricht, ganz übereinstimmend mit dem Apostel Paulus in 2Ko 5, 1. Daraus ist klar zu ersehen, daß die heute oft als „biblisch“ vorgetragene Sicht, beim Tode sterbe nicht nur der Leib, sondern auch die Seele des Menschen, von Petrus und Paulus keineswegs geteilt wird. Sie sehen den Leib als „Zelt“, in dem wir eine Zeitlang wohnen und aus dem wir als Person „auswandern“, wenn es „abgebrochen wird“, bzw. wenn wir es ablegen, wie man in V. 14 auch übersetzen kann (2Ko 5, 8). Mit dem Abbruch eines Zeltes ist aber dessen Bewohner keineswegs mit vernichtet. (Vgl. dazu auch Phil 1, 23!)

42 Das Schreiben dieses Briefes ist ein „Bemühen“. Oder könnte Petrus vielleicht auch noch daran denken, daß er es war, der nach alter kirchlicher Überlieferung für das Zustandekommen des Markusevangeliums gesorgt hat?

indem er für sie **jederzeit,** auch **nach seinem Hingang**[43], das Mittel der Erinnerung an das sein wird, wovon er hier Zeugnis gibt.

16 Und eben um „Zeugnis" von der Geschichte, selbst erlebter Geschichte, nicht um **mit Weisheit ausgedachte Mythen** handelt es sich hier[44]. **Mythen,** seltsame religiöse Erzählungen aus der Frühzeit der Völker gibt es in allen Religionen und Kulturen. Das zur Kennzeichnung der **Mythen** verwendete Wort „ausgeklügelt" muß nicht abwertend gemeint sein. In Mythen hat der Mensch – je nach seiner Kulturstufe gröber oder feiner – sein Weltverständnis, sein Denken über Leben und Tod, sein religiöses Sehnen, sein Ahnen von Gott ausgesprochen; so können sie durchaus tiefsinnig sein und an unser Innerstes rühren. Aber sie haben alle den einen tiefen Schaden: sie sind von Menschen **erdacht**[45]. Für sie braucht man keinen Augenzeugen. Sie reden nicht von geschichtlichen Tatsachen, die „bezeugt" werden können und müssen. Sie wandern durch die Welt, immer neu aufgenommen und umgebildet und sprechen für sich selbst. Aber im Zeugnis von Jesus handelt es sich gerade nicht um einen Mythos. Darum kann mit Nachdruck betont werden: **Denn nicht mit Weisheit ausgedachten** (oder: ausgeklügelten) **Mythen folgend haben wir euch die Macht und die Parusie unseres Herrn Jesus Christus kundgetan, sondern weil wir Augenzeugen seiner Hoheit geworden sind.** Für einen „Mythos" gibt es keine **Augenzeugen,** wohl aber für **die Macht und die Parusie unseres Herrn Jesus Christus.** Und in Petrus steht einer von diesen Augenzeugen vor der Gemeinde. Er betont das, weil für die damaligen (und die heutigen!) Menschen auch das Evangelium leicht als ein „Mythos" erscheint. Von „sterbenden" und „auferstehenden" Göttern wurde viel gesprochen. Mythen dieser Art wurden sinnbildlich auch von Philosophen verwendet. Aber nie hat ein solcher sterbender und auferstehender Gott je gesehen und geschichtlich bezeugt werden können. Dieses Sterben und Auferstehen wurde auch gar nicht als Geschehen verstanden, sondern nur als „Sinnbild" für den Kreislauf von Vergehen und neuem Aufbruch des Lebens in der Natur. Von Jesus aber bezeugt Johannes für alle Apostel: „wir sahen seine Herrlichkeit" (Jo 1, 14; 1Jo 1 und 3).

Petrus braucht dafür den Ausdruck **die Macht und die Parusie unseres Herrn Jesus Christus.** Das ist eine seltsame Zusammenstellung.

[43] Vielleicht ist das Wort)exodos(, „Ausgang, Auszug" – das 2. Buch Mose heißt ja Exodus = Auszug – absichtlich gewählt, um ganz bewußt das Sterben nicht als „Vernichtung", sondern als „Auszug" aus dieser Welt und Zeit und aus dem „Leibeszelt" zu bezeichnen.

[44] Darum ist das schriftliche Zeugnis des Apostels zwar zunächst – wie alle Briefe der Apostel – an einen bestimmten Kreis von Empfängern gerichtet. Aber von ihm leben alle Generationen aller Gemeinden in allen Völkern und Erdteilen. Vielleicht hat das Petrus schon selbst vor Augen gestanden, als er diesem seinem Brief keine bestimmte Adresse gab. Es „gibt für die Apostel keine Nachfolger und für ihre Schreiben keinen Ersatz. Deshalb hat die Kirche am NT ihr Fundament" (Schlatter).

[45] Auf sie trifft Feuerbachs Religionstheorie zu: in der Religion stelle der Mensch die Erfüllung seines Sehnens und Wünschens in phantastischer Weise als Wirklichkeit vor sich hin, wie er in ihr auch seine Ängste und Schrecken personifiziere.

Und ebenso eigen ist es, daß Petrus nun seine Augenzeugenschaft nicht auf die Wunder bezieht, in denen Jesus seine „Macht" bewies, ja, jetzt nicht einmal die Auferstehung Jesu und das Sehen des Auferstandenen nennt, sondern seinen Blick auf ein einzigartiges Erlebnis konzentriert: auf die Verklärung Jesu auf dem Berge (Mt 17, 1–9). Warum tut er das? Ihm liegt in seinem Brief – wie wir schon beobachten konnten – an der Zukunft, der die Gemeinde entgegengeht. Darum faßt er unwillkürlich **Macht und Parusie** fest zusammen. In dem neuen, alles verwandelnden und vollendenden Kommen wird erst Jesus seine Macht, seine **Hoheit** öffentlich erweisen und sein Werk wahrhaft zum Ziel bringen. In der Verklärung auf dem Berge aber sah Petrus den Hereinbruch dieser „Zukunft" in die Gegenwart. So verklärt wird Jesus einmal bei seiner Parusie dastehen. In solcher Herrlichkeit erschien Jesus den Jüngern nach seiner Auferstehung gerade nicht. Kein einziger Osterbericht schildert den Auferstandenen so[46].

Ein Zweites kommt hinzu. Petrus, dem „Zeugen Jesu", liegt an 17
dem gleichen Zeugnis Gottes für Jesus. Er setzt die Kenntnis der Geschichte als solcher in der Gemeinde voraus. Und nun verweilt er nicht bei dem, was an Jesus selbst sichtbar wurde, nicht bei Mose und Elias, sondern das ist für den Glauben an Jesus und für die Erwartung seiner Parusie das Wichtige: **denn von Gott, dem Vater, empfing er Ehre und Herrlichkeit, als für ihn eine solche Stimme von der erhabenen Herrlichkeit erging: Mein geliebter Sohn ist dieser, an dem ich Wohlgefallen gefunden habe.** Darauf hatte Gott selbst die Jünger hingewiesen. Als die Jünger „ihre Augen aufhoben, sahen sie niemand als Jesus allein", aber das „Zeugnis Gottes", das sie gehört hatten, war ihnen geblieben. Das stellt Petrus als Zeuge nun auch vor die Gemeinde hin.

Und diese Stimme hörten wir selber vom Himmel her ergehen, als 18
wir mit ihm zusammen auf dem heiligen Berge waren. Zeuge vom Zeugnis Gottes will Petrus sein[47]. So sehr er unentbehrlicher „Urzeuge" ist, der sein Zeugnis darum schriftlich festlegt, damit es auch nach seinem Tode weiterlebt, – das entscheidende Zeugnis über Jesus kann nur Gott selber ablegen. Und eben dies h a t er getan: dort auf dem Berge, der dadurch ein „heiliger" Berg wurde.

Uns heutigen Menschen ist eine solche Beweisführung zunächst fremd. Die „Macht Jesu" möchten wir an uns selber unmittelbar erfahren: an der Umwandlung von Menschenherzen oder an Heilungen und in besonderen Gaben. An seiner wesenhaften Gottheit aber ist uns weniger gelegen. Wir sind mehr und mehr anthropozentrisch geworden; der Mensch mit seinem Erleben und Handeln steht für uns im Mittelpunkt. So ist auch das wirkliche Verlangen nach der Parusie Jesu kaum in der Christenheit lebendig. Wir selber wollen

[46] Paulus sah vor Damaskus den bereits zum Himmel Erhöhten.
[47] Dabei befindet er sich in beachtenswerter Übereinstimmung mit Johannes. Vgl. 1Jo 5, 9.

mit unserm Einsatz – wenn auch mit „christlichem“ Vorzeichen und irgendwie auch mit Liebeskräften, die von Jesus ausgehen – die Welt einem besseren Dasein entgegenführen. Die Bibel aber ist theozentrisch, in ihr ist Gott wirklich das A und das O, der Anfang und das Ende. Er allein spricht das entscheidende Wort und vollbringt die entscheidenden Taten. Nur Er kann die Welt umwandeln und „alles neu machen“ (Offb 21). Von Gott dem Vater empfing der Sohn Jesus Ehre und Herrlichkeit, und allein darin gründet dessen „Macht“ und „Parusie“, deren wir darum gewiß sein können[48].

19 Es ist das Merkmal aller ntst Verkündigung, daß ihr die Berufung auf das AT, also auf Gottes Handeln mit dem Bundesvolk und sein Reden im Wort der Propheten unentbehrlich ist. In den Evangelien wie in den Reden der Apostelgeschichte und in den Briefen der Apostel stößt jeder Bibelleser fort und fort auf Worte, die aus dem AT zitiert werden. Und das prophetische Buch des NT, die Offenbarung des Johannes, lebt ganz und gar vom atst Prophetenwort. So wird nun auch hier die Gemeinde sofort darauf verwiesen: Und **umso fester ist das prophetische Wort, das wir haben; ihr tut gut, wenn ihr auf dieses achtet als auf eine Lampe, die an finsterer Stätte leuchtet.** Welch einen Dienst tut eine Lampe in der dunklen Nacht! Wie unentbehrlich ist sie uns, und wie sehnen wir uns nach dem Licht! So sagt es Petrus auch der Gemeinde Jesu, sie **tue gut,** wenn sie auf dieses Licht des prophetischen Wortes achte, gerade weil es noch so lange in der Welt dunkel ist und Jesu „Macht und Parusie“, Jesu „Ehre und Herrlichkeit“ zwar von Gott bezeugt, aber doch nicht sichtbar wurde. Die Gemeinde Jesu ist eine wartende, und bei allem, was sie erleben darf, doch noch immer auf das Licht des Wortes angewiesen **bis der Tag anbricht und der Morgenstern aufgeht in euren Herzen.** Der Tag Gottes bricht an mit der Parusie Jesu. Unvorstellbar Großes wird die Gemeinde dann erleben. Alles Helle und Schöne der gegenwärtigen Welt, was es ja wirklich gibt[49], wird dann nur wie ein Stück „Nacht“ erscheinen, weil doch alles von Sünde, Leiden und Tod entstellt und verdunkelt ist. Erst über der neuen Welt Gottes liegt der Glanz des strahlenden Tages. Aber nicht nur um uns her wird der Tag Gottes anbrechen, nein, das helle Zeichen des Tages, der „Morgenstern“, wird dann auch in uns selber, „in unsern Herzen“, aufgehen. Wir denken daran, daß der erhöhte Herr sich in Offb 22, 16 als den „hellen Morgenstern“ bezeichnet. Er, der jetzt schon durch den Glauben in uns wohnt (Eph 3, 17), wird dann mit hellem Licht in uns strahlen[50].

20 Die Gemeinde hat an dem prophetischen Wort eine große Hilfe, aber sie muß freilich diese Hilfe auch richtig gebrauchen. Das Wort

[48] Mit „Parusie“ meint das NT die neue „Anwesenheit“ Jesu, sein neues „Kommen“ in Kraft und Herrlichkeit zur Vollendung seines Werkes und des göttlichen Heilsplanes.

[49] Die Bibel selber sagt mit Lobpreis und Dank viel davon.

[50] Es ist das nur ein anderes Bild für das, was den Glaubenden für den Tag der Parusie in 1Jo 3, 2 verheißen ist.

der Propheten redet ja von Gottes großer Zukunft, also von Herrlichkeiten, die unsere jetzige Vorstellung tausendfach übersteigt. Es redet notwendig in Bildern, die recht verstanden sein wollen, so daß gerade das prophetische Wort der Auslegung bedarf, wie jeder Bibelleser empfindet. Da entsteht die Gefahr eigener und eigenmächtiger Auslegung. Diese Gefahr wird groß, gerade, wenn uns ein ernstes und heißes Verlangen dazu treibt, die Zukunft aus dem prophetischen Wort zu erkennen. Darum wird die Gemeinde an dieser Stelle gewarnt: **Das aber erkennt zuerst, daß keine Weissagung der Schrift eigene** (eigenmächtige) **Deutung zuläßt**[51]. Es gilt, sich zu bescheiden mit dem Licht der Lampe, wie es uns gegeben ist, und nicht eigenmächtig diese Lampe weit hinausleuchten lassen zu wollen, um die Wege Gottes in der Zukunft vorweg zu ergründen. Das prophetische Wort erleuchtet ja die Gegenwart und das, was die Gemeinde jeweils jetzt erlebt[52]. Petrus selbst wird im Kap 3 in solcher Weise von dem weissagenden Wort Gebrauch machen.

Diese Bescheidung und Zurückhaltung in der Auslegung ist nötig, 21
weil es sich wirklich nicht um Worte menschlicher Klugheit und Durchschau handelt, die wir uns darum auch selber zu eigen machen und deuten könnten, sondern wirklich um Worte von Gott her: **Denn nie wurde durch den Willen eines Menschen eine Weissagung gegeben, sondern vom Heiligen Geist getrieben haben Menschen von Gott her gesprochen.** Wir modernen Menschen sind erneut in der Gefahr, in den Propheten der Bibel nur die „großen religiösen Persönlichkeiten" zu sehen, die aus eigenen Geistestiefen schöpften und sich deshalb wesensmäßig in ihrem Reden nicht von andern großen Männern der Weltgeschichte unterschieden. Darum gilt uns das Wort des Petrus mit Ernst. Noch so edler und religiöser Menschengeist kann niemals Heiliger Geist, Gottes Geist sein. Gottes Propheten dagegen waren ganz schlichte Leute[53], denen es nicht um ihre eigenen Gedanken, Meinungen und Ziele ging; aber über ihrem Reden stand mit großer Gewißheit: „So spricht der Herr". Der Geist Gottes war es, der sie trieb; sie mußten reden, auch wenn sie nicht wollten und wenn es sie in große Nöte und Leiden stürzte. Nun aber haben wir ihr Wort als dieses Wort **von Gott her** zu ehren und in heiliger Scheu damit umzugehen[54].

[51] Das erschütterndste Beispiel für eigenmächtige Deutung der Bibel ist Israel selbst, das mit solchem Eifer nach dem Messias ausschaute und die Schriften durchforschte; aber dann, als der Messias in Jesus tatsächlich erschien, erkannte es ihn nicht, sondern verstieß und kreuzigte ihn, weil die viele „eigene Auslegung" der Schrift es blind gemacht hatte. Wie gibt es auch immer neu in der Gemeinde Jesu eigenmächtige Auslegungen des prophetischen und des apostolischen Wortes, die nur zu Streit und Spaltung, zu Verwirrung und bitteren Enttäuschungen führen!

[52] Jesus nennt Johannes den Täufer auch eine „brennende und scheinende Lampe" (Jo 5, 35). Auch Johannes ist nur Prophet und noch nicht Jesus selbst.

[53] Wie ja auch die Apostel. Vgl. Apg 4, 13.

[54] Auf die Frage ntst Prophetie in der Gemeinde selbst geht Petrus nicht ein. Dagegen gibt Paulus hierfür in 1Th 5, 20. 21; 1Ko 14, 29–33 klare Anweisungen. Vgl. auch 1Jo 4, 1. Prophetische Rede in der Gemeinde muß von dieser, die ja auch den Heiligen Geist innewohnend hat, ge-

Das Auftreten von Irrlehrern

2. Petrus 2, 1–3

Zu Vers 1:
5Mo 13, 1–6
Mt 24, 11. 24
1Tim 4, 1
Jud 4
Zu Vers 2:
Jes 52, 5
Apg 20, 28 f.
Rö 2, 24
Zu Vers 3:
Rö 16, 18
1Th 2, 5
1Tim 6, 3–5

1 **Es traten aber auch Lügenpropheten in dem Volk auf, wie auch**
unter euch sein werden Lügenlehrer, welche Verderben bringende
Parteiungen einführen werden. Den Herrn, der sie erkauft hat,
leugnend (oder: verleugnend), **werden sie über sich selber jähes**
2 **Verderben bringen. * Und viele werden ihren Ausschweifungen**
3 **folgen, um derer willen der Weg der Wahrheit gelästert wird. * Und**
in Habgier werden sie euch mit ausgedachten Worten aufkaufen.
Für sie ist das Gericht von altersher nicht müßig, und ihr Verder-
ben schläft nicht.

Nachdem Petrus vor eigenmächtiger Auslegung des prophetischen
1 Wortes gewarnt hat, spricht er hier von einer noch viel gefährlicheren
Verderbnis der Prophetie: **Es traten aber auch Lügenpropheten in dem Volk auf, wie auch unter euch sein werden Lügenlehrer, die Verderben bringende Parteiungen einführen werden.** In der Tat: in Israel mußte ein steter Kampf gegen Pseudopropheten geführt werden, die in doppelter Weise **Lügenpropheten** waren: nicht nur der Inhalt dessen, was sie verkündeten, war unwahr und irreführend, sondern schon der Anspruch, „Prophet" zu sein, war Lüge[55]. Eigenartig ist aber der Schluß, den Petrus aus diesem Tatbestand zieht: Er spricht nicht wie Johannes (1Jo 4, 1 ff.) von „falschen Propheten" in den Gemeinden, sondern von ›pseudodidaskaloi‹ = **Lügenlehrern,** wobei auch hier die gleiche doppelte Lüge gemeint sein wird: sie geben sich als „Lehrer" aus, ohne von Gott als solche berufen zu sein, und sie bringen inhaltlich Irrlehre. Offenbar spielte die Gnadengabe der Prophetie in den Gemeinden, an die der Brief denkt, keine große Rolle. Wichtig dagegen waren die „Lehrer" und die von ihnen in die Gemeinde getragene Lehre[56]. So gingen auch die großen Nöte in Korinth nicht auf falsche „Prophetie" im engeren Sinn zurück, sondern auf irreführende Verkündigung und Lehre. Dabei kam es ganz typisch, genau wie Petrus es hier warnend sagt, auch in Korinth zu **Parteiungen** (1Ko 1). Die „Lehre" spielt im NT eine wichtige Rolle und bildet für den Aufbau einer Gemeinde die Grundlage; darum ist sie auch als Gabe und Auftrag von Gott bestimmten „Lehrern" anvertraut (vgl. Rö 12, 7; 1Ko 12, 28; Eph 4, 11; Jak 3, 1). Wer aber ohne echte Berufung in der Gemeinde lehrt, der ist nicht nur menschlich anmaßend, sondern wird schon dadurch zum „Lügner" wider

prüft werden, so daß „Propheten" in ihr nicht einfach autoritäre Geltung beanspruchen können.

[55] Als Beispiel sei nur auf Jes 28, 7 ff.; Jer 6, 13 ff. 28; Hes 13, aber auch auf Mt 24, 24 hingewiesen.

[56] Wir müssen dabei beachten, daß schon die alten Propheten keineswegs nur Künder der Zukunft, sondern Boten Gottes in umfassenderem Sinn und darum auch „Lehrer" waren. Vgl. auch 1Tim 4, 1 und Apg 20, 28.

Gott. Zum „Lehrer“ wirft er sich aber auf, indem er einer neuen, abweichenden Auffassung der Botschaft, das heißt aber einem „anderen Evangelium“ (Gal 1, 6 f.) Bahn brechen möchte.

Petrus sagt zunächst noch nichts vom Inhalt der neuen Lehre; aber eine Wirkung muß der Gemeinde sofort sichtbar sein: die **Lügenlehrer führen Verderben bringende Parteiungen ein.** Das grie Wort ›hairesis‹ = Parteiung bezeichnet zunächst wertneutral die Bildung von bestimmten Gruppen[57]. Aber aus solchen Gruppen werden eben leicht **Parteiungen** und Spaltungen, die eine Gemeinde zerreißen, indem sie Streit und Zwietracht in sie hineinbringen, wie sich deutlich schon in Korinth (1Ko 1, 10–13; 3, 1–4) zeigte. Hier geht es um **Verderben bringende** Spaltungen; das betont Petrus mit dem beigefügten Wort apoleias = Verderben, das ausdrücklich beigefügt ist[58]. Zugleich hat das Wort für **einführen** durch die Vorsilbe ›pareis‹ den Klang von hinterlistigem „Einschmuggeln“[59].

Eigenartig ist, daß Petrus den ganzen Absatz in der Form der Zukunft schreibt. Ist es so, daß er die Irrlehrer erst kommen sieht, während Judas in seinem Brief die Erfüllung dieser Ankündigung schildert? War damit erwiesen, daß der Judasbrief später als der 2. Petrusbrief geschrieben wurde? Aber im Verlauf des Kapitels spricht Petrus von ihnen durchaus als von gegenwärtigen Verstörern der Gemeinde. So wird er das Futurum unwillkürlich verwenden, weil er diese „Pseudolehrer“ in den „Pseudopropheten“ Israels vorausgesagt sieht. Vom AT aus gesehen „werden sie“ in entsprechender Weise da sein, so wie auch das längst angekündigte Gericht über sie sich entladen „wird“. Über das zeitliche Verhältnis des 2. Petrusbriefes zum Judasbrief ist also aus unserer Stelle nichts zu entnehmen. Und nun erfahren wir kurz, aber eindringlich etwas über den Inhalt ihrer Lehre: **Den Herrn, der sie erkauft hat, leugnend** (oder: verleugnend), **werden sie über sich selbst jähes Verderben bringen.** Damit stehen wir unmittelbar bei dem, was auch Johannes als Kennzeichen der „Lügenpropheten“ in 1Jo 4, 2. 3; 5, 6 angibt[60]. Auch die christliche „Gnosis“ gebrauchte wesentliche biblische Ausdrücke; sonst hätte sie wohl keinen Eingang in den Gemeinden finden können. Und eben in diesem Mißbrauch dieser vertrauten Begriffe liegt das **Einschmuggeln,** das hier anklingt. Aber die zentrale Botschaft von dem Christus, der „in das Fleisch gekommen“ ist und uns „erkauft hat mit seinem Blut“, war den Gnostikern nebensächlich, wenn nicht peinlich[61]. Als einen wahrhaft Verlorenen, der darum wirklich

[57] So ist es auch in Apg 5, 17; 26, 5 gebraucht, wo die rev. LÜ leider das hier ganz abwegige Wort „Sekte“ stehen gelassen hat.

[58] Später wird von da aus das Wort hairesis, eingedeutscht „Häresie“, einfach zum Fachwort für „Abspaltungen“ von der Kirche, verbunden mit gefährlicher Irrlehre.

[59] Es entspricht genau dem Wort, das Paulus Gal 2, 4 von den „Pseudobrüdern“ gebraucht. In beiden Fällen geht man nicht offen und klar vor, sondern schiebt Menschen oder Meinungen nebenbei ein.

[60] Vgl. dazu die Auslegung in der W. Stb.

[61] Genau hier verläuft die Grenzlinie gegen jede Irrlehre.

erkauft werden muß, sahen sie den Menschen nicht an. Aber sie lösen Jesus auf, wie Johannes sagt, indem sie den leugneten, der unser **Herr** wurde, weil er uns „teuer erkaufte" (1Ko 6, 19–20). Welche praktischen Auswirkungen das haben mußte und auch tatsächlich hatte, werden wir noch sehen. Zunächst stellt Petrus über diese Männer, die sicher sehr stolz auftraten (V. 18), nur fest, daß sie nicht nur die Gemeinde mit Spaltungen zu verderben drohten, sondern **über sich selbst jähes Verderben bringen.** Das muß nicht heißen, daß sie bald von irgendwelchem Unglück betroffen werden, denn das Wort für Verderben ›apoleia‹ bezeichnet immer das „ewige Verderben". Das kann allerdings **jäh** über sie kommen, sei es bei der Parusie des Herrn oder in ihrem Sterben, wann immer dies erfolgt.

2 Genauso wie Paulus und Johannes große Erfolge der neuen Strömungen erleben müssen, so stellt auch Petrus fest, daß die Lügenlehrer in der Gemeinde einen starken Anhang gewinnen: **viele werden ihren Ausschweifungen folgen.** Es sind nämlich gar nicht die religiösen Theorien der Gnosis, die so verführerisch waren: sie mochten von vielen Gemeindegliedern nicht einmal verstanden worden sein. Aber wenn man nicht mehr ein mit Blut Erkaufter sein will, der darum **einem Herrn** gehört und diesem seinem Herrn in Dank und Liebe zu gehorchen hat, dann gerät man in eine „Freiheit" hinein, die Zuchtlosigkeit ist und zu **Ausschweifungen** führt. So war es ja auch in Korinth die „Freiheitsparole", und zwar gerade die der „Freiheit" auf sexuellem Gebiet, welche viele Glieder der Gemeinde gewann. Petrus sieht das gleiche in den Gemeinden vor sich gehen, an die er seinen Brief richtet. **Viele** werden von einer solchen Form des „Christentums" angelockt, wo es ihnen erlaubt ist, sich sexuell auszuleben und dabei noch obendrein als fortgeschrittene, überlegene Christen zu gelten.

Aber was für eine Gefahr bedeuten diese **Vielen** in der Gemeinde für den Dienst des Zeugnisses, der ihr doch aufgetragen ist! Um dieser **Vielen** willen wird **der Weg der Wahrheit gelästert.** Die Christen mit der zügellosen Freiheit zogen zwar viele an; aber sie stießen ebenso viele ernste, suchende Menschen ab, und so waren sie schuld daran, daß das Evangelium **gelästert** wird. Wir werden mit der Vermutung nicht fehlgehen, daß Petrus dabei vor allem an seine israelitischen Volksgenossen denkt. Ihnen lag es besonders nahe, die Botschaft von Jesus im eigentlichen Sinn zu **lästern.** Sie konnten nun mit Fingern darauf weisen: da seht ihr ja, was bei diesem Glauben an Jesus herauskommt! Schaut euch das doch an, wie diese Jesusjünger leben! Aber auch ernsthaft suchende Heiden, die um ein rechtes Leben rangen, mußten sich mit Abscheu von einer Lehre abwenden, die offenbar Ausschweifungen in jeder Form zuließ. Das konnte nicht der von ihnen gesuchte **Weg der Wahrheit** sein.

3 **Und in Habgier werden sie euch mit ausgedachten Worten aufkaufen.** Erkaufte des Herrn wollen sie nicht sein; aber sie selber möchten die Gemeindeglieder für sich **aufkaufen.** Hier steht ein an-

deres Wort, das wir darum mit **aufkaufen** wiedergeben. Ihr „Kaufen“ der Gemeindeglieder ist etwas völlig anderes, als das Erkaufen Jesu, der sein Blut und Leben als Kaufpreis für Verlorene einsetzt, um sie zu erretten. Für die andern etwas dranzugeben, daran denken sie nicht! Im Gegenteil, sie wollen durch ihren großen Anhang für sich selbst etwas gewinnen, und zwar offensichtlich ganz materielle Vorteile. Damals waren ja die Landstraßen des römischen Reiches voll von Menschen aller Art, die als Schausteller, Musikkünstler oder auch als Propagandisten irgendwelcher religiöser Kulte oder Philosophien auf leichte Weise zu Geld zu kommen suchten. Daß nun auch Wanderprediger des jungen Christentums sich von den Gemeinden beschenken oder bezahlen ließen (1Ko 9, 4–11), war so selbstverständlich, daß sich ein Paulus ausdrücklich gegen die Meinung schützen mußte, er würde auf die gleiche Art und Weise seinen Lebensunterhalt bekommen[62]. So werden auch die neuen Pseudo-Lehrer Geld und Geschenke erhalten und angenommen haben, denn begeisterte Anhänger pflegen gern zu geben. Je mehr Gemeindeglieder die Verführer an sich zogen, umso besser konnten sie leben.

Sie „kaufen“ sich die Menschen **mit ausgedachten Worten,** hinter deren schönem Klang sie ihre Habgier verbergen. Der grie Mensch bewunderte die Redekunst und legte auf „hohe Worte und hohe Weisheit“ großen Wert. Ein Paulus, der derartiges ganz bewußt nicht brachte, mußte sich in Korinth sagen lassen, seine Rede sei ohne Gewicht (1Ko 2, 1; 2Ko 10, 10). So könnte auch den Gemeinden, an die Petrus schrieb, die apostolische Verkündigung zu einfach und zu ernst erschienen sein, während die geistvollen und wohlklingenden Darlegungen der neuen Männer viele anzogen.

Mochten sie vielleicht Erfolg haben und Anerkennung finden, es hilft ihnen nichts: Denn **für sie ist das Gericht von altersher nicht müßig, und ihr Verderben schläft nicht.** Das ist sehr anschaulich ausgedrückt. Während die Irrlehrer sich in ihrem Erfolg noch sonnen und ein üppiges Leben führen, ist das Gericht über sie schon lange bereit und in Wirksamkeit. Sie lächeln noch über alle Warnungen; aber ihr Verderben **schläft nicht.** So ahnen sie in ihrer trügerischen Sicherheit nicht, wie es in Wahrheit um sie steht. Der treue Teil der Gemeinde aber braucht sie nicht heimlich zu beneiden, sondern soll sie sehen wie ein Wild, das von den Jägern schon umstellt ist, so daß es kein Entrinnen mehr gibt.

[62] Vgl. 1Th 2, 5; 1Ko 9, 12; 2Ko 11, 7–9; 7, 2; 8, 20.

Das sichere Gericht über alle Unfrommen, die sichere Rettung für die Frommen

2. Petrus 2, 4–13a

Zu Vers 4:
1Mo 6, 1. 2. 4
Mt 8, 29
Jud 7
Zu Vers 5:
2Pt 3, 6
1Mo 8, 18
Mt 24, 38
1Pt 3, 20
Zu Vers 6:
1Mo 19, 24 f.
Mt 10, 15
Jud 7
Zu Vers 7:
1Mo 19, 16. 29
Lk 17, 28
Zu Vers 8:
Hes 9, 4
Zu Vers 9:
1Ko 10, 13
2Tim 4, 18
Offb 3, 10
Zu Vers 10:
Jud 7. 8. 16
Zu Vers 11:
Jud 9
Zu Vers 12:
Jud 10
Ps 49, 13

4 **Denn Gott hat Engel, die gesündigt hatten, nicht verschont, son-**
dern sie in finstere Höhlen des Tartarus (oder: mit Ketten der
Finsternis in den Tartarus) **gebannt und sie aufbewahrt dem Ge-**
5 **richt überantwortet. * Und er hat die alte Welt nicht verschont,**
sondern nur Noah zu selbacht (oder: zu acht, also mit 7 anderen)
als Herold der Gerechtigkeit erhalten, während er die Flut über
6 **die Welt der Unfrommen brachte, * und hat die Städte Sodom**
und Gomorra eingeäschert und zum Untergang verurteilt, ein
7 (warnendes) **Beispiel für künftige Unfromme schaffend. * Er hat**
den gerechten Lot errettet, der von dem ausschweifenden Wan-
8 **del der Frevler geplagt wurde. * Denn der unter ihnen woh-**
nende Gerechte mußte im Sehen und Hören Tag für Tag seine
9 **gerechte Seele durch ungerechte Werke quälen lassen. * So weiß**
der Herr Fromme aus der Versuchung zu retten, Ungerechte
10 **aber für den Tag des Gerichtes zur Züchtigung zu verwahren, ***
am meisten aber die, die hinter Fleisch in schmutziger Begierde
herlaufen und die Herrschaft verachten. Die Verwegenen und
11 **Eigenmächtigen zittern nicht, Herrlichkeiten zu lästern, * wo**
Engel, (die doch) **an Stärke und Macht größer** (sind), **nicht gegen**
12 **sie beim Herrn ein lästerndes Urteil vorbringen. * Diese aber,**
wie unvernünftige Tiere, die als Naturwesen zu Fang und Ver-
nichtung geboren sind, lästern, wo sie nichts verstehen, und wer-
13a **den in ihrem Verderben auch selbst verderben, * geschädigt**
(oder: Strafe erleidend) **durch den Lohn der Ungerechtigkeit.**

Dieser Abschnitt ist nicht leicht zu lesen. Im grie Text bilden die Verse 4–8 einen ganzen, mit „Wenn“ eingeleiteten und von diesem „Wenn“ regierten Satz, dem sich kein eigentlicher Hauptsatz mit einem folgenden „so ...“ anschließt. Wir haben zum leichteren Lesen den „Wenn“-Satz in einfache Aussagesätze aufgelöst. V. 9 ist dann der abschließende Hauptsatz, der aus den vorangegangenen Sätzen in V. 4–8 die Folgerung zieht[63]. Der ganze Abschnitt ist reich an Ausdrücken, die wir sonst im NT kaum finden und die darum nicht mit voller Sicherheit deutsch wiederzugeben sind.

Aber auch inhaltlich ist für uns manches in diesem Abschnitt schwer zu verstehen und zu erklären. Das geht uns in gewisser Weise auch bei großen Briefen des NT nicht anders, einfach deshalb, weil

[63] Es ist möglich, daß die Verse 4–6 mit dem „Wenn“ an der Spitze als ein warnender, in sich geschlossener Aufruf gemeint sind, dem dann die Verse 8–10 als eigene Sätze folgen. Eine Entscheidung ist schwierig, da der grie Text keine Satzzeichen kennt, die Griechen also buchstäblich „ohne Punkt und Komma“ schrieben. Für die eigentliche Aussagekraft unseres Abschnittes sind das aber nebensächliche Fragen.

wir die Lage nicht genügend kennen, in die hinein die Apostel reden. Aber bei den kurzen Briefen von Judas und Petrus wird das noch viel stärker spürbar. Die Empfänger damals verstanden jede Andeutung und wußten auch bei den für uns dunklen Aussagen, was gemeint war. Wir aber werden hier und da nicht in Anspruch nehmen können, die einzig richtige Erklärung zu geben. Das freilich, was der Heilige Geist durch Petrus der Gemeinde damals und der Gemeinde aller Zeiten zu sagen hat, wird deutlich genug vor uns stehen.

Unser Abschnitt weist sichtliche Übereinstimmungen mit Judas V. 5—10 auf, weshalb wir gut daran tun, diese Verse dort nachzulesen. Deren Auslegung wird uns erlauben, an mancher Stelle des Abschnittes in der Erklärung kürzer zu sein. Beim Vergleich wollen wir aber auch auf die wesentlichen Unterschiede achten, die klar hervortreten. Diese Partien der beiden Briefe sind nicht voneinander „abgeschrieben". Die Übereinstimmung bei typischen Unterschieden läßt sich leicht auch auf andere Weise erklären[64].

Es geht um die Wahrheit, die auch Judas in V. 5 vertritt. Dem Ge- 4—6
richt Gottes kann niemand entfliehen, auf welchen vermeintlichen Höhen er auch stehen mag. Judas hatte hervorgehoben, daß die Verstörer der Gemeinde „die Gnade Gottes in Ausschweifung verkehren". Darum liegt ihm daran, an dem biblischen Beispiel zu zeigen, wie empfangene Gnade keinesfalls vor dem Gericht Gottes schützt, sondern im Gegenteil die Verantwortung steigert. Petrus aber ist es wichtig, daß neben dem Gericht, das die Schuldigen sicher erreicht, ebenso sicher die rettende und bewahrende Hilfe Gottes für die treuen „Gerechten" steht. Die treubleibenden Glieder der Gemeinde sollen sich nicht einschüchtern lassen, sondern mit voller Zuversicht wissen, daß Gott zu ihnen steht, wenn sie auch jetzt verachtet und lächerlich gemacht werden mögen. Judas hatte darum das Schicksal der Wüstengeneration Israels als erstes biblisches Beispiel gebracht, während Petrus dieses wegläßt und dafür die Flutgeschichte mit der Rettung Noahs aufnimmt, die Judas nicht hat.

Denn Gott hat Engel, die gesündigt hatten, nicht verschont, sondern sie in finstere Höhlen des Tartarus (oder: mit Ketten der Finsternis in den Tartarus) **gebannt und sie aufbewahrt dem Gericht überantwortet.** Von „Engeln, die gesündigt haben", spricht Petrus, aber auch Judas. Im Unterschied zu Judas sagt er aber nicht, worin die Versündigung der Engel bestand. Das hängt sicher damit zusammen, daß er nicht Auslegungen aus der jüdischen Erbauungsliteratur mit in seine Briefe hineinnehmen wollte, was Judas unbedenklich tut. Wir denken bei dem Wort **Engel** zunächst an gute und reine Wesen. Aber gerade darum ist es für uns wichtig, aus der Heiligen Schrift zu lernen, daß es auch Heere gefallener Engel gibt, die unter dem Befehl Satans stehen[65]. Wie sich diese jetzt noch frei wirkenden,

[64] Vgl. dazu Einleitung S. 168.
[65] So ist es ein Engel Satans, der den Apostel Paulus mit „Fäusten schlägt" (2Ko 12, 7).

bösen Engel und Dämonen zu jenen Engeln verhalten, die Gott bereits in **finsteren Höhlen des Tartarus bannte,** wissen wir nicht. Ob es sich dabei um **Höhlen** oder **Ketten** der Finsternis handelt, ist nicht sicher zu entscheiden, denn die beiden Wörter sind im Grie sehr ähnlich. **Tartarus** nannten die Griechen den Strafort der Unterwelt, — ein Ausdruck, der schon im Judentum mit übernommen wurde. Für Petrus ist der **Tartarus** aber noch nicht der eigentliche „Strafort", sondern das finstere, unterirdische Gefängnis, in dem die gefallenen Engel **aufbewahrt** werden, um erst in der großen Schlußabrechnung Gottes dem Gericht überantwortet zu werden[66].

Und er hatte die alte Welt nicht verschont, sondern nur Noah zu selbacht (oder: zu acht, also mit sieben anderen) **als Herold der Gerechtigkeit erhalten, während er die Flut über die Welt der Unfrommen brachte.** Bei der Erzählung der Sintflut ist wie schon in 1Pt 3, 20 — die Rettung von Menschen so wichtig wie das Umkommen der **alten Welt,** der **Welt der Unfrommen,** durch das Flutgericht. In der rettenden Arche waren mit Noah zusammen nur acht Menschen. Das meint der für uns altertümliche Ausdruck **selbacht,** der so auch im Text steht. Noah stand gegen die ganze damalige Welt als **Herold der Gerechtigkeit.** Als fromm und ohne Tadel, mit Gott wandelnd, ist Noah in 1Mo 6, 9 ausdrücklich gekennzeichnet. Aber Hbr 11, 7 bezeichnet auch Noahs Gerechtigkeit ausdrücklich als „Gerechtigkeit des Glaubens" und stellt so Noah unmittelbar neben Abraham, der für die paulinische Rechtfertigungsbotschaft in Rö 4 die vorbildliche Gestalt ist. Zum **Herold** aber mußte er notwendig werden, wenn er im Glaubensgehorsam gegen Gott mitten auf dem trockenen Land ein großes Schiff zu bauen wagte. Welches Aufsehen mußte das erregen, mit welchen Fragen mag er bestürmt worden sein! In seiner Antwort mußte er von den Sünden seiner Umwelt sprechen und von Gottes Gerechtigkeit und dem kommenden Gericht ebenso. Das hat Petrus aus dem biblischen Text richtig gefolgert, obwohl es in diesem selber nicht ausdrücklich erwähnt ist.

6/7 **Gott hat die Städte Sodom und Gomorra eingeäschert und zum Untergang verurteilt, ein** (warnendes) **Beispiel für künftige Unfromme schaffend. Er hat den gerechten Lot errettet, der von dem ausschweifenden Wandel der Frevler geplagt wurde.** Von Sodom und Gomorra spricht Petrus wie Judas, freilich auch hier kürzer und ohne näheren Hinweis auf ihre Laster. Er braucht die Gemeinde nur an das ihr vertraute Geschehen zu erinnern: **ein warnendes Beispiel für Unfromme.** Auch in den geschichtlichen Erzählungen der Heiligen Schrift geht es ja nicht um „alte Geschichten", sondern um die Offenbarungen des einen und selben Gottes, der heute noch so ist und handelt wie
8 damals[67]. Aber wieder geht es Petrus — nun anders als Judas — um

[66] In 1Ko 6, 3 erfahren wir, daß die Heiligen an diesem Gericht über die Engel teilnehmen werden.

[67] Darum formuliert auch Paulus in 1Ko 10, 11: „Solches widerfuhr jenen als ein Vorbild. Es ist aber geschrieben uns zur Warnung, auf welche das Ende der Welt gekommen ist."

die Rettung des **gerechten Lot,** von dem er ausführlicher spricht. Er sieht in ihm **den gerechten Lot, der von dem ausschweifenden Wandel der Frevler geplagt wurde.** Er fügt ausdrücklich hinzu, daß er **im Sehen und Hören Tag für Tag seine gerechte Seele durch ungerechte Werke quälen lassen mußte.** Auch die Erzählung der Bibel selbst zeigt uns in 1Mo 19 etwas davon. Petrus denkt sich in die inneren Leiden Lots hinein, um die Gemeindeglieder zu stärken, die in ähnlicher Weise unter dem ganzen Treiben leiden müssen, das in die Gemeinde eingebrochen war. In der eigenen Gemeinde als „Fremdling" (1Mo 19) zu gelten, als rückständig und eng verlacht zu werden, vielleicht sogar von den neuen Männern bedroht zu sein, das war schwer. Seht auf Lot!, ruft Petrus diesem Teil der Gemeinde zu. Stärkt euch an seinem Vorbild und bedenkt, wie er gerettet wurde, während die andern mit ihrem zügellosen Leben und ihren großen Worten schrecklich umkamen!

Nun faßt Petrus zusammen, was die biblischen Beispiele uns zei- 9
gen: **So weiß der Herr Fromme aus der Versuchung zu retten.** Mögen die Irrlehrer mit ihrem großen Anhang jetzt auch triumphieren, sie gehören mit Leben und Lehre doch zu den **Ungerechten, die für den Tag des Gerichts bewahrt werden.** Die treuen Gemeindeglieder aber dürfen und sollen ihre Lage als **Versuchung,** als „Prüfung" ansehen. Das ist, seit es Menschen Gottes gibt, deren normale Lage in der Welt. Ihr Verhältnis zu Gott muß durch **Versuchungen** hindurch. Sie sind von Gott her „Prüfungen" und Erprobungen, damit der Glaube darin seine Echtheit bewährt, wie das Gold im Feuer. Petrus hat das in seinem 1. Brief der Gemeinde ausführlich gesagt und eindringlich vor Augen gestellt: 1Pt 1, 6. 7; 3, 13–17; 4, 12–19.

Von dieser allgemeinen Feststellung aus blickt er nun noch einmal 10
auf die Führer der neuen Bewegung und beginnt, sie zu kennzeichnen. Gottes Gerichte trifft **am meisten aber die, die hinter Fleisch in schmutziger Begierde herlaufen und die Herrschaft verachten.** Petrus hat nicht das Adjektiv „schmutzig" gebraucht, sondern in hebr Sprechweise formuliert: **in Begierde der Befleckung.** Das kann man als „Begierde, die befleckt", auffassen oder als „Begierde nach Befleckung"; das letztere aber ist unwahrscheinlich. Jedenfalls sind sie **hinter Fleisch** her. Wie in Korinth, so sind auch hier die Neurer in ihrer sexuellen Zügellosigkeit zu erkennen (vgl. 1Ko 6 und 2Ko 12, 21). Dabei verachten sie **die Herrschaft,** wie hier kurz steht. Wohl kann im NT auch eine ganze Engelgruppe als „Herrschaften" bezeichnet werden, aber dann steht folgerichtig das Wort in der Mehrzahl. Da jedoch hier ›kyriotes‹ in der Einzahl steht, wird, wie auch im Judasbrief, die Herrschermacht des Einen, nämlich des ›kyrios‹, des „Herrn Jesus" gemeint sein. Um ihn, den wirklichen Herrn, und seine klaren, ernsten Weisungen kümmern sie sich nicht, denn sie erkennen keinen „Herrn" und keine „Herrschaft" über sich an, sondern leben nach dem Grundsatz: „alles ist mir erlaubt" (1Ko 6, 12).

Zugleich sind sie **Verwegene** noch nach einer andern Richtung hin: 11

Sie **zittern nicht, Herrlichkeiten zu lästern, wo Engel an Stärke und Macht größer, nicht gegen sie beim Herrn ein lästerndes Urteil vorbringen.** Wieder stimmt Petrus in der Beurteilung der Neuerer mit Judas überein (Jud V. 8b–10a). Aber auch hier vermeidet er den Rückgriff auf eine Schrift der jüdischen Erbauungsliteratur und weist darum nicht auf den Streit Michaels mit dem Satan um den Leichnam des Mose hin. Er spricht ganz allgemein von **Engeln, an Stärke und Macht größer,** die trotzdem nicht gegen **die Herrlichkeiten beim Herrn ein lästerndes Urteil vorbringen.** Umso mehr tritt die Verwegenheit der Irrlehrer hervor, die **nicht zittern, Herrlichkeiten zu lästern.** Was konkret damit gemeint ist, erfahren wir von Petrus so wenig wie von Judas. Wir können hier nur wiederholen, was zu der
12/13a Stelle im Judasbrief ausgeführt ist. Petrus nimmt den Vorwurf des Judas auf, daß die Lügenlehrer da **lästern, wo sie nichts verstehen** und sich gerade damit als anmaßende Lügner erweisen. Sie rühmen sich besonders hoher Erkenntnisse über die jenseitige Welt und stellen sich als kühne Kämpfer gegen böse Geistermächte dar. Dabei verkennen sie aber, daß auch diese gefallenen und bösen Mächte nicht „Fleisch und Blut" sind, sondern immer noch „mächtige und gewaltige Herren der Welt, die in dieser Finsternis herrschen", wie Paulus sie in Eph 6, 10–13 beschreibt. Während sie sich in der Gemeinde als besonders geistvoll darstellen, sind sie in Wahrheit **wie unvernünftige Tiere, die als Naturwesen zu Fang und Vernichtung geboren sind.** Sich so zu überheben und solche Art von Lästerung und Kampf zu wagen, das ist vollendete **Unvernunft** und hat etwas von der Art an sich, wie Tiere auf irgend etwas losgehen, was sie nicht kennen. Das muß zum Untergang führen. Die Drohung ist in ihrem Sinn nicht ganz eindeutig: **und sie werden in ihrem Verderben auch selbst verderben, geschädigt** (oder: Strafe erleidend) **durch den Lohn der Ungerechtigkeit. In ihrem Verderben,** das kann sich nur auf die **Tiere** zurückbeziehen, die **als Naturwesen zu Fang und Vernichtung geboren sind.** Das Ende der Irrlehrer wird irgendwie solchem Ende und Untergang der Tiere gleichen. V. 13 ist in seinem ersten Satz sprachlich schwierig. ›Adikeo‹ heißt „Unrecht tun", das Passiv müßte entsprechend „Unrecht erleiden" bedeuten. Aber das meint Petrus nicht, daß diese so hart angeklagten Irrlehrer Unrecht leiden. Aber auch in Offb 2, 11 will das Wort nur sagen, daß dem Überwinder „kein Leid geschieht", kein Schaden zugefügt wird (von dem zweiten Tod). Die Irrlehrer dagegen werden gerade **geschädigt durch den Lohn der Ungerechtigkeit** oder **werden Strafe erleiden,** indem sie **den Lohn der Ungerechtigkeit** empfangen[68]. Es könnte auch bedeuten: sie werden um den Lohn kommen, den sie jetzt von ihrem unrechten Tun zu haben scheinen und den sie einmal endgültig zu erlangen hoffen. Jedenfalls: wie „verwegen und eigenmächtig" sie auf besondere

[68] Gemeint sind: „durch den Lohn, der für die Ungerechtigkeit gezahlt wird" (so G. Schrenk. Vgl. Kl-ThW, Bd 1, S. 157; W-B; Bl-De § 351. 2.

Höhen zu wandeln scheinen und der Gemeinde versprechen, auch sie von dem angeblich engen und armen apostolischen Christentum weg auf solche Höhen zu führen, in Wahrheit ist ihr Ende doch jammervoll. So braucht sich die Gemeinde von ihnen nicht irreführen zu lassen[69].

Harte Kennzeichnung der Irrlehrer

2. Petrus 2, 13b—22

13b **Für Vergnügen halten sie die Schwelgerei am** (hellen) **Tag,**
Schmutz- und Schandflecken, schwelgend in ihren Betrügereien
(oder bei ihren Liebesmahlen), **zusammen mit euch schmausend;**
14 *** mit Augen voll von der Ehebrecherin, ruhelos** (oder: unermüd-
lich) **in der Sünde, ungefestigte Seelen ködernd, mit einem Herz**
15 **geübt in der Habgier, Kinder des Fluches. * Sie verließen den**
geraden Weg und gingen irre; sie folgten dem Weg des Bileam,
16 **des Sohnes des Beor, der den Lohn der Ungerechtigkeit liebte, ***
aber Zurechtweisung für seine Übeltat empfing. Ein stummes
Lasttier, mit Menschenstimme redend, wehrte dem Wahnsinn
17 **des Propheten. * Sie sind Quellen ohne Wasser und Nebelwolken,**
die vom Sturm gejagt werden, denen das Dunkel der Finsternis
18 **aufbewahrt ist, * hochtrabend und doch leere Worte redend, kö-**
dern sie mit den Begierden des Fleisches durch Ausschweifung
19 **die, die kaum denen entflohen sind, die im Irrtum wandeln. ***
Freiheit versprechen sie ihnen, während sie selbst Sklaven des
Verderbens sind. Denn wem einer unterliegt, dem ist er ver-
20 **sklavt. * Denn wenn sie den Befleckungen der Welt entflohen**
durch die Erkenntnis des Herrn und Retters Jesus Christus, in
diese aber wieder sich verstricken lassen und ihnen erliegen,
21 **dann ist für sie das Letzte schlimmer geworden als das Erste. ***
Besser wäre es ja für sie, den Weg der Gerechtigkeit gar nicht
erkannt zu haben, als ihn kennengelernt zu haben und sich dann
wieder abzuwenden von dem ihnen übergebenen heiligen Ge-
22 **bot. * Auf sie trifft zu** (oder: es traf bei ihnen ein), **was das wahre**
Sprichwort sagt: „Ein Hund wendet sich wieder zu seinem eige-
nen Gespei" und „ein gewaschenes Schwein wieder zum Wälzen
im Kot".

Zu Vers 13: Jud 12
Zu Vers 15 und 16: 4Mo 22, 7–35; 5Mo 23, 4 f.; Neh 13, 2; Apg 1, 18; Jud 11; Offb 2, 14
Zu Vers 17: Jud 13
Zu Vers 18: Jud 16
Zu Vers 19: Jo 8, 34; Rö 6, 16; Gal 5, 13; 1Pt 2, 16
Zu Vers 20: Mt 12, 45
Zu Vers 21: Lk 12, 47. 48; Jud 3; Hbr 6, 6; 10, 26
Zu Vers 22: Spr 26, 11

Petrus fährt in der Schilderung und Verurteilung der falschen Leh- 13b
rer und ihrer Anhänger fort. Wieder finden sich starke Anklänge an

[69] Es hat sich in der Kirchengeschichte oft genug gezeigt, wie fast unbegreiflich sich Gemeindeglieder von dem glänzenden Schein falscher Lehrer blenden lassen. Darum führt Petrus hier eine so schroffe Sprache, wie ja auch die Warnungen des Apostels Paulus in Rö 16, 17 f.; 2Ko 11, 13–15; Phil 3, 18 f. schroff genug sind, aber offenbar nötig waren.

den Judasbrief. Aber es wird auch hier deutlich, daß die dortigen Sätze nicht einfach übernommen sind. Das merken wir, wenn wir Judas 12 mit dem vergleichen, was hier steht: **Für Vergnügen halten sie die Schwelgerei am** (hellen) **Tag, Schmutz- und Schandflecken, schwelgend in ihren Betrügereien** (oder: bei ihren Liebesmahlen), **zusammen mit euch schmausend.** Der Orientale hält seine Hauptmahlzeit am Abend. Bei aller Zuchtlosigkeit der damaligen Welt kann Paulus es doch als Tatsache feststellen: „Die da trunken sind, die sind des Nachts trunken" (1Th 5, 7). Ebenso kann Petrus am Pfingsttag den Verdacht der Trunkenheit bei der Jüngerschar mit der einfachen Bemerkung abwehren, daß es doch erst neun Uhr vormittags sei. Die Männer der neuen Freiheit aber machen sich ein Vergnügen daraus, am hellen Tag ihre Feste zu feiern[70]. Schreibt Petrus tatsächlich **in ihren Betrügereien**[71], so will er wohl sagen, daß sie in betrügerischer Weise an den Mahlzeiten der Gemeinde teilnahmen, obwohl die dort gar nicht mehr hingehörten. Dabei entstellten sie das schlichte, auf die Feier des Herrenmahles zielende Zusammensein bei Tisch zum „Schmausen" und zur **Schwelgerei**[72]. Sie wurden dadurch **Schmutz- und Schandflecken.**

14 Den folgenden Vers müssen wir in diesen Zusammenhang mit hineinnehmen: **mit Augen voll von der Ehebrecherin, und ruhelos** (oder: unermüdlich) **in der Sünde, ungefestigte Seelen ködernd, mit einem Herz, geübt in der Habgier, Kinder des Fluches.** Gerade bei der gemeinsamen Mahlzeit schauen sie sich nach Frauen um, mit denen sich ehebrecherische Beziehungen anknüpfen lassen, auch darin wieder **Schmutz- und Schandflecken,** die ihre unreine Gier vergiftend in die Versammlungen hineintragen, **ruhelos** (oder: unermüdlich) **in der Sünde**[73]. Wenn man klare Grenzen erst einmal überschreitet und unter Berufung auf die „Freiheit" seinen Trieben Raum gibt, dann geht es **ruhelos** und **unermüdlich** auf diesem Weg weiter[74]. Dieses Zusammensein bei Tisch ist zugleich die Gelegenheit, **ungefestigte Seelen zu ködern.** Es gab also damals schon wie heute in der Gemeinde

[70] Haben sie vielleicht in ähnlicher Weise wie die „Unordentlichen" in Thessalonich (2Th 5, 6–12) Arbeit, besonders Handarbeit, als „unwürdig" für ein Gotteskind und einen Geistesmenschen angesehen und hatten so den ganzen Tag über Zeit? Haben sie zugleich gemeint, der Botschaft des Evangeliums besonders nahe zu sein, wenn sie jeden Tag zum „Festtag" machten?

[71] Der zweite Teil des Satzes ist in seinem Bestand handschriftlich unsicher. Statt apatais = „Betrügereien" finden wir in andern Handschriften agapais = „Liebesmahle". Schlatter zieht diese Lesart vor, weil sie zunächst besser zum Satzinhalt zu passen scheint. Aber man müßte dann annehmen, daß die Irrlehrer eigene Liebesmahle veranstalten, was wiederum zu der folgenden Feststellung „zusammen mit euch schmausend" nicht passen will und auch sonst unwahrscheinlich ist. Insofern ist doch die Lesart „in ihren Betrügereien" im Sinn unserer Auslegung vorzuziehen.

[72] Auch dieser Satz wird anschaulich durch Vorgänge in Korinth: 1Ko 11, 20–22.

[73] Welch eine Erniedrigung der Frau liegt hier vor! Sie wird nicht mehr als Person angesehen, zum Bilde Gottes geschaffen, sondern nur noch als Werkzeug für den sexuellen Trieb, und dieses durch Männer, die der Gemeinde eine „höhere" Form des Christentums anpreisen.

[74] Die Erwähnung der Augen erinnert daran, daß die verderbliche Stellung zum andern Geschlecht mit dem begehrlichen Blick (Mt 5, 28) anfängt, um dann schnell die „Augen mit der Ehebrecherin zu erfüllen" und unermüdlich gierig zu machen.

ungefestigte Seelen, die von „jedem Wind der Lehre“ umgetrieben werden[75]. Petrus sieht die Not noch grundsätzlicher als Judas. Sicher, diese **ungefestigten Seelen** sind bei dem ganzen Treiben recht harmlos[76], aber sie sollten es durch ihre Erfahrungen mit dem Wesen und der Macht der Sünde sowie durch ihre feste Einwurzelung im Wort des Herrn und seiner Apostel nicht sein[77]. Es kann einen Seelsorger schon erschrecken, wenn er diesen Harmlosen gegenüber die **geübten Herzen** der Verführer sieht, **geübt** in allen Listen und Tücken, um zum Ziel ihrer **Habgier** zu gelangen. Was wollen sie denn „haben“? Macht und Einfluß in der Gemeinde, gerade bei den Jungbekehrten. Aber darüber hinaus bringt ihnen ja ihr Einfluß, wie wir schon bei V. 3 sahen, auch klingenden Geldgewinn. Hier wurde der Grundsatz eines Apostels Paulus „ich suche nicht das eure, sondern euch“ (2Ko 12, 14) in sein Gegenteil verkehrt. Darum nennt Petrus ihr Bemühen ein **Ködern.** Er sieht hier den Grund für den „Erfolg“ der neuen Strömung. Hier werden Menschen nicht etwa klar und ernst überzeugt und gewonnen, sondern sie werden „geködert“, wobei die Parole des freien Sichauslebens als der wahren „Freiheit eines Christenmenschen“, eines „starken Pneumatikers“ (1Ko 8, 7–13), dabei wohl der besondere „Köder“ ist. Petrus spricht ein hartes Urteil über die Verführer: nicht Segensmenschen sind sie, sondern **des Fluches Kinder** (vgl. Eph 2, 3; 2Th 2, 3 u. ö.). Sie verderben viele in der Gemeinde und kommen außerdem selbst in das Verderben unter dem Fluch Gottes.

Judas kennzeichnete die Irrlehrer mit dem Hinweis auf Kain, 15/16
Bileam und Korah. Petrus nennt nur Bileam, spricht aber von ihm ausführlicher als Judas. **Sie verließen den geraden Weg und gingen irre; sie folgten dem Weg des Bileam, des Sohnes des Beor, der den Lohn der Ungerechtigkeit liebte, aber Zurechtweisung für seine Übeltat empfing. Ein stummes Lasttier, mit Menschenstimme redend, wehrte dem Wahnsinn des Propheten.** Wie wir aus Offb 2, 14 sehen, ist Bileam in der ersten Christenheit wohl weithin zu einer typischen Gestalt geworden, ohne daß der ganze biblische Bericht (4Mo 22–24; 31, 8. 16) berücksichtigt wurde[78]. An seinem Bild wird deutlich, wie Männer aus der Gemeinde selbst, also „Christen“, und z. T. gerade Männer mit prophetischen und anderen „Gaben“, zum Verderben der Gemeinde werden können. Die beiden starken Triebe, vor deren

[75] Vgl. Eph 4, 14; Hbr 13, 9; auch Gal 1, 6.

[76] Auch Rö 16, 18 weist auf ähnliche Nöte in der Gemeinde in Rom.

[77] V. 18 weist darauf hin, daß es sich bei diesen Gemeindegliedern vielfach um eben erst Bekehrte handelt, die darum noch „ungefestigt“ und ohne rechtes Unterscheidungsvermögen sind. Wie ernst ist darum die Aufgabe der Gemeinde, sich der zum Glauben Gekommenen anzunehmen! Das gilt in besonderer Weise für die „Nacharbeit“ nach Evangelisationen. Der Apostel kann uns selber darin ein Vorbild sein (Apg 20, 31).

[78] Vgl. dazu die Auslegung von Judas V. 11. Bileam ist wie die neuen Lehrer – ein Mann mit prophetischem Anspruch, der an seiner Habgier scheitert und nach seinen wunderbaren Weissagungen für Israel dann doch Balak den schändlichen Rat zur Verderbung Israels gab, weil er „den Lohn der Ungerechtigkeit liebte“.

Macht die Apostel immer wieder warnen, der Geschlechtstrieb und Besitztrieb, können auch in geistlichen Menschen zur Herrschaft kommen, zumal wenn Ehrgeiz und das Verlangen nach Einfluß dazukommt. Dann wird der **gerade Weg**[79] verlassen. Zuerst ist es nur eine geringe Abweichung, die man vielleicht kaum merkt, die aber doch den Abweichenden ins Verderben führt und durch ihn außerdem Verderben in die Gemeinde hineinträgt. Bileams Gestalt soll uns eine Warnung sein, wie er selber in besonderer Weise durch seine Eselin gewarnt wurde. Wie beschämend, wenn **ein stummes Lasttier** dem **Wahnsinn,** der Tollheit eines **Propheten** wehren muß[80]!

17 Kürzer als bei Judas kennzeichnet Petrus die tiefe Enttäuschung, die die neuen Lehrer allen denen bringen, die ihnen folgen: **Sie sind Quellen ohne Wasser und Nebelwolken, die vom Sturm gejagt werden.** Das sind Bilder, die erst im Morgenland ganz verständlich werden, wo **Wasser** eine große Kostbarkeit darstellt. Wie schlimm, wenn der Wanderer die bekannte **Quelle,** an der er sich laben wollte, **ohne Wasser** findet! Oder wenn die aufsteigenden Wolken nicht den ersehnten Regen bringen, sondern als **Nebelwolken**[81a] **vom Sturm gejagt** vorbeibrausen. So betrügen die Irreführer alle, die gerade von ihnen in besonderer Weise „Wasser des Lebens" erhoffen. Dafür ist ihnen auch selbst **das Dunkel der Finsternis aufbewahrt**[81].

18 Noch merken freilich die Anhänger der neuen Richtung nicht, wie sie betrogen werden. Die Verführer haben Erfolg: **Hochtrabend und doch leere Worte redend, ködern sie mit den Begierden des Fleisches durch Ausschweifung die, die kaum denen entflohen sind, die im Irrtum wandeln.** Wir haben also V. 14 richtig verstanden! Daß hier die „Quelle" gar kein Wasser gibt, das wird durch die großen Worte der neuen Lehrer verdeckt. Im Gegensatz zu der einfachen, ernsten Botschaft der Apostel reden sie **hochtrabende** Worte. Die Ahnungslosen durchschauen gar nicht, wie „nichtig" und „leer" diese „geistreichen" Predigten in Wahrheit sind. Außerdem merken sie nicht, wie sie bei den **Begierden des Fleisches** gefaßt und durch **Ausschweifungen geködert werden.** Schon in V. 14 hat Petrus von **ungefestigten Seelen** gesprochen. Nicht langjährige, gefestigte Gemeindeglieder sind es, die dem Neuen verfallen, sondern Jungbekehrte, **die kaum denen entflohen sind, die im Irrtum wandeln.** Es gab ja damals noch keine „christliche Umgebung", keine vom Christentum mitgeprägten Völ-

[79] Vgl. dazu Apg 13, 10.

[80] 4Mo 22, 21–25: Bileam ließ sich zunächst warnen und war dann ein echter Prophet Gottes (V. 23 u. 24). Umso erschreckender, daß er dann doch der Verderber vieler in Israel wurde 4Mo 31, 16. So ereilte ihn das Gericht: 4Mo 31, 7–18; Jo 13, 22. Welch ein warnendes „Beispiel" er sollte „den Tod des Gerechten" sterben (4Mo 23, 10) und muß nun solch ein Ende finden, weil er „den Lohn der Ungerechtigkeit liebte".

[81a] Petrus gebraucht mit Absicht ein anderes Wort als Judas, um diese Wolken zu kennzeichnen

[81] Das Wort vom „Aufbewahren" kommt in unserem Brief mehrfach vor. Es ist die Antwort au die spöttische Frage, wo denn das angedrohte Gericht bliebe. Die Irrlehrer gedeihen un finden Anhang! Aber ihr Gericht ist „aufbewahrt" und wird sich mit Sicherheit entlade (vgl. V. 3): Im „Dunkel der Finsternis" werden sie enden.

ker[82]. Die Hörer kamen zu einem Teil aus altem Heidentum und aus einer Lebenswelt, wo man an größte sexuelle Freiheit und an Reichtum und Luxus als selbstverständlichen Lebenszielen gewohnt war. Aus dem allen haben sie sich herausrufen und für den Weg der Reinheit, der Demut und des Verzichts auf weltliches Hochkommen gewinnen lassen. Nun aber wurde ihnen mit Eifer und Schwung ein „Christentum“ verkündigt, bei dem sie auch als „Christen“ ihr altes Leben wieder aufnehmen konnten.

Ja, sie sollen so gerade erst recht „freie“ Gottesmenschen sein, die 19
hoch über den engen und kümmerlichen Gemeindegliedern der alten Art stehen: **Freiheit versprechen sie ihnen.** Wir sehen, es ist die gleiche Freiheitslosung wie in Korinth; es ist also wohl auch die gleiche Bewegung, die hier wie dort zerstörend in die Gemeinden eingebrochen ist[83]. Da legt Petrus sogleich mit scharfer Klarheit den Finger auf den wunden Punkt, auf die innere Unwahrheit dieser Art von „Freiheit“. Die von der „Freiheit“ schwärmen und sie als den großen Gewinn eines neuen Christentums anbieten, sind selber **Sklaven des Verderbens.** Wieso? **Denn wem einer unterliegt, dem ist er versklavt.** Die Menschen der neuen Richtung **unterliegen** ihren Trieben und sind ihnen versklavt. Sie erfahren die Wahrheit des Wortes Jesu: „Wer Sünde tut, der ist der Sünde Knecht“ (Jo 8, 34). Die wahre Freiheit, die der Sohn Gottes uns geben will, nehmen sie gar nicht an[84].

Die Führer und Anhänger der neuen Richtung waren und sind 20—22
Glieder der Gemeinde, die durch eine entschiedene Umkehr hindurchgegangen sind, als sie „Christen“ wurden. Petrus blickt auf ihren Weg zurück: sie sind **den Befleckungen der Welt entflohen durch die Erkenntnis des Herrn und Retters Jesus Christus.** Sie, die sich jetzt ihrer **Erkenntnis** als Gnostiker rühmen, hatten einmal jene echte **Erkenntnis** gewonnen, die nicht nur in einer Lehre oder einem religiös-philosophischen Lehrsystem bestand, sondern **Erkenntnisse des Herrn und Retters Jesus Christus** und darum selbst errettende Kraft und Befreiung zu einem neuen Leben war. Aus der Herrschaft der natürlichen Triebe erlöst, waren sie unter die Leitung eines neuen „Herrn“ gekommen. Es war „Erkenntnis“ einer Person und darum als solche zugleich personale Verbundenheit. Unter dem neuen „Herrn“ waren sie den **Befleckungen der Welt entflohen,** wie

82 Heute verschwinden solche Völker wieder mehr und mehr. Das „christliche Abendland“ ist nicht mehr da. Die Gemeinde Gottes wird überall zu einer kleinen Schar in einer total anders denkenden Welt.

83 Die Schwierigkeit liegt darin, daß Paulus selber entgegen einer neuen Gesetzlichkeit in Galatien ebenfalls einen Ruf zur „Freiheit“ erhoben hatte (Gal 5, 1). Deshalb kam alles darauf an, die „Freiheit“ richtig zu verstehen. Die gleichen Schwierigkeiten entstanden in der Reformationszeit, als Luthers Verkündigung von der „Freiheit eines Christenmenschen“ falsch aufgenommen wurde, was schwere Schäden zur Folge hatte. Vgl. die Auslegung zu Gal 5 in der W. Stb.

84 Immer wieder bis heute geschieht es, daß die zuchtvoll und keusch Lebenden als „unfrei“ verspottet werden. Welche Verkehrung der Wahrheit!

ein Gefangener seinem Gefängnis entflieht. Nun aber ist es geschehen, daß sie **in diese sich wieder verstricken lassen und ihnen erliegen.** Da geht es also nicht nur um eine etwas andere Auffassung des Christentums, die man ruhig mit ansehen könnte, sondern um eine Existenzveränderung zum Schlimmen, um einen Rückfall, der aber nicht einfach in den früheren Zustand zurückführt. Nein, es ist **für sie das Letzte schlimmer geworden als das Erste.** Das ist so erschreckend und Verderben bringend, daß Petrus erklären muß: **Besser wäre es ja für sie, den Weg der Gerechtigkeit gar nicht erkannt zu haben, als ihn kennengelernt zu haben und sich dann doch wieder abzuwenden von dem ihnen übergebenen Heiligen Gebot.** Es gibt keine „harmlose" Abwendung vom eigentlichen Christsein. Mit welchem Ernst spricht der Hbr Brief in 6, 4–8 vom Abfall. Auch bei der neuen Richtung, die Petrus so hart zurückweist, geht es gerade nicht um eine „Richtung" innerhalb echten Christentums, sondern um ähnliche Erscheinungen, wie sie Paulus im 1Tim 6, 3–5; 2Tim 2, 14 bis 18 kennzeichnet[85]. Wenn Petrus dabei den **Weg der Gerechtigkeit** und **das ihm übergebene heilige Gebot** hervorhebt, dann entspricht das dem ganzen ntst Kampf gegen die Gnosis. Doch weder Paulus noch Johannes noch Petrus lassen sich auf theologische Diskussion über einzelne „Irrlehren" der Gegner ein. Der entschlossene Widerspruch richtet sich gegen **den Weg,** den die neue Bewegung geht und in den Gemeinden anpreist, gegen ihre ganze Lebenshaltung und verurteilt das Fehlen der wirklichen „Liebe". So beklagt Petrus auch hier nicht die Abwendung von einzelnen „Gesetzen", er spricht in der Einzahl von **dem heiligen Gebot,** dem Gebot der Liebe, das dem Wesen Gottes entspricht und darum **heilig** ist. Aus wahrhaft freien liebevollen, demütigen Jüngern Jesu sind stolze, übermütige, zuchtlose und liebelose Männer geworden, die die Gemeinde verwirren und verstören. Mit zwei sprichwörtlichen Sätzen kennzeichnet Petrus am Schluß die „Wendung", die von den Irrlehrern gerühmt und als Wendung zu einem höheren Christentum gepriesen wird. In Wirklichkeit sieht diese „Wendung" ganz anders aus: **Auf sie trifft zu** (oder: es traf bei ihnen ein), **was das wahre Sprichwort sagt: „Ein Hund wendet sich wieder zu seinem eigenen Gespei" und „ein gewaschenes Schwein wieder zum Wälzen im Kot".**

Es geht um die Zukunftserwartung

2. Petrus 3, 1–13

Zu Vers 1: 2Pt 1, 13

1 **Dies ist bereits der zweite Brief, Geliebte, den ich euch schreibe in welchem ich euren lauteren Sinn durch Erinnerung wachhalte**

[85] Vgl. dazu W. Stb., auch 1Jo 2, 18 f. ist in diesem Zusammenhang zu beachten.

2 **will, * eingedenk zu sein der von den heiligen Propheten vorher**
gesagten Worte und des durch eure Apostel (verkündigten) **Ge-**
3 **botes des Herrn und Retters. * Dies müßt ihr zuerst erkennen,**
daß zu den letzten Tagen mit Spott Spötter kommen werden, die
4 **nach ihren eigenen Begierden wandeln und sagen: * Wo ist die**
Verheißung seiner Parusie? Denn seit die Väter entschlafen sind,
5 **bleibt alles so vom Anfang der Schöpfung an. * Denen, die das**
wollen (oder: behaupten), **entgeht, daß von altersher Himmel wa-**
ren und eine Erde, die aus Wasser und durch Wasser Bestand
6 **hatte durch Gottes Wort, * durch welche die damalige Welt** (oder:
7 Menschenwelt) **von Wasser überflutet zugrunde ging. * Die jetzi-**
gen Himmel und die Erde aber sind durch dasselbe Wort aufge-
spart für das Feuer, bewahrt zum Tage des Gerichts und des Ver-
8 **derbens der unfrommen Menschen. * Dies eine möge euch nicht**
verborgen bleiben, Geliebte, daß ein einziger Tag vor dem Herrn
9 **wie tausend Jahre und tausend Jahre wie ein einziger Tag. * Nicht**
verzögert der Herr die Verheißung, wie es einige für Verzögerung
halten, er ist vielmehr langmütig gegen euch, da er nicht will, daß
10 **einige verderben, sondern daß alle zur Umkehr gelangen. * Kom-**
men wird aber der Tag des Herrn wie ein Dieb; an ihm werden
die Himmel mit Sausen vergehen, die Elemente aber von Glut
verzehrt sich auflösen und die Erde und die Werke auf ihr (im
11 Gericht) **erfunden werden** (oder: verbrennen). *** Da sich dieses so**
alles auflöst, welcher Art müßt ihr dann sein in heiligem Wandel
12 **und Frömmigkeit, * die ihr erwartet und schnell herbeisehnt die**
Parusie des Tages Gottes, um dessen willen die Himmel sich im
13 **Feuer auflösen und die Elemente in Glut zerschmelzen? * Neue**
Himmel aber und eine neue Erde erwarten wir nach seiner Ver-
heißung, in welchen Gerechtigkeit wohnt.

Zu Vers 2: Jud 17
Zu Vers 3: Rö 13, 11 ff. 1Tim 4, 1 Jud 18
Zu Vers 4: Jes 5, 19 Hes 12, 22 Mt 24, 48
Zu Vers 5: 1Mo 1, 2. 6. 9 Ps 24, 2 Mt 24, 38
Zu Vers 6: 2Pt 2, 5 1Mo 7, 4. 17—21
Zu Vers 7: 2Pt 2, 10
Zu Vers 8: Ps 90, 4
Zu Vers 9: Hes 18, 23; 33, 11 Hab 2, 3 Lk 13, 3; 18, 7 Rö 2, 4 1Tim 2, 4 1Pt 3, 20 Hbr 10, 37 Offb 6, 10
Zu Vers 10: Jes 24, 19; 66, 16 Mt 24, 2. 35. 43 f. 1Th 5, 2 f. Offb 20, 11
Zu Vers 11: Kol 2, 20
Zu Vers 12: Jes 34, 4. 10 Apg 3, 19 f.
Zu Vers 13: Jes 65, 17; 66, 22 Rö 8, 21 Offb 21, 1. 27

An dieser Stelle ist in unserem Brief ein deutlicher Einschnitt zu erkennen. Petrus hat die Kennzeichnung der Irrlehrer abgeschlossen. Nun wendet er sich einem anderen Hauptanliegen seines Schreibens zu, das er schon im Anfang (1, 10. 11; 1, 19—21) ins Auge gefaßt hatte und jetzt eingehend mit der Gemeinde bespricht. Es geht um die „Eschatologie“, um die Zukunftserwartung biblisch-realistischer Art. Auf sie legte die Gnosis mit ihrer „Erlösungslehre“ ebenso wenig Gewicht wie auf das Kommen Jesu „im Fleisch“ zur Rettung der Verlorenen durch sein Blut am Kreuz. Mit bequemem Spott wird die Enderwartung abgetan, was die Gemeinde offenbar in Not gebracht hat (V. 3 und 4).

Darum schreibt Petrus überhaupt einen „zweiten Brief“. Es ist von 1/2
da aus sofort verständlich, daß dieser sich von dem ersten erheblich unterscheiden muß[86]. **Dies ist bereits der zweite Brief, Geliebte, den ich euch schreibe, in welchem ich euren lauteren Sinn durch Erinne-**

[86] Vgl. dazu Einleitung S. 167 f.

rung wachhalten will, eingedenk zu sein der von den heiligen Propheten vorher gesagten Worte und des durch eure Apostel (verkündigten) **Gebotes des Herrn und Retters.** Das kennzeichnet überall die apostolischen Mahnungen, daß sie immer von dem ausgehen, was die Gemeinde bereits hat und weiß[87]. Petrus hatte der Gemeinde nichts Neues zu bringen. Aber das, was Christen „wissen" und „glauben", bleibt nicht von selbst in ihren Herzen lebendig und wirksam. Sie bedürfen der **Erinnerung**[88] und des **Wachhaltens.** Und dieses um so mehr, als sie sich gegen starke Strömungen und Einflüsse anderer Art zu behaupten haben. Petrus setzt dabei einen **lauteren Sinn** voraus, der schon von sich aus Fremdes und Unlauteres abwehrt, der aber mit apostolischer Autorität **wachgehalten** werden muß. Wie Petrus schon in 1, 19 zum Festhalten am prophetischen Wort aufgerufen hat, so mahnt er die Gemeinde auch jetzt, **eingedenk zu sein der von den heiligen Propheten vorher gesagten Worte und des durch eure Apostel** verkündigten **Gebotes des Herrn und Retters.** Aus den Schriften des alten Bundes sind gerade die **vorher gesagten Worte** der **heiligen Propheten** wichtig, weil es ganz besonders um die Zukunft geht. Das „Gesetz" als solches ist ersetzt durch das „neue Gebot", das durch unsere Apostel verkündigt ist. Aber dieses „neue Gebot" ist eng mit der Zukunftserwartung verknüpft. Die Verse 11–13 werden das deutlich zeigen. Ja, das Warten auf den wiederkommenden Herrn gehört ganz zentral zu dem **Gebot,** zu der Anweisung und Forderung des Herrn an seine Jünger[89]. Der Ausdruck **durch eure Apostel** weist entweder darauf hin, daß in jenen Gemeinden mehrere Männer aus dem Kreis der „Zwölf" gearbeitet haben, oder das Wort „Apostel" ist hier im weiteren Sinne gemeint, weil ja in mancher der angeschriebenen Gemeinden besonders „Boten" gemeindebildend wirkten[90]. Was die Apostel brachten, ist das **Gebot des Herrn und Retters.** Ganz gewiß ist Jesus Herr und Retter schon jetzt; jeder zum Glauben gekommene Christ hat das selber erfahren. Aber zugleich weist diese Bezeichnung Jesu immer mächtig in die Zukunft! Wahrhaft **Herr** wird Jesus erst durch seine neue Gegenwart sein. Wie es Phil 2, 9–22 und 1Ko 15, 24–28 vor uns steht. Sein herrliches Werk als **Retter** wird dann erst vollendet am Ziel sein.

3/4 Wie entscheidend ist diese Zukunftserwartung, von der das ganze NT erfüllt ist! Umso erschreckender ist es, wenn sie angetastet und entleert oder umgedeutet wird! Dann ist nicht nur eine, vielleicht

87 Vgl. 1Ko 15, 1 ff. und das häufige „oder wisset ihr nicht?" in den Paulusbriefen; auch 1Jo 3, 21; 1Th 4, 9–12.

88 Vgl. zu diesem wichtigen biblischen Begriff das zu Judas V. 5 Gesagte.

89 Vgl. Lk 12, 35–46; Rö 13, 11–14; Phil 3, 12–21; 1Th 5, 1–11 (um nur einige entscheidende Stellen zu nennen). Wie nötig wäre es, daß unsere Gemeinden ganz neu begriffen, wie die Ausrichtung unseres ganzen Lebens auf die Parusie des Herrn nicht Liebhaberei, sondern Gehorsam gegen das Gebot des Herrn ist. Die „Eschatologie" ist nicht ein letztes Kapitel am Rande der biblischen Lehre, sondern zentraler Inhalt ntst Botschaft. Das NT ist durch und durch eschatologisch. Es wird Zeit, daß wir das wieder erkennen und bezeugen.

90 Vgl. die Rolle des Epaphras in Kol 1, 7.

entbehrliche Einzellehre der Botschaft bestritten, sondern dem Evangelium selbst das Herz ausgebrochen. Genau aber dies geschieht mitten in den Gemeinden, an die der Brief geht. **Dies müßt ihr zuerst erkennen, daß zu den letzten Tagen mit Spott Spötter kommen werden, die nach ihren eigenen Begierden wandeln und sagen: Wo ist die Verheißung seiner Parusie? Denn seit die Väter entschlafen sind, bleibt alles so wie vom Anfang der Schöpfung an. Spötter mit Spott** über den Kern der biblischen Botschaft. Es ist eine große Hilfe, daß Petrus in der Formulierung des Satzes andeuten kann, es sei das Auftreten solcher Spötter für die letzten Tage vorausgesagt. Es geht bei dieser Voraussage nicht um einzelne Schriftbeweise, es geht nur darum, daß die Gemeinde bei ihrem erschrockenen Hören des Spottes nicht befürchten muß, daß auch Gott überrascht und erschreckt sei. Dies Auftreten der **Spötter** gehört **zu den letzten Tagen**[91] (vgl. Judas V. 17. 18). Und es ist eine Hilfe für die Gemeinde, wenn sie sofort den Durchblick auf den eigentlichen Wurzelgrund dieses Spottes bekommt: Der Spott geht aus von Menschen, **die nach ihren eigenen Begierden wandeln.** Wer unter die Macht seiner natürlichen Triebe geraten ist, der verliert das Ohr für die Verkündigung der Wiederkunft Jesu: sie ist ihm ärgerlich, widerwärtig und wird ihm mehr und mehr unglaubhaft, ja lächerlich[92]. Er will sie nicht wahrhaben, weil er sich vor dem kommenden Gericht und dem Urteil über sein Leben fürchtet, und darum ist es ihm eine triumphierende Erleuchtung, wenn er spöttisch fragen kann: **Wo ist die Verheißung seiner Parusie? Denn seit die Väter entschlafen sind, bleibt alles so vom Anfang der Schöpfung an.**

Die „Väter" der Gemeinde, eine Reihe der ersten Christen, die wie ein Paulus ganz und gar damit gerechnet hatten, das neue Kommen Jesu selber zu erleben[93], waren entschlafen. Wir wissen, wie dieses Sterben in der Gemeinde Thessalonich innere Nöte gebracht hatte[94]. Die Parusie war nicht eingetreten, wie man es als unmittelbar bevorstehend erwartet hatte, ehe noch der Tod Gemeindeglieder erfassen konnte. Hier kam tatsächlich eine tiefgehende Erschütterung auf die Gemeinden zu. Wirklich, **wo ist die Verheißung seiner Parusie?** Es bleibt alles unverändert wie eh und je! Was wird dann aber aus der ganzen Botschaft? Es mag bei den **Spöttern** mancher gewesen sein, der sich in den **Spott** flüchtete, um mit seiner ganzen Enttäuschung fertig zu werden[95].

[91] Im grie Text steht darum auch nicht i n , wie meist übersetzt wird, sondern „b e i den letzten Tagen". Das Spotten ist „Begleitmusik" dieser Tage. Diese im NT vielfach genannten „letzten Tage" begannen bereits mit der Erhöhung des Gekreuzigten zum Thron des Vaters.
[92] Der Unglaube ist weithin vom Willen des Menschen bestimmt.
[93] Vgl. eine Äußerung des Apostels Paulus wie 1Th 4, 17 mit ihrem fraglosen „Wir".
[94] Vgl. 1Th 4, 13 u. 15.
[95] Der Gnosis, die eine ganz andere, z. T. von der platonischen Philosophie her kommende „Hoffnung" hatte, erschien die apostolische Eschatologie töricht und falsch. Nach den Gnostikern holt der himmlische Christus die Seinen, die es wert sind, in denen der ursprüngliche, himmlische Lichtesfunke noch glänzte, zu sich in das Reich des Lichtes. Merken wir, in wel-

5/6 Was ist dazu zu sagen? **Denen, die das wollen** (oder: behaupten), **entgeht, daß von altersher Himmel waren und eine Erde, die aus Wasser und durch Wasser Bestand hatte durch Gottes Wort, durch welche die damalige Welt** (oder: Menschenwelt) **von Wasser überflutet, zugrunde ging.** Die „Spötter" beriefen sich auf die unveränderliche Festigkeit der Natur. Es „bleibt alles wie von Anfang der Schöpfung an"[96]. Ist aber wirklich immer alles so geblieben? Habt ihr die Katastrophe der Sintflut vergessen? Es **entgeht** euch überhaupt die ganze Unsicherheit, die von Anfang an über der Schöpfung lag. Ihr **behauptet,** ja, wie es wörtlich im Grie heißt, ihr **wollt** hier etwas, was den Tatsachen nicht entspricht[97]. Nach dem Schöpfungsbericht in 1Mo 1, 2 wurde die Erde erschaffen **aus den Wassern,** über denen der Geist Gottes schwebte. Wieso die Erde auch **durch Wasser Bestand hatte,** wissen wir nicht. Aber wesentlich ist, daß Schöpfung und Bestand der Erde[98] nicht wie in den andern Religionen des Altertums mythologisch ausgemalt, sondern einzig „kraft des Wortes Gottes" da ist. So unveränderlich fest die Welt dem Geschlecht der Sintflut vorkommen mochte, es waren doch die **Wasser da, durch die die damalige Welt** (oder: Menschenwelt) **von Wasser überflutet, zugrunde ging.** Da damals keineswegs die Erde als solche von der Flut zerstört wurde, werden wir in diesem Satz das Wort ›kosmos‹ als „Menschenwelt" wiedergeben müssen, wozu wir auch vom Sprachgebrauch her berechtigt sind[99]. Auch wenn damals durch lange Zeiten hindurch „alles so wie vom Anfang der Schöpfung her" geblieben war und die Menschen sicher machte in ihrem gewohnten Dahinleben (Mt 24, 37–39), so daß ihnen Noahs Ankündigung des Flutgerichtes „lächerlich" erschien, so hatte Gott dennoch Mittel seines Zorngerichtes bereit. Wohl steht jetzt Gottes Zusage nach der Flut über der Welt (1Mo 9, 11): eine Sintflut kommt nicht erneut über die Erde. Aber das sichert sie nicht vor dem kommenden Endgericht durch das Feuer mit dem totalen Ende des gesamten jetzigen Welt-
7 bestandes. **Die jetzigen Himmel und die Erde aber sind durch dasselbe Wort aufgespart für das Feuer, bewahrt zum Tage des Gerichts und des Verderbens der unfrommen Menschen.**

Wohl ahnen auch andere Völker etwas von dem kommenden Wel-

chem Ausmaß wir Christen seit Jahrhunderten in unserem Zukunftsdenken weit näher bei den Gnostikern als bei den Aposteln stehen? Ist die Erwartung der Parusie nicht weiten Teilen der Christenheit völlig fremd geworden, weil man an der persönlichen Unsterblichkeitshoffnung genug hatte?

[96] Das war auch unser Eindruck, wenn wir von den „ewigen, ehernen Naturgesetzen" redeten. Inzwischen aber hat uns die große Wendung in der Physik diese „Sicherheit" zerbrochen.

[97] Petrus sieht, wie sehr hinter unseren scheinbar „objektiven" Behauptungen und Denkvorstellungen ein verborgenes Wollen steht.

[98] Von den „Himmeln" wird nur gesagt, daß sie „von altersher waren". Ob Petrus die Himmel ebenfalls als aus Wasser entstanden denkt, geht aus dem Satz nicht hervor. Es kann sich dann jedenfalls nur um den Himmel handeln, der innerhalb der irdischen Schöpfung gesehen wird (1Mo 1, 6). Das „durch Wasser" „Bestand-haben" kann sich auf die Wasser „unter" und „über" der „Feste" beziehen, von denen 1Mo 1, 7 spricht.

[99] Schlatter sagt „die damals lebende Welt".

tenbrand[100]. Aber auch hier wird nicht auf Ahnungen und Erwartungen eingegangen, die es damals vielfältig gab, auch wenn sie anklingen, um die Sicherheit der Spötter anzugreifen. Ein ganz anderes Fundament gibt es für den Blick in die Zukunft: das Wort Gottes! Wohl ist es gerade die Zusage Gottes, die bisher dem Weltbestand jene Festigkeit gab, auf die sich die Spötter stützten. Aber Gott **spart dabei die Welt auf** zu einem großen Ziel. Und dieses Ziel ist auch **Gericht** und **Verderben** für die **unfrommen Menschen.** Im Zeugnis des AT ist der Zorn Gottes vielfach als „Feuer" geschildert. Und prophetische Worte wie Jes 33, 11 ff.; Joe 2, 3; Sach 12, 6 und Mal 3, 19 reden klar von dem künftigen Feuergericht. Auch hier bleibt Petrus fest bei dem prophetischen Wort. Das Gericht trifft mit Verderben die **unfrommen Menschen**[101].

Das Gericht, diesmal nicht mit „Wasser", sondern weit schreck- 8
licher und gründlicher mit „Feuer", kommt so gewiß, wie Gottes Wort unumstößliche Wahrheit ist (vgl. Ps 33, 9). Aber wo bleibt es denn? werden die Gegner erneut fragen, so wie auch schon die Spötter z. Z. des Jesaja höhnisch forderten, Gott solle doch endlich all das geschehen lassen, was der Prophet schon so lange androhte (Jes 5, 18 f.). Petrus stellt sich der Frage, die damals für viele erschrekkend aufbrach und Unsicherheit verbreitete, indem er seine Antwort dem 90. Psalm entnimmt. **Dies eine möge euch nicht verborgen bleiben, Geliebte, daß ein einziger Tag vor dem Herrn wie tausend Jahre und tausend Jahre wie ein einziger Tag.** Petrus tut also das gerade nicht, was so oft, entgegen Jesu eigenem Wort in Mt 24, 36. 42; 25, 13 versucht worden ist: von bestimmten prophetischen Aussagen her Berechnungen anstellen, um den weit späteren Zeitpunkt der Parusie bestimmen und begründen zu können. Er stellt mit Ps 90 einfach fest, daß Gottes Zeitrechnung völlig anders ist als die unsere. Wenn vor Gott tausend Jahre nur wie ein rasch vergangener Tag sind, so ist das Kommen des Herrn „nahe", nur „ein paar kurze Tage weit", auch wenn es erst nach Jahrhunderten erfolgt.

Es ist aber auch innerlich die ganze Einstellung falsch, wenn in 9
der Gemeinde von einer „Verzögerung" der Parusie gesprochen wird. Das lag zwar menschlich nahe, aber hinter diesem Wort stand eine tiefe Verkennung Gottes. Petrus stellt das richtig. **Nicht verzögert der Herr die Verheißung, wie es einige für Verzögerung halten, er ist vielmehr langmütig gegen euch, da er nicht will, daß einige verderben, sondern daß alle zur Umkehr gelangen.** Gott ist nicht saumselig in der Erfüllung seiner Verheißungen. Wenn er noch mit dem Endgericht „zögert", dann hat das einen andern Grund, der in Gottes tiefstem Wesen, in seiner **Langmut** oder seiner „Großmut" liegt. Die Spötter und im treuen Teil der Gemeinde die Unzufriedenen dürfen

[100] Gerade unsere germanischen Väter taten es.
[101] Zu dieser meist mit „gottlos" übersetzten Bezeichnung der Menschen vgl. die Auslegung zu Judas 4.

nicht vergessen, daß der ersehnte Tag Gottes auch das Gericht bringt! Mit einer „Verzögerung" seines Tages gibt Gott noch Raum zur **Umkehr.** Wenn die Gemeinde ihren Zustand betrachtet, wenn sie auf die angefochtenen, unsicher gewordenen, aufs neue von alten Begierden gepackten Glieder sieht, muß sie dann nicht dankbar sein, daß noch Gnadenzeit bleibt? Würden sonst nicht **einige verderben,** die vielleicht doch noch zu retten sind und zurechtkämen? Wer über **Verzögerung** durch Gott klagt, sieht einseitig nur auf das Heil und einseitig nur auf sich selbst und vielleicht dies auch mit einer falschen Sicherheit. Gerade der Jünger Jesu dürfte doch ein tiefes Erbarmen mit denen haben, die zu verderben drohen, und sich von daher an Gottes großmütigem Warten freuen, das vielleicht auch er selber nötig hat. Bei dieser Aussage ist der Blick des Apostels ganz auf die Gemeinde gerichtet und sie trifft auch nur im Blick auf sie zu. Die **einigen,** die zu verderben drohen, aber bei der Verzögerung des Tages Gottes doch noch zur Umkehr gelangen können, sind ja keine Fernstehenden, sondern Glieder der Gemeinde.

10 **Kommen aber wird der Tag des Herrn,** das bleibt gewiß. Freilich betont Petrus noch einmal die Unberechenbarkeit des Zeitpunkts. **Der Tag wird kommen wie ein Dieb,** also gerade nicht berechenbar, sondern unerwartet und überraschend. Für unser ganzes Denken ist Gewißheit und Ungewißheit gleichzeitig unsere Lage. Jesus hat das sehr betont ausgesprochen (vgl. Mt 24, 42—44), und sein Apostel Paulus hat in 1Th 5, 2 dies Wort besonders aufgenommen, wie es hier der Apostel Petrus tut. Wie nötig ist uns diese „Ungewißheit", um uns wachsam und bereit zu halten und vor falscher Sicherheit zu bewahren, wie sie dem Knecht in Mt 24, 48—51 zum Verderben wird. Den Ernst der Situation übersehen die neumodischen Spötter, die genau jenem Knecht in ihrem Lebenswandel gleichen (V. 3).

Dabei darf — so hat schon Amos seine Zeitgenossen in 5, 18—20 gewarnt — der Ernst und die Schrecklichkeit des **Tages des Herrn** nicht verkannt werden. **An ihm werden die Himmel mit Sausen vergehen, die Elemente aber von Glut verzehrt sich auflösen und die Erde und die Werke auf ihr** (im Gericht) **erfunden werden** (oder: verbrennen). Wer den „Feuersturm" eines Bombenangriffes „sausen" hörte, wer von „Atomzerfall" und der Auslösung ungeheurer, mit unvorstellbarer Glut zerstörender Kräfte weiß, der wird diese biblischen Schilderungen ganz neu in ihrer Bildkraft verstehen. Wenn neben den Himmeln[102] und der Erde noch besonders die **Elemente** genannt werden, die **von Glut verzehrt sich auflösen,** dann soll das zeigen, wie die Vernichtung wirklich bis in die innersten Bestandteile und bis in die Grundlagen des alten Weltbestandes hineinreicht.

Das Schlußwort des Verses ist schwierig. Am besten bezeugt und darum auch von Nestle in seinen Text aufgenommen ist das Wort

102 Die Bibel gebraucht das Wort „Himmel" oft im Plural. Vgl. dazu auch die Auslegung zu 2Ko 12. 2 in der W. Stb. und andere Stellen.

erfunden werden. Aber was soll das heißen? Man muß dann ein „im Gericht" ergänzen. Dazu hat man ein gewisses Recht, weil „erfunden werden" öfter in „gerichtlichem" Sinn gebraucht wird[103]. Die Lesart bleibt aber schwierig, und es ist nicht verwunderlich, daß in vielen uns vorliegenden Handschriften Änderungsversuche gemacht wurden. Vom ganzen Bild des „Feuergerichtes" aus ist das nächstliegende der Ersatz von **erfunden werden** durch **Verbrennen,** das mit **erfunden werden** im Gericht verhältnismäßig ähnlich klingt[104]. Denn „im Gericht erfunden" werden immer nur die Menschen mit ihren Werken, und dies geschieht doch nach dem biblischen Zeugnis erst später vor dem Großen Weißen Thron (Offb 20, 11). Die „Werke", die dabei aus den aufgeschlagenen Büchern ans Licht kommen, sind die Taten der Menschen und können nicht gut mit dem Ausdruck **die Erde und die Werke auf ihr** erfaßt sein. Hier stellt der Apostel vielmehr all das vor uns hin, was Menschen auf Erden „Großes" geschaffen und gebaut haben, was sie mit viel Stolz und Bewunderung betrachten. Am Tage des Herrn aber wird dies alles verbrennen und ist nichts Bleibendes. So haben wir gewichtige innere Gründe für diese Textänderung.

Da sich dieses so alles auflöst, welcher Art müßt ihr dann sein in 11
heiligem Wandel und Frömmigkeit. Das ist typisch ntst, daß Eschatologie niemals nur dem Wissen und der lehrhaften Klarheit dient, sondern daß die Hörer der Botschaft durch sie sofort auf die praktischen Folgen für ihr Leben hingewiesen werden. Wenn die Zukunft der Welt und der Menschheit so aussieht, **welcher Art müßt ihr dann sein!** Welch ein Antrieb zu **heiligem Wandel und Frömmigkeit** geht von dem klaren Wissen um die Zukunft aus[105].

Aber in diesem Satz liegt zugleich eine Frage an die Ungeduldigen, 12
die Gott der Verzögerung beschuldigen. **Die ihr erwartet und schnell herbeisehnt die Parusie des Tages Gottes,** seid ihr denn „in heiligem Wandel und Frömmigkeit" bereit und gerüstet? Das dem „Erwarten" noch beigefügte Wort ›speudo‹ (herbeisehnen) heißt eigentlich „beeilen", „beschleunigen". Vielleicht müssen wir es auch an unserer Stelle so übersetzen. Unter den „Ungeduldigen" könnten solche sein, die nach dem Vorbild jüdischer Theologen[106] tatsächlich meinten, mit

103 Vgl. etwa Gal 2, 17; Apg 5, 39; 1Ko 4, 2; 2Ko 5, 3.

104 Durch die Koine ist dieser Wortlaut auch in unsere LÜ gekommen und auch in der rev. LÜ beibehalten. Auch Schlatter bringt ihn in seinen Erläuterungen. Menge schließt sich mit der Übersetzung „im Feuer aufgehen" an und weist in einer Anmerkung auf eine Lesart hin, die ein „nicht" einschiebt: „Die Erde wird mit allen Menschenwerken, die auf ihr sind, nicht mehr zu finden sein." Die rev. Elberfelder übersetzt: „. . . die Erde und die Werke auf ihr (nicht) gefunden werden" und verweist in der Anmerkung auf spätere Handschriften, die „auf ihr verbrannt werden" hin.

105 Vgl. dazu Rö 13, 11–14; 1Th 5, 4–11. Wie wird von da aus die Gemeinde bestärkt in der strikten Ablehnung der falschen „Freiheitsparole" der gnostischen Irreführer. Vgl. dazu auch zu Kap. 2, 19.

106 Wir kennen aus der Schriftgelehrten-Literatur den Satz: „Wenn die Israeliten einen Tag Buße täten, würde sofort der Sohn Davids kommen" (Strack-Billerbeck). In anderer Wen-

ihren sittlich-religiösen Anstrengungen den Tag Gottes schneller herbeiführen zu können. Und ist nicht das dringende Beten und Flehen der Gemeinde, das vom Heiligen Geist selbst emporgetragen wird, um das Kommen ihres Herrn (Offb 22, 17. 21) ein wirksames „Beschleunigen" der Endereignisse? Solche Beter sind es jedenfalls, die den Tag nicht nur **erwarten**, sondern **schnell herbeisehnen.** Hat nicht gerade die bedrängte Gemeinde allen Grund zu solchem Sehnen und Beten, das ja dann auch das Rufen „der Braut", d. h. der ganzen glaubenden Gemeinde sein soll? Vgl. Lk 18, 1 ff.[107]. Aber es gilt nicht in falscher Weise ungeduldig zu sein, sondern den Ernst des ersehnten Tages vor Augen zu haben und bis dahin die Zeit wirklich auszukaufen.

Darum mahnt der Apostel gerade auch sie noch einmal, daran zu denken, wie ungeheuerlich sich die **Parusie des Tages Gottes**[108] auswirkt. **Um dessen willen die Himmel sich im Feuer auflösen und die Elemente in Glut zerschmelzen.** Das Kommen Jesu ist nicht einfach nur eine persönliche Freude der Glaubenden, es führt vielmehr zu einer Weltkatastrophe von unvorstellbaren Ausmaßen[109]. Das macht unser Warten jedenfalls sehr ernst.

13 Allerdings ist die Katastrophe der Auflösung des alten Weltgebäudes nicht in sich selbst schon Ziel und Ende des großen göttlichen Planes. Nein, der lebendige Gott, wie er sich uns in Jesus, seinem Gesalbten, offenbart, geht auch bei all seinem Gerichtshandeln auf ein positives und herrliches Ziel zu. Als er den Messias sandte, durch ihn auf Erden wirkte und dann dies Wirken durch seine bevollmächtigten Boten im Heiligen Geist fortsetzte und über alle Länder und

dung heißt es auch: Wenn Israel nur einen einzigen Sabbat wirklich hielte, dann wäre der Messias alsbald da.

107 Ist dieses Beten nicht in erschreckender Weise unter uns verstummt und vergessen? Das ist um so mehr zum Erschrecken, als uns ja der Heilige Geist zu dem Gebetsruf: „Komm, Herr Jesus!" anregen möchte (Offb 22, 16a. 20b) und der Herr selbst ihn von denen erwartet, die richtig zu ihm stehen.

108 Wir kennen sonst nur die Formulierung von der „Parusie Jesu". Aber eben indem Jesus wiederkommt, vollzieht sich der Tag Gottes. Und umgekehrt: Jesu neues Kommen ist nicht eine jesuanische Sonderangelegenheit, sondern die Erfüllung der alten prophetischen Ankündigung des „Tages Gottes".

109 Petrus faßt wie die alten Propheten die ganze Ereigniskette des „Tages Gottes" in eine einzige Schau zusammen. Aber wir müssen die gesamte Schau der Schrift uns vor Augen stellen. Dazu schreibt Paulus zunächst im 1Th 4, 11 ff., wenn Parusie Jesu sein wird, werden die Gläubigen dem Herrn entgegengerückt in den Lufthimmel. Da wird, so schreibt es Paulus 1Ko 3, 11 ff., das Gericht für die Glaubenden sein, und der Herr prüft ihr Lebenswerk. Was nicht feuerbeständig ist, das verbrennt. Sie werden nach Phil 3, 21 von Jesus dann den Herrlichkeitsleib bekommen, und danach richtet Jesus mit den Seinen auf dieser Erde das „Tausendjährige Reich" auf (Offb 20, 1–6). Auch wenn Jesus in einem Jahrtausend zeigt, was unter seiner Herrschaft mit seinen erprobten Heiligen bei der Ausschaltung Satans (Offb 20, 1–3) aus der Menschheit werden kann, wird der Teufel am Ende dieses Jahrtausends noch einmal losgelassen, und es kommt zu einem Ansturm der gottfernen Menschheit auf die heilige Stadt. Damit ist erwiesen, wie tief das Verderben im gelösten Menschen wurzelt. Nun ist die Stunde des letzten Gerichtes gekommen, das vor dem Großen Weißen Thron (Offb 20, 11) erfolgt. Danach geschieht die endgültige Auflösung der ganzen bisherigen Welt, so wie Petrus es uns schildert.

Erdteile ausweitete bis heute, ging und geht es um Rettung der Verlorenen, um Befreiung der Gebundenen, um Heilung der Dahinsiechenden, um Heimbringung der Verirrten, – ja um Zurechtbringung des furchtbaren Schadens, den der Teufel in der Menschheit angerichtet hatte. Diese Zurechtbringung soll schließlich zur Durchsetzung vollkommener Gerechtigkeit führen. Das ist das herrliche Endziel, das hier mit den Worten umschrieben wird, die den Höhepunkt des ganzen Abschnitts bilden: **Neue Himmel aber und eine neue Erde erwarten wir nach seiner Verheißung, in denen Gerechtigkeit wohnt**[110a].

Wie nötig haben wir Christen von heute das Hören auf diesen Satz! Wir kommen aus Jahrhunderten des Individualismus, wo meist der Einzelmensch – letztlich dann unsere eigene Person – im Mittelpunkt stand. Was wird aus mir in meinem Sterben, werde ich selig werden? Ganz gewiß sind auch das wichtige Fragen, auf die wir Antwort haben müssen und auch bekommen sollen. Aber jetzt, da Petrus von der Zukunft und von der Zukunftserwartung spricht, spielen sie keine Rolle, bzw. sie gehen auf in den großen Dingen Gottes, die auf uns zukommen. Was heißt dann „selig werden"? Ich Einzelmensch kann nur wahrhaft glücklich sein, wenn ich mit unzähligen andern auf einem neuen Himmel und auf einer neuen Erde wohnen darf, in welchen endlich **Gerechtigkeit wohnt**[110b]. In dieser Formulierung werden wir darauf hingewiesen, daß es in der **Gerechtigkeit** um eine eigene, objektive Macht geht, die auf der neuen Erde sozusagen „residiert" und alles auf ihr ordnet und gestaltet. Menschen, die Jesus durch sein Blut von ihrem alten ichhaften Wesen befreite, hat er zugemutet, daß sie mit ihrem weiten und liebevollen Herzen das „Seufzen der Kreatur" (Rö 8, 23) hören und hungern und dürsten nach Gerechtigkeit. Diese große Zukunftshoffnung der jungen Christenheit war es, die in ihrer Umwelt ganz besonders auffiel und Menschen zum Fragen brachte. So hat es Petrus in seinem 1. Brief Kap 3, 15 gesagt. Über diese Hoffnung und ihren Grund Auskunft zu geben, ist der missionarische Auftrag, der zu seiner Erfüllung das freudige Erfülltsein mit dieser Hoffnung voraussetzt[111].

Daß das Alte nichts tauge, daß alles neu werden müsse, das meinen

110a Auch hier haben wir bei allen persönlichen Unterschieden der Apostel ihre Einheit und Einmütigkeit in der einen anvertrauten Botschaft. Die Größe und Herrlichkeit des Weltplanes Gottes, von der Paulus in 1Ko 2, 7 spricht und die Johannes in den letzten Kapiteln der Offenbarung entfaltet, wird hier auch bei Petrus der Gemeinde vor Augen gestellt.

110b Wie leicht ist unser Verlangen nach „Gerechtigkeit" eine mehr ichhafte Sache. „Mein Recht" soll mir endlich werden; nach meinem Wunsch und Ansichten soll es gerecht um mich her zugehen. Im biblischen Zeugnis aber geht es um Gottes Gerechtigkeit, die endlich zum Sieg und zur Herrschaft kommen soll.

111 Wieviel sind wir der Welt in unserer Verkündigung schuldig geblieben? Ob uns nicht gerade unser Kapitel neu in Bewegung bringen kann? Was würde geschehen, wenn die „Christen" in ihrer Umgebung dadurch auffallen, daß sie mit ganzem Herzen auf die neuen Himmel und die neue Erde warteten?

schon lange viele Menschen[112]. Aber wer kann wahrhaft und bis in die innersten Tiefen alles neu machen? Wer kann denn die neue Welt schaffen, in der „Gerechtigkeit" nicht nur ersehnt oder gefordert wird, sondern in der Gerechtigkeit tatsächlich „wohnt" und alles gestaltet? Wie kamen die ersten Christen zu diesem „Erwarten"? Petrus sagt es eindeutig: Wir erwarten diese neue Welt **nach seiner Verheißung.** Auch jetzt erhalten wir wieder keine mythologischen Schilderungen und keine christlichen Verbesserungspläne, sondern werden einzig auf das klare Wort Gottes gewiesen. Ob Petrus diese „seine Verheißung" im AT fand[112], oder ob er an die Verkündigung denkt, die er von Jesus selbst hörte, sagt er uns nicht. Aber nicht von „Mythologie", sondern vom Vertrauen auf das wahrhaftige Wort des lebendigen Gottes leben die Menschen in der Bibel von Abraham bis zur Gemeinde Jesu. Darum fehlt bei Petrus auch jede mythologische Ausfeilung der neuen Welt[113]. Vom Aussehen **der neuen Erde,** von der Art unseres Lebens auf ihr, sagt Petrus kein Wort. Es genügt ihm das eine, es ist Gottes neue Welt, die voll „Gerechtigkeit" sein wird.

Schlußmahnung

2. Petrus 3, 14–18

Zu Vers 14:
1Ko 1, 7. 8
Kol 1, 23
Jud 24
Zu Vers 15:
Rö 2, 4
1Ko 3, 10
Offb 2, 21
Zu Vers 16:
2Ko 4, 3; 10, 10
Zu Vers 17:
Mk 13, 5 f.
Hbr 2, 1
Zu Vers 18:
Rö 16, 27
Eph 4, 13
Phil 3, 8
Jud 25

14 Deshalb, Geliebte, da ihr solches erwartet, seid bestrebt, daß ihr
15 ohne Flecken und Makel vor ihm erfunden werdet in Frieden. *
Und seht in der Langmut unseres Herrn die Rettung, wie auch
unser geliebter Bruder Paulus nach der ihm gegebenen Weisheit
16 euch geschrieben hat, * wie auch in allen Briefen, in denen er da-
von spricht. In ihnen ist einiges schwer verständlich, was die Un-
wissenden und Ungefestigten verdrehen wie auch die andern
17 Schriftstellen zu ihrem eigenen Verderben. * Ihr nun, Geliebte,
die ihr es im voraus wißt, hütet euch, daß ihr nicht durch den Irr-
wahn der Frevler mitgerissen werdet und aus der eigenen Festig-
18 keit herausfallt. * Wachset vielmehr in der Gnade und Erkenntnis
unseres Herrn und Retters Jesus Christus. Ihm gehört die Herr-
lichkeit sowohl jetzt wie auch zum Tag der Ewigkeit.

14 **Deshalb, Geliebte, da ihr solches erwartet, seid bestrebt, daß ihr ohne Flecken und Makel vor ihm erfunden werdet in Frieden.** Noch einmal geht es Petrus um die notwendige praktische Folgerung au

[112] So sprechen auch viele von „Gerechtigkeit" und behaupten, für sie zu kämpfen. Aber wieviel Ungerechtigkeit, Gewalt und Lüge mischt sich schnell in diesen Kampf! Jesus hat es voraus gesagt, daß die „Ungerechtigkeit wird überhand nehmen auf Erden" (Mt 24, 12).

[113] So ist hier wirklich nichts zu „entmythologisieren", – es sei denn, daß man jede lebendige und konkrete Zukunftshoffnung als solche schon in den Bereich der „Mythologie" verweist

der eschatologischen Erwartung[114]. So wichtig ist es ihm, daß alle „Hoffnung“ der Christen nicht im bloßen „Wissen“ steckenbleibt oder gar in beglückende Träumerei ausartet, sondern das wirkliche Leben völlig und durchgehend bestimmt. Petrus weiß, daß kein Christ durch Bekehrung und Wiedergeburt schon „fertig“ ist. Er wird die Gemeindeglieder darum in V. 18 zum „Wachsen“ ermuntern. Jetzt denkt er daran, wieviel uns auf unserem Glaubensweg zu beflecken droht und auch wirklich verunreinigt. Aber können wir leben in dem Reich der Gerechtigkeit, mit Makel verunreinigt? Wollen wir **vor ihm,** den wir so dringend erwarten und der Augen hat wie Feuerflammen, befleckt erfunden werden? Wir würden dann nicht **in Frieden** vor ihm stehen können. Noch einmal klingt das Wort von **erfunden werden** an, das auch hier einen gerichtlichen Klang hat (vgl. V. 10). Wie wir von **Flecken** und **Makel** gereinigt werden können, mußte der Gemeinde nicht erst gesagt werden. Sie weiß aus dem apostolischen Unterricht, wie das „Reinigen“ und Reinhalten geschehen kann (1Jo 1, 7. 9; 3, 3). Auch Anweisungen, wie Petrus sie in seinem 1. Brief (1, 13 bis 16. 22; 2, 1–2. 11. 12) nachdrücklich gegeben hat, müssen wirklich befolgt werden. Dazu gehört ein ernstes „Streben“, das sich zugleich auch aufmerksam müht, alle „Befleckung des Fleisches und des Geistes“ zu vermeiden[115]. Das geschieht im klaren und festen Bleiben in Jesus (1Jo 3, 6), im Gehorsam gegen das Leiten des Heiligen Geistes, in der klaren Absage an die Welt und ihr Wesen (1Pt 4, 4). Das ist eine Haltung, die in totalem Gegensatz steht zur Freiheitsschwärmerei der Verführer. Die Gemeinde soll fest und klar bei der apostolischen Unterweisung bleiben.

Nun folgt ein Satz, der sich noch einmal an die „Ungeduldigen“ 15
wendet und V. 9 aufnimmt: „Wenn das Ende“ noch nicht gekommen ist, wollen wir nicht murren und uns beklagen, sondern uns freuen, daß die **Langmut unseres Herzens** für viele Menschen **die Rettung** bedeutet. Und auch wir selbst könnten leicht des Heils verlustig gehen, wenn unser Herr uns nicht mit solcher Geduld tragen und uns mit solcher Großmut aus mancher Verirrung und vieler Lauheit wieder heraushelfen würde.

Petrus steht mit seinem Mahnen nicht allein. Er setzt mit Nach- 15/16
druck seinen eigenen Worten noch hinzu: **Wie auch unser geliebter Bruder Paulus nach der ihm gegebenen Weisheit euch geschrieben hat, wie auch in allen Briefen, in denen er davon spricht. In ihnen ist einiges schwer verständlich, was die Unwissenden und Ungefestigten verdrehen, wie auch die andern Schriftstellen zu ihrem eigenen Verderben.** Wir können nicht feststellen, ob ein besonderer Grund Petrus veranlaßt hat, dieses Wort über Paulus zu sagen. Es kann aber in den Gemeinden, an die er sich wendet, ähnlich wie in Korinth gewesen

[114] Genauso ist es in 1Jo 3, 3 und 1Pt 4, 7 u. 8.
[115] Genauso folgert Paulus aus den „Verheißungen“ gerade die Reinigung und Heiligung in 2Ko 7. 1.

sein, wo sich die „Starken" im Glauben für ihre „Freiheit" auf Sätze des Paulus beriefen. Paulus hat sich selbst zu den „Starken" gerechnet (Rö 15, 1), aber er hat zugleich mit aller Klarheit die auch von ihm verkündigte „Freiheit" gegen grobe Mißverständnisse geschützt (vgl. 1Ko 5, 1–5; 6, 12–20) und sie mit tiefem Ernst durch die „Liebe" begrenzt (1Ko 8; Rö 14, 14 und 15, 7). In den Gemeinden, die Petrus vor Augen hat, mögen sich die Irrlehrer ebenfalls ausdrücklich auf Äußerungen des Paulus in seinen Briefen gestützt und Gemeindegliedern dadurch Eindruck gemacht haben. Petrus weiß sich aber mit **unserem geliebten Bruder Paulus** ganz einig. Wir führten eben selbst schon 2Ko 7, 1 an und wiesen in der ganzen Auslegung unseres Briefes wiederholt auf Paulus hin. Freilich, bei aller Einmütigkeit auf dem Apostelkonzil (Apg 15; Gal 2, 6–10), wird Paulus in Kreisen der palästinensischen Urapostel auch in seiner ganzen Eigenart empfunden worden sein. Darum spricht Petrus hier von **der ihm** (Paulus) **gegebenen Weisheit,** die er als solche von Gott geschenkte Gabe anerkennt und achtet[116]. Doch er stellt ohne jeden Vorwurf gegen Paulus sachlich fest, daß in seinen Briefen **einiges schwer verständlich ist.** Jeder aufmerksame Leser der Paulusbriefe wird das bestätigen. Hier konnte darum manches aus dem Zusammenhang gerissen und falsch verstanden werden und Irrlehrern zur Rechtfertigung ihrer Ansicht dienen. Ein solches „Verdrehen" paulinischer Sätze konnte gerade die Unwissenden und Ungeduldigen verwirren und verführen. Das liegt aber nicht nur an Paulus und seiner Schwerverständlichkeit. Petrus fügt darum hinzu, daß man **auch die anderen Schriftstellen** mißbrauchen kann[117]. Wir, die wir auf ein langes Stück Kirchengeschichte zurückschauen, haben eine Fülle schmerzlicher Beispiele vor Augen[118]. Was für irrige und gefährliche Meinungen und Lehren hat man „aus der Bibel" bewiesen. Das hat es also auch damals schon gegeben, und Petrus muß die Gemeinde davor bewahren. Die Männer, die Sätze des Paulus oder andere Stellen der Schrift „verdrehen", tun es zu ihrer Gefahr und zu ihrem **eigenen Verderben.** Das muß die Gemeinde mit Ernst bedenken.

17 Die Verführung trifft sie nicht unvorbereitet. Paulus vertritt in seinen Briefen die wahre Botschaft des Evangeliums klar genug und hat die Machenschaften gerade der gnostischen Irrlehrer deutlich genug aufgedeckt und bekämpft[119], und jetzt hat Petrus mit seinem

[116] Das Urteil des Petrus ist um so schöner, als es zwischen den beiden Aposteln auch zu harten Spannungen gekommen war. Wir sollen bei aller Achtung vor dem Urchristentum Gal 2, 11–14 nicht übersehen. Die ntst Schriften verschweigen nicht die Fehler und Schwächen selbst von Aposteln. Vgl. auch Apg 15, 36–39.

[117] Ob die Gemeinden selber schon diese Schriften besaßen oder ob sie nur von den führenden Männern der gnostischen Bewegung benutzt wurden, wissen wir nicht. Da aber im NT „die Schriften" im allgemeinen der Ausdruck für das AT ist, kann es sich auch um den Mißbrauch von Stellen aus dem AT handeln.

[118] Das gilt für die alte Kirche ebenso wie für die des Mittelalters und der Reformationszeit und bis in die Gegenwart hinein.

[119] Besonders der 2. Korintherbrief ist das Zeugnis dafür.

Brief die Gemeinde gewarnt. Aber Petrus kennt die „mitreißende" Macht der Irrlehren, die unseren natürlichen Gefühlen und Trieben entgegenkommt (vgl. 2, 18) und uns in so kühnen Verteidigungen der Zuchtlosigkeit bewundernswerte „Helden" sehen lassen. Darum warnt er noch einmal: **Ihr nun, Geliebte, die ihr es im voraus wißt, hütet euch, daß ihr nicht durch den Irrwahn der Frevler mitgerissen werdet und aus der eigenen Festigkeit herausfallt**[120]. Noch sind sie „fest" und von „festen Stützen umgeben", wie man das grie Wort **Festigkeit** auch verdeutlichen kann. Aus dieser Stütze des apostolischen Wortes und der apostolischen Sitte dürfen sie nicht **herausfallen.**

Aber die negative Warnung reicht nicht aus[121]. Es geht auch nicht 18
nur um ein „Festhalten und Bewahren", um ein „Stehenbleiben". Unser Wort „Christenstand" kann mißverstanden werden. Paulus vergleicht den Christen mit dem Wettläufer im Stadion! Darum fügt auch Petrus der Mahnung, „nicht aus der eigenen Festigkeit herauszufallen", sofort die Aufforderung hinzu: **Wachset vielmehr in der Gnade und Erkenntnis unseres Herrn und Retters Jesus Christus.** Es ist ein kurzes Wort mit einem mächtig das ganze Leben füllenden und vorwärtsführenden Inhalt. **Wachsen** geschieht verborgen, ruhig, stetig. Nicht um hastige Anstrengungen geht es, Jesus hat das stille Wachsen in seinem Gleichnis Mk 4, 26—29 anschaulich gezeigt. Was bedeuten doch für eine Gemeinde die Männer und Frauen, die so ohne großes Aufsehen still wachsen und gereift sind! Sie gerade sind es auch, die gegen Irrlehren gefeit sind, weil sie nicht steckenblieben, sondern **wuchsen,** und zwar **in der Gnade und Erkenntnis unseres Herrn und Retters Jesus Christus.** Das ist wichtig. Die Irrlehrer betrachten die Glieder der apostolischen Gemeinden als „rückständig". Erkenntnis, Erkenntnis, immer neue Erkenntnis! ist ihre Losung. Petrus aber stellt sehr bewußt vor das **Wachsen in der Erkenntnis** das **Wachsen in der Gnade.** Das ist kein Wachstum in die „Höhe", sondern immer in die Tiefe. In den eigenen Augen immer kleiner werden, der **Gnade unsres Herrn und Retters** immer bedürftiger, und darum dann auch diese **Gnade** immer höher schätzen, immer dankerfüllter lieben – das ist das echte „Wachstum", zu dem die Gemeinde aufgerufen werden muß. Gerade dann und nur dann ist es auch das wirkliche **Wachsen in der Erkenntnis,** nämlich in der Erkenntnis Jesu Christi als des **Herrn und Retters.** Nicht in der Aufnahme interessanter und aufregender Neuigkeiten besteht das Wachsen, das wir brauchen; vielmehr eröffnet die alte Wahrheit, die wir schon in der Umkehr und Wiedergeburt erfahren und ergriffen haben, immer neue Tiefen,

120 Das Wort „Frevler" ist heute weithin unbekannt und zunächst unverständlich. Die ursprüngliche Bedeutung des grie Wortes ist „gesetzwidrig", wobei nicht an menschliche Gesetze, sondern an heilige Grundgesetze des Lebens gedacht ist, gegen die sich Menschen vergehen.

121 Wir handeln auch in aller Erziehung falsch, wenn wir nur mit „Verboten" arbeiten, anstatt den Kindern, den jungen Menschen, den Gemeindegliedern positive Ziele zu zeigen, an die sie ihre Kraft setzen können. Man studiere daraufhin die Bergpredigt oder Rö 12.

und das alte „Wort vom Kreuz" zeigt Herrlichkeiten, von denen wir am Anfang noch nichts wußten. Die Irrlehrer aber lösen und entfernen sich immer wieder von Jesus und seinen Weisungen, um ihre Freiheit „zu genießen". Demgegenüber vollzieht sich das echte Wachsen der Erlösten dadurch, daß Jesus sich ihnen immer mehr offenbart und sie ihn auf diese Weise immer besser kennenlernen. So werden sie ihn nicht nur immer williger als ihren Herrn anerkennen, sondern ihn als solchen auch immer brennender lieben, ihr Denken, Reden und Tun immer bewußter auf ihn ausrichten, das aber heißt: ihm immer entschiedener nachfolgen. Nicht daß uns neben Jesus noch allerlei anderes wichtig wird, ist das, was wir zum Wachsen brauchen, sondern in Wirklichkeit wachsen wir innerlich dadurch, daß er selbst, unser Herr Jesus, uns immer größer, unentbehrlicher und herrlicher wird.

Darum schließt Petrus seinen Brief mit dem Satz: **Ihm gehört die Herrlichkeit sowohl jetzt wie auch zum Tag der Ewigkeit.** Daß Jesus der „Herr" ist, das wird der **Tag der Ewigkeit** zum Schrecken der Irrlehrer, zur anbetenden Freude der Gemeinde offenbar machen. Auch dann wird er, wie Johannes es sah, das Lamm Gottes sein, der **Retter,** zu dessen **Herrlichkeit** gerade seine Wundmale gehören. Wenn Jesu Gnade uns ganz groß geworden ist, wenn wir von ihr allein leben und wenn Jesus uns „einzig liebenswert und groß" wurde, dann wird uns die kommende Welt mit dem Tag Gottes, dem **Tag der Ewigkeit** nicht beschämen und enttäuschen, sondern nur über alles Denken hinaus bestätigen, daß Jesus die Herrlichkeit gehört.

Der Judasbrief

Der Eingangsgruß

Judas Vers 1–2

1 **Judas, Jesu Christi Sklave, Bruder aber des Jakobus, den in Gott**
2 **Vater geliebten und für Jesus Christus bewahrten Berufenen: ***
Erbarmen werde euch zuteil und Friede und Liebe in reichem
Maße!

Zu Vers 1:
Mt 13, 55
1Jo 5, 18
Zu Vers 2:
2Pt 1, 2

Auch unser kleiner Brief folgt der antiken Briefform. Darum wird 1
zuerst der Name dessen genannt, der im Brief zu uns redet. Es ist **Judas, Jesu Christi Sklave, Bruder aber des Jakobus.** Weil **Judas** ein sehr häufiger Name im jüdischen Volk[1] ist, stellt sich der Verfasser sofort noch näher vor. Es geschieht in einer eigentümlichen Weise. Zunächst folgt eine „Amtsbezeichnung", die uns freilich sehr befremdlich klingt: **Judas, Jesu Christi Sklave.** Die Leser des Briefes hörten diesen Ausdruck viel sachlicher als wir. Es gab Sklaven in Mengen und gab solche auch unter den Gemeindegliedern. Ein „Sklave" ist ein Mensch, der mit Leib und Leben, mit aller seiner Kraft und Leistungsfähigkeit einem andern, seinem Herrn, gehört. Judas sagt es voll Freude der Gemeinde, ebenso wie auch Paulus sich gerade in seinem frohen und herzlichsten Brief als „Sklave Jesu Christi" (Phil 1, 1) bezeichnet. Judas gehört ihm als „Herrn", der ihn „erkauft" und damit herausgerissen hat aus dem „Machtbereich der Finsternis" (Kol 1, 13), aus der „Gewalt Satans" (Apg 26, 18), des „Fürsten dieser Welt", und dafür mit seinem Blut und Leben bezahlt hat. Ihm gehört Judas aus Dank und Liebe. Im Anschluß an atst Stellen[2] nannten sich Männer so, die in besonderer Weise im „Dienst"

[1] Auch im NT kommt er mehrfach vor. Im Apostelkreis finden wir Judas-Ischarioth, aber auch „Judas, Sohn des Jakobus". Lk 6, 16; Apg 1, 13; Jo 14, 22. Außerdem hören wir von „Judas aus Galiläa" Apg 5, 37, „Judas Barsabas" Apg 15, 22. 32 und einem „Judas in Damaskus", der Saul von Tarsus aufgenommen hat; Apg 9, 11. Zur Person des Verfassers vgl. Einleitung S. 171.

[2] Wir sind gewohnt, das hebr Wort, das den „Sklaven" bezeichnet und in der LXX auch mit ›doulos‹ = Sklave übersetzt wird, als „Knecht" wiederzugeben und kennen die Stellen vom Gottesknecht, besonders im Jesaja. In den ersten Reden der Apostel wird diese Bezeichnung auf Jesus selbst angewendet, wie auch bereits Abraham in Ps 105, 6 und Josua in Jos 24, 29 diesen Ehrentitel tragen.

für ihren Herrn stehen, obwohl ja alle, die dem Ruf Jesu wirklich gefolgt sind, nicht mehr sich selbst gehören, sondern als teuer Erkaufte nun mit Leib und Leben Gott preisen dürfen (1Ko 6, 19 f.). Judas ist kein „Apostel". Aber die Leser seines Briefes sollen auch nicht einfach irgend einen Mann der Christenheit in ihm sehen, der hier seine persönliche Meinung äußert. Er schreibt im höchsten Dienst und Auftrag.

Er möchte aber die Geltung seines Wortes noch unterstreichen und sich den Empfängern seines Briefes besonders bekanntmachen, so fügt er mit einem betonenden „Aber" hinzu: **Bruder aber des Jakobus.** Dieser Name hat in der ganzen Urchristenheit bis in heidenchristliche Gemeinden hinein einen guten Klang. Paulus nennt ihn in seinem Bericht über das Apostel-Konzil an erster Stelle vor Petrus und Johannes (Gal 2, 9). Er begegnet uns auch in Apg 21, 18 ff. als der bestimmende Mann: er war der leibliche Bruder Jesu, der ihm nach seiner Auferstehung eine persönliche Begegnung schenkte und den vorher Ungläubigen dadurch zum Glauben führte. Wer als **Bruder des Jakobus** schreibt[3], darf des Gehörs bei den Lesern sicher sein.

Jakobus und Judas sind Brüder Jesu selbst! Aber darauf weisen beide in ihren Briefen ganz bewußt nicht hin. Einst waren sie wirklich Jesu leibliche „Brüder", die nicht an ihn glaubten, sondern ihn mehr oder weniger „brüderlich" zurechtwiesen (Jo 7, 3–5). Nun aber glauben sie an Jesus, und eben damit wird Jesus für sie zum Kyrios, zum Herrn, vor dem sie nicht mehr als „Brüder", sondern nur als „Sklaven" stehen können. Sie vollziehen damit von ihrer Seite die Abweisung jeder irdisch-verwandtschaftlichen Zusammengehörigkeit, die Jesus in aller Schroffheit selber ausgesprochen hatte (Jo 2, 4 Mt 12, 46–50). Sie sind wie alle anderen Menschen „von unten her" und dadurch total geschieden von dem, der „von oben her" ist. Jede „Verwandtschaft" hört hier auf[4].

Der Nennung des Absenders folgt die Bezeichnung der Briefempfänger. Sie sind ohne jede Angabe ihres Wohnortes nur nach ihrem inneren Wesen beschrieben. Darum können wir nicht konkret wissen, wohin Judas seinen Brief sandte. Nur daß er an eine Gemeinde (bzw. Gemeinden) gerichtet war, ergibt sich aus dem Inhalt denn „Liebesmahle" gibt es nur in „Gemeinden"[5]. Wo immer sich diese Gemeinden befanden, es werden Gemeinden gewesen sein, für die der Name Jakobus einen starken Klang hatte, sie werden also i

[3] Mk bestätigt diese Bezeichnung; auch hier werden Jakobus und Judas miteinander als Söhn der Maria genannt (6, 6).

[4] Diese Tatsache, daß Jakobus und Judas den so naheliegenden Hinweis auf ihre Herrenbruderschaft streng meiden, ist historisch wichtig. Sie zeigt, daß nicht erst die Gemeindetheologie unter hellenistischen Einflüssen den „Menschen Jesus" zum „Kyrios" emporgesteiger hat, sondern daß sofort auch die menschlich Nächststehenden den totalen qualitativen Unterschied im Wesen Jesu als des Auferstandenen erkannten.

[5] Die Mehrzahl „eure Liebesmahle" (V. 12) kann einfach die häufigen Mahlzeiten meinen, di in einer einzelnen Gemeinde stattfinden; sie könnte freilich auch ein Hinweis darauf sein daß Judas an eine ganze Gruppe von Gemeinden schrieb.

besonderer Verbindung mit der Urgemeinde in Jerusalem gestanden haben. Zwar hat auch ein Paulus das Ansehen des Jakobus gekannt und anerkannt, aber schwerlich wird sich Judas an eine „paulinische" Gemeinde gewandt und dabei seine Beziehung zu Jakobus hervorgehoben haben. Wir werden beim Lesen des Judasbriefes die Empfänger in judenchristlichen Gemeinden des Orients zu suchen haben[6].

Aber innerlich müssen wir dabei keinen weiten Schritt tun. Judas sieht eine „Gemeinde Jesu" nicht anders als Paulus. Ihre Kennzeichnung ist „theozentrisch", zentral auf Gott ausgerichtet. Was an der Gemeinde hervorgehoben wird, sind nicht ihre Eigenschaften oder Leistungen. Sie ist, was sie ist, durch Gottes Tun. Darauf allein fällt der Blick[7]. Ihre Glieder sind **Berufene.** Nicht durch „Werke" und „Verdienste" kamen sie in die Messias-Gemeinde hinein, sondern durch Gottes „Ruf", hinter dem für Judas gewiß ebenso wie für Paulus das „Erwählen" und „Verordnen" Gottes stand (Rö 8, 30). Und ebenso wie bei Paulus (1Th 1, 4) kommt dieses göttliche Erwählen und Berufen auch für Judas aus Gottes Liebe: diese **Berufenen** sind **in Gott Vater Geliebte**[8]. Auch hier ist der Geist Gottes bis in die einzelnen Formulierungen hinein wirksam. Die Gemeindeglieder sind nicht nur „von" Gott geliebt; das konnte in der Verbindung mit ihrem Berufensein so klingen, als stünde Gottes Liebe nur am Anfang des Christenstandes. Nein, sie sind dauernd und immer **in** Gott geliebt. Wie tröstlich ist das für Gemeinden, die in großen Nöten und Anfechtungen stehen[9]!

Sie dürfen zugleich wissen, daß sie durch alle Schwierigkeiten hindurch **für Jesus Christus bewahrt** werden. Wer von uns käme an das große Ziel, wenn nicht die „bewahrende" Treue und Geduld Gottes unser Leben in fester Hand hielte! Aber es ist dabei wichtig, den Wortlaut ganz zu erfassen. Es geht nicht nur um unsere Bewahrung als solche und darum, daß wir selber „ans Ziel kommen". Wir werden **„für Jesus Christus"** bewahrt! Wir dürfen also auch bei dieser tröstlichen und uns persönlich betreffenden Bewahrung uns selber vergessen und von aller frommen Eigensucht frei werden. Jesus Christus ist auch hier der Mittelpunkt. Daß sein Anspruch an uns zum Ziel kommt und der Lohn seiner heißen Arbeit an uns nicht verloren geht, dazu bewahrt uns Gott. Das ist freilich zugleich unser eigener

[6] Darauf weist auch die Vertrautheit mit dem AT und mit jener erbaulichen Literatur, wie sie besonders im Buch Henoch vorlag. Diese Vertrautheit wird von Judas offensichtlich vorausgesetzt. Vgl. zu der ganzen Frage der Empfänger des Briefes die Einleitung.

[7] Das geht freilich gegen unsere Natur, sollte aber gerade darum auch von uns im Blick auf Gemeinden, Kirchen, Werke und Häuser wieder neu gelernt werden.

[8] Die Handschriften der Koine-Gruppe (8.–9. Jh. n. Chr.) lesen hier: „In Gott Vater geheiligte Berufene." Aber das wird unwillkürlich oder gewollte Angleichung an 1Ko 1, 2 sein.

[9] Mit diesem Wort von Gottes Liebe und Gottes Ruf an uns weist Judas auf die „Freiheit" hin, die unsere völlige Zugehörigkeit zu Gott als „Sklaven Jesu Christi" kennzeichnet. Gott macht uns nicht gewaltsam zu seinen Knechten. Liebe sucht die Gegenliebe, die ihrem Wesen nach nur freiwillig sein kann. Und ein „Ruf" kann angenommen oder abgelehnt werden. Erst in unserer eigenen, freien Entscheidung dem Ruf des Evangeliums gegenüber werden wir in vollem Sinn „Berufene".

Gewinn, weil unser Leben darin besteht, für Jesus Christus dazusein. Diese Aussage „für Jesus Christus bewahrt" ist zugleich „eschatologisch"[10] ausgerichtet. Wir sollen am Tage der Wiederkunft Jesu für ihn bewahrt sein. Damit greifen Anfang und Schluß des Briefes ineinander. V. 24 wird noch einmal ausdrücklich eschatologisch auf das „Bewahrtwerden vor jedem Straucheln" und damit auf das letzte große Ziel Gottes hinweisen.

2 Und nun verbindet sich der Absender nach schöner Sitte der Zeit den Briefempfängern mit dem Zuspruch des Segens: **Erbarmen werde euch zuteil und Frieden und Liebe in reichem Maße.** Für einen Mann wie Judas war das mehr als ein „frommer Wunsch". Biblisches Segnen geschieht ja in der Gewißheit, daß Gott das gibt, was betend im Aufblick zu ihm Menschen zugesprochen wird. Die Segensgabe wird hier nicht nur in zwei, sondern in drei Worten beschrieben[11], wobei das **Erbarmen** betont voran steht. Es ist die grundlegende Zuwendung Gottes zu uns, nicht nur ein Mitempfinden, sondern der zur Tat gewordene Retterwille Gottes, wirklich geschichtlich im Opfertod Jesu zu uns. Das Wort **Friede** hat für uns heutige Christen etwas von seinem ursprünglichen, umfassenden Inhalt wiederbekommen, seit wir uns das hebr ›schalom‹ auch selber wieder als Segenswunsch zuzurufen beginnen. Wir erfahren dabei, daß man Worte nicht eigentlich „übersetzen" kann. „Frieden" ist für uns von einer langen Geschichte her zu leicht nur der stimmungsmäßige Herzensfriede. ›Schalom‹ ist viel leibhaftiger und realer gemeint. Bei Nennung der **Liebe** können wir fragen, ob Gottes Liebe zu uns gemeint sei oder unsre Liebe zum Herrn und untereinander. Für ntst Denken gehört beides eng zusammen. **Liebe** ist immer unteilbar! Liebe zu Gott ist nicht wirklich ohne Liebe zum Bruder, diese aber auch nicht möglich ohne die Liebe zu Gott. Vgl. 1Jo 4, 7. 11.

Der Segensspruch als solcher zeigt schon, daß wir die großen Güter, die er nennt, nicht einfach als „Besitz" haben. Viel Christentum siecht dahin, weil es das verkennt. O ja, es ist alles unser, wir sind reiche Leute. Aber wir sind es nur, indem es uns immer neu **zuteil wird.** Das echte „Haben" läßt uns nicht selbstzufrieden stehen bleiben, sondern bringt uns in ein lebendiges Wachstum, bei dem wir das in noch viel reicherem Maße haben möchten und auch empfangen werden, was uns grundlegend bereits zuteil wurde. An Gottes Willigkeit, **in reichem Maße** zu schenken, ist jedenfalls nicht zu zweifeln. So hat auch Paulus die frohe, dankende Anerkennung dessen, was die Gemeinde schon besitzt, mit der dringenden Aufforderung verbunden, darin „noch völliger zu werden" (1Th 4, 10) und „immer zuzunehmen" (1Ko 15, 58). So wünscht es Judas auch für die Gemeinde an die er schreibt, und so ist es ihr vom Herrn zugedacht.

[10] Die „Eschatologie" ist die Kunde von den eschata, von den „letzten Dingen"; also von der die ganze Menschheitsgeschichte abschließenden Endgeschichte. Alle Aussagen, die auf diese Endgeschichte ausgerichtet sind, nennen wir „eschatologisch".

[11] Ebenso auch in 2Ko 13, 13; 1Tim 1, 2; 2Tim 1, 2. Meist aber nennt der Apostel Paulus nur „Gnade und Friede" in der Vereinigung des grie und hebr Grußes.

Anlaß und Ziel des Briefes

Judas Vers 3–4

3 **Geliebte, indem ich allen Eifer daran wende, euch zu schreiben be-**
treffs unseres gemeinsamen Heils, empfing ich die Notwendigkeit,
euch zu schreiben und zu ermahnen, für den Glauben zu kämpfen,
4 **der ein für allemal den Heiligen übergeben worden ist. * Denn es**
schlichen sich einige Menschen ein, die seit langem vorher aufge-
schrieben sind für dieses Urteil: Unfromme, die die Gnade unseres
Gottes verkehren zur Ausschweifung und den alleinigen Herrscher
und unseren Herrn Jesus Christus (oder: unsern alleinigen Herr-
scher und Herrn Jesus) **verleugnen.**

Zu Vers 3: 2Tim 4, 7; 2Pt 1, 5
Zu Vers 4: Mt 10, 33; Apg 4, 28; Gal 2, 4; 2Pt 2, 1 f.

Judas sagt den Briefempfängern sogleich, warum er ihnen über- 3
haupt schreibt, mit welchem Ernst er es tut und was das Ziel seines Schreibens ist: **Geliebte, indem ich allen Eifer daran wende, euch zu schreiben betreffs unseres gemeinsamen Heils, empfing ich die Notwendigkeit, euch zu schreiben.** In der Anrede **Geliebte** bewährt sich, was wir eben von der „Unteilbarkeit" der Liebe sagten. Sie sind **Geliebte** zuerst einmal, weil Gott sie in seine Liebe eingeschlossen hat (V. 1). Aber darum gilt ihnen auch, was Paulus den Thessalonichern in 1Th 2, 8 sagte: sie sind „Geliebte geworden" auch für die Boten. Sie dürfen gewiß sein, daß Judas ihnen bei allem Ernst seiner Worte in herzlicher Liebe schreibt[12].

Aber diese Liebe ist nicht allein schon der Grund dafür, daß Judas seinen Brief schreibt. Er tut es nicht nach eigenem Gutdünken oder aus irgendeiner Stimmung heraus. Sein Brief ist weit ernster begründet: **Ich empfing die Notwendigkeit** (d. h. ich sah mich genötigt), **euch zu schreiben.** Dieses Wort **Notwendigkeit** steht auch in 1Ko 9, 16 im Blick auf die ganze Verkündigungsarbeit des Apostels Paulus: eine innere Notwendigkeit liegt auf ihm; deshalb *muß* er evangelisieren. Ähnlich ist es auch bei Judas, er *muß* den Brief schreiben. Ein solches „Müssen" liegt im Alten und Neuen Testament auf allen Männern und Frauen, denen wir dort im Dienst Gottes begegnen[13]. Es liegt mit letztem Ernst gerade auch auf Jesus und bedeutet nicht etwa eine Widerlegung, sondern geradezu die Bestätigung und Erfüllung seiner wahren Gottessohnschaft[14].

[12] Wir empfinden die früher übliche Anrede in Predigten „In dem Herrn geliebte Gemeinde" als barock und verwenden sie schwerlich noch. Der Sache nach ist sie wahr und richtig, wenn es um Prediger und Gemeinde recht bestellt ist.

[13] Wer hier nicht einer „Notwendigkeit" folgt, dient noch nicht wirklich Gott und wird wenig Vollmacht haben. Die Vollmacht gehört mit der Notwendigkeit des Dienstes eng zusammen. Und gerade erst die Notwendigkeit verleiht uns die ganze Freiheit, deren wir im Dienst bedürfen.

[14] Das in seinem Leben vielfach vorkommende „Ich muß" ist ein Zeichen seiner messianischen Sendung und Gottessohnschaft. Vgl. das „muß" in Mt 16, 21; 26, 54; Lk 2, 49; 4, 43; 9, 44; 12, 50; 13, 33; 19, 5; 24, 26; Jo 9, 4; 13, 18; 20, 19.

Judas **muß** schreiben. Wie ist dabei die vorangehende Aussage zu verstehen? Wollte er eigentlich der Gemeinde mit „allem Eifer“ etwas ganz anderes schreiben, einen Lehrbrief, eine Abhandlung **betreffs unseres gemeinsamen Heils?** Wurde er darin unterbrochen, weil er eine ganz andere Notwendigkeit empfing? Oder ist mit dem **gemeinsamen Heil** der Inhalt des vorliegenden Briefes gemeint, nur daß der Brief durch eine empfangene **Notwendigkeit** eine andere Zielsetzung erhielt? Wir können vom Wortlaut des Satzes her keine Entscheidung treffen[15]. Judas kann die Anwendung **allen Eifers** bei seinem Schreiben gerade damit begründen, daß ihm dabei die **Notwendigkeit** immer deutlicher wurde, die ihn zum Schreiben trieb. Es ist doch zu beachten, daß es im ersten Satzteil ›poiumenos‹ und nicht ›poiaesamenos‹ **heißt** = also nicht: „indem ich allen Eifer daran wandte“, sondern: „wende“[16].

Es geht um **unser gemeinsames Heil.** Das **Heil** = die **Rettung** ist das Wichtigste, das es überhaupt für uns geben kann. Dabei steht unsere ewige Zukunft auf dem Spiel. Betont heißt es: **unser gemeinsames** Heil. Es geht also nicht um das Sonderinteresse eines einzelnen oder um die besondere Lehre eines Kreises und einer Richtung. Das Heil, die Rettung der Menschen, geht alle gleichermaßen an. Darin ist sich Judas mit allen Aposteln[17] ebenso wie mit der Gemeinde selbst ganz einig. Diese Gemeinsamkeit ist die Grundlage für das rechte Verstehen zwischen dem Briefschreiber und den Empfängern.

Eben dieses Heil aber ist bedroht, nicht von außen her, sondern von innen her in der Gemeinde selbst. Darum muß die Gemeinde aufgerufen, „gemahnt“, aufgeweckt und gestärkt werden zum Kampf. Das ist das Ziel des Briefes: **Euch zu ermahnen, für den Glauben zu kämpfen, der ein für allemal den Heiligen übergeben worden ist.** Nicht für das Heil selbst hat die Gemeinde zu kämpfen. Das Heil hat der Sohn Gottes erkämpft, als er sterbend seinen Siegesruf ertönen lassen konnte „Es ist vollbracht“. Aber es geht um die Botschaft vom Heil und ihre Geltung, um **den Glauben, der den Heiligen[18] übergeben worden ist.** In dieser Formulierung ist freilich die

[15] Das im Grundtext stehende Wort ›grapsai‹ kennzeichnet einen bestimmten Augenblick der Schreibhandlung, hier sicherlich den erneuten Einsatz des Schreibens. Im Deutschen können wir sinngemäß sagen: „Empfing ich die Notwendigkeit, das Schreiben fortzusetzen mit Ermahnen“, oder „indem ich euch ermahne, daß . . .“.

[16] Allerdings ist die Lesart ›poiaesamenos‹ = wandte im Papyrus Bodmer VII (P 72) aus dem 3. Jh. bezeugt.

[17] Paulus definiert in Rö 1, 16 das Evangelium selbst als „Kraft Gottes zur Rettung, zum Heil“ Das Evangelium ist seinem Wesen nach „Heilsbotschaft“. Wer es zu etwas anderem macht reißt ihm das Herz heraus. Das gerade geschieht durch die „Gnosis“, der es nicht um die Rettung verlorener Menschen durch das Kreuz des Fleisch gewordenen Christus, sondern um ganz andere „Erkenntnisse“ ging. Insofern kann sich die erste Satzhälfte durchaus auf den vorliegenden Brief beziehen.

[18] „Heilige“, das ist im NT eine oft gebrauchte Bezeichnung der Gemeindeglieder. Vgl. Rö 1, 7 8, 27; 12, 13; 16, 2; 1Ko 6, 1. 2; 14, 34; 16, 15; 2Ko 1, 1; Eph 1, 1; 3, 18; 4, 12; Phil 1, 1; Kol 1, 2. E sind in allen diesen Stellen alle Gemeindeglieder als solche gemeint und als „Gottes Eigentum“ gekennzeichnet. „Heilig“ ist das, was Gott gehört. Besondere „Heilige“ im Unterschied zu einfachen Gemeindegliedern kennt das NT nicht.

objektive Seite des Glaubens stark hervorgehoben. **Übergeben** werden kann immer nur der Glaubensinhalt als solcher. Das Ergreifen und Aneignen dieses Inhalts und der Glaubensvollzug muß von jedem einzelnen grundlegend und im Leben als Christ immer neu geschehen. Aber es setzt das Vorhandensein des Glaubensinhaltes und Glaubensgrundes voraus. Das Wertlegen auf den Glaubensinhalt und dessen treue und richtige Bewahrung und Weitergabe ist darum völlig berechtigt. Es ist an dieser Stelle ein Zeichen dafür, daß unser Brief geschichtlich spät anzusetzen ist und in eine Zeit der „Verkirchlichung" und des „Traditionalismus" fällt[19]. Auch Paulus konnte von „dem Glauben" als einer festen Größe sprechen, die zu ihrer von Gott vorgesehenen Zeit (Gal 3, 23; Rö 3, 21) „kam". Und auch er kennt die klare „Tradition" des Glaubensinhaltes, an der nichts zu drehen und zu deuteln ist (1Ko 11, 23; 15, 1–4). Vom wem wird „der Glaube" in diesem Sinn „den Heiligen übergeben"? Zunächst von den Aposteln. Letztlich aber ist es – vgl. 1Ko 11, 23 – Gott selber, der uns den Grund und Inhalt des Glaubens bereitet und schenkt. Gott hat wie einst in der Geschichte Israels so jetzt abschließend in der messianischen Sendung seines Sohnes, gehandelt; **ein für allemal** gültig ist geschehen, was er am Kreuz vollbracht hat für uns, wie der Hbr-Brief immer wieder betont. So ist **der Glaube den Heiligen ein für allemal übergeben worden** als das Zeugnis von den großen Taten Gottes.

Freilich muß dieser objektive Glaube nun subjektiv angenommen und festgehalten werden[20]. Nur dadurch finden wir Rettung und werden zu „Heiligen", die zu Gott gehören und das Heil erlangen. Und dieses „Festhalten des Glaubens" wird in bestimmten Situationen zum **Kampf.** Denn dieser „Glaube" wird erfahrungsgemäß mitten in der Gemeinde oft beiseite gesetzt, ja, sogar bestritten und abgelehnt. Darum haben wir auch bei Paulus die großen „Kampfbriefe", vor allem den Galater- und den 2. Korintherbrief. Und sogar mitten im Brief von der Freude, dem Philipperbrief, wird in 3, 17–19 mit großem Ernst zum Kampf gerufen. Solcher Aufruf ist nun auch in den Gemeinden notwendig, an die sich Judas wendet.

Denn es schlichen sich einige Menschen ein, die seit langem vorher 4
aufgeschrieben sind für dieses Urteil: Unfromme, die die Gnade unseres Gottes verkehren zur Ausschweifung und den alleinigen Herrscher und unseren Herrn (oder: unseren alleinigen Herrscher und Herrn) **Jesus Christus verleugnen.** Wie nah steht hier Judas einem Paulus und einem Johannes! Genau wie diese Apostel nennt Judas keine Namen von seinen Gegnern. Es findet sich bei ihm nur das unbestimmte, aber sehr kennzeichnende tines = „einige" oder „gewisse Leute" (LÜ „etliche"), das auch 1Ko 4, 18; 15, 12; 2Ko 10, 2; Gal 1, 7 steht.[21] Diese **schlichen sich ein,** so sagt es auch Paulus von seinen

[19] Vgl. dazu die Einleitung S. 171.
[20] So sagt es Paulus den Korinthern 1Ko 15, 1.
[21] Bei Paulus und Johannes kann auch von „vielen" gesprochen werden, die aber auch da anonym bleiben: 2Ko 12, 21; Phil 3, 18; 1Jo 2, 18; 4, 1.

Gegnern in Gal 2, 4. Offenbar sind die Leute, die Judas vor Augen hat, nicht sofort offen und klar mit ihren neuen Ansichten vor die Gemeinde getreten, sondern haben sich zunächst als rechte Brüder aufnehmen lassen, um allmählich Einfluß zu gewinnen und für ihre Anschauungen zu werben. Vielleicht kommen sie z. T. aus der Gemeinde selbst, und es gilt von ihnen das, was Johannes in 1Jo 2, 13 sah und Paulus in seiner Ansprache an die Ältesten von Ephesus Apg 20, 31 meinte[22]. Was nun diesen Leuten vorzuwerfen ist, wird zunächst in einem grundlegenden, zusammenfassenden Satz ausgesprochen. Es steht ein klares „Urteil" über sie fest: sie sind **unfromm.** Fast alle Übersetzer geben das Wort mit „gottlos" wieder, aber das ist bedenklich. Es handelt sich ja in keiner Weise um Gottesleugner. Sie stehen in der Christengemeinde und meinen sogar das Christentum erst auf seine wahre Höhe zu führen. Es geht hier auch gar nicht zuerst um ihre Theorien und Gedanken, sondern um ihr praktisches Leben, um ihre „Frömmigkeit", um ihre „pietas"[23]. Der Vorwurf gegen ihr Leben lautet: Sie **verkehren Gottes Gnade zur Ausschweifung.** Sie sind so wenig „gottlos", daß sie sogar die Botschaft von Gottes Gnade auf ihre Weise bejahen. Nur ist bei ihnen eine „Verkehrung" dieser Botschaft erfolgt, die ihr allerdings immer droht. Paulus hat diese Verkehrung und Mißdeutung in Rö 6, 1 selber schroff formuliert: „Sollen wir denn in der Sünde beharren, auf daß die Gnade desto mächtiger werde?" Auch die Freiheitsapostel in Korinth mit der Freiheitslosung: „Alles ist mir erlaubt!" = „Alles steht mir frei" (1Ko 6, 12), sahen die volle Verwirklichung des Lebens „aus Gnade allein", „aus Glauben allein", ohne „Werke", gerade darin, daß das leibhaftige Leben, vor allem auf dem geschlechtlichen Gebiet, der unbegrenzten Verfügung des Menschen überlassen war. Was ging es hohe Geistesmenschen noch an, was ihr vergänglicher Körper tat? Mochte er seinen Trieb befriedigen![25] Genauso steht es mit der

[22] Wenn wir hier und auch sonst mehrfach in unserer Auslegung auf die klaren Parallelen bei Paulus und auch bei Johannes hinweisen, dann tun wir es nicht, um den Judasbrief herabzusetzen und mit den Paulusbriefen gleichsam zuzudecken, sondern im Gegenteil, um seine Herabsetzung als eines späten und geringwertigen Briefes abzuweisen. Es ist wichtig, daß der Leser die Einheit des apostolischen Zeugnisses sieht, in die auch der Judasbrief bei aller geschichtlich begründeten Eigenart hineingehört. Die kurzen Andeutungen des kleinen Briefes werden uns anschaulich, wenn wir sie von den Vorgängen besonders in Korinth her verstehen.

[23] Das grie Wort)asebaes(ist von)sebo(= „fromm-wirken" abgeleitet. Die Vorsilbe)a(= unverneint die Grundaussage.)Asebaes(ist ein Mensch, der es an der Frömmigkeit, an der Gott gebührenden Ehrfurcht fehlen läßt. Eine theoretische Leugnung der Existenz von Göttern braucht dabei nicht vorzuliegen. Schmoller in seiner grie „Handkonkordanz" gibt das Wort daher mit „impius" wieder. Wir denken mit einem gewissen Recht an die Vorwürfe des „Pietismus" gegen ein Christentum, das Gott durchaus nicht leugnete, aber praktisch weltlich und heidnisch lebte. Vgl. auch W. Stb. zu 2Tim/Tit S. 175.

[25] Paulus sah die Auswirkungen solcher Anschauungen in Korinth an denen, die „nicht Buße getan haben für die Unreinigkeit und Unzucht und Ausschweifung, die sie getrieben haben" (2Ko 12, 21). Sie lehnten offenbar eine solche „Buße" als unnötig, eng und rückständig bewußt ab.

„Ausschweifung", die sich auf die „Gnade Gottes" beruft und diese „freie Gnade" dadurch besonders herauszustellen meint[26].

Judas stellt mit klarer Härte fest, daß alle solche Gedanken ein gefährliches **Verkehren** der **Gnade unseres Gottes** sind. Wohl ist er **„unser Gott"**, der Gott, der sich unser mit seiner ganzen, wunderbaren Gnade annimmt. Aber es geht um den wirklichen, lebendigen Gott, von dem Hbr 12, 29 ausdrücklich sagt, auch „unser Gott" sei ein verzehrendes Feuer. Er bleibt der Heilige, der die Sünde haßt, auch in seiner Gnade. Seine „Gnade" gibt darum nicht Freiheit zur Sünde, sondern mit Ernst Freiheit von der Sünde.

Sie tut es, indem sie sich an Jesus Christus, den Träger und Sühner unserer Sünde, bindet und damit zugleich uns an ihn als unsern „Herrn" weist. Die **Gnade unseres Gottes** entläßt uns nicht in eine Freiheit der Herrenlosigkeit und also der Selbstherrlichkeit, sondern macht uns „frei" durch die Übergabe an die Herrschaft Jesu Christi. Darum **verleugnen** die, die Gottes Gnade verkehren, zugleich auch **den alleinigen Herrscher und unsern Herrn Jesus Christus.** Es macht dabei keinen wesentlichen Unterschied, ob wir in dem **„alleinigen Herrscher"** Gott den Vater im Unterschied zu **„unserem Herrn Jesus Christus"** sehen oder beide Bezeichnungen zusammenfassen und Jesus als „unsern alleinigen Herrscher und Herrn" bezeichnen[27]. In 2Pt 2, 1 ist das Wort despotaes eindeutig auf Jesus Christus bezogen. Das werden wir auch hier zu beachten haben. Das Wesentliche ist, ob wir unser Unterstelltsein unter diesen „Herrscher" und „Herrn" willig mit Dank anerkennen oder ob wir es verleugnen und uns ihm entziehen. Wieder geht es dabei nicht so sehr um ein gedankliches, dogmatisches „Leugnen", wie um das „Verleugnen" der Herrschaft Jesu in der Praxis des gelebten Lebens.

Vielleicht weist Judas mit seinem Satz noch in besonderer Weise auf die Gnosis hin, wenn er betont Gott bzw. Jesus Christus als unsern „alleinigen" Herrscher bezeichnet. Die Gnosis kannte göttliche „Emanationen", „Ausflüsse" oder auch göttliche Zwischenwesen zwischen Gott und der Welt. Das lag der Religiosität der hellenistischen Welt nahe, die in vielfachen Kulten und Heiligtümern viele ›Kyrioi‹, viele „Götter" und „Herren" kannte und nebeneinander gelten ließ. So mochten sich auch die „modernen" Kreise in den Gemeinden gegen den „engen und einseitigen Absolutheitsanspruch" der apostolischen Verkündigung wenden und damit den eigentlichen Herrschaftsanspruch Jesu Christi verleugnen[28]. Jesus Christus ist bei den

[26] Wir sind nicht weit davon entfernt, wenn in modernen christlichen Kreisen durch kirchliche Mitarbeiter die „Einehe" als veraltete menschliche Sitte bezeichnet und der voreheliche und außereheliche Verkehr als selbstverständliches Recht auch für Christen proklamiert wird.

[27] Es stehen hier die Worte ›despotaes‹ und ›kyrios‹ nebeneinander. ›Despotaes‹ hatte damals noch nicht den abschreckenden Sinn, den es in unserm Lehnwort „Despot" angenommen hat. Es bezeichnet einfach den, der die „Herrschaftsmacht" besitzt. Das Wort ›Kyrios‹ hatte bereits einen religiösen Klang und wurde gern als Titel von Götternamen gebraucht. Vgl. 1Ko 8, 5 f.

[28] Vgl. dazu 1Ko 8, 5 f.

neuen Lehrern nicht wirklich der bestimmende „Herr“ ihres Daseins, er gestaltet und erfüllt nicht ihre Existenz. Bei ihnen ist gerade nicht in Wort und Werk und allem Wesen „nur Jesus und sonst nichts zu lesen“.

Wieso aber sind diese Verderber der Gemeinde **seit langem vorher aufgeschrieben für dieses Urteil?** Manche Ausleger, die den 2. Petrusbrief für früher geschrieben halten als den Judasbrief, meinen, daß Judas hier auf 2Pt 2, 1 zurückgreife und die drohende Weissagung dieser Stelle als nun erfüllt ansehe. Andere denken, er beziehe sich auf typische Beispiele der Sünde und ihrer Verurteilung in der Geschichte des Alten Bundes, wie er sie in V. 5–11 sogleich selber bringen wird. Hier sei in der Bibel das **Urteil** über die gegenwärtigen Irrlehrer schon **seit langem vorher aufgeschrieben.** Darum werde es **dieses Urteil** genannt. Aber genaugenommen sagt Judas nicht, daß Urteil und Gericht für die Irrlehrer, sondern umgekehrt, daß die Irrlehrer selbst für das Urteil schon lange „aufgeschrieben“ seien. Gottes Voraussehen wird im AT wie im NT unter dem Bild des Aufschreibens in ein Buch dargestellt[29]. Judas wendet dieses ihm vertraute Bild hier an, um die Gemeinde in ihrem Kampf mit den Irrlehrern zu stärken. Nicht allein und verlassen steht sie diesen Männern gegenüber. Gott kennt diese Leute und hat sie schon seit langem **aufgeschrieben** in seinem „Buch“ und zwar **für dieses Urteil**[30].

Drei alttestamentliche Gerichtsbeispiele

Judas Vers 5–7

Zu Vers 5: 4Mo 14, 35; 1Ko 10, 5; 2Pt 1, 12; Hbr 3, 16–19
Zu Vers 6: 1Mo 6, 2–4; Offb 20, 1
Zu Vers 7: 1Mo 19, 4–2; Mt 10, 15; 2Pt 2, 4–10

5 **Erinnern aber will ich euch, die ihr ein für allemal alles wißt, daß**
der Herr wohl ein Volk aus Ägypten errettete, doch das zweite Mal
6 **die vernichtete, die nicht glaubten. * Und Engel, die nicht bewahr-**
ten ihren Herrschaftsbereich, sondern ihren eigenen Wohnsitz ver-
ließen, hat er zum Gericht des großen Tages mit dauernden Fesseln
7 **unter Finsternis verwahrt. * So liegen Sodom und Gomorra und**
die Städte in ihrer Umgebung, die in ähnlicher Weise wie diese
Unzucht trieben und fortliefen hinter fremdem Fleisch her, als Bei-
spiel da, indem sie die Strafe ewigen Feuers erdulden.

5 **Erinnern aber will ich euch, die ihr ein für allemal alles wißt.** Bei dem Stichwort „gedenken“ zeigt uns jede Konkordanz, welche Rolle das „sich erinnern“ schon im AT spielt. Das hat seinen Grund in der

[29] Es sei nur an 2Mo 32, 32; Ps 40, 8; 139, 16; Mal 3, 16; Lk 10, 20; Offb 5, 1; 13, 8 erinnert.

[30] So tröstet auch Petrus die angefochtene Gemeinde in 1Pt 2, 8. Gott wird von seinen Feinden nicht überrascht und in Verlegenheit gebracht. Sie sind ihm schon lange bekannt und von ihm selbst zum Fallen und Scheitern verurteilt.

Offenbarung Gottes in geschichtlichen Taten. Von ihnen lebt der Glaube. Er hat sich darum immer neu dieser Taten zu erinnern, um aufs neue solche Taten nach den Verheißungen Gottes zu erwarten. Darum finden wir das „Gedenken" und „Erinnern" auch im NT. Es geht in der apostolischen Belehrung vielfach um ein Erinnern an längst Gelerntes und Gewußtes[31]. Ein solches Erinnern ist wichtig und notwendig, weil gerade Bekanntes und Vertrautes leicht seinen Einfluß auf uns verliert und innerlich keine Rolle mehr bei uns spielt[32]. Die Gemeindeglieder, an die Judas schreibt, **wissen ein für allemal alles**, natürlich nicht im Sinn irgendeiner Allwissenheit, sondern des Wissens um alles Wesentliche der atst und der apostolischen Verkündigung[33]. Aber darum geht es, daß sie jetzt in einer besonderen Lage, im Kampf gegen irreführende Strömungen und Menschen ihr Wissen anwenden und es als Waffe gebrauchen. Darum, wie es wörtlich heißt, „will" Judas, daß „sie sich erinnern", daß alles Gewußte wieder in die Gegenwart hineinwirkt.

Es ist biblisches Wissen, an das sie sich erinnern sollen. Drei biblische Geschichten stellt er vor sie hin, an denen der ganze Ernst Gottes sichtbar wird. Und zwar gerade sein Ernst gegenüber solchen, die von ihm reich beschenkt und begnadigt waren, diese Gnade aber „verkehrten" und darum dem Gericht verfielen. Es hilft den Irreführern nicht, daß sie doch auch „Christen" waren, in der Gemeinde der Heiligen lebten und Gottes Gnade erfahren haben. Im Gegenteil, das gerade machte ihre Verantwortung um so größer und ihre Schuld um so schwerer.

Das erste Beispiel dafür ist klar biblisch und in 4Mo 14, 20—25 zu finden[35]. Die Briefempfänger „wissen", daß der Herr wohl (sein) **Volk aus Ägypten errettete**, doch dann die vernichtete, **die nicht glaubten**[36]. Also auch die Männer, die Gottes grundlegende Heilstat des Alten Bundes, die Rettung aus Ägypten, selber erlebt haben, können noch im Gericht umkommen, ohne in das verheißene Land zu gelangen. So ernst nimmt es Gott. Es geht dabei stets um den Glauben. Die Erinnerung an das Geschehen damals mußte die Ge-

[31] Vgl. dazu Lk 24, 6; Jo 2, 17; Rö 15, 15; 1Ko 15, 1; 4, 17; 2Th 2, 5; 2Tim 1, 6; 2, 14. Hier hat auch das „Sakrament" des Alten und Neuen Bundes, das Passamahl, das Herrnmahl seinen Platz. Es soll erinnern (1Ko 11, 23. 26), indem es das göttliche Handeln immer neu vergegenwärtigt. Das ist erinnern im biblischen Sinn. So gehört es auch zu den wesentlichen Aufgaben des Heiligen Geistes, die Jünger zu „erinnern alles des, was ich euch gesagt habe" (Jo 14, 26).

[32] Auch wir haben in unserer Verkündigung und Seelsorge die Gemeindeglieder zu „erinnern". Auf jedem Lebensgebiet ist es so, daß Erlerntes wiederholt und neu angewendet werden muß. Warum sollte es beim Allerwichtigsten, bei unserer Erkenntnis Gottes in unserem Leben mit Gott anders sein?

[33] Vgl. dazu 1Jo 2, 20. 21.

[35] In ähnlicher Weise, nur eingehender, stellt auch Paulus in 1Ko 10, 1—11 diese Berichte aus dem Wüstenzug Israels vor eine ntst Gemeinde hin, die von Irreführern bedroht ist. Vgl. auch Hbr 3.

[36] Hier steht im Grie die Zeitform des effektiven Aorist, durch den der Endeffekt hervorgehoben werden soll.

meinde anspornen, mit ganzem Einsatz „für den Glauben zu kämpfen" und an dem ihnen „übergebenen Glauben" festzuhalten (V. 3).

6 Ein zweites Beispiel folgt: **Und Engel, die nicht bewahrten ihren Herrschaftsbereich, sondern ihren eigenen Wohnsitz verließen, hat er zum Gericht des großen Tages mit dauernden Fesseln unter Finsternis verwahrt.** Das hat seinen biblischen Grund in der kurzen Erzählung 1Mo 6, 1–4. Wir würden freilich das, was Judas sagt, nicht ohne weiteres aus dieser Bibelstelle herauslesen. Judas versteht sie im Sinne einer bestimmten Auslegung, wie wir sie aus dem sogenannten „Buch Henoch" kennen. Es gab im Judentum jener Zeit eine Fülle erbaulicher Schriften, die an biblische Gestalten oder Ereignisse anknüpften, um von da aus besondere religiöse Gedanken zu entwickeln. Es kann uns nicht verwundern, daß solche Schriften gern gelesen und in das ganze Denken des Judentums aufgenommen wurden. Auch wir lesen ja nicht nur einzig die Bibel selbst, sondern haben eine ausgedehnte „Erbauungsliteratur". Damals jedenfalls gehörte es mit zur amtlichen Schriftgelehrsamkeit, Sätze und Worte des AT bedeutungsvoll auszulegen. Dunkle Stellen, kurze, geheimnisvolle Andeutungen waren dafür besonders geeignet. So sah Judas auch die Stelle 1Mo 6, 1–4 im Licht der ihm vertrauten Auslegung des Buches Henoch. Danach handelt es sich bei den „Göttersöhnen" in 1Mo 6 um **Engel**[37]. Sie sind besonders begnadete Wesen, die ihren **Wohnsitz** in der Himmelswelt haben und denen ein **Herrschaftsbereich** anvertraut ist[38]. Aber auch „Engel" können fallen, so hoch sie auch vor Gott gestellt waren. Diese Engel also **bewahrten ihren Herrschaftsbereich nicht** und **verließen ihren eigenen Wohnsitz.** Warum? Von Vers 7 aus müssen wir antworten: „Sie trieben Unzucht" und „liefen fort hinter fremdem Fleisch her". Das ist in 1Mo 6, 2 von der Schrift selbst bezeugt. Aber während diese Schriftstelle nur in allgemeinen Andeutungen von einem Gericht über die Menschen jener Tage spricht, weiß Judas etwas von dem Ernst des Vorgehens Gottes gegen die schuldigen Engel, von dem die Bibel selbst nicht spricht. Jedenfalls **bewahrten** sie das nicht, was ihnen von Gottes Gnade anvertraut war, sondern suchten ihre „Freiheit"; nun werden sie dafür **verwahrt,** und zwar **zum Gericht des großen Tages.** Ihr Los entspricht dem der abgefallenen Christen nach Hbr 10, 26 f. Das letzte endgültige Urteil wird erst an dem „großen Tage" Gottes gesprochen aber eine harte Bestrafung hat schon begonnen. Schon jetzt liegen diese Engel, die in der Höhe des lichten Himmels wohnten, in **dauernden Fesseln,** befinden sich „unter Finsternis" oder **unten in der Finsternis.** Wieder will Judas warnen: so heilig ist Gott, keine Beweise seiner Gnade sichern uns vor seinem Gericht, wenn wir diese Gnade

[37] Bereits die LXX in der Handschrift A schreibt statt „die Söhne Gottes" vielmehr „die Engel Gottes".

[38] Von diesem Herrschaftsbereich = archae her werden auch bei Paulus bestimmte Engelscharen Herrschaften = archai genannt, neben denen andere stehen als „Throne" oder „Fürstentümer", „Mächte" oder „Gewalten" bezeichnete (Rö 8, 38; Kol 1, 16 und andere Stellen).

„verkehren zur Ausschweifung". Niemals darf die Gemeinde unter Berufung auf die Gnade Gottes das leichtnehmen, was in ihrer Mitte an Sünde geschieht.

Das dritte Beispiel, das die Gemeinde selbstverständlich kennt, 7
aber neu bedenken muß, ist **Sodom und Gomorra und die Städte in ihrer Umgebung** (1Mo 18, 16 – 19, 29)[39]. Eine besondere „Begnadigung" dieser Städte durch Gott wird freilich in der Bibel nicht berichtet, darum auch hier nicht erwähnt. Man könnte sie aber in 1Mo 13, 10 ebenso finden wie in der Tatsache, daß ja ein Mann, der den lebendigen Gott kannte, in ihrer Mitte lebte. Die Sünden Sodoms sind sprichwörtlich geworden. Es geht um eine **Unzucht** von besonderer Schrecklichkeit: die Männer Sodoms **liefen hinter fremdem Fleisch her,** wie es in 1Mo 19, 11–14 geschildert ist. Sie übten homosexuelle Praktiken aus. Nun **liegen sie als Beispiel da.** Jeder Blick auf das seltsame Tote Meer erinnerte an den Untergang von Sodom und Gomorra durch Feuer und Schwefel vom Himmel. Die Bibel erzählt zwar nur von dem damaligen, geschichtlichen Feuer, das die Städte vernichtete. Aber „Feuer vom Himmel", Feuer Gottes, ist gleichzeitig **ewiges Feuer,** das diese Städte als **Strafe erdulden.** Es geht also hier nicht nur um eine sattsam bekannte Geschichte aus alten Zeiten, sondern um ein **Beispiel,** das der Gemeinde heute in ihrer Bedrohung durch Irreführung vor Augen stehen soll[40]. In Lehre und Praxis der neuen Strömung spielte offenbar sexuelle „Freiheit" eine große Rolle. Soweit grie Menschen in Frage kamen, mochte selbst die im Griechentum weit verbreitete gleichgeschlechtliche Erotik von den Irrlehrern verharmlost und in diese „Freiheit" mit einbezogen worden sein. Die Gemeinde aber soll sich nicht beirren lassen. Jegliche Unzucht und besonders ein **Herlaufen hinter fremdem Fleisch** bringt über die Schuldigen unweigerlich die **Strafe des ewigen Feuers.**

Die Schilderung der Verführer

Judas Vers 8–16

8 **In gleicher Weise beflecken auch diese Träumer das Fleisch, setzen**
9 **aber die Herrschaft beiseite und lästern Herrlichkeiten. * Dagegen**
wagte Michael, der Erzengel, als er, mit dem Teufel streitend,
einen Wortwechsel mit ihm hatte über den Leib Moses, nicht, ein
lästerndes Urteil zu fällen, sondern sagte: Es schelte (oder: strafe)
10 **dich der Herr. * Diese aber lästern, was sie nicht kennen; was sie**
aber auf natürliche Weise wie die vernunftlosen Lebewesen ver-

Zu Vers 8:
Lk 10, 16
2Pt 2, 10. 13. 21
Zu Vers 9:
Da 12, 1
2Pt 2, 11
Offb 12, 7
Zu Vers 10:
2Pt 2, 12

[39] Daß es dabei auch um „die Städte in der Umgebung" ging, kann mit Recht aus 19, 21 geschlossen und aus 19, 25 klar ersehen werden.

[40] Auch hier meint das Erinnern ein Vergegenwärtigen.

Zu Vers 11:
1Mo 4, 8
4Mo 31, 16
5Mo 23, 4 f.
2Pt 2, 15
Zu Vers 12:
Hes 34, 8
Mt 12, 33; 15, 13
1Ko 11, 21
2Pt 2, 13. 17
Zu Vers 13:
Jes 57, 20
Zu Vers 14:
Sach 14, 5
Mt 25, 31
Zu Vers 15:
Mt 12, 36
Zu Vers 16:
3Mo 19, 15
2Pt 2, 18

11 **stehen, darin verderben sie sich. * Wehe ihnen, denn sie gehen auf**
dem Weg des Kain und haben sich dem Trug Bileams um Lohnes
willen völlig hingegeben und gehen durch die Auflehnung Korahs
12 **unter. * Diese sind es, die bei euren Liebesmahlen als Schmutz-**
flecken (oder: als Klippen) **mit Schmausen ohne Scheu, nur sich**
selbst weidend, Wolken ohne Wasser, von Winden vorbeigejagt,
spätherbstliche Bäume ohne Frucht, doppelt erstorben, entwur-
13 **zelt, * wilde Meereswogen, die ihre eigenen Schandtaten aus-**
schäumen, Irrsterne, denen das Dunkel der Finsternis in Ewig-
14 **keit aufbewahrt ist. * Geweissagt hat aber auch für diese der Sie-**
bente von Adam her, Henoch, indem er sagte: Siehe, es kommt
15 **der Herr mit seinen Myriaden, * Gericht zu halten über alle die**
Unfrommen wegen aller Werke ihrer Unfrömmigkeit, die sie un-
fromm begangen haben, und wegen all der harten (Worte), **die sie**
16 **gegen ihn geredet haben als unfromme Sünder. * Diese sind Mur-**
rende, mit ihrem Los Hadernde, nach ihren Begierden wandelnd,
und ihr Mund redet Übermütiges, und sie bewundern Personen
um des Vorteiles willen.

Nach dem kurzen zusammenfassenden „Urteil" über die Menschen[41], die die Gemeinde von innen her bedrohten (V. 4), und nach dem Hinweis auf den Ernst der Gerichte Gottes (V. 5–7) gibt Judas nun eine Schilderung dieser Irreführer in den Versen 8–16. Alles bisher Gesagte trifft sie, denn sie handeln **in gleicher Weise.** Eine Darlegung ihrer Lehren und Anschauungen erhalten wir dabei nicht[42]. Wir sind von der Reformation her einseitig an der Lehre interessiert, während es Judas wie Paulus – und im Grunde auch Johannes und Petrus – um die Praxis der Lebensführung geht, die freilich meist mit verkehrten Lehren in engem Zusammenhang steht. Die Verse, mit denen wir uns jetzt zu beschäftigen haben, entfalten die beiden Grundurteile von Vers 4.

8 **In gleicher Weise beflecken auch diese Träumer das Fleisch, setzen aber die Herrschaft beiseite und lästern Herrlichkeiten.** Die Erinnerung an die früheren Gerichte Gottes ist aktuell für „gewisse Leute" in der Gemeinde, die von Judas **Träumer** genannt werden. Der Ausdruck stammt aus 5Mo 13, 2–6: wo er die falschen Propheten kennzeichnet, die ihre eigenen „Träume" an die Stelle des Wortes Gottes setzen. Das war ein Frevel, der mit dem Tode bestraft werden sollte. Daran muß die Gemeinde denken, wenn die Irrlehrer in ihrer Mitte mit „prophetischem" Anspruch auftreten und ihre Visionen und „Träume" über die apostolische Verkündigung stellen[43]. Sie setzen

[41] Vielleicht ist der Ausdruck „Mensch" (V. 4) auch darum gewählt, weil es sich nicht nur ur Männer handelt, sondern auch Frauen eine gewisse Rolle spielten. Vgl. Offb 2, 20.
[42] Das ist aber bei den Gegnern in Korinth nicht anders, wie die vielen, sehr unterschiedliche Abhandlungen über „die Irrlehrer in Korinth" zeigen.
[43] Vgl. dazu 1Jo 4, 1.

sich mit ihren gnostischen[44] Gedanken und Anschauungen über die Wirklichkeit hinweg, vor allem über den Ernst Gottes und seiner Gerichte. Wer von der nüchternen Klarheit der biblischen Botschaft abweicht, ist immer auch ein „Träumer", wie überlegen er auftreten mag.

Diese Versündigung gegen Gott und sein heiliges Wort wird im praktischen Leben offenbar. Während nach der apostolischen Botschaft dem „Fleisch" der Tod gebührt (Rö 8, 13; Gal 5, 24), **beflecken** die Neueren **das Fleisch** und sehen gerade darin ihre Freiheit und Überlegenheit. Das können sie aber nur, weil sie die **Herrschaft beiseite setzen. Die Herrschaft** (Kyriotæs) in der Einzahl[45] wird die Herrschaft des Einen meinen, der für die Gemeinde allein „der Herr" (der Kyrios) ist: Jesus Christus. Um ihn und seine klaren Weisungen und Gebote kümmert man sich nicht. Beides hängt eng zusammen, wenn wir 1Jo 4, 2 f. zur Erklärung mit heranziehen. Den Gnostikern war der „ins Fleisch gekommene Jesus" gleichgültig, ja anstößig. Ihr „Geist-Christus" hatte mit dem „Fleisch" nichts zu tun. Darum brauchte man auch als „Geistesmensch" auf das „Fleisch" gar nicht zu achten; es konnte ruhig seinen natürlichen Trieben überlassen werden. Von einem gar nicht ins Fleisch gekommenen Messias wäre allerdings ohnehin nichts zu befürchten.

Zugleich stellt Judas fest: **Sie lästern Herrlichkeiten.** Wir können nicht feststellen, was Judas damit konkret meinte. Immerhin legt der folgende Satz über Michael, der kein Schmähurteil gegen den Teufel wagte, nahe, unter den ›doxai‹ = „Herrlichkeiten" jenseitige Geistermächte zu sehen[46]. Vielleicht meinten gnostische Kreise – sehr im Unterschied zu dem nüchternen Aufruf des Paulus in Eph 6, 10 ff. – eine Aufgabe darin zu haben, mit Lästerungen gegen böse Geistermächte vorzugehen. Der sofort folgende Satz legt eine solche Auffassung nahe. Aber wie immer es gewesen sein mag: „lästern" ist niemals die Aufgabe eines Jüngers Jesu!

Judas sieht in diesem **Lästern** eine gefährliche Überhebung. Was 9
sind das für stolze Geister, die damit etwas wagen, wozu sich nicht einmal einer der ganz großen Engelfürsten berechtigt sah: **Dagegen wagt Michael, der Erzengel, als er, mit dem Teufel streitend, einen Wortwechsel mit ihm hatte über den Leib Moses, nicht, ein lästerndes Urteil zu fällen, sondern sagte: „Es schelte** (oder: strafe) **dich der Herr"**[47]. Michael hat im Auftrag des Herrn den siegreichen Kampf

[44] Von der großen Bewegung der „Gnosis" und ihren wesentlichen Gedanken und Anschauungen hörten wir in der „Einleitung" zum 2. Petrusbrief.

[45] Der Sinaitikus gibt hier die Mehrzahl; es sollten dann auch hier schon bestimmte Engelheere gemeint sein. Aber es wäre doch schwer verständlich, warum die eine Art der Engel „beiseite gesetzt" und die andere „gelästert" würde. Auch ist die Verschreibung in die Mehrzahl leichter zu erklären als eine Umwandlung einer im Text stehenden Mehrzahl in die Einzahl.

[46] Sonst wird im NT dieses Wort nirgends unter den vielfältigen Benennungen von Engelabteilungen gebraucht.

[47] Die Engel sind in der Bibel in verschiedene Engelheere gegliedert, die durch Namen wie „Throne, Herrschaften, Reiche, Gewalten" (Kol 1, 16) gekennzeichnet sind. Es gibt unter ihnen

gegen Satan zu führen (Offb 12, 7–9). Deshalb ist es um so bedeutsamer, daß Michael sich damals, als es um den Leib des Mose ging, nicht mit einem **lästernden Urteil** gegen den Teufel wandte, sondern das „Schelten", das als Gottes Schelten von stärkster Wirkung ist (Ps 18, 16; 104, 7; 106, 9) und darum auch als „Strafen" wiedergegeben werden kann, ganz und gar dem Herrn überließ. Wie können dann Menschen es wagen, **Herrlichkeiten zu lästern,** selbst wenn es gefallene und gottfeindliche sind.

An dieser Stelle wird wieder deutlich, wie Judas in Auslegungen des AT lebte, die wir nicht mehr kennen, die aber zu seiner Zeit weit verbreitet und anerkannt gewesen sein müssen. Die alte kirchliche Auslegung weist hier auf eine apokryphe Schrift „Assumption Mosis" hin. Wir haben davon nur ein Bruchstück, in dem aber die Stelle nicht vorkommt, auf die sich Judas bezieht. Der Bericht der Bibel über Moses Tod und Begräbnis in 5Mo 34, 5. 6 ist in sich selbst einfach und nüchtern. Aber gerade in seiner Kürze konnte er Anlaß zur Ausschmückung geben[48].

10 Aber es geht Judas nicht um das damalige Geschehen als solches. Er hat es ja mit den jetzigen Irrlehrern zu tun. Ihr „Lästern der Herrlichkeiten" scheint eine genaue Kenntnis der unsichtbaren, jenseitigen Welt zu verraten, welche die knappen Andeutungen der apostolischen Verkündigung weit übertrifft. Da muß Judas ihnen vorwerfen: **„Diese aber lästern, was sie nicht kennen.** Paulus warnt die Gemeinde in Kolossä: „Laßt euch niemand das Ziel verrücken, der sich gefällt in falscher Demut und Verehrung der Engel und sich mit seinen Geschichten rühmt ohne Ursache aufgeblasen in seinem fleischlichen Sinn" (Kol 2, 18). So wirft auch Judas den Gnostikern vor, daß sie sich in Gebiete begeben, die sie in Wahrheit gar nicht kennen[49]. Paulus sah in den scheinbar so hochgeistigen Erlebnissen der Irrlehrer den „fleischlichen Sinn". So sieht auch Judas den seltsamen Widerspruch. Die Menschen, vor denen er dringend warnen muß, versteigen sich in falsche Höhen und führen zugleich ein Leben, von dem

besondere „Engelfürsten", die z. T. mit Personennamen genannt werden (Da 10, 13; 8, 16; 9, 21; Lk 1, 19. 26). Wenn in der Offenbarung 12, 7 von „Michael und seinen Engeln" gesprochen wird, ist ihm damit deutlich eine Führungsrolle zuerkannt. Michael = Mi-ka-el = „Wer-wie-Gott?" zeigt mit seinem Namen an, daß er Satan und seinem Trachten nach Gottgleichheit („ihr werdet sein wie Gott") mit seiner richtenden und triumphierenden Frage entgegengetreten ist. Die Bezeichnung „Erzengel" findet sich in der Bibel nur noch 1Th 4, 16.

[48] Konnte Gott seinen Knecht eigenhändig begraben? War das nicht zu „menschlich" von Got gedacht? Schon der jüdische Denker Philo schrieb in seinem „Leben Mose" 2, 291, unsterbliche Engelsmächte hätten Mose begraben. In der „Assumption Mosis" aber wird berichte sein, daß Satan als „Verkläger" Anspruch auf den Leichnam Moses um seiner Versündigun willen erhob und bei der Bestattung dem Erzengel Michael entgegentrat. Bei diesem Strei begnügte sich Michael mit dem Zuruf: „Es schelte (oder: strafe) dich der Herr." Dieser Zuru ist im gleichen Wortlaut auch in Sach 3, 2 zu finden.

[49] Würden sie sie wirklich kennen, dann würden sie wie ein Paulus wissen, daß man davo nicht reden und sie nicht zum Gegenstand der Verkündigung machen darf. Vgl. 2Ko 12, 1– Das ist bei aller Hochachtung vor Sadhu Sundar Singh auch seinen Schilderungen der himmlischen Welt gegenüber festzuhalten.

man feststellen muß: **was sie aber auf natürliche Weise wie die vernunftlosen Lebewesen verstehen, darin verderben sie sich.** Sexuelles Leben mit seiner Lust kennen auch die Tiere. Wer sich aber hier als Mensch einfach seinen Trieben überläßt, denen das Tier in naturhaften, festen Ordnungen folgt und folgen darf, verdirbt sich[50]. Es hat eine unheimlich verführende Gewalt, wenn sich sinnliches Ausleben mit dem Glanz besonders hoher Geistlichkeit und Religiosität verbindet. Hier scheinen sich „freie Geister" gegen die „Enge" und „Rückständigkeit" des apostolischen Gemeindelebens aufzulehnen. Wie verlockend, wenn man in Erlebnissen in die Welt der Engel eindringen und zugleich mit gutem Gewissen das Recht auf freie Sexualität für sich in Anspruch nehmen kann! Judas stellt nur kurz und hart fest: **darin verderben sie sich.**

Er bleibt aber nicht bei dieser Feststellung stehen. Er schließt einen 11
Weheruf an, der nicht weniger real ist als eine Seligpreisung. **Wehe ihnen, denn sie gehen auf dem Weg des Kain und haben sich dem Trug Bileams um Lohnes willen völlig hingegeben und gehen durch die Auflehnung des Korah unter!** Im grie Text stehen alle diese Aussagen im Aorist: „Sie gingen ... und ergaben sich ... und gingen unter." Tatsächlich aber sind sie noch ganz und gar nicht „untergegangen". Sie bedeuten ernsteste Gefahr für die Gemeinde, in deren Mitte sie einflußreich leben. Die Gemeinde muß zum Kampf gegen sie aufgerufen werden. Aber Judas ist seiner Sache so gewiß, daß er wie von dem schon vollzogenen Gericht aus zurückblickt[51] und das abschließende Urteil fällt.

Das Urteil ist tatsächlich auch schon gesprochen, nämlich über Kain und Bileam und Korah, denen die Verführer der Gemeinde gleichen. **Sie gehen auf dem Weg des Kain.** Natürlich haben sie keine Brüder in der Gemeinde äußerlich totgeschlagen, aber sie werden in einem ganz anderen Sinn zu „Mördern" an Brüdern: Durch Verführung auf böse Wege bringen sie Gemeindeglieder um das ewige Leben[52]. Sie ziehen Brüder (und Schwestern) von dem wahren Heil im Kreuz Jesu ab und machen sie durch ihre klugen und überlegenen Reden im Glauben irre. Streit und Spaltungen in der Gemeinde werden vielen zur Anfechtung. Oder Judas konnte wie der Apostel Johannes meinen: „Wer seinen Bruder haßt, der ist ein Totschläger" (1Jo 3, 15). Die Neuerer mochten unverhohlen ihre Verachtung und ihren Haß gegen diejenigen ausdrücken, die ihnen in der Gemeinde widerstanden.

[50] Da gilt das Wort aus Goethes Faust: „Er nennts Vernunft und braucht's allein, um tierischer als jedes Tier zu sein." Das sieht Judas bei „diesen Menschen", die die Gemeinde von innen her bedrohen.

[51] Das wurde ihm durch den Briefstil der Antike erleichtert. Der Schreiber versetzte sich in die Lage des Empfängers und Lesers, für den „Vergangenheit" sein kann, was der Schreiber jetzt in der „Gegenwart" gerade tut oder zu tun vorhat. So kann Paulus in 2Ko 8, 16 ff. schreiben, „wir haben Titus und die Brüder mit ihm gesandt", obwohl er tatsächlich jetzt gerade erst Titus senden und ihm den Brief mitgeben wird.

[52] Paulus sagt das in 1Ko 8, 11 so: „Und so wird über deinem Wissen der Schwache ins Verderben kommen, der Bruder, um deswillen doch Christus gestorben ist."

„Bileam“ ist auch im Sendschreiben an Pergamon (Offb 2, 14) der „Typos“ eines falschen Propheten, der mit seiner Verführung gerade darum so gefährlich ist, weil er zunächst wirklich ein Mann war, „dem die Augen geöffnet sind“ (4Mo 24, 3). Welch herrliche Wahrheit hat er über Israel ausgesprochen! Aber dann will er den **Lohn** nicht verlieren, den klingenden Lohn, den ihm Balak angeboten hat, und so „lehrte“ er Balak, zu verführen die Kinder Israels, daß sie Götzenopfer aßen und Unzucht „trieben“ (Offb 2, 14)[53]. Judas urteilt, die Irrlehrer haben sich **dem Trug Bileams um Lohnes willen völlig hingegeben.** Ist hier „Trug“ aktiv oder passiv zu verstehen? Lassen sich die Irreführer wie Bileam betrügen oder handeln sie selber trügerisch und betrügend wie er? Es wird wohl das Letztere gemeint sein, da auch Bileam gerade als listiger Betrüger wirkte. Daß sie dabei „betrogene Betrüger“ sind, ist anzunehmen; aber sie sind es mit Leidenschaft. Das ist das Gefährliche an ihnen. Das grie Wort sagt eigentlich: sie haben sich diesem Trug „ausgeschüttet“; damit soll die Stärke der Hingabe anschaulich ausgedrückt werden. „Dabei tritt dasselbe wie bei Bileam ans Licht: ein geknechteter Wille, der nach dem greifbaren Vorteil hascht und die angeblich himmlischen Kräfte dazu benutzt, um für sich selbst zu sorgen“ (Schlatter).

Das ganze Reden und Tun dieser Menschen war notwendig zugleich **Auflehnung** gegen die Gemeinde und ihre Leitung, zuletzt aber gegen die Apostel und die apostolische Verkündigung und Lebensordnung[54]. Ein solches Aufbegehren gegen die leitenden Männer und ihren Anspruch auf Geltung hatte es aber auch schon in Israel gegeben. 4Mo 16 steht für Judas nicht umsonst in der Heiligen Schrift[55]. Auch dieses Kapitel ist nicht nur eine interessante Erzählung aus alter Zeit, sondern „typisch“ und darum ein erhellendes und richtendes Wort für die Gegenwart. Die Gemeinde, die durch solche **Auflehnung** in ihrer Mitte bestürzt und unsicher geworden ist, soll es vor Augen haben: es ist **die Auflehnung** des **Korah** und braucht darum die Gemeinde

[53] Freilich kann dieses Bild Bileams nur an die kurze Notiz in 4Mo 31, 16 anknüpfen, deren Ernst 4Mo 31, 8 bestätigt.

[54] Die Ablehnung der apostolischen Autorität als solcher auf Grund einer eigenen, unmittelbaren Beziehung zu Christus steht vermutlich auch hinter der „Christuspartei“ in Korinth (1Ko 1, 12), die in 2Ko 10, 7 noch einmal erscheint.

[55] Korah warf Mose und Aaron Überhebung über die Gemeinde vor, die doch ebenso „heilig“ sei und den Herrn in ihrer Mitte habe. Genauso werden die neuen Lehrer herausfordernd gefragt haben, warum nur die Apostel mit ihren Lehren und Weisungen ausschlaggebend sein sollten, während doch sie selber als Geisterfüllte mindestens den gleichen Anspruch auf Gehör und Gefolgschaft hätten. Vgl. dazu auch den Kampf in der Reformationszeit. Der Losung „Geist, Geist!“ in den schwärmerischen Bewegungen setzte Luther beharrlich sein „das Wort, das Wort!“ entgegen. Vgl. Luthers Schrift: „Wider die himmlischen Propheten“ WA Bd 18 S. 62 „Das Wort, das Wort, das Wort (hörst du Lügengeist auch?) das Wort tuts“! Vgl in Luthers Schrift besonders WA 18 S. 136–138.

[56] Paulus hat es mit völliger Gewißheit den Galatern gegenüber betont: „Ein Apostel, nicht von Menschen, auch nicht durch einen Menschen, sondern durch Jesus Christus und Gott den Vater“ (Gal 1, 1). Und den Korinthern schreibt er: „Paulus, berufen zum Apostel Jesu Christi durch den Willen Gottes“ (1Ko 1, 1).

nicht ratlos zu machen. Sie kann es in der Schrift nachlesen, wohin solche Auflehnung führt. Wer mit Korah gegen göttliche Autorität[56] aufbegehrt, der wird auch mit Korah **untergehen.**

Nach diesem Urteil kennzeichnet Judas noch einmal die Leute, 12
gegen die er sich wendet. Auf ihre besonderen Lehren und Anschauungen geht er nicht ein, er mag an das Wort seines Herrn über die falschen Propheten denken: „An ihren Früchten sollt ihr sie erkennen" (Mt 7, 15 f.). Die Gemeinde kann es doch mit eigenen Augen sehen: **Diese sind es, die bei euren Liebesmahlen als Schmutzflecken** (oder: als Klippen) **mit Schmausen ohne Scheu, nur sich selbst weiden.**

In den Gemeinden, an die Judas schreibt, haben sich noch die „Agapen", die „Liebesmahle" erhalten, wie sie in der Urgemeinde ganz von selbst entstanden waren. Die gemeinsame Mahlzeit war ja einst im Orient noch viel mehr als bei uns heute Ausdruck inniger Zusammengehörigkeit[57]. Darum war es für den Vorwurf gegen die Gemeinschaft Jesu mit den „Zöllnern und Sündern" die letzte Zuspitzung, wenn festgestellt werden konnte: „und er ißt sogar mit ihnen!" Die Mahlgemeinschaft mit ihrem Herrn gehörte entsprechend so ganz hinein in das Leben der Jünger. Die Erneuerung solcher Tischgemeinschaft nach Ostern war die besondere Besiegelung der Auferstehung ihres Herrn und seiner ganzen Vergebung für sie (Lk 24, 31 f.; Jo 21, 3–13; Apg 10, 40. 41). Auch die Einsetzung des Herrnmahles war ja im Rahmen einer Mahlzeit erfolgt. So war es für die erste Gemeinde ein ganz natürlicher Vorgang, daß sie nicht nur täglich einmütig im Tempel waren, sondern auch das Brot hin und her in den Häusern brachen und die Speise mit Freude und lauterem Herzen nahmen (Apg 2, 46 f.)[58]. Es war Tischgemeinschaft, Liebesmahl, bei dem zugleich das Herrnmahl gefeiert wurde. Dieser Brauch war von den Gemeinden wahrscheinlich übernommen worden[59]. Die neuen Lehrer und ihre Anhänger aber nahmen **ohne Scheu** an den Liebesmahlen teil. So völlig rechnen sie sich noch zur Gemeinde, in der sie den maßgebenden Einfluß gewinnen möchten. Aber sie sind dabei **Schmutzflecken** oder **Klippen.** Beide Bedeutungen sind für das hier stehende, seltene grie Wort möglich. Die innige Gemeinschaft bei dem gemeinsamen Essen und Trinken machte ein zuchtvolles Verhalten untereinander unentbehrlich. Die „Freiheit", wie sie jetzt von den neuen Auffassungen her propagiert wurde, machte zuchtlos[60]. Das schlichte Essen wird zum „Schmausen", und der Ge-

[57] Wir kennen noch die Redewendung „das Tischtuch entzweischneiden" für den ausdrücklichen Bruch der Gemeinschaft zwischen Menschen. Und auch bei uns eröffnet es eine nähere Verbindung, wenn wir Menschen zu uns an den Tisch einladen.

[58] Schön sagt Schlatter: „Sie setzten der Liebe keine Schranken, sondern sorgten für alles, was der Mensch nötig hat. Darum beteten sie miteinander und aßen miteinander, nicht nur das eine und nicht nur das andere."

[59] So geschah es auch in einer weitgehend heidenchristlichen Gemeinde wie Korinth: 1Ko 11, 17–22. Freilich, die Worte des Apostels Paulus machten zugleich etwas von dem deutlich, was auch Judas als Befleckung der Agapen vor sich sieht.

[60] Es sei nochmals erinnert an 1Ko 11, 21, das mit 1Ko 6, 12 eng zusammengehört.

nuß tritt so in den Vordergrund, daß auch Paulus mit harten Ausdrücken davor zu warnen sich genötigt sieht (Rö 13, 13; 14, 17; Gal 5, 21). Dabei werden nötige Grenzen des Umgangs überschritten. Es kommt „Schmutz" hinein, wo eine klare und geheiligte Atmosphäre herrschen sollte. Damit werden diese Teilnehmer an den Agapen zu **Klippen**[61], an denen Gemeindeglieder scheitern können, zumal die Gnostiker dabei eine besondere Gelegenheit bekamen, ihre Irrlehren vorzutragen. Es wird auch hier wieder jener Grundzug sichtbar, den Paulus in Korinth an den Freiheitsaposteln ebenso mit großem Ernst bekämpft: sie denken nur an sich selbst und kümmern sich nicht um den Bruder (vgl. 1Ko 8, 9–11; Rö 15, 1. 2; 1Ko 11, 21–22). Judas sagt es in Anlehnung an das Gerichtswort Gottes in Hes 34, 2. 8. 10: sie sind **„nur sich selbst weidend"**.

Damit sind sie **Wolken ohne Wasser, von Winden vorbeigejagt.** Wie schaute doch gerade der Mensch des Orients nach dem Wasser aus! Nun steigen Wolken auf; werden sie den ersehnten Regen bringen? Nein, der Wind jagt sie vorüber, sie erquicken die durstigen Fluren nicht. So spielen die neuen Männer sich großartig auf als Leiter zu neuen Höhen, aber in Wahrheit haben sie nichts, womit sie die Gemeinde wirklich beschenken und durstige Herzen erquicken können. Den gleichen Tatbestand meint ein zweites Bild: sie sind **spätherbstliche Bäume ohne Frucht, doppelt erstorben, entwurzelt.** Im Herbst erwarten wir am Baum die nährenden Früchte. Nun ist es Spätherbst, aber da sind **Bäume ohne Frucht.** Wieder denkt Judas an Worte seines Herrn in Mt 7, 9. 19; 21, 18 f.; Lk 13, 6–8. Rechte Christen stehen in der Gemeinde als fruchttragende Bäume, zumal wenn sie lehrend und leitend hervortreten. Jene Männer aber sahen zwar aus wie **Bäume,** ja, sie waren wohl einmal wirklich solche gewesen, aber nun sucht man vergeblich an ihnen **Frucht.** Sie sind **doppelt erstorben.** Sie waren aus dem „Tode" des natürlichen Wesens herausgerettet worden zum Leben; aber nun sind sie zum zweiten Mal **erstorben**[62], und zwar deshalb, weil sie **entwurzelt** sind. Sie sind nicht mehr, wie Paulus es von den Kolossern sagt, „verwurzelt in dem Herrn Jesus Christus" (Kol 2, 7; auch Eph 3, 17). Nun können sie so wenig Frucht bringen wie die vom Weinstock gelösten Reben.

13 Freilich, sie sehen ganz besonders „lebendig" aus; sie sind doch sehr aktiv und wollen viel in Bewegung bringen, aber sie sind darin nur wie **wilde Meereswogen, die ihre eigenen Schandtaten ausschäumen**[63]. Die Meeresbrandung kann sehr kraftvoll und wirksam erscheinen, aber was sie hervorbringt, ist doch nur „Schaum" ohne

[61] Das Wort bezeichnet unter dem Wasser verborgene Riffe, die dadurch Schiffen besonders gefährlich werden. Durch ihre Teilnahme an den Liebesmahlen und durch eine betonte Herzlichkeit dabei ließen sie harmlose Gemüter gar nicht erkennen, welche „Klippen" hier verborgen lagen, an denen man „Schiffbruch am Glauben" (1Tim 1, 19) erleiden konnte.

[62] Oder kennt auch Judas den „zweiten Tod" (Offb 21, 8) und hat ihn hier im Blick als das schreckliche Schicksal der Irreführer?

[63] Das gleiche Bild finden wir schon Jes 57, 20

jeden Nutzen, und dazu noch Schaum, der Unrat ans Ufer spült. Ein anschauliches Beispiel ist jener Mann in Korinth, der die Frau seines Vaters heiratete, um seine Freiheit zu demonstrieren, und auf den wohl ein Teil der Gemeinde auch noch stolz gewesen zu sein scheint (1Ko 5, 1 f.). Ähnliche Äußerungen der neuen „Freiheit" mögen Judas auch aus den Gemeinden bekannt geworden sein, an die er seine ernste Mahnung richtet. Unter viel Getöse kommt doch nur ans Licht, was in reinen Augen schändlich ist.

Noch ein Bild setzt Judas hinzu: Die Verführer sind **Irrsterne, denen das Dunkel der Finsternis in Ewigkeit aufbewahrt ist.** Auch wir kennen die Beziehung „Stern" („Star") zur Kennzeichnung besonderer Leistung. Die Vertreter der neuen Richtung meinen, leuchtende „Sterne" in der Gemeinde[64] zu sein und haben vielleicht die Weissagung von Da 12, 3 besonders für sich in Anspruch genommen, daß „die, die da lehren, leuchten werden wie die Sterne immer und ewiglich". Aber sie führen in die Irre wie Sterne, die die von Gott geordnete Bahn verlassen haben. Und während sie besonders zu leuchten und Licht zu verbreiten meinen, ist **„das Dunkel der Finsternis in Ewigkeit"** der Ort ihres Endes[65].

Noch einmal kommt Judas auf das Buch Henoch zurück, das ihn tief beeindruckt hat. Was darin von der Zukunft zu lesen war, das sieht er jetzt in der Gegenwart erfüllt. Es war ihm wichtig, daß schon Henoch als **der Siebente von Adam her**[66] das Gericht angekündigt hatte. Es stand also von Anfang an fest, darum ist sein Vollzug um so gewisser. **Es hat aber geweissagt auch für diese der Siebente von Adam her, Henoch, indem er sagte: Siehe, es kommt der Herr mit seinen Myriaden, Gericht zu halten über alle die Unfrommen wegen aller Werke ihrer Unfrömmigkeit, die sie unfromm begangen haben.** Der wiederkommende Herr als der Weltrichter kommt[67] nicht allein. Die „heiligen Myriaden"[68], gewaltige Engelheere, begleiten ihn[69]. Das Gericht vollzieht sich nicht verborgen in der Stille, sondern in aller Öffentlichkeit. Ungezählte leuchtende Wesen sind Zeugen der Schuld und der Schande derer, die sich jetzt vor den schlichten Gemeindegliedern so großartig und überlegen gebärden. Welch furchtbarer Ein- 14/15

[64] Phil 2, 15 bezeugt auch Paulus den Philippern, daß sie „wie Lichter leuchten". Das Wort für „Lichter" („Leuchtkörper") meint auch dort die Sterne.

[65] Zur Frage, wie sich diese harten Urteile zum Liebesgebot Jesu verhalten, vgl. die Ausführungen zu 2Pt 1, 6 f.

[66] Vielleicht ist nicht nur betont, daß „schon" der siebente Nachkomme Adams die Zukunft so voraussah. Die Zahl „sieben" ist als solche schon früh eine bedeutsame Zahl, die eine abschließende Vollkommenheit ausdrückte. Vgl. den „siebenten Tag der Woche" oder die „sieben Siegel" an Gottes Buch, die „sieben Hörner und Augen des Lammes", die „sieben Geister Gottes" in Offb 5, 1–6.

[67] Wieder wie in V. 11 steht im Text auch hier die Vergangenheitsform des Aorist (also wörtlich: gekommen ist), um die ganze Gewißheit dieses Kommens auszudrücken. Vor dem Blick des Propheten steht das Geschehen des Gerichtes schon als vollendete Tatsache. Vgl. zu V. 11.

[68] Auch wir gebrauchen den Ausdruck „Myriaden" als Lehnwort aus dem Griechischen. ›Myrias‹ bedeutet wörtlich „Zehntausend", meint aber nicht diese genaue Zahl, sondern eine unübersehbare Menge. Durch die Mehrzahl „Myriaden" wird das noch unterstrichen.

[69] So auch Mt 25. 31: 16. 27: 2Th 1. 7.

druck muß das sein für alle, die vor diesem Richter stehen müssen. Judas häuft in diesem Satz das Wort asebaes = „unfromm"[70]. Gerichtet werden Menschen – die Unfrommen – nicht wegen gedanklicher Irrtümer als solcher, sondern **wegen aller Werke ihrer Unfrömmigkeit, die sie unfromm begangen haben.** Freilich ist unser Denken die Quelle unserer Taten, so wie umgekehrt unsere praktische Lebenseinstellung auch unser Denken verdirbt. Aber im Gericht Gottes geht es um die **Werke**[71], um die von keinem zu leugnenden und zu verharmlosenden Verwirklichungen ihrer „Unfrömmigkeit" und Sündhaftigkeit, von denen sich die Taten bestimmen lassen. Das ist besonders schwerwiegend für solche, die in der Gemeinde Jesu lebten, die Gnade Gottes kannten und sich doch nicht von ihr erretten und umwandeln ließen, sondern „die Gnade unseres Gottes verkehren zur Ausschweifung" (V. 4).

Zu den Werken gehören aber auch die **Worte,** wie schon Jesus selbst jedem gesprochenen Wort der Menschen eine entscheidende Bedeutung für das Gericht beigemessen hat: Mt 12, 36. 37; Lk 19, 22. So fügt auch Judas hier hinzu: die „Unfrommen" werden gerichtet **wegen all der harten** (Worte), **die sie gegen ihn geredet haben als unfromme Sünder.** Inwiefern, das braucht nicht näher erläutert zu werden, denn die Briefempfänger wissen es schon. Es kann durchaus sein, daß gnostische Kreise der apostolischen Christologie Äußerungen über Jesus entgegensetzten, die als lächerlich empfunden wurden. Jesus war für sie eine an sich belanglose Größe, mit der sich der wahre Geistchristus nur vorübergehend verbunden hatte. Oder es fand sich bei den neuen Lehrern bereits jene Anschauung, die später etwa bei dem Gnostiker Marcion[72] zur vollen Entfaltung kam. Danach ist der Gott des AT der „Macher" dieser schrecklichen, leidvollen Welt, völlig zu verwerfen von allen, die den wahren Gott der Liebe in Christus erkannt hätten. Hier kann es zu „harten Worten" gegen den gekommen sein, der für die apostolische Verkündigung als der Schöpfer der Welt und der Gott Israels „heilig" und mit dem Vater Jesu Christi identisch war. Darum galten für die Neuerer die Gebote nichts, die der harte „Demiurg" oder „Weltenmacher", wie sie Jahwe, den Gott Israels, abfällig nannten, den Menschen quälend und drückend auferlegt hatte[73].

16 Auf diese Stellung der neuen Richtung zu dem Gott des AT kann sich der folgende Satz noch mitbeziehen, auch wenn er zugleich eine neue Seite am Wesen der Männer aufzeigt, die die Gemeinde gefähr-

[70] Vgl. Anmerkung 23.
[71] Das ist die einheitliche Botschaft des NT. Paulus bezeugt es in Rö 2, 5; Gal 5, 19. Petrus sagt es in 1Pt 1, 17; Johannes in Offb 9, 19; 3, 1. 8. 15 und besonders 20, 12; 22, 12.
[72] Marcion lebte und wirkte in der 1. Hälfte des 2. Jahrhunderts. Aus der Kirche ausgeschlossen, gründete er eigene Gemeinden, die sich weit verbreiteten.
[73] Darum erkannte Marcion nur Paulus als wahren Apostel an – freilich einen völlig mißverstandenen Paulus, den er als „Gegner des Gesetzes" ansah.

den. **Diese sind Murrende, mit ihrem Los Hadernde, nach ihren Begierden wandelnd.** War diese Welt mit ihren Leiden und Nöten das Machwerk eines unguten „Demiurgen", dann war das „Murren" gegen den gegenwärtigen Lebensstand voll berechtigt. Man durfte freimütig **mit seinem Los hadern** und sich empört gegen den Erbauer dieser schlechtesten aller Welten wenden. Das haben die neuen Lehrer und ihre Anhänger offenbar reichlich getan. Das ging ja dem natürlichen Menschenherzen auch leicht ein. Aber welche Gefahr lag darin für die Gemeinde! Das „Murren" und „Hadern mit Gott" war die besondere Form der Sünde Israels auf dem Wüstenzug nach seiner wunderbaren Befreiung durch Gottes starke und gnädige Hand (2Mo 16,1–8; 4Mo 14,26–30; 20,13.24). Hier bricht Unglaube und Undankbarkeit hervor! Soll die Gemeinde des Neuen Bundes, die Gottes rettende Liebe noch ganz anders erlebt hat, in die gleiche Sünde fallen[74]? Judas sieht deutlich, worin das „Murren" und „Hadern" seinen letzten Grund hat. Es kommt aus dem Herzen solcher, die **nach ihren Begierden wandeln.** Die Gestalt dieser Welt mit ihren Nöten, Engen und Härten setzt unseren **Begierden** unüberschreitbare Grenzen; vor allem aber stehen ihnen Gottes Gebote im Wege. Der Mensch ist in dem freien Ausleben seiner Begierden gehindert, darum hadert er mit seinem Los und schilt den Gott, der an diesem Los schuld sei. Gottes Liebe in der Hingabe des eigenen Sohnes für verlorene Menschen ist hier völlig vergessen oder mißachtet[75].

Ihr Mund redet Übermütiges. Wieder ein Anklang an das Buch Henoch, in dem es in Kap. 5 heißt: „Und ihr habt durch trotzige und hochmütige Worte aus eurem unreinen Mund seine Majestät geschmäht." Es war bei den Neuerern tatsächlich und sicher auch ganz bewußt die Ablehnung jener Haltung zu sehen, die wir bei allen biblischen Menschen finden und die Petrus in das Wort faßt: „So demütigt euch nun unter die gewaltige Hand Gottes" (1Pt 5,6). Weg mit dieser elenden „Demut" – das war die neue Losung, wie sie auch Paulus in bestimmten Kreisen Korinths begegnete. Dazu kam die Redegewandtheit und der blendende Gedankenreichtum, wogegen die apostolische Verkündigung eng und kümmerlich wirken konnte[76]. Auch ein Paulus mußte in Korinth hören, sein persönliches Auftreten sei schwach und seine Reden ohne Gewicht (2Ko 10,10). Ja, gegenüber den großen „Geistträgern" erschien er manchem als „fleischlich" (2Ko 10,2). Judas läßt sich nicht beirren und mahnt auch die Gemeinde, sich nicht falsch imponieren zu lassen, sondern klar zu erkennen: **Ihr Mund redet Übermütiges**[77].

[74] Vgl. die Warnung des Propheten in Jes 45,9 und des Apostels in 1Ko 10,10!

[75] Es hängt bei den Irreführern alles eng miteinander zusammen. Die gleichen Zusammenhänge finden sich bis heute auch bei uns.

[76] Nach dieser Richtung weist die ursprüngliche Bedeutung des mit „übermütig" wiedergegebenen Wortes. Es bezeichnet etwas von übermäßigem Umfang, etwas „Geschwollenes". Auch wir bezeichnen ja manches Reden als „geschwollen".

[77] Es ist die Not so mancher treuen Zeugen Gottes, daß Sektierer und Schwarmgeister wort-

Noch etwas scheint kennzeichnend zu sein: **Sie bewundern Personen**[78] **um des Vorteiles willen.** In der apostolischen Unterweisung war das ausdrücklich ausgeschlossen worden (Jak 2, 1–4; 2Ko 3, 12b), weil es bei Gott „kein Ansehen der Person gibt" (Rö 2, 11). Aber freilich, wer „nach seinen Lüsten wandelt" und auf seinen „Vorteil" aus ist, der wird zusehen, wie er zu einflußreichen und wohlhabenden Leuten Verbindung bekommt, und wird ihnen entsprechend seine „Bewunderung" zeigen und ihnen schmeicheln. Das ganze „gnostische" Denken und Leben war eine Form des Christentums, die gerade in den oberen Kreisen der Bevölkerung beifällig aufgenommen wurde. Geistvolle interessante Gedankengänge ohne Verbindlichkeit und darum mit der gleichzeitigen „Freiheit" für das Ausleben der natürlichen Triebe, das war etwas für Menschen, die neben ihrem materiellen Lebensstandard auch gewisse geistige und religiöse Interessen hatten. Darin lassen sie sich gern von den Vertretern der neuen Richtung **bewundern** und wenden diesen dafür manchen **Vorteil** zu.

Vielleicht zielt der Satz aber auch auf die „Bewunderung" und das „Ansehen", die hier – wie immer in sektiererischen und schwarmgeistigen Kreisen – einzelnen, führenden Persönlichkeiten erwiesen werden. „Namen" erklingen, und Menschen werden gefeiert. Es ist vorteilhaft, da mitzumachen und sich in den Anhängerkreis solcher Größen mit einzureihen. Aber es ist das genaue Gegenteil zu dem, was Jesus seiner Gemeinde als wesentliche Regel gab: Mt 20, 25–27; Jo 13, 1–7; Mt 23, 8–12.

Rat und Weisung an die Gemeinde

Judas Vers 17–23

Zu Vers 17: 2Pt 3, 2
Zu Vers 18: 1Tim 4, 1; 2Pt 3, 3
Zu Vers 19: 1Ko 2, 14; Jak 3, 15
Zu Vers 20: Eph 6, 18; Kol 2, 7

17 **Ihr aber, Geliebte, erinnert euch an die Worte, die schon zuvor**
von den Aposteln unseres Herrn Jesus Christus gesprochen wor-
18 **den sind, * daß sie euch sagten: Am Ende der Zeit werden Spötter**
sein, die nach ihren eigenen Begierden der Unfrömmigkeit wan-
19 **deln. * Diese sind es, die Scheidung vornehmen** (oder: die sich ab-
20 sondern), **Seelische** (Psychiker), **die den Geist nicht haben. * Ihr**
aber, Geliebte, euch selbst aufbauend auf euren hochheiligen
21 **Glauben, im Heiligen Geist betend, * bewahrt euch selbst in der**
Liebe Gottes, wartend auf das Erbarmen unseres Herrn Jesus

gewaltiger wirken und scheinbar ganz anders „Geist" und „tiefere Erkenntnis" aufzuweisen haben. Zum Trost solcher Zeugen ist aufgeschrieben, was selbst ein Paulus an überheblicher Abwertung in der von ihm selbst begründeten Gemeinde in Korinth ertragen mußte.

[78] Die Redewendung ⟩thaumazein prosopon⟨ = das Angesicht, die Person bewundern (Menge umschreibt es mit: ins Gesicht schmeicheln) ist atst, meint aber an Stellen wie 5Mo 10, 17 nicht ein eigentliches „Bewundern", sondern das „Ansehen der Person" Spr 24, 23; 28, 21 2Chro 19, 7.

22 **Christus zum ewigen Leben. * Und der einen, die mit sich im Streit**
23 **sind, erbarmt euch, * rettet sie, indem ihr sie aus dem Feuer reißt.**
Der anderen erbarmt euch mit Furcht, indem ihr auch den vom
Fleisch befleckten Rock haßt (oder: Und die einen, die da streiten
– die mit sich im Streit liegen, die Zweifelnden – überführt; die
anderen rettet, indem ihr sie aus dem Feuer reißt; der dritten er-
barmt euch in Furcht, indem ihr auch den vom Fleisch befleckten
Rock haßt).

1Th 5, 11
Zu Vers 21:
2Tim 1, 18
Zu Vers 23:
Sach 3, 2–5
Am 4, 11
Mt 22, 11
1Ko 3, 15
Jak 5, 19 f.
Offb 3, 4

Mit einem immer wiederholten „diese" hat Judas in V. 8–16 die Verstörer der Gemeinde in einer bilderreichen Schilderung, aber ohne Nennung von Namen, gekennzeichnet. Er hat sein „Wehe" über sie ausgerufen und das sichere Gericht Gottes über sie angekündigt. Aber was soll nun die Gemeinde tun? Wie soll sie sich verhalten? Worin besteht ihre Aufgabe? Diesen Fragen wendet sich nun der Brief mit einem **Ihr aber, Geliebte,** zu, nachdem er sofort am Anfang die Aufgabe der Gemeinde schon kurz als „Kampf für den Glauben" im Sinn der apostolischen Überlieferung charakterisiert hatte (V. 3).

Ihr aber, Geliebte, erinnert euch an die Worte, die schon zuvor von 17
den Aposteln unseres Herrn Jesus Christus gesprochen worden sind.
Die wichtigste Waffe „im Kampf" ist die bewußte „Erinnerung", wie wir es sofort in V. 5 vor uns sahen. In dieser Situation, da neue Strömungen in die Gemeinde eingebrochen sind und ein neues Christentum propagieren, ist der Gemeinde nicht mit irgend etwas „Neuem" geholfen, sondern gerade nur mit der Erinnerung an das, was sie „ein für allemal wissen" (V. 5). Nur das erneute, bewußte Stehen auf dem alten Glaubensgrund macht sie fähig zur klaren Abwehr. Dabei sind **die Worte, die schon zuvor von den Aposteln unseres Herrn Jesus Christus gesprochen worden sind,** ihr fester Rückhalt[79].

Sie sind es in einer ganz besonderen Weise. Es konnte schon die 18
Herzen tief erschrecken und verzagt machen, wenn die Verstörung des Gemeindelebens nicht von außen, sondern von innen aus der Gemeinde selbst kam. „Die Christenheit pries ja Jesus als den Erlöser vom Bösen, den Glauben als ihre Gerechtigkeit, die Kirche als die Stätte des Heiligen Geistes, ihre Gemeinschaft als das Mittel, durch das der Mensch vom Bösen bekehrt und geheiligt werde, und nun kam das Böse in ihrer eigenen Schar mit solcher Verderblichkeit ans Licht" (Schlatter, Erläuterungen zum Neuen Testament, S. 78). Mußte man davor nicht ratlos stehen und in Zweifel hineingeraten? Nein! Denn dies alles geschieht nicht unerwartet, sondern ist in der Verkündigung der Apostel ausdrücklich vorausgesagt worden: **Am Ende der Zeit werden Spötter sein, die nach ihren eigenen Begierden der**

[79] Wir denken daran, wie auch M. Luther den Römischen wie den Schwärmern gegenüber das Wort der Schrift als letzte Instanz und als seine eigene Zuflucht gerühmt hat. Vgl. Anmerkung 55.

Unfrömmigkeit wandeln[80]. Die biblische Offenbarung versteht die **Zeit** nicht als ewigen Kreislauf von Werden und Vergehen, sondern als einen Zeitablauf auf ein Ziel und „Ende" hin. Seit dem Kommen Jesu stehen wir schon in der „Endzeit". Sie ist aber nicht eine Siegeszeit für das Christentum, sondern führt zum Weltreich des Antichrist, darum tritt das Böse, das es immer in der Menschheitsgeschichte gab, je länger desto unverhüllter hervor. „Spott" über göttliche Dinge war auch früher zu hören, jetzt aber erheben sich **„Spötter"** mitten in der Gemeinde Gottes. Dabei ist der Ausdruck „Spötter" gewichtiger, als wir ihn heute zunächst auffassen. In den Leidensweissagungen Jesu und in den Passionsberichten wird das „Verspottetwerden" ernst hervorgehoben. Es ist die höhnische Abweisung dessen, was von Gott kommt, mit der Bereitschaft, dieser Abweisung auch brutalen Ausdruck zu verleihen. Dabei wird das „Wandeln nach den eigenen Lüsten" noch einmal hervorgehoben. Der Ausdruck „Begierden der Unfrömmigkeit" kann Lüste meinen, die in der ganzen „unfrommen" Haltung ihre Wurzel haben; er kann aber auch aussagen, daß sich hier die Begierden auf vielerlei (Plural!) richten, was mit echter Frömmigkeit unvereinbar ist. Welche Ruhe gibt das der Gemeinde, wenn sie sich daran „erinnert"! Daß diese erschreckenden Erscheinungen, die sich selber ja als Ausdruck besonderer, moderner Frömmigkeit verstanden, schon von den Aposteln vorausgesagt sind. Wie besonnen und klar kann ihre Haltung von da aus sein!

19 Es sind zuvor schon angekündigte Gestalten, die jetzt in der Gemeinde aufgetreten sind: **Diese sind es, die Scheidung vornehmen** (oder: die sich absondern), **Seelische** (Psychiker), **die den Geist nicht haben.** Der kurze Satz ist zum rechten Verständnis der Gegner von entscheidender Wichtigkeit. Wir würden den Ernst der Lage und die Schwere der Auseinandersetzungen verkennen, wenn wir in den neuen Predigern und ihren Anhängern einfach „Frevler" sehen würden, die in grober Sittenlosigkeit dahinleben und von der christlichen Lehre überhaupt nichts mehr wissen wollen. Mit solchen Menschen wäre die Gemeinde wohl schnell fertig geworden, denn einen verführerischen Einfluß hätten sie schwerlich ausgeübt. Nein, in der neuen Bewegung wurde ein „höheres", „freies" Christentum propagiert, demgegenüber das apostolische Denken und Leben eben als alt, rückständig, eng und kümmerlich erscheinen muß. Das kam in bestimmten Schlagworten zum Ausdruck. Die neue Bewegung nannte sich Gnosis = Erkenntnis[81]. Die Christen alter Art waren nur „Pisti-

[80] Vgl. 1Tim 4, 1. 2; Apg 20, 29 f.; 1Tim 6, 3–5; 2Tim 2, 16–18; 3, 1–5. Darum hat auch Jesus selbst in seinen eschatologischen Reden mit solchem Ernst zur Wachsamkeit gegenüber der Verführung durch falsche Propheten aufgerufen. Auch die schwersten inneren Erschütterungen, welche die Gemeinde Jesu in ihrer Geschichte wieder und wieder – auch heute – erlebt, können sie nicht beirren, als habe der Herr die Zügel aus der Hand verloren und könne seine Zusagen nicht erfüllen. Nein, der Kapitän hat den Passagieren seines Schiffes die schweren, gefahrvollen Stürme schon sofort beim Antritt der Fahrt vorausgesagt, die gerade nahe vor dem Ziel hereinbrechen werden. Darum können die Schiffsgenossen getrost sein.

[81] Vgl. Einleitung zum 2. Petrusbrief.

ker“, denn sie hatten nur ›pistis‹ = Glauben. Die neuen Lehrer aber brachten „Erkenntnis“, religiöse Weltanschauungssysteme, in denen alles „erklärt“, jedes Rätsel gelöst und über alles ein helles Licht gegossen schien. Wie interessant war das alles! Was war dagegen die Verkündigung, die einen nur auf den „Glauben“ verwies und von dem Thema „Verlorenheit und Errettung“ nicht loskam.

Noch in einer anderen Weise wurde **eine Scheidung vorgenommen.** Drei Klassen von Menschen wurden unterschieden. Die meisten sind „Hyliker“, das heißt solche, die ganz in der ›hylae‹ = „Materie“ aufgehen; sie verfallen dem Verderben. Dann kam eine höhere Stufe: die „Psychiker“, die sich nicht von der Materie, sondern von der ›psychae‹ = „Seele“ bestimmen lassen; darum können sie schon auch eine gewisse Form von „Christentum“ haben, dabei allerdings nur niedrige untere Stufen der Seligkeit[82] erlangen. Zu ihnen gehören die Christen alter Art, die „Pistiker“; sie sind zugleich „Psychiker“. Hoch über ihnen stehen jene der dritten und obersten Klasse: die „Pneumatiker“, die vom ›pneuma‹ = „Geist“ erfüllten Menschen. Die neuen Lehrer und die, die sich ihnen anschlossen, waren stolz darauf, angeblich unter dem wahren Christus aus dem Geist zu leben. Sie fühlten sich frei von aller engen Moral, frei vom „Gesetz des Juden-Gottes“, sogenannte freie Kinder des Vaters, die den Trieben des vergänglichen Leibes nachgeben konnten und davon auf den Höhen ihres geistlichen Lebens nicht berührt wurden[83]. War es nicht verlockend, sich zu solchem Leben rufen zu lassen? War das nicht das Christentum, das die moderne Welt brauchte?

Und nun tut Judas etwas ganz Kühnes: er kehrt diese ganze Vorstellungswelt genau um! Gerade die Anhänger des neuen Christentums sind in Wahrheit **Seelische** (Psychiker), **die den Geist nicht haben**[84]! Das erweist sich gerade an der **Scheidung** der Menschen, die sie **vornehmen**[85]. Für sie wären Zachäus und die große Sünderin „Hyliker“ gewesen, um die sich zu kümmern gar nicht lohnte. Mit der Geringschätzung der schlichten „Glaubenden“ trugen sie einen Riß

[82] Ein „Stufenbau“ in der göttlichen Welt war für die Gnosis kennzeichnend. Es gab „Stufen“ in den „Emanationen“ (Ausflüssen) aus der Gottheit und umgekehrt „Stufen“ im Aufsteigen der Seele zur Gottheit hin.

[83] Es muß aber auch gesagt werden, daß es in der „Gnosis“ Kreise mit strengster „Askese“ gab, wie wir es aus 1Tim 4, 1–4 ersehen.

[84] Man wird dabei nicht übersehen dürfen, daß der Apostel Paulus in 1Ko 2, 14–16 den „pneumatischen“ und den „psychischen“ Menschen einander entgegenstellt, ohne daß ein unmittelbarer Bezug auf den gnostischen Gebrauch dieser Begriffe erkennbar wird. Bei der Lage in Korinth und bei der offensichtlichen polemischen Art des ganzen Abschnittes ist aber ein solcher Bezug auch nicht auszuschließen. Wir stehen in Korinth am Anfang von Bewegungen, die sich erst später begrifflich ausformten. Wie sehr schon in Korinth „Scheidungen vorgenommen wurden“, zeigt 1Ko 1, 10–15; 11, 18.

[85] Die Übersetzung „die sich absondern“ ist der Verbform nach unwahrscheinlich. Sie träfe sachlich nur in dem Sinne der inneren Selbsterhebung über die andern Gemeindeglieder zu. Das Gefährliche an ihnen war ja gerade, daß sie sich nicht „absonderten“, sondern in der Gemeinde blieben, bei den Liebesmahlen „ohne Scheu mit schmausten“ (V. 12) und den maßgebenden Einfluß in der Gemeinde erringen wollten.

in die Gemeinde hinein und verkannten damit das wichtigste Werk des Heiligen Geistes, das gerade in der Erweckung und Vertiefung des Glaubens und in der Sammlung der Gemeinde der Glaubenden in herzlicher Einheit und Eintracht besteht. Wie widerspricht es dem Geist Gottes, wenn sich die „Pneumatiker“ mit diesem Selbstbewußtsein über die andern stellen, während die Frucht des Geistes doch Liebe und Demut ist![86] Hochmütige „Geistträger“, die zugleich eine zuchtlose „Freiheit“ in Anspruch nehmen, erweisen sich damit als „Psychiker“, als Menschen, die nur von den natürlichen seelischen Trieben nach Geltung und Genuß bestimmt werden, mag der Genuß auch mit in einer Fülle religiöser Gedanken und Gefühle bestehen[87]. Ja, seelisch und „religiös“ sind sie, aber den Geist haben sie nicht!

20/21 Noch einmal wendet sich Judas an die Gemeinde und zeigt ihr nun positiv den Weg, den sie in all dieser Verwirrung zu gehen hat. **Ihr aber, Geliebte, euch selbst aufbauend auf euren hochheiligen Glauben, im Heiligen Geist betend, bewahrt euch selbst in der Liebe Gottes, wartend auf das Erbarmen unseres Herrn Jesus Christus zum ewigen Leben.** Das ist der klare Gegensatz gegen alles, was die Anhänger der neuen Richtung sagen und in ihrem Leben tun. Die Gemeinde soll nicht „trennen“ und zerreißen, sondern **aufbauen.** Das im NT viel gebrauchte Bild des „Baues“ ist gerade nicht „erbaulich“, sondern noch ganz im ursprünglichen, schlichten Wortsinn gemeint. Der Bau der Gemeinde soll vorangehen, in dem ein „lebendiger Stein“ zu dem andern gefügt wird[88]. Der Grund aber, auf dem gebaut wird und allein gebaut werden kann, ist der von den „Modernen“ geringgeschätzte „Glaube“. Wenn Judas ihn hier **euren hochheiligen Glauben** nennt, dann ist das nicht ein Zeichen von Traditionalismus und „Orthodoxie“, obwohl der objektive Glaubensinhalt im Vordergrund steht. Was die neuen Lehrer verachten und höchstens als „Unterstufe“ gelten lassen, das gerade ist das wahre Fundament, Gottes Gabe durch seine Offenbarung[89] und also **hochheilig,** unantastbar. Mit ganzer Überzeugung und Freude soll die Gemeinde zu diesem Fundament stehen und sich darauf gründen.

Zugleich weist das Bild des „Aufbauens“ darauf hin, daß der Gegensatz zu der neuen Bewegung nicht Stillstand und bloßes „Ausruhen“ auf dem „ein für allemal den Heiligen übergebenen Glauben“ (V. 3) meint. „Bauen“ ist nicht Ruhe und Beschaulichkeit, sondern ist

[86] Genau darum ging es dem Apostel Paulus auch in Korinth: 1Ko 3, 1–4; 1Ko 8, 1–13; 13, inmitten von Kap 12 und 14.

[87] Es sind dies alles Wahrheiten, die immer wieder in der Christenheit zur Geltung gebracht werden müssen, weil die Versuchung zu einer falschen „Geistlichkeit“ vom Wesen des Menschen her groß ist. Wie leicht lassen wir uns da täuschen und merken nicht, wie „seelisch“ oft gerade diejenigen sind, die sich selbst besonders „geisterfüllt“ vorkommen!

[88] Vgl. besonders 1Pt 2, 4. 5; 1Ko 3, 11–15; Eph 2, 19–21.

[89] Wir sahen schon in V. 3, daß für Judas der Glaubensinhalt im Vordergrund steht. Das wird auch hier der Fall sein. Aber auch der „Glaube“ als subjektive Annahme des Glaubensinhaltes ist Gottes Gabe und Wirkung: Kol 2, 12; Glaubensinhalt und Glaubensvollzug sind wohl zu unterscheiden, aber nie zu trennen.

steter Fortschritt in Einsatz und Arbeit. „Die Gemeinde ist kein Schauplatz, sondern ein Bauplatz."

Worin aber besteht ihr wesentlicher Dienst bei diesem „Bau"? Darin, daß die Gemeindeglieder **betend im Heiligen Geist** sind, dessen Wirken sich nicht in absonderlichen Dingen und auffallenden Vorgängen zeigt. „Ich will ausgießen den Geist der Gnade und des Gebets" hatte Gott durch Sacharja versprochen (12, 10). Beten mag gering aussehen und ist doch das Wichtigste und Größte, was ein Mensch auf dieser Erde tun kann[90]. Aber wahrhaft gebetet werden kann nur im **Heiligen Geist**[91]. Gemeinden, Häuser, Werke und auch einzelne Christen, bei denen das Beten im Zentrum des Lebens steht, zeigen damit, daß sie „voll Geistes" sind.

Bewahrt euch selbst in der Liebe Gottes. Judas hat die Gemeinde- 21
glieder als „von Gott Vater Geliebte" in V. 1 angeredet. Die neue Richtung dagegen rühmte die „Erkenntnis" und meinte damit mancherlei neue und kühne Gedankengänge über Gott und die Welt. Judas ermutigt die Gemeindeglieder, die ganz andersartige Größe ihres Besitzes zu bedenken. Sie haben **die Liebe Gottes** erfahren, wie sie sich einzigartig in dem Opfer des Sohnes Gottes für verlorene Menschen offenbart hat[92]. Diese Erfahrung ist unendlich mehr als alle „Gnosis". Das muß die Gemeinde festhalten und darf sich nicht von dem stolzen Rühmen der neuen Lehrer beirren lassen. Wie anders sähe deren ganzes Leben und Verhalten aus, wenn sie von Gottes Liebe überwunden wären zu eigenem Lieben! Die **Liebe Gottes** ist aber nicht eine „Erkenntnis", die man wie andere Erkenntnisse und Gedanken einfach besitzen kann. Sie ist ein Lebensstrom aus Gottes Herzen, in dem wir „uns selbst bewahren" müssen. Wer sich auf Spekulationen über Gott einläßt, entfernt sich von diesem Lebensstrom[93]. Die Satzkonstruktion im Grie mit ihren drei Partizipien „aufbauend, betend, erwartend" weist darauf hin, daß das **sich bewahren in der Liebe Gottes,** zu dem Judas die Gemeinde aufruft, eben in diesen drei Tätigkeiten geschieht. Judas zeigt dabei, daß er „evangelisch" und nicht „gesetzlich" denkt. Die **Liebe Gottes,** die uns von Gott her zuteil wird, ist das Entscheidende. In ihr zu bleiben, darauf kommt alles an. Wir bleiben aber dadurch in ihr, daß wir uns

90 Alle nach außen hervortretenden Werke, Siege, Erfolge haben ihre eigentliche verborgene Quelle im Beten.

91 Wir wollen beachten, daß Judas hier schreibt: „im" Heiligen Geist und nicht „um" den Heiligen Geist. Wir müssen den Heiligen Geist bereits „haben", wenn wir recht beten wollen. Das hebt auch Paulus in Rö 8, 15. 26; Gal 4, 6; Eph 6, 18 hervor.

92 Vgl. dazu 1Jo 3, 16; 4, 9. 10. 16. Auch der Apostel Johannes stand mit solchen Sätzen gegen die Gnostiker. Und der Apostel Paulus rühmt in 1Ko 13 die Liebe gegen alle Erkenntnis und alle auffallenden Gaben.

93 „Wie ich nämlich oben mehrmals erinnert habe, sollen wir nicht über die göttliche Majestät spekulieren, sondern unsere vergänglichen und immer wieder durchfurchten Erkenntnisse im Schoß des Wortes gewinnen. Wer allerdings fort und fort lauernd Nichtiges ergreift, stürzt sich kopfüber in den Tartarus. Und deshalb laßt uns festhalten am einfachen Wort ..." Martin Luther in seiner Jesaja-Vorlesung zu Kap. 38, 11. WA 25, 244.

auf dem heiligen Glaubensgrund aufbauen, wenn wir im Heiligen Geist beten und wenn wir in echter Hoffnung auf die Parusie des Herrn warten.

Judas weiß zugleich, daß das Christenleben jetzt nur ein „Anfang" ist, „Stückwerk", wie Paulus in 1Ko 13 sagt. Darum gehört die lebendige Erwartung der Parusie zur Aufgabe der Gemeinde. Auch das steht im Gegensatz zu der neuen Strömung, die leicht im Rühmen erreichter Höhen aufging. **Wartend auf das Erbarmen unseres Herrn Jesus Christus zum ewigen Leben.** Schon im V. 2 war **Erbarmen** das erste, was Judas den Hörern seines Briefes zusprach. Nun wird **das Erbarmen unseres Herrn Jesus Christus** als das genannt, worauf die Gemeinde „wartet". Aber genau dies ist die Haltung des ganzen NT. Es ist alles schon grundlegend da, und doch liegt es zugleich noch vor uns. Wirklich mit Verlangen auf das Erbarmen „warten" können wir nur darum, weil wir es schon „geschmeckt haben"[94]. Aber noch in anderer Weise ist die Formulierung dieses Satzes sehr auffallend. Judas hat viel von den Gerichten Gottes gesprochen, müßte er nicht jetzt auch mahnen: „Wartet mit Furcht und Zittern auf den Weltenrichter"? Nein, die Gemeinde, die in so viel Not und Anfechtung steht und für den Glauben zu kämpfen hat, darf in froher Hoffnung warten auf ihren Herrn. Sein „Erbarmen", am Kreuz erwiesen und durch die erfahrene Errettung der Glaubenden bewährt, wird sein Werk mit dem neuen Kommen Jesu vollenden, und die, die auf ihn warten **zum ewigen Leben** führen. Jetzt gehört noch Unfertigkeit, Unvollkommenheit, viel Not und Kampf zum Leben der Gemeinde. Aber gerade darum ist sie mit ganzem Ernst eine wartende Schar, die sich nach der alles vollendenden Gnade ihres Herrn sehnt[95].

22/23 Aber hat Judas der Gemeinde nichts zu ihrem Verhalten gegen die Anhänger der neuen Strömung zu sagen, die noch mitten in ihren Reihen leben, sogar an den Liebesmahlen teilnehmen und in keiner Weise an einen „Austritt" aus der Gemeinde denken? Ein Wort dazu war unerläßlich und folgt nun in V. 22/23. Das rechte Verständnis dieser Verse wird durch Abweichungen in der Überlieferung der Handschriften erschwert. Man kann ihren Inhalt mit dem Nestle-Text zweigliedrig fassen[96]. Es ist aber auch möglich, daß Judas drei Gruppen der Neuerer unterschieden und der Gemeinde dementsprechend ein dreifaches Verhalten angeraten hat.

Und der einen, die mit sich im Streit sind, erbarmt euch. Bei diesem Verständnis des Satzes wäre daran gedacht, daß es innerlich hin-

[94] Sehr deutlich ist das Zusammengehören von „Gegenwart" und „Zukunft" in Rö 8, 23–25 dargelegt.

[95] Judas und die Christen, an die er schreibt, leben offensichtlich in der sogenannten „Naherwartung". Aber gibt es im Ernst eine andere „Erwartung"? Auf etwas, was in ferner Zukunft sich einmal ereignen mag, „warten" wir nicht wirklich! Vgl. die Ausführungen über „Naherwartung" bei A. Pohl in seiner Auslegung der Offb in der W. Stb. I S. 30 ff.

[96] Diese Fassung stützt sich vor allen Dingen auf B, den „codex Vaticanus". Vgl. die Hinweise zu den ntst Handschriften.

und hergerissene Gemeindeglieder gibt, die noch unschlüssig waren, wem sie folgen sollen. Ihnen soll das Erbarmen der Gemeinde gelten. Wir dürfen die harten Sätze und schroffen Ausdrücke und Gerichtsdrohungen des Judas nicht falsch verstehen. Gerade weil Gottes Gericht so ernst ist, kann das Erbarmen so groß sein in Menschen, die doch selbst allein von dem rettenden Erbarmen Gottes leben. Dieses Erbarmen kann freilich nicht im „Verharmlosen"[97] bestehen, sondern nur im entschlossenen, zufassenden Retten: **„Rettet sie, indem ihr sie aus dem Feuer reißt!"** Es kann sein, daß Judas dabei an das „Feuer" des göttlichen Gerichtes gedacht hat. Es kann aber auch ganz allgemein ein Bild notwendigen, dringenden und nicht ungefährlichen „Rettens" sein, wie wenn man jemanden aus einem brennenden Haus herausreißt[98].

Es ist aber nicht sicher, ob das grie Wort diakrinomai hier heißen soll: **mit sich im Streit sein,** also zweifeln oder unschlüssig sein. Es kann auch einfach **streiten** bedeuten[99]. Dann ginge es um Anhänger der neuen Richtung, die noch in Diskussion mit Gemeindegliedern stehen. Anstelle von „erbarmt euch" würden wir hier die gleichfalls gut bezeugte Lesart **überführt sie** bevorzugen. Es wäre dann mit diesem kurzen Satz die erste von drei Gruppen bekannt, und die Gemeinde würde dazu ermutigt, von ihrem klaren Glaubensgrund her im Blick auf die rettende Liebe Gottes das „Überführen" der Irrenden und Diskutierenden zu versuchen. Die Mahnung zum „Überführen" würde auch dann passen, wenn wir bei dieser ersten Gruppe an die Unschlüssigen, mit sich selbst im Streit Liegenden zu denken haben.

Mit V. 23 würde bei der Dreiteilung des Satzes eine zweite Gruppe beginnen: **Die andern rettet, indem ihr sie aus dem Feuer reißt.** Dabei wäre über ihren inneren Stand nichts Näheres gesagt, aber um so eindrücklicher der Gemeinde gezeigt, daß sie die Ausführungen nicht mißverstehen und sich nicht auf ein bloßes Verurteilen und Ablehnen zurückziehen darf. Es gibt auch bei denen, die sich der neuen Bewegung aufgeschlossen haben, noch solche, die gerettet werden können. Das kann freilich nicht durch Halbherzigkeit geschehen. Es erfordert eine Liebe, die von dem eigenen festen Stand aus zuzufassen und herauszureißen wagt.

Der Schlußteil des Verses 23 meint auf jeden Fall eine besondere Gruppe, die je nach der Fassung und Einteilung der Mahnung mit „die andern" oder „die dritten" zu bezeichnen ist. **Der anderen** bzw.

97 Bis heute ist es immer wieder die gefährliche Meinung, „christliche Liebe" bestehe in solchem „Verharmlosen" und freundlichen Geltenlassen. Nein, gerade die Liebe sieht die tödliche Gefahr, in der der andere mit seinen Irrtümern und Sünden steht, und versucht das oft hart erscheinende „Herausreißen".

98 Vgl. dazu auch Sach 3, 2; Am 4, 11; 1Ko 3, 15; allerdings geht auch in diesen Stellen der Blick auf die Gerichte Gottes.

99 Es darf nicht übersehen werden, daß das Wort an wesentlichen Stellen des NT (Mt 21, 21; Rö 4, 20; Jak 1, 6) einfach das „Zweifeln" meint. Anderseits bezeichnet es gerade in unserem Brief in V. 9 die streitende Diskussion.

der Dritten erbarmt euch in Furcht, indem ihr auch den vom Fleisch befleckten Rock haßt. Wie dabei das „Erbarmen“ aussehen sollte, was es noch „tun“ kann, hat Judas nicht gesagt. Ist es nur der innere Schmerz um solche Gemeindeglieder? Denkt er an ein letztes fürbittendes Hoffen, weil Gott an ihnen doch noch ein Wunder der Gnade tun kann? Oder haben die Ausleger recht, die in dem Ausdruck **indem ihr auch den vom Fleisch befleckten Rock haßt**[100] die völlige Aufhebung jeder Gemeinschaft sahen, die keine Berührung mit den andern, keine „Tuchfühlung“ mehr zuläßt? Judas würde damit zu den Irrlehrern, die dann hier vor allem gemeint sein müßten, ähnlich stehen wie Jo in seiner ernsten Mahnung im 2. Brief V. 10: Bringer einer falschen Lehre soll man nicht ins Haus aufnehmen und nicht einmal grüßen. Aber Johannes sagt dabei folgerichtig kein Wort mehr von „Erbarmen“. So werden wir hier bei dem eben versuchten Verständnis bleiben müssen, wobei dann die Mahnung zur Furcht und zum klaren Haß des „befleckten Rockes“ besonders wichtig wird. Die Gemeinde muß von nur menschlichem „Mitleid“ ebenso fern bleiben wie von selbstgerechter Kälte.

Abschließende Doxologie

Judas Vers 24–25

Zu Vers 24:
Rö 16, 25 f.
Phil 1, 10
1Th 5, 23
2Pt 3, 14
Zu Vers 25:
Rö 16, 27
1Tim 1, 17
2Pt 3, 18

24 **Dem aber, der die Macht hat, euch zu bewahren vor dem Strau-**
25 **cheln und zu stellen vor seine Herrlichkeit untadelig mit Jubel,**
dem alleinigen Gott, unserem Retter durch Jesus Christus, unsern
Herrn, (eignet) **Herrlichkeit, Majestät, Kraft und Macht vor jedem**
Äon und jetzt und bis in alle die Äonen, Amen.

Unter „Doxologie“ verstehen wir das lobpreisende Rühmen Gottes. Die Lieder Israels, die Psalmen, sind davon erfüllt. Aber der Jude war auch sonst daran gewöhnt, in seine Reden und Gespräche Doxologien einzuflechten. Von allen Erfahrungen seines Lebens aus ging sein Blick zu Gott empor, dem unter allen Umständen das Lob seines Namens gebührt. So antwortet ein Hiob selbst auf die Unglücksbotschaften, die ihn treffen, mit einer Doxologie (Hio 1, 21); und Paulus wird mitten in der Schilderung der menschlichen Sünde dazu geführt, gerade dabei Gott mit einem lobpreisenden Ausruf zu ehren (Rö 1, 25). Er beschließt auch seinen Brief an die Römer mit einer Doxo-

[100] Das Bild des „befleckten Kleides“ kennt auch die Offenbarung (3, 4). Wer in Schmutz und Unordnung lebt, kann dabei kein „weißes Kleid“ behalten. Aus naheliegenden Gründen sagt darum auch Offb 7, 14 von der großen Schar vor dem Thron, daß sie nicht sich, sondern „ihre Kleider gewaschen und hell gemacht haben im Blut des Lammes“.

logie, die in ihrem Aufbau den abschließenden Worten des Judasbriefes auffallend ähnlich ist[101].

Die Doxologie empfängt bei Judas ihre Besonderheit dadurch, daß 24
sie sich überraschend und eindrucksvoll von seinem harten Schreiben abhebt. Sie wird in unserem Brief durch die Hinwendung des Blickes auf Gott zu einem helfenden und stärkenden Wort an die Gemeinde, noch weit wirksamer, als ein Segenswunsch es sein kann. Die Gemeinde steht in einem schweren Kampf. Ihre Aufgabe ist ihr in den Versen 20–23 gezeigt worden. Wird sie diese Aufgabe erfüllen können? Wird sie den Sieg über die zerstörende Irreführung erringen? Wird sie nicht selbst ins **Straucheln** kommen auf dem schwierigen Weg? Wenn sie auf sich selbst sieht und die Verführungsmacht der neuen Bewegung erlebt, könnte ihr bange werden. Aber sie ist ja nicht allein! Sie darf im Glauben fest mit Gott rechnen. Wer ist dieser Gott, und was vermag er für die Gemeinde zu tun? Judas sagt es der Gemeinde mit den stärksten Worten: Denkt doch daran, Gott ist der, **der die Macht hat, euch zu bewahren vor dem Straucheln[102] und zu stellen vor seine Herrlichkeit untadelig mit Jubel.** Jesus selbst hatte die Verführungsmächte der Endzeit so ernst als solche geschildert, die, „wenn es möglich wäre, auch die Auserwählten" verführen würden (Mt 24, 24). Irgendwelche Selbstsicherheit ist hier fehl am Platz! Wenn die Gemeinde mit ansehen mußte, wer alles in ihrer Mitte der modernen Strömung erlag, welches Gemeindeglied konnte dann sagen: Mir kann das nicht passieren? Aber der lebendige Gott, der „die Macht zur Errettung" hat (Rö 1, 16), hat auch **die Macht zur Bewahrung.** Hier gibt es eine volle Gewißheit. Das schließt den ganzen Ernst des eigenen Einsatzes nicht aus, sondern ein. Die Mahnung von Vers 21 „bewahrt euch selbst in der Liebe Gottes" bleibt gültig, auch wenn sie erst in der Zusage „Gott will und kann euch bewahren" ihr unerschütterliches Fundament erhält.

Der Blick nach oben ist zugleich der Blick nach vorwärts. Judas denkt heilsgeschichtlich. So ernst das Heute mit seinem Kampf ist, es geht dem großen Tag entgegen, von dem schon V. 6 sprach. An diesem Tage wird Gottes **Herrlichkeit** offenbar werden. Das grie Wort ›doxa‹ hat hier noch etwas von seiner ursprünglichen Bedeutung

[101] Paulus beendet seine anderen Briefe mit Grüßen und Segenswünschen. Es finden sich aber auch ähnliche Doxologien in Eph 3, 20; 1Tim 1, 17; 6, 15. 16; 1Pt 4, 11. Sie zeigen, daß sie nicht nur feierliches Schlußwort sein müssen, sondern mitten im Leben stehen können. Daß sich dabei überall bestimmte Worte und Wendungen wiederholen, ist naheliegend.

[102] Es steht hier nicht das Zeitwort straucheln, sondern ein nur hier im NT vorkommendes Eigenschaftswort ›aptaistous‹. Es ist abgeleitet von ptaiein, das von der Grundbedeutung her „anstoßen, anprellen", dann aber auch irreführen, sündigen heißen kann; so finden wir das Wort in Rö 11, 11; 2Pt 1, 10; Jak 3, 2a; 2, 10; 3, 2b. In unserem Brief geht es aber nicht so sehr um einzelne Sünden, sondern um den „Stoß" einer Irrlehre, die Gemeindeglieder bedroht. Gott kann sie bewahren, so daß dieser „Aufprall" der falschen Lehre sie nicht umwirft. Wir könnten darum übersetzen: Gott hat die Macht, euch zu bewahren, als solche, die sich nicht umstoßen lassen. „Sündlosigkeit" hat Judas sicher nicht gemeint, aber „Bewahrung" vor dem Erliegen der verführerischen Lehre gegenüber.

„Lichtglanz". An jenem Tag steht alles klar im durchdringenden Licht der Ewigkeit. Aller Schein und aller falsche Glanz, der jetzt Menschen bezaubern mag, ist dann dahin. Für die Verwirrer der Gemeinde, die Gottes Gnade verkehren und unseren alleinigen Herrscher und Herrn Jesus Christus verleugnen (V. 4), wird das der Tag des Gerichtes. Aber die treugebliebenen Gemeindeglieder werden das Wunderbare erleben, daß Gottes Gnade sie **vor seine Herrlichkeit untadelig**[103] **mit Jubel** stellen wird. Sie werden also nicht nur mit Mühe und Not so gerade davonkommen. Nein, Judas beschließt seinen Satz von der bewahrenden Macht Gottes in starker Betonung mit dem Wort **Jubel, Frohlocken, Jauchzen.** Wenn die Gemeinde das vor sich sehen darf, was sind dann noch alle Nöte der Gegenwart? Was macht es dann noch aus, wenn sie als „rückständig", „eng" und „kümmerlich" verhöhnt wird[104]?

25 Warum hat Gott **die Macht,** uns so zu bewahren und uns so ans Ziel voll Jubel zu bringen? Judas häuft die Aussagen, um uns die ganze Größe Gottes zu zeigen. **Dem alleinigen Gott, unserem Retter durch Jesus Christus, unsern Herrn,** (eignet) **Herrlichkeit, Majestät, Kraft und Macht vor jedem Äon und jetzt und bis in alle die Äonen, Amen.** Er ist **der alleinige Gott**[105], der, dem es einzig und allein zukommt, angebetet zu werden. Dieses „der Herr allein" erklang schon in jenem Grundbekenntnis Israels von 5Mo 6, 4; in dem „Höre, Israel...", das jeder Israelit täglich betete. Dieses Bekenntnis richtete sich gegen die Vielzahl der Götter, die in den Völkern um Israel her angebetet wurden: sie sind nur „Götzen" und „Nichtse". Dagegen lautete das Bekenntnis Israels: „Der Herr ist unser Gott, Jahwe allein." Gerade dieser von vielen Gnostikern verachtete und geschmähte Gott Israels ist der allein wahre Gott und der Vater Jesu Christi (Jo 17, 3)[106]. Darum fügt Judas aller Gnosis ins Angesicht hinzu: **unser Retter, durch Jesus Christus, unsern Herrn.** Der Gnosis ging es nicht um „Rettung", schon gar nicht um Rettung durch das Blut

[103] Das Wort „untadelig" ist zunächst kultisch gemeint. Ein Opfer mußte ›tamim‹ = fehlerfrei, vollkommen sein. Dieser kultische Moment schwingt noch mit, wenn hier wie auch 1Th 5, 23 Menschen in ihrem letzten Stehen vor Gott „untadelig, unsträflich" genannt werden. Vgl. W. Stb. z. St. und auch Kol 1, 22.

[104] Es besteht ein tiefer und notwendiger Zusammenhang zwischen Tragkraft, Kampfesmut, Leidenswilligkeit und lebendiger Eschatologie. Wenn die Christenheit heute weithin jeden Kampf und oft schon die kleinsten Leiden und Opfer scheut, dann hängt das wesentlich damit zusammen, daß sie schon lange das biblische Zukunftsbild und das Wissen um den herannahenden Tag Gottes aus dem Herzen verloren hat. Die Urchristenheit war in ihrem ganzen Denken und Sehnen durch und durch „eschatologisch" (auf die letzten Dinge ausgerichtet). Wer den „großen Tag Gottes" nicht mehr vor Augen hat, verfällt dem kleinen Tag heute mit seinen Lockungen und Drohungen.

[105] Handschriften der Koine lesen hier „dem allein weisen Gott". Dadurch kam diese Fassung in unsere Lutherbibeln. Vielleicht soll dadurch der „Weisheit" der Gnostiker die wahre Weisheit entgegengestellt werden, die Gott allein besitzt, und zwar gerade der von gnostischer Seite beargwöhnte und abgelehnte Gott des Alten und Neuen Bundes. Aber dem Nestle-Text ohne das Wort „weise" folgt jetzt mit Recht auch die rev. LÜ.

[106] Vielleicht richtet sich der Satz auch gegen die „Emanationen" aus der Gottheit, von denen die Gnosis sprach. Vgl. dazu S. 170.

des Sohnes Gottes. Sie sah nicht die unergründliche Tiefe der Schuld und Verlorenheit des Menschen. Ihr ging es um „Geistbesitz“ und „Erkenntnis“. Die Gemeinde aber soll dieser Entleerung der Botschaft gegenüber[107] klar an dem Zentrum der apostolischen Botschaft, an dem „Wort vom Kreuz“, festhalten und Gott als ihren **Retter durch Jesus Christus** bezeugen und rühmen[108].

Es wird an dieser Stelle auch etwas geschichtlich Bedeutsames sichtbar. Wie immer Judas zum „Gesetz“ gestanden haben mag – und der „Bruder des Jakobus“ wird gesetzestreu gedacht und gelebt haben –, er hat das Evangelium in seinem Zentrum erfaßt und festgehalten, auch als „Judenchrist“[109]. Der eine und allein wahre Gott ist für ihn nicht zunächst und wesenhaft der Geber des Gesetzes, sondern **unser Retter durch Jesus Christus.** Er ist dies, obwohl – nein, w e i l er ohne Ansehen der Person richtet mit so erschreckend ernsten Gerichten, wie Judas sie in seinem Brief der angefochtenen Gemeinde in Erinnerung gebracht hat. Es kann von Gott immer nur zugleich als von dem Heiligen und dem Erbarmenden, dem Richter und dem Retter gesprochen werden. Lösen wir das eine von dem andern, so haben wir nur noch einen Gott unserer eigenen Gedanken und nicht mehr den wirklichen, lebendigen Gott in seiner Offenbarung. Judas hat in seinem Brief keine „Widersprüche“ geschrieben, sondern diese Zusammengehörigkeit von „Ernst“ und „Güte“ Gottes genau wie der Heidenapostel Paulus in Rö 11, 22 („Schau aber an...“) bezeugt.

Und nun wird aufgezählt, was diesem Gott (eignet). Wie unbedingt es diesem wahren, einzigen Gott „eignet“, drückt Judas gerade dadurch aus, daß er hier im Grie kein „gehört“ oder „gebührt“, also kein Prädikat, hinzufügt, sondern unmittelbar an die Nennung Gottes anschließt. Lapidar heißt es diesem Gott **Herrlichkeit, Majestät, Kraft und Macht.** Es wäre seltsam, wenn wir Menschen von uns aus feststellen wollten, daß Gott schon „vor jedem Äon“ Herrlichkeit ... „gebühre“ oder „gehören soll“[110]. Das Wort für **Herrlichkeit** (›doxa‹)

[107] Schon am Anfang der Wirren in Korinth warnte Paulus davor, daß durch die neue redefertige „Weisheit“ das Kreuz des Christus „entleert“ werde: 1Ko 1, 17. Wir sehen, wie es sich überall um die gleiche, gefährliche Strömung handelt. Um das Kreuz und seine rettende Macht oder seine Entleerung geht es zuletzt auch in den theologischen Auseinandersetzungen der Gegenwart.

[108] Rein sprachlich könnten die Worte „durch Jesus Christus, unsern Herrn“ auch zu dem folgenden Lobpreis gezogen werden. Aber der Gedanke, daß Gott schon vor jedem Äon „Herrlichkeit, Majestät, Kraft und Macht durch Jesus Christus“ gehabt habe, mag vielleicht in den Spekulationen einer späteren Dogmatik aufgetaucht sein, aber schwerlich einem Judas nahegelegen haben. Die manchmal dafür angeführten Parallelstellen Rö 16, 27; Kol 3, 17; 1Pt 4, 11 sind doch sehr anderer Art. Dagegen die Tatsache, daß Gott „unser Retter durch Jesus Christus“ ist, leuchtet hell durch die ganze Botschaft des NT hindurch.

[109] Ein „Judenchrist“ mußte also nicht „unpaulinisch“ und Paulus nicht ein Gegner des „Judenchristentums“ sein. Das NT ist einheitlicher, als oft gemeint worden ist. Vgl. Gal 2, 7–10.

[110] Wir werden von hier aus fragen müssen, ob unser „Ehre sei dem Vater...“ ganz biblisch ist. Es wird an vielen von Gottes Lob und Ehre handelnden Stellen das übliche „sei“ durch ein klares „ist“ zu ersetzen sein, wie auch das Vaterunser mit der eindeutigen Feststellung

wird im Grie nicht von „Herr“ abgeleitet, sondern bedeutet zunächst, wie wir schon sahen, „Lichtglanz“[111]. Das Wort ›megalosynae‹ = **Majestät** oder „Erhabenheit“ wird im NT nur von Gott gebraucht. Die Begriffe **Kraft** und **Macht** sind im Grie nicht so bedeutungsähnlich wie im Deutschen: Das Wort ›kratos‹ bezeichnet eindeutig die **Kraft**, besonders in ihrer aktiven Anwendung. Mit **Macht** ist ›exousia‹ wiedergegeben, das die „Vollmacht“, die „Freiheit zum Machtgebrauch“ betont. Gott hat eine **Macht**, die er frei anwenden kann, ohne daß jemand ihn fragen dürfte „Was machst du da?“[112].

Dies alles aber gehört unserem Gott **vor jedem Äon und jetzt und bis in alle die Äonen hinein.** Es ist kennzeichnend für das israelitische Denken, daß es grundsätzlich nicht wie das Grie „Stockwerke“ vor sich sieht: Himmel, Erde, Unterwelt oder „Diesseits“ und „Jenseits“[113]. Israel denkt auf Grund der ihm gewordenen Offenbarung „geschichtlich“ und darum in Zeitaltern – Äonen. Allerdings hindert es unser rechtes biblisches Verstehen, wenn **Äon** vielfach mit „Welt“ übersetzt wird. Die Existenz der „Welt“ (grie ›kosmos‹) vollzieht sich in **„Äonen“**, die aufeinander folgen. Der ewige Gott aber lebt **vor jedem Äon** und besitzt dabei die ganze Fülle alles dessen, was ihm eignet. Es gibt keine „Geschichte Gottes“, auch wenn Gott aufs intensivste an allem Geschehen in den „Äonen“ gestaltend teilnimmt und so durchaus ein „Gott der Geschichte“ wird. An Gottes Lichtglanz und Majestät, an seiner Kraft und Freiheit wird darum auch jetzt = heute nichts gemindert, wenn Menschen ihn verkennen und lästern, wenn seine Gemeinde in Not und Verwirrung gerät[114]. Welch ein Trost und fester Halt ist das für die angefochtene Gemeinde!

Vor ihr liegt eine ewige Zukunft. Das NT spricht nicht von einer abstrakten „Ewigkeit“, sondern von neuen **Äonen.** „In die Äonen der Äonen“ oder wie in unserem Vers **in alle die Äonen hinein** – das ist der biblische, realistische, lebensvolle Ausdruck für „Ewigkeit“. Von der Inhaltsfülle dieser kommenden Äonen kann nur in unzulänglichen Bildern gesprochen werden. Sie übersteigt jede irdische Vorstellungsmöglichkeit. Es geht, wie ein bekanntes Lied sagt, um „Zeit ohne Zeit“ und dementsprechend um „Räume“ ohne Raum, wie wir ihn jetzt kennen. Um so wichtiger ist es für uns zu wissen, daß „der alleinige Gott“ durch alle Äonen hindurch derselbe bleibt in seinem Wesen, so wie wir ihn jetzt als „unseren Retter durch Jesus Christus“

schließt: „Denn dein ist das Reich und die Kraft und die Herrlichkeit in Ewigkeit.“ So auch Offb 5, 13; 7, 12.

111 Vgl. zu Vers 8 und die Aussagen 1Jo 1, 5 und Jak 1, 17.

112 Vgl. dazu Rö 9, 20. 21. Hier steht für „Macht“ (LÜ) ebenfalls das Wort ›exousia‹; vgl. zur Sache selbst auch Jes 45, 9; Jer 18, 1–6; Weish 12, 12.

113 Natürlich müssen wir notgedrungen manches auch in solchen Formeln sagen. Vgl. etwa Phil 2, 10. Wir mögen so klug und wissenschaftlich gebildet sein, wie wir wollen, immer werden wir Gott und alles Gute „oben“ suchen und alles Böse und Dunkle „unten“ lokalisieren, so wie auch der modernste Astronom vom „Aufgang“ oder „Untergang“ der Sonne sprechen wird.

114 Vgl. den Lobpreis der Seraphine Jes 6, 3.

kennen. Judas würde es sicher im Blick auf die vor uns liegenden „Äonen" von Gott ebenso wie der Apostel Paulus sagen: „Auf daß er erzeigte in den kommenden Äonen den überschwenglichen Reichtum seiner Gnade durch seine Güte gegen uns in Christus Jesus" (Eph 2, 7).

Judas schließt seine Doxologie und damit auch seinen ganzen Brief mit dem **Amen.** Grie amaen. Das ist ein hebr Wort, abgeleitet vom Wortstamm aman = festsein. Es bestätigt eine Aussage als „feststehend" oder eine Bitte als „gewiß" erhört[115]. Was Judas in seiner Doxologie lobpreisend ausgesprochen hat, das ist gewaltig und übersteigt all unser Denken; aber es steht fest, es gilt. Dieses **Amen** ist als letztes Wort des Briefes zugleich auch die Bestätigung seines ganzen Inhaltes. Mögen die Empfänger des Briefes nach seiner Verlesung in der Gemeindeversammlung in dieses Amen mit einstimmen und sich so alles zu eigen machen, was Judas ihnen mit „Notwendigkeit" (V. 3) im Auftrag des Herrn zu schreiben hatte.

115 Darum kann es auch vor einer Aussage stehen, um dieser Aussage von vornherein Gewißheit zuzuschreiben und sie dadurch besonders wichtig und hörenswert zu machen. Luther hat das ›amaen, amaen‹ im Munde Jesu gut mit „Wahrlich, wahrlich" wiedergegeben. Die Aussage, die so eingeleitet wird, mag noch so erstaunlich sein, aber sie ist doch „wahr und gewiß".

Die Briefe des Johannes

erklärt von

Werner de Boor

R. BROCKHAUS VERLAG

Meiner Frau
nach 47 Jahren der Erfüllung
von 1. Mose 2, 18

VORWORT

Wer diese Auslegung der Johannesbriefe in unserer Studienbibel in Gebrauch nimmt, wird vorher viel in den Briefen des Apostels Paulus gelesen und geforscht haben. Kommt er nun mit diesem Band „in eine andere Welt"? Wohl wird er auf eine eigentümliche Sprache und auf eine sehr andere Art der Darlegung stoßen. Daß für Johannes die Frage des „Lebens" im Zentrum steht, wird den modernen Leser freuen und ihm einen besonderen Zugang zu den Johannesbriefen öffnen. Aber bald wird er merken, daß er mit der gleichen Botschaft konfrontiert wird, der er bei Paulus begegnete, und daß diese Konfrontation bei dem „Apostel der Liebe" eher noch herausfordernder ist. Er wird erfahren, welch ein Wagnis es ist, die Briefe des Johannes wirklich zu lesen! Aber er wird auch sehen, welch einen Gewinn er von diesem Wagnis hat. Die vorliegende Auslegung möchte ihm helfen, sich dem zu stellen, was der Apostel Johannes der Gemeinde seiner Zeit und aller Zeiten zu sagen hat. An reichem Gewinn wird es ihm dann nicht fehlen.

Werner de Boor

Schwerin, den 30. August 1973

INHALTSVERZEICHNIS

Seite

EINLEITUNG

I. Die Eigenart der „Johannesbriefe"

1. Die drei Briefe des Johannes sind in Sprache, Stil und Inhalt von auffallender Eigenart. Jeder Bibelleser merkt das schnell. Johannes schreibt ganz anders als Paulus. Auch mit Petrus oder Jakobus läßt sich Johannes nicht vergleichen. Diese geprägte Eigenart seines Schrifttums ist aber keine Not oder Verlegenheit für uns. Sie weist uns auf den Reichtum des Neuen Testamentes. Gott hat der Gemeinde in ihrem grundlegenden Buch eine lebendige Fülle von Zeugen geschenkt. Jeder von ihnen darf ganz sein, was er in seiner Person und nach seiner eigenen Geschichte ist. Keiner ist gegen die anderen zurückzustellen[1]. Jeder hat der Gemeinde aller Zeiten seinen Dienst zu tun.

Es ist sofort hinzuzufügen, daß der Sache nach eine wunderbare Einheit diese Zeugnisse verbindet. Johannes hat „kein anderes Evangelium" als Paulus! Es ist hier nicht von einem „Pluralismus" zu sprechen, auf den sich heutige Theologen berufen könnten!

2. Johannes hat in seinem Schreiben einen eigentümlichen Stil.

a) Paulus behandelt in seinen Briefen nacheinander einzelne Themen, denen je ein Abschnitt gewidmet wird. Dabei sucht Paulus seine Leser durch eine erklärende und beweisende Darlegung für die rechte Erkenntnis zu gewinnen. Es ist darum verhältnismäßig leicht, den Aufbau eines Paulusbriefes dem Gedächtnis einzuprägen. Johannes aber hat einige große Grundwahrheiten[2], auf die er immer wieder zurückkommt. Darum ist es schwer, den Aufbau des 1. Johannesbriefes klar im Gedächtnis zu haben. Ebenso ist dadurch die Einteilung des Briefes schwierig. Die Überschriften über den einzelnen Abschnitten bleiben unzulänglich und werden nicht allem gerecht, was sich in dem betreffenden Abschnitt findet. Eine Fülle von Kernworten aus dem Brief sind der Gemeinde gut bekannt. Aber es wird auch dem treuen Gemeindeglied nicht leicht sein zu wissen, wo es diese Worte im 1. Johannesbrief finden kann. Und es ist nicht zu verwundern, daß der Brief als ganzer wenig gelesen wird.

b) Wenn aber gleiche Grundgedanken immer wiederkehren, wie kommen dann die Abschnitte des Briefes überhaupt zustande? In welcher Weise schreitet der Verfasser in seinem Brief fort?

Es ist vielfach so, daß ein wesentliches Wort eines Satzes zum Stichwort wird, das

[1] Auch Luthers Urteil über den Jakobusbrief und die Offenbarung ist nicht zu halten.

[2] Diese „Wahrheiten" sind aber nicht „Gedanken", sondern Wirklichkeiten und Tatbestände! Wenn die alte Kirche ihm nach Offb 4, 7 den Adler als Symbol zugeteilt hat, hat sie seine Eigenart gut getroffen. Wie der Adler in die Höhe aufkreist und darum immer wieder gleiche Stücke der Landschaft unter sich sieht, so „kreist" auch Johannes um die gleichen Wahrheiten.

den folgenden Satz bestimmt, ja, einen ganzen neuen Abschnitt hervorruft. So folgen etwa der Aussage 1, 7 mit dem Stichwort „Sünde" die Sätze von 1, 8 bis 2, 2, die alle um das Thema „Sünde" kreisen. Oder der Schluß des Abschnittes 3, 4–10 in V. 10: „und wer nicht seinen Bruder liebt" führt zur Darlegung der wahren „Liebe" in 3, 11–18, wobei dann das Stichwort „Wahrheit" in 3, 18 zum Abschnitt 3, 19–24 überleitet. Weitere Beispiele sind: 2, 7–11 nach 2, 3 („Gebote"); 2, 18 – 3, 3 nach dem Wort vom „Vergehen der Welt" in 2, 17; 3, 4–10 nach dem Wort vom „sich reinigen" in 3, 3; 4, 1–6 nach der Nennung des „Geistes" in 3, 24. Johannes blickt wahrscheinlich ganz bewußt mit bestimmten Stichworten bereits auf das voraus, was er nun weiter der Gemeinde sagen will. Vgl. dazu S. 181 die eigentümlichen Schlußworte von 2 Jo 3, die uns als Überleitung zum Abschnitt V. 4–6 verständlich werden.

c) Ferner liebt Johannes die „Antithesen", so daß der folgende Satz negativ oder positiv einen Gegensatz zu dem Vorangehenden bildet: vgl. 1, 6 u. 7; 2, 1a u. b; 2, 4 u. 5; 2, 9 u. 10; 2, 24a u. b; 3, 6a u. b; 3, 7 u. 8; 3, 20 u. 21; 4, 7 u. 8; 4, 12 u. 13; 5, 1 u. 2; 5, 10a u. b. In dieser Weise hat weder Paulus, noch Petrus, noch Jakobus geschrieben. Es ist die Art des Johannes, wie sie sich auch im Evangelium, etwa 1, 11 und 1, 12; 12, 37 und 12, 41. 42 zeigt.

3. Aber weit wichtiger als diese Besonderheit des Stiles ist eine sachliche Eigenart des Johannes, die sein Wesen kennzeichnet und für das Verständnis und die Auslegung seiner Briefe klar gesehen werden muß. Während Paulus sich immer wieder müht, seine Aussagen zu begründen und sie seinen Lesern verständlich zu machen, stellt Johannes die entscheidenden Wahrheiten einfach in kurzen, radikalen Sätzen vor seine Leser hin ohne jeden Versuch einer Begründung oder Erklärung. Mit keinem einschränkenden Wort wird die Schroffheit der Aussagen gemildert. Dabei sind die Sätze in sich selbst leicht verständlich und bestehen aus einfachen Worten. Gerade dadurch wird der Leser gezwungen, sich der ausgesagten Wahrheit zu stellen und selber zu ermessen, was sie für ihn und sein Leben bedeutet. Keiner kann über einen schwer verständlichen Wortlaut klagen, und keine Auslegungskunst kann an ihnen drehen und deuteln. Irgendein Kompromiß kommt für Johannes nicht in Frage. Es gehört Mut dazu, die Briefe des Johannes zu lesen! Dabei haben wir zu bedenken, daß solche Sätze wie 3, 6–9 von dem Apostel stammen, der wie kein anderer die Liebe zu den Brüdern in den Mittelpunkt seines ganzen Denkens gestellt hat. Seine harten Behauptungen stehen also im Dienst der Liebe! Wir verstehen sie erst dann recht, wenn wir das an ihnen erkennen.

4. Johannes kann „aus Liebe" so hart reden, weil es ihm – entsprechend einem Grundzug des ganzen NT – um alles andere geht als um „Moral". Seine Forderungen kommen stets aus dem, was Gott in seiner gewaltigen Liebe uns schenkt und aus uns macht. Wir erkennen es besonders klar aus Stellen wie 3, 3. 9. 16; 4, 11. 19. Dem entspricht, daß wir nirgends moralische Verurteilungen lesen. Johannes zeigt nur mit unausweichlicher Klarheit die Folgen auf, die sich sachlich notwendig aus einem falschen Verhalten ergeben: 1, 10; 2, 11. 28; 3, 14 b; 4, 8. Nun kann und muß jeder Leser bei solchen Sätzen sich selber fragen, wie es mit ihm steht und wohin sein Weg ihn führt.

5. Im Unterschied zu Paulus ist Johannes kein Systematiker. Er ist an jeder Stelle ganz von der Wahrheit hingenommen, die er jetzt so einfach und so schroff wie möglich vor die Leser hinstellen will. Er zieht dabei keine Verbindungslinie zu andern Stellen, die ähnliches aussagen. Es entsteht dadurch der Eindruck, daß der Apostel sich „wiederholt". Wir wiesen schon hin auf das „Kreisen des Adlers" über der gleichen Landschaft. Wir müssen beim Lesen und Erklären des Briefes bewußt darauf achten, wie im Wiederholen ähnlicher Aussagen die ganze Ergriffenheit des Apostels von bestimmten Grundzügen der Wahrheit hervortritt, um die es ihm für das Leben der Gemeinde geht.

Aber es geht nicht nur um Wiederholungen. Der Leser kann vielfach den Eindruck bekommen, daß Johannes Aussagen macht, die nicht zueinander passen, ja, die sich zunächst zu widersprechen scheinen. Hier liegt eine besondere Schwierigkeit für das Verstehen des 1. Johannesbriefes. In 1, 8 wird das Leugnen der Sünde scharf abgewiesen, in 3, 6 u. 9 das Nicht-sündigen-Können von dem aus Gott Geborenen behauptet. An vielen Stellen ist das „Lieben" das Kennzeichen dessen, der „Gott erkennt". Dann wieder geht es um das „Rechttun", um die Erfüllung der Gebote (2, 3. 4; 2, 29; 4, 7). Und dann wieder scheint alles an dem „Glauben", ja, an der richtigen Dogmatik zu hängen: 2, 22 f; 4, 2 f; 5, 1. Bei der Schreibart des Johannes treten uns diese „Widersprüche" besonders schroff entgegen. Johannes macht keinen Versuch, die tiefere Zusammengehörigkeit der verschiedenen Aussagen aufzuweisen und uns diese Aussagen als je einen Aspekt der einen, von ihm umkreisten Landschaft zu zeigen. Wir aber müssen beim Lesen und Verstehen des Briefes bewußt nachholen, was Johannes nach seiner Art des Schreibens nicht tun wollte. Unser Bemühen um eine rechte Auslegung wird vielfach das Verknüpfen einzelner, oft weit voneinander entfernt stehender Sätze üben müssen. Wir werden immer wieder die Aussagen des Apostels gegenseitig, die eine durch eine andere, zu erklären und dabei die scheinbaren „Widersprüche" aufzulösen suchen. Wir haben das rechte Verständnis des 1. Johannesbriefes – wie übrigens des ganzen NT – erst dann gewonnen, wenn uns die Zusammengehörigkeit von „Lehre" und „Leben", von „Glaube" und „Liebe", von bleibender Sündhaftigkeit und von entschlossener Absage an die Sünde, von „Rechtfertigung" und „Heiligung" aufgegangen ist.

6. Die Eigenart des 1. Johannesbriefes mit seinen schroffen Sätzen neben einer großen Herzlichkeit in der Anrede an die Gemeinde und mit seinen scheinbar widersprüchlichen Aussagen kommt daher, daß der Apostel im Kampf mit der Irrlehre steht, von der er die Gemeinde bedroht sieht. Man kann zwar nicht sagen, daß die Aufdeckung und Abweisung der Irrlehre der eigentliche oder gar der einzige Zweck seiner Briefe sei. Der Apostel will dem Aufbau der Gemeinde und der rechten Klärung ihres Denkens und Lebens dienen. Eben darum sind seine Briefe für die Gemeinde aller Zeiten verständlich und entscheidend wichtig. Aber der Blick des Johannes ist dabei ständig auf die Bedrohung des apostolischen Christentums durch gnostische Strömungen gerichtet. Wir heutigen Leser müssen dabei bedenken, daß solche gnostischen Auffassungen nicht einfach nur zeitbedingte und darum verhältnismäßig unwichtige Erscheinungen waren, sondern in stets neuen Formen immer wieder auf-

treten und Glauben und Leben der Gemeinde Jesu bedrohen. Die Auseinandersetzung des Apostels Johannes mit ihnen ist darum jederzeit „aktuell". Diese Auseinandersetzung kommt bei Johannes gerade aus der „Liebe"! Hier spricht nicht ein rechthaberischer Streittheologe, sondern ein „Vater", der seine „Kinder" liebt und vor dem Verderben durch Irreführung schützen muß.

Es ist zum vollen Verständnis der Johannesbriefe nötig, daß wir uns ein Bild der irreführenden Strömungen machen, die der Apostel als endzeitliche und antichristliche Erscheinung beurteilt (4, 18; 4, 3). Viele Sätze des Apostels sind zwar auch in sich selbst wahr und für den Aufbau der Gemeinde wesentlich. Sie sind aber zugleich inhaltlich und in der Formulierung aus der Auseinandersetzung von den so ernst genommenen Gegnern bestimmt.

II. Die „Irreführer", gegen die sich der Apostel wendet

Von dem Apostel selber erhalten wir keine unmittelbare Auskunft über sie. Er ist kein Streittheologe, wie wir schon feststellten. Er nennt keinen einzigen Namen und kämpft nicht gegen einzelne Männer. Aber bestimmte Züge der „Irreführer" werden deutlich sichtbar.

1. Es handelt sich um Männer, die aus der Gemeinde selber kommen (2, 19). Das gibt ihnen besonderen Einfluß. Sie wollen durchaus Christen sein, ja, sogar ein höheres Christentum bringen. Sie „laufen vor" (II, 9). Sie „blieben" nicht bei dem, was sie „von Anfang gehört haben" (2, 7. 24), bei der einfachen, klaren apostolischen Botschaft. Sie erheben einen besonderen „prophetischen" Anspruch (4, 1) und haben eine erfolgreiche, weitgespannte Wirksamkeit (4, 5). Es sind auch nicht nur vereinzelte Männer; Johannes spricht von „vielen". Ihr Sendungsbewußtsein wird in dem Ausdruck „ausgegangen in die Welt" (1, 2. 18; 4, 1; 2, 7) deutlich. Ob sie alle einer einheitlichen Richtung angehörten, ist nicht zu erkennen.

2. Man wird die „Irreführer", gegen die Johannes schreibt, mit gutem Grund der großen Bewegung der Gnosis zurechnen können. Nur wird man dabei bedenken müssen, daß diese Bewegung schon vor dem Christentum bestand und daß sie offenbar sehr mannigfaltig war. Das wird bei ihren späteren großen Vertretern mit ihren ausgebauten Gedankensystemen besonders sichtbar. Auch muß man berücksichtigen, daß uns eine genaue Kenntnis der Gnosis dadurch erschwert wird, daß wir ihre Schriften selber nicht mehr haben, sondern sie nur aus den Werken ihrer kirchlichen Bekämpfer kennen. Dabei wird in den schweren Kämpfen manches unwillkürlich aus dem Zusammenhang gerissen und entstellt wiedergegeben sein. Das aber können wir sagen: Hinter aller Gnosis steht das Streben des Menschen, sich „erkennend" des großen rätselhaften Weltganzen zu bemächtigen und die „Welträtsel" zu lösen. Was ist es mit Gott? Warum ist die Welt so, wie sie ist? Woher kommt das Böse? Was ist der Mensch mit seinem Sinn für das Gute und mit seiner Fehlsamkeit, Schwachheit und Todverfallenheit? Gibt es für den Menschen eine Hilfe, eine „Erlösung"? In der Beantwortung solcher Fragen „aus eigener Vernunft und Kraft", ohne die Bindung

an Gottes Antwort aus dem Munde der Apostel und Propheten, ist „Gnosis" zu allen Zeiten in immer neuen Formen da und immer „modern".

Diese Fragen werden nun aber nicht wie bei den großen Philosophen, etwa bei Plato und Aristoteles, in strengem Denken zu lösen versucht. Wohl werden aus den philosophischen Systemen allerlei Gedanken benutzt. Zugleich aber ist man von den verschiedenen, aus dem Osten gekommenen Mysterienreligionen beeindruckt und beeinflußt. Die „Gnosis", die „Erkenntnis", ist nicht intellektuell gedacht, sondern wird in geheimnisvollen Erlebnissen gewonnen, in „Himmelsreisen der Seele". In dieser Mischung von grie Erkenntnisstreben mit orientalischer Religiosität erweist sich die Gnosis als typisches Erzeugnis des Hellenismus.

3. Als sich das Christentum in der heidnischen Welt ausbreitete und starken Einfluß auf Menschen gewann, kam es auch in das Blickfeld der Gnostiker. Waren hier nicht neue, wertvolle Elemente für die Gnosis zu gewinnen? Freilich, dazu muß das alte, apostolische Christentum umgeformt, in die Gnosis eingebaut und dadurch erst zu seiner wahren Höhe und zu seiner Vollendung geführt werden. Sicher, der Mensch muß „erlöst" werden, aber er ist doch nicht ein „Sünder", der mit „Blut" reingewaschen werden muß! Er ist als ursprüngliches „Geisteswesen" in die „Materie" gestürzt, die als solche das „Böse" ist[3]. Aus der Himmelswelt kommt ein Retter, der nicht Sünder mit Blut erkauft, sondern als Geistwesen – nur vorübergehend mit dem Menschen Jesus verbunden oder nur einen Scheinleib tragend – die göttlichen Geistesfunken in Menschen an sich zieht und sie zur Lichtwelt des wahren Gottes heimführt. Freilich, nur die „Pneumatiker", in denen Funken des Göttlichen leben, kommen zum Ziel. Die bloß „Gläubigen" sind „Psychiker", die durch ihr eigenes, werktätiges Handeln eine niedere Form der Seligkeit erlangen. Die „Hyliker" aber, die materiell Gesinnten, verfallen unvermeidlich dem Untergang.

4. Für die Lebenshaltung ergeben sich daraus entgegengesetzte Konsequenzen. Freilich, schon die eben skizzierte Betrachtung und Beurteilung der Menschen durch die Gnostiker zeigt, wie hier jene echte Liebe fehlt, die in Jesus gerade das Verlorene

[3] Darum wird später gelehrt, daß der „Schöpfer" dieser Materie keineswegs der wahre Gott ist, sondern ein niederes Mittelwesen, ja, wohl gar der Teufel. Der Gnostiker Marcion (um 138/39 n. Chr. in Rom, 144 aus der Kirche ausgeschlossen) verwarf darum das AT und in der ntst Schriftensammlung alles, was zum AT Beziehung hatte. Hier gründet die Gnosis in jenem typischen Idealismus, wie er von Plato, dem Neuplatonismus und der Stoa vertreten wurde. Nach der Verherrlichung des menschlichen Leibes, seiner Kraft und seiner Schönheit im klassischen Griechentum wird der Leib nun als der niedrige, verächtliche Teil des Menschen empfunden, als der „Kerker der Seele". Der wahre Mensch schwingt sich geistig hoch über die Sinnenwelt empor. Oder er ist ein Stoiker, der alle leiblichen Triebe und Bedürfnisse verachtet und sich ihnen mit hartem Willen entzieht. Mit dem „Christentum" schien hier vieles sehr verwandt zu sein, wie auch umgekehrt, „griechische" Gedanken und Empfindungen idealistischer Art bis heute für „christlich" gelten und die eigentliche biblische Botschaft entstellen. Jene verhängnisvolle Anschauung, daß alles Geschlechtliche sündig sei, ja daß es für den Menschen überhaupt keine einfache, natürliche Freude geben dürfe, stammt aus dieser Entstellung. Ebenso geht der Verlust der großen biblischen Zukunftserwartung einer neuen Schöpfung, einer neuen Erde mit Menschen einer neuen Leiblichkeit darauf zurück, die nun durch einen „Reigen seliger Geister" ersetzt wird.

sucht. Die Gnostiker hätten einen Zachäus oder die große Sünderin als hoffnungslose „Hyliker" dem Verderben überlassen. Auch über die schlichten Gläubigen fühlten sie sich als über bloße „Psychiker" erhaben. Von eigentlicher „Bruderliebe" konnten diese Gnostiker nichts wissen. Und Gottes Wesen als Liebe zu den Verlorenen unter Opferung seines eigenen Sohnes blieb ihnen unverständlich, ja widersinnig. Sonst konnten sie strenge Asketen sein, die sich jeder näheren Berührung mit der „Materie" möglichst entzogen. Sie konnten aber auch die ganze „Freiheit" des „Pneumatikers", des „Geistesmenschen", in einer bewußten Verachtung aller sittlichen Gebote zur Schau stellen. Mochte doch dieser nichtige materielle Leib seine Triebe befriedigen, solange er noch bestand, was ging das den Gnostiker mit seiner Gottesschau und seinen hohen Erkenntnissen an!

5. Wir finden alles das, was Johannes an den „Irreführern" bekämpfte, tatsächlich in der Gnosis wieder. Wir haben ein Recht, die Irreführer in den Johannesbriefen als Gnostiker zu bezeichnen. Wir werden aber gut tun, daran zu denken, in welch breitem und für uns ungreifbaren Strom die ganze Bewegung der Gnosis dahinfloß.

Es ist aufschlußreich, von den Johannesbriefen her auf die Strömungen zu blicken, mit denen der Apostel Paulus in Korinth zu kämpfen hatte. Auch in 1 Ko 8, 1 fällt schon das Stichwort „Gnosis = Erkenntnis". Paulus sieht die Gefahr, daß solche Gnosis „aufbläht" und dadurch die „Liebe" verleugnet, die doch aller Erkenntnis und allem „pneumatischen" Reichtum gegenüber das einzig Entscheidende ist. Die „Liebe" wurde auch in Korinth von den „Freiheitsparolen" der „Pneumatiker" mißachtet (1 Ko 8, 9. 11). Hinter der Christuspartei in Korinth (1 Ko 1, 12; 2 Ko 10, 7) können bereits die gnostischen Gedanken eines „Geistchristus" stehen, den man unmittelbar und ohne die Apostel mit ihrer Botschaft von Jesus erfassen kann. Der Vorwurf gegen Paulus, er sei noch „fleischlich" und lehre einen niedrigen Christus, den er nur in „fleischlicher Weise" erkannt habe (2 Ko 5, 16; 10, 2), könnte von daher kommen und einen anderen Sinn haben, als wir gewöhnlich denken. Paulus war den neuen Männern in Korinth nicht „pneumatisch" genug, kein „Gnostiker", sondern bestenfalls ein „Psychiker". Wenn er in 2 Ko 12 auf seine Entrückung in den dritten Himmel und in das Paradies zu sprechen kommt, kann er damit auf Vorhaltungen antworten, er habe keine „Himmelsreise der Seele" gemacht, wie es die neuen „gnostischen" Lehrer in Korinth von sich rühmten. Bei Paulus finden wir gerade in den Korintherbriefen auch die gleiche schroffe Abwehr der neuen Lehrer wie bei Johannes. Auch Paulus sieht in ihnen Satan selbst am Werk (2 Ko 11, 13—15). Irgendein Kompromiß mit ihnen ist unmöglich. Hier kann nur ein radikaler Kampf geführt werden (2 Ko 10, 1—6).

6. Wir sehen, wie die Briefe des Johannes — ebenso wie die Briefe des Paulus — „geschichtliche" Dokumente sind, die sich bis in Einzelheiten hinein auf eine besondere, historische Lage bestimmter Gemeinden beziehen. Dennoch gehen sie uns zugleich aufs lebendigste an. Denn einmal sahen wir schon, daß die Aussagen des Johannes Lehre und Mahnung für die Gemeinde Jesu als solche sind. Die Gemeinde Jesu ist aber wesentlich gleich in allem Wechsel der Zeiten und Situationen. Es gilt hier der Aufruf, den Johannes am Schluß der sieben so verschiedenen „Sendschrei

ben" des erhöhten Herrn innerlich hört und an alle Gemeinden weitergibt: „Wer Ohren hat, der höre, was der Geist den Gemeinden sagt." Was Johannes in seinen drei Briefen, vor allem in dem 1. Brief, schreibt, ist das Wort, das der Geist den Gemeinden aller Zeiten und aller Orte sagt. Aber auch die Grundzüge der drohenden „Irreführung" bleiben bis heute bei aller geschichtlichen Verschiedenheit einander wesensverwandt. Das Unternehmen der Gnosis entspricht dem Verlangen des natürlichen Menschen, der sich mit seiner eigenen Weisheit und Kraft Gottes zu bemächtigen und die „Welträtsel" von sich aus zu lösen sucht, weil er seine Trennung von Gott durch seine Sünde nicht zugeben und die Errettung durch das große Opfer des fleischgewordenen Gottessohnes nicht annehmen will. Den biblischen Jesus Christus „aufzulösen", die wahre Liebe Gottes zu verkennen und darum auch die Liebe zu den Brüdern gering zu achten, das ist immer wieder die verführerische Art von Strömungen, die sich gegen das apostolische Christentum wenden und es als rückständig, eng und kümmerlich hinter sich lassen wollen.

III. Der Verfasser der drei Briefe

1. Nun erst wenden wir uns der Frage nach dem Verfasser der drei „Johannesbriefe" zu. Der umfangreiche 1. Brief hat sich der üblichen Form des antiken Briefes nicht angepaßt. Man hat darum gefragt, ob wir es hier überhaupt mit einem echten „Brief" zu tun haben oder mit einer schriftlichen „Predigt", mit einer Schrift, die wir heute als „Traktat" bezeichnen würden? Aber es müßte dann schon eine Predigt an eine Gemeinde in einer sehr bestimmten Lage sein, die der Verfasser immer wieder aus eigenster Kenntnis ihrer Glieder anreden kann. Eine solche „Predigt" würde sich dann von einem längeren Brief oder einem apostolischen „Sendschreiben" nicht wesentlich unterscheiden. Wir dürfen getrost bei der Bezeichnung Johannes„briefe" bleiben.

2. Die Frage der Verfasserschaft der Briefe fällt mit der Frage nach dem Verfasser des 4. Evangeliums zusammen. Auch für den einfachen Bibelleser ist die Übereinstimmung im Stil und in der Anschauungswelt zwischen den drei Briefen und dem 4. Evangelium so sichtbar, daß an der Identität des Verfassers nicht gezweifelt werden kann. Natürlich lassen sich auch sprachlich Unterschiede aufzeigen. Aber wer sich einmal gründlich mit bekannten deutschen Schriftstellern beschäftigt hat, der weiß, welche erheblichen Verschiedenheiten in Stil und Wortgebrauch sich in den Schriften desselben Mannes je nach Zeit und Anlaß des einzelnen Werkes finden. So sind Nachweise unterschiedlichen Wortgebrauches kein Beweis gegen die Herkunft des Briefes und des Evangeliums aus derselben Feder. Der Leser wird gebeten, sich in der Einleitung zum Johannesevangelium in unserer Wuppertaler Studienbibel über die „Johanneische Frage" zu orientieren. Ist der Apostel Johannes der Verfasser des 4. Evangeliums, dann ist er es auch, der die drei Briefe schrieb, mit denen wir es in diesem Band zu tun haben.

3. Im 1. Brief nennt Johannes zwar nicht seinen Namen, aber er rechnet sich dort zu denen, die das Wort des Lebens „gehört haben", es „mit ihren Augen gesehen",

ja, deren „Hände es betastet" haben. Der Mann, der den Brief schrieb, ist also auf jeden Fall einer, der in der nächsten Nähe Jesu gelebt hat, so daß er nicht nur ein Ohren- und Augenzeuge, sondern sogar ein „Handzeuge" Jesu war. Natürlich kann man auch solchen massiven Aussagen gegenüber immer noch kritisch behaupten, es seien das alles nur „Bilder" für die Christuserkenntnis eines späteren Christen. Aber solange Worte noch ihren Sinn haben, kann so wie in 1 Jo 1, 1 nur ein Mann sprechen, der im engsten, persönlichsten Umgang mit Jesu gestanden hat, einer jener „Drei", die Jesus bei besonderen Gelegenheiten aus dem Jüngerkreis allein mit sich nahm (Mt 17, 1; 26, 37). Auch von dem Selbstzeugnis am Eingang des 1. Briefes her werden wir auf „den Alten" gewiesen, der nach dem frühen Tod seines Bruders Jakobus und dem Tode des Petrus noch allein von den „Drei" übrig war.

4. In dem 2. und 3. Brief folgt der Schreiber der antiken Sitte und nennt sich selbst als Absender an der Spitze des Briefes. Er stellt sich dort als „ho presbyteros", wörtlich: „Der Älteste" oder „der Alte" vor. Das kann keine „Amtsbezeichnung" sein, da es in keiner Gemeinde „den Ältesten" gab. Überall wurden „Älteste" in der Mehrzahl eingesetzt (vgl. Apg 14, 23; Tit 1, 5). Das Wort „presbyteroi" mit dem bestimmten Artikel kennzeichnet „die Alten". Bei Papias, der zwischen 120 und 160 n. Chr. schrieb, sind das zeitlich die unmittelbaren Jünger und Augenzeugen Jesu, vor allem die Apostel; z. Z. des Papias leben davon nur noch zwei Männer, Aristion und „der Alte Johannes". Eben darum wird der alle andern überlebende Apostel als „der Alte" bekannt gewesen sein. Er hat sich auch selber so genannt und damit seinen persönlichen Namen in seinen Briefen ebenso vermieden, wie er ihn auch im Evangelium nicht nennt. Dort ist er „der Jünger, den Jesus lieb hatte", und hier „der Alte". So bestätigt sich auch hier die Verfasserschaft der Briefe durch den Apostel Johannes.

IV. Die Empfänger der Briefe

Im 2. und 3. Brief finden wir eine Adressenangabe. Trotzdem sind wir auch hier nicht in der gleich günstigen Lage wie bei den Briefen des Apostels Paulus. Der 2. Brief des „Alten" geht an eine Gemeinde, die im Bild einer Frau als „Erwählte Herrin" angeredet wird[4]. Aber wo diese Gemeinde lebte, wissen wir nicht. Auch ein wirkliches Bild von ihr ist aus dem kurzen Brief nicht zu gewinnen. Sie ist von der Gnosis bedroht und wird zu einer harten Abweisung jedes Irrlehrers aufgefordert. Ist der Brief von dem Apostel Johannes und hofft er auf einen baldigen, persönlichen Besuch bei der Gemeinde, so wird sie im Raum der Asia[5] zu suchen sein.

Der 3. Brief geht an einen „Gajus", von dem wir aber nicht mehr wissen, als eben dieser Brief erkennen läßt. Wir erfahren auch nicht, in welcher Gemeinde er lebte. Es wird aber eine andere Gemeinde sein als die, an die der 2. Brief geht, und natürlich eine andere als diejenige, in deren Mitte Johannes jetzt weilt.

[4] Vgl. die Auslegung S. 176.

[5] Die „Asia" ist nicht etwa „Asien" oder auch nur das ganze „Kleinasien". Die „Asia" ist der Name der römischen Provinz mit der Hauptstadt Ephesus, die das städtereiche Gebiet der Westküste Kleinasiens umfaßte.

Leider wissen wir noch weniger über die Empfänger des 1. Briefes. Sie können in einer einzigen größeren Gemeinde leben. Der Brief könnte aber auch an mehrere Gemeinden gerichtet sein, mit denen der Apostel verbunden ist. Lebte und wirkte er längere Zeit in Ephesus, wie die kirchliche Überlieferung sagt, dann kannte er natürlich auch die Christenscharen in den umliegenden Städten näher. Für die Asia spricht auch die Tatsache, daß sich die Briefe nirgends mit Fragen beschäftigen, die vom Judentum her eine Gemeinde bewegen könnten. Außer dem Hinweis auf Kain in I, 3, 12 fehlt jedes atst Zitat. Wir haben es offenbar mit rein heidenchristlichen Gemeinden zu tun, wie es dem Raum der „Asia" mit seiner frühen Besiedlung durch die Griechen entspricht.

V. Die Entstehungszeit der Briefe

Es ist viel darüber diskutiert worden, ob die Briefe früher oder später als das Evangelium des Johannes geschrieben wurden. Wenn die Verse Kap 21, 24 f so zu verstehen sind, daß das Evangelium nicht mehr von Johannes selber, sondern nach seinem Tode – darum 21, 23 die betonte Klarstellung des Jesuswortes an Johannes – von einem Schüler- und Freundeskreis herausgegeben wurde, dann sind natürlich die Briefe früher geschrieben. Darauf weist vor allem auch der Umstand hin, daß Johannes offenbar noch viel auf Reisen war. Relativ frühe Gemeindezustände werden darin sichtbar, daß noch keine „Verfassung" der Gemeinde mit bestimmten „Amtsträgern" vorlag. Der Apostel wendet sich an „die Gemeinde", nicht an verantwortliche, leitende Personen, etwa an einen „Bischof"; der im 3. Brief genannte Diotrephæs ist keinesfalls als „Bischof" der Gemeinde anzusehen. Er „will unter ihnen der erste sein", gerade weil er es nicht durch ein „Bischofsamt" ist.

Die Einwirkung der „Gnosis" ist kein Argument gegen eine frühere Zeit der Abfassung. „Gnosis" gab es bereits vor dem Christentum. Ihr Versuch, nun sich auch des Christentums zu bemächtigen, kann früh begonnen haben. Wir sahen, wie ähnlich die „Irreführer" in Korinth den Männern waren, die Johannes so schroff abweist. So nötigt uns die Bekämpfung der Gnosis durch Johannes nicht dazu, seine Briefe erst am Ende des 1. Jahrhunderts anzusetzen, zumal die „Gnosis" als solche gar nicht genannt wird. Was die Gemeinde des Johannes bedrohte, war nichts wesentlich anderes als das, womit Paulus bereits um 55 in Korinth zu ringen hatte.

VI. Die Einheitlichkeit der Briefe

Natürlich ist auch beim 1. Johannesbrief die Einheitlichkeit angezweifelt und manche „Quellenscheidung" und manche Umstellung einzelner Sätze oder Abschnitte versucht worden. Aber auch ein kritischer Theologe wie Jülicher hat dazu bemerkt, wie derartige stilkritische Bemühungen geeignet seien, sich gegenseitig aufzuheben[6]. Wir werden uns mit diesen unsicheren Hypothesen nicht aufhalten.

[6] Jülicher, „Einleitung in das NT" S. 225.

Nur über das sogenannte „Comma Johanneum" ist ein Wort zu sagen. In alten lat Ausgaben des NT lauteten im 1. Johannesbrief Kap 5 die Verse 7 und 8 so: „Denn drei sind, die da zeugen auf Erden, der Geist und das Wasser und das Blut, und diese drei sind eins in Christus Jesus; und drei sind, die ein Zeugnis geben im Himmel, der Vater, das Wort und der Geist." Es gibt auch die umgekehrte Folge: „Denn drei sind es, die Zeugnis geben [im Himmel: der Vater, das Wort und der Heilige Geist; und diese drei sind eins. Und drei sind, die Zeugnis geben auf Erden]: Der Geist und das Wasser und das Blut, und diese drei sind eins." Wann und wo und in welcher Weise der Zusatz von den drei Zeugen „im Himmel" in die lat Texte des 1. Johannesbriefes hineingekommen ist, läßt sich nicht mit Sicherheit bestimmen. Allgemein anerkannt ist aber, daß es sich um einen späteren Zusatz handelt. Das ist schon dadurch erwiesen, daß die gesamte grie Textüberlieferung das „Comma Johanneum" nicht hat. Der Zusatz hat im Zusammenhang der Stelle auch keinen Sinn. Es geht Johannes um das Zeugnis Gottes, das wir auf Erden hören oder sehen können, nicht um ein „Zeugnis im Himmel", das uns als solches nicht erreichen kann.

VII. Die besondere Bedeutung der Johannesbriefe im Ganzen des NT

Johannes hat „kein anderes Evangelium". Er könnte in Übereinstimmung mit Paulus im Blick auf die andern ntst Zeugen sagen: „Es sei nun ich oder jene: so predigen wir, und so habt ihr geglaubt" (1 Ko 15, 11). Er beruft sich ausdrücklich auf das, was die Leser seiner Briefe „von Anfang gehört haben" (I 2, 7 u. 14). Und doch hat Johannes im Ganzen des NT eine besondere Aufgabe, die uns seine Briefe kostbar und unersetzlich macht. Gerade für unsere Zeit. Johannes sieht, daß es um das „Leben" geht! „Das Leben ist erschienen" – „Wir sind aus dem Tode in das Leben gekommen" – „Wer den Sohn hat, der hat das Leben" – das ist Anfang, Mitte und Ende seines 1. Briefes. Damit bezieht er die ntst Botschaft auf eine unausweichliche Grundfrage und eine wesentliche Sehnsucht jedes Menschen, auch des Menschen von heute.

Zugleich hat Johannes in besonders deutlicher Weise gesehen, was auch die moderne Psychologie wieder zu erkennen beginnt: daß wirkliches, wesenhaftes Leben im Lieben besteht. Auch Paulus preist Gottes Liebe (Rö 5, 5b–11) und kann die einzigartige Größe des Liebens allem anderen inneren Besitz gegenüber in 1 Ko 13 bezeugen. Die vielfältige, konkrete Thematik seiner Briefe ist uns ganz unentbehrlich. Aber es ist ein Geschenk, daß Johannes dieses eine entscheidende Thema zum Hauptinhalt seiner Briefe macht. „Gott ist Liebe", das steht nur bei Johannes. „Wer nicht liebt, bleibt im Tode", so radikal spricht nur Johannes von der absoluten Notwendigkeit unseres Liebens. Damit kann uns Johannes die Größe und die Unentbehrlichkeit des Evangeliums in einer Weise zeigen, die den Menschen als Menschen und darum den Menschen jeder Zeit trifft und zum Aufhorchen zwingt.

Es ist uns heilsam, daß dabei von Johannes so kurz, so einfach, so radikal gesprochen wird. In dieser Kürze und Radikalität hilft uns gerade der „Apostel der Liebe" auch bei der Abwehr aller Irrlehre und Irreführung. Sicher, auch der Galaterbrief und die beiden Korintherbriefe des Paulus sind durchzogen vom Kampf gegen alle Entleerung und Verfälschung des Evangeliums. Aber Johannes hilft zum scharfen Trennungsstrich: Wer die echte Botschaft nicht bringt, den sollen wir nicht einmal grüßen (II, 10)! Er zeigt uns den Geist des Antichristen in jedem, der „Jesus auflöst" (I 4, 3). Es kann bei Johannes kein Zweifel sein, daß diese Härte aus der wirklichen Liebe kommt. Wir haben solche Härte nötig!

So dürfen wir mit besonderer Erwartung an die Lektüre der Johannesbriefe herangehen. Es wird Mut und ernstes Forschen nötig sein, um sie recht zu verstehen. Aber wir werden auch reichen Gewinn haben und Gott dafür danken, daß er diese Briefe zu einem wesentlichen Teil des NT gemacht hat.

VIII. Die wichtigsten Auslegungen der Johannesbriefe

A. Schlatters immer neu bewährte „Auslegung für Bibelleser" finden wir in Bd 10 von „Schlatters Erläuterungen zum NT" EVA Berlin 1965.

In dem bekannten Werk „Das Neue Testament Deutsch" hat Friedrich Hauck in Bd 10 „Die Kirchenbriefe" auch die Johannesbriefe übersetzt und erklärt. Göttingen 1947.

In der „Bibelhilfe für die Gemeinde" EVA Berlin hat Wilhelm Schütz eine gute Auslegung geliefert.

Lesenswert ist heute noch der Kommentar des Rostocker Professors Friedrich Büchsel, erschienen im „Theol. Handkommentar" XVII Leipzig 1933.

Eine eingehende Auslegung unserer Briefe von katholischer Seite haben wir in Bd XIII in Herders theol. Kommentar zum Neuen Testament aus der Feder von Prof. Rudolf Schnackenburg. Über wichtige Fragen wird der Benutzer durch ausführliche Exkurse unterrichtet.

W. Barclay, Auslegung des Neuen Testaments, Johannesbriefe/Judasbrief, 196 S., Aussaat Verlag, Wuppertal 1970

Der erste Brief des Johannes

Der Briefeingang

GRUND UND ZIEL DES SCHREIBENS

1 Johannesbrief 1, 1–4

1 Was von Anfang war, was wir gehört haben, war wir gesehen
haben mit unsern (eigenen) Augen, was wir schauten und unsere
2 Hände betasteten, vom Wort des Lebens – * und das Leben wurde
offenbar, und wir haben gesehen und bezeugen und verkündigen
euch das Leben, das ewige, das beim Vater war und uns offenbar
3 wurde – * was wir gesehen und gehört haben, verkündigen wir
auch euch, damit auch ihr Gemeinschaft habt mit uns. Unsere Ge-
meinschaft aber ist mit dem Vater und mit seinem Sohn Jesus
Christus. * Und dies schreiben wir, damit unsere Freude erfüllt
sei.

zu Vers 1: 1 Jo 2, 13 Mt 13, 17 Lk 24, 39 Jo 1, 1. 14 15, 27 20, 20. 25
zu Vers 2: 1 Jo 4, 9 Jo 1, 4 Apg 17, 27 Rö 3, 21
zu Vers 3: 1 Jo 1, 7 Mt 13, 17 Jo 17, 20 f 1 Ko 1, 9 Phil 1, 5
zu Vers 4: 1 Jo 5, 13 Jo 15, 11 16, 24 2 Ko 1, 24 2 Jo 12

Sobald wir den Brief zu lesen beginnen, merken wir den ganzen 'nterschied zu den Briefen des Apostels Paulus[7]. Während Paulus die bliche Briefform seiner Zeit aufnimmt und mit neuem Inhalt füllt, ümmert sich Johannes in diesem Brief gar nicht um sie. Er nennt eder seinen Namen noch sein „Amt"; er kennzeichnet nicht die Emp- nger seines Schreibens und sendet ihnen keinen ausdrücklichen ruß. Sein 2. und 3. Brief aber zeigt uns, daß auch er die übliche Brief- rm verwenden kann. Wenn er es in diesem Brief nicht tut, muß das nen besonderen Grund haben. Vom ersten Wort an fullt ihn die oße Sache vollständig aus, um die es ihm geht. Und dieses Ergriffen- in von der Wucht und Größe der Botschaft, die er zu bringen hat, 1–4 iegelt sich sofort im Aufbau der ersten Zeilen seines Briefes wider. hannes kann nicht „glatt" davon reden; die Worte und Sätze drän-

Wir vgl. etwa 1 Ko 1, 1–3; 1 Th 1, 1.

gen und häufen sich, um überhaupt aussagen zu können, was ihm so mächtig vor Augen steht. Er muß in Vers 2 sich selbst unterbrechen und in verhaltenem Jubel das große Ereignis ausrufen, dessen Zeuge er ist. Dann erst nimmt er seinen ersten Satz wieder auf und führt ihn zum Ziel. So erfüllt und bewegt ist er von der ganzen Herrlichkeit des Zeugnisses, das er den Briefempfängern zu geben hat. Darum kann er sich mit dem üblichen „Briefeingang" nicht aufhalten. Er kommt sofort zur Sache.

Und doch bringt es gerade diese Sache mit sich, daß er sich selber ganz in sie einschalten muß, wenn auch nicht mit der Nennung seines eigenen Namens[8]. Er bezeichnet sich nicht als „Apostel" und nimmt nicht ausdrücklich „apostolische Autorität" in Anspruch. Aber diese ersten Zeilen seines Briefes sind eine einzige Darlegung dessen, was ein „Apostel" und seine apostolische Autorität in Wahrheit ist. Der Apostel ist der Urzeuge, der mit eigenen Augen gesehen und mit eigenen Ohren gehört hat, von dessen Zeugnis die glaubende Gemeinde aller Zeiten lebt. Aber er steht dabei nicht als „Herr" über der Gemeinde; es ist seine erfüllte Freude, seine Botschaft der Gemeinde weiterzugeben und die Gemeinde bei der klaren, ursprünglichen Botschaft zu erhalten. Auch wir heute sind an den „Apostel" gewiesen und haben so seinen Brief als das unsern Glauben begründende und
1 uns zum rechten Glauben und Leben anleitende Wort zu hören.

Johannes setzt hier mit der großen Sache ein, die uns alle angeht. Er hat uns zu sagen, **„was von Anfang war"**. Auf den **„Anfang"** de Welt werden wir verwiesen: „Im Anfang schuf Gott Himmel un Erde." Aber dieser **„Anfang"** ist nicht nur der zeitliche Beginn. Di Lateiner gaben das grie Wort „archæ[9]" mit „principium" wieder. Wi kennen das Wort als Lehnwort „Prinzip[10]". „Was von Anfang war" das ist nicht nur das „Anfängliche", sondern auch das „Prinzipielle" das Grundlegende, Ursprüngliche, Wesentliche[11]. Es ist das, was „vo Grundlegung der Welt" da war und allem Dasein zugrunde liegt. Gerade dies müßten wir kennen und haben, um uns und unser Dasei recht verstehen und wahrhaft erfüllen zu können. Aber **„was von Ar**

[8] Diesen vermeidet er in seinem 2. und 3. Brief ebenso wie im ganzen Evangelium.

[9] Die grie Sprache kennt zwei verschiedene Buchstaben für „e". Der eine bezeichnet, w hier in „archæ", ein langes, nach „ä" hin auszusprechendes „e", das wir mit „æ wiedergeben. Wo der Leser dagegen in einem grie Wort ein „e" findet, muß er es a kurzes, klares „e" aussprechen.

[10] Es ist nicht unwichtig zu wissen, daß „archæ" auch die „Macht" bezeichnen kann, d „Macht" politischer Herrschaft, oder im Plural „die Mächte" der unsichtbaren Welt. V Rö 8, 28; Eph. 1, 21; 3, 10; 6, 12; Kol 1, 16; 2, 15.

[11] Vgl. den Sinn des Wortes „Anfang" in Ps 111, 10; Jes 41, 4; Mt 19, 4; 19, 8; Kol 1, 1 2 Th 2. 13: Hbr 1. 10: 12. 2.

fang war", ist für uns nicht mehr sichtbar. Es ist verdeckt und verhüllt und uns entzogen[12]. Viele Denker suchten es, aber sie fanden und finden es offensichtlich nicht[13]. Darum gibt es auch keine Gewißheit über das Wesen der Dinge, über Sinn und Ziel der Welt und des Menschenlebens. Johannes nennt das, **„was von Anfang war"**, am Schluß des Satzes **„das Wort des Lebens"**. Es ist das lebendige Wort, aus dem das Leben spricht und das deshalb das Leben bringt. Wer dies „Wort" annimmt, der hat fortan teil am wesenhaften Leben.

Und nun kommt die apostolische Botschaft und schenkt uns dies, **„was von Anfang war"**. Wir verstehen, daß Johannes sich nicht mit Absender und Anschrift und Gruß aufhält, wenn er dies Ungeheure zu sagen hat: W i r kennen, **„was von Anfang war"**, wir bezeugen und verkündigen es euch, damit auch ihr daran Anteil habt und davon leben könnt.

Aber wie ist das möglich, daß die Apostel der Menschheit das bringen können, was alle Weisen der Welt nicht fanden? Sind sie größere und tiefere Denker? Haben sie besondere Methoden entwickelt, um bis zu jenem „Ursprünglichen" durchzudringen und sich seiner zu bemächtigen? In der Umgebung des Johannes und der ihm anvertrauten Gemeinden gab es einflußreiche Männer, die gerade solche Fähigkeiten und Leistungen von sich rühmten und damit bis in die Gemeinden hinein Eindruck gemacht und Einfluß gewonnen haben[14]. Johannes weist alle solche Wege zu dem, **„was von Anfang war"**, ganz und gar zurück. Er und seine Mitapostel haben auf total andere Weise gefunden, was sie der Gemeinde (und also auch uns heute!) geben. Es ist von Gott her etwas geschehen, wovon sofort der nächste Vers sprechen wird. **„Was von Anfang war"**, ist aus seiner Verhüllung hervorgetreten. Es wurde **„offenbar"**. Und nun ist es das, **„was wir gehört, was wir gesehen haben mit unsern** (eigenen) **Augen, was wir schauten und unsere Hände betasteten."** Darum können diese „wir" es **„verkündigen"**, als reines Geschenk, das ihnen widerfahren ist, ohne irgendwelche Leistungen.

12 Johannes spricht es hier nicht aus, er weiß es aber wie alle biblischen Zeugen, daß ein Urfall entstellte, was in der Schöpfung Gottes ursprünglich zum Ausdruck kam.

13 Goethe hat dieses Suchen und Sehnen in seinem Dr. Faust dargestellt: „Daß ich nicht mehr mit saurem Schweiß / zu sagen brauche, was ich nicht weiß; / daß ich erkenne, was die Welt / im Innersten zusammenhält, / schau alle Wirkungskraft und Samen / und tu nicht mehr in Worten kramen."

14 Wir fassen diese Männer unter dem Kennwort „Gnostiker" zusammen. Über die „Gnosis" vgl. Einleitung S. 14 ff. Unser Brief wird immer wieder mit großer Schärfe warnend und abwehrend von den Gnostikern sprechen. Johannes wird schon in den ersten Sätzen seines Briefes die Gnosis mit im Blick haben.

Johannes faßt sich gerade jetzt in seinen Aussagen mit den andern Apostel zusammen in einem „**Wir**[15]". Es geht nicht um seine Person, nicht um besondere, rein persönliche Erfahrungen, die gerade nur er gemacht hätte. Er wußte schon als Israelit, daß das Zeugnis eines einzelnen nicht galt und nicht gelten kann (5 Mo 19, 15; 17, 6). Erst das übereinstimmende Zeugnis von wenigstens zwei oder drei Männern stellt einen Tatbestand gültig fest[16].

Und eben um Tatsachen und Tatbestände geht es in der apostolischen Botschaft, im radikalen Unterschied zu allen eigenen Gedanken, philosophischen Spekulationen, mystischen Erlebnissen und religiösen Visionen. Es sind Tatsachen einer vollen, geschichtlichen Wirklichkeit, die den Aposteln entgegen traten und von denen sie sich so überzeugten, wie man das mit Tatsachen immer tut. Sie waren zu Jesus gekommen, zu dem geschichtlichen Menschen Jesus. Sie hatten ihn **„gehört"**, wieder und wieder. Sie hatten ihn in jahrelangem Umgang **„gesehen"**, ja, **„handgreiflich"** war er mit ihnen zusammen gewesen. Sie waren Ohren-, Augen- und Handzeugen Jesu. Schroffer kann man von dieser Zeugenschaft nicht sprechen, als es Johannes hier tut[17].

Und dann erkannten die Apostel in dem, den sie hörten und sahen und mit Händen anfaßten, **„das Wort des Lebens"**. In seiner Evangeliumsschrift wird Johannes sagen: „Wir sahen seine Herrlichkeit, eine Herrlichkeit als des eingeborenen Sohnes Gottes, voller Gnade und Wahrheit." In dem Menschen Jesus war **„das Wort des Lebens"** in aller Tatsächlichkeit in die Welt gekommen. „Das Wort ward Fleisch und wohnte unter uns" (Jo 1, 14). Noch vor allem „Anfang" der Welt sprach Gott sein inneres Wesen aus. Er stellte dieses „Wort", in dem er sich aussprach, sich selbst gegenüber als eine „Person". Dieses „Wort", das Gottes eigenes Wesen in sich trägt, wird darum auch „der Sohn" genannt. Als Wort des lebendigen Gottes ist es **„das Wort des Lebens"**. Es ist schon im „Anfang" bei Gott, und die Schöp-

15 Da Johannes an andern Stellen des Briefes sehr bestimmt in der Einzahl sprechen kann, z. B. 2, 1. 7. 12. 26; 5, 13, wird das „wir" im Anfangssatz nicht ein bloßer „Pluralis der Bescheidenheit", sondern ernst gemeint sein. Das würde von der Sache her auch dann zutreffen, wenn er als der letzte der Apostel noch am Leben wäre. Es ist aber nicht gesagt, daß Johannes diesen Brief erst im hohen Alter geschrieben hat. Gerade der erste Satz des Briefes mit seinem „wir" legt es nahe, daß Johannes seinen Brief an die Gemeinden richtete, als noch andere lebten, die mit ihm in Jesus das Wort des Lebens gesehen und gehört hatten.

16 So hat auch Paulus das Zeugnis von der Auferstehung Jesu angesehen und ausdrücklich festgestellt: „Es sei nun ich oder jene: so predigen wir, und so habt ihr geglaubt" (1 Ko 15, 11).

17 Bei manchen Theologen nützt freilich diese Schroffheit der Aussagen nichts. Es wird trotzdem behauptet, der Schreiber des Briefes gebrauche diese Aussagen nur als Bild

fung der Welt geschah durch dieses „Wort"[18]. Und dieses **„Wort des Lebens"** ist in Jesus in die von Gott abgefallene Welt gekommen und gibt der Welt das Leben (Jo 6, 33). Darum ist in Jesus das, **„was von Anfang war"**, wieder unter uns da, hörbar, sichtbar, greifbar. Was überall vergeblich gesucht wurde, in Jesus ist es zu finden. Nun besitzen die einfachsten Glieder der Gemeinde Jesu das, wonach die großen Denker vergeblich geforscht haben. Johannes wird das in Kap 2, 12–14 den „Vätern" in der Gemeinde, aber im Grunde doch allen an Jesus Glaubenden mit tiefer Freude zusprechen.

Was von Anfang war, ist nun mit Händen zu greifen. Aber wie ist 2
das möglich? Hier ist etwas Ungeheures geschehen. Johannes muß seinen Satz unterbrechen, um erst einmal die „frohe Botschaft" von diesem Geschehen mit innerem Jubel zu rufen: **„und das Leben wurde offenbar, und wir haben gesehen und bezeugen und verkündigen euch das Leben, das ewige, das beim Vater war und uns offenbar wurde."**

Das Leben wurde **„offenbar"**. Seit dem Sündenfall war es „verborgen", verhüllt, nicht zu finden. Nun trat es in Jesus hervor und kann „gehört", „gesehen" und „ergriffen" werden. Wie geht das jeden Menschen an! Mag das, „was von Anfang war", nur tiefer fragenden und forschenden Geistern wichtig sein, nach dem „Leben"[19] verlangt sicherlich alles, was Menschenantlitz trägt. Alle kennen dieses Rätsel unseres Menschseins, daß wir wohl „leben" (im Sinne von „bios") und doch fort und fort nach dem wahren, eigentlichen „Leben" („zoæ") fragen müssen, weil wir es offenkundig nicht besitzen. Welche Versuche haben die Menschen auf allen Lebensgebieten gemacht, um zum „Leben" zu gelangen. Wie geht das Sehnen nach „Leben" durch alle Dichtungen der Welt. Und hinter den Irrwegen und Sündenwegen der Menschen steht oft ein verzweifeltes Verlangen, hier endlich das ersehnte „Leben" zu finden. Durst nach Leben, dem wirklichen Leben, treibt die Menschen um. Gerade dieses „wahre", „eigentliche", „erfüllte" Leben meint Johannes, wenn er es **„das ewige"** nennt.

für ein inneres geistiges Erfassen Jesu, wie jeder Christ in jeder Generation es habe. Aber diese Meinung scheitert an der Tatsache, daß sich in den Sätzen des Briefeinganges die „Wir" als die gebenden und verkündigenden Zeugen den „Ihr" entgegenstellen, die auf das Hören und Empfangen des Zeugnisses angewiesen sind und erst darin auch ihrerseits den Anteil am Wort des Lebens bekommen.

Jo 1, 1–4. Vgl. die Auslegung an dieser Stelle in der W. Stb.

Die grie Sprache hat zwei ganz verschiedene Worte für „Leben". Als „bios" (vgl. Biologie) bezeichnet sie jenes kreatürliche Leben, das auch schon Pflanze und Tier besitzen. Hier aber steht im Text das Wort „zoæ", das von vornherein über das rein biologische hinausgeht und im NT auch ohne besondere Hinzufügung das „eigentliche", „göttliche" Leben meint. Vgl. das Stichwort „Leben", im Theologischen Begriffslexikon, R. Brockhaus Verlag.

Es geht dabei nicht um eine ewige Dauer als solche, die als „ewige Verlorenheit", als „ewiger Tod" gerade etwas Furchtbares sein könnte. Es geht um ein Leben, das in seinem Wesen so ist, daß es die ewige Dauer aushalten kann[20].

Johannes gebraucht für „ewig" das Wort „äonisch". Es wird für uns wertvoll sein, darauf zu achten. Denn „ewig" ist – zum mindesten für uns – ein abstrakter, philosophischer Begriff, der den Eindruck starrer und leerer Zeitlosigkeit erweckt. Das aber meint die so konkret und leibhaftig denkende Bibel gerade nicht! Wohl kann „Äon" auch einfach die uralte Vergangenheit und die ganz ferne Zukunft bezeichnen. Doch auch da ist eine konkrete Fülle und nicht abstrakte „Zeitlosigkeit" gemeint. Inzwischen war es im jüdischen Raum üblich geworden, den ganzen jetzigen Weltlauf als den „gegenwärtigen, argen Äon" (Gal 1, 4) zu bezeichnen und ihm den neuen, kommenden „Äon" entgegen zu stellen. „Äonisches Leben" kann von daher das Leben meinen, das dem kommenden Äon angehört, das „Leben der zukünftigen Welt", wie die Kirche im Nicänischen Glaubensbekenntnis sagt. „Ewig", „äonisch" ist auf jeden Fall keine Quantitätsbezeichnung, sondern ein Qualitätsbegriff. „Ewiges Leben" ist wahres, erfülltes, göttliches Leben, das als solches dann freilich auch der Vergänglichkeit und dem Tode entnommen ist und unerschöpflich dauert[21].

Nach dem, war wir uns in der Einleitung S. 12 f über die besondere Schreibweise des Johannes klarmachten, werden wir gut tun, von Kap 3, 14 und 4, 7 f aus jetzt schon zu bedenken, daß für Johannes dieses wahre, „äonische" Leben im „Lieben"[22] besteht. Die Sätze 1, 2: „das Leben wurde offenbar" und 4, 9: „die Liebe Gottes wurde offenbar" sind völlig parallel. Das ist sofort wieder ein entscheidender und tief in das Leben eingreifender Gegensatz gegen die Gnosis. Nicht in irgendwelchen geheimnisvollen Qualitäten, nicht in hohen Geistes-

[20] Wie wenig tun das auch unsere schönsten irdischen Lebensinhalte! Man stelle sich nur einmal einen ewigen Frühling vor, bei dem auch nur ein volles Jahr lang ein strahlender Frühlingstag dem andern folgte und fort und fort die Bäume im Blütenschnee stünden. Wer ertrüge das? Ewiges Leben muß schon „ganz anders" sein.

[21] „Ewigkeit" ist nicht „Zeitlosigkeit", sondern „Zeiterfüllung".

[22] Wieder ist es so, daß die grie Sprache reicher an unterschiedlichen Bezeichnungen ist als die deutsche. Was nennen wir nicht alles „Liebe"! Der Grieche aber nannte das begehrende, an den Werten des andern sich entzündende Lieben „Eros" (Erotik). Im Unterschied dazu greift das NT das damals seltene Wort „agapæ" (Vgl. die Anm. 9 auf. Es wird in ihm vor allem von der Liebe Gottes gebraucht und dadurch konkret geprägt. Diese eigentliche Liebe ist – um mit Luther zu reden – nie „geschöpfte", aus ihrem Objekt gewonnene Liebe, sondern „quellende" Liebe, die als „Liebe" gar nicht anderes kann als – „lieben". Gott ist solche „agapæ". Darum besteht auch das „göttliche", „ewige" Leben in solchem „Lieben".

gaben dokumentiert sich das „Leben“. Wir sind aus dem Tode in das Leben gekommen, wenn wir „lieben“. Wer nicht liebt, bleibt im Tode, auch wenn er noch so geistreiche Erkenntnisse („Gnosis“) hat und noch so wunderbare mystische Erlebnisse aufweisen kann[23]. Die Liebe ist aber auch das, „was von Anfang war“, weil Gott Liebe ist und die Welt aus Liebe und zur Liebe geschaffen hat. In der Liebe werden Sinn und Ziel alles Daseins sichtbar. In der „Liebe“ wird das „ewige Leben“ konkret und anschaulich.

Dieses Leben war verborgen, es war „beim Vater“. Johannes sagt uns nichts darüber, ob dieses Leben – in Jo 1, 4 wird es als „das Licht der Menschen“ bezeichnet – ursprünglich den Menschen gehörte und ihnen erst infolge des Sündenfalles entzogen wurde oder ob es erst nach der bestandenen Gehorsamsprobe am Baum der Erkenntnis den Menschen als Frucht vom „Baum des Lebens“ zuteil werden sollte. Johannes steht voll erfüllt in der Gegenwart. Und hier ist es eine unbestreitbare Tatsache: das wahre, erfüllte Leben, so intensiv es gesucht und begehrt wurde, kannte niemand. Nun aber ist es uns **„offenbar“** geworden. Welch eine einzigartige Botschaft!

Johannes kann sich gar nicht genug tun, den tiefen Unterschied der 3
apostolischen Verkündigung von der Art der „Gnosis“, von der Art philosophisch-religiöser Weltanschauung, hervorzuheben. Er nimmt seinen ersten Satz erneut auf und wiederholt noch einmal die Versicherung: **„Was wir gesehen und gehört haben, verkündigen wir auch euch.“** Ein Apostel verfügt nicht über die „Erkenntnis“ aufgrund seiner eigenen Denkarbeit. Er berichtet auch nicht von „Schauungen“ geheimnisvoller Art, die er gehabt hat[24]. Nein, Apostel verkündigen das, was sie in realer Weise in geschichtlichen Tatsachen **„gesehen und gehört haben“**. Das wird durch die Voranstellung des „Sehens“ an dieser Stelle noch unterstrichen.

Diese apostolische Verkündigung bei den Empfängern des Briefes ist schon früher grundlegend geschehen. Johannes redet sie vielfach

Johannes ist auch hier einig mit dem Apostel Paulus, dem genauso alles andere – die Sprachengabe, das Wissen um alle Geheimnisse, alle Erkenntnis und sogar Berge versetzender Glaube – wertlos ist, wenn die Liebe fehlt. Sie allein ist das Bleibende, das niemals hinfällt (1 Ko 13, 1–3. 8). Die Liebe ist die grundlegende Frucht des Geistes (Gal 5, 22), und eine Gemeinde ist trotz der stärksten geistlichen Bewegtheit für das Urteil des Apostels doch „kindisch und fleischlich“, wenn in Eifersucht und Zank der Mangel an Liebe sichtbar wird (1 Ko 3, 3).

Solche „Gesichte“ konnte freilich auch ein Apostel wie Paulus haben. Aber es ist bezeichnend, daß Paulus daraus nie einen Stoff seiner Verkündigung gemacht hat, sondern von ihnen nur notgedrungen in 2 Ko 12, 1 ff spricht, offensichtlich, um sich gegen Vorwürfe der Korinther zu verteidigen. Vgl. dazu die Auslegung der W. Stb.

als „Kinder" oder „Kindlein" an; er ist darum wohl in weitem Umfang ihr geistlicher „Vater". Ausdrücklich versichert er in 2, 21, daß er ihnen nicht schreibe, als wüßten sie die Wahrheit noch nicht. Sie sind Christen. Die Gemeinde oder die Gemeinden, an die der Brief geht, bestehen offensichtlich schon längere Zeit, so daß sich frühere Gemeindeglieder aus ihnen absondern und zur „Gnosis" übergehen konnten (2, 19). Aber gerade um solcher Vorgänge willen haben die Gemeinden neue Verkündigung nötig, die sie klärt und stärkt. Darum spricht Johannes von seinem Verkündigen im Präsens. Er weist nicht auf seinen früheren Dienst zurück: „wir haben es euch verkündigt", sondern sagt: **„Wir verkündigen es auch euch."** Das „auch" ist hier textlich umstritten[25]. Wenn Johannes es hier aber geschrieben hat, dann sieht er seine fortlaufende Verkündigung als Apostel vor sich und nimmt den Brief, den er jetzt an bestimmte Gemeinden schreibt, mit in diese umfassende Verkündigung hinein[26]. „Auch" ihnen verkündigt er, die als Glaubende ebenso fort und fort der apostolischen Botschaft bedurften. Der Glaube ist kein ruhender Besitz, den man einmal ergreift, um ihn dann unangefochten zu haben. Die Empfänger des Briefes stehen in Anfechtung. Sie sollen von der einfachen apostolischen Verkündigung losgemacht und zu neuen, „höheren" Erkenntnissen geführt werden. Darum erfüllt Johannes mit großem Ernst und ganzem Einsatz seinen Zeugenberuf an ihnen.

Er hat dabei ein klares Ziel: **„Damit auch ihr Gemeinschaft habt mi uns."** Das „Sehen" und „Hören" (und „Betasten") war nur Johanne und den andern Zeugen zuteil geworden, nicht den Gemeinden de Asia und erst recht nicht uns heute. Aber die Apostel ziehen uns mi ihrem Verkündigen in ihre **„Gemeinschaft"**. Das hier stehende Wor „koinonia[27]" bezeichnet die „Anteilhabe". Was zunächst nur der Apostel als Offenbarung des Lebens empfangen hat, das „teilt" er nun mi uns[28], so daß auch wir den vollen „Anteil" daran bekommen. Di Glaubenden haben das Leben, das ewig ist, nicht weniger als die Apostel. So hat Johannes am ersten Abschluß seines Evangeliums ausdrück

[25] Das „kai = auch" fehlt in den Handschriften der Koine.

[26] In seiner „Offenbarung" und in seinem „Evangelium" spricht er zu allen Gemeinde in der Welt, auch zu uns heute. Vielleicht dachte Johannes daran, daß auch sein Bri noch von vielen gelesen werden könne, auch von solchen, die die Botschaft noch nic kannten.

[27] Vgl. Theol. Begriffslexikon S. 495.

[28] Das ist die apostolische Liebe, wie sie genauso auch Paulus kennt. Von der Arbeit den Thessalonichern sagt er, er und seine Mitarbeiter seien willig gewesen, ihnen m zuteilen nicht allein das Evangelium Gottes, sondern auch das eigene Leben, weil s Geliebte für sie geworden waren. Diese Liebe stiftet volle Gemeinschaft und macht d Apostel zu Gehilfen der Freude, während die gnostischen Lehrer anspruchsvoll u herrisch waren (1 Th 2, 8; 2 Ko 1, 24; 11, 20).

lich gesagt: „Diese (Zeichen) aber sind geschrieben, daß ihr glaubet, Jesus sei der Christus, der Sohn Gottes, und daß ihr durch den Glauben das Leben habet in seinem Namen" (Jo 20, 31).

Die „Gemeinschaft" zwischen dem Apostel und den Gemeinden besteht schon länger. Johannes schreibt darum nicht: Wir verkündigen euch, damit ihr Gemeinschaft mit uns „bekommt". Aber diese Gemeinschaft ist ein Stück bedroht. Wieder kann uns das an den Vorgängen in Korinth anschaulich werden. Die beiden Korintherbriefe zeigen uns, wie den neuen Männern in Korinth alles daran lag, die Gemeinde von Paulus, ja, von den Aposteln überhaupt, zu lösen[29]. Die Gemeinde, an die Johannes schreibt, soll die volle **„Gemeinschaft"** mit dem Apostel aufs neue **„haben"** und bewußt gegen alle Antastung festhalten.

In dieser **„Gemeinschaft mit uns"** haben die Gemeinden nicht etwa eine persönliche Verbundenheit nur mit dem Apostel. Was durch die apostolische Botschaft entsteht, das sind Gemeinden der Glaubenden, die selber ganz ebenso wie die Apostel in Gott ihren Vater haben und in seinem Sohn Jesus Christus ihren Herrn, ihren Erretter, ihr Leben und die Hoffnung der Herrlichkeit. **„Unsere Gemeinschaft aber ist mit dem Vater und mit seinem Sohn Jesus Christus[30]."**

Johannes schließt den Briefeingang mit einem kleinen Satz, dessen 4
Wortlaut in den Handschriften nicht ganz sicher ist. **„Und dies schreiben wir, damit unsere Freude erfüllt sei."** Die Handschriften der Koine haben statt des betonten „wir" ein „euch"[31]; und einige Handschriften schreiben anstatt **„unsere Freude"** vielmehr „eure Freude". Diese letztere Abweichung ist die inhaltlich wichtigere. Aber ihre Bezeugung ist nicht stark genug. Es ist viel verständlicher, daß Abschreiber meinten, es müsse sich um die Freude der Briefempfänger handeln, die erfüllt wird, wenn sie den Brief ihres Apostels lesen. Aber Johannes wird betont haben, daß er sein apostolisches Mitteilen nicht widerwillig tut. Nein, er hat Freude daran, ja, seine Freude ist darin zu ihrer ganzen

[29] Vgl. besonders 1 Ko 1, 12 „die Christus-Partei", 4, 18 und den ganzen 2. Korintherbrief.

[30] Wie das möglich ist, erörtert und erklärt Johannes nicht. Es ist freilich ein Wunder, das Jesus selbst als etwas Kostbares hervorgehoben hat (Jo 20, 29) und vor dem auch Petrus staunend steht (1 Pt 1, 8), aber es ist die unleugbare Tatsache seit 1900 Jahren. Die glaubende Gemeinde lebt ganz von dem apostolischen Zeugnis im NT und hat doch eigene selbständige Gewißheit. Sie liebt den Herrn, den sie im Unterschied zu den Aposteln nie „gesehen" hat. Es ist das Wunder des Heiligen Geistes, der diese Gewißheit in ihren Herzen schafft (1 Ko 2, 10—12).

[31] Das betont hervorgehobene „wir" fällt auf. Es liegt an dieser Stelle kein Grund vor, zu betonen, daß gerade „wir" es sind, die schreiben. Andererseits ist schwer zu erklären, warum ein Abschreiber ein „euch" in ein „wir" geändert haben sollte, während das „euch" als einfacher und bequemer eine spätere Textverbesserung darstellen kann.

Fülle gekommen. Wir können das wohl verstehen. Menschen zum wahren, ewigen Leben zu führen und sie darin zu erhalten, das **„erfüllt"** bei aller Mühe und allem Kampf doch **„unsere Freude"**.

Wenn wir auf den „Eingang" des Briefes noch einmal zurückblicken, so merken wir, daß nicht nur die Form des Schreibens bei Johannes anders ist als bei Paulus, sondern auch der Inhalt der Botschaft ist in anderer Weise gesehen. Johannes geht von der brennenden Frage nach dem „Leben" aus, wie sein Brief auch mit dem Blick auf das „Leben" schließen wird. Daß es dieses wahre Leben nicht ohne das „Blut des Sohnes Gottes", nicht ohne die Versöhnung am Kreuz geben kann, das ist für Johannes ganz gewiß. Er wird davon sogleich in 1, 7; 2, 2 sprechen. Aber im Vordergrund steht ihm die Tatsache, daß „das Leben" in diese Todeswelt gekommen und in ihr offenbar geworden ist. Das entspricht ganz dem Zeugnis des Evangeliums, wie Johannes es erfaßt hat. Dort kann das „Gekommensein" des Sohnes schon das grundlegende Heilsgeschehen sein und darum seine Erkenntnis und der Glaube an ihn schon das Heil für den Menschen. Darum sind die „Ich-bin"-Worte im „Evangelium nach Johannes" ganz wesentlich. Was Jesus in Person „ist", ist das Entscheidende. Seine Worte und seine Taten fließen aus diesem „Sein" und verwirklichen das, was er „ist". Darum ist die Tatsache: „Das Leben wurde offenbar" die Grundlage für alles, was Johannes der Gemeinde zu sagen hat. Ebenso grundlegend sagt Paulus im Eingang seines Römerbriefes: „Gerechtigkeit Gottes wurde offenbar" (Rö 1, 17). Die beiden Aussagen widersprechen einander nicht. Sie sehen das Offenbarungsgeschehen je von einer anderen Seite und gehören eng zusammen. Nur errettete Menschen in der Gerechtigkeit Gottes haben das wahre Leben. Die Gemeinde Jesu aber darf sich an beiden Boten Gottes, an Johannes wie an Paulus, freuen und den Reichtum des ganzen NT mit tiefem Dank sich aneignen. Für ihren Dienst wird sie mit Freude von Johannes lernen, daß die Christusbotschaft die Antwort auf die in allen Menschen lebende Frage nach dem „Leben" ist. Die Gemeinde braucht sich des Evangeliums nicht zu schämen: es ist die einzige und wahre Erfüllung dieser Frage und Sehnsucht.

WANDEL IM LICHT

1 Johannesbrief 1, 5 – 2, 2

5 **Und es ist dies die Kunde, die wir gehört haben von ihm her und
euch verkündigen: Gott ist Licht, und Finsternis gibt es keine in**
6 **Ihm. * Wenn wir sagen, daß wir Gemeinschaft haben mit ihm und
(doch) in der Finsternis wandeln, so lügen wir und tun nicht die**
7 **Wahrheit. * Wenn wir aber in dem Licht wandeln, wie er selbst
im Licht ist, haben wir Gemeinschaft untereinander** (oder: mit ihm),
und das Blut Jesu, seines Sohnes, reinigt uns von jeder Sünde.
8 *** Wenn wir sagen: Sünde haben wir nicht, so führen wir uns**
9 **selbst in die Irre, und die Wahrheit ist nicht in uns. * Wenn wir
unsere Sünden bekennen, treu ist er und gerecht, daß er uns die**
10 **Sünden vergibt und uns reinigt von jeder Ungerechtigkeit. * Wenn
wir sagen: Wir haben nicht gesündigt, zum Lügner machen wir**
2,1 **ihn, und sein Wort ist nicht in uns. * Meine Kindlein, dies schreibe
ich euch, damit ihr nicht sündigt. Und wenn jemand sündigt, haben
wir einen Fürsprecher bei dem Vater, Jesus Christus, den Gerech-**
2 **ten. * Er selbst ist die Versöhnung für unsere Sünden, nicht für die
unseren aber allein, sondern auch für die ganze Welt.**

zu Vers 5: 1 Jo 3, 11 / Jak 1, 17
zu Vers 6: 1. Jo 2, 4. 9. 11 / Jo 3, 21
zu Vers 7: 1 Jo 1, 3 / Jo 17, 21 / Hbr 9, 14 / Offb 1, 5 / 7, 14
zu Vers 8: 1 Jo 2, 4 / Spr 20, 9
zu Vers 9: 1 Ko 10, 13 / Ps 32, 3—5 / Spr 28, 13
zu Vers 10: 1 Jo 5, 10 / Rö 3, 10—18
Kap 2, 1—2
zu Vers 1: Rö 6, 1. 2 / 8, 34 / Hbr 7, 24 f / Offb 3, 4. 5 / 22, 14
zu Vers 2: 2 Jo 4, 10 / Jo 1, 29 / 3, 14—16 / 11, 51 f / Rö 3, 25 / Kol 1, 20

Wenn wir nun in die Lektüre des Briefes selbst eintreten, merken vir schnell, daß nicht nur der Briefeingang bei Johannes ganz anders st als bei Paulus, auch der Fortgang des Briefes hat eine völlig andere Art[32]. Paulus läßt in seinen Briefen dem Eingangsgruß einen „Dank" olgen. Johannes setzt sofort in harter Kürze und Bestimmtheit mit lem ein, was ihm für das Gemeindeleben entscheidend ist: **„Und es ist lies die Kunde, die wir gehört haben von ihm her und euch verkünligen: Gott ist Licht, und Finsternis gibt es keine in Ihm."** Johannes egründet diesen mächtigen Satz nicht. Es geht um die **„Kunde"** einer Virklichkeit. Und diese Kunde stammt **„von ihm her"**, von dem Einen, ler von Gott kommt und Gott kennt und darum uns sagen kann, wie
s um Gott steht. Die Apostel haben es **„gehört"**, und die Gemeinde 5
at es ihrerseits zu hören, wie es ihr von den Aposteln verkündigt vird. Johannes nennt Jesus hier so wenig wie in den ersten Sätzen des riefes mit Namen. Gerade dadurch wird Jesus groß. **„Von ihm her"**

[32] Wir vergleichen dazu das in der Einleitung S. 11 näher Ausgeführte.

haben wir es gehört. Es gibt keinen andern neben **„Ihm"**. Jeder weiß, wer „er" ist[33]. Johannes führt aber auch keine bestimmten Herrenworte an, um seinen Satz zu beweisen. Jesus ist in seiner ganzen Person „das Wort", das uns die Kunde von Gott bringt. Aus allem, was Jesus war und sagte und tat, leuchtete diese **„Kunde"** hervor, daß **„Gott Licht ist"**. Es bedarf hier keines „Beweises" durch das Zitat einzelner Worte[34].

Es ist bezeichnend für Johannes, daß er die Ausdrücke „Licht" und „Finsternis" nicht erklärt. Er stellt sie in einfacher Mächtigkeit vor die Leser seines Briefes hin und erwartet von ihnen, daß sie selber wissen, was alles in diesen Worten liegt. Auch wenn Johannes hier ganz umfassend spricht, werden wir unserseits gut tun, die beiden Worte auch wieder nicht zu allgemein, zu abstrakt stehen zu lassen. Wir werden auch hier, vgl. Einleitung S. 12, an die Schreibart des Johannes zu denken und unserseits Verbindungen zwischen Aussagen des Apostels herzustellen haben, die Johannes selber nicht knüpfte. Wir blicken darum auf die parallel geformte Aussage: „Gott ist Liebe." Das kann nicht heißen: Gott ist einerseits „Licht" und ist anderseits „Liebe". Gott ist nicht vieldeutig oder zwiespältig. Nein, Gott ist „Licht" eben darum, weil er „Liebe" ist. Das „Licht", das er ist, ist kein hartes, kaltes Licht; es ist das Leuchten seiner Liebe. Aber wiederum ist gegen alle falschen Auffassungen von „Liebe" festzuhalten, daß Gottes Liebe ein lauteres, reines „Licht" ist.

Diese völlige Verbundenheit von **„Licht"** und „Liebe" läßt uns auch konkret verstehen, was mit der **„Finsternis"** gemeint ist, die es in Gott nicht gibt. Johannes will nicht leugnen, daß der Tag Gottes nach des Propheten Amos Aussage „Finsternis und nicht Licht sein kann" (Am 5, 18) und daß an Gottes Walten uns vieles sehr „dunkel" erscheinen mag. Aber Johannes hat entsprechend der Einheit von „Licht" und „Liebe" nun auch „Haß" und „Finsternis" verbunden (2, 11. 9). So wahr es in der „Liebe" unmöglich „Haß" geben kann, so unmöglich kann im „Licht" „Finsternis" sein. So hat Johannes Gott in Jesus erfahren.

Das zu erkennen, ist wichtig für uns. Es ist nicht „selbstverständlich", daß es in Gott keine „Finsternis" gibt. Menschliche Religione

33 Vgl. dazu auch die Stellen 2, 6; 3, 5. 7. 16; 4, 21. Johannes verwendet dabei statt de einfachen „er" gern ein „jener".

34 Die direkte Aussage „Gott ist Licht" findet sich nur hier. Aber Jesus, der Offenbar des Vaters, ist „das Licht": Jo 1, 5. 9; 3, 19; 8, 12; 9, 5; 12, 46; 12, 35 f. So muß auch d in ihm offenbarte Gott „Licht" sein. Anklänge an die „Lichtnatur" Gottes auch 2 K 6, 14; 1 Th 5, 5; 1 Pt 2, 9; Offb 21, 23; 22, 5. Schon im AT ist das „Licht" ein besonder Bild für Gottes Wesen: Ps 4, 7; 36, 10; 44, 4; 89, 16; 104, 2; Jes 2, 5; 60, 1. 19; Da 2, 2

und Weltanschauungen haben immer wieder versucht, auch alles Dunkel, das wir in der Welt finden, auf Gott zurückzuführen. Dann standen entweder „gute" und „böse", „lichte" und „dunkle" Götter einander gegenüber[35]. Oder es gab in Gott selber finstere Tiefen, die zu seinem unbegreiflichen Wesen gehören. Woher soll all das Dunkle in der Welt kommen, wenn es nicht in Gott, dem Schöpfer des Alls, seinen Grund hat[36]? Es mögen solche Gedanken in die Gemeinde eingedrungen sein und eine gewisse Anziehungskraft entfaltet haben. War es nicht geistvoll und tiefsinnig, so von Gott zu sprechen? Johannes formuliert dem entgegen (im Griechischen mit einer doppelten Verneinung), wie völlig ausgeschlossen es ist, daß sich irgend eine Finsternis in Gott findet[37]. Das ist befreiendes Evangelium! Wir brauchen nie zu fürchten, daß uns in Gott etwas Dunkles oder auch nur Zwielichtiges begegnet. Wie zwiespältig ist unser Wesen! Wie enttäuschen wir dadurch Menschen und machen wirkliches Vertrauen schwer! Unwillkürlich übertragen wir unser verdorbenes Bild auf Gott. Aber Gott ist anders! Wir dürfen ihm unser ganzes Vertrauen schenken, weil es in ihm nur reines Licht gibt[38]. Johannes bereitet mit dieser in sich selbst so einleuchtenden Aussage, daß es im „Licht" keine „Finsternis" geben kann, seine schroffen Sätze in 3, 6–9 vor. So wesenhaft unmöglich im „Licht" zugleich „Finsternis" sein kann, so unvereinbar ist das Bleiben in Jesus und das Geborgensein in Gott mit irgendwelcher Sünde. Das ist keine willkürliche und unnötig harte Bestimmung; das geht aus der Lichtnatur Gottes mit ganzer Notwendigkeit hervor.

In diese Richtung weist Johannes sofort im nächsten Vers. Die
frohe, unser Vertrauen weckende Kunde, daß Gott lauteres Licht ist,
kann zum Gericht über uns werden. **„Wenn wir sagen, daß wir Ge-** 6
meinschaft haben mit ihm und (doch) **in der Finsternis wandeln, so
lügen wir und tun nicht die Wahrheit."** Wir stoßen in diesem typisch
johanneischen Satz auf ein **„Wenn wir sagen"**, das sich dann in V.
8–10 wiederholt. Gerade in der Gemeinde Jesu, die vom „Wort" lebt,
wird viel **„gesagt"**. Aber es ist die schwerwiegende Frage an uns, wie

[35] So haben später Gnostiker in dem Gott des Alten Testamentes einen dunklen, grausamen „Welterbauer" gesehen, der die Menschen in quälender Gefangenschaft hält, aus der sie der wahre „gute Gott", der Vater Jesu Christi, befreit.

[36] Sehr bezeichnend dafür ist die Anschauungswelt Jakob Böhmes. Worte, wie Jes 45, 6 f: „Ich bin der Herr und sonst keiner mehr, kein Gott ist außer mir . . . der ich das Licht mache und schaffe die Finsternis, der ich Frieden gebe und schaffe Unheil", oder Amos 5, 18 könnten als Beweis dafür angesehen werden.

[37] Wohl aber gibt es den „Schatten seiner Flügel", den wir ebenso brauchen wie sein Licht.

[38] Ähnlich bezeugt es Jakobus in seinem Brief 1, 17.

sich unser „Sagen" zur Wirklichkeit unseres Lebens – die Bibel nennt das unsern „Wandel" – verhält. In allen drei Fällen zeigt Johannes auf ein „Sagen", das der Wirklichkeit widerspricht und darum „Lüge" ist. Welch tödliche Gefahr wird uns, gerade uns „Frommen", hier aufgezeigt.

Es ist aber dabei zu bedenken, daß bei Johannes die Worte „lügen" und „Lüge" den sachlichen, „objektiven" Gegensatz zur „Wahrheit" meinen. Ob uns dieser Gegensatz subjektiv bewußt wird, so daß wir wissentlich und willentlich uns selbst oder andere täuschen, ist erst eine zweite Frage. „Lüge" schließt nicht sofort ein „moralisches" Urteil ein. Wir können im Widerspruch zur „Wahrheit" stehen, ohne es recht zu merken. Erst, wenn uns der Widerspruch gezeigt wird und wir dennoch in ihm verharren, wird unser „Lügen" zu dem, was wir für gewöhnlich unter diesem Ausdruck verstehen[39].

Wir **„sagen, daß wir Gemeinschaft haben mit ihm"**. Diese Gemeinschaft mit ihm war uns in V. 3 als das Ziel der apostolischen Wirksamkeit gezeigt worden. Wir sollen diese Gemeinschaft mit ihm, der reines, lauteres Licht ist, haben. Gerade das wollte Johannes. In dieser **„Gemeinschaft mit Gott"** besteht wesentlich das „Christ-Sein". Aber nun kann etwas Erschreckendes geschehen. Johannes sieht es offenbar als Wirklichkeit in den Gemeinden. Christen behaupten, Gemeinschaft mit Gott zu haben, aber ihr **„Wandel"**, also ihr faktisches Leben, vollzieht sich **„in der Finsternis"**. Johannes macht diesen seinen Satz gerade dadurch so herausfordernd und wirksam, daß er ihn nicht „erklärt" und sich nicht in irgendeine Diskussion über ihn einläßt. Du selbst prüfe dein Leben! Vollzieht sich dein tatsächliches Leben „im Licht"? Oder wird es auf bestimmten Gebieten von dunklen Kräften und Gewalten bestimmt? Wir haben dabei besonders an das „Hassen" des Bruders zu denken, von dem Johannes noch mehrfach sprechen wird. „Haß" ist im besonderen Maße „Finsternis". Oder verbergen wir auch sonst Teile unseres Lebens vor Gott in einem Dunkel, in das wir uns flüchten? Eines, sagt Johannes, ist dann klar: wir „lügen" ob wir uns dessen bewußt sind oder nicht[40]. Wir mögen dann noch mancherlei „Wahrheiten" aussprechen, auch richtige, fromme und

[39] Vgl. dazu in unserm Brief besonders 2, 22 und die Auslegung dazu; auch das Stichwort „Lüge" im Theologischen Begriffslexikon" S. 919.

[40] „Lüge" wird zur „Heuchelei", wenn sie bewußt oder unbewußt dazu dienen soll, um den Schein eines wertvollen und frommen Lebens zu geben. Es war von entscheidender Wichtigkeit, ob die Gemeinde Jesu von dieser Entstellung frei blieb, die Israel und seine frommen Kreise verdarb. Daher das tödliche Gericht, als „Heuchler" wie Ananias und Sapphira zum ersten Mal in der Gemeinde sichtbar wurden. Vgl. Apg 5, 1–11 und die Auslegung in der W. Stb.

biblische Wahrheiten; aber wir **„tun die Wahrheit nicht"**. Die **„Wahrheit"** ist dazu da, nicht nur „gewußt", sondern **„getan"** und „gelebt" zu werden. Die Frage nach dem „Tun" ist für Johannes unmittelbar gegeben. Leben ist ein unaufhörliches „Tun". Und dieses „Tun" wird entweder von der Wahrheit bestimmt, die uns in unserer realen Gemeinschaft mit Gott gegeben ist; dann **„tun wir die Wahrheit"**. Oder unser faktisches Leben widerspricht der Wahrheit, die wir kennen und von der wir reden, dann **„lügen"** wir in einer Weise, die gefährlicher ist als das, was wir im üblichen moralischen Sinn unter „Lüge" verstehen[41]. 7

„Wenn wir aber in dem Licht wandeln, wie er selbst im Licht ist." Johannes hält es für möglich, ja für das einfach Gegebene, daß wir **„im Lichte wandeln"**, daß das Licht von Gott her unser ganzes wirkliches Leben durchdringt und in das Licht stellt. Wir aber fragen erschrocken: Wenn wir im Licht wandeln, was wird dann aus uns? Wir kennen die ganze Realität der Sünde in uns. Im Licht wird sie sichtbar. Können wir uns mit ihr vor den andern sehen lassen? Zerbricht dann nicht die Gemeinschaft mit ihnen? Und können wir es vor Gott aushalten, im Licht zu stehen?

Johannes erwidert: Gerade dann **„haben wir Gemeinschaft untereinander** (oder: mit ihm), **und das Blut Jesu, seines Sohnes, reinigt uns von jeder Sünde."** Es geht bei dem Wandel im Licht nicht um „Sündlosigkeit". **„Im Licht wandeln"** meint nicht ein fleckenloses, göttliches Leben. In dieser Weise können wir jetzt nicht selber „Licht" sein; wir werden ihm dann erst gleich sein, wenn wir ihn sehen werden, wie er ist (3, 2). Aber **„im Licht"** können wir leben. Und wenn in dem alles durchdringenden Licht Gottes unsere ganze Sündhaftigkeit sichtbar wird, dann ist es zugleich die große Tatsache: **„Das Blut Jesu, seines Sohnes, reinigt uns von jeder Sünde."**

Nun steht Johannes ganz neben Paulus! Auch Johannes meint nicht, es gäbe für uns „ewiges Leben", das wir ohne weiteres von Jesus erhalten könnten. Johannes weiß genauso wie Paulus um die ganze Wirklichkeit und Macht der Sünde, die uns von Gott und damit vom Leben trennt. Darum spricht er sogleich von der Sünde. Mögen wir sonst nicht viel von unserer Sünde wissen oder sie sogar leugnen, wenn wir in das Licht Gottes kommen und Gemeinschaft mit Gott haben, dann wird die Sünde in ihrer Schrecklichkeit an uns offenbar. Was soll dann aus uns werden? Gibt es Hilfe für mich in meiner

41 Jesus selber hat in Jo 3, 20 f und 12, 35 f auf diese entscheidenden Tatbestände hingewiesen. Der Satz des Johannes in unserm Brief hat für alle Zeiten, auch für uns heute, höchste Aktualität.

Sündhaftigkeit? Ja! Das ist die Mitte der Botschaft, die Johannes wie alle andern Apostel bringt. Es gibt ein Mittel, uns von Sünde zu befreien. **„Das Blut Jesu, seines Sohnes, reinigt uns von jeder Sünde."** Wieder erklärt und erörtert Johannes nichts, sondern stellt es als fundamentale Tatsache hin und erwartet von jedem Menschen, der mit „Sünde" zu tun hat, daß er bei dieser Botschaft aufhorcht. Und er mutet jedem Leser zu, daß er selber bedenkt, was dieses Blut für ihn bedeutet. Es vermag, was keine Wissenschaft, Technik, Kunst und Macht der Welt je erreichen kann: es vermag von Sünde zu reinigen. Gerade das aber ist es, was jeder Mensch nötiger als alles andere braucht. Hier wird der einzigartige, durch nichts anderes zu ersetzende Wert der Botschaft von Jesus sichtbar. Freilich, es ist darum auch in sich selbst etwas Erstaunliches und Unbegreifliches, was uns als Mittel „zur Reinigung von unserer Sünde" angeboten wird: Es ist **„das Blut des Sohnes Gottes"**. Wie kann einer, der „Gottes Sohn" ist, sein Blut vergießen im gewaltsamen Tod? Wie kann dieses Blut mich heute reinigen? Wie kann es mich so „reinigen", daß ich vor dem Gott, der Licht ist, hell und unbefleckt dastehe? Johannes geht auf solche Fragen nicht ein. Erfahre die tatsächliche Kraft dieses Blutes! Das ist entscheidend[42]. Johannes betont, daß es von **„jeder Sünde"** reinigt, nicht nur von einzelnen oder von leichten Sünden. Jeder darf jede Sünde und sei sie noch so häßlich und böse, im Lichte Gottes offenbar werden lassen und dann die Reinigung in Jesu Blut finden. Welch eine Botschaft! Nur durch sie können wir wirklich „Gemeinschaft mit dem Vater und seinem Sohn Jesus Christus" und darin „äonisches Leben" haben.

Nun wird verständlich, warum Johannes sagt, daß gerade bei solchem Wandel im Licht auch die **„Gemeinschaft miteinander"** gewonnen wird. Zunächst scheint doch das Gegenteil wahr zu sein. Flüchten wir uns nicht gerade darum ins Dunkel, damit die andern nicht vor unsern Sünden erschrecken und uns von sich stoßen? Zerbricht nicht die Gemeinschaft da, wo Sünde ans Licht kommt? Aber da, wo wir die Wahrheit unseres Lebens verbergen, da i s t die Gemeinschaft schon zerstört. Da sind wir in Scheu und Befangenheit von den andern getrennt, empfindlich und mißtrauisch in unserer ganzen Hal

42 Das Blut Jesu, des Sohnes Gottes, spielte in der Gnosis keine Rolle. Ja, es war de Gnostikern fremd und unsympathisch. Auch in der modernen Theologie hört ma davon nichts. E. Schrenk sagt in seiner Selbstbiographie: „Ist mir schon vorher d Blut Christi teuer gewesen, so war es mir von da an noch köstlicher und unentbeh licher, mein Kleinod für Zeit und Ewigkeit, und wenn ich seither Strömungen sehe, denen Christi Blut zurücktritt, so kommen sie mir vor wie Feuerwerk von Kindern Karl Weber, E. Schrenk, S. 14.

tung. Dagegen kann es in andern ein wunderbares Vertrauen wecken, wenn wir es wagen, unser Leben im vollen Licht zu zeigen. Aber beachten wir auch dabei, es geht nicht um eine Zur-Schaustellung der Sünde als solcher, sondern um das Zeugnis von der Erfahrung der reinigenden Vergebung Gottes! Diese Erfahrung erschließt Herzen und führt zu einem offenen, freien und frohen Miteinander[43].

Ein zweites „Wenn wir sagen" ertönt. Johannes weiß, daß sich das 8
Menschenherz gegen diese Botschaft von „Sünde" und „Reinigung" wehrt. Das wurde besonders deutlich in den gnostischen Kreisen, kann aber auch in den Gemeinden selber sichtbar geworden sein. Das apostolische Wort von der „Sünde" ist wahrhaft herausfordernd und trifft den Menschen in seinem innersten Stolz. Zugleich ist der Mensch von Natur blind gegen sich selbst und seinen wahren Zustand[44], darum wehrt er sich gerade gegen dieses Zentrum der Botschaft. Johannes hat offenbar erfahren, daß diese Abwehr sich bis zu der Erklärung steigert: **„Sünde haben wir nicht."** So war es schon in Korinth gewesen: die Heirat mit der Stiefmutter, der Streit mit dem Bruder vor heidnischen Richtern, der Gang zur Tempeldirne – für die „Pneumatiker", die Geistesträger, war das alles nicht „Sünde". Es spielte sich in der Welt des äußeren, materiellen Lebens ab und berührte die geistliche Existenz nicht. Darum wurde in Korinth von gewissen Kreisen auch die Buße für „Unreinigkeit, Unzucht und Ausschweifung" verweigert (2 Ko 12, 21). Auch da wurde offenbar dem Ruf des Apostels zur Buße die Überzeugung entgegengehalten: **„Sünde haben wir nicht[45]."**

Johannes kann nur feststellen: **„Wenn wir sagen: Sünde haben wir nicht, so führen wir uns selbst in die Irre. Und die Wahrheit ist nicht in uns."** Es kann niemand in Wahrheit davon überzeugt sein, keine Sünde zu haben. Hier führen Menschen sich selber aktiv von der

Einzelne, nicht unwesentliche Handschriften lesen in unserem Satz: „So haben wir Gemeinschaft mit ihm." Auch in der Handschrift, die Tertullian benutzte, stand der Satz in dieser Form. Aber die Bezeugung ist doch zu schwach. Sonst würde diese Aussage im Zusammenhang unseres Textes schon einen guten Sinn ergeben. Wer durch Jesu Blut gereinigt ist, der „lügt" nicht mehr, wenn er von seiner Gemeinschaft mit Gott spricht; er hat sie wirklich.

Das wird besonders bei edlen und geistvollen Menschen immer wieder zu beobachten sein. Das Thema Sünde ist „peinlich", primitiv. Von Sünden spricht man nicht oder sieht sie nur als „Schwäche" an. Als I. Kant auf die Tiefe und Schwere der Sünde stieß und vom „radikalen Bösen" im Menschen schrieb, erregte er die Empörung der großen deutschen Dichter und Schriftsteller, mit Einschluß von Schiller, der bisher Kants Denken weitgehend gefolgt war. Goethe schrieb an Herder, Kant habe „seinen philosophischen Mantel freventlich mit dem Schandfleck des radikalen Bösen beschlabbert".

Vgl. dazu die Darstellung der „Gnosis" in der Einleitung S. 15.

Wahrheit fort in die Irre hinein[46]. Die Gemeinde aber darf sich auf diesem unwahren Wege nicht mitziehen lassen[47].

9 Gefordert ist das Gegenteil dieses „Leugnens" der Sünde, nämlich das klare **„Bekennen"**. Darüber steht dann eine herrliche Verheißung: **„Wenn wir unsere Sünden bekennen, treu ist er und gerecht, daß er uns die Sünden vergibt und uns reinigt von jeder Ungerechtigkeit."** Das **„Bekennen"** steht hier wesentlich als Gegensatz zum Abstreiten und Verharmlosen der Sünde. Es wird darum über die Form dieses **„Bekennens"** nichts gesagt. Ob es nach der Meinung des Apostels nur vor Gott oder auch vor Menschen, in stiller Verborgenheit oder öffentlich geschehen soll, das erfahren wir nicht. Es ist für Johannes offenbar nicht wesentlich. Entscheidend ist das Eingeständnis, daß wir „Sünde haben". Es geht um unser offenes, durch nichts abgeschwächtes Bekenntnis zu unsern Sünden[48].

Johannes begnügt sich nicht damit, uns zu versichern, daß ein solches Bekennen das Vergeben Gottes bringt, wie es schon der Beter des 32. Psalms (V. 5) erfahren hat. Er formuliert erstaunlich: **„Gott ist treu und gerecht, daß er uns die Sünden vergibt."** Wir schreiben die Vergebung der Sünden eher der Barmherzigkeit Gottes zu und meinen, daß dabei von „Gerechtigkeit" gerade abgesehen wird. Aber kann Gott, der Herrscher und Richter der Welt, seine Gerechtigkeit zugunsten einer unbestimmten Barmherzigkeit beiseitelegen? Und wenn es geschähe, könnte der Schuldige je zu einer wirklichen Gewißheit der Vergebung kommen? Reicht die „Barmherzigkeit" so weit, daß sie auch meine schweren und immer wiederholten Sünden mit umfaßt? Wird bei mir nicht doch die vergeltende Gerechtigkeit ihres Amtes walten? Wenn es Heilsgewißheit für mich geben soll, dann muß meine Sache, die Sache meiner Sünde, in „Gerechtigkeit" zu meinem Heil entschieden werden. Darum hebt Johannes hervor: Gott ist **„treu und**

[46] Auch hier (vgl. dazu das zu V. 6 Gesagte) ist „Wahrheit" wieder „objektiv" zu verstehen. Das Leugnen der Sünde kann subjektiv mit dem Pathos der Wahrhaftigkeit geschehen, z. B. von tiefenpsychologischen oder anderen weltanschaulichen Meinungen aus.

[47] Dieser verführerische Zug zur Verharmlosung der Sünde wird sich in immer neuen Formen in der Gemeinde zeigen. Dazu kommt die gefährliche Neigung, die Sünde der Gotteskinder um der Vergebung und um der Liebe Gottes willen leicht zu nehmen, während man über die Sünden der Welt hart urteilt.

[48] Es kann freilich aber das ausdrückliche Nennen von konkreten Sünden vor einem menschlichen Zeugen eine besonders hilfreiche Form dieses „Bekennens" sein. Darum mahnt auch Jakobus die Leser seines Briefes: „Bekennt einer dem andern seine Sünde" (Jak 5, 16). Es ist aber beachtlich, daß wiederum ein Mann wie Spurgeon ein Bekennen von Sünde vor einem Menschen schroff zurückweisen kann. Dabei wird die Ablehnung der römischen Beichtpraxis mitwirken.

gerecht" im Vergeben[49]. **„Treu"** ist er, weil er zu seinen ausdrücklichen Verheißungen steht. Auf alle diese Verheißungen „ist in Jesus das Ja" (2 Ko 1, 20), gerade auch auf seine Verheißungen der Vergebung. Wenn ich mich auf diese Verheißungen verlasse, dann bin ich nicht überheblich oder in falscher Weise sicher, sondern ehre Gottes Treue. Diese seine „Treue"[50] steht als umfassender Wesenszug Gottes hinter jeder einzelnen Erfüllung einer Verheißung. Aber wieso ist Gott **„gerecht"**, wenn er Sünde auslöscht? Wir könnten das niemals denken und erfahren, wenn die Vergebung nur in einem „Spruch" Gottes bestünde. Sie liegt aber in einer Tat von blutigem Ernst und höchster Gerechtigkeit. „Gott hat den, der die Sünde nicht kannte, für uns zur Sünde gemacht, auf daß wir würden in ihm die Gerechtigkeit, die vor Gott gilt" (2 Ko 5, 21). Alle Sünde ist an dem Haupt der Menschheit, dem Christus als dem Stellvertreter aller Menschen, gerichtet und gestraft. Gott ist **„gerecht"**, wenn er nun die Sünde nicht zum zweiten Mal heimsucht an uns, wenn wir Jesus als unsern Stellvertreter im Glauben annehmen. Nun kann Johannes es umgekehrt aussprechen, daß es gerade unsere „Ungerechtigkeiten" sind, von denen diese „Gerechtigkeit Gottes" uns reinigt. Von Ungerechtigkeit reinigen, das ist wahrlich eine herrliche Tat der Gerechtigkeit Gottes! Kein Unrecht auf unserer Seite, obwohl es wirklich „Unrecht, Ungerechtigkeit" ist, schließt uns von der Reinigung aus, wenn wir nur in das Licht Gottes kommen und unsere Sünden bekennen. Aber bei dieser großen, alles umfassenden Zuversicht, werden wir den großen Preis nicht vergessen, um den allein uns dieses Wunder erkauft werden konnte: das Blut des Sohnes Gotts.

Aber weil es so ist, daß Gott uns von unseren Sünden mit diesem
äußersten Opfer rettet, darum gilt nun auch: **„Wenn wir sagen: Wir
haben nicht gesündigt, zum Lügner machen wir ihn, und sein Wort ist** 10
nicht in uns." Zum **„Lügner"** machen wir Gott dann nicht nur in seinem „Wort", sondern in seiner Kreuzestat! Gott gibt den Sohn hin, weil wir aus unserer Verlorenheit nicht anders und billiger zu retten

[49] Darum ist auch bei Paulus die Verkündigung der freien Gnade „Rechtfertigungsbotschaft". Es geht im Evangelium um „Gottes Gerechtigkeit", gerade wenn es um die Rettung des verlorenen Menschen geht (Rö 1, 17). Darum sagt Paulus mit Bedacht nicht, daß im Evangelium die „Liebe" oder die „Barmherzigkeit" Gottes offenbar wird, sondern seine „Gerechtigkeit".

[50] Im Grie und im Hebr hängt das Wort „treu" und „Treue" einerseits mit „Trauen, Glauben" und andererseits mit „fest, zuverlässig" zusammen. Darum sagen wir das hebr „amæn-Amen" zur Bestätigung dieses „Festseins" der Zusagen Gottes in seiner Treue. Das deutsche Wort „treu" wird mit dem englischen Wort für „Eichbaum" „tree" zusammenhängen; wer „treu" ist, ist „fest wie eine Eiche". Vgl. dazu auch das Theologische Begriffslexikon S. 565 ff und „Das Lexikon zur Bibel" Stichwort „Treue".

waren. Wir aber erklären dies für überflüssig, da wir nicht gesündigt hätten. Die neuen Lehrer, die die Gemeinde zu gewinnen suchen, stellen die Kreuzesbotschaft beiseite. Die Gemeinde muß begreifen, daß das keine harmlose Sache ist, kein bloßer Unterschied der Theologie und der „Ansichten", sondern daß hier **„Gott zum Lügner"** gemacht wird. Gott sagt in der Hingabe seines Sohnes: So schwer ist deine Sünde! Wir sagen: Nein, das ist nicht wahr! Der Sohn Gottes mußte gar nicht für uns bluten und sterben, so schlimm und verzweifelt steht es nicht mit mir[51]! Beachten wir die Steigerung! Jetzt „lügen" nicht nur wir selbst; jetzt „führen wir" nicht nur „in die Irre", jetzt stellen wir den als **„Lügner"** hin, der „Licht ist" und in dem es „keine Finsternis gibt"! Hier geschieht eine Gotteslästerung, die man kaum auszusprechen wagt. Wer aber leichtfertig von der Sünde redet und ihre Schwere leugnet, muß sich darüber klar werden, daß er dieser Gotteslästerung verfällt. Es ist dann deutlich: **„Sein Wort ist nicht in uns."** Es hat in uns keine Stelle gefunden, an der es haftet, es gleitet an uns ab, wir nehmen es nicht auf, es regiert nicht unser ganzes Denken über uns selbst und über Gott. Gottes Wort **„ist nicht in uns"**, selbst wenn wir gelernte biblische Worte schön auszulegen wissen.

2, 1 Wo die Botschaft von Gottes freier Gnade, von der völligen Auslöschung aller Schuld verkündigt wird, da naht sich uns Gefahr von einer andern Seite her. Verliert dann nicht die Sünde ihren bedrohlichen Ernst? Können wir uns ihrer Ansteckung nicht ruhig aussetzen, weil ja doch das Heilmittel sofort bereit ist? Johannes weiß, es ist keine bloß theoretische Gefahr, daß Christen um der vollen, „gerechten" Vergebung willen mit der Sünde leichtfertig umgehen[52]. Darum versichert er es jetzt nachdrücklich: **„Meine Kindlein, dies schreibe ich euch, damit ihr nicht sündigt."** Johannes erklärt das nicht näher. Er erwartet offenbar, daß es „seine Kindlein" selber verstehen. Wer das „gerechte Vergeben" Gottes nur am Kreuz und im Blut des Sohnes Gottes findet, kann unmöglich denken: Also ist das Sündigen nicht so schlimm, ich kann ruhig weiter sündigen. Er hätte dann niemals begriffen, was die Vergebung seiner Sünde gekostet hat. Der Apostel will es jedenfalls ausdrücklich feststellen: Das Ziel seiner Botschaft ist

[51] An diesem Punkt fallen bis heute letzte Entscheidungen. Jede Theologie, wie klug und fein und subjektiv ehrlich sie sein mag, die das Kreuz aus der Mitte rückt und nicht mehr „Wort vom Kreuz" sein will, steht unter diesem Gericht, daß sie Gott zum Lügner macht.

[52] Paulus steht nach den mächtigen, frohlockenden Aussagen am Schluß des 5. Kapitel seines Römerbriefes vor der gleichen Frage, die ihm seine Gegner höhnend vorhalten „Sollen wir in der Sünde beharren, auf daß die Gnade desto mächtiger werde?" (R. 6, 1). Mit Sorgfalt und Gründlichkeit antworten darauf das 6. und das 8. Kapitel de Römerbriefes.

das ernste und entschlossene Nein zur Sünde. Auch das Wort der Heilsgewißheit durch das vollbrachte Erlösungswerk am Kreuz soll der Gemeinde gerade dazu helfen, daß sie nicht sündigt, daß sie die Reinigung von jeder Ungerechtigkeit dazu benutzt, um der Sünde die ganze Absage zu geben.

Wird dann die Gemeinde „sündlos"? Ist diese „Sündlosigkeit" für den Apostel nicht das notwendige Ziel? Wir werden bei den Aussagen in 3, 6. 9 noch einmal auf diese Frage stoßen. Umso wichtiger ist es, auf das Wort des Apostels zu hören, mit dem er gerade hier – nach seiner Art ohne jede nähere Erklärung – fortfährt: **„Und wenn jemand sündigt . . ."** Das also kommt trotz des entschlossenen Nein zur Sünde offensichtlich vor. Ist nun alles zu Ende? Ist dieser „Jemand" nun nach 3, 8 abzuurteilen: „Wer Sünde tut, der ist vom Teufel?" Johannes sagt etwas ganz anderes: **„Und wenn jemand sündigt, haben wir einen Fürsprecher bei dem Vater, Jesus Christus, den Gerechten."** Es muß dann freilich nicht Jesus aufs neue für diese neuen Sünden gekreuzigt werden. Aber er tritt erneut und gegenwärtig bei dem Vater für uns ein als unser **„Fürsprecher"** oder „Anwalt". Er darf es, er hat Vollmacht dazu, weil er **„der Gerechte"** ist. Er ist dabei kein „Diener der Sünde" (Gal 2, 17). Seine Fürsprache hört der Vater. Wir aber müssen es schon bedenken, daß unsere Sünde die neue Fürsprache unseres Retters nötig macht[58]. Wir können auch als Errettete und Glaubende unsere etwaigen neuen Sünden nicht uns selbst vergeben. Wir können sie nicht als unwichtig übergehen. Es muß aufs neue unsere Sünde bekannt und unser Fürsprecher beim Vater gesucht und angerufen werden. Allerdings ist bei Johannes nicht der geringste Zweifel da, daß dies Eintreten Jesu für uns tatsächlich geschieht. Von einer Möglichkeit, daß es uns verweigert werden könnte, sagt er kein Wort[54].

Dieses Eintreten für uns gründet in dem, was Jesus selbst **„ist"**. 2
Johannes nimmt hier eine entscheidende Erkenntnis auf, die er in seinem Evangelium nachdrücklich bezeugt. Alles „Tun" geht aus einem wesenhaften „Sein" hervor. Jesus hat ganz gewiß die Versöhnung vollbracht. Sie ist sein „Werk", aber dies Werk ist nicht ablösbar von seiner Person. Es steht nicht als einzelne Leistung neben ihm selbst. Nein, **„er selbst ist die Versöhnung für unsere Sünden, nicht allein aber für die unseren, sondern auch für die ganze Welt"**. Er ist in sei-

Auch Paulus weiß von diesem „Eintreten Jesu für uns" (Rö 8, 34). Der Hbr sieht gerade darin den Vollzug des priesterlichen Dienens Jesu (Hbr 7, 25).

Allerdings ist hier auf das hinzuweisen, was der Apostel zum Schluß des Briefes hin über „Sünde zum Tode" in 5, 16 f schreibt. Doch ist auch dort nicht unmittelbar von der Verweigerung eines Eintretens Jesu die Rede; es wird nur den Gemeindegliedern von der Fürbitte abgeraten. Eine endgültige Entscheidung wird damit noch nicht gefällt.

ner ganzen Person selber **„die Versöhnung für unsere Sünden"**. Wenn wir zu ihm kommen, finden wir ihn ganz und gar als „unsere Versöhnung". Er war es nicht nur einst am Kreuz; er „ist" es auch jetzt und jederzeit[55].

Und Johannes, der so sehr weiß, wie alles nur den Glaubenden zuteil wird, hebt es doch mit Nachdruck hervor: Jesus ist die Versöhnung nicht allein für unsere Sünden, **„sondern auch für die ganze Welt"**. Johannes weiß, daß uns das glaubende Ergreifen der Versöhnung für unsere Sünden sofort unmöglich wäre, wenn wir nicht wüßten, daß die Versöhnung **„für die ganze Welt"** da ist. Wer seine Sünde wahrhaft erkennt und fühlt, wird immer unter dem Eindruck stehen, der schlimmste aller Sünder zu sein (1 Tim 1, 15). Wie könnte gerade meine Sünde weggenommen werden, wenn die Versöhnung nicht **„der ganzen Welt"** gilt? Was könnte mir irgendeinen Vorzug verschaffen? Zugleich ist es für alle Verkündigung von entscheidender Wichtigkeit, daß sie in dieser Gewißheit geschehen kann: das Heil ist da **„für die ganze Welt"**. Es ist damit der Gemeinde jede sektenhafte Absonderung, jeder Rückzug auf den eigenen Kreis verwehrt. Mit diesem Wort **„für die ganze Welt"** ist ihr Weltweite geschenkt und auferlegt. Was sie selber empfangen hat, was für sie selber ihre Gewißheit und ihr Lobpreis Gottes ist, das weist sie hinaus in **„die ganze Welt"**. Vor keinem Menschen, er sei, wer er wolle, müssen wir in Ungewißheit zurückschrecken. Ausnahmslos jedem, der uns begegnet, dürfen wir es sagen, daß die Versöhnung auch für ihn gilt. Und für uns selbst dürfen wir es wissen: Wenn Jesus Christus die Versöhnung für die ganze Welt und ihre ungeheure Sündenlast ist, dann haben auch meine Sünden darin Raum, wie schwer sie auch immer sein mögen. In dieser weltweiten Geltung der Versöhnung in Jesus komme ich nicht zu kurz, sondern finde gerade darin eine unentbehrliche Stärkung meiner persönlichen Heilsgewißheit. Von der selbstlosen, staunenden Freude an der Größe und Weite der Versöhnung habe ich stets den meisten Gewinn.

[55] Wir wollen darauf achten, daß hier wie überall im NT Gott nicht etwa das „Objekt" der Versöhnung ist! „Wir" (und die Welt) müssen mit Gott versöhnt werden. Unsere Sünde ist „Feindschaft gegen Gott" (Rö 8, 7). Darum war Gott in Christus und „versöhnte die Welt mit ihm selber" (2 Ko 5, 19).

WAHRE ERKENNTNIS GOTTES FÜHRT ZUM BEWAHREN SEINER GEBOTE

1 Johannesbrief 2, 3–6

3 Und daran erkennen wir, daß wir ihn erkannt haben, daß wir seine
4 Gebote bewahren. * Wer sagt: „Ich habe ihn erkannt" und seine
Gebote nicht bewahrt, ein Lügner ist er, und in diesem ist die Wahr-
5 heit nicht. * Wer aber sein Wort bewahrt, in Wahrheit ist in ihm
die Liebe Gottes vollendet. Daran erkennen wir, daß wir in ihm
6 sind. * Wer behauptet, in ihm zu bleiben, ist es schuldig, wie jener
gewandelt hat, auch selber so zu wandeln.

zu Vers 4:
1 Jo 1, 6. 8
2, 9; 4, 20
Jo 15, 10;
Tit 1, 16
zu Vers 5:
1 Jo 4, 18
5, 3
Jo 14, 21. 23
zu Vers 6:
Jo 13, 15
1 Pt 2, 21–23

3

Wenn wir den neuen Abschnitt lesen, merken wir erneut den Unterschied zu Paulus. Es liegt Johannes nicht an einer sichtbaren Weiterführung seines Themas. Er wird auch nicht unmittelbar von bestimmten Fragen der Gemeinde geleitet. Freilich, er greift das Grundwort der „Gnosis" auf: „egnokamen" = „wir haben erkannt". Das ist eine Aussage, die auf dem Hintergrund der Auseinandersetzungen, in denen die Gemeinden standen, ein besonderes Gewicht bekommt. Es wurde den Gemeinden entgegengehalten: ihr „glaubt" nur, aber wir in der gnostischen Bewegung haben „erkannt"! Wie sollen sich die Gemeinden dazu stellen? Waren sie der neuen Richtung tatsächlich unterlegen? Fehlte ihnen die „Erkenntnis"? Dazu kam die große Bedeutung, die das „Erkennen" auch im Judentum hatte, mit dem sich die junge Gemeinde Jesu auseinandersetzen mußte. „In einer Gemeinde, in der schon seit Jahrzehnten das Urteil feststand: ein Ungebildeter ist nicht sündenscheu, und ein Unstudierter nicht wahrhaft fromm; aus der Urteile hervorgegangen sind wie: man darf sich nicht erbarmen über einen, der keine Erkenntnis hat, oder: besitzt du Wissen, was mangelt dir?, mangelt dir Wissen, was besitzt du?, mußte eine von der herrschenden so stark abweichende Frömmigkeit untergehen oder im geistigen Kampfe ihre überlegene Erkenntniskraft beweisen. Erkenntnis war hier Anliegen und Gut des religiösen Lebens, nicht nur etwas, das zum religiösen Leben beliebig hinzukommen oder auch fehlen konnte[66]." So stellt es Johannes zuerst als Tatsache vor die Gemeinde hin: Auch wir und gerade wir **„erkennen, daß wir ihn erkannt haben"**. Das „Erkennen" wird gleich in doppelter Weise der Gemeinde zugesprochen: sie „erkennt Gott" und sie erkennt ihr „Erkannthaben". Wir stehen hinter den Gnostikern nicht zurück! Im Gegenteil, wir haben die echte und wahre Erkenntnis. Dafür gibt es ein sicheres Merkmal. Es geht aber dabei nicht um die kritische Prüfung

[66] Büchsel, „Die Johannesbriefe", Leipzig 1933, S. 26/27.

eines religiösen Gedankensystems. Zu unserer Überraschung ist dies Kennzeichen für die Wahrheit unseres Erkennens ein ganz anderes: **„Und daran erkennen wir, daß wir ihn erkannt haben, daß wir seine Gebote bewahren."** Das verbindende „und" am Anfang des Satzes ist ganz eigenartig. Von Vergebung, Versöhnung, vom Fürsprecher beim Vater war eben die Rede. Ist nicht das plötzliche Hineinwerfen des **„Bewahrens der Gebote"** etwas völlig anderes? Ist es nicht so etwas wie ein Zurückwerfen in das Gesetz? „Die Gebote bewahren", war das nicht ein maßgebendes Losungswort der „Pharisäer und Schriftgelehrten"?

In Wahrheit übt hier Johannes eine tiefgehende Kritik an der „Gnosis". Was sie „erkannte", ist ein umfassendes System von Gedanken über Gott und die Welt. Die Gemeinden aber hatten **„ihn"** erkannt, ihn, der selbst als lebendige Person unser Retter und Herr ist. Er ist die Versöhnung für unsere Sünden, ja, für die der ganzen Welt. Sein mächtiger Liebeswille ist darin hervorgebrochen. Dieser Liebeswille zieht uns in seine Gemeinschaft und in sein Leben hinein. Er kommt zum Ausdruck in seinen „Geboten", die nach V. 7 ff. im Grunde nur ein einziges Gebot, das Gebot der Liebe, sind. **„Seine Gebote"** sind die Weisungen, die aus dem Wesen Jesu hervorgehen und uns zeigen, wie unser faktisches Leben mit dem Wandel Jesu übereinstimmend wird (V. 6!). Es geht nicht um „das Gesetz"; es geht erst recht nicht um Gesetzeserfüllung zur Erreichung einer eigenen Gerechtigkeit vor Gott. Es geht um das personale Verhalten zu dem, in welchem das Leben selber offenbar geworden ist. Wie könnten wir ihn „erkennen", wenn wir **„seine Gebote"** nicht als Ausdruck seines innersten Wesens **„bewahrten"**? Johannes denkt dabei als Israelit an ein „Erkennen", das etwas anderes ist als ein kopfmäßiges Wissen. „Erkennen" ist – wie 1 Mo 4, 1 zeigt – eine Funktion der Gemeinschaft. Gegenstand des „Erkennens" sind darum bei Johannes nie Dinge oder bloße „Wahrheiten". Immer ist es ein Erkennen von Personen. Eine Person aber kann nie zum bloßen „Objekt" werden, dessen sich ein Subjekt in der Erkenntnis bemächtigt[57]. Personen können sich nur „begegnen" und ihre Erkenntnis ist Erschließung zur Gemeinschaft miteinander. Darum schließt hier die Erkenntnis immer die Stellungnahme zu der Person des anderen mit ein. Wir merken den inneren Zusammenhang, in dem unser Abschnitt mit allem bisher von Johannes Geschriebenen

[57] Daß wir in der Nachfolge der Griechen „Erkenntnis" in diesem „Subjekt – Objekt – Verhältnis" verstehen, ist der Grund all der Schwierigkeiten und Nöte, die wir als „moderne Menschen" mit der christlichen Botschaft haben. Ständig suchen wir Gott zum Objekt unseres intellektuellen Erkennens zu machen, ihn „zu beweisen" oder „wegzubeweisen". Aber der lebendige Gott wird niemals unser „Objekt" und kann es nie werden. Wer ihn so zu greifen versucht, greift notwendig ins Leere.

steht. Die neuen Sätze sprechen nur in neuer Weise aus, was besonders in Kap 1, 5–7 schon gesagt war.

Johannes zieht die Folgerung aus seinem Verständnis des wahren 4
„Erkennens". **„Wer sagt: ‚Ich habe ihn erkannt', und seine Gebote nicht bewahrt, ein Lügner ist er, und in diesem ist die Wahrheit nicht."** Wieder handelt es sich um jenes „Sagen", auf das wir schon in 1, 6. 8. 10 stießen. Es ist jenes stolze „Behaupten", mit dem wir uns über die Wirklichkeit hinweglügen und zuletzt sogar Gott selber zum „Lügner" machen. **„Wer sagt"** – der Apostel nennt keinen Namen und klagt nicht ausdrücklich die „Gnosis" an. Aber er gibt den Gemeinden das Mittel in die Hand, um den stolzen Anspruch der neuen Bewegung mit sachlichem Ernst prüfen zu können. Bewahren die Gnostiker Jesu Gebote, sein Liebesgebot? Immer wieder werden wir in unserem Brief darauf stoßen, daß in diesem Punkt Johannes das schwere Versagen der neuen Bewegung sah, das ihre angebliche Größe und Überlegenheit über das apostolische Christentum zur „Lüge" machte[58]. So sehr sie sich ihrer hohen „Erkenntnis" rühmen, in ihnen **„ist die Wahrheit nicht[59]"**. Die Gemeinden dürfen sich nicht von ihnen betören lassen.

Aber die umfassende Formulierung des Apostels **„Wer sagt ..."** zeigt die ernste Redlichkeit seines Schreibens. Es ist nicht eine einseitige Kritik der „anderen". Dieses Rühmen der eigenen Erkenntnis Jesu ohne das aufrichtige „Bewahren seiner Gebote" kann sich jederzeit auch in den angeredeten Gemeinden und also auch bei uns finden. Es liegt Johannes nichts an der Person dessen, der da **„sagt"** und sich seines Erkennens rühmt. Wer immer es sei, der so **„sagt"**, es trifft ihn das Urteil „Lügner", auch wenn er nicht bei den Gnostikern, sondern in der apostolischen Gemeinde steht[60].

Wie wenig Johannes eine neue „Gesetzlichkeit" meint, zeigt sein 5
großer und kühner Satz, den er einer unwahren Gnosis entgegenstellt:

[58] Auffallend ist die Parallele zu den Urteilen des Paulus über die neuen Strömungen in Korinth. Das sogenannte „Hohe Lied der Liebe" in 1 Ko 13 ist zugleich eine vernichtende Kritik der Männer, die in Korinth die Gemeinde in die Hand bekommen und zu einem „höheren", „pneumatischen" Christentum führen wollten. Vgl. auch Einleitung S. 15.

[59] Wir haben dabei erneut daran zu denken, daß für Johannes „die Wahrheit" nicht die „Richtigkeit" von Sätzen und Ansichten meint, sondern viel objektiver die wahre Wirklichkeit bezeichnet. Bei all ihren „Erkenntnissen" verfehlen die Anhänger der neuen Richtung die eigentliche Wirklichkeit Gottes.

[60] Darum stehen wir hier an einem ganz kritischen Punkt der Reformationsgeschichte. Was wurde aus der neuen, reformatorischen „Erkenntnis" Gottes? Die großen Kirchenvisitationen 1526–1530 ergaben erschreckende Bilder. Wo waren hier jenes „Bewahren der Gebote", das Johannes meint? Es hilft wenig, daß nun auf das Gesetz zurückgegriffen und eine gewisse moralische Gesetzlichkeit der Rechtfertigungsgnade hinzugefügt wurde. Trifft das Wort des Johannes nicht weithin auch heute die Zustände evangelischen Christentums? Müssen wir uns dem nicht stellen?

„Wer aber sein Wort bewahrt, in Wahrheit ist in ihm die Liebe Gottes vollendet." Statt „Gebot" ist jetzt der Ausdruck **„Wort"** gewählt, der umfassender ist. Im **„Wort"** spricht eine Person sich aus. Im **„Wort"** Jesu haben wir Zuspruch, Verheißung und Gebot in ihrem ganzen inneren Zusammenhang, aber so, daß die eben erfolgte Hervorhebung des „Gebotes" nicht ausgestrichen wird. Doch wie in Jesus „das Leben" offenbar und uns geschenkt wurde, so steht hinter den Sätzen vom „Bewahren der Gebote" die Liebe Gottes. Der Wille des Herrn, der uns gebietet, ist eins mit seinem Liebeswillen, der sein „telos", sein „Endziel", mit uns hat und uns an dieses Endziel bringt[61]. Das „Bewahren des Wortes" kann nur so geschehen, daß wir es als das Wort dieser Liebe hören und aufnehmen und darum vom Liebesgebot unser ganzes Denken, Reden und Tun durchwalten lassen. Wer so liebt, in dem kommt die Liebe Gottes zu ihrem Endziel, sie ist in ihm **„vollendet"**. Das Passiv **„sie ist vollendet"** zeigt, wie sehr Johannes in dieser Liebe Gottes die eigentlich handelnde Größe sieht. Nicht wir „vollenden" hier etwas! Aber darum muß es auch nicht nur bei schwachen Anfängen bleiben. Gottes Liebe kann **„in Wahrheit"**, „wirklich" ihr „telos" erreichen. Und doch dürfen wir dabei nicht von „Perfektionismus" reden. Die Liebe Gottes bleibt lebendige Macht, die nun zwar in einem Menschen, der Jesu Wort bewahrt, vollen Wirkungsraum und Wirklichkeitsraum hat; aber perfektionistisch abgeschlossen ist ihr Wirken nie[62]. Aber das ist das „Ziel" der Liebe Gottes mit uns: Menschen, die von dem wirkenden Wort Jesu umgestaltet werden in sein Bild. Dadurch beginnt die „Erfüllung" der Verordnung Gottes, die nach dem Wort des Paulus in Rö 8, 29 über unserem Leben steht.

Oder sollen wir mit vielen Auslegern die **„Liebe Gottes"** in diesem Vers als „die Liebe zu Gott" verstehen? Sprachlich ist das durchaus möglich. Johannes würde dann an das denken, was Jesus selbst bei seinem letzten Zusammensein mit den Jüngern sagte: „Liebet ihr mich, so werdet ihr meine Gebote halten" (Jo 14, 15). Liebe zu Gott, Liebe zu Jesus erschöpft sich weder in richtigen theologischen Erkenntnissen noch in ergreifenden Gefühlen, sondern „vollendet" sich im Ge-

[61] Das im Text stehende Wort „vollendet = teleleiōtai" gehört zu dem Wort „telos = Ende, Ziel, Endziel". „Telos" ist ebenso ein „Urwort" wie der Ausdruck „archæ". Wie dieses nicht den zeitlichen „Anfang" meint, so „telos" auch nicht nur das zeitliche „Ende". Es ist das „Ziel", das sich Gott vom „Ursprung" her gesetzt hat und das er in seiner Geschichte mit uns erreicht. Ein erstes Erreichen dieses „Zieles" ist dort geschehen, wo ein Mensch „sein Wort bewahrt" als das Wort seiner wirklichen Liebe die uns selber zum Lieben und damit zum „ewigen Leben" bringt.

[62] Paulus hat von dieser wesensmäßigen Unabgeschlossenheit der Liebe gewußt. Rö 13, 8: gerade in der Liebe bleiben wir ständig „Schuldner" der Menschen und sind mit unserem Lieben nie „fertig".

horsam gegen den Willen Gottes in Christus, im „Bewahren" des Wortes und der Gebote Jesu. Wer Jesu Wort wirklich **„bewahrt"** und in sich leben und wirken läßt, der hat eine „vollendete Liebe" zu Gott. Auch bei diesem Verständnis des Satzes würde das Wort „vollendet" nicht perfektionistisch zu fassen sein, sondern nur sagen, daß die Liebe zu Gott keine unsichere oder halbe Sache mehr ist, sondern einen Menschen ganz und klar erfüllt und bestimmt.

Johannes fügt hinzu: **„Daran erkennen wir, daß wir in ihm sind."** Wie bei Paulus das „Glauben" gegen alle intellektualistischen Mißverständnisse zum „Glauben in Jesus" (Kol 1, 4 grie Text), zu jenem „syn Christo = mit Christus zusammen" wird, das die ganze Existenz eines Menschen bestimmt (Rö 6, 1–11), so fügt Johannes hier dem „ihn – erkannt – Haben" das **„Sein in ihm"** hinzu[63]. Wir bleiben „ihm" nicht fern, wir „erkennen ihn" nicht so, wie wir als Forscher mit unseren Instrumenten gewisse Strukturen der Welt wahrnehmen. Hier in Christus wird uns etwas anderes angeboten: ein „Sein" in dem Erkannten. Am Schluß des Briefes wird Johannes das noch einmal hervorheben: „Wir erkennen den Wahrhaftigen und wir sind in dem Wahrhaftigen in seinem Sohn Jesus Christus" (5, 20).

Wenn das „Sein in ihm" ein andauerndes wird, wie es seinem We- 6
sen entspricht, dann wird es zum „Bleiben in ihm". Der Begriff des **„Bleibens"** ist dem Johannes besonders wichtig geworden. Im Johannesevangelium kommt das „Bleiben" einundvierzig Mal, in unserem Brief zweiundzwanzig Mal, im 2. Johannesbrief dreimal vor. In allen anderen Schriften des NT findet es sich zusammen nur zweiundfünfzigmal. Aber nun ist wieder die Frage der Wahrheit an diejenigen gerichtet, die dieses „Bleiben in ihm" für sich in Anspruch nehmen. **„Wer behauptet, in ihm zu bleiben, ist es schuldig, wie jener gewandelt hat, auch selber so zu wandeln."** Wir haben es wieder mit einer jener einfachen Feststellungen des Johannes zu tun, die unbestreitbar wahr sind und uns darum so herausfordern. Nichts an diesem Satz ist schwierig zu verstehen und der Erklärung bedürftig. In Christus **„bleiben"** und zugleich ganz andere Wege gehen, als er gegangen ist, das ist unmöglich. Wir würden damit aus ihm herauswandeln und uns immer weiter von ihm entfernen. Es geht dabei nicht nur um das „Vorbild" Jesu. Es geht um die „Anteilhabe" an ihm und seinem Le-

[63] Wie wichtig ist dieses paulinische und johanneische Verständnis des Christseins als eines „Seins in Christus" für uns selbst! Wie oft begnügen wir uns mit einem bloßen „Wissen um Jesus". Unsere Konfirmationspraxis ist ebenso davon geprägt, wie unsere Ausbildung für das kirchliche Amt. Wie viele „Christen" sehen Jesus irgendwie ganz fern im „Himmel", so daß er mit ihrem wirklichen Leben nicht allzuviel zu tun hat. Nein, der echte Christenstand ist ein „Sein in Jesus", ein „Bleiben in ihm", das unser ganzes „Wandeln", also unser ganzes praktisches Leben, bestimmt.

ben und Wirken und Leiden, die aus einem „Bleiben in ihm" notwendig folgt. Johannes sagt nichts anderes als das, was Paulus in Phil 3, 8—11 für sich in Anspruch nimmt. Wäre davon nichts in einem Leben zu merken, so bliebe die Behauptung „Ich bleibe in ihm" ein leeres Wort.

Wir sehen aber zugleich gerade in unserem Vers, wie das „Bewahren seiner Gebote" bei Johannes so gar nicht „gesetzlich" gemeint ist. Jesus selber „wandelte" ja wirklich nicht wie ein Schriftgelehrter und Pharisäer, sondern als der Sohn, dessen Freude es war, in der Liebe zum Vater die Gebote des Vaters zu halten (Jo 4, 34; 15, 10) und in diesem Gehorsam der Liebe auch den Weg an das Kreuz zu gehen (Jo 14, 31). Dem darf unser Gehorsam gegen Jesus in der Liebe zu ihm entsprechen und uns in den Gehorsam Jesu gegen den Vater einschließen. Wieder ist es der Apostel Paulus, der den ganzen Sachverhalt in Eph 5, 1 einmütig mit Johannes dargestellt hat: „So seid nun Gottes Nachfolger als die geliebten Kinder." Das ist die beste Auslegung zu unserem Vers[64].

Damit gewinnen wir ein Verständnis des Abschnittes 2, 3—6, bei dem uns die Aussagen von 1, 7. 9; 2, 1 f als gültig vor Augen bleiben. Der unseren Wandel bestimmt und dessen Gebote wir bewahren, das ist der, dessen Blut uns von jeder Sünde reinigt, der als der Fürsprecher gerade auch für den sündigen Christen vor dem Vater steht, der die Versöhnung für die ganze Welt ist! Nur weil Jesus dies alles ist und bleibt, vermögen wir **„in ihm zu bleiben"**.

Zum Abschluß wollen wir uns noch einmal dem wichtigen Wort **„erkennen"** zuwenden und auf die merkwürdige Formulierung achten, die Johannes zweimal in diesen Versen gebraucht: „Daran erkennen wir, daß wir erkannt haben", und „daran erkennen wir, daß wir in ihm sind." Es gibt also für uns ein doppeltes Erkennen mit einer zweifachen Richtung. Wir erkennen Gott mit solcher Gewißheit, daß wir von einem „Erkannthaben" sprechen können. Aber dies „Erkannthaben" müssen wir ebenso wie das „Sein in ihm" seinerseits wieder an bestimmten Merkmalen „erkennen". Diese Merkmale liegen in unserer eigenen Existenz! So völlig ist für Johannes im Gegensatz zu aller Gnosis die Gotteserkenntnis und die Gewißheit unseres Seins

[64] Der Kampf, in dem Johannes für die ihm anvertrauten Gemeinden steht, wird uns anschaulich in dem genau entsprechenden Kampf des Paulus um die Korinther. Schon in seinem ersten Brief 15, 34 wirft der Apostel „einigen" in der Gemeinde „agnosia = Unkenntnis" Gottes vor. Sie nehmen selber gewiß gerade die rechte „Gnosis" in Anspruch. Sie meinen, in ihrem hohen Geistesleben über alle Bindungen und Gebote hinaus zu sein und unbegrenzte Freiheit zu haben (1 Ko 5, 1; 6, 1. 12 ff; 8, 1—13; 10, 14—22) und verweigern die Umkehr (2 Ko 12, 21). Wir sehen, es geht um große, grundlegende Entscheidungen, vor denen die Gemeinde Jesu immer wieder steht. Das Wort des Johannes ist zu jeder Zeit unentbehrlich.

in Christus mit unserem tatsächlichen Leben verbunden. Ein von unserer wirklichen Lebensgestalt losgerissenes „Erkennen" gibt es gerade Gott gegenüber nicht. Hier haben die Gemeinden den kritischen Maßstab, den sie allerdings auch an sich selbst anlegen müssen[65]!

DIE LIEBE GEGEN DEN BRUDER

1 Johannesbrief 2, 7–11

7 **Geliebte, nicht ein neues Gebot schreibe ich euch, sondern ein**
altes Gebot, das ihr von Anfang an hattet. Das alte Gebot ist das
8 **Wort, das ihr gehört habt. * Anderseits ist es auch ein neues Ge-**
bot, das ich euch schreibe, wie dies sich als wahr erweist in ihm
und in euch, weil die Finsternis vergeht und das wahre Licht be-
9 **reits scheint. * Wer behauptet, im Licht zu sein und (dabei) seinen**
10 **Bruder haßt, in der Finsternis ist er bis zur Stunde. * Wer seinen**
Bruder liebt, bleibt im Licht, und kein Anstoß zum Fall ist in ihm
11 **vorhanden. * Wer aber seinen Bruder haßt, in der Finsternis ist er**
und in der Finsternis wandelt er und weiß nicht, wo er hingeht,
weil die Finsternis seine Augen blind gemacht hat.

zu Vers 7:
1 Jo 2, 24
3, 11
2 Jo 5
Jo 13, 34
zu Vers 8:
Jo 8, 12
Rö 13, 12
zu Vers 9:
1 Jo 2, 11
4, 20
2 Pt 1, 9
zu Vers 10:
Jo 11, 9
Rö 14, 13. 15
zu Vers 11:
1 Jo 1, 8
3, 14
Jo 11, 10
12, 35

Vom „Bewahren der Gebote" hatte Johannes in V. 3 und 4 mit großem Ernst gesprochen. Die Gemeinde hatte schon ein Recht zurückzufragen: Welche „Gebote" meinst du? Etwa die zehn Gebote? Oder siehst du auf neue, apostolische Vorschriften, die den Gemeinden gegeben sind oder gegeben werden sollen? Neue Anweisungen zur
rechten Gotteserkenntnis, neue Regeln für ein neues Geistesleben, 7
zum Teil harte asketische Forderungen wurden von den neuen Strömungen an die Gemeinde herangetragen. Wie steht der Apostel Johannes dazu?

Er antwortet der Gemeinde in alle neuen Strömungen hinein mit fester Bestimmtheit: **„Geliebte, nicht ein neues Gebot schreibe ich euch, sondern ein altes Gebot, das ihr von Anfang an hattet."** Für das biblische Denken ist „alt" durchaus nicht immer ein negatives Wort. Im Gegenteil. Das ist unsere Freude und unser Trost, daß Gott in allem Wandel und Wechsel der Jahrhunderte der „alte Gott" bleibt, der Gott, den wir kennen, auf den wir uns verlassen können, wie sich die Väter einst auf ihn verließen. Darum ist auch sein Wille fest und bleibend der gleiche. Immer und von jeher wollte Gott, der Liebe ist

[65] Paulus hat den gleichen Tatbestand in seiner Weise ausgedrückt in 1 Ko 8, 2 f.

(4, 8. 15), von uns die Liebe. Was er von der Gemeinde fordert, ist darum ein „altes Gebot". Die Gemeinde muß vor dem Wort des Apostels nicht erschrecken, als würden jetzt auf einmal Forderungen an sie gestellt, deren sie sich gar nicht versehen hatte. Nein, **„nicht ein neues Gebot schreibe ich euch, sondern ein altes Gebot, das ihr von Anfang an hattet"**. Die Gemeinde mußte sich nur besinnen: **„Das alte Gebot ist das Wort, das ihr gehört habt."** Es hat nie ein Evangelium für die Gemeinde gegeben, in dem nicht Gottes Wille klar an sie herangetragen worden wäre. In Jesus stand immer der Herr vor der Gemeinde, der als der Sohn den „alten" Willen des Vaters ehrte und auch von seiner Gemeinde getan wissen wollte. So gehört dies **„alte Gebot"** immer unlöslich mit hinein in **„das Wort, das ihr gehört habt"**.

Dabei ist von Bedeutung, daß der Apostel gerade an dieser Stelle die Empfänger seines Schreibens zum ersten Mal als **„Geliebte"** anredet. Das **„alte Gebot"** wendet sich nicht als eine drückende, harte Macht an die Gemeinde, sondern spricht **„Geliebte"** an, von Gott Geliebte, die als solche seinem **„alten Gebot"** geöffnet sind.

Aber hat nicht Jesus selber von dem „neuen Gebot" gesprochen, das er seinen Jüngern gab (Jo 13, 34)? Und sind wir nicht im „Neuen Bund", der nach Gottes Verkündigung durch Jeremia (Jer 31, 31–34) gerade auch im Verhältnis zu Gottes Gesetz etwas ganz Neues bringen sollte? Nicht die Auflösung des Gesetzes, aber eine neue Erfüllung?

8 Genau dies sieht auch Johannes und macht es seiner Gemeinde deutlich. Er sagt ihr: **„Anderseits ist es auch ein neues Gebot, das ich euch schreibe."** Wieso? Nicht dem Inhalt nach, als habe sich Gottes Wille gewandelt und mache ein **„neues Gebot"** nötig. Auch Jeremia sah nicht eine neue Gesetzgebung voraus, wohl aber einen ganz neuen Platz für das „alte Gebot", den Platz in unserem Herzen, der das alte Gebot in neuer Weise wirksam und „wahr" macht. Johannes kennt wie Paulus die ganze „Unwahrheit" und „Unwirklichkeit" des Lebens unter dem Gesetz, alles das, was Paulus in Römer 7 dargestellt hat. Hier ist in der Gemeinde Jesu die Wendung geschehen. Was das Gebot Gottes will, das **„erweist sich als wahr in ihm und in euch"**. Das Wort **„wahr"** meint auch hier wieder die ganze „Wirklichkeit". Das Gebot schwebt nun nicht mehr als eine bloße Forderung über den Menschen. Es ist **„in ihm"**, in Jesus, **„wahr"** geworden, lebendige Wirklichkeit. Und wenn die Gemeinde nun „in ihm", in dem lebendigen Herrn, „bleibt" und lebt und an seinem Wesen und Wandel teilnimmt (V. 6), dann wird das „alte" Gebot ganz **„neu"** Wirklichkeit auch **„in euch"**, in den Gliedern der Gemeinde. Das ist möglich und geschieht wirklich, weil in der Sendung Jesu die Lage für uns eine völlig neue geworden ist. **„Die Finsternis vergeht und das wahre**

Licht scheint bereits." Schon Johannes der Täufer hatte diese Wendung der Lage angekündigt: „Tut Buße, denn das Himmelreich ist nahe herbeigekommen" (Mt 3, 2). Jesus hat sich ausdrücklich zu dieser Botschaft bekannt (Mk 1, 14 f). In dem Leben, Kämpfen, Leiden, Sterben und Siegen Jesu ist die alte Macht der Sünde und des Todes grundlegend überwunden. Der helle Tag Gottes ist schon angebrochen. „Die Nacht ist vorgerückt, der Tag aber nahe herbeigekommen", sagt Paulus ganz übereinstimmend mit Johannes (Rö 13, 12). Noch ist Nacht über der Welt. Aber die Finsternis ist im Weichen. Und weil es jetzt „Kinder des Tages und Kinder des Lichtes" (1 Th 5, 5; Eph 5, 9) gibt, darum **„scheint das wahre Licht bereits"**. Umgekehrt, weil von Jesus her das wahre Licht bereits in die Welt hineinstrahlt, darum gibt es solche „Kinder des Tages und Kinder des Lichtes". Das ist das „Neue" an dem „neuen Gebot", daß es mit seinem alten Inhalt jetzt nicht mehr bloßes „Gebot" ist, sondern sich in Wirklichkeit als Gestaltung des Lebens vollzieht. Das entspricht genau der Voraussage Gottes durch Jeremia in seinem Wort vom Neuen Bund (31, 21 ff).

Johannes betont, weil in der hereinbrechenden Gnosis auch viel vom **„Licht"** die Rede war: Es ist das **„wahre"**, das echte Licht. Woran erkennt man denn dieses **„wahre"** und echte **„Licht"**? Mit dieser Frage und ihrer Beantwortung kommt Johannes zu dem Thema, das ihm durch den ganzen Brief hindurch von entscheidender Bedeutung ist und das uns zugleich erklärt, welches denn inhaltlich das „alte" Gebot ist, das in der Wende der Weltlage zum neuen, verwirklichten Gebot wird.

Wieder wird wie in 1, 6. 8. 10; 2, 4. 6 von einem „Sagen" und 9
einem „Behaupten" gesprochen, dem die Wirklichkeit des tatsächlich gelebten Lebens widerspricht. **„Wer behauptet, im Licht zu sein, und (dabei) seinen Bruder haßt, in der Finsternis ist er bis zur Stunde."** Bei diesem Satz des Johannes müssen wir uns sofort sprachlich klar machen, daß hier wie an anderen Stellen der Bibel das Wort „hassen" einen viel weiteren Sinn hat, als wir ihn heute in diesem Wort hören. Wenn wir etwa im NT die Schilderung von Mt 6, 24 und im AT die Darlegung von 5 Mo 21, 15–17 lesen, wird uns schnell klar, daß es sich hier nicht um das handelt, was wir „Haß" nennen. Die rev. LÜ spricht darum in 5 Mo 21 von der „geliebten" und der „ungeliebten" Frau. Dem entsprechend vollzieht sich das „Hassen des Bruders" bereits in allen Formen der „Lieblosigkeit" ihm gegenüber: in der Kühle und Gleichgültigkeit, die nicht an ihm Anteil nimmt, in der Abneigung und Abwehr, die unter der Decke von Freundlichkeit doch eine innere Wand gegen ihn aufrichtet. Alles dies fällt für Johannes schon unter das Wort „Haß", wie es für Jesus in der Auslegung des 5. Gebotes schon ein „Töten" des Bruders war. Johannes hat klar gesehen: im

Verhältnis zum „Bruder"[66] gibt es keine Neutralität. „Neutralität" wäre als solche schon Verweigerung der Liebe und in diesem Sinn bereits ein „Hassen" des Bruders, die Verweigerung der Bruderschaft. Keiner kann sich also dem Wort des Johannes damit entziehen, daß er sagt, er **„hasse"** doch seinen Bruder gar nicht.

Über den, der so **„seinen Bruder haßt"**, wird kein moralisches Urteil gefällt. Nicht einmal das Wort „Lüge, Lügner" erscheint hier wie in 1, 6; 2, 4. Aber das allerdings wird als die eigentliche Wirklichkeit im Leben eines solchen Menschen festgestellt: **„in der Finsternis ist er bis zur Stunde"**. „Finsternis", „Nacht" sind umfassende Bildworte und sollen es bleiben. Es gibt vieles, was „finster" und „nächtlich" ist in der Welt. Aber es wird im biblischen Wort nicht in erster Linie an äußeres Dunkel in Leid und Not gedacht. Das **„Hassen des Bruders"** ist zentrales Wesen der **„Finsternis"**, wie das „Lieben" wesentlich zum leuchtenden „Licht" gehört.

10 Darum fährt Johannes fort: **„Wer seinen Bruder liebt, bleibt im Licht, und kein Anstoß zum Fall ist in ihm vorhanden."** Das Leben eines solchen Menschen mag recht dunkel sein, ein Leben in Sorge und Schmerzen, Armut und Nöten. Dennoch **„bleibt"** der Mensch **„im Licht"**. Der kurze Satz, den Johannes anfügt: **„Und kein Anstoß zum Fall ist in ihm vorhanden"**, läßt sich verschieden verstehen, je nachdem wir das „in ihm" auffassen. Beziehen wir „in ihm" auf den, der seinen Bruder liebt, dann sagt Johannes, daß ein so liebender Mensch keinem ein Anstoß zum Fall[67] wird. Das „in ihm" kann sich aber auch zurückbeziehen auf das „Licht". Dann würde Johannes dem Liebenden zusagen, daß er selber auf diesem seinem Wege keine „Falle" und keinen „Fall" zu fürchten hat. Vielleicht ist diese Auffassung vorzuziehen, weil auch der nächste Satz von dem spricht, was der „Wandelnde" auf seinem Wege erlebte.

11 **„Wer aber seinen Bruder haßt, in der Finsternis ist er und in der**

[66] Es wird hier wie an anderen Stellen des Briefes (3, 10. 14. 16 f; 4, 20 f; 5, 16) vom „Bruder" im eigentlichen Sinn gesprochen sein, von dem von Gott geborenen Menschen, wie es in 5, 1 ausdrücklich gesagt ist. Wir denken schnell etwas geringschätzig, daß Johannes „nur" von der Bruderliebe rede, während es doch um eine umfassende Menschenliebe, ja um Feindesliebe gehen müsse. Wir bedenken dann nicht, eine wie große Sache es gerade nach 5, 1 um den Bruder ist. Wir haben auch noch nicht erprobt, wieviel dazu gehört, den „Bruder" als den eng mit uns verbundenen Menschen wirklich zu **„lieben"**. Vgl. aber dazu die Ausführungen auf S. 92.

[67] Die rev. LÜ hat hier das Wort „Ärgernis" beibehalten, das aber doch sehr mißverständlich geworden ist. Keinesfalls ist mit „Skandalon" etwas gemeint, über das „ich mich ärgere". Das Wort will auch nicht nur etwas nennen, was „Anstoß erregt". Die Worte „ärgern" und „Anstoß" haben im Sprachgebrauch ihren ursprünglichen Sinn verloren und sind abgeflacht. Das „Skandalon" ist das Stellholz in einer Falle. Es meint in seiner bildlichen Anwendung etwas, was uns in eine Falle geraten läßt oder zu Fall bringt. Es ist ein „Anstoß" in einem tieferen Sinn, ein Anstoß zur Sünde.

Finsternis wandelt er und weiß nicht, wo er hingeht, weil die Finsternis seine Augen blind gemacht hat." Es ist bezeichnend für die Botschaft des Johannes, daß hier wieder nicht moralisch abgeurteilt und auch nicht mit künftiger Strafe gedroht wird. In einer Sachlichkeit, die gerade als solche von großer Eindrücklichkeit ist, wird dem Menschen gezeigt, wie sein Leben jetzt und hier aussieht. Leben in Lieblosigkeit ist Leben in Finsternis. Johannes unterstreicht den Ernst der Lage durch den doppelten Ausdruck: **„In der Finsternis ist er und in der Finsternis wandelt er."** An dieser schrecklichen Wirklichkeit ändert kein selbstgefälliges Reden etwas[68]. Ein solcher Mensch **„weiß nicht, wo er hingeht"**. Er treibt durch das Leben. Wo wird er mit diesem seinem Leben einmal enden? Freilich, es ist ihm schwer zu helfen, **„weil die Finsternis seine Augen blind gemacht hat"**. Der Lieblose kann nicht mehr „sehen". Der Lieblose ist **blind** für die Wirklichkeit. Er kann sich darum auch nicht mehr vorstellen, daß es ein anderes Leben, ein Leben im Licht, gibt. Er hält sein dunkles, kaltes, zielloses Leben für normal, zumal er die gleichen blindgemachten Menschen um sich hat[69]. Die Gemeinde aber muß wissen, daß es solche von der Finsternis des Hasses Blindgewordenen gerade auch unter denen gibt, die sich in besonderer Weise rühmen, **„im Licht zu sein"** und das Licht hoher „Erkenntnisse" zu besitzen. Es gibt einen unbestechlichen Prüfstein, an dem sich die Wahrheit erweist: Ist die Liebe zum Bruder da?

DIE ABSAGE AN DIE WELT

1 Johannesbrief 2, 12—17

12 **Ich schreibe euch, Kindlein, weil (daß) euch die Sünden vergeben**
13 **sind um seines Namens willen. * Ich schreibe euch, Väter, weil**
(daß ihr erkannt habt den von Anfang. Ich schreibe euch jun-
14 **gen Männern, weil (daß) ihr den Bösen besiegt habt. * Ich**
schrieb euch, Kinder, weil (daß) ihr den Vater erkannt habt. Ich
schrieb euch, Väter, weil (daß) ihr erkannt habt den von Anfang. Ich schrieb euch, junge Männer, weil (daß) ihr stark seid
und das Wort Gottes in euch bleibt und ihr den Bösen besiegt habt.
15 *** Liebt nicht die Welt und auch nicht das, was in der Welt ist.**
Wenn jemand die Welt liebt, dann wohnt nicht die Liebe des
16 **Vater in ihm. * Denn alles das in der Welt: das Begehren des Flei-**

zu Vers 12:
1 Ko 6, 11
zu Vers 13:
1 Jo 1, 1
Jo 1, 1
zu Vers 14:
Spr 20, 29
Eph 6, 10
Offb 12, 11
zu Vers 15:
Lk 4, 5 f
Jo 5, 42
1 Ko 7, 31
Jak 4, 4

[68] Es ist bei unserer Verkündigung wichtig, von Johannes zu lernen und dem Menschen, dem alles Überweltliche und Jenseitige fraglich geworden ist, seine Wirklichkeit jetzt und hier zu zeigen.

[69] Paulus schrieb in 2 Ko 4, 3 in ähnlicher Weise und doch in anderer Gedankenrichtung von „blindgemachten Menschen".

zu Vers 16:
Spr 27, 12
Tit 2, 12
zu Vers 17:
Mt 7, 21
1 Pt 4, 2

sches und das Begehren der Augen und die Hoffart der Lebens-
17 **haltung, stammt nicht aus dem Vater, sondern aus der Welt. * Und**
die Welt vergeht und ihr Begehren. Wer aber den Willen Gottes
tut, bleibt in Ewigkeit.

Wieder setzt Johannes seinen Brief in der ihm eigentümlichen Weise fort. Er stellt vor die Gemeinde hin, was ihm wichtig ist, ohne eine Verbindung mit den vorigen Abschnitten deutlich zu machen. Sie könnte allenfalls in dem Wort „lieben" liegen. Der Brieftext selber spricht aber von solchen Erwägungen nicht. Es wird am besten sein, den neuen Doppelabschnitt einfach als ein weiteres, wesentliches Wort des Apostels zu lesen und in sich selbst zu verstehen.

Auf jeden Fall sind die mächtigen Mahnungen von V. 15—17 das eigentliche Ziel des ganzen Abschnittes. Wenn wir bei ihm einen besonderen Zusammenhang mit den bisherigen Darlegungen des Apostels auch nur verhältnismäßig künstlich aufweisen können, so ist aber doch der Zusammenhang nach vorwärts, zum Ziel der Aussagen hin, deutlich. Was der Apostel in V. 12—14 der Gemeinde zuspricht, der Hinweis auf den herrlichen Reichtum, den sie besitzt, bietet die feste Grundlage, von der aus die Gemeinde fähig wird, die mächtige Forderung zu erfüllen, die der Apostel an sie richtet. Von da aus kann sie die totale Umstellung ihrer gesamten Lebenshaltung vollziehen: Nicht mehr die Welt zu lieben, sondern den Willen Gottes zu tun.

12 Erneut wird die Vergebung der Sünden als der entscheidende Besitz der Gemeinde zuerst genannt. **„Ich schreibe euch, Kindlein, weil** (daß) **euch die Sünden vergeben sind um seines Namens willen."** Mit der Bezeichnung „Kindlein" sind hier nicht die eigentlichen Kinder der Gemeinde als besondere Gruppe angeredet. Die ganze Gemeinde ist hier ebenso gemeint wie in V. 28; 3, 7; 5, 21. Der Apostel gibt seinen Mahnungen offenbar gern diesen herzlichen, väterlichen Klang. Er mag als Schreiber dieses Briefes schon in hohem Alter stehen. Umstritten ist in diesem ersten Satz wie in den folgenden Aussagen der Sinn des grie „hoti", das ebenso **„weil"** wie **„daß"** bedeuten kann. Schreibt Johannes der Gemeinde, **„weil"** ihr die Sünden vergeben sind, oder spricht er es ihr zu, **„daß"** sie diesen Schatz der Sündenvergebung habe? Beide Auffassungen sind möglich und zeigen sich in den verschiedenen Übersetzungen[70]. Der Unterschied zwischen beiden Auffassungen wird aber sachlich gering, wenn wir das eigentliche Ziel des Abschnittes in den Versen 15—17 sehen. Der große Besitz der Gemeinde ist der feste Grund für des Apostels einschneidende Forderung: er schreibt, **„weil"** die geistlichen Tatbestände in der

[70] Menge gibt ebenso wie die LÜ und die Elberfelder Bibel das „weil". Schlatter wie Schnackenburg ziehen ein „daß" vor.

Gemeinde da sind. Zugleich ist aber ein „geistlicher Besitz" nie eine gesicherte Vorfindlichkeit, auf die nur hingewiesen zu werden braucht. Die Gemeinde muß in diesem Besitz gestärkt werden, wenn auf ihn das ganze Verhalten der Gemeinde gegründet werden soll. So können die Sätze des Apostels auch wieder als „Zuspruch" und dem entsprechend „hoti" als **„daß"** aufgefaßt werden.

Gerade die Vergebung der Sünden ist etwas, was wir nie „selbstverständlich" haben, sondern ein wunderbares Geschenk, dessen wir immer neu versichert werden müssen. Daß wir gereinigt von all unserer Schuld vor dem heiligen Gott stehen dürfen, das widerspricht allem natürlichen Denken. Unsere Gewißheit darüber können wir nicht auf unsere Gefühle gründen oder aus Gedankenschlüssen gewinnen. Das bevollmächtigte Wort muß uns dieses wunderbare Geschenk zusprechen. Diesen Dienst tut hier der Apostel der Gemeinde. Er verweist dabei auf den **„Namen"** Jesu. Der „Name" ist im biblischen Raum nichts Äußerliches, kein bloßes Wortgebilde. Im „Namen" ist das ganze Wesen und Werk dessen enthalten, der diesen Namen trägt[71]. **„Um seines Namens willen"**, also um des ganzen Werkes Jesu willen in seinem Kommen, Leiden, Sterben und Auferstehen sind uns die Sünden vergeben. Das kann Johannes uns mit aller Gewißheit zusprechen.

Nun stehen hier, wie vielfach im NT, die beiden natürlichen Grup- 13
pen der Gemeinde, die „Älteren" und die „Jüngeren", vor dem Apostel. Er sieht die „Älteren"[72], die er dann als „Väter" der Gemeinde bezeichnet. Sie haben viel erlebt und erfahren. Aber das ist nicht entscheidend; sie können nicht allein von Erinnerungen leben, und seien diese noch so wertvoll. Johannes sagt ihnen darum etwas ganz anderes zu: **„Ich schreibe euch, Väter, weil** (daß) **ihr erkannt habt den von Anfang."** Wir blicken zurück auf das, was wir gleich in der ersten Zeile des Briefes lasen und uns zu diesem Ausdruck „Was von Anfang war" klar machten. Hier ist es jetzt kein „was", sondern ein „wer". Das ist ein unverlierbarer Besitz, der die Väter reich macht, daß sie in ihrem vergehenden, dem Tode zueilenden Leben **„den erkannt"** haben, **„der von Anfang war"**. Dabei haben wir erneut an alles das zu denken, was wir schon über das Wesen des „Erkennens" nach dem

[71] Darum wird „an seinen Namen geglaubt" und „der Name des Herrn angerufen" (Jo 1, 12; 3, 18; 1 Ko 1, 2); darum ist dieser Name „ein festes Schloß", in welchem der Gerechte Geborgenheit findet (Spr 18, 10). Vgl. Lexikon zur Bibel und Theologisches Begriffslexikon, Artikel „Name".

[72] So heißt der grie Ausdruck „presbyteroi" eigentlich. Diesen „Älteren" stehen die „Jüngeren" gegenüber (1 Pt 5, 1. 5; Tit 2, 2. 6). Diese „älteren" und erfahrenen Gemeindeglieder können dann freilich bestimmte Aufgaben für die Leitung einer Gemeinde bekommen und werden dann „Älteste". Das Wort bekommt einen „amtlichen" Sinn, den es zunächst nicht hat.

biblischen und johanneischen Verständnis sagten. Die „Väter" in der Gemeinde besitzen nicht wie die Gnostiker ein weltanschaulich-religiöses System von Gedanken über den, **„der von Anfang war"**. Sie stehen mit ihm in lebendiger, personaler Verbundenheit und „kennen" ihn von daher wesenhaft und in Liebe[73].

Neben den „Vätern" stehen die „jungen Männer" der Gemeinde[74]. Sie stehen mitten im Leben und im Lebenskampf in einer spannungsvollen und versuchungsreichen Welt. Ihnen sagt der Apostel in ihre Lage hinein etwas Großes zu: **„Ich schreibe euch, junge Männer, weil (daß) ihr den Bösen besiegt habt."** Johannes weiß wie Paulus, daß Satan, „der Böse", der Fürst und Gott dieser Weltzeit auf Erden ist[75]. Er kennt Macht und List des Bösen. Aber die jungen Männer haben ihn schon besiegt. Welch kühnes Wort! Johannes wünscht nicht nur, daß sie ihn besiegen möchten; er fordert die Gemeinde nicht zu Kampf und Einsatz auf, damit sie hoffentlich den Sieg erlangt. Er redet im Perfekt: **„daß ihr den Bösen besiegt habt"**. Wie kann er das? Diese jungen Männer sind „in Christus" und haben die „Gemeinschaft" mit ihm. So haben sie teil an dem Sieg, den Jesus im Sterben am Kreuz über alle Macht der Finsternis errungen hat. Diese „Teilhabe" wird von Johannes so ernst und wirklich gesehen, daß er den jungen Männern den Sieg über den Bösen als vollendete Tatsache zusprechen kann[76].

14 Noch einmal setzt der Apostel ein und wiederholt in lebendig veränderter Weise seinen Zuspruch. Wir sehen daran, wie sehr ihm an diesem Zuspruch liegt. Johannes braucht jetzt die Form der Vergangenheit: **„Ich schrieb euch . . ."** Meint er seinen eben hingeschriebenen Satz? Das wäre seltsam. Oder erinnert er an einen früheren Brief, in welchem er schon einmal den gleichen Zuspruch bot? Wir wissen von einem solchen Brief nichts. Und warum sollte er nur auf diese wenigen Sätze hinweisen und im übrigen den früheren Brief ohne Erwähnung lassen? Es wird sich einfach um den bekannten Briefstil des Altertums handeln, bei dem der Schreiber sich in die Lage der Empfänger beim Lesen des Briefes versetzt. Für die Leser aber ist Vergangenheit, was der Schreibende jetzt sagt oder tut[77]. Johannes wechselt also beim Wie-

[73] Vgl. dazu Seite 45 und 50.

[74] Der Schreiber unseres Briefes ist auch darin ein echter Israelit, daß er die Frauen nicht anredet, weder die alten noch die jungen. Aber sie sind natürlich voll mit gemeint.

[75] Er wird am Schluß des Briefes feststellen, daß die Welt als ganze „in dem Bösen liegt" (5, 19).

[76] Auf die junge Mannschaft der Gemeinde wird nur speziell angewandt, was Jo 5, 4 jedem aus Gott Geborenen zusagt. Auch hier steht das Perfektum der Gewißheit: Unser Glaube ist der Sieg, „der die Welt besiegt hat".

[77] Vgl. dazu Apg 23, 30; Phil 2, 28; Kol 4, 8; Eph 6, 22; Phlm 12; auch 1 Ko 4, 17; 2 Ko 8. 16 ff.

derholen seines Zuspruches einfach den Stil. Jetzt werden die **„Kinder**[78]**"** so angesprochen, daß der Apostel wirklich die Kinder der Gemeinde vor Augen haben kann[79]. **„Kinder"** suchen und brauchen den **„Vater"**. Die Kinder der Gemeinde aber dürfen den **„Vater"** kennen, von dem „alle Vaterschaft im Himmel und auf Erden ihren Namen hat" (Eph 3, 14). **„Ich schrieb euch Kinder, weil** (daß) **ihr den Vater erkannt habt."** Den „Vätern" wird der Zuspruch des vorigen Verses einfach noch einmal gegeben. Aber der Schar der jungen Männer — der grie Ausdruck denkt an die Zeitspanne vom 24.—40. Lebensjahr — sagte nun Johannes ausdrücklich noch etwas Näheres über den Sieg, den sie haben. **„Ich schrieb euch, junge Männer, weil** (daß) **ihr stark seid und das Wort Gottes in euch bleibt und ihr den Bösen besiegt habt."** Diese Männer sind **„stark"**. Dem Bösen gegenüber hilft freilich die natürliche Stärke nichts. Sie bedürfen da einer anderen Kraft, um zu siegen. Und sie haben diese Kraft, wenn und weil **„das Wort Gottes in ihnen bleibt"**. Das ist entscheidend, daß diese Männer das Wort Gottes nicht nur „hören", sondern daß das gehörte Wort in ihnen **„bleibt"** und seine Lebensmacht in ihnen entfaltet. Wir haben dabei zu bedenken, daß die Gemeindeglieder jener Zeit keine „Bibel" hatten! Sollte das Wort des Christus in ihnen wirken, dann mußte es im Gedächtnis fest aufgenommen werden und aufbewahrt sein und immer neu innerlich bewegt werden[80]. Wo das Wort Gottes mit seiner Kraft so in Menschen **„bleibt"**, da **„haben sie den Bösen besiegt"**. Wir denken daran, wie sogar Jesus, der Sohn Gottes, im entscheidenden Kampf nicht aus sich selbst heraus, sondern mit dem Wort Gottes den Sieg über Satan gewann (Mt 4, 1—11)[81].

Und nun setzt, wieder ohne Übergang, ohne ein Aufzeigen des 15
Gedankenzusammenhanges, die machtvolle Mahnung ein: **„Liebt nicht**

[78] Johannes gebraucht an dieser Stelle ein anderes Wort als in Vers 12.

[79] Die vielfach angenommene Beziehung der Sätze auf „geistliche Lebensalter" hat im Text keinen Grund und ist sachlich schwierig. Wer sollte sich selbst als „Vater" fühlen und das Wort an die „Väter" sich aneignen? Wer sich noch als „Kind" wissen? Viel einfacher und natürlicher ist die Bezugnahme auf die tatsächlichen Altersgruppen.

[80] Wir haben die billige, gedruckte Bibel. Das ist ein Geschenk. Es ist aber auch eine Gefahr! Das Wort würde anders in uns „bleiben" und wirken, wenn auch wir es uns viel mehr gedächtnismäßig einprägen und zum Stoff vielen Nachsinnens machen würden. Der Satz des Apostels zeigt uns jedenfalls, daß das Lesen der Bibel nicht nur eine gewisse „Pflicht" eines Christen, sondern die Bedingung seiner Kraft und seines Sieges in den Anfechtungen ist.

[81] Dieser „Sieg" der jungen Männer in der Gemeinde kann einen ganz speziellen Sinn haben. Wir werden gut tun, auf 4, 4 vorauszublicken, wo wiederum von einem „besiegt haben" gesprochen wird. Vgl. die Auslegung zu dieser Stelle auf S. 112. Dort ist „der Geist des Antichristus" und somit auch der „Böse" besiegt, weil die Gemeinde die neuen Lehren abwies, die „Jesus auflösten". Der „Sieg" der jungen Generation der Gemeinde wird zum mindesten auch in ihrer klaren Abwehr verführerischer, und gerade für junge Menschen anziehender, neuer Lehren bestanden haben.

die Welt und auch nicht das, was in der Welt ist. Wenn jemand die Welt liebt, dann wohnt nicht die Liebe des Vaters in ihm." Wir können unserseits die Verbindung mit den vorigen Sätzen herstellen und erklärend sagen: Ihr, die ihr solche Kinder, Väter und Männer seid, mit diesem wunderbaren Besitz, ihr müßt und ihr könnt die klare Scheidung von der Welt vollziehen: **„Liebt nicht die Welt."** Solche Worte der Scheidung werden damals wie heute der Gemeinde hart geklungen haben. Aber wir müssen beim Lesen als heutige Menschen daran denken, daß sich Worte und Begriffe in ihrem Inhalt wandeln und etwas sehr Verschiedenes meinen können. Wenn wir heute von „Welt" sprechen, haben wir einfach die Tatsache der umfassenden Einheit der Erde vor Augen. So reden wir von Welthandel, Weltpolitik, Weltfrieden. In dem Wort „Welt" liegt dabei keinerlei Werturteil. Oder wir sehen die „Welt" als „Natur" und freuen uns mit Recht an der „schönen, weiten Welt". Die ntst Zeugen denken bei dem Wort „Welt" an die von Gott gelöste Menschheit, die von dem **„Begehren des Fleisches und dem Begehren der Augen und der Hoffart und Lebenshaltung"** bestimmt wird. So wird es uns Johannes selbst gleich (V. 16) erklären. Auch der, der noch fern von Gott in der Welt lebt, stößt auf die Entstellung, Vergiftung und Verderbnis des Lebens in allen Teilen der Menschheit und kennt das, was Paulus in Rö 1, 28–32 schildert. Wieviel klarer muß das noch ein Gottesmensch erkennen, der mit Gott versöhnt ist und in Gottes reinem Licht lebt (1, 5). Vor Johannes steht der ganze Gegensatz „Gott" und „Welt". Es ist wesenhaft unmöglich, gleichzeitig Gott und die Welt zu „lieben"[82]. Hier vollziehen wir notwendig eine Wahl. Wer wirklich Gott in seiner Herrlichkeit, Hoheit und Klarheit liebt, sagt von Herzensgrund sein Nein zur **„Welt"**. Und umgekehrt: **„Wenn jemand die Welt liebt, dann wohnt nicht die Liebe des Vaters in ihm[83]."** Gott wird dabei ausdrücklich der **„Vater"** genannt. Es geht nicht um einen „Gott", den wir uns zurechtdenken könnten, sondern um den Gott, den Jesus, der Sohn, den „heiligen Vater", den „gerechten Vater" genannt hat (Jo 17, 11. 25). Ihn „kennt" die Welt nicht (Jo 17, 25). Wie sollten wir ihn kennen und „lieben" können, wenn unser Herz der „Welt" gehört! Aber liebt nicht Gott selber die Welt? Ist das nicht das große Evangelium Jo 3, 16? Nun, Gott kann Dinge wagen, die wir uns niemals zutrauen dürfen! Vor allem aber dürfen wir in der Aussage von

[82] Johannes sah die Welt als ganze „im Bösen", im Machtbereich des Bösen, des Urfeindes Gottes liegen (5, 19). Jesus selbst hat den Teufel als den „Fürsten dieser Welt" bezeichnet (Jo 14, 30). Wir können unmöglich zugleich Gott und seinen Todfeind lieben.

[83] „Die Liebe des Vaters" ist hier ein Genetiv des Objektes. Es geht im Text um unsere eigene Haltung, also auch um unsere Liebe zum Vater. Freilich haben wir diese „Liebe zum Vater" nur, weil der Vater uns „zuerst geliebt" hat (4, 19).

Jo 3, 16 das „So“ nicht vergessen, das an der Spitze des Satzes steht und den ganzen Satz prägt und bestimmt. Es geht nicht um eine allgemeine, bedingungslose Liebe Gottes zur Welt. Nein, nur in einer ganz bestimmten Weise kann Gott die Welt lieben, „so“, daß er den einzigen Sohn hinopfert, „so“, daß seine Liebe durch Schmerz und Blut und Tod hindurchgeht.

Und nun stellt es Johannes in seiner Weise einfach wieder als unwiderlegliche Tatsache vor uns hin, ohne Diskussion, ohne Begründung: **„Denn alles das in der Welt: das Begehren des Fleisches und das Begehren der Augen und die Hoffart der Lebenshaltung, stammt nicht aus dem Vater, sondern aus der Welt.“** Hier bedarf es keiner „Begründung“, diese Wahrheit ist klar in sich selbst. Hier ist darum auch jede Diskussion unmöglich. Hier haben wir selber zu sehen: Wovon lebt die Menschenwelt? Was füllt ihr Leben aus? Wovon wird sie bewegt und umgetrieben? Es ist das **„Fleisch“**, das natürliche Ichwesen, wie es mit jedem Kind neu zur Welt kommt. Und dieses unser Ichwesen ist von Kindheit an ein Bündel von **„Begehrungen“**: Ich will . . ., ich möchte . . ., ich verlange . . . Alles Arbeiten, Streben, Kämpfen, im Großen wie im Kleinen, gilt der Erfüllung dieses **„Begehrens“**. Dabei spielen die **„Augen“** eine ganz wichtige Rolle. Der Sündenfall beginnt mit Evas „Sehen“, mit der „Augenlust“ an dem verbotenen Baum (1 Mo 3, 6). Auch Davids schwerer Fall entsteht aus dem „Sehen“ (2 Kön 11, 2). Mit dem **„Begehren der Augen“** beginnt es immer wieder auch bei uns. Und dann verfestigt sich die ganze Art der „Welt“ in der **„Hoffart der Lebenshaltung“**, im Protzen mit dem, was man hat und sich leisten kann, in der Sucht, andere im Besitz und in der Lebenshaltung zu übertreffen.

Johannes sagt kein Wort davon, wie diese ganze Verkehrung des 16
menschlichen Wesens und Lebens zustande gekommen ist und woher dieses ganze **„Begehren des Fleisches und der Augen“** stammt. Ein theoretisches Wissen davon würde uns nichts helfen, sondern im Gegenteil leicht von der bedrohlichen Tatsache ablenken, daß von Natur alles dieses auch in uns selber lebt und uns beherrscht. Es ist ferner bezeichnend für Johannes, daß er auch keinerlei nähere Bestimmungen darüber trifft, was er als dieses **„Begehren des Fleisches“** ansieht. Ist es denn wirklich schon gefährliche **„Welt“**, wenn mein Blick mit Freude auf einem schönen Möbelstück ruht und ich es zu erwerben trachte? Ist es **„Hoffart der Lebenshaltung“**, wenn ich Bekannten mit Freude den Wagen zeige, den ich nun fahren kann? Wo ist die Grenze, wo beginnt das Verfallensein an die **„Welt“**, das unvereinbar ist mit der Liebe zum Vater? Johannes würde auf solche Fragen wohl antworten: Das weißt du selber am besten! Allerdings, sehr wach mußt du hier bleiben, und eben darum schrieb ich meine Sätze so schroff an

die Gemeinde. Du kannst als Kind Gottes sehr wohl unterscheiden, was **„aus dem Vater"** stammt in einfacher, dankbarer Freude an Gottes Gabe, und was **„aus der Welt"** ist und die verführerischen Züge der „Welt" an sich trägt. Es gibt hier keine äußeren Regeln, nach denen man sich bequem richten könnte. Denn der eine kann fröhlich genießen, was für einen andern gefährliche Weltverfallenheit wäre. Hier steht und fällt jeder in eigener Verantwortung[84].

17 Bei den Aussagen des Johannes werden wir immer wieder beobachten können, wie frei sie von aller „Moral" sind. Johannes urteilt nicht ab über die, die sich von der „Welt" beeinflussen lassen. Er stellt nur wieder mit großem Ernst eine Tatsache vor sie hin: **„Und die Welt vergeht und ihr Begehren. Wer aber den Willen Gottes tut, bleibt in Ewigkeit."** Wer mit wachem Sinn durch das Leben geht, sieht das „Vergehen" der Welt überall[85]. Was wird aus alledem, was wir so eifrig erwerben und so heiß erkämpfen? Wie sehr kann es uns enttäuschen, wenn wir es gewonnen haben, und wie rasch fällt es aus unsern Händen. Und wahrlich, nicht nur **„die Welt vergeht"**, sondern es vergeht auch **„ihr Begehren"**. Das geschieht nicht erst im Sterben. Wie unbegreiflich kann es uns schon nach wenigen Jahren sein, daß wir dieses oder jenes so leidenschaftlich gewünscht haben. Und wie erschreckend können wir es erfahren, daß das gestillte Begehren doch nicht still wird, sondern nach neuem Begehren dürstet[86]. Ruhelos und tief unzufrieden wird unser Leben, solange wir der Welt und ihrem Begehren hingegeben sind. Und vollends wird uns im Sterben alles genommen, was wir auf der Welt hatten. Im Tode wird für uns die ganze Welt zunichte. Trotzdem bleibt der Mensch von Natur an die Welt gebunden und klammert sich bei aller Enttäuschung immer wieder an sie. Aber für den, der zu Jesus kam, von ihm die Vergebung der Sünden und die Versöhnung mit Gott empfing und ein Kind Gottes wurde, ist diese Bindung an die Welt durchbrochen. Er klammert sich nicht mehr an die Welt, sondern ist frei für Gott und das Tun seines Willens.

Aber wird nicht unser Leben leer und inhaltslos, wenn wir uns aus der Welt lösen und uns ihrem Begehren entziehen? Der Apostel hatte

[84] Johannes „redet in der Absicht, den Lesern die gesammelte und entschlossene Gottesliebe zu erhalten, die sich lieber weltflüchtig schelten, als sich durch das Treiben der Welt, die keine Gottesliebe hat, beflecken läßt, und der Verführung entgegen zu wirken, die überhaupt keinen Unterschied zwischen einer Lebensführung aus Gottesliebe und ‚unbefangener Teilnahme an der Kultur' mehr kennt." Büchsel a. a. O. S. 35 Zeile 20–24.

[85] Andreas Gryphius hat es in seinem Lied: „Die Herrlichkeit der Erden . . ." eingehend dargestellt.

[86] So stellt es Dr. Faust fest: „So taumel' ich von Begierde zum Genuß, und im Genuß verschmacht ich nach Begierde."

an V. 12—14 schon gezeigt, wie wenig das der Fall ist und welchen Lebensreichtum alle Glieder der Gemeinde besitzen. Jetzt weist er noch auf etwas anderes hin: **„Wer aber den Willen Gottes tut."** Was ist das für ein unerschöpflicher Lebensinhalt, den Willen Gottes zu tun! Wie spannt das alle unsere Kräfte an. Welche Fülle der Erfahrungen wird uns dabei zuteil. In welche Abenteuer werden wir geführt und wie interessant wird unser Leben in immer neuen Aufgaben! Und wir merken schon, wenn Johannes uns ausdrücklich zusichert: Wer so lebt, **„der bleibt in Ewigkeit"**, dann gibt es für ihn nicht nur eine vage Hoffnung, daß er später einmal eine ewige Existenz erhalten werde. Nein, er hat jetzt schon ein Leben, das im Tun des Willens Gottes Ewigkeitscharakter an sich trägt und an dem Anteil erhält, was seinem Wesen nach nicht vergehen kann. Der Wille Gottes ist über alles Zeitliche hinausgehoben, auch wenn er jetzt im Zeitlichen getan sein will und in zeitliche Nöte und Schmerzen und Opfer hineinführt. Dennoch leuchtet alles, was Gottes Wille ist, in ewigem Licht. Und wer diesen Willen Gottes tut, der **„bleibt in Ewigkeit"**.

Die Gemeinde Jesu und mit und in ihr jedes Gemeindeglied hat nicht etwa neben einem Leben, wie es alle Menschen führen, einige religiöse Gedanken und Gefühle. Die Gemeinde und jedes ihrer Glieder lebt von Grund auf ein anderes Leben mit einer total anderen Lebensrichtung und einem völlig andern Lebensinhalt. Ihr Leben wird nicht mehr bestimmt „vom Begehren des Fleisches und der Augen", sondern vom „Tun des Willens Gottes", aus der Liebe zum Vater heraus. Aber diese Lebenshaltung beherrscht uns nicht einfach von selbst, nachdem wir einmal Christen geworden sind. Sie ist ständig bedroht von unserer Verflochtenheit in die Welt und von ihren Versuchungen her. Darum muß die Gemeinde immer neu aufgerufen werden: **„Liebt nicht die Welt und auch nicht das, was in der Welt ist."** So gehört es für Johannes wesentlich zu seinem Dienst an der Gemeinde, ihr das zu sagen und diesen Abschnitt V. 12—17 in seinen Brief einzufügen.

GEFÄHRDUNG UND WAPPNUNG DER GEMEINDE IN DER „LETZTEN STUNDE"

1 Johannesbrief 2, 18—27

18 **Kinder, letzte Stunde ist es, und wie ihr gehört habt, daß** (der) **Antichrist kommt, so sind auch jetzt viele Antichriste erstanden.**
19 **Daraus erkennen wir, daß letzte Stunde ist. * Von uns sind sie ausgegangen, aber sie waren nicht von uns, denn wenn sie von uns wären, wären sie bei uns geblieben. Aber sie sollen offenbar**

zu Vers 18:
1 Jo 2, 22
4, 3
2 Jo 7
Mt 24, 5. 24
1 Ko 10, 11

2 Th 2, 3. 4
1 Tim 4, 1
1 Pt 4, 7
zu Vers 19:
Apg 20, 30
1 Ko 11, 19
zu Vers 20:
1 Jo 2, 27
1 Ko 2, 15
zu Vers 21:
2 Pt 1, 12
zu Vers 22:
1 Jo 2, 18
Mt 10, 33
zu Vers 23:
1 Jo 4, 15
2 Jo 9
Jo 5, 23
zu Vers 24:
1 Jo 3, 24
zu Vers 27:
1 Jo 2, 20
Jer 31, 34
Jo 14, 26
16, 13
2 Ko 1, 21 f

20 **werden, daß sie nicht alle von uns sind. * Und ihr habt Salböl**
von dem Heiligen und seid wissend alle miteinander (oder: und
21 wißt alles). *** Ich schrieb euch nicht, weil ihr die Wahrheit nicht**
wißt, sondern weil ihr sie wißt und weil jede Lüge nicht aus der
22 **Wahrheit stammt. * Wer ist der Lügner, wenn nicht der, der leug-**
net, daß Jesus der Christus ist? Dieser ist der Antichrist, der den
23 **Vater und den Sohn leugnet. * Jeder, der den Sohn leugnet, hat**
auch den Vater nicht. Wer den Sohn bekennt, hat auch den Vater.
24 *** Ihr, was ihr gehört habt von Anfang, das bleibe in euch. Wenn**
in euch bleibt, was ihr von Anfang gehört habt, werdet auch ihr
25 **selbst in dem Sohn und dem Vater bleiben. * Und das ist die Ver-**
26 **heißung, die er selbst uns verheißen hat: das ewige Leben. * Dies**
27 **schreibe ich euch über die, die euch irreführen. * Und ihr, das Salb-**
öl, das ihr empfangen habt von ihm, bleibt in euch und ihr habt
nicht nötig, daß jemand euch belehre, vielmehr wie sein Salböl
euch belehrt über alles, so ist es auch wahr und ist keine Lüge;
und wie es euch gelehrt hat, so bleibt in ihm.

Wer den Willen Gottes tut, der bleibt in Ewigkeit. Über diese „Ewigkeit" sagt Johannes nichts Näheres. Sie ist im Tun des Willens Gottes eigentlich schon Gegenwart. Haben wir es hier mit jener „Entmythologisierung" und „existenzialistischen Vergegenwärtigung" der Eschatologie zu tun, die man bei Johannes gefunden haben will[87]? Sind die Linien des großen Zukunftsgeschehens verwischt, weil ja schon der zum ewigen Leben durchdrang, der an Jesus glaubte und den Willen Gottes erfüllte? Nein, wieder ohne hervorgehobenen Zusammenhang mit dem Vorhergehenden folgt ein neuer Abschnitt des Briefes, der auf die Verkündigung der Parusie in 2, 28 — 3, 3 zugeht und auch seinerseits die eschatologischen Aussagen der Urchristenheit aufnimmt.

18 **„Kinder, letzte Stunde ist es, und wie ihr gehört habt, daß** (der) **Antichrist kommt, so sind auch jetzt viele Antichriste erstanden. Daraus erkennen wir, daß letzte Stunde ist."** Die geschichtliche Zeit ist — anders als die physikalische Zeit — nicht gleichmäßiger Ablauf, sondern sie hat Geschichtsstunden besonderer Bedeutsamkeit und mündet in eine **„letzte Stunde"**[88]. In ihr fallen auch letzte, unaufhebbare Entscheidungen. **„Letzte Stunde"** kann es nur sein, weil der Retter der Welt kam und jetzt von den großen Heilsereignissen nur noch die Parusie aussteht und alles andere „vollbracht ist". Die **„letzte**

[87] Vgl. den großen Kommentar R. Bultmanns zum Johannesevangelium.

[88] Wir sind gewohnt, von der „letzten Zeit" zu reden, wobei im Grie für „Zeit" in diesem Sinn das besondere Wort „kairos" gebraucht wird. Aber Jesus hat von „seiner Stunde" gesprochen (Jo 2, 4; 8, 20; 13, 1; 17, 1). Von daher ist Johannes die „Stunde" wichtig geworden.

Stunde" ist aber vor allem gekennzeichnet durch eine Gegenwehr der Finsternis gegen den von Gott geschenkten Erretter, durch einen letzten Versuch, ihn zu besiegen und zu beseitigen. Darum sprach die urchristliche Verkündigung, wie die Briefempfänger sie **„gehört"** haben, vom **„Antichrist"**. Nicht nur „falsche Propheten" werden aufstehen und nicht nur mancher „falsche Christus" (Mt 24, 24). Der **„Antichrist"** ist noch mehr als das. Er ist der direkte Widersacher des Christus, der, der den Christus Gottes beseitigen und sich selbst an seine Stelle setzen und Welt und Menschheit endgültig von Gott losreißen und in die eigene Hand bringen will. Johannes sagt aber hier in seiner Weise nichts Näheres darüber[89]. Er bleibt stehen bei der einfachen Gewißheit der Gemeinde: der[90] Antichrist kommt.

Aber mit seinem wachen, vom Geist Gottes geleiteten Blick hat er etwas wahrgenommen, was auch die Gemeinden unbedingt sehen müssen, um Geschehnisse ihrer Zeit, dieser **„letzten Stunde"**, recht zu verstehen und sich mit klarer Wachsamkeit zu rüsten. Gott erfüllt die Weissagung vom Antichristen so, daß **„jetzt viele Antichriste erstanden sind"**. Sieht Johannes in diesen **„Antichristen"** Vorläufer des eigentlichen, großen, antichristlichen Weltherrschers? Oder ist der erwartete Antichrist bereits in den vielen „Antichristen" realisiert? Der Wortlaut des Textes gibt auf diese Fragen keine eindeutige Antwort. Es ist aber sachlich doch wohl unwahrscheinlich, daß der Apostel im Auftreten von Irrlehrern, die Jesus leugneten, die ganze Erfüllung dessen gesehen haben sollte, was nach 2 Th 2 und Offb 13 erwartet wurde. Dem eigentlichen „Antichrist" eignet Macht, ja Weltmacht. Er ist nicht nur „Irrlehrer", der Jesus theoretisch leugnet und aus dem Glauben der Gemeinde zu verdrängen sucht, sondern Weltherrscher, der mit Terror und Blut die Gemeinde Jesu zersprengt und jede Erinnerung an Jesus austilgen will, um selber die Menschheit äußerlich und innerlich ganz in seiner Hand zu haben.

Wir werden die Frage nach dem Verhältnis von **„Antichrist"** und 19
„Antichristen" nicht endgültig beantworten können. Aber das müssen wir als wesentlich in unserm Vers erkennen: der Apostel will die Gemeinde warnen, in falscher Weise in die Zukunft zu schauen und darüber die Gegenwart zu verkennen. Die Gemeinde darf nicht immer nur auf den einen großen Antichrist warten, der noch gar nicht sichtbar ist, und darüber die gefährlichen **„Antichriste"** übersehen, die jetzt da sind und die Gemeinde bedrohen. Diese Männer sind so ernst zu nehmen, daß gerade an ihnen zu erkennen ist, **„daß letzte Stunde ist"**. Hier hat eine Gegnerschaft gegen Jesus eingesetzt, die nichts mehr

[89] Wir finden vor allem in 2 Th 2 und Offb 13 eingehende Darlegungen.

[90] In den besten Handschriften fehlt hier der Artikel, während er in Vers 22 steht. Vielleicht ist „Antichrist" ähnlich wie auch „Christus" ohne Artikel gebraucht worden.

mit bloßem theologischem Meinungsstreit zu tun hat, sondern endzeitlicher Angriff auf Jesus und seine Stellung in der Heilsgeschichte ist. Eben dies ist „antichristlich". Wie kennzeichnet Johannes diese „Antichristen"? Er weist zuerst auf einen wichtigen Tatbestand: **„Von uns sind sie ausgegangen, aber sie waren nicht von uns, denn wenn sie von uns wären, wären sie bei uns geblieben."** Das ist das gefährliche an diesen Männern, daß sie nicht wie jüdische oder heidnische Verfolger von außen kommen und angreifen. Nein, **„von uns sind sie ausgegangen"**. Sie stammen aus den eigenen Reihen der Gemeinde. Sie werden sich auch darauf berufen haben: Wir kommen doch von euch! Wir kennen dieses euer Christentum sehr genau. Aber nun haben wir Größeres und Besseres gefunden und wollen es euch bringen anstelle eures engen und dürftigen Glaubens an Jesus!

Der Apostel durchleuchtet diese Behauptung mit dem Licht einer einfachen Wahrheit: **„Denn wenn sie von uns wären, wären sie bei uns geblieben."** Auch schon damals, als diese Männer noch in der Gemeinde lebten, waren sie in den verborgenen Wurzeln ihres Denkens und ihres Daseins von der Gemeinde geschieden. Sie waren nicht wirklich von ihrer ganzen Verlorenheit überführt. Sie sahen darum nicht wirklich in Jesus und seinem Blut die einzige Rettung, die es gibt. Hätten sie diese Grunderfahrungen der Gemeinde geteilt, so hätten sie sich nie von der Gemeinde lösen können, sondern wären **„bei uns geblieben"**. Irgendwie saß in ihnen bereits ein ganz anderes Denken und Verlangen, daß sich nun vom Strom der Gnosis fassen und forttreiben ließ bis zum Leugnen des eigentlichen Evangeliums[91].

Aber ist das nicht ein erschütternder Vorgang: Männer, die einmal selber in der Gemeinde standen, wahrscheinlich sogar als Verkünder und Lehrer, bekämpfen Jesus als Erretter und wollen dabei noch in einem „höheren" Sinn Christen sein! Wie sollen die Gemeindeglieder das verstehen? Und wie kann Gott so etwas zulassen? Johannes sieht in dem Vorgang einen ernsten göttlichen Sinn, wie ihn auch Paulus bei den Wirrnissen in Korinth sah (1 Ko 11, 19). **„Aber sie sollen offenbar werden, daß sie nicht alle von uns sind."** Es soll nicht bei verborgenen Trennungen bleiben. Der Gott der Wahrheit will ins Licht stellen, was nicht wurzelhaft zur Gemeinde gehört. Es ist göttliches Gericht, Scheidung von Gott her, die sich hier in der „letzten Stunde" vollzieht.

[91] So werden wir es immer wieder bei denen finden, die aus der Gemeinde selber stammen und dann zu Gegnern Jesu werden: die innere Scheidung von der Gemeinde Jesu und von der Botschaft war in der Tiefe immer schon da. Nur wahrhaft Verlorene brauchen einen Erretter, wie er in Jesus, dem stellvertretend für uns am Fluchholz Sterbenden, vor uns steht, und können nie von ihm los. Vgl. dazu das in der Einleitung über die Gnosis Gesagte.

Ist die Gemeinde dem verwirrenden Geschehen ohne Hilfe ausgeliefert? Ganz und gar nicht. Wieder spricht der Apostel ihr zu, was sie als ihren Reichtum besitzt. **„Und ihr habt Salböl von dem Heiligen und seid wissend alle miteinander** (oder: wißt alles)." Auf eigenes Erkennen und Urteilen gestellt, konnte die Gemeinde unsicher werden. Aber sie hat **„chrisma = Salböl"**, weil sie dem Gesalbten, dem „Christos", gehört und von ihm mit dem Heiligen Geist gesalbt und versiegelt ist (2 Ko 1, 21). Dieses „Salböl" haben sie **„von dem Heiligen"**, von dem, der als Heiliger keinen täuschenden Schein und keine Lüge zuläßt und darum seine Gemeinde zur Erkenntnis der Wahrheit rüstet. Der Text des Satzes ist nicht eindeutig. Die Handschriften haben teils ein **„ihr wißt alle"**, teils ein **„ihr wißt alles"**. Die Bezeugung ist dabei ziemlich gleich stark. **„Ihr wißt alle"** ist unbequem durch das Fehlen eines Objektes. Wir haben es darum in der Übersetzung als **„ihr seid wissend alle miteinander"** wiedergegeben. Die andere Aussage, daß die Gemeinde durch den Heiligen Geist **„alles"** weiß, müßte uns nicht stören: ist ihr doch das Geleitetwerden „in alle Wahrheit" ausdrücklich versprochen (Jo 16, 13) und kommt doch dieses **„alles"** in V. 27 nochmals vor. Aber es mag gerade darum die etwas schwierigere Lesart **„alle"** in V. 20 die ursprüngliche sein. In den Textzusammenhang paßt sie erheblich besser hinein. Es kommt der Gefährdung durch die „Antichriste" gegenüber nicht so sehr darauf an, daß die Gemeinde **„alles weiß"**. Es kommt darauf an, daß **„alle"** ihre Glieder durch das Salböl zum Durchschauen des Antichristentums gerüstet sind. 20

21

Wenn sie aber „im Heiligen Geist" **„wissend alle miteinander"** sind[92], ist dann der Brief des Apostels nicht überflüssig? In der Tat, sie sollen den Brief nicht so auffassen, als sehe Johannes in ihnen Unwissende, die er erst belehren müßte. **„Ich schrieb euch nicht, weil ihr die Wahrheit nicht wißt."** Der Apostel schreibt gerade, **„weil ihr sie wißt"**. Denn die Wahrheit, auch die vom Geist Gottes vermittelte, ist nicht ein müheloser, unangefochtener Besitz. Die Gemeinde hat die stete Stärkung und Klärung nötig. Gerade jetzt hat sie sie nötig, um die Erschütterung zu überwinden, wenn bekannte Männer, die einst zur Gemeinde gehörten, sie jetzt von Jesus zu einem angeblichen „höheren" und reicheren Christsein fortrufen. Wenn sie „die Wahrheit wissen", dann können sie selber die neuen Lehren durchschauen und in aller Klarheit abweisen, **„weil jede Lüge nicht aus der Wahrheit stammt"**. Diese einfache Tatsache müssen sie festhalten, daß Wahrheit immer nur **„Wahrheit"** hervorbringen kann. Die gnostischen Irrlehrer sagen der Gemeinde, sie kämen doch aus ihr selbst her und hätten nur

92 Das entspricht dem „Neuen Bund", den Gott durch Jeremia (31, 31—34) verheißt, wo keiner mehr den andern lehren muß, sondern alle Gott erkennen, beide, klein und groß.

die viel zu primitive und enge Wahrheit weiter entwickelt und zu höheren Wahrheiten geführt. Die Gemeinde aber kann und muß erkennen, daß es sich hier nicht um „Weiterentwicklung", sondern um die Entleerung und Auflösung der eigentlichen, rettenden Wahrheit Gottes, also um „Lüge" handelt. „Lüge" aber wird vergeblich ihren Stammbaum auf die **„Wahrheit"** zurückzuführen suchen.

22 Aber sind denn diese Vertreter eines neuen und höheren Christentums, einer christlichen Gnosis, **„Lügner**[92a]**"**? Meinen sie es nicht völlig ehrlich? Sind sie nicht von ihrer Sache überzeugt? Wir sind schnell bereit, alles mögliche als „ehrliche Überzeugung" zu achten und anzuerkennen. Für die bevollmächtigten Boten der Wahrheit Gottes sieht es anders aus. Es geht ihnen bei der „Wahrheit" um die „Wirklichkeit", die Gott selbst gezeigt hat. Diese seine Wirklichkeit darf nicht verdeckt, entstellt, zerstört werden. Wer Gottes Wirklichkeit leugnet[93] oder verfälscht, der ist objektiv ein **„Lügner"**, auch wenn er subjektiv aus „ehrlicher Überzeugung" redet und handelt. Vollends ist das so bei der höchsten und endgültigen Enthüllung und Darbietung der Wahrheit Gottes in Jesus. **„Wer ist der Lügner, wenn nicht der, der leugnet, daß Jesus der Christus ist**[94]**?"**

Das grundlegende Urbekenntnis der Christenheit ist in dem kurzen Satz zusammengefaßt, der uns wie ein bloßer Name erscheint: „Jesus Christus." Es ist aber in der hbr und aramäischen Sprache eigentlich ein ganzer Satz und kann es so auch im Grie sein: „Jesus ist der Christus." Dabei ist hier „der Christus = der Gesalbte" nicht mehr in seinem ursprünglichen Sinn als „der Messias Israels" gemeint. Das ist Jesus ganz gewiß auch! Aber längst war die Botschaft von Jesus zu den Nationen gekommen, und der Christustitel hatte jenen umfassenden Sinn angenommen, den schon die Samariter erfaßt hatten, als sie Jesus „den Retter der Welt" nannten (Jo 4, 42). **„Jesus Christus"** ist nichts anderes als jenes „Kyrios Jesous", das Paulus in 1 Ko 12, 3 als das vom Geist Gottes gewirkte Grundbekenntnis des wirklichen Christen darstellt: „Herr ist Jesus!" Und nun wird gerade dieses Grundbekenntnis verneint! Es wird **„geleugnet, daß Jesus der Christus ist"**. „Leugnen" ist wie „Bekennen" nicht ein bloßes Denken und Meinen, sondern ein ausdrückliches Aussprechen und Bezeugen. Hier

[92a] Vgl. dazu S. 35—36.

[93] Es ist beachtlich, daß im Deutschen die Worte „leugnen" und „lügen" sprachlich verwandt sind. Im „Lügen" „leugnen" wir die Wirklichkeit, die wir sehen und achten sollten.

[94] Darum ist Satan ein „Lügner und der Vater der Lüge", weil er zuerst und radikal Gottes Wirklichkeit und Liebe bestreitet und zu vernichten sucht. Vgl. Jo 8, 44 und die Auslegung dazu in der W. Stb. Darum sind auch die „Antichriste", die Johannes vor sich sah, ebenso vom Satan inspiriert und bevollmächtigt, wie es der Antichristus selbst sein wird.

wird nicht gefragt und überlegt, hier ist es für bestimmte „christliche" Kreise eine laut verkündigte Sache: Jesus ist nicht der Christus! Es ist dann nicht mehr wichtig, welchen Platz man Jesus zuweist und welchen Namen man ihm läßt. Mit der Behauptung „Jesus ist nicht der Christus" ist nach dem Urteil des Johannes das Christentum als solches aufgehoben. Indem sich diese Lehre gegen den Kern der Christusbotschaft wendet, wird sie „Antichristentum". Hier verdrängt der Antichrist den Christus Gottes. **„Dieser ist der Antichrist, der den Vater und den Sohn leugnet."**

Johannes möchte, daß die Gemeinde sieht: es geht hier nicht um einen einzelnen Lehrpunkt, um eine abweichende theologische Meinung, über die man reden könnte. Hier ist **„der Sohn"** geleugnet, d. h. das ganze Wesen Jesu und seine Sendung als Offenbarer des Vaters und als Gabe seiner versöhnenden Liebe. Und damit ist auch **„der Vater"** selbst verkannt. Die Gemeinde darf sich nicht dadurch verführen lassen, daß die neuen Lehren natürlich auch von „Gott" sprechen und „Gott" viel tiefer und höher und reiner zu erfassen behaupten, als er in dem rückständigen, apostolischen Christentum erkannt werde. Dieser „Gott" ist auf jeden Fall nicht mehr der „Vater Jesu Christi", der wahre, lebendige Gott! **„Jeder, der den Sohn leugnet, hat auch den Vater nicht."** Hier läßt sich nichts trennen. So hat es Jesus grundlegend dem Philippus gesagt, der Jesus bat: „Zeige uns den Vater, so genügt uns." Der „Vater" ist nicht irgendwo zu finden und zu „zeigen". Der Vater ist nur an einer einzigen Stelle zu sehen: in Jesus, im Sohn. „So lange bin ich bei euch, und du kennst mich nicht, Philippus? Wer mich sieht, der sieht den Vater" (Jo 14, 9). Es ist ein irriger Einwand, wenn uns vorgeworfen wird, wir sprächen immer nur von Jesus und entwerteten dadurch Gott, den Vater. Dieser Einwand verkennt, daß Jesus nur dadurch der **„Sohn"** ist, weil er zum **„Vater"** gehört, und daß darum jeder ernsthafte Blick auf den Sohn zugleich den Vater sieht, der ihn gesandt hat und für den der Sohn lebt[95]. 23

Der Apostel hebt die Gemeinde in einem vorangestellten und betonten **„Ihr"** von den Irrlehrern ab und fügt diesem aufrufenden „Ihr" 24

[95] Wie aktuell für uns heute diese Sätze des Johannes sind, muß nicht erst dargelegt werden. Es geht dabei nicht nur um lebensgefährliche Theologien, sondern auch um die vielen Menschen, die in aller Harmlosigkeit versichern, sie könnten mit Jesus nichts anfangen und brauchten ihn auch nicht, weil sie ja unmittelbar Gott, den Vater, und die Geborgenheit bei ihm hätten. Nein, „jeder, der den Sohn leugnet, hat auch den Vater nicht!" Der Vater, der in Jesus „das Wort" gesprochen und der verlorenen Welt in ihm seine rettende Liebe geschenkt hat, kann sich von Jesus nicht trennen lassen. Welch ein unsagbarer Hochmut spricht sich in der scheinbaren „Harmlosigkeit" aus. Gott findet keinen andern Weg zu uns als in der Hingabe seines Sohnes; wir aber erklären: „Nicht nötig; ich muß Gott auch so lieb und recht sein." Hier wird der Abgrund der Sünde in völliger Blindheit nicht gesehen.

seine Mahnung an: **„Ihr, was ihr gehört habt von Anfang, das bleibe in euch."** Genau wie bei dem „Gebot" in 2, 7 wird auf den **„Anfang"** ihres Christseins hingewiesen. Dabei meint auch hier das Wort „Anfang" nicht den bloßen zeitlichen Beginn als solchen. Der **„Anfang"** des Christwerdens ist nicht ein bloßer „Beginn", es ist ein mächtiges, schöpferisches Geschehen von Gott her wie der „Anfang" der Schöpfung (vgl. 2 Ko 4, 6)[96]. In diesem Geschehen wurden sie erfaßt und überwunden von der Wahrheit Gottes, erkannten ihre Sünde und Verlorenheit, sahen Jesus, den Sohn, in seiner Herrlichkeit als die Versöhnung für unsere Sünden, ja für die ganze Welt, und wurden Jesu Eigentum. Darum muß das in ihnen **„bleiben"**, was sie **„von Anfang gehört haben"**. Denn, **„wenn in euch bleibt, was ihr von Anfang gehört habt, werdet auch ihr selbst in dem Sohn und dem Vater bleiben"**. Achten wir wohl auf den Wortlaut! Johannes mahnt nicht etwa die Gemeindeglieder zum „Bleiben" bei bestimmten Ansichten und Lehren und vertritt nicht irgendeinen „Traditionalismus". Er redet nicht als ein alter Mann, der die Gemeinde in ausgefahrenen Gleisen festhalten will. Nein, die von Anfang gehörte Botschaft soll in ihnen „bleiben". Sie ist eine selbständige, lebendige Größe von eigener Wirkungskraft. Sie ist das „Wort des Lebens", das allein imstande ist, uns wahres Leben zu geben und so nach der Zusage von 1, 3 in der Gemeinschaft mit dem Vater und dem Sohne zu erhalten. Sie verlieren das Leben, wenn das von Anfang gehörte Evangelium nicht in ihnen bleibt. So entscheidend ist das „Hören[97]" der Botschaft und das „Bleiben" des Gehörten in uns.

25 Darum fügt Johannes noch den kurzen Satz an: **„Und das ist die Verheißung, die er selbst verheißen hat: das ewige Leben."** „Ewiges Leben" haben gerade auch die Gnostiker den Menschen versprochen. Aber warum sollen wir uns von neuen Lehren versprechen lassen, was **„er selbst"** uns längst verheißen hat, **„er selbst"**, den wir kennen, dem wir vertrauen, der sein Blut vergoß, um uns von dem einen großen Hindernis des ewigen Lebens, von unsern Sünden, zu reinigen?

26/27 Johannes faßt zusammen: **„Dies schreibe ich euch über die, die euch irreführen."** Die Männer der neuen Richtung suchen die Gemeinde loszumachen von ihrem ganzen bisherigen Besitz. Wohin führen sie die Gemeinde? Johannes kann nur sagen: in die Irre! Aber ist das nicht nur eine bloße Behauptung? Soll die Gemeinde sich einfach dem Wort des alten Apostels beugen? Nein. Johannes weiß sich in einer ganz anderen Lage der Gemeinde gegenüber. Er muß sie nicht mit

[96] Paulus hat die Korinther ebenso wie die Thessalonicher auf dieses Geschehen hingewiesen (1 Ko 2, 4.5; Kol 2, 12; 1 Th 1, 4—10).

[97] So sagt es Paulus grundlegend in Rö 10, 17: Also kommt der Glaube aus dem Hören, das Hören aber durch das Wort des Christus.

bloßer äußerer Autorität halten. Die Gemeinde hat selber den wahren, innerlich überführenden „Lehrer" in ihrer Mitte, in ihrem Herzen. Denn mit dem Wort, das sie von Anfang hörten, kam der Heilige Geist in die Gemeinde. „Wort" und „Geist" sind unmittelbar verbunden. Nur das vom Geist geformte und beglaubigte Wort überführt und bringt zum Glauben. Und wiederum im glaubenden Hören des Wortes werden wir mit dem Heiligen Geist versiegelt[98]. Für die Apostel war der Geistesbesitz für die Gemeinde kein „Problem", keine fragliche Sache, um die immer neu und also wohl ohne klare Erhörung zu bitten war. Die Gemeinde besitzt das „Salböl", wie schon V. 20 sagte. Johannes stimmt dem Zeugnis eines Paulus voll zu. Wieder stellt er das heraushebende **„Und ihr"** an den Anfang und bestätigt dann der Gemeinde: **„Und ihr, das Salböl, das ihr empfangen habt von ihm, bleibt in euch."** Das „Salböl" wird nicht wieder weggenommen. Der Geist verschwindet nicht immer wieder aus der Gemeinde, um auf ständig neues Bitten immer wieder neu gegeben zu werden. Das verliehene **„Salböl" „bleibt in euch"**. Darum kann Johannes noch einmal aufgreifen, was er in V. 21 sagte. Er schreibt nicht, weil die Gemeinde unwissend und hilflos ist. Er versichert ausdrücklich: **„Und ihr habt nicht nötig, daß jemand euch belehre."** Aber Johannes kennt auch das Geheimnis von der Verbundenheit des Geistes mit dem apostolischen Wort. Der Geist wirkt und lehrt in der Gemeinde. Er lehrt und wirkt aber nicht neben der apostolischen Botschaft oder gar über sie hinaus, sondern in ihr und mit ihr zusammen. **„Vielmehr wie sein Salböl euch belehrt über alles, so ist es auch wahr und ist keine Lüge."** Indem der Apostel der Gemeinde schreibt, geschieht es gerade, daß das Salböl sie **„belehrt über alles"**. Wenn die Gemeinde diesen Brief vorlesen hört, dann gibt ihr der Geist der Wahrheit sein Zeugnis und sie weiß es mit Freuden: **„So ist es wahr und keine Lüge."** Auch hier geht es nicht um die menschliche Aufrichtigkeit des Apostels und um seine subjektive Wahrhaftigkeit. Der Geist Gottes bezeugt die objektive Wirklichkeit, die in der apostolischen Botschaft „von Anfang" klar gelehrt worden ist und bei der die Gemeinde aller geistvollen „Lüge" gegenüber **„bleiben"** soll. **„Wie es** (das Salböl) **euch gelehrt hat, so bleibt in ihm."** Hier ist im Unterschied zu V. 24 nicht das Bleiben des Gehörten in der Gemeinde, sondern das Bleiben der Gemeinde in der gehörten Botschaft gefordert. Immer steht das göttliche Wirken wie in V. 24 als das Entscheidende voran. Aber nie verzichtet dieses göttliche Wirken auf unsere ernsthafte Beteiligung. Was wir von Anfang gehört haben, das „bleibt" nicht mechanisch und von selbst in uns, sondern nur dann, wenn wir dem Wirken des Geistes Gottes Raum

98 Vgl. besonders 1 Ko 2, 6–16; Eph 1, 13.

geben und unter seinem Regieren willentlich selber „bleiben[99]". So wahr der lebendige Gott der Dreieinige ist, bleiben sie „in ihm", im Vater und im Sohn, wenn sie im Geist und in seinem Lehren bleiben.

DIE ERWARTUNG DER PARUSIE JESU

1 Johannesbrief 2, 28 — 3, 3

zu Vers 28:
1 Jo 3, 2
4, 17
zu Vers 29:
1 Jo 3, 7. 10
4, 7
Kap 3
zu Vers 1:
1 Jo 5, 20
Lk 20, 36
Jo 1, 12 f
Eph 1, 5
zu Vers 2:
1 Jo 2, 28
Mt 5, 8
Rö 8, 17. 29
2 Ko 3, 18
Phil 3, 21
Kol 3, 4
Hbr 12, 14
Jes 53, 4—6
zu Vers 3:
2 Ko 7, 1

28 **Und nun, Kindlein, bleibt in ihm, damit wir, wenn er offenbart**
wird, freie Zuversicht haben und nicht zu Schanden werden fort
29 **von ihm bei seiner Parusie. * Wenn ihr wißt, daß er gerecht ist,**
erkennt ihr, daß auch jeder, der die Gerechtigkeit tut, aus ihm
3,1 **geboren** (oder: gezeugt) **ist. * Seht, was für eine Liebe uns der**
Vater geschenkt hat, daß wir Kinder Gottes genannt werden, und
wir sind es. Deswegen erkennt die Welt u n s nicht, weil sie i h n
2 **nicht erkannt hat. * Geliebte, jetzt sind wir Kinder Gottes, und**
es wurde noch nicht offenbar, was wir sein werden. Wir wissen,
daß, wenn es (oder: er) **offenbar werden wird, wir ihm ähnlich sein**
3 **werden, denn wir werden ihn sehen, wie er ist. * Und jeder, der**
diese Hoffnung auf ihn setzt, reinigt sich, gleichwie jener rein ist.

Mit dem Ruf zum „Bleiben in ihm" hatte der vorige Abschnitt geschlossen. Dabei wurde auf die Gegenwart gesehen, in der der Heilige Geist mit Vollmacht lehrt und die Wahrheit beglaubigt. Die Gemeinde darf sich nicht durch irreführende Lehren von dieser Wahrheit, die zuletzt Jesus selber „ist", wegziehen lassen. Der neue Abschnitt des Briefes wiederholt diese dringende Mahnung: **„Bleibt in ihm."** Aber der Blick der Gemeinde wird jetzt von neuem auf die große Zukunft

28 gerichtet, der sie entgegengeht. **„Und nun, Kindlein, bleibt in ihm, damit wir, wenn er offenbart wird, freie Zuversicht haben und nicht zu Schanden werden fort von ihm bei seiner Parusie."** Johannes, der gern seine eigene Sprache spricht, zeigt auch hier wieder, daß er trotzdem ganz im Denken der Urchristenheit geblieben ist. Er verwendet

[99] Mit diesem Abschnitt ist der Gemeinde aller Zeiten gesagt, wie sie im Gewirr immer neuer Meinungen und Strömungen am Leben bleibt. Es geht nicht um ein „Festhalten am Alten" als solchem. Aber es geht allerdings um das „Bleiben" der apostolischen Botschaft in ihrer Mitte und um ihr bewußtes „Bleiben" im Lehren des Heiligen Geistes, der nie etwas anderes als diese apostolische Botschaft als „göttliche Wahrheit" beglaubigen wird.

wie sie für die neue Offenbarung Jesu den Ausdruck „**Parusie**[100]". Er hat also die Zukunftserwartung der Urchristenheit nicht „entmythologisiert" und nicht an die Stelle der „**Parusie**" in existenzialistischer Umdeutung ein jeweils gegenwärtiges Geschehen gesetzt. Nein, der Weltlauf als ganzer geht nicht einfach immer so weiter. Er findet seinen Abschluß in der neuen Offenbarung Jesu „**bei seiner Parusie**". Da aber entscheidet sich unsere eigene „ewige Zukunft". Diese Entscheidung ist ihrem Wesen nach das Wichtigste, was es überhaupt für uns geben kann. Unsere Ewigkeit steht dabei auf dem Spiel. Darum die erneute Mahnung des Apostels mit der herzlichen Anrede „**Kindlein**". „**Er**", um den jetzt der Streit geht, Jesus selbst, wird offenbart in Herrlichkeit. Wie werden „**wir**" dann dastehen? Johannes richtet unsern Blick bei dieser Frage nicht auf unsere moralischen Qualitäten. Es geht um ein einziges: Sind wir „in ihm geblieben"? Haben wir den Verlockungen von ihm weg widerstanden? Haben wir in ihm das Leben gefunden und den einzigen Retter von unsern Sünden? Haben wir den Trug durchschaut in den Heilslehren, die uns ein ewiges Heil ohne Jesus und sein Versöhnungswerk versprechen? Wenn Jesus sich offenbaren wird in Macht und Herrlichkeit, dann haben alle die eine „**freie Zuversicht**", die in seinem Blut die Reinigung von ihren Sünden und in seinem Kreuz allein ihre Gerechtigkeit suchen. Sie „**werden nicht zu Schanden**". Im Gegenteil, vor dem nun nicht mehr verborgenen, sondern offenbaren Heiland leuchtet es in heller Klarheit, daß sie auf dem Felsengrund stehen und in sichtbarer Herrlichkeit alles das in Jesus haben, worauf sie bei ihm vertrauten. Nun gibt es keine Zweifel mehr. Wer sich aber von Jesus wegziehen ließ, der wird „**zu Schanden fort von ihm bei seiner Parusie**". Er wollte nicht „in ihm bleiben", sondern suchte anderswo sein Heil. Nun muß er ganz das haben, was er wollte, und „**fort von ihm**" sein, von ihm, der jetzt als das einzige Heil und als das ewige Leben offenbart ist. Er erlebt eine erschütternde Enttäuschung: er muß erkennen, wie er der Lüge verfallen war und die Wahrheit und das Leben verloren hat. Er „wird zuschanden".

Johannes will aber die große Zukunftshoffnung unterbauen durch 29
den Blick auf die Existenzverwandlung, die in der Tatsache unserer Gotteskindschaft vor uns steht. Dazu leitet er über mit dem Satz: „**Wenn ihr wißt, daß er gerecht ist, erkennt ihr, daß auch jeder, der die Gerechtigkeit tut, aus ihm geboren** (oder: gezeugt) **ist.**" Johannes

[100] Das Wort bezeichnet die neue „Anwesenheit", aber auch das „Kommen" zu ihr (vgl. 1 Ko 16, 17 und die Auslegung in der W. Stb.) Lat wird es mit „adventus" wiedergegeben und speziell als Fachwort für das „Kommen" eines neuen Kaisers und für seinen feierlichen Einzug in die Hauptstadt Rom gebraucht. Die ersten Christen hatten dadurch sofort ein sehr anschauliches Bild und Gleichnis für den „Advent", für die „Parusie" des „Herrn" Jesus.

verwendet hier, wie Paulus es immer wieder tut, den Ausdruck **„gerecht“**. Der Grieche wollte den Menschen „schön“ und „gut“ sehen, in sich selbst vollendet. Johannes aber sieht den Menschen vor Gott und unter Gottes Willen und Forderung gestellt, der er „gerecht“ werden muß. Jesus war **„gerecht“**, das weiß jeder, der ihn wirklich kennt. Er konnte von sich sagen, daß er seines Vaters Gebote halte und in seiner Liebe bleibe (Jo 15, 10). Mit Freude erfüllte er „alle Gerechtigkeit“ (Mt 3, 15). So soll und kann auch unser Leben aussehen. Aber niemand hat das aus sich selbst; niemand bringt es durch seine eigene Mühe zustande. Von Gerechtigkeit schwärmen mögen viele. „Gerechtigkeit“ schön und notwendig finden, das liegt wohl in uns. Wir haben „Lust an Gottes Gesetz nach dem inwendigen Menschen“ (Rö 7, 22). Aber es geht, wie es hier Johannes sagt, um das „Tun“: **„jeder, der die Gerechtigkeit tut“**. Da liegt unser natürliches Elend: „Das Gute, das ich will, das tue ich nicht, sondern das Böse, das ich nicht will, das tue ich“ (Rö 7, 19). Das wird nur anders durch ein radikales Geschehen, das Johannes ein **„aus ihm geboren werden“** nennt[101].

3, 1 Gibt es tatsächlich solche Menschen? Johannes antwortet: **„Seht, was für eine Liebe uns der Vater geschenkt hat, daß wir Kinder Gottes genannt werden, und wir sind es.“** Es gibt Kinder Gottes! Und es gibt sie nicht nur irgendwo unter andern Menschen. Johannes spricht jetzt gerade nicht mehr von „jedem, der . . .“, sondern spricht von **„uns“**. **„Wir“** werden Kinder Gottes genannt, und **„wir“** sind es! Wer sich in dieses „Wir“ nicht einzureihen wagt, muß mit Ernst nachprüfen, wie es um ihn bestellt ist und wie er dann zu Gott steht? Es geht nicht um unsere Frömmigkeit und Vortrefflichkeit, mit der wir uns selbst zu Gottes Kindern machen könnten oder sollten. Dann würden wir uns freilich niemals zu den „Wir“ zählen können, von denen Johannes hier spricht. In Wahrheit aber ist es ganz anders. Wir dürfen so, wie wir sind, zu Jesus kommen und uns Jesus übergeben. Dann „nennt“ uns der Vater Jesu Christi augenblicklich seine Kinder und gibt uns in Jesus und um Jesu willen seine Liebe und sagt es uns, daß wir nun sein geliebtes Kind sind.

Johannes ruft uns mit Recht zu: **„Seht, was für eine Liebe uns der Vater geschenkt hat“**! Der Ausdruck **„Was für eine Liebe“** meint nicht nur ihre bloße „Größe“; das freilich auch. Der Ausdruck weist — genau wie das „So“ in Jo 3, 16 — auf die besondere Art dieser Liebe. Uns Feinde Gottes, uns entstellte, beschmutzte Menschen seine Kinder „nennen“, das kann nur eine leidende, tragende, blutende Liebe. **„Wa**

[101] Vgl. dazu das Wort Jesu an Nikodemus in Jo 3, 3. 5. Paulus spricht vom Frei-gemacht werden „von dem Gesetz der Sünde und des Todes durch das Gesetz des Geistes des Lebens“ (Rö 8, 2).

für eine Liebe" ist das! Es ist zunächst eine „Adoption", die hier geschieht. Unserm Wesen nach sind wir noch gar nicht Kinder Gottes. Aber eine wirkliche Adoption gibt uns die volle Kindesstellung, das ganze Kindesrecht[102]. Wenn wir vor Gott seine Kinder **„genannt werden"**, wird uns nicht nur ein Etikett aufgeklebt und ein leerer Name angehängt. Darum setzt Johannes hinzu: **„Und wir sind es[103]."** Unsere Gewißheit darüber stammt nicht aus dem, was wir selber an uns beobachten und feststellen können, sondern aus dem Wissen, daß Gottes Sagen und Nennen mit innerer Notwendigkeit ein schöpferisches Wirken ist. „Denn wenn er spricht, so geschiehts; wenn er gebietet, so stehts da" (Ps. 33, 9)[104].

Aber muß es dann nicht doch irgendwie als „Wirklichkeit" zu merken sein? Johannes bejaht diese Frage und fügt einen eigentümlichen Beweis dafür an. **„Deswegen erkennt die Welt uns nicht, weil sie ihn nicht erkannt hat."** Wenn wir uns selbst betrachten und untersuchen, werden wir vielleicht sehr wenig von Gotteskindschaft an uns entdecken und kaum einen Unterschied von andern Menschen in uns sehen. Aber merkwürdig: **„die Welt"** spürt sofort an uns das ihr Fremde und Andersartige! Sie **„erkennt uns nicht"** in unserem Wesen. Dabei ist hier wie überall in der Bibel mit „Erkennen" mehr gemeint als nur ein verstandesmäßiges Begreifen. Es geht um ein Offensein für den andern und um ein liebendes Erfassen. Darum bedeutet umgekehrt ein „Nicht erkennen" nicht nur einen Mangel an Einsicht, sondern eine Verschlossenheit für den andern, eine innere Ablehnung, die bis zur Feindschaft gehen kann. Gerade das, was uns das Kostbarste und Wesentlichste in unserm Leben ist, ärgert die **„Welt"** und stößt sie ab. Das ist uns oft recht schwer. Aber Johannes sagt uns: Freut euch doch darüber! Hier habt ihr einen objektiven, nicht von euch selbst erfundenen Beweis dafür, daß ihr „anders" seid, von Gott

102 Johannes geht hier ganz parallel mit der „Rechtfertigungslehre" des Paulus. So wie in dieser die Gerecht s p r e c h u n g im Vordergrund steht, unentbehrlich tröstlich für uns, so beginnt Johannes auch unsere Gotteskindschaft mit dem Kindesnamen, den wir erhalten. Freilich, es muß bei Paulus wie bei Johannes gesehen werden, daß für sie Gottes „Sprechen" und „Nennen" die schöpferische Realität in sich hat. Wer von Gott gerecht gesprochen ist, der „ist" vor ihm gerecht. Wen Gott sein geliebtes Kind „nennt", der „ist" auch wirklich sein Kind.

103 Dieser kurze Satz findet sich in den Handschriften von Koine nicht, darum hat ihn auch Luther in seiner Übersetzung nicht. Die rev. LÜ bringt ihn mit Recht. Die Bezeugung in bedeutenden Handschriften ist stark. Seine Weglassung läßt sich aus dem sprachlich schlechten Anschluß des Satzes erklären.

104 Es ist unbegreiflich, daß wir uns nicht ganz anders täglich und stündlich darüber freuen! Ist es uns schon so zur bloßen Gewohnheit geworden? Oder glauben wir es noch gar nicht wirklich?

geboren und von ihm bestimmt[105]. Die Welt kann uns nicht **„erkennen"**, nicht verstehen und schätzen, **„weil sie ihn nicht erkannt hat"**. Bei dem „Erkennen" Gottes ist es vollends klar, daß es dabei nicht um gedankenmäßige Einsichten über Gott, um „Gottesbeweise" und dergleichen geht. Gott wird nur da „erkannt", wo er sich selber lebendig offenbart und wir uns dieser Offenbarung in Jesus öffnen und hingeben. Johannes hat darum immer neu betont, daß dieses „Nichterkennen" Gottes auf einem verborgenen Nichtwollen, auf einer Ablehnung seines Lichtes und seiner Liebe beruht und „Schuld" ist. Wer sich vor Gottes Offenbarung verschließt, kann die Züge der Gotteskindschaft an Menschen nicht erkennen, bzw. diese Züge werden ihm zum Anstoß.

2 Aber bei diesem gebrochenen Licht, bei dieser unvollkommenen Gotteskindschaft soll es nicht bleiben. Es liegt noch ein Geheimnis über unserm Leben; von dem schreibt Johannes nun der Gemeinde: **„Geliebte, jetzt sind wir Kinder Gottes, und es wurde noch nicht offenbar, was wir sein werden. Wir wissen, daß, wenn es** (oder: er) **offenbar werden wird, wir ihm ähnlich sein werden, denn wir werden ihn sehen, wie er ist."** Von Gottes unbegreiflicher Liebe hat Johannes gesprochen und mit einem „Seht!" hat er auf sie hingewiesen. Darum redet er die Empfänger des Briefes jetzt als **„Geliebte"** an. Er bekräftigt es: **„Geliebte, jetzt sind wir Kinder Gottes."** Auch wenn das Sätzchen in V. 1 „und wir sind es" nicht ursprünglich wäre, hier sehen wir, daß Johannes nicht an einen bloßen „Namen" der Gotteskindschaft ohne Realität gedacht hat. Aber allerdings, auch Johannes weiß um jenes „schon und noch nicht", das allen Aussagen des NT über uns Christen ihre Eigenart gibt. Kein ntst Gottesbote denkt „perfektionistisch"; keiner meint, daß die Gemeinde „perfekt", „vollendet" sei. Jeder weiß, wieviel Mahnungen die „Heiligen" nötig haben, damit sie wirklich als „Heilige" leben. Und Paulus zeigt in Rö 8, 23 und 8, 10. 11 mit schroffer Klarheit die unüberschreitbaren Grenzen unseres Neuwerdens jetzt in unserer Existenz. Darum ist die „Eschatologie", die Verkündigung der Zukunft und das sehnende Warten auf die alles vollendenden Taten Gottes bestimmend für alle Aussagen des NT. Dem schließt sich Johannes voll an, auch wenn er das „Haben" des ewigen Lebens, das „Hinübergeschrittensein aus dem Tode in das Leben" (1 Jo 3, 14; Jo 5, 24) besonders betont. Dennoch weiß er es: Wir sind noch nicht, **„was wir sein werden"**. Wir sind es noch nicht, ja, es wurde noch nicht einmal offenbar! Vielleicht wendet sich Johan-

[105] Jesus selbst hat es seinen Jüngern noch kräftiger gesagt: „Wäret ihr von der Welt, so hätte die Welt das Ihre lieb. Weil ihr aber nicht von der Welt seid, sondern ich euch aus der Welt erwählt habe, darum haßt euch die Welt" (Jo 15, 19).

nes mit diesem Satz wieder gegen die Gnosis, die allzu genau wissen wollte, wie unser Vollendungszustand aussehen wird[106].

Können wir also gar nichts darüber sagen? Wird es dann nicht ein bedrängendes Geheimnis oder auch eine Sache, die wenig für unser gegenwärtiges Leben bedeutet? Nein, wir wissen etwas sehr Wesentliches und für uns durchaus Faßbares! Wir bekommen zwar kein anschauliches Bild einer Welt, die unter völlig anderen Daseinsgesetzen steht und eben darum für uns unvorstellbar bleibt[107]. Aber wir wissen etwas von unserer eigenen Zukunft. **„Wir wissen, daß, wenn es** (oder: er) **offenbar werden wird, wir ihm ähnlich sein werden, denn wir werden ihn sehen, wie er ist."** Es ist im Grie nicht zu entscheiden, ob Johannes dabei ein **„wenn es . . ."** oder ein **„wenn er"** offenbar werden wird vor Augen hat. Für die Sache, um die es hier geht, ist der Unterschied ohne Bedeutung. Wenn **„es"** offenbar wird, dann ist auch „seine" neue Offenbarung darin mit eingeschlossen. Und wenn „er" in seiner Herrlichkeit kommt, dann wird **„es"** offenbar, was wir sein werden. Aber sprachlich liegt es doch näher, das jetzt angekündigte Offenbarwerden auf das „es wurde noch nicht offenbar" zurückzubeziehen und die Übersetzung **„wenn es offenbar werden wird"** vorzuziehen. Was aber wird dann hell an uns zu sehen sein, wenn „es" oder „er" offenbar werden wird? **„Daß wir ihm ähnlich sein werden."** Wenn wir „homoios" mit **„gleich"** wiedergeben, was durchaus möglich ist, sagt es doch keine Gleichheit im strengen Sinn aus[108]. Die Übersetzung mit „ähnlich" wird darum vorzuziehen sein[109]. Absolute „Gottgleichheit" haben wir auch in der Vollendung nicht zu erwarten. „Homoousios to patri", „wesensgleich mit dem Vater", ist nur der Eine, der Sohn, Jesus.

Freilich, für das Verständnis der Stelle ist es nicht unwichtig zu entscheiden, wer mit dem „er" gemeint ist, dem wir „ähnlich" sein werden, wenn wir „ihn" sehen, wie er ist: Gott selbst oder Jesus? Wird hier die alte Sehnsucht nach der unmittelbaren Gottesschau (2 Mo 33,

106 Auch wir müssen hier mit Ehrfurcht Grenzen unserer Erkenntnis stehen lassen. Die Schrift ist außerordentlich zurückhaltend in ihren bildhaften Andeutungen der kommenden Vollendung. Ein Paulus hat uns nichts von dem wiedergegeben, was er im dritten Himmel und im Paradies sah. Die Worte, die er dort hörte, waren solche, „die kein Mensch sagen darf" (2 Ko 12, 1–4). Wir haben nicht zu wissen wollen, wovon die Schrift schweigt.

107 Eben darum kann auch die Offenbarung des Johannes nur in „Bildern" davon reden, die deutlich genug nur irdische Bilder für überirdische Herrlichkeit sind. Sie sind für uns aber von höchstem Wert als bildhafte Hinweise auf die ganze Realität dieser Herrlichkeit.

108 Vgl. dazu etwa Apg 17, 29; Gal 5, 21; Offb 13, 4. Hier ist überall nicht strenge Gleichheit gemeint, sondern nur eine Weise der Entsprechung.

109 In Rö 8, 29 benutzt Paulus das Wort „gleichgestaltet", ebenso in Phil 3, 21. Das drückt auch die „Ähnlichkeit" und nicht die „Wesensgleichheit" aus.

18—23!) endlich erfüllt? Oder steht auch hier der Sohn im Mittelpunkt, er, dessen Parusie wir erwarten, er, den wir dann in seiner ganzen Wirklichkeit unverhüllt sehen werden? Dann würde die Erwartung des Johannes völlig der des Paulus in Rö 8, 29 gleichen. Die Verwirklichung der Zusage in der Seligpreisung Mt 5, 8 geschähe dann so, daß die Herrlichkeit des Vaters im Sohne sichtbar wird.

Aber wie wir auch den Satz des Johannes verstehen, es ist auf jeden Fall unfaßbar groß, was uns als unsere Zukunft und als das Ziel unseres Lebens gezeigt wird. Wir werden **„ihm ähnlich sein"**! Wenn wir uns selbst betrachten, auch nach Jahren des Glaubenslebens und der Heiligung, können wir es nicht fassen und für möglich halten. Worauf gründet sich bei den Aposteln dennoch die Gewißheit? Paulus sieht in Rö 8, 29 eine „Vorherbestimmung" und „Verordnung" Gottes. Sie muß als solche unbedingt erfüllt werden. Johannes aber begründet seine Erwartung mit dem Satz: **„Denn wir werden ihn sehen, wie er ist."** Wir haben schon jetzt, wo wir Jesus nur im irdischen Bild „sehen", erfahren dürfen, daß uns dies „Sehen", dieser Umgang mit Jesus, nicht unverändert läßt. Paulus hat es in 2 Ko 3, 18 beschrieben. Johannes wird uns mit großer Schroffheit sagen, daß das Bleiben in Jesus unsere Trennung von jeder Sünde ist. Und wenn nun Jesus nicht mehr nur im „Wort" vor uns steht, sondern in der vollen Wirklichkeit, **„wie er ist"**, wenn wir in seiner unmittelbaren Gegenwart leben, geschieden für immer von allen Einflüssen der Welt und der Finsternis, dann werden wir wohl „wir selber" bleiben, aber unser zum Bilde Gottes geschaffenes Wesen wird dieses „Bild Gottes" widerstrahlen in der Ähnlichkeit mit dem Sohn, dem wahren „Bilde Gottes". Dieses „Wissen" vom „Himmel", vom Wesen der Vollendung des ewigen Lebens, ist wirklich genug! Alle andern bildhaften Schilderungen der Offenbarung des Johannes reihen sich doch auch um dies eine Zentrum: „Seine Knechte werden ihm dienen und sehen sein Angesicht, und sein Name wird an ihren Stirnen sein" (Offb 22, 4. 5). Von hier aus wird uns die ewige Zukunft „anschaulich", weil wir den kennen und lieben, dem wir dann ähnlich sein werden.

3 Müßten wir uns nicht ganz anders darauf freuen? Diese Freude sieht Johannes jetzt als die **„Hoffnung"** unseres Lebens. Ohne „Hoffnung" kann niemand leben. Aber alle irdischen Hoffnungen, so sehr sie uns eine Zeitlang erregen und erfüllen können, sind doch Totgeburten. Wir haben eine „lebendige Hoffnung" (1 Pt 1, 3), eine Hoffnung, die nicht mit allem andern in unserm Leben vergeht und die gerade darum auch unser Alter hell und lebenswert macht. Es ist die „Hoffnung", die der Glaubende **„auf ihn setzt"**. Diese Hoffnung kann nicht trügen, weil der, auf den wir sie gründen, nicht trügt. Sie endet nicht im Tod, weil er, auf den wir hoffen, der Todesüberwinder, der

Auferstandene ist. Aber auch diese Hoffnung — und gerade sie — wird uns nun auch wirksam in der Realität unseres Lebens bestimmen.

Es ist ein grundlegender Zug in den biblischen Aussagen über die Zukunft, daß sie nie dem bloßen Interesse des Wissens oder dem Genuß persönlichen Glückes dienen. Immer wirken sie mit Macht als Ansporn in unser gegenwärtiges Leben hinein[110]. So ist es auch bei Johannes. Er versichert: **„Und jeder, der diese Hoffnung auf ihn setzt, reinigt sich, gleichwie jener rein ist."** Achten wir auf den Wortlaut! Johannes sagt der Gemeinde nicht: Wer in dieser Hoffnung lebt, „muß" sich reinigen oder „soll" sich reinigen. Johannes ist überzeugt, es geschieht mit innerster Notwendigkeit. Auch hier fällt uns wieder die Freiheit von aller „Moral" und allem bloßen „Gesetz" auf. Aber wie kommt dann dies „Reinigen" zustande? Johannes sagt: er **„reinigt sich, gleichwie jener rein ist"**. Das „gleichwie" hat im Grie nicht nur einen vergleichenden Sinn, sondern auch einen begründenden Klang. In unserer „Hoffnung" auf Ihn, der rein ist, liegt ein „Tun" begründet, daß aus unserm Hoffen wie aus einer lebendigen Quelle immer neu strömt: eben dies „Reinigen" unseres Lebens jetzt und hier. Wenn es wirklich leuchtend in seiner Größe vor uns steht: „Ich werde ihm ähnlich sein", dann kann ich schon jetzt nichts in mir dulden, was als schmutzig, finster und ungöttlich zu seiner Reinheit nicht paßt. Wieder hat Johannes einen jener knappen Sätze vor uns hingestellt, die so einfach und doch so erregend sind. Wer in seinem Christenleben feststellen muß, daß er sich nicht **„reinigt"**, der muß sich fragen, ob er **„diese Hoffnung"** überhaupt ernstlich hat? Ja, er ist eigentlich schon ausgewiesen als einer, der sie nicht oder doch viel zu wenig hat. Ihm helfen nicht krampfhafte Reinigungsversuche, die schnell wieder erlahmen werden. Ihm hilft nur das Hören auf das Wort, das die Zukunft verkündigt, und das Ergreifen dieses Wortes im Glauben. Dann geschieht es auch in ihm: er **„reinigt sich, gleichwie jener rein ist"**.

DIE UNVEREINBARKEIT DER SÜNDE MIT DER ZUGEHÖRIGKEIT ZU JESU UND ZU GOTT

1 Johannesbrief 3, 4—10

zu Vers 4:
4 **Jeder, der die Sünde tut, tut auch die Gesetzlosigkeit** (oder: die 1 Jo 5, 17
Auflehnung gegen das Gesetz). Und die Sünde ist die Gesetz- Mt 7, 23
5 **losigkeit** (oder: die Auflehnung gegen das Gesetz). * **Und ihr wißt,** **zu Vers 5:** Jes 53, 4. 9
daß jener offenbart wurde, damit er die (oder: unsere) **Sünden** Jo 1, 29
6 **wegnehme; und Sünde ist nicht in ihm. * Jeder, der in ihm bleibt,** 1 Pt 2, 24

[110] Vgl. besonders Rö 13, 11—14; 1 Th 5, 1—11.

zu Vers 6:
1 Jo 3, 9
Rö 6, 11. 14
zu Vers 7:
1 Jo 2, 29
zu Vers 8:
1 Mo 3, 15
Mk 1, 24
Jo 8, 43 f
zu Vers 9:
1 Jo 3, 6
5, 18
3 Jo 11
Mt 7, 18
13, 37 f

sündigt nicht; jeder der sündigt, hat ihn nicht gesehen und hat ihn
7 **auch nicht erkannt. * Kindlein, niemand führe euch irre. Wer die**
8 **Gerechtigkeit tut, ist gerecht, gleichwie jener gerecht ist. * Wer die**
Sünde tut, ist aus dem Teufel, denn von Anfang sündigt der Teu-
fel. Dazu wurde offenbart der Sohn Gottes, damit er auflöse die
9 **Werke des Teufels. * Jeder, der aus Gott geboren** (oder: erzeugt)
ist, tut nicht Sünde, weil sein Same in ihm bleibt; und er kann
nicht sündigen, weil er aus Gott geboren (oder: erzeugt) **ist.**
10 *** Darin sind offenbar die Kinder Gottes und die Kinder des Teu-**
fels. Jeder, der nicht Gerechtigkeit tut, ist nicht aus Gott, und wer
seinen Bruder nicht liebt.

In diesen Versen haben wir den schwersten und radikalsten Abschnitt unseres Briefes vor uns. Hier ist ein sorgfältiges Lesen, Durchdenken, Verstehen besonders notwendig. Wir müssen dazu die willige Offenheit mitbringen, das Wort des Johannes zu hören, auch wenn es gerade uns „Gläubige" schmerzhaft treffen und in eine tiefe Buße führen kann.

4 Wir dürfen dabei freilich nicht vergessen, daß wir es mit einem echten Brief zu tun haben, der in eine bestimmte Lage hineinspricht, die wir nicht mit Sicherheit kennen, sondern erst aus den Aussagen des Briefes erschließen müssen. Das gilt besonders für den ersten Satz des Abschnittes. **„Jeder, der die Sünde tut, tut auch die Gesetzlosigkeit (oder: die Auflehnung gegen das Gesetz)."** Warum betont der Apostel so nachdrücklich, daß **„Sünde"** in jedem Fall immer auch „anomia", **„Gesetzlosigkeit", „Auflehnung gegen das Gesetz"** ist? Im Griechentum jener Zeit wurde nach dem Verfall der alten Religionen der Mensch weithin als nur auf sich selbst gestellt und nur sich selbst verantwortlich betrachtet. Daraus erwuchs eine Bindungslosigkeit des Menschen, der in allem „frei" und selbstherrlich sein wollte. Es mochte gerade in den gnostisch beeinflußten Kreisen solche geben, die in dieser Weise „griechisch" dachten und von da aus die Sünde als „Privatsache" des Menschen leicht nahmen.

Es wird gut sein, wenn wir uns davon ein Bild gerade aus der apostolischen Zeit selbst machen. Sehr anschaulich wird es uns in den Korintherbriefen des Apostels Paulus. Die Gemeinde Korinth war stolz auf die Fülle des Geistes und der Geistesgaben, die sie besaß. Aber gerade diese Gemeinde war von Eifersucht und Zank zerrissen (1 Ko 1, 11. 12; 3, 3; 4, 6). Sie findet nichts dabei, als ein Mann in ihrer Mitte seine Stiefmutter heiratet (1 Ko 5, 1 f). Brüder prozessieren gegeneinander vor heidnischen Richtern (6, 1. 2). Außerehelicher Geschlechtsverkehr schien Kreisen in der Gemeinde natürlich zu sein und zur „christlichen Freiheit" zu gehören (6, 12—20). Gemeindeglieder nahmen ohne Bedenken an Festmahlzeiten in heidnischen Tempeln teil (8, 10); und bei den abendlichen Gemeindemahlzeiten lebten die Wohlhabenden üppig, ohne zu empfinden, wie sie dabei die Armen beschämten (11, 21 f). Ein Teil der Vertreter dieser schrankenlosen Freiheit behauptete gegen alle Warnungen des Paulus sein Recht und verweigert die Buße für die Unreinigkeit und Unzucht und Ausschweifung, die sie getrieben haben. Auch Hader, Neid, Zorn und Zank und üble Nachrede gehen in der Gemeinde um (2 Ko 12, 20 f). Alle diese Sünden geschehen in einer apostolischen, aus klarer Bekehrung erwachsenen Gemeinde, die sich besonders geisterfüllt vorkam[111]. Johannes wird ähnliches in den Gemeinden gesehen haben, an die er schreibt.

Johannes aber sieht den Menschen vor Gott. Gott aber hat seinen heiligen, gültigen Willen in seinen Geboten, im „Gesetz", kund getan. „Sünde" ist darum nicht die Privatsache des Menschen, sondern Übertretung der Gebote Gottes, Auflehnung gegen Gottes Willen, „anomia", „Gesetzlosigkeit[112]. So ernst muß die Gemeinde jede Sünde nehmen! So klar muß sie hier die eigentliche Wahrheit sehen und den Trug der gnostischen Kreise durchschauen[113]. So werden wir den ersten Satz des Johannes in unserm Abschnitt zu verstehen haben. Dabei ist das **„Jeder"** in diesem Satz betont. Was er ausspricht, gilt für „jeden". Hier wird keine Ausnahme – etwa für hohe Geistesträger oder gnostisch beeinflußte Gemeindeglieder – geduldet.

Johannes richtet schon im nächsten Satz den Blick ganz auf Jesus. 5
Nicht nur zwischen „Gesetz" und „Sünde" besteht ein klarer Gegensatz. Noch tiefer und gewaltiger ist der Gegensatz zwischen Jesus und der Sünde! **„Und ihr wißt, daß jener offenbart wurde, damit er die** (oder: unsere) **Sünde wegnehme; und Sünde ist nicht in ihm."** Das „weiß" jeder, der überhaupt Christ ist. Jesus in der ganzen Größe seiner Liebe kam nicht, um die Sünde zu übersehen, zu entschuldigen und zu verharmlosen, sondern um sie „wegzunehmen". Das war das ganze und einzige Ziel seiner Sendung und Offenbarung. Und jeder in der Gemeinde weiß auch, worin dieses „Wegnehmen" bestand, welchen Preis es gekostet hat. Jesus gab seine himmlische Herrlichkeit

111 Wir werden uns vor Gott zu prüfen haben, ob und auch wie wir selber in unsern „gläubigen Kreisen" die eigene Sünde leicht nehmen, während wir uns über die „Welt" entrüsten und die Sünden der andern hart richten!

112 Paulus hat darum den großen Gegenspieler Gottes, den Antichristus, als den „Gesetzlosen" bezeichnet und darauf hingewiesen, daß „das Geheimnis der Gesetzlosigkeit" bereits wirksam sei. Vgl. 2 Th 2, 3. 7, und die Auslegung in der W. Stb.

113 Die christliche Gnosis hat später in Marcion das AT und damit auch das Gesetz ausdrücklich abgelehnt. Sie berief sich auf Paulus und mißverstand dessen Aussagen über das Gesetz völlig. Wenn das Gesetz uns den Tod bringt, so ist damit gerade seine göttliche Herrlichkeit und unverbrüchliche Geltung bestätigt (2 Ko 3, 5 ff)!

preis und wurde „das Lamm Gottes, das die Sünde der Welt wegtrug", durch sein ganzes Leben hindurch bis zum Bluten und Sterben am Fluchholz. So furchtbar ist die Sünde, so notwendig unsere Befreiung und Reinigung von ihr[114]. Aber wenn Jesus in diesem blutigen Ernst alles gab, um unsere Sünden **„wegzunehmen"**, dann sollten wir sie behalten wollen[115]? Wenn die Sünde von dem Vater die Hingabe des Sohnes, vom Sohn den Tod am Kreuz zu ihrer Auslöschung forderte, dann könnten wir sie für harmlos und entschuldbar halten? Das ist unmöglich! Nicht die Auflehnung gegen das Gesetz, sondern die Verachtung der kostbaren Heilstat Gottes in Jesus ist für Johannes das eigentlich Erschreckende, und das geschieht, wo man die Sünde leicht nimmt. Im Blick auf das Werk Jesu will er, daß „jeder" in der Gemeinde die Sünde in ihrer ganzen Schwere sieht.

„Und Sünde ist nicht in ihm", in Jesus. So bezeugt es auch Paulus, daß Jesus „die Sünde nicht kannte". Nur darum konnte er „für uns zur Sünde gemacht werden" (2 Ko 5, 21). Nur darum reinigt uns sein Blut von jeder Sünde.

6 Aber wenn in Jesus keine Sünde ist, dann ist klar: „Jesus" und „Sünde" sind vollendete Gegensätze. „Jesus" und „Sünde" können wesensmäßig nie zusammen bestehen! Daraus folgt notwendig: **„Jeder, der in ihm bleibt, sündigt nicht."** Das ist in besonderem Maß einer jener Sätze des Johannes, die so „einfach" sind, daß sie keiner Erklärung und Verständlichmachung bedürfen, und zugleich doch so herausfordernd, daß wir uns innerlich dagegen auflehnen. Es gibt ein einfaches Mittel, die unbestreitbare Wahrheit des herausfordernden Satzes selbst zu erkennen: Versuchen wir den Satz umzukehren: „Jeder, der in Jesus bleibt, sündigt." Wir sehen sofort, das ist unmöglich! Wer in Jesus bleibt, ist von der Sünde geschieden. Niemand kann gleichzeitig in Jesus und in der Sünde bleiben.

Lehrt also Johannes doch die Sündlosigkeit aller wirklichen Christen? Ja und Nein. Nein, er hat selbst mit großem Ernst betont, daß niemand sagen darf: „Sünde haben wir nicht" (1, 8). Er hat ausdrücklich vom „Bekennen der Sünde" gesprochen (1, 9). Und er hat in 2, 1 damit gerechnet, daß „jemand sündigt". Daß dies wieder und wieder geschieht, liegt darin begründet, daß wir nicht so, wie wir sollten und könnten, „in ihm bleiben". Wir sind unversehens in unser Eigenleben zurückgesunken; und dann sündigen wir. Auch Paulus, der uns in Rö 6, 11 als der Sünde gestorben ansieht, rechnet in Gal 6, 1 damit

[114] Wenn wir mit sehr wesentlichen Textzeugen lesen, „damit er u n s e r e Sünden wegnehme", dann trifft uns das alles ganz persönlich. „Die" Sünden – da denken wir schnell an andere; „unsere" Sünden, das sind die „meinen".

[115] Wieder denkt und lehrt Johannes in voller Übereinstimmung mit Paulus: Rö 6, 2: „Wie sollten wir in der Sünde leben wollen, der wir abgestorben sind?"

daß ein Christ von einem Fall übereilt wird. Nein, „sündlos" in sich selbst sind auch die Glaubenden nicht, die sich Jesus übergaben und sein teuer erkauftes Eigentum wurden. Aber dann geschieht es, daß ihre Sünde ihnen unerträglich wird, daß sie die Unvereinbarkeit von „Sünde" und „Jesus" mit Schmerz erkennen und nun nach dem Wort des Johannes ihre Sünde bekennen und die Vergebung erfahren und die Reinigung von aller Sünde durch das Blut des Sohnes Gottes aufs neue erlangen. Dann sind sie „sündlos", weil die Vergebung durch Jesus, den Sündenträger der Welt, von jeder Sünde reinigt (1, 7) und wir in ihm „Gerechtigkeit Gottes" werden (2 Ko 5, 21).

Aber gerade darum ist nun die Folgerung, die Johannes im zweiten Teil des Satzes zieht, einfach buchstäblich „wahr": **„Jeder, der sündigt, hat ihn nicht gesehen und hat ihn auch nicht erkannt."** Jeder, der sündigt, d. h.: jeder, der in seiner Sünde bleibt und lebt, jeder, der das Wort in 1, 9 und 2, 1 gerade nicht verwirklicht, der seine Sünde leicht nimmt und mit ihr zusammen ein Eigentum Jesu sein zu können meint, der **„hat Jesus nicht gesehen"**. Der sah ihn noch nie wirklich vor sich, wie er dort am Kreuz den Fluchtod der Gottverlassenheit für unsere Sünde stirbt. Er **„hat ihn auch nicht erkannt"**, wie er als der Reine und Heilige das Gericht über unsere Sünde erleidet. Hätte er Jesus so „gesehen" und ihn so „erkannt", dann wäre ihm die Sünde unerträglich, und er könnte nicht einfach weiter „sündigen". Darum ist aber auch denen, die die Sünde noch leicht nehmen, nicht damit zu helfen, daß man sie ausschilt und mit Drohungen schreckt. Das löst sie nicht ernstlich von der Sünde. Wir müssen ihnen helfen, Jesus und sein Kreuz wirklich zu „sehen" und zu „erkennen". Der wirkliche Blick zu Jesus, auf seine Reinheit, seine für uns leidende und blutende Liebe, kann das Erschrecken vor der Sünde und das ganze Nein zu ihr in unserem Herzen wirken. Da wird es wahr: Wer in Jesus bleibt, bleibt nicht in der Sünde, sondern „wandelt in dem Licht, wie er selbst in dem Licht ist, und das Blut Jesu reinigt ihn von jeder Sünde".

Um dieser Stellung der Sünde gegenüber geht es dem Apostel. 7/8a
Darum mahnt und bittet er in der herzlichsten Weise: **„Kindlein, niemand führe euch irre."** Die Gemeinde hat allen zu widerstehen, die die Sünde verharmlosen wollen und sie mit der Zugehörigkeit zu Jesus für vereinbar erklären[116]. Es mochte in der Gemeinde gesagt werden: Wenn wir doch von Jesus erlöst sind und den Geist mit seinen Gaben empfangen haben, schaden uns unsere Sünden nicht so viel. Ein mißverstandener Paulinismus, gegen den sich auch Jakobus in seinem Brief wendet (2, 14 ff), konnte dabei mitspielen. Sind wir

[116] Wie dringend notwendig ist es, daß die Gemeinde und jedes einzelne Gemeindeglied in ihr sich diesem Satz des Johannes stellt. Der Geist Gottes hat ihn so radikal formulieren lassen, damit uns alles Ausweichen unmöglich wird.

nicht gerecht vor Gott „allein durch den Glauben"? Nein, sagt Johannes, unser „Glaube" kann niemals zum Deckmantel für festgehaltene Sünden werden! Er wäre dann nicht mehr Glaube an Jesus! Nein, **„wer die Gerechtigkeit tut, ist gerecht, gleichwie jener gerecht ist"**. Allerdings ist auch das Bekennen geschehener Sünde und das Sichreinigen von jeder Ungerechtigkeit ein solches „Tun der Gerechtigkeit".

Johannes wendet sich dabei gegen eine rein individualistische Auffassung der „Sünde" wie der „Gerechtigkeit". Wir stehen nicht einsam für uns selbst da. Immer sind wir eingegliedert in große Zusammenhänge und werden von einer Macht bestimmt, die uns regiert. Der Ursprung der Sünde, der Auflehnung gegen Gottes Willen, liegt im Teufel. **„Wer die Sünde tut, ist aus dem Teufel, denn von Anfang sündigt der Teufel."** Mit jeder Sünde, schon mit einem unreinen Gedanken oder einem unwahren Wort, unterliegen wir dem Einfluß des Teufels und nehmen an seiner Auflehnung gegen Gott teil[117]. Und wenn wir nicht nur „sündigen", sondern **„die Sünde tun[118]"**, nicht nur von ihr „übereilt werden", sondern sie bewußt ausüben und in ihr bleiben, dann unterliegen wir nicht nur einer augenblicklichen Versuchung, sondern **„sind aus dem Teufel"** und wesenhaft in seine Auflehnung gegen Gott hineingezogen. Das muß jeder wissen, der die Sünde leicht nehmen will. Und umgekehrt ist es so, daß, wer in Jesus bleibt und von ihm bestimmt und geleitet wird, nicht nur „nicht sündigt". Bei dieser negativen Feststellung können wir nicht stehen bleiben, denn unser Leben ist fort und fort notwendig ein „Tun". Was „tun" wir als Eigentum Jesu? Wir **„tun die Gerechtigkeit"**. Nun gilt der Satz: **„Wer die Gerechtigkeit tut, ist gerecht, gleichwie jener gerecht ist."** Auch hier wieder drückt das grie **„gleichwie"** nicht nur einen Vergleich aus, sondern hat einen Klang der Begründung in sich. Jesus ist **„gerecht"**; das hatte Johannes gerade bei der Frage der Vergebung und Erlösung in 2, 1 f hervorgehoben. Gehören wir ihm, dem Gerechten, dann wird von ihm her auch unser „Tun" ein „Tun der Gerechtigkeit[119]".

8b Aber hier bricht noch einmal die Frage auf: Ist das denn Wirklichkeit in unserm Leben? Bleibt nicht unser „Fleisch", unser Ichwesen,

[117] Vgl. dazu die klaren Ausführungen K. Heims in „Jesus der Herr" S. 98 ff.

[118] Es wird nicht ein bloßer Wechsel im Ausdruck sein, wenn der Apostel in 2, 1 das einfache Verbum „sündigen" gebraucht, hier aber „die Sünde tun" sagt. Sündigen kann durch ein „übereilt werden von einem Fall" (Gal 6, 1) geschehen. Aber „Sünde tun", das ist ein bewußtes und willentliches Handeln, bei dem ich entweder die Sünde für „nicht so schlimm" halte oder meine „Freiheit" herausstellen will. Vgl. dazu nochmals 1 Ko 5, 1 f.

[119] Vgl. dazu die Auslegung von 2, 21. 29.

in uns, solange wir leben, und steigt nicht „das Begehren des Fleisches" immer neu in uns auf, wie es auch ein Paulus in Gal 5, 16 sehr wohl weiß? Geschehen nicht bei uns immer wieder schmerzliche Sünden, die als solche ebenso „Werke des Fleisches" (Gal 5, 19) wie „Werke des Teufels" sind? Ja. Aber Johannes zeigt uns sofort aufs neue die mächtige Hilfe: **„Dazu wurde offenbart der Sohn Gottes, damit er auflöse die Werke des Teufels."** Wie wunderbar ist es, daß es das gibt: „ein „Auflösen" der Werke des Teufels mit ihrer bindenden und knechtenden Macht.

Wir stützen uns auf dieses Wort besonders, wenn es gilt, Menschen aus dunklen Bindungen des Aberglaubens zu lösen. Und wir tun recht daran. Wir dürfen es immer aufs neue in ganzer Wirklichkeit erleben, wie Jesus in der Kraft seines Kreuzessieges diese besonderen Werke des Teufels „auflöst" und die Gebundenen befreit und erneuert. Aber wir werden dem Satz unseres Textes nicht gerecht, wenn wir ihn auf dieses Gebiet einschränken[120]. Dieser Satz ist, Gott sei Dank, ganz umfassend. So wie jede Sünde ein „Werk des Teufels" ist, so ist Jesus, der Sohn Gottes, dazu offenbart, damit er jede Sünde „auflöse" und dadurch unwirksam mache und beseitige. In dem **„Auflösen"** liegt jenes „Freimachen" der Knechte der Sünde, von dem Jesus selbst nach Jo 8, 34–36 gesprochen hat. Auf allen Lebensgebieten merken wir das „Gesetz der Sünde" (Rö 8, 2), jenes „andere Gesetz in meinen Gliedern, das mich gefangen nimmt in der Sünde Gesetz" (Rö 7, 23). Darum brauchen wir nicht nur bei Belastungen durch Aberglaubenssünden eine „Lösung". Echte „Vergebung" ist nicht nur ein tröstliches Wort, sondern ein tatsächliches Geschehen, eine Befreiung aus Fesseln der Sünde[121]. Unsere Sünden werden „aufgelöst", wir sind frei.

Das ganze Thema ist dem Apostel im Blick auf gefährliche Irreführungen in der Gemeinde so wichtig, daß er nochmals einen Satz dazu 9
sagt. Wieder ist es ein radikaler Satz, den Johannes vor uns hinstellt. **„Jeder, der aus Gott geboren** (oder: erzeugt) **ist, tut nicht Sünde, weil sein Same in ihm bleibt; und er kann nicht sündigen, weil er aus Gott geboren** (oder: erzeugt) **ist."**

[120] Wir sind immer in der Gefahr, bestimmte Sünden als die eigentlichen und schlimmsten isoliert hervorzuheben. Bei „Fleisch" dachten wir in der Christenheit lange Zeit nur an das sexuelle Gebiet. Jetzt hat man manchmal den Eindruck, daß die okkulten Bindungen zur Hauptsache gemacht werden. Es ist wichtig, daran zu denken, daß in den Evangelien wie in den Briefen Lieblosigkeit, Neid, Feindschaft, Verleumdung u. a. ebenso ernst genommen werden. Schon im AT kann Ungehorsam gegen Weisungen Gottes der „Zaubereisünde" gleichgesetzt werden, 1 Sam 15, 23.

[121] Wir werden diese Befreiung in manchen Fällen dem Schuldigen noch besonders zusagen müssen.

Wieder mögen wir uns gegen diesen Satz auflehnen, der in einer unmöglichen Weise die völlige Sündlosigkeit jedes echten Gotteskindes zu behaupten scheint und damit unsere eigene Gotteskindschaft und Errettung erschreckend in Frage stellt. Aber wieder können wir die Probe auf die Wahrheit des Satzes machen, wenn wir ihn umzukehren versuchen: „Jeder, der aus Gott geboren ist, tut Sünde." Jetzt sagen wir mit Recht: „Unmöglich!" und bestätigen damit die Wahrheit dessen, was Johannes schreibt.

Aber lesen wir gerade hier sehr genau und sorgfältig. Johannes spricht nicht von jedem „Christen" im allgemeinen Sinn. Johannes setzt voraus, daß mit einem Menschen etwas Gewaltiges geschehen ist, das, was Jesus dem Nikodemus vor Augen stellte: die Zeugung von oben, die Geburt aus Gott (Jo 3, 3. 5). Damit hat ein Mensch göttlichen **„Samen"** empfangen, den Geist aus Gott. Und dieser Same **„bleibt in ihm"** und hindert das „Tun" der Sünde. Der Apostel Paulus hat in Galater 5, 16 genau das Gleiche geschildert. Wohl bleibt das Begehren des Fleisches in uns und regt sich mit starker Kraft; aber wer „im Geist wandelt", der wird das Begehren des Fleisches „nicht vollbringen"; er wird „durch den Geist des Fleisches Geschäfte töten" (Rö 8, 13).

Johannes verschärft seine Aussage noch einmal: **„und er kann nicht sündigen, weil er aus Gott geboren** (oder: erzeugt) **ist."** Auch das ist unwidersprechlich klar und gewiß. Was aus Gottes heiligem Wesen stammt, das ist absolut von der Sünde geschieden und **„kann"** so wenig sündigen, wie es in Gott keine Finsternis gibt (1, 15). Darum hatte Johannes sofort am Beginn des Briefes festgestellt: „Gott ist Licht, und Finsternis gibt es keine in ihm" (vgl. dazu die Auslegung S. 33).

Aber führen uns dann diese Sätze nicht doch zur Verzweiflung? Kann dann überhaupt noch einer von uns an seine Geburt aus Gott glauben? Ich **„kann"** doch wahrhaftig noch sündigen und kann nur mit Martin Luthers Erklärung zur fünften Bitte des Vaterunsers bekennen, „daß wir täglich viel sündigen und wohl eitel Strafe verdienen".

Wir dürfen die Sätze des Johannes in unserm Abschnitt nicht isolieren, sondern müssen gerade jetzt noch einmal seine Aussagen von 1, 7. 9; 2, 2 dazu stellen. Wenn wir beim Lesen unseres Abschnittes tief über unser Leben, gerade über unser „Christenleben", erschrekken, dann hat der Apostel erreicht, was er wollte. Die kühle Feststellung „Selbstverständlich sündigen wir auch als Christen und Gotteskinder" darf in der Gemeinde nicht bleiben. „Selbstverständlich" wäre es eigentlich, daß in der Gemeinde der Wiedergeborenen nicht mehr gesündigt wird. Wenn es bei uns selbst und in unserer Gemeinde oder

Gemeinschaft anders ist, dann ist das wirklich zum Erschrecken. Dann sagen wir nicht mehr leichthin: „So sind wir nun einmal", sondern sehen mit Schmerz, wie wir etwas taten, was wir als von Gott Geborene eigentlich gar nicht tun „konnten" und jedenfalls nicht mehr tun „mußten". Der **„Same"** Gottes, der in uns **„bleibt"**, treibt uns in die Buße und treibt uns mit unseren Sünden zu Jesus, zu dem, der die Vollmacht des Vergebens, die Vollmacht des Reinigens durch sein Blut hat und die Werke des Teufels auflöst. Das ist jenes „sich reinigen", von dem Johannes im Blick auf die große Zukunft in 3, 3 sprach. Die radikalen Sätze des Apostels haben für uns ihre Wahrheit darin, daß die Sünde tatsächlich nicht mehr wie früher zu unserem Wesen gehört, sondern ein „Fremdkörper" geworden ist, gegen den sich unser neues, von Gott erzeugtes Wesen auflehnt[122].

Noch einmal kommt im abschließenden Satz der ganze Ernst zu 10
Wort: **„Darin sind offenbar die Kinder Gottes und die Kinder des Teufels. Jeder, der nicht Gerechtigkeit tut, ist nicht aus Gott, und wer seinen Bruder nicht liebt."** Beachten wir es wohl: Johannes sagt diesen Satz der Gemeinde! Er meint nicht: Hier in der Gemeinde sind die Kinder Gottes und draußen in der Welt sind die Kinder des Teufels. Johannes war dabei, als Jesus den frommen, gesetzestreuen Juden mit all ihren religiösen und moralischen Leistungen sagte: „Ihr habt den Teufel zum Vater und nach eures Vaters Gelüste wollt ihr tun" (Jo 8, 44a). Darum sorgt er sich, daß es auch in den christlichen Gemeinden **„Kinder des Teufels"** geben kann. Woran kann man sie erkennen und unterscheiden? Sie leben mit der Gemeinde, hören mit ihr das Wort, singen die gleichen Lieder, beherrschen gut die christliche und biblische Sprache. Jesus denkt selbst an Menschen, die sich rühmen können: „Herr, Herr, haben wir nicht in deinem Namen geweissagt? Haben wir nicht in deinem Namen böse Geister ausgetrieben? Haben wir nicht in deinem Namen viele Taten getan?" Jesus bestreitet ihnen nicht, daß sie dies alles tatsächlich getan haben. Sind sie dann nicht hervorragende Glieder seiner Gemeinde? Nein, Jesus antwortet ihnen: „Ich habe euch nie gekannt, ihr Täter der Gesetzlosigkeit" (Mt 7, 22 f). So stellt nun auch Johannes fest. **„Jeder, der nicht Gerechtigkeit tut, ist nicht aus Gott, und wer seinen Bruder nicht liebt."** Dabei haben wir hier wie auch 4, 8 die Verschiedenheit der griechischen Verneinungsworte zu beachten. Er **„ist nicht aus Gott"**; hier steht das „nicht" der einfachen, tatsächlichen Verneinung. Dagegen in dem Satz „der nicht die Gerechtigkeit tut und wer seinen Bruder nicht liebt" braucht Johannes jenes Verneinungswort „mæ", in dem ein vernei-

Ein Vergleich mag es uns verdeutlichen. Wohl kann in unser Auge immer wieder Staub und Rauch hineinkommen, aber dann tränt unser Auge und hat keine Ruhe, bis der Fremdkörper — und wäre er noch so klein — ausgeschieden und entfernt ist.

nender „Wille" mitklingt. Es geht nicht nur darum, daß diese **„Kinder des Teufels"** tatsächlich nicht Gerechtigkeit tun und den Bruder faktisch nicht lieben, sondern sie „mögen" beides nicht, ihre innere Willensrichtung ist nicht darauf gerichtet. Andere, hohe „Geisteswirkungen" sind ihnen wichtiger als das einfache „Tun der Gerechtigkeit" und das „Lieben des Bruders". Paulus hatte das in Korinth deutlich vor Augen. Johannes sah es wohl ebenso in den ihm anvertrauten Gemeinden[123].

Durch die Schlußworte: **„und wer seinen Bruder nicht liebt"** werden wir zugleich auf den Abschnitt 2, 9—11 zurück- und auf die kommenden Verse 3, 14 f vorausgewiesen. Es geht um die Liebe! Sie ist Gottes Wesen (4, 16). Darum ist „aus Gott geboren" der, der zu lieben vermag (4, 7). Das „Gebot" ist zuletzt immer das Liebesgebot (Jo 13, 34; 15, 12; 15, 17). Darum liegt das Wesen der „Sünde" in der Verweigerung der Liebe, in dem „Hassen"[124] des Bruders. In 3, 15 wird uns gesagt werden: „Wer seinen Bruder haßt, ist ein ‚Menschenmörder'." Von ihm wird also das gleiche Wort gebraucht, mit dem Jesus in Jo 8, 44 den Teufel selbst bezeichnet, nur daß dieser es „von Anfang, vom Ursprung her ist". Wer aber seinen Bruder **„nicht liebt"** und also „haßt", der ist eben darin **„ein Kind des Teufels"**. Die **„Gerechtigkeit"** die „getan" sein soll, ist vom „Lieben" nicht wesentlich unterschieden. Eine kalte, lieblose „Gerechtigkeit" ist nicht gemeint. Nur der wird de Liebe Gottes in Jesus „gerecht", der den Bruder liebt, wie und wei er selbst Gottes Liebe erfahren hat.

Es darf dabei nicht übersehen werden, daß das „gerechte" Verhalten gegen die andern immer das Erste und Grundlegende in de „Liebe" ist. Daß ich herzlich und fröhlich dem andern sein „Recht gebe und ihm willig leiste, worauf er ein „Anrecht" hat, darin zuers muß sich meine Liebe zeigen. Ich kann mich nicht mit allerlei groß artigen „Liebesbeweisen", die ich gern tue, an dem vorbeidrücken was der andere zu Recht erwartet und was zu leisten mir aus irgend einem Grunde schwerer fällt.

Johannes ist der Überzeugung, daß uns unser Lieben und Lieben können nicht verborgen ist. Er wird es schon im nächsten Abschni seines Briefes schreiben: „Wir wissen, daß wir hinübergeschritte sind aus dem Tode in das Leben, denn wir lieben die Brüder." Fre lich, gerade der Liebende wird den Mangel seiner Liebe schmerzvc empfinden und wissen, daß wir im Lieben immer „Schuldner[125]" ble

123 Die Neigung zu solchem, sich meist noch stolz überhebenden „Christentum" ist allen Zeiten in der Gemeinde Jesu emporgekommen. Darum sollen auch wir ni rasch sagen, daß die Sätze des Johannes uns nicht träfen.

124 Vgl. dazu die Auslegung von 2, 11.

125 Vgl. dazu o. S. 48.

ben. Er wird seine vielfachen „Ungerechtigkeiten", sein Versagen, seine Sünde erkennen und darum umso mehr zu dem Kreuz Jesu kommen, um dort Vergebung und neues Leben zu empfangen. Keine Sünde, keinen Neid, keine Unreinheit, kein böses Wort wird er leicht nehmen. Er wird es sehr merken, wie er mit jeder solchen Sünde in den Bereich der Finsternis kommt. Ihm gerade wird es zum rettenden Evangelium, daß der Sohn Gottes dazu offenbart wurde, „damit er auflöse die Werke des Teufels". Und er versteht mit voller Bejahung den Satz, daß jeder, der in diesem Sohn Gottes bleibt, nicht sündigt und daß die Liebe, die er in der Geburt aus Gott empfangen, nicht sündigen, nicht hassen „kann".

NUR „LIEBE" IST „LEBEN"

1 Johannesbrief 3, 11—18

11 Denn das ist die Kunde, die ihr von Anfang an gehört habt, daß
12 wir einander lieben sollen. * Nicht wie Kain aus dem Bösen war
und mordete seinen Bruder. Und weswegen mordete er ihn? Weil
13 seine Werke böse waren, aber die seines Bruders gerecht. * Wundert
14 euch nicht, Brüder, wenn euch die Welt haßt. * W i r wissen, daß
wir hinübergeschritten sind aus dem Tode in das Leben, weil wir
15 die Brüder lieben. * Wer nicht liebt, bleibt im Tode. Jeder, der
seinen Bruder haßt, ist ein Menschenmörder, und ihr wißt, daß
16 kein Menschenmörder ewiges Leben in sich bleibend hat. * Daran
haben wir erkannt die Liebe, daß jener für uns seine Seele ein-
gesetzt hat; und auch wir sind schuldig, für die Brüder die Seelen
17 einzusetzen. * Wer etwa den Lebensunterhalt der Welt besitzt und
sieht seinen Bruder Not leiden und verschließt sein Inneres vor
18 ihm, wie bleibt die Liebe Gottes in ihm? * Kindlein, wir wollen
nicht mit Worten und nicht mit der Zunge lieben, sondern in Werk
und Wahrheit.

zu Vers 11: Jo 13, 34; 15, 12
zu Vers 12: 1 Mo 4, 8
zu Vers 13: Mt 5, 11; Jo 15, 18 f
zu Vers 14: Jo 5, 24
zu Vers 15: 1 Jo 2, 11; Mt 5, 21 f; Jo 8, 44
zu Vers 16: Jo 13, 1. 14; 15, 13; Rö 9, 3; 16, 4
zu Vers 17: 1 Jo 4, 20; 5 Mo 15, 7
zu Vers 18: Jak 1, 22; 2, 15—17

Durch ein „denn" werden die neuen Sätze mit den eben gelesenen erbunden; ja, die neuen Sätze werden mit diesem „denn" zu einer Begründung für die vorangegangenen gemacht. „Denn das ist die Kunde, die ihr von Anfang an gehört habt, daß wir einander lieben ollen." Damit wird von Johannes selbst bestätigt, daß wir mit unserm 11
Verständnis der radikalen Aussagen des Apostels auf dem richtigen Vege sind. Es geht wirklich um die Liebe! Wir beachten die parallele ormulierung des Satzes hier und in 1, 5. In beiden Sätzen handelt es ich um die grundlegende „Kunde", die das Christsein bestimmt.

Diese „Kunde" zeigt uns Gott als lauteres Licht und weist uns auf den Weg der Liebe.

12 Darum richtet sich der Blick des Apostels sofort auf Kain. Kain ist **„aus dem Bösen"**, also ein **„Kind des Teufels"** (3, 10). Das zeigt sich im Haß auf den Bruder, der zum Brudermord führt. So wird die Gemeinde gemahnt: **„Nicht wie Kain aus dem Bösen war und mordete seinen Bruder. Und weswegen mordete er ihn? Weil seine Werke böse waren, aber die seines Bruders gerecht."** Vom „Hassen" sprachen wir schon zu 2, 9–11. Wir erinnern uns daran, wie Jesus selbst schon die scheinbar „harmlosen" Anfänge dieses „Hassens" unter das fünfte Gebot stellt und den Zusammenhang zwischen dem „Hassen" und dem „Töten" aufzeigt (Mt 5, 21 f). So wird es uns Johannes ebenfalls gleich in V. 14 sagen: **„Jeder, der seinen Bruder haßt, ist ein Menschenmörder."** Im Leben des Kain wird das in furchtbarer Weise sichtbar. Und es zeigt sich an ihm, aus welch unheimlichen Gründen „der Haß" entstehen kann. Johannes stellt im Blick auf Kains Brudermord ausdrücklich die Frage: **„Und weswegen mordete er ihn?"** Abel hat Kain nichts zuleide getan. Es lockte auch kein äußerer Gewinn zur Beseitigung des Bruders. Nein, Kain haßt und mordet, **„weil seine Werke böse waren, aber die seines Bruders gerecht"**. Das wurde in besonderer Weise offenbar, als Gott Abels Opfer annahm und Kains Opfer verwarf[126]. Aber es wird auch schon vorher für Kain ein steter Stachel im Herzen gewesen sein, das Leben und Wesen Abels zu sehen. Der „Haß" gegen den Bruder entsteht – auch in der Gemeinde Jesu! – immer wieder daraus, daß uns Leben und Dienst und Einsatz des Bruders zum Vorwurf, zur inneren Anklage werden. Dann können wir den Anblick des Bruders (oder der Schwester) nicht ertragen und wollen sie aus dem Wege haben. Das ist „Mord", auch wenn wir äußerlich keine Hand gegen den andern erheben. Darum ruft der Apostel den ihm anvertrauten Gemeinden zu: **„Nicht wie Kain!"** auch wenn in der Gemeinde keiner den andern äußerlich totschlägt[127].

13 Aber von Kain aus wird für die Gemeinden noch etwas anderes verständlich: **„Wundert euch nicht, Brüder, wenn euch die Welt haßt."** In den Prozeßakten der Märtyrer und in den Schriften der frühchristlichen Apologeten und der alten Kirchenväter wird es immer wieder

[126] Diese eigene Erklärung der Schrift zeigt, daß wir nicht in der Art der Opfergabe den Grund suchen dürfen, der Gott Abels Opfer gnädig ansehen ließ und Kains Opfer nicht. Der Bericht in 1 Mo 4, 6 weist auch selbst schon darauf hin, daß nicht in der Gabe, sondern in Kains innerer Einstellung für Gott das Entscheidende lag. Wie konnte er das Opfer eines Mannes annehmen, dessen Werke böse waren und der seinen Bruder haßte?

[127] Nicht umsonst hat man den Ausdruck „Rufmord" geprägt. Und er geschieht in christlichen Gemeinden und Kreisen gar nicht so selten. Wie überhaupt die „Zungensünden" die Sünden der „Frommen" sind.

mit schmerzvoller Verwunderung betont: Warum haßt ihr uns eigentlich? Wir leben keusch, still und zuchtvoll. Wir tun nichts besonderes, wir helfen Armen und Kranken, wir beten für die Staatsmänner – warum überliefert ihr uns grausamem Tod? Johannes denkt an Kains Haß gegen Abel und ruft: **„Wundert euch doch nicht!"** Gerade weil wir so leben, wie wir es tun, sind wir der „Welt" ein Stachel und Vorwurf. Wir sind in der Welt „Fremdlinge", so sagt es Petrus in seinem 1. Brief (1, 1; 2, 11). Und Jesus macht es seinen Jüngern klar: „Wäret ihr von der Welt, so hätte die Welt das Ihre lieb. Weil ihr aber nicht von der Welt seid, sondern ich euch aus der Welt erwählt habe, darum haßt euch die Welt" (Jo 15, 19)[128].

14 Es ist ja bei u n s – und das Wort ist im Griechischen betont hervorgehoben – eine radikale Wendung geschehen. Wir haben einen unerhörten Schritt getan: den Schritt aus dem Tode ins Leben! Das **„wissen"** wir! Darüber haben wir eine klare und feste Gewißheit· **„Wir wissen, daß wir hinübergeschritten sind aus dem Tode in das Leben."** Worauf gründet sich diese Gewißheit? Auf irgendein aufregendes Erlebnis, durch das wir gegangen sind? Auf Gefühle, die uns erfüllen? Auf erstaunliche Kräfte und Geistesgaben, die wir besitzen? Der Apostel Johannes weiß und sagt es ganz anders: Wir wissen es, **„weil wir die Brüder lieben"**. Das ist das eigentliche Wunder und die entscheidende Wendung unseres Lebens, daß wir natürlichen Ichmenschen „lieben" können und tatsächlich **„lieben"**. Paulus hat in 1 Ko 13, 1–3 die mächtige Auslegung zu diesem kurzen, einfachen Satz des Johannes gegeben.

15 Und nun faßt Johannes **„Leben"** und **„Lieben"** so eng zusammen[129], daß er – wieder in seiner Weise einfachen Aussprechens kurzer, entscheidender Sätze ohne jede Diskussion – feststellt: **„Wer nicht liebt, bleibt im Tode"**. Wieder liegen dem Apostel „moralische" Mahnungen und irgendwelche Drohungen im Blick auf die, die **„nicht lieben"**, fern. Er hat sie nicht nötig. Er zeigt mit tiefem Ernst, wie es um die steht, die **„nicht lieben"**. Sie sind **„im Tode"**, wie lebendig immer ihr Dasein aussehen mag und wie gut es ihnen zu gehen scheint[130]. Da-

[128] Es ist darum ein Irrtum zu meinen, der Haß der Welt komme von dem „Versagen" der Christen. Gerade Jesus, der nie „versagt", sondern mit vollendeter Liebe geliebt hat, wurde leidenschaftlich gehaßt und in den schrecklichsten und schmachvollsten Tod ausgeliefert. Er hat seinen Jüngern den Haß der Welt von da her als etwas „Normales" vorausgesagt: „Wenn euch die Welt haßt, so wisset, daß sie mich vor euch gehaßt hat" (Jo 15, 18).

[129] Das müssen wir rückblickend auf 1, 2 und vorblickend auf Sätze wie 5, 12 uns merken! Was ist dann inhaltlich „ewiges Leben"? Es ist „Lieben". Denn es ist „göttliches" Leben, und „Gott ist Liebe" (4, 16).

[130] Es wird sich jeder Leser fragen müssen, ob dieser Satz des Johannes nicht auch sein Todesurteil ist.

durch erhalten wir eine Erkenntnis der „Sünde", die frei von allem Moralismus sehr radikal ist und die Todverfallenheit des Menschen deutlich macht[131]. Wenn sich Menschen von diesem Wort treffen lassen und zu ahnen beginnen, daß sie so, wie sie sind, „im Tode bleiben", jetzt schon auf Erden und einst in der Ewigkeit, dann werden sie zu fragen beginnen, wie sie aus dem Tode in das Leben kommen können. Dann werden sie offen für die Botschaft von Jesus[132].

Wir wundern uns nicht, daß eine ganze Anzahl von Handschriften hier zu dem bloßen objektlosen **„lieben"** „den Bruder" hinzufügt. Aber gerade weil diese Eintragung im Zuge vieler vorangehender Sätze so nahelag, ist es unerklärlich, daß Handschriften das Wort gestrichen haben sollten, wenn es ursprünglich vom Apostel hier geschrieben war. Nein, Johannes will jetzt nur das Lieben als solches hervorheben, ohne an den Gegenstand des Liebens näher zu denken.

Hierin liegt die Antwort auf eine Frage, die sich uns von den ganzen anderen Formulierungen unseres Briefes her notwendig stellte. Liegt es dem Apostel einzig an der „Bruderliebe"? Wir machten uns freilich zu 2,9 (Anm. 66) klar, was es bedeutet, wirkliche Brüder zu haben und sie im engen Umgang mit ihnen zu lieben. Die „Bruderliebe" ist die erste, konkrete Weise des Liebens, die uns geboten und geschenkt ist, an der wir darum auch den Schritt aus dem Tode in das Leben erkennen. Aber das „objektlose" Lieben in unserm Vers zeigt uns, daß echte Liebe nie „geschöpfte", aus ihrem Objekt gewonnene Liebe, ist, sondern „quellende" Liebe, die nichts anderes kann als „lieben" (vgl. Anm. 22). Sie liebt, weil sie „Liebe" ist. Sie liebt den „Nächsten" und liebt auch die „Feinde". Das hat Johannes aus dem Mund seines Herrn gehört und an seinem Kreuz gesehen. Aber wie Paulus im Blick auf die notvollen Zustände in Korinth allen Grund hatte, zur Liebe in der Gemeinde zu mahnen[133], so wird auch Johannes in den Gemeinden, an die er sich in seinem Brief wendet, viel schmerzlichen Mangel an Bruderliebe gesehen haben. Wie in Korinth (1 Ko 8, 9–12) gerade die Kreise es an Liebe zu den „schwachen" Brüdern

[131] Es war auch bei M. Luther die Unfähigkeit zum Lieben, die ihn so verzweifelt machte. Hier ist es ja wesensmäßig unmöglich, die fehlende Liebe durch noch so ernste und heiße Anstrengungen doch noch hervorzubringen und so dem eigentlichen Gebote Gottes zu genügen. Eine „gemachte" Liebe ist gerade keine „Liebe". Luther sah, daß das „große Gebot" etwas forderte, mit Recht forderte, was seinem Wesen nach nur frei aus dem Herzen quellen kann. „Die Angst mich zu verzweifeln trieb", das kam aus dem Gestelltsein vor diesen Anspruch Gottes, der niemals rein willensmäßig zu erfüllen ist.

[132] Wieder sollen wir für unsere Verkündigung und Seelsorge, besonders in der Evangelisation, von dieser Art des Johannes lernen. Dringe nicht mit Mahnungen und Schelten auf Menschen ein, aber decke ihnen ihren tatsächlichen Todeszustand auf und rufe sie zum Leben!

[133] Vgl. das Wort des Paulus in Gal 6, 10.

fehlen ließen, die sich selbst besonders stark und geistlich hochstehend vorkamen, so werden auch in der Asia die gnostisch beeinflußten Gemeindeglieder hochmütig gewesen sein und über ihrer geistreichen „Erkenntnis“ das Lieben der Brüder vergessen oder gar bewußt gering geschätzt haben[134].

Wir sahen schon zu 2, 9–11, daß es keine „neutrale“ Haltung dem Bruder gegenüber gibt, sondern nur das Entweder–Oder von „Lieben“ und „Hassen“. Darum bleibt der, der **„nicht liebt“**, nicht nur selber im Tode, sondern wird zum **„Mörder“** der andern wie Kain. „Liebt“ er nicht, dann „haßt“ er, in jenen vielen Formen, die das „Hassen“ haben kann. Er „mordet“ den Bruder und bringt sich so selber um das Leben. **„Jeder, der seinen Bruder haßt, ist ein Menschenmörder, und ihr wißt, daß kein Menschenmörder ewiges Leben in sich bleibend hat.“** Hier gibt es keine Diskussion, hier muß nichts erörtert und bewiesen werden. **„Ihr wißt“** es selber, daß es so ist, sagt Johannes der Gemeinde.

Aber was heißt denn „Lieben“? Woran erkennt man es, worin be- 16
steht es? Wir Deutschen müssen besonders so fragen, weil „Liebe“ bei uns ein zweideutiges Wort geworden ist. Was heißt nicht alles „Liebe“! Im ntst Schrifttum ist das Wort „agapān“[135] – das es in der damaligen weltlichen Literatur freilich auch gibt – ein von vornherein bestimmt geprägter Begriff, weil es vor allem von der Liebe Gottes gebraucht wird. Wenn das „Lieben“ des Nächsten mit dem gleichen Wort bezeichnet wird, so wird eben damit wahre Liebe zum Nächsten in das Licht der göttlichen Liebe gerückt, wie das Jesus selbst in der engen Verbindung der beiden Liebesgebote in Mt 22, 37–40 zum Ausdruck gebracht hat. Darum gibt uns auch Johannes durch den Hinweis auf Jesus die Antwort auf unsere Frage nach der wahren „Liebe“. Wir können von uns aus nicht einmal wirklich wissen, was „Liebe“ ist. **„Daran haben wir erkannt die Liebe, daß jener für uns seine Seele eingesetzt hat.“** Erst in „Jenem“, in Jesus – der auch hier wie in 3, 5 gerade aus Ehrfurcht nur als **„Jener“** bezeichnet wird[136] – sehen wir die Liebe und sehen sie so, daß wir selber von ihr ergriffen werden.

Wir haben mit Absicht wörtlich übersetzt: Jesus hat für uns **„seine Seele eingesetzt“**. Johannes verwendet hier nun einmal den Ausdruck

134 Vergessen wir dabei ja nicht, wie kümmerlich und wie schnell am Ende auch unsere „Bruderliebe“ ist! Auch die Liebe zum Bruder kann nicht bestehen als „geschöpfte“ Liebe. Dann lieben wir nur die Brüder, die uns angenehm und erfreulich sind, und verweigern die Liebe denen, die sie am nötigsten brauchen: den schwachen, schwierigen und „störenden“ Brüdern.

135 Vgl. dazu die Anmerkung 22 auf Seite 28.

136 Es kann das bei einem Israeliten wie Johannes der Scheu entsprechen, mit der der Jude das Aussprechen des Gottesnamens vermied.

„psychæ", der gewiß auch gelegentlich das „Leben" bezeichnen kann. Für „Leben" hat aber die grie Sprache ihre eigenen Ausdrücke[137]. Die aus der LÜ uns vertraute Wendung „sein Leben lassen" läßt uns sofort an das „Sterben" denken. Gewiß trifft es bei Jesus zu, daß er auch in diesem Sinne „sein Leben für uns gelassen hat". Aber dann engen wir sein Lieben auf sein Sterben für uns ein. Und das ist irreführend! Jesus hat **„seine Seele für uns eingesetzt"** schon da, als er seine göttliche Herrlichkeit nicht festhielt, sondern aufgab und als wahrer Mensch in „Knechtsgestalt" unter uns lebte (Phil 2, 5 f). Darum war er, als er zum ersten Mal von Johannes dem Täufer gesehen wurde, schon „das Lamm Gottes, das der Welt Sünde trägt" (Jo 1, 29). Sein ganzes Leben, Lehren, Heilen, Zurechtbringen, Befreien und Annehmen der Sünder war ein „Einsetzen seiner Seele". Und auch am Kreuz war es nicht das Sterben, das „Lassen seines Lebens" in diesem Sinne, was das Kreuz zu unserm Heil macht, sondern das „Opfer", das „Einsetzen seiner ganzen Seele" in diesem Sterben in der Liebe zum Vater und in der Liebe zu uns. „Er setzte seine Seele ein" für den Vater, für dessen Ehre und sein heiliges Recht. Wir waren dem Gericht verfallen und hatten den ewigen Tod in der Trennung von Gott verdient. Jesus achtete den Zorn Gottes über uns. Aber er „setzte seine Seele für uns ein" und trat an unserer Stelle unter Gottes Gericht und gab sich in unsere Gottverlassenheit und unsern Fluchtod hinein. Im Satzbau des Verses ist nicht ohne Grund das **„für uns"** betont vorangestellt. Daß „um des Guten willen" vielleicht jemand sein Leben wagt, das hat auch ein Paulus gewußt (Rö 5, 7). Gottes Liebe aber erkennen wir da, wo **„jener"**, jener Heilige und Gerechte, **„für uns"**, also für Gottlose, Sünder und Feinde (Rö 5, 6. 8. 10), seine Seele einsetzte. Je gründlicher wir uns selbst kennenlernen, umso tiefer trifft uns dieses **„für uns"**: für solche also, wie ich einer bin setzte er seine Seele, sein ganzes, heiliges Leben ein!

Nun liegt von da aus – nicht nur vom Gesetz und Gebot her! – eine „Schuldigkeit" auf uns. **„Und auch wir sind schuldig, für die Brüder die Seelen einzusetzen."** Die erfahrene Liebe macht uns zu Liebesschuldnern der Brüder. Und nun kann erst recht keine Auswahl unter den Brüdern getroffen und nach den liebens„würdigen" Brüdern gefragt werden. Die Liebe erkannten wir gerade daran, daß jener seine Seele für solche, wie wir sind, für total unwürdige und unmögliche Menschen eingesetzt hat. Wie könnte es nun noch eine Grenze unseres Liebens geben, auch wenn Johannes hier zunächst wieder nur die **„Brüder"** nennt?

137 Vgl. Anmerkung 19. Es ist zu beachten, daß auch Jes 53, 11 vom „Sich-abmühen" der Seele des Gottesknechtes spricht.

Und hier wird es vollends notwendig, wörtlich zu übersetzen: **„die Seele einzusetzen"**. „Das Leben für die Brüder lassen", das wird eine jener gefährlichen Redewendungen, die wir rasch dahinsagen und an deren Erfüllung wir gar nicht denken und meist auch gar nicht einmal denken können. Wir hören dann gern und ergriffen von jenen Ausnahmen, wo einmal wirklich ein Christ für andere in den Tod ging[138]. Aber wann kommt das schon auf uns zu? Doch **„unsere Seele einsetzen"**, das können wir täglich[139]. Und das kann in Jahren des Alltagslebens weit schwerer sein als der rasche Tod für andere in Stunden höchster Gefahr. Dieser „Einsatz der Seele" hat auch ein viel größeres und schwereres Ziel, gerade wenn er vom Handeln Jesu bestimmt sein soll. Sicher geht es mit Ernst auch um alle äußere Hilfe, die ein Mensch nötig hat. Johannes selbst wird gleich davon sprechen. Aber so wie Jesus kam, um uns zu erlösen und uns ewiges Leben zu bringen, so zielt auch unser Einsatz für die Brüder zuletzt auf ihre innere Errettung und ihr ewiges Leben. Dabei werden wir uns innerlich unter die Schuld und Not der andern stellen, die Entstellungen und Beschmutzungen ihres Lebens nicht „richten", sondern „tragen" und darin jene „Gemeinschaft Seiner Leiden" finden, nach der ein Paulus verlangte (Phil 3, 10). Dadurch unterscheidet sich die Liebe im Raum des Evangeliums von aller andern helfenden Liebe, die es auch sonst in der Welt gibt. Mit Recht ist formuliert worden: „Die Seele der Barmherzigkeit ist die Barmherzigkeit mit der Seele"[140].

Umso überraschender ist es, daß Johannes jetzt eine praktische An- 17
wendung seiner großen Sätze bringt und dabei etwas ganz Primitives nennt. **„Wer etwa den Lebensunterhalt der Welt besitzt und sieht seinen Bruder Not leiden und verschließt sein Inneres vor ihm, wie bleibt die Liebe Gottes in ihm?"** Hat das überhaupt noch etwas mit der Liebe zu tun, die am Kreuz sichtbar wurde? Ist die Hilfe eines Besitzenden für einen Darbenden nicht eine Menschenpflicht selbstverständlicher Art, bei der ein Wort von der „Liebe Gottes" gar nicht erst gesagt werden mußte? Lesen wir nur ja genau! Der Apostel sagt nicht: Wer etwa den Lebensunterhalt der Welt besitzt und hilft nun dem notleidenden Bruder, der erfüllt damit die Aufgabe, seine Seele für die Brüder einzusetzen. Wir haben ja einen Brief vor uns, der zu konkreten Vorkommnissen spricht, die den Empfängern des Briefes

138 Dabei müssen wir aber bedenken, daß auch Nichtchristen für andere zu sterben wußten!

139 Das ist genau die Frage, die Johannes mit seinem Satz an uns, und gerade an die Aktiven und Tätigen unter uns, stellt: Ist all unser eifriges Tun wirklich ein „Einsatz unserer Seele" oder fehlt unserer Aktivität gerade dies Entscheidende?

140 Vater Bodelschwingh ist für niemand gestorben. Er hat sich nicht einmal frühzeitig aufgerieben, sondern ist alt geworden. Wer aber zweifelte, daß sein Leben ein ständiges „Einsetzen seiner Seele" für andere war?

wohl bewußt waren. Konnte es nicht in den von Johannes angesprochenen Gemeinden bei den Mahlzeiten der Gemeinde so zugegangen sein wie in Korinth: „Einer ist hungrig, der andere trunken" (1 Ko 11, 21)? Oder es war sonst zu beobachten, daß wohlsituierte Christen vor der Not der Brüder „das Innere zuschlossen"[141]? Und nun kommt wieder kein Wort „christlicher Moral" oder bloßer Entrüstung. Johannes stellt solchem Gemeindeglied vielmehr eine ernste Frage: **„Wie bleibt die Liebe Gottes in ihm?"** Es ist ja ein Gemeindeglied, ein Mensch, der zum Glauben kam und Gottes Liebe in Jesus erfuhr und diese Liebe Gottes von da her besaß. Aber dieser über alles kostbare Besitz **„bleibt"** nicht **„in ihm"**, wenn er seinerseits sein Herz vor der Not des Bruders verschließt. Mit Absicht ist hier das allereinfachste und primitivste Einsetzen der Seele, das offene, helfende Teilnehmen an der materiellen Not des Bruders als Beispiel – leider doch wohl als notwendiges Beispiel – genommen. Wenn nicht einmal dieser „Einsatz" da ist, **„wie bleibt die Liebe Gottes in ihm?"** Wer nicht liebt, bleibt im Tode!

18 Von diesem realen Beispiel her erwächst die allgemeine Mahnung am Schluß unseres Abschnittes: **„Kindlein, wir wollen nicht mit Worten und nicht mit der Zunge lieben, sondern in Werk und Wahrheit."** Vom Beginn des Briefes an hat Johannes auf jene große Gefahr geachtet, die Israel verdarb und auch bei uns das Verderben herbeiführen kann. „Dies Volk ehrt mich mit seinen Lippen", so klagte Gott über Israel (Jes 29, 13). Auch unser Christsein kann sich leicht in Worten und in der Bewegung unserer Zunge erschöpfen. Aber unsere Wirklichkeit widerspricht mehr oder weniger kraß dem, was unsere Zunge sagte. So lasen wir in 1, 6. 8. 10; 2, 4. 9 jenes „Wenn wir sagen ..." oder „Wer behauptet ...", das zur „Lüge" eines leeren Wortes wird. Und jenes Leichtnehmen und Verharmlosen der Sünde, gegen das sich der scharfe Abschnitt 3, 4–10 richtete, ist ja ebenfalls ein Inanspruchnehmen des Christenstandes und der Zugehörigkeit zu Gott und zu Jesus mit dem Munde, das von dem faktischen Leben in Sünde ohne Buße und Reinigung widerlegt wird. So kann unter den Christen auch viel von „Liebe" geredet und geschwärmt werden, aber das faktische Leben bleibt von dem natürlichen Selbsterhaltungs-

[141] Wir werden gut tun, dies Beispiel des Apostels auch wieder nicht zu primitiv zu nehmen. Die Formulierung: „er schließt sein Inneres vor ihm zu" ist beachtenswert. Auf wie vielfältige, feine und verborgene Weise können wir an Nöten und Bedürfnissen der andern vorbeisehen, weil wir sie nicht sehen wollen! Wie verständliche und gute Gründe haben wir, uns vor den Schwierigkeiten und Schmerzen anderer zu verschließen! Und wie kann selbst ein äußeres Helfen gerade ein liebloses „Abtun" der Not des andern sein (1 Ko 13, 3)!

trieb bestimmt. So „liebt" man nur **„mit Worten[142] und mit der Zunge"**. Das ist eine elende und verlogene Sache. Nein, „lieben" kann man nur **„in Werk und Wahrheit[143]"**, wobei auch hier wieder „Wahrheit" die ganze Wirklichkeit meint. Sicher, die Liebe beginnt verborgen im Herzen. Aber dann tritt sie hervor und „setzt die Seele ein" **„in Werk und Wahrheit[144]"**.

UNSERE STELLUNG VOR GOTT

1 Johannesbrief 3, 19—24

19 **Daran werden wir erkennen, daß wir aus der Wahrheit sind, und**
20 **werden vor ihm unser Herz überzeugen** (oder: still machen), * **daß,**
wenn uns (oder: worin uns etwa) **das Herz verurteilt, daß** (oder:
21 weil) **Gott größer ist als unser Herz und alles erkennt. * Geliebte,**
wenn das Herz nicht verurteilt, haben wir Freimütigkeit zu Gott,
22 *** und was immer wir erbitten, empfangen wir von ihm, weil wir**
23 **seine Gebote bewahren und das Wohlgefällige vor ihm tun. * Und**
dieses ist sein Gebot, daß wir dem Namen seines Sohnes Jesus
Christus glauben und einander lieben, wie er uns ein Gebot gege-
24 **ben hat. * Und wer seine Gebote bewahrt, bleibt in ihm und er in**
ihm. Und daran erkennen wir, daß er in uns bleibt, an dem Geist,
den er uns gegeben hat.

zu Vers 20: Mt 26, 75; Lk 15, 20—22
zu Vers 21: 1 Jo 5, 14; Rö 5, 1 f; Hbr 4, 16
zu Vers 22: Mt 7, 7 f; Mk 11, 24
zu Vers 23: Jo 6. 29; 13, 34; 15, 17
zu Vers 24: 1 Jo 2, 24; 4, 13; Rö 8, 9

Wieder haben wir einen Abschnitt vor uns, der sprachlich und inhaltlich seine Schwierigkeiten bietet und der darum von den Auslegern – auch so großen Auslegern wie Augustin, Luther und Calvin – verschieden verstanden wird. Sprachlich macht in V. 20 die unmittelbare Folge von zwei Sätzen mit „hoti = daß" Not. In der deutschen Übersetzung stört das zweite „daß" nicht, weil wir es ohne weiteres als Wiederholung und Wiederaufnahme des ersten „daß" empfinden. Eine solche Wiederholung hat aber Johannes — etwa in dem ähnlich

142 Im grie Text steht die Einzahl ohne Artikel „mit Wort"; aber so können wir im Deutschen nicht sagen.

143 Wir haben hier eine Parallele zu dem bekannten Wort Luthers über den „Glauben" in seiner Vorrede zum Römerbrief: „O, es ist ein lebendig, geschäftig, tätig, mächtig Ding um den Glauben, daß unmöglich (ist), daß er nicht ohn Unterlaß sollt Gutes wirken. Er fragt auch nicht, ob gute Werk zu tun sind, sondern eh man fragt, hat er sie getan und ist immer im Tun."

144 Daß die Liebe gerade auch in helfenden, tröstenden, mahnenden und sogar richtenden Worten „die Seele einsetzen" kann, ist klar. Das ist dann aber gerade auch „Werk und Wahrheit" von höchster Kraft im Heiligen Geist. Solche „Worte echter Liebe" werden von unserm Vers nicht getroffen.

gebauten Satz 3, 2 — sonst nicht verwendet. Darum hat man vorgeschlagen, das erste „hoti" als Neutrum des Relativpronoms zu fassen und das „ean = an" zu nehmen. Dann erhält man die zur Auswahl gestellte Übersetzung: **„Wir werden unser Herz vor ihm still machen, worin uns etwa das Herz verurteilt, weil Gott . . .**[145]." Eine eindeutige Entscheidung ist nicht zu treffen. Warum soll Johannes hier nicht doch einmal das erste „hoti" wiederholt haben, weil er es von vornherein im Blick hatte, als er den Satz **„wenn uns das Herz verurteilt"** einschob?

Für das inhaltliche Verständnis der Stelle hängt von diesen sprachlichen Fragen nicht allzuviel ab. Weit wichtiger und wirklich entscheidend für unser Glaubensleben ist das innere Verständnis der Sätze. Ihm wenden wir uns nun in der Auslegung selbst zu.

19a Diesmal knüpft Johannes ausdrücklich an das an, was er eben in V. 11—18 gesagt hat. **„Daran werden wir erkennen, daß wir aus der Wahrheit sind." „Daran"**, im Grie noch bestimmter „an diesem", nämlich an der wirklichen Liebe, die die Seele für die Brüder einsetzt in Werk und Wahrheit, werden wir erkennen, daß wir aus der Wahrheit sind. „Aus der Wahrheit sein" ist etwas ganz anderes als eine bloße subjektive „Wahrhaftigkeit". **„Die Wahrheit"** ist die letzte, eigentliche Wirklichkeit, ist Gott in Christus, im Gegensatz zu aller Scheinwelt, die wir so oft als „Wirklichkeit" ansehen. **„Aus der Wahrheit sein"**, von der „Wahrheit" her leben und bestimmt sein, das ist inhaltlich nichts anderes als das „Hinübergeschrittensein vom Tode in das Leben" oder als das „von Gott geboren (oder: erzeugt) sein" in V. 14 und V. 9. Auch dieser Schritt vom Tode zum Leben wurde und wird uns daran erkennbar, „weil wir die Brüder lieben".

19/20 Aber nun merken wir im Fortgang des Satzes, daß der Apostel bei seinen radikalen Sätzen in V. 6 und 9 sehr wohl jene Wirklichkeit unseres Lebens beachtet, die wir zunächst seinen Sätzen entgegenhalten wollten. Johannes behauptete: „Jeder, der in Jesus bleibt, sündigt nicht", ja, „er kann nicht sündigen, weil er aus Gott geboren ist." Weiß Johannes denn nichts von den tatsächlichen Sünden auch der Gläubigen, auch der Gotteskinder? Wir verwiesen sofort auf 1, 7. 9; 2, 2. Nun spricht es Johannes selber aus in einem „Wir", in welchem er sich mit uns zusammenschließt: **„Wenn uns unser Herz verurteilt."** Das also kommt bei **„uns"**, bei den Gläubigen, vor, daß unser eigenes Herz uns verklagt und uns unsere Sünden und Lieblosigkeiten vorhält. Was dann? Johannes antwortet: **„Wir werden vor ihm unser Herz überzeugen** (oder: still machen)." Achten wir wieder auf den

[145] Schnackenburg a. a. O. S. 202 „Wir beschwichtigen unser Herz (in bezug auf alles), was das Herz gegen uns vorbringt, denn Gott ist größer . . ."

Wortlaut. Das Überzeugen „unseres Herzens" geschieht nicht einfach in unserer eigenen Innerlichkeit, sondern **„vor ihm"**, vor Gott. Und es hat auch in einem Wesenszug Gottes seinen Grund. Wir überzeugen unser Herz davon, **„daß Gott größer ist als unser Herz und alles erkennt"**. Was heißt das nun? Calvin hat diesen Satz als von Gottes Gericht handelnd verstanden. Er meint, der Apostel richte sich hier gegen jeden Versuch eines Selbstvertrauens und einer Heuchelei. Wir versuchen nicht, unser anklagendes Herz zu beschwichtigen, sondern werden im Gegnteil unser Herz davon **„überzeugen"**, daß Gott in seiner Allwissenheit noch viel klarer unsere Sünden sieht. Bei diesem Verständnis der Stelle darf das grie Wort „peisomen" gerade nicht mit **„still machen"** übersetzt werden. Es ist vielmehr eine sehr ernste und erschreckende Erkenntnis, die wir hier gewinnen, die unser Herz in eine – allerdings heilsame – Unruhe bringt.

Aber kann der Apostel die Hörer seines Briefes, die unter dem Verklagen ihrer Herzen stehen, mit einer solchen Aussage stehen lassen? Müßte er dann nicht im Rückgriff auf 1, 9 sagen: Beschwichtige dein anklagendes Herz und Gewissen[146] nicht selber, Gott kennt doch alles, aber komme und bekenne deine Sünden und suche und finde die Vergebung. Davon steht aber in unserem Text nichts.

Darum hat Luther den Satz 20b genau umgekehrt auf die Größe und Freiheit der vergebenden Gnade bezogen. Es lohnt sich, Luther selbst dazu zu hören[147].

Wir dürfen dabei an das Wort des Petrus zu Jesus in Jo 21, 17 denken: „Herr, du weißt alle Dinge, du weißt, daß ich dich liebhabe." Auch hier wendet sich Petrus an die Allwissenheit Jesu, gerade weil er Jesu Gnade sucht. Im Zusammenhang unseres Brieftextes geht es freilich nicht wie bei Petrus unmittelbar um unsere Liebe zum Herrn.

146 Das Wort „Gewissen" verwendet Johannes nicht; ihm genügt der Ausdruck „Herz". Er ist Semit, nicht Grieche. Das AT kennt den Begriff „Gewissen" nicht, sondern nennt wie Johannes das „Herz" als Ort der Gewissensvorgänge oder auch die „Nieren" (Ps 16, 7; 73, 21).

147 Unser Gewissen ist um viele Grade kleiner als unser Gott. Gegen das böse Gewissen sollst du sagen: du bist ein einziges Tröpflein, Gott ist ein grenzenloses Feuer, das jenes verzehrt. Keine Sünde ist größer als die Ungläubigkeit, weil sie nicht glauben an mich (Jo 16, 9). Allein die Ungläubigkeit hat nicht Vergebung, weil sie streitet gegen die Vergebung der Sünden, die alle Vergebung finden. Vortrefflich ist die Aussage und eine süßeste Verheißung. „Wenn uns verklagt": Überwindet etwa deine Bosheit Gottes Güte, überwiegen deine Sünden Gottes Gnade? Diese Ehre ist Gott zu geben, daß Gott um unendliche Grade größer ist. „Und erkennt alles." Dies Wort ist für mich dunkel . . . „Gott erkennt", Gott ist größer als mein Herz, er selbst erkennt alles und weiß, wo ich aus soll. Er spricht nämlich von der Not des Gewissens. Er sagt: schließe die Augen, nichts weißt du, nichts erkennst du, Gott ist größer usw.; er kennt den Frieden und bewirkt die Ruhe des Herzens für dich in dieser Verurteilung des Herzens (WA XX S. 716/17 R.).

Aber die Aussage des Johannes blickt zurück auf den großen Schritt vom Tode zum Leben, der sich darin dokumentiert, daß wir lieben können. Mag unser Herz uns noch so sehr wegen der ganzen Kümmerlichkeit der Liebe und wegen Lieblosigkeit anklagen, wie Petrus können wir unser Herz doch damit „stillmachen", daß Gott alle Dinge kennt und diesen entscheidenden Schritt vom Tode zum Leben bei uns sieht, den er selber uns doch zu tun geschenkt hat. Wie Petrus werfen auch wir uns hinein in die Gnade Gottes, die an uns gewirkt hat und uns auch jetzt nicht fallen läßt, wenn das eigene Herz — und der Verkläger in unserm Herzen — uns unsere Sünden vorhält. Wir sind dennoch **„aus der Wahrheit"**, dennoch von Gott geboren und von ihm nicht verworfen. Bei allen Mängeln und Fehlern dürfen wir ähnlich wie Petrus sagen: „Herr, du weißt alle Dinge, du weißt, daß wir die Brüder lieben und aus der Wahrheit sind." Gerade von da aus werden wir den Aussagen in 1, 9 und 2, 1. 2 folgen, unsere Sünden bekennen und uns an unseren Fürsprecher beim Vater klammern.

Auch daran werden wir denken dürfen, daß Gott **„alles erkennt"**, also auch die angeborenen oder in unserer Lebensgeschichte erworbenen Hemmungen, Entmutigungen und Versuchlichkeiten. Unser Herz kann auch in der Selbstbeurteilung eng und unkundig sein. Gott abe ist „größer" als dies kleine Herz und kennt uns viel tiefer, als wi uns selbst je kennen können.

Einen falschen und leichtfertigen Trost gegen die Anklagen unseres Herzens könnten wir in dem Satz des Apostels nur dann finden wenn wir aus ihm nur das Wort **„Gott ist größer als unser Herz"** isoliert herausgreifen. Dann meinen wir mit einem flüchtigen Blick in unseren Text daraus zu hören, daß Gott so „großzügig" ist, da er unsere Sünden als „Kleinigkeiten" gern übersieht. Nein, Gott **„erkennt alles"**, und wir stehen vor ihm als solche, die in hellem Lich leben wollen und die gerade darum auch von ihrem Herzen verklag werden. Diesem Verklagen weichen wir nicht aus; wir geben ihm recht Aber dann dürfen wir auf Gottes „Größe" blicken, wie es Luther vo uns getan hat. Die Liebe Gottes aber, die so groß ist, zeigt ihr „Größe" darin, daß er den eingeborenen Sohn gab und daß „jene seine Seele für uns eingesetzt hat". Jeder Leichtsinn ist uns dan unmöglich. Und es wird — so sagte es uns der Zusammenhang de ganzen Textes — den Glauben an diese Liebe Gottes gegen alle Anklagen seines Herzens nur der festhalten können, der selber „di Brüder liebt" und selber das herzliche Vergeben übt. Oder ist dam die Liebe dem rechtfertigenden Glauben gegenüber zu wichtig genommen? Aber sagt es Paulus, der Apostel der Rechtfertigung durc den Glauben, in 1 Ko 13 und in Gal 5, 6 anders?

21 **„Geliebte, wenn das Herz nicht verurteilt, haben wir Freimütigke**

zu Gott." Kann es diesen Zustand wirklich geben? Wir mögen vom reformatorischen Denken aus noch schärfer sagen: „darf" es ihn überhaupt geben? Wäre er nicht eine gefährliche Täuschung durch die Lähmung unseres Gewissens? Haben wir nicht immer als die von unserm Herzen Verklagten und Verurteilten dazustehen? Wir erinnern uns an Luthers Auslegung zur fünften Bitte des Vaterunsers: „Denn wir täglich viel sündigen und wohl eitel Strafe verdienen." Wir können zunächst nur feststellen, daß Johannes es offensichtlich für möglich hält, daß unser Herz uns **„nicht verurteilt"**. Wir wollen auch nicht vergessen, wie ein so tiefer Kenner der Sünde wie Paulus dennoch Sätze in seinen Briefen schreiben kann, die — zum wenigsten für bestimmte Lagen und Zeiten — dies „gute Gewissen" bezeugen[148]. Hier „verurteilt" ihn ganz offensichtlich sein Herz nicht. Ob es so auch bei uns steht und stehen kann, das ist die Frage, die nur jeder einzelne für sich selbst entscheiden kann. Johannes hat deshalb seinen Satz mit einem **„Wenn"** begonnen. Eine falsche Selbstzufriedenheit durch ein blindes Herz hat er selbstverständlich nicht gemeint; er schreibt an Gemeinden, die erweckt und erwacht sind und „im Licht wandeln, wie er im Licht ist".

Das wird sofort klar, wenn wir von Johannes hören, was die Folge davon ist, **„wenn das Herz nicht verurteilt"**: **„Wir haben Freimütigkeit zu Gott."** Das „nicht verurteilende Herz" wird ebenso wie vorher das verurteilende nicht für sich selbst und allein mit sich selbst beschäftigt gesehen. Es ist „vor Gott", und seine Beziehung zu Gott ist das Entscheidende. **„Freimütigkeit zu Gott"**, das ist etwas total anderes als Selbstzufriedenheit und Stolz! Wir könnten noch einmal an 1 Mo 4 und an das Wort Gottes an Kain denken: „Ist's nicht also? Wenn du fromm bist, so kannst du frei den Blick erheben" (V. 7). Dieses „freie Erheben des Blickes zu Gott", genau dies ist es, was Johannes meint. Und er zeigt uns sofort, wie unbedingt notwendig diese Freimütigkeit ist. Als sei es ganz selbstverständlich, spricht er sogleich vom Beten. **„Und was immer wir erbitten, empfangen wir von ihm."** Wie könnten wir aber ernsthaft beten, wenn wir den Blick nicht frei zu Gott erheben dürften? Dieser Zustand, daß **„das Herz nicht verurteilt"**, wird also von Johannes nicht als Ausnahme besonders glücklicher Momente angesehen, sondern als notwendige Voraussetzung erhörlichen Betens. Wir brauchen die **„Freimütigkeit zu Gott"** ständig, wenn wir nach apostolischer Anweisung „ohne Unterlaß beten" möchten. Dann aber kann V. 21 nicht einfach der Gegensatz zu V. 20 sein, so daß sich die Zustände von V. 20 und V. 21 abwechselnd in uns finden. Zu der **„Freimütigkeit zu Gott"**, bei der **„das Herz**

[148] z. B. 1 Ko 4, 4; 9, 22 f; 2 Ko 1, 12; 1 Th 2, 10.

nicht verurteilt", kommt es gerade von V. 20 her, wenn wir unser Herz „still gemacht" und von dem Wunder der Vergebung und Reinigung aufs neue „überzeugt" haben.

22 Nun gilt nicht mehr die Feststellung, die Gott schon Israel gegenüber durch seinen Boten Jesaja verkündigte: „Eure Verschuldungen scheiden euch von eurem Gott, und eure Sünden verbergen sein Angesicht vor euch, daß ihr nicht gehört werdet" (Jes 59, 2). Jetzt gibt es das rechte, erhörliche Beten, dem Johannes keine Grenzen setzt, wie er es von seinem Herrn selbst gelernt hat. **„Was immer wir erbitten, empfangen wir von ihm."** So hatte es Jesus selbst verheißen (Jo 14, 13; 15, 7; 16, 23). Johannes kann das von Jesus Verheißene nun als Erfahrung bezeugen. Was mag der Apostel selbst durchbetet und an Gebetserhörung erlebt haben!

23 Freilich, solches Beten und solche umfassende Gebetserhörung ist an eine klare Bedingung geknüpft. Wir beten erhörlich, **„weil wir seine Gebote bewahren und das Wohlgefällige vor ihm tun"**. Sind wir damit nicht doch wieder in die Werkgerechtigkeit zurückgeworfen? Könnte nicht jeder Pharisäer und jeder jüdische Lehrer genauso formulieren: Gott erhört unser Beten, wenn und weil wir **„seine Gebote bewahren und das Wohlgefällige vor ihm tun"**? Aber was sind denn seine Gebote? Und was ist **„das vor Gott Wohlgefällige"**? Der Apostel sagt es uns zugleich: **„Und dieses ist sein Gebot, daß wir dem Namen seines Sohnes Jesus Christus glauben und einander lieben, wie er uns ein Gebot gegeben hat."** Wie schon im Lehren Jesu selbst und wie in unserm Brief 2, 3. 7. 8, wechselt der Plural „Gebote" hinüber zum Singular: das Gebot[149]. Dieser Wechsel ist nicht Zufall oder Unachtsamkeit. Ganz gewiß will Gott vielerlei von uns. Und so gibt es im einzelnen viele Gebote und Aufträge für uns und unsern Dienst. Aber sie alle quellen aus dem einen Gebot, das hier genau wie in Mt 22, 30—40 als ein Doppelgebot vor uns steht.

Das erste, was Gott will und was dem Vater wohlgefällig ist, ist etwas, das gerade die Schriftgelehrten und Pharisäer nie und nimmer als Gottes Gebot anerkannt hätten. Gott will, daß wir **„dem Namen seines Sohnes Jesus Christus glauben"**. Es steht hier im Unterschied von andern Stellen nicht „a n den Namen seines Sohnes glauben" sondern es ist der einfache Dativ gebraucht, so daß wir entsprechend übersetzen könnten: „daß wir dem Namen seines Sohnes Jesus Christus vertrauen." Wenn hier der **„Name"** Jesu als Grund und Ziel unseres „Glaubens" bezeichnet wird, dann müssen wir uns daran erinnern, welche Bedeutung der „Name" in der ganzen Heiligen Schrif

149 Vgl. Jo 15, 1. 12; auch 14, 23 f. Schon hierin wird der ganze Unterschied von der jüdischen „Gesetzeserfüllung" mit ihren unzähligen Einzelgeboten deutlich.

hat[150]. Ein häufiger Name wie „Josua-Jeschua-Jesus" kann dadurch zur wesenhaften Bezeichnung werden: „Des Name sollst du Jesus heißen, denn er wird sein Volk retten von ihren Sünden" (Mt 1, 21)[151]. Diesem seinem Namen „glauben", heißt also, sein ganzes Vertrauen darauf setzen, daß er wirklich der Sohn Gottes und als solcher der Retter von Sünden ist. „Name" und „Titel" liegen noch ganz nah beieinander. Unser „Vertrauen" richtet sich darum auch darauf, daß Jesus „der Christus", der geweissagte und nun gekommene Messias ist. Und auch „Sohn Gottes" ist „Name", der eben gerade nicht „Schall und Rauch" ist, nicht ein bloßer „Name", sondern der Name, der uns sagt, wer Jesus in seinem innersten Wesen ist. So liegt die ganze Aussagenfülle über Jesu Wesen und Werk in seinem „Namen". Wir **„glauben"** ihm wahrhaft, wenn wir Jesus so in seinem Wesen und Werk sehen und darum unser ganzes Vertrauen in Zeit und Ewigkeit auf ihn setzen. Das ist etwas völlig anderes als alle Gesetzesfrömmigkeit. Aber mit diesem **„Glauben"** erfüllen wir Gottes Gebot und haben sein Wohlgefallen.

Dieses Vertrauen zu Jesus kann aber gar nicht lebendig da sein, ohne daß es zum **„einander lieben"** wird. Johannes gibt uns dafür später in seinem Brief die einfache Erklärung: „Jeder, der den liebt, der ihn wiedergeboren hat, liebt auch den, der aus ihm geboren ist" (5, 1). Auch Paulus sieht den wirklichen Glauben unmittelbar als einen solchen, „der durch die Liebe tätig ist", oder wörtlich „durch die Liebe wirksam wird" (Gal 5, 6). Diese Liebe ist durch Jesus zum **„Gebot"**, zu dem neuen und allgenugsamen Gebot, gemacht worden (Jo 13, 34; 15, 12. 17). Darum setzt Johannes hier ausdrücklich hinzu: **„wie er uns ein Gebot gegeben hat."**

„Vertrauen" wie „Liebe" kann man nicht „gebieten" im Sinne eines Kommandos, das mit einem Willensentschluß zu befolgen ist. Ein solches, durch eigenen Willen erzwungenes Vertrauen oder Lieben wäre eine tote Sache, an der niemand Freude haben könnte und die bei der ersten ernsthaften Probe versagen würde. Aber das von Johannes uns gezeigte „Gebot" ist keine willkürliche „Forderung". Wenn tatsächlich der Sohn Gottes in die Welt kommt, von Gottes Liebe uns geschenkt, und seine Seele für uns einsetzt bis zum stellvertretenden Sterben am Kreuz, dann ist es eine innere Notwendigkeit, ihm zu „glauben", sich ihm völlig anzuvertrauen. Der Glaube an den Namen des Sohnes Gottes ist nicht etwas wie eine religiöse Liebhaberei, der man nachgehen kann oder auch nicht; es ist im strengen Sinn des Wortes „geboten". Nur er, dieser Eine, verdient unser

[150] Vgl. dazu die Ausführungen auf S. 57.
[151] So dichtet Johann Heermann: „Jesus, der du Jesus heißt, als ein Jesus Hilfe leist." Aus dem Lied „Treuer Wächter Israel" Vers 6.

ganzes Vertrauen. Setzen wir es auf irgendetwas anderes, so „verfehlen" wir die Wahrheit und tun „die Sünde" (Jo 16, 9). Das „Gebot", hier und nur hier zu „glauben", ist darum sinnvoll und notwendig, auch wenn es nicht einfach „befehlsgemäß", sondern nur in einem umfassenden Vorgang der Selbsterkenntnis und Jesuserkenntnis erfüllt werden kann. Freilich, kein eigenes Fragen und Forschen als solches wird Jesus als den Sohn Gottes und als Erretter aus unserer Verlorenheit erkennen können. Diese Erkenntnis wirkt allein der Heilige Geist. Das sagt der Apostel Paulus in aller Klarheit in 1 Ko 2, 6—16. Aber derselbe Apostel sagt doch auch Rö 10, 17, daß der Glaube aus dem „Hören" kommt. Die Erfüllung des **„Gebotes, dem Namen seines Sohnes Jesus Christus zu glauben"**, beginnt mit dem ernsthaften Hören auf die Botschaft von Jesus. In unserm Fragen und Forschen unter Gebet wirkt der Heilige Geist den „Glauben an seinen Namen" und in diesem Glauben die „Liebe untereinander". Die „Liebe" ist die grundlegende Frucht des Geistes (Gal 5, 22). Auch sie „muß" mit innerer Notwendigkeit da erwachsen, wo die Liebe Gottes ausgegossen ist in unsern Herzen durch den Heiligen Geist (Rö 5, 5b). In diesem Sinn ist sie auch wesenhaft „geboten".

24 Auf den Geist verweist darum der Apostel Johannes im letzten Satz unseres Abschnittes. Zunächst gibt er uns die Verheißung: **„Und wer seine Gebote bewahrt, bleibt in ihm"**. An dieser Verheißung wird besonders klar, daß unser Glaube keine bloße Gedankensache und unsere Liebe keine eigene Leistung unserer selbst ist. Wer so „glaubt" und so „liebt", wie es uns „geboten" ist, der kommt darin zu einer neuen Existenz, zu einer wesenhaften Vereinigung mit Gott. Diese Vereinigung mit Gott besteht in einem doppelten „Bleiben". Nur **„bleibt"** der Mensch **„in ihm"**, in Gott oder „in Christus", wie Paulus so oft und gern sagt. Aber es **„bleibt"** auch umgekehrt Gott selbst, Jesus selbst, in dem Menschen. Logisch sind diese Aussagen schwer zu vereinen; aber im göttlichen Leben gilt unsere übliche Logik nicht mehr[152]. Auch Paulus kann dem „ich in Christus" das „Christus in mir" in Gal 2, 20 als gleichberechtigte Beschreibung des neuen Sein zur Seite stellen. Johannes vereint in unserm Vers ebenfalls die beiden Wirklichkeiten so einfach miteinander, daß der Satz sprachlich dadurch fast ungeschickt wird.

„Er", Gott selbst in Christus, **„bleibt in ihm"**, im Glaubenden und Liebenden. Kann das wahr sein: der ewige Gott, den aller Himmel Himmel nicht fassen (1 Kö 8, 27), „bleibt" in einem kleinen Menschenherzen? Wie kann das geschehen? Woran erkennen wir das

[152] Sie gilt nicht einmal mehr in der modernen Physik. Wie sollte sie für das Handeln des lebendigen Gottes gelten! Siehe das zu 2, 5. 6 Gesagte.

Wahrheit dieses Satzes? Johannes antwortet sofort: **„Und daran erkennen wir, daß er in uns bleibt, an dem Geist, den er uns gegeben hat."** Johannes schreibt an Christen, denen er nicht erst Erklärungen über den Geist Gottes geben muß. Er hatte bereits in dem Abschnitt 2, 18–27 das „Salböl" genannt, das die Gemeinde bleibend besitzt. Sie ist mit dem Heiligen Geist „gesalbt". Aber der Geist ist darum nicht etwa eine „Sache", eine bloße „Kraft" Gottes, auch nicht wie bei den Gnostikern eine „Emanation", ein „Ausfluß", aus der Gottheit. Er ist „Person", die dritte Person des Dreieinigen Gottes. Darum wohnt und **„bleibt"** in ihm Gott selber in uns. Das ist freilich eine ungeheure Sache! Das können wir nicht leichthin lesen. Aber Jesus selbst hat es uns versprochen: „Wir werden zu ihm kommen und Wohnung bei ihm machen" (Jo 14, 32). Die ruhige, klare Gewißheit aber, daß der Geist Gottes der Gemeinde Jesu und jedem einzelnen Glied der Gemeinde „gegeben" ist, durchzieht das ganze apostolische Zeugnis an die Gemeinden[153]. Ist mir der Geist geschenkt und erfahre ich sein Wirken in meinem Leben, dann darf ich daran erkennen, daß der Herr in mir bleibt[154].

DER GEIST DER WAHRHEIT UND DER GEIST DER IRREFÜHRUNG

1 Johannesbrief 4, 1–6

Geliebte, nicht jedem Geist glaubt, sondern prüft die Geister, ob sie aus Gott sind, weil viele Pseudopropheten (falsche Propheten) **ausgegangen sind in die Welt. * Daran erkennt ihr den Geist Gottes: Jeder Geist, der Jesus Christus als den im Fleisch gekommenen bekennt, ist aus Gott. * Und jeder Geist, der den Jesus nicht bekennt** (oder: der den Jesus auflöst), **ist nicht aus Gott. Und dies ist der** (Geist) **des Antichristen, von dem ihr gehört habt, daß er kommt, und jetzt ist er bereits in der Welt. * Ihr seid aus Gott, Kindlein, und habt sie besiegt, denn größer ist der in euch, als der in der**

zu Vers 1: Mt 7, 15; 24, 24; 1 Th 5, 21; 1 Tim 4, 1
zu Vers 2: Mt 10, 32; Jo 16, 14
zu Vers 3: Mt 10, 33; Jo 8, 47; 1 Jo 2, 18
zu Vers 4: 1 Jo 5, 5; Mt 12, 29

[153] Vgl. „Was ist es mit dem Heiligen Geist?" W. de Boor EVA 1972, Seite 15 ff.

[154] Es steht in diesem kurzen Vers das ganze Geheimnis der Dreieinigkeit Gottes vor uns. Schon bei dem „er", in welchem wir bleiben und der in uns bleibt, war gar nicht auszumachen, ob darin „Gott" oder „Jesus" gemeint war. Die Frage ist eigentlich schon falsch gestellt! „Gott" und „Jesus" sind nicht durch ein „oder" zu trennen. Immer geht es um „Gott in Jesus" und um „den Sohn im Vater" (Jo 14, 10). Und der „Geist Gottes", der zugleich „der Geist seines Sohnes" ist (Gal 4, 6) ist wiederum nichts „außerhalb von Gott", sondern gerade innerstes Wesen Gottes. Der wahre Gott ist der Dreieinige, der eben darin sein eigenes, von Liebe erfülltes Leben hat.

zu Vers 5:
Jo 15, 19
zu Vers 6:
Jo 8, 47
1 Ko 14, 37

5 **Welt. * Sie sind aus der Welt; deswegen reden sie aus der Welt,**
6 **und die Welt hört sie. * W i r sind aus Gott. Wer Gott erkennt,**
hört uns. Wer nicht aus Gott ist, hört uns nicht. Daraus erkennen
wir den Geist der Wahrheit und den Geist der Irreführung.

Gott hat euch den Geist gegeben. An diesem Geistbesitz erkennt ihr, daß Gott in euch bleibt. So hatte Johannes es den Gemeinden bezeugt. Wir müssen uns klar machen, wie sehr das die wesentliche Überzeugung der Urchristenheit war und welche Rolle der Geistbesitz für ihr gesamtes Denken und Leben spielte. Wenigstens so zentrale Stellen wie 1 Ko 2, 6–16; Rö 8, 1–10; Gal 5, 16–22; 1 Ko Kapitel 12–14 sollten wir erneut lesen und es nicht unbeachtet lassen, wie auch für Paulus der Heilige Geist das „Siegel" auf den wirklichen Christenstand ist: 2 Ko 1, 22; Eph 1, 13 f; Gal 3, 2. Wir müssen uns diese allgemeine urchristliche Überzeugung vor Augen stellen, weil sie uns fremd geworden ist. Vom Wirken des Geistes wissen unsere Gemeindeglieder im allgemeinen kaum etwas zu sagen. Wenn wir die angegebenen Stellen lesen, dann sehen wir, daß das in der ersten Christenheit völlig anders war. Der Geist Gottes und sein Wirken war den Gemeinden so bekannt, daß der Apostel Johannes mit einem ganz kurzen Satz darauf verweisen kann[155].

1 Umso bewegender ist es, wenn die junge Christenheit erfahren mußte, daß dennoch auch hier keine einfache „Sicherheit" für sie gegeben war. Johannes muß seinem Satz von der Vergewisserung der Gotteskindschaft durch das Geschenk des Geistes sofort die Mahnung folgen lassen: **„Geliebte, nicht jedem Geist glaubt, sondern prüft die Geister, ob sie aus Gott sind, weil viele Pseudopropheten ausgegangen sind in die Welt."** Auffallen kann uns hier zunächst der Plural „Geister". Er wird aber auch von Paulus gebraucht, wenn er die Korinther in 1 Ko 14, 12 „Eiferer um Pneumata", um „Geister", nennt und in 1 Ko 14, 32 von den „Geistern der Propheten" spricht. Paulus denkt dabei an die verschiedenen Wirkungen des Geistes und an die Wirkung des Geistes in vielen Personen und redet darum vom Geis-

155 Unser heutiges Gemeindeleben ist bestimmt vom „Amt". Die gründlich vorgebildeten examinierten und kirchlich angestellten Männer und Frauen, vor allem die Pfarrer sind maßgebend für alles, was überhaupt in der Gemeinde geschieht. Sie „lehren" und bestimmen mit ihrer Lehre das Denken und Leben der Gemeinde. Daher können hier die gleichen Nöte auftreten, die Johannes bei der bestimmenden Autorität der „Propheten" sieht. Die Aufforderung zum „Prüfen" muß dementsprechend auch heute wieder der Gemeinde zugemutet werden, wie es Luther in seiner Schrift „Daß eine Christliche Versammlung oder Gemeinde Recht und Macht habe, alle Lehre zu beurteilen und Lehrer zu prüfen, an – und abzusetzen: Grund und Ursache aus der Schrift" 1523 ausgeführt hat.

in der Mehrzahl[156]. Aber es gibt auch „Geister" ganz anderer Art, die in den Evangelien als „unreine" oder „böse Geister" bezeichnet werden (Mt 8, 16; 12, 43; Lk 6, 18; 7, 21; 8, 2[157]).

Damit stehen wir schon vor der Sachlage, die den Gemeinden Not machte. Es gibt Worte voll Glut und faszinierender Kraft und zu diesen Worten auch „Beglaubigungen" in erstaunlichen Taten und Wirkungen, die nach Geist Gottes aussehen und doch nicht **„aus Gott sind"**. Besonders die prophetische Rede beanspruchte Gehör und Glauben in der Gemeinde, weil sie von Gott eingegeben zu sein und Gottes Wort zu bringen behauptete. Aber es gibt **„Pseudopropheten"**, d. h. Männer, die wie Propheten erscheinen, „prophetisch" reden und doch nicht in Wahrheit „Propheten", also von Gott beauftragte und von Gottes Geist erfüllte Menschen, sind. Das ist ein Tatbestand, der eine Gemeinde wohl erschüttern und verwirren konnte! Wenn man nicht mehr **„jedem Geist"** einfach **„glauben"**, jedes im Namen Gottes gesprochene Wort als Richtung gebende Wahrheit annehmen konnte, wie fand man dann Gewißheit[158]?

Schon von Paulus hören wir in seinem frühesten uns erhaltenen Brief die doppelte Aufforderung, die „Prophetien", die „Weissagungen" nicht zu „verachten", wohl aber sie zu „prüfen" (1 Th 5, 19–21; ähnlich auch 1 Ko 14, 29). Die Gemeinde muß und kann dies tun, weil sie als gläubige Gemeinde Jesu selber den Geist besitzt und darum denen nicht hilflos gegenübersteht, die im Geist zu reden behaupten. Es ist aber bei Paulus noch so, daß nur das jeweilige Wort der Propheten, aber nicht ihre Person, nicht ihr Prophetentum als solches, der Prüfung unterworfen wird. Paulus rechnet mit der Möglichkeit, daß der Prophet irrt, daß er Wort Gottes zu sagen meint, während er doch nur eigene Gedanken ausspricht. An das Auftreten eigentlicher „Pseudopropheten" denkt der Apostel Paulus zunächst noch nicht. Allerdings kennt er die besondere Gabe der Geisterunterscheidung (1 Ko 12, 10). Hier handelt es sich offenbar um die gleiche Sache wie bei

156 So sieht auch Johannes bei der Offenbarung, die er empfing, vor dem Thron Gottes „sieben Fackeln" mit Feuer brennen und deutet sie als „die sieben Geister Gottes", wobei hier die Zahl nicht als Zählung, sondern als Symbolwert gemeint ist (Offb. 4, 5).

157 So werden an vielen Stellen auch „daimonia = Dämonen" genannt, auch von Paulus in 1 Ko 10, 20; 1 Tim 4, 1. Sie gehen aus von dem einen mächtigen Geist, den Johannes sogleich den „Geist des Antichrist" nennt und hinter dem Satan selbst steht (Eph. 2, 2). Darum müssen „die Geister" und die Geisteswirkungen geprüft werden, woher sie stammen.

158 Der Apostel wird mit dem Ausdruck „Pseudopropheten" die bibelkundigen Gemeinden auf das AT hingewiesen haben. Schon z. Z. des Mose muß Gott allen falschen Propheten die Todesstrafe androhen: 5 Mo 13, 2–6; 18, 18–22. Besonders Jeremia hat den heißen Kampf gegen ein falsches Prophetentum zu führen (Jer 6, 13–15; 23, 9–22; 27, 9 f). In aller Anschaulichkeit steht uns dieser Kampf in der Auseinandersetzung zwischen Jeremia und Hananja in Jer 28, 1–17 vor Augen.

Johannes: um die Person und nicht nur um das Wort der „im Geist" Redenden. Hier taucht die – schon im AT gekennzeichnete – Möglichkeit auf, daß ein Prophet nicht nur Eigenes und Göttliches vermischt oder verwechselt, sondern überhaupt nicht von Gott berufen, beauftragt und erfüllt ist, sondern sein Wort, seine Glut, seine Wirkungsmacht aus einer total andern Quelle, von der „Welt" (V. 5!) und damit auch vom Fürsten der Welt, vom Teufel, her hat. Er ist im Grunde seines Wesens und seiner Sendung ein **„Pseudoprophet"**.

Johannes hat erfahren, daß es **„viele"** solche Pseudopropheten gibt, die **„ausgegangen sind in die Welt"**. Dieser Ausdruck **„ausgegangen"** weist auf die Tatsache hin, daß die Irrlehrer mit Nachdruck ihre „Sendung" betonten, die sie zu ihrem Wirken in aller Welt antrieb. Eben dies ist das Verführerische, daß diese Männer mit diesem Sendungsbewußtsein auftreten und „Glauben" und Gehorsam fordern. Vielleicht benutzten sie die Einleitungsformel der atst Propheten „So spricht der Herr", oder sie bezeichneten ihre Reden und Sprüche als vom Geist ihnen gegeben, ja sie wiesen sich vielleicht auch „durch Zeichen und Wunder" aus[159]. Wie schwer wird dann das „Prüfen". Darf man hier überhaupt fragen und prüfen? Hat man sich nicht einfach zu beugen und zu glauben[160]? Der Apostel Johannes sagt aufs klarste Nein und fordert die Gemeinden ausdrücklich auf, nicht jedem Geist zu glauben, sondern **„die Geister zu prüfen, ob sie aus Gott sind"**.

2/3 Aber dann muß der Apostel den Gemeinden bei diesem „Prüfen" helfen und muß ihnen Erkennungsmerkmale zeigen, an denen es sich erweist, ob ein Prophet **„aus Gott"** ist oder nicht. Das tut Johannes auch sogleich in seinem nächsten Satz. **„Daran erkennt ihr den Geist Gottes: Jeder Geist, der Jesus Christus als den im Fleisch gekommenen bekennt, ist aus Gott."** Wie beachtlich ist es für uns: Nicht auf Machtwirkungen irgendwelcher Art, nicht auf wunderbare Fähigkeiten und Kräfte verweist der Apostel als auf Kennzeichen der Echtheit eines Propheten! Es geht ihm einzig um den Inhalt ihrer Botschaft. Aber wie eigentümlich ist dabei von dem zentralen Inhalt der Verkündigung gesprochen! Wieder müssen wir bedenken, daß wir es mit einem ech-

159 Es ist hier daran zu erinnern, daß auch das Besprechen und andere okkulte Handlungen „im Namen Gottes", bzw. unter zauberhaftem Gebrauch „der drei höchsten Namen" vorgenommen werden.

160 Bis heute sind es gerade „Propheten" dieser Art, die sofort drohen und auf die unvergebbare „Sünde wider den Heiligen Geist" hinweisen, wenn man sich ihnen nicht einfach unterwirft. Und bis heute haben solche Männer und solche Behauptungen eine hinreißende Kraft, die der schlichte, aber nach dem Außergewöhnlichen hungernde Mensch sofort für „göttlich" hält. Es ist von ganz ernster Wichtigkeit für uns, daß die Apostel Paulus und Johannes zum „Prüfen" auffordern! „Prüfen" und Fragen kann also auf keinen Fall „Sünde" oder gar „Lästerung des Geistes" sein!

ten „Brief" zu tun haben, der – anders als eine allgemeine theologische Abhandlung – zu bestimmten Menschen in eine bestimmte Lage hinein spricht, eine Lage, die zunächst gar nicht die unsere zu sein braucht. Wir werden mit dem Satz des Johannes erst einmal wenig anfangen können. Die Gemeinde damals horchte sofort auf! Sie wurde bedrängt von Werbern einer „christlichen Gnosis". In deren großen, religiösen Systemen wurde natürlich auch von „Christus" gesprochen. Es wurde bezeugt, daß ein himmlischer Christus aus der Lichtwelt gekommen sei, um die menschlichen Seelen aus der Verlorenheit in Finsternis und Tod in das Lichtreich zurückzuführen. Aber dieser „Christus" hatte sich nur zeitweilig mit dem geschichtlichen Menschen Jesus verbunden und trug diese Menschengestalt nur als äußeres Kleid. Gelitten und geblutet hatte nur der Mensch Jesus; gestorben war nur er. Denn leiden, bluten, sterben konnte das Himmelswesen „Christus" niemals. Die Erlösung geschah darum auch nicht durch Leiden, Bluten, Sterben, sondern durch „Gnosis", durch „Erkenntnis", auch wenn diese nicht eine intellektuelle, sondern eine mystisch-religiöse war. Daß „das Wort" sich nicht nur in Fleisch „verkleidete", sondern „Fleisch wurde[161]", **„im Fleisch kam"**, das war für die christliche Gnosis völlig irrig, ja geradezu lästerlich. Für die apostolische Botschaft aber lag alles gerade an der Erniedrigung des Sohnes Gottes[162], an seiner wirklichen Menschwerdung, an seinem Gekommensein **„im Fleisch"**. Denn nur so konnte das geschehen, was allein den gottwidrigen, schuldigen, vor Gott verlorenen Menschen rettet, das Leiden und Sterben am Fluchholz des Kreuzes. Hier gingen die Wege der apostolischen Gemeinden und der christlichen Gnosis radikal auseinander.

Jetzt leuchtet uns auf, wie sehr der Satz des Johannes trotz seiner geschichtlichen Zuspitzung dennoch für jede Zeit, auch für die unsere, ein entscheidender und darum auch scheidender Satz ist. Unter immer neuen Formen und Ausdrücken will der Mensch einen imponierenden Christus haben, einen „zeitgemäßen" Christus, den er jedem empfehlen kann. Er will sich des Evangeliums nicht „schämen" müssen. Der leidende, blutende, am Kreuz sterbende Christus ist heute wie damals „eine Torheit" oder „ein Ärgernis" (1 Ko 1, 23).

Dahinter aber steht noch etwas Tieferes. Es geht dabei um uns selber und um unsere Selbstbeurteilung. „Im Fleisch kommen", ohne Glanz und Macht in der Welt stehen und so furchtbar am Fluchholz sterben mußte der Sohn Gottes um unserer Sünde willen. Wer also gerade in diesem Jesus, der von den Menschen ausgestoßen und von

1 Vgl. die Auslegung zu Jo 1, 14 in der W. Stb.
2 Vgl. Phil 2, 5 ff.

Gott dem Gericht preisgegeben am Kreuz stirbt, den wahren „Christus", den einzigen Retter verlorener Menschen anbetet, der muß dabei sich selbst als einen Gerichteten sehen, der mit der Not seiner Schuld vor Gott nicht mehr aus und ein weiß und der nur um diesen Preis errettet werden kann. Und dagegen lehnt sich unser Stolz auf! Gegen diese Verurteilung wehren wir uns. Darum wollen wir einen anderen Christus haben: einen edlen und großen Christus, bei dem wir selber „groß" bleiben können, einen „Christus", der als „Vorbild" uns zu eigenen Taten der Weltverbesserung treibt. „Glauben wie Jesus", „lieben wie Jesus", das Kreuz auf sich nehmen, wie Jesus es tat, das ist nun der Weg zum Heil. Wer aber den **„im Fleisch gekommenen"** Jesus Christus und sein Sterben für uns nicht im Mittelpunkt seines Bekenntnisses hat, der erweist sich eben damit als ein Blinder, der seine wirkliche Verlorenheit noch nicht erfahren hat. Hier ist der Abgrund, der mancherlei Christentümer und Theologien von der apostolischen Botschaft trennt.

Darum fährt Johannes fort: **„Und jeder Geist, der den Jesus nicht bekennt, ist nicht aus Gott."** Das grie NT von Nestle gibt so den Text. Wenn Johannes wirklich so schrieb, dann hat er sagen wollen: wer nur von einem himmlischen Christus redet und sich nicht wirklich zu **„dem Jesus"**[163] und damit zur wahren Menschwerdung des Erlösers (mit allem Leiden und Sterben, um dessentwillen sie erfolgte) bekennt, der **„ist nicht aus Gott"**. Er geht an Gottes wahrer Offenbarung vorbei und führt die Gemeinde irre. Die Handschriften der Koine und der Sinaitikus fügen auch hier ein „als im Fleisch gekommen" hinzu[164]. Dann geht der negative Satz mit dem vorangehenden positiven völlig parallel. Aber das kennzeichnet gerade eine spätere Angleichung.

Bei den Kirchenvätern Irenäus (178 Bischof von Lyon), Origenes (geb. 185/186) und Klemens von Alexandria (um 200) finden wir, daß sie in den Handschriften des 1 Johannesbriefes, die sie benutzten, an unserer Stelle lasen: **„und jeder Geist, der den Jesus auflöst, ist nicht aus Gott."** Diese Lesart hat großes Gewicht. Denn erstens sind die Handschriften, die diesen Männern am Ende des 2. Jahrhunderts vorlagen, weit älter als die frühesten Handschriften, über die wir verfügen. Wir haben hier die älteste Bezeugung vor uns. Und zweitens ist ganz unerklärlich, wie ein Abschreiber diesen merkwürdigen Ausdruck **„der den Jesus auflöst"** in den Text gebracht haben sollte, wenn ursprünglich das bequeme **„der nicht bekennt"** dagestanden hätte. Umgekehrt dagegen ist gut denkbar, daß spätere Abschreiber mit dem

[163] Der für uns auffällige Artikel „der Jesus" würde unterstreichend auf diesen wirklichen Jesus der apostolischen Botschaft hinweisen. Ja, gerade diesen Jesus und das Bekenntnis zu ihm meinen wir, sagt Johannes.

[164] So las darum auch die alte LÜ. Die rev. LÜ läßt den Zusatz fort.

Wort „Jesus auflösen" nichts anzufangen wußten und die negative Aussage an die vorangehende positive anglichen. „Wer bekennt" – „wer nicht bekennt", das kam fast von selbst in die Feder. Uns aber verdeutlicht der Ausdruck **„Jesus auflösen[165]"** genau das, was Johannes mit leidenschaftlichem Ernst den neuen Lehrern vorwarf: den Jesus, den wir Apostel bezeugen, den „löst ihr auf" und setzt an seine Stelle eure eigene Gedankenkonstruktion eines „Christus". Ihr löst damit auf, „was von Anfang war, was wir gehört haben, was wir gesehen haben mit unsern Augen, was wir schauten und mit unsern Händen betasteten, vom Wort des Lebens" (1, 1 f). Damit habt ihr nicht eine etwas andere, modernere Theologie, über die sich reden läßt, sondern löst auf und beseitigt den ganzen Glaubensgrund und die ganze Heilsgewißheit der Gemeinde.

Das muß die Gemeinde sehen und ein totales Nein zu diesen neuen Lehren sagen[166]. Wird **„Jesus aufgelöst"**, der Mensch gewordene, am Kreuz für uns in das Todesgericht Gottes dahingegebene und von Gott auferweckte Christus, dann ist das ganze Heil für verlorene Sünder vernichtet. Die Gemeinde darf die neuen Anschauungen nicht interessant finden; sie darf nicht meinen, man müsse sich doch einmal damit beschäftigen und sie nicht gleich verurteilen[167]. Nein, die Gemeinde muß erkennen: **„Und dies ist der** (Geist) **des Antichrists, von dem ihr gehört habt, daß er kommt, und jetzt ist er bereits in der Welt."** Dieses neue und angeblich höhere und reinere Christentum ist vielmehr „Antichristentum". Hier ist **„der Geist des Antichrists"** am Werk, nicht der Geist Gottes. Die warnende Aussage „nicht aus Gott" wird jetzt positiv verschärft. Die Gemeinde hat die Verkündigung gehört, daß der Antichrist „kommt". Aber sie darf über diesem wahren Blick in die Zukunft nicht den klaren Blick in die Gegenwart verlieren. Sie muß erkennen, der **„Geist"** des Antichrists **„kommt"** nicht erst später einmal, sondern **„jetzt ist er bereits in der Welt"**. Und zwar gerade da, wo ihr ein neues „Christentum" angeboten wird! Der antichristliche Weltherrscher wird einmal Jesus und seine Gemeinde mit aller brutalen Gewalt „aufzulösen" suchen. Aber die Ge-

165 Beachte die Parallele in 3, 8, wo im grie Text auch das Wort „auflösen" gebraucht wird. Dazu auch Jo 7, 23; 10, 35; Apg 2, 24. Die LÜ hat an diesen Stellen andere Ausdrücke.

166 Dabei ist es von geringer Bedeutung, in welchen Formen der Jesus des apostolischen Zeugnisses aufgelöst und welche Auffassungen und Bilder von Jesus für den biblischen Christus eingesetzt werden. Es hat hier in der Geschichte der Theologie und der Kirche bis heute erhebliche Unterschiede gegeben. Es geht aber nicht um diese, sondern einzig um die Auflösung des Jesus Christus, den die Apostel als das einzige Heil für verlorene Menschen verkündigt haben.

167 Es ist seltsam, wie in der Gemeinde, die doch in der apostolischen Botschaft von Jesus alles hat, das ganze volle Heil, immer wieder dieses „Interesse" für „Neues" da ist. Es ist genau das „Interesse", das Eva auf einmal an dem verbotenen Baum nahm.

meinde muß merken: Diese „Auflösung" wird jetzt schon in raffinierter Weise unter dem Schein einer Verbesserung des Christentums begonnen[168].

4 Die Gemeinde, die sich aufbaut „auf den Grund der Apostel und Propheten" (Eph 2, 28) und den Geist aus Gott empfangen hat, muß nicht ratlos und verzagt werden, wenn sie die Tiefen der Gefahr erkennt, die ihr von Männern aus ihren eigenen Reihen droht. Johannes spricht ihr zu: **„I h r seid aus Gott, Kindlein, und habt sie besiegt, denn größer ist der in euch, als der in der Welt."** Sie waren gewiß keine „sündlosen" und „vollkommenen" Christen. Aber mit dem betonten „Ihr" im Gegensatz zu den Scharen der neuen Bewegung versichert der Apostel ihnen: **„I h r seid aus Gott, Kindlein."**

Aber hatte Johannes nicht in 3, 9 geschrieben, daß jeder aus Gott Geborene „Sünde nicht tut", ja, nicht einmal sündigen „könne", weil er „aus Gott ist"? Trifft das nicht für die Gemeindeglieder zu, die Johannes jetzt mit solcher Freude vor Augen hat? Vielleicht müssen wir auch im Rückblick auf 3, 9 das Wort „Sünde" in jener klaren Bestimmtheit fassen, mit der Jesus selbst es als „d i e Sünde" bezeichnet hat, wenn wir nicht an ihn glauben (Jo 16, 9). Dann ist es ja die schwerste Zuspitzung der Sünde, wenn wir „Jesus auflösen". Und eben diese „Sünde" können diese **„Kindlein"** nicht begehen, weil sie wirklich **„aus Gott"** sind und den Verführern aus ihren eigenen Reihen nicht folgten. Im Gegenteil, sie „haben **sie besiegt"**. Das Wort vom „Besiegthaben des Bösen" durch die jungen Männer (2, 13. 15) wird jetzt in dieser bestimmten Weise auf die ganze Gemeinde angewandt. Wir sehen nun eine klare Linie, die der Apostel wohl schon beim Schreiben von 2, 13 f vor Augen hatte. Der „Böse" will und wird seine Herrschaft auf Erden aufrichten durch den Antichrist[169]. Der Geist des Antichrists **„ist jetzt bereits in der Welt"**. Die Gemeinde war seiner Verführungsmacht ausgesetzt, die jungen Männer in besonderer Weise[170]. Aber die Gemeinde ist fest bei Jesus und dem apostolischen Evangelium geblieben, auch in den Reihen ihrer jungen Männer. Das ist der Sieg über den Bösen. Freilich, sie siegten nicht durch ihre eigene Kraft und Klugheit. Sie sind ja **„Kindlein"**. Sie

[168] Johannes nennt keine Namen und beschuldigt nicht einzelne Männer als solche. E sieht einzig auf den „Geist" des Antichrists. Die Männer, die Träger der neuen Bewegung sind, mögen subjektiv ganz ehrlich überzeugt sein, ein „besseres" Christentum zu haben und zu bringen. Sie mögen gar nicht ahnen, in welches „Geistes" Dienst si stehen. Vgl. das zu 2, 22 Gesagte.

[169] Vgl. 2 Th 2, 1–12; Offb 13.

[170] Der junge Teil der Gemeinde ist von Natur am meisten geneigt, von allem „Neuen angezogen zu werden und das Alte als „veraltet" zu verlassen. Hier aber hat auc die junge Männerwelt hinter dem Neuen, das zur „Auflösung Jesu" führt, den Böse erkannt; sie hat ihn besiegt mit einem festen Bleiben im apostolischen Wort.

siegten, **„denn größer ist der in euch, als der in der Welt“**. Sie dürfen sich des Sieges freuen. Aber es liegen noch viele Anfechtungen und Kämpfe vor ihnen. Wie „groß“ muß der Feind Gottes mit allen seinen mächtigen und listigen Helfern der kleinen, machtlosen Schar immer wieder erscheinen. Aber sie stehen ihm nicht allein gegenüber. Der lebendige Gott, unendlich **„größer“** als der Feind, ist nicht nur bei ihnen, nein, „in ihnen“ (3, 24). Das ist die notwendige Rüstung zu allen Kämpfen und die Kraft zu immer neuen Siegen, wenn sie es wissen: der Herr selbst ist im Heiligen Geist „in uns“. Denn nun ist es wahr und ist in aller Anfechtung und Bedrängnis das Siegeslied: **„größer ist der in uns, als der in der Welt.“**

Bedeutet der Sieg, der der Gemeinde vom Apostel zugesprochen ist, 5
daß die weit verzweigte Bewegung der „Gnosis“ von der apostolischen Gemeinde zerschlagen ist? Steht die Gemeinde als „Sieger“ triumphierend in der Öffentlichkeit? In gewissem Sinne ist das wahr. Wer weiß heute noch etwas von der „Gnosis“. Wer kennt noch Namen ihrer führenden Männer? Wir sahen in der Einleitung, wie mühsam es ist, sich noch ein zutreffendes Bild von der gnostischen Bewegung zu machen. Die apostolische Botschaft im NT aber geht bis heute durch die ganze Welt! Doch Johannes konnte diesen „Sieg“ damals in keiner Weise sehen und meint das „Siegen“ der Gemeinde Jesu überhaupt nicht so. Es widerspräche allem, was Jesus selbst über den Weg seiner echten Gemeinde gesagt hat. Er, der Gekreuzigte und Verachtete, sah für die Seinen in der Welt immer wieder das Kreuz, das sie um seinetwillen auf sich nehmen, und den Haß und die Verachtung der Welt, die sie tragen mußten (Jo 15, 18–21). Darum fährt auch sein Jünger Johannes gerade nach dem Siegeswort fort: **„Sie sind aus der Welt; deswegen reden sie aus der Welt und die Welt hört sie.“** Die neuen Lehrer sprachen zwar von großen Dingen, die nach ihrem Urteil erst wahrhaft göttlich und himmlisch sind. Sie fühlen sich der Welt weit überlegen und meinten gerade darum die Freiheit zu einem vollen Leben in der Welt und mit der Welt zu haben[171]. Sie zeigten aber damit, daß sie **„aus der Welt“** sind, von den Trieben und Lockungen der Welt bestimmt. Und **„sie reden aus der Welt“**. So geistreich und vielgestaltig und „religiös“ ihre theologischen Systeme sind, sie enthalten doch nur ihre eigenen Gedanken oder folgen Einflüssen fremder Religionen und gehen an der wirklichen Offenbarung Gottes in Jesus Christus, dem Gekreuzigten, vorbei. In der ganzen Entwertung des Kreuzes und der dort im Blut Jesu vollbrachten Erlösung zeigen sie, wie sehr sie **„aus der Welt reden“**. Darum **„hört sie die Welt“**.

171 Vgl. wieder die in Korinth ausgegebene Losung: „Mir ist alles erlaubt“ (1 Ko 6, 12) und die daraus gezogene Folgerung 1 Ko 5, 1 f; 6, 1. 8. 15–18; 8, 10. Allerdings gab es in der Gnosis auch starke asketische Tendenzen.

Die gnostische Bewegung war offensichtlich weltweit erfolgreich. Ihre geistvollen, an bekannte Philosophen anknüpfenden und allerlei Religionen aufnehmenden Vorträge wurden gern gehört und anerkannt. Die Botschaft vom Kreuz war dagegen, wie Paulus sagt, „Ärgernis" oder „Torheit" für die Menschen. Die Welt möchte diese Botschaft nicht hören[172].

6 Johannes sagt im Gegensatz dazu betont: **„W i r sind aus Gott."** Ist das nicht Hochmut? Ist das nicht „pharisäisch"? Aber schon Jesus selber hatte gesagt: Wenn er seinen Ursprung aus Gott leugnete, dann gerade würde er ein „Lügner" (Jo 8, 55). So können und dürfen auch wir nicht verleugnen, was wir von Gott empfangen haben. Wir müssen es bezeugen: **„Wir sind aus Gott."** Das hat mit Hochmut nichts zu tun, sondern ist einfache Feststellung einer Tatsache, für die wir selber nichts können. Gerade die Formulierung **„aus Gott"** zeigt das. Nicht wir haben uns zu Gott aufgeschwungen, sondern Gott hat sich in unbegreiflicher Liebe zu uns geneigt und uns aus dieser Liebe in Jesus neu geboren und zu seinen Kindern gemacht. Gerade nur der ist hochmütig, der ohne Jesus und sein Kreuz ein Kindesverhältnis zu Gott zu haben meint. In unseren Herzen klingt immer neu das anbetende Wort: „Sehet, welch eine Liebe hat uns der Vater erzeiget, daß wir Gottes Kinder sollen heißen; und es auch sind" (3, 1).

Johannes hat es ebenfalls selber aus dem Mund seines Herrn vernommen: „Wer von Gott ist, der hört Gottes Worte; darum höret ihr nicht, denn ihr seid nicht von Gott" (Jo 8, 47). Auch hier erfahren und erleiden die Jünger das Gleiche wie das Haupt: **„Wer Gott erkennt, hört uns. Wer nicht aus Gott ist, hört uns nicht."**

Wir möchten freilich mit unserer Verkündigung gern „erfolgreich" sein. Wir möchten „gehört" werden und den Erweis der Wahrheit in der Gewinnung großer Scharen erbringen. In den Gemeinden, an die Johannes schreibt, mögen viele bedrückt gewesen sein von den großen Erfolgen der gnostischen Redner. Entschied das nicht für sie? Aber der Apostel weiß, daß die Wahrheit nicht durch Anhängerzahlen erwiesen wird. Auch die Gemeinde muß daran denken, daß noch kurz vor dem Karfreitag im Hohen Rat im Blick auf Jesus gesagt wurde: „Ihr seht, daß ihr nichts ausrichtet; siehe, alle Welt läuft ihm nach" (Jo 12, 19). Wenige Tage später schrie „alle Welt": „Ans Kreuz mit ihm!" Aber Jesus war gerade an diesem Karfreitag „der Zeuge für die Wahrheit" (Jo 18, 37), vor Pilatus und vor der ganzen Welt, auch wenn er als der eine Einzige gegen „alle Welt" stand.

[172] Auch die christianisierte Welt tut es nicht! Man lese nur nach, was für Widerstände aus der Welt sich gegen jede Erweckungsbewegung und ihre Boten erhoben haben, und zwar gerade aus der kirchlichen Welt. Vgl. etwa die Schilderung aus der Erweckungsbewegung um J. H. Volkening und G. Knack.

Wir pflegen uns bei „Erfolglosigkeit" der Verkündigung sofort nach unsern Fehlern zu fragen, die wir gemacht haben. Wir suchen nach „neuen Wegen", nach „neuer Sprache", nach größerer Anschaulichkeit. Wir können und sollen das auch tun. Aber wir dürfen dabei nie jene „Grenze" des „Hörens" vergessen, die Johannes aufzeigt und die wir nie beseitigen oder auch nur verrücken werden. **„Wer Gott erkennt, hört uns. Wer nicht aus Gott ist, hört uns nicht."** Wir dürfen freilich bei solchen Sätzen wieder nicht vergessen, daß sie als Sätze eines Briefes in eine bestimmte Lage hinein gesprochen sind. Johannes denkt jetzt nicht so sehr an die Evangeliumsverkündigung an Fernstehende und Ungläubige. Es geht vielmehr hier wie im ganzen Brief um den Kampf innerhalb der Gemeinden und dabei besonders um die Geltung der Apostel und ihrer apostolischen Botschaft. Das zeigt sich in dem Wort **„uns"**, das hier nicht anders zu fassen ist als das „wir" in den ersten Sätzen des Briefes. Johannes wird besonders wieder an Menschen denken, die aus der Gemeinde kommen und sich nun von ihr getrennt haben und neuen Lehren folgen (2, 19). Warum konnte ein Apostel Johannes sie nicht zurückgewinnen? Warum fand er bei ihnen kein Gehör? Wer **„nicht aus Gott ist"**, und das heißt ja doch: Wer nicht im Licht des heiligen Gottes sich als Sünder erkennt, sondern sich noch selbst hochschätzt und seine „Religion" oder seine religiöse Weltanschauung nach seinen Gedanken gestaltet, der **„hört uns nicht"**. Er will über „das Wort vom Kreuz" hinauskommen. Es scheint ihm primitiv, töricht, abwegig, ja, vielleicht abstoßend gegenüber dem, was er bei den gnostisch beeinflußten Lehrern zu finden meint[173]. Hier tritt eine Scheidung innerhalb der Gemeinde ein. Die Gemeinde soll sich nicht wundern und nicht erschrecken, wenn ihr Apostel – der alte Apostel Johannes – in bestimmten Kreisen einfach nicht „gehört" wird[174]. Es muß so sein. **„Daraus erkennen wir den Geist der Wahrheit und den Geist der Irreführung."** Die Gemeinde soll nicht erschrecken, aber sie soll den Gegensatz auch nicht verharmlosen. Es geht nicht um einen Unterschied theologischer „Richtungen", den man in Kauf nehmen, um abweichende „Ansichten", über die

[173] Als der spätere Evangelist Samuel Keller eine zeitlang in Düsseldorf Pfarrer war, wurde er von einem geistig sehr lebendigen und interessierten Kreis eingeladen. In diesem Kreis wurden Vorträge über alle möglichen namhaften Männer und Bewegungen gehalten und diskutiert. Keller wurde dann auch selbst um einen Vortrag gebeten und sprach über – Jesus. Nie wurde er in diesen Kreis wieder eingeladen.

[174] Auch wir dürfen uns nicht wundern, wenn das für uns so überzeugende „Wort vom Kreuz", das klare apostolische Wort, von vielen, auch von vielen Theologen, nicht „gehört" wird. Es geht nicht nur um die Ablehnung der Botschaft bei Menschen, die sich mit ihr auseinandergesetzt haben. Es kommt gar nicht erst zum wirklichen Hören. Das Ohr ist der Botschaft völlig verschlossen. Auch geistig bedeutende Zeugen der Botschaft finden kein Ohr.

man verhandeln könnte[175]. Hier geht es um einen entgegengesetzten „Geist", der von radikal verschiedener Art und Herkunft ist. Auf der einen Seite steht der Geist Gottes, der **„Geist der Wahrheit"**. Wieder ist dabei nicht auf die subjektive Ehrlichkeit gesehen. Wieder meint **„Wahrheit"** vielmehr die letzte Wirklichkeit, die dieser Geist bezeugt. Ihm steht entgegen der **„Geist der Irreführung"**. Nicht gegen „Irrtümer" geht Johanes an[176]. Mit nur „Irrenden" kann man reden; sie mag man noch zurechtbringen. Aber dieser „Geist" ist ja der „Geist des Antichrists" (V. 2), also zuletzt ein Geist satanischer Inspiration, gegen den man nur das harte und entschlossene Nein sagen kann. Zu diesem notwendigen Nein sucht der Apostel die Gemeinden stark zu machen[177].

DIE OFFENBARUNG DER LIEBE GOTTES

(Vergleiche dazu Exkurs Seite 204/5)

1 Johannesbrief 4, 7–10

zu Vers 7:
1 Jo 2, 29
zu Vers 8/9:
1 Jo 4, 16
Jo 3, 16
1 Jo 1, 2
zu Vers 10:
Jo 15, 12
Rö 5, 25; 5, 8
1 Jo 2, 2

7 **Geliebte, laßt uns einander lieben** (oder: wir lieben einander),
denn die Liebe ist aus Gott und jeder der liebt, aus Gott ist er
8 **geboren und erkennt Gott. * Wer nicht liebt, erkannte Gott nicht;**
9 **denn Gott ist Liebe. * Darin wurde die Liebe Gottes unter uns**
offenbar, daß Gott seinen Sohn, den einzigen, entsandt hat in die
10 **Welt, damit wir das Leben empfingen durch ihn. * Darin ist die**
Liebe: nicht, daß wir unserseits Gott geliebt haben, sondern daß
er uns liebte und seinen Sohn sandte als Sühne(mittel) **für unsere**
Sünden.

[175] Fr. Büchsel sagt gut von dem Apostel Johannes: „Sich für theologische oder für religiöse Problematik offenzuhalten, sich gar in der gleichen zu gefallen, ist nicht seine Art." A. a. O. S. 65.

[176] Die Übersetzung der Elberfelder Bibel: „Geist des Irrtums", sagt zu wenig. Menschen können „irren". Aber die Bewegung, gegen die Johannes mit solchem Ernst kämpft, „irrt" nicht nur, sondern „führt in die Irre", lockt fort von der Wahrheit und hat ihr Ziel in der Verführung der Gemeindeglieder. Das ist so, auch wenn einzelne Männer dieser Bewegung gar nicht ahnen mögen, welch ein Geist sie bestimmt.

[177] Es ist wichtig zu sehen, daß es gerade der „Apostel der Liebe" ist, der so unerbittlich den Kampf führt und das Nein sagt. Er tut es nicht etwa, obwohl er der Apostel der Liebe ist, sondern gerade w e i l er es ist! In der Liebe zu seinem Herrn und in der Liebe zu den Gemeinden muß und will er gegen die Verführung kämpfen, welche die Gemeinde um die Wahrheit und damit um ihre wahre Errettung durch die Liebe des wirklichen, lebendigen Gottes betrügen will. Es ist für uns wichtig, das zu sehen, weil solcher Kampf und Widerstand bis heute schnell als „lieblos" gebrandmarkt wird. Johannes kann uns helfen, daß wir uns von einem solchen Vorwurf nicht beirren lassen.

Mit tiefem Ernst und ganzer Entschlossenheit hat Johannes die verführerischen Einflüsse der Gnosis abgewehrt. Aber sein Brief ist keine „Theologische Streitschrift". Kein Name wird genannt. Auf keine einzelne Lehre und Anschauung wird eingegangen. Es gibt keine Diskussion. Immer wieder ist in diesem Brief das Leben der Gemeinde das eigentliche Thema. Ihm galten die Zeugnisse und Mahnungen des Apostels. Zu den Gegnern ist das radikale Nein gesprochen, von der Gemeinde selbst, die in diesem Nein die Gegner besiegt hat, und vom Apostel, der die Gemeinde darin stärkt. Es geschah auch dies aus „Liebe", wie wir sahen. Darum ist es kein befremdender Gegensatz gegen den vorigen Abschnitt in seiner ganzen Härte, wenn Johannes jetzt von der Liebe schreibt, die das beherrschende Zentrum alles Christseins ist. Darin wird der positive Gegensatz zu den irreführenden Bewegungen sichtbar, die ganz andere Ziele und Ideale hatten und die Liebe gering achteten, die leidende Liebe Gottes wie die Bruderliebe in der Gemeinde.

Daß die Gemeinde der Verführung und der Verwirrung widersteht und „siegt", das ist nicht schon das Letzte, worum es geht. Wichtiger ist vielmehr das Wesen Gottes und das Wesen eines gottentsprechenden Lebens. Dies weite Feld liegt nun in dem nächsten Abschnitt des Briefes vor uns. Wir kommen damit auf die Höhe des Briefes.

„Geliebte, laßt uns einander lieben (oder: wir lieben einander), 7
denn die Liebe ist aus Gott." „Geliebte" ist wie V. 1 Anrede an die Gemeinde und ihre Glieder. Entspricht das der Anrede des Paulus an die Thessalonicher: „Brüder, von Gott geliebt" (1 Th 1, 4)? Aber Johannes formuliert nicht so wie Paulus und wird in dieser Anrede seine eigene Stellung zu den Hörern seines Briefes[178] zum Ausdruck bringen. Das kann auch Paulus den Thessalonichern gegenüber tun; sie waren für Paulus und seine Mitarbeiter „Geliebte" geworden (1 Th 2, 8). Das ist bei beiden Aposteln keine erbauliche Formel. Johannes trägt die Liebe selber in sich, zu der er die Gemeinde auffordert. Ist das „agapōmen" ein auffordernder Konjuktiv: **„laßt uns einander lieben"** oder die Feststellung einer Tatsache: **„wir lieben einander"**? Das ist an der Wortform selbst nicht zu erkennen. In V. 19 wird es Indikativ sein, darum faßt es Schlatter auch in unserem Vers in gleicher Weise als Aussage auf. Ganz eindeutig war es so in 3, 14. Aber es ist hier doch wohl an eine Aufforderung zu denken. Die begründende Feststellung **„denn die Liebe ist aus Gott"** paßt mehr zu einer solchen Mahnung. Und gleich darauf in V. 11 ist von unserer „Schuldigkeit",

[178] Wir haben mehrfach von den „Hörern" des Briefes gesprochen. Ein apostolisches Sendschreiben ging nicht von Hand zu Hand, damit jeder es „las", sondern wurde in der Gemeindeversammlung vorgelesen, damit alle es „hörten", auch die vielen, die gar nicht lesen konnten.

einander zu lieben die Rede. Freilich, es ist nicht die Aufforderung, nun endlich mit dem Lieben anzufangen! Mit Nachdruck und voller Gewißheit hatte Johannes in 3, 14 festgestellt: „Wir lieben die Brüder." Aber nun ermuntert er dazu, das Lieben fortzusetzen und zu steigern, das nach 3, 14 schon in der Gemeinde lebt[179]. Das **„Wir lieben"** und das **„Laßt uns lieben"** gehört zusammen, wie immer im NT geschenkter Tatbestand und ernstliche Aufforderung einander entsprechen.

Es geht aber in der Aufforderung des Apostels nicht um eine einfache Sache, die wir leicht erfüllen könnten. Wir sind geneigt, Mahnungen zur Liebe gerade im christlichen Raum so anzusehen. Dagegen wendet sich der kurze, aber mächtige Satz des Apostels: **„Denn die Liebe ist aus Gott."** Wieder haben wir zu bedenken, wie abgegriffen und vieldeutig unser Wort „Liebe" ist. Es geht im NT nicht um bloße Mitmenschlichkeit, um freundliches, gegenseitiges Helfen. Das kann wahrlich auch die Welt[180], das hat noch nicht unmittelbar mit Gott zu tun. Wir müssen uns an all das erinnern, was wir schon zu 3, 14—18 klar machten. „Liebe" ist eine total neue Existenzweise, die **„aus Gott"** stammt und Gottes Wesen an sich trägt. Diese „agapæ" ist gemeint, auch wenn von der gegenseitigen Liebe innerhalb der Gemeinde gesprochen wird. Es ist die Liebe, in der wir „unsere Seele einsetzen für die Brüder[181]" (3, 16).

Weil die Liebe **„aus Gott"** ist, folgt notwendig der Satz: **„und jeder, der liebt, aus Gott ist er geboren und erkennt Gott."** Noch einmal stellt Johannes fest: wirkliche „Liebe" ist keine menschliche Möglichkeit! „Lieben" kann nur ein Mensch, mit dessen ganzer Existenz eine Umwandlung geschehen ist, eine „Geburt aus Gott". Johannes hat dabei wieder, wie in 3, 15, das „Lieben" ohne Objekt gebraucht, eben weil es eine neue, aus Gott geborene Art der Existenz als solcher und als ganzer ist[182]. Nur wer von dieser Geburt aus Gott her „liebt", **„erkennt Gott"**. Es geht dabei um jenes biblische „Erkennen", das nicht in richtigen Gedanken über Gott besteht, sondern nur in einer Lebens- und Wesensgemeinschaft mit ihm sich vollziehen kann.

Wenn wir dies nicht beachten, kann gerade dieser Satz des Johannes gefährlich mißverstanden werden. Wenn jeder „Liebende" aus Gott

[179] Ähnlich verfährt Paulus in 1 Th 4, 9. 10.
[180] Das hat Jesus selbst in Mt 5, 46. 47 ausgesprochen.
[181] Ein Beispiel solcher Liebe steht uns in Rö 9, 1—5 vor Augen. Paulus möchte seine eigene Errettung drangeben, wenn er dadurch die Juden retten könnte, die ihn hassen und die seine Arbeit zu zerstören versuchen, wo sie nur können.
[182] Es ist nicht verwunderlich, daß der Alexandrinus ein Objekt, nämlich „Gott" hinzugefügt hat. Aber es ist späterer, erklärender Zusatz, der die Meinung des Apostels nicht trifft.

geboren ist und Gott kennt, wozu dann die ganze christliche Dogmatik? Wozu die Botschaft von dem Sohn Gottes, der zu unserer Errettung sein Blut geben mußte und gab? Wozu das mühsame „Glauben"? Wir sind einfach liebevoll zueinander und damit ist alles gut. Damit sind wir „aus Gott geboren und kennen Gott", ohne uns erst mit den schwierigen Behauptungen der christlichen Lehre auseinandersetzen zu müssen. Wird das nicht in V. 16 noch einmal unterstrichen: „Wer in der Liebe bleibt, der bleibt in Gott und Gott in ihm"? Johannes, der den Satz in V. 7 schrieb, ist eindeutig nicht dieser Meinung. Seine ganzen folgenden Ausführungen zeigen das ebenso wie alles bisher im Brief Geschriebene. Johannes meint genau umgekehrt, daß man aus Gott geboren sein muß, um wahrhaft lieben zu können.

Darum gilt nun auch: **„Wer nicht liebt, erkannte Gott nicht; denn** 8
Gott ist Liebe." Das ist zunächst nur die negative Folgerung des vorigen Verses. Aber für Johannes und die Empfänger seines Briefes lag in dem Satz viel mehr. Johannes verwendet hier eine Form des Wortes „erkennen", die im Grie „egnō" lautet. Das läßt die Hörer sofort an das Wort „Gnosis" denken, an das Wort, das zur rühmenden Selbstbezeichnung der vom Apostel so ernst bekämpften Bewegung geworden war. Diese Bewegung warf den Gemeinden vor: Ihr „glaubt" ja nur, was die Apostel euch sagen; wir aber „erkennen" selber Gott. Wir sind auf den Weg philosophischer oder religiös-mystischer „Erkenntnis" zu Gott vorgedrungen und haben in unserem großen Lehrsystem „Gott erkannt". Johannes läßt sich nicht auf eine Prüfung dieser Systeme und auf eine Debatte mit allen ihren Aussagen ein. Er stellt die eine Frage: Wie steht es bei euch mit der „Liebe"? Mag ihr Reden von ihrer „Erkenntnis" noch so überzeugt und glänzend klingen, sie leben nicht in der Liebe. Darum „erkannten" diese erkenntnisstolzen Männer in Wahrheit Gott überhaupt nicht. An seinem wahren Wesen gehen sie mit allen ihren Spekulationen vorbei[183]. **„Denn Gott ist Liebe."**

In dem Satz des Johannes sind die beiden grie Verneinungsworte „ou" und „mæ" nebeneinander gebraucht. Vgl. S. 87 f. Bei **„erkannte Gott nicht"** steht das „ou", die einfache, tatsächliche Verneinung. Bei dem „wer nicht liebt" wird mit einem „mæ" darauf hingewiesen, daß hier nicht nur faktisch das Lieben fehlt, sondern daß es auch gar nicht eigentlich erstrebt und gewertet wird. Hinter dem „Nicht-lieben" steht eine Richtung des ganzen Lebens, die auf die eigene Größe im

[183] Es ist auch heute eine ernste Frage an den Theologen, ob er ein „Liebender" ist. Diese Frage wird merkwürdig wenig gestellt. Sie könnte dem Theologen und zwar jeder Richtung heilsam zu schaffen machen.

Erkennen aus ist[184] und darum am Lieben vorbeigeht und es geringschätzt. Hier „mag" einer gar nicht lieben. Sein „Nichtlieben" ist nicht einfach ein persönliches Mißgeschick, es ist mit Schuld belastet. Es zeigt freilich zugleich, daß hier ein Mensch noch nicht durch eine „Geburt aus Gott" in eine neue Existenz versetzt worden ist. Darum „will" er nicht lieben.

Und nun müssen wir uns noch einmal dem kurzen, mächtigen Satz zuwenden, mit dem unser Vers schließt: **„Denn Gott ist Liebe."** Diese Aussage wird in V. 16 wiederholt. Sie ist alles andere als einfach und selbstverständlich! Die Menschen, die Gott kennenlernten, weil er selber sich ihnen offenbarte, haben in der Bibel viel von Gott ausgesagt. Sie sprechen von Gottes „Gerechtigkeit", von seiner „Treue", von seiner „Macht", von seiner „Weisheit" und – gerade auch im NT! – von seinem „Zorn". Das ist wahr und zutreffend. Aber es sind das alles nur „Eigenschaften" Gottes, die in seinem Handeln und Wirken hervortreten. Sie zeigen noch nicht sein Wesen, den Urgrund seines Seins, aus dem sie fließen. Darum hat nirgends ein Bote Gottes zu sagen gewagt: „Gott ist Macht" oder „Gott ist Gerechtigkeit" oder gar „Gott ist Zorn". Gott liebt Gerechtigkeit, Gott offenbart seine Macht, Gott erzeigt auch seinen Zorn. Aber er **„ist"** Liebe. Gewiß, Jesus selbst sagte: „Gott ist Geist[185]." Und Johannes schrieb am Anfang seines Briefes „Gott ist Licht". Aber dieses strahlende „Licht" ist er als „Liebe". Auch die Aussage „Gott ist Geist" erfährt ihre unverwechselbare Bestimmtheit erst durch den grundlegenden Satz: **„Gott ist Liebe."** Das „Lieben" ist nicht eine einzelne Regung oder Tätigkeit Gottes, die mit andern Regungen abwechseln könnte. Gottes innerstes, ewiges Wesen ist „Liebe". Aus ihr fließt dann auch seine „Gerechtigkeit", die schon im AT und vollends im NT (Rö 1, 17) helfende, gerechtmachende Gerechtigkeit aufgrund der Liebe ist. Auch Gottes „Macht" ist nicht einfach allmächtige Willkür, sondern zuhöchst und zuletzt jene Macht, die aus Liebe zu „Schwachheit" (1 Ko 1, 25) werden kann und gerade dadurch jene innerste Überwindung von Menschen vollbringt, die eine bloße „Macht" nie erreichen könnte. Ja, auch sein „Zorn" kommt aus seiner „Liebe". Dieser Zorn ist nicht ichhafte Empörung; er ist die Antwort Gottes auf unsere Verkehrung unseres Verhältnisses zu ihm (Rö 1, 18 ff). Und diese Antwort gibt Gott nur, weil ihm so sehr an uns liegt, an uns, die er aus Liebe zu seinem „Ebenbild" und zur „Kindschaft" geschaffen hat und die sich

[184] Vgl. das Urteil des Paulus in 1 Ko 8, 1: „Die Erkenntnis („gnosis") bläht auf, aber die Liebe baut auf."

[185] Jesus sagt das Wort nicht als eine abschließende Wesensaussage über Gott, sondern zur Begründung der rechten Anbetung Gottes, die nicht mehr nach dem Tempel in Jerusalem oder dem auf dem Garizim fragt (Jo 4, 24).

selbst verderben, indem sie an der satanischen Auflehnung gegen Gott teilnehmen.

„Gott ist Liebe" — das ist die einzigartige Aussage des Evangeliums, die sich in keiner Philosophie und keiner Religion der Welt findet. Das aus Liebe erwählte Bundesvolk weiß schon etwas von dieser Liebe, vgl. etwa 5 Mo 7, 7. 8. Und Hosea wie Jeremia erkennen, daß diese Liebe Leid tragen muß um die Treulosigkeit des Bundesvolkes und in verzehrenden Zorn geraten kann über seine ehebrecherische Art. Aber **„Gott ist Liebe"** hat kein Prophet zu sagen gewagt. Das sollen wir uns klarmachen, damit uns bewußt bleibt, was für eine Aussage das ist!

Es ist darum gar nicht nur zu bedauern, daß in der modernen Welt gerade ernste und redliche Menschen sich gegen diesen Satz des Evangeliums auflehnen und uns fragen: Nach all dem, was uns die Naturforschung von der Unheimlichkeit und der Grausamkeit der Natur zeigt, nach all dem, was wir an menschlicher Not und Angst und Qual, an Massenvernichtung, an namenlosem Leiden Unschuldiger erlebt haben, wagt ihr Christen noch zu behaupten: **„Gott ist Liebe[186]"?** Aber gerade der Apostel Johannes meint in keiner Weise, daß Gottes Liebe überall leicht zu sehen sei! Er weist mit allem Nachdruck darauf hin, daß erst in uns selber etwas geschehen sein müsse, ehe wir Gott als Liebe erfassen können. Noch einmal: „Wer nicht liebt, wer nicht aus Gott geboren ist, erkennt Gott nicht." A. Schlatter hat es in unübertrefflicher Weise dargelegt: „Was wir über Gott sagen und denken, nimmt notwendig unsere eigene Farbe an, und das ist eine falsche Farbe, die ihn entstellt und unsere Gedanken über ihn unwahr macht, ehe wir zur Liebe bewogen und aus der Einsperrung in unser hohles, eigenes Ich befreit worden sind. Wer in seiner leeren, nichtigen Selbstsucht eingeschlossen ist, denkt sich auch die Welt hohl als eine leere Blase, die aus sich selbst entstanden sei; oder wenn er Gott neben die Welt hinstellt, so macht er ihn so geistlos, zwecklos, tot, leer und hart wie sich selbst. Er macht sich eine Welt und einen Gott, wie sie seine Selbstsucht nicht stören, sondern ihr dienlich sind, und ist darum auch gegen alle Zeugnisse, durch die Gottes Gnade zu uns redet und unter uns wirkt, blind[187]."

„Ehe wir zur Liebe bewogen und aus der Einsperrung in unser hoh- 9
les, eigenes Ich befreit worden sind," sagt Schlatter. Aber wie geschieht gerade diese Befreiung? Und wenn der Satz „Gott ist Liebe" unserer natürlichen Erfahrung schroff zu widersprechen scheint, wo und wie

[186] Vgl dazu Anm. 197.
[187] „Erläuterungen zum NT" Bd 10 zu 1 Jo 4, 7b Stuttgart 1965 und EVA Berlin.

erkennen wir dann diese Liebe? Johannes gibt uns eine klare Antwort. **„Darin wurde die Liebe Gottes unter uns offenbar, daß Gott seinen Sohn, den einzigen, entsandt hat in die Welt, damit wir das Leben empfingen durch ihn."** Gottes Liebe **„wurde offenbar"** in unserer Mitte, in der Menschheitsgeschichte, zu einer bestimmten geschichtlichen Zeit und an einem bestimmten geschichtlichen Ort. Diese Aussage ist wieder der ganze Gegensatz gegen die Gnosis, auch gegen alle ähnlichen Bemühungen, von uns aus in Denkprozessen oder mystischen Erlebnissen Gott zu finden. Wenn Gott Liebe „ist", dann war er schon immer und von Ewigkeit Liebe. Von dieser Liebe war wohl etwas zu ahnen, auch im Heidentum[188], erst recht im Bundesvolk. Aber **„unter uns offenbar[189]"** wurde sie erst in ihrer einen Tat: **„daß Gott seinen Sohn, den einzigen, entsandt hat in die Welt."**

Wieder müssen wir beim Lesen innehalten und diesem Satz sinnend nachgehen, damit wir ihn nicht als altbekanntes frommes Wort hinnehmen oder als bloße „Mythologie" rasch abtun. Nein, hier ist jedes Wort wörtlich zu nehmen und in seiner ganzen Größe zu erfassen, soweit wir dazu fähig sind. „Liebe" erkennt man am „Geben". Große Liebe schenkt Großes, schenkt das Beste und Liebste. Gott gab **„seinen Sohn, den einzigen"**. Freilich, nun stehen die Fragen auf: Hat denn Gott einen „Sohn"? Wie sollen wir das denken? Wir stehen vor dem Geheimnis der Dreieinigkeit Gottes. Wir mögen es uns nicht vorstellen können[190], wir mögen uns verwundern, aber wir müssen es als Tatsache uns gesagt sein lassen: Gott hat nicht nur „Geschöpfe", bis hin zu den hohen Engeln, Gott hat sein innerstes Herz und Wesen „ausgesprochen" in dem einen „Wort", das er sich zur Seite stellt[191]. Und dieses „Wort" in seiner Wesensverbundenheit mit Gott ist selber „Gott von Art" und ist so „der Sohn". Vor aller Schöpfung ist dieser Sohn beim Vater in der tiefsten Liebesverbundenheit durch den Hei-

[188] Vgl. etwa die Apg 14, 17.

[189] Die Liebe Gottes ist nicht etwas, was wir von uns aus „entdecken" könnten, um in einem philosophischen oder theologischen System von ihr zu lehren. Sie wird ebenso „offenbart", wie „das Leben" (1, 2) oder Gottes „Gerechtigkeit" (Rö 1, 17; 3, 21) oder der „Zorn" Gottes (Rö 1, 18).

[190] Es kann uns dabei helfen, wenn wir aus der modernen Atomphysik erfahren, daß auch sie vor Tatsachen steht, die nicht mehr anschaulich vorstellbar gemacht werden können. Wenn schon das letzte Wesen der Natur unsere Denkkraft übersteigt, wieviel mehr muß dann das Wesen Gottes über unser Denken und Vorstellen hinausgehen!

[191] Vgl. dazu die Erklärung zu Jo 1, 1 in der W. Stb. Darum ist Jesus „der Sohn, der einzige". Gerade im Blick auf Jesus kann die ursprüngliche Bedeutung des grie Wortes für „einzig = monogenes" als „einzig erzeugt" (LÜ „eingeboren", vgl. dazu Jo 1, 14 und die Erklärung in der W. Stb.), im Gegensatz zu allem, was nur „geschaffen" ist, noch sehr mitzuhören sein.

ligen Geist. Ahnen wir etwas davon, welch eine Kostbarkeit und Freude dieser „Sohn" für den Vater ist[192]?

Und dieses Kostbarste und Liebste hat Gott **„entsandt in die Welt"**. Das Wort „Welt" kam in unserem Brief schon mehrfach vor. Wir sahen zu 2, 15, daß Johannes bei diesem Wort nicht an die „schöne, weite Welt" denkt, nicht an die Natur als solche, nicht an alles das, was bei aller Entstellung doch noch „Schöpfung Gottes" ist. „Welt" ist die Menschenwelt, wie sie von dem „Fürsten dieser Welt" regiert und bestimmt wird, die Welt der Feindschaft gegen Gott und darum die Welt der Sünde und des Todes[193]. Gerade auch das „fromme" Israel ist in Wahrheit solche „Welt". Und in diese „Welt" entsendet Gott den „Einen", den geliebten Sohn, und gibt ihn damit dieser „Welt" preis. Er „hat seines eigenen Sohnes nicht verschont, sondern hat ihn für uns alle dahingegeben" (Rö 8, 32). Gott weiß es, was wir mit seinem Sohn tun werden. Gott sah vor sich das Ende des Geliebten am Kreuz. Und Gott sendet ihn doch und legt selber ihm dieses Ende auf zu unserer Errettung, die auf keine andere Weise gewirkt werden konnte. Er machte den Sündlosen zur Sünde, den Heiligen zum Fluch, um uns vom Fluch zu befreien. Da ist seine Liebe in ihrer unbegreiflichen Größe **„unter uns offenbar"**.

Und warum tut Gott das? Will er damit irgend etwas für sich erreichen oder gewinnen? Nein, er tut es, **„damit wir das Leben empfingen"**, wir, seine Feinde und Verächter, wir, die in seinem gerechten Gericht Verurteilten und Verlorenen. Hier wieder, wie am Beginn seines Briefes, hat Johannes „das Leben" als das große Gut genannt, das wir unter dem Evangelium von Gott empfangen. Wir erinnern uns an das, was wir zu 1, 2 sagten. Aber gerade an unserer Stelle ist es so bedeutsam, daß noch einmal das **„Leben"** als das klare Ziel der göttlichen Liebestat bezeichnet wird. Wir erkannten in der Aussage 3, 14: „Wer nicht liebt, bleibt im Tode", wie das „Lieben" und das „Leben" zusammengehören. Es entspricht dem Wesen der Liebe, daß sie die andern aus dem Tode heraus zum wahren Leben bringen will. Die bloße natürliche Existenz, und sei sie noch so reich und kulturell hochstehend, genügt nicht. Sie ist vom „ewigen", vom „göttlichen" Leben noch unendlich fern! In ihr sind und bleiben wir im Tode verlorene Leute. Erst wenn wir zum eigenen Lieben befreit sind, gewinnen wir im Lieben das wahre Leben. Darum ist unser ganzer Abschnitt ein

[192] Wo dieses Geheimnis Jesu nicht mehr gesehen wird, bricht die ganze Botschaft des NT zusammen. Wenn Jesus nicht dieser „Sohn" ist, mögen wir die höchsten Prädikate auf den Menschen Jesus häufen. Unser Erretter kann er dann nicht mehr sein. Die Liebe Gottes wird in seiner Sendung nicht mehr sichtbar.

[193] Vgl. dazu „Die gute Nachricht", Evang. Hauptbibelgesellschaft Berlin, S. 595, Stichwort „Welt".

stetes Ineinander von Schilderung der Liebe Gottes und von Aufforderung zum eigenen Lieben. Gottes Liebe bringt uns mit ihrem ungeheuren Opfer zu jenem **„Leben"**, das selber wieder „Lieben" ist[194].

10 Aber wie steht es nun mit dieser **„Liebe"**? Wo „ist" sie? Worin hat sie ihr Wesen und ihren Bestand? Wir wissen es schon aus allem bisher Gelesenen. Aber es liegt dem Apostel daran, noch einmal unmißverständlich festzustellen: **„Darin ist** (besteht) **die Liebe: nicht, daß wir unserseits Gott geliebt haben, sondern daß er uns liebte und seinen Sohn sandte als Sühne**(mittel) **für unsere Sünden."** Nicht wir haben Gott geliebt, nicht wir haben das große Gebot der Liebe zu Gott erfüllt. Darin liegt unsere Wesenssünde, aus der alle Einzelsünden folgen. In dieser Wesenssünde der Eigensucht und Lieblosigkeit leben wir. Daraus kann uns keine Einsicht in das Recht des Liebesgebotes, keine Anstrengung, Gott zu lieben, heraushelfen[195]. Diese Wesenssünde trennt uns wesensmäßig vom Wesen des Lebens, das Gott uns in der Sendung seines Sohnes schenken will. Wie werden wir von dieser unserer Sünde befreit? – das ist für Johannes wie für Paulus die entscheidende Frage. Er hat uns die Antwort schon in 1, 7 und 2, 1 f gegeben. Jetzt wiederholt er sie bei der neuen Fragestellung in neuer Weise.

Die Liebe **„besteht"**, existiert, weist nicht in unserer Liebe zu Gott. Ihren Grund, ihren „Bestand" hat sie in Gott allein. Aus dieser Tatsache folgt ein Doppeltes. Weil Gott Liebe ist, sind wir in unserer Lieblosigkeit vor Gott verlorene und von Gott geschiedene Leute. Aber weil Gott Liebe ist, tut er das Unerhörte, daß er uns Lieblose liebt. Wieder ist dies erwiesen durch die „Sendung" seines Sohnes. Aber die Sendung des Sohnes wird nun in ihrer eigentlichen Tiefe gezeigt. Jesus kann uns nicht einfach in seiner Hand das Geschenk des Lebens bringen, wie es nach dem vorigen Vers scheinen konnte, nein, er muß sich senden und vom Vater preisgeben lassen **„als Sühne**(mittel) **für unsere Sünde"**. „Das Lieben" empfangen wir durch ihn nur aus seiner durchbohrten und blutenden Hand.

Wir empfinden es alle, daß schweres Unrecht „gesühnt" werden muß. Aber wir spüren auch das Geheimnis, das in dem Wort **„Sühne"** liegt. Wenn ein Mörder lebenslang in ein Zuchthaus kommt, wieso ist

[194] Darum ist echte Evangelisation immer zugleich auf beides bedacht: Das „Leben" als die große Gabe Gottes zu bezeugen, nach der jeder Mensch sich sehnt und die Gottes Liebe in Jesus uns schenkt, aber auch die zu Jesus gekommenen und für Gott erschlossenen Menschen konkret zu einem Leben der Liebe zu bringen und ihnen darin zu helfen.

[195] Hier ist der Paulusschüler Martin Luther ganz bei Johannes. Nicht moralische Verfehlungen quälten den eifrigen Mönch im Augustinerkloster. Aber daß er bei allen, radikal betriebenen geistlichen Übungen Gott nicht wirklich lieben konnte, das brachte ihn zur Verzweiflung. Luther zerbrach zutiefst gerade an der Forderung der „Liebe".

damit seine Tat „gesühnt"? Vor Menschen mag damit der Gerechtigkeit genüge geschehen. Aber ist damit die Tat vor Gott ausgelöscht? Kann der Mörder in Frieden sterben? Und je tiefer ein Mensch innerlich an einer Tat schuldhaft beteiligt ist, umso weniger kann die Tat durch eigene Leistungen und Leiden „gesühnt" werden. Unser Gewissen findet dadurch noch keinen Frieden.

Aber nun ist es der geheimnisvolle, gerade in den äußersten Lagen unseres Lebens und unserer Schuld erprobte Tatbestand: der Sohn Gottes ist mit seinem Kommen, Leben, Lieben, Leiden und Sterben am Fluchholz das **„Sühnemittel"**, das unser Gewissen wahrhaft still macht und die Last unserer Schuld von uns nimmt. „Erklären" läßt es sich nicht. Die Aussagen – von der für uns erlittenen Strafe, der für uns bezahlten Schuld, dem reinigenden Blut – können wirklich nur Bezeugungen, nicht „Erklärungen" sein. Aber die Tatsache selbst kann von uns im Glauben ergriffen und erfahren werden. Hier, in dem für uns dahingegebenen, heiligen Gottessohn ist die Sühnung geschehen und das **„Sühnemittel"** für uns da. Vor ihm muß der Feind verstummen, wenn er in unserer letzten Sterbensnot unser Leben verklagt. Hier ist unsere Sünde weggetragen, ins Meer geworfen. Unergründliches, rettendes Geheimnis[196]! Darin und darin allein hat die Liebe ihren ewig festen, unerschütterlichen Bestand. Von der wahren Liebe kann nur der wissen, der die Liebe Gottes am Kreuz des Sohnes geschaut hat.

Diese Botschaft ist der radikale Gegensatz gegen alle andern Theologien alter und neuer „Gnosis". Sie allein erfaßt wahrhaft Gott in seiner Liebe und erkennt wahrhaft den Menschen in seiner Verlorenheit[197].

PRAKTISCHE FOLGERUNGEN AUS DEN ERFAHRUNGEN DER LIEBE GOTTES

1 Johannesbrief 4, 11–16a

zu Vers 11:
Mt 18, 33
Rö 13, 8
zu Vers 12:
Jo 1, 18
3 Jo 11

11 Geliebte, wenn auf diese Weise Gott uns geliebt hat, dann sind
12 auch wir unserseits schuldig, einander zu lieben. * Gott hat keiner

196 „Hör auf zu grübeln, glaub allein! Kannst du dies Meer nicht gründen, so wirf dich blindlings da hinein mit allen deinen Sünden. Es sei dein Herz dem ganz gewährt, der dir das Herz hat ausgeleert; gib Herz für Herz zum Opfer!" Fr. Adolf Lampe.

197 Darum hält diese Erkenntnis der Liebe Gottes und sie allein stand gegen die Zweifel an Gottes Liebe, von denen wir oben (S. 121) sprachen. Corrie ten Boom und ihre Schwester Betsie haben uns den großen Dienst getan, es zu erfahren und zu erweisen, daß von daher auch in der Hölle eines KZ die Gewißheit der Liebe Gottes standhält und zum Lieben selbst den grausamen Peinigern gegenüber fähig macht.

zu Vers 13:
1 Jo 3, 24
Rö 5, 5
zu Vers 14:
Jo 3, 17; 4, 42
zu Vers 15:
1 Jo 2, 23
5, 5
Mt 10, 32
zu Vers 16:
1 Jo 4, 8
Jo 6, 69
1 Ko 13, 13

jemals gesehen, wenn wir einander lieben, bleibt Gott in uns, und
13 **seine Liebe ist vollendet in uns. * Daran erkennen wir, daß wir in**
ihm bleiben und er in uns, daß er uns von seinem Geist gegeben
14 **hat. * Und wir haben gesehen und bezeugen, daß der Vater den**
15 **Sohn entsandt hat zum Retter der Welt. * Wer irgend bekennt,**
daß Jesus ist der Sohn Gottes, in ihm bleibt Gott und er in Gott.
16 *** Und wir haben erkannt und geglaubt die Liebe, die Gott zu**
(wörtlich: in) **uns hat.**

Für alles wahrhaft „christliche" Denken ist es wesentlich, daß Gabe und Aufgabe, Indikativ und Imperativ unlöslich zusammengehören.
11 Das hat der Apostel Johannes in besonderer Weise zum Ausdruck gebracht. Mag für „Gnostiker" ihr praktisches Verhalten im Leben von ihrer gerühmten Gotteserfahrung unabhängig sein[198], die durch Gottes hingebende Liebe erlöste Gemeinde muß es sich sachlich gesagt sein lassen: **„Geliebte, wenn auf diese Weise Gott uns geliebt hat, dann sind auch wir unserseits schuldig, einander zu lieben."**

In der Anrede **„Geliebte"** wird hier besonders das von Gott Geliebtsein mitklingen. Das „houtōs" ist hier genau wie in Jo 3, 16 nicht mit einem bloßen „so", nicht einmal mit einem „so sehr" ausreichend wiedergegeben[199]. Das „also" der alten LÜ traf den Sinn besser. „Also", „houtōs", heißt **„auf diese Weise"**. Es geht um die Liebe Gottes, die nicht nur allgemein da ist und nicht nur göttliche Größe zeigt, sondern die in der Hingabe des Liebsten und Kostbarsten als Sühnemittel für Gottlose, Sünder und Feinde (Rö 5, 5) ihre einmalige Eigenart hat. Wer „diese" Liebe wirklich erfährt und annimmt, der „kann" gar nicht anders, als nun auch seinerseits zu „lieben". Er ist das der erfahrenen Liebe Gottes **„schuldig"**[200]. Und doch „können" wir leider auch immer wieder lieblos sein und brauchen die eindringliche Erinnerung an unsere „Schuldigkeit", wie sie Johannes den Gemeinden hier gibt. Dabei wird unsere Liebe untereinander etwas von der besonderen Art der Liebe Gottes an sich haben und tragende, vergebende, erbarmende, zurechthelfende Liebe sein müssen[201]. Solche Liebe „schulden" wir dem andern, wenn und weil wir sie selber von

[198] Vgl. wieder die Zustände in Korinth nach den a. S. 80 angeführten Stellen der Korintherbriefe! Wir haben aber nicht nur an die Gnosis zu denken und sie zu verurteilen, sondern müssen mit Kummer sehen, wie sich auch im evangelisch-kirchlichen Raum ein völlig weltliches Leben mit einer orthodox-biblischen „Erkenntnis" verbinden konnte. Von daher ging es Spener und dem Pietismus um die „praxis pietatis", um „die tätige Frömmigkeit". Genau darum geht es Johannes auch in seinem Brief.

[199] Vgl. die Auslegung zu Jo 3, 16 in der W. Stb.

[200] Jesus hat uns das an seiner Erzählung vom „Schalksknecht" in Mt 18, 21–35 unvergeßlich gezeigt.

[201] Vgl. 1 Ko 13, 7; Kol 3, 12–15. Vgl. die Darlegung zu 3, 16 S. 95.

Gott empfangen haben. Es ist nicht eine besondere „Leistung", wenn wir so lieben; wir verdienen dafür nicht ein besonderes Lob. Wieviel wir auch lieben mögen, immer aufs neue und immer noch viel mehr sind wir dem andern die Liebe schuldig und kommen damit nie an ein Ende (Rö 13, 8).

Auch der nächste Satz des Apostels ist typisch „christlich". **„Gott hat keiner jemals gesehen, wenn wir einander lieben, bleibt Gott in uns, und seine Liebe ist vollendet in uns." „Gott hat keiner jemals gesehen"**, das ist zunächst eine einfache Tatsache, auf die auch in Jo 1, 18; 5, 37; 6, 46 hingewiesen wird. Selbst einem Mose wurde das „Sehen" Gottes als unmöglich verweigert: „Denn kein Mensch wird leben, der mich sieht", sagt ihm Gott selbst (2 Mo 33, 15–20)[202]. Es ist seit dem Sündenfall so und muß so sein: **„Gott hat keiner jemals gesehen."** In unserem Brief aber kann der Satz noch eine besondere Bedeutung haben. In vielen griechisch-orientalischen Kulten wurde die „Schau" der Gottheit als erreichbares Ziel für die wahrhaft Eingeweihten verkündigt[203]. So mögen auch in den Gemeinden, an die Johannes schrieb, Männer der neuen Bewegung ihre Gottesschau bei der „Himmelsreise der Seele" gerühmt haben. Dann wendet sich der allgemeingültige Satz des Apostels speziell gegen diese behauptete „Gottesschau"[204]. „Keiner", also auch keiner aus der neuen Bewegung, hat wirklich **„Gott gesehen"**. 12

Denn die Verbundenheit mit Gott, die wahre „Erkenntnis" Gottes, die wirkliche Gewißheit über Gott vollzieht sich in ganz anderer

[202] Wie seltsam, daß trotzdem die Nicht-Sichtbarkeit Gottes immer wieder als „Beweis" gegen Gottes Dasein verwendet wird! Wir sollten Gottes Wort an Mose und das Erleben des Jesaja (Jes 6) mit ganzem Ernst denen vorhalten, die von uns Gott „gezeigt" haben wollen.

[203] So etwa im Mithraskult. Dieser Kult war im römischen Reich zeitweilig der erfolgreichste Konkurrent des Christentums. Mithras-Heiligtümer finden sich besonders an Orten, wo römische Soldaten in Garnison waren. Näheres über dieses ganze Gebiet ist zu finden bei A. Dietrich, „Eine Mithrasliturgie" (Leipzig/Berlin 1923[3]), bei Reitzenstein, „Poimandres" (Leipzig 1904) und bei Reitzenstein, „Die hellenistischen Mysterien-Religionen" (Leipzig 1927[3]).

[204] Es ist bezeichnend, wie anders ein Paulus seine „Gesichte und Offenbarungen des Herrn" behandelt. Er hat eine Entrückung bis in den dritten Himmel und bis in das Paradies erlebt. Aber er rühmt sich dessen so wenig, daß er die Korinther erst in seinem 2. Brief notgedrungen etwas davon erfahren läßt. Offenbar waren auch in Korinth Männer aufgetreten, die ihre „Schauungen" und „Himmelsreisen" rühmten und Paulus geringschätzig ansahen, weil er so wunderbare Erfahrungen nicht aufzuweisen habe. Nun muß Paulus den Korinthern davon schreiben. Aber schon in der ganzen Art, wie er es tut, schließt er jeden Ruhm dabei aus. Zugleich sagt er von dem Geschauten selber nichts und versichert, daß er im Paradies „unaussprechbare Worte hörte, die kein Mensch sagen darf" (2 Ko 12, 1–4). Hier wird der ganze scharfe Unterschied zu aller gnostischen und mystischen Religiosität deutlich.

Weise. **„Wenn wir einander lieben, bleibt Gott in uns, und seine Liebe ist vollendet in uns."** Wir „schauen" Gott nicht. Das wird uns erst in der Vollendung zuteil werden (3, 2; Mt 5, 8). Aber das dürfen wir haben, daß Gott **„in uns bleibt"** und daß **„seine Liebe vollendet in uns ist"**. Wann haben wir das? Dann, wenn wir selber **„einander lieben"** und so in jener Liebe leben, die Gottes Wesen ist. Hier müssen wir uns aber vor einem Mißverständnis hüten, welches alles verderben würde. Es ist nicht so, daß wir uns von uns aus um ein Lieben der andern mühen, und gleichsam zur Belohnung für diese unsere Leistung bleibt dann Gott in uns. Das „Wenn" in diesem Satz des Johannes nennt nicht eine von uns zu erfüllende Bedingung, der dann das Bleiben Gottes in uns folgt. Das „Wenn" stellt vielmehr einen Erkenntnisgrund fest, an dem wir es sehen können, daß Gott als Quelle dieser Liebe in uns bleibt und mit uns zum Ziel seiner Liebe in uns kommt[205].

Verfällt aber der Apostel nicht dem viel gescholtenen „Perfektionismus", wenn er die Liebe Gottes **„vollendet in uns"** sieht? Es ist zunächst zu beachten, daß das Prädikat „vollendet" nicht von unserer Liebe untereinander, sondern von „seiner", also von Gottes Liebe gebraucht wird. Was kann Gott hindern, in freier Gnade seine Liebe **„vollendet"**, „vollkommen" in uns wohnen zu lassen? Oder wollen wir dann auch Gott des „Perfektionismus" beschuldigen? In dem Wort „vollendet" steckt im Grie wie im Deutschen das Wort „Ende" oder „Ziel" (grie „télos"[206]). Wenn wir einander lieben und in der Liebe leben, dann ist Gottes Liebe in uns „zum vollen Ziel gekommen". Diese Liebe sandte ja den Sohn, den einzigen, in die Welt, damit wir Leben empfingen (V. 9). Dieses „Leben", so sahen wir, ist „Lieben". Lieben wir einander, dann haben wir das Leben empfangen, dann ist das Ziel der Entsendung und Hingabe des Sohnes Gottes erreicht[207].

13 Johannes bleibt nicht bei bloßen Behauptungen stehen. Wir können unser Bleiben in Gott und Gottes Bleiben in uns an bestimmten Merkmalen erkennen: **„Daran erkennen wir, daß wir in ihm bleiben und er in uns, daß er uns von seinem Geist gegeben hat."** Der Apostel wiederholt nachdrücklich, was er schon in 3, 24 schrieb. Freilich können wir sofort zurückfragen: Und woran merken wir wiederum den

[205] Der Satz des Apostels entspricht etwa der Feststellung: „Wenn die Glühbirne hell leuchtet, geht der elektrische Strom durch unsere Leitung."

[206] Vgl. dazu S. 48 Anm. 61.

[207] Immer wieder erstehen Bewegungen, die dem Verlangen des Menschen nach hohen Erlebnissen, nach „Erkenntnis höherer Welten" nach „Gottesschau" Erfüllung verheißen. Die klare Abgrenzung gegen alle solche Bewegungen ist für die Gemeinde Jesu von entscheidender Wichtigkeit. Sie hat die völlig andere Weise, zur Erkenntnis Gottes und zur wirklichen Gemeinschaft mit Gott zu kommen, wie sie Johannes hier bezeugt, immer neu zu erfahren.

Empfang dieser Gabe des Heiligen Geistes? Öffnet sich hier nicht doch wieder der Raum mystischer Erlebnisse und übernatürlicher Kräfte? Johannes geht auf diese Frage nicht ein. Aber er würde wohl seinem Mitapostel Paulus zustimmen und uns antworten: Seht doch die „Frucht des Geistes" im Unterschied zu allen „Werken des Fleisches" (Gal 5, 19–22)! Die erste und grundlegende Frucht ist die Liebe. Und gerade sie und erst sie ist das wahrhaft „Übernatürliche" und das wesenhaft Göttliche. Beschenkt uns Gott **„aus seinem Geist"**, wie es wörtlich im Text heißt[208], dann gibt er uns das Lieben ins Herz.

Nun könnten wir freilich den Apostel beschuldigen, daß er uns im Kreis herumführe. Wann bleibt Gott in uns? Wenn wir einander lieben. Woran erkennen wir Gottes Bleiben in uns? An seinem Geist, den er uns gegeben hat. Und woran merken wir die Wirklichkeit dieser Gabe Gottes? An ihrer Frucht, an der Liebe. Er endet also bei dem „einander lieben", von dem er ausging. Aber dieser „Zirkel" ist notwendig. Er ist die einzige Form, in der wir den Kreislauf des Lebens beschreiben können. Nur weil unsere Liebe gerade nicht unsere eigene Leistung, sondern Frucht des Geistes Gottes ist, kann die große Aussage gemacht werden, daß Gott in uns bleibt, wenn wir einander lieben. Unser Bleiben in Gott und Gottes Bleiben in uns dokumentiert sich in der Einwohnung des Geistes Gottes in uns. Dieser Geist aber, also der Geist Gottes, erweist sich grundlegend an seiner kostbaren Frucht, die dem Wesen Gottes entspricht: an der Liebe. Nur in solchem Kreis der Aussagen können wir vom Wunder des Christseins reden.

Aber Johannes ist mit Paulus auch einig in der Erkenntnisfunktion 14
des uns geschenkten Geistes (vgl. 1 Ko 2, 6–16). Paulus sagt: „Wir aber haben nicht empfangen den Geist der Welt, sondern den Geist aus Gott, daß wir wissen können, was uns von Gott geschenkt ist" (1 Ko 2, 12). So schließt Johannes an das Wort vom uns gegebenen Heiligen Geist das Wort über die zentrale christliche Erkenntnis an. Was ist uns von Gott durch die Gabe des Geistes geschenkt? Johannes antwortet: **„Und wir haben gesehen und bezeugen, daß der Vater den Sohn entsandt hat zum Retter der Welt."** Das ist einfachste, christliche Grunderkenntnis; und doch ist sie zugleich so gewaltig, daß wir das unverkennbare Wirken des Geistes gerade in ihr erfahren. Der echte Geistesbesitz eines Menschen muß also nicht an auffallenden „Gaben" erkannt und gemessen werden. „Niemand ist imstande,

[208] Wenn wir an der allgemein gewählten Übersetzung „von seinem Geist" festhalten, bleibt es doch auffallend, daß Johannes nicht einfach sagt, daß Gott uns „seinen Geist gegeben hat". Es ist eine deutliche Zurückhaltung und Bescheidung in dieser Wendung. Paulus zeigt die gleiche Bescheidung, wenn er Rö 8, 23 von „Erstlingen" des Geistes spricht, die wir haben. Die ntst Zeugen sind viel zu ehrfürchtig und viel zu nüchtern, um zu meinen, daß wir jetzt schon die „Fülle" seines Geistes empfangen.

Jesus den Kyrios, den Herrn, zu nennen, ohne durch den Heiligen Geist" (1 Ko 12, 3). Wer von Herzen überzeugt ist, daß in dem Menschen Jesus der zum Retter der Welt gesandte Sohn Gottes vor ihm steht, der darf gewiß sein, den Geist aus Gott zu haben! Das betont hervorgehobene „wir" wird diesmal – ebenso wir das „wir" in V. 16 – den Apostel mit allen Gemeinden zusammenfassen. Diese Schar der **„wir"**, die die Sendung des Sohnes durch den Vater zum **„Retter der Welt" „gesehen"** haben und **„bezeugen"**, hat ihren Grundstamm freilich in den Aposteln. Sie können das Wort vom **„Sehen und Bezeugen"** in besonderer Weise für sich in Anspruch nehmen (1, 1–3). Allerdings zu „Zeugen" wurden auch sie erst durch den Heiligen Geist vom Pfingstfest an. Von ihrem Wirken her gibt es „Gemeinden", denen das Schauen der göttlichen Heilstat in Jesus und das Zeugnisgeben von ihr verliehen ist. Sie erst recht können aber nur **„sehen"** und können nur **„bezeugen"** durch den Heiligen Geist.

„Sotær", „Retter", „Heiland" – das war damals ein viel gebrauchtes Wort, das keineswegs, wie wir denken möchten, von vornherein ein „christliches" war. Es gab Gottheiten, von denen besonders die Heilung von Krankheiten und Hilfe in Nöten erwartet wurde und die man deshalb gern mit „sotær", „Heiland" bezeichnete[209]. Aber auch verdiente Männer erhielten schon früh den Ehrentitel „sotær". Bedeutsamer noch ist die Bezeichnung des vergötterten Herrschers als „sotær". Der römische Kaiser wurde als „Heilbringer", als „sotær", gepriesen und ließ sich das gern gefallen. In dieser Weise war das Wort „Retter" in der Umwelt des jungen Christentums bekannt. Wenn es der Apostel hier auf Jesus anwendet, auf diesen am Kreuz hingerichteten Juden aus dem Weltwinkel Palästina, dann ist das eine Herausforderung ohnegleichen. Das wird noch dadurch unterstrichen, daß er Jesus nicht nur „Retter", sondern **„den Retter der Welt"** nennt. Damit sagt er, daß einzig Jesus dieser Titel in Wahrheit und in einer allumfassenden Weise zukommt. Mag man sonst Götter, Herrscher, verdiente Menschen als „Retter" preisen, **„Retter der Welt"** und wirklich und wesenhaft **„Retter"** ist nur Jesus, der Sohn, den der Vater zum Heil der ganzen Welt entsandt hat[210].

15 Diese Erkenntnis macht den Menschen zum Christen. Es geht aber dabei – wie auch in Jo 4, 42 – um **„Jesus"**; nicht um ein himmlisches Geistwesen, sondern um den „im Fleisch gekommenen" Sohn Gottes.

[209] So etwa der Heilgott Asklepios, aber auch Serapis oder Isis.

[210] Im Evangelium berichtet Johannes zur Beschämung der Juden, daß ausgerechnet Samaritern diese Erkenntnis Jesu als des Retters der Welt geschenkt wurde, Jo 4, 42. Johannes könnte parallel zu Paulus in 1 Ko 8, 5. 6 sagen: Wenn es auch viele „Retter" in der Welt gibt, so haben wir doch nur den einen Retter Jesus Christus, der der Retter der ganzen Welt ist.

Darum fährt Johannes fort: **„Wer irgend bekennt, daß Jesus ist der Sohn Gottes, in ihm bleibt Gott und er in Gott."** Wir müssen beachten, in welch strenge Parallele der Apostel hier den Glauben und die Liebe stellt. „Wenn wir einander lieben, bleibt Gott in uns", hieß es in V. 12. Nun wird gesagt, daß Gott in jedem **„bleibt"**, der **„bekennt, daß Jesus der Sohn Gottes ist"**. Verwickelt sich Johannes in einen Widerspruch? Tritt nun auf einmal doch die „Dogmatik", die „rechte Lehre" an die Stelle der „Liebe"? Nein, für Johannes gehört beides untrennbar zusammen. Die Liebe entsteht ja in uns erst aus der Liebe Gottes zu uns. Und das Feuer dieser Liebe begegnet uns erst, wenn wir in Jesus den Sohn Gottes erkannt haben, der von Gott als Sühnemittel für unsere Sünden in die Welt gesandt ist. Und umgekehrt erweist sich ein Bekenntnis zu Jesus, das unser Herz nicht zur Liebe entzündet, als unecht und als ein leeres Gedankending. Wenn Johannes in unserm Vers das Wort **„bekennen"** verwendet, so meint er damit das öffentliche Bekenntnis zu Jesus, das in der damaligen Welt und Zeit keine harmlose Sache war, sondern durch den Haß der Welt in mannigfaches Leiden führte. So war es damals nicht so leicht, ein oberflächliches Lippenbekenntnis abzulegen. Wer aber wegen seines Bekenntnisses zu leiden hatte, darf sich dessen getrösten: **„in ihm bleibt Gott und er in Gott."**

Wer **„bekennt, daß Jesus ist der Sohn Gottes"**, der hat nicht eine 16a
leere Formel gesprochen. Er gehört damit zu denen, von denen Johannes sagt: **„Und w i r haben erkannt und geglaubt die Liebe, die Gott zu** (wörtlich: in) **uns hat." „Wir"**, das ist die ganze Christenheit, das ist die Gemeinde mit ihrem Apostel. **„Wir haben erkannt."** Also „Gnosis", „Erkenntnis" haben nicht nur die Gnostiker, die ihre Erkenntnis rühmten. **„Erkannt"** hat jeder schlichte, von den Gnostikern gering geschätzte Christ. Er hat das Höchste, Größte und Wichtigste erkannt, was es gibt: die Liebe Gottes zu uns. Wenn Johannes hinzusetzt: wir haben erkannt **„und geglaubt[211]"**, dann stellt der Apostel damit den Vorgang, der uns zu „Christen" macht, in doppelter Weise richtig. „Glaube" ist nicht, wie die Gnostiker es den apostolischen Gemeinden vorwarfen, ein bloßes Nachsprechen autoritativer Lehren. Echter Glaube ruht auf „Erkenntnis". Wahrhaft an Jesus „glauben" kann ich nur, wenn ich Jesus als den Sohn Gottes in seinem Wesen und in seinem Rettungswerk „erkenne", weil ich mich selbst als einen Verlorenen, Schuldigen vor Gott „erkannte". Aber umgekehrt geht es ebenso darum, daß mein „Erkennen" zum „Glauben" führt, zum wirklichen „Annehmen" der Liebe Gottes, die uns in Jesus

211 In Jo 6, 69, im Bekenntnis des Petrus, stehen die Worte in umgekehrter Reihenfolge. Auch das hat seinen guten Sinn.

und seinem Kreuz begegnet, und darum zur personhaften Hingabe an diese Liebe. Die Gnostiker sprachen verächtlich vom „bloßen Glauben" und setzten ihm ihr „Erkennen" entgegen. Wir müssen umgekehrt sagen: das „bloße Erkennen" läßt uns noch kalt und tot, wenn es nicht zum „Glauben" führt! „Glaube" ist dann freilich etwas anderes, als bis heute weithin gemeint wird. Nicht die Übernahme von Lehren und Gedanken, auch wenn es apostolische Lehren sind, sondern das herzliche Ergreifen der Wahrheit Gottes. „Erkennen" ist nicht eine höhere Stufe über dem bloßen „Glauben", sondern das „Erkennen" bestimmt erst dann wirklich unser ganzes Leben, wenn ich es mit einem vollen vertrauenden „Ja" erfasse und dadurch für mein Leben wirksam mache. Und eben dies ist „Glauben".

Vielleicht ist von solchen Erwägungen her die Formung des Wortes von der **„Liebe, die Gott in uns hat"**, doch ernst zu nehmen. Sie ist es schon rein sprachlich. Im damaligen Grie wurde zwar oft das „en-in" durch ein „eis-zu" ersetzt; aber nur selten finden wir das Umgekehrte, daß ein „en" für ein „eis" eintritt. Johannes kann hier das „in uns" bewußt gebraucht haben. Die Liebe Gottes bleibt nicht außerhalb von uns als etwas, was wir als ein „Objekt" unseres Erkennens vor uns haben. Sie kommt zu uns herein in unser Inneres. Gott „bleibt" ja in uns, wie Johannes immer wieder formuliert. Gott liebt uns so ernsthaft und wirklich, daß seine Liebe in uns hineinkommt und in uns wohnt und wirkt; diese „eindringliche" Liebe Gottes, die Liebe Gottes **„in uns"**, haben wir **„erkannt und geglaubt"**. Das ist die grundlegende Erneuerung unseres Lebens[212].

LIEBE MACHT FREI VON FURCHT

1 Johannesbrief 4, 16b—21

16b **Gott ist Liebe, und der in der Liebe Bleibende bleibt in Gott, und**
17 **Gott bleibt in ihm. * Darin ist die Liebe mit** (bei) **uns vollendet,**
daß wir freie Zuversicht haben an dem Tage des Gerichtes, denn
18 **gleichwie jener ist, so sind auch wir in dieser Welt. * Furcht gibt**
es nicht in der Liebe, sondern die vollendete Liebe stößt die Furcht
aus, denn die Furcht hat es mit Strafe zu tun. Der sich Fürchtende
19 **ist nicht vollendet in der Liebe. * Wir lieben** (oder: wollen lieben),
20 **weil er als Erster uns liebte. * Wenn einer sagt: Ich liebe Gott, und**

zu Vers 17:
1 Jo 2, 28
zu Vers 18:
Rö 8, 15
zu Vers 20:
1 Jo 2, 4; 3, 17
1 Pt 1, 8

[212] Vgl. Paulus in seinem Wort Rö 5, 5b: „Die Liebe Gottes ist ausgegossen in unser Herz durch den Heiligen Geist, welcher uns gegeben ist." Vgl. auch das zu Kap 5, 11 f Ausgeführte in unserm Brief.

seinen Bruder haßt, ein Lügner ist er. Denn wer seinen Bruder nicht
liebt (oder: nicht lieben mag), **den er sieht, der ist nicht imstande,**
21 **Gott zu lieben, den er nicht sieht. * Und dieses Gebot haben wir**
von ihm, daß der Gott Liebende auch seinen Bruder liebe.

zu Vers 21:
Mt 22, 37—40
Mk 12, 29—31

Noch einmal wird die grundlegende und einzigartige Wahrheit ausgesprochen: **„Gott ist Liebe."** Und es wird die klare Folgerung gezogen: **„und der in der Liebe Bleibende bleibt in Gott und Gott bleibt in ihm."** Niemals darf der Satz umgekehrt werden: „Die Liebe ist Gott." Wir können nicht die Liebe zu „Gott" erklären und dabei von dem ausgehen, was wir unter „Liebe" verstehen[213]. Nein, Gott allein ist „Liebe" und zeigt uns erst, was „Liebe" in Wahrheit ist[214]. Und nur wer selbst so „liebt", wie Gott uns das Wesen wahrer Liebe enthüllt hat (3, 16), darf wissen, daß er als ein **„in der Liebe Bleibender"** wesensmäßig **„in Gott bleibt"**. Es gilt aber auch umgekehrt: **„und Gott bleibt in ihm."** Der Gott, dessen Wesen „Liebe" ist, wirkt in dem Menschen, in welchem er im Heiligen Geist wohnt, das Bleiben in jener Liebe, die „alles verträgt, alles glaubt, alles hofft, alles duldet" (1 Ko 13, 7). Dabei können wir wieder nicht die Botschaft von Gottes Liebe, die in Jesus das Sühnemittel für unsere Sünden schenkt, als überflüssiges „Dogma" beiseite schieben, da wir ja doch „liebten" und also ohne weiteres in Gott bleiben und Gott in uns bleibt. Wahrhaft „lieben" und „in der Liebe bleiben" können wir erst, wenn wir Gottes rettende Liebe unter Zerbruch unseres Stolzes erfahren haben und immer neu erfahren[215]. Hier ist alles untrennbar miteinander verbunden und bildet einen einzigen Lebensvorgang, den wir freilich nur in einzelnen Stücken beschreiben können. 16b

Johannes hat von der Gegenwart gesprochen. Nun geht sein Blick wie in 2, 28 in die Zukunft. Es kommt Jesu Parusie und damit **„der** 17

[213] So hat das Heidentum die Liebe zwischen den Geschlechtern zum „Gott" Amor gemacht, zu dem Götterknaben mit dem Bogen und dem Liebespfeil. Und so wurde im Heidentum der hinreißende Rausch sexueller Liebe als „göttlich" empfunden. Im Aphrodite-Tempel in Korinth dienten tausend „Priesterinnen" dieser „Liebe". Israel hat sich mit allem Ernst gegen das Eindringen solcher Greuel aus den kanaanäischen Kulten in seinen Tempel gewehrt. (5 Mo 23, 18; 1 Kö 14, 24; 2 Kö 23, 7; Hos 4, 14; Mi 1, 7).

[214] Parallel ist Eph 3, 14. Nicht wir wissen, was wahrhaft „Vatersein" heißt, sondern wir beugen unsere Knie vor dem „Vater, von dem jede Vaterschaft in den Himmeln und auf Erden ihren Namen hat", oder der nach der LÜ „der rechte", der wahre Vater ist. Erst von Gott her können wir wissen, oder wenigstens ahnen, wie ein „Vater" handelt.

[215] Dabei ist nicht ausgeschlossen, daß Jesus als Weltenrichter denen den Eingang in Gottes Reich schenkt, die ihn selbst nie kennenlernten, aber seinen „geringsten Brüdern" Hilfe erwiesen (Mt 25, 34—40). Aber eben: Jesus in der Macht seiner Gnade spricht ihnen das zu! Sie nehmen es nicht selber in Anspruch, weil sie doch „Liebende" gewesen seien! Sie wissen es nicht einmal, daß sie es waren.

Tag des Gerichtes[216]". Wie wird es dann mit uns werden? Muß nicht jetzt in die frohe Zuversicht, mit der uns Johannes erfüllte: „Jeder Liebende bleibt in Gott", der Schatten der Furcht fallen? Johannes könnte jetzt einfach antworten: Nimm doch ernst, was ich eben schrieb! Wenn du als ein Liebender „in Gott bleibst und Gott in dir bleibt", dann kann das doch auch am Tage des Gerichtes nicht anders sein. Was sollte einer in Gottes Gericht zu fürchten haben, der „in Gott" ist und „in dem" Gott wohnt? Aber der Apostel antwortet so einfach nicht, weil es mit der „Liebe" nicht so einfach steht. Seine Antwort lautet vielmehr: **„Darin ist die Liebe mit** (bei) **uns vollendet, daß wir freie Zuversicht haben an dem Tage des Gerichtes, denn gleich wie jener, so sind auch w i r in dieser Welt."** **„Wir"**, wirklich wir selber (und nicht nur ausgedachte Idealgestalten) dürfen **„freie Zuversicht"** haben „bei seiner Parusie" (2, 28) und an dem **„Tage des Gerichtes"**. Beides ist aufs engste miteinander verbunden; es ist darum durch die gleiche **„freie Zuversicht"** hier und in 2, 28 genannt. Aber wann haben wir solche Zuversicht? Wir haben sie, wenn **„die Liebe mit uns vollendet"** ist. Wir fragen: Johannes, welche Liebe meinst du hier? Gottes Liebe zu uns? Unsere Liebe zu Gott? Unsere Liebe untereinander? Der Apostel würde auf solche Fragen antworten: Habt ihr aus allem bisher Gesagten nicht verstanden, wie alles dieses unlöslich zueinander gehört? Ihr habt nicht eine Extra-Liebe zu den Brüdern und daneben noch den Blick auf Gottes Liebe zu euch! Indem Gottes Liebe in der Hingabe des Sohnes für euch euer Herz erreicht, erwacht die dankende, hingebende Liebe zu Gott und entsteht daraus wieder die Liebe zu den Brüdern. Darum hat Johannes weder in V. 16 noch in V. 17 der „Liebe" ausdrücklich ein Objekt gegeben. Nur in dem auffälligen Ausdruck „die Liebe m i t uns[217]" kann der Apostel im Rückblick auf den vorangegangenen Satz in 16a andeuten, daß die Liebe Gottes der tragende Grund und der stete Quell aller Liebe ist. Diese Liebe ist darin **„vollendet"**, „zum Endziel gekommen", **„daß wir freie Zuversicht haben an dem Tage des Gerichtes"**. Aber freilich, da

[216] Die ntst Botschaft kennt nicht nur ein einziges Gericht, nicht nur das „Jüngste Gericht" oder „Weltgericht". Dieses ist uns in Offb 20, 11—15 als Gericht vor dem großen weißen Thron geschildert. Bei ihm wird die Gemeinde Jesu als Mitrichter auf Seiten Jesu stehen, wie der Apostel Paulus in 1 Ko 6, 2 f ausdrücklich sagt. Die Gemeinde durchlebt aber ein eigenes Gericht, auf das Paulus in 2 Ko 5, 10 mit einem betonten und unterscheidenden „wir" hinweist und das er in 1 Ko 3, 11—15 näher darstellt. Mt 25, 31 ff bezieht sich auf ein besonderes Gericht über die „Völker", wie ausdrücklich gesagt ist. Auch hier ist die Gemeinde um den Richter Jesus versammelt gedacht. Nur so kann er dann bei seinen Richtersprüchen auf „diese" seine Brüder hinweisen.

[217] Wir kennen den Segenswunsch in Briefschlüssen, wo es auch heißen kann, daß die Liebe Gottes „mit uns" sein möge (2 Ko 13, 13) oder die Liebe des Apostels „mit euch" ist (1 Ko 16, 24).

diese Liebe Gottes, wie wir schon sahen, unser wahres „Leben" will und dieses Leben im „Lieben" besteht[218], so muß Gott auch mit diesem unserem Leben zu seinem Ziel gekommen sein, wenn die freie Zuversicht am Tage des Gerichts in uns sein soll. Darum spricht Johannes gleich im nächsten Vers von der **„vollendeten Liebe"**, wobei er nur unser eigenes Lieben meinen kann.

Und auch in unserem Vers blickt es sofort auf uns mit der Feststellung: **„denn gleich wie jener ist, so sind auch wir in dieser Welt."** Es ist ein Grundzug in dem ganzen Brief, daß der Apostel die Entsprechung unseres Lebens und Verhaltens zu dem Wesen Gottes oder Jesu fordert oder sogar als gegebene Tatsache bezeugt. „Wenn wir in dem Lichte wandeln, wie er selbst in dem Lichte ist" (1, 7). „Wer behauptet, in ihm zu bleiben, ist es schuldig, wie jener gewandelt hat, auch selber so zu wandeln" (2, 6). „Jeder, der diese Hoffnung auf ihn setzt, reinigt sich, gleich wie jener rein ist" (3, 3). „Wer die Gerechtigkeit tut, ist gerecht, gleich wie jener gerecht ist" (3, 7). „Daran haben wir erkannt die Liebe, daß jener seine Seele eingesetzt hat; und auch wir sind schuldig, für die Brüder die Seele einzusetzen" (3, 16). „Wenn auf diese Weise Gott uns geliebt hat, dann sind wir unserseits schuldig, einander zu lieben" (4, 11). In allen diesen Sätzen finden wir das „wie" oder „gleichwie", das unser Verhalten in Beziehung setzt zu dem Verhalten Gottes, bzw. Jesu. Es muß in seiner Art und Ausrichtung dem Handeln Jesu entsprechen. Aber wie wir schon sahen, hat das grie Wort „kathōs = gleichwie" auch einen begründenden Sinn. Unser Leben und Lieben, unsere Gerechtigkeit und Reinheit gründet in dem und erwächst aus dem, was Gott in Jesus an uns getan und uns geschenkt hat. In V. 19 wird das in kürzester Formulierung ausgesprochen: „Wir lieben, weil er als Erster uns liebte." So verstehen wir auch das Gleichheitszeichen zwischen Jesus und uns in unserem Vers 17. Nicht wir von uns aus gleichen Jesus oder bringen es mit unseren eigenen Anstrengungen zu einer gewissen Gleichheit mit ihm, sondern weil er uns in seiner Liebe zu den Seinen gemacht, uns mit seinem Blut von jeder Sünde gereinigt und uns mit Gottes Geist beschenkt hat, darum hat unser Sein die Prägung von ihm her empfangen. **„Gleichwie jener ist, sind auch wir in dieser Welt."**

Was soll dabei das **„in dieser Welt"** sagen? Ist es eine Einschränkung? **„Wir"** sind wie **„jener"**, freilich nur, soweit das „in dieser Welt" und in einem in dieser Welt zu führenden Leben möglich ist? Bei Johannes ist eine solche Abschwächung nicht wahrscheinlich. Ist es im Gegenteil eine Hervorhebung der Größe christlichen Lebens? Sogar mitten **„in dieser Welt"** mit ihren Versuchungen und Anfechtungen

218 Vgl. die Auslegung zu 4, 9.

sind wir doch so, wie jener ist. Vielleicht ist es nur hinzugesetzt, weil „jener" jetzt beim Vater in der Herrlichkeit ist. Wir sind „wie er", aber im Unterschied zu „jenem" doch noch **„in dieser Welt"**[219]. Dabei fällt zugleich auf, daß in dem Ausdruck **„gleichwie jener i s t"**, festgehalten wird, daß „Jesus Christus gestern und heute derselbe ist und auch in Ewigkeit", wie es Hbr 13, 8 sagt. Auch der Erhöhte und Verherrlichte „ist" doch ganz derselbe, der er als Jesus von Nazareth sichtbar unter uns war. Und nun gilt es wirklich in allem Ernst, daß wir gleich wie „jener gewandelt hat, auch wir selber so wandeln" (2, 16). Johannes drückt diesen Ernst darin aus, daß er jetzt nicht in der Form einer Mahnung spricht, sondern es als Aussage des wirklichen Christenstandes vor uns hinstellt: **„Gleichwie jener ist, sind auch wir in dieser Welt."** Es handelt sich nicht um ein „Ideal", dem wir mit mehr oder weniger Erfolg nachzustreben suchen, sondern um eine Tatsache, die von allen gilt, die in dem auch hier wieder betont hervorgehobenen „wir" zusammengeschlossen sind. Nur von diesen Tatsachen aus gibt es tatsächlich die **„freie Zuversicht am Tage des Gerichtes"**.

Ist das möglich? Ist das nicht doch wieder bedenklicher Perfektionismus? Aber Johannes denkt nicht an unsere Leistungsfähigkeit, sondern daran, daß wir aus Gott geboren sind und seinen Heiligen Geist geschenkt bekamen und von dem wunderbaren Erfahren der Liebe Gottes selber zum Lieben gebracht werden. So lebt tatsächlich etwas in uns, was sich von dem Wesen der Welt grundsätzlich unterscheidet und dem Wesen Gottes entspricht. Daß es immer noch ganz im Werden ist, das weiß Johannes auch. Denn die volle Ähnlichkeit mit Jesus erwartet auch er erst von der Zukunft, wenn wir „ihn sehen werden, wie er ist". Aber mit dem „sich reinigen" von dieser Hoffnung her (2, 2—3), mit dem „Lieben" und „die Seele für die Brüder einsetzen" ist es dem Apostel voller Ernst, so wie es damit auch Paulus bei aller Verkündigung des Heiles aus freier Gnade voller Ernst war. Johannes tut der Gemeinde den großen Dienst, daß er im bewußten und entschlossenen Gegensatz zu allem gnostischen Christentum die unlösliche Zusammengehörigkeit von Glauben und Wandel, empfangener Liebe und gegebener Liebe aufweist.

Wer sich aber immer wieder so „reinigt" und von dem Blut Jesu Christi reinigen läßt, wer immer neu sich der Liebe Gottes öffnet und sie bei sich zum Ziel kommen läßt zu jenem wahren „Leben", das eben im „Lieben" besteht, der hat **„freie Zuversicht an dem Tage des Gerichtes"**. Genauer hätte es heißen müssen: er wird sie haben, wenn der

[219] Das hat Jesus selbst in seinem letzten Gebet für die Seinen Jo 17, 11 hervorgehoben. Darin klingt doch etwas mit, daß die Jünger deshalb besonders gefährdet sind. Sie müssen sehr bewahrt werden vor dem Bösen, auch wenn Jesus sie nicht der Welt entnommen sehen will (17, 15).

Tag des Gerichtes kommt. Aber für Johannes ist die Gewißheit so klar, daß er schon jetzt sagen kann: „Wir haben" diese Zuversicht; sie wird sich am Tage des Gerichts erweisen.

Darum kann er fortfahren: **„Furcht gibt es nicht in der Liebe, son-** 18
dern die vollendete Liebe stößt die Furcht aus, denn die Furcht hat es mit Strafe zu tun. Der sich Fürchtende ist nicht vollendet in der Liebe." Achten wir sofort darauf, daß Johannes nicht von unserem Herzen sagt, daß keine Furcht in ihm sei, sondern seine Aussage von der Liebe macht. Wieder haben wir einen jener kurzen Sätze des Apostels vor uns, die er ohne Diskussion hinstellt und die in sich selbst einfach wahr sind. In der Tat hat in der wirklichen Liebe **„Furcht"** keinen Raum. **„Furcht"** ist für das echte Lieben ein Fremdkörper, den sie **„ausstößt"**. Freilich tut sie das nur und kann sie das nur tun, wo die **„vollendete Liebe"** ist. „Vollendet" meint hier — ebenso auch wie 1 Ko 2, 6 und Phil 3, 15 — nicht eine perfektionistische „Vollkommenheit". Das ist gerade in Phil 3, 15 durch die Aussage 3, 12 ausgeschlossen. Der Ausdruck meint die Ganzheit und Entschlossenheit. Da, wo eine ganze und entschlossene Liebe regiert, da stößt sie alle Furcht von sich. Das gilt zunächst einmal so allgemein, wie es hier ausgesprochen ist. Es gilt schon jetzt und hier in unserem Leben. Wir alle haben unsere Erfahrungen damit gemacht. Im befreienden Lieben, im „Einsetzen der Seele" für andere kann uns eine erstaunliche Kühnheit erfassen. Die Liebe zieht den Blick völlig weg von uns und richtet ihn ganz und gar auf den andern und auf das, was er nötig hat; da bleibt einfach kein Platz für die „Furcht".

Aber Johannes ist noch bei dem Blick auf den kommenden Tag des Gerichtes. Warum fürchten wir uns da? **„Die Furcht hat es mit der Strafe zu tun."** Das Wort „kolasis = Strafe" kommt im NT nur noch Mt 25, 46 vor. Dabei ist an jener Stelle an den Inhalt der Strafe gedacht, an die „ewige Pein", wie die LÜ zutreffend sagt. Mit dem Gedanken an solche „Strafe" hat es die „Furcht" zu tun, wenn sie noch in unserem Herzen wohnt. Stehen wir noch in Ungewißheit vor dem kommenden Gericht? Fürchten wir noch, es könne uns jene „ewige Strafe" treffen? Dann gilt es uns: **„der sich Fürchtende ist nicht vollendet in der Liebe."** Johannes hatte am Anfang unseres Abschnittes festgestellt: „Der in der Liebe Bleibende, der bleibt in Gott und Gott bleibt in ihm." Sollte der, in dem Gott „bleibt", Verwerfung und „Strafe" fürchten? Noch einmal müssen wir daran denken, daß das „Lieben" für Johannes der eigentliche Inhalt des „ewigen Lebens" ist. Der „Liebende" ist darum „aus dem Tode in das Leben gekommen" (3, 7. 14) und „weiß" das auch. Damit ist er schon der „Strafe" des „zweiten Todes" entnommen. Das sollte er in freier Zuversicht festhalten und die „Furcht ausstoßen".

Aber fürchten sich nicht tatsächlich viele Christen? Johannes selbst hat davon gesprochen, daß „uns unser Herz verurteilt". Sehen wir nicht im Erschrecken unser Versagen in der Liebe, die vielen Lieblosigkeiten in Gedanken, Worten und Werken, die bei uns da sind, ehe wir es merken? Kommt dann nicht mit Recht die Furcht in unser Herz? Das tut sie, eben weil wir jetzt nicht **„vollendet in der Liebe"** waren. Aber der Apostel hat uns in seinem Brief vielfach gezeigt, wo dann die Hilfe für uns liegt. Dann dürfen wir bekennen, Vergebung empfangen, gereinigt werden. In diesen Erfahrungen kommt die Liebe Gottes mit uns zu ihrem Ziel. Aus solchem Geliebtsein von Gott erwächst neue Liebe in uns, und dann stößt diese Liebe die Furcht aus. Gerade dieser Ausdruck zeigt, daß Johannes damit rechnet, daß wir nicht ständig auf den Höhen der Furchtlosigkeit wandeln, sondern von Furcht angefochten werden. Darum schreibt er nicht, daß unser Herz die Furcht ein für allemal hinter sich habe und sie nicht mehr kenne. Es geschieht immer neu das „Ausstoßen" der Furcht durch die Liebe, die vollendet „unser Herz erfüllt". Dabei muß es auch an dieser Stelle wieder gesehen werden, daß Johannes das Wort „Liebe" umfassend gebraucht und gleichzeitig Gottes Liebe zu uns und die durch Gott in uns gewirkte Liebe zu ihm und zu den Brüdern meint.

19 Von diesen unlösbaren Zusammenhängen im Leben und Walten der Liebe spricht sofort der nächste Satz. Er tut es besonders deutlich, wenn wir das „agapōmen" hier als Indikativ fassen: **„Wir lieben, weil er als Erster uns liebte."** Das Lieben ist nicht unsere Erfindung und unsere Kunst. Sondern wir können nur lieben, weil Gottes grundlose Liebe uns traf. Gott ist bei der Schöpfung, Gott ist bei der Erlösung grundlegend der **„Erste"**, der liebte, weil er „Liebe" ist. Und er ist so auch in unserem persönlichen Leben bei unserer Errettung der **„Erste"**, der liebte und aus uns „Gottlosen, Sündern, Feinden" geliebte Kinder machte. Er ist auf unserem Lebensweg als Christen immer aufs neue der, der zuerst mit seiner Liebe da ist, auch dann, wenn uns unser Herz verurteilt. Er gibt uns das neue Lieben und gibt es uns so, daß es „die Furcht ausstößt".

20 Der Apostel Johannes sagt uns das mit aller Kühnheit der Zuversicht. Aber er behält dabei den klaren Blick für die Zustände in der Gemeinde. Dort gab es damals unter gnostischen und mystischen Einflüssen Menschen, wie es sie zu allen Zeiten bis heute gibt: Menschen, die von ihrer Liebe zu Gott schwärmen und dabei lieblos gegen den Bruder sind. Von ihnen spricht Johannes wieder mit der Schärfe, die wir schon mehrfach bei ihm kennenlernten: **„Wenn einer sagt: Ich liebe Gott, und seinen Bruder haßt, ein Lügner ist er."** Noch einmal treffen wir auf die Formel, die das erste Kapitel kennzeichnete: **„Wenn einer sagt."** Johannes hat solches „Sagen" in den Gemeinden

gehört. Aber das ist dann nur ein „Sagen" ohne „Wirklichkeit" und darum eine „Lüge". An diesem Vorwurf „Lüge" ändert sich nichts, auch wenn das „Sagen" subjektiv ein ganz erfülltes und begeistertes ist. Die „Liebe zu Gott", von der hier „gesagt" wird, ist gar nicht wirklich da, wenn zugleich der Bruder „gehaßt" wird. Wir können uns dem Wort des Johannes auch nicht entziehen durch die Abwehr: Wir „hassen" doch den Bruder gar nicht! Wir wollen an dieser Stelle noch einmal nachlesen, was wir uns über die Bedeutung des Wortes „hassen" in der Bibel, bei der Auslegung von 2, 9, klargemacht haben.

Aber kann nicht echte Liebe zu Gott vorhanden sein, auch wenn das Herz gegen den Bruder gleichgültig oder ablehnend ist? Muß die behauptete Liebe zu Gott dann immer „Lüge" sein? Johannes geht auf diesen Einwand ein und begründet seinen harten Satz. **„Denn wer seinen Bruder nicht liebt** (oder: nicht lieben mag), **den er sieht, der ist nicht imstande, Gott zu lieben, den er nicht sieht."** Es ist ein Schluß vom Geringeren auf das Größere, vom Leichteren auf das Schwerere. Wer nicht einmal fertig bekommt, den Bruder zu lieben, der sichtbar vor ihm steht, wie will er den unsichtbaren Gott lieben können? Der Schluß scheint auf den ersten Blick freilich nicht treffend zu sein. Ist es nicht doch „leichter", den wunderbar liebenden Gott dankbar wiederzulieben, als den Bruder, der gerade mit seinen Fehlern und seinen schwierigen Seiten so „sichtbar" vor uns steht? Und doch hat Johannes recht. Eine Liebe zu Gott ist freilich leichter zu „behaupten", weil sie durch Gottes Unsichtbarkeit nicht nachzuprüfen ist. Es ist leicht von ihr zu schwärmen. Aber sie ist Fantasie, subjektive Einbildung, wenn sie sich nicht dokumentiert in der Liebe zum Bruder. Erneut erfassen wir, mit welchem Recht Johannes ganz allgemein von „der Liebe" gesprochen hat, ohne ihr Objekt zu bezeichnen. „Liebe", wenn sie da ist und lebt, kann immer nur „lieben", welchem „Objekt" sie auch begegnet! Sie kann nicht nach der einen Seite hin „lieben" und nach der andern hin „hassen". Wir machten es uns schon klar (S. 93), daß „Liebe" ein Zustand ist und eine Richtung unseres ganzen Denkens, die sich dem „sichtbaren Bruder" gegenüber sichtbar zeigen muß, wenn sie überhaupt da ist. Andernfalls ist sie bloßes „Gefühl" ohne Wirklichkeit und wird zur „Lüge", sofern sie doch als vorhanden behauptet wird.

Das ist als Briefsatz in die Lage der Gemeinde hinein zunächst Angriff auf „Gnostiker", die von ihrer hohen, ganz Gott hingegebenen Liebe schwärmten und dabei keine Achtung für den Bruder hatten und Verwirrung und Streit in die Gemeinde trugen. Aber diese Neigung zu einer genußvollen Liebe zu Gott und zu Jesus, die sich um den sichtbaren Bruder mit seinen sichtbaren Nöten und Schwierigkeiten nicht kümmert, ist in der Christenheit immer wieder anzutreffen. Wir lesen noch einmal den Satz 3, 17: „Die Liebe Gottes" kann nicht in dem „bleiben", der der sichtbaren Not des Bruders die konkrete Hilfe verweigert.

21 Der Apostel fügt abschließend einen Satz an, der uns nach so mächtigen Sätzen über das Wesen und Wollen der Liebe verwundern könnte: **„Und dieses Gebot haben wir von ihm, daß der Gott Liebende auch seinen Bruder liebe[220]."** Ist nun doch noch ein **„Gebot"** nötig, nachdem uns der Apostel vor den wesensnotwendigen Zusammenhang der Gottesliebe und der Bruderliebe gestellt hatte? Und kann ein „Gebot" uns helfen? Es ist, als ob Johannes innerlich höre, wie sich Einwände gegen seinen kurzen, harten Satz in V. 20 ergeben. Das sei doch nur die Meinung des Apostels, man könne an diesem Punkt auch anders denken. Ja, man müsse sogar die Liebe zu Gott als das viel wichtigere von der Liebe zum Bruder lösen. Da betont Johannes: Alles, was ich schrieb, ist nicht nur meine eigene Auffassung. Ich folge darin einem klaren Gebot Gottes. Mit meinen Ausführungen könntet ihr eine Diskussion anfangen und eure gegenteiligen Meinungen dagegenstellen. Aber jede Diskussion ist zu Ende, wenn wir vor dem **Gebot** unseres Herrn stehen.

Der ganze Abschnitt ist von großer praktischer Bedeutung für die Gemeinde aller Zeiten, auch für uns heute. Wie kommen wir zur „parræsia", zur freien Zuversicht zu Gott, auch wenn unser Blick sich dem kommenden Gericht zuwendet? Wie überwinden wir die Furcht, die „Todesfurcht", die irgendwie Furcht vor der „Strafe" ist? Wir könnten auch formulieren: wie kommen wir zur Heilsgewißheit, die in jeder Lage standhält?

Wir sind gewohnt, von Paulus her auf den Glauben zu verweisen. Wer nicht auf sich selber sieht, wer in nichts mehr mit seinen Werken rechnet, wer nur noch auf das Kreuz und auf das dort völlig vollbrachte Heil blickt, der hat Heilsgewißheit. Das ist richtig, und Johannes würde es nicht leugnen. Hat er es doch selbst bezeugt, daß das Blut des Sohnes Gottes uns rein macht von aller Sünde und daß Jesus die Versöhnung ist für unsere Sünden, ja, sogar für die der ganzen Welt.

Aber so wie Jakobus die Gefahr eines „Glaubens ohne Werke" sah, der „tot ist in sich selber" (Jak 2, 17), so fürchtet Johannes alles „Sagen", das zur „Lüge" wird, weil keine Wirklichkeit dahinter steht. Gerade die Rechtfertigungslehre kann zu einer kalten Rechnerei werden, die alle ihre Formeln höchst orthodox handhabt und in Wirklich-

[220] Johannes wird dabei an das Doppelgebot der Gottes- und der Nächstenliebe denken das Jesus selbst hervorgehoben und als Angelpunkt aller Verkündigung im Gesetz und bei den Propheten bestätigt hat (Mt 22, 37—40).

keit nichts besitzt. Ja, sie kann zu einer Stellung werden, in der wir uns gegen Gottes Zugriff verschanzen und gegen seinen Anspruch sichern. Schon Paulus geht es in Rö 6 (und an vielen Stellen!) darum, gegen eine bloße Logik der Rechtfertigungsbotschaft anzugehen, die „in der Sünde verharren will", damit „die Gnade umso mächtiger wird". Er schildert ihr entgegen die eigentliche Wirklichkeit des Glaubens, der uns mit dem vereint, dem wir glauben und der uns darum in eine „Neuheit des Lebens" (Rö 6, 4 im grie Text) führt. Johannes stellt in seinem Brief von Anfang an alles unter den Gesichtspunkt des „Lebens" und darum der „Liebe", die das Wesen des wahren Lebens ist. Aus Gottes Liebe kommt in Jesus die Erlösung, die Versöhnung, das Leben für uns (4, 9. 10). Aber gerade diese gebende, opfernde, leidende Liebe kann man gar nicht wirklich empfangen, ohne selbst zum Lieben gebracht zu werden. Zum „Lieben" werden wir aus Gott geboren, und nur im „Lieben" erkennen wir Gott (4, 7). Nur der Liebende bleibt in Gott und Gott bleibt in ihm (4, 16b). Aber dies ist nun auch volle Wirklichkeit. Und wo diese Wirklichkeit da ist und gelebt wird, dort stößt die vollendete Liebe die Furcht aus, und die „Heilsgewißheit", die freie Zuversicht zu Gott, ist da (4, 17). Schon in 2, 28 konnte einfach vom Bleiben in Jesus als Grund der „freien Zuversicht" gesprochen werden. Was wir nun in unserem Abschnitt 4, 7—21 lesen, ist nur die gründlichere und in die Tiefe gehende Ausführung jenes einfachen Wortes vom Bleiben in Jesus[221].

Es ist aber noch ein Wort zu sagen zu dem Satz: **„Die vollendete Liebe stößt die Furcht aus."** Ist nicht an anderen Stellen des NT die Furcht sehr positiv gesehen und sehr hoch gewertet? „Es kam aber alle Seelen Furcht an", heißt es in Apg 2, 43 gerade von denen, die beständig in der Apostellehre, in der Gemeinschaft, im Brotbrechen und im Gebet blieben. Und nachdem der Sturm der ersten großen Verfolgung durch Saul vorüber war und die Gemeinde Frieden hatte, da „baute sie sich und wandelte in der Furcht des Herrn" (9, 31). War

[221] Fr. Büchsel schreibt mit Recht: „Zur Zuversicht gegenüber der göttlichen Liebe sind wir nur berechtigt, sofern und weil wir lieben. Eine liebelose Zuversicht zu Gottes Liebe wäre eine Frechheit. Genau so wie in 3, 18—20 die Behauptung der Heilsgewißheit gegenüber den Anklagen des Gewissens an die echte, tathafte Liebe gebunden ist, ist hier die Überwindung der Furcht an die vollkommene Liebe gebunden. Die johanneische Formel, die die parræsia von der Liebe, nicht dem Glauben ableitet, hat eben gerade darin einen besonderen Vorzug, daß sie die Trennung von Glaube und Werken, die die katastrophale Gefahr des nicht voll verstandenen Protestantismus ist, überhaupt nicht entstehen läßt. Joh hat seine Heilsgewißheit nicht nur als eine passiv hingenommene Gabe Gottes, sondern aktiv als einer, der durch die Liebe Gottes in der Gemeinschaft mit Gott zur lebendigen Tätigkeit, zur tathaften Liebe, zur Gerechtigkeit als persönlich betätigter Haltung gekommen ist. Und darin liegt die Lebensnähe seiner Formel über die Heilsgewißheit", a. a. O. S. 74.

das falsch? Ist „die Furcht des Herrn" nicht mehr „der Weisheit Anfang" (Ps 111, 10)? Hat Paulus geirrt, als er die Philipper anwies, ihre Seligkeit mit Furcht und Zittern zu schaffen (Phil 2, 12)? Hätte Luther in der Erklärung zum ersten Gebot nur sagen dürfen: „Wir sollen Gott über alle Dinge lieben und vertrauen?" Aber nun sehen wir wieder, wie nötig es ist, die Bibel sehr genau zu lesen und nicht obenhin ein einzelnes Wort aus ihr herauszureißen. Wir sahen schon auf S. 104, daß sich die lebendige Wirklichkeit oft nur in scheinbar widersprechenden Aussagen fassen läßt, die trotz ihres „Widerspruches" dennoch gleichzeitig wahr sind. Alle biblischen Aussagen über die „Furcht Gottes" behalten ihr volles Recht. Johannes streitet das auch nicht ab. Er fordert die Gemeinde nicht auf: „Werfet alle Furcht weg! Furcht ist nicht mehr nötig. Gott ist ja Liebe!" Er stellt lediglich fest: „Die vollendete Liebe treibt die Furcht aus." Dabei geht es nicht um jene heilige Scheu und Ehrfurcht, die sich gerade Gott gegenüber immer mit der Liebe verbinden wird. Johannes spricht vom „Tag des Gerichts" und sagt ausdrücklich, daß er die **„Furcht"** meine, die es **„mit Strafe zu tun hat"** und sich vor der Strafe am Tage des Gerichtes fürchtet. Auch von dieser „Furcht" sagt er nicht, sie sei selbstverständlich für uns vergangen. Gottes heiliges, reines Licht hat Johannes gleich am Anfang seines Briefes bezeugt. Muß und soll nicht alles, was in uns finster, unrein und sündlich ist, dieses Licht „fürchten"? Gott ist Liebe, das sagt Johannes so eindeutig wie kein anderer Apostel. Aber ist nicht gerade dieser Satz das Gericht über alle Lieblosigkeit, und bringt er uns nicht darum zur „Furcht" im Blick auf so viel Mangel an Liebe bei uns und im Blick auf das, was Johannes „Haß" gegen den Bruder nennt? Alle diese **„Frucht"** ist sehr begründet und sehr notwendig. Wehe, wenn sie aus unserem Herzen verschwände! Sie gerade treibt uns zu dem, dessen Blut rein macht von aller Sünde, zu dem Gott, der in seiner Liebe seinen Sohn sandte als Sühnemittel für unsere Sünde. Aber wenn wir diese Liebe Gottes wahrhaft erfassen, nicht aus bloßer Lehre, sondern als ganze, lebendige Wirklichkeit, die für uns das Kostbarste gab, muß dann nicht tatsächlich d i e s e „Furcht" schwinden? Kann einer, der sich so geliebt sieht, sich noch fürchten? Das ist einfach wahr, daß es in der Liebe keine „Angst vor Strafe" mehr gibt, vollends nicht, wenn die Liebe „vollendet" und zu ihrem Ziel gekommen ist. Wer sich noch fürchtet, soll sich diese Furcht nicht auszureden suchen und sie nicht künstlich verdrängen; er soll sie sich eingestehen und soll einfach nach dem Grund seiner Furcht fragen. Er wird dann selber erkennen, es liegt daran, daß er nicht „vollendet ist in der Liebe". Dann aber ist ihm durch den ganzen Brief der Weg zur „Vollendung der Liebe" gewiesen. Er kann und darf die Liebe Gottes voll in sich aufnehmen und sein eigenes Herz mit Liebe zum Bruder erfüllen lassen und wird dann erfahren, daß die vollendete Liebe tatsächlich die Furcht ausstößt. Johannes hat nichts davon gesagt, daß er dies als einen Dauerzustand betrachtet, den der Christ für immer erreichen kann. In seinen vielen Mahnungen und Aufmunterungen im Brief rechnet er offenbar damit, daß auch die Glieder der echten Gemeinde immer neu zur vollendeten Liebe durchdringen müssen. In diesem Sinn könnte er einmütig mit Paulus auch seinerseits die Gemeinden mahnen, ihre Seligkeit „mit Furcht und Zittern" zu schaffen.

DER SIEG ÜBER DIE WELT

1 Johannesbrief 5, 1—5

1 **Jeder, der glaubt, daß Jesus der Christus ist, ist aus Gott geboren;**
und jeder, der den Erzeuger liebt, liebt auch den aus ihm Erzeugten.
2 *** Daran erkennen wir, daß wir die Kinder Gottes lieben, wenn im-**
3 **mer wir Gott lieben und seine Gebote tun. * Dies nämlich ist die**
Liebe zu Gott, daß wir seine Gebote bewahren; und seine Gebote
4 **sind nicht schwer. * Denn alles, was aus Gott geboren ist, besiegt**
die Welt. Und dies ist der Sieg, der die Welt besiegt hat: unser
5 **Glaube. * Wer ist der, der die Welt besiegt, wenn nicht der, der**
glaubt, daß Jesus der Sohn Gottes ist?

zu Vers 1:
1 Jo 4, 4
4, 15 f
Jo 1, 12 f
8, 42
1 Pt 1, 22
zu Vers 3:
1 Jo 2, 5
Mt 11, 30
Jo 14, 15. 23 f
2 Jo 6
zu Vers 4:
5 Mo 30, 11
Jo 16, 33
Rö 8, 37
1 Ko 15, 57
Eph 6, 16
zu Vers 5:
1 Jo 4, 4. 15

Wieder sehen wir die eigene Art des Johannes, seinen Brief zu schreiben. Er verbindet die einzelnen Abschnitte nicht ausdrücklich miteinander und hilft uns nicht durch systematische Entwicklung seiner Gedanken. „Jeder, der die Gerechtigkeit tut, ist aus ihm geboren", so lasen wir in 2, 29; „jeder, der liebt, aus Gott ist er geboren" (4, 7). Und nun heißt es: **„Jeder, der glaubt, daß Jesus der Christus ist, ist aus Gott geboren."** Wir sind versucht, den Apostel zu fragen: Was
gilt denn nun wirklich und letztlich? Wir sind zu dieser Frage umso 1
mehr veranlaßt, weil Johannes in allen drei Sätzen mit dem vorangestellten **„jeder"** jedem Satz eine absolute Geltung verliehen hat. Wir können darum die drei Aussagen nicht auf verschiedene Menschengruppen verteilen. Sie gelten alle drei für „Jeden". Dann müssen sie innerlich wesenhaft zusammenhängen, auch wenn Johannes kein Systematiker ist, der uns diesen inneren Zusammenhang aufweist. Johannes schildert in seinem Brief das ganze lebendige Christsein, und dafür sind alle drei Sätze gleich wahr und gleich wichtig. Voneinander losgelöst und zum Prinzip gemacht, führen sie leicht zu gefährlichen Mißverständnissen.

„Glauben", „daß Jesus der Christus ist", das ist für Johannes nicht bloße Zustimmung zu einem „Dogma". Wirkliches Glauben ist eine innere Überzeugung, die mich ganz und gar erfüllt und beschlagnahmt. Eine solche Überzeugung kann ich nicht „machen" oder in bloßer Gedankenarbeit gewinnen. Das wird uns besonders deutlich, wenn wir nicht rasch über das hinweglesen, was hier Johannes als Inhalt der Glaubensüberzeugung angibt. **„Jesus ist der Christus"**, das bedeutet: Dieser Mensch Jesus von Nazareth, der zu Beginn unserer Zeitrechnung in dem kleinen Weltwinkel Palästina lebte, litt und als Verbrecher am Kreuz starb, ist der König der Ewigkeit, der Herr meines Lebens und der Weltvollender! Wer kann das „glauben"! Kein „vernünftiger" Mensch. Es wird aber durch alle Jahrhunderte, in allen Völkern und in allen Erdteilen geglaubt! So geglaubt, daß dafür Menschen ihr Leben einsetzen. Johannes sagt, an solchen Menschen ist etwas Ungeheuerliches geschehen, so gering sie äußerlich aussehen mögen: sie sind **„aus Gott geboren"**. Nur darum können sie **„glauben"** und glauben sie.

Johannes hat mit Recht gesagt: Eben darum „lieben" sie auch, weil ein aus Gott Geborener Gottes Wesen in sich trägt (4, 7). Und es ist klar, wer liebt, tut nichts Unrechtes, sondern vollbringt die Gerechtigkeit (2, 29). Darum gilt jede dieser Aussagen für jeden, von dem eine von ihnen bezeugt werden kann. Darum spricht der Apostel, gleich nach seinem Satz vom Glauben, aufs neue von der Bruderliebe. Er zeigt den notwendigen inneren Zusammenhang zwischen „Glaube" und „Liebe". Wer die Umwandlung seiner Existenz durch die Geburt aus Gott erfuhr und nun im lebendigen Glauben an Jesus hängt, der **„liebt den Erzeuger"** dieses seines neuen Lebens. Aber sofort sieht er mit tiefer Freude, daß er nicht einsam und allein „glaubt", sondern in einer Schar von „Brüdern" steht, die die gleiche Geburt aus Gott erfahren haben[222]. Wer sich staunend und dankend seiner eigenen Geburt aus Gott freut, der freut sich mit gleichem Dank und gleichem Staunen an denen, die von Gott her das gleiche Wunder erfuhren. **„Jeder, der den Erzeuger liebt, liebt auch den aus ihm Erzeugten."** Wir sind „Kinder eines Vaters"[223].

2 Es ist echt johanneisch, wenn der folgende Satz die Aussage des vorigen umwendet: **„Daran erkennen wir, daß wir die Kinder Gottes lieben, wenn immer wir Gott lieben und seine Gebote tun."** Hörten wir es bisher nicht umgekehrt: Die sichtbare Liebe zum sichtbaren Bruder war das Erkennungszeichen der sonst nicht eindeutig feststellbaren Liebe zu dem unsichtbaren Gott (4, 7; 4, 12. 19 f)? Aber der

[222] Wie im ganzen NT, so gehören auch hier die „Schwestern" zu den „Brüdern". Darum ist gleich von den „Kindern Gottes" die Rede.

[223] Wo sich dieser Vorgang nicht vollzieht, da ist das Auge noch nicht geöffnet für das Wunder der Wiedergeburt aus Gott.

Apostel hatte auch im vorigen Satz die Liebe zu den Brüdern als das Zweite aus der Liebe zu Gott abgeleitet. Wir machten uns schon klar, wie vieldeutig das Wort „Liebe" ist und zwar gerade dann, wenn wir es auf unser Verhalten zu den andern Menschen anwenden[224]. Schon Jesus unterschied die wahre Liebe, die er meinte, von jener gegenseitigen Freundlichkeit untereinander, die sich auch bei den „Zöllnern" und bei den „Heiden" findet (Mt 5, 46–48). Erst wenn unsere Liebe Gottes Art an sich trägt, ist es in Jesu Sinn „Liebe". Darum geht es auch dem Apostel. Er wird es beobachtet haben, wie gerade in der Gemeinde, im „gläubigen Kreis", eine weichliche Freundlichkeit um sich greifen und mit „Liebe" verwechselt werden kann, eine Freundlichkeit und Gutmütigkeit, die dem Bruder gerade nicht mehr den wahren Dienst der Liebe im Kampf gegen seine Sünde und gegen seine Irrtümer leistet. Nur immer dann, **„wenn wir Gott lieben und seine Gebote tun"**, wenn uns Gottes reines und heiliges Wesen vor Augen steht und seine Gebote uns unverrückbar Wegweiser und Grenzsteine sind, nur dann **„lieben"** wir die Brüder so, wie sie als **„Kinder"** dieses heiligen, lebendigen **„Gottes"** geliebt und oft genug mit unerbittlichem Ernst zurecht geliebt werden müssen[225]. 3

Noch einmal werden die **Gebote** wichtig. Wir lasen schon 2, 3. 4 davon und sahen, daß das kein Rückfall in irgendwelche Gesetzlichkeit oder Werkgerechtigkeit ist. Jetzt wird es von dem Apostel nochmals mit ganzem Ernst gesagt: **„Dies nämlich ist die Liebe zu Gott, daß wir seine Gebote bewahren; und seine Gebote sind nicht schwer."** Das hat Johannes von seinem Herrn selber gelernt. Noch am letzten Abend hat es Jesus ausgesprochen: „Wenn ihr meine Gebote haltet, so bleibt ihr in meiner Liebe, gleichwie ich meines Vaters Gebote halte und bleibe in seiner Liebe" (Jo 15, 10). Jesus fügt gerade an dieser Stelle hinzu: „Solches rede ich zu euch, damit meine Freude in euch bleibe und eure Freude vollkommen werde" (Jo 15, 11). Es geht in keiner Weise um eine mühsame Gesetzeserfüllung, die eine eigene Gerechtigkeit vor Gott aufrichtet. Es geht um die Liebe und um die Freude! Aber wieder liegt es dem Apostel wie seinem Herrn daran, daß wir nicht aus der „Liebe" eine kraftlose Stimmungssache machen. Wir sahen in 2, 17: Gott ist selber „Wille", gerade weil er wahrhaft

[224] Vgl. die Ausführungen zu 4, 7.

[225] Fr. Büchsel bemerkt dazu: „Gerade in einer Zeit, in der ein sehr unklarer und verweichtlichter Liebesgedanke als nahezu einziger Rest vom Christentum der entchristlichten Masse geblieben ist, und dieser Liebesgedanke dann zum Ausgangspunkt einer kecken Kritik am kirchlichen Christentum gemacht wird, hat dieser Abschnitt ein besonderes Interesse." A. a. O. S. 80. Es wird ebenso mit Recht von Schlatter festgestellt: „Wenn ihr euch aneinander versündigt, sagt Johannes, so liegt es daran, daß Gott euch nichts gilt. Ihr ehrt ihn nicht und habt euch ihm entzogen. Ist euch Gott gleichgültig, so wird euch auch der Mensch wertlos, und die Liebe erstirbt auch gegen ihn." A. a. O. S. 83.

„Liebe" ist. So ist auch unsere Liebe, wenn sie echt ist, Wille, der den Willen Gottes tut und darum in Ewigkeit bleibt (2, 17). Gottes guter, heilsamer Wille ist aber ausgesprochen in seinen **„Geboten"**. Wir **„bewahren"** sie, gerade weil wir „lieben" und in Gottes Liebe bleiben wollen. Wir **„bewahren"** sie, wie Jesus, der Sohn, es tat; wir tun es, weil wir „aus Gott geboren" und also „Söhne im Sohn" sind.

Im Blick darauf versichert Johannes ausdrücklich: **„Und seine Gebote sind nicht schwer."** Aber stimmt denn das? Haben wir nicht genau das Gegenteil gelernt, daß sie überaus schwer, ja vollkommen unerfüllbar sind? Hat Paulus es nicht geschildert: „Als das Gebot kam, ward die Sünde lebendig. Ich aber starb; und es fand sich, daß das Gebot mir zum Tode gereichte, das mir doch zum Leben gegeben war" (Rö 7, 9. 10)? Aber dieser unter dem Gebot „sterbende" Mensch ist nicht der „aus Gott Geborene", den Johannes vor sich sieht, nicht der, der als von Gott Geliebter selber wahrhaft „liebt". Von dem aus Gottes Geist neugewordenen Menschen hat auch Paulus in Rö 8 völlig anders geredet[226], und er weiß und bezeugt, daß „die Liebe des Gesetzes Erfüllung ist" (Rö 13, 10). Der Liebe ist das Bewahren der Gebote **„nicht schwer"**. Es ist ihr „Freude", so wie es für den Sohn Gottes seine Speise war, den Willen dessen, der ihn gesandt hatte, zu tun (Jo 4, 34)[227].

4 Warum erscheinen die Gebote Gottes uns aber doch immer wieder „schwer"? Das kommt daher, daß wir „in dieser Welt" zu leben haben (4, 17). Die „Welt" ist aber nicht nur der äußere Rahmen unseres Daseins, der bloße Schauplatz, auf dem unser Leben sich abspielt. Johannes hat in 2, 16 geschildert, was diese Welt kennzeichnet und erfüllt: „Das Begehren des Fleisches und das Begehren der Augen und die Hoffahrt der Lebenshaltung." Diese Welt lehnt sich in uns selbst gegen Gottes Willen in seinen Geboten auf. Das „Begehren des Fleisches" ist mit unserer Wiedergeburt nicht verschwunden; auch nach der Geburt aus Gott leben wir noch „im Fleisch". So müssen wir die Welt, gerade auch die Welt in uns selber, **„besiegen"**, wenn wir Gottes Gebote bewahren wollen. Das geht nur durch einen Kampf hindurch, der sehr hart sein kann[228]. Dann erscheinen uns Gottes Gebote als „schwer". So sieht auch der Apostel Johannes die Christen im Kampf. Aber sein Ausgang ist nicht ungewiß, sondern grundlegend entschieden. **„Denn alles, was aus Gott geboren ist, besiegt die Welt."**

[226] Es wird hier aufs neue sichtbar, wie wir den Gegensatz zwischen Rö 7 und Rö 8 klar erkennen müssen. Sehen wir in Rö 7 den „Christen" geschildert, dann kommen wir nicht nur mit Rö 8, sondern auch mit den Aussagen des Johannes in Konflikt.

[227] Eine Last sind sie dem, der mit ihrer Erfüllung aus eigener Kraft seine eigene Gerechtigkeit vor Gott, ja eigentlich „gegen" Gott aufrichten will! Gottes Gebote können „gesetzlich" oder „evangelisch" aufgefaßt werden.

[228] Vgl. die Schilderung des Christenlebens bei Paulus in Gal 5, 16 ff.

Er hatte es schon in 4, 4 bezeugt: „Größer ist der in euch als der in der Welt." In der Geburt aus Gott gründet der Sieg. Er ist nicht das Ergebnis unserer eigenen Anstrengungen, so sehr der ganze eigene Einsatz trotzdem dazu gehört, wie alle Mahnungen des Johannes, wie des ganzen NT, zeigen.

Wie aber vereint sich dieser eigene Einsatz mit dem sieghaften Werk Gottes? Muß der „Sieg über die Welt" nicht entweder Gottes Sache oder unsere Sache sein? Gibt es ein Zusammenwirken von Gott und Mensch? Ja. Dieses „Zusammenwirken" geschieht in dem Geheimnis des Glaubens. Johannes schreibt: **„und dies ist der Sieg, der die Welt besiegt hat: unser Glaube[229]."**

Der **„Glaube"** ist für Johannes ein Sieg über die Welt, der schon gewonnen ist und die Welt schon **„besiegt hat"**. Wieder erklärt Johannes das nicht und gibt keine Begründung dafür. Er stellt einfach fest, daß es so ist. Die Gemeinde soll es wissen und in dieser festen Gewißheit stehen, die Gemeinde aller Zeiten, auch die Gemeinde Jesu heute. Johannes sieht dabei auf das Wort seines Herrn, das er als letztes Wort beim Abschied seinen Jüngern gesagt hatte: „Seid getrost, ich habe die Welt besiegt" (Jo 16, 33). Im Kreuz und in der Auferstehung Jesu ist dieser Sieg da und den Jüngern als das große Faktum geschenkt. **„Unser Glaube"** aber eignet sich dieses Faktum an und rechnet unbeirrt mit ihm. Dadurch nimmt er an dem schon vollendeten Sieg seines Herrn teil gegen allen Augenschein, in aller Bedrängnis und in allen „Niederlagen". Darum **„hat"** auch er schon **„die Welt besiegt"**. Es wird sichtbar, in welch geschlossener Ganzheit Johannes den Glauben faßt. **„Glaube"** ist nicht ein Erwägen von Möglichkeiten, nicht ein unbestimmtes Hoffen von Erwünschtem, sondern die unbedingte Aneignung dessen, was Gott ihm anbietet. „Johannes spricht gläubig von der Macht des Glaubens" (A. Schlatter). Der Sieg über die Welt wird aber auch nur diesem **„Glauben"** zuteil. Jedes andere Kampfmittel versagt. Wie sollte der kleine, schwache Mensch die **„Welt"** in ihrer ganzen Verführungsmacht **„besiegen"** können[230]?

[229] Sprachlich bemerkenswert ist, daß die Worte „siegen" und „Sieg" im Johannesbrief sechsmal, in der Offenbarung des Johannes siebzehnmal und im ganzen übrigen NT nur viermal vorkommen. Paulus bildet allerdings in Rö 8, 37 noch das Wort „übersiegen". Das Hauptwort „der Glaube" findet sich bei Johannes in unserem Brief nur hier, und in der Offb an zwei Stellen.

[230] Die im Sündenfall ergriffene falsche Selbständigkeit des Menschen sitzt uns so im Blut, daß auch Kinder Gottes immer wieder versuchen, im Heiligungsstreben aus eigener Kraft die Welt zu besiegen. Oder sie erwarten alles von einzelnen Gaben und Kräften des Geistes. Es lohnt, den Satz des Johannes sich tief einzuprägen und praktisch zu erproben, daß im glaubenden Ergreifen des schon errungenen Sieges Jesu auch für uns der Sieg gegeben ist, gerade auch da, wo wir im eigenen Ringen Niederlagen über Niederlagen erlitten.

5 Johannes schließt mit einem bestätigenden und in Knappheit erläuternden Satz. **„Wer ist der, der die Welt besiegt, wenn nicht der, der glaubt, daß Jesus der Sohn Gottes ist?"** Wieder scheint es auf die richtige „Dogmatik" anzukommen. Der fragende Mensch von heute schüttelt den Kopf: Also wenn ich mich zwinge, an das schwierige Dogma der Gottessohnschaft Jesu zu glauben, dann soll ich dadurch die Welt besiegen? Aber wenn Johannes es mit der Frageform seines Satzes so triumphierend betont – nur der an den Sohn Gottes Glaubende hat den Sieg über die Welt, dieser aber hat ihn auch ganz gewiß –, dann ist klar, daß er nicht an solche Art von künstlichem „Glauben" denkt. In Jesus wahrhaft den Sohn Gottes erkennen und sich ihm darum mit seinem ganzen Leben anvertrauen, ist etwas völlig anderes. Es ist eigenste, in Freiheit entstehende Überzeugung, die doch nur in einer „Geburt aus Gott", in einem neuschaffenden Wirken Gottes entstehen kann (vgl. dazu V. 1). Über dem Werden wirklichen Glaubens liegt das Geheimnis göttlicher Kraft[231]. Man kann dieses Geheimnis nicht „erklären"; es gibt auch keine „Methode", Menschen zum Glauben zu bringen. Wir sehen nur, daß es geschieht in immer wieder ganz persönlicher Weise. Wer aber wirklich „glaubt", wirklich davon durchdrungen und erfüllt ist, daß Jesus, sein Erretter und Herr, der Sohn Gottes ist, der ist tatsächlich Sieger über die Welt. Er gehört im Glauben unlöslich zu dem, der vor aller Welt bei Gott war, der alle Mächte der Sünde, des Teufels und des Todes überwunden hat und nun zur Rechten des Vaters thront, „über alle Reiche, Gewalt, Macht, Herrschaft und was sonst genannt mag werden, nicht allein in dieser Welt, sondern auch in der zukünftigen" (Eph 1, 21). So hat der Glaubende in diesem Sieger auch selber den Sieg. Verstehen wir nun die triumphierende Gewißheit des Johannes?

DAS ZEUGNIS FÜR JESUS

1 Johannesbrief 5, 6–12

zu Vers 6:
Jo 1, 7
Jo 1, 33
4, 23; 15, 26
zu Vers 8:
Jo 3, 5
Apg 10, 47
zu Vers 9:
Jo 5, 32. 36 f
8, 18

6 Dieser ist der, der gekommen ist durch Wasser und Blut, Jesus
Christus; nicht in dem Wasser allein, sondern in dem Wasser und
in dem Blut. Und der Geist ist es, der Zeugnis ablegt, denn der
7 Geist ist die Wahrheit. * Denn drei sind es, die Zeugnis ablegen,
8 der Geist und das Wasser und das Blut, * und die drei stimmen
9 überein. * Wenn wir das Zeugnis der Menschen annehmen, das
Zeugnis Gottes ist größer. Dies nämlich ist das Zeugnis Gottes,

[231] Paulus hat das in seiner Weise in Eph 1, 19 f und Kol 2, 12 ausgesprochen.

daß er Zeugnis abgelegt hat über seinen Sohn (oder: das er über
10 seinen Sohn abgelegt hat). * **Wer an den Sohn Gottes glaubt, hat**
das Zeugnis in ihm (oder: in sich). **Wer Gott nicht glaubt** (glauben
will), **zum Lügner hat er ihn gemacht, denn er hat nicht geglaubt**
11 **an das Zeugnis, das Gott über seinen Sohn abgelegt hat.** * **Und**
dies ist das Zeugnis: ewiges Leben hat Gott uns geschenkt, und
12 **dieses Leben ist in seinem Sohn.** * **Wer den Sohn hat, hat das**
Leben; wer den Sohn Gottes nicht hat (nicht haben mag), **hat das**
Leben nicht.

zu Vers 10:
Jo 3, 32–34
Rö 8, 16
1 Ko 15, 15
Offb 12, 17
zu Vers 12:
Jo 3, 36

Wenn wir diesen Abschnitt gelesen haben, ist er uns zunächst recht fremd und unverständlich. Hier bedarf es wirklich erst einmal der geschichtlichen Erklärung. Der Brief des Apostels spricht in eine bestimmte Lage der Gemeinde hinein und hat seine Beziehung zu Lehren und Anschauungen, die der Gemeinde bekannt waren. So sind ihr die Worte des Apostels sofort verständlich. Wenn wir das beachten, werden wir uns nicht in mystischen Deutungen verlieren, die solche kurzen und scheinbar sehr geheimnisvollen Worte nahezulegen scheinen.

Vom „Glauben" sprach Johannes als von dem Sieg über die Welt. 6
Das ist aber nicht irgend ein allgemeiner oder unbestimmter Glaube. Johannes meint auch in keiner Weise, daß der Glaube als unsere Funktion eine weltüberwindende Kraft darstelle. Diese Kraft liegt in dem Inhalt unseres Glaubens, in Wesen und Person dessen, dem wir vertrauen. Darum spricht er nun weiter von Jesus und zeigt im Gegensatz zu gnostischen Anschauungen, welchen Jesus er meint. **„Dieser ist der, der gekommen ist durch Wasser und Blut, Jesus Christus; nicht in dem Wasser allein, sondern in dem Wasser und in dem Blut."** Das „Gekommensein" Jesu ist als solches schon entscheidende Heilstatsache. „Ich bin gekommen ...", wie oft hat das Jesus selbst gesagt. Aber vom „Gekommensein" eines Erlösers sprachen auch die Gnostiker. Doch sie sahen dabei eine ganz andere Gestalt vor sich als den Jesus Christus, den die Apostel verkündigten. Darum muß ganz eindeutig geklärt werden, wozu er „gekommen" ist und wie sein Kommen geschah. Zwei entscheidende Wesenszüge hebt Johannes hervor: Jesus ist gekommen **„durch Wasser"** und er ist gekommen **„durch Blut"**. Was heißt das?

Der Apostel weist damit auf zwei geschichtliche Ereignisse im Leben Jesu hin: auf die Taufe und auf das Kreuz. Wir haben in der Christenheit ganz einseitig auf die Geburt des Erlösers gesehen und sie zum Grund des ersten großen Festes im Kirchenjahr gemacht. Wohl legt auch Johannes entscheidenden Wert darauf, daß der Christus ganz und gar als wirklicher Mensch geboren und „im Fleisch" gekommen ist (4, 2). Aber von großer Bedeutung ist ihm auch die Taufe Jesu, die wir kaum beachten. Wir sollten bedenken, wie sehr Gott selber sie beachtet hat! Gerade nach der Taufe Jesu folgt das große Zeugnis Gottes. „Dies ist mein lieber Sohn, an welchem ich Wohlgefallen habe" (Mt 3, 17; Lk 3, 22; Mk 3, 11). Und alle vier Evangelien berichten uns, wie bei Jesu Taufe der Geist wie eine Taube vom Himmel herabschwebte und sich auf Jesus niederließ als die besondere Ausrüstung zu seinem Werk. Warum geschah dies alles gerade, als der Sohn Gottes **„durch das Wasser"** kam und sich taufen ließ? War das etwas so besonderes, daß unter den Tausenden, die zu Johannes kamen, auch Jesus sich der Taufe unterzieht?

Die Taufe des Johannes ist ausgesprochen eine „Taufe mit Wasser zur Buße" (Mt 3, 11). Sie gilt Menschen, die sich als verlorene Sünder vor dem heiligen Gott erkannt haben. Und nun stellt sich der einzige wahrhaft Reine, der Sohn Gottes, mitten unter diese Schuldigen in das Wasser und läßt sich gleich ihnen taufen. Damit erklärt er sich in unübersehbarer Weise solidarisch mit den Sündern. Und gerade dadurch fand er das Wohlgefallen des heiligen Gottes. Hier gab der Sohn kund, daß er seine Sendung verstanden hatte und dem Retterwillen Gottes völlig gehorsam zur Verfügung stand. Darum sprach der Vater gerade jetzt sein ganzes Wohlgefallen an ihm aus[232].

Es scheint, daß gnostische Kreise die Taufe Jesu ebenfalls als bedeutsam feierten. Freilich nicht, weil Jesus sich hier unter die Sünder stellte, sondern weil sich der Himmel über ihm auftat und der Geist auf ihn herabkam. So lehrte der mit Johannes gleichzeitig lebende Gnostiker Kerinth, daß der geistige, überirdische Christus in Taubengestalt bei der Taufe in den Menschen Jesus gekommen ist, ihn aber vor dem Tode verlassen habe, so daß nur der Mensch Jesus gestorben sei. Hier wäre der Christus tatsächlich nur **„durch Wasser"** gekommen. Das Ereignis der Taufe wäre das eigentlich entscheidende, während der Tod am Kreuz, das **„Blut"**, nur noch den Menschen Jesus betroffen und keine Heilsbedeutung gehabt hätte. Damit war der eigentliche Sinn der Taufe Jesu, die schon auf sein Sterben zwischen zwei Verbrechern am Kreuz hinwies, völlig verkannt. Darum betont Johannes so ausdrücklich: **„Nicht in dem Wasser allein, sondern in dem Wasser und in dem Blut."** Denn **„im Blut"** vollendet sich erst, was im **„Wasser"** von Jesus begonnen war. Hier wird nicht mehr nur die innere Solidarität mit den Sündern dokumentiert, hier wird ihre

[232] So hat Gott auch an uns Wohlgefallen, wenn wir uns nicht absondern und uns nicht im geringsten „über" die Sünder stellen, sondern in völliger Solidarität mit ihnen vor Gott stehen. Vgl. das Wort des Paulus in 1 Tim 1, 15.

Strafe leibhaftig im blutigen Opfer getragen. Schon die Taufe seines Herrn sah Johannes völlig anders an als die Gnostiker, wie er überhaupt alles anders sah als sie: den Menschen in seiner Schuld und das Heil für den Menschen im stellvertretenden Leiden des Gottessohnes und das Erfassen des Heils im Glauben an diesen für uns dahingegebenen Erretter. Darum ist ihm das **„Wasser"** in einer andern Weise wichtig als den Gnostikern. Und darum kann das **„Wasser"** nicht allein bleiben, es muß das **„Blut"** dazu kommen, das „rein macht von aller Sünde" (1, 7).

Aber wie kommt es zu der wahren Erkenntnis des „Wassers" und des „Blutes"? Johannes weiß, „daß ich nicht aus eigener Vernunft noch Kraft an Jesus Christus meinen Herrn glauben oder zu ihm kommen kann". Darum schließt er seinen Satz ab mit der Feststellung: **„Und der Geist ist es, der Zeugnis ablegt, denn der Geist ist die Wahrheit."** Es ist wichtig zu wissen, daß alles über Jesus Christus Gesagte nie „bewiesen", sondern immer nur „bezeugt" werden kann. Sowohl das „Wasser" wie das „Blut" kann auch ganz anders gesehen und gedeutet werden, wie die gnostischen Lehrer zeigen. Wie gewinnen wir Gewißheit im Gewirr der Meinungen und Ansichten? Nicht erst heute, auch schon damals stand die Gemeinde vor dieser Frage. Johannes hat die Worte seines Herrn über den „Geist der Wahrheit" gehört, der an alles erinnern, in alle Wahrheit leiten und Jesus verherrlichen werde (Jo 14, 17. 26; 15, 26; 16, 13 f). Johannes hat Pfingsten miterlebt, das Kommen des Geistes, und hat in Jerusalem und später in der Asia gesehen, wie das Zeugnis des Geistes Menschen innerlich überwand und Gemeinden baute[238]. Wenn er von daher schreibt: **„Der Geist ist die Wahrheit"**, so steht das nicht in Widerspruch zu Jesu Wort „Ich bin die Wahrheit". Hier waltet das Geheimnis der Dreieinheit Gottes. Paulus kann es geradezu aussprechen: „Der Herr ist der Geist" (2 Ko 3, 17). Der Geist ist Wahrheit in Aktion, wie Jesus die Wahrheit im Wesen ist. Dieser Geist überführt von der Sünde und läßt verstehen, warum Jesus **„nicht in dem Wasser allein, sondern in dem Wasser und in dem Blut"** kam und kommen mußte.

Darum schreibt Johannes sogleich im nächsten Satz: **„Denn drei** 7/8
sind es, die Zeugnis ablegen, der Geist und das Wasser und das Blut, und die drei stimmen überein." Vom **„Zeugnis ablegen"** spricht der Apostel. Er spricht als „Israelit". Der Grieche „dachte" und suchte „Beweise" im Denken. Israel lag es vor Menschen und vor Gott an der „Bezeugung" von Tatsachen. So ist in Israel eine Gerichtsverhandlung wesentlich „Zeugenverhör". Es müssen zwei oder drei „Zeugen"

[238] Vgl. das Zeugnis des Apostels Paulus an die Korinther in 1 Ko 2, 16.

da sein und in ihrem Zeugnis zusammenstimmen; nur dadurch ist eine Sache erhärtet (5 Mo 17, 6; 19, 15)[234].

So liegt es dem Israeliten Johannes auch an dem „Zeugenbeweis" für seine Botschaft von Jesus im Gegensatz zu den Lehren der Gegner über den geistigen und überirdischen Christus. Und er stellt dem Gesetz gemäß drei Zeugen vor die Gemeinde hin und betont ganz bewußt: **„Denn drei sind es, die Zeugnis ablegen."** Dann ruft er gleichsam diese drei Zeugen auf: **„Der Geist und das Wasser und das Blut"** und stellt abschließend fest: **„Und die drei stimmen überein."** Diesmal nennt Johannes den Geist zuerst. Denn der Heilige Geist wirkt es, daß wir das Zeugnis des „Wassers" und vor allem das Zeugnis des „Blutes" recht hören und verstehen. Darum hat er ihn im vorhergehenden Satz auch allein als Zeugen bezeichnen können.

Man hat immer wieder gemeint, mit dem „Wasser" sei in diesem Vers das Sakrament der Taufe und mit dem „Blut" das Abendmahl gemeint[235]. Aber was könnte im Text selbst irgend darauf hinweisen, daß jetzt auf einmal die Worte **„Wasser"** und **„Blut"** anders verstanden werden sollen als in V. 6? Es ist die Taufe Jesu selbst, es ist sein am Kreuz vergossenes Blut als solches, die uns unter die Leitung des Geistes Gottes den wahren Jesus Christus als den Retter der Welt „bezeugen". Daß in unserem Leben die an uns vollzogene Taufe und das immer wieder gefeierte Herrenmahl für uns zum „Zeugnis" von dem Jesus Christus werden, der „in dem Wasser und in dem Blut" zu uns kam, das ist eine andere Sache. Von beidem ist aber an dieser Stelle des Briefes nicht die Rede[236].

Man hat die Nennung von „Wasser und Blut" auch mit Jo 19, 34 in Verbindung gebracht und auch bei diesem Vers des Evangeliums an Taufe und Abendmahl gedacht, die Jesus seiner Gemeinde hinterlassen habe. Das ist umso abwegiger, als der Evangelist an jener Stelle in den folgenden Versen selber ausdrücklich sagt, warum ihm der Lanzenstich und das Herausfließen von Blut und Wasser so wichtig

[234] Selbst bei dem Prozeß gegen Jesus, bei dem das Todesurteil schon beschlossene Sache war (Jo 11, 53), erfolgte ein ausgiebiges Verhör von „Zeugen" (Mk 14, 35–64); und es bringt den Hohen Rat in große Verlegenheit, daß die Zeugenaussagen nicht übereinstimmen (Mk 14, 59). Das endgültige Urteil kann nicht gesprochen werden. Da greift der Hohepriester persönlich ein und fordert von dem Angeklagten unter Eid eine Aussage, die dem Hohen Rat nun als „Gotteslästerung" aus Jesu eigenem Mund und damit als Schuldbekenntnis des Angeklagten selbst gilt. Nun kann das Todesurteil tumultuarisch gefällt werden.

[235] So urteilen auch Schlatter und Schnackenburg.

[236] „Taufe" und „Herrenmahl" gehören als Mittel zu dem „Zeugnis des Geistes", wie ... auch nicht ein stummes „Sakrament", sondern nur eine ins Wort gefaßte Handlun... heilsam für uns ist. Vgl. Luthers Aussagen über die Taufe im Kleinen Katechismu... „Wasser tuts freilich nicht, sondern das Wort Gottes, so mit und bei dem Wasser is... und der Glaube, der solchem Wort Gottes im Wasser traut."

war: die Tatsache des so erstaunlich raschen Todes Jesu (Mk 15, 44) und die Erfüllung bestimmter Worte der Schrift soll bezeugt und Jesus damit als das wahre Lamm Gottes erwiesen werden[237].

Nach dem V. 8 steht in einzelnen Handschriften noch das sogenannte „Comma Johanneum", nämlich der Satz: „Drei sind es, die da zeugen im Himmel: der Vater, das Wort und der Heilige Geist und diese drei sind eins." Die gesamte grie Textüberlieferung kennt das „Comma Johanneum" nicht. Aber auch in der Itala und in der ältesten Vulgata fehlt es. So ist es ein Zusatz, der erst später in der abendländischen Kirche zugefügt worden ist, ohne daß wir seine Entstehung und die Geschichte seiner Einfügung genau verfolgen können. Es paßt in keiner Weise in den Zusammenhang unseres Textes[238].

Johannes fährt mit einem Abschnitt fort, der der Auslegung Schwie- 9
rigkeiten bereitet und darum von den Auslegern auch verschieden verstanden wird. Der Anfang des Verses freilich ist einfach und klar: **„Wenn wir das Zeugnis der Menschen annehmen, das Zeugnis Gottes ist größer."** In der Tat, wieviel **„Zeugnis der Menschen"** nehmen wir in unserem Leben an und verlassen uns auf das, was Menschen uns sagen. Das wenigste können wir selber nachprüfen. Auch in sehr wichtigen Dingen „glauben" wir dem, was Menschen uns sagen. Auch über Jesus hören wir zunächst durch Menschen. Uns selbst wird Jesus in den meisten Fällen erst einmal durch andere Menschen nahegebracht worden sein, die uns bezeugten, was Jesus in ihrem Leben bedeutet und wie sie zu ihm gekommen sind. Aber freilich, gerade hier, wo es um Leben und Tod und um unsere Ewigkeit geht, kann menschliches Zeugnis als solches nicht genügen. **„Das Zeugnis Gottes ist größer"**, schwerwiegender, ja zuletzt einzig entscheidend. Geht es doch um den Sohn Gottes, von dem Jesus selbst gesagt hat: „Niemand kennt den Sohn denn nur der Vater" (Mt 11, 27). Nur der Vater selbst kann den Sohn wahrhaft bezeugen.

Aber worin besteht dieses **„Zeugnis Gottes"**? **„Dies nämlich ist das Zeugnis Gottes, daß er Zeugnis abgelegt hat über seinen Sohn (oder: das er über seinen Sohn abgelegt hat)."** Die Schwierigkeit beginnt bei der Textgestalt. Hat Johannes sagen wollen, daß das Zeugnis Gottes darin besteht, daß Gott überhaupt von seinem Sohn Zeugnis abgelegt hat? So folgen wir der schwierigeren Textform, die ein „hoti = daß" bietet. Dann würde der Apostel überhaupt nicht an einzelne

237 Dazu kommt noch eine andere Beobachtung. Weder in Jo 6, wo Jesus vielmehr als „das Brot, das vom Himmel kommt", bezeugt ist und als der, der sein „Fleisch" gibt für das Leben der Welt, noch in der Mahlfeier der Urgemeinde, die das „Brotbrechen" genannt wird (Apg 2, 42. 46), wird das „Blut" so hervorgehoben, daß es sich als Kennwort für das Herrenmahl eignet.

238 Vgl. dazu die Einleitung S. 20.

„Zeugnisse“ Gottes denken, sondern darauf hinweisen, wie Gott in der ganzen Sendung Jesu als solcher, in seinem Lehren, Heilen, Leiden, Sterben und Auferstehen, fort und fort „Zeugnis abgelegt hat über seinen Sohn[239].“ In Jo 8, 18 spricht Jesus selbst ohne nähere Angabe davon: „Der Vater, der mich gesandt hat, zeugt auch von mir.“ Ähnlich lautet sein Wort in Jo 5, 37. Und im Vers vorher weist Johannes ebenso wie in 10, 25 ganz allgemein auf „die Werke“, die er „in seines Vaters Namen tut“ und die für ihn zeugen[240].

Andere Ausleger geben der leichteren Lesart der Koine den Vorzug, die in 9b nicht ein „hoti“, sondern ein Relativpronomen hat, das sich auf das Wort „Zeugnis“ zurückbezieht: **„Denn dies ist das Zeugnis Gottes, das er über seinen Sohn abgelegt hat.“** Dann würde Johannes auf die drei Zeugen zurückblicken und der Gemeinde sagen: In diesen drei Ereignissen: in der Taufe, im Kreuz und in der Sendung des Geistes habt ihr das Zeugnis Gottes selbst vor euch. Es ist uns dieses alles durch Menschen berichtet. Johannes selbst hat sich am Anfang seines Briefes mit Freuden zu seinem apostolischen Zeugenberuf bekannt, der für die Gemeinde aller Zeiten unentbehrlich bleibt. Wir brauchen das Zeugnis derer, die das Wort des Lebens „gehört und gesehen und mit ihren Händen betastet“ haben. Aber nun am Schluß seines Schreibens spräche der Apostel die Gewißheit aus, daß dies „Menschliche Zeugnis“ dennoch von Gott als sein eigenes Zeugnis an den Herzen der Glaubenden bestätigt wird. Es geschähe dies durch das „Zeugnis des Heiligen Geistes“ und wäre genauso wahrhaft „das Zeugnis Gottes“, wie der Heilige Geist wesenhaft der Geist Gottes selbst ist. Und dies „Zeugnis Gottes“ ist allerdings „größer“, auch wenn es uns nur im „Annehmen“ des menschlich-apostolischen Zeugnisses zuteil wird.

10 Der Sache nach wird damit der Unterschied der Lesart nicht mehr wichtig. Auf jeden Fall ist das Zeugnis Gottes nicht eine äußere Ga-

239 So versteht Schlatter den Satz in seinen „Erläuterungen“. „Einmal im Wettlauf tritt Gott als Zeuge auf und redet deutlich und gibt Beweis und sichere Wegleitung. Das geschah bei der Sendung des Christus. Seinem Sohn hat er eine kräftige Beglaubigung gegeben, die sein Verhältnis zum Vater erkennbar macht. Auf ihn bezieht sich Gottes Wort, und wer es hier nicht annehmen will, der findet es nicht daneben noch an einem andern Ort, sondern hat Gottes ganzes Wort verneint.“ A. a. O. S. 90.

240 Für uns liegt das „Zeugnis Gottes, das er gezeugt hat von seinem Sohn“ in der Auferweckung Jesu von den Toten. Die Welt bis hin zum frommsten Volk der Welt hat das leidenschaftliche Nein zu Jesus gesagt, nicht nur mit Worten, sondern mit der Tat der Kreuzigung. Gott spricht sein Ja zu Jesus und seiner Versöhnungstat am Kreuz durch seine göttliche Tat der Auferweckung. Sollte nicht auch Johannes in seinem kurzen Wort an dieses „Zeugnis Gottes“ gedacht haben? Das liegt umso näher, als Johannes selbst sogleich in Vers 11 die „Gabe des ewigen Lebens“ in Jesus als die „Zeugnis“ bezeichnet. Wir sind aber „wiedergeboren zu einer lebendigen Hoffnung gerade durch die Auferstehung Jesu Christi von den Toten (1 Pt 1, 3).

rantie, die uns das Glauben erspart! Darum fährt der Apostel fort: **„Wer an den Sohn Gottes glaubt, hat das Zeugnis in ihm** (oder in sich)." Die beiden Lesarten betonen zwei Seiten der gleichen Tatsache und gehören deshalb eng zusammen. Der „Glaubende" trägt gerade in der Entstehung seines Glaubens **„das Zeugnis Gottes in sich"**, Gottes Zeugnis von seinem Sohn wirkt sich in unserem Herzen so aus, das wir nicht auf eine äußere Autorität hin, sondern inwendig in uns selbst Jesus wahrhaft erkennen. Als Simon Petrus auf die Frage Jesu zu dem Bekenntnis durchbricht: „Du bist Christus, des lebendigen Gottes Sohn", da antwortet ihm Jesus: „Fleisch und Blut hat dir das nicht offenbart, sondern mein Vater im Himmel" (Mt 16, 16 f). In seinem Christusbekenntnis als solchem wurde das Zeugnis Gottes als sein innerlicher Besitz offenbar. Es ist das, was unsere Väter lehrhaft das „inwendige Zeugnis des Heiligen Geistes" nannten. Aber in diesem Zeugnis des Heiligen Geistes geht es nicht um freischwebende, mystische Vorgänge in unserer Seele. Es kommt ja zum Glauben an den Sohn Gottes. Wir erkennen Jesus in seiner ganzen Wirklichkeit. Jesus hat es so vom Heiligen Geist gesagt: „Er selber wird mich verherrlichen" (Jo 16, 14). Es geht nicht um uns, sondern ganz und gar um Jesus, um den Sohn Gottes. Darum haben wir das Zeugnis Gottes nicht „in uns", sondern **„in ihm"**, in Jesus selbst. Wir sehen in der ganzen Sendung Jesu, in der Taufe, in seinem Lehren, Heilen, Helfen, in seinem Blut am Kreuz Gott selbst am Werk und haben so das Zeugnis Gottes, das an der Person Jesu haftet und in unserem Glauben an Jesus sich auswirkt[241].

Aber gerade weil es keine mystische Gewißheit unseres eigenen Inneren darstellt, sondern Gottes Zeugnis ist und bleibt, ist unsere Stellung zu diesem Zeugnis so verantwortungsvoll und folgenschwer. Wer – wie Simon Petrus – das Zeugnis Gottes annimmt und im eigenen Bekenntnis Jesus als den Christus und den Sohn Gottes bezeugt, ist selig zu preisen (Mt 16, 17). Aber **„wer Gott nicht glaubt** (glauben will), **zum Lügner hat er ihn gemacht, denn er hat nicht geglaubt an das Zeugnis, das Gott über seinen Sohn abgelegt hat"**. Wieder steht in unserem Satz die tatsächliche Verneinung in einem „ou" und die willentliche Verneinung in einem „mæ" nebeneinander. **„Er hat nicht geglaubt"**, das ist ein klares Faktum, das im Leben eines Menschen zu sehen ist. Aber das „nicht glauben" als solches ist dennoch nie eine bloße Tatsache, eine vom Menschen unabhängige Vorfindlichkeit, für

[241] Schnackenburg formuliert zu unserer Stelle: „Das Gotteszeugnis von **Vers 10a ist kein** „inneres", aus dem Innern sprechendes, wohl aber das „verinnerlichte", **zum Besitz des** Gläubigen gewordene Zeugnis, das Gott über seinen Sohn abgelegt **hat." A. a. O.** S. 265.

die er nicht kann[242]. Dann würde nie der Vorwurf erhoben werden können, so mache ein Mensch Gott zum Lügner[243]. Aber wenn schon Menschen mit Recht von uns erwarten, daß wir ihnen glauben, dann fordert der lebendige Gott mit heiliger Notwendigkeit unseren Glauben an sein Zeugnis über seinen Sohn. Auch wir würden uns als „Lügner" hingestellt fühlen, wenn ein anderer unserem ernsten Wort entgegnete: „Das glaube ich Ihnen nicht." Und nun wagt es ein Mensch, das Wort des lebendigen Gottes zu mißachten, das er uns über Jesus als seinen Sohn und unseren einzigen Retter sagen läßt. Er behandelt damit Gott wie einen Lügner. Er tut es auch dann, wenn er das Zeugnis Gottes kritisch zu beseitigen oder als mythologisch zu entwerten sucht[244]. Wer Gott zum Lügner macht, steht damit im Wirkungsbereich des „Lügners von Anfang", dem alles daran liegt, das Mißtrauen gegen Gott zu wecken (1 Mo 1, 3–5!) und Gottes Wirklichkeit für den Menschen unwirklich zu machen[245].

11 Noch einmal erfolgt ein Hinweis darauf, worin „das Zeugnis Gottes" besteht und wie es uns als solches Zeugnis erreicht. In der gleichen Formulierung wie in V. 9, aber mit einem neuen Inhalt, schreibt der Apostel: **„Und dies ist das Zeugnis: ewiges Leben hat Gott uns geschenkt und dieses Leben ist in seinem Sohn."** Johannes kehrt zu dem großen Thema seines Briefes zurück, mit dem er in staunendem Jubel sein Schreiben begann: Das Leben wurde offenbar, das „ewige", welches das „ursprüngliche" und „göttliche" ist. Hieß es am Anfang nur, daß dieses Leben „offenbar" wurde, so wird es jetzt noch enger mit uns verbunden: Dieses Leben wurde nicht nur offenbar, sondern **„uns geschenkt"**. Wir sehen es nicht nur vor uns, nein, es wurde unser Eigentum als ein Geschenk Gottes. Gewiß nicht so, daß es nun einfach als selbständige Größe in uns selber liegt! Der Apostel fügt gegen solche Mißverständnisse, die unmittelbar in die Gnosis hineinführen könnten, sofort betont hinzu: **„Dieses Leben ist in seinem Sohn."** Gott sei gedankt, daß es so ist! Wie schnell würden wir dieses Leben beflek-

[242] Auch der, der versichert, er möchte gern glauben, er „könne" es aber leider nicht, muß mit Ernst nachprüfen, ob er nicht in seinem Herzen verborgen ein „Nicht-glauben-wollen" trägt, das die verschiedensten Gründe haben kann. Sich selbst mit allen seinen Wünschen loslassen und sich in die Hände eines Gekreuzigten geben, das ist kein Kleinigkeit. Es ist kein Wunder, wenn unser Ich das nicht „will" und dieses Nichtwollen unterbewußt mit der Behauptung eines Nicht-könnens tarnt.

[243] Dieses harte Urteil wurde schon über den gefällt, der seine Sünden ableugnet.

[244] Wir erinnern uns daran, daß die Bibel diese Dinge „objektiv" betrachtet. Ein Mensch kann dabei „subjektiv" ehrlich sein und mit voller Überzeugung das Zeugnis Gottes kritisch auflösen. Trotzdem hat die Ablehnung der klar bezeugten Botschaft von Jesus und seinem Versöhnungswerk immer eine bestimmte Geschichte im Leben eines Menschen hinter sich, für deren Verlauf der Mensch verantwortlich bleibt.

[245] Vgl. die Auslegung zu Jo 8, 44 in der W. Stb.

ken und verderben, wenn es ganz und gar zu einem Leben in uns selbst geworden wäre[246]! Auf der andern Seite müssen wir die Aussage ernst nehmen, daß Gott das ewige Leben **„uns geschenkt hat"**. Ein Geschenk wird zu unserem Besitz, den wir „haben", fassen, spüren. Johannes hat uns in den entscheidenden Sätzen 3, 14 f sehr deutlich gesagt, warum wir die volle Gewißheit des Schrittes aus dem Tode in dieses Leben hinein haben: „Denn wir lieben die Brüder." „Äonisches", göttliches Leben ist Liebe, weil Liebe das Wesen Gottes ist. Es bestätigt sich dabei, was Johannes gleich am Anfang dieses Abschnittes schreibt: „Der Geist ist es, der Zeugnis ablegt." Die „Liebe" ist die erste, grundlegende Frucht des Geistes (Gal 5, 22), der gerade dadurch der Geist ist, „der da lebendig macht in Christus Jesus" und uns damit „frei gemacht hat von dem Gesetz der Sünde und des Todes" (Rö 8, 2). Und so, als ein greifbares, erfahrbares Geschenk wird das Leben in der Liebe zu einem **„Zeugnis"** Gottes. Gott bezeugt sein Lieben und Wirken an uns, indem er uns zum Lieben lebendig macht und zwar immer neu in unserer Gemeinschaft mit seinem Sohn.

Aber wie vereint sich das miteinander, daß „dieses Leben in seinem 12
Sohn ist" und doch zugleich wirklich „unser" wird, „uns geschenkt", so wirklich und erkennbar, daß wir „aus dem Tode in das Leben hinüber geschritten sind"? Johannes antwortet uns in dem abschließenden Satz: **„Wer den Sohn Gottes hat, hat das Leben; wer den Sohn Gottes nicht hat** (nicht haben mag), **hat das Leben nicht."** Es ist und bleibt dieses Leben und Lieben im Sohn, in Jesus. Aber nun dürfen wir diesen Sohn selber „haben". Während der Apostel meistens vom „Glauben an den Sohn" spricht, wählt er hier das Wort **„haben"**. Ein echtes Geschenk wird einem nicht nur von fern gezeigt, ein Geschenk muß ich nicht nur „glauben", ein Geschenk wird uns „gegeben", zu unserem Eigentum gemacht. Wir „haben" es. Gott hat uns das Leben geschenkt, das „in seinem Sohn ist"; nun müssen wir auch diesen Sohn **„haben"** können. Der Apostel bezeugt das auf das Bestimmteste: **„Wer den Sohn Gottes hat . . ."** Dies geht gegen alle intellektualistischen Mißverständnisse des „Glaubens", die offenbar damals so nahe lagen, wie sie heute weit verbreitet sind. „Glaube" im biblischen Sinn ist nicht das Fürwahrhalten von Lehrsätzen. „Glaube" ist eine lebendige Verbundenheit von Person zu Person, so real, das man den „haben" darf, an den man „glaubt". Unser deutsches Wort „glauben" – leider so viel mißverstanden und mißbraucht – hängt in seiner

[246] Vgl. 1 Pt 1, 4, wo unser Erbe „unvergänglich, unbefleckt und unverwelklich" genannt werden kann, weil es „behalten wird im Himmel", das uns doch schon gehört und sich in diesem Leben schon auswirkt.

Sprachwurzel mit Worten wie „geloben" und „sich verloben" zusammen. Wer sich „verlobt", der „hat" den andern, obwohl dieser zugleich immer der andere als selbständige Person bleibt. Es ist eine entscheidende Frage an uns alle, ob wir den Sohn Jesus Christus wirklich **„haben"** oder uns nur gedanklich mit ihm beschäftigen und die biblischen Sätze über ihn bejahen. Hier geht es um unser Leben! **„Wer den Sohn Gottes nicht hat, der hat das Leben nicht."** Auch in diesem Satz stehen wieder die beiden grie Verneinungen nebeneinander. Daß man fern von Jesus das Leben „nicht hat", das ist eine nackte Tatsache. Aber daß einer **„den Sohn Gottes nicht hat"**, das ist nicht ebenso eine unabänderliche Gegebenheit. Er könnte ihn ja haben! Er ist von Gott selbst jedem angeboten. Jeder kann zugreifen und nehmen und „haben". „Hat" er nicht, dann ist sein ablehnender Wille dabei beteiligt. Er **„hat"** ihn nicht, weil er ihn im letzten Grunde **„nicht haben mag"**.

„Wer den Sohn hat, hat das Leben", jenes Leben, das im „Lieben" besteht und nach 4, 16b uns in Gott und Gott in uns „bleiben" läßt. Das ist so, weil die Liebe Gottes in Jesus uns aus unserem Ichgefängnis befreit und uns zum Lieben bringt. Es hängt hier alles unlöslich aneinander. Darum kann Johannes in seinem Brief in scheinbaren „Widersprüchen" reden und bald alles von unserem „Glauben" und bald wieder von unserem „Lieben" abhängig machen. In solchen „Widerspüchen" kommt zum Ausdruck, daß sich das Wunder des Christseins nur in dieser Einheit verschiedenster Aussagen beschreiben läßt[247].

Abschluß des Briefes:

DIE GEWISSHEIT UNSERES BETENS UND UNSERER GLAUBENSSTELLUNG

1 Johannesbrief 5, 13—21

zu Vers 13:
Jo 3, 15 f
5, 24; 20, 31
zu Vers 14:
1 Jo 3, 21 f
Mt 7, 7
Jo 11, 42
Jo 14, 13 f
zu Vers 15:
Jo 16, 23 ff

13 **Diese** (Dinge) **schrieb ich euch, damit ihr wißt, daß ihr Leben**
habt als ewiges, (euch), **die ihr glaubt an den Namen des Sohnes**
14 **Gottes. * Dies ist die freie Zuversicht, die wir zu ihm haben: Wenn**
15 **wir etwas erbitten nach seinem Willen, so hört er uns. * Und**
wenn wir wissen, daß er uns hört, um was immer wir bitten, so
wissen wir, daß wir die Bitten haben, die wir von ihm erbeten haben

[247] Fr. Büchsel sagt: „Man kann es gerade heute nicht dringlich genug betonen: bei Jo hängt nicht nur das Leben am Glauben, sondern auch umgekehrt der Glaube am Leben." A. a. O. S. 85. Vgl. zu dem ganzen Abschnitt auch die Auslegung von 4, 16

16 * Wenn jemand seinen Bruder eine Sünde begehen sieht, (die)
nicht zum Tode (führt), so wird er bitten, und er wird ihm Leben
geben, denen, die sündigen nicht zum Tode. Es gibt Sünde, (die)
zum Tode (führt); nicht im Blick auf sie sage ich, daß er bitten
17 soll. * Jedes Unrecht ist Sünde; und (doch) gibt es Sünde, (die)
18 nicht zum Tode (führt). * Wir wissen, daß jeder, der geboren ist
aus Gott, nicht sündigt, sondern der aus Gott Geborene bewahrt
19 ihn (oder: sich), und der Böse tastet ihn nicht an. * Wir wissen,
daß wir aus Gott sind und die Welt als ganze im (Machtbereich
20 des) Bösen liegt. * Wir wissen aber, daß der Sohn Gottes gekom-
men ist und uns Einsicht gegeben hat, damit wir den Wahrhaftigen
erkennen. Und wir sind in dem Wahrhaftigen in seinem Sohne
Jesus Christus. Dieser ist der wahrhaftige Gott und ewiges Leben.
21 * Kindlein hütet euch vor den Götzen!"

zu Vers 16: Mt 12, 31 Mk 3, 28—30 Hbr 6, 4—6
zu Vers 17: 1 Jo 3, 4
zu Vers 18: 1 Jo 3, 9 Jo 17, 15 Jud 24
zu Vers 19: Jo 8, 47 Gal 1, 4 Eph 4, 18
zu Vers 20: 1 Jo 3, 1 Jo 1, 18; 17, 3 1 Ko 2, 12 Offb 3, 7
zu Vers 21: 1 Ko 10, 14

„Diese (Dinge) **schrieb ich euch, damit ihr wißt, daß ihr Leben habt als ewiges,** (euch,) **die ihr glaubt an den Namen des Sohnes Gottes."** Zunächst ist die Frage, worauf der Apostel seinen Ausdruck **„diese Dinge"** bezieht? 13 Meint er nur seine letzten Ausführungen in den Versen 6—12 oder kommt er bewußt zum Abschluß seines Briefes und meint mit **„diesen Dingen"** den ganzen Inhalt seines Briefes? Der Vergleich mit dem ersten Schluß des Evangeliums in Jo 20, 31 unterstützt die zweite Möglichkeit, ohne daß sich die Frage völlig entscheiden läßt. Ein Teil der Ausleger zieht V. 13 als Abschluß zu den Darlegungen in 5, 6 ff. Aber da der Apostel in 1, 2 die Botschaft vom „Leben" an die Spitze seines Briefes stellte, ist es gut zu verstehen, wenn er jetzt die Gewißheit vom Besitz dieses Lebens als das Ziel seines ganzen Schreibens der Gemeinde einprägen will.

Um die „Gewißheit" geht es ihm in dem ganzen Schlußabschnitt! Sechsmal kommt das Wort **„wissen"** in den wenigen Versen vor. Das „**Leben"** ist die tiefe Sehnsucht, die allen Menschen gemeinsam ist. „Leben" möchten sie alle, und zwar wahrhaft, echt und erfüllt leben. Die Gemeinde Jesus aber ersehnt nicht nur das Leben, sie erhofft es auch nicht nur von der Zukunft oder von einem Jenseits, sondern sie „**hat"** es und zwar als „äonisches", als **„ewiges"**. Was für ein Besitz! Dem Apostel liegt daran, daß die Gemeinde das in aller Gewißheit „weiß". Der Zweck seines Schreibens ist erfüllt, wenn die Gemeinde in diesem „Wissen" in den Jubel und Lobpreis mit einstimmt, der in den ersten Sätzen im Brief ihres Apostels durchklang. Wer **„ewiges Leben"** hat, kann der noch in Sorge oder Angst leben, selbst wenn er den Haß der Welt schmerzlich genug zu durchleiden hat (3, 13)?

Wer aber **„hat"** denn solches Leben? Wem kann der Apostel diesen Besitz mit Gewißheit zusprechen? Er sagt es ausdrücklich: **„Euch, die**

ihr glaubt an den Namen des Sohnes Gottes." Von der Bedeutung des **„Namens"** sprachen wir schon a. S. 57 und 103. Und daß das „Glauben" kein Gedankending ist, keine bloße Unterwerfung unter ein Dogma, machten wir uns mehrfach klar. Wer aber innerlich davon überführt worden ist, daß Jesus in Wahrheit und mit Recht den **„Namen des Sohnes Gottes"** trägt, wer Gottes Herrlichkeit, Gottes errettende Liebe in Jesus erkannt und selber angenommen hat, der darf wirklich „wissen", daß er Leben als ewiges, göttliches, erfülltes Leben hat. Der Tod droht auch dem Schönsten und Größten, was Menschen besitzen. Aber was diejenigen „haben", die so an den Sohn Gottes glauben, das kann der Tod nicht antasten. Mit dieser wunderbaren Gewißheit geht der Glaubende dem Ende seiner irdischen Existenz entgegen[248]. In dieser Gewißheit wollte der Apostel die Gemeinden stärken. Besonders wohl darin, wie der betont angefügte Nachsatz zeigt, daß dazu keine „Himmelsreisen der Seele", keine mystischen Erlebnisse nötig sind. Der einfache Glaube an Jesus ist dazu genug.

Die Handschriften der Koine setzen noch hinzu: „und damit ihr glaubt an den Namen des Sohnes Gottes." Aber nachdem eben ausgesprochen ist, daß der Apostel dieses alles **„euch, die ihr glaubt an den Namen des Sohnes Gottes"**, geschrieben habe, ist dieser Zusatz fehl am Platz. Er wird dem Satz Jo 20, 32 nachgebildet sein[249].

14 Es folgen Sätze über das Gebet, die sich eng mit den Sätzen 3, 21 f berühren. **„Dies ist die freie Zuversicht, die wir zu ihm haben: Wenn wir etwas erbitten nach seinem Willen, so hört er uns."** Wieder ist von der „parræsia", der **„freien Zuversicht"** „zu ihm", die Rede. Zu wem haben wir diese Zuversicht? Wer ist mit diesem **„zu ihm"** gemeint: Jesus oder Gott selbst? Das wird hier gar nicht zu unterscheiden sein. Beim Beten geht es, wie die Fortsetzung zeigt, um Gott, nach dessen Willen wir bitten. Wir haben die kühne Zuversicht erhörlichen Betens zu Gott. Aber zugleich ist es doch auch wieder die Zuversicht zu Jesus, der unser Beten so erhörlich macht und „in dessen Namen" wir darum nach seiner eigenen Anweisung in Jo 16, 23 beten sollen und dürfen. In der **„freien Zuversicht"** sind wir gewiß: **„Wenn wir etwas erbitten nach seinem Willen, so hört er uns."** In diesem **„Hören"** auf uns ist das „Erhören" eingeschlossen, das di

[248] Es ist eindeutig, daß „ewiges Leben" durch den leiblichen Tod nicht zerstört od geraubt werden kann. An dem apostolischen Zuspruch „daß wir Leben haben a ewiges" scheitern alle Bemühungen, dem gläubigen Christen einzureden, daß er i leiblichen Tode total sterbe und erst bei der Auferstehung völlig neu von Gott gescha fen werde.

[249] Die frühere LÜ, die wesentlich der Koine folgt, bringt ihn; in der rev. Ausgabe ist mit Recht fortgelassen.

Folge des ernstlichen „Hörens“ auf unser Bitten ist. Im biblischen Raum ist das „Hören“ immer eine wesentliche Sache. Propheten und Apostel und Jesus selbst verlangten vom Menschen das wirkliche „Hören“, weil er doch „Ohren hat zu hören“. Was ist es dann erst um das **„Hören“** dessen, der „das Ohr gepflanzt hat“ und dessen Herz göttliche Liebe erfüllt! In 3, 22 war die Zuversicht der Erhörung auf das „Bewahren seiner Gebote“ und auf das „Tun des vor ihm Wohlgefälligen“ gegründet. Jetzt ist das Bitten als solches **„nach seinem Willen“** ausgerichtet. Das Wesen des Betens ist damit schön gekennzeichnet. Luther hat bei seiner Auslegung des Vaterunsers im Kleinen Katechismus betont: „Gottes guter, gnädiger Wille geschieht wohl ohne unser Gebet.“ Wollen wir nun unwillig sagen: Wozu soll ich dann noch beten? Wer Gott als die Liebe erkannt hat (4, 8. 16) und davon durchdrungen ist, daß Gott allein den wahrhaft „guten, gnädigen Willen“ hat, der wird nicht versuchen, betend Gott gegen seinen Willen etwas abzuringen, um die eigenen Wünsche durchzusetzen[250]. Er wird vielmehr mit staunender Freude erkennen, wie Gottes Liebe uns an der Durchführung seines Willens beteiligt. Weil Gott uns lieb hat und ernsthaft als seine Kinder ansieht, möchte er nicht, daß sein Wille „ohne unser Gebet“ geschieht. Er möchte uns in sein Wirken hineinziehen durch unser Beten. Wie anders sehen wir dann auch Gottes Taten mit staunender Freude und lebendigem Dank, wenn wir sie mit erbetet haben und nun in ihnen die Erhörung unserer Gebete erkennen. Das entspricht der Art Gottes, uns in voller Freiheit an seinem Wirken zu beteiligen, und das Gebet ist ein wesentliches Stück dieser Beteiligung. Dann ist also klare Gewißheit über den Willen Gottes eine notwendige Voraussetzung für rechtes Beten[251]! Es muß also unser eigenes Hören auf Gott bei unserem Beten den nötigen Raum haben. Beten wird so zum wirklichen Gespräch mit Gott. Erst dadurch wird auch unser Bitten ein solches **„nach seinem Willen“**. Dann aber ist diesem Beten auch ein weiter Raum gegeben.

Die Unbedingtheit der Zuversicht, die Gewißheit der Erhörung, 15
wird nun von dem Apostel zu einem wunderbaren Ausdruck gebracht.
„Und wenn wir wissen, daß er uns hört, um was immer wir bitten,
so wissen wir, daß wir die Bitten haben, die wir von ihm erbeten

[250] Es gibt die Erhörung auch solcher Gebete! Aber sie führt zur bitteren Erkenntnis unserer Torheit, gerade wenn diese unsere Wünsche erfüllt werden.

[251] Wir nehmen unserem Beten den Ernst, wenn wir zum Schluß hinzufügen: „Wenn es dein Wille ist.“ Darüber müssen wir vor unserem Beten Gewißheit haben! An den Schluß des Betens gehört das „Amen“, das Wort der Gewißheit, daß das Gebet „nach seinem Willen“ geschah und darum Erhörung finden wird. Vgl. S. 164.

haben." Der Beter erhebt sich von den Knien nicht nur in einer Hoffnung, daß Gott irgendwie auf sein Gebet antworten und vielleicht auch gerade das Erbetene geben werde. Nein, er ist schon der Besitzer des Erbetenen, auch wenn er noch nichts davon sieht! Er „**hat**" es schon und kann dafür in aller Gewißheit danken. So steht Jesus beim Beten am Grabe des Lazarus (Jo 11, 41—44) vor uns. Der Beter wird oft länger warten müssen, bis das tatsächlich eintritt, was er von Gott erbat. Aber er wartet nicht in Unruhe und Sorge. Er wartet in der vollen Gewißheit, selbst wenn er es dann beim Eintritt des Erbetenen vor Freude kaum glauben kann, wie die Beter für des Petrus Befreiung in Apg 12, 5. 12—17[252]. Hinter den Sätzen des Apostels stehen deutlich die mächtigen Worte Jesu selber über das glaubende und „glaubensgewisse" Gebet (Lk 11, 5—10; Jo 15, 7. 16; 16, 23 f). Besonders wichtig ist für Johannes offenbar das, was er am letzten Abend in den „Abschiedsreden" von seinem Herrn gehört hat. Nun schließt er mit einem „**wir**" die Gemeindeglieder in seine eigene Gewißheit mit ein. Er rechnet mit den Gemeinden, die ein solches Beten kennen und üben[253].

Die beiden folgenden Verse lassen erkennen, daß der Apostel aus einem besonderen Grunde noch einmal auf das Beten zurückkommt. Es geht nicht um „das Beten" im allgemeinen. Johannes schreibt keine theologische Abhandlung. Er schreibt einen Brief, der auf konkrete Fragen der Gemeinde eingeht. Offenbar war man in der Gemeinde über Recht und Grenze der Fürbitte für sündigende Gemeindeglieder im Unklaren. Vielleicht stand dabei das Verhältnis zu den Brüdern, die sich der gnostischen Bewegung angeschlossen hatten, besonders in der Erörterung.

16 Es ist immer ein schweres Erleben, wenn wir einen Bruder **„eine Sünde begehen"**[254] sehen. Es ist umso schwerer, je klarer wir nach

[252] Johannes sagt hier nichts davon, daß der Beter dabei eine direkte Antwort und Zusage am Ende seines Betens erhalten müsse, wie sie Simeon nach Lk 2, 26 zuteil wurde. Das Rechnen mit dem lebendigen, hörenden Gott und die grundlegende Überzeugung von der Erhörung der Bitten, die Gottes Willen entsprechen, genügt. Aber das ist die Frage an uns, ob unser Beten überhaupt noch ein erhörungsgewisses ist und ob wir das Stehenbleiben vor Gott bis zur abschließenden Überzeugung des „Habens" unserer Bitten noch kennen? Es ist sprachlich nicht unwichtig, daß in Vers 15 das „wenn" („ean" mit dem Indikativ) fast den Sinn von „weil" hat und nicht ein noch ganz offenes „wenn" bedeutet. So rechnet Johannes bestimmt mit dem entsprechenden „Wissen" bei den Betern in der Gemeinde.

[253] Wie sieht es damit bei uns aus? Ein Mann wie Spurgeon sah als Maßstab für ein Gemeindeleben nicht den Besuch der Gottesdienste an, nicht einmal die Beteiligung an den Bibelstunden, sondern den Besuch und die Lebendigkeit der Gebetsversammlungen!

[254] Johannes benutzt hier die hbr Redewendung „eine Sünde sündigen", die sich z. B. auch 3 Mo 5. 6. 10. 13 im Urtext findet.

3, 4—10 die Unvereinbarkeit der Sünde mit der Zugehörigkeit zu Jesus und mit der Kindschaft Gottes erkannt haben. Dennoch haben wir nicht einfach den Bruder abzuurteilen und zu verwerfen. Gerade hier setzt das Gebet als fürbittendes Eintreten für den schuldigen Bruder ein. Und auch diese Fürbitte ist in den Augen des Apostels der Erhörung gewiß. Er sagt dazu: **„Wenn jemand seinen Bruder eine Sünde begehen sieht,** (die) **nicht zum Tode** (führt)**, so wird er bitten, und er wird ihm Leben geben."** Es liegt in dem Satz eine eigentümliche Spannung. Es handelt sich bei dem Bruder um eine **„Sünde, die nicht zum Tode führt"**, und doch muß ihm **„Leben gegeben werden"**. Das ist dem Wort nach ein Widerspruch. Aber in diesem Widerspruch wird der Ernst der Sünde deutlich. Eigentlich bringt jede Sünde als solche den Tod. Aber nun darf ein Bruder für den Schuldiggewordenen eintreten, und es wird ihm das Leben aufs neue geschenkt. Gemeint ist das „ewige" Leben in der Gemeinschaft mit Gott, das der Bruder durch seine Sünde zu verlieren drohte. **„Er"** wird ihm das Leben gehen. Das kann nur Gott sein, der das tut und zu tun vermag. Aber da Gott unser Bitten mit in sein Handeln hineinnimmt, kann das **„er"** sich auch auf den Beter beziehen, wie es der Satzbau eigentlich erfordert. Der mit Ernst in der Fürbitte Stehende darf wissen, **„er"** gibt damit dem Bruder das Leben, weil er auch hier „die Bitte hat" (V. 15), die er vor den erhörenden Gott getragen hat.

Aber Johannes hat in seinem Satz zugleich eine uns erschreckende Einschränkung gemacht. Es muß sich um eine Sünde handeln, die **„nicht zum Tode führt"**. Er betont diese Einschränkung, indem er am Schluß seines Satzes ausdrücklich noch einmal hinzufügt: **„denen, die sündigen nicht zum Tode"**. Er versichert: **„Es gibt Sünde, die zum Tode führt"**, Sünde, bei der dieser Weg zum Tode nicht mehr aufzuhalten ist. Wir werden beachten, daß es Johannes, der „Apostel der Liebe", ist, der so hart redet. Er tut es, weil es solche Sünde **„gibt"** und weil keine Weichheit und Freundlichkeit unseres Herzens diese Tatsache aufheben kann. Die Sünde war von Johannes durch seinen ganzen Brief hindurch sehr ernst genommen. Wir erinnern uns der radikalen Aussagen: „Wer sündigt, hat ihn nicht gesehen und hat ihn auch nicht erkannt" (3, 6b). Sünde trennt von dem heiligen lebendigen Gott, und das ist im eigentlichen Sinne „Tod". Es ist darum folgerichtig: **„Es gibt Sünde, die zum Tode führt."**

Aber da er vorher doch auch von Sünde gesprochen hat, die **„nicht zum Tode führt"**, entsteht in uns sofort die Frage: Welches sind denn die Sünden, die **„zum Tode führen"**, und welche Sünden haben nicht dieses schreckliche Ergebnis? Johannes sagt es uns nicht! Er stellt nicht eine Liste auf, aus der wir für uns und für andere entnehmen können, vor welchen Sünden wir uns als vor „tödlichen" hüten müssen und welche wir leichter nehmen dürfen[255]. Aber eben, indem wir so formulieren, erkennen wir sofort, warum der Apostel den Gemeinden eine solche Liste nicht gab! Gerade dies darf nicht sein, daß wir von vornherein Sünden leicht nehmen, weil sie als solche „nicht zum Tode führen"! Der Unterschied in den Folgen liegt nicht an der „schwereren" oder „leichteren" Qualität der Sünde als solcher. Er liegt in der ganzen Geschichte eines Menschenlebens. Unsere Verantwortlichkeit wächst mit dem Grad unserer Erkenntnis und der Fülle erfahrener Gnade. Es kann dadurch zu einem Fall kommen, der unrettbar zum Tode führt. Der Apostel gibt freilich weder der Gemeinde als ganzer noch den einzelnen Gemeindegliedern den Auftrag oder auch nur das Recht, ihrerseits ein endgültiges Urteil zu fällen. Er sagt nur in sehr zurückhaltender Weise: **„Nicht im Blick auf sie sage ich, daß er bitten soll[256]."** Zum erhörlichen Gebet ist Klarheit und Gewißheit über den Willen Gottes nötig; das hatte der Apostel ausgesprochen. Kann ich angesichts eines in Schuld gefallenen Bruders nicht mehr gewiß sein, daß seine Sünde nicht zum Tode führt, so ist meiner Fürbitte der feste Boden entzogen. Gott kann dann freilich trotz unserer fehlenden Fürbitte einen Bruder retten, den wir schon für verloren ansahen. Das ist dann allein seine Sache[257].

17 Noch einmal will Johannes in der Gemeinde die ernste Beurteilung jeder Sünde festigen. Darum schreibt er: **„Jedes Unrecht ist Sünde; und** (doch) **gibt es Sünde,** (die) **nicht zum Tode** (führt)." Sollten wir in diesem Satz mit einigen lat Handschriften und mit Tertullian das

[255] Schon bald nach der apostolischen Zeit begann in der Gemeinde eine solche „listenmäßige" Unterscheidung von vergebbaren und unvergebbaren, „läßlichen Sünden" und „Todsünden". „Todsünden" führten notwendig zum Ausschluß aus der Gemeinde und damit aus dem Bereich des Heils. Es waren dieses Mord, Ehebruch, Hurerei, Abfall. Später wurde die Strenge der Kirchenzucht erweicht. Es kam über dieser Frage zu heftigen Kämpfen, die mit dem vollen Sieg einer laxen Bußdisziplin endeten. Nun gab es die Möglichkeit einer Buße auch für Todsünden. Die streng denkenden „Novatianer" trennten sich in der Mitte des 3. Jahrhunderts von der Großkirche. Die komplizierte scholastische Bußlehre zeigt, wohin wir geraten, wenn wir entgegen den Sätzen des Apostels Johannes von uns aus bestimmen wollen, was „Sünde zum Tode" sei und was nicht dazu gehöre.

[256] Gott selbst kann in bestimmten Fällen einem Boten die weitere Fürbitte direkt untersagen, weil er sie angesichts aufgehäufter Schuld nicht mehr erhören will: Jer 7, 16. Bei Abraham geht Gott bis an die äußerste Grenze der Erhörungsbereitschaft: 1 Mo 18, 16—33. Beide Bibelstellen zeigen uns zugleich, wie ernst Gott wirklich Fürbitte nimmt.

[257] Wichtig ist in diesem Zusammenhang 1 Ko 5, 1—5. Paulus fordert von der Gemeinde ein strenges Vorgehen gegen ein Gemeindeglied, das eine Unzuchtssünde begangen hat, „von der auch die Heiden nichts zu sagen wissen". Und doch hofft der Apostel auf die Rettung seines Geistes am Tage des Herrn! Das NT ist weit entfernt von aller „gesetzlichen" Festlegung. Paulus und Johannes stimmen darin überein. Aber „beten" kann ich nur da, wo ich über den Willen Gottes im Glauben Klarheit habe.

„nicht" streichen? Dann würde Johannes die Gemeinde mit großem Ernst mahnen: denkt daran, es gibt wirklich Sünde, die rettungslos zum Tode führt, weil sie von Gott trennt. Aber das hatte er schon in V. 16 mit den gleichen Worten getan. Sollte er sich absichtlich wiederholen? Und hebt er den tödlichen Ernst der Sünde nicht noch viel stärker hervor, wenn er der Gemeinde zeigt, **„jedes Unrecht"**, das wir tun, **„ist Sünde"**, ist also gegen Gott gerichtet und trennt von Gott? Jedes Unrecht verdient als solches schon den Tod. Es ist eine wunderbare und besonders hervorzuhebende Tatsache, daß dennoch nicht alle Sünde zum Tode führt, sondern daß es vergebbare und abwaschbare Sünde gibt[258].

Wichtig für das Verständnis unserer Briefstelle aber ist es, daß der Hebräerbrief in Kap 10 nach dem 28. Vers die „mutwillige Sünde" im Neuen Bund so schildert: „Wieviel ärgere Strafe, meinet ihr, wird der verdienen, der den Sohn Gottes mit Füßen tritt und das Blut des Bundes unrein achtet, durch welches er doch geheiligt wurde, und den Geist der Gnade schmäht?" Es könnte auch in unserer Stelle „Sünde" in diesem besonderen Sinn gemeint sein, wie wir es schon zu Kap 4, 4 (S. 112) erwogen haben und wie es auch die bekannte Stelle in Hbr 6, 4–8 darlegt. Im ganzen Brief wird die Gemeinde vor den gnostischen Einflüssen gewarnt. Diese müssen also wirksam dagewesen sein. Johannes hatte vor „Antichristen" und „Pseudopropheten" gewarnt, die „Jesus auflösen" (4, 3). So kann es für Johannes die **„zum Tode führende Sünde"** sein, wenn sich ein Bruder diesen Einflüssen ausliefert. Der Rückfall ins Judentum mit der Absage an Jesus, „die den Sohn Gottes abermals kreuzigt und zum Spott macht" (Hbr 6, 6), ist freilich noch etwas anderes. Aber wer „Jesus auflöst", der tritt doch auch den Sohn Gottes mit Füßen und übt in der Leugnung seiner Fleischwerdung eine Verachtung seines Kreuzes und Blutes, die ihn „in seinen Sünden sterben läßt" (Jo 8, 28 und Hbr 10, 29). Es ist möglich, daß Johannes in diesen Sätzen seines Briefes auf Fragen eingeht,

258 In Israel unterschied man wohl „Sünde mit erhobener Hand", also ein bewußtes, willentliches Sündigen, von dem, was Paulus in Gal 6, 1 „von einem Fehler übereilt werden" nennt. Es ist aber im Alten Bund die Sünde so ernst genommen, wie es der Brief an die Hebräer in 10, 28 in kurzer Zusammenfassung sagt: „Wenn jemand das Gesetz des Mose bricht, der muß sterben ohne Barmherzikgeit auf zwei oder drei Zeugen hin." Sicher, damit war das leibliche Sterben gemeint. Die Lage im Neuen Bund ist eine andere. Die Gemeinde Jesu ist nicht wie Israel zugleich eine staatliche Organisation, die Todesstrafen verhängen kann. Hier geht es um den ewigen Tod, den nur Gott in seiner Hand hat. Wir können darum nicht mehr nach dem Gesetz des Mose „Todsünden" als mit der Todesstrafe verbundenen Vergehen von „läßlichen" Sünden unterscheiden. Darum können wir auch nicht die Sünden, die in Israel nach dem Gesetz mit dem Tode zu bestrafen wären, als die „Todsünden" ansehen, die Johannes in seinem Brief meint.

die in der Gemeinde aufgebrochen waren. Ist es die Pflicht unserer Liebe, auch für solche Brüder weiter zu beten, die sich nach 2, 19 von uns getrennt haben und zu der neuen Bewegung übergegangen sind? Oder endet hier die Möglichkeit der Fürbitte? Der Apostel würde dann mit seiner Einschränkung der Fürbitte für sündige Brüder ganz konkret vor einem Beten für solche Gemeindeglieder warnen, die sich dem „Geist des Antichrist" (4, 3) geöffnet haben und ihm dadurch verfallen sind.

Es gilt jedenfalls beides zu gleicher Zeit: daß die Vollmacht und Erhörlichkeit des Betens unbegrenzt (V. 15) und daß sie begrenzt ist (V. 14 und 17). Beides gehört zum Wesen des Betens, das nicht „Zauber", sondern echtes „Beten", echtes Reden mit dem heiligen Vater, dem lebendigen Gott, ist. Für die Allmacht Gottes ist nichts zu groß und zu schwer. Aber Gott bleibt der Herr, dessen Wille unser Beten bestimmen muß. Große kindliche Kühnheit und selbstlose, Gott unterworfene Demut kennzeichnen beide zugleich das echte Beten. Gerade darum hat aber Johannes auch keine bestimmte Feststellung über die „Sünde zum Tode" gegeben. Nur im Gespräch mit dem Vater kann ich hier im Blick auf den sündigen Bruder Klarheit gewinnen. Auch für „Abgefallene" kann mir Gott die Zuversicht der Fürbitte geben. Wenn ich aber diese Zuversicht nicht erhalte, rät der Apostel von der Fürbitte ab. Er stellt ja alles Beten unter den Gesichtspunkt der „freudigen Zuversicht".

18 Noch einmal wird es in diesem Zusammenhang dem Apostel wichtig, das Sündigen nicht gleichsam als normale Erscheinung im Leben der Christen gelten zu lassen. Wir hörten in 2, 1, daß selbst das große Wort von der Vergebung nach klarem Bekenntnis dazu geschrieben ist, „damit ihr *nicht* sündigt". Jetzt wiederholt Johannes seinen radikalen Satz aus 3, 9: **„Wir wissen, daß jeder, der geboren ist aus Gott, nicht sündigt, sondern der aus Gott Geborene bewahrt ihn** (oder sich)**, und der Böse tastet ihn nicht an."** „Wir wissen", schreibt Johannes. Was er hier ausspricht, ist also eine anerkannte Gewißheit in der Gemeinde und entspringt nicht seinem persönlichen Radikalismus. In 3, 5 war die Begründung dafür gegeben in dem göttlichen „Samen", der bei der Geburt aus Gott in den Menschen hineingelegt wird und in ihm bleibt. Die Begründung an unserer Stelle wird sehr unterschiedlich verstanden. Das liegt schon in der Verschiedenheit des Textes in den Handschriften. Die Koine und der Sinaiticus lesen hier ein „heauton": **er bewahrt „sich selbst"**. Aber wenn es in 3, 9 nicht der Christ selbst, sondern der „Same" Gottes war, der das Sündigen unmöglich machte, sollte dann der Apostel hier ein eigenes **„sich selbst bewahren"** kennen? Will man den Satz des Apostels anders verstehen, indem man „auton = ihn" liest, dann muß man es freilich wagen, daß

Wort **„der aus Gott Geborene"** auf Jesus zu beziehen, der jeden, **„der geboren ist aus Gott", „bewahrt"**. Diese doppelte Verwendung des „Geborenseins aus Gott" in einem ganz verschiedenen Sinn ist nicht einfach, zumal die Bezeichnung Jesu als des **„aus Gott Geborenen"** sonst nicht so vorkommt[259].

Entscheidend auch für die von Nestle aufgenommene Lesart **„der aus Gott Geborene bewahrt ihn"** ist die Fortsetzung des Satzes: **„und der Böse tastet ihn nicht an."** Kann ein Mensch, auch wenn er wiedergeboren ist, sich selbst so bewahren, daß Satan ihn nicht antastet? Folgen wir dem Nestle-Text, dann ist der Satz die erfahrene Erfüllung dessen, was Johannes aus dem Munde seines Herrn gehört hat. Weil der gute Hirte sein Leben für die Schafe läßt, kann der „Wolf" sie nicht rauben. Der gute Hirte „bewahrt" sie; niemand kann sie ihm aus seiner Hand reißen, auch Satan nicht (Jo 10, 28). So ist das „Nichtsündigen" nicht Leistung des Wiedergeborenen selbst, sondern die Frucht der bewahrenden Gnade Jesu aufgrund seines Opfers für uns am Kreuz. Auch Kap 3, 8 erfüllt sich hier.

Noch einmal wird im Anschluß an den vorigen Satz ein „Wissen", 19
eine volle Gewißheit, ausgesagt, die nach beiden Seiten der Aussage hin ungeheuer ist. Wieder ist es ein echter Satz des Johannes: kurz, einfach, ohne Diskussion und Erklärung die Feststellung eines Tatbestandes. **„Wir wissen, daß wir aus Gott sind und die Welt als ganze im** (Machtbereich des) **Bösen liegt."** Der Apostel hatte mehrfach von den aus Gott Geborenen gesprochen. Aber kann denn ein Mensch wagen, dies von sich auszusagen? Ist das nicht ein unverantwortlicher Hochmut? Kann man nicht höchstens mit einem zaghaften Fragezeichen so reden[260]? Johannes urteilt anders. Tatsache und Widerfahrnis der Geburt aus Gott ist gerade für den Wiedergeborenen selbst nicht zu verkennen. Der Apostel ist gewiß, daß die Gemeindeglieder ihm darin zustimmen: **„Wir wissen"**. Hochmut liegt darin nicht; die Gewißheit bezieht sich ja nicht auf etwas, was wir selber geleistet haben, sondern auf das, was Gott an uns getan und uns geschenkt hat. Gerade das Bild des „Erzeugens" oder der „Geburt" aus Gott ist darin so treffend. Daß ich „geboren bin", weiß ich mit völliger Gewißheit. Aber wenn ich davon spreche, bezeuge ich das, was ohne meinen Willen und ohne meine Mitwirkung mit mir ge

259 Immerhin verwendet gerade Johannes gern das grie Wort monogenæs für Jesus als den Sohn Gottes, das eigentlich „einzig gezeugt" oder „einzig geboren" bedeutet. Vgl. die Anm. S. 191 und vgl. die Auslegung zu Jo 1, 13 in der W. Stb. Dort wird der Ausdruck „aus Gott geboren" von den Kirchenvätern auf Jesus bezogen.

260 Wie wird gerade heute jeder in Kirche und Theologie verurteilt, der sich der Gewißheit seiner Wiedergeburt rühmt. Aber der Apostel Johannes deckt ihn mit seinem klaren „Wir wissen".

schah. Johannes hat die Liebe und die freie Gnade Gottes in seinem Handeln an uns genügend bezeugt (4, 10), um das „Wissen" von unserer Geburt aus Gott von jedem pharisäischen Hochmut freizuhalten und nur einen Lobpreis Gottes sein zu lassen. Dieser Lobpreis ist aber voller Gewißheit, weil Gott nichts Ungewisses und Unklares tut. So stimmen die wirklichen Christen aller Zeiten dankend mit ein: **„Wir wissen, daß wir aus Gott sind."**

Unerhört in seiner radikalen Ganzheit ist auch der zweite Teil der Aussage mit seinem Urteil über die „Welt". Wir **„wissen, daß die Welt als ganze im** (Machtbereich des) **Bösen liegt**[261]**."** Von der „Welt" war schon mehrfach die Rede. Ihre Art war in 2, 15—17 gekennzeichnet. Aber nun erst wird klar, wie es in Wahrheit mit ihr steht: sie ist **„Machtbereich des Bösen"**, der Teufel ist ihr Fürst und Beherrscher, ja sogar „ihr Gott" (Jo 12, 31; 14, 30; 16, 11; 2 Ko 4, 4), sie „liegt in ihm", sie wird gleichsam von seinen Armen umschlossen[262]. **„Die Welt als ganze"**, sagte der Apostel; dann aber gehört jeder in diese Welt Hineingeborene dazu! Jeder steht von Natur unter der Macht der Finsternis, wie Paulus Kol 1, 14 sagt, und lebt „nach dem Lauf der Welt und nach dem Fürsten, der in der Luft herrscht, nach dem Geist, der zu dieser Zeit sein Werk hat in den Kindern des Unglaubens" (Eph 2, 2 f). Das bestätigt Paulus mit einem „wir alle" ganz ausdrücklich[263]. An dieser Erkenntnis wird erst die wahre Verlorenheit jedes Menschen deutlich. Darum hat Gott die „Welt" nur „so" lieben können, daß er das Opfer seines Sohnes brachte, damit jeder, der an ihn glaubt, aus dieser Verlorenheit errettet wird und das Leben

[261] Wir müssen uns ganz lösen von dem verweltlichten Sprachgebrauch „im Argen liegen", das aus der LÜ unseres Verses stammt, seine Aussage aber völlig verharmlost. Luther selbst verstand unter dem „Argen", in dem die Welt liegt, durchaus den Teufel, von dem er gründliche Erfahrung hatte.

[262] Die Teufelsgestalt, wie sie im Volksdenken entwickelt worden ist, hat bei aller Teufelsfurcht des Mittelalters den biblischen Ernst des Wissens um den großen Feind Gottes untergraben. Im biblischen Zeugnis ist der Teufel nicht der schwarze Mann aus der Hölle, der zum „geprellten Teufel" werden kann, sondern „der Mächtige, der in der Luft herrscht", der „Geist, der zu dieser Zeit sein Werk hat in den Kindern des Unglaubens" (Eph 2, 2). In die „Hölle", die „Gehenna", den Feuersee wird er selber erst am Ende der Zeiten im Gericht Gottes gestürzt (Offb 20, 10). Von diesem Bösen redet hier Johannes.

[263] Dabei müssen wir uns freilich darüber klar sein, daß ein „Leben unter dem Fürsten dieser Welt" keineswegs ein moralisch sichtlich verdorbenes sein muß. Jesus hat vor den moralisch höchst einwandfreien und sehr „frommen" Israeliten gesagt, sie seien Kinder des Teufels (Jo 8, 44). Es ist auch der ernste, gesetzestreue Pharisäer Saul von Tarsus, der sich in Eph 2, 3 in das „wir alle" einschließt. Es geht um die Grundhaltung zu Gott und darum auch um die Stellung zu Jesus. Dabei geht es zugleich um die verdorbene Stellung zum Mitmenschen in Ichhaftigkeit und Lieblosigkeit. Johannes rechnet zu den „Kindern des Teufels" jeden, der seinen Bruder nicht lieben mag (vgl. 3, 10 und die Auslegung dazu).

gewinnt (Jo 3, 16). Darum kennzeichnet Paulus in Kol 1, 14 unser Christwerden als ein „Errettetwerden aus der Macht der Finsternis und Versetztwerden in das Reich des geliebten Sohnes". Darum hat Johannes die beiden Aussagen in diesem Vers mit einem „und" zu einem zusammengehörigen „Wissen" verbunden. Nur der, der **„aus Gott ist"** kann erkennen, daß die Welt als ganze **„im Bösen liegt"**. Darum kann der nicht aus Gott Geborene so schwer begreifen, daß es den Bösen gibt, und darum macht er Gott verantwortlich für die Zustände in dieser Welt, z. B. die Kriege.

Es ist für unsere Selbsterkenntnis ebenso wie für unsere Beurteilung der Welt und für allen Verkündigungsdienst von entscheidender Wichtigkeit, daß wir die Aussage des Apostels gerade nicht für „Mythologie" oder für den Ausdruck einer pessimistischen Stimmung halten, sondern durch sie ein eindeutiges, klares „Wissen" über diese „Lage" der Welt zur Grundlage haben[264].

Warum ist es bei „uns" anders geworden als bei andern Menschen? 20
Johannes antwortet: **„Wir wissen aber, daß der Sohn Gottes gekommen ist und uns Einsicht gegeben hat, damit wir den Wahrhaftigen erkennen."** Der Sohn Gottes ist **„gekommen"**. Ein „Kommen" von jemand kann auch in unserem natürlichen Leben von Bedeutung sein, wenn etwa der Arzt endlich zu einem Kranken „kommt" und die Hilfe bringt. In der Bibel ist das „Kommen" von Gott her immer Offenbarungs- und Heilsgeschehen. So wird schon mit großem Gewicht vom „Kommen" Johannes des Täufers gesprochen (Mt 11, 18; Jo 1, 7). Jesus selbst gründet sein Werk immer wieder auf sein „Gekommensein" (Mt 18, 11; 20, 28). In seinem „Kommen" oder „Gekommensein" liegt schon die Offenbarung Gottes und das volle Heil[265]. So ist es auch hier für den Apostel das grundlegende „Wissen", daß in diese Welt, die „im Bösen liegt", **„der Sohn Gottes gekommen ist"**. Was er nun in seinem Kommen tut, kann sehr mannigfaltig beschrieben werden. Hier sagt Johannes: er hat uns **„Einsicht gegeben, damit wir den Wahrhaftigen erkennen"**. Das mit „Einsicht" übersetzte Wort meint die „Fähigkeit zur Einsicht, zur Erkenntnis". Jesus übermittelt uns nicht nur richtige Gedanken über Gott, sondern macht uns fähig, Gott selber lebendig erkennen zu können. „Wer mich sieht, der sieht den Vater" (Jo 14, 9). Er macht uns in seinem Erlösungswerk zu Kindern Gottes; darum erhalten wir auch den Sohnesgeist in unser Herz, der schreit: „Abba, lieber Vater" (Gal 4, 6).

264 Es sei nochmal auf die Theologie K. Heims hingewiesen, die gerade in diesem „Wissen", in dieser Kenntnis der Bedeutung des großen Gottesfeindes einzigartig dasteht. Vilmar hat dieses „Wissen" ebenfalls mit voller Klarheit gehabt und ist dafür viel angefeindet worden. Seine Bücher sind allerdings nur noch antiquarisch zu haben.

265 Mk 9, 13; 10, 34; Jo 3, 31; 5, 43; 9, 39; 10, 11; 12, 46. Vgl. das zu 5, 6 Gesagte.

Gott wird hier der **„Wahrhaftige"** genannt. Wir erinnern uns daran, daß mit „Wahrheit" im NT nicht die subjektive Aufrichtigkeit gemeint ist, sondern die objektive Wirklichkeit[266]. Gewiß, Gott ist auch in dem Sinne „wahrhaftig", daß er uns nicht täuscht, daß wir uns auf sein Wort unbedingt verlassen können. Hier aber wird er der **„Wahrhaftige"** genannt, weil er der wirkliche Gott und darin überhaupt die einzige wahre und ewige Wirklichkeit ist[267]. Diesen **„Wahrhaftigen" „erkennen"** wir in seinem wahren Wesen, weil wir alles das sehen und erfassen, was Johannes in 4, 7–10 gesagt hat. Jesus in seinem „Kommen", in seinem Leben, Lieben, Wirken, Leiden, Sterben hat uns die Fähigkeit zu diesem Erkennen geschenkt.

Johannes setzt hinzu: **„Und wir sind in dem Wahrhaftigen in seinem Sohn Jesus Christus."** Es ist möglich, diesen Zusatz noch unter das „damit" des vorigen Satzes zu stellen: **„Damit wir ... erkennen und in dem Wahrhaftigen sind."** Dem Apostel liegt es auch hier wieder daran, daß wir das „Erkennen" nicht kopfmäßig und theoretisch mißverstehen. Er schreibt ja an Christen, die aus der grie Welt mit ihrem Intellektualismus kamen. Er meint ein **„Erkennen"**, das sich in der persönlichen Gemeinschaft mit dem Erkannten vollzieht, in dem Geliebtwerden von ihm und in dem eigenen Lieben, das daraus folgt. Diese Liebesgemeinschaft ist so ernst und mächtig, daß wir mit unserem Leben und Sein in Gott hineingenommen werden. So hatte es Johannes schon in 4, 11–16 gesagt. Nun hebt er es noch einmal hervor: **„Wir sind in dem Wahrhaftigen[268]."**

Johannes setzt hinzu: Wir sind in dem Wahrhaftigen **„in seinem Sohn Jesus Christus"**. Diese Worte dürfen nicht durch ein Komma abgetrennt werden. Denn dann würden sie ein erklärender Zusatz: „Wir sind in dem Wahrhaftigen, nämlich in dem Gottessohn Jesus Christus." Jesus wäre danach **„der Wahrhaftige"**. Aber es kann hier doch nur Gott selbst gemeint sein, wie gerade die Fortsetzung **„in seinem Sohn"** zeigt. Ohne Komma meint der Zusatz: Wir sind in dem Wahrhaftigen, in dem lebendigen Gott, wenn wir oder indem wir in seinem Sohn Jesus Christus sind. Es gibt kein unmittelbares Sein in Gott, wie die Mystiker aller Zeiten und auch die gnostischen Bewegungen meinten und darum Jesus als unnötig „auflösten". Nur durch

[266] Wir können auch im Deutschen das Wort „wahr" so verwenden, wenn wir etwa sagen: „Er ist ein wahrer Künstler."

[267] So wird das Wort „wahr, wahrhaftig" auch in Jo 7, 28; 17, 3; 1 Th 1, 9 gebraucht.

[268] Was Johannes so wesentlich ist, haben wir durch ein einseitig theologisch-theoretisches Erkennen Gottes auf Grund der „reinen Lehre" verloren. Es wird gerade in der Welt von heute notwendig sein, dieses „Sein in dem Wahrhaftigen" und dieses „Bleiben in Gott" wiederzugewinnen. Es war dies schon das eigentliche Anliegen des Pietismus bei Spener und seinen Freunden. Die Menschen von heute, besonders die jungen Menschen, suchen Realität; sie sind der bloßen „Gedanken" und „Meinungen" überdrüssig.

das Opfer Jesu und in Jesus, dem Sohn, können wir **„in dem Wahrhaftigen"**, in Gott selbst sein. Das ist die Gegenseite davon, daß wir Gott auch nur in Jesus „sehen" können, ihn in Jesus aber auch wirklich „sehen" (Jo 14, 9). Auch alle bisherigen Aussagen des Apostels über unser „Sein in Gott" (3, 24; 4, 12; 4, 16) haben wir in dieser Weise zu verstehen. Es kann keiner unter Berufung auf solche Aussagen behaupten, er sei unmittelbar „in Gott" und brauche darum Jesus nicht als Mittler.

Es ist gut, wenn wir merken, welch ein Geheimnis mit diesem kleinen Wort **„in"** ausgesprochen ist. Ich kann „in" einem Zimmer, „in" einem Walde, auch „in" einem bestimmten Zustand sein. Aber kann ich **„in"** einer Person sein? Und dies gerade nicht so, daß ich mich in dieser Person auflöse, wie sich ein Fluß in das Meer ergießt. Es geht bei Johannes, wie im ganzen NT, nicht um ein „Aufgehen" des Menschen in der Gottheit. Mensch und Gott bleiben selbständige Personen. Der Mensch gehorcht Gott, dient Gott, ist verantwortlich vor Gott. Und doch sagt der Apostel Paulus oftmals, daß er „in Christus" denkt und fühlt und handelt, und Johannes spricht von dem Sein **„in"** dem Wahrhaftigen, von dem Bleiben **„in"** Gott und Gottes Bleiben **„in"** uns. Es ist eine unergründliche Wirklichkeit, die nicht erklärt, aber klar erfahren werden kann, daß hier Personen **„in"** einander sein und doch eigene selbständige Personen bleiben können. Auch der Heilige Geist, für den es ganz wesentlich ist, daß er „in" uns ist und wohnt, ist nicht eine bloße „Kraft", sondern ist „Person".

Nun bezeugt der Apostel: **„Dieser ist der wahrhaftige Gott und ewiges Leben."** Worauf bezieht sich hier das Wort **„dieser"**? Es weist schon rein sprachlich zurück auf die unmittelbar vorhergehende Nennung Jesu Christi als des Sohnes Gottes. **„Dieser"**, nämlich Jesus Christus, **„ist der wahrhaftige Gott und das ewige Leben"**. Es empfiehlt sich aber auch aus sachlichen Gründen, die Stelle so aufzufassen. Wenn wir das **„Dieser"** auf „den Wahrhaftigen" zurückbezögen, so wäre das Zeugnis des Apostels eine bloße Wiederholung der schon über Gott gemachten Aussage. Wir erhalten eine sogenannte Tautologie: „der Wahrhaftige" ist „der wahrhaftige Gott". Zudem wird sonst nirgends Gott, der Vater, als „ewiges Leben" bezeichnet. Johannes hat es vielmehr gerade eben erst in 5, 11 f geschrieben, daß uns Gott zwar ewiges Leben geschenkt hat; aber dieses Leben „ist in seinem Sohn". „Wer den Sohn hat, hat das Leben."

Aber ist der erste Teil des Satzes nicht doch eine zu große Aussage über Jesus? Kann Jesus so unmittelbar als **„der wahrhaftige Gott"** bezeichnet werden? Johannes war dabei, als Thomas vor Jesus in die Knie sank: „Mein Herr und mein Gott." Johannes hat von dem

„Wort", das in Jesus Fleisch wurde, gleich in dem ersten Satz seines Evangeliums ausgesprochen: „Das Wort war bei Gott und Gott von Art war das Wort" (Jo 1, 1). Wir erinnern uns noch einmal an Jo 14, 9, wo Jesus selbst es dem Gott suchenden Philippus sagte: „Wer mich sieht, der sieht den Vater." Wir können „in dem Wahrhaftigen" nur sein, in dem wir „in seinem Sohn Jesus Christus" sind. Aber gerade dann muß dieser Jesus Christus selber **„der wahrhaftige Gott"** sein, damit wir bei unserem „Sein in Christus" zugleich in Gott selber sind. Wir stehen vor dem ganzen Geheimnis der Dreieinigkeit Gottes, das nicht verstandesmäßig zu lösen ist (Gott sei Dank dafür!), das uns gerade aber an unserer Stelle in seiner ganzen Notwendigkeit für unser Glaubensleben deutlich wird[269]. Wir dürfen aus Jesus keinen Halbgott machen, der als solcher „neben" Gott" stände. Unser ganzes Heil, unser ewiges Leben liegt darin, daß Jesus ganz und voll Mensch war, der blutend und sterbend die Last unserer Schuld trug, und daß es doch zugleich von ihm gilt: **„Dieser ist der wahrhaftige Gott."** Denn gerade nur dann ist Jesus überhaupt imstande, der Träger und Tilger unserer Schuld zu werden und in seinem Fluchtod den auf uns liegenden Fluch aufzuheben. Ein bloßer Mensch Jesus, und wäre er noch so edel und liebevoll, könnte uns darin nicht im geringsten helfen. Darum bezeugt es auch der Apostel Paulus gerade im Blick auf die Versöhnung im Kreuz Jesu: „Gott war in Christus und versöhnte die Welt mit ihm selber." Es darf kein geringerer als **„der wahrhaftige Gott"** sein[270], wenn das Werk unserer Errettung absolut gewiß sein soll. So können wir es wohl verstehen, daß der Apostel, dem es in dem ganzen Brief um „Jesus" und um „das Leben" ging, nun am Schluß alles zusammenfaßt in dem – echt johanneisch kurzen, ohne Diskussion vor uns hingestellten – Bekenntnis: **„Dieser ist der wahrhaftige Gott und ewiges Leben."**

21 Dieser Brief des Johannes hat ebensowenig einen Schlußgruß, wie ihm auch der übliche Eingangsgruß eines antiken Briefes fehlte. Er ruft den Gemeinden nur noch eine kurze Mahnung zu: **„Kindlein, hütet euch vor den Götzen!"** Noch einmal, wie in den Mahnungen 2, 1. 28; 3, 7. 18; 4, 4 gebraucht der Apostel nun am Schluß die herzliche Anrede **„Kindlein"**. Er spricht als „der Alte" (II, 1; III, 1) und spricht in der liebenden Sorge um die ihm Anvertrauten. Die Mahnung selbst lesen wir zunächst mit Verwunderung. Sollte heidnischer Götzendienst noch eine ernstliche Gefahr für die Gemeinde sein? Im

[269] Vgl. dazu die Ausführungen auf S. 105.
[270] Vgl. Luther: „Fragst du, wer er ist? Er heißt Jesus Christ, der Herr Zebaoth, und ist kein andrer Gott."

ganzen Brief war davon nicht die Rede; da ging der Kampf gegen die Irrlehrer, die selber durchaus „christlich" und „prophetisch" sein wollten. Aber wir dürfen von unserer heutigen Lage aus Art und Macht des Heidentums nicht unterschätzen. Die Missionare sagen es uns, wie die aus einem wirksamen Heidentum Bekehrten immer wieder von ihrer heidnischen Umwelt angefochten werden. Heidnische Religion ist öffentliche Macht, die alle Gebiete des Lebens durchdringt. Der heidnische Tempel der damaligen Zeit war zugleich etwas wie eine „Bank", von der man Geld leiht; es war die „Gaststätte", in der man größere Festessen gab und wohin man zu solchen eingeladen wurde; er war die lockende Stätte sexuellen Verkehrs, wie er im Griechentum allgemein als erlaubt angesehen wurde. Wenn wir aus dem Sendschreiben in Offb 2, 14 f merken, daß es in der Gemeinde Pergamon Gemeindeglieder gab, die etwas mit „Götzenopfer" und „Unzucht" zu tun hatten, wenn 2 Pt 2, 13–15 vor ähnlichen Abwegen warnt und Paulus auch in Korinth mit solchen zu tun hatte, die in der „Freiheit" ihres Glaubens an Mahlzeiten in heidnischen Tempeln teilnahmen (1 Ko 8, 10. 11), warum sollte dann die kurze Warnung des Apostels auch ganz buchstäblich ohne jeden Grund sein? Die ernste Erinnerung des Johannes an die „Gebote" zeigt, daß die Bewegung, die er bekämpft, ähnlich wie die neue Lehre in Korinth die „Freiheit" proklamierte. Der Christ braucht ihrer Meinung nach nicht ängstlich und „eng" zu sein; er kann ruhig „mitmachen", wo es für ihn bequem und angenehm ist. Sollte er sich dann von dem offiziellen Heidentum radikal trennen, das seine ganze Umwelt formte und durchdrang? Waren die Götzen für einen „Geistesmenschen" noch gefährlich? Johannes warnt scharf und knapp: **„Kindlein, hütet euch vor den Götzen."**

Er kann die Warnung aber auch anders gemeint haben. Das grie Wort für den „Götzen", für das „Götzenbild", heißt „eidōlon". Wir haben es aufgegriffen in dem Lehnwort „Idol". **„Hütet euch vor den Idolen!"** Das kann eine sehr innerliche Mahnung sein. Uns ist die wunderbare Fähigkeit geschenkt, den wirklichen lebendigen Gott zu erkennen, ja, sogar in Jesus Christus in ihm zu sein. Gerade darum wird alles, was uns neben dem wahrhaftigen Gott beeinflussen oder bestimmen will, zum „Idol", zum **„Götzen"**. Hier liegen sehr ernste Gefahren – bis heute. Wieviel gibt es in unserem Leben, das „neben Gott" einen wachsenden Einfluß in unserem Leben gewinnt und damit zum **„Götzen"** zu werden droht! Gerade wenn wir in dem Brief des Johannes die ganze Herrlichkeit und Größe dessen vor Augen haben, was Gott uns in seiner Liebe geschenkt hat, muß er uns „einzig liebenswert und groß" bleiben. Wir verstehen den Zuruf des Apostels, der mit seiner herzlichen Anrede **„Kindlein"** in sorgender Liebe mahnt:

„Hütet euch vor den Götzen[271]." Jawohl, „Götzen" locken, „Götzen" schmeicheln uns, „Götzen" sehen zunächst recht harmlos aus und versprechen uns Freude. Aber dann werden sie harte Herren, die uns fesseln und unser wahres Leben verderben. Darum ist es wirklich notwendig, daß wir uns vor ihnen hüten und gerade den ersten, scheinbar harmlosen Verlockungen widerstehen[272].

[271] Es besteht kein Grund, diesen Satz als Zusatz zu streichen. Sollte ein späterer Mann erst die Gefahr des Götzendienstes gesehen und diesen Satz angefügt haben? Wie unwahrscheinlich ist das! Der warnende Zuruf hat durchaus einen Zusammenhang mit dem, was Johannes wie eine Zusammenfassung seines Briefes in Vers 20 schrieb.

[272] Wir werden wohl tun, wenn wir immer wieder einmal in unserem Leben nachprüfen, was darin zu einem Götzen für uns zu werden droht oder gar schon geworden ist.

Der zweite Brief des Johannes

DER EINGANGSGRUSS

2 Johannesbrief 1—3

1 **Der „Alte"** (wörtlich: Der Älteste) **an die erwählte Herrin und ihre**
Kinder, die ich selber liebe in Wahrheit, und nicht ich allein, son-
2 **dern auch alle, welche die Wahrheit erkannt haben, * um der Wahr-**
heit willen, die in uns bleibt, und mit uns wird sie sein in Ewigkeit.
3 *** Es wird mit uns sein Gnade, Erbarmen, Friede von Gott, dem**
Vater, und von Jesus Christus, dem Sohn des Vaters, in Wahrheit
und Liebe.

zu Vers 1: 3 Jo 1; 2 Tim 3, 7; 1 Pt 5, 1
zu Vers 2: 1 Jo 2, 4
zu Vers 3: 1 Tim 1, 2; 2 Tim 1, 2

Im Unterschied zum 1. Johannesbrief ist dieses zweite Schreiben auch in seiner äußeren Form als „Brief" gekennzeichnet. Der antike Briefstil stellt an die Spitze den Absender, nennt dann den Empfänger und verbindet beide mit einem Grußwort. Das geschieht weithin in jener kurzen Form, wie wir es aus dem Brief in Apg 23, 26 kennen. Der Apostel Paulus hat schon in seinem frühesten, uns erhaltenen Brief, dem 1. Thessalonicherbrief, diesen üblichen Briefeingang erweitert und ihn dadurch herzlicher und lebendiger gemacht. Er formt ihn in jedem seiner Briefe individuell nach Art und Lage derer, an die er schreibt[273]. Auch Johannes folgt diesem Beispiel, freilich so, daß der Eingangsgruß dadurch typisch „johanneisch" wird. Die für ihn kennzeichnenden Worte „Liebe" und „Wahrheit" beherrschen den Eingangsgruß.

„Der ‚Alte' (wörtlich: Der Älteste) **an die erwählte Herrin und ihre Kinder, die ich selber liebe in Wahrheit, und nicht ich allein, sondern auch alle, welche die Wahrheit erkannt haben."** Den Brief schreibt der **„Alte"** (wörtlich: der Älteste, presbyteros). Wir kennen den Ausdruck „Älteste" reichlich aus dem NT. In den jungen christlichen Gemeinden wurde eine Einrichtung übernommen, die dem Judentum vertraut war. Neben den „Hohenpriestern" und den „Schriftgelehrten" stehen überall die „Ältesten" als Autoritätspersonen in Israel. So tritt es uns in den Evangelien (z. B. Mt 16, 21; 21, 23; 28, 3) ebenso wie in der Apg (4, 5; 6, 12) entgegen. Und so setzten dann auch die Apostel in den von ihnen begründeten Gemeinden „Älteste" ein (Apg 1

[273] Vgl. besonders Gal 1, 1—5.

14, 23; 15, 2. 4; 21, 18; Tit 1, 5). Aber diese „Ältesten" finden wir immer in der Mehrzahl, offenbar in kollegialem Zusammenwirken[274]. **„Der Älteste"** in Einzahl und mit dem bestimmten Artikel kann darum nicht „Amtsbezeichnung" des Briefschreibers sein. Als solche hätte sie ohne Artikel hinter dem Namen stehen müssen, der dann nicht fehlen durfte[275]. Wir dürfen aber daran denken, daß im hell Griechisch die Steigerungsform vielfach nicht mehr als solche empfunden wurde. „Der Älteste" kann dann dasselbe aussagen, was wir mit der Bezeichnung „der Alte" meinen[276]. **„Der Alte"**, das muß ein Mann sein, der unter dieser Bezeichnung allgemein bekannt war und darum mit keinem Personennamen genannt zu werden brauchte. Wenn **„der Alte"** schrieb, so wußte jeder sofort, wer das war, wenigstens jeder in den Gemeinden, mit denen dieser „Alte" in Verbindung stand. Es ist der besonders alt gewordene Jünger Johannes. Seine ganze Art zu schreiben zeigt ja, daß es derselbe Mann ist, der auch den 1. Brief und das Johannesevangelium verfaßt hat[277]. Daß er sich nicht mit Namen nennt, paßt ganz zu seiner inneren Haltung, die auch im Evangelium die eigene Person hinter „dem Jünger, den Jesus lieb hatte", verbirgt und im 1. Brief nur seine Augenzeugenschaft, nicht aber seine persönliche Geltung als „Johannes" hervorhebt.

An wen schreibt „der Alte"? **„An die erwählte Herrin und ihre Kinder."** Haben wir es also mit einem Privatbrief zu tun, der an eine vornehme Frau und ihre Familie gerichtet ist? Aber dann wäre das Fehlen des Namens doch sehr befremdlich. Man hat darum das Wort „Erwählte" als Eigenname auffassen wollen: an „Eklektæ, die Herrin", oder hat auch umgekehrt „Kyria = Herrin" als Namen genommen[278]. Aber wir kennen den Ehrentitel **„Herrin"** sogar für politische Gemeinden. Und Tertullian spricht von der „Domina mater ekklesia", der „Herrin Mutter Kirche". Gegen eine Einzelperson als Empfänger spricht entscheidend der Fortgang des Grußes: **„Alle, welche die Wahrheit erkannt haben"**, lieben sie. Was sollte das für eine Frau sein, die so weithin in der Christenheit bekannt und geliebt wird? Dann wäre ihre Nennung mit Namen besonders nötig. Dagegen kann Johannes an eine der bekannten Gemeinden der Asia schreiben, die wirklich in

[274] So findet sich in Apg 22, 5 und 1 Tim 4, 14 im grie Text das Wort „Presbyterion".
[275] Vgl. „Paulus, Apostel Christi Jesu" (2 Ko 1, 1).
[276] Schon in seinem 1. Brief liebte Johannes solche Eigenschaftswörter, die durch den davor gesetzten Artikel zu bestimmter Personenbezeichnung wurden: „Der von Anfang . . ." und „der Böse" (1 Jo 2, 13 f); „der Heilige" (2, 20); „der aus Gott Geborene" (5, 18); oder „der Wahrhaftige" (5, 20). So ist es nicht auffallend, wenn er sich hier im Briefeingang „den Alten" nennt.
[277] Vgl. dazu das in der Einleitung näher Ausgeführte S. 18.
[278] „Kyria = Herrin" als Name ist inschriftlich bezeugt.

der ganzen damaligen Christenheit geschätzt und wert gehalten wurde. Der Ehrename **„Herrin"** wäre dann besonders angebracht[279].

Bestätigt wird die Auffassung der **„erwählten Herrin"** als einer Gemeinde durch den Schlußgruß in V. 13. Die Gemeindeglieder, die mit dem Apostel zusammen grüßen, werden als „die Kinder deiner Schwester, der Auserwählten" bezeichnet. Es wäre ein seltsames Zusammentreffen, wenn Johannes jetzt bei einer Frau zu Gast weilte, die eine leibliche Schwester der „Herrin" wäre, an die er seinen Brief richtet, und deren „Kinder" die eigentlich Grüßenden sind.

Die Gemeinde ist eine **„erwählte"** Herrin. Was sie ist, das verdankt sie nicht sich selbst, nicht ihrer eigenen Frömmigkeit und Tüchtigkeit. Überall im NT ist es klar, daß über dem Christwerden die „Erwählung" Gottes steht[280]. Die Freiheit der Gnade Gottes, die alles Verdienst auf unserer Seite ausschließt, wird dadurch hervorgehoben. Wer sich nach Kol 3, 12 zu den „Auserwählten Gottes" zählt, ist also gerade nicht hochmütig, sondern bezeugt ein Geschenk, das ihm ohne jedes Verdienst in wunderbarer Weise zuteil geworden ist. Die Gemeinde, an die Johannes schreibt, ist zwar eine **„Herrin"**, aber sie wurde dies nur, weil sie eine **„Erwählte"** ist.

Ihre **„Kinder"** sind dann – wie im 3. Brief Vers 4 – nicht leibliche, sondern geistliche Kinder, wie Johannes ja auch im 1. Brief die Gemeindeglieder immer wieder als „Kinder" oder „Kindlein" anredet. Wenn sie hier als „Kinder der Herrin" bezeichnet werden, könnte das ein Hinweis darauf sein, daß eine erhebliche Zahl von ihnen nicht mehr von Johannes oder einem andern Apostel zu Jesus geführt worden ist, sondern daß zur Zeit des „Alten" die Gemeinden selbst evangelistisch tätig waren und Menschen zu „Kindern" des lebendigen Gottes gewinnen durften. In diesem besonderen Sinn wären sie dann im Blick auf die Gemeinde **„ihre Kinder"**[281]. Aber es muß nicht dies damit gemeint sein. Ist die Gemeinde unter dem Bild einer „Frau" gesehen, dann sind die Gemeindeglieder selbstverständlich „ihre Kinder", durch wen immer sie zum Glauben gekommen sind. So ist es auch wieder am Schluß des Briefes. Dort sind die „Kinder deiner Schwester" ebenfalls Glieder der Gemeinde, bei der der Apostel weilt.

An eine Gemeinde also schreibt der „Alte" und damit auch an die Gemeindeglieder, die ja doch konkret die Gemeinde bilden. Er versichert sie sogleich seiner Liebe: **„Die ich selber liebe in Wahrheit."**

279 Die Gemeinde ist auch in Jo 3, 29; Offb 22, 17; 2 Ko 11, 2; ebenso in Eph 5, 22–32; Offb 21, 9 unter dem Bild einer „Frau" oder „Braut" gesehen.

280 Vgl. besonders Jo 15, 16; 1 Ko 1, 27 ff; Eph 1, 4; Kol 3, 12; 1 Th 1, 4; 2 Tim 2, 10. In 1 Pt 5, 13 wird die Mitgrüßende als die „Miterwählte in Babylon" bezeichnet.

281 Vgl. das bestätigende Gegenstück dazu in Offb 2, 23. Die von der falschen Prophetin, dem „Weib Isebel", entscheidend beeinflußten Gemeindeglieder in Thyatira werden „ihre Kinder" genannt.

Das „ich" ist im Vorausblick auf die nächste Aussage betont hervorgehoben und darum mit **„ich selber"** wiedergegeben. Die **„Wahrheit"** bezeichnet auch hier die Wirklichkeit. Die angeredete Gemeinde darf es wissen: Johannes hat sie „wirklich" lieb. Aber doch nicht nur er allein. Er liebt die Gemeinde nicht selbstisch und darum eifersüchtig. Es freut ihn, daß er sagen kann: **„und nicht ich allein, sondern auch alle, welche die Wahrheit erkannt haben[282]"**. Die Worte des Apostels wären zu leicht genommen, wenn wir sie verkürzt wiedergeben wollten mit einem „sondern auch alle Christen". Wir müßten betont formulieren „alle w a h r e n Christen". Es geht in diesem 2. Brief so wie in dem 1. Brief um die Warnung vor den gnostischen Irrlehrern. Nicht alle, die sich „Christen" nannten (und sogar das Christentum auf neue Höhen führen wollten), schätzten und liebten eine klar apostolisch ausgerichtete Gemeinde. **„Alle, welche die Wahrheit erkannt haben"** ist ein sehr bewußt geschriebener und betonter Satz. **„Die Wahrheit"**, das ist die Wirklichkeit des „wahren und lebendigen Gottes" im Gegensatz zu allen Gottesbildern menschlicher Weisheit und eigener Erfindung. Und Jesus, gerade der „im Fleisch gekommene", der von Gott als „Sühnemittel für unsere Sünde" in die Welt Gesandte, ist **„die Wahrheit"** (1 Jo 4, 2; 4, 10; Jo 14, 6). Wer wahrhaft Christ ist, der hat diese **„Wahrheit"** erkannt. Es steht hier das Perfekt. Denn diese Erkenntnis ist eine abgeschlossene, ein für allemal gültige. Und solche „Christen" werden allerdings in herzlicher Liebe auf jede apostolische Gemeinde schauen.

2 Johannes selbst liebt diese Gemeinde gerade **„um der Wahrheit willen, die in uns bleibt"**. Die **„Wahrheit"**, von der wir eben hörten, **„bleibt"** in uns. Johannes liebt das Wort „bleiben", nachdem er es in seiner ganzen Wichtigkeit von seinem Herrn gehört hatte[283]. Der „Alte" setzt diese göttliche und darum ewige und bleibende Wahrheit dem gefährlichen Trieb damaliger — und heutiger! — Gemeindeglieder entgegen, sich von immer „neuen" Strömungen und Richtungen anlocken zu lassen und das bunte und wechselnde „Neue" über die erkannte und bleibende Wahrheit zu stellen[284]. Die Wahrheit

[282] Freuen wir uns noch darüber, daß auch wir dieses „nicht ich allein" sagen dürfen, sondern in die große Gemeinschaft derer eingefügt sind, „welche die Wahrheit erkannt haben"? Sehen wir darum auch nicht eifersüchtig auf „unser" Werk, „unsere" Gemeinde, „unser" Mutterhaus, „unsere" geistlichen Kinder, sondern ist es uns ein starker Trost, daß sie von vielen gekannt, geliebt und umbetet werden?

[283] Vgl. Jo 15, 4—7; 8, 31.

[284] Wie viele Irrwege ist die Gemeinde Jesu gegangen, weil in ihr die klare apostolische Botschaft nicht genügte. Alles sektiererische Denken entsteht aus dieser Torheit, die begierig nach irgendwelchen Neuheiten greift, anstatt tiefer in die eine bleibende Wahrheit einzudringen. Die Reformatoren haben darum mit Nachdruck betont, daß sie gerade nichts „Neues" wollten, sondern die alte biblische Wahrheit wieder neu auf den Leuchter stellten.

ist dabei eine eigene, lebendige Größe, nicht Objekt oder Resultat unserer Klugheit. Wir haben sie nicht in unserer Hand, sondern sie ist bei uns eingezogen und **„bleibt"** in uns und will u n s in der Hand haben. Johannes fügt mit froher Zuversicht hinzu: **„und mit uns wird sie sein in Ewigkeit."** Wenn wir sie nicht um neuer „Wahrheiten" willen aufgeben und verraten, dann wird sie nicht nur „in uns bleiben", sondern auch **„mit uns sein"**. Im hell Griechisch werden die Präpositionen zwar nicht mehr so genau unterschieden, und doch liegt in dem **„mit uns sein"** der Wahrheit noch ein besonderer Sinn. Die **„Wahrheit"** bleibt nicht untätig in uns; sie wirkt an uns, sie gestaltet unser ganzes Denken, Reden und Handeln. Und das tut sie nicht nur hier und da einmal. Sie wird **„mit uns"** sein **„in Ewigkeit"**, wörtlich „in den Äon hinein", also bis sie uns in der kommenden neuen Welt Gottes zum Ziel gebracht hat. Welch sicherer Führer ist diese Wahrheit für uns!

Wenn Johannes in den ersten Sätzen seines Briefes die **„Wahrheit"** so betont hervorhebt, dann hat das in der damaligen Lage der Gemeinde seinen besonderen Grund und hat doch zugleich auch eine Bedeutung für alle Zeiten. Es geht dabei um die „Liebe", die der Apostel der Gemeinde zugesichert hat. Wir sahen schon beim Lesen des 1. Briefes, wie mißverständlich und mißverstanden das Wort „Liebe" ist (vgl. o. S. 93). Der „Alte" hat diese Gemeinde und ihre Glieder wirklich lieb. Diese wirkliche Liebe ist etwas anderes als menschliche Sympathie oder bloße Freude an ihrem regen Gemeindeleben. Johannes liebt die Gemeinde **„um der Wahrheit willen"**. Seine Liebe zu ihr gründet in der „Wahrheit" und kann von dieser Wahrheit nicht getrennt werden. Wenn die Wahrheit Gottes nicht mehr „in uns bleibt", in dem Apostel und in der Gemeinde und ihren Gliedern, dann ist wirkliche „Liebe" nicht mehr möglich. „Liebe" auf Kosten der **„Wahrheit"** gibt es nicht. Gemeinde und Gemeindeglieder, die von Gottes Wahrheit weichen und „den Jesus auflösen", wie Johannes im 1. Brief in 4, 3 schrieb, könnte er nicht „lieben". Auch in diesem 2. Brief ist „Liebe" nichts Weichliches, nicht eine Freundlichkeit, die alles gelten läßt. Wahrhaft „lieben" können wir nur **„um der Wahrheit willen, die in uns bleibt"**. So quillt unsere Liebe untereinander aus jener Liebe Gottes, die ebenfalls nicht eine Allerweltsliebe ist, sondern die nur „so, auf diese Weise" (Jo 3, 15 f) lieben kann, daß sie den geliebten Sohn für Verlorene in den Tod gibt. Gerade um diese **„Wahrheit"** geht es – bis heute.

Nun folgt der Gruß, der nicht nur ein frommer Wunsch ist, son- 3
dern nachdrücklich die Gewißheit ausspricht: **„Es wird mit uns sein Gnade, Erbarmen, Friede von Gott, dem Vater, und von Jesus Christus, dem Sohn des Vaters, in Wahrheit und Liebe."** Auch die uns

vertrauten Segenswünsche in den Briefen des Apostels Paulus sind nicht nur hingesagte „Wünsche", sondern „Zuspruch" des Segens, den der Apostel sicherlich als wirksam ansieht. Aber Johannes schreibt es ausdrücklich: **„Es wird mit uns sein."** Der Apostel schließt sich ganz mit der Gemeinde zusammen in dem Wissen, auch er als Apostel hat **„Gnade, Erbarmen, Friede"** nötig und freut sich, daß dies alles mit ihm wie mit der Gemeinde sein wird. Wir kennen aus den Briefen des Paulus meist nur den Doppelwunsch „Gnade und Friede". Aber in seinen beiden Briefen an Timotheus verwendet auch Paulus das dreigliedrige Wort des Segens in seinem Eingangsgruß. Dabei betont das hinzugefügte **„Erbarmen"** besonders die Herabneigung der Liebe zu dem schuldigen und leidenden Menschen[285].

Warum ist **„Gnade, Erbarmen, Friede"** für die Gemeinde und ihren Apostel gewiß? Weil sie **„von Gott, dem Vater, und von Jesus Christus"** kommen. Auch Paulus gründet seine Gewißheit im Segenswunsch auf Gott, den Vater, und auf Jesus. Aber während er dabei Jesus Christus als „unseren Herrn" bezeichnet, nennt Johannes ihn **„den Sohn des Vaters"**. Natürlich weiß auch Johannes, daß Jesus „unser Herr" ist. Aber ihm liegt – vom Evangelium her – an der einzigartigen Verbundenheit Jesu mit dem Vater. Geber der Gnade, Vermittler des Erbarmens, Spender des Friedens kann Jesus nur in der Gemeinschaft mit dem Vater als **„der Sohn des Vaters"** sein. Das möchte Johannes hervorheben[286].

Schwierigkeiten macht der Auslegung der Zusatz der Worte **„in Wahrheit und Liebe"**. Zu welchem Satzteil gehören sie und in welchem Sinn werden sie dem Segenswunsch beigefügt? Fr. Büchsel will sie an die vorausgehenden Worte über Jesus anschließen. Das Komma vor ihnen müßte dann fortfallen. Nach dieser Auffassung würde Johannes betonen, daß Jesus Christus in Wahrheit und Liebe oder „durch Wahrheit und Liebe" der Sohn des Vaters sei. Aber das wäre eine ungewöhnliche Aussage, wie sie sonst von Johannes nie über Jesus und seine Gottessohnschaft gemacht wird. So bezieht sich der Zusatz wohl auf den Segenswunsch als ganzen. Er erfüllt sich, indem wir in **„Wahrheit"**, also in der ganzen „Wirklichkeit" Gottes, und darum in **„Liebe"** leben. Schön sagt es A. Schlatter: „In der Erleuchtung des Geistes zum Empfang der Wahrheit und in der Reinigung des Herzens zur Liebe übt Gottes Gnade an uns ihr Werk und kommt

[285] So singen wir es: „Mir ist Erbarmung widerfahren, Erbarmung, deren ich nicht wert."

[286] Auch wir müssen uns darüber klar sein, daß das Bekenntnis zur wirklichen, wesenhaften Gottessohnschaft Jesu nicht ein überflüssiges altes „Dogma" ist, das wir fallen lassen könnten. Ist Jesus nur ein Mensch, dann kann er die Lösung der entscheidenden Frage unseres Lebens, der Schuldfrage, nicht bringen. Das Kreuz ist nur dann unsere Rettung, wenn es der „Sohn des Vaters" ist, der an diesem Kreuz hängt.

der Friede, den Gott zwischen uns und ihm gestiftet hat, an uns zu seiner Frucht" (a. a. O. S. 97). Zugleich blickt der Briefschreiber auf den nächsten Abschnitt seines Briefes voraus[287], der von „Wahrheit" und „Liebe" im Leben der Gemeindeglieder handelt.

WAHRHEIT UND LIEBE ALS KENNZEICHEN DES RECHTEN CHRISTEN

2 Johannesbrief 4–6

4 **Es ist mir eine große Freude gewesen, daß ich aus deinen Kindern**
solche fand, die in der Wahrheit wandeln, wie wir ein Gebot emp-
5 **fingen von dem Vater. * Und jetzt bitte ich dich, Herrin, nicht als**
ob ich dir ein neues Gebot schreibe, sondern das, welches wir von
6 **Anfang an hatten, daß wir einander lieben. * Und dies ist die Liebe,**
daß wir wandeln nach seinen Geboten. Dies ist das Gebot, wie ihr
gehört habt von Anfang an, daß ihr darin wandelt.

zu Vers 4: 3 Jo 3 f
zu Vers 5: 1 Jo 2, 7; Jo 13, 34
zu Vers 6: 1 Jo 5, 3

Paulus beginnt nach damaliger Sitte seine Briefe mit Dank. Johannes tut es in seiner Weise auch. Er tut es, indem er seine Freude an der Gemeinde hervorhebt. „**Es ist mir eine große Freude gewesen, daß ich aus deinen Kindern solche fand, die in der Wahrheit wandeln, wie wir ein Gebot empfingen von dem Vater.**" Aber sogleich stoßen wir auf die Schwierigkeit, einen Brief recht zu verstehen, wenn wir von den Empfängern des Briefes nichts wissen und die ganze Lage, aus der der Brief geschrieben wurde, nicht kennen. Was meint Johannes hier mit seiner Feststellung: „**ich fand**"? Hat er Glieder einer ihm sonst noch nicht näher bekannten Gemeinde irgendwo „getroffen"? Hatten sie ihn vielleicht ihrerseits besucht? War es seine Freude, daß er sie als wahre und echte Christen erkennen konnte? Oder ist das „**aus deinen Kindern solche, die ...**" streng zu nehmen? Kennt er die Gemeinde und hat er Sorge um sie? Blickt der folgende Abschnitt auf eine ernste Bedrohung der Gemeinde durch Irrlehrer? Spricht er gerade darum zuerst einmal seine Freude aus, daß er unter den Gemeindegliedern „**solche fand, die in der Wahrheit wandeln**"? Unterscheidet er sie von den andern, die bereits von der Wahrheit abgewichen sind? Aber wie „**fand**" er dann die Gemeindeglieder, an denen er seine Freude hatte? War er in der angeschriebenen Gemeinde kürzlich zu Besuch gewesen? Eine sichere Entscheidung können wir nicht fällen. Der Fortgang seines Schreibens spricht aber für die erste Auf- 4

[287] Das gehört zum Stil des Johannes. Vgl. die Einleitung zum 1. Brief S. 12.

fassung. Denn der Apostel redet sogleich wieder die ganze Gemeinde mit dem Aufruf zur Liebe an, ohne auf eine tiefe Spaltung in der Gemeinde zu weisen, wie sie doch da sein müßte, wenn nur ein Teil, und sogar der kleinere Teil, der Gemeindeglieder **„in der Wahrheit wandelte"**.

Die **„Wahrheit"**, die rechte Wirklichkeit des Wandels, wird bestimmt durch **„ein Gebot"**, das wir **„empfingen von dem Vater"**. Nicht eigene Ideale, nicht irgendeine menschliche Moral macht das Leben des einzelnen Christen und das Leben einer ganzen Gemeinde wahr und recht. Johannes ist – wie das ganze NT – in seinem Denken „theozentrisch", gottbezogen. Einzig der heilige Wille Gottes bestimmt die **„Wahrheit"** unseres Lebens.

5 Dieser Wille ist im Liebesgebot kund geworden, weil Gott „Liebe ist" (I, 4. 8. 16). Darum fährt Johannes fort: **„Und jetzt bitte ich dich, Herrin, nicht als ob ich dir ein neues Gebot schreibe, sondern das, welches wir von Anfang an hatten, daß wir einander lieben."** Haben wir aus diesem Satz zu schließen, daß der Apostel bisher mit der Gemeinde, der er schreibt, noch nicht persönlich verbunden war und jetzt die Herstellung liebender Verbundenheit erbittet? Ist das **„einander lieben"** in dieser Weise konkret gemeint als Liebe zwischen Apostel und Gemeinde? Damit würden wir aber doch wohl zu viel aus dem Satz herauslesen. Johannes gäbe damit seiner Person eine Stellung und Wichtigkeit, wie wir es gerade an ihm sonst gar nicht kennen. Johannes blickt vielmehr auf das Gemeindeleben als solches und als ganzes. Er tut es auch hier so, wie er es im 1. Brief getan hat, und wiederholt darum dieser bestimmten Gemeinde gegenüber, was er in I 2, 7 gesagt hatte. Er gleicht nicht den Lehrern, die interessante, neue Ansichten in die Gemeinde zu bringen suchen. Er will sich betont auf das alte Gebot stützen, das die apostolischen Gemeinden **„von Anfang an hatten"**. Es ist das Gebot, **„daß wir einander lieben"**. Dieser Satz hängt gewiß von dem „ich bitte dich, Herrin" ab, aber er erläutert zugleich auch den Inhalt des alten und bekannten **„Gebotes"**. Er bittet die ganze Gemeinde darum, daß sie dies ihr längst vertraute Gebot immer neu verwirklicht[288].

6 Ganz ähnlich wie im 1. Brief in 5, 2 schützt der Apostel die Reinheit und Wahrheit der „Liebe" gegen alle menschlichen Entstellungen. **„Und dies ist die Liebe, daß wir wandeln nach seinen Geboten. Dies**

[288] Gerade weil das Gebot der Liebe untereinander das alte längst bekannte Gebot ist, droht es seine Kraft zu verlieren und uns nicht mehr ernstlich zu erfassen. So muß immer wieder die Gemeinde an dieses Gebot erinnert und um seine lebendige Erfüllung gebeten werden. Darüber steht der Ernst der Aussage I 3, 14: „wer nicht liebt, bleibt im Tode." In der Bitte des Johannes kann auch die Mahnung liegen, die Paulus gerade an eine Gemeinde richtet, die die Bruderliebe bereits übt: „Wir ermahnen euch aber, daß ihr noch völliger werdet" (1 Th 4, 10; 3, 12; 4, 1).

ist das Gebot, wie ihr gehört habt von Anfang an, daß ihr darin wandelt." Wir machen uns gern selber ein Ideal der Liebe zurecht, bei dem wir Gott und seinen heiligen Willen aus unserer Liebe zu den Menschen ausklammern. Gott als der Herr, Gott als unbedingter Wille mit seinen Geboten ist ausgeklammert, wenn wir nur „lieben". Auch für den andern, den wir lieben, brauchen wir dann nicht auf Gottes Geboten zu bestehen. Aus „Liebe" können wir ihm erlauben, was Gottes Gebot verbietet, und ihm erlassen, was Gott in seinem Gebot fordert. Johannes aber erklärt, daß das kein wirkliches Lieben sei. So trennen wir den andern von Gott und führen ihn ins Verderben. Wirkliche Liebe können wir andern nur erweisen, wenn unser Herz dabei mit vollem Ernst auf Gott gerichtet bleibt und in Gott die entscheidende Instanz sieht. Wir sind dann davon durchdrungen, daß Gottes Gebote das Leben des Menschen nicht einengen und verkümmern, sondern es im Gegenteil allein zum wahren und erfüllten Leben führen. Darüber hat es in der Gemeinde, die durch Jesu Blut für Gott erkauft ist, nie einen Zweifel geben können. **„Dies ist das Gebot, wie ihr gehört habt von Anfang an, daß ihr darin wandelt."** Von Anfang ihres Christentums an haben sie **„die Gebote" gehört.** In der gemeindegründenden Verkündigung der Apostel war alles zentral auf Gott, auf seinen Willen, sein Gebot und seine rettende Liebe in Jesus ausgerichtet. Wenn die Gemeindeglieder „darin wandeln" und von der rettenden Liebe Gottes leben, dann werden sie auch die rechte Liebe untereinander haben, die das große Gebot der Gottes- und Menschenliebe erfüllt.

ERNSTE WARNUNG VOR FREMDER LEHRE

2 Johannesbrief 7—11

7 **Denn viele Verführer gingen aus in die Welt, die nicht bekennen**
(wollen) **Jesus Christus als den im Fleisch Kommenden. Dies ist**
8 **der Verführer und der Antichrist. * Seht auf euch selbst, damit**
ihr nicht verliert (oder: damit wir nicht verlieren), **was wir er-**
arbeitet haben (oder: was ihr erarbeitet habt), **sondern vollen**
9 **Lohn empfangt** (oder: sondern vollen Lohn empfangen). *** Jeder**
der weitergeht und nicht bleibt in der Lehre des Christus, hat
Gott nicht. Wer in der Lehre bleibt, der hat sowohl den Vater als
10 **auch den Sohn. * Wenn einer zu euch kommt und diese Lehre**
nicht bringt, dann nehmt ihn nicht ins Haus auf und entbietet
11 **ihm keinen Gruß. * Denn wer ihm einen Gruß entbietet, nimmt**
teil an seinen Werken, den bösen.

zu Vers 7:
1 Jo 2, 18. 23
4, 1—3
zu Vers 8:
Gal 4, 11
zu Vers 9:
1 Jo 2, 23
zu Vers 10:
1 Kö 13, 16 f
Mt 10, 13 f
Apg 19, 9
2 Th 3, 6
3 Jo 8
zu Vers 11:
1 Tim 5, 22
Offb 18, 4

7 Wenn es so ist, wie es der vorige Abschnitt darlegte, warum muß es dann von Johannes so ernst unterstrichen werden? Gibt es nun doch Zweifel an dieser apostolischen Haltung? Ja, **„denn viele Verführer gingen aus in die Welt, die nicht bekennen** (wollen) **Jesus Christus als den im Fleisch Kommenden."** Hier stehen wir wohl bei dem besonderen Anlaß dieses Briefes. Die geistig-religiöse Bewegung, die wir mit dem Sammelnamen „Gnosis" bezeichnen, dringt offenbar in einem breiten Strom und nicht ohne Wirkung vor. Es gibt dabei eine „christliche Gnosis", deren Vertreter aus den apostolischen Gemeinden selber kommen (I, 2, 19) und ein „höheres" Christentum in die Gemeinden hineinbringen wollen. Darin lag ihre Anziehungskraft und ihre Gefahr. Für den „Alten" sind sie **„Verführer"**. Sie sind nicht vereinzelte Erscheinungen, die man unbeachtet lassen könnte; ihre Zahl ist groß. Der Apostel spricht von **„vielen Verführern"**. Sie haben ein ausgesprochenes Sendungsbewußtsein. Das liegt in dem Ausdruck: **„sie gingen aus in die Welt"**. Ihre eifrige Werbetätigkeit ist nicht auf einen kleinen Raum beschränkt[289].

Warum kann und warum muß der Apostel sie so schroff abweisen und so ernst vor ihnen warnen? Sollte nicht die „Liebe", zu der Johannes aufrief, auch ihnen gelten? Aber Johannes verband sofort im Eingang des Briefes die „Liebe" unlöslich mit der „Wahrheit". Die **„Verführer"** haben nicht einzelne, besondere Ansichten, die man als solche dulden könnte. Ihre Verkündigung greift das Zentrum der apostolischen Botschaft an, verletzt „die Wahrheit" tödlich. Sie **„bekennen nicht Jesus Christus als den im Fleisch Kommenden"**. Ihr geistiger Christus" ist nicht der Retter der Sünder durch den blutigen Tod am Kreuz[290]. Sie meinen einen größeren und vollkommeneren Christus zu bringen und sehen nicht, wie sie die eigentliche und unentbehrliche Sendung des Sohnes Gottes **„im Fleisch"** gerade verfehlen. Wir vergleichen, was wir uns schon zu I, 4, 1 ff klar machten. Sie verkennen und verleugnen damit die eigentliche Liebe Gottes, die gerade darin „steht", daß Gott seinen Sohn zur Versöhnung für unsere Sünden gesandt hat (I, 4, 10). Dadurch verliert auch das Liebesgebot an uns seine Tiefe und die Kraft zu seiner Erfüllung. Nur als die „zuerst Geliebten" können wir unserseits lieben (I, 4, 19).

Es fällt auf, daß Johannes hier Jesus Christus nicht als den „im Fleisch Gekommenen" bezeichnet, sondern das Präsens: **„den im**

[289] Vgl. im 1. Brief 4, 1 ff.

[290] Es geht dem Apostel – genau wie später den Reformatoren – um die „Ehre Christi" als des einzigen Retters von der Sünde und darin zugleich um das wirkliche Heil des verlorenen Menschen. Auch wir widerstehen modernen Richtungen einzig und allein aus diesem Grund. Aus solchen entscheidenden Gründen aber auch mit aller Bestimmtheit.

Fleisch Kommenden" wählt. Schlatter meint darum, der Apostel spräche hier von der Wiederkunft Jesu, die für die gnostische Heilslehre unwichtig war oder „vergeistigt" aufgefaßt wurde. Aber bei seiner Parusie kommt Jesus nicht mehr als der Leidensfähige und zum Leiden Berufene **„im Fleisch"**, sondern als der Heilsvollender „in Herrlichkeit". Das Präsens wird gewählt sein, weil es sich bei Jesu „Kommen" um einen bleibenden und gegenwärtigen wirksamen Tatbestand handelt. Auch mag die im Johannesevangelium häufige Bezeichnung „ho erchomenos = der Kommende" (Jo 1, 15; 3, 31; 11, 27) hier eingewirkt haben. Jesus ist **„der Kommende"**, aber gerade der **„im Fleisch"** Kommende. Das gehört zu seinem Wesen als „Retter der Welt" (I, 4, 14).

Johannes kann da, wo dieses „Kommen im Fleisch" geleugnet wird, nicht einen tragbaren theologischen Irrtum sehen. Nein, **„dies ist der Verführer und der Antichrist"**. Die **„vielen Verführer"** müssen endzeitlich gesehen werden. In ihnen kommt **„der Verführer"**, also der Teufel, zur Wirkung, genauso wie – auch nach I, 2, 18 – **„der Antichrist"** in den vielen „Antichristen". Johannes will damit nicht die urchristliche Eschatologie entmythologisieren und in bloße gegenwärtige Erscheinungen auflösen. Er sagt nur das gleiche wie der Apostel Paulus in 2 Th 3, 7: „Der Gesetzlose" kommt erst noch, aber „das Geheimnis der Gesetzlosigkeit" ist bereits wirksam. Darum sind die „Irreführer" jetzt so ernst zu nehmen.

Es geht also nicht etwa um eine Vielfältigkeit von Ansichten, die 8
einen theologischen Reichtum darstellen könnte, sondern um das Heil selber, das gerade in der Endzeit – ganz entsprechend den Worten Jesu selbst in Mt 24, 24 – in besonderer Weise von Verführern und Antichristen bedroht wird. Jesu eigener Warnruf an seine Jünger in Mt 24, 4 wird darum von seinem Jünger Johannes aufgenommen: **„Seht auf euch selbst."** Jeder Christ, jede Gemeinde trägt hier eine Verantwortung für sich selbst, die sich ganz praktisch in ihrem ewigen Schicksal auswirken wird. Hier droht der Unachtsamkeit ein schwerer Verlust: **„Damit ihr nicht verliert** (oder: damit wir nicht verlieren), **was wir erarbeitet haben** (oder: was ihr erarbeitet habt)." Die Entscheidung über die Textform „was wir erarbeitet haben" oder „was ihr erarbeitet habt", ist nicht leicht zu treffen. Johannes kann an seine eigene apostolische Arbeit denken, die vergeblich getan ist, wenn sich die Gemeinde von der modernen Verführung erfassen läßt[291]. Johannes hat der Gemeinde das wahre Heil gebracht; die Gemeinde verliert es, wenn sie den Verführern folgt. Der Apostel könnte auch an die eigene „Arbeit" der Gemeinde denken. Gemeinde Jesu in dieser Welt

[291] Vgl. dazu die Sorge des Apostels Paulus in Phil 2, 16.

zu sein und als solche zu leben, ist kein Spiel, sondern kostet immer neue Mühe und ernste Arbeit. Alles, was die Gemeinde darin bisher „erarbeitet hat", verliert sie, wenn sie nicht aufmerksam und wach in den innern Bedrohungen der Endzeit steht. Wie immer wir den Text fassen, auf jeden Fall ist es die Sorge des Apostels im Blick auf die Glieder der Gemeinde, daß **„ihr nicht verliert, sondern vollen Lohn empfangt"**. Die neue Bewegung verspricht ihnen einen großen „Gewinn" und stellt es ihnen als verlockend und „lohnend" hin, ein neues und höheres Christentum zu erhalten. Johannes warnt: Ihr „gewinnt" nicht, sondern ihr **„verliert"**. Euch entgeht der wahre, **„volle Lohn"** ewiger Herrlichkeit[292].

Vom **„Lohn"** ist im NT immer wieder ganz unbefangen die Rede. Man hat sich oft daran gestoßen und von einer „niedrigen Lohn-Ethik" gesprochen. Man müsse doch das Gute um des Guten willen tun, ohne nach „Lohn" zu fragen. Nun, darüber müssen wir das NT nicht erst belehren. Jesus hat ein falsches Lohndenken radikal abgewiesen (Lk 17, 10). Und die zentrale Botschaft des NT von der Gerechtigkeit vor Gott ohne Verdienst allein aus Gnade (Rö 3, 24) schließt alles Schielen nach „Lohn" grundsätzlich aus. Aber es gehört zur „Lebendigkeit" und „Menschlichkeit" der biblischen Botschaft, daß sie in scheinbarem Widerspruch dazu nun doch auch froh und mutmachend von **„Lohn"** sprechen kann. Auch der größte ethische Fanatiker wird es nicht ablehnen, wenn ihm nach einem harten und gefahrvollen Einsatz „gedankt" wird und wenn er Anerkennung findet und ein freies Geschenk empfängt. Der „Lohn" im NT ist nie Sache eines Rechtsanspruches. Aber es ist die Freude eines lebendigen und liebenden Gottes, seine Diener in freier Großzügigkeit zu „belohnen", wenn sie durch Gefahr und Not hindurch treu in ihrem Einsatz gewesen sind. So darf die Gemeinde auf den Tag Gottes blicken, an dem es sich zeigen wird, daß keiner vergeblich Gott diente, daß alle Treue in ihrem Einsatz für Gott **„vollen Lohn"** erhält[293]. Diesen Blick soll die Gemeinde gerade jetzt in der Anfechtung durch Verführung haben,

[292] Der Lesart „damit wir nicht verlieren, was wir erarbeitet haben" entspricht eine Umformung des Schlusses: „sondern vollen Lohn empfangen". Dann hätte der Apostel in der ganzen Mahnung nur an sich und seine Mitarbeiter gedacht. Wie unwahrscheinlich ist das!

[293] Es bleibt bei der schönen Regel W. Löhes für seine Diakonissen: „Was will ich? Dienen will ich. Wem will ich dienen? Dem Herrn in seinen Elenden und Armen. Und was ist mein Lohn? Ich diene weder um Lohn noch um Dank, sondern aus Dank und Liebe. Mein Lohn ist, daß ich dienen darf." Aber hier, wie so vielfach in der Bibel, ist das lebendige Leben erst dann voll beschrieben, wenn zugleich das herzliche Lohnen Gottes unbefangen und mit Freude gesehen wird. Die mit „Goldenen Kronen" belohnten „Ältesten" werden schon ihre Kronen immer wieder vor dem Thron niederlegen und Gott allein alle Ehre geben (Offb 4, 10. 11).

damit sie nicht „verliert“, sondern „das Ziel ihres Glaubens davonträgt“ (1 Pt 1, 9) und den vollen Gnadenlohn erhält.

9 Die Gefahr der Verführung durch die modernen Gedanken der Gnosis ist darum so groß, weil hier ein fortgeschrittenes, höheres Christentum angeboten wird. Die neuen Lehrer gehen anscheinend viel weiter vorwärts, sie lassen das apostolische Christentum hinter sich, das dagegen „veraltet“, „unmodern“ und „primitiv“ aussieht. Soll es wirklich immer nur bei der gleichen Botschaft von Sünde und Gnade, vom stellvertretenden Opfer, von der leidenden Liebe am Kreuz bleiben? Gibt es nicht ganz andere geistige Höhen, großartige Systeme, wunderbare „Erkenntnisse“?

Die Gemeinde soll sich durch all das nicht täuschen lassen. **„Jeder, der weitergeht und nicht bleibt in der Lehre des Christus, hat Gott nicht.“** Was immer die Gemeinden „gewinnen“ mögen durch die neuen Lehren, sie verlieren Gott, den wirklichen Gott und seine wahre rettende Liebe, die nur in Jesus Christus, dem Gekreuzigten, zu finden ist[294]. Welcher geistige „Gewinn“ könnte diesen „Verlust“ aufwiegen? Das „Bleiben“ in der apostolischen Lehre mag rückständig erscheinen, ein bloßes Beharren beim Alten, ein ängstliches Anklammern an die Tradition — es gilt dennoch: **„Wer in der Lehre bleibt, der hat sowohl den Vater als auch den Sohn.“** Die **„Lehre“** kann freilich zu einer bloßen, trockenen Schale werden. Aber das wird sie nur, wenn man sie nicht mehr wahrhaft in ihrem mächtigen Inhalt hört! Den lebendigen Inhalt hat man immer nur in der **„Lehre“**, die allein uns den Inhalt zutragen und vermitteln kann[295]. Der Ausdruck **„Lehre des Christus“** kann als Genetiv des Objektes wie des Subjektes verstanden werden. Es geht um die Lehre, die Christus gerade als den im Fleisch Kommenden, Gekreuzigten und leibhaftig Auferstandenen zum Inhalt hat. Es ist aber auch die Lehre, in der Christus selber in der Macht des Heiligen Geistes Menschen lehrt und überführt. Was sollen wir mehr verlangen? Die Gemeinde hat die Zusicherung: **„Wer in der Lehre bleibt, der hat sowohl den Vater als auch den Sohn“**. Johannes wiederholt

[294] Wie nötig haben auch wir heute diese Mahnung, wenn wir von mancher Seite aufgefordert werden, doch „weiterzugehen“ und die Apostel „besser zu verstehen, als sie sich selbst verstanden“. Aber wir wollen auch für uns selber „Gewinn und Verlust“ nüchtern und klar bedenken.

[295] Luther hat von sich bekannt, daß er zeitlebens ein Schüler des Katechismus geblieben sei (Weimarer Ausgabe 40 III S. 192, Tischreden EVA Berlin 1953, S. 59, S. 163). Auch wir selber können erfahren, wie gerade in schweren Tagen und harten Anfechtungen der „Katechismus“, also die schlichte Zusammenfassung der biblischen Lehre, voll Kraft und Leben ist. Freilich soll uns dann diese Zusammenfassung zum eingehenden Studium der Heiligen Schrift „treiben“. Gründliche Bibelkenntnis und klares Erfassen der „Lehre“ der Apostel tut unseren Gemeinden not. Es ist erschreckend, wie unbewandert in der Bibel viele auch in unseren gläubigen Kreisen sind.

hier, was er im 1. Brief in 2, 23; 4, 15 über die unlösliche Zusammengehörigkeit von Vater und Sohn bezeugt hat. Wir können den Vater immer nur im Sohn und den Sohn nur mit dem Vater zusammen „haben". Es geht nicht um einzelne „Dogmen" und theologische Sätze in denen man auch „anderer Meinung" sein könnte. Es geht um die Wirklichkeit Gottes, und zwar um eine nicht nur theoretisch erkannte, sondern lebendig zu „habende".

10/11 Weil es um das ganze Heil im „Haben" des wahren, lebendigen Gottes geht, darum muß die Abweisung der verführerischen Irrlehre radikal sein. Es genügt nicht eine theologische Bekämpfung der falschen Lehre, es ist auch der Verbreiter der Irrlehre ganz konkret abzuweisen und von der Gemeinde fern zu halten. **„Wenn einer zu euch kommt und diese Lehre nicht bringt, dann nehmt ihn nicht ins Haus auf und entbietet ihm keinen Gruß."** Uns sind solche Sätze zunächst fremd, ja, bedenklich und anstößig[296]. Wir sind an den „Pluralismus" und die Toleranz gewöhnt. Wir kommen darum sofort mit der „Liebe", die doch so nicht handeln könne, wie es Johannes hier von einer Gemeinde verlangt. Aber wir werden einen Johannes nicht erst an die Liebe erinnern müssen! Seine Härte gegen die Irreführer kommt aus der Liebe! Der Liebe geht es um das Leben des Nächsten. Und hier ist das eigentliche Leben in seinem Zentrum bedroht. Gemeindeglieder werden um ihr Leben betrogen, wenn die falschen Lehrer nicht radikal von der Gemeinde ferngehalten werden. Der Apostel ruft nicht nach staatlicher Gewalt zur Unterdrückung der Irrlehrer. Er will ihre Vertreter nicht ins Gefängnis bringen. Aber die apostolische Gemeinde soll sich selber so völlig gegen sie verschließen, daß sie nicht ins Haus aufgenommen, ja nicht einmal gegrüßt werden. Denn der Gruß wäre schon eine Art Anerkennung und ein Stück Gemeinschaft mit ihnen. **„Denn wer ihm einen Gruß entbietet, nimmt teil an seinen Werken, den bösen[297]."**

[296] Wir werden daran denken müssen, daß auch Jesus um der Sache Gottes willen so hart reden konnte (Mk 3, 33–35; Lk 14, 26).

[297] Wir werden diese Sätze eines Johannes zur Kenntnis nehmen müssen. Ja, wir werden uns von ihnen fragen lassen müssen, ob wir nicht gerade dadurch die Liebe verletzen, wenn wir die Kirche zu einem verwirrenden Sprechsaal entgegengesetzter Lehren machen lassen. Es sei noch einmal an Luthers Schrift erinnert: „Daß eine christliche Versammlung oder Gemeinde Recht und Macht habe..." (vgl. S. 100). Freilich wird jeweils zu prüfen sein, ob wir es bei einem Prediger mit einer Irreführung durch falsche Ausbildung zu tun haben, aus der er herausgeholt und herausgebetet werden kann, oder ob er hochfahrend seine falschen Lehren der Gemeinde aufzwingen will. Im Blick auf das Beten für Irrlehrer vgl. das zu I 5, 16 Ausgeführte.

DER ABSCHLUSS

2 Johannesbrief 12—13

12 **Vieles habe ich euch zu schreiben; aber ich wollte es nicht mit Papier und Tinte tun. Ich hoffe vielmehr zu euch zu kommen und von Mund zu Mund zu reden, damit unsere Freude vollendet sei.**
13 *** Es grüßen dich die Kinder deiner Schwester, der Auserwählten.**

zu Vers 12: 1 Jo 1, 4; 3 Jo 13 f; Gal 4, 20
zu Vers 13: 1 Pt 5, 13

Der Apostel bricht seinen Brief hier ab, nicht weil er alles gesagt hat und keinen weiteren Stoff mehr hätte. Im Gegenteil: **„Vieles habe ich euch zu schreiben."** An Stoff mangelt es nicht. Doch der Apostel ist sich der Unzulänglichkeit der schriftlichen Mitteilung bewußt. **„Aber ich wollte es nicht mit Papier und Tinte tun. Ich hoffe vielmehr zu euch zu kommen und von Mund zu Mund zu reden."** Wir freuen uns, daß es „Briefe" gibt. Die Briefe der Apostel sind nicht umsonst ein wesentlicher Teil des NT. Welche Rolle haben „Briefe" auch in der Kirchengeschichte gespielt[298]! Aber sie sind auch immer wieder nur „ein Notbehelf" und können die gründliche Verkündigung und das persönliche Gespräch nicht ersetzen. Auch Paulus hat gerade in der notvollen Situation der Verwirrung in den galatischen Gemeinden die Begrenztheit der schriftlichen Mahnung sehr empfunden. Bei persönlicher Anwesenheit kann man „die Stimme wandeln" (Gal 4, 20) und ganz anders auf die Lage der Hörer, auf ihre Fragen und Schwierigkeiten eingehen. So ist es die Hoffnung des Johannes, nicht nur in den knappen Zeilen des Briefes sich an die Gemeinde zu wenden, sondern von **„Mund zu Mund"** reden zu können[299]. Dann erst wird **„unsere Freude vollendet"**. Bei dem kurzen Brief könnte noch viel zu fragen sein; manches möchte der Gemeinde als „harte Rede" vorkommen. Es bleiben Unklarheiten und Unsicherheiten. Aber wenn Johannes selbst da ist und mit den Gliedern der Gemeinde reden kann, wird alles klar und gewiß werden. Das wirkt dann vollendete Freude im Herzen der Gemeinde und des Apostels[300]. 12

Johannes hat — wie der Apostel Paulus in vielen seiner Briefe — Grüße auszurichten: **„Es grüßen dich die Kinder deiner Schwester, der Auserwählten."** Er grüßt von den Gliedern der Gemeinde, in der 13

298 Unschätzbar sind z. B. die Briefe Vater Bodelschwinghs und Mutter Evas; ebenso die Briefe Luthers oder Calvins.

299 Der Ausdruck „von Mund zu Mund" findet sich schon im AT in 4 Mo 12, 8; Jer 39, 4; LXX.

300 Auch wir werden bei allen Kommunikationsmitteln nicht vergessen dürfen, wie unersetzlich das ist, was Paulus das „Sehen des Angesichtes" (1 Th 2, 17), Johannes hier das „Reden von Mund zu Mund" nennt. Erst im unmittelbaren, persönlichen Zusammensein wird das Wort geschenkt, das konkret in die Lage des andern hineinspricht.

er weilt. Sie wird als **„Schwester"** der Gemeinde[301] bezeichnet, an die Johannes schreibt. Auch sie wird **„die Auserwählte"** genannt, da ihr Dasein als solches völlig auf der Erwählung Gottes beruht[302]. Ihre **„Kinder"** sind die Glieder der Gemeinde, ohne daß damit gesagt sein müßte, daß diese Gemeindeglieder unmittelbar von dieser Gemeinde selbst zu Jesus geführt worden seien. Die Gemeinde als solche mußte konkret dasein, ehe sie weitere Menschen gewinnen konnte. Sie hatte also bereits „Kinder", ehe sie neue Kinder zeugen konnte. Ist eine Gemeinde als „Frau" vorgestellt, so können ihre Glieder nur im Bild der „Kinder" gesehen werden.

301 Damit wird bestätigt, was wir zu der Anrede im Eingangsgruß sagten. Es ist kaum anzunehmen, daß sich der Apostel bei einer leiblichen Schwester der „Herrin" aufhält, an die er als an eine einzelne Frau seinen Brief richtete.

302 Vgl. 1 Th 1, 4. 5.

Der dritte Brief des Johannes

DER EINGANGSGRUSS

3 Johannesbrief 1–2

1 **Der „Alte"** (wörtlich: der „Älteste") **an Gajus, den Geliebten, den**
2 **ich selber liebe in Wahrheit. * Geliebter, in jeder Hinsicht wünsche**
ich, daß es dir wohlgeht und du gesund seist, wie es ja deiner Seele
wohlgeht.

zu Vers 1:
2 Jo 1

Wir haben es in diesem dritten Schreiben des Johannes der Form 1
nach mit einem kurzen[303] Privatbrief zu tun. Es ist bezeichnend, daß in ihm die Form antiker Briefe noch stärker eingehalten wird als in dem vorigen Schreiben. Das bestätigt unsere Annahme, daß der 2. Johannesbrief kein Schreiben an eine einzelne Frau ist, sondern einer Gemeinde gilt, die als „erwählte Herrin" angeredet wird. Doch ist auch unser drittes Schreiben kein Privatbrief im eigentlichen Sinne; obwohl es sich an einen einzelnen Mann wendet, spricht es doch von den Angelegenheiten einer Gemeinde.

Der Absender ist, wie im vorangegangenen Brief, der **„Alte"**[304]. Wenn er sich hier auch einem einzelnen Mann gegenüber so nennt, muß es sich um eine Bezeichnung handeln, die weithin bekannt und anerkannt war. An eine Amtsbezeichnung „der Presbyter" ist hier vollends nicht zu denken.

Der Adressat ist ein **„Gajus"**, von dem wir nichts Näheres über unseren Brief hinaus wissen können. Dazu ist der Name viel zu häufig. Er kommt im NT viermal vor: Apg 19, 29; 20, 4; Rö 16, 23; 1 Ko 1, 14[305]. Der Empfänger unseres Briefes ist mit Johannes herzlich verbunden und wird **„der Geliebte"** genannt. Wir denken an Kol 4, 14, wo Lukas, der Arzt, von Paulus so bezeichnet wird[306]. Zu dieser Bezeichnung und zu der Herzlichkeit des ganzen Schreibens würde es gut passen, wenn nach V. 4 Gajus durch Johannes selbst zum Glauben

[303] Der 2. und 3. Johannesbrief sind fast gleich lang (2. Johannesbrief: 1 126 Buchstaben, 3. Johannesbrief: 1 105 Buchstaben) und füllen je ein gleich großes Papyrusblatt. Briefe dieses Formats sind uns aus dem Altertum auch sonst erhalten.

[304] Vgl. dazu die Auslegung von 2 Jo 1.

[305] Von denen, die in diesen Stellen genannt sind, könnte nur „Gajus aus Derbe" (Apg 20, 4) in dem Raum zu denken sein, in den hinein Johannes schreibt.

[306] Die herzliche Benennung als „Geliebter" ist im NT häufig: Apg 15, 25; Rö 16, in der Grußliste mehrfach: Eph 6, 21; Kol 1, 7; 2 Tim 1, 2; Phil 1; 2 Pt 3, 15. Daß dort, wo die Liebe regiert, diese Bezeichnung viel gebraucht wurde, ist verständlich. Ihr inneres Gewicht wird aus Stellen wie Mt 3, 17; Mk 6, 12 deutlich.

gekommen ist. Freilich nennt der alte Apostel im 1. Brief alle Gemeindeglieder „Kinder" oder „Kindlein", ohne daß er darum auch ihr geistlicher Vater im engeren Sinn sein müßte. Aber das betonte „meine" Kinder in V. 4 könnte hier doch – wie Gal 4, 19 – einen engeren Sinn haben.

Gajus steht offenbar in einem Freundeskreis (V. 15), hat aber keine amtliche Stellung in der Gemeinde. Da aber Johannes der Bezeichnung „Gajus, den Geliebten" ausdrücklich hinzusetzt: **„den ich selber liebe in Wahrheit"**, ist Gajus offenbar auch von anderen geliebt worden. Warum er als ein „Geliebter" in der Gemeinde stand, werden uns die Verse 5–7 zeigen. Er darf sich aber darauf verlassen, daß auch der alte Apostel Johannes ihn **„in Wahrheit"**, also wirklich und echt, liebt.

2 Man hat im Briefeingang den üblichen Segenswunsch vermißt. Aber dieser schließt sich in V. 2 als eigener Satz sofort an V. 1 an. Er bleibt in seinen Ausdrücken nahe bei der Formel weltlicher Briefe jener Zeit, in denen der Wunsch für die Gesundheit des Empfängers häufig war und ja auch naheliegend ist. **„Geliebter, in jeder Hinsicht wünsche ich, daß es dir wohlgeht und du gesund seist, wie es ja deiner Seele wohlgeht."** Die Wortstellung bewahrt auch in der Übersetzung die Doppeldeutigkeit des vorangestellten **„in jeder Hinsicht"**. Es verbindet sich unmittelbar mit dem Verb „ich wünsche" und könnte den Sinn haben: „vor allen Dingen wünsche ich". Aber es wird wohl zum Wohlergehen gehören: „In jeder Hinsicht soll es Gajus wohlergehen." Dazu gehört das äußere, körperliche Wohlergehen in der Gesundheit. Auf eine Erkrankung des Gajus ist daraus so wenig zu schließen wie bei unseren Grüßen, die einem andern auch „die beste Gesundheit" wünschen, ohne daß er krank ist. Aber die Gesundheit ist im biblischen Denken nicht die Hauptsache. Viel wichtiger ist es, daß es **„der Seele wohlgeht**[307]". Und das ist bei Gajus der Fall. Der Apostel wünscht, daß das äußere Wohlaufsein des Gajus dem Wohlergehen seiner Seele entspreche. Warum Johannes von dem guten Stand des inneren Lebens bei Gajus überzeugt ist, das wird sogleich im nächsten Satz begründet und dann auch aus V. 5 aufs neue deutlich.

[307] Es ist üblich geworden, heute zu betonen, daß „Seele" ja nicht etwa wirklich die Seele des Menschen meine, sondern einfach mit „Leben" wiederzugeben sei. Aber der Wunsch für die körperliche „Gesundheit" des Gajus zeigt, daß der grüßende Apostel die Seele im Unterschied vom Körper doch als „Seele" sieht. Dazu mußte er wirklich nicht ein platonischer Philosoph sein! Das Wissen um die Seele des Menschen ist uralt und in der ganzen Welt verbreitet. Vgl. dazu die Ausführungen zu I 3, 16.

DAS ECHTE VERHALTEN ZU DURCHREISENDEN BRÜDERN

3 Johannesbrief 3—8

3 **Denn es ist mir eine große Freude gewesen, als Brüder kamen und**
deiner Wahrheit Zeugnis gaben, wie du in (der) Wahrheit wandelst.
4 *** Eine größere Freude habe ich nicht als die, daß ich von meinen**
5 **Kindern höre, daß sie in der Wahrheit wandeln. * Geliebter, treu-**
lich handelst du bei allem, was du an den Brüdern, und noch dazu
6 **an fremden tust. * Sie haben für deine Liebe Zeugnis abgelegt vor**
versammelter Gemeinde. Gut wirst du tun, wenn du sie zur Weiter-
7 **reise ausstattest in einer Gottes würdigen Weise. * Denn für den**
Namen sind sie ausgegangen, ohne etwas von den Heiden anzuneh-
8 **men. * Wir sind demnach verpflichtet, uns solcher Männer anzu-**
nehmen, damit wir Mitarbeiter werden für die Wahrheit.

zu Vers 3: 2 Jo 1
zu Vers 4: 1 Ko 4, 15
zu Vers 5: Mk 14, 6
zu Vers 6: Tit 3, 13
zu Vers 7: Mt 10, 8; Apg 20, 35; 1 Ko 4, 12; 9, 12—15
zu Vers 8: Mt 10, 40 f; Rö 16, 2; Hbr 13, 2

Wie wir es in den Briefen des Paulus kennen, kommt nun zuerst der „Dank“[308]. Das ist aber keineswegs nur „Formsache“. Die Voranstellung des Dankes kennzeichnet die innere Haltung der Apostel und der
„Christen“. Ihr erster Blick gilt dem Guten und Erfreulichen, das Gott 3
wirkt und schenkt. Das geschieht hier nicht unmittelbar in der Form eines Dankes gegen Gott. Im NT herrscht innerhalb großer Grundlinien volle Freiheit. Johannes gibt einfach seiner Freude Ausdruck, die für ihn selbstverständlich dankende Freude ist. **„Denn es ist mir eine große Freude gewesen, als Brüder kamen und deiner Wahrheit Zeugnis gaben, wie du in (der) Wahrheit wandelst.“** Wir sehen den äußeren Anlaß des Schreibens. Brüder kamen aus der Gemeinde, in der Gajus lebte, und erzählten dem Apostel von Gajus. Sie **„gaben seiner Wahrheit Zeugnis“**. Was sie erzählten, wurde zum Zeugnis für Gajus, und zwar für seine **„Wahrheit“**. Damit ist auch hier wieder nicht nur die Aufrichtigkeit und Wahrhaftigkeit[309] des Gajus gemeint. Es ist die ganze „Wirklichkeit“ des Gajus, die Wirklichkeit seiner inneren Haltung und seines tatsächlichen Lebens, die im Zeugnis der Brüder vor Johannes steht. Das wird in dem ausdrücklichen Zusatz **„wie du in (der) Wahrheit wandelst“**, sichtbar. Wenn wir dabei die **„Wahrheit“** durch den Zusatz des Artikels zu einer ganz bestimmten Sache machen, dann meint der Apostel hier **„die Wahrheit“**, die Jesus selber ist (Jo 14, 6), die wahre Wirklichkeit Gottes. In ihr **„wandelt“**, in ihr „lebt“ Gajus. Sie gestaltet sein Denken und Leben. Das
ist des Apostels Freude. Denn er kann versichern: **„Eine größere Freu-** 4

[308] So bei Paulus in Rö 1, 8; 1 Ko 1, 4; Phil 1, 3; Kol 1, 3; 1 Th 1, 2; 2 Th 1, 3; 1 Tim 1, 12; 2 Tim 1, 3. In 2 Ko 1, 3 und Eph 1, 3 steht dafür der Lobpreis Gottes.

[309] Vgl. die Ausführungen zu 1 Jo 2, 4. 22; 3, 19.

de habe ich nicht als die, daß ich von meinen Kindern höre, daß sie in der Wahrheit wandeln." Johannes übertreibt nicht. Jeder Verkündiger des Evangeliums, jeder Prediger, jeder Gemeindeleiter, kann es bezeugen: Menschen, die wir zu Jesus führen konnten und die so in besonderem Maße unsere „geistlichen Kinder" sind, liegen uns am Herzen[310]. Es ist nicht selbstverständlich, daß sie im Glauben bleiben und in ihrem ganzen Leben vom Evangelium, von der Wahrheit und Wirklichkeit Gottes, erfaßt und gestaltet werden. Es ist eine Freude einziger Art, wenn wir hören dürfen, daß sie tatsächlich **„in der Wahrheit wandeln"**.

5 Weil diese **„Wahrheit"** nicht eine Theorie, nicht ein Gedankending, sondern eine volle, umfassende „Wirklichkeit" ist, darum gehört zu ihr die Praxis der Lebensgestalt, die herzliche Übung der Liebe. Es war schon im 1. Brief kennzeichnend für den Apostel Johannes, daß ihm in gleicher Weise die Reinheit der Lehre und die Übung der Liebe entscheidend war[311]. So ist auch bei Gajus sein „Wandel in der Wahrheit" zugleich ein praktisches Leben in der Liebe. Wir denken an 1 Jo 4, 16b und 4, 21. Es geht dem Apostel gerade um die Liebe zum „Bruder". Der „Bruder" ist aber nie eine bloß gedachte Gestalt. Er steht konkret in einer bestimmten Lage vor mir und bedarf in dieser Lage meiner ebenso konkreten Hilfe. Gajus hat es mit **„Brüdern"** zu tun, die ihm ganz **„fremd"** sind, weil sie als wandernde Missionare (V. 7) in die Gemeinde kommen und dort Aufnahme und Hilfe nötig haben. Gajus sieht in ihnen seine „Brüder" und gibt ihnen die Hilfe, die sie brauchen. Mit Freude kann der Apostel ihm schreiben: **„Geliebter, treulich handelst du bei allem, was du an den Brüdern, und noch dazu an fremden, tust."**

6 Diese Brüder haben die tatkräftige Liebe des Gajus empfunden. **„Sie haben für deine Liebe Zeugnis abgelegt vor versammelter Gemeinde."** Das ist sicher die Gemeinde, in der Johannes jetzt weilt und von der aus er seinen Brief schreibt. Was er in diesem Vers sagt, ist die Fortsetzung von dem, was er in V. 3 berichtete. Die dort erwähnten Brüder haben ihm nicht nur persönlich von Gajus erzählt; sie haben auch in der Gemeindeversammlung von ihrer Reise berichtet und dabei für die Liebe des Gajus **„Zeugnis abgelegt"**. Das grie Wort für **„Gemeinde"** trägt den Sinn von „Versammlung" in sich. Es kann freilich einfach die „Gemeinde" ganz allgemein benennen. Aber es erinnert zugleich immer daran, daß zum Wesen einer **„Gemeinde"** das wirkliche Zusammenkommen gehört. Es meint die „Gemeindever-

[310] Paulus kann den Thessalonichern schreiben, nun „lebe" er, wenn er weiß, daß sie trotz aller Drangsale „feststehen im Herrn" (1 Th 3, 8).
[311] Das ist aber bei Paulus nicht anders, wie 1 Ko 13 zeigt.

sammlung". So haben wir es hier mit **„versammelter Gemeinde"** wiedergegeben. Nur so konnten die Brüder „vor der Gemeinde" bezeugen, wie Gajus ihnen wohlgetan hatte. Zugleich wird jetzt deutlich, daß die „Brüder" in V. 3 nicht zufällig und nicht nur rein persönlich zu dem Apostel „kamen", sondern daß sie zu den wandernden Evangelisten gehörten, die auch die Gemeinde des Gajus besucht hatten.

Wenn Johannes formuliert: **„Gut wirst du tun, wenn du sie zur Weiterreise ausstattest in einer Gottes würdigen Weise"**, müssen wir wohl annehmen, daß die Brüder von Johannes aus noch einmal in die Gemeinde zu Gajus zurückkehren, um dann erst eine weitere Missionsreise zu unternehmen. Wahrscheinlich nahmen sie den Brief des Apostels mit zu Gajus. Wir stoßen hier auf das Wort „propempein", das wir auch in Apg 15, 9 und Rö 15, 24 finden. Es wird in der LÜ mit „geleiten" wiedergegeben. Aber das trifft den Vorgang nicht, der hier gemeint ist. „Geleiten" konnte Gajus die Brüder nicht; er mußte ja an seinem Ort bleiben. Und mit einem bloßen „Weiterschicken", wie es wörtlich heißt, war es nicht getan. Eine Ausrüstung zur Reise war nötig. Die Benutzung eines Schiffes war kostspielig. Aber auch bei längeren Fußwanderungen mußte Geld für Unterkunft und Verpflegung da sein. Darum bittet der Apostel die Brüder, die er nun kennengelernt hat, für ihre Weiterreisen **„auszustatten"**. Und dies nicht sparsam und kümmerlich, sondern in einer **„Gottes würdigen Weise"**. Gott war für die Christen eine allgegenwärtige Wirklichkeit, die den ganzen Wandel, alles Tun und Lassen, bestimmte. Gott war gegenwärtig, wenn die Brüder verabschiedet wurden. Es wäre unwürdig vor Gott, wenn ihnen nur eben das Nötigste mitgegeben wurde. **„Gottes würdig"** ist nur ein großzügiges Ausstatten der Brüder.

„Denn für den Namen sind sie ausgezogen, ohne etwas von den Heiden anzunehmen." Hier sehen wir, daß es sich wirklich um „Missionare" handelt. Für welchen „Namen" sie auszogen, muß nicht erst gesagt werden. **„Der Name"** ist jener „Name über alle Namen" (Phil 2, 9), den Jesus von Gott erhalten hat. Über die Bedeutung des „Namens" vergleiche die Ausführungen zu 1 Jo 2, 12. Auf den **„Namen"** Jesus als Inhalt der Verkündigung der Christen weist auch Apg 4, 10. 17; 5, 40 f; 8, 12; 9, 15. **„Für den Namen sind sie ausgezogen."** Den „Namen Jesu" wollen sie bekannt machen und Menschen für Jesus gewinnen. Dabei wollen sie unterwegs **„von den Heiden"** nichts **„annehmen"**. Wir müssen vor Augen haben, daß damals viele Wanderredner umherreisten, die für religiöse Kulte und für Weltanschauungen und Lebensgestaltungen warben. Es gab darunter recht zweifelhafte Männer, die sich gern von ihren Zuhörern Geld geben ließen und so auf bequeme Weise ihren Lebensunterhalt erwarben. Es mußte den 7/8

Boten Jesu daran liegen, nicht mit solchen Leuten verwechselt zu werden und die völlige Redlichkeit und Selbstlosigkeit ihres Handelns zu beweisen[312]. Darum nahmen sie von ihren heidnischen Hörern keine Gaben an. Johannes leitet von daher die Verpflichtung der Gemeinde ab, ihrerseits den Boten Jesu alle notwendige Unterstützung zu gewähren: **„Wir sind demnach verpflichtet, uns solcher Männer anzunehmen, damit wir Mitarbeiter werden für die Wahrheit."** Es können nicht alle Gemeindeglieder in den Reisedienst für Jesus hinausziehen, so dringend nötig dieser Dienst ist. Aber alle, die aus berechtigten Gründen zu Hause bleiben müssen, können **„Mitarbeiter für die Wahrheit werden"**, indem sie die Boten Jesu unterstützen[313]. Es ist schön, daß der Apostel gerade hier ein „Wir" gebraucht und nicht nur mit einem „Ihr" die andern anredet und verantwortlich macht. Wenn wir **„Mitarbeiter für die Wahrheit"** werden, dann ist auch hier wieder **„die Wahrheit"** nicht intellektualistisch gemeint. Es gilt, Menschen die volle „Wahrheit" ihres Lebens aufzudecken, ihre ganze Verlorenheit vor Gott. Es gilt ihnen zu zeigen, wie sie erst in der Annahme der Liebe Gottes und im eigenen daraus erwachsenen Lieben „wahre" Menschen werden.

AUSEINANDERSETZUNG MIT DIOTREPHAES

3 Johannesbrief 9—10

zu Vers 9: Mt 20, 27
zu Vers 10: Mt 23, 13

9 **Ich habe ein kurzes Schreiben an die Gemeinde gerichtet. Aber Dio-**
trephæs, der den ersten Platz unter ihnen einnehmen möchte,
10 **nimmt uns nicht an. * Deswegen werde ich, wenn ich komme, seine**
Werke in Erinnerung bringen, die er tut, indem er mit bösen Worten gegen uns schwatzt. Und sich hiermit nicht begnügend, nimmt er selbst die Brüder nicht auf und hindert auch noch die Willigen und stößt sie aus der Gemeinde aus.

[312] So hatte schon Jesus selbst seinen Boten Anweisungen gegeben (Mt 10, 8). Vgl. vor allem das Verhalten des Paulus: 1 Ko 9, 15—18; 2 Ko 10, 7—10.

[313] Es ist auch bei uns das Geben und Beten der Heimatgemeinde echte Mitarbeit bei der Evangelisation der Welt. Es ist allerdings beschämend wenig getan worden. Unsere „Mitarbeit" in der Evangelisation und in der Diakonie durch Fürbitte und durch das Darreichen von Mitteln müssen wir noch viel ernster zu unserer Sache machen. Wieviel Geld haben wir für uns selber zur Erfüllung eigener Wünsche übrig, und wieviel stellen wir für Gottes Werk zur Verfügung! Vgl. auch dazu die Auslegung von 2 Ko 8 in der W. Stb.

Wir erhalten durch diese Sätze unseres Briefes einen lebendigen Einblick in das urchristliche Gemeindeleben. Seitdem gerade die großen Zentren der Christenheit, Rom und Antiochia, nicht durch namhafte Apostel, sondern durch unbekannte Männer entstanden waren[314], vollzog sich die Evangelisierung ganzer Gegenden weiter durch solche „Brüder", die „für den Namen" Jesu auszogen. Der Apostel Paulus hatte planmäßig seine Arbeit in den größeren Städten getan. Die umliegenden Kleinstädte[315] und die Fülle der Dörfer müssen von den Gemeinden aus, durch „Brüder", erreicht werden. Es wird in dem Dienst des Apostels Johannes nicht anders gewesen sein, wenn wir auch nirgends näheres über seine Arbeitsweise erfahren. Gemeinden boten solchen wandernden Evangelisten gastliche Aufnahme und Reiseunterstützung und wurden so Mitträger ihrer Arbeit.

Aber wir dürfen hier kein ideales Bild urchristlichen Gemeindelebens auf Goldgrund malen. Das nächste Stück unseres Briefes läßt uns auch Schwierigkeiten und Nöte erkennen.

„Ich habe ein kurzes Schreiben an die Gemeinde gerichtet. Aber 9/10
Diotrephæs, der den ersten Platz unter ihnen einnehmen möchte, nimmt uns nicht an." In diesem Schreiben ist es, wie V. 10 zeigt und wie es dem Zusammenhang des Briefes entspricht, ebenfalls um die Aufnahme solcher Brüder gegangen. In der Gemeinde lebt ein Mann namens Diotrephæs. Er will eine führende Rolle in der Gemeinde spielen und **„möchte den ersten Platz unter ihnen einnehmen"**. Er sucht die Gemeinde gegen die wandernden Brüder zu verschließen. Er tut das sehr radikal. Johannes schreibt von ihm: **„Er selbst nimmt die Brüder nicht auf und hindert auch noch die Willigen und stößt sie aus der Gemeinde aus."** Mit welchem Grund er dieses sein Verhalten rechtfertigt, wird nicht gesagt. Vielleicht hat er einzelne schlechte Erfahrungen gemacht, die er nun verallgemeinert. Schon die jüdischen Gemeinden hatten sich gegen Ausnutzung ihrer Gastfreundschaft seitens unlauterer Elemente durch „Empfehlungsschreiben" zu schützen gesucht, mit denen sich redliche Männer aus fremden Gemeinden ausweisen konnten. Diesen Brauch hatte man auch in der jungen Christenheit zu übernehmen begonnen[316], ohne aber ein allgemeines Kontrollsystem daraus zu machen. So mochte Diotrephæs ein gewisses Mißtrauen gegen Wanderprediger haben und sie von vornherein von

[314] Für Antiochia wird uns das in Apg 11, 19—21 anschaulich geschildert.
[315] Ein Beispiel dafür ist Kolossä, wo die Gemeinde nicht durch Paulus, sondern durch Epaphras entstanden ist. Durch seine Erwähnung in Kol 1, 7 kennen wir einmal den Namen eines solchen „Bruders".
[316] Vgl. dazu 2 Ko 3, 1 und die Auslegung in der W. Stb.

seiner Gemeinde fernzuhalten suchen[317]. Aber er ging dabei engherzig und herrschsüchtig vor. Vielleicht fürchtete er auch eine Beeinträchtigung seines Ansehens in der Gemeinde durch fremde Verkündiger.

Johannes hat der Gemeinde zu Hilfe kommen wollen und darum **„ein kurzes Schreiben"** an sie gerichtet. **„Aber Diotrephæs ... nimmt uns nicht an."** Ist das denkbar, daß ein herrschsüchtiger Mann in einer einzelnen und sicherlich kleinen Gemeinde einen Apostel und seinen Brief **„nicht annimmt"**? Haben wir hier am Ende ein deutliches Zeichen dafür, daß eben doch nicht der Apostel Johannes der Verfasser des Briefes ist? Nun, wir brauchen uns nur daran zu erinnern, wie ein Apostel Paulus in den von ihm selbst gegründeten Gemeinden in Galatien und in Korinth behandelt worden ist! Johannes war „der Alte". Das konnte besondere Ehrfurcht erwecken. Es konnte aber auch geringschätzig ausgesprochen werden: „Ach, der Alte! Was weiß er von den Zuständen heute? Er soll uns in Ruhe lassen. Hier in der Gemeinde jedenfalls bestimme ich, Diotrephæs, hier werden fremde Brüder nicht aufgenommen!"

Johannes gibt sich nicht geschlagen. Seinen Brief kann man beiseitelegen. Aber Johannes wird persönlich in die Gemeinde kommen und vor allen Gemeindegliedern Diotrephæs zur Rede stellen. **„Deswegen werde ich, wenn ich komme, seine Werke in Erinnerung bringen, die er tut, indem er mit bösen Worten gegen uns schwatzt."** Wieder fragen wir, ob denn so etwas gegen einen Apostel Johannes möglich war? Aber wir erinnern uns daran, was in Korinth alles gegen Paulus „geschwatzt"[318] worden ist. Jesus selbst hat ein „solches Widersprechen von Sündern gegen sich erduldet (Hbr 12, 3), und dieses im frommsten Volk der Welt! Der Jünger aber ist nicht über seinem Meister. Die Apostel waren keine machtvollen Kirchenfürsten[319]!

[317] Die „Didache" oder „Zwölfapostellehre", eine Schrift aus der ersten Hälfte des zweiten Jahrhunderts, gibt zum Schutz der Gemeinden vor falschen Lehrern und Propheten strenge Vorschriften. Ohne Arbeit soll kein Bruder länger als zwei, höchstens drei Tage bleiben; dann solle er weiterziehen oder arbeiten. Jeder zugereiste Prophet sei ohne weiteres als Pseudoprophet zu betrachten, der sich in der Ekstase ein Mahl bestellt und dann wirklich das Mahl einnehme, oder der in der Ekstase Geld verlange. Der heidnische Spötter Lucian schildert in seinem „Peregrinus Proteus" einen solchen Wanderredner: „Peregrinus nun zog so zum zweitenmal aus und begab sich auf Wanderschaft; einen hinreichenden Zehrpfennig hatte er von den Christen, die seine Trabanten machten, so daß er in Hülle und Fülle lebte."

[318] Dieses grie Wort für „schwatzen" kann auch den Sinn von „unberechtigten Anklagen" haben. Aber die Grundbedeutung wird hier doch zu bedenken sein. Wieviel wird gerade unter Christen durch das unbedachte „Schwatzen" über andere angerichtet! Wie schnell werden dabei „böse Worte" leichthin gebraucht.

[319] Vgl. 1 Ko 4, 9—13!

Es ist bezeichnend für den Apostel Johannes, daß ihm nicht diese persönliche Mißachtung die Hauptsache ist. Hätte sich Diotrephæs **„hiermit begnügt"**, so hätte Johannes es wohl still ertragen. Aber Diotrephæs geht weiter: **„und sich hiermit nicht begnügend, nimmt er selbst die Brüder nicht auf und hindert auch noch die Willigen und stößt sie aus der Gemeinde aus."** Diese lieblose Härte gegen die Brüder aus der Fremde und gegen die gastfreundlichen Gemeindeglieder wie Gajus kann Johannes nicht durchgehen lassen. Wie Paulus will auch Johannes persönlich in der bedrohten Gemeinde erscheinen und das ganze Tun des Diotrephæs **„in Erinnerung bringen"**, als offen ins Licht stellen. Dann soll die Gemeinde selber urteilen.

Nun müssen wir versuchen, ein klares Bild der Vorgänge zu bekommen, auf die sich die Worte des Johannes beziehen. Diotrephæs **„nimmt selbst die Brüder nicht auf und hindert auch noch die Willigen und stößt sie aus der Gemeinde aus"**. Ist Diotrephæs so etwas wie ein „Bischof" der Gemeinde, der die Gemeinde regiert und mit rechtlicher Vollmacht zu handeln vermag? Ist das „Ausstoßen aus der Gemeinde" der „Bann", den die junge Christenheit von der jüdischen Gemeinde übernommen hat[320]? Wird der „Bann" von Diotrephæs allein mit „bischöflicher" Gewalt verhängt? Es kann zunächst alles so klingen. Aber diese Auffassung der Geschehnisse wird uns sofort zweifelhaft, wenn wir bedenken, daß Gajus in dieser Gemeinde doch ruhig die liebevolle Aufnahme der Brüder vollzogen hat und nun in unserem Brief aufgefordert wird, sie zu ihrer Weiterreise großzügig auszustatten. Doch wie sollen wir den Satz des Johannes verstehen? Zunächst muß sich bei seiner Schreibweise in der Feststellung, **„er stößt sie aus der Gemeinde aus"**, das **„sie"** nicht auf die „Willigen" beziehen, sondern kann auf „die Brüder" zurückgreifen. Dann würde Diotrephæs nicht unmittelbar in die Gemeinde selbst gewaltsam hineinregieren, sondern nur das „Nichtaufnehmen" bis zu einem „Ausstoßen" aus der Gemeinde steigern. Weiter hat man mit Recht darauf verwiesen, daß im Griechischen die Aussagen eines Tätigkeitswortes nicht immer schon die wirklich vollzogene Handlung, sondern manchmal auch den bloßen Versuch dazu meinen („präsens de conatu"). Diotrephæs „versucht" die Willigen zu hindern und sie aus der Gemeinde auszustoßen. In beiden Fällen aber ist klar, Diotrephæs ist nicht der amtliche und verfügungsberechtigte Leiter der Gemeinde. Davon sagt ja auch der Brief nichts. Johannes hat sein ganzes Schreiben „an die Gemeinde" gerichtet. Das wäre ganz unmöglich gewesen, wenn es in ihr schon einen „Bischof" im Sinn späterer Kirchenverfas-

[320] Vgl. etwa Jo 9, 22; 12, 42.

sung gegeben hätte[321]. Diotrephæs ist einfach ein Mann der Gemeinde, der gerade deshalb, weil er kein herrschendes „Amt" hat, **„den ersten Platz unter ihnen einnehmen möchte"**. Dann aber kann es sich nicht um einen „Bann" bei dem „Ausstoßen aus der Gemeinde" handeln, wie er nach bestimmten Regeln von zuständigen Instanzen im Judentum vollzogen werden konnte. Wir würden sinngemäß von einem „versuchten Hinausdrängen aus der Gemeinde" zu sprechen haben[322]. Vor diese, von Diotrephæs persönlich angegriffenen Gemeindeglieder, wird sich Johannes bei seinem Besuch in der Gemeinde stellen, vor allem gewiß vor Gajus selbst.

EINE EMPFEHLUNG FÜR DEMETRIUS

3 Johannesbrief 11–12

zu Vers 11: 1 Jo 2, 29; 3, 6. 9; 4, 12
zu Vers 12: Jo 19, 35; 21, 24

11 **Geliebter, ahme nicht das Böse, sondern das Gute nach. Wer Gutes**
12 **tut, ist aus Gott: wer Böses tut, hat Gott nicht gesehen. * Dem**
Demetrius ist ein (gutes) **Zeugnis ausgestellt, von allen und von**
der Wahrheit selbst. Aber auch wir legen (für ihn) **Zeugnis ab,**
und du weißt, daß unser Zeugnis wahr ist.

11 Gajus mahnt er jetzt in seine nicht leichte Lage hinein: **„Geliebter, ahme nicht das Böse, sondern das Gute nach."** Auch böse Beispiele können eine bestimmte Kraft ausüben. Fand Diotrephæs nicht vielen Beifall in der Gemeinde? Kam man so nicht zur Macht? War es nicht klug, sich fremde Brüder lieber grundsätzlich fern zu halten und die Gemeinde als einen geschlossenen Bereich des eigenen Einflusses zu bewahren? Gajus soll sich von solchen Gedanken nicht anstecken lassen, sondern **„das Böse"** weiter klar als das Böse ansehen, das man

[321] Vgl. dazu die Ausführungen in der W. Stb. S. 37/38 im Philipperbrief, 1, 1. Auch in Korinth werden keine leitenden Männer der Gemeinde, nicht einmal „Älteste" sichtbar, an die sich Paulus als an die Verantwortlichen wenden konnte oder mußte. Vgl. auch das Johannesevangelium 2. Halbb. Einleitung S. 15.

[322] Es ist nicht unwichtig, daß in Jo 9,22; 12, 42 ein ganz anderes Wort steht als in unserer Briefstelle. „Ekballein = hinauswerfen" hat in sich selbst gar keinen „amtlichen" oder „feierlichen" Charakter. Auch in 1 Ko 5, 5 spricht Paulus nicht vom „Ausstoßen des Übeltäters", sondern von seiner „Übergabe an Satan zum Verderben des Fleisches". In Gal 1 werden die Irrlehrer mit dem „Anathema" bedacht, aber ebenfalls nicht „hinausgeworfen". So haben wir auch sprachlich das volle Recht, nicht an einen „Bann" zu denken, sondern an ein persönliches „Hinausdrängen" von Menschen durch den ehrgeizigen und wohl auch einflußreichen Diotrephæs.

nicht nachahmen darf. **„Nachahmen“**[323] darf und soll er schon, aber **„das Gute“**, wie er es bei Johannes gehört und gesehen hat.

Es geht dabei um das Entscheidende im Leben, um das Verhältnis zu Gott. Mag man nach der Methode des Diotrephæs bei Menschen Ansehen und Macht gewinnen, so gilt doch vor Gott: **„Wer Gutes tut, ist aus Gott; wer Böses tut, hat Gott nicht gesehen.“** Wieder, wie schon in I 3, 7–10 äußert Johannes seine ganze einfache und darum so unausweichliche Überzeugung. Gott ist eindeutig für das Gute, wer immer es tut. Gott ist radikal gegen das Böse, auch wenn „fromme“ oder „christliche“ Leute es vollbringen. Nie verträgt sich das Licht mit der Finsternis, nie die Liebe mit irgendwelchen Formen des „Hasses“. Wenn Johannes dabei formuliert, daß der Täter des Guten **„aus Gott sei“**, dann teilt er die Überzeugung des Paulus, daß von Natur das Gute nicht in uns heimisch ist (Rö 7, 18). Findet es sich in einem Menschen, dann ist es von Gott her in ihn hineingekommen. Der Satz des Johannes kann also nicht rationalistisch mißbraucht werden, als sei die Sendung und Hingabe des Sohnes Gottes für uns und die ganze christliche „Dogmatik“ gar nicht nötig, weil jeder, der das Gute tut, **„aus Gott“** sei. Wohl aber werden wir durch die klare Überzeugung des Apostels gewarnt, das Gute, das außerhalb der gläubigen Kreise geschieht, herabzusetzen und „die Tugenden der Heiden“ sofort für „glänzende Laster“ zu erklären. Und auf jeden Fall ist der zweite, harte Satz des Johannes: **„Wer Böses tut, hat Gott nicht gesehen“** eine ernste Frage an uns, die wir viel von Gott sprechen. Haben wir Gott wirklich **„gesehen“**, haben wir in seinem Licht gestanden, hat seine Liebe uns überwältigt? Dann können wir nicht so handeln wie Diotrephæs und auch nicht mit seiner Art und Haltung liebäugeln, so erfolgreich sie immer sein mag. Diotrephæs war kein Heide und auch kein „Irrlehrer“. Er hat sicher viel und nachdrücklich von Gott gesprochen. An seiner „Lehre“ setzt Johannes nichts aus. Der Apostel aber muß zweifeln, ob er je Gott **„gesehen“** hat, wenn er so ungescheut böse Worte gegen einen Apostel schwatzt und die wandernden Brüder nicht aufnimmt und die gastfreundlichen Gemeindeglieder aus der Gemeinde zu drängen sucht.

Noch ein Name fällt: **Demetrius.** Wieder wissen wir nicht, wer die- 12
ser Mann war. Der Name ist häufig. Wir kennen ihn z. B. aus Apg 19, 24, wo ein Demetrius bei dem Aufstand der Silberschmiede in

[323] Das „Nachahmen“ oder „Nachfolgen“ wird auch von dem Apostel Paulus mehrfach empfohlen. Wir brauchen nicht nur lehrmäßig ethische Gedanken, das ist zu wenig. Wir brauchen „Vorbilder“, die uns zur Nachfolge und Nachahmung anlocken und antreiben. Vgl. Phil 3, 17; 2 Th 3, 9; 1 Tim 4, 12; Tit 2, 7. Paulus hinterließ nicht ein Buch über „Christliche Ethik“, sondern machte das rechte Leben eines Christen anschaulich an seinem eigenen Leben. Vgl. 1 Ko 4, 16; 11, 1; 1 Th 1, 6.

Ephesus eine führende Rolle spielt. Falls Demas eine Kurzform des Namens Demetrius ist, würde auch der in Kol 4, 14; Philem 24 und 2 Tim 4, 12 genannte Mitarbeiter des Paulus diesen Namen getragen haben. Aber der jetzt von Johannes genannte Mann wird ein ganz anderer sein. Da er dem Gajus so besonders empfohlen wird, kann er nicht ein Glied der Gemeinde sein, in der Gajus lebt. Dann hätte dieser ihn selber gekannt und recht beurteilt. Die Annahme liegt nahe, daß er zu den wandernden Brüdern gehörte und nun mit ihnen – vielleicht als ihr brüderlicher Leiter – zu Gajus kommt. Er mag der eigentliche Überbringer, vielleicht auch der Ausfertiger des Briefes[324] sein. Gajus soll sich von dem Mißtrauen des Diotrephæs nicht anstecken lassen. Demetrius ist ein zuverlässiger Mann. **„Dem Demetrius ist ein** (gutes) **Zeugnis ausgestellt von allen und von der Wahrheit selbst; aber auch wir legen** (für ihn) **Zeugnis ab, und du weißt, daß unser Zeugnis wahr ist."**

Damit wird unser Brief zu einem jener „Empfehlungsschreiben", von denen wir schon sprachen. Die Gemeinde, für die Demetrius ein Fremder ist, darf wissen, daß er in der Christenheit weithin geschätzt und angesehen ist. Ihm ist **„ein** (gutes)[325] **Zeugnis ausgestellt von allen"**. Das ist aber nicht nur menschliche Beliebtheit. Das Zeugnis ist ihm ebenso ausgestellt **„von der Wahrheit selbst"**. Wie Gajus, so wandelt er „in der Wahrheit". Das merkt man ihm an. Die Wahrheit selber beglaubigt den Demetrius in seinem Reden und Tun. Aber auch der Apostel Johannes kennt und schätzt Demetrius und empfiehlt ihn dem Gajus. Dieser aber weiß, daß Johannes nicht leichthin Zeugnisse ausstellt, sondern daß sein Zeugnis **„wahr ist"**, daß man sich darauf verlassen kann, weil es die Wirklichkeit beschreibt. Noch einmal wird die Lage der jungen Gemeinde deutlich. Allerlei fremde Männer kommen zu ihr und wollen Anerkennung und Hilfe von ihr haben. Konnte man ihnen trauen? Ein **„Zeugnis"** war ihnen nötig. Das Zeugnis „des Alten" wog viel, auch wenn ein Diotrephæs es geringschätzig ansah (V. 9). Aber das Zeugnis **„der Wahrheit selbst"**, das die Gemeinde innerlich erkennen kann, bleibt das Wichtigste.

[324] Vgl. 1 Pt 5, 12.

[325] Das Wort „gut" fügen wir im Deutschen gern hinzu, weil etwa ein Schüler auch ein „schlechtes" Zeugnis bekommen kann. Im Text steht nur das Wort „Zeugnis" selbst, das als solches den andern bestätigt und seine Anerkennung fordert. Vgl. die Verwendung des Wortes in Jo 5, 31–36 und 1 Jo 5, 6–11.

DER SCHLUSSGRUSS

3 Johannesbrief 13–15

13 **Vieles hätte ich dir zu schreiben, aber ich will nicht mit Tinte und** zu Vers 13: 2 Jo 12
14 **Feder dir schreiben. * Ich hoffe aber bald dich zu sehen, und dann**
15 **werden wir von Mund zu Mund reden. * Friede (sei mit) dir! Es**
grüßen dich die Freunde. Grüße die Freunde mit Namen.

Der Apostel kommt zum Schluß. Er hat einen Briefbogen (ein Papyrusblatt) von gleicher Größe wie bei dem 2. Brief genommen. Der Bogen ist voll. Wie beim 2. Brief ist Johannes sich auch jetzt bewußt, daß er noch vieles auf dem Herzen hat. Soll er ein zweites Blatt nehmen? Nein. „**Vieles hätte ich dir zu schreiben, aber ich will nicht mit Tinte und Feder dir schreiben. Ich hoffe aber bald dich zu sehen, und dann werden wir von Mund zu Mund reden.**" So hatte er es auch in II, 12 gesagt. Statt „mit Papier und Tinte" braucht er hier die gleichbedeutende Wendung: **„mit Tinte und Feder"**, wobei die **„Feder"** natürlich nicht unsere Stahlfeder und nicht einmal die Gänsefeder unserer Väter, sondern ein „Schreibrohr" ist. Mit ihm malte man langsam Buchstabe um Buchstabe auf das Papyrusblatt. Umso verständlicher ist der Wunsch, sich lieber im Fluß mündlicher Rede auszutauschen. Einen Besuch in der Gemeinde des Gajus hatte der Apostel schon in V. 10 angekündigt. Weil bei diesem Besuch ein Stück Kampf vor ihm steht, kann Johannes nicht wie im 2. Brief davon sprechen, daß dann „unsere Freude vollendet" sei. Aber das nimmt dem persönlichen Gespräch mit Gajus nichts von seinem Wert. 13/14

Johannes wünscht Gajus mitten in allen Schwierigkeiten **„Friede** (sei mit) **dir"**. Das ist der alte Gruß, den ein Israelit viele Male andern zurief. Aber dieser Gruß hatte durch Jesus, der den Frieden mit Gott und darum auch den Frieden Gottes wirklich brachte, einen neuen Inhalt und eine neue Kraft bekommen. Dieser **„Friede"** hielt stand, auch in den schmerzlichen Spannungen, in denen Gajus nicht zuerst von außen her, sondern gerade in der Gemeinde steht. Gajus darf dabei wissen, daß er treue Freunde auch in andern Gemeinden hat. Johannes bestellt ihm die Grüße **„der Freunde"**, die mit ihm zusammen sind. Und er bittet, **„grüße die Freunde mit Namen"**. Trotz der häßlichen Worte und der ganzen Haltung des Diotrephæs hat Johannes **„Freunde"** in der Gemeinde, die auch die Freunde des Gajus sind. Gajus soll sie **„mit Namen"**, und das heißt wirklich jeden einzelnen besonders, **„grüßen"**. Durch seinen **„Namen"** ist jeder als eine Person eigener Art mit einer eigenen Lebensgeschichte gekennzeichnet. So soll er von dem Apostel geachtet und gegrüßt sein. 15

1 Johannesbrief

EXKURS zu Kapitel 4

„WER LIEBT, IST AUS GOTT GEBOREN."

1. Gegen alles, was wir jetzt bei Johannes lasen, kann sich ein gewichtiger Einwand ergeben. Stimmt denn das, daß man „aus Gott geboren" sein muß, um wahrhaft lieben zu können? Bringt erst die erfahrene Liebe Gottes in der Hingabe seines Sohnes zum Lieben? Kann der Mensch von Natur aus wirklich nicht lieben? Es wird uns sehr konkret entgegengehalten: Haben nicht in den KZ gerade auch Nichtchristen ihr Leben eingesetzt, um Mithäftlingen zu helfen? Gibt es nicht genug Ärzte und Schwestern, die keine Christen sind, die aber Zeit und Kraft, ja, Gesundheit und Leben aufs Spiel setzen, um Kranke zu retten?

2. Wir könnten uns solchen Einwänden entziehen mit dem Hinweis, es handele sich bei Johannes um einen echten Brief in einer bestimmten Situation. Johannes habe gewußt, warum er in diese Lage hinein so habe schreiben müssen, wie er es tue. Aber so billig wollen wir den ersten Einwand nicht abweisen! Wir dürfen es schon deshalb nicht, weil gerade Johannes seine Aussagen sehr grundsätzlich und allgemeingültig formuliert. Wir müssen uns dem Einwand stellen.

3. Der Einwand kommt bezeichnenderweise nie von dem Blick auf uns selbst, sondern nur im Blick auf andere Menschen, die uns auch ohne jede Beziehung zu Gott wahrhaft zu lieben scheinen. Wir können nicht beurteilen, aus welchen Quellen ihr liebevolles Handeln kommt. Wir wissen nicht, ob nicht auch in ihnen eine Geschichte Gottes vorgegangen ist, auch wenn sie nichts davon merken lassen. Wir merken keinen Versuch machen, ihr Handeln irgendwie herabzusetzen, auch wenn Paulus nach 1 Ko 13, 3 mit der Möglichkeit rechnet, daß jemand seinen ganzen Besitz für Bedürftige einsetzt und sein Leben auf die schwerste Weise in den Tod gibt, ohne wirkliche Liebe zu haben. Wir werden in dieser Welt mit ihrer Kälte und Härte dankbar sein für jede Spur von Liebe, die wir irgendwo finden dürfen, und werden Gott darüber preisen.

4. Aber wir werden uns nicht von unserem eigenen Leben ablenken lassen dürfen, indem wir andere Menschen, die doch auch ohne Christus Liebe üben, gegen die Botschaft des Johannes ausspielen. Wir sind durch Johannes gefragt, wie es um uns selber steht! Der Einwand gegen das große Angebot, aus dem Tode der Lieblosigkeit durch das Opfer Jesu herauszukommen in das Leben wirklichen Liebens,

wäre für uns nur dann von Wert, wenn wir bezeugen könnten: „Ich liebe auch ohne jede Begegnung mit Jesus. In mir ist kein ‚auf sich selbst zurückgekrümmtes Herz'. Ich bin aus dem Tode in das Leben hinübergeschritten, weil ich Menschen liebe, und dies auch ohne eine Erlösung durch Jesus!" Wer das aber nicht sagen kann, wer die ganze Verlorenheit im Tode der Lieblosigkeit und das Schuldigbleiben von Liebe bei sich selber erfahren hat, der öffnet sich der Botschaft des Evangeliums und bestätigt jeden Satz des Johannes als Wahrheit. Als Wahrheit, die ihn gerichtet und frei gemacht hat. Er wird diese Wahrheit allen andern weitersagen und wird sich nicht täuschen in der Erwartung, daß sie sich auch an anderen als richtend und rettend bewärt. Die Gegenbeispiele, die ihm selber begegnen, oder die ihm von andern entgegengehalten werden, wird er stehen lassen, bis Gott selber mit jenem Menschen redet. Aber er wird jeden, der sie ihm als Einwand gegen die Aussagen des Johannes entgegenstellt, mit Ernst fragen, wie es denn in seinem eigenen Leben aussehe und ob er nicht das aufs dringendste braucht, was Johannes ihm in seiner Botschaft anbietet.

Sachregister

Die Offenbarung des Johannes

erklärt von

Adolf Pohl

R. BROCKHAUS VERLAG

Inhaltsverzeichnis

Abkürzungs-Verzeichnis

I. Allgemeine Abkürzungen:

AT = Altes Testament
NT = Neues Testament
atst = alttestamentlich
ntst = neutestamentlich
grie = griechisch
hebr = hebräisch
lat = lateinisch
LXX = Septuaginta. Das ist die griechische Übersetzung des AT, angeblich von 70 gelehrten Juden auf Befehl des Königs Ptolemäus Philadelphus 200 v. Chr. in Alexandrien angefertigt.

II. Literatur-Abkürzungen:

W—B = Walter Bauer: Griechisch-Deutsches Wörterbuch. 4. Aufl. 1952
Bl—De = Blaß—Debrunner: Grammatik des ntst Griechisch 9. Auflage 1954 zitiert n. §§.
Radm = Rademacher: Neutestl. Grammatik 1925. 2. Aufl.
Ki—Th W = Kittel: Theolog. Wörterbuch
NTD = Neues Testament Deutsch Göttingen 1932 ff.
St—B = Strack—Billerbeck: Kommentar zum NT aus Talmud usw. Bd. I—IV. München 1922 ff.

III. Abkürzungen der biblischen Bücher:

a) Altes Testament

1 Mo = 1. Mose
2 Mo = 2. Mose
usw. usw.
Jos = Josua
Ri = Richter
Rth = Ruth
1 Sam = 1. Buch Samuelis
2 Sam = 2. Buch Samuelis
Kö = 1. Buch der Könige
2 Kö = 2. Buch der Könige
Chro = 1. Buch der Chronika
Chro = 2. Buch der Chronika
Esr = Esra
Neh = Nehemia
sth = Esther
Hio = Hiob
Ps = Psalter
Spr = Sprüche
Pred = Prediger
Hoh = Hohelied
Jes = Jesaja
Jer = Jeremia
Kla = Klagelieder
Hes = Hesekiel
Da = Daniel
Hos = Hosea
Joe = Joel
Am = Amos
Ob = Obadja
Jon = Jona
Mi = Micha
Nah = Nahum
Hab = Habakuk
Ze = Zephanja
Hag = Haggai
Sach = Sacharja
Mal = Maleachi

b) Apokryphen

Tob = Tobias
1 Makk = 1. Makkabäer
2 Makk = 2. Makkabäer
Sir = Sirach

c) Neues Testament

Mt = Matthäus
Mk = Markus
Lk = Lukas
Jo = Johannes
Apg = Apostelgeschichte
Rö = Römer
1 Ko = 1. Korinther
2 Ko = 2. Korinther
Gal = Galater
Eph = Epheser
Phil = Philipper
Kol = Kolosser
1 Th = 1. Thessalonicher
2 Th = 2. Thessalonicher
1 Tim = 1. Timotheus
2 Tim = 2. Timotheus
Tit = Titus
Phlm = Philemon
1 Pt = 1. Petrus
2 Pt = 2. Petrus
1 Jo = 1. Johannes
2 Jo = 2. Johannes
3 Jo = 3. Johannes
Hbr = Hebräer
Jak = Jakobus
Jud = Judas
Offb = Offenbarung des Johannes

Vgl. W. Stb. Matth. S . . . = Vergleiche Wuppertaler Studienbibel Matthäus-Band Seite . . .
Vgl. W. Stb. Mark. S . . . = Vergleiche Wuppertaler Studienbibel Markus-Band Seite . . . usw.

VORWORT

Wer will, nehme eine kleine Auffälligkeit aus der Wortstatistik der Johannesoffenbarung als Zeichen: Mehr als jedes zehnte Wort ist dort das kleine Bindewörtchen „und“, das den Faden nie abreißen läßt, keine Senkung der Stimme gestattet, sondern fortwährend Bisheriges hinüberhebt in das Nächste. So ist die Offenbarung ein einziges glutvolles, mitreißendes Sendschreiben, dem sich die ersten Empfänger in einem geschlossenen Gottesdienst aussetzen sollten. Keine Schrift im Neuen Testament verlangt so sehr danach, im dahinströmenden Zusammenhang gehört zu werden. Darum ergeben sich für eine Auslegung mehr Vor- und Rückverweise als üblich, mehr Notwendigkeit zum Überschauen und Verbinden. Ein Leser, der sie allzu abgezweckt auf einen herausgeschnittenen Text verwendet oder nur für ein Sonderinteresse nachschlägt, versieht sich leicht.

Der so notwendige Abschnitt über den Gesamtaufbau des Buches konnte allerdings erst für den zweiten Band geplant werden. Die gebotene Übersetzung des Textes mutet dem deutschen Sprachempfinden durch den gar engen Anschluß an das Griechische reichlich viel zu. Aber im Rahmen einer Auslegung ist es nützlich, genau erkennen zu lassen, welche Textauffassung zugrunde liegt.

Wenn ich mich frage, ob mich irgendein Leitfaden durch die Arbeit geführt hat, tritt mir der Umstand vor die Augen, daß der Auftrag im Trauerjahr für meinen heimgegangenen Vater erging, der uns in unvergessener johanneischer Sammlung Christus bezeugt hatte und nun, nach seinem äußeren Verstummen, überaus nachdrücklich zu reden begann. Daß der Herr Jesus Christus uns von Gott zur alles umspannenden Weisheit gemacht ist, das ist das Vor-urteil dieser Auslegung.

Ein zunehmend beklommenes Hineinhorchen in das gegenwärtige Weltgetön hat die Niederschrift begleitet. Beim Umgang mit der Offenbarung geht es darum, da eigene Gegenwartsverständnis aufs Spiel zu setzen und vielleicht völlig umbauen zu lassen.

Von der ersten Fühlungnahme an war dem Herausgeber der Wuppertaler Studienbibel, Herrn Dr. de Boor, und dem Verleger, Herrn R. Brockhaus, ein wahrer Glaubensmut abzuspüren. Und sie haben mir dann auch mehr geholfen, als ein Autor da erwarten kann. Auch mein Bruder, Helmut Pohl, hat bereitwillig das ganze Manuskrip durchgesehen und in vielen Einzelheiten beraten. Ihnen allen sei von Herzen dafü gedankt.

Buckow (Märkische Schweiz), im Januar 1969 — Adolf Pol

EINFÜHRUNG IN DIE LITERATUR

Öfter, als es diese Auslegung sich anmerken lassen kann, mußte der Verfasser mit sich zu Rate gehen, welchem möglichen Verständnis eines Verses oder Abschnittes er folgen solle. Jedoch an einigen Stellen erschien es ihm gut, den Leser erkennen zu lassen, in welche Richtung er versuchsweise vorstieß und welche Gründe ihn gegebenenfalls zurückholten und auf einen anderen Weg schickten. An diesen Stellen vornehmlich erscheinen die Namen anderer Ausleger, deren Werke in der hier folgenden alphabetisch geordneten Liste zu finden sind. Sie beschränkt sich auf die deutschsprachige Literatur unseres Jahrhunderts und läßt die unübersehbare Fülle kleiner Schriften oder Aufsätze fast ganz außer acht.

Aber auch dort, wo auf die Meinung anderer Ausleger ausdrücklich Bezug genommen wird, ist es nicht immer möglich, abweichende Gedanken in all ihren Windungen und Begründungen darzustellen und gebührend zu würdigen. Es kann immer nur um eine kurze Orientierung nach verschiedenen Seiten hin gehen. Es ist stets an den Raum der Gemeinde gedacht und an das, was dort in der Luft liegen mag.

Ferner soll die nachstehende Liste auch Titel anführen, auf die die Auslegung zwar nicht ausdrücklich Bezug nimmt, die aber dem Interessierten unter verschiedenen Gesichtspunkten zur Lektüre empfohlen werden. Diese Gesichtspunkte seien im folgenden erläutert.

Für die Einleitungsfragen im allgemeinen empfehlen sich von den neueren Werken durch ihre besonnene Art die Bücher von W. Michaelis und A. Wikenhauser (kath.). Eine anregende Ergänzung bietet M. Albertz. Speziell über die spätjüdische Apokalyptik unterrichtet sehr gut D. S. Russell, vgl. dazu die angegebenen Abschnitte bei G. von Rad, Strack-Billerbeck und besonders bei J. Moltmann. Eine handliche deutsche Textausgabe jüdischer Apokalypsen, kurz erläutert, verdanken wir P. Rießler. Ins Deutsche übersetzte Texte christlicher Apokalypsen mit ausführlicher Einleitung bietet z. B. E. Hennecke. In bezug auf die zeitgeschichtlichen Verhältnisse ist für jedermann lesenswert das Werk von W. Foerster. E. Stauffer stellt die Zusammenhänge der Offenbarung mit dem Kaiserkult reichlich journalistisch, aber überaus fesselnd dar.

Einen dringend notwendigen und wertvollen Dienst hat H. Berkhof mit seinem Büchlein über christliche Geschichtsschau getan. Seine Ansätze sollten Gehör finden, geprüft und ergänzt werden.

Im Unterschied zur fachwissenschaftlichen Forschung hat die allgemeine Auslegung der Offenbarung in den letzten Jahrzehnten viele neue Kommentare hervorgebracht.

Die stark historisierende Deutungsweise „reichsgeschichtlicher" Art fand neue Vertreter in G. Stokmann und K. Hartenstein. Eine ausgeprägt weltgeschichtliche Auslegung, die darin an J. A. Bengel erinnert, führt H. Kobs mit großem Fleiß vor (adventistisch).

Die endgeschichtliche Auslegung, die die wesentlichen Abschnitte des Buches auf eine auch für uns noch zukünftige, ja der Entrückung der Gemeinde erst nachfolgende Zeit bezieht, vertreten in verschiedenen Abwandlungen G. K. Brinke, E. Dönges, K. Merz und H. H. Janzen; in eigener Weise auch H. Langenberg in seinen Schriften. Das eigentümliche Buch von B. Philbert soll zu Kapitel 9 besonders gewürdigt werden.

Einer zu einseitig zeitgeschichtlichen Auslegung war der ehrwürdige A. Schlatter verhaftet, der überhaupt hinsichtlich der Lehre von den letzten Dingen kaum befriedigt. Ihm ähnelt darin die Auslegung von J. Behm, der in der Offenbarung „in zeitgebundener Form ewige Wahrheiten" findet. Der religionsgeschichtliche Vergleich hat bei E. Lohse das Übergewicht (Lohse selbst bevorzugt zur Bezeichnung dieses Typs den Begriff der Traditionsgeschichte).

Schließlich finden sich Versuche, denen sich die vorliegende Auslegung zurechnet, nämlich die Offenbarung betont zu deuten aus dem allgemeinchristlichen Bekenntnisgut heraus. Weder die Weltgeschichte noch die Kirchengeschichte noch die Zeitgeschichte noch das Judentum oder die Umweltreligionen bilden nach diesen Auslegern den maßgeblichen Zusammenhang, in welchem dies Buch lebt, atmet und spricht, sondern das Evangelium vom gekreuzigten und auferweckten Christus. Die Offenbarung des Johannes ist ein wesentlich christliches Buch, womit einer sachgemäßen Auslegung der Weg gewiesen ist bis ins Methodische hinein. Chr. Brütsch prägte für diesen Weg den Ausdruck „christologische Auslegungsweise" (S. 119).

In diesem Sinn haben viele tüchtige Ausleger gearbeitet. Leider waren ihnen durch den geringen Umfang ihrer Bücher durchweg empfindliche Grenzen gezogen. Die Einzelerklärung von Wörtern, Wendungen und Sätzen, die diesen Arbeiten selbstverständlich vorausging, konnte nicht im wünschenswerten Maß vor dem Leser ausgebreitet werden. Dieser fand sich sogleich vor die Ergebnisse gestellt, vor die Schlüsselwahrheiten und großen Linien.

Solche empfehlenswerten, jedoch allzu kurzen Kommentare sind etwa die von M. Rissi, B. H. Forck und Chr. Brütsch; letzterer fügt aber ein lesenswertes Nachwort über einige Einleitungsfragen an. Rissi zieht beachtenswerte Linien aus bis in unser Heute. Durch gediegene Kenntnis der Zeit- und Geistesgeschichte, durch eine vorzügliche Sprache und viele feinsinnige Hinweise fällt H. Lilje auf. Ausgewogen und lehrreich ist der katholische Kommentar von A. Wikenhauser. H. Frey schrieb glutvoll und bibelgesättigt, neigt aber zu Vereinfachungen.

Die wissenschaftliche Forschung steuerte seit Jahrzehnten keinen Gesamtkommentar bei. Seit Jahren ist in der Reihe „Kritisch-exegetischer Kommentar über das Neue Testament" eine Bearbeitung von K. G. Kuhn angekündigt. So gilt es auf frühere Arbeiten zurückzugreifen. Am Anfang des Jahrhunderts legte W. Bousset die Offenbarung in den Bahnen und Grenzen der religionsgeschichtlichen (bzw. traditionsgeschichtlichen) Schule aus, räumte dabei aber mit vielen unnützen, vor allem literarkritischen Hypothesen seiner Vorgänger auf. Darin bestand ein großer Fortschritt. Nach dem ersten Weltkrieg erschien das Werk des hochgelehrten, bibelgläubigen, aber auch eigenwilligen Th. Zahn, ferner das für den Aufbau der Offenbarung noch heute wesentliche Werk E. Lohmeyers, der methodisch wieder in den Bahnen Boussets ging, wenn auch sachlich mit anderen Ergebnissen, und schließlich die Auslegung W. Hadorns, der versuchte, die berechtigten Anliegen der zeitgeschichtlichen und religionsgeschichtlichen Forschung maßvoll aufzunehmen, aber vor allem den christlichen Charakter der Offenbarung gebührend in die Mitte zu stellen. Das übersichtlich geschriebene und gedruckte Buch ist auch Lesern zu empfehlen, die keine Kenntnis der griechischen Sprache haben. – Aus dieser Zeit stammt auch der Kommentar von Strack-Billerbeck, weniger ein Kommentar im gewöhnlichen Sinn, sondern fast nur eine Sammlung jüdischer Parallelen, Vers für Vers dem biblischen Text zugeordnet.

Andererseits haben Fachgelehrte in den letzten Jahrzehnten vielversprechende Einzelstudien zur Offenbarung vorgelegt. Mit besonderem Dank sei hier auf die Arbeiten von Tr. Holtz und M. Rissi hingewiesen, ferner auf die von H. Bietenhard, G. Bornkamm, L. Goppelt, R. Halver, H.-P. Müller, A. Satake, A. Schlatter, H. Schlier und C. Schneider.

Für statistische Angaben wurde dankbar R. Morgenthaler, Statistik des neutestamentlichen Wortschatzes, Frankfurt a. M. 1958, benutzt. Hier finden sich nicht nur Tabellen, von denen abzulesen ist, wie oft eine grie Vokabel in jeder ntst Schrift vorkommt, sondern z. B. auch welche Vokabeln sie bevorzugen. Ein „Vorzugswort" liegt dann vor, wenn ein Wort in einer Schrift im Vergleich mit anderen Schriften und im Verhältnis zu ihrem eigenen Umfang besonders oft vorkommt. Um das Beispiel aus dem Vorwort dieser Auslegung aufzugreifen: Bei einem Wortbestand von rund 140 000 Wörtern enthält das NT 8947 mal „und". Davon entfallen allein auf die Offenbarung mit ihren 9884 Wörtern 1117 Stellen (so nach S. 167; in der Tabelle S. 108 steht ein Druckfehler), d. h. auf 100 Worte Text kommt über 11 mal „und". Das ist die höchste durchschnittliche Vorkommenszahl im NT. Der Durchschnitt liegt außerhalb der Offenbarung bei 6 Prozent. Selbstverständlich wollen diese Statistiken aus mancherlei Gründen sehr vorsichtig ausgewertet werden.

An Nachschlagewerken benutzte ich vor allem das Theologische Wörterbuch von Kittel, die RGG³, das Lexikon zur Bibel von Rienecker (5. A.), das Wörterbuch zum Neuen Testament von Bauer (5. A.) und, soweit erschienen, das Begriffslexikon zum Neuen Testament von Coenen Beyreuther-Bietenhard.

Albertz, M. Die Botschaft des Neuen Testamentes, I. Bd. 2. Halbbd. Die Entstehung des apostolischen Schriftkanons, Zollikon-Zürich 1952, S. 334–370.

Behm, J. Die Offenbarung des Johannes, 5. Aufl. Göttingen 1949.

Bengel, J. A. Gnomon, Bd. II, Teil 2: Briefe und Offenbarung. Deutsch von C. F. Werner, 6. Aufl. Berlin 1952.

Berkhof, H. Der Sinn der Geschichte: Christus, Göttingen und Zürich 1962.

Bietenhard, H. Das Tausendjährige Reich, 2. Auflage Zürich 1955.

Bietenhard, H. Die himmlische Welt im Urchristentum und Spätjudentum, Tübingen 1951.

Bornkamm, G. Die Komposition der apokalyptischen Visionen in der Offenbarung Johannis (in: Studien zu Antike und Urchristentum, Gesammelte Aufsätze Bd. II), 2. Aufl. München 1963.

Bousset, W. Die Offenbarung Johannis (Kritisch-exegetischer Kommentar über das Neue Testament 16. Abt.), 6. Aufl. Göttingen 1906.

Brinke, G. R. Skizzen über die Offenbarung, 2. Aufl. Bern 1947.

Brütsch, Chr. Die Offenbarung Jesu Christi (Zürcher Bücherkommentare), Zürich 1955.

Dönges, E. Was bald geschehen muß, 3. Aufl. Dillenburg 1959.

Foerster, W. Neutestamentliche Zeitgeschichte, 2. Bd.: Das römische Weltreich zur Zeit des Neuen Testaments, 2. Aufl. Hamburg 1961.

Forck, B. H. Die Offenbarung des Johannes (Bibelhilfe für die Gemeinde), Kassel 1964.

Frey, H. Das Ziel aller Dinge, 3. Aufl. Stuttgart 1962.

Goppelt, L. Heilsoffenbarung und Geschichte nach der Offenbarung, in: Theologische Literaturzeitung, 77. Jahrg., Sp. 513—522.

Hadorn, W. Die Offenbarung des Johannes (Theologischer Handkommentar zum Neuen Testament Bd. XVIII), Leipzig 1929.

Halver, R. Der Mythos im letzten Buch der Bibel, Eine Untersuchung der Bildersprache der Johannes-Apokalypse (Theologische Forschung 32), Hamburg 1964.

Hartenstein, K. Der wiederkommende Herr, 3. Aufl. Stuttgart 1954.

Hennecke, E. Hrsg. W. Schneemelcher, Neutestamentliche Apokryphen in deutscher Übersetzung, II. Bd., Apostolisches, Apokalypsen und Verwandtes, 3. Aufl. Tübingen 1964.

Holtz, Tr., Die Christologie der Apokalypse des Johannes (Texte und Untersuchungen zur Geschichte der altchristlichen Literatur, Band 85), Berlin 1962

Janzen, H. H. Und ich sah . . ., 2. Aufl. Darmstadt 1964.

Kobs, H. Die Offenbarung des Johannes, Hamburg 1968.

Langenberg, H. Schlüssel zum Verständnis der Apokalypse, I. und II. Teil, Metzingen 1956/57.

Lilje, H. Das letzte Buch der Bibel (Die urchristliche Botschaft), 7. Aufl. Hamburg 1961.

Lohmeyer, E. Die Offenbarung des Johannes (Handbuch zum Neuen Testament Bd. 16), 2. Aufl. Tübingen 1953.

Lohse, E. Die Offenbarung des Johannes (Das Neue Testament Deutsch Bd. 11) Neubearbeitung Göttingen 1960.

Merz, K. Was in Kürze geschehen soll, Lahr-Dinglingen (Baden) 1951.

Michaelis, W. Einleitung in das Neue Testament, 3. Aufl. Bern 1961.

Moltmann, J. Theologie der Hoffnung (Beiträge zur evangelischen Theologie Bd. 38), 3. Aufl. München 1965, S. 120–124.

Müller, H.-P. Die Plagen der Apokalypse, Eine formgeschichtliche Untersuchung, in: Zeitschrift für die neutestamentliche Wissenschaft 1960, S. 268–278.

Philberth, B. Christliche Prophetie und Nuklearenergie, 5. Aufl. Wuppertal 1964.

Rad, G. von, Theologie des Alten Testamentes Bd. II: Die Theologie der prophetischen Überlieferung Israels, 4. Aufl. München 1965, S. 314–321.

Rießler, P. Altjüdisches Schrifttum außerhalb der Bibel, Augsburg 1928.

Rissi, M. Alpha und Omega, Eine Deutung der Johannesoffenbarung, Basel 1966.

–, Die Zukunft der Welt, Eine exegetische Studie über Johannesoffenbarung 19, 11 bis 22, 15, Basel 1966.

–, Was ist und was geschehen soll danach. Die Zeit- und Geschichtsauffassung der Offenbarung des Johannes (Abhandlungen zur Theologie des Alten und Neuen Testamentes Bd. 46), Zürich 1965.

Russell, D. S. Zwischen den Testamenten (Neukirchner Studienbücher Bd. 1), Neukirchen 1962.

Satake, A. Die Gemeindeordnung in der Johannesapokalypse (Wissenschaftliche Monographien zum Alten und Neuen Testament Bd. 21), Neukirchen 1966.

Schlatter, A. Das Alte Testament in der johanneischen Apokalypse (Beiträge zur Förderung christlicher Theologie Bd. 16, 6), Gütersloh 1912.

–, Die Offenbarung des Johannes (Erläuterungen zum Neuen Testament Bd. 10), 36.–40. Tsd. Stuttgart 1965.

Schlier, H. Zum Verständnis der Geschichte nach der Offenbarung, und Vom Antichristen, beide Aufsätze in: Die Zeit der Kirche, 4. Aufl. Freiburg 1966.

Schneider, C. Die Erlebnisechtheit der Apokalypse des Johannes, Leipzig 1930.

Stauffer, E. Christus und die Caesaren, 6. Aufl. Hamburg 1964.

Stokmann, G. Reichsgeschichtliche Auslegung der Offenbarung des Johannes, 3. Aufl. Gütersloh 1923.

Strack, H. L., und P. Billerbeck Kommentar zum Neuen Testament aus Talmud und Midrasch; 3. Bd., S. 788–858 (Kommentar); 4. Bd., S. 799–1015 (Exkurse „Diese Welt, die Tage des Messias und die zukünftige Welt“ und „Vorzeichen und Berechnung der Tage des Messias“), 4. Aufl. München 1965.

Wikenhauser, A. Die Offenbarung des Johannes, 3. Aufl. Regensburg 1959.

–, Einleitung in das Neue Testament, 5. Aufl. Freiburg 1963.

Zahn, Th. Die Offenbarung des Johannes, 2 Teile, Leipzig/Erlangen 1924 u. 1926.

Die Auslegung der letzten Kapitel der Offenbarung führte sachbedingt in eine Auseinandersetzung mit der Schule der Allversöhnungslehre. Dafür standen neben den Büchern von M. Rissi die sachlichen und gründlichen Werke von W. Michaelis und H. Schumacher zur Verfügung.

Michaelis, W., Versöhnung des Alls, Die frohe Botschaft von der Gnade Gottes, Gümlingen (Bern) 1950

Schumacher, H., Das biblische Zeugnis von der Versöhnung des Alls, Stuttgart 1959

Schumacher, H., Das tausendjährige Königreich Christi auf Erden, Stuttgart 1964

Die Angaben über weitere Literatur, die gelegentlich herangezogen wurde, finden sich an den betreffenden Stellen in den Anmerkungen.

EINLEITUNGSFRAGEN

Weht der Heilige Geist nur dort, wo wir die breiten Segel unserer zeitgeschichtlichen Kenntnisse ausgespannt haben? Muß ein Bibelleser erst alle historischen Fragen eines biblischen Buches durchwandern und richtig im Kopf haben, damit Gott zu ihm reden kann? Nein, in der Gemeinde und auch im Leben des einzelnen Gemeindegliedes wird ein unmittelbares, gewissermaßen naives Bibelverständnis immer seinen Platz haben müssen. Christen, die sich lebenslang in die Bibel eingelesen und eingelebt haben, vermögen manchmal einen Abschnitt so unmittelbar zu erfassen und auf die Gegenwart anzuwenden, daß es sich für die ganze Gemeinde, auch für deren sprachlich und historisch geschulten Glieder lohnt, zuzuhören. Und zwar lohnt es sich auch dann, wenn mit solchen Beiträgen äußerliche Mißverständnisse verbunden sind. Dem, der nicht in der Gemeinde lebt, ist das schwer zu erklären, dem anderen, der diese Bibelgespräche kennt, braucht es niemand zu erklären.

Eine völlig andere Frage aber ist die, ob ein solcher Bibelgebrauch in der Gemeinde alle Plätze besetzen und allein dort das Wort führen darf. Es steht bald schlimm um eine Gemeinde, in der sich niemand mehr geduldig und gewissenhaft in die biblischen Zeitverhältnisse hineinversetzt.

Jesus Christus ist heute derselbe wie gestern (Hbr 13, 8), im ersten Jahrhundert nämlich, als er den ersten Zeugen begegnete. Wenn der Heilige Geist uns Heutigen Christus vergegenwärtigen will, arbeitet er darum mit dem Rückgriff auf dieses „gestern" des ersten Jahrhunderts. Darum verbündet sich auch geistlicher Hunger nach heutiger Christuserfahrung notwendig mit einem auch historischen Studium der biblischen Zeugnisse. Dabei fühlt sich der Bibelleser von dem historischen Bezug im Text, also von seinem Hineinragen in die Verhältnisse der damaligen Gemeinden, nicht belästigt oder unnötig aufgehalten. Diese Gemeinden des ersten Jahrhunderts sind es ja gerade, bei denen er anlangen will, um mit ihnen vor dem Christus „gestern" zu stehen, der dann gewiß „heute derselbe" ist.

Ohne Frage fördert ein solches Studium die Unhaltbarkeit mancher Behauptungen des naiven Bibelverständnisses an den Tag. Aber im geistlichen Raum schüchtert Korrektur nicht ein. Ohne Minderwertigkeitsgefühle dient der eine weiter mit seiner Gabe der Unmittelbarkeit, und der andere, der ihn vielleicht korrigieren mußte, hört ihm dankbar weiter zu. So fügen sich im Leib der Gemeinde die Gaben zur Verherrlichung Jesu Christi zusammen.

In diesem Sinne schließt also die geistliche Beschäftigung der Gemeinde mit der Heiligen Schrift auch die historische Sicht, nämlich die sogenannten Einleitungsfragen, mit ein. Dazu wird wiederholt, daß diese Verpflichtung nicht gleichmäßig auf allen Bibellesern ruht. Selbstverständlich können es nicht alle in dieser Art des Studiums gleich weit bringen. Das Maß der zur Verfügung stehenden Zeit, Kraft und Hilfsmittel ist verschieden. Aber wie in vielen anderen notwendigen Dingen des Gemeindelebens gilt auch hier der stellvertretende Dienst einiger für alle.

Einige Glieder sollte es immer wieder geben, die sich zum Nutzen für das Ganze recht umsichtig in die äußeren und inneren Zusammenhänge der biblischen Schriften einarbeiten, um deren Sitz „im Gestern" und den Christus „gestern" zu erfassen. In dem Maß, wie das gelingt, wird auch dem Christus „heute" und seiner Bezeugung heute gedient sein, denn er ist gestern, heute und in Ewigkeit derselbe (Hbr 13, 8).

Diese Auslegung wünscht sich Leser, die gegen eine vielleicht anfänglich bestehende Abneigung in diese etwas mühevolle Aufgabe einwilligen. Bei der Darstellung der Einleitungsfragen sind die Sinnabschnitte fortlaufend numeriert, so daß Rückverweise während der Auslegung leicht befolgt werden können.

I. Anbeten – aber wen?

Anlaß und Abfassungszeit des Buches

1. Eine rein wortstatistische Beobachtung soll die Suche nach dem Anlaß der Offenbarung in Gang setzen. In dieser Schrift, deren Umfang nur etwa ein Vierzehntel des Neuen Testamentes ausmacht, kommt das Wort „anbeten" allein schon 24 mal vor, im gesamten übrigen Neuen Testament hingegen nur noch 35 mal. Sinnverwandte Wörter wie „verherrlichen", „danken", „lobpreisen", „Ehre geben", „Ehre empfangen", „Gott dienen", „zu Gott schreien" und überhaupt die Fülle von Hymnen und Gebeten verstärken den Eindruck, daß es dem Buch um Anbetung geht.

2. Spricht hier der Vertreter einer liturgischen Bewegung? Kein Wunder, daß Ausleger immer wieder erwägen, ob Johannes vielleicht die Formen einer urchristlichen Liturgie als künstlerisches Stilmittel für die Wiedergabe seiner Botschaft gewählt habe[1]. Aber diese Deutung wird dadurch fraglich, daß in diesem Buch nicht nur die Gemeinde oder die Engel beten, sondern „alle Bewohner der Erde" (13, 4. 8). Die Menschheit betet – bei allen Spannungen, die sie zerreißen. Da stehen nicht Beter gegen Nichtbeter, sondern Beter gegen Beter. Zwar kennt die Offenbarung auch den Gegensatz zwischen Lehre und Lehre (2, 14), Prophetie und Prophetie (2, 20) oder Zeugnis und Zeugnis (13, 14), aber in Kapitel 13, wo sich die Auseinandersetzung aufgipfelt, wird man auf beiden Seiten in einem letzten Sinn wesentlich stellt Rede und Widerrede ein, und – jedermann betet! „Die Bewohner der Erde, deren Namen nicht geschrieben sind von Anfang der Welt in dem Lebensbuche des Lammes, beten (das Tier) an" (13, 8). Die „Heiligen" dagegen, die immer wieder als Gott preisende Schar geschaut werden, verweigern die Anbetung des Tieres und gehen ins Martyrium. Wie sehr dieser Zusammenprall zwischen Betern und Betern

[1] So z. B. Stauffer, Die Theologie des Neuen Testamentes, 6. A. Stuttgart 1964, S. 181.

Kern des Buches ist, zeigt das Nachzittern dieses Höhepunktes in den weiteren Kapiteln (14, 9. 11; 15, 2; 16, 2. 6. 10; 17, 6; 19, 20; 20, 4). In Kapitel 13 öffnet sich die Szene, auf die das Buch zusteuert, und die es bis zum Schluß umkreist.

3. Die Menschheit betet! Diese Schau könnte aber auch ausdrücken wollen, daß Menschen zu allen Zeiten eine Art oder Abart von Religion haben; daß sie es augenscheinlich nicht aushalten, nicht von irgend etwas überwältigt zu sein und sich nicht vor irgend etwas tief zu beugen, wenn sie sich auch darin uneinig sind, wo und vor wem sie anbeten sollen[2]. Aber die Offenbarung zielt nicht auf eine solch überzeitliche Aussage. Der oben erwähnte Zusammenprall der verschiedenen Anbeter setzt deutlich zu einem bestimmten Zeitpunkt ein. Der Prophet sagt ihn 14, 13 als dicht bevorstehend an: „Selig sind die Toten, die in dem Herrn sterben von nun an." Noch herrscht Windstille. Doch ist es nicht Ruhe zum Schlafen, sondern Ruhe vor dem Sturm, bereits durchzittert von leisen Vorboten des Kommenden. In Pergamon ist schon gelegentlich Märtyrerblut geflossen, und Johannes ist neuerdings verbannt nach Patmos. Die nächste Zukunft wird einen Kampf auf Leben und Tod bringen, „die Stunde der Prüfung, die über den ganzen Weltkreis kommen wird" (3, 10), die „große Drangsal" (7, 14).

Aber auf welche Zeit und auf welchen Vorgang will das alles gedeutet sein? Vielleicht auf das Jahr 2000? Keineswegs dürfen wir dieses Buch so zu uns herüberziehen, daß wir es den damals angeredeten Gemeinden wegziehen. Entehren wir nicht Johannes und seine Botschaft, wenn wir unterstellen, er habe über die Köpfe seiner Zeitgenossen hinweggeschrieben und es habe sie in Wahrheit noch gar nicht betroffen, was sie für sich lasen? Ganz gewiß reicht das prophetische Wort auch über die damalige Zeit hinaus (s. Nr. 60), aber die Auslegung der Offenbarung muß danebengehen, wenn ihre Bedeutung für die ersten Empfänger vernachlässigt wird. Also bleibt die Frage zu beantworten: Worum ging es damals? Wodurch war eine solche Spannung entstanden und welche Entladung kündigte Johannes an?

Die Forschung kehrt stark zu einer alten Aussage über die Abfassungszeit des Buches zurück[3]. Der Kirchenvater Irenäus, der in der ersten Hälfte des 2. Jahrhunderts noch in Kleinasien lebte, später Bischof von Lyon wurde, setzte in seiner Schrift „Gegen die Häretiker" von der Offenbarung als allgemein bekannt voraus: „Sie ist ja nicht vor langer Zeit, sondern beinahe noch zu unseren Lebzeiten, gegen Ende der Regierung Domitians geschaut worden[4]" (Domitian regierte von 81 bis 96). Diese älteste Äußerung zur Abfassungszeit, der bald viele übereinstimmende Zeugnisse

[2] Vom allgemeinen Anbeten, hier oder dort, spricht Jo 4, 20—24, wo ebenfalls das Stichwort „anbeten" auffällt (zehnmal).

[3] So fast alle im Literaturverzeichnis genannten Kommentare, Ausnahmen s. u.

[4] In seinem Werk „Gegen die Häretiker" V. 30, 3 (geschrieben um 180) vgl. E. Lohse, Die Offenbarung des Johannes, S. 5.

folgten[5], blieb zwar nicht unwidersprochen[6]. Auch neuere Ausleger[7] versuchen eine unmittelbare oder doch größere Nähe zu der neronianischen Christenverfolgung in Rom im Jahre 64 herzustellen. Aber diese Verfolgung war keine Verfolgung aus religiösen Gründen. Nero bewegten persönliche Gründe, indem er den Verdacht, den Brand Roms verschuldet zu haben, von sich selbst auf die Christen lenken wollte. So nachhaltig seine Grausamkeit auch in der Erinnerung haftete, so kam seiner Verfolgung außerdem nur örtlich begrenzte Bedeutung zu.

Gerade wenn wir die Anbetung in der Offenbarung als ihr Thema festhalten, werden wir in Übereinstimmung mit Irenäus fast zwingend auf die Zeitlage gewiesen, wie sie etwa ab 90 unter Domitian bestand. Domitian war nämlich der erste Kaiser, der seit 86 in aller Form und allgemein beanspruchte, was Gottes ist (Mt 22, 21), also die göttliche Verehrung seiner Person. Damit aber wurde das Christentum wegen seiner strengen Bindung an das erste Gebot zwangsläufig eine als staatsfeindlich verbotene Religion. Die Voraussetzung für die großen Verfolgungen in den nächsten beiden Jahrhunderten war damit gegeben. Fortan schwebten die Christen in Rechtsunsicherheit. Jeder von ihnen konnte augenblicklich wegen seines Glaubens Habe und Leben verlieren. Sobald nur ein Kläger da war, fehlte der Richter nicht.

Zwar hatte es schon, solange es Kaiser gab, einen gewissen Kaiserkult gegeben; auch flammten bereits in den ersten Jahrzehnten n. Chr. hier und da lokal begrenzte Christenverfolgungen auf. Aber der Seher von Patmos sah im Zusammenhang mit dem neuen Staatskult eine ganz neue Lage heraufkommen und bereitete die Gemeinde darauf vor.

4. Die Entwicklung des Kaiserkultes kann hier nicht im einzelnen beschrieben werden. Doch das entscheidende Stadium, in das der Kult nun trat, und Domitian selbst sollten uns für die Auslegung vor Augen stehen.

„Soweit man vermuten darf, war er entgegen seiner natürlichen Anlage (nur) aus Not raubgierig und aus Furcht blutdürstig", urteilt der zeitgenössische römische Geschichtsschreiber Sueton über Domitian[8]. Tatsächlich bescheinigte man ihm, der das Reich in einer Katastrophenzeit übernahm, einen nicht üblen Anfang: sorgfältige Rechtsprechung, strenges Vorgehen gegen Bestechung und Verleumdung, nützliche wirtschaftliche Maßnahmen, Beliebtheit beim Heer und erfolgreiche Außenpolitik.

Als er aber nach äußerer Befestigung an die inneren Probleme des riesigen, von Zerfallserscheinungen bedrohten Reiches ging, müssen ihm die Dinge über den Kopf

[5] So Viktorin von Pettau (gest. 303) in seinem Kommentar zur Offenbarung, Eusebius (gest. 340) in seiner „Kirchengeschichte" III 18, 1 und Hieronymus (gest. 420) in seinem Werk „De viris illustribus" 9 und 18.

[6] Es handelt sich um spätere, vereinzelte und wenig zuverlässige Stimmen aus dem Altertum, die die Abfassung der Schrift u. a. in die Zeit Neros (54—68) verlegten. Dagegen spricht schon die Tatsache, daß die Offenbarung noch um 110 in Rom und Antiochien nicht bekannt war, vgl. Zahn S. 29—32.

[7] Z. B. Schlatter und Hadorn.

[8] Sueton, gest. 140 n. Chr., zitiert nach Foerster, 2. Halbband, S. 39. Zum folgenden über Domitian vor allem Stauffer.

gewachsen sein, oder er machte eine unerklärbare Wesensveränderung durch. Jedenfalls lauten die Urteile über seine letzte Zeit — etwa seit 93 n. Chr. — vernichtend. Kostspieligste Hoffeste, Prozessionen, Zirkusspiele, Tierhetzen, Sportveranstaltungen mit reichlichen Kranzverleihungen, Triumphzüge und Errichtung von pompösen Bauten gingen Hand in Hand mit immer härteren und gemeineren Zwangsmethoden, die Gelder herbeizuschaffen. Auf die geringste Anschuldigung hin verurteilte er Menschen, um deren Vermögen einziehen zu können. Dies alles trug ihm zusätzliche Gegner ein. Nicht ganz unbegründet packte ihn ein Verfolgungswahn. Ein Heer von Spitzeln diente der kaiserlichen Sicherheit. In seiner Angst vor Feinden von innen und außen — besonders im Osten des Reiches — verschärfte er wiederum die Terrormaßnahmen und wurde krankhaft mißtrauisch. Er verschuldete den Tod seiner Geliebten, setzte seine Frau auf die schwarze Liste und beseitigte engste Mitarbeiter. Dabei entwickelte er eine Vorliebe für grausame Hinrichtungsarten. Es gelang ihm in unheimlicher Regelmäßigkeit, Verschwörungen auszuräuchern und Revolten niederzuschlagen. Am 18. September 96 ließ seine Frau ihn durch einen alten Sklaven im Schlafgemach ermorden. Das Reich atmete auf. Der Senat beschloß die feierliche Verfluchung seines Andenkens, die Entfernung seines Namens aus allen Ehrenschriften und die Zerstörung seiner Bildsäulen und Altäre. Die Nachwelt nannte ihn einen Bluthund, eine Höllenbestie, die in ihrer Höhle sitzt und Blut leckt. Sie sprach von der „arroganten Visage"[9] des Tyrannen.

5. Erschreckend ist für den Bibelleser vor allem das Maß der Vergottung, die der Kaiser für sich in Anspruch nahm. Im Jahre 86 n. Chr. ließ er sich als erster römischer Kaiser amtlich „Gott der Herr" nennen. Sein Palast galt als Heiligtum, sein Thron als Göttersitz. Während seiner Abwesenheit mußte sogar seinem leeren Thronsitz Reverenz erwiesen werden. Zu den kaiserlichen Festen hatte alles in Weiß zu erscheinen. Wenn er auftrat, eine goldene Krone auf dem Haupt, tobten die Massen und brachen in Kaiserakklamationen aus[10]. Das Stimmengewirr ging in rhythmische Sprechchöre über. Hofdichter sorgten für schmeichlerische Texte: „Siehe, das ist Gott, da ist er, vom Vater im Himmel, eingesetzt mit der Vollmacht, auf glücklicher Erde zu herrschen!" Selbst Tiere nahmen an der Huldigung teil. Dressierte Papageien riefen: „Ave Caesar!" Kaiserliche Sendschreiben begannen: „Der Herr unser Gott befiehlt", und die Bluturteile: „Es hat dem Herrn unserm Gott in seiner Gnade gefallen . . ."[11] (zum Kaiserkult vgl. noch Nr. 12).

6. Daß Domitian nicht zuletzt wegen seines neuen Kurses gegenüber den Christen in die Geschichte eingegangen ist, wurde schon erwähnt. Zwei Umstände

[9] (S. 7) Plinius, „Panegyricus" 52.

[10] Belegt sind nach Stauffer Wendungen wie: „Heil dem Herrn, Sieg, Herr der Erde, Unbesiegbarer, Macht, Herrlichkeit, Ehre, Friede, Sicherheit, Heilig, Selig, Groß, Wer ist dir gleich, Du allein, Würdig bist du, Würdig ist er, zu nehmen das Reich, Komm, Komm und verziehe nicht, Kehre wieder, Herr der Herren, Höchster unter den Hohen, Gott aller Dinge, Herr für ewig, Herr von Ewigkeiten zu Ewigkeiten, Herr aller Äone".

[11] Nach E. Stauffer, Christus und die Caesaren (Hamburg 1952, 4 A.), S. 160 ff.

spielten dabei eine Rolle. Einerseits hatten sich die christlichen Gemeinden ungemein ausgebreitet und dadurch Aufsehen erregt. Selbst in die regierenden Kreise, in den kaiserlichen Hof und sogar in die kaiserliche Familie drang das Evangelium vor (vgl. auch Nr. 14). Schon deshalb stellte sich für den Staat die Frage nach den Christen neu. Auf der anderen Seite hatten sich die Christen inzwischen deutlich vom Judentum gelöst. Damit begaben sie sich des Schutzes, den das Judentum für sie bedeutet hatte. Solange die Behörden die christlichen Gemeinden nämlich für eine jüdische Sekte hielten, fielen diese nicht unter das allgemeine Verbot, neue Gemeinschaften im römischen Reich zu gründen. Denn den jüdischen Synagogen war eine Ausnahme zugestanden. Bisher konnten sich überall vom Staat unangefochten christliche Gemeinden sammeln; sobald aber die Christen Streit mit den Juden bekamen, drohte Streit mit dem Staat. Diese Lage trat nun immer deutlicher ein. Domitian begriff im Christentum eine eigene, das Judentum an Bedeutung übertreffende weltweite Bewegung und hielt es für eine Bewegung gegen die Staatsräson, nämlich gegen den Kaiserkult[12]. So eröffnete er den förmlichen Feldzug des römischen Staates gegen das Christentum.

7. Im Jahre 95 richtete Domitian die Eltern seiner Adoptivsöhne und Thronfolger, Clemens und Domitilla, wegen Neigung zu jüdischen Sitten, wegen Atheismus und Majestätsverbrechen hin. Gewisse Anzeichen sprechen dafür, daß es sich bei ihnen um Christen handelte. Auch die Namen zweier christlicher, von ihm enthaupteter Soldaten sind bekannt[13]. Der 1. Clemensbrief, der vermutlich im gleichen Jahr in Rom abgefaßt ist, bestätigt, daß dort gerade gegen Christen vorgegangen wurde[14]. Der schon erwähnte Plinius-Brief berichtet von Verhörten in Kleinasien, die versicherten, schon vor zwanzig Jahren Christus abgeschworen zu haben. Auch das weist auf Christenprozesse unter Domitian hin. Die Lage spitzte sich zu. In seinem letzten Lebensjahr (96) soll Domitian zwei Christen aus Palästina herbeigeholt und besonders mißtrauisch verhört haben, weil sie mit Jesus verwandt waren. Als er ihre Harmlosigkeit erkannte, begnügte er sich damit, sie lächerlich zu machen[15]. Deutlich machte also Domitian am Ende seiner Amtszeit gegen die Christen Front (vgl. noch Nr. 20)[16].

[12] Etwas später, um 112, sendet der Statthalter von Bythinien in Kleinasien, Plinius, einen aufschlußreichen Bericht an seinen Kaiser Trajan in Rom und schreibt von dem seiner Meinung nach strafbaren, „unbeugsamen Starrsinn" der Christen, weil sie dem Kaiser göttliche Verehrung verweigern.

[13] Nach Stauffer, s. Anm. z. E. 11.

[14] Der erste Clemens-Brief ist ein ausführliches Sendschreiben im Auftrage der römischen Gemeinde an die Gemeinde in Korinth, in der Zwietracht herrschte. Er trug seinen Namen nach seinem vermutlichen Verfasser, Bischof Clemens von Rom. Ob er sich mit dem Clemens von Phil 4, 3 deckt? Jedenfalls verdient die Schrift hohes Ansehen. Der zweite Clemens-Brief (vgl. Nr. 14 am Ende), ein nur kleines Schriftchen stellt die älteste erhaltene Predigt dar und ist fünfzig Jahre später entstanden. Er ha mit dem ersten Clemens-Brief sachlich nichts zu tun.

[15] Nach Stauffer, s. Anm. z. E. 11.

[16] Nach Stauffer, s. Anm. z. E. 11.

Wieviel dafür spricht, daß hinter der Offenbarung die letzten Regierungsjahre Domitians stehen, wird noch einmal deutlich, wenn uns im folgenden Abschnitt das Empfängerland des Buches vor die Augen tritt.

II. Die römische Provinz Asien

Die Empfänger des Buches

8. Nach 1, 4 wurde die Offenbarung nach „Asien" gesandt. Achtzehn mal erscheint diese Bezeichnung im Neuen Testament. Sie deckt sich aber nicht mit dem heutigen Begriff Asien. Auch gemessen an dem heutigen Kleinasien handelte es sich damals nur um ein Kleinstasien und umfaßte lediglich das westliche Drittel der heutigen Türkei. Die weiteste Entfernung zwischen den sieben erwähnten Städten, nämlich zwischen Pergamon und Laodizäa, entspricht etwa der Luftlinie von Berlin bis an die Spitze von Rügen oder zwischen Berlin und Hamburg (225 km). „Asien" ist in der Offenbarung also immer eines der vielen damaligen römischen Verwaltungsgebiete. Darum sagt diese Auslegung regelmäßig „Provinz Asien".

9. Heute ist jenes Gebiet ein recht abseitiger Raum, ein Winkel der Welt. Kenner der Antike belehren uns aber, daß es damals das kulturelle Zentrum der Welt darstellte und darin selbst Rom oder Athen überflügelte. Weil das für die Bedeutung der Offenbarung ins Gewicht fällt, interessieren Einzelheiten.

Diese Provinz hatte eine große Geschichte. Bereits um 900 v. Chr. kam der so aufgeschlossene und regsame griechische Stamm der Ionier ins Land und gründete an den Küsten und Flußläufen schnell aufblühende Städte. Nicht immer in den folgenden Jahrhunderten beherrschten sie auch das Hinterland. Oft genug mußten sie ihre politische Selbständigkeit hergeben, aber geistig-kulturell und auch wirtschaftlich waren sie ihren Besiegern regelmäßig überlegen. In ihren Städten, nicht etwa im griechischen Mutterland, stand die Wiege der griechischen Philosophie, einer in der Menschheitsgeschichte einzig dastehenden Erscheinung, ohne die die heutige Zivilisation nicht denkbar ist. Ferner entwickelte sich das Land durch Obst- und Weinbau, handwerkliche Industrien und vor allem durch den Handel zu einer Goldgrube. Dank ihrer natürlichen Lage wurden die Häfen zu Umschlagplätzen zwischen Morgen- und Abendland. Das gab einen ungewöhnlichen Horizont, förderte die Wissenschaften, Kunst und Religionen. Die Kehrseite will nicht übersehen sein: Dieser Landstreifen war begehrt. Oft wechselten die Besitzer. Phrygische, lydische, persische, mazedonische und zuletzt römische Herrschaften folgten einander. Jeder Wechsel bedeutete einen neuen Zuzug von Völkern, Sprachen, Sitten und Kulten. Faßt man das Bild zusammen, so ergibt sich ein wahrer Mischkessel, ein Tuschkasten mit allen Farben.

Rom brauchte sich diese Provinz nicht erst zu erobern. Attalus III., der letzte König von Pergamon, vermachte 133 v. Chr. sein Reich testamentarisch den Römern. Die Provinz wurde darum nicht unter Militärverwaltung, sondern unter eine Zivilverwaltung mit einem Prokonsul gestellt. Gerne sahen die Römer von einer Direktverwaltung ab, weil die Provinz straff genug in ihrem Sinne regiert wurde. So blühte das Land weiter. Die Hauptstadt Ephesus zählte bald eine Viertelmillion Einwohner. Laodizäa hatte Banken von Weltruf, fast alle Städte leistungsfähige Industrien[17]. In den Häfen drängten sich an den Kais mehrstöckige Speicher, dazwischen wogte das Heer der Schiffsmasten aus aller Herren Länder. Fremde Sprachen mischten sich unter die einheimische. Trachten aller Völker boten sich dem Auge dar.

10. Die Provinz war nicht allein Umschlagplatz für Waren, sondern auch für religiöse Kulte, die vor allem von Ost nach West drangen, darunter auch Naturkulte, die die Religionswissenschaftler lebhaft an die uns auch aus dem Alten Testament bekannten Baalskulte Syriens erinnern. Dieser Hinweis ist bei der Auslegung von Kapitel 2 und 3 aufzunehmen. Wenigstens zeichnet sich die ungewöhnliche religiöse Fruchtbarkeit dieser Landschaft und ihrer Menschen ab. Überall hochragende, marmorschimmernde Kult- und Wunderstätten und dazu der entsprechende Wallfahrtsbetrieb mit allen kommerziellen Begleiterscheinungen. Nicht zuletzt galt diese Provinz als die gebildetste und edelste im Reich. Sie konnte blühende Erziehungsanstalten, berühmte Bibliotheken und die mildesten, aufgeklärtesten Behörden vorweisen. Hier war, wenn irgendwo in der Welt, griechische Geistigkeit und Leichtigkeit, Lebensfreude und Gestaltungskraft zu Hause; siehe Reicke-Rost, Bibl.-Hist. Handwörterbuch, auch Religion in Geschichte und Gegenwart (RGG[3]).

11. So erweist sich die Provinz Asien als eine Hochburg des „Hellenismus". Mit diesem Ausdruck bezeichnet man die großartige Kulturbewegung jener Zeit[18]. Sie begann ihren Siegeszug unter Alexander d. Gr. (356–323 v. Chr.), der dabei allerdings auch ein persisches Erbe fortführte, so daß es mit einem gewissen Recht auch „Orientalismus" heißen könnte. „Hellenismus" bedeutet eigentlich „griechisches Wesen"[19] und läßt nicht gleich erkennen, was gemeint ist. In auffallender Parallele zu heutigen Erscheinungen ging es um ein Zusammenwachsen der Menschheit aller Erdteile zu möglichst großen Einheiten, und zwar auf Kosten der völkischen, rassischen, sprachlichen, politischen, sozialen und religiösen Eigenart. Die ganze Menschheit sollte e i n Volk werden. Das kühne Programm einer Verschmelzung von Abend- und Morgenland trägt aber nicht ganz zu Unrecht den Namen des kleinen Hellenenvolkes, weil diese Menschen den Ausgleich zwischen den Interessengruppen schufen. Nicht nur, daß das griechische Mutterland die Schwelle zwischen Ost und West bildete – inmitten der völkerverbindenden Meere gelegen – und daß dieser Menschenschlag eine selten wache und aufgeschlossene Geistigkeit bewies – Griechen waren buchstäblich in der ganzen damaligen Welt gegenwärtig. Rings um das Mittelmeer und

[17] In 3, 4 findet sich ein Bezug auf die Textilbranche in Sardes. 3, 17–18 erwähnt mehrere Industrien in Laodizäa. 2, 9 nennt den Reichtum Smyrnas. In Apg 19, 23 ff begegnen wir der mächtigen „Gewerkschaft" der Goldschmiede in Ephesus. In Pergamon lebte man u. a. vom Kur- und Wallfahrtsbetrieb und seinen gewinnreichen Begleiterscheinungen.

[18] Seit dem Historiker J. G. Droysen (1808–1884).

[19] Die Griechen nannten sich nach der Landschaft Hellas in Mittelgriechenland „Hellenen".

um das Schwarze Meer, selbst am See Genezareth (vgl. Mt 4, 25; Mk 5, 20; 7, 31) gab es Griechenstädte. Über die Bernsteinstraße und über den Balkan hinweg trieben griechische Kaufleute Handel mit der Ostseeküste, über Ägypten hinweg mit Innerafrika, über Mesopotamien mit Indien. Überall eigneten sie sich neues Wissen an, durchdrangen es und gaben es geordnet weiter. Bei den Griechen gelang der Menschheit zuerst der Durchbruch zu wissenschaftlichem Denken. Sie entwickelten die erste Lautschrift und stellten die damalige Weltsprache zur Verfügung, die „K o i n e"[20], in der auch das Neue Testament verfaßt ist. So drückten sie der entstehenden internationalen Weltkultur ihren geistigen Stempel auf. Der Begriff des Hellenismus begegnet jedem, der sich mit der neutestamentlichen Zeit vertraut macht.

12. Ein Beispiel für diese Hellenisierung – und damit tritt die Offenbarung wieder in die Mitte des Gedankenganges – ist auch die Entwicklung des Kaiserkultes. Das Morgenland kannte die göttliche Verehrung von Herrschern seit langem; vor allem in Ägypten, wo der König von Geburt an und unabhängig von seiner Machtstellung als Gott galt. Langsam und gegen zähen Widerstand abendländischer, demokratischer Gesinnung drangen die morgenländischen Hofsitten westwärts. Schrittmacherin hierin war die Provinz Asien. Die frühesten Schriftdenkmäler, die wir von dieser neuen politischen Religiosität besitzen, stammen von dort.

Die Städte der Provinz wetteiferten, welche von ihnen mit gnädigster Erlaubnis des römischen Senats einen Tempel zu Ehren Roms und des Kaisers errichten durfte. Pergamon erhielt das Vorrecht schon unter Augustus (30 v. Chr. – 14. n. Chr.), Smyrna unter Tiberius (14–37 n. Chr.), Ephesus unter Claudius (41–54 n. Chr.). Mit dem neuen Kult waren regelmäßige, prunkvolle Feierlichkeiten verbunden, die als wirtschaftlicher Faktor nicht zu unterschätzen waren.

Dann kam Domitian (81–96 n. Chr.), und Ephesus lief allen Städten den Rang ab. Bald trug es den Ehrennamen „kaisertreue Stadt, kaiserliche Tempelhüterin"[21]. Es bekam ein Kolossalbild des Kaisers von vierfacher Lebensgröße. Dem „göttlichen Alleinherrscher und erlauchten Kaiser Domitian" wurden Altäre errichtet.

Österreichische Forscher haben Teile des zerschlagenen Gnadenbildes, des Tempels, des Hauptaltars und riesige Kandelaber, die bei den Kultfesten ihr Licht spendeten, ausgegraben. Mit der Eröffnung eines Kaisertempels in einer Stadt zog jedesmal auch eine kaiserliche Priesterschaft ein. Ihr Hoherpriester war zugleich der politische Vertrauensmann Roms in der Provinz und ein guter Aufpasser, ob sich die Staatstreue der Untertanen auch in eifriger Teilnahme am Kaiserkult beweise. Diese Priesterschaften taten sich nachweislich und verständlicherweise bei den Christenverfolgungen besonders hervor.

13. Ein Rückblick läßt uns erkennen, daß das Evangelium in dieser Provinz den Menschen in seiner Hochform antraf, nicht etwa unterentwickelt und in engem Horizont befangen. Dort hatte man herausgefunden, was es heißt, Mensch zu sein und

[20] Näml. „koine dialektos", d. h. allgemeine Sprache.
[21] „Hüterin" war Terminus, vgl. Apg 19, 35

demonstrierte es auf beeindruckende Weise. Es war der „moderne Mensch" mit einem gesteigerten Lebensgefühl, auf der Höhe seiner Zeit, Träger und Repräsentant seiner Zeit. Wenn Johannes nun den Gemeinden in der Provinz Asien seine Botschaft sendet, muß er in Rechnung stellen, daß sie nicht unter Provinzlern leben, sondern unter aufgeklärten, selbstbewußten Menschen einer hochgestimmten Epoche.

14. Damit stehen wir bei der Missionsgeschichte jenes Landes. Johannes war nicht der erste, der dort das Evangelium bezeugte. Schon Paulus verstärkte hier unter ausdrücklicher göttlicher Weisung seine Anstrengungen. Drei Jahre wirkte er in Ephesus, länger als anderenorts. Die Gemeinden dieser Provinz empfingen Briefe von Paulus (Kolossä, Ephesus, Laodizäa), von Petrus (1 Pt 1, 1), Johannes (Sendschreiben) und Anfang des zweiten Jahrhunderts von dem bald nach 110 n. Chr. als Märtyrer gestorbenen Ignatius (Ephesus, Magnesia, Tralles, Philadelphia und Smyrna). Hier lag also offensichtlich nicht nur ein Schwerpunkt des Heidentums, sondern auch des Christentums. Ephesus hatte Jerusalem und Antiochien als christliches Zentrum abgelöst; Rom war noch nicht emporgekommen. In keinem anderen Gebiet des Reiches hatte sich die christliche Bewegung inzwischen so ausgebreitet. Nach dem Plinius-Brief war die Zahl der Christen so groß geworden, daß die heidnischen Tempel schon verödeten, nach dem 2. Clemens-Brief übertraf sie die Zahl der Juden.

15. In dieser Provinz wurde die Auseinandersetzung zwischen Gemeinde und Umwelt also in einer für das ganze Reich gültigen und bemerkenswerten Form geführt. Das spürt Johannes und ruft darum immer wieder die Gesamtchristenheit auf: „Wer ein Ohr hat, der höre, was der Geist den Gemeinden sagt!" (Offb 2, 7. 11. 17). Zum Schluß dieses Abschnittes sei noch auf die Grundlinien dieser Auseinandersetzung hingewiesen, ohne die Einzelauslegung vorwegzunehmen.

Ein Mensch, der die Bildung auf seine Fahnen geschrieben hat – und das hatte der hellenistische Mensch in der Provinz Asien – ist immer stolz, daß er Verständnis hat. Man hatte also auch Verständnis für das Christentum (vgl. Apg 19, 31!). Trotz einiger Störungen, deren besondere Gründe zu prüfen sind, war die Haltung der sieben Städte nach Offenbarung 2 und 3 tolerant. Aber man erwartete auch Verständnis! Warum sollten sich die Christen nicht ihrerseits auch für die Gegenseite öffnen? Wer also ein Christ sein möchte, der sei es und bleibe es, aber er sei ein richtiger, eben ein verständnisvoller Christ! Das bedeutet, daß die Anfechtung noch nicht im antichristlichen, sondern im scheinchristlichen Gewande auftrat. Diese scheinchristliche Verführung ist darum auch das stehende Thema der Gemeindebotschaften: Vorsicht vor Scheinaposteln (2, 2), Scheinjuden (2, 9; 3, 9), Scheinpropheten (2, 20), Scheinleben (3, 1) und Scheinreichtum (3, 17)!

Nicht zuletzt in dieser Hinsicht bringt Johannes „Offenbarung" durch den, der „Augen wie Feuerflammen" hat und ein „zweischneidiges Schwert" (Offb 2, 12. 18) Er durchdringt allen Schein und enthüllt, was i s t. Die Gemeinde darf um ihrer Umwelt willen nicht zu einer Scheingemeinde werden.

III. Johannes

Der Verfasser des Buches

16. Einige Leser mögen die Frage, wer der 1, 1. 4. 9 und 22, 8 als Absender genannte Johannes war, für überflüssig halten. Sie haben es bisher nicht anders verstanden, als daß es sich um den betagten Zwölferapostel Johannes handele, den Sohn des Zebedäus. Auch diese Auslegung vertritt zu 1, 1 die Verfasserschaft durch den Zebedäiden Johannes. Dennoch bleibt das eine Vermutung. Schon der Umstand, daß das Selbstzeugnis des Buches den Namen ohne jede Näherbestimmung nennt, läßt der Frage Raum, welcher Johannes sich unter diesem weitverbreiteten Namen verbirgt.

17. Es sind vor allem zwei Beobachtungen, die Schwierigkeiten bereiten. Obwohl die Offenbarung nach Wortschatz und Stil eindeutig in den Umkreis der anderen johanneischen Schriften gehört, erregen unübersehbare Unterschiede zugleich Bedenken gegen die gleiche Verfasserschaft. Das gilt zweitens auch für die Gedankenwelt. So häufig die Auslegung auf nützliche Parallelen zwischen dem Johannes-Evangelium und den Briefen einerseits und der Offenbarung andererseits hinweisen kann, sind begriffliche und sprachliche Unterschiede doch nicht zu leugnen[22].

18. Warum sollte dennoch an der Verfasserschaft durch den Zebedaiden festgehalten werden?

Dafür spricht m. E. bereits die Tatsache, daß die Offenbarung nach ihrer Abfassung schnell weite Verbreitung fand. Die Christen scheinen zu Anfang des zweiten Jahrhunderts kein Buch des Neuen Testamentes so eifrig gelesen zu haben wie dieses, wenn man die häufigen und anerkennenden Zeugnisse aus Kleinasien, Gallien, Afrika, Ägypten, Italien und Syrien sprechen läßt. Die ältesten offiziellen Kanonverzeichnisse im 2. Jahrhundert führen alle das Buch auf[23].

Damit halte man das andere zusammen: Das Werk wurde von Anfang an in größter Selbstverständlichkeit als Schrift des Zebedäiden gelesen[24]. Wie sollte auch das Buch irgendeines unbekannten Johannes ein solches Echo gefunden haben? Wie sollte ein Irrtum in der Verfasserfrage sich so rasch in der Provinz Asien verbreitet haben? Tausende von Gläubigen wußten vom Abtransport des „Alten" aus ihrer Mitte auf die nahe Insel Patmos. (Das hohe Alter des Johannes in Ephesus ist sicher bezeugt[25]). Oder sie wußten von diesem Geschehen eben nichts, dann konnte es ihnen

22 Hauptbegriffe des vierten Evangeliums wie Licht, Finsternis, Glaube, Liebe, Wahrheit, Gnade, Friede fehlen in der Offenbarung oder spielen nur eine untergeordnete Rolle, sind meist auch etwas anders gefüllt. Auf derartige Unterschiede weist die Auslegung gelegentlich hin.

23 Bousset und Zahn nennen ausführlich die Belege.

24 Frühestes Zeugnis bei Justin mart., Dialog 81, 4, vor 160 n. Chr.

25 Erst nach 400 taucht die Behauptung auf, nach Papias hätten die beiden Zebedäiden, also Johannes und Jakobus, in Palästina das Martyrium erlitten. Zur Unglaubwürdigkeit dessen vgl. Delling in Religion in Geschichte und Gegenwart, 3. A. Tübingen 1959, Bd. III, Sp. 803 f.

auch niemand vortäuschen. Um 170 taucht die kleine kirchliche Gruppe der sogenannten Aloger auf, die die überlieferte Verfasserschaft aus dogmatischen Gründen bestreitet. Der Inhalt der Offenbarung paßt nicht in ihren philosophisch gefärbten Glauben. Um dem Buch die Autorität zu nehmen und ihren Gegnern, die sich auf die Offenbarung beriefen, die Basis, behaupten sie, Verfasser sei (ausgerechnet!) der Johannes-Gegner Kerinth in Ephesus. Im nächsten Jahrhundert vertritt in ihrer geistigen Nachfolge, aber zugleich mit neuen, literarkritischen Argumenten, Dionysius von Alexandrien (um 250 n. Chr.) die Auffassung, es habe in Ephesus vielleicht noch einen zweiten Johannes gegeben, der als Verfasser in Frage käme. Wieder hundert Jahre später, um 340 n. Chr., macht Euseb aus der Annahme eine Gewißheit: Ja, es gab in Ephesus noch einen „Ältesten" Johannes, der der Verfasser der Offenbarung ist[26].

All diese Männer verbargen nicht ihr Mißbehagen gegenüber dem Inhalt des Buches, sahen sich aber angesichts der apostolischen Verfasserschaft in einer Notlage. Sie durften den Apostel nicht angreifen. So schafften sie sich einen zweiten Johannes, dem sie dann das Werk zuschrieben. Damit war das Buch sturmfrei! Bald danach, bereits um 150 n. Chr., wandte sich fast die ganze Ostkirche von der Offenbarung und von allem anderen apokalyptischen Schrifttum jüdischer und christlicher Herkunft ab. Erst im 7. Jahrhundert legt sich der Widerstand.

19. Auch in der Westkirche, die die so schnell einsetzende Reserve der Ostkirche zunächst nicht teilte, hatte man bald nur wenig Sinn für diese Botschaft. Befördert zur Staatsreligion und mit glänzenden Kaiserbeziehungen, stand die offizielle Kirche fest in dieser Welt. Was sollte da ein Buch, das vierzehn Wehe über diese Welt ausruft und in dem Flehen gipfelt: „Komm, Herr Jesu"? Trotzdem tat man hier das Buch nicht einfach beiseite, man deutete es um (vgl. Nr. 56).

Die oben (Nr. 17) angedeuteten, durchaus ernstzunehmenden Schwierigkeiten für die Verfasserschaft des Zebedäiden Johannes sollte man auf sich beruhen lassen. Die alte Überlieferung spricht zu laut, als daß man sie überhören könnte, und ist so glaubwürdig, daß man sie nicht einfach abtun sollte[27].

20. Wenn der Herrenjünger Johannes als Verfasser gilt, mag noch folgende Überlieferung Gehör verdienen. Tertullian berichtet um 200, daß Kaiser Domitian in der beginnenden Verfolgungszeit nicht nur jene beiden Verwandten Jesu (s. Nr. 7), sondern auch den letzten Augenzeugen der Lebenszeit Jesu, Johannes den „Alten", der die Gemeinden der Provinz Asien von Ephesus aus leitete, nach Rom bringen ließ. In Rom habe er ihn verhören und foltern lassen (die Überlieferung spricht von Eintauchen in heißes Öl) und dann nach Patmos verbannt. Sollte diese Nachricht zutref-

[26] Quellennachweise und Diskussion bei Feine-Behm, Einl. in d. NT, 14. A. Stuttgart 1965.

[27] „Es fällt schwer, die Entstehung einer so ‚falschen' Tradition zu verstehen", und die „Behauptung der Unvergleichlichkeit der beiden Bücher" sei „stark übertrieben", urteilt O. A. Piper in RGG³ III. Sp. 829. Von den Neueren halten auch Michaelis, Hadorn und Stauffer an der Abfassung durch den Apostel Johannes fest. Andere lassen die Frage in der Schwebe.

fen[28], ständen hinter der Schilderung der Offenbarung von der Sieben-Hügel-Stadt mit ihrem ungeheuren Luxus und verführerischen Blendwerk, mit Stolz und Lastern, mit Terror und Blutvergießen und mit ihrer ganzen Gerichtsreife bittere persönliche Romerfahrungen (Offb 17).

IV. Zeitgeschehen, Altes Testament, Apokalyptik

Der geistige Raum des Buches

21. Die drei vorangegangenen Abschnitte über Anlaß, Empfänger und Verfasser des Buches haben schon die enge Tuchfühlung der Offenbarung mit dem öffentlichen Geschehen und auch mit dem geistigen Leben ihrer Tage herausgearbeitet. Sie ist zuerst einmal eine echte Gelegenheitsschrift wie auch die Paulusbriefe. Den Paulusbriefen gegenüber kommt aber noch hinzu, daß hier das Weltgeschehen zum Thema erhoben wird. Um so stärker wird sich Umweltgeschehen und Umweltdenken auf ihren Seiten widerspiegeln. In der Offenbarung sind ständig Wörter, Begriffe und Vorstellungen der hellenistischen Umwelt im Spiele (vgl. noch Nr. 25).

22. Kennzeichnend für Johannes ist die Vollmacht, mit der er Zeitgeschehen und Umwelt mit dem Alten Testament verknüpft. Bei geradezu knisternder Aktualität spricht er eine mit biblischen Begriffen so gesättigte Sprache, wie es eine Statistik kaum zu erfassen vermag[29] und wie das bei keinem andern Buch des NT der Fall ist. Diese Art „heiligen Stils"[30] mag zum Teil ganz unbewußt, aus einer ungewöhnlichen Verbundenheit mit dem Wort des Alten Testamentes heraus, sich ergeben haben. Selbstverständlich gibt es auch klar begründbare Bezugnahme auf das Alte Testament. Dazu gehört die Bevorzugung der Propheten Hesekiel, Daniel und Sacharja, dieser Hauptschriften, die das Weltgeschehen in das Licht des Gottesreiches stellen. Ganz bewußt und mit prophetischem Selbstbewußtsein[31] tritt Johannes in ihre Reihe.

23. Und noch eine Überraschung. So durchdrungen die Offenbarung vom Alten Testament ist, vermeidet sie doch das ausdrückliche Zitat. Niemals leitet Johannes

[28] Tertullian, 160—220 n. Chr., in Praescr. Haeret. 36.

[29] Die neue Londoner Ausgabe des Griechischen NT von 1966 zählt in ihrem Anhang etwa 600 atl. Bezugnahmen in den 404 Versen der Offenbarung; davon etwa 100 auf die Psalmen, 110 auf Jesaja, 60 auf Hesekiel, 70 auf Daniel und 30 auf Sacharja. Die Zahl der Anklänge mag noch weit höher liegen, weil sich in den Winkeln und Hintergründen der Visionen immer neue Beziehungen entdecken lassen. In 1, 1—3 finden sich z. B. vier Vokabeln, die auch Jes 56, 1—2 beieinander stehen („Offenbarung", „glückselig", „bewahren" und „nahe"). Liegt dieser Parallele eine erkennbare Absicht zugrunde? Merkwürdig auch der sprachliche Zusammenhang von 1, 5 mit Psalm 89, 28 und 38 (der Mond als „treuer Zeuge").

[30] Lohmeyer bei E. Lohse, a. a. O. S. 5.

[31] Vgl. AT Nikolainen, Über die theologische Eigenart der Offenbarung des Johannes (Theol. Literaturzeitung, 1968/3).

wie der Hebräerbrief oder wie Matthäus ein: „Wie geschrieben steht". Zitiert er etwa ohne Zitationsformel? Auch das trifft nicht den Sachverhalt. Sorgfältiger Vergleich zeigt, daß Johannes bei aller Verbundenheit mit dem Alten Testament jede Freiheit wahrt. Kühn werden die prophetischen Worte gekürzt, ergänzt, mit anderen gekoppelt oder vermischt. Trotz der Fülle von Anklängen entstand etwas Neues[32]. Die Offenbarung wiederholt also nicht einfach die alttestamentliche Prophetie. Wie kann Johannes vor-christliche Prophetie nach Christus wiederholen, als ob der Erfüller noch nicht gekommen sei! Gewiß ist die Prophetie noch nicht in ihre letzte Erfüllung eingegangen; sie zielt noch weiter. Aber sie ist immerhin schon durch ein Stadium der Erfüllung hindurchgeschritten, durch das entscheidende Stadium, und trägt nun dessen Zeichen im Weiterlaufen auf der Stirn. Diese von der Christusoffenbarung gezeichnete Prophetie will gewürdigt sein. So erklärt sich auch die eigentümliche Atmosphäre dieses Buches mit seiner Nähe und zugleich seinem Abstand zum Alten Testament.

Erfüllung ist eben mehr als Weissagung, wie der Baum mehr ist als sein Same. In diesem Bewußtsein haben alle Apostel, die die Erfüllung in Jesus Christus geschaut, betastet und gehört haben, dem Alten Testament gegenüber gestanden. In dieser Vollmacht können sie die alten Worte in einer Freizügigkeit verwenden, die jeden überraschen muß, der von der Höhe, Tiefe, Länge und Breite der Christusoffenbarung nichts begreift.

24. Zum geistigen Raum, in welchem die Offenbarung ihre Botschaft ausrichtet, gehört schließlich auch die sogenannte Apokalyptik.

Den Namen für diese Bewegung hat unfreiwillig das letzte Buch der Bibel geliefert. Das griechische Wort apokalypsis (Offenbarung) erscheint 1,1, wo es als Buchbezeichnung in den Sprachgebrauch eingeführt wird. Später haben Forscher diese Bezeichnung auf eine ganz bestimmte Literaturgattung bezogen. Etwa 30 Schriften[33] aus der Zeit vom zweiten Jahrhundert vor bis zum zweiten Jahrhundert nach Christus nennt man heute „Apokalypsen" und die ihnen entsprechende religiöse Haltung und Gedankenwelt die „spätjüdische Apokalyptik".

Über die Hälfte dieser Schriften stammt noch aus dem Judentum. Als dieses aber am Ende des ersten nachchristlichen Jahrhunderts die Apokalyptik in aller Form

[32] E. Lohse, s. Anm. E. 30.

[33] Einige von ihnen kennt man heute nur noch dem Namen nach aus alten Erwähnungen (z. B. Buch des Lamech, des Jakob, des Zacharias), andere durch verstreute Zitate bei anderen Schriftstellern (z. B. Josephs Gebet), wieder andere sind ganz oder teilweise in Abschriften und Übersetzungen erhalten. Die umfangreichste erhaltene Apokalypse mit 108 Kapiteln ist die des Henoch, dessen älteste Bestandteile in die Zeit vor 167 v. Chr. zurückreichen. Die Christen haben solche Schriften gern als Bestätigung ihrer Messiashoffnung übernommen — ein Grund für das Judentum, sie etwa seit 90 n. Chr. abzustoßen — und mit christlichen Zusätzen versehen, so z. B. Das Testament der zwölf Patriarchen, Die Himmelfahrt des Jesaja, des Mose, Das Testament des Abraham, des Isaak, des Salomo, der zwölf Patriarchen, Die Apokalypse des Abraham, des Mose, des Elia. Der sogenannte äthiopische Henoch wurde noch von den Kirchenvätern als Heilige Schrift gelesen, so hoch stand diese Apokalypse bei den Christen im Ansehen. Die ver-

verwarf, fand die Bewegung ihre Heimstatt im Christentum und erlebte dort 100–150 eine neue Blüte. Doch schon das Neue Testament selbst verrät eine eingehende Bekanntschaft des Urchristentums mit dieser Literatur. Der eindeutigste Hinweis findet sich Judas 14–16, wo „Henoch" zitiert wird. Die Stelle läßt sich nicht etwa im Alten Testament nachlesen, sondern in dem umfangreichen apokalyptischen Henochbuch (1, 9), das uns erhalten ist. Die in Judas 9 genannten Vorgänge entstammen nach einigen Kirchenvätern dem Werk „Die Himmelfahrt des Mose", von dem allerdings heute nur noch Bruchstücke bekannt sind. Ähnliches gilt für die Namen Jannes und Jambres in 2. Tim 3, 8. Hbr 11, 37 mag sich auf die „Himmelfahrt des Jesaja" beziehen, einem bereits christlich überarbeiteten apokalyptischen Werk, das 5, 11 erzählt, wie Jesaja zersägt wurde. Die Beispiele ließen sich vermehren. Je besser wir das apokalyptische Schrifttum kennten, desto deutlicher wären uns die Ähnlichkeiten in Sprache, Begrifflichkeit und Vorstellungen. So finden sich im NT geschlossene „apokalyptische" Stücke, wie z. B. Mk 13 und Parallelen, Lk 17, 20–37; 1 Th 4, 15–17; 1 Ko 15, 20–28; 2 Th 2, 1–12; 2 Pt 3, 10–13 und vor allem das Buch der Offenbarung.

25. Dieser Sachverhalt mag im ersten Augenblick verwirren. Sollte die Apokalyptik tatsächlich der „Mutterschoß" der urchristlichen Verkündigung oder eines ihrer Zweige sein? Aber Sprach- und Denkgemeinschaft will nicht unbesehen als Lehrgemeinschaft gedeutet werden. Sie könnte auch Lehrgegnerschaft bedeuten. Nicht nur freundschaftlicher Austausch gleicht Sprache und Gedankengänge an, heftige Fehden bewirken oft das gleiche. Das Neue Testament bietet dafür mannigfache Beispiele. In den Briefen des Paulus tauchen Schlagworte und Sätze derer auf, die er überwinden will. Er entwendet ihnen gewissermaßen ihre Waffen, zieht ihnen die Rüstung aus und macht sie dem Triumph des Evangeliums dienstbar. Auch in diesem Fall könnte man von „Abhängigkeit" sprechen, aber eben von einer negativen Abhängigkeit. Es ist damit zu rechnen, daß sich das urchristliche Denken und Sprechen negativ an der spätjüdischen Apokalyptik gebildet hat. Wer das beurteilen will, muß sich zunächst einen Überblick über diese Literatur verschaffen.

26. Die Apokalyptik flammte besonders in der Mitte des zweiten vorchristlichen Jahrhunderts auf, als nach einer Zeit toleranter Religionspolitik neue Herrscher in Palästina die Hellenisierung (s. Nr. 11) kräftig und zum Teil brutal vorantrieben[34]. Innere und äußere Notzeit brach für die Treuen unter den Juden an. Auf der einen Seite gewahrten sie im Zuge dieser Hellenisierung eine unaufhaltsame Verweltlichung ihres Volkes. Mit Polypenarmen griff der Weltgeist selbst nach den Frommen. An-

breiteste Apokalypse aber, die sich bis ins Mittelalter hielt und noch in deutsche Bibelausgaben der Reformationszeit gelangte, war das vielfach übersetzte vierte Buch Esra, nach und nach entstanden zwischen 70 v. bis 120 n. Chr. Noch heute berufen sich christliche Kreise für bestimmte Lehren auf dieses Buch. Schließlich sind auch Apokalypsen zu nennen, die von christlichen Verfassern stammen, so die Apokalypse des Petrus und der Hirt des Hermas, geschrieben um 130 n. Chr.

[34] Vor allem Antiochus IV. Ephiphanes von Syrien, 175–164 v. Chr.

dererseits traten Verfolgungen, Unterdrückung, Terror und Martyrium hinzu mit denen König Antiochus IV. gereizt auf den Widerstand antwortete.

In dieser düsteren Zeit gab es jedoch auch jüdische Kreise in Palästina, die das Elend nicht empfanden und denen die Not nicht Not machte, weil sie sich anzupassen wußten. Sie retteten sich an die Oberfläche. Sie fanden sich bereit zur Mitarbeit, zur Übernahme von Ämtern und bildeten mit der Zeit das offizielle Judentum. Aber in ihren Reihen sind die Apokalyptiker nicht zu suchen. Für diese sind Konventikel und Rückzugsstimmung kennzeichnend. Quälend liegt das Auseinanderklaffen von Bibel und Wirklichkeit auf ihnen.

In der Babylonischen Gefangenschaft hatten Propheten dem Volk große Dinge verkündigt: Wiederannahme durch Gott, wunderbare Heimführung und völkische Wiederherstellung. Was war geworden? Die Heimführung kam, aber viele Juden blieben lieber in der Fremde. Die Lage der Heimgekehrten war dürftig. Da gab es ein wenig Aufbau und viele Trümmer, wirtschaftliche Not, politische Unsicherheit, Spott der Nachbarn und religiösen Tiefstand. Sollte das wirklich alles gewesen sein? Wie blieb da Gottes Wort wahr? Wieso regierte sein Arm dennoch die Welt? Wo verlief jetzt die Geschichte seines Heils?

Das waren die Fragen der Apokalyptik, darauf suchte sie eine Antwort. Ihr Ansatzpunkt ist also die Qual der unerfüllten Verheißungen. Sie verband sich aber mit einem neuen, unüberwindbaren Glauben an die Wahrhaftigkeit Gottes. So wollten die Apokalyptiker die Tradition der Propheten fortsetzen. Dabei standen sie, wie einst die Propheten, in Front gegen die Herrschenden, gegen Priester und Schriftgelehrte, gegen das offizielle Judentum.

Ihre gute Absicht schloß aber nicht aus, daß sie sich vom biblischen Prophetentum gründlich entfernten. Generationenlange Fremdherrschaft, vor allem in der Perserzeit (558–331 v. Chr.), hatte sie geistig mitbestimmt. Selbst der Hellenisierung waren sie nicht entronnen. Überfremdungen müssen geradezu erwartet werden. Einige Erforscher der Apokalyptik hat diese Tatsache bewogen, von einem scharfen Gegensatz zur Prophetie zu sprechen, so daß „Apokalyptik" einen abwertenden Klang bekam[35]. Aber befriedigt es, Bewegungen ganz und gar nach ihrer Endgestalt und nach ihren Entartungen zu beurteilen, statt nach ihrem Ansatz und nach ihrer Absicht? Ein tiefgreifender Bruch liegt, wie gezeigt werden soll, nicht vor.

27. Gewisse Akzentverschiebungen ergaben sich schon aus der neuen Lage. Die Propheten sprachen noch stark missionarisch in das ganze Volk hinein und riefen es ein letztes Mal zur Buße. In den Augen der Apokalyptiker war diese letzte Gelegenheit vorbei. Das Volk hatte sich als Ganzes endgültig abgewandt und ließ sich nicht mehr erreichen. So wenden sie sich tröstend an den Kleinkreis der Treuen. Die Botschaft lautet nun: Hofft nicht mehr auf eine Wende durch umfassende Volksbuße. Im Gegenteil, es wird immer schlimmer! Die Welt ist böse, das Leben schwer. Es ist nur noch auf eines zu hoffen: auf den Zerbruch der ganzen Weltgestalt durch Gottes

[35] So etwa v. Rad; anders Moltmann, Russell.

Eingriff und durch den Einbruch einer neuen Welt. Wohl dem, der bis dahin seinen Glauben bewahrt!

Vielleicht hätten die Propheten in gleicher Lage ähnlich gesprochen. Ohne Frage finden sich bei ihnen entsprechende Ansätze. Schon Jesaja spricht von einer festbeschlossenen Vernichtung (28, 22). Jeremia muß unabwendbares Gericht ankündigen. Da ist keine völkische Zukunft und keine Möglichkeit zur Fürbitte mehr. Im Rahmen des Alten Bundes gibt es kein Heil mehr. Ja, das apokalyptische Ideengut läßt sich zu großen Teilen auf das Alte Testament zurückführen[36], und umgekehrt weisen die Propheten-Bücher „apokalyptische" Stücke auf, z. B. Jes 24—47, Sach 9—14, Joe 3—4. Den Propheten Hesekiel könnte man den „Vater der Apokalyptik" nennen. In seiner geistigen Nachfolge stehen Haggai und Sacharja.

28. Worin bestand die eigentliche Lehre dieser Bewegung? Ein Grundgedanke lautet: „Der Höchste hat nicht nur e i n e Welt geschaffen, sondern deren zwei"[37]. Wohlgemerkt, beide s i n d schon geschaffen, auch die zukünftige. Wenn auch verborgen, ist der kommende Äon schon da. Beide Wirklichkeiten liegen jetzt miteinander im Kampf. Der gegenwärtige Äon ist der Finsternis verfallen und rettungslos verloren. Er fällt immer tiefer. Nur ein einziger Trost bleibt: daß er nicht endlos währt, sondern befristet ist. Wenn seine Verderbnis ihren Höhepunkt erreicht hat und seine Gottlosigkeit ganz gottlos geworden ist, wird er zugleich mit seinem Ziel auch sein Ende erreichen. Dann ist er gerichtsreif. Also an der Verzweiflung an der Welt entzündet sich hier lebendige Hoffnung. Die äußersten Nöte werden als „Wehen"[38] des Neuen verstanden. Sie erwecken darum glühende Naherwartung des kommenden Äons.

So läßt sich wieder auf die göttliche Geschichtsvollendung vertrauen. Das ist freilich bei oberflächlicher Betrachtung nicht möglich; man würde nur des Gegenteils ansichtig. Tiefenschau ist nötig! Licht muß man haben über die „Geheimnisse" der Geschichte; Offenbarung muß man empfangen über den Grundplan, nach dem alles geschieht und geschehen muß.

29. Von diesem Grundansatz her lassen sich die Eigenarten der Apokalyptik verstehen. Das erste Merkmal soll ein Beispiel verdeutlichen. Jeremia hatte dem nach Babel verschleppten Volk die Beendigung der Strafe nach siebzigjähriger Gefangenschaft verheißen (25, 11; 29, 10). Der nackte Tatbestand der Rückkehr war inzwischen erfüllt. Aber danach meldete sich, wie oben erwähnt, eine Enttäuschung nach der anderen. Hatte Gottes Wort getrogen? Nein, aber es waren nicht 70 Jahre, sondern 70 Jahr w o c h e n gemeint, also 490 Jahre (Da 9, 24). Dieser Umgang mit einem verborgenen Sinn ist typisch für die Apokalyptik. Sie gebraucht eine Fülle von symbolischen Zahlen, Tieren, Sternbildern, Namen, Maßen, Zeiten und Farben. Eine

[36] Abgesehen von iranischen Einflüssen, die allerdings schon unmittelbar auf das AT wirkten.
[37] 4. Esra 7, 50.
[38] Apokal. Terminus, vgl. „messian. Wehen".

derartige Symbolik war grundsätzlich auch den alttestamentlichen Propheten bekannt, aber hier geht sie ins Maßlose.

30. Ferner verblaßte das national-politische vor dem weltgeschichtlichen Interesse. Der davidische Messias spielte kaum noch eine Rolle. Der Sehnsucht, verlorengegangene politische Macht wiederzugewinnen, ist der Abschied gegeben. Wohl nimmt das Heil seinen Weg über Israel, aber vor allem ist es weltumfassend und übervölkisch. Überhaupt führte die ernstliche Beschäftigung mit den Geschichtsrätseln zu einem ausgeprägten Geschichtssinn[39]. Mehr noch: Der Blick haftete nicht allein an der Menschen- und Völkerwelt. Die ganze von Gott geschaffene Kreatur, der Kosmos mit Gestirnen, Himmel und Erde, wurden einbezogen in Leid und Gericht, in Hoffnung und Neuschöpfung zur Verherrlichung Gottes. Das geschah ohne Frage in der Vollmacht des Gottesglaubens, wie er auch in den Propheten lebte. Gott verzichtet nicht auf seine Schöpfung. Seine Erlösung ist nicht enger als die Schöpfung[40]. Ja, in gewisser Weise ist es großartig, wie sich die apokalyptischen Kreise in ihren dunklen Zeiten nicht einfach auf „Innerlichkeit" zurückgezogen haben und nicht eng geworden sind, sondern immer universaler.

31. Das bedenklichste Merkmal läßt sich zugespitzt so ausdrücken: Der Plan Gottes, von dem die Propheten sprachen, wurde zum Plan-Gott. Bei den Apokalyptikern herrscht der Plan nämlich ehern und allgewaltig[41]. Menschen und Mächte mögen tun und lassen, was sie nur wollen. Der Plankundige sieht es mit stoischer Ruhe. Er weiß um die Planhaftigkeit der Gesamtgeschichte von Adam bis zur Wiederherstellung des Paradieses. Er kennt durch Offenbarung die Zeiten, Zwischenzeiten und Zahlen. Was anderen zu Herzen geht (Unrecht, Sünde und Elend), geht ihm nur ins Gehirn. An die Stelle des Mitleidens tritt die Berechnung. Tatsächlich ist Apokalyptik eine Sache für gute Kopfrechner. Bei den Propheten spielte dagegen noch Gottes Geduld, Langmut und Reue eine große Rolle. Gott merkt auf das Verhalten der Menschen und geht überaus lebendig auf sie ein. Er überrascht durch seine freie Gnade. Er stürzt Menschen, die sich absolute Sicherheit ausgerechnet haben, ins Entsetzen. Beim Apokalyptiker kommt diese lebendige Geschichte zum Stillstand. Statt auf Unverhofftes zu hoffen, weiß er schon alles, was kommt. Der philosophische Einfluß ist unverkennbar (vgl. Nr. 43 und 46).

32. Schließlich noch eine Auffälligkeit. Die Verfasser der apokalyptischen Schriften geben sich nicht zu erkennen, sondern schreiben unter dem Namen eines Großen

[39] „Der Gedanke der Weltgeschichte tauchte, wenn man von Ansätzen im babylonischen und persischen Denken absieht, wohl zuerst im gesamten Kulturleben der Menschheit bei der jüdischen Apokalyptik seit Daniel auf." Oepke, Ki–Th W III 581, 33 ff; vgl. auch Berkhoff, a. a. O. S. 19 ff.

[40] „Auch das Neue Testament hat das Fenster nicht geschlossen, das die Apokalyptik ihr (der endgeschichtlichen Hoffnung) in die Weite des Kosmos und ins Freie über die gegebene kosmische Wirklichkeit hinaus geöffnet hat." Moltmann a. a. O. S. 124.

[41] Vgl. Anm. E. 51.

der Vergangenheit[42]. Die Titel lauten etwa: „Testament des Adam", „Apokalypse Abrahams" . . ., des Mose, des Elia, des Baruch, Henoch usw. In deren längst vergangene Zeit versetzte sich der Apokalyptiker und kündigte nun in ihrem Namen Ereignisse seiner Gegenwart wie etwas noch Zukünftiges an. Wollte man sich auf diese Weise Ansehen und Autorität erschleichen? So befremdend solch ein Vorgehen auch auf uns Heutige wirkt, für Betrug dürfen wir es nicht erklären.

Eher mag man daran denken, daß in gefährlichen Zeiten nicht selten getarnt gesprochen werden muß. Es sei daran erinnert, daß die Apokalyptiker gegen die Machthaber standen und sich eifrig mit deren Untergang beschäftigten[43]. Vor allem aber deutet sich schon im Alten Testament der Begriff einer „verlängerten Persönlichkeit"[44] an (vgl. 2 Kö 2, 9 und 4 Mo 11, 16—17). Schüler traten im Geiste ihres Meisters an dessen Stelle und sorgten dafür, daß er nicht eine Größe der Vergangenheit wurde. Weil seine Botschaft wichtig geblieben war, dolmetschten sie sie für ihre Gegenwart. So standen sie im Geiste und in der Überlieferung etwa eines Mose, und es durfte heißen: Mose spricht!

33. Dieser Überblick sollte das Verhältnis der neutestamentlichen Apokalypse zur jüdischen Apokalyptik klären helfen. Gewiß handelt es sich um ein enges, aber doch auch um ein gebrochenes Verhältnis. Das wurde an vielen Punkten deutlich. Die Auslegung bietet an vielen Stellen Gelegenheit, die Linien nachzuziehen. Hier noch kurze Hervorhebungen:

Johannes bedient sich weder des Pseudonyms noch der künstlichen Rückversetzung in die Vorzeit. Eindeutig nennt er Verfassernamen, Ort, Abfassungszeit und Empfängerschaft. So taten es auch die Propheten. Sein Buch ist kein Studierstubenerzeugnis[45] wie viele Apokalypsen des Judentums. Er frönt nicht dem spekulativen Interesse, das von der Urzeit bis zur Endzeit alles periodisiert und in ein System bringt. Das Buch ist ein Muster urchristlicher, konkreter Seelsorge. Es mag zum Spekulieren und Berechnen mißbraucht werden, es selber spekuliert jedenfalls nicht. Es verwendet Zahlen, aber keinen perfekten Zahlenapparat[46]. Es bietet Bilder der Zukunft, aber kein ausgemaltes Zukunftsbild.

Was eine Gleichsetzung unserer Apokalypse mit der spätjüdischen Apokalyptik schließlich unverzeihlich machen würde, ist die Rolle, die der gekreuzigte und auferstandene Messias in ihr spielt. Nicht nur, daß die Apokalyptik diesen Messias

[42] Vgl. Anm. E. 33

[43] Das Bekanntwerden des Verfassers hätte sicher schlimme Folgen für ihn nach sich gezogen. Vielleicht hängt damit überhaupt die Vorliebe für dies hintergründige und symbolische Sprechen (Nr. 29) zusammen. So hatten die Behörden keine Möglichkeit, gegen die einzuschreiten, die sich mit diesem Schrifttum beschäftigten.

[44] Vgl. D. S. Russell, Zwischen den Testamenten, Neukirchen 1966, S. 119 f.

[45] Vgl. Anm. 226.

[46] Es verwendet z. B. in Kap. 11—13 mehrfach die dreieinhalb Zeiten aus Daniel 9, ohne aber die Rechnung der 70 Jahrwochen zu erneuern. Es spricht Kap. 20 sechsmal von den 1 000 Jahren, ohne sich des Weltwochenschemas zu bedienen.

nicht kennt, sondern auch der Messias, von dem sie gelegentlich redet, erscheint – wenn überhaupt – nur am Ende als eine höchst passive Gestalt. In unserer Apokalypse jedoch ist Jesus Christus von 1, 1 an der Handelnde. Das Evangelium von seinem Tod und von seiner Auferstehung steht hinter allem; es hängt dem Buch nicht nur äußerlich an, sondern gestaltet es von der Wurzel aus. Er mit seinen Wundenmalen ist es zuerst und zuletzt, „der da ist, der da war und der da kommt". Was sollte zünftige Apokalyptik damit anfangen? Hier reißt ein unüberbrückbarer Graben auf: In der spätjüdischen Apokalyptik fehlt Jesus Christus, und in der neutestamentlichen Apokalyptik fehlt der Plan-Gott[47].

Ein sehr wesentlicher Punkt ist hier allerdings noch außer acht gelassen. Ihm gilt der folgende Abschnitt:

V. Siehe, ich komme bald!

Die Naherwartung des Buches

34. Das endgeschichtliche „bald" unterströmt die ganze Offenbarung. Bei der Auslegung von 1, 1 finden sich die Stellen, an denen das Stichwort „bald" auftaucht. Darüber hinaus läßt schon ein Blick in die Konkordanz ahnen, wie wenig es sich bei der Naherwartung um eine zeitweilige und zeitbedingte Überspanntheit handelt und wie tief sie in die biblischen Fundamente eingelassen ist[48]. Dabei darf man von vornherein in Rechnung stellen, daß diese Überzeugung bei den Menschen Gottes immer von den Besonderheiten ihres persönlichen Seelenlebens beeinflußt war, denn auch sie sind ohne ihr Menschliches nicht zu denken. Unwillkürliche Empfindungen bildeten sich in ihnen, rein persönliche Mutmaßungen liefen nebenher. Entscheidend bleibt aber, ob sie diese Begleiterscheinungen in die Mitte ihrer Verkündigung treten ließen, ob sie sie an die Spitze ihrer Gedanken rückten und ihre Hörer darauf verpflichteten. Dann wären sie falsche Propheten geworden. Ein Prophet ist nicht verantwortlich für alles, was ihn bedrängt, wohl aber für das, was er daraus macht oder eben nicht macht.

[47] Brütsch, a. a. O. S. 114, bringt zwei einprägsame Zitate über das Verhältnis der Offenbarung zur geistigen Umwelt: Johannes hat „die Steine und Quadern an verschiedenen Orten gebrochen, aber er hat sie selbst behauen" (R. Gutzwiller); „er hat aus alten Glasscherben neue Chorfenster hergestellt" (Couchoud). Hadorn betont (O. a. a. S. 8. daß die Johannesoffenbarung nur in formaler Hinsicht zur apokalyptischen Literatur gehöre, und zitiert sinnig 1 Mo 27, 22: „Die Hände sind Esaus Hände, aber die Stimme ist Jakobs Stimme."

[48] In den Propheten des AT finden sich in der Lutherbibel unter Stichworten wie „nahe", „bald", „schnell", „plötzlich", „eilend", „nicht fern", „kleiner Augenblick", „kurze Zeit" eine Fülle von Stellen: Jes 13, 6; 26, 19—21; 46, 13; 47, 9; 50, 8; 51, 4—5. 14; 56, 1; Jer 4, 19—20; 48, 16; 51, 33; Hes 7, 7—8; 12, 22—23; 30, 2—3; 36, 8; Hos 1, 4; Jo 1, 15; 2, 1; 4, 14; Ob 15; Ze 1, 7. 14; Mal 3, 1. 5. Aber auch Texte wie Sach 1, 12—16, in denen die genannten Stichworte fehlen, handeln von der Naherwartung.

35. Propheten gab es in Israel, weil es einen gebrochenen Bund gab. Davon müssen wir ausgehen. Einst hatte Gott Israel seine Gemeinschaft geschenkt. Ausdruck dieser Gemeinschaft war das Gesetz. Jedes Gebot dieses Gesetzes meint ja im tiefsten das Angebot: Ich war und will dir alles sein (Ich bin der Herr dein Gott), nun sei du mir auch treu! Greife nicht zur Selbsthilfe (Ehebruch, Mord, Diebstahl usw.) oder nach Nebengöttern (Zauberei, Aberglaube); das verbietet sich für dich! Lebe jetzt mit deinem ganzen Herzen und von ganzer Seele deinem Gott!

Zinzendorf sang, diesem Geist tief verbunden: „Hier hast du uns alle zu deinen Befehlen! Je mehr du befiehlst, je mehr Siege wir zählen; denn deine Befehle sind so viel Versprechen, durch alle verhauenen Bahnen zu brechen“[40].

Aber Israel lebte über diese Gebote und über das in sie gelegte Angebot Gottes hinweg. Es nahm Gottes Liebeserklärung nicht ernst: Gott ist harmlos, seine Gebote sind harmlos, die Verheißungen sind harmlos, die Sünde ist harmlos. Es kommt nichts danach! (vgl. Ps 50, 16–21; Jes 5, 18–19; Ze 1, 12).

Bei diesem tödlichen Irrtum über Gott setzten die Propheten ein: Irret euch nicht, Gott läßt sich nicht spotten! Wenn Israel das Gesetz bricht, wird die Kehrseite des Gebotes wirksam. Schon sehr alte Gebotsworte sind ausdrücklich mit dieser Kehrseite verknüpft: „Du sollst den Namen des Herrn, deines Gottes, nicht unnützlich führen, denn der Herr wird den nicht ungestraft lassen, der seinen Namen mißbraucht.“ Die Strafe folgt auf dem Fuße; auf der Stelle taucht sie neben dem Bundesbruch auf. Vor Gottes Liebe weglaufen und in seine Strafe hineinlaufen ist eins.

Hier stehen wir eigentlich schon an der Wiege der Naherwartung. Sie fließt aus der Verkündigung eines Gottes, der eben nicht harmlos ist. Gott ist Gott! Im gleichen Augenblick, in welchem ein Prophet im abtrünnigen Israel von dieser Erkenntnis überfallen wurde, schrie er auch schon: Der (Rache-)Tag des Herrn ist pünktlich. Kehrt um in letzter Stunde! Einige Propheten sahen nicht einmal mehr diese Mög-

[40] Wie aber verhält sich zu dieser Gesetzesauffassung und zum Gesetzesjubel etwa in 5 Mo oder in den Psalmen die von Paulus so betonte Lehre, daß das Gesetz Zorn anrichtet („n u r Zorn anrichtet“, übersetzt Luther Rö 4,15), Sündigen hervorruft (Rö 7, 8–18), tötet (2 Ko 3, 6) und ein Fluch ist (Gal 3, 13)? Zunächst darf der Befund in beiden Testamenten nicht vereinfacht werden. Auf der einen Seite kannte auch Paulus des Menschen „Lust am Gesetz“ aus innerster Bejahung (Rö 7, 19. 22), und andererseits wurde schon im AT auch die Gerichtsfunktion dieses gleichen Gesetzes, das ursprünglich zum Leben gegeben war, verkündigt. Besonders Hesekiel hielt Israel die Gebote mit ihren richterlichen und vernichtenden Folgen vor (Hes 20). Nachdem dies Volk die Bundesgemeinschaft zerbrochen hatte — so sehen die großen Propheten die Lage —, atmete das Gesetz nicht mehr in Heils- und Freudenzusammenhängen, sondern blieb als nacktes Diktat zurück, das unweigerlich in den völligen Bankrott und in den Tod trieb. Hier schließt sich Paulus an: Was zum Leben gegeben, gereicht zum Tode (Rö 7, 10). Aber eben damit züchtigt das Gesetz zu Gott hin, dem Totenauferwecker, und zu Jesus Christus (Gal 3, 24). Dem Neuen Bund im Blute Jesu Christi entspricht dann als neues Heilszeichen das wieder mit Freuden befolgte „neue Gebot“ — auch darin stimmen die Propheten und die Apostel überein (vgl. Jer 31, 33; Hes 36, 27 mit Gal 6, 2; 1 Ko 9, 21; Jo 13, 34). Unter dem neuen Befehl vom Kreuz herab erfüllt sich wieder die ursprüngliche Gesetzesfreude (Jo 15, 10–11). Wichtig bleibt also für beide Testamente, daß das Gesetz sowohl Heilszeichen als auch Zorneszeichen sein kann, niemals aber Heils w e g !

lichkeit zur Umkehr. Es war schon alles verspielt. So wahr Gottes Wort eben Gottes Wort war, mußte dieses Volk in den Tod. Der Tag des Zornes war dann schon das Allernächste, ohne einen Spielraum zur Umkehr.

36. Die Naherwartung ist also durch und durch geladen von der Gottesverkündigung der Propheten. Weil Gott Gott ist, ist die Strafe nahe. Diese Nähe ist ursprünglich Sachnähe. Freilich ist die Zeitnähe von diesen Aussagen nicht fernzuhalten. Am Rand taucht sie auf. Biblische Theologie ist Geschichtstheologie. Gott offenbart sich in Zeit und Raum des Menschen hinein. Nur darf der Rand nicht die Mitte verschlingen. Die prophetische Mitte, das Zeugnis von der Heiligkeit Gottes als Kraft zur Umkehr, darf nicht ausgewalzt werden zu einer heiligen Chronologie.

Die Frage nach dem Zeitpunkt bleibt offen, veränderbar und hinausschiebbar am Rande stehen. Hier behält Gott sich und seiner Majestät etwas vor. Menschen gebührt es nicht, Zeit und Stunde zu wissen. Sie bekommen keinen fixen Plan in die Hand, nach dem sie Gott sagen könnten, was als nächstes an der Reihe ist. Sobald ein Mensch aber glaubt, mit solch einem Plan operieren zu können, wird er ihm zerfetzt durch das erhabene Wort: Bei Gott ist ein Tag wie tausend Jahre und sind tausend Jahre wie ein Tag. Es muß dem Menschen genügen, daß Gott alles fein zu seiner Zeit tut (vgl. Jes 60, 22). Doch Gott tut es wirklich, und er tut es in der Zeit. Darum hat die Zeitfrage als stille Wächterin im Raume zu stehen. Sie bewahrt die Prophetie davor, Philosophie zu werden.

37. Ein Kernstück der prophetischen Naherwartung ist die Rede vom „Tag des Herrn" und seinen Zusammenhängen. Der Ausdruck findet sich Jes 2, 12; 13, 6. 9; 22, 5; 34, 8; Jer 46, 10; Hes 7, 19; 13, 5; 30, 3; Joe 1, 15; 2, 1. 11; 3, 4; 4, 14; Am 5, 18–20; Ob 15; Ze 1, 7. 8. 14–18; Sach 14, 1. – In allen Fällen ist dieser Tag ein Kampftag, an dem Jahwe sich endlich gegen seine Feinde durchsetzt. Wir beachten regelmäßig wiederkehrende Elemente. Da ist zuerst der Kriegsruf: „Der Tag des Herrn ist nahe!" Es heißt aufstehen vom bequemen Leben, Rüstung anlegen und sich um das Heerbanner scharen. Hier also hat das „nahe" seinen Sitz im Leben: Nicht Aufforderung zum Rechnen, sondern zur Mobilmachung. Es folgt der panische Gottesschrecken auf der Gegenseite. Die Hände erschlaffen, die Herzen verzagen, die Widerstandskraft erlahmt. Irrsinnig wie Blinde laufen die Menschen umher. Dann treten wunderbare Begleiterscheinungen auf: Die Erde bebt, Sterne erlöschen, der Himmel rollt sich zusammen, Finsternis und Donner ängsten. Nun wüten in der Vernichtungsschlacht Schwert, Getöse und Geheul. Das entstehende Blutbad wird mit einem Schlachtfest verglichen (Jer 46, 10 nach Menge). Den Sieger zeichnet unheimliche Schnelligkeit aus. Er überrollt den Gegner, so daß es gar nicht erst zur Gegenwehr kommt. Seiner absoluten Überlegenheit entrinnt niemand; keiner kann ihn aufhalten. Schließlich schildert der Prophet die zurückbleibende Verwüstung: die Städte liegen in Trümmern, das Land ist von wilden Tieren bewohnt. Der Sieg ist total.

Als erster redete der Prophet Amos von diesem „Tag des Herrn", doch setzte er ihn schon als etwas Bekanntes voraus. Offenbar schweben ihm die Feldzüge in Israels Anfangszeit vor. Von dieser Vorzeit wird nun eine Brücke geschlagen zur Endzeit (vgl. Jes 9, 4 und 28, 21). Doch dabei stülpt der Prophet alles um. Die Kriege Gottes in der Vorzeit wandten sich stets gegen die Heiden; für Israel waren sie Erlösungs- und Festtage, voller Licht und Freude! Nun schockiert Amos seine Landsleute: Er ist euch (Israeliten!) ja Finsternis und nicht Licht! (5, 18) Israel erscheint jetzt auf der Seite derer, mit denen Gott abrechnet. Israel gehört zu den Rebellen. So ist der Tag Gottes bei den Propheten entschränkt: In einer abgefallenen Welt, unter Heiden und Israeliten, richtet Gott wieder seine Alleinherrschaft auf.

Als der letzte Prophet des Alten Bundes, Johannes der Täufer, die prophetische Naherwartung wieder aufnimmt, streift er das Kriegerische ab, ohne an Ernst zu verlieren: „Es ist schon die Axt den Bäumen an die Wurzel gelegt" (Lk 3, 9). Die Wurzel ist also bloßgelegt. Der Holzfäller stellt sich breitbeinig zurecht und tippt mit der Schneide seiner Axt auf die Stelle, an der er zuschlagen wird. Einen Augenblick sammelt er sich. Die Axt „liegt", ruht an der ausgesuchten Stelle. Im nächsten Augenblick wird er sie hochreißen und blitzschnell ins Holz schmettern. Wie lange der Augenblick vor dem Zuschlagen währt, weiß keiner. Wieder andere Bilder der Naherwartung sprechen von der Nähe des Erntetages, der über das reife Getreide kommt, oder des Gerichtstermins, zu dem die Vorladung bereits ergangen ist, oder von der Nähe des Tagesanbruches, der im Orient besonders schnell und überraschend heraufzieht.

Von diesen Bildern läßt sich viel für die biblische Naherwartung lernen. Die Nähe des Unterwerfungsfeldzuges, der Getreideernte, des Baumfällens, des Gerichtstermins oder des Tagesanbruches ist in erster Linie eine Situationsbestimmung, nicht eine chronologisch interessierte Angabe. Die Verkündigung dieser Nähe teilt eine bei Gott gefallene Entscheidung mit: Er will die Dinge nicht mehr ins Unbestimmte laufen lassen, sondern zupacken. Schon legt er sich alles zurecht. Nicht als Übernächstes, sondern als Nächstes sorgt er für Bereinigung. Schade, wenn diese Bildtiefe verloren und der prophetische Vorstellungsraum verlassen wird! Wie oberflächlich, wenn die Naherwartung in einem Zeitplan ausgewalzt und nicht umgesetzt wird in ein wachsames Leben, in ein Leben für Gott und Christus.

Der Herr ist nahe! bedeutet: Ungehorsam ist Wahnwitz. Wir leben bedroht, völlig entsichert vor Gott, mit aufgedecktem Dach, ständig offen für den Einfall des Gerichtes. Über der Gegenwart hängt bereits die Zukunft Gottes wie eine bedrohlich hängende Wand, die jeden Augenblick einbricht.

38. Anders steht es mit der apokalyptischen Naherwartung. Die Zeitfrage ist hier die Hauptfrage und der Mittelpunkt der Offenbarungen. Der Apokalyptiker bekommt z. B. himmlische Tafeln oder Bücher vorgeführt, die alle Daten bis zum letzten Geschlecht enthalten[80]. An diesen Tafeln empfängt er Unterricht über den Gesamtplan von der Schöpfung an bis zur Wiederherstellung. Alles läuft in gleichmäßigen Perio-

[80] Z. B. Henoch 106, 19: „Denn ich kenne die Geheimnisse der Heiligen. Der Herr offenbart sie mir ja, und ich las sie auf den himmlischen Tafeln. Ich sah darauf geschrieben ..." Strack—Billerbeck II, S. 175 f, bringt viele Beispiele.

den ab. Nichts Neues, nichts anderes kann sich ereignen, weder durch Gott[51] noch durch den Menschen. Der Plan ist gemacht, im übrigen fallen keine Entscheidungen mehr (vgl. Nr. 31).

Weil aber verschiedene Pläne vertreten wurden, waren die Apokalyptiker immer eine zerstrittene Gesellschaft. Der eine vertrat einen Weltablauf in zwölf, der andere in zehn Epochen. Sehr beliebt war auch in Anlehnung an die Schöpfungswoche der Begriff der Weltwoche mit sieben Tagen von je tausend Jahren. Schließlich gab es das Schema der zweimal 2500 Jahre, zwischen denen Mose die Mitte und den Gipfel bildet.

39. Die Epochen wurden also „abgefahren", wie man einen Zug planmäßig abfahren läßt von Station zu Station. Darum stellte sich die Frage ganz von selbst: Wo befinden wir uns jetzt? Bei welcher Station oder zwischen welchen Stationen? Hier lebte dem Apokalyptiker das Herz auf! Das wurde seine eigentliche Beschäftigung: den eigenen Standort entdecken und von da aus das Ende, den Anfangstermin der messianischen Zeit errechnen! Dabei ergab sich eine Naherwartung. Wenn eine Apokalypse die bereits vergangenen Zeitabläufe schilderte, standen ihr viel Stoff, viele Namen und Einzelheiten zur Verfügung, so daß sie die Vergangenheit in aller Breite beschreiben konnte. Dadurch entstand nach rückwärts der Eindruck der Länge. Demgegenüber bestand für die Schilderung der zukünftigen Strecke Stoffmangel. Nur Andeutungen konnten da gewagt, nur in Symbolen und Formeln konnte da gesprochen werden. So entstand für die noch abzufahrende Strecke der Eindruck der Kürze. Tausend Jahre nach vorn erschienen wie ein Tag. Die Apokalypsen erweckten ausnahmslos den Eindruck, daß man bereits am Ende stehe. Wie wenig das mit der p r o p h e t i s c h e n Naherwartung zu tun hat, liegt auf der Hand.

40. Weit verbreitet war das Weltwochenschema. Danach begann die Geschichte mit zwei Jahrtausenden gesetzloser Zeit. Ihnen folgten zwei Jahrtausende unter dem Gesetz, dann die gleiche Zeitlänge als „Tage des Messias", in denen das wiederhergestellte israelitische Reich die Vorherrschaft unter den Weltvölkern ausübte. Freilich währten die „Tage des Messias" nach anderen Berechnungen nur 1000, 400, 100, 70 oder 40 Jahre. Den „Tagen des Messias" folgte der Weltensabbat, die Vollendungszeit. Nur dieses letzte Teilstück erscheint im letzten Buch der Bibel, allerdings mit Abweichungen im einzelnen.

[51] Wie ein König sich seinen Palast nicht nach eigener Ansicht baue, sondern nach Pergamenten und Tafeln, die den Bauplan enthalten, so blicke Gott bei der Weltschöpfung in einen Bauplan (das Gesetz). Die Frage von Jes 40, 14: „Wen fragt er (Gott) um Rat, der ihm Einsicht gebe?", die darauf zielt, daß Gott von nichts und niemand außer ihm abhängig ist, wird so beantwortet: „Er hat sich mit dem Gesetz beraten" (St—B II, S. 356 f). — Eine sehr bezeichnende jüdische Erzählung: Einige Schriftgelehrte hatten miteinander einen Streitpunkt. Da erging eine Himmelsstimme und hieß die Ansicht des einen gut. Doch unbeeindruckt erhob sich der andere und erklärte: „Nicht im Himmel ist sie!" (d. h. die Thora, das Gesetz). Er wies die Einmischung Gottes aus dem Himmel zurück, da für ihn das Gesetz die oberste Instanz war. Das Gesetz aber war Israel verliehen, darum konnte die Wahrheit nur durch weitere Gesetzeserörterung auf Erden festgestellt werden (Bietenhard, Himmlische Welt, S. 119).

Nach einer alten Berechnung der Synagoge geschah die Schöpfung im Jahre 3760 vor Christus. Danach hätten die „Tage des Messias" 240 Jahre nach Christus beginnen müssen. So haben viele Juden es erwartet; daran haben sie trotz Enttäuschung festgehalten. Denn sie sagten sich: Die Zeit des Messias ist in der Tat im Jahre 240 angebrochen, nur daß der Messias nicht offen in Erscheinung treten konnte wegen der Sünden Israels. Daß er heute oder morgen oder an jedem beliebigen Tag in Erscheinung treten kann, hat Israel selbst in der Hand: Wenn Israel einmütig und gründlich Buße tut, kommt der Messias[52]!

41. Diese Berechnungen beschäftigten die Juden im zweiten vorchristlichen Jahrhundert und hatten ihre Hochblüte zur Zeit Jesu und des Urchristentums (165 v. Chr. bis 90 n. Chr.). Immer neue Termine wurden mit großer Gewißheit ausgerufen. Auch Enttäuschungen geboten keinen Einhalt. Einige Einsichtige wetterten: „Weggeblasen werden mögen die Gebeine der Endberechner!"[53] Den Rechnern wurde der Anteil an der künftigen Welt abgesprochen. Umsonst! Ein Fieber hatte weite Kreise ergriffen, „in unablässigen Gottesdiensten Tag und Nacht" (Apg 26, 7). So manche Worte Jesu werden auf diesen Hintergrund klar. Auch seine Gesprächspartner und seine Jünger waren von diesen Gedanken berührt.

42. Ohne Frage ist in der apokalyptischen Naherwartung das prophetische Erbe überfremdet. Die Zeit der Juden in Babel und vor allem die Jahrhunderte unter den Persern hatten abgefärbt. Griechisches Denken sickerte ein. Dadurch wurde die biblische Botschaft „verplant", unlebendig und philosophisch. Auch für uns fällt es schwer, biblisches Denken nachzuvollziehen, denn auch unsere Geistigkeit geht wesentlich auf den Hellenismus zurück.

Alles Rechnen enthält einen Widerspruch zum Wachen. Wer die Stunde, in der der Dieb einbricht, errechnen kann oder glaubt errechnen zu können, stellt den Wekker und legt sich schlafen. Wer aber die Stunde nicht weiß, wird alle Stunden wachen Das ist Gottes Wille. „Gott hat uns den einen Tag verborgen, damit wir alle Tage wachen" (Augustin).

43. Das Material zur christlichen Naherwartung mit dem Stichwort „bald" oder „nahe" ist bei der Auslegung von 1, 1 aufgezählt. Andere Stellen enthalten ein endgeschichtliches „schon" oder „sofort". Oder sie sprechen von der „kleinen Zeit", die es noch währt, von der „letzten Zeit" oder „Stunde" und sie bekunden auf sonstige Weise das dicht bevorstehende Ende. Auch die Gleichnisse Jesu vom Wachen gehören hierher. Keine ntst Schrift schließt sich von dieser Erwartung aus. Die Erwartung des Endes ist der selbstverständliche Hintergrund für alles Sagen, Denken und Wollen und steht auf der ganzen Länge hinter den Texten.

44. Gleichzeitig liegt die Naherwartung des NT im Kampf mit dem apokalyptischen Wesen. Ausdrücke wie „Zeit und Stunde" oder „Tag und Stunde" (Mk 13, 32;

52 „Alle Endzeittermine sind vorüber, und die Sache hängt nur noch an Umkehr und guten Taten" (Babyl. Talmud, Sanh. 97b).

53 St—B IV, S. 1013 („Der Kampf gegen die Endberechner").

Mt 24, 36; 24, 50; 25, 13 und Parallelen, Apg 1, 7) wirken wie aus der Umwelt aufgegriffene Formeln, wie Anspielungen auf die Rechnerei der Apokalyptik. Über sie ergeht ein vernichtendes Urteil: „Von dem Tage aber und der Stunde weiß niemand" (Mk 13, 32). Der Zusatz an dieser Stelle: „auch nicht die Engel im Himmel", mag sich gegen die Hochschätzung der Offenbarungsengel in der Apokalyptik richten, die angeblich so vorzüglichen Heilsplanunterricht zu erteilen wissen (s. Nr. 38). Die Rechnerei tastet die Ehre Gottes an (Apg 1, 7). Mk 13, 35 stuft den Wert der Vorzeichenlehren wesentlich herab. Eine unmittelbare Abfuhr erhalten apokalyptisch gestimmte Gesprächspartner Lk 17, 20—23: „Die Gottesherrschaft kommt nicht so, daß man sie berechnen kann." Das ist die Antwort auf die Herzfrage der Apokalyptik: „Wann kommt das Reich Gottes?" Diese Frage wird Mk 13, 4 gestellt und mit der Warnung vor den Verführern beantwortet.

Vieles in den Evangelien ist wie ein heilsamer Aderlaß für die vom apokalyptischen Fieber Befallenen: „Laßt euch nicht verführen!" (Mk 13, 5) „Glaubt es ihnen nicht!" (Mk 13, 21) „Das Ende ist noch nicht da!" (Vers 7) und ähnlich öfter. Andere Stellen wenden sich wieder gegen das Mißverständnis, es werde das Ende hinausgeschoben (z. B. Mt 24, 48). In Lukas 18, 4. 7—8 werden ähnlich wie in Jesaja 60, 22 Länge und Kürze miteinander verbunden. Die Aussagen vereinigen sich aber in ihrer Spitze alle gegen j e d e Berechnung, sei sie kurzfristig oder langfristig, also gegen die Apokalyptik. So auch in den Briefen. Man lese 2 Th 2, 2—3 oder die scharfen Worte gegen die „jüdischen Fabeln" (Tit 1, 14 vgl. 1 Tim 1, 3—4; 4, 7; 2 Tim 4, 4). Die Stelle 2 Pt 3, 8—9 dient deutlich der Entschematisierung: Weder kennt Gott einen Zeit(plan)druck (8a), noch haben wir ein Zeitpolster (8b).

45. Tatsächlich ist es zu einer für die ersten Christen überraschenden Dauer der Entwicklung gekommen. Höchstwahrscheinlich rechnete Paulus mit einer schnelleren Ankunft des Herrn (1 Ko 7, 25—31). Weil aber diese zeitliche Erwartung nicht zum Dogma erhoben worden war, weil sie nicht zum Panier wurde, um das sich die Gemeinde sammelte, konnte die Verzögerung auch keine grundstürzende Enttäuschung hervorrufen. Selbstverständlich bewegte die Verzögerung die Gedanken und wird sie immer wieder bewegen. In der genannten Petrusstelle wird aber erkannt, daß es Gottes Sünderliebe ist, die die Zeit zur Gnadenzeit dehnt. Und das ist keine nachträgliche Verlegenheitslösung. Im Grunde trat die Gemeinde ihren Weg schon unter diesem Gesichtspunkt an (Apg 1, 6—8).

46. Für die christlichen Gemeinden ging es wie für die Propheten und gegen die Apokalyptik nicht von Programmpunkt zu Programmpunkt, sondern von Offenbarung zu Offenbarung. Das Verhältnis von Mensch zu Mensch kann unter eine Schablone geraten und unlebendig werden, nicht aber das Verhältnis von Gott und Mensch. Gott plant unter gewissen Umständen um (Jer 18, 7—8), bedauert eine Strafe (Joe 2, 13), beweint unser Nichtwollen, das uns gegen seinen guten Willen verschließt (Mt 23, 37—39), bleibt bei seiner Güte, „sofern du bei seiner Güte bleibst", und nimmt wieder an, „sofern sie nicht im Unglauben bleiben" (Rö 11, 22—23). Wie sollte Gott auch anders heilig und barmherzig sein? Wie wäre er sonst Vater unseres Herrn

Jesu Christi? Es ist einfach nicht auszusagen, mit welchem Ernst der große Gott auf unser Rufen und Glauben eingeht, so daß dadurch Berge versetzt werden und Himmel und Hölle sich bewegen. Aber ebenso entschlossen reagiert er – Herr, erbarme dich unser! – auf die leiseste Rebellion unseres Herzens. Menschliche Größen haben nicht mehr den Spielraum, sich um jede Kleinigkeit zu kümmern. Ihr Personal schirmt sie sorgfältig gegen jede Belästigung ab, damit sie ihre Kraft übergeordneten Gesichtspunkten widmen können. Aber Gottes Größe ist über die Maßen größer und deswegen ganz anders. Ihre Höhe, Tiefe, Länge und Breite umfängt auch das Kleinste. Sein Achthaben auf den Sperlingflug irritiert ihn nicht beim Lenken der Äone. Er läßt Sintfluten kommen und gehen und trocknet auch die Tränen der Witwen und Waisen. Sollten wir wirklich um seine Größe bangen, wenn er das Kleine gelten läßt? Und um seinen Willen, wenn Menschen etwas zu wollen haben? Nein, dann dächten wir zu klein, zu menschlich, allzu menschlich von seiner Größe und Herrschaft.

47. Doch es genügt nicht, die christliche Naherwartung in ihrem Gegensatz zur apokalyptischen und als Verlängerung der prophetischen Naherwartung darzustellen. Auch der Unterschied und wesentliche Neuansatz gegenüber dem prophetischen Erbe muß sichtbar werden. Im Neuen Testament ist nämlich eine Steigerung und Zuspitzung unverkennbar. Ein kleines, aber vielsagendes Anzeichen dafür stellt schon die Art dar, wie im Neuen Testament alttestamentliche Worte ergänzt werden. Daniel sagt z. B. (nach der Septuaginta): „Was geschehen muß". Johannes setzt hinzu: „Was in einer Schnelle geschehen muß" (1, 1; 22, 6). Jes 40, 10 lesen wir: „Siehe, ich komme!" Offenbarung 22, 7 und 22, 12 bezeichnenderweise: „Siehe ich komme bald!" Paulus hebt 2 Ko 6, 2–3 gegenüber Jes 49, 8 hervor: „Siehe, jetzt ist angenehme Zeit!" Und Petrus erweitert gegenüber Joel 3, 1–5: „Es wird geschehen in den letzten Tagen" (Apg 2, 17).

48. Wir erkannten als Quellort der prophetischen Naherwartung die prophetische Gottesverkündigung im Zusammenhang mit Israels Bundesbruch; die apokalyptische Naherwartung wurde in eigenartiger Weise aus der äußeren und inneren Bedrängnis des Volkes geboren. Was ist nun hinzugetreten? Was hat das neue Zeitgefühl der christlichen Gemeinden bestimmt? Es gibt ein Wort des Herrn Jesus Christus, nach welchem von einem bestimmten Zeitpunkt an gewissermaßen Bremsklötze fortgenommen wurden und Endgeschichte ins Rollen kam: „Ich sage euch: Von nun an wird's geschehen, daß ihr sehen werdet des Menschen Sohn sitzen zur Rechten der Kraft und kommen in den Wolken des Himmels" (Mt 26, 64). Sachlich handelt es sich bei diesem „von nun an" um Karfreitag und Ostern. Die Einsicht in die Reichweite dieser drei Tage ohnegleichen war es, die die christliche Erkenntnis auslöste: „Das Ende der Welt ist auf uns gekommen" (1 Ko 10, 11). Dieser „Tag" Jesu hat die Endereignisse ausgelöst, und die alte Welt trat in ihre letzten Tage[54]. „Von nun an" stand sie unter dem Urteil: gerichtet! und unter dem Spruch: befristet! Zugleich aber hebt mit Karfreitag und Ostern die neue Zeit an. Weniger haben die Osterzeugen

[54] Der Stein von Da 2, 34, der die Weltreiche zermalmt, kam ins Rollen.

nicht sagen wollen. Man versteht sie nur recht, wenn man bedenkt, daß nach biblisch-jüdischer Lehre der neue Äon mit der Auferstehung der Toten beginnt. Haben sie also den Gekreuzigten und Gestorbenen wieder als den Lebendigen gehört, gesehen, beschaut und betastet, so sind sie damit mitten in diesem Äon schon dem neuen Äon begegnet. Also bedeutet ihre Osterkunde Ende und Wende aller Dinge[55].

Der Quellort urchristlicher Naherwartung ist aufgewiesen. Mit den letzten Tagen Jesu beginnen die letzten Tage der Welt, so lang sie sich auch noch dehnen. Es geht im Grunde nicht mehr weiter.

49. Eine Beobachtung an den Berichten der Evangelien über die letzten Tage Jesu verdient in diesem Zusammenhang größere Aufmerksamkeit. Die Passionskapitel und Osterkapitel folgen nicht nur äußerlich den endgeschichtlichen Reden Jesu, sondern stellen in ihrer ganzen Länge deutlich ein Stück Erfüllung dieser Reden dar. Mk 13 lesen wir von der Notwendigkeit der Wachsamkeit in der letzten Zeit, von Waffenlärm, von Verrat durch Nahestehende. In Gethsemane werden diese Merkmale akut. Verhaftung und Verhöre, falsche Propheten, aber auch wunderbarer Geistesbeistand im Verhör, greuliche Lästerung, Überhandnehmen des Unrechts und große Trübsal werden angekündigt. All das kehrt in den Passionskapiteln wieder, Jesus bekam es zu schmecken. Auch der Hunger, das Erdbeben, die Beeinträchtigung der Himmelskörper, das Zeugnis unter den Heiden, die „Wehen" und die Verkürzung des Leides haben in den Passionskapiteln ihre Entsprechung. In den Ostergeschichten ist nach Mk 13, 26–27 von Engeln und von ihrer Aussendung in alle Welt die Rede.

Aber damit nicht genug. In der Apostelgeschichte hebt eine neue Runde der Erfüllung an. Dort lesen wir wieder von Verhaftung und Verhör, Geistesbeistand und Trübsal, Zeugnis und Tod, Erdbeben, falschen Propheten, Untreue im engsten Kreis usw. Mit Johannes läßt sich also vom „Kommen" des erhöhten Herrn in dreifacher Form sprechen:

50. E r s t e n s „kommt" Jesus (Jo 20, 19. 24. 26; 21, 13) in Kraft und Hoheit, mit seinen königlichen Gütern und Wirkungen zu den „etlichen" von Mk 9, 1; 13, 30. Diese Bedeutung eignet den O s t e r e r s c h e i n u n g e n.

Z w e i t e n s „kommt" der Herr durch den „Geist der Wahrheit" zu den Seinen (Jo 14, 18. 23. 28; 15, 26; 16, 7. 8. 13). Dieses Kommen bezieht sich auf die ganze Gemeinde in der M i s s i o n s z e i t. Der Erhöhte wirkt Erleuchtung, Gewißheit,

[55] „Die Welt kann nicht bleiben wie sie ist, weil Christus nicht im Tode geblieben ist", schreibt Lilje a. a. O. S. 243. Von Luther besitzen wir besonders lichtvolle Osterzeugnisse (nach K. Aland, Luther Deutsch, Bd. 8, 2. A. Stuttgart 1965, S. 179 f): „Die Worte, Christus von den Toten auferstanden, soll man gut merken und mit großen Buchstaben schreiben, daß ein Buchstabe so groß sei wie ein Turm, ja wie Himmel und Erde, daß wir nichts anderes sehen, hören, denken noch wissen als diesen Artikel." Wie konnte diese Schau innerhalb der Christenheit nur so verblassen? Man sagt „Auferstehung" und weiß nicht, w a s man damit sagt. Man glaubt an den Auferstandenen und ahnt kaum noch den Aufstand der Liebe und des Lebens gegen Sünde, Tod und Teufel, den Jesus bedeutet. Man blickt in die Zeitung und nährt mit Berichten über Erdbeben hin und her die Überzeugung, in der Endzeit zu leben, aber d a s „Zeichen des Jona", das uns als Zeichen ohnegleichen gegeben ist, verlor in merkwürdiger Weise seine Leuchtkraft.

Gebet, Überführung, Buße, Früchte und Gaben. Hier gilt das Wort aus dem alten Choral: „Er kommt auch noch heute."

Schließlich „kommt" er nach Offenbarung 1, 7 sichtbar für alle, am Ende vom Ende.

So stehen wir seit Ostern im entfalteten Ende. In diesem Licht erklären sich die merkwürdigen Worte, die Gegenwart und Zukunft nicht auseinanderhalten, in denen Dinge gleichzeitig die gegenwärtige und die zukünftige Zeit betreffen: „Es kommt die Zeit und ist schon jetzt" (Jo 4, 23; 5, 25; 16, 32). Oder: „Ihr habt gehört, daß der Widerchrist kommen wird, und ist schon jetzt in der Welt" (1 Jo 2, 18; 4, 3). So auch Paulus 2 Th 2, 6–7: Der Widersacher muß kommen, aber „es regt sich bereits das Geheimnis des Bösen". Da ist eben im Grunde ein großes Ende, ein großes Kommen, ein großer Ostertag. Vom frühen Morgen bis zum späten Abend: Morgens erscheint der Herr einigen, im Laufe des Tages immer wieder anderen Menschen, und am Abend sehen sie ihn alle.

Immer ist sein Kommen mit typischen Vorzeichen und Begleitzeichen verbunden. So gehen seit Ostern gewisse Erscheinungen in mehreren und immer neuen Wogen über die Geschichte hinweg. Dadurch werden die Christen wach für das Kommen des Herrn, ohne schon überschauen zu können, ob sie eine Zwischenwoge trägt, der wieder ein Wellental folgt, oder ob sie schon von der letzten Woge emporgehoben wurden, die am Gestade der neuen Schöpfung aufbrandet.

Bei diesem Sachverhalt zögert man, von einer tiefen Enttäuschung urchristlicher Naherwartung zu sprechen. Jene Gläubigen haben doch des Herrn Kommen erfahren: im Heiligen Geist, in Kraft und Herrlichkeit, in vielen Zeichen und Wundern! Nur derjenige, dem diese Worte Schall und Rauch sind, wird vom Riesenreinfall der ersten Zeugen sprechen.

51. Abschließend bleibt uns, den beträchtlichen Abstand zwischen prophetischer und urchristlicher Naherwartung festzustellen. „Viele Propheten und Gerechte haben begehrt zu sehen, was ihr seht, und haben's nicht gesehen, und zu hören, was ihr hört, und haben's nicht gehört", sagt der Herr zu seinen Jüngern. In seinem Licht ist alle Naherwartung im Alten Bund doch nur ein Sehen und Begrüßen „von ferne" (Hbr 11, 13).

Wie in der jüdischen Apokalyptik wird in der urchristlichen Erwartung ein bestimmtes Datum hochwichtig und ständig mit den Sinnen und Gedanken umkreist. Aber dieses Datum liegt überraschenderweise für die Christen nicht vor, sondern hinter den Wartenden. Es ist der Karfreitag und der Ostertag. Mit diesen Tagen brach der „Tag des Heils" schon an (2 Ko 6, 2). Worauf es noch zu warten gilt, ist nicht wie im Judentum die Totenauferstehung überhaupt, sondern nur noch ihre Vollendung. Denn seit Ostern hat sie begonnen mit dem „Erstling" Christus (1 Ko 15, 23–24). Damit hat die Welt ihr Ende bereits im Rücken. Das ist überaus neu und allen Formen jüdischer Vorstellung fremd.

52. Wenn dies völlig neue, christozentrische Verständnis der Naherwartung erkannt ist, empfängt auch die Frage, warum das lebendige Harren auf den Herrn

erlahmen konnte, ihre richtige Antwort. Die Offenbarung, der Hebräerbrief und der zweite Petrusbrief setzen diesen Niedergang der Hoffnung besonders deutlich voraus. Das geschah eben nicht, weil der Termin ausgeblieben war und die Gemeinde sich verrechnet hatte. So leicht es fällt, Berechnungen und Termine für die jüdische Apokalyptik nachzuweisen, so schwer wird uns das für die urchristlichen Quellen fallen. In der christlichen Gemeinde erlahmte die Naherwartung vielmehr, als die Tage Jesu verblaßten, als sie keine großen Taten Gottes mehr waren, als sie – obwohl Ende und Wende aller Ereignisse – in die Ereigniskette selbst zurücksanken, und als Jesus Christus – obwohl einer wie keiner und einer für alle – einer von vielen wurde. Karfreitag und Ostern ist der Quellort christlicher Naherwartung. Versiegt die Quelle, versickert der Strom. Darum sind jene neutestamentlichen Schriften, die mit diesem Erlahmen ringen, im Grunde nichts weiter als Neuverkündigung des Gekreuzigten und Auferstandenen in großer Konzentration. Steht dieser Glaube wieder in Kraft, ist auch die Hoffnung wieder lebendig. Hat Gott uns Christus gegeben, „wie sollte er uns mit ihm nicht a l l e s schenken" (Rö 8, 32).

VI. Versiegle die Worte nicht!

Die Auslegung des Buches

53. Nach ihrer Abfassung sollte die Offenbarung sofort in die Gottesdienste der Gemeinden in der Provinz Asien gelangen. Darüber hinaus gehört sie auf alle christlichen Kanzeln und Katheder (s. zu 1, 3–4). Die Weisung zu 22, 10 sagt es noch einmal ausdrücklich: Dies Buch will ausgelegt werden – für alle. Wie wurde das Gebot befolgt?

Das Bild ist sehr widersprüchlich. Aus dem 2. Jahrhundert liegen, wie Nr. 18 erwähnt, Anzeichen für eine ungewöhnliche Verbreitung und Beliebtheit der Offenbarung vor. Im Laufe der Kirchengeschichte gingen immer wieder gewaltige Impulse von ihr aus. Kunst und Dichtung fanden hier ein unerschöpfliches Thema[56]. Große christliche Gemeinschaften oder Bewegungen wurden durch das glühend geliebte Buch geprägt. Johann Albrecht Bengel (1687–1752) machte es für das nächste halbe Jahrhundert zum Hauptbuch der Frommen und zu einem Dauerthema im Pietismus bis heute. Ja, das Buch wurde wohl mehr als alle anderen neutestamentlichen Schriften gelesen und ausgelegt.

54. Aber auch die andere Seite muß zur Sprache kommen. Einzelne Bestreiter meldeten sich schon im 2. Jahrhundert. Dann hat der größte Teil der Ostkirche das Buch für Jahrhunderte überhaupt beiseite gelegt. Auch im Westen erregte es Unbehagen (Nr. 18–19). Noch die drei Reformatoren behandelten es stiefmütterlich. Luthers „September-Testament" von 1522, das mit Recht so gefeierte Gottesgeschenk an das deutsche Volk, enthält in seiner Vorrede leider das erschreckende Fehlurteil über

[56] Im einzelnen s. Brütsch, S. 119 ff.

die Offenbarung, daß „Christus darinnen weder gelehrt noch erkannt wird". Spätere Ausgaben mäßigten die Schärfe. Aber noch die Ausgabe von 1689 bringt die Offenbarung ohne Nummer und Seitenzahl, also als eine Art Anhang, nicht als vollwertiges biblisches Buch. Zwingli äußert sich abweisend in der Berner Disputation von 1528: „Von der Apokalypse (Offenbarung) nehme ich kein Zeugnis an, denn sie ist kein biblisches Buch." Calvin hat sie in seiner Bibelerklärung einfach übergangen. Das kühle, zurückhaltende Verhältnis reicht bis in unsere Tage[57].

55. Wo liegen die Gründe dafür? Schon im 2. Jahrhundert spielte die Angst vor tatsächlicher oder vermeintlicher Schwärmerei eine große Rolle[58]. Auch Luthers Einstellung muß im Zusammenhang seines Kampfes mit den „Schwärmern" gesehen werden, die sich eifrig mit Versen aus der Offenbarung versahen. Aber Angst macht unsachlich. Schon Paulus scheint sich 1 Th 5, 19—21 gegen den Kurzschluß der Angst vor dem „Geist" zu wenden: „Den Geist dämpfet nicht!"

56. Ein anderer Grund liegt im Bündnis mit der Staatsmacht. Als die Kirche römische Staatskirche geworden war, trat das Sprichwort in Kraft: „Wes Brot ich eß', des Lied ich sing." Dazu paßte nicht das „Lied" der Offenbarung, in der das Kaisertum als das „Tier" und Rom als die darauf reitende „Hure" erscheint. Was Wunder, wenn der Kirchengeschichtsschreiber und große Verherrlicher des Kaiserbündnisses Euseb verächtlich über das Buch spricht. Immer wieder wird es ein weltseliges und sattes Christentum befremden (vgl. Nr. 19).

57. „Ohne Tränen wurde die Offenbarung nicht geschrieben, sie wird auch ohne Tränen nicht verstanden", äußert Bengel zu 5, 4 und schneidet damit eine grundsätzliche Frage jeder Schriftauslegung an, nämlich die Frage der Situationsverbundenheit. Manche Partien der Bibel bleiben ganzen Jahrhunderten verschlossen, bis eine neue geschichtliche Stunde der christlichen Gemeinde die Augen öffnet. Auch für den einzelnen Bibelleser mag ein bestimmtes biblisches Buch einfach noch nicht an der Reihe sein. Wer kein Verhältnis zum Leid hat, wird schwerlich Sinn haben für die Tiefe und Kraft der Offenbarung, die doch Zurüstung zum Leiden ist.

58. Schließlich fühlen sich Leser und Ausleger gegenüber der fremdartigen, kaum zu bewältigenden Bilderfülle der Offenbarung hilflos. Lohnt der praktisch-erbauliche Nutzen, der sich am Ende dennoch ergeben mag, den Aufwand, den die Auslegung dieses womöglich schwierigsten aller biblischen Bücher kostet? So volkstümlich es um die erste Jahrhundertwende in der Provinz Asien gewesen sein mag, als man die verhüllten Anspielungen (s. Anm. 43) sofort begriff und von ihnen wie elektrisiert war, w i r leben nicht in der Provinz Asien jener Tage!

[57] (S. 50) Z. B. R. Bultmann, Theologie des Neuen Testamentes, 5. A. Tübingen 1965, S. 518: „Man wird das Christentum der Apokalypse als ein schwach christianisiertes Judentum bezeichnen müssen."

[58] (S. 51) Die sogenannten Aloger (vgl. Nr. 18) bekämpften besonders die kleinasiatische Bewegung der Montanisten, die gegenüber der werdenden Amts- und Anstaltskirche die urchristlich-prophetische Linie erneuern wollte. Der Montanismus zehrte begreiflicherweise von der Johannesoffenbarung und ihrer Vorstellungswelt, schätze auch Ekstase und Zungenrede und lebte in glühender Naherwartung.

Tatsächlich kann der Ausleger an seiner Aufgabe verzagen. Auf der einen Seite stürzt eine chaotisch anmutende Fülle von Einzelheiten auf ihn ein, zu denen er je Stellung beziehen soll. Auf der anderen Seite muß er aber bei jeder Einzelheit die allgemeinen Baugesetze des Ganzen im Auge behalten. Weder darf er zu nahe herantreten, noch zu weit entfernt stehen. Ein so inhaltsreiches und tiefräumiges Buch erfordert viel Zeit, ein gutes Gedächtnis und Konzentration über lange Zeit. Selbst dann noch gehen die Auslegungen auseinander. Welche ist richtig? Bitter ist der Anblick, wenn die frommen Väter sich streiten.

59. Im großen und ganzen lassen sich vier Auslegungsweisen unterscheiden. Die historisierenden Auslegungen (welt-, kirchen- oder reichsgeschichtliche Auslegung) haben einen ersten Vertreter in dem uns erhaltenen Kommentar zur Offenbarung von Viktorin v. Pettau (gest. 303)[59]. Ein typisches Beispiel für ungute Auswirkungen dieser Auslegungsweise bot der ehrwürdige J. A. Bengel (s. Nr. 53). Er hielt die Offenbarung für einen prophetischen Abriß der Weltgeschichte seit Christus. Darum folgerte er in seiner „Erklärten Offenbarung Johannis": „Eine Kenntnis von der alten und neuen Kirchen- und Weltgeschichte macht zwar die Sache bei weitem nicht aus, aber doch ist sie denen unumgänglich nötig, die eine wahre Auslegung der Weissagung geben wollen." Er setzte fortlaufend neben jedes Stück der Offenbarung die nach seiner Meinung passenden Daten aus der Weltgeschichte. So redeten die Bibelabschnitte für ihn verhüllt etwa von Karl dem Großen, von den Waldensern, von Luther oder Spener. Zahllose Ausleger gingen den Weg Bengels, wenn auch zum Teil vorsichtiger, indem sie nur die „Hauptwendepunkte" vorausgesagt fanden („reichsgeschichtliche Auslegung")[60], z. B. die Reformation, Gegenreformation, Aufklärung und Bibelkritik oder auch den ersten Weltkrieg. Eine Liste solcher Deutungen vom 2. bis 20. Jahrhundert, zu denen große und kleine Lichter ernsthaft beigetragen haben, würde ein dickes Buch füllen[61].

So fesselnd und volkstümlich diese Art auch ist, wir haben uns grundsätzlich davon abzuwenden. Gewiß bietet die Offenbarung im Sinne von 2 Pt 1, 19 „Licht auf dem Wege" durch die Jahrhunderte; sie beleuchtet ihn, aber sie ist nicht der Weg. Sie erzählt nicht verschlüsselt die Weltgeschichte. Ihre 49 Gesichte sind nicht in irgendeiner Form Andeutungen der politischen, kirchlichen, geistigen oder geistlichen Ereignisse der folgenden 2000 Jahre.

Die Auslegung an Hand der abgelaufenen und ablaufenden Geschichte muß schon deswegen verwirren, weil das Geschichtswissen der Ausleger immer unvollständig bleibt. Hätte Bengel unser heutiges Geschichtswissen besessen, so hätte er den An-

[59] Neuere Vertreter s. „Einführung in die Literatur".

[60] Ihr Begründer ist K. A. Auberlen (1857), neben ihm J. Ebrard (1853). Neuere Vertreter s. „Einführung in die Literatur".

[61] Vgl. Lückes „Versuch einer vollständigen Einleitung in die Offenbarung Johannes" (1832) mit weit über 1 000 Seiten (angeführt in J. P. Lange, Die Offenbarung des Johannes, 1871).

bruch des Tausendjährigen Reiches keinesfalls auf den 18. Juni 1837 gelegt (er lebte hundert Jahre früher). Sein ganzes Gebäude müßte verschoben werden! Jedes neue größere Ereignis könnte eine neue Gesamtauslegung der Offenbarung nötig machen.

Vor allem können die historisierenden Auslegungen kaum der Versuchung zur Berechnung entgehen, drängt sich in ihnen doch die Frage nach dem eigenen geschichtlichen Standort auf. Allzu gern werden darum die Symbolzahlen als Rechenzahlen genommen, was an sich schon eine Textvergewaltigung darstellt. Bengel selbst hat verschiedene Endtermine ausgegeben. Insgesamt sind wohl 200 solcher Daten in den vergangenen Jahrhunderten errechnet und ausgerufen worden. Die spätjüdische Apokalyptik lebt (vgl. Nr. 41)! Wie soll es bei dieser Arbeitsweise eine einmütige Auslegung geben können? Also gibt es Zank und Enttäuschung, und das Ansehen der Offenbarung leidet großen Schaden.

60. Von den folgenden Auslegungsweisen ist zwar keine d e r Schlüssel, wohl aber jede e i n Schlüssel, sofern sie nicht das alleinige Recht beansprucht.

Die z e i t g e s c h i c h t l i c h e Auslegung macht mit der Tatsache ernst, daß die Offenbarung, wie etwa auch die Paulusbriefe, als echte Gelegenheitsschrift verstanden werden will. Die Berechtigung dieses Einsatzes und sein großer Nutzen müssen hier nicht mehr dargelegt werden.
Dennoch ist die zeitgeschichtliche Auslegung seit der Aufklärung[62] in einer Art aufgekommen, die zu überprüfen ist. Danach hat Johannes n u r etwa für die zehn letzten Jahre des ersten Jahrhunderts geschrieben. Angesichts des drohenden Kaiserkultes weissagte er den Untergang des römischen Kaisertums durch die Wiederkunft Jesu Christi. Das sei der schlichte Sinn des „bald" von 1, 1 usw. Nun ist das römische Kaisertum aber erst Jahrhunderte später untergegangen und nicht durch die Wiederkunft Christi. Nüchtern betrachtet sei die Offenbarung also ein glatter Irrtum, aber ein Irrtum mit erbaulichem Nutzen. Sie enthalte Perlen der Frömmigkeit und Poesie und sei deswegen weiter verehrt worden und auch der Verehrung würdig.

Hier fehlt der Zugang zur biblischen Prophetie überhaupt. Niemals steckte die biblische Prophetie im Gefängnis einer einzigen Situation, immer lebte sie im Gesamtzusammenhang der Gottesherrschaft. Auch Johannes war nicht durch seine Lage abgesperrt von jeder anderen Situation. Er vermochte nicht deswegen so konkret zu jenen Gemeinden in der Provinz Asien zu sprechen, weil er von allen anderen Gemeinden und Zeiten absah, sondern umgekehrt: Aus dem Gesamtzusammenhang der Gemeinde Jesu Christi zwischen Himmelfahrt und Wiederkunft bringt er Licht auch in jenen Raum und in jene Stunde.

Am Beispiel: Ganz deutlich trug das damalige Rom die Züge von „Babel". Das bedeutete aber nicht, daß „Babel", dieser uralte Verkündigungsbegriff[63] der Bibel, in

[62] Ein spanischer Jesuit in Antwerpen, Ludwig von Alcasar (gest. 1613), machte schon den Anfang und spürte historische Beziehungen zur Römerherrschaft auf. Epochemachend war erst F. Bleek (1820); dann H. G. A. Ewald (1828) und viele andere. Neuere Vertreter s. „Einführung in die Literatur".

[63] Andere in der Offenbarung, aber nicht nur dort verwendete Verkündigungsbegriffe: Bileam (2,14), Isebel (2,20), Sodom und Ägypten (11,8), Euphrat (9,14; 16,12), Zion (14,1).

Rom aufgeht, sondern eben nur, daß Rom antichristliche und endgeschichtliche Züge trug. Darum ist „Babel" auch nicht mit Rom untergegangen, und darum predigt die Offenbarung auch heute ungebrochen von „Babel".

Deutlich trug die damalige kaiserliche Priesterschaft Züge des „falschen Propheten" an sich. Dies bedeutet wiederum nicht, daß Johannes nur sie im Auge hatte und daß nur diese Priesterschaft der „falsche Prophet" war; vielmehr nur, daß sie es auch war. Auch der „falsche Prophet" gehört seit Bileam zu den Verkündigungsbegriffen im Volke Gottes.

Johannes prophezeite wohl auch, aber nicht nur über das eine Jahrzehnt, sondern über zwei Jahrzehnte, Jahrhunderte oder Jahrtausende – er wußte die Zeitdauer so wenig wie wir (s. Nr. 44). Er prophezeite eben für die Zeit der Gemeinde, die seit Ostern im entfalteten Ende steht (s. Nr. 50). Und dieser Gemeinde gilt, wie lange sich auch ihre Zeit erstreckt, das prophetische „bald". Das prophetische „bald" wandert die ganze Strecke mit, läßt sich je und je zu Vorerfüllungen nieder, erhebt sich wieder, bis es zur Letzterfüllung kommt.

Die ausschließlich zeitgeschichtliche Auslegung fällt mit unter das Urteil der historisierenden Auslegungen. Wie sachfremd ihre Methode ist, erkennt man daran, wie gewaltsam sie mit 17, 9–11 umgeht. Hier muß um jeden Preis die römische Kaiserreihe untergebracht werden! Warum sollte etwas so Einfaches nicht möglich sein, wenn Johannes es wirklich so gemeint hätte? Aber er hat es nicht so gemeint!

61. Die endgeschichtliche Auslegung lehrt, daß das Buch schon von Kapitel 2 oder mindestens von Kapitel 4 an die Zeit nach der Entrückung der Gemeinde betrifft (ev. unter Einschluß einiger vorangehender Jahre). Bis dahin klafft also eine große Lücke, über die die Offenbarung schweigt. Den Generationen, die sich in dieser Lücke befinden, gilt das Buch im Grunde nicht, es sei denn als Belehrung über Heilsplanfragen. In dieser Weise legte schon der Katholik Fr. Ribera im Jahre 1591 aus. Er wollte den Protestanten, die seit Luther und entsprechend ihrer Kirchenlehre das „Babel" in Kapitel 13 hartnäckig auf den Papst bezogen („der Papst ist der rechte Antichrist", Schmalk. Artikel 4), den Boden entziehen. Darum behauptete er, das Buch behandele erst die letzten dreieinhalb Jahre vor der Wiederkunft des Herrn. In verschiedenen Abwandlungen fanden diese Gedanken auch in pietistischen Kreisen Eingang[64]. Zu begrüßen ist die Abkehr von der weltgeschichtlichen Deutung und das Ernstnehmen des Endgeschichtlichen an sich. Leider ist aber das Endgeschichtliche nicht neutestamentlich verstanden. Nach dem Neuen Testament stehen wir seit Karfreitag, Ostern und Pfingsten im Ende (Nr. 48). Indem diese „endgeschichtliche" Auslegung den endgeschichtlichen Charakter der Gegenwart verkennt, nimmt sie dem Buch seine Aktualität für die heutige Gemeinde und versiegelt es gegen seinen Willen (22, 10) für viele Generationen.

[64] J. Chr. K. von Hofmann sah 1844 in der Offenbarung die ganze Zeit der heidenchristlichen Gemeinde von der Zerstörung Jerusalems bis zur einstigen Bekehrung Israels übersprungen. Nur von der daran anschließenden Zeit und nur von Israel (nach der Entrückung der Leibesgemeinde) handele das Buch. Neuere Vertreter s. „Einführung in die Literatur".

62. Die allgemein religiöse Auslegung verbindet sich mit allen anderen Deutungen, kann sich aber auch ganz extrem geben. Dann enthält die Offenbarung weder echte Prophetie für die Zeit des Johannes noch für den weiteren Verlauf noch für das Ende vom Ende. Das Prophetische gilt nur als eine abzustreifende Hülle um den eigentlichen Kern herum, nämlich für zeitlose, religiöse Belehrung über Treue, Buße, Hoffnung, Gebet, Leidensmut usw. Dieser allgemeine Ansporn zum Frommsein verbindet die Offenbarung dann natürlich mit vielen religiösen Urkunden damaliger Zeit. Darum tragen diese Ausleger gern Parallelen aus babylonischen Mythologien, iranischen Traditionen, mandäischen Sekten und aus hellenistischer Astrologie herbei. Religionsgeschichtliche Vergleiche an sich sind nützlich, wenn sie nicht gerade das auflösen, ohne das es die Offenbarung des Neuen Testamentes überhaupt nicht gäbe, nämlich ihren christlichen Charakter[65].

VII. Offenbarung Jesu Christi

Der christliche Charakter des Buches

63. Anregend und lehrreich ist ein Vergleich zwischen der Offenbarung und der spätjüdischen Apokalyptik, der die Rolle des Deuteengels betrifft. In den 22 Kapiteln der Offenbarung erscheint dieser Engel vielleicht fünfzehnmal, aber nur an zwei Stellen gibt er eine ausführliche Deutung, 7, 13–17 und 17, 7–18. Zum Vergleich sind hier die Stellen aus dem Anfang der grie Baruch-Apokalypse herausgeschrieben:

1, 3 Da erblickte ich einen von des Herrn Engel, wie er herbeikommt und sagt . . .
6 Ich schwieg. Da sagte er zu mir . . .
8 Da sprach zu mir der Kräfte-Engel . . .
2, 1 Da nahm er mich und brachte mich . . .
2 Dann nahm er mich . . . Er sprach zu mir . . .
3 Er zeigte mir . . .
4 Ich sagte zu dem Engel . . .
5 Da spricht zu mir der Engel . . . dann sprach zu mir der Engel . . .
7 Er sprach zu mir . . .
3, 1 Darauf nahm mich der Engel . . . Er zeigte mir . . . Er sprach . . .
2 Da gingen wir hinein . . .
3 Dort zeigte er mir . . .
4 Da fragte ich den Engel . . .
5 Er sprach . . .

So geht es durch alle 17 Kapitel. Dem Seher ist ein ständiger Dolmetscher beigegeben. Nichts wird ihm klar ohne dessen Erläuterung. Wie ein großer Laie stolpert er an dessen Hand durch die Visionen. Dagegen ist die Rolle des Deuteengels in der neutestamentlichen Offenbarung auf ein gelegentliches Zuhilfekommen eingeschränkt,

[65] Bahnbrechend für die „traditionsgeschichtliche Methode“ war H. Gunkel (1895), Haupt der religionsgeschichtlichen Schule, dem sich W. Bousset weitgehend anschloß.

d. h. der Empfänger und die Empfängergemeinde bekommen hier nicht etwas grundsätzlich Neues und ihnen Fremdes zu sehen. Der Offenbarer hat im Grunde „aufgeklärte" Leute vor sich, Erleuchtete, Wissende, Geisterfüllte und Eingeweihte. Unwillkürlich kommen uns die Worte aus 1 Jo 2, 20–21. 27 in den Sinn: „Ihr habt die Salbung von dem, der heilig ist, und wisset alles. Ich habe euch nicht geschrieben, als wüßtet ihr die Wahrheit nicht; sondern ihr wisset sie. Und die Salbung, die ihr von ihm empfangen habt, bleibt in euch, und ihr bedürfet nicht, daß euch jemand lehre."

Die Gemeinde besitzt von ihrem Glaubensgrund her die Voraussetzung zum Verständnis dieser Visionen. Sie müßten ihr durchsichtig, lichtvoll und sprechend sein, denn es ist doch „Offenbarung J e s u C h r i s t i". Da sie den Christus gestern kennt (Karfreitag, Ostern und Himmelfahrt) und den Christus heute (im Heiligen Geist), kennt sie im Grunde auch schon den Christus morgen. Der Kommende ist ja der Gekommene!

So ist die Offenbarung im Lichte des Offenbarten, also vom Evangelium her, zu erschließen. U n s e r „Deuteengel" ist das Evangelium! Dieses Evangelium vom auferstandenen Gekreuzigten will die Gemeinde an die Hand nehmen und ihr Vers für Vers Gegenwart und Zukunft erläutern.

64. „Evangelium" ist hier verstanden als das, was das Neue Testament bezeugt. Die Aufgabe einer evangeliumsgemäßen Deutung der Offenbarung heißt also praktisch, sie in ihrer neutestamentlichen Einbettung auszulegen. Johannes will Schulter an Schulter mit den anderen apostolischen Zeugen abgehört und verstanden werden, als „Bruder und Mitgenosse" (1, 9) ihrer aller. Er setzt ihr Mitzeugnis für sein Zeugnis voraus. Seine Schrift verläßt inhaltlich nicht den Umkreis ihrer Schriften. Seine Grundanschauungen sind die des Urchristentums überhaupt. Darum fort mit evangeliumsfremden Erwartungen gegenüber diesem Buch! Fort auch mit einer schmalspurigen Spezialisierung auf die Offenbarung, unter Vernachlässigung der anderen Schriftteile. Die Offenbarung ist nicht umsonst die l e t z t e Schrift in unserem Neuen Testament, und man sollte ein Buch nicht von hinten lesen.

65. Freilich verfolgt Johannes innerhalb des Schriftganzen sein besonderes Thema und dies mit unvergleichlicher Kraft und Sammlung: Der kommende Christus! Dieses Kommen wird sich nicht wieder „in Windeln" ereignen, sondern „mit den Wolken", nicht mehr zur Lösung der Schuldfrage, sondern der Machtfrage, nicht mehr zur Schaffung einer Gemeinde, sondern eines neuen Himmels und einer neuen Erde. Es geht um die Durchsetzung der Alleinherrschaft Gottes in allen Räumen. Aber dies alles eben auf dem Boden der gewonnenen Entscheidung von Golgatha, nämlich durch „das Lamm".

Wohlgemerkt, dieses Thema ist für das Neue Testament nicht neu. Anders mag es mit der heutigen Gemeinde stehen. Das Leben vieler Christen ist leer geworden, weil es keine sie selbst überragenden Ziele, keine großen Hoffnungen und keine großen Verpflichtungen mehr kennt und darum auch nicht den Frieden, der höher ist als alle Vernunft.

VIII. Der Aufbau der Offenbarung

Die Johannes-Offenbarung gleicht nicht einem vulkanischen Ausstoß formloser Massen, sondern erinnert an feingliedrige Architektur[66]. Sie wirkt geradezu durchkonstruiert. Johannes hatte sich bei der Abfassung seiner Schrift völlig unter Kontrolle. Ihm scheint kein unbedachter Satz, kein wahlloser Ausdruck unterlaufen zu sein. Teilweise numeriert oder gruppiert er seine Abschnitte, kennzeichnet er genau einen wichtigen Szenenwechsel, erteilt er größeren Zusammenhängen Überschriften und arbeitet mit den Mitteln des stilistischen Gleichklanges oder der Gegenbildlichkeit. Er macht darauf aufmerksam, daß einem eine Gestalt oder Stimme schon das zweite Mal begegnet oder greift deutlich auf späteren Stoff vor. Sein Griechisch wirkt so eigen und bewußt, wie man es bei großen Künstlern findet, die sich ihre eigene Sprache schaffen[67].

Diese formalen Dinge bei Johannes nicht beachten, hieße, ihm nur mit halbem Ohr zuzuhören und den gehörten Rest auch noch mißzuverstehen. Bei keinem anderen Buch der Bibel greift vor allem die Frage der Gesamtkonzeption so tief in die Einzelfragen der Auslegung ein wie hier[68], so daß es nicht angeht, statt vor jedem Einzelabschnitt diszipliniert d i e Ausgangsstellung einzunehmen, die sich im Rahmen der Gesamtkonzeption ergibt, einfach von einer beliebigen Seite her in die Auslegung hineinzupurzeln. Eine Auslegung der Johannes-Offenbarung, die sich nicht ernsthaft am Gespräch über ihren Aufbau beteiligt, ist kaum ernstzunehmen.

Dieses Gespräch war bisher mühsam, aber nicht unfruchtbar. Nicht mehr alles ist fraglich. Das Buch hat einen Rahmen und, davon umspannt, zwei Hauptteile. Zum Rahmen zählen die ersten acht und die letzten sechszehn Verse. Eigentlich handelt es sich um eine doppelte Rahmung: Der Bucheröffnung in 1, 1—3 ist noch ein brief-

[66] Lilje spricht von einer „überragenden künstlerischen Komposition", von „großer Klarheit im Gesamtaufbau des Buches" und meint richtig: „Das Empfinden, die Apokalypse sei ein verworrenes und verwirrendes Buch, verschwindet, je sorgfältiger man sie liest" (S. 31. 35). Auch die in früheren Kommentaren so beliebte Auffassung, die Offenbarung sei ein Sammelsurium bunt gemengter Tradition und Quellen, weicht in neueren Arbeiten dem Urteil, „ein planvolles Ganzes" vor sich zu haben (Lohmeyer, S. 186; Rissi, Was ist, S. 22, Anm. 46).

[67] Dazu ausführlich Lohmeyer, S. 198 f. „Diese ungriechischen Eigentümlichkeiten (der johanneischen Sprache) ‚passieren' nicht, sondern sind gewählt."

[68] Vgl. Rissi, Was ist, S. 7; Bornkamm, S. 204.

artiger Eingang 1, 4–8 angefügt. Entsprechend folgt dem Buchschluß von 22, 6–20 noch ein Segenswunsch (22, 21), wie er häufig Briefe im NT beendet.

Nach dem Eingang berichtet Johannes von seiner Beauftragung (1, 9–20). Sie mündet in die Angabe der beiden Hauptteile: Erstens, was ist, und zweitens, was danach geschehen muß.

Was ist, also die Durchleuchtung der Gegenwart der damaligen Gemeinden, behandeln die beiden Kapitel 2 und 3, deren Unterteilung durch die sieben Gemeindebotschaften gegeben ist. Die Schwierigkeiten betreffen den anderen, den eigentlich endgeschichtlichen Hauptteil von 4, 1 – 22, 5. Wie ist er gegliedert?

Hadorn schreibt S. 4, die Tatsache, daß vier größere Abschnitte des Buches, nämlich die Gemeindebotschaften sowie die Siegel-, Trompeten- und Schalengerichte, nach der Siebenteilung gegliedert sind, lege die Vermutung nahe, daß auch der Rest nach diesem Prinzip geordnet sei. Das sei tatsächlich auch der Fall und deutlich erkennbar. Mit dieser Deutlichkeit ist es aber bei genauem Zusehen nicht gut bestellt. Lohmeyer hat die Sieben zwar zum Formprinzip erhoben, das die Offenbarung „in allen ihren großen und kleinen Teilen beherrscht". Nach ihm enthalten die Kapitel 4, 1 bis 21, 5 siebenmal sieben Bilder[69], und teilweise findet er noch innerhalb der einzelnen Bilder sieben Strophen, diese wiederum zu je sieben Zeilen. Aber diese Einteilung in eine Unzahl von Siebenheiten wirkt etwas künstlich und gewalttätig[70].

Wir lassen uns besser nicht auf Hadorns Vermutung ein, sondern gehen noch einmal auf die von ihm und längst vor ihm beobachtete Tatsache zurück, daß im Hauptabschnitt 4, 1 – 22, 5 die Siegel-, Trompeten- und Schalenreihe dadurch auffallen, daß Johannes selbst sie von eins bis sieben numeriert hat[71]. Ferner sind sie alle drei mit einem Vorspann versehen[72] und schließlich gleichmäßig zwischen der sechsten und siebten Vision unterbrochen[73]. So gewinnen wir schon innerhalb des zweiten Hauptteils drei große Einheiten: den Siegelabschnitt 4, 1 – 8, 1, den Trompetenabschnitt 8, 2 – 11, 19 und den Schalenabschnitt 15, 1 – 16, 21.

Die Siebenerreihen binden also mit Vorspann und Zwischenstück beträchtliche Stoffmengen an sich. Sollte der verbleibende Rest (also 12–14 und 17–22, 5) unabhängig von ihnen zu verstehen sein?

Um bei dem Leichteren zu beginnen: Daß der Abschnitt 17 – 22, 5 in irgendeiner Weise als Anhang zu den vorausgehenden Schalenvisionen zu lesen ist, ergibt sich schon daraus, daß 17, 1 – 19, 10 und 21, 9 – 22, 5 ausdrücklich von einem Schalenengel vermittelt werden. Bei dem Mittelstück 19, 11–21, 8 fehlt eine solche Angabe, aber sein Inhalt schließt sich unzweifelhaft ebenfalls an die Schalenreihe an, vor allem an die sechste Schalenvision. Die Einzelauslegung zeigt, wie deutlich diese Ab-

69 Lohmeyer, S. 185, ähnlich Frey, S. 229 und Lilje, S. 35. Hadorn findet allerdings im gesamten Buch sieben Hauptabschnitte.
70 So auch Rissi, Was ist, S. 23, Anm. 50; Die Zukunft der Welt, S. 62, Anm. 149; Rühle in Ki–Th W I, S. 462, Anm. 5.
71 Dies unterscheidet sie noch von den sieben Gemeindebotschaften.
72 Die Siegelreihe in 4, 1 – 5, 14, die Trompetenreihe 8, 2–5 und die Schalenreihe 15, 1–8.
73 Die Siegelreihe in 7, 1–17, die Trompetenreihe in 10, 1 – 11, 13 und die Schalenreihe in 16, 15. Zum Sinn dieser Einschübe s. die Auslegung dieser Stellen.

schnitte eine Art Exkurs darstellen, also ergänzende Ausführungen zu Themen, die die Schalenvisionen geliefert haben[74].

Wie steht es mit K. 12 — 14? Ergibt sich auch für sie ein ungekünstelter Zusammenhang mit der vorangegangenen Reihe, oder stehen die gewaltigen Kernkapitel des Buches ganz selbständig da?

Auch hier finden sich Anzeichen der Zugehörigkeit. In 11, 7 stößt man z. B. auf die unbedingt erläuterungsbedürftige Stelle vom „Tier, das aus dem Abgrund steigt". Es „wird Krieg mit ihnen führen und sie besiegen und sie töten". Ohne Frage sind die Kapitel 12 — 13 eine Großaufnahme gerade dieser Gestalt und dieser Vorgänge. Auch die so wichtigen Zeitangaben von zweiundvierzig Monaten, eintausendzweihundertundsechzig Tagen oder dreieinhalb Jahren in K. 12 und 13 fügen sich mit 11, 2. 3. 9 zusammen. Schließlich verlängert sich in K. 12 und 13 die Kette der ständigen Bezugnahmen auf die Erlösung Israels aus der Gewalt Pharaos, die schon den Trompetenabschnitt prägen[75].

Aus dem Bisherigen ergibt sich die Übersicht auf S. 17 dieses Bandes. Freilich bleibt die Zeichnung noch eine Antwort auf eine wichtige Frage schuldig, die seit den ersten Jahrhunderten gewälzt wird: Wie verhalten sich die Siebenerreihen inhaltlich zueinander? Setzt die eine Reihe die andere geradlinig fort oder wiederholt sie dieselben Ereignisse lediglich unter einem neuen Gesichtspunkt? Es liegt auf der Hand, daß jede Entscheidung in dieser Frage tief in die Auslegung eingreift.

Die lineare Auffassung („Sukzessionstheorie") vertritt von den Neueren z. B. Hadorn. Danach läuft durch das Buch eine einzige Zeitlinie; jede Vision setzt die vorangegangene zeitlich fort. Aus dem Geschehen der letzten Siegelöffnung entwickelt sich die Folge der Trompetengerichte, und der letzte Trompetenstoß gibt die Abfolge der Schalengerichte frei, die nun bis an den Schlußpunkt der Weltgeschichte führen[76].

Nach diesem Verständnis kann das Weltende nur am Buchschluß stehen. Visionen in früheren Kapiteln m ü s s e n anders gedeutet werden. Auch Anzeichen in früheren Kapiteln, die auf Umstände des Endgerichtes deuten, müssen auf endgerichtsa r t i g e Geschehnisse gedeutet werden. Es ergeben sich wohl auch mehrere Wiederkünfte Jesu, mal für diese und mal für jene Menschengruppe. Auch die Zahl der Auferstehungen mehrt sich. Außer der ersten und zweiten Auferstehung in K. 20 gibt es schon viel früher und innerhalb der Geschichte eine Auferstehung, nämlich nach 11, 11.

Eine Auslegung mag unter der Annahme der Sukzessionstheorie b e g i n n e n, sollte sich selbst aber abspüren, wo es in exegetische Gewaltsamkeit übergeht, und

[74] Es handelt sich also um die Abschnitte 17, 1 – 19, 10; 19, 11 — 21, 8 und 21, 9 — 22, 5 (Überschriften vgl. im Inhaltsverzeichnis).

[75] Hier ergeben sich die Anhänge 12, 1 — 13, 18; 14, 1—5 und 14, 6—20 (Überschriften vgl. wieder im Inhaltsverzeichnis). Dafür, daß die Kapitel 12—14 und 17—22 als Anhänge zu den jeweils vorangehenden Siebenerreihen zu verstehen sind, hat auch G. Bornkamm einen indirekten Hinweis beigesteuert. Er zeigt nicht nur die auffallende Parallelität der Trompeten- und Schalenreihe selbst, sondern auch die der nachfolgenden Kapitel (S. 206 ff).

[76] Dieses Verständnis ist z. B. für Bengel entscheidend (Band 1, Einltg. Nr. 59).

dann die angenommene Theorie sofort fallen lassen. Schon 5, 13 handelt m. E. von einem allerletzten Geschehen. Das sechste Siegel führt sicher schon bis an die Schwelle der Parusie (6, 12–17), und das siebte Siegel setzt sie voraus. Die Zwischenschau von K. 7 steht völlig im Zeichen des endgültigen Sieges und deckt sich zum Teil mit der Darstellung in K. 21 und 22. Weitere Stücke, die vom Ende der Geschichte handeln, aber nicht am Ende des Buches stehen: 11, 11–13. 15–19; 14, 6–20; 16, 16–21 usw.

Mit einem ganz anderen Verständnis geht die uralte Rekapitulationstheorie an die drei Siebenerreihen heran[77]. Sie setzt voraus, daß die Geschichte zu vielschichtig und tiefgründig ist, als daß sie in einem Zuge dargestellt werden könnte. Vielmehr sind dazu immer neue Anläufe nötig. Th. Flügge schreibt z. B.: „Die Offenbarung möchte alle Vorgänge vor Jesu Wiederkunft, wie sie sich abspielen in der Natur, in der Geschichte, in der Kirche und in der Völkerwelt, vor uns ausbreiten. Eine solche umfassende Darstellung kann aber nicht in einem Flusse dargeboten werden. Darum muß Johannes mehrfach neu beginnen, um die Endgeschichte in diesen einzelnen Lebensbereichen aufzuzeigen." Flügge findet vier Durchgänge: K. 6–7 zeigt die geistliche Entwicklung, K. 8–11 Gottes Eingriffe in die Letztzeit, K. 12–16 die satanische Kriegsführung und K. 17–19 die volkhaft-weltliche Entwicklung[78]. „Diese vier Bilder zeigen gleichzeitige Geschehnisse. Um nun ein vollständiges Bild des vielfältigen Geschehens zu gewinnen, muß man daher fortwährend diese vier Bilder zusammenschauen, da jedes der vier Bilder dieselbe Zeitspanne darstellt, von verschiedenen Standorten aus gesehen."

Bei dieser Sicht kann der Ausleger natürlich die auffälligen Überschneidungen oder Wiederholungen in der Offenbarung besonders befriedigend erklären. Wenn der Seher mehrmals, wenn auch unter anderem Gesichtspunkt, die gleiche Strecke abschreitet, mögen sich wohl Berührungspunkte ergeben[79].

Aber auch die Rekapitulationstheorie ist eine Theorie und darf den Exegeten in uns nicht einschläfern. Rissi macht z. B. darauf aufmerksam, daß die Schalenreihe nicht

[77] So schon Viktorin von Pettau (gest. um 305), ausgebaut durch Augustin und Tichonius. Für dieses Verständnis stellen sich schöne Bilder ein. Bei Lilje gleicht jede Siebenerreihe einer Knospe, die sich in sieben Blütenblättern entfaltet und deren letztes Blatt sich als neue Knospe wiederum siebenblättrig auftut (S. 35). Stauffer sieht eine hochgeschossene Leuchtkugel. Sie zieht siebenfarbig ihre Bahn. Bevor sie aber verlischt, zündet eine neue Ladung, die sich abermals als prächtige Feuergarbe entfaltet und im Erlöschen noch eine dritte Feuergarbe entläßt (Theologie des NT, S. 28).

[78] Theophil Flügge, Jesus, Sein Leben und sein Wiederkommen, Berlin 1956, im Anhang S. 143–144. Frey (S. 253) spricht in ähnlichem Sinn von „Querschnitten", bestimmt sie aber anders. In wieder anderer Weise findet Bornkamm drei Durchgänge: einen summarischen Durchgang (K. 6–9), einen andeutend-fragmentarischen Durchgang (8, 2 bis 14, 20) und einen endgültigen und vollständigen Durchgang (15, 1 – 22, 5).

[79] Selbstverständlich sind die Wiederholungen auch bei linearer Auffassung grundsätzlich erklärbar. Sie können sich aus dem Wesen der Geschichte ergeben. Da der Mensch immer derselbe ist, wie auch Gott immer derselbe ist, wird sich zwischen Gott und Mensch immer wieder Vergleichbares ereignen. Mit Recht spricht Frey vom „eigentümlichen Rhythmus der Wiederkehr". „In diesem Rhythmus reift die Verwirklichung der Ge-

die gesamte Endzeit wiederholt. Sie bringt zwar wie die Siegel- und die Trompetenreihe sieben Plagen, aber der Vorspann, der uns auf die neue Reihe einstimmen soll, beginnt in 15, 1 ausdrücklich: „Und ich sah ein anderes Zeichen am Himmel, groß und staunenswert — sieben Engel, die sieben Plagen hatten, und zwar die letzten, denn in ihnen wurde vollendet der Grimm Gottes." Während die Siegelgerichte so deutlich mit der Erhöhung des Lammes beginnen, also die gesamte „Endzeit" von Ostern und Himmelfahrt bis zum Kommen Jesu Christi in Macht und Herrlichkeit durchwirken, setzen die Schalengerichte erst in der Endphase dieser Zeitspanne ein.

Dieses Beispiel zeigt, daß auch das einfache Wiederholungsschema einen Bruch erleidet. Johannes bietet in den drei Reihen nicht drei deckungsgleiche Längsschnitte durch die Geschichte. Die beste Erklärung für seine Darstellungsweise scheint Rissi zu geben: „Diese Stil- und Denkeigentümlichkeit der Apokalypse erinnert sehr stark an das Johannes-Evangelium und an die Johannes-Briefe. Ein Grundzug des johanneischen Denkens ist das meditative Denken in großen Gedankenkreisen"[80]. Die geradlinige Vorwärtsbewegung des Gedankens wird je und je überraschend abgebrochen und herumgebogen. Das Thema wird nicht durchschritten, sondern umkreist, und das in immer neuen Bemühungen und Anläufen[81]. Diese Kreise können sich auf neuen Stoff ausweiten, tauchen dann aber doch wieder im bisherigen unter, um sich erst später völlig auf den neuen Gegenstand zu konzentrieren[82]. Nur der-

danken Gottes in immer vollkommeneren Vorbildungen der Vollendung entgegen" (S. 254—255). Berkhof führt Beachtenswertes über die Typologie aus (S. 148—149). An einen ewigen Kreislauf ist hier nicht gedacht, eher an ein „vorwärtsrollendes Wagenrad" (ein Bild des Historikers Toynbee, bei Brütsch, S. 116). In der geschichtlichen Entwicklung verbindet sich also das Moment der Wiederkehr mit dem Moment eines zielstrebigen Vorankommens.

80 M. Rissi, Was ist, S. 55.

81 Z. B. durchlaufen die Siegelgesichte die Endzeit in enger Anlehnung an die synoptische Apokalypse und deren Tradition (Exkurs 3a), während die Trompetengesichte den gleichen Zeitraum behandeln, nun aber tief eingetaucht in die Welt des zweiten Mose-Buches (Exkurs 5b). Diese doppelte Behandlung, diese Bezeugung derselben Botschaft in der Sprache dieser und jener Tradition, die also alle biblische Prophetie zusammenbindet, schafft eine einzigartige Eindringlichkeit.

82 Viele Begriffe der Offb klären sich in dieser Weise vor dem Leser ab. Zunächst werden sie nur flüchtig berührt, bei späterer Gelegenheit durch neue Angaben angereichert und schließlich vervollständigt. Wir heben als Beispiel den Begriff der „Braut" hervor und verfolgen den Vorgang rückwärts. In der Vision von 21, 9 — 22, 5, die eigens diesem Thema gewidmet ist, heißt es im vollen Doppelausdruck: „Komm, ich will dir das Weib zeigen, die Braut des Lammes." Noch nicht in der gleichen, letzten Klarheit heißt es 21, 2: eine „Braut", die „ihrem Manne" geschmückt ist. Noch ein Stück zurück, nämlich in 19, 7, ist wohl ebenfalls von der Braut und von ihrem Schmuck die Rede, an Stelle einer vollklingenden Genetiv-Verbindung findet sich aber nur „seine Braut". Noch weiter zurück taucht in 14, 4 vorbereitend das Motiv der Jungfräulichkeit auf, und ganz hintergründig beginnt das Thema vielleicht schon in 12, 11: Die Brüder haben den Verkläger besiegt „durch des Lammes Blut und durch das Wort ihres Zeugnisses und haben ihr Leben nicht geliebt bis in den Tod". Noch zarter kann man nicht von der völligen Liebe zu Jesus und damit von der „Braut des Lammes" sprechen.

jenige, der sich in solch ein schauendes, umkreisendes Denken nicht einfühlt, spricht dann von „rätselhafter Unordnung" in diesem Buch.

Mit diesen wandernden Gedankenkreisen hängt ebenfalls die gelegentliche Schwierigkeit zusammen, sich über die Gliederung der Abschnitte zu einigen. Johannes kann sich ohne erkennbaren Übergang von einer Sache in die andere hineindenken. Vielleicht hilft das Bild der Spirale, die bei ihrer Steigung keine Stufen kennt, die also in die neue Ebene nicht hinein s t e i g t, sondern sich hinein w i n d e t[88].

Die Beobachtung eines meditativen Stils bei Johannes will mit dem zusammengehalten werden, was wir zu Beginn über die feine Architektur dieses Buches feststellten. Das Meditative erscheint bei Johannes durchaus nicht im Sinne des Verträumten oder Verschwommenen. Sein Naturell stand unter der Zucht des Heiligen Geistes. „Die Geister der Propheten sind den Propheten untertan" (1 Ko 14, 32).

[88] Als Musterbeispiel s. den Übergang von 8, 1 zu 8, 2.

ÜBERSICHT ÜBER DEN AUFBAU DER OFFENBARUNG

Vorwort: Bucheröffnung 1, 1–3
Briefartiger Eingang 1, 4–8

Die Beauftragung des Johannes 1, 9–20

WAS IST

Die sieben
Gemeindebotschaften
2, 1–3, 21

WAS GESCHEHEN MUSS

Vorspann: Gott und das Lamm auf dem Thron 4, 1–5, 14

Die sieben
Siegel
6, 1–17 und 8, 1

Zwischenstück: 7, 1–17

Vorspann: Die Gebete der Heiligen 8, 2–5

Die sieben
Trompeten
8, 6–9, 21 und 11, 14–19

Großes Zwischenstück: 10, 1–11, 13

Drei Anhänge: 12, 1–13, 18
14, 1–5
14, 6–20

Vorspann: Das neue Lied der Sieger 15, 1–8

Die sieben
Schalen
16, 1–14 und 16–20

Zwischenruf: 16, 15

Drei Anhänge: 17, 1–19, 10
19, 11–21, 8
21, 9–22, 5

Nachwort: Buchschluß 22, 6–20
Briefartiger Schluß 22, 21

.... Die östlichen Grenzen der römischen Provinz Asien (Asia prokonsularis) zur Zeit des Domitian und die Lage der sieben Städte von Offenbarung 2 und 3

DAS VORWORT DER OFFENBARUNG

Offenbarung 1, 1–8

Bucheröffnung

Offenbarung 1, 1–3

1 **Offenbarung Jesu Christi, die ihm Gott gegeben hat, seinen Knech-
ten zu zeigen, was geschehen muß in einer Schnelle; und er (Jesus)
hat** (sie) **kundgemacht** („bezeichnet") – **Botschaft tuend durch
2 einen Engel – seinem Knecht Johannes, * der bezeugt hat das Wort
Gottes und das Zeugnis Jesu Christi, alles, was er gesehen hat,
3 * Glückselig, der da vorliest und die da hören die Worte der Pro-
phetie und halten, was darin geschrieben ist; denn die Zeit ist nahe.**

Zu Vers 1: Dan 2, 28. 29

Diese Eröffnung[1] schließt sich eng und vielsagend an die Bucheinleitung der atst Propheten an. Dort wie hier die gleichen Bestandteile: Zuerst ein kurzes Überschriftswort. Im AT heißt es etwa: Dies ist das Wort (das Gesicht oder der Ausspruch) des Herrn. Es folgen in Nebensätzen die Entstehungsangaben (Verfasser, Empfänger, Zeit). Abschließend ergeht ein Eröffnungsgruß, z. B. Joe 1, 2–3; Jes 1, 2; Mi 1, 2. Damit hat Johannes von vornherein klargestellt, wo er eingeordnet werden will, nämlich in die Reihe der biblischen Propheten. Er beansprucht für sein Wort sofort biblische Autorität[2], nicht erst 22, 18–19. Um so nachdenklicher macht, daß gerade dieses Buch bis in unser Jahrhundert hinein von großen Teilen der Christenheit als

[1] Der Buchtitel „Offenbarung des Johannes" stammt so wenig vom Verfasser selbst wie die Überschrift „Evangelium nach Matthäus" von Matthäus oder die Aufschriften „An die Römer", „An die Korinther" usw. von Paulus. In allen Fällen handelt es sich um Kennzeichnungen, die später aus praktischen Gründen notwendig wurden. Wurden z. B. mehrere Schriftrollen in einem Krug oder in einer Kiste aufbewahrt, war es üblich, jede Rolle an einem der beiden herausragenden Stäbe durch einen Zettel inhaltlich zu kennzeichnen. In unserem Fall diente dazu der Begriff „Offenbarung" aus dem ersten Vers. Außerdem gehörte der Verfassername auf den Zettel. So entstand: „Offenbarung des Johannes". Dieser Titel hat seinen guten Sinn, wenn man an die anderen „Offenbarungen" denkt, die bald danach entstanden, z. B. die „Offenbarung des Petrus". Freilich steht er – wie schon Bengel rügte – im formalen Widerspruch zum ersten Vers des Buches selbst: „Offenbarung J e s u C h r i s t i." Aber diese Kritik rennt, wie Entstehung und Sinn des Titels zeigen, offene Türen ein. Spätere Handschriften haben den Titel gern angereichert, z. B. „Offenbarung des Johannes, des Theologen und Evangelisten". Offensichtlich galt es, Angriffe auf die Autorität des Buches abzuwehren.

[2] Darin liegt also weit mehr als der Anspruch, etwa nach 1 Kor 12–14 die Gnadengabe der Prophetie empfangen zu haben und auszuüben. Der Unterschied zwischen dem Propheten Johannes und den Propheten, wie es in der Gemeinde viele geben mag oder als die alle Glieder angesehen werden können (s. u.), scheint 22, 9; 19, 10 zum Ausdruck zu kommen. Er soll zu 1. 11 erörtert werden.

unterchristlich und außerbiblisch oder sonstwie bedenklich abgetan und aus Gottesdienst und Auslegung ferngehalten wurde (Einlt. Nr. 54).

Der hohe prophetische Anspruch, den Johannes schon durch den Stil seiner Eröffnung anmeldet, steht in enger Beziehung zu der Tatsache, daß die damaligen Gemeinden in der Provinz Asia in heftigster Fehde mit der jüdischen Synagoge lagen (2, 9; 3, 9; 11, 8). Das offizielle Judentum anerkannte wohl die Propheten der Vergangenheit – es schmückte ihre Gräber (Mt 23, 29–32) – und lehrte die Wiederkehr der Prophetie für die messianische Zukunft; in seiner eigenen Gegenwart ließ es jedoch keine Prophetie gelten (1 Makk 4, 46; 9, 27; 14, 41). Da treten die Christen auf: Hier ist Prophetie! Damit war nicht weniger gesagt, als daß der Messias erschienen sei und sie selbst die messianische Gemeinde der Endzeit darstellten; ferner: daß alle Juden, die jetzt nicht zur christlichen Gemeinde fänden, sich vom wahren Israel trennten. So schroff zog Johannes in allen seinen Schriften die Fronten, besonders in der Offenbarung.

Die Einordnung des Buches in die biblische Prophetie kündet an, daß der Herr Jesus Christus nicht einfach das Ende der Prophetie ist (etwa nach Hbr 1, 1), sondern zugleich ihr neuer Anfang auf neuer Ebene und in neuer Kraft. Als Erstling aus den Toten ist er in Person eine Prophetie ohnegleichen auf die neue Welt Gottes hin. Glaube an ihn bedeutet: Nun sind alle Verheißungen Gottes durch Christus erhoffbar geworden. Christusgemeinde ist Prophetengemeinde. Darin gründet nach 11, 7 sogar ihr Daseinssinn.

Der Prophet im engeren Sinne ist in der Gemeinde der zweitwichtigste Dienstträger nach dem Apostel. Beide dienen dem Herrn Jesus Christus, aber in verschiedener Hinsicht. Überspitzt läßt es sich so sagen: Der Apostel hat das Evangelium zum Gegenstand. Der Ton liegt stark auf dem „Christus gestern", auf seinem Wirken, Leiden und Auferstehen. Die Richtung geht missionarisch nach draußen. Der Gegenstand des Propheten ist dagegen die Offenbarung, mit einem starken Gewicht auf dem „Christus heute und in Ewigkeit", also auf dem, „was ist und was geschehen soll danach" (1, 19). Dabei wendet sich der Prophet vornehmlich an die Gemeinde selbst, die er auf- und auszurichten hat.

Am Anfang stehen also nicht die Propheten, sondern die Apostel, und jede Offenbarung muß am Evangelium geprüft werden. „Lasset Propheten reden zwei oder drei, und die anderen lasset die Rede prüfen" (1 Kor 14, 29). „Hat jemand eine Prophezeiung, so sei sie dem Glauben gemäß" (Rö 12, 7). In der Prophetie muß sich eben erweisen, daß Jesus Christus gestern, heute und in alle Ewigkeit derselbe ist

(Hbr 13, 8). Sie baut gewissenhaft über dem apostolischen Fundament in die Höhe, aber nicht nach links und rechts darüber hinweg. Sonst wäre sie Lügenprophetie. Auch das prophetische Buch des NT hält sich ganz und gar an den Grundriß des Evangeliums und will so gesehen und behandelt werden.

Wenn die Aufgabe des Buches in Prophetie besteht, gilt ihm die Regel, sich an dieses Amt zu halten (Rö 12, 7; 1 Pt 4, 15). Und dem Leser gilt die Regel, dieses Buch nicht nach allem Möglichen zu befragen und aus seinem Schweigen auf alles mögliche zu schließen. Nichts hinzutun, nichts abtun!

Die drei Verse der Bucheröffnung kehren fast wörtlich im Buchschluß wieder. Wie ein Rahmen legen sich diese Aussagen um das Ganze.

Dies ist die Offenbarung Jesu Christi. Offenbarung[3] setzt ein Ge- 1
heimnis voraus. Das Geheimnis kann in der wesentlich göttlichen Sicht der Dinge bestehen. Dann ist es Menschen unzugänglich. Es liegt für sie nicht vor Augen und nicht auf der Hand, läßt sich auch nicht aus dem, was sie sonst alles wissen, logisch erschließen. Sie können es sich nur sagen lassen. Im übrigen aber ist das Geheimnis in der Bibel allerschlichtester Natur, so daß ein Kind es versteht. Ein im Schubfach verborgener, viel umrätselter Geheimplan kann sich bei seiner Veröffentlichung als die allerklarste Sache von der Welt entpuppen. Die Schwierigkeit bei den göttlichen Geheimnissen liegt anderswo: Der Mensch läßt sich nichts sagen. Er glaubt der Veröffentlichung nicht.

Inbegriff der „Geheimnisse" Gottes ist das Evangelium vom gekreuzigten und auferweckten Herrn, „in welchem verborgen liegen alle Schätze der Weisheit und der Erkenntnis Gottes" (Kol 2, 2–3).

Einmal werden Gottes Geheimnisse offenbar werden. Gottes Schau der Dinge wird die Öffentlichkeit erobern. Die Dinge strahlen dann in aller Augen, wie Gott sie schon immer sah. Das Christuslicht geht auf,

[3] Offenbarung für grie Apokalypsis, eingedeutschte Form Apokalypse, bezeichnet das Enthüllte im Gegensatz zum Verborgenen und betrifft die Geheimnisse der Endzeit, grie eschaton (daher Eschatologie für die Kunde vom Ende), vgl. den kathol. Sprachgebrauch Geheime Offenbarung. Offenbarung = Apokalypse wird von Johannes erstmals, soweit nachweisbar, als Bezeichnung für ein Buch verwendet (dazu: Bibl.-Theol. Handwörterbuch 2. Aufl. Artikel „Apokalypse, Apokalyptik" und „Offenbarung"; W. Bauer, Wörterbuch 2. NT 5. Aufl. apokalypsis; Michaelis, Einl. i. d. NT, 1. Aufl. § 30 Johannesapokalypse, Ziffer 2).
Apokalypsis meinte ursprünglich: etwas aus einer Erdkuhle oder Höhle hervorholen. Später verblaßte der Gedanke an die Erde als Bergungsort. Nun dachte man stärker an etwas, was man unter einem Schleier hervorholt: Ent-Hüllung, Ent-Deckung. Unser deutsches Wort bedeutet: etwas „offen tragen", so daß man es sehen kann (vgl. Friso Melzer, Der christliche Wortschatz ..., Lahr, 1951).

und alle Sonnen und Sterne erbleichen. Aber bevor Gott diese Endoffenbarung[4] hereinbrechen läßt, gibt er prophetische Offenbarung: Vorschau für einige von der Endschau für alle. Warum tut er das? Aus Freundschaft: „Der Vater hat den Sohn lieb und zeigt ihm alles, was er tut" (Jo 5, 20). Dann wendet sich der Sohn an seine Jünger: „Ein Knecht weiß nicht, was sein Herr tut. Euch aber habe ich gesagt, daß ihr Freunde seid . . . Solches habe ich zu euch gesagt, damit ihr (im Kommenden) nicht zu Fall kommt" (Jo 15, 15. 16; vgl. 1 Mo 18, 17; Ps 103, 7; 25, 14; Am 3, 7). In diesem Sinn ist das Buch der Offenbarung Vorgabe an die Gemeinde in bezug auf das Letzte. Die Gemeinde soll nicht im Vorletzten zu Fall kommen, ihr Leuchter soll brennen bis zuletzt.

Es fällt auf, daß Johannes den Begriff der „Offenbarung" nicht für eines der folgenden Gesichte verwendet. Er meidet die sonst im Urchristentum gebräuchliche Mehrzahlbildung „Offenbarungen" (z. B. 2 Ko 12, 7). „Offenbarung" erscheint bei ihm erstmalig als Buchbezeichnung (Einltg. Nr. 24). Mit dieser Eigenprägung unterscheidet er sich auch von atst Propheten. Bei allem Anklang ist da eben doch kein Gleichklang. Sein Buch ist nicht ein Offenbarungsbuch unter anderen, sondern d i e Offenbarung, nämlich Zusammenfassung aller biblischen Prophetie.

Nun tauchen hinter diesem Anspruch die großen Autoritäten auf: das Buch ist Offenbarung **Jesu Christi[5], die ihm Gott gegeben hat.** Der Herr selbst steht hinter diesem Buch und hinter seiner Botschaft. Freilich wird der Ursprung der Botschaft noch weiter zurückverlegt. Christus empfing sie von Gott. So kennen wir Jesus auch aus dem Johannes-Evangelium: „Ich habe nicht von mir selber geredet; sondern der Vater, der mich gesandt hat, der hat mir ein Gebot gegeben, was ich sagen und reden soll . . . Was ich rede, das rede ich so, wie mir mein Vater gesagt hat" (Jo 12, 49—50)[6]. Im Hintergrund des Buches steht also Gott. Außer in der Einleitung 1, 8 ergreift

[4] „Offenbarung" im Sinne der Endoffenbarung Jesu Christi: 1 Ko 1, 7; Rö 2, 5; 8, 19; 2 Th 1, 7; 1 Pt 1, 7. 13.

[5] Jesus Christus ist hier der Enthüllende und nicht selbst der Enthüllte. Letzteres wäre zwar sprachlich möglich (so z. B. 1 Ko 1, 7; 2 Th 1, 7; 1 Pt 1, 7. 13), widerspräche hier aber der ausführlichen Parallele im Buchschluß 22, 16 und dem Zusammenhang hier: Christus wird gegeben, damit er weitergebe. — Übrigens lautet in unserem Buch die Bezeichnung für den Herrn ganz schlicht „Jesus": 1, 9; 12, 17; 17, 6; 19, 20; 20, 4; 22, 16. Viermal erscheint (allerdings nicht als Name, sondern als Titel) „Christus": 11, 15; 12, 10; 20, 4. 6. Nur in den Rahmenstücken des Buches findet sich die Doppelbezeichnung „Jesus Christus": 1, 1. 2. 5 oder „Herr Jesus": 22, 20. 21.

[6] Vom „Geben" Gottes an Christus spricht gerade das Johannes-Evangelium recht häufig: 3, 35; 5, 22. 27. 36; 6, 39. 65; 13, 3; 17, 4. 6. 8. 22; 18, 11. Dies ist eine der vielen sprachlichen Brücken zwischen beiden Werken.

er erst ganz am Schluß das Wort (21, 5–8). Dagegen steht Jesus vom ersten bis zum letzten Vers im Vordergrund. Er ist der Bevollmächtigte, dem Gott alles übertragen hat.

Zum Auftrag Jesu Christi gehört es, **seinen Knechten zu zeigen, was in einer Schnelle geschehen soll.** Die Empfänger des Buches erhalten hier und 2, 20; 22, 3 die Benennung „Knechte Jesu"[7]. Das ist ein verkürzter Ausdruck für „seine Knechte, die P r o p h e t e n" (10, 7; 11, 18; 22, 6 in Anlehnung an den Sprachgebrauch im AT, z. B. 1 Kö 17, 23). Empfängerschaft ist also eine Prophetenschar. Doch woran ist gedacht? Zielt der Ausdruck auf eine prophetisch begabte Gruppe innerhalb der Gemeinde? Diese Vermutung führt, wie 1, 4 zeigen wird, in die Irre. Für Johannes ist die ganze Gemeinde Prophetengemeinde. Alle, die überhaupt „das Zeugnis Jesu" haben, haben den Geist der Prophetie. „Das Zeugnis Jesu ist . . . der Geist der Prophetie" (19, 10)[8].

Dieser Gemeinde soll Jesus **zeigen**[9], **was geschehen muß** (vgl. Vers 19 und 4, 1). Damit ist der Buchinhalt umrissen. Als einzige ntst Schrift hat die Offenbarung in ihrer ganzen Länge das Geschehen, also die Geschichte, zum Thema. Darum verdient sie gerade in unserem Jahrhundert Gehör, in einer Zeit also, in der sich die Einheit des Weltgeschehens immer stärker abzeichnet und auch das Bewußtsein, an einer gemeinsamen, weltweiten Geschichte beteiligt zu sein,

[7] In 7, 3; 10, 7; 19, 2. 5; 22, 6 lesen wir von Knechten Gottes, nicht Jesu. Doch alles, was Gottes ist, gehört auch dem Sohn. – Übrigens leitet eine Auslegungsschule von der Tatsache, daß „Knechte" im AT Israeliten bezeichnet, die Folgerung ab, daß auch hier von Juden die Rede sein müsse und daß sich demnach das Buch an Judenchristen wende. Aber Johannes schreibt nach 1, 4 an Gemeinden, die unzweifelhaft aus Juden und Heiden zusammengesetzt waren. Außerdem werden im NT laufend Israel-Bezeichnungen auf Heidenchristen bezogen, z. B. Ekklesia, Tempel, Haus Gottes, Volk Gottes, Priestertum, Licht, Herde, Beschneidung, Weinberg. Darin spiegelt sich der heilsgeschichtliche Grundvorgang wider, daß Heiden durch das Blut Jesu Miterben, Mitgenossen, Mit-Leib Israels werden. So sind sie mit Recht Mit-Träger der Israel-Namen. Wer den Epheserbrief studiert, den befremdet das nicht. Siehe ferner 1, 5–6 und Anmerkung 235.

[8] Diese Schau wird 11, 1–13 in den Mittelpunkt treten. Auch die Pfingstgemeinde teilte sie (Apg 2, 4. 16), und nach 1 Kor 12, 3 ist jeder bekennende Christ ein Prophet. In Mt 5, 12 stellt Jesus die Jünger in der Nachfolge der atst Propheten.

[9] Das grie. hier mit „zeigen" übersetzte Wort *deiknymi* erscheint in der LXX 82 mal für prophetisches Enthüllen (nach G. Bertram, bei Schlier, Ki-ThW II 29, 33). „Gott zeigt dem Pharaoh, was er vor hat" (1 Mo 41, 28); „der Herr hat mir gezeigt, daß er (König Benhadad) des Todes sterben wird" (2 Kö 8, 10), auch Jer 24, 1; Amos 7, 1. 7; 8, 1; Sach 3, 1; 4 Mo 23, 3; Hes 11, 25; 40, 4. Nach den letzten Beispielen bezieht es sich durchaus nicht immer nur auf Träume und Gesichte, die gezeigt, sondern auch auf Worte, die gesagt werden. Mk 8, 31 hat es geradezu die Bedeutung *„lehren"*; Mt 16, 21 meint es mündliche Mitteilung. Auch diese Vokabel gehört besonders zur johanneischen Sprache, vgl. auch Anmerkung 165.

universal wird. Immer weniger Menschen gelingt es, sich wirklich nicht um Politik zu kümmern.

Auch die Gemeinde des Herrn Jesus Christus sieht sich in diesen Horizont gestellt und fragt nach ihrer Sendung und nach der Möglichkeit, im Zuge der großen Entwicklungen und angesichts der Geschichtsrätsel Gemeinde zu bleiben. In solchen Zeiten darf zur Gemeinde nicht nur über die Gemeinde gesprochen werden. Vielmehr gilt es, in prophetischer Gnade den Blick auch auf das zu richten, was sie umgibt und was auf sie zukommt: auf die Geschichte.

Die erste und letzte Aussage über die Geschichte ist die, daß sie unter einem **Muß**[10] steht und also gezügeltes Geschehen ist. Aber w e r hält hier die Zügel, und was für ein Muß ist das? Auch die Griechen sprachen gern von einem alles durchdringenden Muß, von einem unpersönlichen, unentrinnbaren und unabänderlichen Weltenzwang, dem sich selbst die Götter beugen. Danach ist die Geschichte im Grunde Natur; sie läuft unter Naturgesetzen ab. Dem Einsichtigen bleibt nur der Fatalismus: stumm und mit möglichst wenig seelischer Erregung hinzunehmen, was kommt.

Menschen oder Götter mögen sich beugen – Gott aber beugt sich nicht. Er hält sich selbst und seinem Wort die Treue. Zwar scheint es so, als ob die Geschichte aus Gottes guten Bahnen ausgeschert wäre, aber das prophetische Wort durchleuchtet die Zusammenhänge: Gezügelt durch Gottes Herrlichkeit endet sie zu seinen Füßen. Diese Herumholung und Heimholung der Menschheit und Schöpfung ist Inhalt der Offenbarung.

Offensichtlich war das Leben des Herrn Jesus Christus eine besondere Durchbruchsstelle für dieses endgeschichtliche Muß, für diese zurechtbringende Gottesherrschaft. Auffällig ist das Vorkommen des Wörtchens „muß" in den Evangelien und seine Häufung in den Zusammenhängen der Passionswoche. Der am Kreuz Hängende ist das Stück der Menschheit, in dem Gott wieder total zur Herrschaft gelangt ist. Mit diesem Leben, Sterben und Auferstehen beginnt die Vollendungszeit (Einltg. Nr. 48). Er, der Gehorsame, ruht nicht eher, als bis alle Schöpfung früher oder später, willig oder unwillig in die Gehorsamsbewegung hineingerissen und auf die Knie gebracht ist vor dem Thron Gottes und des Lammes. Das geschlachtete Lamm ist Vollstrecker des göttlichen Muß (Kapitel 5).

Ein Merkmal göttlicher Macht ist die Plötzlichkeit, mit der Gott eingreift. Es wird **in einer Schnelle**[11] geschehen, ungestüm, im Sturm-

[10] Dieses Muß findet sich auch häufig bei Daniel, z. B. 2, 28. 29, wobei auffällt, daß es sich um einen Zusatz der LXX handelt. Im hebräischen Text fehlt dieser typisch grie Begriff, der hier freilich neu gefüllt wird, s. d. Auslegung.

schritt. Immer wieder werden Menschen von Gottesoffenbarungen gleichsam überrannt: „Es geschah plötzlich ein großes Brausen vom Himmel" (Apg 2, 2); bei den Hirten „war alsbald die Menge der himmlischen Heerscharen" (Lk 2, 13), und den Paulus „umleuchtete plötzlich ein Licht vom Himmel" (Apg 9, 3). So zeigt sich das Herrische und Herrliche Gottes. Er ist so frei und nimmt sich einfach seine Gelegenheiten, ohne von innerweltlichen Entwicklungen und Voraussetzungen abzuhängen. „Um dein Grämen zu beschämen, wird es unversehens sein[12]!"

Und er (Jesus) **hat** (die Offenbarung) **kundgemacht.** Das Werk wurde dem Johannes also auf dem Wege des „Zeigens" (s. Anm. 9) und des Kundtuns oder Bezeichnens zuteil. Während der erste Ausdruck (deiknymi) stärker redebezogen verwendet wird, ist der zweite, seltenere (semaíno) eindeutig zeichenbezogen[13]. Dieser zurückhaltende Hinweis auf die zeichenhafte Übermittlung macht deutlich, daß die Offenbarung keine Ausnahme von 1 Ko 13, 12 bildet. Soviel auch in ihr geschaut wird, es wird noch nicht „von Angesicht zu Angesicht" gesehen, sondern nur „stückweise" erkannt; „durch einen Spiegel in einem dunklen Wort", so daß noch Geheimnisse bleiben (10, 4). Auch für Johannes auf Patmos galt, daß er wohl ganz an den Herrn glauben, ihn aber nicht ganz erkennen konnte. Das Erkennen bleibt hinter dem Glauben zurück. Die „Einheit des Glaubens und der Erkenntnis" liegt noch in der Zukunft (Eph 4, 13). Daß das Erkennen „von Angesicht zu Angesicht" (vgl. 22, 4) erst in der Zukunft möglich ist, wird den Glauben heute nicht enttäuschen. Dieser Hinweis mag dem Leser der Offenbarung, der neugierig auf Erkennenwollen aus ist, wie auch dem, der versucht ist, zu resignieren, zurechthelfen: Hier liegt eine Demütigung für das Erkennenwollen und zugleich eine Ermutigung für das Glaubendürfen.

Jesus macht die Offenbarung kund, **Botschaft tuend durch einen Engel.** Wie ein König seinen Hofstaat hat, so stehen dem erhöhten Herrn Engel zur Verfügung. Engel treten am Ostermorgen und in

[11] Die grie Vokabel *tachos* steckt z. B. in Tachometer (Geschwindigkeitsmesser) und enthält die Grundvorstellung „eilen", meint also die Bewegung, nicht den Zeitraum. Ein Tachometer ist keine Uhr. Die Vokabel erscheint im NT zehnmal in endgeschichtlichen oder verwandten Zusammenhängen. Lk 18, 8; Rö 16, 20; Offb 1, 1; 22, 6; verkürzt 2, 16; 3, 11; 11, 14; 22, 7. 12. 20. „In einer Schnelle" hat alten, formelhaften Klang und bezeichnet in der LXX immer wieder die Art des göttlichen Gerichts, z. B. Ps 2, 12; 5 Mo 9, 3; 11, 17; 28, 20; Jos 8, 18. 19. Siehe auch folgende Anmerkung.

[12] Erst in zweiter Linie enthält „in einer Schnelle" auch eine zeitliche Aussage im Sinne der Naherwartung. Weil diese Bedeutung aber bei „nahe" stärker hervortritt, siehe zu 1, 3.

[13] Im NT nur noch fünfmal: Apg 11, 28; 25, 27 und besonders wieder bei Johannes: Jo 12, 33; 18, 32 und 21, 19. Auch das darin anklingende Substantiv „Zeichen" ist ein johanneisches Vorzugswort; vgl. zu 12, 1.

Augenblicken seines Erdenlebens auf, in denen seine Hoheit aufleuchtet (Geburt, Sieg über den Versucher in der Wüste, Gethsemane). Wo Engel anwesend sind, erscheint der Herr in Herrlichkeit und handelt königlich. Die etwas umständliche Nachahmung des Grundtextes soll spüren lassen, wie sehr Christus selbst der Handelnde bleibt, wie wenig der Engel einen passiv im Hintergrund Bleibenden vertritt. Der Herr ist unmittelbar da, und doch gehen ihm Engel zur Hand und betonen dadurch seine Majestät[14].

Der erste Vers des Buches schritt den Weg ab, auf dem die Botschaft des Buches herbeikommt: Gott – Jesus Christus – Engel. Schließlich wird die vierte Station und damit die vierte Autorität genannt: Jesus gab die Offenbarung **seinem Knecht Johannes.** Soeben war „Knecht" ein Titel für alle Gemeindeglieder. Sie alle sind ja Propheten, wie sie alle auch Priester, Zeugen, Heilige oder Brüder genannt werden. Jetzt aber wird deutlich, daß es unter den „Knech-

[14] Häufiger als in irgendeiner anderen ntst Schrift kommt das Wort „Engel" in der Offenbarung vor, nämlich von insgesamt 175 ntst Vorkommen allein 67 mal. Auch wenn man den Umfang des Wortbestandes (also die Länge) der Schriften berücksichtigt, bleibt die Offenbarung bei weitem in Führung. Etwa doppelt so viele Wörter wie die Offenbarung weisen Matthäus, Lukas und Apostelgeschichte auf (je ca. 18 000 gegenüber ca. 9 000 nach dem griechischen Text von Nestle, 21. Aufl.), doch verwendet Matthäus „Engel" nur 20 mal, Lukas nur 25 mal und Apostelgeschichte nur 21 mal. Die Paulus-Schriften umfassen zusammengenommen ca. 32 000 Wörter, verwenden aber „Engel" nur 14 mal; der dagegen nur ca. 5 000 Wörter aufweisende Hebräer 13 mal. Die nicht genannten Schriften fallen nicht ins Gewicht (zur Wortstatistik vgl. R. Morgenthaler, Statistik des ntst Wortschatzes, S. 19 f. Tabellen § 1 und 3). Was hat das zu bedeuten? Erst einmal erinnert dieser Sachverhalt an das gehäufte Vorkommen der „Engel" in den nachexilischen Schriften des AT, etwa in Hes 40–48 und Sach 1–6, und vor allem in der Apokalyptik, wo die Engellehre geradezu wuchert. Zwischen Gotteswelt und Menschenwelt schiebt sich ein umfassendes Engelreich mit einer Fülle von Funktionen. Alles Geschehen zwischen Gott und Menschen geht nun über die Engel. Das unmittelbare Vernehmen der Stimme Gottes, wie die Propheten es bezeugten, hatte aufgehört. Gott regierte zwar, aber nur noch von ferne (Jer 23, 23). Dieser Sachverhalt und das darin liegende Gericht wird durch die Zwischenschaltung der Engel angezeigt. Hbr 2, 2 deutet an, daß ein durch Engel vermitteltes Wort minderen Ranges ist. Da auch der Inhalt unseres Buches durch einen Engel vermittelt ist, ließen sich manche Ausleger dazu verleiten, ihm die volle Höhe ntst Offenbarung abzusprechen. Doch muß man genauer hinsehen. Gewiß thront Gott hier in erhabener Ferne, die erst in der Vollendung aufgehoben wird (22, 3–4), doch begegnen uns in der Offenbarung nicht Wendungen wie „Gott und die Engel", sondern die Formel „Gott und das Lamm". Das Gewicht dieses kleinen Sätzchens ist kaum zu überschätzen. Gott offenbart sich durch Christus und nicht durch Engelvermittlung. Christus legt Johannes die Rechte aufs Haupt (1, 17), spricht zu den Gemeinden (Kapitel 2 und 3), wandelt mitten unter ihnen (2, 1), klopft an ihre Tür und hält das Abendmahl mit ihnen (3, 20). Die Engel in der Offenbarung stören nicht das unmittelbare Heilsverhältnis; sie sind Reste einer massiven apokalyptischen Engellehre des Judentums. Die Engellehre ist ganz der Christuslehre unterworfen. Wo überkommene Vorstellungen nützlich erscheinen, werden sie benutzt, aber ohne den in der Apokalyptik gewohnten Nachdruck.

ten" auch einen besonderen Knecht gibt (s. Anm. 2). Das außerordentliche Vertrauensverhältnis des Johannes zu seinem Herrn drückt sich hier im besitzanzeigenden Fürwort aus: s e i n Knecht (so noch von 1. Mose 15, 3). Es ist durch besondere Offenbarung gestiftet. Das Brudertum, das 1, 9 so überzeugend aufleuchtet, gilt zwar, aber es gilt unter der Wahrung besonderer Führungen. Es gibt d i e Knechte und d e n Knecht, wie es d i e Jünger gibt und d e n Jünger, „den der Herr lieb hatte" (Jo 13, 23).

Die Nennung des Johannes ohne Zusatz (auch noch Vers 4, 9 und 22, 8) spricht für die Verfasserschaft durch den Zwölferapostel[15]. Der Eigenname Johannes war damals häufig. Aber welcher Johannes konnte sich unter Verzicht auf jede Näherbestimmung unter diesem Namen der Christenheit vorstellen? Bei wem genügte es, zu sagen: „Ich, Johannes" (1, 9), und jedermann wußte, um welchen Johannes es sich handelte? Nur bei dem Herrenjünger. Es war einfach d e r Johannes. Diese schlichte und doch so betonte Selbstvorstellung begegnet uns auch in den Briefen des Johannes: „der Älteste" (2 und 3 Jo) und einfach „i c h" (1 Jo).

Also dieser Johannes **hat bezeugt das Wort Gottes und das Zeugnis** Jesu Christi. Nach der schriftstellerischen Gepflogenheit seiner 2
Zeit spricht er von seinem augenblicklichen Schreiben in Vergangenheitsform[16]. Was er „bezeugt hat", nennt er „das Wort Gottes und das Zeugnis Jesu Christi"[17]; eine weitere Charakterisierung des Buches. Immer wieder haben atst Propheten ihre Botschaft „Wort Gottes" genannt, aber mit diesem ehrwürdigen Ausdruck verbindet Johannes einen anderen: „Zeugnis[18] Jesu Christi". Schon hier kündigt

[15] Warum nennt er sich nicht Apostel, wenn er es ist? Er kennt die grundlegende Bedeutung des Apostolats (21, 14; 18, 20). Aber die Apostel heißen in seinen Schriften oft *martys* = Zeuge. Vielleicht scheute er das Wort, weil er inzwischen zu viele „Lügenapostel" mit ihrem falschen Sendungsbewußtsein kennengelernt hatte (2, 2). Außerdem hat er hier das grie Tätigkeitswort *apostello* = senden, von dem „Apostel" abgeleitet ist, gerade auf den Engel bezogen. Daß er um seine apostolische Aufgabe wußte, soll in 1, 11 erörtert werden.

[16] Mit dem „Zeugnis" wird an dieser Stelle m. E. nicht auf das Johannes-Evangelium zurückverwiesen (so bereits Andreas von Caesarea in seinem spätestens 613 n. Chr. verfaßten Kommentar über die Offenbarung). Dagegen spricht schon dessen vermutliche Abfassungszeit. Außerdem müssen hier die vier Vergangenheitsformen „gab", „machte kund", „bezeugte", „sah" auf die gleiche Zeit bezogen werden.

[17] Hier wird also e i n e Botschaft zweifach benannt, um ihre Fülle zu erfassen. Der Doppelausdruck erscheint in leichter Abwandlung auch 1, 9; 6, 9; 12, 17; 20, 4.

[18] Die Wortgruppe „zeugen", „Zeugnis", „Zeuge" *(martyreo — martyria — martys)* hat für Johannes größtes Gewicht. Der Begriff erscheint regelmäßig zu Beginn und am Schluß seiner Schriften: Jo 1, 7 und 19, 35 oder 21, 24; 1 Jo 1, 2 und 5, 9; Offb 1, 2 und 22, 20. „Zeugnis" ist in der LXX und im übrigen NT selten; bei Johannes dagegen kommt es 30 mal vor. Siehe noch z. 1, 5.

sich der Zweiklang an, der für die gesamte Botschaft der Offenbarung bezeichnend ist: Gott und das Lamm (s. z. 5, 6).

Johannes richtet sein Zeugnis vollständig aus: **alles, was er sah.** Über fünfzigmal begegnet uns das „sehen" in der Offenbarung. Nach alter prophetischer Sprechweise schließt es das Hören ein[19]. Es ist ein Fachwort für den prophetischen Offenbarungsempfang schlechthin, weswegen Propheten in alter Zeit „Seher" genannt wurden. Der Seher mußte ein guter Hörer sein, denn Gott pflegt seinen Zeichen Deuteworte beizugeben. Mit ihnen steuert er Auge und Verstehen des Propheten und so auch die Weitergabe.

Zum Abschluß der Bucheröffnung ertönt die erste der sieben Seligpreisungen der Offenbarung[20]. Die Hörergemeinde ist zu beglückwünschende Heilsgemeinschaft. Ihr Hören wird sie bewahren (s. z. 3, 10). Biblische Seligpreisungen sind nicht aus der Beschaulichkeit heraus geboren, sondern entzünden sich am Gegensatz[21]. In der damaligen Provinz Asien wurden fremde Seligkeiten angepriesen, denen die Gemeinde, wie die Gemeindebotschaften erkennen lassen, hörig zu werden drohten. So prallt des Apostels Seligpreisung auf Gegenparolen, auf Lügenverheißungen und Glücksillusionen.

3 **Glückselig, wer da vorliest und die da hören die Worte der Prophetie**[22]. Hier tun wir einen Blick in die versammelte Gemeinde. Der „Leser" (nach Luther) ist der öffentliche Vorleser. Diese Weise war damals für viele Gemeindeglieder die einzige Möglichkeit, die Heilige Schrift kennenzulernen. Die öffentliche Vorlesung wird oft vorausgesetzt (2, 7. 11. 17. 29; 3, 6. 13. 22; 13, 9; 22, 17. 18). Die Offenbarung läßt sich im Unterschied zu vielen überaus langatmigen jüdischen Apokalypsen in etwa eineinviertel Stunden laut vorlesen.

Johannes erwartet, daß seine Botschaft, wenn man sie zur Kenntnis nimmt, von Gott, dem Offenbarer, und von Christus, dem Vermittler, bestätigt wird: „Glückselig" sind Leser und Hörer! Hinter ihm steht der Mund Jesu und der Mund Gottes. Er schreibt nicht für die private Lektüre oder für Sonderkreise, sondern an Gemeinden und ihre Öffentlichkeit.

[19] Auch in Am 1, 1; Nah 1, 1; Hab 1, 1; Jes 1, 1; Ob 1, 1 und Hes 1, 1 schließt das Sehen die Worte der Offenbarung mit ein. Micha 1, 1 kann es geradezu heißen: „Das Wort, das ich schaute." Am Schluß der Offenbarung heißt es ausdrücklich: „Ich hörte und sah" (22, 8).

[20] 1, 3; 14, 13; 16, 15; 19, 9; 20, 6; 22, 7. 14. Ihnen stehen vierzehn Weherufe gegenüber (8, 13; 9, 12; 11, 14; 12, 12; 18, 10. 16. 19).

[21] Z. B. Ps 1, 1; 118, 9; 146, 3–5; Jer 17, 5–7; Lk 11, 27–28; Jo 20, 29; 1 Pt 3, 14; 4, 14.

[22] Nach „Offenbarung" (1, 1) und „Wort Gottes und Zeugnis Christi" (1, 2) ist „Wort (oder Buch) der Prophetie" (1, 3) die dritte Charakterisierung des Buches. Vgl. auch 22. 7. 10. 18. 19.

Sie sollen **halten, was darin geschrieben ist.** Bei diesem Halten geht es um eine ganz besondere Sorgfalt, die in hingebender Sammlung auf die Sache gerichtet ist[23]. Selig, wer für das prophetische Wort die Augen öffnet, die Ohren spitzt, das Denken schärft, das Gemüt bestellt, den Willen stählt und Geduld aufbringt. Halten – hier wäre viel zu verlieren: Alles!

Ein Ausruf über die Nähe des Heils begründet die Seligpreisung: **Denn die Zeit ist nahe.** Auch dieser Heilsruf gehört zum Rahmen und zum Tenor des Buches (22, 10). Mit jedem Satz will es der Botschaft vom nahen[24] Ende der Zeit dienen. „Zeit" ist hier ein bestimmter Zeit p u n k t[25]. Gott macht Einschnitte in den Zeitverlauf, setzt Termine und schafft Gelegenheiten. Diese Gottesstunden sind die Wendepunkte und Neueinsätze der Geschichte. Wenn es wie hier ohne nähere Bestimmung „d i e Zeit" heißt, handelt es sich um den Termin für die Enddurchsetzung der Gottesherrschaft (vgl. 11, 18)[26].

Die endgeschichtliche Naherwartung war für die Urchristenheit nicht ein vorübergehender Zustand religiöser Überhitzung. Noch im auslaufenden ersten Jahrhundert (und auch in allen folgenden Jahrhunderten) wird sie mit Ernst bekundet. Von „Enttäuschung" reden immer nur Außenstehende (2 Pt 3, 3 ff)[27].

Briefartiger Eingang

Offenbarung 1, 4–8

4 **Johannes den sieben Gemeinden in** (der Provinz) **Asien. Gnade sei euch und Friede von** (dem, dessen Name ist): **der Seiende und der**

Zu Vers 4: 2 Mo 3, 14

[23] „Halten" ist wieder johanneischer Sprachgebrauch. Die anderen Schreiber des NT bevorzugen „bewachen, bewahren", womit nicht so sehr die Konzentration auf das Wort als vielmehr die Abwehr fremder, verfälschender Einflüsse betont wird, z. B. Lk 11, 28; Apg 7, 53; 16, 4; 21, 24; 1 Tim 6, 20 und 2 Tim 1, 14.

[24] Johannes bevorzugt allerdings die Vokabel *tachos* = bald, s. z. B. Vers 1 (vgl. Anmerkung 11). Nur in den Rahmenstücken übernimmt er das sonst übliche eggys = nahe". Weiteres siehe Anmerkung 27.

[25] Der Grundtext hat hier nicht *chronos* (Verlaufszeit, Zeitstrecke, z. B. 2, 21; 10, 6; 20, 3), sondern *kairos* (Zeitpunkt, bestimmte Zeit, Endzeit), das nach einigen Erklärern mit „kerben, schneiden", nach anderen mit „Krise" zusammenhängt.

[26] Johannes konnte offenbar damit rechnen, daß der Ausdruck ohne Erläuterung verstanden wurde. Dieser Umstand und Belege wie 2 Ko 6, 2; Rö 13, 12; Phil 4, 5; Jo 4, 23; 5, 25 lassen vermuten, daß diese Formel im urchristlichen Gottesdienst zu Hause war.

[27] *eggys* = nahe leiten einige Sprachgelehrte im Grie von „in der Hand befindlich" ab. Jedenfalls ist von räumlicher Abstandslosigkeit auszugehen; aber schon die LXX faßt an vielen Stellen zeitlich auf. Die Wortgruppe „nahe", „sich nähern", „näher" für endgeschichtliche Aussagen: Mt 3, 2; 4, 17; 10, 7; 24, 32–33 jeweils mit Parallelen; vgl. 21, 34; 26, 18; Lk 21, 2. 28; Rö 12, 11–12; Phil 4, 5; Jak 5, 8; Hbr 10, 25 und Offb 1, 3; 22, 10. Zur Sache siehe Einleitung Nr. 34–52.

Zu Ver 5:
Ps 89, 38. 28
130, 8
Zu Vers 6:
2 Mo 19, 6
Jes 61, 6
Zu Vers 7:
Dan 7, 13
Sach 12, 10 ff.
Zu Vers 8:
2 Mo 3, 14

5 **da war und der Kommende, * und von den sieben Geistern, die vor seinem Thron** (stehen), **und von Jesus Christus,** (welcher ist): **der treue Zeuge, der Erstgeborene der Toten und der Herrscher der Könige der Erde.**
Dem, der uns liebt und uns erlöst hat von unseren Sünden durch
6 **sein Blut * und uns gemacht hat zu einem Königtum, zu Priestern für Gott, seinen Vater, ihm** (gebührt) **die Herrlichkeit und die Gewalt** (bis) **in die Zeiten der Zeiten. Amen.**
7 **Siehe, er kommt mit den Wolken, und es wird ihn sehen jedes Auge, auch die, die ihn durchstochen haben, und heulen werden seinetwegen alle Stämme der Erde. Ja, Amen.**
8 **Ich bin das Alpha und das O, spricht der Herr, Gott, der Seiende und der da war und der Kommende, der Allgewaltige.**

Die Offenbarung ist doppelt eingeleitet. Der buchartigen Eröffnung mit ihrem alttestamentlichen Gepräge folgt jetzt eine briefartige in neutestamentlicher Weise[28]. Auch der Buchschluß (ab 22, 6) weist in Vers 21 wieder unverkennbar das Briefelement auf.

4 **Johannes den sieben Gemeinden in** (der Provinz) **Asien.** Die Provinz Asien ist in der Einleitung Nr. 8–15 ausführlich behandelt. Die sieben in 1, 11 namentlich aufgezählten Gemeinden sind unbedingt als Erstempfänger der Offenbarung festzuhalten, und mit vollem Recht wurde das Buch in den Versammlungen gerade dieser Ortsgemeinden verlesen. Zugleich spricht aber manches dafür, daß die Zahl sieben an

[28] In Anlehnung an die damalige (orientalische) Briefsitte enthält die Einleitung den Namen des Absenders, des Empfängers und den Eingangsgruß oder Friedensgruß (vgl. E. Lohse, a. a. O. S. 13).

[29] Dafür folgende Gründe: a) Die Sieben taucht im Buch überaus oft und in den verschiedensten Zusammenhängen auf: sieben Gemeinden, Geister, Engel, Donner, Trompeten, Hörner, Augen, Schalen, Siegel, Berge, Könige, Plagen, Drachenköpfe (insgesamt 54 mal). Offensichtlich liegt hier ein Stilmittel der Darstellung vor, vgl. auch die dreieinhalb, die 42 und 1260. Die Siebenzahl wurde damals häufig zur Gliederung religiöser Stoffe verwendet; das Matthäus-Evangelium läßt diesen Brauch noch erkennen. In der Offenbarung wird die Sieben ungemein betont((Vorkommen im übrigen NT nur noch 33 mal; nur in Synoptiker, Apostelgeschichte und Hebräer). So, als sollte es heißen: Dies Buch ist heilig. Seine Botschaft ist vollkommen. Wehe, wer etwas verändert, hinzusetzt oder unterschlägt (22, 18). b) Zu beachten ist auch, daß es in der Provinz Asien mehr als sieben Gemeinden gab (Milet, Kolossä, Hierapolis, Troas), die durch die Nennung der Sieben gewiß nicht ausgeschlossen, sondern eingeschlossen waren, zumal ihre Lage in der damaligen geistigen Auseinandersetzung kaum anders gewesen sein dürfte. c) Schließlich war die Zahlensymbolik ein Denkmodell der ganzen antiken Welt. Der Ausleger begeht einen Fehler, wenn er die Zahlen in alten Texten nicht aus der Zeit heraus versteht. Damals lag es näher als heute, mit der Zahl allgemeine Weisheiten auszudrücken und Zusammenhänge zu deuten. Vor allem trifft das auf die Sieben zu. Die Belege dafür bei Griechen, Ägyptern, Babyloniern und vor allem in der jüdischen Apokalyptik (Einleitung, ab Nr. 24) sind zahllos.

dieser Stelle nicht nur Trägerin eines Zahlwertes, sondern auch eines Symbolwertes ist[29]. Die Sieben konnte damals einfach Fülle[30] bedeuten, besonders die heilige Fülle, nämlich die von Gott gewollte und geordnete Vollständigkeit. Daraus ergibt sich, daß Johannes über die Erstempfänger hinaus eine größere Empfängerschaft ins Auge faßte, nämlich alle Gemeinden in der Provinz, die in die gleichen Konflikte hineingezogen wurden (was dann auch von der gesamten damaligen Christenheit im Mittelmeerraum galt!). Die Versuchung, die damals in der Form des Kaiserkults an die christlichen Gemeinden herantrat, vom Herrn aller Herrn (1, 5) abzufallen und vor Unterherren in die Knie zu gehen, bedrängt die Gemeinde Jesu Christi zu allen Zeiten und in allen Erdteilen. So sind die sieben namentlich genannten Gemeinden Platzhalter für uns alle. Der Ruf: „Wer Ohren hat zu hören, der höre, was der Geist den Gemeinden sagt!" und die Seligpreisung: „Glückselig, der da vorliest und die da hören die Worte der Prophetie und halten, was darin geschrieben ist!" wollen bis heute gehört werden (vgl. auch Einleitung Nr. 13 und 15).

Gnade sei mit euch und Friede. Dieser Eröffnungsgruß erklingt in vielen ntst Briefen[31]. Hierin schließt Johannes sich den anderen Aposteln an. Aber eigengeprägt ist die Fortsetzung: . . . von (dem, dessen Name ist): **der Seiende und der da war und der Kommende**[32]. Dieser Ausdruck geht auf die Selbstbezeichnung Gottes in 2 Mose 3, 14 zurück. Dort heißt es dreimal „Ich bin, der ich bin", was das spätere Judentum gern auf die drei Zeiten bezogen hat: Gott war, ist und wird sein. Doch haben wir zwei Abwandlungen zu beachten:

Erstens wird hier im Grunde nicht im Dreizeiten-, sondern im Zweizeitenschema gesprochen und gedacht (wie auch 1, 8; 1, 17–18; 21, 6 und 22, 13; anders 4, 8, vgl. Hbr 13, 8). Das geschieht im Anschluß an Jesaja 41, 4; 44, 6; 48, 12: Die Gegenwartsaussage hat den Vorrang! Gott proklamiert majestätisch: „Ich bin!" Ihm gegenüber sind die Götzen, vor denen Israel sich duckte, „Nichtse" (vgl. Jer 18, 15; Jona 2, 9; Ps 31, 7). Sie haben keine eigene Existenz. Die Propheten konnten ausführlich ironisieren, daß es die Götzen nur so lange

[30] In einigen alten semitischen Sprachen ist „sieben" zugleich das Wort für „Fülle". Die Überprüfung der Stellen im NT zeigt jedoch, daß hier nicht immer heilige Fülle gemeint ist. Die Deutung als „Königsreichszahl", wonach die sieben Gemeinden dann judenchristliche Gemeinden sein sollen, muß erst begründet werden.

[31] Die eigenartige Verbindung des griechischen mit dem jüdischen Gruß ist erläutert in W. Stb. Phil und Kol, S. 39.

[32] Die Übersetzung ahmt den grammatisch ungewöhnlichen Ausdruck nach: Die Gottesbezeichnung wird nicht dekliniert. So reicht die Heilighaltung der Gottesbezeichnung bis in die Grammatik. In 4, 8 wird darum dem Ausdruck ein dreimal „Heilig!" vorangestellt. — Ähnliches geschieht auch im AT mit dem Gottesnamen „Jahwe" (vgl. Jes 6, 3).

gibt, wie es Dumme gibt, die an sie glauben[33] (vgl. Jes 44, [6–8] 9–20; bes. 19). Das „Ich bin" Gottes ist also inhaltsschwer und äußerst angriffig. Das erste Mal wird es siegreich und vernichtend gegen Pharao in Ägypten gestellt, dann im Jesajabuch gegen die Großkönige von Babel, jetzt gegen Rom und die Ansprüche seiner Gott-Kaiser. Jedesmal schaltet Gott sich mit dieser Selbstvorstellung allmächtig in die Lage seines eingeschüchterten Volkes ein: Ich bin unerschütterlich da! – Anschließend wird dieses Zeugnis nun durch das Zweizeitenschema ausgelegt. Dieser „Ich bin" greift hinter sich und vor sich, er umgreift die Allgeschichte als ihr Urheber und Vollender, als der „Allgewaltige", wie der Ausdruck auch 1, 8; 4, 8; 11, 17 lautet. Alles zwischen Anfang und Ende hat er in seiner Gewalt, weil er alle Gewalt hat. Allen Zeiten und Gegebenheiten ist er gewachsen; keine Zeit trifft ihn verlegen, unsicher, ratlos oder schwach an. So ergeht der Gnaden- und Friedensgruß nicht im Namen eines zeit- und weltfernen Philosophengottes, sondern im Namen des geschichtsmächtigen HERRN.

Front gegen spätjüdische und griechische Gottesspekulation wird auch damit gemacht, daß es von Gott nicht heißt, daß er s e i n, sondern daß er k o m m e n wird, ja, daß er dabei ist zu kommen. Das entspricht atst-prophetischer Gottesverkündigung. Gott ruht nicht wie ein Denkmal an seinem Platz und hält unter unseren Betrachtungen still. Nein, bewegt von der Not der Erde und von der Heiligkeit seines Namens, verläßt er seinen Platz und betritt unseren Platz. So suchten die Männer der Bibel nicht die Horizonte ab nach einem Gott „da drüben". In leidenschaftlicher Naherwartung riefen sie den Kommenden aus. Unter diesem Namen wurde auch Jesus von Nazareth ausgerufen (z. B. Mk 1, 7), und in ihm stießen immer wieder Menschen auf den lebendigen, herbeigekommenen Gott. Bei manchen Christen ist das Kommen Gottes zu uns verdrängt worden durch den anderen Gedanken, daß wir einmal zu Gott kommen.

5 Gnade und Friede ergehen aber auch **von den sieben Geistern.** In 4, 5 werden diese sieben Geister mit sieben Fackeln, in 5, 6 mit den sieben Augen des Lammes gleichgestellt. Und 3, 1 heißt es: Jesus „hat die sieben Geister Gottes". Handelt es sich um engelhafte Wesen, vielleicht um die sieben Thronengel von 8, 2? Vieles spricht gegen die Engeldeutung. Die Engel werden in unserm Buch niemals als „Geister" bezeichnet. Sie sind auch nicht die Urheber von Gnade und Friede. Als „Mitknechte" (22, 9) könnten sie nur vermitteln. Ferner werden die sieben Geister in den Kapiteln 4 und 5 nicht unter den

[33] Das schließt nicht aus, daß der Götzendienst in ihren Augen eine ernste Sache war und von unheimlicher Macht, s. z. 9, 20.

Anbetenden erwähnt, wo doch sonst alle Engel und geschaffenen Wesen ausnahmslos auf die Knie gehen. Schließlich läßt der Umstand, daß es sich hier um einen feierlichen Eröffnungsgruß handelt, erwarten, daß wir im folgenden von Gott, dem Heiligen Geist und von Jesus Christus hören (in dieser Reihenfolge auch 1 Pt 1, 2, vgl. 2 Th 2, 13–14). Was sollen Engel zwischen dem Vater und dem Sohn?

Darum sind die „sieben Geister" hier wohl nicht auf eine Engelgruppe zu deuten, sondern auf die Fülle (vgl. Anm. 30) des e i n e n Geistes (Eph 4, 4), der den sieben, d. h. allen Gemeinden gegeben ist. Keine Gemeinde ist ohne seine Stimme und seine Kräfte, auch nicht Laodizäa[34].

Von dem in der Vielgestalt wirkenden Geist Gottes heißt es, daß er **vor seinem Throne steht.** Damit ist die Dienststellung ausgesagt[35]. Nach 4, 5 tut er Throndienst, indem er den Thronenden beleuchtet und verherrlicht; nach 5, 6 ist er Gesandter zu allen Gemeinden und nach 3, 1 derjenige, durch den Jesus handelt. So belehrt auch Jo 14–16 über den „Tröster": Er ist Gesandter (15, 26; 14, 26; 16, 7), steht Jesus zu Diensten an den Gemeinden (16, 13–14) und verherrlicht Jesus als Gott (16, 14). Da der Gruß an die sieben Gemeinden im Namen dieses Geistes ergeht, bleiben „Gnade und Friede" nicht blasse Allgemeinheiten. „Gnade und Friede" vom Heiligen Geist bedeutet, daß die Gemeinden in ihrer bedrängten Lage ihrer Berufung gerecht werden können. Die Fülle der Wirkungen des Heiligen Geistes kommt über die Problemfülle der Gemeinde und ihrer Glieder.

Der Eröffnungsgruß steht also unter der Dreizahl: Gott, Heiliger Geist, Christus. Doch die Person Christi wird noch einmal dreifach beleuchtet[36] und noch einmal dreifach gerühmt hinsichtlich ihres Werkes an der Gemeinde. Wer unter dieser plötzlich hervorbrechenden Beredtheit für das ganze Werk grundlegende Aussagen erwartet, wird nicht fehlgehen.

[34] Daß hier von dem e i n e n Geist in der Mehrzahl gesprochen wird, muß nicht befremden. Als singularischer Plural erscheint im AT z. B. das Wort „Gott" und in Sprüche 9, 1 die „Weisheit". Von „Geistern", die von Gott ausgehen, lesen wir auch 1 Jo 4, 1 und Offb 22, 6 (vgl. auch Jes 11, 2, wo der Geist Gottes sich in einer Mehrzahl von Geistwirkungen manifestiert). Zu Laodizäa vgl. 3, 22!

[35] Hier und an etwa dreißig anderen Stellen des Buches tritt die ursprüngliche, anschauliche Bedeutung der hier gebrauchten grie Präposition „vor" hervor: „im Angesicht von". Bei einem Thronenden vorgelassen zu werden, ihm unter die Augen kommen zu dürfen und nun „im Angesicht" dieses Herrschers zu stehen, bedeutet Gnade und Erwählung, und damit Diener sein. „Vor dem Thron" ist also über die Ortsangabe hinaus Zustandsangabe. Das wird besonders zu 7, 9 und 15 zu bedenken sein. — Der Thron Gottes hat in der Offenbarung eine außerordentliche Bedeutung, z. Kapitel 4 und 5.

[36] Im Grundtext fallen die drei Bestimmungen für die Person Jesu, wie schon in Vers 4 die Bestimmungen für Gott, aus den grammatischen Regeln. Sie werden nicht dekliniert. Übrigens klingen alle drei Bestimmungen in Ps 89, 28. 38 an.

Und von Jesus Christus: der treue Zeuge. Wenn Johannes hier und 3, 14 das Christusprädikat „Zeuge" prägt, denkt er nicht allein daran, daß der Herr für die Wahrheit Gottes mit dem Wort eingetreten ist (so 1 Tim 6, 13 und Jo 18, 37). Der Zeugenbegriff wird bei ihm vertieft. Er schließt den Einsatz mit dem Wort u n d mit dem Leben in sich. Der Zeuge (griechisch martys) ist in unserem Buch der Blutzeuge. In diesem Sinn ging das griechische Wort in den späteren Sprachgebrauch ein, nämlich als „Märtyrer"[37]. Auch hier wird an den Tod Jesu erinnert.

Charakteristisch für den Zeugen ist die Treue. Dem treuen Zeugen stehen die falschen Zeugen gegenüber. So zeichnen es die Passionskapitel der Evangelien. Die falschen, bestellten Zeugen in der Passionsgeschichte sprachen für das abtrünnige Israel. Israel sollte Zeugnis ablegen f ü r Gott (Jes 43, 9–13; 44, 6–11), also auch für den Christus Gottes. Das war sein Beruf. Doch es zeugte zusammen mit den Heiden gegen Gott und seinen Gesalbten. Christus dagegen blieb allein gehorsam und treu „bis zum Tode, ja bis zum Tode am Kreuz" (Phil 2, 8). So vertrat er das wahre Israel, wenn auch als angeblicher Gotteslästerer hingerichtet. Als die wirklichen Gotteslästerer erwiesen sich jedoch diejenigen, die Christus verlästerten. Als Christuslästerer traten die Juden auf die Seite der Heiden und hörten damit auf, im Sinne der Erwählung Juden zu sein (vgl. 2, 9; 3, 9).

Durch das erste Prädikat wurde Jesus also in seinem Verhältnis zu Gott bestimmt. Doch wie in Phil 2, 6–11 aus seinem Tode für Gott seine Herrschaft über alles folgt, so auch hier. Das nächste Prädikat bezeugt seine Herrschaft über die Gemeinde und der dritte seine Herrschaft über alle Welt:

Und der Erstgeborene der Toten. Diese Bezeichnung ist keine Eigenprägung des Johannes. Auch Rö 8, 29; Kol 1, 15. 18; Hbr 1, 6 nennen ihn einen „Erstgeborenen" (ähnlich 1 Ko 15, 20). Erstgeburt bedeutete Herrschaftsrecht (1 Mo 49, 3; Ps 89, 28), und zwar vor allem über die nachgeborenen Brüder. So setzt diese Bezeichnung den Erhöhten in Beziehung zur Gemeinde (vgl. Rö 8, 29: „unter vielen Brüdern"). Worin ist die Erstgeburt Jesu Christi begründet? Der Zusatz **der Toten** weist auf Ostern. Die Ängste des Todes waren die Geburtswehen (Apg 2, 24). Das neue Leben Christi hat nun den Tod nicht mehr vor sich, sondern hinter sich; es ist der Beginn einer neuen Schöpfung

[37] Wie neu die Deutung von martys als Blutzeuge oder Märtyrer ist, macht eine entsprechende, freilich nicht sinngemäße Übersetzung von Apg 1, 8 bewußt: „Ihr werdet meine Märtyrer sein." Hier lag diese Bedeutung noch fern. Aber in den fünf „Zeugen"-Stellen der Offenbarung ließe sich jedesmal sinnvoll „Märtyrer" einsetzen: 1, 5; 2, 13; 3, 14; 11, 3; 17, 6; vgl. 6, 9; 22, 20. Dieser Sachverhalt trifft aber nicht unbedingt auch auf „Zeugnis" oder „zeugen" zu!

ohne Tod. Während alles andere Leben dem Tode tributpflichtig ist, „wissen wir, daß Christus, von den Toten erweckt, hinfort nicht mehr stirbt; der Tod kann hinfort nicht über ihn herrschen. Was er lebt, das lebt er Gott" (Rö 6, 9). In welcher Weise das für die Gemeinde in Kraft tritt, wird 2, 8–11 behandelt.

Doch ist das neue Leben kein „Stilleben", das bei sich selbst oder unter den „Brüdern" bleibt wie in Rö 8, 29. Christus ist nach Kol 1, 15 auch der „Erstgeborene aller Kreatur". Die Urchristenheit hat sich diesen weiteren Horizont nicht verstellen lassen. Auch Johannes schreitet über den engsten Kreis hinaus: **Und Herrscher der Könige auf Erden!** Damit tritt der Auferstandene bei Johannes, der sonst den Satan gerne als den „Herrscher dieser Welt" bezeichnet (Jo 12, 31; 14, 30; 16, 11), in eine tiefgreifende Rivalität zu den Beherrschern dieser Welt. Aber letztlich hat er „nicht mit Fleisch und Blut zu kämpfen, sondern mit Fürsten und Gewaltigen, nämlich mit den Herren der Welt, die in der Finsternis dieser Welt herrschen, mit den bösen Geistern unter dem Himmel" (vgl. Eph 6, 12). Doch diese Mächte verfügen über irdisch-menschliche Werkzeuge. Nicht nur Christus bereitet sich einen Leib, ein Organ seines Willens auf dieser Erde. Die Werkzeuge, die sich der Widersacher Christi erwählt hat und die ihn als ihren Oberkönig anerkannt haben, sind die „Könige auf Erden". Im Gefolge von Ps 2, 2 tauchen sie immer wieder als Feinde Gottes und Christi auf, z. B. Jes 24, 21; Offb 6, 15; 17, 2. 18; 18, 3. 9; 19, 19; 21, 24. An der Einsetzung des Messias als Oberkönig (Ps 2, 6) entzündete sich ihre Feindschaft (Vers 1). Dadurch verfielen sie dem „Herrscher dieser Welt" und wurden die Vasallen des großen Gegenspielers Jesu Christi. Nun stehen sie im Banne des „Weibes" (17, 18) und im Gefolge des „Tieres" (19, 19).

Auf diesem Hintergrund enthält die Christusbezeichnung „Herrscher der Könige auf Erden" ein atemberaubendes Programm. Es ist das Programm der Himmelfahrt und das Programm dieses Buches: Der Gekreuzigte, der auferstanden ist von den Toten, herrscht, „bis daß er alle Feinde unter seine Füße legt" (1 Ko 15, 25; vgl. Ps 110, 1). Einzeln und nacheinander überwindet er die Mächte, stürzt sie von ihren Thronen und zwingt sie auf die Knie. „Der letzte Feind, der vernichtet wird, ist der Tod" (1 Ko 15, 26). Indem er dahin unterwegs ist, grüßt er seine Gemeinde mit Gnade und Frieden. –

Der Eröffnungsgruß vom allgewaltigen Gott, vom unerschöpflich wirkenden Geist und von Jesus Christus, den Karfreitag, Ostern und Himmelfahrt dreifach beleuchten, ist verklungen. Aber so kann Johannes die briefartige Eröffnung nicht schließen. Ein solcher Gott und ein solcher Gruß darf nicht ohne Echo bleiben. So macht Johannes sich zum Mund der antwortenden Gemeinde und bricht in eine Doxologie (feierliche Rühmung) aus. Dabei schließt er sich eng an die dreifache Bestimmung Jesu Christi an. Er ergänzt sie durch Entfaltung seines dreifachen Werkes speziell an der Gemeinde.

Dem, der uns liebt. Liebe[38] ist an dieser Stelle nicht die Gottesliebe zur ganzen Welt wie etwa in Jo 3, 16, sondern V o r liebe, also Austauschwort für Erwählung[39]. Jedoch zielt diese auswählende Liebe letzten Endes auf alle: Die Erwählten sind ausgesucht aus allen für alle (s. V. 6). Aber wem galt diese Erwählung? „Uns, uns, uns!" heißt es dreimal im Text. Wer kann es begreifen? Erscheinen die Christen in dieser Welt wirklich als die Geliebten Gottes? Müßten sie nicht vollkommener, geschmückter, bewunderter sein? Tatsächlich wurde damals bestritten, daß sie Geliebte Gottes seien (s. zu 3, 9). Wer versteht schon, daß „Gott erwählt, das da nichts ist" (1 Ko 1, 26–29)! Ohne die Fragen auf die leichte Schulter nehmen zu wollen – hier ist für den Leser und Hörer der Augenblick gekommen, mitanzubeten.

Das Johannes-Evangelium deutet die Liebe Jesu zu seinen Jüngern von Karfreitag her. In Jo 13, 1 wird der beginnende Passionsbericht unter die Überschrift gestellt: „So liebte er die Seinen bis ans Ende!" Ähnlich sieht Paulus den Zusammenhang von Jesu Liebe und Opfer (Gal 2, 20; Eph 5, 2. 25). Hier aber kommt zum Ausdruck, daß diese Liebe währt. Die Liebe, mit der er uns so geliebt h a t, ist gegenwärtig: Er l i e b t uns. Unverändert steht er der Gemeinde als Liebender gegenüber. Er liebt auch noch Laodizäa (3, 19). Er liebt, die er züchtigt. Ja, er liebt uns! Wir alle dürfen die Doxologie mitbeten.

Das Werk Jesu an uns entfaltet sich weiter:

Und uns erlöst hat von unseren Sünden durch sein Blut. Seit der Passahnacht in Ägypten gehören Erlösung[40] und Blut zusammen.

[38] Im Unterschied zu den anderen johanneischen Schriften geht unser Buch mit dem Wort „Liebe" sehr sparsam um. Nur vier Stellen handeln von der göttlichen Liebe: 1, 5; 3, 9; 3, 19 und 20, 9, nur zwei von der Jüngerliebe, s. z. 12, 11.

[39] Diese Verwendung z. B. auch Mt 12, 18.

[40] Uns ist die Lesart der alten Lutherbibel oder der Elberfelder Übersetzung sehr geläufig: „Der uns g e w a s c h e n hat durch sein Blut." Der Unterschied zwischen „waschen" und „erlösen" ergibt sich im grie Text durch einen Buchstaben: erlösen = *lyo;* waschen = *loyo*. Alle neuen Übersetzungen entscheiden sich aus guten Gründen für die Lesart „erlösen": a) Sie ist handschriftlich besser bezeugt. b) Das hier erscheinende Wort für „waschen" findet sich sonst n i c h t in der Offenbarung. Dem „waschen" in 7, 14; 22, 14 liegt im Grie eine andere Vokabel zugrunde, die sich nur auf das Waschen von Sachen *(plyno)*, nicht von Personen *(loyo)* beziehen kann. c) Das Blut wird in der Bibel zur Besprengung, Bestreichung und Ausgießung verwendet, nie aber zur Waschung des Leibes. (Einzige Ausnahme 1 Kö 22, 38.) Mittel zur Waschung war Wasser, so ausdrücklich Eph 5, 26; Hbr 10, 22 usw. In 1 Mo 49, 11 gibt es eine Waschung mit Wein. d) Die hier wahrscheinlich anklingende Stelle in Ps 130, 8 hat auch „erlösen".

Dort ist auch das Urmuster[41] zu suchen für das, was in der Bibel „Erlösung" heißt: Rückkauf[42] der Gefangenen aus dem fremden Land, in das sie nicht gehören, das sie immer nur versklaven und ausbeuten wird. Das war Ägypten für das Volk Israel. Aber der eigentliche Besitzer, der Gott Abrahams, Isaaks und Jakobs, macht endlich seine Rechte auf dieses Volk geltend und erlöst es in der Passahnacht mit starker Hand zum Bunde mit sich und zum Dienst für ihn.

Statt „aus Ägypten" heißt es hier „aus unseren Sünden". Damit ist der Bereich der versklavenden Macht umrissen. Der Begriff der Sünde wird in Kapitel 2 und 3 Farbe bekommen. In der wirtschaftlichen und kulturell blühenden Provinz Asien sah man der Sünde den Sklavenhalter durchaus nicht immer an. Empörend, wie eine Stimme aus einer anderen Welt, muß das Urteil des Evangeliums in den Ohren gegellt haben: „Wer Sünde tut, der ist der Sünde Sklave!" (Jo 8, 34). Erst der erkennt wirklich, was Sünde ist, der von ihr durch den Herrn Jesus Christus frei wurde.

Wie aber können Sündensklaven selbst etwas zu ihrer Befreiung tun? In jeder Regung und Bewegung sind sie ja schon wieder Gefangene der Sünde, betätigen sie sich als Sünder und bewegen sie sich also tiefer in die Sünde hinein, so wie damals Israel umso aussichtsloser unter das ägyptische Joch geriet, je mehr es begann, an seine Freiheit zu denken. Oder was hätten Sklaven für ihre Freiheit zu geben? Gott allein kann befreien, und das auch nur auf seine Ko-

[41] Str Bill I 85 f. bringt dafür Belege aus dem AT und Judentum.

[42] Vom „Kauf" spricht die Parallele 5, 9, ein Ausdruck, der für unsere Ohren noch deutlicher rechtliche Maßstäbe in das Sprechen vom Heilsgeschehen hineinträgt als „Erlösung". Aber das ganze NT spricht so. Besonders Paulus verwendet neben Ausdrücken aus der rein persönlichen Sphäre sehr betont rechtliche Begriffe für das Werk Christi. Modernes Denken tut sich damit schwer. Das Heil als Gnade, Friede, Liebe, Treue oder Vergebung scheint begreiflich, aber Heil als Rechtfertigung, Sühne, Straferlaß oder Loskauf befremdet. Unser Denken und Empfinden ist allgemein personalistisch verengt. Sünde nehmen wir einseitig als ein Ereignis zwischen Personen, zwischen Mensch und Gott oder Mensch und Mensch. Sünde gegen Gott ist aber zugleich Sünde gegen den Schöpfer und dessen Schöpfung in ihrem gesamten Gefüge von Dingen, Ordnungen und Verhältnissen. Sie schafft darum nicht allein Tatsachen im Personalen wie Verstimmung, Feindschaft, Zorn, sondern auch im Institutionalen und in der Sachwelt, nämlich Verwüstung, Verwirrung, Verkehrtheit, Reibung und Zerfall. Der Sünder erfährt sich eingekeilt von Mißständen, Sachzwängen und Belastungen, die in verhängnisvoller Weise sein ferneres Geschick mitbestimmen. Er schuftet jetzt nicht nur unter einem zornigen Gott, sondern auch auf einem verfluchten Acker. Dieser umfassenden Lage entspricht das Heil in Christus. Einerseits erfaßt es den Menschen ganz persönlich, versöhnt ihn mit Gott und erneuert ihn; andererseits aber greift es vollmächtig lösend in jene Sachzusammenhänge ein. Unter diesem Gesichtswinkel sollten wir die oben genannten juristischen Wendungen neu überdenken. Viel gegenwärtige Not mag daher rühren, daß das Heil in Christus so beziehungslos gepredigt wird, zugespitzt auf ein mystisches Personenverhältnis, auf ein geschichtsloses Existieren.

sten. So geschah es in der Passahnacht! Nicht nur äußerlich war es Nacht. Es gibt vom Menschen her betrachtet ein Erlösungsdunkel, wie es auch ein Schöpfungsdunkel gibt. In beiden Fällen – Schöpfung und Erlösung werden schon im AT in Parallele gesetzt – ist dem Menschen das, was ihn am meisten betrifft, am wenigsten deutlich. Darum kann er auch über das, was ihn am meisten betrifft, am wenigsten aussagen, wenn es ihm nicht gesagt wird.

Wohl kaum läßt sich über Erlösung zutreffender aussagen als in der Opfersprache: „Er hat uns erlöst durch sein Blut." Für das Volk Israel in Ägypten bestand die Öffnung ins Freie und in den Dienst für Gott in einer blutigen Öffnung, blutig nicht durch ihr eigenes Blut (2 Mo 12. 22). Das ist dieses Volkes unvergessenes Urerlebnis. Das Urerlebnis des erneuten Bundesvolkes ist das Erlösungsdunkel am Karfreitag[43]. Wieder blutige Balken und das Bekenntnis: „Durch das Blut Jesu haben wir Freiheit" (Hbr 10, 19), „zu dienen dem lebendigen Gott" (Hbr 9, 14).

Die häufig geübte Gleichsetzung des „Blutes Christi" mit dem Sterben Christi geht nach dem NT nicht auf. Erstens hebt die Rede, daß er sein Blut vergießt, sein Sterben deutlich aus der Passivität heraus. Er starb nicht allein als das Lamm, sondern war darin auch als Priester tätig. Zweitens umfaßt „Blut Christi" über das zurückliegende Sterben hinaus auch sein weiterwährendes und gegenwärtiges Eintreten für die Sünder. Er b l e i b t die große Opfergestalt und der Hohepriester über dieser Welt, worüber in dieser Welt nicht genug gesprochen werden kann[44].

[43] In 11, 8 stehen Tod Christi und Ägypten beieinander.

[44] Die Überzeugung, daß dieses *„für uns, für unsere Sünden"* aus Jes 53, das sich wie ein roter Faden durch das NT zieht (Mk 10, 45; 14, 25 und Parallelen, Rö 4, 25; 8, 32; 1 Ko 15, 3; 2 Ko 5, 21; Gal 1, 4; 2, 20; 3. 14; Eph 5, 2. 25; 1 Tim 2, 6; Tit 2, 14; 1 Pt 2, 24; 3, 18; 1 Jo 2, 2; Hbr 9, 28 usw.), für die christliche Gemeinde unersetzbar ist und daß damit auch die Opfersprache letzten Endes unverzichtbar ist, schließt nicht aus, daß dem modernen Menschen in diesem Punkt einiges zu erläutern bleibt. Wo auf dem Boden des AT von Opfer die Rede ist, spricht man auch bald von Blut, denn das Opfer gipfelte nicht in der Tötung, sondern in der sühnenden Verwendung des Blutes. Darin bestand die Inkraftsetzung des Opfers. Im Blut wurde das Opfer sprechend: Das Blut „redete" (Hbr 12, 24), es legte Fürbitte ein, die Gott in seiner Freiheit und Treue erhörte und mit der Erneuerung des Bundes beantwortete. Darum stand der Priester bei der Tötung des Opfertieres mittels des Schächtschnittes durch die Halsschlagader bereit, das ausströmende Blut in einer Schale aufzufangen. Er benötigte es in frischem Zustand, um es sprengen oder gießen zu können.
Was bedeuten nun die Aussagen vom Sprengen oder Vergießen des Blutes, von der Reinigung oder Waschung (vgl. Anm. 40!) durch Christi Blut? Das NT läßt keinen Zweifel daran, daß die Rede vom Blut Christi nicht in die Beschreibung seines Todes hineingehört, sondern in dessen Deutung. Nach den Augenzeugenberichten ist der Herr nicht ausgeblutet; sein Blut wurde nicht aufgefangen, gesprengt oder gegossen. Er erlitt eine

Geliebt, erlöst! Doch hiermit noch nicht genug, es muß zum Dreiklang des Werkes Jesu kommen: **Und hat uns gemacht zu einem Kö-** 6
nigtum, zu Priestern für Gott, seinen Vater. Erst hier kommt die Liebe an ihr Ziel, hier erst findet die Erlösung ihren Sinn. Die Gemeinde ist nicht geliebt und erlöst zu nichts. Das Erlösungswerk umfaßt mehr als: Unsere Schuld – seine Huld! Es geht weiter: fertig zum Dienst! Die empfangene und bejubelte Liebe darf nicht privatisiert werden. Es geht um den Dienst **für Gott.** Der Ausdruck will noch einmal Ägypten gegenübergestellt werden, der Sündenherrschaft, der früher Sklavendienst geleistet wurde. Nun ist das erlöste Volk frei für seinen neuen und doch ursprünglichen, rechtmäßigen Besitzer, für Gott. Ihm dienen ist nicht Sklavendienst, denn er ist ja „sein Vater", der Vater unseres Herrn Jesu Christus[45], dessen Blut gepriesen wird. Es kann nicht anders sein: Diese Erlösung schafft ein priesterliches Volk.

Dabei wurzelt Johannes wieder tief im AT. Israel hörte am Sinai in der Stunde seiner eigentlichen Volkwerdung die Worte (2 Mo 19, 6): „Ihr sollt mir ein Königtum von Priestern sein." Offenbar liegt auf „Königtum" kein besonderer Nachdruck. Im Zusammenhang ist es nichts weiter als ein Austauschwort für „Volk", „Staat" oder „Nation". In der Reihe der anderen Staaten sollte dieser Staat die Rolle eines priesterlichen Staates übernehmen. Darauf liegt der Ton. Der Unterschied zu anderen Völkern besteht nicht im Eigentumsverhältnis an sich. Im Grunde sind alle Völker Gottes Völker. „Die ganze Erde ist mein", heißt es ausdrücklich zuvor. Mit der Auserwählung Israels

verhältnismäßig unblutige Hinrichtungsart. Bei seiner Geißelung floß mehr Blut als am Kreuz! Überhaupt starb er nicht in der äußeren Form einer Opferung; nicht im Tempelbezirk, nicht am Altar. Er starb draußen vor dem Lager (Hbr 13, 13), an einer kultisch unreinen Stätte im Rahmen einer Gruppenexekution. Doch von diesem Geschehen auf der Schädelstätte bezeugt die Gemeinde, daß es das heiligste, gottwohlgefälligste, ewige Opfer ohnegleichen ist. Es ist das rettende Stellvertretungsgeschehen; die große Fürspracheaktion „für viele" (vgl. Mk 14, 24), d. h. für die ganze Welt.
So also verhalten sich im NT Bericht und durch den Heiligen Geist gewirkte Deutung gemäß der Schrift (1 Ko 15, 3). Das ist Richtschnur. Wir dürfen weder den Bericht durch die Deutung verzeichnen, als sei Jesus verblutet und anders gestorben, als es wirklich geschah; noch dürfen wir im Berichten und im Aufweis moralischer Nebenwirkungen (Ansporn zur Selbstverleugnung und Hingabe) steckenbleiben und die Erlösungsbotschaft schuldig bleiben.

[45] Es ist wieder eine Eigenart des Johannes, daß er sich scheut, von Gott als *unserem* Vater zu sprechen. In der Offenbarung bleibt der Vatertitel Gottes immer streng auf den Sohn Jesus Christus bezogen: 1, 6; 2, 28; 3, 2. 5. 21; 14, 1. Nur 21, 7 macht eine Ausnahme und stellt einen einsamen Höhepunkt dar, wo Gott sich als der Vater von Menschen bekennt. Dem entspricht im Johannes-Evangelium als Höhepunkt 20, 17. Öfter dagegen, aber auch nur an wichtigen Stellen, heißt es in der Offenbarung „unser Gott" (7, 10; 12, 10; 19, 1) oder „unser Herr" (11, 15).

verzichtet Gott nicht auf die anderen Nationen. Der Schöpfer gibt seine Schöpfung nicht preis. Nicht auf Kosten, sondern gerade zu Gunsten der Weltvölker geschieht diese Bestellung zum besonderen Gottesvolk. Israel soll seinen Sinn innerhalb der Völkerfamilie im priesterlichen Dienst suchen und finden, nicht im Herrschen, Erobern, Besitzen und Führen wie andere Völker. Aus dem Wortlaut ist also nicht eine Doppelberufung herauszulesen, so daß neben dem Priesterdienst als ein Zweites das Königtum Israels oder der Gemeinde zu verkündigen wäre. Vielmehr will die Wendung in 2 Mo 19, 6, die hier wörtlich wiederholt wird, zusammengezogen werden: priesterliches Königreich, wobei der Ton auf „Priester" als auf dem Neuen und Besonderen liegt. Der Vergleich mit Stellen wie Jes 61, 6 bestätigt das nur[46].

Wer ist nach diesem Vers das Priestervolk der Erde? Es sind die sieben Gemeinden in Asia und alle Gemeinden, mit denen Johannes sich hier zusammenschließt: uns, uns, uns! Damit rühren wir an den ntst Grundvorgang: Israel wurde allein noch repräsentiert durch Jesus. Ein Israeltitel nach dem anderen legt sich auf dieses eine Haupt: Er ist *der* liebe Sohn, er ist *der* gehorsame Knecht, *der* treue Zeuge, *der* Prophet usw. Aber in dieses wahre Israel in der Gestalt des gekreuzigten und auferweckten Christus werden Menschen hineingeboren, und zwar Juden und Heiden. In seinem Leib werden sie *ein* Leib (Eph 2, 16), *ein* Tempel, *ein* Priestervolk. An diesem Jesus vorbei gibt es kein Gottesvolk, aber „in ihm" gehört jeder dazu. In ihm tragen nun auch heidenchristliche Gemeinden Israeltitel. Nicht, daß die bekehrten Heiden an Israels Stelle träten (Anm. 192), aber sie gehören jetzt „in Christus" zum wahren Israel. – Auch das Jo-Ev enthält das durchgehende Motiv von den Christusgläubigen als dem wahren Israel.

Worin besteht die Aufgabe des Priesters? Einerseits steht er vor Gott als Beter. Immer wieder erscheint die Gemeinde in der Offenbarung als Beterin und Lobsängerin. 1, 20 wird ihr Wesen im Bild des Tempelleuchters gedeutet. Dieses Gerät kann nicht den missionarischen Dienst nach draußen versinnbildlichen (wie das Bild von den Sternen), war es doch außerhalb des Tempels nicht sichtbar. Nein, der

[46] Hier wie auch 5, 10 ist gegen den revidierten Luthertext die Lesart „Königtum" vorzuziehen. – Die Glieder der gegenwärtigen Gemeinde werden im NT niemals „Könige" genannt, noch wird von ihrem „königlichen Herrschen" gesprochen. Das Zeitwort „königlich herrschen" wird zwar in der Zukunftsform auf sie bezogen (5, 10; 22, 5; 1 Ko 4, 8; Rö 5, 17), aber auch dann werden sie nicht Könige im absoluten Sinn sein, sondern nur Mitregenten Gottes und des Lammes, wie 3, 21; 20, 4–6; 2 Tim 2, 12 zeigen. Ein gewisser hochgemuter, „königlicher" Sprachgebrauch sollte bei den Christen verschwinden. Sie sind Priester und sollen es bis zum Datum von 22, 3 bleiben.

Leuchter brannte vor Gott. „Der Vater will solche haben, die ihn im Geist und in der Wahrheit anbeten" (Joh 4, 23–24). Er will Antwort auf seine Herrlichkeit. Die Gemeinde ist der Teil der Menschheit, der Gott schon jetzt antwortet. Ihre Gebete gehören zu den belangvollsten Dingen unserer Zeit. Mit ihnen steht die Gemeinde verantwortlich in der Geschichte, wie 8, 3–5 zeigen wird; und der Herr verheißt im Blick auf die Jüngergebete die „größeren Werke" (Jo 14, 12–14). Wenn die Gemeinde diese ihre Zuordnung zu Gott vergißt, wird sie belanglos und überfällig. Bei nächster Gelegenheit wird sie weggestoßen, und keine Hand wird sich für sie regen (2, 4–5).

Auch die andere Seite des priesterlichen Dienstes[47] soll hier schon angedeutet werden: Die Gemeinde ist Sprecherin Gottes vor den Menschen; sie ist als Zeugin und Prophetin den Menschen zugeordnet. Auch diese Linie durchzieht die Offenbarung: Nicht verleugnen, sondern festhalten am Namen Jesu, überwinden durch das Wort des Zeugnisses! Groß ist ihre Versuchung zu schweigen, die Wahrheit zu verfälschen und sogar zu fluchen, statt priesterlich zu reden als Sprecherin Gottes, auch im äußersten Fall (2, 10b). Wie die Gemeinde vor Gott bleiben muß mit ihrem Gebet, so muß sie auch vor den Menschen bleiben mit ihrem Zeugnis, wenn sie Gemeinde bleiben will. Nur indem sie sich beiden Aufgaben nicht entzieht, ist sie unüberwindlich.

Dazu hat der „König der Könige" die Gemeinde also **gemacht:** nämlich zur Priesterin. Er hätte seine Macht auch für etwas anderes einsetzen können. Er tat es nicht und er tut es nicht, manchmal zum Verdruß seines Volkes. Außerordentlich wichtig und alles Nachdenkens wert ist in diesem Zusammenhang die Haltung Jesu vor Pilatus nach Joh 18 und 19. Nicht mit der kleinsten Bewegung oder Regung drängt sich der Gegeißelte auf den Thron des Machthabers und aus seiner ihm eigenen Rolle heraus. Ihn drängt es ans Kreuz, um dort erhöht zu werden und vom Kreuz herab König zu sein, als Zeuge der Wahrheit (Jo 18, 37). Welche Rolle können dann diejenigen spielen, die aus der Wahrheit sind und seine Stimme hören?

Aus der dreifachen geistlichen Erfahrung: geliebt, erlöst und berufen, steigt nun die eigentliche Doxologie empor: **Ihm** (gebührt) **die Herrlichkeit und die Gewalt.** Der Bibelleser erinnert sich an die wichtige Rolle, die die Doxologien im letzten Buch der Bibel spielen. Immer wieder werden dort im Himmel und in der Zukunft Gott und das Lamm gerühmt. Um so mehr ist hier zu beachten, daß schon auf der Erde und bereits in der Gegenwart gepriesen wird. Diese Doxologie

[47] Diese beiden Seiten der Gemeinde fügt auch Kapitel 11 zusammen: V. 1 Anbetung und V. 2 ff. Zeugendienst.

ertönt noch mit der dünnen Stimme einer kleinen Minderheit, der Gemeinde. Doch die Gemeinde weiß, daß ihr Gesang einmal der Gesang der ganzen Welt sein wird. Sie singt als Vorsängerin das Lied der Zukunft. Die gesamte Schöpfung wird miteinstimmen, und Jesus wird endlich seine Ehre bekommen (5, 13–14).

Damals konnte man Jesus Christus nur Herrlichkeit[48] und Gewalt[49] geben, indem man sie dem Kaiser wegnahm. Beide Ausdrücke sind nämlich auch in Preisgesängen auf den Kaiser belegt (Einleitung Nr. 5). Auf diesem Hintergrund war die Anbetung Christi zugleich eine Absage an den Kaiser; darum eine Herausforderung und ein Wagnis. Das galt sowohl von Johannes, der diese Worte auf Patmos niederschrieb, als auch von den öffentlichen Vorlesern in den Städten und von den Gemeinden, die dazu Amen sagten. Vielleicht begriff die Umwelt den Vorgang nicht sofort, sondern deutete ihn als rein innergemeindliche Angelegenheit. Aber durch irgendeinen Umstand konnten die fremden Ohren hochempfindsam werden. Man hörte plötzlich aus dieser Anbetung und aus diesen Glaubensbekenntnissen den herzhaften Unglauben heraus gegenüber den Größen, die ringsherum Huldigung fanden. So prallte Huldigung auf Huldigung (Einleitung Nr. 1–2). Wer Christus anbetet, muß mit weitreichenden Folgen rechnen. Aber wer ihn nicht anbetet, nimmt auch Folgen auf sich. Niemals ist Beten und Nichtbeten eine nur innere Angelegenheit. Wer betet, ist bald auch Sprecher Gottes vor den Menschen und hat darüber Rechenschaft abzulegen.

Ehre und Gewalt gebühren Jesus bis **in die Zeiten der Zeiten, Amen.** Der hier wörtlich wiedergegebene Ausdruck bedeutet fraglos: bis in aller Zeiten Zeiten, bis in alle Ewigkeit[50]. Von der Ewigkeit Gottes

[48] Das von Luther mit Ehre, Herrlichkeit, Klarheit, Lob, Preis, Ruhm oder Majestät verdeutschte grie Wort doxa gab der Doxologie den Namen. Bei der Übersetzung des AT ins Grie trat doxa für das hebr kabod ein: Das Wuchtige, Imponierende, vor allem die betäubende, herrscherliche Strahlenpracht und Lichtherrlichkeit Gottes, die einst allen Wiederstand niederwirft und wieder die ganze Schöpfung einnimmt (Ps 72, 19; 57, 6. 12; Jes 40, 5; auch nach Offb 21, 24 hat doxa mit einer Lichterscheinung zu tun). Für unser Buch ist dies ein Hauptthema, 17 mal spricht es von der doxa. — Übrigens erscheint die Doxologie 1, 6 wörtlich 1 Pt 4, 11, ein Hinweis auf allgemeinen gottesdienstlichen Gebrauch. Vielleicht ist es die Glaubensantwort auf Jes 53, 2: „Er hatte keine doxa“ (Septuaginta).

[49] Niemals bezieht das NT dieses Wort auf Menschen. Hbr 2, 14 hat der Teufel diese „Gewalt“, elfmal wird sie Gott zugesprochen, besonders häufig in Doxologien. Es ist überirdische, überlegene Kraft, die im Falle Gottes den Endsieg herbeiführt. In diesem Zusammenhang ist auch der Ausdruck „Allgewaltiger“ zu erwähnen (neunmal, davon achtmal in der Offenbarung und 1 Kor 6, 18, vgl. Anm. 54).

[50] Das hier mit „Zeiten“, oft mit „Ewigkeiten“ übersetzte Wort bezeichnet in seiner Einzahl die vorwärts oder rückwärts bezogene „fernste Zeit“, also die graue Vorzeit oder ferne Zukunft. Sie kann, aber muß sich nicht in der Endlosigkeit verlieren, d. h. der Zu-

begannen die Propheten zu sprechen, als im 6. Jahrhundert vor Christus die Vernichtungskriege über Israel hereinbrachen. Sie meinten damit die unwandelbare Treue Gottes zu seinem Werk, die in allen Stürmen durchhält, die Gott in die Brandung der Zeit hineinhält wie einen Wellenbrecher. Wenn alles wankt und stürzt, bleiben Gnade und Friede von ihm und Herrlichkeit und Gewalt für ihn. In diesen Treuegrund Gottes kann die Gemeinde Anker werfen. Auf diesem Boden sagt sie **Amen.**

Dieses Amen wird zum Schluß des folgenden Verses wiederholt und noch gesteigert: Ja, Amen! (s. d.) In unverkennbarer Bewegtheit erklingt jetzt das Thema des ganzen Buches. Deutlich ist nun aber auch die Hinwendung zum Zukünftigen und die Wende von den Geliebten zu den Feinden:

Siehe, er kommt mit den Wolken. Eine so große Rolle diese Worte 7
aus Daniel 7, 13 auch im urchristlichen Denken spielten, so wenig wird der Vers hier einfach übernommen. Der geisterfüllte Prophet von Patmos wäre der letzte gewesen, der sich als bloßer Abschreiberling betätigt hätte (s. Einleitung Nr. 23). Der Einbau atst Materials in eigene Zusammenhänge kann nicht aufmerksam genug beobachtet werden. An dieser Stelle (nicht aber in Vers 13) läßt Johannes den „Menschensohn" von Daniel 7, 13 ungenannt. Im Danielbuch ist der Menschensohn eine ganz unrichterliche Figur, die ihre Feinde gar nicht mehr zu Gesicht bekommt, sondern lediglich zum feierlichen Empfang des Reiches erscheint. Das trifft hier, wie wir sehen werden, durchaus nicht den Sinn. Hier geht es gerade um Aburteilung der Feinde bei der Ankunft Christi (vgl. 14, 14–20). Fortgelassen ist gegenüber Daniel auch die Bemerkung, daß es sich bei den Wolken um Wolken „des Himmels" handelt. Johannes bewegt weniger das Interesse am

sammenhang entscheidet jeweils, ob das Wort die Bedeutung von Ewigkeit (unendliche Zeit) annimmt. Der Plural erscheint oft als verstärkender Plural in der überschwänglichen Sprache der Doxologien. Das gilt fast immer von der höchstmöglichen Steigerung in Form der verdoppelten Mehrzahl (außer 1, 6 noch an 11 Stellen in den Doxologien der Offenbarung): „bis in die fernsten Zeiten der fernsten Zeiten", so in der LXX (z. B. Ps 41, 13; 83, 5; 90, 2; 103, 17; 106, 48; 1 Chro 16, 36; 29, 10), in apokalyptischen Schriften (z. B. Henoch 103, 4; 104, 5), bei ntst Verfassern (z. B. 1 Tim 1, 17; Hbr 1, 8; 1 Pt 4, 11; 5, 11). Diese Wendung wurde damals offensichtlich allgemein als dichterische Umschreibung der Endlosigkeit Gottes und seiner alle Zeiten überdauernden Herrlichkeit verwendet und verstanden. Erst moderne Menschen kamen auf den Gedanken, hier läge eine Begrenzung auf bestimmte Zeitabschnitte im Plan Gottes vor. Ein Ausleger lehrt, „Zeiten der Zeiten" sei Bezeichnung für zwei von fünf in der Bibel nachweisbaren Zeitabschnitten, nämlich für den gegenwärtigen argen Äon und den darauf folgenden Äon der Königsherrschaft Christi, der mit der Übergabe des Reiches an den Vater endet. Andere Schriftstellen deuten gewiß auf einen Ablauf von unterscheidbaren Äonen hin. Der hier zu besprechende Ausdruck hebt jedoch eine Unterschiedslosigkeit hervor: Durch alle zukünftigen Entwicklungen hindurch dauert die Herrlichkeit Jesu.

Ursprung als vielmehr am Machtcharakter des Kommens. Die Wolken dienen als Kennzeichen der Macht[51]. Er kommt mit den Wolken, d. h. „mit großer Macht und Herrlichkeit", wie Mt 24, 30 es entfaltet. Das Kommen mit den Wolken steht seinem einstigen Kommen in Windeln, deren Zeichenhaftigkeit gleichfalls hervorgehoben wurde (Lk 2, 12), gegenüber. Der Singsang vom Kommen des Christkindes „alle Jahre wieder" stimmt nicht. All die weihnachtlichen Verkleinerungs- und Verniedlichungsformeln werden vor einer leeren Krippe geplappert. Unser Buch glüht von einer völlig anderen Christusverkündigung. Er ist dabei zu kommen; jawohl, aber mit den Wolken! Schließlich kommt Christus hier nicht wie der danielsche Menschensohn in den himmlischen Thronsaal zu Gott, sondern in die Menschenwelt. Das alles wird mit letzter Gewißheit ausgerufen, als ob es schon im Gange wäre: Seht! Seht!

Sofort verschmilzt Johannes diesen danielschen Auftakt mit Bestandteilen aus Sach 12, 10–14[52]: **Und es wird ihn sehen jedes Auge.** Dies ist nicht das Sehen von 22, 4: „Und seine Knechte werden sehen sein Angesicht, und sein Name wird an ihren Stirnen sein", oder von

[51] In 14, 14 wird diese Bedeutung noch stärker herausgestrichen durch die Farbangabe „weiße Wolke" (Farbe des Herrschers und Siegers). An anderen Stellen der Bibel erscheint die Wolke als Verhüllung oder auch als „Wagen" (Jes 19, 1; Ps 104, 3; 2 Kö 2, 11). Das liegt hier fern.

[52] Gern wird unser Vers auf eine Israelbekehrung gedeutet, obwohl die Durchbohrung durch einen H e i d e n geschah. Aber man macht darauf aufmerksam, daß die leise anklingende Sacharja-Stelle von einer nationalen Trauer und Umkehr I s r a e l s angesichts des Durchbohrten spricht. Jedoch hat Johannes hier kein Zitat aus Sacharja angekündigt, wie auch tatsächlich kein Zitat folgt. Was in diesem Vers folgt, sind Brocken aus vier atst Versen mit eigenen Zutaten (aus Dan 7, 13: „Siehe, er kommt mit den Wolken"; aus Sach 12, 10: „es wird ihn sehen" und „sie werden wehklagen um seinetwillen"; aus V. 12: „der Erde" und aus V. 14: „alle Geschlechter"). Vor diesem Sachverhalt geht es nicht an, einfach den Sinn bei Sacharja zu ermitteln und zu meinen, damit sei auch Offb 1, 7 ausgelegt. Unser Vers will aus sich selbst und aus seinem engeren Zusammenhang gedeutet werden. Es ergeben sich z. B. folgende Unterschiede gegenüber Sacharja: a) Sach 12, 10 spricht (besonders deutlich in der Übersetzung durch die LXX) von einer s i n n b i l d l i c h e n Durchbohrung im Sinne von Verhöhnung. Johannes aber verwendet im Unterschied zum grie AT ein Wort für buchstäbliches Durchstechen (hier und auch Jo 19, 37). Er denkt an den Lanzenstich in den Leichnam, also an einen völlig anderen Vorgang als Sacharja. b) Das „Sehen" bei Sacharja meint den bejahenden, vertrauenden, fast flehentlichen Aufblick; so ganz deutlich wieder die LXX. Johannes wechselt die Vokabel und auch, nach dem ganzen Zusammenhang (s. Auslegung), den Sinn. 11, 12 spricht ausdrücklich vom Sehen der „Feinde". c) Sacharja meint mit „Geschlechter der Erde" die Israelstämme in Palästina, im Gelobten Land (= „Erde"). Beide Begriffe, Geschlechter und Land, sind in der Offenbarung und auch Lk 21, 26–27 verallgemeinert zu „Menschen" und „Weltkreis". d) „Wehklage, wehklagen" ist wohl bei Sacharja, aber nicht mehr im NT ein positiver Begriff. Als auf dem Wege nach Golgatha über Jesus „Wehklage" erhoben wurde, wandte Jesus sich um: „Weinet nicht über mich!" Auch Mt 24, 30 sind die „Wehklagenden" beim Erscheinen des Menschensohnes nicht die „Auserwählten" von Vers 31.

Mt 5, 8: „Selig sind, die reines Herzens sind, denn sie werden Gott sehen." Es ist kein Aufsehen und Sich-Sattsehen, sondern entsetztes, erzwungenes Ansehenmüssen dessen, vor dem man sich verkriechen möchte (vgl. 11, 11—12; 6, 15—17; Lk 23, 30). Es betrifft alle Augen: die schläfrigen, die spöttischen, die frechen und die höflichen. Sie werden ihn sehen, ohne Ablenkung und ohne Unterbrechung ihn, nur ihn.

Ein Sprichwort sagt: „Wer nicht hören will, muß fühlen." Johannes sagt: Wer nicht hören will, muß (mit Erschrecken) sehen. An zahllosen Stellen fordert er zum Hören auf. Hören ist Merkmal der Gnadenzeit. Gott redet. Gnade ist es, wenn im Gottesdienst immer wieder ein „Prediger" vorhanden ist. Demgegenüber bedeutet Sehen (für die Hörunwilligen) den Predigt- und Gnadenabbruch. Dann ist keine Predigt mehr nötig; alle Augen sehen ja. Dann heißt es: Schluß der Debatte, Schluß mit Einwänden und Ausreden; und im gleichen Augenblick liegen alle vor der Wahrheit und Pracht des Gekommenen auf den Knien.

Unser Herr verfügt also über ein einfaches, aber wirksames Machtmittel, Menschen zu überführen. Er braucht sich nur sehen zu lassen. Dieses Mittel hat er am Anfang unseres Zeitalters, zu Ostern nämlich, eingesetzt, als es darum ging, eine Zeugenschar zu gewinnen. In den Jüngern war jeder Glaube gestorben. Die ersten Klänge der Auferweckungsbotschaft taten sie als Märchen ab. Da ließ der Herr der Herrlichkeit sich in einem begrenzten Kreis sehen. Dieses Sehen spielte in den Ostergeschichten eine entscheidende Rolle. Es läßt sich nachweisen, daß niemand dort glaubte, der nicht sah. Das gleiche Mittel wird Gott, wenn auch unter anderem Vorzeichen, am Ende der Gnadenzeit einsetzen. Unsere Zeit steht zwischen jenem Sehen am Anfang und diesem Sehen am Ende. „Er ist gesehen worden!" und „Es werden ihn sehen alle!" — das sind die beiden Zeugnisse, zwischen denen wir zum Glauben gerufen sind.

Und auch, die ihn durchstochen haben, werden ihn sehen. Diese Durchbohrung ist bei Johannes eindeutig auf den Lanzenstich bezogen (Jo 19, 37). Natürlich war es historisch nur ein einziger, ein römischer Soldat, der die Lanze führte. Hier aber werden sämtliche christusfeindlichen Aktionen verdichtet in diesen einen Lanzenstich. Eine ganze Welt hat die Hand an der Lanze. Saul von Tarsus war nicht der letzte, der in seiner Ahnungslosigkeit, wie vom Blitz getroffen, zu Boden stürzte und die Anklage Jesu vernahm: „Saul, Saul, was verfolgst du m i c h ?"

Und es werden heulen seinetwegen alle Geschlechter der Erde. In Kapitel 18, 9—19 findet sich der Text dieser „Wehklage" in ausführlichster Form. „Und sie schrien, weinten und klagten und sagten:

Weh, weh!" Unter ihnen stehen wieder die „Könige der Erde" (9). Doch mit ihnen heulen die Völker, die ihnen folgten. Das ist durchaus nicht der Ton der Buße, über den sich die Engel im Himmel freuen. Ohne an dieser Stelle auf alle Einzelheiten des göttlichen Gerichtes in seinen Höhen und Tiefen eingehen zu können, haben wir festzustellen, daß Johannes hier keine Bekehrungsstimmung schildert; keinen Gnadenempfang und keine geistliche Erneuerung. Der Ausdruck „alle Geschlechter", der hier noch durch die Hinzufügung „alle Augen" verstärkt wird, erinnert an „alle Knie" und „alle Zungen" in Phil 2. Damit haben wir auch den richtigen Gesichtspunkt für unsern Vers: In der Mitte des Blickfeldes steht, wie in Phil 2, 6–11, seit Vers 5 allein Jesus Christus und sein Weg. Dieser Herr von Karfreitag, Ostern und Himmelfahrt schreitet mit unaufhaltsamer Macht heran. Alle Welt huldigt ihm, ob nun jauchzend oder zähneknirschend, ob nun mit Vers 6 oder mit Vers 7, ob heute oder morgen. Aber an der Überlegenheit und Unüberwindlichkeit des Jesusnamens läßt sich „von Ewigkeit zu Ewigkeit" nichts mehr ändern. Das ist es, wozu die Gemeinde **„Ja, Amen"**[53] sagt.

Diese feierliche Bestätigung und gleichzeitige Treuezusage auf vorangegangenes Gotteswort seitens der hörenden Gemeinde kannte schon der jüdische Synagogengottesdienst. Es ist wichtig, daß der Mensch das Wort Gottes nicht echolos verschluckt, sondern daß ein Gespräch, eine beredte Gemeinschaft zwischen Gott und Mensch entsteht. Die biblische Theologie des Wortes meint nicht, daß Gott einen einseitigen Redetrieb besäße, der pausenlos Wörter produziert und daß er immerzu nur sich selber reden hören wollte, wobei der Hörer getrost den toten Mann spielen kann. Nein, sie umschließt durchaus auch dessen Antwort und Amen. Gott ist, wenn er redet, zugleich ganz Ohr und lauscht in die Hörergemeinde hinein, ob ihm jemand antwortet. Wenn dann das Amen als Vertrauensvotum und Treuezusage kommt, versinkt er nun nicht in Schweigen, sondern hebt er auf neuer Ebene neu zu reden an. Das Gespräch ist nun im Gange und führt von Amen zu Amen, von Gnade zu Gnade, von Klarheit zu Klarheit.

Die Urchristenheit hat das synagogale Amen neu erfaßt und christlich gefüllt. Danach e r g e h t in Christus nicht nur Gottes Wort, sondern in ihm e m p f ä n g t dieses Wort auch seine Antwort von den Menschen. Christus ist beides zugleich, Fülle der Verheißungen Gottes und Amen auf alle Verheißungen Gottes (2 Kor 1, 20a; Offb 3, 14). Damit ist das Gespräch gestiftet, und immer andere Men-

[53] Auch diese Verdoppelung (grie und hebr Beteuerungsformel) kehrt im Schlußteil wieder wenn auch auseinandergezogen (22, 20).

schen können sich durch Vermittlung dieses Jesus einschalten in die Gemeinschaft mit dem Vater u n d dem Sohne (1 Jo 1, 3). „Durch ihn sprechen auch wir das Amen, Gott zu Lobe" (2 Ko 1, 20b). Unser Amen lebt also von seinem Amen. Seine Treue (1, 5) macht uns treu. Diese Treue gelobt der Beter durch sein Ja und Amen. Er will dem Gehörten vertrauen und alles darauf setzen. Das vernommene Wort soll in seinem kleinen Leben nicht bloßes Getön bleiben, sondern geliebte, gelobte, gelebte und auf alle Welt übergreifende Wirklichkeit.

Das Vorwort der Offenbarung gipfelt schließlich in einem Vers,
dessen Sprecher Gott selbst ist (sonst nur noch 21, 5–8): **Ich bin das** 8
Alpha und das O, spricht der Herr, Gott, der Seiende und der da war und der Kommende, der Allgewaltige[64]. Beide Vershälften laufen parallel, beginnen jeweils mit dem machtvollen Hereintreten der Gottesgegenwart und entfalten diese im Zweizeitenschema[65], das uns schon in Vers 4 beschäftigte. In 22, 13 erklingt ein ganz ähnliches Wort aus dem Munde Jesu. Diese Gemeinsamkeit Jesu Christi mit Gott dem Herrn bis in die höchsten Namen und Ehren ist für Johannes nicht verwunderlich. Christus vertritt Gott ganz und gar. Gott hat Christus zu seinem Bevollmächtigten in jeder Hinsicht eingesetzt (Jo 3, 35). Johannes ergänzt also das paulinische „Gott w a r in Christus" (2 Ko 5, 19): Er i s t und w i r d s e i n in Christus. Indem wir das hören und in einem feinen und guten Herzen behalten, mag die Auslegung des Buches beginnen.

DIE BEAUFTRAGUNG DES JOHANNES

Offenbarung 1, 9–20

Die Umstände

Offenbarung 1, 9

9 Ich, Johannes, euer Bruder und Mitgenosse in der Drangsal und an der Königsherrschaft und im Harren auf Jesus, ich kam auf die Insel namens Patmos um des Wortes Gottes und um des Zeugnisses Jesu willen.

64 „Allgewaltiger" ist in der Septuaginta Ersatzwort für den alten und häufigen Gottestitel „Herr Zebaoth" (279 mal im AT). So nannte Israel seinen Herrn, wenn es die Niederwerfung der Gegengötter und besonders den Endsieg im Auge hatte. Vgl. auch Anm. 49.

65 Die Verwendung des ersten und letzten Buchstabens des grie Alphabets für Anfang und Ende kennt die LXX noch nicht, wohl die Umwelt des Johannes. Doch ist es nur ein kleiner Schritt von der Zahlensymbolik zur Buchstabensymbolik, da die Buchstaben als Zahlzeichen verwendet wurden.

Noch unter dem Schall des göttlichen „Ich" in Vers 8 tritt jetzt das
9 „Ich" des Propheten vor die Gemeinde hin: **Ich, Johannes**[56]. Falsche Bescheidenheit liegt ihm fern. Er weiß sich als Gottes Stimme und läßt sich in dieser Hinsicht durch nichts und niemanden überstimmen. Doch dieses Stimme-Gottes-Sein hebt nicht für eine Sekunde das Bruder-Sein auf: **euer Bruder und Mitgenosse.** Im AT konnten Berufungen stark in die Vereinzelung führen (besonders Jer 15, 20; 20, 4. 7), in einen bis in die Kleidung und Lebensart hinein abgehobenen Prophetenstand. Im Neuen Bund aber bilden alle Glieder zusammen eine Prophetengemeinde (s. zu 1, 1). Jeder ist in seiner Weise Stimme. Besondere Berufungen, wie Johannes sie jetzt bezeugt, fügen nur um so tiefer in diese Gemeinde ein. Sie machen nicht zu einem hervorragenden, sondern zu einem hineinragenden Mann. Wie beschämend, wenn derjenige, dem etwas Besonderes anvertraut wurde, sofort ein schlechterer Bruder wird und sich der hohen Offenbarungen überhebt (vgl. 2 Ko 12, 17). Petrus beispielsweise erhielt gewiß eine Schlüsselfunktion, aber keine Schlüsselstellung. Er trat auf „mit den Elfen" (Apg 1, 14).

Neben den altbiblischen Brudernamen, der die religiöse Gemeinschaft kundtut, tritt ein mehr sachbezogener Ausdruck: **Mitgenosse**[57]. Die gemeinsame Sache wird dreifach bestimmt: **in der Drangsal, an der Königsherrschaft und im Harren auf Jesus.**

Der mittlere Begriff überdacht die beiden anderen. Das NT spricht mal von der **Königsherrschaft**[58] Gottes (z. B. Mt 12, 28; 21, 31; 21, 43), mal von der Königsherrschaft Jesu Christi (z. B. Mt 13, 41; 16, 28; Lk 1, 33; Jo 18, 36), ohne daß zwei verschiedene Reiche gelehrt werden: Es ist die eine Herrschaft beider (Eph 5, 5; Offb 12, 10). Ohne von Christus zu sprechen, kann nicht von Gottes Herrschaft die Rede sein, und umgekehrt.

Im Kern geht es bei dieser Königsherrschaft um das Königsein Gottes. Der Ruf: „Gott ist König!" läuft durch das AT hindurch bis in das letzte Buch der Bibel (Offb 11, 17; 19, 6). In diesem Lauf hat Gottes Königsein seine bewegte Geschichte und darum auch seine

56 Vgl. Dan 7, 2. 28; 8, 1; 9, 2; 10, 2, auch Gal 5, 2; 1 Th 2, 17; Phlm 19.

57 Das grie Wort *syngkoinōnos* ist außerbiblisch erst um 110 nach Christus für Geschäftsteilhaberschaft belegt, war also zur Zeit des Johannes ein moderner, profaner Ausdruck (vgl. 18, 4). Er liebt diese Verkoppelung von Bibelsprache und Gegenwartssprache, von Hebr und Grie, von heiliger Geschichte und Zeitgeschichte. Dafür ließen sich viele Beispiele bringen.

58 Die gleiche Vokabel *basileia* begegnete bereits 1, 6, dort aber abhängig von 2 Mo 19, 6 ohne eigenen Ton und geradezu deckungsgleich mit der Gemeinde. Hier liegt ein anderer Sprachgebrauch vor. Die drei Hauptstellen zur Königsherrschaft Gottes sind in diesem Buch 11, 15—17; 12, 10 und 19, 6 (s. d.).

verschiedenen Gestalten. Entscheidende Daten dieser Geschichte sind in der Vergangenheit Karfreitag und Ostern und in der Zukunft die Ankunft Christi in Herrlichkeit. Dazwischen geht diese Königsherrschaft vor allem in der Gestalt der Evangeliumsverkündigung einher. Sie benachrichtigt alle Völker von der Macht der Liebe, die sich in Jesus offenbart, und ruft zum Gehorsam des Glaubens auf. Darum läßt besonders Lukas „Königsherrschaft" und „Evangelium" eng zusammenrücken (4, 43; 8, 1; 16, 16; Apg 8, 12; vgl. auch Lk 18, 29 mit Mk 10, 29 und Mt 19, 29).

An dieser gegenwärtigen Gestalt der Königsherrschaft hat also Johannes zusammen mit den Gemeinden in der Provinz Asien Anteil. Nicht von ungefähr spricht er im gleichen Atemzug vom Wort Gottes und Zeugnis Jesu. Ihre gemeinsame Anteilhabe an der Königsherrschaft besteht demnach in ihrer „Gemeinschaft am Evangelium", wie Paulus es ausdrücken könnte (Phil 1, 5; 1 Ko 9, 23).

Das ruft sofort eine Gemeinschaft in der **Drangsal**[59] hervor. Schon im grie AT ist dieses Wort (thlipsis) vorwiegend Ausdruck für die Bedrängnisse des Gottesvolkes. Im NT steht es fast ausschließlich für die Leiden des Messias und des messianischen Volkes. Mt 24 befaßt sich ausführlicher mit diesen Leiden. Sie schwellen von Stufe zu Stufe an: Vers 4–8 schildert den „Anfang der Wehen", Vers 9–14 die „Drangsal" in Form der Jüngerverfolgungen[60], Vers 15–28 die „große Drangsal" als den Höhepunkt, Vers 29–31 die Geschehnisse „nach der Drangsal".

Die Jüngerverfolgungen lösen in der Gemeinde Verrat und Abfall aus (Mt 24, 10–12), aber auch Leidensgemeinschaft und Bewährung der Bruderschaft[61]. Darum betont Johannes hier die Bruderschaft. Gerade hatte sich eine Woge der Drangsal erhoben und ihn selbst in die Verbannung gebracht. Die Maßnahmen scheinen erst einzelne betroffen zu haben, aber alle waren bedroht, so wahr sie teilhatten am Evangelium von der Königsherrschaft Christi. Das war die Klammer um Schreiber und Hörer; sie ruft er ihnen ins Gedächtnis.

[59] Die übliche Übersetzung mit „Trübsal" erinnert gar zu sehr an eine dunkle, stumpfe Seelenstimmung, an Trübsinn und Trübsalblasen. Gemeint ist aber Druck durch Verfolgung, Gefängnis, Schmährede, Schläge, Hunger, Kälte usw. Freilich gibt es auch innere Bedrängnis um Jesu willen.

[60] „Drangsal" auf „Verfolgung" bezogen: Mk 4, 17; 13, 21; Rö 8, 35; 2 Th 1, 4.

[61] In diesen Zusammenhang gehören Mahnungen wie Hbr 10, 25. 32–35; 13, 1–3.

Die andere aus dem Evangeliumsdienst oder Königreichsdienst fließende Gemeinsamkeit ist das **Harren auf Jesus**[62], denn das Königsein Gottes und seines Christus hat heute noch nicht seine Endgestalt. Noch geschieht Gottes Wille nicht auf Erden wie im Himmel, noch beugen sich nicht alle Knie vor Christus, noch führen darum Tod, Leid, Geschrei und Schmerz ihr Regiment, noch liegen auch Versprechungen vor auf viel Besseres, auf unermeßlich Herrliches. Darum kann sich die Gemeinde nicht mit den bestehenden Verhältnissen abfinden. In aller Sanftmut ist sie mit ihnen gründlich unzufrieden, eine zukünftige Stadt suchen sie (vgl. Hbr 13, 14). Die Erweckung Jesu von den Toten und die Gabe des Heiligen Geistes erweckten in ihr unbändige Zuversicht und Vorfreude. Mit vorgestrecktem Kopf steht sie in der Gegenwart, ausgespannt auf die Zukunft des Herrn, interessiert am Vorausschreiten der Zeit, und sehnt sich nach der Veränderung dieser Welt. Die Offenbarung hebt dieses Element der Gemeindelehre stark heraus: Zu ihrer Jesuserinnerung und Jesusgegenwart gehört unbedingt auch ihre Jesuserwartung[63]. Durch dieses Warten erweist sich die Gemeinde als Braut (22, 17), und dieser Brautstand gehört zu ihrem Wesen. Das Erlahmen der Jesuserwartung in den sieben Gemeinden und die damit verbundene Wesensverfremdung waren ein Hauptanlaß für die Botschaften in Kapitel 2 und 3.

Der Selbstvorstellung fügt Johannes eine kurze Erinnerung an sein persönliches Ergehen an. Ausführliches darüber erübrigte sich, denn die Dinge konnten den damals Angesprochenen kaum unbekannt sein: **Ich kam auf diese Insel namens Patmos um des Wortes Gottes und des Zeugnisses Jesu willen**[64]. Die Insel, die zur Inselkette der Sporaden gehört, etwa in der Höhe von Milet gelegen, ist mit ihren 32 Quadratkilometern nicht gerade klein, aber durch Zerklüftung und Bodenbeschaffenheit unwirtlich, damals fast unbewohnt. Den Andeutungen des Kirchenvaters Tertullian, daß die Haft des Johannes milder Art gewesen sei, vielleicht eine Art Schutzhaft, ist Glauben zu schenken[65]. Johannes konnte immerhin ein umfangreiches Sendschreiben

[62] Die Übersetzung des Wortes *„hypomonä"* in „Harren" statt „Geduld" ist sprachlich möglich und liegt in der Offenbarung nahe. Es fehlte sonst in diesem Buch der Begriff des Hoffens. Ferner entscheidet sich die obige Übersetzung aus sachlichen Gründen für die Lesart „Harren auf Jesus" statt „Harren in Jesus". Die Wendung „in (Jesus) Christus" gehört in die Sprache des Paulus, nicht aber des Johannes. Dementsprechend heißt es auch 3, 10 sprachlich ähnlich wie hier „Harren auf mich". Weiteres zum Begriff siehe zu 2, 2, zum Sprachlichen vgl. Anm. 124.

[63] Nach 1 Kor 15, 19 ist ein Christenleben ohne eine diese Weltzeit übersteigende Jesuserwartung eine elende Angelegenheit.

[64] Zu dieser Wendung vergleiche 1, 2.

[65] Tertullian (ca. 160—220 n. Chr.) spricht in *De praescriptione haereticorum* von *„relegatio"* der mildesten Form der Verbannung, nicht von *„deportatio"*.

verfassen und Boten abordnen. Den gemäßigten Behörden (Einleitung Nr. 10) lag nicht an einer Verschärfung der Lage, aber der persönliche Einfluß des greisen Apostels auf die Gemeinden paßte nicht in die von ihnen gewünschte Entwicklung. Mit der Verbannung des Apostels erreichten sie allerdings das Gegenteil.

Die Stimme des Engels

Offenbarung 1, 10–11

10 **Ich geriet in Geist(ergriffenheit) am Herrntag und hörte hinter**
11 **mir eine große Stimme wie (von) einer Trompete, * die sprach:**
Was du siehst, schreibe in ein Buch und sende (es) den sieben Gemeinden, nach Ephesus und nach Smyrna und nach Pergamon und nach Thyatira und nach Sardes und nach Philadelphia und nach Laodizäa.

Die beiden Hauptvisionen des Buches werden schon durch die be- 10
sonders ausführliche und feierliche Einleitung herausgehoben (hier und 4, 2): **Ich geriet in Geist**[66]. Hier steht die Erscheinung des Menschensohnes bevor, der Herr und Richter der Gemeinde ist. Kapitel 4, 2 beginnt die Schau Gottes, des Herrn und Richters aller Welt.

Das Geschehen am Propheten wird nicht psychologisch geschildert. Dann müßten ganz andere Begriffe kommen. Es ist davon auszugehen, daß Johannes befähigt werden sollte, Blicke in den Sinn der Geschichte zu tun, also in das „muß" von 1, 1. Als Mensch von Fleisch und Blut sah er der Geschichte ihren Sinn nicht an. Menschen machen ständig Dinge durch, deren Sinn sie nicht kennen oder über deren Sinn sie sich täuschen. Ein Geschehen, das sie mit Behagen genießen, könnte zu einer Unheilsgeschichte gehören, oder ein anderes, unter dem sie unsagbar leiden, in Wahrheit Bestandteil einer Heilsgeschichte sein. Auch in diesem Zusammenhang gilt, daß Fleisch und Blut das Reich Gottes nicht sehen können. Darum erfährt der Prophet ein Herausgerissenwerden aus aller natürlichen Befangenheit und Benommenheit in die Sphäre des Geistes Gottes, hoch hinaus über subjektive Empfindungen. Und von oben sieht man mehr. „Der Geist erforscht alle Dinge, auch die Tiefen der Gottheit" (1 Ko 2, 10).

[66] Der Ausdruck ist zu unterscheiden vom „Sein im Geist" nach Rö 8, 9, einem Dauerzustand des Christen. Hier handelt es sich um einen Sonderzustand (E. Lohse, a. a. O. S. 16: „Verzückung") zum Zweck des Offenbarungsempfanges. Er wurde durch die starke Stimme des Engels ausgelöst. Dieser Zusammenhang ist 4, 2 besonders deutlich. Den Begriff der „Ekstase" (Außer-sich-sein) deuten an: Apg 10, 10; 22, 17; 11, 5; (12, 11); 2 Ko 5, 13; 2 Ko 12, 2; Mk 3, 21.

Das geschah für Johannes auf Patmos **am Herrntag**[67]. Diese Tagesbezeichnung begegnet innerhalb der Bibel nur hier, während sie im unmittelbar an das NT anschließenden christlichen Schrifttum immer häufiger erscheint, und zwar einmütig als christliche Benennung des ersten Tages der Woche in Erinnerung an die Auferstehung des Herrn[68]. Als Auferstehungstag und als achter Tag weist er allerdings auch auf die Neuschöpfung am kommenden großen Gottestag hin. Eine nur kalendarische Angabe wäre Johannes sicher nicht wichtig genug gewesen. Durch die Nennung des Sonntags hob er vielmehr eine Doppelbeziehung hervor: Einerseits war es der Versammlungstag, an dem er die Gemeinden des Festlandes zur Anbetung des Auferstandenen beieinander wußte; andererseits der Hoffnungstag, der seinen Sinn auf Weltvollendung und Welterneuerung lenkte.

Und hörte hinter mir eine große Stimme. Die Vision beginnt mit einer Audition (Hörerlebnis). Es überrascht ihn von rückwärts (vgl. Hes 3, 12) eine Stimme. Sie hat mit seinen eigenen Stimmen, Erwartungen und Bestrebungen nichts zu tun. Der Prophet wird aus dem Eigenen herumgerissen in das, was Gott ist. „Er weckt mir das Ohr, daß ich höre wie ein Jünger" (Jes 50, 4. 5). Die Stimme hat eine Gewalt **wie einer Trompete Stimme**[69]. Der Klang – es handelt sich um ein Signalinstrument mit einem, höchstens zwei Tönen, soll mehr laut als schön gewesen sein: rauh, durchdringend, schmetternd. Er wurde mit dem Donner, dem Geschrei eines Esels oder dem Gebrüll eines Löwen verglichen. Um einen kaum beschreibbaren, überirdischen und erschreckenden Klang geht es hier[70].

67 Verbreitet ist die Auslegung, Johannes sei nicht nur auf die höhere Ebene des Geistes Gottes versetzt worden, sondern zugleich auch in den zukünftigen Zeitpunkt des „Tages des Herrn", also in die von den Propheten verheißene Zeit des Gerichtes und der Erlösung am Ende. So kommt es zur „endgeschichtlichen" Auslegung der folgenden Gesichte (Einleitung Nr. 61). Diese Deutung scheitert aber am Text, der nicht „Tag des Herrn" sagt, sondern wörtlich „herr-licher Tag" (kyriakä hämera), vgl. die Bildung von Eigenschaftswörtern wie „königlich, kaiserlich" usw.), also ein dem Herrn gehörender geweihter Tag, ein Herrntag. In der Provinz Asia war dieses von „Herr" abgeleitete Eigenschaftswort gängig (nachweisbar seit 68 n. Chr.). Belegt ist die Rede von herr-lichen Diensten, Finanzen, Kassen usw. Herr war in diesen Zusammenhängen der göttlich verehrte Kaiser in Rom. Ihm zu Ehren gab es auch regelmäßig „kaiserliche Tage". In dieser Umgebung, wohlgemerkt, gingen die Christen dazu über, den Tag, der sie an die Auferstehung ihres Heilandes erinnerte, Herrntag zu nennen. Es liegt nahe, auch darin eine Antwort auf den Kaiserkult zu erblicken (vgl. auch „Herrn-mahl", 1 Ko 11, 20).

68 Z. B. Didache 14, 1, wahrscheinlich im ersten Jahrzehnt des zweiten Jahrhunderts geschrieben, ferner in dem vor 110 an die Gemeinde in Magnesia gerichteten Brief des Ignatius 9, 1 und in dem einige Jahrzehnte später verfaßten sog. Barnabasbrief 15, 2.

69 Zum Instrument selbst und zur Übersetzung mit „Trompete" s. zu 8, 2.

70 Hier begegnet uns erstmals von 70 Malen das apokalyptische „wie". Daneben verwendet die Offenbarung noch das volltönendere und feierlichere „gleich", „gleichermaßen", „in

Die unbekannte[71] himmlische Stimme sprach: **Was du siehst,** schreibe in ein Buch. Johannes konnte den Empfängern die Gesichte nicht mündlich mitteilen. Aber diese Begründung des Schreibbefehls reicht noch nicht aus. Schon atst Propheten hatten ihre Botschaft gelegentlich zu Papier zu bringen, um ihr besonderes Gewicht anzuzeigen (z. B. Jer 36; Hab 2, 2). Indem Gott sein Wort schriftlich gibt, bindet er sich; und er bindet die Hörer: Ich habe es dir schriftlich gegeben! Dieses Wort gilt, es gilt über den Augenblick hinaus; es gilt auch für andere, die jetzt und hier nicht dabei sind. Es ist allgemein verbindlich. 11

An dieser Stelle ist der Unterschied zwischen christlicher Prophetie im allgemeinen und diesem prophetischen Wort zu erörtern. Schon 1, 1 klang es an und 11, 1–13 wird es unterstrichen, daß Johannes die gesamte Gemeinde als Prophetengemeinde betrachten konnte. Dennoch sicherte er seinem Buch nach 1, 3 einen einzigartigen Platz. Diesen Anspruch begründet seine besondere Berufung auf Patmos. Sie wurde sofort mit einem Schreibbefehl eröffnet (V. 11) und auf ihrem Höhepunkt noch einmal durch diesen Schreibbefehl gekrönt (V. 19). Dieser Schreibbefehl tönt im ganzen Buch nach (2, 1. 8. 12; 3, 1. 7. 14; 10, 4; 14, 13; 19, 9; 21, 5), und ihm entspricht die betonte Erwähnung der Buchform dieser Prophetie (1, 11; 22, 7. 9. 10. 18. 19). Das Schreiben rückt also in solch einem Maße in die Mitte, daß ihm offensichtlich theologische Bedeutung zukommt. Es erhebt dieses Prophezeien in einen maßgeblichen Rang für alles fernere christliche Prophezeien. In den hier gezogenen Bahnen ist fortan zu laufen, d. h. alle Propheten nach diesem Propheten stehen in seiner Überlieferung, er selbst aber setzt Überlieferung. In diesem Sinne gilt sein Auftrag: Schreibe! Selbstverständlich mögen auch spätere und auch heutige christliche Propheten aus praktischen Gründen ihre Worte niederschreiben, aber sie werden dadurch nimmermehr „Schriftpropheten" im theologischen Sinn sein.

Und sende (es) an die sieben Gemeinden, nach Ephesus und nach Smyrna und nach Pergamon und nach Thyatira und nach Sardes und nach Philadelphia und nach Laodizäa. Diese Städte waren Behörden-

Gleichgestalt" (45 mal). Beide Ausdrücke bringen ein Moment des Ausweichens und Schwebens in die Schilderung der Visionen. Weil es für ihren Gegenstand nichts wirklich Vergleichbares gibt, können sie nicht im naturwissenschaftlichen Sinn exakt beschrieben werden. Das gilt auch dann, wenn das „wie" gelegentlich fehlt. 5, 6 heißt es: „Ein Lamm w i e geschlachtet"; 5, 12; 13, 8 jedoch einfach: „das geschlachtete Lamm." 15, 2 heißt es zuerst: „w i e ein gläsernes Meer", in der zweiten Vershälfte aber: „Sie standen am gläsernen Meer."

[71] Vgl. 4, 1; 6, 6; 7, 4; 9, 13. 16. Nach dem alten Luthertext (vor der Revision von 1956) handelte es sich an dieser Stelle um die Stimme Jesu. Die bessere Textüberlieferung und auch sachliche Gründe sprechen für den hier wiedergegebenen Wortlaut.

sitze und schon dadurch Schwerpunkte für den Kaiserkult. Die Aufzählung folgt dem Postweg von der Hauptstadt Ephesus nach Norden bis Pergamon, dann ins Binnenland hinein und wieder südwärts, eine Strecke von vielleicht 400 km[72]. Die sinnbildliche Bedeutung der Siebenzahl hat schon zu 1, 4 beschäftigt: Über die aufgezählten Ortsgemeinden hinaus beansprucht Johannes Gehör bei den Gemeinden aller Orte und Zeiten.

Die Vision des Herrn

Offenbarung 1, 12–16

Zu Vers 13: Dan 7, 13; 10, 5 f
Zu Vers 14: Dan 7, 9; 10, 6
Zu Vers 15: Dan 10, 6; Hes 1, 24; 43, 2
Zu Vers 16: Ri 5, 31

12 Und ich wandte mich um, zu erblicken die Stimme, die mit mir
13 sprach, und herumgewandt sah ich sieben goldene Leuchter, * und
in der Mitte der Leuchter einen, gleich einem Menschensohn, be-
kleidet mit einem Schleppgewand und gegürtet um die Brust mit
14 einem goldenen Gürtel. * Sein Haupt aber und die Haare weiß
15 wie schneeweiße Wolle und seine Augen wie feurige Flamme * und
seine Füße gleich der Erzglut wie im feurigen Ofen und seine
16 Stimme wie die Stimme vieler Wasser. * Und er hatte in seiner
rechten Hand sieben Sterne und aus seinem Mund ein spitzes,
zweischneidiges Schwert herausfahrend, und sein (Gesamt)**anblick**
– wie die Sonne leuchtet in ihrer Macht.

Es empfiehlt sich, in die Auslegung dieses Abschnittes nicht schon die Deutung der Verse 17–20 hereinzubringen. Noch handelt es sich um den stummen, ungedeuteten Teil der Vision. Mit tastenden Worten schildert Johannes sie mal mit dem Begriffsschatz der Engelerscheinung aus Da 10, 5–6, mal mit Worten der Menschensohnerscheinung aus Da 7, 13, schließlich auch mit Erinnerungen an die Gotteserscheinung aus Da 7, 9. Hinzu treten Anklänge an Hes 1; 9; 11 und 12. Was sieht er nun? Einen Engel, Christus oder Gott? Volle Gewißheit wird erst durch die Stimme des Herrn entstehen.

Doch obwohl die Gestalt nicht redete, war sie doch nicht stumm. „Als ich ihn sah", bezeugt Johannes später, „fiel ich zu seinen Füßen wie ein Toter" (17). An ihr sprach jede Einzelheit, jedes Kleidungsstück. Im Morgenland ist die Kleidung in weit höherem Maß Ausdrucksmittel als bei uns, und der Sinn der Morgenländer für die Sprache der Gewandung ist stark entwickelt. Was einer trägt, das ist er. Darum spielt im NT das Anziehen, Ablegen, Überkleiden, Tragen oder Nackt-

[72] Über die wirtschaftliche und politische Bedeutung der genannten Städte, vgl. W. Barclay, Das sagt der Auferstandene, Kassel, 1967.

sein (vgl. „in Christo sein") eine so große Rolle. Also wird hier Stück für Stück geschildert, damit der Leser Stück für Stück beachtet.

Und ich wandte mich um, zu erblicken die Stimme, die mit mir 12
sprach, und herumgewandt sah ich sieben goldene Leuchter. Der Absicht des Propheten, im Herumwenden[73] den Träger der lauten Stimme zu gewahren, entspricht nicht das Ergebnis. Er schaut statt dessen sieben goldene Leuchter. Die Gedankenverbindung zum siebenarmigen Leuchter von 2 Mo 25, 31–40 (vgl. Sach 4, 2) ist kaum fernzuhalten. Nach der Zerstörung Jerusalems wurde er zum allgemein anerkannten Sinnbild des Judentums und erscheint auf zahlreichen Reliefs, auf jüdischen Lampen, auf Knochen- und Elfenbeinschnitzereien, auf Mosaikpflastern, auf Särgen und an Wänden. Aber gleichzeitig verschmilzt dieser atst Bezugspunkt mit einem zeitgeschichtlichen. Archäologen haben bei Ephesus riesige Lichtständer ausgegraben (s. Stauffer, Christus und die Caesaren, S. 183). Einst mögen sie bei Kultfesten im Tempel das Kaiserbild umstanden haben. So handelt es sich hier um sieben einzelne, im Ring oder im Halbkreis stehende Lichtständer, von denen einer nach 2, 5 fortgenommen werden konnte. Aber in ihrer Mitte steht nicht der Kaiser. Ein anderer trat an seinen Platz und beansprucht seine Ehre:

Und in der Mitte einen, gleichgestaltig einem Menschensohn, be- 13
kleidet mit einem Schleppgewand. Die Zurückhaltung im Nachzeichnen des Geschauten ist kaum zu übersehen (vgl. Anm. 70). „Menschensohn" ist hier nicht Titel wie in den Evangelien so oft, sondern der vorsichtige Versuch, die Gestalt mit Hilfe von Da 7, 13 zu beschreiben. Sie trägt ein lang wallendes Gewand, das nur gerade die Füße frei gibt (Vers 15). Diese Erwähnung wiederum könnte an den Engel in Da 10, 5 erinnern. Aber auch das ist keine genaue Parallele. Es wird ein Wort gewählt, das als Fachausdruck für die Amtstracht des Hohenpriesters gelten kann (2 Mo 25, 7; 28, 4. 31; 29, 5; Sir 45, 8)[74]. Desgleichen ist diese Gestalt im Unterschied zu Da 10, 5 nicht um die Hüfte, sondern **gegürtet um die Brust mit einem goldenen Gürtel.** So blieb der Faltenwurf des Gewandes ungehemmt, und der Eindruck der Pracht und Ruhe steigerte sich. Der jüdische Schriftsteller Josephus berichtet vom goldenen Gürtel und überhaupt vom reichlichen Gold in der Tracht des Hohenpriesters[75].

[73] Zweimal wird von der Wendung gesprochen und dadurch stark unterstrichen, daß die Stimme von rückwärts erschallt (1, 11).

[74] In Hes 9, 2. 3. 11 trägt einer der Gerichtsengel dies Schleppgewand zum Kennzeichen. Zum Richterlichen hier vgl. Vers 14.

[75] Unter Hinweis auf 1 Makk 10, 89; 11, 58; 14, 44 wird hier gern das Königliche hineingedeutet. Dort handelt es sich aber um eine goldene Spange, einen königlichen Orden. Freilich lagen das Hohepriester- und das Königsamt dicht beieinander.

14 Nach den folgenden Versen geht es hier aber nicht um einen Hohenpriester im allgemeinen, sondern sehr herausgehoben um seine Richterfunktion: **Sein Haupt aber und die Haare weiß wie schneeweiße Wolle und seine Augen wie feurige Flamme.** Dies sind wiederum Elemente aus dem Bild des göttlichen Richters von Da 7, 9. Da-
15 nach ist weiß die Umschreibung himmlischer Lichtnatur. **Und seine Augen wie feurige Flamme und seine Füße gleich dem Erzglut wie im feurigen Ofen.** Daß die feuerflammenden Augen und glühenden Füße Elemente des Richterlichen andeuten, zeigen 2, 18; 19, 12 in ihren Zusammenhängen: Es ist der alles durchstrahlende und verzehrende Richterblick und die vernichtende Glut des seinen Fuß auf den besiegten Feind setzenden Herrn der Gerechtigkeit. An dem seltenen Wort „Erzglut"[76] soll eher das Feuerelement als der Farbton zum Bewußtsein kommen: Wo diese Füße hintreten, bleibt Asche übrig[77]. Füße stellte man auf den Nacken Besiegter und Schuldverfallener! **Und seine Stimme wie die Stimme vieler Wasser.** Ähnlich lautet es in den Gotteserscheinungen Hes 1, 24; 43, 2. Meist wird Gott eine Donnerstimme beigelegt, aber Donner und Gewittersturm greifen ineinander (vgl. auch Offb 14, 2; 19, 6). Gegen diese Stimme kommt keine irdische Stimme an. In ihrem Gericht ersterben Menschenworte. Sie führt das letzte Wort und bekommt allein recht.

16 Dann fällt der Blick des Sehers auf die Rechte des göttlichen Richters und Herrschers. Das ist seine Tathand, mit der er handelt und regiert. Worüber regiert er, und worauf bezieht sich hier seine Verfügungsgewalt? **Und er hatte in seiner rechten Hand sieben Sterne.** Für diese Sterne in ihrer Siebenzahl bringt das AT keine Parallele. Dagegen sprach man in der damaligen Umwelt gern vom Siebengestirn (Kleiner oder Großer Bär) oder faßte Sonne, Mond und fünf Planeten zusammen. Der Begriff muß volkstümlich gewesen sein, denn auf Münzen erschien der Kaiser mit den sieben Sternen über seiner Hand, d. h. in der Pose des Weltherrschers. Nach weitverbreitetem Glauben waren die Gestirne Götter und Lenker des Schicksals. Wer sie in der Hand hatte, war der Allerhöchste. So schaut Johannes jedenfalls einen Allerhöchsten. Aber das Geheimnis der sieben Sterne lüftet sich erst Vers 20 (vgl. auch 2, 1).

Und aus seinem Mund ein spitzes, zweischneidiges Schwert herausfahrend. Ganz allgemein kann das Schwert[78] Bild für tödliche Worte

[76] Mal 3, 21. Das Treten auf besiegte Feinde: Ps 59, 11–12; 44, 5; 60, 14; 72, 4; 108, 14; Jes 14, 25; 22, 5; 25, 10; 26, 6; 28, 3. Im NT unterbleibt die grausige Ausmalung des Vorganges: 1 Kor 15, 27; Hbr 2, 8.

[77] Nachweis für diese Deutung bei J. P. Lange, Die Offenbarung des Johannes, Bielefeld/Leipzig 1871, S. 75.

[78] Das Grie kennt zwei Vokabeln für Schwert. Hier ist eigentlich das riesige Barbaren-

sein (Ps 57, 5; Spr 5, 4; 12, 18). Von Worten aus dem Munde Gottes lebt man (Mt 4, 4), aber sie können auch töten wie ein Schwert (Jer 49, 2; Offb 2, 12. 16; 19, 15. 21). Der Zusatz **aus seinem Munde** mahnt, sich nicht auf ein Schlachtfeld versetzt zu fühlen, wo das Schwert mit der Hand geführt wird, sondern auf den Gerichtsplatz[79]. Dort ergeht der Richterspruch, und zwar unwidersprochen (vgl. die Anwendung 2, 12–17).

Nachdem von der Gestalt in Vers 13 ihr Gewand, Vers 14 Gesicht und Haar und Blick, Vers 15 Füße und Stimme und in Vers 16a Hand und Mund beschrieben sind, folgt die Zusammenfassung: **Und sein** (Gesamt)**anblick – wie die Sonne leuchtet in ihrer Macht.** Der Sonnenvergleich ist ein altes Siegessymbol (Ri 5, 31; Mt 13, 43). Nach dunkler Nacht steht – um die Mittagssonne – der Endsieg Gottes strahlend da. – So schaut Johannes inmitten der Leuchter eine leuchtende Gestalt[80]. Alles an ihr leuchtet und übertrifft noch das Leuchten der Leuchter.

Das Charakteristikum an der Erscheinung ist das Richterliche[81]. Das bestätigt die Entfaltung in Kapitel 2 und 3, deren Quellort diese Vision darstellt. Sie spricht von Richterauge und Richterfuß (2, 18), vom Richterschwert (2, 16), von der Rechtsfindung (3, 2), von der Erforschung der Herzen und Nieren und Vergeltung nach den Werken (2, 23), vom Umstoßen des Leuchters (2, 5), Ausspeien (3, 16), Über-

schwert genannt, das beidhändig geschlagen wurde. Anders wurde das römische Kurzschwert bezeichnet; Hbr 4, 12 spricht vom Worte Gottes unter dem Bild des kurzen Schwerts. Dort geht es nicht um Tötung, sondern um das Freilegen und Entblößen der Eingeweide und Knochen, wie es mit einem Opfermesser geschah. An ein Opfermesser ist vielleicht auch Offb 13, 14 zu denken. Aber die beiden Vokabeln sind gerade bei Johannes weithin Austauschbegriffe geworden und oft nicht mehr zu unterscheiden, vgl. zu 6, 8.

79 Die Offenbarung hält diese Linie streng durch, auch dort, wo sie vom „Kriegen" Christi spricht: 2, 16; 19, 11. In beiden Fällen ist dieses „Kriegen" ausdrücklich durch das Richterliche erläutert. Der Krieg ist nicht Christi Mittel. Um seine Herrschaft ist seit Golgatha nicht mehr zu kämpfen. Sie steht fest. Verbleibender Widerstand wird erhaben fortgehaucht (2 Th 2, 8). Kaum betritt Christus den Kampfplatz, ist der Kampf auch schon beendet (Offb 19, 19–21). Aber sein Recht muß noch an den Tag kommen. Er wird das Urteil sprechen!

80 Das hier mit „(Gesamt)anblick" übersetzte grie Wort *opsis* wird von den meisten Übersetzern mit Angesicht oder ähnlich wiedergegeben (z. B. Rev. Luther, Zürcher, Elberfelder, F. Sigg, NT 68, E. Lohse). Für die vorliegende Möglichkeit, vgl. W. Bauer, Wörterbuch zum NT.

81 Gern wird in diesem Abschnitt ein dreifaches Amt Christi gefunden: König, Priester und Prophet. So folgt man aber nicht der Führung des Textes. Vom König und Prophetentum klingt unmittelbar gar nichts an. Aber auch das Hohepriestertum wird nicht voll entfaltet (Sühne), sondern vorzugsweise in seiner richterlichen Funktion. Gewand und Gürtel, die auf den Hohenpriester hinweisen, werden in den Gemeindebotschaften bezeichnenderweise n i c h t wieder aufgenommen.

führen (3, 19) und überhaupt von richterlicher Bestandsaufnahme, Warnung, Mahnung, Drohung und Belohnung (Exkurs 1).

Gewiß, nach 3, 19 geschieht das alles aus Liebe. Übergeordneter Gesichtspunkt bleibt 1, 5: „Er liebt uns." Es handelt sich um ein Gericht in ausgesprochener Gnadenzeit und noch nicht um das Endgericht nach 20, 11–14. Aber das sieht Johanes der stummen Richtererscheinung noch nicht an.

Die Stimme des Herrn

Offenbarung 1, 17–20

Zu Vers 17: Jes 44, 6 48, 12
Zu Vers 19: Dan 2, 29

17 **Und als ich ihn sah, fiel ich zu seinen Füßen wie ein Toter. Und**
er legte seine Rechte auf mich und sprach: Fürchte dich nicht! Ich
18 **bin (es), der Erste und der Letzte * und der Lebendige. Ich erlitt**
den Tod, aber siehe, ich bin lebendig in die Zeiten der Zeiten und
19 **habe die Schlüssel des Todes und des Hades. * Schreibe also, was**
du gesehen hast: sowohl was ist als auch, was geschehen wird
20 **danach. *** (Was anlangt) **das Geheimnis der sieben Sterne, die du**
auf meiner rechten Hand gesehen hast, und die sieben goldenen
Leuchter, (so) **sind die sieben Sterne die sieben Engel der Gemeinden, und die sieben Leuchter sind die sieben Gemeinden.**

17 Nicht zur Anbetung fällt Johannes nieder: **Und als ich ihn sah, fiel ich zu seinen Füßen wie ein Toter.** So stürzten auch Mose, Jesaja, Hesekiel, Daniel, Petrus und Paulus zu Boden. In allen Fällen geht es um die Unverträglichkeit zwischen Gott und Mensch, zwischen Himmel und Erde. Die Irdischen prallen zurück und taumeln zu Boden. „Gott wohnt in einem Licht, da niemand zukommen kann" (1 Tim 6, 12).

Die Annahme jedoch, Johannes wäre niedergefallen, weil er bereits Christus erkannt habe, ist nicht zwingend, sondern eher unwahrscheinlich.

Was er sah, war eine für ihn noch anonyme himmlisch-richterliche Erscheinung. Z. B. erinnerten ihn das Schwert aus dem Mund, die nicht menschliche Stimme oder die glühenden Füße in nichts an die vertraute Gestalt Jesu, wie er sie in Palästina kennengelernt hatte. Das Deutewort folgte also, weil es wirklich nötig war. Doch als der Herr sich zu erkennen gab, richtete Johannes sich wieder auf. Nun konnte er das Richterliche ertragen: Es ist ja Jesus von Nazareth, der für uns starb, für uns lebt und für uns beim Vater betet. Dieses: „Es ist der Herr!" (Jo 21, 7) macht ihn wieder lebens- und dienstfähig.

Vor der eigentlichen Selbstvorstellung erfolgt eine sprechende Gebärde: **Und er legte seine Rechte auf mich.** Das bedeutet Lebendigmachung (Da 10, 10; 8, 18; Mt 17, 7), Erbarmung und Annahme (Mk 1, 44; Mt 14, 31), aber auch Einsegnung zum Dienst[82]. **Und sprach: Fürchte dich nicht!** So erschallte es in vielen Gottesoffenbarungen (z. B. Jes 7, 4). Und auch aus dem Munde des Herrn hatten die Jünger diesen Klang oft vernommen (Jo 6, 20; Mt 14, 27; Mk 6, 50; Lk 24, 39). So wird zu Erschrockenen gesprochen, nicht zu Dreisten. Es gibt eine Furcht, die Gott will, aber auch eine andere, die er nicht will. Er will nicht die Furcht, als sei er nichts als ein Zerstampfer; die also aus einem Herzen stammt, das zu klein ist für das Gute, das Gott wirken kann und will. Doch stehen ihm nur Menschen mit zu kleinen Herzen zur Verfügung, denn wessen Herz vermag seine Güte zu fassen! Darum durchtönt es die Heilsgeschichte: Fürchte dich nicht!

Oft ist es das einleitende Trostwort für eine nachfolgende Selbstausrufung Gottes mit Heilszusicherung (1 Mo 26, 24; 46, 3; Jes 41, 10. 13. 14; 43, 1. 5; 44, 2; 54, 4; Jer 30, 10; 46, 27). So folgt auch hier ein Ich-bin-Wort, das durch zwei Dreier-Reihen entfaltet wird. Die
erste Reihe: **Ich bin (es), der Erste und der Letzte und der Lebendige.** 18
Erster und Letzter ist nach 1, 8; 21, 6 und nach Jes 44, 6; 48, 12 Gott selbst. Das gleiche gilt von der Bezeichnung „der Lebendige" (4, 9. 10; 10, 6; 15, 7; Jos 3, 10; 5 Mo 32, 40; Ps 42, 3; 84, 3; Dan 4, 31; 12, 7; Hos 2, 1; 1 Th 1, 9 u. ö.). Darin wird Gott als der Sieger über den größten und letzten Feind gepriesen, den Tod (vgl. auch z. 4, 9–10). Erst recht ist er seinen vorletzten Feinden überlegen[83]. Diese Entfaltung des „Ich bin" schließt eindeutig aus, daß Johannes etwa nach Dan 10, 5 einen Engel geschaut hat. Handelt es sich also um eine Gotteserscheinung? Dieses Mißverständnis wiederum will die zweite Dreier-Reihe ausschließen:

Ich war tot, aber siehe, ich bin lebendig in die Zeiten der Zeiten und habe die Schlüssel des Todes und des Hades. Diese zweite Reihe nimmt nichts von der ersten Reihe zurück. Es bleibt bei der vollen Gottheit, die Johannes in der Vision geschaut hat. Aber es fließt gewissermaßen noch etwas hinzu: die Menschheit Jesu. Diese zweite Reihe spiegelt deutlich seinen Erdenweg wider.

Es wird an den geschichtlichen Vorgang seines Sterbens erinnert und sein Lebendigsein als ein Wunder ausgerufen: Siehe, das Oster-

[82] Die rechte Hand trug nach Vers 16 die sieben Sterne. Mußten diese jetzt nicht herausfallen? Doch so mißversteht man die Visionen grundsätzlich. Sie bringen vieles, was nicht in unsere Erfahrung paßt und doch seinen Sinn hat, vgl. auch Anm. 70.

[83] Vgl. im übrigen zur Sache 1, 4.

wunder![84] So schaute Johannes nicht die Gottheit des Vaters. Der Unterschied zwischen dem Vater und dem erhöhten Sohn bleibt unverwischt. Niemals verdrängt der Sohn den Vater. Dann wäre er ja nicht mehr der wahre, gehorsame Sohn. Sohneshoheit schließt den Sohnesgehorsam immer ein. Es ist also klar, daß Johannes Christus schaute.

Aus Tod und Auferstehung Jesu Christi ergibt sich als Konsequenz: **und habe die Schlüssel des Todes und des Hades**[85]. Der Vater verlieh ihm Schlüsselvollmacht für alle Räume (vgl. Mt 28, 18). So hat der Sohn eine grenzenlose Herrschaft inne, die sich an keinem Punkt in Ohnmacht verwandelt. Wie ohnmächtig und nichtssagend wurden dagegen Kaisermacht und Kaiserkult angesichts des Todes! Wie versagt doch auch alle Kulturseligkeit vor der Todesfrage. Der Tod ist Sieger über allen Fortschritt. Aber Sieger über den Tod und damit wahrer Herr ist und bleibt Jesus Christus.

Nach 3, 7 besitzt der Herr Jesus Christus den Schlüssel für das Haus Davids, d. h. für die geistliche Stadt Davids, das neue Jerusalem, die Heilswelt Gottes. Hier aber liegt Johannes vor ihm wie ein Toter und ist damit ein Bild der Gemeinde, die noch die Tiefen der großen Drangsal bis hin zum Märtyrertod durchschreitet (2, 10). Im Blick darauf empfängt sie den Trost, daß sie auch in äußerster Dunkelheit (6, 9–10) innerhalb der Macht der Liebe steht. Ihr Herr besitzt nicht nur den Schlüssel für den Himmel, sondern auch für den Hades.

Das also ist der Herr, der Johannes von Furcht freispricht. Er spricht wirklich von jeder Furcht frei. Wie einst bei Mose, Jesaja oder Petrus wird darum auch hier aus dem Begnadeten ein Diener:

19 **Schreibe also, was du gesehen hast**[86]**: sowohl was ist als auch, was geschehen wird.** Dieser Schreibbefehl ergänzt den Befehl in Vers 11, der das Gewicht auf die Empfänger legte, hinsichtlich des Inhalts. Der Inhalt wird nach Gegenwart (Kapitel 2 und 3) und Zukunft (Kapitel 4–22) gegliedert. Kapitel 4, 1 beginnt deutlich der zweite, zukünftige Teil und 21, 6 meldet dessen Zielpunkt. Das Schwergewicht liegt nach 1, 1 auf dieser zukünftigen Entwicklung, von jenen Tagen an gerechnet. Aber die Durchleuchtung der Gemeindegegenwart darf

[84] Zur Auferstehung und zum Ausdruck „Zeiten der Zeiten" siehe zu 1, 5–6.

[85] Christus erhält die Schlüssel nach dieser Stelle also n i c h t in der Zeit zwischen Tod und Auferstehung in einer Hadesfahrt und in einem Hadeskampf, in dessen Verlauf er dem Tode den Schlüssel abgerungen hätte. Solche Vorstellungen liegen hier fern. Gott ist Schlüsselbesitzer und Schlüsselverleiher. Der Tod ist an dieser Stelle nicht persönlich, sondern räumlich aufzufassen. Es handelt sich also bei „Schlüssel des Todes" um einen Genitivus objektivus: Schlüssel zum Tode.

[86] Diese Vergangenheitsform schließt wie das „er hat bezeugt" in 1, 2 alle Gesichte des Buches ein. nicht nur die Verse 12–16.

nicht fehlen, da sie schon den Keim der Zukunft enthält. „Das Geheimnis des Frevels regt sich bereits" (2 Th 2, 7). In dieser Hinsicht müssen die Gemeinden erkennen, was ist, damit sie das, was kommt, bestehen.

Im Unterschied zur jüdischen Apokalyptik bleibt die Vergangenheit außer acht (Einleitung Nr. 38–40). Johannes hat kein Interesse daran, die ganze Heilsgeschichte (und die ganze Bibel) in ein Schema zu bekommen. Der Selbstdeutung Jesu Christi folgt im letzten Vers noch eine Deutung zweier Gegenstände, die ein wichtiges Geheimnis
bergen: **Das Geheimnis der sieben Sterne, die du auf meiner Rechten** 20
gesehen hast, und die sieben goldenen Leuchter. Diese beiden Dinge bedeuten offensichtlich etwas anderes, als ihnen anzusehen war. Worin besteht ihr verborgener Sinn?

Man deutete damals die sieben goldenen Leuchter auf das Judentum (s. zu V. 12). Heutige Leser können sich kaum vorstellen, welche Herausforderung in dem Satz lag: **Die sieben Leuchter sind** (die) **sieben Gemeinden,** also die überwiegend heidenchristlichen Gemeinden in der Provinz Asien. Gerade damals wurden sie von einer starken Judenschaft eingeschüchtert (2, 9; 3, 9), und das Eingreifen der Behörden stand ihnen im Zusammenhang damit bevor (2, 10). Streit mit den Juden bedeutete ja für die Christengemeinden Verlust der Rechtsgrundlage gegenüber dem Staat (Einleitung Nr. 6). Bei dieser Aussicht konnten die Christen wahrlich unsicher werden. Sollten sie ihren Anspruch nicht doch zurücknehmen und so ihren Frieden mit Juden und Heiden machen? Gegenüber einer solchen Flucht stellt die Offenbarung grundsätzlich fest: Ihr seid der goldene Leuchter, ihr seid das messianische Volk, ihr seid erwählt, erlöst und zu Priestern Gottes in der Welt gemacht (1, 5–6)!

Für die Deutung der sieben Sterne gibt es keine in jeder Hinsicht befriedigende Auslegung: **Die sieben Sterne sind** (die) **Engel der sieben Gemeinden.**

Wer sind die „Engel der Gemeinden"? Sind es bestimmte Gemeindeglieder?[87] „Engel" bezeichnet ursprünglich den Boten, gerade auch den menschlichen Boten (Hag 1, 13; Jes 44, 26; 2 Chro 30, 15; Mal 2, 7; Mk 1, 2; Mt 11, 10; Lk 9, 52; 7, 24; Jak 2, 25). In der jüdischen Synagoge gab es für jeden Gottesdienst einen Vorbeter oder Leiter, „Bote der Versammlung" genannt, der der Gemeinde gegenüberstand, wie es 1, 3 voraussetzt. Oder ist an den ständigen Vorsteher oder an sonst eine vollmächtige Persönlichkeit zu denken? Vergleicht Da 12, 3 nicht die „Lehrer" mit leuchtenden Sternen?

[87] So zuerst 1705 Vitringa, nach ihm z. B. Bengel, T. Beck, von den Heutigen die Jubiläumsbibel, Menge, Hadorn, Stauffer, Brinke, Frey, Langenberg und übrigens auch K. Barth.

Aber diese Deutung auf Einzelpersönlichkeiten in den örtlichen Gemeinden stößt auf Bedenken. So häufig die Offenbarung von Engeln spricht (67 mal!), versteht sie doch nicht einmal Engel als Menschen. Ein solcher Sprachgebrauch ist der Apokalyptik überhaupt fremd. Außerdem würden die Gemeindebotschaften gegen ihre einleitenden Verse und gegen die regelmäßigen Merksprüche („Wer ein Ohr hat, höre, was der Geist den Gemeinden sagt") und gegen die Ihr-Anrede von 2, 24—25 zu seelsorgerlichen Anreden an Einzelpersonen umgedeutet, was die Auslegung in nicht geringe Schwierigkeiten verstrickte. Was bedeutete dann z. B. in 2, 5 die Drohung an ein bestimmtes Glied der Gemeinde zu Ephesus: „Ich werde über dich kommen und deinen Leuchter wegrücken von seiner Stätte, wenn du nicht Buße tust"? Dieser Leuchter ist nach 1, 20 zweifellos die Gemeinde Ephesus. Nun würde die Unbußfertigkeit etwa des Bischofs mit der Verstoßung der Gemeinde bestraft. Könnte das der Sinn sein? Besonders schwer aber wiegt der Einwand, den A. Schlatter hervorhob: Es ist einfach nicht neutestamentlich, daß auf einen einzelnen Menschen eine solche Verantwortung für den geistlichen Stand der Gemeinde gelegt wird, wie das dann in Kapitel 2—3 geschähe. Kann wirklich einem Glied der Gemeinde allein alles aufgetragen werden: Verkündigung, diakonischer Dienst, Prüfen der Geister, Buße tun, Gemeindezucht, Treubleiben?

Andere Ausleger deuten den „Engel der Gemeinde" deswegen auf ein wirkliches Engelwesen[88]. Nun soll die Schutzengelvorstellung Licht bringen. Daniel spricht von „Wächtern" oder (Engel-) „Fürsten" für ganze Völker (Da 12, 1; 10, 13. 20. 21; vgl. 4, 10. 13. 17. 23). So sei hier an Engel gedacht, die für je eine Ortsgemeinde einständen und Lob, Tadel oder Verheißung vermittelten. Wegen der ernsten Lage würden die Gemeinden nicht direkt angesprochen. Es gehe ja nicht um einen Appell an menschliche Kräfte; himmlische Kräfte müßten sich bewegen.

Selbst dann, wenn man sich trotz gewisser Schwierigkeiten bei der Einzelauslegung in diesen Deutungsversuch hineindenkt, verschwindet nicht ein Unbehagen. So käme nämlich heraus, daß der himmlische Herr an himmlische Wesen eine Botschaft richtete. Diese Botschaft diktierte er aber einem Menschen auf Erden mit der Maßgabe, sie in die sieben Städte zu schicken. Das bleibt ungereimt. Außerdem fehlen sowohl im Judentum als auch im Christentum Belege für einen Engel der Ortsgemeinde.

Jede befriedigende Auslegung der „Engel der Gemeinde" muß zwei Sachverhalten gerecht werden: Erstens sind „Engel" von Johannes

[88] So schon die Alte Kirche, von den Neueren Bousset, Schlatter, Hartenstein, Lilje, Bietenhard, Rissi, Halver, G. Bornkamm, auch Cl. Westermann.

ngeschriebene und vom Herrn und vom Geist angesprochene Emp-änger der Botschaft. Der Text stellt sie nicht als geisterfüllte precher dar. Deutungen, die das umdrehen, setzen schon falsch an. Zweitens zwingt der Text zu der Annahme, daß die Empfänger der Kapitel 2 und 3 sich mit den Empfängern des ganzen Buches decken nd in den sieben Gemeinden der Provinz Asia zu suchen sind. So agen es Vers 4 und Vers 11, das setzen auch die Merk- und Überwindersprüche voraus, das ergibt sich aus vielen Einzelheiten. Kapiel 2 und 3 enthalten weder Einzelseelsorge noch Himmelsbriefe, ondern Gemeindebotschaften.

Darum schließt sich dieser Kommentar einer dritten Gruppe von Auslegern an[89]: Die „Engel" sind reine Symbolfiguren; wie ja uch die Leuchter in der Christusschau 1, 12–16 oder wie die Tiere, Gegenstände und Gestalten in anderen Visionen. Sie erscheinen wie oft im AT und in den Religionen als Sterne (s. zu 9, 1). Die Deutung n Vers 20 hat man also nicht darin zu sehen, daß die Sterne als Engel erklärt werden – das war geläufig und kein „Geheimnis" –, sondern darin, daß diese Sternenengel Gemeinden darstellten[90].

Also ging es in der Vision von 1, 12–16 zweimal um die Gemeinde[91], bei den Sternen und bei den Leuchtern; zweimal sieben Lichtpunkte repräsentierten die Gemeinden. Es war wie ein Gemälde, das sie gleich zweimal darstellt. In der Gestalt der Leuchter erscheinen sie als solche, die Christus als der Ölspender (vgl. Sach 4, 2–3; Offb 11, 4) am Leuchten erhält und die als Gegenstände seiner Sorge und Liebe (1, 5–6) vor ihm stehen. Das ist die Gemeinde in ihrer Christus zugewandten Weise, als Beterin und in der Christusgemeinschaft: Er wandelt unter ihnen (2, 1). In der Gestalt der Sterne, die am Weltenhimmel stehen, ist die Gemeinde ihrer Umwelt zugewandt. Sie „leuchten wie Sterne in der Welt" (Phil 2, 14; Mt 5, 14; Eph 5, 8). Diese Sterne erscheinen in (1, 16; 2, 1) oder auf (1, 20) Jesu Hand. Er handelt durch sie. Sie sind ihm zuhanden und dienen ihm als Boten und Zeugen.

89 So ähnlich z. B. Behm, Goppelt, Holtz, Satake, Foerster, Schnackenburg, E. Schweizer, Stokmann.

90 Bei „Engel der Gemeinden" handelt es sich also nicht um einen Genitiv der Zugehörigkeit (nicht: ein Engel, der der Gemeinde zugeordnet ist), sondern der näheren Bestimmung: ein Engel, und zwar einer, der die Gemeinde versinnbildlicht, so daß die Gemeinde als Engel (Bote) dargestellt ist. Der „Tempel seines Leibes" (Jo 2, 21) ist auch nicht ein Tempel, den sein Leib hat, sondern der der Leib ist = Leibestempel. So hier Gemeindeengel. Es gibt viele Beispiele für diesen „genitivus appositivus" (Genitiv des Inhalts, vgl. Blass-Debrunner, Grammatik des ntst Griech. 12. A., Göttingen 1965, § 167, S. 110).

91 Dieses enge Beieinander zweier Bilder für die Gemeinde, die sich übrigens auch sachlich mit dem Leuchterbild und Sternenbild berühren, findet sich noch 11, 1 und 3: Die Gemeinde als anbetende Schar im Tempel und als vor der Welt weissagende Zeugen.

So ist die Vision gedeutet: Das „Geheimnis" von Vers 20 ist, wie es der Wortlaut auch nahelegt, e i n e r l e i Geheimnis. Es ist die e i n e Gemeindewirklichkeit unter zwei Aspekten vor der e i n e n Herrenwirklichkeit. Es ist die Gemeinde unter dem Indikativ (Zuspruch) und dem Imperativ (Anspruch) ihres Herrn, empfangend und handelnd, im Bild aus der Sphäre des Tempelraumes und des Weltenhimmels. Diese betende und ihren Glauben bezeugende Gemeinde in ihrer Herrenbeziehung, oder umgekehrt: dieser gekreuzigte und auferweckte und kommende Weltenherr in seiner Beziehung zur Gemeinde aus Juden und Heiden ist das Geheimnis der Endzeit. In dem, was geschehen wird, wird er sie sich erhalten und sie für sich in die Welt senden. Das Maß dieses Ernstgenommenseins wird die Gemeinde immer wieder überraschen und einstmals auch alle Welt[92].

Dabei stehen hier der Herr als Richter und die Gemeinde als Gerichtete im Vordergrund. Sie ist der Teil der Menschheit, an dem das Gericht vorzeitig beginnt (1 Pt 4, 17). Freilich handelt es sich um ein Gnadengericht (3, 19), das vor dem zukünftigen Zorn bewahrt.

DIE GEMEINDEBOTSCHAFTEN

Offenbarung 2, 1 — 3, 22

Wie die ganze Offenbarung sind erst recht ihr zweites und drittes Kapitel Dokumente urchristlicher Gemeindeseelsorge. Das schließt die Gültigkeit des Werkes für spätere Jahrhunderte nicht aus, aber durch diese sehr konkreten Bezugnahmen auf örtliche Gemeindefragen in jenen Tagen wird die heutige Auslegung im Blick auf bestimmte Einzelheiten nicht selten aufs Vermuten und Tasten angewiesen sein.

Andererseits enthält dieser so orts- und zeitgebundene Abschnitt keimhaft auch alle großen, überzeitlichen und überörtlichen Themen des Buches. Nichts Wichtiges in den folgenden Kapiteln, das nicht hier schon anklingt.

Beides, die konkrete Seelsorge und die sachliche Einstimmung, steht also am Anfang des Werkes. Dieser Anfang sollte nicht umgangen, sondern mitgegangen werden. Wer sich nicht ernsthaft bei diesen ersten Kapiteln festhalten läßt, dem sind auch die folgenden nicht zu empfehlen[93]. Darum steige der Leser nicht irgendwo an einer für ihn

[92] Schon Paulus nannte die Gemeinde, zu der auch Heiden gehörten, ein Geheimnis, vgl. Rö 16, 25 f.

[93] Hier gründen auch wesentliche Bedenken gegen die kirchengeschichtliche Deutung der Botschaften, nach der die erste (Ephesus) sich auf die ausgehende apostolische Zeit be-

„interessanten" Stelle ein. Er komme nicht als Freibeuter über die endzeitlichen Abschnitte, sondern als heilig Erschrockener und Betroffener, als Gebeugter und Zurechtgebrachter, nämlich durch die schmale Pforte der Gemeindebotschaften.

Exkurs 1:
AUFBAU UND LEHRE DER GEMEINDEBOTSCHAFTEN

Mit dem seelsorgerlichen Eingehen auf das bunte Bild damaligen Gemeindealltags verbinden die Gemeindebotschaften nicht nur eine einheitliche Lehre, sondern auch eine erstaunliche Gleichmäßigkeit im äußeren Aufbau.

a) Empfänger[94] und Schreibbefehl[95]

b) Selbstvorstellung des Botschaftserlassers

Die regelmäßige Eröffnung „dies spricht . . ." erinnert sowohl an prophetische Einleitungen zu Gottessprüchen (Jer 2, 1; 6, 16. 22; Hes 3, 11 u. ö., vgl. Apg 21, 11) als auch an den hoheitsvollen Stil damaliger Kaisererlasse, die ebenfalls Treue und Untreue, Lohn und Strafe zum Inhalt haben konnten (vgl. Einleitung Nr. 5).

Fast alle Selbstvorstellungen knüpfen an ein Motiv aus Kapitel 1 an, das sie zum Thema der dann folgenden Botschaft erheben und entfalten.

c) Richterliche Bestandsaufnahme

Die für sie typische Einleitung „ich weiß deine Werke" fehlt nur 2, 9. 13, wo einige wichtige Handschriften sie sachgemäß ergänzen (vgl. den Luthertext vor der Revision von 1956). „Werke" meinen nicht nur einzelne Taten, auch nicht allgemein Wirksamkeit, sondern überhaupt die Lebensfrucht der Gemeinden. Unter „Werken" erscheinen z. B. auch der Glaube (2, 19), das Harren und Ertragen (2, 2), die Schläfrigkeit (3, 2) und verschiedene geistliche Verfassungen (3, 8. 15).

zieht, die zweite (Smyrna) auf die Christenverfolgungen im 2. und 3. Jahrhundert, die dritte (Pergamos) auf Staatskirche und Papsttum, usw. Abgesehen von der Gefahr, weder der Historie noch dem Text gerecht zu werden und beide zu vergewaltigen, verleitet diese Auslegung dazu, sich nicht mehr dem vollen Ernst einer j e d e n dieser Botschaften auszusetzen.

Eine andere Weise, den Anspruch dieser Abschnitte für den heutigen Leser zu dämpfen, besteht in ihrer Deutung auf judenchristliche Gemeinden (nach der Entrückung der Gemeinde!). Sie wird u. a. mit Stellen wie 2, 2; 2, 23 begründet, nach denen die angeredeten Gemeinden auf dem Boden der Werke ständen, nicht auf dem Boden des Glaubens wie die heidenchristlichen Gemeinden des Paulus. Hier liegen Lehren zugrunde, die weder vor Johannes noch vor Paulus bestehen können (s. z. 2, 23; 3, 4; 14, 12).

94 Zur Wendung „Engel der Gemeinde" s. zu 1, 20.

95 Zum Schreibbefehl s. zu 1, 11 und 19.

Das „ich weiß" leitet das Ergebnis einer Prüfung ein (2, 2; 3, 2), vgl. das Erkennen an den Früchten nach Mt 7, 16–21. Der Richter hat den „Baum" geprüft und weiß nun Bescheid, und zwar umfassend und bis ins einzelne. „Kommt und seht, er hat mir alles gesagt, was ich getan habe, ob er nicht der Christus sei" (Jo 4, 29; vgl. 1, 48; 2, 24–25; 6, 70 und 2 Tim 2, 19). Dem Wissen Jesu steht das Nichtwissen der Gemeinde gegenüber (3, 17). Sinn der Botschaften ist es, das schädliche Mißverhältnis zwischen seinem Wissen und ihrer Meinung über sich selbst aufzuheben; und zwar so, daß die Meinung der Gemeinde sich dem Wissen ihres Herrn anschließt! Die Gemeinden sollen nicht länger in der Nichtwirklichkeit leben. „Stelle unsere unerkannte Sünde ins Licht vor deinem Angesicht" (Ps 90, 8)!

Die richterliche Bestandsaufnahme enthält Anklage und Lob. Die Anklage wird 2, 4. 14. 20 durch die typische Wendung „ich habe wider dich" eingeleitet. Sie bedeutet nach Mt 5, 23: als Prozeßgegner auftreten. Im AT spricht Gott häufig als Prozeßgegner seines Volkes. Hier tut es Christus gegenüber seiner Gemeinde. Der Gegensatz dazu erscheint Rö 8, 31–34: „Gott ist für uns", weil Christus für uns bittet. Darum der Triumph im Prozeß: Wer mag wider uns sein! In den Gemeindebotschaften geht aber der Fürsprecher zur Anklage über! Dann ist auch die Umkehrung des Triumphes aus Rö 8 am Platz: Wer mag für uns sein, wenn Christus gegen uns ist? Wer kann dann noch helfen, was kann dann noch beruhigen? Nur noch einer: Jesus selbst! Vor Jesus gibt es nur die Flucht zu Jesus, vor der Anklage wegen unserer Werke nur noch die Rettung in seinen Werken.

Selbst angeklagte Gemeinden empfangen ein Lob. Allein Laodizäa empfängt nur Tadel, so wie Smyrna und Philadelphia nur Lob erfahren. Wo der Herr kein Lob bekunden kann, bekundet er aber dennoch und ausdrücklich seine Liebe (3, 19). Zu keiner Gemeinde spricht er von seinem Zorn.

d) Bußruf mit Drohwort bzw. Mahnwort mit Verheißung

Die Bußrufe werden nicht wahllos gegen jedermann ausgestoßen, sondern nur den fünf getadelten Gemeinden gesendet. Seelsorge meint auch nicht, daß man alles sagt, was man sieht und weiß, sondern allein das Notwendige und Nützliche; und das in der Liebe. So steht alles im Zeichen seelsorgerlicher Sorgfalt. Die nur gelobten Gemeinden empfangen keinen Bußruf, dafür aber ein Mahnwort (2, 10; 3, 11; und der treue Teil von Thyatira 2, 25), denn auch sie sind noch unterwegs. „Wer sich läßt dünken, er stehe, mag wohl zusehen, daß er nicht falle" (1 Ko 10, 13). Nach den Gemeindebotschaften muß nicht jede Gemeinde Buße tun, aber jede Gemeinde muß kämpfen und siegen.

B u ß e tun bedeutet nach 16, 9. 11; 9, 20: Gott kniefällig die Ehre geben, nachdem man sich von anderen Herren weg von den Knien erhoben hat. Buße ist damit wie in 1 Th 1, 9 bestimmt: Weg von den Götzen zu Gott! Wer noch vor Götzen kniet und ihnen die Ehre gibt, ist ein Rebell gegen Gott und befindet sich mit ihm im Kriegszustand (2, 16). Was die Kraft zur Buße angeht, so deckt sich das Ende des NT mit seinem Anfang. Nach Mt 3, 2 tut man Buße, w e i l das Reich Gottes genaht ist. Buße ist nicht Zweckhandlung, damit das Reich Gottes kommt, sondern Folgehandlung. Wir öffnen nicht die Fensterläden, damit die Sonne scheint, sondern weil sie scheint.

So in den Gemeindebotschaften: Buße entsteht unter der Christusverkündigung. Der Christus gestern wird verkündigt: Gedenke und tue Buße (2, 5; 3, 3). Der Christus heute wird verkündigt: Er steht in Liebe vor der Tür und klopft an, tue Buße (3, 19—20). Der kommende Christus wird verkündigt: Ich komme, tue Buße (2, 5. 16; 3, 3).

Die Kraft zur Buße hängt von der Christusverkündigung ab. Erlahmt diese, kann Buße auch beim besten Willen nur noch gespielt werden.

Mit dem Bußwort ist für den Fall der Unbußfertigkeit immer das D r o h w o r t verbunden (2, 5. 16. 21—22; 3, 3. 16). Es entspricht dem Siegerspruch für den positiven Fall. Immer ergeben sich Folgen. Der Bußruf kommt nie leer zurück.

Meist wird das Drohwort eingeleitet: „Wenn aber nicht" (vgl. Lk 13, 9). Darin taucht die negative Möglichkeit auf. Das NT nimmt die Gefahr des Abfalls ernst (Hbr 6, 4—6; 10, 26—31). Der Ton ist ultimativ: Wenn nicht, dann nicht! Dann geht's nicht auch so. Wir werden nicht „sowieso selig". Weder Gott noch die Sünde sind harmlos.

Die angedrohten Folgen werden mehrmals eingeleitet mit den Worten: „Ich komme dir" oder „über dich" (2, 5. 16; 3, 3). Diese Wendung zeigt das Feindliche und Erschreckende seines Kommens an im Unterschied zum tröstlichen: „Ich komme bald!" (3, 11).

e) Merkspruch

Die gleichlautenden Merksprüche (2, 7. 11. 17. 29; 3, 6. 13. 22) enthalten im Unterschied zu den Schreibbefehlen das Wort „Gemeinde" jedesmal in der Mehrzahl. Sie verallgemeinern also die Botschaften regelmäßig über die örtlichen Verhältnisse hinaus. — Ihr Ruf: „Höre!" setzt zweierlei voraus:

Der Geist redet zu den Gemeinden! Das ist kein Gegensatz zu dem Sprechen Christi nach den Selbstvorstellungen, sondern stimmt mit der johanneischen Lehre vom Heiligen Geist überein. Der Geist ist gewissermaßen der „andere Christus" (Jo 14, 16; auch Christus ist ja nach 1 Jo 2, 1 ein „Tröster"). In ihm hat die Gemeinde es also wieder mit Christus zu tun. Er macht die Worte Christi „lebendig" (Jo 6, 63) und bringt nicht neue, eigene Worte (Jo 14, 26; 16, 13).

Der Geist versieht sein Trösteramt sowohl nach den Abschiedsreden als auch nach den Gemeindebotschaften in zwei Formen: Er richtet und richtet auf. Er richtet die Gemeinden in den Botschaften durch Anklage, Bußruf und Drohwort, aber auch die Welt durch Entlarvung als Nikolaiten, Bileamiten und Isebel, vgl. Jo 16, 8–11. Andererseits richtet er die Gemeinde auf durch Lob, Mahnwort und Siegerverheißung, vor allem durch die Selbstvorstellungen Christi (nach Jo 16, 14 ist er es, der Christus verherrlicht!). Er erinnert an den Christus gestern (Jo 14, 26) und an den kommenden Christus (Jo 16, 13). So findet sich in den Gemeindebotschaften das Gedenken an den Gekommenen und das Wachen auf den Kommenden hin. Um des Richtens und Aufrichtens willen ist es der „Geist der Wahrheit" (Jo 14, 17; 16, 13). Er führt in alle Wahrheit über Christus und über den Menschen vor Christus.

Nach Jo 14, 17. 22, wie nach den Merksprüchen, redet der Geist ganz betont zu den Gemeinden und nur zu ihnen. Sobald er zu einem Menschen redet, ist dieser schon nicht mehr blind und unwissend. Aber er redet zu allen Gemeinden, auch zu Laodizäa. Keine Gemeinde ist in ihren Versammlungen ohne Reden des Geistes. Das ist geradezu Gemeindemerkmal oder Merkmal des Geliebtseins (3, 19). Darum werden die Besucher der Gemeindeversammlungen, in denen die Offenbarung verlesen wird, glückselig gepriesen. Freilich ist nicht alles, was im Raum der Gemeinde geredet wird, Stimme des Geistes. Es bedarf des Prüfens (2, 2; 1 Jo 4, 1).

Die andere Voraussetzung für das „Höre!" in den Merksprüchen ist die Tatsache, daß die Gemeinde „ein Ohr" (= Gehör) empfangen hat, wie es einst schon Israel verheißen wurde (5 Mo 29, 3). Das ist des Herrn Doppelwirken: Er schafft den Hörer genau so wie das Wort. Er wirkt kein Reden, ohne daß jemand versteht, und keine Hörfähigkeit, ohne daß jemand redet. Dieses vollkommene Tun verkündigt Apg 2 zeichenhaft und programmatisch zu Beginn des Gemeindezeitalters im Sprach- und Hörwunder zu Jerusalem. Erst beides zusammen macht die Gemeinde zur Gemeinde. Hörfähige Ohren für Gottes Stimme sind also ebenfalls Gemeindemerkmal. „Wer nicht aus Gott ist, hört Gottes Wort nicht" (Jo 8, 47; 10, 27; 18, 37).

Der Geist redet zu den Gemeinden, und die Gemeinde hat ein Ohr zu hören. Diese beiden gottgeschenkten Gaben versetzen in erhöhte Verantwortung: Höre! Wer ein Ohr hat, soll nun auch ganz Ohr sein und „desto mehr achthaben" (Hbr 2, 1). Oft weist das NT warnend auf das atst Bundesvolk hin, das sich verstockte (Hes 2, 4–7; 3, 4–10; Hbr 3, 7–11). So könnte die Gemeinde, obwohl sie ein Ohr hat und nicht taub ist, w i e taub sein, und obwohl sie nicht Welt ist, w i e Welt sein. Und wer taub ist, ist bald auch taubstumm. So versickern Gebet und Zeugnis.

Die Merksprüche richten sich auf diese Gefahr einer in Taubheit versinkenden Gemeinde. Sie sind ein gnädiges Weckwort, ein Hephata (Mk 7, 34). Jede Gemeinde bekommt ihr Hephata.

f) Siegerspruch

Die Siegersprüche stehen gewissermaßen den Drohworten gegenüber, so daß die Gemeinden im Augenblick des Bußrufes zwischen Verheißung und Drohung, zwischen Leben und Tod stehen. Welche Entscheidung auch gefällt wird, sie hat so oder so weitreichende und tiefgreifende Folgen. In diese atemberaubende Spannung tönen jedesmal die Merksprüche.

Jede Gemeinde bekommt also einen Siegerspruch (2, 7. 11. 17. 26; 3, 5. 12. 21) und kann siegen. Das ist Paragraph 1 der christlichen Seelsorge. Für jeden gibt es Zuversicht. Jeder kann „weit überwinden durch den, der uns geliebt hat" (Rö 8, 37).

„Siegen" ist ein Vorzugswort des Johannes (24 Stellen von etwa 30 im NT). Er spricht einerseits vom Gesiegt-H a b e n, vom vollbrachten Sieg des Herrn Jesus Christus (Jo 16, 33; Offb 3, 21; 5, 5), an dem die Glaubenden heute schon teilhaben (1 Jo 2, 13. 14; 4, 4; 5, 4. 5). An vier Stellen (außer den sieben Siegersprüchen) spricht er andererseits von einem noch ausstehenden Sieg (12, 11; 15, 2; 17, 14; 21, 7).

Ist der vollbrachte Sieg also doch noch nicht vollbracht? Was mangelt noch? Der Sieg Christi und der Glaubenssieg der Gemeinde ist zwar schon ein vollbrachter, aber noch nicht ein gefeierter Sieg. Es gibt Gefechte nach dem Sieg, die den Sieg anfechten. Das ist für die Gemeinde offensichtlich schwer zu begreifen. Zwei Fehlschaltungen treten auf:

Wenn der Sieg vollbracht ist, könnten wir ihn doch auf der Stelle feiern! So kommt es zu den wahnwitzigen Feiern auf dem Schlachtfeld, ohne Achtsamkeit auf die listigen Anläufe des Satans. Diese verfehlten Feiern kosten immer wieder große geistliche Verluste. Karfreitag hieß es wohl schon: „Es ist vollbracht!" (Jo 19, 30), noch nicht aber: „Es ist alles geschehen!" (Offb 21, 6). Der Sieg des Lammes hat bis dahin noch tätige, wenn auch schon besiegte Feinde.

Die andere Fehlschaltung besteht in der Schlußfolgerung: Wenn der Sieg noch nicht gefeiert werden kann, ist es also noch nicht vollbracht! Die Hitze der Anfechtung befremdet (1 Pt 4, 12) und verführt zur Bezweiflung des vollbrachten Sieges zu Karfreitag. Richtig herum muß es heißen: Gerade weil der Sieg Christi so ernstzunehmen ist, ist der Kampf so hitzig und so hartnäckig.

Festzuhalten bleibt für das richtige Verständnis des Johannes: Der noch ausstehende Sieg verbessert in keiner Weise den bereits gewonnenen Sieg des Lammes. Der Sieg am Ende ist kein neuer Sieg, sondern nichts als der Sieg vom Anfang. Aber nun ist es der durch die Drangsal hindurchgetragene und in Treue festgehaltene Sieg. Gleichfalls sind die Sieger am Ende die gleichen wie die, die unter dem Kreuz standen. Sie haben gesiegt „durch des Lammes Blut".

Nun endlich legen sie die Rüstung ab, lehnen das Schwert an die Wand und legen sich zu Tisch. Und der Herr wird sich wieder schürzen, vor ihnen hin und her laufen und sie bedienen (Lk 12, 37, nach Bengel die größte Verheißung der Heiligen Schrift). Von dieser vollkommenen Gemeinschaft mit Christus sprechen alle Siegersprüche. Es geschieht in immer neuen, immer kühneren Bildern.

Die ausgesetzten Preise werden mit „Ich werde geben" eingeleitet. Preisaussetzungen gab es auch in den kaiserlichen Festspielen. Der Fürst dieser Welt hat etwas zu bieten: „Das alles will ich dir geben, wenn du niederfällst und mich anbetest" (Mt 4, 9). Die von Jesus Christus ausgesetzten Preise muten überschwenglich an. Sie stehen in keinem Verhältnis zur „Leistung" und werden darum nicht „Lohn", sondern Gnade sein, alle Begriffe sprengende Gnade dessen, der liebt (1, 6).

An die Gemeinde in Ephesus
Offenbarung 2, 1–7

1 Dem Engel[96] der Gemeinde in Ephesus[97] schreibe: Das spricht, der
da hält die sieben Sterne in seiner Rechten, der da wandelt in der
2 Mitte der sieben goldenen Leuchter. * Ich weiß deine Werke, sowohl
deine Arbeit als auch dein Harren, und daß du Böses nicht ertragen
kannst und hast geprüft die, die sich selbst Apostel nennen und es
3 nicht sind, und hast sie als Lügner erfunden. * Ja, du hast Harren
und hast ertragen um meines Namens willen und bist nicht müde
4 geworden. * Aber ich habe wider dich, daß du die erste Liebe ver-
5 lassen hast. * Gedenke also, wovon du gefallen bist, und tue Buße
und tue die ersten Werke. Wenn aber nicht, komme ich dir und
6 werde deinen Leuchter von seinem Ort rücken. * Aber dies hast du:
7 du hassest die Werke der Nikolaiten. * Wer ein Ohr hat, höre, was
der Geist den Gemeinden sagt. Dem Sieger werde ich geben zu
essen von dem Baum des Lebens, der im Paradiese Gottes ist.

Zu Vers 7: 1 Mo 2, 9; 3, 22

[96] Zum „Engel der Gemeinde" s. 1, 20
[97] Zur Archäologie der Städte siehe die einschlägigen Werke. Sie wird hier nur so weit herangezogen, als sie für die Auslegung von Belang zu sein scheint.

Die Selbstvorstellung des Botschafterlasses (vgl. Exkurs 1b) nimmt 1, 13 und 16 auf. Das Geheimnis der Sterne und Leuchter ist inzwischen in 1, 20 auf die Gemeinde in ihrem doppelten Aspekt gedeutet. Beim zweiten Aspekt, beim Leuchterbild, verharrt diese Gemeindebotschaft (Vers 5).

Der Herr **wandelt in der Mitte der sieben goldenen Leuchter.** Die 1
Mittelpunktstellung bedeutet mehr als Ortsangabe, nämlich Schlüsselstellung. Als Hoherpriester (1, 13) versorgt er die Leuchter mit Öl (vgl. Sach 4, 2). Er, nicht sie sind die Lichtquelle. Das Thema der Reinigung der Leuchter, also der Gerichtsvollmacht des Herrn (2, 5), liegt gleichfalls nahe.

Neu ist hier gegenüber 1, 13 das W a n d e l n des Herrn inmitten der Gemeinden. 3 Mo 26, 12; 5 Mo 23, 14 spricht das AT vom Wandeln Gottes unter seinem Volk. Diese Parallelen aus der Urzeit Israels können hier kaum außer acht bleiben, noch weniger aber die Stelle aus der Urzeit der Menschheit, nämlich 1 Mo 3, 8[98]. Hier wird der Ausdruck ganz klar. Er deutet die paradiesische Gemeinschaft zwischen Gott und Menschen an. Da im Siegerspruch tatsächlich das Wort „Paradies" auftaucht (V. 7), gilt es die Frage im Auge zu behalten, ob der ganze Abschnitt hintergründig von 1 Mo 2 und 3 begleitet wird.

Die richterliche Bestandsaufnahme (Exkurs 1, c) untersucht das Gemeindeleben in Ephesus unter dem Gesichtspunkt der Dreiheit: Arbeit – Harren – Liebe[99]. Die beiden ersten Bereiche verdienen Lob. Die nicht mehr junge Gemeinde treibt das Werk weiter. Sie ist inzwischen nicht lässig geworden. Ihr Herr weiß sie nach wie vor bei unverdrossener **Arbeit.** Das Wort „Arbeit", „arbeiten", das den Beiklang von Schwerstarbeit oder Schufterei hatte, wurde bemerkenswerterweise stehender Ausdruck für die christliche Missionsarbeit (z. B. 1 Th 1, 3; 2, 9; 5, 12 und noch rund 20 mal; auch Offb 14, 13).

Im Zusammenhang damit kommt wieder das **Harren** auf Jesus zur Sprache, ganz ähnlich wie 1, 9, wo der Begriff ausführlich bedacht wurde. Dort verknüpften sich Drangsal und Harren, hier missionarische Mühsal und Harren, Vers 3 Ertragen von Kreuz und Harren, 2, 19 dienende Tat und Harren, 13, 10 bekennender Glaube und Harren und 14, 12 gläubiger Gehorsam und Harren. Die Stellen führen vor Augen, wie stark die Christuserwartung das gegenwärtige Verhalten bestimmt. Keine Rede von Flucht in die Zukunft! Die Tagesaufgaben werden gerade in Erwartung göttlicher Veränderungen um

[98] Nach der LXX erscheint das Wort „wandeln" auch 1 Mo 3, 10. 3 Mo 26, 12 wird von Paulus 2 Ko 6, 16 zitiert.

[99] Dies Schema wird auch 1 Th 1, 3 befolgt. Das NT spricht vom christlichen Leben gern in solchen Dreiheiten, meist allerdings in der bekannteren Fassung Glaube – Liebe – Hoffnung (1 Ko 13, 13 u. ö.).

so hoffnungsvoller angegangen. Das alte Prophetenwort Jes 40, 31 gilt im Licht der christlichen Naherwartung doppelt und dreifach: „Die auf den Herrn harren, kriegen neue Kraft, daß sie auffahren mit Flügeln wie Adler, daß sie laufen und nicht matt werden, daß sie wandeln und nicht müde werden." Wer nicht hofft, ist auch bald nicht mehr am Laufen. Er bleibt, wo er ist, und nimmt, was gerade kommt. Er schließt Frieden mit dem Heute: „Lasset uns essen und trinken, denn morgen sind wir tot" (1 Kor 15, 32).

Als ein Beispiel für diese Kraft, die aus der Hoffnung in das Gemeindeleben zu Ephesus strömte, erwähnt der Herr die Kraft, Er-
2 scheinungen der Gegenwart kritisch zu bewältigen: **Du kannst Böse nicht ertragen und hast geprüft die, die sich selbst Apostel nennen und es nicht sind, und hast sie als Lügner erfunden.** Diese Menschen gaben sich selbstverständlich nicht von vornherein als die „Bösen" zu erkennen. Im Gegenteil, sie beriefen sich auf außerordentliche Geisterfahrungen und maßten sich darum apostolische, also fundamentale Vollmacht an[100]. Ihre Hörer schienen allen Grund zu haben, sich ihrem Führungsanspruch zu beugen. Die allgemeine Stimmung fiel ihnen zu.

Umso anerkennenswerter ist die Haltung der Gemeinde zu Ephesus, die nach 2 Ko 11, 3–4. 13–15; Gal 1, 6–9; 1 Th 5, 20–21 und 1 Jo 4, 1–3 die Apostelprüfung übte. In dem Maße, wie sie auf das Kommen Christi wartete, wurde ihr alles Gegenwärtige vorläufig und fragwürdig, so groß es sich auch vor ihr aufbaute. „Prüfet alles!" (1 Th 5, 21). Je großartiger sich etwas gab, desto mehr drängte es sie zu unbestechlicher christlicher Kritik: Wo bleibt bei euch Jesus als das fleischgewordene Wort und als der Gekreuzigte[100a], als der Träger

[100] Nach dem NT fußt das Apostelamt aber nicht allein auf einer geistlichen Erfahrung (Apg 1, 2), sondern zusätzlich auf Augenzeugenschaft (Apg 1, 21–22). Dieses zweite Element fehlte bei den sich auf den Geist berufenden (1 Jo 4, 1–3) Wandermissionaren. Ihr Bild rundet sich durch Nachrichten in zeitgenössischen christlichen Schriften. Z. B. schreibt Ignatius zu Anfang des 2. Jahrhunderts nach Ephesus: „Es pflegen nämlich gewisse Leute mit arger List den Namen (Christi) zur Schau zu tragen, während sie andere, Gottes unwürdige Dinge tun. Denen müßt ihr ausweichen wie wilden Tieren. Tolle Hunde sind es, heimtückisch beißend. Ihr müßt euch vor ihnen hüten als vor schwer Heilbaren . . . Ich habe erfahren, daß gewisse Menschen durchgekommen sind, mit schlechter Lehre. Ihr habt sie ihre Saaten unter euch nicht ausstreuen lassen, sondern habt euch die Ohren verstopft, um ihre Saat nicht aufzunehmen" (An die Epheser, 9, 1).

[100a] In Zeiten der Religionsmischung — und die Hellenisierung förderte einen solchen Vorgang auf der ganzen Linie (Einleitung Nr. 11) — galt es beharrlich nach dem Inhalt des Bekenntnisses zu Christus zu fragen. Man konnte Christus z. B. in Verlängerung atst Linien als das „Wort" bekennen. Doch war dieser Begriff (grie *logos*) gleichzeitig im antiken Geistesleben weit verbreitet. Griechische Philosophen redeten von der Weltseele oder dem Weltgesetz als dem Logos. Er regiert das All und ist überall gegenwärtig, auch im menschlichen Verstand. Der jüdische Philosoph Philo, der zur Zeit Jesu lebte,

des Namens über alle Namen, in dem sich alle Knie beugen werden? Diese Prüfung war den Geprüften unangenehm. Sie rächten sich und brachten Leid über die Treuen. **Ja, du hast**[101] **Harren und hast ertragen**[102] **um meines Namens willen.** Muß man in diesem Punkt wirklich so beharrlich sein? Darf man so eng sein? Kann man die Dinge nicht ein wenig laufen lassen? Wie oft mag sich eine solche Lösung angeboten haben! Aber nach einem langwierigen und beschwerlichen Ausscheidungsprozeß heißt es von Ephesus: **Du bist nicht müde geworden.** 3

Erst am Ende dieser Zerreißprobe flammen vor aller Augen die Stichworte auf, die urplötzlich den Zusammenhang mit 1 Mo 3 herstellen: **die Bösen, du hast sie als Lügner erfunden.** Bosheit ist hier nicht einfach am Tage liegende sittliche Schlechtigkeit, sondern schwer durchschaubare Gott-Losigkeit. Die Irrlehrer hatten sich in eine hochgespannte Geistlichkeit hineingelogen. Darum wiederholte sich 1 Mo 3. Dort, im Uranfang (Jo 8, 44), war der Satan schon der Erzlügner und trat als Scheintheologe auf. Seine Opfer sind Schein-Gotteskinder, wie Jesus den Juden vorhält, deren eigentlicher Vater nicht Gott ist, sondern der Teufel[103]. So ist die Gemeinde Ephesus in diesen Lügnern satanischer List begegnet.

scheint den Logos als mythisches Zwischenwesen verstanden zu haben, das sich zeitweilig als Mensch verkleiden und zeigen kann. Rein bildhaft konnte auch der ägyptische Gott Thot Logos genannt werden, um seine kosmische Bedeutung zu bekennen. Aber in all diesen und anderen Fällen war eine Fleischwerdung des Logos, also sein wahres Menschsein, Leiden und Sterben, undenkbar. So durfte man sich durch die sprachliche Brücke zwischen Christentum und Heidentum nicht täuschen lassen. Es konnte sich etwas durchaus christlich anhören und betont als christlich ausgeben und stand doch im Banne der Umweltphilosophien.

101 Das von Christus festgestellte „Haben" der Gemeinde (z. B. auch 2, 6. 14. 15. 24. 25; 3, 11) gehört auch zum johanneischen Sprachgebrauch. Christus selbst „hat" (1, 16. 18; 2, 12; 3, 1. 7). Ähnliche Stellen vom geistlichen Haben finden sich im Evangelium und in den Briefen des Johannes.

102 Aus dem Harren wurde in Vers 2 gefolgert, daß die Gemeinde n i c h t ertragen kann, hier aber, d a ß sie erträgt. Einige späte Handschriften versuchten dem Widerspruch zu entgehen, indem sie im Grie nur zwei Buchstaben veränderten, und aus ebastasas ebaptisas machten, so daß es nun heißt: „Du hast in meinem Namen getauft." (Vgl. Nestle, Novum Testamentum Graece.) So würde die Gemeinde wegen ihrer hohen Taufziffern gelobt. Aber man muß das Wortspiel erkennen: Die Jesuserwartung erträgt zwar nicht das Böse, wohl aber das Kreuz. Kreuz und Tragen erscheinen häufig beieinander. Die falschen Apostel brachten ein Evangelium ohne Kreuz. Kreuz ist hier Merkmal der wahren Gemeinde.

103 Lüge steht als Thema über 1 Mo 3. Die Schlange ist listig, ihre Kunst ist die feine, halbe Lüge (3, 1. 4). Sie erzeugt Verlogenheit, so daß Adam lügt (3, 10. 12), dann auch Kain (4, 9). Am Ursprung des Bruches mit Gott ist die Lüge am Werk. Schlange und Lüge stellt auch Ps 58, 4 zusammen. Schlange ist in der Offenbarung Satansname, Lüge Satanswesen, darum auch Wesen des Antichristen (1 Jo 2, 22). Er tut lügnerische Zeichen 2 Th 2, 9) und sendet Lügenpropheten (1 Jo 4, 1; Offb 2, 20; 16, 13; 19, 20; 20, 10:

Der Satan ist nicht nur der Lügner, sondern auch der Mörder von Anfang, also von 1 Mo 3, 4 an. List oder Gewalt, Verführung oder Verfolgung sind seine beiden Wege zum gleichen Ziel, das Leben auszulöschen und das Paradies zu zerstören. Der Mensch soll von Gott abfallen wie das Blatt vom Baum und verdorren. Alle Gemeinden haben es in irgendeiner Weise mit dieser Schlange und mit ihrer scheinchristlichen Verführung oder antichristlichen Verfolgung zu tun. Schon Mt 24, 9–11 sagte der Herr den Jüngern: „Ihr werdet verfolgt, und ihr werdet verführt." Was im Zeichen offener Gegnerschaft nicht so leicht gelingt, wird im Schein der Bruderschaft versucht. Aber ob nun Verfolgung mit Gewalttat oder mit „Wohltat", das Ziel bleibt unverändert der Abfall.

Hier ist ein Grundanliegen des Buches festzuhalten: Weil hinter Gewalttat wie hinter verführerischem Blendwerk derselbe steht, der Satan, kann auch im Nu das eine in das andere umschlagen. Und es wird umschlagen! Noch herrschte in den sieben Städten aufs Ganze gesehen Toleranz. Johannes aber kündigt als Prophet den Umschlag in Brutalität an. Die Geschichte wiederholt sich: Aus denselben Mündern, die Hosianna gerufen hatten, dröhnten einst die Sprechchöre: Weg, weg! (Jo 19, 15) Der gleiche Pilatus, der dreimal versuchte, Jesus freizugeben, überantwortet ihn schließlich den Henkern. Den Gemeinden in der Provinz Asien sollte es ähnlich gehen. Die Offenbarung war Zurüstung auf das Martyrium. Ihre Prophetie erfüllte sich. Und darum, weil es dann wirklich so kam, erfuhr das Buch seine ungewöhnliche Verbreitung. Johannes hatte zutreffend enthüllt, was ist und was sein wird: es ist Verführung, es wird sein Verfolgung! Vers 6 wird Anlaß geben, die verführerischen Bewegungen in der Provinz weiter zu erörtern. Jetzt folgt aus der gleichen Gerechtigkeit heraus, die Punkt für Punkt das Lobenswerte wahrnahm und gelten ließ, eine schonungslose Anklage (Exkurs 1c). Die Dreiheit Arbeit – Harren – Liebe (s. zu 2, 2) ist bei Ephesus nicht mehr heil. Die dritte Säule – die Liebe – bröckelt ab. Eine Spaltung zwischen praktischem Dienst und Liebe behandelte schon 1 Ko 13. Durch sie wird alles wertlos, auch der lobenswerte „Haß" gegen das Böse in Vers 6.

4 Einige Auslegungen haben hier den Tadel gefunden, in Ephesus sei die **erste Liebe,** d. h. die Einrichtung des frühchristlichen Liebesmahls[104] und dadurch die Armenpflege vernachlässigt worden. In der

Mt 24, 11), Lügenchristusse (Mt 24, 24), Lügenlehrer (2 Pt 2, 1). Scheinjuden (Offb 2, 9; 3, 9) und hier Lügenapostel (2, 2). Er steht auch im Hintergrund, wenn die Gemeindebotschaften von Scheinleben (3, 1) und Scheinreichtum (3, 17) sprechen.

104 Es trug nämlich den Namen „Agape", das grie Wort für Liebe. Diese Verbindung stellt B. Lohmeyer her (nur einmal im NT, nämlich Jud 12, und zwar in der Mehrzahl; in späteren christlichen Schriften häufig genannt, vgl. W. Bauer, Wörterbuch).

Gemeinde habe das Soziale unter dem Dogmatischen (Vers 2 und 3) gelitten. Es sei zu der berüchtigten lieblosen Rechtlichkeit und Tüchtigkeit gekommen. Der Gedanke ist wertvoll und ließe sich mit Mt 7, 21–24 stützen. Aber ist er hier gemeint?

Für andere ist „die erste Liebe" die bräutliche Liebe, also die besondere Innigkeit und Verbundenheit mit Christus, dem Bräutigam (vgl. 22, 17). In diesem Zusammenhang wird die erlahmende Wiederkunftserwartung in Ephesus beklagt und werden Parallelen wie Hos 2, 9. 17; Hes 16, 43 herangezogen. Im Rahmen der Gemeindebotschaften liegt aber die Freundesliebe näher (3, 19–20; vgl. Jo 15, 15. Auch den johanneischen Stellen von der Jüngerliebe liegt das Bild eines bräutlichen Verhältnisses fern; Jo 16, 27; 21, 15–17). Sollte hier nicht nach allem bisher zum Abschnitt Festgestellten von der paradiesischen Gemeinschaft die Rede sein, von der Urstandsliebe? Wie die Menschheit ihren Urstand mit Gott hatte, so auch die Gemeinde mit ihrem Herrn[105]. Damals, als die Gemeinde durch die großen Schöpfungstaten Gottes in Jesus Christus ins Leben trat, geboren aus der gekreuzigten und auferstandenen Liebe und erweckt zur Widerliebe (1 Jo 4, 10 „zuerst geliebt") – das war „Paradies".

Diese erste Liebe hatte die Gemeinde zu Ephesus **verlassen**, nicht etwa in einem Akt der Verwerfung, sondern der Vergeßlichkeit (V. 2–3). So einsatzfreudig sie der Gegenwart und der Zukunft lebte (V. 2–3), so gefährlich litt sie an einer Vergeßlichkeit gegenüber ihren Anfängen und Ursprüngen. Sie verteidigte etwas gegen die Irrlehrer, was sie selber nicht mehr lebendig besaß. Du prüfst andere und verlangst: Kein anderes Evangelium! Prüfe dich selbst! (vgl. 3, 17; Rö 2, 17–21). Du lebst selbst nicht mehr im Ursprung und im Wesentlichen und darum fruchtlos und belanglos; dein eigner Leuchter könnte fortgestellt werden (Jo 15, 5–8).

Das Bleiben in der ersten Liebe ist nicht zu verwechseln mit einem Stehenbleiben im Anfang, was jedes Wachstum von vornherein ausschlösse. Der Herr will Fortschritt auf dem Boden des Anfangs (2, 19), d. h. über dem Fundament, nicht jedoch vom Boden des Anfangs hinweg. Das wäre Abfall. Abfall gebärdet sich gern als Fortschritt. Das führt wieder zum Motiv des Scheins, der Lüge und Verführung. Zum antichristlichen Wesen gehört diese scheinbare Überbietung des gekreuzigten und auferstandenen Christus (vgl. 1 Ko!). Was er brachte, glaubt man längst zu haben. Aber um nun weiterzukommen, erscheint die „erste Liebe", die urtümliche Bindung an ihn selbst, hinderlich.

[105] Der grundlegende Anfang ist Johannes besonders wichtig: Jo 1, 1; 1 Jo 1, 1; 2, 7. 13. 14. 24; 3, 11 u. ö. Auch Stellen wie Gal 3, 3; Hbr 12, 2 sind zu vergleichen. Das ganze NT dient dem Bemühen, die Gemeinden mit ihrem Anfang zu verklammern, so daß sie nicht in irgendeine Religiosität abtreiben.

Diese erste Liebe wird in vielen erkalten (vgl. Mt 24, 12). Im Zentrum des christlichen Glaubens tritt der Kältetod ein. Das Christusbekenntnis wird zu etwas nur Formelhaftem (2 Tim 3, 5).

Dieses Abgleiten wird zu einer Allgemeinerscheinung, so daß sich die Gemeinde darin schwer behaupten kann. Aber sie *muß* sich darin behaupten. Sie darf um ihres Auftrags willen nicht zur Masse gehören und Scheingemeinde werden. Das ist ihr eigentlicher Kampf: Beharren bis ans Ende (Mt 24, 13), bis zuletzt in der „ersten Liebe" bleiben.

Der Herr Jesus Christus hat in seinen letzten Tagen die letzte Zeit der Welt beispielhaft durchlitten (Einleitung Nr. 49). Die anfängliche Liebe erkaltete in vielen; seine Jünger verließen ihn; die Ungerechtigkeit nahm überhand. Eine Schwemme von Ichsucht, Zank, Verrat, Verleugnung, Lüge und Grausamkeit drohte ihn fortzureißen. „Aber wie er hatte geliebt die Seinen, so liebte er sie bis ans Ende" (Jo 13, 1).

Es gilt noch, für diese und viele andere Stellen in den Gemeindebotschaften die Du-Anrede zu deuten. Sie zielt auf das Gemeinde-Du, vorgebildet an zahllosen Stellen im AT (z. B. Jes 43, 1). Es geht um Gemeindeschuld, Gemeindegericht, Gemeindebuße und Gemeindesieg. Wenn wir Gemeindeschuld zugeben sollen, werden wir manchmal noch stolzer und störrischer, als wenn wir Einzelschuld einzugestehen haben. Was ist auch so finster wie die Gemeinschaft in der Sünde! Sie zahlt sich in Einzelsünden aus. Rätselhafte Zusammenbrüche einzelner Glieder sind gar nicht so rätselhaft. Sie klagen die Gemeinschaft an. Darum ist Gemeindezucht nur unter 1 Ko 12, 26 vertretbar: „Wenn ein Glied leidet, so leiden alle Glieder mit."

5 Das Buß- und Drohwort (Exkurs 1d) beginnt: **Gedenke!** Es steht auch Jes 43, 26; 44, 21; 46, 8–9 in enger Verbindung mit Bußrufen. Es geht nicht um einen gemütvollen Rückblick. Wer erkennt, daß in seinem Leben die Segenslinie abbricht, der geistliche Faden reißt und der echte Fortschritt stockt, der erinnere sich an Gottes Anfänge und entscheide sich neu für sie. Vergangenheit muß wieder lebendige Gegenwart werden. Es genügt nicht zu wissen, *daß* man umkehren muß. Zu fragen ist vielmehr, *wohin* man umkehren muß. Dorthin, wovon man abwich! Darum besteht fruchtbare Umkehr immer im „Gedenken". Umkehr irgendwohin würde nur auf neue Irrwege führen.

Die Gemeinde ist nicht zu immer neuer Analyse ihrer Sünde aufgerufen. Es heißt nicht: Gedenke, wohinein du gefallen bist, sondern **wovon du gefallen bist.** Nach 3, 3 wird an die Zeit des Gläubigwerdens erinnert, als Gott die Gemeinde in Ephesus durch sein Wort schuf. Die Rede vom Fall mag wieder auf 1 Mo 3 anspielen[106].

[106] „Fallen" als schuldhaftes Fallen im Sinne von Verfehlung, z. B. Rö 11, 22; 1 Ko 10, 12.

Diese Erinnerungen an den Urstand der Gemeinde sind für den, der Ohren hat, zugleich Beteuerungen, daß der Herr seinerseits noch derselbe ist wie in jenen Tagen. Darum darf auch die Gemeinde wieder dieselbe werden. Ihre dazwischengekommene Untreue soll nicht alles vorherige durchgestrichen haben. Der Herr streicht noch nicht durch, sondern er unterstreicht. Der Berufende ist treu, ruft noch immer (1 Th 5, 24) und liebt noch immer (1, 5). Auch die Gemeinde soll ihre Bekehrung noch einmal unterstreichen durch Buße.

Tue Buße und tue die ersten Werke. Der Begriff der lebenfüllenden, immerwährenden Buße liegt hier noch nicht vor[107]. Nicht Buße, und dann immer wieder Buße, sondern Buße und dann Früchte der Buße (Mt 3, 8), nämlich die ersten Werke! Es sind die aus der erneuerten Gemeinschaft mit Christus geschehenden Werke (Jo 15, 1–8). Darum kann es 2, 26 „meine Werke" heißen.

Wenn aber nicht, heißt es ultimativ, **komme ich dir und werde deinen Leuchter von seinem Ort rücken** (vgl. Exkurs 1d). Wenn Ephesus bedenkt, wovon es gefallen ist, wird es erkennen, daß es seinen Ort zwischen den sieben Leuchtern innerlich schon verraten und verspielt hat. Sein Leuchter ist bereits erloschen, die Gemeinschaft der „ersten Liebe" mit Christus ist schon verlassen. Geschieht Buße, so wird alles neu; sonst aber bringt der Herr ans Licht, was ist (1, 19). Die Gemeinde würde schließlich auch äußerlich als Nicht-mehr-Gemeinde erkannt werden (Mt 5, 12–16). Diese Ausstoßung[108] mag wieder an 1 Mo 3, 24 erinnern. Der übernächste Vers wird ausdrücklich zu diesem atst Kapitel zurückführen.

Nach diesen erschreckenden Worten bricht noch einmal ein anerkennender Ton durch, als ob die Gerechtigkeit des Richters Sorge

Das Wort, das Rö 5, 15 und 17 für Adams Sünde verwendet wird, bedeutet „Danebenfall". Vom „Fall" Adams spricht in der Bibel nur Weisheit 10, 1, also eine apokryphe Schrift.

107 Die Form des Imperativ des Aorist zielt auf ein Handeln im Einzelfall, nicht auf eine allgemeine Vorschrift! Luther beruft sich mit seiner ersten der 95 Thesen, wonach „das ganze Leben der Gläubigen (nichts als) Buße sein solle", auf Mt 4, 17 (vgl. Calwer Luther-Ausgabe 11, S. 89 und Anm. 13).

108 Zur Wendung „aus seinem Ort bewegen" vgl. 6, 14; 12, 8; 20, 11; Dan 2, 35. „Ort" (*topos*) hat hier geradezu die Bedeutung von Dasein. Nur wer seinen Platz hat, existiert. Nur dort, wo Gott einen hingestellt hat, kann einer bestehen. Sonst vergeht er. Wessen Stätte nicht mehr gefunden wird, dessen Gedächtnis ist verschwunden (vgl. auch Anm. 133). — Die Stadt Ephesus bot dafür ein anschauliches Beispiel. Sie lebte als Hafenstadt vom Meereszugang. Dieser war jedoch gefährdet, da die Stadt im innersten Winkel einer Bucht lag, die allmählich versandete. Zweimal in seiner Geschichte wurde Ephesus verlegt. Heute gibt es dort nur noch ein armseliges, von Fiebern heimgesuchtes Dorf. Am Standort des einstigen Tempels der Göttin Artemis (Diana), der eines der sieben Weltwunder des Altertums war, liegt heute ein stiller, schilfbedeckter Weiher, aus dem noch ein Säulenstumpf emporragt.

6 trüge, einen mildernden Gesichtspunkt übergangen zu haben: **Aber das hast du: Du hassest die Werke der Nikolaiten.**

Diese Leute werden nicht näher gekennzeichnet, sondern nur genannt und verurteilt. Sollte das nachgetragene Sätzchen etwa auf Vers 2 zurückweisen und den dortigen Lügenaposteln noch einen Namen beilegen[109]?

7 Zum Merkspruch s. Exk. 1e, zum Siegerspruch s. Exk. 1f. Dem Sieger will der Herr ein Essen geben, also ein Siegesmahl: **Ich werde ihm zu essen geben.** Dafür ist der Zusammenhang im Auge zu behalten: Sieger sind hier solche, die die nikolaitische Anfechtung im Namen Jesu überwinden. Die Nikolaiten (Anm. 109) gaben ja ihrerseits auch zu essen, freilich ein verderbliches Essen, nämlich „Götzenopferfleisch". Miteinander essen aber ist im Morgenland Geste der Gemeinschaft und Versöhnung. Die Einladung, an den Kultmahlen der heidnischen Umwelt teilzunehmen, zielte auf den Frieden zwischen Gemeinde und Heidentum. Ein fauler und trügerischer Friede mitten auf dem Schlachtfeld! Die Gemeinde, die sich zu solchen Feiern niederließ, wurde sicher bald verschlungen. Und der Prophet sah sie sorglos bei ihrem Henkermahl sitzen!

Das entgegengesetzte Verhalten, die Zurückweisung dieser Versuchung, fand seinen bildlichen Ausdruck im Wachen, Fasten, Rüstunganlegen und Kämpfen – bis der Herr kommt und seinerseits zum Essen bittet. Dann folgt das Essen zum Leben **von dem Baum**

109 Wenn diese Vermutung zutrifft, entsteht dadurch ein genaueres Bild von den Strömungen, denen die sieben Gemeinden gemeinsam ausgesetzt waren. Sowieso ist kaum anzunehmen, daß die geistlichen Anfechtungen der Gemeinden sich sehr voneinander abhoben. Nach 2, 15 gingen von den Nikolaiten vergleichbare Wirkungen aus wie von den Bileamiten, nämlich „Götzendienst und Unzucht" (Einzelheiten siehe 2, 14). Dies wiederum deckt sich mit dem Wirken „Isebels" 2, 20. So entsteht die Gleichung: Nikolaiten = Bileam = Isebel; drei Abwandlungen der gleichen Gefahr. Wie erklären sich die drei Namen? Mit „Bileam" und „Isebel" verbindet sich die Einnerung an satanische Großangriffe auf das Gottesvolk im AT, das eine Mal in der Mosezeit, das andere Mal in der Königezeit. In beiden Fällen ging es um innergemeindliche Verführung, denn Bileam war in gewisser Weise Gottesmann, und Isebel Glied des eigenen Königshauses. Daß „Bileam" in ntst Zeit stehender Verkündigungsausdruck war, bestätigen Jud 11; 2 Pt 2, 15. Es bedeutete ein vernichtendes Urteil, wenn jemand innerhalb der Gemeinde mit diesem Namen belegt wurde. Johannes tut es in prophetischer Vollmacht. Mit einem langen Finger zeigt er auf geistlich anspruchsvolle (vermutlich gnostische) Gruppen und prangert sie an: Das ist Bileam! Das ist Isebel! (Vgl. E. Lohse a. a. O. S. 23 und 278.) Oder sollten die Nikolaiten wirklich auf den Almosenpfleger in Apg 6, 5 zurückgehen, wie einige Nachrichten behaupten? Erwägenswert scheint die Vermutung, daß eine Bewegung, die z. B. in Pergamon vorwiegend von Juden getragen und deren Anhänger darum als Bileamiten bezeichnet wurden, in Ephesus stärker heidnisches Gepräge trug. Darum paßte in Ephesus der atst Name „Bileam" (Volksverwüster) nicht so gut, sondern besser dessen griechische Entsprechung „Nikolaus" (Volksbesieger).

des Lebens, der im Paradiese Gottes ist. Dieses Wort weist klar auf 1 Mo 2, 9; 3, 22. 24 zurück und beschließt einen Abschnitt, der fast Vers auf Vers in verborgener Beziehung zu jenen Kapiteln des AT stand.

„Paradies"[110] war für die biblischen Verfasser ein Fremdwort (aus dem Persischen), wo es eine künstliche, umzäunte Parkanlage bezeichnete, wie die persischen Großkönige sie anlegen ließen. Lediglich Königskinder und Hofpersonal hatten Zutritt. Nach 1 Mo 2 ist der Mensch außerhalb des Paradieses geschaffen. Nicht kraft Geburtsrecht, sondern aus reiner Gunst Gottes durfte er dort leben. Leben im Paradies und Genießen seiner Früchte bedeutet deswegen gnadenvolle Gemeinschaft mit dem Herrn des Paradieses. Bruch dieser Gemeinschaft zieht zwangsläufig die Verstoßung aus dem Garten Gottes nach sich.

Für das Ende der Zeiten ist zuerst bei Hesekiel (36, 35) eine Wiederkehr der Urzeit und des Paradieses angekündigt, ein Gedanke, der nicht nur im Judentum[111], sondern weit darüber hinaus bei den Völkern sein Echo fand. Die Rede von einem Goldenen Zeitalter, von paradiesischen Verhältnissen spiegelt die Sehnsucht einer Menschheit wider, die weiß, daß sie nicht mehr zu Hause ist[112].

Lehrreich ist schließlich ein Vergleich mit 22, 2–3. Hier steht der Lebensbaum im Garten, dort in der Stadt. Hier werden seine Früchte zur Sättigung der Gemeinde verwendet (so vermutlich in Übereinstimmung mit Hes 47, 12), dort seine Blätter zur Heilung der Völker. Hier ist das Thema Gottesgemeinschaft, dort Gottesdienst. Johannes wendet das Bild vom Lebensbaum also nicht mechanisch an, sondern wählt die Vergleichspunkte sorgfältig, um sie in den jeweiligen Sinnzusammenhang einzufügen. Für die Gemeinde Ephesus litt die Frage des Dienstes keine Not (Vers 2 und 3), wohl aber die der Gemeinschaft mit ihrem Schöpfer und Erlöser. Für ihren notvollsten Punkt empfängt sie jetzt die Verheißung: Vollkommene Gemeinschaft mit Gott in Jesus Christus. Damit kehrt Vers 7 zu Vers 1, nämlich zum Paradiesesgedanken, zurück. Wie Christus dort durch sein Wandeln

110 Erst in den späteren Schriften taucht die Vokabel „Paradies" für Garten Eden auf: Hohl 4, 13; Neh 2, 8; Pred 2, 5. Dann im NT: Lk 23, 43; 2 Ko 12, 4 und hier.

111 In der jüdischen Apokalyptik ist das Paradies beliebtes Thema weitschweifiger religiöser Fantasie. Bunt werden seine Wonnen ausgemalt. Die Offenbarung umkreist in diesem Zusammenhang nur ein einziges: den Lebensbegriff. Dem dient die Rede von Lebensbaum, Lebenswasser, Lebenskrone und Lebensmahl. Paradies ist im Grunde Gegenwart des lebendigen Gottes, das Lamm und die Gemeinschaft mit ihm, vgl. zu 7, 17.

112 Vgl. Artikel „Paradies" I in RGG, 3. Aufl., Bd. V, Sp. 95 f.; auch Bibl.-Hist. Handwörterbuch, Göttingen, 1966 unter dem gleichen Stichwort.

unter den Gemeinden das Paradies stiftet, vollendet er nach dem Überwinderspruch diese Gemeinschaft, indem er vom Baum des Lebens zu essen gibt, von dem zu essen bisher der Menschheit verwehrt war.

An die Gemeinde in Smyrna

Offenbarung 2, 8–11

Zu Vers 8:
Jes 44, 6
48, 12
Zu Vers 10:
Dan 1, 12. 14

8 Und dem Engel[96] der Gemeinde in Smyrna[97] schreibe: Das spricht
9 der Erste und der Letzte, der tot war und lebendig wurde. * Ich
weiß deine Drangsal und Armut – aber reich bist du; und die
Lästerung derer, die sich selbst Juden nennen und es nicht sind,
10 vielmehr Synagoge Satans. * Fürchte nicht, was du leiden wirst.
Siehe, der Teufel wird von euch (einige) **ins Gefängnis werfen,**
damit ihr geprüft werdet, und ihr werdet Drangsal haben zehn
Tage. Sei treu bis zum Tod, und ich werde dir geben den Kranz
11 des Lebens. * Wer ein Ohr hat, höre, was der Geist den Gemein-
den sagt. Wer siegt, wird wahrlich nichts erleiden vom zweiten
Tod.

8 Zu Empfängerangabe und Schreibbefehl siehe Exkurs 1a. Zur Selbstvorstellung (Exkurs 1b) ist 1, 17 und 18 zu vergleichen. Besonders das zweite Begriffspaar, das Karfreitag bis Ostern umspannt, ist wegweisend für das Verständnis der folgenden Botschaft. Bis zum Siegerspruch umkreist sie das Thema von Tod und Leben und stellt den Weg der Gemeinde Smyrna auf dem Hintergrunde des Weges Jesu dar. Während die Stadt Smyrna als blühender Hafen- und Handelsplatz Ephesus kaum nachstand und eine der schönsten Städte des Altertums gewesen sein soll, bot die Gemeinde Smyrna ein besonders kümmerliches Bild und rief damit gerade in einer solchen Umgebung die Daueranfechtung hervor: Sieht so die Ekklesia Gottes aus? Wenn ihr darum gesagt wird, wie stark ihr Erscheinungsbild mit dem Erscheinungsbild des Herrn übereinkam, lag darin ein besonderer Trost.

Die richterliche Bestandsaufnahme (Exkurs 1c) enthält keinen Tadel. Bringt sie also Lob für gute Taten? Aber die Gemeinde tut scheinbar nichts. Sie ist bloß da und erleidet das Tun anderer. Das Gesetz des Handelns liegt ganz und gar beim Gegner, der bedrängt, beraubt und verlästert. Die Christen in Smyrna sind nach Rö 8, 36 „geachtet wie Schlachtschafe".

9 Dazu spricht der erhöhte Herr: **Ich weiß.** Er weiß von sich selbst,

wie das ist, und versteht darum seine Gemeinde. Es gibt eine Nacht, da man nicht wirken, sondern nur leiden kann. Während der Leidenstage Christi ging das Gesetz des Handelns ebenfalls auf seine Feinde über. Seinen Häschern bescheinigte er: „Dies ist eure Stunde und die Macht der Finsternis" (Lk 22, 53), und Pilatus: „Du hast Macht über mich" (Jo 19, 11). Es kamen die Augenblicke seines Verstummens vor den Menschen und seines Gebundenseins am Kreuz. Nicht einmal seine Hände konnte er falten, geschweige denn sie jemand auflegen. Aber wie hat er im Leiden gewirkt! Welche Aktion in der Passion! Er ruft: „Es ist vollbracht!" Mit diesem Herrn ist die Gemeinde Smyrna in ihrer Passion ganz eng zusammengerückt. Durch drei Begriffe entstehen deutliche Parallelen:

Die **Drangsale** (s. zu 1, 9), die in Vers 9b und 10 entfaltet werden, erinnern den Leser des NT an die „Drangsale Christi" (Kol 1, 24), die **Armut** an „seine Armut" (2 Kor 8, 9). Nach dem folgenden Einschub: **aber reich bist du!**[113] muß es sich um materielle Armut gehandelt haben, vielleicht als Begleiterscheinung der Drangsal (vgl. Hbr 10, 34). Allzu leicht aber ruft Armut seelische Schädigungen hervor. Das griechische Wort (ptocheia) malt geradezu die geduckte Bettlergestalt vor unsere Augen. Scheu und umhergescheucht ist der Arme seinem Nächsten unangenehm. Das Judentum verachtete ihn und sah ihn unter dem Fluch Gottes. Hier setzt der dritte Begriff an: **Lästerungen.** Die Armut macht die Gemeinde vor der Judenschaft fragwürdig. Im gleichen Zusammenhang sind die Lästerungen, die Jesus zu erdulden hatte, zu sehen: Lk 22, 64–65; 23, 39; Mk 15, 29; Mt 27, 39. Wie paßt eine solche Jammergestalt zum Geliebtsein bei Gott?

Der an sich recht weiträumige Begriff der Lästerung erscheint in der Offenbarung sehr zugespitzt (2, 9; 13, 1. 5. 6; 16, 9. 11. 21; 17, 3): Es ist die Herrschaft des Lammes, die bewußt und hohnvoll zurückgewiesen wird. Dadurch empfängt der Begriff eine antichristliche Färbung. Er kennzeichnet den satanischen Gegenspieler und seine Trabanten seit der Passion Christi; hier die, **die sich selbst Juden nennen.** In der Provinz Asien lebte eine einflußreiche, alteingesessene Judenschaft. Als diese Städte in auffallender Weise Erfolgsgebiet der christlichen Mission wurden, flammte die Feindschaft auf. Juden führten die erste und vielleicht auch die zweite römische Gefangenschaft des Paulus herbei. Von einem besonderen Haß der Juden gegen die Christen in Smyrna berichtet der Kirchengeschichtsschreiber Euseb[114]. Ein erbit-

[113] Der Zusammenhang von äußerer Armut und geistlichem Reichtum wird in der Bibel oft hervorgehoben: Ps 34, 11; Lk 6, 20; 12, 21; 2 Ko 6, 10; 1 Tim 6, 18; Jak 2, 5. Die Umkehr in 3, 17.

[114] Näheres s. z. B. W. Barclay, Was sagt der Auferstandene, Kassel 1967, S. 28 f.

terter Kampf um den wahren Träger des Ehrennamens „Jude" (vgl. Rö 2, 28—29) scheint zwischen Synagoge und Christen entbrannt zu sein. Wer ist wirklich „Jude", also Erwählter und Gesandter Gottes? Wer ist Gottesvolk, oder wer ist Scheingottesvolk und in Wahrheit Satans Werkzeug?

Die Entscheidung fällt an der Stellungnahme zu d e m Erwählten, zu Christus; indem man ihn bezeugt oder verlästert. Wer Christus verlästert oder ihn in seinen Bekennern verlästert, betreibt das Werk des Satans und führt Satans Kriege (12, 17). Er gehört zu den Rebellen von Ps 2, die sich gegen den Gesalbten auflehnen. Nach diesem Maßstab fällt hier der Urteilsspruch durch den erhöhten Herrn über die dortigen Juden: **sie sind es nicht, vielmehr Synagoge Satans**[115]. Der Bestreitung des Judennamens entspricht die furchtbare Bestimmung durch den Satansnamen. Im Johannes-Evangelium wird der gleiche Maßstab angewandt. Weil die Juden Jesus töten (Jo 8, 37) und seine Jünger töten wollen (Jo 16, 2), haben sie nicht mehr Abraham zum Vater — Vaterschaft bedeutet in diesem Sprachgebrauch Jüngerschaft —, sondern den Teufel. Denn Hassen und Töten ist satanisch, genau so wie Lügen und Verführen, das in der Botschaft an Ephesus im Vordergrund stand (s. zu 2, 2). So wird die Synagoge mit der gleichen Begründung umbenannt wie 11, 8 Jerusalem.

10 Dem Lob folgt das Mahnwort (Exkurs 1d), das eine Leidensansage und eine Verheißung umschließt. Mit **Fürchte nicht** gibt Johannes weiter, was er selbst 1, 17 empfangen hat. Der Ausdruck **was du leiden wirst** läßt wieder die Erinnerung an die Passionsberichte wach werden. Etwa zwanzigmal ist dort vom Leiden Jesu die Rede, zuweilen verbunden mit dem Hinweis, daß der Menschensohn unter Heiden leiden werde (z. B. Mt 20, 19). Das erleuchtet blitzartig die Leidenstiefe: Der Gottesmensch in den Händen der Heiden! Leiden durch die Brüder läßt sich als Züchtigung verstehen. Man kann sie sich eher als Werkzeug Gottes denken. Die Gottlosen aber sind doch wohl Werkzeuge Satans. In ihren Händen ist man ganz von Gott verlassen. „Mein Gott, mein Gott, warum hast du mich verlassen?" (Ps 22, 1). Das ist der Kern des Leidens: Der Fromme scheint widerlegt, seine Bezweifler bestätigt. „Wo ist nun dein Gott?" (Ps 42, 4) höhnen sie. Auch Jesus selbst hat man mit dieser Elle gemessen: mindestens im letzten Augenblick müßte er doch vom Römerkreuz herabsteigen, wollte er Gottes geliebter Sohn sein (vgl. Mt 27, 40—43). Aber: „Ich starb" (Vers 8).

[115] Damit wird eine beliebte Selbstbezeichnung der Synagoge nach 4 Mo 16, 3; 20, 4 (grie: „Synagoge des Herrn") umgekehrt. Zur Sache vgl. noch die ausführliche Parallele 3, 9.

In Wahrheit aber hat ihn Gott nicht verworfen, sondern ununterbrochen geliebt, wenn auch geopfert. Nur weil er der Geliebte war, konnte er ja Opfer sein. Doch wo der Geliebte geopfert wird, verbirgt sich die Liebe. Das ist Karfreitag: nicht Abwesenheit, wohl aber Verhüllung der Liebe Gottes, so daß die wahren Zusammenhänge nicht sichtbar sind.

Smyrna wird ein ähnlicher Weg zugemutet: **Siehe, der Teufel wird von euch** (einige) **ins Gefängnis werfen.** Die angekündigte Gefängnishaft setzt die Einschaltung der an sich uninteressierten heidnischen Behörden voraus. Wie im Falle Jesu können die Juden ihre Absichten nicht ohne die heidnische Obrigkeit ausführen; sie verstehen es aber, ihren beträchtlichen Einfluß einzusetzen, und verbünden sich gegen die Christen mit den Heiden. Das bestätigt der Gemeinde den Eindruck, daß die Synagoge nicht Gottes Volk ist[116].

Wie in Vers 9 wird auch hier **der Teufel**[117] als eigentlicher Urheber erkannt. Die Verfolger sind Verführte und bedürfen der Fürbitte (wie Lk 23, 34).

Die Verhaftungen geschehen von einer höheren Warte aus gesehen, **damit ihr geprüft werdet.** Das griechische Wort für Versuchung läßt sich durch das lateinische Fremdwort wiedergeben: ihr werdet Experimenten unterworfen. Man experimentiert etwa mit einem technischen Gerät, um seine Leistungsfähigkeit nach allen Seiten in Erfahrung zu bringen. So steht die Gemeinde Smyrna im Begriff, in den Prüfstand geschoben zu werden. Ihre Treue soll erprobt werden. Das ist die Bedeutung der Drangsale. Auch Christus wurde auf seinem Wege diesen Proben unterworfen (Lk 22, 28. 40; Hbr 2, 18; 4, 15), die ihn bis ins Äußerste und Innerste anspannten (Jo 12, 27; Mt 26, 38).

Auch Smyrna erhält sein Gethsemane. **Und ihr werdet Drangsal haben zehn Tage.** Die Zeitangabe erinnert an Da 1, 12. 14, wo sie deutlich Inbegriff eines kurzen Zeitraums ist (ähnlich 1 Mo 24, 55; 4 Mo 11, 19; Ri 6, 25). Die Drangsale sind von Gott begrenzt. Selbst in Heiden- oder Satanshand befand sich der Gekreuzigte dennoch in Gottes Hand; er befahl seinen Geist in Gottes Hände! Gott ist treu, auch wenn er seine Geliebten leiden läßt (1 Ko 10, 13). Er überwacht

116 Dieses Urteil betrifft eine bestimmte jüdische Synagoge mit einer bestimmten Haltung gegenüber einer bestimmten christlichen Gemeinde und sollte nicht verallgemeinernd auf „die" jüdische Synagoge oder „das" Judentum bezogen werden. Allzu schnell werden sonst aus Verfolgten Verfolger, wie die Geschichte lehrt — und welches Urteil Christi wird diese wohl treffen?

117 Warum heißt es Vers 9 „Satan" und Vers 10 „Teufel" (Diabolos)? „Satan" hat die gleiche Grundbedeutung wie das grie Diabolos: Ankläger im Prozeß. Für die grie sprechenden Leser trat dieser Sinn in dem Wort aus ihrer Muttersprache besonders deutlich hervor. Das scheint Johannes zu beabsichtigen! Die Juden würden ja buchstäblich als Ankläger der Christen bei den heidnischen Stellen tätig werden.

das „Experiment". Darum erscheint es als maßvoll (Rö 8, 18; 1 Pt 5, 10). – Für den Historiker ergibt weder diese Stelle noch 2, 13 das Bild einer umfassenden und grundsätzlichen Christusverfolgung; weder für den Augenblick noch für die nahe Zukunft. Bis auf die Juden ist die Umwelt duldsam, was jedoch ein plötzliches Hervorbrechen von Gewalttaten seitens der Allgemeinheit nicht ausschließt (vgl. zu 2, 3).

Fürchte dich nicht! war die erste Vershälfte überschrieben. Welchen Weg die Gemeinde auch geht, sie geht ihn hinter Jesus her und gemeinsam mit Jesus. Er stellte sich ihr als der Lebendige vor, d. h. als ihr heiliger Zeitgenosse. Hier liegt der tiefe Unterschied zwischen dem Weg Christi und dem Christenweg: Er ging ihn in letzter Einsamkeit. Keiner vermochte mit ihm zu wachen. Keiner konnte ihn verstehen und zu ihm sagen: Ich weiß! Diese letzte Einsamkeit braucht kein anderer mehr zu durchschreiten. Für die Nachfolger geht es auch im äußersten Fall um die „Gemeinschaft der Leiden Christi" (Phil 3, 10). Darum fürchte dich nicht!

Die zweite Vershälfte führt fort: **Sei treu bis zum Tod.** Treue ist hier sicher wieder die Zeugentreue von 1, 5. Sei ein treuer Zeuge! Treu ist im NT nicht schon der, der bis in seine Todesstunde gläubig bleibt, sondern der Missionar bleibt; der den Glauben nicht nur hat, sondern unbeirrt auch bezeugt.

Wohl kaum wird hier der ganzen Gemeinde das Martyrium angekündigt. Aber es geht für die ganze Gemeinde um Treue, die alles einkalkuliert. Ob einem das Letzte abverlangt wird, muß sich zeigen. Jeder ist aufgerufen, treu zu sein und lieber sterben zu wollen als Jesus zu verleugnen.

Jesus wurde „gehorsam bis zum Tode" (Phil 2, 8). Doch durchs Kreuz zur Krone heißt es dort in der Fortsetzung. Auch diese Linie wird für die Gemeinde Smyrna ausgezogen: **Und ich werde dir geben den Kranz des Lebens.** In den Städten der Provinz blühte das Festspielwesen, bei dem Siegerkränze verliehen wurden[118]. Drei Stellen des NT handeln vom Märtyrerkranz. Er ist Preis für den Sieg in Drangsal und Prüfung. Der Sieg besteht nicht in Eroberungen oder Erfolgen, sondern darin, daß der Geprüfte nicht „abfällt": nicht von der Treue des Zeugen (vgl. 3, 11; 12, 11), nicht von der Liebe (Jak 1, 12) und nicht vom Glauben (2 Tim 4, 8).

Von allen sieben Gemeinden wird die Gemeinde Smyrna am stärksten in diesen Märtyrerhorizont hineingestellt. Vers für Vers entste-

[118] Gerade d i e ntst Briefe, die mit dieser Provinz zusammenhängen, erwähnen gerne Wettkämpfe und Bekränzungen: 1 Ko 9, 24–26a; Gal 2, 5; 5, 7; Phil 2, 16; 3, 12–14; 2 Tim 2, 5; 4, 8; 1 Pt 5, 4.

hen die Parallelen zur Passion ihres Herrn. Aber der Herr macht den eisernen Ring des Leidens durchsichtig, und dahinter weitet sich der Horizont der Auferstehung und **des Lebens.** Smyrna ist in Wahrheit Kandidatin des Lebens, nicht des Todes. Hier liegt die Hilfe für sie. Das Gefährliche am Leiden besteht in der drohenden seelischen Verkümmerung und Verkrümmung. Armut macht so leicht ärmlich, Gehaßtwerden gehässig, Geschlagenwerden verschlagen. Leid ist eine feindliche Macht (21, 4). Darum starb der Herr Jesus Christus nicht gelassen und heiter wie Sokrates. ‚Um diese gefährlichen Auswirkungen des Leidens für die Gemeinde abzufangen, spricht die Gemeindebotschaft zu ihr: Ihr geht bei allem Kreuz einen positiven Weg und lauft einem guten Herrn in die Hände, der der Lebensfürst ist und euch mit Leben krönt.'

Wieder erschallt der Merkspruch (Exkurs 1e): **Wer ein Ohr hat,** 11
der höre, was der Geist den Gemeinden sagt. Jede Gemeinde benötigt eine besondere Anhauchung mit dem Geist Gottes. Für Ephesus hieß es: Zurück zum Urstand der ersten Liebe! Hier gilt der Durchblick bis hin zum Lebenshorizont des Endstandes. Wißt euch alle Tage als Kandidaten des Lebens; bleibt unter Drangsal, Armut und Lästerung positiv! Rühmt euch sogar der Drangsale (Rö 5, 3), weil sie euch die Gemeinschaft mit Christus anzeigen.

Der Siegerspruch (Exkurs 1d) unterstreicht dieses Thema nachdrücklich (Anm. 111). Der **zweite Tod** (20, 6. 14; 21, 8) ist nicht eine Wiederholung des ersten Todes, denn nach 20, 14 wird ja der erste in den zweiten Tod hineingeworfen. Vom ersten Tod heißt es 21, 4: „Er ist nicht mehr", vom zweiten vier Verse später: „Er brennt mit Feuer und Schwefel." Darum ist der zweite Tod auch ein anderer Tod, nämlich Tod ohne folgende Auferstehung. Wenn der Sieger **nichts mehr erleiden wird vom zweiten Tod,** entsteht damit eine letzte Parallele zum Herrn Jesus. Auch er ist der Todesgewalt völlig entnommen: „Wir wissen, daß Christus, von den Toten auferweckt, hinfort nicht stirbt. Der Tod wird hinfort nicht über ihn herrschen. Denn das er gestorben ist, das ist er der Sünde gestorben e i n m a l" (Rö 6, 9). Kein zweiter Tod für Christus! Für ihn ist der Tod tot und das Leben wirklich Leben, ohne einen Rand des Todes. So ist die Gemeinde auf dem Kreuzesweg unterwegs ins wahre Leben, hinein ins ganz Helle.

An die Gemeinde in Pergamon

Offenbarung 2, 12–17

Zu Vers 14:
4 Mo 31, 16
25, 1 f
Zu Vers 17:
Ps 78, 24
Jes 62, 2

12 Und dem Engel[96] der Gemeinde in Pergamon[97] schreibe: Das sagt,
13 der da hat das zweischneidige und spitze Schwert. * Ich weiß, wo
du wohnst: wo der Thron Satans ist. Und du hältst fest an meinem Namen und hast nicht verleugnet die Treue zu mir, selbst (nicht) in den Tagen des Antipas, meines treuen Zeugen, der ge-
14 tötet worden ist bei euch, wo der Satan wohnt. * Aber ich habe
eine Kleinigkeit wider dich, daß du dort solche hast, die festhalten an der Lehre Bileams, der den Balak lehrte, die Söhne Israels zum Abfall zu verführen, Götzenopferfleisch zu essen und Unzucht zu
15 treiben. * So hast du, ja (auch) du solche, die gleicherweise an der
16 Lehre der Nikolaiten festhalten. * Tue also Buße, wenn aber nicht,
komme ich dir schnell und werde mit ihnen kriegen mit dem
17 Schwert meines Mundes. * Wer ein Ohr hat, höre, was der Geist
den Gemeinden sagt. Dem Sieger werde ich geben vom verborgenen Manna, und ich werde ihm geben einen weißen Stein, und auf dem weißen Stein einen neuen Namen geschrieben, welchen niemand weiß außer dem, der ihn empfängt.

12 Zu Empfängerangabe[119] und Schreibbefehl siehe Exkurs 1a. Die Selbstvorstellung des Botschaftserlasses (Exkurs 1b) greift 1, 16 auf. Ist sie wieder für die folgende Botschaft richtungweisend?

Sie ist so kurz, daß nichts ablenkt und allein eines im Mittelpunkt steht: **das zweischneidige und spitze Schwert.** Es wird nicht einmal aus 1, 16 wiederholt, daß es dem Richter aus dem Munde ragt (so jedoch V. 16). Alles ist auf die Schärfe von Hieb und Stich gestellt. Alle Verdunkelungsversuche werden von diesem Richter durchstoßen, alle Vermischungen und Verwischungen zertrennt. Als Thema der Botschaft ist zu erwarten: Wider die Vermischung!

Dieses Schwert wird in Vers 16 ausdrücklich auf die Bileamiten bzw. Nikolaiten bezogen. Das Schwert spielte in den Bileamsgeschichten mehrmals eine Rolle (4 Mo 22, 23. 31; 31, 8; Jos 13, 22). So zeichnet sich ein Rahmen ab: Diese Gemeindebotschaft behandelt die gefährliche Vermischung des Gottesvolkes auf dem Hintergrund der Anfechtung Israels in seiner Wüstenzeit (vgl. Anm. 109).

Die richterliche Bestandaufnahme (Exkurs 1c) bringt in Vers 13 hohes Lob.

13 **Ich weiß, wo du wohnst.** Wider Erwarten beginnt der Herr nicht,

[119] Der Städtename ist in beiden Formen belegt, Pergamon und Pergamos.

wie so häufig, mit dem Wirken der Gemeinde, sondern mit ihrem Wohnplatz. Aber wie wichtig ist für eines Menschen Wirken seine Wirkungsstätte! (Vgl. die grundsätzliche Bedeutung des „Ortes", Anm. 108). Christus urteilt nicht an der Macht der Verhältnisse und der Atmosphäre vorbei. Die Gemeinde Pergamon lebt in Wohngemeinschaft mit dem Satan. Wie soll sie da als Gemeinde leben können?

Alle genannten Städte waren Satans Einflußgebiet (2, 9. 24; 3, 9). Aber Pergamon war der **Thron Satans**, Zentrale satanischer Strategie[120]. Welchen Anlaß hatte diese prophetische Deutung? Weil in der Offenbarung der Thron Gottes das Zentralbild ist, wird es sich hier um das entscheidende Gegenbild handeln.

Wird darauf angespielt, daß der Statthalter in dieser alten Königsstadt wohnte (während er in der damaligen Hauptstadt Ephesus seinen Amtssitz hatte)? Oder ist daran zu denken, daß hier schon 29 vor Christus dem römischen Kaiser Augustus ein Tempel geweiht worden war, als älteste und wichtigste Stätte des sich entwickelnden Kaiserkultes? Oder stach Pergamon als Stadt des ersten Martyriums (V. 13) in der Provinz hervor? Oder legt schon der Augenschein die Erklärung nahe, nämlich der Blick auf den 300 Meter über der Stadt weit sichtbar prangenden riesenhaften Zeusaltar, einer der sieben Weltwunder des Altertums[121]? Doch auch der Zusammenhang mit dem blühenden Schlangen-Heilkult (Asklepios – Soter) legt sich nahe, der damals in aller Welt zweihundert Heiligtümer unterhielt und dessen Hauptsitz Pergamon darstellte. Ein marmornes Schwimmbecken, das zum Bäder- und Kurbetrieb gehörte, ist noch heute zu besichtigen. Dort wirkte später Galenus, der berühmteste Arzt des Altertums. Leidende aus aller Welt wallfahrteten herbei, und Anekdoten und Titulierungen (z. B. Heiland), die an die Evangelien erinnern, wurden überliefert. Vieles daran konnten die Christen als eine teuflische Nachäffung ihres Heilandes empfinden. Vor allem mußte die Herausstellung und Verehrung der Schlange biblisches Denken geradezu auf den Gedanken an den Satan stoßen[122]. Schließlich erlebten auch Kunst und Wissenschaft an diesem Ort ihre Höhepunkte. Erinnert sei an das Bibliothekswesen, auch an das besonders feine Schreibleder, dort ent-

[120] Die Aussage erinnert an Hes 2, 6: „Auf Skorpionen sitzest du."

[121] Teile des Altars sind im Pergamon-Museum zu Berlin ausgestellt.

[122] Daß die Schlange für die alten Völker ein so hochheiliges Tier war, wird schon für 1 Mo 3 eine Rolle spielen: Sie ist Inbegriff des eindringenden Heidentums und damit Verderbensmacht und Todbringerin für Gottes Volk. Schlange oder Drache ist in der Offenbarung des Teufels Name, in 12, 9; 20, 2 wahrscheinlich unter Anspielung auf 1 Mo 3.

wickelt und produziert, das den Namen der Stadt als „Pergament" in die Welt hinausgetragen hat.

Bei dieser Sachlage empfiehlt es sich, die Bezeichnung „Thron Satans" auf die ganze Stadt[123] zu beziehen, in der die Gemeindeglieder verstreut wohnten, nicht aber auf bestimmte Bauten. Es ging um etwas Atmosphärisches, um Pergamon als hellenistisches Zentrum in seiner imposanten Gesamtheit, mit allem, was es religiös, kulturell und politisch so betäubend ausstrahlte. Wer aber Hellenismus sagt, sagt Verschmelzung (Einleitung Nr. 11). Die Gemeinde lebte mitten in diesem Schmelzofen.

Damit hat der Gedankengang wieder zur Bileamgeschichte zurückgeführt. Wer jene Kapitel im AT liest, spürt, wie sie durchzittert sind vom Wissen um einen Generalangriff Satans auf Gottes Volk. Es geht um Sein und Nichtsein. Zugleich verdient eine weitere Parallele festgehalten zu werden: Israel stürzte unmittelbar nach einer Kette von Siegen (4 Mo 21, 21–35) in diese Probe. Darin liegt die Taktik des Feindes: Er hofft auf des Siegers Neigung zur Leichtfertigkeit. Auch der Gemeinde Pergamon wird ein kürzlich errungener Sieg bescheinigt:

Du hältst fest an meinem Namen. Das deutsche Wort „festhalten" ist hier zu blaß. Mit aller Kraft sich festklammern und festkrallen, darum ging es. Es sollte etwas entrissen werden (vgl. 2, 25; 3, 11). Zum Loslassen wurde aufgefordert. Eine Verfolgungswelle ging über die Gemeinde hinweg. Umkämpft wurde der Name Jesu.

An diesem Namen entzündete sich, wie so oft im NT, die Auseinandersetzung mit der Umwelt (Mt 10, 22; 19, 29; 24, 9; Jo 15, 21; Apg 5, 41; 9, 16; 21, 13; 15, 26; 1 Pt 4, 14; Offb 3, 8): Im Zusammenprall mit dem Schlangenkult könnte es der Heilandsname gewesen sein (s. o.), gegenüber dem Kaiserkult später der Herrenname, gegenüber dem Judentum die Bezeichnung Jesu als Messias oder Gottessohn. Alle diese Titel werden im christlichen Bekenntnis als Namen „über alle Namen" verstanden, die Jesus über alle Größen emporheben, die den Kaiser und die Götter auffordern, daß sie „sich beugen sollen" (Phil 2, 9–10). Die Umwelt war oft großherzig und hätte die Verehrung Jesu hingenommen, wenn daneben die Ehrung anderer Herren und Heilande hätte weitergehen können. Aber die Erhebung dieses Jesus zum einzigen und wahren Herrn und Heiland war der Zündstoff, sobald das nur einmal begriffen wurde. Dann lief eine **gedemütigte** Welt Sturm gegen den Namen Jesu und verlangte von der Gemeinde, dieses Bekenntnis zurückzunehmen.

[123] Der Name der Stadt („Bergstadt") und die entsprechende Lage mögen den Vergleich gefördert haben.

Die folgenden Sätze verbreitern den gewonnenen Eindruck.

Und du hast die Treue zu mir[124] **nicht verleugnet.** Der schlichteste Sinn von „verleugnen" ist, auf Befragen hin nein sagen; sein Gegenbegriff ist „bekennen": auf eine Behauptung hin ja sagen (beide Ausdrücke Joh 1, 20). So gab es in Pergamon harte Wortwechsel und gehörigen Druck, Jesus dem Herr die Treue aufzukündigen. Die Gemeinde bewährte sich aber **selbst in den Tagen des Antipas**[125], **meines treuen Zeugen, der getötet worden ist bei euch, wo der Satan wohnt.** Die schweren, von satanischer Finsternis erfüllten Tage lagen inzwischen zurück. Die ganze Gemeinde geriet damals in den Brennpunkt öffentlicher Angriffe, doch war Antipas das einzige Opfer. Er erhält denselben Titel wie Jesus Christus in 1, 5. Die enge Schicksalsgemeinschaft spricht daraus. Der Herr zieht ihn ganz dicht an sich heran.

Über die äußere Seite des Vorfalls lassen sich nur Vermutungen anstellen. Th. Zahn bringt den ausdrücklichen Hinweis auf Satan an dieser Stelle mit dem Schlangenkult zusammen. Vielleicht fand gerade ein Fest zu Ehren dieses „Weltheilandes" in Pergamon statt. Pilger aus der ganzen Provinz strömten zusammen; drangvoll die Straßen, durch die sich bei hochgespannter Stimmung die Prozession bewegte. Da wird der als Christ bekannte Antipas als kritischer Zuschauer bemerkt. Schon Schweigen kann sprechen! Er wird herausgefordert und bleibt standhaft bis in den Tod. Er scheint ein Opfer des Fanatismus geworden zu sein. Nichts deutet auf eine planmäßige Verfolgung und auf ein gerichtliches Verfahren hin.

Doch auch gegen diese Gemeinde, die sich damals nicht hatte ein- 14
schüchtern lassen, die aus schwerem Druck bewährt hervorging, erhebt sich jetzt die Anklage ihres Herrn (Exkurs 1c): **Aber ich habe eine „Kleinigkeit" wider dich.** Der Anklagepunkt ist alles andere als geringfügig, und Vers 16 folgen allerschärfste Töne, so daß von einem leichten Tadel keine Rede sein kann. Darum empfiehlt sich, „Kleinigkeit" in Anführungszeichen zu setzen. Es ist eine sogenannte Kleinigkeit. Die Reden der Bileamiten stehen im Hintergrund: Man

[124] Hier wird gern „meinen Glauben" übersetzt. Erstens empfiehlt es sich jedoch im Rahmen der Gedankenwelt dieses Buches, an allen Stellen „gläubig, Glaube" mit „treu, Treue" zu übersetzen, z. B. 1, 5; 2, 10. 13. Zweitens ist der im grie Text angehängte Genitiv „Treue meiner", der sich im Deutschen schwer nachahmen läßt, objektiv zu fassen: Treue, die sich auf mich bezieht, Treue zu mir. Vgl. die Genitive 1, 9; 3, 10 („Harren meiner" = Harren auf mich), 1, 18 („Schlüssel des Todes" = Schlüssel zum Tode). Diese Eigentümlichkeit hängt mit dem semitischen Sprachempfinden des Johannes zusammen.

[125] Dieser Satz ist grammatisch nicht übersetzbar. Jede Übersetzung nimmt irgendeine Textänderung vor. Hier wurde angenommen, daß Antipas ursprünglich im Genitiv stand. Die Handschriften haben ihn aber im Nominativ.

möge doch nicht mit Kanonen auf Spatzen schießen! In Wahrheit setzten aber diese angeblich geringen Dinge alle Bewährung und Entschiedenheit der Gemeinde aufs Spiel.

Der Rat, den Bileam dem König Balak erteilte (4 Mo 31, 16; 25, 1–3), bestand in einer ganzen „Harmlosigkeit", gemessen an einer Aufrüstung zur Feldschlacht: Lade sie zur Teilnahme am Götzendienst ein (und an der dabei üblichen Unzucht)! Schicke ihnen nicht ein großes Heer entgegen, sondern kleine Mädchen! Es handelte sich also um eine Kleinigkeit im Sinne einer Falle[126]. Du hast dort solche, die festhalten an der Lehre Bileams, der den Balak lehrte, die Söhne Israels zum **Abfall zu verführen, Götzenopferfleisch zu essen und Unzucht zu treiben.**

Schmerzlich berührt es, dem Begriff des Festhaltens von Vers 13 nun auch in diesem Zusammenhang zu begegnen (ebenfalls V. 15): Zweimal beharrliches Anklammern, das eine Mal aber am Namen Jesu, das andere Mal am Rat des Bileam. Dieses zweierlei Festhalten schien sich in Pergamon zu vertragen. Aber das Schwert des Herrn fährt dazwischen. Es verträgt sich nicht!

Beim Essen des **Götzenopferfleisches** handelt es sich um Mahlzeiten im Rahmen heidnischer Gottesdienste. Als Tischherren galten die Götter selbst, die das Fleisch der ihnen geopferten Tiere spendeten. Auf diese Weise genossen die Teilnehmer die Gemeinschaft mit den Göttern (vgl. 1 Ko 10, 20). Zugleich bedeuteten diese Feiern gesellschaftliche Höhepunkte und Verpflichtungen. Es war schwer, sich auszuschließen, wenn Verwandtschaft oder Bekanntschaft einluden. Schon Paulus setzte sich mit diesem Problem auseinander (z. B. 1 Ko 8–10). Das Fleisch ist ihm zunächst eine neutrale Angelegenheit, aber kann man es „an sich" genießen? Wie steht es mit dem Zusammenhang? Sobald man zu Ehren der Götter mitißt, gewinnt es ein negatives Vorzeichen, und es heißt: „Fliehet den Götzendienst!" (1 Ko 10, 14).

Diese Mahlzeiten arteten, gefördert durch üppiges Essen und durch Weingenuß, in ausschweifende und unzüchtige Gelage aus. Wichtiger aber ist die dahinterstehende Religiosität, die alle Kulte des vorderen Orients und damit Israels Umwelt beherrschte, nämlich die Vergötterung der natürlichen und sinnlichen Kräfte. Das Land galt als Muttergöttin. Sie wird fruchtbar, wenn der jugendliche Himmelsgott, Baal

[126] Die folgende Wendung „zum Abfall verführen" lautet wörtlich: „eine (Tier)falle legen." Dieses Bild aus der Jägersprache bekam später die Bedeutung: ein Verderben bereiten, zur Sünde reizen und zum Abfall verführen. In Vers 20 wird es auch durch „verführen" ersetzt. Damit aber ist wieder der Zusammenhang mit dem Satan hergestellt, vgl. den Schluß von 2, 2. Der Zusammenhang Satan und Falle erscheint auch Mt 13, 39. 41; 16, 23; Rö 16, 17. 20. Sehr oft bezieht das AT dieses Fallenstellen auf die Verleitung zum Götzendienst: außerdem Rö 14, 13; 1 Ko 8, 13.

genannt, sie mit seinen Regengüssen besamt. Diese Götterehe wird im Kultus gefeiert, dargestellt und in „heiligen Hochzeiten" nachvollzogen zu Ehren Baals. Die atst Propheten und auch Johannes nannten diese Gottesdienste wenig ehrerbietig **Unzucht**. In Korinth soll es nach Strabo (griech. Geograph und Schriftsteller, gest. 20 n. Chr.) tausend ständige Tempeldirnen gegeben haben. Diese Einrichtung drang auch in Israel ein: 1 Kö 14, 23–24; 15, 12; 22, 47; Hos 4, 14; 5 Mo 23, 18–19; Jer 2, 20; 3, 2. 6; Hos 4, 12–14; nach 2 Kö 23, 7 auch einmal in den Tempel von Jerusalem. Hes 23 ist eine flammende Anklagerede gegen diese Sünde Israels.

Die kleinasiatischen Kulte hatten auffallende Ähnlichkeit mit den syrischen und palästinensischen, so daß Johannes mühelos verstanden wurde, wenn er atst Worte auf die Lage der sieben Städte bezog. Einer der bevorzugtesten Götter des Hellenismus war Dionysius, in dessen Dienst sich die Menschen rauschhaft an die Natur und an das Vitale verloren. Speziell in Kleinasien genoß die „große Mutter Kybele" Verehrung. Es ist die „Diana" oder „Artemis" der Epheser von Apg 19, 24–35, die als Fruchtbarkeitsgöttin vielbrüstig dargestellt wurde.

Selbstverständlich untergrub die Teilnahme an solchen Kulten auch die Moral im außerreligiösen Leben. Der griechische Mensch neigte bis in seine edelsten Spitzen hinein zu großer Duldsamkeit gegenüber geschlechtlicher Ungebundenheit. Paulus bekam mit diesem Geist innerhalb der Gemeinde zu tun, der die sexuelle Freizügigkeit als den Beweis christlicher Überlegenheit wertete (1 Ko 8, 10). In der hellenistischen Welt war die Unzucht in allen ihren Formen unwahrscheinlich verbreitet, so daß Johannes die Stadt Babel, das Bild der damaligen Kulturmenschheit, als „Mutter der Hurerei" schaute (17, 5)[127].

[127] Zwei Zitate mögen die Linien bis in unsere Zeit ausziehen: „Wenn man sich einmal einen Eindruck geholt hat vom Sexualgehalt antiker Kulte, . . . wundert man sich nicht, daß sich das ursprüngliche Christentum mit größter Energie von aller Natur- und Triebhaftigkeit und insbesondere durch seine asketische Tendenz von der Sexualität abgewandt hat. . . . In einer Zeit, wo ein Großteil der Menschheit anfängt, das Christentum wegzulegen, lohnt es sich wohl, klar einzusehen, wozu man es eigentlich genommen hat. Man hat es genommen, um der Roheit und Unbewußtheit der Antike zu entkommen. Legen wir es weg, so steht schon wieder die ursprüngliche Roheit da, von der uns ja die zeitgenössische Geschichte einen nicht mehr zu überbietenden Eindruck gegeben hat" (C. G. Jung, Wandlungen und Symbole der Libido, 1925[2]).
„Innerhalb einer späten, verfallenden Zivilisation erheben sich wieder die Tempel der Isis und Astarte, jener asiatischen Muttergottheiten, denen man in Orgiasmen und Zuchtlosigkeiten, mit dem Gefühl hoffnungsloser Verlorenheit inmitten sinnlicher Schwelgereien dient. Die anmutige, bezaubernde Buhlerin ist das Idol der Zeit und schreitet geschmückt, mit gemalten Lippen – wie einst durch Babylon – durch die Städte Europas. Und die in durchsichtige Gewänder gekleidete Beherrscherin des Mannes trägt das Symbol der unbeschränkten Geschlechtsmischung, den Hund, auf dem Arm . . ." (Bäumler, Mythos von Orient und Okzident, CCXCI).

Der Ausdruck „Unzucht treiben" trifft also einen vielschichtigen Tatbestand. Er bedeutet, heidnischen Kulten anheimfallen, also von Gott abfallen, die „Ehe" mit ihm brechen. Dieser geistige Ehebruch wuchs sich oft zur buchstäblichen Unzucht aus. Das erste Gebot, das vor Nebengöttern warnt, ist unterirdisch mit dem sechsten Gebot, das vor Nebenfrauen warnt, verbunden. Treue ist unteilbar, ob es sich nun um die Treue zu Gott oder zur eigenen Frau handelt. Diese „Unzucht" im umfassenden Sinn hatte sich in der Gemeinde Pergamon besonders fest und frech eingenistet. In Ephesus war lediglich von den „Werken" dieser Leute die Rede. Hier wird über ihre Lehre und ihre Lehrtätigkeit berichtet. Vielleicht liegt darin das Fortschreiten von der eigenen Praxis zur öffentlichen Rechtfertigung, ja Werbung. Sie machen Schule und haben Schüler.

Was tut die Gemeinde? **Du hast solche,** ein völlig neutraler Ausdruck, keine Stellungnahme verratend. Weder kann wie von der Gemeinde Ephesus gesagt werden: „Du hassest sie" (2, 6), noch wie von den Christen in Thyatira: „Du duldest sie" (2, 20). In Pergamon gehen diese beiden Gruppen und diese beiden Verkündigungsströme einfach nebeneinander her. Aber diese innergemeindliche Neutralität ist gerade der Anklagepunkt gegen das nach außen so tapfer bekennende Pergamon. Wie still, wie merkwürdig still sind die gleichen Männer geworden. Das ist Untreue im Ansatz. Die Kraft zum Bekennen war erlahmt und setzte an einem bestimmten Punkt aus. Da war etwas in ihnen, das sich mit den Bileamiten verständigte und sich in ihrem Verhältnis zu Jesus als Fremdkörper auswirkte.

Die Untreue hat ja ihre besten Schlupfwinkel bei den Treuen. Dort vermutet sie niemand, auch die Treuen selbst kaum. Aber der erhöhte Herr bringt das Verborgene ans Licht. Sein Schwert ist nicht stumpf geworden. Schnittsicher legt er den Herd der Untreue bloß. Auch der Allertreueste soll sich prüfen. „Wer sich dünkt, er stehe, mag wohl zusehen, daß er nicht falle." Der Satan ist überaus listig, und Jesus sagt: Du wohnst bei des Satans Thron.

15 Das völlig Unvermutete, das bei dieser Aufdeckung zum Vorschein kommt, und der tiefe Schmerz darüber liegt im Ton des abschließenden Anklagewortes: **So hast du, ja du, solche, die in gleicher Weise an der Lehre der Nikolaiten festhalten.** Entweder stellen die Nikolaiten eine zweite Gruppe neben den mehr jüdisch geprägten Bileamiten dar (Anm. 109), oder es soll gesagt werden: Wie Balak seinen Bileam hatte, so hatten die Pergamener ihre Nikolaiten. Die Nikolaiten spielten in Pergamon die Rolle Bileams.

16 Dem kurzen Bußruf folgt das Drohwort (Exkurs 1d): **Tue also Buße, wenn aber nicht, komme ich dir schnell und werde mit ihnen kriegen mit dem Schwert meines Mundes.** Diese und die andere Stelle

19, 11 vom „Kriegen" Jesu Christi verwahren sich deutlich gegen ein buchstäbliches Verständnis (Anm. 79). Aber Christus wird richten, und zwar werden die Bileams immer sehr scharf genommen (4. Mo 31, 8; Mt 17, 6–7; Gal 1, 7–9; 5, 12 und unten Vers 22.) Das Gericht weiß die Urheber genau zu treffen, aber die ganze Gemeinde wird dadurch gezüchtigt und beschämt.

Wer ein Ohr hat, höre, was der Geist den Gemeinden sagt. (Zum 17
Merkspruch vgl. Exkurs 1e.) Was sagt der Geist im Lichte gerade dieser Gemeindebotschaft? Er sagt zur Gemeinde ja und nein, ja zu ihrem Bekenntnis nach außen, nein zu ihrem innergemeindlichen Schweigen. Er sagt ihr: Deine Bekenntnissituation ist mit „jenen Tagen" nicht zu Ende. Sie verlängert sich bis in dein Heute. Unverändert wohnst du, wo Satans Thron ist. Die „alte Schlange" begegnete damals als Mörderin, jetzt als Verführerin. Zweimal also der Satan. Darum geht es auch zweimal um deine Treue und zweimal um Sieg. Erkenne die Duplizität der Ereignisse und laufe nicht, nachdem du in der offenen Auseinandersetzung gesiegt hast, in den Hinterhalt. In die Mitte der Gemeinde tritt ihr Herr, dessen Schwert nicht nach einer Seite hin stumpf geworden ist. Ihm geht es um einen allseitigen Sieg.

Der Siegerspruch (Exkurs 1f) wiederholt zu Anfang sinngemäß den Spruch an Ephesus: **Dem Sieger werde ich geben vom verborgenen Manna.** Dort und hier ist vom Essen als Zeichen vollkommener Gemeinschaft mit Christus die Rede[128]. Bengel bemerkt: „Darüber sollte man den Appetit zum Götzenopferfleisch verlieren." Allerdings bewegt sich 2, 7 im Rahmen der Paradieses-Vorstellung. Hier aber steht die Mosezeit im Hintergrund, darum Anknüpfung an die Manna-Speisung.

Die Fortsetzung des Spruches erinnert an 2, 10b und die Wettkampfatmosphäre: **Und ich werde ihm geben einen weißen Stein.** Die Sieger auf den Olympiaden wurden nach ihrer Rückkehr in der Heimatstadt hoch geehrt und wohl auch durch Wertgegenstände oder Steuervergünstigungen belohnt. Sie benötigten aber eine Beglaubigung. Zu diesem Zweck empfingen sie bei der Siegerehrung in Olympia außer dem Kranz auch weiße Marmortäfelchen mit ihrem Namen.

[128] Das Manna hat die jüdischen Endzeitspekulationen außerordentlich beflügelt. Jeremia soll Bundeslade und Mannakrug auf dem Sinai in Sicherheit gebracht haben, wo beides in messianischer Zeit wieder aufgefunden werden wird. Oder der Himmel birgt jetzt Mannavorräte, die am Ende für die große Empfangsmahlzeit aufgetan werden usw. Johannes gab dem „Manna" christlichen Inhalt. Das Lebensbrot ist eindeutig Jesus selbst, und zwar sowohl als der ins Fleisch Gekommene wie auch als der im Heiligen Geist Gegenwärtige und in Herrlichkeit Erscheinende (Jo 6, 32–35. 38. 48–51. 54–58). Auf dem letzten Punkt liegt hier der Ton.

Der Empfang des weißen Steines erklärt sich also als Element der Siegerehrung[129].

Die Fortsetzung zieht die Aufmerksamkeit auf sich: **Und auf dem Stein einen neuen Namen geschrieben, welchen niemand weiß außer dem, der ihn empfängt.** Hier begegnet das erste Mal in der Offenbarung das Wort **neu.** Später wird von neuen Liedern, neuem Jerusalem, neuem Himmel und neuer Erde zu hören sein. Alles neu! Das ist das Kennwort der kommenden Welt Gottes. Gegenbegriff ist das gegenwärtig Bestehende. Den Übergang vom einen zum anderen leistet nicht eine Entwicklung. Entwicklung macht nichts neu, sondern offenbart nur das Alte neu. Darum bezeichnet „neu" den Schöpferakt, das Wunder (vgl. zu 5, 9).

Dieser Akt wird hier auf den **Namen** der Sieger bezogen. Wie am Anfang alles bei Namen gerufen wurde (1 Mo 1, 5. 8) und damit seine Stellung, Berufung und sein Geschick empfing, so auch in der Erneuerung aller Dinge. Die Bibel kennt Umbenennungen als Umprogrammierungen (Abraham 1 Mo 17, 5; Jakob 1 Mo 32, 29; Jünger Mk 3, 16; Joh 1, 42). Gott bricht ein Leben ab und um. Jes 62, 2; 65, 15; 56, 5 kündigt eine endzeitliche Umbenennung Israels an. Es empfängt den Siegernamen. Damit ist das bisherige Dasein endloser Ängstigung beendet: „Denn die früheren Ängste sind vergessen und vor meinen Augen entschwunden" (Jes 65, 16).

Auch die Gemeinde in Pergamon kam aus der Gefährdung nicht heraus. Kaum hatte sie eine Schlacht glücklich geschlagen und glaubte sich eine Verschnaufpause gönnen zu dürfen, da stand schon wieder alles auf dem Spiel. Aber Gott wird aus diesem Stand in einen anderen Stand hinüberbringen. Er gibt dem Treuen noch einmal einen neuen Namen. Daß **niemand weiß,** wie dieser neue Name lautet, außer dem Geber und dem Träger des Namens, unterstreicht die Geborgenheit des neuen Zustandes. Dieser Name ist Geheimnis zwischen Christus und der sieghaften Gemeinde und damit Ausdruck störfreier Gemeinschaft. Wie dieser Name jedem Mißbrauch durch Dritte entzogen ist, so kann auch niemand dieses neue Verhältnis zu Christus antasten. Die Gemeinde kann endlich ungetrübt ihrer Berufung leben: unangreifbares Leben! (vgl. hierzu 7, 9).

Denen, die schwer um ihre Treue ringen, beteuert der Herr doppelt seine Treue: Ich werde geben, ich werde geben.

[129] Die Deutungen als Amulettsteinchen (Schutzgedanke), Gerichtssteinchen (Freispruch) oder atst Lossteinchen (Glücksteil, Ps 16, 6) legt der Text nicht nahe.

An die Gemeinde in Thyatira

Offenbarung 2, 18–29

18 **Und dem Engel[96] der Gemeinde in Thyatira[97] schreibe: Das spricht**
der Sohn Gottes, der da hat die Augen wie Feuerflammen, und
19 **seine Füße gleich Erzglut. * Ich weiß deine Werke – deine Liebe**
und deine Treue und deinen Dienst und dein Harren; und deine
20 **letzten Werke** (sind) **größer als die ersten. * Aber ich habe wider**
dich, daß du (gewähren) **lässest das Weib Isebel, die sich selbst**
eine Prophetin nennt und lehrt und meine Knechte verführt zur
21 **Unzucht und zum Götzenopferfleisch. * Und ich habe ihr eine Frist**
gegeben, damit sie Buße tue, aber sie will nicht Buße tun von ih-
22 **rer Unzucht. * Siehe, ich werfe sie auf ein Krankenlager, und die-**
jenigen, die mit ihr Ehebruch getrieben haben, in große Trübsal,
23 **wenn sie nicht Buße tun von ihren** (des Weibes) **Werken. * Und**
ihre Kinder werde ich töten durch Pest, und alle Gemeinden sollen
erkennen, daß ich (es) **bin, der da erforscht Nieren und Herzen,**
24 **und ich werde euch geben einem jeden nach seinen Werken. * Ich**
sage aber euch, den übrigen in Thyatira, die nicht haben diese
Lehre, die nicht erkannt haben die Tiefen des Satans, wie sie (die
Anhänger Isebels) **sagen: Nicht werfe ich auf euch eine andere**
25/26 **Last. * Nur: Was ihr habt, haltet fest, bis ich komme. * Und**
dem, der siegt und hält bis ans Ende meine Werke, werde ich ge-
27 **ben Vollmacht über die Nationen, * und er wird sie weiden mit**
28 **einem eisernen Stock, wie irdenes Geschirr zerbricht, * wie auch**
ich (es) **empfangen habe von meinem Vater, und ich werde ihm**
29 **geben den Morgenstern. * Wer ein Ohr hat, höre, was der Geist**
den Gemeinden sagt.

Zu Vers 18: Dan 10, 6
Zu Vers 20: 4 Mo 25, 1 f
Zu Vers 23: Jer 11, 20 Ps 7, 10 62, 13
Zu Vers 26 f: Ps 2, 8 f

Nach Empfängerangabe und Schreibbefehl (Exkurs 1a) nimmt die Selbstvorstellung des Herrn (Exkurs 1b) wieder ein Element aus Kapitel 1 auf: **Das spricht der Sohn Gottes, der da hat die Augen wie Feuerflammen, und seine Füße** (sind) **gleich Erzglut.** Als „Sohn Gottes" wird Christus in der Offenbarung nur hier vorgestellt. Aber 1, 6 fand sich eine indirekte Parallele (s. dort weitere Stellen). Der Titel scheint hier mit Ps 2, 7 zusammenzuhängen, wird doch dieser Psalm zum Schluß ausführlich verwendet (V. 26–27). Der Gottessohn ist hier der Richter der aufsässigen Untertanen. Die folgenden Stücke aus 1, 14. 15, die feuerflammenden Augen und glühenden Füße, heben die überlegene Rechtsfindung und Rechtsvollstreckung hervor. 18

Diese Gemeindebotschaft läßt sich als Steigerung des Sendschreibens an die Gemeinde in Pergamon verstehen, die auch schon mit

Götzendienst und Unzucht zu tun hatte (hier V. 20). Doch dort ging es nach V. 12 und 16 um den Richter s p r u c h. Pergamon scheute die Stellungnahme; es fehlte die Kraft, das Notwendige zur Sprache zu bringen. Hier mangelt es nicht nur an der Kraft, sondern auch schon am klaren Wissen; es scheint schon eine bedingte Zustimmung zur Irrlehre vorzuliegen (V. 20 im Unterschied zu V. 14).

An dieser Stelle mag ein weiterer Punkt vorweggenommen werden. Thyatira stand im Schatten Isebels (V. 20), der Unheilsgestalt aus der Königszeit, wie Pergamon unter dem Bileamthema. Auch darin lag eine Verschlimmerung. Beide verkörperten die Verführung, aber Bileam war Ausländer, Isebel Glied des eigenen Königshauses geworden. Das machte die Lage notvoller und die Abwehr schwerer.

19 **Ich weiß deine Werke,** hebt wieder die richterliche Bestandsaufnahme an (Exkurs 1c). Das Lob wird stärker als in anderen Gemeindebotschaften entfaltet: **deine Liebe und deine Treue und dein Dienst und dein Harren.** Zweimal wird hier das Schema innen-außen angewandt: Zu Christus hin Liebe (vgl. 2, 5), vor der Welt Zeugentreue (vgl. 2, 13); in der Gemeinde tätige Bruderliebe, außerhalb leidensbereites Harren auf Jesus (vgl. 2, 2). Mit diesen Christen schien es umgekehrt zu stehen wie mit denen zu Ephesus, bei denen die Liebe und die ersten Werke zurückgingen. Hier nahmen sie sogar zu: **Und deine letzten Werke sind größer als die ersten** (vgl. dazu 2, 5). So überraschend wie in der ersten Gemeindebotschaft bricht aber jetzt die Anklage (Exkurs 1c) herein:

20 **Aber ich habe wider dich, daß du** (gewähren) **lässest das Weib Isebel, die sich selbst eine Prophetin nennt und lehrt und meine Knechte verführt zur Unzucht und zum Götzenopferfleisch.** Es liegt der gleiche Tatbestand wie bei Bileam vor, vielleicht noch herausfordernder und unverschämter, indem jetzt die Unzucht sofort an die erste Stelle tritt (zu den Einzelheiten 2, 14)[130]. Auch die öffentliche Werbung fehlt nicht: In Thyatira scheint man der predigenden Irrlehrerin die Gemeindebelehrung überlassen[131] zu haben, während die von Christus gelobten Jünger sich auf das Feld der praktischen Nachfolge zurückzogen (vgl. V. 19). In Pergamon standen immerhin noch zwei Verkündigungsrichtungen nebeneinander.

Isebel ist hier sicher ein symbolischer Name (Anm. 109). Daß er ausgerechnet „die Keusche" bedeuten könnte[132], muß auch im Blick auf die israelitische Königin im AT mit Bitterkeit vermerkt werden.

130 Die Stadt Thyatira scheint einer Nachricht zufolge in sittlicher Hinsicht in einem schlechten Ruf gestanden zu haben.

131 Vgl. zum Ausdruck „lassen" Jo 11, 48: „Lassen wir ihn (machen), werden sie alle an ihn glauben."

132 Nicht völlig sicher, vgl. A. Meister, Biblische Namen, Wuppertal 1958.

Über sie drang der syrische Fruchtbarkeitskult in Israel ein (1 Kö 16, 31—33). 1 Kö 22, 38; 2 Kö 9, 30 schimmert vielleicht etwas von seinem Charakter durch. Sie predigte zwar nicht selbst, aber sie brachte hunderte von Propheten der heidnischen Fruchtbarkeitsgöttin ins Land (1 Kö 18, 19), rottete die Propheten des Herrn aus (1 Kö 18, 4. 13) und schüchterte Elia ein. So wurde sie Musterbild der Lügenprophetie. 1 Kö 21, 25 wird ihre Verführerrolle erwähnt und Vers 26 auch ein Zusammenhang mit der Bileam-Zeit hergestellt. Auch hier verführt sie **meine Knechte** (so wörtlich 2 Kö 9, 7; 17, 13). Es sind die Gemeindeglieder, die 1, 1 „seine Knechte" genannt werden.

Und ich habe ihr eine Frist[133] gegeben, damit sie Buße tue. Obwohl 21
es Apg 11, 18 heißt, Gott „gibt" Buße, versetzt er doch nicht einfach in Buße. Er wirft sie dem Menschen nicht an, wie den Putz an die Wand. Der Mensch wird von Gott nicht wie eine Wand behandelt, das wäre gnadenlose Gnade (Einleitung Nr. 46). Er gibt Raum und Zeit zur Buße. **Aber sie will nicht Buße tun von ihrer Unzucht.** Nach Mt 23, 37 hatte Jesus seinen guten Willen geraume Zeit aufrechterhalten: „Wie oft habe ich gewollt . . . aber du hast nicht gewollt." Auch Jo 5, 40 heißt es: „Ihr wollt nicht." Ebenso hatte Israel unter dem Bekehrungswirken des Elia (1 Kö 18, 37) wirklich etwas zu wollen. Die Länge der Gnadenfrist wird 1 Kö 18, 21 vorausgesetzt: „W i e l a n g e hinket ihr auf beiden Seiten? . . . Und das Volk antwortete ihm nichts." Keine Zusage und keine Absage. Bockig steht es in der Gnadenstunde da.

Das folgende Drohwort (Exkurs 1d, zur Schärfe siehe zu 2, 16) besteht im Blick auf „Isebel" nur noch aus einer Strafmitteilung, weil ihre Bußzeit ja bereits abgelaufen war: **Siehe,** beginnt die schwurähnliche Versicherung. „Irret euch nicht, Gott läßt sich nicht spotten; denn was der Mensch sät, das wird er auch ernten" (Gal 6, 7). In diesem Sinne wird der Zusammenhang zwischen Sünde und Gericht (Anm. 208) auch hier erkennbar:

Ich werfe sie auf ein Krankenlager. Das Hurenbett wird zum Siech- 22
bett, wie Saat zur Ernte wird. **Und diejenigen, die mit ihr die Ehe gebrochen haben, in große Drangsal, wenn sie nicht Buße tun von ihren** (des Weibes) **Werken.** Diese Ehebrecher — es handelt sich wohl nicht nur um geistlichen Abfall, sondern auch um buchstäblichen Ehezerfall — waren einst „meine Knechte" (V. 20). Nicht nur Christusnachfolge führt in Drangsal (s. zu 1, 9), sondern auch Abfall und Sünde: „Es ist bei Gott recht, Drangsal zu vergelten denen, die Drangsal antun" (2 Th 1, 6; Rö 2, 9). Vielleicht war „Isebel" der menschlichen Leidensscheu entgegengekommen, hatte den schmalen Weg deswegen breit gemacht und versprochen, in ein glücklicheres Leben zu führen.

133 Hbr 12, 17 wird ähnlich vom „Raum (Ort) zur Buße" gesprochen.

Aber sie führte in trostloses Leid. Noch aber wird für ihre Anhänger auf Umkehr gehofft. Der Ton ist jedoch ultimativ wie Ps 2, 10—12: „Seid verständig, laßt euch warnen, daß er nicht zürne und ihr umkommet auf dem Wege."

Ein Gott ohne Zorn wäre auch ein Gott, der von dem durch die Sünde angerichteten Weltleid nichts wüßte. Unrecht und Verführung erregen ihn, als ob es ihn selbst beträfe. Auch das seelische Gleichgewicht dessen, der ihn wirklich kennt, bleibt beim Anblick dieser Dinge nicht ungestört.

23 Das Drohwort schließt mit einer Ankündigung, deren Auslegung nicht einhellig ist: **Und ihre Kinder werde ich töten durch Pest**[134]. Wieder bietet sich eine Verbindung mit der atst Isebel an, deren Kinder Geschick 1 Kö 21, 21. 29; 2 Kö 10, 7 berichtet wird. Handelt es sich auch hier um die leiblichen Kinder der Frau oder aber um ihre Schüler? Im zweiten Fall läge eine Parallel-Aussage zu Vers 22 vor. Dort und hier wird den Anhängern Drangsal angedroht; hier aber, nachdem sie Umkehr abgeschlagen haben und nicht mehr „Knechte Jesu" heißen können, sondern endgültig „Kinder" der Irrlehrerin geworden sind[135].

Das Gericht ist, wie das Gericht auf dem Karmel 1 Kö 18, gleichzeitig Handeln Gottes an der Gesamtgemeinde: **Und alle Gemeinden sollen erkennen.** Es soll ihnen wieder voll bewußt werden, was ihnen in ihrer Vergeßlichkeit abhanden gekommen ist: Ich bin, so daß alles „Hinken auf beiden Seiten" aufhört. Nicht nur im Zeichen des Trostes kann dieses „Ich bin" in die Gemeinde hineingesprochen werden (1, 4. 8. 17), auch einmal unter dem Dröhnen des Gerichts. Erste Erkenntnisquelle ist gewiß Gottes Güte (Rö 2, 4). Wo Gottes Güte aber nicht zum Erkennen seiner Wahrheit und Wirklichkeit führt, sondern immer wieder zum Verkennen, zur Verharmlosung Gottes und seines Evangeliums, gibt es noch diese zweite Erkenntnisquelle: das Gericht in der Gemeinde. Jesus verspricht, diese Verkennungen aufzuheben: **Siehe!**

Er ist der Gemeinderichter, **der da erforscht Nieren und Herzen,** also Begierden und Gedanken, **und ich werde euch geben, einem jeden nach euren Werken.** Auf die untrügliche Rechtsfindung durch allen scheingeistlichen Dunst hindurch wiesen schon in der Selbstvorstellung des Herrn (V. 18) die „Augen wie Feuerflammen", auf die heilige Gerichtsvollstreckung „nach den Werken" die „Füße wie Feuer" (Einzelheiten s. zu 1, 14).

134 Wörtlich: „töten durch Tod", womit in der LXX mehrmals der Pesttod umschrieben wird, z. B. Hes 14, 21; 33, 27; 2 Sa 12, 14. Der gleiche Ausdruck findet sich auch 6, 8.

135 Der gleiche Sprachgebrauch auch z. B. 1 Ko 4, 14. 17; 2 Ko 6, 13; Mk 10, 24.

„Nach den Werken" ist eine allgemein biblische Wendung (z. B. Spr 24, 12). Auch bei Paulus klingt sie an, z. B. Rö 2, 6. Formeln bedürfen aber immer der Auslegung durch den jeweiligen Zusammenhang. Hier steht das „ich werde geben" dem „ich habe gegeben" in V. 21 gegenüber: Wenn also jemand im Gericht „nach den Werken" ewiges Leben empfängt, dann wird zu rühmen sein, was die Güte, Geduld und Langmütigkeit Gottes an ihm tat. Davon, daß irgend jemand sein Heil verdient, kann keine Rede sein. Andererseits steht das „ich werde geben" dieses Verses dem „ich werde geben" in V. 26 und 27 gegenüber. Die dort genannten Heilsgaben übersteigen jedes Verdienst (vgl. Exkurs 1f am Schluß). So steht unser Vers zwischen den Gnaden Gottes. Es geht von Gnade zu Gnade und *darum* in äußerstem Ernst auch um Werke.

Schließlich enthält der besprochene Vers 23 aber auch eine Gegen- 24
losung gegen die erkenntnisstolze Scheinfrömmigkeit, die im folgenden Mahnwort (Exkurs 1d) zitiert wird: **Ich sage aber euch, den übrigen in Thyatira.** Dieser Teil der Gemeinde scheint der kleinere Teil zu sein, nur ein Überbleibsel, ein an die Wand gedrängter Rest von solchen, die sich einen sauberen Christussinn bewahrt haben. In Vers 19 wurde diese Gruppe auffallend gelobt, und jetzt wird sie getröstet und gemahnt, wie die nur gelobten Gemeinden in Smyrna und Philadelphia – trotz des Tadels in Vers 20! Warum kommt kein energischer Befehl: Tut die Isebel-Leute hinaus!? Das ist in gewissen Verhältnissen nicht möglich, nämlich dann nicht, wenn die an Christus gebundene Gemeinde in der Gemeinde zur Minderheit geworden ist. Hier übernahm deswegen der Herr selbst die Gemeindezucht (V. 22–23).

Die „übrigen" erinnern wieder an die Auseinandersetzung Elias mit Isebel: 1 Kö 19, 10. 14. 18. Es sind die „7000, die ihre Knie nicht vor Baal gebeugt haben", oder **die nicht haben diese Lehre.** Diese Lehre wird nun gekennzeichnet: **die nicht erkannt haben die Tiefen Satans, wie sie** (die Anhänger Isebels) **sagen.** Vielleicht verdreht dieser Satz mit Absicht das Schlagwort von der „Tiefe Gottes", die diese Irrgläubigen erkannt zu haben behaupten, in „Tiefe des Satans". Damit würde abgestritten, daß es Gott ist, den sie erkannt haben, welcher Erlebnisse sie sich auch rühmten. Es ist ein irregeführter oder heuchlerischer Tiefsinn. Wahrscheinlich aber handelt es sich um ein echtes Schlagwort der Gegner. „Wir haben Erkenntnis!" blähten sie sich auf (1 Ko 8, 1). Um Gott und seine Gnade wirklich zu begreifen, mußte man nach ihrer Lehre in den „Tiefen Satans" gewesen sein, worunter sie allem Anschein nach ein Rauscherlebnis verstanden, bei dem auch sittliche Grenzen niedergelegt wurden. Alles einmal mitgemacht zu haben, galt als Zeichen der Reife, dessen man sich rühmte. Wer nicht genug übernatürliche und satanische Dinge erlebt hatte, mochte geradezu von Minderwertigkeitsgefühlen befallen worden sein. Paulus setzte dagegen: „An der Bosheit seid Kinder!" (1 Ko 14, 20). „Ich will aber, daß ihr weise seid zum Guten, aber einfältig zum Bösen" (Rö 16, 19). Manchmal gewinnt man den Eindruck, daß ein handfester Aberglaube die Menschen mehr fesselt als schlichter Glaube an Christus, der in der Liebe tätig ist.

Diesen „übrigen" gilt also die Zusage: **Nicht werfe ich auf euch eine andere Last.** Hier könnte die im vorigen Vers verwundert festgestellte Milde und das Ausbleiben eines Drohwortes an die Getadelten seine Erklärung finden: Sie haben schon genug gelitten. Damit ist die Sache erledigt. Weitere Straf- oder Leidenslasten sollen nicht auferlegt werden. Nicht nur die Gnadenfrist für Isebel ist bereits abgeschlossen (V. 21), auch die Gerichtszeit für die übrigen[136].

25 **Nur: Was ihr habt, haltet fest, bis ich komme.** Festhalten wird freilich von ihnen erwartet wie von der Gemeinde in Pergamon (2, 13). Aber ihr Kampf ist ein reiner Verteidigungskampf; ihr Sieg wäre, daß in Thyatira wahre Christen b l e i b e n. Von Bodengewinn wird nicht gesprochen.

26 An dieses Beharren knüpft auch der Siegerspruch an (Exkurs 1f). **Und dem, der siegt und hält meine Werke bis ans Ende.** „Ende" ist hier das Kommen Jesu von Vers 25. Bis an dieses Ende dem Anfang treu bleiben (s. zu 2, 5), dem gilt Thyatiras Kampf. Das in 1, 3 und so oft auf Worte Jesu bezogene Halten bezieht sich hier auf die Werke Jesu. Das mag kein Zufall sein. Schon Vers 19 vermeldete bei aller Ausführlichkeit nichts von einer Predigttätigkeit der Treuen in Thyatira. Isebel scheint die Verkündigung völlig an sich gerissen zu haben. Sie ging in ihrer Weise mit den Worten Jesu um, und niemand war ihren Verdrehungskünsten gewachsen. Bei dieser Sachlage wäre eine Mahnung an die „übrigen", das Wort Jesu zu bewahren, es also im Gottesdienst zu verkündigen und zu hören, gegenstandslos gewesen. Wer aber einem Irrlehrer gegenüber nicht mehr zu Wort kommt oder keine Worte mehr findet, ist noch nicht aller Verantwortung ledig. „An ihren Früchten sollt ihr sie erkennen!" (Mt 7, 20). Worte hin, Worte her – wo sind die Werke Jesu? Wie ist es mit seiner Gesinnung nach Phil 2, 1–11 bestellt? Wer diesen Weg beharrlich geht, hat Verheißung: **Ich werde ihm Vollmacht geben über die Nationen.** Der Gedanke an neue Missionsvollmacht innerhalb der irdischen Ge-

[136] „Ich werfe nicht auf euch" steht dem „ich werfe sie" in Vers 22 gegenüber. – Oder man versteht Last als Gesetzesauflage und zieht Apg 15, 28 heran. Dort werden unter vier verbotenen Stücken auch Blut und Ersticktes aufgezählt. Diese beiden Punkte würden dann hier vom Herrn selbst ausdrücklich zurückgenommen, während allein die Verbote des Götzenopferfleisches und der Unzucht (hier V. 20) aufrechterhalten blieben.

meindegeschichte paßt nicht in den Rahmen der Siegersprüche, die immer den Eintritt des Endes voraussetzen. Es gilt vielmehr die Wiederaufnahme des schon in der Selbstvorstellung Vers 18 angeklungenen Psalm 2 zu beachten. Vollmacht ist hier Anteil am endgeschichtlichen Zorngericht durch den Sohn Gottes über seine unbeugsamen Gegner (1 Kö 6, 2). Mit anderen Worten: Das jetzt so übermächtig hereindrängende Heidentum wird die Gemeinde nicht überwältigen, sondern dieser scheinbar unterlegene Rest wird überwinden. „Kindlein, ihr seid von Gott und habt jene überwunden; denn der in euch ist, ist größer, als der in der Welt ist" (1 Jo 4, 4).

In bildgeladener Sprache aus Psalm 2 heißt es weiter: **Und er wird** 27
sie weiden mit einem eisernen Stock, wie irdenes Geschirr zerbricht. In diesem Zusammenhang ist „weiden" ebenfalls Gerichtsausdruck (vgl. 19, 15) und der „eiserne Stock" als Waffe gedacht. Auch das Zerschmeißen von Geschirr war für den antiken Menschen sofort ein klarer Hinweis: Bei ägyptischen Thronfeierlichkeiten zerschmiß der König symbolisch Töpfergeschirr. So würde er den Widerstand anderer Reiche brechen (vgl. Jes 30, 14; Jer 19, 11). **Wie auch ich empfing** 28
von meinem Vater. Hier wird indirekt der Gottessohn-Titel von V. 18 wieder aufgenommen. Der Vater gab ihm Vollmacht (Mt 28, 18), aber der Sohn gibt weiter und gibt teil denen, die er liebte, erlöste und berief (1, 5–6).

Die zweite Gabe hängt eng mit der ersten zusammen: **Und ich werde ihm geben den Morgenstern.** Die Betrauung mit der Aufgabe („Vollmacht über die Nationen") wird ergänzt durch Überreichung eines entsprechenden Zeichens an die Siegergemeinde. Im Altertum war die Venus geläufiges Symbol für Sieg und Herrschaft[137].

Wer ein Ohr hat, höre, was der Geist den Gemeinden sagt. (Zum 29
Merkspruch s. Exkurs 1e.) Was spricht der Geist Gottes zur Gemeinde unter dem Isebel-Thema? Das Heidentum hatte in dieser Gemeinde eine Schlacht gewonnen, behauptete das Feld und führte das Wort. Die Verschmelzung von Christus und Baal schien fast vollzogen. Noch hält sich ein christlicher Rest. An ihm werden wenigstens noch im Wandel Unterschiede deutlich. Über dieser Gemeinde flammen die Augen des Gottessohnes auf, der unterwegs ist zu seinem Endsieg. Sein Geist scheidet die Geister: Da ist die verstockte Isebel, für die die Gnadenfrist ablief, ferner die Gruppe ihrer Anhänger, auf deren Umkehr noch zu warten ist, und da sind schließlich

137 Diese Deutung empfiehlt sich, weil der Stern an dieser Stelle nicht etwas ist, was über ihnen oder in ihnen aufgeht, sondern ihnen in die Hand gegeben wird. Er versinnbildlicht also weder Christus (wie 22, 16) noch sein Reich (4 Mo 24, 17) noch die volle Heilserkenntnis (2 Pt 1, 18). Vgl. E. Lohse, a. a. O. S. 28.

die übrigen. Die übrigen stellt er nun beiseite, legt ihnen die Hand auf – schonend, aber auch mahnend. Dieser bereits geschlagene Haufe kann gewinnen, d. h. Christus wird den Kampf gegen das Heidentum gewinnen, und sie werden in wunderbarer Weise dabei sein.

An die Gemeinde in Sardes

Offenbarung 3, 1–6

Zu Vers 5:
Ps 69, 29
2 Mo 32, 32 f
Dan 12, 1

1 **Und dem Engel[96] der Gemeinde in Sardes[97] schreibe: Das spricht,**
der da hat die sieben Geister Gottes und die sieben Sterne. Ich weiß
deine Werke – du hast den Namen, daß du lebst, aber du bist tot.
2 *** Werde wach und stärke das übrige, das im Begriff ist zu sterben.**
Denn ich habe deine Werke nicht als völlig erfunden vor meinem
3 **Gott. * Gedenke also, wie du empfangen hast und hörtest, und bewahre (es) und tue Buße. Wenn du nun nicht wachen wirst, werde**
ich kommen wie ein Dieb in der Nacht, und du wirst wahrlich nicht
4 **wissen, zu welcher Stunde ich über dich komme. * Aber du hast**
wenige Namen in Sardes, die ihre Kleider nicht besudelt haben,
und sie werden wandeln mit mir in Weiß, denn würdig sind sie
5 **(es). * Wer so siegt, wird angetan werden mit weißen Gewändern,**
und keinesfalls werde ich seinen Namen aus dem Buch des Lebens
auslöschen, und ich werde bekennen seinen Namen vor meinem
6 **Vater und seinen Engeln. * Wer ein Ohr hat, höre, was der Geist**
den Gemeinden sagt.

1 Zur Empfängerangabe und zum Schreibbefehl s. Exkurs 1a. Ohne Zweifel steht die Selbstvorstellung (Exkurs 1b) in starker Beziehung zu den ihr folgenden Versen. **Das spricht, der da hat die sieben Geister Gottes.** Sie sind Träger seiner göttlichen, lebenschaffenden Macht (1, 4), die hier besonders deutlich auf die Gemeinden bezogen wird: **und die sieben Sterne** (1, 16. 20). In diesem Fall gilt seine Geistesfülle einer Gemeinde, die geistlich tot ist. „Der Geist macht lebendig" (Jo 6, 63). Das Lebensthema tönt bis in den Siegerspruch hinüber.

Daran anknüpfend soll hier der Vorschlag gewagt werden, den Abschnitt auf dem Hintergrund des Hesekiel zu sehen, besonders der Kapitel 18 und 33–37. Von Sterben, Tod und Leben spricht er häufiger als irgendein anderer Prophet. Das Erweckungsthema und der Geist als Lebensmacht (Hes 37, 5. 10. 14; 18, 31) sind für ihn zentral.

Die richterliche Bestandsaufnahme (Exkurs 1c) ist kurz und vernichtend, wovon allerdings einige Personen nach Vers 4 auszunehmen sind. Bengel schreibt: „Das ist ein furchtbares Wort, daß nur dadurch noch erträglich ist, daß es noch in diesem Leben gesprochen wird", und daß es der Herr spricht, der über die Fülle des Geistes und über die Auferstehungskräfte verfügt. Vor ihm sind auch die Toten nicht hoffnungslos.

Zunächst wird ein Haben (Anm. 101) bescheinigt. **Du hast den Namen, daß du lebst.** Es war eine Gemeinde von Ruf. Aber dieser Ruf trog. Auch der Ruf Smyrnas, der Ruf der Armut und Ärmlichkeit, trog. Jene trug „allezeit das Sterben Jesu an ihrem Leibe" und befand sich dennoch auf dem Lebensweg als die wahrhaft „Reiche" (2, 9). Hier aber muß der Herr anders herum den Schein berichtigen. Wenn auch für Menschenaugen nichts den Ruf der Gemeinde in Sardes, eine lebendige und aussichtsreiche Gemeinde zu sein, widerlegte – innen keine Zerreißproben und außen kein Märtyrerhorizont –, so fragt man sich gerade: Warum wurde diese Gemeinde so in Ruhe gelassen? Warum blieb der Satan, der sonst keine Gemeinde ungestört ließ, Sardes fern? Weil die Gemeinde geistlich tot war. Wo Sündentod, kein Märtyrertod.

Aber diese Zusammenhänge merkt sie noch nicht. Noch spricht sie nicht mit Hes 37, 11: „Unsere Gebeine sind verdorrt, und unsere Hoffnung ist verloren, und es ist aus mit uns." Sie hat in der Umwelt ja den Namen, daß sie lebt, und von diesem Namen wiederum lebt sie[138]. Gemeinde und Umwelt wiegten sich gegenseitig in Schlaf. Aber der Herr weiß: **Du bist tot**[139]. Er schaut längst hinter die Fassade und sieht, daß alles Schein ist. In Sardes ist man falsch zufrieden und guter Dinge, falsch aktiv, falsch fromm und falsch treu.

In einem sehr eindringlichen Bußwort (Exkurs 1d) hämmern fünf 2
Imperative durch den Schlafsaal der Gemeinde. Das Bild vom geistlichen Tod geht über in das Bild vom geistlichen Schlaf (vgl. Eph 5, 14)[140]: **Werde wach!** Der Weckruf verbindet sich sogleich mit dem Wächterauftrag: **Und stärke das übrige, das im Begriff ist zu sterben.** So wurde einst Hesekiel beauftragt: „Ich habe dich zum Wächter gesetzt über das Haus Israel" (Hes 3, 17–19; 33, 7–9). Die Gemeinde Jesu ist nach 1, 1 Prophetin, also Hesekiel-Gemeinde. Sie soll ihre Umgebung vor dem anrückenden Gericht warnen. Aber in

[138] Die viermalige Erwähnung des „Namens" in diesem Abschnitt knüpft vielleicht daran an, daß die Gemeinde auf Ruf und Namen viel gab. – Vielleicht liegt in 3, 1 der Ursprung für den Begriff des „Namenchristen".

[139] Sündentod bei Hesekiel: 18, 32; 33, 11; 37, 1–14.

[140] Einige Ausleger (z. B. J. P. Lange, S. 89) verstanden diesen Bildwechsel nicht und meinten, das Urteil in Vers 1 werde nachträglich wieder gemildert. Sardes sei doch nicht geistlich tot, sondern noch ansprechbar gewesen. Aber auch für geistlich Tote gilt Lk 20, 38: „Ihm leben sie alle." Auch die Fülle des Todes nach Hes 37, 2 bedeutet kein Unmöglich für den, der die Fülle des Geistes hat.

Sardes schläft der ntst Hesekiel auf seinem Posten. Er schläft und läßt schlafen, d. h. sterben. In der Gemeinde Sardes ist also das Harren (1, 9) erlahmt. Sie spricht: Er kommt noch lange nicht, wenn er überhaupt kommt! Das ist ihr Totsein von Vers 1. Nun wird sie neu zu ihrem Wächteramt erweckt[141].

Das übrige ist grammatisch[142] und sachlich nicht dasselbe wie „die übrigen" 2, 24. Hier ist kein Gedanke an einen treuen Rest, vielmehr an die Umwelt der Gemeinde zu Sardes, die **im Begriff ist zu sterben.** Doch zwischen Fällung und Vollstreckung des Todesurteils entsteht ein Raum der Gnade, in dem das Zeugnis der Gemeinde gebraucht wird. Es könnte aber auch übersetzt werden: **das sterben will.** Über den Verurteilten liegt Resignation, vgl. Hes 33, 11: „Warum wollt ihr sterben?" Es gibt dieses trotzig-verzagte Nichtwollen, dieses heimliche Zweifeln an Gnade, Buße, Änderung und Erneuerung in der Umgebung der Gemeinde. Der furchtbare Anblick von 9, 6 gilt hier noch nicht: „Und in jenen Tagen werden die Menschen den Tod suchen und nicht finden, werden begehren zu sterben, und der Tod wird von ihnen fliehen." Aber die Entwicklung läuft dahin. Sardes soll dazwischentreten und den Gehorsam des Glaubens aufrichten: **Stärke** das übrige, das sterben will! Wie ein abschließendes Ergebnis einer richterlichen Bestandsaufnahme heißt es noch: **Ich habe deine Werke nicht als völlig erfunden vor meinem Gott.** Die Gemeinde, die in dem Rufe stand, „lebendige Gemeinde" zu sein, ist einen entscheidenden Teil ihres Dienstes schuldig geblieben, nämlich den Wächterdienst in der Nacht der Glaubens- und Hoffnungslosigkeit. Der faule Knecht hatte sein Pfund vergraben (Mt 25, 25) und sich selbst gelebt.

Wieder ist an Hesekiel zu denken: Gott rügte die damaligen Propheten, weil sie die Gottlosen ungewarnt in den Tod laufen ließen und sich selbst schonten (13, 5; 3, 17–19; 33, 6; 34, 1–6). So lebte die Gemeinde nicht ihrer Sendung, die sie erhielt, als sie Gemeinde wurde, und für die sie geliebt, erlöst und geschaffen ist (1, 5–6).

3 An diese ihre Anfänge erinnert der dritte Imperativ: **Gedenke**

[141] Ein Blick in die Zusammenhänge bei Hesekiel erweist sich hier als fruchtbar. Der heranrückende Feind, vor dem die Gottlosen zu warnen sind, ist Gott (21, 14–15; 14, 17). Er hat sein Schwert gezogen, um die Ungehorsamen zu richten. Zugleich hintertreibt er sein eigenes Gericht, indem er Hesekiel als einen Wächter oder Späher aufstellt. Alarmgeben ist das Amt des Propheten (Jer 6, 17; Hab 2, 1; Jes 21, 6–8). Dadurch wird er zum Lebensretter; doch dahinter steht eben Gott, der kein Gefallen hat am Tode des Sünders (18, 23. 32; 33, 11). — In der Offenbarung ist nicht ein einzelner, sondern die ganze Gemeinde Prophet; zu warnen ist auch nicht allein Israel, sondern die Völker.

[142] Die Form von 2, 24 findet sich auch 8, 13; 9, 20; 11, 13; 19, 21 und 20, 5. Die Form von 3, 2 erscheint Hes 36, 3 und 5 für „übriggebliebene Heiden", die das Gericht noch vor sich haben; außerdem Lk 12, 26; 1 Ko 11, 34; 15, 37.

also, wie du empfangen hast und hörtest. Wie Ephesus (s. 2, 5) soll sie ihren vergessenen Anfang wieder ergreifen. Die Entstehung der Gemeinde in Sardes wird durch Ausdrücke in Erinnerung gebracht, die mehrmals im NT das Erwachen für Christus umschreiben. Im Mittelpunkt stand die Missionspredigt. Menschen wurden Nehmende und Hörende. Die Aufforderung, daran zu „gedenken", schließt ein, daß Gott sein Wort aufrechterhält. Er bietet alles ein zweites Mal an (vgl. zu 2, 5). Doch aus dem Hörenden und Empfangenden muß ein Bewahrender werden: **und bewahre** (es). Es gibt keine lebendige Gemeinde ohne dieses Bewahren (vgl. 3, 10).

Der fünfte Imperativ an Sardes **und tue Buße** steht sonderbarerweise an letzter Stelle. Vielleicht erklärt der Vergleich mit der Botschaft des Hesekielbuches auch diese Reihenfolge. Hesekiel spricht sehr häufig von der Buße, allein im 18. und 33. Kapitel je siebenmal. Jedesmal liegt dabei der Ton auf Abkehr und Ablassen von der Sünde. Unter dieser Voraussetzung steht der Begriff hier sinnvoll am Schluß, indem aus dem neuen Bedenken, Ergreifen und Bewahren des Evangeliums die Folgerungen zu ziehen sind: Abkehr von den heidnischen Verunreinigungen, s. Vers 4.

Das Drohwort (Exkurs 1d) kleidet sich in das schon in Jer 49, 9, Joe 2, 9 bekannte Bild vom Diebeseinbruch, das im NT bei Matthäus, Lukas, Paulus, Petrus und Johannes wiederkehrt: **Wenn du nun nicht wachen wirst, werde ich kommen wie ein Dieb in der Nacht.** Der Dieb kommt als Feind. Christus als Einbrecher! Der Vergleichspunkt besteht hier in der Ahnungslosigkeit der Heimgesuchten. **Und wirst wahrlich nicht wissen, zu welcher Stunde ich über dich kommen werde.** Das Bild darf nicht dahin gepreßt werden, als bekäme eine bußfertige und wachende Gemeinde die Stunde zu wissen. Aber das Kommen des Herrn verliert für die wachsame Gemeinde den Überfallcharakter (vgl. 1 Th 5, 3–4). In 16, 15 erscheinen die Zusammenhänge sehr plastisch (s. d.). Hier liegt der Ton auf einer für Gottes Volk verderblichen Unwissenheit. Bei den Christen in Laodizäa war es mangelnde Selbsterkenntnis (3, 17), in der Gemeinde Sardes mangelnde Christuserkenntnis, die jener voraufgeht. Heiden mögen durch Mangel an Erkenntnis entschuldbar sein, Christen belastet er. „Mein Volk wird vertilgt aus Mangel an Erkenntnis" (Hos 4, 6). Unwissenheit und Unwissenheit ist eben nicht in allen Fällen das Gleiche, wie auch nicht Schlafen und Schlafen. Das Schlafen der *Gemeinde* ist das Schlafen auf Posten (3, 2), und darum so folgenschwer.

Überleitend zum Siegerspruch macht der Herr auf bestimmte Glie- 4
der der Gemeinde aufmerksam: **Aber du hast wenige Namen in Sardes, die ihre Kleider nicht besudelt haben.** Dem Schein-Namen von

Vers 1 stehen echte „Namen" gegenüber, die die Gemeinde „hat", nämlich Personen[143]. Gekennzeichnet werden sie durch ihre Kleider. Hier ist an die Vorbemerkung zu 1, 12–16 zu erinnern: Was einer trägt, das ist er. Besudelte Kleider bedeuten sündiges Wesen. Die Sünde bestand in Sardes wie in den anderen Städten im Abfall zu den heidnischen Kulten[144]. Aber hier werden Ausnahmen gerühmt. Ihnen gilt die Verheißung: **Und sie werden wandeln mit mir.** Dieser Ausdruck erinnert wie so manche Stücke des Abschnittes an die Botschaft für Ephesus, nämlich an die paradiesische Gemeinschaft von 2, 1. Sie werden dann gekleidet sein in der Siegerfarbe[145], **in Weiß, denn würdig sind sie** (es). Aus diesem Wortlaut könnte freilich wieder der jüdische Verdienstgedanken herausgelesen werden (vgl. 2, 23). Diejenigen erhalten also weiße Kleider, die ihre Kleider im Erdenleben unbefleckt hielten („bewahrten" 16, 15), d. h. die Versuchung des Heidentums überwanden und Christus treu blieben. Aber wodurch blieben sie treu und überwanden sie? Durch des Lammes Blut (12, 11), durch ständiges Waschen der Kleider in des Lammes Blut (7, 14; 22, 14) oder durch das Einkaufen dieser Kleider bei Jesus ohne Geld (3, 18). Welche „Würdigkeit" weisen sie also bei der endzeitlichen Einkleidung vor? Gnade! Begnadigte empfangen dann Gnade! Freilich stammt das Wort „würdig" aus dem kaufmännischen Denken und hat einen Platz in der jüdischen Verdiensttheologie, aber hier wird es evangelisch gefüllt: Gnade wird durch Gnade „verdient". Aus seiner Fülle nehmen wir Gnade für Gnade (Jo 1, 16). Das ist und bleibt die vollkommene Beschreibung des Christseins; und man wird ein Christ, indem man unter der Missionspredigt ein Nehmender wird (V. 3).

5 **Wer so siegt.** Es soll und muß in der Gemeinde nicht bei den „wenigen" von Vers 4 bleiben, die Jesus treu bleiben. Aber an den Treuen werden drei Akte angekündigt, deren sprachlicher Ausdruck im Bereich des Gerichtlichen wurzelt: **Er wird angetan werden mit weißen Gewändern.** Im morgenländischen Rechtswesen gab es die Einkleidung als Akt der Freisprechung (so deutlich 6, 11). Entkleidung

143 Bei feierlichen Namensaufrufen, wie sie z. B. bei Konstituierungen von Körperschaften üblich sind, erhält „Name" die Bedeutung von „Person", so z. B. vierzehnmal in 4 Mo 1; auch 3, 40. 43; 26, 53. Nach Abschluß der Liste stellt die Versammlungsleitung die Zahl der Namen fest. Um solche amtliche und rechtskräftige Personenerfassung geht es auch Apg 1, 15. Vgl. ferner 11, 13.

144 Das seltene Wort „besudeln" meint Sach 14, 2 geschlechtliche Versündigung; dagegen Jer 23, 11; Jes 65, 4; 1 Ko 8, 7; Offb 14, 4 Verunreinigung durch Götzendienst; also bedeutet es Unzucht im buchstäblichen und religiösen Sinn (s. zu 2, 14).

145 Dieser Sinn der Farbe zeigt sich besonders eindeutig 7, 9, aber auch 3, 5; 6, 11; 19, 8; etwas anders 3, 18 (wie Sach 3, 3–5).

bedeutete Entehrung des Schuldigen (Hes 16, 39; vgl. Offb 3, 18; 16, 15). **Und keinesfalls werde ich seinen Namen aus dem Buch des Lebens auslöschen.** In Gerichtsversammlungen werden Bücher aufgetan. Das „Buch des Lebens" erklärt sich am besten aus Jes 4, 3 als Bürgerliste des neuen Jerusalems, die Gott führt. Streichung wäre Ausrottung aus seinem Volk. Darauf nimmt wieder Hesekiel Bezug (13, 9), als er gegen die versagenden Propheten spricht. Aber Sardes hat nun nicht mehr den alten Namen von Vers 1. **Und ich werde bekennen seinen Namen vor meinem Vater und seinen Engeln.** Auch das Bekennen gehört vor den Gerichtshof, wie er hier versammelt gedacht ist. Christus tritt als Hauptzeuge auf. Es ist derselbe, der die Gemeinde Sardes nach Vers 4 bereits angeklagt hat (vgl. „vor meinem Gott" Vers 2, „vor meinem Vater" Vers 5). Auch dort war von einer Rechts„findung" die Rede. Jetzt aber schämt er sich nicht, sich zu den gleichen Menschen voll zu bekennen (Hbr 2, 11). Im Gericht an der Gemeinde wird also ein neues Treuekapitel aufgeschlagen, das in immer neue Erfahrungen der Treue Gottes hineinführt.

Wer ein Ohr hat, höre, was der Geist den Gemeinden sagt. Diese 6
Gemeinde wird durch das Hören auf ihren Herrn mit neuer, nicht mehr erwarteter Hoffnung erfüllt. Sie mußte sich als erstorben erkennen. Aber bei Jesus ist Geist ohne Maß. Der Herr hält sein Lebensangebot voll aufrecht. Die Gemeinde fühlt sich noch gelähmt von bleierner Müdigkeit, aber nun glaubt sie wieder an ihren Auftrag für die Umwelt. Ihre Kleider sind besudelt, aber Jesus hat strahlendes Weiß für sie bereit und einen so überzeugenden Namen, daß er in der Heiligkeit vor Gott und seinen Engeln genannt werden kann.

An die Gemeinde in Philadelphia

Offenbarung 3, 7–13

7 **Und dem Engel[96] der Gemeinde in Philadelphia[97] schreibe: Das**
spricht der Heilige, der Wahrhaftige, der den Schlüssel Davids hat;
der Öffnende – und niemand wird verschließen, und der Ver-
8 **schließende – und niemand öffnet. * Ich weiß deine Werke –**
siehe, ich habe vor dir eine offene Tür gegeben, die niemand zu
schließen vermag –: daß du eine kleine Kraft hast, aber du hast
9 **bewahrt mein Wort und nicht verleugnet meinen Namen. * Siehe,**
ich gebe aus der Synagoge Satans, von denen, die sich selbst
Juden nennen, (es) aber nicht sind, sondern lügen –, siehe, ich
werde machen, daß sie kommen und sich zu deinen Füßen nieder-

Zu Vers 7:
Jes 22, 22
Zu Vers 9:
Jes 60, 14
45, 14
49, 23
Ps 86, 9
Jes 43, 4

Zu Vers 12:
Hes 48, 35
Jes 62, 2
65, 15

10 **werfen und erkennen, daß ich, ja ich dich geliebt habe. * Weil du**
bewahrt hast das Wort vom Harren auf mich, werde auch ich dich
bewahren (und retten) **aus der Stunde der Prüfung, die kommen**
wird über den ganzen Erdkreis, zu prüfen die Bewohner der Erde.
11 *** Siehe, ich komme schnell. Halte fest, was du hast, daß niemand**
12 **deinen Siegeskranz wegnehme. * Den Sieger werde ich zur Säule**
im Tempel meines Gottes machen, und er soll wahrlich nicht nach
draußen hinausgehen (müssen), **und ich werde auf ihn den Namen**
meines Gottes schreiben und den Namen der Stadt meines Gottes,
des neuen Jerusalem, das herabsteigt aus dem Himmel von mei-
13 **nem Gott, und meinen neuen Namen. * Wer ein Ohr hat, höre,**
was der Geist den Gemeinden sagt.

7 Zu Empfängerangabe und Schreibbefehl s. Exkurs 1a. Die Selbstvorstellung des Botschafterlassers (Exkurs 1b) knüpft nur mit dem Wort **Schlüssel** an 1, 18 an. Dort ging es um die Schlüssel zum Totenreich; zu dem ganz anderen Schlüssel an dieser Stelle siehe Jes 22, 20–22. Eljakim soll in das Amt des Hofmeisters eingeführt werden und als dessen Wahrzeichen einen großen Schlüssel auf der Schulter tragen. Zu allen Räumen, besonders zu den Vorratsräumen, besitzt er Zugang, denn er hat „Vater" zu sein und alle zu versorgen. Das Judentum hat die Stelle messianisch gedeutet. Wenn hier schon nicht mehr vom Schlüssel zum Hause Davids, sondern einfach vom Schlüssel Davids die Rede ist, drückt sich darin der Wille zur Vergeistigung aus. Der Davidspalast im irdischen Jerusalem interessiert nicht, sondern das Davidsheil im neuen Jerusalem. Christus macht die Schätze der Heilswelt Gottes zugänglich (Rö 8, 32). Er besitzt die Schlüssel zu allen Räumen, nach 1, 18 zum Totenreich, nach 3, 7 zum Heilsreich. Ihm ist gegeben alle Vollmacht im Himmel und auf Erden (Mt 28, 18).

Das Sprechen in Begriffen aus dem AT geht weiter: **Der Heilige, der Wahrhaftige.** Die zweite Bezeichnung verstärkt die erste. Er ist der wahrhaft Heilige[146]. Damit schmückt Jesus sich mit einer der häufigsten Gottesbezeichnungen des Judentums. Nirgendwo aber erscheint sie so beherrschend wie im Jesaja-Buch (über 60 Stellen). Gott ist der Reine und widersteht allem, was ihm nicht gleicht. Und doch entzieht Gott sich nicht den Ungleichen. Nein, er ist so sehr gegen Unreinheit, daß er auf die Unreinen zugeht, sie angreift und in seiner Reinheit überwindet. Der Heilige ist so heilig, daß er heilig macht. Darum konnte gerade Jesus Träger dieses Titels werden (z. B. Jo 6, 69). Er verband sich in besonderer Weise mit dem Gottesknechts-

[146] In ähnlicher Weise 3, 14; 19, 11; 21, 5; 22, 6: der wahrhaft Treue; 15, 3; 16, 7; 19, 2: der wahrhaft Gerechte. Wahrheit, wahrhaftig sind Vorzugswörter der johanneischen Schriften.

Titel (z. B. Apg 4, 27. 30), der wiederum aus Jesaja stammt. Jesus ist der „heilige Knecht", von Gott gesalbt.

Die Selbstvorstellung ist sprachlich also jesajanisch geprägt. Diese Prägung setzt sich im ganzen Abschnitt durch. Nicht nur, daß die Türverwalterfunktion Jesu im nächsten Vers Thema bleibt und sich noch einmal im Siegerspruch andeutet. Auch viele andere Einzelheiten und der ganze Zusammenhang atmen die Trostbotschaft des Jesajabuches.

Wie ist diese Gemeindebotschaft von der an Smyrna, mit der sie so vieles verbindet, abzuheben? Beide Gemeinden empfangen keine Anklage, sondern werden gelobt und getröstet. Beide leiden unter der „Synagoge Satans" (2, 9; 3, 9). Zu beiden wird vom Siegerkranz gesprochen (2, 10; 3, 11). Und doch unterscheiden sie sich. Für Philadelphia kommt keine Verfolgung durch die heidnischen Behörden hinzu wie 2, 10. Die Gemeinde hat es allein mit Juden zu tun. Wenige Jahre später sendet Ignatius einen Brief nach Philadelphia, der die Gemeinde ganz ähnlich beurteilt: Sie steht lobenswert da, ist aber in schwere Auseinandersetzung mit der Judenschaft verwickelt, die das AT glaubt als Waffe ins Feld führen zu können. Im Blick darauf mag diese Gemeindebotschaft so besonders tief in das AT eingetaucht sein. Die Christen sollen in dem Bewußtsein bestärkt werden, daß das AT keinen Grund für, sondern nur gegen das dortige Judentum liefert. Für die Christen in Smyrna trat dagegen die Auseinandersetzung mit den H e i d e n beherrschend in den Mittelpunkt. Darum werden sie auf den Kreuzesweg verwiesen, der Jesus in den Händen der Heiden zeigt.

Darum ist die Botschaft an Smyrna die neutestamentlichste unter allen, mit der ntst Leidensgestalt in der Mitte. Dagegen empfängt die Gemeinde in Philadelphia das alttestamentlichste Wort mit dem heiligen Gottesknecht in der Mitte.

Die richterliche Bestandsaufnahme (Exkurs 1c) wird zu Beginn von 8
einem Zuspruch unterbrochen: **Siehe, ich habe vor dir eine offene Tür gegeben, die niemand zu schließen vermag.** Die Gemeinde litt unter den Absperrversuchen durch die Judenschaft, die ihr den Zugang zu Gott absprach und ihren Gottesvolkcharakter, nämlich das wahre Judesein (V. 9), bestritt. Aber der Herr bekundet ihr von vornherein sein Vertrauen. Als großer Schatzmeister versichert er ihr gegenwärtigen und zukünftigen Zugang zu allen Heilsgütern.

Zum vollen Anteil an den Schätzen Christi wird in der Regel auch eine offene Missionstür gehören[147]. Der Ausbruch aus der Ummaue-

[147] Offne Tür als Bild für das Geschenk einer missionarisch offenen Situation: 1 Ko 16, 2 2 Ko 2, 12; Kol 4, 3; Apg 14, 27.

rung durch Mißtrauen, Voreingenommenheit oder Haß gelingt letzten Endes nicht durch die Geschicktheit oder Liebenswürdigkeit der Christen, sondern ist eine Gabe Christi. Aber der besprochene Abschnitt enthält keinen Hinweis auf Heidenmission. Und auch der Siegerspruch bezieht sich auf den Zugang zur Gottesstadt, nicht auf die Heidenwelt. Steht die Gemeinde wirklich in der Liebe und Erwählung Gottes? Darum geht es.

Wie mag eine auserwählte Gemeinde aussehen? **Du hast eine kleine Kraft.** „Fürchte dich nicht, du Würmlein Jakob, du armer Haufe Israel", heißt es auch Jes 41, 14 an einer Stelle, den den Juden sicher bekannt war, die ihnen aber neu gesagt werden mußte. Von dieser Stelle her zieht sich der Gedanke von der kleinen Gemeinde durch das NT. Da ist die Rede von der „kleinen Herde" (Lk 12, 32), den „kleinsten unter allem Samen" (Mt 13. 32), dem „Glauben wie ein Senfkorn" (Mt 17, 20); und bei Matthäus finden sich die Jüngerbezeichnungen der „Kleinen" oder „Geringen" (10, 42; 18, 6. 10. 14; 25, 40. 45). Diese Feststellungen sind, wie in Jes 41, 14 und wie hier, immer wieder mit einer besonderen Schutzzusicherung verbunden.

War die Gemeinde in Philadelphia klein an Zahl oder nur finanzschwach? Oder soll an die geringe Bildung und an die Herkunft aus den untersten Schichten erinnert werden (1 Ko 1, 26)? Das mag alles sein, aber der Ton liegt auf den geringen Wirkungsmöglichkeiten: Du bist einflußlos! Und von dieser innerweltlichen Belanglosigkeit wurde seitens der Juden auf das Gottesverhältnis geschlossen; ein Trugschluß, den die erste Vershälfte richtigstellt.

Wie verständlich wäre es gewesen, wenn die Gemeinde in Philadelphia gesprochen hätte: Die Welt ist groß und wir sind klein; darum hat es keine Bedeutung, was wir tun und lassen. Aber die Gemeinde ist treu gewesen: **Aber du hast bewahrt mein Wort und nicht verleugnet meinen Namen**[148]. Zu diesem Lob ist 2, 13 zu vergleichen. Dort wurde die Probe gegenüber dem „Satansthron" bestanden, hier gegenüber der „Satanssynagoge" (V. 9). Die Judenschaft hatte die Christen unter Druck genommen, Jesus abzusagen. E i n Jude (nämlich Paulus), der Christen zwang, Jesum zu fluchen, ist namentlich bekannt und hat es selbst berichtet: „Ich zwang sie zu lästern" (Apg 26, 11).

9 Das Trost- und Mahnwort (Exkurs 1d) beginnt mit dem zweiten „siehe" (V. 8. 9 zweimal), das die besondere Autorität eines göttlichen Zuspruchs hervorhebt: **Siehe, ich gebe aus der Synagoge Satans, von denen, die sich selbst Juden nennen, (es) aber nicht sind, sondern lügen —.** Zu dieser Vershälfte kann auf 2, 9 verwiesen werden. Auch

[148] „Name" wieder sehr oft bei Jesaja.

bei Jesaja wird Israel unter Umständen der Ehrenname entzogen: „Ihr Herren von Sodom, du Volk von Gomorra" (1, 10). Jesaja 1, 21 ist Jerusalem eine „Hure", voller „Mörder". Von der Lüge Israels sprechen 28, 15–17, vgl. 30, 9–11; 59, 13. Neu ist hier die Ankündigung von Judenbekehrungen[149] in Philadelphia: **siehe, ich werde machen, daß sie kommen und sich zu deinen Füßen niederwerfen und erkennen, daß ich, ja ich dich geliebt habe.** Der Satz findet sich großenteils Jes 60, 14 und 43, 4. Überdies ist er gesättigt mit Vorzugswörtern oder Gedanken aus dem jesajanischen Trostbuch[150].

Freilich verwendet die Offenbarung diese Elemente wieder völlig selbständig (vgl. z. B. 1, 7 und Einleitung Nr. 23). Jetzt sind nicht die Juden diejenigen, die als Ziel der Völkerwallfahrt aufgesucht und als die Geliebten erkannt werden, sondern sie selbst machen sich auf, kommen zur Gemeinde aus Juden und Heiden und erkennen diese als das wahre Gottesvolk. Der Anspruch dieser Gemeinde mit der kleinen Kraft war nicht überheblich; Christus selbst übernimmt es, den Beweis dafür überwältigend anzutreten.

Eine Grundaussage über das Wesen der Gemeinde, die schon 1, 5 vorangestellt wurde, klingt hier wieder auf. Ihr Wesen ist Geliebtsein bei Gott und Jesus. Geliebtsein ist nicht Liebsein. Nicht die Qualität der Gemeinde bringt die Juden auf die Knie, sondern (betont) „er, ja er", der liebende Herr[151].

Man beachte, daß an dieser Stelle nicht von einem Erkennen aller Juden beim Kommen Jesu die Rede ist. Hier wird die Bekehrung einiger Juden angekündigt. Immer wieder werden einzelne Juden zum Glauben kommen[152], und dies als gewaltige Trosterfahrung für die Gemeinde. Schärfste Bestreiter treten auf ihre Seite, und die notvolle Frage: „Woran sollen wir erkennen, daß du uns lieb hast?" (Mal 1, 2) findet ihre Antwort. Zugleich zeigt sich, wie die Bezeichnung „Satanssynagoge" nicht gemeint sein kann: Sie bedeutet keine Verdammung sämtlicher Juden. Die Glieder der Synagoge sind nicht abgeschrieben, so wenig Petrus abgeschrieben war, als der Herr zu ihm sagte: „Gehe hinter mich, Satan!" (Mt 16, 23).

Eine zweite Verheißung folgt: **Weil du bewahrt hast das Wort vom** 10
Harren auf mich, werde auch ich dich bewahren (und retten) **aus der Stunde der Prüfung, die kommen wird über den ganzen Erdkreis, zu**

[149] Vgl. H. Frey.

[150] Zum Kommen der Heidenvölker, ihrem Niederfallen zur Anbetung, ihrem Erkennen der Liebe Gottes zu den Erwählten, z. B. 41, 8. 20; 43, 4; 44, 2. 15. 17. 19; 45, 14; 46, 6; 49, 7. 12. 18. 23. 26; 51, 2; 52, 10; 60, 10; 61, 9; 63, 9; 66, 14. 18. 23.

[151] Wertvoll ist der Vergleich mit der ausführlicheren Stelle Joh 17, 22–23.

[152] Die Parallele 1 Ko 14, 24–25 läßt an ein Ereignis im christlichen Gottesdienst denken.

prüfen die Bewohner der Erde. Die gewissenhafte Ausrichtung des „Wortes" (V. 8) wird jetzt hinsichtlich ihres Inhalts deutlich: Zur wahrhaft christlichen Wortverkündigung gehört wesentlich die Ausrufung des kommenden Herrn[153]. In der späteren Christenheit rückte leider weithin an die Stelle dieses Zielpunktes der Todesgedanke: Der Mensch kommt nach seinem Sterben zu Gott.

Wie die Gemeinde mit dem „Wort" umgeht, so geht der Herr mit ihr um[154]. Die bewahrende Gemeinde wird die bewahrte Gemeinde sein. Jo 17, 15 bestimmt das Verständnis des Ausdrucks „bewahren": „Ich bitte n i c h t, daß du sie von der Welt nehmst, sondern daß du sie bewahrst vor dem Bösen." Der Gedanke, daß die Gemeinde gar nicht erst in die Gefahr hineinkommen könnte, scheidet betont aus. Aber sie soll in furchtbaren Verführungszeiten rein erhalten bleiben; sie soll, wie Vers 17 wiedergibt, geheiligt werden in der Wahrheit (s. auch zu 7, 2 und 12, 14).

Prüfung (zum Ausdruck s. 2, 10) durchzieht die ganze Endzeit, aber nicht nach Ausbreitung und Stärke gleichmäßig (s. zu 1, 9). Es gibt Zuspitzungen und eine letzte Zuspitzung in der Auseinandersetzung zwischen Christus und dem Antichristus. Solch ein Höhepunkt ist die „große Drangsal" (s. zu 7, 14), ein Geschehen für Gläubige und auch für die **Bewohner der Erde.** Es sind diejenigen, die der Erde verhaftet sind und sich begeistert für die Erde entscheiden, sich ihr an die Brust werfen, um sich in ihr gegen Christus und das Himmelreich zu verschanzen (vgl. 6, 10; 8, 13; 13, 8. 12. 14; 17, 2. 8; in 11, 10–12 wechselt Erdbewohner mit „Feinde"). Alle werden nun endgültig daraufhin geprüft, wie sie sich zu Gott und seinem Lamm verhalten wollen. Mitten darin ereignet sich das Wunder der Bewahrung (s. zu 7, 3; 9, 4; 11, 1; 12, 6. 14. 16; 14, 1).

11 Den beiden Trostworten folgt schließlich eine Mahnung (Exkurs 1d), die an 2, 10 erinnert: **Siehe, ich komme schnell** (vgl. 1, 3). **Halte fest, was du hast, daß niemand deinen Kranz wegnehme.** Der Ausdruck könnte so verstanden werden, als ob die Gemeinde den Kranz schon besäße. Aber kein Wettläufer läuft mit Kranz; und Philadelphia befindet sich noch nicht am Ziel. Der Siegerkranz ist ihr schon „beigelegt" (2 Tim 4, 8) und wird für sie „bewahrt im Himmel" (1 Pt 1, 4), doch er ist ihr noch nicht aufgesetzt. „Niemand wird gekrönt, er kämpfe denn recht" (2 Tim 2, 5). Die Gemeinde könnte noch viel verlieren: das Evangelium, das Harren auf Jesus, die Liebe zu den Feinden, die Unabhängigkeit von Ehre und Ansehen und darum eben den Siegerkranz.

153 Zur Übersetzung „Harren auf mich" und zur Sache s. 1, 9. Zum Harren auf den Herrn vgl. wieder Jes 8, 17; 25, 9; 30, 18; 33, 2; 40, 31; 64, 3.

154 Diese Entsprechung auch Jer 15, 19; Gal 6, 7. Zum negativen Fall vgl. Anm. 208.

Damit ist zum Siegerspruch (Exkurs 1f) übergeleitet: **Den Sieger** 12
werde ich zur Säule im Tempel meines Gottes machen. Nach Vers 9 spricht der Herr hier wiederum von seinem Machen. Es ist schöpferisches Tun, wie es auch Jesaja und das AT kennen. In Vers 9 bezog es sich auf die Gegner, hier auf die Siegergemeinde. Ihr wird ein Gestaltwandel angekündigt. Ihre augenblickliche Gestalt (V. 8) ist nicht ihre Endgestalt. „Es ist noch nicht erschienen, was wir sein werden" (1 Jo 3, 2). Denn es wird gesät verweslich, in Schwachheit und Unehre, aber auferstehen unverweslich, in Kraft und Herrlichkeit (1 Ko 15, 42–43).

Von der Neugestalt kann nur in Bildern gesprochen werden, hier im Bild der **Säule.** Damit wird nicht auf die Trägerfunktion angespielt (wie z. B. Gal 2, 9; 1 Tim 3, 15)[155], sondern nach 1 Kö 7, 15–22; 2 Kö 25, 13–17; 2 Mo 13, 21; Jer 1, 18 auf ihre Zeichenfunktion. Sie ist ein ragender, weit sichtbarer und nicht umzustoßender Zeuge. Nach treuem Zeugnis bei kleiner Kraft (V. 8) wird der Sieger nun ein verherrlichter Zeuge Gottes sein.

Die Säule steht im **Tempel.** Daß sich hier alles im Bildlichen bewegt, erhellt schon aus 21, 22, wonach es in der Vollendung keinen Tempel mehr gibt (s. zu 11, 1). Vielleicht liegt eine zeitgeschichtliche Anspielung vor. Die Oberpriester im Kaiserkult durften sich nach ihrer Amtszeit eine Gedenksäule im Tempel errichten lassen. Um den Gedanken der Ehrung des treuen Dieners durch den Herrn geht es auch hier. „Wer mir dienen will, der folge mir nach; und wo ich bin, soll mein Diener auch sein. Und wer mir dienen wird, den wird mein Vater ehren" (Jo 12, 26). **Und er soll wahrlich nicht nach draußen hinausgehen** (müssen). Die Bewahrung (V. 10) triumphiert. Das Draußen, wo die Verleugner wüten (22, 15), ist nun gänzlich entrückt. Die Überwinder bleiben im Dienst für immer. „Ich werde bleiben im Hause des Herrn immerdar" (Ps 23, 6).

Das Folgende mag an die Tatsache anknüpfen, daß die Gedenksäulen in damaligen Tempeln mit dem Vaternamen, dem Heimatort und mit dem Dienstjahr beschriftet waren. Andererseits wird das Bild von der Säule bereits wieder fahrengelassen und die in 2, 17 nur kurze Angabe über den neuen Namen breit hier entfaltet: Die bloße Nennung wird zur Schreibung (auf die Stirn 9, 4; 14, 1; so kennzeichnete man im Altertum seine Sklaven und nahm sie öffentlich in Schutz

[155] Die Fortsetzung: „und er soll wahrlich nicht nach draußen hinausgehen müssen", spricht gegen eine Trägerbedeutung der Säule an dieser Stelle. Der Tempel würde durch die Entfernung eines Pfeilers zusammenbrechen. Hier ist an die freistehende Zeugnissäule zu denken.

und Dienst[156]). Feierliches Schreiben bedeutete etwas unwiderruflich machen. „Was ich geschrieben habe, das habe ich geschrieben" (Jo 19, 22). Ferner werden gegenüber 2, 17 aus einem Namen drei Namen. Jeder von ihnen drückt ein Stück Vollmacht aus. Namenfülle bedeutete Machtfülle. Schließlich enthüllt sich der neue Name als der Name Gottes (in trinitarischer Entfaltung?).

Der erste Name: **Und ich werde auf ihn den Namen meines Gottes schreiben.** So wird Jo 20, 17 bestätigt: „Mein Gott ist euer Gott und mein Vater ist euer Vater" (vgl. Anm. 45). Jetzt ist Philadelphia unwidersprochen und unwiderruflich Gemeinde Gottes. **Und den Namen der Stadt meines Gottes, des neuen Jerusalem, das herabsteigt aus dem Himmel von meinem Gott** (21, 2. 10). Ihre bisher verborgene Bürgerschaft (Phil 3, 20; Gal 4, 26; Hbr 12, 22) ist jetzt offenbar. **Und meinen neuen Namen.** Schließlich werden sie teilhaben am neuen Namen Jesu (19, 12. 13. 16), also an seiner neuen Geltung. Sie werden mit ihm herrschen.

13 **Wer ein Ohr hat zu hören, der höre, was der Geist den Gemeinden sagt.** (Zum Merkspruch Exkurs 1e.) In dieser Botschaft geht es wie im Trostbuch des Jesaja um Vergewisserung des Heilsstandes: Du bist mein! Das sagt der Geist nun gerade einer Gemeinde, der es die Maßgeblichen (die Juden) absprechen. Seine Stimme deckt sich nicht mit der Stimme menschlicher Frömmigkeit, denn er versteht mehr von Liebe Gottes in Jesus Christus, als menschliche Frömmigkeit es sich je träumen läßt. Aus diesem ersten Zuspruch folgt der zweite: Alles was mein ist, ist dein! Wie sollte Gott uns nicht mit Christus alles schenken und teilgeben an seiner ganzen Namensfülle? Wer Kind ist, ist auch Erbe.

An die Gemeinde in Laodizäa

Offenbarung 3, 14–22

Zu Vers 14: Ps 89, 38; Spr 8, 22
Zu Vers 17: Hos 12, 9

14 Und dem Engel[96] der Gemeinde in Laodizäa[97] schreibe: Das spricht
der Amen, der treue und wahrhaftige Zeuge, der Erste der
15 Schöpfung Gottes. * Ich weiß deine Werke, daß du weder kalt
16 noch heiß bist. O daß du kalt oder heiß wärest! * So, weil du lau
bist und weder heiß noch kalt, stehe ich im Begriff, dich aus mei-
17 nem Munde auszuspeien. * Weil du sprichst: Reich bin ich, ja
reich bin ich geworden und habe Bedarf an nichts, und nicht weißt,
daß du der Mühselige und Bemitleidenswerte bist, und arm und

[156] Gott als Stifter eines neuen Namens wieder besonders bei Jesaja: 56, 5; 62, 2; 65, 15; vgl. 60, 14; 61, 6.

18 **blind und nackt, * (darum) rate ich dir, von mir in Feuer geglüh-** Zu Vers 19:
tes Gold zu kaufen, damit du reich wirst, und weiße Gewänder, Spr 3, 12
damit du dich kleidest und nicht offenbar werde die Schande dei-
ner Blöße, und Salbe, um deine Augen zu salben, damit du siehst.
19 *** Ich – die ich liebe, die weise ich zurecht und züchtige sie. Darum**
20 **sei (fortan) eifrig und tue Buße. * Siehe, ich stehe vor der Tür und**
klopfe an; wenn jemand meine Stimme hört und öffnet die Tür,
werde ich zu ihm eingehen und speisen mit ihm und er mit mir.
21 *** Dem Sieger werde ich geben, zu sitzen mit mir auf meinem**
Thron, wie auch ich gesiegt habe und sitze mit meinem Vater auf
22 **seinem Thron. * Wer ein Ohr hat, höre, was der Geist den Ge-**
meinden sagt.

Zu Empfängerangabe und Schreibbefehl vgl. Exkurs 1a, zur Selbstvorstellung des Botschafterlassers Exkurs 1b. **Das spricht der Amen.** In 2 Ko 1, 20 heißt es noch sprachlich korrekt: Christus ist d a s Amen. Hier aber heißt es in lapidarer Verkürzung: der Amen (nämlich: der Amen heißt oder ist). Anknüpfungspunkt mag Jes 65, 16 sein. Gott schwört nicht nur, er i s t selbst ein Schwur. Zwischen ihn und sein Wort ist einfach kein Keil zu treiben, weil es ein Dazwischen bei ihm nicht gibt. Sein Sagen und Sein fußen aufeinander und sind ein und dasselbe. Dieser Gott zeigt nun in Jesus sein Gesicht. Wer Jesus sieht, bekommt den Amen zu sehen, seinen Schwur zu hören, seine Treue zu erleben. 14

Dieser Herr trifft hier auf eine Gemeinde, die völlig Scheingemeinde ist. Auch bei anderen Gemeinden klaffen Schein und Sein verhängnisvoll auseinander. Hier aber redet der Angeklagte noch selbstbewußt dazwischen, um sich zu rechtfertigen (V. 17): Ich habe alles, mir fehlt nichts. Laodizäa rückt durch diese Selbstverherrlichung in eine äußerste Nähe zu Babel (18, 7). Was ist unter diesen Umständen das christliche Bekenntnis noch mehr als ein bloßer Schwall von Wörtern? In diesen Wörterschwall hinein tritt also das Wort, der Schwur, der Amen.

Der treue und wahrhaftige Zeuge. Der „treue Zeuge", verstärkt durch „wahrhaftig" (Anm. 146), ist nach 1, 5 auszulegen, nämlich in seiner Beziehung auf Karfreitag. Das Amen, das er verkörpert, der Schwur, den seine Liebe schwört, ist durch sein Blut besiegelt. Alle Rede Gottes in Christus deckt sich und tritt als ewiger Verlaß, als lautere Treue und als glühende Liebe auf diese laue Gemeinde zu. Ob diese Glut in Laodizäa zündet?

Die Selbstvorstellung schließt: **der Erste der Schöpfung.** Nach Kol 1, 18 und vor allem nach Offb 1, 5 empfiehlt es sich, bei dieser Wendung an Ostern als an die Grundlegung der neuen Welt zu denken[157]. So haben hier alle Bezeichnungen christologische Tiefe. Sie sprechen von Karfreitag und Ostern, und der Siegerspruch in Vers 21 spricht von Himmelfahrt. Die Verkündigung der großen Taten Gottes umrahmt also die Botschaft an Laodizäa.

Das geschieht offensichtlich mit Bedacht einer Gemeinde gegenüber, die nichts so nötig hat, wie neu evangelisiert zu werden. Diese Gemeindebotschaft unterscheidet sich dadurch von den anderen, daß sie unentwegt von Christus spricht und ihn in immer neuen Wendungen an die Lage der Gemeinde heranträgt (vgl. z. Merkspruch), daß sie wenig voraussetzt und in keinen tieferen biblischen Zusammenhang einsteigt, statt dessen aber besonders deutlich bei der Situation der Gemeinde anknüpft. Nicht von ungefähr bevorzugen Evangelisten diesen Text.

15 Die richterliche Bestandsaufnahme (Exkurs 1c) behandelt diese Gemeinde als einen einzigen Block. Da sind keine „übrigen" (2, 24) oder „etlichen" (3, 4), die treu bleiben. **Ich weiß deine Werke, daß du weder kalt noch heiß bist.** Für kochendes oder kaltes Wasser gibt es Verwendung. Aber wen soll lauwarmes Wasser stärken oder erquicken[158]? Hier wird es Christus angeboten, denn er schmeckt es in seinem Mund (V. 16). Es widert ihn an. Er ist zu Gast in Laodizäa, und sie schenken ihm seelenruhig lauwarm ein. Sie bedienen ihn mit ihrem trägen Dienst, mit ihren schleppenden Gottesdiensten, leiernden Gebeten und mit ihrer nachlässigen Seelsorge. **Ich weiß,** sagt der Herr zu diesem Treiben. Selbstverständlich weiß er, denn er bekommt es ja zu schmecken. Alle Gemeindelauheit, alles träge und uninteressierte Wesen, auch Menschen gegenüber, verletzt i h n. Was einem seiner geringsten Brüder getan wird, wird ihm angetan.

Nicht nur Christus, auch der Satan weiß um den geistlichen Tiefstand der Gemeinde (vgl. zu 3, 1). Darum läßt er sie vollständig in Ruhe. So verlautet nichts von Verführung oder Verfolgung, von Verleugnen, Abfall oder Erschütterung. Alles ist intakt und alles findet statt. Der Mitgliederstand gibt zu keiner Sorge Anlaß. Ja, die lauen Glieder halten den Herrn Jesus Christus für so harmlos, daß sie nicht einmal austreten.

O daß du doch kalt oder heiß wärest! Dieser Ausruf verrät eine bestimmte Wertung. Die höchste Stufe ist „heiß", etwa nach Rö 12, 1: „seid brünstig im Geist". Dann folgt auf der Wertskala kalte, klare

[157] Vgl. Lohse, a. a. O. S. 31.

[158] Der Begriff der Lauheit stand in einer anschaulichen Beziehung zur Stadt. In der Nähe der Nachbarstadt Hierapolis entsprangen nämlich kohlesäurehaltige heiße Quellen, die dort für den Kurbetrieb nützlich waren (vgl. W. Barclay, Das sagt der Auferstandene, Kassel 1967, S. 96 f.). Sie flossen auch an Laodizäa vorbei, wo sie aber inzwischen ihre Wärme verloren hatten.

Ablehnung. Ganz unten aber steht die Lauheit. Da dämpft man sachte, aber zielbewußt das Brennen und Brausen des Geistes, ist aber beileibe auch kein Gegner. Gewöhnlich gilt dieser Mittelweg zwischen den Extremen als der „goldene Mittelweg“. Aber der Weder-Noch-Christ steht in der Wahrheit nicht in der Mitte, sondern am Absturz, ganz unten auf der Skala der Werte.

Gewöhnlich steht zwischen Anklage und Drohwort (Exkurs 1d) der Bußruf. Hier aber ergeht ein solch flammender Zorn über den Zustand der Gemeinde, daß im gleichen Atemzug die Drohung folgt. Das heißt nicht, daß keine Buße mehr möglich ist, denn die Aufforderung dazu folgt später; wohl aber bedeutet es, daß vor der laugewordenen Gemeinde kein lauer Herr steht. Seine Glut ist Hoffnung für alle Lauen.

So, weil du lau bist und weder heiß noch kalt, stehe ich im Begriff, 16
dich aus meinem Munde auszuspeien. Im Blick auf vier Gemeinden sprach der Herr: Ich habe etwas wider dich! Hier heißt es: Du bist mir widerlich! Das ist der Gipfel der Verurteilung. Und doch – er trägt die Unerträglichen noch eine Weile. Gerade hier folgt ein außergewöhnlich eindringliches Bußwort (Exkurs 1d), ein Ringen und Werben um Laodizäa ohnegleichen.

Die Gemeinde ergreift nun das Wort und offenbart ein erschütternd- 17
des Nichtwissen gegenüber dem Wissen ihres Herrn in Vers 15. **Weil du sprichst: Reich bin ich, ja reich bin ich geworden.** So sprach einst der reiche Kornbauer Lk 12, 19. Hier ist es ein reicher Händler. „Ja“, besinnt er sich, „reich bin ich geworden.“ Man kennt die Neigung der Erfolgsmenschen, in ihren Erinnerungen zu graben, wie sie einst ihr Geschäft aufgebaut haben. Damals einen kleinen Laden übernommen, jetzt ein Klotz von Kaufhaus! Den Abschluß mag Sach 11, 5 bilden: „Sie halten's für keine Sünde und sprechen: Gelobt sei der Herr, ich bin nun reich!“ Auch hier geht das Protzen mit dem materiellen Erfolg über in ein Pochen auf religiösen Besitz.

Ich habe Bedarf an nichts. Diese Wendung erscheint 1 Ko 12, 21 gegenüber dem anderen Glied in der Gemeinde: Der Bruder kann mir nichts Wesentliches bieten. Es ist nicht wichtig, was er sagt. Ich habe an mir selbst genug. Der Selbstversorgerstolz richtet sich hier aber vor dem Herrn selbst auf. Jo 15, 5 wird auf den Kopf gestellt: Ohne dich können wir alles tun! Erschreckend, das so zu formulieren, aber wie oft wird es gelebt (1 Ko 4, 8)! In dieser Selbstgenügsamkeit gegenüber Jesus, in diesem Fortbleiben von seinem Gnadenthron liegt die Ursünde der Gemeinde und der Anfang vom Ende.

Aber auch Simson merkte nicht, daß seine Kraft von ihm gewichen war: **Und nicht weißt, daß du der Mühselige und Bemitleidenswerte bist.** So sieht das Wirklichkeitsbild des geschäftstüchtigen und weltförmigen Mannes aus, der überall mithält. Er ist abgespannt und aufgerieben, der Typ des Mühseligen nach Mt 11, 28 (dieselbe Vokabel Rö 7, 24). Er sollte zu Jesus kommen, aber er weiß es nicht. Er dünkt sich unabhängig: Ich bedarf nichts. Aber er bedarf der Herzmittel und der Kur. Und wenn er einmal zur Ruhe kommt, bedarf er der Ablenkung und der Termine und eilt schon wieder fort. Vor allem bedürfte er des Erbarmens und schließlich der Buße. Und weil er so mühselig ist, ist er bemitleidenswert. Der Zorn macht Jesus nicht blind für den Sünder. Er bewahrt sich einen Blick für die arme Kreatur. Sie tut ihm leid, um so mehr, als sie sich selbst nicht leid tut, sondern noch groß tut. In drei Bildern wird der geistliche Zustand entfaltet: **arm, blind und nackt** (s. u.).

18 Diesen drei wunden Punkten entsprechen die drei Ratschläge. **Ich rate dir.** Vielleicht klingt hier Händlersprache an. Jesus begegnet als Kaufmann (Mt 13, 45) und bietet drei damals bekannte Spezialitäten aus Laodizäa an[159]. Offenbar ist die Gemeinde mit ihrer Umwelt inzwischen innigst verwachsen. Einst in dieser Stadt der Kaufhäuser ein Tempel Gottes, ist sie nun ebenfalls zum Kaufhaus geworden (Jo 2, 16) und wieder in ihre Umwelt eingemeindet. Kaufgeist, Händlergeist und Schachergeist hatten den Heiligen Geist verdrängt. Aber Jesus verwandelt sich ihreswegen in einen Händler, der alle seine Konkurrenten ausstechen möchte: **Kaufe von mir.** Du bekommst garantiert gute Ware. Zäh bietet er, fast wie ein Hausierer, mal dies, mal das an und zieht vor dem zögernden Kunden immer neue Artikel hervor. So tief läßt der ewige Sohn sich herab. Er wurde den Laodizäern ein Laodizäer, um sie zu gewinnen.

Womit soll Laodizäa bezahlen? Sicher müßte diese Frage mit Jes 55, 1 beantwortet werden: „Wohlan, alle, die ihr durstig seid, kommt her zum Wasser! Und die ihr kein Geld habt, kommt her, kauft und eßt! Kommt her und kauft ohne Geld und umsonst Wein und Milch!" Auch Offb 22, 17 kennt dieses merkwürdige „Kaufen". Sicher liegt darin ein Hinweis auf die hohen „Preise", die der Mensch in dieser Welt für Minderwertiges zahlt, Preise an Reinheit, Ehre, Frieden und Gesundheit. Da kauft es sich bei diesem neuen „Kaufmann" günstiger, außerordentlich günstig, nämlich umsonst. Er beginnt sein Angebot:

Kaufe von mir in Feuer geglühtes Gold, damit du reich werdest. Das Gold der Banken von Laodizäa stand wegen seiner Wertbeständigkeit in gutem Ruf (vgl. 159). Damit galt man als gut bedient. Aber dieser Händler warnt: Ihr alle, die ihr euch mit Laodizäas Gold eingedeckt habt, seid arm und am Ende erbärmlich betrogen. Macht

159 Vgl. W. Barclay a. a. O. S. 89 ff.

noch schnell Geschäfte mit mir und werdet wahrhaft reich. Gold ist hier Inbegriff echten Habens. Vom Haben und Nichthaben sprachen alle Gemeindebotschaften (Anm. 101). Christus macht Inventur. Er stößt auf völlig leere Regale. Aber noch ist Zeit. Er will der Gemeinde vom Soll zum Haben verhelfen, also zur Liebe, zum Glauben, zum Dienst, zum Zeugnis, zur Hoffnung (vgl. 1 Pt 1, 7. 18; 1 Ko 12–13).

Und weiße Kleider, damit du dich kleidest und nicht offenbar werde die Schande deiner Blöße. Laodizäa besaß eine leistungsfähige Textilindustrie, besonders für modische, schwarze Stoffe (vgl. 159) – Angeklagte sollen vor Gerichten in Schwarz erschienen sein. Verurteilte wurden entkleidet (hier V. 17, auch Jesus wurde vor der Kreuzigung entkleidet), Freigesprochene erhielten ein weißes Gewand (siehe zu 3, 4). Das ist hier der Zusammenhang. Der Herr will nicht die Nacktheit seiner Gemeinde. Er bietet ihr Reinigung und Freispruch an.

Und Salbe, um deine Augen zu salben, damit du siehst. Verursacht durch grelle Sonnenstrahlung, ständigen feinen Staub, Wasserknappheit und allgemeine Unsauberkeit waren Augenkrankheiten im Morgenland Allerweltskrankheiten. Darum gab es viele Blinde, viele Augenärzte und hunderte von verschiedenen Augenmitteln in Form von Salben, Puder und Tropfen. Auch Laodizäa vertrieb einen gerühmten Markenartikel dieser Art (vgl. 159).

Indem die Gemeinde Vers 17 ein Blinder genannt wird, ist alles Elend zusammengefaßt. Blinde sind oft arm, und Arme gehen dürftig gekleidet. Die Ursache für Armut und Nacktheit liegt in der Blindheit. Die geistliche Blindheit, von der das AT so häufig spricht, bezieht sich auf die Gewalt des Zornes und die Tiefe der Güte Gottes, auf das Recht Gottes, Forderungen zu stellen, auf die Folgen des Ungehorsams und auf die Unterschätzung der Sünde und Satans. Nach Jo 9, 41 ist derjenige von dieser geistlichen Blindheit befallen, der sie abstreitet. Man stelle sich einen Blinden vor, der sich sehend gebärdet und sich nicht führen lassen will noch sich vorsichtig entlangtastet. Ich brauche niemand, ich kann es allein! Diese verhängnisvolle Blindheit liegt hier vor (V. 17).

Darum stellte der große Augenarzt zuerst die Diagnose: „Du bist blind!" und nun: „Ich verkaufe dir Augensalbe!"

In diesem Augenblick legt der Herr die Maske des geschäftsbeflis-
senen Händlers ab und offenbart sich als der, der er ist: als Freund
aller Gemeinden: **Ich – die ich liebe, die weise ich zurecht und züchtige** 19
sie. Die Freundesliebe (Jo 15, 14–15, hier V. 20) äußert sich in zwei
Tätigkeiten, die dem Ausdruck nach aus Spr 3, 12 (und Hbr 12, 7) herüberklingen, aber wieder im Zusammenhang zu prüfen sind. Dort stehen sie im Vater-Kind-Verhältnis, und Züchtigung ist an jener Stelle Strafleiden. Johannes liegt es aber fern, von Christus als dem

Vater der Jünger zu sprechen. Von Strafleiden fehlt im Abschnitt jede Spur. Zwischen Freunden geht es einerseits um das Wort der Wahrheit: **Ich weise zurecht.** Der Freund verschmäht alles, was nicht Wahrheit wäre. Er prüft unbestechlich die Werke und nennt das Schlechte ungeschminkt beim Namen. Es folgt das Wort der Züchtigung: **Ich züchtige.** Er droht in flammendem Zorn, zerschlägt die Einbildung, fordert Konsequenzen und gebietet Umkehr. Das alles spiegelt sich in der Gemeindebotschaft wider. Dazwischen auch das Werben um Gehör, der Weck- und Lockruf. Wenn auch kein Lob möglich ist, so fehlt es doch nicht an Liebe. Auch im Zorn denkt er an sein Erbarmen und „plagt nicht von Herzen" (Kla 3, 33).

Darum sei (fortan) **eifrig und tue Buße.** Die erste der beiden Mahnungen steht in Dauerform. Den Jahren der Lauheit (V. 16) mögen Jahre des Eifers folgen. Der Eifer des tempelreinigenden Jesus möge sie erfassen (Jo 2, 17) und den alten, unreinen Eifer, der die Gemeinde zum Kaufhaus werden ließ, verbrennen. Hinaus mit der weltversunkenen Emsigkeit, mit dem Feilschen, Raffen, Schaffen, Rennen und Laufen um nichts! Gottes Name, Reich und Wille bestimmen die Gemüter neu.

20 Buße entsteht an Christus und nur an ihm (Exkurs 1d): **Siehe, ich stehe vor der Tür und klopfe an; wenn jemand meine Stimme hört und öffnet die Tür, werde ich zu ihm eingehen.** Im Altertum konnte man auf zweierlei Weise Einlaß in ein Haus begehren; entweder durch Klopfen mit einem Metallring oder einfach durch Ruf. Hier erschallt beides, Klopfer und Stimme, ein Zeichen für die Dringlichkeit des Begehrens. Wieso hörten die Laodizäer die **Stimme** Jesu? Durch Krankheit, Leid oder Zeitgeschehen? Nach Jo 10, 3. 27; 18, 37 und vor allem nach dem siebenfachen „höre!" in den Merksprüchen ist an das Sprechen des Geistes eben in diesen Gemeindebotschaften zu denken. In ihnen stellte und stellt der Herr sich seinen Gemeinden vor und läßt er seine Stimme erschallen.

Obwohl es ihm nicht an Schlüsseln fehlt (1, 18; 3, 7), überläßt er das Öffnen dem Menschen selbst. Von allen Gewaltmitteln, in den Sünder einzudringen, nimmt er Abstand und begegnet in vornehmster Liebe. Es gibt keinen vornehmeren Gast als ihn und seinen Geist. Vor ihm werden Menschen wieder wahrhaft Mensch, verantwortlich bis ins Letzte; darum auch schuldig bis ins Letzte, wenn sie eine solche Liebe aussperren.

Wann **geht** Jesus **ein** zu dem, der ihm öffnet? Bei seiner Wiederkunft? Ein Eingehen des wiederkommenden Herrn zu einzelnen Menschen wird nirgendwo gelehrt. Oder geschieht dieses Eingehen bei der Feier des Abendmahls? Der Text spricht, wie die Übersetzung zu zeigen sucht, mit einem sehr allgemeinen Wort von einem Gemeinschaftsmahl, das nicht ohne weiteres auf die Abendmahlsfeier bezogen werden sollte: **und speisen mit ihm.** Zu vergleichen sind Verse des Johannes, die vom Kommen des erhöhten Herrn durch den Geist sprechen: Jo 14, 23. 18; 16, 7. 13. 22. Er durchschreitet sofort jede Tür, die sich in Buße öffnet. Drinnen muß nicht erst auf die nächste Abendmahlsfeier gewartet werden.

Seine Gegenwart im Heiligen Geist wird (ähnlich Mt 28, 20; 18, 20) gekennzeichnet: **ich mit ihm und er mit mir.** Vielleicht deutet die Umkehrung einen Rollentausch an. Der Gast wird Gastgeber. Der eingekehrte Jesus sorgt für den vollen Becher und für das Lebensbrot. Weil Buße letzen Endes auf seine Kosten geht, ist Buße für uns ein „fröhliches Werk" (Luther).

Was diese letzte Gemeindebotschaft bisher auszeichnete, größte 21
Schuld, schärfste Bedrohung, dringlichster Bußruf, innigste Liebe, setzt sich auch im Siegerspruch (Exkurs 1f) fort: wieder ein Gipfel, nämlich höchste Verheißung. **Dem Sieger werde ich geben zu sitzen mit mir auf meinem Thron.** Das „mit mir" aus Vers 20 verlängert sich bis in die Vollendung. „Vater, ich will, daß, wo ich bin, auch die mit mir seien, die du mir gegeben hast, auf daß sie meine Herrlichkeit sehen (Jo 17, 24). Aus der verborgenen Tischgemeinschaft wird öffentliche Throngemeinschaft. Das Bild ist wegen der Geräumigkeit antiker Throne sinnvoll. Aber es ist eben ein Bild, da von Unaussprechlichem gesprochen wird. Der Sieger wird in eine bereits vorher bestehende Throngemeinschaft aufgenommen: **Wie ich auch gesiegt und mich gesetzt habe mit meinem Vater auf seinen Thron.** Der Bibelleser weiß aus Kapitel 5, auf welches Datum der Herr hier anspielt und welcher Art dieser Sieg war: Er siegte am Karfreitag, als er für die Welt und auch für Laodizäa starb. Seitdem herrscht er (Anm. 79). Seine Gemeinde steht jedoch noch im Glaubenskampf, bis auch sie sich setzen darf.

Das Judentum lehrte, daß im Himmel niemand sitzt als Gott allein. Alle anderen stehen. Auf diesem Hintergrund erhält diese Verheißung eine Steigerung, die alle Maße und Begriffe sprengt. Der Thron Gottes ist in der Offenbarung von 1, 4 bis 22, 4 das Zentralbild. An 47 Stellen wird er erwähnt. Er ist der Ausgangspunkt für alles Geschehen im Himmel und auf Erden, in der alten und in der neuen Welt. Auf diesem Thron aber hat Christus seiner Gemeinde Laodizäa „eine Stätte bereitet" (Jo 14, 2). Davon wird in einer Stunde gesprochen, in der diese Gemeinde noch lau ist. Jesus bietet ihr sein Letztes an, seine Gemeinschaft mit dem Vater auf dem Thron.

Wer ein Ohr hat, höre, was der Geist den Gemeinden sagt. Was 22
sagt der Geist den Gemeinden durch diese letzte, zusammenfassende Botschaft? Er spricht von Jesus! Jesus ist d e r Amen, der treue Zeuge,

der Erste der Schöpfung, der Richter, der Tempelreiniger, Händler, Freund, Gast, Gastgeber, der Sieger und Thronende und der Sohn. So erfüllt sich Jo 16, 14: „Er wird mich verklären", auch wenn er über Sünde, Buße, Gericht und Heil spricht.

Es wäre ungeistlich, aus diesen beiden Kapiteln nichts weiter als ein „Du sollst!" herauszulesen. Sie stellen eine gewaltige Neuverkündigung des Herrn Jesus dar, damit seine Gemeinde nicht Scheingemeinde werde. Gewiß wird sie selbst dabei enthüllt. Aber auch er wird enthüllt, der da spricht: „Ich bin, ich weiß, ich will, ich komme, ich gebe."

GOTT UND DAS LAMM AUF DEM THRON

Offenbarung 4, 1 – 5, 14

Die Vorbereitung der Vision

Offenbarung 4, 1–2a

Zu Vers 1:
2 Mo 19, 24
Dan 2, 29
Zu Vers 2:
Hes 1, 26
Jes 6, 1

1 **Danach sah ich, und siehe, eine geöffnete Tür am Himmel; und die erste Stimme, die ich hatte zu mir reden hören wie eine Trompetenstimme, sprach: Steige hierher herauf, und ich werde dir zeigen,**
2a **was geschehen muß danach. * Sofort geriet ich in Geist**(ergriffenheit).

1 Der erste Vers des vierten Kapitels beginnt[160] und schließt mit „danach". So spürt der Leser geradezu, daß er eine Schwelle überschreitet. Johannes hat die Durchleuchtung der Gegenwart abgeschlossen. Nun knüpft er an den zweiten Teil seines Auftrages in 1, 19 an: Vision der Zukunft. Zentralbild dieser Visionen ist bis 22, 3 der „Thron Gottes". Schon 1, 4 und 3, 21 erwähnten ihn, jetzt aber wird er zum Mittelpunkt zweier grundlegender Kapitel.

Danach sah ich, und siehe[161], eine geöffnete Tür am Himmel. Die Rede vom geöffneten Himmel[162] begegnet zuerst Hes 1, 1 und setzt

[160] Gewöhnlich leitet Johannes von einem Abschnitt zum anderen durch ein einfaches „und ich sah" über. „Und danach sah ich" bezeichnet dagegen immer einen Szenenwechsel (4, 1; 7, 9; 15, 5; 18, 1; 19, 1; vgl. 7, 1). An dieser Stelle leitet es außerdem einen neuen Hauptteil ein.

[161] Diese an hebr Sprachgebrauch (besonders häufig bei Hesekiel) angelehnte Verdoppelung des Sehens steigert die Spannung (auch 6, 2. 5. 8; 7, 9; 14, 14; 19, 11).

[162] Die jüdische Apokalyptik handelt mit lebhafter Phantasie von drei, sieben, zehn oder gar 962 Himmeln. Die reichsten Ausführungen über die Himmel bietet der sogenannte

sein Verschlossensein voraus. Gottes Macht ist also abwesend, der Teufel hat die Vorherrschaft. „Wir sind geworden wie solche, über die du niemals herrschtest, über die dein Name nie genannt wurde", seufzt Gottes Volk unter diesem verschlossenen Himmel. „Ach, daß du den Himmel zerrissest und führest herab, . . . daß dein Name kund würde unter deinen Feinden" (Jes 63, 19 f.). In der geistlichen Dürre wächst die Erwartung einer endzeitlichen Öffnung des Himmels durch den Messias (3, 7; Jo 1, 51). Aus dieser Öffnung wird wieder Gotteswirklichkeit hereinströmen. Aus ihr heraus kommen auch in der Offenbarung Befehle, Gerichte, Engel und der weiße Reiter (19, 11) – dies alles zur Wiederherstellung der Gottesherrschaft in der Geschichte.

Aber der offene Himmel gibt nicht nur Geschehnisse, sondern auch Erkenntnisse frei. So werden Hesekiel und Johannes zu Propheten. Sie erblicken die Urwirklichkeit. Johannes soll sich erst einmal im Blick auf den Thron Gottes sattsehen, bevor er das Drama von zum Teil dunkelster Schwärze schaut. Und in den Lesern soll im Blick auf das, was kommt, ein unerschütterlicher Grund gelegt werden[103].

Über zwei Kapitel hinweg knüpft Johannes wieder an 1, 10 an und unterstreicht damit den neuen Einsatz: **Und die erste Stimme, die ich hatte zu mir reden hören wie eine Trompetenstimme, sprach.** Wieder wird an die betäubende Gewalt der Engelstimme erinnert, hier ausdrücklich mit der unmittelbaren Folge, daß Johannes in einen Zustand prophetischer Erleuchtung fiel (V. 2). Aus dem offenen Himmel (vgl. 10, 8) tönt es: **Steige hierher herauf.** Um zu schauen, mußte der Prophet in 1, 11 lediglich einen Richtungswechsel vornehmen, hier einen Ortswechsel, denn jetzt geht es nicht mehr um Schau der Gegenwart, sondern der Zukunft, eben jener Zukunft, die vom Thron Gottes her auf uns zukommt. Darum hat Johannes seinen Platz an der Schwelle

Slavische Henoch. Die Schrift beschreibt, wie „Henoch" eine Himmelsreise durch sieben Himmel macht. Im ersten Himmel sieht er die Sternenbahnen und die Kammern für Wolken, Schnee, Eis und Tau. Im Zweiten begegnet er den weinenden Abgefallenen, die zum Gericht aufbewahrt sind. Im dritten Himmel bestaunt er das Paradies mit seinen blühenden Bäumen, sanften Strömen und einer Überfülle an Speisen und Wohlgerüchen für die Gerechten. Aber im Norden dieses dritten Himmels befindet sich der Peinigungsort für die Gottlosen. Im vierten Himmel studiert „Henoch" vor allem den Sonnenwagen, im fünften erblickt er Riesen, im sechsten inmitten herrlicher Engelchöre die sieben Thronengel am Schemel Gottes und im siebten darf er endlich von ferne den Thron Gottes sehen. – Johannes, der in der Offenbarung sehr oft vom Himmel spricht, schneidet diese Art streng ab, indem er ihn nur in Einzahl nennt (zur Ausnahme s. zu 12, 12). Sein Drängen auf das Einfache und Wesentliche ist beeindruckend.

[103] In diesem Zusammenhang sind auch die Stellen vom geöffneten Tempel zu vergleichen (11, 19; 15, 5). Als Ort Gottes ist der Himmel zugleich Tempel (13, 6; 16, 17). Am Thron Gottes geht es gottesdienstlich zu.

des geöffneten Himmels einzunehmen[164]. Mit dem neuen Standort und dem neuen Thema des Propheten hängt sicher die veränderte Darstellungsweise im folgenden Hauptteil zusammen, die die Auslegung so erschwert: Alles wird verschlüsselter und hintergründiger.

Der prophetische Aufstieg ist vom messianischen Aufstieg (Apg 2, 34; Jo 6, 62; 20, 17; Eph 4, 8–10; vgl. auch Offb 11, 12) zu unterscheiden. Johannes bleibt dem Leibe nach auf der Erde, aber einzelne Funktionen werden überhöht. Das Sehverbot – kein sündiger Mensch darf Gott sehen! – und das Hörverbot (vgl. 2 Ko 12, 4) werden eingeschränkt. So bedeutet der prophetische Aufstieg große Gnade.

Johannes wird also Prophet, aber er bleibt auf der Erde. Der Himmel ist ihm nicht geöffnet zum Hineingehen, sondern nur zum Hin-
2a einhören und -sehen. **Ich werde dir zeigen**[165]**, was geschehen muß danach. Sofort geriet ich in Geist**(ergriffenheit). Dieses „sofort" scheint die Gleichzeitigkeit mit dem Ertönen der gewaltigen Stimme herzustellen. Was nacheinander berichtet werden muß – das Sehen und Hören des Johannes, das Rufen des Engels – rafft Johannes nachträglich zusammen[166].

Der Thron und der Thronende

Offenbarung 4, 2b–3

Zu Vers 3: Hes 1, 26–28

2b Und siehe, ein Thron stand („lag") **im Himmel, und auf dem**
3 Thron ein Thronender („Sitzender"), * **und der Thronende dem Aussehen nach gleich einem Jaspis- und Sardionstein** (Karneol), **und ein Regenbogen**(glanz) **ringsum um den Thron, dem Aussehen nach gleich einem Smaragd.**

2b Von 60 Thron-Stellen des NT finden sich 47 in der Offenbarung, von ihnen allein zwölf in diesem Kapitel. Alle Einzelheiten sind auf den Thron hin orientiert: auf dem Thron, um den Thron, von dem Thron her, vor dem Thron oder mitten am Thron. Breitflächig und geräumig „liegt" er da (s. zu 3, 21). Ein Inbegriff unerschütterlicher Gottesherrschaft: **Und siehe, ein Thron stand am Himmel, und auf dem Thron ein Thronender** („Sitzender"). Sitzen ist im Orient Zei-

[164] Diesen Standort hat er mindestens bis 10, 1 inne. In 11, 19; 15, 5 ist vom geöffneten Himmel oder Tempel die Rede, ohne dort die Stellung des Propheten zu erwähnen. Vielleicht ist sie auch da jedesmal vorauszusetzen, aber nur hier ausdrücklich und feierlich berichtet, weil hier der neue Hauptteil beginnt.

[165] Das Zeigen wird in 1, 1; 17, 1; 21, 9. 10; 22, 16 ausdrücklich mit einem Engel in Verbindung gebracht, aber 4, 2; 17, 3; 21, 10 auch mit einem Geisteswirken, vgl. 1, 10.

[166] Zum Ausdruck „ich geriet in Geist" s. zu 1, 10.

chen höchster Würde, ein Grund, die Vokabel einmal nicht wörtlich zu übersetzen, sondern sogleich vom Thronenden zu sprechen. Schon in Jes 6 und Hes 1 erscheint dieser „Thronende", jedesmal aber ergänzt durch eine Näherbestimmung. Hier und auch Verse 3, 9 und 10 scheut sich die Ehrfurcht, auch nur das kleinste Wörtchen hinzuzusetzen; nur die Lobgesänge nennen Vers 8 und 11 „Gott".

Die folgenden Verse heben diese Zurückhaltung nicht auf. Nur die Lichthülle des Thronenden wird Gegenstand der Schilderung. In 5, 1 streckt sich eine Hand aus dem blendenden Glanz heraus. Aber Gott selbst ist vor lauter Licht nicht zu sehen. So wird Jo 1, 18 auch hier nicht durchbrochen: „Niemand hat Gott je gesehen." Aber einen Eindruck hat der Seher unauslöschlich wahrgenommen: Gott ist um und um und durch und durch Licht (vgl. 1 Jo 1, 5), er ist ein ewiges Nein zur chaotischen Finsternis und ewiges Ja zum Leben und zur Gerechtigkeit. Drei Farbtöne aus der Lichtfülle haften in der Erinnerung des
Johannes: **Und der Thronende** (war) **dem Aussehen nach gleich einem** 3
Jaspis- und Sardionstein, und ein Regenbogen(glanz) **ringsherum um den Thron, dem Aussehen nach gleich einem Smaragd.** Es ist ein feiner, aber bezeichnender Unterschied, ob der Thronende mit Edelsteinen verglichen wird oder nur mit dem Aussehen[107] von Edelsteinen, also mit ihrer jeweiligen Erscheinung hinsichtlich ihrer Farbwirkung. Im zweiten Fall ist der Vergleich sorgfältig eingeschränkt und von Wesensbestimmungen ferngehalten (vgl. auch Anm. 70).

Jaspis ist heute ein Name für einen wenig wertvollen Halbedelstein, undurchsichtig, bräunlich-grün. Für die Offenbarung geben 21, 11. 18. 19 völlig andere Anhaltspunkte, wonach es sich um ein sprühend weißes Licht handelte. Der Jaspis ist dort alleredelster Stein (11. 19), Bild für die überirdische Lichtherrlichkeit des neuen Jerusalem in auffallender Fülle, durchsichtig und kristallhell (11. 18). Der **Sardion** (Karneol), genannt nach dem Fundort Sardes, wird entsprechend seiner hebr Bezeichnung als rötlich glänzend angenommen. Gotteserscheinung und Feuerschein gehören zusammen (z. B. Hes 1, 27, hier V. 5). Diese beiden Vergleiche malen also eine weißlich-rötliche Lichtpracht. Was trägt die dritte Bestimmung bei?

Soll mit den meisten Auslegern an die Regenbogen *form* gedacht werden? Dann ließe sich die Verbindung mit 1 Mo 9, 13 herstellen: Der Thronende erscheint überwölbt durch das Zeichen des Erbarmens. Auch in den kommenden Gerichten will er seiner Menschheit die Treue wahren. Seine heilige Strenge meint es doch gut.

[107] Das Wort ist auch in entsprechenden Schilderungen des Hesekiel zu Hause: 1, 4. 27; 8, 2. Auch das Edelsteinmotiv findet sich in Hes 1, 26; 10, 1, vgl. 2 Mo 24, 10. Es liegt darin etwas Paradiesisches (1 Mo 2, 10–14; Hes 28, 13).

Aber die Vokabel, mit der die grie Übersetzung der Bibel in 1 Mo 9, 13. 14. 16 auf die Form des Regenbogens anspielt, ist hier gerade gemieden und durch eine außerbiblische, in der Antike übliche Bezeichnung für den Regenbogen ersetzt („Iris"). Darum empfiehlt sich die andere Möglichkeit, der Vergleich mit dem Regenbogen g l a n z. Das Weiß und Flammenrot ist von leuchtendem Grün umrändert[168]. Auch 10, 1; Hes 1, 28; Sir 43, 11; 50, 7 zeigt der Regenbogen Hoheit und Schönheit an.

Johannes schaute also den Thronenden in einer nachträglich dreifach beschriebenen Lichthülle. Der Ausleger darf die Geschlossenheit des Eindrucks nicht zerstören und sich nicht in einzelnen Vergleichen verzetteln. Er sollte auch nicht vorschnell in den Regenbogen eine ganze Gnadentheologie einlegen, statt auf Kapitel 5 zu warten (vgl. den Rückblick auf das 4. Kapitel).

Die Thronumgebung

Offenbarung 4, 4—8a

Zu Vers 5:
2 Mo 19, 1
Hes 1, 13
Zu Vers 6:
Hes 1, 22. 5. 18
Zu Vers 7:
Hes 1, 10
Zu Vers 8:
Jes 6, 2 f
Hes 1, 18
2 Mo 3, 14

4 **Und ringsherum um den Thron** (waren) **vierundzwanzig Throne,**
und auf den Thronen (sah ich) **vierundzwanzig Älteste sitzen, be-**
kleidet mit weißen Gewändern, und auf ihren Häuptern goldene
5 **Kränze. * Und vom Thron gehen Blitze und Stimmen und Donner**
aus. Und sieben Feuerfackeln brennen vor dem Thron; das sind die
6 **sieben Geister Gottes. * Und vor dem Thron** (war es) **wie ein glä-**
sernes Meer, gleich Kristall. Und in der Mitte des Thrones und
rings um den Thron (waren) **vier Wesen, voller Augen vorn und**
7 **hinten. * Und das erste Wesen gleich einem Löwen und das zweite**
Wesen gleich einem Stier, und das dritte Wesen hatte das Angesicht
wie von einem Mensch, und das vierte Wesen (war) **gleich einem**
8a **fliegenden Adler. * Und die vier Wesen hatten eins wie das andere**
je sechs Flügel, ringsherum, und innen voll von Augen.

4 Wie Vers 2 zuerst den Thron, dann den Throninhaber nannte, werden jetzt auch von seiner himmlischen Umgebung zuerst die Throne erwähnt: **Und ringsherum um den Thron** (waren) **Throne.** Es sind deutlich untergeordnete Herrschersitze. Ihnen fehlt sowohl Singularität als auch Zentralstellung. Kniefall und Kranzabwurf ihrer Inhaber

[168] Die Farbe des Smaragdgesteins wird mit dem leuchtenden Grün einer Kupferflamme verglichen und kann den Farbeindruck eines Regenbogens gewiß allgemein wiedergeben. Das „ringsherum" meint den Kreis, nicht den offenen Halbbogen eines Regenbogens. Sollte an den Mondregenbogen zu denken sein? Auch dann fiele aber die Beziehung zu 1 Mo 9. 13 fort.

in Vers 10 zeigen ihre Abhängigkeit. Aber wer sind sie? **Und auf den Thronen sah ich vierundzwanzig Älteste sitzen, bekleidet mit weißen Gewändern und auf ihren Häuptern goldene Kränze.**

Die Zahl vierundzwanzig könnte vermuten lassen, daß diese Ältesten die Gemeinde des alten und des neuen Bundes, also die vollkommene und vollendete Gemeinde darstellen. Auch in 21, 12. 14 erscheint die doppelte Zwölf in entsprechendem Zusammenhang. Ihre weißen Kleider könnten auf den Stand ihrer Rechtfertigung hinweisen wie 3, 4. 5. 18, ihre Kränze auf die Siegerkränze für die Gemeinde wie 2, 10; 3, 11 und ihre Harfen (nach 5, 8) auf die Überwinderschar 14, 2; 15, 2. Für den Leser des alten Luthertextes liegt diese Auslegung nahe, preisen doch die Ältesten in 5, 10 nach einer schlecht bezeugten Lesart, die Luther zur Verfügung stand: „Du hast uns unserm Gott zu Königen und Priestern gemacht." So sprechen erlöste Christen.

Aber kaum eine neuere Bibelübersetzung vermag noch dieser Lesart zu folgen (statt „uns" bevorzugen sie „sie"). Die Ältesten geben weder in 5, 10 noch in 4, 11; 7, 11; 11, 16—17; 14, 3 oder 19, 4 zu erkennen, daß sie für ihre eigene Erlösung zu danken hätten. Ihre Zahl vierundzwanzig ist zu häufig einfach Zahl der Vollständigkeit in allen möglichen Zusammenhängen, als daß sie sogleich auf das Zwölfstämmevolk in seiner Verdoppelung zu deuten wäre. Weiße Kleider können ohne den Gedanken an Reinigung durch das Blut Christi Engelkleider sein. Harfen gibt es am AT überall, wo Gottes Lob erschallt, und Bekränzung ist ein überaus verbreitetes Würdesymbol. Nein, die Deutung auf die verklärte Gemeinde legt sich nicht so schnell nahe, wie es den Anschein hat. Der Rückblick auf das 4. Kapitel soll zeigen, daß das Thema der Erlösung und der Gemeinde hier noch nicht angeschlagen wird.

Oder verkörpern die Ältesten die ganze Menschheit? Aber diese Deutung scheint mehr eine Annahme als eine begründete Auslegung zu sein. Die schlichteste Lösung ist die, sie als eine der Engelgruppen[169] innerhalb der himmlischen Umgebung Gottes zu verstehen[170]. Das wird Punkt für Punkt bestätigt. Sie vermitteln wie der Engel 8, 3—5 die Gebete der Heiligen (5, 8), sie erläutern wie Engel (Anm. 165) Visionen (5, 5; 7, 13—17), sie loben wie andere

[169] Auch Jes 24, 23 heißen Engel aus Gottes Umgebung „Älteste". Ihr Sitzen zeigt eine besondere Würde an. Meist stehen die Engel.

[170] Manche Auslegungen sprechen nach 1 Kö 22, 19; Ps 89, 8; Hio 1, 6; 2, 1; Dan 7, 9 von Gliedern der „himmlischen Ratsversammlung". Doch haben die von Johannes geschauten Ältesten-Engel nirgendwo eine beratende Funktion. In Kapitel 4 ist alles gottesdienstlich geprägt. Auch die Gleichsetzung mit den Richterthronen 20, 4 bietet sich nicht an.

Engelchöre Gott (4, 10–11; 5, 9–10. 14; 7, 11–12; 11, 16–17; 14, 3; 19, 4). In 7, 14 wird einer von ihnen von Johannes mit „mein Herr" angeredet (s. d.). Es verlautet auch nichts, daß sie wie die erlösten Sänger von 7, 14 zu einem bestimmten Zeitpunkt in den himmlischen Gottesdienst eingetreten sind. Nein, sie dienen Gott „von Ewigkeit zu Ewigkeit". Ihre Zahl ist einfach eine heilige Zahl, vielleicht angelehnt an die Zahl der gottesdienstlichen Musiker- und Sängergruppen in 1 Chro 24, deren Vorsteher auch Älteste hießen[171].

5 **Und von dem Thron gingen Blitze und Stimmen und Donner aus.** Häufig dienen die Elemente des Gewittersturms im AT zur Beschreibung einer Gotteserscheinung in ihrer Herrlichkeit und auch in ihrer richterlichen Gewalt[172]. Was bedeuten in diesem Rahmen die „Stimmen"? Das Wort ist im Grie weitaus verwendungsfähiger als im Deutschen. Allein in der Offenbarung können folgende Geräusche „Stimme" genannt werden: Harfenspiel (18, 22), Trompetenstoß (8, 13; 10, 7; 14, 2), Flügelrauschen (9, 9), Wagenrasseln (9, 9), Mühlenklappern (18, 22) und Volksgemurmel (19, 1. 6). Der Rahmen des Gewittersturms und der Vergleich mit 1, 15; 14, 2 und 19, 6 legt an dieser Stelle die Deutung auf das Wasserrauschen nahe.

Die drei erwähnten Elemente wollen nicht auseinandergenommen und jedes für sich gedeutet werden. Wichtig ist vielmehr ihre Dreizahl, die als göttliche Zahl diesem Kapitel eigentümlich ist (Anm. 180). Auch spätere Stellen nennen wieder Elemente des Gewittersturms, dann aber gern ergänzt durch Erdbeben oder Hagel zur Totalitätszahl, bezogen auf die ganze Erde, nämlich zur Vier (8, 5; 16, 18). In diesem Abschnitt treten die irdischen Ereignisse der Endzeit aber noch nicht ins Blickfeld. Die himmlische Liturgie von Ewigkeit zu Ewigkeit bestimmt das Bild.

Und sieben Feuerfackeln brannten vor dem Thron. Schon immer gehörte Feuer zur Umwallung des heiligen Gottes (z. B. wieder Hes 1, 28; 2 Mo 24, 17; vgl. auch hier in Vers 3 den rötlichen Sardion). Zu den verschiedenen Formen, in denen das Feuer erscheint, gehört auch die der Fackel (1 Mo 15, 17; 2 Mo 20, 18; Hes 1, 13; Da 10, 6; Hio 41, 11; Nah 2, 5). Es scheint sich um eine langgezogene, gewundene, schwelende Flamme gehandelt zu haben. Im AT waren diese Fackeln aber nicht zahlenmäßig erfaßbar wie hier. Ferner fehlt hier das unruhige Hin- und Herfahren. Still, in erkennbarer Siebenzahl, brennen sie auf der Stelle, nämlich vor dem Throne Gottes. Sie erinnern fast an die sieben Flammen des goldenen Leuchters, der „vor dem Herrn brennt" (2 Mo 27, 21), ein Bild des die Gemeinde erfül-

[171] Im späteren Judentum. Der atst Text nennt sie „Fürsten".

[172] Dieser Umstand klang schon zu 1, 15 an; vgl. z. B. Hes 1, 13; 2 Mo 19, 16.

lenden Heiligen Geistes. Und diese Deutung folgt hier ausdrücklich: **Das sind die sieben Geister Gottes.** Der Heilige Geist aber ist in der Offenbarung Heilsmacht. Von ihm kommen Gnade und Friede (1, 4; s. auch Exkurs 1e).

Und vor dem Thron (war es) **wie ein gläsernes Meer, gleich Kristall.** 6
Die beiden Ausdrücke „wie" und „gleich", in diesem Kapitel besonders häufig, ziehen auch diese Einzelheit sofort wieder ins Unbestimmte und Symbolische. Darum läßt sich nicht einfach deuten: Johannes sah das „eherne Meer" (1 Kö 7, 23), jenes Tempelgerät, das neben dem Brandopferaltar stand.

Aber warum konnte das metallene Wasserbecken im israelitischen Tempel überhaupt „Meer" genannt werden? Das war erst verständlich, wenn die Redeweise vom Himmelsmeer bedacht wird. 1 Mo 1, 6–7 spricht von zwei voneinander geschiedenen Meeren. Da ist einerseits das irdische Meer, wild, tückisch, schlammig, später ein Bild des dunklen Aufruhrs in der Schöpfung. Sein Gegenbild ist das Himmelsmeer, also all das Wasser, das der Mensch als von oben herabkommend erlebte. Diesen Wasserhimmel sah sein Auge hell und licht, außerdem durch die Gestirne bei Tag und Nacht feurig durchstrahlt. Hier ist auch ein natürlicher Anhaltspunkt für das gläserne Meer „mit Feuer gemengt" in 15, 2. Weil nun jenes Tempelgerät einerseits einen bewunderten Glanz aufwies und andererseits reines Wasser für den gottesdienstlichen Bedarf enthielt, konnte es an das Himmelsmeer erinnern.

Dieser kristallklare, leuchtende Wasserhimmel ist Bild himmlischer Reinheit und gehört in die reine Umgebung Gottes. Er ist sein „Teppich" (Ps 104, 2) oder eine Art Fußboden (2 Mo 24, 10; Hes 1, 22–26). So gewahrte Johannes, wie sich vor dem Throne Gottes eine strahlend reine Fläche dehnte, gleichzeitig ein unbedingte Scheidewand gegen das Finstere von unten. Vielleicht ist auch noch daran zu denken, daß das, was zu Füßen liegt, Herrschaftsbereich ist, und daß das gläserne Mer zum Bild für eine heilige, Gott dienende Völkerwelt wurde (15, 2) und damit Gegenbild zum irdischen Meer, das häufig genug die aufrührerische Völkerwelt verkörperte. Aber diese Dinge werden an späteren Stellen weit deutlicher gesagt.

Und in der Mitte des Thrones und rings um den Thron (waren) **vier Wesen**[173]. Sehr genau nimmt Johannes den Ort dieser Wesen wahr und beschreibt ihn sorgfältig. Äußere Stellung spiegelt Gewicht und Bedeutung wider. Das Stehen in der Mitte des Thrones (s. z. 2, 1)

[173] Die Übersetzung Luthers durch „Tiere" verleitet zur Meinung, es handele sich um dasselbe Wort wie in Kapitel 13, wo Johannes von den beiden gottfeindlichen „Tieren" schreibt. Aber hier steht eine Vokabel, die lediglich Tiere bezeichnen könnte, sofern auch sie Lebewesen sind.

mag einen Stufenthron wie 1 Kö 10, 18–20 voraussetzen. Auf der mittleren Stufe, rings um den Thron herum, also etwas erhöht gegenüber den anderen Gruppen und auch etwas näher am Thronenden, erkennt Johannes den engsten Kreis der Throndiener. Sie tragen sowohl die Züge der Seraphe in Jes 6 (V. 8) als auch die der Cheruben in Hes 1[174]. Wieder aber geht es nicht ohne einen genaueren Vergleich.

Die Vierzahl der Wesen weist gewiß hin auf die große Gerichtsvision in Hes 1. Aber die vier Cheruben dort haben es mit den vier Himmelsrichtungen zu tun, eine Beziehung, die in der Offb abgestreift wird. An die Stelle der Seitenangaben in Hes 1 (vorn = Süd, rechts = Ost, links = West, hinten = Nord) tritt Offb 4, 7–8 die einfache Zählung. Ferner ist in Hes 1 jeder der vier menschengestaltigen Cheruben viergesichtig; sie tragen, um bestimmte Eigenschaften zu vergegenwärtigen, die Gesichter der vier edelsten Vertreter der Schöpfung. Dagegen tragen die vier Wesen in Offb 4 jeweils nur e i n Gesicht[175]. Schließlich fehlt in Offb 4 gegenüber Hes 1 die ausführliche Schilderung der Körper, Hände, Beine, Flügel, Füße, der Fortbewegung, der Schnelligkeit und des Geräusches. An die Stelle eines verwirrend unruhigen Eindruckes ist eine erhabene Vereinfachung getreten.

Vor allem aber nähern sich die vier Wesen durch ihre Funktion unverkennbar den Seraphen von Jes 6. Weder tragen noch bewegen sie wie die Cheruben einen Thronwagen. Sie befinden sich ja auch nicht u n t e r, sondern v o r dem Thron. Und sie sind nicht stumm, sondern halten wie die Seraphe, denen sie auch in der Sechszahl der Flügel gleichen, (anders Hes 1, 6), das Gotteslob aufrecht (V. 8 und 19, 4).

Die Schilderung ihres Aussehens wird durch den Hinweis auf ihre Augenfülle eingerahmt, die ihnen bei ihrer sonstigen Verschieden-
7 heit gemeinsam war: **Voller Augen vorn und hinten. Und das erste**

[174] Die „Wesen" von Hes 1 sind nach Hes 10, 1 u. ö. Cheruben. Das Spätjudentum verstand Seraphe und Cheruben als besonders hochstehende Engelgruppen. Die alten Propheten haben kaum an Engel gedacht. Von den Engeln unterscheiden sie nämlich die Flügel – Engel haben nach der Bibel keine Flügel! – und die Funktion. Sie taten nicht Botendienst, sondern unmittelbaren Throndienst. Sie verherrlichten den Thronenden und vergegenwärtigten seine Macht und Hoheit.

[175] Der Tiervergleich scheint sich jeweils nur auf das Gesicht der Wesen zu beschränken, wenn man aus der Angabe zum dritten Wesen (V. 7) und aus der Gestalt der Wesen in Hes 1, 5 schließen darf. Für den fliegenden Adler will diese Vorstellung wiederum nicht recht passen. So bleibt etwas Schwebendes. Johannes zieht in seinen Beschreibungen so manche Linien nicht aus (vgl. z. B. 5, 8). Nur eine kurze Beziehung blitzt auf, kein sattes Gemälde entsteht vor unseren Augen – und hier keine Tiere mit Pranke, Fell und Schweif. Zur Deutung der einzelnen Gesichter s. u.

Wesen gleich einem Löwen und das zweite Wesen gleich einem Stier, und das dritte Wesen hatte das Angesicht wie von einem Mensch, und das vierte Wesen (war) gleich einem fliegenden Adler. Und die 8a
vier Wesen hatten eins wie das andere je sechs Flügel, ringsherum, und innen voll von Augen. Über diese vielen Augen rätselt nur der moderne Leser. Damals konnten sie unerläutert bleiben. Wenn der antike Mensch unter dem sternenübersäten Nachthimmel stand, von allen Seiten angeblitzt, war der Gedanke an einen allsichtigen und allwissenden Gott nicht fern. Und umgekehrt, wenn die Gottheit vorgestellt wurde, lag die Rede von den vielen Augen nahe. Darum gehören auch diese augenübersäten Wesen eng zum Wesen Gottes. Während Gott selbst in dieser Vision nicht anschaulich wird (s. z. V. 2–3), stellen diese Gestalten seine Majestät vor Augen. Dazu gehören sein erhabenes Wissen und Gegenwärtigsein über allem Geschehen dieser Welt (Augenfülle), aber auch seine überlegenen Kräfte und Wirkungen (Löwen-, Stier-, Menschen- und Adlergesicht).

Merkwürdigerweise werden diese höchsten Thronrepräsentanten nicht nur gern als Repräsentanten der Schöpfung, sondern auch noch ausgerechnet der niederen Schöpfung[176] gedeutet. Einzige Stütze dafür mögen die Tiervergleiche abgeben, in deren Reihe aber doch für das dritte Wesen auch der Mensch auftaucht. Vor allem ist es nicht statthaft, durch diesen *einen* Umstand alle Hinweise des Textes, die auf eine außerordentliche Vorangstellung dieser Wesen hinauslaufen, umzustoßen. Die Tiere sind hier gewiß Sinnbilder *aus* der Schöpfung, aber deswegen doch nicht *für* die Schöpfung, sondern für große göttliche Macht.

Der Vorrang dieser vier Wesen ergibt sich aus ihrer Stellung (V. 6), aus ihrer Augenfülle, aus ihrer Vorbeter-Funktion (V. 9 und 5, 8. 14) und aus ihrer Einschaltung in die wichtigsten Vorgänge der Herrschaftsausübung des Lammes (6, 1–8; 15, 7). Sie sind Engelwesen des innersten Thronbereiches und (abgesehen vom Lamm) das Gottnächste, was Johannes schaut.

176 Langenberg z. B. zieht hier die Verbindung zur seufzenden Kreatur von Rö 8, 22. Die Flügel seien Ausdruck sehnsüchtigen Strebens der Gebundenen nach höherer Freiheit, das Rufen Tag und Nacht in V. 8 sei gequälte Ruhelosigkeit. Aber die Flügel bilden hier als Träger der Augenfülle Hoheit und Herrschaft ab. Zu V. 8 s. u.

Die Huldigung Gottes

Offenbarung 4, 8b–11

Zu Vers 9 f:
Dan 6, 27
4, 31
12, 7

8b **Und sie sprachen unaufhörlich Tag und Nacht: Heilig, heilig,**
heilig ist Gott der Herr, der Allgewaltige, der da war und der da
9 **ist und der da kommt. * Und jedesmal, wenn die Wesen Herr-**
lichkeit und Ehre und Danksagung geben dem, der auf dem Thron
10 **sitzt, dem Lebendigen in die Zeiten der Zeiten, * fallen die vier-**
undzwanzig Ältesten nieder vor dem, der auf dem Thron sitzt,
und huldigen dem Lebendigen in die Zeiten der Zeiten, und wer-
fen ihre Kränze nieder vor dem Thron, indem sie sprechen:
11 *** Würdig bist du, unser Herr und Gott, zu empfangen die Herr-**
lichkeit und die Ehre und die Kraft, denn du hast geschaffen das
All, und durch deinen Willen war es und wurde es erschaffen.

Jetzt folgt die maßgebliche Deutung der göttlichen Lichtfülle, die Johannes geschaut hat. An die in Vers 3 genannten Farben und Materialien sind nicht allerlei Themen menschlicher Dogmatik anzuhängen, vielmehr geht es um ein einziges Thema, und um dieses Thema dreimal und immer wieder: es geht um die Heiligkeit Gottes (s. z. 3, 7).

8b **Und sie sprachen unaufhörlich Tag und Nacht: Heilig, heilig, heilig ist Gott der Herr, der Allgewaltige.** Die hohen Thronengel haben teil an dem göttlichen Wachsein nach Ps 121, 4, das mit menschlicher Schlaflosigkeit nichts gemein hat, sondern Unabhängigkeit vom irdischen Zeitenrhythmus bedeutet. In überirdischer Unermüdlichkeit und ewiger Wachheit verrichten sie ihren Throndienst wie die Seraphe in Jes 6. Der dort gebrauchten Gottesbezeichnung „Herr Zebaoth" entspricht hier „Gott der Herr, der Allgewaltige" (Anm. 54). Aber dann folgt im Unterschied zu Jes 6 nicht eine raumbezogene, sondern eine geschichtsbezogene Bestimmung des Dreimalheiligen: **Der da war und der da ist und der da kommt.** Die drei Elemente dieser Wendung sind gegenüber 1, 4 chronologisch geordnet (s. d.): Gott war heilig, ist heilig und wird heilig sein. Was sich auch in den Zeiten ändert, aber daran ändert sich nichts. Daran zerbricht aber alles, was unheilig ist. In diesem Vorgang um den Thron Gottes enthüllt sich dem Johannes der Grundvorgang der Geschichte: Heiligung des Namens Gottes.

9 Im folgenden Vers wird das dreimal Heilig in eine andere Dreiheit umgesetzt[177]: **Und jedesmal, wenn die Wesen Herrlichkeit und Ehre**

177 Der folgende Satz lautet im Grundtext futurisch: „Und wenn sie geben w e r d e n, . . ." Wird diese Huldigung erst für später angekündigt? Dagegen sagt Vers 8 klar, daß Johannes die Engelwesen jetzt schon preisen hört. Die Lobpreise in Vers 8 und 9 decken

und Danksagung geben dem, der auf dem Thron sitzt, dem Lebendigen in die Zeiten der Zeiten, fallen die vierundzwanzig Ältesten nieder vor dem, der auf dem Thron sitzt, und huldigen dem Lebendigen in die Zeiten der Zeiten und werfen ihre Kränze nieder vor dem Thron. „Herrlichkeit" (doxa) ist der tragende Begriff aller Doxologien (s. z. 1, 6). Gern verbindet sich mit ihm der Begriff der „Ehre" (timae) (2 Pt 1, 17; Hbr 2, 7. 9; 3, 3) und ruft er den Eindruck der Fülle hervor, ohne einen zusätzlichen Inhalt beizufügen. Auch „Danksagung" (eucharistia) ist in diesem Zusammenhang sicher ein allgemeiner Zwillingsbegriff zu „Huldigung" (V. 10)[178]. An Dank für eine bestimmte Gabe ist kaum zu denken, denn welche vorangegangene Wohltat Gottes wäre genannt? Diese Danksagung ist Bestandteil eines alle Zeiten überdauernden Gotteslobes.

Das unaufhörliche Loben Tag und Nacht entspricht dem zeitenüberdauernden Lebendigsein Gottes. Im AT heißt er im Gegensatz zu den Heidengöttern, die den Propheten wie Mumien vorkamen, der Lebendige (bes. Jes 40–43). Ein Lebendiger, der lebendiger ist als alles andere zwischen Himmel und Erde, sitzt auf dem Weltenthron. Da wird wirklich regiert. Gott läßt die Zügel nicht schleifen, und keine Zeit, gestern, heute oder morgen, findet ihn lahm, lau oder verlegen. Er bleibt die treibende Mitte aller Dinge.

Zum Lebendigen paßt keine leblose Huldigung. So gleichbleibend 10
sich die Szene in diesem Kapitel auch darbietet, ihr mangelt es doch nicht an Bewegtheit und Entwicklung. Jedesmal beginnt die Huldigung in der Thronmitte, breitet sich aus über die Thronumgebung und löst Niederfallen und Kranzabwurf aus.

Huldigung[179] ist nach der Offenbarung das große Thema dieser Erde und ihrer Geschichte (Einltg. Nr. 1), das in der Endzeit die Menschenwelt geradezu durchdröhnen wird. Alle Menschen knien – vor dem Lamm oder vor dem Tier. Aber bevor Johannes in diese furchtbaren Zerreißproben eingeführt wird, öffnet sich ihm der Himmel. Dort

sich. Die Heiligkeit Gottes ist nicht von seiner Herrlichkeit und Ehre zu trennen. Darum legt sich in Übereinstimmung mit der grie Grammatik die frequentative Übersetzungsmöglichkeit des Futurs nahe: „Jedesmal, wenn sie geben . . ."

178 Auch die beiden anderen Danksagungsstellen 7, 11–12; 11, 16–17 stehen mit Huldigung zusammen.

179 Die Herkunft des Wortes, das mit „huldigen" oder „anbeten" übersetzt wird, ist noch nicht ganz geklärt. Es drang seit der Perserzeit ins Grie ein und wird von den meisten Forschern mit Küssen in Verbindung gebracht. An dieser wie an vielen Stellen sind dann deutlich drei Akte zu unterscheiden: Kniefall, Fußkuß und anerkennendes Wort. Die Unterwerfung des ganzen Menschen vor einem Herrscher wird anschaulich. So lagen besiegte Feinde oder dienstbereite Untertanen in Ägypten, Kleinasien, Persien und Babylonien vor dem Thron. Nicht immer werden die drei Akte gesondert aufgezählt. Die Nennung des mittleren Aktes kann die beiden anderen einschließen. Dann ist die allgemeine Übersetzung mit „anbeten" berechtigt.

sieht er nicht zwei Throne, vor denen sich die Huldigung teilt, sondern eine ganz eindeutige Lage: ein Thron und eine Anbetung. Dieser Himmel öffnet sich also in die Menschengeschichte hinein. Da weiß Johannes: Es wird wieder Klarheit in das Beten auf Erden kommen.

11 Die vier Thronengel haben die Huldigung im Himmel eröffnet. Nun sprechen die Ältesten-Engel: **Würdig bist du, unser Herr und Gott, zu empfangen die Herrlichkeit und die Ehre und die Kraft.** Eine Kleinigkeit an dieser Doxologie, die im übrigen biblische und zeitgeschichtliche Parallelen hat (Einltg. Nr. 8a), erweckte besondere Aufmerksamkeit. Die Wendung „unser Herr und Gott" ist zwar nicht im AT, wohl aber in der Kaisertitulatur des Domitian genau wörtlich belegt (Dominus ac deus noster). Desgleichen kannte der Kaiserkult den Kranzabwurf vor einem (leeren!) Thronsessel, ferner auch Fackeln (V. 5) und reichlichen Edelsteinschmuck (V. 3). Vielleicht kann die heutige Auslegung gar nicht mehr ganz aufdecken, wie beziehungsvoll dieses scheinbar so weltferne Kapitel in den Ohren der kleinasiatischen Leser klang.

Es bleibt noch zu fragen, ob sich die Doxologie der Ältesten nicht ganz fein von der so zeitlosen Doxologie der vier Wesen abhebt. Sie sprechen, in einer Sprache, die stark an das nächste Kapitel erinnert, von der Würdigkeit Gottes, Herrlichkeit und Macht zu empfangen. Sollte hier nur an eine ewige innerhimmlische Rühmung gedacht sein oder nicht vielmehr an eine jetzt bevorstehende Rückkehr Gottes in die Geschichte, an die Wiederherstellung seiner Ordnungen und an seine künftige Endverherrlichung durch alle Geschöpfe?

Ein solcher Anspruch Gottes wird offenbar durch den folgenden dreifachen[180] Hinweis auf die Schöpfung begründet. **Denn du hast geschaffen das All, und durch deinen Willen war es und wurde es erschaffen.** Ihm gehört darum das Ende, weil er den Anfang gesetzt hat. Er hat darum das letzte Wort, weil er das erste Wort gesprochen hat. So besitzt er gegenüber einem Domitian, der gerade dabei war, Herrlichkeit und Ehre an sich zu bringen, ein unendliches Vorrecht und einen unendlichen Vorsprung. Aber wie verwirklicht er seinen Anspruch?

Das vierte Kapitel enthält keine Aussagen über Christus, über die Erlösung oder über die Gemeinde. Es reicht nicht in den zweiten Glaubensartikel hinein. Nur im letzten Vers mag sich ein schmaler Spalt nach vorn öffnen. Dem christlichen Leser, der gerade die Gemeindebotschaften durchschritten hat, dünkt das ein wenig ärmlich,

[180] Die Dreizahl als Zahl Gottes durchzieht das ganze Kapitel: drei Edelsteine V. 3, drei Elemente aus dem Gewittersturm V. 5, dreimal heilig und drei Zeiten V. 8, dreifache Ehrung V. 9 und 11, dreifache Bestimmung der Schöpfung V. 11.

und er ist versucht, was er an evangelischen Inhalten vermißt, hineinzulegen. Man möchte noch innerhalb dieses Kapitels die Fragen beantwortet sehen, die die von Finsternis bedeckte Erde aufgibt. Das ist begreiflich, aber sorgfältige Auslegung kann über den Text nicht hinausgehen. Der Text zeigt durch nichts, wie die Störungen durch Sünde, Tod und Teufel behoben werden, wie wieder eine helle Welt Gottes werden soll. Noch zu Beginn des folgenden Kapitels weint Johannes untröstlich (5, 4).

Es ist wichtig, den Einleitungscharakter dieses vierten Kapitels zu erkennen, ohne sich um die aus dem Mittelalter stammende Kapitelabtrennung zu kümmern. Die elf Verse bilden den Vorspann für die folgenden vierzehn Verse und bereiten die Szene für deren Handlung. Sie enthalten kaum echte Tätigkeitswörter. So lebhaft das Bild ist, es ist ein stehendes Bild. Auch die Verse 9–10 bedeuten keinen wirklichen Handlungsfortschritt: Eine sich immer wiederholende Liturgie durchzieht die Ewigkeiten.

So wartet Kapitel 4 auf Ergänzung. Erst zusammen mit Kapitel 5 entsteht die Einheit mit der ntst Botschaft. Das NT verkündet nämlich nicht Gott an sich, sondern Gott in Christus, oder in der Sprache dieses Buches: Gott und das Lamm.

Die versiegelte Buchrolle

Offenbarung 5, 1–5

1 Und ich sah auf der Rechten dessen, der auf dem Throne saß, eine
Buchrolle, beschrieben innen und hinten, versiegelt mit sieben
2 Siegeln. * Und ich sah einen starken Engel, der mit großer Stimme
(öffentlich) ausrief: Wer ist würdig, zu öffnen die Buchrolle und
3 zu lösen ihre Siegel? * Und niemand im Himmel noch auf der Erde
noch unter der Erde vermochte die Buchrolle zu öffnen und hinein-
4 zusehen. * Und ich weinte sehr, daß niemand würdig befunden
5 wurde, die Buchrolle zu öffnen noch hineinzusehen. * Und einer
von den Ältesten spricht zu mir: Weine nicht! Siehe, gesiegt hat der
Löwe aus dem Stamme Juda, der Sprößling Davids, aufzutun die
Buchrolle und seine sieben Siegel.

Zu Vers 1:
Jes 6, 1
Hes 2, 9 f
Jes 29, 11

Zu Vers 5:
1 Mo 49, 9 f
Jes 11, 1. 10

Das Stichwort „Thron" im vorigen Kapitel wird jetzt durch ein 1
neues abgelöst. Dieser neue Abschnitt spricht Vers für Vers von der Buchrolle[181]. Im engen Anschluß an 4, 11 fährt Johannes fort: **Und ich sah auf der Rechten dessen, der auf dem Thron saß, eine Buchrolle.**

[181] Man wird an den Aufbau von Hes 1 (Thron) und 2 (Buch) erinnert.

Immer noch nicht wird die Gestalt des Thronenden selbst geschaut, aber seine vorgestreckte rechte Hand gerät wie durch eine Großaufnahme in den Mittelpunkt des Interesses.

Nach einer jüdischen Anschauung hält Gott seit der Zerstörung Jerusalems die rechte Hand untätig hinter dem Rücken. An dieses Bild erinnert auch Ps 74, 11: „Warum ziehst du deine Hand zurück! Nimm deine Rechte aus dem Gewand und mach ein Ende." Hier streckt er sie hervor. Gott will tätig werden. Großes steht bevor, Hoffnungen werden wach, Vollendungszeit beginnt. Die Rechte ist die Tathand (1, 16; 2, 1). „Die Rechte des Herrn schafft Sieg" (Ps 118, 15), sie erhöhte Christus (Apg 2, 33).

Auf der geöffneten Hand liegt, gewollt sichtbar, eine Buchrolle. Die Gebärde des Weitergebens ist so deutlich wie in Hes 2, 8–9: „Iß, was ich dir geben werde! Und ich sah, siehe, da war eine Hand gegen mich ausgereckt, die hatte einen zusammengelegten Brief." Es soll etwas von Gott her geschehen. Dazu möchte Gott jemand bevollmächtigen, der es vollstreckt. Aber sucht er auch hier nur einen Propheten?

Die Buchrolle war **beschrieben innen und hinten, versiegelt mit sieben Siegeln.** Sie besitzt in der Offenbarung keine Parallele[182]. Was das AT anbetrifft, ergeben sich formale Übereinstimmungen mit Hes 2, 8–10: die Rollenform, die beidseitige Beschriftung, die die Inhaltsfülle anzeigt, und auch die Gerichtsbeziehung („Darin stand geschrieben Klage, Ach und Weh", vgl. Offb 6). Dagegen fehlen bei Hesekiel die Siegel, die zu öffnen jemand die Kraft haben muß. Es geht bei ihm ja nicht um Können, sondern um Wissen, um Kenntnisempfang durch Verschlingen des Büchleins, also um Prophetenberufung.

Die siebenfache Versiegelung ist bei römischen Rechtsurkunden üblich gewesen. Ein Testator setzte etwa ein Testament auf und untersiegelt es gemeinsam mit sechs Zeugen. Alle sieben v e r siegelten dann die zusammengerollte Urkunde von außen. Jetzt bedurfte sie einer gerichtlichen Öffnung. Die beidseitige Beschriftung erklärt sich am besten durch die antike Gepflogenheit der Doppelurkunde. Der Innentext enthielt den rechtsgültigen Text. Dieser wurde versiegelt, gegebenenfalls siebenfach. Auf die Außenseite kam, notgedrungen in verkürzter Form, der gleiche Inhalt, der also ohne Entsiegelung für jedermann lesbar war. Durch die gerichtliche Entsiegelung und Öffnung erfuhr man nicht etwas Neues, aber das Verfügte trat in Kraft. Auf dieser Linie liegt auch die Öffnung der Buchrolle in Kapitel 5.

[182] Sie deckt sich weder mit dem Offenbarungsbuch (22, 18) noch mit dem Buch des Lebens (3, 5; 13, 8; 17, 8; 20, 12. 15; 21, 27) noch mit den Gerichtsbüchern (20, 12), die erst am Ende geöffnet werden, noch mit dem Prophetenbuch von 10, 2. 8–11.

Nichts verlautet von einem gespannten Lesen in der Rolle, nichts deutet auf Kenntnisnahme, aber alles auf rechtliche In-Kraft-Setzung.

So führen die äußern Angaben zur Annahme einer Rechtsurkunde, die vom Thron Gottes her verliehen werden soll. Doch welchen Inhalts mag sie sein?

Das AT gewährt 2 Kö 11, 12 einen wertvollen Einblick in antike Krönungsfeierlichkeiten. Der Priester überreichte dem König im Namen Gottes ein Schriftstück. Mit dieser Geste unterstrich er die Stellung des Königs als Statthalter Gottes. Der Brauch war in verschiedenen Abwandlungen verbreitet. Überreichung von königlichen Bestallungsurkunden war Höhepunkt auch bei römischen Thronbesteigungen. Sie enthielten etwa den neuen Thronnamen, göttliche Beauftragung und Zusage langer Regierungsdauer. Im Brechen ihrer Siegel geschah der eigentliche Machtantritt. Ein Herold rief den Inhalt aus, die Beamten stürzten huldigend auf die Knie, die Hochrufe der Massen draußen vor dem Tempel oder Palast brandeten auf. Kein Wunder, daß Kaiser sich gern in dieser Pose darstellen ließen – die Buchrolle in der Hand.

In Offb 5, 1 steht ebenfalls die Überreichung einer Bestallungsurkunde bevor. Aber derjenige, der die Rolle empfängt, wird Herr des Endes sein. Er baut die letzte Stadt und ist der letzte König. Wenn er die sieben Siegel bricht, rollen die Endereignisse an. Wer ist dieser König?

Schon tritt der Herold auf, der im Altertum buchstäblich ein „Laut-
sprecher" sein mußte (zum „starken" Engel s. zu 10, 1). **Und ich sah** 2
einen starken Engel, der mit großer Stimme (öffentlich) **ausrief: Wer**
ist würdig, zu öffnen die Buchrolle und zu lösen ihre Siegel? Gott
läßt so manches Mal einen Aufruf ergehen, bevor er jemand beauf-
tragt (Jes 6, 8; 1 Kö 22, 19–22). Hier schallt der Ruf durch alle Räu-
me, im Himmel und auf Erden und in der Unterwelt. Alle Welt mag
teilnehmen an der Suche, wer denn würdig sei. Bitte, Bewerber mögen
vortreten und sich prüfen lassen! Damals hatte sich gerade Domitian
so dreist angemaßt, die Menschheit zu beglücken. Aber wer ist Domi-
tian? Ist er heilig, gerecht, weise und rein genug? Oder wer sonst?
Die Menschheit soll einmal der Personenfrage standhalten. Zur Sach-
frage vernimmt man von so mancher Seite Brauchbares. Was das
Gute wäre, sagte jeder. Aber wo ist d e r Gute? Immer wieder schei
tern Weltverbesserungspläne an der Personenfrage.

Die Wer-Frage ist also ergangen. In fast quälender Ausführlichkeit
heißt es, daß von überall her die Fehlanzeigen eintreffen. **Und nie-** 3
mand im Himmel noch auf der Erde noch unter der Erde vermochte
die Buchrolle zu öffnen und hineinzusehen. Dreimal: niemand! Nie-
mand im Himmel: Selbst Engel sind der Aufgabe nicht gewachsen.

Niemand in der Unterwelt: Kein Dämon und kein großer Verstorbener könnte helfen. Niemand auf der Erde: Die Gemeinde weiß, daß die Machthaber dieser Welt im Entscheidenden machtlos sind. Darum betet sie für sie, betet sie aber nicht an.

So mancher will wohl, aber niemand kann die Siegel lösen. Die römischen Kaiser gaben ihre Versprechungen. Aber Johannes und die christliche Gemeinde ließen sich nicht blenden. Mit unbestechlichem, am Wort Gottes geschulten und durch den Heiligen Geist gelehrten Blick schauten sie auf die von Beifallsstürmen umbrandeten Gestalten und wagten zu sagen: Nicht würdig[182a]!

Die Rundfrage: Wer ist würdig? könnte an dieser Stelle fast rhetorisch erscheinen. Obwohl es niemand gibt, wird noch gefragt. Soll auf dem trostlosen Hintergrund der Weltverlegenheit die eigene Lösung um so strahlender hervortreten? Jedenfalls ist es hier nicht eitler Sinn, der so handelt. Aber des Menschen Eitelkeit soll abgebaut werden. Darum diese unerbittliche Herausforderung. Der Mensch soll zu sich kommen und soll zu Gott kommen.

4 „Niemand ist würdig!" könnte eine unchristliche Feststellung sein. Schadenfroh und mit Genugtuung ließe sich auf die Verlegenheiten hinweisen. Aber hier spricht ein ganz und gar anderer Geist. **Und ich weinte sehr, daß niemand würdig befunden wurde, die Buchrolle zu öffnen noch hineinzusehen.** In die furchtbare Antwortlosigkeit hinein ertönt das laute Schluchzen des Menschen Johannes, der für alle Menschen weint. Ihm wird bewußt, daß ein Bann auf der Geschichte liegt. Wie wenig Veränderung bei so viel Anstrengung, Dampf und Hitze, bei so viel Blut und Schmerz und Tränen. Welch sinnloser Kreislauf von Kampf und Ergebung, Sieg und Niederlage, Sammeln und Verlieren, Umarmen und Schlagen, Leben und Sterben. Bei so viel Geschehen geschieht doch nichts, sondern fängt immer nur das Alte von neuem an, weil von Gott her nichts erwartet wird. Soll das immer so weitergehen? Sollte die Geschichte in einem ewigen Wirrwarr von Phrasen und Enttäuschungen oder von Beten und Fluchen bestehen? In diesem Schweigen angesichts der Sinnfrage weint Johannes sehr. Die Welt droht vor seinen Augen gottlos, kopflos und sinnlos zu werden.

Christen leiden unsagbar unter der Weltnot und unter den Weltnöten. Ihr Gott beschränkt sich nicht auf Innerlichkeit, auf Herz und

[182a] Eine jüdische Stimme aus der Zeit Kaiser Hadrians (117–138) enthält die gleiche Sicht: „Wenn ein König von Fleisch und Blut seinen Einzug hält in eine Stadt, so rühmen alle vor ihm her: Stark ist er. Aber er ist schwach. Reich ist er. Aber er ist arm. Weise ist er. Aber er ist ein Narr. Barmherzig ist er. Aber er ist grausam. Gerecht und treu ist er. Aber nichts ist an ihm von allen diesen Heldentugenden, sondern alle schmeicheln ihm" (nach E. Stauffer, Jerusalem und Rom, Bern 1957, S. 39).

Gewissen. Er verzichtet nicht auf die Schöpfung, auf die Völker und auf gerechte Verhältnisse. Er blickt nicht sternenkalt auf Hunger, Leid und Sterben herab und läßt die Schicksale der Menschen nicht gleichmütig durch die Finger rieseln. Aber Christen geben sich auch nicht trügerischen Hoffnungen hin. Das Heil kommt nur vom Heiland Gottes.

Einer der Ältesten (s. zu 4, 4) hat die Aufgabe, die Tränen des 5
Johannes durch Vermittlung einer Audition (5) und einer Vision (6) zu stillen. **Und einer von den Ältesten sprach zu mir: Weine nicht! Siehe, er hat gesiegt.** Gott selbst antwortet für eine schweigende Welt und wird der Menschheit den Würdigen stellen und zeigen. Der Angekündigte kommt von einem großen Siege her. Wie könnte Gott auch für seine große Sache einen gebrauchen, der schon als Geschlagener antritt. Domitian trat z. B. wie jeder sündige Mensch schon als Geschlagener an. Denn wer Sünde tut, ist der Sünde Knecht. Ein in Banden Geschlagener kann Gottes Siege nicht führen und auch Johannes nicht trösten. Johannes erfährt den Doppelnamen des Siegers. Zunächst: **Der Löwe aus dem Stamm Juda.** Dieser auf Grund von 1 Mo 49, 8–10 gebildete Ausdruck wurde vom Judentum auf den Messias bezogen und ist dann zum bloßen Titel erstarrt. Damit sind symbolische Auswertungen etwa der Löwenpranke oder -stimme nicht am Platze. In der folgenden Vision des Löwen wird nichts davon anschaulich. Ganz eng und unverbunden tritt neben diesen Namen aus dem Gesetz ein zweiter messianischer Name aus den Propheten (Jes 4, 2; 11, 10; Jerem 33, 5; 23, 5; Sach 3, 8; 6, 12), **der Sprößling Davids.** So ist der Sieger der Erfüller der gesamten atst Offenbarungsgeschichte. Auch für Johannes, der den Abfall der Juden so schonungslos ausspricht (2, 9; 3, 9), bleibt es bei dem Satz: „Das Heil kommt von den Juden" (Jo 4, 22). Er klagt die Juden gerade deswegen so heftig an, *weil* er ihre Berufung so ernst nimmt.

Also das Heil kommt von den Juden. Nicht die Juden waren oder sind das Heil, aber Jesus war Jude. Darum sind die Geschichten um Jesus und damit auch die Geschichte dieses Volkes die Zukunftsgeschichte der Menschheit. Diese Volksgeschichte ist innerhalb der Völkergeschichte das verheißungsvolle Kerngeschehen, in das es für alle, die Rettung erfahren wollen, gilt einzusteigen. Dieses Geschehen verengte sich immer mehr zur Jesusgeschichte und gipfelte schließlich in der Passionswoche, in seinem Heilstod. An dieser Stelle aber schlägt der Vorgang der Verengung in einen Vorgang der Ausweitung um und wird weltumfassend. Jesus starb bis hin zu allen Menschen und Völkern (V. 9). Er starb für die „vielen". Auf Grund seines Todes wurde der Judalöwe und Davidssproß der Herr der Welt. Die folgende Vision füllt die atst Messiasnamen vom Evangelium her.

Die Ermächtigung des Lammes

Offenbarung 5, 6–7

Zu Vers 6:
Jes 53, 7
Sach 4, 10
Zu Vers 7:
Jes 6, 1

6 **Und ich sah in der Mitte des Thrones und der vier Wesen und in
der Mitte der Ältesten ein Lamm stehen, wie geschlachtet, das hatte
sieben Hörner und sieben Augen; das sind die sieben Geister Got-**
7 **tes, die ausgesandt sind über die ganze Erde. * Und es kam und hat
empfangen aus der Rechten des, der auf dem Thron sitzt** (das
Buch).

6 Bevor Johannes den Geschauten erwähnt, beschreibt er wieder sorgfältig dessen Standort. Das war auch in früheren Abschnitten seine Art (1, 13; 4, 2. 4). Diesmal streicht er die Mittelpunktstellung so stark wie nur möglich heraus (s. zu 1, 13; 2, 1): **Und ich sah in der Mitte des Thrones und der vier Wesen und in der Mitte der Ältesten ein Lamm stehen.** Hiermit ist der charakteristische Christustitel der Offenbarung „Lamm" zum ersten Mal von 28 Malen aufgeklungen[183]. Er hängt mit dem Wesentlichsten dieser Schrift eng zusammen: Durch das Lamm soll alles neu und einmal alles gut werden.

Es war sprachlich zwar berechtigt, aber sachlich nicht gut, daß einige Ausleger die Koseform, in der der Begriff im Grie begegnet, nachahmten und „Lämmlein" übersetzten. Bengel findet darin das „liebliche Bild eines kleinen, zarten Lammes". Aber die Häufigkeit des Ausdrucks in den verschiedensten Zusammenhängen, und auch gerade der Zusammenhang hier, machen es unwahrscheinlich, daß solche Empfindungen geweckt werden sollen. Verkleinerungsformen können dem Bewußtsein des Sprechenden und Hörenden[184] völlig entschwinden. Andere gehen den umgekehrten Weg und übersetzen das Wort verstärkend mit „Widder". Damit tritt ein junges, kampfesfreudiges Tier vor die Augen des Lesers. Die Erwähnung der Hörner und des Sieges oder des Zornes in 6, 16 scheinen für diese Möglichkeit zu sprechen. Doch das verbietet sich für das gesamte judengriechische Schrifttum; nirgendwo paßt dort „Widder". Wohl kaum liegt hier eine Ausnahme vor.

[183] Es fällt freilich auf, daß Johannes für „Lamm" eine Vokabel wählt, die sonst dem NT fremd ist: *arnion* statt sonst *amnos*. In Jo 1, 29. 36; Apg 8, 32; 1 Pt 1, 19; 1 Ko 5, 7 finden sich andere Wörter (übrigens auch in der grie Version von Jes 53, 7). Nur noch Jo 21, 15 führt nach einer bestimmten Lesart die gleiche Vokabel wie die Offenbarung. Ferner hält die Offenbarung jede Näherbestimmung (wie z. B. Jo 1, 29) fern. Trotzdem wußte Johannes sich von jedem Hörer in den kleinasiatischen Gemeinden verstanden.

[184] Z. B. verwendet der Verfasser für „Buch" (V. 1–5) und „Tier" (Kap. 13) ebenfalls Verkleinerungsformen, ohne daß jemand auf den Gedanken käme, „Büchlein" oder „Tierlein" zu übersetzen.

Weder ist hier ein Bild üppiger, angriffiger Kraft noch zarter Lieblichkeit zu beschwören. Es ist vielmehr auf den Fingerzeig zu achten, den der Text gibt: **wie geschlachtet.** Von der Tatsache seiner Opferung, von seinen Schlachtspuren her will dieses Lamm gedeutet sein. Die mächtige, leuchtende Narbe, die der Schächtschnitt zurückließ und die mit der Vergießung seines Blutes zusammenhängt, soll uns an diesem Lamm beschäftigen.

Somit kehrt Johannes zu 1, 5–6 zurück, wo er grundlegend begann: Jesus Christus unser Passahlamm[185].

Die nächsten Verse bestärken in dieser Auffassung. Nach Vers 9 ist die Entstehung der Heilsgemeinde, ganz wie im zweiten Mosebuch, eine Frucht des Lammesopfers. Im Loskauf klingt die Erlösung an. Das „neue" Lied erinnert an 2 Mo 15, und Vers 10 knüpft schließlich, wie 1, 5–6, deutlich an 2 Mo 19, 6 an[186].

Das Lamm hatte **sieben Hörner.** Hörner sind Zeichen der Macht (4 Mo 23, 22; 5 Mo 33, 17; Ps 75, 5), und sieben Hörner[187] zeigen Allmacht an. Diese Merkmale verdeutlichen, daß Jesus hier als der Auferstandene erscheint. Das Lamm liegt nicht getötet da, sondern „steht", und es steht „in der Mitte". Das ist nicht mehr der ausgestoßene Christus, „draußen vor dem Lager". Im nächsten Vers schreitet es auf den Thron zu, aber nicht mehr zum Altar; es nimmt die Buchrolle, läßt aber nicht mehr sein Leben. Der Lammestitel meint also durchgehend und betont den Gekreuzigten als den Auferstandenen, der da spricht: „Mir ist gegeben alle Macht im Himmel und auf Erden."

Neben der Macht besitzt das Lamm auch die Herrschereigenschaft der Weisheit; denn es hat **sieben Augen.** Bezeichnenderweise überträgt Johannes hier wieder ein Merkmal Gottes (vgl. schon 4, 8; Sach 4, 10; 2 Chr 16, 9; Spr 15, 3) auf Christus. Diese göttliche Wachsamkeit und Fürsorge (1 Kö 8, 29; 5 Mo 11, 12; Ps 33, 18; 34, 16) sind mehr nach innen, während die Hörner gegen die Feinde nach außen gerichtet sind. Die Beziehung der Augen auf die Gemeinden wird ganz deutlich, wenn die sieben Augen mit den sieben Geistern von 1, 4; 3, 1 gleichgestellt werden: **das sind die sieben Geister Gottes, die ausgesandt sind über die ganze Erde.** Sie meinen den Heiligen

[185] Diese Gedanken sind urchristliches Glaubensgut (1 Ko 5, 7; 1 Pt 1, 18–19), aber Johannes hat sie tief und weit ausgezogen.

[186] Im Unterschied zu Jo 1, 29. 36 („Lamm Gottes") empfiehlt es sich für diese Stelle nicht, eine Verbindung mit Jes 53, 7 zu suchen, vgl. Anm. 183. In Jes 53 ist das Lamm tatsächlich ein Bild stillen Duldens. Es geht dort um die Lammeseigenschaften, nicht um das Lammesblut.

[187] Im Zweistromland war die Hörner*krone* bekannt. So mag hier der Eindruck des Königlichen entstehen.

Geist in seiner Weisheitsfülle, der die Zeugen bis an das Ende der Erde begleitet (Apg 1, 8). Damit erinnern sie an das Wort aus dem Schluß des Matthäusevangeliums, das der Auferstandene seiner in die Welt gesandten Jüngergemeinde gesagt hat: „Siehe, ich bin bei euch alle Tage."

Exkurs 2: DER SIEG DES LAMMES

a) An dieser Stelle ist ein besonderer Rückblick auf das Christuszeugnis in den Versen 5 und 6 am Platze. Der Doppelname Judalöwe und Davidssproß und die Doppelausrüstung mit Machtfülle (Hörner) und Weisheitsfülle (Augen) stechen daran nicht sonderlich hervor, sondern bestätigen nur das überlieferte Messiasbild. Anders steht es mit dem Hinweis auf das Opfer dieses sieghaften Messias. Daß er das, was er ist, durch sein Sterben für die Menschen ist, befremdet alle Erwartungen. Im Altertum wurden Gottheiten häufig in Tiergestalten verehrt, aber regelmäßig in Kampf- und Raubtieren, zum Beispiel im Löwen, im Stier oder in der Schlange. Aber eine Botschaft vom göttlichen Sieger in der Gestalt eines Opfertieres war ganz ungewöhnlich und wäre sinnlos erschienen.

b) Und doch hat gerade diese Botschaft ihre Logik. Diesmal kam nämlich ein Heiland, der nicht, wie so viele Helfer vor ihm, letzten Endes doch wieder dem Gesetz seiner Gegner unterlag; der nicht Blut vergoß wie sie, nicht Gewalt übte wie sie und nicht Härten schuf wie sie. Er verwirklichte vielmehr bis zur Vergießung seines eigenen Blutes das Gesetz Gottes. Er liebte auf dieser Erde die Menschen, wie Gott es wollte, und starb, ohne daß diese Liebe starb. Daß sie an keinem Punkt abbrach, das war sein Sieg. Damit durchbrach er die Grundstruktur der Welt und sprengte er den Kreislauf der Sünde. Das Lammesgesetz zerbrach das Wolfsgesetz und errichtete die Liebe Gottes als Geschichtsmacht. So gesehen ist Karfreitag das Sinnvollste, was jemals geschah. Gottes Name, Gottes Reich und Gottes Wille kamen voll zum Zuge.

Ein Bild mag von ferne ahnen lassen, was der Tod des Lammes für die Geschichte dieser Erde bedeutet: Ein modriger Teich, der keinen Abfluß hat, bekommt an irgendeiner kleinen Stelle einen Durchbruch. Sofort strömt es im ganzen Teich. Kein Liter Wasser, der jetzt ohne Gefälle bliebe, an dem es nicht von dieser einen Öffnung her saugte und zöge. So bringt das Lamm durch sein Sterben in Liebe ein neues Strömen in die Geschichte, dem sich das Nächste und Fernste nicht entziehen kann.

c) Die Deutung des Todes Jesu als „Liebe bis ans Ende" ist durch Jo 13, 1 gedeckt. Auch Offb 1, 5 findet das Wort „Liebe" tauglich, als Rahmen zu dienen, in den alles, was Jesus Christus getan hat und noch tut, eingezeichnet werden kann. Aber was gehört dazu? Auf eine allgemeine Deutung des Todes Jesu als Liebestat einigt man sich schnell in fast allen Lagern, ohne daß damit aber die Stimmen wirklich zusammenklängen und vor allem die Stimme des NT schon verstanden und anerkannt wäre. Darum soll hier noch einmal in allgemeinererWeise nachgefaßt werden: Jesu Sterben war Ausdruck seiner Liebe, aber nicht einfach im Sinne einer ethischen Leistung und der Vollendung seiner Persönlichkeit. Es genügt nicht, von diesem Sterben zu sagen, hier sei endlich einmal einer herrlich konsequent im Guten gewesen, womit das Gute in allen Menschen, die davon hören, einen mächtigen Auftrieb empfange. Wenn das Wort vom Kreuz uns nichts brächte als den Ansporn zum beständigen, unbeirrbaren Gutsein, bliebe das Böse noch voll in Kraft. Auf diese Weise wäre der Tod Christi entleert, auch der Liebe entleert!

Zur Fülle seines Kreuzes gehört, daß an ihm wie in einem entsetzlichen Geschwür das Wesen der ganzen Welt aufgebrochen ist. Denn welche Welt muß das sein, in der der Christus gekreuzigt wird? Wer dieser Frage standhält, empfängt eine unwidersprechliche Antwort: Unsere Welt ist eine in alle Ewigkeit verdammte Welt. Das Kreuz Christi wurde in der Hand Gottes zum Mittel, sie öffentlich zu überführen, zu richten und zu durchkreuzen. Gebeugt unter dieses Geschehen, schreibt Paulus Gal 6, 14: „Mir ist die Welt gekreuzigt", gekreuzigt ist sie ihm einschließlich all der tapferen Menschen, die sich für Gerechtigkeit, Freiheit, Frieden und Wahrheit aufopfern; einschließlich auch derjenigen, denen er persönlich so viel Gutes und Liebes verdankte. Die Welt hängt wie ein einziger Leib mit allen seinen Gliedern an diesem Kreuz. Darum ist für Paulus auch das Fleisch mit seinen Lüsten und Begierden gekreuzigt (Gal 5, 24). Nie wieder will er sich in sie vernarren und an sie verlieren, nimmermehr ihre Verdammung durch Gott in Jesus Christus durchbrechen.

Aber so gewiß dieses vernichtende Urteil die Welt im Kreuz Christi betrifft, so wenig traf sie die Urteils v o l l s t r e c k u n g, denn um das Kreuz herum geht ja alles weiter, atmen und leben die Menschen weiter, scheint auch die Sonne weiter. Ringsherum eine große Verschonung, während dieser Eine blutverkrustet, striemenbedeckt, verkrümmt und erstarrt als das von Gott bereitgestellte Passahlamm in der Mitte hängt. Dieses Sterben als ein verfluchtes Etwas – wer erkennt es? Gott ist nicht der Feind seiner Feinde! Dies vergleichslose und unwiederholbare Gotteshandeln soll nun ein schwaches Wort aus der menschlichen Begriffswelt fassen: das Wort „Liebe". Da heißt es freilich, sich in einer unendlichen Bewegung des Denkens und Gewissens zu prüfen, ob man die Botschaft nicht bewußt oder unbewußt verharmlost. Wir haben so über den Sieg des Lammes zu sprechen, daß in keiner Weise menschliches Wesen beschönigt und beflügelt wird. Wer sich im ethischen Aufruf erschöpft, spricht nicht in Seinem Namen. Sein Sieg ist unser Gericht. Aber in dem Augenblick, in dem unsere Gottlosigkeit aufgedeckt ist, umfängt uns Passah, Verschonung, und wir haben Anteil am Gottesverhältnis des heiligen Sohnes. Er vergoß sein Blut, damit sein Gott unser Gott werde (Jo 20, 17).

d) Vom Lamm wird gesagt, daß es schon in der Mitte stand, als der Herold noch rief, als die Fehlanzeigen kamen und Johannes noch weinte. Warum hatte es sich nicht sofort gemeldet: Hier, ich bin würdig!? Das hätte seinem Wesen widersprochen. Das Lamm spricht nicht zu Gott: Ich, ich, ich! sondern: Nicht ich und mein Ansehen, sondern dein Name; nicht ich und meine Wünsche, sondern dein Wille; nicht ich und mein Einfluß, sondern dein Reich! Und weil es sich so verhält, ist es würdig vor Gott. Darum stellt der Thronende das Lamm nun seinerseits vor Johannes und vor aller Welt ins Licht: Siehe, das Lamm! Er nimmt die Verherrlichung durch diesen Jesus an: Ja, mein Name, mein Reich und mein Wille, aber – durch dich! Du bist würdig, mein starker Arm zu sein.

e) Es gilt festzuhalten, daß die Offenbarung den Sieg des Lammes eindeutig auf Karfreitag bezieht und nicht etwa auf das Kommen des Herrn am Ende. Er hat durch seinen Tod gesiegt: ohne Waffen und ohne das Blut anderer zu vergießen. Mit seinem eigenen Blut baut er sein Reich. Niemals spricht die Offenbarung von einem weiteren Kampf Christi und von einem anderen zweiten Sieg Christi (Anm. 79). Sein Sieg ist der nämliche, den die Welt bereits im Rücken hat. Er ist so vollkommen, daß er in Ewigkeit bleibt. Nie wird die Welt wieder hinter ihn zurück können. Immer mehr bekommt sie es mit dem Sieg des Lammes auf dem Thron zu tun, bis sie völlig überwunden ist.

f) Wer ist also nach der Überzeugung der Offenbarung der Herr der Endgeschichte? Es ist ein Herr, der die Menschen beispiellos liebt. Es sind seine durchbohrten Hände, die nach der Buchrolle greifen. Er herrscht also ganz anders als sonstige Machthaber (Mt 20, 25–28). Im Bilde gesprochen: Er herrscht vom Kreuz herab, im Dienen. Seine Menschenfreundlichkeit ist die erste und letzte Wirklichkeit all des Geschehens, das sich so erschütternd in den folgenden Kapiteln entrollt. Wer jene Kapitel liest, ohne zuvor bei 1, 5–6 oder 5, 5–6 innezuhalten und in dieses Zeugnis einzudringen, bestraft sich selbst. Er wird das Gelesene nicht im Sinne Christi verkraften, und er wird die kommenden Ereignisse nicht im Sinne Christi verstehen. Nach der

Prophetie wird in der Endzeit zwar viel von Christus gesprochen werden. Dem ist aber nur zu folgen, wenn es um Christus geht, „und zwar um den Gekreuzigten", wie Paulus hervorhebt, oder nach Johannes: um „das Lamm". Eine Christusschwärmerei, die das Kreuz vergißt, bedient sich gern der Rede von der Auferstehung. Gewiß, Christus hängt heute nicht mehr am Kreuz, und wir suchen ihn nicht bei den Toten. Aber nach dem urchristlichen Zeugnis hat die Auferstehung nicht etwa die Kreuzigung rückgängig gemacht, sondern gerade veröffentlicht, verewigt und verherrlicht, Jesus ist nicht nur **für uns** gestorben, sondern auch auferstanden! Darum spielt zu Ostern das Zeigen der Nägelmale und in der Offenbarung das Sichtbarsein der Schlachtwunde eine solche Rolle. Sein Auferstehen bedeutet: die gekreuzigte Liebe lebt wieder, und sie ist es, der nun alle Macht im Himmel und auf Erden verliehen ist. –

Mit Vers 7 setzt die entscheidende Handlung ein: **Und es kam und** 7
hat empfangen aus der Rechten des, der auf dem Thron sitzt (das Buch). Ein erregter Stil beschreibt einmaliges Geschehen. Der Gegenstand des Empfangens, das Buch, wird fortgelassen und soll als selbstverständlich ergänzt werden. Auch überspringt Johannes zunächst den Vorgang des Empfangens selbst (erst V. 8 wird er nachgeholt) und ruft sofort den sich daraus ergebenden Sachverhalt aus: Es hat empfangen! Groß war die Spannung: Vermag das Lamm, was niemand vermochte (V. 3)? Mächtig bricht nun der Jubel durch: Das Buch ist sicher in seiner Hand. Er hat's, er hat's! Und mit dem Buch ist das Ende und die ganze Welt in seiner Hand.

Die Huldigung des Lammes

Offenbarung 5, 8–14

8 **Und als es das Buch empfing, fielen die vier Wesen und die vier-**
undzwanzig Ältesten nieder vor dem Lamm. Sie (die Ältesten)
hatten ein jeder eine Harfe und goldene Schalen, gefüllt mit
9 **Räucherwerk, welche sind die Gebete der Heiligen. * Und sie**
singen ein neues Lied und sprechen: Würdig bist du, die Buchrolle
zu empfangen und seine Siegel zu öffnen, denn du bist geschlach-
tet worden und hast erkauft für Gott durch dein Blut (eine Ge-
meinde) aus allen Stämmen und Sprachen und Völkern und Natio-
10 **nen, * und hast sie für unsern Gott zu einem Königreich und zu**
11 **Priestern gemacht, und sie werden herrschen auf der Erde. * Und**
ich sah und hörte eine Stimme vieler Engel, rings um den Thron

Zu Vers 8: Ps 141, 2
Zu Vers 9: Ps 33, 3 u. ö.
Zu Vers 10: 2 Mo 19, 6 Jes 61, 6
Zu Vers 11: Dan 7, 10

Zu Vers 12:
Jes 53, 7
Zu Vers 13:
Jes 6, 1

und um die Wesen und um die Ältesten, und ihre Zahl war Zehn-
12 tausende von Zehntausenden und Tausende von Tausenden. * Sie
sprachen mit großer Stimme: Würdig ist das geschlachtete Lamm,
zu empfangen die Kraft und Reichtum und Weisheit und Stärke
13 und Ehre und Herrlichkeit und Lobpreis. * Und alle Geschöpfe,
die im Himmel und auf der Erde und unter der Erde und auf dem
Meere sind, und alles, was in ihnen ist, hörte ich sprechen: Dem,
der auf dem Thron sitzt und dem Lamm (gebührt) **der Lobpreis**
und die Ehre und die Herrlichkeit und die Gewalt in die Zeiten
14 der Zeiten. * Und die vier Wesen sprachen: Amen. Und die
Ältesten fielen nieder und beteten an.

8 Die Ermächtigung des Lammes war betont (zweimal in V. 6) ein Vorgang im Zentrum. Jetzt löst sie eine zentrifugale Bewegung aus, ein sich nach allen Seiten ausbreitendes Niederstürzen, das sich bis an den äußersten Rand fortpflanzt. Zwar wird das Niederfallen nur bei der ersten Gruppe erwähnt, aber die Doxologien der beiden anderen Gruppen setzten eindeutig Unterwerfung voraus. So stößt eine Gruppe die andere zum Lammespreis an, so daß die Huldigung anschwillt und schließlich im gesamten All kein Mißklang mehr ertönt. Das Lamm herrscht unwidersprochen.

Damalige Leser könnten sich dabei an die Vorgänge einer Thronbesteigung erinnert fühlen. Nach der Machtübernahme durch den neuen Herrscher im Heiligtum oder im Palast huldigte zuerst die nächste Umgebung, dann die Beamtenschar und schließlich draußen die Massen bis hin zu den Bewohnern im letzten Winkel des Großreiches, wohin Herolde die Botschaft trugen. So sind hier drei Chöre unterschieden: die unmittelbare Thronumgebung (8–10), die himmlischen Heerscharen (11–12) und die ganze lebende Schöpfung (13).

Allerdings werden die drei Chöre mit verschieden starkem Licht angestrahlt. In Vers 6–10 sieht und hört Johannes, in Vers 11–12 sieht er auch noch, aber der Nachdruck liegt schon stärker auf dem Hören, in Vers 13 hört er nur noch. Die Doxologien werden immer kürzer, allgemeiner und unpersönlicher (V. 8: „Du bist würdig", V. 12: „Er ist würdig"). Von der ersten Gruppe berichtet Johannes ausführlich das Niederfallen und lebendig (in Gegenwartsform!) ihr Singen, was später unterbleibt. So verblaßt das Bild nach seinen Rändern hin. Dieser Umstand warnt uns davor, aus den Rändern zuviel herausholen zu wollen (s. z. V. 13).

Und als es das Buch empfing, fielen die vier Wesen und die vierundzwanzig Ältesten nieder vor dem Lamm. Sie (die Ältesten) **hatten ein jeder eine Harfe.** Die Ausrüstung der Ältesten-Engel mit dem gottesdienstlichen Instrument der Harfe erinnert wieder daran, daß

Johannes den Himmel als Tempel sieht. Dieses Instrument war aber nicht nur bei der israelitischen, sondern auch bei der kaiserlichen Priesterschaft bekannt, die damit das Lob des Kaisers erhöhte. Schon Nebukadnezar ließ nach Da 3, 5 während des Anbetungsaktes Harfen erklingen. Harfenmusik erfüllte auch Babylon (18, 22). Das zeigt, wie beziehungsreich ein solch kleiner Nebenzug sein kann. Es handelt sich nicht um nur schmückendes Beiwerk, sondern um eine gezielte Spitze. Die Musik hier erklingt gegen Kaiserkult und Götzendienst.

Sehr fein beobachtet Lohmeyer, wie Johannes bei der Bemerkung stehenbleibt, daß die Ältesten Harfen und goldene Schalen h a t t e n. Haben sie nicht auch gespielt und geräuchert? Das interessiert nicht mehr. Es genügte, daß für den Leser eine gewisse Beziehung – in diesem Fall vor allem zum Kaiserkult – hergestellt war.

Zum priesterlichen Dienst am Schaubrottisch gehörten **goldene Schalen** (2 Mo 37, 16). Aus ihnen stieg beim Speisopfer Weihrauchduft empor, ein Sinnbild der Gebete (Ps 141, 2): **Das sind die Gebete der Heiligen**[188]. In 8, 3–5 wird das Bild voll entwickelt (s. d. auch zum Begriff der „Heiligen"). Durch diese Nebenbemerkung taucht die irdische Gemeinde, wenn auch nicht in Person, mithuldigend in der engsten Thronumgebung auf. Johannes sieht ihre so ohnmächtig erscheinenden Gebete in der Hand hoher Engel und sagt den Betern damit, daß ihr Loben und Flehen an zentraler Stelle zur Wirkung kommt. Sie haben wesentlichen Anteil an der Durchsetzung der Lammesherrschaft. Ihr Beten ist gegenwärtiges Mitherrschen (V. 10).

Es folgt die erste der drei Stellen vom „neuen Lied" (noch 14, 3; 9
15, 3, das „Lied des Mose und des Lammes" gehört sicher hierher). **Und sie singen ein neues Lied.** Wenn für diese Stelle 4, 6 berücksichtigt wird, erklingen diese Lieder jedesmal am Meer, wobei im Hintergrund das Lied des Mose am Schilfmeer stehen mag (2 Mo 15), das Urbild des neuen Liedes. Alle drei Lieder werden von Harfen begleitet und haben den gleichen Sinn: Die rechte Hand Gottes siegt über „Ägypten".

Der Ausdruck „neues Lied" begegnet uns auch Ps 33, 3; 40, 4; 96, 1; 98, 1; 144, 9; 149, 1, meist mit einem Saiteninstrument verbunden, oft an das brausende Meer erinnernd. Warum ist es „neu"? Dieses „neu" bezieht sich nicht auf den Zeitpunkt der Entstehung des Liedes, sondern auf seinen Inhalt. Das neue Lied singt Neues, nämlich Gottes neues Eingreifen in die alte Welt (s. z. 2, 17). Mehrmals verlautet als Anlaß des neuen Liedes: „Denn er tut Wunder." Die

[188] Dem Wortlaut nach wird hier also nicht der aus den Schalen aufsteigende Duft auf das Gebet gedeutet, sondern schon die Schalen selbst. Die Bedeutung des Rauches gilt auch für die Schalen: es sind Gebetsschalen.

Grundaussagen der „neuen" Lieder in den Psalmen decken sich mit denen des Schilfmeerliedes. Es sind deren drei: Gott hat über seine Feinde gesiegt; Gott ist König geworden und Israel ist sein Volk; man muß diesem Gott dienen, damit alle Welt es sieht, hört, glaubt und mittut. Das neue Lied handelt also nicht in erster Linie vom Herzenszustand einzelner Menschen, hat nicht subjektive Gefühle, sondern Gottes große Taten in dieser Welt zum Inhalt. In knappen, gemeißelten Sätzen besingt es Gottessieg, Gottesherrschaft und Gottesdienst.

Etwas, was im neuen Lied des AT schon angelegt ist, bricht dann im neuen Lied der Offenbarung auf ganzer Breite durch. Es blickt nicht auf einen Teilsieg Gottes irgendwo im Geschichtsverlauf, sondern auf seinen Endsieg, auf seine Endherrschaft und auf seine Endverherrlichung. Sein Endsieg: Das Lamm hat über Sünde, Tod und Teufel gesiegt (5, 5), Babylon ist gestürzt (14, 8), und Gottes Gerichte sind vollendet (15, 4). Seine Endherrschaft: Er schuf sich überall eine Gemeinde (5, 9; 14, 4). Seine Endverherrlichung: Zu diesem Zweck dient ihm die Gemeinde priesterlich (5, 10), verwirklicht sie die Lammesnachfolge (14, 4) und sendet ihren Ruf dringend und zuversichtlich in die Völkerwelt hinaus (15, 4).

Der Adressat des neuen Liedes ist immer Gott. „Singt dem Herrn ein neues Lied!" Gewiß hören es auch Menschen. Es soll ja auch andere zum Mittun anstoßen. Aber vor allem ist es Unterwerfungsvollzug des Sängers selbst. Der Sänger selbst geht voran und unterwirft sich als erster.

Zum Text des neuen Liedes ist auch immer wieder die Auslegung der Verse 2–6 zu vergleichen, deren Stichworte hier wiederkehren. **Und sie sprachen: Würdig bist du, die Buchrolle zu empfangen und seine Siegel zu öffnen.** Im folgenden begründen drei Verben die Würde des Lammes. **Denn du bist geschlachtet worden.** Ein krasses Paradox wird herausgestrichen: geschlachtet – ermächtigt[189]! Sein Sterben als Zerstörung der Satansherrschaft entspricht dem ersten Motiv des neuen Liedes (s. o.). Die zweite Tat betrifft die Errichtung der Gottesherrschaft in Gestalt einer Gemeinde: **und hast erkauft für Gott durch dein Blut** (eine Gemeinde). In 1, 5 stand an der Stelle des Kaufes die Erlösung. Beide Aussagen decken sich der Sache nach (Erläuterung s. d.), aber 1, 5 verweilt bei der Schwere und Tiefe des Heilswerkes („von unseren Sünden"), dieser Vers bezeugt dagegen seine Weite. An die Stelle einer bestimmten versklavenden Macht,

[189] Im Grie fällt der ähnliche Klang der Vokabeln „Siegel" und „schlachten" auf – hier im Text *sphragidas – esphagäs.* Es wirkt wie ein Wortspiel. Zu den johanneischen Paradoxien s. Anm. 244.

von der die Gemeinde losgekauft werden mußte, treten hier ihre mannigfachen Abwandlungen. „Ägypten" hat viele Gestalten: **aus allen Stämmen und Sprachen und Völkern und Nationen.** Dieser vierfache Ausdruck, der an die vier Himmelsrichtungen erinnert, meint die gesamte Erdbevölkerung[100]. Die Frucht des Todes Jesu ist die e i n e Gemeinde aus allen Völkern[101].

Dieses Bild einer weit verzweigten und in alle Gruppen eingedrungenen Gemeinde setzt ein reges Missionsgeschehen und auch Bekehrungen in allen Schichten und Kreisen voraus. Die göttliche Allmacht will bewirken, daß der Haß je und je umschlägt in Liebe und Nachfolge. Dabei gilt es wieder auf das dunkle Gegenbild zu achten. In Da 3, 4. 7; 5, 19 wird die Schar, die vor Nebukadnezar huldigt, sehr ähnlich beschrieben. Die Welteinheit scheint geschmiedet! Um so verständlicher der Haß gegen das Grüpplein der Juden, das den vollen Genuß des Triumphes vereitelt. „Die ganze Menschheit soll e i n Volk werden!" lautete auch das Programm des Hellenismus (Einltg. Nr. 11, vgl. 13, 7). Um so größer der Argwohn, wenn die völkerumspannende Wirklichkeit der Christusgemeinde vor die Augen trat, diese Bekehrungen in immer neuen Kreisen, dieser Brückenschlag der Bruderschaft über sonst so tiefe Gräben hinweg. Dort, um das geschlachtete Lamm herum, gelang offensichtlich die Wiedervereinigung der Menschheit in einer ersten Form und erhob sich damit der Anspruch auf Endverwirklichung: Die Völker geeint zu seinen Füßen.

Es folgt noch das dritte Thema des neuen Liedes, die dritte Tat 10
des Lammes: **Und hast sie für unsern Gott zu seinem Königreich und zu Priestern gemacht.** Man vergleiche zu den Einzelheiten wieder 1, 5–6. Wichtig ist hier der Zusatz: **und sie werden herrschen auf der Erde.**

Andere Ausleger entscheiden sich für die Lesart „und sie herrschen", aber der Unterschied ist sachlich gesehen nicht groß: Vom Standort der Erlösung, also von Karfreitag aus, liegt das „Herrschen" der Gemeinde in jedem Fall in der Zukunft und erstreckt sich sowohl auf die gegenwärtige Gemeindezeit, in der die Gläubigen durch ihre priesterlichen Gebete mitherrschen (s. z. V. 8), als auch auf die Vollendungszeit, in der das Priestersein nicht aufhört (20, 4; 22, 3). Siehe auch Anm. 46. –

Der in Vers 9 beginnende Nebensatz („denn du bist ..."), der die Würde des Lammes für die Weltherrschaft begründen soll, dann

[100] Vgl. auch 7, 9; 11, 9; 13, 7; 14, 6; 17, 15; 14, 3 sagt dafür: „von der Erde".

[101] Auch Eph 2, 11–22 gilt die Gemeinde aus allen Völkern als eine Frucht des Todes Christi.

aber ausschließlich von der Gemeinde handelte, erweckt die Frage: Wieso begründet seine Herrschaft über die Gemeinde seine Weltherrschaft?

Zuerst gilt es festzuhalten, daß die Gemeinde ihrer Herkunft nach ein Stück Welt ist (V. 9b). Es betrifft also wesentlich die Welt, wenn Christus aus ihr einige heraussucht, erlöst, beruft, begabt, reinigt und erhält; wenn er sie zeugen, leiden, beten, schreien, getötet werden, aber nicht aus seiner Hand reißen läßt; wenn er sie vollendet, auferweckt und ihnen ihre Tränen trocknet. Indem das Lamm über diese „Erstlinge" (14, 4) Herr ist, ist er schon Herr über alle anderen im Sinne eines Beginns. Das Faustpfand hält er bereits in der Hand. Er wird bald auch den Rest einfordern.

Aber die Gemeinde manifestiert nicht nur durch ihr reines Vorhandensein in dieser Welt die Lammesherrschaft über diese Welt, sondern auch durch ihr Tun, nämlich durch ihr priesterliches Gebet. Diese Wahrheit hat tragende Bedeutung für die Trompetenvisionen ab 8, 2 (s. d.).

Die Tatsache, daß das Lamm sich eine Gemeinde schafft, ist so bedeutungsschwer wie nur irgendetwas. Überall da, wo es geschieht, und sei es nur mit zweien oder dreien, ist eine ganze Welt widerlegt, und das neue Lied kann gesungen werden, das Lied von Satans Sturz, von der Errichtung der Lammesherrschaft und von der neuen Menschheit unter Gott.

11 Mit Vers 11–12 erscheint deutlich ein zweiter, größerer Kreis: **Und ich sah und hörte eine Stimme vieler Engel, rings um den Thron und um die Wesen und um die Ältesten, und ihre Zahl war Zehntausende von Zehntausenden und Tausende von Tausenden.** Quadratzahlen umschreiben oft allergrößte Mengen. Mit dem Kreisumfang vergrößert sich offensichtlich auch der Stimmumfang. Die Lammeshuldigung nimmt überwältigende Größenordnungen an, gegen die sich die Massenveranstaltungen des Kaiserkultes wie kleine Sektenversammlungen ausnehmen. So kehrt Prophetie die Mehrheitsverhältnisse um. Die zwei oder drei, die irgendwo im Namen Jesu beisammen sind, finden sich in einem Riesenverband von Engeln und Geistern. Ihm gegenüber sind die Milliarden heute lebender Menschen, die sich noch nicht an der Lammeshuldigung beteiligen, ein Kleinkreis von Nachzüglern.

12 Die Engelheere **sprachen mit großer Stimme: Würdig ist das geschlachtete Lamm, zu empfangen die Kraft.** Von diesem Vers an verschwindet die Rede von der Buchrolle. Während die vorige Gruppe in Vers 9 noch vom Empfang der Buchrolle sprach, tritt jetzt der Empfang der Kraft oder Macht dafür ein. So bestätigt sich die Auslegung

von Vers 1, daß es sich bei der Buchrolle um nichts anderes als um ein Machtsymbol handelt. Durch sechs weitere Begriffe ergibt sich hier die Siebenzahl[192]. **Reichtum** ist die Gabenfülle des Herrschers. „Er ist reich für alle, die ihn anrufen" (Rö 10, 12) und „verkauft" seinen Reichtum umsonst an die Armen (3, 18). **Weisheit** ist die Herrscherweisheit, die schon in den sieben Augen zum Ausdruck kam (V. 6). **Stärke** ist die sich nach außen behauptende Macht der sieben Hörner. Zu **Ehre und Herrlichkeit** vgl. 4, 11. Für **Lobpreis** ist wohl an eine ähnliche Bedeutung zu denken wie bei **Danksagung** in 4, 9. Diese Siebenheit führt vor Augen, daß des Lammes Königtum mit reichen Möglichkeiten und Befugnissen ausgestattet ist. Der Herr Jesus Christus ist – bildlich gesprochen – kein „König ohne Land".

Allmählich gerät Johannes die Szene aus dem Auge. Der Hörein- 13
druck bleibt am längsten. Zuletzt hört er noch die Huldigung des Lammes durch alle Kreatur. **Und alle Geschöpfe, die im Himmel und auf der Erde und unter der Erde und auf dem Meere sind, und alles, was in ihnen ist, hörte ich sprechen.** Die Vierteiligkeit des Ausdrucks weist auf die irdische Fülle. Schon deswegen liegt es nicht nahe, daß mit „im Himmel" die Engel (und selbst der Satan und seine Geister) eingeschlossen sind, obwohl sie sicher zur geschaffenen Kreatur gehören. Die Nichtbeteiligung der Engelwelt an diesem dritten Chor geht auch aus dem 14. Vers hervor, wo die Ältesten-Engel erneut niederfallen. Sie hatte sich also zwischendurch erhoben. „Himmel" meint im NT durchaus nicht in allen Fällen den Gotteshimmel mit seinen Engeln, sondern häufig das Firmament mit seiner Vogelwelt (z. B. Mt 6, 26). Auch die „auf der Erde" lebenden Landtiere und die Menschen sind in den dritten Chor einbezogen. An die gestorbenen Menschen in der Totenwelt ist ebenfalls gedacht („unter der Erde"). Schließlich gehören die Seefahrer und großen und kleinen Fische „auf dem Meer" dazu. Da die Gemeinde schon im ersten Chor mitwirkte (V. 8), ist bei Vers 13 also an die restliche lebende irdische Schöpfung zu denken.

Befremdet es, daß hier sogar Fische, Vögel und Vieh mit loben? Man muß dazu Stellen wie Ps 96, 11–12; 98, 7 und 148, 7–10 lesen. „Alles, was Odem hat, lobe den Herrn!" (Ps. 150, 6).

Dieser Vers nimmt in gewisser Hinsicht eine eigenartige Zwischenstellung ein. Weder lobt hier die neue Erde von Kapitel 21 (wohl

[192] Auch das neue Lied V. 9–10 zählt sieben Glieder. Hier wird die Siebenheit durch die artikellose Aneinanderreihung der Begriffe stark hervorgehoben. Die Sieben in Kapitel 5 ist wie die Drei in Kapitel 4 Füllezahl. Dort aber geht es stärker um die ruhende Seinsfülle, hier um die Tatenfülle Gottes in Jesus Christus. Vom Lamm werden auch sieben Tätigkeiten ausgesagt: es stand, kam, empfing, öffnete, ließ sich schlachten, erkaufte und machte zu Priestern.

kaum wäre dann das Meer erwähnt, vgl. 21, 1), noch kann Johannes es so aufgefaßt haben, als ob die gegenwärtige Welt sich schon so einig wäre im Lobpreis des Lammes. Noch erfüllen sie ja Irrtum, Widerstand und Murren gegen den Herrn. Für die Deutung des Verses sollte darum beachtet werden, daß Johannes zwar schon Worte hört, die in die Vollendungskapitel passen würden, daß ihm aber die Anschauung jener Kapitel noch fehlt. Die Anschauung nimmt er noch aus der Gegenwart, weswegen auch das Meer und die Totenwelt erwähnt werden können. Er sieht zwar noch Zustände zum Weinen (V. 4), aber er hört darüber bereits die Melodie der Zukunft und der Herrlichkeit. Es bedeutet, daß die Erlösung durch das Lamm umfassender sein wird als die erlöste Gemeinde[193].

Besonders wichtig aber ist in dieser Doxologie ein Ausdruck, der geradezu die theologische Grundformel des ganzen Buches genannt werden könnte und von jetzt ab immer wieder aufklingt (6, 16; 7, 9. 10. 17; 14, 1. 4. 10; 21, 22. 23; 22, 1. 3; vgl. auch 11, 15; 12, 10): **Dem, der auf dem Thron sitzt, und dem Lamm.** Damit sind die Kapitel 4 und 5 zusammengefaßt. Der Anschein, Kapitel 4 verkündige einen „Gott an sich", ist nun gründlich beseitigt. Wie Paulus „Gott in Christus" bezeugt, so Johannes „Gott und das Lamm". Das sind letzte und unabänderliche Aussagen über Gott. So bleibt er „in die Zeiten der Zeiten" (4, 9. 10). Darum dauert auch sein Lob **in die Zeiten der Zeiten** (vgl. 1, 6).

14 **Und die vier Wesen,** die die Huldigung begonnen hatten, schließen sie auch ab und **sprachen: Amen. Und die Ältesten fielen nieder und beteten** (schweigend) **an,** so daß nun auch die Audition aufhört. Mit 6, 1 beginnt ein neues Sehen und Hören.

[193] Bedeutet dies auch die schließliche Beseligung aller geschaffenen Wesen, Menschen und Geister? Der Ausdruck „jedes Geschöpf" meint hier, wie die Auslegung zeigte, jedes Geschöpf außer den unsichtbaren Wesen und der Gemeinde, so daß daraus über das Endgeschick des Satans und seiner Engel nichts entnommen werden kann. Ferner wäre es ein modernes Mißverständnis, aus der Huldigung sofort auf die Seligkeit derer zu schließen, die auf den Knien liegen. In der Antike kannte man auch Huldigungen unterworfener Feinde (Anm. 76) und verurteilter Übeltäter. Die Huldigung sagt also nichts über Seligkeit und Unseligkeit der Huldigenden aus. Offensichtlich wird dieser Vers durch die sog. Allversöhnung überfragt. Er gehört zum verblassenden Rand der Vision (vgl. die Vorbemerkung zum Abschnitt V. 8—14). Das volle Licht liegt auf Vers 9—10.

DIE ÖFFNUNG DER SIEGEL DURCH DAS LAMM

Offenbarung 6, 1 – 8, 1

Exkurs 3: DIE SIEGELVISIONEN IN IHREN ZUSAMMENHÄNGEN

a) Die Siegelvisionen klingen inhaltlich stark an die endzeitlichen Reden in den Evangelien an. Hier folgt ein grober Vergleich mit Mt 24.

	Mt 24:	Offb 6:
1) Falsche Christusse	V. 4–5	V. 1–2
2) Kriege	V. 6–7a	V. 3–4
3) und 4) Hunger, örtliche Erdbeben, Lk 21, 11: Seuchen	V. 7b	V. 5–6. 7–8
5) Verfolgungen	V. 9–28	V. 9–11
6) Welterschütterung, Lk 21, 25: Weltangst	V. 29	V. 12–17
7) Wiederkunft	V. 30–31	(8, 1)

Der Vergleich läßt deutliche Parallelen erkennen, und Matthäus und Johannes sprechen gewiß von dem gleichen Zeitraum, nämlich von der Endzeit in ihrer ganzen Länge zwischen dem ersten und zweiten Kommen des Herrn (Einltg. Nr. 48). Die Siegelvisionen umschließen also auch schon das Ende und schildern nicht nur vorbereitende Ereignisse. Das 6. Siegel führt unmittelbar an die Schwelle der Wiederkunft zum Endgericht.

Innerhalb der sieben Plagen sind die ersten vier besonders eng verbunden. Sie erscheinen in der Gestalt der Reiter, der „apokalyptischen Reiter“, die in der Kunst eine so große Rolle gespielt haben. Dieser Trupp von Unheilsmächten wird knapp und zügig geschildert, während die folgenden Visionen ausführlicher und jede für sich behandelt werden. Die vier ersten Plagen haben auch dies gemeinsam, daß sie von den vier Wesen in der Mitte des Thrones einen Befehl erhalten und daß sie alle nach drei Seiten hin beschrieben werden: Farbe des Pferdes, Ausrüstung des Reiters und dessen Tätigkeit. Schließlich hängen sie inhaltlich zusammen: Aus Krieg folgt Hunger, aus Hunger Seuchen. Unter den vier Reitern kommt dem ersten eine Sonderrolle zu. Die Deutungen dieser Gestalt gehen verwirrend auseinander.

b) Was gibt der Endzeit das Gepräge? Es sind die „Wehen" (Mt 24, 8; Mk 13, 8)[194] oder „Plagen" und „Gerichte", wie die Offenbarung es nennt. Paulus sieht diese Zeit unter den Zornenthüllungen Gottes (Rö 1, 18). Auch der Begriff der „Drangsale" (s. z. Offb 1, 9; 2, 22) gehört hierher. Aber wie kann aus der Lammesherrschaft, die doch Inbegriff unsagbarer Liebe ist, eine solche Endzeit erwachsen? Die Antwort auf diese schwerste aller Fragen kann nur mit einem Hinweis auf die satanische Heimtücke und auf das „Geheimnis der Bosheit" (2 Th 2, 7) gegeben werden: „Sie liebten die Finsternis mehr als das Licht" (Jo 3, 19); „Sie hassen ohne Grund" (Jo 15, 25). Wie antwortet Gott darauf? Nimmt er die im Lamm sich ausdrückende Liebe wieder zurück? Oder denkt er sich etwas anderes aus, das uns Menschen mehr zusagt? Nein, weil Gott ein Gott der Liebe ist, läßt er nicht von Jesus. Jesu Zukunft kommt unaufhaltsam, aber sie b r i c h t sich jetzt Bahn. So kommt es gerade im Zeichen der Lammesherrschaft zu einer brechenden, kriselnden, brennenden und qualmenden Welt, an allen Enden angezündet vom Zorn Gottes. Diese Erscheinungen sind nicht das Merkmal der Abwesenheit der Liebe, sondern gerade ihrer hartnäckigen Anwesenheit. Nun ist das Lamm zornig vor Liebe. Gottes Liebe vermag Gleichgültigkeit, Verstockung und Lästerung nicht seelenruhig hinzunehmen. Darum antwortet das Lamm auf die antichristliche Entscheidung nicht mit Harmlosigkeiten, sondern mit Gerichten. Diese Gerichte heben sein werbendes Rufen, wie gesagt, nicht auf, sondern geben wiederum Raum zur Buße. Sie sind erst Vorformen des großen Zornes von 6, 17. Sie sind ein Hinweis auf die Lammesherrschaft unter den Bedingungen des Widerstandes und der Verstockung der Welt gegen Gott.

c) Ferner bewegt sich die Siegelreihe in atst Verkündigungsbegriffen. Die Siebenzahl erscheint häufig in Strafzusammenhängen (1 Mo 4, 15; 3 Mo 26,18. 21. 24. 28; vgl. Mt 12,45; Lk 11,26). Auch das Judentum bietet dafür Belege (Sir 40, 9; 4. Esra 7, 80). Die drei Plagen der Verse 3—8 (Schwert, Hunger und Seuche) finden sich, so zusammengestellt, auch in 3 Mo 26, 22; Jes 51, 19; Jer 15, 2; 21, 7. 9; 24, 10; 14, 12; 42, 17; 44, 12; Hes 5, 12; 6, 11—12; 7, 15; 12, 16; 14, 21. Sie entsprechen dem „Anfang der Wehen" von Mk 13, 8. Plagen werden auch im AT unter dem Bild von Pferden angedroht (z. B. Joel 2, 4).

d) Es nimmt nicht wunder, daß die vier Reiter aus Offb 6 gern mit den Reitern in Sacharjas Nachtgesichten verglichen werden (1, 7—10; 6, 1—8). In Sach 6, 1—8 haben die verschiedenen Farben der

[194] Dieser Ausdruck gehört zur Rede vom „Tag des Herrn" (Einl. Nr. 37). Die Völker winden sich vor dem Kommenden (Jer 4, 31; 5, 3. 22; Jes 13, 8; Hes 30, 16; Jo 2, 6).

Pferde mit den vier Windrichtungen zu tun. Dementsprechend legt Albertz den weißen Reiter in Offb 6–12 auf die Parther im Osten, den roten Reiter (V. 3–4) auf den Gegenkaiser aus dem Norden, den schwarzen Reiter (V. 5–6) auf den Wirtschaftsdiktator aus dem Süden und den fahlen Reiter (V. 7–8) auf den Massenmörder aus dem Westen aus. Diese Auslegung setzt also die Beziehung der vier Wesen, die die Reiter an den Start schicken, zu den Himmelsrichtungen voraus. Aber gerade diese Beziehung hat Johannes schon 4, 7–8 abgestreift, indem er die Wesen, abweichend von Hes 1, mit den Ordnungszahlen eins bis vier versah. Auch hier werden sie einfach gezählt und nicht geografisch eingeordnet. Und die Farben der Pferde werden gegenüber Sacharja abgeändert und mit neuem Symbolgehalt gefüllt: Sie sprechen nicht mehr von bestimmten Weltgegenden, sondern ausdrücklich von Sieg, Blutvergießen, Hunger und Seuchentod. Zur weiteren Unterscheidung gegenüber Sacharja sei auch darauf hingewiesen, daß es sich in Sach 1, 7–10 um einen einzigen Reiter handelt, der einem verschiedenfarbigen Pferderudel gegenübersteht, und in Sach 6, 1–8 um vier Pferde*wagen*. Der wichtigste Unterschied aber besteht darin, daß die Pferde bei Sacharja Boten darstellen, die der Herr ausgesandt hat, alle Lande zu durchziehen. Diese Aussendung aber verknüpfte Johannes schon mit den sieben Geistern (5, 6). *Sie* sind die Diener Gottes. Wessen Diener sind dann hier die Reiter? Das hat die Auslegung zu klären.

e) Schließlich will der zeitgeschichtliche Zusammenhang der Siegelvisionen gewürdigt werden. Pferderennen bzw. Wagenrennen waren in den Städten des römischen Reiches überaus populär. In Rom nannte man auf allen Gassen die Namen berühmter Pferde. Eine Art „Pferdewahnsinn" (Nigrinus) hatte die Massen ergriffen. Die Wagenrennen dauerten vom Morgen bis zum Abend, bis zu 24 Kämpfe täglich wurden ausgetragen. Meist fuhren vier Wagen gleichzeitig. Die Parteien waren durch Farben gekennzeinet: Weiß, Rot, Grün, Blau. Johannes weicht davon ab, weil es ihm auf die Symbolik ankommt, was besonders an der fahlen Leichenfarbe deutlich wird. Wichtig ist, daß die Pferdeleidenschaft auch in der Politik eine Rolle spielte. Pferderennen hatten bei Festspielen zu Ehren des Kaisers, besonders bei seinem Amtsantritt, ihren Platz. – Johannes hat gerade den Amtsantritt des Christus geschildert. Nun ziehen Pferde auf die Bahn. Die Beziehungen sind nur lose, aber die Leser damals haben sie sicher nicht übersehen.

Das erste Siegel (1. Reiter)

Offenbarung 6, 1–2

Zu Vers 2:
Sach 1, 8
6, 1–3

1 Und ich sah: Als das Lamm eines von den sieben Siegeln öffnete, da hörte ich eins von den Wesen wie mit Donnerstimme sprechen: Lauf!

2 Und ich sah, und siehe, ein weißes Pferd, und der darauf Sitzende hatte einen Bogen, und ihm wurde gegeben ein Kranz, und er zog aus als ein Siegender und um zu siegen.

1 Wieder sollte die Kapiteleinteilung nicht zur Annahme eines scharfen Einschnitts führen. **Und ich sah** ist ein recht enger Anschluß an das vorige (wie z. B. 5, 1. 6. 11) und hat die Bedeutung: und ich sah weiterhin[195]. Tiefere Einschnitte kennzeichnet Johannes anders (Anm. 160). An der Schwelle zu diesem Kapitel darf der Leser auf keinen Fall alles ablegen, was ihm in Kapitel 5 geschenkt worden ist, vielmehr wollen die dort gewonnenen Erkenntnisse jetzt Vers für Vers mitgenommen werden. Es ging um die Einsicht: Die Welt hat nun endlich einen guten Herrn. Jesus, der nie fremdes Blut vergoß und lieber sein eigenes Blut vergießen ließ, der alles Böse auf sich nahm und bis zuletzt gut war zu schlechten Menschen, diesem Lamm hat Gott alle Macht im Himmel und auf Erden übereignet, die Geschichte zum Ziel zu führen. Seine gekreuzigte und auferstandene Liebe bringt nun das Geschehen in Bewegung und gibt die Initiative bis zur Vollzugsmeldung 21, 6 nicht mehr aus der Hand. An diesem Gesichtspunkt ist festzuhalten, auch wenn sehr befremdliche Dinge über die Weltenbühne gehen. Die Überschrift lautet jetzt: Das Lamm regiert!

Als das Lamm eines der sieben Siegel öffnete – hier sollte der Leser unterbrechen und sich die technische Seite des Vorganges vergegenwärtigen. Bevor nicht a l l e Siegel geöffnet waren, war die Rolle nicht aufrollbar und der ausführliche Innentext nicht zugänglich, dagegen ließ sich die Kurzfassung auf der Außenseite schon vorher (s. z. 5, 1) lesen. An diesen Sachverhalt knüpft ein bedenkenswerter Vorschlag für die Einteilung des folgenden Stoffes an (s. G. Bornkamm, Lit.-Verz.). Danach entspricht 6, 1 – 8, 1 der Kurzfassung, die in nur skizzenhaften Umrissen die Endzeit behandelt. Erst dann, nach der Öffnung des letzten Siegels also, folgt die Füllung der Rah-

[195] Wenn das Inhaltsverzeichnis dieser Auslegung dennoch Kapitel 4 und 5 zu einem eigenen Hauptabschnitt zusammenfaßt, dann deswegen, weil dieser Abschnitt nicht nur für die unmittelbar folgenden Siegelgesichte, sondern zugleich für das ganze Buch grundlegend ist (s. auch zu 3, 20).

menaussagen in Form einer ausführlichen Behandlung der Endzeit von 8, 2 – 22, 5. Tatsächlich geleitet uns die Offenbarung mehrmals durch den gleichen Zeitraum: z. B. die Schlußstücke 7, 15–17 und 22, 3–5 (mit 21, 3–4) wirken geradezu deckungsgleich. An dieser Stelle kann diese Ansicht aber nicht genauer untersucht werden.

Jedenfalls kann das Öffnen der Siegel für das Lamm nicht die Bedeutung gehabt haben, daß es dadurch stückweise Einblick in den Inhalt der Rolle erhielt. Wie schon erwähnt, schließt die technische Seite des Bildes einen solchen Gedanken aus. Überhaupt vermittelte diese Rolle nicht Kenntnisse, die zum Propheten werden ließen (s. z. 5, 1), sondern bedeutete Machtempfang. Mit der Öffnung ihres ersten Siegels beginnt das Lamm, seine Weltherrschaft auszuüben. Was aber kam dabei heraus?

Da hörte ich eines von den vier Wesen mit Donnerstimme sprechen: Lauf! Die Grundaufgabe der vier Thronwesen bestand in der Heiligung Gottes (4, 8) und in der Erhöhung des Lammes (5, 8). Wenn sie nun die apokalyptischen Reiter auf den Weg schicken, fällt das gewiß nicht aus dem Rahmen ihres Dienstes. Die Reiter haben es in einer noch zu erklärenden Weise mit der Heiligkeit Gottes und mit der Verherrlichung des Lammes zu tun.
Die Donnerstimme erinnert an Blitz und Donner um den Thron nach 4, 5, ein Hinweis auf den Richterzorn. Zorn unterströmt das ganze sechste Kapitel bis Vers 17. Die inthronisierte Liebe erlebt auf der Stelle Widerstand. Darum besteht ihre erste Aufgabe in einem Kampfauftrag (Exkurs 3b).

Der Befehl der Wesen wird heute einhellig auf die Reiter bezogen. Nicht Johannes soll viermal (V. 1. 3. 5. 7) näher herbeikommen, um besser sehen zu können[196]. Aber auch die Reiter sollen nicht zum Thron kommen. Es empfiehlt sich, den Ruf gemäß einer Möglichkeit des späteren Grie als „Lauf!" oder „Los!" zu verstehen. Die Reiter sollen in die Geschichte hinein starten. Aber läßt das Lamm etwa Kriege, Hunger und Seuchen in die Welt ausgehen? Die Auslegung von Vers 2 wird immer wichtiger.

Und ich sah, und siehe (Anm. 161), **ein weißes Pferd, und der dar-** 2
auf Sitzende hatte einen Bogen, und ihm wurde gegeben ein Kranz, und er zog aus als ein Siegender und um zu siegen. Bei diesem Reiter hat es etwas Besonderes auf sich. Ihm ist der Plagencharakter nicht so eindeutig anzusehen wie den anderen Reitern, auch fehlt er in der Zusammenfassung Vers 8b. Vor allem wird sein Pferd für den Orient durch sein Weiß als Königspferd erkennbar. Dieser Reiter führt die anderen an.

[196] So nach einer freilich unbedeutenden Lesart: „Komm und sieh!"

Die weiße Farbe könnte aber auch auf den Osten weisen. Seit dem Jahre 62 nach Chr. waren die östlichen Nachbarn des römischen Reiches, die Parther, die am meisten gefürchtete feindliche Macht[197]. Niemals gelang ein Sieg über diese geschickten Bogenschützen, die sogar nach rückwärts abschießen konnten, wenn sie sich galoppierend zurückzogen. Alles, was unter der Römerherrschaft seufzte, hoffte brennend auf einen Parthereinfall. Soll Johannes ihn hier prophezeit haben? Aber der Bogen ist Angriffswaffe a l l e r Reitervölker, und die weiße Farbe wird hier durch nichts auf eine Himmelsrichtung gedeutet (Exkurs 3c), sondern ausdrücklich auf Sieg.

Oder ist ganz allgemein an Weltkriege und Welteroberung zu denken[198]? Dafür ließe sich die Parallele Mt 24, 6 anführen. Aber so schwindet der Unterschied zum zweiten Reiter, der zweifelsfrei den Krieg darstellt. Als Ausflucht dient den Auslegern dann die Unterteilung in Völkerkriege (V. 2) und Bürgerkriege (V. 4). Aber das sieht nach Willkür aus, denn Vers 4 läßt sich nicht auf Bürgerkriege einschränken.

Seit dem Altertum hat man diesen weißen Reiter auch nach der sehr klaren Stelle 19, 11–16 auf Christus gedeutet. Aber jener weiße Reiter ist schon durch sein völlig anderes Gefolge (19, 14) von diesem unterschieden, der seine roten, schwarzen und fahlen Gesellen heraufführt. Christus bringt nimmermehr Krieg, Hunger und Seuche. Auch ist seine Waffe nicht der Bogen, sondern immer das Richterschwert aus dem Munde (1, 16; 2, 12. 16; 19, 15. 21). Und schließlich wäre Christus dann in dieser Vision gleichzeitig als Lamm (V. 1) und als weißer Reiter gegenwärtig und hieße sich selber kommen.
Eindrucksvoll wurde diese Deutung abgewandelt, indem der weiße Reiter die weltweite Evangeliumsverkündigung darstellen soll[199]. Zur Stütze dient Mt 24, 14; Mk 13, 10: das letzte weltweite Heilsangebot als Zeichen der Endzeit. So bleibt auch ein gewisser Zusammenhang mit dem weißen Reiter am Ende der Offenbarung, der ja den Namen trägt: „Das Wort Gottes“ (19, 13). Außerdem wird diese Deutung der Tatsache gerecht, daß sich der erste Reiter tatsächlich von den düsteren nachfolgenden Reitern als Lichtgestalt abhebt. Der Bogen ist im AT häufig eine „Waffe“ Gottes, mit der er weit in die Völkerwelt hineinschießt.

Aber hier setzen auch schon die Auslegungsnöte ein[200]. Der Bogen ist im AT und im Judentum höchstens ein Gerichtsinstrument (5 Mo

[197] An das Partherreich denken hier z. B. Albertz, Bousset, Lohmeyer.
[198] So z. B. Bengel, Schlatter, Behm, Lohse, Th. Zahn, Lilje und Goppelt.
[199] So z. B. G. Bornkamm in Anlehnung an O. Cullmann.
[200] Das Folgende mit Rissi.

32, 23. 42; Hiob 6, 4; 34, 6; Ps 38, 3; Kla 2, 4; 3, 12; Hab 3, 9—14), nicht aber ein Bild für das heilschaffende Evangelium. Schon auf Grund seiner Ausrüstung mit einem Bogen, dieser gefürchteten Waffe, scheint der weiße Reiter eine negative Gestalt zu sein.

Die Beziehung zum weißen Reiter in Kapitel 19 sollte zwar nicht aus dem Auge gelassen werden, aber es handelt sich um die Beziehung eines Gegensatzes. Die Offenbarung liebt diese Doppelbilder, die jedesmal den schärfsten Kontrast enthalten, z. B. zwei Frauengestalten („Weib" und „Hure") oder zwei Städte (das „neue Jerusalem" und „Babel") oder zwei geschlachtete Gestalten („Lamm" und „Tier" 13, 3. 12) usw. So stände hier dem Christus der Antichristus gegenüber. Vom Antichrist wird 13, 7 die gleiche erstaunliche Sieghaftigkeit ausgesagt wie hier. Er tritt von vornherein als gekrönter Sieger auf, um auch immer wieder unwiderstehlich den Sieg davonzutragen. Eine ungewöhnliche Erfolgsserie trägt ihn von Sieg zu Sieg. Es gibt mehr, die ihm zufallen, als solche, die dem Lamme nachfolgen. „Wer ist dem Tiere gleich, und wer kann wider es streiten?" (13, 4), Die Sache Jesu scheint verloren.

Auch der Bogen in seiner Hand erklärt sich endlich befriedigend. In einem der beiden Antichristenkapitel des AT, nämlich in Hes 39 — Johannes nimmt es 19, 17—21 auf! — erscheint ebenfalls der Bogen in der Hand des Gottesfeindes.

Schließlich spielt auch die weiße Farbe immer wieder eine Rolle, wo der Antichrist auftaucht. Sie ist jedoch nicht nur die Farbe des Sieges, sondern nach 1, 14; 3, 4. 5. 18; 14, 14 zugleich die Farbe der Reinheit und des Lichtes. Hier nun handelt es sich um gespielte, vorgetäuschte Unschuld, um ein Irrlicht: Der Antichrist ist ein Blender[201].

Exkurs 4: DER WEISSE REITER ALS ANTICHRIST

a) Der Antichrist erscheint unmittelbar nach dem Herrschaftsantritt des Lammes. Gerade am wohlverstandenen Christus wacht das „Geheimnis der Bosheit" auf. Diese gekreuzigte und auferstandene Liebe ist nicht beliebt, nicht gefragt und nicht gesucht. Jede Generation

201 Ausführliches über den Begriff des Antichristen s. zu Kapitel 13. Hier ist auch an das zu erinnern, was zu 2, 7 über die satanische Verführung ausgeführt wurde. — Ein freilich nachträglicher Gesichtspunkt mag die vorgetragene Deutung stützen. Die Offenbarung handelt mehr als jede andere ntst Schrift vom Satanischen. Wenn der weiße Reiter an dieser Stelle *nicht* der Antichrist wäre, hätte Johannes in 6, 1 — 8, 1 einen Abriß der Endzeit und ihrer Grundkräfte ohne einen Hinweis auf diesen maßgeblichen Gegenspieler des Lammes gegeben. Das wäre in seinem Sinn sicherlich keine christliche Charakterisierung der Endzeit. Daß er es nicht deutlicher tut, paßt zum Skizzenhaften der Siegelgesichte.

kreuzigt ihn neu. „Sie lieben die Finsternis mehr als das Licht." Diese Spannung zwischen Christus und Antichristentum ist der Grundvorgang der Endzeit zwischen Himmelfahrt und Wiederkunft. In immer neuen Abwandlungen offenbart sie sich: „Wie ihr gehört habt, daß der Antichrist kommt, so sind nun schon viele Antichristusse gekommen" (1 Jo 2, 18). Darum ist Endzeit grundsätzlich Kampfzeit (Exkurs 1 f.). Der Kampf kennt Zuspitzungen und eine letzte Zuspitzung. Diese Lehre von der Zuspitzung der Auseinandersetzung mit dem Widergöttlichen durch den Machtantritt des Messias ist ganz und gar unjüdisch. Das Judentum dachte sich die Erhöhung des Messias gerade als Ende aller Gegenwirkungen.

b) In diesem Kampf tritt der Antichrist immer wieder als Ersatzchristus auf. Er ist ein großer Blender und scheint Christus mit seinen Erfolgen geradezu in den Schatten zu stellen. Seine tatsächlichen Früchte aber sind Krieg, Hunger und Seuchen (zweiter bis vierter Reiter). Johannes und seine Gemeinden befanden sich in einer hellenistischen Hochflut (Einltg. Nr. 9—13). Er durchschaut diese strahlenden Programme und heißt abzuwarten, was danach kommt.

c) Das Lamm selbst lockt den weißen Reiter heraus: Lauf! (V. 1. 3. 5. 7). Es zwingt den Antichristen, sich zu produzieren, was allerdings viel Leid mit sich bringt. Aber so wird sonnenklar, daß hier nicht Christus als unmittelbarer Urheber von Krieg, Hunger und Seuche erscheint. Dies alles ist vielmehr antichristlich. Der rote, schwarze und fahle Reiter gehören zum Gefolge des weißen Blenders. Die Lammesherrschaft treibt ihn aus der Reserve, treibt sein Inneres nach außen. Die Offenbarung der Liebe zwingt zur Gegenoffenbarung, damit die scheinchristliche und menschenfreundliche Maske fällt. Christus zwingt hervor, d. h. das Satanische bliebe viel lieber verborgen und unerkannt. So brächte es der Feind weiter. Offenbarwerden ist zwar für die Liebe Sieg, für die Lüge aber Niederlage und erster Schritt zum Untergang. Darum gehört das Herauslocken des Satanischen zum Auftrag des Christus. Es ist gut, wenn dem reißenden Wolf die Schafskleider abfallen. Nicht, daß dann schon a l l e s gut wäre. Aber so ist es schon besser, als wenn der Wolf noch unerkannt unter den Menschen ginge und von jedermann treuherzig gestreichelt würde.

d) Christus hält den Antichristen auch in der dunkelsten Stunde an der Leine. Auf einem Gedenkstein aus dem 7. Jahrhundert v. Chr. hält der assyrische König Assarhaddon zwei besiegte Könige an der Leine. Das Bild war also im Altertum bekannt[202]. So zügelt auch das

[202] Die Apokalypse des Abraham spricht 10, 11 von der „Zügelung des Leviathans", d. h des Satans, durch die Engel.

Lamm die Widerstrebenden. Von seinem Thron her empfangen sie das „Lauf"! Nun mögen sie innerhalb eines gewissen Spielraumes zu ihren traurigen Erfolgen kommen. Ihre Macht ist nicht Allmacht wie die des Christus (Mt 28, 18), und sie ist ihnen nur leihweise, vorübergehend „gegeben" (V. 2. 4. 8 u. ö). Immer bleiben sie unter Kontrolle, und nirgends gibt das Lamm die Initiative aus der Hand. Der Gedanke der Zügelung (vgl. das „muß" 1, 1) drückt sich auch in der Verwendung der Zahlen aus, hier z. B. vier Reiter, sieben Plagen, ein Viertel der Erde. Die Abgezähltheit spiegelt den planenden Willen des Herrn wider. Die Zahlen bilden sozusagen das Netz, in dem die satanischen Mächte gefangen liegen. Dieses Wissen bewahrt die Gemeinde auch in schwerster Zeit vor dem Abfall.

Das zweite Siegel (2. Reiter)
Offenbarung 6, 3–4

3 **Und als es das zweite Siegel öffnete, hörte ich das zweite Wesen**
4 **sprechen: Lauf! * Und es zog aus ein anderes Pferd, feuerrot, und**
dem darauf Sitzenden wurde gegeben, den Frieden von der Erde zu
nehmen und daß sie sich gegenseitig abschlachten, und es wurde
ihm ein großes Schwert gegeben.

Zu Vers 4: Sach 1, 8; 6, 1–3

3/4 Der erste Trabant des Antichristen reitet ein **feuerrotes Pferd.** Die Hinweise auf das Schwert und auf das Schlachten bestimmen die Farbe eindeutig als Farbe des Blutvergießens[203]. Die blutige Farbe schafft eine Gedankenverbindung zum „roten Drachen", dem Mörder von Anfang an (12, 3; s. z. 2, 2), in dessen Geist und Dienst er wirkt. Sein Tun besteht darin, **den Frieden von der Erde zu nehmen.** „Die Gottlosen haben keinen Frieden" (Jes 48, 22). Darum können sie ihn nicht bringen und vertreiben ihn dort, wo er ist. Der Antichrist aber ist d e r Gottlose. Er macht, **daß sie sich gegenseitig abschlachten.** Dieses gegenseitige Morden (vgl. Hes 38, 21; 2 Chr. 15, 6; Sach 11, 9; 14, 3), bei dem keine Macht stark genug ist, die andere wirklich zu besiegen, mag sich auf Völker und Länder beziehen, weniger auf Einzelpersonen. „Schlachten" ist hier ein sehr bildhaftes und derbes Wort. Sie schlachten sich geradezu als Opfer ab, rauschhaft und besessen, ohne Vernunft, denn keiner gewinnt einen wirklichen Vorteil.

[203] Deutungen auf eine Himmelsrichtung (Exkurs 3c), auf das Temperament oder die Rasse des Tieres (Fuchs) gehen fehl.

Im Grunde sind alle Opfer auf dem Altar Satans. In einem einzigen Wahnwitz wird alles in die Rüstung gesteckt, und „den Weg des Friedens kennen sie nicht" (Jes 59, 8). Die Menschheit, die nicht unter dem Kreuz leben will, lebt unter dem **großen Schwert** wie unter einem großen Opfermesser (Anm. 78).

Was die kleinasiatischen Gemeinden hier bei Johannes lesen, deckte sich nicht ohne weiteres mit dem Eindruck, den ihre Umwelt erweckte. Der Hellenismus wollte Bildung und Wohlstand für alle, und die römischen Kaiser nutzten rührig die Friedenssehnsucht der Völker. Aber der Prophet hatte die Gemeinden schon 2, 10. 13 auf Kostproben des mörderischen Untergrundes aufmerksam gemacht. „Friede, Friede! und ist doch kein Friede!" könnte er mit atst Warnern rufen (Jer 6, 14; 8, 11; Hes 13, 10. 16). Hinter dem weißen Reiter zieht der rote Reiter herauf (zur Kriegsfrage s. noch den zusammenfassenden Vers 8b).

Das dritte Siegel (3. Reiter)

Offenbarung 6, 5–6

Zu Vers 5: Sach 1, 8; 6, 1–3

5 Und als es das dritte Siegel öffnete, hörte ich das dritte Wesen sprechen: Lauf! Und ich sah, und siehe, ein schwarzes Pferd, und
6 der darauf Sitzende hatte eine Waage in seiner Hand. * Und ich hörte (etwas) wie eine Stimme in der Mitte der vier Wesen sprechen: Ein (Tages)maß Weizen für einen Denar und drei (Tages)maße Gerste für einen Denar, und dem Öl und dem Wein tue keinen Schaden.

5/6 Die Deutung des **schwarzen Pferdes** auf den Hunger wird nicht fehlgehen (vgl. V. 8b und auch Kla 4, 8). Nach Hes 4, 10. 11. 16 weist die Waage auf Rationierung als Kriegsfolge hin. Das Brot abgewogen essen müssen, heißt Mangel leiden. Das Deutewort, das Johannes vernimmt[204], verfestigt dieses Ergebnis. **Ein (Tages)maß Weizen für einen Denar** war eine acht- bis zwölffache Verteuerung. Ein ganzer Tageslohn (Mt 20, 2) ging nun für den Tagesbedarf eines Arbeiters drauf. Dieser Preis bedeutete, wenn eine Familie mit Nahrung, Kleidung und Unterkunft zu versorgen war, Hunger. **Und drei** (Tages)-**maße Gerste für einen Denar.** Gerste wurde außer in armen Gegenden für Pferd und Esel verfüttert. Jetzt kam geringwertiges Gerstenbrot auf den Familientisch. Erklärte sich diese Hungersnot durch Mißwuchs? Das könnte das dritte Sätzchen klären.

[204] Vermutlich sind die vier Wesen hier korporativ genommen, deren Stimmen miteinander erschallen.

Dem Öl und Wein tue keinen Schaden. Unter den verschiedenen Auslegungen[205] dieses Rufes empfiehlt sich diejenige, die die Verwendung von Öl und Wein im Sprachgebrauch der Offenbarung selbst berücksichtigt[206]. An den acht vorkommenden Stellen ist der Wein immer ein negativer Begriff. 14, 8; 17, 2; 18, 3 ist er Bild für üppiges, unsittliches Leben. In diesen Zusammenhang gehören auch 14, 10; 16, 19; 19, 15, und 18, 13 zählt Wein und Öl unter den Luxusartikeln der Reichen auf. Damit scheint hier darauf angespielt zu werden, daß die Reichen sich nach wie vor ihren Luxus zu verschaffen wissen, während die Bevölkerung darbt. Sie haben ihre Bezugsquellen und brauchen auf nichts zu verzichten. Vielleicht wäre sogar für alle genug Nahrung zu beschaffen; niemand brauchte zu hungern, aber Gleichgültigkeit, Egoismus und Bestechlichkeit haben die soziale Verantwortung zerfressen und zerstört. Zum Hunger kommt der Haß. Das ist die schwarze Kehrseite des weißen Reiters.

Das vierte Siegel (4. Reiter)

Offenbarung 6, 7–8

7 **Und als es das vierte Siegel öffnete, hörte ich die Stimme des**
8a **vierten Wesens sprechen: Lauf! * Und ich sah, und siehe, ein**
fahles Pferd, und der auf ihm Sitzende, des Name ist „Tod", und
8b **der Hades folgt ihm. * Und es wurde ihnen Vollmacht gegeben**
über den vierten Teil der Erde, zu töten durch das Schwert und
durch den Hunger und durch den (Pest)tod und durch die Tiere
der Erde.

Zu Vers 8:
Sach 1, 8
6, 1–3
Hos 13, 14
Hes 14, 21
5, 12. 17
3 Mo 26, 22 ff
Jer 14, 12
15, 2 f

Die Farbe[207] des **fahlen Pferdes** ist die Leichenfarbe und erinnert 7/8
überhaupt im Gegensatz zur Lebensfrische an kränkliches Aussehen. Aus der folgenden Bemerkung darf nicht das Bild von zwei Reitern entstehen, so daß man auf fünf apokalyptische Reiter käme. **Und der auf ihm Sitzende, des Name ist „Tod", und der Hades folgt ihm.** „Tod und Hades" ist auch 1, 18; 20, 13 ein Füllebegriff für eine einzige Wirklichkeit. Johannes sieht gewissermaßen den Tod und bei

[205] Der Satz könnte mildernd aufgefaßt werden. Der Mangel bezöge sich nur auf das Brotgetreide, und man könnte sich an anderen Nahrungsmitteln schadlos halten. Oder Öl und Wein werden auf geistliche Speise bezogen, die in Notzeiten stärkt. Gottes Gerichte ergehen nicht ohne Beweise seiner Liebe, die zur Umkehr bewegen will.

[206] So richtig Langenberg.

[207] Das grie Wort *chloros* für diesen grünlichen Farbton begegnet uns in „Chlor" (vgl. 8, 7; 9, 4).

nen Schatten oder den Tod und seine rechte Hand. Freilich sind hier beide persönlich gedacht wie auch Hos 13, 14 (vgl. 1 Ko 15, 55). Sie handhaben Dorn und Stachel wie Viehtreiber. Wie es Vers 8b deutlich ausspricht, verkörpert der vierte Reiter die Geißel des Altertums, die Pest (Anm. 134). Sie verbreitete Furcht und Entsetzen und war stärker als Großkönige und Feldheere. Gerade in Kriegszeiten schleppten Soldaten und Troß Keime für allerlei Seuchen ein, und die Menschen waren durch ihren schlechten Ernährungszustand besonders anfällig. So hielt der Tod reiche Ernte.

Und es wurde ihnen Vollmacht gegeben (Exkurs 4d) **über den vierten Teil der Erde.** Zu Kapitel 8, wo das Drittel als Strafmaß den ganzen Text durchzieht, werden diese Zahlenangaben erörtert. Dort wie hier handelt es sich jedenfalls um schwere Schläge, die aber noch Raum zur Buße lassen.

Bei genauerem Hinsehen ergibt sich ein für biblisches Denken bezeichnender Zusammenhang zwischen Sünde und Strafe. Gott holt die Strafe nicht von irgendwoher, so daß sie als etwas Zweites auf die Sünde gelegt wird, sondern die Sünde selbst kehrt sich gegen den Sünder, sie „findet" ihn (4 Mo 32, 23) und wird ihm so zur Strafe. Gott läßt das Tun des Täters auf dessen eignes Haupt zurückfallen (1 Kö 8, 32), so daß Sünde und Strafe sich decken[208]. In diesem Sinne spricht das prophetische Wort unüberhörbar von Kriegen und Kriegsfolgen als Plagen Gottes für eine antichristliche Welt, wobei nicht eine Sekunde daran zu denken ist, daß Gott diese Dinge erst in die Welt hereinträgt. Kriege stammen nicht aus seiner, sondern aus unserer Welt. Kriege verletzen alle zehn Gebote Gottes und sind böse. Aber wenn Böses nicht „gut geht", dann deswegen, weil Gott als Richter zur Stelle ist: „Gott hat sie dahingegeben in verkehrten Sinn, zu tun, was nicht taugt, ... voll Mordes" (Rö 1, 28–31). Zur Frage der unschuldig Leidenden siehe das fünfte Siegel.

Aber gab es all diese Erscheinungen nicht schon vor Christus? Wieso gehören sie gerade zum Gepräge der Endzeit? Tatsächlich ist der Satan Verführer und Mörder „von Anfang" (Jo 8, 44), d. h. von 1 Mo 3 an. Aber seit in aller Welt die Botschaft erschallt: „Friede auf Erden!", sind Ungerechtigkeit, Unterdrückung und Kriege viel ärgerlicher und schuldvoller. Mag früher dasselbe geschehen sein, aber jetzt besteht eine andere Situation. Jetzt ist die Liebe Christi in die Welt gekommen, jetzt wird die Welt, die sich nicht rufen läßt, auch

[208] So kann die hebr Sprache Sünde und Strafe mit demselben Wort ausdrücken; 1 Mo 4, 13 kann z. B. übersetzt werden: „Meine Strafe ist zu schwer", oder auch: „Meine Sünde ist zu groß." Zur Einheit von Sünde und Strafe vgl. auch 2, 22; 16, 3–6; 18, 6–7; 2 Th 1, 6; 2, 10; Hos 4, 6; Spr 26, 27; 28, 10; 29, 6. 23.

besonders verwerflich. Wäre die Liebe Christi nicht gekommen, könnte es auch nicht zur Verwerfung einer solchen Liebe und zu solch einer Verwerflichkeit der Welt kommen. Diese neue Entwicklung erkennt die Gemeinde seit Christus und nennt sie „Endzeit".

Der zusammenfassende Vers 8b[209] erwähnt noch das Sterben **durch die Tiere der Erde.** Das entvölkerte Land und die zertrümmerten Städte versteppen wieder, und mit der Wildnis kehren die Raubtiere in ehemaliges Kulturland zurück. Das ist die letzte und wahre Frucht des weißen Reiters: Rückschritt und Tod von vier, also von allen Seiten. Die Erde, die sich vom Lamm abwandte, leidet nun unter den wilden Tieren[210]. Der Antichrist ist der Totengräber der Weltkultur.

Das fünfte Siegel

Offenbarung 6, 9–11

9 **Und als es das fünfte Siegel öffnete, sah ich unten am Altar die**
Seelen derer, die geschlachtet worden waren um des Wortes Got-
10 **tes und des Zeugnisses willen, das sie hatten. * Und sie schrieen**
mit großer Stimme: Bis wann, (Eigentums-)**Herr,** (du) **Heiliger**
und Wahrhaftiger, fällst du kein Urteil („richtest du nicht") **und**
11 **ahndest nicht unser Blut an den Bewohnern der Erde? * Und es**
wurde ihnen, einem jeden, ein weißes Gewand gegeben, und es
wurde ihnen gesagt, daß sie ruhend verharren sollten noch eine
kleine Zeit, bis ihre Mitknechte und ihre Brüder, die zukünftig
getötet werden wie auch sie, vollzählig geworden sind.

Zu Vers 10:
Sach 1, 12
Ps 79, 5
5 Mo 32, 43
2 Kö 9, 7

Die Siegelöffnungen folgen dem Ablauf in den endgeschichtlichen 9
Reden der Evangelien (Exkurs 3a). Nach Krieg, Hunger und Seuchen, die den „Anfang der Wehen" bilden, folgen Jüngerverfolgungen. Aber während die Evangelien einen Abriß der äußeren Ereignisse liefern (Verhöre, Verrat, Haß, Mord), schweigt Johannes darüber und erwähnt nur gerade den Tatbestand der Tötung. Er blickt ja nach 4, 1 nicht auf die Erde. Er sieht diese Vorgänge, wie sie vor Gott erschei-

[209] „Ihnen wurde gegeben" bezieht sich nicht nur auf Tod und Hades, die ja als e i n Reiter gelten, sondern auf das ganze Gefolge des weißen Reiters, das sein Werk ausrichtet. Zwar findet sich hier nicht das gleiche grie Wort für Schwert (romphaia) wie in V. 4 (machaira), aber dieser Wechsel erklärt sich durch die Anlehnung an Hes 29, 5. Hesekiel benutzt regelmäßig diese andere Vokabel (vgl. im übrigen Anm. 78).

[210] Die Androhung von Plagen durch wilde Tiere findet sich häufig in der atst Gerichtsrede: 2 Mo 8, 13; 9, 3; 10, 4; 3 Mo 26, 22; 4 Mo 21, 6.

nen und wie sie auch das Innerste der Christen aufwühlen müssen, nämlich als Problem des Unrechtes, das in der Abschlachtung großer Scharen von Christen „überhandnimmt" (Mt 24, 12; das Verb erscheint hier in V. 11)[211]. Kann der Herr, der doch seine Gemeinde bauen wollte, immer wieder zulassen, daß gerade die tapfersten Bekenner beseitigt werden?

Nach der Siegelöffnung sah Johannes **unten am Altar die Seelen derer, die geschlachtet worden waren um des Wortes Gottes und des Zeugnisses willen, das sie hatten.** Der Himmel bietet sich ihm als himmlischer Tempel dar. Schon in Kap. 4 erschienen ihm Cheruben, priesterliche Gestalten, Chöre, Schalen und das gläserne Meer (vgl. Anm. 163). Jetzt kommt der Altar dazu[212]. Dieser himmlische Tempel und auch der Altar haben in der Offenbarung im Unterschied zum Hebräerbrief nichts mit Sühne zu tun, sondern sind Gebets- und „Befehlszentrale". Der Aufenthalt an diesem Altar ist Zeichen des Umganges mit Gott.

Was bedeutet es, daß Johannes am Untersatz des Altars Seelen Verstorbener „sah"? Was lag visuell vor? Dort wußte der Israelit eine Rinne, in die das Opferblut gegossen wurde (3 Mo 4, 7). Mit dieser Gießung wurden das Leben oder die Seele der Opfertiere Gott zurückgegeben. Einleuchtend ist darum die Auffassung, daß Johannes hier ausgegossenes Märtyrerblut erblickte. Diese Schau deutet er sofort: Ich sah Seelen[213]. Ihm wurden beim Anblick des Blutes die Menschen bewußt, deren Tod Sterben am Altar, d. h. unschuldiges Opfer für Gott[214] gewesen war und die in eine besondere Nähe Gottes gelangt waren[215]. Der Tod hatte sie nicht von Gott getrennt (Rö 8, 38).

Wie die Erwähnung des Altars darf auch die Rede vom Schlachten nicht mit Opfer im Sinne von Sühne zusammengebracht werden.

211 Vergießung von Märtyrerblut ist der Gipfel des Unrechtes. Indem die Offenbarung dieses Unrecht behandelt, spricht sie mittelbar auch über alles Unrecht unterhalb des Gipfels. Es hängt mit der Zweckbestimmung des Buches zusammen, daß es die vielen anderen Fälle des unschuldigen Leidens auf dieser Erde nicht ausdrücklich behandelt.

212 Es scheint in der Offenbarung zwischen dem „goldenen Altar", d. h. dem Rauchopferaltar (2 Mo 30, 3; hier 8, 3–5; 9, 13), und dem „Altar" (6, 9; 11, 1; 14, 18; 16, 7) unterschieden zu werden. Der letztere entspricht dem Brandopferaltar.

213 So nach Zahn. Es liegt also kein Anlaß vor, zu fragen, wie die „Seelen" wohl ausgesehen haben, oder sich die Seelen als Gestalten vorzustellen.

214 Zur Wendung „um des Wortes Gottes und um des Zeugnisses willen" s. zu 1, 2. Daraus, daß an dieser Stelle der Name Jesu fehlt, sollte nicht gefolgert werden, daß hier auch atst Märtyrer geschaut würden. Der Rahmen ist hier die Endzeit. Das Fehlen des Namens kann rhythmische Gründe haben.

215 Johannes sieht die Toten, die im Herrn sterben, nie im Hades, aber auch noch nicht in voller Erlöstheit (V. 10–11).

Schlachten ist in der Offenbarung ein allgemeiner Ausdruck für gewaltsames Töten.

Und sie schrieen mit großer Stimme. Blut schreit zu Gott (1 Mo 10
4, 10; Hbr 12, 24), und das Schreien der Gerechten greift in die Endereignisse ein (8, 3–5; vgl. Lk 18, 7)[216].

Inhaltlich ist das große Geschrei der Märtyrer eine Art Lama Sabachthani: „Mein Gott, mein Gott, warum hast du mich verlassen?" (Mk 15, 34). Dabei verlagert sich hier der Ton vom Warum auf das Wie-lange der Gottverlassenheit. **Bis wann** will Gott mit seinem Eingreifen warten? Daß diese Gottesmenschen vom Glück, vom Ansehen, von der Gesundheit und von ihrer Habe verlassen werden, vermögen sie schon zu ertragen. „Wenn ich nur dich habe, so frage ich nichts nach Himmel und Erde. Wenn mir gleich Leib und Seele verschmachtet, so bist du doch, Gott, allezeit meines Herzens Trost und mein Teil" (Ps 73, 25–26). Aber wenn eben dieser Trost ausbleibt, Gott sie also „verläßt" – das ist ihnen unerträglich. Dies Unerträgliche wird hier gedehnt.

Wie lange? durchtönt es viele Psalmen: 6, 4; 13, 2–4; 35, 17; 74, 10; 79, 5. 10; 89, 47; 94, 3 usw. Jedesmal zeichnet sich eine ähnliche Grundsituation ab: der Sturz in die Gottverlassenheit. Es war zu einer Herausforderung durch die Feinde Gottes gekommen, und die Knechte Gottes hatten sie im Namen Gottes angenommen. Die Kraftprobe begann – aber Gott? Schlief er, sah er gerade weg, oder war er überhaupt nicht da? Jedenfalls griff er nicht ein, wie Baal auf dem Karmel nicht eingriff und seine Priester der Lächerlichkeit preisgab. Gottes Volk wurde von den Gottlosen gedemütigt und auf die Schlachtbank gestreckt, den gellenden Hohn in den Ohren: Ha, ha, wo ist nun euer Gott! (vgl. Ps 42, 2; 79, 10; 115, 2; Joel 2, 17).

Der Tenor all dieser Psalmstellen und auch dieser Märtyrerstelle ist aber nicht das Wehgeschrei um sich selbst, sondern die Klage um Gottes Ehre. Im Vordergrund steht nicht: „Tu doch etwas für uns!", sondern: „Tu doch etwas für dich! Warum tust du nicht mehr für deine Sache, wenn es dir um deine Sache geht?"

Das bringt hier die seltene Gottesanrede zum Ausdruck: (Eigentums)**Herr**[217]! Es ist eigentlich der antike Hausherr (despotes), dem

[216] Im übrigen geht es in der Offenbarung durchweg laut zu. Von großen Stimmen ist 1, 10; 5, 2. 12; 6, 10; 7, 2. 10; 8, 13; 10, 3; 14, 7. 9; 15, 18; 18, 2; 19, 17 zu lesen, ferner von Stimmen wie die eines Löwen, einer Trompete, eines Wasserfalls, vieler Engel oder Massen. Während für uns die sichtbare Umwelt oft betäubend real ist und Gott und sein Reich uns nur mit mageren und dünnen Stimmen erreichen, ist es für Johannes umgekehrt: Die geistlichen Wirklichkeiten überwältigen ihn.

[217] Die umständliche Wiedergabe von *despotās* als „Eigentumsherr" soll erkennbar machen, daß hier nicht der sonst übliche Herrenname *kyrios* steht.

totes und lebendes Inventar gehören und dem die Knechte (V. 11) leibeigen sind. Wenn sie angetastet werden, wird er angetastet. Weil sie ganz und gar und von Herzen sein Besitz waren, sind ihre Leiden seine Leiden und ihr Tod für ihn Verlust. Außerdem ist er der **Heilige und Wahrhaftige**, der wahrhaft Heilige (Anm. 146), der nicht enttäuschen kann wie die scheinheiligen Götzen und Menschen. Diese Titel werden Gott hier vorgehalten, weil sie auf dem Spiel stehen. Wie kann er jetzt schweigen?! In dieses unerträgliche Schweigen strömen entsetzliche Zweifel ein: Haben wir für ein Hirngespinst gelitten?

Nach den Psalmstellen gab es diese Not in allen Jahrhunderten. Da für die Siegelgesichte aber die Nachtgesichte des Sacharja eine gewisse Rolle spielen (Exkurs 3d), verdient in diesem Zusammenhang das endgeschichtliche Wie-lange in Sach 1, 12 Beachtung. Es gibt eben nicht nur ein endgeschichtliches B a l d (1, 1). Die Naherwartung ringt mit der Anfechtung, daß Gott so fern ist und fern bleiben könnte. Man glaubt: Der Herr kommt bald! und erlebt das Kommen des Antichristus, der seine Siege feiert. Man bekennt: Jesus Christus herrscht als König!, aber Haß, Lüge und Gewalt stehen in Blüte, und das scheinbar unbehelligt, ja noch bestätigt durch merkwürdige Erfolge. Ist die Geschichte Gott nicht längst aus der Hand geglitten?

Es sei noch einmal betont, daß hier nicht persönliche Rachsucht die Stimme führt, nicht wildes Begehren nach Genugtuung gegenüber persönlichen Feinden. Selbstverständlich ist die Bewältigung des persönlichen Geschicks schwer und lastend. Unrecht bleibt Unrecht, auch wenn es einem selbst zugefügt wird und wenn man ein Mensch voller Feindesliebe ist. Denn Liebe kann sich in keinem Fall der Ungerechtigkeit freuen (1 Ko 13, 6). Sie schwelgt nicht im Leiden zu Unrecht. Es ist darum nicht unchristlich, unter der Not persönlich erlittenen Unrechts zu Gott zu schreien als dem gerechten Richter. Diesem Märtyrergeschrei sollten die persönlichen Töne also nicht völlig abgesprochen werden. Aber bei Märtyrern läßt sich Persönliches nicht mehr von der Sache Gottes trennen, denn sie haben sich und alles auf die Sache Gottes gestellt. In ihnen lebt eine geistliche Unruhe, bis Gott endlich „alles in allem" ist (vgl. 1 Ko 15, 28), weit über ihr eigenes Leben hinaus. Sie schreien nach einer vollen Durchsetzung von Wahrheit und Wahrhaftigkeit, von Recht und Gerechtigkeit von einem Ende der Erde bis zum anderen.

Bis wann fällst du kein Urteil und ahndest nicht unser Blut an den Bewohnern der Erde? Diese beiden Elemente aus dem Prozeßwesen[218],

[218] Die übliche Wiedergabe der beiden Ausdrücke mit „richten" und „rächen" ist hier absichtlich vermieden. Besonders „rächen" erscheint als stark gefühlsgeladener Begriff an

nämlich Schuldspruch und strafrechtliche Verfolgung, rufen die Erinnerung an haarsträubende Märtyrerprozesse wach. Die treusten Bürger wurden zu übelsten Verbrechern erklärt. Falsche Zeugen, feige Richter und stumpfsinnige Zuschauer standen im Kreis[219]. Von diesen Gerichten hatten die Angeklagten nichts zu erhoffen. „Sie vergossen Blut wie Wasser" (Ps 79, 3). Darum erheben die Märtyrer Einspruch und beantragen dringend die Wiederaufnahme ihres Verfahrens vor einer höheren Instanz, vor dem wahrhaft Heiligen.

Gott erhört das Gebet seiner Knechte, indem er ihnen ein Zeichen 11
und ein Wort schenkt. **Und es wurde ihnen, einem jeden, ein weißes Gewand gegeben.** Die wenigsten Blutzeugen werden von der Geschichte gewürdigt. Wie viele sind unbekannt geblieben und in Namenlosigkeit versunken — Lebensopfer ohne Echo. Aber Gott hört und weiß. Er übersieht keinen und ließ noch keinen vergeblich zu ihm schreien. Die Überreichung der weißen Gewänder bleibt im Rahmen des Prozeßwesens. Nach einer Sitte hatten Angeklagte in Schwarz zu erscheinen. Die Märtyrer waren solche Schwarzgekleideten gewesen. Aber Gott revidiert das Urteil und verfügt Umkleidung in Weiß[220]. Nun stehen die Gebrandmarkten im Glanze der Unschuld da. Sie haben sich auf Erden zu ihm bekannt, nun bekennt er sich im Himmel zu ihnen (vgl. Mt. 10, 32—33).

Und es wurde ihnen gesagt, daß sie ruhend verharren sollten noch eine kleine Zeit. Vor die große, vollkommene „Ruhe des Volkes Gottes" nach Hbr 4 ist noch die „kleine Zeit" vorgeschaltet, ein Ausdruck für die Durststrecke der Endzeit (Jo 14, 19; 16, 16. 17; aber auch 1 Pt 5, 10; Hbr 10, 37; vgl. Jes 54, 7 f.; Offb 12, 12; 20, 3)[221]. Sie wurde von den Betern als unerträglich lang empfunden, aber ein Zuspruch vom Throne her dämmt dieses Ferngefühl ein und stellt die Naherwartung wieder her. Gott redet. Sofort sind alle Gottes-

dieser Stelle irreführend. Aber die Wortwahl ist nicht das Entscheidende. „Nur wenn der Zorn und die Rache Gottes über seine Feinde als gültige Wirklichkeit stehen bleiben, kann von Vergebung und von Feindesliebe etwas unser Herz berühren. Wer zu schnell und zu direkt neutestamentlich sein und empfinden will, ist meines Erachtens kein Christ" (Bonhoeffer, Widerstand und Ergebung, S. 113).

219 Zum Ausdruck „Bewohner der Erde" s. zu 3, 10.

220 Hier ist im Unterschied etwa zu 3, 4. 5; 4, 4 vom O b e rgewand die Rede, vielleicht abhängig von der angedeuteten Kleidersitte vor Gericht. Jedenfalls gibt es keinen Grund, das weiße „Ober"gewand für geringwertiger zu halten als das weiße Gewand (Langenberg). Der Gebrauch der beiden Ausdrücke in der Offenbarung scheint regellos zu schwanken.

221 Die Wendung erscheint häufig im Johannes-Evangelium: 7, 33; 14, 19; 16, 16—19, ist hier aber nicht auf die Endzeit bezogen, sondern auf die Ostererscheinungen Jesu bzw. auf Pfingsten als Vorabschattung der endzeitlichen Wiederkunft des Herrn (vgl. Einleitung Nr. 49—50).

worte kräftig und lebendig, und der Glaube kann wieder atmen. In der Endzeit wird das Notgeschrei je und je aufbrechen, aber es gibt auch Trost und Stillewerden. Das Lobgetön von 4, 8 leidet dagegen keine Unterbrechung.

Erst jetzt folgt die ausdrückliche Antwort auf die Frage nach dem Wielange von Vers 10. **Bis ihre Mitknechte und ihre Brüder, die zukünftig getötet werden wie auch sie, vollzählig geworden sind.** Es gibt für die steigende Flut des Unrechts ein „bis hierher und nicht weiter". Gott kündigt diese unübersteigbare Grenze an. Sie besteht in der Vollzahl[222] der Blutzeugen[223]. Die genaue Zahl wird nicht genannt, aber es gibt sie. Gerade dann, wenn die Gewalt ihre größten Triumphe feiert und ihre höchsten Erfolgszahlen meldet, kommt ihr Zusammenbruch in Sicht. Christenverfolgungen machen Babylon gerichtsreif[224] und beschleunigen sein Ende[225].

Der Hinweis auf die Zahlengrenze für das Märtyrerleiden bedarf noch einer Abschirmung. Modernes Zahlenempfinden führt hier sicher in die Irre. Hinter dem Warten Gottes steht nicht sein Starren auf eine Statistik, auf eine willkürlich festgesetzte Zahl, für die nun geblutet werden müßte; Gott wartet vielmehr auf Menschen, die sich noch rufen lassen. Die Mission in aller Welt gehört zu den Dingen, die in der Offenbarung nicht unmittelbar behandelt werden wie etwa in der Apostelgeschichte, die aber an einigen Stellen deutlich vorausgesetzt ist (s. z. 3, 9; 5, 9). So auch hier. Allen Gefahren zum Trotz sollen noch mehr Zeugen zum Einsatz kommen, sollen noch mehr Völker und Menschen erreicht werden. Hier gilt Mk 13, 10: „Das Evangelium muß zuvor verkündigt werden allen Völkern." Nicht ein Zahlengesetz, sondern das Geduldmotiv (2 Pt 3, 9) spricht sich in der Antwort an die Märtyrer aus (zum positiven Sinn der Zahlen vgl. auch Exkurs 4d).

[222] Es geht hier nicht um sittliche Vollendung oder Vollendung des Laufes wie Jo 19, 30; Apg 20, 24; 2 Tim 4, 7. Diese Stellen haben einen anderen grie Ausdruck.

[223] Gott gegenüber heißen sie Knechte, der Gemeinde gegenüber Brüder. Johannes liebt Doppelausdrücke.

[224] Insofern handelt es sich auch in dieser Siegelvision um endzeitliche Zornesoffenbarung (Exkurs 3a). Dieser Zorn richtet sich aber nicht, wie es scheint und den Betroffenen selbst vorkommen will, gegen die Märtyrer selbst, sondern gegen ihre Verfolger. Den Märtyrern werden ausdrücklich weiße Kleider gereicht (V. 11). Wer Märtyrer macht, den hat Gott preisgegeben.

[225] Sehr ähnliche Gedanken begegnen auch in der spätjüdischen Apokalyptik (4 Esr 2 (4), 33—37; Hen 47, 1—4; 22, 5—8; 9, 1—3). Aber bei allem formalen Gleichklang schafft hier eine geringfügige Änderung einen starken inhaltlichen Unterschied. Die Apokalyptik spricht nämlich von den leidenden Gerechten aller Zeiten, Johannes aber von denjenigen, die um des „Wortes Gottes und um des Zeugnisses Jesu willen" litten und starben. Die Boten des Lammes und damit das Lamm als Botschaft sind die treibenden Geschichtsmächte. Davon wußten die jüdischen Apokalyptiker noch nichts.

Um den Trost der fünften Siegelvision zu empfangen, muß man nicht erst gestorben sein. Er gilt allen lebenden Bekennern in der Endzeit, die in Gefahr und Leiden stehen. Sie gilt denen, die erschreckt zurückzucken, die sich in Haft und Verhör befinden oder die schon die Todespforte durchschritten haben. „Selig, der da hört diese Worte und behält sie" (1, 3).

Das sechste Siegel

Offenbarung 6, 12–17

12 Und ich sah, als es das sechste Siegel öffnete, da geschah ein
großes Beben, und die Sonne wurde schwarz wie ein härener Sack,
13 und der ganze Mond wurde wie Blut. * Und die Sterne des Him-
mels fielen auf die Erde, wie ein Feigenbaum seine Feigen abwirft,
14 durch einen großen Wind geschüttelt. * Und der Himmel entwich
wie ein zusammengerolltes Buch, und jeder Berg und (jede) Insel
15 wurden von ihrer Stelle fortbewegt. * Und die Könige der Erde
und die Edlen und die Heerführer und die Reichen und die Star-
ken und jeder Sklave und Freie verbargen sich in den Höhlen und
16 in den Felsen der Berge. * Und sie sprachen zu den Bergen und
zu den Felsen: Fallt auf uns und verbergt uns vor dem Angesicht
des auf dem Thron Sitzenden und vor dem Zorn des Lammes.
17 * Denn gekommen ist der große Tag ihres Zorns, und wer kann
bestehen?

Zu Vers 12: Jes 13, 10; 50, 3; Hes 32, 7 f; Joe 3, 3 f
Zu Vers 13 f: Jes 34, 4
Zu Vers 15: Ps 2, 2; Jes 24, 21; Jer 4, 29; Jes 2, 10. 19. 21
Zu Vers 16: Hos 10, 8; Jes 6, 1
Zu Vers 17: Joe 2, 11; 3, 4; Zeph 1, 14 f; Nah 1, 6; Mal 3, 2

Einige Vorbemerkungen mögen die Auslegung dieses Abschnittes erleichtern. Die hier erwähnte Sonnen- und Mondfinsternis (V. 12b), der Sternensturz (V. 13), das kosmische Beben (V. 12a) und die panische Angst entsprechen Mt 24, 29 und Parallelen (vgl. Exkurs 3a). Das läßt erwarten, daß die gleiche Sache beschrieben wird, nämlich das Ende der Endzeit unmittelbar vor dem Kommen des Herrn. Diese Folgerung, der sich manche Ausleger entwinden möchten, scheint unentrinnbar. Johannes spricht hier fast ausschließlich in Wendungen, mit denen das AT den „Tag des Herrn" mit seinen Begleitumständen beschreibt (Einltg. Nr. 37). Leser, die im AT und in der Apokalyptik zu Hause waren, konnten kaum auf den Gedanken kommen, daß Johannes von etwas anderem spräche als von den letzten Signalen, die den Abbruch der Welt ankündigen. Die Menschen, die früher in den Fachwerkhäusern wohnten und bei Sturm das Gebälk knistern hörten, waren alarmiert. Ihr Haus war in seinem Gefüge angebrochen. Es mochte noch eine Weile stehen, konnte aber auch urplötzlich zusammenstürzen. Es stand auf Abbruch. Von diesem unmißverständlichen Knistern im Gebälk des Weltgebäudes handelt das sechste Siegel. Im Unterschied zu den vorangehenden Siegeln kündet es schon das Ächzen, Dröhnen und Brechen der Katastrophe an.

Die Fülle der atst Anklänge fällt in diesem Abschnitt auf. Daß Johannes sich bei der Beschreibung des Geschauten fast auf Wiederholung alter Verkündigungsbegriffe beschränkt, beweist seine Zurückhaltung. Bewußt bringt er zum Thema nichts Eigenes vor und gestattet sich keine Ausmalung. Selbst im AT vorhandene Ausmalungen verkürzt und verdichtet er zu Symbolbegriffen. Die eigentliche Bedeutung dieser Verse liegt also nicht darin, daß neuer Stoff zum Thema geliefert wird, sondern daß alter Stoff „christianisiert", also der Verkündigung des Lammes unterworfen wird. Durch kurze, aber wesentliche Zusätze am Anfang (V. 12) und am Schluß (V. 16) verkoppelt Johannes alles mit dem Evangelium. Wie ein Draht, dessen Enden mit einem Plus- und Minuspol verbunden werden, in seiner ganzen Länge in den Stromkreis gerät, so wird hier aneinandergereihtes atst Material am Anfang und am Schluß mit Christus zusammengebracht und dadurch vollständig christlich durchglüht (vgl. auch z. 7, 15)[226].

12 **Und ich sah, als es das sechste Siegel öffnete, da geschah ein großes Beben.** Es handelt sich um das letzte große Beben von 11, 13; 16, 18, das nicht mit den Erdbeben „hin und her" nach Mt 24, 7 gleichzusetzen ist[227]. Hier beben, wie die folgenden Verse entfalten, Erde, Himmel und Menschen. Alles Stämmige schwankt, alles Gesicherte wird entsichert. Die ganze alte Schöpfung gerät aus den Fugen. Das Weltbeben ist im AT ein Zeichen dafür, daß Gott zum Gericht naht

[226] Wie schon Einleitung Nr. 33 angedeutet, setzt diese Auslegung die Erlebnisechtheit der Offenbarung voraus (vgl. das Werk von C. Schneider). Johannes komponierte nicht aus atst Stellen seine eigene Zukunftsschau, von der er dann vorgibt, er habe sie in einer Offenbarung empfangen. Aber wie steht es mit der B e s c h r e i b u n g des Geschauten? An Stellen wie 14, 3; 19, 9; 21, 5; vgl. 10, 4 erging ein förmliches Diktat. Aber diese Stellen werden als Sonderfälle vermerkt, so daß sie eben nicht die Regel darstellen. In der Regel beschrieb Johannes die Gesichte mit Hilfe seiner ihm eigentümlichen Begriffswelt und mit seinem Wortschatz. Er wußte sich wie alle heiligen Männer Gottes, die uns das biblische Zeugnis gaben, vom Heiligen Geist umfaßt. Die Pausen zwischen ihren gelegentlichen ekstatischen Zuständen waren für sie nicht Dienstpausen. Ihr ganzes Menschentum war gottgeweiht. So wollen sie auch genommen sein. Darum können wir unbefangen das Tätigsein des Menschen Johannes bei der Entstehung der Abschnitte wahrnehmen und erörtern.

[227] Die Anschauung ist freilich von den örtlichen Erdbeben genommen, die im Mittelmeerraum und besonders um den Jordangraben fast täglich stattfanden, wenn auch nicht immer in gefährlichem Ausmaß. Bei jedem Erdbeben erfährt der Mensch nachhaltig seine Schutzlosigkeit. Gegen Überschwemmungen kann man sich schützen. Erdbeben kommen wie ein Dieb in der Nacht.

(Jes 13, 13; Hes 38, 19 f.; Joe 2, 10; Hag 2, 6; Nah 1, 5—6; vgl. Hbr 12, 26—27).

Ohne die stark vergeistigende Rede des Johannes zu verkennen — als deutliches Beispiel s. Vers 13 —, sollte man an dieser Stelle auch ihren sehr materiellen Sinn beherzigen. Diese sichtbare Welt ist nicht selbstverständlich. Weder entstand sie von selbst, noch dauert sie aus natürlicher Notwendigkeit an. Und wenn sie einst vergeht, dann nicht aus natürlichen Notwendigkeiten, sondern nach dem Willen Gottes. Weil Gottes Reich kommt, vergeht diese Welt. Die Bibel trennt sich von jeder Vergötterung und Verewigung der Naturkräfte, die in ihrer damaligen Umwelt, wie in unserer heutigen, so in Blüte standen.

Ferner sind nach der Bibel Mensch und Welt so miteinander verquickt, daß kein nachdrückliches Gericht über den Menschen denkbar ist, das an seiner Umwelt vorbeigeht. Das Gericht trifft ihn im Gericht über die von ihm vergötterten, zum Gegengott erhobenen Elemente. Weil die Sonne von altersher immer wieder scheint und Sommer und Winter, Frost und Hitze, Saat und Ernte verbürgt, weil die schier unverwüstliche Erde immer wieder ihre Frucht bringt, weil die herrlichen Berge unerschütterlich emporragen, die Inseln den Orkanen trotzen und die Gestirne in den Jahrtausenden gleichmäßig ihre Bahn ziehen, wurden sie dem Menschen zum Rückhalt. Sie schienen ihm zu erlauben, bei seinen geringschätzigen Gedanken über Gott zu bleiben. Sie und ihre unerschöpflichen Hilfsquellen waren sein neuer Verlaß, bei ihnen fühlte er sich sicher und aus ihnen schöpfte er immer wieder seinen traurigen Mut. Sonne, Mond, Sterne und Berge standen darum seit jeher im Mittelpunkt der religiösen Verehrung. Wenn nun dies alles wankt, ist auch der Mensch erschüttert. Jer 4, 23—26 bringt dieses Weltbeben ausdrücklich mit dem Anfang der Schöpfungsgeschichte zusammen. Es wird wieder alles wüst und leer und kehrt um zum Staub. Das Chaos kommt wieder. Johannes verkündet also in den Siegelgesichten das Lamm als den Liquidator der alten Welt.

Nach dieser Übersicht kann sich die Auslegung verhältnismäßig kurz fassen.

Und die Sonne wurde schwarz wie ein härener Sack. Hier ist die bildliche Sprache unverkennbar. Die Sonne legt Trauer an[228]. Vielleicht kann hier Hes 32, 8 verdeutlichen: „Alle Lichter am Himmel

[228] Der härene Sack, aus dem groben Haar dunkelbrauner oder schwarzer Ziegen gewebt, eignete sich besonders als Gewand der Trauer oder auch der Scham des Verurteilten (s. zu 6, 11), im AT nicht auf die Sonne, sondern allgemein auf den Himmel bezogen (Jes 50, 3; vgl. auch Jes 13, 10; 24, 23; Jer 4, 28, Joe 2, 2. 10; 3, 4; Am 8, 8—10 und Stellen im NT).

lasse ich über dir dunkel werden." Der Mensch ohne Christus ist ohne Lichtblick. Das gilt schon zu allen Zeiten; aber es kommt der Tag, an dem er das auch wissen wird, weil ihm die „Ersatzbeleuchtung" abgeschaltet und die Illusionen genommen werden. In den gleichen Zusammenhang gehört die schaurige Verfärbung des Vollmondes in dunkelrot: **Und der ganze Mond wurde wie Blut.** Auch an ein Unheilszeichen wäre zu denken.

13 **Und die Sterne des Himmels fielen auf die Erde.** Diese Aussage hat Not bereitet. Wie können die Sterne auf der Erde Platz finden? Waren es vielleicht nur Sternschnuppen, die für das Auge als Sterne erschienen? Fielen sie vielleicht nur in Richtung auf die Erde hin, dann aber an ihr vorbei in den Weltenraum? Oder hatte Johannes ein so naives Weltbild? Unter Umständen trauen wir ihm zu wenig zu! Er lebte in einem Landstrich, in dem die Wiege der abendländischen Philosophie und Wissenschaft gestanden hatte. Die dortige Astronomie hatte schon Jahrhunderte zuvor sehr realistische Vorstellungen von den Himmelskörpern. Vor allem aber führt die zweite Vershälfte eindeutig bildlichen Stil vor Augen. **Wie ein Feigenbaum seine Feigen abwirft, durch einen großen Wind geschüttelt.** Das ist deutlich dichterische Gestaltung, und zwar in Abwandlung ähnlicher Bilder in Jes 34, 4. Auch das gerichtsreife Ninive konnte mit einem Feigenbaum verglichen werden, dessen Früchte bald abgeschüttelt werden (Nah 3, 12).

14 Wie in Jes 34, 4 folgt hier dem Sternensturz die Einrollung des Himmels. **Und der Himmel entwich wie ein zusammengerolltes Buch.** Nachdem die Sterne abgeerntet sind (V. 13), lassen die haltenden Hände das Himmelsgewölbe fahren, so daß es wegschnellt wie eine Pergamentrolle. Statt auf das vertraute Himmelszelt starrt die entsetzte Menschheit in ein schwarzes Loch, durch das sogleich das zornige Antlitz des Lammes hereinblicken wird (V. 16). Die morgenländische Bildhaftigkeit ist eindrucksvoll.

Im Zusammenhang des Weltbebens spricht das AT häufig auch von der Einebnung oder vom Zerschmelzen der Berge und Hügel. Johannes nennt das Begriffspaar Berge und Inseln (6, 14; 16, 20) und spricht von ihrer Fortbewegung, die schon 2, 5 als Gerichtshandeln gedeutet werden mußte (vgl. auch Anm. 108). **Und jeder Berg und (jede) Insel wurden von ihrer Stelle fortbewegt.** Was die Berge für das Land sind, sind die Inseln für das Meer, nämlich Höhen. Wird hier hintergründig auf politische und wirtschaftliche Machtzentren angespielt, die entmachtet werden? Der nächste Vers stützt diese sinnbildliche Deutung.

15–17 schildern den Eindruck auf die Menschen. Sie fühlten sich

in dieser Welt, die sie erforscht und allmählich beherrscht haben, häuslich. Da erzittert ihr Weltenhaus unter unheimlichen Eingriffen von außen. Jemand deckt das Dach ab, reißt die Wände ein, erschüttert von unten den Boden. Panischer Schrecken befällt die „Bewohner der Erde" (V. 10)[229]. Die Angst schweißt sie alle zusammen. Umfassend, im Zeichen der Siebenzahl, werden sie aufgezählt (vgl. Hes 39,
18—20): **Und die Könige der Erde und die Edlen und die Heerführer** 15
und die Reichen und die Starken und jeder Sklave und Freie verbargen sich in den Höhlen und in den Felsen der Berge. In auswegloser Angst (Lk 21, 25) rennen sie hin und her und stecken schließlich ihre Köpfe in die Felsspalten, um sich irgendwie vor dem Richter zu verbergen, wie Adam sich vor Gott verbarg (1 Mo 3, 8; Flucht in die Höhlen
auch Jes 2, 10. 19. 21; Jer 4, 29). **Und sie sprachen zu den Bergen und** 16
zu den Felsen: Fallt auf uns und verbergt uns vor dem Angesicht des auf dem Thron Sitzenden. Das Rennen ums Leben wird zum Betteln um den Tod. Eine schauerliche Gebetsgemeinschaft derer, die das Lamm nicht anbeten wollten! Aber lieber tot, als vor Gott treten müssen (zum atst Hintergrund vgl. Hos. 10, 8).

Nachdem Johannes in diesen Versen Stück um Stück ehrfürchtig altes Prophetenwort nachgesprochen hat, schafft er wieder die klare Verbindung mit seiner Lammesbotschaft (s. Vorbemerkung z. Abschnitt). Die Bewohner der Erde fürchten sich auch **vor dem Zorn des Lammes.** Oft spricht die Offenbarung wie das AT vom Zorn G o t t e s (11, 18; 14, 10. 19; 15, 7; 16, 1. 19; 19, 15). Diese einmalige Stelle vom Zorn des L a m m e s ist wohl bewußt herausfordernd. Das Lamm zürnt!

Der Lammeszorn ist für die Menschheit die eigentliche Katastrophe. Der s o geliebt hat, zürnt. Und nichts im Text ermutigt, an einen Zorn mit Augenzwinkern zu denken („Ich meine es ja gar nicht so, ich tue im Augenblick nur so."). Es wird einmal offenbar werden, daß bei Christus Liebe und Zorn keine Widersprüche sind, wohl aber Liebe und Sünde. Darum fort mit einer Theologie der Harmlosigkeit, die weder Gott noch seine Gebote noch seinen Christus und seine Gemeinde noch die Sünde ernst nimmt — todernst aber die eigenen Redensarten und Gefühle. Zu all diesem spricht das letzte Buch der Bibel ein Nein. Gott ist ganz Gott in seiner Liebe und in seinem Zorn.

Das Lamm zürnt! Wo dann bleiben, wenn er kommt, und wie dann 17
antworten, wenn er fragt? **Denn gekommen ist der große Tag ihres Zorns und wer kann bestehen?** Wieder nimmt Johannes atst Wendungen auf. (Zum Bestehenkönnen vgl. Joe 2, 11; Mal 3, 2; Nah 1, 6; und

[229] Das Beben im sechsten Siegel kündet offensichtlich die Erhörung des Gebetes in V. 10 an. Auch Apg 4, 31; 16, 26; Jo 12, 28—30 antwortet Gott mit einem Beben.

zum Tag des Zorns Ze 1, 15. 18; Joe 1, 15; 2, 2; 3, 4; Nah 1, 6; Mal 3, 2; Jes 63, 4.) Diese Frage ist keine echte Frage mehr, sondern mehr ein entsetztes Aufheulen (1, 7). Niemand geht noch mit der Spannung in dieses Gericht, wie es wohl auslaufen werde. Jeder weiß, daß das Lamm allein Recht hat und allein Recht bekommt. Im Altertum verharrten Angeklagte kniend oder liegend. Im Fall der Gerechtsprechung durften sie sich erheben. Aber diese Angeklagten können nicht eine Sekunde stehen und sich nicht einen Millimeter erheben.

Zwischenstück: Das Volk Gottes im Beginn und nach der Drangsal

Offenbarung 7, 1–17

Die Versiegelung vor der großen Drangsal

Offenbarung 7, 1–8

Zu Vers 1:
Hes 7, 2
37, 9
Dan 7, 2
Sach 6, 5
Jer 49, 36
Zu Vers 3:
Hes 9, 4. 6

1 **Danach sah ich vier Engel an den vier Ecken der Erde stehen, die**
die vier Winde der Erde festhielten, damit kein Wind über die
Erde bläst noch über das Meer noch über einen einzigen Baum.
2 *** Und ich sah einen anderen Engel aufsteigen vom Aufgang der**
Sonne, der hatte ein Siegel des lebendigen Gottes und schrie mit
großer Stimme vier Engeln zu, denen gegeben war, der Erde und
3 **dem Meer Schaden zu tun, und sprach: * Tut nicht Schaden der**
Erde noch dem Meer noch den Bäumen, bis wir versiegeln die
4 **Knechte unseres Gottes auf ihren Stirnen! * Und ich hörte die**
Zahl der Versiegelten: hundertvierundvierzigtausend Versiegelte
5 **aus allen Stämmen der Söhne** (Nachkommen) **Israels; * aus dem**
Stamm Juda zwölftausend, aus dem Stamm Ruben zwölftausend,
6 **aus dem Stamm Gad zwölftausend, * aus dem Stamm Asser**
zwölftausend, aus dem Stamm Naphthali zwölftausend, aus dem
7 **Stamm Manasse zwölftausend, * aus dem Stamm Simeon zwölf-**
tausend, aus dem Stamm Levi zwölftausend, aus dem Stamm Isa-
8 **schar zwölftausend, aus dem Stamm Sebulon zwölftausend, aus**
dem Stamm Joseph zwölftausend, aus dem Stamm Benjamin
zwölftausend Versiegelte.

Nachdem 4, 1 bis 6, 17 in einem einzigen Zusammenhang gelesen werden wollte, soll hier ein Absatz entstehen. Die Kapiteleinteilung ist in diesem Fall also zutreffend. Die ersten Worte **danach sah ich** kündigen einen Szenenwechsel an (Anm. 160). Der Blick geht nicht mehr wie ab 4, 1 in den Himmel, sondern auf die Erde.

Es ist wichtig, diese Unterbrechung der Siegelvisionen wahrzunehmen. Die hohe Spannung, mit der die sechste Siegelvision endete, wird nicht sofort gelöst, sondern in der Schwebe gelassen. Es folgt nicht die Öffnung des siebten Siegels, sondern ein Einschub. Der Zusammenhang mit dem Voraufgehenden ist höchstens negativer Art. Im Abriß der Endzeit nach der Siegelreihe fehlte noch die Gemeinde. Zwar steht sie in Beziehung zu der Märtyrervision des fünften Siegels, aber sie ist nicht ihr Thema. Erstens besteht sie nicht nur aus Märtyrern, und zweitens erfährt sie in der Endzeit nicht nur Unrecht, sondern auch die unsagbare Liebe Christi (1, 5). Sie ist nicht nur wie Schafe unter Wölfe gesandt, sondern wird auch wie eine Herde von einem guten Hirten geleitet. Diese wesentliche Seite der Gemeindewirklichkeit konnte unmöglich im Rahmen eines Plagenschemas und unter dem Vorzeichen des Lammeszornes (Exkurs 3a und b) zur Darstellung gelangen. Die Gemeinde hat bei aller Einjochung in die Geschichte dieser Welt noch ihre eigene, besondere Geschichte. Dem wird hier ein Zwischenstück gerecht[230].

Danach sah ich vier Engel an den vier Ecken der Erde stehen, die die 1
vier Winde der Erde festhalten. Diese vier Ecken, aus denen die Gerichtsstürme über die Erde brausen, waren ein fester Begriff (Jer 49, 36; Dan 7, 2; Sach 6, 5). Auf Grund der letzten Stelle entsteht eine enge Verbindung zu den vier Unheilspferden der ersten vier Siegelöffnungen. Es handelt sich also bei den vier Winden wie bei den vier Pferden um Verderbensmächte der Endzeit. Nicht umsonst taucht für ihre Tätigkeit hier in Vers 3 dasselbe Wort wie 6, 6 auf. Sie machen die Erde zum Katastrophenfeld. Ihre Vierzahl ist wieder Totalitätsbegriff: sie gehen wie die Prüfung in 3, 10 über die ganze Erde[231].

[230] Oder beantwortet Kapitel 7 unmittelbar die ausklingende Frage von 6, 17: „Wer kann bestehen (vor dem Zorn des Lammes)?" Tatsächlich heißt es von der großen Schar in 7, 9, daß sie vor dem Thron Gottes und des Lammes „steht". Aber der Zusammenhang ist dort nicht das Endgericht. Dazu würde Johannes sagen: „Wer glaubt, kommt nicht mehr ins Gericht" (Jo 5, 24). Das Stehenkönnen vor Gott wird in V. 14 ausdrücklich mit dem zusammengebracht, was diese Menschen hinter sich hatten, mit der großen Drangsal. Darin haben sie gegen den Antichristen bestanden. Mit dem Zorn des Lammes waren und sind sie nicht konfrontiert.

[231] Lehrreich ist hier wieder ein Vergleich mit der jüdischen Apokalyptik, die z. B. in Henoch 34, 30 und 76 über diese „Winde des Unheils" ermüdend weitschweifige Auskünfte gibt. Danach gibt es zwölf Tore, verteilt auf die vier Seiten der Erde. Aus den vier Ecktoren, im Treffpunkt zweier Seiten, blasen Winde des Segens, auf die acht übrigen Tore sind die Elendswirkungen genau verteilt: Verheerung, Trockenheit, Hitze, Kälte, Heuschrecken, Nebel, Schnee, Frost, Brand usw. Johannes beschreibt keine Tore, stellt den schädlichen Winden keine guten Winde gegenüber, legt nicht fest, welches Verderben aus den einzelnen Himmelsrichtungen kommt. Er setzt die Vorstellung als bekannt voraus, deutet sie aber nicht im einzelnen aus. In V. 14, wo er noch einmal auf das Thema der Drangsal zu sprechen kommt, hat er das Bild von den Unheilswinden schon wieder verlassen.

Dieser Vers setzt voraus, daß die Stürme noch bevorstehen. So bestätigt sich die Auffassung, daß Kapitel 7 nicht die Handlung von Kapitel 6 verlängert, denn dort waren die Nöte der Endzeit schon weit vorgeschritten. Hier greift der Seher noch einmal hinter sie zurück, um die gleiche Zeitspanne noch einmal, aber unter einem anderen Blickwinkel zu zeigen.

Daß die Verderbensmächte sich nicht einfach austoben können, sondern von Engeln gehalten werden, erinnert wieder an die Kontrolle Gottes über alles Geschehen (Exkurs 4d), **damit kein Wind über die Erde bläst noch über das Meer noch über einen einzigen Baum.** An den Bäumen sieht man besonders deutlich Sturm oder Windstille. Hier zeigt sich, daß kein Bäumchen geknickt wird, wenn Gott es nicht will. Er übt äußerste Sorgfalt im Gericht. Bei ihm gibt es keinen blindwütigen Selbstlauf des Zorns wie beim Menschenzorn (Jak. 1, 20).

2 **Und ich sah einen anderen Engel,** der sich deutlich abhebt gegen jene vier Engel, die den Zorn verwalten, **aufsteigen vom Aufgang der Sonne.** Während sonst die Engel vom Himmel herabsteigen (10, 1; 18, 1; 20, 1), steigt dieser herauf, wie die Sonne aufsteigt. Es ist unverkennbar ein Licht- und Heilsengel. Also durchziehen vom Thron Gottes und des Lammes her nicht nur Zornwirkungen die Endzeit, sondern auch Heilsmächte sind am Werke[232].

Der Heilsengel **schrie mit großer Stimme vier Engeln zu, denen gegeben war, der Erde und dem Meer Schaden zu tun.** Merkwürdigerweise wird der Beginn dieses Kapitels gern mit dem Beginn des achten Kapitels verglichen. Hier herrsche eine große Stille auf Erden wie dort im Himmel. Aber von Stille kann hier keine Rede sein. Auch sollte man keinen langen Zeitraum in diese Verse hineindenken, etwa eine ganze Geschichtsepoche der Gnade und des friedlichen Gemeindeaufbaus. Was sagt der Text? Die Zornesenge' hatten bereits Befehl erhalten („ihnen war gegeben, Schaden zu tun"), die Stürme in die Endzeit zu entsenden. Da aber hat noch schnell ein anderer Befehl „Vorfahrt", der den ersten Befehl überholt und eher bei der Gemeinde ankommt als die große Drangsal. Wenn der Herr seiner Gemeinde also mit der Linken Lasten auflegt (5. Siegel), trägt er sie schon mit seiner starken Rechten samt ihren Lasten. Groß ist die Erfahrung der Drangsal, noch größer die Erfahrung Seiner Gemeinschaft in der Drangsal (Joh 16, 33).

Johannes sieht den Engel mit **einem Siegel des lebendigen Gottes ausgerüstet.** Im Altertum konnten Sklaven durch ihren Besitzer, Sol-

[232] Ist der Engel sinnbildliche Figur für Jesus und meint V. 2 das weihnachtliche Geschehen? In der Offenbarung sind Engel zu eindeutig dienstbare Geister, und gerade in den vorigen Kapiteln ist der Herr Jesus Christus zu nachdrücklich erhöhtes Lamm auf dem Thron, so daß es abwegig erscheint, in diesem Engel den Herrn selbst zu suchen.

daten durch ihren Feldherrn oder Gläubige durch den Priester versiegelt werden. Ein untilgbares Zeichen als unwiderrufliche Eigentumserklärung wurde ihnen eingeritzt, -geätzt oder -tätowiert. Darin sprach der Versiegler aber zugleich eine Schutzerklärung aus: Wer diesen antastet, tastet mich an! Hier stellt sich Gott selbst vor seine Knechte.

Paulus hat das Bild der Versiegelung für das göttliche Geschehen fruchtbar gemacht, durch das ein Mensch Christ wird, also für den Empfang des Heiligen Geistes (2 Ko 1, 22; Eph 1, 13; 4, 30). Dieser Sinn darf hier aber nicht unbesehen eingetragen werden. Hier geht es nicht ums Christwerden, auch nicht um Täuflinge, wie andere meinen. Die Versiegelung macht hier nicht zu Knechten Gottes, sondern betrifft solche, die es bereits sind. Eine wegweisende Parallele findet sich vielmehr Hes 9, 1–11: Gott will das götzendienerische Jerusalem richten. Hesekiel sieht sechs Männer mit Zerstörungswerkzeugen auftreten. Nur einer von ihnen trägt ein Schreibgerät. Der erhält den Auftrag, solche Bewohner, die ehrlich unter dem Abfall leiden, mit einem Erkennungs- und Schutzzeichen zu versehen, während den Gerichtsboten gesagt wird: Geht hinter ihm her und schlagt zu. Schont keinen. „Aber die das Zeichen an sich haben, von denen sollt ihr keinen anrühren." Nichts liegt für die hier besprochene Stelle der Offenbarung näher, als die Linien von Hesekiel herüberzuziehen. Auch hier erscheinen Gerichtsboten, denen ein mit dem Siegelgerät versehener Bote der Bewahrung gegenübersteht. Auch hier geht es um Strafe für falsche, götzendienerische Anbetung (Kap. 13) und um Schonung für die Treuen mitten in endzeitlichen Gerichten. Die außerordentliche Not ruft außerordentliche Treueeingriffe Gottes auf den Plan.

Von diesen außerordentlichen Eingriffen der Treue Gottes in der Endzeit sprechen auch Mt 24, 21–22; Lk 21, 36 und 1 Ko 10, 13. Vielleicht läßt Gott mehr zu, als seine Knechte verstehen, nimmermehr aber mehr, als sie ertragen können. Er bewahrt sie nicht vor allem Schweren (6, 9–11), wohl aber vor allem Bösen, d. h. vor dem Abfall. Allgemeiner Abfall ist für die Gemeinde des Endes die furchtbarste Erfahrung (Mt 24, 10; 2 Th 2, 3; 1 Tim 4, 1; 1 Jo 2, 18–19). Doch soll in der allgemeinen Erschütterung und Auflösung eine wunderbare Unerschütterlichkeit des wahren Zion offenbar werden (Ps 46, 2–8). Bei den Versiegelten gewinnen Lüge und Verführung keinen Raum. Sie bleiben Knechte Gottes und Priester und Zeugen bis zum Schluß[233].

Zur Versiegelung so vieler Personen paßt es, daß der Heilsengel 3
Gehilfen hat. **Er sprach: Tut nicht Schaden der Erde noch dem Meer**

[233] s. Lohse, S. 48

noch den Bäumen, bis wir versiegeln die Knechte unseres Gottes auf ihren Stirnen. Diese versiegelten Knechte Gottes[234] haben ihr Gegenbild in den Versiegelten von 9, 4; 13, 16; 14, 9. 11; 16, 2; 19, 20; 20, 4. Wer sie selbst sind, wird Vers 4–8 deutlich machen.

4 **Und ich hörte die Zahl der Versiegelten.** So manches Mal setzt innerhalb einer Vision eine erläuternde Audition ein (1, 17; 6, 6). Das Geschaute soll auch richtig verstanden werden. Hier lenkt eine Stimme, deren genaue Herkunft unerwähnt bleibt, die Aufmerksamkeit des Johannes von Fragen des Vollzuges der Versiegelung – er bleibt völlig unanschaulich – auf den Personenkreis der Versiegelten.

Ihre Zahl wird auf dem Wege einer ausdrücklichen Offenbarung bekannt. Sie läßt sich nicht einfach durch Zählen ermitteln. So entsteht kein Gegensatz zur unzählbaren Schar von Vers 9. Beide Gruppen sind für Gott zählbar und für Menschen unzählbar. Für eine solche Zahl, die Gegenstand einer Offenbarung ist, bietet Kap. 13 ein weiteres Beispiel. Dort begegnet uns in Vers 18 eine Zahl, die nicht auf rechnerischer Ebene zu suchen ist: An Stelle ihres Zählwertes ist ihr Gleichniswert zu suchen.

Nach 13, 17; 15, 2 decken sich Zahl und Name. In dieser Siegelvision kündigt die Stimme im gleichen Sinn eine Zahl an und nennt daneben ebenfalls einen Namen.

Schon durch diese Zusammenhänge zeichnet sich für die Auslegung der Hundertvierundvierzigtausend der Weg ab. Offenbarung setzt immer ein Wesensgeheimnis voraus. Die Ankündigung ließe sich also umschreiben: „Ich hörte das Geheimnis der Versiegelten." Niemand sollte erwarten, daß darauf eine Angabe der Kopfzahl der Versiegelten folgt statt vielmehr eine Bestimmung ihres Wesens: **Hundertvierundvierzigtausend Versiegelte aus allen Stämmen der Söhne Israels.**

Obwohl die Zahl **hundertvierundvierzigtausend** im AT fehlt, trägt sie an dieser Stelle durch ihre ausdrückliche Zusammensetzung in Vers 5–8, also durch ihre Verkopplung mit den zwölf Stämmen Israel, atst Gepräge. Zwölf ist darin die Grundzahl, und Grundstock der Gemeinde der Versiegelten ist damit das atst Zwölfstämmevolk. Hundertvierundvierzig ist das Quadrat von zwölf, worin sich die ideale Vollständigkeit des Gottesvolkes (durch Auffüllung durch die Hei-

[234] Der Ausdruck bezeichnet ab 1, 1 (s. d.) die wahren Glieder der Gemeinde aus Juden und Heiden. Ausleger aus allen Lagern, von der liberalen Schule (z. B. H. J. Holtzmann) bis zu pietistischen Kreisen, beschränken die Versiegelung auf Judenchristen, andere auf eine Auslese besonders bewährter Geistchristen (T. Beck), auf Märtyrer oder Asketen (wegen V. 14; 14, 4; Bousset, Lohmeyer, Behm) oder auf die Anhänger der eigenen Religionsgemeinschaft (z. B. Jehovas Zeugen). Die folgenden deutenden Verse spielen dabei eine Rolle.

denchristen?) kundtut. Das Quadrat wiederum wird vertausendfacht, wobei tausend als der Inbegriff großer Menge gilt (Hio 9, 3; Ps 84, 11; Jes 60, 22; Offb 5, 11 usw.). So entsteht eine höchstmögliche Vervielfältigung. Von hier aus geht es nicht an, an eine Versiegelung einer christlichen Auslese zu denken (Anm. 234). Die ganze Gemeinde, so weit sie nur wirklich Gemeinde ist, wird versiegelt. „Sie werden nimmermehr umkommen, und niemand wird sie aus meiner Hand reißen. Der Vater, der sie mir gegeben hat, ist größer als alles, und niemand kann sie aus meines Vaters Hand reißen" (Jo 10, 28–29). „Es ist keiner von ihnen verloren gegangen, ich habe sie bewahrt" (Jo 17, 12).

Der Gedanke der Größe des Gottesvolkes wird in Vers 9 fortgeführt, der Gedanke der Ganzheit hier in Vers 5–8.

Israel war im Urchristentum Ehrenname der Gemeinde aus Juden und Heiden. Ihre Glieder sind Abrahams Kinder (Gal 3, 29), die rechte Beschneidung (Phil 3, 3), die wirklichen Juden (Rö 2, 29; Offb 2, 9; 3, 9), das Israel Gottes (Gal 6, 16; Rö 9, 6–8; 11, 26; 1 Ko 10, 18), das neue Jerusalem (21, 12. 14) und „mein Volk" (18, 4; 21, 3)[235].

Ein Teil der genannten Stellen läßt aber erkennen, wie umkämpft und angefochten dieses Selbstverständnis der urchristlichen Gemeinden war. Schon bei der Deutung des goldenen Leuchters 1, 20 zeigte es sich. Dort, hier und auch schon bei Paulus gilt ein solches Volkgottes-Verständnis als ein Geheimnis, das sich ohne Offenbarung nicht erschließt oder wieder verschließt. Das vorliegende Buch bringt von 1, 5–6 an immer wieder geistliche Durchbrüche dieser Gewißheit. In 14, 1–5 sieht Johannes die Hundertvierundvierzigtausend noch einmal und wird wieder gewiß: „Diese sind erkauft von der Erde ..., aus den Menschen (nicht allein aus den Juden!) zu Erstlingen Gott und dem Lamme."

Die Verse 5–8 enthalten die Bestandsaufnahme des wahren Israel, 5–8
des wahren Zwölf-Stämme-Volkes (vgl. Jak 1, 1) in ausführlichster

[235] Um Mißverständnisse zu vermeiden, empfiehlt es sich, bei der Gemeinde nicht vom neuen, sondern vom erneuerten Israel zu sprechen. So scheidet die Vorstellung eines zweiten Gottesvolkes aus. Das eine und einzige Gottesvolk hatte einen Niedergang erfahren, der es bis auf einen Grundstock zurückschnitt, „wie beim Fällen noch ein Stumpf bleibt" (Jes 6, 13). Dieser „Stumpf" ist letzten Endes Christus (s. zu 1, 4. 6). „Ein heiliger Same wird solch ein Stumpf sein." Das Bild vom Stumpf wechselt über in das vom Samen, wie Jesus selbst es dann aufgreift (Jo 12, 24). Der Gekreuzigte bringt viel Frucht, der Erhöhte zieht Juden und Heiden zu sich (Jo 10, 16; 12, 32). Paulus spricht Rö 11 von der Einpfropfung der Heiden in den Grundstamm Israel. Weil sie in Christus Jesus sind, leben sie in Israel als Miterben, Mitleib, Mitbürger und Hausgenossen (Eph 2, 19; 3, 6). Gerade der Epheserbrief ist eine einzige Beschwörung, das durch den Tod Jesu zusammengefügte Israel nicht wieder in Juden und Heiden aufzuspalten. Immer wieder will sich der alte Riß zeigen, und Kapitel für Kapitel bringt Paulus die Christusklammer an: e i n e Gemeinde!

Feierlichkeit[236]: **aus dem Stamm Juda zwölftausend, aus dem Stamm Ruben zwölftausend, aus dem Stamm Gad zwölftausend, aus dem Stamm Asser zwölftausend, aus dem Stamm Naphthali zwölftausend, aus dem Stamm Manasse zwölftausend, aus dem Stamm Simeon zwölftausend, aus dem Stamm Levi zwölftausend, aus dem Stamm Isaschar zwölftausend, aus dem Stamm Sebulon zwölftausend, aus dem Stamm Joseph zwölftausend, aus dem Stamm Benjamin zwölftausend Versiegelte.** Grundgedanke ist dabei die unverstümmelte Ganzheit, wie Gott sie schaut, während die Christen selbst ihre Zerstreuung erleben, und das besonders in den angekündigten Verfolgungszeiten. Aber Gott verliert keinen, der ihm vertraut. Er führt genau Liste und gleicht dem Hirten, der sich nicht mit den neunundneunzig verbliebenen Schafen tröstet, wenn er eines vermißt. Das Gezähltsein bedeutet also wie Mt 10, 30: Fürchtet euch nicht!

Das Stehen vor dem Thron nach der großen Drangsal

Offenbarung 7, 9–17

Wie der erste Abschnitt des Kapitels teilt sich auch dieser in die Vision (V. 9–12) und ihre Deutung (V. 13–17):

Zu Vers 10: Jes 6, 1

9 **Danach sah ich, und siehe, eine große Schar, die niemand zählen**
konnte, aus allen Nationen, Stämmen und Völkern und Sprachen,
stehend vor dem Thron und dem Lamm, bekleidet mit weißen
Gewändern und Palmen(zweige) **in ihren Händen** (tragend).
10 * **Und sie schrieen mit großer Stimme und sprachen: Das Heil**
11 **unserm Gott, der auf dem Thron sitzt, und dem Lamm!** * **Und**
alle Engel hatten sich rings um den Thron und um die Ältesten
und die vier Wesen gestellt und fielen (jetzt) **vor dem Thron auf**
12 **ihr**(e) **Angesicht**(er) **und huldigten Gott** * **und sprachen: Amen.**
Der Lobpreis und die Herrlichkeit und die Weisheit und die Danksagung und die Ehre und die Kraft und die Stärke unserm Gott in die Zeiten der Zeiten. Amen.

9 Mit dem Auftakt **danach sah ich** kündigt sich abermals ein Szenen-

[236] An der Liste fällt die Voranstellung Judas (wegen 4, 5?) und vor allem das Fehlen Dans auf, obwohl es doch auf „alle Stämme Israels" ankam (V. 4). Der Stamm Dan galt als besonders bundesbrüchig, und man erwartete aus ihm den Antichristen. Aber es scheint aussichtslos, die besonderen Absichten dieser Aufzählung zu ergründen. Im AT gibt es nämlich etwa zehn Stämmelisten, die alle mehr oder weniger voneinander abweichen; auch die hier genannten Besonderheiten finden sich schon. Hier wird nicht eine historische, sondern eine geistige Größe umrissen.

wechsel an (Anm. 160). Es ist ein Ortswechsel, denn Johannes schaut nun nicht mehr wie 7, 1 auf die Erde, sondern in den himmlischen Tempel (V. 15). Hinzu kommt ein völliger Situationswechsel. Während die Versiegelung ausdrücklich den Endzeitstürmen vorausging, liegt die große Drangsal hier bereits zurück (V. 14). Damit hängt ein Stimmungswechsel zusammen. An die Stelle einer unheilsschwangeren Spannung im Blick auf bevorstehende Gefahr tritt Siegesgesang. Schließlich ist es für die Auslegung nicht unwichtig, den Wechsel der Darstellungsform wahrzunehmen. Die Versiegelten waren lediglich Gegenstand einer Audition (Hörerlebnis, Vernehmen einer Stimme; V. 4), von der unzählbaren Schar aber empfängt Johannes ein visionäres Bild. – Nicht wenige Ausleger lesen schließlich auch noch einen Wechsel der Personengruppe heraus[237]. Danach deckt sich die große Schar nicht mit den Versiegelten. Was sagt der Text?

Und siehe, eine große Schar, die niemand zählen konnte. Wie Vers 4 drängt sich wieder der Eindruck der Größe auf. Die Abrahamsverheißung von 1 Mo 15, 5 ist erfüllt: „Zähle die Sterne. Kannst du sie zählen? So zahlreich soll deine Nachkommenschaft sein." Abraham kann sie n i c h t zählen. Sie ist für ihn nach Hbr 11, 12 unzählbar, was selbstverständlich für Gott nicht gelten kann. So ist auch diese Schar unzählbar für Johannes, aber zählbar für Gott, und es liegt kein Widerspruch zu Vers 4 vor. Dort hat Gott gezählt und kann die Zahl offenbaren, hier versucht Johannes es und stößt auf die Unzählbarkeit.

Die Erinnerung an Abraham verstärkt sich bei der folgenden Herkunftsbezeichnung. **Aus allen Nationen, Stämmen und Völkern und Sprachen**[238]. Durch Abraham sollten „gesegnet werden alle Völker, alle Geschlechter auf Erden" (1 Mo 22, 18; 13, 3). Die Vierzahl der Bestimmung betont wieder das Umfassende. Johannes sieht in der Gemeinde die in Abraham gesegnete Menschheit.

Aber die Rede von der Zahl, die niemand zählen kann, will auch in den Zusammenhang des Buches gestellt werden. 2, 17 gibt es einen Namen, den niemand wissen, und 14, 3 ein Lied, das niemand lernen kann. Zahl, Name und Lied beziehen sich auf die sieghafte Gemeinde. Diese Zusammenstellung lenkt noch einmal von der Zahl im Sinne einer Kopfzahl ab (s. z. V. 4). Etwas zählen heißt nun ähnlich wie das Wissen um seinen Namen: seiner mächtig sein. Kann niemand die Zahl der Schar zählen als Gott, ist sie also völlig in seiner Macht geborgen (vgl. 2, 17). Diesem Wesensbild der Gemeinde widerspricht

[237] Holtzmann (Anm. 191), Stokmann, Langenberg und viele andere.

[238] Die Aufzählung wiederholt wörtlich 5, 9 (s. d.). Dort steht die Gemeindegeschichte am Anfang, hier an ihrem Ende. Der Kreis hat sich geschlossen.

freilich noch ihr Erscheinungsbild. Gerade in der großen Drangsal wird sie spürbar von fremden Fäusten gepackt. „Wir werden getötet den ganzen Tag; wir sind geachtet wie Schlachtschafe" (Rö 8, 36). Einst aber gelangt die Gemeinde zur Einheit von Wesens- und Erscheinungsbild. Dieses Einst schaut Johannes und verkündet es den Gemeinden: Niemand kann uns aus Seiner Hand reißen! Die in Gott verborgene Zahl der großen Schar erinnert also an die gleiche Gemeindewirklichkeit, die 7, 1–8 unter dem Bild der Versiegelung bezeugt wurde.

Johannes schaut diese Gemeinde aus allen Nationen, Stämmen, Völkern und Sprachen, die das völkerverwirrende Babel (s. z. V. 10 und vgl. 1 Mo 11, 9) überwunden hat und die die Erstlinge (14, 4) einer wiedervereinigten Menschheit darstellt, versammelt um das Heilungszentrum, **stehend vor dem Thron und dem Lamm** (s. z. 5, 13). Sie sind **bekleidet mit weißen Gewändern** wie die Märtyrer im fünften Siegelgesicht. Deren Zahl ist jetzt also voll (6, 11), alle sind beisammen als die eine große Schar, und die Drangsal ist an ihr Ende gelangt. Die Vollzahl erinnert wieder an 7, 4. Außer dem Siegergewand tragen sie noch **Palmen**(zweige) **in ihren Händen.** Das Bild ist für griechische Augen, die so manchen Sportkämpfer mit dem Palmenzweig auf dem Siegerpodest gesehen haben, eindeutig. Aber auch in einer jüd Schrift findet sich der Satz: „Wer den Palmenzweig in seiner Hand trägt, von dem wissen wir, daß er der Sieger ist"[239].

10 Alles ist hier auf Sieg gestimmt. Es folgt das Siegesgeschrei. **Und sie schrieen mit großer Stimme und sprachen: Das Heil unserm Gott, der auf dem Thron sitzt, und dem Lamm.** In freudig erhobenen, donnernden Sprechchören[240] feiern sie den Sturz Babels[241]. Nach überwältigender Erfahrung wird preisend wahrgenommen, daß bei Gott Heil ist. Er ist würdig, den Retternamen zu tragen.

11 Wie in 5, 11, zu Beginn der Endzeit, fallen auch in diesem Gottesdienst zum Schluß der Endzeit die Engel ein. **Und alle Engel hatten**

[239] Str. Bill. II 789.

[240] Langenberg, der in diesen Rufenden nicht die vollendete Gemeinde sieht, geht hier auf die ursprüngliche Bedeutung des grie Wortes *krazo* für schreien, nämlich krächzen, zurück. Es fehle diesem Geschrei also der Wohlklang und die voller Erlösungsfreude. Gewiß gibt es mancherlei Geschrei (2 Mo 32, 18), und 6, 10; 12, 2; 18, 18. 19 berechtigt der Zusammenhang, an eine heisere, gequälte Stimme zu denken. An vielen Stellen aber, wie auch hier, soll an die Lautstärke gedacht werden (7, 2; 14, 15; 18, 2; 19, 17; Jo 1, 15; 7, 28. 37–38; 12, 44). Unerlöstheit liegt hier fern. Der Zusammenhang kündet Sieg und noch einmal Sieg.

[241] Diese Deutung legen die beiden anderen Heilruf-Stellen des Buches nahe: 12, 10; 19, 1. Daß die Triumphlieder dieser drei Kapitel zusammengehören, drückt sich auch darin aus, daß Johannes nur in ihnen seine Zurückhaltung durchbricht und von „unserem Gott" spricht. So singt die vollendete Gemeinde!

sich rings um den Thron und um die Ältesten und die vier Wesen gestellt und fielen (jetzt) **vor dem Thron auf ihr(e) Angesicht(er) und huldigten Gott.** Mit einem einleitenden Amen bestätigen sie den
Siegesspruch der Gemeinde: **Amen. Der Lobpreis und die Herrlich-** 12
keit und die Weisheit und die Danksagung und die Ehre und die Kraft und die Stärke unserm Gott in die Zeiten der Zeiten. Amen. Die sieben Glieder ihres Lobspruches erinnern an 5, 12. Wie dort das Lamm, so empfängt hier Gott ein Lob. Diese Kette von Preisungen wirkt aber durch den vor jedes Glied neu gesetzten Artikel besonders feierlich und wuchtig, und daß hier (statt „Reichtum" 5, 12) „Danksagung" eingefügt und der ganze Spruch durch **Amen** eingerahmt wird, erhöht den Eindruck eines zurückschauenden und abschließenden Gottesdienstes.

Aus praktischen Gründen hat diese Auslegung bereits mehrfach auf die folgenden deutenden Verse vorgegriffen. Sie entscheiden über das Verständnis der Vision.

13 **Und es hob einer von den Ältesten an** („antwortete") **und sprach**
zu mir: Diese, die mit weißen Gewändern Bekleideten, wer sind
14 **sie und woher sind sie gekommen? * Und ich habe zu ihm gesagt:**
Mein Herr, du weißt es! Und er sprach zu mir: Diese sind die
aus der großen Drangsal Kommenden, und sie haben ihre Ge-
wänder gewaschen und sie weiß gemacht in dem Blut des Lam-
15 **mes. * Darum sind sie vor dem Thron Gottes und dienen ihm**
(priesterlich) **Tag und Nacht in seinem Tempel, und der auf dem**
16 **Thron Sitzende wird sein Zelt ausdehnen über sie, * und sie**
werden nicht mehr hungern noch mehr dürsten, noch wird auf sie
17 **fallen die Sonne noch irgendeine Hitze, * denn das Lamm in der**
Mitte („gegen die Mitte") **des Thrones wird sie weiden und sie**
leiten zu Lebenswasserquellen, und Gott wird abwischen jede
Träne aus ihren Augen.

Zu Vers 14: Dan 12, 1; 1 Mo 49, 11
Zu Vers 15: Jes 6, 1
Zu Vers 16: Jes 49, 10; Ps 121, 6
Zu Vers 17: Hes 34, 23; Jer 2, 13; Ps 23, 2; Jes 25, 8

Wie die Seher in Jer 1, 11; Hes 37, 3; Sach 4, 2 wird auch Johannes nach seinem Verständnis einer bestimmten Einzelheit gefragt. Auf diesen Punkt kommt es an. Ein ähnliches Gespräch wird in der Offenbarung noch ein zweites Mal geführt, nämlich 17, 7–18. Dort bezieht sich die Frage auf die Gefolgschaft Babylons, hier auf die Gefolgschaft des Lammes. Schon diese Umstände schließen für die hier zu deutende Gruppe aus, daß es sich um eine christliche Untergruppe handeln könnte (vgl. Anm. 234).

Gefragt wird nach denen, die durch Gewand, Palmen und Ruf 13
unverkennbar Sieger waren. **Und es hob einer von den Ältesten an** („antwortete") **und sprach zu mir: Diese, die mit weißen Gewändern**

Bekleideten, wer sind sie? Ihrer genauen Identifizierung dient die weitere Frage: **und woher sind sie gekommen?** Das Woher entscheidet über das Sein und auch über das Wohin.

Es scheint, daß die sprachliche Form des Folgenden eine besondere Eilfertigkeit[242] des Johannes ausdrückt. Er gibt die Frage auf der
14 Stelle und selbstverständlich zurück. **Und ich habe zu ihm gesagt: Mein Herr, du weißt es!** Die Ausleger folgern aus dieser Antwort einmütig: Johannes wußte es nicht. Bezeichnend ist jedoch ein Vergleich mit Jo 21, 15–17: „Herr, du weißt, daß ich dich lieb habe." Wußte Petrus es etwa nicht? Hatte er seine Liebe nicht dreimal beteuert? Ja, aber er spürte, daß diese Gewißheit ihren Schwerpunkt nicht in ihm, sondern im Herrn haben muß. Er für seine Person wußte um seine Liebe zu Jesus, aber was bedeutete das schon! Daß Jesus es wußte, erst das bedeutete Gewißheit. Ähnlich mag hier zu umschreiben sein: Ich ahne es wohl, wer diese Sieger sind; aber mir zittert dabei das Herz. Zugleich erscheint es mir so unglaublich. Bitte, sag du es, bestätige es von der höheren Warte aus, damit ich legitimiert bin, es den Gemeinden zu verkündigen.

Warum konnte Johannes kein völlig Unwissender sein? Weil sich das Bild von 7, 9 überaus genau mit der für die Siegelreihe grundlegenden Schau von 5, 9 deckte. Es drängte sich geradezu auf, in der großen Schar die Erkauften des Lammes von 5, 9 zu sehen. Auch der einfallende Engelchor 7, 10 versetzte wieder in die Lage von 5, 10. Nur daß Johannes die Gemeinde jetzt im Licht ihrer Vollendung sah, mit Siegergewand, Siegerpalme und Siegesruf, d. h. nach einem wunderbaren Gestaltwandel. Er sah die Gemeinde so, wie er sie noch nie gesehen hatte, nicht mehr als die Schlachtschafe (6, 9), nicht mehr als die Ärmlichen (2, 9) und Wirkungslosen (3, 8), sondern in Siegergestalt. Scheu steht Johannes vor dem Ungewohnten und Überwältigenden und bittet den Engel, es zu formulieren.

Und er sprach zu mir: Diese sind die aus der großen Drangsal Kommenden. Die überraschende Gegenwartsform von den „Kommenden" hat Joh. Behm verleitet, sich vorzustellen, wie sich der endlose Zug noch herbeibewegt. Aber das paßt nicht zu dem, was Johannes wirklich sah. Nach Vers 9 erblickte er eine „Vollversammlung", um den Thron stehend mitsamt allen Nachzüglern, endlich in Sicherheit. Keine Flamme der Trübsalshitze hauchte sie mehr an oder leckte ihnen nach. Das war vorbei. Aber das war nicht vergessen! Im Präsens mag die frische Erinnerung zum Ausdruck kommen. Die Drangsal ist am Tage des Siegs noch lebendig gegenwärtig. Sie vermochte den Sieg nicht zu hindern. Ausgerechnet in der „großen Drang-

[242] Auch 5, 7 und 8, 5 ist die Form der vollendeten Vergangenheit kaum zufällig gewählt.

sal" entstand die „große Schar" (V. 9). Die Leser und Hörer des Buches, die noch „Genossen der Drangsal" waren (1, 9), sollen jetzt schon an diesen Zusammenhängen teilhaben und trotz Angst mitsprechen: durch große Drangsal hindurch zur Siegesfeier der großen Schar!

Der Ausdruck **„große Drangsal"** stammt aus Dan 12, 1 und erscheint auch Mt 24, 21; Offb 2, 22; 7, 14. Abgesehen von den Drangsalen, wie sie die Weltzeiten seit Abel durchziehen, kommt es gegen Ende zu einer Aufgipfelung der Auseinandersetzung zwischen Gott und Satan, zwischen Christus und Antichristus. Die Sache findet sich ohne diesen Ausdruck auch z. B. 2 Th 2, 3—4; Mt 24, 9—14; Offb 3, 10. Sie betrifft Glaubende und Nichtglaubende. Die ganze Menschheit steht auf dem Prüfstand: Was steckt im Menschen? Wen betet er letztlich an — das Tier oder das Lamm[243]?

Und sie haben ihre Kleider gewaschen und sie weiß gemacht in dem Blut des Lammes. Kleider sind für den Morgenländer nicht Äußerlichkeiten (s. Vorbemerkungen zu 1, 12—16), so daß diese Sieger persönlich rein gewesen wären und lediglich die Spritzer der bösen Welt von ihren Gewändern zu entfernen gehabt hätten. Nein, diese Christen, die ihre Kleider im Blut des Lammes weiß gemacht haben[244], hätten 1 Jo 1, 7—10 vollinhaltlich mitgesprochen: „Das Blut Jesu Christi r e i n i g t u n s von allen Sünden."

Wodurch ist die große Schar also Sieger geworden? Nicht durch ihre zähe Standhaftigkeit, sondern durch Jesu Sühnetod, also durch seinen Sieg nach 5, 5. Dadurch, daß er König der Liebe wurde, indem er bis zum letzten Blutstropfen für Gott und für sie da war, wurden sie Sieger. Seine Treue machte sie treu. Absurd wäre es auch, ihren Sieg auf verdienstvoll eifriges Waschen zurückzuführen. Der Ton liegt hier nicht auf ihrer Waschtätigkeit, sondern auf dem Mittel. Daraus aber ein Verdienst zu machen, daß man Gnade annahm, ist nur kennzeichnend für die Vertracktheit des Menschen. Schließlich

[243] Für viele Stimmen soll an dieser Stelle die Stimme von G. R. Brinke stehen, der eine andere Auslegung der großen Drangsal vertritt. Er weist darauf hin, daß es Dan 12, 1 zweimal ausdrücklich heißt, daß „dein Volk", also die Israeliten, in die große Drangsal kommen. Die Gemeinde werde vorher schon entrückt. So versteht er Stellen wie 1 Th 1, 10; 5, 9—10; Offb 3, 10 (s. d.). Auch 6, 6—9 kann sich dann nicht mehr auf Christen beziehen. — Hier versperrt schon der Ansatz — daß etwas, was im AT auf Israel bezogen wird, auch im NT nur auf das jüdische Volk bezogen werden könne — eine gründliche Prüfung des Textzusammenhanges, der in Fülle auf die Gemeinde weist.

[244] „Waschen" und „weiß machen" ist besser nicht auf zwei Tätigkeiten zu deuten, sondern: waschen, bis sie weiß wurden. Zum Blut des Lammes vgl. 1, 5. Daß Rot weiß macht, ist eine der wirkungsvollen Paradoxien bei Johannes (vgl. 5, 9: geschlachtet — ermächtigt; 6, 17: Zorn des Lammes; 7, 17: Das Lamm weidet). Das Bild von den weißen Kleidern ist hier anders angewandt als z. B. 3, 4, wo die Kleider dadurch weiß sind, daß sie nicht besudelt werden. Bildersprache will jedesmal im Zusammenhang gedeutet werden.

darf auch nicht dem Leiden an sich läuternde Wirkung zugeschrieben werden. Nicht die große Drangsal, sondern das Blut Jesu ist das Reinigungsbad. Darum nicht im Leiden schwelgen! Christus hat erst einmal gefleht, es möge an ihm vorübergehen.

So gründet sich der Sieg der Gemeinde auf die Lebenshingabe ihres Herrn. Das Lammesblut schließt Menschenruhm genau so aus wie das Gottessiegel 7, 4.

15 Aus dem Sieg der großen Schar ergibt sich ihre Stellung. **Darum sind sie vor dem Thron Gottes.** Stehen vor dem Thron bedeutet größten Vorzug (Anm. 35) und wird sonst von den höchsten Wesen ausgesagt (1, 5; 4, 4. 6). Daß der Satan 12, 8–9 aus dieser Thronumgebung herausgestürzt wird, bedeutet seine Entmachtung; daß die Gemeinde jetzt dort einen Platz einnimmt, spiegelt ihren Sieg wider. Im folgenden zeigt sich der unmittelbare Umgang der Sieger mit dem Thronenden.

Und sie dienen ihm (priesterlich) **Tag und Nacht in seinem Tempel.** Das hier verwendete Wort für „dienen" (latreuein, nicht douleuein o. diakonein) meint im biblischen Grie regelmäßig gottesdienstliches Dienen (z. B. 2 Mo 4, 23; 7, 26; 8, 16; 9, 1. 13; 10, 3). Es steht dem Frondienst in Ägypten gegenüber. Dieses Dienen vor dem Thron Gottes setzt für die große Schar voraus, daß sie aus Priestern besteht. Damit wäre hier die Brücke zu solch eindeutigen Gemeindestellen wie 1, 5–6 geschlagen. In 22, 3 heißen die Dienenden „Knechte Gottes". Damit decken sie sich mit den „Knechten Gottes", die 7, 4 versiegelt wurden.

Sie dienen ihrem Herrn, der sie freigekauft hat, Tag und Nacht – ein Bildwort für Unaufhörlichkeit[245]. Sie sollen nicht mehr aus dem Tempel hinausgehen müssen (3, 12; Jo 12, 10). Wie hat sich die Lage gegenüber 12, 10 gewandelt, wo es heißt, daß der „Verkläger unsere Brüder verklagte Tag und Nacht vor unserem Gott". Jetzt stehen diese einst pausenlos Verklagten als heilige Priester vor Gott und beten ihn Tag und Nacht an. Das ist vollkommener Sieg über Sünde, Tod und Teufel. „Mein Leib und Seele freuen sich in dem lebendigen Gott. Der Vogel hat ein Haus gefunden und die Schwalbe ein Nest für ihre Jungen – deine Altäre, Herr Zebaoth, mein König und mein Gott. Wohl denen, die in deinem Hause wohnen und loben dich immerdar" (Ps 84, 3–5).

Das zweite Merkmal der Vollendung ist neben dem Gottesdienst die Gottesgemeinschaft. Dabei fällt auf, daß die folgenden Sätze angefüllt sind mit Zukunftsformen. Handelt es sich um Dinge, auf die die Sieger hier doch noch warten müssen? Dann wären sie noch nicht

[245] Vgl. 4, 8; 14, 10; 20, 10. Die Erwähnung der Nacht schafft keinen Widerspruch zu 22, 5, weil es sich um ein Bildwort handelt.

Vollendete. Aber die Zukunftsformen verschwinden selbst nicht in den letzten Kapiteln des Buches (21, 3–4; 22, 5). Sie erklären sich schlicht als Übernahmen aus dem AT. Wie Johannes gegen Ende von Kapitel 6 immer mehr auf eigene Worte verzichtete, als er von der Endform des Lammeszornes sprach (s. Vorbemerkungen z. 6, 12–17), so auch jetzt, wo es um die Endform der Liebe des Lammes geht. Vom Standort des AT aus lagen diese Dinge selbstverständlich in der Zukunft. In dieser Vision ist diese Zeitform aber mit gegenwärtigem Inhalt gefüllt.

Und der auf dem Thron Sitzende wird sein Zelt ausdehnen über sie.

Das sechste Siegel hatte die Vision eines eingerollten, entweichenden Himmels und einer entsetzten Menschheit in einer Welt ohne Dach gebracht (6, 15–17). Hier erscheint in jeder Beziehung das Gegenstück: An die Stelle der Welt, die in Angst zugrunde geht, tritt eine erneute, von Frieden gesättigte Wirklichkeit.

Das Wort, gewöhnlich mit „zelten" übersetzt, könnte hier in seiner ursprünglichen Bedeutung verwendet worden sein: ein Zelt aufschlagen. Somit hätte Johannes den Beginn der Gottesgemeinschaft betont; Gott entrollt seine schützende Zeltdecke (Ps 27, 5) über sie. Die Parallele 21, 3 betont dagegen die Dauer: er zeltet mit ihnen[246].

Um die neue Geborgenheit Gottes für diejenigen, die gerade aus der großen Drangsal gekommen sind, zu entfalten, hält Johannes sich zuchtvoll an alte Weissagungen. Über die letzten Dinge muß in dem Bewußtsein gesprochen werden, daß alles Sprechen und Vorstellen, alles Bitten und Verstehen zurückbleibt hinter dem, was Gott schenken wird. Mit dem Zerbrechen dieser Welt wird auch unser Verstehen, das ja nur für diese vorläufige Welt eingerichtet ist, zerbrechen, und mit der neuen Welt kommt ein neues Erkennen.

Drei verneinende Aussagen machen den Anfang. **Und sie werden** 16
nicht mehr hungern noch mehr dürsten, noch wird auf sie fallen die Sonne noch irgendeine Hitze. Johannes kennt Jes 49, 10. Ein Vergleich mit Jes 48, 21 zeigt darin deutlich alte Erinnerungen an Israels Urzeit, als Gott das Volk durch Speisungs- und Wasserwunder versorgte. Diese Urzeit wird in der Bibel oft zum Gleichnis für die Endzeit. 21, 4 heißt es bildlos: „Und der Tod wird nicht mehr sein, noch Leid noch Geschrei noch Schmerz wird mehr sein."

[246] Selbst wenn man bei der Übersetzung bleiben möchte: „er zeltete über ihnen", sollte man nicht mit Langenberg aus diesem Wortlaut eine Vorstufe oder Minderung gegenüber 21, 3 herauslesen („er zeltete mit ihnen"). Auch wenn Gott mit seinem Volk zeltet, ist er der Thronende über ihnen, denn sein Thron und seine Herrenstellung werden auch in der Vollendung nicht eingeebnet (22, 3). Die beiden Aussagen schließen einander also nicht aus, sondern fügen sich zusammen.

Hat das alles Beziehung zur großen Drangsal, aus der die Getrösteten gerade kommen? Hungern und Dürsten erscheint auch in Verfolgungszusammenhängen (z. B. Mt 10, 42; 25, 35–36), auch das Wüstendasein ließe sich als Folge von Verjagung denken, und die Hitze könnte wie Mk 4, 6; Mt 13, 6 ein Bild für Verfolgung sein. Aber indem Johannes ab Vers 16 dazu überging, sich atst Verkündigungsbegriffen zu überlassen, verließ er offenbar sein engeres Thema von der Gemeinde und der großen Drangsal. Keinesfalls werden hier n u r Märtyrer oder Christen, die in besonderen Verfolgungen standen, getröstet. Die bestimmte Drangsal ist ausgeweitet auf alle Drangsal und Not. So wird auch der Trost ausgeweitet auf alles Trostbedürftige. Gewiß hat Johannes die Menschen, die ihm damals anbefohlen waren, nicht aus dem Auge verloren, aber er sieht hinter ihnen viele andere stehen. Bei aller Zeitbezogenheit ist er doch nicht zeitverhaftet. Wie bei einem wahren Propheten entsteht eine Beziehung zur Gemeinde aller Orte und aller Zeiten (Einltg. Nr. 60).

17 Den drei verneinenden Aussagen schließen sich drei bejahende an. **Denn das Lamm in der Mitte des Thrones wird sie weiden und sie leiten zu den Lebenswasserquellen.** Entsprechend der Formel „Gott und das Lamm" (s. z. 5, 13), die weder eine allgemeine Gottesverkündigung noch eine rein jesuanische Frömmigkeit duldet, stellt Johannes die Verbindung der atst Gottesworte mit der Lammesbotschaft her. „Ihr Erbarmer" ist nun das Lamm. Und wieder eine kühne Paradoxie (Anm. 244): Das Lamm ist Hirte[247]. Die beiden Tätigkeitswörter „weiden" und „leiten" finden sich nicht genau in Jes 49, 10, wohl aber im bekannten Hirtenpsalm 23. Wohin führt das Lamm? Es führt zu Gott selbst (vgl. 22, 1–5). Ihn, die lebendige Quelle, verließen die Menschen und fanden nicht mehr zurück. Allein das Lamm führt zum Vater (Jo 14, 6) und bringt Leben und Paradies wieder (Anm. 111).

Eine Anlehnung an Jes 25, 8 macht den Abschluß. **Und Gott wird abwischen jede Träne aus ihren Augen.** Weil im Hebräerbrief „Quelle" und „Auge" durch das gleiche Wort ausgedrückt werden, könnte für einen Juden das Stichwort „Quellen" in Vers 17a zu den „Augen" in Vers 17b geführt haben. Die Quellen des Lebens überwinden alle Quellen des Leides. Aber das wird hier nicht so farblos gesagt. Gott verwandelt sich wie Jes 66, 13 in eine Mutter, die das Kind auf den Schoß nimmt und ihm sorgfältig jede Träne abwischt. Mit jeder Träne ist ein Stück Kummer weg, und am Ende ist alles gut.

[247] Daß Gott der gute Hirte ist, durchzieht das ganze AT. Hirte ist im Altertum Königsbild, wie weiden regieren bedeutet (2, 27). So bildet die Königszeit den Hintergrund für V. 17a wie die Wüstenzeit den Hintergrund für V. 16.

So gibt die Bibel für menschliches Fassungsvermögen wunderbare Bilder der Vollendung an die Hand. An sie gilt es sich zu halten, wie Johannes es tat. –

Das 7. Kapitel der Offenbarung ist in gewisser Hinsicht eine Auslegung von 1, 5–6. Nach beiden Stellen besteht das Wesen der Gemeinde darin, sich von Christus geliebt zu wissen. Nach Jo 3, 16 ist freilich die ganze Welt geliebt. Aber wer weiß das? Wo wird diese Liebe gelobt und wo von ihr gelebt, wo wird ihr gedient und gedankt? Dort, wo das geschieht, ist Gemeinde.

Das siebte Siegel

Offenbarung 8, 1

1 Und als es das siebte Siegel öffnete, geschah ein Schweigen im Himmel von etwa einer halben Stunde.

Als das Lamm **das siebte Siegel öffnete,** war die Rolle endlich voll 1
entsiegelt, und der Innentext wurde sichtbar. Da **geschah ein Schweigen im Himmel von etwa einer halben Stunde.** Dieses Schweigen hat unter den Auslegern eine lebhafte Erörterung ausgelöst.

Die Auffassung, daß dem Lamm jetzt Zeit zu geben war, den Innentext zu lesen, sollte ausscheiden (s. z. 5, 1)[248]. Auch die Deutung auf das Tausendjährige Reich und auf den Sabbat-Gedanken ist trotz ihres hohen Alters nicht ernstzunehmen[249], denn dann wäre die Zeitangabe einer halben Stunde ganz unverständlich. Viele Ausleger denken hier an eine wirkungsvolle Spielpause, die die Spannung auf das Kommende steigerte[250]. Dabei wird diese Spannung von den einen als ein banges Warten in drückender Gerichtsschwüle aufgefaßt, von den anderen als selige Andacht und tief ehrerbietiges Warten auf das Kommende. Aber auch diese Lösung befriedigt nicht, weil hier doch ein Schweigen im Himmel, nicht aber in der Kreatur anzunehmen ist.

Es bietet sich der Ausweg an, die Verse 2–5 zum siebten Siegel zu ziehen[251]. Nun entsteht folgender Zusammenhang: Als die Gebete der Heiligen emporsteigen (V. 4), bricht der himmlische Gottesdienst von 4, 8 ab. Die Engelgebete verstummen zugunsten der Hei-

[248] So Roller, erwähnt bei Bornkamm.

[249] So schon Victorin (gest. 303).

[250] So Bengel, Bousset, Schlatter, Stokmann, Zahn, Lilje, Stauffer, Behm.

[251] So Lohmeyer, Frey.

ligengebete. Alles im Himmel hört zu. Gott geht nicht ans Richten, ohne zuvor auf die Klagen und Fürbitte der Heiligen gehört zu haben. Aber wenn also im Himmel statt der Engelgebete die Heiligengebete erschallen, ist es dort doch nicht still! Ferner ist unwahrscheinlich, die Zeitangabe von einer halben Stunde meine, daß der Vorgang von Vers 2–5 eine halbe Stunde gedauert habe. Näher liegt die Annahme, daß dieser Vorgang erst nach Ablauf einer halben Stunde einsetzte.

Dieser Vers ist weder seelische Vorbereitung noch sonst irgendwie Einleitung für das Folgende. Da bei jeder Siegelöffnung sofort etwas geschieht, empfiehlt sich auch hier eine Auslegung, die den Vers nicht als Geschehenslücke, sondern als eigenes Geschehen auffaßt. Was geschah im Schweigen?

Ein Hinweis auf ein vorweltliches Urschweigen, im Judentum gut bekannt, verdient unsere Aufmerksamkeit. 4. Esra 6, 38–39 lautet: „Du sprachst am Anfang deiner Schöpfung, Herr, am ersten Tag: Der Himmel werde und die Erde! Dein Wort vollbrachte dieses Werk. Und damals war ein Geist, der schwebte, und ringsum Finsternis und Schweigen. Noch war vor dir der Klang der Menschenstimme nicht erschollen." Eine andere jüdische Stimme klagt: „Soll die Welt wiederum dem Schweigen verfallen, das anfänglich war?" (syr. Baruch 3, 7). Oder: „Bevor die Welt ward, war Finsternis und Schweigen" (Philo 60, 2). In dieses Urschweigen sprach Gott hinein. Da folgte dem Klang seiner Stimme bald der Klang vieler anderer Stimmen und auch der Menschenstimme. Und solange Gott spricht, besteht die Welt (Hbr 1, 3). Sobald Gott aber seine Stimme wieder zurücknimmt, ersterben alle Stimmen und breitet sich wieder das uranfängliche Schweigen aus. Der Kosmos fällt wieder in das Chaos zurück, aus dem Gottes Wort ihn hervorrief.

Johannes hat seinen Standort seit 4, 1 an der Tür des Himmels und schaut (bis auf 7, 1–8) in den Himmel hinein. Wenn er nun dort das Schweigen eintreten sieht, ist ihm damit mittelbar der Zerfall der alten Schöpfung angesagt. Was also nach der sechsten Siegelöffnung erwartet werden mußte, ist mit dem siebten Siegel tatsächlich eingetreten: das Vergehen dieser Welt durch das richterliche Kommen des Herrn – dies allerdings überaus knapp durch die Redeweise vom Urschweigen angedeutet.

Befremdet diese Indirektheit und Kürze? Sie ist jedoch Kennzeichen der ganzen Siegelreihe (s. z. 6, 1) und zeigte sich auch bei vielen anderen Einzelheiten. Bei allen Siegelgesichten blickte Johannes in den Himmel und nahm das Irdische nur mittelbar wahr. Spätere Kapitel füllen die Umrisse. Auch das Urschweigen kommt noch einmal deutlich in 18, 22–23a zur Sprache. Anschließend kündigt sich ein neues Wortgeschehen Gottes an, das eine neue Erde und einen neuen Himmel hervorruft (19, 11–13).

In 4. Esra 7, 30–31 taucht auch ein Zeitmaß für dieses Urschweigen auf, nämlich sieben Tage. Hier beträgt es eine **halbe Stunde.** Weil es dafür nirgendwo Parallelen gibt, bleibt die Deutung schwierig. Vielleicht geht man von der vollen Stunde als der Gottesstunde aus (vgl. 14, 7. 15). Sie umfaßt Gericht und Neuschöpfung. Hier mag dann auf die erste dunkle Hälfte angespielt sein. Es ist d i e halbe Stunde des Schweigens Gottes, in der er sein schaffendes und erhaltendes Sprechen zurücknimmt und in der die Welt zerfällt (20, 11). Die Stunde rundet sich, wenn Gott neu spricht und einen neuen Himmel und eine neue Erde schafft.

Der erste, skizzenhafte Abriß der Endgeschichte von der Himmelfahrt bis zum Kommen des Herrn in Herrlichkeit hat das Hauptthema des ganzes Buches deutlich herausgestrichen: Das Lamm ist ermächtigt und hat nun alles Geschehen in seine Hand genommen. Seine Herrschaft ist die Grundwirklichkeit dieser Zeitspanne und füllt sie ganz aus. Zu allem steht sie in Beziehung und kann in bezug auf alles verkündigt werden. Von seinem Thron gehen Zorn (Kap. 6) und Liebe (Kap. 7) aus und durchwirken als die beiden eigentlichen Geschichtskräfte die Epoche. Sie erscheinen in Vorformen und drängen auf das Ende zu, an dem Christus seine Herrschaft endgültig und durchschlagend unter Beweis stellen wird. Bis dahin läßt das Lamm diese Welt nicht in Ruhe; immer hat sie es irgendwie mit ihm zu tun.

Dafür den Gemeinden die Augen zu öffnen, ist die Absicht der Offenbarung. Sie sollen erkennen, daß das Evangelium nicht nur beziehungsvoll ist zu ihnen persönlich oder zu einer speziellen Heilsgeschichte, sondern auch zur allgemeinen Geschichte. Evangelium und Weltgeschichte sind keine beziehungslosen Größen, darum sind auch Gemeinde und Welt keine beziehungslosen Größen, und darum hat die Gemeinde eine Botschaft für die Welt. Aber diese Botschaft kann sie eben nur dann ausrichten, wenn sie das Wort der Prophetie liest und hört und bewahrt.

DIE TROMPETENSTÖSSE DER SIEBEN ENGEL

Offenbarung 8, 2 – 11, 19

Vorspiel im Himmel: Die Heiligengebete

Offenbarung 8, 2–6

2 Und ich sah die sieben Engel, die vor Gott stehen, und es wurden
3 ihnen sieben Trompeten[252] gegeben. * Und ein anderer Engel kam
und trat zum Altar und hatte eine goldene Räucherpfanne, und ihm
wurde viel Räucherwerk gegeben, damit er (es) darbringe zugunsten
der Gebete aller Heiligen auf dem goldenen Altar vor dem Thron.
4 * Und es stieg auf der Rauch des Räucherwerks zugunsten der Ge-
5 bete der Heiligen durch[253] die Hand des Engels vor Gott. * Und es
hat genommen der Engel die Räucherpfanne und füllte sie (nun)
mit dem Feuer des Altars und warf (sie) auf die Erde. Und es ge-
6 schahen Donner und Stimmen und Blitze und ein Erdbeben. * Und
die sieben Engel, die die sieben Trompeten hatten, machten sich
bereit zu trompeten.

Zu Vers 3: 2 Mo 30, 7
Zu Ver 3 f: Ps 141, 2
Zu Vers 5: 3 Mo 16, 12; Hes 10, 2; 2 Mo 19, 16

Formal geht der vom siebten Siegel handelnde Vers 1 fast nahtlos in den Trompetenabschnitt (8, 2 – 11, 19) über[254]. Aber das wäre durch den meditativen Denkstil des Johannes erklärbar, der wie eine Spirale, die bei ihrer Steigung keine Stufen kennt, sondern sich von einer Ebene in die andere hineinwindet, von einer Sache in die andere hinübergleitet. Jedenfalls ist der sachliche Einschnitt spürbar genug. Die Vokabel „Lamm", die in den beiden letzten Kapiteln laufend den Träger der Ereignisse anzeigte, verschwindet bis zum Ende

[252] Die meisten übersetzen „Posaune" und erwecken damit die hier völlig unbrauchbare Vorstellung von einem Blasinstrument mit Zugvorrichtung. Dagegen ist an ein einfaches Signalinstrument zu denken, an die chazozerah in 4 Mo 10, 1–10, d. h. „die Zusammenrufende". Josephus schildert sie als „gerade, etwa zwei Fuß lange Metalltrompete mit einem glockenförmigen Becher am Ende" (Altertümer III 12, 6). In älteren Texten findet sich an Stelle der chazozerah der gekrümmte schopar (Widderhorn). Beide Instrumente parallel in Hos 5, 8. Sie bedeuten Aufbruch, Mobilmachung, Angriff. Zum schmetternden, tiefen Ton s. z. 1, 10. Freilich ist die Übersetzung mit „Trompete" auch nicht befriedigend, aber die sich anbietende Wiedergabe durch „Fanfare" wäre gar zu unüblich.

[253] Das griechische kann auch zur Angabe der Ursache dienen. Die wörtliche Übersetzung mit „aus" wäre hier verfehlt.

[254] Holtz schreibt S. 34: „In 8, 2 wird kein tiefer Einschnitt sichtbar", und die meisten Bibeldrucke fassen dementsprechend 8, 1–5 als „siebentes Siegel" zusammen. Aber der Vergleich von V. 5b mit 11, 19 zeigt, daß diese Verse sich wie ein Rahmen um den großen neuen Abschnitt von den Trompeten legen und also V. 2–6 nichts mehr mit der Siegelreihe zu schaffen hat.

der Trompetenreihe völlig. Statt dessen erscheint als Trägerin der Handlung eine neue Größe, nämlich die Schar der sieben Engel, und im Blickpunkt sind nicht mehr Siegel, sondern sieben Trompeten.

Indem Vers 6 wieder an Vers 2 anknüpft, rundet sich deutlich ein erster Abschnitt, der die Trompetenvisionen einleitet, wie K. 4 – 5 die Siegelreihe einleitete[255]. Diese einleitenden Stücke enthalten tragende Aussagen und wollen für das Verständnis der jeweils anschließenden Reihe im Gedächtnis bleiben.

2 **Und ich sah die sieben Engel,** beginnt Johannes. Nicht irgendwelche sieben Engel gewahrte er, sondern eine bestimmte, im Judentum und Urchristentum bekannte Gruppe, nämlich die sieben Erzengel[256].

Im Unterschied zu anderen Engeln sind es solche, **die vor Gott stehen**[257]. Könige haben einerseits Diener, die sie erst herbeirufen müssen oder denen sie Befehle überbringen lassen, ohne sie zu Gesicht zu bekommen. Aber außerdem umgeben sie sich mit einer Auslese von Dienern zum unmittelbaren Umgang und zur unmittelbaren Auftraggebung in wichtigsten Angelegenheiten. So hat auch der göttliche König vergleichsweise Throndiener, die den andern Dienern gegenüber eine Sonderstellung einnehmen[258]. Sie sind es, die hier in Aktion

255 Auch die Schalenreihe hat ihren Vorspann, nämlich in 15, 1–8.

256 Der Ausdruck auch 1 Th 4, 16; Jud. 9. Das Henoch-Buch zählt z. B. 20, 1 ff. die Namen der sieben Erzengel auf, s. St – B III, S. 805.

257 Die Wendung vom Stehen eines Engels vor Gott auch Tob 12, 15, im NT Lk 1, 19.

258 Bibelkundliches zur Engellehre s. Anm. 14. Hier einige Gesichtspunkte zu den Schwierigkeiten, die heute in diesem Zusammenhang entstehen. Sie treten noch nicht auf, wenn Engel als reine Symbolfiguren verstanden werden können. Damit ist gerade in der Offb an vielen Stellen zu rechnen. Johannes schaute mancherlei Gestalten, in denen ihm lediglich das Wesen gewisser Wirklichkeiten anschaulich werden sollte, die also außerhalb der Vision nicht buchstäblich so existieren, z. B. die Gestalt der Hure, einer Braut, eines Tieres. Ähnlich können auch Engel als Personifizierungen etwa der Bewahrung oder des Gerichts erscheinen. Damit hat der moderne Mensch keine Not. Aber Johannes bezeugt fraglos auch Engel, die nicht Personifizierungen, sondern eigene Personen aus Gottes Welt darstellen. Solchen Stellen gegenüber beobachten wir nicht nur in unserer Umwelt, sondern auch innerhalb der Gemeinde Zurückhaltung und Verlegenheit. Untergründig erfüllen nämlich noch mittelalterliche Erinnerungen das Abendland und stehen im Wege, sobald von biblischen Dingen gesprochen wird. Jahrhundertelang wurde z. B. der aus der irdischen Welt stammende Personenbegriff ungebrochen auf die geistliche Welt angewandt. Aus Gott dem Vater wurde ein Papa, aus Satan ein Unhold mit Hörnern und Pferdefuß, aus den Engeln idealistische Jünglinge mit Flügeln. Tatsächlich führt der Personenbegriff, wenn nicht in äußerster Zucht angewandt, in den Aberglauben. Im Widerspruch dagegen könnte etwas Unverdorbenes, nämlich eine Abwehr abergläubischer Vorstellungen, liegen und sogar eine Bereitschaft zum Glauben. Darum verdient er Verständnis. Es gibt gute Gründe, nicht in das Mittelalter zurückzuwollen und modern zu sein! Auf der anderen Seite darf unsere Modernität nicht zum fensterlosen Gehäuse werden, in dem wir uns selbst einsperren und absperren gegen alles außer uns, in dem wir also immerzu recht haben, alles genau zu wissen glauben und in keiner Weise mit uns reden lassen. Wenn die heiligen Männer der Bibel in

treten. Johannes nimmt es erwartungsvoll wahr, und auch der Leser soll auf ein gewichtiges Geschehen vom Thron her gespannt sein.

Und es wurden ihnen sieben Trompeten gegeben. Während die Trompete 1, 10 nur zur Lautmalerei für eine erschallende Stimme herangezogen wurde, erscheint hier das Instrument selbst und wird zum Blickfang bis 11, 19.

Die mannigfache Verwendung der Trompete in Israel zu friedlichen und kriegerischen, zu weltlichen und kultischen Zwecken sollte jetzt nicht die Gedanken zerstreuen. Hier im Zusammenhang hat sie jedenfalls endgeschichtliche Bedeutung. Im AT konnte der „Tag des Herrn" (Band 1, Einltg. Nr. 37) ein „Tag der Posaune" heißen[259]. Dieses gewaltige Posaunengeschmetter verkündet: Gott erhebt sich, Gott kommt und greift die Welt an, sie niederzuwerfen und zu richten. Er will jetzt die Schöpfung erneuern und wieder zu seinem heiligen Tempel machen. Ein Vorbild dieses göttlichen Angriffssignals war das Trompetenblasen vor Jericho.

Die Endzeit ist nach der hier beginnenden Schau eine von diesem endgeschichtlichen Trompetenschall erfüllte, also eine von Gott her aufgerufene und aufgerissene Zeit. Er ist nicht mehr gewillt, sie sich selbst zu überlassen, sondern tritt immer intensiver dazwischen, bis er ganz da ist. Aber wie von den Mauern Jerichos herab der Trompetenschall verhöhnt wurde, so sitzt in der Endzeit die Menschheit hinter ihren Bollwerken und spottet über den angekündigten Herrn (9, 21).

Und ein anderer Engel kam. Er wurde gelegentlich auf Christus als 3
den Hohenpriester gedeutet. Aber Christus ist in der Offb in einem so überragenden Sinne Hauptperson, daß er kaum als „anderer Engel" daherkommen kann. Immer erscheint er betont abgehoben von den Engeln, denn die Offb befolgt ihren ausgeprägten Sinn für Rangordnungen und Stellungen. Richtig aber ist der Hinweis auf die Funktion der Fürbitte, die sich im Engel verkörpert. Von daher ergibt sich auch eine Beziehung des Engels zu Christus, wie alle Engel in der Offenbarung christologisch eingeordnet sind (Anm. 14, am Schluß).

Der Fürbitte-Engel **trat zum Altar.** Nach der Fortsetzung sollen wir sicher an den Rauchopferaltar denken (vgl. Band 1, Anm. 212), wozu sonst wird ihm an diesem Altar Räucherwerk gegeben, wenn nicht

letzter Zucht und im Stehen vor Gott Engelbegegnungen bezeugen, könnte man wenigstens schweigen, statt das Gesagte mit einem Gewaltakt wegzuleugnen. So gilt es gewiß, Verständnis zu beweisen, aber auch zu einem neuen Hinhorchen und zur Loyalität gegenüber den ersten Zeugen aufzurufen. Daraus kann eine ganze neue Solidarität des Zeugnisses, über Jahrhunderte hinweg, entstehen.

259 Ze 1, 15, vgl Joe 2, 1; Ps 98, 6–9. Auch das NT kennt die Posaune als eschatologisches Instrument: 1 Ko 15, 52; 1 Th 4, 16.

dazu, daß er es hier opfere[260]. **Und er hatte eine goldene Räucherpfanne[261], und ihm wurde viel Räucherwerk[262] gegeben.** So war der Engel mit zwei Gegenständen für zwei verschiedene Handlungen ausgerüstet.

Das Räucherwerk war ihm gegeben, **damit er es darbringe zugunsten der Gebete aller Heiligen auf dem goldenen Altar vor dem Thron.** Es gelangt ausdrücklich nicht in die Pfanne, um auf den glühenden Kohlen zum Verbrennen gebracht zu werden (etwa nach 3 Mo 17, 11). Vielmehr tritt es in Beziehung zu den Gebeten der Heiligen. Schon früh versinnbildlichte Räucherwerk das Gebet (Ps 141, 2; vgl. Offb 5, 8). Hier sind es betont die Gebete **aller** Heiligen, vielleicht im Unterschied zum Geschrei der Märtyrergruppe in 6, 9. Das Gebetsleben der ganzen Gemeinde ist hier umfaßt.

Für die Kapitel der Trompetenvisionen und für ihre Anhänge tritt nun eine Gemeindebezeichnung in den Mittelpunkt, die schon 5, 8 angeklungen war, die **Heiligen.**

Sind die Heiligen erlöste Seelen im Himmel, die zugunsten der noch auf Erden kämpfenden schwachen Christen Fürbitte leisten? Solch ein Gedanke ist Johannes völlig fremd. Oder wenn wir an Menschen auf der Erde zu denken haben, handelt es sich dann um seltsam abgeklärte, der Sünde bereits entrückte Gestalten? Aber für die Offb schließt Heiligsein einen ständig lebendigen und notwendigen Imperativ ein: „Wer heilig ist, der heilige sich fernerhin!" (22, 11) Da ist also keine Rede von entrückter, in sich selbst ruhender Existenz.

Wenn die Offb (13 mal) wie das ganze NT die irdische Gemeinde die Gemeinde der Heiligen nennt, ist das gegenüber dem AT durchaus nicht selbstverständlich. Das AT bezeichnet als „Heilige" mit einer einzigen Ausnahme[263] an zahllosen Stellen die Engel Gottes. Und doch gibt es e i n Kapitel, das das irdische Gottesvolk gleich fünfmal „Hei-

260 Schlatter übersetzt „auf den Altar" und denkt vielleicht an den Umgang, der den großen Brandopferaltar in halber Höhe umgab und „auf" den der opfernde Priester trat. Holtzmann hält es für gegeben, daß es sich hier wie in 6, 9 um den Brandopferaltar handelt (vgl. Am 9, 1). Doch ist es unwahrscheinlich, daß der Engel zwischen zwei Altären hin- und herging, zwischen dem Brandopferaltar (V. 3a) und dem goldenen Rauchopferaltar (V. 3b). Dieser zweite, kleinere Altar diente Gebetszwecken und war ohne Umgang. Darum übersetzen wir die Präposition epi im Sinne von „an, heran".

261 Grie libanotos ist eigentlich Weihrauch, aber das Beiwort „golden" macht klar, daß an eine goldene Räucherpfanne wie im salomonischen Tempel zu denken ist (1 Kö 7, 50; 2 Kö 25, 15; Jer 25, 19). In der Stiftshütte bestand sie aus Erz (2 Mo 27, 3). Mit ihr transportierte man brennende Kohlen.

262 Räucherwerk bestand aus einem Gemisch verschiedener Gewürze, die, zu Pulver gestoßen, meist als Beigabe zu anderen, und zwar unblutigen Opfern, auf Holzkohlenglut verbrannt wurden.

263 Ps 34, 10. Die Stellen Ps 16, 3 und Da 8, 24 gelten als textlich unsicher. (Gedacht ist hier lediglich an die substantivierte Form „Heilige", nicht an eine attributive, prädikative oder appositionelle Verwendung.)

lige" nennt. Es handelt sich um das Herzstück des Danielbuches, Kapitel 7[264]. Dieser Sachverhalt und die große Rolle, die Daniel 7 überhaupt für die Urchristenheit spielte (Offb 13!), bestärkt darin, die ntst Bezeichnung „Heilige" auf Da 7 zurückzubeziehen.

Wer sind die Heiligen in Da 7? Selbstverständlich Israel. Aber sofort ist einzuschränken: das treue, wahre, im Unterschied zum abtrünnigen Israel. Diesem treuen Israel ist das Reich bestimmt. Aber vorher muß es entsetzliche Leiden durchmachen; für eine kleine Zeit unterliegt es sogar dem satanischen Gegner. Dann aber schafft Gott Israel Recht, und es regiert mit ihm für alle Zeiten. Wenn die Offb die Zeugen Jesu in deutlicher sprachlicher Anlehnung an Da 7 immer wieder die „Heiligen" nennt, erklärt sie also die wahrhaft christliche Gemeinde zum wahren Israel der Endzeit.

Aber sachlich scheint noch eine andere Beziehung vorzuliegen, nämlich die zur Urzeit Israels, als es aus Ägypten erlöst wurde. Die Kapitel der Mosebücher sind von Heiligkeitsaussagen durchzogen. Ein Kernsatz lautet: „Ihr sollt mir ein heiliges Volk sein"[265].

Dieser Hintergrund scheint gerade an unserer Stelle gegeben zu sein, weil für sie die **Gebete** der Heiligen so wichtig sind (vgl. 6, 10). Dafür bietet Da 7 nämlich keinen direkten Anhalt, um so mehr aber 2 Mo[266]. In seiner ägyptischen Zeit erschien die israelitische Gemeinde als Inbegriff der bedrängten Beterin.

Von daher legt sich auch der Inhalt dieser Heiligengebete nahe. Sie sind ein einziges Notgeschrei zu Gott, er möge doch die unerträgliche Unterdrückung und Grausamkeit ahnden[267] und sein Volk aus der Sklaverei erlösen für heiligen Dienst. **Zugunsten** dieser Gebete tritt hier der Fürbitte-Engel in Aktion. Er ist dem Johannes und den Lesern ein Hinweis auf die Kraft dieser Gebete. Ihnen wird Erhörung zuteil. Der nächste Vers wird zeigen, daß sie sich weder in einer Sackgasse noch in einer Einbahnstraße bewegen. Sie kommen an und erleben Antwort.

Die Offb bringt 22, 17 das Gebetsleben der Gemeinde auf eine letzte Formel: „Komm!" Laß dein Reich kommen, deinen Willen geschehen und deinen Namen endlich geheiligt werden! Dort im Zusammenhang wird solches Beten ausdrücklich als geistlich bezeichnet: „Der

[264] „Heilige des Höchsten" (V. 18. 22. 25), „Volk der Heiligen des Höchsten" (V. 27), die Kurzform „Heilige" (V. 21. 22).

[265] z. B. 2 Mo 19, 6; 22, 30. Das Substantiv „Heilige" erscheint hier freilich nicht, vgl. Anm. 263.

[266] Israels Seufzen (2 Mo 2, 23. 24; 6, 5), Schreien (2 Mo 3, 7. 9; 5, 8), Rufen (2 Mo 2, 23; 14, 10. 15), Gottes Hören (2 Mo 2, 24; 3, 7; 6, 5). Der Ausdruck in 2, 23: „Und es stieg auf ihr Geschrei zu Gott", erinnert stark an Offb 8, 4.

[267] Dafür findet sich 6, 10 (s. d.) und 19, 2 der Begriff des Rächens, der in der LXX auch 2 Mo 7, 4 auftaucht, vgl. auch Lk 18, 7.

Geist und die Braut sprechen: Komm!" Damit ist bildlos gesagt, was hier visionär geschaut wird.

Dieses Beten gelangt also durch die Kraft des Heiligen Geistes in
4 den Raum und in die Möglichkeiten Gottes. **Und es stieg auf der Rauch des Räucherwerks zugunsten der Gebete der Heiligen.** Es war nach V. 3 „viel" Räucherwerk, das darum eine außerordentliche Rauchentwicklung vor den Augen des Johannes entwickelte und die ungestüm auf Gott eindringende Kraft der Gebete versinnbildlichte. Pausenlos und dicht an dicht dringen sie in die höchste Befehlszentrale ein, **vor Gott** – eine wahre Invasion von Gebeten!

Durch die Hand des Engels geschah dieses vollmächtige Emporsteigen der Gebete zu Gott. Vermittlungsdienst der Engel für die Gebete der Menschen war dem Judentum gut bekannt. Die grie Baruch-Apokalypse kann sie sechs Kapitel lang schildern[268]. Verglichen damit fällt hier äußerste Zurückhaltung auf. Es wird nur gerade deutlich, daß die Gebete nicht mächtig sind durch sich selbst. In sich selbst sind sie schwach und ungebührlich (Rö 8, 26) und kein Anlaß für ein Hoheslied auf angeblich „starke Gebetsarme", die wer weiß was bewirken. Die „Hand des Engels" hat also die Aufgabe, auf die an sich so schwachen Gebetsarme hinzuweisen, denen aber der Heilige Geist seine Hand entgegenreicht. Ohne diese „Handreichung des Geistes" (Phil 1, 19) gleichen die schönsten Gebete bunten Seifenblasen, die um so gewisser platzen, je höher sie steigen.

5 Die zweite Gleichnishandlung des Engels folgt sogleich. **Und es hat genommen der Engel die Räucherpfanne und füllte sie nun mit dem Feuer des Altars.** Die aus dem Rahmen fallende Perfektform (wie 5, 7) „hat genommen" soll wohl die zweite Handlung engstens an die erste anschließen: Das Füllen der Pfanne und Hinabschleudern der Glut auf die Erde folgte der Gebetsvermittlung und damit den Gebeten nicht in gemächlichem oder zögerndem Abstand, sondern unmittelbar. „Sollte Gott nicht auch Recht schaffen seinen Auserwählten, die zu ihm Tag und Nacht rufen, und sollte er's bei ihnen lange hinausziehen? Ich sage euch: Er wird ihnen ihr Recht schaffen in Kürze" (Lk 18, 7–8). „Ehe sie rufen, will ich antworten" (Jes 65, 24).

Und warf die Glut auf die Erde. „Werfen" ist häufig Gerichtsakt, und Feuer zeigt Zorn und Gericht für die Erde an. Sobald die Trompetenreihe beginnt, werden wir wieder von diesem herabgeworfenen Feuer lesen. Die Plagenkette ist also Gebetswirkung[269]. Ganz wie im zweiten Mosebuch entspricht dem Aufwärtssteigen der Gebete von

[268] K. 11–16, auch im Henoch-Buch 9, 3–11; 15, 2; 40, 7; 104, 1.

[269] Vgl. die Wechselbeziehung zwischen den Plagen über Ägypten und den Gebeten Moses in 2 Mo 8, 8. 9. 26. 27; 9, 33; 10, 18–19, ähnlich bei Elia in 1 Kö 17, 1; 18, 36–38 und 41–45. Auf ein gewisses Mißverständnis gehen wir zu Offb 9, 13. 14 ein.

der Erde zu Gott das Herabsteigen der Gerichte vom Himmel auf die Erde[270]. Diese im Gegenverkehr herabkommenden Gerichte dienen der Durchsetzung der Lammesherrschaft. So macht die betende Gemeinde als Priesterin (1, 6) Geschichte. Schon Jesus sagte vom Beten seiner Jünger: „Ihr werdet größere Dinge tun als ich" (Jo 14, 12).

Und es geschahen Donner und Stimmen und Blitze und ein Erdbeben. Drei dieser Zeichen wurden schon zu 4, 5 erörtert. Sie gehören zu den Bezügen auf die Urzeit Israels (2 Mo 19, 16). Wie 11, 19; 16, 18 ist hier aber die Vierzahl gebildet. Das malt die die ganze Erde umfassenden Schläge ab, mit denen Gott um die Entlassung seines weltweiten, stöhnenden Volkes aus unrechtmäßiger Haft ringt wie einst in Ägypten.

Nun kehrt der Abschnitt wieder deutlich zu seinem Anfang zurück:
Und die sieben Engel, die die sieben Trompeten hatten, machten sich 6
bereit zu trompeten. Das Ziel dieser Verse, die Trompetengesichte einzuleiten und ihnen ein gewisses Vorzeichen zu verleihen oder den Gesichtswinkel anzugeben, aus dem heraus sie zu verstehen sind, ist erreicht.

Exkurs 5: DIE TROMPETENVISIONEN IN IHREN ZUSAMMENHÄNGEN

a) In der Endzeit wirken vor allem zwei vorwärtstreibende Kräfte: die Initiativen des Lammes vom Thron aus (Siegelvisionen) und die Gebete der Heiligen von der Erde aus (Trompetenvisionen). Das „Komm!" vom Thron aus (viermal in K. 6) und das „Komm!" von der Erde aus (22, 17) arbeiten zusammen. Die Trompetenvisionen wechseln also bei der Behandlung der Endzeit den Gesichtspunkt. Nicht mehr das Lamm und die Menschheit beschäftigen uns — die Vokabel „Lamm" fehlt ja bis zum siebten Trompetenstoß —, sondern die Gemeinde und der Satan. Diese Gegenüberstellung wird dann in den Anhängen ganz groß herausgestrichen (K. 12 — 14).

b) Wie der Siegelabschnitt sich sprachlich und begrifflich vornehmlich aus Sacharja und Hesekiel speiste, so der neue Abschnitt aus den Mosebuchern. Das Thema vom Satan und der Gemeinde entfaltet sich als Gegenüber von „Ägypten" und dem gequälten „Israel". Schon der Vorspann 8, 2–6 enthielt starke Bezüge zu Israels Urzeit[271], und bei der Deutung der folgenden Gesichte ist es sicher sachgemäß, diesen Bezug nicht zu vergessen, wenn das bei der Fülle von immer neuen Anklängen überhaupt möglich sein sollte.

270 Schon Am 4, 10 vergleicht die endzeitlichen Plagen mit denen in Ägypten.
271 Das Urzeit-Endzeit-Denken ist schon im AT vorbereitet, z. B. Mi 7, 15.

c) Eine Wendung, die bei den Siegeln schon anklang (6, 12; 8, 1), häuft sich nun: „und es geschah" (8, 5. 7. 8. 11; 11, 13. 19). Sie durchzieht auch die Auszugsgeschichte bei Mose (2 Mo 7, 9. 10. 19. 21; 8, 12. 13.; 9, 9. 10. 24; 10, 22). Der Bibelleser hat diese hebräisch geartete Wendung ebenfalls von der Schöpfungsgeschichte her im Ohr (1 Mo 1, 5. 6. 8. 9. 11. 13. 15. 19. 20. 23. 24. 30. 31). Es geht bei ihr immer wieder um eine Auswirkung schöpferischer Kräfte, also um ein innergeschichtlich nicht erklärbares Geschehen. Eben das trifft bei den Mose-Plagen und Endzeit-Plagen zu: Der Schöpfer selbst nimmt Einfluß, nun aber nicht von einer Tat zur anderen und von einem Schöpfungstag zum andern aufbauend, sondern von einer Plage zur anderen auflösend. Die Richtung geht nicht vom Chaos zum Kosmos, sondern vom Kosmos zurück zum Chaos. Wir sprechen von „Schöpfung rückwärts". Beide Tätigkeiten, Schaffen und Auflösen, kommen Gott allein zu. Er allein kann aus nichts etwas machen und etwas wieder zu nichts machen.

Das Thema „Schöpfung rückwärts" meldete sich schon bei der Auslegung des siebten Siegels[272]. Die Trompetenvisionen entfalten es breit, indem sich die ersten vier Gesichte auf Erde, Meer, Flüsse und Gestirne verteilen. Gott bricht das kosmische Gebäude ab, das er selbst einst errichtete (14, 7). Sein Bewohner, der Mensch, bisher so vertraut mit dieser seiner Wohnung, so wohlig eingerichtet und sicher darin, erlebt dieses „und es geschah". Er nimmt fremde Eingriffe wahr, die ihm die Dienste seiner Umwelt zu seinem Entsetzen entziehen. Es geschieht Ungeklärtes, Ungereimtes, etwas, was seine Erwartungen, die er normalerweise an seine Umwelt stellen konnte, durchkreuzt. Sein Haus wird von außen abgebrochen, das Dach von oben abgedeckt und der Boden von unten erschüttert.

Das ist der Sinn dieser Plagen: Chaoseinbrüche künden den Zorn Gottes. Dieser Zorn trifft wohlgemerkt nicht sofort den Menschen selbst, sondern erst einmal nur seine Welt; zunächst den äußersten Ring, dann immer engere Ringe, um ohne Zweifel einmal Hand anzulegen an den Menschen selbst (ab 5. Trompete), wenn er nicht Buße tut. In diesem Sinne sind die Plagen laute Signale, gewaltige Trompetenstöße, die den Menschen vor seinen herankommenden Schöpfer und Richter stellen.

d) Aus allem ergibt sich, daß die Trompetenreihe den gleichen Zeitraum abschreitet wie schon die Siegelreihe, also die ganze Endzeit[273]. Der neue Blickwinkel (Punkt a) rechtfertigt diesen neuerlichen Durch-

[272] Vor allem wird 18, 21—23 Anlaß geben, darauf zurückzukommen.
[273] Die letzte Trompete ist kaum von der in 1 Th 4, 16 zu trennen. 10, 7 sagt ausdrücklich, daß sich mit ihr die Geheimnisse Gottes vollenden. Auch vor Jericho spielte der letzte Trompetenstoß eine besondere Rolle.

gang. Dementsprechend sind die Reihen ähnlich aufgebaut. Die jeweils ersten vier Plagen gehören als die Anfangswehen der Endzeit[274] zusammen und ziehen schnell am Seher vorbei. Ihnen folgen in beiden Fällen die ausführlich geschilderten, eigentlichen Endplagen.

e) Könnten die Trompetengesichte dennoch als zeitliche Fortsetzung der Siegel zu deuten sein? Legen das nicht die folgenden Zahlenangaben nahe? Innerhalb der Siegelgesichte wird ein Viertel der Menschheit vernichtet (6, 16), während der Trompetengesichte ein Drittel (9, 15. 18). Durch die Zornesschalen steigern sich dann die Verluste ins Ungezählte.

Aber bei näherem Zusehen sperren sich diese Angaben gegen jede rechnerische Behandlung. Wenn nach 6, 16 noch drei Viertel der Menschheit übrig bleiben, davon aber nach 9, 18 ein Drittel stirbt, lebt noch die Hälfte. Oder ist das Drittel an Todesopfern in 9, 18 auf die vor 6, 16 lebende Weltbevölkerung zu beziehen? Das ergäbe dann eine ganz andere Zahl. Und wie berücksichtigen wir die zusätzlichen Toten von 8, 11? Handelt es sich schließlich bei 9, 15 und 9, 18 um ein und dasselbe Drittel oder im zweiten Fall um ein zweites Drittel? Offensichtlich gerät man auf diesem Wege in einen Strudel von unbeweisbaren und unfruchtbaren Meinungen, was kaum in der Absicht des Textes liegt[275].

Dagegen empfiehlt sich in Übereinstimmung mit dem Charakter des ganzen Buches die symbolische Auffassung der Zahl, hier kräftig unterstützt durch den Umstand, daß das Drittel in diesen beiden Kapiteln geradezu formelhaft verwendet wird (vierzehnmal), und zwar in allen möglichen Beziehungen. Dieses „Dritteln" könnte einen ähnlichen Sinn haben wie unser „Dezimieren", bei dem niemand mehr die ursprünglich darin enthaltene Zahlenangabe im Auge hat (um ein Zehntel vermindern), sondern etwa an Beibringen starker, empfindlicher Verluste denkt.

Auch Hes 5, 1–2 verwendet das Drittel symbolisch in Gerichtszusammenhängen. Aber im Unterschied zu jener Stelle stockt hier das Gericht nach dem ersten Drittel. Die beiden anderen Drittel, die frei-

[274] Lilie deutet die vier ersten Trompeten auf warnende Katastrophen, wie sie seit Beginn der Welt immer wieder vorkommen. Aber die Trompeten sind hier im Zusammenhang auf endzeitliche Warnsignale zu deuten (s. o.).

[275] Besonders in 8, 8. 10 wäre das Drittel, wenn es buchstäblich genommen werden soll, eine reichlich unklare Angabe. Wie soll ein Stern genau auf ein Drittel aller Flüsse fallen? Und wie sollen die Flüsse zu einem Drittel blutrot werden? Bezieht sich das auf ein Drittel der Flußlängen, so daß der Ober- oder Unterlauf normal bleibt? Oder bleiben zwei Drittel der Wassermenge trinkbar? Oder setzt sich die Färbung nur zu einem Drittel durch, so daß das Wasser nur rosa wird? Die Unmöglichkeit, diese Angaben anschaulich zu machen, bestärkt in der Gewißheit, daß man sie sich nicht anschaulich machen s o l l, sondern ihren Grundsinn zu vernehmen hat (vgl. auch zu 8, 12).

lich ebenso gerichtsreif sind, dürfen noch einmal weiterleben. So liegt im furchtbaren Gericht der Trompetenvisionen immer noch eine Begrenzung, ein Raum zur Buße, allerdings auch eine Möglichkeit zu immer härterem Trotz wie einst bei Pharao. Oder dürfen wir an die Drittelung in Sach 13, 7—9 denken, wo das Drittel jedoch die vom Gericht Ausgenommenen meint? Dann läge hier ein Gegentyp vor.

Der erste Trompetenstoß

Offenbarung 8, 7

Zu Vers 7:
2 Mo 9, 23 ff
Hes 38, 22
Joe 3, 3 f

7 Und der erste Engel trompetete, und es geschahen ein Hagelschlag und ein Feuer, vermischt mit Blut, und sie wurden geworfen auf die Erde, und ein Drittel der Erde wurde versengt, und ein Drittel der Bäume wurde versengt, und alles grüne Gras wurde versengt.

Mit der ersten Plage setzt jenes „Geschehen" ein, das Exkurs 5c
7 erläutert: **Und der erste Engel trompetete, und es geschahen** wie bei der siebten ägyptischen Plage **ein Hagelschlag und ein Feuer.** Aber hier darf man sich im Unterschied zu 2 Mo 9, 33 nicht zur Vorstellung eines Regens verleiten lassen und beim Feuer nicht wie 2 Mo 9, 24 an Blitze denken. Der Zusammenhang weist an unserer Stelle auf einen vulkanischen Auswurf, der Lavateile, also glühenden „Hagel", ausschüttet (vgl. Hes 38, 22; Joe 3, 3).

Eine weitere Abweichung gegenüber 2 Mo stellt die Beifügung dar: **vermischt mit Blut.** Hat der Glutschein des Feuerausbruchs die ganze Luft gerötet? Oder erfüllt der rote Sand der Sahara, vom Sandsturm aufgewirbelt, die Luft (Lohmeyer)? Doch scheint hier allein die Gedankenverbindung mit Blut wichtig zu sein. Blut ist über die Farbvorstellung hinaus ein Unheilszeichen (s. z. 6, 12; 8, 8; 11, 6; 16, 3—4). Irgendwie Grausiges kündigt sich an: in Brand aufgehende Städte, verblutende Menschen, Gericht, Rache, Qual. Der Eindruck ist entsetzlich. Überall die schwarzen Brandspuren: **Und ein Drittel der Erde wurde versengt und ein Drittel der Bäume wurde versengt, und alles grüne Gras wurde versengt.** Der Siedlungsraum der Menschen und ihre Nahrung ist schwer getroffen[276]. Und doch handelt es sich nur um ein Teilgericht (Exkurs 5e). Die Erde ist noch nicht v e r brannt, sondern nur angesengt.

[276] Stokmann deutet die Bäume auf menschliche Segensträger, das Gras auf die Aue des Wortes Gottes, die Erde auf Zivilisation und Kultur. Aber auf diese Weise werden die Wörter zu sehr isoliert und überfrachtet. Außerdem beziehen sich die vier ersten Plagen gemeinsam auf die Natur, freilich mit Folgen für die Menschen. Erst die drei letzten Plagen zielen auf den Menschen unmittelbar (Exkurs 5c).

Der zweite Trompetenstoß

Offenbarung 8, 8—9

8 **Und der zweite Engel trompetete, und** (etwas) **wie ein großer feuer-**
glühender Berg wurde in das Meer geworfen, und es wurde ein
9 **Drittel des Meeres** (zu) **Blut, * und es starb ein Drittel der Geschöpfe**
im Wasser, die Leben hatten, und ein Drittel der Schiffe wurde ver-
nichtet.

Zu Vers 8:
Jer 51, 25
2 Mo 7, 20 f

Und der zweite Engel trompetete. Diese Plage erinnert an die erste 8
ägyptische Plage. Dort aber (2 Mo 7, 20—25) verursachte ein Schlag mit dem Stab die Wasserverpestung und das Fischsterben; hier heißt es: **Und** etwas **wie ein großer feuerglühender Berg wurde in das Meer geworfen.** Nicht eine wirkliche Bergkuppe wurde bei der vulkanischen Eruption abgeschleudert, sondern ein Feuerklumpen von der Größe eines Berges stürzte ins Wasser.

Zahn findet hier deutliche Anspielungen auf den Ausbruch des Vesuv im Jahre 79 n. Chr., der auf die Gemüter der damaligen Welt einen ungeheuren Eindruck machte und von den Juden als Strafe für die Zerstörung Jerusalems gedeutet wurde. Ein Teil der Lava begrub die Städte Pompeji und Herkulaneum (V. 7), ein anderer strömte ins Meer und in den Hafen (V. 9).

Im AT finden sich keine genauen Entsprechungen, wenn auch das Motiv des brennenden und stürzenden Berges gut bekannt ist (Ps 46, 3; 83, 15; 104, 32; 5 Mo 32, 22; Jes 51, 25). Berge sind die „Säulen" des Weltgebäudes, aber auch Inbegriff politischer Macht, die sich oft auf Bergfestungen stützte. Gottes Zorn wird aber am Ende alle Sicherheiten dieser Welt verbrennen[277].

Wichtiger aber als das Mittel ist hier der Zweck des Mittels. **Und**
es wurde ein Drittel des Meeres zu Blut. Vielsagend weicht der Text
von der drastischen Ausmalung in 2 Mo 7, 17—20 ab. Die Einzelheiten
dieser Verderbnis des Meeres zu einem Drittel bleiben unanschaulich
(s. Anm. 275). Eindeutig aber ist der Sinn, daß sich das Gericht über
Land und Luft (V. 7) nun auch auf das Meer ausweitet. Ein weiterer
Lebensbereich des Menschen ist getroffen: **Und es starb ein Drittel** 9
der Geschöpfe im Wasser, die Leben hatten, und ein Drittel der Schiffe
wurde vernichtet. Fischfang und Schiffahrt stehen unter einem Unheil.
Zum Teilgericht vgl. wieder Exkurs 5e.

[277] Das apokalyptische Buch Henoch verwendet 18, 13; 21, 3; 108, 4 „großer brennender Berg" für einen Stern. Vom Stern spricht Johannes aber erst in der dritten Plage.

Der dritte Trompetenstoß

Offenbarung 8, 10–11

Zu Vers 10:
Jes 14, 12
Dan 8, 10

10 Und der dritte Engel trompetete, und es fiel vom Himmel ein
großer Stern, brennend wie eine Fackel, und fiel auf ein Drittel
11 der Ströme und auf die Quellen der Gewässer. * Und der Name
des Sternes heißt der Wermut, und es ward ein Drittel der Gewässer zu Wermut, und viele von den Menschen starben durch die Gewässer, denn sie waren bitter gemacht worden.

Das Feuerelement zieht sich auch noch durch diese Plage. Wieder ergibt sich eine Beziehung zur ersten ägyptischen Plage (s. z. 8, 8), und zwar hinsichtlich ihrer Auswirkung auf das Süßwasser, das in sein Gegenteil verwandelt wird. Aus Segen wird Unsegen. Gott nimmt seine Schöpfung zurück (Exkurs 5c).

Der Zusammenhang mit dem vorherigen Trompetengericht kommt
10 auch im Mittel zum Ausdruck: **Und der dritte Engel trompetete, und es fiel vom Himmel ein großer Stern, brennend wie eine Fackel, und fiel auf ein Drittel der Ströme und auf die Quellen der Gewässer**[278]. Wieder stürzt ein feuriger Körper von oben herab, aber diesmal nicht wie ein Berg, sondern wie ein Stern. Sein Name sagt seine Bedeutung:
11 **Und der Name des Sternes heißt der Wermut, und es wurde ein Drittel** (vgl. Anm. 275) **der Gewässer zu Wermut, und viele von den Menschen starben durch die Gewässer, denn sie waren bitter gemacht worden.** „Wermut" ist im AT sowohl ein Wort für Bitterkeit, die die Menschen bereiten, als auch für Bitterkeit, die sie als Strafe zu schmecken bekommen. Die Strafe entspricht der Sünde. Aber wieder bleibt das Gericht in Grenzen. Viele, doch nicht alle Menschen sterben (Exkurs 5e).

Der vierte Trompetenstoß

Offenbarung 8, 12

12 Und der vierte Engel trompetete, und es wurden geschlagen ein Drittel der Sonne und ein Drittel des Mondes und ein Drittel der Sterne, so daß ein Drittel von ihnen verfinstert wurde und der Tag zu einem Drittel nicht hell ist und die Nacht gleichermaßen.

[278] Die Quellen sind hervorgehoben, um zu sagen, daß die Flüsse ganz, von ihrem Ursprung an, getroffen sind; vielleicht auch im Blick auf die heidnische Quellenverehrung.

Mit dieser Plage rundet sich die Vierzahl: Land, Salzwasser, Süßwasser und Gestirne werden geschlagen. Auf vier Seiten, d. h. auf allen Seiten stößt der Mensch auf Widerwärtigkeit. Unheimlich, wie der Segen ein Gebiet nach dem anderen verläßt und wie das Chaos überhand nimmt! (Exkurs 5c).

Und der vierte Engel trompetete, und es wurden geschlagen ein Drit- 12
tel der Sonne und ein Drittel des Mondes und ein Drittel der Sterne. 2 Mo 10, 21–23 berichtet im Rahmen der neunten ägyptischen Plage von einer Totalfinsternis. Allerdings blieb es in den Wohnungen der Israeliten hell. Zur Plage gehört eben immer das Moment der Verschonung. Hier findet die Verschonung ihren Ausdruck in der Drittel-Formel (Exkurs 5e). Der Ausdruck „Formel" ist nicht ungerechtfertigt, denn mehr als einen knappen, richtunggebenden Hinweis enthält der Ausdruck nicht. Seine Allgemeinheit hält geradezu davon ab, zu erörtern, ob z. B. ein Drittel der Sonnenscheibe abgedunkelt und zwei Drittel in normaler Stärke weiterstrahlten, oder ob das Gesamtlicht um ein Drittel gedämpft wurde, so daß es nie mehr richtig tagen wollte (vgl. Anm. 275). Es genügt eben der Sinn, daß eine weitere geschöpfliche Grundbedingung im Zeichen des Gerichtes steht. Gerade Sonne, Mond und Sterne verkünden doch, daß Gottes Güte währt (Ps 136, 7–9) und sich der Menschenkinder annimmt (Ps 8, 4–5). Aber das Reden dieser Künder wurde nicht verstanden; wird vielleicht ihr Verstummen verstanden? Probeweise läßt Gott wieder die Finsternis herein, die vor der Schöpfung da war und die ohne Gott jeden Augenblick da ist: **so daß ein Drittel von ihnen verfinstert wurde und der Tag zu einem Drittel nicht hell ist und die Nacht gleichermaßen.**

Ankündigung der drei Wehe und der fünfte Trompetenstoß (erstes Wehe)

Offenbarung 8, 13 – 9, 12

13 **Und ich sah, und ich hörte einen Adler, fliegend im Zenith, mit großer Stimme sprechen: Weh, weh, weh den Bewohnern auf der Erde wegen der übrigen Trompetenstimmen der drei Engel, die im Begriff sind zu trompeten.**

Und ich sah, und ich hörte einen Adler, fliegend im Zenith. An den 13
drei Adler-Stellen 4, 7; 8, 13; 12, 14 hebt die Offb jedesmal das Fliegen hervor, so daß nicht an den Raubtiercharakter dieses Vogels oder an die ungeduldige Gefräßigkeit von Aasgeiern (19, 17. 21) zu denken ist. Auch seine Majestät als König der Vögel steht nicht im Vorder-

grund, vielmehr seine unwahrscheinliche Flugkraft, die ihn als einen eilfertigen Boten auszeichnet[279]. Dieser Bote begibt sich an den höchsten Punkt der Sonnenlaufbahn, wie auf eine ganz hohe Kanzel, von der er alle Welt erreichen kann. Seine Botschaft soll auf der ganzen Erdfläche gehört werden, weil sie alle betrifft.

Johannes hört ihn **mit großer Stimme sprechen: Weh, weh, weh.** Man ist versucht, Lautmalerei anzunehmen und an den krächzenden Geierschrei zu denken. Der Wehe-Ruf steht dem Heilruf (s. z. 1, 3) gegenüber. Die Dreizahl des Rufes ergibt sich nicht nur aus der Zahl der noch verbleibenden Trompetenstöße, sondern verleiht der Kunde auch letzte Nachdrücklichkeit. Sie gilt **den Bewohnern auf der Erde wegen der übrigen Trompetenstimmen der drei Engel, die im Begriff sind zu trompeten.** Ab jetzt treffen die Gerichte nicht mehr so sehr die Menschen u m g e b u n g als vielmehr den Menschen selbst (vgl. Exkurs 5c). Diese empfindliche Verschärfung soll aber nicht eintreten ohne eine ausdrückliche Warnung.

Der hochfliegende Adler bedeutet, daß Gott seine Menschheit immer wieder zu erreichen weiß und unvermutet zur Sprache zu bringen weiß, was sie hören soll. Wenn sie es sich auch nicht frontal sagen läßt, hört sie es plötzlich über sich und in ihrem Rücken, und es erfüllt irgendwie überall die Luft.

Zwei Verse leiten die ausführliche Vision, nämlich das erste Wehe, ein:

Zu Vers 2:
1 Mo 19, 28
2 Mo 19, 18
Joe 2, 10

9, 1 Und der fünfte Engel trompetete, und ich sah einen Stern, aus
dem Himmel gefallen auf die Erde, und ihm war gegeben worden
2 („wurde") der Schlüssel des Schlundes[280] des Abgrundes. * Und
er öffnete den Schlund des Abgrundes, und es stieg aus dem
Schlund ein Rauch wie Rauch eines großen Ofens, und es wurden
verdunkelt die Sonne und die Luft durch den Rauch des Schlundes.

Streng genommen berichtet Johannes im folgenden nicht das Fal-
1 len des Sternes, sondern er sieht ihn bereits unten. **Und der fünfte Engel trompetete, und ich sah einen Stern, aus dem Himmel gefallen auf die Erde.** Blitzartig ist er da, aber so, daß dem Seher dessen Sturz aus dem Himmel und seine Herkunft aus dem Himmel bewußt ist.

Die biblischen Stellen vom Satanssturz und auch Offb 12, 9 sind hier keine Parallelen, denn in K. 12 verfolgt der gestürzte Satan die

[279] In der Religionsgeschichte gilt der Vogel allgemein als Mitwisser und Vermittler göttlichen Willens.

[280] Die Übersetzung „Brunnen" sollte vermieden werden, da die Wasservorstellung fernzuhalten ist. s. V. 2.

Gemeinde, die hier gerade ausgenommen ist (V. 4b)[281]. Gewiß hängt dieser Sturz mit einem himmlischen Gericht zusammen, dafür spricht der Ausdruck „fallen“, dem ein Werfen (s. z. 8, 5) vorausgeht. Aber gegen wen richtet sich der Zorn Gottes? In diesem Fall nicht gegen das Geworfene, sondern gegen das Wurfziel, gegen die Menschenerde. Der fallende Stern ist das Werkzeug des Zornes Gottes.

Es ist kein toter Sternenkörper gemeint, sondern ein Sternenwesen, ein Engel[282], der Ausrüstung und Funktion empfängt: **Und ihm war gegeben worden („wurde“) der Schlüssel des Schlundes des Abgrundes.** Der Abgrund[283] ist in der Offb[284] Ort der bösen Geister, und zwar an allen Stellen als ein Strafort. In 17, 8 wird er mit „Verderben“ gleichgesetzt. In ihm hält Gott verurteilte Sträflinge unter Verschluß. Sie können nur heraus, wenn er sie herausläßt; und er läßt sie zu ganz bestimmten Zwecken heraus, um sie danach wieder zu ergreifen (17, 8; 20, 1–3). Normalerweise scheidet Gott seine Schöpfung in bewahrender Güte von dieser Welt der Finsternis.

Hier aber hebt Gott die welterhaltende Abschirmung vorübergehend auf. **Und er öffnete den Schlund des Abgrundes.** Indem die 2
höllischen Verderbensmächte freigegeben werden, tritt ein Zustand ein, der in dieser Welt kaum noch etwas von Gott merken läßt. Der Mensch will ja eine Welt ohne Gott. Probeweise bekommt er seinen Willen und erfährt die Hölle. Eine Welt ohne Gott ist nämlich nur als eine Welt zu haben, in die das Satanische einströmt. Dieses Experiment soll den Menschen je und je zur Besinnung und zur Buße bringen.

Und es stieg aus dem Schlund ein Rauch wie Rauch eines großen Ofens[285]. Dieser Vergleich findet sich auch 1 Mo 19, 28 für die Rauchwolke, die über Sodom und Gomorra stand. **Und es wurden verdunkelt die Sonne und die Luft durch den Rauch des Schlundes.** Mit entsetzt aufgerissenen Augen beobachtet der Seher, wie der Rauch stoßweise und klumpig aus dem Schacht emporquillt und unwiderstehbar den ganzen Raum menschlichen Atmens, Empfindens und Denkens ein-

[281] Auch die Stelle 18, 13 aus dem Henoch-Buch gehört nicht hierher, wo ein ungehorsamer Engel-Stern herabfällt. Bengel hat (gegen Lohmeyer) recht, wenn er hier von einem heiligen Engel spricht.

[282] Personifizierte Sterne gibt es auch im AT (z. B. Ri 5, 20, Hio 38, 7) und häufig in der jüdischen Apokalyptik. Siehe auch zu 1, 20. Eine Sachparallele zu unserer Stelle bietet 20, 1–3, wo sogleich vom Engel geredet wird.

[283] Grie abyssos, die „unergründliche Tiefe“ (Erde oder Meeresflut).

[284] Nach 11, 7 und 17, 8 steigt das Tier daraus empor (dafür in 13, 1 „das Meer“), nach 20, 1. 3 ist dieser Abgrund Gefängnis des Satans, vgl. Lk 8, 31. Nach anderen Stellen gibt es auch die Verwendung Abgrund = Hades, im Sinne des Aufenhaltsortes für alle Toten (Rö 10, 7; Ps 71, 20; 107, 26 nach der LXX).

[285] Der Schmelzofen bestand aus einem konisch sich nach oben verjüngenden Raum, durch dessen Spitze Rauch und Feuer hervorquoll.

nimmt, während das Zeichen der Gottesgüte[286] sich verschleiert und verschwindet.

In vier weiteren Versen schält sich die eigentliche Plage heraus:

Zu Vers 3:
2 Mo 10, 12
15
Zu Vers 4:
Hes 9, 4
Zu Vers 6:
Hio 3, 21
Jer 8, 3

3 **Und aus dem Rauch kamen Heuschrecken auf die Erde, und es**
wurde ihnen Vollmacht gegeben, wie die Skorpione der Erde Voll-
4 **macht haben. * Und es wurde ihnen gesagt, daß sie nicht Schaden**
zufügen sollten dem Gras noch allen Bäumen außer den Menschen,
5 **die nicht das Siegel Gottes an der Stirn tragen. * Und es wurde**
ihnen gegeben, daß sie sie nicht töteten, sondern daß sie (die Men-
schen) **fünf Monate lang gequält wurden. Und ihr Quälen** (war)
wie Quälen des Skorpions, wenn er den Menschen sticht („schlägt",
6 semitisch). * **Und in jenen Tagen werden die Menschen den Tod**
suchen und keinesfalls finden und begehren zu sterben, und der
Tod flieht vor ihnen hinweg.

3 **Und aus dem Rauch kamen Heuschrecken auf die Erde.** Müßig ist die Erörterung, ob der Rauch sich in Heuschrecken verwandelte oder sie bisher noch eingehüllt hatte oder – das wäre eine psychologische Erklärung – ob er sich bei näherem Hinsehen als Heuschreckenschwarm entpuppte. Mühelos wechselt das Gerichtsbild des Rauches in das der Heuschrecken. Wir werden flüchtig an die achte ägyptische Plage erinnert (2 Mo 10, 1–19). Aber hier folgen Vers für Vers Hinweise, daß es sich nicht um wirkliche Heuschrecken handelt; besonders handgreiflich geschieht das in V. 4 im Gegensatz zu 2 Mo 10, 15. Viel stärker sind dagegen die Berührungspunkte zu Joe 1 und 2[287]. Im ersten Kapitel schildert Joel noch eine echte Heuschreckenplage, aber anschließend macht er deutlich, daß sie ihm nur als Modell für die Rache Gottes am „Tag des Herrn" dient[288]. Diese Weise der Darstellung findet sich also auch in unserem Abschnitt, nur daß hier die Plage auf „fünf Monate" (V. 5 und 10) begrenzt bleibt und noch nicht das letzte Ende bedeutet.

Sogleich folgt die erste Bestätigung, daß Johannes nicht wirkliche Heuschrecken schaute. **Und es wurde ihnen Vollmacht gegeben, wie die Skorpione der Erde[289] Vollmacht haben.** Skorpione[290] krümmen

[286] Zur Verdunklung der Sonne s. z. 6, 12; 8, 12.
[287] Vgl. V. 2 mit Joe 2, 2. 10; V. 7 mit Joe 2, 4; V. 9 mit Joe 1, 6; 2, 5.
[288] Heuschreckenschwärme waren ein übliches Bild für feindliche Reiterheere (Ri 6, 5; 7, 12; Jer 46, 23; Nah 3, 15), die einzelne Heuschrecke für ein springendes Streitroß (Hio 39, 20).
[289] Johannes empfindet, daß er nicht einfach natürliche Skorpione schaut.
[290] An diesen Spinnentieren, etwas größer als Heuschrecken, versehen mit einem gegliederten Leib und zwei großen Scheren, ist heute noch vieles unerforscht. Rätselhaft z. B. ihr Vermögen, ein halbes Jahr ohne Nahrung auszukommen.

beim Angriff den mit zwei Giftdrüsen besetzten Schwanz über den ganzen Rücken hinweg nach vorn zum Stich und galten vielleicht deswegen als besonders bösartig und listig (Hes 2, 6; Lk 11, 12). 5 Mo 8, 15 und Lk 10, 19 zählen sie zusammen mit Schlangen auf, was sie in die Nähe des Satanischen rückt. Nach Sir 39, 36 sind sie „zur Rache geschaffen“[291].

Diese „Heuschrecken“ fressen also nicht, sondern stechen. Dabei
bewegen sie sich aber in einem sachlich (V. 4) und zeitlich (V. 5) be-
grenzten Spielraum (s. Exkurs 4d). **Und es wurde ihnen gesagt, daß** 4
sie nicht Schaden zufügen sollten dem Gras[292] der Erde noch allem
Grün noch Bäumen. Hier spielt alles stark ins Bildliche hinüber. Man
denkt an die ägyptischen Plagen, von denen es mehrmals hieß, daß
Gott einen Unterschied machen wolle zwischen Israel und seinen
Unterdrückern (2 Mo 8, 19; 9, 4; 11, 8). Auch hier ist eine große Drang-
sal losgebrochen, aber die Versiegelung von 7, 2–3 bewährt sich jetzt
ausdrücklich. **Außer den Menschen, die nicht das Siegel Gottes an**
der Stirn tragen, wird alles heimgesucht, während die Versiegelten
vor dem Gift bewahrt bleiben, d. h. ihr Glaube bleibt inmitten der
dämonischen Überflutung durch Gottes Macht bewahrt (s. z. 7, 2).
Sie bestehen die große „Prüfung“ (3, 10) der Endzeit.

Doch auch die allgemeine Menschheit steht noch nicht im Total-
gericht, sondern erst in einem innergeschichtlichen Warngericht. **Aber** 5
es wurde ihnen gegeben, daß sie sie nicht töteten, sondern daß sie
fünf Monate lang gequält wurden. Und ihr Quälen war wie Quälen
des Skorpions, wenn er den Menschen sticht („schlägt“, semitisch).
Die Stärke des Skorpionengiftes mag bei den 600 bisher bekannten Arten verschieden sein. Jedenfalls wird berichtet, daß ein Hund sieben Sekunden nach einem Stich verendet. Auch für Kinder ist der Umgang mit Skorpionen unmittelbar lebensgefährlich. Erwachsene überleben die Vergiftung maximal um 24 Stunden, wenn ihnen kein Antiserum eingespritzt wird[293]. In der Vision überstehen die Gestochenen nach fünf Monaten Qual[294]. Fünf spielt oft die Rolle einer runden

[291] Die Heuschrecken dagegen galten als reine Tiere und wurden als Nahrung verwendet.

[292] Eine Auslegung, die die Siegel und Trompeten zeitlich nacheinanderordnet, kommt hier mit 8, 7 in Widerspruch, wo doch schon ein Drittel des Grases verbrannte. Genauso verdunkeln sich 8, 12 die Gestirne, die nach 6, 13 schon vom Himmel gestürzt sind.

[293] Siehe J. Villain, Im Zeichen des Skorpions, Leipzig 1968.

[294] Eine Schonung von einem Drittel, wie sie bei den anderen Plagen regelmäßig auftritt, ist im Rahmen des Bildes von der Heuschreckenplage nicht vorstellbar. Für diese Schwärme ist bis heute gerade kennzeichnend, daß sie keinen grünen Strumpf zurücklassen und sogar die Wäsche von der Leine fressen sollen.

Zahl[295], wahrscheinlich abgeleitet von den fünf Fingern einer Hand. Hier umreißt sie allgemein einen längeren Zeitraum.

Vers 6 schaltet einen sprachlich mit Hio 3, 21; Jer 8, 3 verwandten
6 prophetischen Spruch ein. **Und in jenen Tagen werden die Menschen den Tod suchen und keinesfalls finden und begehren zu sterben, und der Tod flieht vor ihnen hinweg.** Wie 6, 15—16 suchen sie den Tod statt Gott. 9, 20 wird ihre Unbußfertigkeit unmittelbar aussprechen. Der Zeitgeist, der Kunst und Kultur durchtränkt, besteht in Lebensmüdigkeit und undefinierbarer Lebensangst, rätselhaft angezogen vom Spiel mit der Verzweiflung, mit Grausamkeit, Schrecken und Selbsterniedrigung. Der Mensch wirft sich weg, ohne sich freilich loszuwerden.

Es folgt eine eingehende Beschreibung der Quälgeister, die jene Angst als bekannt voraussetzt, die Bewohner eines Landes beim Herannahen von Heuschrecken packt. So harmlos das einzelne kleine Tierchen ist, verwandelt es sich jetzt zur gestaltgewordenen Pein. Allgemein werden im Orient Heuschrecken unter Zuhilfenahme aller möglichen Greuelbilder geschildert, so daß am Ende ein grausiges Mischgebilde dasteht:

Zu Vers 7: Joe 2, 4
Zu Vers 8: Joe 1, 6
Zu Vers 9: Joe 2, 5

7 **Und die heuschreckenartigen Wesen** („Gleichnisbilder der Heu-
schrecken") (waren) **gleich Pferden, gerüstet zur Schlacht, und auf
ihren Köpfen** (war's) **wie Kränze gleich dem Golde, und ihre Ge-**
8 **sichter** (waren) **wie Gesichter von Menschen. * Und sie hatten
Haare wie Haare der Frauen, und ihre Zähne waren wie** (die) **der**
9 **Löwen, * und sie hatten Brustkörbe wie eiserne Brustpanzer, und
die Stimme ihrer Flügel** (war) **wie Stimme von Streitwagen** (und)
10 **vieler Pferde, die in die Schlacht laufen. * Und sie haben Schwänze
gleich den Skorpionen und Stachel, und in ihren Schwänzen** (liegt)
11 **ihre Vollmacht, den Menschen fünf Monate Leid zuzufügen. * Sie
haben über sich als König den Engel des Abgrundes. Sein Name**
(lautet) **auf Hebräisch Abaddon, und im Griechischen hat er den**
12 **Namen Apollyon. * Das erste Wehe ist dahingegangen, siehe, es
kommt noch zweifach Wehe danach.**

Auch wir sprechen vom „Heupferd", weil der Kopf der Heuschrecken so auffallend an einen Pferdekopf erinnert (vgl. Anm. 288). Wie Joel

[295] 1 Ko 14, 19 für fünf Worte, Lk 12, 6 für fünf Sperlinge, Lk 14, 19 für fünf Ochsen, Jo 4, 18 für fünf Männer, usw. Andere Auslegungen der fünf Monate: Sie bedeuten die kleinere Hälfte eines Jahres. Den größeren Teil herrscht Gottes Güte. Sie überwiegt seinen Zorn (Brütsch). Oder sie entsprechen der Lebensdauer der Heuschrecke. Von Mai bis September sind ihre Überfälle zu befürchten. Stokmann meint, in der Prophetie seien Tage als Jahre zu rechnen. Er rechnete von 1762 (Rousseaus „Emil", vgl. Exkurs 6) bis Ausbruch des ersten Weltkrieges.

in seinem zweiten Kapitel schaut Johannes in diesen Heuschrecken angsterregende Reitergeschwader. **Und die heuschreckenartigen We-** 7
sen („Gleichnisbilder[296] der Heuschrecken") waren **gleich Pferden, gerüstet zur Schlacht.**

Dieser Vergleich wird nun ausgemalt:

Und auf ihren Köpfen war's **wie Kränze gleich dem Golde,** heißt es vielleicht im Blick auf die gelbgrünlich glänzende Erhöhung des Brustschildes an der Heuschrecke, hier als golden schimmernde Krone geschaut. Das ist das Vorzeichen der Sieghaftigkeit wie 6, 2. Dabei wirken diese Wesen nicht tierisch stumpfsinnig, sondern verstandes-
begabt und überlegen: **Und ihre Gesichter** waren **wie Gesichter von** 8
Menschen. Und sie hatten Haare wie Haare der Frauen. Die Araber verglichen die Fühlhörner der Tiere mit Frauenhaaren. Aber liegt hier nur ein spielerisches Vergleichen vor?

Der Mann in Israel scheint das Haar lang, aber in Flechten getragen zu haben. Man folgert das aus Ri 16, 13; Holi 4, 1; 6, 5. Außerdem wurde es regelmäßig geschnitten, wenn auch nur in Schulterlänge (2 Sam 14, 26; 3 Mo 21, 5). Freies Hängenlassen des Haares scheint einem Kriegergelübde zu entsprechen (Ri 5, 2 wörtlich). Das sah dann wie Frauenhaar aus, bekundete aber nicht weibisches Wesen[297], sondern ungebundene, wilde und vielleicht auch dämonische Kraft.

Aber noch eher mag eine zeitgeschichtliche Anspielung vorliegen. In der Provinz Asia war der beliebteste Kult des Hellenismus, nämlich der des sinnenfreudigen Dionysius, weit verbreitet. In seinem Dienst versetzten sich die Anhänger in wilde Ekstase und schüttelten das üppige Haar – in vielen Religionen der Hauptträger der Lebenskraft. Nach erschöpfendem Tanz verdrehten sie mit schlüpfrigen Bewegungen den Hals und schleuderten die herabhängenden Haare im Kreise. Ein Hymnus schildert: „... das Haar aufgelöst, die Busenfalte bis zu den Knöcheln herabgelassen, die Brüste offen ...". Der Generation des Johannes wurden solche Kulte zur dämonischen Versuchung (s. K. 2 – 3). Dieser Generation gegenüber konnte darum Dämonie nicht besser gekennzeichnet werden als durch das Stichwort „Frauenhaare".

Und ihre Zähne waren wie die **der Löwen.** Obwohl diese „Heuschrecken" ihre Verderben bringende Tätigkeit ausdrücklich mit dem Giftstachel ihres Schwanzes ausübten (V. 3. 10), nicht etwa durch ihre Freßwerkzeuge (V. 4), dienen diese dennoch als Hinweis auf ihre Vernichtungsgewalt (vgl. Joe 1, 6).

[296] Vor allem Hesekiel verwendet die Vokabel gern, um bei der Wiedergabe von Visionen Vergleiche zu ziehen (1, 10. 13. 26. 28; 10, 1. 22; 23, 15 u. ö.). Die LXX bringt sie auch 1 Mo 1, 26.

[297] Hartenstein denkt hier an Schmutz und Schund in den Kiosken, Stokmann an das „weibisch-sentimentale Humanitätsideal" der Moderne, an seine verführerische Verlogenheit (S. 134). Stellungnahme dazu s. Exkurs 6.

9 **Und sie hatten Brustkörbe wie eiserne Brustpanzer**[298]. So stürmen sie unaufhaltsam, unverwundbar voran, brechen in unheimlicher Unbezwingbarkeit durch alle Waffen hindurch (vgl. Joe 2, 7—9).

Und die Stimme ihrer Flügel war **wie die Stimme von Streitwagen** und **vieler Pferde, die in die Schlacht laufen.** Das Gesurr der Flügel erinnerte Johannes an das Geräusch einer heranbrausenden Streitwagenmacht. Hier spricht er also wieder im Rahmen des Heuschrekkenbildes, denn Skorpione sind flügellos. Anders, wenn er abschlie-
10 ßend noch einmal ihre Funktion erwähnt: **Und sie haben Schwänze gleich den Skorpionen und Stachel, und in ihren Schwänzen** liegt **ihre Vollmacht, den Menschen fünf Monate** lang **Leid zuzufügen.** Die Gegenwartsform „haben" und überhaupt die Wiederholung dieses Gedankens (vgl. V. 3) bedeuten Hervorhebung.

Auf diesen Zug kommt es Johannes an, er stach ihm während der Vision ins Auge: der heimtückische, giftige Stich der Abgrundwesen und damit das Schlangenhafte und Satanische an ihnen.

Die Gegenwartsform und damit der Spannungshöhepunkt halten
11 auch beim Schlußvers der Vision an. **Sie haben über sich als König den Engel des Abgrundes.**

Schon Joe 2, 7—8 fällt die unwahrscheinliche Diszipliniertheit dieser Feindheere auf, die ja so verwirren kann (V. 6). Aber sie selbst kennen keine Verwirrung, kein Stolpern oder Zaudern. Bei ihnen klappt alles wie am Schnürchen. Ein ganz Gewaltiger muß dahinterstehen. Darum geht es auch hier. Die Gemeinde soll nicht im Vordergründigen steckenbleiben. Darum empfängt sie Offenbarung über den, der als König dahinter und darüber steht[299]. **Es ist der Engel des Abgrundes.** Seiner Macht widerstehen zu können setzt voraus, daß er nicht anonym bleibt. Sein Name wird völlig, nämlich in doppelter Form aufgedeckt.

Sein Name lautet **auf Hebräisch Abaddon.** Er bedeutet zunächst „das Verderben" im Sinne des Verderbens o r t e s, also des Abgrundes von V. 1. Aber der Gedankenfortschritt besteht darin, daß jetzt an Stelle des neutralen, rein topographischen Ausdruckes „Abgrund" die wertende und entlarvende Bezeichnung tritt. Schon im AT konnte Abaddon als Verderbens f ü r s t personifiziert werden (Hio 28, 22). Er ist nicht identisch mit dem Satan selbst, der erst 20, 1—3 in den Abgrund hineinkommt, aus dem dieser „König" hier aber schon herauskommt. Genaueres s. im Rückblick zu diesem Abschnitt.

298 Ein Wortspiel: Das grie thōrax kann sowohl Brust bedeuten (auch für Brust der Heuschrecke belegt) als auch Brustpanzer, als Teil der Rüstung.

299 Ob Johannes sich hier bewußt von Spr 30, 27 absetzt? — Zur Sache vgl. Offb 17, 13.

Und im Griechischen hat er den Namen Apollyon, heißt es weiter. Es handelt sich um eine personifizierende Übersetzung von Abaddon, also in der Bedeutung „der Verderber". Zugleich klingt Apollyon ganz ähnlich wie der hellenistische Göttername Apollon und soll vielleicht von den Lesern als solch ein Anklang empfunden werden[300]. Apollon aber ist die am weitesten verbreitete Gottheit jener Zeit, wofür schon die 200 Beinamen und die unglaubliche Fülle ihrer Funktionen, die ihr im Laufe der Jahrhunderte zugelegt wurden, sprechen. Vor allem galt sie seit Oktavian als Hauptgottheit des Kaisertums. Darauf könnte hier alles ankommen, so daß in diesem Deutevers das Satanische auf den Kaiserkult hin konkretisiert würde. Im bevorstehenden Kaiserkult kommt die große Drangsal über die Menschheit.

Johannes liebt übrigens an Schwerpunkten hebräisch-griechische Doppelbezeichnungen[301]. Zur Begründung genügt kaum der Hinweis auf die Notwendigkeit des Dolmetschens. An vielen Stellen könnte ohne weiteres die eine Form entbehrt werden. Auch die Tatsache, daß eine Übersetzung zugleich den Dienst einer Vertiefung leisten kann, erklärt nicht alles. Vielmehr meldet Johannes an entscheidenden Punkten durch die Zweisprachigkeit den Anspruch seiner Botschaft auf Juden und Heiden und alle Völker und durch das Nebeneinander der alten Bibelsprache und der damals modernen Weltsprache den Anspruch auf alle Zeiten an. Hier wird also die Verderbensmacht auf Hebräisch und Griechisch bekannt. Die Gemeinden aller Sprachen, Orte und Zeiten sollen aufmerken.

Rückblickend halten wir fest, daß es sich bei diesem Abschnitt nach Vers 4, der deutlich genug auf die Zusammenhänge von 7, 2—3 zurückweist, um die Schau der großen Drangsal handelt. Der dreimalige Skorpionenvergleich läßt allgemein an eine Offenbarung des Satanischen denken. Die Tatsache, daß die Quälgeister aus dem Abgrund stammen, und der Abgrundname in Vers 11 stellen eine Beziehung zu Stellen wie 11, 7; 13, 1 und 17, 8 her und lenken die Deutung auf den Antichristus.

Dabei ist aber zu berücksichtigen, daß es sich ausgesprochen um eine entlarvende Tiefenschau handelt. An der Oberfläche wird die Gemeinde nämlich *nicht* geschont, wie Vers 4 es meldet, sondern gerade zur Zielscheibe des Antichristlichen (K. 12—13). Nach dem Augenschein tritt der Antichrist *nicht* als Verderber, sondern gerade als Weltbeglücker auf. Abaddon und Apollyon sind also nicht

[300] Eine syrische Handschrift aus dem 6. Jahrhundert hat hier tatsächlich „Apollon" in den Text eingesetzt. Es handelt sich also um eine alte Gedankenverbindung.

[301] Offb 1, 7 (Amen — ja); 12, 9 (Satan — Teufel); Joh 1, 38 (Rabbi — Meister); 1, 42 (Kephas — Fels); 4, 25 (Messias — Christus); 9, 7 (Siloah — gesandt); 19, 13 (Gabatha — Steinpflaster); 19, 17 (Golgatha — Schädelstätte).

etwa Namen, die er sich selbst oder irgendein Mensch ihm gibt, sondern die allein das prophetische Wort ihm umhängt, damit die Gemeinde sich nicht blenden (s. z. 6, 2) lasse. Die Gemeinde soll seine wahre Herkunft erkennen. Er stammt aus dem Verderbensabgrund. Und sie soll seine wahre Funktion wissen: Er zerstört objektiv die Welt, wenn er auch subjektiv gegen die Gemeinde wütet. Er stammt aus dem Tode, infiziert mit dem Todestrieb (V. 6) und führt in den Tod (s. z. 17, 11).

Die Trompetenvisionen steuern also auf die Erscheinung des Antichristlichen zu. Das bestätigen dann auch die Anhänge, besonders K. 12–14, die dieses Thema ganz groß in den Mittelpunkt stellen.

Der 12. Vers verklammert die folgenden Plagen mit der soeben
12 geschauten: **Das erste Wehe ist dahingegangen, siehe, es kommt noch zweifach Wehe danach.** Vgl. 8, 13.

Exkurs 6: ZUR DEUTUNG DER FÜNFTEN TROMPETENPLAGE

Bengel deutete die fünfte Plage auf die Perser, Luther auf die Arianer, andere auf die Calvinisten oder auch auf Napoleon, dessen Name in Apollyon wiedergefunden wurde.

Wir schweigen dazu und wenden uns der Deutung Stokmanns zu. Nach ihm sind es die Ideen der Neuzeit, wie sie bei Jean Jacques Rousseau (1712–78) entstanden und in der Französischen Revolution durchgebrochen sind, die nun als Plage auf der Menschheit liegen. Jene demokratischen Grundideen von Freiheit, Gleichheit und Brüderlichkeit, „an sich" gut, seien in verzerrter, mißbrauchter Form hereingebrochen, meint Stokmann. Sie seien die Dämonien, die die gute alte Ordnung, nämlich Anstand, Pietät und Autorität zersetzt haben.

Hier meldet sich ein Unbehagen. Darf sich der Christ so unkritisch mit dem Mittelalter und dessen Ideen, z. B. seinen patriachalischen Ideen verbünden? Beweisen nicht Kreuzzüge, Hexenverbrennungen und Inquisition ebenfalls dämonische Verzerrungen von unglaublicher Macht? Die Deutung auf verderbliche Ideen sollte nicht ausgeschlossen werden, aber die Konkretisierung gerade auf die Ideen der Neuzeit scheint zu sehr im Dienst der Reaktion zu stehen[302a].

Hadorn legt die Plage auf Seuchen und Krankheiten von dämonischer Unbezwingbarkeit aus. Damit wird er dem abgründigen Text kaum gerecht. Ausführlich wenden wir uns der aufwühlend ernsten Deutung der Offb durch den jungen und erfolgreichen katholischen

[302a] Wie politisch befangen die Auslegung des prophetischen Wortes sein kann, zeigt beschämend ein Buch von Pfarrer Ernst Mühe, das im letzten Jahrhundert viel Zustimmung und weite Verbreitung fand und „durch göttliche Fügung selbst in etlichen Fürsten-

Kernphysiker Bernhard Philberth zu [302b]. Sie ist ein flammender Protest gegen die Atomaufrüstung, deren mögliche Folgen er als Fachmann voller Entsetzen ermißt. Mit Recht sieht er das Rüstungswettrennen als eine Katastrophe für die Menschheit an, als ein Rennen in die Arme des Todes. Nur in einer äußersten Anstrengung sei es zum Abbruch zu bringen, je später desto schwerer.

Dieses Entsetzen bestimmt seinen Umgang mit der Offenbarung des Johannes und schließt ihm die entscheidenden Kapitel auf. Die Offb ist ihm ab K. 8 eine erklärungslose Beschreibung des Einsatzes modernster Kampfmittel, nämlich einer Nuklearkriegsführung, mit Bildern, die genau die heutige Technik bezeichnen. Wenn das den maßgeblichen Männern der Wissenschaft und der Technik, aber auch des Militärs und der Politik einmal bewußt werden sollte, würde vielleicht ihr Verhalten beeinflußt und das Geschehen durch die Offenbarung verändert werden. Mindestens einige von ihnen würden unter dem Eindruck der Offenbarung alle Anstrengungen unternehmen, den Frieden zu retten. Solchen wäre es zu verdanken, daß die apokalyptischen Drangsale diese Generation noch nicht heimsuchen. „Die Drangsale der Offenbarung werden dann die Erde heimsuchen, wenn die Menschen einmal versagen" (S. 32 f).

Die vier ersten Trompeten zeigen nach B. Philberth den überraschenden nuklearen Schlag mit Fernwaffen samt deren unmittelbare Auswirkungen. Dagegen bezeichnen die folgenden Trompetenstöße anhaltende Kampfhandlungen der Luftwaffe (5. Trompete) und des Heeres mit Panzern (6. Trompete). Das charakterisiere ja moderne Kriegsführung: Während Panzer mit starker Infanteriebegleitung die Länder todbringend überrollen, greifen Massen von tieffliegenden Bodenkampfflugzeugen panikerregend die Bodentruppen an. Hochfliegende Flugzeuge werden abgeschossen.

Die Startbahnen der Flugzeuge befinden sich zum Schutz in unterirdischen Schachtanlagen („Schlund des Abgrundes"). Wegen der kurzen Startbahnlänge starten Hilfsraketen die Flugzeuge. Die

und Königshäusern Aufnahme gefunden hat": Das enthüllte Geheimnis der Zukunft, aufgrund biblischer Forschungen für das Volk dargelegt, 5. Auflage Leipzig 1889. Im Vorwort heißt es: „Nichts aber habe ich aufgenommen, was ich nicht als Schriftwahrheit erkannt und durch Predigt vor Gottes Angesicht erprobt habe." Dann lesen wir, Preußen habe sich „als Hort der evangelischen Kirche erwiesen", und Kaiser Wilhelm I. habe „in ganz besonderer Weise seine Krone aus den Händen Christi empfangen" (S. 111). „Das christliche, evangelische Preußen, von Gott emporgehoben an die Spitze Deutschlands, mächtig und herrlich anerkannt und bewundert auf der ganzen Erde, recht eigentlich das Herz derselben", sei „von Gott wunderbar begnadigt, gewürdigt und bestimmt, das evangelische Licht und Bekenntnis mit allen Segnungen des Christentums der ganzen Erde zu vermitteln" (S. 112). Als arge Feinde all dieses Guten erscheinen natürlich die „Liberalen und Demokraten" (z. B. S. 104).

[302b] Christliche Prophetie und Nuklearenergie, München 1964, 5. Auflage.

Schachtverschlüsse öffnen sich automatisch durch Stromstöße, die durch niedergehende Feindgeschosse („Stern vom Himmel") ausgelöst werden. Die erwähnten Hilfsraketen entwickeln einen so ungewöhnlich starken ofenartigen Rauch („Rauch wie eines Ofens"), daß die taktischen Geschwader sich aus dichtem Qualm erheben („und aus dem Rauch kamen Heuschrecken"). Die Maschinengewehrgarben auf kämpfende Truppen im offenen Feld versetzen in Panik. Das Peitschen der Schüsse, das Heulen der Turbinen, das Schreien der Verwundeten und das angsterfüllte Suchen nach Angehörigen der mitbetroffenen Flüchtlingsströme führen zu trostloser Verzweiflung und Todesverlangen („die Menschen werden den Tod suchen"). Wenn auch die Zahl der hierbei tatsächlich Umkommenden sehr gering ist („finden nicht den Tod"), erreicht der Angreifer doch sein Ziel. In das Chaos der verstopften Straßen stoßen die Panzer nach (6. Trompete).

Also Zerstörergeschwader werden unmittelbar auf die Menschen, d. h. auf die militärischen Einheiten, niederstoßen (nicht auf Gras, Grünes und Bäume) wie Heuschreckenschwärme auf die Felder. Mit ihrer Flügel- und Rumpfform, mit der Steifheit und dem metallischen Glanz ihres Chitins, mit der Art ihrer Körperhaltung und den Flugbewegungen hat die Heuschrecke mehr Ähnlichkeit mit den Flugzeugen als jedes andere flugfähige Tier. Die metallische Verschalung der Flugzeuge vergleiche Johannes mit der Rüstung von Kampfrossen (9, 7a). Die Kanzel mit ihrer durchbrochenen Metallkonstruktion erinnere ihn an goldähnliche Kronen. Er sieht – immer nach Philberth – den Piloten in seiner flugmäßigen Pilotengarnitur durch die Kanzel schauen und erkennt deutlich sein Gesicht (9, 7b). Er sieht die Kondenzstreifen als ein Gewirr feinster Nebelfäden und vergleicht sie mit Frauenhaaren (9, 8a). Er sieht die Verstrebungen und Verzahnungen durch die Kanzel und vergleicht sie mit Löwenzähnen (9, 8b). Er hört den gewaltigen Lärm der Triebwerke, die er als Flügelschlag bezeichnet, und vergleicht sie mit dem Lärm vieler in die Schlacht stürmender Streitwagen (9, 9). Er sieht schließlich die Läufe der Bordwaffen als Schwänze und Stacheln und empfindet, daß aus ihnen das ausgestoßen wird, was die Menschen peinigt wie der Stich eines Skorpions (9, 10).

Fünf Monate währen diese Angriffe (9, 10b). Sie tragen nach den Zerstörergeschwadern den Namen „Apollyon" (9, 11).

Wir haben hier eine ausgesprochen situationsbedingte Auslegung eines Kernphysikers der sechziger Jahr vor uns. Ganz entsprechend fand einst Luther auf den Seiten der Offenbarung Türken und Papst. Es ist eben keine Auslegung zu bekommen ohne die Person des Auslegers, die von einer gewissen Empfindungs- und Erfahrungswelt aufgeladen ist. Jede Deutung der Offenbarung ist in ihre Zeit hineingebunden. Und doch hat der Mensch bis zu einem gewissen Grad

Fähigkeit und Pflicht, von seiner eigenen Lage abzusehen und sich in eine vergangene Zeit hineinzuversetzen. Auch die Auslegung der Offenbarung muß historisch einsetzen. Die Frage, was der Geist den Gemeinden damals zu sagen hatte, darf nicht so übersprungen werden, wie B. Philbert es tut, als ob er den Gemeinden damals mit diesen Kapiteln nichts zu sagen gehabt hätte.

Dann freilich öffnen wir uns auch dem heutigen Wort des Geistes. In eine Auslegung, wie die Gemeinde heute sie braucht, gehört der gewissenaufrüttelnde Ton B. Philberts unbedingt hinein. Die atomare Sackgasse, in der die Völker sich verrennen, ist sicher ein Sympton unter anderen für eine Menschheit, die nicht will, daß das Lamm über sie herrscht, und die dabei dem Verderber in die Arme läuft[303].

Ankündigung der zwei nächsten Wehe und der sechste Trompetenstoß (zweites Wehe)

Offenbarung 9, 13—21

Alle Ausleger bemerkten die Ähnlichkeit dieser Plage mit der vorherigen. Die gemeinsamen Züge sind zahlreich:

Der Begriff der „Menschen" als ausdrückliche Opfer der fünften Plage (V. 4. 10) — im Unterschied zur Natur in den vier ersten Plagen — begegnet uns nun auch laufend im Text der sechsten Vision

[303] Um uns eine Zusammenschau unserer Lage zu verschaffen, nehmen wir an, die Welt wäre ein Dorf mit 1000 Einwohnern. Von diesen 1000 Menschen wären 140 Nord- und Südamerikaner, 210 Europäer, 85 Afrikaner und 565 Asiaten. Ferner ständen unter ihnen 300 Weiße etwa 700 Farbigen gegenüber. Ebenfalls gäbe es unter ihnen etwa 300 Christen und wieder 700 Nichtchristen, wiederum 300 Bewohner, die lesen und schreiben können, gegenüber 700 Analphabeten. Über 500 Einwohner würden an Unterernährung leiden, 800 hätten eine menschenunwürdige Wohnung, und die Hälfte des gesamten Dorfeinkommens wäre in den Händen der 40 Nordamerikaner. Nun erst kommt das Erschütternde: Die Annehmlichkeiten und Nöte in diesem Dorf verteilen sich nicht einigermaßen gleichmäßig auf die Bewohnerschaft, vielmehr sind diejenigen, die in den Genuß guter Wohnungen gekommen sind, die reichlich zu essen haben und über Bildung verfügen, immer dieselben; es sind im großen und ganzen jene 300 Weißen, die „Christen"! Und es handelt sich dabei nicht um einen Übelstand, der sich wenigstens langsam bessert, sondern die Kluft vergrößert sich. Die Zahl der Hungernden nimmt zu, der Lebensstand jener 300 aber hebt sich. Sobald er es ein Jahr nicht tut, brechen unter ihnen Krisen auf. Vor allem aber rüsten vornehmlich sie für astronomische Geldsummen auf und betreiben Waffengeschäfte mit den Armen. 600 Milliarden Dollar werden jährlich für Rüstungszwecke ausgegeben, während 40 Millionen Menschen verhungern. Dazu geschieht das noch buchstäblich unter den Augen der Hungernden und Benachteiligten, denn wir leben im Zeitalter des Fernsehens, und — es geschieht unter den Augen Gottes!

(V. 15. 18. 20). Auch der dämonische Charakter der Quälgeister erscheint in beiden Fällen, Verse 3. 5. 10 unter dem Bild der Skorpione, Vers 19 unter dem Bild der Schlange; und in beiden Fällen liegt die Kraft dieser Wesen in ihrem Schwanz. Ihre Tätigkeit wird auch jedesmal als ein „Schaden tun" bezeichnet (V. 4. 19), zweimal lesen wir den Löwenvergleich (V. 8 Löwenzähne, V. 17 Löwenköpfe), zweimal von ihrer Panzerung (V. 9. 17), zweimal den Vergleich mit Schlachtrossen (V. 7. 16) und zweimal vom höllischen Rauch (V. 2. 17 f).

Zugleich ist die Steigerung unverkennbar. An die Stelle bloßer Qual (V. 5) tritt nun die Tötung (V. 15. 18. 20), so daß eine Parallele zur zehnten ägyptischen Plage entsteht (2 Mo 11, 4 – 12, 29). In Vers 16 wird die unermeßliche Zahl der Verderber betont. Sie gleichen nicht mehr Schlacht-„pferdchen" (im Format der Heuschrecken, V. 3!), sondern Schlachtrossen in Lebensgröße (V. 16); gegenüber dem Skorpionengift verfügen sie über das stärkere Gift der Schlange (V. 19). Man beachte schließlich die wiederholte Vierzahl als Zahl der schrankenlosen Ausdehnung (vier Hörner, V. 13; vier Engel, V. 14; vier Hauptsünden, V. 21; vierfache Zeitbestimmung, V. 15).

Auch daß jetzt die Beziehung zum Altar hergestellt wird (V. 13), und daß der Engel über sein Trompeten hinaus persönlich eingreift (V. 14), fällt aus dem Rahmen. Alles andere waren eben nur „Warnschüsse"; jetzt folgt die Hauptplage. Nachdem des Menschen Erde (8, 7), Fische und Schiffe (8, 9), Trinkwasser (8, 11), Gestirne (8, 12) und Gesundheit (9, 5) getroffen worden waren, trifft es nun ihn selbst.

Der Abschnitt ist deutlich gegliedert: Vorbereitung der Plage (V. 13–16), Vollzug der Plage (V. 17–19) und Ergebnis der Plage (V. 20–21).

Zu Vers 14:
1 Mo 15, 18
5 Mo 1, 7
Jos 1, 4

13 **Und der sechste Engel trompetete. Und ich hörte eine Stimme aus**
14 **den vier Hörnern des goldenen Altars, der vor Gott (steht), * dem**
sechsten Engel, der die Trompete hatte, sagen: Löse die vier am
15 **großen Euphratstrom gebundenen Engel. * Und es wurden gelöst**
die vier Engel, die gerüstet waren für die Stunde und den Tag und
den Monat und das Jahr, damit sie töteten das Drittel der Men-
16 **schen. * Und die Zahl der Reitergeschwader** („Truppen der Reiterarmee", kleinere Einheiten) **war: zweimal Myriaden von Myriaden. Und ich hörte ihre Zahl.**

13 **Und der sechste Engel trompetete. Und ich hörte eine Stimme aus den vier Hörnern des goldenen Altars, der vor Gott** (steht). Es empfiehlt sich, diese personal unbestimmte Stimme in Anlehnung an 16, 7 als die Stimme des beseelt gedachten Altars selbst zu deuten. Dieser

ist nun freilich äußerst nachdrücklich bestimmt. Es handelt sich zunächst um den goldenen Altar, also den Rauchopferaltar (Anm. 212). Im salomonischen Tempel stand er unmittelbar vor dem Allerheiligsten, während sich der Brandopferaltar außerhalb des Gebäudes befand. Hier heißt es: **der vor Gott** steht. Das hebt seine Bedeutung (vgl. 8, 2). Zudem ist er noch bei seinen **vier Hörnern** benannt. Diese herausragenden und gewöhnlich verzierten Ecken sind seine wichtigsten und heiligsten Stellen, in denen er ganz er selber war, so daß sie für den ganzen Altar eintreten konnten[304].

Wir haben hier eine ausdrückliche Rückbeziehung auf die Gebete der Heiligen[305], die nach 8, 3—5 an diesem Altar zu Gott vermittelt wurden. Die Stimme des Altars ist nun nichts anderes als Antwort auf eben diese Gebete.

Worum hatten die Heiligen zu Gott gefleht? Um die Rettung seines erwählten Volkes, und dies als Rettung seiner Ehre vor der Welt. Das zweite Moment tritt in den Vordergrund, je mehr ein Gebet Gebet wird: Tue es nicht um unsertwillen, sondern um deines heiligen Namens willen (vgl. Hes 36, 21—23)! Die Heiligen beten also um die Wiederherstellung der Ehre Gottes in dieser Welt, nicht etwa um Kriege, die dann prompt und zu ihrer Freude eintreten. Kriege ergeben sich aus dem Widerstand gegen die Ehre Gottes und des Lammes. Sie sind antichristlich (s. z. 6, 2. 8). Sie bedeuten jedesmal: Wer nicht hören will, muß fühlen! Wer nicht auf Gottes Gebote hört und Böses tut, wird erleben, daß Böses nicht gut geht — weil Gott lebt.

Erst nach dieser ernsten Einstimmung in die geistlichen Zusammenhänge schreitet die Handlung voran. Die Stimme des Altars sagt **dem** 14
sechsten Engel, der die Trompete hatte: Löse die vier am großen Strom Euphrat gebundenen Engel.

Der „große Strom Euphrat" ist im AT[306] stehender Ausdruck für die Urgrenze des Gottesvolkes und zugleich für den Strom, über welchen die Gottesfeinde einzufallen pflegten. Aber schon im AT selbst reichert sich die rein geographische Aussage an. Der Euphrat wird Inbegriff für eine Barriere, hinter der sich Unheil und Gericht stauen, von Gott in Schranken gehalten oder im Zorn freigegeben[307] — ein Parallelbild zu den im Abgrund zurückgehaltenen Dämonen (8, 1).

Die Ausleger können sich in diesem Zusammenhang schwer von der Himmelsrichtung des Ostens lösen. Sie sprechen von den Parther-

[304] Das Abschlagen der Hörner ist in Am 3, 14 gleichbedeutend mit Zerstörung des Altars.
[305] Die Märtyrergebete von 6, 9 ergingen dagegen am Brandopferaltar.
[306] 1 Mo 15, 18; 5 Mo 1, 7; Jos 1, 4 u. ö.
[307] Jes 8, 7—8 läßt Gott „die Wasser des Stromes" Palästina überfluten, dort als Bild für den König Assyriens und seine Macht. „Der Strom" ist an vielen Stellen schlechthin Ausdruck für den Euphrat.

stürmen des Altertums[308], von den Sarazenenstürmen im 7. Jahrhundert[309], von Mongolen- und Hunnenstürmen oder Türkengefahr im Mittelalter oder von der „Gelben Gefahr". Der „Osten" gilt als Reservoir der Barbarei, die in Wellen gegen die westliche Kultur anstürmt.

Zunächst fügt sich diese Ansicht exegetisch nicht ein. Die Heimgesuchten der sechsten Plage machen nicht einen *Teil* der Menschheit aus, sondern sind immer wieder „die Menschen" (V. 15. 18. 20), als globaler Begriff, in ihrer Ausbreitung nach Nord, Süd, Ost und West (beachte die Vierzahl der Engel wie 7, 1!). Darüber hinaus erweckt die Schablone „Christlicher Westen – gottloser Osten" ausgesprochenes Unbehagen. Wir kehren uns gründlich von dieser „heiligen Geographie" ab. Die Offenbarung kennt sie gewiß nicht. Nach ihr ist Gottes Volk erkauft aus *allen* Völkern, Stämmen, Sprachen und Nationen (5, 9 u. ö.) und von der *ganzen* Erde (14, 3). Darum ist es nicht mehr lokalisierbar wie einst zur Zeit des AT[310].

Wer jedoch sind die vier am Euphrat gebundenen Engel? Der nächste
15 Vers bezeichnet sie ausführlich: **Und es wurden gelöst die vier Engel, die gerüstet waren für die Stunde und den Tag und den Monat und das Jahr, damit sie töteten das Drittel der Menschen.** Man lese hier nicht Fesseln, Ketten und Gefängnis in den Text hinein, um dann zu folgern, es könne sich nicht um gute Engel Gottes handeln[311]. Bei genauem Zusehen bietet sich folgendes Bild: Die vier Strafengel sind längst **gerüstet**, die Schleusen hochzuziehen, so daß die Wasser des Gerichtes freien Lauf haben. Aber noch sind ihnen die Hände gebunden (vgl. 7, 2). Daß sie nun **gelöst wurden**, bedeutet die Freigabe der Strafaktion zum göttlich anberaumten Termin[312].

Ein schwerwiegender Termin! Außerordentlich sorgfältig und feierlich gibt Johannes ihn an (ähnlich Sach 1, 7; Hag 1, 15): **für die Stunde**

[308] So Bousset, Hadorn, Holtz zu 16, 12, auch das äthiopische Henoch-Buch 56, 5–6.

[309] So Bengel.

[310] Vielleicht hat jene Auslegung in christlichen Kreisen zur Verkennung Hitlers beigetragen, der sich betont antiöstlich gab. Zu spät wurde begriffen, daß bei uns im Westen der „Euphrat" über die Ufer trat und sich unter anderem auch in Richtung Osten ausbreitete. Wie unheilig muß diese „heilige Geographie" auch auf unsere Glaubensgenossen etwa im fernen Asien wirken! Für sie, deren Völker den Kolonialismus erlitten, kommt die Verworfenheit aus dem Westen. Ein Europäer, der von einem Gemeindeältesten in Pakistan gebeten wurde, ihn zu segnen, schreibt: „Das hat mich tief beschämt, und ich habe das nur tun können, indem ich ihn bat, er möchte auch mich segnen. Seitdem spüre ich die Hand dieses Bruders aus Asien auf mir. Wir brauchen in Europa, daß wir von den Brüdern in Asien, Afrika und Südamerika gesegnet werden."

[311] Brinke deutet sie auf Satansengel.

[312] Um überschießende Phantasie handelt es sich auch, wenn de Wette die vier Engel als Heerführer den Reitergeschwadern V. 16 voranziehen läßt. Aber ihr Dienst ist getan, wenn sie die Barriere geöffnet haben, vgl. den Engel 9, 2, der lediglich den Schlund des Abgrundes aufschließt.

und den Tag und den Monat und das Jahr. Vierfach ist der Zeitpunkt[313] festgekeilt und kann unmöglich verrückt werden. Aber auch die Wucht dieses Gerichtes ist noch aufgefangen: Lediglich ein **Drittel der Menschen** verfällt ihm. Zum Drittel s. Exkurs 5e.

So wenig die Erwähnung des Euphrats an der Geographie interessiert war, so wenig dient die folgende Angabe der Statistik. **Und ich hörte ihre Zahl,** bekundet Johannes ganz wie 7, 4. Wieder erteilt eine
Zahl Auskunft über das Wesen einer geschauten Größe. **Und die** 16
Zahl der Reitergeschwader war: zweimal Myriaden von Myriaden. Die Myriade (Zehntausend) war im Griechischen Zählgrenze. Als solche ging sie leicht in die Bedeutung des unendlich Großen über. Auch hier liegt ein Zug ins Überirdische. Durch die Verdopplung der Myriadenhäufung überschlägt sich die Angabe geradezu[314]. Damit werden diese Myriaden den Engelmyriaden von 5, 11 gegenübergestellt, die Unheilsheere den Heilsheeren, die Dämonenfluten den Scharen dienstbarer Geister.

Johannes setzt nun neu an und berichtet den Vollzug der Plage:

17 **Und so sah ich die Pferde in der Vision[315] und die darauf Sitzen-**
den: Sie hatten feuerrote, hyazinthblaue und schwefelgelbe Pan-
zer, und die Köpfe der Pferde (waren) **wie Löwenköpfe, und aus**
18 **ihren Mäulern geht Feuer und Rauch und Schwefel. * Von diesen**
drei Plagen wurden getötet das Drittel der Menschen, (nämlich)
durch Feuer und Rauch und Schwefel, der aus ihren Mäulern her-
19 **ausging. * Und die Vollmacht der Pferde** (lag) **in ihren Mäulern**
und in ihren Schwänzen. Ihre Schwänze (waren) **nämlich gleich**
Schlangen, und sie (die Schwänze) **hatten Häupter, und mit ihnen**
richten sie Schaden an.

Zu Vers 17:
Dan 8, 2
9, 21

Wieder schildert Johannes Mischwesen (Pferd – Löwe – Schlange), ähnlich 9, 1–12. 1 Mo 1 hebt wiederholt hervor, daß Gott „jedes nach

[313] Die sprachlich eindeutige Angabe eines Zeit p u n k t e s faßt Brinke als Angabe einer Zeit d a u e r für die Plage auf und errechnet dreizehn Monate und eine Stunde (und ein Tag?).

[314] Diese Bedeutung von „Myriade" empfiehlt, das Wort unübersetzt zu lassen. Zwar verwenden auch wir die Zehntausend als runde Zahl (z. B. die „oberen Zehntausend"), verstehen darunter aber nicht eine Höchstzahl.

[315] Hier unterlief Lohmeyer ein Schnitzer. Er übersetzt: „Und also sah ich der Rosse Anblick." Die Übersetzung von horasis mit „Anblick" begründet er mit einem „durchgehenden Sprachgebrauch der Apokalypse". Was liegt vor? Das Buch enthält noch eine e i n z i g e sonstige Stelle mit horasis, nämlich 4, 3, wo das Wort ausnahmsweise – so auch nach Lohmeyer – mit „Anblick" zu übersetzen ist, weil es sich dort an den Sprachgebrauch von Hes anlehnt. – Hier also betont Johannes den visionären Charakter dieser „Reiter". Es sind nicht wirkliche Reiter.

seiner Art geschaffen" habe[316a]. Darum läßt sich schon die Tatsache der Artenmischung als Hinweis auf die Herkunft aus dem Chaos verstehen. Gott hatte bei der Schaffung des wohlgeordneten Kosmos die zerstörerischen Mächte an den Rand gedrängt und in den Abgrund hineingebändigt. Nun gibt er den gerichtsreifen Kosmos dem Chaos preis. Mischgebilde waren im Heidentum sehr beliebt. Dieser Zug mag dem Volke Gottes seit alters als das typisch Heidnische erschienen sein. Das Heidentum steht im Dienste des Verderbers, der die Schöpfung durcheinanderbringt.

17 **Und so sah ich die Pferde in der Vision und die darauf Sitzenden: Sie hatten feuerrote, hyazinthblaue und schwefelgelbe Panzer.** Waren diese Panzer gestreift? Oder gab es drei verschiedenfarbige Regimenter? Wie sollen wir uns den Versinhalt visuell vorstellen? Johannes nimmt aus dem Geschimmer der Panzer drei Farbtönungen auf, die jeweils eine Plage vergegenwärtigen und zusammengehören wie Feuer, Rauch[316b] und Schwefel in Vers 18. Diese Dreiheit oder einzelne Elemente aus ihr gehören immer wieder zum Abgrund oder zum Feuerpfuhl. Noch einmal werden wir also darin bestärkt, in diesen Reitergeschwadern nicht konkrete Armeen irgendwelcher Völker, sondern höllische Wesen zu sehen. Sie machen die Erde zur Hölle.

Die Furchtbarkeit der sechsten Plage entpuppt sich in einer Plagenfülle. Das Feuer versengte, der Rauch nahm die Sicht, der Schwefel
18 verpestete die Menschenwelt. **Von diesen drei Plagen wurden getötet das Drittel der Menschen,** nämlich **durch Feuer und Rauch und Schwefel, der aus ihren Mäulern herausging.** (Zum Töten und zum Drittel s. o.)

Wie der zehnte Vers abschließend die eigentliche Waffe der Heu-
19 schrecken heraushob, so Vers 19 die der Reitergeschwader. **Und die Vollmacht der Pferde** lag **in ihren Mäulern und in ihren Schwänzen. Ihre Schwänze** waren **nämlich gleich Schlangen** – wieder ein deutlicher Hinweis auf ihren satanischen Charakter. **Und sie** (die Schwänze!) **hatten Häupter, und mit ihnen richteten sie Schaden an.** Die Schwänze liefen also in Verdickungen aus, die wie Schlangenköpfe anmuteten[317]. Diese Köpfe versetzten den tödlichen Biß.

Wie Pharao kurz vor seinem Untergang noch einmal durch den letzten, empfindlichsten Schlag gemahnt wurde, so hier das „Ägypten" der Endzeit. Die Dämonen (V. 20!) werden los und verheeren

[316a] Vgl. in diesem Zusammenhang auch 5 Mo 22, 9–11.

[316b] Nach dem Wörterbuch von Benseler verstanden die Alten unter Hyazinthos nicht unsere Frühlingsblume, die bekanntlich in allen Farben blüht, sondern die blaue Schwertlilie oder den Garten-Rittersporn. Wir haben nach V. 17b an die bleich-blaue Tönung von Rauch und Qualm zu denken.

[317] Die Göttergestalten am Pergamon-Altar haben Beine, die in Köpfen auslaufen (s. Pergamon-Museum in Berlin).

das geistige und soziale Gefüge der Gesellschaft. Das Sterben geht um. Die Menschheit wird vor die letzten Fragen gezwungen. Wie entscheidet sie sich zwischen Tod und Leben?

20 **Und die übrigen von den Menschen, die nicht getötet wurden**
durch diese Plagen, taten auch dann nicht Buße von den (Mach)-
werken ihrer Hände, so daß sie nicht (mehr) **anbeteten die Dämo-**
nen und die (Götzen)**bilder, die goldenen und die silbernen und**
die kupfernen und die steinernen und die hölzernen, die weder
21 **sehen noch hören noch gehen können. * Und sie taten nicht Buße**
von ihren Mordtaten noch von ihren Zauberkünsten noch von
ihrer Unzucht noch von ihren Diebereien.

Zu Vers 20: Jes 17, 8; 2, 8. 20; Mi 5, 12; 5 Mo 32, 17; Ps 106, 37; Dan 5, 4. 23; Ps 115, 4 ff; 135, 15 ff
Zu Vers 21: 2 Kö 9, 22; 2 Mo 20, 13 ff

Diese Verse sind für das Verständnis der Gerichte in der Offenbarung (Siegel-, Trompeten- und Schalengerichte) außerordentlich wichtig. Kurze Nachklänge auch in den furchtbarsten Schalengerichten (16, 9. 11) zeigen, daß Gott und das Lamm keinen Gefallen haben am Tode des Sünders, vielmehr daß er umkehre und lebe. „Er plagt nicht von Herzen" (Kla 3, 33). Diese Gerichte sind eben noch nicht Endgericht. Der Zorn kommt in ihnen noch nicht voll zum Zuge. Immer wieder macht sich etwas Aufhaltendes bemerkbar, und in den Lücken der Gerichte läßt die Güte Gottes dem Sünder wieder Luft und wartet auf seine Umkehr (vgl. Exkurs 5e am Schluß).

Wenn die Gerichte aber auf Buße zielen und Buße in den Gerichten möglich ist, ist auch das Vorhandensein von christlicher Verkündigung vorauszusetzen. Buße und Glaube sind ja in der Bibel nie etwas, worauf der Mensch von selber kommt. Sie sind Antwort auf ergangenes Gotteswort (Rö 10, 17; Gal 3, 2). Also existiert zwischen den Gerichten die bekennende Gemeinde. Das gilt bis ans äußerste Ende (Mt 24, 14; Mk 13, 9—10).

Weil Christus der Menschheit treu bleibt, werden die Pforten der Hölle diese bekennende Gemeinde nicht überwältigen (Mt 16, 18). Sie soll bleiben als Manifestation seiner suchenden, rufenden und wartenden Liebe[318].

Diese positiven Aussagen über die Endzeit konnten nicht im Rahmen eines Plagenschemas erscheinen (vgl. Vorbemerkung zu 7, 1—8). Verse wie die unseren lassen sie aber erschließen, und die eingeschobenen Zwischenstücke bestätigen sie ausdrücklich.

[318] Darum ist die Lehre, nach der die Gemeinde die Gerichte nicht durchzumachen habe (vgl. Anm. 243), weil sie nicht unter dem Zorn stehe, ein Kurzschluß. Sie muß die Gerichte durchmachen, weil sie unter der Zeugenverpflichtung steht. So ist sie als Geliebte dennoch in den Gerichten dabei. Gott liebt eben nicht nur sie, sondern auch die Welt (Joh. 3, 16).

20 **Und die übrigen Menschen, die nicht getötet wurden durch diese Plagen,** sind also nicht noch einmal davongekommen, weil sie etwa besser waren, sondern damit sie Buße tun. Genauso wenig waren die Getöteten ausgesuchte Sünder[319]. Aber die Überlebenden **taten nicht Buße.** „Alles bricht zusammen, nur das menschliche Herz nicht" (Kohlbrügge). Es „will immerzu den Irrweg", sagt Gott erschüttert (Ps 95, 10). Der gleiche erschütternde Refrain durchzieht auch Am 4 (V. 6. 8. 9. 10. 11). Man erinnere sich auch an das immer härter werdende Herz Pharaos.

Sie kehren sich nicht ab **von den Machwerken ihrer Hände.** Buße ist an dieser Stelle negativ gefaßt, als Abwendung vom Götzendienst[320]. Die hinzugehörige positive Seite findet sich in der Parallele 16, 9: „und Gott die Ehre geben". Buße ist ein Überlaufen vom Götzendienst zum Gottesdienst, ein Aufstehen von den Knien vor den Götzen und ein neues Hinknien vor Gott; **so daß sie nicht** mehr **anbeten die Dämonen und die** Götzenbilder[321] (vgl. zu 2, 14. 20), **die goldenen und die silbernen und die kupfernen und die steinernen und die hölzernen, die weder sehen noch hören noch gehen können.** Diese Aufzählung der Materialien, aus denen die Götzenbilder hergestellt sind (häufig auch im AT, z. B. Da 5, 4), soll kräftig ernüchtern: Macht euch doch einmal klar, wovor ihr da kniet!

Wir kehren nun zum bisher überschlagenen Begriff der **Dämonen** zurück. Das grie Fremdwort wäre zu übersetzen „das Göttliche" (Adjektiv neutrum, 63 mal im NT) und wurde bei den Griechen für die niederen Götter verwendet. Das NT bezeichnet damit nicht selbständige Götter, auch nicht solche niederen Ranges, sondern Bedienstete des Satans[322]. Sie sind Verkörperungen des Satanischen; man behalte die neutrische Form im Sinn, „Dämonisches".

[319] Erhellend ist in diesem Zusammenhang Lk 13, 1—5. Die Getöteten werden weder besonders schlimme Sünder noch hinweggeraffte Heilige genannt. Nie läßt sich am äußeren Ergehen der Menschen Gottes Urteil über sie zuverlässig ablesen. Aber ihr Tod kann zuverlässig in seiner Bedeutung für die Übriggebliebenen gedeutet werden: „Wenn ihr nicht Buße tut, werdet ihr alle auch so umkommen."

[320] „Werke der Hände" für Götterbilder: Apg 7, 41; 5 Mo 4, 28; Jes 2, 8; Jer 25, 6; 32, 30; Mi 5, 12.

[321] In der damaligen Umwelt war agalma der übliche Ausdruck für die Götterbilder, was soviel wie „Prunkstück, Schmuckstück" bedeutet. Aber die grie Bibel hat sich nie zur Übernahme dieser Bezeichnung bereitgefunden, sondern prägte statt dessen verächtlich-polemisch eidōla, eigentlich die Verkleinerungsform „Bildchen"; im Grie eignete ihr der Klang des Schattenhaften, Unwirklichen, Täuschenden. Sie steht neben phasma, phantasma (Trugbild, Gespenst) und pseudos (Lüge).

[322] Parallele Bezeichnungen zu „Dämonen" sind „Engel" Satans (Mt 25, 41; 2 Ko 12, 7; 1 Ko 6, 3; 2 Pt 2, 4; Jud 6; Offb 9, 11; 12, 7) oder böse, unreine „Geister" (Eph 6, 12; Offb 16, 14 usw.).

Die Menschen machen also ihren Fußfall einerseits vor den wesenlosen Nichtsen, den **Bildern**, und andererseits vor den **Dämonen**, die für das NT durchaus nicht wesenlos sind. Wie verhält sich das?

Wenn die Anbetung der Heiden nur vor unschuldigem Holz, Stein und Erz geschehen wäre, hätten die Propheten darin nur etwas zum Lachen gefunden. Tatsächlich haben sie sich auch sehr witzig darüber ausgesprochen (s. Band I, S. 67). Aber sie haben nicht n u r darüber gelacht. Denn wie kommt es, daß vernunftbegabte Menschen diesen Götzen verhaftet sind? Die Ohnmacht jener Materialien steht in einem unheimlichen Widerspruch zur Macht dieser Kulte und die Lächerlichkeit des Vorganges im Widerspruch zum tierischen Ernst, mit dem er durchgeführt wird, halsstarrig, unbelehrbar, unter größten Opfern an Zeit, Geld, Ehre und Gesundheit. Darum sprechen die atst Propheten über dieses Treiben nicht mit herzlichem Vergnügen, sondern in grimmigernster Ironie. Dieser Betrug hält aller Aufklärung zum Trotz an, weil es satanische Kräfte gibt, nämlich **Dämonen.**

Die Bibel sieht die Dinge dieser Welt, also auch geschnitzte und gegossene Götzenbilder, ganz säkular[323] und ist darin eine der Wurzeln der Aufklärung geworden. Aber dann trennt sie sich von der bloßen Aufklärung. Sie weiß um einen geistigen Hintergrund dieser Bilderverehrung, dem durch Vernunft allein nicht beizukommen ist. Vielmehr können diese satanischen Realitäten eine ganze aufgeklärte, sonst so vernünftige Menschheit in ihrer Gewalt halten[324].

Und sie taten nicht Buße, wiederholt der nächste Vers. Er bezieht 21
sich dann aber nicht wie Vers 20 auf religiöse Verirrung, sondern auf soziale Verwerflichkeit. Beides hängt ja zusammen. Gib mir einen Einblick in dein mitmenschliches Verhalten, und ich sage dir, wen du anbetest! Oder sage mir, wen oder was du über alle Dinge fürchtest und liebst, und ich sage dir die sittlichen Folgen in deinem Alltag! Von diesen Zusammenhängen ist die ganze Bibel überzeugt (z. B. Jer 7, 9; Rö 1, 18).

Dagegen, daß die vier im folgenden aufgeführten Einzelsünden willkürlich herausgegriffen sind, spricht schon ihre Vierzahl. Mit ihnen soll ein umfassendes Bild gegeben werden. Darum bleiben wir auch nicht bei den Einzeldelikten stehen, sondern versuchen jedesmal eine Grundhaltung zu erkennen.

Sie taten nicht Buße von ihren Mordtaten. Der Hellenismus selbst empfand und gab sich als Programm der Menschenbeglückung. Johan-

[323] Vgl. 1 Ko 10, 19. Der Zusammenhang dort ist ein genauer Beleg für unseren Gedankengang.

[324] Daß die Erdbevölkerung sich angesichts der anwachsenden Hungerlawine den Wahnwitz einer steigenden Rüstung leistet, ist eine Besessenheit, die wir heute miterleben, vgl. Anm. 303.

nes glaubt es ihm nicht und deckt immer wieder seinen mörderischen Untergrund auf (2, 13; 6, 3. 9). An zweiter Stelle stehen die **Zauberkünste.** An primitive Zauberpraktiken kann hier kaum gedacht sein. Nach 18, 23 ist eine ganze Geistigkeit mit all ihren Leistungen und Raffinessen gemeint. Zauberei meint in der Bibel[325] Verführungsmacht, allgemeine Giftmischerei, die gegenüber der Wirklichkeit Gottes berauscht und nicht jene Nüchternheit und Sachlichkeit aufkommen läßt, die zum Glauben nötig ist. Einen ebenso umfassenden Begriff bezeichnet das dritte Wort: **Hurerei**[326], nämlich geistliche und sittliche Treulosigkeit (s. z. 2, 14). Die Endzeit bietet das Bild einer einzigen Landschaft des Verrats. Jeder verrät jeden und alles und fühlt sich an nichts gebunden als an sein eigenes Interesse.

Im Rahmen dieses Verses ist auch das vierte Stück als eine Grundhaltung des gerichtsreifen Menschen zu verstehen: **Diebereien.** Stehlen ist der krasse Gegensatz zur Liebestätigkeit. Der Dieb Judas „dachte nicht an die Armen" (Joh 12, 6). Diese Gegenüberstellung findet sich auch Eph 4, 28. Der Dieb ist Inbegriff des unverschämt selbstsüchtigen Menschen[327], und jeder, der aus der Gemeinschaft mehr herausholen will, als er hineinsteckt, ist ein „Dieb".

Menschenfeindlichkeit, geistige Giftmischerei, Treulosigkeit und Ausbeutung des Menschen durch den Menschen – das ist das Antlitz einer Gesellschaft, der der Zorn des Lammes und alle Plagen Gottes gelten. Ihr tiefstes und allgegenwärtiges Motiv aber ist dieses sich Herumwinden um Bekehrung. Statt Hinkehr zu Gott gibt es immer hastigere Ausfälle von ihm weg. Das ist eine Zeit, in der Bußpredigt denkbar schwer, denkbar selten und – denkbar dringlich wird!

Großes Zwischenstück in der Trompetenreihe

Offenbarung 10, 1 – 11, 13

An der gleichen Stelle wie die Siegelreihe ist auch die Trompetenreihe unterbrochen, nämlich zwischen dem sechsten und siebten Ge-

325 Die LXX verwendet „Zauberei" für die Weisheit Ägyptens, die Pharao verführte, Gott nicht zu gehorchen (2 Mo 7, 11. 22; 8, 14; Weisheit 18, 13), und für die Weisheit Babels, durch die Babel sich in Sicherheit wiegte (Jes 47, 9. 12) und gerichtsreif wurde.

326 Für das Wort „Hurerei" und seine Nebenformen gibt es in der Offb neunzehn Stellen.

327 „Ein Dieb kommt nur, daß er stehle, würge und umbringe." Diese Worte sind Joh. 10, 8. 10 gegen die Herrschenden gerichtet, denen es nicht um das Wohl ihrer „Schäfchen", sondern nur um deren Wolle geht und die ihre Position für sich selbst ausschlachten.

sicht. Beide Zwischenstücke dienen offenbar auch dem gleichen Zweck: Sie halten die Plagenkette an, um zur Sprache zu bringen, was in sie wesensmäßig nicht hineinpaßt, nämlich den besonderen Weg der Zeugengemeinde unter der Fürsorge ihres Herrn. Dabei handelt K. 10 freilich nicht unmittelbar von der Gemeinde, sondern vielmehr von Johannes als ihrem Repräsentanten; aber auch dieses Kapitel fügt sich in den Trostcharakter der Zwischenstücke ein.

Die Stärkung des Johannes zu weiterem Prophetendienst

Offenbarung 10, 1—11

1 Und ich sah einen anderen starken Engel, herabsteigend aus dem
Himmel, bekleidet mit einer Wolke, und der Regenbogen (war)
über seinem Haupt und sein Antlitz wie die Sonne und seine Beine
2 („Füße") wie Feuersäulen. * Und er hatte in seiner Hand eine ge-
öffnete kleine Buchrolle („Buchröllchen"). Und er setzte seinen
3 rechten Fuß auf das Meer und den linken auf das Land * und schrie
mit großer Stimme, wie ein Löwe brüllt. Und als er schrie, erhoben
4 („redeten") die sieben Donner ihre Stimmen. * Und als die sieben
Donner redeten, stand ich im Begriff zu schreiben. Und ich hörte
eine Stimme aus dem Himmel sprechen: Versiegele, was die sieben
5 Donner geredet haben, und schreibe es nicht! * Und der Engel, den
ich stehen sah auf dem Land und auf dem Meer, erhob seine rechte
6 Hand zum Himmel * und schwur bei („in") dem, der da lebt in die
Zeiten der Zeiten, der geschaffen hat den Himmel und was in ihm
ist und die Erde und was auf („in") ihr ist und das Meer und was in
7 ihm ist, daß nicht mehr eine Frist sein wird, * sondern in den Tagen
des siebten Engels, wenn er im Begriff steht zu trompeten, dann
(„und") ist vollendet das Geheimnis Gottes, wie er frohe Botschaft
verkündete seinen Knechten, den Propheten.

Zu Vers 4:
Dan 12, 4. 9
8, 26
Zu Vers 5:
Dan 12, 7
5 Mo 32, 40
1 Mo 14, 22
Zu Vers 6:
Neh 9, 6
2 Mo 20, 11
Ps 146, 6
Zu Vers 7:
5 Mo 29, 28
Jer 7, 25
25, 4
Dan 9, 6. 10
Sach 1, 6

Und ich sah einen anderen starken Engel, herabsteigend vom Him- 1
mel. Weil Johannes nach 4, 1 zur Tür des Himmels hinaufstieg und hier ein Engel zu ihm herabsteigt, scheint er inzwischen seinen Standort verändert zu haben. Manche Ausleger (z. B. Zahn) malen nun aber aus, wie Johannes an den Strand der Insel gegangen sei und dort eine mächtig aufgetürmte Wolke geschaut habe, aus der unter Donner blitzartig zwei Strahlensäulen herabschossen, eine aufs Meer, die andere aufs Land. Dann wird weiter gefolgert: Wenn der Engel nach Vers 2 mit dem linken Fuß auf das Festland Kleinasiens trat, mit dem rechten auf das Meer, habe er in Richtung Jerusalem geblickt und

also auch über Jerusalem und Israel geweissagt.

Aber die Blickrichtung des Engels ist nicht feststellbar, kommt es doch darauf an, wo er sich an den zerklüfteten Küsten postierte. Alle möglichen Blickrichtungen sind denkbar[328]. Man mag darüber private Vorstellungen und Ahnungen haben. Sie gehören aber nicht in die Auslegung.

Die Beifügung: der **andere** in bezug auf den **Engel** könnte diesen Engel unbetont als einen zusätzlichen Engel an vorangegangene Engelerscheinungen anreihen (s. in K. 14). In der Offb erscheinen immer wieder neue Engel. Der Ausdruck könnte aber auch unterscheidende Funktion ausüben: Es ist ein Engel mit einem andersartigen Auftrag. Den Strafengeln folgt nun ein Heilsengel. Schon 7, 2; 8, 3 und wieder 18, 1 spricht Johannes in diesem Sinn von einem **anderen Engel.** Er neigt zu einer genauen Unterscheidung der Engel und Stimmen (4, 1; 10, 8).

Wie 5, 2[329] handelt es sich hier um einen **starken** Engel. Oft spricht das AT von der kämpfenden Stärke Gottes, die sich gegen allen Widerstand in der Welt behauptet[330]. Auf seinen Boten liegt ein Abglanz dieses Herrn, und sie vergegenwärtigen seine Stärke[331].

Die folgenden vier Kennzeichen dieses Engels erinnern ebenfalls auffallend an den erhöhten Gott und Christus. **Bekleidet mit einer Wolke:** Die Hoheit des Himmels umglänzt ihn wie den erhöhten Herrn selbst (1, 7; 14, 14). **Der Regenbogen über seinem Haupt:** Der Artikel an dieser Stelle könnte geradezu auf 4, 3 hinweisen, wo der Regenbogen den Thron Gottes überwölbt – ein Bild glänzender Schönheit (s. d.). **Sein Antlitz wie die Sonne:** Ein solches Sonnenantlitz schaute Johannes 1, 16 an Christus. So sieht der Sieger aus. **Die Beine wie Feuersäulen:** Das erinnert ebenfalls an die Füße in der Christusvision 1, 15. Hier kommt aber der Säulenvergleich hinzu, so daß sich die mögliche Übersetzung mit „Beinen" empfiehlt.

Trotz der außerordentlichen Hoheit dieses Engels scheidet die Deutung auf Christus aus. Nie verwechselt die Offb den auf dem Thron sitzenden Herrn mit seinen zur Erde hinabsteigenden Boten (s. z. 7, 2; 8, 3). Vielleicht ist aber eine Erinnerung an den „Engel des Herrn" im AT angebracht. Er war die „persongewordene Hilfe Jahwes für Israel"[332], an vielen Stellen kaum deutlich unterscheidbar von Jahwe

328 Bengel läßt den Engel nach Afrika blicken.
329 Im übrigen findet sich zwischen den beiden Engeln wenig Gemeinsames.
330 5 Mo 10, 17; Neh 1, 5; 9, 31. 32; Ps 24, 8; Jes 10, 21; Jer 32, 18.
331 „Stark" ist allgemeines Engelattribut: 5, 2; 10, 1; 18, 21; vgl. Ps 103, 20. Deswegen besteht auch kein Anlaß, hier gerade an den Engel Gabriel zu denken, der freilich in seinem Namen einen besonderen Hinweis auf seine Stärke trägt.
332 s. von Rad, Theologie des AT, Band 1, S. 285; vgl. 1 Mo 21, 11 ff; 22, 11; 31, 11; 2 Mo 3, 2. 4; Ri 6, 17 ff.

selbst. Hier bedenken wir, daß dieser Engel die siebte, d. h. die „letzte" und außerordentliche Trompete ankündigt. Dann kommt der Herr (1 Ko 15, 52). Als unmittelbarer Vorbote trägt er jene hoheitsvollen Merkmale zur Schau, die erkennen lassen, welch hohen Herrn er ankündigt.

Und er hatte in seiner Hand eine geöffnete kleine Buchrolle. Diese 2
Rolle[333] tritt zwar erst Verse 8–10 in den Mittelpunkt, steht aber auch schon in Beziehung zu den gleich folgenden Versen. Sie liegt dem Engel sichtbar in der Hand, so daß Johannes sie sofort bemerkt.

Zunächst nimmt der hohe Bote eine vielsagende und darum dreimal betonte Stellung ein (V. 2. 5. 8). **Und er setzte seinen rechten Fuß auf das Meer und den linken auf das Land.** Sollten „Meer" und „Land" symbolisch auf Völkerwelt und Kulturwelt hinweisen (Stokmann)? Aber das könnte zu tiefsinnig sein. Näher liegt eine so vordergründige Bedeutung wie in Vers 6. „Meer und Land" ist einfach eine Grobeinteilung der Schöpfung, eine „atst Formel für die Ganzheit der Welt"[334].

Durch das Fußfassen seines Herolds auf Meer und Land erhebt Gott seinen Besitzanspruch auf die ganze Erde[335]. Er hat sie nämlich geschaffen (V. 6). Dieser Anspruch ist nicht etwa erloschen, weil inzwischen Fremdherrschaften in Gottes Welt eingebrochen sind. Er kommt jetzt zum Gericht. Während er durch seine bisherigen Vorboten seine Hand immer nur auf Teile der Schöpfung legte (K. 8–9), geht es ihm jetzt um das ungeschmälerte Ganze.

Und schrie mit großer Stimme, wie ein Löwe brüllt. Und als er 3
schrie, erhoben („redeten") **die sieben Donner ihre Stimme.** Die beiden Vergleiche scheinen geradezu deckungsgleich. Löwengebrüll und Donnerstimme sind in der Prophetie Bilder für die Stimme des nahenden Richters[336]. Der Unterschied liegt nur in der Zahl. In den sieben Donnern entrollt sich die Gerichtsfülle[337], die schon das Löwengebrüll unzweideutig angekündigt hatte.

[333] Die hier erscheinende Verkleinerungsform biblaridion (so auch V. 2, 9. 10, nicht aber V. 8) knüpft deutlich an Hes 2, 8 – 3, 1 an. In 5, 1–4 steht dagegen regelmäßig biblion (wie hier die Ausnahme V. 8). Da bei Hes offensichtlich die Rollenvorstellung vorliegt, empfiehlt sich hier die Übersetzung „kleine Buchrolle".

[334] Nach Lohmeyer, vgl. Jon 1, 9; Hag 2, 6; Mt 23, 15; Offb 7, 2. 3; 12, 12.

[335] Vgl. Ps 24, 1; 2 Mo 9, 29; 19, 5.

[336] Löwengebrüll: Jer 25, 30–31; Jes 31, 4; Am 1, 2; 3, 8; Joe 4, 16; vgl. Hos 5, 14; 11, 9–11; 13, 7. Donnerstimme: 2 Mo 19, 16; 2 Sam 22, 14; Hio 26, 14; Ps 104, 7; Jer 25, 30; Joe 2, 11.

[337] S. Exkurs 3c.

Aber was bedeutet der Artikel **d i e sieben Donner**, wodurch doch wohl an eine bekannte Größe erinnert werden soll[338]? Nach 4, 5 gehören Donner zur Thronumgebung (vgl. 8, 5; 11, 19; 16, 18; 19, 6). Aber erst hier, wo die Richterfunktion in den Vordergrund tritt, erhalten die Donner eine Zahl; und wie könnte ihre Zahl eine andere sein als die Sieben, wo es doch um den Thron herum auch sieben Geister, sieben Fackeln, sieben Hörner und sieben Augen gibt! Insofern werden hier die sieben Donner als sofort verstandene Größe eingeführt. Als Gerichtsstimme stehen sie den sieben Geistern, von denen für die Gemeinde Gnade und Friede kommt (1, 4; 4, 5; 5,6 und Gemeindebotschaften K. 2—3), gegenüber. Sie sind gegen die Widersacher Gottes und des Lammes gerichtet.

4 **Und als die sieben Donner redeten, stand ich im Begriff zu schreiben.** Hat Johannes in diesem Augenblick lediglich den V o r s a t z gefaßt, das Gehörte anschließend oder später niederzuschreiben? Näher liegt das Bild eines Propheten, der sogleich während der Vision schreiben will. **Und ich hörte eine Stimme aus dem Himmel sprechen: Versiegele, was die sieben Donner geredet haben, und schreibe nicht.** Das Gebot der Versiegelung hat natürlich dort, wo schon die Entstehung einer Niederschrift verhindert wird, die dann versiegelt werden könnte, nur eine abgeblaßte Bedeutung. Nicht ein Schriftstück, sondern die Lippen sind zu versiegeln. Wir kennen diesen bildlichen Gebrauch, wenn wir vom „Siegel der Verschwiegenheit" sprechen (schon Sirach 22, 27).

Hier liegt auch der Unterschied unserer Stelle zum Hintergrund bei Da 8, 26; 12, 4. Dort soll etwas versiegelt werden, was wirklich geschrieben ist, und vor allem soll es nur auf Zeit versiegelt werden. Hier ergeht ein grundsätzliches Redeverbot, ähnlich 2 Ko 12, 4.

Die Tatsache einer letzten Gerichtsfülle hat Johannes bereits geweissagt, indem er vom Löwengebrüll und von den sieben Donnern sprach. Aber damit soll er es genug sein lassen. Es gibt ein christliches Ansichhalten, wenn es um das Thema der Gerichte Gottes geht. An anderen Stellen mögen wir beredt werden. Vielleicht k ö n n e n Menschen nicht wirklich heilig über den Zorn Gottes sprechen. Zu leicht gleiten sie in einen fleischlichen Ingrimm ab und scheiden aus für die Bezeugung der Liebe Gottes bis ans Ende (s. z. 9, 20—21).

Nach dem mächtigen Präludium der sieben Donner leitet eine ein-
5 drucksvolle Gebärde des Engels die Schwurhandlung ein: **Und der Engel, den ich stehen sah auf dem Land und auf dem Meer, erhob seine rechte Hand zum Himmel.** Dem Schwören liegt die Bedeutung

[338] Der Hinweis Zahns auf Ps 29 überzeugt nicht. Zwar ist dort siebenmal die Rede von des Herrn Stimme, auch vom Donner, aber eben nicht wortwörtlich von sieben Donnern.

zugrunde: „Ich ergreife den Stab"[339]. Irgendein heiliger Gegenstand wurde erhoben. Hier bekommt der Hinweis auf die kleine Buchrolle in Vers 2 seinen Sinn. Das aufgerollte (V. 8) Schriftstück flattert in der Hand des Engels (vgl. Sach 5, 1) über **Land und Meer** (s. o.).

Der ursprüngliche Sinn des Eides besteht in einer bedingten Selbstverfluchung: Falls meine Aussage nicht der Wahrheit entspricht, gebe ich mich hiermit selbst dem Verderben preis! Wer einen Eid leistet, identifiziert sich mit seinem Wort. Hier schwört ein Engel, handelt aber im Namen Gottes. So ergibt sich sinngemäß: Das und das geschieht – oder es gibt keinen Gott. Mit diesem Schwur setzt Gott sich durch oder löscht Gott sich aus.

Wieviel auf dem Spiele steht, macht zusätzlich die Schwureinleitung
bewußt. **Und er schwur bei dem, der da lebt in die Zeiten der Zeiten,** 6
der geschaffen hat den Himmel und was in ihm ist und die Erde und was auf ihr ist und das Meer und was in ihm ist. Diese weit ausladende und sich in ehrwürdigsten Formeln bewegende Wendung, die über Da 12, 7 hinausgeht, steigert die Spannung ungeheuer. Der Rückgriff auf die Schöpfung und die Nennung des lebendigen Gottes (s. z. 4, 9) lassen erwarten, daß Gott wieder umfassend und schöpferisch eingreifen will. So fügen sich Schwurformel und Standort des Schwörenden (s. V. 2) zusammen.

Der Engel schwur, **daß nicht mehr eine Frist**[340] **sein wird.** Die für Gottes Volk kaum erträgliche Dehnung der Endzeit (s. z. 6, 10) soll nicht immer weiter anhalten, sondern mit der siebten Trompete ihr Ende finden. Gott gibt seiner Gemeinde, die fast an ihm irre wird, ein felsenfestes Versprechen und verpfändet dazu seine Ehre und Gottheit.

Bei jener Dehnung ging es für die Welt um Zeit zur Buße. Sie begleitete Plage um Plage. Jedesmal wartete Gott auf Umkehr, bis es schließlich 9, 20. 21 doppelt hieß: „Sie taten nicht Buße." Daran knüpft dieser Schwur an. Mit der nächsten und letzten Trompete ist diese Frist vorbei. Die bisherigen Gerichte, immer noch untermischt mit Geduld und Nachsicht, werden durch das Endgericht abgelöst.

Dieser Schluß der Gnadenzeit tritt also ein, **in den Tagen**[341] **des** 7
siebten Engels, wenn er im Begriff steht zu trompeten, dann („und") **ist vollendet das Geheimnis Gottes.**

[339] Grie omnymi horkon, vgl. Schneider in Ki-Th W V, S. 458. – Die formal sehr ähnliche Stelle Da 12, 7 hat übrigens einen entgegengesetzten Sinn. Dort soll es noch einige „Zeiten" dauern, hier soll keine Zeit mehr sein.

[340] Die Auffassung, daß hier eine zeitlose Ewigkeit angekündigt werde, findet sich kaum noch in einer neueren Auslegung. Rissi, Behm, Langenberg, Hadorn, Zahn übersetzen chronos hier mit „Verzögerungsfrist" (vgl. 2, 21). Das abgeleitete Verb chronizein findet sich ebenfalls in endgeschichtlichen Zusammenhängen: Heb 10, 37; Mt 24, 48.

[341] Natürlich ist hier nicht gemeint, daß der Engel mehrere Tage lang blasen sollte. Es geht um die Tage, die durch seinen Trompetenstoß anbrechen würden.

„Geheimnis" ist hier[342] auf Gottes verborgenes Tun bezogen, und zwar auf sein zielstrebiges, wohlbedachtes Tun bis hin zu seinem Sieg, also auf den Plan Gottes. Der Gedanke des Planes erlaubt, von einer Vollendung des Geheimnisses Gottes zu sprechen. Gott wird aller Welt Planerfüllung melden lassen[343].

In der Parallele 17, 17 steht für „Plan Gottes" der Ausdruck „Worte Gottes", und hier im Nachsatz kündigt sich der strahlende Begriff des „Evangeliums Gottes" an: **wie er frohe Botschaft verkündete seinen Knechten, den Propheten.** Der geheime Plan ist seinem Ziele nach geladen mit Sieg, Leben, Heil und Freude. Wo Gott alles in allem ist – und das ist ja das Ziel – blüht die Welt.

Nach diesem Vers und auch nach Apg 10, 36 ist Gott selbst Evangelist, nämlich der Urevangelist in jener Urevangelisation, die aller unserer Verkündigung vorauszugehen hat. Alle Evangelisierenden müssen in diesem Sinne Evangelisierte sein und beständig bleiben, wenn nicht ihr Tun erstarren oder zerbrechen soll. Durch Gott froh gemachte Leute können aber Frohbotschaft bringen. Einer dieser Frohbotschafter ist der Prophet Johannes. Er vertritt in diesem Augenblick das ganze Volk der Zeugen Alten und Neuen Bundes[344]. Was an ihm geschieht, gilt ihnen. Und ihm geschieht nun dieser unverbrüchliche Schwur, daß er froh bleibe und unaussprechlich froh werde.

Ein Rückblick ergibt, daß der starke Engel zwar zunächst im Zeichen einer Gerichtsverschärfung auftrat. Die Donner rollten, die Verzögerungsfrist der Gnade neigte sich ihrem Ende zu. Aber im weiteren Verlauf bewährt er sich immer deutlicher als Heilsbote, wie es ja auch schon seine Erscheinung versprach (V. 1). Die folgenden Verse führen auf den Höhepunkt:

8 **Und die Stimme, die ich aus dem Himmel gehört hatte, sprach**
wiederum mit mir und sprach: Gehe hin, empfange die geöffnete
kleine Buchrolle, die (sich) in der Hand des Engels (befindet), der
9 **auf dem Meer und auf dem Land steht. * Und ich ging zum Engel**
hin und sagte ihm, daß er mir die kleine Buchrolle gebe. Und er
sagt zu mir: Empfange und iß sie, und sie wird deinen Magen[345]
durchbittern, aber in deinem Mund wird es süß sein wie Honig.

Zu Vers 9: Hes 3, 1 ff

[342] mystärion ist im NT ein vielschichtiger Begriff. In der Offb nur 1, 20 (Geheimnis des Leuchterbildes), 17, 5 und 7 (Geheimnis des Bildes der Hure) und hier.

[343] Die nur vier Stellen in der Offb mit mystärion stechen ab von der Apokalyptik, die daraus ihr Lieblingswort machte. Trotz seiner Berührung mit der spätjüdischen Apokalyptik wahrt Johannes einen kritischen Abstand.

[344] Zunächst ist an die Propheten des AT zu denken, dann aber auch an alle Jesuszeugen (s. z. 1, 1 und Anm. 8), die hier von Johannes repräsentiert werden.

[345] Diese Übersetzung für koilia ist möglich und hier angebracht, s. Behm, Ki-Th W III, S. 786 f.

10 ***Und ich empfing die kleine Buchrolle aus der Hand des Engels** Zu Vers 11:
und aß sie, und sie war in meinem Munde süß wie Honig. Und als Jer 1, 10
11 **ich sie gegessen hatte, wurde mein Magen durchbittert. * Und sie** Dan 3, 4
sagen zu mir: Du mußt wieder prophezeien gegen Völker und 7, 14
Nationen und Sprachen und viele Könige.

Und die Stimme, die ich aus dem Himmel gehört hatte, sprach wiederum mit mir. Es ist nicht nur äußerlich die gleiche Stimme wie Vers 4, sondern auch ein innerer Zusammenhang wird hier festgehalten. Dort verhinderte sie eine Art Selbstermächtigung des Johannes zum Schreiben und Prophezeien, hier leitet sie ihn zum wahren und auftragsgemäßen Dienst. Wahre Propheten wählen sich ihre Botschaft nicht selbst. Nachdem ihnen das selbsterwählte Wort genommen ist, identifizieren sie sich mit einem fremden Wort (V. 9). 8

Erst jetzt tritt die kleine Buchrolle, die geöffnet in der Schwurhand hängt, in den Mittelpunkt. Die Stimme sprach nämlich zu Johannes: **Gehe hin, empfange die geöffnete kleine Buchrolle, die sich in der Hand des Engels befindet, der auf dem Meer und auf dem Land steht. Und ich ging zum Engel hin und sagte ihm, daß er mir die kleine Buchrolle gebe. Und er sagt zu mir: Empfange und iß sie, und sie wird deinen Magen durchbittern, aber in deinem Mund wird es süß sein wie Honig.** 9

Essen ist eine besonders intensive Art des Berührens. So geht es hier um eine innerste Berührung mit dem „Geheimnis" oder „Wort" Gottes. Mancher gibt schon eifrig Worte weiter, mit denen er sich noch gar nicht zusammengelebt hat. Aber unter Druck und in der Verlockung wird offenbar, ob man das Wort „gegessen" hat, ob es einem süßer als alles Süße geworden ist, so daß man es nicht lassen kann und dafür alles Bittere auf sich nimmt.

Das Bild vom Gotteswort **süß wie Honig** ist im AT nicht unbekannt[346]. Ausführlich klingt hier Hes 2, 8 — 3, 3 an. Aber der Vergleich zeigt wieder die Selbständigkeit dieser Vision[347]. Der wesentliche Unterschied besteht darin, daß bei Hes der Vorgang ausdrücklich auf die Frage des Gehorsams zielt. Der Prophet dort soll essen und nicht widerspenstig sein wie das widerspenstige Gottesvolk. Er soll ein Zeichen aufrichten und dem Volk als der Gehorsame Gottes

[346] Ps 19, 11; 119, 103; Spr 16, 24; 24, 13 f.

[347] Bei Hes liegt die Buchrolle in der Hand G o t t e s (2, 9), und zwar zunächst zusammengerollt (2, 9), so daß Gott sie vor seinen Augen entrollt (2, 10). Ferner ist dort nicht nur die Überfülle des Rolleninhaltes herausgestrichen (vorn und hinten beschrieben, V. 10), sondern auch inhaltlich bestimmt (Gerichtsdrohungen gegen das widerspenstige Israel 3, 3; vgl. dazu Anm. 349). Ausführlich spricht Hes 3. 2—3 auch vom Eßvorgang, also vom Öffnen des Mundes, vom Verdauen und vom süßen Geschmack, ohne daß aber die Bitterkeit im Magen erwähnt wird.

entgegentreten und ihm die Gerichte Gottes ansagen. Hier kommt weder an dem Propheten noch an der Empfängergemeinde ein Gehorsamsproblem zur Sprache. Der vorangehende Vers hob gerade die Freudenbotschaft Gottes für alle seine Knechte hervor. Gewiß hängen mit ihr Gerichte zusammen, aber diese Kehrseite wurde Vers 4 energisch aus dem Auftrag des Johannes ausgeklammert und hier lediglich als Folgeerscheinung erwähnt. Die Botschaft ist honigsüß und wird erst hernach den **Magen durchbittern.** Wo die Frohbotschaft von dem Lamm auf dem Thron und von der Vollendung aller Geheimnisse Gottes ausgerichtet wird, bleibt Gericht für seine Widersacher und Drangsal für seine Zeugen nicht aus, aber deswegen ist sie doch im Munde des Johannes und aller Evangelisten Freudenbotschaft: „Glückselig, der da vorliest und die da hören die Worte der Prophetie!" (1, 3).

Jetzt tritt auch deutlicher der Sinn dieser „Zusatzberufung" des Johannes ans Licht. Seine erste Berufung zum Propheten (1, 9—20) war vornehmlich, wenn auch nicht ausschließlich, Berufung zum Bußpropheten gegenüber der Gemeinde. In der Befolgung jenes Auftrages entstanden die Gemeindebotschaften mit den mächtigen Bußrufen und Drohworten. Gewiß verbarg sich in dieser Züchtigung eine lautere Liebe (3, 19), aber erst jetzt tritt des Propheten Trostamt gegenüber der Gemeinde beherrschend in die Mitte und das gelegentliche Mahnwort an den Rand (13, 9—10. 18; 14, 12; 16, 15). Es ist auffallend und nachdenkenswert, daß diese Umstellung an der Stelle des Buches vorgenommen wird, an der es sich anschickt, die letzten Zuspitzungen,
die tiefsten Leiden der Gemeinde und die grimmigsten Anläufe des
10 Satans zu schildern. **Und ich empfing die kleine Buchrolle aus der
Hand des Engels und aß sie. Und sie war in meinem Munde süß wie
Honig. Und als ich sie gegessen hatte, wurde mein Magen durchbittert.**

11 **Und sie,** die beiden Engel, **sagen zu mir** — vereintes Sprechen ist
besonders eindrucksvoll — **du mußt wiederum prophezeien.** Johannes wird nach der empfangenen Stärkung wieder neu in die Heilsgeschichte eingejocht; darauf weist das heilsgeschichtliche „muß" hin (s. z. 1, 1). Die „Geheimnisse Gottes" umfassen auch Johannes und weisen ihm einen bestimmten Platz zu. Für diesen Platz hat Gott ihn frisch gerüstet. Ihn soll er nun wieder willig einnehmen. Er hat weiterhin zu prophezeien **gegen**[348] **Völker und Nationen und Sprachen und viele Könige.** Das war schon zuvor sein Thema. Das ganze Buch der Offen-

[348] Die Übersetzung „über Völker und Nationen" oder „von Völkern" ist zu blaß. prophäteuein epi zeigt in der LXX immer wieder Gerichtsrede an. So zahlreiche Stellen bei Hes (4, 7; 6, 2; 11, 4; 13, 16. 17; 21, 2. 7 u. ö.). Betroffen von dieser Gerichtsprophetie ist bei Hes vornehmlich Israel, hier ausdrücklich die ganze Völkerwelt. Der vierfache Ausdruck z. B. auch Offb 11, 9; 13, 7 und 17, 15. Siehe das Vorbild bei Da 3, 2. 7. 29. 31; 5. 19; 6. 26; 7. 14.

barung ist vornehmlich und vordergründig ein Plagenbuch (22, 18). Es „durchbittert den Magen" hieß es gerade hier zweimal (V. 9 und 10)[349]. Johannes ist also wieder imstande, dieses Buch fortzuführen und solche Botschaft zu verkraften, weil ihm der „andere Engel" erschienen war und ihn die „Süßigkeit" seines Dienstes schmecken ließ.

Erst nach dieser persönlichen Stärkung des Johannes folgt eine Schau von der Gemeinde, die an K. 7 erinnert.

Der Weg der Jesuszeugen in der Endzeit

Offenbarung 11, 1—13

1 **Und es wurde mir ein Rohr gleich einem Stab gegeben mit den**
Worten („sagend"): **Wohlan** („stehe auf") **und miß den Tempel**
2 **Gottes und den Altar, und** (zwar) **die Anbeter darin. * Und den**
äußeren Hof des Tempels wirf hinaus und miß ihn nicht, denn er
ist den Nationen gegeben, und sie werden die Heilige Stadt treten
3 **zweiundvierzig Monate** (lang). *** Und ich werde geben meinen**
zwei Zeugen (Vollmacht), **und sie werden prophezeien eintausend-**
4 **zweihundertsechzig Tage** (lang), **mit Säcken bekleidet. * Diese**
sind die zwei Ölbäume und die zwei Leuchter, die vor dem Herrn
5 **der Erde stehen. * Und wenn jemand sie schädigen will, kommt**
Feuer aus ihrem Mund heraus und verzehrt ihre Feinde. Und wenn
6 **jemand sie schädigen will, so muß er sterben. * Diese haben Voll-**
macht, den Himmel zu verschließen, damit kein Regen (die Erde)
benetzt während der Tage ihrer Prophetie. Und sie haben Voll-
macht über die Gewässer, sie in Blut zu wandeln, und die Erde zu
7 **schlagen mit allen Plagen, sooft auch immer sie wollen. * Und**
wenn sie vollbracht haben ihr Zeugnis, wird das aus dem Abgrund
heraussteigende Tier mit ihnen Krieg führen und sie besiegen
8 **und sie töten. * Und ihr Leichnam auf der Straße der großen**
Stadt, die geistlicherweise „Sodom" und „Ägypten" heißt, wo auch
9 **ihr Herr gekreuzigt wurde! * Und** (die) **von den Völkern, Stäm-**
men, Sprachen und Nationen sehen ihren Leichnam die dreieinhalb
10 **Tage, und sie lassen ihre Leichname nicht in ein Grab legen. * Und**
die Bewohner auf der Erde freuen sich ihretwegen und frohlocken
und werden einander Geschenke senden, denn diese zwei Pro-

Zu Vers 1: Hes 40, 3 Sach 2, 5 f
Zu Vers 2: Sach 12, 3 Jes 63, 18 Ps 79, 1 Dan 8, 10 ff
Zu Vers 4: Sach 4, 2 f 11 ff
Zu Vers 5: 2 Kö 1, 10 2 Sam 22, 9 Jer 5, 14
Zu Vers 6: 1 Kö 17, 1 2 Mo 7, 17 19 f 11, 10 1 Sam 4, 8
Zu Vers 7: Dan 7, 3. 7. 21
Zu Vers 8: Jes 1, 9 f
Zu Vers 10: Ps 105, 38

349 Diese Auslegung bezieht also die Bedeutung der kleinen Rolle auf das ganze folgende Buch. Lohmeyer, Wikenhauser und Lilje sehen den Inhalt der Rolle ihrer Kleinheit wegen nur in 11, 1—13. Weil Johannes aber im Unterschied zu Hesekiel nur den allgemeinen Charakter des Inhaltes (süß und bitter) andeutet, scheint es ihm wohl nur ein allgemeines Symbol für seinen Prophetenauftrag darzustellen. Das macht eine Erörterung über inhaltliche Einzelheiten gegenstandslos.

Zu Vers 11:
Hes 37, 5. 10
2 Mo 15, 14 ff
Zu Vers 12:
2 Kö 2, 11
Zu Vers 13:
Hes 38, 16 f
Dan 2, 20

11 pheten haben die Bewohner auf der Erde gequält. * Und nach drei-
einhalb Tagen kam Geist des Lebens aus Gott in sie hinein und
sie stellten sich auf ihre Füße, und große Furcht fiel auf die, die
12 sie schauten. * Und sie hörten eine große Stimme, die zu ihnen
(den Propheten) sprach: Steigt hierher herauf! Und sie stiegen
hinauf in den Himmel in der Wolke, und ihre Feinde schauten sie.
13 * Und in jener Stunde geschah ein großes Beben, und der zehnte
Teil der Stadt fiel, und siebentausend Namen der Menschen star-
ben im Beben, und die übrigen wurden furchtsam und gaben dem
Gott des Himmels Herrlichkeit.

1 **Und es wurde mir ein Rohr gleich einem Stab gegeben.** Dieses Rohr[350], das ein Engel[351] überreicht, vergleicht Johannes sogleich mit einem Stab. Der Leser soll sich eine Meßrute vorstellen, die ein Schilfrohr an Länge beträchtlich übertrifft. Hesekiel schaut K. 40–43 ebenfalls eine Tempelmessung mit einer Meßrute, die nach 40,5 sechs Großellen betrug, d. h. 3,15 Meter[352]. Ein solches Gerät wurde Johannes überreicht **mit den Worten („sagend")**[353]: **Wohlan**[354] **und miß den Tempel Gottes und den Altar.**

In der Offb lassen sich deutlich drei Tempelbegriffe unterscheiden. Von einem rein bildlich gemeinten Tempel auf der neuen Erde spricht 21, 22. Er ist identisch mit Gott und dem Lamme. Nach 3, 12 werden die Sieger „Säulen" in diesem Tempel sein. Einen Tempel im eigentlichen Sinne gibt es in der Vollendung nicht mehr. Ferner schaut Johannes oft einen gegenwärtigen Himmelstempel (7, 15; 11, 19; 14, 15. 17; 15, 5. 6. 8; 16, 1. 17), also auch eine geistige, visionäre Wirklich-

[350] Der Begriff kalamos, womit „Halm" sprachlich zusammenhängt, ist vieldeutig: Schreibrohr, Rohrpfeife, Rohrstock, Meßrohr, Würzrohr, Schilfrohr.

[351] Obwohl von diesem Geben so unbetont und unpersönlich gesprochen wird, glauben Bengel, Stokmann und Hadorn wegen V. 3, wo Christus spricht („meine Zeugen"), auch hier an Christus denken zu müssen. Aber dieser Rückschluß ist nicht zwingend, da es sich bei V. 3 um einen eingefügten Gottesspruch oder um ein Christuswort handeln kann, ohne daß auch vorher und nachher Christus der Sprechende oder Handelnde sein muß. Die Übergabe des Meßrohrs ist ein untergeordneter Dienst und kommt einem Engel zu.

[352] Die „alte Elle" von 2 Chro 3, 3 maß von der Spitze des Zeigefingers bis zum Ellenbogen etwa 45 cm und unterteilte sich in sechs Handbreit zu je 7,5 cm. (Die grie Elle maß 46 cm, die deutsche von der Schulter bis zur Fingerspitze 60 cm.) Die Großelle, von der Hes spricht, maß sieben Handbreit.

[353] Grammatisch kann sich „sagend" nur auf das Rohr beziehen. Wenn es aber in Anlehnung an die hebräische Sprache „mit den Worten" (s. Lohmeyer) bedeutet, bezieht es sich auf den Geber des Rohres, so daß man sich nicht ein redendes Rohr vorstellen muß.

[354] Nach Oepke, Ki-Th W II, S. 333 gab es bei den Rabbinen ein formelhaftes „Auf!", das lediglich seelische Bereitschaft wecken sollte. So haben wir keinen Grund, uns im Rückblick auf 10, 10 vorzustellen, daß Johannes mit Leibschmerzen darniederlag.

keit (s. z. 6, 9 und Anm. 163). Drittens bleibt unsere Stelle, die sich in die beiden erstgenannten Bedeutungen nicht einfügt. Dieser Tempel existierte zur Zeit des Johannes, denn er sollte ihn ja messen. Nach Vers 2 liegt er in der „Heiligen Stadt", die Vers 8 den Namen „große Stadt" bekommt und dort deutlich auf das jüdische Jerusalem, in dem Jesus den Kreuzestod erlitt, bezogen wird. Handelt es sich also um den herodianischen Tempel? Dann läge hier die Weissagung vor, Jerusalem und der äußere Vorhof des Tempels werde von Heiden erobert, während der innere Vorhof mit dem Tempelgebäude den Belagerern bis zur wunderbaren Rettung durch Gott trotzen könne. Aber gegen diese Deutung[355] erheben sich starke Bedenken. Zunächst steht die Abfassung des Buches n a c h der Zerstörung Jerusalems ziemlich fest (Bd. 1, Einltg. 1—7) Dieser Zerstörung war übereinstimmend mit der Weissagung des Herrn in Mt 24, 2 auch der Tempel selbst zum Opfer gefallen. Wer Johannes und seine Leser, die dies Buch im zweiten Jahrhundert eifrig und ergriffen lasen, so ernst nimmt wie sich selbst, wird nicht mehr sagen können, daß hier eine christliche Weissagung auf eine wunderbare Erhaltung des jüdischen Tempels in Jerusalem vorliegt[356].

Also spricht Johannes hier nicht von einem architektonischen, sondern von einem theologischen Begriff „Tempel". Tatsächlich findet sich im NT der volle Ausdruck „Tempel Gottes" niemals im Munde Christi oder eines Christen, wenn vom Tempel in Jerusalem die Rede ist[357]. Dagegen könnte so vom neuen Bundesvolk geredet werden (1 Ko 3, 16; 2 Ko 6, 16; ähnlich Eph 2, 21; 2 Th 2, 4; 1 Tim 3, 15; 1 Pt 2, 5; 4,17; Heb 10, 21). Jedoch will hier der Bezug auf das historische Jerusalem festgehalten werden (s. o.)[358]. Bis heute können wir aber ein ganzes Volk durch Nennung seiner Hauptstadt vergegenwärtigen. So steht hier „Heilige Stadt" oder Jerusalem für das atst Israel. Dieses Israel war auch **Tempel Gottes**. Damit spricht sich die gleiche Ehrfurcht vor der Erwählung Israels aus wie Jo 4, 22.

Johannes soll auch **den Altar** messen. Sicher ist hier auf den Brandopferaltar im „inneren Vorhof" angespielt, denn der nächste Vers

355 So z. B. de Wette, Bousset, Holtzmann, Schlatter.

356 Außerdem ist die Vorstellung, daß man sich im Tempelgebäude dreieinhalb Jahre gegen Belagerer halten könne, unrealistisch.

357 Nur die falschen Zeugen von Mt 26, 61 reden so. Der Revidierte Text der Lutherbibel von 1956 hat die Beifügung „Gottes" in Mt 21, 12 und 27, 40 mit Recht gestrichen.

358 Gegen Holtz, der S. 112 zu einfach festgestellt: „Der Tempel symbolisiert die Gemeinde."

bringt die Gegenüberstellung zum „äußeren Vorhof“[359]. Der Altar kennzeichnete den Schlachtplatz vor dem Tempelgebäude, auf dem die Priester wirkten, zu dem aber auch opfernde Israeliten Zutritt hatten. Dieser Platz ist vom Tempel nicht zu trennen. So weist der Engel den Johannes an, den ganzen Tempelkomplex zu messen.

Wie sehr er dabei an Menschen[360] denkt, enthüllt das Folgende, das den Gebäudebegriff auslegt: **und** zwar **die Anbeter darin.** Darum kann es sich auch nur um ein symbolisches Messen handeln, was noch dadurch zum Ausdruck kommt, daß der Vollzug dieses „Messens“ völlig unanschaulich bleibt und daß im Unterschied zur Tempelmessung bei Hes keine zahlenmäßigen Ergebnisse verlauten. Die Anbeter „im Geist und in der Wahrheit“ (Jo 4, 21–24), in diesem Zusammenhang also das gläubige Israel, werden gemessen.

Wie auch wir durch den Begriff des Maßnehmens und der Maßregelung eine genaue Bestrafung umschreiben können, verwendeten ihn die Propheten im Sinne einer Gerichtsankündigung (2 Kö 21, 13; Jer 34, 11; Kla 2, 8; Am 7, 7. 8). Aber dieser Sinn paßt hier nicht. Nach Vers 2 müssen wir im Gegenteil an einen Sicherungsakt denken. Das Nichtgemessene gilt als das Preisgegebene, das Gemessene dagegen als Gottes heiliges Eigentum. Dementsprechend bleibt es bewahrt und von jeder Zerstörung ausgenommen. Diese Messung rückt auffällig an die Seite der Versiegelung in K. 7. Bezog sich jene auf das Kernvolk („Israel“), so diese auf das Kernheiligtum („Tempel“)[361]. Die Botschaft der beiden Bilder deckt sich.

2 **Und den äußeren Hof des Tempels wirf hinaus und miß ihn nicht.** Der Ausdruck „wirf hinaus!“ zeigt in wünschenswerter Deutlichkeit, daß der Engel bei seinem Auftrag an nichts als an Menschen denkt, denn nicht ein ganzer Vorhof soll irgendwie hinausgekantet, sondern die Israeliten, die nicht durch den Kerntempel charakterisiert sind,

359 Der Ausdruck auch Hes 10, 5; 40, 17. Im salomonischen Tempel gab es den „inneren Vorhof“ der Priester (Jer 36, 10; 2 Chro 4, 9; 1 Kö 6, 36; 7, 12), der aber auch von Opfernden betreten werden durfte, und den „großen“ oder „äußeren Vorhof“ für das Volk. Übrigens wäre eine Messung des Rauchopferaltars im Tempelgebäude mit der sechs Ellen langen Meßrute technisch sehr schwierig. Er maß nur zwei Ellen in der Höhe und eine Elle in der Breite. Der Brandopferaltar im Vorhof war dagegen riesig. Auch der Vergleich mit Hes 40, 47; 43, 13–17 spricht hier für den Brandopferaltar.

360 In der Offb erscheinen nicht selten Gegenstände oder Orte für Personen, z. B. 12, 12 (Himmel für Himmelsbewohner und Erde und Meer für Erdbewohner); 13, 6 (Haus für Hausbewohner); 13, 12; 11, 18; 19, 2 (Erde für Erdbewohner). Nicht zuletzt ist hier an das Neu-Jerusalem zu denken, das für die „Braut“ steht.

361 Bei Hes meint die Messung des Tempels ein Versprechen zukünftiger Bauausführung. Wo Vermessungsarbeiten stattfinden, soll gebaut werden. Hier aber ist eindeutig, daß ein damals vorhandener Tempel gemessen werden sollte. Hes 40–43 paßt also besser zu Offb 21, 15, wo Johannes zunächst wie Hes entrückt wird und dann wie Hes einen Engel das Jerusalem der Zukunft messen sieht, und zwar mit einem „goldenen Rohr“. In ähnlichem Sinn ist Sach 2, 5–9 zu verstehen.

sollen exkommuniziert werden[362]. Sie zählen nicht mehr zum Gottesvolk, sie sind nicht mehr Tempel. Von ihnen zieht sich auch die geistliche Bewahrung zurück. Der „Vorhof" **ist den Nationen gegeben.** Die Israeliten, die nicht zu den wahren Anbetern in Vers 1 gehören, nämlich zu den Anbetern Gottes und des Lammes, werden an die Götzenanbeter (9, 20–21) und Tieranbeter (K. 13) preisgegeben. Wie sie dort ausgemeindet wurden, werden sie hier eingemeindet. Außerhalb des Kerntempels hält sich kein wahres Israel als dritte Größe zwischen Heidentum und Christusgemeinde, denn nur der Kerntempel ist „gemessen", d. h. bewahrt.

Der folgende Ausdruck liegt in derselben Linie. **Und sie werden die Heilige Stadt treten.** „Treten" kann zwar in die Bedeutung „verwüsten, plündern" übergehen, aber an vielen Stellen und auch hier geht es nicht um materielle Zerstörung, denn hier bleibt die Stadt ja weiterhin bewohnt (V. 8–11). Vielmehr will der Ausdruck hier vertieft verstanden sein. Wer mit Füßen tritt, behandelt geringschätzig[363]. Bezieht sich das Treten auf Heiliges, vollstreckt der Betreffende einen Akt der Entweihung[364]. Hier betrifft es ausdrücklich die **Heilige Stadt,** an zahlreichen Stellen Ausdruck für Jerusalem[365]. Dieses Jerusalem – sprich Israel – wird aus der Heiligen Stadt zu einem unheiligen Babel. Vers 8 wird das unmißverständlich aussprechen und für diese erschütternde Entheiligung und Dahingabe an das Heidentum auch den inneren Grund nennen: die Kreuzigung des Messias durch das messianische Volk und vor allem dessen Unbußfertigkeit. Ein Volk ist nur durch Gott und seinen Messias messianisch, nicht an sich selbst. Erklärt es den Messias durch Kreuzigung zum Nichtmessias und beharrt es dabei, aller Bußpredigt zum Trotz (V. 3–7), wird es wieder zum nichtmessianischen Volk (s. z. 2, 9; 3, 9), es verweltlicht.

Aber nicht die ganze Heilige Stadt ist profanisiert. Das stärkere Interesse liegt hier sogar bei dem „gemessenen" Teil, der vor dem Heidentum, der Götzenanbetung und Tieranbetung, bewahrt wird. Dieses Kernjerusalem (V. 1) bleibt vom Gericht ausgenommen. Die wahren Anbeter werden immer weiter anbeten und als Priester in Gottes Tempel stehen. Die Offb weiß wie Lukas in der Apostelgeschichte und wie Paulus – besonders im Römerbrief – von einem zum Messias bekehrten Kern-Israel, das den Grundstock für ein erneuertes Gottesvolk, für ein Neu-Jerusalem und einstmals für eine

[362] Es ist eine unerlaubte Abschwächung des Ausdruckes, wenn de Wette oder Zahn ihn auffassen: übergehe bei der Messung, lasse bei der Messung aus! Für Johannes ist das grie ekballein als Gerichtsakt geläufig: Jo 6, 37; 9, 35; 12, 31; 1 Jo 10, vgl. Mt 8, 12; Gal 4, 30.

[363] vgl. Mt 5, 13; 7, 6.

[364] vgl. Lk 21, 24; Jes 63, 18; Sach 12, 3; besonders Da 8, 11. 13 (vgl. Exkurs 7b).

[365] Jes 48, 2; 52, 1; Neh 11, 1; Da 9, 24; Mt 4, 5; 27, 53; Offb 21, 2. 10; 22, 19.

neue Menschheit bildet. So erleidet die Heilslinie keinen Abbruch, und das Heil kommt nicht irgendwo anders her als von den Juden (Jo 4, 22).

Die volle Herrschaft des Heidentums über Israel, soweit es nicht zu jenen bewahrten Christusanbetern gehört, wird im Text auf einen bestimmten Zeitraum bezogen: **zweiundvierzig Monate.** Diese Zeitangabe kehrt, wenn auch in Tage oder Jahre umgerechnet, im folgenden noch viermal[366] wieder. Sie ist ein feststehender Begriff und gehört zu den tragenden Elementen dieser Kapitel.

Exkurs 7: DIE DREIEINHALB JAHRE, ZWEIUNDVIERZIG MONATE UND EINTAUSENDZWEIHUNDERTSECHZIG TAGE IN K. 11 – 12

a) Wir verschaffen uns zunächst einen Überblick über die fünf einschlägigen Stellen in ihrer jeweiligen Einbettung. Wann beginnt und wann endet jeweils der genannte Zeitraum?

Der innere Einsatzpunkt für die Profanisierung der „Heiligen Stadt" und also für die „zweiundvierzig Monate" in 11, 2 war nach unserer Auslegung die Kreuzigung des Messias. Damals ging der schmerzliche Riß durch Israel. Während sich ein Teil in diesem Akt mit den Römern verband (wie Herodes und Pilatus Freunde wurden!) und damit verweltlichte, betete ein Kern Israels ihn an und bleibt als Priestertum Gottes in dieser Welt bewahrt. Nicht sofort entsprach dem tiefen inneren Riß ein sichtbarer äußerer Abstand. Die Urgemeinde lebte, glaubte und missionierte noch völlig im Schoße des Judentums. Aber der Riß wurde zur Kluft, und die Kluft erweiterte sich, schließlich auch sichtbar für Außenstehende, bis in der Offb alle Seile gekappt werden. Zum Endpunkt dieser zweiundvierzig Monate[367] verlautet in 11, 2 nichts.

In 13, 5 decken sich die zweiundvierzig Monate inhaltlich fraglos mit 11, 2. Wieder geht es um eine von Lästerung und Entweihung erfüllte Zeit. Einsatzpunkt ist das Auftreten des Tieres aus dem Meer (13, 1), das wiederum im Zusammenhang steht mit der Erhöhung des Christus (12, 5) und dem Sturz des Drachens auf die Erde (12, 9). Zornig sendet er seine Kreaturen in die Geschichte hinein (12, 18), nämlich den Antichristen und seinen Helfer. Diese Schau deckt sich mit 6, 1. Unmittelbar nach der Erhöhung des Christus tritt der Anti-

[366] Was die „dreieinhalb Tage" in 11, 9. 13 anbetrifft, s. dort. Sie stehen mit den fünf hier behandelten Zahlen gewiß in einem Zusammenhang, decken sich aber mit keiner von ihnen.

[367] Lk 21, 24 bezeichnet sie „Zeit der Heiden".

christus auf den Plan (Exkurs 4a). Dort beginnen also auch die „zweiundvierzig Monate". Während ihr Einsatzpunkt in 11, 2 mehr durch die Kreuzigung Jesu fixiert war, so hier mehr durch seine Erhöhung (K. 12), aber in beiden Fällen durch das Christusereignis und seine unmittelbaren Folgen schon in urchristlicher Zeit. Im Zusammenhang mit 13, 5 kann nun auch etwas Eindeutiges über das Ende der „zweiundvierzig Monate" gesagt werden. Die antichristliche Lästerung wird durch das machtvolle Erscheinen des Christus beendet (19, 11–20). Die „zweiundvierzig Monate" umfassen also die ganze Endzeit zwischen dem ersten und zweiten Kommen Jesu hinsichtlich ihres antichristlichen Gepräges.

Einen deutlichen Umschwung nehmen wir wahr, wenn wir uns jetzt den „eintausendzweihundertsechzig Tagen" in 11, 3 zuwenden. Ihre Länge entspricht zwar den „zweiundvierzig Monaten"[368], aber ihr Inhalt ist nicht Entweihung und Lästerung, sondern Zeugnis durch die Christusgemeinde (s. z. Stelle). Die „eintausendzweihundertsechzig Tage" von Vers 3 decken sich mit den „Tagen der Prophetie" von Vers 6. In diesem Fall liegen Einsatzpunkt und Schlußpunkt auf der Hand. Der Zeugendienst der Gemeinde begann Himmelfahrt und Pfingsten und schließt mit dem Kommen Jesu Christi in Herrlichkeit. Er läuft zum Wirken des Antichristen parallel und macht den positiven Inhalt der Endzeit aus.

Positiv gefüllt ist der Zeitraum der „eintausendzweihundertsechzig Tage" auch in 12, 6. Er umfaßt die Bewahrung der verfolgten und bekennenden Gemeinde, deckt sich also zeitlich wieder mit den „zweiundvierzig Monaten" von 11, 2, in denen das Kern-Israel bewahrt bleibt, um ununterbrochen Gott anzubeten.

Schließlich bleibt noch 12, 14 mit den „dreieinhalb Jahren"[369]. Auch sie sind Bewahrungszeit für die verfolgte Gemeinde. 12, 14 ist Ausführung zu 12, 6. Die Gemeinde wird verfolgt seit dem Sturz des Drachens auf die Erde, so daß das Christusereignis wieder der innere Ausgangspunkt für diese Zeitangabe darstellt. Ihr Endpunkt fällt wieder mit dem Kommen des Christus in Macht und Herrlichkeit zusammen.

Die Übersicht ergibt, daß die Dreieinhalb, Zweiundvierzig und Eintausendzweihundertsechzig zu den Sinnzahlen der Offb gehören. Dabei beziehen sie sich auf den gleichen Zeitraum, auf die neutestamentlich verstandene Endzeit, nämlich auf die Zeit zwischen dem

[368] Ein Monat zu dreißig Tagen gerechnet.

[369] Johannes vermeidet die Umrechnung in Jahre und spricht wie Daniel von kairoi, eigentlich Zeitpunkte. Das Wort hat aber in diesen Zusammenhängen seinen ursprünglichen Sinn verloren und meint Zeitstrecken, die auch als Jahre verstanden wurden, vgl. Lk 4, 25; Jak. 5, 17.

ersten und zweiten Kommen des Herrn. Liegt ihr antichristliches Gepräge im Blickfeld, wird die Zahl in Monaten angegeben, kommt ihr geistlicher Gehalt zur Sprache, erscheint sie umgerechnet in Tage.

b) Diese Zahlen stehen nicht beziehungslos im Raum, sondern berühren sich auffallend mit dem Danielbuch. Es bringt Tagesangaben von ähnlicher Größenordnung[370] und vor allem die dreieinhalb „Zeiten" in 7, 25; 12, 7. In beiden Fällen handelt es sich um höchste Notzeit, die der Rest der Treuen durch die Lästerer zu erleiden hat. Die Anklänge zur Offb sind also nicht zu überhören.

Aber bei Daniel sind diese Zahlen wohl rechnerisch verstanden, besonders nach 9, 24—27. Er denkt an die letzte kurze Zeitstrecke vor dem Endgericht und vor dem Erscheinen des Menschensohnes (7, 13. 26). Damit ist ihr Zielpunkt eindeutig bestimmt. Aber wo setzt sie ein? Diese Frage war heiß umstritten und im Judentum mit vielen bitteren Enttäuschungen verbunden. In der Offb — und das ist das erlösend Neue! — ist dieser Streit beigelegt. Der Beginn der „Endzeit" ist bekannt und liegt bereits im Rücken. Er besteht im Christusereignis (vgl. Einlt. 51). Mit dem Erscheinen des Christus hebt die Drangsalszeit an, die aber auch eine Bewahrungszeit ist[371].

c) Der Zusammenhang der Zahlen bei Johannes legt aber auch noch eine Beziehung zu den Eliageschichten nahe (besonders 11, 5—6). Unter Elia gab es die unvergessenen dreieinhalb Jahre[372] als Zeit der äußersten Kraftprobe zwischen dem Gott Israels und Baal, zwischen dem treuen Israel, das unbeirrt Gott anbetete, und dem verweltlichten Israel, das vor Baal kniete. Sie brachten sowohl Drangsal als auch wunderbare Durchhilfe Gottes mit sich. Die Berührung mit der Offb liegt auch hier auf der Hand.

d) Die Dreieinhalb mußte also nicht mit dem bestimmten historischen Hintergrund verbunden werden, sondern wurde immer mehr Verkündigungsbegriff mit einem von jedermann verstandenen

[370] 1150 Tage (8, 14); 1290 Tage (12, 11); 1335 Tage (12, 12).

[371] Da seit Himmelfahrt, also seit Beginn der „dreieinhalb Jahre" bereits Jahrzehnte verflossen waren, lag für urchristliche Leser jeder rechnerische Umgang mit diesen Zahlen fern. Die Offb hat sie zu deutlich aus jeder Chronologie herausgelöst und zum Ausdruck für Endzeit überhaupt gemacht. Auch das Schema der 70 Jahrwochen, in das die Zahlen bei Daniel eingebettet sind, ist wie abgeplatzt und findet sich in der Offb nirgend mehr. Es gehört offensichtlich zu den Stücken des AT, die ihren Dienst bereits getan haben. Kein Apostel hat darauf zurückgegriffen. Das geschah dagegen immer wieder seitens der Juden und später auch durch christliche Ausleger. Solche Rückgriffe über die Apostel hinweg auf das AT kennt die Kirchengeschichte auch in anderen Stücken (Sabbat, Speisegebote, Priestergewänder, Beschneidung in Form der Kindertaufe, volkskirchliche Vorstellungen, „heilige" Kriege usw.).

[372] So nach Lk 4, 25; Jak 5, 17. In 1 Kö 17 und 18 fehlt diese Angabe. Man fand aber schon 17, 7 die „eine Zeit" und 18, 1 die „lange Zeit", die sich unterteilt in zwei Zeiten (17, 8—16 und 17, 17—24). In dem letzten halben Jahr lägen dann die Ereignisse ab 18, 1.

Symbolgehalt. Bei Johannes steht sie der Tausend gegenüber (s. K. 20)[373]. –

Die beiden ersten Verse in K. 11 brachten also die eindringliche Schau von der Spaltung Israels in ein christusgläubiges Israel, das bewahrt bleibt, und in ein Namens-Israel (vgl. „Namenschristen"), das ohne Widerstandskraft dem Heidentum anheimfällt. Beide Teile wachsen sich jetzt weltweit aus. In den treuen Stamm werden Heiden wie Setzlinge eingepfropft (Rö 11, 17). Was wir in den nächsten Versen lesen, trägt deutlich die Merkmale der ntst Völkergemeinde. Auf der anderen Seite wandelt sich Jerusalem zu Babel (V. 8) und weitet sich aus auf die ganze Welt (V. 9)[374].

Wie sehr Vers 1–2 nur Einleitung zum folgenden war, zeigt der
Umstand, daß es übergangslos weitergeht: **Und ich werde geben mei-** 3
nen zwei Zeugen Vollmacht. Johannes hat auch noch den gleichen Zeitraum von Vers 2 im Auge, wenn er ihn jetzt auch in Tage umrechnet (Exkurs 7a): **Und sie werden prophezeien eintausendzweihundertsechzig Tage** lang, **mit Säcken bekleidet.** Freilich wechselt der Sprecher. Jetzt spricht Christus ein Vollmachtswort über die Gemeinde in der Endzeit[375]. Diese Endzeit ist nicht einfach Zeit des Antichristen oder „Zeit der Heiden" (Lk 21, 24), sondern in hervorragendem Sinne auch Zeit der Zeugen. Ihr Herr verfügt in dieser Epoche über „alle Gewalt" (Mt 28, 20), durch die er dem Zeugendienst allmächtig Möglichkeiten verschaffen will. Darum wird dieser Zeugendienst ununterbrochen stattfinden als ernstgenommene Allmacht Jesu.

Für die Deutung der zwei Zeugen klammern wir zunächst ihre Zweizahl aus. **Meine Zeugen** ist in Jes 43, 10. 12; 44, 8 Israel-Bezeichnung. Wie die Götzen ihre Zeugen haben (43, 9; 44, 9), so auch Gott. Im Rechtsstreit lassen beide Seiten ihre Zeugen auftreten. Nachdem Vers 1 die erste Wesensbezeichnung für Israel genannt hatte, nämlich Anbetung Gottes, folgt jetzt als zweite der Zeugendienst vor

[373] St-B betont Band III, S. 761 die überaus häufige Verwendung der Dreieinhalb in der rabbinischen Literatur, und zwar in den verschiedensten Zusammenhängen. Er stellt sie dann der Sieben gegenüber. Es ist die gebrochene Zahl (ähnlich Brütsch), während die Tausend die Ungebrochenheit bekundet.

[374] Auch im Jo-Evangelium können die „Juden" geradezu Platzhalter für all die Menschen werden, die den Herrschaftsanspruch Christi ablehnen. „Jude" wird Gegenbegriff zu „Jünger" (z. B. 11, 8; 20, 19), obwohl doch die dort gemeinten Jünger völkisch zum jüdischen Volk gehörten.

[375] Vielleicht schaltet sich ab V. 4 wieder der Engel ein, weil das Gesagte von dort an wieder den Charakter des Deutens hat, und das ist in der Offb immer Aufgabe eines Engels.

den Menschen (V. 3)[376] Israel ist Sprecher zu Gott und zu den Menschen[377].

Die Worte **ich werde geben** haben die Enttäuschungen zum Hintergrund, die Israel seinem Herrn bereitet hat (s. z. 1, 5 auf S. 70), und zielen auf eine endzeitliche Wiederaufrichtung des wahren Israel zum Zeugendienst. Diese Wiederaufrichtung wird geboren aus jener Sichtung von Vers 1–2. Der kleine Rest wird Vollmacht empfangen und die Welt mit seinem Zeugnis erfüllen. Den Vollzug dessen berichtet 12, 11; vgl. 1, 2. 9; 2, 13; 6, 9; 12, 17; 17, 6; 19, 10; 20, 4. Diese Stellen bestätigen, daß bei dieser Verheißung eines wiederhergestellten Israel, das in der Endzeit treu seinen Zeugendienst erfüllt, an die Jesusgemeinde aus Juden und Heiden gedacht ist. Vers 8 sagt, daß „ihr Herr" der Gekreuzigte ist. So ist auch ihr Zeugnis das Evangelium, ihr Wirkungsfeld reicht bis an die Enden der Erde (V. 10), ihre Hörer sind alle Völker (V. 9), und ihre Dienstzeit reicht vom Tag der Himmelfahrt bis zum Ende des Äons, nämlich „eintausendzweihundertsechzig Tage". Alles an ihnen deckt sich mit der ntst Gemeinde.

Aber was bedeutet nun: **Ich werde geben meinen z w e i Zeugen** Vollmacht? Im Grie findet sich noch der bestimmte Artikel, der einen feststehenden Begriff vermuten läßt. Der nächste Vers erläutert ihn. Im typischen Deutestil (vgl. 7, 14; 14, 4 und Anm. 375) heißt es zu-
4 nächst: **Diese sind die zwei Ölbäume.** Ein deutlicher Fingerzeig auf Sach 4, 1–3. 11. 14! Dort sah der Prophet einen hohen, goldenen Ständer, der ein Becken trug. Rings um dieses Becken erkannte er Ölschalen, deren Ränder aber nicht wie bei gewöhnlichen Lampen nur einmal, sondern gleich siebenmal geknifft waren, um sieben Dochte aufnehmen zu können. Der Prophet schaute also einen mächtigen, goldglänzenden Leuchter, der mit seinen sieben mal sieben Flammen eine außergewöhnliche Lichtfülle spendete. Rechts und links vom Leuchter aber standen zwei Ölbäume, die nach Vers 14 „zwei Gesalbte" verkörperten. Diese beiden geisterfüllten Personen stehen dem „Herrscher aller Lande" zur Verfügung. Sie verkünden der Erde sein unerschöpfliches Herrsein, vor allem sein neues Herr w e r d e n.

Das sind also **die zwei Ölbäume,** den Juden durch rege Erörterungen wohl bekannt. Der Grundsinn ist deutlich: Sie dienen als Vorläufer

[376] „Zeugnis ablegen" ist in diesen Versen austauschbar mit „prophezeien", was ja ursprünglich einfach die öffentliche Verkündigung meinte. Diese kann sich auf die Zukunft beziehen und tut es hier sicher auch. Aber der Zusammenhang und auch die Kleidung der Zeugen deutet stark auf Bußpredigt. Zur Bekleidung mit einem Sack s. z. 6, 12.

[377] Vgl. Band 1, Anm. 47 in ihrem Zusammenhang.

dem kommenden Herrn. Aber welche Einzelpersönlichkeiten verbargen sich in den beiden Ölbäumen[378]?

Nun schaltet sich die Offb in die Deutung ein. Die Ölbäume sind nicht geschichtliche Einzelpersönlichkeiten, denn sie tun ihren Dienst während der ganzen Endzeit (eintausendzweihundertsechzig Tage), und diese währte schon zur Zeit Johannes ein gutes Menschenalter. Auch erreichen sie die ganze Menschheit, was die Kraft von zwei Einzelpersonen übersteigen dürfte. Ferner ist „ihr Herr", den sie bezeugen, nicht allein der Kommende, sondern auch schon der Gekommene (V. 8). Sie sind Zeugen des bereits Geschehenen.

Damit ist die Sacharjastelle vollmächtig auf die geisterfüllte Jesusgemeinde gedeutet. Sie ist es ja, die nach den johanneischen Schriften „die Salbung hat" (1 Jo 2, 20. 27) und „den Geist hat" (1 Jo 3, 24; 4, 13).

Außerordentlich kühn aber wirkt im Hinblick auf die Sacharjastelle der Zusatz zu den beiden Ölbäumen: **und die beiden Leuchter, die vor dem Herrn stehen.** Sacharja schaute nämlich nur einen einzigen Leuchter, und zwar versinnbildlichte dieser den Herrn selbst. Die Offb weiß aber von zwei Leuchtern und deutet sie auf die Zeugen Jesu[379], wie es zuvor schon mit den beiden Ölbäumen geschehen war. Sie sind alles zugleich, Propheten, Ölbäume und Leuchter.

Diese Bezeichnungen stehen regelmäßig in der Zweizahl. Hier liegt ein besonderes Interesse. An zwei verschiedene Gestalten mit verschiedenen Funktionen (vgl. Mose und Aaron) ist nicht zu denken. Die „zwei Zeugen" wirken ja nach Vers 5–12 gleichzeitig, gleichartig und erleiden unterschiedslos das gleiche Geschick. Besser zieht man die Tatsache in Betracht, daß paarweise Sendung von Boten im Judentum und Urchristentum fester Brauch war. Nach diesem Denken ist e i n Zeuge k e i n Zeuge. Erst durch gleichlautende Aussagen aus zweier Zeugen Mund wurde eine Sache rechtskräftig. So predigt die Zweizahl an dieser Stelle die Rechtskräftigkeit und Vollmächtigkeit des e i n e n Zeugnisses von Jesus. Nicht irgendeine Unterschiedenheit innerhalb der Gemeinde und ihres Zeugnisses sollte hier herausge-

[378] Nach St-B IV, S. 811 f gab es bei den Juden sechs verschiedene Deutungen: Die zwei Ölbäume waren der wiederkehrende Mose und Aaron, Aaron und David, Serubabel und Josua (Inhaber des Königtums und des Priestertums nach der Heimkehr aus Babel), die Gerechten und die Gelehrten, der Messias und der Hohepriester der letzten Zeit, usw. Aber christliche Ausleger sind auch nicht verlegen um Vorschläge: Es sind Jakobus und Johannes, Elias und Jeremia, Josua und Kaleb, Petrus und Paulus, Mose und Elia, Elia und Henoch oder Luther und Melanchthon. Oder in ihnen ergänzen sich AT und NT, Priestertum und Prophetentum, Gesetz und Propheten oder Juda und Israel. — Das folgende etwa mit Berkhof, Rissi, Brütsch, Goppelt.

[379] Schon 1, 12. 20; 2, 1. 5 deuten einen Leuchter auf die Gemeinden.

hört werden, sondern gerade die Nichtunterschiedenheit[380]. Die Zweizahl schafft das Bild der Kraft für die Gemeinde der Endzeit[381].

Die Verse 5 und 6 schildern die Vollmacht der beiden Zeugen mit deutlichen Anklängen an die beiden großen Prophetengestalten des atst Gottesvolkes, Mose und Elia. Dabei ist zu beachten, daß nicht etwa die Merkmale des Mose dem einen und die Merkmale des Elia dem anderen der beiden Zeugen zugeteilt werden. Vielmehr gelten alle Vollmachten beiden Zeugen. Es entsteht nicht das Bild zweier unterschiedener Persönlichkeiten, unter ihnen etwa ein neuer Elia der Endzeit[382]. Der ist ja nach urchristlicher Überzeugung schon in Johannes dem Täufer dagewesen (Mk 9, 13). Überhaupt geht es hier weniger um Vorläufergestalten als um „Nachläufer", um Zeugen des bereits gekommenen und gekreuzigten Herrn, der freilich auch der Herr der Zukunft ist.

Die beiden Zeugen erscheinen wie eine Größe[383], deutlich ins Überpersönliche erhoben. Diese eine Zeugengemeinde weist sich als wahre Prophetengemeinde aus, indem sie das an sich trägt, was Prophetsein im AT auszeichnete. Als Typ aus der Wüstenzeit Israels erscheint Mose, als Typ aus der Königszeit Elia.

5 **Und wenn jemand sie schädigen will, kommt Feuer aus ihrem Mund heraus und verzehrt ihre Feinde. Und wenn jemand sie schädigen will, so muß er sterben.** Das Bild erinnert an Elia in 2 Kö 1, 10. Für die Gemeinde ist die Zeit ihres Zeugnisses auch die Zeit ihrer Unantastbarkeit. Kein Haar soll ihr ohne den Willen Gottes gekrümmt werden. Kein Mensch wird ihren Dienst verkürzen. Neu ist hier der Zusammenhang zwischen dem Wortdienst der Gemeinde und den Plagen für die Welt[384]. In 8, 3–5 standen hinter den Plagen die Gebete der Gemeinde.

6 **Diese haben Vollmacht, den Himmel zu verschließen, damit kein Regen** die Erde **benetzt während der Tage ihrer Prophetie.** Wieder ist die Eliageschichte (1 Kö 17, 1) zu vergleichen. Die folgenden Zeichen erinnern an Mose: **Und sie haben Vollmacht über die Gewässer, sie in Blut zu wandeln und die Erde zu schlagen mit allen Plagen, sooft**

380 Darum empfehlen sich auch die zuletzt in Anm. 378 mitgeteilten Deutungen nicht. Rissi denkt bei der Zweizahl an die Gemeinde aus Juden und Heiden. Aber auch dieser Gedanke steht kaum im Vordergrund.

381 Man mag daran allgemeine Betrachtungen knüpfen, z. B. daß erst Bruderschaft das Kraftfeld christlichen Zeugnisses entstehen läßt.

382 Gegen Lohmeyer, Bousset, Hadorn, Behm, Jeremias.

383 Sollte deswegen in V. 8 und 9 nur von einem Leichnam die Rede sein? Aber in V. 9 findet sich das zweite Mal der Plural!

384 2 Kö 1, 10 wird das Feuer „vom Himmel" herabgewünscht. Macht sich hier für die ntst Propheten der Einfluß von Lk 9, 54 bemerkbar, wenn von einem Feuer „aus dem Mund" geredet wird? Der Ausdruck könnte im Gegensatz zum physischen Gericht auf ein Wortgericht zielen, vgl. das „Schwert aus dem Mund" 1, 16.

auch immer sie wollen[385]. Der Redestil ist hier so skizzenhaft, daß es nicht schwer fiele, sehr evangeliumsfremde Untertöne hineinzulesen: Grausamkeit, Rachsucht, Willkür. Aber diese knappen Striche wollen nicht für sich genommen werden. Vielmehr sollen wir an ihnen entlang auf Mose und Elia als die typischen Prophetengestalten des AT zurückgehen. Beide widerstanden dem Unrecht, erlitten Unrecht und wichen doch nicht dem Unrecht. Beide wurden förmlich zur Qual (V. 10) für diejenigen, die Gottes und der Menschen Rechte mit Füßen treten wollten, und zu einem unaussprechlichen Trost für alle, die sich nach Gottes guter Welt sehnten.

Die Verse 7–10 schildern die Vernichtung der beiden Zeugen. **Und** 7
wenn sie vollbracht haben werden ihr Zeugnis, wird das aus dem Abgrund heraufsteigende Tier mit ihnen Krieg machen. Dieser Satz führt an das Ende der Endzeit. Die Endzeit findet kein Ende, solange das Zeugnis der Gemeinde noch nicht erschöpfend ausgerichtet ist. Insofern ist die Predigt des Evangeliums das eigentlich „Aufhaltende" von 2 Th 2, 6. 7[386a] und die bekennende Jüngerschaft das „Salz der Erde" von Mt 5, 13. Solange sie wirkt, bleibt der Zustand der Welt in der Schwebe. Sobald sie **vollbracht**[386b] hat, geht die Welt in „Fäulnis" über. Sie verkommt und zerfällt.

Die Verkündigung des Evangeliums ist aber auch das, was die Gemeinde aufrecht erhält. Ihr Dasein auf der Erde hat nicht noch einen anderen Sinn. Sobald dieser Dienst getan ist, wird ihr der äußere Schutz (V. 5–6) entzogen, und die Zeit der Bewahrung ist vorbei.

In diesem Zusammenhang spielt **das Tier** seine Verderberrolle. Erst in den Kapiteln 13 und 17 wird Johannes ausführlich darauf eingehen. Aber seine Leser konnten ihn schon unabhängig von jenen Ausführungen verstehen, denn sie lebten im Danielbuch, das 7, 7 diese Gestalt andeutet. Dort steigen schon zuvor drei Tiere aus dem Meer[387] gegen die Menschenwelt herauf. Aber dies vierte Tier ist der Gipfelpunkt des Schrecklichen. Das NT erwähnt diese letzte Steigerung, den Antichristen (Näheres s. Exkurs 11).

Als sein Herkunftsort erscheint wieder der Abgrund, s. z. 9, 1. 2. 11. Dabei darf die Wendung **das aus dem Abgrund heraufsteigende Tier** nicht so verstanden werden, als ob das Tier erst gegen Ende der Endzeit heraufsteige. Die Offb lehrt, daß der Antichristus sofort dem

[385] Die Beispiele sind nicht willkürlich gewählt. Himmel, Erde und Gewässer sind die Hauptteile der Schöpfung. Gegenüber dem Dienst des Mose oder Elia ist die Tätigkeit der beiden Zeugen deutlich ausgeweitet.

[386a] Zu den Auslegungsmöglichkeiten für diese Stelle vgl. die ausführliche Behandlung bei de Boor, W. Stb. Thessalonicher.

[386b] Das Wort mag an Jo 19, 30 erinnern. Die Parallelen zu Mose und Elia werden von diesem Vers ab durch die Bezüge zu Jesus in den Hintergrund gedrängt.

[387] Das Wort „Abgrund" fehlt bei Da, Näheres s. zu 13, 1; vgl. auch Anm. 283.

Christus folgt (6, 1). Mehr oder weniger verborgen durchwirkt er die ganze Endzeit (1 Jo 2, 18)[388], aber erst zum Schluß erfolgt seine „Parusie" (2 Th 2, 9; s. z. 17, 8). Dann fällt seine Maske, und der Mörder von Anfang, der in der Offb immer wieder mit dem Begriff des Krieges verbunden wird, steht da.

Und er wird mit ihnen Krieg machen. Als das „Tier" ist er das Gegenbild des „Lammes" und als Lästerer[389] des Lammes ein verschworener Feind der Gemeinde des Lammes, die seinen Namen bezeugt. Da dieses Zeugnis aber unwiderstehbar war (V. 5–6), folgen jetzt den lästerlichen Worten Taten. Es wiederholt sich Jo 11, 48: „Lassen wir ihn so, dann werden alle an ihn glauben." Darum zogen die Juden die Konsequenz: Er muß sterben! Auch hier beginnt der Vernichtungskrieg, um das Zeugnis vom Lamm zu beseitigen.

Und es wird sie besiegen und töten. Der Sieg wird ausdrücklich ausgelegt durch „töten". Er besteht nicht in echter Überwindung, sondern in physischer Vernichtung. Nur der Leib, nicht das wahre Leben wird getötet (Mt 10, 28). Und selbst dieses Töten fällt nicht aus dem Ratschluß Gottes heraus, ist dem Antichristen doch „gegeben" zu siegen (s. z. 6, 2; 13, 7). Darum bleibt auch über diesem Geschehen der hohe Friede Gottes, der höher ist als alle Vernunft.

8 **Und ihr Leichnam** (Anm. 383) **auf der Straße der großen Stadt!** Es sei der Vorschlag gemacht, das hier fehlende Verb nicht durch „lag" oder „hing am Galgen" zu ergänzen, sondern den Satz als schmerzvollen, erschütternden Ausruf stehenzulassen. Siehe da, ihr Leichnam in Jerusalem! Diese Stadt ist also antichristlich geworden, denn sie macht des Tieres Kriege mit. Die Judenschaft unterscheidet sich nicht mehr von der Welt[390]. In diesen Zeugen töten sie ihren Mose und Elia (V. 5–6) und trennen sie sich von ihren eigenen Grundlagen. Einen ähnlichen Aufschrei, der Unfaßliches hinausschreit, finden wir Mt 23, 37 im Mund Jesu: „Jerusalem, Jerusalem, die du tötest die Propheten und steinigst, die zu dir gesandt sind!" Traurigkeit und Schmerzen ohne Unterlaß über Israel bezeugte auch Paulus (Rö 9, 2).

Die volle Mitverantwortlichkeit der Juden mag sich in dem Ausdruck **auf der Straße der großen Stadt** bekunden, falls er im Sinne von „Öffentlichkeit" zu verstehen ist[391]. Hier geschah also kein Meuchelmord, für den ja nicht eine ganze Stadt haftbar gemacht werden dürfte, sondern ein einmütig vollzogenes Töten, das darum die ganze Gesellschaft belastet.

388 Schon in der Entweihung von V. 2 und in den Versuchen, die Zeugen zu schädigen in V. 5, sind seine Gegenwirkungen zu sehen.

389 Zum Begriff s. z. 2, 9; zur Sache besonders K. 13. Auch in Da 7 ist Lästerung Hauptmerkmal des Tieres.

390 Zu seiner Beteiligung an den ersten Christenverfolgungen s. z. 2, 9.

391 „Straße der Stadt" noch 21, 12; 22, 2.

In Kriegszeiten werden Leichname einfach in die Gosse gerollt. „Ihre Leichname sind wie Kehricht auf der Gasse" (Jes 5, 25). Doch man sieht sie voll Schmerz und Schaudern. Hier aber ist alles gewollt und höhnisch ausgekostet, wie Vers 9 ausführen wird. Obwohl der Ausdruck **große Stadt** in der Offb neunmal Babel bezeichnet[392], ist hier der Bezug auf Jerusalem durch den Nachsatz gesichert: „Wo auch ihr Herr gekreuzigt ist." Diese „große Stadt" ist wirklich die ehemals „heilige Stadt" von Vers 2. Sie ist „Babel" geworden und wird nach der Offb nie wieder „heilige Stadt" sein[393], sondern mit Babel untergehen (K. 18). Die Urchristenheit hat sich gründlich vom irdischen Jerusalem gelöst (vgl. Gal 4, 26; Heb 2, 22). Sie rechnete nicht mit einem heilsgeschichtlichen Wiederaufbau der Stadt. Die ntst Urkunden geben nichts anderes her[394].

Diese Wesensverfremdung Jerusalems und damit des Judentums wird weiter gekennzeichnet. Es ist die Stadt, **die geistlicherweise „Sodom" und „Ägypten" heißt.** Aus dieser Beifügung geht hervor, daß Johannes den irdisch-menschlichen Namen „Jerusalem" für diese Stadt nicht mehr in den Mund nehmen möchte, genauso wie 2, 9; 3, 9 der Ehrenname „Jude" verweigert wird. Johannes war ja „im Geist" (1, 10) und sah alles geistlich, d. h. prophetisch. Mit prophetischen Augen durchschaut er auch Jerusalem und nagelt es auf sein wahres Wesen fest. Solche vollmächtigen Umbenennungen (vgl. Bd. 1, Anm. 109) waren und sind für die Gemeinde ein geistliches Ereignis und sind für sie verbindlich[395].

„Sodom" und „Ägypten" sind uralte Verkündigungsbegriffe (vgl. Band 1, Einltg. Anm. 63). Sie vergegenwärtigen schon im alten Bund das Wesen des umwohnenden Heidentums. **Sodom** steht für die

[392] 14, 8; 16, 19; 17, 18; 18, 2. 10. 16. 18. 19. 21.

[393] Das einzige Jerusalem der Zukunft, das die Offb kennt, entsteht nicht durch Wiederaufbau von unten nach oben, sondern durch ein Herabkommen von oben nach unten (21, 2).

[394] Eine Kernstelle zu dieser Frage ist Mt 28, 20. Dort gipfelt das Mt-Evangelium mit der Zusage: „Ich bin bei euch!" Im Alten Bund war diese Zusage in Jerusalem und im Tempel lokalisiert. Hier aber ist der Herr ausdrücklich bei denen, die von Jerusalem fortgehen in alle Welt; er ist bei ihnen unterwegs auf allen Straßen ihrer Wandermission. So hebt der erhöhte Herr das Zentrum Jerusalem auf und verlegt es auf die Straßen der Welt. Es ist ein mitwanderndes Zentrum. Die Jünger tragen es hinaus zu allen Völkern wie einst die Israeliten die Bundeslade durch die Wüste. Sie tun es ohne Erwartung einer Rückkehr, nämlich bis an das „Ende der Weltzeit". Die Zerstörung Jerusalems mag endgültige Klarheit geschaffen haben. Seitdem wartete die Urchristenheit im Gegensatz zum Judentum (s. z. 21, 22) nicht mehr auf ein irdisches Jerusalem.

[395] Johannes, als einem Glied des jüdischen Volkes, kam dieser Satz sicher nicht leicht über die Lippen, und für jüdische Ohren klang er ungeheuerlich. Ist er wirklich „geistlich", wahrhaft prophetisch? Da mag die Vorbereitung dieses Urteils bei atst Propheten eine wichtige Stütze gewesen sein, s. die folgenden Anmerkungen.

verführerischen heidnischen Laster[396] und überhaupt für Verführung weg von Gott zu den Götzen, also für religiöse und sittliche „Hurerei". „Wie ist die treue Stadt zur Hure geworden!" klagte schon Jes 1, 21. **Ägypten** war das Sklavenhaus Israels und steht für Unterdrückungsmacht, die gewaltsam knechtet, lähmt, schikaniert, verfolgt, dezimiert und zu Tode ängstet. Beide Elemente, Verführung und Unterdrükkung, vereinigten sich später im „großen Babel"[397], und beides widerfuhr auch den ersten Christen von seiten des Judentums. So spiegelt es das NT wider.

Nach St-B III, S. 816 war „Babel" damals bei Juden und Christen Deckname für das kaiserliche Rom. So hat Munck auch diesen Vers auf Rom gedeutet, wo die „zwei Zeugen", nach ihm nämlich Petrus und Paulus, hingerichtet worden seien. Aber Munck muß um seiner Deutung willen den kleinen Nachsatz des Verses als angeblichen Zusatz von fremder Hand streichen.

Wir nehmen diesen Nachsatz, der jeden Gedanken an Rom in Italien ausschließt, ernst: **Wo auch ihr Herr gekreuzigt wurde.** Er wurde jedenfalls in Jerusalem gekreuzigt. Dabei verbrüderten sich die Juden allerdings mit den heidnischen Römern. Herodes als Repräsentant des Judentums wurde Freund mit Pilatus als Repräsentant Roms (Lk 23, 12), und die geistlichen Führer des Volkes appellierten an Kaiserfreundschaft (Jo 19, 12). Aus Feindschaft gegen den Christus Gottes begruben sie ihre Feindschaft mit Rom. An diesem Punkt setzte die Verweltlichung des Judentums ein.

In der Tötung der „zwei Zeugen" setzt sie sich fort. Sie sind Parallelfälle zu Jesus. Das **auch** verbindet ihr Sterben mit dem Sterben ihres Herrn[398]. Die Zeugen rücken nahe mit dem Bezeugten zusammen. Sie befinden sich in „Gemeinschaft seiner Leiden" (Phil 3, 10; vgl. Auslegung zu 2, 8–11).

9 **Und die von den Völkern, Stämmen, Sprachen und Nationen sahen ihren Leichnam.** Nicht „etliche" (Luther) oder „viele" (Hadorn) von der Erdbevölkerung sehen ihren Leichnam, sondern eben die Erdbevölkerung als ganze. Durch vierfache Bezeichnung wird die Weltöffentlichkeit umrissen, die „Straße" von Babel (V. 8). Die Weltöffentlichkeit ist es, die das Zeugnis zu hören bekam, zum Tier abfiel (13, 7), den Krieg des Tieres mitmachte, um jetzt triumphierend die Leichname der Zeugen zu sehen. Das antichristliche Judentum wurde zum Grundstock eines weltweiten Antichristentums (vgl. Anm 374).

396 Jes 1, 10. 21; 3, 9; Jer 23, 14; Hes 16, 46. 49 u. a.
397 Über Babel ist zu dem großen Abschnitt 17, 1 — 19, 10 noch ausführlich zu handeln; auch über die Möglichkeit, daß christliche Kirchen „Babel" werden können.
398 Schon das „vollbracht" in V. 7 könnte eine Gedankenverbindung zu Jo 19, 30 schaffen.

Es stellt den Kern Babels dar, der sich dann zum globalen Babel auswächst.

Die Völker weiden sich am Anblick der überwundenen Gegner und können sich gar nicht sattsehen. Darum müssen die Leichname unbestattet liegen bleiben als größte Schmach, die das Altertum kannte. **Und sie lassen ihre Leichname nicht in ein Grab legen.** Jemanden aus den Reihen der Lebenden stoßen und ihn dann nicht zu den Toten legen, sondern in der Gosse zum Fraß für Hunde und Geier liegen lassen, hieß ihn restlos vernichten und von jeder Zukunft abschneiden[399].

Diese Hinzufügung der moralischen Auslöschung zur physischen Vernichtung finden wir wieder in der Passion Jesu: Der Menschensohn mußte nicht nur leiden, sondern auch verachtet werden (Mk 8, 31; 9, 12). Er starb nicht nur, sondern er starb auch den Schandtod am Kreuz. Wenn er dennoch nicht unbestattet blieb, sondern ein ehrliches Begräbnis erhielt, gehört das zu den vielsagenden Zeichen Gottes, das mit Bedacht in das Apostolikum aufgenommen wurde: „gestorben und begraben!"

Dreieinhalb Tage währt diese Schaustellung. Es sind die letzten dreieinhalb Tage der eintausendzweihundertsechzig Tage von Vers 3, also von der Endzeit. Diese Endzeit hat nämlich ihre lebendige Geschichte, kennt Zunehmen und Abnehmen der Spannung, Wellengipfel und Wellental, zugespitzte und verhältnismäßig harmlose Epochen. Die dreieinhalb Tage sind äußerste Konzentration und dunkelste Verdichtung, nämlich Endzeit im Brennpunkt. In ihnen verdichtet sich das Antichristliche, indem „das Tier Krieg macht" (V. 7, s. auch zu 13, 5–8). In ihnen verdichtet sich aber auch das christliche Zeugnis, denn diese toten Zeugen zeugen noch (Hbr 11, 4) und gerade jetzt, in der Gleichgestalt des Todes Jesu (V. 8). Sie bezeugen mit ihrem Blut, daß der Gekreuzigte ein so gewaltiger Herr ist, daß er auf allen Straßen der Welt seine Menschen hat, die ihm treu sind bis in den Tod.

Es gibt eine Nacht, in der von Jüngerseite niemand wirken kann (Jo 9, 4). Die regelrechte Verkündigung des Evangeliums verstummt, und das Gesetz des Handelns geht völlig auf die andere Seite über. Die Finsternis marschiert; nichts vermag sich ihrem dröhnenden Rhythmus zu entziehen. Dann heißt es nach 13, 4–7. „Wer ist dem Tiere gleich und vermag mit ihm zu kämpfen? Und ihm ward gegeben, Krieg zu führen mit den Heiligen und sie zu besiegen, und es wurde ihm gegeben Vollmacht über jeden Stamm und jedes Volk und jede Sprache und Nation. Und es werden ihn anbeten alle Bewohner der

399 Die Überführung eines Gestorbenen in Kehrricht und Dung löscht sein Gedächtnis (Jer 8, 2; Ps 79, 2).

Erde." Und doch liegen dann jene Leichname auf der Straße als Beweis für einen noch mächtigeren Herrn, so daß das Tier eben doch nur gebrochene Macht ausüben und eben doch nicht a l l e Menschen vor sich auf die Knie zwingen kann. Darum haben die Zeugen nicht nur in ihrem Leben außerordentliche Vollmacht (V. 5–6), sondern auch noch in ihrem Sterben. Wie bei ihrem Herrn ist ihr Sterben nicht sang- und klangloser Schlußpunkt, sondern gerade Höhepunkt: Es ist vollbracht! Sie haben über den Satan selbst gesiegt, weil sie ihr Leben nicht geliebt haben bis an den Tod (12, 11).

Denen, die außerhalb dieses Einbruches letzter Finsternis leben, gilt Jo 12, 35–36. Schlafen und träumen sie im Licht, statt aufzustehen vom Schlaf? Wenn die Finsternis hereinfällt, wird keiner aufstehen k ö n n e n. Jene „dreieinhalb Tage" sind keine geeignete Zeit für Umkehr und Erneuerung. Das muß vorher geschehen. „Glaubet an das Licht, solange ihr's habt, auf daß ihr des Lichtes Kinder werdet."

Der 10. Vers, der die voreilige Siegesfeier schildert, beginnt und
10 schließt mit der Erwähnung der **Bewohner auf der Erde.** Die Ereignisse geschehen betont im Weltmaßstab[400]. Die Zeugen waren ja auch im Auftrag und Anspruch des „Herrn der Erde" aufgetreten (V. 4). Auch ihre Plagen, ausgelöst durch den Widerstand gegen ihre frohe Botschaft, betrafen die ganze Welt (Anm. 385).

Jetzt aber atmet eine ganze Welt auf[401]. **Denn diese zwei Propheten haben die Bewohner auf der Erde gequält.** Solange sie vorhanden waren, war ihre Botschaft vorhanden, und solange diese Botschaft vorhanden war, fühlten sich die Menschen empfindlich gestört und brachten alle Störungen ihres Lebens mit dieser einen Störung in Zusammenhang.

Auch Elia wurde als der Quälgeist seiner Zeit empfunden: „Bist du da, du Unglücksstifter Israels?" (1 Kö 18, 17). „Hast du mich gefunden, mein Feind?" (1 Kö 21, 20). Mose wurde oftmals von Pharao angefleht, doch endlich nachzulassen (2 Mo 8, 4; 9, 28; 10, 17). Seine Knechte rufen aus: „Wie lange sollen wir mit diesem Mann geplagt sein?" (2 Mo 10, 7).

Weil die Menschen diese Quälgeister los sind, **freuen sie sich ihretwegen und frohlocken**[402] **und werden einander Geschenke senden.** Zur

[400] „Erde" kann in diesem Zusammenhang so wenig „Land" (Palästina) bedeuten, wie im Ausdruck „Könige der Erde". Es handelt sich immer um den weltweiten Horizont von Ps 2, 1–2.

[401] Man erinnert sich an Töne von Fr. Nietzsche: „Nun starb dieser Gott! Ihr höheren Menschen, dieser Gott war eure größte Gefahr. Seit er im Grabe liegt, seid ihr erst wieder auferstanden. Nun erst kommt der große Mittag, nun erst wird der höhere Mensch — Herr!" (Also sprach Zarathustra, Stuttgart 1941, S. 318).

[402] „Ägypten war froh, da sie auszogen; denn Angst vor ihnen hatte sie befallen" (Ps 105, 38).

Sitte der Festgeschenke vgl. Neh 8, 10. 12; Esth 9, 19. 22. Teile vom Festbraten wurden einander zum Zeichen der Einträchtigkeit zugeschickt. So schließen über den Leichnamen der Zeugen alle miteinander Frieden und fallen sich um den Hals. Das Antichristliche ist das Einigungsmittel zwischen allen Weltgegenden.

Ein mächtiges Feiern hebt über den verschlossenen Mündern der toten Zeugen an. Mit ihnen ist Gottes Mund verstummt, und die Welt ist endlich frei für ihren eigenen Sinn. Sie kann tun und lassen, was sie will, und ihrer eigenen Weisheit (oder Torheit) folgen und aus ihrer eigenen Kraft leben (oder sterben). Aber dieser Jubel ist voreilig. Jäh bricht er ab und schlägt um in Heulen.

Nach dreieinhalb Tagen ist dieser Gipfelpunkt antichristlicher 11
Macht schon vorbei. Im Vergleich zu den „eintausendzweihundertsechzig Tagen" stellt sie wirklich nur eine „kleine Zeit" dar (6, 11), so lang und endgültig sie den Menschen, die darunter stehen, auch erscheinen mag. Das „dritte Wehe" und damit der volle Einbruch der Herrlichkeit Gottes „kommt schnell" (11, 14).

Geist des Lebens aus Gott kam in sie hinein, und sie stellten sich auf ihre Füße. Diese Wendung steht fast wörtlich im großen Auferstehungskapitel des AT, in Hes 37, 10. In den Versen zuvor weitet sich ein Leichenfeld. Unbegraben liegen die Gebeine schon seit längerem umher, nackte Gebeine, ohne Haut, Fleisch und Sehnen, gebleicht und von der Hitze des Tages ausgedörrt. Der Prophet steigt zwischen diesen Knochenhaufen umher. Werden diese Gebeine wieder Leben bekommen? Da hören seine Ohren ein Rauschen. Unter dem Lebenswort Gottes regt sich das Tote, rückt zusammen. Sehnen, Fleisch und Haut wachsen. Dann folgt ganz wie 1 Mo 2, 7 die Anhauchung mit dem Lebensgeist, und Hesekiel empfängt die Deutung: „Du Menschenkind, diese Gebeine sind das ganze Haus Israel."

Diese gewaltige Stelle wird hier also in Erinnerung gerufen und in der Auferstehung der Zeugengemeinde, die ja aus Juden und Heiden besteht, als erfüllt angesehen. Diese Gemeinde ist „das ganze Haus Israel" (zum Ausdruck vgl. Rö 11, 26).

Und große Furcht fiel auf die, die sie schauten. Daß es jetzt zweimal heißt „sie schauten" (V. 11. 12) an Stelle des „sie sahen" in Vers 9, mag mehr als ein willkürlicher Vokabelwechsel sein. Im ersten Fall sahen sie, ohne zu begreifen, was sie sahen. Sie erkannten nicht im Anblick der Leichname, daß sich gerade im Sterben dieser Zeugen die Macht ihres Herrn offenbarte (s. o.). Sie folgerten irrig: Die Zeugen sind tot, also ist Christus tot, und also ist Gott tot, und wir sind unter uns. Jetzt, als sie die Zeugen lebendig sehen, durchschießt sie die richtige Erkenntnis: Christus lebt, Gott lebt, alle seine Worte sind lebendig, und wir sind verloren. Darum die Riesenfurcht, eine genaue Parallele zu 6, 16–17.

12 Außer ihren Augen werden auch ihre Ohren beansprucht. **Und sie hörten eine große Stimme aus dem Himmel, die zu ihnen, den beiden Zeugen, sprach.** Daß die entsetzten Erdbewohner diese Stimme vernehmen konnten, ergibt sich aus dem Zusammenhang mit dem vorangehenden Vers. Die Erdbewohner sind das zuletzt erwähnte Subjekt. Auf sie bezieht sich jetzt „sie hörten". Daß die große Stimme aber die beiden Zeugen anredete, ergibt sich aus dem Inhalt des folgenden Verses. Unmittelbar angeredet sind also die beiden auferstandenen Zeugen, aber eine ganze Welt hört mit:

Steigt hierher herauf! heißt es ganz ähnlich wie 4, 1. Aber dort geht es um einen prophetischen Aufstieg (s. d.), hier um einen messianischen Aufstieg (Apg. 2, 34; Jo 6, 62; 20, 17; Eph 4, 8–10). Die Messiasgemeinde steigt empor wie ihr Herr[403]. Wie sie zuvor die Gemeinschaft seiner Leiden kostete (V. 8), so nun die Kraft seiner Auferstehung.

Und sie stiegen auf in den Himmel in der Wolke. Es ist nicht eine, sondern d i e Wolke, das Herrlichkeitskleid von 1, 7 (s. d.). Sie ist genauso wenig wie 1, 7 oder 10, 1 technisch notwendig, wohl aber notwendig für das Auge der Beschauer. Sie demonstriert ihnen die Hoheit dessen, den sie umhüllt. Der Entrückte ist glänzend gerechtfertigt[404]. Alle Verkennung hat ein Ende. Aus den Angeklagten (V. 10) wird ein Schrecken für die Ankläger.

Und es schauten sie ihre Feinde. Nicht eine heimliche und unbemerkte Entrückung geschieht hier, sondern im Gegenteil: Der Vorgang vollzieht sich betont für Zuschauer. Eine feindliche, bis auf den Grund widerlegte Welt schaut und schaut. Diese Stelle und 1, 7 sind so gleichmäßig aufgebaut, daß sie nebeneinander gesehen werden müssen. Die Welt schaut in der Parusie zweierlei in eins: das Kommen des Gekreuzigten (1, 7) und den Aufstieg der Kreuzesgemeinde zu seiner Einholung (11, 12). Dieses Aufeinanderzu geschieht in der gleichen Herrlichkeitswolke. Sachlich deckt sich unser Vers mit 1 Th 4, 16–17[405]. Dort erhält der Vorgang die Bezeichnung „Entrückung zur Einholung des Herrn". Dieser volle Ausdruck muß festgehalten werden. Zunächst ist ebenfalls das Herabsteigen des Herrn voraus-

[403] Vgl. die Entrückung des Elia in 2 Kö 2, 11. Das Judentum lehrte auch eine geheimnisvolle Himmelfahrt des Mose.

[404] Entrückung als Rechtfertigung durch Gott: 1 Mo 5, 24; 2 Kö 2, 11; Offb 12, 6.

[405] Die Stelle spricht auch von der Wolke, von einer ersten Auferstehung, die noch nicht alle Menschen erfaßt, und von der großen Stimme. Zur Einzelauslegung vgl. auch de Boor. W. Stb. Thessalonicher.

gesetzt (V. 16). Nun findet seine „Einholung“[406] statt, wie die Antike sie bei hohen Staatsbesuchen[407] kannte: Seine treuen Diener ziehen im Rahmen des öffentlichen Festrituals hinaus vor die Stadttore, um ihn dort zu begrüßen und an seiner Seite zurückzukehren. Die „Entrückung“ der Gemeinde muß also mit einer solchen „Einholung“ zusammengelassen werden. Eine Entrückung ohne Einholung, bei der die Entrückten also heimlich verschwinden und ihr Herr die Welt ihrem Laufe überläßt[408], bezeugt das NT an keiner Stelle.

Und in jener Stunde, als die Zeugen ihren Herrn „einholten“, **geschah ein großes Beben.** Es ist nicht zu verwechseln mit den Erdbeben 13
„hin und her“ von Mt 24, 7 (s. z. 6, 12). Schon das sechste Siegel schilderte die Wirkung dieses letzten Weltenbebens beim Kommen des Richters auf Natur- und Menschenwelt. Hier wird es auf die „große Stadt“, also auf Babel bezogen.

Und der zehnte Teil der Stadt fiel. Welche Bedeutung mag diese Angabe in der Reihe der Sinnzahlen haben? Die Israeliten gaben Gott den Zehnten, um seinen Anspruch auf das Ganze anzuerkennen. Sie bestätigten seine Oberhoheit und ihre Tributpflichtigkeit. Diese „große Stadt“ aber hatte diesen Anspruch verweigert. Nun macht Gott ihn richterlich geltend. Er schlägt ein Zehntel, um durch dieses Zeichen die Unterwerfung des Ganzen vorzunehmen.

Und siebentausend Namen[409] der Menschen starben im Beben. J. A. Bengel und andere hatten aus der Zerstörung des zehnten Teiles der Stadt und aus der Tötung der siebentausend gefolgert, daß diese Menschen auch ein Zehntel der Stadtbevölkerung ausmachen. Solche Spekulationen entleeren den Text. Was der Zehnte im Blick auf den Besitz Israels bedeutete, das bedeuteten die siebentausend für den Personenbestand Israels (vgl. 1 Kö 19, 18; Rö 11, 4). In den siebentausend erhebt Gott Anspruch auf alle. Diesen sträflich zurückgewiesenen Anspruch setzt er hier durch und schlägt in diesen siebentausend alle.

Und die übrigen wurden furchtsam. Sie begreifen die soeben ausgelegten Sinnzahlen offenbar richtig und fühlen sich voll vom Gericht Gottes betroffen. Die Rechtfertigung der Zeugen vor ihren Augen (V. 11) und dieser Schlag gegen sie selbst vergegenwärtigen ihnen Gott so, daß ihnen aus Furcht jede Lästerung vergeht.

[406] Grie apantäsis. Die Form findet sich mit einer anderen Vorsilbe (hypantäsis) z. B. Mt 25, 1 für Einholung des Bräutigams und Jo 12, 13 für die Einholung Jesu nach Jerusalem. Sie zogen ihm entgegen, nicht um mit ihm zu verschwinden, sondern unmittelbar und öffentlich mit ihm einzuziehen.

[407] Dafür das Fachwort parousia (1 Th 4, 15; vgl. Anm. 730).

[408] Zur gleichen Stunde erfolgt ja nach V. 13 das große Weltenbeben, das alle irdische Geschichte endet.

[409] Name = Person, s. z. 3, 4.

Und sie gaben dem Gott des Himmels Herrlichkeit. Der hier und 16, 11 verwendete Gottestitel[410] mag in einem gewissen Gegensatz stehen zur Vergötterung der Erde durch die „Bewohner der Erde" (s. z. 3, 10), die jetzt zusammenbricht. Alle Erdenherrlichkeit wurde ja durch das Weltenbeben so sichtlich entherrlicht, daß die Anerkennung der Gottesherrlichkeit nicht mehr zu umgehen ist. Unwiderstehbar hat sie sich Bahn gebrochen (14, 6–7; 15, 4).

Der sehr allgemeine Ausdruck „Gott die Ehre (Herrlichkeit) geben" spricht nicht ohne weiteres von einer Heilsbekehrung. Das AT bringt zahlreiche Unterwerfungen unter Gott, die nicht von Herzen geschahen. Israel gab Gott auf dem Karmel unter dem Druck des Gotteszeichens die Ehre. Nach 1 Kö 18, 39 fiel „alles Volk" auf sein Angesicht vor Gott, aber schon im nächsten Kapitel 19, 18 sind es doch nur siebentausend, die Jahwe nachfolgen. Neben diesem Beispiel aus der Eliazeit mag für diese Vision auch ein Beispiel aus der Mosezeit naheliegen. Pharao unterwarf sich immer nur gezwungen: Nach 2 Mo 14, 18 erkennt er, daß Jahwe Gott ist, und fährt gerade daran ins Verderben[411].

Der Abschnitt 11, 1–13 ist wie K. 7 Trostbotschaft mitten in den Gerichten. Er zeigt den Weg der Gemeinde als Verlängerung der atst Heilsgeschichte, als Zeugendienst für den Gekreuzigten unter allen Völkern, als Gleichgestaltung mit Christus in Tod und Auferstehung und einmündend in die unausbleibliche Endverherrlichung Gottes. Viele andere Fragen, z. B. die nach der individuellen Seligkeit oder Unseligkeit aller einzelnen Menschen, empfangen hier keine Antwort, weil sie nicht behandelt werden[412a].

Die Ankündigung des dritten Wehe und der siebte Trompetenstoß

Offenbarung 11, 14–19

Zu Vers 15:
Ps 22, 29
2,2
10, 16
Ob 21
Dan 2, 44
7, 14. 27
2 Mo 15, 18

14 **Das zweite Wehe ist vorübergegangen. Siehe, das dritte Wehe**
15 **kommt schnell. * Und der siebte Engel trompetete, und es geschahen große Stimmen im Himmel und sprachen: Es ist die Königs-**

[410] Vgl. Da 2, 18. 44 und öfter in den späteren Schriften des AT.

[411] Anerkennung Gottes durch ganze Völker, ohne daß damit Volksbekehrungen verheißen wären: Hes 29, 16 (Ägypter); 25, 17 (Philister); 26, 6 (Tyrus). Auch in 2 Pt 2, 12 meint der Ausdruck „Gott die Ehre geben" nicht Bekehrung und Seligwerden. Ps 81, 14–16 malt deutlich eine erzwungene Huldigung Gottes durch seine Feinde.

[412a] An eine Israel-Bekehrung ist hier ganz und gar nicht zu denken (so z. B. Brütsch), da die Stadt nach den vorangegangenen Versen auch und gerade Heiden beherbergt. Sie gleicht Babel.

herrschaft der Welt unseres Herrn und seines Gesalbten[412b] geworden, und er wird königlich herrschen in die Zeiten der Zeiten.
16 *** Und die vierundzwanzig Ältesten, die vor Gott auf ihren Thro-**
17 **nen sitzen, fielen auf ihre Angesichter und huldigten Gott * und**
sprachen: Wir danken dir, Herr, Gott, Allgewaltiger, der da ist und der da war, denn du hast in Anspruch genommen deine große Macht und angetreten deine Königsherrschaft („herrschtest"[413]).
18 *** Und die Nationen zürnten** (ja), **und** (da) **ist gekommen dein Zorn**
und der Zeitpunkt der Toten, gerichtet zu werden und zu geben den Lohn deinen Knechten den Propheten, und (zwar) **den Heiligen und denen, die deinen Namen fürchten, den Kleinen und Großen, und gekommen ist** (die Zeit), **zugrunde zu richten, die**
19 **die Erde zugrunde gerichtet haben. * Und es wurde geöffnet der**
Tempel Gottes, der im Himmel (ist), **und es erschien die Lade seines Bundes in seinem Tempel, und es geschahen Blitze und und Stimmen und Donner und ein Beben und großer Hagel.**

Zu Vers 17: 2 Mo 3, 14 Ps 99, 1
Zu Vers 18: Ps 2, 1. 5. 12 46, 7 Am 3, 7 Sach 1, 6 Dan 9, 6. 10 Ps 115, 13
Zu Vers 19: 1 Kö 8, 1. 6 2 Mo 19, 16 9, 24

Der Einschub ab 10, 1 ist hier zu Ende. Vers 19 führt wieder in die Reihe der sieben Trompetenstöße zurück, deren drei letzte ab 8, 13
als die drei Wehe gezählt werden. **Das zweite Wehe ist vorübergegan-** 14
gen. Siehe, das dritte Wehe kommt schnell. Das dritte Wehe oder die siebte Posaune läßt wie das siebte Siegel das Kommen des Herrn in Macht und Herrlichkeit erwarten. In 10, 7 hatte der Engel das auch ausdrücklich angekündigt: Der siebte Trompetenstoß bringt die Vollendung der Geschichtspläne Gottes und seine endgültige Alleinherrschaft[414].

Und der siebte Engel trompetete, und es geschahen große Stim- 15
men[415] im Himmel. Während die Vision von der siebten Siegelöffnung das Ende außerordentlich zurückhaltend behandelte, dazu nur in seiner dunklen Hälfte (s. z. 8, 1), verdeutlichen sich die Endereignisse in dieser Vision zunehmend. Aber die Zurückhaltung bleibt noch in

[412b] An dieser Stelle und 12, 10; 20, 4—6; auch Apg 4, 26 wird christos nicht als Eigenname verwendet, sondern in Anlehnung an Ps 2 als Berufsbezeichnung. Darum empfiehlt sich die wörtliche Übersetzung (s. auch Anm. 876).

[413] Die Form meint hier nicht „du hast geherrscht" als einen vergangenen Akt, sondern als ein in der Vergangenheit beginnendes, aber in der Gegenwart noch fortdauerndes Tun, ähnlich die LXX in 2 Sa 16, 8; Ps 92, 1 (ingressiver Aorist).

[414] Immer wieder wird dieser Abschnitt als Einleitung zu K. 12—20 gedeutet, die Endereignisse werden dann erst K. 18—20 gefunden. Auch Hadorn entzieht sich den klaren Zusammenhängen, nach denen hier das dritte Wehe ergeht. Stokmann spricht von einer „Vorfeier".

[415] Da V. 16 ausdrücklich sagt, daß dort die vierundzwanzig Ältesten-Engel einsetzen, mögen diese hier noch nicht beteiligt sein. Hier sprechen vielleicht die Stimmen der vier Thronwesen von 4, 6. Eigentlich ist es müßig, Genaueres über Stimmen feststellen zu wollen, über die nichts Genaueres gesagt wird.

Kraft. Das eigentliche, umstürzende Geschehen s c h a u t Johannes auch hier noch nicht. Aber wir können es aus dem Echo, das hier erklingt, erschließen.

Und sie sprachen: Es ist die Königsherrschaft der Welt unseres Herrn und seines Gesalbten geworden. Im Mittelpunkt dessen, was geschehen ist, stand eine **Königsherrschaft.** Sie wird näher bezeichnet als die **der Welt.** In Mt 4, 8 bietet der Teufel die „Königreiche der Welt" an. Offb 17, 18 besitzt die „Hure Babel" die „Königsherrschaft über die Könige der Erde". Hier aber ist etwas eingetreten, was diese Weltherrschaft in die Hände Gottes und Christi gebracht hat. Es kann sich nicht um ein innergeschichtliches Ereignis handeln, sondern nur um die endgültige Niederwerfung der bisherigen Besitzer durch das Kommen Christi zum Gericht.

Die Beobachtung, daß der Wortlaut hier an Ps 2 anklingt[416], macht diese Auslegung gewiß. Dies ist dann der Horizont: Könige und Völker lehnen sich gegen die Einsetzung des Gesalbten Gottes in die Weltherrschaft auf, aber Gott gibt nicht nach. Er will seinem Gesalbten auf jeden Fall „die Völker zum Erbe und der Welt Enden zum Eigentum geben" (Ps 2, 8). Ps 2 enthält zwar nicht mehr den Ausgang dieses Streites, sondern nur noch das Ultimatum Gottes an seine Gegner; entweder willige Unterwerfung oder Zerschlagung, entweder Seligpreisung oder Gerichtsdrohung. Anschließend ist eine gewisse Bedenkzeit zu vermuten. In unserer Vision ist sie aber bereits abgelaufen, auch der Entscheidungskampf liegt zurück, und die Weltherrschaft befindet sich nicht mehr nur rechtens, sondern auch faktisch in Christi Hand.

Exkurs 8: DIE KÖNIGSHERRSCHAFT GOTTES ALS THEMA DER OFFENBARUNG

Der Vokabel[417] nach spricht die Offb nicht auffallend häufig von der Königsherrschaft Gottes, und doch bringt sie die Sache in Großaufnahme wie kein anderes ntst Buch. Hauptstellen sind die drei Preisgesänge 11, 15—17; 12, 10 und 19, 6.

a) Diese drei Stellen schließen sich schon ihrer Form nach eng an das AT an, das die lebendige, verbale Aussage: „Gott ist König, wird König sein, ist König geworden", deutlich bevorzugt[418]. Die Abstrakt-

[416] In Ps 2 auch mehrmals „Herr" für Gott und die Wendung „der Herr und sein Gesalbter". Auch V. 18 weist deutlich auf den Psalm.

[417] „König": 15, 3; 17, 14; 19, 16; „Königsherrschaft": 1, 6. 9; 5, 10; 11, 15; 12, 10; „königlich herrschen": 5, 10; 11, 15. 17; 19, 6; 20, 4. 6; 22, 5.

[418] Beispiele für verbale Ausdrucksweise: 2 Mo 15, 18; Ps 10, 16; 22, 28; 47, 3. 7. 8. 9; 93, 1; 96, 10; 97, 1; 99, 1; Da 7, 14; Sach 14, 9; Mi 4, 7. Das Substantiv „Königsherrschaft" z. B. Ps 22, 29 und Ob 21 (an diese Stelle erinnert Offb 11, 15).

bildung „Königsherrschaft, Reich Gottes" setzte sich erst später, im Judentum und dann im Urchristentum, durch. Die Offb greift also auf die Wurzeln dieser Hoffnung zurück. Zwei Grundzüge kennzeichnen sie:

b) „Gott ist König" meinte nie etwas anderes, als daß er G r o ß - könig sei. Er gehört nicht etwa in die Reihe der lokalen Stadt- oder Volksfürsten. Sie sind vielmehr die Unterkönige Gottes, des „Königs der Könige und Herrn der Herren" der ganzen Erde (vgl. Offb 1, 5; 17, 14; 19, 16). Diese seine universale Herrschaft wird gerade am Sinai, wo er sich ein einzelnes Volk aussucht, vorausgesetzt: „Die ganze Erde ist mein" (2 Mo 19, 5). Israel unterscheidet sich von den anderen Völkern nicht durch sein Eigentumsverhältnis zu Gott, sondern lediglich durch seine Priesterfunktion. Diese Weltweite der Herrschaft seines Gottes hat sich auch das ntst Israel beständig vor Augen zu halten. Unter diesem Gott geht es nie nur um die Gläubigen. Er blickt nicht etwa herzenswarm auf die Gemeinde und sternenkalt auf die sonstige Menschheit, auf ungerechte Verhältnisse, auf Verführung, Unterdrückung, Hunger und Sterben. Zum Reden vom Königsein Gottes gehört immer der Durchbruch zum Umfassenden, der Bezug auf die ganze Menschheit.

c) Zum anderen blieb den Propheten bewußt, daß dieses Königsein Gottes im Vollsinne etwas ist, was erst noch kommen muß. „Dein Reich komme!" Es darf also nicht mit dem allgemeinen, gegenwärtigen Weltregiment Gottes verwechselt werden. So gewiß es bleibt, daß Gott zu keiner, auch nicht der dunkelsten Zeit abgetreten ist, so daß sein Thron leer stände, so gewiß muß e i n e s doch erst noch kommen: seine Verherrlichung auf dem Thron. Das ist das Grundproblem der Gegenwart: die Nichtverherrlichung des Herrn aller Herren und die Verherrlichung der Nichtherren oder Unterherren, also dieses Knien an der falschen Stelle. Diese Nichtverherrlichung Gottes erschüttert seine Herrschaft zwar nicht (Ps 2, 4), aber er will Antwort auf seine Herrlichkeit. Auch seine Gemeinde leidet darunter, daß der Herr und die Verherrlichung auseinandergerissen sind, zwei Größen, die doch zusammengehören. Diese Urspaltung zieht alle anderen Spaltungen in der Schöpfung nach sich, nämlich zwischen Mann und Frau, Vätern und Kindern, Volk und Volk, Ost und West, Nord und Süd, Mensch und Natur. Es kann darum nichts heil werden, wenn diese Urspaltung nicht behoben wird und Gott nicht seine Ehre bekommt. Eine Menschheit, die mit e i n e m Munde Gott lobt (Rö 15, 6), wird eine wiedervereinigte, heile, freie, gerechte und frohe Menschheit sein. In zwei der drei Hauptstellen über dieses Königwerden Gottes (K. 11 und 19) ist dies Ereignis deswegen mit dem Sturz Babels verknüpft. Babel ist ja die große Verführerin zur Nichtverherrlichung Gottes und zur Anbetung des Tieres.

d) Dagegen spricht 12, 10 zwar fast gleichlautend von der Herrschaftsübernahme durch Gott, sonderbarerweise aber als Ereignis *vor* dem Ende der Geschichte, noch mitten in ihrem Verlauf. Hat Gott etwa zweimal siegen müssen und ist er etwa zweimal König geworden, einmal beim Sturz des Verklägers aufgrund der Himmelfahrt Christi und ein zweites Mal beim Sturz Babels?

Die Offb spricht äußerst folgerichtig nur von einem einzigen wirklichen Kampf und Sieg Gottes und Christi. Dies stellt Karfreitag dar, also ein Datum, das die Welt bereits im Rücken hat und das 12, 10 gefeiert wird. In den weiteren dramatischen Ereignissen, die die Kapitel dieses Buches füllen, geht es darum nie mehr *um* den Sieg, sondern immer nur *für* oder *gegen* diesen bereits vollbrachten Sieg (vgl. Exkurs 1 f). Der Sieg Gottes und seines Gesalbten muß wie in Ps 2 gegen wütende Anfechtungen behauptet und durchgesetzt werden. Endlich wird er ein zweites, endgültiges Mal zu feiern, nicht aber zu erringen sein. Davon handeln die beiden Preisgesänge in K. 11 und 19.

Das ist also die Reichsbotschaft des NT, besonders ausgeprägt in der Offb: Die Endlösung der Geschichte gab es bereits ein ganzes Stück vor ihrem Ende. Mitten in allem Geschehen gab es ein außerordentliches Kerngeschehen, durch das Gott König wurde und in einer bestimmten Weise volle Verherrlichung seitens seiner Menschheit empfing. Der Mensch Jesus opferte sich Gott hin für alle. Damit fand Gott im Kern allgenugsame Verherrlichung und die Welt ihr Heil. Gewiß ist der volle, runde Heilsumfang noch nicht da, wohl aber schon das Heilungszentrum. Um das Lamm herum verherrlichen schon Menschen aus allen Völkern, Stämmen, Nationen und Sprachen den König der Könige und Herrn der Herren, und das als eine Prophetie auf noch mehr (s. z. 5, 8–14).

Das Königsein Gottes und seines Gesalbten[419] währt **in die Zeiten der Zeiten**[420]. Sinn dieser Wendung kann hier schon von der Sache her nur Endlosigkeit sein. Vgl. Bd. 1, Anm. 50 und Exkurs 19.

Nach der Proklamation der Königsherrschaft Gottes folgt – in direkter Anrede – die Akklamation. Sprecher sind die Ältesten-Engel[421] von 4, 4. Dort priesen sie die Schöpfung Gottes, in 5, 8 seine Erlösung, hier nun seine Gerichte. So begleiten sie mit ihren Ge-
16 sängen Gottes herrscherliches Tun. **Und die vierundzwanzig Ältesten,**

[419] Subjekt des Herrschens ist nach V. 16. 17 Gott. Aber mit ihm herrscht eben sein Gesalbter. Für Johannes schließt eins nicht das andere aus.

[420] Diese Zeitbestimmung fehlt in Ps 2, nicht aber in Da 7, 18; ähnlich 2, 44; 7, 14. 27.

[421] Ihre hohe Würde tut sich hier durch das ausdrücklich von ihnen ausgesagte Sitzen kund. s. z. 3. 21.

die vor Gott auf ihren Thronen sitzen, fielen auf ihre Angesichter und huldigten Gott. Ihr Kniefall wird hier wie nur noch 7, 11, wo ebenfalls der Endsieg zu preisen ist, in seinem ganzen feierlichen Vollzug dargestellt. Sie beugen sich, bis ihre Stirn den Erdboden berührt: unendliche Ergebung!

Im Gegensatz zum verfrühten Siegesjubel 11, 10 erschallt nun: **Wir** 17
danken dir, Herr, Gott, Allgewaltiger. Der letzte Titel an dieser Stelle bestätigt unsere Anm. 54. **Der da ist und der da war** (s. z. 1, 4). Vielsagend fehlt das dritte Glied: „und der da kommt". Es ist ihm jetzt zu danken, daß er mit seiner Macht gekommen i s t. Begründend wird auf ein Perfekt zurückgeschaut (wie 5, 7; 8, 5): **Denn du hast in Anspruch genommen**[422] **deine große Macht.** Solange die Erde steht, übt Gott Macht aus (Exkurs 8c), aber in bezug auf diese seine **große Macht** hielt er lange an sich. „Warum stellst du dich wie einer, der verzagt ist, und wie ein Held, der nicht helfen kann?" Diese Klage aus Jer 14, 9 durchzog Jahrtausende. Jetzt ist die lange Zeit des Hinzögerns endlich zu Ende. Gott übte Gericht (V. 18).

Im Stile hebräischer Poesie folgt eine inhaltlich parallele Wendung: **Und du hast angetreten deine Königsherrschaft** (zur Übersetzung vgl. Anm. 413). Dafür wird also „gedankt", wobei an den Sinn von Huldigung zu denken ist (s. z. 4, 9), nicht an eine Bedankung für persönlich empfangene Wohltat. Hier sprechen nicht erlöste Menschen, sondern Engel.

Vers 18 beginnt mit einem Rückgriff auf die Rebellion der Völker
gegen die Einsetzung des Messias in die Oberherrschaft. **Und die** 18
Nationen zürnten ja. So wird zusammengerafft, was Ps 2, 1 nach Martin Bubers farbkräftiger Übersetzung so ausmalt: „Wozu tosen die Weltstämme, murren Nationen ins Leere! Erdenkönige treten vor, mitsammen munkeln Erlauchte wider Ihn, wider den Gesalbten: Sprengen wir ihre Fesseln, werfen wir ihre Seile von uns!" Das war die Antwort der Völker auf das Evangelium vom Herrschaftsantritt des gekreuzigten und auferstandenen Jesus. „Wir wollen nicht, daß dieser über uns herrsche!" Nicht diesen, sondern Barabbas! Der Zorn gegen die Botschaft wird aber konkret im Zorn gegen die Boten (12, 12. 17; 14, 8; 19, 2). So „schnaubte" einst auch ein Saulus mit „Drohen und Morden wider die Jünger des Herrn" (Apg 9, 1). In ihnen verfolgte er ihn, den Herrn (V. 4).

Auf eben diesen Völkerzorn antwortet der Gotteszorn. **Und da ist gekommen dein Zorn.** Das AT spricht einige hundert Male vom Zorn Gottes (z. B. wieder Ps 2, 5. 11. 12). Zornlosigkeit gehört zum griechischen, nicht zum biblischen Gottesbegriff (s. Exkurs 13a). Ein Gott

[422] Hier kommt die aktive Bedeutungsmöglichkeit von lambanein in Frage; es ist also nicht mit „empfangen" zu übersetzen wie z. B. sachlich berechtigt 5, 7. 8. 9. 12.

ohne Zorn wäre ein Gott ohne Liebe, denn sein Zorn ist ja verletzte Liebe. Nach vielen Vorformen seines Zürnens erfolgt hier die Endform, die den Völkerzorn gegen das Evangelium niederwirft[424].

Um die Furche des Gedankens tiefer zu ziehen, folgt wieder eine parallele Wendung. Gekommen ist auch **der Zeitpunkt der Toten, gerichtet zu werden.** Wir werden durch den Text wirklich in den Zeitpunkt der Totenauferstehung versetzt. Die Trompetenvisionen führen also ans äußerste Ende der Geschichte. Dort öffnet sich ein positiver und ein negativer Ausgang.

Zu geben den Lohn deinen Knechten, den Propheten. Die treuen Diener empfangen das volle Ja seiner Liebe, das selbstverständlich nichts zu tun hat mit einer Ablöhnung von Werkleistung[425]. Der Empfängerkreis wird durch zwei dreigliedrige Wendungen umrissen. Die erste Reihe beginnt mit zwei Ausdrücken, die schon im AT gern verbunden auftreten[426]: **deinen Knechten, den Propheten.** Zu 1, 1 wurde gezeigt, daß in der besonderen Schau der Offb die Christusgläubigen eine Prophetengemeinde bilden. Inzwischen hat der Abschnitt 11, 3—13 das eindrucksvoll bestätigt. Sind diese Knechte hinsichtlich ihres Dienstes Propheten, so hinsichtlich ihrer innersten Zugehörigkeit **Heilige**[427]. Diese Heiligen haben wir keinesfalls als eine zweite Gruppe neben den zuvor genannten Personen vorzustellen, sondern die **Knechte** werden an dieser Stelle, wo es doch um den Lohn Gottes geht, zweifach näher bestimmt, nämlich nach ihrem Dienst und nach ihrem Wesen.

Noch einmal erklingt eine zweifach ergänzte Bezeichnung der Belohnten, wie auch heute bei Preisverleihungen die Prämiierten genau identifiziert und Ehrenbezeichnungen feierlich gehäuft werden. Sie sind auch die, die **deinen Namen fürchten, die Großen und die Kleinen.** Im Spätjudentum heißen Nichtjuden, die die jüdischen Gottesdienste besuchten, ohne in aller Form — etwa durch Beschneidung — überzutreten, die Gottesfürchtigen. Dieser Sprachgebrauch begegnet uns aber noch nicht im AT. Dort werden gerade fromme Israeliten, die in Zeiten des Abfalls treu bleiben, als die Gottesfürchtigen ausgezeichnet. Die Offb greift über den Sprachgebrauch ihrer Zeit auf das AT zurück. Nach 19, 5 sind die, die den Namen Gottes fürchten, eben die Knechte Gottes, nicht etwa eine geringere Klasse von Christen.

[424] Er umfaßt alle Stände (6, 15—17), alle Völker der Erde (11, 18) alle Tieranbeter (14, 9—10), die Erde (14, 19 und 16, 1; bildlich), die Stadt Babel (16, 19) und die Völker (19, 15).

[425] Vgl. Exkurs 1 f am Schluß und zu 22, 12. Ebenso selbstverständlich spricht Paulus vom Lohn, den Gott am Ende gibt (1 Ko 3, 8; Rö 4, 4).

[426] Da 9, 6. 11; Am 3, 7; Sach 1, 6 und besonders in den Eliageschichten, die gerade hier im Hintergrund stehen.

[427] Wie hier wird „Heilige" noch dreimal mit „Propheten" verknüpft: 16, 6; 18. 20. 24.

Sie decken sich auch mit den **Kleinen und den Großen**[428]. Diese „Formel für Allheit" (de Wette) hebt alle Klassifizierungen auf. Gott übersieht keinen seiner Treuen[429].

Mit einem sehr knappen Ausdruck wird aber auch auf die Kehrseite der Totenauferstehung hingewiesen. Sie ist auch die Stunde, **zugrunde zu richten die, die die Erde zugrunde richten.** In 19, 2 empfangen sie den Sammelnamen „Babel". Babel verderbt durch weltweite Abgötterei die Erde. Schon 1 Mo 6, 11–12 heißt es einmal: „Aber die Erde war verderbt vor Gottes Augen und voller Frevel ..." Der Ausdruck „verderben, zugrunderichten" zielt hier auf eine Art Tempelfrevel und -entweihung (vgl. 1 Ko 3, 17). Die Erde ist als Gottes Tempel geschaffen, in dem Gott gelobt werden sollte. Aber sie wurde zweckentfremdet und aus einem Gebetshaus zu einer Räuberhöhle. Diese Noahzeit kehrt am Ende wieder: „Und wie es geschah zu den Zeiten Noahs, so wird's auch geschehen in den Tagen des Menschensohnes" (Lk 17, 26). Dabei ist materielle Zerstörung nicht auszuschließen. Babel bringt ein bißchen Gold und Flitter und dann viel Trümmer, Qualm und Trostlosigkeit (K. 18). Anfängliche Erfolge gehen unter in Krieg, Hunger, Tod und Seuchen (6, 1–8).

Der Schuld entspricht die Strafe, ja sie wird zur Strafe, indem sie sich umwendet und dem Urheber auf das Haupt fällt. Verderber verderben, Böses tut nicht gut. Es wäre furchtbar, wenn es anders wäre. Es ist nicht anders, darum erheben sich in der Offb die Preisgesänge[430]. Mit befriedigten Rachegefühlen und mit Schadenfreude hat das nicht das geringste zu tun (s. z. 6, 10).

Der Ton heiliger Freude verlängert sich auch durch die abschlie-
ßende Schau in Vers 19. **Und es wurde geöffnet der Tempel Gottes,** 19
der im Himmel ist. Diese einleitenden Worte kommen auf dem Hintergrund von 9, 2 zum Klingen: „Es wurde geöffnet der Schlund des Abgrundes." Wie sich dort die Dämonenherrschaft auf die Erde ausweitet, so hier das Königsein Gottes[431]. So predigt die Schau ohne

[428] Eine sehr häufige Umschreibung für alle, s. Michel, Ki-Th W IV, S. 651, 54 ff; in der Offb z. B. 13, 16; 19, 5. 18; 20, 12.

[429] Bengel, Beck, Bousset, Schlatter, Hadorn finden hier mehrere Klassen von Geretteten.

[430] Vgl. Band 1, Anm. 208; auch 16, 6; 18, 6. Die ganze Offb ist von dieser Überzeugung durchzogen und geprägt.

[431] Zur Bedeutung des verschlossenen und geöffneten Himmels s. z. 4, 1, dann noch 15, 5 und 19, 11. – Zum Himmel als Tempel s. z. 6, 9 und 7, 15. So schaut Johannes im Himmel Altäre, Räucherpfanne, Schalen, gläsernes Meer, Harfen, Trompeten, Stiftshütte, gottesdienstliche Chöre und priesterliche Gestalten. Bezeichnend aber, daß diese Gegenstände, wie jetzt hier die Lade, immer nur jeweils für sich genommen erscheinen, ohne ihren Zusammenhang. Das spricht für die Symbolhaftigkeit des Geschauten. Es sind jedesmal „Zeichen", s. z. 12, 1.

Worte das gleiche, was die Proklamation und Akklamation in den Versen 15–18 zu Gehör brachten: Das Königtum Gottes tritt ans Licht!

Das bestätigt die Fortsetzung: **Und es erschien die Lade seines Bundes in seinem Tempel.** Die Lade zu schauen, löste in Israel unermeßlichen Trost aus. „Und als sie ihre Augen aufhoben, sahen sie die Lade und freuten sich, sie zu sehen" (1 Sa 6, 13. 19). „Und als die Lade des Bundes des Herrn ins Lager kam jauchzte ganz Israel mit gewaltigem Jauchzen, so daß die Erde erdröhnte!" (1 Sa 4, 4). „Und David führte mit dem ganzen Hause die Lade des Herrn herauf mit Jauchzen und Posaunenschall" (2 Sa 6, 15). Worauf beruhte diese Wirkung?

Die **Lade** aus Akazienholz, eigentlich „Kasten", stand, von Cheruben flankiert, im Allerheiligsten der Stiftshütte oder des späteren Tempels. Im AT fungierte sie zunächst als eine Art Thron Gottes. Jahwe thront über den Cheruben der Lade, heißt es 1 Sa 4, 4; 2 Kö 19, 15 usw. Sie symbolisierte seine personale Anwesenheit[432] in seinem Volk, und zwar betont in seiner Machtfülle, als Herr „Zebaoth", der seine Feinde niederwirft. Dieser Gottestitel war auch in unserem Zusammenhang, nämlich Vers 17 auf Griechisch[433], aufgetaucht: „Wir danken dir, Herr, Gott, Allgewaltiger!" Daran wird noch einmal sichtbar, wie eng diese Schau mit jener Audition zusammengehört.

Mit dieser Funktion der Lade hing eine zweite zusammen: Wie im Altertum Verträge und Urkunden gern an Thronen hinterlegt wurden, diente die Lade in der Stiftshütte zur Aufbewahrung der Gesetzestafeln (2 Mo 25, 16. 21; 40, 18. 20)[434]. Im Blick darauf hieß sie **„Lade des Bundes"**[435], denn „Bund" konnte geradezu Ersatzwort für die Zehn Gebote sein (z. B. im Sprachgebrauch von 5 Mo). Sie galten als wesentliches Bundeszeichen.

So wurde die Lade in Israel zum Haftpunkt ganz bestimmter Gedanken, nämlich der Gedanken an die Machtfülle Gottes und an seinen herrscherlichen Willen[436]. Darum hatte das Verschwinden dieser Lade bei der Zerstörung des Tempels im Jahre 587 v. Chr. außer-

[432] Die Lade wird mit der Gegenwart Gottes gleichgesetzt: 4 Mo 10, 34 f; 1 Sa 4, 7; 2 Sa 15, 25; beachte auch Jer 3, 16–17.

[433] pantokratōr, s. Anm. 54.

[434] Später wurde der kibōtos (Kasten, Lade) zum Thoraschrank in der Synagoge und zum Richtpunkt des Kultraumes.

[435] Z. B. 2 Mo 31, 7; 39, 15; 1 Kö 8, 1. 6; 2 Chr 5, 7; Heb 9, 4.

[436] Der Gedanke an vollendetes Priestertum sollte hier nicht herangetragen werden (gegen Schlatter u. a.). Wir finden hier keine Spur von Sühne, Opfer, Versöhnung, Fürbitte und Vergebung. „Tempel" ist in der Offb Herrschaftszentrale Gottes und sollte nicht mit dem Begriff im Hbr vermischt werden (s. z. 6, 9).

ordentlich beschwert[437]. Unter diesen Umständen läßt sich auch vorstellen, wie die hier ergehende Offenbarung der Lade auf Johannes wirken mußte. Sie versetzt ihn in den Zeitpunkt, zu dem das Leiden unter der Verborgenheit Gottes endlich überstanden und Gott seine Gottheit durchsetzt.

Und es geschahen Blitze und Stimmen und Donner und Beben und großer Hagel. Diese Begleiterscheinungen signalisierten im AT immer wieder die großen Gottesoffenbarungen. Hier erinnern sie auch an 8, 5b (s. Einzelheiten dort), womit sich der Zyklus der Trompetenvisionen rundet.

Erster Anhang zu den Trompetenvisionen:

DER DRACHE UND SEIN KAMPF

Offenbarung 12, 1 – 13, 18

Die Bezeichnung dieser beiden Kapitel als „Anhang" soll keinesfalls verleiten, ihr Gewicht innerhalb des Buchganzen zu unterschätzen. Sachlich gesehen ist Kapitel 13 geradezu das Kernkapitel der Offb. Nachdem in den bereits behandelten Kapiteln Gott, das Lamm und seine Gemeinde gründlich vorgestellt sind und in Kapitel 12 das gleiche für den Widersacher vollzogen ist, kann in K. 13 endlich der Auseinandersetzung zwischen beiden Seiten bis auf den Grund gesehen werden. Die außerordentlichen Spannungshöhepunkte verraten sich schon durch das häufige Präsens der Schilderung und durch die erregten und erregenden Zwischenrufe und Mahnworte. Der Inhalt des 13. Kapitels läßt das Buch auch bis zum Schluß nicht mehr los, was die unermüdlichen Rückgriffe beweisen (vgl. Bd. 1, Einl. Nr. 2).

Wie eng der Abschnitt formal dem Vorangegangenen angehängt ist, beweisen zahlreiche Fäden, die hier wieder aufgenommen werden. Das 11, 7 so unvermittelt aufgetauchte Tier erscheint jetzt in Großaufnahme (13, 1–18). Deutlich wird auch wieder an die „eintausendzweihundertsechzig Tage" und „zweiundvierzig Monate" von K. 11 angeknüpft. Vor allem weist eine Fülle von Einzelzügen[438] auf den

[437] Fromme jüdische Phantasie umkreiste das Thema vom Verbleib und Wiederauftauchen der Lade in den Tagen des Messias, vgl. die Legende 2. Makkabäer 2, 4–8.

[438] Schon „Drache" hatte für atst Propheten Beziehung zu Ägypten, dem Drachenland. „Ägypten, du großer Drache", Hes 29, 3; 32, 2. Die Verfolgung des männlichen Kindes (12, 4) erinnert an die Ertränkung der israelitischen Knaben, die Flucht in die Wüste (12, 6) an das Entkommen Israels, das Nachjagen des Drachens (12, 13) an Pharaos Nachjagen, der bedrohliche Wasserstrom (12, 15) an das Rote Meer (vgl. Jes 51, 9–10), die wundersame Speisung (12, 6) an das Manna, die Rettung auf Adlersflügeln an 2 Mo 19, 4; 5 Mo 32, 11, usw.

Moseshintergrund, der den Lesern schon durch den Vorspann zu den Trompetenvisionen in die Erinnerung gerufen wurde (Exkurs 5b)[439].

Der Drache führt nach diesem Abschnitt drei Kämpfe, gegen Gott und seinen Messias (12, 1–6), gegen Michael (12, 7–12) und gegen das Weib (12, 13–17); in diesem letzten Kampf wird das Tier sein besonderes Instrument (12, 18 – 13, 18).

Der Vernichtungsversuch des Drachens gegen Gott und seinen Messias

Offenbarung 12, 1–6

Zu Vers 2: Jes 66, 7; Mi 4, 10
Zu Vers 3: Dan 7, 7
Zu Vers 4: Dan 8, 10
Zu Vers 5: Jes 66, 7; Jer 20, 15; Ps 2, 9

1 Und ein großes Zeichen erschien im Himmel, ein mit der Sonne
bekleidetes Weib, und der Mond unter seinen Füßen und auf
2 seinem Haupt eine Krone von zwölf Sternen. * Und sie ist schwan-
3 ger und schreit, Wehen leidend und sich quälend zu gebären. * Und
es erschien ein anderes Zeichen im Himmel. Und siehe, ein großer
feuerroter Drache, der hatte sieben Köpfe und zehn Hörner und
4 auf seinen Köpfen sieben Diademe. * Und sein Schwanz schleift
mit sich den dritten Teil der Sterne des Himmels und warf sie auf
die Erde. Und der Drache hatte sich vor dem Weib aufgestellt, das
gebären wollte, damit er, wenn sie geboren hat, ihr Kind verschlin-
5 ge. * Und sie gebar einen Sohn, ein männliches (Kind), der alle
Nationen mit einem eisernen Stock weiden wird, und entrückt
6 wurde ihr Kind zu Gott und zu seinem Thron. * Und das Weib
floh in die Wüste, woselbst sie einen von Gott zubereiteten Ort hat,
damit man sie dort ernährt eintausendzweihundertundsechzig Tage
(lang).

1 **Und ein großes Zeichen erschien im Himmel.** Ein Zeichen ist keinesfalls die Sache selbst, sondern immer nur ein Hinweis darauf[440]. Aber im Unterschied zu vielen Zeichen der Offb ist dieses **groß** an Bedeutung, und es erscheint im Himmel. Ihm wird Vers 3 ein zweites großes und doch grundverschiedenes Himmelszeichen gegenübertreten.

Man kann sich der Parallele mit den beiden entgegengesetzten Zeichen in Jes 7, 11 kaum entziehen, jedoch entstammen die dortigen Zeichen entgegengesetzter Herkunft, nämlich aus der Höhe und aus

[439] Andere atst Beziehungen, wie die zu Jes 26–27 (nach Rissi) und zu 1 Mo 3, 15 (s. Auslegung), verfügen jedenfalls nicht über ein vergleichbares Gewicht.

[440] sämeia (Zeichen) hängt mit sämainō zusammen, s. z. 1, 1. Das ganze Offenbarungsbuch ist also ein Zeichenbuch, wenn das Substantiv auch nur 12, 1. 3; 15, 1 verwendet wird. Auch im Jo-Evangelium ist „Zeichen" Vorzugswort, aber in der Bedeutung „Wunder". In diesem Sinne auch Offb 13, 13. 14; 16, 14; 19, 20.

der Tiefe. So bleibt nur eine lose, zufällige Berührung. Gern wird auch auf die „Zeichen des Himmels" von Jer 10, 1 hingewiesen, was sich dort aber auf Himmelskörper bezieht. In Lk 11, 16 (und Parallelen) fordern die Juden „Zeichen vom Himmel". Aber nach jenem Sprachgebrauch ist „Zeichen" Austauschwort für „Wundertat", die „vom Himmel", also durch Gott, geschehen soll. Hier hat Zeichen die Bedeutung „Sinnbild". Auch das „Zeichen des Menschensohnes" von Mt 24, 30, das er selbst darstellt, paßt sachlich nicht hierher.

Johannes sah dieses Zeichen also **im Himmel**[441]. Und doch gebiert das geschaute Weib eindeutig auf der Erde, denn ihr Kind wird ja zum Himmel entrückt. Dort auf der Erde verfolgt sie auch später der auf die Erde gestürzte Drache, und die Erde hilft ihr (V. 16), die Wüste birgt sie (V. 6). Wohin schaut Johannes nun? Blickt er auf und nieder? Zunächst beachte man, wie zurückhaltend Johannes, der doch sonst Zug um Zug sagen kann: „und ich sah", in diesem Kapitel mit der Behauptung seines Sehens verfährt. Vers 1 und 3 heißt es lediglich: „und es erschien ein Zeichen". Daß die beiden Zeichen „im Himmel" erschienen, mag ihm bedeuten, daß er die versinnbildlichten Größen nicht ihrem innergeschichtlichen Aspekt nach erblickt, sondern in einer Wesensschau, wie sie allein Gott vor Augen steht und wie sie der Gemeinde vermittelt werden soll. Dennoch weiß Johannes dabei in jedem Augenblick, daß diese beiden Größen sich durchaus innerhalb der irdischen Geschichte verkörpern und auswirken. Er sieht also etwas im Himmel – etwas anderes steht nicht da –, versteht aber, daß es sich auf die Erde und Geschichte bezieht, und beschreibt das Geschaute in diesem Verständnis. Er versteht also die Zeichenhaftigkeit dessen, was er sieht.

Das große Zeichen im Himmel besteht in einem **Weib**. In der Antike war es allgemein Brauch, Städte als würdevolle weibliche Gestalten abzubilden. Oft trugen sie die Mauerkrone, die an die Stadtmauer erinnerte und in der jeder Edelstein einen Wehrturm darstellte. Auch dieses Weib trug eine Krone mit zwölf wie Sterne glänzenden Steinen. So konnte also eine Stadt bzw. ein Reich persönlich angeredet werden als betrübtes Weib, als Mutter, als Tochter oder Jungfrau oder auch als Hure. „Mutter" war sie gegenüber den einzelnen Stadtbewohnern oder auch gegenüber den Tochterstädten, die sie „geboren" hatte. Der Sprachgebrauch ist dem Bibelleser gut bekannt. Jesus spricht Jeru-

[441] Die Übersetzung „am Himmel" scheint von dem Wunsch diktiert, astralmythologische Zusammenhänge zu finden. Der Text drängt nicht zu der Vorstellung, daß sich hier alles am Gestirnshimmel abspiele. Warum hier en tō ouranō anders übersetzen als 4, 2 und dann immer wieder? Der Kampf mit Michael fand i m Himmel statt (12, 7), der Drache verlor seine Stätte i m Himmel (12, 8), nämlich „vor Gott" (12, 10), wie Johannes auch eine Stimme hörte i m Himmel (12, 10) und Freude i m Himmel herrscht 12, 12).

salem Lk 19, 43 „du und deine Kinder" an. Die Hure Babel ist z. B. die Mutter vieler weiterer Huren (17, 5).

Dieses Weib ist die Mutter des Messias (V. 5) und einer weiteren großen Nachkommenschaft (V. 17), nämlich der an Christus Gläubigen. Wegen des letzten Umstandes ist sie keinesfalls Maria, wie die frühere katholische Auslegung lehrte, die hier Maria als Himmelskönigin verehrte und in unzähligen Bildern darstellen ließ. Sollen wir an die ntst Gemeinde denken? „Die Frau ist die Kirche. Sie sollte Christus durch ihr Bekenntnis zur Welt bringen[442]." Aber die Zeit des Zeugnisses beginnt nach 11, 3 erst mit den „eintausendzweihundertundsechzig Tagen", einer Zeit, die nach 12, 6 erst n a c h der Geburt und Erhöhung des Messias einsetzt. Wegen der Bindung der „eintausendzweihundertsechzig Tage" an die Zeitspanne von der Erhöhung des Christus bis zu seinem Kommen in Herrlichkeit scheidet auch die Deutung auf ein bekehrtes jüdisches Volk gegen Schluß dieser Zeitspanne aus[443].

Es bleibt nur die eine Auslegung: Das Weib ist in Vers 1 und 2 das auf den Messias wartende Jerusalem im Sinne des atst Gottesvolkes[444]. Von seinen „Geburtsschmerzen" lesen wir oft (Jes 26, 17–18; 66, 7–8; Jer 4, 31; Mi 4, 9–10; 5, 2 usw.). Das Judentum sprach von den „Wehen des Messias". Zugleich läuft eine tiefgründige Linie zu Eva nach 1 Mo 3, 15. Die gemeinsamen Begriffe Weib – Schlange – Todfeindschaft – Same hier und dort sind nicht zu übersehen. Hier wird ja „der" (1 Mo 3, 15 steht hier eine Einzahl!) geboren, der der Schlange den Kopf zertritt, also den Satan besiegt. Da dieser Messias aus Israel geboren wird, fallen Eva und Israel in diesem Bild zusammen[445]. Israel ist also die Messias-Mutter, dann aber auch die Mutter aller Gläubigen (nach V. 17).

Dieses Weib ist durch ihren Mann (Jahwe) geschmückt (vgl. Jes 61, 10; Offb 19, 7; 21, 2). Johannes schaut sie in göttlicher Pracht, umgeben mit allem, was der Himmel an Licht aufzubieten hat; ähnlich wird die Geliebte in Holi 6, 10 geschaut: **mit der Sonne bekleidet,**

[442] So Jörk Zink, ähnlich Lilje, Zahn, Lohmeyer.

[443] Schuhmacher, Tausendjähriges Reich, S. 175 f: Das Weib sei „zweifellos das endzeitliche Israel" (gemeint: in der Schlußphase der Endzeit), denn die Symbole 12, 1 wiesen auf die Familie Jakobs hin, „Weib" sei in der Schrift „durchweg ein Bild für Israel", die Aufgabe, die Völker mit einem eisernen Stab zu weiden (12, 5), sei Israels Aufgabe im Tausendjährigen Reich, und die „Wüste" (V. 6) weise auf den Vorderen Orient.

[444] Auch 11, 1–2 knüpfte Johannes ehrfurchtsvoll an die heilsgeschichtliche Rolle Israels an. Vgl. Paulus von den Israeliten: „aus welchen ist Christus nach dem Fleisch" (Rö 9, 5).

[445] Diese Gedankenverbindung war offenbar nicht unbekannt, denn im Henoch-Buch heißt der Messias „Sohn der Nachkommenschaft der Mutter der Lebendigen"; auch „Weibessohn" ist für ihn belegt (nach St–B I, S. 957).

dem kosmischen Sinnbild der Lichtherrlichkeit Gottes. Das Sonnenhafte gehörte auch zur Erscheinung Christi (1, 16; auch 10, 1). So ist sie von Gottes und Christi Hoheit überglänzt. **Und der Mond unter ihren Füßen.** Den Erdsatelliten mit seiner größeren Erdnähe, seinen naturbewegenden Kräften und seinen lebhaften Einwirkungen auf unser vegetatives Leben haben die Alten gegenüber der Sonne stark der Erde zugeordnet. Vielleicht steht in ihm der Himmelsherrlichkeit die geschöpfliche Herrlichkeit gegenüber. Auch sie gebührt dieser Messias-Mutter. Auf ihrem Haupt trug sie **eine Krone von zwölf Sternen.** Sollte sie in Übereinstimmung mit 1 Mo 37, 19 auf die zwölf Erzväter Israels hinweisen? Dann käme zur Hoheit des Himmels und der Erde auch noch die der Heilsgeschichte[446].

Plötzlich schlägt alles um in ein Bild des Elends. Unter irdischem Aspekt war nämlich an dem Christusträgervolk keine Herrlichkeit, sondern unaussprechliches Seufzen, Enttäuschungen, Verhöhnung und Unterdrückung, Anfechtung und Verzweiflung. Die Leidensgestalt Israels verdichtete sich oft ergreifend in seinen Propheten, etwa in Jeremia. „Wer Christus im Herzen trägt, trägt auch ein Kreuz auf dem Rücken." Johannes schaut jetzt das bedauernswerte Bild höchster Wehrlosigkeit. **Und sie ist schwanger und schreit, Wehen leidend** 2
und sich quälend zu gebären.

In diesem Augenblick **erschien ein anderes Zeichen im Himmel.** 3
Kein Ausleger zweifelt daran, daß hier das Urbild des Satans geschaut wird (Einzelheiten s. z. V. 9). Nach 13, 2 (vgl. 2, 13) ist er Throninhaber, nämlich Inhaber des Gegenthrones zum Thron Gottes.

Schreckvoll aufgerissene Augen nehmen ihn wahr, zunächst seine Farbe: **Und siehe, ein großer feuerroter Drache.** Es ist die Farbe der Wut und des Grimmes. „Er hat großen Grimm", wird Vers 12 sein Wesen gekennzeichnet. Mörderisch, blutgierig, grausam, unheilschwanger und angsterregend reckt er seine Gestalt (s. auch z. 6, 4). Und dann seine Gefräßigkeit: **Er hatte sieben Köpfe.** Man denkt an das Ungeheuer in Da 7, 7: „und fraß um sich". Und seine Kraftfülle: **zehn Hörner**[447]. So wieder in Da 7, 7; auch noch Offb 13, 1; 17, 3. 7. Die Zehnzahl deutet Totalität der politischen Macht an. Dieser Drache ist der „Fürst dieser Welt" (Jo 12, 31; 14, 30; 16, 11). Damit hängt seine Hoheit zusammen. **Und auf seinen Köpfen sieben Dia-**

[446] Es ist grundsätzlich nicht geraten, einzelne Wendungen einer solchen Schilderung herauszulösen, sie gesondert zu deuten und dann wieder künstlich zusammenzusetzen. Die Deutung muß sich in jedem Augenblick das einheitliche Bild bewahren, wie Johannes es schaute und bezeugte.

[447] Die Frage, ob jeder der sieben Köpfe zehn Hörner hatte oder nur je ein Horn und drei noch ein zweites, ist gegenüber einer solchen Schau unverständig.

deme. Diademe[448] waren als Wahrzeichen der persischen Großkönige bekannt geworden. Es ist wichtig, daß der Drache hier in dieser Würde geschaut wird. So muß er den Messias, den anderen Diademträger (19, 12), als Rivalen empfinden.

Die Gewalt arbeitet Hand in Hand mit dem Mittel der Lüge und
4 Heimtücke. Darum hier wieder (9, 10. 19!) die Schwanzwaffe. **Und sein Schwanz schleift mit sich den dritten Teil der Sterne[449] des Himmels und warf sie auf die Erde.** Er entpuppt sich himmelsfeindlich und gottfeindlich. Er schlägt die von Gott gestiftete Ordnung und will lichtloses Chaos. Er ist gegen die Lichter und gegen das Licht, auch gegen den Messias als „Licht der Welt"[450].

Was sich aus der bisherigen Wesensschilderung des Drachen schon ablesen ließ, drängt jetzt zur Handlung: **Und der Drache hatte sich aufgestellt** – man stellte sich im Altertum die Haltung des Drachen aufrecht vor – **vor dem Weib, das gebären wollte.** Ganz dicht vor der sich windenden, hilflosen Gebärenden baut er sich auf, ein Bild letzter Brutalität. Es wird aber auch deutlich, daß sein eigentliches Ziel nicht das Weib, sondern das Kind ist: **damit er, wenn sie geboren hat, ihr Kind verschlinge.**

Nie, wenn die Gemeinde Not leidet, geht es gegen die Gemeinde an sich, nie unbedingt gegen Religion, Gottesglaube, Beten und Kulthandlungen. Mit dem allen kann der Drache, der Fürst dieser Welt, Frieden schließen. Er zielt immer auf den Christus in der Gemeinde. Darum ruft Christus dem Saulus, der die Gemeinde verfolgt, zu: „Was verfolgst du m i c h ?" Umkämpft ist also der Christus in der Gemeinde und darum die Bezeugung dieses Christus, das Festhalten an seinem Namen und die Treue zu ihm (2, 13). Erst durch das standhafte Christuszeugnis ist der Drache besiegt (12, 11). Allerlei religiöses Wesen berührt die Machtfragen überhaupt nicht. Aber wenn Jesus von Nazareth als der wahre Diademträger (s. z. V. 3) und als der legitime Fürst dieser Welt erscheint, bäumt sich der alte Fürst dieser Welt auf (s. z. 1, 4). Er spürt, daß er abtreten soll. Ganz Jerusalem erbebte mit Herodes, als man von dem neugeborenen König vernahm (Mt. 2, 3). Dagegen hatte sich Herodes mit den schrift-

[448] Die Perserkönige trugen ein mit Perlen, Gold und Purpur verziertes blaues Band um ihren Turban. Diadem hängt mit „umbinden" zusammen.

[449] Trotz 6, 13 und 8, 12 ist hier wieder ein intakter Sternenhimmel vorausgesetzt – ein Hinweis mehr auf die Unhaltbarkeit jener Ansicht, nach der die Visionen des Buches eine einzige Ereigniskette wiedergeben. Zum Drittel der Sterne im Sinne eines Großteils von ihnen s. Exkurs 5e.

[450] Nach Da 8, 10 wirft der Antichrist einen Teil der Sterne auf die Erde und zertritt sie. Das Zertreten fehlt hier. Ist bei den Sternen an Engelscharen gedacht, die der Drache Gott abspenstig und zu seinen Dienern macht? 12, 7 spricht dann von den Engeln des Drachens.

gelehrten und bibelgesättigten Juden, die aber nicht Jesus huldigten, ohne weiteres eingerichtet (V. 4–5).

Vers 5 bringt die Geburt des Kindes und läßt keinen Zweifel, daß
es sich dabei um den Messias handelt[451]. **Und sie gebar einen Sohn,** 5
ein männliches Kind. Der Doppelausdruck entspricht wieder dem
hebräischen Empfinden für Poesie[452]. „Ein Kind ist uns geboren, ein Sohn ist uns gegeben", heißt es z. B. Jes 9, 5. Schließlich war im Altertum bei einer Entbindung die Feststellung des Geschlechtes weit wichtiger als heute, besonders dann, wenn das Geborene für den Thron bestimmt war. Hier wird die Bestimmung zur Weltregierung mit Worten aus Ps 2 angefügt: **der alle Nationen mit einem eisernen Stock weiden wird.** Dieses Stück aus Ps 2, den kaum ein Jude anders als messianisch verstand, wurde schon 2, 28 auf Jesus Christus bezogen (Einzelerklärung dort), ganz zentral geschieht es ein drittes Mal in 19, 15. So sollte der Deutung des Kindes auf den Messias nicht mehr widersprochen werden.

Dieser Gesalbte ist Gottes starker Arm, mit dem Gott seine Gottheit in dieser Welt bewahrheiten will. Darum muß der Urfeind Gottes, der Drache, gegen ihn auf den Plan treten. Alles Antigöttliche ist auch antichristlich und umgekehrt. So wird der Messias in die Haß- und Machtsphäre des Satans hineingeboren, **aber entrückt wurde ihr Kind zu Gott.** „Es kommt der Fürst der Welt, aber er hat keine Macht über mich", sagt Jesus Jo 14, 30, denn e r soll König sein nach göttlichem Recht. In dem Gekreuzigten prallt Satan so auf Gott, daß seine Macht zerbricht (1 Jo 3, 8).

Während sich diese Entrückung äußerlich als gelungene Rettung von der Macht des Drachens darstellt, hat sie doch auch noch einen weit darüber hinausgehenden Gehalt. Sie bedeutet gleichzeitig Erhöhung **zu seinem Thron.** Also nicht Flucht ins Jenseits unter Verzicht auf den Kosmos und unter Überlassung aller Positionen an den Drachen, sondern gerade Einnahme der weltbeherrschenden Stellung zur Rechten Gottes!

Entrückung ist in der Bibel immer auch Erhöhung (siehe schon zu 11, 12), und Erhöhung sollte in uns immer das Bild einer Rechtferti-

[451] Gern wird das Kind als eine jüdische oder christliche Elite ausgelegt, als Gruppe der Christen, die geistliche Reife und Männlichkeit beweisen (Beck), als „lebensfähiger Kreis von Christen" (Zahn), als „Überwinderschar" (Langenberg) oder als jüdische Führerpersönlichkeiten (Merz u. a.). Diese Elite gelangt nach diesen Lehren zur Entrückung.

[452] Im Unterschied zu V. 13 ist für „männlich" hier die sächliche Form gesetzt (arsen), was grammatisch nicht zu „Sohn" paßt. Da die LXX in 2 Mo 2, 2 wörtlich eteken arsen hat, könnte wieder ein gewollter Anklang an die Mosegeschichte angenommen werden. Aber auch Jes 66, 7 hat den Ausdruck.

gung im Rahmen eines Gerichtsprozesses erwecken[453]. Angeklagte lagen auf dem Erdboden, aber Freigesprochene wurden hochgehoben und auf die Füße gestellt. Der Erhöhte hat Recht! Die ersten Christen haben nicht gezögert, das rein äußerliche Hochgehobenwerden Jesu an das Galgenkreuz als seine wahre Erhöhung, mindestens als ihren Beginn, zu glauben und zu bekennen[454a]. Wie heute der Sieger in einem sportlichen Wettkampf hochgehoben wird und über den Köpfen der anderen erscheint, um jubelnde Zurufe zu empfangen, so predigt die Gemeinde Christus gerade im Blick auf seine Kreuzigung als den Sieger, ermächtigt zum Herrn aller Herren. Er stirbt aus Liebe zu uns, aber er stirbt erhöht, und das heißt als Gerechtfertigter und Angenommener. Seine Liebe hat darum gesiegt, Satan ist entmachtet.

Christi Erhöhung vollendet sich zu Ostern und Himmelfahrt. Wieder wehrt sich der Glaube gegen den äußeren Augenschein, als ob Jesus hier als Schuldiger das Feld räumen mußte und verschwand. So sieht es zwar der Unglaube, und „die Welt freut sich" (Jo 16, 20). Aber Jünger Jesu sollen seiner Abwesenheit wegen nicht voller Trauer sein (16, 6. 20). In „Wahrheit" (Jo 16, 7) ist sein Entrafftwerden und sein damit zusammenhängendes Verschwinden aus der Welt sein Triumph im Rechtsstreit mit dem Satan. „Hättet ihr mich lieb, so würdet ihr euch freuen, daß ich hingehe", sagt der Herr (Jo 14, 28).

Nach dieser Deutung des 5. Verses beteiligen wir uns nicht mehr an der Diskussion, warum wohl in diesem Vers die drei Lebensjahrzehnte Jesu in solch einer Verkürzung und unter Übergehung so wichtiger Ereignisse wie der Passionswoche abgehandelt worden wären. Schon die Frage ist fehl am Platz. Johannes stellt weder eine kurze noch eine ganz kurze Geschichte Jesu dar, sondern schaut zeichenhaft ihren Sinn.

Kennzeichnend für diese Deutung der Geschichte Christi ist erst die zukünftige Aktivität des Messias: „e r w i r d alle Völker weiden". Im übrigen ist er passiv: er wird ersehnt, wird voller Haß erwartet, wird geboren und wird entrafft. Er ist von allen Seiten umstritten, aber er selbst streitet nicht. Der eigentlich Handelnde ist Gott. Wir haben hier die Theologie von Ps 2: Gott setzt seinen Messias ein, hört das Toben der Rebellierenden, sitzt im Himmel und lacht ihrer, bleibt bei seinem felsenfesten Beschluß, warnt und lockt seine Widersacher und weiß seinen Plan hinauszuführen. Unser Abschnitt will darum nicht auf den Gegensatz Christus – Satan hin gelesen werden, sondern auf den Gegensatz Gott – Satan. Der eigentliche Gegner Christi ist das „Tier" von K. 13, der Antichrist.

[453] Lk 18, 14 verbindet deutlich Rechtfertigung und Erhöhung.
[454a] Besonders wieder Johannes: 3, 14; 12, 23–24; 32–33; 13, 31–32; 17, 1. 4. 5.

Der Vollständigkeit halber wird noch kurz der Verbleib des Weibes erwähnt. **Und das Weib floh in die Wüste, woselbst sie einen von** 6
Gott zubereiteten Ort hat, damit man sie dort ernährt. Diese Flucht setzt die Verfolgung von Vers 13 voraus und wird dort auch ausführlicher in ihren Zusammenhängen behandelt. Was den Fluchtort anbetrifft, stellen wir uns nicht eine **Wüste** vor, in der kein Mensch leben kann[454b]. **Die** Wüste zielt nicht auf einen geographischen Ort[455], sondern – vorbereitet durch Stellen wie Hos 2, 16; 12, 10 – auf den bekannten Verkündigungsbegriff. „Die Wüste" konnte seit Israels Flucht vor dem „Drachen Ägypten" (Anm. 438) als Inbegriff der Bewahrung und der Erhaltung durch Gottes große Wunder verstanden werden. Der Text sagt es ja deutlich genug, daß diese Wüste nicht eine irgendwo schon sowieso vorhandene Landschaft, sondern Gottes besonderes Werk ist: **ein von Gott zubereiteter[456] Ort.** Schon der Ausdruck „Ort" ist in der Offb mit besonderem Inhalt geladen und nicht einem Ort auf der Landkarte gleichzusetzen (Bd. 1, Anm. 108).

Dem gottgeschaffenen Bewahrungsort entspricht eine gottgewollte Bewahrungszeit: **eintausendzweihundertundsechzig Tage** lang. Sie beginnt mit der Erhöhung des Messias, wie hier der Zusammenhang eindeutig zeigt. Näheres s. im Exkurs 7.

Exkurs 9: DAS RELIGIONSGESCHICHTLICHE MATERIAL ZU OFFENBARUNG 12

a) Im Altertum liefen Erzählungen um, die dem Stoff unseres Kapitels vergleichbar sind und darum das rege Interesse der Ausleger gefunden haben. Freilich sind diese Sagen oft nur arg zerstört und in unverständlichen Bruchstücken überliefert, so daß vieles in der Schwebe bleibt und mehr vermutet als wirklich belegt ist. Hier kann es nur um ein allgemeines Kennenlernen gehen.

In einem babylonischen Text aus dem 3. Jahrtausend hat die große Muttergöttin und Himmelskönigin, die viele Namen trägt, ein geheimnisvolles Kind geboren, den Tamuz oder auch Marduk (Sonnengott). Es stirbt, aufersteht und ist nun Erlöser der Götter und Menschen, indem es die lichtfeindliche, siebenköpfige Urweltschlange

[454b] „Es war viel Gras dort" heißt es z. B. von der Wüste in Jo 6, 10.
[455] Nicht nur das Judentum hat diese „Wüste" immer wieder geographisch genommen (Apg 21, 38; Mt 24, 26) und einen Streit um die richtige Wüste entfacht (Ki–Th W II, S. 656, 30 f), auch christliche Ausleger beteiligten sich daran und suchten die Wüste z. B. in Südrußland, Bengel in Deutschland, Ausleger des 19. Jahrhunderts in Preußen.
[456] hetoimazō in der LXX oft für göttliches Schaffen. In diesem Sinne „bereitet" er Himmel und Erde, Menschen und das Volk Israel; 1 Ko 2, 9 auf das Heil bezogen.

Tiamat, das Wasserungeheuer, tötet. Offensichtlich ist auf den Winter angespielt, der durch die Frühlingssonne besiegt wird.

Auch aus Ägypten ist ein alter Sonnenmythos bekannt. Osiris, die alternde Sonne (Herbst!), ist von Seth (Winter!) erschlagen worden. Seth ist der ägyptische Teufel, dargestellt als roter siebenköpfiger Drache Typhon oder auch als Schlange, Krokodil oder schwarzes Schwein. Doch die Sonnengöttin Isis (auch Hathor), dargestellt mit der Sonne auf dem Haupt, sammelt die Gebeine ihres erschlagenen Gatten, wird von Typhon verfolgt, gebiert den Sonnengott Horus und säugt ihn in der Einsamkeit. Sie flieht mit ihm auf einem Nachen aus Papyrus, durchschifft Sümpfe und rettet sich auf die Insel Chemmis. Als der Arm des Knaben stark geworden, kämpft er gegen den Drachen und besiegt ihn. Nun tritt Wohlstand ein, und das Böse muß weichen.

In Kleinasien heißt sie Leto, die von Zeus schwanger ist. Da dem großen Drachen Phyto gesagt ist, daß der Sohn der Leto ihn töten werde, verfolgt er die Schwangere. Aber Flügel des Windes tragen sie auf eine Insel, wo sie Apollo, den Sonnengott, gebiert, der am vierten Tage den Drachen tötet. In Kleinasien liefen Münzen um, die die fliehende Leto zeigen. Die phytischen Spiele waren dort volkstümlich. Aber die Flucht geschah in diesem Fall v o r der Geburt, um gebären zu können. Als Phyto auf die Insel hinterherjagen will, versenkt der Meeresgott schützend die Insel im Meer. Das Wasser ist also (gegen 12, 15) rettende Macht, es verschlingt (gegen 12, 16) die Erde. In allen bisherigen Fällen führt das Kind selbst den Drachenkampf (gegen 12, 7).

Am ehesten eignete sich als Parallele eine Rolle aus der ersten Höhle von Qumran (1 QH 3, 7–12): „Ich geriet in Bedrängnis wie ein gebärendes Weib ... so hat die mit Männlichem Schwangere Kindesnöte durch ihre Leibesfrüchte, denn unter tödlichen Geburtswehen gebiert sie einen Mann, und unter höllischen Wehen bricht hervor aus schwangerem Leib ein Wunder von einem Ratgeber mit seiner Heldenkraft ... Aber die mit einer Schlange Schwangere ist bestimmt zu schnellem Verderb." In diesem Dankspalm ist die gebärende Frau aber nur ein Bild für den Psalmsänger, als er sich noch in Not befand. Wir lesen nichts von einer Geburt im Himmel, von der Feindschaft eines Drachen und von einer Entrückung. Allerdings spielt in dieser Literatur die Wüste oft eine Rolle als Bergungsort.

Auf persischem Boden gibt es Vergleichbares, ferner bei den alten Germanen, dann die jüdische Legende von dem entrückten Messias Menachem; das alles ist aber zu dürftig, um sich dabei aufzuhalten.

Doch soll hier noch das Stichwort Astrologie wenigstens anklingen. Am Firmament geht das Sternbild des Drachens (Hydra) nach dem der Jungfrau auf und rückt immer hinter ihr her. Die Adlerflügel der Jungfrau finden ihre Erklärung im benachbarten Sternbild des Adlers. So noch weitere Beziehungen bei Halver S. 86 f.

b) In neueren Arbeiten löst man sich zu Recht von diesen Vergleichen, weil sie kaum exegetischen Gewinn versprechen. Es fehlt an wirklichen Vorbildern, auf die sich K. 12 glatt zurückführen ließe. Was es gibt, sind offenbar nicht Parallelen, sondern gewisse Urbegriffe wie Mutter, Geburt, Kind, Sonne, Mond, Sterne, Ungeheuer, Bedrohung, Bewahrung, Kampf und Sieg – und dies alles in naheliegender Zuordnung zueinander. Immer schon bewegten sie die Gemüter der Völker. Diese Urbegriffe klingen auch in der Bibel auf. Aber mit dem gleichen Material kann etwas sehr Verschiedenes gelehrt werden.

Die religionsgeschichtlichen „Parallelen" sind Naturmythen. Die sie durchwogenden Kämpfe verraten sich deutlich als Reflex der Naturprozesse, also als etwas, was sich Jahr um Jahr wiederholt und bei dem es darum letztlich keinen Sieger und keinen Besiegten, sondern nur einen ewigen Kreislauf gibt. Die gute Sonne unterliegt im Herbst der grausigen Todesmacht des Winters, aber nach jedem Winter kommt wieder ein Mai. Oder am Abend ertrinkt sie im Meer, aber nach jeder Nacht gibt es wieder ein Auferstehen. Diese Naturprozesse werden dramatisiert, beseelt und symbolisch fruchtbar gemacht.

Die Offb verkündet mit Hilfe dieser Urbegriffe Geschichte: Das Weib ist nicht vergöttlichte Naturkraft, überhaupt keine Einzelperson, sondern ein historisches Volk; der Drache nicht unheimliche Naturmacht, sondern übernatürlicher, geistiger Widersacher Gottes; das Kind nicht Inbegriff zählebiger Hoffnung auf einen neuen Frühling, sondern der gekreuzigte und auferstandene Jesus von Nazareth. So gehen die Religionen und das Evangelium denkbar weit auseinander, und die Berührungspunkte weisen keinen Tiefgang auf.

Sinnvoller erscheint dagegen, auf die Verankerung gewisser Elemente von K. 12 im AT zu achten (1 Mo 3; 2 Mo; Israel als schwangeres Weib bei den Propheten). Johannes schaute „Zeichen", die er aus dem AT heraus verstand, die er darum auch mittels atst Wendungen beschrieb und deren Auslegung deshalb das AT als Auslegungshilfe annehmen sollte.

Das Gericht Michaels über den Drachen

Offenbarung 12, 7–12

7 Und es geschah ein Kampf im Himmel – (einerseits) **Michael und seine Engel,** (bereit) **zu kämpfen mit dem Drachen, und** (anderer-

Zu Vers 7:
Dan 10, 13. 21
12, 1

Zu Vers 8:
Dan 7, 21
2, 35
Zu Vers 9:
1 Mo 3, 1
Sach 3, 1
Hio 1, 6 ff
2, 1 ff
Zu Vers 12:
Jes 44, 23
49, 13

8 **seits) kämpfte der Drache und seine Engel. * Und er vermochte**
nicht (zu bestehen), und es wurde für sie nicht mehr ein Ort im
9 **Himmel gefunden. * Und es wurde geworfen der große Drache,**
die uralte Schlange, genannt Diabolos und Satan, der die ganze
besiedelte (Erde) verführt – er wurde (also) auf die Erde gewor-
10 **fen und seine Engel wurden mit ihm geworfen. * Und ich hörte**
eine große Stimme im Himmel sagen: Jetzt ist das Heil und die
Königsherrschaft unseres Gottes geworden und die Vollmacht sei-
nes Gesalbten, denn geworfen wurde der Ankläger unserer Brü-
11 **der, der sie vor unserem Gott anklagte Tag und Nacht. * Und sie,**
ja sie haben ihn besiegt durch das Blut des Lammes und durch
das Wort ihres Zeugnisses, und sie haben nicht geliebt ihr Leben
12 **bis zum Tod. * Deswegen frohlockt, ihr Himmel, und die in ihm**
zelten, weh (aber) der Erde und dem Meer, denn der Diabolos
stieg herab zu euch und hat einen großen Grimm, weil er weiß,
daß er (nur noch) wenig Zeit hat.

7 **Und es geschah ein Kampf im Himmel.** Einer der beiden Kämpfenden wird in Vers 9 auf das Genaueste vorgestellt. Dagegen verlautet von seinem Widersacher außerhalb dieses Verses nichts und auch hier nur sein Name. Darum sprechen auch wir bis zum Exkurs 10 (nach V. 11) kommentarlos von „Michael"[457]. Einerseits waren **Michael und seine Engel,** bereit **zu kämpfen,** und andererseits **kämpfte der Drache und seine Engel.**

Dreimal enthält dieser kurze Vers „Kampf" oder „kämpfen". Als Folge der Inthronisation des Messias in Vers 5 tut sich Unerhörtes in den geistlichen Dimensionen. Dieser Kampf **im Himmel** will mit einem zweiten Kampf auf der „Erde" in 19, 19 zusammengehalten werden. Jener Erdenkampf vervollständigt diesen Himmelskampf. Beide Kämpfe enden mit einem Satanssturz. Hier stürzt der Satan vom Himmel auf die Erde (V. 9), dort von der Erde in den Abgrund (20, 3). In beiden Fällen wird das Gericht durch einen Engel vollstreckt. Hier heißt er Michael, dort fehlt eine Nennung seines Namens. Als Folge der Inthronisation des Messias vollzieht sich also im Grunde e i n Kampf, der aber in zwei Akten abläuft. Dazwischen liegt die „kleine Zeit" von Vers 12.

Die Initiative zum Kampf geht von Michael aus. Er tritt sogleich mit Kampfabsicht auf den Plan, bereit **zu kämpfen**[458] und den Dra-

[457] Im NT nur hier und Jud 9.
[458] Die Konstruktion an dieser Stelle widerspricht den Regeln der grie Sprache, ist aber in der LXX nicht ungewöhnlich, nämlich als „Nachahmung einer im Hebräischen möglichen Verbindung ...", um die Bereitschaft oder Verpflichtung zu einer Handlung auszudrükken (Lohmeyer, S. 101, vgl. Bl-De 400, 8).

chen in eine Auseinandersetzung zu verwickeln. Die meisten Kommentare sagen es umgekehrt: Der Drache begibt sich, nachdem ihm der Messias entkommen war, schnaubend auf Verfolgungsjagd und stürmt den Bergungsort des Flüchtenden. Da stellt sich ihm Michael mit seinen Scharen entgegen und wehrt den „Himmelssturm"[459] erfolgreich ab. Satan und seine Gesellen werden auf die Erde zurückgeworfen.

Es zahlt sich für die Auslegung dieses Abschnittes aus, nichts aus den vorangegangenen Versen zu verlieren. Wir arbeiteten für die „Entrückung" des Messias Vers 5 den Rechtshintergrund heraus: Der vom Weibe geborene Knabe gewann einen Gerichtsprozeß gegen den Drachen, der ihm als Fürst dieser Welt den außerordentlichen Rang und Platz bei Gott, nämlich seine Messianität und Gottessohnschaft und damit die Weltherrschaft streitig machen wollte. Durch die Entrückung auf Gottes Thron wird der Knabe jedoch darin bestätigt und voll gerechtfertigt. Der „Verkläger" (V. 10) hatte unter Mißbrauch seines Verklägeramtes eine falsche Anklage vorgebracht. Nach israelitischem Recht genügte jetzt nicht allein die Rechtfertigung des unschuldig Angeklagten, sondern es mußte auch noch dem falschen Ankläger der Prozeß gemacht werden (5 Mo 19, 16–19). Ihm gebührte die gleiche Strafe, die er dem Unschuldigen gewünscht hatte. Der Drache wollte Christus seinen Platz bei Gott rauben, so verliert er seinen eigenen Platz im Himmel, nämlich seine Funktion als Ankläger (V. 8b).

Im neuen Abschnitt geht es hintergründig um einen solchen Nachfolgeprozeß. Schon darum ist in diesem zweiten Prozeß keinesfalls der Drache initiativ, sondern der bisher verklagte Messias wird zum Ankläger[460]. Doch Michael ist sein Anwalt und Vollstrecker. Der Drache bietet alles auf, um seine Position zu behaupten: **Der Drache kämpfte und seine Engel** (s. Anm. 450).

Und er vermochte nicht zu bestehen. Dieser Ausdruck könnte durch- 8
aus einen gerichtlichen Beiklang haben[461] und hindurchschimmern lassen, daß Johannes hinter den geschauten „Zeichen" eines physischen Kampfes die Wirklichkeit eines Rechtsstreites wußte. In diesem Rechtsstreit vermochte der Drache nicht zu bestehen, da er seine Stellung durch die falsche Anklage des Gerechten und Heiligen hoffnungslos verspielt hatte.

[459] So auch Käsemann, Exegetische Versuche und Besinnungen, Band I, S. 70.
[460] Auch Jo 12, 31 folgt das Gericht über Satan der Rechtfertigung Christi.
[461] ischyein kann zunächst bedeuten, in einem Wortgefecht zu bestehen und die Oberhand zu behalten (Lk 14, 6; 20, 26; Apg 6, 10; 25, 7). Lk 21, 36 spricht von „stark sein", um vor dem Gericht des Menschensohnes zu bestehen. Offb 18, 8 ist „stark sein" die Überlegenheit im Gericht, in Hbr 9, 18 Rechtskräftigkeit.

Und es wurde für sie nicht mehr ein Ort im Himmel gefunden. Für immer und restlos wurde ihm die entscheidende – nicht aber die einzige! (s. u.) – Operationsbasis genommen. Nie wieder wird er im Himmel als Verkläger angenommen. Rein gar nichts kann er dort noch ausrichten. Im Himmel herrschen nur noch Gott und der mitthronende Gesalbte. Die biblische Rede von dem Ort (Bd. 1, Anm. 108), der nicht mehr aufzufinden ist, wird Hes 27 unvergeßlich anschaulich: Ein prachtvolles, stolzes Kaufmannsschiff versinkt im Meer. Die Wogen schlagen darüber zusammen und schweigen alles Gewesene tot.

Dem dreimaligen „Kampf, kämpfen" in Vers 7 entspricht hier in Vers 9 das dreimalige „geworfen". „Werfen" begegnete uns schon oft in den Gerichtsvollzügen der Offb. Der Gerichtete wird vierfach, also
9 allseitig und erschöpfend identifiziert. **Und es wurde geworfen der große Drache, die uralte Schlange, genannt Diabolos und Satan.** Diese Sprechweise klingt wie ein Auszug aus einer Urteilsverkündigung. Zu Beginn werden die Personalien des Verurteilten, seine Herkunft und sein Tun und Lassen genau aufgeführt.

Es ist **der große Drache.** „Drache"[462] bezeichnete vor allem eine Riesenschlange, wiederum besonders die Seeschlange und das Seeungeheuer. Daran läßt der Wasserstrahl denken, den dieser Drache nach Vers 15 herausschießt. Aber die Beifügung **groß** übersteigert diesen Drachen gegenüber jedem natürlichen Wesen. Ein riesenhafter Riesendrache! So entsteht ein Bild für eine Größe, die alle Zoologie hinter sich läßt, nämlich für die Wirklichkeit des Satanischen[463a].

In der Offb ist Satan der Gegner Gottes[463b]. Gern wäre er auch Gegengott, bringt es aber nicht weiter als bis zu einem „Affen Gottes" (Luther). Wäre er Gegengott, ständen wir unter einem Dualismus zweier selbständiger Mächte. Gottes Volk hat darauf zu achten daß es Satan diese Ehre nicht antut. „Er lebt von dem Respekt, den man ihm zollt" (Lamparter). Wir haben darum nicht an ihn zu glauben, sondern ihm zu widerstehen (1 Pt 5, 9; Jak 4, 7). Wir sollen ihn uns auch nicht genau vorstellen wollen und uns weder in eine Betrachtung des Satanischen vertiefen noch eine ausführliche Satanslehre anstreben noch in unserer Umwelt Satansgewißheit verbreiten. Nicht einmal dann, wenn andere den Satan wegdisputieren, streiten

[462] Grie drakōn, abgeleitet von „blicken"; der bannende Blick der Schlange fiel auf. „Drache" im NT 13 mal, nur in der Offb. Nach 12, 14. 15 kann für „Drache" auch „Schlange" eintreten.

[463a] In der LXX gibt es noch nicht „den großen Drachen" als Bezeichnung für Satan. „Drache" bezeichnet dort gewaltige Seeungeheuer als Kreaturen unter Kreaturen oder, im Rahmen der Tiersymbolik, Weltmächte oder Einzelpersonen gottfeindlicher Mächte. Zum „Drachen" als Urbegriff in den Sagen der Völker s. Exkurs 9a.

[463b] Karl Heim hat vor allem in seinen Büchern „Jesus der Herr" und „Jesus der Weltvollender" diese Schau fruchtbar gemacht.

wir beharrlich mit ihnen. Wohl tut ein Hinweis auf den Ausspruch Goethes gut: „Den Teufel spürt das Völkchen nicht, und wenn er sie beim Kragen hält." Aber wer sich in Belehrung über Satan und Dämonen ergeht, gewinnt für das Heil rein gar nichts. Das Mittelalter strotzte nur so vor Teufelsglaube und war doch so arm an Christuserkenntnis und so in Fesseln geschlagen durch Gewalt, Unrecht und Unverstand.

Auch hier verfolgen wir nur die kurze Skizzierung des Satanischen, ohne sie mit allen möglichen Gesichtspunkten und Fragestellungen auszugleichen. Der große Drache wird auch **die uralte Schlange** genannt. Die Schlange[464] spielte in der Umwelt Israels eine für uns unvorstellbare Rolle. Sie war fast überall verbreitet und bekannt. Schlangenkulte sind schon aus der Zeit 4500 v. Chr. belegt. Mancherlei Umstände förderten diese Kulte: der überlegene, hypnotisierende Blick der Schlange, ihr kaum merklicher, aber tödlicher Biß, ihre Heimtücke und Schnelligkeit und ihre Dressierbarkeit.

Aber nicht nur als Verderbensmacht wurde sie empfunden. Besonders die Griechen richteten sie als Haustier ab und verehrten sie als Lebensmacht. Die Schlange ist ja besonders der Erde verbunden, lebt in Grotten und Ritzen, kriecht auf der Erde, scheint Erde zu fressen und galt als „Seele" der Erde, als Erdgottheit. Da die Erde aber Symbol für das Mütterliche und Weibliche ist, erscheint die Schlange auf den Abbildungen der Fruchtbarkeitsgöttinnen.

Weil die Schlange häufig an Quellen haust, schien sie mit unterirdischen, verborgenen Schätzen in Verbindung zu stehen. Sie galt als hellseherisches Orakeltier. Besonders an Heilquellen verehrte man sie, verfügte sie doch nicht nur über Gift, sondern auch über Gegengift, vgl. den Hinweis auf den blühenden Asklepioskult zu 2, 13. Schließlich konnte die Beobachtung, wie sich die Schlange häutet und sich auf diese Weise zu verjüngen und zu erneuern scheint, sie zum Symbol der Wiedergeburt und des ewigen Lebens werden lassen.

Bei der allgemeinen Hochschätzung des Schlangenkultes in allen umwohnenden Völkern ist es nicht verwunderlich, wenn Israel die Schlange als Verkörperung des Heidentums ansah[465]. Daher der entschiedene Abscheu vor Schlangen im AT. Nie diente sie als Haustier, Opfertier oder als Speise[466]. Sie ist das widerlich Schmierige, Schillernde, Zwielichtige, Mörderische und darum das Satanische.

[464] Grie ophis, abgeleitet von „stechen", stammverwandt mit echis und echidna; alle drei Ausdrücke für Schlange auch in der Offb.

[465] So auch 1 Mo 3: Einbruch des Heidentums in die Gottesfamilie.

[466] Im NT vgl. Rö 1, 13; Apg 10, 12; hier herpeta d. h. Kriechtiere, welcher Ausdruck auch für Schlangen verwendet wurde (s. Bauer, Wörterbuch).

An unserer Stelle finden wir eine ausdrückliche Gleichsetzung mit der Paradiesesschlange von 1 Mo 3: die **uralte** Schlange[467]. So alt sie ist, sie hat ihre Feindschaft gegen Gott und alles Göttliche nie vergessen.

Erst jetzt erklingt zweisprachig (Anm. 301) der eigentliche Name des Drachen und der Schlange. Wir erörtern zunächst das hebräische Wort **Satan**. Es bezeichnet ursprünglich völlig neutral den Opponenten[468]. Im israelitischen Gerichtswesen hat es möglicherweise die Planstelle für einen Ankläger gegeben[469], der zur Rechten des Angeklagten stand (Sach 3, 1; 1 Chr 21, 1; Ps 109, 6). Mit Feindseligkeit und Bosheit hat diese gesellschaftliche Funktion noch nichts zu schaffen. Auch im Hiobbuch hat „Satan" noch keinen bösen Beiklang. Er achtet wie ein guter Staatsanwalt darauf, daß man nicht einfach dem Augenschein traut und beantragt den Beweisgang. Teuflische Lust am Bösen liest man für ihn höchstens in den Text hinein. Er ist nicht Widersacher Gottes, sondern dient der genauen göttlichen Rechtsprechung.

Erst im Judentum wird „Satan" zum Eigennamen für die aktiv böse Macht. Sie ist Gott und den Menschen, vor allem aber den Gerechten, feindlich gesinnt. Als Nachklang des AT bleibt bestehen, daß Satan ein von Gott abhängiges Geschöpf ist, nämlich ein Engelfürst.

Eine Zusammenfassung seines Tuns bietet das bekannte Zitat aus dem babylonischen Talmud[470]: „Der Satan kommt herab und verführt, steigt hinauf und klagt an, nimmt Vollmacht und nimmt die Seele." Zunächst verführt er also zur Sünde, indem er Gott und die Sünde verharmlost und diese begehrenswert macht wie in 1 Mo 3. Sobald er den Menschen zum Sündigen gebracht hat, eilt er ins himmlische Gericht, um flammende Anklage gegen den zu erheben, den er selbst gereizt, gelockt und überredet hat. In „heiligster" Entrüstung und unter Berufung auf Gottes Gebote fordert er Strafgerechtigkeit. Bevollmächtigt kehrt er zurück und vollstreckt die Strafe, indem er den Sünder tötet. So hat er sein Ziel erreicht: den Tod des Menschen, den Gott doch zum Leben geschaffen hat.

Nach jüdischer Lehre fungiert vor dem himmlischen Gericht aber auch ein Verteidiger Israels, nämlich der Erzengel Michael. Er trägt die Tugenden der Juden vor Gottes Thron. Er kann auch den Satan

[467] Auch die Juden haben die Paradiesesschlange so bezeichnet (St–B z. Stelle).
[468] Ein Gegner im kriegerischen Kampf (1 Sa 29, 4), im Privatleben (Ps 71, 13), aber auch der Engel, der Bileam entgegentrat (4 Mo 22, 22. 32), konnte „Satan" genannt werden.
[469] So v. Rad, Ki–Th W, Band II, S. 71.
[470] St–B, Band I, S. 139.

abweisen. Aber von Fall zu Fall steigt dieser immer wieder herauf, um frisch verführte Opfer anzuklagen und Vollmacht über sie zu gewinnen.

Als Verführer arbeitet der Satan also mit Lüge und als Vollstrecker mit Gewalt, aber als Verkläger arbeitet er mit Wahrheit. Kein Gewaltsystem verachtet eine gewisse Rechtlichkeit. Jede Lüge, die Erfolg haben will, bedarf einer Prise Wahrheit. Darum liegt die wesentliche Macht Satans in seiner mittleren Funktion begründet. Nirgendwo ist er so satanisch wie gerade in seiner Anklage, wo er vollmächtig von Gott scheidet und die Schuldwand zwischen Gott und Sünder himmelhoch emporzieht.

Haben Jesus und die Apostel diese jüdischen Anschauungen einfach übernommen? Nach dem Evangelium ist die furchtbare Verklägerfunktion Satans gelöscht. Das bedeutet die Lehre vom Satanssturz[471]. Seine wesentliche Kraft ist gebrochen. Darauf bezieht sich in Vers 9 das jubelnde, dreimalige „gestürzt, gestürzt, gestürzt!" Zwar geht er weiter als Lügner und Mörder um[472], doch die Rechtsposition ist ihm genommen. Er stürzte in die Illegalität. Sein Reich ist darum ohne Bestand.

Die grie Bezeichnung **Diabolos** wird gern mit „Durcheinanderbringer" wiedergegeben. Er schafft in einer Gemeinschaft durch Verleumdung und Streitsucht Mißverständnisse und liebt das Chaos. Vielleicht wäre auch die Wiedergabe durch „Auseinanderbringer"[473] angebracht. Er bringt Gott und Menschen auseinander. Aber das Wort ist als Übersetzung von „Satan" in die Bibel gekommen und also deckungsgleich aufzufassen.

Der Schluß des 9. Verses hebt die Verführerfunktion, also das Schlangenhafte, ausdrücklich hervor. **Er verführte die ganze besiedelte** Erde. In aller Verführung zu allen Zeiten und an allen Orten ist er d e r Verführer[474]. Durch ihn ist ein „Geist der Verführung" (1 Jo 1, 8; 2, 26; 3, 7) eingeströmt, so daß einer den anderen verführt und einer vom anderen verführt wird (2 Ti 3, 13). Dann setzt man Lügen voraus, erwartet man sie und glaubt verdrehterweise nur noch ihnen. In solch einer Atmosphäre spricht der Herr Jesus Christus: „Weil ich die Wahrheit rede, glaubt ihr mir nicht" (Jo 8, 45).

In den Versen 10–12 erklingt, wie so oft nach einer Vision, eine deutende Stimme. Weil diese Stimme von „unseren Brüdern" spricht, wurde sie auf die Stimme der Märtyrer von 6, 11 gedeutet. Aber

[471] Im NT hier und Lk 10, 18; Jo 12, 31; 16, 11.
[472] So immer wieder in K. 2 und 3 und nach Jo 8.
[473] Nach Foerster, Ki–Th W, Band II, S. 69.
[474] Das NT spricht vom Lügenpropheten, Lügenchristus, Lügenbruder, Lügenzeugen, Lügenlehrer und Lügenapostel.

auch Engel könnten so sprechen, da sie sich nach 19, 10; 22, 9 „Mitknechte" der Gläubigen nennen. Vor allem aber läßt der deutende
10 Inhalt der Stimme mehr an den Dienst eines Engels denken. **Und ich hörte eine große Stimme im Himmel sagen: Jetzt ist das Heil und die Königsherrschaft unseres Gottes geworden und die Vollmacht seines Gesalbten.** Dieses Wort deckt sich weithin mit der Proklamation, die 11, 15 erst am Ende der Zeiten erscholl. Sie ist sogar noch etwas ausführlicher, indem dem Begriff der Königsherrschaft noch „Heil" hinzugefügt und ausdrücklich von der „Vollmacht" des Gesalbten geredet wird. Aber wie kann das schon **jetzt** ausgerufen werden, also sogleich nach der Erhöhung des Christus und dem Sturz des Satans? Dieser Sturz des Satans ist doch noch nicht der Sturz in den Abgrund von 20, 3, sondern erst auf die Erde, wo er mit großem Grimm wütet (V. 12)! Aber diese Botschaft vom bereits vollbrachten Heil gehört zu den Fundamenten des Evangeliums. Auch K. 5 ist erfüllt von diesem Klang, dort freilich nicht im Blick auf die Kehrseite der Erhöhung Christi, nämlich auf den Sturz des Verklägers, der hier im Mittelpunkt steht. Dort ging es ja um eine Großaufnahme des Siegers, hier um eine Großaufnahme des geschlagenen Satans. Wie sich diese mitten in der Zeit errungene Königsherrschaft Gottes und Christi zur endzeitlichen Vollendung verhält, behandelt Exkurs 8d.

Ein nächster Satz begründet den Gottessieg ausdrücklich mit dem Gericht über den Verkläger. **Denn geworfen wurde der Ankläger unserer Brüder, der sie vor unserem Gott anklagte Tag und Nacht.** Obwohl die Gemeinde noch mit dem Verführer und Verderber zu tun hat, ja in gesteigerter Kampf- und Leidenserfahrung steht (V. 12), ist sie doch von einer ungeheuren Last befreit und steht in einem großen Aufatmen: Ihr Verkläger ist gestürzt! Damit ist das überirdische Kraftfeld, in das Christsein eingespannt ist, wunderbar gewandelt.

Wichtig für das richtige Verständnis ist hier die Erfassung des Partizip Präsens, das umständlich nachgeahmt so lautet: „gestürzt ist der Verkläger, der sie Anklagende vor Gott Tag und Nacht". Er hatte und hat noch die Eigenschaft, sie zu verklagen; seinem Wesen nach ist er ständig darauf aus[475]. Daß er bei Gott nicht mehr als Verkläger zugelassen ist, hindert ihn nicht, Tag und Nacht Zulassung zu beantragen. Vor die Tür gesetzt, rumort er draußen vor der Tür. Er wäre nicht Satan, wenn er jemals Ruhe geben würde, wenn er nicht zäh und unermüdlich die Wiederaufnahme des Prozesses anstrengen würde. Seine Dauerabsicht und Dauerneigung bleibt es, einen Keil zwischen Gott und das Gotteskind zu treiben, aber nicht mehr seine Möglichkeit. Luther hat bei der Übersetzung von Rö 8, 33—35 richtig

[475] Vgl. Bl—De 339, 2b und 3.

ergänzt: „Wer w i l l die Auserwählten Gottes beschuldigen, . . . w i l l verdammen, . . . w i l l uns scheiden von der Liebe Gottes?" Tatsächlich ist der Satan ständig auf dem Sprung und will, kann aber nicht. „Nichts k a n n uns scheiden von der Liebe Gottes in Christus Jesus, unserm Herrn!" (V. 39). Die Anfechtung bleibt akut, „aber wir überwinden weit durch den, der uns geliebt hat" (V. 37). **Vor Gott ist den Erlösten nichts mehr im Wege.** Der Himmel wurde für sie zur reinen Liebe, der Thron Gottes zum Gnadenthron. Im Himmel geschieht nichts mehr als der Wille Gottes in Jesus Christus, kein bißchen mehr der Wille des Satans.

Die Wendung **Tag und Nacht** malt die satanische Pausenlosigkeit und Hartnäckigkeit. Aber an ihre Stelle trat vor Gott die pausenlose Fürbitte Jesu[476]. „Er lebt immerdar und spricht für sie" (Hbr 7, 25).

So ergibt sich aus dem Sieg des Messias (V. 5) der Sieg der Gemeinde (V. 11). **Und sie, ja sie haben ihn besiegt.** Könnte man nicht 11
erwarten, daß jetzt Michael als Sieger genannt wird? Es ist auffallend, wie er und seine Engel sofort aus dem Blickfeld verschwunden sind[477]. Dagegen heißt es stark betont, daß die verklagten „Brüder" **gesiegt haben.** Auch bei atst Propheten kennen wir diese Redeform der Gewißheit. Obwohl etwas noch bevorsteht und immer wieder bevorsteht, ist es schon so gewiß, daß davon schon wie von etwas Fertigem gesprochen werden kann[478]. Dieses Siegen durchzieht aber in Wahrheit noch die ganze Zeit bis zur Ankunft Jesu in Macht und Herrlichkeit. Immer wieder ist Satan Satan und will verdammen, aber immer wieder werden Christen siegen.

Wodurch siegen sie? Durch Michael? Michael ist hier nicht wie später im Mittelalter der große Schutzpatron der Christenheit. Sie siegen **durch das Blut des Lammes.** Ihr Sieg ist nicht Eigenleistung. Sie selbst haben sich überhaupt nicht mit dem Satan eingelassen, das Lamm hat durch sein Blut (s. z. 1, 5; 5, 9; 7, 14) für sie gesprochen und jede Anklage niedergeschlagen. Nun wurden sie gerechtfertigt, und insofern haben wirklich sie selbst gesiegt, aber doch nicht a u s sich selbst heraus.

Die zweite Begründung stellt nicht etwa neben die Gnade doch noch eine Eigenleistung: **und durch das Wort ihres Zeugnisses** (zum Ausdruck s. z. 1, 2). Freilich könnte das Ablegen des Zeugnisses in das Verdienstdenken hineingezogen werden: Der Siegerkranz wird zur

[476] Jesus als Fürsprecher: Lk 22, 32; Mt 10, 32 f; Rö 8, 34; Hbr 7, 25; Jo 14, 13 f; 15, 16; 16, 23 f; 1 Jo 2, 1.

[477] Nach dem Judentum ist Michael außerordentlicher Fürsprecher. „Wem gleichen Michael und Samuel (= Satansname)? Dem Verteidiger und Ankläger !" (St–B, Band I, S. 142).

[478] Auch Paulus kann von zukünftigem Geschehen in Vergangenheitsform sprechen: „Welche er aber gerecht gemacht hat, die hat er auch herrlich gemacht" (Rö 8, 30).

Prämie für tapferes Bekennen. Der natürliche Mensch ist so verdorben und so auf Selbsterlösung versessen, daß er immer wieder auf seine Kosten zu kommen sucht. Im Text findet sich allerdings kein Fädchen einer Verdiensttheologie. Nicht durch ihr Reden, sondern durch dessen Inhalt siegen sie. Der Inhalt aber besteht in Gott und dem Lamm. Das Geheimnis am siegreichen Zeugnis ist der Bezeugte, hinter dem der Zeuge zurücktritt, also wieder das **Blut des Lammes.** So schränkt der zweite Grund durchaus nicht die Gnade des ersten Grundes ein, sondern ist gerade in ihrer Verlängerung zu sehen. Der erste und einzige Grund des Sieges über den Verkläger besteht in der Wirklichkeit des Lammes. Diese wird nun bei einzelnen Christen und in bestimmten Stunden zum Wort. Das ist es. Nicht das Wissen vom Lamm, nicht das gedankliche Glauben an das Lamm, nicht das interne Preisen des Lammes bedeutet Sieg, sondern erst das Wort des Zeugnisses vor fremden Ohren. Nicht die gläubige und fromme Gemeinde siegt, sondern die Zeugengemeinde. Sie hält ihren Glauben in den Wind, liefert ihn getrost den Verhältnissen aus, bringt ihn ans Licht, auf die Dächer und unter die Menschen. Dieses in ntst Sinne geistliche Ergriffensein vom geschlachteten Lamm macht die Zeugen zu „Schlachtschafen" – so nach Rö 8, 36 und nach der Fortsetzung dieses Verses –, aber auch zu Siegern.

In harten Zeiten steht die Gemeinde in einer großen Versuchung. Statt durch ihr Zeugnis zu überwinden, könnte sie den anderen Weg versuchen: zu überwintern – unter Einstellung ihres Zeugnisses. Bildlich gesprochen verkriecht sie sich in ihrem Bau, mummelt sich ein und lebt von ihren Vorräten, bis wieder andere Zeiten anbrechen. Dann will sie wieder zum Vorschein kommen und sich gratulieren lassen, daß sie wieder da ist. Aber die Offb sagt in ihrer ganzen Länge: Nicht die überwinternde Gemeinde bleibt, sondern die bezeugende Gemeinde. Aus den christlichen Winterquartieren wird niemand mehr emporsteigen.

Der Schlußsatz bestätigt die Darlegung. **Und sie haben nicht geliebt ihr Leben bis zum Tod**[479]. Wenn sie ihr eigenes Leben[480] nicht liebten, was liebten sie dann? Vielleicht ihren Tod? Bousset findet in der Offb eine „fast wilde Freude am Martyrium" (S. 161). Das ist romantisierende Auslegung. Sie lieben Jesus über alles. Die Offb ist überaus scheu, von Liebe zu sprechen. Dafür aber sind die wenigen diesbezüglichen Stellen gewaltig[481], und gerade auch diese in ihrer Indirektheit.

479 Hier ein deutlicher Nachklang des Herrenwortes Mt 16, 25; Mk 8, 35; Lk 9, 24, in starker Nähe zu der johanneischen Form Jo 12, 25.
480 Grie psyche für „Leben" wie Jo 12, 25; 10, 11. 15. 17 u. ö.
481 Jesu Liebe zu uns: 1, 5; 3, 9; 3, 19; 20, 9. Unsere Liebe zu ihm: nur 2, 4 und hier.

Sie macht deutlich, wie wenig hier eitle, verfeinerte Selbstliebe am Werke ist. Die Zeugen sind ganz auf Jesus hingestreckte Liebe, und das für immer, **bis zum Tod.**

Sind nach dieser Stelle nur solche Christen Sieger, die zu ihrem Zeugnis auch ihr Blut geben? Muß also zum Blut des Lammes auch das Blut des Martyriums hinzukommen? Keinesfalls fürchtet der große rote Drache Märtyrerblut, sondern schleckt es gierig auf (vgl. 17, 6). Ströme von Menschenblut fechten ihn nicht an (Ps 79, 3), nur das Blut des Lammes besiegt ihn. Freilich ist Märtyrerblut ein ergreifender Hinweis auf das Lamm, das letzter Liebe würdig ist. Aber das Blut des Lammes ist auch ohne diese Untermalung da, und d a r a u f kommt es an.

Exkurs 10: MICHAEL IN OFFENBARUNG 12, 7

a) Wir beachten zur Gestalt des Michael die Fehlanzeigen, auf die wir bei der Exegese stießen. Nur Vers 7 wurde er genannt und war schon in den anschließenden Versen wieder aus dem Sinn. Seinem Namen ist nicht einmal wie Jud 9 „Erzengel" beigefügt, obwohl sein Gegner, der Satan, so vollständig vorgestellt wurde. Er übt keine Fürbitte wie im Judentum aus und läßt überhaupt keine Beziehung zum Volk Gottes erkennen.

Diese Fehlanzeigen wollen nicht durch alles mögliche religionsgeschichtliche Wissen überspielt werden, sondern sie sind zu deuten. Was bedeutet dieses zurückhaltende Sprechen von einer Gestalt, die dem Judentum so lebendig und vertraut war[482]?

Gewiß sollen die Leser an den Erzengel denken, aber ohne daß er selber gemeint ist, gemeint ist er nur als Typ, als „Zeichen" (V. 1. 3). Wofür ist „Michael" ein „Zeichen"?

b) In der Alten Kirche wurde Michael gern mit Christus gleichgesetzt[483]. Tatsächlich steht er auch in unserem Text in außerordentlicher Christusnähe. Und doch empfängt seine Gestalt nicht die geringsten Hoheitszeichen, ohne die die Offb nicht von Christus spricht;

[482] Das jüdische Erbe ist in der Christenheit wieder aufgeblüht: Die mittelalterlichen Heere, die 933 auf dem Lechfeld und 955 bei Augsburg die Ungarn schlugen, trugen auf ihren Feldzeichen das Bild des Erzengels Michael. Seit Karl d. Großen galt er als „Patron und Führer des Reiches der Gallier". Er soll Jeanne d'Arc erschienen sein und sie mit der Befreiung des Vaterlandes beauftragt haben. In der heutigen katholischen Messe kommt er beim Sündenbekenntnis vor und trägt den Weihrauch der Gebete zu Gott. Das Kirchweihfest am 29. September ist ihm geweiht. („Auf die Fürsprache deines heiligen Erzengels Michael gestützt, flehen wir zu dir . . .")

[483] So in der Schrift „Hirt des Hermas" (neuntes Gleichnis), in der „Himmelfahrt des Jesaja", im slavischen Henoch-Buch und im Hebräerevangelium.

auch wären in diesem Fall die vielen Fehlanzeigen verwunderlich. Michael erweist sich im Kampf mit dem Drachen als stark, rückt aber nicht in den Mittelpunkt der Handlung und tritt nach Erledigung seiner Aufgabe wieder ab.

Darum empfiehlt sich eine Deutung von O. Betz[484]. Michael ist „Zeichen" für den Parakleten in den Abschiedsreden („Beistand", Luther: „Tröster"). Der „Beistand" ist im Gerichtswesen die Gegenfigur zum „Verkläger". Im Judentum gebührte dieses Amt dem Erzengel Michael, in den Abschiedsreden dagegen dem Heiligen Geist (Jo 14, 16. 26; 15, 26; 16, 7). Aber ist Christus nicht selbst derjenige, der die Werke des Satans zerstören sollte (1 Jo 3, 8)? In den Abschiedsreden beschäftigt immer wieder folgender Vorgang: Zu Ostern gibt es einen Tausch der Plätze. Während Jesus vom Forum der Welt abtritt und seitdem im himmlischen Gericht für die Seinen wirkt (Anm. 476), wird der Geist zur irdischen Gemeinde entsandt und übernimmt den Beistand vor den irdischen Gerichten (Jo 16, 8—11; Mk 13, 11 und Parallelen).

So ergeben sich folgende Zusammenhänge: Durch die Erhöhung Christi ist Satans Stellung vor Gott unhaltbar geworden. Der Heilige Geist vollstreckt an ihm das Gericht, das ihn hinabstürzt auf die Erde. Da er aber jetzt die Jünger auf Erden bedroht, senden der Vater und der Sohn auch den Heiligen Geist hinab. Der Heilige Geist ist nun der irdische, Christus der himmlische Paraklet.

c) Bei dieser Deutung erklären sich verschiedene Einzelheiten: Die Schlichtheit in der Darstellung Michaels entspricht voll der Zurückhaltung des Parakleten nach den Abschiedsreden. Er stellt sich nicht selbst in den Mittelpunkt, sondern nimmt in jeder Weise eine Christus dienende Stellung ein. Auch die Wahl Michaels als „Zeichen" ist verständlich, da diese Gestalt dem Judentum und vielen Lesern als Paraklet wohlbekannt war.

12 Vers 12 leitet schon zum nächsten Abschnitt über: **Deswegen frohlockt, ihr Himmel, und die in ihm zelten.** Wieder hört man heraus, daß hier eine Menschengruppe angeredet ist, und durch die Anrede „Himmel"[485] erfahren wir nicht ihren Aufenthaltsort, sondern ihr Wesen. (Zur Kennzeichnung von Menschen durch Ortsangaben s. z. 11, 1.) Der Hinweis „Himmel" steht in der Offb dem Ausdruck

[484] Der Paraklet, Arbeiten zur Geschichte des Spätjudentums und Urchistentums II, Leiden/Köln, 1963, S. 149—158.

[485] In dieser einzigen Stelle steht in der Offb „Himmel" im Plural; dennoch liegt die Vorstellung von mehreren Himmeln nicht vor (Band 1, Anm. 162), vielmehr haben wir hier einfach einen Nachklang an das hebr Wort für „Himmel", das zu den wenigen Vokabeln gehört, die nur im Plural vorkommen, auch bei singularischer Bedeutung (Pluraletantum; so im Deutschen z. B. „Ferien" oder „Masern"). Der Plural hat offensichtlich poetische Bedeutung, vgl. Jes 44, 23; 49, 13.

„Erde" gegenüber, so auch hier in der Fortsetzung. Zum Himmel gehört regelmäßig das „zelten"[486] wie zur Erde das „wohnen". Auch die Rede von den „Bewohnern der Erde" oder „auf der Erde" enthielt immer eine Kennzeichnung des Wesens und der Gesinnung dieser Menschen (s. z. 3, 10).

Während die Gottesmenschen zu heiliger Freude aufgefordert werden, erschallt für die irdisch Gesinnten ein Wehe. **Weh der Erde und dem Meer, denn der Diabolos stieg zu euch herab.** Er kommt auch in einem inneren Sinn als Absteigender, als Geschlagener und immer tiefer Sinkender. Doch das weiß über ihn nur die Gemeinde, die durch die Prophetie ein geistliches Auge empfangen hat, denn der Drache trägt das Gegenteil zur Schau: **Er hat einen großen Grimm.** Wie ein Raubtier, das seinen Fangschuß erhielt, ist er nun doppelt gefährlich. Innerhalb des ihm verbliebenen Spielraums steigert er seine Tatkraft und erhöht er seinen Druck. Aber all seine Macht ist ohne Zukunft. **Er weiß, daß er** nur noch **wenig Zeit hat.** Seine Frist ist ja 20, 2 abgelaufen. Seine Macht ist also nicht nur örtlich auf die Erde begrenzt, sondern auch zeitlich auf die Endzeit. Diese Begrenztheit seiner Zeit ist für ihn ein Alptraum und Ursache zu ohnmächtiger Wut, für die Gemeinde aber Trost und Kraft (6, 11).

Er selbst **weiß.** Er will aber nicht, daß die Menschen es wissen. Sie sollen glauben, daß es bei den gegenwärtigen Verhältnissen bleibt, und sich mit der Gegenwart abfinden. Sie sollen nicht über die große Staubwolke, die er auf Erden aufwirbelt, hinübergucken zu Gott im Himmel, wo schon alles bereinigt ist.

Der Zorn des gestürzten Drachen gegen das Weib

Offenbarung 12, 13—17

13 **Und als der Drache sah, daß er auf die Erde geworfen war, jagte**
14 **er dem Weibe nach, das den Männlichen geboren hatte. * Und dem**
Weibe wurden die zwei Flügel des großen Adlers gegeben, damit
es in die Wüste an seinen Ort fliege, woselbst es dort eine Zeit
und (zwei) Zeiten und eine halbe Zeit ernährt wird (fern) vom
15 **Angesicht der Schlange. * Und die Schlange warf aus ihrem Mund**
Wasser wie einen Strom hinter dem Weibe her, damit sie es vom

Zu Vers 14:
Dan 7, 25
12, 7

[486] So in 7, 15; 12, 12; 13, 6 und 21, 3. Diesem Zelten haftet also nicht mehr die Bedeutung des Nomadenhaften, Vorübergehenden an, dem etwa ein dauerndes Wohnen erst noch zu folgen habe. „Wohnen" ist in der Offb das erdgebundene Hausen, „zelten" dagegen das Leben in heiliger Gemeinschaft mit Gott. Das grie Wort für zelten erinnert hier an die Stiftshütte (skänä)! Es steht auch Jo 1, 14.

16 **Strom fortschwemmen lasse. * Und es half die Erde dem Weibe,**
und es öffnete die Erde ihren Mund und verschlang den Strom,
17 **den der Drache aus seinem Munde warf. * Und es zürnte der**
Drache gegen das Weib und ging hin, Krieg zu führen mit den
übrigen ihres Samens, die die Gebote Gottes halten und das
Zeugnis Jesu haben.

13 **Und als der Drache sah, daß er auf die Erde geworfen war.** Die gestürzte und offensichtlich bestürzte Bestie sieht sich benommen um und orientiert sich neu. Die Hauptschlacht, nämlich gegen Gott und seinen Messias, hat sie verloren. „Daß Jesus siegt, bleibt ewig ausgemacht." Aber da ist noch jene Gemeinde, von der der Messias gesagt hat: „M e i n e Gemeinde" (Mt 16, 18). Auf diese messianische Gemeinde, auf den Messias in dieser Gemeinde, springt der Zorn des Satans treffsicher an[487]. Und **er jagte dem Weibe nach**, wie Pharao dem Volke Israel nachjagte[488]. Der Nachsatz, **das den Männlichen** (Anm. 452) **geboren hatte,** erinnert an die Beziehung des „Weibes" zum Messias, deretwegen allein der Drache ihm nachjagt. Diese Beziehung ist eben nicht mit der Entbindung Vers 5 beendet. Die Erhöhung des Messias war ja nicht nur seine eigene Rechtfertigung, sondern auch Rechtfertigung der messianischen Gemeinde: „Sie, ja sie haben ihn besiegt durch des Lammes Blut!" wurde Vers 11 ausgerufen. Der Satan spürt ihr dieses Darinstehen in der messianischen Siegesgeschichte ab und wendet ihr darum einen unlöschbaren Grimm zu[489].

Da schaut Johannes das dritte große Bild von der Bewahrung der Gemeinde. Nach 7, 3 empfing sie ein Siegel, nach 11, 1 ein Maß; hier
14 empfängt sie Flügel. **Und dem Weibe wurden die zwei Flügel des großen Adlers gegeben.** Es besaß zwar nach Vers 6 einen Bergungsort, „die Wüste". Aber wie dahin gelangen? Der Drache beherrschte ja die Erde (V. 12–13) und alle Straßen. Doch Gott verfügt für sie über einen Wunderweg, nämlich den Luftweg. Das Fliegen wurde im Altertum noch ganz anders bewundert als heute. Der Adler aber ist der König der Flugtiere, ein Bild herrlicher Unabhängigkeit und

[487] Nach V. 12 richtet sich der Zorn des Drachens vornehmlich gegen die Erde, d. h. gegen die Menschheit überhaupt. Er haßt Schöpfung und Leben, besonders aber den Lebensfürsten und die Gemeinde, die sein Zeugnis hat (V. 17).

[488] Die Vokabel diōkein, die den johanneischen Schriften sonst ganz fremd ist (nur noch Jo 15, 20), weist wieder kräftig auf 2 Mo, z. B. 14, 4. 8; 9, 23; 15, 9; viele Stellen auch in 5 Mo.

[489] Ihr Anteil an der messianischen Siegesgeschichte mag auch darin gesehen werden, daß sie „Samen" (V. 17) hat, sich also unter allen Völkern, Sprachen, Nationen und Stämmen ausbreitet (5, 9; 7, 9). Hinter diesen Bekehrungen an vielen Orten taucht die Vollmacht des Messias auf: „Ich will bauen meine Gemeinde!" Darum in V. 17 der Feldzug des Drachen gegen diese weltweite Gemeinde.

müheloser Überwindung irdischer Hindernisse und Gefahren. Und er gibt seinen Jungen daran Teil, indem er sie aufsitzen läßt oder seine Flügel über ihnen ausbreitet. „Wie köstlich ist deine Güte, Gott, daß Menschenkinder unter dem Schatten deiner Flügel Zuflucht haben" (Ps 36, 8). „Unter dem Schatten deiner Flügel frohlocke ich" (Ps 63, 8). Doch der bestimmte Artikel vor „zwei Flügel" scheint zu verraten, daß ganz bestimmte riesenhafte Adlerflügel vor Augen stehen. Schon einmal hatte Gottes Volk den nachjagenden Todfeind im Rücken und wußte nicht, wie es die bergende Wüste erreichen könne. Da gab Gott wunderbare „Flügel": „Ihr habt gesehen, was ich mit den Ägyptern getan habe und wie ich euch getragen habe auf Adlersflügeln und euch zu mir (zum Sinai) gebracht habe" (2 Mo 19, 4; 5 Mo 32, 11–13)[490].

Das Gottesvolk der Endzeit hat denselben Gott wie einst in der Urzeit. Wieder wird Gott auf Adlersflügeln tragen, **damit es in die Wüste an seinen Ort fliege, woselbst es dort eine Zeit und** zwei **Zeiten und eine halbe Zeit ernährt wird** fern **vom Angesicht der Schlange.** Schon zu Vers 6 ließen wir uns vor einer geographischen Auffassung dieses Wüstenortes warnen. Die Gemeinde kann geographisch in Pergamon wohnen, „wo des Satans Thron ist" (3, 13), und doch siegen (3, 17), ohne zu emigrieren. Es gibt an Satans Thron eine Bewahrung vor Satans Thron (vgl. Jo 17, 15). Es gibt sie nicht nur für eine gewisse Zeit, um dann doch dem Dauerdruck zu erliegen, sondern durchtragend durch die ganze Zeit und durch immer wieder neue Zeiten (zu den dreieinhalb Zeiten s. den Exkurs 7). Paulus schreibt in dem gleichen Geist 1 Ko 3, 22: „Es sei Gegenwärtiges oder Zukünftiges, alles ist euer, ihr aber seid Christi."

Und die Schlange warf aus ihrem Mund Wasser wie einen Strom 15
hinter dem Weibe her, damit sie es vom Strom fortschwemmen lasse. Sollen wir an ein Seeungeheuer denken, das vom Meer aus seine Wasserfontäne schleudert? Aber nach Vers 13 und 17 spielt sich die Szene auf dem Lande ab. Es ist eben alles ein „Zeichen", auch dieses Wasser, das ausdrücklich näher bestimmt wird durch **wie ein Strom.** Wie der Euphrat Babel vergegenwärtigen kann, so der „Strom", nämlich der Nil, Ägypten. „Du warst wie ein Drache im Meer", heißt es Hes 32, 2 zu Pharao, „und schnaubtest mit deinen Strömen." Der Nilstrom bedeutete Kraft und Stolz Ägyptens (29, 3–5).

Und es half die Erde dem Weibe, und es öffnete die Erde ihren 16
Mund und verschlang den Strom, den der Drache aus seinem Munde warf. An vielen anderen Stellen der Offb steht die Erde dem Himmel als Stätte der Sünde gegenüber. In diesem Zusammenhang aber wird

[490] Bengel meinte, daß hier in Anlehnung an Hes 17 an eine politische Macht zu denken wäre, nämlich an das deutsche Kaisertum mit seinem Reichsadler.

sie vom Meer als dem Gottwidrigen und Bösen (21, 1) abgesetzt und verkörpert darum das gute Element. Auch 4 Mo 16, 30; 26, 10; 5 Mo 11, 6 ist sie Gottes gefügige Dienerin. Von der Schöpfung herstammend erweist sie sich als Bundesgenossin der Gemeinde des Messias. Schöpfung und Erlösung wollen nicht im Gegensatz gesehen werden. Der Glaube trennt sich nur von der Unnatur, aber zur Natur könnte er fast ein kollegiales Verhältnis empfinden, denn sie tritt an seine Seite und lobt den Schöpfer wie er selbst, wie es die Psalmen besingen. In unserem Zusammenhang hilft die Schöpfung der hartbedrängten Gemeinde. Sie hat seit atst Zeit viele Beispiele erlebt, wie Kräfte der Natur ihr in der Not wunderbar zu Diensten waren (z. B. 2 Mo 14, 21; 1 Kö 17, 4). Sie dienen eben nicht dem Teufel, diesem Eindringling, sondern den rechtmäßigen Herrschern über die Erde (5, 10). Diese neue Bestätigung der Gemeinde muß ihren Verfolger aufs äußerste erzürnen.

17 **Und es zürnte der Drache gegen das Weib.** Alle Bewahrungswunder zusammen können ihn doch nicht ändern und zum Innehalten bringen. Er bleibt Drache und zürnt und zürnt. Er zürnt schon Vers 3 gegen den Messias, Vers 7 gegen Michael, Vers 12 gegen die Erdbewohner und nun und immer wieder gegen das Weib.

Und er ging hin, Krieg zu führen mit den übrigen ihres Samens. Diese Wendung gegen die Nachkommen des Weibes enthält kein Ablassen vom gerade erwähnten Zorn gegen das Weib. Der aufmerksame Leser spürt, daß sich in diesem Kriegführen gerade jener Zorn entfaltet, ohne daß er seinen Gegenstand im geringsten wechselt. Die Bekämpfung der **übrigen** ist Zorn gegen das Weib. Es geht nach wie vor um Verfolgung des e i n e n Gottesvolkes, für das freilich zwei Bilder zur Verfügung stehen: für ihre Unverletzlichkeit das Bild des Weibes, für ihre Bedrohtheit das Bild der Übrigen[491].

Wir haben also das Weib so wenig von ihrem **Samen** zu trennen wie eine Stadt von ihren Einwohnern (s. z. 12, 1). Auch der Ausdruck „übrige" setzt sich nicht gegen das Weib, sondern gegen den Sohn in Vers 5 ab. Es ist der Unterschied zwischen dem Erstgeborenen und den vielen Brüdern in Rö 8, 29 (vgl. auch Anm. 489).

Das unheilvolle **Hingehen** des Drachens, Krieg zu führen, weist schon auf das nächste Kapitel 13, 7. So ist hier das Kernkapitel der Offb angebahnt.

[491] Das eine ist also Bild ihres Wesens in Christus, das andere ein Bild ihrer Erfahrung in der Welt. Beide Aspekte gelten durchaus Juden- und Heidenchristen, für beide Teile gilt auch die Fortsetzung, nach der die Verfolgten die Gebote Gottes halten und das Zeugnis Jesu haben. Die Beziehung des „Weibes" auf Judenchristen und des „Samens" auf Heidenchristen. (so z. B. Rissi, Bousset) zerschneidet hier alle Zusammenhänge (s. auch zu 19, 9).

Wir hören noch die Kennzeichnung der vom Drachen Bekämpften, die dann in K. 13 als die „Heiligen“ auftauchen. Sie sind die, **die die Gebote Gottes halten und das Zeugnis Jesu haben.** Solche Doppelausdrücke sind typisch für das ganze Buch, das schon 1, 2 damit begann und darin seine Grundformel „Gott und das Lamm“ ankündigte. Neu ist an dieser Stelle lediglich, daß für „Wort Gottes“ (1, 2. 9; 6, 9; 20, 4) nun „Gebote Gottes“ (noch 14, 12) eintritt. Das fügt sich gut in den Rahmen des Abschnittes von 8, 2 an, der durchzogen ist von Stichworten aus der Geschichte Alt-Israels. Als es von „Adlerflügeln“ herbeigetragen am Sinai versammelt war, empfing es die Gebote Gottes als Heilszeichen (Einltg. Nr. 35). Neu-Israel empfängt das „neue Gebot“[492], neu deshalb, weil es nicht mehr vom Sinai, sondern vom Kreuz Christi herab ergeht. Aber wieder sind die „Gebote“ eben Heilszeichen, Bestätigung dafür, wahrhaftig Gottes Volk sein zu dürfen, also erwählt, geliebt, erlöst und berufen zu sein. Darum atmet dieses neue Gebieten und Gehorchen Friede und Freude.

Eine solche Gemeinde kann der Drache nur verfolgen. Mit ihr ragen ja Gottes Liebe und Herrschaft in seinen Machtbereich herein und stören seine Ansprüche[493]. Im Nein der Gemeinde, die Gott mehr gehorcht, erkennt der Drache die Stimme seines richterlichen Herrn (V. 9). Gegen diese Stimme wütet er; darum wütet er gegen die christliche Gemeinde.

Das Erscheinen des vom Drachen bevollmächtigten Tieres aus dem Meer

Offenbarung 12, 18 – 13, 4

18 **Und er** (der Drache) **trat an den Strand des Meeres.**
13, 1 **Und ich sah aus dem Meer ein Tier heraufsteigen, das hatte**
zehn Hörner und sieben Köpfe, und auf seinen Hörnern zehn Dia-
deme, und auf seinen Köpfen einen Namen[494] **der Lästerung** (ge-
2 schrieben). * **Und das Tier, das ich sah, war gleich einem Panther**
und seine Füße wie eines Bären und sein Maul wie das Maul eines

Zu Vers 1: Dan 7, 3
Zu Vers 2: Dan 7, 4–6

[492] Diese Auslegung ist gesichert durch den Zusatz, daß sie auch das Zeugnis Jesu haben. Wie wenig Gebot und Evangelium Gegensatz sein müssen, zeigen gerade die Schriften des Johannes, in denen „Gebot“ als Vorzugswort erscheint. Wie stark das Evangelium Gottes Gebote aktualisiert, zeigt auch jeder Paulus-Brief.

[493] Nach Deißmann, Licht vom Osten, S. 322, erhielten kaiserliche Verordnungen im Zuge des Kaiserkultes die Bezeichnung „göttliche Gebote“. Das ist hier ein zeitgeschichtlicher Bezug für die ersten Leser der Offb.

[494] Die Lesarten, die „Name“ statt „Namen“ haben, scheinen zu überwiegen (so Bousset, Rissi, auch die neue Ausgabe des Griechischen Neuen Testamentes von 1966).

Löwen. Und der Drache gab ihm seine Kraft und seinen Thron
3 **und große Vollmacht. * Und** (er gab ihm) **einen seiner Köpfe wie**
geschlachtet zum Tode, und seine Todeswunde war geheilt worden,
4 **und es staunte die ganze Erde hinter dem Tiere her. * Und man**
huldigte dem Drachen, weil er dem Tier die Vollmacht gegeben,
und man huldigte dem Tier, indem man sprach: Wer (ist) **dem**
Tiere gleich und vermag mit ihm zu kämpfen?

18 Wenn es hier vom Drachen heißt: **Und er trat an den Strand des Meeres,** ist nicht daran zu denken, daß er sich geschlagen von der Erde zurückzieht (gegen Lohmeyer). Im Gegenteil, er steigert sich und holt aus zum vernichtenden Schlag gegen die bekennende und gehorsame Gemeinde. Indem er ans Meer tritt[496], bekennt er sich zu seinem Element und wird ganz und gar furchtbarer Drache. Schon 12, 15 klang seine Verbundenheit mit diesem Meer auf, jetzt tritt sie in den Mittelpunkt.

Wie auf den Ruf seines Gebieters und als Kreatur des Drachens erscheint das ausführende Organ, das den 12, 17 angekündigten antichristlichen Krieg übernimmt (vgl. 13, 4. 7). **Und ich sah aus**
13, 1 **dem Meer ein Tier heraufsteigen.** Wir stehen vor einer der großen ntst Stellen vom Antichristen.

Exkurs 11: DER ANTICHRIST UND OFFENBARUNG 13

a) Die Bezeichnung „Antichrist" erscheint erst in späten Schriften des NT, nämlich fünfmal in den Briefen des Johannes (1 Jo 2, 18. 22; 4, 3 und 2 Jo 7). Auch im Judentum taucht der Name erst später auf.

1 Jo 2, 18 — wir halten diesen Vers als Kernstelle fest — beginnt mit der Feststellung: Wir stehen in der Endzeit. So haben es die urchristlichen Gemeinden des ersten Jahrhunderts alle verstanden, und die Gemeindepredigt hatte sie belehrt, daß in dieser Endzeit der Antichrist wirkt. Er ist grundsätzlich der Endzeit, die auch die Zeit der Gemeinde ist, zugeordnet. In 4, 3 wird das für die damalige Zeit bestätigt: Er ist schon da! So auch der folgende Vers: Der Antichrist erfüllt und beherrscht die gegenwärtige Welt. Aber w i e wirkt er? Er verfügt über irdische Funktionäre: „So sind nun viele Antichriste gekommen" (2, 18). An ihnen erkennt man ihn und den Anbruch der Endzeit. Ihr Auftreten soll die Gemeinde wachrufen.

[496] Fast alle Früheren folgen hier noch der Lesart „und ich trat an den Strand des Meeres". Aber Johannes wechselt seinen Standort sonst nie ohne Anweisung (4, 1; 11, 1; 10, 8; 17, 3; 21, 9).

Diese Funktionäre des Antichristen sind Menschen, die ehemals unter christlichem Einfluß standen, ohne allerdings je echte Christen gewesen zu sein. Sie waren „Namenchristen", sind abgefallen[496] und dann offen gegen die christliche Gemeinde aufgetreten (2, 19). Das geschah in der Form der Irrlehre, als „Lügner" (2, 22), „Lügenprophet" (4, 1–3) und „Verführer", hinter denen eben d e r Verführer steht (2 Jo 7). Diese Ausdrücke kennzeichnen sie als Kreaturen Satans.

Johannes nennt also den einen großen Lügner und Verführer, der die gesamte Endzeit überwaltet und in ihrem Verlauf immer wieder seine Verkörperungen in die Geschichte hineinsendet, den Antichristen. Das schließt natürlich eine letzte, besonders gefährliche Verkörperung nicht aus.

b) Diese Schau deckt sich mit dem „weißen Reiter" von Offb 6, 1. Sobald mit der Erhöhung des Lammes die Endzeit anbricht, reitet er in die Arena der Geschichte ein und füllt Siegel um Siegel (s. Exkurs 4). Auch die recht verhüllte Stelle Jo 5, 43 hat die Alte Kirche auf den Antichristen gedeutet. Der „andere" kommt als Konkurrent Christi und schließt sich unmittelbar an Christi Kommen an. Er kommt in eigener Autorität („in eigenem Namen") – das paßt genau zum selbstherrlichen Gehabe des Antichristen, das dem sanftmütigen und von Herzen demütigen Christus entgegensteht.

Es ist nicht ganz sicher, ob Paulus mit Beliar in 2 Ko 6, 14–16 den Antichristen im Auge hatte. Belege für diesen Sprachgebrauch liegen erst aus späterer Zeit vor. Dagegen enthält eine Frühschrift des Paulus eine deutliche Sachparallele: 2 Th 2, 1–12 (vgl. Anm. 405). Der Apostel erinnert die junge Gemeinde an Belehrung über eine Gestalt bewußter Gottlosigkeit („Mensch der Gesetzlosigkeit", V. 3, 8, vgl. V. 4), an einen „Verderber" (V. 3; s. auch zu Offb 9, 11!) und „Widersacher" (V. 4). Diese letzte Bezeichnung berührt sich sprachlich eng mit „Widerchrist". Auch diese Gestalt stand einmal in einer Art Nachfolge, worauf der spätere „Abfall" von Vers 3 zurückdeutet. Wie die Antichristusse in 1 Jo ist er durch „Lüge" und „Verführung" gekennzeichnet (V. 9–11).

Es könnte stören, daß Paulus den Antichristen erst für die Zukunft erwartet (V. 3). Aber nach Vers 7 wirkt dieser Zukünftige bereits deutlich zu des Paulus Zeiten, wenn auch noch nicht völlig ungehemmt und offenbar. Seine „Parusie" (vgl. den Ausdruck in V. 9 mit V. 1!)

[496] Vielleicht ist Mt 7, 6 als Warnung davor aufzufassen, Namenchristen oder Nichtchristen als Christen zu behandeln, anzureden und einzusetzen: „Ihr sollt das Heilige nicht den Hunden geben, und eure Perlen sollt ihr nicht vor die Säue werfen, auf daß sie dieselben nicht zertreten mit ihren Füßen und sich wenden und euch zerreißen." Das Namenchristentum schlägt eines Tages um in Ablehnung und Feindschaft.

mag also noch ausstehen, aber Vorboten kündigen sie schon an. So fügt sich diese Stelle gut zusammen mit dem Bild, das wir aus den Briefen des Johannes gewonnen haben. Dabei ist uns die Feststellung wichtig, daß Paulus die Gemeinde zu Thessalonich sogleich bei ihrer Gründung in diese Geschichtsschau eingeweiht hatte (V. 5). Bei seinem damaligen kurzen Besuch unter ungünstigen Umständen mußte sich die Belehrung auf das Notwendigste beschränken. Dazu gehörte bezeichnenderweise die Antichrist-Erwartung.

c) Vers 4 der Kernstelle in 2 Th 2 ist getränkt von Wendungen aus dem atst Buch Daniel. Dort schaut Daniel aus dem Völkermeer vier Weltreiche nacheinander in Gestalt greulicher Tiere emporsteigen. Aus dem letzten und vierten Reich, das durch das Reich Gottes beendet wird, ersteht die Gestalt des Antichristen: Er verursacht den Abfall (11, 32), lästert Gott (7, 25; 11, 36), zerbricht Gottes Gesetz (7, 25); 8, 12), vergottet sich selbst (9, 27; 11, 31. 36; 12, 11) und besiegt die Heiligen (7, 25; 11, 33–35).

Hier liegt der Quellort für 2 Th 2 und Offb 13, aber auch für Stellen wie Mk 13, 14 (setzt eine Person voraus!) und Mt 24, 15. So erweist sich das besprochene Material als miteinander verzahnt und als einheitlich in den Grundzügen, wenn sich auch der Begriff des „Antichristen" erst später eingestellt hat.

d) Das Material ist zu verarbeiten. Der Satan war schon „von Anfang" an Lügner (Jo 8, 44), der die Menschen verführte, sich an Gottes Stelle zu setzen (1 Mo 3, 5). Darum hat die Gottesfeindschaft längst vor dem Auftreten des Antichristen ihre bewegte Geschichte. Aber durch die Einsetzung Christi in die Herrschaft trat darin eine entscheidende Wende ein. Nach Christus ist Sünde nicht mehr das Gleiche wie vor Christus. „Wenn ich nicht gekommen wäre und zu ihnen geredet hätte, hätten sie keine Sünde ... Hätte ich nicht die Werke getan unter ihnen, ... so hätten sie keine Sünde. Nun aber haben sie es gesehen und hassen doch beide, mich und meinen Vater" (Jo 15, 22–24). Darum wird Sünde nun ganz sündig (vgl. z. 6, 8 am Schluß) und der Satan ganz satanisch. Diese Endform des Satanischen ist der Antichrist, der sich in Personen und Systemen verwirklicht.

e) Mit Grund hat sich für die Endgestalt des Bösen der Name „Antichrist" durchsetzt. Die Vorsilbe anti bedeutet zunächst das harte, feindliche Kontra gegen Christus, das bis zu Gewaltmethoden führen kann. Daneben enthält es den Sinn: an Stelle von Christus. Nicht durch offene Bekämpfung, sondern durch Übertrumpfung soll er überwunden werden. Es gilt ihn auf seinem eigensten Gebiet auszustechen. In fast allen Antichriststellen spielt darum das Nachahmungsmotiv eine außerordentliche Rolle: Der Antichrist als Zerrbild Christi, als Scheinchristus, konkurrierend durch Heilslehren, Wunderzeichen und Kultus[497]. Das Nachahmungsmotiv enthält ein Kompliment an Christus. Sein Feind kann ohne Anleihe bei ihm nicht auskommen, so überzeugend und unwiderstehlich ist das, was er gebracht hat. So gehört das Antichristentum zu den Anzeichen, die die gegenwärtige Herrschaft Christi bezeugen, und zu den Vorzeichen seiner kommenden Herrlichkeit.

Es kann seine Methode wechseln (vgl. Bd. 1, Einltg. 15 und z. 2, 3) und sich vom Gegenchristus in einen Scheinchristus wandeln. „Groß Macht und viel List sein grausam Rüstung ist." Dabei ist die Weise des Scheinchristlichen weit gefährlicher. Treue Seelen wissen nun nicht mehr, wo ihnen der Kopf steht, denn Unterschiede werden verwischt, schockierende Ähnlichkeiten entstehen und fraglose Übertrumpfungen machen betroffen. Überall schreit's nun „Christus!" (Mt 24, 23). Die Beurteilung wird immer schwerer. Eine Nebelgranate nach der anderen wird in die Luft geschossen, und die Gemeinde hat im Nebel zu kämpfen. Das kostet schwere Verluste.

f) In beiden Fällen, beim Gegen- und beim Scheinchristus, ist die Begegnung mit Christus vorausgesetzt. Darum erhebt sich das Antichristentum niemals aus dem unberührten Heidentum, sondern aus der von Christus berührten, aber abgefallenen Welt. Dort verdichtet es sich in Personen und Systemen. Oft in der Geschichte hat die Gemeinde einen Hauch des Antichristlichen verspürt und zahlreiche Gestalten und Erscheinungen entsprechend bezeichnet (gnostische Irrlehrer, römische Kaiser, Papsttum, moderne Ideologien und Diktatoren). Mit Fehldeutungen ist immer zu rechnen, aber die Wachsamkeit muß bleiben. Vielleicht liegt der gefährlichste Irrtum darin, den Antichristen erst und nur am äußersten Rande unseres Zeitalters zu erwarten, statt ihn in dessen Mitte wirksam zu wissen (s. auch zu 13, 5).

g) Die Beziehung von Offb 13 zum Antichristen ist völlig gewiß schon durch seine engen Beziehungen zu Daniel 7 und 11. Dazu trägt das Tier von der Erde (V. 11–16) ausdrücklich den Namen „Lügenprophet" (16, 13; 19, 20; 20, 10), womit Johannes in seinen Briefen den Antichrist bezeichnete. Vor allem ist die Vision durch und durch vom Nachahmungsmotiv beherrscht (Punkt e). In Vers 1 trägt das Tier eine Hörnerkrone wie das Lamm (5, 6), Diademe wie das Lamm (19, 12), einen Hoheitsnamen wie das Lamm (19, 12. 13. 16). Nach Vers 2. 7. 12 empfängt es Vollmacht wie das Lamm, nach Vers 3 trägt es eine geheilte Todeswunde zur Schau wie das Lamm (5, 6). Nach Vers 4 empfängt es einen Lobpreis seiner Einzigartigkeit wie das

497 Vgl. die Saat des Lolchs in Mt 13, 25! Beim Aufgehen sieht Lolch wie Weizen aus. Erst später „erschien" das Unkraut, wurde die Aktion in ihrer Feindseligkeit offenbar.

Lamm (5, 2. 5. 9), in Vers 7 ist es siegreich wie das Lamm (5, 5); nach V. 13 tut sein Prophet Wunder wie die Propheten des Lammes (11, 5–6), und nach Vers 16 werden seine Anhänger versiegelt wie die des Lammes (7, 3; 14, 1).

Dieser monotone Gleichklang „wie das Lamm" sollte davon überzeugen, daß in diesem Kapitel das Gegenbild des Christus auftritt, also der Antichrist.

Aber dieser erstaunliche Alleskönner hat auch seine Grenze: Er kann nicht lieben! An diesem Punkt jubelt die Gemeinde auf: „Dem, der uns liebt ... sei Herrlichkeit und Gewalt bis in die Zeiten der Zeiten" (1, 5–6)! Darum kann er auch nicht Liebe erwecken, darum schließlich seine und des Drachen ohnmächtige Wut. Er weiß sich überwunden durch des Lammes Blut und durch das Zeugnis derer, die Jesus liebten bis in den Tod (12, 11).

Johannes sah also **aus dem Meer ein Tier heraufsteigen.** Er schildert, was er sah, in stärkster Anlehnung an Da 7, 3 und sah doch nicht dasselbe wie Daniel. Der Seher des AT sah vier Tiere nacheinander heraufsteigen, nämlich vier einander ablösende Weltreiche[498]. In der Offb spüren wir nichts von dem Anliegen, einen weltgeschichtlichen Abriß zu liefern. Dieses eine Tier trägt gleichzeitig Merkmale aller vier danielschen Tiere und erscheint als Verdichtung zu einer überhistorischen Größe, nämlich als der Antichrist, als geistige Macht der Endzeit wie in 1 Jo 2, 18. Bei Daniel sind es ferner die vier Winde, die die vier Tiere emporbringen. Hier besteht ein klarer Zusammenhang mit dem Satan, der unheilschwanger an das Ufer getreten war und die Bestie kommen läßt als Vollstreckerin seiner Kriege.

Vor allem scheint bei Daniel das Meer die Völkergeschichte darzustellen; aus ihr erheben sich die Reiche. An unserer Stelle aber ist **Meer** Austauschwort für „Abgrund" (11, 7; 17, 8. 11)[499]. Unterstützung für die Deutung des Meeres als Verderbensabgrund fand der antike Mensch in der Beobachtung, daß das Meer kein freundliches, sanftmütiges Tier hervorbringt. Zu einem Menschen, der dämonischen Mächten verfallen schien, konnte man sagen: „Dich hat das Meer geboren!"[500] Auch die Bewegung des **Heraufsteigens** von unten kennzeichnet das Tier als satanisch, denn „alle g u t e und vollkommene Gabe kommt von oben herab" (Jk 1, 17). Schließlich ist das

[498] Nämlich Babel, Medien, Persien, griechisch-mazedonisches Reich oder nach jüdischer Auslegung das römische Reich.

[499] Zum Begriff s. z. 9, 1; zur Sache z. 20, 8. 13; 21, 1. Bengel, Lohmeyer und Hadorn deuten in Übereinklang mit der rabbinischen Exegese von Da 7 „Meer" auf den Westen, d. h. auf Rom und seinen Kaiserkult. Man mag dies als Nebenton heraushören. Rom war die damals aktuelle Verkörperung des Tieres, war also „tierisch", nicht aber d a s Tier.

[500] H. Rahner, Symbole der Kirche, Salzburg 1964, S. 285.

wilde, ungezähmte[501] **Tier** mit seiner Ballung aller raubtierhaften Züge ein Hinweis auf den Antichristen, in diesem Fall auf das Antilamm.

Im folgenden beschreibt Johannes die Körperteile des Tieres in der Reihenfolge ihres Auftauchens aus dem Meer. Dabei spart er allerdings das Bezeichnende, nämlich das Maul, aus, um es abschließend ausführlich zu behandeln.

Zunächst tauchen **zehn Hörner** aus den Fluten. Das Tier war also seinem Herrn ganz ähnlich (12, 3), ein zweiter Drache. Die Zehnzahl[502] symbolisiert deutlich nicht eine bestimmte politische Macht, sondern die Vollzahl der Weltmächte, die Vollendung politischer Kraftfülle. Auch die **sieben Köpfe**[503] und **zehn Diademe** sind mit 12, 3 zu vergleichen. Die zusätzliche Deutung in 17, 9 spielt hier noch nicht herein.

Der Name auf den Köpfen entspricht dem, was in diesen Köpfen vor sich geht. Es handelt sich um **einen Namen der Lästerung.** Lästerung findet sich in der Offb immer im Munde des Satans und seiner Helfer (s. z. 2, 9) und meint bewußte Zurückstoßung der Herrschaft des Lammes und den Versuch, seine Würde, also seinen „Namen" zu rauben und ihn sich selbst zuzulegen. Der römische Kaiser Domitian hatte sich kurz vor der Verbannung des Johannes und vor der Abfassung dieser Schrift den Namen „unser Gott und Herr"[504] zugelegt. Der Kaiser Gajus Julius Cäsar Oktavianus ließ sich im Jahre 27 v. Chr. durch den Senat zum „Augustus" erheben, als der er der Nachwelt bekannt geworden ist. „Augustus" ist Beiwort für Gottheiten: „Erhabener, Heiliger, Anbetungswürdiger". Auch Divus, den Göttergleichen, ließ er sich nennen. Beispiele im Kleinen bietet Apg 4, 12; 12, 22. Der Antichrist sendet viele Antichristusse aus. Die ersten Leser mochten an den für sie aktuellen Fall des Domitian erinnert worden sein[505].

Im übrigen war das Tier ein Mischwesen (s. z. 9, 17), sein Leib 2
gleich einem Panther wie beim dritten danielschen Tier (Da 7, 6) **und seine Füße wie eines Bären** wie beim zweiten danielschen Tier (Da

[501] Grie thärion, vgl. Band 1, Anm. 173. — Reißende Tiere sind ein altes Bild für Verfolger Jer 51, 34; Ps 7, 3; 22, 13—14; 27, 2; 35, 17. 21; 91, 13). So auch Makk 9, 26 ff und in der späteren Märtyrersprache, vielleicht auch 1 Ko 15, 32.

[502] Diese Hörnerfülle war im Altertum nichts Ungewöhnliches. In der Bildkunst des Zweistromlandes findet sich häufig die Hörnerkrone: Mehrere übereinandergeordnete Paare von Stierhörnern. Auf Münzen zeigten sich die Seleuziden im Hörnerschmuck, s. auch 5, 6.

[503] Manche zählen hier die Köpfe aus Da 7 zusammen: 1 + 1 + 4 + 1 = 7. Aber der siebenköpfige Drache ist traditionell, s. Exkurs 9a.

[504] Für Gott 4, 11, für Jesus Jo 21, 28.

[505] Auf diesen Namen kommt V. 17—18 noch einmal zurück.

7, 5) und schließlich **sein Maul wie das Maul eines Löwen** wie beim ersten Tier aus Da 7, 4. Johannes zeigt in den Versen 5–6, daß dieses Maul[506] nicht Gefräßigkeit vergegenwärtigte, sondern die einschüchternde Stimme mit dem Brustton der Selbstgewißheit; es ist ein Lästermaul wie Da 7, 8. 25; 11, 36 beim vierten Tier. Dieses Maul redet, was auf den Hörnern zu lesen war.

Diese Vision bringt die Reihenfolge der danielschen Tiere so durcheinander, daß von dem dortigen Abriß der Weltgeschichte nichts mehr übrigbleibt. Hier geht es um den Steckbrief der e i n e n antichristlichen Macht, die in der Endzeit wirkt. Ihr Lästerwesen wird besonders hervorgehoben.

Und der Drache gab ihm seine Kraft und seinen Thron und große Vollmacht. Das Tier nahm an, was der Christus nach Lk 4, 6 ablehnte. Es ließ sich zum Vollmachtsträger des Fürsten dieser Welt machen[507]. Die Dreizahl der Gaben äfft göttliches Geben nach, und die gleiche Ausrüstung findet sich auch bei Christus. Wie der göttliche Vater seinen Sohn sendet, so sendet der Drache also das Tier, den Antisohn. Durch dieses Tier will er seine Herrschaft aufrichten. Sein „großer Zorn" (12, 12) verwirklicht sich in der „großen Vollmacht". Und doch – auf den Gesamtzusammenhang gesehen, handelt es sich bei diesem Grimm und dieser Machtentfaltung um machtlose Macht eines dreimal Gestürzten (12, 9).

3 Aber der Drache gab dem Tier noch etwas ganz Besonderes, das fortan Mittelpunkt des Kapitels wird: **Und er gab ihm[508] einen seiner Köpfe wie geschlachtet zum Tode, und seine Todeswunde war geheilt worden.** Die Deutung auf eine schwere Krankheit[509] sollte wegen Vers 14 ausscheiden, wonach ein Schwertstreich sie verursachte. Der Ausdruck setzt den eingetretenen Tod voraus. Sicher wird auch die bereits e i n g e t r e t e n e Heilung vorausgesetzt[510]. Das Tier erschien sofort mit der geheilten Todeswunde.

[506] Völlig ungeklärt bleibt wieder, welcher der sieben Köpfe mit diesem Maul ausgestattet war und ob man sich die übrigen Köpfe ohne Maul vorstellen soll. Es bestätigt sich, daß wir im Unterschied zu Da 7 kein sattes Gemälde vor uns haben, sondern eine abstrakte Skizze, die vieles offen läßt.

[507] So wird auch in 2 Th 2, 9 der Antichrist gekennzeichnet: „in der Wirkkraft des Satans."

[508] Hier ist ein Verb zu ergänzen. Lohmeyer und viele andere greifen weit zurück auf V. 1 und ergänzen: „und ich sah". Zahn geht überzeugend auf den unmittelbaren Vorsatz in V. 2b zurück: Der Drache gab. Es geht ja auch weiterhin um die Belehnung des Tieres durch den Satan, und zwar jetzt um das Hauptstück seiner Ausrüstung, das in der Folge die größte Rolle spielen soll.

[509] So Lohmeyer z. B. Aber für „Heilung" steht V. 14 grie ezäsen, so wörtlich auch 2, 8; 20, 4 für Auferstehung aus den Toten (vgl. Hes 37, 10; Rö 14, 9).

[510] Darum faßt die Übersetzung die Form als konstatierenden Aorist auf, der im Deutschen mit dem Perfekt wiederzugeben ist.

Die meisten Ausleger[511] schließen sich einer alten Deutung dieser Stelle an, nämlich mit Hilfe der Sage vom wiederkehrenden Nero. Am 9. Juni 68 n. Chr. ließ sich dieser berüchtigte Kaiser, als er politisch am Ende war, durch seinen Sklaven töten. Doch wurde der Tod des entsetzlichen Mannes nicht überall geglaubt. Zunächst hieß es, er sei in Wahrheit nur zu den Parthern (s. z. 6, 2) geflohen und werde von dort an der Spitze von Partherhorden zur Rache und mit noch größeren Schrecken zurückkehren. Als Jahrzehnte ohne eine Rückkehr Neros vergingen, mußte sein Tod geglaubt werden; aber etwa um die Jahrhundertwende[512] hatte die Sage eine neue Gestalt angenommen: Nero wird wieder lebendig und kommt! Diese Erwartung ist gerade in Kleinasien nachgewiesen. Spielt Johannes auf sie an? Ist Nero der Antichrist?

Vielleicht haben Christen unmittelbar nach dem Tode Neros aufgeatmet: Der Antichrist ist tot! Doch unvorstellbar, daß Christen noch ein Menschenalter später dieser Meinung gewesen wären. Nach Nero erstanden ja immer neue grausame und gotteslästerliche Kaiser. Was mußte da Nero wiederkommen! Das Antichristentum stand sowieso in Blüte. Der Schwertstreich des Sklaven Neros bedeutete für die Sache des Drachen keinen Todesstreich[513]. Das Hereinbringen der Nerosage in die Auslegung dieses Verses wirkt doch als dürftige Verlegenheitslösung.

Ansprechender ist schon Berkhofs Hinweis auf den tiefen Zusammenhang dieses Kapitels mit K. 12 (S. 132). Dort lasen wir von der Niederlage des Drachens durch Michael. Bildlich gesprochen ist er tot. Aber in diesem Tier aus dem Abgrund lebt er wieder auf. Seine Macht zeigt sich wieder und erringt ihre Scheinsiege, trotz dieser Narbe. Aber einen Nachteil hat diese Deutung mit allen anderen gemein. Sie deutet ein bestimmtes Ereignis in Vers 3a hinein, jetzt zwar nicht mehr ein rein historisches, aber doch ein himmlisches Ereignis. Fordert

511 Weitere Auslegungen: Verknüpfung mit der gefährlichen Erkrankung des grausamen Kaisers Caligula, von der er zum Erstaunen aller wieder genas. Oder Deutung auf den Niedergang der römischen Macht und ihr Neuerstehen durch das Christentum (Hartenstein). Schlier denkt allgemein an die Unverwüstlichkeit der römischen Macht. Obwohl je und je ein Kaiser starb, war immer wieder ein neuer da, der das Reich zusammenhielt. Kobs meint, die französische Revolution habe dem Papsttum fast ein Ende bereitet; es sei aber wieder genesen. Klumbies geht (in: „Das Tier aus dem Meer", Wort und Tat, 21. Jahrgang, Heft 8) auf atst Stellen von schweren Wunden zurück (Nah 3, 19; Jer 30, 12—16 und 17—24) und bezieht sie auf Israels Verlust der politischen Souveränität. Die Heilung sei die völkische Wiederherstellung im Jahre 1948.

512 Bousset, S. 419 und 475, vgl. Zahn, S. 492.

513 Schlatter konnte die Nero-Sage schon eher herbeiziehen, da er eine Abfassung der Offb bald nach dem Tode Neros annahm. Aber damals gab es noch nicht die Erwartung von der Auferstehung Neros (Nero redivivus), sondern nur von seiner Rückkehr aus dem Exil (Nero redux).

der Text uns dazu wirklich auf? Sollen wir fragen und erörtern: Wer führte hier den Schwertstreich? Wann tat er das? usw. Das Tier kommt Johannes sogleich wie geschlachtet vor Augen, deutlich gekennzeichnet durch eine vernarbte Todeswunde. Nach Vers 5 wirkt es dann in dieser Weise zweiundvierzig Monate lang, also ununterbrochen die ganze Endzeit (Exkurs 7). Nichts deutet darauf hin, daß er erst innerhalb dieser Endzeit die Todeswunde empfing und für eine Weile ausschied, so daß eine Zeitspanne ohne Antichrist eintrat, bis er erneut erschien. Für die ganze Welt tritt er unter den Merkmalen von Verse 1–3 auf, einschließlich der geheilten Todeswunde.

Rissi wird all diesen Umständen gerecht, wenn er das Zeichen im Rahmen des Nachahmungsmotives deutet (Exkurs 11e). Dieses Tier ist der vollkommene Nachahmer des Lammes, und zwar bis in das Entscheidende hinein. Wie es vom Lamm an entscheidender Stelle hieß „wie geschlachtet" (5, 6), so hier vom Tier: „wie geschlachtet" (V. 3). Es gebärdet sich in teuflicher Weise als der vollkommene Christus und imitiert selbst die Karfreitagsbotschaft. Die gewaltigsten Töne von Tod, Auferstehung, Erneuerung und Wiedergeburt versteht es aufklingen zu lassen und verspricht Antwort auf die Grundfragen der Menschheit. Diese Botschaft der Todeswunde erweist sich für das Kapitel 13 als zentral (dreimal erwähnt). Gerade auf sie bezieht sich auch die weltweite Anbetung.

Und es staunte die ganze Erde hinter dem Tiere her. „Staunen" malt im AT immer wieder das Entsetzen vor dem Übermenschlichen. Auch Johannes verwendet die Vokabel nie für das aufgeschlossene, freudige Bewundern[514] durch einen Jünger, sondern für den verwirrenden und lähmenden Schrecken. Vor hilflosem Entsetzen, nicht von Herzen und aus Liebe, kniet man nieder (V. 4). Stürmischer Beifall ohne Begeisterung! In völliger Hörigkeit starren sie **hinter dem Tiere her.** Kein Widerspruch wagt sich zu erheben, während es erhaben durch ihre Reihen schreitet, ohne sich nach ihnen auch nur umzuschauen. Um so aufmerksamer hat sein Helfershelfer (V. 16) jedermann ringsherum im Auge: „Es machte, daß sie allesamt, die Kleinen und die Großen, sowohl die Reichen als auch die Armen, sowohl die Freien als auch die Sklaven, dem Tiere huldigten." Niemand vermochte sich auszuschließen. Das Tier hatte sie alle in der Hand – **die ganze Erde** (s. V. 7).

4 **Und man huldigte dem Drachen, weil er dem Tier die Vollmacht gegeben, und man huldigte dem Tier.** Wohl kaum ist hier an z w e i Kniefälle zu denken. Vielmehr bedeutet die vordergründige Tieranbetung hintergründig Satansknechtschaft. Der Drache hat ja **dem Tier die Vollmacht gegeben.** Wer diese Sendung des Tieres und seine

[514] Gegen Behm: „beugt sich willig".

Steuerung durch den Drachen durchschaut, der und nur der weiß: die Erde vor dem Satan auf den Knien!

Der Beifallssturm ist glatte Vergottung des Tieres. **Wer ist dem Tiere gleich,** gleich nämlich an Macht, wie die zweite rhetorische Frage erläutert: Und **wer vermag mit ihm zu kämpfen?** Das Tier wird als Gott ausgerufen, denn Gott allein ist unvergleichlich mächtig[515]. Die Lästerung, die auf den Hörnern zu lesen und aus dem Maul des Tieres zu hören war, empfängt Echo in der ganzen Welt.

Eine gleichlautende Akklamation war auch im Kaiserkult jener Tage gut bekannt (Bd.1, Einltg. Anm.10). Schon der Name in Vers 1 legte diesen Bezug nahe. Das Tier in K. 13 steht für ein Staatswesen, das sich selbst überhöht. Dem Staat ist nach urchristlicher Überzeugung wirklich Macht verliehen (Rö 13), aber keine Allmacht. Er hat Mittel, aber nicht für alles. Er weiß das auch und erlebt das immer wieder. Gerade der römische Staat war in eine Lage gekommen, in der sich sittlicher Niedergang, wirtschaftliche Krisen, finanzielle Engpässe, sozialer und politischer Verfall einfach nicht mehr steuern ließen. Da trat Domitian die Flucht nach vorn an (Einltg. Nr. 4). Er ließ über die ungelösten Probleme mit Gewalt hinwegjubeln und hinwegfeiern. Er ließ einfach anders reden, als es war, ließ sich Heiland, Gott, Unbesiegbarer nennen und Evangelium und Friede ausschreien. So überhob er sich und hob sich darin selbst auf.

Aber wie erklärt sich dieser merkwürdige Vorgang im Tiefsten? Aus Angst! Kapitel 12 sprach von dem Sturz des Drachen in die Angst und in die Beklemmung des bereits Besiegten. Von daher steigert er sich ins Maßlose und Anmaßende (12, 12). Aus dieser Angst gebar er auch das Tier aus dem Meer, und dessen „große Vollmacht" ist im Grunde große Angst. Damit verbreitet es Angst, bis alle ängstlich dem Ängstlichen zujubeln: Wer ist wie du!

Das Wirken des Tieres

Offenbarung 13, 5—8

5 **Und es war ihm ein Maul gegeben, Großes und Lästerungen zu**
reden, und es wurde ihm Vollmacht gegeben, (so) **zu tun zweiund-**
6 **vierzig Monate** (lang). * **Und es öffnete sein Maul zu Lästerungen**
gegen Gott, zu lästern seinen Namen und sein Zelt, (nämlich) **die**
7 **im Himmel zelten.** * **Und es wurde ihm gegeben, Krieg zu führen**
mit den Heiligen und sie zu besiegen, und es wurde ihm Vollmacht

Zu Vers 5: Dan 7, 8. 11 20. 25
Zu Vers 7: Dan 7, 21

[515] 2 Mo 15, 11; Ps 35, 10; 89, 7; 113, 5; Jes 40, 25; 44, 7; 46, 5; Mi 7, 18; vgl. Offb 15, 4.

Zu Vers 8:
Dan 12, 1
Ps 69, 29
Jes 53, 7

gegeben über jeden Stamm und (jedes) **Volk und** (jede) **Sprache**
8 **und Nation. * Und es werden ihn anbeten alle Bewohner auf der**
Erde, (jeder) **dessen Name nicht geschrieben ist im Buch des Lebens**
des geschlachteten Lammes von Gründung der Welt an.

Dieser Abschnitt gipfelt wie der vorige in der Anbetung des Tieres. Aber Vers 8 spricht im Unterschied zu Vers 4 mit erhobener Stimme, mit prophetischem Anspruch: „s i e w e r d e n anbeten", nämlich in einer zur Zeit der Abfassung der Offb noch nicht gekannten Weise. Menschenkult und Gotteslästerung mußte die Gemeinde von ihrem Beginn an erleben, auch Zusammenstöße mit Rom je und je und hin und her. Aber es stand noch ein planmäßiger und einmütiger Vernichtungsfeldzug gegen die Heiligen bevor. Das ist genau die Lage von 11, 7—10, dort die „dreieinhalb Tage" genannt. Die Endzeit von „dreieinhalb Jahren" kennt diese Verdichtungen zu „dreieinhalb Tagen". Davon handelt der neue Abschnitt.

Vers 5 wiederholt noch einmal das wichtigste Merkmal des Tieres:
5 **Und es war ihm ein Mund gegeben, Großes und Lästerungen zu**
reden. So spricht auch Da 7, 8 vom Antichrist. Nicht Sprechen von großen wirtschaftlichen oder politischen Plänen ist gemeint, das Wörtchen **groß** gehört immer wieder in die Zurufe an Götter und vergottete Menschen im Kult[518]. Also stellt das Tier sich selbst wie einen Gott dar, macht Versprechungen wie ein Gott und ergeht sich im unverschämten Selbstruhm. Insofern **lästert** es Gott.

Jetzt ist ein weiterer, feiner und doch tiefgreifender Unterschied zum Abschnitt 13, 1—4 zu erkennen. Dort hieß es, daß der Drache es war, der dem Tier alles gab. Hier wird viermal (V. 5 und 7, auch noch V. 14 und 15) verhüllt gesagt, daß dem Tier von G o t t **ein Maul gegeben war** (wie 6, 2—8; 9, 5 u. ö.). Wie befremdlich: Gott selbst gibt freie Bahn für diese Lästerungen und nach dem nächsten Vers auch für die Heiligenmorde? Aber der U r s p r u n g dieser Dinge liegt im Drachen. Das kann nicht deutlicher gesagt werden, als es K. 12 tat. In Gott wurzelt nichts Böses. Aber von Gott wird die räumliche und zeitliche Möglichkeit freigegeben (V. 5b und 7b). Diese Dinge geschehen also nicht a u s Gott, wohl aber u n t e r Gott (vgl. Exkurs 4d). Über satanischer und antichristlicher Macht waltet Gottes Allmacht. Sie wüten nicht außerhalb seiner Herrschaft. Von dieser Gewißheit ist gerade dieser Schreckensabschnitt durchzogen. Selbst wenn die Opfer das nicht verstehen, dürfen sie darauf vertrauen.

[518] Nach Grundmann, Ki—Th W IV, S. 545—546 ist „groß" ein beliebter Teil der kultischen Anrufung nahezu aller Götter im Hellenismus. Dafür bietet auch das AT Belege; im NT vgl. Apg 8, 10; 19, 27. 28. 34. Von der Größe Gottes sprechen Apg 2, 11 und Tit 2, 13, vgl. Offb 15, 3.

In diesem Zusammenhang erschallt darum wieder die Zahlenangabe. **Und es wurde ihm Vollmacht gegeben,** so **zu tun** (Nachhall von Da 11, 36) **zweiundvierzig Monate** lang. Der Antichrist durchwirkt die gesamte Endzeit (Exkurs 7). Bald nach Himmelfahrt und Satanssturz in K. 12 kriecht das Tier an Land und wird erst 19, 20 in den Feuerpfuhl geworfen. Darum können historische Einzelpersönlichkeiten wohl seine Züge tragen (es gibt „viele Antichristusse", 1 Jo 2, 18), aber sie können nicht d e r Antichrist sein. Er ist eine geistige Macht. Einzelpersönlichkeiten können dies Bild des „Tieres" Stück für Stück auffüllen, bis eine letzte Gestalt es e r füllt. Sicher war für Johannes der Kaiser Domitian einer dieser Auffüller. Auch historische Institutionen, zum Beispiel das römische Kaisertum, Kaiserkult oder Papsttum, können solche Auffüller sein, genauso wie ein gewisses Pfarrertum, Predigertum oder Laientum in einer Ortsgemeinde. Hier ist wahrhaftig Wachsamkeit am Platze. Zu den verwirrendsten Auslegungen gehört diese, daß der Antichrist noch nicht am Wirken sei und erst in einer fernen „Endzeit" erscheine, weit weg und woanders.

Daß 13, 1—8 offenbar in Richtung auf politische Machtausübung auszulegen ist, darf nicht dahin mißverstanden werden, als handele Offb 13 vom Staat überhaupt und stehe darum im krassen Gegensatz zu Rö 13. Den Staat grundsätzlich als das Tier aufzufassen, das stammt vielleicht von Nietzsche[517]. Das NT ist nicht staatsfeindlich, sonst könnte es nicht zur Fürbitte für die Regierungen auffordern. Diese Fürbitte schließt jedoch seine Anbetung aus. So ergänzt Offb 13 Stellen wie Rö 13 durchaus organisch. Wohl ist das NT staatskritisch. Der Antichrist ist wie in jedem Menschen auch in Regierenden auf dem Sprung. Kommt er zum Zuge, will der Regierende nicht mehr in einem entferntesten Sinne „Diener Gottes" nach Rö 13 sein, sondern macht sich nach Da 7 und Offb 13 selbst zu einem Gott, zur letzten Instanz auch über Glaube und Gewissen und alle Dinge.

Die wesensmäßig im Tier angelegte Lästerung wird nun Ereignis.
Und es öffnete sein Maul zu Lästerungen gegen Gott. Auf die Dauer 6
kann es gegenüber Gott nicht schweigen. Eines Tages bricht die Schmähung heraus und erfüllt mit fürchterlicher Stimme die Luft und

[517] „Staat heißt das kälteste aller Ungeheuer. Kalt lügt er auch; und d i e s e Lüge kriecht aus seinem Mund: ‚Ich, der Staat, bin das Volk' . . . Aber der Staat lügt in allen Zungen des Guten und Bösen; und was er auch redet, er lügt — und was er auch hat, gestohlen hat er's. Falsch ist an ihm alles; mit gestohlenen Zähnen beißt er, der Bissige. Falsch sind selbst seine Eingeweide. Sprachverwirrung des Guten und Bösen: dieses Zeichen gebe ich euch als Zeichen des Staates. Seht mir doch, wie er sie an sich lockt, die Viel-zu-vielen! Wie er sie schlingt und kaut und wiederkäut! ‚Auf Erden ist nichts Größeres als ich: der ordnende Finger bin ich Gottes' — also brüllt das Untier. Und nicht nur Langgeohrte und Kurzgeäugte sinken in die Knie." (Also sprach Zarathustra, Würzburg 1941, S. 51 f).

die Zeit. Dem Seinwollen wie Gott steht ja das Gottsein Gottes immerzu im Wege. Wiederum war es Nietzsche, der dieser Gereiztheit Ausdruck verlieh: „Wenn es Gott gäbe – wie hielte ich's aus, kein Gott zu sein! ... Also gibt es keinen Gott" (aaO. S. 394, vgl. Anm. 517).

Die Lästerung gegen Gott entfaltet sich dreifach. Sie schmäht **seinen Namen** wie 2,23; 16, 9, aber auch **sein Zelt**, das nach der dritten Angabe, **die im Himmel zelten**, offenbar als Kennwort für eine Personengruppe[518] aufgefaßt werden soll, für jene Gemeinschaft nämlich, die wie einst Mose im „Zelt der Begegnung" mit Gott eins ist. Sie stellt ja schon heute, auf dieser Erde, ein „himmlisches Bürgertum" dar (Phil 3, 20). Sie birgt ein Stück Vorauszahlung der Zukunft, den Heiligen Geist. Diesen geistlichen Kern greift der Antichrist an, diese in ihr sich bekundende Gottesgegenwart reizt ihn[519].

Der Schmährede fügt sich die Gewalttat gegen die Gemeinde an.
7 **Und es wurde ihm gegeben, Krieg zu führen mit den Heiligen und sie zu besiegen.** Damit ist der Drache (nach 12, 17) an seinem Ziel. Die Vernichtung des Weibessamens war das Herzstück seiner Pläne. Er berauscht sich am „Blut der Heiligen" (17, 6). Die ehrwürdige Bezeichnung der Christen als „Heilige" ist gerade an dieser Stelle wie in Da 7, 21 tief sinnreich (s. z. 8, 3). Sein **Sieg** steht nicht im Widerspruch zu ihrem Sieg nach 12, 11. Wenn er sie auch physisch vernichtet, bleiben sie doch standhaft im Glauben, in Erfüllung der Verheißung von 3, 10 (s. z. 11, 7). Er kann mit ihnen alles machen, nur kann er sie nicht von Jesus trennen. Sie „übersiegen" (Rö 8, 37) auch ihre eigene Liquidierung. Paulus begründet das nicht mit ihrer Heldenhaftigkeit, sondern mit der Liebe Christi, Johannes mit dem „Blut des Lammes" (12, 11).

Dieser Leidenskelch ist unvermeidbar. Das Tier läßt in dieser Sache nicht mit sich verhandeln. Es ist ja Bestie und kennt kein Erbarmen, auch wenn es zeitweilig Schafskleider trägt. Es hat auch keinen Sinn, bei Gott um Erlaß dieser Erfahrungen zu bitten, weil Gott selbst das alles „gegeben" hat (s. z. 13, 5). Auch diese dunkle Zeit trägt seinen Sichtvermerk. Der Vater gab eine solche Bevollmächtigung einst bei der Preisgabe seines Sohnes, so daß dieser seinen Häschern bescheinigte: „Dies ist eure Stunde und die Macht der Finsternis" (Lk 22, 53). Jetzt wiederholt er eine solche Bevollmächtigung in bezug auf seine Heiligen. Darum muß diese Stunde, wenn sie schlägt, erlitten sein.

518 S. z. 11, 1. Auch Apg 15, 16 verwendet diese Sprechweise.

519 Bousset setzt „Zelt" gleich Tempel, als Ausdruck für den Himmel. So lästert das Tier neben Gott auch die Himmelsbewohner, nämlich die Engel. Aber „Zelt, zelten" bezieht sich in der Offb immer wieder auf die Gemeinde (Anm. 486). Was soll auch nach den Vorgängen von 12, 7–8 und 12 eine Engelfeindschaft des Drachens und seines Sprechers?

Nach Ausschaltung der Heiligen gelingt die Unterwerfung des Restes. **Und es wurde ihm gegeben Vollmacht über jeden Stamm und jedes Volk und jede Sprache und Nation.** Alle Verwirrung und Zerspaltung wird überspielt in der einheitlichen Anbetung des Tieres
durch die Erdbevölkerung: **Und es werden ihn** (hier wird deutlich an 8
eine Person gedacht!) **anbeten alle Bewohner auf der Erde.** Vor der Kulisse des Martyriums werden sich alle beeilen, ihren Kniefall zu vollziehen. Sie laufen ihm zu „in Haufen wie Wasser" (Ps 73, 10). Wie in Vers 3 ist niemand wirklich gewonnen. Es ist Huldigung mit starren, erstorbenen Herzen, Gegenstück zur Huldigung Jesu in 5, 9.

Anbetung ist das Zentralthema der Offb (s. Einltg. Nr. 1). Anbetung vor dem Tier oder vor dem Lamm. Das Lamm taucht auch hier sogleich als das Gegenüber auf (vgl. V. 11). Der Trompetenabschnitt schwieg seit 8, 2 über das Lamm (s. Vorbemerkung zu 8, 2—6). Um so bemerkenswerter die Neueinführung dieses Begriffes von hier an, abgesehen vom Vorgriff in 12, 11.

Indirekt weist Vers 8 auf die anderen Anbeter hin, auf die Anbeter des Lammes. Sie allein können standhaft bleiben in der weltweiten Prüfung, denn der Name eines jeden von ihnen ist im **Buch des Lebens** angeschrieben. Der Begriff wurde zu 3, 5 erläutert. Nach jener Stelle und nach 21, 27 wäre Streichung aus diesem Buche denkbar. Als Zeitpunkt für die Namenseintragung[520] wird hier genannt: **Vor Gründung[521] der Welt.**

Vorweltliche Erwählung also? Wir müssen einem solchen Lehrpunkt (vgl. Mt 25, 34; Eph 1, 4) ablauschen, wo sein Herz schlägt, und auf diese Sprache des Herzschlages hören, nicht aber messerscharf allerlei Sonstiges aus den bloßen Wörtern folgern. Hier wird uns zugesprochen: Die Liebe Gottes zu seinem Volk hat einen absoluten Vorsprung vor allen innerweltlichen Mächten und Kräften, die im Laufe unseres Daseins an uns herantreten können. Sie ist das Unterste, das durch nichts anderes aus den Angeln gehoben wird. Das Interesse dieses Dogmas liegt also bei der Reinerhaltung unseres Sprechens über die Liebe Gottes. Es darf nicht getrübt werden durch unseren Stolz, der da meint, wir hätten Gott seine Liebe durch unser Verhalten abgewonnen. Nein, bevor wir uns verhalten konnten, war sie schon vollkommen da. Wer sich in diese Botschaft hineinhört, findet es absurd, aus der Erwählungslehre die ewige Nichtliebe Got-

[520] Grie katabolä, Herabwurf, meint a) zorniges Herabschleudern im Sinne eines Gerichtsaktes oder b) Herabwerfen des Samens oder Niederlassen von Hausfundamenten, also einen Akt der Gründung. Die zehn ntst Stellen „Herabwurf des Kosmos" verraten nicht im geringsten die Gerichtsbedeutung. Von einem vorgeschichtlichen Zornesakt gegen den Kosmos verrät die Bibel keine Spur.

[521] Der genannte Zeitpunkt bezieht sich wirklich auf die Eintragung der Namen in das Buch, ganz wie 17, 8, nicht auf die Schlachtung des Lammes.

tes zu einem Teil der Menschheit zu folgern. Das k a n n man rein logisch tun, man kann es aber auch lassen. Nirgendwo in der Bibel findet sich dieser Schluß. Genauso unverständig wäre unbekümmerte Heilssicherheit mit Berufung auf die ewige Liebe Gottes. Über die, die das tun, urteilt Paulus: „Deren Verdammnis ist ganz recht!" (Rö 3, 8). Aus ihrem Jonglieren mit „Liebe Gottes" hört er die Sprache tiefster Verdorbenheit heraus.

Gegenüber dem Tier hilft es also nicht, sich mit einer guten Theologie auszustatten, eine verschworene Bruderschaft zu bilden oder eisern Leidensfähigkeit zu trainieren. Das alles mag sonst gut sein, erweist sich aber vor der Vollmacht des Tieres als aussichtslos. Dann zählt nur noch Gottes Liebe, Eingetragensein in das Lebensbuch.

Dieses Buch steht hier aber nicht für einen allgemeinen Begriff von Gottesliebe, sondern betont für die Liebe, die sich in Jesus offenbart. Das Buch ist das **des geschlachteten Lammes.** So werden wir, wenn es darauf ankommt, auf das Evangelium gewiesen. Man hefte die Gedanken fest auf das Kreuz und auf sonst nichts. So geht es auch mit dem Buch in Ordnung. Da ist nicht ein Buch, das noch über oder hinter dem Sühnetod Jesu steht, sondern über allem steht das geschlachtete Lamm. Die Aussage hier deckt sich mit der Aussage 12, 11: Sie haben ihn besiegt durch des Lammes Blut.

Mahnwort an die Gemeinde

Offenbarung 13, 9–10

Zu Vers 10:
Jer 15, 2
43, 11

9/10 **Wenn jemand ein Ohr hat,** (so) **höre er! * Wenn jemand ins Gefängnis** (geführt wird), **geht er ins Gefängnis, wenn jemand mit dem Schwert getötet werden** (soll), (muß) **er mit dem Schwert getötet werden. Hier ist das Harren und die Treue der Heiligen** (vonnöten).

Merksprüche stießen die Leser in K. 2 und 3 auf die unmittelbare Aktualität des Gehörten für die Hörer selbst: Aufhorchen! Jawohl, ihr seid betroffen! Wir bedenken die sich verschärfende Situation in der damaligen Provinz Asia. Die neue Verordnung des Domitian, daß jedermann ihn als „Herrn und Gott" anzureden habe, hat die christlichen Kreise sicher erschreckt. Aber die menschliche Natur neigt zu Redensarten: „Es wird schon wieder gut gehen. Es wird nichts so heiß gegessen wie gekocht." Oft, aber nicht immer haben beruhigende Worte recht. Aber sie könnten auch Opium für das Christenvolk sein. Dann trotten die Gläubigen gutmütig in die Zukunft und wachen zu spät auf. Darum hier der prophetische Weckruf: Es wird nicht wieder alles gut!

Vers 10 enthält ein echtes, geradezu beispielhaftes textkritisches Problem. Selbst die ältesten Handschriften gehen hier auseinander und wiegen sich gegenseitig so auf, daß sich nicht leicht entscheiden läßt, welcher Wortlaut den Vorzug verdient. Der Tatbestand kann hier nur vereinfacht dargestellt werden.

Die Möglichkeit a) wird etwa von der Lutherübersetzung verwendet: „Wenn jemand andere ins Gefängnis führt, der wird selber in das Gefängnis gehen; wenn jemand mit dem Schwert tötet, der muß mit dem Schwert getötet werden[522]".

Diese Textform könnte ein Nachhall von Mt 26, 52 und 1 Mo 9, 6 sein, und ihr Sinn wäre eindeutig: Die Christen werden vor einem bewaffneten Widerstand gewarnt. Nicht selten im Laufe der Kirchengeschichte trat die Versuchung an Gläubige heran, mit weltlichen Mitteln zurückzuschlagen und einen sogenannten „heiligen" Krieg zu führen. Aber so berechtigt und verständlich solche Anwandlungen sind, sie bleiben ungesegnet[523].

Fraglos wäre eine solche Mahnung beherzigenswert, aber hat Johannes sie hier ergehen lassen? Paßt sie in die Lage jener Empfänger? Hatten die Christen die Möglichkeit, ihre Gegner ins Gefängnis zu führen? Vor allem in einer Zeit der Zuspitzung, wie sie Offb 13, 1–8 voraussetzt? Undenkbar! Darum wird dieser sonst so glatte, verständliche Text nicht ursprünglich sein. Glättung ist immer das Kennzeichen späterer Bearbeitung, aber niemand korrigiert, um das Verständnis zu erschweren. Wir folgen also mit guten Gründen der Möglichkeit b)[524], wie sie über diesem Abschnitt abgedruckt ist.

Sie enthält große sprachliche Härten. In unerhörter Knappheit wird sie herausgestoßen, gehämmert, wie eine militärische Losung. Doch auch so ergibt sich ein überzeugender atst Hintergrund: „Wieviel zum Tode, zum Tode, und wieviel zum Schwerte, zum Schwerte, und wieviel zum Hunger, zum Hunger, und wieviel zur Gefangenschaft, zur Gefangenschaft" (Jer 15, 2). Die Ähnlichkeit nach Form und Inhalt liegt auf der Hand.

Johannes prophezeit für seine damaligen Leser einen unausweichlichen Weg in das Martyrium. Es wäre falsche Rücksicht gewesen, sie darüber im Unklaren zu lassen. Als später die Nacht der Verfolgung kam, waren viele Christen mit Hilfe dieses Buches imstande, den

522 Sinngemäß so Elberfelder Übersetzung, Schlachter, Weizsäcker, Zürcher Übersetzung, New English Bible, Menge, Knoch, Bruns, Albrecht, Schlatter, Hadorn, Bousset, Bengel, Frey.

523 Lindenbein und Volkmar fassen das Wort als Beruhigung der Verfolgten im Blick auf die Verfolger auf: Sie werden all das, was sie euch antun, selber ernten.

524 Mit Tillmann, J. Zink, Lilje, Rissi, Lohmeyer, Lohse, Behm, Wikenhauser.

Weg des Lammes ohne Abwehrbewegung, ohne Verwirrung zu gehen. Die seelsorgerliche Absicht des Johannes entsprach völlig Jo 16, 1–4.

Aber Stillehalten unter dem, was kommen „muß" (1, 1), ist nicht schon die ganze Weisheit dieses Seelsorgers. Sie sollen nicht ins Leere hinein stillehalten, sondern in die Zukunft Jesu hinein. Es ist das durchdringende, unbestechliche **Harren**, das Johannes einer Gemeinde, die Gemeinde bleiben will, empfiehlt (s. z. 1, 9 und 2, 1). Und dann vergißt Johannes nie, die **Zeugentreue** einzuschärfen (s. z. 12, 11). Stillehalten ist für ihn nicht einfach Stillesein. **Hier ist das Harren und die Treue der Heiligen** vonnöten.

Das Erscheinen des Tieres aus der Erde zur Unterstützung des ersten Tieres

Offenbarung 13, 11–12

11 **Und ich sah ein anderes Tier, emporsteigend aus der Erde, und**
es hatte zwei Hörner gleich einem Lamm und redete wie ein
12 **Drache. * Und es übt („tut") die ganze Vollmacht des ersten**
Tieres vor ihm aus, und (zwar) veranlaßt („tut, macht") es die Erde und die auf[525] ihr Wohnenden, daß sie dem ersten Tier huldigten, dessen Todeswunde geheilt worden war.

Dieses andere Tier steht rangmäßig nicht neben dem ersten[526], sondern ist ihm dienstbar. Worin besteht sein Dienst? Wer ist es?
11 Sicher ist seine Herkunft wieder erhellend: **Und ich sah ein anderes Tier, emporsteigend aus der Erde.** Zumeist wird „Erde" hier auf Kleinasien gedeutet, das „klassische Land des Kaiserkultes" (Deißmann), während das „Meer", dem nach Vers 1 das erste Tier entstiegen war, auf Rom in Italien ausgelegt wird, der Herkunft der Kaiser *macht*. Danach wendet Johannes auf Patmos den Kopf zunächst in Richtung Westen und schaut das Abbild der politischen Kaisermacht, um nun das aus dem Osten kommende Abbild des Kaiserkultes zu erblicken. Aber diese Blickwendung des Johannes findet sich nicht im Text, und aus den Angaben auf die Himmels-

[525] Sonst sagt die Offb immer „Bewohner auf (epi) der Erde", hier „in (en) der Erde".

[526] Dieses erste Tier später einfach „das Tier": 13, 14. 15. 17. 18; 14, 9. 11; 15, 2; 16, 2. 10. 13; 19, 19. 20; 20, 4. 10. Es spielt offensichtlich die Hauptrolle.

richtung zu schließen, in die Johannes blickte, ist hier genauso problematisch wie zu 10, 1[527].

Vielleicht sucht man hier zu sehr nach einem Gegensatz Meer–Erde, statt mit einem Begriffspaar zu rechnen, das die gleiche Wirklichkeit zweifach beleuchtet. Für eine solche Parallität spricht das **Emporsteigen** hier wie Vers 1. Das zweite Tier lebte vorher nicht auf der Erdoberfläche, sondern in der Erdtiefe und steigt jetzt von unten herauf, aus der Unterwelt[528], aus dem „Schlund des Abgrundes" von 9, 1. Grundsätzlich sind damit beide Tiere einer dämonischen Herkunft zugeordnet. Der zweifache Ausdruck dessen mag sagen: In der Endzeit öffnen sich alle Abgründe der Geschichte, und das Antichristliche vollendet sich nach beiden Seiten. Zum politischen Akzent von Verse 1–8 tritt nun der religiöse und soziale. Nun ist die Menschheit in seiner Hand wie Ton in des Töpfers Hand. Daraus ergibt sich dunkelste Leidenszeit für die Gemeinde.

Das Tier aus der Erde hatte **zwei Hörner gleich einem Lamm.** Hier bedeuten Hörner nicht aggressive Stoßkraft und bilden nicht politische Mächte ab, sondern kennzeichnen ausdrücklich die Gestalt eines Lammes[529]. Das Wort „Lamm" sollte man dabei nicht lesen, ohne zu bedenken, daß es in der Offb 28 mal Christustitel ist. Darum scheidet es als allgemeines Bild für Milde aus; es ist Bild für Christus, und das zweite Tier steht wie das erste Tier unter dem Nachahmungsmotiv.

Sein betont christtümliches Auftreten ist aber so fadenscheinig wie nur möglich, denn **es redete wie ein Drache.** Durch die Lammesmaske tönt die Drachenstimme[530], so daß es auch hier heißen könnte: „Deine Sprache verrät dich!" Anstelle der Stimme des guten Hirten, dem

[527] Weitere Auslegungen: Kobs findet „Erde" nicht so kriegerisch wie „Meer" und deutet darum das „Lammtier", wie er es nennt, auf die neue Welt Amerikas, das so fromm und christlich mit den Pilgervätern begann, dann aber dem Katholizismus zu wachsender Macht verhalf (dem ersten Tier) und sich schließlich bis zur Atombombe entwickelte (V. 13). Aber Lammesart und Drachenstimme erscheinen hier nicht nacheinander. Das zweite Tier dient zu keinem Zeitpunkt der Milderung, sondern der Zuspitzung. Langenberg versteht unter „Erde" das „Land" Palästina, während nach ihm das erste Tier aus dem Völker„meer" stammt. Aber „Erde" ist hier ein globaler Begriff, wie schon der Vergleich von „Erde" in V. 8 mit V. 7 zeigt. Nach de Wette gehört das zweite Tier der „Erde" als Menschenwelt an, nicht der übersinnlichen Welt wie das erste Tier, das aus dem Abgrund stammt. Doch siehe die weitere Auslegung (satanische Trinität!).

[528] So 1 Sa 28, 13: „Ich sah einen Geist heraufsteigen aus der Erde."

[529] „Lamm" kann sowohl den Schafbock mit Hörnern als auch das Mutterschaf bezeichnen. In beiden Fällen geht es aber um das junge Tier. Zum Opferdienst waren einjährige Schafböcke („Widder") vorgeschrieben.

[530] Die Gegenüberstellung von Gestalt und Stimme ist für Johannes kennzeichnend: Jo 5, 37; Stimme als Erkennungszeichen: 10, 27; 20, 16.

sofort die Türe aufzutun wäre (3, 20), ergehen hier die Inspirationen Satans. Ein Wolf im Schafspelz (Mt 7, 16)!

Diese Gestalt ist also unmittelbar Kreatur Satans wie das erste Tier. Damit rücken diese drei Gestalten zu einer satanischen Trinität zusammen[531], zu einer Nachäffung der göttlichen Trinität. Der Drache ist der Anti-Gott, das Tier aus dem Meer der Anti-Christ und das Tier aus der Erde der Anti-Geist. Die dritte Deutung wird im folgenden weiter untermauert. Wie der Heilige Geist zur Anbetung Christi führt, so führt dieses Tier dem Antichristen Anbeter zu. Vers 15 findet sich auch eine besondere Beziehung zu „Geist".

12 Vers 12 faßt die Aufgabe des zweiten Tieres zusammen. **Und es übt („tut") die ganze Vollmacht des ersten Tieres vor ihm aus.** Achtmal findet sich in den Versen 12–16 die Vokabel „tun, machen", die im AT so oft für Gottes Schaffen stehen kann. Hier wird Gegenschöpfung betrieben und eine antichristliche Welt hingezaubert. Ein erstaunliches Zum-Zuge-Kommen, das niemand hindern kann!

Das erste Tier wird nicht für sich selbst aktiv, sondern läßt das andere Tier für sich Propaganda machen. Das ist System. Die Tätigkeit des anderen Tieres geschieht **vor ihm**[533], zur Verherrlichung des Antichristus. Sie stellt ihn ins Licht, und er hält in diesem Lichte still. Erläuternd fährt der Text fort: **es veranlaßt** („tut, macht") **die Erde und die auf ihr Wohnenden, daß sie dem ersten Tier huldigten, dessen Todeswunde geheilt worden war.** Darin gipfelt die Absicht dieses „Lügenpropheten", wie dies zweite Tier an anderer Stelle genannt wird: weltweiter Gottesdienst vor dem Tier, so daß der Drache, nachdem er den Himmel verlor, wenigstens die Erde gewonnen hat.

Aus dem Umstand, daß das Tier aus der Erde im Text später als das Tier aus dem Meere auftritt, darf nicht geschlossen werden, daß das erste Tier einen Teil der Endzeit allein wirkt. Es ist z. B. nicht anzunehmen, daß die Tierhuldigungen von Vers 4 und 8 ohne den Trommler und Zubringer von Vers 11–17 zustande gekommen sind. Näher liegt, daß der Antichrist nie ohne seinen Adjutanten ist. Sie wirken miteinander, nur daß sie in unserem Kapitel nacheinander vorgestellt wurden, zuerst der Antichrist als die Hauptperson und dann der Lügenprophet als sein Diener.

Wenn das zweite Tier in dieser Weise dem ersten Tier zugeordnet ist, stellt es ebenfalls eine übergeschichtliche, satanische Größe dar, die sich freilich je und je innerhalb der Geschichte verkörpert[534]. Allzu

[531] An wichtigen Stellen erscheinen sie zu dritt: 16, 13; 19, 20 und 20, 1; 20, 10. Nach 19, 20 ist das zweite Tier ein Lügenprophet.

[533] Vgl. die Wundertaten, die die Zauberer „vor Pharao" taten: 2 Mo 4, 21; 7, 9. 10. 20; 11, 10.

[534] In 1 Kö 22, 22 gibt es z. B. e i n e n Lügengeist im Munde vieler Propheten.

leicht verbündet sich politischer Machtmißbrauch mit religiösem Machtmißbrauch. Der entartete Staat hat seine Pseudokirche, die ihm gefügig ist.

Damals bediente sich die Kaisermacht des Kaiserkultes. Dessen Zentrum und damit eine starke kaiserliche Priesterschaft befand sich in der Provinz Asia. Nachweislich tat sie sich bei den Christenverfolgungen besonders hervor. An ihrer Spitze stand ein Hoherpriester. Er organisierte die gebührliche Verehrung des Kaisers in der ganzen Provinz. Die Auslegung der folgenden Verse wird nicht versäumen zu erwägen, wo sich gewisse Züge dieser Gestalt im Text widerspiegeln könnten. Dabei liegt uns aber fern, das Tier aus der Erde mit diesem Hohenpriester zu identifizieren (Einltg. Nr. 60).

Das Wirken des zweiten Tieres

Offenbarung 13, 13—17

13 **Und es tut große Zeichen, so daß es auch Feuer aus dem Himmel**
14 **herabfallen macht auf die Erde vor den Menschen, * und es verführt die Bewohner auf der Erde auf Grund der Zeichen, die ihm gegeben waren, (sie) vor dem Tier zu tun, indem es den Bewohnern auf der Erde befiehlt („sagt"), ein Bild zu machen dem Tier, das die Schwertwunde hat und wieder lebendig geworden ist.**
15 *** Und es wurde ihm gegeben, dem Bild des Tieres Geist zu geben, damit das Bild des Tieres sowohl redete als auch machte, daß alle, wenn sie nicht dem Bilde des Tieres huldigten, getötet wurden.**
16 *** Und es machte, daß alle, die Kleinen und die Großen, sowohl die Reichen als auch die Armen, sowohl die Freien als auch die Sklaven, — daß sie sich selbst ein Malzeichen auf ihre rechte Hand**
17 **oder auf ihre Stirn gaben, * und daß nicht irgend jemand kaufen oder verkaufen konnte, wenn nicht der, der das Malzeichen hatte, (nämlich) den Namen des Tieres oder die Zahl seines Namens.**

Zu Vers 15: Dan 3, 5 f (Kap. 14)

Den Wunderzeichen der wahren Propheten und Zeugen Jesu in 11, 5—6 stellt dieser Lügenprophet nachäffend eigene Zeichen gegenüber[535]. **Und es tut Zeichen, so daß es auch Feuer vom Himmel herab-** 13
fallen macht auf die Erde vor den Menschen. So ahmten Pharaos Zauberer die Legitimationszeichen Moses und Aarons nach (Anm. 533).

„Feuer vom Himmel" spielt immer wieder eine Rolle, wo zwischen Lüge und Wahrheit untrüglich unterschieden werden und wahre Voll-

[535] Antichristliche Wundertätigkeit auch Mk 13, 22; 2 Th 2, 9.

macht sich erweisen sollte[536]. Hier scheint das Tier aus der Erde diesen Beweis zu erbringen, und Widerspruch gegen seinen Anspruch setzt sich jetzt im Bewußtsein der Zuschauer ins Unrecht.

Das Altertum war voll von Wunderberichten[537]. Ein heidnischer Wundertäter, Simon der Zauberer, taucht Apg 8, 9 ff auf, ein anderer, Elymas, in Apg 13, 8. Auch im Zusammenhang mit dem Asklepioskult soll Erstaunliches geschehen sein (s. z. 2, 13; 9, 21), und gerade für die Durchsetzung des Kaiserkults hat man Magie und Tricks eingespannt. Hier ist vielleicht an die Überlieferung von einer Gewittermaschine des Kaisers Kaligula zu denken, die den Blitze schleudernden Gott nachahmte. Selbst noch denjenigen kann ein Feuerwerk beeindrucken, der sich sein Zustandekommen erklären kann[538].

14 **Und es verführt die Bewohner auf der Erde auf Grund der Zeichen, die ihm gegeben waren, sie vor dem Tier zu tun.** Verführung hat im AT und auch schon Offb 2, 14. 20 die besondere Bedeutung: zum Götzendienst verführen. Götzendienst aber ist immer wieder Bilderdienst und damit Verstoß gegen ein Grundgebot des AT: „Du sollst dir kein Bildnis machen, daß du es anbetest!" Wie in 5 Mo 13, 2–4 ergeht hier in der Autorität der Zeichen der Befehl, **ein Bild zu machen dem Tier, das die Schwertwunde hat und wieder lebendig geworden ist.**

Dieses **Bild** wird in der Offb noch achtmal schaudernd als Gipfel der Lästerung genannt, ganz ähnlich wie im Danielbuch (11, 31; 12, 11; vgl. Mt 24, 15; 2 Th 2, 4). Damit bekundet die Offb, wie sie sich die Erfüllung jener Worte aus Daniel denkt, nämlich losgelöst vom Tempel und einem Wiederaufbau Jerusalems.

Wie die alten Propheten gern anprangerten, daß die Menschen selbst das Bild schufen, das sie dann so unterwürfig anbeten, so geschieht es auch hier. Auf die Frage, wonach die Menschen sich immer wieder ihre Götzenbilder schaffen, darf man getrost mit L. Feuerbach antworten: „Der Mensch schuf Gott sich selbst zum Bilde." Der unter seinem Wirklichkeitsbild leidende und sich beleidigt fühlende Mensch verrät in seinem Götzen das Idealbild, das er sich von sich selbst macht und dem er sehnsuchtsvoll und opfervoll dient. Der Mensch betet den Menschen an. Sicher hat Feuerbach damit etwas Wesentliches in allen Religionen getroffen. Die Bibel selbst trifft er nicht. Sie lehrt ja Anbetung dessen, der all unseren Bildern und Vorstellungen gegenüber heilig souverän bleibt. Darum stehen Gottesanbetung und Bilder-

536 1 Kö 18, 24–39; Mk 8, 11; Lk 9, 54.
537 Beispiele bei Bousset, S. 426.
538 Weitere Deutungen dieser Wunderzeichen: Rissi denkt an eine Nachahmung des Pfingstwunders, nämlich der Taufe mit Geist und Feuer, hier nun als unheilige Begeisterung; Klumbies an eine Nachahmung des Gottesgerichtes in 1 Mo 19, 24. 25.

anbetung einander diametral gegenüber[539]. Zur Bezeichnung des ersten Tieres hier s. z. 13, 3.

Aber Bilderdienst hat eine Achillesverse, die die atst Propheten
treffsicher erkannten. Die Götzen bestehen aus totem Material. Darum
hören, sehen und reden sie nicht[540]. Doch dem Lügenpropheten scheint
es zu gelingen, diese Schwäche zu überspielen. **Und es wurde ihm** 15
gegeben, dem Bild des Tieres Geist zu geben. Der Akt erinnert ge-
radezu an 1 Mo 2, 7: Zuerst formt Gott den Menschen, dann bläst
er ihm lebendigen Odem ein. So lebt also das Bild, was sich durch
zwei Fähigkeiten zu beweisen scheint.

Zunächst **redete das Bild des Tieres.** Viele Legenden erzählten damals von redenden Götterbildern[541]. Ägyptische Priester standen in dem Ruhm, Statuen beseelen zu können[542]. Wir denken auch an weinende, redende, wundertätige Marienbilder an den Wallfahrtsstätten des Mittelalters. Stauffer rekonstruiert S. 185 die Kultfeier um ein Kaiserbild, vor dem die Huldigenden ihre Körner in die Flammen der Weihrauchkandelaber warfen, so daß sich starker Rauch entwickelte. „Rauschende Flöten- und Harfenmusik betäubten die Sinne. Das Kaiserbild verschwand im Rauch, der die Tempelhalle füllte. Das war die günstige Stunde zu allerlei Gaukelspiel um das kaiserliche Gnadenbild. Man konnte Stimmen vernehmen, Bewegungen erkennen ..."

Aber dieses Bild hatte auch scharfe Augen. Sofort erblickten sie denjenigen, der nicht andächtig in die Knie ging, weil er sich seinen klaren Sinn zu bewahren wußte und vielleicht auch kritische Fragen zu stellen wagte. Schon brach er tot zusammen. **Das Tier machte, daß alle, wenn sie nicht dem Bild des Tieres huldigten, getötet wurden.** Unter einem Dolchstich der unter den Besuchern verteilten Tempelpolizei brachen sie zusammen. Doch die Vollstrecker taten es auf einen Wink des Bildes hin, den sie glaubten deutlich gesehen zu haben. Ein solches Exempel genügte erfahrungsgemäß; im Nu sprach es sich herum, und Furcht und Entsetzen breitete sich über der Versammlung aus. So half der Terror nach, wenn das Blendwerk der Wunder nicht wirkte. Dafür gibt es alte Vorbilder (Da 3, 5–7. 15).

539 Freilich werden auch wir uns von Natur aus unweigerlich Bilder von Gott fabrizieren und auch in der Gefahr stehen, diese Bilder anzubeten, statt sie in jedem Gottesdienst wieder verbrennen zu lassen, um im Geist und in der Wahrheit anzubeten.

540 Z. B. Jes 44, 9–20; Ps 115, 5; Jer 10, 3–5. 13–15; vgl. Offb 9, 20.

541 Hadorn und auch Rissi bringen Beispiele.

542 Ohne dieser Frage weiter nachzugehen, sei doch auf die Möglichkeit des Betruges hingewiesen: Im hohlen Innern der Statue verbarg sich ein Mensch oder neben ihr stand ein Bauchredner.

Auch auf Verweigerung des römischen Kaiserkultes stand Todesstrafe[543].

Setzt diese Stelle (und auch 11, 7; 13, 7) Verhältnisse voraus, in denen die Christen ausnahmslos Märtyrer werden und nur noch Nichtchristen und abgefallene Christen übrigbleiben? Der Wortlaut hier klingt unerbittlich: Wer nicht huldigt, stirbt. Wer also lebt, hat gehuldigt. Und doch ist das ein Mißverständnis, denn die folgenden Verse sind nur sinnvoll, wenn noch Christen vorhanden sind. Prophetie ist nie Photographie, die alle Einzelheiten aufzeichnet. Sie erfaßt vielmehr die wesentlichen Linien und arbeitet mit Vereinfachungen. Hier tritt eine Zeit vor das prophetische Auge, in der alles Christsein unter das Vorzeichen des Martyriums gerät, und niemand ist Christ ohne die grundsätzliche Bereitschaft zum Letzten. Darum werden aber nicht alle Christen buchstäblich Märtyrer, denn nicht von allen verlangt Gott die Einlösung dieser Bereitschaft (s. z. 2, 10). Bis zur Ankunft des Herrn wird es christliche Gemeinden geben, selbst wenn ein vollkommenes System zur Ausrottung der Gläubigen angewandt würde. Das vollkommenste System wäre noch durchlöchert durch die Bewahrungswunder Gottes und Christi.

Elia lag unter dem Ginsterbusch und meinte, Isebel beherrsche das Feld, alle Gläubigen seien ausgerottet oder abgefallen: „Ich bin allein übrig geblieben!" (1 Kö 19, 14). Da eröffnet Gott ihm, daß noch weitere siebentausend leben und ihre Knie nicht vor Baal gebeugt haben. Oder als Schadrasch, Meschack und Abed-Nego um ihres Glaubens willen in den Feuerofen geworfen werden (Da 3), hören wir nichts von Daniel. Unbehelligt saß er irgendwo. Als wiederum Daniel zwischen den Löwen liegt (Da 6), scheint die Probe irgendwie an seinen Freunden vorbeigegangen zu sein. So hat Gott immer noch seine Schlupfwinkel, in denen seine Menschen singen: „Trotz dem alten Drachen, trotz des Todes Rachen, trotz der Furcht dazu! Tobe, Welt, und springe; ich steh hier und singe in gar sichrer Ruh. Gottes Macht

543 So Plinius in einem Brief an den Kaiser Trajan (s. Einleitung, Anm. 12): „Inzwischen habe ich bei denen, die als Christen bei mir angeklagt wurden, folgendes Verfahren eingehalten: Ich fragte sie, ob sie Christen seien, bekannten sie es, so legte ich ihnen die Frage ein zweites oder drittes Mal unter Androhung der Todesstrafe vor; verharrten sie bei der Aussage, so ließ ich sie (zur Hinrichtung) abführen . . . Die nun, die leugneten, Christen zu sein oder gewesen zu sein, glaubte ich wieder freilassen zu sollen, wenn sie . . . die Götter anriefen und dein Bild . . . mit Weihrauch- und Weinspenden anbeteten und außerdem Christo fluchten, lauter Handlungen, zu denen sich echte Christen, wie man sagt, schlechterdings nicht zwingen lassen" (nach Fr. Zange, Zeugnisse der Kirchengeschichte, Gütersloh 1912, S. 7). Vielsagend ist der letzte Satz. Fürbitte für den Kaiser war für Christen aufrichtigster Ausdruck ihrer Staatstreue. Weil aber erst Anbetung als Staatstreue gelten sollte, mußten sie ihre Staatsuntreue bekennen. Vom Standpunkt des Staates aus waren sie schon als Christen, ohne einen weiteren Tatbestand, staatsfeindliche Elemente.

hält mich in acht, Erd und Abgrund muß sich scheuen, ob sie noch so dräuen[544]."

Vers 16 zeigt die Bildung der „Gemeinde" des Antichristen, und zwar zunächst ihre Zusammensetzung. **Und es machte, daß alle, die** 16
Kleinen und die Großen, sowohl die Reichen als auch die Armen, sowohl die Freien als auch die Sklaven, sich einmütig beugten. Das ist nun der „große Abfall" von 2 Th 2, 3. Er umfaßt **alle.** Eine Gleichschaltung der ganzen Gesellschaft gelingt. Die Angst läßt Widerstände zerfließen wie Wasser. Und die hartnäckigen sozialen Unterschiede[545] sind angesichts dieses Bildes keine Unterschiede mehr. Die Großen, Reichen und Freien verzichten in unwürdigster Weise auf ihre Größe, ihren Stolz und ihre Freiheit und werden unterwürfig wie die Kleinen, Armen und Unfreien.

Sie alle drängen herzu, um durch Empfang eines Malzeichens dieser „Gemeinde" beizutreten. Das Tier machte, **daß sie sich selbst ein Malzeichen auf die Hand oder auf ihre Stirn gaben.** Das **Malzeichen** (noch 14, 9; 20, 4) steht dem Siegel von 7, 2—3 gegenüber. In einem Weiheakt wird es an sichtbarer Stelle angebracht. So treibt der Lügenprophet zum öffentlichen Bekenntnis. Jeder muß sich positiv äußern, so daß schon Schweigen verdächtig macht. Eine indifferente Masse, in der sich noch Widerstandsnester verbergen könnten, wird nicht mehr geduldet.

Nachdem das Tier aus der Erde dafür gesorgt hatte, daß sich die Bekenner Christi herauskristallisieren, stellt es sie unter die gesellschaftliche Ächtung. **Es machte, daß nicht irgend jemand kaufen oder** 17
verkaufen konnte, wenn nicht der, der das Malzeichen hatte. Weder durch Geld noch durch Arbeit noch durch Verhandeln konnten die Christen etwas kaufen, sondern allein durch Annahme des Malzeichens des Tieres. Die Anbeter des Tieres stehen den Anbetern des Lammes in einer letzten Zuspitzung gegenüber. Es gibt jetzt kein Abweichen mehr vom Thema: Falle nieder und bete das Tier an! Aber den Heiligen wäre das noch schrecklicher als Sterben. Für sie ist es kein dichterischer Überschwang, wenn sie jetzt beten: „Wenn ich n u r d i c h h a b e, so frage ich nichts nach Himmel und Erde. Wenn mir

[544] Es ist also unrecht, überlebenden Christen insgesamt den Vorwurf zu machen, daß sie überlebten, und sie zur Rechenschaft zu ziehen, warum sie nicht das Martyrium erlitten hätten.

[545] Ähnliche Aufzählungen bei Daniel und Offb 6, 15; 19, 18.

gleich Leib und Seele verschmachtet, so bist du doch, Gott, allezeit meines Herzens Trost und mein Teil" (Ps 73, 25–26)[546].

Der Schlußsatz erläuterte, daß das Malzeichen in einem auf die Stirn oder Hand tätowierten Namen besteht, ganz entsprechend dem Siegel von 7, 2, von dem es 14, 1 heißt: „Die hatten seinen Namen und den Namen des Vaters geschrieben an ihrer Stirn." Hier also in Übereinstimmung mit 14, 10: nämlich **den Namen des Tieres.** Diese Auskunft wird dann noch einmal verlängert: **oder**[547] **die Zahl seines Namens.** Der Name erscheint also nicht in Form von Buchstaben, sondern in Form einer Zahl. Damals wurden Namen oft in einer Zahl verborgen. Die jetzt entstandene Gleichung lautet: Malzeichen = Name = Zahl; sie wird in Vers 18 noch ein letztes Mal verlängert.

Mahnwort an die Gemeinde

Offenbarung 13, 18

18 **Hier ist Weisheit** (vonnöten). **Wer Verstand hat, berechne die Zahl des Tieres, es ist nämlich die Zahl eines Menschen. Und seine Zahl ist sechshundertsechsundsechzig.**

[546] Die Geschichte hat für diese Verse mancherlei Anschauung geliefert. Nach 3 Makk 2, 29 wütete Ptolemäus IV (222–204 v. Chr.) in Ägypten gegen die Juden. Er schloß ihre Synagogen und suchte sie zu zwingen, sich das Epheublatt als Zeichen des Gottes Dyonysos einbrennen zu lassen und auf diese Weise dessen Kult beizutreten. Verweigerer bedrohte er mit dem Tode. – Nach St–B IV, S. 250 ff trugen die Juden (später nur beim Gebet) Gebetsriemen, Tephillim. Der Ausdruck hängt vielleicht mit „Zeugnis, Beweis" zusammen. Einen trugen sie um den Kopf, so daß die würfelförmige Kapsel zwischen den Augen und über der Nase auf der Stirn stand, einen zweiten am linken Oberarm in Höhe des Herzens. Sie galten als Sinnbild der Treue zum Gesetz und wurden zum Privileg der pharisäisch gerichteten Kreise. Wer sie nicht anlegte, galt ihnen als von Gott verstoßen und wurde wirtschaftlich boykottiert (vgl. 2 Mo 13, 9; Mt 23, 5). – Holtz, Stauffer und Halver erwägen einen Bezug auf Münzen, die mit dem Bild des „anbetungswürdigen Kaiser Domitian" versehen waren. Wer sie nicht in die Hand nahm, konnte nichts kaufen. Stauffer berichtet, daß der kaiserliche Hohepriester ein Kaiserbild an der Stirn und einen Siegelring an der Hand trug und die Andächtigen mit dem Zeichen des Kaisers zeichnete. Cullmann schreibt: „Wir wissen, daß in den späteren Christenverfolgungen Opferbescheinigungen ausgestellt wurden. Hier heißt es – wahrscheinlich ist es ein Bild –, daß ihnen der Stempel auf die Stirn gedrückt wird" (Der Staat im Neuen Testament, 2. Aufl. Tübingen 1961, S. 56). – Schließlich sei über die adventistische Auslegung informiert. Nach Kobs ist V. 17 ein Hinweis auf den Sonntag und seinen Ladenschluß. Die Heiligung des „Sonntags", den der Antichrist (= Papst) eingeführt habe, sei das Malzeichen des Tieres und bedeute Anbetung des Sonnengottes. Das Halten des Sabbats sei dagegen soviel wie den Namen Jahwes tragen. Die Entscheidung Sabbat-Sonntag gehöre zu den wesentlichen Entscheidungen der Endzeit.

[547] Die Verbindung „oder" ist hier nicht ausschließend, sondern erklärend. In diesem losen Sinn steht auch das „oder" in V. 16 und 14, 9; in 20, 4 dafür „und".

Hier ist Weisheit vonnöten, beginnt Johannes im Blick auf die sogleich folgende Zahlenangabe. Nicht jeder wird mit ihr etwas anfangen können. Sie ist eine nur bedingte Lüftung des Geheimnisses. Für gewisse Leute s o l l sie verborgen bleiben. 18

Wer Verstand[548] **hat, berechne die Zahl des Tieres, es ist nämlich die Zahl eines Menschen.** Das ist das vierte Glied jener Gleichung. Das Malzeichen wie der Name wie die Zahl zielen alle auf einen Menschen, auf ein bestimmtes menschliches Individium. So wird die Erklärung mit den meisten Auslegern aufzufassen sein[549].

In die immer mehr gesteigerte Spannung wird nun die Zahl hineingesprochen: **Und seine Zahl ist sechshundertsechsundsechzig.** Bereits im 2. Jahrhundert standen die Ausleger hilflos vor dieser Angabe[550]. Diese Hilflosigkeit hielt an und förderte eine solche Unmenge von Deutungen an den Tag, daß sich h e u t e darin Weisheit bekunden könnte, schlicht das eigene Nichtwissen zu bekennen und jede weitere Mühe demütig einzustellen. Schon Irenäus bescheidete sich nach einigen Versuchen und behauptete keine Lösung. Aber diese Weisheit gilt doch wohl erst, nachdem wir die Lösungsversuche[551] zur Kenntnis genommen haben.

Exkurs 12: ZUR AUSLEGUNG DER SECHSHUNDERTSECHSUNDSECHZIG

a) Bei der Auslegung eines Buches wie der Offb ist es nur verständlich, die Zahl 666 versuchsweise symbolisch zu deuten. Jedoch

[548] Die Zusammenstellung von Weisheit und Verstand noch 17, 9.

[549] So Bousset, Hadorn, Zahn, Rissi, Halver, auch Rühle in Ki—Th W I, S. 463. — Dagegen versteht z. B. Stokmann „Zahl des Menschen" als menschliche, profane Zahl, im Gegensatz zu heiligen und symbolischen Zahlen (vgl. 21, 17).

[550] Das mag sich schon in den grie Handschriften widerspiegeln. Die Zahl „666" ist in einer der besten und ältesten Handschriften vorhanden, die wir überhaupt vom NT besitzen (Chester Beatty), ferner im Sinaiticus und Alexandrinus, bei Irenäus, Origines, Hippolyt, abgesehen von einer Fülle späterer Zeugen. Aber schon Irenäus kannte auch die Zahl „616" an dieser Stelle. Er deutete den Umstand als einen Abschreibfehler, wahrscheinlich liegt aber eine bewußte Korrektur vor, um zu einer gewünschten Deutung zu gelangen. Die Zahl „646" an dieser Stelle, wie sie eine lateinische Übersetzung aus dem 9. Jahrhundert bringt, dürfte ein Abschreibeversehen sein. Die Vier könnte aus dem folgenden Vers herübergerutscht sein.

[551] Nicht für diskutabel halten wir Bengels Lösung, der die Zahl auf eine Zeitspanne von 666 Jahren bezieht, in denen das Tier Macht haben soll. Er beruft sich darauf, daß dies im Mittelalter dreihundert Jahre lang die herrschende Meinung gewesen sein soll. — Einige Handschriften bringen die Zahl nicht ausgeschrieben, sondern in Zahlzeichen, nämlich „ch" für 600, „x" für 60 und „s" für 6. Da nun „ch" und „s" zugleich Anfangs- und Endbuchstabe von „Christus" sind und das dazwischengeschobene „x" bei griechischer Kleinschreibung schlangenförmig aussieht, fand man darin einen tiefen Sinn: Die Satansschlange umkleidet sich mit Christus. Aber zur Zeit des Johannes waren die Kleinbuchstaben noch nicht erfunden.

zeigt sich, daß sie innerhalb der Bibel selbst keine Rolle spielt[552] und sich kein Anhalt bietet. Gewöhnlich hilft man sich so: Es geht hier um die dreifache, also intensivierte sechs, so daß die Sechs zu deuten bleibt.

Aber auch diese Zahl ist weder in der Bibel noch in der allgemeinen Religionsgeschichte besonders herausgehoben, wenigstens bei weitem nicht so eindeutig wie etwa die Drei, Sieben oder Zwölf. Aber sie scheint eine gewisse Beziehung zu menschlicher und gegen Gott gerichteter Machtentfaltung zu enthalten[553]. Es hat nicht an geistreichen Versuchen gefehlt, sich in diese Bedeutung unserer Zahl hineinzudenken: Wie die Sechs die Woche ohne Sonntag sei, symbolisiere sie ein Leben ohne Gott. Oder man setzte die 666 von der Zahl des Lammes, nämlich 777[554], ab. So ist sie die letzte stürmische, aber vergebliche Anstrengung, die 777 zu erreichen, wie der anmaßende Turmbau zu Babel den Himmel nicht erreichte. Sie ist wesentlich die abgebrochene Zahl, Symbol des Scheiterns. Schon Irenäus beschäftigte sich im 2. Jahrhundert mit diesen Konstruktionen.

Ohne Zweifel fügen sich diese Gedanken gut in den Zusammenhang von Offb 13, aber sie berücksichtigen nicht genau den Text.

b) So schwierig es auch die Auslegung macht, aber es steht nun einmal im Zusammenhang mit d i e s e r Zahl eine Aufforderung zum Rechnen im Text: **Berechne** die Zahl! Dieses „berechnen" (psäphizein) war Fachwort für das Umrechnen eines Namens oder Begriffes in seinen Zahlenwert oder umgekehrt eines angebenen Zahlenwerts in einen Namen oder Begriff. In den alten Sprachen dienten ja die Buchstaben gleichzeitig als Zahlzeichen. Ein Name z. B., der mit zehn Buchstaben geschrieben wurde, konnte auch als eine Reihe von zehn Zahlen aufgefaßt werden. Die Quersumme dieser zehn Zahlen wäre der Zahlenwert des Namens. Bei der großen Rätselfreudigkeit des Altertums blühte diese Art der Buchstabenbehandlung, Gematrie genannt, in einer für uns unvorstellbaren Weise und war jahrhundertelang in Mode. Wer aber lediglich eine Quersumme erhielt, ohne die Anzahl der Buchstaben oder einen Hinweis zu erfahren, ob er das griechische, lateinische oder hebräische Alphabet zugrunde zu legen habe[555], sah sich zu einem endlosen Durchprobieren aufgefordert. Durchweg gehörte zu einem sinnvollen gematrischen Rätsel ein

552 s. 1. Kö 10, 14; Esr 2, 13.

553 Sie herrscht vor bei den Maßen Goliaths (1 Sa 17, 4—7. 45), bei Angaben über Kriegsheere (2 Mo 14, 7. 8; 12, 37; 4 Mo 11, 21). Ein Akzent des Widergöttlichen vielleicht Da 5, 4; Hos 2, 5; 4 Mo 11, 5; 5 Mo 20, 17.

554 Nach anderen ist 777 aber Zahl Gottes, wieder nach anderen Zahl des Menschen.

555 Nach „Religion in Geschichte und Gegenwart", Band I, Sp. 246, konnten die Zahlen außerdem nach neun verschiedenen Systemen auf die Buchstaben des grie Alphabets verteilt werden.

zusätzlicher Anhaltspunkt. Nur derjenige Personenkreis, dem dieser Anhaltspunkt bekannt und auch gegenwärtig war, konnte nach wenigen Versuchen die Zahl „berechnen", also das in ihr verborgene Wort herausfinden. Darum hatten die Hörer des Rätsels sich zu besinnen. Ein Herumraten mit der Zahl an sich, ohne ein Sonderwissen, war zwecklos[556].

Weit entfernt von jeder Spielerei konnte Johannes sehr ernste und praktische Gründe haben, zu einer gematrischen Rechnung aufzufordern[557]. Es drängte ihn, eine öffentliche und doch verhüllte zeitgeschichtliche Anspielung zu geben. Öffentlich sollte sie sein, denn die ganze Gemeinde mußte gewarnt werden. Er wollte nicht zu den „stummen Hunden" von Jes 56, 10 gehören, die nicht anschlagen, wenn sich Gefahr nähert. Auf der anderen Seite mußte diese Anspielung eine Form suchen, die so gegenstandslos wie möglich war und im Fall einer Anklage keine Handhabe bot. Dazu eignete sich ein gematrisches Rätsel vorzüglich. Mit der Zahl 666 als solcher läßt sich alles und nichts machen. Das beweist ein Überblick über die angestellten Rechnungen.

c) Zunächst seien Deutungen mitgeteilt, die von der Überzeugung ausgehen, daß es sich bei dem Tier um eine überpersönliche Größe, also eine Institution oder ein Kollektivum handeln müsse. Schon die ersten uns überlieferten Versuche, die des Irenäus zwischen 180–189, liegen in dieser Richtung. Irenäus[558] erwägt gleich drei Möglichkeiten: EUANTHAS („der schöne Blühende", Beiname der damaligen Lieblingsgottheit Dionysos?), LATEINOS („Lateiner", so viel wie „Römisches Reich"?) und TEITAN (aus „Titan", Sagengestalt eines Empörers, oder nach Kaiser Titus?). Spätere fanden mit Hilfe des hebräi-

556 Hochbedeutsam fand man es, wenn zwei Wörter die gleiche Quersumme ergaben (Isopsephie). Z. B. die Quersumme von „Nero" beträgt 1005, aber auch die des Sätzchens „tötete seine Mutter". Also galt Nero bereits durch seinen Namen als Muttermörder gekennzeichnet. Stauffer berichtet S. 174: Der verhaßte Domitian ließ für jeden seiner Siege einen Triumphbogen errichten, und er siegte unheimlich oft oder log sich ständig Triumphe zusammen. Als er die 136. Säule errichtete, fand jemand, daß diese Zahl die Quersumme des griechischen Ausdrucks für „es ist genug" sei. Er schrieb ihn an die Säule: arkei! Das Maß ist voll, das wird sein letzter Sieg sein, das s o l l sein letzter Sieg sein. Beseitigt ihn! — Im untergegangenen und wieder ausgegrabenen Pompeji findet sich die Wandkritzelei: „Ich liebe die, deren Zahl 545 ist." Die vorbeigehenden Mädchen probierten ihren Namen. Die, deren Name paßte, wußte Bescheid, wer das wohl geschrieben habe, und freute sich. — Zur gnostischen Spekulation mit der Dreieckszahl, die trotz Lohmeyer für unsere Stelle nicht überzeugt, s. Ki—Th W I, S. 464. Auch in christlichen Schriften des zweiten Jahrhunderts wucherte die Gematrie, besonders im Barnabas-Brief (geschrieben um 130).

557 Auch nach Cullmann, Der Staat im NT, Tübingen 1961, S. 58 f, „zwingt" der Text hier zur gematrischen Auffassung. Anders Lohmeyer und Forck, die den Ausdruck abgeblaßt auffassen: Erwäge die Zahl!

558 S. bei Zahn, S. 464 ff. Seine Vorschläge wirken alle gequält, und er empfindet es selbst.

schen Alphabets die Bedeutung „Römischer Kaiser" heraus[559] oder „Chaos der Urzeit" (= Drache)[560]. Besonderen Anklang fand der Vorschlag, an KAISAR THEOS (grie: der Kaiser ist Gott) zu denken[561]. Auf eine komplizierte Weise fand man auch den angeblichen Papsttitel in der Zahl: VICARIUS FILII DEI („Stellvertreter des Sohnes Gottes"). Doch ein solcher amtlicher Titel ist nicht belegt.

d) Aber auch die Suche nach einer bestimmten historischen Gestalt, deren Name sich hinter dieser Zahl verbirgt, ist erwägenswert. Johannes hatte offenbar beides im Auge, die überpersönliche antichristliche Macht, die die Endzeit durchwirkt, und zugleich eine damals auftretende Verkörperung (vgl. das „ihn" in 13, 8!). Die seelsorgerliche Absicht für die Christen jenes Jahrzehntes kann nicht ernst genug genommen werden[562]. Gerade in Vers 18 zielt Johannes auf etwas, was für seine Leser gegenwärtig war und für das es in i h r e r Umwelt einen Anhaltspunkt gab. Jede Auslegung, die hier nur Allgemeinheiten findet, bleibt unbefriedigend.

Doch wer könnte gemeint sein? Kaum ein Kaiser des ersten Jahrhunderts blieb von den Lösungsversuchen unberührt. Die eventuelle Deutung auf Titus s. o. Im Jahre 1865 errechnete Th. Zahn scherzweise GAIOS KAISAR (der Kaiser Gaius ist uns besser unter seinem Spitznamen Kaligula bekannt). Es dauerte nicht lange, und dieser Scherz erhielt einen ernsthaften Vertreter in O. Holtzmann. Kaligula war ein Ausbund von Grausamkeit und ein aufgeblasener Gotteslästerer, der auch eine Statue im Tempel zu Jerusalem aufstellte (vgl. 13, 14) und selber nach tödlicher Krankheit wunderbar genas (s. z. 13, 3). Aber er scheidet gewiß aus, starb er doch schon im Jahre 41. Vor allem paßt sein Name nur auf die schlechter bezeugte Zahl 616 (s. Anm. 550). Als ein zu später Kaiser scheidet Trajan aus, den Hugo Grotius schon im Mittelalter unter seinem Familiennamen ULPIOS errechnete (mit einigen rechnerischen Fragwürdigkeiten). Den

559 Seit Ewald um 1828 (bei Holtzmann).
560 So Gunkel 1895 (bei Zahn).
561 So Deißmann, E. Hirsch, H. Schlier, O. Cullmann, auch Jörg Zink. Lilje hält diese Deutung für „die immer noch einleuchtendste", obwohl sie doch viel zu allgemein ist und nach den bisherigen Kapiteln kaum noch als etwas Neues offenbart werden mußte. Lilje erwägt auch noch die Bedeutung „Tier" (thärion), Klumbies „Finsternis" (skotos).
562 Dem werden Zahn (und Darby) nicht gerecht, wenn sie meinen, auch Johannes habe die Bedeutung nicht gewußt und keiner seiner Leser damals bis heute könne sie wissen. Sie sei zur Aufbewahrung für spätere Zeiten bestimmt. Dem einst kommenden Antichrist sei die Zahl mühelos abzulesen. — Das widerspricht dem Sinn dieser Mahnworte!

größten Beifall fand bis heute die Deutung auf Nero[563]. Gedacht ist natürlich an den nach der Sage wiedererstehenden Nero (s. z. 13, 3). Auch ohne Zuhilfenahme dieser Sage ergäbe sich ein Sinn: Nero könnte als Typ gelten. Der Antichrist wird als ein zweiter „Nero" dessen Züge tragen. Aber warum müßte diese Mitteilung so verschlüsselt vorgebracht werden, wie es in Vers 18 geschieht? Außerdem arbeitet diese Rechnung mit dem hebräischen statt mit dem doch viel näher liegenden griechischen Alphabet[564].

Aus der Fülle weiterer Errechnungen seien aufgezählt: Mohammed, der Vandalenfürst Geiserich, verschiedene Päpste, Martin Luther, Johann Calvin, Napoleon, Wilhelm II., Hitler und Mussolini.

e) Dagegen verdienen die beiden folgenden Berechnungen auf Domitian m. E. Beachtung. R. Schütz kam auf einem komplizierten Weg und doch beeindruckend auf DOMITIANUS CAESAR[565]. Noch überzeugender führt Stauffer[566] zu Domitian, weil er einen Text findet, der zu 13, 1 passen würde: einen wahren Lästernamen. Nach ihm lautete dessen amtlicher Kaisername, wie er tatsächlich aus alten Funden hervorgeht: Autokrator Kaisar Dometianos Sebastos Germanikos. Hierin wird er als göttlicher Alleinherrscher und Kaiser Domitian gerühmt. Der stolze Beiname Germanikos erinnert an erfolgreiche Feldzüge gegen die Germanen. Stauffer fügt nun ein, daß solch umständliche Titel auf Urkunden, Münzen usw. abgekürzt wurden. Nach damals üblicher und „viel bezeugter" Kürzungsmethode rechnen hier nur folgende Buchstaben: A(utokrator) KAI(ser) DOMET(ianos) SEB(astos) GE(rmanikos) und ergeben, mit griechischen Buchstaben geschrieben, die Quersumme 666[567].

Wenn wir die Entstehungsverhältnisse des Buches bedenken, gewinnt diese Rechnung mit dem offiziellen Kaisertitel Domitians, der doch gerade jene „Lästerung", seine eigene Vergottung, gesetzlich angeordnet hatte und durch seine diensteifrige Priesterschaft durchzusetzen begann, echte Glaubwürdigkeit. Der lästerliche Kaisertitel

563 So zuerst C. F. A. Fritzsche 1831 (bei Zahn), auch die Zürcher Übersetzung, Hadorn, Wikenhauser, Lohse, Behm, jetzt wieder Rissi. Letzterer hält diese Stelle aber für einen späteren Einschub, der darum nicht im Zusammenhang von Offb 13 auszulegen sei. Nach ihm entspricht der Satz nicht dem Stil des Johannes. Dagegen finden Bousset und Lohmeyer hier nichts stilistisch Auffälliges.

564 So mit Recht Zahn, Schlatter. Der Verfasser ist sich ständig bewußt, daß seine Leser nicht Hebräisch können (9, 11; 16, 16); er setzt das grie Alphabet voraus (1, 8. 11; 21, 6; 22, 13). Nach Zahn kamen die Versuche mit dem hebräischen Alphabet erst im 17. und 18. Jahrhundert auf. In alter Zeit dachte niemand daran.

565 R. Schütz, Die Offenbarung des Johannes und Kaiser Domitian, 1933, S. 62.

566 E. Stauffer, in: „666", Conjectana Neotestamentica XI, Lund 1947, S. 237 ff. Hier dargestellt nach: Christus und die Cäsaren, S. 196.

567 A = 1; K = 20; A = 1; I = 10; D = 4; O = 70; M = 40; E = 5; T = 300; S = 200; E = 5; B = 2; G = 3; E = 5.

des derzeitig regierenden Herrschers kann in diesem Fall durchaus jener Anhaltspunkt gewesen sein, wie er zur Lösung eines gematrischen Rätsels benötigt wurde (s. o.).

So prangert Johannes den Kaiser Domitian als eine Verkörperung des antichristlichen Tieres und den in der Provinz Asia rege werdenden Hohenpriester als den Lügenpropheten an. Und jedes Glied der Gemeinde, das sich unter irgendwelchen Umständen gleichschalten ließ, sollte sich gestempelt wissen vom „Tier". Eine äußerste Leidenschaftlichkeit brodelt in diesem 18. Vers auf, ein Grimm wie bei atst Propheten. „Weisheit" wünscht er auf die Gemeinden herab, nämlich die Kraft des Heiligen Geistes, die durchschauen und die Menschenzahl als Tierzahl erkennen läßt.

Zweiter Anhang zu den Trompetenvisionen:

DIE BEIM LAMM GEBORGENEN HUNDERTVIERUNDVIERZIGTAUSEND

Offenbarung 14, 1–5

Zu Vers 1:
Hes 9, 4
Zu Vers 2:
Hes 1, 24
43, 2
Zu Vers 3:
Jes 42, 10
Ps 33, 3
40, 4
96, 1
98, 1
144, 9
149, 1
Zu Vers 5:
Ps 32, 2
Jes 53, 9
Ze 3, 13.

1 **Und ich sah, und siehe, das Lamm stand auf dem Berg Zion und bei**
ihm Hundertvierundvierzigtausend, die hatten seinen Namen und
2 **den Namen seines Vaters geschrieben an ihrer Stirn. * Und ich**
hörte eine Stimme aus dem Himmel wie eine Stimme vieler Wasser
und wie eine Stimme großen Donners, und die Stimme, die ich
hörte, (war zugleich) wie von Harfenspielern, die auf ihren Harfen
3 **harften. * Und sie sangen ein neues Lied vor dem Thron und vor**
den vier Wesen und den Ältesten, und niemand konnte das Lied
lernen, als nur die Hundertvierundvierzigtausend, die erkauft wor-
4 **den sind von (den Bewohnern) der Erde. * Diese sind (es), die**
sich nicht mit Frauen besudelt haben, jungfräulich sind sie nämlich.
Diese folgen dem Lamme nach, wo immer es hingeht. Diese sind
erkauft worden von den Menschen als eine Erstlingsgabe für Gott
5 **und das Lamm. * Und in ihrem Munde wurde keine Lüge gefunden:**
Ohne Makel sind sie.

1 In spürbarer Ergriffenheit setzt Johannes neu an: **Und ich sah, und siehe.** Nach der bedrückenden Vision von der Huldigungsversammlung vor der weltbeherrschenden Bestie wird ihm ein kräftiges Gegenbild geschenkt. „Nun läßt sich auch wieder etwas Gutes sehen", bemerkt Bengel zur Stelle. **Das Lamm stand auf dem Berg Zion.** Diese Zentralgestalt der Siegelgesichte war ab 8, 2 wie vergessen. Erst im

Anhang ab K. 12 tauchten wieder Attribute des Lammes auf[568] und jetzt das Lamm selbst[569].

Wir stellen fest, daß Johannes das Lamm hier nicht wie in K. 5 im Himmel schaut, sondern auf der Erde. Wenigstens setzt Vers 4 voraus, daß das Lamm der irdischen Gemeinde vorangeht. Zunächst allerdings ist die Ortsangabe **auf dem Berg Zion** zu klären.

Ursprünglich bezeichnete „Berg Zion"[570] den ältesten Teil Jerusalems, jenen Hügel also, auf dem die Jebusiterburg erbaut war. Als Jerusalem sich im Laufe der Zeit ausdehnte, erhielt diese Altstadt den Namen „Davidsstadt", während „Zion" sich auf ganz Jerusalem, gelegentlich sogar auf ganz Israel beziehen konnte[571]. Hauptsächlich verbindet sich der Name jedoch mit dem Tempelberg als Gotteswohnung. „Nach Zion ziehen", bedeutet zu Gott in den Tempel und in den Gottesdienst gehen[572]. Gott wohnt in Zion, darum können dort auch Menschen sicher wohnen. Zion ist die Hoheitszone Gottes und wird zum von der Geographie abgelösten Heilsausdruck, bei den Propheten schließlich Inbegriff für das endgeschichtliche Heil. Dieses Hoffnungsgut wird im NT als Gegenwart ausgerufen: „Ihr seid gekommen zu dem Berge Zion und zu der Stadt des lebendigen Gottes" (Hbr 12, 22). So beglückwünscht der Schreiber die Gläubigen seiner Zeit.

Im Vergleich zur atst Prophetie von „Zion" fällt an unserer Stelle die ungeheure Vereinfachung auf. Das AT malt Zions Tempel, seine Vorhöfe, Tore, Türme, Plätze, seine Höhe und Schönheit, seinen Schmuck und Reichtum, auch seinen Kinder- und Viehreichtum, ebenfalls die herbeiwallenden Besucher mit ihren Geschenken und schließlich die schönen Gottesdienste, Freudenmähler und Lobgesänge. Auch der Ansturm der Feinde gegen diesen Gottesberg wird geschaut[573]. Dieser Inhaltsfülle stehen hier nur zwei beherrschende Eindrücke gegenüber: Zion ist Ort der Gemeinschaft mit dem Lamm und als solches eben „Berg", also Bergung: „Der Herr wird aus Zion brüllen, . . . daß Himmel und Erde beben werden. Aber seinem Volk wird der Herr eine Zuflucht sein und eine Burg den Kindern Israels" (Joe 4, 17)[574], und „auf dem Berge Zion wird Errettung sein, wie der

[568] 12, 11 „Blut des Lammes"; 13, 8 „Buch des Lammes" und 13, 11 „Hörner wie ein Lamm".
[569] Auch andere Elemente verbinden den Abschnitt mit dem Siegelabschnitt: die „144 000" (7, 4), das „neue Lied" (5, 9), der Deutestil „diese sind" (7, 13. 14) und das Bild vom Lamm als vorangehender Hirte (7, 17).
[570] „Zion" im NT nur 7 mal; im AT 154 mal, davon zwanzigmal „Berg Zion".
[571] Jes 46, 13; Zeph 3, 14—15; Ps 149, 2.
[572] Ps 84, 8; Jer 31, 6; Jes 8, 18; 24, 23; 31, 4; Mi 4, 7.
[573] Jes 29, 8; Mi 4, 11; Sach 12, 2 ff und besonders Joe 4.
[574] Joe 4 liegt hier nahe, da dieses Kapitel ab Offb 14, 14 ausführlich anklingt.

Herr verheißen hat, und bei den Entronnenen" (Joe 3, 5)[575].

Somit ist wieder das Bewahrungsmotiv von 7, 3; 11, 1 und 12, 6. 14 aufgenommen, freilich unter einem neuen Bild: Mitten in der antichristlichen Flut ragt unbezwingbar der Berg Zion auf. Dieser sichere Ort besteht in der Flucht in die Gemeinschaft mit Jesus, dem Lamm, und in den Dienst für Jesus, in der Nachfolge. Buber übersetzt Ps 125, 1: „Die sich sichern an IHM, sind wie der Zionsberg, nie wankt er." Wer aber diese Gemeinschaft lockert und sich vom Zeugendienst löst, bricht zusammen. Auch Paulus kannte für sich nur e i n wirkliches Unheil und Wehe, nämlich von der Evangeliumsverkündigung abzulassen (1 Ko 9, 16).

Auch die Abgezähltheit der Nachfolger des Lammes gehört zum Gedanken der Bewahrung: **und bei ihm Hundertvierundvierzigtausend** (s. z. 7, 3). Trotz der Visionen in K. 13 erscheint die Gemeinde nicht dezimiert und zerrieben, sondern als unverminderte und unverletzte Vollversammlung, sorgfältig versiegelt: **die hatten seinen Namen und den Namen seines Vaters geschrieben an ihrer Stirn.** Jede Deutung dieser Schar auf einen Gemeinde t e i l, etwa auf den bereits vollendeten Teil im Himmel, verkennt den Grundsinn der Zahl 144 000 und verkleinert das mit ihr zusammenhängende Bewahrungswunder[576].

Genauso wenig empfängt Johannes hier eine Vorausschau auf die vollendete Gemeinde. Erst das Bild von 15, 1–4 zeigt sie wirklich „im Himmel" und setzt die Ankunft des Herrn voraus[577]. Hier lebt sie noch bedroht vom Ansturm des Feindes, aber erhalten und bewahrt in ihrem Bergungsort. Also weder im Jenseits noch erst in der Zukunft befinden sich diese Hundertvierundvierzigtausend beim Lamm, sondern in der Drangsal der Endzeit. Dieser Trostabschnitt soll wie der von K. 7 das Bild runden. Unter dem Eindruck von K. 13 mußte der Leser sich fragen: Kann es in dieser Welt noch Existenzmöglich-

575 Der Anfang dieses Verses lautet: „Und es wird geschehen; wer den Namen des Herrn anrufen wird, der soll gerettet werden", und spielt in der Pfingstpredigt eine tragende Rolle (Apg 2, 21. 40), wirkte auch sonst stark auf die Urchristenheit (z. B. Rö 10, 10). Christsein hieß, den „Namen des Herrn anrufen" (1 Ko 1, 2 u. ö.). So deckt sich Offb 14, 1–5 mit dem NT: Die Erfüllungszeit für Joe 3 und 4 ist durch das e r s t e Kommen Christi angebrochen. Die Christusgläubigen sind die Geretteten auf dem Zion.

576 Der Umstand, daß hier der bestimmte Artikel vor „144 000" fehlt, berechtigt nicht, hier von „anderen 144 000" (gegenüber denen in K. 7) zu sprechen, was ein Widerspruch in sich selbst wäre. Neben Gottes vollzähligem Volk kann es nicht noch ein anderes Gottesvolk geben. So ist der Artikel nicht notwendig. In 14, 14 steht „Menschensohn" ohne Artikel, aber niemand folgert daraus einen anderen Menschensohn als den von 1, 13.

577 Dagegen Lilje: „Das ganz andere beginnt. Es ist die neue Welt Gottes." Zahn meint, das „neue Lied" in V. 3 setze den Sturz Babels voraus. Dazu s. die Auslegung. Th. Flügge wandelt den Text etwas ab: Das Lamm „tritt" auf den Zion (im Sinne der Wiederkunft, in: Jesus, Sein Leben und sein Wiederkommen, Berlin 1956).

keit für die „Heiligen" geben? Es gibt sie, nämlich um das Lamm herum, das ihnen voranschreitet (V. 4) und sie birgt, das ihnen als mitwanderndes Zion einen Existenzgrund bietet, den auch die Pforten der Hölle nicht überwältigen.

Und doch bedeutet unser Abschnitt gegenüber K. 7 nicht Wiederholung und Leerlauf. Zunächst empfängt Johannes hier von den Versiegelten nicht mehr nur eine Audition, sondern er darf sie schauen. So entsteht ein schärferes Bild oder überhaupt erst ein Bild. Sie sind jetzt auch mit einer Ortsbestimmung versehen, K. 7 lediglich mit einer Zeitbestimmung. Ferner war dort nur vom Siegelgerät und dessen Anwendung die Rede, hier wird der Siegelabdruck enthüllt, gewissermaßen als Gegenenthüllung zu 13, 18, so daß sich jetzt scharf die beiden „Gemeinden" gegenüberstehen. Schließlich bezeugte K. 7 lediglich die Gottesbeziehung der Versiegelten, jetzt wird im Zuge der Vervollständigung auch die Beziehung zum Lamm sichtbar[578].

Wie schon so oft vernimmt Johannes in Vers 2 zur Vision auch eine
Stimme. **Und ich hörte eine Stimme.** Sie ertönt nicht aus den Reihen 2
der Versiegelten auf dem Zion[579], sondern über ihnen, **aus dem Himmel,** aus der Welt der Klarheit Gottes (s. auch V. 3). Die Hundertvierundvierzigtausend, die ringsherum von dem gotteslästerlichen Lärm umbrandet werden, sind nicht einseitig an die Stimmen der Erde ausgeliefert, sondern vernehmen (V. 3) auch gottesdienstlichen Jubel aus dem Himmel. Die übertrumpfende Stärke und Herrlichkeit dieses Engelchores[580] wird außerordentlich herausgestrichen (viermal „Stimme"!). Seine Stärke gleicht einem Gewittersturm (s. z. 1, 15): **wie eine Stimme vieler Wasser und wie eine Stimme großen Donners.** Seine Herrlichkeit erinnert an Harfenmusik in berauschender Fülle (Häufung von „Harfe, harfen"): **Und die Stimme, die ich hörte,** (war zugleich) **wie von Harfenspielern, die auf ihren Harfen harften.** Die Harfe war nicht nur „Himmelsinstrument" (15, 3: „Harfe Gottes"), sondern fand auch bei der Kaiserverherrlichung Verwendung. So entsteht hier ein triumphierendes Gegenüber[581] zu den Feierlichkeiten um das Bild des Tieres.

Aber nicht nur Lautstärke und Herrlichkeit dieses Chores erfahren
wir, sondern auch eine Andeutung seines Inhalts. **Und sie sangen** 3
ein neues Lied (s. z. 5, 9). Weist dieser Ton nicht doch auf Endvoll-

[578] Auffallend noch das Partizip femininum echousai („habend seinen Namen . . ."). Vielleicht ist das schon ein Vorklang darauf, daß die 144 000 in V. 4 in ihrer „Jungfräulichkeit" und ab 19, 7 als „Braut" geschaut werden.

[579] Gegen Bengel und Schlatter.

[580] So mit de Wette, Hadorn, Zahn und Lohmeyer. Auch 5, 9 singen Engel mit Harfen in den Händen.

[581] Kraus spricht zu Ps 138, 1 von einem „trotzigen Gegenüber": „Göttern gegenüber will ich dir harfen." S. auch z. 5, 8.

endung? „Ein neues Lied wird Israel erst singen in den Tagen des Messias als Loblied für die Wunder der Erlösung", lehrt das Judentum[582]. Aber diese Tage sind nach dem Evangelium eben mit Karfreitag angebrochen (Einltg. Nr. 48–52). Darum steht das neue Lied nach christlichem Verständnis schon vor der Ankunft des Herrn auf dem Programm. Auch ist hier und 5, 9 zu beachten, daß es von Engeln gesungen wird. Sie singen es **vor dem Thron und vor den vier Wesen und den Ältesten.** Also haben wir uns nicht die vierundzwanzig Ältesten-Engel als Sänger vorzustellen wie 5, 9, sondern einen größeren Kreis.

Als himmlisches Engelsingen ist dies neue Lied für keinen Menschenmund singbar. Und doch kann es ein Teil der Menschheit „lernen". **Und niemand konnte das Lied lernen, als nur die Hundertvierundvierzigtausend.** Nach seinem gewöhnlichen Gebrauch könnte das hier verwendete Wort bedeuten: lernen, das Lied mitzusingen. So wären die Engel Vorsänger und Lehrmeister, und die Gemeinde würde einst in der Vollendung in das Lied einstimmen können (15, 3)[583].

Erwägenswert ist aber die Bedeutungsmöglichkeit des späteren Griechisch für „lernen": das Lied überhaupt erst hören zu können, und zwar als vertieftes, verstehendes Hören, das einen Akt geistiger Aneignung einschließt[584]. Dann spricht dieser Satz nicht vom zukünftigen Mitsingen, sondern vom gegenwärtigen Verstehen und erinnert an Stellen wie 2, 17; 7, 9; 19, 12. Sie sprechen jedesmal von einem Geheimwissen, an dem nur die treue Gemeinde teilhat, von göttlichen Wirklichkeiten, zu denen es nur einen geistlichen Zugang gibt. Hier hat die noch von der antichristlichen Flut umbrandete Gemeinde geistlichen Zugang zum himmlischen Siegesjubel. Sie ist pneumatisch überströmt von Trost und Gewißheit und regiert von einem Frieden, der höher ist als alle Vernunft[585].

In wünschenswerter Klarheit erfahren wir zum Schluß des Verses, daß die Hundertvierundvierzigtausend sich decken mit denen, **die erkauft worden sind von** den Bewohnern **der Erde.** Der Ausdruck[586] klingt gegenüber 5, 9 (s. d.) recht knapp, hat aber hier im Zusammen-

[582] St–B III, S. 801.
[583] So Bousset, Schlatter, Zahn.
[584] Mit Lohmeyer, Hadorn, Lilje u. a. Dieser Sprachgebrauch auch Apg 23, 27; Jo 6, 45.
[585] Unser Abschnitt enthält lose Berührungspunkte zur Glossolalie („Zungenreden"): Engelsingen (vgl. 1 Ko 13, 1), Musikinstrumente (vgl. 1 Ko 13, 1; 14, 7), Nichtverstehen der Ungläubigen (vgl. 1 Ko 14, 23), Gotteslob (vgl. 1 Ko 14, 16) und Gesang (vgl. 1 Ko 14, 15). Dennoch ist das geistliche Geschehen hier nicht besonders auf die Gabe der Glossolalie zu beziehen, denn diese wird nach 1 Ko 12, 30 nur einer Gruppe in der Gemeinde zugeteilt, während hier die Gemeinde in ihrer Vollzahl (144 000) das neue Lied versteht und von geistlicher Freude erfüllt wird.
[586] Wieder eine Brücke zu den 144 000 in K. 7: Dem Erkauftsein 14, 3 entspricht 7, 3 das Knechtsein.

hang durch seine Wiederholung am Ende von Vers 4 starkes Gewicht. Sie sind „von der Erde weg erkauft". Erde ist hier Gegenposition zu Zion.

Bisher wurden die Geschauten ihrem Ort und ihrer Herkunft nach bestimmt. Im Interesse einer zweifelsfreien Identifikation folgt in Vers 4 und 5 eine zusätzliche Deutung ihrem Wesen nach. Dreimal setzt Johannes an: **Diese.** Der Ton erinnert an den Jubel Adams in 1 Mo 2, 23, als er sein Weib in Empfang nahm: „D i e s e ist Gebein von meinem Gebein und Fleisch von meinem Fleisch; d i e s e soll Männin heißen, denn vom Manne genommen ist d i e s e." Hier spricht freilich Johannes, aber in seinen Worten liegt etwas von dem stürmischen Wohlgefallen Jesu an seiner geliebten erkauften Braut.

Der erste Grund seines Wohlgefallens: **Diese sind es, die sich nicht** 4
mit Frauen besudelt haben. Im Bilde vom Ehebruch[587] wird den auf dem Zion Geschauten bescheinigt, daß sie frei sind vom Götzendienst, nämlich vom Bilderdienst nach 13, 14 (s. d.). Sie gehören nicht zu den Anbetern des Tieres[588]. Es folgt die positive Bestimmung: **Jungfräulich sind sie nämlich.** Obwohl nach dem Vordersatz von Männern die Rede ist, braucht dieser Ausdruck nicht zu befremden, da „Jungfrau" im Grie[589] wie im Lateinischen doppelgeschlechtlich ist.

Ist also an Männer gedacht, die im Eheverzicht leben? 1 Ko 7 empfiehlt Paulus im Blick auf die Drangsal des Endes, die den Familienvater besonders hart trifft, nicht zu heiraten. Auch Mt 19, 12 ist hier immer wieder herangezogen worden[590]. Aber diese Deutung fügt sich keinesfalls in unseren Zusammenhang. Hier schaut Johannes nicht die Gruppe der Asketen in der Gemeinde, sondern die Gemeinde selbst in ihrer Vollzahl, alle Erkauften und alle Erlösten, Männer und Frauen[591], die dem Lamme nachfolgen (V. 4b). Außerdem wären die Verheirateten in diesem Zusammenhang dann diejenigen, die „sich mit Frauen besudeln" – etwas Unmögliches im Denken der Bibel! Ehe ist in der Schrift heiliges Gottesgeschenk, und die Offb kann sie als Bild höchster Würde verwenden (K. 19–22).

So bleibt hier die bildliche Auffassung der Jungfräulichkeit. Sie steht dem anderen Bildwort der Offb, der „Hurerei", gegenüber. In

587 Zu „besudeln" s. Anm. 144, Bd. 1. Das Bild so auch 2 Ko 11, 2–3; 1 Tim 3, 9; 1 Pt 1, 22; 2 Pt 3, 14; Jak 1, 27.

588 Zwei koptische und eine aethiopische Übersetzung und einige Minuskeln lesen: die sich nicht mit „dem Weibe", also mit der „Hure Babel" besudelt haben, vgl. 14, 8; 17, 2; 18, 3. 9.

589 W–B bringt Belege, daß das Wort auch auf Abel, Joseph, Melchisedek und Johannes angewandt wurde (Sp. 1244).

590 So Bousset, Lohmeyer und Behm.

591 Daß in bezug auf die Gemeinde nur von Männern geredet wurde, ist alter Redestil. Im Judentum bildeten die Männer die Gemeinde. Auch wir können von den „Einwohnern" einer Stadt reden und schließen damit die Einwohnerinnen ein.

beiden Fällen ist die Offb dem AT verpflichtet: Es geht um Reinsein oder Befleckung in bezug auf den Götzendienst, um Treue oder Untreue gegenüber dem Schöpfer und Erlöser. Von den Hundertvierundvierzigtausend wird damit gesagt, daß sie nicht nur bewahrt werden, sondern auch sich bewahren, daß sie nicht nur in der Gnade stehen, die sie beschirmt, sondern auch in der Liebe, mit der sie sich Jesus ergeben[592].

Im folgenden erscheint ihre „Keuschheit" ohne Bild oder in einem anderen Bild[593]. **Diese folgen dem Lamme nach, wo immer es hingeht.** Hier sollte der letzte Zweifel daran schwinden, daß die auf dem Zion Stehenden noch nicht die vollendete Gemeinde darstellen, denn an ein Spazieren kreuz und quer durch den Himmel ist hier wirklich nicht gedacht. Im Gegenteil, der Ausdruck läßt noch dunkles und schweres Geschick für die Nachfolger ahnen.

Die Vokabel „hingehen" (hypagein) bei Johannes verdient größere Aufmerksamkeit. Sie meint oft ein Gehen ins Unbekannte und Verborgene, ja Angsterregende, in das Gottes unerforschlicher Rat hineinführt (vgl. Jo 21, 18). So an zahlreichen Stellen des Johannesevangeliums für Jesu geheimnisvolles Gehen zum Vater – durch den Tod[594]; Offb 13, 10 für das Gehen der Heiligen ins Gefängnis[595]. Von hier aus fällt auch Licht auf das tiefgründige Wort Jo 15, 16: „Ihr habt mich nicht erwählt, sondern ich habe euch erwählt und gesetzt, daß ihr hingehet und Frucht bringet und eure Frucht bleibe." Auch hier steht deutlich ein Dunkel vor Augen, gegen das der natürliche Mensch abwehrend beide Hände ausstreckt. Aber da ist das majestätische Erwählen (und Vorangehen!) des Herrn, ganz wie Lk 10, 3: „Gehet hin; ich sende euch wie Schafe mitten unter die Wölfe!" So schickt er in das Grauen, in die Finsternis, in das Grab und – in die Frucht; gewiß nicht in viel zeitliche Frucht, weil das Leben ja abgebrochen wird, aber in ewige Frucht, „die da bleibt". „Die mit Tränen säen, werden mit Freuden ernten. Sie gehen hin und weinen und streuen ihren Samen und kommen mit Freuden und bringen ihre Garben" (Ps 126, 5–6).

Wie Jesus ihnen einst leiblich als das Lamm voranging, geht er ihnen jetzt als der Erhöhte geistlich auf jeder Wegbiegung und durch jedes „finstere Tal" voran. Sie erfahren die Verheißung von Mt 28, 18–20. Er geht ihnen voran wie ein Hirte seiner Herde. Darum befinden sie sich „mitten unter Wölfen" dennoch bei ihrem guten Hir-

592 So auch Hadorn, Schlatter, Zahn u. a.
593 Eine Brücke vom Bild der Braut zum Bild des Nachfolgens zeigt der beliebte Trautext: „Wo du hingehst, da will ich auch hingehen . . ."; in Rth 1, 16 allerdings ein Bekenntnis zur Schwiegermutter, nicht zum Bräutigam.
594 So auch Mt 26, 24; Mk 13, 21.
595 Offb 17, 8 für das Gehen des Tieres in das Verderben.

ten[596]. Endziel dieses Hingehens ist für die Jünger wie einst bei ihrem Herrn des Vaters Angesicht (22, 4). Darum folgen sie ihm in unendlichem Vertrauen.

Schließlich erinnert unsere Stelle an die Hirtenrede in Jo 10: „Er ruft seine Schafe mit Namen und führt sie aus. Und wenn er all die Seinen hat hinausgelassen, geht er vor ihnen hin, und die Schafe folgen ihm nach; denn sie kennen seine Stimme" (V. 3—4). Johannes fügt ausdrücklich hinzu, daß die Jünger den Herrn damals noch nicht verstanden. Jetzt, nach wohl 65 Jahren, versteht Johannes das Wort; jetzt erhält es seinen fruchtbaren Platz in der Offb[597].

Ein drittes und letztes Mal setzt die Deutung an: **Diese sind erkauft worden von den Menschen als eine Erstlingsgabe für Gott und das Lamm.** Nach der Rede von den Jungfrauen und Schafen macht das Bild von den Erkauften den Beschluß (s. schon zu V. 3b). Sie sind freigekauft aus dem Bannkreis von 13, 7, aus der „Vollmacht des Tieres". Zwar befinden sie sich in den Gefängnissen der Welt (13, 9), sind aber doch die Freiesten der Welt.

Doch wozu sind sie erkauft? Zu einer **Erstlingsgabe**[598]. Sie sind also nicht allgemein eine gottgeweihte Schar, sondern eine *erste* gottgeweihte Schar, denen weitere Scharen folgen. Sie stellen einen anfänglichen Teil dar, der auf Ergänzung wartet. Die Gemeinde bedeutet also Verheißung auf mehr, nämlich auf einen neuen Himmel, eine neue Erde und eine neue Menschheit. Wie das alte Israel Grundstock für die Gemeinde aus allen Völkern war, so ist diese Völkergemeinde Grundstock für eine neue Menschheit. Und das ist sie gerade dann, wenn sie ausgesät wird in den Acker der Welt, wenn sie in das Martyrium hineinschreitet (V. 4b) und begraben wird. Die Märtyrer sind nicht einfach „Same der Kirche", sondern Same einer neuen Menschheit[599].

Die Kennzeichnung der Gemeinde als Erstlingsgabe führt ins priesterliche Denken (vgl. 1, 6). Für Priester und auch für Opfertiere bestand aber im AT die Bedingung körperlicher Makellosigkeit. So schließt die Deutung: **Ohne Makel sind sie.** Dieses Kennzeichen gilt aber deutlich als Bild, wie im NT immer wieder Opferausdrücke vergeistlicht werden[600]: **In ihrem Munde wurde keine Lüge gefunden.** 5

[596] Das Lamm als Hirte auch 7, 17.
[597] Das Nachwandeln ist zugleich Gegenbild zum Nachwandeln hinter den Götzen her; so etwa zehnmal im AT.
[598] Lohmeyer und Lilje verwenden die spätere, abgeblaßte Bedeutung von „Erstlingsgabe", nämlich einfach „Gabe, Opfer", ohne das zeitliche Moment, daß es sich um eine *erste* Gabe handelt.
[599] An dieser Stelle greifen wir noch nicht alle Fragen auf, die sich hier stellen. Sie treten ab K. 20 in den Mittelpunkt.
[600] Eph 1, 4; 5, 27; Kol 1, 22; Phil 2, 15; Jud 24.

Diese heiligen Münder weisen noch einmal gegenbildlich auf das 13. Kapitel zurück. Dort wurde Vers 2. 5. 6 das Lästermaul[601] des Tieres hervorgehoben, das alle Münder der Welt zum Lästern brachte (V. 4). Ebenso weist **Lüge** auf K. 13 zurück, nämlich auf das Wirken des zweiten Tieres, des „Lügenpropheten". Lüge ist in diesem Zusammenhang das Einstimmen in die Huldigung vor dem Tier: „Wer ist dem Tiere gleich!" So log man das Tier um zu einem Gott, zum Herrn aller Dinge[602]. Davon haben die Erkauften sich rein gehalten. Ihr Mund verleugnete nicht. Sie hielten in einer Welt, die von Abfall und Götzendienst widerhallte, an einem sauberen Bekenntnis zu Gott und dem Lamme fest.

Dritter Anhang zu den Trompetenvisionen:

DAS ERSCHEINEN DES RICHTERS INMITTEN SEINER ENGEL

Offenbarung 14, 6—20

Hadorn vergleicht diesen Abschnitt mit einem mittelalterlichen Flügelaltar. In der Mitte erscheint als Hauptsache der himmlische Richter auf der weißen Wolke (im Text durch „und ich sah, und siehe" herausgehoben), auf dem linken Seitenflügel die ersten drei Engel, auf dem rechten die drei anderen Engel. Dieser Vergleich leitet an, die Geschlossenheit des Abschnittes zu würdigen. Schon die Siebenzahl der erscheinenden Personen fügt sie zusammen. Zwar werden nur die ersten drei Engel durchgezählt, aber alle sechs sind doch durch die gleichmäßige Einführung „und ein anderer Engel" miteinander verbunden.

Keinesfalls dürfen die beiden Engelgruppen von dem Richter in ihrer Mitte getrennt werden. Ihr Werk ist sein Werk. Sie sind durch ihn auszulegen, den sie ja umgeben und dem sie dienen. Im alten Rom erschienen der Konsul oder andere hohe Beamte vor dem Volk in Begleitung der Liktoren, die das berüchtigte Rutenbündel mit Beil[603] mit sich trugen und die Vollmacht ihres Herrn verkörperten. Schon ihre Zahl sagte etwas über die Höhe seiner Stellung aus und wurde beachtet. So erscheint hier ein hoher Richter, der Menschensohn, inmitten seiner Engel[604]. Darum sind diese auch samt und

[601] Für „Mund" und „Maul" im Grie dasselbe Wort (stoma).
[602] Zur Aufforderung an Christen, diese Lüge mitzumachen, s. Anm. 543, s. auch zu 21, 8.
[603] Die fasces, daher „Faschisten".
[604] Sie sind Sichtbarmachung seiner Kraft und Herrlichkeit, vgl. Mk 8, 38; 13, 26—27 und Parallelen; 2 Th 1. 8.

sonders Gerichtsengel. Gegenteilige Auslegung bricht sie aus ihrem Zusammenhang heraus.

Der Abschnitt, obwohl der Trompetenreihe angehängt und dem 13. Kapitel durch zahlreiche Bezüge verbunden, setzt zugleich die Verknüpfung mit den Siegelgesichten fort, wie sie schon 14, 1–5 begann. Wiederum erscheint er wie eine Skizze zu den später folgenden großen Gemälden der Offenbarung. Viele seiner Stichworte werden in den letzten Kapiteln aufgenommen und ausführlich behandelt. Die Auslegung darf sie hier also noch zurückstellen.

Der erste Engel

Offenbarung 14, 6–7

6 **Und ich sah einen anderen Engel, fliegend im Zenit, der hatte eine**
ewige Siegesbotschaft („Evangelium") zu verkündigen gegen die,
die auf der Erde thronen („sitzen"), und gegen jede Nation und
7 **(jeden) Stamm und (jede) Sprache und (jedes) Volk, * und er**
sprach mit großer Stimme: Fürchtet Gott und gebt ihm Herrlichkeit, denn gekommen ist die Stunde seines Gerichtes, und huldigt dem, der gemacht hat den Himmel und die Erde und Meer und Wasserquellen.

Zu Vers 7:
2 Mo 20, 11
Ps 146, 6

Den ersten dieser „anderen" Engel[605], die den Richter begleiten, schaut Johannes in einer Weise, die diesen Boten sofort in einen bestimmten Zusammenhang einordnet. **Und ich sah einen anderen Engel,** 6
fliegend im Zenit. So sah er 8, 13 schon den „Wehe" schreienden Adler über der Erdfläche. Während jener Unheilsbote aber nur Vorformen des Gerichtes ankündigte, rufen jetzt gleich drei Gerichtsengel das Endgericht selber aus.

Der erste von ihnen **hatte eine ewige Siegesbotschaft zu verkündigen.** Es empfiehlt sich an dieser Stelle nicht, das grie Fremdwort „Evangelium"[606] stehenzulassen, weil es sich für unser Ohr unwillkürlich mit einem gewissen Gefühlsgehalt füllt[607]. Durchweg beschlagnahmt die Auslegung den Engel denn auch als Verkörperung für die

[605] Noch V. 8. 9. 15. 17. 18. Durch diese gleichmäßige Kennzeichnung werden sie also weniger gegen frühere Engel in der Offb abgesetzt als vielmehr untereinander verbunden zu einer geschlossenen Engelklasse. Beziehungen zu 12, 7; 11, 15 oder auch 14, 2 überzeugen nicht.

[606] Hatte es vielleicht wie das Büchlein in 10, 2 eine sichtbare Gestalt? Aber er trug es nicht in der Hand, sondern er „hatte es zu verkündigen".

[607] Zahn: „köstliche Gabe für die Völker".

Gnadenbotschaft der Missionare nach Mk 13, 10[608].

In Wahrheit ist die christliche Missionspredigt mit dem Auftreten dieser Herolde gerade vorbei (s. Vorbemerkungen zum Abschnitt). Auch der engere Zusammenhang in Vers 6 und 7 läßt nicht mehr an derartiges denken. Alles deutet darauf hin, daß „Evangelium" hier nicht den paulinischen, sondern noch den atst Sinn hat, worauf schon das Fehlen des Artikels hinweisen könnte. Johannes hat offensichtlich nicht das gleiche Verhältnis zu diesem Wort wie die anderen ntst Verfasser[609]. Es ist für ihn so wenig ein Hauptbegriff wie für das AT und kaum festgelegt. Hier meint es eine Botschaft vom Himmel, die den Endsieg Gottes und Christi ausruft. Gewiß eignet ihr der Klang der Freude, aber doch nur für die Erlösten, während sie die Feinde zittern macht (vgl. Lk 21, 28 mit 25)[610]. Dadurch, daß diese Botschaft **ewig** heißt, setzt sie sich von der Flut der Botschaften und „Evangelien" in der damaligen Welt und auch besonders im Kaiserkult ab Nachricht vom Regierungsantritt, von der Geburt eines kaiserlichen Sohnes, von seiner Volljährigkeit, von Schlachtensieg und Todesurteilen – alles wurde möglichst pompös an die Bewohner des Reiches herangetragen. Diese einander überstürzenden Schlagzeilen und Sondermeldungen degradiert diese **ewige Siegesbotschaft** als kurzlebigen Wahn, als hohlen Anspruch und leeren Lärm. Jetzt erschallt eine göttlich gültige Meldung.

Sie richtet sich **gegen**[611] **die, die auf der Erde thronen** („sitzen"). Hier findet sich nicht die sonst in der Offb so häufige Wendung von „Wohnen" auf der Erde. Sie „sitzen" auf der Erde, wie der Menschensohn in Vers 14 auf der weißen Wolke „sitzt", d. h., dem dortigen Wolkenthron[612] stehen die Erdenthrone, also die „Könige der Erde" (s. z. 1, 5) gegenüber. Es sind die verantwortlichen Widerstandsnester gegen Gott in der Höhe. Außerdem mag man aus diesem Ausdruck eine betonte Seßhaftigkeit und auch Unbußfertigkeit

608 So deutete schon Bugenhagen diesen Engel bei der Beerdigung Luthers auf den Verstorbenen. Noch 1955 setzte die Lutherische Liturgische Konferenz die Verse 6–7 als Episteltext für den Gedenktag der Reformation fest. Andere fanden in dem Engel Calvin, Bengel aber begründete auf fünf Seiten, daß es sich um den „theuren Johannes Arndt" handeln müsse, während er den zweiten Engel in Spener erfüllt sah. Kobs sieht in ihm das Aufkommen der frommen Kreise im 19. Jahrhundert. Joachim von Floris (gest. 1202) ließ den Engel das „Zeitalter des Geistes" verkündigen, eine Idee, die in den folgenden Jahrhunderten begeisterte Anhänger fand.

609 Von 76 Stellen im NT nur diese eine Stelle in den johanneischen Schriften; außerdem zweimal das Verb. Das entsprechende hebr Wort im AT (besarah) nur sechsmal, niemals für göttliche Botschaft, einmal sogar für Trauerbotschaft. Die LXX hat es nur einmal mit „Evangelium" wiedergegeben.

610 So auch Wikenhauser.

611 Wieder die Präposition epi wie 10, 11 (s. d.).

612 s. z. 4. 2b.

dieser Leute heraushören. Sie gebärden sich so sicher wie ihre Vorgänger in den Tagen Noahs. Urplötzlich überfällt sie jetzt das Verderben (Mt 24, 37–39; 1 Th 5, 3).

Eine gewaltige Stimme fordert zur Unterwerfung auf. **Und er** 7
sprach mit großer Stimme: Fürchtet Gott und gebt ihm Herrlichkeit. Es ist immer wieder darauf hinzuweisen (s. z. 11, 12), daß diese Wendung vor allem das meint, was sie sagt, nämlich daß Gott endlich seine Ehre bekommt und nicht weiterhin mit Lästerungen überschüttet wird (13, 4). Das ist zunächst ein objektives Geschehen; was über den subjektiven Zustand derer zu sagen ist, die sich seiner Majestät unterwerfen, muß dem jeweiligen Zusammenhang entnommen werden. Er ist hier sehr genau bezeichnet.

Denn gekommen ist die Stunde seines Gerichtes. Es ist jene Stunde, die in den folgenden Aussagen eindeutig wird, die Stunde des babylonischen Sturzes (V. 8), des Zornes Gottes (V. 10), des Feuerpfuhls (V. 11), die Stunde der Sichel, des Winzermessers und Keltertretens (V. 16. 19. 20) – also keine Gnadenstunde! Von der gleichen Stunde lesen wir auch 18, 10. 17. 19. Dieses „sein Gericht" ist zu unterscheiden von seinen Gerichten (Plural, etwa 16, 7; 19, 2), die immer noch Lücken für Gnade ließen.

Im Gegensatz zu den ohnmächtigen Götzen, die ja nichts tun und die deswegen keiner ernsthaft zu fürchten hat, wird der lebendige Gott in seiner unermeßlichen Allmacht vergegenwärtigt und wird zu seiner Huldigung aufgerufen. **Huldigt dem, der gemacht hat den Himmel und die Erde und das Meer und Wasserquellen.** Es ist die gleiche Umschreibung der Schöpfung, die die vier ersten Trompetengesichte voraussetzen (8, 7–12). Gott hat sie gemacht, er nimmt sie wieder zurück (Exkurs 5c). Der Mensch kann sich dann nicht mehr in der Schöpfung gegen Gott verschanzen. Es bleibt ihm – ob er will oder nicht – nur noch ein einziger Platz, der Platz zu den Füßen des Allmächtigen. Vielleicht ist hier auch noch das nachäffende „Machen" des Lügenpropheten im Gedächtnis (13, 12. 13. 14. 15. 16). Wie erbärmlich ist doch dessen Zauber gegen die Werke des wahrhaft anbetungswürdigen Herrn!

Der zweite Engel

Offenbarung 14, 8

8 **Und ein anderer, zweiter Engel folgte und sprach: Gefallen ist sie, gefallen ist sie, Babel, die große** (Stadt), **die mit** („von") **dem Wein des Grimmes ihrer Unzucht getränkt hatte alle Nationen.**

Zu Vers 8:
Jes 21, 9
Dan 4, 27
Jer 51, 7 f

Für den hier folgenden Engel wird absichtsvoll die Zählung angegeben. Er gehört in die gleiche Reihe wie der vorige Engel, er folgt ihm und teilt mit ihm den gleichen Ort im Zenit. **Und ein anderer, zweiter Engel folgte.** Er zielt mit seiner Botschaft auch auf die gleichen Empfänger, so daß sie nicht noch einmal genannt werden müssen, wechselt auch nicht etwa das Thema. Doch er ergänzt seinen Vorgänger. **Und er sprach: Gefallen ist sie, gefallen ist sie, Babel, die große** Stadt.

Das Gericht über Babel (zur Namensform s. z. 17, 5) ist hier so handgreiflich nahe, dabei auch so sicher und unwiderruflich, daß es schon triumphierend als geschehen ausgerufen werden kann. Über den Begriff „Babel" war schon bei 11, 8 zu handeln, ganz ausführlich dann zu K. 17 und 18, wo sich auch das „Gefallen!" wiederholt (18, 2; in doppelter Form auch Jes 21, 9; vgl. Jer 51, 8).

Es folgt der Gerichtsgrund: **die mit** („von") **dem Wein des Grimmes ihrer Unzucht getränkt hatte alle Nationen.** Damit taucht der Begriff der „Hure" Babel auf (das Wort dann 17, 1). Schon dem atst Bundesvolk galt Babel als Hauptsitz des Götzendienstes, als Giftherd unheimlicher, völkerumspannender Verführung. Zu dieser religiösen und buchstäblichen „Hurerei" s. schon 2, 14. Ein ungekünstelter Sinn der etwas schwierigen Begriffshäufung vom **Wein des Grimmes ihrer Unzucht** ergibt sich, wenn wir **Grimm** an dieser Stelle nicht auf den Zorn Gottes[613] deuten, sondern auf die ansteckende und unersättliche Glut dieser Dirne. Ihre Gier ist es, die dann im Rauschtrank versinnbildlicht ist. Auch Hos 4, 11 sind Hurerei und Wein gleichgestellt. So kredenzt sie verführerisch ihren „goldenen Kelch" (17, 4), so daß er durch die Reihen der Menschheit geht und alle ins Unglück zieht.

Der dritte Engel

Offenbarung 14, 9—11

Zu Vers 10:
Jes 51, 17
Ps 75, 9
Jer 25, 15
1 Mo 19, 24
Jes 34, 9
Hes 38, 22

9 **Und ein anderer, dritter Engel folgte ihnen und sprach mit großer**
Stimme: Wenn jemand das Tier und sein Bild anbetet und nimmt
10 **an das Malzeichen auf seiner Stirn oder auf seiner Hand, * wird**

[613] Jes 51, 17 heißt es: „Kelch seines Grimmes, Taumelkelch von der Hand des Herrn", ähnlich Hes 23, 31—35; Jer 51, 7; Hab 2, 16; Sach 12, 2 und Ob 16. In Anlehnung an diese Stellen stände hier nicht der Gedanke der Verführung durch die Hure im Vordergrund, sondern der andere Gedanke, daß jemand, indem er den Kelch der Hure nimmt, schon den Zorneskelch Gottes gereicht bekommt. Gott läßt abfallen von Gott und verfallen an die Hure, er gibt an die Sünde preis wie Rö 1, 24. 26. 28. So legen es hier Goppelt, Büchsel und Stählin aus, ohne den Gedankenfortschritt von V. 8 zu V. 10, von der Sünde zur Strafe, zu beachten.

auch er trinken von dem Wein des Grimmes Gottes, (des Weines),
der vermischt worden ist unvermischt in dem Kelch seines Zornes,
und er wird gequält werden in Feuer und Schwefel vor den heili-
11 **gen Engeln und vor dem Lamm. * Und der Rauch ihrer Qual** **Zu Vers 11: Jes 34, 10**
steigt empor in die Zeiten der Zeiten, und sie haben nicht Ruhe
Tag und Nacht, (sie), **die anbeten das Tier und sein Bild, und wenn**
jemand annimmt das Malzeichen seines Namens.

Und ein anderer, dritter Engel folgte ihnen und sprach mit großer Stimme. Der erste Engel sprach von Gott, dem Richter, der zweite Engel von Babel, der Gerichteten, der dritte Engel spricht jetzt von den Mitgerichteten. Was wir von den Engeln hören, ist eigentlich eine einzige Predigt, aber auf verschiedene Sprecher verteilt. So be- 9
ruft sich dieser Engel durch das **auch** in Vers 10 auf seinen Vorredner. 10
Babel ist gefallen, aber alle Götzendiener werden in ihren Sturz hineingerissen. **Wenn jemand das Tier und sein Bild anbetet und nimmt an das Malzeichen auf seiner Stirn oder auf seiner Hand, wird auch er trinken von dem Wein des Grimmes Gottes.**

Hier ereignet sich ein Bildwechsel. Jetzt ist es nicht mehr die Hure Babel, die ihren Sündenbecher, sondern Gott, der seinen Zornesbecher kredenzt. Sachlich entspricht das nur zu genau dem, was die Bibel über Sünde und Strafe lehrt (Anm. 208). **Wein des Grimmes** versinnbildlichte Vers 8 die Sünde und kehrt jetzt als Strafe zurück (s. Anm. 613).

Das Bild wird ausgemalt. **Dieser Wein ist vermischt worden unvermischt in dem Kelch seines Zornes,** d. h. nicht vermischt worden mit Wasser, wie sonst üblich im Morgenland, sondern mit betäubenden Gewürzen, die den berauschenden Charakter des Getränks auf die Spitze trieben. In 3 Makk 5, 2. 45 geschieht das, um Elefanten zur Raserei zu bringen. So ist Gottes Zorn hier durch nichts abgeschwächt wie in den langen Zeiten der Geduld und des Ansichhaltens. Er erfüllt seinen Schwur von 10, 5 (s. d.).

Und er wird gequält werden in Feuer und Schwefel. Zu dieser Wendung werden wir 19,20 und 20, 10 zurückkehren. Nicht aber kehrt wieder der kleine Hinweis, der das Gericht vielleicht am meisten zum Gericht macht:

Die Qual wird erlitten **vor den heiligen Engeln und dem Lamm.** Zunächst ist damit vollends aufgedeckt, daß das Gericht dieses Abschnitts tatsächlich die Ankunft des Herrn voraussetzt und nichts mehr mit irgendeinem innergeschichtlichen Gericht zu schaffen hat. Der Hinweis auf die heiligen Engel könnte ehrfürchtige Umschreibung der Anwesenheit Gottes sein, was die Voranstellung vor Christus erklärte. So wird das Endgericht vor Gott in Christus erlitten, also vor ihm, dessen Liebe so offenbar war. Der muß nun zürnen (vgl. 6, 16)! Das ist Qual ohne Grenzen, ohne Ruhe, ohne Ausweichen und ohne irgendein Einspruchsrecht.

Der Gedanke an eine Augenweide des Lammes an der Qual der Gerichteten kann in diesen Text nur als Fremdgut hineingelesen werden. Er selbst ist durch seinen hohen und tiefen Ernst von solchen Anwandlungen geschieden. Auch der 11. Vers malt das Verderben zwar abschreckend, aber keinesfalls lustvoll aus, hält er sich doch
11 diszipliniert an atst Wendungen, vor allem Jes 34, 10. **Und der Rauch ihrer Qual steigt empor in die Zeiten der Zeiten, und sie haben nicht Ruhe Tag und Nacht.** Wieder verweisen wir zur Auslegung auf ausführlichere Abschnitte über dies Thema (18, 9. 18; 19, 3; 20, 10).

Schließlich kehrt der Engel zu seinem „wenn" von Vers 9 zurück: **wenn jemand annimmt das Malzeichen seines Namens** des Tieres. Dieses einrahmende „wenn", das die ganze Engelbotschaft des Engels trägt, sollte genau abgehorcht werden. Es verrät, wie doppelschichtig der Abschnitt ist. Auf der einen Ebene ruft der Engel das bereits unwiderrufliche Endgericht aus. Auf der anderen Ebene spricht er die Empfänger dieses Buches an, die sich n o c h entscheiden können, die noch vor der Möglichkeit stehen, zum Tier abzufallen oder sich entsetzt vom Tier zu trennen, um ganz dem Lamm zu gehören. In Vers 12—13 wird dieser beschwörende seelsorgerliche Ton vollends durchbrechen. Niemand soll diese Schau vom hereinbrechenden Endgericht nur als objektiven Heilsplanunterricht zur Kenntnis nehmen. Gebt um Gottes willen die Zuschauerhaltung auf!

Mahnung an die Gemeinde

Offenbarung 14, 12—13

12 **Hier ist Harren der Heiligen** (vonnöten), (hier bestehen nur sol-
13 che,) **die die Gebote Gottes halten und die Treue zu Jesus. * Und ich hörte eine Stimme aus dem Himmel sprechen: Schreibe! Glückselig** (sind) **die Toten, die in dem Herrn sterben von nun an. Ja, sagt der Geist, denn sie werden ausruhen von ihrer Arbeit, ihre Werke folgen ihnen nämlich nach.**

Ganz offen fällt Johannes hier aus dem beschreibenden Stil heraus und ergreift das Wort an seine Zeitgenossen. Er schaut nicht einfach nur in den Himmel, sondern sieht auch sie und muß seelsorgerlich zugreifen. Solche Einlagen sind für das Kapitel 13 bezeichnend (13,

9–10 und 18). Hier ist offensichtlich noch die gleiche Situation der **Heiligen** (13, 7) vorausgesetzt.

Hier ist Harren der Heiligen vonnöten, hier bestehen nur solche, 12
die die Gebote Gottes halten und die Treue zu Jesus. Der Hinweis auf Parusiehoffnung und Zeugentreue rückt dieses Wort neben 13, 10. Aber im Zusammenhang dort war noch nicht die Bezugnahme auf die Bildanbetung zu erwarten, die hier offenbar durch den Hinweis auf die **Gebote Gottes** erfolgt ist. Inzwischen hatte Johannes nämlich 13, 11–18 geschaut und berichtet, auch hier gerade darauf Bezug genommen (V. 9–12). Das Bilderverbot hatte im AT Schlüsselstellung inne und bildete den Zugang zu allen Geboten Gottes.

Eine **Stimme aus dem Himmel** bestätigt die Mahnung des Johannes. 13
Sie ruft, verbunden mit einem der zwölf Schreibbefehle des Buches (s. z. 1, 11), eine Seligpreisung aus: **Schreibe! Glückselig sind die Toten, die in dem Herrn sterben.** Diese Gratulation klingt paradox wie so viele Seligpreisungen der Bibel (Anm. 21). Sie gilt solchen, denen sonst keiner einen Glückwunsch zurufen würde, viel eher ein herzliches Beileid, nämlich den Märtyrern im bevorstehenden Kampf. Das **von nun an** läßt sich im Zusammenhang nicht anders verstehen. 12, 10–11 spricht von dem gleichen Sterben und Siegen der Brüder unter dem gleichen „nun". Dort lesen wir auch, daß ihr Sterben Sieg ist. Für diesen Sieg erschallt hier der Glückwunsch. Sollte er sich vielleicht auch darauf beziehen, daß **von nun an** – man halte sich die Lage von K. 13 vor Augen! – sterben leichter ist als leben? Wer im Herrn[614] starb, also im Glauben, starb ja zu seinem Herrn hin und war durch alles hindurch.

Obwohl dies die Worte einer Himmelsstimme sind, muß noch eine bestätigende Geistesstimme als zweiter Zeuge hinzutreten, denn die berührten Dinge wiegen so überaus schwer. **Ja, sagt der Geist.** Der Geist ist in der Offb besonders deutlich der Anwalt der Gemeinde in ihren Schwachheiten. Hier handelt es sich, wie Rö 8, 26, um die Schwachheit, zu beten. Er hilft einen so schweren Weg vor Gott zu bejahen.

Auch die folgende Erläuterung soll helfen, dem Lamm zu folgen, wohin es geht. **Denn sie werden ausruhen von ihrer Arbeit.** Im Gegensatz zur gerade erwähnten furchtbaren Ruhelosigkeit in Vers 11 wird die neue Existenz der Heiligen Ruhe sein. Das Judentum verhieß nach tapferem Kampf mit den sinnlichen Begierden Ruhe. Hier befinden wir uns in einer anderen Atmosphäre. **Arbeit** ist urchristliches Wort für missionarische Mühe (s. z. 2, 2). Diese Mühen schließen an dieser Stelle auch das völlige Hingeopfertwerden ein, nachdem schon jeder Tag seine Boshaftigkeiten brachte (Mt 6, 34). Das steht

[614] Diese Wendung sonst nicht bei Johannes, wohl häufig bei Paulus.

hier im Vordergrund: das Herauskommen aus allem Bösen und das Eingehen zu des Herren Freude. Sein freudiges Lob wird ihnen vollen Frieden schaffen.

In diesem Sinn heißt es auch: **Ihre Werke folgen ihnen nämlich nach.** Sein Lob richtet sich auf diese Werke, insofern sie die nach außen gekehrte Seite ihrer Glaubenstreue darstellen. Eine Trennung von Person und Werk ist nur auf einer sehr gedanklichen und übrigens völlig unfruchtbaren Ebene möglich. Während wir so gern die Werke dahinten lassen und Gott unsere abstrakte gläubige Person anbieten, ging das Judentum den umgekehrten Weg, indem es Gott an das abstrakte gute Werk verwies. „Wer e i n Gebot in dieser Welt ausübt, dem eilt es voran und geht vor ihm hin in die zukünftige Welt"[615]. Das gute Werk bahnt den Weg. Mit ihm demonstriert und operiert der Mensch vor Gott[616]. Aber vor Gott können wir weder so noch so Kulissen aufbauen. Er langt hinter dem Werk nach der Person und hinter der Person nach dem Werk. Er deckt Wirklichkeit auf (s. z. 20,11–13)[617].

Die Erscheinung des Menschensohnes (und der vierte Engel)

Offenbarung 14, 14–16

Zu Vers 14: Dan 7, 13
Zu Vers 15 u. 18: Joe 4, 13

14 **Und ich sah, und siehe, eine weiße Wolke, und auf der Wolke**
einen Thronenden – gleich einem Menschensohn, der auf seinem
Haupt einen goldenen Kranz hatte und in seiner Hand eine scharfe
15 **Sichel. * Und ein anderer Engel kam aus dem Tempel und schrie**
mit großer Stimme dem auf der Wolke Thronenden (zu): Sende
deine Sichel und ernte, denn gekommen ist die Stunde zu ernten,
16 **denn dürr geworden ist die Ernte der Erde. * Und der auf der**
Wolke Thronende warf seine Sichel auf die Erde, und die Erde
wurde abgeerntet.

14 Schon durch ihren Beginn **und ich sah, und siehe** wird diese Erscheinung aus der Kette der sechs Engel herausgehoben. Zuerst gewahrt Johannes als „Thron" die **weiße Wolke** (ähnlich 4, 2; 19, 11;

[615] St–B III, S. 817.
[616] Auch Paulus hat die Notwendigkeit christlicher Werke nicht aufgehoben, wohl aber ihre Repräsentierbarkeit.
[617] Schlatter und andere vermeiden die gerichtliche Deutung der „Werke" an dieser Stelle und sehen in den mitfolgenden Werken einen Hinweis darauf, daß die Ruhe kein leeres Dasein ist. Es wird weitergearbeitet (22, 2) und es wird vollendet, so daß die Existenz der Märtyrer, obwohl gewaltsam abgebrochen, doch nicht ein Torso bleibt und darum nicht vergeblich ist (1 Ko 15, 58).

20, 4. 11). Sie ist hier Machtsymbol wie in 1, 7[618], aber der Eindruck verstärkt sich noch durch ihre blendende Weiße[619]. Sie ist eigentlich nicht eine sinnliche Farbe, eher die Abwesenheit jeder natürlichen Farbe, „Beschreibung" unbeschreiblicher, himmlischer Lichtnatur[620].

Zeigt diese Wolke wie an anderen Stellen[621] die Ankunft des Herrn in Herrlichkeit an? Sowohl die Wolke als auch ihre weiße Farbe als auch der goldene Kranz könnten sich auf Engel beziehen (10, 1; 19, 14; 4, 4). Erst die weitere Auslegung kann hier Klarheit schaffen.

Auf dem Lichtthron schaut Johannes den **Thronenden**[622]. Er befindet sich im Gegensatz zu den „Thronenden auf der Erde" von Vers 6. An dieser Stelle scheidet für ihn die Deutung auf Engel aus[623]. Restlose Klarheit schafft der Zusatz **gleich einem Menschensohn** (gleichlautend mit 1, 13). Das ist bewußter Rückgang auf Da 7, 13, die im Judentum und Christentum gut bekannte Stelle von der Niederwerfung aller Menschenreiche zugunsten des ewigen Reiches durch den erhöhten Menschensohn. Er erscheint sieggekrönt: **auf seinem Haupt einen goldenen Kranz.**

Die wichtigste Aufgabe, die man vom Menschensohn erwartete, ist das Gericht[624]. Der Vater „hat ihm Vollmacht gegeben, das Gericht zu halten, weil er Menschensohn ist" (Jo 5, 27). Dabei ist hier nicht an ein Gericht über die Gemeinde zu denken, sondern an ein Gericht „außerhalb der Stadt", nämlich auf der weiten „Erde" (V. 6. 15. 16. 18. 19 = siebenmal). Die Gemeinde aber steht in diesem Bildrahmen

618 In 2 Mo 24, 15–16; 40, 34–35 Parallelausdruck für „Herrlichkeit des Herrn".

619 Hes sah den Gottesthron wie tiefes Blau, anders Offb 20, 11.

620 Das grie Wort für weiß (leukos) hängt mit unserem „leuchten" zusammen und bedeutet eigentlich „licht".

621 Da 7, 13; Mk 13, 26 und Parallelen; 1 Th 4, 17; Offb 1, 7.

622 Die Übersetzung mit „thronen" ist hier zu begründen wie zu 4, 2; ähnlich 3, 21; 12, 5. Da Thronen Zeichen höchster Würde ist, Diener aber stehen, ist Stehen in der Bibel die typische Haltung der Engel.

623 Gegen Bengel, de Wette, Bousset, Zahn, Stokmann. Letzterer meint, diese Erscheinung sei für Christus „viel zu schlicht". Sie ist kurz, aber keinesfalls schlicht, wenn wir den Bezug auf Da 7 und hier die Mittelpunktstellung zwischen den sechs Engeln beachten. Die Kürze und Anonymität erklärt sich aus der Skizzenhaftigkeit der Vision. Das ausführliche Gemälde mit klaren Namen und vielen Einzelheiten folgt 19, 11–21. Einige Stichworte aus unserem Abschnitt, die K. 19 wieder aufgenommen werden: weiße Farbe (19, 11. 14), Krone (19, 12), Engelbegleitung (19, 14), Pferde (19, 14. 18 bis 19. 21), Schärfe des Gerichtswerkzeuges (19, 15), Keltertreten (19, 15), Grimmwein (19, 15), gewaltige Engelrufe (19, 17), Schwefel (19, 20), Bilderdienst (19, 20).

624 Z. B. für das Judentum im Buch Henoch (K. 51; 61; 62; 63; 69). Im NT Mt 25, 31–46; Lk 21, 26; Apg 17, 31; Jo 5, 27. In Da 7 ist der Menschensohn allerdings noch eine unrichterliche Gestalt (s. z. 1, 13).

auf dem Zion beim Lamm und zählt nicht zum Begriff „Erde". Für dieses Gericht **hatte er in seiner Hand eine scharfe Sichel**[625].

Wir müssen im folgenden sehen, ob es schwerwiegende Gründe gibt, von dieser geschlossenen Schau im dargestellten Sinne abzuweichen. Enthält dieser Abschnitt vom sichelbewehrten Menschensohn im Kreise seiner Gerichtsengel auch noch einen Gnadenvorgang, wie einige Ausleger finden?

15 **Und ein anderer Engel kam aus dem Tempel** des Himmels (vgl. V. 17 und 11, 19). So reißt die Engelkette nicht ab. Sie alle und auch dieser Engel kommen aus der himmlischen Befehlszentrale, aus der Gegenwart Gottes. Was bringt er? **Und er schrie mit großer Stimme dem auf der Wolke Thronenden** zu. Diese Botenverbindung zwischen Gott und Christus demonstriert, daß Christus den Platz zur Rechten seines Vaters – recht verstanden – verlassen hat und in die Welt gekommen ist[626].

Der Engel gibt höchsten Auftrag weiter: **Sende deine Sichel und ernte.** Ernte kann in der Bibel sowohl ein Bild der Freude als auch des Schreckens sein; im NT meistens ein Bild des Schreckens[627]. Dafür spricht auch hier der Zusammenhang. **Denn die Stunde zu ernten ist gekommen, denn dürr geworden ist die Ernte der Erde.** Im Rahmen dieser Schau ist diese **Stunde** ja nicht von Vers 7 zu trennen: Es ist nicht die Sammlung der Gemeinde nach Mt 24, 31, sondern die Stunde des Gerichtes über das Tier und seine Anbeter, über Babel und seine Freunde. Gott antwortet aus seinem Tempel endgültig auf die Gebete der Märtyrer von 6, 10. Das lange Hinhalten ist an seinem äußersten Punkt angelangt. Keine irdische Entwicklung folgt mehr. Die Ernte ist überreif[628], und sie bezieht sich auf die ganze **Erde.**

Der Eindruck eines Gerichtsvorganges verstärkt sich durch das
16 Herabschleudern der Sichel. **Und der auf den Wolken Thronende warf seine Sichel auf die Erde.** Der Vorgang des Erntens selbst bleibt hier unanschaulich, während es z. B. Mt 13, 39 heißt: „Die Schnitter sind die Engel." Knapp ist auch die Vollzugsmeldung an dieser Stelle. **Und die Erde wurde abgeerntet.**

[625] Grie drepanon, von brechen, schneiden. Dieses Mehrzweckwort kann a) für eine Axt, b) für eine Sichel und c) für ein Winzermesser verwendet werden. Daß es sich V. 16 um ein Winzermesser handelt, ergibt sich aus der Verwendung für den Weinstock; daß es sich V. 15 um eine Sichel handelt, ergibt sich aus dem Ausdruck „Ernte", der im Grie mit „Sommer" zusammenhängt. Die Getreidemahd findet in Palästina im frühen Sommer statt, die Traubenernte erst im Herbst.

[626] Die Meinung, der Engel selbst befehle hier dem Menschensohn, wäre grobe Verkennung. Genauso wenig fleht der Engel ihn an einzugreifen.

[627] s. Hauck, Ki–Th W III, S. 132 f.

[628] „Die Ernte ist das Ende der Welt" (Mt 13, 39). Auch in jenem Gleichnis ist der „Herr der Ernte" der Menschensohn.

Wie schon erwähnt, sehen eine Reihe von Auslegern[629] im Unterschied zur Kelterung der Feinde in Vers 17–20 hier eine gnädige Sammlung der Auserwählten aus der ganzen Welt zu Christus hin. Dagegen aber sprechen nicht nur das Thema dieses Abschnittes, sondern auch alle seine Einzelheiten, die hier nicht zu wiederholen sind. Erst Vers 20 deutet den Gedanken einer Verschonung für die Auserwählten an. Auch die Parallelen 1, 7 und 19, 11–20 (s. Anm. 623) sind klare Gerichtsvisionen. Schließlich ist die Rolle von Joe 4, 13 im Hintergrund zu beachten. Dort ist das Doppelbild des Erntens und Kelterns vorgebildet und gilt unterschiedslos den Feinden Zions[630].

Die Kelterung der Erde (der fünfte und der sechste Engel)

Offenbarung 14, 17–20

17 **Und ein anderer Engel kam aus dem Tempel im Himmel, welcher**
18 **auch ein scharfes Messer hatte. * Und ein anderer Engel kam von**
dem Altar her, welcher Vollmacht über das Feuer hatte, und rief
mit großer Stimme dem, der das scharfe Messer hatte, zu und
sprach: Sende dein scharfes Messer und sammle ein die Trauben
des Weinstockes der Erde, denn seine Beeren sind reif geworden.
19 *** Und der Engel warf sein Messer auf die Erde und sammelte den**
Weinstock der Erde ab und warf (das Gesammelte) in die große
20 **Kelter des Grimmes Gottes. * Und die Kelter wurde außerhalb**
der Stadt getreten, und Blut ging aus der Kelter heraus, bis an
die Zäume der Pferde, eintausendsechshundert Stadien weit.

Zu Vers 20:
Joe 4, 13
Jes 63, 3

Die beiden Engel dieses Abschnittes haben wie der vierte Engel in Vers 15 deutlich mit der Gerichts*vollstreckung* zu tun, im Unterschied zu den drei ersten Engeln Vers 6–11, die die Eröffnung des Gerichtes ausriefen. Ferner zeigen sich hier zwei Paarbildungen. Der sechste Engel gehört zum fünften Engel, wie der vierte Engel dem Menschensohn zugeordnet war. Diese beiden Paare dienen der Verdopplung des Gerichtsbildes aus Joe 4, 13. Verdopplung ist hier klare Absicht. Wir bemerken die gleiche Herkunft aus dem Tempel des Himmels (V. 15 und 17), die gleiche Ausrüstung (V. 14 und 17, vgl. Anm. 625), das gleiche laute Rufen (V. 15 und 18), das gleiche Gerichtsobjekt (V. 15 und 18), die gleiche Aufforderung („sende!" in V. 15 und 18) und die gleiche Ausführung („warf" in V. 16 und 19).

629 Z. B. Lohmeyer, Hadorn, Behm, Rissi, Holtz. Auch Bornkamm neigt dieser Auslegung zu („Sicher ist sie mir freilich nicht").
630 Gegen die Auffassung einer Gnadenernte an dieser Stelle auch Bousset, Wikenhauser und Lilje.

So wird hier wie in Joe 4, 13 das gleiche Ereignis doppelt geschaut. Das verleiht großen Nachdruck. Daß dieses Gericht das eine Mal durch den Menschensohn selbst, das andere Mal durch den Engel vollstreckt wird, darf nicht irreleiten. Dieser Engel ist s e i n Engel. In ihm handelt wiederum er. Die Parallele 19, 15 zeigt Christus selbst als Keltertreter!

17 Die genaue Herkunftsbezeichnung für den sechsten Engel, daß er **vom Altar her kam,** ist vielsagend. Es ist daran zu erinnern, daß Johannes die Märtyrer von diesem Altar her (Anm. 212) zu Gott schreien hörte: „Herr, du Heiliger und Wahrhaftiger, wie lange richtest und ahndest du nicht unser Blut an den Bewohnern auf der Erde?" Wenn jetzt von diesem Ort her der Engel kommt, der das Startzeichen für das Endgericht gibt, dann ist die Verbindung zwischen Endgericht und Märtyrergebeten hergestellt. Der lang erflehte Termin ist da.

18 Der Engel vom Altar **hatte Vollmacht über das Feuer.** Soll er mit dem Engel in 8, 5 gleichgesetzt werden, der schon einmal „Feuer vom Altar" auf die Erde schüttete? Aber dort schien es um den Räucheraltar zu gehen, auch erscheint hier das Gericht nicht im Bilde des ausgeschütteten Feuers. Es ist ja nun das Endgericht, für das das Bild der Weinernte eintritt. Der Altar scheint hier wie 16, 7 die Stimme der Heiligkeit und Gerechtigkeit Gottes zu verkörpern.

Dieser Engel überbringt den Befehl: **Sende dein scharfes Messer und sammle ein die Trauben des Weinstockes der Erde, denn seine Beeren sind reif geworden.** In Palästina läßt man die Reben frei über den Boden ranken, so daß ein Weinstock eine große Fläche bedecken kann. Ps 80, 10 ist von einem Weinstock die Rede, der „das ganze Land erfüllt hat", hier die ganze Erdfläche. Das Bild war im Orient weit verbreitet und ist auch im AT nicht etwa auf Israel festgelegt. Hier wird der Weinstock **der Erde,** nämlich nach Vers 6
19 aller Nationen, Geschlechter, Sprachen und Völker abgelesen. **Und der Engel warf das Messer auf die Erde und sammelte den Weinstock der Erde ab.**

Das Gesammelte warf er in die große Kelter[631] **des Grimmes Gottes.**
20 **Und die Kelter wurde außerhalb der Stadt getreten.** Die Ortsangabe ist für unser Empfinden verwunderlich. Der „Weinstock der Erde" umfaßt doch viele Orte und Städte. In der ganzen Welt wird gekeltert. Wie kann die Kelterung hier an einer Stelle außerhalb einer Stadtmauer lokalisiert werden? Aber hier wird eben nicht in geographischen Größen gedacht, sondern in Wesensgrößen. Sie sind Joe 4 entnom-

[631] Kelteranlagen wurden meist in gewachsenen Felsen gehauen: eine flache Vertiefung, aus der kleine Abflußöffnungen in einen zweiten, tiefer gelegenen Behälter führten. In der oberen Wanne stampften Männer barfuß die Trauben, hielten sich an herabhängenden Stricken oder aneinander fest und sangen, um im Takt zu bleiben.

men. Dort lesen wir einerseits von Gottes Volk auf dem Zionsberg und andererseits von den rings heraufziehenden Feinden. Aber vor den Mauern Zions kommt der Ansturm durch einen Gotteseingriff zum Stehen. In einem Blutbad werden die Feinde vernichtet. Also erst hier am Rande der Vision gibt es einen indirekten Hinweis auf einen Gnadenvorgang an der Gemeinde. Dieses Gericht wird von ihr her gesehen „draußen" geschehen[632].

Die Beziehung zu Joe 4 wird auch durch die folgende dunkle Andeutung einer Schlacht bestätigt. **Und Blut ging aus der Kelter heraus.** Im AT wird gelegentlich roter Wein mit Blut verglichen[633]. Das Blut ging **bis an die Zäume der Pferde.** Diese Schilderung eines Blutbades ist formelhaft und kehrt mehrmals in der Literatur wieder[634]. Da heißt es, daß ein Roß bis an seine Brust im Blut der Sünder watet oder bis an die Nüstern in Blut versinkt oder bis an die Nase im Blut der Erschlagenen geht. Solche stehenden Wendungen bringen es mit sich, daß man gegen ihre buchstäbliche Bedeutung abstumpft. Damalige Leser verstanden, ohne daß in ihnen besondere blutrünstige Empfindungen geweckt wurden, daß sich hier großes Gericht vollzieht.

Nach dem Hinweis auf die Tiefe des Blutstromes folgt eine Angabe über seine Länge: **eintausendsechshundert Stadien weit.** Bengel und andere spekulieren hier mit der Länge Palästinas[635]. Aber die Auffassung der Zahl als Sinnzahl, die hier näher liegt, führt gerade zu einem Ergebnis, das jeden Gedanken an Palästina ausschließt. Hier ist die Zahl der vier Weltgegenden potenziert und noch mit der Füllezahl Tausend multipliziert. So umfaßt dieses Gericht die Erde in allen ihren nur denkbaren Erstreckungen und bis in ihre fernsten Winkel. Im Unterschied zu den innergeschichtlichen Gerichten, die das Leben immer wieder zu einem Teil weiterlaufen ließen und nach denen es immer wieder Davongekommene gab, ergeht hier Totalgericht[636].

DIE AUSGIESSUNG DER SCHALEN DURCH SIEBEN ENGEL

Offenbarung 15, 1 — 16, 21

Die Schalenreihe läuft deutlich mit der Trompetenreihe parallel[637]. Zunächst schaut Johannes wieder ein Vorspiel im Himmel, dann

[632] Der Begriff ähnlich in Mt 5, 13; Jo 15, 6; Offb 11, 2; 22, 15.

[633] 1 Mo 49, 11; 5 Mo 32, 14; Jes 63, 3. 6. Zum Passah wurde Rotwein getrunken.

[634] s. Bornkamm, Ki—Th W IV, S. 261, A. 8.

[635] Die Länge müßte etwa 300 km betragen, weit mehr also, als das eigentliche Land mißt.

[636] Langenberg legt die Vierzig als Zahl der Prüfung zugrunde. Mit sich selbst multipliziert ergebe sie den Begriff einer äußersten Prüfung. Aber das Wort „Prüfung" ist in keiner Weise geeignet, den Inhalt des Textes wiederzugeben.

[637] Bornkamm arbeitet noch zusätzlich die Entsprechungen zwischen den Anhängen der Trompetenreihe (12, 1 — 14, 20) und denen der Schalenreihe (17, 1 — 20, 5) heraus.

nach einer Überleitung ohne Unterbrechung die ersten sechs Gerichtsvisionen und nach einer Einschaltung das siebte Gericht. Über diesen gleichförmigen Aufbau hinaus fallen auch noch die gleichen Stichworte in den Reihen auf, in der folgenden Übersicht durch Sperrdruck hervorgehoben[638]:

Trompetengesichte	Schalengesichte
8, 2 Einführung der Trompetenengel	15, 1 Einführung der Schalenengel
8, 3–5 Vorspiel im Himmel: Beziehung der Trompetenengel zu den Gebeten der Heiligen	15, 2–8 Vorspiel im Himmel: Beziehung der Schalenengel zum neuen Lied der Sieger
8, 6 Überleitung zu den Trompetenvisionen	16, 1 Überleitung zu den Schalenvisionen
8, 7 Erste Trompete: Hagel und Feuer werden auf die Erde geworfen.	16, 2 Erste Schale: Sie wird auf die Erde gegossen.
8, 8–9 Zweite Trompete: Ein Drittel des Meeres wird zu Blut.	16, 3 Zweite Schale: Das Meer wird zu Blut.
8, 10–11 Dritte Trompete: Ein Drittel der Flüsse und Quellen wird zu Wermut.	16, 4 Dritte Schale: Flüsse und Quellen werden zu Blut.
8, 12 Vierte Trompete: Die Sonne und die Gestirne werden zu einem Drittel verfinstert.	16, 8–9 Vierte Schale: Die Sonne versengt die Menschen mit Feuer.
9, 1–12 Fünfte Trompete: Heuschrecken verfinstern die Sonne und verursachen Qualen der Menschen.	16, 10–11 Fünfte Schale: Das Reich des Tieres wird verfinstert, Qualen befallen die Menschen.
9, 13–21 Sechste Trompete: Die vier Engel am großen Euphrat werden losgebunden.	16, 12–14. 16 Sechste Schale: Sie wird auf den großen Fluß Euphrat ausgegossen.
10, 1 – 11, 14 Zwischenstück: Die Gemeinde in den Gerichten	16, 15 Zwischenruf an die Gemeinde in den Gerichten
11, 15–19 Siebte Trompete: Blitze, Stimmen, Donner, Erdbeben, Hagel	16, 17–21 Siebte Schale: Blitze, Stimmen, Donner, Erdbeben, Hagel
12, 1 – 14, 20 Anhänge	17, 1 – 22, 5 Anhänge

638 Vgl. ähnliche Aufstellungen bei Bornkamm und Lohse.

Worin besteht trotz dieser Gleichförmigkeit der Gedankenfortschritt[639]? Zur Beantwortung dieser Frage ist wieder das Vorspiel im Himmel 15, 1–8 sorgfältig zu lesen und mit dem Vorspann für die Trompetengesichte 8, 2–5 zu vergleichen.

Vorspiel im Himmel: Der Gesang der Sieger

Offenbarung 15, 1–8

1 **Und ich sah ein anderes Zeichen im Himmel, groß und staunens-**
wert – sieben Engel, die sieben Plagen hatten, die letzten, denn in
2 **ihnen wurde vollendet der Grimm Gottes. * Und ich sah (etwas)**
wie ein gläsernes Meer, mit Feuer vermengt, und die Sieger über
das Tier und über sein Bild und über die Zahl seines Namens,
die da bei dem gläsernen Meer standen und Harfen Gottes hatten.
3 *** Und sie singen das Lied des Mose, des Knechtes Gottes, und das**
Lied des Lammes, indem sie sprechen: Groß und staunenswert
(sind) deine Werke, o Herr, Gott, Allherrscher. Gerecht und wahr-
4 **haftig (sind) deine Wege, o König der Nationen. * Wer sollte sich**
nicht fürchten, Herr, und (nicht) verherrlichen deinen Namen?
Denn du allein bist heilig („fromm"), denn alle Nationen werden
kommen und anbeten vor dir, denn deine Rechtssprüche sind offen-
5 **bar geworden. * Und danach sah ich – und der Tempel des Zeltes**
6 **des Zeugnisses im Himmel öffnete sich. * Und heraus aus dem**
Tempel gingen die sieben Engel, die die sieben Plagen hatten,
bekleidet mit reinem, leuchtenden Linnen und umgürtet um die
7 **Brust mit goldenen Gürteln. * Und eines der vier Wesen hatte den**
sieben Engeln sieben Schalen gegeben, angefüllt mit dem Grimm
8 **Gottes, der da lebt (bis) in die Zeiten der Zeiten. * Und der Tempel**
wurde angefüllt mit Rauch von der Herrlichkeit Gottes und von
seiner Macht, und niemand vermochte in den Tempel hineinzu-
gehen, bis die sieben Plagen der sieben Engel vollendet worden
sind.

Zu Vers 1:
3 Mo 26, 21
Zu Vers 3 f:
2 Mo 14, 31
15, 1
Jos 14, 7
Ps 111, 2
139, 14
2 Mo 15, 11
34, 10
5 Mo 32, 4
Am 4, 13
Ps 145, 17
Jer 10, 6 f
1 Sam 2, 2
Ps 86, 9
Mal 1, 11
Zu Vers 5:
2 Mo 40, 34
Zu Vers 6:
3 Mo 26, 21
Hes 9, 2
Zu Vers 8:
2 Mo 40, 34 f
1 Kö 8, 10 f
Jes 6, 4
Hes 10, 4
44, 4
3 Mo 26, 21

Und ich sah ein anderes Zeichen im Himmel. Der Begriff Zeichen 1
umfaßt hier (vgl. 12, 1. 3) eine Vision mit ihren Einzelheiten und

[639] Oder hat Johannes sich – wie das einem alten Mann geschehen kann – wiederholt? So sieht es Bousset S. 462: Des Johannes Phantasie sei erlahmt. Erschöpft habe er sich wieder an K. 8 und 9 angelehnt.

Bewegungen, also die Vorgänge bis Vers 8[640]. Es erscheint Johannes **groß und staunenswert.** Schon das Zeichen in 12, 1 nannte er „groß", hier kommt noch entsetztes Staunen hinzu (z. Begriff s. z. V. 3). Dieser Zug äußerster Steigerung wird uns in der Schalenreihe immer wieder auffallen.

Im Mittelpunkt des „Zeichens" stehen wieder sieben Plagenengel: **Sieben Engel, die Plagen hatten.** So weit könnten sie sich mit den Trompetenengeln in K. 8 decken. Aber das Sätzchen läuft auf einen wesentlichen Zusatz aus, von dem es nicht getrennt werden darf. Die Plagen, die d i e s e Engel zu bringen haben, sind **die letzten.** Sie durchwirken nicht wie die Siegel- und Trompetengerichte die ganze Endzeit, sondern setzen erst ein, wenn die Entwicklung schon vorgeschritten ist, im „allerletzten Abschnitt vor dem Ende" (Rissi). So erläutert es ausdrücklich der folgende Satz: **denn in ihnen wurde vollendet**[641] **der Grimm Gottes,** er gelangt an seinen Zielpunkt.

Hier sind die Stellen von der Vollendung der „Geheimnisse Gottes" (10, 7) oder der „Worte Gottes" (17, 17) zu vergleichen. Gott gibt von einem bestimmten Zeitpunkt an sein Zögern auf und greift rasch und endgültig durch. Dem dienen die Schalengerichte. In ihrem Abschluß ertönt die Vollzugsmeldung: „Es ist geschehen!" (16, 17).

Die Siebenzahl drückt wieder aus: Gott bleibt in seinem Zorn nichts schuldig. Jede Sünde, die überhaupt im Kosmos geschah, empfängt ihren vollkommenen Widerspruch. Wie Gott in seiner Liebe ganz Gott war, wird er auch in seinem Zorn ganz Gott sein.

Obwohl die Schalenreihe also nicht die gleiche Zeitspanne betrifft wie die Trompetenreihe, sondern nur deren letzte Phase, bedient sie sich, wie der vorangeschickte Vergleich zeigte, sehr ähnlicher Bilder. Daraus ergibt sich, daß die allerletzte Zeit gegenüber der gesamten Endzeit nicht grundsätzlich neue Momente bringt. Aber Gott wird die Ereignisse zusammendrängen und so steigern, daß kein Mensch sie mehr verschläft. Die Erkenntnis, daß Entscheidungszeit ist und die Völker in ihrer Krise liegen, tritt jetzt grell in das Bewußtsein aller Menschen. Zu keiner früheren Zeit war das christliche Bekenntnis wie auch seine Verhöhnung so beladen mit Verantwortung.

Der erste Vers war Überschrift (Anm. 640). Erst jetzt beginnt Jo-
2 hannes mit der eigentlichen Wiedergabe seiner Schau. **Und ich sah**

[640] Für das Verständnis des Abschnitts scheint es eine Schwierigkeit zu geben. Einerseits sah Johannes die sieben Engel schon in V. 1, andererseits öffnet sich der Himmel erst in V. 5, und erst dort schreiten die Engel aus dem Inneren heraus und werden Johannes in allen Einzelheiten sichtbar. Die Lösung bietet sich darin an, daß V. 1 den Charakter einer Überschrift trägt. In ihr faßt Johannes ankündigend zusammen, was er dann nacheinander schildert (so auch Bousset, Hadorn, Stokmann, Wikenhauser, Lilje u. a.).

[641] Die Vergangenheitsform erklärt sich wieder aus der lebhaften Vorstellung des zuversichtlich Geweissagten (s. z. 14, 8 und öfter).

etwas **wie ein gläsernes Meer.** Diese Erscheinung gehört in der Offb zur Thronumgebung Gottes (s. z. 4, 6). Die „Wasser über der Feste" (1 Mo 1, 7) bieten nicht mehr einen bedrohlichen Anblick. Sie sind **gläsern,** d. h. die stürmischen Wellen sind in einen glatten Spiegel der Majestät Gottes hineingebändigt. Dazu paßt das Feuerelement: **mit Feuer vermengt.** Feuer ist in zahllosen Gotteserscheinungen Ausdruck seines Wesens (vgl. 4, 5), hier seiner richterlichen Herrlichkeit[642].

Freilich ergibt sich das Gegenüber des gläsernen Meeres zum Thron Gottes an dieser Stelle mehr aus den allgemeinen Zusammenhängen, als daß es ausgesprochen wäre. Der Text selbst kehrt eine andere, eine zweite Beziehung hervor: Das gläserne Meer ist Standort[643] der Sieger, die dort das neue Lied singen. Dadurch entsteht eine zusätzliche Bedeutung dieser Erscheinung. Einen Juden konnte nämlich die gläserne Beschaffenheit dieses Meeres an das Schilfmeer erinnern[644], an dem einst Israel die Gerichtsherrlichkeit Gottes erlebte und an dessen Ufer das gerettete Volk „das Lied des Mose" (hier V. 3) sang[645].

Die Verbindung zu jenem Ereignis in Israels Urzeit knüpft sich im folgenden immer fester. Johannes schaute **die Sieger über das Tier und über sein Bild und über die Zahl seines Namens.** Auch die Macht Pharaos, über die Israel durch Gottes starken Arm siegte, konnte ja mit einem drachenartigen Tier verglichen werden[646].

So steht „Israel" am Ufer der Rettung, **beim[647] gläsernen Meer,** und ist hindurch durch Bedrohung und Angst von K. 13. Die Ströme haben nicht ersäufen, das Feuer nicht verbrennen können, weil Gott es so lieb hatte (Jes 43, 2–3).

Nachdem die Harfen des Kaisers zerbrochen sind (s. z. 14, 2), klingen die **Harfen Gottes** auf. Die Stelle erinnert an 5, 8 und 14, 2, nur daß es jetzt nicht mehr Engel sind, die die Harfen schlagen, sondern die Sieger, die aus der Drangsal von K. 13 gekommen sind. Das setzt

642 In diesem Sinn sprach auch das Judentum von einem Feuermeer im Himmel.

643 Wie 1, 12; 4, 2 und zuletzt 14, 14 hat Johannes wieder erst den Ort geschildert, dann die dort befindlichen Personen.

644 Nach Schlatter meinten die Juden, Gott habe beim Durchzug durchs Rote Meer das Meerwasser gerinnen lassen, daß es ähnlich wurde wie Glasgeschirr (Beleg bei Bietenhard, S. 61, A. 4).

645 E. Käsemann sieht hier Christen am Taufwasser stehen (Exegetische Versuche und Besinnung, Band I, 3. A. 1964, S. 44). Zwar stellt 1 Ko 10, 1–2 eine Verbindung zwischen Schilfmeer und Taufe her, aber geschieht das h i e r ?

646 s. Anm. 438. Pharao war ein erster Typ des Antichristen.

647 Die Übersetzung mit „auf dem Meer" (z. B. Wikenhauser, Lohmeyer) liegt hier sachlich nicht nahe, genauso wenig wie etwa in 3, 20: „Siehe, ich stehe an (nicht auf!) der Tür . . ."

einen anderen Zeitpunkt voraus, nämlich die Stunde nach allen Gerichten Gottes.

Oder sollen wir Rissi folgen, dessen Deutung eine Parallele schafft zwischen diesem Siegergesang im Himmel und den weiterlaufenden Verfolgungen auf Erden nach K. 13? Nach ihm gelangen die Märtyrer einzeln, jeder unmittelbar nach seiner Sterbestunde, in diesen oberen Chor, während die übrige Gemeinde noch schwer weiterkämpft[648].

Selbstverständlich würde eine solche Deutung den Vergleich mit den Ereignissen im 2 Mo empfindlich stören. Dort begann ja nicht die Spitze des Zuges schon zu singen, während die Masse noch durch das Meer zog, verfolgt vom schnaubenden Pharao. Aber sie paßt auch nicht in die Botschaft der Offb. In der Vision 6, 9–11 erscheinen die Märtyrer eng und betont zusammengeschlossen mit ihren „Mitknechten und Brüdern, die auch noch sollten getötet werden gleichwie sie". Sie befinden sich wohl schon in der Nähe Gottes (beim Altar), aber sie nehmen noch in ihrer Weise Teil am großen Seufzen bis zur vollen Erlösung. Und nach K. 7 wird erst gesungen, wenn alles mitsingen kann, wenn auch die letzte Stimme der großen Schar dabei ist. Dort wie hier geht es um Vorschau auf die vollendete Gemeinde. Sie ist nun nicht mehr unterwegs wie 14, 4, sondern am anderen Ufer; sie hat das neue Lied nicht mehr nur im Ohr wie 14, 3, sondern auch im Mund.

Schließlich spricht auch der Wortlaut des neuen Liedes (s. z. 5, 8) gegen die Vorstellung, als ob hier die Lästerung des Tieres und die Gerichte Gottes noch als weiterlaufend gedacht seien.

3 **Und sie singen das Lied des Mose, des Knechtes Gottes, und das Lied des Lammes.** Wie der folgende Wortlaut eindeutig macht, handelt es sich nicht um zwei Lieder, sondern um ein und dasselbe Lied. Man bedenke zur Doppelbezeichnung, daß die Erlösung durch Mose zugleich eine Erlösung durch das Passahlamm war. Im Rahmen der Offb wird allerdings im Vordergrund stehen, daß das Moselied durch Jesus, das wahre Lamm Gottes, erfüllt ist und darum laut und gültig als Lied des Lammes gesungen werden kann. Die Erwartung eines zweiten Mose, der am Ende Gottes Volk vollkommen befreie, war im Judentum vorbereitet. Der Durchzug durch das Schilfmeer galt als Vorausdarstellung der messianischen Erlösung.

Die beiden folgenden Verse, die den Inhalt des neuen Liedes wiedergeben, erinnern gewiß an ihr Vorbild in 2 Mo 15, 6. 11. 18, sind aber auch darüber hinaus tief in atst Glaubensgut eingebettet. Keine

[648] Dagegen mit Recht Langenberg, Wikenhauser, Hadorn, Bietenhard.

Wendung, kein Wort, das sich nicht belegen läßt[649]. Daß solche Stücke so stark in der Einheit der Heiligen Schrift wurzeln, sollte sie nicht verdächtig machen, als ob sie deswegen abgeschrieben und künstlich zusammengestellt sein müßten. Vielmehr erweisen sie sich dadurch als echte Offenbarung des e i n e n Gottes und e i n e n Geistes und als Zeugnisse des e i n e n Glaubens.

Groß ist der erste Ausruf, eine Art Hochruf auf die Größe Gottes (Anm. 516). Der Begriff **staunenswert** begegnet uns oft im Zusammenhang mit der Erlösung aus Ägypten[650]. Gott handelt so gewaltig, daß es des Menschen Fassungsvermögen sprengt. Der Mensch liegt auf den Knien, entweder demütig oder auch verstockt wie Pharao, aber er liegt auf den Knien. Dieses Staunen konnte nach 13, 3 auch das Tier aus dem Meer hervorrufen. Aber es verblüffte die Menschheit nur durch Tricks.

Es folgen in der Anrede drei Gottesbezeichnungen: **O Herr, Gott, Allherrscher** (s. z. 1, 8). Die Dreizahl beherrscht das Lied. Es bringt auch drei Lobsprüche und dazu drei Begründungen.

Der zweite Lobspruch lautet: **Gerecht und wahrhaftig** sind **deine Wege.** Die staunenswerten Werke stürzen in ein fassungsloses Staunen über die Gerechtigkeit seiner Wege. Das ist hier der Tenor. Diese Gerechtigkeit wird zusätzlich beteuert: Sie ist wahrhaft gerecht (s. z. 5, 7). In dieser Hinsicht blieb nicht das Geringste zu wünschen übrig. Gott war sogar gerechter, als es Menschen, die immer wieder ihre Hoffnung auf die Lücken oder weichen Stellen seiner Gerechtigkeit setzen, lieb ist. „Nie werden wir begreifen den Allmächtigen. Er ist so groß an Macht und Rechtlichkeit, und nicht verschleppt er die gerechte Sache" (Hio 37, 23). **O König der Nationen** schließt dieser Lobspruch und zeigt noch einmal, in welch einem weiten Horizont er gesprochen ist.

Wer sollte sich nicht fürchten, Herr, beginnt der dritte Lobspruch, 4
und (nicht) **verherrlichen deinen Namen.** Es ist die vorbehaltlose Furcht, oberhalb jeder Achtung vor irdischen Herrschern (1 Pt 2, 17; Apg 4, 19; 5, 29). Sie wird hier als das einzig Vernünftige empfunden. Die rhetorische Frage setzt eine Stunde voraus, in der niemand auch nur auf den Gedanken kommt, sich vor Gott von den Knien zu

[649] „Groß sind die Werke des Herrn" (Ps 110, 2); „staunenswert sind deine Werke" (Ps 138, 14); „Herr, Gott, Allherrscher" (Am 4, 13); „wahrhaftig sind deine Werke", „gerecht und treu ist der Herr" (5 Mo 32, 4); „wer sollte dich nicht fürchten, du König der Nationen" (Jer 10, 7); „alle Nationen kommen und huldigen vor dir und verherrlichen deinen Namen" (Ps 86, 9); „du allein bist Gott" (Ps 86, 10).

[650] 2 Mo 3, 20; 15, 11; 34, 10; 5 Mo 34, 12. Nach anderen Stellen ist „staunenswert" das, was uns Menschen „zu hoch" ist (Ps 139, 6), und wir „nicht begreifen" (Hio 37, 5), in dem wir uns „nicht zurechtfinden" (V. 19).

erheben und ihm die Huldigung zu verweigern. Die Anmaßung eines Gottes außer Gott (13, 4) ist restlos niedergeschlagen und gerichtet.

Es schließt sich eine dreifache Begründung an. **Denn du allein bist heilig („fromm")**[651]. An den meisten Stellen seines Vorkommens wird dieses Wort (hosios) auf die Haltung von Menschen bezogen, die sich als gottgeweiht und gesetzestreu erweisen. Auf Gott angewandt kann es nur bedeuten, daß Gott sich selbst treu ist und seine Gottheit in einzigartiger Weise zu wahren bereit ist. Am Ende steht er unantastbar als Gott da, und zwar er **allein** (Ps 86, 10). Dieser Gedanke der zurückgewonnenen Alleinherrschaft und Alleinherrlichkeit Gottes beherrscht alle Aussagen. Sie ist das Ziel der Wunder und Wege Gottes.

Daran schließt sich die zweite Begründung für die Anbetungswürdigkeit Gottes an. Sie wechselt in den Stil prophetischer Rede über. **Denn alle Nationen werden kommen und anbeten vor dir.** Überführt durch die offenbare Heiligkeit Gottes ziehen sie herbei und vollziehen die tiefe, kniend ausgeführte Verneigung. Der gleiche Kniefall geschah 13, 4. 8. 12. 15 vor dem Tier, ebenfalls von seiten der „ganzen Erde" (13, 4) und durch „alle, die auf der Erde wohnen" (13, 8. 12). Das Tier hatte Gott die Verherrlichung gestohlen, aber die Endverherrlichung wird wieder dem wahren Gott zuteil[652].

Schließlich begründet ein drittes „denn" die Ehre Gottes: **denn deine Rechtssprüche sind offenbar geworden.** An ein bloßes Wortgeschehen ist bei diesen Rechtssprüchen freilich nicht gedacht. Es sind vielmehr richterliche Entscheidungen, die in richterlichen Vollstreckungen konkret und jetzt vor aller Augen einleuchtend geworden sind. Gott als Richter der Erde hat in einem Maße überzeugt, daß sich kein Gewissen mehr dieser am Tage liegenden Rechtlichkeit entziehen kann. Vor einem solchen Richter kniet alles. Als so wahr und rein und zuverlässig hat er sich erwiesen.

Damit ist die Grundbitte aller Gottesmenschen in Erfüllung gegangen: „Daß du wahr erscheinst in deinem Reden, klar in deinem Richten!" (Ps 51, 6). Tatsächlich unterläuft den Siegern in ihrem Triumphlied kein falscher Zungenschlag. Da findet sich keine Ichsucht, keine Rachsucht, kein Stolz auf eigene Opfer oder Treue, sondern allein die Sättigung jenes Hungers nach Verherrlichung Gottes und des Lammes. Hätten diese Sieger sich von persönlicher Genugtuung überwältigen lassen, wären sie schon keine Sieger mehr gewesen. Ihr Sieg lebt davon, daß Gottes Ehre siegt (s. z. 6, 10).

651 Vertreter der Allversöhnung übersetzen hier gern mit „huldreich" (E. A. Knoch, Langenberg) oder mit „gnädig" (Bengel).

652 Die Frage der individuellen Seligkeit ist wieder nicht berührt, vgl. Anm. 411.

Es gilt, die Funktion dieser Schau in ihrem Zusammenhang zu erfassen. Gleich beginnt die Ausgießung der sieben Zornschalen, beginnen die letzten Schläge Gottes gegen das Reich des Tieres, bis aller Götzendienst in den Staub sinkt. Dieses Geschehen wird hier mit dem Zukunftsgesang der erlösten Gemeinde verknüpft; d. h. nur vom anderen Ufer her, vom prophetisch vermittelten Standort in der Endvollendung aus läßt sich die abgründig finstere Endphase der Geschichte, die gleich zur Sprache kommen soll, ertragen. Geschichtsdeutung und Gerichtsdeutung vom diesseitigen Ufer oder von der Strommitte aus dringen nicht durch und müssen kläglich scheitern. Nach Mt 24, 22 kommen Tage, in denen kein Mensch Christ bliebe, wenn sie nicht verkürzt würden. Aber noch in ihrer Verkürzung sind sie unerträglich, liegt der Glaube an die Allmacht der Bestialität näher als der Glaube an die Meisterung aller Dinge durch den gerechten Gott in Jesus Christus. Nur durch Licht von vorn, durch diese Prophetie von einer unbeschreiblichen Endverherrlichung Gottes und des Lammes, wird die Gemeinde Gemeinde bleiben. Darum glückselig, wer dies Buch der Prophetie hat, liest, hört und hält!

Für die Fortsetzung von Vers 5 klären wir noch einmal die Örtlichkeiten. Wo sangen die Sieger? Am gläsernen Meer. Wo befindet sich das gläserne Meer? Vor dem Thron Gottes. Wo steht der Thron Gottes. Im Himmelstempel. Die Sieger sangen also drinnen. Die Vision, in der Johannes sie dort sah und hörte, ist nun zu Ende. Er steht
wieder draußen[653]. Da – wie ein Reflex auf den Gesang – öffnen sich
des Tempels Türen nach draußen. **Und danach sah ich – und der** 5
Tempel des Zeltes des Zeugnisses im Himmel öffnete sich.

Die Wendung **Zelt des Zeugnisses** ist in der LXX über hundertmal Bezeichnung der Stiftshütte[654]. Aber was bedeutet hier die Häufung der Ausdrücke? Wurde nun der Tempel oder die Stiftshütte geöffnet? Schließen die beiden Begriffe einander nicht aus, da Israel in der Wüste eine Stiftshütte besaß, aber keinen Tempel, und später umgekehrt?

Aber in der Offb fließen „Tempel" und „Zelt" eigentümlich ineinander. Beide bezeichnen die Gotteswohnung, nämlich den Himmel[655]. Damit ergibt sich dieser Sinn: Der Tempelbegriff (V. 6. 8 steht er dann ohne Zusatz) wird mit dem Begriff der Stiftshütte gefüllt. Dieses Zelt erinnerte ja an den ursprünglichen Zustand, an das Urbild

[653] Die Wendung „und danach sah ich" ist wieder ein zuverlässiger Hinweis auf einen Szenenwechsel (Anm. 160).

[654] Daß Johannes hier bewußt oder unbewußt einen Ausdruck aus der LXX übernimmt, wird schon durch die Tatsache nahegelegt, daß er „Zeugnis" sonst nie in seinen Schriften in der Form von martyrion verwendet (wie hier), sondern immer martyria (30 mal!).

[655] Die Vollendeten dienen Gott nach 7, 15 gleichzeitig in seinem himmlischen „Tempel" und in seinem „Zelt".

des Wohnens Gottes bei seinem Bundesvolk in der Wüstenzeit. Indem „Tempel" an dieser Stelle damit verbunden wird, entsteht eine ganz besondere Versicherung: Die sogleich aus dem Tempel hervorgehenden Gerichte kommen aus der innersten Gemeinschaft und Bundestreue Gottes zu seinem Volk[656].

6 In dieser Weise vorbereitet **gingen aus dem Tempel heraus die sieben Engel, die die sieben Plagen hatten** und auf die der Leser seit Vers 1 wartete. Es entspricht wieder der Steigerung von den Trompetengerichten hin zu den Schalengerichten, daß die Kleidung dieser Engel stärker hervorgehoben wird als die der sieben Gerichtsengel in 8, 2–5. Ihre Bekleidung **mit reinem, leuchtenden Linnen** paßt ganz zu priesterlichen Gestalten, die im Tempel Dienst tun[657]. Desgleichen sind sie in priesterlicher Weise **umgürtet um die Brust mit goldenen Gürteln.** Darum ist ihr Tun, das sogleich anhebt, von vornherein als gottesdienstliches Geschehen gekennzeichnet. Sie kommen aus jener Gottesgegenwart und dienen Gott, wenn sie die Gerichte ausschütten. Daran soll die Gemeinde nie irre werden.

Um auf die Ausrüstung dieser Engel zu kommen, wird zurück-
7 gegriffen: **Und eines der vier Wesen,** also der gottnächsten Engelwesen (s. z. 4, 6), **hatte den sieben Engeln sieben Schalen gegeben, angefüllt mit dem Grimm Gottes, der da lebt** bis **in die Zeiten der Zeiten.** Obwohl im AT das Bild vom Zornes b e c h e r geläufiger und dem Leser der Offb auch schon von 14, 10 her bekannt ist und ihm 16, 19 wieder begegnen wird, wechselt das Bild hier auf die Zornes s c h a l e über. Zunächst ist die Schale größer als der Trinkbecher, vor allem aber verlängert sich die gottesdienstliche Linie[658]. So sind es betont keine blinden Naturgewalten, die die entsetzlichen Katastrophen über die Erde bringen werden, auch nicht böse Dämonen; vielmehr bleibt alles Geschehende einbezogen in dieses Tempelgeschehen.

Die von Gotteszorn erfüllten Schalen entsprechen dem von Gottes
8 Herrlichkeit erfüllten Tempel: **Und der Tempel wurde angefüllt mit Rauch von der Herrlichkeit Gottes und seiner Macht.** Wie Weihrauch den gottesdienstlichen Raum einnimmt, breitet sich die richterliche[659] Gottesgegenwart in undurchdringlicher Dichte aus[660]. **Und niemand vermochte in den Tempel hineinzugehen, bis die sieben Plagen der sieben Engel vollendet worden sind.** Gott ist jetzt für alles andere

656 Holtz findet (S. 168) diese Steigerung: 4, 1 öffnet sich die Tür des Himmels, 11, 19 der Tempel selbst, 15, 5 der Tempel in seiner innersten Bedeutung als Stiftshütte, schließlich 19, 11 der Himmel insgesamt.
657 2 Mo 28, 39; 3 Mo 6, 3; 16, 4. 23; Hes 44, 17. 18.
658 Sie wurde zum rituellen Blutausgießen benötigt; 2 Mo 27, 3; 4 Mo 4, 14; 7, 13; vgl. 5, 8.
659 So hier nach dem Zusammenhang, aber auch nach Jes 6, 4; Hes 10, 4.
660 Auch 8, 4 war die Rede vom „Rauch", hier aber ist alles total.

unzugänglich; auch er hat jetzt „keine Zeit“ mehr (vgl. 12, 12; 10, 6). Wer ihn beeinflussen oder bitten möchte, von seinem Vorhaben abzustehen, wird nicht mehr vorgelassen. Sein Zorn regiert unerbittlich und „unvermischt“ (14, 10; vgl. Jer 30, 23—24). Jeder Widerstand gegen seine Herrlichkeit wird gebrochen[661].

Gerade im Blick auf die schlimmsten Gerichte soll die Gemeinde es am tiefsten ins Herz fassen, wie die Zusammenhänge sind. Man könnte in den Katastrophen an allerlei natürlichen und menschlichen Ursachen hängen bleiben und nicht wahrnehmen, daß Gott durch sie antwortet. Die Empfänger dieses Buches sollen aber die Sprache Gottes verstehen und bezeugen: Hinter der qualmerfüllten Welt stehen die zorngefüllten Schalen, und diese kommen aus dem weihraucherfüllten Heiligtum Gottes.

Exkurs 13: DER ZORN GOTTES

Unüberhörbar und häufiger als jede andere Schrift des NT spricht die Offb vom Zorn Gottes[662]. Sie vermittelt durch ihre Bilder einen erschütternden Eindruck von seiner ungeheuren Wirklichkeit. Dabei wiegt am schwersten, daß es sich bei einem Großteil dieser Stellen um Zorn als E n d zorn handelt, nicht um vorübergehende und im Grunde gnädige Züchtigung.

a) Die Griechen sprachen vom „gerechten Zorn“, nämlich vom äußersten Widerwillen gegen das Unrecht, wie man ihn von einem guten Richter erwartet, der das Unrecht keinesfalls durchgehen läßt, sondern wieder gerechte Verhältnisse herstellt. Vorwiegend neigten die Griechen allerdings zu einer negativen Bewertung des Zornes. Besonders in späterer Zeit fanden sie den Zorn eines Gottes unwürdig. Er erschien ihnen als peinliche Unbeherrschtheit und als ein Mangel an Vernunft. Darum bemühten sich ihre Philosophen, den Gottesbegriff zu „reinigen“, und lehrten durchgehend die Zornlosigkeit Gottes. Unter ihrem Einfluß hatte der jüdische Philosoph Philo (z. Z. Jesu) mit den Zornaussagen des AT größte Schwierigkeiten, desgleichen der christliche Kirchenvater Origenes, der „Vater der Allversöhnung“ (s. in der Anm. 932).

661 Solch eine Füllung des Heiligtums durch die Herrlichkeitswolke als Zeichen der Unnahbarkeit Gottes wird im AT mehrfach berichtet (2 Mo 40, 34—35; 1 Kö 8, 10—11; 2 Chr 5, 13—14), aber hier spitzt der Nachsatz („bis die Plagen vollendet sind“) alles auf den Zorn Gottes zu.

662 „Zorn“ (orgä): 6, 16. 17; 11, 18; 14, 10; 16, 19; 19, 15. „Grimm“ (thymos): 14, 10. 19; 15, 1. 7; 16, 1. 19; 19, 15. „Grimm“ bezeichnet ursprünglich den innerlich aufwallenden Zorn, „Zorn“ die wahrnehmbar herausfahrende Wirkung, aber schon in der LXX werden die Begriffe austauschbar.

b) Das AT verbindet „Zorn" über fünfzigmal mit „Jahwe". Nach israelitischem Glauben kämen Gottes Wege ohne Gottes Zorn nicht zum Ziel. Das Ziel besteht in der Alleinherrschaft Gottes in Gerechtigkeit und Frieden. Gott würde auf Gerechtigkeit und Frieden verzichten, wenn er gegenüber den Widerständen gegen diese seine Herrschaft auf Zorn verzichtete. Zorn ist bei Gott die Form seiner Liebe unter den Bedingungen des Widerstandes. Bevor aber der zürnende Gott den Widerstrebenden zerschlägt, warnt er ihn durch einzelne Schläge. „Ich halte meinen Zorn lange zurück, ich bezähme mich dir zugut, damit du nicht ausgerottet wirst" (Jes 48, 9). „Der Herr ist geduldig, aber er läßt niemand ungestraft" (4 Mo 14, 18).

c) Die Lehre vom Zorn Gottes ist im NT nicht ein versehentlich mitgeschlepptes Stück aus dem AT, sondern gehört unaufgebbar dazu. Weil der Zorn Gottes restloser Widerwille gegen Unrecht ist, steht er in völliger Übereinstimmung mit seiner Gerechtigkeit und darum auch mit seiner Liebe. Höhepunkt dieser Verkündigung stellt die scheinbar unmögliche Bildmischung vom „Zorn des Lammes" in Offb 6, 16[663] dar. Wer nimmt dem Lamm diesen Zorn ab? „Wer glaubt's aber, daß du so sehr zürnest, und wer fürchtet sich vor dir in deinem Grimm?" (Ps 90, 11). Unser angeblich so tiefes Verständnis von der Liebesbotschaft des Evangeliums macht uns gegenüber dem Gerichtsgedanken erhaben. Wirklich Schlimmes kann uns nicht mehr geschehen.

Das NT lehrt wie das AT, daß Gottes Zorn nicht sofort in Letztform hereinbricht, sondern unter ständigen Verzögerungen anwächst, die dem Sünder Raum zur Buße freigeben (s. z. 9, 20). Niemals schlägt dieser Richter blind und unbeherrscht zu. Die Verachtung seiner Langmut wird dann einmal zum entscheidenden Grund für den Endzorn. Alle Gerichteten werden Verhärtete sein, die lange und wiederholt die Liebe Gottes erfuhren. Aber auch die Geretteten und Freigesprochenen werden lange geduldete Sünder sein, die ebenfalls lange und wiederholt Gottes Liebe schmeckten.

Das NT nimmt nichts davon zurück, daß Gott über alle Dinge zu fürchten ist, mehr als alles Hohe und Tiefe, Gegenwärtige und Zukünftige. Er ist die eigentliche Gefahr für sündige Menschen; nur er kann verdammen. Seine Gerichtsankündigungen sind nicht ein Bangemachen, das nicht gilt, sondern an Gott können wir wirklich zugrunde gehen. Welch eine Botschaft, daß d i e s e r Gott uns Zornfreiheit schenken will durch das Blut Jesu Christi!

663 Vgl. bei Paulus Stellen wie Rö 1, 18; 1 Th 1, 10; Eph 2, 3.

Überleitung und die erste Schale

Offenbarung 16, 1–2

1 **Und ich hörte eine große Stimme aus dem Tempel, die sprach zu**
den sieben Engeln: Geht hin und gießt aus die sieben Schalen des
2 **Grimmes Gottes auf die Erde. * Und ab ging der Erste und goß**
seine Schale auf die Erde. Und es befiel („geschah") eine schlimmes
und böses Geschwür die Menschen, die das Malzeichen des Tieres
hatten und seinem Bilde huldigten.

Zu Vers 1:
Jes 66, 6
Ps 69, 25
Jer 10, 25
Ze 3, 8
Zu Vers 2:
2 Mo 9, 9 f
5 Mo 28, 35

Wenn auch nach 15, 8 bis zum Abschluß der Plagen niemand in den weihraucherfüllten Tempel hineingehen konnte, haben wir uns doch nicht vorzustellen, Gott throne dort drinnen entblößt von jeder Dienerschaft. Die vier Engelwesen von 4, 6 sind z. B. nicht vom Thron wegzudenken. An sie können wir bei den „Stimmen vom Thron" (z. B. 16, 17 und 21, 3) denken. Kaum wird der hier erschallende Befehl vom Thronenden selbst[664] vermittelt. **Und ich hörte eine** 1
große Stimme aus dem Tempel, die sprach zu den sieben Engeln.

Der **großen Stimme** folgt in diesem Abschnitt die „große Hitze" (V. 9), der „große Wasserstrom" (V. 12), der „große Tag Gottes" (V. 14), zweimal das „große Beben" (V. 18), die „große Stadt" (V. 19), das „große Babylon" (V. 19), der „große Hagel" (V. 21) und die „große Plage" (V. 21). Der Hang zur Steigerung läßt sich gar nicht überlesen. In den Versen 18 und 21 überschlägt sich die Sprache geradezu, um die Supermaße erfassen zu können.

Ein weiteres ist in diesem Sinne gegenüber der Plagenreihe in K. 8 und 9 zu bemerken. Dort erhielt jeder Plagenengel für seinen Einsatz einen neuen Befehl. Hier löst e i n Befehl die ganze Reihe aus. Dadurch rücken die Plagen eng zusammen. Sie ergehen nicht im gemessenen Tröpfeln, sondern wie eine geballte Ladung. Mit geringstem Abstand rauscht Guß auf Guß auf die Erde. Kaum zog das eine Gericht ab, war das nächste auch schon da. Nach Vers 11 herrscht sogar immer noch die Plage von Vers 2. Dagegen wurde 9, 12 säuberlich der Abzug des ersten Wehe gemeldet und erst dann das nächste Wehe angekündigt.

So erhalten die sieben Engel ihren gemeinsamen Einsatzbefehl: **Geht hin,** heißt es unheilvoll (vgl. z. 14, 4), **und gießt aus die sieben Schalen des Grimmes Gottes.** Der Zorn gleicht einem feurigen Glut-

[664] So mit Hadorn. Die meisten Ausleger aber deuten die Stimme entschieden auf Gott selbst. Seine eigene Stimme würde aber kaum so anonym erschallen, vgl. 1, 8 und 21, 5.

fluß[665], der ausgegossen werden kann. Zugleich liegt im Gießen die Vorstellung verschwenderischer Fülle.

Die Gerichte treffen **auf die Erde.** Die folgenden Verse fächern den Begriff vierfach auf: Erde (V. 2), Meer (V. 3), Wasserströme (V. (4) und Gestirne (V. 8), also ganz wie 8, 7–12 (vgl. 14, 7; ähnlich 11, 6). Die Gerichte ergehen global[666]. Die ganze Erde ist „Ägypten" geworden; daran erinnern im folgenden die Bezugnahmen auf 2 Mo.

2 **Ab ging der Erste und goß seine Schale auf die Erde.** Johannes bezeichnet den einzelnen Engel einfach mit seiner Ordnungzahl. So spiegelt die geraffte Sprache die Geschwindigkeit der Aufeinanderfolge und die Gedrängtheit der Zeit wider. **Und es befiel („geschah") ein schlimmes und böses Geschwür die Menschen, die das Malzeichen des Tieres hatten und seinem Bilde huldigten.** Im Unterschied zur ersten Trompetenplage betrifft das erste Schalengericht sogleich auch die Menschen, und das nicht nur beschränkt auf ein Drittel von ihnen[667]. Zu vergleichen ist hier die sechste ägyptische Plage. Die Einzahl „Geschwür" steht hier – Vers 11 findet sich der Plural – dem „Malzeichen" gegenüber, mit dem sich diese Menschen selbst gezeichnet haben, stolz und herausfordernd. Gott läßt sich nicht spotten und zeichnet sie mit dem widerlichen Geschwür. Wird die Antwort verstanden und angenommen?[668]

Die zweite Schale

Offenbarung 16, 3

Zu Vers 3:
2 Mo 7, 17 f

3 **Und der Zweite goß aus seine Schale in das Meer hinein, und es wurde zu Blut wie eines Toten, und jedes Lebewesen im Meer starb.**

[665] So auch Jer 10, 25; Ps 69, 25; Zeph 3, 8 und viele Stellen bei Hes. Die hebr Vokabeln für Zorn haben die Grundbedeutung von „heiß sein, entbrennen". Unser deutsches Wort „Zorn" bedeutet dagegen „Zerrissenheit, Zwist, Streit". – 8, 5 wurde der Zorn als glühende Kohle versinnbildlicht.

[666] Langenberg möchte „das Land" immer erst einmal auf Israel deuten. Hier sieht er darum vornehmlich Gerichte an Israel. Aber der Zusammenhang legt den Begriff hier unwidersprechlich auf die ganze Welt aus.

[667] Wichtig auch die Beobachtung, daß schon diese erste Plage die Zuspitzung von K. 13 voraussetzt (Malzeichen des Tieres!), was dagegen bei der ersten Trompetenplage durch nichts angedeutet ist.

[668] Allgemeines zur Auslegung dieser und der nächsten Plagen: Bengel deutet die „Erde" auf Asien, Stokmann auf die Kulturwelt, Frey auf die verweltlichte Kirche. Das „Meer" in V. 3 deutet Bengel dann auf Europa, Frey auf das Völkermeer; die Gewässer V. 4 Bengel auf Afrika (Ägypten), Frey auf Geisteswelt usw. – Diese Festlegungen sind nicht geraten. Objekt der Schläge Gottes ist hier zunächst das endzeitliche „Ägypten". Auf welches Konkretum das geht, muß die Gemeinde in jeder neuen Situation prüfen. Alle Begriffe sind hier zunächst Begriffe einer uralten Verkündigungssprache des Volkes Gottes.

Dieses Gericht erinnert nicht nur an die erste ägyptische Plage, sondern auch an die zweite Trompetenplage 8, 8. Aber die Folgen dehnen
sich auf das g a n z e Meer aus. Der Zusatz zum Blut, **wie eines Toten,** 3
hebt hervor, daß es nicht allein um die Farbwirkung geht (wie etwa 6, 12). Wir sollen an Blut denken, das nicht mehr Träger des frischen Lebens, sondern geronnen, faulig und stinkend geworden ist. So verwandelt sich das Meer – einst Reichtümer bergend – in eine ekelerregende, klumpige Blutlache. Ein wesentlicher Teil der Schöpfung fällt für den Menschen aus (s. den Begriff „Schöpfung rückwärts" in Exkurs 5c). Dabei ist dieses Blut gleichzeitig Antwort auf die Vergießung des Märtyrerblutes, wie Vers 6 ausdrücklich sagen wird.

Die dritte Schale und zwei Lobpreise aus dem Himmel

Offenbarung 16, 4–7

4 **Und der Dritte goß aus seine Schale auf die Ströme und Quellen**
5 **der Gewässer, und sie wurden zu Blut. * Und ich hörte den Engel**
der Gewässer sprechen: Gerecht bist du, der da ist und war, o
6 **Heiliger, daß du solches gerichtet hast. * Denn Blut der Heiligen**
und Propheten haben sie ausgegossen, und Blut hast du ihnen zu
7 **trinken gegeben. Sie sind (es) wert. * Und ich hörte den Altar**
sprechen: Ja, O Herr, Gott, Allherrscher, wahrhaftig und gerecht
sind deine Gerichte.

Zu Vers 4:
2 Mo 7, 19 ff
Ps 78, 44
Zu Vers 5:
Ps 119, 137
145, 17
2 Mo 3, 14
5 Mo 32, 4
Zu Vers 6:
Ps 79, 3
Jes 49, 26
Zu Vers 7:
Am 4, 13
Ps 19, 10
119, 37

Der dritte Guß trifft **die Ströme und Quellen der Gewässer** und er- 4
innert an die erste ägyptische und an die dritte Trompetenplage. Damit ist ein weiterer lebenswichtiger Bereich getroffen, das Trinkwasser. Nach 14,7 wollten die Menschen den Schöpfer der Wasserquellen nicht anerkennen, obwohl sie trinken wollten. Nach langer Geduld mit diesen merkwürdigen Menschen erteilt Gott jetzt eine harte Antwort. Wieder (wie V. 3) färbt sich das Wasser nicht nur, sondern erkrankt und zersetzt sich.

So furchtbar die Strafen sind, so erhaben leuchtet darin die Rechtlichkeit Gottes auf. Aus zweier Zeugen Mund ertönen Lobpreise, die das gewiß machen. Gerade der Engel, der für das Wasser zuständig[669]
ist, bricht im Stil von Ps 119, 137; 5 Mo 32, 4 in den Ruf aus: **Gerecht** 5
bist du! Aus dem Augenblick heraus mag man ihm zwar den Vorwurf übertriebener Härte machen; wir Menschen lassen uns in unwürdigster Weise vom Augenblick steuern und urteilen ungeschichtlich, wie ohne Gedächtnis. Gott aber richtet und handelt aus der Breite der

[669] Vgl. 7, 1 Engel der Winde, 14, 18 Engel des Feuers.

Geschichte heraus. Er ist ein Gott, **der da ist und war.** Da war die Geschichte seiner Geduld und die Geschichte menschlicher Herausforderung. Wer dieser Geschichte nur einmal standhält, ob Engel oder Mensch, wird niederstürzen: **O Heiliger[670], gerecht bist du.**

6 In einer zentralen Begründung heißt es: **Denn Blut der Heiligen und Propheten haben sie ausgegossen.** „Heilige" ist Grundbezeichnung für die Christen (s. z. 8, 3) und wird in der Offb gern ergänzt durch „Propheten", „Zeugen" oder „Knechte" (11, 18; 17, 6; 18. 20. 24), was sich offenbar der Sache nach deckt. Mehrmals erwähnen die angegebenen Stellen auch den Blutrausch der Verfolger. Diese Blutdürstigen bekommen nun ihr Blut, aber nicht so wie sie es sich wünschten, sondern zum Entsetzen und Erbrechen. **Und Blut hast du ihnen zu trinken gegeben. Sie sind es wert.** Dieses mengenhafte Bluttrinken muß genauso wenig buchstäblich genommen werden wie das Blutvergießen. Aber wir spüren den Sinn dieser grellen Bildworte. Etwas, was der Mensch glaubte sich leisten zu können, nämlich unbequeme Menschen zu beseitigen, wächst ihm nun unter dem Zorn Gottes über den Kopf. Zu seinem Entsetzen badet er in Blut und liegt er zwischen Leichen (vgl. wieder Anm. 208).

7 Als einen zweiten Zeugen **hört** Johannes **den Altar sprechen.** Sicher verkörpert er die Stimmen der Märtyrer, die nach 6, 9 am Fuße des Altars erschallen. Sie bewegte ja nichts so sehr wie das Thema der göttlichen Gerechtigkeit (vgl. auch 14, 18). So harmonieren Engelstimme und Christenstimme. Das **Ja** ist auch 1, 7 und 22, 20 eine ausdrückliche Bestätigung im Munde der Gemeinde. „Die begnadigte Gemeinde sagt zu Christi Wegen ja!" Sie entdeckt keinen Widerspruch zwischen Gottes Gerichten und seiner Gottheit, wie sie sich ihr in Jesus Christus offenbart hat, sondern nur Übereinstimmung: **O Herr, Gott, Allherrscher,** heißt es wie ein Vorklang auf das neue Lied (15, 3), **wahrhaftig und gerecht sind deine Gerichte.**

Die vierte Schale

Offenbarung 16, 8–9

8 **Und der Vierte goß aus seine Schale auf die Sonne. Und es wurde**
9 **ihr gegeben, die Menschen mit Feuer zu versengen. * Und die Menschen wurden versengt mit großem Sengen, und sie lästerten den Namen Gottes, der die Vollmacht über diese Plage hatte, und sie taten nicht Buße, ihm Herrlichkeit zu geben.**

[670] Hier steht im Grie wieder hosios wie 15, 4; zur Übersetzung siehe dort.

Das Stichwort **Sonne** verbindet diese Plage mit der vierten Trom- 8
petenplage. Sogleich fällt aber als Unterschied die Entschränkung des
Gerichts auf, über ein Drittel hinaus; und die Sonnenstrahlung wird
diesmal nicht gemindert, sondern bis in ein schädliches Maß gestei-
gert. Die Segensspenderin alles irdischen Lebens verkehrt sich in eine
Strafe. **Und es wurde ihr gegeben, die Menschen mit Feuer zu ver-** 9
sengen. Ihr wird ein förmliches Feuergericht übertragen[671]. **Und die Menschen wurden versengt mit großem Sengen.** Schon 7, 16 kannte Qual durch die Sonne.

Im Kontrast zu den lobenden Stimmen von oben (16, 5–7) kommen jetzt Lästerstimmen von unten. Wie die Himmelsstimmen fassen sie alle Plagen zusammen. Die Menschen – und damit erweisen sie sich als Anhänger des Tieres (13, 1. 5. 6; 16, 9; 17, 3) – **lästerten den Namen Gottes, der die Vollmacht über diese Plagen hatte.** Wenn es ihnen schlimm geht, gibt es mit einem Mal einen Gott. Unter Flüchen erinnern sie sich seiner. In flammender Empörung fragen sie: Wie kann er das zulassen? und vermauern sich neu in ihrer Unbußfertigkeit. **Und sie taten nicht Buße, ihm Herrlichkeit zu geben** (s. z. 9, 20. 21 und hier V. 11). Sie verbittern unter den Schlägen wie einst die Ägypter.

Diese Stelle setzt voraus, daß auch die Schlußgerichte noch in die Gnade hineinlocken wollen[672]. Wiederum zeigt sie, wie wenig Gerichte automatisch reinigen, läutern und bessern. Man setze darum kein allzugroßes Vertrauen in sie, als ob recht lange Strafzeiten, vielleicht äonische Gerichte, den Unglauben langsam absterben ließen und selig machten.

Die fünfte Schale

Offenbarung 16, 10–11

10 **Und der Fünfte goß aus seine Schale auf den Thron des Tieres,**
und sein Reich wurde verfinstert, und sie zerbissen ihre Zunge
11 **vor Schmerz, * und sie lästerten den Gott des Himmels auf Grund**
ihrer Schmerzen und ihrer Geschwüre und taten nicht Buße von
ihren Werken.

Zu Vers 10: 2 Mo 10, 21 f
Jes 8, 21
Zu Vers 11: Dan 2, 20
4, 34

671 Unter Berufung auf Mal 3, 19 sagte eine jüdische Stimme: „Gott läßt die Sonne aus ihrem Futteral (Umhüllung) heraustreten, daß sie (durch ihre sengende Glut die Menschen) schwarz macht" (St–B IV, S. 1102).

672 Deutlich wird auch, daß die Plagen keinen Bußfertigen treffen. Buße würde sofort alles ändern. Nichts ist hoffnungslos, wenn Buße getan wird.

Wie die fünfte Trompetenplage steigert auch die fünfte Schalen-
10 plage das Gericht. Es trifft **den Thron des Tieres,** von dem wir schon
13, 2 gelesen haben. Das Zentrum seiner Macht – man sollte es nicht geographisch festzulegen suchen – liegt jetzt unter den Schlägen Gottes. **Und sein Reich wurde verfinstert.** Von einer solchen Verfinsterung lesen wir auch bei der neunten ägyptischen Plage, „daß niemand den anderen sah noch weggehen konnte von dem Ort, wo er gerade war" (2 Mo 10, 23). Verbockt und verstockt hockt jeder an seinem Ort wie im Gefängnis. Regierung, Verwaltung und Verkehr sind wie gelähmt. Eine empfindliche Teilentmachtung des Tieres in seinem eigensten Reich! Die Menschen, die die Finsternis mehr lieben als das Licht (Jo 3, 19) und denen Gott immer wieder sein gütiges Licht gewährte, bekommen ihre Finsternis nun faustdick.
11 **Und sie zerbissen ihre Zunge vor Schmerz, und sie lästerten den**
Gott des Himmels (vgl. 11, 13) **auf Grund ihrer Schmerzen und ihrer Geschwüre**[673]. Warum schreien sie nicht endlich vor Schmerzen, was nun zu schreien wäre? Aber sie beißen sich lieber die Zunge ab, als zu rufen: Wir haben gesündigt! So ertönt das letzte Mal der Verstockungsrefrain: **Sie taten nicht Buße von ihren Werken.**

Rückblickend und im Gedanken an die sechste Schale gewinnen wir dieses Bild: Auf der einen Seite ist immer deutlicher mit Händen zu greifen, daß die Unbußfertigen sich festgefahren haben und mit ihrem Auftrotzen nicht durchkommen. Der Mensch muß Gott gegenüber nachgeben oder – zerbrechen; Gott gibt nicht nach. Auf der anderen Seite steigert sich aber ihre Verstocktheit. Angesichts der offenkundigen Zerbrechlichkeit aller irdischen Reiche setzen sie immer fanatischer auf ihre eigene Kraft und Ehre.

Karl Barth leuchtete einmal tief in diese Menschennatur hinein[674]: „Es ist nach dem, was wir heute wahrnehmen, mit großer Gewißheit anzunehmen, daß auch am Morgen nach dem Weltgericht – wäre das dann noch möglich – jede Tanzbar, jeder Fastnachtsklub, jeder inseraten- und abonnentenhungrige Zeitungsverlag, jeder Winkel voll politischer Fanatiker, jeder heidnische Schwatzklub, aber auch jedes christliche Teekränzchen und jede kirchliche Synode ihren Betrieb nach bestem Können neu aufbauen und erst recht fortsetzen würde: völlig unberührt, gänzlich unbekehrt, in keinem anderen Sinn anders heute als ehegestern. Feuersbrunst, Wassernot und Erdbeben, Krieg und Pest und Sonnenverfinsterung und was es auf dieser Linie immer

[673] Die Schmerzen könnten – wie Lohmeyer vermutet – von den Heuschrecken-Skorpionen herrühren, die nach 9, 2 die Finsternis verursachten. An Beulen, die sich die Leute im Dunkeln stießen, sollte man nicht denken. – Der Text selbst nennt aber genauso wenig wie 2 Mo 10, 22–23 das Mittel der Verfinsterung.

[674] Kirchliche Dogmatik, Band III, 2, S. 125.

geben mag, sind es nun einmal nicht, die uns als solche in die wirkliche Angst und dann vielleicht auch in die wirkliche Ruhe versetzen können."

Die sechste Schale

Offenbarung 16, 12—14. 16

12 **Und der Sechste goß seine Schale aus auf den großen Strom**
Euphrat. Und sein Wasser trocknete aus, damit bereitet würde der
13 **Weg der Könige vom Sonnenaufgang.* Und ich sah aus dem Munde**
des Drachen und aus dem Munde des Tieres und aus dem Munde
des Lügenpropheten (herausgehen, V. 14) **drei unreine Geister,**
14 **wie Frösche — * sie sind nämlich dämonische Geister** („Geister
der Dämonen"), **Zeichen tuend — die herausgehen** (aus den Mündern, V. 13) **zu den Königen der ganzen besiedelten** (Erde), **sie**
zu versammeln zum Kriege des großen Tages Gottes, des Allge-
16 **waltigen. *** (V. 15 s. nächster Abschnitt) *** Und es** (das Tier, s.
19, 19) **versammelte sie hin zum Ort, genannt auf Hebräisch**
Harmagedon.

Zu Vers 12:
1 Mo 15, 18
5 Mo 1, 7
Jos 1, 4
Jes 11, 15 f
44, 27
Jer 50, 38
Jes 41, 2. 25
Zu Vers 13:
2 Mo 7, 27 ff
1 Kö 22, 21 ff

Die sechste Plage dieser Reihe wiederholt einen Verkündigungsbegriff aus der sechsten Trompetenplage, nämlich „Euphrat" (vgl. 9, 14). Dabei wird aber die dort aufs Vermuten angewiesene Deutung hier auf festen Boden gestellt. **Und der Sechste goß seine Schale aus auf den großen Strom Euphrat.** Gott hebt diese letzte Sicherung seiner Schöpfung auf und gibt die Erde den Dämonen preis. Die ausführliche Schilderung dieser Dämonenüberflutung von 9, 16—19 wird hier nicht wiederholt. Dafür macht dieser Abschnitt eindeutig, daß es sich um Dämonen handelt (V. 13—14). 12

Und sein Wasser trocknete aus. Für diesen Vorgang gibt es einen historischen Anhalt. Babel war einst von allen Seiten durch die Wasserarme des Euphrat geschützt und galt als uneinnehmbar. Aber als Kyros die Stadt belagerte, leitete er das Wasser in ein Talbecken ab, drang durch die Flußtore in die Stadt ein und beeindruckte damit das ganze Altertum nachhaltig. Dieser Fortfall der seit eh und je schützenden Euphratfluten, dieses unheimliche Eindringen der Feindmacht konnte recht gut von seinem historischen Ursprung gelöst werden und als Begriff in die Gerichtsverkündigung eingehen. Hier bezieht sie sich auf das endzeitliche „Babel" (K. 17—18), das Gottes Langmut aufgebraucht hat und nun an den Drachen und seine Geister völlig preisgegeben wird, **damit** — wie es hier heißt — **bereitet würde**

der Weg der Könige vom Sonnenaufgang. Auch dieser letzte Ausdruck „Könige von Sonnenaufgang" legt sich uns durchaus als stehender Begriff für unheimliche Feindmacht nahe, wenn wir bedenken, daß Babylonien in seiner ganzen Länge nach Osten hin von einem mächtigen, tiefräumigen Bergland flankiert wurde, von dem herab zu allen Zeiten wilde Völker in das verlockende Kulturland einfielen. Auch der Perserkönig Kyros kam vom „Aufgang der Sonne" (Jes 41, 24)[675].

Den Inhalt des 12. Verses hat Johannes nicht etwa geschaut, sondern als prophetische Mitteilung empfangen. Erst jetzt schaut er das
13 Mitgeteilte[676]. **Und ich sah aus dem Munde des Drachens und aus dem Munde des Tieres und aus dem Munde des Lügenpropheten** (herausgehen, V. 14) **drei unreine Geister, wie Frösche.** Der „Euphrat" bestand in einer göttlichen Barriere gegen die Überflutung der Menschenerde durch das Satanische[678]. Bisher verhinderte er, daß die abgefallene Welt sich selbst mit allen ihren Konsequenzen voll erlebte. Mit dem sechsten Schalengericht fällt dieser Schutz dahin.

Dreimal ist von einem fürchterlichen **Mund** die Rede. Schon 13, 2. 5. 6 lenkte den Blick auf den Mund, auf das Lästermaul des Tieres aus dem Abgrund, während seine anderen Merkmale nur im Vorbeigehen erwähnt wurden. Dem stand 14, 5 der Mund der heiligen Bekenner gegenüber. Zwei Sprachen, zwei Bekenntnisse prallen in der Offb aufeinander, Gotteswort und Lügenwort; und hinter ihnen stehen entgegengesetzte Geister. Hier lesen wir von einer Inspiration durch satanische Trinität: **drei unreine Geister.** Sie wirken den heiligen sieben Geistern von 1, 4; 4, 5 5, 6 entgegen. Der Gedanke der Unreinheit verdichtet sich in einem Vergleich: **wie Frösche**[679]. Wohl kaum sollen wir in diesen Tieren Sinnbilder der Großmäuligkeit, Aufgeblasenheit und des überheblichen Gequakes sehen. Dagegen weist der Hintergrund der zweiten ägyptischen Plage den richtigen Weg. Man lese 2 Mo 7, 27–29! Diese widerlichen Plagegeister sind

[675] „Aufgang der Sonne" ist zwar 7, 2 Heilsgegend, so daß man in den „Königen" Himmelsheere vermuten könnte. Aber diese Herkunftsangabe ist hier durch das Bild vom „Euphrat" bedingt. Er lag von Palästina aus östlich; und für Babylonien kamen durch Jahrtausende hindurch die Feinde aus dem Osten.

[676] Er sah also nicht zwei unterschiedene Wirklichkeiten, nämlich die Könige und die Frösche, die nun unterschiedlich gedeutet werden müßten.

[678] Der Drache wird jetzt mit seinen beiden Helfern von K. 13 zu einer Trinität zusammengefaßt.

[679] Diese seltsamen amphibischen Wesen, die sowohl in den dunklen, schlammigen Wassergründen als auch auf festem Boden in der Sonne zu Hause sind, konnten die Phantasie beschäftigen. Menschenähnliche Gliedmaßen, übergroße Augen, unverhältnismäßiger Stimmumfang und plötzliches Auftauchen aus der Tiefe verliehen einen Schimmer des Geheimnisvollen und Unheimlichen. Bei den Persern galten sie als Kreaturen des Gottes der Finsternis.

allgegenwärtig, hocken in jedem Winkel und kriechen an jedem hoch. Nirgendwo kann sich jemand ihnen noch widersetzen, alles ist durch sie verunreinigt.

Mit der ersten Zeile des 14. Verses schiebt Johannes ein Erklärung
ein: **Sie sind nämlich dämonische Geister**[680]. So ist der Begriff „Könige 14
vom Sonnenaufgang" (V. 12) gefüllt. Der Gedanke an Fürsten irgendwelcher historischer Völker liegt Johannes völlig fern. Mit dem Zusatz: **Zeichen tuend** greift er deutlich auf 13, 13–15 zurück.

Erst jetzt erscheint das Verb des Satzes, der Vers 13 begann: **Die gehen heraus zu den Königen der ganzen besiedelten** Erde. Dieses Herausgehen malt also keineswegs das Bild herbeiziehender Truppen[681], sondern nach dem Satzzusammenhang eindeutig das Herausschlüpfen der „Frösche" aus den Mündern von Vers 13. Sie kommen verführerisch zu den Repräsentanten der politischen Macht und gewinnen sie für ihren Plan eines Feldzuges: **Sie zu versammeln zum Kriege des großen Tages Gottes, des Allgewaltigen.** Nach dem nächsten Vers gelingt diese Verführung; und es kann ja auch nur Verführung sein, daß die Menschheit sich gegen ihren einzigen Heiland zusammenbringen läßt, gegen den marschiert, der sie liebte bis in den Tod. Ohne Ernstnehmen dämonischer Inspirationen ist hier nichts zu verstehen (s. z. 17, 13).

Das Riesenaufgebot kommt also zustande. Der große Tag des Drachens scheint angebrochen. Aber s e i n großer Tag wird unversehens zum **großen Tag Gottes, des Allgewaltigen.** Dies Thema nimmt 19, 17–21 ausführlich auf. Wie des Drachen Kampf im Himmel mit seinem Sturz auf die Erde endete (12, 7–9), endet dieser Kampf auf der Erde mit seinem Sturz in den Abgrund[682].

Der Zeitangabe folgt in Vers 16[683] eine Ortsangabe. **Und** das Tier 15
(s. 19, 19) **versammelte sie hin zu dem Ort, auf hebräisch genannt Harmagedon.** Wieder mutet Johannes seinen griechischen Lesern ein hebräisches Wort zu. Schon das wirkt geheimnisvoll. Wie bei der sechsten Trompete (9, 11) taucht das Rätselwort auf. Dort aber und an ähnlichen Stellen übersetzte Johannes den Ausdruck. Sollte hier n i c h t übersetzt werden? Selbstverständlich h a t man übersetzt.

680 Die wörtliche Übersetzung „Geister der Dämonen" wäre hier für unser Sprachgefühl irreführend. Dämonen h a b e n nicht Geister, sondern s i n d Geister (s. z. 9, 20). Zum Sprachlichen vgl. Anm. 90.

681 In die grie Präposition epi wird gern ein ganzer Feldzug der Könige des Ostens gegen die Könige des Westens hineingelesen. Es ist aber die Rede von den „Königen der ganzen besiedelten Erde". Ihre Schar darf nicht halbiert werden. Sie stammen aus a l l e n Himmelsrichtungen. Zur oben gebotenen Übersetzung vgl. etwa Mt 3, 7: Die Pharisäer und Sadduzäer kamen „zur (epi) Taufe" des Johannes an den Jordan.

682 Zum Titel „Allgewaltiger", der hier im Blick auf die gewaltige Macht des Tieres wohlbedacht ist, s. z. 1, 8.

683 V. 15 s. nächster Abschnitt!

Oft wird die Wiedergabe „Berg (hebr har) Magedo" angeboten. Ein „Berg Magedon" ist allerdings der gesamten alten Literatur unbekannt. Immerhin wird man an die Stadt Megiddo[684], am Südrand der Ebene Jesreel, erinnert. Damit hätte die Auslegung ihr Stichwort. Megiddo beherrschte den Paß über die Karmelhöhe, über den die Hauptstraße von Ägypten nach Syrien und Mesopotamien führte. Dadurch wurde die Gegend dieser Stadt ein sprichwörtlicher Kriegsschauplatz. Dort tobten immer wieder Entscheidungsschlachten und unterlagen vor allem die Kanaaniterkönige dem eindringenden Israel. Wird hier also ein endgeschichtliches „Megiddo" prophezeit[685]?

Aber kaum darf eine Auslegung so unbeschwert den Bestandteil „Berg" fallen lassen. Rissi[686] nimmt eine leichte Buchstabenveränderung vor und findet so den hebräischen Begriff „Berg der Versammlung" von Jes 14, 13. Es ist der Götterthron, den der König von Babel anmaßend besteigt.

Wer den überlieferten Text auslegen möchte, mag dieser Deutung folgen: Wir nehmen zunächst den eindeutigen Bestandteil „Berg" ernst, und entsagen darum der Vorstellung von einem Schlachtfeld. Große Schlachten finden nicht auf Bergen statt[687], sondern in den Ebenen. Im Buchzusammenhang legt sich das Gegenüber dieses Berges mit dem „Berg Zion" von 14, 1 nahe. Wie dort das Lamm mit den Seinen stand, sammelt sich hier das Tier mit den Seinen. Oft genug steht „Berg" für Reich. So bildet sich hier das Gegenreich, die höchste Zusammenballung der Macht des Tieres gegen Christus.

Jetzt kommen auch Israels Erinnerungen an Megiddo zu ihrem Recht: Die zusammengeballte Macht des Tieres erlebt gerade in ihrem Höhepunkt ihr „Megiddo"[688], d. h. eine Wunderschlacht, bei der es gar

684 Schreibweise in der LXX „Maged(d)ō". Unter den acht vorkommenden Stellen wohl „Ebene Magiddo" oder „Wasser Megiddo", nie aber „Berg Megiddo". Wikenhauser hilft sich mit einem „Hügel", auf dem Megiddo immerhin gelegen haben soll, aber das ist kein „Berg". Lohmeyer, Schütz, Hadorn und Lilje denken an das Karmelgebirge („Berg" und „Gebirge" sind oft austauschbar) und in Erinnerung an 1 Kö 18 an ein endzeitliches „Karmel", d. h. endgültige Vernichtung der Götzendiener durch Gotteseingriff (vgl. Sach 12, 11). Aber Megiddo lag 20 km von der fraglichen Stelle entfernt. Sollte der Ort gerade nach der entfernten Stadt benannt worden sein? Gibt die Literatur dafür einen Beleg?

685 Gern wird das Wort als geographische Angabe verstanden. So T. Beck: „Der Geschichtsprozeß schließt ab auf seinem Urboden."

686 In: Was ist und was geschehen soll danach, S. 88.

687 Eine „Schlacht von Harmagedon" hat also im Text keinen Anhalt. Auch derjenige, der Harmagedon irgendwie geographisch nimmt, müßte in unserem Vers finden, daß es nur als Bereitstellungsraum dient. Und wer einfach voraussetzt, daß die Geschehnisse von 19, 19 in Harmagedon spielen, müßte dort erkennen, daß es gerade nicht zur Schlacht kommt.

688 Hitler erfand den zynischen Ausdruck: coventriert werden. Ähnlich könnte man sagen, ein Reich werde zu einem Megiddo gemacht.

nicht erst zum Schlagen kommt, weil der Himmel wunderbar eingreift. Ri 4, 15: „Der Herr erschreckte Sisera samt allen seinen Wagen, ... so daß er von seinem Wagen sprang und zu Fuß floh." Ri 5, 20: „Vom Himmel her kämpften Sterne ... der Bach Kison riß sie hinweg." Ri 7, 22: „Der Herr schaffte, daß im ganzen Heerlager eines jeden Schwert gegen den anderen war." Dieses Bild paßt ganz zur Parallele unserer Stelle in 19, 17–21[689].

So erweist sich Harmagedon als ein künstlich gebildetes Wort der Verkündigungssprache. Vielleicht soll der Ausdruck schon dadurch, daß er in der alten heiligen Sprache der Bibel belassen wird, an geistliche Zusammenhänge erinnern. Die Übersetzung in die grie Umgangssprache hätte verleiten können, von diesem Berg im Sinne von sonstigen Bergen und von diesem Megiddo im Sinne von sonstigen Orten der Geographie zu sprechen[690]. Nur beim ersten Hinsehen führt das Tier „an einen Ort", beim genaueren Hinhorchen führt es in ein Geschick. Die Zusammenballung wie ein Berg wird zum Zusammenbruch wie ein Megiddo. Das ist „Harmagedon".

Zwischenruf

Offenbarung 16, 15

15 **Siehe, ich komme wie ein Dieb. Glückselig, der da wacht und bewahrt seine Kleider, damit er nicht nackt wandle und man** (nicht) **seine Blöße sehe.**

Lediglich aus praktischen Gründen haben wir diesen Vers aus seiner Stellung zwischen Vers 14 und 16 herausgenommen, in der ihn alle Handschriften bringen[691]. An seinem überlieferten Ort ist er durchaus sinnvoll. Vers 14 hatte mit dem Hinweis auf den „großen Tag Gottes" geendet. Da fügt sich der Ruf vom Kommen des Richters gut ein. Zugleich fällt er aber insofern aus dem Rahmen, als er die Gemeindesituation in die Schalenkette einblendet und dadurch stark an die Zwischenstücke der Siegelreihe und Trompetenreihe erinnert

[689] Das „Ergreifen" des Tieres in 19, 20 erinnert an Stellen wie 1 Kö 18, 40; 2 Kö 10, 14 u. ö. — Die dargebotene Auslegung mit Klumbies, in: Wort und Tat, 1963, Nr. 7.

[690] Die Stadt Megiddo, seit 350 Jahren v. Chr. in Trümmern und vergessen, mag für die Leser der Offb gar kein geographischer Begriff gewesen sein.

[691] Der Vers ist nach Lohmeyer „nach Form und Inhalt an dieser Stelle unmöglich". Er versetzt ihn zwischen 3, 3a und 3b, was wiederum Rissi als „völlig willkürlich" verurteilt. Rissi seinerseits vermutet, daß ein Abschreiber ihn versehentlich verstellte; er habe ursprünglich nicht vor, sondern hinter dem 16. Vers gestanden. Das ist durchaus denkbar, aber bleibt eine Vermutung.

(K. 7 und 11–12). Gewiß handelt es sich hier nur um einen kurzen Zwischen r u f, aber das erklärt sich aus dem drängenden Ende. Die Verzögerungen werden ausgeschaltet.

Was diesem Zwischenstück an Länge abgeht, ersetzt es durch den Ton höchster Dringlichkeit. Es ist die Stimme Jesu selbst, die hier
16 erschallt: **Siehe, ich komme wie ein Dieb!** Dies im NT gut bekannte Bild vom Hereinbrechen des messianischen Richters wurde schon zu 3, 3 erläutert. Nach jener Stelle und auch nach 1 Th 5, 4 sollte es nicht für die Gemeinde passen. Sie sollte das Kommen Christi gerade nicht als die Schlafende erleben. Darauf zielt auch die folgende Seligpreisung (s. z. 1, 3) – sicherlich nicht mehr aus dem Munde Jesu zu denken: **Glückselig, der da wacht** (s. z. 3, 2).

Ein zweiter ähnlicher Ausdruck unterstreicht an dieser Stelle die Mahnung zum Wachen: **und der seine Kleider bewahrt**[692]. Die Fortsetzung wird zeigen, daß hier nicht an Bewahrung vor Beschmutzung zu denken ist. Der Seliggepriesene soll seine Kleider vielmehr am Leibe bewahren, sie also anbehalten statt achtlos auszuziehen und sich schlafenzulegen. Im Orient pflegte man unbekleidet zu schlafen. Wer, vom Dieb überrascht, vom Schlafe hochsprang, stand nackt da. Vor diesem Geschick wird hier gewarnt: **damit er nicht nackt wandle und man** nicht **seine Blöße sehe.**

Dieses Bild aus dem Privatleben enthält etwas Schillerndes, indem es auch die Situation eines Verurteilten im Gerichtssaal durchschimmern läßt. Ohne Kleider dastehen bedeutete soviel wie „im Gericht verurteilt werden"[693], so auch in der Verwendung von 3, 18. Damit bleibt der Vers tatsächlich im Umkreis des Themas, das Vers 14 anschlug.

Die siebte Schale

Offenbarung 16, 17–21

Zu Vers 17:
Jes 66, 6
Zu Vers 18:
2 Mo 19, 16
Dan 12, 1
Zu Vers 19:
Dan 4, 27
Jes 51, 17
Jer 25, 15

17 **Und der Siebte goß seine Schale aus über die Luft, und es kam eine große Stimme aus dem Tempel vor dem Thron, die sprach:**
18 **Es ist geschehen! * Und es geschahen Blitze und Stimmen und Donner, und ein Beben geschah, ein großes, dergleichen nicht geschah, seitdem ein Mensch auf der Erde entstanden ist, solch ein**
19 **Beben – so groß. * Und es wurde die Stadt, die große, zu drei**

[692] „Bewahren" oder „Halten" wird sonst bezogen auf die Worte der Prophetie (1, 3; 22, 7. 9), auf das Wort Jesu (3, 8) oder der Missionspredigt (3, 3), auf das Harren auf Jesus (3, 10), auf die Gebote Gottes (12, 17; 14, 12) und auf die Werke Jesu (2, 26).
[693] S. Preisker. Ki–Th W III. S. 755. Anm. 7.

Teilen, und die Städte der Nationen fielen. Und es wurde Babels,
der großen (Stadt), **vor Gott gedacht, ihr zu geben den Kelch des**
20 **Weins, des Grimmes seines Zornes. * Und alle Inseln flohen, und**
21 **die Berge wurden nicht mehr gefunden, * und ein großer Hagel,** Zu Vers 21:
(mit Körnern) **etwa ein Talent schwer, geht herab aus dem Him-** 2 Mo 9, 18 ff
mel auf die Menschen, und die Menschen lästerten Gott auf
Grund der Plage des Hagels, denn groß ist seine (des Hagels)
Plage – über die Maßen.

Die gottfeindliche Welt wartet umsonst auf ihren Krieg und auf
den Einsatz ihrer Waffen. Ohne einer wirklichen Auseinandersetzung
gewürdigt zu werden, erliegt ihr Zentrum sogleich einem furcht-
baren Schlag, so daß ihre Front einfach zerbröckelt. **Und der Siebte** 17
goß seine Schale aus über die Luft. Der Satz führt auf die dämonischen
Geister von Vers 14 zurück und auch auf Satan als den „Herrscher
des Machtbereiches der Luft" nach Eph 2, 2. Dieser Machtraum, dieser
dämonische Gürtel, hat sich zwischen den Himmel Gottes und die
Erde der Menschen geschoben und riegelt die Erde von Gott ab, um
sie sich völlig zu unterjochen. Auch nach 9, 2 war die Luft verfinstert
und verpestet durch den Rauch aus dem Abgrund, so daß die Erde
unter einer giftigen Dunstglocke in der Nacht der Gottlosigkeit
dahinvegetierte. Indem der siebte Engel also seine Schale über diese
Luft ausgießt, schlägt er die Quelle und Kraft des satanischen Reiches.

Mit diesem Schlag ist die Plagenkette im wesentlichen zum Abschluß gelangt. Eine Stimme aus der nächsten Umgebung Gottes[694] meldet dies dem Thronenden. Sie dröhnt so mächtig, daß ihr Schall aus dem Tempel herausdringt und Johannes sie vernimmt. **Und es kam eine große Stimme aus dem Tempel vor dem Thron, die sprach: Es ist geschehen.** Diese Vollzugsmeldung entspricht den Ankündigungen in 15, 1. 8[695]. Alle Schalen sind ausgegossen und die Brechung der Macht des Drachen ist vollkommen. Was noch folgt, gleicht nur noch dem Hinterherpurzeln haltloser Fassaden.

Die gleichen Begleiterscheinungen[696], unter denen sich 2 Mo 19, 16
der Bezwinger Ägyptens offenbarte, bringt hier Vers 18. **Und es ge-** 18
schahen Blitze und Stimmen und Donner. Sie leiten das Weltenbeben
ein, unter dem die alte Schöpfung aus den Fugen gehoben wird, um
einer neuen Platz zu machen. **Und ein Beben geschah, ein großes,**
dergleichen nicht geschah, seitdem ein Mensch auf der Erde entstan-
den ist, solch ein Beben – so groß. Gegenüber den Stellen 6, 12; 8, 5;
11, 13. 19 ist die Einzigartigkeit dieses Geschehens stärkstens heraus-

694 Wieder ist nicht an die Stimme Gottes selbst zu denken, s. z. V. 1.
695 Das zweite „es ist geschehen" in 21, 6 ist umfassender.
696 Vgl. 8, 5; 11, 19 und zu 1, 15.

gestrichen. Für die anderen bekannten Erdbeben ist die Erde eingerichtet; die übersteht sie, an diesem zerbricht sie[697].

19 Die Verse 19—21 schildern die Folgen für die Menschenwelt. **Und es wurde die Stadt, die große, zu drei Teilen.** Die Nachahmung der grie Wortstellung soll zeigen, daß es in dem hier gemeinten Sinn nicht mehrere „große" Städte gibt. Es ist ja die eine schon 11, 8 auftauchende Urfeindin der Gottesstadt Jerusalem, nämlich der Inbegriff der Menschenherrlichkeit ohne Gott. Überflüssig, ihren Namen zu nennen; der nächste Satz verwendet ihn denn auch wie selbstverständlich: Babel (zur Namensform s. 17, 5). Diese Stadt wird also durch Erdbebenrisse gedrittelt (vgl. zu diesem Gerichtsausdruck Exkurs 5e). Die Zerteilung eines Reiches kündet den Zerbruch seiner Macht (Hes 37, 22; Da 11, 4; Mt 12, 25)[698]. Die Zahlenangaben hier und 11, 13 (Drittel und Zehntel) sind nicht vergleichbar, da sie im Rahmen verschiedener Gerichtsbilder erscheinen, hier im Bild der Zerteilung, dort im häufigeren Bild vom Fall. Das letztgenannte Bild verwendet sogleich die Fortsetzung: **Und die Städte der Nationen fielen.** Die eine Weltkultur, die sich im Bild Babel verdichtet, verkörpert sich in zahlreichen Städten der Erde. Diese nehmen Anteil an Babels Glanz und Zerbruch[699]. Auf der ganzen Erde versinkt Menschenherrlichkeit ins Nichts.

Das Ereignis ist Vollstreckung eines Gerichts. **Denn es wurde Babel, der großen Stadt, vor Gott gedacht.** Die biblische Redeweise vom Sich-Erinnern Gottes ist vom Standpunkt des Menschen aus empfunden. Gott scheint das eine Mal seine Treuen vergessen zu haben (Apg 10, 31; Lk 1, 54. 72; 23, 42), das andere Mal aber die Spötter, so daß sie gottlos sind ohne Folgen (so hier und z. B. Ps 137, 7). Wir erinnern uns an den Unterton von 6, 10: Ein dringender Gerichtsfall wartet auf Aburteilung, ist aber wie aus den Augen verloren. Endlich gelangt er auf die Tagesordnung. Diese Stunde schlägt hier für die Stadt Babel, **ihr zu geben den Kelch des Weines des Grimmes seines Zornes.** In der dreifachen Ausdrucksweise liegt letzte Wucht. Der Zorn bricht jetzt uneingeschränkt herein. Bisher ging dieser Kelch immer wieder an Babel vorbei; aber das war weder Gleichmut noch Schwäche gegenüber der Sünde (zur Begrifflichkeit s. z. 14, 8—10).

20 **Und alle Inseln flohen, und die Berge wurden nicht mehr gefunden.** Schon in 6, 14 legte sich nahe, bei diesem Begriffspaar nicht allein an

[697] Zur Betonung der großen Ausmaße s. Vorbemerkung zu K. 16.
[698] Babel wird hier also nicht ausgespart vom Gericht (gegen Forck). 14, 8 und K. 18 künden das gleiche Gericht im Bild vom Fall Babels. — Bezieht sich die Drittelung auch auf die satanische Trinität von V. 13?
[699] Solche doppelten Darstellungen e i n e r Wirklichkeit, nämlich ihrer Einheitlichkeit und sofort auch ihrer Vielgliedrigkeit, bringt die Offb öfter: Das Weib und der Weibessame 12, 17), die Braut und die Brautleute (19, 7 und 9).

Naturkatastrophen zu denken. Innerweltliche Autoritäten, die sich gegen Gott aufgebaut haben oder die gegen Gott[700] aufgebaut wurden, verschwinden[701], „daß man erfahre in Ost und West, daß außer mir nichts ist. Ich bin der Herr, und sonst keiner mehr" (Jes 45, 6). In einem Nu und nachhaltig reinigt Gott die götterprächtige Welt.

Der letzte Vers des Kapitels kehrt zum Vorbild der ägyptischen
Plagen zurück. **Und ein großer Hagel** mit Körnern **etwa ein Talent** 21
schwer geht herab. Auch 2 Mo 9, 24 betonte die Schwere der Hagelkörner. Hier sind sie „so schwer, wie man Schleudersteine für Wurfmaschinen machte"[702]. Hes 38, 22 spricht von Hagelsteinen, die herabsausen wie ein Bombardement bei einer Belagerung. So strömt der Zorn Gottes auf die „Bunker" der Erde, **aus dem Himmel auf die Menschen.**

Wie wird von unten her geantwortet? **Und die Menschen lästerten Gott auf Grund der Plage des Hagels, denn groß ist seine,** des Hagels, **Plage — über die Maßen.** Dieses Ergebnis erinnert wieder an den Verstockungsrefrain (s. z. 16, 9. 11). Je härter die Gerichte, desto härter die Herzen. Darum können wir uns nicht genug vor der Hoffnung hüten, die Gerichte würden sich als zweiter Heilsweg erweisen. Es gibt nur einen einzigen Weg zurück zu Gott: „Niemand kommt zum Vater denn durch mich" (Jo 14, 6).

So schließt die Schalenkette mit dem Getöse von oben und dem Geschrei von unten. Sie enthält noch nicht den Augenblick, in dem nach 15, 4 alles in die Knie geht und die Alleinherrschaft Gottes anerkennt. Dieser Abbruch kurz vor dem Ziel ist aber im Blick auf die folgenden Anhänge gerechtfertigt.

Erster Anhang zu den Schalenvisionen:

DAS GERICHT ÜBER DIE HURE BABEL

Offenbarung 17, 1 — 19, 10

Dieser neue große Abschnitt, der nach 17, 1 das „Gericht über die große Hure" enthält, erweist sich inhaltlich und formal als Anhang zu den Schalenvisionen. Schon in 16, 19 war dies Thema nämlich gewichtig aufgeklungen, dann aber ohne jede Ausführung geblieben,

[700] In Jes 40, 4 ist die sanfte Ebene Inbegriff der gottgewollten Erde; aber alles, was sie in Form einer Vertiefung oder Erhöhung unterbricht, gilt als Sinnbild des Gottwidrigen und verfällt dem Gericht.

[701] 6, 14 sprach nur von der Fortbewegung der Berge und Inseln. Diese Schau steigert den Eindruck: Sie werden in die Flucht geschlagen und sind wie weggefegt (vgl. Bd. 1, Anm. 108).

[702] Der Vergleich stammt von Josephus (bei Hadorn).

so daß der Eindruck eines Abbruchs entstand. Im Rückblick glaubt man jener Stelle fast abzuspüren, daß Johannes sich im Gedanken an diesen Anhang etwas spart.

Formal wird der Zusammenhang dadurch gesichert, daß es ausdrücklich einer der Schalenengel ist, der in den neuen Abschnitt einführt (17, 1). In 19, 9–10 ergreift er noch einmal das Wort und führt die Vision zum Abschluß. Daß es die längste aller Visionen in der Offb ist, verrät, wie notwendig das Thema „Babel" für die Gemeinden war und ist.

Die Ankündigung der Vision

Offenbarung 17, 1–2

Zu Vers 1:
Jer 51, 13
Zu Vers 2:
Jes 23, 17
Jer 25, 15 f

1 **Und es kam einer von den sieben Engeln, die die sieben Schalen hatten, und redete mit mir und sprach: Komm, ich werde dir zeigen das Gericht** (an) **der großen Hure, die da thront an den vielen**
2 **Wassern, * mit welcher Unzucht getrieben haben die Könige der Erde, und trunken gemacht worden sind die Bewohner der Erde durch den Wein ihrer Unzucht.**

1 **Und es kam einer von den sieben Engeln, die die sieben Schalen hatten, und redete mit mir und sprach: Komm, ich werde dir zeigen ...** Die wörtliche Wiederkehr dieser Wendung in 21, 9, dort aber nicht auf die Hure, sondern auf die Braut des Lammes bezogen, zeigt mit wünschenswerter Klarheit, daß die Hure und die Braut als zwei Gegentypen aufgefaßt sind. Das ist wichtig auch für die Deutung der Hure in unserem Kapitel.

Der Engel will Johannes **das Gericht**[703] **an der großen Hure zeigen.** Dieses Zeigen ist mit einer tieferen Absicht verbunden. Johannes und die Gemeinden sollen diese Gestalt so durchschauen und erkennen, daß sie niemals auf sie hereinfallen und sie keinen Augenblick etwa mit der Braut verwechseln. Sollte eine solche Verwechslung möglich sein? Durchaus, wenn der Heilige Geist (V. 3) nicht Umgarnung und Vernebelung zerreißt. Niemand traue sich selbst zu viel zu!

Nachdem schon 2, 14. 20. 21 von der „Hurerei" an verschiedenen Orten der Provinz Asia handelten, ist ab jetzt von der **großen Hure** die Rede (noch V. 5. 15. 16; 19, 2). Wer sie ist, kann der Leser schon aus 14, 8 wissen, nämlich Babel. Unser Anhang bringt sie in Großaufnahme und in deutlichen Bildern.

[703] Grie krima, hier im Sinne von Verdammungsurteil wie Gal 5, 10; Rö 2, 2–3; 3, 8; 1 Ko 11, 29. 34; 1 Tim 5, 12.

Auch die Ortsangabe **an vielen Wassern**[704] paßt zu Babel. Die historische Stadt lag an zahlreichen Wasserläufen des Euphrat (Ps 137, 1) und an Kanälen, die das Schwemmland durchzogen. Dadurch war sie eine Art Wasserburg (s. z. 16, 12), was nicht zuletzt ihre stolze Uneinnehmbarkeit ausmachte. „Du sitzest so sicher" (Jes 47, 8). Doch scheinen diese Wasseradern schon in alter Zeit gleichzeitig als Lebensadern Babels erkannt worden zu sein, die ihr Handel und Reichtum einbrachten: „Die du an großen Wassern wohnst und große Schätze hast . . ." (Jer 51, 13). Solche Gedanken erklären allerdings nur die Herkunft des Bildes, nicht seine Bedeutung an dieser Stelle, über die uns Vers 15 gültig Aufschluß gibt: Babel ist durch diese Wasser eine übervölkische und überörtliche Größe; es kennt keine Staatsgrenzen, sondern ist auf die gesamte Völkerwelt (Vierzahl!) bezogen. Und zwar **thront** sie dort. In welcher Weise sie die Welt beherrscht, muß noch geklärt werden.

Ihrem Wesen nach ist sie **Hure**. In allen Fällen atst Verwendungen dieses Bildes[705] wird auf Handelsbeziehungen und Kulturaustausch großer Städte angespielt. Offb 18 zeigt, wie nachdrücklich diese Zusammenhänge auch für den Begriff Babels in unserem Buch festzuhalten sind (s. auch z. 17, 5). Babel erscheint als globale Wirtschafts- und Kulturmacht. Eine politisch-militärische Oberherrschaft klingt nicht an. So werden wir von der weithin üblichen Deutung Babels auf die römische Weltmacht abgelenkt[706].

Mit dieser Hure **haben Unzucht getrieben die Könige der Erde, und** 2
trunken gemacht worden sind die Bewohner der Erde. Unter ihnen befindet sich gewiß auch das jüdische Volk (wie schon Hes 23, 14–17); aber keinesfalls erlaubt die Aussage, die Gedanken beim abgefallenen Israel festzuhalten (zu den Ausdrücken im einzelnen s. z 14, 8; 18, 3). Grundvoraussetzung dieser Kultur und Zivilisation, mit der Babel die Völker in seinen Bann schlägt, ist also „Hurerei", Ungebundenheit.

Ihr ist im Grunde alles erlaubt und nichts bindend wahr. Jede Art von Bindung an Gebote Gottes wird ausgeräuchert, um über diesem ausgebrannten Krater eine Lebensart ohne Gott und Christus aufzuziehen.

Obwohl diese Kultur, wie Vers 3 zeigen wird, eine außerordentliche Werbekraft entwickelt, prophezeit Johannes, daß sie am Ende ins Chaos führt. Das Wesensbild — verheerende Bindungslosigkeit —

704 Vgl. das Gegenbild 15, 2.

705 Jes 23, 17 (Tyros); Nah 3, 4 (Ninive); Jes 47, 10 (Babel, nach LXX).

706 Das AT bezieht das Bild oft auf das bundesbrüchige Israel: „Wie geht das zu, daß die treue Stadt zur Hure geworden ist?" (Jes 1, 21; vgl. Hes 16 und 23 und Hos 1–5). Auch Offb 11, 8 wird Jerusalem zur Hure, aber gerade dort wächst Jerusalem zur weltweiten Wirklichkeit aus, als die es hier von vornherein vorausgesetzt wird (V. 1). So geht es nicht an, den Begriff an dieser Stelle wieder auf das jüdische Volk zurückzuschneiden.

schlägt durch das strahlende Erscheinungsbild hindurch, das innere Chaos schlägt nach außen. Die ganze Welt, die ihr gefolgt ist, wird zu einem ausgebrannten Krater und qualmenden Ruinenfeld. Die Welt wird einst so aussehen, wie es in den Köpfen und Herzen schon lange ausgesehen hat. — Die folgenden Verse versehen diese einleitende Skizze mit kräftigen Farben.

Das Erscheinen der Hure Babel

Offenbarung 17, 3—6a

Zu Vers 3: Dan 7, 7
Zu Vers 4: Jer 51, 7
Zu Vers 5: Dan 4, 27

3 **Und er trug mich im Geist fort in eine Wüste, und ich sah das Weib,**
sitzend auf einem scharlachroten Tier, voll mit Namen der Läste-
4 **rung, das sieben Köpfe und zehn Hörner hatte. * Und das Weib**
war bekleidet mit Purpur(gewand) **und Scharlach**(gewand) **und**
übergoldet (schimmernd) **durch Gold und durch wertvollen Stein-**
(schmuck) **und durch Perlen und hatte einen goldenen Kelch in**
ihrer Hand, voll von Greueln und Unreinigkeiten ihrer Unzucht.
5 ***Und auf ihrer Stirn einen Namen geschrieben — Geheimnis! —**
Babel, die große (Stadt), **die Mutter der Huren und der Greuel der**
6 **Erde. * Und ich sah das Weib trunken vom Blut der Heiligen und**
vom Blut der Zeugen Jesu.

3 **Und er trug mich im Geist fort.** Diese Wendung leitet wie 1, 10; 4, 2 und 21, 10[707] den Neuansatz einer Visionskette ein. Johannes schaut prophetisch die blühende Stadt — und das ist schon vielsagend! — in der **Wüste**, also im Gericht[708]. Noch merkt sie es nicht, daß sie bereits vom Gericht gezeichnet ist. Sie träumt von allem, nur nicht von ihrem Ende. „Du dachtest: Ich bin Herrin für immer. Du hattest weder zu Herzen genommen noch daran gedacht, wie es hernach werden könnte" (Jes 47, 7).

Und ich sah das Weib, sitzend auf einem scharlachroten Tier, voll mit Namen der Lästerung, das sieben Köpfe und zehn Hörner hatte. Genau, wenn auch verkürzt[709], wird dieses Reittier mit dem Tier von K. 13 identifiziert, mit der antichristlichen Macht. Eine Unterjochung

[707] Ein solches Getragenwerden auch Hes 2, 14—15; 8, 3; 11, 24.

[708] Wüste als Hinweis auf Gerichtszustand: Jes 13, 19—22. (Babel) Jer 25, 12; 50, 26 u. ö. — Die Deutung auf Völkerwelt oder auf Ort der Neuanfänge (Langenberg) oder auf Ort des Satans und der Dämonen (Lohmeyer) ist hier durch nichts nahegelegt. Die Gerichtsdeutung empfiehlt sich dagegen durch 17, 16 (vgl. 18, 19), wo „verwüsten" auftaucht.

[709] Daß die Namen im Unterschied zu 13, 1 auf den Leib des Tieres geschrieben seien (Bousset), ist nicht gesagt. Die Farbangabe „scharlachrot" findet sich in K. 12 nicht; sie ist nicht zu verwechseln mit „feuerrot" (12, 3 s. z. 17, 4).

des Tieres durch die Hure darf man hier nicht herauslesen[710]. Die Orientalen empfanden eher die Zusammengehörigkeit zwischen Reiter und Reittier. Sie bildeten zahlreiche Götter oder Göttinnen reitend ab, um die Kraft dieser Gottheiten, mit der sie im Bunde standen, zu verbildlichen. So verbündet sich hier die Weltkultur mit der Macht der Bestie. Es ist ihre antichristliche Entscheidung (V. 6), von der sie lebt, die sie trägt (V. 7), hochhält und – an der sie zugrunde gehen wird (V. 16).

Aber noch sitzt sie ahnungslos und selbstverliebt auf ihrem Tier,
bekleidet mit Purpurgewand und Scharlachgewand. Der dunkelrote 4
Purpur ist Farbe des Reichtums (Lk 16, 19), und eine ähnliche Bedeutung hat auch das grelle Scharlachrot[711]. Vermieden ist hier dagegen das Feuerrot von 6, 4; 12, 3 als Unheilsfarbe. Der Blutrausch von Vers 6 wird keineswegs von vornherein zur Schau getragen.

Der Südländer ist anspruchsloser im Essen, dafür aber anspruchsvoller in Kleidung und Schmuck. Noch heute tragen Italienerinnen an sechs oder acht Fingern Ringe und Edelsteine. Auch dieses prunksüchtige Weib **war übergoldet** schimmernd **durch Gold und durch wertvollen Steinschmuck und durch Perlen.** Sie trägt einen solch unermeßlichen Reichtum zur Schau, daß dem Beschauer dieser gleißenden, schillernden Gestalt Hören und Sehen vergeht. Es liegt etwas Gewolltes darin, wie ja eine Dirne alles, was sie hat, ins „Schaufenster" stellt. Nach 18, 7 verherrlicht sie sich selbst. Hemmungsloses Eigenlob ist charakteristisch für Babel. 3, 17 taucht dieses Kennzeichen innerhalb der Gemeinde auf.

Faszinierendes Glück ausstrahlend, hält die Hure aller Welt den Goldpokal entgegen und fordert auf ihre Weise zum „Abendmahl" auf: **Und sie hatte einen goldenen Kelch in ihrer Hand.** Eigentlich war Wein Symbol der Lebensfreude. Aber hier ist Lüge im Spiel. Das Äußere und Innere des Kelches stehen in einem beißenden Gegensatz. Er ist **voll von Greueln und Unreinigkeit ihrer Unzucht.** Beide Ausdrücke stehen im AT häufig parallel und bezeichnen das Heidentum. Vor diesem Inhalt des äußerlich so herrlichen Bechers prallt Johannes entsetzt zurück. Gab Babel sich nicht betont als Überwindung der primitiven Kulte, erhob es sich nicht hoch über die Niederungen des Aberglaubens in die Höhen der Bildung und Aufklärung (Einltg. Nr. 10–15)? Aber was es dann bietet, ist trotzdem wieder nichts anderes als Aberglaube.

710 Stokmann und Langenberg: Das Tier wird gelenkt und muß gehorchen.

711 Nach Mk 15, 17 legte man Jesus ein Purpurgewand an, nach Mt 27, 28 einen Scharlachmantel. Die beiden Ausdrücke stehen auch im AT häufig nebeneinander, letzterer häufig in Verbindung mit sündhafter Üppigkeit, im Gegensatz zu weißer Wolle.

5 **Und auf ihrer Stirn ein Name geschrieben – Geheimnis!** Durch den eingeschobenen Ausruf **Geheimnis!** ist deutlich gemacht, daß ein Name folgt, dessen Sinn nicht einfach auf der Hand liegt, sondern als Symbolname einer Entschlüsselung bedarf. Die letzte Deutung – wir hatten schon auf den Vers vorgegriffen – geschieht erst durch Vers 6. Wir stehen hier vor einer Kernstelle wie bei 12, 9; 13, 18 oder 19, 13.

Die Auslegung des Folgenden leidet notgedrungen darunter, daß das, was im Text eindrucksvoll beisammensteht, auseinandergezogen und nacheinander erörtert werden muß. Erst im Rückblick kann wieder eine Zusammenschau entstehen.

Der Name lautet **Babel**[712], **die große** Stadt[713]. Das historische Babel lag zur Zeit des Johannes längst verwüstet. Bis es in der Neuzeit aus zwölf bis vierundzwanzig Metern Schutt ausgegraben wurde, war selbst seine genaue Lage ungewiß. Trotzdem konnte Johannes 18, 4 seinen Mitbrüdern den Engelruf vermitteln: „Geht aus von ihr (von Babel)!" Dieser Ruf ist so wenig geographisch gemeint wie die Aufforderung Benjamin Schmolks: „Seele, geh nach Golgatha!" Hier ist offenbar ein geographischer Begriff geistlich umgedeutet worden.

Das alte Babel war bis in die Zeit Hammurapis (etwa 1728–1686 v. Chr.) geschichtlich unbedeutend. Durch ihn errang es die kulturelle Vorherrschaft bis zur Epoche des Hellenismus. Wirkliche Weltmachtstellung hatte es aber nur kurz und vorübergehend inne[714]. 1 Mo 11, 1–9 mag für Babel typisch sein: Wohl gebiert Babel die Weltmacht-i d e e, aber die Verwirklichung gelingt nicht. Es blieb bei einem Handels- und Kulturzentrum, dessen Prachtentfaltung freilich bei Griechen und Römern sprichwörtlich war. Babel herrschte wie eine Frau, die als „Zarte und Verwöhnte" Männer beherrscht, als „Herrin über Königreiche" (Jes 47, 1. 5), als „Königin" (Offb 18, 7). Dies alles und auch das so ausführliche K. 18 über die Kaufmannsstadt Babel werden bei der Deutung dieses Begriffs oft zu wenig berücksichtigt.

Von Babel ist das Tier zu unterscheiden[715], das durch Gewalt, Krieg und Unterwerfung gekennzeichnet ist. Kultur und Gewalt können

[712] Im NT regelmäßig Babylon, in der LXX manchmal auch Babylonia. Wir schließen uns der Namensform der hebr Bibel an, die durchweg für Stadt und Landschaft oder Staat steht.

[713] Der volle Ausdruck „Babel, die große Stadt" findet sich 18, 10. 21; „Babel, die große" in 14, 8; 16, 19; 17, 5; 18, 2. 10. 21; ohne Namen einfach „die große Stadt" in 11, 8; 16, 19; 17, 18; 18, 16. 19; „die starke Stadt" in 18, 10 und „die Stadt" in 11, 13.

[714] Z. B. unter Nebukadnezar, von dem das Daniel-Buch berichtet. Diese Babel-Bezüge sind aber in das Tier von Offb 13 eingeflossen, das nicht einfach mit der „Hure" gleichgesetzt werden darf.

[715] Gegen Luther und Calvin.

zusammengehen, sich aber auch wieder entzweien (vgl. 17, 3 und 16). Das Tier allein, ohne die schöne Reiterin, wäre eine Zumutung. Deswegen bedient es sich gern der Kultur und ihrer berauschenden Mittel. Das ist also die vollkommene Lösung: Im Vordergrund das faszinierende Weib, im Hintergrund die fletschenden Zähne der Bestie, falls die Menschen zu üppig werden. Auf den großen Plätzen tönen die Ideale, aber in den Nebenstraßen parkt einsatzbereit die Polizei. Das ist das Höchste, was sich ohne Gott anbieten läßt.

Babel ist also die Gesellschaft, die es in erstaunlichem Maße verstand, sich auf dieser Erde einzurichten. Die Abgründe des Daseins sind durch Können und Wissen überspielt, wegorganisiert oder wenigstens abgeriegelt. In dieser hell erleuchteten und klug abgesicherten Welt läßt es sich leben.

Etwas Wesentliches ist jedoch noch nicht zur Sprache gekommen.
Babel ist auch **die Mutter der Huren und der Greuel der Erde.** Der 6
ganze Glanz ist über einem riesengroßen Treubruch errichtet (s. z. 17, 1), über dem ausgereiften, bewußt vollzogenen Bruch mit Gott. So groß Babel ist, so groß ist seine Hurerei. Seine Größe ist eine solche, die aus Hurerei herausgewachsen ist[716]. Darum darf Babel nicht schlechthin mit Kultur gleichgesetzt und aus der Offb Kulturfeindlichkeit abgelesen werden. Aber die Offb ist wie die ganze Bibel unbestechlich kulturkritisch. Sie läßt sich keinesfalls ethische und geistliche Maßstäbe verwehren.

Jetzt erreicht die Wesensdurchleuchtung ihren Höhepunkt. Ein zweites Mal innerhalb dieser Schau schreibt Johannes: **Und ich sah.** Ein Erschauern (V. 6b) packt ihn bei dieser letzten Entlarvung. Er sah **das Weib trunken vom Blut der Heiligen und von dem Blut der Zeugen Jesu.** Bei genauerem Hinsehen wird aus dem Wein der Hurerei das Blut der Heiligen. Damit ist der springende Punkt gegeben. Babel ist nicht nur Kultur ohne Gott, sondern auch Kultur gegen Christus. Eben weil sie Kultur ohne Gott ist, muß sie mit jenen Leuten die Gott beharrlich zur Sprache bringen, in Konflikt geraten. Vielleicht mochten die Gemeinden hoffen, daß sie mit ihrem Friedens- und Versöhnungswort für alle Völker und alle Klassen nicht auf die gleiche Ablehnung stoße wie der anmaßende Ton der Synagoge. Aber Babel wird antichristlich einschwenken, so wahr die Gemeinde Gemeinde ist und Babel Babel.

Diese Wendung der allgemeinen Stimmung gegen die Christen trat später deutlich ein. Schandtaten waren ihnen nicht nachzuweisen, und doch klagte man sie als „Feinde des Staates" und wegen „Haß gegen

[716] „Mutter der Huren" hat nach Kuhn, Ki–Th W I, S. 512 Anm. 3, nach jüdischer Ausdrucksweise die Bedeutung: die größte Hure, im herausstechenden Sinne. Dann ist hier nicht so sehr an die femininen Kulte des Altertums und an ihre erotische Atmosphäre zu erinnern (gegen Lilje).

das Menschengeschlecht" an[717]. Während sie sich nämlich ähnlich wie die Juden weitgehend von der hellenistischen Lebens- und Kultgemeinschaft zurückhielten[718], drangen sie gleichzeitig – wie die Juden es nicht in diesem Ausmaß taten – in alle Völker und Stände ein und brachen bekehrte Menschen aus den allgemeinen Ordnungen heraus. Hier drängte sich für die Umwelt der Eindruck einer Gesellschaftsfeindlichkeit auf. Freilich wurde sie nicht in Rechtsverstößen faßbar. Aber alle Beteuerungen der Christen[719] konnten an diesem Argwohn nichts ändern.

Schon früh wurde Babel auf das päpstliche Rom gedeutet[720], dann auch allgemein auf jede verweltlichte Kirche[721], die von ihrem „Mann", nämlich dem lebendigen Gott, abgefallen ist und mit dem Staate „hurt". Dann gibt sie sich bald anspruchsvoll, habgierig, üppig, sittenlos, kriegerisch und diplomatisch. Sie vermischt geistliche und staatliche Aufgaben und Mittel. An ihren Vertretern sucht man vergeblich die Lammesnachfolge von 14, 4, dagegen verfolgt sie brutal die wahren Jünger Jesu und macht mehr Märtyrer als die Kaiser im heidnischen Rom, „trunken vom Blut der Heiligen und vom Blut der Zeugen Jesu"[722].

[717] Bei Tertullian, Liber apologeticus 4, und Tacitus, Annalen V. 44.

[718] Celsus um 177 (nach Origenes in dessen Schrift Contra Celsum): Die Christen entzögen sich der allgemeinen Gottesverehrung, sie nähmen nicht teil an den öffentlichen Festen und Opferschmäusen, wollten auch dem Kaiser den Eid nicht leisten und keine öffentlichen Ämter übernehmen. Er wirft ihnen weiter vor, daß sie die Götterbilder lästern, die Wissenschaft verachten und sich von den übrigen Menschen absperren und losreißen. „Das befremdet sie, daß ihr nicht mehr mit ihnen laufet in dasselbe wüste, unordentliche Wesen", schreibt Petrus (1 Pt 4, 4).

[719] Justin schreibt um 150 an den Kaiser, es gäbe doch in der ganzen Welt keine besseren Helfer und Verbündeten für das römische Reich als die Christen, die sich so streng an Keuschheit, Pflicht, Treue und Wahrheit, Fleiß und Nächstenliebe, an Gehorsam gegen die Obrigkeit und Fürbitte für sie hielten. Tertullian schreibt um 197 ironisch an den Statthalter: „Freilich, wir, die Christen, sind mit Recht zu verdammen, denn warum stören wir auch den Tag der feierlichen Gelübde und der kaiserlichen Festfreude (die mit viel Ausschweifung verbunden waren!) durch Keuschheit, Mäßigkeit und Rechtschaffenheit!" Dann hält er ihm vor, daß die Attentäter doch immer wieder aus den Reihen der Nichtchristen stammten, die heuchlerisch an der Kaiserverherrlichung teilnehmen, und wie ungefährlich doch die Christen seien, weil sie niemand töten, beneiden, berauben oder belügen dürften. „Jetzt habt ihr nämlich weniger Feinde, wegen der Menge der Christen."

[720] Zuerst Joachim von Fiore, gest. 1202, dann auch die Franziskaner, Dante, Luther, Calvin, Bengel, und viele andere.

[721] Zuerst Auberlen (1824–64), der bahnbrechend für die Auslegung des neueren Pietismus wurde.

[722] Hier lag auch für die Täufer des Mittelalters, die sich zunächst Luther, Zwingli und Calvin verbunden wußten, der springende Punkt, die protestantischen Großkirchen „Babel" zu nennen, z. B. in den berühmten „Schleitheimer Artikeln" von 1527. Menno Simons sagt in seiner Streitschrift „Ausgang aus dem Papsttum" von 1553: „Ich bin aus Babel geflohen." (Bei H. Fast, Der linke Flügel der Reformation, Bremen 1962, S. 158.)

Zunächst behagt es vom Text her nicht, die Kaufmannsstadt „Babel" von vornherein als eine Kirche aufzufassen. Sobald allerdings eine Kirche im Sinne von Jo 2, 16 ein „Kaufhaus" wird — in Laodizäa beobachteten wir diese Ansätze und die typischen Merkmale — gewinnt sie Anteil am babylonischen Wesen, und eins bringt das andere hervor, bis hin zum Scheiterhaufen. Nur — es gibt mancherlei „Scheiterhaufen" und mancherlei „Papsttum", und nicht immer nur bei dem anderen!

Die neuere Auslegung deutet Babel auf das heidnische Rom[723] und beruft sich auf den Umstand, daß „Babel" im damaligen Judentum ein überaus gebräuchliches Deckwort für Rom und das römische Reich war[724]. Diese Beziehung ist nicht grundsätzlich zu leugnen (s. V. 9!), sie müßte aber genauer bestimmt werden. Auf das staatlich-politische Rom bezog sich viel stärker das 13. Kapitel der Offb. Dagegen deuten das 17. und 18. Kapitel ohne Frage auf die hellenistisch geprägte Kultur im römischen Weltreich, ohne sich freilich in ihr zu erschöpfen.

Deutung durch den Engel: Das Ende des Tieres

Offenbarung 17, 6b–11

6b/7 **Und ich erstaunte, als ich sie sah, mit großem Erstaunen. * Und**
es sagte mir der Engel: Weswegen erstaunst du? Ich, ja ich werde
dir sagen das Geheimnis des Weibes und des Tieres, das sie (das
8 Weib) **trägt, das sieben Köpfe und zehn Hörner hat. * Das Tier,**
das du gesehen hast, war und ist nicht und wird heraufsteigen
aus dem Abgrund und geht dahin ins Verderben. Und erstaunen
werden die Bewohner auf der Erde, deren Name nicht geschrieben
ist im Buch des Lebens vor der Gründung der Welt, die das Tier
9 **erblicken, daß es war und nicht ist und dasein wird. * Hier ist**
Verstand (vonnöten), **der Weisheit hat! Die sieben Köpfe sind**
sieben Hügel, woselbst das Weib sitzt, auf ihnen, und (= auch)
10 **sieben Könige sind sie. * Die fünf** (Könige) **sind gefallen, der**
eine ist noch nicht gekommen, und wenn er kommt, soll er ge-

Zu Vers 7:
Dan 7, 7
Zu Vers 8:
Dan 7, 3
12, 1
Ps 69, 29

[723] Hier macht Lohmeyer eine Ausnahme. Er versteht Babel als eine dämonische und satanische Macht neben dem Tier.

[724] Belege bei St–B III, S. 816. Die Rabbinen haben alles, was im AT über Babel, Tyrus und Edom geweissagt und noch nicht erfüllt war, auf Rom bezogen. Rom war für sie das vierte danielsche Tier. — Übrigens hat die Alte Kirche auch den Begriff „Babel" in 1 Pt 5, 13 fast ausnahmslos als Deckname für Rom verstanden; sicherlich zu recht, denn es gibt nicht die leiseste Andeutung eines Aufenthalts des Petrus in Babylonien oder gar seiner Missionstätigkeit dort.

11 **ringe Zeit bleiben. * Und das Tier, das war und nicht ist – es ist sowohl selbst ein achter als es auch aus** (der Reihe) **der Sieben ist, und es geht weg ins Verderben.**

Die Verse 6b und 7 leiten zur Deutung[725] über, indem sie das außerordentliche Staunen des Sehers hervorheben[726], ganz im Stile von
6/7 Da 7, 28; 8, 27; 10, 8–10. **Und ich erstaunte, als ich sie sah, mit großem Erstaunen. Und es sagte mir der Engel: Weswegen erstaunst du?** Menschliche Gefäße sind zu schwach, zu dünnwandig für den schweren Trank aus Gottes Wirklichkeit. Aber hier geht es nicht allgemein um das Verkraften des Göttlichen, sondern des Göttlichen angesichts des Bösen in der Geschichte. Die erhabenen Alpengipfel beeindrucken schon allgemein, aber erst recht, wenn der Beschauer in tiefer Schlucht steht. So wird dem Johannes die Gottheit doppelt unbegreiflich, ja quälend und bestürzend, weil er in der Tiefe der Geschichte und unter der Schreckenswirkung Babels steht.

In Ps 73 empfängt der Psalmist eine Vision vom Glück der Gottlosen: Ohne Gott scheinen sie vollkommenen Frieden zu haben, sind kerngesund, üppig und dreist, kommen glänzend um alles Unangenehme herum, reden wie vom Himmel herab, haben ständig recht und unheimlich regelmäßig Erfolg. Das bringt den Psalmisten ins Schwanken: „Ich aber wäre fast gestrauchelt mit meinen Füßen, und mein Tritt wäre beinahe geglitten. So sann ich nach, ob ich's begreifen könnte, aber es war mir zu schwer." Wie wurde ihm geholfen? „Bis ich ging in das Heiligtum Gottes und merkte auf ihr Ende" (V. 17). Im Lichte der Letztwirklichkeit Gottes zerplatzt das Glück der Gottlosen als Scheinglück. Diese Hilfe ist es, die auch dem Johannes in seiner Verwirrung zu Hilfe kommt. Er schaut das Ende des Tieres (V. 8–11), das Ende der zehn Könige (V. 12–14) und das Ende des Weibes (V. 15–16).

Der Engel, der Vers 1 zu ihm gesagt hatte: „Ich werde dir zeigen", fügt jetzt hinzu: **Ich, ja ich werde dir sagen . . .** Dabei mag das betonte „ich, ja ich" einen Gegensatz zu Da 8, 27 schaffen, wo es heißt: „Ich erstaunte, und niemand konnte es mir auslegen." So ergibt sich ein Vorsprung für die Propheten des neuen Bundes. Im Lichte von Ostern ist das Dunkel nicht mehr so undurchdringlich.

Das Wesensgeheimnis der Hure (Wer ist das?) war freilich schon Vers 5–6 gelüftet; die folgenden Verse beziehen sich auf ihr Ge-

[725] Die Rückbezüge auf die Vision erfolgen regelmäßig: „das Tier, das du gesehen hast" (V. 8); „die zehn Hörner, die du gesehen hast" (V. 12); „die Wasser, die du gesehen hast" (V. 15); „die zehn Hörner, die du gesehen hast" (V. 16); „das Weib, das du gesehen hast" (V. 18).

[726] Die Vokabel „erstaunen" (thaumazein) sonst auf Gottlose bezogen (13, 3 und 15, 1. 3). Hier ein besonderer Fall, wohl in Anlehnung an die Vokabel bei Daniel.

schichtsgeheimnis (Wohin führt das?), nämlich auf **das Geheimnis des Weibes und des Tieres, das sie trägt, das sieben Köpfe und zehn Hörner hat.** Es geht in dieser Deutung nacheinander um die Zusammenhänge, in denen das Weib steht, zunächst um das Geschick des Reittieres, das hier noch einmal ausdrücklich[727] mit dem Tier von 13, 1 gleichgesetzt wird.

Das Tier, das du gesehen hast, war und ist nicht und wird herauf- 8
steigen aus dem Abgrund. Viermal wird im folgenden das Dreizeitenschema auf das Tier bezogen (V. 8. 10. 11), gewiß als die tragende Aussage über das Tier und als sein eigentliches „Geheimnis" (V. 7). Sie entspricht der Hervorhebung der Todeswunde in 13, 2. 12. 14. Beide Grundaussagen fügen sich zusammen: Indem das Tier die Todeswunde überstanden hat, hat es sich als Überwinder geschöpflicher Hinfälligkeit erwiesen. Es ahmt die Herrschaft Gottes und Christi über die Geschichte nach[728] und erschreckt die Menschen durch seine alle Zeiten überdauernde Unverwüstlichkeit. Wenn es schon den Anschein hatte, als gehöre sein Wesen endlich verschollenen Epochen an, ist es plötzlich wieder da und feiert seine sieghafte „Parusie" (s. u.), seine satanische Renaissance.

Und erstaunen werden die Bewohner auf der Erde (wie 13, 3). Sie fühlen sich vor dieser Lebenskraft wie aus den Angeln gehoben und müssen dem Tier verfallen, wenn sie nicht verankert sind in Gott, **deren Name nicht geschrieben ist im Buch des Lebens vor der Gründung der Welt** (Einzelheiten s. z. 13, 8). Rettungslos sind sie seinem Anblick verfallen. Entweder man blickt auf Jesus, oder es bannt einen das Tier. **Sie erblicken das Tier, daß es war und nicht ist und da sein wird**[729].

[727] Die Verbindung mit K. 13 wird auch durch den Begriff des „Abgrundes" und des „Staunens" hergestellt.

[728] Das Drei-Zeitenschema in bezug auf Gott: 1, 4. 8; 4, 8; 21, 6; in bezug auf Christus 1, 17—18 und 22, 13.

[729] Hartenstein legt das Dreizeitenschema so aus: 1. Das vorchristliche Heidentum; 2. die oberflächlich christianisierte Welt (das „konstantinische Zeitalter"), in der die Macht der Gottlosigkeit gebrochen scheint und christliche Ideale die Welt erobern; 3. das Emporkommen des nachchristlichen Heidentums, das siebenmal ärger wird: es ist nicht mehr naiv, sondern antichristlich. Aber so ist die mittlere Zeit noch zu optimistisch gesehen. Vom Blickwinkel etwa der Waldenser, der Täufer oder der Sozialdemokraten unter Bismarck aus schien die Macht der praktischen Gottlosigkeit nie gebrochen. Außerdem kann sich das Tier, das erst nach dem Sturz Satans in die Geschichte eintritt, nicht auf das vorchristliche Heidentum beziehen. — Klumbies (in: Wort und Tat, 1967, Nr. 4) deutet entgegengesetzt: Das „ist gewesen" bezieht er auf die Zeit vor dem Tausendjährigen Reich, das „und ist nicht" auf die Zeit der Dauer dieses Reiches und das „wird wieder aufsteigen aus dem Abgrund" auf die Zeit nach dessen Beendigung (20, 7), das Gehen ins Verderben auf das letzte Gericht (20, 10). Aber 20, 7 spricht nur von einem Loswerden des Satans, nicht des Tieres, ferner müßte man sich dann das Bestauntwerden des Tieres nach der ersten Auferstehung denken (gegen 13, 3), also nach der Parusie Jesu Christi.

Das mit „da sein" übersetzte grie Wort hat hier sicher einen angereicherten Sinn, den die Übersetzung nicht erfassen kann[730]. Es ist an ein glanzvolles Auftreten des Tieres gedacht, um die Huldigung der ganzen Welt zu empfangen. In 2 Th 2, 9 verwendet Paulus das von diesem Verb abgeleitete Substantiv für die „Ankunft" des Antichristen „in der Macht Satans mit allerlei lügenhaften Kräften und Zeichen und Wundern". In Vers 3. 6 und 8 nennt er denselben Vorgang eine „Enthüllung" oder „Offenbarung", nämlich nach einer langen Zeit verborgenen Wirkens in der Gegenwart (V. 7). All das ist Nachahmung seines Widersachers, Jesu Christi, dem er von Karfreitag bis zur Parusie Konkurrenz machen will (Exkurs 11e).

Aber **er geht dahin ins Verderben**, hieß es angehängt an die Dreizeitenformel (V. 8, am Anfang). Gott wird dieses Nachäffen auf seinem Höhepunkt allmächtig abbrechen und die ungeheuerliche Lästerung beenden. Das Tier verschwindet für immer im Verderbensort (19, 20; 20, 10). Auf diesen kleinen Satz zielte die Deutung des Engels in bezug auf das Tier. Trotz dessen rätselhafter Machtentfaltung steht es unter der Oberherrschaft Gottes. Gott läßt die Bestie auf Zeit los, nimmt sie aber auch wieder aus der Geschichte heraus. Dies alles will im Lichte der Schalengerichte verstanden sein. Gott tut es in seinem Zorn gegen diejenigen, die seine unaussprechliche Gabe, nämlich das Lamm, nicht wünschten.

Die Deutung der sieben Köpfe des Tieres (V. 9–11) beginnt mit einem Mahnruf, auf den wir später zurückkommen. Er bestimmt den
9 Charakter der folgenden Aussage. **Hier ist Verstand** vonnöten, **der Weisheit hat.** Sie erinnert sofort an die Mahnung 13, 18, die die beiden Begriffe nur umgekehrt zusammenordnete.

Die sieben Köpfe sind sieben Hügel. Die Rede von den „Sieben Hügeln" war im Altertum bei Römern, Griechen, Juden und Christen wohlbekannt als Hinweis auf das siebenhügelige Rom (Roma Septicollis). Eine andere Deutung scheint auch hier ausgeschlossen[731]. Nicht, daß hier einfach das Tier mit Rom gleichgesetzt würde, aber über die Köpfe des Tieres entsteht doch eine Beziehung zum damaligen Rom. „Babel", ein Verkündigungsbegriff, der Gottes Volk für

[730] Grie pareimi heißt zunächst „da sein, zugegen sein, anwesend sein, teilnehmen" an Versammlungen, Mahlzeiten oder Festen, dann aber auch „anwesend w e r d e n, eintreffen und hereintreten" zu einem Besuch. Das abgeleitete Substantiv parousia wurde Fachwort für den Besuch Hochgestellter (Götter, Kaiser und hoher Beamten), also für einen Prachtbesuch mit großem Empfang (lat adventus). Wenn es sich auf Christus bezieht, muß dieser Sinn immer herausgehört werden: Kommen mit Macht und Herrlichkeit. Nie wird es auf das Kommen Jesu in Niedrigkeit angewendet. Das war keine Parusie, und sein Kommen am Ende ist darum auch keine zweite Parusie, keine „Wiederkunft". Der Begriff „Wiederkunft" entstammt späterem kirchlichen Sprachgebrauch.

[731] Es fällt schwer, die sieben Hügel in Rom geographisch auszumachen. Der Ausdruck ist sicher stilisiert gemeint.

Jahrtausende begleitet, kann sich je und je auf ganz bestimmte Erscheinungen niederlassen, ohne aber in ihnen auf- und unterzugehen. Hier fügt der Engel Babel also mit dem siebenhügeligen Rom zusammen, **woselbst das Weib sitzt, auf ihnen.**

Die Vision der Hure Babel, die auf dem Tier reitet, hätte auch abgesehen von diesen Versen ihren Sinn, und die Beziehung auf Rom wird deutlich mehr nachträglich, zusätzlich hergestellt. Sie stört sogar ein wenig die Anschauung von Vers 3. Dort sitzt die Hure würdevoll auf dem Tier wie auf einem Reittier, hier aber hat das Tier sie auf die Hörner genommen.

Wie wenig das Weib mit der Siebenhügelstadt gleichgesetzt werden soll, beweist die Fortsetzung. Die sieben Köpfe sind auch **sieben Könige.** An die Stelle der sieben gleichzeitig vorhandenen Romhügel tritt plötzlich eine aufeinander folgende Reihe von sieben Königen. Niemand sollte leugnen, daß damit neben die erste nur flüchtig vorgebrachte Deutung eine zweite tritt, die das größere Gewicht erhält. Nicht mehr eine einzelne Stadt oder ein einzelnes Reich, sondern die Vollzahl (Siebenzahl!) der Reiche in der Endzeit[732], die sich immer wieder mit der Hure Babel verbünden, tritt vor unser Auge.

Daß es sich um Reiche, nicht um Einzelpersönlichkeiten[733] handelt,
legt der Begriff der Hügel oder Berge nahe (s. z. 16, 20). Sie waren
im Orient allgemein und auch im AT Symbolwort für Weltmächte.
Sie werden durch ihre **Könige** vergegenwärtigt[734]. 10

Der 9. Vers hat also wohl an Rom erinnert, dieses Reich aber sofort in die gesamte Kette der Reiche der Endzeit eingereiht. Nicht nur im Falle Roms, sondern immer wieder verbündet sich Babel mit den Machtsystemen. So bleibt auch diese zusätzliche Deutung im allgemeinen Rahmen von Vers 1–6. – Die Verse 10–11 werden im folgenden Exkurs behandelt.

Exkurs 14: ZUR AUSLEGUNG DER SIEBEN „KÖNIGE" VON OFFENBARUNG 17, 9–11

Die meisten Ausleger können sich von der flüchtigen Bezugnahme des Textes auf Rom nicht mehr lösen und legen die „Könige" auf

[732] Auch Da 7 schaut eine Abfolge von Weltreichen. Die hier gemeinten Reiche beziehen sich aber dem Zusammenhang nach auf den Zeitraum der Endzeit, seit Christus. An ein Nebeneinander von sieben Reichen ist ebenfalls nicht gedacht (V. 10–11).

[733] Gegen die Deutung auf Einzelpersönlichkeiten spricht auch der Ausdruck „fallen" in V. 10, der regelmäßig den Sturz von Reichen, nicht aber das Sterben einzelner meint (so auch Zahn und Rissi).

[734] Im Osten des römischen Reiches war „König" (basileus) allgemein üblich für „Kaiser" (vgl. 1 Pt 2, 13. 17; 1 Tim 2, 2).

die römische Kaiserreihe des ersten Jahrhunderts[735] aus. Aber von welchem Kaiser an ist zu zählen?

Nahe liegt es, mit Augustus zu beginnen. Dann sind die fünf gefallenen „Könige" Augustus, Tiberius, Caligula, Claudius und Nero. Indem man die folgenden drei Soldatenkaiser überspringt, gelangt man zu Vespasian als dem gegenwärtigen Herrscher. Sein Sohn Titus wäre der eine, der noch nicht gekommen ist und nur geringe Zeit (von 79–81) bleiben würde. Ihm folgt als achter der Antichrist, nämlich Domitian. Dieser achte war schon einmal in Nero da. Domitian ist der wiedergekommene Nero (s. z. 13, 1).

Aber die Einwände sind sofort da. Zunächst sind die fünf Kaiser nicht alle gestürzt worden, wie es der Text von den fünf Königen

735 Zur Orientierung die Liste der römischen Herrscher jenes Zeitraumes:
46–44 v. Chr.:
Gaius Julius Cäsar, Diktator in Rom. Nach seiner Ermordung in Rom ganze Nächte von den Juden, die ihm viele Vorrechte verdankten, beweint.
30 v. Chr. – 14 n. Chr.:
Cäsar (Familienname) Oktavian, ab 27 v. Chr. religiös klingender Ehrenname Augustus (Erhabener, Anbetungswürdiger); ließ sich aber nur in den Provinzen als Gott verehren. Unter ihm Glanzzeit Roms.
14–37 n. Chr.:
Tiberius, Adoptivsohn des Augustus, allen Ehrentiteln abhold, auf alte römische Disziplin und Tradition bedacht. Lebte zurückgezogen, mißtrauisch und vergrämt.
37–41 n. Chr.:
Gaius, genannt Caligula (Kosename aus Kinderzeit), aus der Verwandschaft des Augustus; zuerst beliebt, bald – nach Genesung von schwerer Krankheit – abnorme Machtsucht; ließ sich göttlich verehren, was zu Judenverfolgungen führte; als widerwärtiger Tyrann von Senatoren ermordet.
41–54 n. Chr.:
Claudius, begünstigt wieder die Juden; von seiner Frau, die ihren Sohn aus erster Ehe, nämlich Nero, an der Macht sehen wollte, vergiftet.
54–68 n. Chr.:
Nero, hemmungslos geltungssüchtig. Unter ihm dringt der Kaiserkult in Rom selbst ein. Um freier regieren zu können, beseitigt er seine Mutter. Brand Roms und Hinrichtung vieler Christen als Sündenböcke und zur Volksbelustigung. Mordbefehle, Launen und Luxus führen zum Zerfall des Reiches, der Senat verurteilt ihn zum Tode; Selbstmord; die julisch-klaudische Kaiserlinie erlischt.
68–69 n. Chr.:
Vierkaiserjahr, kennzeichnend für die Wirren. Senat setzt den 72jährigen Galbe ein. Aber kaiserliche Leibgarde unterstützt den 36jährigen Otho, der Galbe niederstechen läßt und nach einem Vierteljahr Selbstmord verübt, weil Vitellius siegreich mit den ihm anhängenden Legionen aus Mittel- und Westeuropa vordringt. Nun setzen aber die Legionäre aus dem Süden und Osten ihren Anwärter durch. Mit ihm gelangt die Familie der Flavier an die Macht.
69–79 n. Chr.:
Vespasian kann das Reich wieder herstellen, regiert besonnen, gerecht und nachsichtig. Persönlich bescheiden. Unter ihm und seinem Nachfolger keine Christenverfolgung.
79–81 n. Chr.:
Titus, sein Sohn, regiert tolerant und klug. Vergiftet durch seinen Bruder und Nachfolger.

sagt (Anm. 733). Dann macht man es sich mit der Auslassung der drei Soldatenkaiser sicher zu einfach[736]. Auch können wir uns nach wie vor eine Abfassung des Buches unter Vespasian, die hier vorauszusetzen wäre, nicht vorstellen. Dieser persönlich bescheidene und gerechte Herrscher hat weder den Kaiserkult gemocht noch die Christen verfolgt. Schließlich ist eine Deutung d e s Antichristen auf einen einzelnen römischen Kaiser auf Grund des NT und des 13. Kapitels der Offb abwegig (s. Exkurs 11). Wäre Domitian als d e r Antichrist aufgefaßt, auf den sich die ganze Prophetie der Offb. zuspitzt, wäre das Buch im zweiten Jahrhundert durch den Lauf der Dinge widerlegt gewesen. Seine lebhafte Verbreitung läßt aber erkennen, daß keiner der zahllosen Leser es so auffaßte.

Oder ist das Buch zwar unter Domitian geschrieben, aber künstlich zurückdatiert in die Zeit des Vespasian? G i b t es sich nur als Prophetie auf Titus und auf Domitian[737], um wirkungsvoll den derzeitigen Kaiser als verabscheuten zweiten Nero anzuprangern? Aber diese Konstruktion rechnet zu wenig mit den damaligen Lesern und schafft die oben genannten Einwände nicht aus der Welt[738].

Schlatter u. a. erwägt auch noch eine Niederschrift des Buches unter Galba, also mitten in den Wirren nach Neros Tod. Dann wäre der Seher von Patmos jedoch besonders schnell widerlegt worden und hätte seinen Irrtum um Jahrzehnte überlebt[739].

Andere Ausleger[740] zählen ab Cäsar, lassen die Soldatenkaiser ebenfalls aus und gelangen mit dem siebten zu Vespasian, der dann nur eine kleine Zeit regiert haben mußte. Er herrschte aber volle zehn

81—96 n. Chr.:
D o m i t i a n setzt zunächst das tüchtige Regiment fort, wandelt sich aber zu einem mißtrauischen und grausamen Gewaltherrscher. Läßt sich als erster offiziell als Gott und Herr anreden und fördert systematisch den Kaiserkult. Ab 93 n. Chr. Religionsprozesse. Nach vielen mißlungenen Anschlägen ermordet.
96—98 n. Chr.:
Der Senat setzt den schon betagten N e r v a ein, unter dem sich die Lage für Christen und Juden vorübergehend bessert.
98—117 n. Chr.:
Unter T r a j a n gewinnt das Reich seine größte Ausdehnung. Nach Augustus der glänzendste Kaiser. Setzt vorsichtig die Politik Domitians fort, fördert wieder Kaiserkult. Christentum nun grundsätzlich strafbar. Dieser Zustand dauert über 200 Jahre an, erreicht im 3. Jahrhundert seinen Höhepunkt und endet erst unter Konstantin.

736 Auch Michaelis findet dies Verfahren „zweifelhaft“.

737 So Wikenhauser, Rissi ähnlich.

738 Auch Kümmel findet diese Zurückdatierung „recht willkürlich“.

739 Schlatter meint allzu optimistisch: „Dadurch (daß das Buch durch die Ereignisse widerlegt wurde) wurde die Überzeugung der Christenheit nicht geschwächt, daß das von Johannes ihr gesagte Wort für sie eine kostbare Gabe Gottes sei und ihr einen großen Dienst zur Erkenntnis der göttlichen Wege leiste“ (nach Stokmann, S. 11, Anm. 1).

740 Ausleger aus alter und neuester Zeit bei Kümmel, Einleitung in das NT, 13. A., Berlin 1965, S. 343.

Jahre. Wieder andere zählen erst die Kaiser nach dem Tode Christi, also ab Caligula. Nach dieser Rechnung ist Domitian der Gegenwärtige und — wieder unter Auslassung der Zwischenkaiser — erst sein übernächster Nachfolger der Antichrist, und zwar als eine Art zweiter Domitian (vgl. zweiter Nero). Das träfe aber den recht gemäßigten Trajan.

Alle diese Deutungen wirken künstlich, schaffen historische Widersprüche und sollten von einer historischen Auslegung nicht vorgebracht werden. Man hilft sich aber mit der Überzeugung, daß Johannes und seine Leser ein anderes historisches Empfinden gehabt hätten. Wir Heutigen würden uns zwar an den historischen Widerprüchen stoßen, die Damaligen kümmerten sie nicht. Merkwürdige Geistesverfassung: Johannes ruft seine Leser auf, Verstand und Weisheit zu mobilisieren, und zählt ihnen dann eine Kaiserreihe auf, die es nicht gab! Und ein Leser gibt ergriffen dem anderen ein Buch zu lesen, das in seinen Weissagungen mit großer Sendungsgewißheit danebentrifft[741]!

Schon Irenäus forderte eine Auslegung der Stelle mit Hilfe des Danielbuches, die also nicht zeitgeschichtlich, sondern atst orientiert ist. Die sprachlichen Brücken zwischen Offb 17 und Daniel können darin bestärken[742]. An Stelle einer Kaiserreihe ist jetzt mit Daniel die Reihe der Weltreiche[743] aufzustellen.

Trotz verschiedener Abweichungen ist man sich weithin einig: Zur Zeit des Johannes besteht das heidnische römische Weltreich als das sechste Machtgebilde[744]. Durch die Völkerwanderung wird es seine Schwertwunde empfangen, aber wundersam auferstehen als romanisch-germanisches Reich, als „Heiliges Römisches Reich Deutscher Nation", das im „Zehnstaatenbund" ausläuft. Aus dem Zerfall dieses Gebildes werde der Antichrist hervorgehen.

Zunächst erheben sich Bedenken gegen die Zählung selbst. Da 2 und 7 sehen die Weltreiche unter der Vierzahl, dazu ein Nachfolgereich, dem der Lästerer folgt. Darf man diese Schau einfach zur Siebenzahl auffüllen? Und wie auffüllen? Da Daniel seine Reihe mit dem endgeschichtlichen Lästerer schließt, läßt sich seine Reihe nicht

741 Ohne Anhalt im Text denkt Kobs bei den sieben Häuptern an Regierungs f o r m e n, so auch schon der Engländer H. G. Guinness im letzten Jahrhundert.

742 „Zehn Hörner" in Da 7, 7. 20, „zehn Könige" in Da 7, 24, „das große Babel" in Da 4, 27, „Berge" für Reiche in Da 2, 35. 44—45.

743 Stokmann und ähnlich Godet, Zahn u. a. stellen diese Reihe auf: 1. ägyptisches Reich (andere: altbabylonisches Reich), 2. assyrisches Reich, 3. babylonisches Reich, 4. medopersisches Reich, 5. mazedonisches Reich, 6. römisches Reich, 7. romanisch-germanisches Reich.

744 Aber wie paßt dazu die Angabe von V. 10, daß dieses Reich nur eine kleine Zeit währt? Rom ist erst Jahrhunderte nach Johannes zusammengebrochen.

mehr nach hinten verlängern. Also werden zwei Reiche vorgeschaltet. Doch welche nun? War Ägypten jemals „Weltreich"? Und wären nicht auch noch andere gewaltige Reiche des Altertums zu nennen[745]?

Bei diesen vielen Fragen überfällt uns vor allem die eine Frage, ob wir uns mit ihnen überhaupt noch im Rahmen einer Auslegung des Textes befinden. Fordert Offb 17, 9—11 wirklich zu diesen langwierigen, unsicheren Erörterungen auf? Hat Johannes sie durch irgendetwas seinen ersten Lesern nahegelegt?

Wir werden die Beziehung zu Daniel nicht leugnen, haben aber von Offb 13 noch in Erinnerung, welcher Art die Beziehung gerade zu den vier nacheinander aus dem Völkermeer heraufsteigenden Tieren in Da 7 war. Das Interesse an dem Nacheinander wurde fallen gelassen. An seine Stelle trat die Zusammenschau: d a s Tier, das die Merkmale aller dort geschauten Gewaltreiche in sich vereinigt und steigert und als solches die Zeit zwischen Himmelfahrt und Parusie durchwirkt. Damit hat sich die Offb von historischen Zählungen gelöst. Darum ist sie ihr hier nicht wieder unterzuschieben. Die Hineindeutung der Reihe von Reichen erscheint also ähnlich problematisch wie die Hineindeutung der Kaiserreiche. Mit Lilje[746], Foerster und Lohmeyer wenden wir uns der zahlensymbolischen Auslegung unserer Stelle zu. Vers 9a appelliert Johannes an eine besondere Weisheit. Ob das nicht auf das Sinnbildliche der folgenden Worte hinweist? Oder bedürfte es irgendeines Nachdenkens, eines tieferen Verständnisses, wenn wir die sieben Könige einfach als römische Kaiser nähmen und im Geschichtsbuch ihre Namen nachzulesen hätten?

Im Gedanken an den durchgehend symbolischen Zahlengebrauch der Offb hören wir zunächst die Sieben, diese Symbolzahl ersten Ranges. In den sieben „Königen", d. h. Reichen (s. o.), sehen wir die Vollzahl der Reiche dieser Weltzeit wie eine einzige aufragende Gebirgslandschaft. Und Babel thront auf allen diesen Weltmächten. Aber daß diese sich auftürmenden, gottwidrigen „Berge" unter der Sieben stehen, sagt dem Volke Gottes, daß sie in ein von Gott gesetztes Maß hineingebändigt sind. Gott sorgt dafür, daß die Mächte nicht in den

[745] Auch die Bestimmung des siebten Reiches nach Stokmann (Anm. 743) ist problematisch und verrät einen zeitgebundenen Geschichtshorizont. Heute würde niemand mehr erklären, was z. B. 1889 E. Mühe (Anm. 302a) schrieb: „Die germanische Weltherrschaft („die ganze deutsche Art und Bildung, die jetzt die Weltherrschaft führt") wird die letzte sein. Keine andere Nation wird an die Spitze der Weltgeschichte berufen werden" (S. 122).

[746] „Der Versuch, durch historische Einzelbelege diese Zahlengruppe aufzuhellen, ist zum Mißlingen verurteilt, weil jetzt keinerlei zeitgeschichtliche Aufklärung mehr mit ihm verbunden sein s o l l" (Sperrung von mir), Lilje, S. 206. Zu Foerster s. Ki—Th W V, S. 486.

Himmel und nicht in die Ewigkeit wachsen. Eines Tages weitet sich an ihrer Stelle die sanfte Ebene des Paradieses.

Aber noch ist die Sieben nicht erfüllt, immerhin jedoch schon die Fünf. Fünf Reiche sind schon vorbei, es hat sich also schon etwas gerundet[747]. Zugleich ist die Fünf eine alte Teilungszahl. Es steht noch etwas aus, doch auch der Rest an Machtgebilden wird fallen; alle werden endlich fallen.

Völlig unbetont spricht der Text von der Gegenwart: „einer ist" (V. 10) – als wenn er von Luft spricht! Dieser eine wäre der Sechste, aber der Zahl sechs ist in diesem Zusammenhang kein Gewicht verliehen. Die Gegenwart ist hier nichts als der Drehpunkt zwischen der schon verstrichenen langen Strecke und der Reststrecke. Es ist nur noch ein kleiner Rest, ein „Geringes" (V. 10)[748].

Nicht unwichtig ist die Beobachtung, daß kein Durchzählen von eins bis sieben stattfindet, wie es uns die beiden ersten Deutungen so unermüdlich vormachten. Wir haben vielmehr die Sinnzahlen sieben, fünf und acht zu ergründen. Zählerei entfernt sich davon und bewegt sich in abseitigen Gefilden, die den Seher von Patmos nicht beschäftigen.

In Vers 11[749] folgt die Gestalt, auf die es in diesem Zusammenhang ankommt, als der Achte. Diese Zahl bezeichnet das, was über die an sich geschlossene Abfolge der Sieben hinausschießt, das Übertrumpfende. Das ist hier negativ empfunden[750], denn der Achte gehört wesensmäßig zu den Sieben, trägt also die Art aller Weltmächte an sich, die Raubtierart[751]. In ihm wiederholt sich im Grunde nichts als die alte Sünde; er stellt keine e c h t e Übertrumpfung dar. Aber er gibt sich so und versucht seinem Ursprung zu entspringen und sich

[747] Zur Fünf als runde Zahl s. z. 9, 5.

[748] Dieses Wort von der kleinen Zeit auch schon 12, 12, vgl. 6, 11; 10, 6. Es steht im Zusammenhang mit der Naherwartung im NT.

[749] Dieser Vers scheint zunächst einige Merkwürdigkeiten zu enthalten. Nach V. 7 sollen sieben Köpfe gedeutet werden, nach 13, 1; 17, 3 besitzt das Tier auch nur sieben Köpfe. Hier taucht aber ein achter auf. Und dieser achte Kopf, der doch wie alle Köpfe einen Teil des Tieres ausmacht, wird zugleich mit dem Tier selbst identifiziert. Schließlich heißt es, daß der achte Kopf aus der Siebenheit der Köpfe stammt. So verwirrend das alles klingt, erweist sich dieser Vers dennoch als sehr hilfreich zur Klärung der Anschauungen vom Antichrist in der Offenbarung.

[750] Sie kann auch in göttlichen Zusammenhängen eine Rolle spielen: Beschneidung am achten Tag, Priesterweihe am achten Tag der Reinigungszeit, Freisprechung des Aussätzigen am achten Tag der Reinigungszeit, acht Menschen verließen an einem achten Tag die Arche, Auferstehung Jesu an einem achten Tag. In allen Fällen beginnt neues Leben, wird ein neuer Lebenskreis betreten.

[751] Die historisierenden Auslegungen deuten das Sätzchen „Und er ist aus den Sieben" gern dahingehend, daß der Achte identisch sei mit einem b e s t i m m t e n der Sieben, und zwar mit dem Fünften. Der Wortlaut spricht aber nur von der Zugehörigkeit zu den Sieben; „aus den Sieben" ist Ursprungsangabe.

ins nie dagewesene Neue aufzuschwingen: Gegenwurf zu Ostern! Wie der lebendige Gott in Christus eine neue Schöpfung begann, schickt sich auch der Drache mit dem Tier zu einer Neuschöpfung an.

Vom Achten heißt es: Er ist das Tier (V. 11). Gewiß war das Tier 11
schon immer da. Seit 13, 1 regte es sich in immer neuen „Köpfen". Seit der Erhöhung des Lammes hebt es in immer neuen Formen sein Haupt. Aber erst im achten Haupt entpuppt es sich erschöpfend und ist ganz Tier, denn zu seinem tiefsten Wesen gehört eben jene Anmaßung, Gott bis hin zum Osterwunder ausstechen zu wollen und ihm die Herrlichkeit zu stehlen. Alle Welt soll vor dem Wunder des Tieres knien: Er ist wahrhaftig auferstanden, der neue Mensch ist da, die neue Welt wird gebaut – ohne Gott und das Lamm!

Genau an dieser Stelle fällt wie ein Fallbeil das prophetische Wort: „Und es geht dahin ins Verderben." Schon Vers 8 hieß es so; wie ein Rahmen legt sich die Aussage um den Abschnitt. Bei 19, 20 ist sie ausführlich zu behandeln. Aber schon hier wird das Tier wie 2 Th 2, 3 als „Sohn des Verderbens" gebrandmarkt. Es stammt aus dem Verderben, es führt in das Verderben, und es geht in das Verderben. Das sind die wahren Titel des Achten: Verderben – Verderber – Verderbter!

Das Ende der zehn Hörner des Tieres

Offenbarung 17, 12–14

12 **Und die zehn Hörner, die du sahst, sind zehn Könige, die noch**
nicht Königswürde empfangen haben, aber sie empfangen Voll-
13 **macht wie Könige auf e i n e Stunde mit dem Tier. * Diese haben**
einerlei Sinn[762]**, und sie geben ihre Macht und Vollmacht dem**
14 **Tier. * Diese werden mit dem Lamm Krieg führen, und das**
Lamm wird sie besiegen, denn es ist der Herr der Herren und
der König der Könige, und die mit ihm: Berufene und Auser-
wählte und Getreue.

Zu Vers 12: Dan 7, 20. 24
Zu Vers 14: 5 Mo 10, 17; Ps 136, 3; Dan 2, 47

Nun werden auch die zehn Hörner des Tieres besonders gedeutet, und zwar mit einem Satz aus Da 7, 24. **Und die zehn Hörner, die du sahst, sind zehn Könige.** Zehn ist, wie schon 2, 10 zeigte, eine stark 12

762 Das grie gnōmä bedeutet a) Sinn, Gesinnung und b) Entscheid, Verordnung. Nach den Zusammenhängen muß es in V. 13 anders als in V. 17 übersetzt werden. In V. 13 ist es mit „haben" verbunden, was auf Bedeutung a) weist: einerlei Sinn haben; dagegen ist es in V. 17 mit „tun" verbunden, was eine Übersetzung mit Bedeutung a) nicht gestattet, sondern: einerlei Ratschluß tun oder befolgen.

schematische Zahl und erinnert als Zahl des Vollmaßes[753] an die Sieben. Aber während die Sieben in Vers 10–11 die Vollzahl der Mächte in zeitlicher Erstreckung meint, so an dieser Stelle die Zehn die Vollzahl der Mächte in ihrer örtlichen Erstreckung über die ganze Erde. Sie sind ausdrücklich gleichzeitige Könige, nämlich „auf e i n e Stunde", und zwar zur Stunde des unheimlichen Achten, der die Reihe der Sieben krönt (V. 11). Von ihnen heißt es Vers 14, daß sie gemeinsam den Feldzug gegen das Lamm unternehmen. Den gleichen Feldzug der Könige schaute Johannes schon in 16, 14, wo er sie „Könige der ganzen besiedelten Erde" nannte; und in der dritten Darstellung dieses Feldzuges heißen sie „Könige der Erde" (19,19). Schließlich befestigt auch noch der Gedanke an Da 2, 41. 42 diese Auslegung. Dort läuft das berühmte Monarchienbild in die zehn Zehen aus, in die letzten Repräsentanten der politischen Macht auf Erden vor dem Anbruch des ewigen Reiches.

Diese Könige **haben** zunächst **noch nicht Königswürde**[754] **empfangen.** Dieses „noch nicht" gehört sicher in den Zusammenhang von Vers 10: Als Johannes schaute und schrieb, war die Siebenerreihe „noch nicht" abgeschlossen. Also stand auch die große Stunde des Achten noch aus und genauso hier die große Stunde seiner Trabanten[755]. **Aber sie empfangen Vollmacht wie Könige auf e i n e Stunde mit dem Tier.** Nach 13, 2 hatte der Drache dem Tier für zweiundvierzig Monate Vollmacht erteilt, also während der ganzen Endzeit; aber zum Schluß dieser Zeit kommt es zu einer letzten Zusammenballung satanischer Macht gegen das Lamm (V. 14).

Diese Konzentration auf das e i n e Ziel scheint aber auch eine gewisse Entmachtung der einzelnen Könige nach sich zu ziehen. Sie sind eigentlich nur noch Quasi-Könige („wie Könige"). Besessen vom Vernichtungswillen gegen das Lamm, verzichten sie auf nationale Po-
13 litik, Pluralismus und Dezentralisierung. **Sie geben ihre Macht und Vollmacht dem Tier,** dessen Feldzug ihnen über alles geht. Sich jetzt nur nicht zersplittern! Darum unterwerfen sie sich strengster Disziplin, **haben einerlei Sinn.** Die Christenfrage soll endlich ihrer Endlösung entgegengeführt werden. Schon 16, 14 lasen wir von dieser unheimlichen Inspiration, unter der dann alle Machthaber stehen (vgl. auch 17, 17).

753 Vgl. noch 1 Sa 1, 8; 1 Mo 31, 7, auch die zehn Aussätzigen, zehn Jungfrauen.

754 Grie basileia also in der ursprünglichen Bedeutung, noch nicht als „Reich". So erklärt sich auch am besten der Singular.

755 Die zeitgeschichtliche Deutung erklärt das „noch nicht" so: Nero kehrt aus dem Partherland zurück, um an Rom Rache zu üben. Er verführt die Statthalter von zehn römischen Provinzen zum Abfall oder verbündet sich mit zehn parthischen Fürsten, um sie nach seinem Sieg als selbständige Könige zu krönen. So sind die zehn Könige vorher schon als seine Helfer da, aber noch ohne förmliche Königswürde. — Dagegen auch Foerster, Ki–Th W III 670.

Diese werden mit dem Lamm Krieg führen. Sie bilden die „Heere" 14
von 19, 19, wo der Feldzug ausführlicher geschildert wird. Hier hören wir nur ganz kurz den Ausgang. **Und das Lamm wird sie besiegen.**

Hat also ein wirkliches Kämpfen des Lammes stattgefunden? Der Text ist im Unterschied zu 19, 19–20 viel zu knapp, um das aus ihm behaupten oder widerlegen zu können. Vielleicht aber deutet die Fortsetzung des Verses, die den Sieg des Lammes begründet, eine Antwort an. **Denn** das Lamm **ist Herr der Herren und König der Könige** (Einzelheiten s. z. 19, 16). Es siegte also nicht auf Grund seines Kämpfens, sondern auf Grund seiner Titel, die es bereits Karfreitag und Ostern erworben hatte. Diese Art des Denkens, das die ganze Offb durchzieht, haben wir tief in uns eindringen zu lassen. Der Sieg des Lammes *ist* endgültig errungen, seine Feinde *sind* überwunden (12, 9. 11). Bei der Parusie werden dieser sein Sieg und diese ihre Niederlage lediglich durchschlagend behauptet, veröffentlicht und gefeiert (Exkurs 1 f und 8d).

Wie das Tier, so hat auch das Lamm seine „Heere". **Und die mit ihm: Berufene und Auserwählte und Getreue.** Den Ausdrücken ist abzuspüren, daß sie weit von kriegerischen Vorstellungen wegführen. Es handelt sich um allgemein urchristliche Bezeichnungen für Christen. Sie sind beim Lamm – das ist das Einzige, was hinzugefügt wird. Nach 14, 4 bringt ihnen das das Martyrium ein[756], nach dieser Stelle den Sieg. Also werden Märtyrer zu Siegern. Sie schwingen zu diesem Sieg kein Schwert, sprühen keinen Haß und feiern keinen persönlichen Triumph. Sie sind nur als Zeugen beim Lamm, in seiner Verkennung und in seinem Sieg.

Das Ende der Hure

Offenbarung 17, 15–18

15 **Und er spricht zu mir: Die Wasser, die du sahst, wo die Hure**
sitzt – Völker und Scharen sind sie und Nationen und Sprachen.
16 *** Und die zehn Hörner, die du gesehen hast, und das Tier – diese**
werden die Hure hassen und werden sie wüst machen und nackt
und ihre Fleischteile essen und werden sie (die Hure) **mit Feuer**
17 **verbrennen. * Denn Gott hat in ihr Herz gegeben, seinen Rat-**
schluß zu tun und zu tun einerlei Ratschluß und ihre Königswürde
dem Tier zu geben, bis vollendet sein werden die Worte Gottes.
18 *** Und das Weib, das du gesehen hast, ist die Stadt, die große,**
die die Königsherrschaft hat über die Könige der Erde.

Zu Vers 15:
Jes 8, 7
Jer 47, 2
51, 13
Zu Vers 16:
Dan 7, 7
Hes 16, 35–43
Zu Vers 18:
Ps 2, 2
89, 28

756 „Getreue" weist vielleicht auf 2, 10. 13 hin: getreu bis zum Tod.

Dieser Abschnitt fordert eine Vorbemerkung zur zeitlichen Einordnung der Vorgänge. Viele Ausleger[757] nehmen den Ablauf des Textes auch für den zeitlichen Ablauf der prophezeiten Vorgänge. Danach werden also zuerst die zehn Könige mit dem Tier in die Endschlacht gegen das Lamm ziehen. Vom Lamm geschlagen (V. 14), wenden sie sich in blinder Wut gegen das Weib, um sie, die sie bisher bewundernd getragen haben (V. 2), zu zerreißen. Der Niederlage durch den Christus folgt also die Selbstzerfleischung der antichristlichen Welt.

Andere Ausleger[758] erkennen richtig, daß das literarische Nacheinander kein geschichtliches Nacheinander bedeutet, sondern daß der Text thematisch vorgeht: Zuerst behandelt der Engel das Ende des Tieres (V. 8–11), dann das Ende der zehn Könige (V. 12–14) und schließlich das Ende der Hure (V. 15–18). Jedesmal handelt es sich wirklich um ein Ende, wenn wir die einzelnen Abschnitte in ihrem Wortlaut ernstnehmen. Die zehn Könige machen nach Besiegung durch Christus bei seiner Parusie nicht doch noch irgendwie weiter. Man beachte nur die ausführliche Parallele 19, 19–21: „... und alle Vögel wurden satt von ihrem Fleisch."

Die Verse 15–18 stellen also lediglich thematisch einen Fortschritt dar. Zeitlich ist z. B. Vers 17 („zu geben ihre Königswürde dem Tier") deutlich ein Rückgriff auf den Zeitpunkt von Vers 13 („sie geben ihre Königswürde dem Tier"); Vers 17 spielt also noch in der Zeit v o r dem letzten Feldzug gegen das Lamm.

Vers 15 setzt der Engel also mit einem neuen Thema ein, und zwar mit dem Hauptthema dieses Kapitels, das schon Vers 1 ankündigte und das seiner Wichtigkeit wegen für den Schluß aufgespart worden ist: das Gericht über die Hure.

15 **Und er spricht zu mir: Die Wasser, die du sahst[759], wo die Hure sitzt
– Völker und Scharen sind sie und Nationen und Sprachen.** Wasser
als Völkermeer zu deuten, hat seine Vorgeschichte im AT[760]. Im
Altertum wurden Völker gern mit ihren Königen in eins gesehen,
so daß der Engel, wenn er im folgenden im Bild der zehn Hörner die
16 Könige erwähnt, von derselben Sache weiterspricht. **Und die zehn
Hörner, die du gesehen hast, und das Tier – diese werden die Hure**

757 Z. B. Brütsch, Frey, Lohmeyer, Lilje.

758 Z. B. Stokmann, Schlatter, Wikenhauser, Behm, Lohse.

759 Bousset macht darauf aufmerksam, daß Johannes diese „Wasser" in der Vision ab V. 3 ja gar nicht gesehen hatte. Sie gehörten lediglich zur Audition in V. 1. Daraus folgert er vorschnell, der Text sei nicht in Ordnung, und vermutet Einschübe von fremder Hand. Aber schon 1, 2 schloß das Sehen nach altem prophetischen Sprachgebrauch das Hören mit ein (Anm. 19).

760 Jes 8, 7; Jer 42, 2; Hes 20, 35. – Die Vierzahl deutet wieder auf Universalität. Für gottlose Erdbevölkerung noch 5, 9; 7, 9; 10, 11; 11, 9; 13, 7 und 14, 6.

hassen. Nach einer kurzen Deutung der Wasser ist er jetzt also bei dem Weib, das nach Vers 1 auf diesen Wassern thront.

In dem Bewußtsein, etwas Erstaunliches zu vermelden, betont der Engel: **d i e s e werden die Hure hassen.** Es sind doch die Könige, die nach Vers 2 völlig von ihr berauscht waren. Auch nachher, nachdem sie die Hure zerrissen haben, lesen wir, daß diese gleichen Könige in lautes Klagegeheul ausbrechen (18, 9). Sie weinen „Krokodilstränen" wegen einer Verwüstung (18, 19), die sie selber angerichtet haben (17, 16). Daran wird noch einmal eine Aussage wie die von 16, 14 deutlich: Sie waren bei dieser Verwüstung ihrer selbst nicht mächtig, sondern besessen von Teufelsgeistern, gesteuert wie willenlose Werkzeuge. Vom Haß des Tieres angehaucht, atmen sie Haß nach a l l e n Seiten[761].

Vor allem hassen sie unbegreiflicherweise das Lamm (V. 14), das sein Blut für sie gegeben. Aber sie hassen eben auch die Hure; sie sind durch und durch negativ. Schon zu K. 13 stellten wir fest, daß das Tier, das alles kann, eines nicht vermag: es kann nicht lieben und darum auch keine Liebe wecken. Und wie das Tier konnte auch die Hure mit all ihren Reizen (V. 4) nur Begierden, aber keine Liebe wecken. So umworben sie war, so sehr sich alle Welt nach ihr umsah und sie hofierte und beneidete – nie wurde sie geliebt. Das wird nun offenbar. Die mit dem Lamm und Gott zerfallene Welt zerfällt auch mit sich selbst. Unüberbrückbar klaffen die sozialen Spaltungen. Vorübergehend mag die Babelkultur Freiheit, Gerechtigkeit und Wohlstand bringen. Aber Freiheit für wen? Gerechtigkeit für wen? Wohlstand für wen? Immer nur für e i n e Seite, und auf der anderen Seite tauchen die Opfer auf[762]: die Arbeitssklaven, das Kanonenfutter, die politischen Gefangenen. Erst das Lamm bringt Heil, das alle Geschöpfe Gottes umfaßt[763].

Die Zerstörung Babels wird mit Hilfe von atst Gerichtsbildern ausgemalt. **Sie werden sie wüst machen** (s. z. V. 3) **und nackt.** Das bedeutet die totale Ausplünderung ihrer Reichtümer[764]. An die Stelle des Protzes von Vers 4 tritt die schreiende Schande. **Und sie werden ihre Fleischteile essen.** Dieses Bild für Aussaugen bis aufs Blut malt

761 Eine noch tiefer schürfende Erklärung wird der nächste Vers bringen.

762 Dieser Hinweis auf das soziale Unrecht in Babel ist nicht willkürlicher Einfall, s. z. 18, 13.

763 Hier mag auch Hartenstein zu Wort kommen, der Babel auf die verweltlichte Kirche deutet (S. 213): „Der Antichrist wird die verweltlichte und abgefallene Kirche, mit der er anfangs im engsten Bunde stand, wegwerfen, so wie man eine Hure wegwirft, wenn sie mißbraucht ist . . . Dies ist also das Ende der verweltlichten und abgefallenen Christenheit, daß sie gerade von denen, die sie trugen, stützten, mit ihr im Bunde standen, verworfen wird" (vgl. Anm. 496).

764 In 3, 17–18 ist „nackt" das Gegenteil von „reich".

Mi 2, 2–3 grell aus: „Ihr schindet ihnen die Haut ab und das Fleisch von ihren Knochen und fresset das Fleisch meines Volkes. Und wenn ihr ihnen die Haut abgezogen habt, zerbrecht ihr ihnen auch die Knochen; ihre zerlegt es wie in einem Topf und wie Fleisch in einem Kessel." Man denke auch an Isebels Ende (2 Kö 9, 33–36). Hunde fraßen ihr Fleisch. Sie ist Vorläuferin der Hure Babel, indem sie zum Götzendienst verleitete und das Blut der Propheten vergoß (hier V. 6; s. auch z. 2, 20–23).

Und sie werden sie, die Hure, **mit Feuer verbrennen.** Nach totaler Ausschlachtung wird das Ungenießbare verbrannt (Hes 23, 25). Eine extreme Vernichtungswut beseitigt alle Spuren. Auch noch gegen das letzte Häuflein richtet sich der Haß und streut schließlich die Asche in den Wind. Für ein Begräbnis wäre nichts mehr übrig[765].

Vers 17 erinnert an Vers 13. Er wiederholt die Rede von dem einerlei Sinn oder Ratschluß (s. Anm. 752), aber nun unter einem unerwartet
17 neuen Gesichtspunkt. **Denn Gott hat in ihr Herz gegeben, seinen Ratschluß zu tun und zu tun einerlei Ratschluß und dem Tier ihre Königswürde zu geben, bis vollendet werden die Worte Gottes** (s. z. 10, 7; 15, 8). Gottes Zorn ist die letzte Gewalt, die diese Könige treibt. „Siehe, ich will dich herumlenken und dir einen Haken ins Maul legen und will dich ausziehen lassen mit deinem ganzen Heer", sagt Gott in Hes 38, 4 (vgl. 39, 2; 29, 2) zu den Fürsten und läßt sie in seinem Zorn ausziehen zu einem Feldzug gegen ihr eigenes Interesse.

Unser Vers verweilt immer noch bei der erstaunlichen Einmütigkeit der Könige. Wie kommt es, daß sie nicht aneinandergeraten oder sich nicht gegen das Tier und ihren eigenen Souveränitätsverlust auflehnen? Sie zerschlagen ihr eigenes Idol, ihr Babel, das sie anschließend bitterlich beweinen; und sie tun es ohne viel Aufforderung, ohne endloses Schachern und ohne Gegenleistung. Was reißt sie so vorbehaltlos, so plötzlich und gleichzeitig hin? Welch ein Widersinn ist doch dieser einmütige Sinn!

E i n e Erklärung brachte schon Vers 14: Es ist die unwiderstehbare Inspiration der satanischen Trinität. Jetzt tritt ein zweiter Hinweis hinzu. Sie sind Instrumente des Zornes Gottes geworden[766]. Gott kann auch den Sinn derer, die ihm widerstreben, noch lenken. Bevor sie selbst ihr Urteil empfangen, gebraucht er sie noch als Zuchtrute für die Hure. Gott demonstriert damit einen außerordentlichen Machtbeweis. Er ist nicht nur imstande, die Aktionen seiner Gegner zu stoppen, sondern kann sie sogar herumkehren und gegen ihre eigene

765 Nach 3 Mo 21, 9 wurden Huren in Israel verbrannt.
766 Schon zu 13, 5 beschäftigte uns das Ineinander von satanischer Ursache und Gottes Initiative.

Sache laufen lassen. Er macht seine Gegner zu ihren eigenen Gegnern und Gerichtsvollstreckern. So sind sie völlig widerlegt, und Gott ist dabei überhaupt nicht außer Atem gekommen. Gott wird am Ende grenzenlos erhaben sein.

Zum Ausklang, der wieder in die Gegenwart des Johannes zurückführt, wird das Hurenweib noch einmal genannt und feierlich ihre
Persönlichkeit mit dreimal wiederholtem Artikel gekennzeichnet. **Und** 18
das Weib, das du gesehen hast, ist die Stadt, die große, die die Königsherrschaft hat über alle Könige der Erde. Noch thront sie und genießt ihre Ausstrahlungskraft. Noch liegt ihr die Erde unterwürfig und still zu Füßen – noch! Dieser Vers klingt nach dem Vorherigen drohend. Johannes und seine Leser wissen ja jetzt um das „Geheimnis des Weibes" (V. 7) und sehen das viel bewunderte Babel deswegen mit eigenen Gedanken. Durch Gottes Wort und Gottes Geist ist für sie ihre Zauberkraft schon jetzt gebrochen.

Untergangsprophetie über Babel durch den starken Engel

Offenbarung 18, 1–3

Nach der Vision über Babels Ende empfängt Johannes über denselben Vorgang eine gewaltige Audition (18, 1 – 19, 10). Wäre dieser zweite Abschnitt über Babel nicht so ins Hintertreffen der Auslegung geraten, hätte es vielleicht nicht so viele Meinungsverschiedenheiten über den Sinn Babels gegeben. Das Bild der Hure Babel tritt jetzt weitgehend zugunsten der großen Kaufmannsstadt Babel zurück. Als Hure war sie Gegenstück zum himmlischen Weib in K. 12 oder zur himmlischen Braut von K. 19, als Stadt ist sie Gegenbild zum himmlischen Jerusalem (K. 21). Beide Bilder stehen für Babel schon im AT nebeneinander.

Den eigentlichen Vorgang des Gerichtes scheint K. 18 *nicht* zu bringen. Zwar melden die ersten Verse: Gefallen, gefallen ist Babel! aber Vers 4 wird die Gemeinde zum Verlassen Babels noch *vor* dem Gericht aufgefordert. Das Perfekt „gefallen" ist also ganz wie in 14, 8 eine Form prophetischer Gewißheit über erst zukünftige Ereignisse. Auch die Verse 6–7 sind erst Aufforderung zum Gerichtsvollzug, und die Verse 8–24 enthalten immer wieder deutlichen Ankündigungsstil, in Vers 21 in atst Weise verbunden mit einer Symbolhandlung. Aber K. 19 beginnt mit einem „Danach", was in der Offb einen Szenenwechsel anzeigt; anschließend wird der Untergang Babels eindeutig als geschehen vorausgesetzt. Also denke man sich zwischen den beiden Kapiteln den Untergang Babels. Eine sinnenfällige Darstellung fehlt. Diese geistliche Zurückhaltung erinnert an 10, 4 (s. d.).

Der neue Abschnitt ist wieder denkbar stark gesättigt mit Wendungen atst Weissagung. Besonders auffällig klingen Jes 47 und Jer 50–51 herein. Etwa vierzig Verse dieser atst Kapitel finden in Offb 18 eine Parallele[767]. Und doch wirkt unser Kapitel nicht wie ein künstliches Flickwerk, sondern wie aus einem Guß und enthält in gewisser Hinsicht geradezu Höhepunkte des Buches. Drei Engel treten mit ihrer Gerichtsbotschaft auf, was schon formal eine Verbindung mit K. 14 herstellt. Die Botschaft des ersten Engels:

Zu Vers 2:
Jes 21, 9
Jer 51, 8
Dan 4, 27
Jes 13, 21
34, 11 ff
Jer 9, 10
50, 39
Zu Vers 3:
Jer 25, 15
51, 7
Jes 23, 17
Nah 3, 4

1 **Danach sah ich einen anderen Engel herabsteigen vom Himmel, der**
große Vollmacht hatte, und die Erde wurde erhellt durch seine
2 **Herrlichkeit. * Und er schrie mit starker Stimme und sprach: Ge-**
fallen, gefallen (ist) **Babel, die große** (Stadt), **und sie ist eine Be-**
hausung der Dämonen geworden und eine Wache (= Unterkunft)
eines jeden unreinen Geistes und eine Wache eines jeden unreinen
3 **und verhaßten Vogels, * denn von dem Wein des Grimmes ihrer**
Unzucht haben getrunken[768] alle Nationen, und die Könige der
Erde haben mit ihr Unzucht getrieben und die Kaufleute der Erde
sind von der Macht ihrer Üppigkeit reich geworden.

1 Das **Danach** schafft einen gewissen Abstand zum Vorhergehenden, hier wechselt die Vision in eine Audition (s. Vorbemerkung zum Abschnitt). **Danach sah ich einen anderen Engel herabsteigen vom Himmel.** Er erinnert an den besonders hoheitsvollen Boten in 10, 1. Er hatte **große Vollmacht, und die Erde wurde erhellt durch seine Herrlichkeit.** Seine außerordentliche Botenvollmacht, die Wichtiges ankündigt, wird sinnenfällig in seiner die ganze Erde erleuchtenden Herrlichkeit[769].

[767] Jer 50, 2 (Babel ist genommen); V. 3 (Wüste ohne Mensch und Vieh); V. 8 (Fliehet aus Babel); V. 12. 13 (Babel verwüstet); V. 14 (Babels Sünde); V. 15 (Vergeltung); V. 23 (Bild des Entsetzens); V. 27 (Wehe); V. 28 (Flucht aus Babel); V. 29 (Vergeltung); V. 32 (Feuer); V. 39. 40 (Unbewohnbarkeit); V. 46 (Babel genommen, Wehgeschrei); 51, 5 (Babel eine Witwe); V. 6 (Flucht aus Babel); V. 7 (hat trunken gemacht); V. 8 (plötzlicher Fall und Wehgeschrei); V. 9 (Schuld bis an den Himmel); V. 11 (Vergeltung); V. 13 (große Schätze); V. 24 (Vergeltung); V. 25 (Verbrennung); V. 26. 29 (Wüste); V. 30. 32 (Feuer); V. 35 (Blut der Opfer); V. 37 (Wohnstätte der unreinen Tiere); V. 41 (Bild des Entsetzens); V. 43. 53–55 (Verwüstung); V. 45 (Auszug); V. 48 (Freude im Himmel); V. 50 (Entronnene); V. 49 (Babels Fall zur Sühne); V. 58 (Feuer); V. 62 (Entvölkerung).

[768] Hier schwanken die Lesarten sehr. Nestle entscheidet sich für den Text, der den Sinn hat, daß die Völker getrunken haben (s. o.), Aland dagegen für den Sinn, daß die Hure die Völker getränkt hat (vgl. 14, 8). Das fügt sich besser in den Zusammenhang, soll doch die Verschuldung Babels genannt werden. Aber die Bezeugung der Lesarten, denen Nestle folgt, ist erdrückend. Für sie spricht auch die Wendung Jer 28, 7; 32, 14 nach LXX.

[769] Wie 21, 11 ist „Herrlichkeit" hier mit einer Lichtvorstellung verknüpft. Vgl. Anm. 48.

Und er schrie mit starker Stimme. Die Stärke[770] der Heroldsstimme 2
ist ein Hinweis auf ihre Reichweite. Er sprach: **Gefallen, gefallen** ist **Babel, die große** Stadt. Das Fallen setzt den Wurf von Vers 21 voraus. Und doch ist das Gericht hier erst angekündigt. Der gleiche Redestil findet sich Jes 21, 9; Jer 51, 8.

Es scheint eher glaublich, daß der Himmel einfällt, als daß Babel fällt. Ist diese stolze Stadt nicht für die Ewigkeiten gebaut? Aber das Unglaubliche wird geschehen. Diese Stadt, die sich so keck und erfolgreich mit dem Tier verbündet hat, wird erleben, daß dieses Tier eines Tages seine zehn Hörner (= zehn Könige, s. 17, 12[771]) gegen seine Reiterin kehrt. Das Tier stellt ja die Ausgeburt des Satans dar (13, 1), der Satan aber ist Lügner und Verräter. So baut jeder auf Verrat, der sich auf das Tier stützt statt auf das Lamm.

Und sie ist eine Behausung der Dämonen geworden. Zwischen den geborstenen Palästen, veraschten Hütten, stehengebliebenen Häuserwänden mit ihren Kaminen, die wie Grabsteine eines riesigen, nächtlichen Friedhofs anmuten, hausen die Geister und spuken die Gespenster. Keine Menschenseele mag sich dort mehr aufhalten. Parallel dazu fährt der Engel fort, Babel sei geworden **eine Wache,** d. h. Unterkunft[772] **eines jeden unreinen Geistes und eine Wache eines jeden unreinen und verhaßten Vogels.** Hes spricht bildhaft von der Hadesfahrt der Stadt Tyrus (26,19–21; 28,8; von Ägypten 31,14–18; 32, 17–18). Vielleicht ist es hier auch so gemeint: Babel ist zum Totenland geworden, ausgeschieden aus dem „Lande der Lebendigen".

Die alten Propheten haben häufig als Ausdruck totalen Gerichts Visionen einer entvölkerten Ruinenstätte empfangen[773]. Einst war Babel Markt der Welt, „gefüllt mit Menschen wie mit Heuschrecken" (Jes 51, 14) und voller Jubel, Trubel, Heiterkeit – und jetzt so! Wie mächtig hat Gott geredet! Sein Gericht ist mit Händen zu greifen in diesem „Bild des Entsetzens" (Jer 50, 23; 51, 37. 41).

Zur Begründung dieser harten Strafe nennt Vers 3 zunächst die
religiöse Seite der Versündigung Babels. **Denn von dem Wein des** 3
Grimmes ihrer Unzucht haben getrunken alle Nationen, und die Kö-

[770] Sonst in der Offb immer „große Stimme", was den Eindruck auf die Hörer hervorhebt. Den 80 Stellen mit „groß" stehen in unserem Buch nur 9 Stellen mit „stark" gegenüber, davon allein in diesem Kapitel vier (V. 2. 8. 10. 21). Es hebt die physische Verfassung des Heroldes hervor.

[771] Bei den atst Propheten werden bestimmte Einzelvölker genannt, durch deren Angriff Babel fällt. Meist sind Völker aus dem Norden die Werkzeuge Gottes (s. z. 20, 8).

[772] Das grie phylakä entwickelte sich zu diesen Bedeutungen: Zunächst Wachdienst, dann Wachposten, dann Wachlokal. Dadurch, daß das Wachlokal auch als Haftlokal verwendet wurde, konnte das Wort die Bedeutung Gefängnis erlangen (z. B. 20, 7).

[773] Für Babel außer Jer 50 und 51 noch Jes 13, 19–22; 14, 23; für Edom Jes 34, 10–15, für Ninive Zeph 2, 14–15.

nige der Erde haben mit ihr Unzucht getrieben. Einzelheiten s. z. 14, 8. Damit hängt die soziale Seite ihrer Schuld eng zusammen. **Und die Kaufleute der Erde sind von der Macht ihrer Üppigkeit reich geworden.** Die Kaufleute[774] heißen in 18, 23 die „Großen", und nach 6, 15 gehören sie neben den Königen als die zivilen Spitzen der Gesellschaft zur herrschenden[775] Schicht. Es sind wahre Handelsherren und Plutokraten, Männer des internationalen Parketts.

Es wird auf Babels ungebrochene, überquellende **Üppigkeit** angespielt. Babel hatte einen Luxus entwickelt, der unverschämt und geradezu sündhaft war. Weil ein solches Ausmaß an Reichtum i m m e r auf Kosten anderer Menschen und Völker geht, darf k e i n Mensch ihn sich leisten. Es gibt einen unsozialen Reichtum (vgl. wieder Anm. 303). Dabei läßt sich allerdings nicht leugnen, daß dieser Luxus zu einem wirtschaftlichen Faktor ersten Ranges werden kann. Er versorgte im Falle Babels hunderte von Gewerben bis in die letzten Winkel des Landes mit Aufträgen, hielt den Geldumlauf im Gang und bedeutete einen unersättlichen Markt. Ein Strom von Geld und Gold ergoß sich nach allen Seiten, und viele sind **reich geworden.** Es schien wenigstens, daß jedermann, der nicht zu dumm oder zu faul war, schöpfen könne.

Aber eine Zivilisation, aufgebaut auf Unzucht und Geldsucht, kann keinen Bestand haben. Eines Tages heißt es: Gefallen, gefallen ist Babel!

Mahnwort eines zweiten Engels an Gottes Volk in Babel

Offenbarung 18, 4–5

Zu Vers 4:
Jes 48, 20
52, 11
Jer 50, 8;
51, 6. 9. 45
Zu Vers 5:
Jer 51, 9
1 Mo 18, 20 f

4 **Und ich hörte eine andere Stimme aus dem Himmel sprechen: Geht aus, mein Volk, von ihr, damit ihr nicht mit teilhaftig seid an ihren Sünden und damit ihr nicht von ihren Plagen** (etwas) **empfangt!**
5 * **Denn zusammengeballt haben sich ihre Sünden** (wie ein Berg) **bis an den Himmel, und gedacht hat Gott ihrer Unrechtstaten.**

4 **Und ich hörte eine andere Stimme aus dem Himmel sprechen.** Weil ein Engel nicht sagen könne: „mein Volk", so meinen Bengel und Stokmann, müsse es sich hier um die Stimme Jesu handeln. Aber ein Engel könnte sehr wohl im Namen Gottes[776] so sprechen, und

[774] Grie emporos ist der Großhändler, Überseekaufmann, im Gegensatz zum kapälos, dem Kleinhändler, der auf dem Markt die Waren verhökert, die er vom Großhändler bezieht.
[775] In Band I mit „Edlen" übersetzt (6, 15).
[776] Gerade hier scheint es ein Gottesspruch zu sein, den der Engel ins Gedächtnis ruft, vgl. Jes 48, 20; 52, 11; Jer 50, 8; 51, 6. 9. 45; Sach 2, 10–11.

diese unbetonte „andere Stimme" dürfte in diesem Buch kaum Gottes oder Christi sein können (vgl. auch 8, 3).

Die Stimme des anderen Engels, der nicht sichtbar wird, spricht: **Geht aus, mein Volk, von ihr.** Ähnlich wurde es einst dem nach Babel verschleppten Volk Israel zugerufen. Das Auszugsmotiv gehört zu den tragenden Gedanken der Geschichte Israels. Als erster zog Abraham auf Gottes Ruf hin aus Haran (1 Mo 11, 31 f), Lot wurde aus Sodom und Gomorra herausbefohlen (1 Mo 19, 14), schließlich rief Gott sein Volk aus Ägypten. Zu den Nachklängen bei den Propheten s. Anm. 776. Auch die urchristliche Verkündigung ist von dieser Botschaft durchzogen[777]. Sachlich geht es immer wieder um Unzucht und sündlichen Reichtum, also um das, wofür hier „Babel" steht.

An dieser Stelle geht nun eine geographische Vorstellung von Babel völlig in die Brüche. Die Aufforderung wäre sonst sinnlos, gab es doch damals gar kein bewohntes Babel, und selbst beim Gedanken an ein zukünftiges, wiederaufgebautes Babel (Merz) würde die Mahnung eine Umquartierung der Gläubigen aus allen Erdteilen in diese Stadt voraussetzen.

Aber auch die zeitgeschichtliche Deutung auf Rom versagt hier. Gottes Volk befindet sich nach der Offb unter allen Völkern und auf der ganzen Erde und nicht in Rom konzentriert. So läßt sich diese Mahnung nicht durch einen geographischen Auszug befolgen. Wohin immer die Gläubigen auswanderten, wäre wieder Babel[778]. Babel ist Weltgröße. Die beste Auslegung der Mahnung 18, 4 bieten darum die in Anm. 777 genannten Worte urchristlicher Seelsorge. Positiv geht es bei diesem Auszug um die Flucht in das Tun des Willens Gottes. Wer den Willen Gottes tut, vergeht nicht mit Babel, sondern bleibt in Ewigkeit (vgl. 1 Jo 2, 15—17).

Es folgt ein doppelter Zweck dieses Auszuges. Zunächst heißt es: **damit ihr nicht mit teilhaftig seid an ihren Sünden.** Aber ist diese Haltung, daß jemand sich nur ja selbst rein hält, statt sich um des anderen willen „die Hände schmutzig zu machen", nicht ein verwerflicher „Heilsegoismus"? Selbstverständlich müssen wir mit der Gefahr des Heilsegoismus rechnen und auch damit, daß er Stellen der Bibel mißbraucht. Wer aber aus einem angeblichen Gemeinschaftssinn heraus an der Sünde teilnehmen will, also an der „Unzucht" und „Üppigkeit" von Vers 3, vertut sich. Sündigen stiftet niemals Gemeinschaft,

777 Apg 2, 40: „Laßt euch erretten aus diesem verkehrten Geschlecht!" 1 Ko 6, 18: „Fliehet die Unzucht!" 1 Ko 10, 14: „Fliehet den Götzendienst!" 2 Ko 6, 17: „Geht fort aus ihrer Mitte und trennt euch!" 1 Tim 6, 11: „Du aber, Gottesmensch, fliehe dies (nämlich Habsucht)!" 2 Tim 2, 22: „Fliehe die Lüste der Jugend!" Nach 2 Pt 1, 4 sind die Christen der verderblichen Lust, nach 2, 20 der Befleckung der Welt entflohen.

778 Der Gemeinde in Pergamon, wo des „Satans Thron" steht, wird keine Umquartierung empfohlen (2, 13).

vielmehr immer nur Scheingemeinschaft. Sünde ist schon an sich Gemeinschaftszerfall, und wenn es dabei noch so kumpelhaft zugeht. Darum wolle niemand anderen Menschen zuliebe sündigen! Als Joseph sich so schroff vom Weibe Potiphars trennte, tat er das gewiß aus Liebe zu Gott, aber letzten Endes auch aus wohlverstandener Liebe zu dieser Menschenschwester.

Der zweite Zweck des Auszuges wird angegeben: **damit ihr nicht etwas von ihren Plagen empfangt.** In Babel bleiben heißt, mit Babel zugrunde gehen (vgl. Jer 51, 6. 45). Wer aber hinausflieht, bleibt in Ewigkeit. Dabei geht es wieder nicht um ein egoistisches Überlebenwollen. Bleiben meint ja in diesen Zusammenhängen: Christ bleiben, Gemeinde bleiben und also auch im Dienst bleiben. Wir tun niemand einen Dienst, wenn wir nicht Christen bleiben.

5 Noch einmal begründet der Engel das Gericht an Babel. **Denn zusammengeballt haben sich ihre Sünden** wie ein Berg **bis an den Himmel.** Das bildhafte Wort fand verschiedene Deutungen. Drang das Geschrei von ihren Sünden bis an den Himmel, so daß es dort haftete[779], nicht mehr überhört werden konnte und zum Einschreiten zwang? Oder haben sich die Sünden selbst an den Himmel geheftet, also ein solches Maß an unverfrorener Öffentlichkeit angenommen, daß Gott sie nicht länger übersehen kann[780]? Wir denken eher an einen sich bis an den Himmel auftürmenden Sündenberg, vielleicht als Gedankenverbindung zum Turmbau zu Babel in 1 Mo 11, 4. „Himmel" ist in diesem Zusammenhang die dem Menschen gesetzte Grenze. Wie in der Urzeit geht des Menschen Hochmut auch in der Endzeit zum Angriff auf die letzte Grenze über, zum Angriff auf **den Himmel**[781]. Aber Hochmut kommt vor dem Fall; Gott antwortet. **Und gedacht hat Gott ihrer Unrechtstaten** (zur Sache vgl. z. 16, 19).

Seine Aufforderung an die Gerichtsgewalten

Offenbarung 18, 6–8

Zu Vers 6:
Jer 50, 15. 29
Ps 137, 8
Jes 40, 2
Zu Vers 7:
Jes 47, 7 f

6 **Vergeltet ihr, wie auch sie vergolten hat, und vergeltet doppelt**
nach ihren Werken, in dem Kelch, den sie eingeschenkt („gemischt")
7 **hat, schenkt** („mischt") **ihr Doppeltes ein.** * **Wie viel sie sich selbst**
verherrlicht hat und üppig gelebt hat, so viel gebt ihr Qual und
Totenklage. Weil sie in ihrem Herzen spricht: Ich throne als

[779] Das mit „zusammengeballt" übersetzte Wort ist von leimen, verbinden abgeleitet. Zur vorgetragenen Deutung vgl. 1 Mo 18, 20 und Jon 1, 2.

[780] So Schlatter, vgl. Ps 73, 9: „Sie setzen an den Himmel ihr Maul."

[781] Vgl. Jer 51, 53; Da 4, 8; 8, 10; Offb 13, 6.

Königin, und Witwe bin ich nicht, und Totenklage werde ich be-
8 **stimmt nicht sehen, * deswegen werden an einem** (einzigen) **Tag**
ihre Plagen kommen, Tod und Totenklage und Hunger, und mit
Feuer wird sie verbrannt werden, denn stark ist der Herr, Gott,
der das Urteil über sie gesprochen hat.

Zu Vers 8: Jes 47, 9 Jer 50, 31. 34

Diese Aufforderungen gelten sicher Gerichtsengeln, die Gottes
Rache vollstrecken sollen[782]. **Vergeltet ihr, wie auch sie vergolten hat,** 6
und vergeltet doppelt nach ihren Werken; in dem Kelch, den sie ein-
geschenkt („gemischt") **hat, schenkt** („mischt") **ihr Doppeltes ein**[783].
Maßlose Rachsucht sollten wir Gott mit keinem Gedanken zutrauen. Die Offb bezeugt auf Schritt und Tritt seine vollkommene Gerechtigkeit. Das doppelte Maß für Babel erklärt sich hier daraus, daß Babel nicht nur selbst in Sünden gelebt hatte, sondern auch noch eine Verführungsmacht ersten Ranges geworden war und alle Welt in ihre Sünde mitriß. So gebührt ihr nicht allein e i n Strafmaß für ihre unmittelbaren Freveltaten, sondern ein zweites Maß für fremde Schuld, für die sie mitverantwortlich war. Paulus erhellt Gal 6, 7 die Zusammenhänge durch ein Bildwort: „Was der Mensch sät, das wird er ernten." Ernte ist immer Vervielfachung der Saat. Man erntet ein Vielfaches der ausgestreuten Körnerzahl. „Wer Wind sät, wird Sturm ernten" (Hos 8, 7). Das gilt im Guten wie im Bösen. Darum ist Sündigen so furchtbar, so weitreichend und so folgenschwer. Nur die Todesmacht Jesu kann wiedergutmachen, was wir gefehlt haben und was andere durch uns gefehlt haben.

Wie wenig Vers 6 den strengen Grundsatz der Entsprechung von
Schuld und Strafe verletzen soll, zeigt die Fortsetzung in Vers 7—8.
Wie viel sie sich selbst verherrlicht hat und üppig gelebt hat, so viel 7
gebt ihr Qual und Totenklage. Da war zunächst als Kern ihres Sündigens diese Selbstverherrlichung, die das Soli Deo Gloria antastete. „Es hat stolz gehandelt wider den Herr, den Heiligen Israels" (Jer 50, 29). Darum wird Gott „kommen über alles Hoffärtige und Hohe, ... daß der Herr allein hoch sei" (Jes 2, 12—17; vgl. 5, 16). Jesu Sendung stand ganz im Dienst dieser Einebnung aller widergöttlichen Höhen (Lk 1, 51). Dem Selbstruhm Babels entsprach die **üppige** Lebensführung (s. V. 3 und 9), denn wer angibt, gibt auch gern aus. Die Strafe besteht hier in Entvölkerung, worauf die **Totenklage** hinweist (s. u.).

[782] Gegen Zahn, der die zehn Könige von 17, 16 angeredet sein läßt. Aber sie sind kaum wissende Diener Gottes, wie es hier vorausgesetzt ist. — Die Lesart: „Vergeltet ihr, wie auch sie e u c h vergolten hat", wonach das Volk Gottes ermuntert wird, sich zu rächen, ist ein Unding.

[783] Die erste Zeile wörtlich Jer 50, 15. 29; vgl. 16, 18; 17, 18 und Ps 137, 8.

Es folgt eine zweite Entsprechung. **Weil sie in ihrem Herzen spricht.** Dieses „Sprechen im Herzen" erinnert an ungute Selbstgespräche im AT und NT[784]. Sie bilden den vollkommenen Gegensatz zur betenden Existenz. Man ist sich selbst Gott, tritt vor sein eigenes Forum und betut sich selbst statt zu beten. Der Inhalt läßt sich schon erraten: Er ist geprägt von jener genießerischen Selbstzufriedenheit, gepaart mit unglaublicher Selbstverblendung, wie sie schon immer für Menschen typisch war, die kurz vor ihrem Sturz standen.

Im engen Anschluß an Jes 47, 5. 8 spricht Babel: **Ich throne als Königin.** Diese Kultur treibt schon einen Kult mit sich selbst. In verhängnisvoller Weise sind ihr Ziele abhanden gekommen. Wer sie nach solchen Zielen fragen würde, den würde sie nur verständnislos anstarren. Alle Linien sind auf sie selbst zurückgekrümmt. Außer sich selbst vermag sie nichts mehr zu lieben oder auch nur zu empfinden. Sie bewegt sich auf nichts mehr zu und kommt nirgendwo mehr an. Sie dreht sich um den eigenen Thron.

Witwe bin ich nicht, sagt „Mutter" Babel und blickt auf das Gewimmel in den breiten Straßen, belebten Geschäften und den abendlichen Veranstaltungen. **Und Totenklage werde ich bestimmt nicht sehen.** Sie fühlt sich sicher wie für tausend Jahre (s. z. 17, 1 und 18). Wer mitten in Babel steht und von Gedanken an verheerende Entvölkerung bedrängt wird, muß schon ein Prophet sein.

8 Als genaue Antwort auf ihre Reden heißt es: **Deswegen werden an einem einzigen Tag ihre Plagen kommen.** Ihr größenwahnsinniges Selbstgespräch wurde „abgehört" und wird nun göttlich beantwortet. Sie, die sich als ewige Stadt gebärdet, ist erschütternd vergänglich. Das Motiv vom e i n e n Tag klang schon 17, 12 an und steigert sich 18, 10. 17. 19 zur Rede von der e i n e n Stunde.

Es folgt die traditionelle Plagendreiheit **Tod und Totenklage und Hunger.** Im Hintergrund steht Entvölkerung durch Krieg und Pest, die das Leid der „Witwe" Babel auslöst und ihr nur noch ein Vegetieren unter Hunger und Armut übrigläßt. Auch die Feuersbrunst gehört in diese Zusammenhänge. **Und mit Feuer wird sie verbrannt werden.**

In Vers 10 wird es heißen: „Du starke Stadt!" Dieser menschliche Eindruck wird hier korrigiert: Gott ist stark! **Denn stark ist der Herr, Gott, der das Urteil über sie gesprochen hat.** Während Gott allerdings im AT als kriegerischer Kraftheld erscheint, findet im NT eine Abklärung statt. Gott ist stark durch seine starken Argumente im Rechtsstreit; und weil er Recht hat, bekommt er auch unwiderstehbar Recht (s. z. 12, 8).

[784] Jes 47, 7; Hes 28, 2. 5. 17; Mt 24, 48 (böser Knecht); Lk 12, 19 (reicher Kornbauer); Offb 3, 17 (Laodizäa).

Bevor wir die drei folgenden Klagelieder auslegen, handeln wir das Gleichförmige dieser Stücke in einem Exkurs ab.

Exkurs 15: DIE KLAGELIEDER ÜBER BABELS UNTERGANG IN OFFENBARUNG 18, 9–19

a) Der genannte Abschnitt scheint die Rede des zweiten Engels von Vers 4 fortzusetzen. Unbezweifelbar läßt sich das allerdings nicht behaupten; ab Vers 9 könnte auch Johannes sprechen. Mit Lohmeyer fassen wir aber das 18. Kapitel parallel zu den drei Engelsbotschaften in 14, 6–11 auf. Dort und hier wird der Untergang Babels angekündigt. Die Offb läßt gern ein Thema mehrmals anklingen, bis sie es ausführlich behandelt.

b) Die Klagenden, also die Könige, Kaufleute und Leute von der Schiffahrt, sind Babel gegenüber Außenstehende. Von der eigentlichen Einwohnerschaft handeln erst Vers 22–24. Diese aber stehen ausdrücklich „von ferne" (V. 10. 15. 17)[785]. Deswegen dürfen wir sie nicht als Unbeteiligte ansehen, nicht als lediglich materielle Nutznießer dieser Stadt. Sie erweisen sich als innigst mit ihr solidarisch. Einst lebten sie in restloser Bewunderung der „großen Stadt Babel" (V. 9. 16. 19). Sie verkörpert eine Lebensform, die sie für das Beste hielten, was menschenmöglich ist. Jetzt sind sie erschüttert, daß dies alles so restlos dem Gericht verfällt. Für sie ist kein Gesichtspunkt denkbar, unter dem eine solche Leistung und Schönheit von der Bildfläche verschwinden muß, und sie sind entsetzt, daß Gott sich seine Heiligkeit durch nichts, aber auch durch nichts abkaufen läßt. So trifft sie selbst, was Babel trifft.

c) Das bringt die Art ihrer Trauer zum Ausdruck. In allen drei Fällen lesen wir von ihrem lauten Weinen (V. 9. 11. 15. 19; grie klaiein). Es ist der nach außen dringende Schmerz, dem das Lachen gegenübersteht. Aufschlußreich ist Lk 6, 21. 25. Am Tage Gottes werden diejenigen laut weinen, die bis zuletzt selbstsicher gelacht haben[786].

In Vers 9 ist das Weinen mit dem Heulen, d. h. mit dem Absingen von Leichenliedern, verbunden[787]. Zum Stil der Leichenlieder gehört

[785] Falsch deutet Stauffer diese Standortbestimmung, als hätten die Könige usw. sich „rechtzeitig distanziert". Wirklich distanziert hätten sie sich nur, wenn sie der Weisung 18, 4 gefolgt wären, wovon aber in ihrem Fall keine Rede sein kann.

[786] Das von klaiein abgeleitete Substantiv (klauthmos) erscheint im NT nur in diesem endgeschichtlichen Sinn, nämlich in der Wendung „Weinen und Zähneklappen" (Mt 8, 12; 13, 42. 50; 22, 13; 24, 51; 25, 30; Lk 13, 18).

[787] Heulen, grie koptein, meint im engeren Sinn die Trauergebärde, sich an die Brust zu schlagen, kann aber auch das Ganze der Trauerbräuche umfassen, z. B. auch das Erdestreuen von V. 19, das Anlegen der Trauerkleidung, Trauerrufe, Leichenlieder.

das einleitende Wehe (V. 10. 16. 19). Auch atst Propheten haben für den Tag des Herrn diese Trauergesänge vorausgesagt[788].

Die dritte Vokabel ist in diesem Zusammenhang das Trauern, vorwiegend auf die öffentliche Trauerfeier in Sterbefällen bezogen (V. 11. 15. 19). Der Ausdruck steht dem Heulen parallel.

Dieser dreifache Ausdruck ihrer Trauer bekundet, wie wenig sich die Könige, Kaufleute und Leute von der Schiffahrt als Verschonte fühlen. Der atst Hintergrund in Hes 26–27 bestätigt darin. Dort in 26, 16 und 27, 29 lesen wir zusätzliche Trauergebärden. Die Könige steigen von ihren Thronen herab, legen ihre stolzen Kleider ab und setzen sich auf den Erdboden. Indem Babel fiel, ist auch der Könige Macht und Würde gebrochen.

d) Der Zusammenhang mit Hes 26–28 ließe sich ausführlich darlegen. Allein in Hes 27 kommt zehnmal „Handel, Händler" vor, auch eine Warenliste erscheint, ferner zwei Totenklagen mit den entsprechenden Stilmerkmalen. Nun ist bemerkenswert, daß Hes gar nicht den Untergang Babels schaut, sondern den von Tyrus, das ausgerechnet von Babel zerstört wurde. Es geht in der Offb eben nicht um eine lokalisierbare Stadt, sondern um einen Typ, und Hes 26–28 ist typologisch verwendet. Wir sollen den Typ entarteter, widergöttlicher Kultur erkennen, wie er in der Menschheitsgeschichte immer wieder auftaucht und sich zum Schluß ein letztes Mal aufgipfelt.

e) Ein letzter Hinweis ist wichtig, wenn die Auslegung des Folgenden im Gleichgewicht bleiben soll. Der Abschnitt erweist sich großenteils als rhythmisch geschrieben, kunstvoll aufgebaut und von großer Sprachgewalt (s. besonders zu V. 21–24). In der Liste von 11–13 fällt eine eingehende Sachkenntnis auf. Diese Verse sind also selbst ein Stück Kultur. Unmöglich hätte ein Kulturbanause in dieser Weise vom Untergang einer Kultur gesprochen. Ihm hätten wenige verächtliche Worte genügt, um zu berichten, daß „all dies Zeug" nun endlich Heizzwecken zugeführt worden sei. Die Freude unseres Kapitels über den Untergang Babels ist dagegen Freude der Heiligen (V. 20), also heilige Freude. So wahr sie heilig ist, umfaßt sie auch echte Trauer und empfindet sie die Tragik, die sich hier ereignet. Die Tragik besteht darin, daß so viele Werte, so viel von Gott verliehenes Können und überhaupt so viel Güte, Geduld und Langmut Gottes mißbraucht worden sind. Vorbildlicher Leistungswille verquickte sich leider mit Selbstsucht und Selbstruhm, kulturvolles Leben erbaute sich leider auf einem unsozialen Untergrund, eine lichtvolle Stadt mied leider das Licht Jesu.

788 Am 5, 16; Jes 14, 4; Hes 32, 16. Es kann sich durchaus um heillose Trauer handeln, um Reue zum Tode.

Darin liegt also die Tragik. Gott wollte Kultur, nämlich allseitige Ausgestaltung des Menschentums[789]. Der Mensch soll nicht einfach vegetieren, sondern ist mit Fähigkeiten ausgerüstet, sich die Erde, ihre Schätze und Kräfte untertan zu machen. Leider aber wurde die Kultur Gott gegenüber überheblich, dem Nächsten gegenüber gewalttätig und dem Lamm gegenüber verstockt (vgl. auch die Gedanken im Anschluß an 18, 21—23).

Aber „Babel" ist nicht der einzige Weg, der in der Menschheit gegangen wird. Zwar völlig verdeckt durch Babel, aber doch sieghaft ging Jesus seinen Weg von Phil 2 und verwirklichte ein anderes Menschentum. Er lebte, litt und auferstand unter Gott und für den Nächsten, und sei es auch der Fernste, der Feind und Sünder. Dieser andere Weg, auf dem das Lamm seine Nachfolger unter größter Verborgenheit entlangführt (14, 4), wird ans Licht treten, wenn sich die Rauchwolke Babels verzieht. Darum sollen sich die Heiligen in Vers 20 nicht beim Sturz Babels von Traurigkeit verschlingen lassen, sondern dürfen sich freuen mit heiliger Freude.

Klagelieder der Könige über Babels Untergang

Offenbarung 18, 9—10

9 **Und es werden weinen und heulen über sie die Könige der Erde,**
die mit ihr Unzucht getrieben und üppig gelebt haben, wenn sie
10 **den Rauch ihres Brandes sehen, * während sie von ferne stehen,**
aus Furcht vor ihrer Qual, und sprechen: Weh, weh, o große Stadt
Babel, o starke Stadt, daß in einer (einzigen) Stunde dein Gericht
gekommen ist.

Zu Vers 9:
Hes 26, 16
27, 30 ff
Jes 23, 17
Zu Vers 10:
Hes 26, 17
Dan 4, 27
Jer 51, 8

Und es werden weinen und heulen die Könige der Erde. Es sind 9
die zehn Könige von 17, 16, die selbst zu Gerichtswerkzeugen für Babel geworden waren. Wie wenig sie dabei selbständig gehandelt hatten, zeigt jetzt der Ausbruch ihrer Klage[790], wo Babel als Rauchsäule[791] vor ihnen steht. Sie sind entsetzt. Ihr Dasein ist jetzt ohne Sinn, und sie starren ins Leere, denn Babel war ihre große Leidenschaft. Mit ihr hatten sie **Unzucht getrieben und üppig gelebt** (s. z. 17, 2; 18, 3).

[789] Die Offb ist auch nicht stadtfeindlich, wie K. 21 zeigen wird.
[790] S. Exkurs 15c und auch Hes 26, 16; 27, 30—35.
[791] Solch eine Rauchsäule stand auch über den gerichteten Städten Sodom und Gomorra (1 Mo 19, 28). Sie blieb bei den Propheten Bild des Gerichtes (Jes 34, 10 für Edom; Jer 50 und 51 für Babel; Hes 30, 8 für Ägypten; Hes 28, 18 für Tyrus).

10 Äußerlich stehen sie **von ferne**, aber indem ihr Idol brennt, wissen sie sich selber als Gerichtete (s. Exkurs 15b und c). Wie wahre Leidtragende heben sie mit der Totenklage an: **Weh, weh,** und reden die Gestorbenen an, wie es noch heute bei Nachrufen zu geschehen pflegt: **O große Stadt Babel, o starke Stadt.** Ihre Klage bedient sich wie Hes 26, 17. 18 des Kontrastschemas und vergegenwärtigt sich das Einst und Jetzt und den unheimlichen Umsturz: **daß in einer einzigen Stunde dein Gericht gekommen ist!** Die Niederwerfung Babels entspricht durchaus nicht dem langwierigen Aufbau, dem mühevollen Ansammeln all der Pracht und Macht. Gott macht das „auf die Schnelle" (s. z. 1, 1).

Klagelied der Kaufleute über Babels Untergang

Offenbarung 18, 11–17a

Zu Vers 11 u. 15:
Hes 27, 36. 31
Zu Vers 13:
Hes 27, 13

11 **Und die Kaufleute der Erde weinen und trauern über sie, denn**
12 **ihre Fracht kauft niemand mehr, * Fracht von Gold und Silber**
und Edelstein und Perlen und Batist und Purpur und Seide („das
Chinesische") und von Scharlach; und jegliches (jegliche Sorte)
Thujaholz und jegliches elfenbeinernes Gerät und jegliches Gerät
aus edelstem Holz und (Transporte) **von Erz und Eisen und Mar-**
13 **mor; * und Zimt und Amomonbalsam und Räucherwerk und**
Myrrhenöl und Weihrauch und Wein und Öl und Feinmehl und
Korn und Rinder und Schafe; und (Transporte) **von Pferden und**
Prachtwagen und Leibern – und (zwar) **menschlichen Lebewesen**
14 („Seelen von Menschen")**! * Und dein Obst – Begierde der Seele –**
ist von dir gegangen, und alle strotzenden und protzenden Dinge
sind dir verlorengegangen, und man wird sie bestimmt nicht mehr
finden.

11 Der Abschnitt über **die Kaufleute der Erde** (Anm. 774) fällt durch seine Länge auf. Während die Politiker nur zwei Verse bekommen (V. 9–10), stehen die Unternehmer im Vordergrund. Babel ist eben ein wahres „Tyrus" (Exkurs 15d), ein außerordentlicher Handelsplatz[792]. Die Kaufleute **weinen und trauern über sie, denn ihre Fracht kauft niemand mehr.** Mit Babel ist ein unersättlicher Markt vernichtet. Der Warenreichtum bedeutet jetzt für die Kaufleute nur Verlust, weil er auf Lager liegt und Geld kostet. Babels Katastrophe ist ihre Katastrophe.

[792] Wegen des zweimaligen „Fracht" (gomos, eigentlich Schiffsladung, vgl. Apg 21, 3) ist an eine Hafenstadt zu denken.

Bevor wir das Klagelied dieser Überseekaufleute hören (V. 14–17a), lernen wir ihr Angebot und damit auch den Charakter der Stadt eingehend kennen. Dreißig Artikel enthält die Liste[793]. Bei der Aufzählung spielt die Vierzahl eine Rolle.

Zunächst vier Schmuckartikel: **Fracht von Gold und Silber und Edel-** 12
stein und Perlen. Perlen stehen wie 17, 4 als höchste Kostbarkeit am Schluß der Aufzählung, oft höher als Gold bewertet. Diese Dinge gelten auch der Offb selbst als Inbegriff der Schönheit, kehren sie doch bis auf das Silber in der Vision vom neuen Jerusalem wieder (21, 11. 15. 19. 21). Nicht voller Abscheu werden diese Worte in den Mund genommen (Exkurs 15e). Das gilt auch für weitere Einzelheiten der Warenliste.

Es folgen vier Prachtstoffe. **Batist** ist ein feingefädeltes, zartes Gewebe, das 19, 8 die Heiligen schmückt, die Braut des Lammes, und in 19, 14 die Himmelsheere. **Purpurstoffe** sind mit dem Saft der Purpurschnecke[794a] gefärbt, wasch- und lichtecht. Der Orientale mit seinem Hang zu lebendigen Farben liebte diesen intensiven Glanz, der zunächst hell war, sich dann matt-violett abwandelte und schließlich dunkelrot glühte. **Seide,** aus China stammend, war, bis die Seidenraupe im 6. Jahrhundert nach Europa kam, durch die zahlreichen Zwischenhändler unverschämt teuer. Man wog sie im wörtlichen Sinne durch Gold auf. **Scharlach**stoff, gefärbt mit dem Saft eines Insektes, übertraf an Leuchtkraft noch den Purpur, war aber nicht so dauerhaft.

Unter den Importgütern befinden sich auch Artikel für die Innenausstattung vornehmster Häuser[794b], darunter für Intarsienarbeiten an Prachtmöbeln und für Täfelungen **jegliches Thujaholz,** also ein ganzes Sortiment dieser Hölzer aus dem afrikanischen Thujabaum. Ein wichtiger Luxusartikel waren im Altertum Elefantenstoßzähne aus Indien, aus denen **jegliches elfenbeinernes Gerät** hergestellt wurde, z. B. Throne (1 Kö 10, 18) und ganze Paläste (Ps 45, 9; 1 Kö 22, 39). Die Ausgräber fanden Elfenbeinschnitzereien, die mit Gold und blauen

[793] Vgl. Warenlisten in Jes 3, 18–24; Hes 27, 12–24 und Jak 5, 1–6.

[794a] Um einige Gramm reinen Farbstoff zu gewinnen, mußten zehntausend Schnecken ihr Leben lassen. Darum stieg der Preis für Purpur ins Unermeßliche.

[794b] „Auf Innenausstattung der Häuser ist damals mehr Sorgfalt verwandt worden als heute. Viele Mosaikfußböden mit farbigen Darstellungen meist mythologischer Szenen sind uns erhalten, und auch einfachere Räume waren an den Wänden bemalt, in reichen Häusern mit großer Pracht. Die prunkvollsten Palastanlagen, alles in allem vom Umfang einer kleinen Stadt, das ‚Goldene Haus des Nero', durch dessen von hochragenden Gewölben gedeckte Räume der Besucher heute staunend umherirrt, waren von einem ungeheuren Luxus. Säle und Zimmer waren mit Gold überzogen, mit Edelsteinen und Perlmutter ausgelegt. Die elfenbeinerne Täfelung der Decken der Speisesäle konnte verschoben werden, um Blumen oder wohlriechendes Wasser auf die Speisenden herabzuschütten. Der Hauptspeisesaal war ein Kuppelsaal, der sich Tag und Nacht um seine Achse drehte. Ähnlich war es mit dem Palast des Domitian" (Foerster, Band II, S. 94–95).

Steinen ausgelegt sind. Schließlich enthält die Liste auch Prachtmöbel verschiedenster Art, **jegliches Gerät aus edelstem Holz.** Der Superlativ verrät, daß man sich auf diesem Gebiet kaum genug tun konnte. Gewisse Kreise glaubten es sich nicht leisten zu dürfen, Möbel zu benutzen, die jeder andere auch haben konnte. Darum mußten Neuheiten herbei, die wiederum bald Mode wurden und in Massen auf den Markt kamen.

Natürlich konnten wegen reger Bautätigkeit in Babel die Rohstofftransporte **von Erz und Eisen und Marmor** nicht fehlen.

13 Nun geht die Liste zu vier[795] Artikeln der Kosmetik über. Der **Zimt** aus der Rinde des chinesischen Zimtbaumes scheint seine Verwendung nicht in der Küche gefunden zu haben, sondern diente nach Zusatz von Parfüms zur Auffrischung von Betten und Kleidern. **Amomonbalsam** aus der indischen Gewürzpflanze machte das Haar duftend und locker. Unter dem **Räucherwerk** erscheinen **Myrrhenöl und Weihrauch** als bekannte Duftmittel. Ersteres, gewonnen aus dem Harz eines südarabischen Strauches, fand vielfache Verwendung (vgl. Holi 1, 13), flüssig oder auch puderförmig. Den Weihrauch (eigentlich „das Weiße, Glänzende"), als getrocknete weiß-gelbliche Harzstückchen im Handel, ließ man in trauter Runde über knisternder Flamme verbrennen. Der hohe Gehalt an ätherischen Ölen verlieh ihm eine außerordentliche Duftwirkung.

Erst jetzt folgen vier Küchenartikel. Zu **Wein und Öl** vgl zu 6, 6. **Feinmehl und Korn** mögen wieder eine ganze Skala von Mehlsorten andeuten.

Vier Artikel von vornehmlich Lebendware machen den Abschluß. Für den Fleischmarkt bedarf es eines wohlorganisierten Nachschubes an **Rindern und Schafen. Pferde und Prachtwagen** gehören hier offensichtlich zusammen, so daß nicht an Pferde für militärische oder landwirtschaftliche Zwecke zu denken ist. Sie zogen vielmehr die feinen silberverzierten Prachtwagen[796] durch die gaffende Menge.

Der Abschluß macht wie ein Paukenschlag die letzte „Lebendware": **und** Transporte von **Leibern — und zwar menschliche Lebewesen** („Seelen von Menschen")! Schon Pferde und Prachtwagen erinnerten an den vornehmen Bürger, der im herrlichen Gespann einherfährt. Zu diesem Bild gehören natürlich auch die Sklaven, die vorauslaufen und dem Gefährt in den überfüllten Straßen Platz machen. „Leib" konnte im klassischen Grie eine Person bezeichnen, bekam dann

795 Vielleicht ist „Räucherwerk" als Sammelbegriff für das Folgende nicht mitzuzählen.
796 Hier steht nicht das gewöhnliche Wort für Wagen (harma, vgl. 9, 9), sondern das keltische Lehnwort rhedoon, vierrädriger Reisewagen, der von Italien zu den Griechen kam.

einen herabsetzenden Klang und wurde verkürzter Ausdruck für „Sklavenperson"[797].

Der Zusatz[798] **und zwar Seelen von Menschen** knüpft an die Warenliste bei Hes an (27, 13), wo der Ausdruck ebenfalls auf Sklaven zielt[799]. Welchen Sinn hat die Doppelbezeichnung? Zunächst zählt Johannes scheinbar leidenschaftslos unter den Handelsartikeln die „Leiber" auf, wie das ein Sklavenhändler ungerührt tun würde, dann aber – im wirkungsvollen Kontrast – bricht seine heilige Empörung hervor. Unter Bezug auf ein Wort Heiliger Schrift ruft er anklagend: Ja, lebendige Menschen! So endet die sonst so sachliche Warenliste mit einem flammenden Ausrufezeichen, das den Leser nicht mehr loslassen soll und schlagartig in die Verderbtheit Babels schauen läßt.

Da fahren die Sklavenschiffe in den Hafen ein, vollgepfercht mit Menschenleibern, voll von Gejammer, Gestank, Streit, Flüchen und Seuchen. Für die Unternehmer waren die sauberen Frachten von Hölzern oder Tuchen selbstverständlich weit angenehmer. Aber das Gesellschaftssystem antiker Städte war ohne Sklaven nicht einen Tag denkbar. Darum mußten diese Transporte sein. Der Übermensch in seinem Silbergespann und der Untermensch, der Sklave, gehörten zusammen.

Keinen Sklaven zu haben[800] galt als genau so schlimm wie keine Kleidung und kein Obdach zu besitzen. Arme Bürger hatten nur drei bis vier Sklaven, zehn galten als kaum genug, erst 200 Sklaven galten für einen Haushalt als viel. Einzelne Familien besaßen auf ihren Landgütern und in fabrikartigen Einrichtungen bis zu zehntausend Sklaven. Nach einer Schätzung kamen im ersten Jahrhundert auf einen Freien 23 Sklaven. Jedenfalls befanden sich unter den -zigtausend Einwohnern einer Stadt, wie etwa Korinth, nur wenige tausend freie Bürger.

Auch Plato, selbst ein freigekaufter Sklave, und Aristoteles, die das griechische Geistesleben zu höchster Blüte gebracht haben und abendländisches Denken über Freiheit und Demokratie begründeten, konn-

[797] S. Lohse, Ki–Th W VI, S. 771, Anm. 11, und Schweizer Ki Th W VII, S. 1026 bis 1040. – Beispiele in der LXX: z. B. 1 Mo 34, 29; 1 Mo 36, 6.

[798] Daß es sich bei „Seelen von Menschen" um einen bewußten Zusatz handelt, könnte sich auch in dem Kasuswechsel des grie Textes ausdrücken („Leiber" steht im Genetiv, „Seelen" im Akkusativ).

[799] Mit „Seele" ist hier nach Hes 27, 13 nicht eine Teilsubstanz des Menschen gemeint, sondern der ganze Mensch als lebendiges Wesen. Darum gehört auch der Gedanke, Babel hätte das „Innenleben" der Menschen an den Götzendienst „verkauft", nicht hierher. Es geht ganz konkret um Sklavenhandel.

[800] Das Folgende vornehmlich nach Foerster, Band II, S. 75.

ten sich ein Leben ohne Sklaven nicht denken[801]. Freilich war eine solche Kultur durch einen klaffenden Riß im sozialen Gefüge zu bezahlen. Ein Sprichwort ging um: „Soviel Sklaven, soviel Feinde!", und die freie Minderheit fürchtete sich beständig vor den Massen.

So kommentarlos die Warenliste also heruntergesagt wird, schreit sie doch die sozialen Mißstände Babels[802] heraus. Indirekt zeichnet sie den Feinschmecker jeglicher Art, den verwöhnten, genußsüchtigen, aber auch blinden und ratlosen Menschen. Zum Schluß tritt die Anklage grell hervor. Diese Kultur ist in dem Sinne Kaufmannskultur, daß in ihr alles zum Handelsobjekt wird. Das Geistige und Ideale, das Religiöse, das Seelische und Intime – alles wird manipuliert, so daß es am Ende auf die Interessen einzelner oder einer Gruppe hinausläuft.

Diese Kultur ist entartet, denn sie dient nicht dem Menschen. Schon darum ist sie gottwidrig und schließlich auch antichristlich (s. z. V. 24). In ihrem Namen wurde Jesus für dreißig Silberlinge verkauft.

Der folgende Vers würde stilistisch und inhaltlich gut nach Vers 24
14 passen. **Und dein Obst – Begierde der Seele – ist von dir gegangen, und alle strotzenden und alle protzenden Dinge sind dir verlorengegangen.** Das mit „Obst" übersetzte Wort (grie ōpōra) meint eigentlich die Zeit für die Fruchternte in Palästina, also Anfang Juli. Die LXX verwendet das Wort aber für Ernteertrag[803]. Die Übersetzung des Folgenden ahmt einen Gleichklang der grie Vokabeln nach (lipera und lampra): **strotzend und protzend**[804]. Das erste Wort ist vom grie Wort für Öl abgeleitet und bezeichnet das Fette und Feiste und überhaupt das Füllige, der zweite Ausdruck die strahlenden Dinge, die etwas hermachen. Von allem heißt es im Gerichtsstil: **Und man wird es bestimmt nicht mehr finden** (s. z. 18, 21–24; auch schon 16, 20).

Vers 15 setzt endlich Vers 11 fort und leitet das Klagelied der Kaufleute ein. Die Warenliste hatte den Gedankengang unterbrochen, um einen Begriff ihres verlorenen Reichtums zu vermitteln und damit ihre Klage verständlich zu machen.

801 Wenn grie Philosophen ein Beispiel für gerechte Kriege suchten, nannten sie Kriege, die lediglich zu dem Zweck unternommen wurden, Kriegsgefangene zu machen und den Bedarf an Sklaven zu decken. Römische Steuereinnehmer, die immer neue Geldquellen ausfindig zu machen hatten, schalteten sich in den gewinnbringenden Sklavenhandel ein, indem sie Menschenfangschiffe ausrüsteten, kleine Städte und Inseln überfielen und die Gefangenen als Sklaven auf die Märkte brachten.

802 Soweit zu erkennen, paßt die Liste übrigens nicht zu Rom, besser zu einer kleinasiatischen Hafenstadt (so Lilje, ähnlich Lohmeyer).

803 Jer 40, 10. 12; 48, 32 für Feigen und Weintrauben

804 Lohmeyer: „lockend und leuchtend".

15 **Die Kaufleute dieser** (Dinge), **daran reichgeworden, werden von**
ferne stehen aus Furcht vor ihrer (der Stadt) **Qual, weinen und**
16 **trauern * und sagen: Weh, weh, große Stadt, bekleidet mit Batist**
und Purpur und Scharlach und vergoldet (schimmernd) **durch**
17a **Gold und Edelstein und Perle: * In einer** (einzigen) **Stunde ist**
ein so großer Reichtum verwüstet!

Diese Männer hätten längst vor dem Fall Babels Klagelieder singen können, denn schon vorher gingen in dieser Kultur Tag für Tag größte Werte verloren, nämlich Recht und Wahrheit, Treue und Leben. Aber das hatten sie alles unter einem höheren Interesse zu erklären gewußt oder mit Redensarten abgetan und aus ihren Gedanken verscheucht. Wirklich zu erschüttern sind sie erst durch den materiellen Schaden: o der gute Batist, der herrliche Purpur, das Gold, die Edelsteine und diese Perlen! Erst das vermag ihre großen, weißen Unternehmergesichter, die sonst so unbeweglich blieben, zu erregen. Und daß es so ist, widerlegt ihre ganze Kultur. — Einzelheiten zu diesen Versen s. in den vorangehenden Abschnitten des Kapitels.

Klagelied der Leute von der Schiffahrt

Offenbarung 18, 17b—19

17b **Und jeder Kapitän und jeder Küstenschiffer** („der Ort für Ort
befährt" oder „der am Ort fährt") **und die Matrosen und wie viele**
das Meer befahren („das Meer bearbeiten"), **standen von fern**
18 *** und schrien (los), als sie den Rauch ihres** (der Stadt) **Brandes**
19 **sahen und sprachen: Wer** (war) **gleich der großen Stadt? * Und**
sie warfen Erde auf ihre Häupter und schrien (immer wieder),
weinend und klagend, indem sie sprachen: Weh, weh, die große
Stadt, durch die alle reich geworden sind, die Schiffe auf dem
Meer haben, von ihrer Kostbarkeit: In einer (einzigen) **Stunde ist**
sie verwüstet worden.

Zu Vers 17: Jes 23, 14 Hes 27, 27 ff
Zu Vers 18: Hes 27, 32
Zu Vers 19: Hes 27, 30 ff 26, 19

Hier sprechen deutlich nicht die Reichen selbst, sondern die Arbeitenden (V. 17). Ihnen gehören die Schiffe nicht, aber sie sind auf Gedeih und Verderb mit den Besitzern verbunden, völlig integriert in das System Babels. Durch den Untergang Babels sind sie arbeitslos und wissen nicht weiter. Ihre Trauer ist besonders lebhaft und maßlos. Wie 6, 15 sind jetzt Freie und Sklaven, Arbeitgeber und Arbeitnehmer solidarisch. — Einzelheiten s. wieder bei den behandelten Stücken und in Exkurs 15. Beachte auch den engen Anschluß an Hes 27. 27—30.

Aufforderung zum Jubel an die Gemeinde

Offenbarung 18, 20

Zu Vers 20:
5 Mo 32, 43
Jes 44, 23
Jer 51, 48

20 Frohlocke über sie, Himmel, und ihr Heiligen und ihr Apostel und ihr Propheten, denn Gott hat eure Rechtssache an ihr gerichtet!

In diesem Augenblick erfüllt sich die Schrift[805]. Der Jubel ist unermeßlich groß, nicht weil die Sorge der Gemeinde um sich selbst so groß war, sondern wegen ihrer Sorge um die Ehre Gottes. Der Hin-
20 weis auf **eure Rechtssache** darf also nicht mißverstanden werden. Ginge die Sache der Gemeinde verloren, ginge ja Gottes Ehre verloren; aber mit ihrer Rettung ist auch die Ehre Gottes gerettet. Ein Gott, der nicht richtet, wäre ja der Sünde und der Geschichte nicht mehr mächtig und also ein Götze. Diese Freude ist also ganz und gar gottbezogen (s. auch z. 6, 10).

Bei den Angeredeten handelt es sich nicht um vier verschiedene Gruppen, sondern um die vierfach benannte, also in allen ihren Ausdehnungen umfaßte Gemeinde. Der angeredete **Himmel** ist an sich schon Sammelbezeichnung für jene Menschheit, die den so oft erwähnten Erdbewohnern gegenübersteht (s. z. 12, 12). Diesem Begriff werden die Frohlockenden eingeordnet, dreifach bezeichnet, wie es zuvor drei Trauerchöre gab. So ertönt über demselben Ereignis laute Klage und lauter Freudengesang. Diejenigen, die in Babels Herrlichkeit vernarrt waren, müssen jetzt trostlos jammern, während die anderen, die immerzu nach Gottes Ehre und Recht ausschauten, mit allen Klagen aufhören können (vgl. Lk 6, 21. 25).

Die Bezeichnung der **Heiligen** ist zu 8, 3 erläutert; sie betrifft wie im ganzen NT die Christusgläubigen. **Apostel** scheint hier nicht wie 21, 14 Titel der Zwölf zu sein, sondern wandernden Missionaren zu gelten, also einem recht offenen Kreis (vgl. auch 2, 2). Auch in der Apg erscheint „Apostel" in der engen und in der weiten Bedeutung. **Propheten** sind wieder alle Glieder der wahren christlichen Gemeinde. Für Johannes gab es nicht nur ein allgemeines Priestertum, s. z. 1, 1. Die Durchsicht der drei Bezeichnungen zeigt, daß es sich nicht um drei selbständige Gruppen handeln kann, die sich gegenseitig nicht überschneiden.

[805] Vgl. 5 Mo 32, 43; Ps 96, 11—13; Jes 44, 23; 49, 13; 55, 12; Jer 51, 48.

Das Gerichtszeichen des dritten Engels und seine Deutung

Offenbarung 18, 21—24

21 **Und ein starker Engel hob einen Stein auf, groß wie ein Mühlstein,**
und warf ihn in das Meer und sprach: So wird mit Wucht gewor-
fen Babel, die große Stadt, und nimmermehr gefunden werden.
22 *** Und die Stimme der Harfenspieler und Sänger und Flötenspieler**
und Trompeter wird nimmermehr in dir gehört werden, und jeder
Handwerksmeister jeglichen Handwerks wird nimmermehr in dir
gefunden werden, und die Stimme der Mühle wird nimmermehr
23 **in dir gehört werden. * Und das Licht der Leuchte wird in dir**
nimmermehr scheinen, und die Stimme des Bräutigams und der
Braut wird nimmermehr in dir gehört werden, denn deine Kauf-
leute waren die Großmächtigen der Erde, denn durch deine Zau-
24 **berei sind verführt worden alle Nationen, * Und in ihr ist das**
Blut der Propheten und Heiligen gefunden worden und aller
derer, die geschlachtet sind auf der Erde.

Zu Vers 21: Jer 51, 63 f; Dan 4, 27; Hes 26, 21
Zu Vers 22: Jes 24, 8; Hes 26, 13; Jer 25, 10
Zu Vers 23: Jer 25, 10; 7, 34; 16, 9; Jes 23, 8; 47, 9; Nah 3, 4
Zu Vers 24: Jer 51, 49; Nah 3, 1

Symbolhandlungen gehören zu prophetischer Art, auch im NT belegt (Apg 21, 10—11). Hier verrät sich enge Anlehnung an Jer 51, 63—64, wobei die Selbständigkeit allerdings nicht ausgeschaltet ist[806].

Vers 21 enthält in seiner ersten Hälfte die Handlung selbst. **Und ein starker Engel** (Anm. 770) **hob einen Stein auf, groß wie ein Mühlstein.** Die Mächtigkeit des hoch aufgereckten Engels und die Betonung des großen Steines läßt nicht an den Stein einer Handmühle denken, eine Platte mit einem Durchmesser von nur einem halben Meter, die jede Frau betreiben könnte. Dagegen besaß der Stein einer „Eselsmühle" (so Mt 18, 6; Mk 9, 42) das Gewicht einer Kamelslast. Er wurde von zwei Eseln gedreht. In der Mitte befand sich ein Durchbruch. So ließen sich Gegenstände anbinden und mit dem Stein versenken. 21

Nach Jer 51, 63—64 nimmt Jeremia eine prophetische Versenkung solch eines Steines mit einem angebundenen Buch vor. „So soll Babel versinken und nicht wieder emporkommen" (V. 64). Das Buch wäre auch von selbst voll Wasser gelaufen und allmählich versunken, aber inzwischen hätte es jemand herausfischen und retten können. Der Mühlstein aber reißt es rasch und rettungslos in die Tiefe. Im nächsten Augenblick ist es verschwunden. Auch an unserer Stelle liegt der Ton darauf, daß die Gerichtshandlung nichts entdecken läßt,

806 Im Unterschied zu Jer 51 wird in der Offb der Stein nicht mit einem anderen Gegenstand verbunden, sondern der Stein selbst symbolisiert Babel. Darum erinnert unsere Stelle an Ägypten in 2 Mo 15, 5 und Neh 9, 11.

was irgendeiner Macht Gelegenheit gäbe, ihr in den Arm zu fallen. Der Stein **wird mit Wucht geworfen,** mit Ungestüm[807], und ist unaufhaltsam. Harriet Beecher-Stowe schloß ihr berühmtes Buch „Onkel Toms Hütte" mit dem Satz: „So sicher wie ein Mühlstein im Ozean versinkt, ist ungerechten und grausamen Nationen der Zorn Gottes."

So wird mit Wucht geworfen Babel, die große Stadt, und nimmermehr gefunden werden. Dies spurlose Verschwinden, das ja gerade beim Ertränken gegeben ist, wiederholt sich in den Versen 21–23 und 14 insgesamt siebenmal. Babels Verderben ist unwiderruflich und endgültig. Einen dickeren Schlußstrich gibt es nicht.

Die Fortsetzung verläßt das Bild von der Versenkung im Meer,
22 bleibt aber bei dem „nimmermehr". **Und die Stimme der Harfenspieler und Sänger und Flötenspieler und Trompeter wird nimmermehr in dir gehört werden.** Die beiden ersten Ausdrücke[808a] beziehen sich nach Lohmeyer auf profane, die beiden letzten auf religiöse Musik. Die vierfache Wendung will sicher an einem Beispiel das ganze Gebiet der Kunst und Wissenschaft in Erinnerung rufen. Ihm steht im folgenden die „niedere" Kunst gegenüber, das Handwerk als Grundlage der Stadtkultur. **Und jeder Handwerksmeister jeglichen Handwerks,** heißt es recht umfassend, **wird nimmermehr in dir gefunden werden.** Der nächste Satz schließt sich an. **Und die Stimme der Mühle wird nimmermehr in dir gehört werden.** Im Orient backte jeder Haushalt täglich den Tagesbedarf an Brot. Darum waren jeden Morgen die Handmühlen der Frauen in Betrieb, und das typische knirschende Geräusch lag über jeder menschlichen Siedlung. Wo immer Menschen lebten, erklang es, wo es verstummte, lebte niemand mehr[808b].

In Vers 23 taucht ein neues Stichwort auf, anstelle von „Stimme" jetzt „Licht". Durch das Ersterben aller Geräusche war es in Babel grabesstill geworden (Hes 27, 32). Nun wird es auch grabesdunkel.
23 **Und das Licht der Leuchte wird in dir nimmermehr scheinen.** Im Grie steht „Licht der Leuchte" ohne Artikel (vgl. Jer. 25, 10). Der Ausdruck ist also so allgemein wie möglich. Es geht um Lampenlicht schlechthin, dem Kennzeichen menschlicher Behausung und menschlichen Kulturlebens im Unterschied zur bloßen Natur. Die brennende Lampe galt dem AT als Symbol gesicherten und menschenwürdigen

[807] Dagegen faßt Lohmeyer den Ausdruck psychologisch: der Engel schleudert den Stein „im Grimm".

[808a] Das mit „Sänger" übersetzte grie Wort musikos ist von „Musen" abgeleitet, den Göttinnen des Gesanges, aber auch der Künste und Wissenschaften. Wegen der Zusammenstellung mit Harfenspiel, einer reinen Begleitmusik, dürfte hier aber an Sänger zu denken sein, vgl. Hes 26, 13; Am 5, 23.

[808b] Weil die Handmühle als Grundbedingung menschlicher Ernährung galt, war Pfändung eines Mühlsteines im Judentum als unzumutbare Härte untersagt.

Lebens[809]. Darüber hinaus dürfen wir sie als einen Hinweis gerade auf das Lichtermeer einer großen Stadt nehmen, wie es dem Menschen vom Lande bis heute auffällt. Auch bei der Beschreibung des neuen Jerusalem in K. 21 nimmt die Beleuchtungsfrage einen großen Raum ein.

Noch einmal wird das Motiv der Stimme aufgegriffen, jetzt aber als Zeichen der Freude. **Und die Stimme des Bräutigams und der Braut wird nimmermehr in dir gehört werden.** Jeremia erwähnte den fröhlichen Hochzeitslärm gern als Inbegriff menschlicher Freude und spricht in diesem Zusammenhang von „Jubel, Freude und Wonne" (7, 34; 16, 9; 33, 11).

Nach Lilje ist dieser kleine Abschnitt das dichterisch bedeutsamste und eindrucksvollste Stück des Buches, ein lyrisches, fast zartes Totenlied, ein Klagelied über den Untergang einer Kultur, das selbst ein kleines Kulturdokument darstellt. Damit sind an dieser Stelle früher geäußerte Gedanken (Exkurs 15e) zu unterstreichen. Sie ergeben sich hier noch unmittelbarer als etwa bei der Betrachtung der Warenliste. Schon dort (V. 12–14) führte nicht Kulturverneinung das Wort, obwohl die Aufzählung teilweise Artikel enthielt, die mißbilligend genannt werden mußten. Dieser Ton fehlt hier völlig. Alles wird mit Anteilnahme, fast mit Wehmut gesagt. Es genügt, diese ergreifenden Verse aufmerksam zu lesen, um einzusehen, daß hier nicht die gröhlende Freude eines Barbaren über die Zerschlagung der Kultur ertönt (vgl. Brütsch).

Wenn hier die fünf Kulturgebiete umrissen werden (Kunst, Handwerk, Ernährung, Zivilisation und Familie), so sind damit nicht fünf Sünden genannt, sondern fünf Gaben Gottes. Er gewährt sie auch einer Menschheit, die nichts von ihm wissen will. „Denn er läßt seine Sonne aufgehen über die Bösen und über die Guten und läßt regnen über die Gerechten und Ungerechten" (Mt 5, 45). Auch in Babel gibt es immer noch zu einem Teil edle Kunst, ehrliche Arbeit, nützliche Versorgung und Verwaltung, hilfreiche Zivilisation und traute menschliche Gemeinschaft. Allein durch Lüge, Ausbeutung, Luxus, Unmoral und Eitelkeit kann ein Kultursystem nicht einen Tag bestehen. Güte Gottes und eine Fülle seiner Gaben in mannigfacher Form verlängerten immer wieder den Bestand Babels.

So ertönt zum Untergang dieser großen Stadt nicht allein das Wehgeschrei der Kaufleute, die ihren Absatzmarkt entschwinden sehen, sondern auch die aufrichtige Klage der Engel im Himmel. Zugleich erkennen wir jetzt auch deutlicher das Wesen dieses Gerichtsvorganges. Er besteht weniger in Eingriffen als vielmehr in einer Unter-

809 Hio 18, 6; 21, 17; Spr 13, 9; 20, 20; 24, 20 vgl. auch Offb 16, 10.

lassung weiterer Eingriffe durch Gott. Er bricht seine regelmäßigen, langmütigen Zuwendungen für diese Welt ab. Und indem seine schöpferischen und die Schöpfung erhaltenden Kräfte ausbleiben, ereignet sich Schöpfung rückwärts (Exkurs 5c). Alles versinkt wieder im Urschweigen und Urdunkel von 1 Mo 1, 2a (vgl. z. 8, 1).

Die Schlußverse begründen das Gericht ein letztes Mal. **Denn deine Kaufleute waren die Großmächtigen der Erde.** Darin liegt Anklage. In Babel waren die Kaufleute nicht nur mächtig, sondern d i e Großmacht, die auch geistig und seelisch die Macht ausübte[810]. Ihre Kaufmannsideologie durchtränkte alles und mißbrauchte alles, münzte alles um in Umsatz und Profit. Sie vergaß den Bruder und auch den Anwalt des Bruders, nämlich den lebendigen Gott. Sie bedeutete die einzige Orgie des Egoismus, in der nackte Interessenvertretung jede sittliche Bindung beseitigte.

Im Unterschied zu Vers 11 könnte hier von den Kaufleuten die Rede sein, die Einwohner Babels gewesen wären. Dabei aber gilt es zu beachten, daß diese Herren durch und durch kosmopolitisch gestellt sind, vor allem aber, daß „Babel" ja nur eine Verdichtung einer Wirklichkeit ist, die die ganze Welt erfüllt. Das ruft sogleich die Fortsetzung in die Erinnerung.

Denn durch deine Zauberei sind verführt worden alle Nationen. Diese zweite Begründung folgt aus der ersten. Die Großmächtigen hatten entsprechenden Erfolg. Das verwendete Bild hat sicher seinen Anhaltspunkt in der Praxis der Dirnen, die seit alters ihren Opfern Pülverchen in den Wein tun, um sie zu betäuben und zu berauschen. In Nah 3, 4 wird das Bild auf die Stadt Ninive bezogen, die die Völker zunächst berauschte, um sie dann zu überfallen und auszuplündern (Jes 47, 9 in bezug auf Babel).

Wir erinnern uns, worin diese berauschende „Kaufmannsideologie" bei Babel nach K. 18 bestand: in einer allgemeinen Enthemmung, mit nackter Interessenvertretung hervorzutreten. Als moralisch gilt das, was diesen Interessen nützt. Der eigene Nutzen ist der Gott, der über Gut und Böse entscheidet. Das ist potentieller Mord. Darum gipfelt das große Babel-Kapitel in einer Entlarvung des mörderischen Charakters dieser Kultur.

24 **Und in ihr ist das Blut der Propheten und Heiligen gefunden worden und aller derer, die geschlachtet wurden auf der Erde.** Darum also wurden all die guten Gaben von Vers 21–23 n i c h t mehr in Babel gefunden, weil auf ihren Straßen das Blut der Zeugen Gottes gefunden wurde. Daß sie diese Münder stumm machte und deren letzte Mahnungen in den Wind schlug (11, 7), bedeutet den Schlußpunkt unter ihre Schuldgeschichte.

810 Vgl. Jes 23, 8; Hes 30, 13, wo Luther „Fürsten" übersetzt.

Es ist vorausgesetzt, daß diese Zeugen im Namen Gottes für den Menschen und gegen jene Kaufmannsideologie auftraten. Wie Gott einst in Ägypten durch Mose und Aaron seine Menschen aus der Sklaverei herausforderte, so wiederholt es sich am Ende der Tage. Aber Babel sperrt sich wie einst Pharao und wird auch zerschlagen wie jenes Reich oder wie ein Stein versenkt im Meer (vgl. V. 21 mit 2 Mo 15, 5).

Der Ausdruck **Blut der Propheten und Heiligen** entspricht „Blut der Heiligen und Zeugen" in 17, 6, so daß sich in Übereinstimmung mit K. 11 die Gleichung Propheten–Zeugen ergibt. Die Übergehung der „Apostel" von Vers 20 bedeutet nicht, daß deren Blut von jemand anders vergossen wurde, sondern „Apostel" ist in Vers 20 lediglich hinzugefügt, um dort die Dreizahl zu erreichen.

Ist der Zusatz, **und aller derer, die geschlachtet sind auf der Erde,** nur eine parallele Formulierung des bereits geäußerten Gedankens? In Erinnerung an Jer 51, 49 fassen wir diese Vershälfte als echte Erweiterung auf. Über die christlichen Märtyrer hinaus wird nun aller Ermordeten gedacht. Wer das christliche Zeugnis beseitigt, gerät in Unrecht über Unrecht. Darum wird das Ende dieses blutvergießenden Babels auch das Ende a l l e s Blutvergießens sein. Gott wird dieses Ende herbeiführen.

Triumph im Himmel

Offenbarung 19, 1–8

Das Gericht an Babel, schon 17, 1 angekündigt und in K. 18 durch drei Engelsbotschaften gewaltig ausgerufen, scheint bei Eröffnung des neuen Abschnittes endlich vollstreckt. Wir fühlen uns nun gänzlich in den Zeitpunkt versetzt, zu dem der Sieg Gottes das Feld beherrscht. Darum haben wir uns die eigentliche Gerichtsvollstreckung, und zwar im Zusammenhang mit der Parusie, zwischen K. 18 und 19 zu denken, so daß sie mehr „beschwiegen" als beschrieben wird. Erst ab 19, 11 beginnt eine Kette von Gesichten, die diese große Wende selbst zum Thema hat[811].

Vers 1 beginnt mit dem „danach", das zuverlässig einen „Bühnenumbau" andeutet. So wird K. 18 nicht einfach verlängert. Auf der

[811] Dieses Nacheinander als ein thematisches, nicht aber zeitliches Nacheinander zu erkennen, ist außerordentlich wichtig für die Auslegung. Sonst ergeben sich Sonderlehren wie etwa die, daß die Hochzeit der Braut vor der Parusie (19, 11–21) stattfände, daß es also auch schon vorher eine besondere Entrückung gäbe (so K. Merz, vgl. Schumacher, Das tausendjährige Königreich Christi auf Erden, S. 180–181 und 184).

anderen Seite ordnet sich der Abschnitt 19, 1–10 zweifellos in den großen Anhang über Babel ab 17, 1 ein. Dieser zeigt nämlich vor den Versen 19, 9–10 keinen Endpunkt, dort aber unüberlesbar. 19, 1–8 ist also das Schlußstück der großen Babel-Vision 17, 1 – 19, 10[812].

Es besteht zur Hauptsache aus einer himmlischen Liturgie, und zwar aus der letzten von sieben in diesem Buch[813]. Zugleich ist sie die gewaltigste und ausführlichste und unterteilt sich in ein Halleluja der Engelscharen (V. 1–3), der Thronumgebung (V. 4) und aller Knechte Gottes (V. 5–8). Vers 9–10 sind Schlußverse des ganzen Anhangs.

Zu Vers 1, 3 u. 4: Ps 104, 35
Zu Vers 2: Ps 19, 10; 119, 137; 5 Mo 32, 43; 2 Kö 9, 7
Zu Vers 3: Jes 34, 10

1 **Danach hörte ich** (etwas) **wie eine große Stimme einer viel**(köpfigen)
Schar in dem Himmel, die sprachen: Halleluja! Das Heil und die
2 **Herrlichkeit und die Macht** (sind zu Recht) **unseres Gottes, * denn**
wahrhaftig und gerecht sind seine Gerichte. Denn er hat gerichtet
die große Hure, welche zugrunde richtete die Erde mit ihrer Unzucht.
3 **Und er hat geahndet das Blut seiner Knechte an ihrer Hand. * Und**
ein zweites Mal haben sie gesprochen: Halleluja! und ihr (nämlich
Babels) **Rauch steigt auf in die Zeiten der Zeiten.**

1 Und **danach** – ein unglaublicher Kontrast zu K. 18! Den drei Leichenliedern treten jetzt drei Halleluja-Gesänge gegenüber und der Totenstille in Babel, über dem unheimlich immerzu Rauch emporquillt, ein stimmenerfüllter Himmel (fünfmal „Stimme"). **Ich hörte** etwas **wie eine große Stimme einer vielköpfigen Schar im Himmel.** Bei dieser ersten Sängergruppe scheint es sich dem Zusammenhange nach um Engel zu handeln, da die Gemeinde erst Vers 5 aufgefordert wird, sich an der Liturgie zu beteiligen[814].

Sie beginnen und beenden (V. 3) ihren Gesang mit einem **Halleluja**[815], d. h. „Preist Jahwe!" (Anm. 819). Diese Wendung aus der hebr Bibel findet sich ausnahmslos und etwa zwanzigmal im letzten Drittel des Psalters, und zwar durchweg zu Beginn und Schluß der

[812] Manche Ausleger, z. B. auch die neue Ausgabe des Grie NT von Aland, fassen V. 1–4 für sich und stellen diese Verse als das dreifache Halleluja den drei Klageliedern in K. 18 gegenüber. V. 5–8 wird dann als die „Hochzeit des Lammes" abgetrennt und für sich genommen. Diese Unterteilung ist unbegründet, da V. 6 noch ein viertes Halleluja folgt. Gerade die Aland-Ausgabe zeigt auch im Druck, wie der poetische Stil sich fortsetzt. Es sollte auch beachtet werden, daß die Braut des Lammes noch nicht wie in 21, 2 oder 9 in einer Vision geschaut, sondern nur im Rahmen einer Audition am Rande erwähnt wird, ohne näher auf das Wo und Wie einzugehen. Das Gericht über die Hure gab Anlaß, von der Vollendung der Braut zu sprechen.

[813] 4, 8–11; 5, 9–14; 7, 10–12; 11, 15–18; 12, 10–12 und 15, 3–4.

[814] Nach Schlatter singt hier die Gemeinde, nach anderen (z. B. Bengel) nur ein Teil der Gemeinde, nämlich die Märtyrer.

[815] In katholischen Ausgaben oft gräzisiert wiedergegeben: Alleluja!

nach ihr benannten „Halleluja-Psalmen". Sie bedeutete den Höhepunkt des Gottesjubels und zugleich des Psalters. Psalm 150 ist fast nichts mehr als ein einziges rauschendes, zwölffaches Halleluja. Das Halleluja war im Judentum hochgeschätzt, und kein Leser der Offenbarung bedurfte einer Übersetzung des Begriffes.

Die jüdischen Ausleger empfanden das erste Vorkommen des Halleluja in Ps 104, 35 als typisch: „Die Sünder sollen ein Ende nehmen auf Erden und die Gottlosen nicht mehr sein. Lobe den Herrn, meine Seele! Halleluja!" Das ist nicht ein Ausdruck von Privatglück, sondern Jubel über Gott, den Endsieger der Geschichte. So fügt sich dieses Halleluja, dieser „Tropfen von den Wonnen des Himmels", gut in den Zusammenhang vom Gericht Babels.

Das Heil und die Herrlichkeit und die Macht sind zu Recht **unseres Gottes.** Das für die zurückhaltende Art der Offb außergewöhnliche „u n s e r Gott" erklingt hier gleich dreimal (noch V. 5 und 6). Es gehört offenbar zum Stil der überschwenglichen Lieder vom **Heil,** d. h. der Lieder vom Endsieg, denn auch die beiden anderen Stellen vom „Heil", nämlich 7, 10 und 12, 10, erheben sich zu dieser letzten Ergriffenheit von Gott in Jesus Christus[816]. Dieser Gott ist Heil, will Heil und schafft Heil – im Gegensatz zur Hure, deren verderberisches Wesen der nächste Vers anprangert.

2 Hier die Rechtsgrundlage für die Herrschaft Gottes: **Denn wahrhaftig und gerecht sind seine Gerichte.** Endlich tritt das ganz offen zutage und strahlt jedermann unwidersprechlich ins Gewissen. Nicht der Rest eines Unbehagens bleibt: wahrhaftig gerecht! Diejenigen, die am stärksten nach Gerechtigkeit hungerten, werden am lautesten rufen: Halleluja!

Der Engelchor erklärt den Jubel näher: **Denn er hat gerichtet die große Hure, welche zugrunde richtete die Erde mit ihrer Unzucht.** Die gleiche Anklage erscholl schon 11, 18 und ist durch Jes 51, 25 vorbereitet, wo Babel ein „Berg des Verderbens" heißt. Schon zu 11, 18 ist dargelegt, wie wenig bei dieser Verderbnis der Erde an bloßen Flurschaden zu denken ist. „Erde" steht hier für Erdbevölkerung (wie an anderen Stellen „Himmel" für Menschen des Himmels; 12, 12; 18, 20; vgl. Anm. 360). Gottes Gerichte waren also ein Eintreten für die Welt, so daß er ganz reingewaschen sein wird vom Vorwurf, nur an sich selbst gedacht und in einem kleinlichen Sinn nur auf seine eigene Ehre gepocht zu haben. Seine Gerichte sind durch und durch lauter und können jeder Durchleuchtung standhalten.

[816] Ähnlich noch 11, 15 („unseres H e r r n").

Und er hat geahndet das Blut seiner Knechte an[817] **ihrer Hand.** Die Wendung ist hier deutlich 2 Kö 9, 7 und ähnlichen Stellen nachgebildet, wo es von Isebel heißt, daß sie das Blut der Knechte Gottes auf dem Gewissen hatte. Die Hinmordung der Gerechten in dieser Welt bedeutete schon immer die größte Belastungsprobe für das Ansehen einer gerechten Weltregierung Gottes. Darum erscholl ja 6, 10 das Schreien der Märtyrer. Schon dort haben wir auf den großen Abstand zu persönlichen Rachegefühlen hingewiesen. Daß Gott Recht schaffen möge (vgl. Da 7, 22), meint hier nicht ein Dürsten nach persönlichen Triumphen, sondern die Wiederherstellung einer heilen Welt unter Gott.

Wie die Halleluja-Psalmen (s. o.) hat auch dies Engellied ein Halle-
3 luja am Anfang und eins am Ende. **Und ein zweites Mal haben sie gesprochen: Halleluja! – und ihr,** nämlich Babels, **Rauch steigt auf in die Zeiten der Zeiten.** Die auffallende Perfektform, daß die Engel das abschließende Halleluja schon gesagt h a b e n, soll vielleicht eine Pause erkennen lassen. Das Halleluja ist verklungen, eine Stille schiebt sich zwischen diesen und den nächsten Gesang, und alles gibt sich dem Eindruck der mächtig emporsteigenden (Präsens!) Rauchwolke hin. Als ein Denkmal und Wahrzeichen für die Gerechtigkeit Gottes steht sie über Babel. Wie diese Rauchsäule für immer und ewig stehenbleibt, bleibt Gottes Urteil unumstößlich als gerechtes Gericht bestehen (vgl. Jes 34, 10 und auch Offb 14, 11; 18, 9. 18; vgl. Anm. 791).

Es folgt das Halleluja der nächsten Thronumgebung:

Zu Vers 4:
Jes 6, 1
Ps 47, 9
106, 48

4 **Und es fielen die vierundzwanzig Ältesten und die vier Wesen nieder und huldigten Gott, der auf dem Thron sitzt, und sprachen Amen, Halleluja!**

Im Unterschied zu K. 5 läuft hier das Preisen Gottes von den Rändern auf die Mitte zu. Jetzt greifen es die Gestalten auf, die nach K. 4 dicht um den Thron sind. Von diesem Thron gingen die Gerichte aus, zu ihm kehrt das Echo der Anbetung zurück. Als Voraussetzung
4 des **Halleluja** ertönt hier das **Amen** (s. z. 1, 7) als restlose Zustimmung und völliges Überwundensein von der Rechtmäßigkeit der Taten Gottes, wie es der Engelchor in Vers 2 ausführte. In diesen zwei Worten **Amen, Halleluja** verdichtet sich also der Inhalt des Engelchores von Vers 1–3.

[817] Das wörtliche „aus ihrer Hand" muß hier im Deutschen „an ihrer Hand" wiedergegeben werden, denn im Grie kann die strafwürdige Person, an der Rache geübt wird, mit „aus" konsturiert werden, vgl. schon 18, 20.

Das Halleluja aller Knechte Gottes bildet den Höhepunkt:

5 **Und eine Stimme ging aus von dem Thron und sprach: Lobet
unseren Gott, alle seine Knechte, ihr, die ihr ihn fürchtet, die Klei-
6 nen und die Großen. * Und ich hörte** (etwas) **wie eine Stimme einer
viel**(köpfigen) **Schar und wie die Stimme vieler Wasser und wie eine
Stimme starker Donner, die sprachen: Halleluja, denn König ge-
7 worden ist der Herr, unser Gott, der Allgewaltige. * Lasset uns
freuen und frohlocken und ihm die Herrlichkeit geben, denn es ist
gekommen die Hochzeit des Lammes, und sein Weib hat sich be-
8 reitet. * Und ihr wurde gegeben, daß sie sich bekleide mit leuch-
tendem, reinen Batist; der Batist nämlich** – (das) **sind die Rechts-
taten der Heiligen.**

Zu Vers 5: Ps 22, 24 134, 1 115, 13
Zu Vers 6: Dan 10, 6 Hes 1, 24 43, 2 Ps 93, 1 97, 1 99, 1 Am 4, 13
Zu Vers 7: Ps 118, 24

Ein Diener[818] auf den Stufen des Thrones mag es sein, der die himmlische Liturgie leitet und jetzt eine neue Gruppe auffordert, in das Halleluja einzufallen. **Und eine Stimme ging aus von dem Thron** 5
und sprach: Lobet unseren Gott[819], alle seine Knechte, ihr, die ihr ihn fürchtet. Diese Doppelbezeichnung des Volkes Gottes als die, die Gott dienen und fürchten, atmet atst Herkunft (vgl. Ps 134, 1; 135, 1; s. z. Offb 11, 18). Ein weiteres Begriffspaar schafft wieder die Vierzahl, die in der Offb schon so oft zur Umfassung einer Gesamtheit diente: **die Kleinen und die Großen** (s. Anm. 428).

Die Antwort bleibt nicht aus. **Und ich hörte etwas wie eine Stimme** 6
einer vielköpfigen Schar und wie die Stimme vieler Wasser und wie eine Stimme starker Donner[820]. Diese dreifache Kennzeichnung ihrer Stimme, die wie in 14, 2 einen Höhepunkt andeutet, vereinigt die Kraft aller Elemente. Die Gesamtheit aller Knechte Gottes, die, wann immer und wo auch immer Gott dienten, singt nun nicht mehr mit brechender, seufzender, sondern mit brausender Stimme: **Halleluja, denn König geworden ist der Herr, unser Gott, der Allgewaltige.** Dem Sinn dieses Siegesrufes und seiner Parallelen in der Offb ist Exkurs 8 gewidmet. Zum Titel **Allgewaltiger** vgl. Anm. 54.

Wie der Engelchor den Sieg Gottes entfaltete, allerdings nur zur negativen Seite hin, nämlich als Niederwerfung Babels (V. 2), so jetzt

[818] Die Stimme des Lammes wird es nicht sein (gegen Bousset), weil sich das Lamm kaum mit den übrigen durch „unser Gott" zusammenfaßt.

[819] So übersetzt auch die LXX den Ausdruck „Halleluja" (V. 1).

[820] Eine ähnliche Charakterisierung auch für die Stimme Gottes (Hes 1, 24), Christi (Offb 1, 15), der Engel (Offb 14, 2; 19, 6; Hes 1, 24; 10, 5), sogar der Gottlosen (Jes 17, 12; s. Holtz, S. 124, Anm. 5). Der Ausdruck an sich ist also neutral. Hier bestätigt der Inhalt des Liedes, daß an die Gemeinde zu denken ist.

auch der Chor der Knechte Gottes, und zwar nach seiner positiven Seite, nämlich als Hochzeit des Lammes (V. 7)[821].

7 **Lasset uns freuen und frohlocken**[822], fordern sie sich selbst auf. Es soll kein häßlicher Triumph sein, denn sogleich heißt es: **und ihm die Herrlichkeit geben**[823]. **Denn es ist gekommen die Hochzeit des Lammes.**

Der Ausdruck **Hochzeit des Lammes** wurde inzwischen in christlichen Kreisen geläufig, aber als Johannes ihn niederschrieb, war er ohne Vorbild und nicht weniger unerhört als „Zorn des Lammes" in 6, 16. Das AT kennt weder eine Hochzeit[824] Israels mit Gott noch mit einem Gotteslamm. Wohl war „Ehe" häufiges Bildwort für den Bund Gottes mit seinem Volk (zuerst bei Hos, dann bei Jer, Hes und Jes), wobei aber die eheliche Vereinigung als Vergleichspunkt sorgfältig vermieden wurde, um nur nicht in die Nähe der „Heiligen Hochzeit" der heidnischen Fruchtbarkeitskulte zu geraten (s. z. 2, 14). Auch das spätere Judentum wahrte bewußt einen Abstand zum erotischen Treiben der Kulte[825]. Doch taucht nun das Wort „Hochzeit" auf. Am Sinai habe Mose als Brautführer dem Bräutigam die Braut zugeführt, lehrten die Rabbinen[826]. Das Gesetz galt ihnen als Ehevertrag Gottes mit Israel, und der Messias werde nach der Totenauferstehung als zweiter Mose das Volk Israel zur wahren Hochzeit führen. Jesus wußte also seine Hörer vorbereitet, wenn er zu ihnen in Gleichnissen und Bildworten vom messianischen Hochzeitsmahl sprach.

Allerdings fällt bei ihm zweierlei auf. Der Messias ist nicht Brautführer, sondern Bräutigam, und die Braut tritt stark zurück[827]. Mehrmals lesen wir in den Evangelien von Hochzeiten ohne Nennung der Braut[828]. Damit wird wieder wie im AT die eheliche Gemeinschaft aus dem Vergleich hinausgedrängt. Lediglich die Freude der Hochzeit gilt als Vergleichspunkt. Sie prägt die ganze Gemeinschaft und erfüllt alle Gäste; unter d i e s e m Gesichtspunkt ist die Braut auch nichts Besonderes, sondern nur eine unter vielen, so daß sie keiner besonderen Erwähnung bedarf.

821 Dem Kommen des Zornes (11, 18; 14, 7) steht das Kommen der Hochzeit gegenüber (19, 7). Die beiden Seiten sind untrennbar.

822 Ähnliche Aufforderungen 12, 12; 18, 20, vgl. 11, 10. Das Wortpaar auch Mt 5, 12; 1 Pt 4, 13 und in den Psalmen.

823 „Herrlichkeit geben" sonst ohne Artikel: 4, 9; 11, 13; 14, 7 und 16, 9.

824 Die Vokabel in der LXX nur 1 Mo 29, 22; Esth 2, 18; 9, 22 und häufig erst in den Apokryphen.

825 S. Holtz, S. 188, Anm. 4.

826 St–B I, S. 517, 970.

827 Christus als Bräutigam: Jo 3, 29 (dort auch die Jünger als „Braut"); vgl. 2 Ko 11, 2, vielleicht auch 2 Jo 2.

828 So z. B. Jo 2, 1–12; Mk 2, 19; Mt 22, 1–14; 25, 1–13.

Genau das ist aber auch in unserem Vers der Sinn der Rede von der Hochzeit: Freude über Freude, überschwengliche Heilsfreude! Freilich wird hier (und auch 21, 2. 9) die Braut erwähnt. Aber schon Vers 9 wechselt das Bild, und die Gläubigen erscheinen statt als Braut als Hochzeitsgäste. Da der Vergleichspunkt Freude ist, liegt darin kein Bruch, denn Freude verbindet Braut und Geladene.

Die Erwähnung der Braut des Lammes ist vor allem als Gegenbild der Hure Babel wichtig; in anderer Weise steht sie aber auch dem Weib von 12, 1 gegenüber. Jenes schreiende Weib versinnbildlichte die Gemeinde in ihrer gegenwärtigen Not, die Braut aber in ihrer zukünftigen Freude. So bleibt hier der Grundton Freude, Freude vor lauter Heil, vor lauter Frieden und Leben.

Und sein Weib[829] **hat sich bereitet.** Keine wahre Braut ohne Schmuck (21, 2)! Daß sie sich selbst schmückt, wird auch nicht durch
den nächsten Vers gestrichen, freilich tiefer durchleuchtet. **Und ihr** 8
wurde gegeben, daß sie sich bekleide mit leuchtendem, reinem Batist. Dreifach wird die Farblosigkeit ihrer Gewandung umschrieben. **Batist** ist schon an sich nicht farbgesättigt wie das Purpur oder der Scharlach der Hure Babel in 17, 4, sondern ein weißes Leinengewebe. Hier heißt es ausdrücklich, daß es **rein** ist, also ungefärbt und unbefleckt, ferner von **leuchtender**, blendender Helligkeit. Es trägt den verklärten Lichtcharakter wie auch die Engelskleidung in 19, 14[830a].

Johannes erklärt durch einen Einschub: **Der Batist nämlich – das sind die Rechtstaten der Heiligen.** Sie stehen im Gegensatz zu den Unrechtstaten der Hure (18, 5)[830b]. Doch wird ihr diese Selbstbereitung ermöglicht durch eine göttliche Gabe: **ihr wurde gegeben, daß sie sich bekleide**, so daß sie sich doch nicht in eigenes Verdienst, sondern in göttliche Gnade kleidet. Die Auslegung hat an dieser Stelle 3, 18 zu beachten. Danach verleiht Jesus schon in der gegenwärtigen Zeit reine Gewänder und ein geheiligtes Leben. Seine Gnade heute besteht nicht nur in guten Worten, sondern in Kraft zu guten Taten. Darum ehrt das begnadete Tun auch nicht den Empfänger, sondern den Geber. So steht die Braut geschmückt da. Sie hat sich selbst geschmückt, aber nicht a u s sich selbst. Sie ist etwas „zum Lob seiner herrlichen Gnade" (Eph. 1, 6. 12. 14).

829 Nach semitischem Eherecht konnte die Braut von ihrer Verlobung an „Weib" genannt werden (so auch 21, 9).

830a Vgl. 28, 3; Mk 16, 5; Jo 20, 12; Apg 1, 10; Offb 4, 4.

830b Schlatter deutet diese Rechtstaten auf die Gerichte Gottes für die Heiligen, mit denen er ihr bisher so verkanntes Recht herausstellt; nach Frey sind sie die Urteile Gottes, durch die die Heiligen gerechtgesprochen werden. Aber das entspricht kaum dem schlichten Sinn des vorliegenden Textes.

Abschluß der Vision

Offenbarung 19, 9–10

9 **Und er spricht zu mir: Schreibe! Glückselig, die zum Hochzeitsmahl
des Lammes Berufenen! Dies sind wahrhaftige Worte Gottes.**
10 *** Und ich fiel vor seinen Füßen nieder, ihm zu huldigen. Und er
spricht zu mir: Siehe (zu), daß (du es) nicht (tust)! Dein Mitknecht bin ich und deiner Brüder, die das Zeugnis Jesu haben. Bete Gott an! Das Zeugnis Jesu ist nämlich der Geist der Prophetie.**

9 **Und er spricht zu mir.** Ohne Zusatz heißt es „er". Dann ist es sicher der Schalenengel von 17, 1, der Johannes die große Vision von Babels Fall vermittelte. Freilich, für Johannes thronte Babel noch, und die Gemeinde hatte im Unterschied zu Vers 7 noch nichts zu lachen und zu freuen. Wie benommen mag Johannes da gesessen und jene Zukunft unglaublich gefunden haben. Der Engel muß eindringlich auf ihn einreden und ihn wie 21, 5 zur Niederschrift der folgenden Seligpreisung drängen: **Schreibe! Glückselig, die zum Hochzeitsmahl des Lammes Berufenen!**

Das Bild wechselt ganz ähnlich wie schon 12, 17 (s. d. und auch Anm. 491) von einer Einzelgestalt auf eine Gruppe, ohne daß die Sache wechselt, die vor Augen steht. Das eine Mal schaut Johannes das Volk Gottes in der Freudengestalt der Braut (V. 7), das andere Mal hört er von ihm unter dem Freudenbild der Geladenen. Geladene leben schon voller Freude, auch wenn sie noch unterwegs zum Hochzeitssaal sind. So sind die Jünger Jesu mit dem Ruf im Ohr unterwegs. Aber weil sie unterwegs durch das Martyrium hindurchmüssen, fragen sie sich: War der Ruf ein Irrtum oder eine Falle? War es töricht, daß wir aufbrachen? Gehen wir auf ein Ziel zu, an dem wir nie ankommen, und warten wir umsonst auf Gott? Dieser Anfechtung wurde die ausdrückliche Seligpreisung zuteil, dazu die Unterstreichung: **Dies sind wahrhaftige Worte Gottes.** Hier gibt es kein „vielleicht, vielleicht auch nicht". Es sind Worte **Gottes.** Die Gemeinde kennt Gott und hat darin ihren Ansatzpunkt zum Vertrauen. Weil sie den Verheißenden kennt, glaubt sie den Verheißungen. Darum hält sie diese Verheißungen einfach in eine völlig gegenteilige Gegenwart hinein, bis die Zukunft sie bewahrheitet.

10 **Und ich fiel vor seinen Füßen nieder, ihm zu huldigen.** Der Engel hatte Johannes in heiligster Weise zu Gott geführt, und es ist durch nichts bewiesen, aber in jeder Hinsicht unwahrscheinlich, daß Johannes gerade in diesem Augenblick das erste Gebot bricht und jemand

anders anbeten will als Gott allein[831]. Aber es lag ein solcher Abglanz Gottes auf dem Boten Gottes, daß Johannes niederfällt und ihm huldigen möchten. Das ist menschlich verständlich, muß aber korrigiert werden.

Nun bewährt sich der Bote als wahrer Bote Gottes, indem er peinlich jede Übersteigerung seiner Person zurückweist. **Und er spricht zu mir: Siehe zu, daß du es nicht tust! Dein Mitknecht bin ich und deiner Brüder, die das Zeugnis Jesu haben.** Aus den Worten **deiner Brüder** mag herausklingen, daß zwischen Engeln und Gottesmenschen zwar keine Bruderschaft besteht, dagegen aber verbindet sie ein gemeinsamer Dienst. Der Engel ist **Mitknecht** mit ihnen. Beiden gebührt: **Bete Gott an!**

Der Ton liegt hier jedoch auf dem anderen gemeinsamen Dienst: **das Zeugnis Jesu haben.** Das aber heißt im prophetischen Dienst stehen. **Das Zeugnis Jesu ist der Geist der Prophetie.** Dieser Schalenengel vermittelt ja gerade Visionen vom Sieg Gottes und des Lammes und stand damit in prophetischem Dienst. Nun zieht er die Verbindungslinie zu Johannes und seinen Brüdern. Auch sie, die Jesus bezeugen, sind Propheten, denn Jesus ist Prophetie in Person (s. z. 1, 1). Über ihn sprechen ist Sprechen über eine neue Welt und eine neue Menschheit und schließt Urteile über Geschichte und Zukunft ein. Alle wahren Zeugen Jesu sind darum im wahrsten Sinne des Wortes Propheten. Diese wuchtige Gleichung ist auch umkehrbar: Alle wahren Propheten sind Zeugen Jesu; das gilt für die atst Propheten (Jo 5, 39) wie auch für Johannes selbst und für jeden Zeugen, der heute Wesentliches zur Lage und zur Entwicklung sagt. Er holt immer nur hervor, was mit Jesus gegeben ist, und bringt zum Aufleuchten, was in Jesus noch verborgen liegt (Jo 16, 13—14). Das Buch der Offenbarung selbst ist Grundmodell christozentrischer Prophetie und steht als solches im Kanon.

[831] Das grie Wort proskynein (niederfallen) hat da, wo jemand vor Gott niederfällt, gewiß den Sinn des Anbetens (s. unsere Übersetzung: „Bete Gott an!"), in allen anderen Fällen muß aber erst geprüft werden. Das Wort selbst meint zunächst lediglich den schweigenden Ausdruck der Ehrfurcht, wie er in mancherlei Bedeutung vorkommen kann. Engelskult ist Johannes nicht zuzutrauen.

Zweiter Anhang zu den Schalenvisionen:

DIE ÖFFNUNG DES HIMMELS (Parusie)

Offenbarung 19, 11 – 21, 8

So sprachlich unbetont sich der neue große Abschnitt auch anreiht[832], kann nach den deutlichen Schlußversen 9–10 dennoch kein Gedanke daran sein, daß der Abschnitt über Babel hier noch fortgesetzt werde. Ab jetzt findet sich nämlich kein Wort mehr über Babel. Dagegen erweist sich die neue Visionenreihe als eine gesonderte Entfaltung zu den Schalenvisionen, nämlich im genauen Anschluß an 16, 13–14. 16. Dort lasen wir von der Bereitstellung des Antichristen und seiner Heere, hier kommt es zum letzten Zusammenprall mit dem erscheinenden Christus.

Die endzeitliche „Öffnung des Himmels" (s. z. 19, 11) in die Geschichte, wobei die Gottheit Gottes und seines Christus, das Gerichtetsein des Satans und seiner Helfershelfer und das Menschsein des Menschen endgültig zum Vorschein kommen, ist das neue Thema. Der Ton liegt auf der Endgültigkeit. Alles gelangt an seine offenbare Endstation; das wird für die beiden Tiere, für den Satan, für den Tod, für die Gottlosen, aber auch für Christus und seine Knechte hervorgehoben[833].

Das Erscheinen Jesu als Richter

Offenbarung 19, 11–16

Zu Vers 11:
Hes 1, 1
Jes 11, 4 f
Ps 96, 13
72, 2
Zu Vers 12:
Dan 10, 6

11 **Und ich sah den Himmel geöffnet, und siehe, ein weißes Pferd,**
und der darauf Sitzende heißt Treu und Wahrhaftig, und in Ge-
12 **rechtigkeit richtet er und führt Krieg. * Seine Augen** (sind) **eine**
Feuerflamme, und auf seinem Haupte (sind) **viele Diademe, und**
er hat einen geschriebenen Namen, welchen niemand weiß als er
13 **selbst. * Und er ist umhüllt mit einem in Blut getauchten Mantel,**

[832] Immerhin klingt das „und ich sah, und siehe" recht feierlich (vgl. 4, 1; 7, 9; 14, 1) und schafft einen gewichtigen Einsatzpunkt. Außerdem zeigt sich ein formaler Einschnitt dadurch an, daß es nach dem „und ich hörte" (18, 4; 19, 1. 5. 6) ab jetzt wieder heißt „und ich sah" (19, 11. 17. 18; 20, 1. 4. 11. 12; 21, 1. 2). Darum ist es abwegig, das Thema von 19, 1–10 hier einfach weiterlaufen zu lassen und nun vom „Kommen des Bräutigams" zu sprechen (z. B. Langenberg). So überdeckt man den neuen Abschnitt mit den Begriffen des vorherigen und nimmt nicht den neuen Blickpunkt wahr.

[833] Charakteristisch für den zweiten Anhang ist die wiederholte Erwähnung des Feuerpfuhls (19, 20; 20, 10. 15; 21, 8). Der dritte Anhang hat dafür den Begriff „draußen" 21, 27; vgl. 22, 15.

14 **und genannt worden ist sein Name: Das Wort Gottes. * Und die**
Heere im Himmel folgen ihm auf weißen Pferden, angetan mit
15 **weißem, reinem Batist. * Und aus seinem Mund geht heraus ein**
scharfes Schwert, daß er damit die Nationen schlage, und er, ja
er wird sie weiden mit eisernem Stock, und er, ja er tritt die Kelter
des Weines des Grimmes des Zornes Gottes, des Allgewaltigen.
16 *** Und er hat auf dem Mantel, und zwar auf seinem Schenkel,**
einen geschriebenen Namen: König der Könige und Herr der
Herren.

Zu Vers 15:
Jes 11, 4
Ps 2, 9
Joe 4, 13
Jes 63, 3
Am 4, 13
Zu Vers 16:
5 Mo 10, 17
Dan 2, 47

Diese fünfte und letzte Christuserscheinung vereinigt in sich Elemente aus allen bisherigen Christusvisionen des Buches[834]. Schon von daher läßt sich hier von einer Volloffenbarung Jesu sprechen. Auch die Namensfülle, mit der er auftritt, bestärkt darin. Christus kommt mit allem, was er hat und ist. „Wir werden ihn sehen, wie er ist" (1 Jo 2, 3). Der Spannungshöhepunkt verrät sich schließlich auch im Vorherrschen des Präsens.

Gegenüber den folgenden Abschnitten der Reihe stechen die Verse 11–16 dadurch heraus, daß sie nur ein stehendes Bild bieten. Einige Kommentare ergehen sich zwar in Dramatisierungen, sprechen vom „Hereinpreschen einer Kavalkade" und von einer „Reiterattacke" (z. B. Frey). So sieht man aber nicht genau in den Text und bemerkt nicht den grundlegenden Charakter dieser Schau, aus der sich die folgenden Visionen ableiten. Nur ein indirekter Hinweis verrät hier, daß der Reiter auf die „Erde"[835] kommt, nämlich seine himmlischen Heere „folgen" ihm (V. 14). Aber erst einmal stellt er sich hier mit seinem Gefolge dem Beschauer (dem Photographen, würde es heute heißen). Er läßt seine Umgebung und Begleitung, seine Kleidung und Ausrüstung und vor allem seine Namensfülle erkennen. Er stellt sich als der Vollstrecker des Endes vor. Erst dann vollstreckt er Stück für Stück.

Auffällig wieder, aber nach dem Bisherigen[836] doch nicht mehr überraschend, w i e die Offb das Thema der Parusie behandelt. Indem sie überwiegend zu atst Wendungen Zuflucht nimmt, läßt sie der Phantasie kaum einen Spielraum. Sie stellt das Thema unter eine heilige Disziplin.

Und ich sah den Himmel geöffnet. Im Vergleich mit verschiedenen 11
ähnlichen Stellen in der Offb ergibt sich hier eine endgültige Steigerung (s. Anm. 656). Johannes wird Zeuge eines vorbehaltlosen Sich-

[834] Aus K. 1 die Flammenaugen und das Richterschwert, aus K. 5 das Blut des Lammes, aus K. 12 der Hirtenstock, aus K. 14 das Keltertreten.
[835] Diese Beziehung wird in der Parallele 14, 16 direkt ausgesprochen.
[836] Vgl. Vorbemerkung zu 6, 12–17 u. ö.

öffnens der Welt Gottes in die Menschengeschichte, eines Massenauszuges gewissermaßen durch sämtliche Tore und Türen des Himmels.

Die Rede von der Öffnung des Himmels setzt seine Verschlossenheit voraus (s. z. 4, 1) und kündet nun den Beginn endzeitlicher Erlösung. Ihr lief nach Jo 1, 51 eine Geschichte fortlaufender Himmelsöffnungen voraus, die aber nie alles hergaben. Immer wieder legte Gott sich Zurückhaltung auf und übte Geduld. Jetzt endlich bringt er sich voll zur Geltung.

Und siehe, ein weißes Pferd. Nach einer feierlichen Einleitung wie 4, 1; 7, 9; 14, 1 nimmt Johannes zunächst[837] das Reittier des Christus wahr, das Vers 19 und 21 weitere Male betont wird.

Für den Orientalen ist es vielsagend, worauf einer sitzt, ob auf der Erde (Hes 26, 16), auf der Bestie (Offb 17, 3), auf der Wolke (14, 14), ob (wie Jesus beim Einzug in Jerusalem) auf einem Esel (Jo 12, 14) oder hier auf einem weißen Pferd. Schon damit wird die Weiche für das Verständnis der Vision gestellt.

Das Pferd ist kriegerisches und königliches Reittier (vgl. auch 6, 2; 9, 7. 16–17; 18, 13)[838] und könnte in einem gewollten Gegensatz zum sanftmütigen Einritt Jesu auf dem Esel nach Sach 9, 9 stehen. Dort kam Jesus, um sich, zum Sterben bereit, als Lamm auf die Schlachtbank zu legen. Der, der hier kommt, ist zwar nicht ein anderer, wie alle folgenden Einzelheiten beweisen werden, aber er kommt a n d e r s. Er kommt auf dem Triumphalpferd (weiße Farbe!) und also als oberster Machthaber. Wohlgemerkt, er will sich die Macht nicht erst holen, hat er sie doch nach 5, 7. 9. 12 schon in aller Würde empfangen, aber noch sind da die Bestreiter seiner Macht. Er kommt, um diese Widerstände mit seinem Machtwort fortzuräumen, um „mächtig zu verheeren und gänzlich zu zerstören des Teufels Reich und Macht".

Auf dieses Machtwort weist in Vers 15 das Schwert aus seinem Munde. Die „holdseligen Worte" von Lk 4, 22 sind zu Ende, das „Stillhalte-Abkommen" der Gnade ist abgelaufen. Jetzt beginnt das Gericht, das nicht mehr örtlich und zeitlich begrenzt ist, das Endgericht. Der Herr hat vom verlachten Esel auf das königliche Roß umgesattelt.

Ist er es überdrüssig geworden, Lamm zu sein? Verleugnet er sein Evangelium und sich selbst? Nein, nach 6, 16 ist sein Endzorn „Zorn des L a m m e s", so daß er durchaus mit sich selbst identisch bleibt.

[837] Immer wieder schildert er erst die Umgebung einer geschauten Gestalt, dann sie selbst, z. B. 1, 12; 4, 2. 4; 6, 2–8; 14, 14; 20, 4.

[838] Es ist also wie die Parusiewolke ein Machtsymbol, s. 1, 7; 14, 14 (weiße Wolke wie hier weißes Pferd!); vgl. 11, 12.

Aber nach der Bibel sind Lamm und Zorn oder Evangelium und Zorn eben keine Gegensätze. Das wird von einer menschlichen Dogmatik wohl nie ganz umfaßt werden können. Aber Jesus wird im Endgericht mit seiner ganzen evangelischen Gnade anwesend sein. Blutrote Sünde wird schneeweiß. Es gibt nur e i n e n wirklichen Grund zur Verdammnis: die Lästerung der Gnade und des Geistes der Gnade (Mk 3, 29; Hebr 10, 29). Die Gnade nimmt sich selbst ernst. Lästerung ist aber das Wesen des Antichristen (13, 6).

Die Namensfülle des erscheinenden Herrn weist wie die Menge seiner Diademe (V. 12) ebenfalls auf die volle Offenbarung seiner Macht und seines Wesens. Von vornherein tritt er mit ihnen auf. Er hat nicht noch einmal um sie zu kämpfen, aber er wird jetzt die Bestreiter seines Sieges stumm machen.

Der erste der vier[839] genannten Namen **heißt Treu und Wahrhaftig,** womit das hebr. „Amen" umschrieben ist. In 3, 14 trug er diesen Namen bereits von Karfreitag her. In seinem Opfertod hatte er seine Zeugentreue, mit der er sein Alles für Gott und die Menschen einsetzte, unter Beweis gestellt. Als derselbe erscheint er in seiner Parusie. Er läßt Gott nicht lästern und Gottes Menschen nicht quälen und abschlachten. Neu aber ist, daß seine unendliche Wahrheit und Treue sich dann auch mit unendlicher Macht verbindet, mit heiliger, erschütternder, umstürzender, verzehrender Macht, und alles durchherrschen wird. Ein ungeheures Ereignis[840]!

Und in Gerechtigkeit richtet er. Diese Wendung bedeutet nach vielen atst Stellen[841]: im Gericht Recht schaffen, und zwar f ü r die Hilflosen und Unterdrückten und g e g e n die Rechtsbrecher. Darum im AT immer wieder die jubelnde Ankündigung des Weltenrichters; er tritt als Rechtshelfer auf[842], heilschaffend und hinrichtend. Die negative Seite streicht hier die zweite Wendung heraus: **und er führt Krieg.** Demjenigen, der einst ausdrücklich nicht gesandt war, daß er

839 Schon die Vierzahl ist wieder bedeutsam. Vier Namen auch an der Schlüsselstelle für den Satan (12, 9), ähnlich für Babel (17, 5).

840 Guardini meditiert über diesen Wechsel: Je mehr Wahrheit Wahrheit ist, desto weniger vermengt sie sich mit Druckmitteln, desto weniger schaltet sie die Freiheit des Geistes aus. Sie hat nicht die geringste Gewalt nötig, um wahr zu sein. Sie ist wahr an sich. Gewalt würde sie nur verdecken. Darum bewaffnet sie sich allein mit Wahrheit und ist im übrigen wehrlos. Darum kann sie auch so leicht beiseite geschoben und lächerlich gemacht werden. Das gilt nun in einem besonderen Sinn für die heilige Wahrheit. Weil sie die höchste an Rang ist, muß sie nach jenem Gesetz die geringste an Macht sein. So kam der Wahrhaftige in der Schwäche der Knechtsgestalt. Jede andere Gestalt hätte den „Treuen und Wahrhaftigen" verdächtig gemacht. In der Parusie aber werden Wahrheit und Macht eins werden und die Wahrheit endlich so viel gelten als sie wahr ist. Damit erfüllt sich ein tiefstes Geistesverlangen (Guardini, Der Herr, Leipzig 1958, S. 640 f).

841 Ps 72; 96, 13; 98, 9; Jes 11, 4.

842 Ps 7, 9; 9, 9. 20; 58, 12; 76, 8–10; 82, 8; 94, 2 und besonders in den Königspsalmen (96–99).

die Welt richte, sondern daß die Welt durch ihn gerettet werde (Jo 3, 17), ist jetzt das Gericht übertragen (Jo 5, 27). Daß der Retter Richter ist, entzieht jedem Einspruch gegen seine Urteile die Grundlage. Vor ihm gibt es keine Flucht mehr zu einem anderen (s. z. 6, 16).

Holtz und Rissi beziehen beide Wendungen, also das Richten wie auch das Kriegführen, gegen Vers 15 auf die Gemeinde[843a]. Sie berufen sich auf den Begriff des heilschaffenden Gerichts im AT, nach dem Gottes Urteilsprüche eine wahre Wohltat sind, eine Gnade, unter der sich alles Leben wieder aufrichtet. Aber ist ein gerechter Richter eine Wohltat für solche, die das Recht und den Gerechten hassen? Ist das Kommen des Menschensohnes zum Beispiel für den ungerechten Richter und seine Kumpanen in Lk 18, 2–8 genauso rettend wie für die leidende Witwe oder nicht vielmehr verheerend? Es ist kaum angängig, die Vokabel „richten" in der Bibel abstrakt zu einem Heilsausdruck zu erklären[843b], statt sie in die jeweiligen Zusammenhänge hineinzuhalten und sie dort auf ihren Sinn abzuhören.

In einer Zeit eines weltweiten Narzißmus, in der die Menschen ihre Selbstverliebtheit für Liebe Gottes[843c] halten, gilt es, das biblische Wort vom Gericht zurückzugewinnen. Gottes Liebe sühnt Sünde, vergibt Sünde, aber richtet auch Sünde, nämlich jene Sünde, die wir selbstverliebt uns selbst vergeben und der wir auf diese Weise doppelt teilhaftig werden.

Der durchdringende Flammenblick des Herrn, der in 1, 14; 2, 18 den Richter der Gemeinden kennzeichnete, lodert jetzt auf vor aller
12 Welt. **Seine Augen** sind **eine Feuerflamme.** Seine unermeßliche Herrscherwürde und Überlegenheit drückt sich in den vielen Diademen aus, mit denen er die sieben Diademe des Drachens (12, 3) und die zehn Diademe des Tieres (13, 1) überbietet. **Und auf seinem Haupte sind viele Diademe,** denn er ist der „König der Könige" (V. 16).

[843a] 2, 16 kann nicht als Parallele gelten, weil das „Krieg führen" Christi dort gerade gegen Menschen gerichtet wäre, die von der Gemeinde abgefallen sind.

[843b] Diese prinziepielle Umdeutung entspricht einer Linie grie Denkens. Plato (427–347 v. Chr.) schreibt: „Wer Strafe erleidet, erfährt eine Wohltat." Plato wurde sowohl von dem „Vater der Allversöhnung" im Altertum, Origenes, als auch vom Erneuerer dieser Lehre im letzten Jahrhundert, Schleiermacher, hoch verehrt und beeinflußte beide deutlich (vgl. Anm. 932).

[843c] „Wir wissen nicht, was Liebe ist. Wir haben es zu lernen, indem wir Gott zu erkennen lernen. Seine Liebe ist eine andere als die menschliche. Und wir werden uns offen halten müssen dafür, daß sie unseren Begriffen von Liebe widerspricht. Wir werden dann nicht murren dürfen . . . Die Wurzel christlichen Glaubens ist Gehorsam. Hier stehen wir alle im Kampf des Fleisches mit dem Geist. Das Fleisch verlangt nach dem ‚lieben Gott', der Geist sagt uns das Wort. Jesus Christus hat im Kreuz Gottes ewige Liebe erkannt, indem er gehorsam war. Gehorsam und Glaube . . ., das ist der Weg, auf dem Gottes Liebe sich uns offenbart, als die Liebe, die in Christus erwählt u n d verwirft" (K. Barth, Gottes Gnadenwahl, Nachdruck um 1945, S. 50).

Im Zusammenhang mit den Diademen folgt ein nächster Name. **Und er hatte einen,** wohl auf ein Stirnband[844] **geschriebenen Namen, welchen niemand weiß als er selbst.** Auch nach 3, 12 hat Jesus noch den Empfang eines neuen Namens am Ende der Tage vor sich. Hier, in einer Vorausschau der Parusie, trägt er ihn, ohne daß Johannes ihn aber schon vermelden könnte. Erst die Erfüllung dieser Vision wird letzte Enthüllung bringen. „Wir werden ihn sehen, wie er ist" (1 Jo 3, 2; vgl. Eph 2, 7). Der kommende Herr wird unsere gegenwärtige Dogmatik weit überragen.

Die Beschreibung geht vom Haupt herab auf die reitende Gestalt.
Und er ist umhüllt mit einem in Blut getauchten Mantel. Alte Les- 13
arten sprachen hier von bespritzten statt von in Blut getauchten Gewändern und wollten wohl eine Beziehung zu dem Träger roter Kleider in Jes 63, 1–3 herstellen. Er wird dort gefragt: „Warum ist dein Gewand so rot?" Er antwortet: „Ich habe die Völker gekeltert in meinem Zorn, da ist ihr Blut auf meine Kleider gespritzt!" Dennoch ist diese Deutung nicht zwingend[845]. Zu oft lehnt Johannes sich an atst Stellen an und nimmt gleichzeitig von ihnen Abstand. Hier ist es offensichtlich so gemeint, daß der Reiter die roten Kleider schon aus dem Himmel mitbringt, bevor er die Kelter tritt, wovon erst Vers 15 handeln wird. Sie sind also nicht blutig von einer Schlacht, sondern von seinem eigenen Blut. Der kommende Richter wird nachdrücklich mit dem geschlachteten Lamm identifiziert.

Dieser Rückgriff auf das Erdenleben Jesu setzt sich offensichtlich fort: **Und genannt worden[846] ist sein Name: Das Wort Gottes.** Jesus h a t t e schon so geheißen; es handelt sich in diesem Fall nicht um einen „neuen Namen" wie 3, 12 und Vers 12. Die Beziehung zur Theologie der Johannesschriften ist nicht zu übersehen. Nach Jo 1, 1–16 und 1 Jo 1, 1 war schon der fleischgewordene Sohn „Das Wort". Er kam als der, in dem Gott sich völlig aussprach. Über Weihnachten, Karfreitag, Ostern und Pfingsten hinaus hat Gott nichts zu sagen, so gänzlich hatte er sich nach seiner Heiligkeit und Barmherzigkeit in ihm mitgeteilt. Auch unser Sagen über Gott sollte darum willig und gänzlich eingehen in das Bekenntnis zu diesem Jesus Christus, ohne auf noch uneröffnete Reserven Gottes zu spekulieren, aus denen er einige Äone später dann doch noch etwas anderes hervorholt. Nein, auch mit der Parusie bleibt Gott bei seinem e i n e n Wort. Das Evangelium der Apostel wird in einem Maße bestätigt, wie sich das kein

[844] Vgl. 14, 1; 17, 5; 22, 4.
[845] So auch Schlatter, Büchsel, Lütgert, Holtz, Rissi, Brütsch, Frey, Hartenstein und Bietenhard.
[846] Das Perfekt an dieser Stelle ist ungewöhnlich. Sonst immer Präsens (1, 9; 11, 1; 12, 9; 16, 16; 19, 11).

Mensch träumen läßt. Darum gibt es keinen höheren Dienst, als dieses Evangelium zu verkündigen, darum ist es auch das Notwendigste von allem Notwendigen, auf dieses Evangelium zu hören.

Die Hoheit eines Herrschers kommt aber auch in seinem Gefolge
14 zum Ausdruck. **Und die Heere im Himmel folgen ihm auf weißen Pferden, angetan mit weißem, reinem Batist.** Diese himmlischen Heere stehen den Erdenheeren von 19, 19 gegenüber, die dem Tiere folgen. Das AT meint mit „himmlischen Heeren" Sternen- oder Engelheere. Gibt es Gründe, hier von diesem Verständnis abzuweichen?

Etliche Ausleger[847] beobachten, daß dies Gefolge die gleiche Kleidung trägt wie die „Braut des Lammes" in Vers 8; also habe die „Hochzeit des Lammes" bereits stattgefunden, also auch die Entrükkung der Braut. Nun begleite sie den Bräutigam. Nach dem Kommen Jesu z u den Seinen erfolge jetzt das Kommen m i t den Seinen.

Gegen dieses Verständnis erheben sich jedoch schwere Einwände[848]. Vor allem wird die Parusie des Herrn immer wieder als von Engeln begleitet prophezeit[849]. Wenn ihm auch die von der Erde entgegengerückte Gemeinde sofort an die Seite tritt (s. z. 11, 12), so daß der Herr fortan zu keinem Zeitpunkt getrennt von ihr denkbar ist (1 Th 4, 17), findet sich doch keine Aussage im NT, nach der er irgendeine vorher entrückte Schar schon aus dem Himmel mitbringt[850]. Aber genau darum geht es hier. Die Weißgekleideten reiten mit ihm aus dem geöffneten Himmel heraus. Es sind Engelheere.

Übrigens sind diese Engel mehr eine festliche Schar als eine kriegerische Truppe. Sie tragen keine Waffenausrüstung, kein rotes Kampfgewand, sondern veranschaulichen nur ihres Herrn Herrlichkeit.

15 Wohl wird vom Christus eine „Bewaffnung" ausgesagt. **Und aus seinem Munde geht heraus ein scharfes Schwert, daß er damit die Nationen schlage.** Die Bedeutung dieses Bildes geht aus Jes 11, 4 klar hervor, wurde auch schon zu 2, 27 behandelt. Der kommende Herr bricht die Kraft der Aufständischen. Aber er schwingt sein Schwert nicht mit der Faust, sondern es ergeht **aus seinem Munde** (s. z. 1, 16; 2, 12. 16). Es ist beeindruckend, wie die Offb mehrmals von Waffen und Kriegen Christi spricht, diese Vorstellungen dann aber so mit

847 Langenberg, Dönges, Schumacher. Bousset sieht in diesem Gefolge christliche Märtyrer.

848 Zur Verkennung des Aufbaus und seiner Folgen s. Anm. 832, zu den weißen Gewändern als Engelkleider s. Anm. 830a.

849 Mt 16, 27; 24, 30–31; 25, 31; Mk 13, 26–27; 8, 38; Lk 9, 26; 1 Th 3, 13; 2 Th 1, 7. 10; Jud 14, 15 („Heilige" sind in diesen Zusammenhängen deutlich Engel).

850 In 17, 14 heißt es zwar, daß das Lamm das Tier besiegt „und die, die mit ihm sind, nämlich die Berufenen, Auserwählten und Treuen". Damit ist aber auf ihren Sieg durch das Wort ihres Zeugnisses von 12, 11 angespielt, nicht auf ihr Kommen mit dem Lamm aus dem Himmel zu einem Kampf mit dem Tier.

Ausdrücken aus dem Gerichtssaal unterwandert, daß von einem physischen Ringen nichts mehr übrigbleibt[851].

Es folgen zwei Parallelaussagen. **Und er, ja er wird sie weiden mit einem eisernen Stock** (s. z. 2, 27; 12, 5), **und er, ja er tritt die Kelter des Weines des Grimmes des Zornes Gottes, des Allgewaltigen.** Hier mischen sich die Bilder des Kelterns und des Strafbechers (vgl. 14, 10; 16, 19). Alles weist auf endgültiges Strafgericht hin.

Ein letzter, ein triumphierender Name bildet gewissermaßen die
Unterschrift unter der Vision. **Und er hat auf dem Mantel, und zwar** 16
auf seinem Schenkel, einen geschriebenen Namen. An einer besonders sichtbaren Stelle des Mantels, nämlich wo dieser über die Schenkel fällt, erblickt Johannes: **König der Könige und Herr der Herren.** So nannten sich im Altertum orientalische Großkönige[852], die viele Lokalkönige unterworfen hatten und kein Reich mehr sahen, das ihnen noch nicht dienstbar war. Diese Würde und diesen Anspruch trägt Jesus, das Lamm, den versammelten Königen der Erde in seiner Parusie entgegen und duldet kein Knie mehr, daß sich ihm nicht beugt.

Grundverkehrt ist die Lehre, daß der Herr Jesus Christus erst mit der Parusie, etwa im Tausendjährigen Reich, dieser König werde. Das NT lehrt es geschlossen anders. Er ist es schon gegenwärtig (1, 5), nämlich seit Karfreitag (5, 12). Er besitzt vom Vater her schon zu Recht die ganze Welt, und der, der Recht h a t, b e k o m m t auch Recht durch alle Wesen und vor aller Welt. Das ist der Sinn der Parusie.

Das endgültige Gericht über das Tier und seinen Propheten

Offenbarung 19, 17—21

17 **Und ich sah einen Engel in der Sonne stehen, und er schrie mit** Zu Vers 17:
großer Stimme und sprach zu allen im Zenith fliegenden Vögeln: Hes 39, 4
18 **Wohlan, versammelt euch zum großen Mahl Gottes, * damit ihr** 17—20
fresset Fleisch[853] von Königen und Fleisch von Heerführern und
Fleisch von Starken und Fleisch von Pferden und der auf ihnen
Sitzenden und Fleisch sowohl aller Freien als auch der Sklaven

[851] Z. B. 12, 8; 17, 14 und 19, 20.

[852] Zuerst belegt für die ägyptischen Pharaoen in alter Zeit, dann bei den Assyrern seit dem 13. Jahrhundert v. Chr. und für Nebukadnezar von Babel (Hes 26, 7; vgl. Da 2, 37; Jes 47, 5. 7 und Offb 17, 18); für Gott beansprucht in Da 2, 47; 5 Mo 10, 17; 1 Tim 6, 15; für Christus in Offb 1, 5; 17, 14, auch Phil 2, 9.

[853] Wo das AT vom Fressen des Fleisches von Menschen spricht, steht „Fleisch" wie hier immer im Plural (17mal). Man könnte den Plural mit „Fleischteile" wiedergeben. Ihnen stehen z. B. 17, 16 die ungenießbaren Teile gegenüber.

Zu Vers 19:
Ps 2, 2
Zu Vers 20:
1 Mo 19, 24
Jes 30, 33
Hes 38, 22
Zu Vers 21:
Hes 39, 17. 20

19 **und der Kleinen und der Großen. * Und ich sah das Tier und die**
Könige der Erde und ihre Heere versammelt, den Krieg[854] zu be-
ginnen mit dem, der auf dem Pferde saß, und mit seinem Heer.
20 *** Und ergriffen wurde das Tier und mit ihm der Lügenprophet,**
der die Zeichen vor ihm tat, durch die er verführte, die (dann)
das Malzeichen des Tieres annahmen, und die Anbeter seines
Bildes. Lebendig wurden die beiden in den Feuerpfuhl geworfen,
21 **der mit Schwefel brennt. * Und die übrigen wurden getötet durch**
das Schwert des auf dem Pferd Sitzenden, das aus seinem Mund
herausging. Und alle Vögel wurden gesättigt von ihrem Fleisch.

Diese Verse gehören deutlich zusammen, werden sie doch eingerahmt von dem Hinweis auf die Aasvögel. Manche Ausleger überschreiben sie: die Schlacht von Harmagedon. Richtig ist, daß sie an die Vision der fünften Schale anknüpfen (16, 14. 16). Aber Harmagedon ist dort nur Sammelort der antichristlichen Heere. Es gibt keinen biblischen Text von einer Schlacht bei Harmagedon. Der Zusammenstoß mit Christus wird im sechsten Schalengesicht und auch hier nicht lokalisiert[855].

17 **Und ich sah einen Engel in der Sonne stehen, und er schrie mit großer Stimme und sprach zu allen im Zenith fliegenden Vögeln.** Er bezieht einen Standort, der überall sichtbar und von dem aus seine Stimme überall hörbar ist. Er will möglichst viele Vögel aufrufen, soviel Fleisch ist zu fressen. Die im Zenith fliegenden Vögel sind nämlich im Unterschied zu niedrig fliegenden Vögeln die Adler und Aasgeier. Wiederum stellen sie das dunkle Gegenbild zu dem ebenfalls im Zenith fliegenden Adler von 8, 13; vgl. 4, 7; 12, 14, der nicht solch niedrigen Dienst tut.

Wohlan, versammelt euch! ruft er den Aasgeiern zu. Eine Gegenversammlung zur Versammlung der antichristlichen Heere von Vers 19, von der diese aber keine Ahnung haben. Sie wären entsetzt gewesen, hätten sie diese Vision empfangen. Die „Verwertung" ihrer Leichen ist schon organisiert. So hoffnungslos ist ihr Unternehmen, bevor sie überhaupt losmarschieren. Man hat je und je beobachtet, daß Aasvögel ahnungsvoll die Häupter ihrer Beute schon vor deren Tod umkreisen. „Wo ein Aas ist, da sammeln sich die Geier" (Mt

[854] Der Artikel weist auf „den Krieg des großen Gottestages" in 16, 14 zurück.

[855] Da hier die schon im Judentum antimessianisch verstandenen Kapitel Hes 38—39 im Hintergrund stehen (vgl. schon zu Offb 6, 2), könnte man an eine Schlacht „auf den Bergen Israels" denken (Hes 38, 8; 39, 4). Aber dafür fehlt jeder Anhaltspunkt. Überhaupt weicht Offb von Hes ab: Hes 39, 4 soll auch der Anführer Gog gefressen werden, hier das Tier ausdrücklich nicht; Hes 39, 17 soll der Prophet die Aasvögel rufen, hier tut es ein Engel; Hes 38, 11 handelt es sich um einen Überfall auf das friedliche Israel, hier stehen sich z w e i Heere gegenüber, und das eine Heer sind Engel, nicht Israeliten.

24, 28). So sind auch diese kampflüsternen Heere schon vom Tod gezeichnet, und zwar von einem schimpflichen Tod, ohne Beerdigung (s. z. 11, 9).

Die Vögel sollen sich zum **großen Mahl Gottes** versammeln. In der Parallele 16, 14 stand „großer Tag Gottes". In der grimmigen Bildersprache der Propheten erschien der „Tag des Herrn" manchmal als ein Schlachtefest mit anschließendem Schmaus (Jer 46, 10; 50, 26; Hes 39, 17; vgl. Einltg. Nr. 37). Diese Art mag uns befremden. Aber zunächst ergibt sich eine gewisse Milderung dadurch, daß es sich um sprichwörtliche Rede handelt, die bekanntlich nicht mehr in allen Einzelheiten empfunden wird. Außerdem aber gilt es gerade hier zu bedenken, daß der Antichrist als „Tier" (V. 19) auftritt, d. h. er ist die Quelle aller Bestialität. Durch ihn, nicht durch das Lamm kommt die Unmenschlichkeit in die Welt. Die grausige Gerichtssprache unter-
streicht diesen Umstand mit quälender Ausführlichkeit. **Fresset Fleisch** 18
von Königen und Fleisch von Herrführern und Fleisch von Starken und Fleisch von Pferden und der auf ihnen Sitzenden und Fleisch sowohl aller Freien als auch der Sklaven und der Kleinen und der Großen. (Ähnliche Aufzählungen der gottfeindlichen Welt auch 6, 15; 13, 16.)

Der antichristliche Aufmarsch, von dem Johannes 16, 14 hörte,
tritt jetzt vor sein prophetisches Auge. **Und ich sah das Tier und die** 19
Könige der Erde und ihre Heere versammelt, den Krieg zu beginnen mit dem, der auf dem Pferde saß, und mit seinem Heer[856]. Zur Sache vgl. auch 17, 14. So sehr sie auf diesen Kampf versessen sind – er kommt nicht zur Ausführung. Von einer eigentlichen „Messiasschlacht", wie Bousset sagt, kann nicht die Rede sein. Der machtvolle Aufmarsch verwandelt sich in einen gerichtlichen Akt.

Urplötzlich erscheint der Antichrist in einem Passivum. **Und er-** 20
griffen wurde das Tier und mit ihm der Lügenprophet, der die Zeichen vor ihm tat, durch die er verführte, die dann das Malzeichen des Tieres annahmen, und die Anbeter seines Bildes. Wie von einem unwiderstehlichen Arm gepackt, werden der Anführer und sein Agitator von der Spitze ihrer Armeen weg verhaftet und ohne Widerstand und vor aller Augen, wie schlappe Schläuche, davongetragen.

Schon 1, 7 wurde so von der Parusie gesprochen. Die Feinde Gottes brauchen den Herrn nur zu sehen, und schon schreien sie vor Entsetzen auf. Dann hören sie sein Wort – darauf liegt der Ton in dem Parusiestück 19, 11–16 – und sie sind gelähmt, keiner Widerrede und keiner Gegenwehr mächtig. Der kommende Herr braucht keine Schlacht

856 Die Einzahlform „Heer" sollte nicht auf die „kleine Herde" gedeutet werden, der die zahlenmäßig riesige Überlegenheit der „Heere" (Plural!) gegenüberstände. Der Singular ist an dieser Stelle kaum bedeutungsvoll, denn in V. 14 steht dafür der Plural.

mehr zu schlagen. Da er Karfreitag bereits jeden Feind völlig besiegt hat, gibt es für ihn keinen Gegner mehr, der noch zu schlagen wäre. Sie alle sind schon widerlegt und als Verurteilte aus ihren Positionen gestürzt (12, 9). Nun muß nur noch die Vollstreckung des Urteils veranlaßt werden. Dazu genügt ein knapper Befehl. „Ein Wörtlein kann ihn fällen."

Lebendig wurden die beiden in den Feuerpfuhl geworfen, der mit Schwefel brennt. Die beiden werden betont abgesetzt von den **übrigen** in Vers 21 und als die beiden Urheber sofort und endgültig gerichtet. Sie kommen nicht erst in den Hades, also in das Totenreich, das für niemanden einen endgültigen Aufenthaltsort darstellt (20, 13), sondern mehr eine Art Untersuchungsgefängnis. Sie werden sogleich **lebendig in den Feuerpfuhl**[857] **geworfen, der mit Schwefel**[858] **brennt.** Von diesem Verderbensort spricht die Offb wiederholt und unüberhörbar (noch 20, 10. 15; 21, 8). In allen Fällen wird gesagt, daß jemand hineinkommt, in keinem Fall, daß jemand herauskommt. In 20, 14 lesen wir die Gleichung: Feuerpfuhl = zweiter Tod (s. Exkurs 19).

21 **Und die übrigen wurden getötet durch das Schwert des auf dem Pferd Sitzenden, das aus seinem Munde herausging** (s. z. V. 15). Hier spricht sich gegenüber Vers 20 eine gewisse Milderung aus. Zwar sterben die **übrigen** in der Begegnung mit dem Richter; ihr in Christusfeindschaft gelebtes Leben endet so schmählich wie möglich. **Und alle Vögel wurden gesättigt von ihrem Fleisch.** Auf der anderen Seite wurde gerade im vorangehenden Vers noch einmal die Verführung

[857] Grie limnä kann „See" (z. B. für See Genezareth) oder auch „Teich" (z. B. für Teich Bethesda) heißen. Dennoch scheint hier eine Wasservorstellung fernzuliegen. Das Hinnomtal war stets wasserlos (s. u.). So bleiben wir bei der herkömmlichen Übersetzung mit „Pfuhl", was einen Sumpf oder Morast meint.
Der Ausdruck Feuerpfuhl war in der Umwelt der Offb bekannt. Das Judentum meinte damit die Gehenna (St–B IV 2, 1077; vgl. „Gehenna des Feuers" in Mt 5, 22; 18, 9), die grie Form des hebr Ausdrucks für „Tal des Hinnom" (Hinnom ist ein Familienname). Dieses Tal, das sich an der Südmauer Jerusalems entlangzog, war schon seit ältester Zeit verschrien, weil dort einmal Israeliten dem Moloch Kinderopfer gebracht hatten (2 Kö 16, 3; 21, 6). Später und bis heute diente die verrufene Schlucht als Ablagerungsstätte für Müll, Schutt und Aas. Das Stadttor dahin heißt darum das „Misttor". Nach der Überlieferung wurde der Müll angezündet, und die ständig schwelende Brandstätte galt als der in jeder Hinsicht abscheulichste Ort der Welt, jedem Juden ein Begriff. Seit dem 2. Jahrhundert v. Chr. diente der Name zur Bezeichnung der endzeitlichen Feuerhölle. Das deutsche Wort „Hölle" ist von der germanischen Totengöttin Hel abgeleitet, so daß „Hölle" ursprünglich dasselbe bedeutete wie das grie „Hades", nämlich die Totenwelt. Das Christentum hat den Begriff aber auf den endzeitlichen Strafort umgedeutet, so daß er heute nicht mehr zur Übersetzung von Hades dienen kann. Leider hat die Revision der Lutherbibel von 1956 das nicht berücksichtigt, so daß der Unterschied zwischen Totenreich und Verderbensort für heutige Leser verwischt bleibt.

[858] Schwefel, im Jordangebiet von altersher bekannt, erscheint seit dem Untergang von Sodom und Gomorra immer wieder in der Gerichtssprache: Jes 30, 33; 34, 9; 66, 24; Offb 9, 17; 14, 10; auch das Tier von Da 7 wird in das Feuer geworfen.

durch das Tier und seinen falschen Propheten ins Auge gefaßt. Vieles in ihrem Leben war also das Werk des Tieres. Sie werden aber letzten Endes nicht nach den Werken des Tieres, sondern nach ihren eigenen Werken gerichtet (20, 12).

Das Offenbarwerden der Zeugengemeinde mit Christus

Offenbarung 20, 1–6

1 **Und ich sah einen Engel herabsteigen vom Himmel, der hatte den**
Schlüssel des Abgrundes und eine große Kette über seine Hand
2 (gehängt). * **Und er nahm den Drachen fest, die alte Schlange,**
welche ist der Teufel und der Satan, und er band ihn (für) **tausend**
3 **Jahre.** * **Und er warf ihn in den Abgrund und verschloß und ver-**
siegelte über ihm, damit er nicht mehr verführte die Nationen, bis
vollendet würden die tausend Jahre. Danach muß er gelöst werden
4 (für) **eine kleine Zeit.** * **Und ich sah Throne, und** (Wesen) **setzten**
sich darauf, und (Befugnis zum) **Gericht wurde ihnen gegeben. Und**
(zwar ich sah) **die Seelen derer, die mit dem Beil geköpft worden**
waren um des Zeugnisses Jesu und um des Wortes Gottes willen,
und die, die weder das Tier noch sein Bild angebetet haben und
nicht empfangen haben das Malzeichen auf der Stirn und auf ihrer
Hand. Und sie wurden (wieder) **lebendig und herrschten königlich**
5 **mit dem Messias tausend Jahre** (lang). * **Die übrigen von den Toten**
wurden nicht (wieder) **lebendig, bis vollendet wurden die tausend**
6 **Jahre. Dies ist die erste Auferstehung.** * **Glückselig und heilig,**
der Teil hat an der ersten Auferstehung. Über diese hat der zweite
Tod nicht Vollmacht, sondern sie werden Priester Gottes und des
Messias sein und königlich herrschen mit ihm tausend Jahre (lang).

Zu Vers 2: 1 Mo 3, 1 Sach 3, 1
Zu Vers 4: Dan 7, 9 22. 26
Zu Vers 6: Jes 61, 6

Dieser Abschnitt gehört zu den leicht auszulegenden Stücken der Offb, weil er kaum eine Wendung enthält, die nicht schon aus den bisherigen Kapiteln vertraut ist. Auch die Zahlenangabe „tausend" oder die Rede von der „ersten Auferstehung" sind vorbereitet. Wir haben also ganz und gar kein seltsames, versprengtes Stück vor uns, sondern einen fest im Buchganzen verklammerten Bestandteil.

Gemessen an der sonstigen Eigenart der Offb enthalten die Verse wenig Bezüge zum AT[859]. Dieser Umstand rät uns noch einmal, den Abschnitt aus dem Buch der Offb selbst auszulegen.

[859] Der einzige wesentliche Bezug ist der auf Da 7. Aus der Beziehung zu Hes 37–39 wird gern zuviel gemacht (z. B. Berkhof, S. 53, und Kuhn in Ki–Th W I, 790 bis 792).

Um so merkwürdiger mutet es an, was mit diesem Text geschehen ist und welche Rolle er im Kampf der Geister gespielt hat und noch spielt. Überschüttet mit fremden Stoffen, behängt mit leidenschaftlichen Postulaten und eingebaut in mancherlei Systeme steht er vor uns. Bietenhard hat z. B. 21 Auslegungen aus dem 2. bis 20. Jahrhundert daraufhin untersucht, welche AT-Stellen nach eigenem Ermessen mit unserem Abschnitt verknüpft wurden. Seine Liste enthält sage und schreibe an die 150 verschiedene angebliche Parallelen oder „Erfüllungen". Wer aus diesem Wald von Kombinationen in den vorliegenden Text zurückkehrt, dem ist zu Mute, als wenn er in eine andere Welt tritt. Dabei handelt es sich noch zu einem guten Teil um atst Schriftstellen, die nach der Offb selbst erst in deren 21. und 22. Kapitel erfüllt werden, also erst nach der Schaffung eines neuen Himmels und einer neuen Erde[860]. Jene Verwendung des AT, bei der die Weissagung in breitem Strom gerade in das Tausendjährige Reich einmündet, muß grundsätzlich neu überdacht werden. Sie ist keinesfalls die einzig mögliche; Johannes geht einen völlig anderen Weg.

Man rette sich also in den Text. Er sagt das, was er meint, durchaus nicht nur in kargen Andeutungen, sondern im Zeichen der Nachdrücklichkeit, nämlich in ständigen Wiederholungen[861].

1 **Und ich sah einen Engel herabsteigen vom Himmel.** Dieser gewöhnliche Engel[862], wie Gott viele hat, erledigt nach Vers 2 den Drachen. Er greift nur zu und hat ihn schon. Das Entscheidende geschah eben zu Karfreitag und Ostern. Dort hat Christus gekämpft und gesiegt (K. 5 und 12). Was noch zu tun übrig bleibt, erledigt auf einen Wink ein Diener. Seine Ausrüstung ist nur die eines Gefängnisdieners. **Der hatte den Schlüssel des Abgrundes und eine große Kette über seine Hand** gehängt[863].

2 **Und er nahm den Drachen fest, die alte Schlange, welche ist der Teufel und der Satan.** Wie bei der Verhaftung eines Missetäters auf

860 Um den erstaunlichen Umfang dieses Vorganges vor Augen zu führen, hier eine Liste von etwa 30 atst Stellen, die von einem oder mehreren Auslegern mit dem Tausendjährigen Reich kombiniert werden, die in der Offb aber erst nach der Neuschöpfung anklingen (Stellen der Offb in Klammern): Jes 65, 17; 66, 22 (21, 1). — Jes 52, 1; 61, 10 (21, 2). — Hes 37, 27; 43, 7; 48, 35; Sach 2, 10; 8, 8 (21, 3). — Jes 25, 8; 35, 10; 65, 16—19 (21, 4). — Jer 31, 22 (21, 5). — Sach 14, 8 (21, 6). — Sach 8, 8 (21, 7). — Jes 52, 1; Hes 40, 2 (21, 10). — Hes 48, 31 (21, 12—13). — Hes 40, 3. 5; Sach 2, 6 (21, 15). — Hes 48, 16—17 (21, 16). — Jes 24, 19—20; 60, 1. 19 (21, 23). — Jes 60, 3. 5 (21, 24). — Ps 72, 10—11 (21, 26). — Jes 52, 1 (21, 27). — Hes 47, 1. 12; Joe 3, 18; Sach 4, 8 (22, 1—2). — Sach 14, 11 (22, 3).

861 Sechsmal „tausend", zweimal „vollendet", zweimal „lebendig werden", zweimal „erste Auferstehung", zweimal „herrschen mit dem Messias" bzw. „mit ihm".

862 Er wird ohne einen Hinweis auf seine Hoheit, Größe oder Stärke eingeführt, was aber nicht abhielt, in ihm Christus, den Heiligen Geist, den Erzengel Michael oder den Apostel Paulus zu sehen. Frey: „Diese Kraftgestalt packt den Drachen." Brinke überschreibt den Abschnitt: „Der starke Engel."

863 Schlüssel mit Artikel schon 9, 1. Zum Abgrund s. dort.

die genauen Personalien geachtet wird, erschallen hier die Namen, die wir schon aus 12, 9 kennen. Die Verführerrolle des Häftlings ist besonders wichtig. Gerade 19, 20 hörten wir von der Völkerverführung durch die beiden Tiere. Aber nach 12, 18 stand ja der Satan als der Urheber hinter ihnen. Nun, wo seine Werkzeuge zerbrochen sind, ist er selbst als der Hauptverantwortliche an der Reihe.

Seine eigentliche Bestrafung folgt erst 20, 7–10[884]. Hier geht es vorerst darum, daß er fortgetan wird und freie Bahn entsteht für einen anderen Vorgang. Für das Verständnis der Verse 20, 1–6 ist nämlich unbedingt ihr Zusammenhang mit K. 12 fruchtbar zu machen, an das nicht nur die Wiederholung der Drachennamen in Vers 2, sondern auch das neuerliche Herabstürzen des Drachens in Vers 3 deutlich erinnert.

In K. 12 wurde der Drache auf Grund der Erhöhung des Messias vom Himmel gestürzt. Auf der Erde disponierte er um und begann die messianische Gemeinde zu verfolgen. Wie Christus im Himmel, so ist sie auf Erden sein Gegner. Der Zweikampf zwischen Drache und Gemeinde wurde zum Grundvorgang der Endzeit. Gekämpft wird nun um die Behauptung der Erde (vgl. 5, 10). Wer wird siegen, und wer wird weichen? Die Parusie wird es entscheiden. Sie ist eben nicht nur ein Offenbarwerden Jesu (19, 11–16), sondern auch seiner Gemeinde (20, 1–6). Die Welt wird nicht nur ihn sehen (1, 7), sondern auch sie (11, 12). Von dem Zustand zuvor heißt es: „Die Welt kennt uns nicht, denn sie kennt ihn nicht." Aber wir wissen, „wenn er (nicht: es) erscheinen wird, werden wir ihm gleich sein" (1 Jo 3, 1–2). So ist seine und ihre Verborgenheit miteinander verknüpft, ebenso aber auch sein und ihr Offenbarwerden in der Parusie. „Wenn aber Christus, unser Leben, sich offenbaren wird, dann werdet ihr auch offenbar werden m i t i h m in Herrlichkeit" (Kol 3, 4).

Um diese andere Seite der Parusie geht es Offb 20, 1–6: Die Gemeinde wird „mit dem Messias" (V. 4) offenbar; und wie das Erscheinen des Christus in seiner Hoheit nach 12, 5 den Satan aus dem Himmel stürzen ließ, so läßt ihn hier das Erscheinen der Gemeinde in ihrer Hoheit von der Erde stürzen.

[884] Die Bindung des Satans hat noch nichts mit Strafe zu tun. Schumacher faßt es jedoch so auf, in: Tausendj. Reich, S. 188. Der Satan brauche allerdings noch eine längere und furchtbarere Qual als diese Kerkerhaft. Ähnlich Th. Flügge, in: Jesus, Sein Leben und Sein Wiederkommen, Berlin 1956, S. 126, 130: „Tausend Jahre hat er in seiner Verhaftung Zeit, seinen Trotz zu bedenken und sich zu bekehren." Dann, nach tausend Jahren, solle ihm noch einmal die Tür aufgetan werden, ob er vielleicht Demut vor Gott und Christus gelernt habe. – Aber das geht am Text vorbei.

Zunächst beachten wir noch in Vers 2 das erste Auftauchen der Zahl Tausend. **Und er band ihn für tausend Jahre**[865]. Diese Zahlenangabe, die zu Vers 4 im einzelnen gedeutet wird, trägt größten Nachdruck. Sie wird dreimal (V. 2. 3. 7) inhaltlich bestimmt durch die Handlungsunfähigkeit des Satans und dreimal (V. 4. 5. 6) durch das Thronen der Gemeinde. Schon diese gemeinsame Zahl setzt die beiden Ereignisse in eine enge Beziehung zueinander.

3 **Und er warf ihn in den Abgrund und verschloß und versiegelte über ihm.** Dreifach ist er von jeder weiteren Wirksamkeit abgeschnitten, durch Handschellen, Schlüssel und Siegel. Weder im Abgrund selbst noch auf der Erde noch im Himmel kann er irgend etwas anstellen. Überall führt jetzt der Herr der Parusie ganz allein das Wort. **Damit** der Drache **nicht mehr verführte die Nationen, bis vollendet würden die tausend Jahre.** Diese völlige Bindung des Satans bedeutet also, daß er nicht mehr immer neue Antichriste hervorrufen (12, 18) und als Verführer in die Geschichte hineinschicken kann. Er ist endlich entmachtet.

Dieser Vers scheint das Vorhandensein von Nationen während der tausend Jahre vorauszusetzen. Worüber sollten die Thronenden und Herrschenden (V. 4. 6) auch sonst herrschen? Für jene Auslegungen, denen das feststeht, ergibt sich damit die Vorstellung einer weiterlebenden, unbekehrten Menschenwelt, nun aber ohne die geringste satanische Beeinflussung. Die Menschen seien dann, so lehrt man, nur noch aus dem eigenen Herzen heraus sündig, weswegen es auch noch Strafe und Tod geben werde[867]. Aber die Verkündigung des Evangeliums habe dann doch weit mehr Aussicht, da die satanischen Gegenwirkungen ausblieben. So seien hohe Bekehrungsziffern zu erwarten. Die tausend Jahre gelten als Missionszeit ohnegleichen. Weiter ergibt sich daraus, daß im Tausendjährigen Reich Auferstandene (von der „ersten Auferstehung" in V. 5) zusammen mit den noch nicht auferstandenen Menschen dieser Nationen auf der Erde leben[868].

[865] Zum Sprachgebrauch: Aus dem lat mille (tausend) und annus (Jahr) wird häufig „Millenium" für „Tausendjähriges Reich" gebildet. Die Lehre vom Millenium wird bisweilen „Milleniarismus", meistens aber „Chiliasmus" (vom grie chilioi, tausend) genannt. Mit „Chiliasmus" wird zumeist eine verzerrte Verwendung von Offb 20, 1–6 bezeichnet, eine zu verurteilende Schwärmerei.

[867] Nach Schumacher, Tausendj. Reich, S. 204, ist die Verantwortlichkeit der Menschen dann sogar erhöht, weil die Sünde nicht mehr unter göttlicher Geduld stehe. „Wer sündigt, muß am folgenden Tag sterben." Daraus ergibt sich eigentlich die Folgerung, daß es nur Sündlose und Tote und dazwischen diejenigen gibt, die nur noch einen Tag zu leben haben.

[868] So wieder Schumacher, ebd. S. 195. Er veranschaulicht sich den Sachverhalt mit den vierzig Tagen Jesu zwischen Auferstehung und Himmelfahrt. Die Auferstandenen begegnen den Nichtauferstandenen nur gelegentlich, erscheinen und verschwinden durch Wände hindurch, bewegen sich im Himmel, auf Erden und unter der Erde und haben keine Geschlechtsnot mehr.

Wir nehmen später noch zu manchen Einzelheiten Stellung. Hier geht es nur um die exegetische Frage, ob die Offb nach der Parusie ein weiteres Vorhandensein der Weltvölker voraussetzt. Bedenken wir noch einmal den Sinn von 19, 17–21. Das Tier hatte alle Könige der Erde und deren Völker gegen das Lamm mobil gemacht. In Vers 18 wird ganz wie beim sechsten Siegel (6, 15) die christuslose Menschheit umrissen. Das Umfassende jener Wendungen ist gar nicht zu verkennen. Dann heißt es, daß die beiden Anführer in den Feuerpfuhl geworfen wurden, während der Rest getötet wurde (V. 21), um erst 20, 12 wieder aus dem Totenreich zu erscheinen. Dazwischen sind, wie auch Vers 5 betont, außer den Teilhabern an der ersten Auferstehung alle Menschen tot.

Der Sachverhalt ist eindeutig. Selbstverständlich bleiben zwei Fragen: Über wen herrschen dann die erhöhten Zeugen im Tausendjährigen Reich, und woher kommen die Völker von Vers 8? Jetzt ging es aber nur darum, diese Fragen nicht in einer Weise aus Vers 3b zu beantworten, die der bisherigen Darstellung der Offb widerspricht und in Spekulationen führt, mit denen uns der Text dann allein läßt. Vers 3b ist offenbar eins der „Löcher", durch die allzu gern Fremdgut hereinströmt. Wir haben zunächst dieses Fremdgut abzusperren, auch wenn dabei noch Fragen zurückbleiben.

Die dreifache Lahmlegung des Satans ist aber noch nicht die Bezwingung, die Gott will. **Danach muß er gelöst werden für eine kleine Zeit.** Der Satan soll göttlich widerlegt werden. Auf dieses Interesse spielt das **muß** an (s. z. 1, 1). Nicht einem gelähmten und betäubten Satan soll der Prozeß gemacht werden, sondern einem Satan, der los ist und sich in Hochform befindet. Dann ist sein endgültiger Sturz in die letzte Tiefe um so überzeugender. Damit nicht eine leiseste Bezweiflung des rechtmäßigen Urteils Nahrung findet, werden auch dem Rechtsbrecher alle Möglichkeiten der Verteidigung zugestanden. So wird der Satan noch einmal los für **eine kleine Zeit**[869]. Sie gilt gewissermaßen für die Dauer des Prozesses.

Vers 4 enthält die einzige deutliche Beziehung zum AT. Da 7, 9 sah Daniel, wie „Throne aufgestellt wurden". Noch knapper heißt es
hier: **Und ich sah Throne.** Johannes sah sie aber nicht wie Daniel im 4
himmlischen Gerichtssaal, denn unter den Thronenden sitzt auch Christus, der doch aus dem Himmel herausgeritten ist (19, 11). In unserem Kapitel geht es also um das „Herrschen auf der Erde" (5, 10).

Daniel sah dann Gott (V. 9) und den himmlischen Gerichtshof (V. 10. 26) Platz nehmen, nicht etwa den Menschensohn und die Heiligen, die dort keine richterliche Funktion empfangen. In der Offb

[869] Wieder berührt sich unser Abschnitt mit K. 12 (V. 12).

erscheint Gott dagegen erst im übernächsten Abschnitt auf dem weißen Thron zum Gericht. Woran sollen wir also in unserem Vers denken, wenn Johannes schreibt: **Und Wesen setzten sich darauf?** Darf man einfach aus Daniel die Engeldeutung herübernehmen?[870] Nach der Gesamtanschauung des Johannes ist es die sieghafte Gemeinde. Sie soll „mit mir" (3, 21) auf dem Thron sitzen. Dem entspricht hier „mit Christus". Warum aber sagt Johannes es nicht gerade heraus? Er liebt diese Art, eine Sache erst anzudeuten und stufenweise zur Klarheit zu führen. So spricht er hier zunächst von dem Thron (vgl. auch Anm. 837), dann von platznehmenden Personen, dann von ihrer Funktion, dann erst folgt eine genaue Bezeichnung der Gemeinten und in Vers 5 eine Abgrenzung gegen Nichtgemeinte, um die Thronenden endlich in Vers 6 mit der Priestergemeinde von 1, 6 gleichzusetzen.

Weiter heißt es hier ganz ähnlich Da 7, 22 (zunächst in wörtlicher Nachahmung): **Und richterliche Entscheidung wurde ihnen gegeben**[871]. Aber diese Wendung kann sprachlich zweierlei bedeuten. Bei Daniel meint sie nach dem Zusammenhang, daß den bisher unterdrückten Heiligen vom Thron Gottes herab Recht geschaffen wird. In der Offb aber ist das Volk Gottes nicht Objekt, sondern Subjekt des Richtens, weswegen es auch nicht vor den Thronen, sondern auf ihnen Platz genommen hat. Die Heiligen selbst bekommen Richterfunktionen übertragen. Darum übersetzen wir mit W. Bauer: **Und Befugnis zum Gericht wurde ihnen gegeben.** Bei allen Berührungspunkten wiederholt Johannes nicht die Vision des Daniel, sondern empfängt echte Prophetie. Die Grundbotschaft ist aber beiden Propheten gemeinsam: Das bisher verkannte und unterdrückte Volk Gottes empfängt zusammen mit dem Messias und bei dessen Offenbarwerden königliche Hoheit.

In Vers 4b folgt die genaue Bezeichnung der Thronenden selbst. Die Ausführlichkeit darin verrät einen Grundsinn der Vision vom Tausendjährigen Reich: die Rehabilitierung der Bekenner Jesu.

Sie werden in zwei Gruppen aufgeführt. **Und** zwar sah ich **die Seelen derer, die mit dem Beil geköpft worden waren um des Zeugnisses Jesu und um des Wortes Gottes willen.** Die geschauten „Seelen" erinnern gewiß an die Märtyrer von 6, 9. Dort waren sie „geschlachtet", hier „gebeilt"[872]. Natürlich geht es nicht nur um die Opfer einer bestimmten Hinrichtungsart. Bekenner, die auf eine andere Art ihr Leben ließen, etwa in der Arena von wilden Tieren

[870] So Bousset, Holtzmann u. a.
[871] Grie krima didonai.
[872] In ihrer republikanischen Zeit haben die Römer mit dem Beil hingerichtet, auch noch im ersten Jahrhundert nach Chr., dann mit dem Schwert.

zerrissen wurden, sind eingeschlossen. Aber die zeitgeschichtliche Anspielung bleibt bemerkenswert.

Darüber hinaus[873] stehen neben den Märtyrern die Neinsager aus Glauben, **die weder das Tier noch sein Bild angebetet haben und nicht empfangen haben das Malzeichen auf der Stirn und auf ihrer Hand.** Es ist die ganze wahre Gemeinde, die nicht nur gläubig, sondern an der richtigen Stelle auch von Herzen ungläubig ist, die nicht nur ja, sondern auch nein sagt (Einzelheiten s. z. K. 13).

Und sie wurden wieder **lebendig . . . tausend Jahre** (lang), meint nicht einen tausendjährigen Zustand[874], sondern einen Vorgang bei Eintritt der Parusie. Der Zeitpunkt ist durch den folgenden Vers festgelegt. Darum hat die allegorische Auslegung, die seit Augustin ihre Kreise zieht, wonach hier auf die geistliche Auferweckung in der (Tauf)wiedergeburt des Christen angespielt werde, auszuscheiden.

Jetzt kommt Johannes noch einmal auf ihre Funktion zurück. **Und sie herrschten königlich mit dem Messias tausend Jahre** lang. Auf dem Hintergrund der hebr. Sprache kann „königlich herrschen" für „richten" (V. 4a) eintreten und umgekehrt[875]. Das Richten gilt als hervorstechende Regierungsfunktion. Durch seine Entscheidungen Recht zu schaffen, ist die vorzüglichste Aufgabe des Regenten. Aber das endgültige und vielleicht überraschende Wort zum Herrschen der Zeugen Jesu fällt erst Vers 6: Dort wird all ihr Tun in Priestertum einmünden, so daß wir hier die Königsvorstellung nicht zu stark in uns verfestigen sollten (s. Anm. 46).

Nicht nur die Weissagung vom Herrschen der Zeugen erklingt zweimal, sondern auch die wesentliche Beifügung **mit dem Messias** (V. 6 „mit ihm"). Diesen Begriff könnte man die einzige „Ortsangabe" des Abschnittes nennen. Das Thronen findet da statt, wo Christus ist. Christus aber thront hier nicht mehr in der Verborgenheit des Himmels, sondern ist in die Weltöffentlichkeit eingeritten.

Dieses „bei Christus" ist auch Paulus wichtig (1 Th 4, 18; Kol 3, 4; vgl. Phil 1, 23). Ihr Herrschen ist ausdrücklich ein Mitherrschen. Sie sind Glieder eines christozentrischen Herrschaftsverbandes, innerhalb dessen ihnen die Funktion des Priesterlichen zugeteilt ist. So bleiben sie von Ewigkeit zu Ewigkeit Priester des Königs (vgl. auch 22, 3—5), ohne selbst Könige zu sein.

[873] Nach Rissi und Bietenhard handelt es sich bei dieser zweiten Wendung nur um eine Näherbezeichnung der ersten Gruppe.

[874] Die entsprechende Form (ezäsan) s. 2, 8; 13, 14; 20, 5; Rö 14, 9. Sachparallelen finden sich Offb 11, 11 und 1 Th 4, 16—17.

[875] So Stauffer, Berkhof, Rissi, Bietenhard, Herntrich in Ki—Th W III, S. 922. Als Beispiel 2 Sa 8. 20. Auch in Offb 22. 3—5 wechseln die Ausdrücke.

Beachtung verdient auch die Besonderheit, daß „Christus" hier nicht wie so oft im NT Beiname Jesu ist, sondern entsprechend seiner ursprünglichen Verwendung der Amtstitel des jüdischen Heilskönigs; darum die Übersetzung „mit dem Messias"[876]. Von ihm lehrte das Spätjudentum, daß er die Völkerwelt von Jerusalem aus und mit Hilfe des nationalen Israel regieren werde. Tatsächlich tragen Ausleger diese jüdischen Gedanken ungebrochen in das Verständnis von Offb 20, 1–6 hinein (Exkurs 18a). Aber zwei Beobachtungen am Text lassen erkennen, daß diese national-jüdische Theologie fast wie gewollt schockiert wird. Zunächst wurden die mit dem Messias Thronenden in aller Deutlichkeit als die ehemaligen Bekenner Jesu beschrieben. Es fehlt jeder Hinweis auf jüdisches Blut[877].

Dann — und damit kommen wir auf eine der oben gestellten Fragen zurück — ist da auch jene merkwürdige Fehlanzeige, daß keine Beherrschten erscheinen, auch keine Missionierten oder Bekehrten. Da sind lediglich Auferstandene und Tote. Das Volk dieses Messias empfängt zwar seine Verherrlichung, aber ohne Erfüllung nationalistischer oder konfessionalistischer Sehnsüchte.

Vom Thronen und Herrschen wird also nur im Blick auf die Subjekte, nicht aber im Blick auf Objekte gesprochen. Johannes schaut diese Tätigkeiten lediglich deswegen, um den verklärten Zustand der Gemeinde zu bezeugen, wie er durch die Parusie in Kraft getreten ist. Wer mehr sagt, legt nicht aus, sondern ein (vgl. auch zu 22, 5).

So bleibt noch die Schlußwendung des 4. Verses: Sie herrschten mit dem Messias **tausend Jahre** (s. schon z. V. 2).

Exkurs 16: ZUR AUSLEGUNG DER ZAHL TAUSEND IN OFFENBARUNG 20

a) Eine Gruppe von Auslegern nimmt die Zahl als wörtliche Jahresangabe, weil sie doch immerhin sechsmal auftauche (Stokmann, K. Merz) oder weil sich doch schon so vieles in der Bibel buchstäblich erfüllt habe (E. Sauer) oder weil auch alle anderen Zeitangaben der Offb wörtlich zu verstehen seien (Schumacher). Für dieses Verständnis erwächst im Text selbst eine Schwierigkeit, die selten bedacht wird. Nach Vers 5 währen die tausend Jahre der Herrschaft Christi bis zur allgemeinen Totenauferstehung, die Vers 11 bezeugt wird. Aber zugleich umfassen sie die Zeit der Bindung Satans (V. 2). Nun kommt

[876] Die Offb setzt beim Eigennamen keinen Artikel; entsprechende Christus-Stellen noch 11, 15; 12, 10.

[877] Schumacher meint, die Rolle Israels im Tausendjährigen Reich sei so selbstverständlich, daß sie im Text fehlen könne (ebd. S. 197).

aber der Satan schon v o r der allgemeinen Auferstehung frei (V. 7). Seine tausend Jahre müssen also auch schon vor den tausend Jahren der Christusherrschaft angebrochen sein. A. Bengel und E. A. Knoch zogen daraus die Folgerung und lehrten z w e i tausendjährige Reiche, die um die „kleine Zeit" von Vers 3 zueinander verschoben sind.

b) Andere vertreten eine annähernd buchstäbliche Auffassung, wie man auch vom „Reformationsjahrhundert" spricht, ohne dabei abgezirkelt an hundert Jahre zu denken. Auf jeden Fall ist es eine lange Zeitdauer.

Für beide Auffassungen weitet sich also zwischen Parusie und Weltgericht abermals eine ausgedehnte innergeschichtliche Epoche. In dieser neuen Zeit[878] bekehrt sich Israel und errichtet in Palästina einen Musterstaat in bezug auf Regierung, Justiz, Kultus und Mission. Der Tempel ersteht neu. Die Grundsätze der Bergpredigt werden restlos verwirklicht, die Fruchtbarkeit des Landes und das Lebensalters der Menschen erhöhen sich siebenfach, so daß es auf Erden von Menschen wimmelt. Wegen seiner gewaltigen Mehrung an Menschen und Vieh rückt z. B. Israel seine Landesgrenzen in friedlicher Vereinbarung mit seinen Nachbarn hinaus. Sein Musterstaat dient den Völkern als Vorbild. Jährlich ziehen zahlreiche Abordnungen aus aller Welt zur Anbetung des Messias nach Jerusalem und empfangen dort Belehrung. Obwohl sie willig sind und sich unter ihnen kein Atheist befindet, bringen sie es aber sozial, wirtschaftlich und religiös nicht so weit wie Israel, weil sie eben nicht den Heiligen Geist empfangen haben. Immerhin sind die gewaltigen Eindrücke in Jerusalem und vor allem die jüdischen „Entwicklungshelfer" in aller Welt eine große Hilfe. Waffentechnik so wie Verteidigungsministerien können abgeschafft werden, Haß, Neid, Geldsucht und Ehrsucht weichen. Die Industrie wird nur so weit entwickelt, als sie keine Schädigungen durch Arbeitshetze, Lärm, Verschmutzung des Wassers und der Luft bewirkt.

In den unmittelbaren Nachbarländern Israels ziehen messianische Verhältnisse ein. Jedoch in den entfernteren Gebieten kommt die Mission nur langsam vorwärts, besonders in den späteren Generationen des Tausendjährigen Reiches, die die wunderbare Äonenwende nicht mehr aus eigener Anschauung kennen. So wächst eine geheime Opposition gegen Israels Weltführung heran. Man versäumt einfach, jährlich nach Jerusalem zu kommen und Weisung zu empfangen. Zur Strafe bleibt der Regen über diesen Ländern aus. Das schafft neue Mißstimmung. So kommt es gegen Ende des Jahrtausends zum gemeinsamen Feldzug von den Rändern der Erde her gegen Jerusalem.

878 Die folgende Darstellung wieder nach Schumacher. Stellungnahme s. z. V. 7—10.

c) Mit Recht urteilt Lilje, daß man hier alles verdirbt, wenn man im mathematischen Sinne rechnet. So bleiben die symbolischen Deutungen, die übrigens auch mit einem buchstäblichen Verständnis verbunden werden können (z. B. bei Schumacher). Tausend ist danach die Zahl der Fülle (zehn mal zehn mal zehn). Im Tausendjährigen Reich werden nämlich alle Verheißungen Gottes erfüllt (Schumacher mit A. Heller) oder erfüllen sich alle menschlichen Möglichkeiten (Langenberg). Nach Hartenstein (wie schon Auberlen) ist das erhoffte Reich die völlig von Gott durchdrungene Welt, denn die Weltzahl zehn sei mit der Gotteszahl drei potenziert. Sehr findig ist der Bezug auf 2 Mo 20, 5—6, wo die Zahl Tausend eine Rolle spielt für die Folgen des Gehorsams. Oder man denkt an den vollen Tag Gottes, der nach 2 Pt 3, 8 symbolisch tausend Jahre währt, nämlich den Tag des Heils und der Evangeliumsverkündigung (Wiesemann).

d) M. Rissi deutet die Tausend ebenfalls symbolisch, verdient aber in besonderer Weise Gehör. Während nämlich viele Ausleger richtig feststellen, daß kein biblisches Buch außer der Offb von einem Tausendjährigen Reich spricht, tut Rissi nun auch das Naheliegende und versucht den Begriff aus dem Buche selbst auszulegen[879].

Er erinnert an die etwa gleich häufige Zahl in der Offb, die wie die Tausend ursprünglich eine Zeit nach ihrer D a u e r absteckte, aber in der Offb einen Zustand nach seiner Q u a l i t ä t kennzeichnet. Es handelt sich um die Dreieinhalb, die in Abwandlungen in 11, 2. 3. 9; 12, 6. 14; 13, 5 erscheint und die Endzeit in ihrem positiven wie negativen Gepräge bestimmt (Exkurs 7). Genau wie sie kann sich auch die Tausend sowohl auf die Rolle des Satans als auch auf die Rolle der Gemeinde beziehen (s. z. V. 2)[880].

Die Dreieinhalb war vor allem die gebrochene Zahl. Diese Gebrochenheit war der Endzeit in all ihren wesentlichen Dingen aufgestempelt. Schon damals war der Drache eine gestürzte Größe (vgl. 12, 9 mit 20, 3)[881], aber der Sieg über ihn war noch nicht vollkommen, und es kam zu einer überraschenden, weltweiten Machtentfaltung des Satanischen auf der ganzen Erde (13, 4). Und was die

879 Ansätze auch bei Brütsch und Berkhof.

880 Johannes konnte damals, als die Endzeit schon einige Jahrzehnte währte, schreiben, daß sie insgesamt „dreieinhalb Jahre" dauere. So verständig waren seine Leser! Sie vermochten eine formal zeitliche Aussage als Wesensbestimmung zu empfinden. Der heutige Leser der Bibel muß sich in manches einfühlen und einüben, und das nun auch in bezug auf diese scheinbar kalendarische Angabe „tausend Jahre lang". Wer dabei mit dem modernen Zahlenverständnis dazwischenfährt, mag beim heutigen Menschen leichter Anklang finden, trennt sich aber von der Urchristenheit.

881 So nach dem ganzen NT (Mt 12, 29; Lk 10, 18; Kol 2, 15; 1 Jo 3, 8. Hbr 2, 14). Obwohl er noch umhergeht wie ein brüllender Löwe, flieht er vor denen, die ihm fest im Glauben widerstehen (1 Pt 5, 8—9; Jak 4, 7). Immerhin bleibt die ständige Gefährdung, unter die erst die Parusie den Schlußpunkt setzt (Rö 16, 20).

Gemeinde anbetrifft, war auch sie schon von Beginn der Endzeit an ein priesterliches Königtum[882] (vgl. 1, 6 mit 20, 6), aber auch ihr Herrschen vollzog sich noch in gebrochener Weise, in der Gestalt der Niedrigkeit und des Unterliegens (13, 7). Jetzt aber, nämlich mit der Parusie, empfängt alles den Stempel der Tausend, d. h. der Sicherheit, Vollkommenheit und Stabilität. Sowohl der Sturz des Satans als auch das Thronen der Gemeinde ist jetzt vollkommen.

Damit erklärt sich auch das Größenverhältnis der beiden Zahlen. Kaum liegt darin die Aussage, daß die unter der Dreieinhalb stehende Endzeit um so vieles kürzer ist als das Thronen der Gemeinde und die vollkommene Bindung des Satans unter der Tausend. Das wäre nur Rückfall in ein zeitliches Verständnis. Aber der Sieg des Antichristen in dieser Weltzeit ist unvergleichlich brüchig und mager gegen den vollen, runden und gewaltigen Sieg des Christus bei seiner Parusie.

e) Der Sinn von 20, 1–6 läßt sich demnach so zusammenfassen. Die Verse bilden ein notwendiges Seitenstück zum Parusie-Abschnitt 19, 11–16. Mit dem Herrn der Parusie erscheint auch seine Gemeinde in Herrlichkeit. Wie die Parusie seine längst erworbenen Merkmale endlich durchgreifend und unwiderstehbar veröffentlicht, so erhebt sie auch seine Gemeinde aus der Verborgenheit und Gebrochenheit in ihr wahres Wesen. Die Parusie übertrumpft also nicht Karfreitag und Ostern, sondern bringt zum letzten Durchbruch und zum klarsten Vorschein, was Gott zu Karfreitag und Ostern schuf, was in den Jahrtausenden im Verborgenen schon immer war und was die Gemeinde längst im Glauben ergriff. Jetzt endlich liegt Gottes wahres Gottsein, des Menschen gottwohlgefälliges Menschsein und auch Satans Satansein klar am Tage.

So gesehen fügt sich die Lehre vom Tausendjährigen Reich nicht nur in die Theologie der Offb, sondern auch in die urchristliche Lehre von Christi Erlösung und seinem Kommen in Macht und Herrlichkeit ein. Sie ist kein versprengter jüdischer Fremdkörper, kein Splitter im Fleisch des NT, den wir im Namen eines reineren und tieferen Verständnisses vom Evangelium herauszuziehen hätten.

In Vers 5 folgt ein erklärender Einschub zu Vers 4. **Die übrigen** 5
von den Toten wurden nicht wieder lebendig, bis vollendet wurden die
tausend Jahre. Schon zu Vers 3 behandelten wir die Frage, ob im

882 Wieder nach dem ganzen NT (Pt 2, 5; 5, 10; Eph 2, 21–22; Rö 12, 1; 2 Tim 1, 9). Die Gläubigen leben auch schon jetzt in wahrer Christusgemeinschaft (Mt 18, 20; 28, 20). Aber mit der Parusie kommt der große Akt des „Darstellens“ dieser Wirklichkeit (Rö 5, 19; Kol 1, 22; Eph 5, 27; 2 Ko 4, 14). Während es zuvor hieß: „ich bei euch“ (ich komme in eure Situation), heißt es jetzt: „sie bei ihm“ (sie gelangen in seine Situation).

Tausendjährigen Reich die Nationen weiterleben. Dieser Vers antwortet: Dann gibt es keine Weiterlebenden, sondern nur Auferstandene oder Tote. Für die gesamte Menschheit außerhalb Christi gibt es bei der Parusie nur dreierlei: ein entsetztes Aufheulen (1, 7), ein letztes Sich-Aufbäumen (19, 19) und den Tod (19, 21). Für die bekennende Gemeinde aller Zeiten — nicht nur der letzten Generation! — schlägt dann die Stunde der Auferstehung[883].

Dies ist die erste Auferstehung. Dieser Begriff, der auch noch den folgenden Vers beherrscht und zur wesentlichen Sinnerfüllung des Tausendjährigen Reiches nach der Offb gehört, schafft einen entscheidenden Unterschied zur jüdischen Lehre vom Millenium. Die Juden des 1. und 2. Jahrhunderts nach Chr. erwarteten dieses Reich grundsätzlich diesseits der Totenauferstehung und damit der Äonengrenze, also auch nur für die in der letzten Generation lebenden Israeliten. Und selbst für diese rechneten sie noch mit dem Sterben, ja sogar der Messias würde noch sterben[884]. Dagegen betont die Offb, daß dieses Reich vom Eintritt der Totenauferstehung abhängig ist und sieht in ihm nur Auferstandene. Es stellt somit keine innergeschichtliche Epoche dar. Das ergibt sich auch schon daraus, daß dieser Abschnitt von 19, 11—16 (Parusie des Herrn) abhängig ist. Die Parusie ist im NT Äonengrenze und Äonenwende.

Der Ausdruck **erste Auferstehung** scheint durch 14, 4 vorbereitet, wo die Nachfolger des Lammes eine „Erstlingsgabe an Gott" genannt sind. Sie sind also von der neuen Menschheit die Ersten. Das hat unter anderem die Auswirkung, daß sie auch als der erste Trupp der Menschheit zur Auferstehung gelangen[885]. Sie brauchen nicht auf das Gericht vor dem weißen Thron nach 20, 11—15 zu warten, ist ihnen der Richter doch längst begegnet (K. 2—3).

Erstauferstehung hat hier eine ähnliche Bedeutung wie Erstgeburt, nämlich die Berechtigung zum Herrschen (s. z. 1, 5). Damit wird deutlich, wie wesenhaft hier der Hinweis auf die erste Auferstehung zur Schau der thronenden und mit Christus herrschenden Zeugengemeinde gehört.

[883] Die Frage nach der letzten lebenden Generation beschäftigt Paulus in 1 Th 4, 17. Weil für sie der Tod nicht eingetreten ist, spricht Paulus in ihrem Fall nicht von Auferstehung, sondern von Verwandlung, in 2 Ko 5, 4 von Überkleidung. Diese Verwandlung kommt aber in der Wirkung einer Überwindung der Verweslichkeit und damit der Auferstehung gleich.

[884] So 4 Esra 7, 28—29: „Es offenbart sich mein Sohn, Messias, samt denen, die da bei ihm sind, und er erquickt die Überlebenden wohl an vierhundert Jahren. Nach diesen Jahren stirbt mein Sohn, Messias, und alle welche Menschenodem haben." Übrigens kennt das damalige Judentum nicht den Ausdruck „erste Auferstehung". Erst im 3. Jahrhundert gibt es einen gewissen sachlichen Anklang (St—B III, S. 827).

[885] „Trupp" ist im Gedanken an 1 Ko 15, 23 gewählt, wo in diesem Zusammenhang ein militärischer Ausdruck erscheint (grie tagma, Luther „Ordnung").

Der seelsorgerliche Schlußvers zeigt, wie wenig hier ein rein objektiver Heilsplanunterricht erteilt wird. Die erste Zeile, also die eigentliche Seligpreisung, ist wohl absichtlich auf den einzelnen Leser gemünzt, während die anschließende Erläuterung wieder in den Plural übergeht und allgemein belehrenden Charakter trägt.

Glückselig und heilig, der Teil hat an der ersten Auferstehung. 6
Zunächst hebt schon der Doppelausruf **glückselig und heilig** diese Seligpreisung aus allen Seligpreisungen dieses Buches heraus. Außerdem fällt hier im Rahmen des NT, das den katholischen Einzelheiligen nicht kennt, sondern von einer Gemeinschaft der Heiligen spricht, der Singular **heilig** auf (noch 22, 11). Es scheint hier tatsächlich als Inbegriff höchsten Glückes eine Art Heiligsprechung Einzelner zu geben. Diese Heiliggesprochenen sind die Teilhaber der ersten Auferstehung. Aber welcher Art ist dieser Heiligkeitsbegriff?

Zunächst eine negative Bestimmung: **Über diese hat der zweite Tod nicht Vollmacht.** Die Teilhaber der ersten Auferstehung kommen ja nicht in das Gericht vor dem weißen Thron, in dem der **zweite Tod** verhängt werden kann (s. z. 2, 11 und ferner z. 20, 14)[886].

Auf der anderen Seite **werden sie Priester Gottes und des Messias sein und königlich herrschen mit ihm tausend Jahre** lang. Der Teilhaber der ersten Auferstehung vernimmt in seiner „Heiligsprechung" – Freude aller Freuden! – daß sein Einzelleben wahrhaftig Gott und dem Christus dienstbar geworden ist (s. auch z. 22, 3–5).

Dieser Vers setzte einen kräftigen Schlußpunkt unter den Abschnitt und formulierte noch einmal den beherrschenden Gesichtspunkt. Alle wichtigen Wendungen sind noch einmal beieinander: „erste Auferstehung", „tausend Jahre", „mit dem Messias" und „königliches Priestertum".

Abschließend bemerken wir an diesem Vers, daß auch das Tausendjährige Reich unter der Grundformel „Gott und das Lamm" steht. Sie wird von Ewigkeit zu Ewigkeit nicht gebrochen. Im Millenium gibt es nicht etwa ein exklusives Königtum Christi. Wer Christus sagt, muß nach der Offb auch Gott sagen und umgekehrt.

Exkurs 17: AUSSERCHRISTLICHE MILLENIUMS-ERWARTUNG

a) In allen Hochkulturen lebt die Idee, daß die Weltgeschichte nach einem Plan ablaufe. In diesen Plänen hat durchweg auch ein Goldenes Zeitalter seinen Platz, das vollkommene Zustände in Menschen-,

[886] Auch das Johannesevangelium unterscheidet den absoluten Tod (8, 51) und den bedingten Tod (11, 25), der „nicht mehr eine Begegnung mit dem Tod, sondern Begegnung mit Jesus ist" (de Boor, W. Stb Jo, S. 285).

Pflanzen- und Tierwelt bringt, nämlich einen „Himmel" auf Erden. Entweder steht dieses Zeitalter am Anfang, so daß man sich seiner wehmütig erinnert, oder es steht als Erfüllung sehnsüchtiger Erwartungen am Ende. Die beiden Vorstellungen lassen sich auch verbinden: Das Paradies der Urzeit kehrt in der Endzeit wieder.

Die Übereinstimmungen bis zum Fernen Osten fallen auf. Die Forschung versucht sie durch uralte Einflüsse des religiös besonders fruchtbaren Iran zu erklären, der eine günstige Mittellage zwischen Indien und Mesopotamien einnahm. Freilich lehrten z. B. auch die Mayas in Mexiko vier Weltperioden, so daß es sich wohl doch um eine Art Menschheitstraum zu handeln scheint. Das Goldene Zeitalter kehrt nicht nur bei den verschiedensten Völkern wieder, sondern auch auf allen Ebenen, in Religionen und Philosophien, in der Politik und im Märchen. Jeder, der von Möglichkeiten und Notwendigkeiten spricht, die keinen Anhalt am gegenwärtigen Sein haben, wer irgendwie eine neue Welt denkt, die unsere alte Welt völlig hinter sich läßt, hat schon Glauben an ein Paradies, auch wenn er nichts von Religionen wissen will.

b) Im Hochland des Iran, südöstlich des Aralsees, wirkte zu Beginn des 6. Jahrhunderts v. Chr. oder gar noch Jahrhunderte früher Zarathustra, der große Reformator der iranischen Religion, des Parsismus. Er lehrte einen Weltablauf in neun bis zwölf Millenien, deren letztes eine besondere Heilszeit darstellt. Vom Osten beeinflußt taucht danach weiter westlich zum ersten Mal eine Abfolge von sieben Millenien auf, jedes von ihnen unter der Herrschaft eines Planeten und das letzte wieder als Goldenes Zeitalter[887].

Hesiod, die erste greifbare Dichterpersönlichkeit der Griechen, schreibt im 8. Jahrhundert v. Chr. vom goldenen, silbernen, bronzenen, heroischen und eisernen Zeitalter. Diese Gedanken hat dann, besonders unter dem Einfluß der Pythagoräer, die ganze grie Philosophie bewegt.

Im römischen Bereich gelangte im Altertum der Gesang des Vergil (4. Ekloge, um 400 v. Chr.) zu größter Berühmtheit: „Schon zieht der Weltzeitalter letztes herauf ... kehrt zurück die Goldene Urzeit ... das eiserne Weltjahr endlich sich schließt ... Sieh, wie alles sich freut des kommenden Weltjahrhunderts!"[888] Er schildert ausführlich die wundersame Harmonie und Willigkeit unter den Völkern, aber auch zwischen Lamm und Löwe, Schlange und Säugling.

c) Im Judentum, das zweihundert Jahre unter persischer Herrschaft lebte (539—351 v. Chr.), begann sich der Einfluß des Parsismus eben-

[887] Auch in dem persischen Buch des Hystaspes aus dem 1. Jahrhundert wird eine solche Erwartung bezeugt.

[888] Nach Stauffer, Jerusalem und Rom 1957, S. 24—25

falls abzuzeichnen. Aber speziell die Milleniums-Erwartung scheint erst nach der Zerstörung Jerusalems im Jahr 70 n. Chr. Gestalt angenommen zu haben. Rabbi Eliezer ben Hyrkan nennt um 90 als erster tausend Jahre für das Messiasreich[889]. Und zwar schafft er eine Verbindung zwischen der Weltgeschichte und der Schöpfungswoche von 1 Mo 1, indem er entsprechend den sieben Schöpfungstagen sieben Welttage annahm, von denen jeder nach Ps 90, 4 tausend Jahre dauere. Nach dem Ablauf von 6 000 Jahren erwartete er das tausendjährige Messiasreich, den Weltensabbat und dann die Neuschöpfung. Selbstverständlich lehren 1 Mo 1 und Ps 90, 4 nicht das geringste über einen Weltenablauf von 7 000 Jahren. Diese Ansicht trug ihm die Umwelt zu (s. o.). Die Bibelstellen mußten nachträglich hergeben, was ihm schon vorher feststand. Mit Prophetie und Exegese hat das also nur dem Scheine nach etwas zu tun.

Allerdings gingen die Meinungen der Rabbinen über die Länge des messianischen Zeitalters auseinander und schwankten zwischen 40 Tagen und 365 000 Jahren[890]. Dabei spielte Ps 90, 15 eine Rolle, wovon man die Regel ableitete, daß die Zeit des „Aufatmens" für Israel der Dauer der Notzeit entsprechen müsse. Wer Israels Wüstenwanderung für die eigentliche Notzeit Israels hielt, rechnete mit einer messianischen Heilszeit von 40 Jahren. Andere legten die 70 Jahre in Babel, wieder andere die 400 Jahre in Ägypten zugrunde. So entstand Zahl um Zahl. Soviel man dabei auch mit der Bibel umging, liegt doch das Spekulative auf der Hand.

d) Auch die Offb kennt einen Zusammenhang zwischen dem Millenium und der früheren Unterdrückungszeit für die Heiligen (20, 4), sie verwendet auch den damals so bekannten Begriff der tausend Jahre. Und doch läßt sich nach allem nicht sagen, daß in die Offb die Milleniums-Erwartung der damaligen Umwelt eingedrungen sei. Eher bekämpft sie diese Erwartung.

Zunächst beginnt das Millenium nach jüdischer Lehre mit dem Machtantritt des Messias. In der Offb beginnt es lediglich mit dem O f f e n b a r w e r d e n der messianischen Herrschaft, die ihrerseits längst vorher, in der Mitte des gegenwärtigen Äons, nämlich bei seinem Sterben, angebrochen ist. Diese Auslegung hat unermüdlich versucht, diesen Schwerpunkt der Christologie herauszustreichen.

Weiter wurde in der jüdischen Lehre vom Millenium die Messiaserwartung gänzlich von einer Reichserwartung überwuchert. Der Messias spielte nur eine Nebenrolle und sollte sogar sterben (Anm. 885). Dagegen wurden die herrlichen Verhältnisse phantastisch ausgemalt und die Rache an Israels unterworfenen Feinden genossen. Offb 20,

889 St—B III, S. 825.
890 St—B III, S. 826.

1–6 bleibt dagegen bis zum letzten Vers streng christozentrisch, vermeidet das Wort „Reich"[891], enthält nichts von jener Phantastik, auch keine national-israelitische Spur und erwähnt keine Feinde.

Schließlich gründet der Messias sein strahlendes Reich nach jüdischer Erwartung in der weiterlaufenden Geschichte. Das Tausendjährige Reich der Offb aber setzt die Auferstehung der Toten voraus.

Exkurs 18: OFFENBARUNG 20, 1–6 IN DER CHRISTLICHEN AUSLEGUNG

Der Abschnitt hat in der Geschichte größte Bedeutung erlangt. Zwei gegensätzliche Verständnisse riefen in diesem Fall nicht nur Spaltungen und gegenseitige Verdammungen hervor, sondern z. T. sogar blutige Kämpfe.

a) In den ersten Jahrhunderten verstanden die Christen das Millenium fast einmütig als eine zukünftige Größe, die mit der Parusie des Herrn Jesus Christus verbunden ist. Diese Erwartung gehörte zum offiziellen Kirchenglauben. Heute gestehen auch solche Ausleger, die in ihrem eigenen Glauben und Denken ein solches Millenium nicht unterzubringen vermögen, diesem Verständnis das größere exegetische Recht gegenüber der späteren Auffassung zu. Hier strömt wirklich eine biblische Quelle.

Jedoch hat schon von Anfang an eine Quellenmischung stattgefunden. Schon das älteste Zeugnis zu diesem Thema, nämlich der Barnabasbrief (um 130/135), überrascht in K. 15 mit dem jüdischen Weltwochenschema, obwohl sich davon in der Offb nichts findet. Dabei will diese Schrift gerade den jüdischen Einfluß zurückdrängen, verlängert aber selbst jüdische Überlieferungen in die damalige christliche Gemeinde. Ein lehrreicher Vorgang!

Auch der nächste Zeuge, Papias (um 140), schöpft nicht aus der Offb, wenn er ergriffen vorrechnet, wieviel Reben jeder Weinstock und wieviel Trauben jede Rebe im Millenium hervorbringen werden. Jede Ähre werde zehntausend Körner und im Endergebnis zehn ganze Pfund des feinsten Mehls liefern[892]!

Justin (Martyrium um 165) trägt – ebenfalls ohne Unterstützung durch Offb 20 – kräftige palästinensische und israelitische Farben in das Bild vom Millenium ein. Ihm ähnelt darin Irenäus (um 180). Laktanz schildert um 380 das massenhafte Träufeln des Honigs vom

[891] Nur das davon abgeleitete Verb erscheint V. 4 und 6.
[892] Bei Euseb, Kirchengeschichte III 39, 12.

Felsen und das Hervorquellen von Milch und Honig im Tausendjährigen Reich[893].

So können wir diese frühen Auslegungen keinesfalls für vorbildlich halten. Die Überfremdung des apostolischen Zeugnisses brach nicht erst mit dem konstantinischen Zeitalter herein, sondern schon in den Jahrhunderten zuvor gewinnt Heidnisches und Jüdisches große Macht über die christlichen Gemüter. Das hat die innere Vollmacht in der Bezeugung der prophetischen Botschaft gewiß geschwächt.

b) Die stark von der griechischen Philosophie beeinflußten Theologen der Alten Kirche, die die biblische Geschichtstheologie in überzeitliche Ideen ummünzten, haben selbstverständlich nie ein Verhältnis zu Offb 20 gefunden wie überhaupt nicht zur Parusie des Herrn, zum Ende der Welt und zum Jüngsten Gericht. Als nun gar materielle Freuden des Millenismus in naivster Weise ausgemalt wurden, mußten sich die Gegensätze verschärfen.

Schon eine Stelle bei Justin[894] verrät damaligen Widerspruch gegen die Milleniums-Erwartung. Dieser Widerspruch trat im 3. Jahrhundert bei Origenes kräftig und zielstrebig auf den Plan. Als zur philosophischen Überfremdung die wirtschaftliche und politische Bindung an das römische Reich hinzukam, wurde die Erwartung eines zukünftigen Reiches fortschreitend aus dem offiziellen Kirchentum verbannt. Euseb, der große Kaiserschmeichler, jubelt, das Tausendjährige Reich sei ja in den herrlichen Verhältnissen jener Tage schon angebrochen. Als selbst der große Augustin (354–430), abgestoßen durch die schwelgerische Phantastik der Chiliasten, auf eine durchgreifende Umdeutung von Offb umschwenkte, hatte in der Kirche jene Partei gewonnen, die das Tausendjährige Reich als das Jahrtausend der Kirche ausrief[895]. Als nach Ablauf von tausend Jahren der Weltuntergang ausblieb, ging das Abendland durch eine schwere Krise. Fortan ließ man das buchstäbliche Verständnis der tausend Jahre fallen, aber blieb bei der Umdeutung: Die Bindung Satans sei erfüllt in der Bezwingung des Heidentums, und das Thronen der Zeugengemeinde mit Christus verwirkliche sich im umfassenden Einfluß der Kirche auf allen Gebieten.

893 Justin in seinem „Dialog mit dem Juden Typhon" (139, 4; 80, 1) und Irenäus in seiner Schrift gegen die Ketzer (35, 2).

894 Ebd. 80, 2.

895 Augustin hing auch dem Weltwochenschema an (Exkurs 17c) und hielt das erwartete Jahrtausend zwischen dem ersten und zweiten Kommen Jesu für das sechste der Weltgeschichte. Die „erste Auferstehung" von Offb 20, 5 deutete er auf die geistliche Auferstehung in der Wiedergeburt des einzelnen Christen. Die „Throne" in V. 4 sind für ihn die Bischofsstühle (in: Gottesstaat XX, K. 9 und 10). Die katholische Kirche gilt ihm als das Reich Gottes auf Erden.

„Auch die Reformatoren haben in diesem Punkt nur die allgemeine Lehre der katholischen Kirche übernommen" (Lilje, S. 228). Die lutherische Confessio Augustana verurteilt den Chiliasmus als „jüdische Meinung"[896], die reformierte Confessio Helvetica als „jüdische Träumereien". Wie sich an Bibelausgaben mit Erklärungen zeigen läßt, hält sich die Auslegung Augustins unter zeitgemäßen Abwandlungen bis heute im Raum der katholischen und evangelischen Kirchen[897].

Seit Augustin ist der Chiliasmus an den Rand der Christenheit gedrängt und fristet dort sein stilles, aber leidenschaftliches Dasein oder bricht auch je und je erschreckend hervor. Brütsch skizziert diese glutvolle Geschichte in Kirche und Sekten, in Politik und Philosophie (S. 122–124).

c) Wir werfen noch einen Blick auf den Pietismus. J. A. Bengel hat trotz gewisser Verschrobenheiten, von denen sich seine Schüler bald lösen konnten, dem Chiliasmus eine tiefere Wendung gegeben, mindestens den ernstzunehmenden Willen, schriftgemäß zu sein. Dann war C. A. Auberlen (1824–1864) trotz seiner kurzen Wirksamkeit von machtvollem Einfluß. Er hat die Grundpositionen der Lehre von den letzten Dingen für den neueren Pietismus formuliert. Freilich kommen zahlreiche Einzelfragen nicht zur Ruhe.

Weithin überfällt man den Abschnitt Offb 20, 1–6 von vornherein mit bestimmten Forderungen: Er müsse doch mit dieser oder jener Bibelstelle übereinstimmen und zu allerlei göttlichen Grundregeln passen, wo bleibe sonst die Erfüllung hunderter von Weissagungen! Auf diese Weise kommt am Ende ein Millenium heraus, das bis zum Rande mit all den sonst unerledigten Problemen unserer eigenen Theologie gefüllt ist. „Wenn jenes herrliche Friedensreich am Ende dieser Welt nicht wäre, so wäre die ganze Weltentwicklung ein ungelöstes Rätsel, ein Rumpf ohne Kopf . . . Wenn auch nichts vom Tausendjährigen Reich in der Bibel stände, so müßte man es sich selbst denken und ergänzen, sonst fehlte der Weltgeschichte der Schluß-

[896] Diese Stelle (Artikel 17) hat von früh an mehrfache Auslegung gefunden. Ist hier j e g l i c h e r Chiliasmus verworfen, also auch die Schriftstelle Offb 20, 1–6 selbst, oder nur ein grobes, fleischliches Verständnis dieser Stelle? Wahrscheinlich nur letzteres (so Schlink, Theologie der lutherischen Bekenntnisschriften, Berlin 1954, S. 234, Anm. 19).

[897] Die NT-Ausgabe der Evangelischen Hauptbibelgesellschaft zu Berlin, 1962, erklärt den „Grundsinn der Stelle": „Diese Erde, auf der die Gemeinde zu leben hat, gibt ihr Raum zum Glauben und Handeln; sie ist keine ‚Vorhölle'." Das katholische NT von Tillmann, Leipzig 1951: „Mit K. 20 beginnt ein neuer Durchblick über die ganze Erdgeschichte, als deren Dauer hier tausend Jahre angegeben sind." Die „Jerusalemer Bibel", Leipzig 1969: „Diese Auferstehung der Märtyrer ist symbolisch zu verstehen als die Erneuerung der Kirche nach der Verfolgung durch Rom; das ‚tausendjährige Reich' entspricht also der irdischen Phase des Reiches Gottes vom Aufhören der Verfolgungen an bis zum jüngsten Gericht."

stein"[898]. Die Lehre vom Millenium spielt dann eine alles zusammenhaltende Rolle und ist darum in manchen Kreisen des Glaubens liebstes Kind.

Das endgültige Gericht über den Satan

Offenbarung 20, 7—10

7 **Und wenn vollendet sind die tausend Jahre, wird der Satan aus**
8 **seinem Gefängnis gelöst werden, * und wird ausgehen, zu verfüh-**
ren die Völker an den vier Ecken der Erde, den Gog und Magog,
sie zu sammeln zum Kriege, deren Zahl wie der Sand des Meeres
9 **(ist). * Und sie zogen auf die Breite der Erde und umzingelten das**
Lager der Heiligen und die geliebte Stadt, und Feuer fiel aus dem
10 **Himmel herab und verzehrte sie. * Und der Teufel, der sie** (im-
merzu) **verführt hatte, wurde in den Pfuhl von Feuer und Schwefel**
geworfen, woselbst auch das Tier und der Lügenprophet (waren),
und sie werden gequält werden Tag und Nacht bis in die Zeiten
der Zeiten.

Zu Vers 8:
Jes 11, 12
Hes 7, 2
38, 2. 9. 15
Zu Vers 9:
Hab 1, 6
Jer 11, 15
12, 7
Ps 87, 2
78, 68
2 Kö 1, 10. 12
Hes 39, 6
Sach 12, 9
Zu Vers 10:
1 Mo 19, 24
Hes 38, 22

Johannes vermittelt auch hier wieder eine Botschaft, die deutlich in Erörterungen jener Zeit eingreift. Es finden sich sowohl Berührungspunkte mit Hes 38 und 39[900] als auch mit anderen das Judentum stark bewegenden Darstellungen[901].

Und wenn vollendet sind die tausend Jahre — so beginnt Vers 7. 7
Wie schon in Vers 3 betont Johannes, daß es sich bei dieser „Tausend" wirklich um Tausend handelt. Sie unterliegt keinem Abbruch und keiner Störung. Satan kommt nicht unter dramatischen Umständen frei, indem er etwa ausbricht, sondern er tritt erst auf, wenn er nach göttlichem „Muß" (V. 3) an der Reihe ist. Darum haben wir nicht

[898] Pfarrer E. Mühe, Das enthüllte Geheimnis der Zukunft, Leipzig 1889, 6. Auflage, S. 119.

[900] Gegenüberstellung:

Hes: 37: Auferweckung Israels und messianisches Reich.	Offb 20, 4—6: Tausendjähriges Reich.
Hes 38—39: Ansturm Gogs und seine Vernichtung.	Offb 20, 7—10: Ansturm Gogs und Magogs.
Hes 40—48: Neuer Tempel, heilige Stadt und heiliges Land.	Offb 21—22: Neue Schöpfung, himmlisches Jerusalem.

[901] So z. B. im 4. Esra das Schema: Messianisches Reich — Auferstehung zum Gericht — Neue Welt (vgl. Kuhn, Ki—Th W I, S. 790, Anm. 3).

irgendeine Tragik in diese Verse hineinzulesen[902]. Sie zielen auf das endgültige Gericht über den Drachen. Zum biblischen Begriff des Gerichtes gehört aber der Begriff des Offenbarwerdens. Der Verurteilte muß als Übeltäter offenbar sein, wie ja auch der Richter als ein gerechter offenbar sein muß. Alles muß ans Licht; gerechtes Gericht verträgt nach keiner Seite Verdunkelung. Der Richter ist hier bereits nach 19, 11–16 enthüllt, desgleichen nach 20, 1–6 die Beisassen des Gerichtes; jetzt ist der Hauptangeklagte an der Reihe. In diesem Sinne **wird der Satan aus seinem Gefängnis gelöst werden.** Seine Befreiung dient seiner letzten Enthüllung.

8 **Und er wird ausgehen, zu verführen die Völker ... sie zu versammeln zum Krieg.** Handelt es sich hier um eine merkwürdige „Dublette" zu dem Kriegszug in 19, 19 oder um ein letztes Nachzucken, so daß der Reiter auf dem weißen Pferd die Völker doch noch nicht völlig besiegt hätte? Oder müssen wir gegen Vers 5 doch noch mit bisher neutralen Restvölkern rechnen, die weder dem Antichristus gefolgt (also gegen 13, 3–4. 7–8. 12!) noch sich im Tausendjährigen Reich dem Lamme angeschlossen hatten, so daß der Satan sie jetzt für einen zweiten Feldzug anwerben konnte?

Glücklicherweise haben wir hier nicht Mutmaßungen zu äußern, denn der Text sagt recht genau, wen er mit den „Völkern" meint. Bevor wir auf die dreifache Näherbestimmung achten, nehmen wir jedoch einmal den zuletzt genannten Fall an und denken die Gedanken einer gewissen Auslegungsschule mit. Danach wird das missionierende Israel nach der Parusie während einer tausendjährigen Geschichtsepoche auf der völkerreichen Erde wohnen und mit nie gekannten Missionserfolgen gesegnet[903]. Gott wird neue Bedürfnisse in die Herzen legen, so daß dann auch die Allerhärtesten verstehen. Ganze Völker werden sich geschlossen zum Herrn bekehren, und die ganze Erde wird voll Erkenntnis des Herrn sein. Es wird dann also alles umgekehrt sein als heute. Während dann nur eine Minderheit widerspenstig bleibt, strömen die Massen bekehrungswillig herbei, scharen sich um das Evangelium und dienen dem Herrn mit Freuden. – Wer dies alles beim Wort nimmt und dann Vers 9 auf sich wirken läßt, hat es schwer. Die Menschen, die sich nach der Freilassung des Satans als wirklich gläubig erweisen, machen nur eine einzige Stadt-

902 Schumacher u. a. bringen Satans Auftritt unter dem Gesichtspunkt der Enttäuschung: So herrlich war das Millenium, so machtvoll die Segnungen für alle, aber die Bürger des Reiches hätten die Prüfung nicht bestanden. Es habe sich gezeigt, daß gute Verhältnisse den Menschen eben doch nicht gut machen. Zum Schluß offenbare sich ein innerer Mangel des Reiches und die Verderbtheit des Menschen. – Doch nichts davon im Text; es geht nicht um die Offenbarung der Menschen, sondern Satans.

903 Das Folgende z. B. ausführlich bei Pache, Die Wiederkunft Jesu Christi, Wuppertal, 1955, 2. Auflage, S. 316–318.

bevölkerung aus, die anderen aber zählen wie der Sand am Meer. Tausend Jahre weltweiter Evangelisation unter idealen Voraussetzungen hat also nichts wahrhaft verändert. Ist es dann noch sinnvoll, jene angeblichen Vorgänge im Tausendjährigen Reich, auf die man zu hoffen heißt, gewaltige Erweckungen und Segnungen zu nennen?

Wir folgen wieder dem Text. Die verführten Völker stammen **von den vier Ecken der Erde.** Die Enden der Erde stehen im Gegensatz zur „Breite der Erde" (V. 9), d. h. zur eigentlichen und bewohnbaren Erdfläche. Es handelt sich also um Völker, die hinter dem Horizont im Abgrund (vgl. Anm 283) hausen und darum auch erst „heraufsteigen" (V. 9) müssen, um auf die Siedlungsfläche der Erde zu gelangen.

Schon im AT ist der Rand der Erde ein Begriff. Von dort kommt das Unheil über die Lebenswelt. Dort, an den Enden der Erdscheibe, dachte der antike Mensch sich das Chaosmeer, die Welt des Todes und der Trennung von Gottes guten Mächten. Darum ruft in Ps 61, 3 der Beter verschmachtend von den „Enden der Erde" zu Gott. Dort, „am äußersten Meer", suchte man auch den Eingang ins Totenreich (Ps 139, 8–9).

Auch Offb 7, 1 sind die „vier Ecken der Erde" Ursprung des Verderbenssturmes. In 12, 18 entsteigt der Verderber dem dortigen Meer, und 20, 13 erscheint dieses Meer wie in Ps 139, 8–9; 18, 5–6 parallel zur Totenwelt. Nach 21, 1 bringt die Neuschöpfung ausdrücklich eine Welt ohne diesen Chaosrand.

Wir halten also (mit Rissi) fest, daß diese „Völker" von jenseits der bewohnbaren Erde stammen und die Unterwelt bevölkern. Sie werden nun mobilisiert. Der Satan hatte in K. 13 schon die beiden Tiere heraufgeschickt. Jetzt erfolgt sein völliger Ausverkauf. Alles, was er hat, wirft er an die Front. Nach dem Ausritt des ganzen Himmels in 19, 11 stellt sich nun auch die ganze Verderbenswelt. Himmel und Hölle verausgaben sich.

Eine weitere Bestimmung bestätigt diese Deutung. Diese Völker heißen **Gog und Magog.** Beide Namen stehen Hes 38, 2; 39, 1. 6. Dort ist Gog ein ungewöhnlich mächtiger Fürst vom Nordrand der damals bekannten Welt (38, 15; 29, 2), nämlich ein Barbarenhäuptling aus dem wilden Kaukasusgebirge, das die Menschen des Kulturgebietes als Ursprung des Chaos empfanden. „Volk von Norden" hatte einen erschreckenden Klang (Jer 6, 22–26, hier auch gleichgesetzt mit „Enden der Erde"). Joel nennt den Feind einfach „den Nördlichen" (2, 20). Bei Hesekiel verbündet sich das Nordvolk mit vielen anderen Völkern, die das wiederhergestellte Israel umwohnen. Der Urheber dieses Feldzuges ist jedoch Gott (38, 4; 39, 12). Er will diese alten Feinde des Volkes Gottes ins Verderben stürzen und benutzt dazu ihre Habgier nach dem Wohlstand Israels (38, 10–12). So zieht Gog mit seinen Scharen heran und wird auf den Bergen Israels durch Erdbeben, Hagelsteine, Feuer und Schwefel, auch durch gegenseitiges Morden und durch Seuchen vernichtet (39, 19–22). Die Israeliten aber können mit der umherliegenden Heeresausrüstung sieben Jahre lang heizen (39, 9–10).

Diese Kapitel mit ihrer Fülle von geographischen, ethnographischen und historischen Einzelheiten haben das Judentum rege beschäftigt (s. St-B. z. Stelle). Dabei fällt auf, daß die Rabbinen die beiden Namen „Gog" und „Magog" zusammenstellten[904] und b e i d e als Völkernamen verwendeten. Sie wurden einfach Doppelausdruck[905] für unheimliche, gottfeindliche Heere. Die Offb spricht Menschen an, die von solchen Erörterungen umschwirrt waren und die diese Begriffe so verstanden. Nicht dieses oder jenes dort oder hier wohnende geschichtliche Volk, sondern Scharen des Abgrundes kommen von allen Seiten heraufgekrochen.

Ihre **Zahl ist wie der Sand am Meer** und übertrifft damit die Anzahl der dämonischen Wesen in 9, 16. Die bildhafte Wendung[906] ist sprichwörtlich für unfaßbare Menge, die alle bekannten Maße sprengt. Auch diese dritte Kennzeichnung ermutigt nicht, hier an Völker aus der Erfahrungswelt zu denken.

Der prophetisch gehaltenen Ankündigung Vers 7–8 folgt nun ab
9 Vers 9 die Beschreibung einer Schau. **Und sie zogen auf die Breite der Erde,** nämlich über die Lebenswelt (vgl. Hab 1, 6; Jes 8, 8; Hes 38, 12. 16). **Und sie umzingelten das Lager der Heiligen und die geliebte Stadt.** Diese Doppelbezeichnung für das Gottesvolk setzt sich zusammen aus einer Wendung, die an die Wüstenzeit Israels erinnert, und einer zweiten, die die Königszeit voraussetzt[907].

Die Innigkeit des Ausdrucks **geliebte Stadt** ist unüberhörbar und macht die Nennung des Städtenamens so überflüssig, wie auch in 11, 2 nicht erst noch gesagt werden mußte, um welche Stadt es sich bei der „heiligen Stadt" handele. Es ist Kern-Jerusalem, nie eines Wiederaufbaus bedürftig[908], weil nie zerstört (s. d.), nämlich jenes

[904] Bei Hes sind sie nur 38, 2 zusammengestellt, und zwar in der Form „Gog im L a n d e Magog".

[905] Es scheint sich um reine Klangwörter zu handeln, die in einem „bewußten Reimwillen" gekoppelt wurden (so Albright bei Kuhn, Ki–Th W I, 292, Anm. 15).

[906] Z. B. 1 Mo 22, 17 für Abrahams Nachkommen, 1 Mo 41, 49 für Ernteüberfluß, Jos 11, 4; Ri 7, 12; 1 Sa 13, 5 für Feindheere, 2 Sa 17, 11; 1 Kö 4, 20; Jes 10, 22: 48, 19 für Israels Heer.

[907] In den Qumrantexten nennt sich die Bundesgemeinde „Lager" oder „Heerschar der Heiligen" (Rissi, Was ist, S. 121, Anm. 428). Zu „geliebte Stadt" vgl. Jer 11, 15; 12, 7; Jes 43, 4; Ps 78, 68; 87, 2.

[908] Ein Wiederaufbau Jerusalems in Palästina war dagegen dem Judentum außerordentlich wichtig.

Israel, das seinen Messias annahm und durch Glieder aus den Heidenvölkern der Welt aufgefüllt worden war.

Und Feuer fiel aus dem Himmel herab und verzehrte sie, nämlich die heranziehenden Dämonenheere. Das Judentum schilderte ein dramatisches, dreimaliges Anstürmen der Völker Gog und Magog und eine wild wogende Schlacht. Hier verlautet nichts Derartiges. Nicht die geringste Einzelheit wird ausgemalt. Da ist einfach ein Eingriff **aus dem Himmel.** Nur der Wesenskern der Dinge wird verkündet. Bemerkenswert, daß hier nicht wie in 19, 21 das Bild eines Leichenfeldes entsteht. Es verschwindet alles wie ein Spuk: **verzehrt!** So bleibt hier nichts übrig zum Fraß für Aasgeier, aber auch nichts, was in der Totenauferstehung Vers 12 wieder in Erscheinung träte. Von diesem Anhang des Satans wird uns kein Verbleib gemeldet.

Wohl aber interessiert das weitere Los des Teufels. **Und der Teufel,** 10
der sie immerzu verführt hatte, wurde in den Pfuhl von Feuer und Schwefel geworfen. Der Nachsatz schafft die Rückverbindung zu 19, 20: **woselbst auch das Tier und der Lügenprophet** war. Das Satanische ist jetzt in allen seinen Spielarten, in seiner satanischen Trinität, vom verdienten Gericht ereilt. **Und sie werden gequält werden Tag und Nacht.** Die Wendung wird 4, 8 in anderem Zusammenhang ausgelegt: „Und sie hatten keine Pause". Diese Pausenlosigkeit der Strafe entspricht der ehemaligen pausenlosen Anklage gegen die Knechte Gottes in 12, 10. Aber sie erstreckt sich auch auf unabsehbare Zeit: **bis in die Zeiten der Zeiten.** Vom ewigen Feuer, das dem Teufel und seinen Engeln bereitet ist, lesen wir auch Mt 25, 41.

Exkurs 19: DER FEUERPFUHL – EWIGES VERDERBEN?

M. Rissi schreibt[909] über diesen Unheilsort, der in 17, 8. 11 mit dem Namen „Verderben" belegt und in 20, 14; 21, 8 mit dem „zweiten Tod" gleichgesetzt wird: „Es ist auch hier an Gottes züchtigende Erziehungsliebe zu denken, die in die Abgründe göttlicher Verurteilung und Verwerfung hineinfallen läßt, um in schrankenloser Gnade das verworfene Geschöpf zur Buße und damit zur Rettung und Neuschöpfung zu führen." H. Schumacher empfindet den Gedanken, daß auch der Satan „einmal das Lamm und den Vater preisen wird" als „fast zu kühn", sieht sich aber doch durch die Schrift zu dieser Erwartung genötigt: „Und wenn er auch der Allerletzte sein wird, der heimfindet; wenn er auch Gottes Gericht in einer Schwere und Länge wird zu spüren bekommen wie kein anderes Geschöpf, . . . daß das

[909] M. Rissi, Was ist, S. 127. Vgl. auch S. 111: „Der Tod wird aus einer verderblichen, gottfeindlichen Engelmacht zu einer guten und friedlichen erlöst."

ihm bereitete Feuer ... ausgerechnet k e i n e n Heilszweck haben sollte, läßt sich der Schrift nicht entnehmen."[910] Auch W. Michaelis hält die Strafe im Feuerpfuhl für „eine außerordentlich lange, aber doch begrenzte Spanne"[911].

Diese Stimmen veranlassen, gerade unsere Stelle (20, 10) noch einmal in einigen Wendungen zu erörtern und die Frage der Allversöhnung im weiteren Verlauf der Auslegung im Auge zu behalten.

Schumacher führt für seine Deutung den Begriff der „Qual, quälen" an. Zunächst ist ihm die Wortherkunft wichtig[912]. Der Begriff basanos galt in der grie Sprache als Fremdwort und ist wahrscheinlich ägyptischer Herkunft. Vielleicht ist er wurzelverwandt mit dem rauhen „Basalt", durch den der Münzbeschauer mittels Reibung die Echtheit von Gold und Silber prüfte. Das mit „quälen" übersetzte Verb meinte also ursprünglich die Behandlung eines Gegenstandes, bei der etwas zum Vorschein gebracht werden sollte. Diese Bedeutung behielt es teilweise bei, als es auf Menschen angewandt wurde. Die Folter, mit der man im Verhör Aussagen erpressen wollte, oder auch die Zwangsmaßnahmen, mit denen man aus einem Schuldner Geld herauspreßte, hießen basanos; der Folterknecht basanistäs (Mt 18,34).

Ist aber das, was man durch die Folter erreichen will, die Rettung des Gefolterten? Wird diese Behandlung von einem Segenswillen für den Gequälten getragen? Das galt es doch zu erweisen, und gerade dies Moment des Heils gibt die Vokabel nicht her. Außerdem blieb die Geschichte dieses Begriffes noch nicht stehen. Basanos bezeichnete dann einfach harte körperliche oder seelische Behandlung[913], ohne einen Gedanken an die Erpressung von Aussagen oder Geständnis. Die LXX verwendete ihn häufig und gerade im Hesekielbuch, das der Offb so nahesteht, für endzeitliche und jenseitige Qual. Die Texte sprechen den Gedanken an eine Heilsabsicht durch nichts aus.

Der andere Ausdruck in 20, 10, den Schumacher, noch entschiedener aber Michaelis und E. A. Knoch, auf eine Befristung der Qual ausdeuten, ist die Formel „in die Zeiten der Zeiten".

Michaelis sieht im NT ein Zwei-Äonen-Schema, nämlich den gegenwärtigen und den zukünftigen Äon. Der zukünftige Äon verliere sich aber nicht in der Unendlichkeit, sondern sei ein begrenzter Zeitraum, an den sich ein weiterer Zeitverlauf anschließe, den man aber besser nicht mehr mit „Zeit" bezeichnen solle (S. 42). Der begrenzte zukünftige Äon gliedere sich in Unterabschnitte, ebenfalls „Äone" genannt, so daß sich d e r kommende Äon gewissermaßen aus d e n

910 H. Schumacher, Allversöhnung, S. 168.

911 W. Michaelis, Versöhnung des Alls, S. 110—111. Soweit Michaelis Offb 21, 5 als Argument verwendet, s. dort.

912 Hier nach Joh. Schneider, Ki—Th W I, S. 560 dargestellt.

913 Mt 8, 6 (Krankheit); Mt 6, 48 (Orkan); 2 Pt 2, 8 (seelischer Schmerz).

kommenden „Äönchen" zusammensetzt. Diese Teilabschnitte seien abermals unterteilt, und auch diese Unter-Unterabschnitte tragen nach Michaelis die Bezeichnung „Äone". So stellt sich „der kommende Äon" als Sammelbezeichnung für eine Fülle von kleinen und kleinsten Zeitstrecken dar. Daß der Satan „bis in die Äone der Äone" gequält wird, besagt demnach, daß er während sämtlicher Unterabschnitte des zukünftigen Äons gestraft wird. Danach aber wird er frei.

E. A. Knoch kommt zum gleichen Ergebnis, legt sich aber die Wendung anders zurecht[914]. Wie wir von „dem Buch der Bücher" oder von „dem Fest der Feste" sprechen, hätten wir auch „die Äone der Äone" zu verstehen. Es seien eben die Hauptäone. Knoch gerät in keine Verlegenheit, ihre Zahl zu bestimmen. Zwei von fünf vorhandenen stechen nach ihm heraus als „die Äone der Äone", nämlich der gegenwärtige und der unmittelbar zukünftige. Im übernächsten werde der Satan also nicht gequält.

Beide Systeme sind dem Ausdruck „die Äone der Äone" wirklich nicht abzulesen und wirken einigermaßen kompliziert. Wenn man bedenkt, daß die Wendung vor und nach Christus belegt ist, bei Juden und Heiden, bei Paulus, Petrus, Johannes und im Hebräerbrief, so daß man sich damit allgemein verständigte (s. Anm. 50), kann man die Spezialdeutungen von Michaelis und Knoch nur für unmöglich halten. Sie werden im Grunde auch frei von Bibelstellen vorgetragen, entstanden aus den Vorstellungen moderner Ausleger.

Weit vorsichtiger ist Schumacher. Er stellt richtig fest, daß der einfache oder verdoppelte Plural von Äon an den „weitaus häufigsten Stellen" einen zeitlich unbegrenzten Sinn haben dürfte (S. 142). Dann fährt er fort: „Doch finden sich auch Beispiele für zeitlich begrenzten Gebrauch", und nennt Lk 1, 33 (einfacher Plural „bis in die Äone"); Offb 11, 15; 22, 5. Diese drei Stellen handeln nämlich von der Königsherrschaft Christi, die doch nach 1 Kor 15, 25 ein Ende habe: „Er muß als König herrschen, bis daß er alle Feinde unter seine Füße lege." Dann übergibt er seine Herrschaft dem Vater. Schumacher folgert daraus auf S. 143 wörtlich, „daß Christi Herrschaft einmal ein Ende hat"[915].

Mit dieser Formulierung im Ohr lese man das erste der drei Beispiele, Lk 1, 33: „Er wird herrschen über das Haus Jakob bis in die Äonen, und seine Herrschaft wird kein Ende haben." Kann man gerade diese Stelle als Beleg dafür angeben, daß Christi Herrschaft „einmal ein Ende hat" und daß die Äonen-Formel hier als „zeitlich

[914] In: Unausforschlicher Reichtum, Mai 1935. S. 105.

[915] Dagegen schreibt Schumacher in seinem 1964 erschienenen Buch, Das tausendjährige Reich, richtig, es bleibe dabei, daß Christi Königtum „letztlich kein Ende hat" (S. 179).

begrenzt gebraucht" werde? Hier muß Schumacher sich versehen haben.

Ein Widerspruch zu 1 Ko 15, 25 entsteht übrigens nicht, weil Paulus sehr genau sagt, was einmal in bezug auf Christi Herrschaft ein Ende findet. Es ist der Kampfauftrag, der einen bestimmten Herrschafts**abschnitt** Christi ausmacht, nämlich alle Feinde niederzulegen. Mit diesem Auftrag wird er nicht in alle Ewigkeit zu tun haben. Aber der Herr Jesus Christus wird auch aus der erfolgreichen Beendigung dieses Abschnittes nichts für sich selbst herausholen, sondern sich wieder demütig Gott zur Verfügung stellen, „auf daß Gott sei alles in allem" (V. 28). Die Linie von Phil 2, 6–8 bricht auch mit der Parusie nicht ab. Das ist das besondere Zeugnis des Paulus in 1 Ko 15, 25. Keinesfalls will Paulus lehren, daß Christus eines Tages wieder aus dem Herrschen in das Nichtherrschen zurückversetzt werde. In diesem allgemeinen Sinn unterstrich eben das erste der drei von Schumacher angeführten Beispiele (Lk 1, 33): „Seine Herrschaft hat kein Ende." Von dieser zeitlich unbegrenzten Herrschaft Christi zusammen mit Gott spricht auch das zweite Beispiel, Offb 11, 15: „Es ist die Königsherrschaft der Welt unseres Herrn (nach Ps 2 auf Gott zu beziehen!) und seines Gesalbten geworden, und er wird herrschen (mit Gott!) in die Äonen der Äonen." Nie, in alle Ewigkeit nicht, wird Gott das Lamm wieder vom Thron schicken. Das Thronen und Herrschen des Lammes ist unbefristet. In diese Aussage gipfelt der darstellende Teil der Offb (22, 5). Unverständlicherweise führt Schumacher diesen Vers als dritten Beleg für einen zeitlich begrenzten Sinn der Äonen-Formel an.

Wenn uns bisher keine Stelle beigebracht wurde, an der der doppelte Plural von „Äon" Befristung ausdrückt, ist vielleicht Offb 20, 10 die erste? Sie steht in einer gewissen Beziehung zu Jes 34, 10, wo es vom Lande Edom heißt: „Ewiglich steigt sein Rauch empor. Von Geschlecht zu Geschlecht liegt es verödet, für immer und ewig zieht niemand hindurch." Es läßt sich mühelos klarmachen, daß dieser Landstrich heute nicht mehr brennt und wieder bewohnt ist. Schon die LXX mildert den Text und übersetzt, daß Edom „lange Zeit" wüst liegen werde. Schumacher sagt auf Grund dieser und ähnlicher atst Stellen vom unauslöschlichen Feuer, es handele sich um ein immerwährendes Straffeuer, nämlich „so lange nicht erlöschend, bis ganze Arbeit getan, bis das jeweilige Gottesziel erreicht ist" (S. 151). Es gehe um den Gedanken der Gründlichkeit, nicht der zeitlichen Unendlichkeit. Dieser Sinn, in Offb 20, 10 eingetragen, ergibt wieder die Befristung des Strafgerichts am Satan.

Schon an zahllosen Stellen beeindruckte uns die Tatsache, daß Johannes selbst Prophet ist und sein eigenes Wort führt. Auch hier hat er ja keinesfalls abgeschrieben, fehlt doch in Jes 34, 10 schon die volle Wendung „bis in die Äone der Äone". Und gerade um sie geht es. Sie erweist sich bei Johannes als ein festgefügter Ausdruck, den er zwölfmal unverändert aufklingen läßt, immer an besonders wuchtigen Stellen. Durch seine Gleichförmigkeit verbindet er diese Stellen miteinander, und man sollte die eine nicht ohne die andere hören.

Wir stellen uns unter den geschlossenen Eindruck dieser zwölf Aussagen. Was also dauert nach der Offb „bis in die Äone der Äone"? Nach 4, 9. 10; 10, 6; 15, 7 das Lebendigsein Gottes, nach 1, 18 das Lebendigsein Christi; nach 5, 13 die Verherrlichung Gottes und des Lammes, nach 7, 12 die Verherrlichung Gottes, nach 1, 6 die Verherrlichung Christi, nach 11, 15 die Herrschaft Gottes und des Lammes und nach 22, 5 das priesterliche Herrschen der Knechte Gottes. Das sind zehn eindeutige Stellen, denen durch das Hineinlegen einer Befristung geradezu die Spitze abgebrochen würde. Sie können nur endlose Dauer meinen.

Haargenau die gleiche Dauer wird nun aber betont auch für das Gericht an der satanischen Trinität angegeben (19, 3; 20, 10), nach der artikellosen Stelle 14, 11 auch für die Anbeter des Tieres. Dabei finden wir kein Anzeichen, daß der Sinn dieses „Refrains" schwankt. Er ist von großer und gewollter liturgischer Wucht und Eindeutigkeit. Wir haben eventuell unsere Ansichten, nicht aber den Text zu ändern. Er sagt es völlig klar: Das Verdammtsein im Feuerpfuhl währt solange wie das Lebendigsein und Königsein Gottes und des Lammes und wie ihre Verherrlichung durch die Knechte Gottes. Nie wird der Feuerpfuhl sich in die neue Heilswelt hinein öffnen. Gerade die Vollendungskapitel (K. 21–22) lassen dafür jede Andeutung vermissen; im Gegenteil, sie schließen es endgültig aus.

Das endgültige Gericht über die Menschen

Offenbarung 20, 11–15

11 **Und ich sah einen großen weißen Thron und den Thronenden**
darauf, von dessen Angesicht flohen hinweg die Erde und der
12 **Himmel, und ihnen wurde kein Ort** (mehr) **gefunden. * Und ich**
sah die Toten, die Großen und die Kleinen, stehend vor dem
Thron, und Bücher wurden geöffnet, und ein anderes Buch wurde
geöffnet, das (das Buch) **des Lebens ist. Und die Toten wurden**
gerichtet aus dem Geschriebenen in den Büchern nach ihren Wer-
13 **ken. * Und das Meer gab die Toten, die in ihm** (waren), **und der**
Tod und der Hades gaben die Toten, die in ihnen (waren), **und**

Zu Vers 11: Jes 6, 1; Dan 7, 9; Ps 114, 3. 7; Dan 2, 35
Zu Vers 12: Dan 7, 10; Ps 69, 29
Zu Vers 12 u. 13: Jer 17, 10; Ps 28, 4; 62, 13

14 **sie wurden gerichtet – ein jeder – nach ihren Werken. * Und der**
Tod und der Hades wurden geworfen in den Feuerpfuhl. Dieser
15 **Tod ist der zweite** (Tod), (nämlich) **der Feuerpfuhl. * Und wenn**
jemand nicht gefunden wurde geschrieben in dem Buch des Lebens, wurde er in den Feuerpfuhl geworfen.

Zu Vers 15:
Dan 12, 1
Ps 69, 29

Paulus faßt 1 Ko 15, 24 den sachlichen Gehalt dieses Abschnittes in den einen Ausdruck: „das Ende"[916]. Diesem Ende geht dort im Zusammenhang die Vernichtung „jeder Macht und Gewalt und Kraft" voraus. Dem entsprechen in der Offb die Abschnitte 19, 17–21 und 20, 7–10, also das endgültige Gericht über den Antichristen und den Satan.

Beispielhaft ist, wie Paulus das Ende in das Licht von Ostern stellt. „Alle werden lebendig gemacht. Ein jeglicher aber in seiner Ordnung: der Erstling Christus; danach die Christus angehören, wenn er kommen wird, danach das Ende." Die Kraft der Auferstehung zieht durch bis an die äußersten Grenzen, die Ausläufer von Ostern erreichen alle und alles. Kein Mensch, keine Tat, kein Wort, das nicht eines Tages vor dem lebendigen Jesus steht und zu dem der Vater unseres Herrn Jesus nicht Stellung bezieht. Das Evangelium wird empfindlich gestutzt, wenn wir diese Linien nicht ausziehen und den Inhalt dieses Abschnitts nicht in unser Bekenntnis aufnehmen. Wir müssen wieder viel selbstkritischer werden gegen unsere Empfindung, solche Predigt würde nur das Osterlicht dämpfen und habe um der größeren Ehre Gottes willen zu unterbleiben.

In unserem Visionszyklus ist unser Abschnitt unmittelbar mit der Parusie (19, 11–16) verknüpft. Er vervollständigt den Dreiklang des Gerichtes: Gericht über den Antichristus (19, 17–21), Gericht über den Satan (20, 7–10) und Gericht über die Menschen (20, 11–15). Dem Kommen Christi in Macht und Herrlichkeit entspricht das Vergehen seiner Feinde mit Schimpf und Schande. Jedoch bezeugt das eingeschobene Stück 20, 1–6, daß Christus nicht nur als Richter, sondern auch als Retter kommt. Sollte sich die Rettung aber nur auf die dort erwähnte Zeugengemeinde beziehen und auf keinen einzigen Menschen, der hier vor dem weißen Thron steht? Sind nur die Teilhaber der ersten Auferstehung Gerettete und die Teilhaber der allgemeinen Totenauferstehung ausnahmslos Verdammte? Rissi überschreibt diesen Abschnitt tatsächlich „Die Offenbarung der Verdammten". Nach seinem Verständnis gelangen diese Toten im Gegensatz

[916] Dafür in der christlichen Sprache „Jüngstes Gericht", ein altertümlicher Ausdruck für „letztes Gericht". Luther übersetzte damit den ntst Begriff „Tag des Gerichts" in Mt 10, 15; 11, 22. 24; 12, 36. 41. 42; Mk 6, 11, der aber in der revidierten Ausgabe von 1956 wörtlich wiedergegeben wird, so daß heutige Bibelausgaben den Begriff nicht mehr enthalten.

zu den in 20, 6 ausdrücklich Seliggepriesenen a l l e in den Feuerpfuhl. Allerdings faßt er den Feuerpfuhl nicht als endgültiges Verderben auf. Für ihn ist dieser Abschnitt also noch nicht „das Ende", vielmehr folgt es erst später, und zwar in dem Sinne, „daß die ganze Menschheit ‚Leib Christi' wird"[917]. – Mit diesen Fragen gehen wir an die Auslegung heran.

Nachdem Johannes gerade mehrere Throne gesehen hatte (V. 4),
heißt es: **Und ich sah einen** einzelnen **Thron.** Auch Daniel schaute nach 11
7, 9 mehrere Throne für Gerichtsbeisitzer und einen einzelnen Thron für den Richter. Wenn dieses Bild bei Johannes auch in zwei Visionen zerlegt ist (V. 4 und V. 11), soll die eine Vision doch nicht für die andere verloren gehen. Zu dicht stehen die Verse beieinander. Auch verbindet sämtliche Throne die Aussage, daß von ihnen herab gerichtet wird. Schließlich war es bei der Schau der thronenden Zeugen in Vers 4 schon merkwürdig genug, daß sie zwar „mit Christus" richteten, ohne daß dieser aber auf seinem Thron zu schauen war. Daraus ergibt sich die Tatsache einer zwar t h e m a t i s c h strengen Trennung der Visionen: Dort ist eben die thronende Gemeinde das Thema, hier der thronende Gott und Christus – s a c h l i c h dagegen ist hier nichts zu trennen. Die Gemeinde thront und richtet genau so wenig ohne ihren Herrn wie der Herr ohne seine Gemeinde. Keinesfalls dürfen wir uns die Zeugen Jesu unter den zum Gericht angetretenen Toten vorstellen[918].

Nach dieser Klärung konzentriere sich die Aufmerksamkeit auf den Hauptthron. Zwei Beifügungen heben ihn gegen die Nebenthrone ab. Er ist ein **großer** Thron, also offenbar wie jener „hohe und erhabene" Stufenthron in Jes 6, 1, wodurch wir an einen imposanten Hochsitz denken. Schon solche äußeren Merkmale waren für Orientalen sprechend. Je höher der Thron, desto erhabener die Herrschaft, die er repräsentierte.

Neben diesem Höhenunterschied zu den Thronen in Vers 4 sticht auch das blendende **Weiß** an diesem einzigartigen Thron ins Auge. Es ist wieder der überirdische Lichtglanz von 14, 14 (s. d.). Darüber hinaus haftet dem Weiß im Altertum auch das Triumphale an. Hier thront der Sieger des Endes. Sicher fehlt dieser Farbton nicht ohne Grund in der Thronbeschreibung von K. 4. Dort hatte die Herrschaft Gottes noch mit großen Widerständen aufzuräumen, hier aber hat sie sich endlich triumphal durchgesetzt.

[917] M. Rissi, Was ist, S. 130.

[918] Weder zeitlich noch sachlich fällt das Gericht über die Gemeinde mit dem über die Welt zusammen. Beteiligung der Gemeinde am Gericht spricht 2, 26 aus (vgl. 3, 21), Beteiligung des Lammes und der Engel übrigens 14, 10.

Johannes sah auch **den Thronenden darauf.** Er ist von solch einer Majestät, daß Johannes seinen Namen wieder nicht über die Lippen bringt (vgl. 4, 3). Und doch ist dieses Sichausschweigen deutlicher Hinweis auf Gott selbst. J. A. Bengel harmonisiert diese Stelle mit anderen ntst Aussagen, nach denen Gott das ewige Geschick eines jeden Menschen ausdrücklich in die Hand Jesu gelegt hat[919], und sieht darum hier Jesus thronen. Gewiß enthält auch unser Abschnitt einen Hinweis auf die Anwesenheit Christi im Endgericht (V. 12b), aber dieser Hinweis befindet sich eben nicht schon in diesem Vers, so daß es exegetisch kaum möglich sein dürfte, hier den Thronenden mit Christus gleichzusetzen.

Nach der Botschaft des NT haben wir uns hier im übrigen nicht in ein Entweder – Oder treiben zu lassen. Zwischen Gott und dem Lamm gibt es keine Konkurrenz und keine Eifersucht um die Herrlichkeit. Wo Gott thront, thront in alle Ewigkeit auch das Lamm (3, 21; 22, 3); wo er richtet, tut er es nicht ohne den Sohn (6, 16; vgl. Jo 3, 35; 5, 22–30). Daß Christus in dieser Vision vom „Ende" so stark zurücktritt, mag ein äußerliches Zeichen für jenen geistlichen Vorgang sein, den Paulus 1 Ko 15, 28 zur Sprache bringt: Die Parusie des Herrn wird nicht nur mit der Niederwerfung aller Feinde, sondern auch mit einem außerordentlichen Beweis des Sohnesgehorsams verbunden sein. Der Sohn fällt auch zum Zeitpunkt seiner höchsten Macht nicht aus dem Willen des Vaters heraus. In diesem Sinne also tritt der Sohn zurück. Aber was ehrt den Sohn mehr als eben diese Ehrung des Vaters? So sind beide herrlich und thronen in Gemeinschaft.

Von dem Angesicht des Thronenden **flohen hinweg die Erde und der Himmel.** In 6, 16 schlug das entsetzliche Richterantlitz die M e n s c h e n in die Flucht, die sich wie einst Adam hinter der Schöpfung verstecken wollten. Hier wird das Bild dahin ergänzt, daß ihnen dieses Versteck entzogen wird und in alle Winde zerstiebt[920]. Der Ausdruck **Erde und Himmel** ist in dieser Reihenfolge in der Bibel nicht üblich. Ob sich darin das widerspiegelt, was wir „Schöpfung rückwärts" nannten? (Exkurs 5c).

Jedenfalls zielt der Vorgang auf den Menschen. Der Kosmos, den der Mensch sich zur Festung gegen Gott gemacht hat, explodiert ihm nach allen Seiten. Nun deckt ihn kein Himmel und birgt ihn keine Erde mehr. Der gesamte natürliche Rahmen wie Rasse, Volk, Stand,

[919] Mt 16, 27; 25, 31; Jo 5, 22–30; Apg 10, 42; 17, 31.

[920] Die Bildrede von der Flucht der Elemente auch in 16, 20; vgl. Ps 114, 3. 7. Andere Bilder für die Auflösung der alten Schöpfung sind Verbrennen, Wegbewegtwerden oder Vergehen.

Beruf, Familie, Ehe, Kultur und Geschichte platzt ab. Der Mensch selbst kommt zum Vorschein, wie etwa ein Kuchen zum Vorschein kommt, wenn die Hausfrau die Kuchenform abnimmt. In diesem Sinne dient das Vergehen der Schöpfung dem Offenbarwerden des Menschen. Der Mensch selbst – ohne Antichrist, ohne Satan und ohne Kosmos – bleibt übrig vor Gott.

Für Himmel und Erde **wurde kein Ort** mehr **gefunden**[921]. Die Schöpfung flieht nicht irgendwohin, sondern ins Nirgendwohin. Sie verschwindet spurlos, so daß Menschen, die ihre Hoffnung auf die Kreatur gesetzt haben, hoffnungslos sind. Auf dem Schauplatz bleiben in ungeheurer Leere der thronende Gott und die Menschen zurück. Zu Gott gehören selbstverständlich das Lamm, die Gemeinde und die Engel. Aber hier ist jedes Vielerlei zurückgedrängt und alles auf das e i n e Thema abgestellt, von dem nichts ablenken soll: der Mensch und sein Gott.

Und ich sah die Toten, die Großen und die Kleinen, stehend vor 12
dem Thron. Gern wären auch diese Menschen vor dem Antlitz auf dem Thron geflohen[922], aber es ist, als ob eine Stimme dazwischendonnert: Steht! Und sie stehen gebannt, vor ihren Richter gezwungen. Während also alles ins Nichts entlassen wird – der Mensch nicht. Er „überlebt" sämtliche Auflösungen, auch die vielleicht gewünschte Auflösung im Tode. Weder kann er durch Selbstmord „Schluß machen", noch macht der Tod Schluß. Das Schlußmachen hat Gott sich selbst vorbehalten. Er wird der Letzte sein, wie er der Erste war. So stehen die Menschen in der allgemeinen Fluchtbewegung wie angenagelt vor Gott[923].

Sie stehen da unterschiedslos und gemeinsam als die **Großen und Kleinen** (vgl. Anm. 428). Darum ist es nicht ganz richtig, hier nur ein individuelles Gericht zu sehen. Gewiß wird jeder einzelne gerichtet, aber jeder im Angesicht aller. Miteinander und voreinander werden sie vor Gott offenbar. Das Gericht über den einzelnen wird zu einem Gericht über die Gesellschaft.

Aber sind mit den **Toten** wirklich Auferstandene gemeint? M. Rissi verneint die Frage. „Die Menschen stehen in ihrem Todeszustand vor dem Thron"[924]. Nach Rissi erfolgt die zweite Auferstehung erst nach dem zweiten Tod im Feuerpfuhl. Wie die erste Auferstehung den ersten Tod beende, so die zweite Auferstehung den zweiten Tod, und zwar ebenfalls als „heilschaffende Realität". Aber so bestechend

921 Ein alter Gerichtsausdruck, s. Da 2, 35; Offb 6, 14; 12, 8; 16, 20; 18, 21; vgl. auch Anm. 108.

922 „Stehen" kann hier also nicht wie in 6, 17 mit „bestehen" wiedergegeben werden.

923 Im apokalyptischen Henoch-Buch heißt es ähnlich: „Fürwahr, ich sah sie alle gefesselt vor ihm stehen" (90, 23).

924 M. Rissi, Was ist, S. 124 und 127; Die Zukunft der Welt, S. 94.

einfach dieses Verständnis auch anmutet, ist es exegetisch kaum haltbar. Nach Vers 13 setzt das Stehen der Toten vor dem Thron eine Entmachtung des Todes und des Totenreiches voraus. So hat also Jesus seine Schlüsselvollmacht von 1, 18 eingesetzt und kraft seiner Auferstehung alle Toten auf die Beine gestellt. Nicht umsonst heißt es, daß sie „stehen", statt dahingestreckt in Todesschatten zu liegen.

Zum Haltungswechsel tritt ein ausdrücklicher Ortswechsel: Sie stehen nicht im Totenreich, sondern **vor dem Thron.** Schließlich ist durch Vers 5 auch der Zeitpunkt der allgemeinen Auferstehung festgelegt. Sie findet nicht nach dem Sturz in den Feuerpfuhl, sondern nach der Vollendung der tausend Jahre statt. So darf an dieser Stelle das Fehlen des Ausdruckes „zweite Auferstehung" nicht irritieren. Es ist dem Leser selbst überlassen, die Zählung fortzusetzen.

Erst in dieser Auferstehung eines jeden einzelnen kommt die Auferstehung Jesu zur Ruhe. Unaufhaltsam dringt Ostern vor, über die erste Auferstehung zur zweiten, allgemeinen Auferstehung, bis es auch beim allerletzten Glied der Menschheit angekommen ist. Wer diese allgemeine Auferstehung nicht mitbekennt, leugnet nach Paulus schon deren Anfang in der Auferstehung Jesu Christi. Das alles hängt so wesentlich zusammen, weil auch die Vernichtungsgewalt des Todes aufs Ganze geht und kein Glied der Menschheit ausläßt. Die Gegenbewegung Gottes würde ja in einem Teilsieg hängenbleiben, wenn sie vor irgendeiner Gruppe von Toten zum Halten käme. Darum müssen alle Widerstandsnester des Feindes ausgehoben, alle von ihnen besetzten Höhen genommen und auch die letzten von ihm verteidigten Tiefen ausgeräuchert werden, sonst wäre das Evangelium kein Evangelium.

Gerade angesichts der Toten zeigt sich, ob wir eine Siegesbotschaft haben. Der Tod ist ja der brutalste Gegensatz zum lebendigen Gott und darum auch ein furchtbarer Schlag gegen den Glauben an Gott. Das schmerzvolle Leiden, die zweifelvollen Anfechtungen oder auch das bewußtlose Daliegen scheint gering gegen den Eintritt des Todes selbst, dieses „Beil des Nichts" (E. Bloch). Solange die Toten tot sind, wird es diesen fast übermächtigen Erfahrungs-Atheismus geben, der wohl jeden von uns einmal angehaucht hat. In solchen Augenblicken kann alles, was nicht Bekenntnis zur Auferstehung Jesu in ihrer ganzen Reichweite ist, als verantwortungslose Redensart wirken[925].

Und die Toten wurden gerichtet. Indem wir die Art und Weise des Endgerichtes noch überschlagen, stellen wir uns zunächst dem großen

[925] In 1 Ko 15 und auch hier in der Offb wird die Auferstehung nicht unter dem Gesichtspunkt der Heilsvollendung der Gläubigen behandelt, sondern weil Christus herrschen muß, bis wirklich alle seine Feinde zu seinen Füßen liegen, d a r u m werden die Toten leben. In diesem Punkt müßte unsere Verkündigung wieder reicher und weiter werden.

Ernst dieser Tatsache selbst. Es wird gerichtet! (V. 12 und V. 13). Die Bibel kennt keine Übergehung des Bösen. Auch Gottes Liebe macht Gottes sachliche Stellungnahme zum Bösen nicht überflüssig. Er unterzieht jedes gelebte Leben einer Beurteilung und erteilt jeder jemals ergangenen Herausforderung eine Antwort. Zu nichts wird er am Ende geschwiegen haben. Nach einem jahrtausendelangen Stillehalten wird die Menschheitsgeschichte aufgearbeitet.

In diesem Gericht ertönt nichts als die Stimme des Richters. Von den Gerichteten heißt es lediglich, daß sie vor ihm stehen. Sie reden nichts (Hio 9, 3), sie antworten nichts, und sie werden ja auch nichts mehr gefragt. Wiederholt heißt es, daß nach dem „Geschriebenen" gerichtet wird, nicht nach dem, was sie sagen. Sie stehen jetzt vor einem Forum, das nicht mehr auf Verhöre mit ihren unvermeidlichen Fehlerquellen angewiesen ist. Zwar mögen sich manche Menschen zurechtgelegt haben, was sie dann alles zu Gott sagen wollen, aber da hat niemand mehr etwas zu sagen. Auch Zusatzerklärungen, wie man es doch gemeint habe und was andere getan hätten, entfallen. Es ist alles bekannt.

Dieses unglaubliche „Gott weiß!" predigt nun die Vision von den Büchern. **Und Bücher wurden geöffnet, und ein anderes Buch wurde geöffnet.** Zweierlei Bücher bilden die Grundlage dieses Gerichtes. Von der einen Art gibt es nur ein einziges Exemplar, von der anderen Art dagegen eine Mehrzahl[926]. Das einzelne Buch enthält nach Vers 15 Namen, in den anderen Büchern sind die Werke der Angeklagten verzeichnet.

Bücher zu besitzen war im Altertum nicht eine Sache für Herrn Jedermann, sondern Vorrecht der Herrscher und Könige. Wenn Gott im AT ein König genannt werden konnte, konnte darum auch im gleichen bildlichen Sinn davon gesprochen werden, daß er im Himmel Bücher, Listen und Chroniken führen und Eintragungen und Streichungen von schwerwiegender Bedeutung vornehmen lasse[927]. So stehen diese Bücher für das machtvolle Wissen Gottes. Alles, was Menschen tun, sagen oder auch nur denken, ist von ihm wahrgenommen. Bei keiner unserer Handlungen ist er abwesend. Deswegen gibt es keine zuschauerlose Sünde – Gott schaut zu; und keine wirklich heimliche Schandtat – Gott ist Mitwisser. Ihm bleibt auch alles gegenwärtig, während wir auf Grund unseres schlechten Gedächt-

[926] Das Judentum lehrte die Existenz von zwei Werke-Büchern. In das eine kommen die Gesetzeserfüllungen, in das andere die Übertretungen, Schrenk, Ki–Th W I, S. 619, A. 23.

[927] 2 Mo 32, 32. 33; Ps 69, 29; Ps 139, 16; Jes 65, 6; Jer 22, 30; Mal 3, 16; Da 7, 10; 12, 1. Das Judentum bildete sich sehr ausführliche und massive Vorstellungen von der himmlischen Buchhaltung. Zwei Engel tragen täglich Buchungen ein, die dem Sünder in der Sterbestunde oder im letzten Gericht vorgelesen werden. Dabei ahnen sie nicht, daß auch über sie selbst Bücher geführt werden.

nisses bald ein gutes Gewissen zurückgewinnen und wieder unverfroren sicher auftreten.

In der Begegnung mit ihm begegnet der Mensch darum zugleich seiner eigenen Vergangenheit, als wäre sie Gegenwart. Da ist dann nichts vergangen, nichts erledigt und nichts vergessen. Das wird ein Gericht sein, bei dem der Richter nichts hinzufügen muß und der Angeklagte nichts hinzufügen kann. Das Auftun der Bücher genügt.

Dieses Richten wird zweimal ein Richten **nach den Werken** genannt. Es gilt nichts als allein der objektive Befund des gelebten Lebens selbst, ohne jede Zwischenschaltung. Während menschliche Gerichte im Grunde immer nach dem Hörensagen von irgendeiner Seite und nach persönlicher Einschätzung[928] urteilen und darum nicht nach dem Geschehen unmittelbar, wird das Endgericht Gottes das gerechteste Gericht sein, das jemals stattgefunden hat. Niemand wird als einer verurteilt, der er gar nicht ist. Jeder wird genötigt, sich wirklich mit sich selbst und mit nichts als sich selbst und mit dem selbst gelebten Leben zu identifizieren.

Und ein anderes Buch wurde geöffnet, das das Buch **des Lebens ist.** Dieses Lebensbuch, das nach 3, 5 die Namen der Glieder des Gottesvolkes enthält, ist der Offb offenbar sehr wichtig[929].

Um den Begriff evangelisch zu erfassen, ist der religionsgeschichtliche Vergleich nützlich.

Im alten Orient glaubte man allgemein an himmlische Schicksalstafeln. Die Erdengeschicke der Menschen sind nichts als eine Widerspiegelung dieser Aufzeichnungen. Hier geschieht allein, was dort geschrieben steht. Nur scheinbar ist der Mensch auf Erden Mensch, nur scheinbar kann er wollen und nicht wollen, in Wahrheit kann er nur müssen. In biblischer Fassung wird dieses Bild aber vom Fatalismus befreit. So tief auch in die Wahrheit der Erwählung hinabgetaucht wird, besteht doch nie ein Gedanke daran, daß das Menschsein des Menschen verstümmelt wird. Nie wird der Mensch ein unter Naturgesetzen ablaufendes Stück Natur, vielmehr verkehrt Gott mit ihm in lebendiger Zweiseitigkeit. Dabei ist er, Gott, gewiß der unendlich Erhabene, der die Initiative ergreift und ewig in der Hand behält, aber gerade innerhalb dieser Gemeinschaft wird der Mensch ganz Mensch und verantwortlich bis aufs äußerste (vgl. Einltg. Nr. 46).

928 Gegenbegriff zum Gericht nach den Werken ist ein Gericht unter Ansehung der Person, das Gott nicht kennt. Das unbestechliche Richten auch Offb 2, 23; 18, 6; 22, 12; Rö 2, 5–11; 2 Ko 11, 15; 2 Tim 4, 14; Apg 10, 34; 1 Pt 1, 17 und im AT: Ps 28, 4; 62, 12; Spr 24, 12; Jes 59, 18; Jer 17, 10. — Ein Kind betete, wie viele Menschen denken: „Lieber Gott, schließe beide Augen zu, daß ich in den Himmel komm."

929 In der Offb sechsmal: 3, 5; 13, 8; 17, 8; 20, 12. 15; 21, 27; vgl. Lk 10, 20; Phil 4, 3; Hbr 12. 23.

Wenn z. B. nach 3, 5 der Name eines Menschen aus dem Lebensbuch gelöscht wird, geschieht das nicht aus heiterem Himmel. Gelöscht wird vielmehr der Name dessen, der statt den Kampf mit der Welt bis zum Sieg durchzuhalten, einen bequemen Frieden schließt. So verträgt sich der biblische Gedanke der Erwählung durchaus mit dem Appell zum willigen Gehorsam. 2 Mo 32, 33 wird scharf der Grundsatz herausgestellt: „Ich will den aus meinem Buche tilgen, der an mir sündigt" (und nicht den Unschuldigen). Die enge Verknüpfung des „Buches" mit dem Evangelium zeigt 13, 8; 21, 27, wo es zum „Buch des Lammes" wird. Jesus selbst führt dieses Buch, seine Stimme liest im Gericht daraus die Namen vor (3, 5). Darum darf auch in unserem Abschnitt die Öffnung dieses Buches als Hinweis auf die entscheidende Mitwirkung Jesu im Endgericht gelten. Gewiß ist dieser Hinweis nur indirekt, aber indirekt war auch Vers 11 das Sprechen von Gott.

So ist ein formal durchaus fatalistisches Bild bei näherem Zusehen ausgehöhlt und mit Evangelium gefüllt. Es ist ein Ausdruck geworden für die Zugehörigkeit zu Jesus aus Gnaden, dies aber nicht schicksalhaft, sondern „glaubenshaft" verstanden. Dieses Verständnis ist in unserem Abschnitt auch dadurch gesichert, daß das Gericht nach dem Lebensbuch verknüpft ist mit dem Gericht nach den Werkbüchern. Wenn das Tun des Guten oder Bösen nämlich Schicksal wäre, könnten die Täter nicht so ernsthaft zur Rechenschaft gezogen werden.

Wer die Wahrheit sucht, hat unbedingt zwei Gedanken miteinander zu verbinden, nämlich das Gericht nach den Werken und die Rechtfertigung aus Gnaden. Aber s i n d diese beiden Gedanken vereinbar? Nach biblischem Denken setzt die Rechtfertigung aus Gnaden gerade voraus, daß Gott die Werke so ernst nahm, daß sie zur Verdammnis führten. Der Gnadenakt widerspricht nun nicht dem Rechtsspruch. Gott sagt darin nicht zum Verdammten: Ich verurteilte dich zu Unrecht. Ich korrigiere mich! sondern: Das Urteil erging zu recht, aber ich habe Gnade für dich! So hebt die Gnade ohne Werke zwar den Spruch des Gerichts nach den Werken auf, aber zugleich schließt es die Rechtmäßigkeit des Gerichtes nach den Werken ein. Darum führt Begnadigung auch zum guten Werk, wie es in Offb 2 und 3 immer wieder erwartet wird.

Niemand kommt also am Gericht nach seinen Werken vorbei. Gerade der Begnadigte muß erfahren, was er verdient hat, damit die Gnade als Gnade erscheint und als Gnade empfangen wird. Darum sind jene beiden Gedanken, hier im Bild der zweierlei Bücher, in ihrer Zuordnung Merkmal christlicher Lehre.

Vers 13 streicht die Allgemeinheit des Gerichtes heraus. Es bleibt wirklich kein Toter in irgendeiner Versenkung zurück. Für keinen von ihnen war mit dem Tode alles aus, für alle gilt Hbr 9, 27: „Danach aber das Gericht". Es scheinen drei verschiedene Todesquartiere zu sein, die im Zuge der allgemeinen Totenauferstehung ausgeräumt
13 werden. **Und das Meer gab die Toten, die in ihm** waren, **und der Tod und der Hades gaben die Toten, die in ihnen waren, und sie wurden gerichtet – ein jeder – nach ihren Werken.** Bei näherem Zusehen decken sich die drei Örter. Die Toten, die z. B. im Tode waren, waren auch im Hades. Tod und Hades sind ja wie in 6, 8 ein schwer unterscheidbarer Doppelbegriff[930]. Das **Meer** ist an dieser Stelle kein zur Erde gehöriges Meer; das Mittelmeer oder die Ostsee sind selbstverständlich nach Vers 11 mit der Erde vergangen. Meer ist hier Parallelbegriff zu Totenwelt (s. z. 20, 8). Somit hat die Dreizahl an dieser Stelle nicht den Sinn, drei Örter zu benennen, sondern e i n e n Ort nachdrücklich und restlos zu umreißen. Die gesamte Welt des Todes wird ausgehoben.

Damit, daß die gesamte Beute des Todes in Gottes und Christi Gewalt übergegangen ist, ist auch der Tod selbst entmachtet. Was geschieht jetzt mit ihm? **Und der Tod und der Hades wurden in den Feuerpfuhl geworfen.** Tod und Hades sind nicht als Raum, sondern als Macht aufgefaßt, die das gleiche Los wie die anderen gottfeindlichen Mächte erleidet (19, 20; 20, 10. 15). Im Gedanken an diese im Feuerpfuhl versammelten Feinde Gottes ruft Bengel aus: „O was wird das für ein Schlamm sein: alles Böse und alle Bösen auf einem Haufen beisammen!"

In einer gewissen Beziehung zu dem eben gerichteten Tod erhält an dieser Stelle der Feuerpfuhl einen zusätzlichen Namen. **Dieser Tod ist der zweite Tod,** nämlich **der Feuerpfuhl.** Der Feuerpfuhl ist insofern **zweiter Tod**, als er für die Menschen, die an ihn überantwortet werden, ein zweites Mal das Leben beendet. Dennoch ist er nicht einfach eine Wiederholung des ersten Todes. Es unterscheidet die beiden „Tode" zunächst der Umstand, daß der zweite Tod niemals als Person oder Macht vorgestellt wird, sondern immer eindeutig als Ort oder Zustand. Vor allem aber erscheint der erste Tod immer als gottfeindliche Größe, der zweite Tod dagegen als göttliche Gerichtsgröße. Diesen Wesensunterschied können wir nicht genug bedenken. Darum würde auch der erste Tod den Vollendungszustand stören (21, 4); der zweite Tod aber gehört dazu (21, 8).

Erst jetzt sind die Voraussetzungen geschaffen, die Beschreibung vom Endgericht zu beenden. **Und wenn jemand nicht gefunden wurde**

930 In 1, 18 findet sich ebenfalls dieser Doppelausdruck, allerdings etwas anders aufgefaßt (s. Anm. 85).

geschrieben in dem Buch des Lebens, wurde er in den Feuerpfuhl geworfen. Das Finden oder Nichtfinden setzt Verhüllung voraus und beschreibt eine Offenbarung. Was heute niemand weiß, wird dann bekannt. Namen kommen im Lebensbuch zum Vorschein, mit denen niemand rechnete. Andererseits überraschen Fehlanzeigen: Nicht gefunden! Die zukünftigen Begnadigungen und Verdammungen Gottes decken sich nicht mit den heutigen Begnadigungen und Verdammungen durch Menschen.

Für die endgültigen Verdammungen Gottes ist noch einmal daran zu erinnern, daß niemand aus reinem Schicksal verdammt wird, also nicht etwa auf Grund einer willkürlichen Liste, die seinen Namen nun einmal nicht enthält. Nicht umsonst hieß es zweimal (V. 12 und 13): gerichtet nach den Werken! Der Sturz in den Feuerpfuhl ist darum kein unerklärliches, beziehungsloses Pech, sondern konkretes Gericht. An den Stellen, an denen noch einmal von diesen Gerichteten geredet wird, wird ihrer konkreten Gottlosigkeit gedacht (21, 8. 27; 22,5). Den **Feuerpfuhl** haben wir besonders zu 19, 20 und in Exkurs 19 ausführlich behandelt, freilich erst jetzt beschäftigt er uns ausdrücklich in bezug auf Menschen.

Wie schon erwähnt, wird er nicht bei der Neuschöpfung von Himmel und Erde abgeschafft[931]. Seine Existenz verträgt sich durchaus mit dem Zustand, bei dem „Gott alles in allem" ist (1 Ko 15, 28). Eben dann wird es ein „Draußen" geben, ein „ewiges Unleben" (Guardini). Augustin formulierte das tiefsinnige Wort: „Welch großes Elend ist es, fern zu sein von dem, der überall ist!"

Gegen die Botschaft vom ewigen Verderben stehen in uns Einwände auf. Darum mag noch ein kurzer exegetischer Hinweis folgen. In 19, 1–6 erklang ein vierfaches Halleluja über das Strafgericht Gottes und über die ewig aufsteigende Rauchsäule, und 18, 20 fordert zu heller Freude über die Strafen Gottes auf. In diesen und ähnlichen Fällen geht es aber um Jubel n a c h der Parusie. Erst nach der Endoffenbarung, also unter wesentlich neuen Voraussetzungen und im Lichte neuer Erkenntnisse und Verständnisse vermögen Menschen dem Richter rechtzugeben, und zwar willig und freudig, lobend und preisend, daß er alles wohlgemacht hat. Heute geht es dagegen nicht um vollen Beifall, sondern um volles Vertrauen, daß Gott und das Lamm ein gerechter Richter sein werden. Wo sind die Fragen der Menschheit und der Menschlichkeit auch besser aufgehoben, als in der Ehre Gottes und des Lammes?

[931] Das gibt auch W. Michaelis zu, spekuliert dann aber auf eine nochmalige Neuschöpfung n a c h der Neuschöpfung (S. 112–113), über die wir freilich „nichts oder nur sehr wenig erfahren" (S. 121), vgl. Anm. 952.

Wir sollten das prophetische Wort ein wenig ernster nehmen als unsere sehr unprophetischen Gefühle, die doch eines Tages abgetan sind. So gebieterisch sich menschliche Empfindungsurteile[932] auch melden, dürfen wir uns ihnen doch keinesfalls anvertrauen und ihnen gestatten, die Exegese zu stören.

Abschließend nehmen wir die Frage auf, die wir uns in der Vorbemerkung zum Abschnitt gestellt haben: Kennt das Endgericht auch positive Ausgänge, obwohl es doch nur solche Menschen betrifft, die nicht an der ersten Auferstehung teilhaben? Dient das Buch des Lebens vor dem weißen Thron etwa lediglich dem Nachweis, daß die Gerichteten einer wie der andere nicht darin verzeichnet sind?

Der 15. Vers sagt wohlgemerkt nicht: Weil sie nicht gefunden wurden geschrieben in dem Buch des Lebens ..., sondern: Wenn jemand nicht gefunden wurde geschrieben in dem Buch des Lebens ... Das Sprachgefälle drängt geradezu in eine Verlängerung hinein, die ein positives Ergebnis ins Auge faßt. Warum aber wird der positive Fall nicht tatsächlich formuliert?

Er wird formuliert! Wir dürfen uns freilich nicht zu sehr von der mittelalterlichen Kapiteleinteilung beeindrucken lassen und den Gedanken am Ende von Vers 15 anhalten. Der Visionszyklus geht ohne tiefen Einschnitt unmittelbar weiter, und schon der nächste Vers (21, 1) stellt dem Verderbenspfluhl die Heilswelt gegenüber. In dieser Heilswelt aber erscheint nicht nur die „Braut des Lammes" (21, 2), nicht nur das eine Volk Gottes, sondern auch die „Völker" Gottes

932 Ein Beispiel zeige die Bedingtheit solcher Urteile. Schleiermacher (1768–1834), der einflußreiche Theologe des letzten Jahrhunderts, der aus der Mentalität des Deutschen Idealismus heraus die Lehre von der Allversöhnung erneuerte, folgerte: Wenn es eine ewige Verdammnis gibt, gibt es keine ewige Seligkeit, denn wie kann jemand vollkommen selig sein, wenn er weiß, daß gleichzeitig andere Menschen Tag und Nacht gequält werden. Seine Seligkeit würde Tag und Nacht gestört. Dieser Gedankengang hat immer wieder ergriffen. Demgegenüber konnte das Judentum es als Steigerung der Seligkeit für die Gerechten empfinden, wenn diese die Qual der Verworfenen erblicken würden: „Von oben blickst du her und schaust in die Hölle deiner Feinde, erkennst sie und sagst voller Freude Dank" (Himmelfahrt d. Mose 10, 10). „Die zweite Freude (der sieben Freuden der Gerechten) ist, daß sie die wirren Pfade schauen, worauf der Frevler Seelen irren müssen, sowie die Strafe, die jenen bleibt" (4. Esra 7, 93). Hier wird übrigens erkennbar, daß die Allversöhnungslehre nicht eine jüdische Verfremdung darstellt, sondern den Stempel grie Geistes an der Stirn trägt. Origenes (185–254), der erste große Systematiker dieser Richtung, hat es selbst ausgesprochen, daß die Philosophen an seiner Lehre nicht unbeteiligt gewesen seien (Oepke, Ki–Th W I, S. 391). Die philosophischen Studienjahre des jungen Origenes bei dem berühmten Neuplatoniker Ammonius Sakkas können in ihrer Bedeutung kaum überschätzt werden. Er lehrte, daß sich alle Dinge wieder zu ihrem Ursprung, also zu Gott, zurückentwickeln. Darum kann das Böse keine dauernde Wirklichkeit besitzen. Wie alle Sünde, alle Strafe und aller Schmerz ist es nur ein dunkler Übergang, den Gottes Fürsorge dennoch zum Besten lenkt. Diese Versöhnungsbotschaft gründet sich offensichtlich nicht auf die Geschichte Jesu, sondern auf eine Philosophie von Gott.

(21, 3; vgl. 21, 24. 26; 22, 2). Die erneuerte Menschheit umfaßt also mehr als nur die Gläubigen, und die Gnade Christi erreicht also auch noch im Endgericht weitere Scharen.

Aber heißt es nicht Mk 16, 16: „Wer nicht glaubt, der wird verdammt werden?" Gehen danach nicht alle Ungläubigen verloren? Die Aussage zielt dort im Zusammenhang auf Predigthörer. Von den anderen schreibt Paulus entschuldigend: „Wie sollten sie aber an den glauben, von dem sie nicht gehört haben? Und wie sollen sie hören ohne Prediger?" (Rö 10, 14). Es gibt Nichtglauben aus Unkenntnis, und es gibt darum Menschen, deren Nichtglauben Gott nicht anklagt, sondern selbst entlastet. Grund zur Verdammung ist der Unglaube allein bei denen, die das Evangelium glaubwürdig hören und darum glauben k o n n t e n. Für sie heißt es: „Wer nicht glaubt, wird verdammt werden."

Denken wir an die Milliarden und Abermilliarden von Menschen vor und nach Christi Geburt, denen nie die Herrschaft Christi geheroldet wurde, ferner an die früh verstorbenen unmündigen Kinder, an die nur oberflächlich christianisierten Massen in Europa, die niemals in eine echte Entscheidungssituation gelangten. Bis zum Überdruß vernahmen sie „Christus! Christus!", ohne ihm aber jemals im Heiligen Geist begegnet zu sein. Schließlich denken wir auch an die, die zwar ein vollmächtiges Zeugnis empfingen, aber nicht entscheidungsfähig waren, also an das Heer der Geisteskranken und Psychopathen. Sie alle werden vor dem weißen Thron stehen, und Gott nimmt auch ihr Tun und Lassen heilig ernst. Aber auch für sie ist da „das andere Buch". Es wird für sie nicht etwa von vornherein zugeklappt, als ob für sie das Blut des Lammes nicht gelten könne. Nein, auch dieses Buch wird dort ausdrücklich „geöffnet", womit sich auch ihnen die Möglichkeit eröffnet, Anteil an der Heilswelt Christi zu erlangen. So ergeht das Gericht im außergemeindlichen Raum im Zeichen b e i d e r Bücher. Gott ist imstande, alle Taten bis hin zu den innersten Gewissensentscheidungen gerecht zu beurteilen (Rö 2, 1–16), auch zu erkennen, wer ein Mensch wäre, wenn er Christus in Klarheit begegnet wäre. So kommt es auch im Gericht vor dem weißen Thron zu durchaus verschiedenen Ausgängen.

Die Ausgänge im einzelnen werden überraschen (s. o.). Die Bildrede vom Völkergericht in Mt 25, 31–46 steht unter diesem Vorzeichen. Die erste Überraschung ist die geschlossen wahrgenommene Gruppe der geringsten Brüder Jesu, wobei es sich im Rahmen der Sprache des Matthäus eindeutig um eine Jüngerbezeichnung handelt (s. z. Offb 3, 8). Es ist die bisher verkannte, aber bekennende Jüngergemeinde, die darum durch Durst, Blöße, Elend, Verfolgung und Gefängnisse gehen mußte. Aber jetzt erklärt sich der Herr der Parusie in überwältigender Weise mit ihr solidarisch. Sie trifft jetzt kein Gericht mehr, sichtbar und verherrlicht steht sie an der Seite des Richters. Die Verbindungslinien zu Offb 20, 1–6 liegen auf der Hand.

Der Rest der Menschheit ist nicht einfach eine Masse der Verlorenen. Eine Gruppe steht zu ihrer eigenen Verwunderung zur Rechten des Richters. Diese Menschen wissen nichts von einem persönlichen Verhältnis zu Christus während ihres irdischen Lebens. Nie sind sie ihm begegnet. Aber sie waren Christen begegnet, nämlich jenen „Geringen", und hatten sich für ein humanes Verhalten gegenüber diesen Gejagten und Geschundenen entschieden. Eben das wird ihnen als eine Entscheidung für Christus angerechnet. Dann wird diesen Begnadigten wie Träumenden sein, und man leitet sie in die endzeitliche Segenswelt Gottes.

Eine letzte Gruppe steht zur Linken des Richters. Auch sie wissen aus ihrem irdischen Leben nichts von Jesus, und der Richter wirft ihnen das gerechterweise auch nicht vor. Aber sie werden auf ihre rein innerweltliche Unmenschlichkeit und Unbrüderlichkeit hin angesprochen. Sie gehen in die ewige Pein. Mt 12, 37b gilt auch hier: „Aus deinen Worten wirst du verdammt werden!" Wer immer in dieser Welt von Gerechtigkeit, Menschlichkeit und Frieden spricht – ob Christ oder Nichtchrist – richtet damit den Maßstab auf für das Gericht seiner selbst. Gott duldet in diesen Dingen keine leeren Phrasen.

Die neue Welt

Offenbarung 21, 1–8

Zu Vers 1:
Jes 65, 17
66, 22
Zu Vers 2:
Jes 52, 1
61, 10
Zu Vers 3:
Sach 2, 14
2 Mo 29, 45
3 Mo 26, 11 f
Hes 37, 27
2 Chro 6, 18
Sach 8, 8
Zu Vers 4:
Jes 25, 8
35, 10
65, 17 ff
Zu Vers 5:
Jes 6, 1
43, 19
Zu Vers 6:
Jes 55, 1
Sach 14, 8

1 Und ich sah einen neuen Himmel und eine neue Erde. Der erste
Himmel und die erste Erde sind vergangen, und das Meer ist nicht
2 mehr. * Und die heilige Stadt, das neue Jerusalem, sah ich herab-
steigen aus dem Himmel von Gott her, bereitet wie eine ihrem
3 Mann geschmückte Braut. * Und ich hörte eine große Stimme vom
Thron: Siehe, das Zelt Gottes bei den Menschen! Und er wird bei
ihnen zelten, und sie werden seine Völker sein, und er selbst, Gott,
4 wird bei ihnen sein. * Und er wird herauswischen jede Träne aus
ihren Augen. Und der Tod wird nicht mehr sein, weder Totenklage
5 noch Geschrei noch Schmerz, denn das Erste ist vergangen. * Und
es sprach der auf dem Thron Sitzende: Siehe, ich mache alles neu!
Und er spricht: Schreibe, denn diese Worte sind treu und wahr-
6 haftig. * Und er sprach zu mir: Es ist geschehen. Ich bin das Alpha
und das O, der Anfang und das Ende. Ich, ja ich gebe dem Dür-

7 **stenden von der Quelle des Lebenswassers umsonst. * Der Sieger**
wird dies (alles) ererben, und ich werde ihm Gott sein, und er,
8 **ja er wird mir Sohn sein. * Den Feigen aber und Treulosen und**
Greuelvollen und Mördern und Hurern und Zauberern und Götzendienern und allen Lügnern – ihr Teil (wird ihnen zugewiesen) im Pfuhl, der mit Feuer und Schwefel brennt. Das ist der zweite Tod.

Zu Vers 7: 2 Sam 7, 14 Ps 89, 27 Sach 8, 8
Zu Vers 8: 1 Mo 19, 24 Jes 30, 33 Hes 38, 22

Es besteht kein Anlaß, hier, wie es in so vielen Kommentaren geschieht, einen neuen H a u p t abschnitt beginnen zu sehen und dadurch den Zusammenhang mit der Parusie (19, 11–16) abreißen zu lassen. Ohne tieferen Einschnitt fährt der Text fort: „Und ich sah" (vgl. 20, 1. 4. 11). Er greift auch in Fülle auf den gerade gelesenen Abschnitt vom Weltgericht zurück. Wieder lesen wir von „Himmel und Erde" (V. 1 wie 20, 11), wieder auch vom „Meer" (V. 1 wie 20, 13), vom ewigen „Leben" (V. 6 wie 20, 12), vom „Thron" Gottes (V. 3 wie 20, 11), vom ersten wie vom „zweiten Tod" (V. 4. 8 wie 20, 13. 14) und auch vom „Feuerpfuhl" (V. 8 wie 20, 15). Gerade auch der dunkle Schlußpunkt mit dem Feuerpfuhl in Vers 8 – es ist die letzte derartige Stelle in der Offb – ordnet unsern Abschnitt deutlich in die Visionskette 19, 11 – 21, 8 ein (Anm. 833).

So will die Neuschöpfung in ihrem Zusammenhang mit der Parusie erfaßt sein[933]. Dem Herausritt des weißen Reiters von 19, 11 folgt jetzt das Herabsteigen der ungeschmälerten Gottesgegenwart auf die (nun freilich erneuerte) Erde. Jene „Öffnung" bedeutete wirklich ein völliges sich Entleeren des Himmels (s. z. 19, 1). Und zwar zielte die Parusie von vornherein auf diesen positiven Sinn. Die dazwischengeschalteten Gerichtsabschnitte mit ihrer stückweisen Aufhebung der alten Weltverfassung waren notwendig, aber sie drängten zuinnerst auf Neuschöpfung, sie schufen Raum für die verheißene Welt, in der Gerechtigkeit wohnt.

So ersteigt der Abschnitt 21, 1–8 einen langersehnten Gipfel. Das Buch der Enthüllungen gipfelt in der Enthüllung Gottes. Es ist, als ob zwei Hände eine Dunsthülle beiseite tun, um nach den Einblicken in die Abgründe der Geschichte und in die finsterste Verworfenheit jetzt endlich das Allerheiligste erkennbar werden zu lassen: Gott alles in allem. Die Verse 5–8 bringen – abgesehen von den Rahmenstücken – das einzige Sprechen Gottes in diesem Buch. Ein stammelnder und staunender Redestil[934] prägt die Sätze. Die aufgerissenen

[933] Der Abschnitt 21, 1–8 enthält zwar keinen direkten Hinweis auf den erschienenen Christus, aber es verhält sich damit wie im vorangegangenen Stück 20, 11–15. Dort ist es der Ausdruck „Buch des Lammes", hier der Ausdruck „Braut (des Lammes)", die eine entscheidende Verbindung dieser Visionen zur Christologie herstellten.

[934] Der Eindruck des Stammelnden entsteht z. B. durch die ungewöhnliche Häufung von „und" (elfmal).

Augen des Sehers werden immer weiter, und der Grad seiner Anteilnahme steigt aufs höchste.

Wie der andere Vollendungsabschnitt 7, 14–17 (s. d.) ist auch dieser wieder überfüllt von Anklängen an das AT (vgl. Anm. 860). Da findet sich kein Gedanke, der nicht in der Nähe atst Wendung bleibt. Eine mächtige Kraft nimmt den so hochinteressierten Propheten in Zucht, so daß alles in ihm niedergeschlagen wird, was über vorgezeichnete geistliche und biblische Bahnen hinausgeht. Unsere Gemüter sind ja gerade in Sachen Neuschöpfung und Vollendung zu klein für den Gegenstand. Wer hier zu wortreich und wortfreudig wird, gibt zu erkennen, daß er nicht weiß, wovon er spricht.

Vers 1 bringt in ganz wenigen Strichen und im deutlichen Anklang
1 an Jes 65, 17; 66, 22 die Vision einer neuen Welt. **Und ich sah einen neuen Himmel und eine neue Erde.** Bei Jesaja meinte Neuschöpfung allerdings mehr eine Art Verklärung der bestehenden Welt, so daß das Neue nur die Zustände auf der alten Erde, nicht aber diese selbst betraf. An unserer Stelle müssen wir aber von 20, 11 her mitdenken. Der alte Kosmos ist spurlos verschwunden. „Das Erste ist vergangen", heißt es 21, 4. Es fehlt z. B. völlig das Weltenmeer (V. 1b). Das Neue wird vom bisherigen durchgreifend abgehoben, es setzt nicht Weltverbesserung, nicht Überarbeitung, sondern Auflösung des Alten voraus[936].

Der kommende Herr gießt nicht neuen Wein in alte Schläuche (vgl. Mk 2, 22). Er ist viel radikaler als Weltverbesserungsprogramme. Das Adjektiv **neu** (s. z. 2, 17) atmet in der Offb immer diese göttliche Radikalität. „Wenn wir erst einmal sähen, wie furchtbar die Welt in Wahrheit ist, wenn sie sich enthüllt hat in der Verfolgung der Christen, dann verstehen wir, daß wir auf einen neuen Himmel und eine neue Erde warten müssen. Dann sehen wir, daß alle diese Versuche, die Welt zu verchristlichen, zu niedrig gedacht sind ... Darum steht eben am Ende der Heiligen Schrift die Offenbarung des Johannes, um mit all diesen Utopien und Illusionen zu brechen und die Hoffnung zu zeigen, die allein angesichts der Wirklichkeit dieser

[936] Sicher geht Hallesby, in: Himmel, Tod und Hölle, Wuppertal 1958, S. 94, zu weit, wenn er die Neuschöpfung als eine genaue Auferstehung der alten Welt auslegt: „So werden wir das Ganze am Morgen der Auferstehung wiederfinden: unser schönes Land (er denkt an sein Norwegen), an das uns Gott mit so vielen und feinen Bindungen gebunden hat. Der liebe Wohnflecken mit den vielen Erinnerungen, die das alte Gemüt so jung und das harte Herz weich wie Wachs machen können, der alte Hof, der im goldenen Glanz der Kindheitserinnerungen daliegt, das Pferd, der Hund, die Katze und das Schaf — wir werden das alles zusammen wiederbekommen!" Er fügt gleich hinzu: „Wohl weiß ich, daß hier der eine oder andere Philister verfängliche Fragen stellen kann." Wirklich nur Philister?

Welt durchhalten wird"[937]. Damit will die Offb keinesfalls unser Handeln lähmen, wohl aber ausrichten. Die Gemeindebotschaften (Offb 2 und 3) sehen sehr scharf auf die „Werke", loben sie, fordern sie und erwarten ausdauerndes Handeln auch unter größter Mühsal. Aber alle Aktivität der Christen hat den Sinn, in dieser alten Welt deutliche Signale aufzustellen, die den kommenden Herrn und seine neue Welt anzeigen.

Wir erwägen unseren Vers auch als Voraussetzung des nächsten Verses, der von der neuen Gesellschaft spricht. Die Prophetie zeigt den neuen Menschen nicht im „Himmel" noch in gähnender Leere, selig allein mit seinem Gott, sondern in einem neuen Kosmos. Am Ende stehen also nicht nur Personen. Darum ist ein extremer Personalismus kein geeignetes Gefäß für die christliche Zukunftsbotschaft. Für biblischen Begriff ist schon der heutige Mensch nicht abgetrennt von der Erde und von irdischen Bedingungen faßbar. Adam heißt „Erdling", „Erde" heißt im Hebräischen Adama. Beider Geschick ist innigst miteinander verwoben. Darum zeigt die Offb auch die Erdkatastrophen immer im Zusammenhang mit Menschensünde und die Vernichtungsschläge Gottes gegen den Kosmos als Gerichte an den Menschen. Genauso aber wird auch der Friede zwischen Gott und Mensch das Wunder einer neuen, heilen Erde freigeben, die nicht mehr vor dem Angesicht Gottes fliehen muß (20, 11).

Sie ist nämlich eine dämonenfreie Welt, wie sie uns längst durch die Dämonenaustreibungen in den Evangelien prophezeit ist: **und das Meer ist nicht mehr.** 22, 1 wird zeigen, daß es in dieser Schau des neuen Kosmos nicht um Wasserlosigkeit an sich gehen kann. Der Orientale hat Quellen und Gewässer viel zu hoch geschätzt und viel zu viel vom Segen des nassen Elements gewußt. Darum dürfen wir **Meer** in diesem Zusammenhang nicht vordergründig nehmen[938]. Es ist hier Brutstätte des Satanischen, des Aufruhrs gegen Gott und sein gutes Schaffen (s. z. 20, 13). Aus dem „Meer" tauchte 13, 1 das Tier auf mitsamt Lästerung, Verführung, Verfolgung und Mord. Dieser böse Quell wird in der neuen Schöpfung nimmermehr fließen, und zwar zugunsten des anderen Quells von 22, 1, auf den auch schon 21, 6 Bezug nimmt. Die neue Menschheit lebt endlich unbedroht und

[937] H. J. Iwand, Gesetz und Evangelium, Nachgelassene Werke IV, 1964, S. 227. Dafür, daß diese Gedanken nicht verantwortungsbewußtes Handeln entnerven, ist Iwand selbst ein Gegenbeweis. Mit männlichem Ernst und mit ganzer Leidenschaft verzehrte er sich neben seinem Lehramt in der Arbeit für den Frieden zwischen Ost und West. Er gehörte zu den Initiatoren der Prager „Christlichen Friedenskonferenz" und starb, vorzeitig erschöpft, am 2. Mai 1960.

[938] „Meer" kann sonst auch innerhalb einer Dreiteilung des Kosmos Himmel — Erde — Meer erscheinen, z. B. 10, 6; 14, 7. Dieses Verständnis liegt hier offenbar fern.

ohne Bangigkeit; sie muß nicht mehr jeden Augenblick mit einer unheimlichen Störung rechnen[939]. „Er reißt dich aus dem Rachen der Angst in einen weiten Raum, wo keine Bedrängnis mehr ist" (Hio 36, 16).

Die Fehlanzeige, **das Meer ist nicht mehr** – hier der einzige ausmalende Zug der Vision der neuen Welt –, führt eine lange Reihe ähnlicher Fehlanzeigen an[940], die sich wie ein roter Faden durch die Vollendungskapitel der Offb zieht. Dieser Stil verrät, wie stark Johannes die Visionen aus einem Vergleich mit den gegenwärtigen Zuständen heraus schaut und wie seelsorgerlich er seinen Empfängern schreibt, vor denen eben noch das Meer brüllt, die der Tod ängstet und in denen noch das Herz zittert. Bei der Auslegung dieser Fehlanzeigen wird es sich als folgenreich erweisen, ob wir diesen seelsorgerlichen Ausgangspunkt erkannt haben.

Im folgenden Vers zeigt das Stichwort „neu", daß das Thema von der Neuschöpfung weiterläuft. Aber Johannes erlebt, verglichen mit 1 Mo 1, sofort einen Sprung ins sechste Tagewerk. So karg ist die Schau, oder so sehr geht es ihr um Seelsorge an seufzenden Menschen und so wenig um allerlei Auskünfte für spekulierendes Denken. Schon erscheint der neue Mensch auf der neuen Erde.

2 **Und ich sah die heilige Stadt, das neue Jerusalem.** Also als geordnetes Gemeinwesen, als **Stadt,** erscheint die neue Menschheit, nicht als formloser Menschenhaufe. Der Grieche dachte bei diesem Begriff (polis) zunächst an eine fortschrittliche, bürgerliche Verfassung und Rechtsordnung, weniger an einen räumlich geschlossenen Komplex von Gebäuden hinter Mauern[941]. Völlig anders stand es in Israel und im AT, wo an einer Stadt gerade das geschützte Wohnen hinter bergenden Mauern interessierte. Aber ob sich der Begriff der Stadt nun stärker mit der Vorstellung einer freiheitlichen, menschenwürdigen Ordnung oder mit der Vorstellung von Schutz und Trutz verband, es geht doch in jedem Fall um einen Höchstbegriff, um ein Sehnsuchtsziel des Menschen. Die Stadt ist Inbegriff eines Reichtums an Geborgenheit und Frieden, an Gütern und Kultur, an

[939] Eines der Nachtgesichte des Sacharja enthält eine ähnliche Prophetie. Sacharja schaut 1, 8 „Myrten in der (Meeres)tiefe". Diese Meerestiefe (meschulah), sonst Urfeind der Schöpfung, ist also ausgetrocknet und in einen Paradiesgarten verwandelt.

[940] Weitere Beispiele: keine Tränen (21, 4), kein Tod, keine Klage, kein Geschrei und Schmerz (21, 4), keine Verleugner usw. (21, 8), kein Tempel (21, 22), kein Bedarf an Licht durch die Gestirne (21, 23; 22, 5), kein Verschluß der Tore (21, 25), keine Nacht (21, 25; 22, 5) kein Zugang für Unreines usw. (21, 27), keine Krankheit (22, 2) und kein Bann (22, 3).

[941] Selbst offene Landschaften mit einigen Dörfern konnte der Grieche eine „Stadt" nennen, wenn diese Dörfer unter einer gemeinsamen Verfassung lebten, s. Strathmann, Ki–Th W VI. S. 517.

Frohsinn und Leben. Immerhin löst er bis heute Landflucht aus. Die Stadt, das ist der dem Chaos abgewonnene Kosmos. Dies alles berührt sich mit Gedanken, auf die uns schon die Verse 18, 21–23 führten (vgl. auch Exkurs 15e), wo sie sich an der Schau der Gegenstadt, nämlich Babels, entzündeten.

Damit zeigt sich noch einmal, daß das Hochziel biblischer Prophetie nicht in einer rein personalen Begegnung des Menschen mit seinem Gott besteht. Der Mensch begegnet Gott vielmehr innerhalb einer Menschengemeinschaft, in der alle Gemeinschaftsprobleme gelöst sind (V. 2), und er begegnet ihm innerhalb einer Umwelt, in der alle Weltnöte gestillt sind (V. 1). Gott erlöst nicht nur personal, sondern auch universal. Die bloße Ich-Du-Frömmigkeit, die an Natur und Politik vorbeiredet, geht in Ewigkeit nicht auf. Unser Glaube sollte darum als Antwort auf Gottes Wort auch Umweltbezüge und Sachbezüge zu umfassen suchen und nicht die Hoffnung, die Liebe und das Zeugnis auf Herzensangelegenheiten einengen.

Es war schon berechtigt, den Begriff „Stadt", der in diesem Kapitel immerhin neunmal vorkommt, zunächst für sich zu erörtern. Jetzt aber muß beeindrucken, daß diese neue Stadt einen uralten Namen trägt: **das neue Jerusalem.** Eine Linie, die tausend Jahre vor Christus aufbrach, überdauert alle politischen und religiösen Katastrophen, ja selbst das Vergehen von Himmel und Erde, und taucht in der Vollendung auf, um sich dort zu erfüllen.

Als David bereits König von Israel und Juda war, eroberte er mit seinen eigenen Gefolgsleuten, also ohne die beiden Volksheere in Anspruch zu nehmen, Jerusalem. So wurde diese Stadt die „Stadt Davids", als etwas Drittes zwischen den beiden Landesteilen. Wie das Königtum Davids stand diese Stadt über dem Gegensatz von Israel und Juda und später auch über dem Gegensatz von Juden und Heiden. Der dort mit David gestiftete Bund Gottes umfaßte darum von Anfang an die weitesten Räume und Zeiten und war auf Gottes Königsein über eine ganze Menschheit angelegt. Das Herzstück dieses Bundes war: Ich bin da! Jerusalem und sein Tempel war das Absteigequartier Gottes, und von dort aus wollte Gott alle Völker in seine Gegenwart zurückholen und sie segnen. Dieses „Jerusalem", diese seine Wohnung auf der Erde, hat Gott dann in einer atemberaubenden Treuegeschichte erhalten, und zwar durch Sünde und Versagen, durch Zerstörung, Zerstreuung und Zertretung hindurch. Schließlich blieb nur noch ein Rest davon: Jesus am Kreuz! Er allein war noch „Tempel" (Jo 2, 19). Aber Gott, den seine Gaben und Berufungen nicht gereuen können, bewahrheitete seine Treue und ließ seine Herrlichkeit neu in den gekreuzigten Leib Jesu einströmen. So wurde „Jerusalem" aus dem Tode erweckt, der „Tempel" neu erbaut und neu als Stätte der Gottesgegenwart eröffnet (Mt 28, 20). Die Völker haben von allen Seiten Zutritt.

Zwar verzögert Gottes Geduld noch die Volloffenbarung dieses „Jerusalem", und es ist noch eine in Gott verborgene Größe (Kol 3, 3). Nur in Gestalt gewisser Außenposten befindet es sich bereits in unserer Welt, aber die „Hauptstadt ist im Himmel" (Phil 3, 20)[942]. Unser Jerusalem ist „droben" (Gal 4, 26). Nur im Heiligen Geist haben Christen jetzt schon Zugang zu ihm (Hbr 12, 22–23)[943]. Aber wenn sich in der Parusie alles enthüllt, sowohl das Ende der alten Welt als auch die neue Welt, dann erscheint auch das neue Jerusalem in vollendeter Herrlichkeit.

Johannes schaut das neue Jerusalem **herabsteigen aus dem Himmel von Gott her.** Durch einen dreifachen Ausdruck wird denkbar stark betont, daß es mit einem geographischen Wiederaufbau Jerusalems aus der alten Erde, der das Judentum so lebhaft beschäftigte, nichts ist. Jenes alte Jerusalem in Palästina wird so wenig verklärt wie die alte Erde. Zunächst sieht Johannes also das verheißene Jerusalem **herabsteigen**[944]. Es wird nicht von unten nach oben gebaut. Alles Hochbauen von der Erde führte zu Babel, niemals zur Gottesstadt und zum Gottesstaat, und nichts ist wirklich neu, was nicht von oben ist (Jo 3, 3). So kommt diese Stadt herab **aus dem Himmel**, aus der unbegreiflichen wunderbaren Welt. Schließlich heißt es noch: **von Gott her**. Gott selbst ist ihr „Baumeister und Schöpfer" (Hbr 11, 10).

Wichtig scheint, daß das neue Jerusalem sofort fertig in Erscheinung tritt. Obwohl es vom Standpunkt des Johannes aus gesehen noch Verheißungscharakter[945] hat, ist es doch schon eine gegenwärtige Größe, im Grunde fertig seit dem Heilswerk unseres Herrn Jesus Christus (Jo 14, 2).

Für die Rede von einem himmlischen Jerusalem, das in der Heilszeit erwartet wird, finden sich im Judentum Parallelen. Um so aufmerksamer achten wir hier auf das Sondergut.

942 Die Übersetzung „Hauptstadt" oder „Heimatstadt" fordert an dieser Stelle Stauffer, Theologie des NT, 1948, 5. Auflage, S. 278. Sie führt die fernen Kolonisten in der Bürgerliste.

943 Nach Offb 14, 1 stehen sie auf dem „Berg Zion"; der Ausdruck ist nicht mit dem zukünftigen Jerusalem zu verwechseln (s. d.).

944 Dieses Herabkommen von oben wird von Jesus ausgesagt: Jo 3, 31; 6, 33. 38. 41. 50. 51; 8. 23. Er ist der Grundstein zum neuen Jerusalem. Aber auch alle darauf gebauten „Steine" müssen von oben stammen: Jo 1, 13; 3, 3; 1 Jo 2, 29; 3, 9; 4, 7; 5, 18.

945 Dabei ist gewiß n i c h t gemeint, daß das neue Jerusalem sich dem einzelnen Gläubigen in seiner Sterbestunde eröffnet, wie es unsere Choräle durchgehend darstellen. So z. B. Joh. Meyfart in seinem bekannten Lied „Jerusalem, du hochgebaute Stadt" oder die Sterbelieder „Alle Menschen müssen sterben" (Strophe 6) und „Es ist noch eine Ruh vorhanden" (Strophe 5). Diese einmütige und recht grobe Umdeutung von Off 21 ist bezeichnend für die Bibelferne auch inniger christlicher Frömmigkeit durch Jahrhunderte hin.

Johannes sieht das Bild der Braut, das schon in 19, 7–8 (s. d.) vorbereitet ist, jetzt verbunden mit der Stadt: **bereitet wie eine ihrem Mann geschmückte Braut.** Die Verbindung einer Stadt mit dem Bild einer weiblichen Gestalt war für den antiken Leser einleuchtend. Oft erschienen Städte etwa unter einem mütterlichen Symbol. Wir erinnern uns an die Vertauschbarkeit der Begriffe Weib und Stadt bei Babel (K. 17–18). Aber das Judentum hat diese Verbindung im Blick auf das neue Jerusalem n i c h t vollzogen.

Johannes schaut die Stadt herabsteigen, holdselig wie eine Braut. Ermessen wir das darin enthaltene Zeugnis! Wenn die Herrlichkeit dieser himmlischen Stadt, die ja noch in dem eigenen Anhang 21, 9 bis 22, 5 hoch gepriesen wird, im letzten Grunde die Herrlichkeit der Braut des Lammes ist, dann besteht das Geheimnis dieser Herrlichkeit in ungeteilter, ungeheuchelter und unbegrenzter Liebe zum Lamm (s. z. 12, 11; 14, 4). Freilich, dieses Wesen gründet in einem noch Tieferen, in der Liebe Gottes und des Lammes zu den Erlösten (1, 5; 3, 19), die sie zur Gegenliebe erweckte.

Dabei will noch bedacht sein, daß dies Neu-Jerusalem zugleich das lebendige Herz der Völkerwelt auf der neuen Erde sein wird (s. z. V. 3), so daß mit dem Wesen dieser Stadt auch schon das Wesen der neuen und heilen Menschen überhaupt zur Sprache gekommen ist. Wie wurde also der Mensch, der durch Herrschsucht und Habsucht, durch Unzucht und Lüge, durch Angst und Gleichgültigkeit zu einem Zerrbild seiner selbst verfinstert war, wieder heil? Das liebende und zur Gegenliebe erweckende Lamm ist ihr Heilungszentrum. In diese Liebe einzukehren, ist Bestimmung und Erfüllung der Menschheit, wie Gott sie vor Augen hat, seit er Adam schuf, und wie er sie von oben her abschließend verwirklichen wird, wenn Christus erscheint.

In Vers 3–4 schließt sich eine deutende Stimme an. **Und ich hörte** 3
eine große Stimme vom Thron. Das Folgende steht wieder in deutlicher Nähe zu atst Worten[946]. **Siehe, das Zelt Gottes bei den Menschen!** Im Unterschied etwa zu Hbr 11, 9 steht hier der Ausdruck „Zelt, zelten" nicht dem Wohnen in einer festen Stadt gegenüber. Der Hintergrund der Stadt gehört ja hier gerade dazu. Die Wahl des Ausdrucks erklärt sich sicher aus dem Umstand, daß „Zelt" an den Begriff der Stiftshütte erinnert (vgl. Anm. 486). So bekundet er heilige Gemeinschaft mit Gott.

Der Satz vom Zelten Gottes bei den Menschen wird wiederholt abgewandelt. **Und er wird bei ihnen zelten, und sie werden seine Völker sein, und er selbst, Gott, wird bei ihnen sein.** Ohne Scheu, ohne Unsicherheit oder Zurückhaltung wird gerühmt, daß die alte

[946] Vgl. Sach 2, 14–15; 8, 3. 8; Hes 37, 27; 43, 7; 48, 35; 3 Mo 26, 11–12; 2 Chr 6, 18.

Bundesformel[947] endlich ungebrochen in Kraft steht. An die Stelle des Gegeneinanders ist das Beieinander getreten. Weder muß der Mensch außerhalb des Paradieses Gottes leben, noch leidet Gott Raumnot in seiner Schöpfung.

Gott **bei den Menschen**, hieß es und deutete wohl schon damit an, daß die Erfüllung den national-israelitischen Rahmen weit überragt. Auch schon im Begriff „Jerusalem" kündet sich das Übervölkische an (s. z. V. 2). Jetzt tritt es ganz klar an den Tag. Der Plural, **und sie werden seine Völker sein**, stört ein am AT geschultes Ohr unbedingt (vgl. die Stellen in Anm. 947). Tatsächlich gibt es eine Handschrift, die hier den Singular setzt, und die meisten Übersetzer entschieden sich für sie, obwohl sie keinesfalls mit der hier festgehaltenen Lesart gleichwertig ist[948]. Und doch gibt es keinen sachlichen Grund, hier einen bewußten endgeschichtlichen Plural auszuschließen, zumal er doch ähnlich 21, 24. 26; 22, 2 wiederkehrt.

Damit sind hier aber nicht nur die Grenzen des völkischen Israel, sondern ebenfalls die Grenzen der Gemeinde hinfällig. Wie das völkische Israel Grundstock der Gemeinde aus Juden und Heiden war, ist nun diese Gemeinde Grundstock einer neuen Menschheit geworden. Der Gott von Offb 21–22 hält es keineswegs nur mit den heute als fromm bekannten Leuten, er erfüllt und feiert seine Verheißungen nicht nur im Rahmen einer Sekte, sondern: Gott bei den Menschen! Das ist der tiefste Sinn von „Immanuel". Nicht Gott bei den Juden oder bei den Deutschen oder bei den Religionsgemeinschaften oder bei irgendeiner Auswahl, sondern Gott bei seinen Menschen und seine Menschen bei ihm allezeit[949].

Nun ist auch das früher Gesagte hinzuzunehmen: Diese Herrlichkeit der neuen Menschheit hat zum Kern die Liebe zum Lamm, das so geliebt hat. Immer wieder geht diese Liebe auf dieses Lamm zurück und zu den Menschen hinaus. So nährt diese Schau nicht eine verschwommene Schwärmerei, sondern bezeugt wieder als A und O den gekreuzigten und auferstandenen Christus.

Im 4. Vers bezieht sich die deutende Stimme auf die Fehlanzeige für die neue Schöpfung von Vers 1: „Das Meer ist nicht mehr." Gott
4 **wird herauswischen jede Träne aus ihren Augen.** Wird auf der neuen
Erde etwa geweint? Laufen tränenüberströmte Gestalten durch die

[947] Vgl. Hes 11, 20; 14, 11; 34, 24; 36, 28; 37, 23. 27; Jer 7, 23; 11, 4; 24, 7; 30, 22; 31, 1. 33; 32, 38.

[948] Rissi vermutet eine Verschreibung, ähnlich Strathmann, Ki–Th W IV, S. 54, Anm. 104.

[949] Nach einigen (vor allem lat) Lesarten taucht hier der Name unmittelbar auf: „Und er, der Gott-mit-ihnen (d. h. Immanuel), wird ihr Gott sein." So die katholische „Jerusalemer Bibel", Leipzig 1969.

goldenen Gassen Jerusalems[950]? So mißverstehen wir biblische Bildersprache. Die Aussage umschreibt wie in Jes 25, 8; 35, 10; 65, 19 vollkommenes Heil, das nicht mehr durch Unheil getrübt ist, weil jeder Gerettete endlich im Hauch ganz persönlicher Gottesnähe geborgen ist. Mit der Parusie tritt Gott als „Gott des Trostes" hervor wie nie zuvor. Weder untergründig noch hintergründig wird da ein Weh weiterwirken. Wie jeder Mensch seine Mutter hat, wird jeder Erlöste seinen Gott haben und in keinem Stück gottverlassen sein.

Die Fortsetzung entfaltet diese Verheißung. Auf der neuen Erde wird nicht mehr geweint, weil das Sterben mit allen seinen Vorformen und Nachwehen dem Leben gewichen sein wird. **Und der Tod wird nicht mehr sein.** Dieser Satz zieht das Fazit aus 20, 13. Nachdem der Tod als Macht in den Feuerpfuhl geworfen ist, hat es sich ausgetötet, gibt es kein individuelles Sterben mehr. Diese Auslegung für das Wort „Tod" legt sich an dieser Stelle durch das Folgende nahe[951].

Drei Ausdrücke malen eine Welt, in der gestorben wird. Zunächst ist da die trostlos sich hinziehende **Totenklage** (Exkurs 15c), dann der einzelne Auf**schrei** der Verzweiflung und schließlich der wühlende seelische **Schmerz**. Das alles fehlt auf der neuen Erde. Wie 18, 21–24 für Babel ein Verstummen der Stimmen prophezeite, so tut es unser Vers für Jerusalem. Aber w e l c h e Stimmen verstummen hier und dort? In Babel die Stimmen des Lebens, in Neu-Jerusalem die Stimmen des Todes. Das macht den himmelweiten Unterschied der beiden „Städte" aus.

Nachdem wiederholt und dadurch aufs äußerste gesteigert die Partikel „nicht" erklang, folgt eine Zusammenfassung. **Denn das Erste ist vergangen.** So erklärt sich der Friede der neuen Welt nicht aus einem wahllosen Ja zu allem und jedem, sondern daraus, daß Gott sein steiles Nein gegen Sünde, Tod und Teufel gesetzt hat.

In Vers 5–8 geschieht für das Buch der Offb etwas ganz Ungewöhnliches und Einmaliges: Gottes Stimme ertönt! Zu diesem Gipfel der „Enthüllung" siehe die Vorbemerkungen zum Abschnitt. Es handelt sich um ein göttliches Nachwort zur Vollendungsschau, das sich seelsorgerlich an die ersten und die heutigen Leser des Buches wendet und darin stark an die Gemeindebotschaften erinnert. Die Verse 5–6

950 Nach Stokmann genießen diese Menschen, die nach ihm nicht zur Gemeinde der Heiligen gehören, nicht die volle Seligkeit. Wie ist das mit der unmittelbaren Fortsetzung zu vereinbaren? S. auch z. 7, 17.

951 Michaelis faßt den Satz: „Der Tod ist nicht mehr" als Mitteilung auf, daß der Tod, der seit 20, 13 im Feuerpfuhl weilt, jetzt nicht mehr dort, sondern eben nirgendwo sei und jegliche Existenz verloren habe (S. 111–113). Daß hier eine Art Erlösung ausgerechnet des Todes aus dem Feuerpfuhl verkündet sei, paßt ganz und gar nicht in den Zusammenhang.

enthalten wieder Schreibbefehl, Selbstvorstellung und Verheißungsworte, worauf Siegerspruch (V. 7) und Drohwort (V. 8) folgen.

5 **Und es sprach der auf dem Thron Sitzende.** Wie mit einer Handbewegung gebietet er seiner Thronumgebung, die sonst für ihn zu sprechen hatte, Schweigen und tritt selbst mit seinem wiederholten „Ich" hervor, um unumstößliche Gewißheit zu schaffen. Er beansprucht jetzt ausdrücklich Aufmerksamkeit für sich: **Siehe!** Er selbst ist die Quelle aller Hoffnung auf Neues. Bei ihm, nicht bei uns, nimmt es seinen Anfang. Darum gilt es darauf zu achten, wer er ist und was er tun will.

Das erste Wort der Selbstoffenbarung lautet: **Siehe, ich mache alles neu!** (Vgl. Jes 43, 19; Jer 31, 22.) Die Vokabel **neu** bezieht sich in diesem Zusammenhang selbstverständlich zurück auf Vers 1, ebenso **alles** auf „Himmel und Erde". Vers 6 sagt ausdrücklich, in prophetischer Gewißheitsform zurückblickend: Es ist geschehen! Das Neuschaffen erfüllte sich also in dem, was in Vers 1–2 geschah[952].

Es stellt sich die Frage nach dem Verhältnis zu dem sehr ähnlichen und doch ganz anders gezielten Wort in 2 Ko 5, 17: „Ist jemand in Christus, so ist er ein neues Geschöpf. Das Alte ist vergangen, siehe, Neues ist geworden." Wort für Wort hat seine Entsprechung in unserem Abschnitt, und tatsächlich bricht in der gegenwärtigen Gemeinde schon ein Beginn des zukünftigen Jerusalems auf. Der Heilige Geist vergegenwärtigt schon heute den wahren Herrn von Neu-Jerusalem und erweckt auch heute schon dessen Bürger. In der Gemeinde offenbart sich Gott auch heute schon als der wahre Immanuel, so daß Paulus in 2 Ko 6, 16 das Wort von Gott mitten unter seinem Volk schon vor der Parusie erfüllt weiß. Damit ist Wesentliches vorweggenommen, aber eben doch noch nicht die volle und runde Verleiblichung des Neuen erschienen, noch nicht Neu-Jerusalem mit seinen „Mauern",

[952] Darum ist es uns nicht überlassen, diese Verheißung auf alles mögliche zu beziehen. Michaelis liest S. 113 in diesen Vers hinein, daß Gott über die Neuschöpfung von V. 1–2 hinaus noch einmal neuschaffend eingreifen werde, und diesmal auch in bezug auf die Insassen des Feuerpfuhls. Ihre Qual sei dann beendet. Über diesen noch größeren Eingriff Gottes äußert er sich allerdings sehr zurückhaltend: „Was die Neuschöpfung jenseits des zweiten Todes betrifft, . . . so fehlen uns jegliche Anhaltspunkte, Größe und Art dieses Wunders auch nur einigermaßen zu ermessen . . . Ganz gewiß erfahren wir nicht alles, was wir vielleicht erfahren möchten." Er riskiert in diesem Zusammenhang die Frage: „Sollen wir den Vorstellungen von einem Fegefeuer einen Wahrheitskern zuerkennen?" So sorgfältig Michaelis arbeiten kann, so ist seine Exegese doch stark von bestimmten Wünschen unterströmt. Bei den geringsten Anlässen mischen sie sich ein, als suchten sie nur Gelegenheit, sich anzubringen. Auch Schumacher meint (Allversöhnung, S. 106), die Offb habe V. 1–4 nur einen Beginn der Neuschöpfung gezeigt, erst eine Überleitung zur vollen Zielerreichung, bis nach V. 5 auch der Feuerpfuhl in die Erneuerung einbegriffen werde. – Aber eine Gottesverheißung, die ihrem Zusammenhang entwunden und in fremde Systeme eingesetzt wird, ist nicht mehr G o t t e s Verheißung.

„Toren", mit seiner „Straße" und vielem anderen, was 21, 9 – 22, 5 in Bildern hoffen läßt. Unsere Freude über die Vorverwirklichung mitten unter uns muß klarsichtig bleiben für die vielen noch gebrochenen oder nicht ausgezogenen Linien, für das weitere Wartenmüssen auf den neuen Himmel und die neue Erde, auf der Gerechtigkeit wohnt.

Und er spricht: Schreibe, denn diese Worte sind treu und wahrhaftig. Das Gewicht des Schreibbefehls in der Offb haben wir schon zu 1, 11 erwogen. Gott gibt etwas zu Papier, worauf er sich gern einmal befragen lassen will. Neben die schriftliche Zusage „Siehe, ich mache alles neu!" wird man dann die Wirklichkeit halten und keinen Zwiespalt finden. Er selbst verbürgt sich vor den Gemeinden dafür, daß hier nicht nur schöne, aber unmaßgebliche Träume erzählt wurden.

In kurzen Abständen heißt es dreimal, daß Gott sprach[953]. Ganz eindringlich redet er auf den kleinen Menschen ein, der vor dem unfaßlichen Gott wie begriffsstutzig dasteht. Aber in dem Maße, wie Johannes Gott reden und reden hört, wird er vollbeladen mit Gewißheit. „Er wußte aufs allergewisseste: Was Gott verheißt, das kann er auch tun" (Rö 5, 21). Dieser Vergleich mit Abraham ist an dieser Stelle am Platze. Wie einst der Vater der Glaubenden blickte Johannes auf all das Tote, Dürre und Hoffnungsleere um sich herum, und das ohne Frage als ein allen Realitäten aufgeschlossener Mensch. Aber gerade darum stand für ihn nicht nur das im Raum, was er sah, sondern nun auch das, was er hörte und was Gott sagte. Und davon ließ er sich völlig erfassen: Gott macht alles neu, Gott hebt eine heile Welt aus dem Dunkel der Geschichte.

Und er sprach zu mir: Es ist geschehen[954]. Dieses göttliche Amen 6
unter die Vollendung erinnert an 1 Mo 1: Gott sah, daß es gut war. Alle seine Worte sind wirklich in Geschehen umgesetzt, so daß keines von ihnen verloren, verdorben oder vergessen ist. Über diesem vollkommenen Werk erhebt sich noch einmal die Selbstbezeichnung Gottes von 1, 8 (s. d.): **Ich bin das Alpha und das O, der Anfang und das Ende.** Wenn Gottes Wille vollkommen geschehen ist, wird aber auch jeder Menschendurst Stillung empfangen. Darum fährt die Stimme fort: **Ich, ja ich gebe dem Dürstenden von der Quelle des Lebenswassers umsonst.**

Wasser ist nicht ohne weiteres ein Lebensbegriff. Mit dem Wasser im Meer machte der Mensch weithin schlechte Erfahrungen; es birgt

[953] Da die mittlere Stelle durch ihre Gegenwartsform heraussticht, vermutete Bengel, hier schalte sich der Deuteengel ein. Aber für diese Annahme gibt es zu wenig Anhalt.

[954] Hier in bezug auf das Gnadenhandeln Gottes, in 16, 17 in bezug auf seine Gerichte gesagt. Zum Verhältnis zu Jo 19, 30 („Es ist vollbracht") s. Exkurs 1 f.

bösartige Tiere, verschlingt Schiffe, zerstört Küsten und überflutet Land und Inseln. Sobald „Wasser" aber mit „Quelle" (oder Regenvorstellung) verbunden wird[955], vergegenwärtigt es ein Element des Lebens, das dem des Lichtes kaum nachsteht. Immer wieder preist das AT den Wasserreichtum der Heilszeit[956].

Ohne Bild handeln diese Stellen von Gott und allem Guten, vom Heil und vom Heiligen Geist. Nach Gott „dürstet" der Mensch; sein Angesicht nicht schauen und loben können bedeutet „verdursten", aber durch Freude an Gott wird der Mensch wieder „getränkt" (Ps 42, 2–3; 36, 9–10; 63, 2–4; Jer 2, 13; 7, 13). Besonders aufschlußreich sind die Verse Ps 63, 2–4, die in der Aussage gipfeln, daß solch eine Gottesgemeinschaft den Wert physischen Lebens übertrifft. „Deine Güte ist besser als Leben." Gottesgüte und Wohlleben treten deutlich auseinander, so daß der Fromme nicht einfach sein materielles Glück meint, wenn er „Gott" sagt. „Durst nach Gott" ist nicht ein religiöser Ausdruck für etwas Allzumenschliches, nämlich für den Durst nach Erfüllung eigener Ideale. „Durst nach Gott" ist die Bitte: Gottes Name werde geheiligt, sein Reich komme und sein Wille geschehe unter Durchstreichung menschlicher Namen, Reiche und Vorstellungen! Das, und das in alle Ewigkeit, wäre nach biblischer Prophetie „Paradies".

D i e s e r Durst – nicht also das Dürsten nach einem Schlaraffenland – führt statt ins Verdursten in ein Getränktwerden. Aber um welchen Preis? Antwort: **umsonst**[957]. Umsonst gibt es entweder das, was zu geringfügig ist, oder gerade das, was unbezahlbar und deswegen unter keinen Umständen für Geld zu haben ist. So gibt Gott sich unter keinen Umständen für „etwas", auch nicht für „Überwinden" (V. 7), sondern allein aus Gnaden. Und wem ist Gott gnädig? Wem er gnädig ist! Der Sinn dieser oft mißverstandenen Auskunft liegt darin, daß Gnade nach allen Erörterungen reine Gnade bleibt und unter keinen Umständen so etwas wird wie eine Prämie für gutes Glauben. Gemeinschaft mit Gott ist Gnade, „umsonst, ohne Geld" (Jes 55, 1).

Es gibt kein Gotteswort, dem nicht eine Menschenantwort gebührt, und keinen göttlichen Zuspruch, der nicht auch in einen Anspruch
7 umzusetzen ist. So folgt hier der Siegerspruch (Exkurs 1 f). **Der Sieger wird dies** alles **ererben.** Der Begriff des Erbens verlängert den Gedanken des „umsonst" in Vers 6. Ein Erbe wird auf Grund einer Verfügung zugeteilt, ohne Zutun des Erben.

955 In 7, 17 mit dem Plural „Quellen" verbunden; in 22, 17 wie hier, aber in einem evangelistischen Sinn, vgl. Jo 7, 37–39.

956 Jes 43, 19–20; 49, 10; 55, 1; Jer 2, 13; Joe 4, 18; Sach 13, 1; Ps 36, 9; Hes 47, 3–5.

957 Schon in Jes 55, 1; ein wichtiges Wort bei Paulus (Rö 3, 24).

Dieses Erbe umfaßt alles, nämlich die neue Schöpfung nach ihrer Länge, Breite, Höhe und Tiefe; es bedeutet „Leben" (V. 6). Vom All-Erbe handelt auch Rö 8, 32 (vgl. V. 17), wo Paulus diese Gabenfülle auf das engste mit der einzigartigen Gabe verknüpft, mit dem für uns dahingegebenen Christus. Mit diesem Gnadengeschenk wissen wir uns als Universalerben eingesetzt; es macht den ganzen Reichtum von Offb 21 und 22 für uns flüssig, und dieser unendliche Reichtum ist wiederum nichts als eine Aufschlüsselung dieser Gabe von Karfreitag. Die Offb ist nicht weniger christozentrisch als Paulus.

Aber wird die hier angesprochene Gemeinde das Erbe antreten? Gibt es unter Umständen eine Enterbung? Diese Möglichkeit taucht am Rande auf. Der Aufruf zum Siegen ist im Blick auf den 8. Vers als Aufruf zur Bekennertreue auszulegen. Es gilt den Namen Jesu festzuhalten und durchzutragen durch alle Bedrohung und Verlokkung. Jene wesensmäßige Verbindung des Erbes mit dem Lamm gestattet nicht, sich vom Lamm zu lösen und doch das Erbe einzustreichen. Genauso wenig wird es aber geschehen, daß ein Nachfolger des Lammes nicht in das volle Erbe Gottes eingeht. **Und ich werde ihm Gott sein, und er, ja er wird mir Sohn sein**[958]. Diese Verheißung erinnert stark an Vers 3, bezieht sich hier aber auf das einzelne Glied des Gottesvolkes. Sie enthält, johanneisch verstanden, nicht die Zusage, in der Parusie Gottes Kind zu w e r d e n, sondern als Gottes Kind o f f e n b a r zu werden. „Meine Lieben, wir s i n d nun Gottes Kinder; aber es ist noch nicht erschienen, was wir sein werden. Wir wissen aber, wenn er erscheinen wird, werden wir ihm gleich sein" (1 Jo 3, 3).

Das zitierte Wort setzt fort: „Ein jeglicher, der solche Hoffnung hat zu ihm, der reinigt sich." In diesem Sinne folgt hier das Drohwort[959] (Exkurs 1d). **Den Feigen aber und Treulosen und Greuel-** 8
vollen und Mördern und Hurern und Zauberern und Götzendienern und allen Lügnern – ihr Teil wird ihnen zugewiesen **im Pfuhl, der mit Feuer und Schwefel brennt. Das ist der zweite Tod.** Die Verse 21, 27 und 22, 15 bringen ähnliche Aufzählungen; diese Aufzählung ist aber zur Siebenzahl aufgefüllt, wobei „und allen Lügnern" als Zusammenfassung der sieben Begriffe gelten mag (vgl. 22, 15). So stehen den sieben Siegern von K. 2 und 3 am Schluß des Buches auch sieben Verlierer gegenüber.

Die Marschkolonne der Verlierer wird durch die **Feigen** angeführt. Das Wort meint im NT oft Glaubensabfall[960]. Die **Treulosen** gehö-

958 „Er ist mir Sohn" ist stärker als „er ist mein Sohn". Ursprünglich bezog sich dieses Wort auf den Messias (2 Sa 7, 14), dann auf das messianische Volk.
959 Dem Erbe (grie kläros) in V. 7 entspricht als Gegenstück der Anteil (grie meros) in V. 8.
960 Jo 14, 27; Mt 8, 26; Mk 4, 40; 2 Tim 1, 7; vgl. auch Hbr 10, 39.

ren zu den Feigen, wobei im zweiten Fall der Ton mehr auf dem Versagen unter äußeren Verhältnissen liegt, im anderen auf einem inneren Versagen. Die **Greuelvollen** haben den offenen Übertritt auf die Gegenseite vollzogen (vgl. 17, 4. 5; 21, 27). Bei den **Mördern und Hurern** sind die sittlichen Früchte, bei den **Zauberern und Götzendienern** die religiösen Früchte des Abfalls in Erscheinung getreten[961].

Von Christus abgefallene Menschen verkehren alles Wahre und Gültige. Sie sprechen nicht nur die Lüge, sondern tun und leben sie auch, indem sie gegen die Wahrheit Gottes und des Lammes anleben. Sie führen ihr Leben fortan im Geiste des „Lügenpropheten" (s. z. 13, 11 und 14, 5). Darum kann die Aufzählung zusammengefaßt werden: **und alle Lügner.**

Ihr Teil wird ihnen zugewiesen **im Pfuhl, der mit Feuer und Schwefel brennt. Das ist der zweite Tod.** Nach 19, 20; 20, 10. 14. 15 lesen wir hier das letzte Mal von diesem Feuerpfuhl, aber in anderer Weise verlängert sich diese Linie auch in den folgenden Abschnitten. Nicht nur verschämt und unterdrückt, sondern durchaus absichtsvoll sprechen die Visionen von einem „draußen". Das Nebeneinander der Heilszeit und des Unheilsortes gehört wesentlich zur Weissagung, denn dieser Unheilsort manifestiert den Sieg Gottes. Darum erscheinen regelmäßig die Besiegten. Der Trost, in den die Offb hineinführen will, ist nicht ein großes Vergessen, als wäre nichts gewesen, auch nicht ein großes Umschlingen aller Gegensätze, bei dem allen Seiten das Gewesene leid tut, sondern die Rechtfertigung Gottes allein. Diesem gerechtfertigten Gott entsprechen die gerichteten Gottlosen.

Dritter Anhang zu den Schalenvisionen:

DIE BRAUT DES LAMMES, DAS NEUE JERUSALEM

Offenbarung 21, 9 — 22, 5

Die Verse 9—10 bringen gegenüber Vers 8 einen unverkennbaren Einschnitt. Darum verlängert das neue Stück nicht einfach den Gedankengang, sondern steigt über ihn zurück und beginnt mit einer Parallele zu 17, 1, so daß die dortige Schau von Babel als der Hure des Tieres ihr Gegenstück erhält in der Schau Neu-Jerusalems als der Braut des Lammes[962]. Dabei taucht das Bild der Gottesstadt und

[961] Das Sittliche und Religiöse geht in der Offb allerdings ineinander über. Zu Mord und Lüge s. z. 2, 3; zur Zauberei s. z. 9, 21; 18, 23; zum Götzendienst s. z. 2, 14. 20; 9, 20.

[962] Im Unterschied zum Abschnitt 19, 11 — 21, 8 tritt das Lamm wieder hervor: 21, 11. 14. 22. 23. 27: 22. 1. 3.

der Braut des Lammes hier nicht erstmalig auf, sondern — wie es oft die Art der Offb ist — haben kurze Erwähnungen an früheren Stellen das Thema vorbereitet[963].

Diese positive Verwendung des Stadtbildes zerstört endgültig das Vorurteil, vor dem wir uns schon bei der Auslegung von K. 17—18 zu hüten suchten, daß nämlich die Offb stadtfeindlich und kulturfeindlich sei. Die Gemeinde wird hier nicht einfach „zurück zur Natur" gerufen und für wahre Frömmigkeit nicht ein ländliches und vortechnisches Leben empfohlen. Die Stadt kann durchaus Inbegriff eines gottgewollten, menschenwürdigen und gesegneten Daseins werden (s. auch z. 21, 2).

Exkurs 20: ZUR AUSLEGUNG DER VISION VOM NEUEN JERUSALEM

a) Der Abschnitt berührt sich sprachlich und inhaltlich stark mit Hes 40—48, wobei die Unterschiede freilich nicht zu übersehen sind. Hesekiels Visionen beziehen sich auf das ganze Erbland Israels, nicht nur auf Jerusalem, wie das in der Offb vornehmlich der Fall ist. Wiederum mißt der Engel bei Hesekiel nicht Jerusalem aus, sondern den Tempel, der in der Offenbarung ausdrücklich fehlt. Aber auch die Hes 48, 30—35 angegebenen Maße der Stadt decken sich nicht mit denen von Offb 21. Neben anderen Einzelheiten fällt auch bei Hesekiel (44, 1—3) der Abschnitt vom verschlossenen Osttor des Tempels auf, während doch in der Offb so großer Wert auf die Unverschlossenheit aller Tore bei Tag und bei Nacht gelegt wird.

b) Dennoch ist mit Rissi (Die Zukunft der Welt, S. 73) und gegen die meisten neueren Kommentare zu betonen, daß der atst Hintergrund für den Abschnitt maßgeblich bleibt. Die möglichen religionsgeschichtlichen Vergleiche werden leicht zu voreingenommen durchgeführt. Das Quadrat des neuen Jerusalem (V. 16) soll unbedingt an das einst quadratisch angelegte Babel erinnern, obwohl doch auch andere Städte (z. B. Ninive) so gebaut waren. Die Mauer (V. 17) soll auf den Horizont anspielen, den sich die Alten als niedrige Rampe dachten. Die zwölf Tore (V. 12) sollen an die zwölf Tierkreisbilder erinnern und die eine große Straße der Stadt (22, 2) an die Milchstraße. Die Stadt sei (V. 16) als Pyramide vorgestellt und gleiche damit den pyramidenartigen Stufentürmen oder Tempeln in Babel, die den riesenhaften Weltenberg nachbildeten.

963 Zur Braut s. z. 19, 7. Die Gottesstadt ist bereits 3, 12 genannt, dann 11, 2; 14, 20; 20, 9 und 21, 2.

Es ist aber ganz unwahrscheinlich, daß Johannes dies alles umtrieb. Während die atst Beziehungen all dieser Einzelheiten bei ihm auf der Hand liegen, sind die religionsgeschichtlichen Bezüge mindestens vielfach gebrochen. Als Stücke der altorientalischen Kosmosvorstellung stehen sie sehr weit im Hintergrund und berühren kaum das bewußte Sprechen des Johannes.

c) In diesem letzten großen Abschnitt vom neuen Jerusalem kommt das Buch der Offenbarung zur Ruhe. Er enthält keine stürmische Handlung mehr. Das Auf und Ab und alles Kämpfen und Leiden geht ein in einen starken, erfüllten Frieden eines strahlenden Tages. Johannes schaut nur feierliche und frohe Bewegungen, und auf weiten Strecken bietet sich ein stehendes Bild. Bei keinem anderen Anblick verweilt Johannes so lange, und keinen schildert er so genau. Wahrscheinlich sind wir Heutigen für diesen Abschnitt noch zu wenig Augenmenschen.

Wenn wir uns bei der Auslegung nicht in unnötigen Streitfragen verwirren wollen, müssen wir das Wesen bildhafter Mitteilungen beherzigen. Nach 3, 12 werden z. B. in der Vollendung die Sieger zu „Pfeilern in dem Tempel Gottes", und nach 7, 15 dienen die Erlösten Gott in seinem Tempel. Aber 21, 22 schreibt derselbe Prophet über dieselbe Vollendung: „Und ich sah keinen Tempel." Und er schreibt das ohne Bestürzung, ohne auch nur das Empfinden, einen „Widerspruch" zu liefern. Auf der Ebene des Bildlichen ist hier tatsächlich nichts Ungereimtes gesagt. Darum nimmt nur d e r Ausleger solche Stücke „wörtlich", der sie bildlich nimmt.

Wenn wir diese Zeugnisse durch moderne, buchstäbliche Deutungsweisen verfremden, machen wir nicht nur den Außenstehenden hilflos, sondern bereiten auch den aufrichtigen Gliedern der Gemeinde Ärger. A. Schlatter erinnert sich an die letzten Tage seines Vaters. „Als Mutter in dieser Zeit einmal den Vers von ‚den goldenen Gassen' sprach, antwortete er: ‚Es verlangt mich nicht nach diesem Plunder, aber danach verlangt mich, am Halse des Vaters zu hängen'"[964].

Einleitung der neuen Vision

Offenbarung 21, 9–10

Zu Vers 9: 3 Mo 26, 21

9 **Und es kam einer von den sieben Engeln, die die mit den letzten sieben Plagen gefüllten Schalen hatten, und er redete mit mir, indem er sprach: Komm, ich werde dir die Braut, das Weib des**

[964] A. Schlatter, Erlebtes, Berlin 1929, S. 129.

10 **Lammes, zeigen. * Und er brachte mich fort im Geist auf einen** Zu Vers 10:
großen und hohen Berg, und er zeigte mir die heilige Stadt Jeru- Hes 40, 2
salem, herabkommend aus dem Himmel von Gott. Jes 52, 1

Fast wörtlich kehren jetzt Worte aus 17, 1 wieder: **Und es kam** 9
einer von den sieben Engeln, die die mit den letzten sieben Plagen gefüllten Schalen hatten, und er redete mit mir, indem er sprach. Dort folgte freilich ein völlig anderes Thema als hier, nämlich „das Gericht über die große Hure". Hier kündigt der Engel dagegen an: **Komm, ich werde dir die Braut, das Weib**[965] **des Lammes, zeigen.** So wird zwischen diesen beiden Zielen der Menschheit eine absichtliche Parallele geschaffen, je nachdem die Entscheidung für das „Tier" oder für das „Lamm" fällt.

Und er brachte mich fort im Geist (vgl. 1, 10; 4, 1; 17, 3) **auf einen** 10
großen und hohen Berg. Wie Mose von der Bergeshöhe das Urbild der Stiftshütte und später das Gelobte Land und wie Hesekiel die künftige Gottesstadt von einem „sehr hohen Berg" (40, 2) sah, so schaut auch Johannes die verheißene Herrlichkeit von erhöhter Stelle[966]. **Und er zeigte mir die heilige Stadt Jerusalem, herabkommend aus dem Himmel von Gott.** Die **heilige Stadt**, die in 11, 2 nur in ihrem Kern vorhanden war, erscheint jetzt voll ausgebaut in allen ihren Ausdehnungen und selbstverständlich nicht auf der alten Erde in Palästina, sondern nach deren Untergang auf der neuen Erde. Die Beifügung, **herabkommend aus dem Himmel von Gott**, setzt deutlich wieder bei 21, 2 ein[967].

Der Gesamtanblick der Stadt

Offenbarung 21, 11–14

Zu Vers 11: Jes 58, 8; 60, 1 f; Hes 43, 2
Zu Vers 12 f: Hes 48, 31 ff; 2 Mo 28, 21; 39, 14

11 **Sie hatte die Herrlichkeit Gottes. Ihr Glanz** (war) **gleich kost-**
12 **barem Stein, wie kristallner Jaspisstein. * Sie hatte eine große**
und hohe Mauer, die zwölf Tore hatte, und auf den Toren zwölf
Engel und auf (die Tore) **Namen geschrieben, welche von den**

[965] Nach mancherlei Vorbereitung in früheren Abschnitten (s. z. 19, 7) erscheint die Braut hier in ausführlicher Benennung. Nach semitischem Sprachgebrauch kann „Weib" zur Bezeichnung einer Braut dienen.

[966] Der Berg ist hier wohl nur der Ort, der Johannes das Schauen möglich macht. Daß auch das neue Jerusalem auf einem Berg liegt, ist nicht gesagt.

[967] „Heilige Stadt" noch 22, 19 und schon Jes 52, 1. – Zahn faßt diese Schau als eine Ausführung zum Millenium auf, so daß sie die Zeit v o r der Neuschöpfung betrifft, ähnlich die „Jerusalemer Bibel" in ihrer Erklärung. Diese Deutungen verstoßen aber gegen die Verknüpfung mit 21, 2.

13 **zwölf Stämmen der Söhne Israels sind. * Von Osten** (führen) **drei**
Tore (in die Stadt) **und von Norden drei Tore und von Süden drei**
14 **Tore und von Westen drei Tore. * Und die Mauer der Stadt hatte**
zwölf Grundsteine und auf ihnen (geschrieben) **zwölf Namen der**
Apostel des Lammes.

Johannes stellt den beherrschenden Eindruck dieser Stadt, der für die ganze Schau festgehalten werden will (s. 21, 23), sofort voran.
11 **Sie hatte die Herrlichkeit Gottes.** Sie ist randvoll von Gottesherrlichkeit (s. Anm. 48). Das „Haben", das die Lobsprüche der Gemeindebotschaften von der gegenwärtigen Gemeinde aussagten (Anm. 101), gehört gewiß schon zu den Ausflüssen dieser Herrlichkeit. Aber noch liegt die Gottesherrlichkeit im Kampf mit der Unherrlichkeit der Menschen. Hier hat sie endgültig die Oberhand gewonnen und füllt ungebrochen den ganzen Raum. Hesekiel schildert, wie sie in den Tempel einzieht[968]. Wenn es hier sogleich heißt, daß die neue Stadt sie „hat", ist zum Ausdruck gebracht, wie wesenhaft diese Stadt und Gottes Herrlichkeit zusammengehören.

Ohne Frage meldet sich hier die bereits 21, 3 anklingende Beziehung des neuen Jerusalem zur Stiftshütte deutlich zu Wort. Im weiteren Verlauf der Schilderung dringt diese Linie immer stärker durch.

Während die Gottesherrlichkeit im AT oft in Gestalt einer leuchtenden und doch bleichen Wolke erscheint, erstrahlt sie hier als unverschleiertes, aufgedecktes Licht. **Ihr Glanz**[969] war **gleich kostbarem Stein, wie kristallner Jaspisstein.** Bis in jeden ihrer Steine ist die Stadt sprühend weiß und silberhell durchschienen. Der Vergleich mit dem „Königsstein" Jaspis (s. z. 4, 3) bietet sich an. Alles weitere Gleißen und Funkeln in den folgenden Versen will von dieser „Herrlichkeit Gottes" aus erklärt werden. Sie ist es, die alle Materialien mit ihren Strahlen durchschießt und den Schatten keine Schlupfwinkel läßt.

Die Beschreibung der Stadt geht jetzt von der Höhe in die Tiefe, von
12 den Mauern über die Tore zu den Grundsteinen. **Sie hatte eine große und hohe Mauer.** Der Wanderer, der sich im Altertum einer großen Stadt näherte, sah zunächst nichts als Mauern, die oft selbst die Häuser überragten. An ihrer Größe konnte er ihre Kraft, ihren Reichtum und ihre Sicherheit ablesen. Johannes hebt die Mauern des neuen Jerusalem sehr hervor[970]. Aber sie symbolisieren bei ihm vor allem die

[968] Hes 43, 2–4; vgl. 2 Mo 40, 34; 2 Chro 5, 13–14; 7, 1–3; Offb 15, 8.
[969] Grie phōstär heißt sonst Leuchtkörper, z. B. für Gestirne. Hier soll wohl kaum an derartiges gedacht werden; dagegen spricht schon V. 23. Darum paßt die andere mögliche Bedeutung „Glanz" besser.
21, 12. 14. 17. 18. 19. Bei Hesekiel spielen die Mauern Jerusalems keine Rolle.

vollendete Scheidung vom Unreinen (V. 27), denn die Aufgabe, Angriffe abzuwehren, ist auf der neuen Erde fortgefallen; „das Meer ist nicht mehr" (21, 2), und „Nacht wird nicht mehr sein" (21, 25; 22, 5). Die Mauer markiert die „Heiligkeit" der Stadt (V. 10), nämlich ihre Geschiedenheit vom Unheiligen, das sich „draußen"[971], nämlich im Feuerpfuhl befindet. Danach gibt es keinen Himmel, in den einmal „sowieso" alle hineinkommen. Das neue Jerusalem ist kein „nach allen Seiten zerfließendes Überall" (W. Stählin).

Der Gedanke wird fortgeführt. Die Mauer **hatte zwölf Tore, und auf den Toren standen zwölf Engel,** nämlich als Torwächter. So sind die nach Vers 25 offenen Tore nicht mißzuverstehen; sie widersprechen nicht dem, was die hohen Mauern predigen. Die Verse 21, 27 und 22, 14. 19 unterstreichen, daß es keinen unkontrollierten Zugang zur heiligen Stadt gibt. Wer darf sie betreten?

Und auf den Toren standen **Namen geschrieben, welche von den zwölf Stämmen der Söhne Israels sind,** ganz ähnlich wie Hes 48, 30–35. Danach kann niemand in die Stadt eintreten, der sich nicht mit Israel einigt. Neben Israel gibt es keinen zweiten Heilsboden und auch kein neues Jerusalem (vgl. Eph. 3, 6; 2, 19; Rö 11, 13–15).

Hier zeigt sich auch die schlichteste Erklärung der immer wieder auftauchenden **Zwölfzahl**[972]. Sie ist nicht von kosmischen Vorstellungen abgeleitet (Exkurs 20b), sondern aus dem AT. So schwärmt diese Schau nicht allgemein von Weltvollendung, sondern ist tief der atst Offenbarungsgeschichte verpflichtet. Was schon der alte Name „Jerusalem" verkündete (21, 2), unterstreicht jetzt „Israel": In der letzten Stadt vollendet sich das Zwölfstämmevolk des Alten Bundes.

Rissi legt aus, daß jedes Tor eine Einladung des treuen Gottes an d e n Stamm Israels sei, dessen Namen es trägt. Die Tore seien somit ein Hinweis auf Israels große Heimkehr aus der „Satanssynagoge" (3, 8) und aus dem Feuerpfuhl. Er ordnet auch grundsätzlich die Zwölfzahl dem nationalen Israel zu, während im Zusammenhang mit der Gemeinde Jesu seiner Meinung nach die Sieben auftauchen müsse. Die Einschränkung der Zwölf auf das nationale Israel wird aber Vers 14 korrigieren, und die Siebenzahl wird in der Offb auf so viele Gegenstände bezogen, daß sie sich unmöglich gerade auf die Gemeinde einengen läßt. Überhaupt scheint es undenkbar, daß die Tore nach einem Israel benannt sind, das sich draußen befindet. Der Text entwirft in Anlehnung an die atst Prophetie ein umgekehrtes Bild: Nicht

[971] Bei diesem „draußen" ist gegen Rissi nicht an den unmittelbaren Raum außerhalb der Stadt zu denken, wo sich vielmehr die neue Erde weitet und wo gesegnete Völker wohnen. Ihre Könige können ja auch durch die Tore hineinkommen (V. 26), sie befinden sich nicht „draußen" im Sinne der Finsternis, sondern im vollen Licht (V. 24).

[972] Elfmal in 21, 12. 14. 16. 21; 22, 3 und „hundertvierundvierzig" in V. 17.

Israel kommt, sondern die Könige der Völker kommen in die Stadt, zu „Israel" (V. 24–26).

Vers 13 verteilt die zwölf Tore ähnlich wie Hes 48 auf die vier
13 Himmelsrichtungen. **Von Osten** führen **drei Tore** in die Stadt **und von Norden drei Tore und von Süden drei Tore und von Westen drei Tore.** Das feierlich geschilderte Ebenmaß erfreut nicht nur das Auge, sondern auch das Herz. Es verkündigt dem Beschauer, daß kein Teil der Stadt ärmer und schwächer daran ist als der andere. Jede Stadtseite und jeder Teil der Bevölkerung in dieser Stadt ist gleichmäßig ausgerüstet. Torhäuser mit ihrem freien Platz waren ja wichtige Zentren alter Städte, in denen sich das Leben abspielte. So erfüllt sich, daß kein Glied des Gottesvolkes leidet, sondern jedes wird herrlich gehalten (1 Ko 12, 26). Der resignierende Blick auf das besser gestellte Glied (1 Ko 12, 15–16) oder auf den begabten Knecht (Mt 25, 18), der heute noch so viel Dienst und Lob für Gott verhindert, entfällt dann endlich. Alle loben Gott mit e i n e m Munde (Rö 15, 6).

In der Erwähnung und Beschreibung der Grundsteine[973], für die das
14 AT keine Parallele liefert, tritt ein besonderes Interesse hervor. **Und die Mauer der Stadt hatte zwölf Grundsteine und auf ihnen** geschrieben **zwölf Namen der zwölf Apostel des Lammes.** Diese Angabe verwehrt nachdrücklich, das neue Jerusalem einseitig oder auch nur vorwiegend auf ein nationales Israel zu beziehen (s. z. V. 12). Das Fundament der Stadt bilden nämlich die **Apostel des Lammes,** das sich durch sein Blut „Menschen erkauft hat aus allen Stämmen und Sprachen und Nationen und Völkern" (5, 9). Wer die Heidenchristen von den Aposteln trennt, würde nicht nur das neue Jerusalem entleeren, sondern auch das Kreuz Christi.

Indem Johannes die Namen sowohl der zwölf Erzväter als auch die Namen der zwölf Apostel als das Signum des neuen Jerusalems schaut, schaut er die Einheit der Heilsgeschichte, des Heilsvolkes und der Heilsvollendung. Eine ähnliche Bedeutung hatte schon die Stelle vom Lied des Mose und des Lammes (15, 3). Dies alles bestätigt kein Geringerer als Paulus, besonders im Epheserbrief (Anm. 235). Aber auch im 1 Ko ringt er um die ungeschmälerte Fülle des Evangeliums, indem er jedes Ausspielen eines Petrus gegen einen Paulus und umgekehrt verwehrt. Spaltung der Apostelschar empfindet er als Spaltung Christi selbst (1 Ko 1, 13). Das neue Jerusalem ist das Gegenteil solcher Spaltungen, nämlich das Hingelangen aller Heiligen aus Juden und Heiden zur Einheit der Glaubenserkenntnis des Sohnes Gottes (Eph 4, 13).

973 Sie gehören wohl zu den zwölf Mauerabschnitten, die durch die zwölf Tore entstehen.

Ihre Formen und Maße

Offenbarung 21, 15—17

15 **Und der mit mir redende** (Engel) **hatte ein goldenes Meßrohr,** Zu Vers 15: Hes 40, 3. 5 Sach 2, 6
16 **damit er die Stadt und ihre Tore messe und ihre Mauer. * Und die** Zu Vers 16: Hes 43, 16
Stadt ist als Viereck angelegt, und ihre Länge (mißt) **soviel wie**
ihre Breite. Und er maß die Stadt mit dem Rohr auf zwölfhundert
Stadien. Die Länge und die Breite und die Höhe derselben sind Zu Vers 17: Hes 40, 5
17 **gleich. * Und er maß ihre Mauer auf hundertvierundvierzig Ellen**
— (nach) **Maß eines Menschen, welches** (das Maß) **eines Engels ist.**

In 11, 1—2 sollte Johannes selbst messen, und zwar den Tempel, der hier gerade fehlt. Auch diente seine Messung dort einem anderen Zweck. Sie enthielt die Zusage, daß das Gemessene von kommender Zerstörung ausgenommen werden soll. Hier aber wird Neugebautes gewissermaßen „abgenommen". Dem Propheten wird damit demonstiert, daß nichts fehlt, daß alles gut und richtig ist, wie die Pläne und Verheißungen Gottes es vorsahen. Diesen Sinn hat auch die Messung in Hes 40, 3. 5 (vgl. Anm. 361).

16 Vers 16 betrifft die Form der Stadt. **Und die Stadt ist als Viereck angelegt, und ihre Länge mißt soviel wie ihre Breite.** Das gleichseitige Viereck ist auch Hes 45, 2; 48, 16 wichtig und galt im Altertum als Sinnbild der Vollkommenheit.

Jetzt tritt aber etwas hinzu, was sich ausdrücklich erst durch das Messen herausstellt, so daß das Messen des Engels einer Offenbarung gleichkommt. **Die Länge und die Breite und die Höhe derselben sind gleich.** Die Stadt ist ein Kubus. Wieder taucht die Beziehung zum Tempel auf, denn das Allerheiligste im salomonischen Tempel wies nach 1 Kö 6, 20; 2 Chro 3, 8 Würfelform auf. Wie das Quadrat die vollkommene Fläche darstellt, so der Kubus den vollkommenen Raum.

Schon damit zerbricht unsere Vorstellung von einem Stadtbild. Außerdem vergegenwärtige man sich die angegebenen Maße: **Und er maß die Stadt mit dem Rohr auf zwölfhundert Stadien.** Dieses „Allerheiligste" hat die riesige Kantenlänge von gut 2 200 km[974], also mehr als die Entfernung von Berlin nach Moskau. Babel, die wegen ihrer Größe im Altertum so bestaunte Stadt, war dagegen winzig. So erklingen hier Maße, die die Erfahrungswerte damaliger Leser weit überstiegen. Dabei soll diese Länge auch noch auf die Höhe angewandt werden. Das höchste Gebirge der Erde, der Himalaja, verschwindet darin der Höhe nach über zweihundertvierzigmal.

[974] An den Gesamtumfang der Stadt ist hier kaum zu denken (gegen Stokmann, Frey, Billerbeck).

Diese Zahlen sind wie die anderen Zahlen des Buches nicht nachzurechnen, sondern zu empfinden. Da steht auf der neuen Erde dieser riesenhafte Lichtkubus, ein wahrer Kosmos von Herrlichkeit und Heiligkeit. Das Allerheiligste im AT war lichtlos (1 Kö 8, 12; 2 Mo 20, 21); innen war es mit gediegenem Gold ausgeschlagen, nach außen hin aber undurchdringlich verhängt. Nachdem jedoch der Vorhang zerriß (Mt 27, 51), schaut alle Welt das Heil Gottes und hat Anteil an seiner Gemeinschaft.

Alle Ausdehnungen sind von der **Zwölf** beherrscht. So wird die Rückverbindung zur Gottesgeschichte innerhalb der alten Menschheit wieder festgehalten. Der einst nur sektenhaft kleine Aufbruch hat Weltweite gewonnen. Aus dem Senfkorn, das das kleinste unter allem Samen ist, wurde der Weltenbaum (Mt 13, 32).

Auch die Höhe der Mauer wird gemessen und beläuft sich auf
17 70 Meter[975]. **Und er maß ihre Mauer auf hundertvierundvierzig Ellen.**
Das ist im Vergleich zur Höhe von 2 200 kam überaus niedrig, als wenn man einen hohen Kirchturm an seinem Fuß mit einer Tapezierleiste einfassen würde. Wieso sind solche Mauern nach Vers 12 beeindruckend hoch? Luther und andere erklären, diese Messung der Mauer bezöge sich auf ihre Dicke, während ihre Höhe sich mit der Höhe des Kubus decke. Doch verwandelt sich so der Begriff der Mauer in den einer Würfelwand, was kaum die Meinung des Johannes gewesen sein dürfte. Wahrscheinlich tun wir besser, uns durch die Höhe der Stadt nicht von dem Eindruck ablenken zu lassen, den eine Mauerhöhe von 70 Metern für einen antiken, aber auch für einen heutigen Menschen auslöst.

Die knappe Angabe, daß die Zahlen nach dem **Maß eines Menschen** angegeben sind, **welches** das Maß **eines Engels ist**, wurde viel umrätselt. Vielleicht liegt darin kein tieferer Sinn. Das vom Engel verwendete Maß gleicht der Elle, wie Menschen sie haben. Er hat Unvorstellbares in menschliche Vorstellungen gebracht. Das gilt sinngemäß auch für das Folgende.

Die Baustoffe

Offenbarung 21, 18–21

Zu Vers 18 f: Jes 54, 11 f

18 **Und der Baustoff ihrer Mauer** (war) **Jaspis, und die Stadt – reines**
19 **Gold, gleich reinem Glase. * Die Grundsteine der Mauer der Stadt**
(waren) **geschmückt durch allerlei kostbaren Stein. Der erste**
Grundstein (war) **ein Jaspis, der zweite ein Saphir, der dritte ein**

[975] Wesentlich für diese Zahl ist wieder die darin enthaltene Zwölf, vgl. 7, 4.

20 **Chalzedon, der vierte ein Smaragd, * der fünfte ein Sardonyx, der**
sechste ein Sardion, der siebte ein Chrysolyth, der achte ein
Beryll, der neunte ein Topas, der zehnte ein Chrysopras, der elfte
21 **ein Hyazinth, der zwölfte ein Amethyst. * Und die zwölf Tore**
(waren) **zwölf Perlen, ein jedes der Tore war aus einer einzigen**
Perle. Und die Straße der Stadt (war) **von reinem Gold wie durch-**
sichtiges Glas.

Die Mauer besteht in ihrer endlosen Länge aus lauter Edelsteinen,
und zwar durchscheinend wie Jaspis (s. z. 21, 11). **Und der Baustoff** 18
ihrer Mauer war Jaspis. Aber über diesem gleißenden Silberstreifen
ragt himmelhoch und goldgelb die leuchtende Stadt, aus reinem entschlacktem Gold. **Und die Stadt – reines Gold, gleich reinem Glase.**

Der Ton liegt nicht etwa auf dem materiellen Reichtum, der mit diesem Material gegeben ist, sondern auf dem Umstand, daß beide Stoffe durchscheinend sind. Der Jaspis ist wasserhell und das Gold zweimal rein, überirdisch rein und glasklar wie kein Gold sonst. Diese Baustoffe verdecken eben nicht die innewohnende Gottesherrlichkeit von Vers 11, sondern vergegenwärtigen sie dem Beschauer vollkommen. Die Sehnsucht des Volkes Gottes nach Verhältnissen, die Gott nicht mehr verdunkeln, ist erfüllt.

Die Mauer wurde nach unten hin farbenreich und dadurch vielleicht
auch etwas dunkler, aber nicht undurchlässig. Nach wie vor bleibt der
Eindruck strahlenden Lichtes. **Die Grundsteine der Mauer der Stadt** 19
waren geschmückt durch allerlei kostbaren Stein. Zwölf mächtige Edelsteinblöcke lagen den zwölf Mauerabschnitten zugrunde. Da der größte uns bekannte Edelstein ganze 74 Gramm wiegt, beschreibt Johannes hier den Anblick mit überdehnten, unwirklichen Begriffen.

Der Orientale ist mit Edelsteinen weit vertrauter als wir und kennt
sich in den Spezialitäten aus. Darum entwerfen die folgenden Angaben für seine Augen auf Anhieb ein farbenprächtiges Bild. Dabei handelt es sich etwa um Steine, die 2 Mo 28, 17–20; 39, 10–13 als Priesterschmuck aufzählt, also um h e i l i g e Steine, die im Hörer durchaus keinen weltlichen Sinnenrausch erwecken sollen. **Der erste**
Grundstein war ein Jaspis, der zweite ein Saphir, der dritte ein Chal-
zedon, der vierte ein Smaragd, der fünfte ein Sardonyx, der sechste 20
ein Sardion, der siebte ein Chrysolyth, der achte ein Beryll, der neunte ein Topas, der zehnte ein Chrysopras, der elfte ein Hyazinth, der zwölfte ein Amethyst.

Diese Namen haben ihre Bedeutung in den Jahrhunderten und in den verschiedenen Ländern gewechselt, manchmal geradezu ausgetauscht, so daß wir teilweise nicht mehr zu genauen Vorstellungen kommen. Da schimmert miteinander das Marmorweiß, das goldbestaubte Tiefblau, das Lichtgrau und Hellgrün, das rötlich gestreifte Gelb und Hochrot, das Goldgelb und Meeresblau, das Bleichgrün und Blaßgelb, das Blaurot und Violett. Diese Kollektion fügt der bisherigen Ebenmäßigkeit und Einheitlichkeit auch das Element der Mannigfaltigkeit bei. Einheit und Verschiedenheit erhöhen das Lob Gottes und strahlen seine Herrlichkeit wider.

21 **Und die zwölf Tore waren zwölf Perlen, ein jedes der Tore war aus einer einzigen Perle.** Weil die Perle (s. z. 17, 4; 18, 12) erst zur Zeit des Johannes als Schmuckmittel aufkam, erscheint sie noch nicht im AT. Wieder wird das Bild der Perle ins Unwirkliche übersteigert. Es heißt ausdrücklich, daß jedes der Tore eine Kostbarkeit war wie eine einzige Perle.

Und die Straße der Stadt war **von reinem Gold wie durchsichtiges** Glas. Der Singular **Straße** kann auf das ganze Straßennetz bezogen und dann sinngemäß mit „Straßen" wiedergegeben werden. Vielleicht aber sollen wir an das beeindruckende Bild einer einzigen Prozessionsstraße denken, an einen breiten Zugang, der von den zwölf Toren zum Mittelpunkt der Stadt zu Gottes Gnadenthron führt (vgl. 21, 24. 26; 22, 1–2; s. auch z. 11, 8). Nach dieser Schau ist sie nicht schmutzbedeckt, wie man orientalische Straßen kennt, sondern durchleuchtet und durchläutert wie die ganze Stadt. Kein Meter abnehmender, geschwächter Herrlichkeit! Diese Heilsstraße erinnert an ein anbetendes Hineinschreiten in das Allerheiligste und fügt sich somit gut in die bisherige Darstellung des neuen Jerusalem ein.

Das Innere der Stadt

Offenbarung 21, 22–23

Zu Vers 23:
Jes 24, 23
60, 19 f

22 **Und einen Tempel sah ich nicht in ihr, denn der Herr, Gott, der**
23 **Allgewaltige, ist ihr Tempel und das Lamm. * Und die Stadt bedarf weder der Sonne noch des Mondes, daß sie ihr scheinen, denn die Herrlichkeit Gottes erhellte sie und ihre Leuchte** (ist) **das Lamm.**

Für den Höhepunkt der Jerusalem-Vision, der hier einsetzt, ist es kennzeichnend, daß von jetzt an bis 22, 5 bei keinem Vers der atst Hintergrund fehlt. Worte und Wendungen ehrwürdigster Prophetie drängen sich Johannes auf die Lippen, als er schildern will, was er schaut. Ähnliche Höhepunkte waren 7, 15–17 und 21, 1–8. (Vgl. auch Vorbemerkungen zu 5, 12–18.)

Eine antike Stadt bot in ihrer Seitenansicht fast nur Mauern und Tore, hinter denen die Wohnhäuser zum größten Teil verschwanden.

Dagegen überragten die Tempelbauten unübersehbar das Ganze. Der Etemenanki-Turm in Babel maß z. B. 91 Meter und war von mächtiger Breite. So verwunderte es nicht, daß Johannes den Anblick der Stadt ausführlich schildern kann, ohne Wohnviertel zu erwähnen. Doch sollte ein Wort über den Tempel erwartet werden. Zudem hatte doch auch Hesekiel, an den die Schau beständig erinnert, das Hauptgewicht auf den Tempel im neuen Jerusalem gelegt. Das Judentum nahm diese Weissagung sehr massiv. Die Erwartung des wiederhergestellten Jerusalem verband sich ihm entscheidend mit einem berühmten Tempel, dessen strotzender Reichtum von Gold und Silber und purpurner Schmuck und dessen Geräte und Riten eingehend geschildert werden[976].

So hört Johannes aus seiner Umwelt die ungeduldige Frage: Und der Tempel? Wann kommst du endlich zum Wesentlichen? Als ob
er darauf antworten wollte, beginnt er: **Und einen Tempel — ich sah** 22
ihn nicht in ihr. Dieser Satz bedeutet für jüdische Ohren einen tiefen Schock. Die zweite Vershälfte kündigt jedoch an, daß die Tempelprophetie von Hes (oder auch Da 8, 14) durchaus nicht erledigt ist. Die geschaute Stadt besitzt ja doch einen Tempel:

Denn der Herr, Gott, der Allgewaltige, ist ihr Tempel und das Lamm. Nur scheinbar ist jene Fehlanzeige ein Mangel, nur irrtümlich könnte die Stadt deswegen eine unheilige Stadt genannt werden; Vers 27 wird dieses Mißverständnis ausdrücklich widerlegen. In Wahrheit erfüllt sich im neuen Jerusalem die Tempelprophetie so überwältigend, wie es die atst Propheten selbst nicht zu denken gewagt hatten.

Tempelheiligtümer predigen ein Doppeltes. Zunächst stellen sie die Unheiligkeit des restlichen Stadtgebietes vor Augen. Die anderen Häuser und das gewöhnliche Leben sind nicht mehr Begegnungsort zwischen Gott und Mensch. Nur noch dieser ausgesonderte, herausgeschnittene[977] Bezirk ist heilig. Zugleich steht der Tempel aber auch als Zeuge der Treue Gottes in einer Stadt. Der heilige Gott hat der unheiligen Erde nicht gänzlich den Rücken zugekehrt, ja ein Unterpfand seiner Rückkehr, einen hochgehobenen Zeigefinger hinterlassen. Gott will wiederkommen und will wieder die ganze Stadt, das ganze Land und die ganze Erde heiligen.

Durch einen gewaltigen Gestaltwandel soll die ganze Schöpfung wieder seine Offenbarungsstätte werden. „Die Erde wird voll werden von der Erkenntnis des Herrn, wie Wasser den Meeresboden bedeckt"; „aller Welt Enden schauen das Heil unseres Gottes" (Hab 2, 14; Jes 11, 9; 52, 28). Wie Wasser jeden Winkel erfüllt, in jeden Spalt ein-

976 S. Michel, Ki—Th W IV, S. 894, vgl. St—B III, S. 852: „Das zukünftige Jerusalem ohne Tempel — ein für die alte Synagoge unvollziehbarer Gedanke."

977 „Tempel" kommt vom lat templum und hängt mit „schneiden" zusammen.

dringt, sich in sämtliche Vertiefungen ergießt und nichts ausläßt, so wird Gott alles in allem sein (1 Ko 15, 28). In unvorstellbarer Dichte und vollkommener Lückenlosigkeit durchdringt er alles. Das ist das Geheimnis der neuen Schöpfung. Darum ist sie eine Welt ohne Widerspruch, ohne Zerrissenheit und Qual, aber auch ohne Langeweile und irgendeine Öde. Eine vereinigte Menschheit lobt Gott ohne Ermüden, liebt ihn ohne Verdruß und schaut ihn ohne Ende.

Das ist der tiefste Grund dafür, daß die Bewohner der neuen Stadt keinen Tempel schauen: Sie schauen Gott! (22, 4). Dahinein paßt kein Tempel als gesondertes Heiligtum. Ein Tempel ist typisch für die alte Welt, wenn auch Zeuge einer neuen Welt. Dieser Zeuge kann abtreten, wenn der Bezeugte erscheint, wenn Gott als sein eigener „Zeuge", also als „Tempel", anwesend ist; so ist das Verschwinden des Tempels gerade Zeichen für die Erfüllung der Tempelidee.

Gewiß ist das eine sehr kühne Auslegung der Tempelweissagungen Hesekiels, und das Judentum mag sie empört zurückgewiesen haben, aber es ist Auslegung Gottes selbst an Johannes, und sie stimmt mit dem ganzen NT zusammen[978].

Während an dieser Stelle Gott in feierlicher Ausführlichkeit erwähnt wird, **der Herr, Gott, der Allgewaltige**[979], heißt es nur kurz angehängt **und das Lamm.** In diesem Buch genügt diese kurze Erinnerung. Selbstverständlich darf Gott keinen Augenblick ohne das Lamm gedacht werden. In allen Fällen, auch wenn das Lamm unerwähnt geblieben wäre, ist er der Gott, der sich in Jesus Christus offenbart, und das gilt gerade für die Erfüllung der Tempellinie. Gottes Zelten in der neuen Menschheit und sein Geschautwerden durch sie (22, 3–4) hat ja seine Durchbruchstelle schon zu Beginn unserer Zeitrechnung. Schon in Palästina zeltete Gott unter seinem Eigentum und wurde wahrgenommen in seiner Herrlichkeit (Jo 1, 14). Das war schon Neu-Jerusalem im Anbruch. Die Vollendung von Offb 21–22 ist von diesem Anbruch nicht zu trennen, also von Weihnachten, Karfreitag und Ostern. Dort lag der eigentliche Sonnenaufgang, wenn auch noch hinter Nebelbänken verschleiert und mit Dunst und Schatten ringend. Unser Kapitel bringt den vollen Durchbruch. Nur in diesem Verständnis spricht die christliche Gemeinde vom neuen Jerusalem, nämlich christologisch.

23 **Und die Stadt bedarf weder der Sonne noch des Mondes, daß sie ihr scheinen.** Schon der Vollendungsabschnitt 7, 15–17 verhieß das Ende der Sonnenstrahlung, und zwar ganz im Sinne von Jes 60, 19–20; vgl. 24, 23, wo Sonnen- und Mondenschein als etwas Quälendes auf-

[978] Angebahnt ist dieses Verständnis schon durch atst Stellen wie Jer 3, 16–17 (in der Heilszeit keine Bundeslade mehr).

[979] Noch 1, 8; 4, 8; 11, 17; 15, 3; 16, 7. 14; 19, 6. 15.

gefaßt werden, denn der Spruch schließt: „Die Tage deines Leidens sollen ein Ende finden." Doch die Offb klammert sich nicht an eine einzige Bildverwendung. Hier erscheinen Sonne und Mond in einem Satz, der völlig parallel zu Vers 22 aufgebaut ist und darum parallele Auslegung verlangt. Es geht wieder um den Gedanken, daß etwas, was zum tragenden und nicht wegzudenkenden Bestande der alten Welt gehörte, jetzt erfüllt und aufgehoben ist. Sonne und Mond sind hier im Sinne von 1 Mo 1, 16 als „Regenten" von Tag und Nacht aufgefaßt. Alles Leben der ersten Schöpfung lebte unter Sonne und Mond, unter ihrer Herrschaft von Tag und Nacht, Ebbe und Flut, Sommer und Winter, Saat und Ernte, Alltag und Festzeit, Tod und Leben. Dabei vertraten diese Regenten gewiß die Herrschaft Gottes, der sie ja „gemacht" und „gesetzt" hatte (1 Mo 1, 16. 17). Aber es war eben Gottesherrschaft über Zwischenträger. Diese Zeit der Zwischenträger und der mittelbaren Gottesherrschaft geht vorbei. Gott tritt unmittelbar in seine Schöpfung ein und regiert und weidet alles Leben. Die neue Menschheit ist nicht mehr unter Vormünder getan, sondern frei geworden zur „herrlichen Freiheit der Söhne Gottes" (Rö 8, 21). **Denn die Herrlichkeit Gottes erhellte sie, und ihre Leuchte ist das Lamm**[980]**.**

Das Leben der Völker im Lichte der Stadt

Offenbarung 21, 24–27

24 **Und die Nationen werden einhergehen mittels ihres** (d. h. der
Stadt) Lichtes, und die Könige der Erde tragen ihre Herrlichkeit in
25 **sie hinein. * Und ihre Tore werden keinesfalls des Tages geschlos-**
26 **sen, denn Nacht wird da nicht sein. * Und man wird die Herrlich-**
27 **keit und die Ehre der Nationen in sie hineintragen, * aber keinesfalls geht in sie alles Gemeine hinein, und wer Greuel und Lüge tut – allein die in dem Buch des Lammes Aufgeschriebenen.**

Zu Vers 24: Jes 60, 3 ff; Ps 138, 4; 72, 10; 89, 28
Zu Vers 25 f: Jes 60, 11; Sach 14, 7
Zu Vers 27: Jes 52, 1; Dan 12, 1; Ps 69, 29

Die bisherige Schau zeigte, daß Gott Fülle, Größe und Schönheit liebt. Jetzt tritt hervor, worum es ihm im letzten Grunde geht: Er liebt die Menschen.

Und die Nationen werden einhergehen mittels ihres Lichtes, d. h. 24
des Lichtes der Stadt. Die Vokabelgruppe „einhergehen, wandeln" (grie patein) bezeichnet nicht eine zielstrebige Ortsveränderung, son-

[980] An z w e i Lichtquellen ist nicht zu denken, so wenig in V. 22 an zwei Tempel oder in 22, 3 an zwei Throne zu denken ist. Es geht vielmehr wieder um ein Ineinander von Gott und dem Lamm, s. z. V. 22.

dern „das wandernde Sich-Aufhalten an einem bestimmten Ort“[981]. Sie gibt eine Lebenssphäre an, in der sich das Leben abspielt. Darum haben wir hier nicht das Bild einer endzeitlichen Völkerwallfahrt zu beschwören[982]. Johannes schaut hier die Völker, die ringsherum um die Gottesstadt und auf der neuen Erde ihr Leben führen, was ihren freien Zugang zur Stadt nicht ausschließt (V. 27).

Dieser kleine Seitenblick innerhalb der Schau vom neuen Jerusalem bewahrt davor, sich die Stadt in einer nackten Mondlandschaft vorzustellen. Da weitet sich vielmehr die neue Erde von 21, 1, bewohnt und von bewegtem Leben erfüllt, gruppiert um das „Zelt Gottes“ (21, 3) als ihrem Mittelpunkt.

Luther hatte hier und 22, 2 **„Nationen“** (grie ethnä) irreführend mit „Heiden“ übersetzt. Es ist jedoch nicht an gottferne, unreine und unselige Menschen zu denken, die erst noch rein und heilig werden wollen. Dagegen spricht schon Vers 27. Sie alle leben ja bereits diesseits der Neuschöpfung von 21, 1. 5 und sind die Getrösteten von 21, 4.

Jetzt führen sie ihr Leben **mittels ihres Lichtes,** das nämlich die Stadt ausstrahlt. Die Aussage ist nicht die, daß sie auf dieses Licht zugehen, in dieses Licht noch erst hineinwandern oder ihm nachwandern. Jetzt bedeckt das Erdreich nämlich nicht mehr Finsternis und die Völker nicht mehr das Dunkel (nach Jes 60, 2), sondern die Lichtmassen Neu-Jerusalems erhellen die Lebenswelt aller Völker auf der neuen Erde. Sie wandeln bei Licht und blühen und gedeihen durch Jerusalem.

Froh und willig statten sie durch ihre Repräsentanten ihren Dank ab. **Und die Könige der Erde tragen ihre Herrlichkeit in sie hinein.** Die **Könige der Erde** waren 6, 15; 17, 2. 18; 18, 3. 9; 19, 19 regelmäßig Feinde Christi und Helfer des Tieres. Taucht hier der gleiche Personenkreis auf (so Rissi)? Kommen sie hier aus dem Feuerpfuhl heraus, um in der Gottesstadt vor dem Thron Buße zu tun und Gnade zu empfangen? Aber es ist nicht wenig, was auf diese Weise zum Text hinzugedacht wird, z. B. daß das Königtum der alten Welt sich durchhält bis in die Neue Welt, daß dieselben Personen wieder ihre Throne einnehmen, und daß außerhalb der Mauern Jerusalems unmittelbar der Feuerpfuhl gähnt, so daß jeder, der hier hereinkommt, dort herauskommt.

[981] Bertram, Ki—Th W V, S. 941 ff.

[982] Jes 60, 3, das deutlich im Hintergrund steht, meint zwar die Wallfahrt der Völker, die durch die Lichtglorie Gottes über Jerusalem angezogen werden. Aber Johannes ersetzt freizügig „sie werden (hin)gehen“ mit „sie werden umherwandern“. Dagegen verwenden 3, 9; 15, 4 die Weissagung vom Heranziehen der Völker. Diese Stellen stehen aber in anderen Zusammenhängen.

Die Auslegung darf nicht den entscheidenden Einschnitt von 21, 1 übersehen[983]. Dieses huldigende Königtum ist ein neues Königtum auf neuer Erde und unter neuen Völkern. Seine Träger waren schon vor ihrem Eintritt durch die Tore solche, deren Namen im Lebensbuch standen; sonst hätten sie nach Vers 27 keinen Zutritt erhalten. Zur richtigen Erfassung unserer Verse nehmen wir genügenden Abstand ein, um die beiden großen Gegenbilder in das Gesichtsfeld zu bekommen: auf der einen Seite Babel mit huldigenden Völkern und Königen (17, 2. 15; 18, 3. 9) und auf der neuen Erde die neue Hauptstadt Jerusalem mit ihren huldigenden Königen und Völkern. Daß es sich dabei um die gleichen Könige handeln soll, liegt dieser Gegenüberstellung fern.

Beim antiken Huldigungsbesuch wurden wertvolle Geschenke niedergelegt (vgl. Ps 72, 10). So legen diese Könige ihre **Herrlichkeit** der Herrlichkeit Gottes und des Lammes (V. 23) zu Füßen. Sie bringen zum Ausdruck, daß ihre königliche Glorie (Mt 6, 29) dem Königtum Gottes und Christi zur Verfügung steht, wie ihr Licht von seinem Lichte lebt.

Und ihre Tore werden keinesfalls des Tages geschlossen. Die offen- 25
stehenden Tore bezeugen in diesem Fall nicht Gefahrlosigkeit für die Stadt; ein solcher Hinweis wäre nach 21, 1 gegenstandslos, liegt doch die Möglichkeit eines Überfalls außerhalb des Gesichtsfeldes. Vielmehr geht es um die Zugänglichkeit der Stadt für die Völker und ihre Könige (vgl. Jes 60, 11). Gott will sich nie mehr seiner Menschheit verschließen. Er ist ihr Gott, und sie werden seine Völker sein, hieß es 21, 2, und das ohne Unterbrechung und ohne Ende. Immer wieder kommen sie beladen mit ihrer Herrlichkeit und gehen beladen mit seiner Herrlichkeit. Dieses Geben und Nehmen, dieses Gesegnetwerden und Ein-Segen-Sein strömt herein und heraus in ungestörtem Fluß (s. auch z. 22, 2).

Der Nachsatz, **denn Nacht wird da nicht sein,** klingt allgemein, aber wieder nicht genau an Jes 60, 11 an. Dort bleibt nämlich die Einteilung von Tag und Nacht erhalten, hier ist sie als Konsequenz von Vers 23 aufgehoben (vgl. Sach 14, 7). Im Gegensatz zum finster vorgestellten Feuerpfuhl erstrahlt eine dämmerungslose Welt.

Die Könige bringen aber nicht nur ihre Königswürde („Herrlichkeit", V. 24) in die Stadt, sondern auch den Stolz und die Pracht der
Völker in Form von Gütern der neuen Erde. **Und man wird die Herr-** 26

[983] Schumacher, Tausendjähriges Reich, S. 179, schreibt: „So ist z. B. in K. 21, 27 von einem Eingehen in das Neue Jerusalem die Rede . . . Das alles sind Lebens- und Entwicklungsvorgänge, die sich alle auf das e i n e Ziel zubewegen: ‚Siehe, ich mache alles neu!'" Aber so dreht er alles um. V. 27 soll sich auf V. 5 zubewegen, statt daß V. 27 von der Neuschöpfung herkommt.

lichkeit und die Ehre der Nationen in sie hineinbringen. „Ehre" ist hier konkreter Wertgegenstand[984]. Vielleicht sollen wir an Tempelabgaben denken, wie sie einst von Israel aus dem ganzen Land nach Jerusalem herbeigetragen wurden, um mit ihnen vor Gott im Tempel zu erscheinen und als sein Eigentumsvolk zu feiern. So schaut Johannes die Völker der ganzen Erde in gottesdienstlicher Bewegung: Freie Völker, die auf freier Erde frei ihrem Erlöser dienen. Auf diesen Vorgang zielte schon 21, 3.

27 Mit Vers 27 lodert eine Warnung auf. **Aber keinesfalls geht in sie alles Gemeine hinein.** „Obwohl die Pforten offen stehn und hell das Licht des Tages scheint, kann doch hinein nicht jeder gehn, zu sein mit Gott dem Herrn vereint[985]." Die Tore sind nach Vers 25 zwar nicht verschlossen, werden aber nach Vers 12 bewacht. Dabei muß man sich in die Bildersprache hineinfühlen. Der Aussage ist nicht zu entnehmen, daß vor diesen Toren überhaupt unwürdige Menschen erscheinen, Einlaß begehren und zurückgewiesen werden, sondern sie stellt positiv die Reinheit der neuen Welt fest. Eine Zurückweisung enthält sie höchstens gegenüber Gedanken und Wünschen, die sich im Leser der Offb damals und heute regen[986].

Der Sprachgebrauch **gemein** ist Bibellesern aus Apg 10, 14. 15; 11, 9 gut bekannt. Es ist das kultisch Unreine, das im Gottesdienst nicht zugelassen werden darf. Dabei fällt an unserer Stelle die neutrische Form auf, während die atst Parallelen von unreinen Menschen reden (Jes 35, 8; 52, 1; Hes 44, 9). Sollte hier an die Abgaben und Opfergaben von Vers 26 gedacht sein? Die Fortsetzung spricht jedenfalls von Personen, die in der Stadt nicht geduldet sind, nämlich keiner, **der Greuel und Lüge tut.** Es sind die Anhänger des sich selbst vergottenden Tieres und des Lügenpropheten. Ihnen stellt die Offb hier wie mehrmals diejenigen gegenüber, **die in dem Buch des Lammes aufgeschrieben sind** (s. z. 13, 8).

Der Thron Gottes in der Mitte der Stadt

Offenbarung 22, 1–5

Zu Vers 1:
1 Mo 2, 10
Hes 47, 1
Sach 14, 8

1 **Und er zeigte mir einen Strom von Wasser des Lebens, strahlend wie Kristall, hervorgehend aus dem Thron Gottes und des Lammes,**

984 S. W–B, Sp. 1618.
985 So Petrus Herdert in seinem Liede von 1566 „Preis, Lob und Ehr sei Gott".
986 So z. B. auch gegen den Ausruf Rissis: „Die Tore sind offen für alle", den er ausdrücklich auch auf die Insassen des Feuerpfuhles bezieht. „Auch sie sieht der Prophet eingehen in das Reich der Gnade." Wo sieht er das? (Alpha und Omega, S. 211).

2 *** in der Mitte ihrer Straße. Und** (er zeigte mir) **auf beiden Seiten**
(„von hier und von da") **des Stromes** (das) **Holz des Lebens, das**
zwölf(fach) **Früchte treibt** („macht"), **indem es jeden Monat seine**
Frucht bringt, und die Blätter des Holzes (dienen) **zur Heilung der**
3 **Nationen. * Und jegliches mit Bann Belegtes** („jeglicher Fluch")
wird nicht mehr sein, und der Thron Gottes und des Lammes wer-
den in ihr sein, und seine Knechte werden ihm (priesterlich) **dienen.**
4 *** Und sie werden sehen sein Angesicht, und sein Name wird** (zu
5 sehen sein) **auf ihrer Stirn. * Und Nacht wird nicht mehr sein, und**
sie bedürfen nicht des Lichtes einer Leuchte noch der Sonne, denn
der Herr, Gott, wird auf sie leuchten und sie werden (königlich)
herrschen (bis) **in die Zeiten der Zeiten.**

Zu Vers 2: Hes 47, 7. 12; 1 Mo 2, 9; 3, 22. 24
Zu Vers 3: Sach 14, 11
Zu Vers 4: Ps 17, 15; 42, 3
Zu Vers 5: Jes 60, 19; Dan 7, 18. 27

Die erneute Einführung des Engels („und er zeigte mir") kündigt etwas Besonderes an. Der Hauptteil des Buches ab K. 4 erreicht sein Ziel. Wie ihn eine Thronvision eröffnete, beschließt ihn wieder eine Thronvision. Dieser Thron ist eben das Durchhaltende in Zeit und Ewigkeit, das Zentralbild der Offb (s. z. 3, 21). Dabei kehrt 22, 1–5 nicht einfach zu K. 4–5 zurück, soviel auch die Parallelen zu beachten sein werden, denn der Thron erscheint dem Seher jetzt nicht mehr im Himmel, sondern auf der neuen Erde. Auch andere Veränderungen werden sich herausstellen.

Im übrigen behandelt der Abschnitt unverändert das neue Jerusalem[987]. Wenn auch das Wort „Stadt" fehlt, setzen doch die Fürwörter in Vers 1 („ihre Straße") und Vers 3 („Thron Gottes in ihr") die Sache voraus. Wieder beherrscht auch die Zwölfzahl die Aussagen (Vers 2). Der wesentliche Gedankenfortschritt besteht lediglich darin, daß jetzt der Begriff des Lichtes und der Heiligkeit ergänzt wird durch den des Lebens. Nach johanneischer Theologie gehören Licht und Leben zusammen. „In ihm war das Leben, und das Leben war das Licht der Menschen" (Jo 1, 4). Doch wie sollte Johannes dieses „Leben" visionär zu schauen bekommen? Es geschieht in der Gestalt des paradiesischen Lebenswassers und Lebensbaumes[988].

[987] Gegen Rissi, der die Verse im Unterschied zu 21, 9–27 („Vision des neuen Jerusalem") überschreibt: „Die Vision des Paradieses." An dieser Trennung zeigt Rissi ein außerordentliches Interesse. Nach ihm weist die letzte Vision „in eine Zukunft, die das Geschehen von 21, 10–27 überhöht und vollendet", und bringt eine „neue Botschaft". Zwischen 21, 27 und 22, 1 sei die volle Neuschöpfung von 21, 5 zu denken. Was dieses letzte Visionsbild „über alle vorhergehenden weit hinaushebt, ist der Universalismus des Heils". Die Begrenzungen von 21, 8. 27 seien gefallen. Alle Insassen des Feuersees, auch die übermenschlichen bösen Mächte, seien eingezogen in die Stadt. Es gäbe dann kein Drinnen und Draußen mehr (Die Zukunft der Welt, S. 62–63. 97–99).

[988] Aus dem Umstand, daß hier der gleiche Gegenstand ein zweites Mal, wenn auch unter einem neuen Gesichtspunkt, geschaut wird, erklären sich auch die „Doubletten", die Bousset findet, oder die „Wiederholungen", von denen Strathmann, Ki–Th W VI, S. 532, spricht.

So fließt die alte Erwartung des endzeitlichen Paradieses in die Erwartung des neuen Jerusalems ein (nicht etwa in die Milleniums-Erwartung!). In der Umwelt des Johannes war beides längst eine innige Verbindung eingegangen, so daß diese Zusammenschau nicht mehr verwunderte. Beide Heilsgüter – Paradies und Jerusalem – meinen die vollkommene Gemeinschaft zwischen Gott und Mensch oder das ungestörte Zuhausesein des Menschen bei Gott. Darum konnte das Judentum das Paradies z. B. mit den charakteristischen Merkmalen einer Stadt schildern, nämlich mit Mauern und Toren[989]. Nicht zuletzt verknüpft auch schon Hesekiel Jerusalem und Paradies, was gerade für die Gedanken des Johannes Bedeutung haben mußte.

Ähnlich wie 21, 1–8 oder 21, 22–27 teilt sich dieser Abschnitt in Beschreibung der Schau (V. 1–2) und prophetische Deutung (V. 3–5).

1 **Und er zeigte mir einen Strom von Wasser des Lebens.** Der Begriff **Strom** steigert die aus dem Buch schon bekannte Wendung vom Lebenswasser (7, 17; 21, 6) zur höchsten Fülle. Gerade im heißen und an Seen und Flüssen armen Orient leuchtete der unschätzbare Wert des Wassers unmittelbar ein. Wasser bedeutete Oase und war Grundbedingung für pflanzliches, tierisches und menschliches Leben. Wasserreichtum begründet das Paradies. In 1 Mo 2, 10–14 sieht der Prophet der Urzeit vier gewaltige Paradiesesströme aus dem Garten Gottes nach allen Himmelsrichtungen hervorbrechen und die Schöpfung umarmen und tränken. Wasserreichtum gehört darum auch in die Endzeithoffnung (Anm. 956). Der Leser der Offb mochte sich beim Klang des Wortes **Strom** außerdem an die Verderbensflut von 12, 15 erinnert fühlen, die hier nun ihr Gegenbild empfängt.

Die Wendung **Strom von Wasser des Lebens** hat in Jo 7, 38 die einzige biblische Parallele. Sie lenkt auch für unsere Stelle die Gedanken auf den Heiligen Geist, so daß diese Endschau trinitarische Wucht bekommt: Gott und das Lamm, und von beiden ausgehend der Heilige Geist[990] als Träger des Lebens. Das Aussehen des Wassers, **strahlend wie Kristall**, erinnert an das gläserne Meer, das sich nach 4, 6 vor dem Gottesthron weitet. Es scheint hier ins Strömen geraten zu sein.

Quelle des Lebenswassers ist nach dem AT der Tempel in Jerusalem (Hes 47, 1; Joe 4, 18; Sach 13, 1; 14, 8). Hier aber wird in Übereinstimmung mit 21, 12 jedes Mißverständnis der atst Prophetie abgewiesen: Nicht auf einen neuen Tempelkult heißen uns diese

[989] Joh. Schneider, Ki–Th W V, S. 40. Wie stark Johannes die Bilder von Jerusalem und Paradies als Parallelen empfindet, zeigen auch Verse wie 22, 14. 19.

[990] Dieses „Herausgehen" des Heiligen Geistes von Gott und dem Sohn auch Jo 15, 26. Von „Wasser und Geist" spricht Jo 3, 5 auf breiter atst Grundlage. Das „Herausgehen" des Geistes Gottes mag auch Gegenbild zum „Herausgehen" der Geister in 16, 14 sein.

Stellen hoffen, sondern auf die Heilsperson Gottes selbst, denn dieses Wasser **ging hervor aus dem Throne Gottes und des Lammes.** In 4, 5 waren es Blitze und Donner, nämlich Gerichte, die von diesem Thron ausgingen. Das liegt jetzt zurück. Die Gerichte sind vollendet, und Gott strömt unablässig Leben in seine Welt.

Innerhalb der Offb heißt es allein in diesem Vers vollständig **Thron Gottes und des Lammes.** Sachlich war der Thron Gottes schon in K. 5 gleichzeitig zum Thron des Lammes geworden (vgl. 3, 21), aber das tritt jetzt in letzter Klarheit an den Tag. Dieser Thron ist strömende Mitte. In ihm hat die Welt ihr Wesen, nicht in sich selbst.

Johannes erblickt den Strom beim Thron Gottes, nämlich **in der Mitte ihrer Straße** entspringend[991]. Mittelpunktstellung ist in der Offb immer vielsagend (s. z. 4, 6; 5, 6). Hier bezieht sie sich auf den Thron Gottes mit seinem Ausfluß von Heil und Leben. Die Mitte mag hier der Schnittpunkt der zwölf Zugänge zum Thron sein, die durch die zwölf Tore hereinführen; das wäre dann die eine Thronstraße (s. z. 21, 21).

Weiter sah Johannes **auf beiden Seiten des Stromes Holz des Lebens.** Wie bei Hes 47, 7. 12 stehen an den Ufern entlang Baumreihen[992]; wie dort wird auch hier vorausgesetzt sein, daß sich der Strom in die Umgebung der Stadt, ja über die ganze Erde ergießt. Die Nationen leben von den Blättern der Bäume, die überall erreichbar beide Ufer säumen, wie die Nationen auch in dem Licht leben, das von Jerusalem über die ganze Erde ausstrahlt (21, 24). 2

991 Die ersten Worte des 2. Verses werden von den bedeutenden englischen und amerikanischen Bibelausgaben zu dem in V. 1 begonnenen Satz gezogen (so von Westcott und Hort von 1881 bis zur New English Bible, New Testament, von 1961.) Da der Grundtext noch keine Satzzeichen enthielt, ist die Frage von der Sache her zu entscheiden. Für die englische Lösung spricht a) der Umstand, daß Johannes seine Sätze sehr gern mit „und" beginnt, wie es sich nun ergibt: „Und (ich sah) an beiden Seiten des Stromes Holz des Lebens . . ." b) Die deutsche Fassung ist kaum verständlich zu machen. Wie soll jemand mit der Vorstellung zurechtkommen, daß die Bäume einerseits zwischen Straße und Strom und andererseits an beiden Seiten des Stromes standen? Die Kommentare versuchen unverzagt, das zu klären und nehmen zwei Uferstraßen an, eine Insel mit Baum u. a. m. c) Die Mittelpunktstellung ist für die Offb so wichtig, daß sie sich hier kaum auf etwas anderes als auf den Thron Gottes beziehen kann, also nicht auf die Bäume. Zwar steht in 1 Mo 2, 9 der Lebensbaum „in der Mitte des Gartens", aber nach der Fortsetzung des Textes hier haben wir unsere Vorstellungen nicht von 1 Mo 2, sondern von Hes 47 bestimmen zu lassen. Dazu aber paßt e i n Baum im Mittelpunkt nicht.

992 „Holz des Lebens", also lebendiges Holz im Unterschied zu Bauholz, Nutzholz, Brennholz. So schon in der LXX. — Hadorn, Behm, Lohse übersetzen wörtlich „ein Baum", aber wie soll e i n Baum gleichzeitig an beiden Ufern stehen? Bietenhard und Halver übersetzen kollektiv „Bäume" und verstehen darunter im Gedanken an die beiden Bäume im Paradies zwei Bäume, an jedem Ufer einer. Aber die Nähe zu Hes 47, 7 empfiehlt, an eine Vielzahl von Bäumen zu denken, an „Gehölz".

Hesekiel spricht 47, 12 von einer monatlichen Fruchtfolge der Bäume, hier aber wird die Zwölfzahl ausdrücklich genannt (s. z. 21, 12). Das Holz **treibt** („macht") **zwölf**(fach) **Früchte, indem es jeden Monat seine Frucht bringt.** Die in Vers 1 betonte Wasserfülle kommt den Nationen also in Form dieser Fruchtfülle zugute. Der Umstand, daß in dieser Schau nichts vom Trinken des Lebenswassers gesagt wird, ist im Blick auf 7, 17; 21, 6 auffällig, spricht aber für die Echtheit der Vision und Zuverlässigkeit ihrer Wiedergabe.

Die Eigenständigkeit der Schau wird auch an der Verwendung der Bäume sichtbar. Im Unterschied zu 2, 7; 1 Mo 3, 3 und Hes 47, 12 sind es nicht die Früchte, deren Fülle doch gerade so gerühmt wurde, sondern die Blätter der Bäume, die den Nationen zugute kommen. **Die Blätter des Holzes dienen zur Heilung der Nationen.** Hes 47, 9 heißt es: „Und alles soll gesund werden und leben, wohin der Strom kommt."

Finden wir an dieser Stelle nicht einen kräftigen Hinweis darauf, daß der Abschnitt 22, 1–5 noch nicht die in 21, 5 versprochene völlige Neuschöpfung beschreibt? Gesunde bedürfen doch nicht der Arznei; also werden Patienten vorausgesetzt[993].

Hier ist der Ort, noch einmal auf das Anliegen von Exkurs 20c zurückzukommen, nämlich willig und verständig auf die bildhafte Art der Vollendungskapitel einzugehen. Johannes bezeugte 21, 1 so klar wie möglich, daß er die neue Schöpfung schaute, an der nichts mehr alt ist. Das Meer ist nicht mehr, das Erste ist wirklich vergangen (V. 4). Was können jetzt dem gegenüber Stellen wie 21, 4. 6. 27; 22, 2 bedeuten? Hat Johannes mit ihnen wirklich sagen wollen, daß auf der neuen Erde tränenüberströmte (21, 4), durstgequälte (21, 6), von Krankheit geplagte (22, 2) Menschen umherlaufen und daß Unreine, Frevler und Lügner vor den Toren (21, 27) der Gottesstadt erscheinen und Einlaß begehren? Welchen Sinn hätte das Zeugnis von der neuen Erde, wenn da wieder die alten Tränen geweint und die alten Übel erlitten würden? Sind mit der Neuschöpfung etwa auch die alten Übel neu geworden?

993 So Schumacher, Allversöhnung, S. 73. Unter diesen Kranken versteht er die Nationen, die nicht im Buche des Lebens geschrieben sind und im Feuerpfuhl weilen. Da die Offb aber mit dem Anblick dieser erst noch Genesenden schließe, verfüge sie nicht über den größten Weitblick (S. 74). Sie zeige nur die Überleitung zur vollen Zielerreichung (S. 106). Den paulinischen Fernblick verrate sie wohl nur 5, 13 (S. 26). Johannes müsse deshalb, wie die zwölf Apostel alle, dem Paulus als dem Zuständigeren das Feld überlassen. Paulus sei letztlich maßgeblich. In seiner ehrenhaften Grundhaltung verbirgt Schumacher weder sich selbst noch seinen Lesern, daß die Lehre von der Allversöhnung letzten Endes nicht auf dem Kanon des NT beruht, sondern auf einem Kanon im Kanon, auf gewissen paulinischen Briefen. Aber selbst die Verwendung dieser Briefe durch ihn wäre noch zu prüfen.

Im Gegenteil, diese Bildworte fügen sich in die Kette der Fehlanzeigen ein, die beide Kapitel kennzeichnen (Anm. 940). Wie es nach der Neuschöpfung kein Meer mehr gibt, keinen Tod, keine Klage, kein Geschrei und keinen Schmerz, keinen Tempel, keinen Bedarf für das Licht der Gestirne, keinen Verschluß der Tore, keinen Bann und keine Nacht, so auch keine Tränen, keinen Durst, keine Unreinigkeit und keine Krankheit. Alle diese Dinge haben das spurlose Verschwinden der alten Welt in 20, 11 eben n i c h t überstanden. Zur seelsorgerlichen Bedeutung dieser Fehlanzeige s. z. 21, 1. Man gehe diese Zusammenhänge vorwärts und rückwärts durch, und man wird diesen eindeutigen Sinn der Bildrede erkennen. Morgenländer wären vielleicht entsetzt, wieviel Unvollkommenheiten wir Abendländer in diesen Vollendungskapiteln finden und wie wir an einem so strahlenden Zeugnis über die neue Welt Gottes und des Lammes vorbeihören können.

Wir wenden uns nun der eingehenden Auslegung des Textes selbst zu. Die **Nationen**, die nach 21, 24 das Licht der Gottesstadt genießen, genießen nach unserem Vers genauso ihr Leben. Ein Begriff vertieft den anderen (vgl. die Vorbemerkung z. Abschnitt). Dabei empfangen sie das ewige Leben nicht als ein Eigentum, das jetzt in ihnen selbst ruht und das sie fortan gelöst von Gott genießen könnten. Das neue Leben ist vielmehr ständige Abhängigkeit. Aus der strömenden Fülle, die aus dem Thron in der Mitte hervorbricht, nehmen sie Gnade um Gnade. Ewiges Leben ist nach der Bibel kein Stilleben, sondern bewegtes Geben und Nehmen, Schenken und Empfangen (vgl. z. 21, 25). Dabei teilt sich die Lebensfülle des Stromes den Bäumen an ihren Ufern mit, die ihre Wurzeln in ihn hinabsenken, und die grenzenlose Fruchtbarkeit dieser Bäume wiederum den Menschen, die ihre Blätter genießen. So welken und altern die Empfänger nicht, siechen auch an keinem Gebrechen dahin. Das ist deutlich eine Überbietung des ersten Paradieses, in welchem noch nicht vom Lebensbaum gegessen werden durfte (1 Mo 3, 22).

An dieser Stelle drängt sich aber die Frage nach den Abweichungen des Johannes von den atst Vorbildern noch einmal nachdrücklich auf. Hier steht eben nichts vom Essen der Früchte wie in 1 Mo oder Hes 47, 12: „Ihre Blätter werden nicht verwelken, und mit ihren Früchten hat es kein Ende. Ihre Früchte werden zur Speise dienen und ihre Blätter zur Arznei." Hat es etwas zu bedeuten, daß diese Schau so Naheliegendes ausläßt?

Tatsächlich verwendet die Offenbarung auch die andere Seite des Bildes, nämlich im Siegerspruch in 2, 7. Sollte es mit der Aufteilung der Früchte und Blätter auf Gemeinde und Nationen etwas auf sich haben? Jedenfalls unterscheiden Offb 21–22 deutlich zwischen neuer

Stadt und neuer Erde (21, 1–2), zwischen Priesterschaft (22, 3) und den Nationen (21, 24. 26; vgl. 21, 3), die freilich in gesegneter Beziehung zur Stadt stehen und wie die Priesterschaft am gottesdienstlichen Leben teilnehmen.

Wenn nun die heilende Wirkung der Blätter gerade auf die Nationen, nicht also auf die Brautgemeinde, bezogen wird, könnte darin der Hinweis liegen, daß diese Nationen, die bis zur Parusie Heiden waren, vom Heidentum genesen sind. Die Bibel spricht zu oft bildhaft von Krankheiten, von sittlicher und geistlicher Blindheit, Taubheit und Lähmung, vom entsprechenden Straucheln oder Aussatz, als daß diese Linie hier nicht erwogen werden dürfte[904]. Der Heide ist der vor Gott schwerkranke Mensch. So verstanden bedeutet diese Fehlanzeige: Es gibt kein Heidentum mehr, kein verkrümmtes, entstelltes, verirrtes und unfruchtbares Menschentum.

Ab Vers 3 beginnt die prophetische Rede und verlängert die Linie
3 der Überbietung des Paradieses. **Und jegliches mit Bann Belegtes („jeglicher Fluch") wird nicht mehr sein.** Dieses Paradies ist ohne Schlange und ohne Todesdrohung, ohne etwas, das Gottes Heiligkeit verletzt[905].

Wo noch ein Bann wäre, könnte Gott nicht wohnen. „Ich werde hinfort nicht mit euch sein, wenn ihr nicht das Gebannte aus eurer Mitte tilgt" (Jos 7, 12). Weil sich aber die Erde ohne irgendeine Strafwürdigkeit darbietet, ist der Himmel auf sie herabgesunken (21, 3) und ist sie Thronort Gottes geworden.

Auf diesen Mittelpunkt beziehen sich die letzten Verse. **Und der Thron Gottes und des Lammes werden in ihr sein, und seine Knechte werden ihm** priesterlich **dienen.** Um den Thron herum entfaltet sich gottesdienstliches Geschehen. Die Knechte Gottes und des Lammes treten in Erscheinung als das, was sie schon seit 1, 5–6 waren und seit der Parusie ungebrochen sind (20, 4. 6), nämlich als Priester. Das Wort, das hier für **dienen** steht, ist innerhalb der Bibel auf priesterliches Dienen mit dem besonderen Höhepunkt der Anbetung festgelegt. Dieses Dienen meint endgültiges Befreitsein von jeglicher Fremdherrschaft unter Sünde, Tod und Teufel (s. z. 7, 15). Der ganze Mensch lebt darum in diesem Dienst auf. Der Mensch ist endlich

[904] Vgl. auch Ausdrücke wie „gesunde Lehre", „gesunde Worte" und „gesunder Glaube" in den Pastoralbriefen.

[905] Für „Fluch" hier katathema, ein Ausdruck, der sich weder in 1 Mo noch sonst in der Bibel findet. Er scheint das sonst dafür geläufige grie Wort anathema zu verschärfen. — Völlig dem Zusammenhang fremd wäre es, hier zu folgern, daß es nun keinen Feuerpfuhl mehr gäbe, wie Rissi es tut. Die Ortsbestimmung „in ihr" (kein Fluch mehr in der Stadt und im Paradies) gestattet nicht, das Sätzchen als allgemeine Aussage zu nehmen.

Mensch und dient Gott von ganzem Herzen, von ganzer Seele, mit allen seinen Kräften und von ganzem Gemüt.

Das ist die „Ruhe", in die das Volk Gottes nach dem Hebräerbrief eingehen soll. Es ruht von seiner Mühsal (Offb 14, 13), nicht aber von seinem Dienst. Die Ruhe besteht in der ungestörten Bewegung weiteren Dienens. Nach den Verheißungen Gottes, aber auch nach allem, was in seinen Knechten an Wünschen lebt, soll dieses Dienen in der Vollendung weitergehen. Weder Tod noch Auferstehung, weder Gericht noch Neuschöpfung werden sie trennen vom Dienst für Jesus. Nie mehr fällt ihr Dasein aus der Herrschaft Gottes und des Lammes heraus. „Leben wir, so leben wir dem Herrn, sterben wir, so sterben wir dem Herrn" (Rö 14, 8).

Das **i h m dienen** ist hier ein Singular, der sich im Zusammenhang auf **Gott und das Lamm**, also auf eine Zweizahl bezieht. Durch diese Art wird die untrennbare Einheit nicht der Personen[996], wohl aber der Funktionen bezeugt. Gott erscheint mit dem Lamm ununterscheidbar als e i n e Herrschaft. Das meinte schon 3, 21 und ist die Grundlage des ganzen Buches. In der Vollendungsschau häuft sich diese Wendung (viermal). Gerade in ihrem Zielpunkt rückt die Offb weit ab von einem Gott „an sich". Er erscheint in ewiger Gemeinschaft mit jener Opfergestalt. Ihm, dem Lamm, hat er alles übergeben, an ihn sehe sich jeder gewiesen. Das Lamm vertritt Gott ganz und gar, und Gottesherrschaft ist Lammesherrschaft.

Die Verheißung zukünftigen Dienens wird für die Knechte Gottes
noch entfaltet. **Und sie werden sehen sein Angesicht**[997]. Sie dürfen 4
nicht nur auf weiteres Dienen hoffen, sondern auch auf besseres Dienen. Noch sehen sie den, dem sie dienen, nicht von Angesicht zu Angesicht. Noch dienen sie ihm darum nicht so gut, wie ihm gedient werden müßte. Selbst wenn sie es gut meinen, machen sie es nicht immer gut und vor allem nicht froh und frei genug. Wenn sie aber sein Angesicht sehen, wird ihr Dienst Vollendungsgestalt annehmen und darum auch die Herrlichkeit Gottes und des Lammes voll aufleuchten. Damit ist das Ziel der Schöpfung durch Gott selbst verwirklicht: eine ihm dienende und ihn verherrlichende Menschheit.

In der ersten Schöpfung wurde dies Ziel verfehlt. Von ihr heißt es 20, 11 abschließend, daß sie das Angesicht Gottes floh (vgl. 6, 16). Diesem Absturz ins Nichts steht nach der Neuschöpfung das Sehendürfen dieses gleichen Angesichtes durch neue Menschen gegenüber.

[996] So mit Recht Holtz, S. 203, Anm. 1.

[997] „Gottes Angesicht schauen" gehört in die gottesdienstliche Sprache, wie zahllose Psalmstellen zeigen. Die Teilnahme am Opfer und die Feier im Tempel galten als „Erscheinen vor seinem Angesicht" und als „Schauen Gottes". Und doch empfand schon das Judentum an dieser Art, Gott zu schauen, etwas Unbefriedigendes und wartete auf eine endgeschichtliche Erfüllung, auf den wahren Gottesdienst.

Wie erfüllt dieser neue Gottesdienst ist, verdeutlicht die Fortsetzung: **Und sein Name** wird zu sehen sein **auf ihrer Stirn.** „Das Angesicht Gottes und die Stirnen der Knechte werden hier sehr lieblich gegeneinander gestellt. O wie wird sich da die Herrlichkeit Gottes spiegeln", schreibt Bengel.

Der Gottesdienst dieser Knechte Gottes bleibt nicht eine einseitige Veranstaltung, sondern ein Abglanz des verherrlichten Herrn fällt auf seine Diener zurück. „Wer mir dienen wird, den wird mein Vater ehren", hatte Jesus verheißen (Jo 12, 26). In Erfüllung dieser Verheißung und auch der Siegersprüche in Offb 2, 17; 3, 12 wird nun der Name Gottes auf ihren Stirnen lesbar.

Der Name Gottes steht damit gewiß nicht auf unpassenden Stirnen. Unter seinem Aufleuchten wird zugleich offenbar, daß in diesen Knechten wahrhaftig das Ebenbild Gottes wiederhergestellt ist. Sie werden „ihm gleich sein", die seinen Namen tragen. Diese Wendung aus 1 Jo 3, 2 hört sich nicht viel anders an als 1 Mo 3, 5: „Ihr werdet sein wie Gott!" Aber die formal ähnlichen Aussagen sind durch Welten geschieden. Das eine Mal wird die Wahrheit von der Gottebenbildlichkeit des Menschen schlangenhaft verfälscht zu der Bedeutung: sein wie Gott, um selbst Gott zu sein und den Thron einzunehmen. Das johanneische „ihm gleich sein" dagegen meint: zu ihm passen, zur Gemeinschaft mit ihm geschaffen und erlöst sein.

Im Schlußvers (V. 5) wird das Paradies der Urzeit noch einmal überboten. Die endzeitliche Erfüllung bringt ein Paradies ohne Austreibung wie 1 Mo 3, 24, ungebrochenes und endloses Paradies. Zu diesem Zweck scheint Johannes sich mit Wiederholungen aus K. 21 zu begnügen. Daß da keine Nacht mehr ist, lasen wir schon 21, 25, und daß es da keinen Bedarf mehr für Sonnenlicht und Mondenlicht gibt, sagte schon 21, 23. Aber wieder lohnt sich ein genaues Zusehen.

5 **Und Nacht wird nicht mehr sein, und sie bedürfen nicht des Lichtes einer Leuchte noch der Sonne.** Die Aussage steht hier in einem anderen Rahmen als in 21, 23. 25. Was dort auf die Stadt im allgemeinen bezogen wurde, gilt hier ausdrücklich den Knechten Gottes. In diesen letzten Versen verblassen die Bilder von Gottesstadt und Gottesgarten und treten hinter dem Bild des Allerheiligsten[998] und unmittelbarer gottesdienstlicher Gemeinschaft zurück. Dadurch erhält jede Wendung einen noch lebendigeren Glanz, eine tiefere Glut.

Denn der Herr, Gott, wird auf sie leuchten. Nicht mehr irgendetwas an Gott, nicht einmal seine Herrlichkeit, steht nun zur Sprache, son-

[998] Wenn es hier „Leuchte" statt „Mond" (21, 23) heißt, könnte das auf sakrales Tempellicht anspielen, das in diesem Heiligtum und in diesem Gottesdienst nicht mehr benötigt wird.

dern Gott selbst begegnet ihnen von Angesicht zu Angesicht. Und sein Angesicht **leuchtet auf sie**. In 21, 23 fanden wir die physikalische Vorstellung, daß die Herrlichkeit Gottes die Stadt beleuchtet[999], hier dagegen entsteht eine besondere Wärme und Fülle durch deutliche Anspielung an den uralten aaronitischen Segen aus 5 Mo 6, 24–25 (nach LXX): „Der Herr segne und behüte dich; der Herr lasse sein Angesicht leuchten über (grie epi) dir und sei dir gnädig, der Herr hebe sein Angesicht über (grie epi) dich und gebe dir Frieden."

Was Israel Jahrtausende lang und in seinen heiligsten Stunden durch den Mund seiner Priester herabflehte, wird nun voll geschenkt. Und über diesem Geschenk, nämlich über dem Sich-Satt-Trinken an seinem Bilde, sinkt keine Abenddämmerung herein. Keine Nacht wird da sein, kein Hinausgehen-müssen, sondern nur ein „Ewig-ewiglich-mit-Jesus-sprechen".

Und sie werden königlich **herrschen**[1000] bis **in die Zeiten der Zeiten.** Wieder ist der Hintergrund vom ersten Mosebuch hilfreich. Was heißt hier **herrschen?** „Lasset uns Menschen machen, ein Bild, das uns gleich sei, die da herrschen ... Und Gott segnete sie und sprach zu ihnen: Seid fruchtbar und mehret euch und füllet die Erde und machet sie euch untertan und herrschet über die Fische im Meer und über die Vögel unter dem Himmel und über das Vieh und über alles Getier, das auf Erden kriecht." Dieses ausführliche Zitat treibe die Vorstellung aus, daß das Herrschen der Menschen immer auch beherrschte Menschen voraussetze. Es geht in 1 Mo 1, 26–28 deutlich um des Menschen Herrschaft über die Natur. Gott, der Herr über die ganze Schöpfung, erwählt sich den Menschen als seinen Stellvertreter (Ebenbild), der in Gottes Namen die Herrschaft über die niedere Natur ausüben soll. Das war in der alten Welt, die die Natur als etwas Göttliches ansah, eine beispiellose Erkenntnis.

Die Knechte Gottes im neuen Paradies beherrschen also nicht die „Nationen" von 21, 24. 26; 22, 2. Das würde zwar dem alten Adam passen, dem es so schwer fällt, die neue Struktur Jesu zu begreifen: „Einer ist euer Meister, Christus; ihr aber seid alle Brüder" (Mt 23, 8. 10). Und „ihr wisset, die weltlichen Fürsten herrschen ... So soll es unter euch nicht sein" (Mt 20, 25–26). Also mit der Beherrschung der Menschen durch Menschen wird es nichts. Das wäre weder

[999] Grie in 21, 23 ephōtisen autēn, in 22, 5 phōtisei ep autous.

[1000] Die Wiedergabe „sie werden als Könige herrschen" (so z. B. Albrecht) ist bewußt vermieden. Es darf nicht der Eindruck entstehen, als ob diese Knechte eigene Königtümer empfangen. Gott allein ist König (11, 15; 12, 10; 19, 6), vgl. Anm. 46 und zu 20, 4.

atst noch ntst, sondern heidnisch. Das wäre wieder „Ägypten" und niemals „Paradies"[1001].

Diese Verse wehren aber die Herrschaftsgelüste auch noch unmittelbarer ab. Die Funktion der Knechte Gottes vor dem Thron, also ihr Mitherrschen, wurde Vers 4 schon genauer bezeichnet. Sie besteht im priesterlichen Dienen. Damit ist ihr Herrschen gegenüber der neuen Schöpfung inhaltlich gefüllt. Schon 20, 4. 6 fiel der Austausch der Begriffe „Herrschen" und „Priester sein" auf, ebenso 5, 10.

Wie lange werden sie Priester zwischen Gott und der Schöpfung sein? **Bis in die Zeiten der Zeiten.** Neben die Ungebrochenheit ihrer Herrschaft, die die erste Vershälfte bezeugte, tritt die Endlosigkeit ihrer Herrschaft: Sie sind Priester in alle Ewigkeit[1002]. Wenn das auf sie zukommt, mögen sie sich schon heute darauf einstellen. Priesterlich werden, das ist das Programm schon unseres gegenwärtigen Lebens. Dazu muß man erlöst sein (1, 5–6), dazu bedarf es aber auch eines Umbaues unseres Wesens bis in seine Fundamente, einer Umfunktionierung aller Regungen und Gefühle.

DAS SCHLUSSWORT DER OFFENBARUNG

Offenbarung 22, 6–21

Die Gliederung der letzten sechzehn Verse[1003] der Offb bereitet Schwierigkeiten. Sie scheinen sich in „unentwirrbarer Unordnung" (P. Boismard, bei Brütsch) zu befinden. Fünf verschiedene Stimmen erklingen (Christus, Engel, Johannes, Geist und Braut), und das in einem so bunten Wechsel, daß an einigen Stellen nicht mit Gewißheit

[1001] Schumacher spricht vom „Führervolk" im Millenium (Tausendjähriges Reich, S. 205). Die Erwartung frommer Kreise wird in bezug auf ihren humanistischen Gehalt oft von der marxistischen Zukunftserwartung übertroffen. So schreibt z. B. Fr. Engels: „Das Eingreifen einer Staatsgewalt in gesellschaftliche Verhältnisse wird auf einem Gebiet nach dem anderen überflüssig und schläft dann von selbst ein. An Stelle der Regierung über Personen tritt die Verwaltung von Sachen und Leitung von Produktionsprozessen. Der Staat wird nicht ‚abgeschafft', er stirbt ab . . . Die Gesellschaft versetzt die ganze Staatsmaschine dahin, wohin sie dann gehören wird: ins Museum der Altertümer, neben das Spinnrad und die bronzene Axt." (in Anti-Düring, zitiert nach W. I. Lenin, Karl Marx, Eine Einführung in den Marxismus, Berlin 1945, S. 33 f).

[1002] Schumacher meint, dieses Herrschen finde nach 1 Ko 15, 24–28 ein Ende (Tausendjähriges Reich, S. 179). Siehe zu dieser Stelle Exkurs 19.

[1003] Lohmeyer, Rissi u. a. ziehen V. 6–7 als Schlußwort zur Jerusalem-Vision. Der Ausdruck „diese Worte" bezöge sich dann nur auf 21, 9 — 22, 5. Aber „diese Worte" sind doch nach V. 7 die Worte in „diesem Buch", von dem dann in den folgenden Versen noch fünfmal gleichlautend gesprochen wird (V. 9. 10. 18. 19). So handelt es sich schon ab V. 6 um einen Buchschluß. Man sollte auch das dreimalige „Siehe, ich komme schnell" (V. 7. 12. 20) beisammen lassen.

auszumachen ist, wer gerade spricht. Je nach den Vermutungen der Ausleger ergibt sich dann die Gliederung, falls sie nach den Stimmen vorgenommen werden soll. Es empfiehlt sich daher, thematisch zu gliedern. Das Schlußwort unterstreicht zunächst die göttliche Autorität des Buches (V. 6–9), dann seine Aktualität (V. 10–17) und schließlich seine normative Geltung in der Gemeinde (V. 18–21). In jedem Abschnitt ertönen mehrere Stimmen und vor allem die gewaltige Ansage des Herrn selbst: „Siehe, ich komme schnell!" (V. 7. 12. 20). Die Vokabel „kommen" häuft sich gegen Schluß (siebenmal, davon fünfmal in V. 17 und 20), so daß sie das Thema des Buches förmlich in die Ohren hämmert.

Der Abschnitt knüpft unverkennbar an die Bucheröffnung an. Wie ein Rahmen legt er sich zusammen mit 1, 1–3 um den Buchinhalt und bewirkt dadurch eine große sachliche Geschlossenheit. Dabei kehren die Themen von 1, 1–3 hier aber gesteigert und angereichert wieder[1004].

Die Autorität des Buches

Offenbarung 22, 6–9

6 **Und er sprach zu mir: Diese Worte sind treu und wahrhaftig, und**
der Herr, Gott aller Geister der Propheten, hat gesandt seinen
Engel, zu zeigen seinen Knechten, was geschehen muß in einer
7 **Schnelle. * Und siehe, ich komme schnell. Glückselig, der da hält**
8 **die Worte der Prophetie dieses Buches! * Und ich, Johannes,** (bin es,)
der dieses (alles) **hörte und sah. Und als ich gehört und gesehen**
hatte, fiel ich nieder, zu huldigen vor den Füßen des Engels, der
9 **mir dies** (alles) **zeigte. * Und er sagte mir: Siehe** (zu), **daß** (du es)
nicht (tust)! **Dein Mitknecht bin ich und deiner Brüder, der Propheten, und derer, die halten die Worte dieses Buches. Gott bete an!**

Zu Vers 6:
Dan 2, 28
Zu Vers 7:
Jes 40, 10
Sach 2, 14

[1004] Sechs Beispiele: 1, 1 nannte die vier Autoritäten des Buches: Gott, Christus, Engel und Johannes. Jetzt ist wieder von ihnen die Rede, aber von Gott mit feierlicher Beifügung; Christus macht sich in ausführlicher Rede geltend, vom Engel und seiner Mittlerrolle werden Einzelheiten erwähnt, ebenfalls von Johannes. — Gleichlautend wird auch wieder der Buchinhalt genannt; aber während Johannes ihn in 1, 1 recht unbestimmt nennt: „was geschehen muß in einer Schnelle", ergänzt und vertieft er in 22, 7: „I c h komme in einer Schnelle!" — Während Johannes 1, 2 den Stoff zusammenfaßt: „Alles, was er gesehen hat", heißt es in 22, 8: „Alles, was ich g e h ö r t und gesehen habe." — Der Buchschluß greift auch wieder die Mahnung zum richtigen Hören und Halten auf (nach 1, 3), entfaltet aber diese Begriffe in V. 7 und 18–19. — Auch die begründende Ankündigung der „nahen Zeit" von 1, 3 wird im Buchschluß nachdrücklich entfaltet (V. 10–16). Schließlich wird die Seligkeit der guten Hörer von 1, 3 in 22, 14. 17 ausgelegt, und zwar auf dem Hintergrund der Unseligkeit für die Untreuen (V. 15).

6 Der „Zeige-Engel"[1005] von 1, 1 ergreift das Wort. **Und er sprach zu mir: Diese Worte sind treu und wahrhaftig.** Durch diesen Ausdruck, der hier das dritte Mal auf Worte der Offb angewendet wird (noch 21, 5 und verkürzt 19, 9), wird das Buch zu Gottes Wort erklärt. Es ist gewissermaßen vom Wesen Gottes getränkt, denn „treu und wahrhaftig" sind Gott und Christus selbst (3, 14). Diese Worte stehen mit Gott und werden darum niemals fallen. An ihnen entscheidet sich Heil und Unheil (V. 7).

Der göttliche Charakter des Buches, der jeder menschlichen Begutachtung zuvorkommt, steht auch mit seinem göttlichen Ursprung im Zusammenhang. **Und der Herr, Gott aller Geister der Propheten, hat seinen Engel gesandt.** Im Unterschied zu 1, 1 erklingt hier ein breiter und feierlicher Ausdruck für Gott[1006]. Er ist der Herr der verschiedenen Kundmachungen[1007] des e i n e n Geistes an die Propheten in den Jahrtausenden. Dieser gleiche Herr, der schon Mose, Samuel, Jesaja, Jeremia, Hesekiel oder Sacharja erweckte, kommt auch in diesem Offenbarungsbuch zum Zuge. Dieses Buch stammt aus demselben Quell und gehört darum in den gleichen Strom. Die Leser sollen es nicht neben oder gar unter die Bibel stellen.

Der Engel hat die Aufgabe, **zu zeigen seinen Knechten, was geschehen muß in einer Schnelle.** Dieser Satz wiederholt wörtlich 1, 1,
7 wird aber sofort gewaltig ausgelegt: **Und siehe, ich komme schnell**[1008]. So ist alles zusammengefaßt, was nach dem Ratschluß Gottes geschehen muß. Im Kommen Jesu gelangt die biblische Prophetie an ihr Ziel und kommt Gottes Alleinherrschaft zurück. Das schließt das Kommen der in diesem Buch geschilderten Gerichte und des Endgerichtes wie auch der Neuschöpfung ein. Vers 12 und 20 wiederholen diese Zusammenfassung (zur christlichen Naherwartung s. Einltg. Nr. 34–51.)

Auch die Seligpreisung von 1, 3 wiederholt sich hier, allerdings durch die vorausgegangene ausdrückliche Füllung des Begriffes „Wort der Prophetie" auf eine höhere Ebene gehoben. **Glückselig, der da hält die Worte der Prophetie dieses Buches.**

8 **Und ich, Johannes,** bin es, **der dieses alles hörte und sah.** Auch in 1, 1. 9 fügte Johannes noch seine eigene Autorität hinzu. Sofort aber

1005 Nicht Christus selbst, der kaum so blaß mit „er" eingeführt wird (gegen Lohmeyer, Behm, Lohse).

1006 Die Stellen 4 Mo 16, 22; 27, 16, in denen Gott Herr über alle kreatürliche Lebendigkeit genannt wird, entsprechen unserer Stelle nur formal.

1007 „Geister" für einzelne geistliche Offenbarungen auch 1 Ko 14, 32; 1 Jo 4, 1 (vgl. Anm. 34).

1008 Dies könnte ein persönlicher Zwischenruf des Herrn für Johannes gewesen sein, könnte aber auch vom Engel gesagt sein. Ein bevollmächtigter Bote kann im Sinne seines Herrn im Ich-Stil sprechen (vgl. 1 Mo 16, 10; 22, 12).

demütigt er sich unter die von ihm selbst verkündete Botschaft. **Und als ich gehört und gesehen hatte, fiel ich nieder, zu huldigen vor den**
Füßen des Engels, der mir dies alles **zeigte. Und er sagte mir: Siehe** 9
zu, **daß** du es **nicht** tust! **Dein Mitknecht bin ich und deiner Brüder, der Propheten, und derer, die halten die Worte dieses Buches. Gott bete an!**[1009]

Für keine Sekunde kommt Johannes auf den Gedanken, sich selbst für diese Botschaft zu bewundern, ist sie doch nicht aus seinem Eigenen emporgewachsen. Unwillkürlich will er seine Verehrung auf den lenken, der sie ihm vermittelte, also auf den Zeige-Engel. Der aber ist wachsam und leitet sie auf der Stelle noch weiter hinauf, wohin sie gehört, nämlich zu Gott.

In 7, 14 läßt sich ein hoher Engel die ehrfurchtsvolle Anrede „Herr!" gefallen. Aber kein noch so hoher Engel darf die Ehre Gottes verstellen. Darum tritt dieser Engel vor Gott beiseite, daß nicht der Bote mit dem Botschaftserlasser verwechselt wird und die Wirkung der Botschaft zu seinen Gunsten einstreicht.

Diese Haltung ist die des wahren Knechtes. Wie Johannes sich als wahrer Knecht erwies, indem er nicht der Selbstbewunderung verfiel und nicht in der Gemeinde nach Bewunderung heischte, so steht ihm der Engel darin nicht nach. Darum sind Johannes und der Engel **Mitknechte.** Von einer Aufwertung des Johannes, gleichsam einer Erhebung auf die Ebene des Engels, kann keine Rede sein[1010]. Jeder von den beiden hat vielmehr im Dienst der Prophetie sauber seinen Platz eingenommen, so daß die Botschaft rein und wahr und in göttlicher Autorität bei der Gemeinde anlangte.

Im Nachsatz liegt unausgesprochen die Mahnung an alle Empfänger der Offb, es dem Johannes und dem Engel gleichzutun und sich ebenfalls als „Mitknechte" zu bewähren. Der Engel spricht von den **Brüdern** des Johannes, **den Propheten und** denen, **die halten die Worte dieses Buches.** Eine Gegenüberstellung von Propheten einerseits und andererseits von solchen, die die Worte dieses Buches halten, wäre ohne Sinn. Das „und" ist also nicht anreihend, sondern erläuternd gemeint: „und zwar sofern sie die Worte dieses Buches halten". Johannes kennt außer einem allgemeinen Priestertum in der Gemeinde auch ein allgemeines Prophetentum (Anm. 8).

Die christlichen Brüder des Johannes, die alle „Propheten" sind, werden hier also unter eine besondere Zucht gestellt. Wie die Vermittler der Botschaft mögen sich auch die Empfänger hüten, sich

1009 Der genaue Gleichklang mit 19, 10 (s. dort die Einzelheiten) darf nicht übersehen lassen, daß sich diese Stelle auf das ganze Buch bezieht.

1010 Gegen Friedrich, Ki–Th W VI, S. 851.

selbst eine Position, einen Ruf oder eine Anhängerschaft zu verschaffen. **Bete Gott an!**

Die Aktualität des Buches

Offenbarung 22, 10–17

Zu Vers 10: Dan 8, 26; 12, 4
Zu Vers 11: Dan 12, 10; Hes 3, 27
Zu Vers 12: Jes 40, 10; Sach 2, 14; Ps 28, 4; 62, 13; Jer 17, 10
Zu Vers 13: Jes 44, 6; 48, 12
Zu Vers 14: 2 Mo 19, 10. 14; 1 Mo 2, 9; 3, 22
Zu Vers 16: Jes 11, 1. 10
Zu Vers 17: Jes 55, 1; Sach 14, 8

10 Und er sagte mir: Versiegele nicht die Worte dieses Buches, denn
11 die Zeit ist nahe. * Wer unrecht tut, tue Unrecht weiterhin, und
der Befleckte beflecke sich weiterhin, und der Gerechte tue Ge-
rechtigkeit weiterhin, und der Heilige halte sich weiterhin heilig.
12 * Siehe, ich komme schnell und mein Lohn mit mir, zu vergelten
13 einem jeden, wie sein Werk ist. * Ich bin das A und das O, der
14 Erste und der Letzte, der Anfang und das Ende. * Glückselig, die
ihre Gewänder waschen, denn ihre Vollmacht wird sein über das
Holz des Lebens, und sie werden eingehen zu den Toren in die
15 Stadt. * Draußen (sind) **die Hunde und die Zauberer und die**
Hurer und die Mörder und die Götzendiener und jeder, der Lüge
16 liebt und tut. * Ich, Jesus, habe gesandt meinen Engel, euch dies
(alles) **zu bezeugen vor**[1011] **den Gemeinden. Ich, ja, ich bin der**
Sprößling und das Geschlecht Davids, der strahlende Stern der
17 Frühe. * Und der Geist und die Braut sprechen: Komm! Und der
Hörer spreche: Komm! Und der Dürstende komme; wer will,
empfange Lebenswasser umsonst.

Der Engel wechselt das Thema. Bis Vers 17 erklärt sich jetzt Satz für Satz aus der Nähe des Kommens Jesu. Im Sinne dieser Naherwartung ist das ganze Buch geschrieben (s. Einleitung).

10 **Und er sagte mir: Versiegele nicht die Worte dieses Buches, denn die Zeit ist nahe.** Der begründende Nachsatz von der nahen Zeit unterscheidet die Offb scharf von der jüdischen Apokalyptik. Dort schauen „Henoch" oder „Abraham" oder ein anderer angenommener Patriarch (Einltg. Nr. 32) in die weite, graue Ferne und gewahren hinter verschlungenen und verschleierten Geschichtsentwicklungen den Tag des Herrn. Ihre Schriften atmen Ergebenheit und immer wieder Ergebenheit in die Geschichte, aber nie diese bräutliche Hochzeitsvorfreude wie bei Johannes. Auch das Buch Daniel hat an dieser christlichen

[1011] Hier fällt im Grie die Präposition epi auf, während es z. B. 1, 4 oder 11 einfach heißt, daß Johannes „den Gemeinden" schreiben soll. Das epi an unserer Stelle erklärt sich wohl einfach durch das andere Verb; „bezeugen" kann nämlich mit epi verbunden werden, das sich auf die Personen bezieht, vor denen das Zeugnis abgelegt wird. Jeder einzelne empfängt hier also die Botschaft im Rahmen der versammelten Ortsgemeinde und wird dadurch in besonderer Weise in Pflicht genommen.

Naherwartung noch keinen Anteil: „Du sollst diese Schau heimlich halten, denn es ist noch eine lange Zeit dahin", heißt es 8, 26 und 12, 4: „Versiegele diese Schrift bis auf die letzte Zeit!" Sie soll nicht vorzeitig von unbetroffenen und unverständigen Leuten zerredet und entweiht werden, sondern wohl verwahrt bleiben bis später und dann als willkommenes Geschenk zur Verfügung stehen.

Wie in gewolltem Gegensatz dazu klingt hier die Anweisung des Engels. Johannes soll sein Buch nicht der Gegenwart und der Öffentlichkeit entziehen. Interne Kleinkreise, die sich um diese Botschaft scharen und die interne Kleinkreise bleiben, sind ungehorsam. Sie soll in der ganzen Gemeinde verkündigt und vor aller Welt vertreten werden (s. z. 1, 3). Gegenüber der Besorgnis, was daraus werden könnte, bedeutet dieser Abschnitt des Buches eine einzige Beschwörung zum Gehorsam. Eine Christenheit, die das letzte Buch der Bibel zwischen den beiden Buchdeckeln ruhen läßt, ist ungeahnt blind, weltfremd und lächerlich.

Angesichts einer scharfen Forderung bilden sich bei uns Menschen gewöhnlich drei Gruppen: eine kleine Gruppe des Gehorsams, eine ebenfalls kleine Gruppe des offenen Widerspruchs, während die Menge in das Mittelfeld der Halbheit drängt, auf den dritten Weg. Dagegen erschallt jetzt ein mächtiges „Tertium non datur": Ein
Drittes gibt es nicht! Klare Fronten! **Wer Unrecht tut, tue Unrecht** 11
weiterhin, und der Befleckte beflecke sich weiterhin, und der Gerechte tue Gerechtigkeit weiterhin, und der Heilige halte sich weiterhin heilig.

Selbstverständlich enthält dieser Vers keine allgemeine Aufforderung zum Weitersündigen. Wir achten auf den festgefügten Zusammenhang. In einer vielleicht anderthalbstündigen Verlesung hat die Gemeinde das Buch erlebt. Johannes hatte alles, was er empfing, in einem unerhörten Ringen mit Angst, Zweifeln, Unwissenheit, Leichtfertigkeit, Weltliebe und Leidensscheu hergegeben. Jetzt soll der Hörer Bilanz ziehen. Es wird nicht endlos debattiert. „Wer sich durch dieses Buch nicht gewinnen läßt, wird nicht gewonnen" (Bengel).

So mögen jetzt die Entscheidungen fallen. Räumt das Mittelfeld! Bringt jede Regung ins Klare, jeden Gedanken, jedes Wort und jede Tat – so oder so! „O daß du doch kalt oder heiß wärest!" hieß es schon in der Gemeindebotschaft 3, 15. Dieser Wille zur Klarheit geht so weit, daß sogar der Ungehorsame herausgefordert wird, seine Linie voll auszuziehen (vgl. Exkurs 4c): **Tue Unrecht weiterhin!** Fahre nur so fort, wenn du willens bist, dich nicht warnen zu lassen! In einem gewissen Stadium läßt Gott den Widerstrebenden los und läßt ihn dahinschießen in sein Widerstreben hinein mit allen Folgen, ins Überhandnehmen des Unrechts (Mt 24, 12; Rö 1, 24–32). Jeder werde also genau das, was er ist, und erkenne, was er ist, und – erschrecke heilsam vor sich selbst.

So erweist sich dieser Vers als letzte, strengste Gestalt des Bußrufes. Daß auch die Aufforderung an die Befleckten, sich weiterhin zu beflecken, in tiefstem Grunde Bußaufforderung ist, zeigt der übernächste Vers, nach dem sich die Befleckten die Kleider waschen sollen[1012].

Als Kraft zur Buße (Exkurs 1d) erschallt in diesem Zusammenhang
12 der Ruf: **Siehe, ich komme schnell!** Dagegen würde die Rede: „Mein Herr kommt noch lange nicht", alle sittliche und geistliche Kraft entnerven und hoffnungslos im Selbst versinken lassen. Mit dem Kommen Jesu kommt nämlich auch sein **Lohn, zu vergelten einem jeden, wie sein Werk ist.** Nachdem die Offb unermüdlich den Maßstab der Werke eingeprägt hat (zuletzt 20, 12), folgt hier ein zusammenfassender Ausdruck. An Stelle von „Werken" spricht Jesus von dem einen **Werk,** von der gesamten Lebenspraxis. Nicht das beabsichtigte oder ideologisch verklärte Leben interessiert, sondern das gelebte Leben. Christus wird als Anwalt der Wirklichkeit hereintreten und die Herrschaft des Scheins beenden.

Wie wenig der **Lohn** aus Pflicht gezahlt wird, vielmehr aus Gnaden (Rö 4, 4), wurde schon mehrmals erörtert. Es ergibt sich, sobald nur bedacht wird, worin der Lohn nach der Bibel besteht. Eine besonders deutliche Stelle ist 1 Mo 15, 1: „Ich bin dein Schild und dein sehr großer Lohn." Lohn ist also nicht Abfindung durch dies oder das, um dann schiedlich und friedlich auseinanderzugehen, sondern tiefe, erfüllte Gemeinschaft mit Gott als ein ewiges Zusammenbleiben. Gemeinschaft aber ist schon unter Menschen nicht eine Münze, mit der man zahlt. Sie wird geschenkt, und gerade die Endform der Gottesgemeinschaft wird reines Geschenk sein.

Das „Ich" des kommenden Richters von Vers 12 wird durch feier-
13 lichste Wendungen gefüllt. **Ich bin das A und das O, der Erste und der Letzte, der Anfang und das Ende.** Diese drei Doppelausdrücke kennen wir bereits aus 1, 8; 21, 6 als Bezeugungen der Gotteswirklichkeit. Hier dienen sie dazu, die Hoheit des kommenden Christus anzusagen. Er und der Vater sind eins.

Wie in 21, 6 schließen sich an dieses Bekenntnis Verheißung und
14 Drohwort an. **Glückselig, die ihre Gewänder waschen,** beginnt die letzte der sieben Seligpreisungen (Anm. 20). Der gedankliche Zusammenhang erinnert stark an 1 Jo 3, 2–3: „Wir werden ihn sehen, wie er ist. Und wer eine solche Hoffnung hat, der reinigt sich, gleichwie auch er rein ist." Wenn es mit unserer Hoffnung recht steht, können wir die kommende Herrschaft Christi nicht einfach abwarten. Wer hofft,

[1012] Zu dem seltenen Singular „Heiliger" s. z. 20, 6.

reinigt sich. Er reinigt sich vom falschen Frieden, den er vielleicht mit den bestehenden Verhältnissen und Zuständen geschlossen hat. Im Glauben an Jesus erneuert er den herzhaften Unglauben an alle Verheißungen, die nicht aus dem Munde Gottes kommen. Er respektiert neu die Durchkreuzung der Welt im Kreuz Christi nach Gal 6, 14.

Das Bildwort von den reinen Kleidern wird in der Offb verschieden gewendet. Das eine Mal sind die Kleider dadurch rein, daß sie im Blute des Lammes gewaschen werden (7, 14), das andere Mal dadurch, daß sie gar nicht erst beschmutzt werden (3, 4). Nach 3, 18 werden reine Kleider in der Buße empfangen, nach 6, 11 jenseits der Todeslinie (vgl. 19, 8).

Das versprochene Heilsgut, das an die ausgesetzten Preise in den Gemeindebotschaften erinnert, besteht in einer doppelten „Vollmacht" (nach V. 19 in einem doppelten „Anteil"): **Denn ihre Vollmacht wird sein über das Holz des Lebens, und sie werden eingehen zu den Toren in die Stadt** (zu den Einzelheiten s. z. 21, 9 — 22, 5).

Aber neben der Verheißung steht wieder das Drohwort. **Draußen** 15
sind **die Hunde und die Zauberer und die Hurer und die Mörder und die Götzendiener und jeder, der Lüge liebt und tut.** Auch 18, 4 sprach von einer Stadt und sowohl von solchen Menschen, die in ihr zu Hause waren, als auch von solchen, die nach draußen gehörten. Hier aber ist alles umgekehrt. Die aus jener Stadt Hinausgeschickten sind in dieser Stadt daheim (vgl. 3, 12), während die dort in der Stadt Beheimateten jetzt **draußen** sind. Sie sind nicht nur außerhalb der Stadtmauer, sondern nach einem bestimmten Sprachgebrauch „draußen in der Finsternis" (Mt 25, 30).

Die Ausgeschlossenen sind wieder ähnlich wie 21, 8. 27 vielfach belastet, wobei sich die Ausdrücke auch wieder überschneiden. Der Symbolgehalt von **Hunde** könnte sich decken mit dem der **Hurer.** Knaben und Männer, die sich in heidnischen Tempeln zu Ehren der Götzen anderen Männern für ein „Hundegeld" (5 Mo 23, 19) hingaben, konnten Hunde genannt werden[1013]. In einem allgemeinen Sinn wurden aber auch fleischlich gesinnte und ohne Rücksicht auf Speisevorschriften lebende, vor allem heidnische Menschen in Israel verächtlich „Hunde" genannt (Mt 7, 6; 15, 26; Phil 3, 2; 2 Pt 2, 22). Im Hintergrund steht der palästinensische Pariahund, der herrenlos umherstreunt und Aas frißt. So nähert sich der Begriff dem Ausdruck „die Greuelvollen" in 21, 8. 27. Diese Hinweise machen schon deutlich, wie hier nicht sechs unterscheidbare Gruppen erscheinen, da die Merkmale ineinanderfließen.

[1013] Die Fruchtbarkeitsgöttin Isis wurde z. B. auf einem Hunde reitend dargestellt. „Die Schamlosigkeit steter öffentlicher Begattung machte den Hund zum Bild der Hetäre", Bachofen bei Halver, S. 181; vgl. auch hier Anm. 127, das zweite Zitat.

Der letzte Ausdruck gilt wieder für die Ausgeschlossenen alle (vgl. 21, 8). Sie alle hatten sich für die **Lüge** entschieden, nämlich für den Wahn des Götzendienstes statt für die Wahrheit des lebendigen Gottes; und das von ganzem Herzen, von ganzer Seele und mit allen Kräften. Solch ein Mensch **tut** die Lüge nicht nur, sondern er **liebt** sie auch. Und er liebt sie nicht nur bei anderen, er tut sie auch.

Diese Tiefe der Verworfenheit setzt eigentlich eine Berührung mit Christus voraus. „Das ist aber das Gericht, daß das Licht in die Welt gekommen ist, und die Menschen liebten die Finsternis mehr als das Licht" (Jo 3, 19). Darum haben wir um diejenigen, denen die Wahrheit Jesu nie auch nur eine Sekunde leuchtete, weniger zu zittern als um uns selbst.

Der Abschnitt über die Aktualität des Buches wird in Vers 16 durch ein neues gewaltiges Selbstzeugnis des Herrn Jesus Christus abgeschlossen: Hinter dem „ich, Johannes" von Vers 8 tritt gewissermaßen das „ich, Jesus" hervor. Damit tut der Herr etwas Außergewöhnliches, um die Botschaft seines Knechtes dringlich zu machen.
16 **Ich, Jesus, habe gesandt meinen Engel**[1014]**, euch dieses alles zu bezeugen vor den Gemeinden** (vgl. Anm. 1011). **Ich, ja ich bin der Sprößling und das Geschlecht Davids.** Diese messianische Bezeichnung ist gegenüber 5, 5 angereichert (zur Auslegung s. d.). Er ist auch **der strahlende Stern der Frühe,** ein Bild für sieghafte Macht. Gegenüber der Stelle 2, 28 liegt hier ein vertiefter Gebrauch vor. Er gibt nicht nur diesen Stern, er selbst ist dieser Stern. Er führt den Tag Gottes herauf, den Tag ohne Nacht (21, 25; 22, 5).

Vers 17 zeigt, daß das Brautsein der Gemeinde auch schon gegenwärtige Wirklichkeit ist (zum Begriff s. z. 19, 7; 21, 2. 9). Sie wird Braut nicht erst durch die Parusie (gegen Holtz), sondern durch den
17 Heiligen Geist. **Und der Geist und die Braut sprechen: Komm!** Der Geist erweckt sie zum Warten; das war in den Gemeindebotschaften seine Grundfunktion. Und darin, daß die Gemeinde auf den Herrn harrt, erweist sie sich als sein Besitz, eben als seine Braut. Das „große Geheimnis" ihrer Zugehörigkeit zu ihm, von dem Eph 5 spricht, wird also notwendig in ihrem Warten offenbar. Unüberwindlich wird sie durchströmt und durchtönt von diesem „Komm!" Der Heilige Geist vermittelte ihr eine derartige Kostprobe[1015a] von der zukünftigen Christusherrlichkeit, daß ihr keine Gegenwart mehr richtig „schmeckt", keine sonstige Herrlichkeit sie mehr blendet und kein

[1014] Der Engel, der in V. 6 Gottes Engel war, kann hier genauso gut Jesu Engel genannt werden, wie auch die Christen das eine Mal Gottes und das andere Mal Christi Knechte heißen. Das nimmt bei der Christologie des Johannes nicht wunder (vgl. Anm. 7).

[1015a] In diesem Sinn spricht das NT vom „Unterpfand, Angeld" oder von der „Erstlingsgabe" des Heiligen Geistes; vgl. auch Hbr 6, 4–5.

Wohlleben sie einschläfert. Wenn aber die Hoffnung erlahmt und das Verhältnis zu Jesus sich in Erinnerungen an ihn erschöpft, setzen für die Gemeinde die großen Deformationen ein. Sie wird wieder ein Stück Welt.

Dieses vom Heiligen Geist gewirkte „Komm!" ist nicht weniger mächtig als das ganz andere in 6, 1. 3. 5. 7 vom Thron ergehende „Komm!", das zunächst den weißen Reiter und dann die anderen apokalyptischen Reiter in die Geschichte starten ließ. Auch dieser zweite Ruf gilt einem weißen Reiter, aber dem Gegenbild in 19, 11. Gegen Ende der Zeit wird es übermächtig und gehört zu den wesentlichen Antrieben der Geschichte (s. z. 8, 2–5).

Immer wird es diese vom Heiligen Geist erfüllte und auf den Herrn der Herren wartende Gemeinde geben. Die Pforten der Hölle mögen sie mit Übeltaten oder Wohltaten verfolgen, aber sie werden ihr Harren auf Jesus nicht niederdrücken können. Kerzengerade steht sie mitten im Schlafsaal der Welt, wacht und betet, bis der „Stern der Frühe" aufgeht. Eine andere Frage aber ist die, ob nicht einzelne Glieder dieser Brautgemeinde den Heiligen Geist dämpfen. Darum **spreche der Hörer** dieser Botschaft in der Gemeindeversammlung: **Komm!** Der Hörer soll ganz Ohr werden für die Stimme des Geistes, die etwa in den Gemeindebotschaften laut wird (Exkurs 1e). So entsteht in ihm der Komm-Ruf. Er könnte sich auch verstocken und wie taub werden. Solch ein Dämpfen des Geistes zahlt sich aus in Hoffnungslosigkeit, bald auch in Glaubenslosigkeit und Lieblosigkeit.

Ein drittes Mal, und zwar im deutlichen Gleichklang mit den beiden ersten Malen in diesem Vers, ertönt das Verb „kommen", jetzt aber eigentümlich gewendet. Auf dieses Kommen wartet nun Jesus. **Und der Dürstende komme; wer will, empfange Lebenswasser umsonst.** Jesus wartet auf das geistliche Kommen derer, die auf sein Kommen warten und nach seinem Reich und Angesicht dürsten.

Dürsten und Hungern gehören zur uralten biblischen Symbolsprache. Essen und Trinken vermitteln Schau Gottes und vollkommene Gemeinschaft mit ihm. Bei Gott und Jesus zu Tische sitzen ist darum Endziel des Volkes Gottes. Im Sinne eines Endzieles sagt auch 2, 7, daß der Herr ein Essen gibt mit Lebensfrüchten, und 21, 6, daß er aus den Lebensquellen tränkt.

Allerdings findet sich hier nicht der Sinn, daß der Dürstende auf späteres Trinken warten möge, sondern er soll gegenwärtig kommen und gegenwärtig trinken, wenn er nur will. Das alles ist gültig v o r der Parusie und vor dem Herabkommen der Gottesstadt und des Gottesgartens, in dem der Lebensstrom fließt. Ohne Zweifel berührt sich der Spruch eng mit Jo 7, 37. 38: „Jesus trat auf und sprach: Wen dürstet, der komme zu mir und trinke!" Von seinem (Jesu[1015b]) Leibe fließen schon die Ströme lebendigen Wassers. Nach dem folgenden erklärenden Vers ist Jesus selbst der Geistträger und Geistmittler, also Quellort der neuen Schöpfung. Er macht seine Jünger zu Geistträgern und vervielfältigt so die Ströme lebendigen Wassers.

Demnach gibt es ein schon in die Gegenwart hineinragendes neues Jerusalem und Paradies. Gewiß ist in dieser Hinsicht noch nicht das Ganze da, wohl aber die Mitte. Die Lebensmitte des neuen Jerusalem ist schon die Lebensmitte der heutigen Gemeinde. An dieser gegenwärtigen Quelle des Lebenswassers werden alle erwartet, die nach dem Neuen dürsten.

Verwunderlich, wenn sie wegbleiben. Es gibt lebenslängliche Beschäftigung mit endgeschichtlichen Abschnitten der Bibel in vielen Nachtstunden, unter Verwendung vieler Übersetzungen, Wörterbücher, Tabellen und sonstiger Materialien, und das alles ohne dies geistliche Kommen zur gegenwärtigen Gnade und Fülle Jesu. Wer das so tut, weiß nicht, was er tut, und hat noch nicht begriffen, wen er erwartet. Wer kennt nicht von sich selbst diese Flucht vor dem Gegenwärtigen in die Wörter, Gedanken, Formulierungen und überhaupt in den Aktivismus? Immer wieder versteckt Adam sich schuldbewußt hinter den Büschen, fühlt sich hinweggetrieben von dem Angesicht des Lebendigen. Doch das Lamm ruft: „Komm!" In seinem Tode ist das Paradies neu eröffnet und die Ausstoßung beendet. Wir werden erwartet. Er gibt aus reiner Gnade — **umsonst** — Gnade.

1015b Dieses Verständnis von Joh 7, 37—38, nach welchem sich die Verse strikt auf Jesus als Lebensquell konzentrieren und nichts vom Weiterströmen durch die Leiber der Gläubigen sagen, setzt lediglich eine andere Zeichensetzung als die bei uns üblich gewordene voraus: „Wenn jemand dürstet, dann komme er zu mir, und es trinke der an mich Glaubende." Dann folgt ein Hinweis auf eine christologische Weissagung des AT: „Wie die Schrift gesagt hat: Ströme lebendigen Wassers werden aus seinem Leibe fließen." Dieser Textauffassung folgen schon die ältesten lateinischen Kirchenväter, eine koptische Übersetzung, bedeutende englische und französische Bibelausgaben und von den neueren Auslegern z. B. W. Bauer, C. H. Dodd, R. Bultmann, E. Schweizer, A. Wikenhauser, E. Schick, W. Trillhaas, W. Kreck und H. Bruns. Folgende Gründe sprechen dafür: a) So ist der Satzbruch vermieden, und es entsteht ein rhythmischer Doppelsatz (vgl. z. B. Joh 6, 35), der die Reihenfolge im zweiten Glied umkehrt, wie wir es oft bei Johannes finden. b) Ein atst Wort über die Gläubigen-Leiber als Brunnen des Heiligen Geistes findet sich nur mit Not. Auch Joh 4, 14 meint ja nicht ein Weiterströmen des Geistes von den Gläubigen zu den a n d e r e n, sondern daß der Glaubende vom Geist unaufhörlich belebt wird „bis ins ewige Leben". c) Daß sich aber Stellen wie Hes 47, 1—12; Sach 13, 1; 14, 8; Joe 4, 18 im M e s s i a s erfüllen, paßt sehr wohl hier in den Zusammenhang und überhaupt zur Botschaft des NT. d) Die Fortsetzung von Joh 7, 37—38 weist als Bedingung für den Geistesstrom auf den Tod Jesu hin. Der Kreuzesleib Jesu als Lebensquell — das ist nicht nur bei Johannes (19, 34), sondern überhaupt im NT ein fester Gedanke.

Die kanonische Geltung des Buches

Offenbarung 22, 18–20

18 **Ich bezeuge – ich** (Johannes) **– jedem, der diese Worte der Pro-** Zu Vers 18:
phetie dieses Buches hört: Wenn jemand zu diesem (allen etwas) 5 Mo 4, 2
zulegt, so wird Gott auf ihn zulegen die Plagen, die geschrieben 13, 1
19 **sind in diesem Buch. * Und wenn jemand** (etwas) **wegnimmt von** 29, 19
den Worten des Buches dieser Prophetie, wird Gott wegnehmen Spr 30, 6
seinen Anteil vom Holz des Lebens und von der heiligen Stadt, Zu Vers 19: 1 Mo 2, 9
20 **von denen geschrieben ist in diesem Buch. * Es spricht, der dieses** 3, 22
(alles) **bezeugt: Ja, ich komme bald! Amen, komm, Herr Jesus.**

Dieses neu einsetzende und betonte Ich, **ich bezeuge**, nach dem „ich, 18
Jesus" in Vers 16 bedeutet sicher, daß Johannes selbst wieder das Wort ergreift. Dafür spricht auch die Art des Hinweises auf Gott in Vers 18–19. Der Sinn dieser Verse liegt doch darin, daß derjenige, der sich an der Botschaft des Johannes vergreift, die Majestät Gottes verletzt[1016].

Wenn jemand zu diesem allen etwas **zulegt, so wird Gott auf ihn**
zulegen die Plagen, die geschrieben sind in diesem Buch. Und wenn 19
jemand etwas **wegnimmt von den Worten des Buches dieser Prophetie, wird Gott wegnehmen seinen Anteil vom Holz des Lebens und von der heiligen Stadt, von denen geschrieben ist in diesem Buch.** Der Vergleich mit 5 Mo 4, 2; 13, 1; Jer 26, 2; Spr 30, 6; Pred 3, 14[1017] zeigt, daß Johannes sich einer festgefügten und gut bekannten Formel bediente, der sog. Kanonformel. Durch sie wird ein Wortbestand für unantastbar erklärt. Er soll als heiliger Text so „gehalten" werden, wie er ist (1, 3; 22, 7). Wehe, wenn sich spätere Überarbeiter über ihn hermachen, ihn behandeln wie andere Texte und seinen Verfasser wie ihresgleichen. Hinter diesem Verfasser steht Gott selbst. Insofern ist er nicht ein Diskussionspartner, der seinen Beitrag einbringt, ihn eventuell wieder zurückzieht, um ihn modifiziert wieder ins Gespräch zu bringen. Seine Schrift steht autoritativ und normativ im Raum. Wer sie nicht so hält, fügt der Gemeinde schwersten Schaden zu, weil er sie und alle ihre Gespräche orientierungslos macht.

Die moderne Empfindlichkeit gegen alles Autoritative hat gewiß ihre Gründe. Darum sollte man ihr nicht gedankenlos entgegentreten. Vielleicht wurde zu lange von Gott dem „Vater" gesprochen,

[1016] Ähnliche Schlußworte in den johanneischen Schriften: Jo 20, 31; 21, 24; 1 Jo 5, 13 2 Jo 12; 3 Jo 13.

[1017] Solche Stellen auch in späteren Schriften, z. B. Didache 4, 13.

ohne ihn gleichzeitig nachdrücklich von irdischen Vätern, die doch arg sind (Mt 7, 11), abzusetzen; oder vom „Herrn" Jesus Christus, ohne ihn von weltlichen Herren, die Gewalt üben (Mt 20, 25—28), abzuheben. Das hieße aber, daß sich der Protest im Grunde weniger gegen die wahre Autorität Gottes und Herrschaft Christi richtet; die hat man ja durch jene Entstellungen kaum zu Gesicht bekommen. Vielmehr ist der Mensch der aus seiner eigenen, gottlosen Welt stammenden Autorität müde. Die befreiende Herrschaft Gottes und des Lammes braucht er darum um so mehr.

Ursprünglich ist „Kanon" das Meßrohr oder die Richtschnur etwa der Bauhandwerker. Dann wurde der Begriff auf geistige Werte bezogen: „Kanon" als untrüglicher Beurteilungsmaßstab, als Kriterium, so z. B. Gal 6, 16. Der früh einsetzende Streit, was in Lehre und Leben echt christlich sei, verlangte verbindliche Normen. Ab Mitte des 4. Jahrhunderts wurde es üblich, die (im wesentlichen schon seit 200 n. Chr. feststehende) Sammlung biblischer Schriften im Unterschied zu anderen religiösen Schriften den „Kanon" zu nennen. Dieser galt als „Wort Gottes" im herausragenden Sinn. An ihm mußte sich messen lassen, was wahrhaft göttlich, geistlich und christlich sein sollte[1018].

Die letzte Schrift des NT ist die einzige, die ihre kanonische Geltung schon in aller Form behauptet[1019]. Johannes zögert nicht, mit dem ersten Satz seines Buches vollen Ernst zu machen: „Dies ist die Offenbarung J e s u C h r i s t i, die ihm Gott gegeben hat, um seinen Knechten zu zeigen, was geschehen muß in einer Schnelle." In diesem Buch wird Wesen und Gestalt der Zeit zwischen Himmelfahrt und Parusie ein für alle Mal gültig durchleuchtet. Widerspruch gegen diese Schau wäre Falschprophetie und stellte sich außerhalb der christlichen Gemeinde.

Mit Absicht sprechen wir von einer Kanonisierungs f o r m e l. Wie ein Grenzpflock nicht eine Grenze ersetzt und ein Wegweiser nicht den Weg, so erübrigt eine Formel nicht eingehendes und verständiges Bedenken. Gedankenlos und unverständig wäre es z. B. in diesem Fall, jeden Abschreiber, der versehentlich ein Wort der Vorlage ausläßt, jeden Bibelübersetzer, der ein erklärendes Wort hinzusetzt, oder

1018 Wenn der Begriff „Kanon" auch erst im 4. Jahrhundert verwendet wurde, war die Gemeinde der Sache nach doch nie ohne Kanon. Von Anfang an gab es das AT, das mündliche und dann auch das schriftliche Zeugnis der Apostel mit normativer Kraft. Es ist darum ungeschichtlich zu sagen, erst die spätere Kirche habe den Kanon „geschaffen" und darum stände die Kirche über dem Kanon. Vielmehr hat die Kirche sich unter die in Kraft befindliche Norm gebeugt. Christus, das Evangelium und die Apostel waren v o r der Kirche.

1019 „Darum ist diese Stelle . . . für die Kanongeschichte von allergrößter Wichtigkeit geworden" (Hadorn, S. 220). Johannes wurde gewissermaßen der „Begründer des ntst Kanons" (Windisch b. Lilje).

jeden Ausleger, der die Offenbarung in Auswahl auslegt, zu verdammen. Vielmehr treffen die Verse 18—19 das willentliche Abfälschen der Botschaft. Gewiß ist diese Botschaft nicht vom Wortbestand zu trennen, und Abschreibern, Übersetzern und Auslegern ist wirklich Sorgfalt geboten; aber der Zusammenhang zwischen Inhalt und Form ist nicht mechanistisch und starr. Jeder Übersetzer muß notgedrungen den gesamten Wortbestand in einen anderen Sprachleib umgießen, damit gerade dadurch die Botschaft wieder klar herauskommt.

Es wäre also grober Mißverstand, die Drohung des Johannes gegen die genannten Veränderungen, Mängel und Fehler ins Feld zu führen. Es hätte nur das Gegenteil von dem zur Folge, was der Engel Vers 10 wünscht: Das Buch würde schon aus Furcht, Fehler zu machen, nicht mehr angerührt, nicht mehr ausgelegt und nicht mehr verbreitet[1020].

Wesentlich aber bleibt die Warnung an alle Ausleger, die einmal von der prophetischen Botschaft dieses Buches angerührt wurden, nicht „evangelischer", „christlicher" oder „biblischer" sein zu wollen als dieser Johannes. Der eine glaubt mehr von Liebe zu verstehen und schwächt die Gerichtsaussagen des Buches ab. Der andere glaubt das Wesen der Welt besser zu kennen und gibt von ihr ein nicht ganz so dunkles Bild, indem er die scharfen Urteile erweicht. Oder man trennt sich einfach deswegen mit einem kurzen Ruck von einer solchen Botschaft, weil unsere Zeit nun einmal einen kecken, flotten Optimismus will. In diesen und ähnlichen Fällen geschieht nichts Geringes. Diese Augenblicke innerster Untreue entlassen ja nicht aus der Wahrheit dieses Buches. Wer diesem Buch begegnete, bleibt mit ihm verkoppelt zum Heil oder zum Unheil. Wer dieses Wort zerbricht, den wird dieses Wort zerbrechen, wie es denjenigen bewahrt, der dies Wort bewahrt (3, 10).

Noch einmal erklärt der Herr Jesus Christus sich für dieses Buch selbst verantwortlich und wiederholt ein letztes Mal das Grundthema, das alle seine Kapitel durchtönte. **Es spricht, der dies** alles 20
bezeugt: Ja, ich komme bald. Durch das verstärkende **Ja** durchschlägt er jedes Wenn und Aber. Strahlend steht die Verheißung im Raum. Er kommt gewißlich.

Bei dem, was Johannes antwortet, mag er erwartet haben, daß es die ganze Gemeinde mitspricht: **Amen, komm, Herr Jesus.** Die hebr Bekräftigung **Amen** deckt sich ihrem Sinne nach mit dem **Ja**, das hier der Herr spricht. Beide Bekräftigungsformeln finden sich in 1, 7

1020 Um ein Mißverständnis handelt es sich auch, wenn de Wette hier von einer „allzu starken Warnung" spricht oder Luther ein unerträgliches Selbstbewußtsein findet. Paulus äußert sich Gal 1, 8—9 nicht milder.

nebeneinander, und zwar im Munde des Johannes. Hier treten sie auseinander und verteilen sich auf den Herrn und die antwortende Gemeinde. Sie bringen einen Gleichklang in Wort und Antwort, ein Ineinanderfließen und inniges Sichverschränken: Ja, ich komme – ja, komme du!

Nicht nur das hebr Amen hatte in der Urchristenheit formelhaften Klang. Auch das folgende Sätzchen **„Komm, Herr Jesu!"** gehörte in der Form des aramäischen Maranatha in die gottesdienstliche Sprache[1021]. Die Bitte wiegt schwer. Sie verrät in den genannten Stellen durchweg den Charakter eines Drohwortes gegen verfälschtes und selbstgemachtes Christentum[1022]. Sie ist Herbeirufung des Richters und erbittet praktisch mit dem Vergehen dieser Welt auch das Ende des geschichtlich gewordenen Christentums. Wer so betet, betet darum zu einem gut Teil auch gegen sich selbst; denn was bleibt, wenn der Herr kommt? Diese Frage will einschließlich des in ihr enthaltenen Selbstgerichtes ermessen sein. Darum spricht sich das Ja zum Maranatha nicht so leicht. Allein die Kraft des Heiligen Geistes kann es in uns wirken (s. z. V. 17).

Briefartiger Schluß

Offenbarung 22, 21

21 Die Gnade des Herrn Jesus (sei) **mit allen.**

Zusammen mit dem Eröffnungsgruß 1, 4 umrahmt der Schluß, **die Gnade des Herrn Jesus** sei **mit allen,** das Buch und gibt ihm das Gepräge eines echten Briefes. Er erinnert an die Schlußverse so mancher ntst Briefe[1023]. Während die dortigen Grüße aber irgendwie angereichert sind, sticht dieser durch seine Sprödigkeit ab.

Für das „mit euch" im Eröffnungsgruß tritt jetzt „mit allen" ein. Darin mag eine bewußte Ausweitung über die 1, 11 aufgezählten sieben Gemeinden liegen, ganz ähnlich wie schon in den Merksprüchen der Gemeindebotschaften und in Stellen wie 2, 23. Johannes grüßt „alle Heiligen", wie eine Handschrift ergänzt. Sein Segensgruß segnet weit mehr Menschen, als dem Johannes unmittelbar vor Augen stehen konnten. Jeder, der sich bis zu diesem letzten Vers hindurchgelesen hat, darf sich gesucht und berührt wissen von der Gnade des Herrn Jesus Christus, der da ist, der da war und der da kommt.

[1021] 1 Ko 16, 22; Phil 4, 5; Didache 10, 6.
[1022] Lilje trifft sicher nicht den richtigen Ton, wenn er in diesem Zusammenhang wiederholt von „Sehnsucht" und von einer „Theologie des Heimwehs" spricht.
[1023] Rö 15, 23; 2 Ko 13, 13; 2 Th 3, 18; Eph 6, 24; 1 Pt 5, 14.

Ließ der versöhnende Ton der Gnade nach so vielen und unerbittlichen Bußmahnungen nicht ein wenig lange auf sich warten? Man darf Wunden nicht verbinden, solange noch Unreinigkeit darin ist. So beugen wir uns in jeder Hinsicht unter den prophetischen Dienst des Johannes. „Glückselig, der da hält die Worte der Prophetie dieses Buches!“

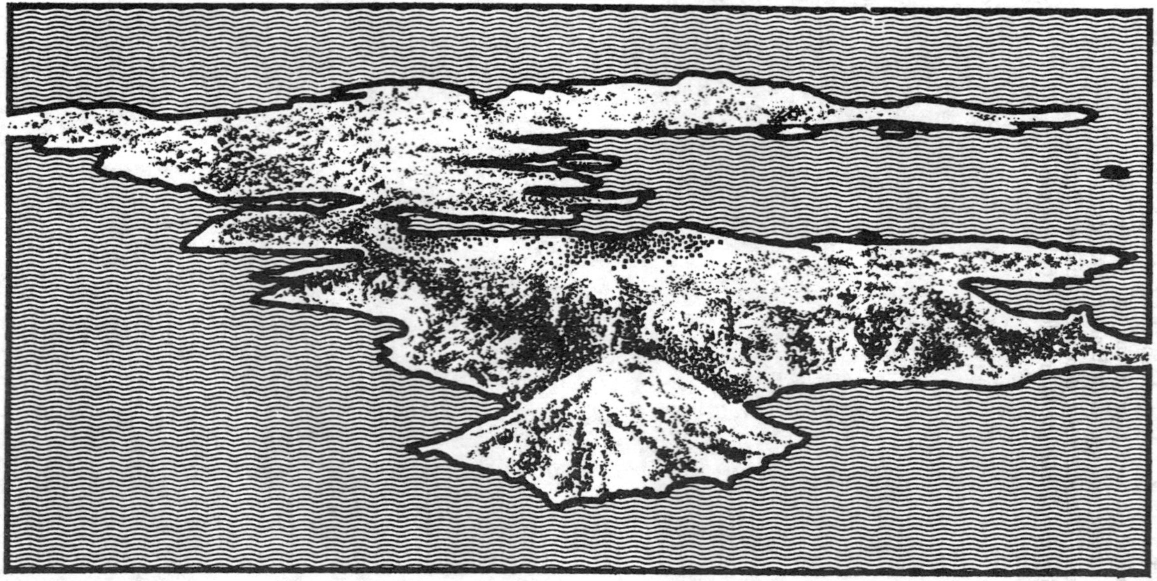

Die Insel Patmos, nach einer Luftaufnahme gezeichnet. Das vulkanische Eiland aus der Inselgruppe der südlichen Sporaden mißt 15 km in der Länge und 9 km in der Breite und umfaßt 54 qkm. Zeitweilig war es völlig unbewohnt, zur Zeit des Johannes vielleicht als Sträflingsinsel verwendet (so Stauffer, S. 192). Heute zählt es 2700 Einwohner. Der kleine Ort ist in der Mitte des Bildes zu erkennen. Das dortige Johanneskloster besteht seit dem Jahre 1088.

Die Apostelgeschichte
erklärt von
Werner de Boor

Der Brief des Paulus an die Römer
erklärt von
Adolf Pohl

Der erste Brief des Paulus an die Korinther
erklärt von
Werner de Boor

Der zweite Brief des Paulus an die Korinther
erklärt von
Werner de Boor

R. BROCKHAUS VERLAG

Die Apostelgeschichte

erklärt von

Werner de Boor

R. BROCKHAUS VERLAG

RICHTLINIEN FÜR DIE BENUTZER DER WUPPERTALER STUDIENBIBEL

Um dem Leser die Übersicht zu erleichtern, verfolgt die Wuppertaler Studienbibel in allen ihren Auslegungen einheitlichen Grundstrukturen. Der Bibeltext ist dabei stets fett gedruckt. Wiederholungen aus dem behandelten Bibeltext innerhalb des Auslegungstextes sind ebenfalls fett gedruckt.

Eine große Fülle von Bibelstellen ist als Parallele angegeben. Diese Parallelstellen finden sich am äußeren Rand der Seite. Auch Bibelstellen, auf die im Auslegungstext Bezug genommen wird, sind am Rand zu finden.

Aus Gründen der Verständlichkeit verzichtet die Wuppertaler Studienbibel auf die Wiedergabe griechischer Begriffe in Originalschreibweise. Statt dessen erscheinen diese in deutscher Umschrift. Rückgriffe auf den griechischen Originalwortlaut sind dabei auf ein für das Verständnis der Texte notwendiges Maß reduziert.

Zu den wichtigsten vom Text abweichenden Lesarten, die sich im Allgemeinen in den Fußnoten finden, sind folgende Bezeichnungen gewählt worden:

Die Handschriften des Neuen Testaments

Bezeichnung	*Zeit*	*Namen*	*Standort: In Bibliothek*	
ℵ (01)	4. Jh.	Sinaiticus	London	Neutestamentlicher Teil einer Vollbibel
A (02)	5. Jh.	Alexandrinus	London	Enthält das Neue Testament mit dem 1. Clemensbrief und den sog. Psalmen Salomos; Vollbibel mit einzelnen Lücken.
B (03)	4. Jh.	Vaticanus	Rom	Vollbibel mit Lücken
C (04)	5. Jh.	Ephraemi rescriptus	Paris	Bibel mit vielen Lücken

Diese vier Bibeln des 4. und 5. Jahrhunderts dürfen als die wichtigsten Zeugen gelten. Die Zusammenfassung der vier Handschriften ℵ A B C zu einer Textgruppe wird »hesychianische Textform« genannt. Hesychius war ein Grieche in Alexandria. Weil Alexandria in Ägypten lag, wird diese Textgruppe auch die ägyptische Textform genannt.

Bezeichnung	*Zeit*	*Namen*	*Standort: in Bibliothek*	
D (05)	6. Jh.	Bezae Cantabrigiensis	Cambridge	Enthält die vier Evangelien und die Apostelgeschichte, aber mit großen Lücken.
E (07)	8. Jh.	Basiliensis	Basel	Diese Handschriften enthalten die vier Evangelien.
F (09)	9. Jh.	Boreelianus	Utrecht	
G (011)	9. Jh.	Seidelianus I	London	
H (013)	9. Jh.	Seidelianus II	Hamburg	
L (019)	8. Jh.	Regius	Paris	
046	10. Jh.		Rom	046 enthält die Offenbarung des Johannes.

Die Zusammenfassung der einzelnen Handschriften E F G H L und 046 bildet die Handschriftengruppe der Koine (das späte Griechisch, die Gemeinsprache der hellenistischen Welt).

Es sind also die Handschriften aus dem 8. bis 13. Jahrhundert. Die Koine-Gruppe ist die später in Konstantinopel zur allgemeinen Verbreitung gekommene Textform. Diese Textform benutzte Erasmus von Rotterdam für seine Ausgabe eines griechischen NT. Martin Luther stützte sich bei seiner Bibelübersetzung auf das griechische NT von Erasmus, so daß uns die Textform auch in der Bibel Luthers entgegentritt.

Erasmus hat sehr flüchtig gearbeitet und nur wenige Handschriften zur Verfügung gehabt. Dennoch hat die von ihm benutze Grundtextzusammenstellung bis heute großen Einfluß. Bekannt ist sie auch unter dem Namen »Textus Receptus« (»der [von allen] angenommene Text«). Im Laufe der Jahrhunderte sind allerdings weitere Texte gefunden worden, die älteren Datums sind als die von Erasmus benutzten, so daß heute die Grundtextzusammenstellung von Nestle/Aland in der 27. Auflage als der am besten abgesicherte Bestand gilt.

Aus traditionellen Erwägungen heraus gilt ungeachtet des Standes der Textforschung bei vielen der Textus receptus noch als verbindlich (»die Bibel der Reformation«). Dies hat neben diesen traditionellen Gründen auch die Ursache, daß man Textkritik (= das Vergleichen von Handschriften) mit Bibelkritik (= der historisch-kritische Umgang mir der Bibel, hier u.a. das Infragestellen der Historizität biblischer Ereignisse und Aussagen - wie etwa der Worte Jesu) verwechselt. Die Wuppertaler Studienbibel greift dankbar auf die Ergebnisse der Textkritik zurück, grenzt sich aber deutlich gegen bibelkritische Haltungen ab.

Andere Handschriften werden jeweilig im Text erklärt.

s.o.	siehe oben
sog.	so genannte
Sp.	Spalte
s.u.	siehe unten
südl.	südlich
syr.	syrisch
TBLNT	Theologisches Begriffslexikon zum NT
THAT	Theologisches Handwörterbuch zum Alten Testament
ThB	Theologische Bücherei
ThBeitr	Theologische Beiträge
ThBl	Theologische Blätter
ThWAT	Theologisches Wörterbuch zum Alten Testament
ThWNT	Theologisches Wörterbuch zum Neuen Testament
ThR	Theologische Rundschau
ThZ	Theologische Zeitschrift
TRE	Theologische Realenzyklopädie
übers.	übersetzen
u.a.	unter anderem(-n)
u.a.m.	und andere mehr
u.ä.	und ähnliche
u.ö.	und öfter
u.U.	unter Umständen
V.	Vers(e)
v.a.	vor allem
v.Chr	vor Christus
Verf.	Verfasser
vgl.	vergleiche
VT	Vetus Testamentum
Vulg.	Vulgata (lateinische Übersetzung der Bibel)
wörtl.	wörtlich
westl.	westlich
WB	Walter Bauer, hrsg. von Kurt und Barbara Aland, Griechisch-deutsches Wörterbuch zu den Schriften des Neuen Testaments und der frühchristlichen Literatur, Berlin ^{6}1988
WStB	Wuppertaler Studienbibel
WUNT	Wissenschaftliche Untersuchungen zum Neuen Testament
Z.	Zeile(n)
ZAW	Zeitschrift für alttestamentliche Wissenschaft
z.B.	zum Beispiel
ZBK	Zürcher Bibelkommentar
ZNW	Zeitschrift für neutestamentliche Wissenschaft
z.St.	zur Stelle
z.T.	zum Teil
ZÜ	Zürcher Bibel
z.Zt.	zur Zeit

Die Apostelgeschichte

erklärt von

Werner de Boor

VORWORT

Wenn man von der Erklärung Paulinischer Briefe, ganz besonders des Römerbriefes, herkommt, scheint die Auslegung der Apostelgeschichte recht einfach zu sein. Wir haben es hier mit „Geschichte" zu tun, mit Berichten über Ereignisse, die sich so oder so zugetragen haben. Hier ist eigentlich nichts zu „erklären". Einige Hinweise sprachlicher und geschichtlicher Art scheinen zum Verständnis zu genügen. Aber in dieser „Einfachheit" liegt zugleich die Schwierigkeit. Der Leser soll nicht nur zur Kenntnis nehmen: So ist es einst geschehen! Er verlangt mit Recht nach einer Anleitung, das damals Geschehene zu dem Leben der Gemeinde Jesu heute in Beziehung zu setzen und es gerade dadurch auch erst in sich selbst wirklich zu verstehen. Wo aber ist dann die Grenze zwischen berechtigter Verdeutlichung des Textes von der Gegenwart her und zwischen „Predigten über die Apostelgeschichte", die in eine Auslegung nicht hineingehören, sondern ihr nur folgen können? Hier ist nicht leicht zu entscheiden, wann der Ausleger zu viel oder zu wenig des Guten tut. Eine gewisse Ungleichmäßigkeit in der Behandlung der einzelnen Abschnitte wird sich dabei schwer vermeiden lassen. Mancher Leser wird eine eingehende Erklärung gerade da vermissen, wo der Verfasser sich mit kurzen Hinweisen meinte begnügen zu können, und hätte größere Kürze da gewünscht, wo der Verfasser ausführlicher wurde.

Schwierig ist die Auslegung der Apostelgeschichte auch deshalb, weil ein solches „geschichtliches" Buch ganz anders als ein Brief der historischen Kritik unterliegt. Man wird an der vorliegenden Erklärung der Apostelgesichte die Auseinandersetzungen mit dieser Kritik vermissen. Sie ist aber aus drei gewichtigen Gründen, die eng miteinander zusammenhängen, bewußt unterlassen worden. Eine kurze Abweisung der historisch-kritischen Einwände gegen die Darstellung des Lukas ist zu billig und hilft demjenigen nicht, der ernstlich von den Problemen der kritischen Theologie angefochten ist. Eine gründlichere Auseinandersetzung aber erfordert sprachliche, geschichtliche und methodische Kenntnisse, wie sie ein großer Teil der Benutzer unserer Studienbibel nicht haben kann. Eine solche Auseinandersetzung würde zugleich den Umfang des Buches allzu sehr anschwellen lassen und den Leser von der einen Hauptsache ablenken: unter Gebet mit völliger Aufgeschlossenheit zu hören und zu sehen, was Gott ihm in der Apostelgeschichte des Lukas zu sagen und zu zeigen hat. Diese positive Aufgabe ist so groß, daß sie alle Kraft des Auslegers wie seiner Leser in Anspruch nimmt. Gelingt aber diese positive Aufgabe, dann ist die ausdrückliche Auseinandersetzung mit kritischen Einwänden nicht mehr so wichtig. Als Graf Zeppelins erstes Luftschiff tatsächlich über dem Bodensee kreiste, waren die zahllosen kritischen Schriften gegen sein Werk nicht mehr von erheblicher Bedeutung. Steht uns das, was Jesus nach seiner Himmelfahrt als der erhöhte Herr fortfuhr zu tun und zu lehren, hell und klar vor Augen, erfüllt es unser Denken, formt es unser Wollen, gestaltet es unsern Dienst, dann treten alle kritischen Einwände gegen die Apostelgeschichte von selbst in den Hintergrund.

In der Übersetzung bin ich bei dem Versuch geblieben, dem Leser bis in die ganz undeutsche Wortstellung und in den Gebrauch von Partizipien hinein ein möglichst getreues Bild des griechischen Textes zu bieten. Ich freue mich, daß auch ein Neutestamentler von Fach wie Haenchen darin einiges wagt. Wer eine flüssige Wiedergabe in gutem Deutsch sucht, kann das reichlich anderwärts finden.

Eine besondere Einzelfrage ist die Wiedergabe der vielen geographischen Namen der Apostelgeschichte. Der Leser hat ein Recht darauf zu erfahren, wie diese Namen im Text des Lukas selbst lauten. Dem ist weitgehend entsprochen worden. Völlige Konsequenz ist allerdings nicht durchführbar, wie auch das Werk von Stählin zeigt. Selbst „Antiochia" ist schon eine Eindeutschung, es müßte ganz genau „Antiocheía" heißen. Die ursprüngliche Namensform von Orten ist uns besonders fremd, wo wir bis in die Gegenwart hinein an die umgeformten Namen gewöhnt sind: in „Kypros" würde kein heutiger Leser die Insel „Cypern" wiedererkennen; während er in „Thessalonike" ohne weiteres das vertraute „Thessalonich" findet. Die Grenzen der möglichen oder nicht mehr möglichen Beibehaltung der ursprünglichen Namensformen sind fließend. Das ist auch bei heutigen Berichten und Erzählungen aus fremden Erdteilen nicht anders.

Auch dieser Band der Studienbibel wäre ohne den vielfältigen Einsatz meiner Mitarbeiterin Fräulein D. Vogt nicht zustande gekommen. Herrn G. Dulon, theologischer Lehrer in Wiedenest, hat diese Arbeit manche Anregung zu verdanken. Auch haben wieder viele Beter durch eine lange Zeit hindurch mit ihrer Fürbitte die Arbeit an diesem Band begleitet. Ich bin von Herzen dankbar dafür.

Schwerin, im Frühjahr 1965 Werner de Boor

Inhaltsverzeichnis

EINLEITUNG

1. Eigenart und Ziel der Apostelgeschichte

a) Es war eine kühne Tat, als der Verfasser des dritten Evangeliums daran ging, in einem zweiten Band ein erstes Stück „Kirchengeschichte" zu schreiben! Schon hier sehen wir Antrieb und Wirken des Geistes Gottes in dem Herzen dieses Mannes. Ganz neu hat er Wort und Auftrag des Herrn Jesus am Himmelfahrtstag verstanden und darum auch die Bedeutung dieses Tages jetzt noch deutlicher als am Schluß seines Evangeliums darstellen können. Es ist ihm aufgegangen: Die Wiederkunft Jesu ist nicht unmittelbar das nächste Ziel, dem alles Denken gehört, sondern der Wiederkunft geht ein Geschehen von großer Wichtigkeit vorauf, dem die Gemeinde Jesu jetzt ihre ganze Kraft zu widmen hat. Dieses Geschehen ist die Ausbreitung des Evangeliums von Jerusalem her durch immer weitere Kreise bis ans Ende der Erde. Sicherlich, davon hatte Jesus selbst gerade in seiner endzeitlichen Rede gesprochen: „Und diese Heilsbotschaft vom Reich wird auf dem ganzen Erdkreis allen Völkern zum Zeugnis gepredigt werden, und dann wird das Ende kommen" (Mt 24, 14). Uns ist das durch 1900 Jahre Missions- und Kirchengeschichte „selbstverständlich" geworden. Für Lukas aber war es eine neue Entdeckung, als er begriff: Jesus fährt fort, zu tun und zu lehren, durch den Heiligen Geist in seinen Boten und Zeugen, und auch dieses Handeln des Herrn gehört zum „Evangelium" und ist darum in Fortsetzung des ersten Buches aufzuschreiben und darzustellen. Welch ein glaubendes Verständnis der „Kirchengeschichte" hat uns Lukas damit erschlossen. Wieviel Dank schulden wir ihm dafür und dem Heiligen Geist, der ihn so erleuchtet hat.

b) Damit ist das Ziel des Buches schon ausgesprochen. Freilich, unser deutscher Titel „Apostelgeschichte" erweist sich als irreführend. Wohl erscheinen „die Apostel" in den ersten Kapiteln als geschlossener und auch gemeinsam handelnder Kreis. Aber nur von Petrus erhalten wir in der ersten Hälfte des Buches anschaulichen Bericht. Doch liegt dem Verfasser auch wieder gar nichts an „Petrus" als solchem; von seinem weiteren Wirken nach dem Apostel-Konzil oder gar von seinem Ende erfahren wir – nichts. Ein Johannes wird nur am Anfang nebenbei mit erwähnt. Und auch Paulus, dessen Missionsreisen und dessen Prozeß den zweiten Teil des Buches füllen, ist gar nicht biographisch wichtig. Viele wesentliche Erlebnisse, die Paulus selbst in seinen Briefen erwähnt, verschweigt Lukas und hat für den Ausgang des Prozesses und den Märtyrertod des Apostels nicht ein Wort übrig. Er will eben nicht eine „Geschichte der Apostel" schreiben. Wichtig ist allein der Lauf des Evangeliums durch die Welt. Alle menschlichen Werkzeuge, sogar die Apostel, sind demgegenüber unwichtig. Das ist echt biblisch! Ganz genauso fehlt auch dem AT alles „biographische" Interesse und jede „Heldenverehrung". Es geht im Ernst nur um Gott und seine große Sache. Das haben wir neu zu lernen, auch aus der Gestalt der Apostelgeschichte.

c) Darum ist das Buch auch kein „Geschichtswerk" in unserem Sinn. Nach unseren modernen Maßstäben ist es sehr unvollkommen und unvollständig, nur daß es selber diesen Maßstäben gar nicht genügen will. Ganze Abschnitte der geschichtlichen Entwicklung und wichtige Arbeiten kann Lukas mit einem einzigen Satz abtun, um dann wieder einzelne Geschehnisse breit auszumalen. Für die reiche Arbeit des Paulus in Ephesus durch zwei Jahre hindurch hat Lukas drei Verse übrig, für die Episode mit den Skeuassöhnen aber sieben und für den Aufruhr der Silberschmiede gar achtzehn! Von der großen Drangsal in der Provinz Asien, die Paulus selbst so eindrücklich war (2 Ko 1, 8–11), hören wir bei Lukas kein Wort. Von dem langen, heißen Ringen um die Gemeinde in Korinth, das sich in den Korinther-Briefen widerspiegelt, erfahren wir nichts. Lukas hat eine ganz andere Art zu erzählen und aus der riesigen Fülle des Stoffes auszuwählen. Er liebt es, statt eine allgemeine und fortlaufende Darstellung der Geschichte zu geben, uns vielmehr an einzelnen, mit großer Anschaulichkeit hingemalten Ereignissen den Gang der Dinge miterleben zu lassen.

d) So könnte der grie Titel des Werkes „práxeis apostólōn = Taten der Apostel" zutreffender erscheinen. Es gab im Altertum eine ganze „práxeis"-Literatur, Bücher, die in lockerer und anschaulicher Weise allerlei aus dem Leben berühmter Männer erzählen. Es wäre kein Einwand gegen die Geistesleitung bei Lukas, wenn er sich in der Darstellungsart seines Werkes einer solchen Literaturform seiner Zeit angeschlossen hätte, wie auch der geisterfüllte Apostel Paulus dem Briefstil seiner Zeit folgte. Aber Lukas wird den Titel „práxeis apostólōn" nicht selber gewählt haben. An der einzigen Stelle, an der das Wort „práxeis" in der Apostelgeschichte selber vorkommt, hat es den üblen Sinn „Zauber-Praktiken" (Apg 19, 18). Vor allem aber ist das Werk des Lukas bei manchen Berührungen in der Form doch inhaltlich und wesenhaft so tief von den antiken „práxeis"-Schriften geschieden, daß auch der jetzige grie Titel es nicht in diese Literatur-Gattung einreihen kann.

e) Von der Erkenntnis aus, daß die Apostelgeschichte kein „Geschichtswerk" in unserem Sinn ist, hat man gern betont, Lukas wollte gar nicht objektiv Geschichte schildern, sondern zur „Erbauung" seiner Leser schreiben. So müsse man die Apostelgeschichte als „Erbauungsbuch" lesen und sich nicht vom „Historismus" plagen lassen[1]. Aber damit tragen wir in gefährlicher Weise moderne, entartete Gedanken in das Werk des Lukas ein. Im Raum des NT ist das „Erbauen" noch ein sehr sachliches, auf den „Bau" der Gemeinde gerichtetes Tun. Es gründet sich auf Gottes wirkliches Handeln. „Erbaulichkeit" im Sinne der Gefühlserregung durch ergreifende „Geschichten", auf deren geschichtliche Wahrheit nicht viel ankommt, liegt biblischen Menschen völlig fern. Wenn der Engel den Petrus nicht wirklich aus dem sicher verwahrten Gefängnis herausholte, dann ist dieses Kapitel der Apostelgeschichte auch nicht „erbaulich", weder für Lukas, noch für seine damaligen Leser, noch für uns.

[1] Das ist die Grundrichtung in dem Werk von Haenchen, Die Apostelgeschichte.

f) Neben der „Erbauung" hat man das Ziel der Apostelgeschichte in der „Verteidigung" des jungen Christentums dem römischen Staat gegenüber gesehen. Darum lasse Lukas den Paulus immer wieder so intensiv seine Zugehörigkeit zu Israel erklären und beweisen, damit es für den römischen Staat klar werde: das Christentum gehört zum Judentum und ist somit eine „religio licita", eine staatlich zugelassene Religion. Und in den römischen Beamten und Offizieren, die sich zu Paulus so wohlwollend und achtungsvoll stellen und die Schuldlosigkeit des Paulus aussprechen, halte die Apostelgeschichte am Anfang des zweiten Jahrhunderts den damaligen Staatsfunktionären einen Spiegel vor[2]. Aber sollte Lukas den Einfluß seines Buches so phantastisch überschätzt haben? Sein Werk erschien doch nicht in großer Auflage gedruckt, so daß es allen Beamten im römischen Reich vor die Augen kam! Und verdarb er sich nicht diesen Zweck seines Buches selber, wenn er gleichzeitig die leidenschaftliche Ablehnung des Paulus und des Christentums durch die maßgebenden jüdischen Kreise so eindrucksvoll schilderte?

g) Nein, schon in der Widmung des ersten Bandes, des Evangeliums, an Theophilus ist das Ziel des Buches vom Verfasser selber einfach und klar bestimmt: „Damit du die unbedingte Zuverlässigkeit der Reden, von denen du Kunde bekommen hast, gründlich erkennest" (Lk 1, 4). Was gibt uns ein Recht, für die Fortsetzung des Werkes in der Apostelgeschichte an diesem Ziel zu deuteln? Weil Lukas inzwischen aufgegangen ist, daß das „Evangelium" mit dem Abschied Jesu von den Seinen nicht zu Ende ist, sondern weitergeht in seinem eigenen Lauf durch die Welt, darum schrieb auch er weiter für den gleichen Mann zu dem gleichen Zweck. Und darum schrieb er so, wie er es tat, nicht eine nüchtern „objektive" Geschichte der ersten Christenheit, auch nicht eine Darstellung der Apostel in ihrem ganzen Leben und Wirken, sondern ein Zeugnis des wunderlichen Weges, den das Evangelium von Jerusalem über Samaria, Antiochia, Kleinasien, Makedonien und Griechenland bis nach der Welthauptstadt Rom gegangen ist. Dem entspricht

2. Der Aufbau der Apostelgeschichte

Die Apostel erhalten den großen Auftrag: „Ihr werdet meine Zeugen sein in Jerusalem und in ganz Judäa und Samaria und bis an das Ende der Erde" (Apg 1, 8). Von der Verwirklichung dieses Auftrages berichtet die Apostelgeschichte. Diese Verwirklichung erfolgt nicht durch ein planmäßiges Vorgehen der Apostel, sondern ganz und gar durch ein Geschehen, das von Jesus selbst bestimmt und gelenkt wird. Dieses Geschehen vollzieht sich in drei Abschnitten, die aber einander nicht einfach folgen, sondern ineinandergreifen.

Der erste Abschnitt (Kapitel 1–7) zeigt uns die Apostel als **„Zeugen Jesu in Jerusalem"** bis hin zu dem ersten Märtyrer Stephanus, dessen Blut in Jerusalem floß. Stephanus aber gehört zu den „Hellenisten", die in ihrem Dasein schon den Blick über Jerusalem hinaus in die Weite richten. Die durch seinen Tod ausgelöste

[2] So wieder besonders Haenchen.

Verfolgung führt im zweiten Abschnitt (Kapitel 8–12) die Erfüllung des Auftrages **„Jesu Zeugen in Judäa und Samaria"** herbei. Alles lockert sich und weitet sich, das Evangelium drängt hinaus. Nicht nur Samaria wird erfaßt, sondern auch der Mann aus dem fernen Äthiopien, aber auch die erste Schar von Heiden, Kornelius und die Seinen in Caesarea und über Cypern kommt das Evangelium bis nach Antiochia und gewinnt dort einen neuen Mittelpunkt. Träger dieser ganzen Bewegung sind nicht die Apostel im engeren Sinn. Aber doch bleibt Petrus der maßgebende Mann, und die Apostel bleiben für Samaria und für Antiochia entscheidend. So greift der erste Abschnitt wieder in den zweiten Abschnitt hinein und mitten im zweiten Abschnitt wird durch die Bekehrung des Saulus von Tarsus (Kapitel 9) schon der dritte Abschnitt (Kapitel 13–28) vorbereitet, der uns nun vor Augen führt, wie Jesus selbst seinen Auftrag **„meine Zeugen bis an das Ende der Erde"** vor allem in dem gewaltigen Werk des Paulus durchsetzt. Durch Kapitel 15 (Apostelkonzil) und Kapitel 21–23 (Paulus in Jerusalem) ist dieser dritte Abschnitt wieder mit dem ersten Abschnitt verklammert. „Jerusalem" bleibt auch jetzt entscheidend, wenn „Rom" in Sicht kommt.

Man kann sich den Aufbau des Buches auch so verdeutlichen, daß man es in zwei große Teile gegliedert sieht: ersten Hauptteil Kapitel 1–12: Jerusalem und Palästina, Hauptperson Petrus; zweiten Hauptteil Kapitel 13–28, von Antiochia nach Rom, Hauptperson Paulus. Auch dann ist die Verzahnung der beiden Teile miteinander durch die Kapitel 9, 1 bis 23 gegeben.

3. Der Verfasser der Apostelgeschichte

Während sich in den Briefen des NT der Absender ausdrücklich mit seinem Namen und auch mit seiner Stellung kenntlich macht, hat der Verfasser der Apostelgeschichte und des Evangeliums auch in seiner persönlichen Widmung an Theophilus von sich selbst nichts gesagt. Die kirchliche Überlieferung aber sieht von früh an in ihm ohne jedes Schwanken Lukas, den Antiochener, Arzt und Reisegefährten des Paulus. Diese Überlieferung ist um so bemerkenswerter, als die kurzen Erwähnungen des Lukas in Kol 4, 14; Phlm 24; 2 Tim 4, 11 nichts enthalten, was nachträglich hätte dazu führen können, gerade ihm die Verfasserschaft des dritten Evangeliums und der Apostelgeschichte zuzuschreiben. Hier muß eine selbständige Kunde vorliegen, zu der wir Vertrauen haben dürfen. Manches in dem Werk selbst kann zu ihrer Bestätigung dienen. Zwar hat der Versuch, in der Apostelgeschichte in besonderer Weise die Sprache des Arztes festzustellen, einer gründlichen Prüfung nicht standhalten können. Die von Lukas gelegentlich verwendeten medizinischen Ausdrücke finden sich auch in antiken Literaturwerken, die nicht von Ärzten geschrieben sind. Aber der Verfasser der Apostelgeschichte ist jedenfalls ein Hellenist und ein gebildeter Mann, der ein gewandtes Griechisch mit sprachlichen Feinheiten zu schreiben weiß. Von Antiochia und dem dortigen Gemeindeleben entwirft er ein so anschauliches Bild mit solchen personellen Einzelheiten, daß wir in ihm gut einen Antiochener sehen können. Mit besonderer Liebe spricht er von „gottesfürchtigen"

Heiden. Vielleicht hat er selbst in den Kreis dieser Männer gehört; dann war er dadurch schon vor seiner Bekehrung zum Christentum mit dem AT in der grie Übersetzung vertraut und hatte auch eine gewisse Bekanntschaft mit jüdischen Dingen erworben. Wenn die „Wir"-Stücke in der Apg seinem eigenen Tagebuch entstammen, dann muß er in Troas in die Mitarbeit mit Paulus eingetreten sein. Er hat die Evangelisation in Philippi miterlebt und ist beim Fortgang des Paulus und Silas aus der Stadt zur Weiterführung der Gemeinde dort zurückgelassen worden. Paulus hat ihn bei seiner Reise nach Jerusalem von Philippi aus wieder mitgenommen. In Jerusalem und Caesarea hat er die Ereignisse nur aus der Ferne mit angesehen oder auch andere Aufgaben zu erfüllen gehabt. Aber die Reise nach Rom macht er wieder mit und ist in Rom bei dem gefangenen Paulus. Wenn 2 Tim 4, 11 auf eine spätere zweite Gefangenschaft des Paulus in Rom geht, wird Lukas auch nach der Freilassung des Apostels in einer Arbeitsgemeinschaft mit ihm gestanden haben, die ihn bis zum Tode des Paulus fest mit ihm verband. Wann aber Lukas zuerst dem Paulus begegnet ist, ob er durch Paulus selbst Christ wurde, warum er gerade erst in Troas in die Reisebegleitung des Paulus eintrat, das alles wissen wir nicht, wie wir so vieles Wichtige aus den uns gegebenen Quellen nicht erfahren.

4. Die Zeit der Abfassung

Die Apostelgeschichte schließt mit dem Blick auf die zwei Jahre, die Paulus in Rom in eigener Mietswohnung und verhältnismäßiger Freiheit zubringen konnte. Mit ihnen stehen wir etwa im Jahre 61 n. Chr. Die Apg könnte also frühestens um 62 geschrieben und herausgegeben sein. Aber nun ist sie nach Apg 1, 1 ein Buch, das auf das Evangelium als eine früher geschriebene Schrift zurückblickt. In seiner Widmung des Evangeliums an Theophilus spricht aber Lukas davon, daß „viele es unternommen haben, eine Erzählung von den unter uns zum Abschluß gekommenen Ereignissen abzufassen". Schriftliche „Evangelien" lagen also schon in größerer Zahl vor, als Lukas sich seinerseits ans Schreiben begab. Das aber kann noch nicht so früh der Fall gewesen sein. Wenn Lukas die Fortsetzung des Evangeliums, die Apostelgeschichte, unter Vespasian (69—79) schrieb, dann entspräche ihr frohlockendes Schlußwort „ungehindert" der Lage, in der sich die junge Christenheit nach den Schrecken der ersten Verfolgung unter Nero nun wieder befand.

5. Die Quellen der Apostelgeschichte

Lukas hat im Vorwort seines Evangeliums unbefangen davon gesprochen, daß dieses sein Buch das Ergebnis eigener gründlicher Forschungsarbeit sei. Er schreibt es als einer, „der allem von Anfang an mit Sorgfalt nachgegangen ist" (Lk 1, 3). Dieser Satz ist wichtig für das rechte biblische Verständnis der „Inspiration" der Heiligen Schrift. Lukas sagt nicht: Ich bin von Gott unmittelbar über das Leben des Herrn erleuchtet worden und habe so mein Evangelium geschrieben. Er sagt erst recht nicht:

Es ist mir Wort für Wort eingegeben worden. Im Gegenteil, er hält seine eigene Forschungsarbeit und seine eigene, geordnete Darstellung für wesentlich. Das heißt aber nicht, daß sein Werk nicht vom Heiligen Geist geleitet und durchleuchtet wäre! Wir dürfen uns das Wirken des Geistes nur nicht so mechanisch vorstellen. Es ist die Herrlichkeit des Geistes Gottes, daß er das eigene Denken, Wollen und Tun des Menschen nicht verdrängen muß, um den nötigen Raum für sein Handeln zu finden, sondern daß er eben dieses eigene menschliche Denken, Wollen und Tun erleuchtet und gestaltet. Anders ist es auch bei den Briefen des NT nicht. Auch sie sind nicht himmlisches Diktat, sondern echte menschliche Briefe, mit Sorgfalt und Überlegung für bestimmte Menschen in bestimmter Lage geschrieben. Die ganze persönliche Eigenart eines Briefschreibers, eines Paulus, eines Johannes, eines Petrus, eines Jakobus, ist an ihnen zu erkennen. Und doch ist mitten darin der Heilige Geist so wirksam gewesen, daß nun diese gleichen menschlichen, zeitgebundenen Briefe das wirkende und schaffende Wort Gottes heute an Menschen aller Erdteile sind. So geheimnisvoll und lebendig ist die Inspiration der Heiligen Schrift, die wir als wunderbare Tatsache vor uns sehen.

So ist auch die Apostelgeschichte inspiriertes Wort Gottes, obwohl sie ein sorgfältig nach „Quellen" gearbeitetes Werk des Lukas ist. Denn das Vorwort zum Evangelium gilt mit für den zweiten Band, auch wenn dieser als eigenes, selbständiges Buch erschienen ist. Lukas konnte die Apostelgeschichte ohne „Quellen" gar nicht schreiben. Ist er ein antiochenischer Heidenchrist, der erst in Troas in die Reisemannschaft des Paulus eintrat, dann konnte er erst von Kapitel 16 seines Buches ab die eigenen Erinnerungen benutzen und war für alles, was er in Kapitel 1–15 erzählt, auf Quellen angewiesen. Die wissenschaftliche Forschung hat sich nun redlich gemüht, die „Quellen" aufzuspüren und nach ihrem geschichtlichen Wert zu beurteilen. Aber die ganze Buntheit im Ergebnis dieses Bemühens zeigt, wie vergeblich es ist. Lukas hat das, was seine Quellen ihm sagten, mit solcher Gestaltungskraft verarbeitet und ist so wenig ein bloßer Zusammenflicker fremder Berichte, daß eine Feststellung bestimmer Quellen und ihre Unterscheidung von der redaktionellen Arbeit des Lukas nicht möglich ist. Die „Quellen" brauchen auch gar nicht schriftlich oder gar literarisch gewesen zu sein. Wenn Lukas den Paulus auf der Reise nach Jerusalem begleitet und so in Caesarea tagelang mit Philippus zusammen war (Apg 21, 8), wieviel konnte er von ihm über die Gemeinde in Jerusalem bis zur Verfolgung durch Saul erfahren! Andererseits sind schriftliche Aufzeichnungen, die Lukas benutzen konnte, nicht ausgeschlossen. Ganz sicher hat es „Itinerare" gegeben, kurze Reisetagebücher. Die berühmten „Wir"-Berichte der Apostelgeschichte werden aus einem solchen „Reisetagebuch" des Lukas selber stammen.

6. Die historische Kritik an der Apostelgeschichte

Aus der offenkundigen Tatsache, daß die Apostelgeschichte ein Geschichtswerk ist, von einem Mann unter Benutzung von „Quellen" erarbeitet und geschrieben, leitet die wissenschaftliche Forschung das Recht, ja die Pflicht ab, diese Darstellung der Geschichte der ersten Christenheit kritisch zu prüfen. Ist die Darstellung des Lukas historisch richtig? Hat sich alles tatsächlich so abgespielt, wie Lukas es uns erzählt? „Kann" es so gewesen sein? Oder zeigen sich in den Berichten der Apostelgeschichte selbst Unstimmigkeiten, Schwierigkeiten, Widersprüche verschiedenster Art, die uns bedenklich machen müssen? War schon in den Quellen selbst das wirkliche geschichtliche Geschehen übermalt und unwillkürlich verändert oder ausgesponnen? Und hat dann Lukas von seiner Sicht aus und für die großen Zwecke, um die es ihm für die Gemeinde ging, die Darstellung noch wieder umgeformt und ausgestaltet?

So liegen in großer Fülle und bunter Mannigfaltigkeit kritische Kommentare und kritische Untersuchungen zur Apostelgeschichte vor. Wie sollen wir uns dazu stellen?

a) Es ist ausgeschlossen, dem Benutzer unserer Studienbibel das Gewirr der Einwände, Fragen, Urteile, Lösungsversuche und Annahmen vorzuführen und verständlich zu machen. Es ist vollends ausgeschlossen, mit ihm eine eigene Stellungnahme zu all dem zu erarbeiten. Dazu müßte der Leser gründliche Kenntnis der grie Sprache, der ntst Zeitgeschichte und der historischen Arbeitsmethoden haben. Wer dies alles besitzt, wird sowieso zu den theologischen Kommentaren greifen, die für solche Leser geschrieben sind. In unserer Studienbibel ist die Apostelgeschichte so, wie sie uns von Gott geschenkt ist, anschaulich und verständlich zu machen. Das beansprucht den zur Verfügung stehenden Raum des Buches und die vom Leser aufzuwendende Zeit und Kraft ganz und gar.

b) Soweit die kritische Exegese sachlich auf Schwierigkeiten in den Berichten der Apostelgeschichte aufmerksam gemacht und Fragen dazu gestellt hat, werden wir (ohne Auseinandersetzungen mit den kritischen Kommentaren als solchen) diese Fragen zu hören und uns mit den aufgezeigten Schwierigkeiten zu beschäftigen haben. Das gehört zur Erarbeitung eines gründlichen Verständnisses des Textes selbst.

c) Dabei wird sich zeigen, wie sehr das geschichtliche Urteil über das, was gewesen sein „kann" oder „unmöglich" so gewesen sein „könne", von dem Maß und der Art unserer eigenen Erfahrung bestimmt ist. Wer bestimmte Dinge mit Gott nicht erlebt hat, wird schnell für „Sage" oder „erbauliche Ausmalung" halten, was einem andern durchaus bekannte Wirklichkeit ist. Allzuleicht ist der gelehrte Mann an seinem Schreibtisch eingesponnen in ein rationales Welt- und Menschenbild, nach dessen Maßstäben er nun ein kritisches Urteil fällt. Man wird dabei an Luthers mächtiges Wort erinnert, das er kurz vor seinem Tod auf einen Zettel schrieb: Die Hirtengedichte des Virgil könne nur verstehen, wer fünf Jahre unter den Hirten mit ihren Herden gelebt, die Reden Ciceros nur, wer fünfundzwanzig Jahre leitend in einem Staatswesen gestanden, die Bibel darum nur, wer hundert Jahre mit Aposteln und Propheten die Gemeinde Gottes geweidet habe.

d) Von da aus müssen wir uns darüber klar sein, daß wir immer und in jedem Falle mit einem „Vorurteil" an die Bibel herantreten, einem „Vor-Urteil", das von vornherein unser Lesen der Bibel bestimmt. Man kann von dem „Vorurteil" herkommen, daß die Bibel letzten Endes ein Buch wie alle andern Bücher ist, wenn sie auch inhaltlich von Gott handelt. Dann nimmt man sie ohne Scheu als „Objekt" des eigenen Untersuchens und Beurteilens. Man kann aber auch das biblische Wort so sehr als das scharfe Schwert göttlichen Gerichtes und als die lebendige Kraft der Wiedergeburt bei sich selbst und bei vielen Menschen erfahren haben, daß man die Männer und Frauen versteht, die nach ihrer Bekehrung die Bibel buchstäblich nur auf den Knien lesen konnten[3].Dann geschieht auch alles Forschen und alles Fragen nach „Schwierigkeiten" und „Unverständlichkeiten" in tiefer Ehrfurcht, und zu einem raschen Besserwissen ist man nicht mehr fähig. Unsere Auslegung der Apostelgeschichte geht — wie unsere Studienbibel überhaupt — von diesem „Vorurteil" aus der Erfahrung im Umgang mit der Bibel aus. Es ist uns ernst mit dem, was wir eben von der Inspiration der Apostelgeschichte mitten im eigenen Arbeiten des Lukas sagten. Ist die Apostelgeschichte nicht nur ein Werk des Lukas, sondern zugleich und darin ein Werk des Heiligen Geistes, dann gebührt dem Leser und dem Ausleger auch diesem Buch des NT gegenüber das betende Hören.

e) Bestätigt wird diese Haltung durch die Tatsache, daß Geschlecht um Geschlecht der Gemeinde Jesu aus diesem Buch einen unendlichen Reichtum von Erkenntnis, von Wegweisung, von Kraft und Trost empfangen hat. Gerade bei der Apostelgeschichte ist bis zum heutigen Tage die Fülle von „praktischen" Auslegungen besonders groß, die unmittelbar für die Gegenwart und für das Leben der Gemeinde wie der einzelnen Christen aus diesem Buche schöpfen. Wäre das überhaupt möglich, wenn die Apostelgeschichte das durchweg irrige Spätzeugnis eines Christen des zweiten Jahrhunderts wäre, zu dem die Kritik es stempelt?

7. Der T e x t der Apostelgeschichte

Allen Bänden unserer W. Stb. sind allgemeine Richtlinien vorangestellt, die den Leser auch auf die wichtigsten Handschriften aufmerksam machen, in denen uns der Text des NT überliefert ist. Nun sind in den meisten Büchern des NT die Abweichungen in den verschiedenen Handschriften verhältnismäßig so geringfügig, daß es kaum einmal nötig ist, den Leser unserer W. Stb. mit ihnen zu beschäftigen. Anders ist es aber bei der Apostelgeschichte. Der allgemein im Gebrauch befindliche „Nestle"[4] legt auch bei ihr die „hesychianische" oder „ägyptische" Textform zugrunde (in den grie Ausgaben mit „H" bezeichnet). Auch wir folgen ihm in unserer Übersetzung. Nun gibt es aber gerade für die Apg einen hier und da auffallend abweichenden und ausführlichen Text, der besonders von Codex D, aber auch von der aus Sardinien stammenden Handschrift E und von alten lat und syrischen Über-

[3] Pfarrer Stockmayer sagte auf einer Blankenburger Allianzkonferenz: „So wenig ich je erlaubt hätte, den Leib meiner Mutter zu sezieren, die mich geboren hat, so wenig kann ich es auch erlauben, daß man das Wort Gottes zerschneidet, durch das ich wiedergeboren bin!" Zitiert bei Ernst Modersohn in „Er führet mich auf rechter Straße . . ." S. 155. 9. Aufl. Wuppertal 1961.

[4] Novum Testamentum graece von † D. Eberhard Nestle.

setzungen geboten wird. Mit ihm müssen wir den Leser an manchen Stellen bekanntmachen. Die Arbeit dieses Textes wird von den Forschern verschieden beurteilt. Manche meinen in ihm die ursprünglichere Gestalt des Lukanischen Werkes zu haben; andere sehen in ihm so etwas wie eine „Zweite Auflage" des Buches. Wir werden jeweils zu prüfen versuchen, wie es mit diesen Textabweichungen steht. An der Grundgestalt der Apostelgeschichte ändern diese Textverschiedenheiten freilich nichts.

8. Literatur zur Apostelgeschichte

Es ist zwecklos, dem Leser hier eine Fülle von Literatur zu nennen, die er praktisch doch nicht benutzen wird.

Wer genügend grie Sprachkenntnisse hat und sich einen deutlichen Eindruck von der „kritisch-exegetischen" Arbeit an der Apg verschaffen will, der greife zu dem Kommentar von *E. Haenchen.* Dort findet er auch eine gute Übersicht über die wichtigsten wissenschaftlichen Kommentare und Arbeiten zur Apostelgeschichte. Der Benutzer muß sich nur darauf gefaßt machen, Kapitel um Kapitel zu erfahren, daß es alles nicht so geschehen sein könne, wie Lukas es darstellt. Lukas habe aus unhistorischen Überlieferungen oder aus dürftigen Notizen seine farbigen Schilderungen herausgesponnen — eine glänzende schriftstellerische Leistung, doch leider von geringem historischem Wert.

Im „NTD" ist die Apostelgeschichte, bisher bearbeitet von H. W. Beyer, jetzt neu herausgekommen, übersetzt und erklärt von *G. Stählin.* Es ist ein ebenso gründliches wie lebendiges Werk, das mit vorzüglichem Kartenmaterial ausgestattet ist. Freilich nimmt auch Stählin zu manchen Abschnitten der Apg unerwartet kritisch Stellung.

Unverändert lesenswert ist *A. Schlatters* Auslegung in seinen „Erläuterungen zum NT".

In der „Bibelhilfe für die Gemeinde" bringt U. Smidt die Apostelgeschichte in bemerkenswerter Kürze, Lebendigkeit und Anschaulichkeit seinen Lesern nah. Wer die Apg in einem Zuge als ganzes unter sachkundiger Führung kennenlernen will, greife zu diesem Buche.

Von den „Einleitungen" in das Neue Testament sei auf die von Paul Feine (neu bearbeitet von J. Behm) und ganz besonders auf die von Wilhelm Michaelis hingewiesen. Der Leser findet hier eine gründliche Erörterung der auch in unserer „Einleitung" behandelten Fragen.

Die Apostelgeschichte. Übers. u. erkl. v. E. Haenchen, 13. A. Göttingen 1962. 710 S. u. e. Karte (= Kritisch-exeget. Kommentar über das Neue Testament Bd. III).

G. Stählin, Die Apostelgeschichte. 10. A. Göttingen 1962. 320 S., 8 Karten (= Das Neue Testament Deutsch Teil 5).

A. Schlatter, Die Apostelgeschichte. 42. Tsd. Stuttgart 1962. 320 S. (= Erläuterungen z. Neuen Testament Bd. IV).

Udo Smidt, Die Apostelgeschichte. 3. A. Kassel 1960. 194 S. (= Bibelhilfe f. d. Gemeinde Bd. 5).

Paul Feine u. Joh. Behm, Einleitung in das Neue Testament. 12. A. Heidelberg 1962. 400 S.

Wilhelm Michaelis, Einleitung in das Neue Testament. 3. A. Bern 1961. 402 S.

DAS THEMA DER APOSTELGESCHICHTE: DIE SENDUNG DER JÜNGER BIS AN DAS ENDE DER ERDE

Apostelgeschichte 1, 1—8

1 Das erste Buch habe ich verfaßt über alles, Theophilus, was Jesus
2 zu tun und zu lehren begann, * bis zu dem Tag, an dem er den
Aposteln im Heiligen Geist, durch den er sie auch erwählt hatte, sei-
3 nen Auftrag gab und dann hinaufgenommen wurde. * Ihnen hatte
er sich als der Lebendige erwiesen nach seinem Leiden durch viele
Beweise, indem er durch vierzig Tage hindurch sich unter ihnen
4 sehen ließ und von der Königsherrschaft Gottes sprach. * Und in-
dem er (mit ihnen) zusammen aß, gebot er ihnen, sich von Jerusa-
lem nicht zu trennen, sondern zu erwarten die Verheißung des
5 Vaters, „die ihr von mir gehört habt. * Denn Johannes taufte mit
Wasser, ihr aber werdet mit dem Heiligen Geist getauft werden,
6 nicht lange nach diesen Tagen." * Die Versammelten fragten ihn
nun: „Herr, stellst du zu dieser Zeit das Königreich für Israel wie-
7 der her?" * Er sprach zu ihnen: „Es ist nicht eure Sache, zu kennen
Zeiten und Fristen, die der Vater in seiner eigenen Vollmacht
8 festgesetzt hat. * Aber ihr werdet Kraft empfangen, wenn der
Heilige Geist auf euch kommt, und werdet meine Zeugen sein, in
Jerusalem und in ganz Judäa und Samaria und bis an das Ende der
Erde."

zu Vers 1: Lk 1, 1. 3 Apg 3, 23
zu Vers 2: Mt 28, 19. 20 Lk 24, 49. 51 Jo 20, 21. 22 Lk 6, 13 1 Tim 3, 16
zu Vers 3: Jo 20, 19—30 1 Ko 15, 4—8
zu Vers 4: Mk 16, 19 Jo 14, 16
zu Vers 5: Apg 2, 4 11, 15-17
zu Vers 6: Mt 6, 10 Lk 19, 11 Mt 17, 11-12
zu Vers 7: Mt 24, 36. 37 Mk 13, 32 5 Mo 29, 28
zu Vers 8: Apg 5, 28. 32 8, 5 10, 39 Lk 24, 47

1

Die Apostelgeschichte beginnt nicht mit einem eigentlichen „Vorwort" wie das Evangelium des Lukas. Das ist bemerkenswert. Im Evangelium kann sich Lukas darauf berufen, daß schon „viele" getan haben, was er mit seiner Schrift ebenfalls unternimmt. Es war nichts Neues und Ungewöhnliches. Jetzt aber legt er ein Buch vor, für das es kein Vorbild gab und das in einsamer Größe dasteht. Wie nahe hätte es gelegen, daß der Verfasser etwas davon sagte, wie er auf diesen neuen und kühnen Gedanken geführt worden sei, die apostolische Zeit in einem zweiten Geschichtswerk darzustellen. Er tut es nicht, er ist sofort bei der Sache selbst; jede Selbstbespiegelung liegt ihm fern. Aber er verweist auf sein erstes Buch. Auch dabei geht es ihm nicht um die Hervorhebung seiner Leistung, auch nicht nur um eine naheliegende schriftstellerische Anknüpfung, sondern um den sachlichen Zusammenhang. Wir werden sofort darauf hingewiesen: Es geht um den Einen, der allein in der Mitte steht, auch wenn „Taten der Apostel" berichtet werden. In diesem tieferen Sinn ist die Apostelgeschichte eine „Fortsetzung" des Evangeliums und nicht ein eigenes zweites Werk des Verfassers. Alles **„was Jesus zu tun und zu lehren begann"**[5] hat Theophilus[6] durch das Lukas-Evangelium erfahren. Nun soll er hören, was Jesus fortfuhr zu wirken und zu verkündigen.

2/3 Denn Jesus „lebt"! Schon das Evangelium endete ja nicht wie jede menschliche Lebensbeschreibung auch der Großen und Mächtigen mit dem Sterben und dem Begräbnis, sondern mit der „Hinaufnahme" des auferstandenen Herrn (Lk 24, 36–53). Daran erinnert Lukas. In dieses Geschehen sind die Apostel von vornherein mit einbezogen. Darum hat Lukas in einer eigentümlichen Weise, wie sie nur in der grie Sprache möglich ist, die Worte **„durch den Heiligen Geist"** so gestellt, daß sie sich sowohl auf die ursprüngliche Erwählung der Apostel wie auch auf ihre jetzige Beauftragung beziehen. Unsere Übersetzung versucht das in deutscher Weise wiederzugeben. Was Jesus tut, tut er „im Heiligen Geist", also nicht von sich aus, sondern ganz in der göttlichen Leitung, so daß in seinem Tun Gottes Handeln geschieht. Das war schon so bei der ersten Berufung der Jünger, bei der das Ziel ihrer „Sendung" bereits aufleuchtete (Mk 3, 13 ff; Lk 6, 13)[7]. Damals war dieses Ziel freilich zeitlich und inhaltlich begrenzt (Lk 9, 10; 10, 17; Mt 10, 5 f). Jetzt wird es der neue weltweite **„Auftrag"** (V. 8). Mit ihm bringt der Auferstandene, der als „Herr" seine Befehle erteilt, die Geschichte in Bewegung, die Lukas nunmehr darstellen will. Die Erwählung der Apostel während der irdischen Wirksamkeit Jesu erweist jetzt erst ihren eigent-

[5] Das „Tun" steht vor dem „Lehren"! Jesus kam nicht als „Lehrer", sondern als Erretter. Mit dem schönsten Lehren über Gott wäre uns wenig geholfen. Paulus hat recht gesehen: Das Evangelium ist nicht eine neue Anschauung über Gott, sondern „Kraft Gottes zur Rettung für jeden Glaubenden". Das Vergeben von Schuld, das Heilen von Kranken, das Lösen aus Gebundenheiten, das Erneuern von Menschen, dieses „Tun" Jesu ist es, das sich dann in der Kreuzestat vollendet. Die Leute in Kapernaum hatten es richtig gespürt, was für eine machtvolle „Lehre" es bei Jesus war: Mk 1, 27! In den „Taten der Apostel" — so lautet der grie Titel unseres Buches — wird dieses „Tun und Lehren" Jesu gegenwärtig, von Jerusalem bis Rom, ja bis an das Ende der Erde.

[6] Es fällt auf, daß Theophilus hier nicht mehr wie in Lk 1, 3 die feierliche Anrede „kratiste = Sehr geehrter" (Anrede an den Statthalter 23, 26; 24, 3; 26, 25!) erhält. War er inzwischen ganz Christ geworden, mit Lukas näher befreundet, oder hat sich seine äußere Stellung geändert? — Die Widmung an einen „Patron" schloß im Altertum die Erwartung in sich, daß dieser die — recht kostspielige — Verbreitung des ihm gewidmeten Buches fördern werde. Lukas hat seine Schriften durch ihre Widmung bewußt in die „Literatur" seiner Zeit einreihen wollen.

[7] Die „Berufung" bestimmter Werkzeuge ist stets ein ganz entscheidender Schritt in der Durchführung der großen Pläne Gottes! Vgl. 1 Mo 12, 1–3; 2 Mo 3, 1–12; Am 7, 14 f; Jes 6, 1–13; 40, 1–11; Apg 9, 15; wir denken aber auch an Luther, Wesley, Zinzendorf und viele andere.

lichen Sinn. Darum schließt sich ihre Geschichte an das Evangelium sogleich notwendig an.

Lukas unterstreicht noch einmal die Tatsache der Auferstehung. Im Unterschied zum Schluß des Evangeliums[8] wird hier die bestimmte Frist der vierzig Tage[9] genannt, in der Jesus sich sehen ließ und so die **„vielen Beweise"** dafür gab, daß er „lebendig" ist. Wenn er dabei mit den Aposteln **„von der Königsherrschaft Gottes sprach"**, dann wird er das so getan haben, wie Lukas es in seinem Evangelium geschildert hat: Er „öffnete ihnen den Sinn zum Verständnis der Schriften" (Lk 24, 45). Es ging nicht um neue, über die Schriften und die geschehene Geschichte hinausgehende Offenbarungen. Nirgends finden wir im apostolischen Wort eine Berufung auf solche geheimnisvollen Erkenntnisquellen, wie sie immer wieder bei schwarmgeistigen Bewegungen in der Kirchengeschichte beliebt waren. Aber freilich, in welch neuem und klarem Licht lag nun das AT ebenso wie die von ihnen selbst durchlebte Geschichte vor den Augen der Apostel! Vom „Reich" handelt die Frohbotschaft Jesu von Anfang an (Mk 1, 14)! Vom „Himmelreich" sprechen seine Gleichnisse. Aber was von Jesus vor den entscheidenden Heilsereignissen des Kreuzes und der Auferstehung nur angedeutet werden konnte (etwa Lk 11, 20), das tritt nun in heller Klarheit hervor: „Jesus" und „Das Reich" gehören unmittelbar zusammen. In dem Kommen, Leiden, Sterben, Auferstehen und Herrschen Jesu ist die „Königsherrschaft Gottes" bereits angebrochen, die sich durch die Wiederkunft Jesu in mächtigen, die ganze Schöpfung erfassenden Ereignissen freilich erst vollenden wird. Das wird die Gespräche jener vierzig Tage erfüllt haben. Darum wird gerade dieses Eine das Grundthema der apostolischen Verkündigung (vgl. Apg 8, 12; 28, 23; 28, 31).

Und nun wird die Schilderung des Himmelfahrtstages eingehender 4
als im Evangelium. Jesus hält noch einmal Tischgemeinschaft mit seinen Jüngern[10]. Solche Tischgemeinschaft war ein kennzeichnendes Geschehen im Zusammenleben Jesu mit den Seinen gewesen. Darum

[8] In Lk 24 klingt der Bericht so, als habe sich alles, einschließlich der Himmelfahrt, an dem gleichen Tage, am Ostertage selbst abgespielt. Hat Lukas inzwischen neuere und gründlichere Nachrichten über die Osterzeit erhalten? Vielleicht haben wir es doch nur mit einer Eigenart des Lukas zu tun, der bei einer zweiten Darstellung eines Vorganges gern stillschweigend „nachholt", was er bei der ersten Schilderung nicht erwähnt, wohl aber gewußt hat. Immerhin zeigt die Verschiedenheit, daß Lukas nicht von Anfang an ein zweibändiges Werk geplant, sondern die Apg später in Angriff genommen hat.

[9] Die „vierzig Tage" spielen in der Bibel vielfach eine bedeutsame Rolle, z. B.: 1 Mo 7, 4; 7, 17; 2 Mo 24, 18; 1 Kö 19, 8; Lk 4, 2.

[10] Die Deutung des von Lukas hier gebrauchten Wortes ist umstritten. Es wird von andern als ein bloßes Sich-versammeln, Zusammenkommen verstanden. Die frühkirchlichen Übersetzungen der Apg fassen es aber als „zusammen essen" auf.

hat der Auferstandene gerade die Gemeinschaft des Mahles gewählt, um seinen Jüngern sowohl die ganze Wirklichkeit seiner Person, wie auch seine volle, durch das Versagen der Jünger nicht zerstörte Verbundenheit mit ihnen zu bekunden (vgl. Mk 16, 14; Lk 24, 30 ff; 24, 41 ff; Jo 21, 12 ff). Die frohen Mahlzeiten der Gemeinde mit dem „Brotbrechen" (Apg 2, 46 f), von denen wir bald hören werden, waren von daher Erinnerung an die alte Tischgemeinschaft während der ganzen Wirksamkeit Jesu, aber auch Gedächtnis jenes letzten Abendmahles vor dem Leiden und Sterben und jenes wunderbaren Frühmahles nach der Auferstehung. Im „Tischgespräch" bei diesem Mahl vor der Himmelfahrt bekommen die Apostel den ausdrücklichen Befehl, in Jerusalem zu bleiben. Für die Männer aus Galiläa (V. 11) lag es nahe genug, nach dem endgültigen Abschied von Jesus in die alte Heimat zurückzukehren, zumal auch dort Begegnungen mit dem Auferstandenen stattgefunden haben (Mt 28; Jo 21). Was hielt sie jetzt noch in Jerusalem? Jesus sagte es ihnen: Das nächste große Ereignis der Heilsgeschichte, die Ausgießung des Geistes, geschieht dort in der Hauptstadt Israels; in ihr beginnt auch der Zeugenberuf der Jünger. Die Schilderung geht in die direkte Rede über, ein schriftstellerisches Kunstmittel, das Lukas mehrfach (Apg 17, 3; 25, 4;
5 32, 22) anwendet. In der Zeit, in der Lukas schrieb, spielten Kreise eine Rolle, die auch von der „Königsherrschaft Gottes" erfüllt waren, aber von der Bewegung Johannes des Täufers ihren Anstoß erhalten hatten und sich mit der Taufe des Johannes begnügten: In Apg 18, 24–26; 19, 1–6 werden wir ausdrücklich auf solche Kreise stoßen (vgl. S. 338). Darum ist es Lukas wichtig, im eigenen Wort des Herrn darauf hinzuweisen, daß Johannes mit seiner Bußtaufe freilich seine Bedeutung gehabt hat, daß aber jetzt in der verheißenen Ausgießung des Heiligen Geistes von Gott her eine total neue Lage geschaffen wird. Die Gegenwart des Geistes Gottes hebt die Gemeinde Jesu über alles hoch empor, was es bisher in der Geschichte gegeben hat[11]. Jesus erinnert die Jünger an **„die Verheißung des Vaters"**, die sie von ihm selbst gehört haben. Lukas wird dabei an Worte Jesu wie Lk 11, 13; 12, 12 gedacht, aber auch nicht das Wort des Täufers selbst vergessen haben, das Jesus hier fast wörtlich aufnimmt. Nur ein Unterschied ist bezeichnend. Während der Täufer sagte: Der nach mir Kommende (also Jesus) wird euch mit dem Geist taufen, tritt hier Jesus selbst als der Sohn ganz hinter dem Vater zurück und formuliert: **„Ihr werdet mit dem Heiligen Geist getauft werden"**. Das war die jüdische Art, von Gott in solcher Ehrfurcht zu sprechen, daß man den Namen Gottes nicht nannte, sondern das Passiv gebrauchte.

[11] Und wir heute wissen von diesem „Wohnen" des Geistes in der Gemeinde und im einzelnen Christen weithin nichts mehr und halten jedes Wissen davon für „Schwärmerei"!

Die Versammelten[12] – vielleicht doch mehr als die elf Apostel im strengen Sinn – antworten mit einer Frage, die wir leicht für unverständig und fehlgehend halten: **„Herr, stellst du zu dieser Zeit** 6
das Königreich für Israel wieder her?" Der „Unverstand" liegt dann aber bei uns! Wir müssen heraus aus der Gewöhnung an den Ablauf der Dinge, der uns nun „selbstverständlich" zu sein scheint, während er doch sehr erstaunlich ist. Wir sollten ernstlich fragen, warum denn an Ostern nicht sofort das „Tausendjährige Reich", das „Königreich der Himmel" auf dieser Erde begonnen hat? Die Erlösung war vollbracht, die Sünde der Welt getragen, dem Tod die Macht genommen, Satan entmächtigt, Jesus alle Gewalt in die Hand gegeben, mußte nun nicht die Erfüllung der Reichsverheißungen unmittelbar kommen? Und da zum Anbruch der messianischen Zeit auch die Ausgießung des Geistes gehörte, mußte dann nicht eben in und mit dieser Ausgießung das Reich anbrechen? So völlig verstehend und biblisch folgerichtig ist die Frage der Jünger! Und nicht einmal die Betonung **„für Israel"** ist falscher Nationalismus. Die Verheißungen für Israel in der prophetischen Verkündigung sind klar genug, und „unwiderruflich sind die Gnadengaben und die Berufung Gottes"
(Rö 11, 2). Darum ist auch Jesu Antwort an die Apostel nicht mit 7
einer Silbe ein Tadel oder eine Zurückweisung ihrer Erwartungen als solcher. Nur das wird ihnen gesagt: **„Es ist nicht eure Sache, zu kennen Zeiten und Fristen[13], die der Vater in seiner eigenen Vollmacht festgesetzt hat."**

„Zeiten und Fristen" setzt allein Gott. Und eben jetzt ist Gott dabei, eine ganz neue „Zeit" herbeizuführen, die Zeit der „Gemeinde". Gott will seinem gehorsamen Sohn nach der Vollendung seines Erlösungswerkes ein ganz kostbares Geschenk machen: das Geschenk des „Leibes". Nicht nur der König von Israel soll Jesus sein und nicht nur der Herr und Richter der Welt, sondern auch das Haupt des Leibes[14]. Aus Israel und vor allem aus den Nationen

[12] Wenn man in Vers 6 das Partizip nicht mit „die Versammelten" übersetzt, sondern in den Satz auflöst „sie nun kamen zusammen, fragten ihn und sprachen" (so Schlatter in den „Erläuterungen"), dann ist in Vers 4 ein früheres Zusammensein Jesu mit seinen Jüngern gemeint, bei dem er ihnen die Weisung zum Bleiben in Jerusalem erteilte. Danach erst – eben am Tag der Himmelfahrt – kommen sie erneut zusammen, und nun bringen die Jünger die Fragen vor, die von der Weisung Jesu in ihnen ausgelöst sind. Aber hat Lukas das wirklich so gedacht?

[13] Die grie Sprache kannte zwei ganz verschiedene Worte für „Zeit"; das eine „Chronos" meint den allgemeinen Zeitablauf, das andere „Kairos" die besondere, geschichtsmächtige Zeit. G. Stählin übersetzt an unserer Stelle sehr schön „Zeitabschnitte und Gottesstunden".

[14] Wir sollten darum von Jesus nicht nur als von dem „Herrn der Gemeinde" sprechen. Jesus steht zu seinem Leib und damit auch zu uns, den Gliedern des Leibes, in einem ganz anderen, kostbaren Verhältnis, dessen wir uns in tiefer Dankbarkeit freuen sollten.

wird dieser Leib herausgerufen. Darum bedeutet die Geistesausgießung nicht schon den Anbruch des Reiches, sondern **„ihr werdet**
8 **Kraft empfangen, wenn der Heilige Geist auf euch kommt, und werdet meine Zeugen sein"**. Die Mission, die Evangelisation zum Aufbau des Leibes Christi beginnt. Dazu ist „Kraft" nötig. Aber keine Kraft des Verstandes, des menschlichen Willens, der Redekunst reicht dazu aus. „Kraft des auf euch kommenden Geistes", damit ist allein diese Aufgabe zu lösen. Mit ihr werden die Apostel die wirksamen **„Zeugen"** Jesu sein. Achten wir genau auf den Wortlaut. Hier steht nicht „ihr sollt". Mit dem Heiligen Geist sind wir aus dem Raum des „Gesetzes", dem Raum bloßer Forderungen heraus und in den Raum faktischen Geschehens hineingenommen. Denn der Geist wirkt in uns und handelt in uns und durch uns.

Er macht uns zu Zeugen. Wir kennen das Wort „Zeuge" aus der Gerichtssprache. Bei einer Gerichtsverhandlung werden Zeugen vernommen. Sie sollen nicht ihre Meinung äußern und nicht ihre Gedanken erzählen, sondern — genau wie es die Apostel (Apg 4, 20) tun — „reden, was sie gesehen und gehört haben". Zeugen stellen fest, was in Wirklichkeit geschehen ist. Darum konnten die Apostel nach Vers 21 ff jetzt schon Zeugen Jesu sein. Da es sich aber um die unsichtbaren, göttlichen Wirklichkeiten handelt, reicht alles nur menschliche Bezeugen nicht aus, um andere davon zu über-zeugen. Erst die Kraft des Heiligen Geistes beglaubigt das Zeugnis von Jesus für das Gewissen der andern so, daß sie zum Glauben kommen oder sich gegen die Wahrheit aufbäumen, die sie doch nicht mehr leugnen können. Es ist also so, wie Johannes es uns als Jesu Wort überliefert hat: Der Geist der Wahrheit wird „nicht von sich selber reden", er „wird mich verklären; denn von dem Meinen wird ers nehmen und euch verkündigen" (Jo 16, 13 f). Die Apostel empfangen vom Geist nicht geheimnisvolle neue Lehren, sondern das wirksame Zeugnis von Jesus. Sie werden nichts anderes sagen als das, was sie jetzt schon als Zeugen sagen könnten (Vers 21 f), aber sie werden es „anders" sagen, so herzdurchbohrend, wie es uns Lukas sofort im 2. Kapitel zeigen wird. Dabei erinnert uns das grie Wort für „Zeuge" = „Martys" daran, daß gerade dieses ins Herz treffende Zeugnis die Boten ins Leiden führt und nur unter Leiden (Apg 9, 16!) abgelegt werden kann.

Dieser Zeugendienst wird sich wachsend entfalten: Jerusalem — Judäa — Samaria — die ganze Welt. Das ist zugleich der Plan für das Werk, das Lukas zu schreiben beginnt. Ganze Kapitel hindurch wird er uns in Jerusalem festhalten; dann geht es zu der großen Erweckung nach Samarien und anschließend zur Bekehrung des Paulus, mit dem wir bis nach Rom reisen werden. Mit dem Ausdruck

„bis an das Ende der Erde" nimmt Jesus die prophetische Weissagung und in ihr den göttlichen Zuspruch von Jes 49, 6 auf. Seine erste Erfüllung hat er für den Blick des Lukas nicht erst dann gefunden, wenn Paulus wirklich noch nach Spanien (Rö 15, 23. 24) gelangt ist, sondern schon, wenn Paulus in Rom das Evangelium verkündigt, in dem Rom, das die Enden der Erde beherrscht. Das alles aber vollzieht sich nicht nach einer klugen „Missions-Strategie", die sich die Apostel erdacht haben. Lukas wird es uns sehr deutlich machen, wie es sich „begibt", auch gerade durch das, was wie lauter Hindernis und Durchkreuzung aussieht. Es begibt sich nach dem Plan, den Jesus hier in seinen Grundzügen den Aposteln mitteilt.

Wir aber können auf das, was die Apostelgeschichte uns schildert, nicht zurückblicken als auf eine ferne und abgeschlossene Geschichte, die wir ruhig und erbaulich „betrachten". Diese Geschichte geht weiter und nimmt uns selber in ihr Geschehen mit hinein und für dieses Geschehen mit unserem Beten und unserem Geben und unserem persönlichen Einsatz mit in Anspruch. Nach Gottes Vorsehung hat sich das **„Ende der Erde"** immer weiter und weiter hinausgeschoben, je umfassender wir die Welt kennenlernten. Es ist dem Befehl Jesu gemäß erreicht und doch noch nicht erreicht. Mt 24, 14 ist erfüllt und noch nicht endgültig erfüllt. So stehen wir noch in diesen **„Zeiten und Fristen"**, in diesem Zeitalter der Herausrufung des Leibes Christi, in diesem Zeugendienst **„bis zum Ende der Erde"**. Wir verstehen die „Kirche" und ihre Geschichte, ihre Aufgaben und ihre Verheißungen nur, wenn wir dies verstehen. Auch für uns handelt es sich dabei nicht um eigenes Wollen, eigene Gedanken, Interessen und Pläne. Es wurzelt auch heute noch alle „Mission" und „Evangelisation" in dem majestätischen Wort des Herrn selbst, das Befehl und Verheißung in einem ist: **„Ihr werdet meine Zeugen sein, in Jerusalem und in Judäa und Samaria und bis an das Ende der Erde."** Und auch wir erfüllen den Sinn unseres Dienstes nur, wenn wir immer neu erfassen, daß es dabei nur einen einzigen, wahrhaft entscheidenden Faktor gibt: die Kraft des auf uns gekommenen Heiligen Geistes.

DIE HIMMELFAHRT JESU

Apostelgeschichte 1, 9—12

9 **Und als er dies gesprochen, während sie zusahen, wurde er empor-** zu Vers 9:
gehoben, und eine Wolke nahm ihn auf, fort von ihren Augen. Mk 16, 19
10 *** Und wie sie immerfort weiter zum Himmel blickten, in den er** Jo 6, 62
fortging, siehe, zwei Männer standen da bei ihnen in weißen

zu Vers 10:
Lk 24, 4
1 Pt 3, 22
zu Vers 11:
Mt 26, 64. 65
1 Th 4, 16
Offb 1, 7
zu Vers 12:
Lk 24, 52

11 **Gewändern, * die sprachen: „Galiläische Männer, was steht ihr**
und blickt zum Himmel? Dieser Jesus, der hinaufgenommen
wurde weg von euch in den Himmel, wird so auf dieselbe Weise
(wieder) kommen, wie ihr ihn geschaut habt fortgehen in den
12 **Himmel." * Da kehrten sie nach Jerusalem zurück von dem Berge,**
der „Ölgarten" heißt, der nahe bei Jerusalem liegt, einen Sab-
batweg entfernt.

9 Den letzten Weisungen an die Apostel folgt unmittelbar der Abschied. Die Jünger sehen, wie Jesus **„emporgehoben"** wurde. Dann aber entzieht eine **„Wolke"** alles ihren Blicken.

Diese „Himmelfahrt" Jesu hat modernen Menschen besonders viel weltanschauliche Not gemacht. Liegt ihr nicht das typische Weltbild des Altertums zu Grunde, das über der Erdscheibe das Himmelsgewölbe mit dem Wohnort Gottes sieht? Wir aber kennen doch die Erde als die Kugel, die um die Sonne kreist, die Sonne als einzelnen Stern im ungeheuren Milchstraßensystem und dieses System wieder als eine Sterneninsel unter zahlreichen anderen im Weltraum! Wie soll da Jesus „gen Himmel gefahren" sein? Ist das nicht alles eine „Mythologie", die uns heutigen Menschen unmöglich geworden ist?

Aber wer hier „entmythologisiert"[15], muß der Frage standhalten: Wo ist jetzt „dieser Jesus", den zu kennen und zu lieben, dem zu vertrauen und zu gehorchen unser ganzes „Christentum" ausmacht? Es ist das klare Zeugnis der Jünger, daß er nach Ostern zunächst noch bei ihnen war und sich sehen ließ. Dieses „Sehen" aber endete, Jesus „ging von ihnen fort". So sagt es Lukas hier in Vers 10 und 11. Wir haben absichtlich dies schlichte Wort in der Übersetzung stehen lassen. Wohin ging er? Wir können nur mit Lukas antworten: Er wurde **„emporgehoben", „hinaufgenommen"** zu Gott. Dabei wußte es schon Luther und wußte es schon Tersteegen, daß das nicht ein geographischer Ort im planetarischen oder galaktischen[16] Raum ist, sondern daß es bedeutet: „Du kannst alles allerorten nun erfüllen und nahe sein" (EKG 95). Sollten biblische Männer wie Paulus und Lukas das nicht auch gewußt haben? Lasen sie nicht in ihrem AT bereits: „Siehe, der Himmel und aller Himmel Himmel können dich

[15] Dieses Wort ist durch die Bemühungen R. Bultmanns zu einem viel umstrittenen theologischen Schlagwort geworden. Bultmann dachte an den modernen Menschen, dem die „Himmelfahrt" Jesu und vieles andere in der Bibel „mythologisch" vorkommt, in das märchenhafte alte Weltbild verfangen. Bultmann wollte die „eigentliche" Botschaft des NT aus dieser Verfangenheit herauslösen, sie „entmythologisieren" und sie dadurch in ihrem Kern dem heutigen Menschen wieder zugänglich machen. Unsere Stellung dazu siehe in der Auslegung.

[16] Galaktisch ist der astronomische Fachausdruck für das Sternensystem der Milchstraße.

nicht fassen" (1 Kö 8, 27)? Es ist gar nicht wahr, daß die biblischen Männer Gott irgendwo oben im Weltraum „lokalisiert" haben. Gott mit seiner machtvollen „Rechten" ist überall, wo er sein und wirken will. Die „Himmelfahrt", die „Hinaufnahme" Jesu ist die „Erhöhung zur Rechten Gottes" (vgl. Apg 2, 33—36), d. h. aber gar nichts anderes, als daß Jesus dadurch Anteil bekommt an dieser göttlichen Art des Seins und des Wirkens. Dadurch ist Jesus zwar nicht mehr unmittelbar und sichtbar „anwesend" bei den Jüngern. Aber wie nahe, wie wirksam haben die Apostel ihren Herrn gewußt: Apg 2, 47; 3, 13; 4, 10; 4, 30; 9, 5; 22, 17—21. Ist er ihnen jetzt verborgen, so doch nicht sie ihm: Offb 2, 2; 2, 9. 13—19 usw. Beschrieben als Vorgang wird die Himmelfahrt durch Lukas, aber als Tatsache der „Erhöhung" Jesu bezeugt wird sie überall im NT: Rö 8, 34; Eph 1, 20; Phil 2, 9; 1 Tim 3, 16; 1 Pt 3, 22; Hbr 1, 3.

Aber zugleich ist es so, daß wir gar nicht vermeiden können, diese göttlichen Wirklichkeiten in den räumlichen Bildern auszusprechen, die von jeher das einzige Ausdrucksmittel dafür waren. Kann auch der moderne Physiker, wenn er an Gott denkt, etwas anderes tun als „emporblicken" zum Himmel und Gott „droben" suchen? Lukas seinerseits hat in einer Weise, die wir bewundern müßten, wenn es nicht einfach die Weise echten biblischen Glaubens wäre, in seiner Darstellung dafür gesorgt, alles wirklich „Mythologische" auszuschließen! Wir lesen nicht ein einziges Wort phantastischer Ausmalung! Wer die entsprechende Literatur des Altertums (auch mancher Schriften aus dem Raum der alten Kirche) kennt und das Verlangen des wundersüchtigen, menschlichen Herzens bedenkt, ermißt erst ganz die keusche Zurückhaltung unseres Abschnittes[17]. Die **„Wolke"** ist hier wie auch sonst in der Bibel kein atmosphärisches Gebilde, sondern Ausdruck für die Hülle, die Gott seinem geheimnisvollen Handeln gibt[18]. Jesus wird aus einer noch bestehenden Bindung an den irdischen Raum entnommen; eben darum können auch die ntst Zeugen nicht an eine bloße Höherrückung innerhalb dieses Raumes gedacht haben. Es ist der Weg in die „Höhe" zu Gott, für Menschen nicht mehr faßbar und auch für Jüngeraugen durch die **„Wolke"** verhüllt.

Typisch biblisch ist es auch, daß wir von dem inneren Erleben der Jünger bei diesem ebenso unerhörten wie einschneidenden Geschehen

[17] Das ist die biblische Art, die es ernst nimmt mit der Wirklichkeit des heiligen, lebendigen Gottes und sich darum mit den knappsten Andeutungen begnügt, wenn sie von Gott und göttlichem Geschehen berichtet. Vgl. 2 Mo 3, 2; 24, 9 f; 33, 17—23, aber auch Mt 1, 18; Lk 1, 26—35, oder die Berichte von der Auferstehung des Herrn.

[18] Vgl. 2 Mo 16, 10; 24, 15; 40, 34; 13, 21; 5 Mo 33, 26; Ps 97, 2; Ps 104, 3; Jes 1, 4; Da 7, 13; Mt 17, 5; 1 Ko 10, 1. 2; 1 Th 4, 17; Offb 14, 14.

nicht das Geringste erfahren. Die göttlichen Taten und Tatsachen sind wichtig, nicht unser Gefühl dabei. Die Darstellung des Lukas ist fast erschreckend nüchtern.

10 Die innere Beteiligung der Apostel wird nur daran sichtbar, daß sie **„immerfort weiter zum Himmel blicken"**[19]. Aber auch daraus werden sie sachlich herausgerufen. Mit dem vielgebrauchten biblischen **„Siehe"** werden unsere Blicke wie die der Apostel vom „Himmel" fortgelenkt, weil zwei Himmelsboten plötzlich neben den Aposteln
11 stehen und sie anreden[20]. Diese Boten aus der Himmelswelt kennen die Apostel als **„Galiläer"**. Auch die Engel sind also nicht in Sternenweiten von uns entfernt, sondern sind uns so nahe, daß sie uns sehen und hören und kennen. Sie nehmen teil an uns und unserem Leben. So verstehen sie auch bei den Jüngern das staunende, teils schmerzliche, teils freudige Nachschauen nach dem geliebten Herrn. Aber die Welt der Bibel ist völlig unsentimental. Gottes Liebe duldet kein Verweilen bei uns selbst und unseren Stimmungen[21]. Es ist keine Zeit zum Stehenbleiben und Nachschauen. So rücken die Engel die Jünger zurecht für die Gegenwart, indem sie ihnen die Zukunft bezeugen: Jesus kommt wieder! Es ist kein Abschied für immer. Genauso wie Jesus jetzt „fortging" aus dem irdischen Raum in die total andere Welt Gottes, so wird er von dort zurückkehren und aufs neue in den Raum des sichtbaren Wirkens auf dieser Erde eintreten. Darum redet das NT von der „Parusie", von der neuen „Anwesenheit" Jesu, oder von seiner neuen „Offenbarung"[22]. Auch damit sind alle „mythischen" Vorstellungen abgewehrt.

Lukas hat im Wort der Engel das **„so, auf dieselbe Weise"** besonders betont. Was hat das zu sagen? In den Ostertagen war die Herr-

[19] Hier ist — wie in Vers 2 das Wort „durch den Heiligen Geist" — das Wort „zum Himmel" so gestellt, daß es zu zwei Aussagen gleichzeitig gehört, zu der Aussage über die emporblickenden Jünger und zu der von dem fortgehenden Herrn. Wir haben das wieder in der Übersetzung zu verdeutlichen versucht.

[20] Es sind zwei „Männer" „in weißen Gewändern". Vgl. Mt 28, 2 f; Mk 16, 5; Lk 24, 4; Jo 20, 12. Wie sind wir nur darauf gekommen, „Engel" selbstverständlich als „Frauen" oder „Mädchen" darzustellen? Steht dahinter eine allgemeine Entmännlichung des Christentums, die ihrerseits wieder zum Zurücktreten der Männer in unserem kirchlichen Leben beitrug?

[21] Vgl. 2 Mo 14, 15; 1 Kö 9, 5. 7; 19, 13–15; Phil 1, 12; Apg 14, 19–21; 1 Th 2, 2.

[22] Während wir meist das Wort „Wiederkunft" gebrauchen, das im NT selbst kaum vorkommt — auch an unserer Stelle steht nur einfach „kommen" und nicht „wiederkommen" —, finden wir „Parusie" in 1 Ko 15, 23; 1 Th 2, 19; 3, 13; 5, 23; 2 Th 2, 1. 8. 9; Jak 5, 7. Dabei ist bezeichnend, daß Paulus auch von einer „Parusie" des Antichristen sprechen kann: Der Antichrist aber „kommt nicht wieder", sondern ist geheimnisvoll da und beginnt sein Wirken in der Welt. Den Ausdruck „Offenbarung" finden wir 1 Ko 1, 7; 2 Th 1, 7; 1 Pt 1, 7. 13; 4, 13; Lk 17, 30; den Ausdruck „Erscheinen" in Kol 3, 4; Hbr 9, 26; 1 Pt 5, 4.

lichkeit Jesu noch eigenartig verborgen. Er wurde gar nicht sofort erkannt und ging also nicht in strahlender Größe umher. Aber jetzt bei der Himmelfahrt wird er „emporgehoben", von den Grenzen des Irdischen befreit und mit der Herrlichkeit Gottes beschenkt. Und ebenso „werden alle Geschlechter auf Erden . . . kommen sehen des Menschen Sohn in den Wolken des Himmels mit großer Kraft und Herrlichkeit" (Mt 24, 30; Lk 21, 27). Es wird das genau so real und sichtbar erfolgen wie jetzt sein Fortgang in den Himmel.

Man hat es als die besondere theologische und kirchliche Leistung des Lukas angesehen, daß er die Gemeinde von einer falschen „Naherwartung" der Parusie gelöst und zu ihrer Aufgabe in dieser Zeit und Welt hingewendet habe. Daran ist etwas Richtiges. Es fehlt im Wort der Engel jede Zeitangabe über die neue Offenbarung des Herrn Jesu, jede nahe Datierung. Aber man darf dabei das andere nicht übersehen: Das urchristliche Warten der Gemeinde auf ihren kommenden Herrn hat Lukas nicht beiseite schieben wollen. Mit der vollen Wucht einer Botschaft aus dem Munde himmlischer Boten hat es Lukas an den Anfang seines Buches gestellt: Maran atha, unser Herr kommt! Darauf bleibt alles ausgerichtet, was jetzt durch die Gemeinde mit ihren Aposteln von Jerusalem bis ans Ende der Erde getan werden muß.

12 Das Wort der Engel gehört zu der Weisung, die die Apostel unmittelbar vor dem Abschied von Jesus selbst empfangen haben. Die Apostel begreifen die Lage! Sie begreifen, was Jesus in das knappe Wort gefaßt hat: „Handelt, bis ich wiederkomme!" (Lk 14, 13). Es ist nicht Zeit zum sehnsüchtigen oder bewundernden Nachschauen. Die große Arbeit beginnt in Jerusalem, sobald der Geist gekommen ist. Sie werden in dieser Arbeit das Wirken des unsichtbaren Herrn mit Macht spüren (Apg 2, 47, vgl. Mt 16, 20). Alle Arbeit aber steht unter der Verantwortung des Herrn, der an seinem Tage wieder „anwesend" und „sichtbar" sein und im Feuer seines Tages unser Werk prüfen wird (2 Ko 5, 10; 3, 11 ff). Darum ziehen sie die richtige gehorsame Folgerung. Sie erbitten sich nicht von den Engeln weitere eschatologische Aufschlüsse, sondern **„kehrten nach Jerusalem zurück"**.

Nun erfahren wir auch den Ort der Himmelfahrt: Es ist der Berg, der den Namen **„Ölgarten"** oder „Olivenhain" führt und den wir als **„Ölberg"** kennen. Nahe vor ihnen, **„einen Sabbatweg entfernt"**[23], liegt die Stadt, in die sie zurückkehren, der spannenden Ge-

[23] Ein „Sabbatweg" ist die Strecke, die man am Sabbat gehen durfte, ohne das Gebot 2 Mo 16, 29 zu übertreten. Diese Strecke war von den Schriftgelehrten auf zweitausend Ellen, also auf 1 km bestimmt. Wenn das Lukas-Evangelium 24, 50 Bethanien nennt, das an der Ostseite des Ölbergs, 2,5 km von Jerusalem entfernt, liegt, dann kann der Natur

schichte ihres Lebens mit ihren Höhen und Tiefen, mit ihren erwarteten und unerwarteten Ereignissen entgegen, die Lukas uns erzählen will.

DAS BETENDE WARTEN AUF DIE AUSGIESSUNG DES GEISTES

Apostelgeschichte 1, 13–14

zu Vers 13: Mt 10, 2-4

zu Vers 14: Apg 2, 1; Lk 8, 20 f

13 **Und als sie hineinkamen, stiegen sie in das Obergemach hinauf,**
wo sie sich ständig aufhielten: Petrus und Johannes und Jakobus
und Andreas, Philippus und Thomas, Bartholomäus und Mat-
thäus, Jakobus der Sohn des Alphäus, und Simon der Eiferer,
14 **und Judas, der Sohn des Jakobus. * Diese alle verharrten ein-**
mütig im Gebet zusammen mit den Frauen und Maria, der Mut-
ter Jesu, und zusammen mit seinen Brüdern.

13 Die Jünger erfüllen den Befehl Jesu: Wartet! Sie ziehen sich dazu in die Stille zurück, wie sie das „Obergemach" im Unterschied zu den unteren Räumen im Hause darbietet[24]. Lukas sagt ausdrücklich, daß dies nicht nur eine einzelne Zusammenkunft nach der Himmelfahrt war, sondern zu einem ständigen Beisammensein die ganzen Tage hindurch führte. Ja, wir werden uns dies Haus mit seinem Obergemach als den dauernden Aufenthaltsort der Apostel denken müssen, solange sie überhaupt in Jerusalem waren.

Das Warten ist weder ein ungeduldig-aufgeregtes, noch ein leeres und untätiges, es ist erfüllt vom „Verharren im Gebet". Jeder Israelit kannte von Kindheit an das Beten. Später hatten die Jünger den Unterricht Jesu im Beten empfangen und sein Vorbild ständig vor Augen gehabt. Natürlich haben wir uns nicht zu denken, daß sie dort von morgens bis zum Abend auf den Knien lagen und Gebete sprachen. Aber das Reden mit Gott, rückblickend auf alles Erlebte und erwar-

der Sache nach nicht daran gedacht sein, daß sich die Himmelfahrt Jesu in dem Ort selbst vollzogen habe. Es ist die Wegrichtung angegeben: „Auf Bethanien zu"; das aber war der Weg zum Ölberg.

[24] Ein solches „Obergemach" hatte Elia bei der Witwe in Zarpath (1 Kö 17, 19), Elisa bei der Sunamitin (2 Kö 4, 10). Es war auch seiner Stille wegen zum „Prophetenstübchen" geeignet. Vgl. auch Ri 3, 20–23; Da 6, 11. Auch die „Kammer", in die Jesus (Mt 6, 6) seine Jünger zum Beten schickt, kann ein solches „Obergemach" gewesen sein. Und in der Apostelgeschichte spielt das „Obergemach" mehrfach eine ganz besondere Rolle: Apg 9, 37 ff; 10, 9 ff; 20, 8 ff. In welchem Hause in Jerusalem sich dies Obergemach befand, wird nicht gesagt. Es muß aber ein wohlhabendes Haus gewesen sein, dessen Obergemach groß genug für eine solche Versammlung war. Es liegt nahe, nach Apg 12, 12 an das Haus der Maria, der Mutter des Johannes-Markus zu denken.

tungsvoll vorausblickend auf das Verheißene und Befohlene, beherrschte die Tage. Dies Beten war nicht religiöse Stimmungssache, sondern ernste, willentliche Arbeit. So im Warten auf Gottes bestimmte Zusagen und im gründlichen und ausdauernden Beten werden göttliche Ereignisse vorbereitet[25].

Wir werden darüber unterrichtet, wer in diesen Vorbereitungstagen dort zusammen war. Es sind zunächst die elf Apostel. Sie werden ausdrücklich mit Namen aufgezählt[26]. Man hat an der Apostelgeschichte oft getadelt, daß sie in keiner Weise ihrem Namen gerecht wird. Eigentlich hörten wir nur von Petrus Näheres, und auch von ihm bekämen wir keine umfassende Geschichte seines Lebens und Wirkens. Was die anderen in ihrem apostolischen Beruf getan haben, erführen wir überhaupt nicht. Aber auch hier wieder unterscheidet sich die Bibel gründlich von unserem Interesse an namhaften Menschen. Es gibt in der Bibel keine „Biographie", nicht einmal von Jesaja oder Jeremia. Männer wie der Prophet Micha in 1 Kö 22, 28 tauchen auf und verschwinden, ohne daß wir etwas von ihrem Wirken erfahren, das sich keinesfalls auf dieses eine Auftreten beschränkt hat. So schreibt auch Lukas nichts von der Geschichte der einzelnen Apostel. Aber daß sie hier betend beisammen sind, daß sie die Pfingstgeschichte miterleben, am Bau der Urgemeinde mitarbeiten und in der Leitung der werdenden Kirche stehen (vgl. Kap. 2, 1. 14. 37. 42; 4, 33; 5, 15. 40–42; 8, 14), das ist ein volles apostolisches Werk. Nicht als einzelne, biographisch interessante Originale sind sie wichtig, sondern als diese Zwölferschar, die Jesus selbst berief und die gemeinsam im Dienst steht.

Zu den Aposteln traten aber auch „Frauen", schwerlich nur die Frauen der Apostel und der Brüder Jesu, sondern vor allem jene Frauen, denen gerade Lukas einen wichtigen Anteil am Werk Jesu zuspricht: Lk 8, 2 ff; 23, 49. 55; 24, 10. Es ist bezeichnend für die Gemeinde Jesu, daß in ihr der Frau eine ganz andere Rolle zuerteilt wird als in der Synagoge; das kommt nun auch hier zu einem starken Ausdruck: Frauen sind an der betenden Vorbereitung für Pfingsten beteiligt (vgl. auch S. 154 zu Kap. 8, 3).

Auch Maria, die Mutter Jesu, ist dabei mit Jesu Brüdern. Hier wird im NT zum letzten Mal der Name Marias genannt. Wir sehen sie

[25] So fordert Paulus in Rö 15, 30 f; Eph 6, 18 f; Kol 4, 2 das beharrliche Beten von den Gemeinden als Anteil an seinem Werk. Man lese dazu auch, was Finney in seinen „Lebenserinnerungen" S. 42 ff von solchem anhaltendem Beten und seiner Auswirkung berichtet. Wenn wir heute in Gemeindeleben und Evangelisation so wenig von Gott erfahren, liegt es nicht vor allem daran, daß uns dies Warten und Beten fehlt? — Charles G. Finney, Lebenserinnerungen. Basel. o. J., 277 S.

[26] Zu den Namen der Apostel und der Zusammensetzung der Apostelschar vgl.: die Auslegung des Markus-Evangeliums in der W. Stb. Seite 84 ff.

nicht in einer Ehrenstellung, sondern mit einem schlichten „und" den andern Frauen zugesellt[27]. Von der früheren Einstellung der Brüder Jesu lesen wir Mk 3, 31–35 (Vers 21!); Jo 7, 3–8. Jesus selbst hatte alle Ansprüche seiner Familie zurückgewiesen. Aber in den Ostertagen ist er auch seinem Bruder Jakobus begegnet (1 Ko 15, 7), und Jakobus kam zum Glauben. Das hat offenbar die ganze Familie in die Gemeinde hineingeführt, in der Jakobus neben den Aposteln eine führende Stellung bekam (vgl. S. 228 zu Kap. 12, 17; Gal 2, 9; Apg 15, 13 ff).

14 **„Diese alle verharrten einmütig im Gebet."** Es gibt auch „einmütige" Gegnerschaft: Kap 7, 57; 18, 12; 19, 29; es ist dies die Einmütigkeit der heißen Erregung. Umso wichtiger ist die stille, gesammelte Einmütigkeit der Jünger Jesu, die zur Gebetsgemeinschaft führt. Sie ist nach der Verheißung in Ps 133 eine Grundvoraussetzung göttlicher Segnungen. Niemand in Jerusalem wird besonders auf die kleine Schar geachtet haben, die dort im Obergemach eines Hauses verborgen zusammen kam. Erst recht ahnte in Rom und am Kaiserhof keiner etwas davon. Und doch: Hier geschah etwas, was alle großen und lauten Vorgänge in Politik und Wirtschaft übertraf und die Voraussetzung für eine weltweite Geschichte wurde, die auch uns einschließt und in die ewige Zukunft einmündet.

DIE NACHWAHL DES 12. APOSTELS

Apostelgeschichte 1, 15–26

zu Vers 16: Ps 41, 10; Ps 55, 13. 14; Jo 13, 18
zu Vers 18: Mt 27, 3-10; 2 Pt 2, 15
zu Vers 19: Apg 2, 14
zu Vers 20: Ps 69, 26; Ps 109, 8; Mt 23, 38
zu Vers 21: Jo 15, 27; Apg 4, 33

15 **Und in diesen Tagen stand Petrus auf in der Mitte der Brüder**
und sprach (es war die Menge der Namen am selben Ort etwa
16 hundertzwanzig): * **„Männer und Brüder, es mußte erfüllt werden**
das Schriftwort, das der Heilige Geist vorher gesagt hat durch den
Mund Davids über Judas, der zum Führer für die geworden ist,
17 **die Jesus festnahmen. * Er war uns zugezählt und hatte das Los**
18 **dieses Dienstes empfangen. * Dieser nun erwarb ein Grundstück**
von dem Lohn der Ungerechtigkeit, und vornüber stürzend riß er
19 **mitten durch, und es quollen heraus alle seine Eingeweide. * Und**
das wurde bekannt allen Bewohnern Jerusalems, so daß jenes
Grundstück in ihrer eigenen Sprache Hakeldamach, d. h. ‚Blut-
20 **acker', genannt wurde. * Denn es steht geschrieben im Buch der**
Psalmen: ‚Es soll sein Gehöft öde werden und keinen mehr geben,
der darin wohnt'. Und: ‚Sein Aufsichtsamt soll ein anderer emp-

[27] Alle spätere Verherrlichung der Maria erweist sich von hier aus endgültig als unbiblisch.

21 fangen'. * Es muß nun von den Männern, die mit uns zusammen
zogen in der ganzen Zeit, in der der Herr Jesus unter uns ein-
22 und ausging, * angefangen von der Taufe des Johannes bis zu
dem Tage, an dem er hinaufgenommen wurde von uns fort, ein
Zeuge seiner Auferstehung zusammen mit uns werden einer von
23 diesen." * Und sie stellten zwei auf: Joseph, genannt Barsabbas
24 mit dem Beinamen Justus, und Matthias. * Und sie sprachen
betend: Du, Herr, Herzenskündiger aller, zeige den einen, wel-
25 chen du erwählt hast aus diesen beiden, * zu empfangen den Platz
dieses Dienstes und dieser Sendung, von der Judas abtrat, um an
26 seinen eigenen Platz zu gehen. * Und sie gaben ihnen Lose, und
es fiel das Los auf Matthias, und er wurde hinzugeordnet zu den
elf Aposteln.

zu Vers 22: Apg 2, 32; 3, 15; 4, 33; 5, 32; 13, 31
zu Vers 24: Jo 2, 24. 25; Apg 15, 8; Lk 16, 15; 1 Sam 16, 7
zu Vers 26: Mt 28, 16; Spr 16, 33

Nun sehen wir, daß „diese Tage" tatsächlich nicht nur vom Beten als solchem erfüllt waren. Wirkliches Beten stellt uns immer auch in unsere Aufgaben hinein. Die Jünger reden mit Gott über die Sendung des Geistes und über das ungeheure Werk, das vor ihnen, den geringen Menschen aus Galiläa, liegt. Dabei stoßen sie auf die rätselhafte und notvolle Tatsache, daß ihr Kreis eine Lücke aufweist. Zwölf Apostel hat der Herr für die zwölf Stämme Israels berufen; und nun sind sie nur elf. Müssen sie nicht vollzählig werden, ehe sie in die Arbeit an Israel hineingehen?

Petrus erfaßt seine Aufgabe, die ihm Jesus bei Caesarea Philippi 15
(Mt 16, 18. 19) gegeben und nach Ostern am See Tiberias neu übertragen (Jo 21, 15–17) hat. Er versammelt einen großen Kreis von Jüngern Jesu, so daß etwa hundertundzwanzig **„Namen" „am selben Ort"** beieinander sind[28]. Der Ausdruck „Namen" meint das, was wir mit dem Wort „Person" wiedergeben[29]. Der Ort der Versammlung ist schwerlich das Obergemach, das für hundertundzwanzig Menschen nicht Raum geboten haben wird, sondern ein anderer Saal, vielleicht auch der Hofraum des Hauses; das Leben spielt sich im Orient ganz anders im Freien ab als bei uns.

Petrus **„steht auf in der Mitte der Brüder"** und nimmt das Wort. Hier wird etwas ganz Großes sichtbar: die volle Wirklichkeit der Vergebung! Der sich dort in der Mitte der Brüder erhebt, das ist

[28] Diese Zahl wird Lukas auch darum nennen, weil sie der Mindestzahl der Männer entspricht, die befugt waren, eine selbständige jüdische Gemeinde zu bilden. „Darum will die Angabe wohl besagen: Diese Jüngergemeinde stellte einen ordnungsgemäßen Wahlkörper dar" (Stählin a. a. O. S. 23).

[29] Darum ist in der Bibel der „Name" so wichtig! In ihm wird die Person selber erfaßt. Vgl. 2 Mo 3, 13–15. Auch in der Apostelgeschichte werden wir noch weiter auf die Geltung des „Namens" stoßen.

der Mann, der den Herrn verleugnet hat. Alle Versammelten wissen es. Ist er noch „würdig", der Leitende in ihrem Kreise zu sein? Verlor er nicht alle Autorität? Erhebt sich nicht Verachtung und Ablehnung gegen ihn? Wir hören weder hier noch später ein Wort davon! Die erste Gemeinde hat wunderbarerweise beides gekonnt: den Fall des Petrus nicht zu vertuschen, sondern in aller Klarheit im Evangelium selbst zu berichten, und zugleich in Petrus vorbehaltlos das Haupt der Jüngerschar anzuerkennen. Die Vergebung, die Jesus seinem Petrus wie ihnen allen schenkte, hatte seine Schuld wie die ihre völlig getilgt. So steht auch Petrus selber nicht unsicher, nicht mit Minderwertigkeitsgefühlen vor ihnen. Auch er faßt die Vergebung in ihrer ganzen Herrlichkeit und nimmt in sachlichem Gehorsam seinen Platz ein.

Petrus trägt dabei das Wort Jesu in seinem Herzen, das unter der Jüngerschar jede weltliche Herrschaftsweise ausschließt (Mt 20, 25–28). Darum ordnet Petrus nicht von sich aus autoritativ („bischöflich") die Dinge, bespricht sie auch nicht nur im Kreise seiner Mitapostel, sondern wendet sich bewußt an die „Gemeinde", auch wenn sie jetzt nur diese lose Schar von Jüngern ist.

16/19 Er redet dabei nach der Sitte des Altertums und auch der Judenschaft nur die **„Männer und Brüder"** an. So finden wir es auch in den apostolischen Briefen. Unser übliches „Liebe Brüder und Schwestern!" ist dem NT unbekannt. Dabei zeigen aber gerade die Briefe — man denke nur an die „Grußliste" in Rö 16! —, wie intensiv auch Frauen am Aufbau der Gemeinde beteiligt waren. So waren sie entsprechend dem in Vers 14 Gesagten sicher auch bei dieser ersten „Gemeindeversammlung" mit zugegen und tatsächlich mit angesprochen.

Von der nun folgenden Rede des Petrus gilt, was G. Stählin (a. a. O. S. 23) sagt: „Es ist die Kunstform der sogenannten Kurzrede. Diese besteht zwar aus lauter Sätzen, die in einer mündlichen Rede tatsächlich gesprochen werden könnten, stellt aber inhaltlich doch nur eine knappe Zusammenfassung der wirklichen Rede dar." Dabei wird Vers 19 nicht unmittelbar zu der Rede des Petrus selbst gehören, sondern eine „Anmerkung" des Lukas sein. Denn Petrus sprach ja in derselben aramäischen Sprache wie die Jerusalemer sie hatten, zu seinen Mitjüngern, denen er das Wort „Hakeldamach" nicht erst grie übersetzen mußte. Für Theophilus und die grie Leser der Apostelgeschichte dagegen war der Hinweis nötig, den Lukas hier in die Ausführungen des Petrus einschiebt[80].

[80] A. Schlatter schreibt zu der ganzen Frage der „Reden" in der Apostelgeschichte in seinen „Erläuterungen" Band 4 (Apostelgeschichte), S. 13: „Es macht dies einen lehrreichen Unterschied zwischen dem ersten und dem zweiten von Lukas verfaßten Buche aus.

Die Berichte, auf die Lukas seine Darstellung gründet, weichen von dem ab, was uns Matthäus über das Ende des Judas und über den „Blutacker" erzählt (Mt 27, 3–10). Das wird uns nicht wundern. Wir haben es selber schon oft gemerkt, wie Menschen, die doch Augenzeugen eines bestimmten Ereignisses waren, nachher recht verschiedene Darstellungen davon gaben. Und wenn wir gar Erinnerungen an gemeinsam Erlebtes austauschen, wie anders hat es jeder in den Bildern seines Gedächtnisses behalten. Daraus ist nicht der törichte Schluß zu ziehen, daß das betreffende Ereignis gar nicht stattgefunden habe und die Erzähler sich alles nur ausgedacht hätten. Im Gegenteil, die Abweichungen beweisen die Echtheit von Zeugenaussagen: Es ist nichts verabredet und zurechtgebogen. Und alles Wesentliche steht dann doch übereinstimmend in den verschiedenen Berichten vor uns. So ist es auch hier. Wir wollen die Überlieferung bei Matthäus und bei Lukas nicht künstlich miteinander ausgleichen. Aber wir wollen auf die wesentlichen Linien achten, die bei beiden gleich sind: Der Verräter hat bald nach seiner Tat ein schreckliches Ende gefunden; sein Geld wurde ihm zum Verhängnis; es ist das nicht verborgen geblieben, sondern in Jerusalem öffentlich bekannt geworden, und die Erinnerung daran hat sich – wie es im Volk gern geschieht – an den Namen eines Grundstückes gehängt, das mit dem Blutgeld des Verräters in Zusammenhang steht und darum **„Blutacker"** genannt wird. Das ist es, was wir wissen müssen. Darin zeigt sich uns der Ernst des göttlichen Gerichtes.

Von diesem Ernst ist die Haltung des Petrus bestimmt. Es wird 16/17
noch einmal das Ungeheuerliche in der Tat des Judas hervorgeho-
ben[31]. Zum **„Führer für die, die Jesus festnahmen"** wurde der Mann,

Das Evangelium enthält keine ähnlich geformten Reden Jesu; es verdeutlicht uns das Wort Jesu nur durch Sprüche, die freilich nach ihrem Inhalt zu größeren und kleineren ‚Reden' miteinander verbunden sind. Ähnliche Sprüche gibt uns Lukas weder von Petrus noch von Paulus, sondern stellt uns die für ihre Wirksamkeit entscheidenden Überzeugungen dadurch dar, daß er ihnen die Form kurzgefaßter Reden gibt. Es kommt hierdurch die verschiedene Stellung des Lukas zum Wort Jesu und zu dem der Apostel ans Licht. Jesu Wort wurde in der Kirche festgehalten, wie er es gesprochen hat. Darin bestand ein wesentliches Stück des apostolischen Amts, daß es der Gemeinde Jesu Wort überbrachte. Die Apostel dagegen haben ihre Autorität nur daher, daß sie Jesu Boten sind; der Nachdruck liegt bei ihnen auf dem Inhalt ihrer Predigt, nicht auch auf ihrer Form. Lukas hat darum hier mit größerer Freiheit gearbeitet, nicht so, daß er einzelne Aussprüche in einer durch die Überlieferung fixierten Form aneinanderreihte, sondern so, daß er uns die Grundgedanken der apostolischen Predigt in lehrhafter Ausführung wiederholt."

[31] Darum sollen auch wir uns strikt davor hüten, zu tun, was das NT selber nicht getan hat: den Weg des Judas psychologisch oder sonstwie zu „erklären". Das Furchtbare und Abgründige an der Tat des Judas ist eben ihre „Unerklärbarkeit" und damit Unentschuldbarkeit.

der **„uns zugezählt war und das Los dieses Dienstes empfangen hatte".** Es wird kein Wort einer tiefsinnigen Erklärung des Vorganges versucht. Hier, wie bei jeder wirklichen „Sünde", ist nichts zu „erklären". Jede „Erklärung" wäre schon ein Schritt zur Aufhebung der Schuld[32]. Es fällt aber auch kein Schimpfwort über Judas. Was Petrus sagt, ist völlig frei von der häßlichen Lust, mit der wir uns leicht voll Entrüstung über einen Schuldigen erheben. Gott hat schon ernst genug gerichtet, ganz Jerusalem weiß es. Hier kann und muß menschliches Urteil schweigen.

16 Die eigene Erschütterung klingt noch durch: **„Er war uns zugezählt!"** Aber diese Erschütterung ist überwunden durch die Zuflucht im Schriftwort. So hat es die Gemeinde Gottes zu allen Zeiten bis heute erlebt: Gerade in Stunden rätselhafter, schwer erträglicher Geschehnisse öffnet sich uns auf einmal ein Wort der Schrift. Es gewinnt für uns einen ganz neuen Sinn und läßt sein Licht in das Dunkel der Ereignisse fallen. Wir merken mit Dank: Das, was uns unbegreiflich war, was uns so große Sorge und Not bereitete, das ist von Gott vorausgesehen und in Gottes Plan eingeordnet. Gott hat sein Wort schon längst dazu gesagt. Es ist dann gar kein Einwand dagegen, daß das betreffende Schriftwort „objektiv" oder „geschichtlich" von etwas ganz anderem spricht. Natürlich waren Ps 69, 26 und 109, 8 zunächst allgemeine Gebete von Frommen gegen grausame Feinde. Diese Psalmen waren so schon oftmals von bedrängten Menschen gebetet worden. Aber als Petrus mit den andern Aposteln über das Geschehen mit Judas nachsann, da trafen ihn diese alten Worte ganz neu. Nicht die Tat des Judas als solche war „vorherbestimmt"! Über das Verhältnis von göttlicher Bestimmung und menschlicher Schuld werden in der Bibel keine Theorien versucht. Beide Wirklichkeiten werden so, wie wir sie selber erfahren, stehen gelassen: die alles umfassende göttliche Regierung und die eigene Freiheit und Verantwortung des Menschen (vgl. dazu vor allem Rö 9 und die Erklärung dieses Kapitels in W. Stb. Römerbrief). Darum löst Petrus das schreckliche Geheimnis im Verrat des Judas nicht auf und sagt nicht: Dieser Verrat mußte geschehen, denn die Schrift hat ihn vorhergesagt. Aber von Gott gesehen und eingeordnet ist er allerdings. Das wird deutlich am Ende des Verräters, das der Weissagung in Davids Psalm

[32] Hier ist bestimmt und klar ausgesprochen, worin der „Verrat" des Judas bestand. Das NT verwendet das gleiche Wort „dahingeben, preisgeben" für das Tun des Judas an seinem Herrn wie für das Tun Gottes an seinem Sohn (Rö 4, 25; 8, 32; Mt 10, 4; 26, 31 u. a.). Darum ist auch im Abendmahlsbericht 1 Ko 11, 23 vielleicht richtiger zu übersetzen: „in der Nacht, in der er dahingegeben ward", nämlich vom Vater. Nicht die Preisgabe durch seine Jünger, sondern die Preisgabe durch Gott ist das entscheidende, das den „Verrat" mit einschließende Geschehen.

entspricht. Vergeblich der Versuch des Judas, mit dem „Lohn der 20
Ungerechtigkeit" sich eine Bleibe zu sichern! Nein, Gott hat es gesagt: **„Es soll sein Gehöft öde werden und keinen mehr geben, der darin wohnt."** Dementsprechend hat Gott das grauenhafte Ende des Verräters herbeigeführt, vermutlich eben auf dem erworbenen Grundstück. Dann muß aber auch das andere Psalmwort erfaßt werden: **„Sein Aufsichtsamt soll ein anderer empfangen."** Und dazu ist diese Versammlung einberufen.

Petrus stellt zunächst die unerläßlichen Anforderungen an einen 21/22
„Apostel" fest. Ein „Apostel" ist vor allem ein **„Zeuge der Auferstehung Jesu"**. Die Auferstehung Jesu ist – freilich in unlöslicher Verbindung mit seinem Kreuz! – das entscheidende Ereignis, welches das Evangelium überhaupt erst zum Evangelium macht. Ohne das Geschehen des Ostertages hätte es niemals „Christentum" in der Welt gegeben. Daß der Mensch Jesus von Nazareth lebte, lehrte, heilte, liebte und litt, hätte keine letzte Bedeutung für uns, für die ganze Welt, wenn dieser Jesus nicht von Gott auferweckt und zu einem „Herrn und Christus gemacht" worden wäre (vgl. Kap 2, 32–36; 3, 13–15; 4, 10–12; 13, 37–39; 17, 30. 31). Jesus ist „eingesetzt zum Sohn Gottes in Kraft nach dem Geist der Heiligkeit auf Grund von Totenauferstehung" (Rö 1, 4). Diese Auferstehung von den Toten ist aber zugleich das „Unmögliche", das menschlich Undenkbare und darum das Anstößige, Aufreizende und Lächerliche (Apg 17, 32). Darum kann das kirchengründende Urzeugnis des Apostolates in dieser gottentfremdeten Welt nur von einem Manne ausgerichtet werden, der die ungeheure Tatsache der Auferstehung Jesu selber sah und ihre Wirklichkeit erfuhr. Diese Auferstehung ist aber nicht ein isoliertes Ereignis für sich. Jesus und nur Jesus ist es, der von den Toten auferstand! Und nur gerade Jesus ist als Auferstandener wirklich ein herrlicher Heiland, wie Sünder ihn brauchen. Der Zeuge seiner Auferstehung muß darum auch Jesus selbst gründlich gekannt haben. Er ist aber auch nicht als einsamer Einzelner „Apostel", er ist es – wir sprachen schon davon – nur als Glied des Apostelkreises. So muß er schon von Anfang an Verbindung mit diesem Kreis gehabt haben, dem er von nun an völlig zugehören soll. Er muß **„mit uns zusammen"** den Dienst tun.

Männer dieser Art gab es unter den Hundertundzwanzig. Zwei von 23
ihnen erschienen den Versammelten besonders vertrauenswürdig. Sie stellten Joseph, genannt Barsabbas mit dem Beinamen Justus[33] und

[33] Diese ausführliche Benennung hebt ihn besonders hervor; er ist offenbar wirklich der erste Kandidat. Vielleicht ist er ein Bruder des „Judas genannt Barsabbas", dem die Gemeinde in 15, 22 einen wichtigen Dienst anvertraut.

Matthias heraus. Die letzte Entscheidung wollen aber weder sie noch die Apostel selbst treffen. Noch ist ja der Heilige Geist nicht da, der später – etwa Kap. 13, 2 – zum Dienst aussondert und beruft. Darum
24 wenden sie sich an den **„Herzenskündiger"** und fragen betend nach seinem Willen. Sie legen ihm die Notwendigkeit ihrer Bitten dar;
25 das dürfen wir im Gebet tun. Judas ist von **„dem Platz dieses Dienstes und dieser Sendung abgetreten"**, um **„an seinen eigenen Platz"**, d. h. in die Verlorenheit zu gehen. Der leere Platz muß ausgefüllt
26 und von einem anderen übernommen werden. Der Herr soll nun durch das Los entscheiden. Der Wortlaut läßt nicht eindeutig erkennen, ob sie „für sie Lose werfen" (so A. Schlatter) oder die beiden ein Los ziehen lassen. Jedenfalls bezeichnete das Los den Matthias[34] als den vom Herrn erwählten, **„und er wurde hinzugeordnet zu den elf Aposteln"**.

So lebendig und vielseitig ging es also am Anfang der Gemeinde zu! Petrus handelt von sich aus mit seiner eigenen Autorität. In der Gemeinde gibt es führende Männer. Aber dann ruft er die Gemeinde selbst zum Handeln, nachdem er ihr gezeigt hat, worauf sie ihr Augenmerk richten muß. Und die Gemeinde legt die letzte Entscheidung betend in die Hand des Herrn und benutzt hier am Anfang einmal das Mittel des Loses[35]. Es wird kein Prinzip, weder ein „bischöfliches", noch ein „demokratisches" durchgesetzt, noch auch ein Anspruch auf die ständige wunderbare Leitung durch den Herrn erhoben. In freier Weise kam alles zu seinem Recht, wie es der gegenwärtigen Lage entsprach.

Es ist manchmal gesagt worden, die Gemeinde habe dennoch voreilig gehandelt. Der vom Herrn gemeinte zwölfte Apostel sei Paulus, auf dessen Berufung die Gemeinde hätte warten müssen. Aber konnte die Gemeinde jahrelang aufs Ungewisse warten? Dazu hätte

[34] E. Haenchen bemerkt in seiner Auslegung der Apg auf S. 127 dazu: „Die Gebeine des Matthias, von Konstantin nach Trier gesandt und beim Normannensturm vergraben, wurden nach der kirchlichen Überlieferung wunderbar wieder aufgefunden und neu beigesetzt. Matthias ist der einzige Apostel, dessen Gebeine (ohne den in Italien aufbewahrten Schädel) in Deutschland ruhen."

[35] „Gelost" worden ist schon in Israel in entscheidenden Stunden: 4 Mo 26, 55 f; 1 Sam 10, 17–27. Bekannt ist die Wiederaufnahme des „Losens" bei Zinzendorf und der Brüdergemeine. Vgl. dazu in Beyreuthers Werk über Zinzendorf (Marburg 1959 und 1961) Band II, S. 93–96, 145/46, 176/77; Band III, S. 148–150. Die innere Berechtigung des „Loses" gerade bei dieser Nachwahl eines Apostels macht Lukas dadurch deutlich, daß er schon in Vers 17 das Apostelamt überhaupt als ein „Los" bezeichnet. Von dem grie Wort für „Los = kleros" ist unser Ausdruck „Klerus" für den gesamten „geistlichen Stand" der Kirche abgeleitet. So darf die Gemeinde erwarten, daß der Herr selbst das „Los", ein „Apostel" zu sein, durch das „Los" zuerteilen wird. Es ist aber zu beachten, daß für die Berufung der sieben Armenpfleger in Kap. 6, 1–6 nicht wieder das „Los" bemüht wird!

sie einer klaren Weisung des Herrn bedurft. Vor allem aber: Paulus hat sich nie zu den „Zwölf" gezählt, die er in 1 Ko 15, 5 als besonderen Kreis ausdrücklich von sich unterscheidet. Die Zwölf waren in ihrer Zwölfzahl auf Israel ausgerichtet. Wer zu ihnen gehören wollte, der mußte wirklich, wie Petrus hier fordert, die besondere Gottesgeschichte innerhalb Israels von der Bußbewegung des Johannes bis zu dem letzten Ausgang in der Himmelfahrt Jesu miterlebt haben. In diesem Sinn konnte Paulus kein Apostel sein. Paulus hat sich darum selbst als einen eigentümlichen Sonderfall betrachtet: 1 Ko 15, 8—10. Er wußte sich als ein „Apostel der Nationen", darin freilich auch voll und ganz als einen „Apostel" — Paulus hat um die Anerkennung seiner apostolischen Sendung und Autorität mit aller Kraft gerungen — aber gerade nicht als einer der „Zwölf", die gemeinsam in Jerusalem vor allem für Israel ihren Dienst taten.

DAS KOMMEN DES GEISTES AM PFINGSTTAG

Apostelgeschichte 2, 1—13

1 Und als sich zu erfüllen begann der Tag des Pfingstfestes, waren
2 alle an einem Ort beisammen. * Und es kam plötzlich vom Him-
mel her ein Brausen wie das eines daherfahrenden mächtigen Win-
3 des und erfüllte das ganze Haus, wo sie saßen. * Und es erschienen
ihnen sich zerteilende Zungen wie von Feuer, und er ließ sich auf
4 jeden einzelnen von ihnen nieder, * und sie wurden erfüllt alle von
Heiligem Geist und begannen zu reden mit andern Zungen, wie
5 der Geist es ihnen auszusprechen gab. * Es waren aber in Jerusa-
lem wohnhaft Juden, fromme Männer von jedem Volk unter dem
6 Himmel. * Als aber diese Stimme erklang, lief die Menge zusam-
men und wurde bestürzt, denn sie hörten sie ein jeder in der
7 eigenen Mundart reden. * Sie gerieten aber außer sich und staun-
ten und sagten: „Siehe, sind nicht alle diese Redenden Galiläer?
8 * Und wie hören wir sie jeder in unserer eigenen Mundart, in der
9 wir geboren wurden? * Perser und Meder und Elamiter, und die
Bewohner von Mesopotamien, Judäa und Kappadocien, von Pontus
10 und Asien, * von Phrygien und Pamphylien, von Ägypten und
den Gegenden von Lybien bei Kyrene, auch die hier ansässigen
11 Römer, * Juden und Proselyten, Kreter und Araber — wir hören
12 sie in unseren Zungen die Großtaten Gottes reden!" * Sie gerieten
aber alle außer sich und waren ratlos und sagten einer zum an-
13 dern: Was will dies sein? * Andere aber sagten spottend: „Sie
sind voll jungen Weins."

zu Vers 1:
3 Mo 23, 15-21
Apg 1, 14
Lk 9, 51
zu Vers 2:
Apg 4, 31
5, 12
Jo 3, 8
1 Pt 1, 12
2 Pt 1, 21
zu Vers 3:
4 Mo 11, 25
Mt 3, 11
Lk 12, 49
zu Vers 4:
Apg 4, 8. 31
10, 44-46
11, 15
19, 6
Mk 16, 17
1 Ko 14
zu Vers 5:
Apg 8, 2
zu Vers 7:
Jo 7, 52
zu Vers 9:
1 Pt 1, 1

zu Vers 13: Die Apostel mit einer großen Schar von Jesusjüngern, darunter
1 Ko 14,19.23 auch Frauen und Maria, die Mutter Jesu, und seine leiblichen Brüder
1 (Apg 1, 14), warteten betend auf die Erfüllung der großen Zusagen
Gottes und damit zugleich auf den Beginn ihres Zeugendienstes. Nun kommt diese Erfüllung. Darum beginnt Lukas seinen Bericht: **„Und als sich zu erfüllen begann . . .“** Diese Erfüllung kommt in freier Majestät allein von Gott selbst an dem von ihm bestimmten Tag. Die Jünger werden nicht allmählich in der Stille mehr und mehr mit Geist erfüllt. Erst recht suchen sie nicht durch irgendwelche eigenen religiösen Methoden in den Besitz des Geistes zu gelangen. Sie kennen nur eines: glaubend zu warten auf Gottes eigene Tat.

Diese Tat geschieht an einem jüdischen Festtag, **„als sich zu erfüllen begann der Tag des Pfingstfestes“**. Wir könnten übersetzen: „Beim Anbruch des Pfingsttages waren alle beisammen.“ Das große Ereignis vollzieht sich gleich am Morgen des Festes. Als Petrus seine Rede beginnt, ist es erst 9 Uhr vormittags. Die Ordnung des „Kirchenjahres“ im Alten Bunde sah drei große Feste vor: das Passah, das Fest der Ernte und das Fest der „Einsammlung am Ausgang des Jahres“ (vgl. 1 Mo 23, 14–17). In 3 Mo 23, 15–22 ist dann das Fest der Ernte genauer geregelt. Es soll am 50. Tag nach dem Passah gefeiert werden. Der „fünfzigste“ (Tag) heißt grie „pentekosté“; daraus ist unser Wort „Pfingsten“ entstanden. Später hat Israel auch Pfingsten und Laubhüttenfest nicht mehr nur als Natur- und Erntefeste begehen mögen. Wohl nahm es auch weiter die Naturgaben der Felder, Gärten und Weinberge dankbar aus Gottes Hand. Aber es wußte, daß Gott ihm noch ganz anders herrlich und göttlich in seiner Geschichte begegnet war. So sah es in den „Laubhütten“ die Erinnerung an die Wüstenwanderung mit ihren Zelten und mit der wunderbaren Durchhilfe und Versorgung bis hin zum Gelobten Land und verband das Pfingstfest mit der Gesetzgebung am Sinai. Zwar haben wir literarische Belege dafür erst aus der nachapostolischen Zeit. Aber kann das Gedenken an das Sinai-Ereignis am Pfingsttag nicht schon vorher im Volk lebendig gewesen sein? Es ist jedenfalls auffällig, welch tiefe innere Beziehungen das von Lukas berichtete Geschehen an diesem Pfingsttag zu der Offenbarung Gottes am Sinai hat. Hier wie dort die Gegenwart des lebendigen Gottes zur Schaffung seiner „Gemeinde“, eines heiligen Volkes, eines Königreiches von Priestern. Hier wie dort Sturm und Feuer als sichtbare Zeichen des gegenwärtigen Herrn. Nach jüdischer Überlieferung sollen die 70 Völker der Welt die göttliche Verkündigung vom Sinai je in ihrer eigenen Sprache vernommen haben, so wie jetzt Menschen aus aller Welt die großen Taten Gottes in ihrer Heimatsprache rühmen hören. Aber freilich: Nun ist es der Neue Bund, von dem Jeremia geweissagt hat

(Jer 31, 31—34), nicht mehr der Mose-Dienst des „Buchstabens", der Verurteilung und des Todes, sondern der Dienst des Geistes, der Gerechtigkeit und des Lebens (vgl. 2 Ko 3, 4—9). Nun ersteht erst wirklich „das königliche Priestertum, das heilige Volk, das Volk des Eigentums, daß ihr verkündigen sollt die Tugenden des, der euch berufen hat von der Finsternis zu seinem wunderbaren Licht" (1 Pt 2, 9). Wie am „Passah", so sehen wir auch „Pfingsten" beides zugleich: Gott handelt nicht willkürlich, sondern in einer planvollen Ordnung, die an sein früheres Tun anknüpft, es aufnimmt und vollendet; aber Gott läßt sich auch nicht in die Schranken alter Offenbarungen einschließen, er schafft unerhört Neues, durch das er erst die ganze Herrlichkeit dessen zeigt, was er schon in seinen früheren Erweisungen vor Augen hatte. So „erfüllt" sich das „schonende Vorübergehen" (das bedeutet „Passah") Gottes im Blick auf das „Blut des Lammes" (2 Mo 12, 13) in weltweiter Größe und ewiger Geltung im Sterben und Bluten des Gottessohnes am Kreuz; und so „erfüllt" sich nun an „Pfingsten" in der Ausgießung des Geistes Gottes in weltweiter Größe und letzter Wirklichkeit, was Gott am Sinai in der Berufung Israels eigentlich gemeint hatte.

Was nun vor sich geht, ist nicht nur „inneres Geschehen". Es geht 2
ja nicht um „Geist" im Sinn von menschlicher „Geistigkeit". Wir müssen heraus aus dem grie Idealismus, der uns überfremdet hat. Es geht um die Kraft und das Leben des lebendigen Gottes. Diesem Gott und Schöpfer aber gehört die „äußere" Welt genauso wie die „innere". Wo er sich naht, wird seine lebendige Gegenwart immer auch hörbar und sichtbar[36]. Eben darin zeigt nun auch die Pfingstgeschichte, daß es sich nicht um innerseelische Vorgänge handelt, die wir so oder so erklären könnten, sondern um das Eingreifen Gottes. **„Es kam plötzlich vom Himmel her ein Brausen wie das eines daherfahrenden mächtigen Windes".** „Pnoe = Wind", „Pneuma = Geist" sind im grie (wie auch im hbr „ruach") schon rein sprachlich verwandte Begriffe. So hat auch Jesus im Gespräch mit Nikodemus das geheimnisvolle Sausen des Windes zum Bild des Geisteswehen genommen. Freilich, es ist nur „Bild". Beachten wir, daß Lukas ausdrücklich sagt: Es brauste **„wie"** bei einem mächtigen Wind. Das Brausen kommt **„vom Himmel her"**, natürlich wieder nicht aus der irdischen Atmosphäre, sondern von Gott her. Aber es kommt voll in die irdische Welt herein und erfüllt ein irdisches Haus. Gott ist nicht gebunden an Tempel und geweihte Räume! Er wählt zu seiner Gegenwart einen armseligen Dornbusch in der Wüste und hier ein gewöhnliches weltliches Haus in Jerusalem[37].

[36] Vgl. 2 Mo 3, 2; 13, 21; 19, 16—18; Ri 5, 4—5; 1 Kö 19, 11—13; Ps 68, 89; 104, 14; Jes 33, 14; Apg 9, 3; 2 Th 1, 8.

3 Nun wird der Geist auch „sichtbar". **„Und es erschienen ihnen sich zerteilende Zungen wie von Feuer."** Von der Taufe „mit dem Heiligen Geist und mit Feuer" hatte schon der Täufer gesprochen (Mt 3, 11); „Feuer" war schon immer wie „Licht" und „Sturm" ein Zeichen göttlichen Wesens und Wirkens[38]. Lukas, hier wie in der Schilderung der Himmelfahrt nüchtern und verhalten vor der Einzigartigkeit göttlichen Geschehens, weiß sehr wohl, daß er nur unzulängliche Vergleiche bringen kann; zu sehen sind Zungen „wie" von Feuer[39]. Darum ist seine Schilderung auch kein Widerspruch gegen das Schauen eines Johannes, der den Geist „wie eine Taube" herabkommen sieht. Wer je selber Heiligen Geist erlebte, der weiß es: er ist „Feuer", wärmend, reinigend, verzehrend, das Herz in Brand setzend, er ist „Sturm", der mit unwiderstehlicher Kraft treibt, und er ist doch immer jener zarte, stille Geist, der von aller menschlichen Aufregung und aller dämonischen Treiberei gänzlich verschieden ist.

Die Zungen werden als **„sich zerteilende"** bezeichnet. Vielleicht sollten wir sofort übersetzen: sich „verteilende". Nicht das Bild gespaltener Flammen ist gemeint, sondern die persönliche Zuwendung des Geistesfeuers zu jedem einzelnen der großen Schar. Darum fährt Lukas trotz der eben genannten Mehrzahl von Zungen fort: **„. . . und er ließ sich auf jeden einzelnen von ihnen nieder."** Treffend kommt in dieser scheinbar ungeschickten Formulierung zum Ausdruck, daß es der eine unteilbare Heilige Geist ist, der nun doch persönlich jedem
4 einzelnen zuteil wird. **„Und sie wurden erfüllt alle von Heiligem Geist."** Es ist der Geist wie ein von oben kommendes Feuermeer, das mit seinen „Zungen" nach allen Versammelten greift. Nicht etwa nur die Apostel, die „Amtsträger", erhalten den Geist. Auch die anderen Jünger werden mit ihm beschenkt, auch die Frauen. Jawohl, es gilt in der Gemeinde Jesu von Anfang an: „Hier ist nicht Mann noch Weib" (Gal 3, 28). Darum blickt Petrus bei seiner Rede auf das Wort Joels, das ausdrücklich die „Mägde" und „Töchter" mit den „Söhnen"

[37] Freilich ist es nicht eindeutig klar, was Lukas mit dem Wort „Haus" hier gemeint hat. Auch wenn der Gemeinde Jesu offenbar von Anfang an ein großes Haus zur Verfügung gestanden hat (s. o. zu 1, 15 und 12, 12), boten Haus und Straße der engen Innenstadt von Jerusalem Raum für das Zusammenströmen „großer" Scharen, wie unser Bericht es nachher voraussetzt? Es kann gerade auch von Lukas der Tempel in Jerusalem als „Haus" bezeichnet werden: 7, 47; Lk 11, 51; 19, 46. Waren die Apostel mit den Jüngern am Pfingstmorgen im Tempel versammelt? (Vgl. dazu auch Lk 24, 53.) Geschah das Pfingsterleben, die große Versammlung aus der Stadt und die Pfingstpredigt des Petrus auch schon in der „Halle Salomos"?

[38] Siehe Anmerkung 36.

[39] Hier liegt auch die Grenze der bildlichen Darstellungen des Pfingstgeschehens! Das Bilderverbot im Dekalog (2 Mo 20, 4) hat schon seine tiefe Berechtigung.

und „Knechten" zusammen als Empfänger des Geistes und seiner Wirkungen nennt.

Was aber wirkt der Geist? Nur innere Erfüllung und Freude bei den Beschenkten selbst? Das widerspräche der Grundlinie der gesamten Schriftoffenbarung. Niemals sind Gottes mächtige Taten nur zu unserer persönlichen inneren Beglückung da! Immer bereiten sie Menschen für Gott, zur Ehre Gottes und zur Mitarbeit in Gottes Heilsgeschichte unter den Menschen. So erfahren es nun auch die Jünger: **„Sie begannen zu reden mit anderen Zungen, wie der Geist es ihnen auszusprechen gab."** Der Heilige Geist gibt „auszusprechen". Das dafür verwendete Wort meint ein feuriges oder begeistertes Sprechen. Die Jünger „predigen" nicht etwa! Lukas hat sehr klar dargestellt, wie eine eigentliche „Predigt" mit ihren ruhigen (wenn auch zum Durchbohren von Herzen bevollmächtigten!) Darlegungen dann erst die Sache des Petrus ist. Wie sollten auch 120 Menschen zu gleicher Zeit „Predigten halten" können! Wer sollte da folgen. Es ist auch beachtlich, daß Mißgünstige unter der Menge von den Jüngern den Eindruck haben konnten: „Sie sind voll jungen Weins." Das macht deutlich, daß es sich nicht um „Predigen in verschiedenen Sprachen oder Dialekten" handeln konnte. Wie hätte dabei jeder der Zuhörer gerade an den Jünger kommen sollen, der seine Heimatsprache redete. Und ein Predigen in verschiedenen Sprachen macht auch nicht den Eindruck der „Trunkenheit". Nein, es wird dies „Reden mit andern Zungen" das erste urchristliche „Zungenreden" gewesen sein. Bei ihm konnte der Außenstehende achselzuckend sagen: „Wahnsinnige!" (1 Ko 14, 23) oder eben hier „Betrunkene!" Es ist doch auch recht wichtig, daß später Petrus das „Zungenreden" der mit dem Geist beschenkten Heiden ausdrücklich zu dem Pfingstgeschehen in Parallele setzt: Apg 11, 15 in Verbindung mit Kap. 10, 44–46; 15, 8. Das „Zungenreden" aber war kein „Predigen", sondern ein Anbeten, Loben, Rühmen, Danken (Apg 10, 46; 1 Ko 14, 14–17). So preisen hier die Jünger im Zungengebet die Großtaten Gottes. Das konnten sie in der großen Schar gleichzeitig tun. Wir sind von bitteren Erfahrungen her mit Recht[40] mißtrauisch gegen alle „enthusiastischen" Erscheinungen. Das darf uns aber doch nicht hindern zu sehen, daß in der Apostelgeschichte die „Zungenrede" als besonderes Zeichen der Wirksamkeit des Geistes be-

[40] Es gibt das unheimliche Geschehen schwarmgeistiger „Imitation" des Heiligen Geistes. Aber alle „Imitation" beweist zugleich den hohen Wert dessen, was da imitiert wird! Nur weil Edelsteine etwas so Kostbares sind, gibt es falsche Brillanten! Wer um der schwarmgeistigen Verderbnisse willen alle besonderen Gaben und Kräfte des Heiligen Geistes verdächtigt, gleicht einem Mann, der kein echtes Arzttum mehr anerkennen kann, weil er mit „Kurpfuschern" böse Erfahrungen gemacht hat.

trachtet wird und daß auch Paulus selbst viel in Zungen redete (1 Ko 14, 18). Ganz gewiß, Lukas steht in der Wertung der Geistesgaben genauso wie Paulus in 1 Ko 14, 5. Nicht das jubelnde Beten der Jüngerschar in Zungen schafft die Bußbewegung, die zur Bildung der Urgemeinde führt, sondern die Verkündigung des Petrus (das „Weissagen"). Dennoch bleibt es etwas Großes, was hier am Pfingstmorgen geschah. Von Gott gewußt, an Gott geglaubt haben die Jünger auch vorher schon. Sie konnten auch vor Pfingsten mit einem Ernst und einer Ausdauer beten, die uns beschämt. Nun aber steht im Heiligen Geist Gottes Wirklichkeit und Herrlichkeit so einzigartig vor ihnen, daß sie vollständig sich selber und alles um sich her vergessen und nur noch Gott anbeten und preisen können. Was sie im Geist von Gottes Weisheit, Heiligkeit, Liebe und Erbarmen vor sich sehen, das sprengt alles menschliche Denken und Reden. Alle Worte üblicher Sprache versagen davor. Nur noch **„in anderen Zungen"** kann die „Großartigkeit" (mögliche Übersetzung für die „großen Taten" Gottes) des Wesens, der Gedanken und der Taten Gottes angebetet werden.

5—11 Die Jünger sind dabei vollständig auf Gott gerichtet. „Denn wer in Zungen redet, der redet nicht für Menschen, sondern für Gott" (1 Ko 14, 2a). Und doch wird ihr Beten zum „Zeugnis" und zum Beginn ihres Zeugenberufes nach der Zusage ihres Herrn (Apg 1, 8). Der ganze Vorgang kann in Jerusalem nicht verborgen bleiben. In der Stadt sind nicht nur vorübergehend anwesende Festbesucher. Aus der weit in die Welt[41] verstreuten Judenschaft zog es immer wieder gerade die „frommen Männer" nach dem Gelobten Land und seiner Hauptstadt, um dort „wohnhaft" zu werden, wo der Messias auf dem Ölberg erscheinen (Sach 14, 4) und zum Tempel kommen sollte (Mal 3, 1). **„Als aber diese Stimme erklang"** — „Stimme" bezeichnet hier wohl das ganze hörbare Geschehen, das Brausen und das laute Reden und Rühmen der Jünger — **„lief die Menge zusammen."** Wir wissen ja, wie das geschieht: Erst werden einige Menschen aufmerksam und kommen hinzu, dann bleiben immer mehr stehen, mit Windeseile läuft die Kunde weiter und zieht neue Scharen herbei.

Und nun verbindet sich mit dem ersten Geschehen das eigentliche Pfingstwunder. Paulus hat vom Zungenreden in der Öffentlichkeit der Gemeinde gesagt, es habe dort nur Sinn und Recht, wenn jemand da sei, der es „auslegt" oder „übersetzt" (1 Ko 14, 13. 27. 28). Dieses Verstehen und Übersetzen der Zungenrede ist ebenfalls eine besondere Gabe des Geistes (1 Ko 12, 10). Am Pfingsttage aber tut der Heilige Geist in eigener Person ohne menschliche Vermittlung

[41] Lukas verwendet hier einen alten biblischen Ausdruck aus 5 Mo 2, 25: „Alle Völker unter dem ganzen Himmel."

diesen Übersetzungsdienst. Und er tut ihn so gründlich, daß viele in der Menge nicht nur überhaupt verstehen, wie die Jünger die großen Taten Gottes rühmen, sondern sie in der eigenen, vertrauten Heimatsprache reden hören. Das Pfingstgeschehen ist also auch ein „Hörwunder", nicht nur das erstmalige Geschenk der „Zungenrede". Zweimal wird es von Lukas betont: **„... sie hörten sie ein jeder in der eigenen Mundart reden"** (V. 6) und **„... wir hören sie in unseren Zungen die großen Taten Gottes reden"** (V. 11). Nicht die einzelnen Jünger sprachen je verschiedene Sprachen, sondern der einzelne Hörer hörte alle Jünger (**„wir hören sie"**) je in seiner Sprache in unmittelbarem Verstehen. In diesem Hören vollzieht sich die Wirkung des Heiligen Geistes, der hier in den Hörern die „Auslegung" der Zungenrede schafft, die später als besondere Geistesgabe einzelnen Gemeindegliedern zuteil wurde (1 Ko 12, 10; 14, 5; 14, 27).

Lukas hat keinen Versuch gemacht, den Vorgang zu erklären, ja auch nur näher zu beschreiben. Es wäre das ebenso unmöglich gewesen, wie es auch keine „Beschreibung" der Auferstehung Jesu, seines Auferstehungsleibes oder seiner Himmelfahrt gibt und geben kann. Was sich hier ereignet, ist „Zeichen" genauso wie das Sturmesbrausen und das Feuer mit seinen Zungen. Das wird dadurch unterstrichen, daß eine Notwendigkeit für diese Wunder nicht vorlag. Die zusammengeströmte Menge besteht ja nicht etwa aus eingeborenen Heiden der verschiedenen genannten Länder, die nur in ihrer eigenen Volkssprache reden und verstehen konnten und darum ein Wunder brauchten, um die „galiläischen Männer" überhaupt hören zu können. Es waren, wie ausdrücklich gesagt wird, alles „Juden". Wer anders sollte auch in Jerusalem wohnen oder zum Fest in der Stadt anwesend sein? Diese Juden aber sprachen ihr Aramäisch oder verstanden es wenigstens, selbst wenn es „Hellenisten" waren, die sich ganz an die grie Weltsprache oder auch an die Heimatsprachen ihres Siedlungslandes gewöhnt hatten. Offensichtlich konnte Petrus in seiner (aramäischen) Predigt sie alle anreden, ohne daß nochmals ein besonderes Sprach- oder Hörwunder sichtbar wird.

Aber als zeichenhaftes Geschehen ist das Zungenreden und das Hörwunder des Pfingsttages von umfassender Bedeutung. Man hat oft gesagt, Pfingsten sei das Gegenstück zu der babylonischen Sprachverwirrung nach dem Turmbau und deren gnädige Aufhebung. Das ist so unmittelbar nicht zutreffend. Denn erstens sind jene Menschen in Jerusalem nicht Glieder der verschiedenen Völker, sondern nur Juden; und zweitens hören sie nicht ein „göttliches Esperanto", das an die Stelle der verschiedenen Sprachen tritt, sondern jeder seinen eigenen Dialekt. Die Verschiedenheit der Sprachen ist hier also gerade nicht aufgehoben! Und doch ist es richtig und notwendig, daß der

Blick der Gemeinde Jesu immer wieder von Apg 2 zu 1 Mo 11 zurückgegangen ist. Der Ernst des Gerichtes über den Turmbau besteht nicht schon darin, daß die Menschen nun verschiedene Sprachen sprechen, sondern „daß keiner des andern Sprache versteht" (1 Mo 11, 7). Am Pfingsttage aber schenkt Gott im Heiligen Geist mitten in der bleibenden Sprachverschiedenheit doch das einmütige Hören und Verstehen des Lobpreises Gottes im Munde der Jünger. Es wird noch einmal deutlich, warum Pfingsten als „Hörwunder" und nicht als „Sprachwunder" so bedeutsam ist. Denn dieses „Hörwunder" setzt sich im innerlichsten Sinn fort auch in der aramäischen Rede des Petrus, der rein sprachlich jeder ohne weiteres folgen konnte. Denn auch im „Weissagen", also in der von Gottes Geist geschenkten und bevollmächtigten Verkündigung, vollzieht sich das durch keine Menschenkunst zu bewerkstelligende Wunder eines „Verstehens", welches das Herz erst für das Wort öffnet und die verschiedenartigsten Menschen in der gleichen Weise erfaßt und in die Gegenwart Gottes stellt (vgl. 1 Ko 14, 24!). Darum lebt die Mission immer wieder im Pfingstkapitel der Apostelgeschichte und sieht im Pfingstwunder ihr eigenstes Tun begonnen und verheißen. Denn auch die Mission hat ihrerseits die Volkssprachen nicht durch irgendeine Weltsprache ersetzt, um die „Sprachverwirrung" aufzuheben, sondern hat sich mit inniger Liebe und einem daraus entspringenden unerhörten Fleiß um die Volkssprachen bis in ihre einzelnen Dialekte hinein gemüht. Wirklich, auf dem Missionsfeld soll **„jeder in seiner eigenen Mundart"** die großen Taten Gottes hören! Und doch schafft das Evangelium darin zugleich das tiefe Verstehen und die herzliche Einmütigkeit unter Menschen, die sich vorher völlig fremd waren und einander haßten und mordeten. Das entspricht wesensmäßig genau dem damaligen Pfingstgeschehen und dem Werden der ersten Gemeinde in Jerusalem. Wir rühmen es mit Grund und Recht bis zu dieser Stunde von Gott und seinem Geist: „. . . der du durch Mannigfaltigkeit der Zungen die Völker der ganzen Welt versammelt hast in Einigkeit des Glaubens."

Damit wird schon die bleibende Bedeutung des Pfingstgeschehens sichtbar. Es ist in sich selbst so einmalig und unwiederholbar wie Weihnachten, Karfreitag und Ostern. Krippe und Windeln, Kreuz und Dornenkrone, leeres Grab und zusammengefaltete Grabtücher hat es nur ein einziges Mal gegeben. Auch Sturmesbrausen, Feuer und ein solches Hören in den eigenen Sprachen hat sich nicht mehr wiederholt. Und doch geben sich die großen göttlichen Heilstaten der glaubenden Gemeinde zum dauernden Besitz. Noch bei der Parusie werden wir an dem Sohn Gottes die Menschheit sehen, die er Weihnachten annahm. An jedem Tag und an jedem Ort besitzen wir die Errettung, die auf Golgatha vollbracht wurde. Immer und überall ist Jesus unser auferstandener, gegenwärtiger Herr. So hat die Gemeinde aller Zeiten den Geist einwohnend, der am Pfingsttag herabkam. Immer wieder wirkt er das wahrhafte „Hören" und „Verstehen" der Verkündigung und der Anbetung und eint Menschen zur Bruderschaft der Gemeinde. „Pfingsten" benötigt und duldet eine Wiederholung so wenig wie „Karfreitag" oder „Ostern". Auf ein „neues Pfingsten" haben wir nicht zu warten, sondern dem Geist Raum zu geben, der seit dem Pfingsttag da ist[42].

Welch feiner Schriftsteller ist Lukas! Er fügt nicht selber in V. 5 8—11
eine trockene Aufzählung der vielen Länder ein, sondern läßt es die bewegten Männer mit Staunen aussprechen, aus welch verschiedenen Gegenden sie alle kommen. Dabei sind nur solche Länder genannt, in denen besonders viele und starke jüdische Gemeinden bestanden haben. Wir können uns leicht alle Landschaften auf einer Landkarte aufsuchen und dadurch selber den Eindruck der Weite und Mannigfaltigkeit bekommen, der die Menschen damals in Jerusalem bewegte. „Asien" meint damals als römischer Provinzname nicht den Erdteil, sondern das, was wir jetzt als „Kleinasien" bezeichnen, und auch davon nur das westliche Küstengebiet. Auffallend ist die Nennung von „Judäa" und noch dazu in Verbindung mit „Kappadocien"; in Judäa wurde keine besondere Mundart gesprochen. Auch die „Kreter" und „Araber" klappen eigentlich nach, nachdem abschließend Rom genannt und zusammenfassend festgestellt war, daß sich sowohl echte Juden wie auch Proselyten in der großen Menge befanden. Vielleicht will die Nennung von „Judäa" noch einmal (wie V. 5) betonen: es sind lauter Juden, teils geborene, teils nachträglich gewordene, während mit den „Kretern und Arabern", den Küsten- und Wüstenbewohnern, alle Genannten als Völker des Westens und Ostens zusammengefaßt werden[43]. Dabei würde die besondere Nennung von „Judäa" die Anschauung bestätigen, daß das Rühmen der Großtaten Gottes **„in andern Zungen wie ihnen der Geist auszusprechen gab"** tatsächlich das biblische „Zungenreden" war, das auch für die Juden des jüdischen Landes selbst übersetzt werden mußte, ehe es ihnen in ihrer Mundart verständlich wurde.

Noch einmal wird betont: **„Wir hören sie in unseren Zungen die**

[42] Darum ist es schade, daß viele Formulierungen unserer kirchlichen Pfingstlieder so klingen, als handle es sich um immer neue Pfingsten und um ein immer neu zu erbetendes Kommen des Geistes. Nur den zu Jesus neu Hinzukommenden wird der Geist neu und einmalig zuteil, auf dem Missionsfeld und mitten in der alten Christenheit. Aber nicht als eine neue Geistausgießung, sondern als persönliche Beschenkung mit dem Geist, der in der Gemeinde lebt und wirkt.

[43] So G. Stählin a. a. O. S. 35.

Großtaten Gottes reden." Die Jünger reden nicht von sich, von ihren Gedanken, Erkenntnissen, Herzenszuständen und Gefühlen. Alles bei ihnen ist völlig in Anspruch genommen von Gottes Größe und Herrlichkeit und von seinen Heilstaten. Und eben dies ist das sichere Zeichen der Geisteswirkung! Mit uns selbst beschäftigen wir uns von Natur. Wo wir darum bei Menschen unter noch so schönen und biblischen Worten ein Kreisen um sich selbst und um ihren eigenen Zustand finden, da ist sicherlich wenig Heiliger Geist. Aber wo Menschen von sich selber frei und zu Gott hingewendet werden, so daß ihr Herz und darum auch ihr Mund von Gott bewegt und mit Gott erfüllt ist, da hat gewiß der Heilige Geist sein Werk getan.

12/13 Von größter Wichtigkeit ist der abschließende Vers unseres Abschnittes. Hier wird noch einmal klar, warum das geistgewirkte Zungenbeten der Jünger trotz der „Auslegung" durch den Geist selbst in den Herzen der Hörer noch nicht das Eigentliche und Entscheidende des großen Tages sein kann. Es führte auch im günstigen Fall nur zu einem ratlosen Staunen und Fragen: **„Sie gerieten aber alle außer sich und waren ratlos und sagten einer zum andern: Was will das sein?"** Bei andern flüchtete sich diese Ratlosigkeit in den Spott: **„Andere aber sagten spottend: Sie sind voll jungen Weins."** Innerlich überwunden wurde noch keiner! Aus der letztlich noch unpersönlichen Frage: „Was soll dies bedeuten?" wurde noch nicht die persönliche, durchbohrende Frage: „Was sollen wir tun?!" Paulus hat es später in den Kapiteln 12—14 seines 1. Briefes an die Korinther klar formuliert: Nicht das „Zungenbeten", sondern das „Weissagen" ist die entscheidende Gabe des Geistes, die die Gemeinde am dringendsten braucht. Denn erst die klare Verkündigung in der Vollmacht des Heiligen Geistes trifft die Gewissen, deckt des Menschen Zustand auf und führt zur Errettung und Bekehrung von Menschen. Darum kommt die eigentliche Auswirkung der Geistausgießung am Pfingsttag nun erst in der „Pfingstpredigt"[44] des Petrus ans Licht.

DIE „PFINGSTPREDIGT" DES PETRUS

Apostelgeschichte 2, 14—36

14 Es trat aber auf Petrus zusammen mit den Elfen, erhob seine Stimme und sprach zu ihnen: „Ihr jüdischen Männer und ihr Be-

[44] Eigentlich sollten wir die Worte „Predigt, predigen" hier wie überall im NT vermeiden. Sie wecken sofort falsche Vorstellungen. Es handelt sich vielmehr um „Heroldsrufe" (grie „kerussai = herolden"), um die öffentliche Bekanntgabe von Tatsachen, Forderungen und Zusagen, die jeden Menschen in höchster Sachlichkeit angehen.

wohner von Jerusalem alle, dieses sei euch kund, und nehmt meine
15 Worte in eure Ohren auf. * Nicht nämlich sind (wie ihr annehmt)
16 diese trunken; es ist ja erst die dritte Stunde des Tages. * Sondern
17 das ist es, was gesagt ist durch den Propheten Joel: * ‚Und es
wird geschehen in den letzten Tagen, sagt Gott, ausgießen werde
ich von meinem Geist auf alles Fleisch, und weissagen werden
eure Söhne und eure Töchter, und eure jungen Männer werden
18 Gesichte sehen, und eure Alten werden Träume haben. * Und auf
meine Knechte und auf meine Mägde werde ich in jenen Tagen
19 von meinem Geist ausgießen, und sie werden weissagen. * Und
ich werde Wunder geben am Himmel oben und Zeichen auf der
20 Erde unten, Blut und Feuer und Rauchqualm. * Die Sonne wird
sich verwandeln in Finsternis und der Mond in Blut, ehe da kommt
21 der Tag des Herrn, der große und strahlende. * Und es wird ge-
schehen: jeder, der nur immer anrufen wird den Namen des Herrn,
22 wird errettet werden.‘ * Israelitische Männer, höret diese Worte!
Jesus von Nazareth, einen Mann, beglaubigt von Gott bei euch
durch Machttaten und Wunder und Zeichen, welche getan hat
23 durch ihn Gott in eurer Mitte, wie ihr selbst wißt, * diesen —
durch den festgesetzten Ratschluß und die Vorsehung Gottes
preisgegeben — habt ihr durch die Hand der Gesetzlosen ans
24 Kreuz geheftet und beseitigt. * Ihn hat Gott auferweckt, lösend
die Wehen des Todes, wie es ja auch nicht möglich war, daß er
25 von ihm in der Gewalt gehalten wurde. * Denn David sagt im
Blick auf ihn: ‚Ich sah den Herrn vor mir immerdar, denn er ist
26 zu meiner Rechten, damit ich nicht ins Wanken gerate. * Darum
freut sich mein Herz und jubelt meine Zunge; dazu aber auch wird
27 mein Fleisch ruhen auf Grund von Hoffnung; * denn du wirst
nicht überlassen meine Seele in die Totenwelt und wirst nicht zu-
28 geben, daß dein Heiliger die Verwesung sehe. * Kundgegeben
hast du mir Wege des Lebens, erfüllen wirst du mich mit Freude
29 vor deinem Angesicht.‘ * Männer und Brüder, es ist erlaubt zu
sprechen mit Freimut zu euch über den Erzvater David, da er
starb und begraben wurde, und sein Grab ist in unserer Mitte
30 bis auf diesen Tag. * Da er nun ein Prophet war und wußte, daß
ihm Gott mit einem Eid geschworen hatte, einen aus der Frucht
31 seiner Lenden zu setzen auf seinen Thron, * hat er vorausschau-
end gesprochen von der Auferstehung des Gesalbten, daß er weder
überlassen wurde in die Totenwelt noch sein Fleisch die Verwe-
32 sung sah. * Diesen Jesus hat Gott auferweckt, dafür sind wir alle
33 Zeugen. * Zur Rechten Gottes wurde er nun erhöht, empfing die
Verheißung des Heiligen Geistes vom Vater und hat ausgegossen
34 dieses, was ihr seht und hört. * Denn nicht David stieg auf in die

zu Vers 14: Apg 1, 8 Mt 28, 16 Mt 13, 9
zu Vers 15: Apg 26, 15 Eph 5, 18
zu Vers 16: Joel 3, 1-5
zu Vers 17: Jes 2, 2 Jes 44, 3 Hes 39, 29 Rö 5, 5 Tit 3, 5. 6 Apg 21, 9
zu Vers 19: Lk 21, 25
zu Vers 20: Joel 3, 15 Offb 6, 12
zu Vers 21: Apg 4, 7. 12 9, 14. 21 22, 16 Rö 10, 13
zu Vers 22: Apg 10, 38 Lk 24, 19 Jo 3, 2
zu Vers 23: Apg 3, 13-15 4, 10. 28 5, 30 1 Th 2, 15 1 Pt 1, 20
zu Vers 24: Ps 18, 5-7
zu Vers 25: Ps 16, 8-11
zu Vers 27: Apg 13, 35
zu Vers 29: Apg 13, 36 1 Kö 2, 10 Jo 8, 52
zu Vers 30: Ps 132, 11 Ps 89, 4—5 2 Sam 7, 12-13

zu Vers 31: Ps 16, 10
zu Vers 32: Apg 3, 15; 4, 33
zu Vers 33: Apg 5, 31; Phil 2, 9
zu Vers 34: Ps 110, 1; Mt 22, 44; Hbr 1, 13; 1 Ko 15, 25
zu Vers 36: Apg 5, 31

Himmel; sagt er doch selbst: ‚Es sprach der Herr zu meinem
35 **Herrn: Setze dich zu meiner Rechten, * bis ich deine Feinde als**
36 **Schemel unter deine Füße lege.' * Mit Gewißheit also erkenne das ganze Haus Israel, daß Gott ihn zum Herrn und zum Gesalbten gemacht hat – diesen Jesus, den ihr gekreuzigt habt."**

Alle wunderbaren Erscheinungen des Pfingsttages bringen es auch bei den Willigen nur zur Bestürzung und zu der ratlosen Frage: „Was will dies sein?" Wir wollen uns darum nicht in falscher Weise nach Wundern sehnen, als ob damit schon Entscheidungen gewonnen werden. Entscheidung bringt erst das klare Wort vollmächtiger Verkündigung. Wieder erfaßt Petrus – nun auch vor der großen Öffentlichkeit des Volkes – seine Aufgabe. Er tritt auf und erhebt seine Stimme.
14 Er tut es **„zusammen mit den Elfen"**. Gerade vor Israel ist das Zeugnis der Zwölf wichtig, auch wenn nur Petrus unter ihnen und für sie das Wort nimmt.

15–36 Wenn wir diese erste „christliche Predigt"[45] als ganze überschauen, dann fällt uns ihre kraftvolle Sachlichkeit auf. Sie beginnt mit einer kurzen Erledigung des spöttischen Vorwurfes der Trunkenheit: Um neun Uhr morgens ist bei ernsthaften Juden dieser Vorwurf gegenstandslos[46]. Nein, so billig kann man sich dem Geistgeschehen nicht entziehen. Sie schließt mit einem knappen Appell, der aber auch mehr eine wichtige Feststellung als eine eigentliche Aufforderung ist: **„Mit Gewißheit also erkenne das ganze Haus Israel, daß Gott ihn zum Herrn und zum Gesalbten gemacht hat – diesen Jesus, den ihr gekreuzigt habt."** Sonst unterbleibt in dieser Predigt jeder Aufruf, jedes Drängen zur Entscheidung, jede absichtliche Erregung der Gefühle; nur Schriftworte und Tatsachen, Schriftworte, die die Tatsachen ins Licht stellen, Tatsachen, die die Schriftworte erfüllen und zur gegenwärtigen Wirklichkeit machen – das beherrscht die ganze Rede. Freilich, diese Schriftworte waren für diesen Hörerkreis von vornherein absolute Autorität, und diese Tatsachen betrafen die eigene Existenz der Hörer. Die Predigt des Petrus ist im höchsten Sinn aktuell. Es bedurfte keiner besonderen Appelle und keiner Angriffe auf das

[45] Vgl. Anmerkung 44 S. 56

[46] Welch ein Unterschied gegen heute, da es morgens schon Betrunkene gibt. Damals galt noch 1 Th 5, 6. 7. Es fehlt aber auch jede Entrüstung über diesen Vorwurf. „Wein" und „Geist" hat auch Paulus in Eph 5, 18 nebeneinander genannt und dadurch bei allem klaren Gegensatz doch auch eine Ähnlichkeit vorausgesetzt. Der vom Geist Erfüllte „fällt ebenso aus dem Rahmen" wie der „Wahnsinnige" (vgl. Apg 26, 24; 1 Ko 14, 23) oder der „Trunkene". Darum können auch hier für den ersten Blick Verwechslungen vorkommen. Zugleich aber weiß der Christ: Was der enttäuschte Mensch an „Erhebung" und „Freude" im Alkohol vergeblich sucht, das findet er in bleibender Wirklichkeit, wenn er voll Geistes wird.

Gefühl. Diese Tatsachen und diese Schriftworte in ihrer gegenseitigen Beziehung waren für jeden Juden ein einziger Angriff auf sein ganzes Dasein und trafen ihn unmittelbar ins Herz. Dabei ist die Rede einfach und kunstlos – keine Kunst, wenn man so Mächtiges zu sagen hat wie Petrus in dieser Stunde[47]!

Nur Schriftverheißung und Tatsachenerfüllung stellt Petrus vor seine Hörer hin. Er gibt noch keine theologische Deutung. Er schweigt von der Gottessohnschaft und Vorweltlichkeit Jesu und bezeichnet Jesus nur als **„den Mann, beglaubigt von Gott"**. Er sagt nichts von der Notwendigkeit und von der Heilsdeutung des Kreuzestodes. Er bringt keine Lehre von „Fleisch und Geist". Petrus belastet seine Predigt nicht mit Dingen, die seine Hörer jetzt noch gar nicht verstehen konnten und auch jetzt für ihre Entscheidung nicht zu verstehen brauchten. Die Pfingstpredigt ist auch darum echte und vorbildliche Verkündigung, daß sie sich ganz in die gegebene Situation hineinstellt und nur das jetzt und hier Notwendige ausspricht.

Die Spötter hat Petrus kurz abgefertigt. Jetzt wendet er sich zu 16
denen, die erschüttert und ratlos fragen: „Was will das sein?" Ihnen gibt er klare und bestimmte Antwort: **„Das ist es!"**, nämlich das, **„was gesagt ist durch den Propheten Joel."** Joel 3, 1–5 stellt er vor sie hin. Und wie einst Jesus selbst in seiner Predigt in Nazareth von dem Wort des Jesaja, so sagt es hier Petrus von der Weissagung Joel: „Heute ist dieses Wort erfüllt vor euren Ohren" (Lk 4, 16–21). Man kann über beide Worte und Prophetensprüche seine feinen und richtigen Betrachtungen anstellen. Aber wie ungeheuer ist es, wenn Menschen verkündigt wird: Alte Weissagung erfüllt sich vor euren inneren Augen, altes Bibelwort wird aus dem Gegenstand erbaulicher Betrachtungen brennende Gegenwart in eurer Mitte! Ihr werdet heute und hier Teilnehmer an göttlicher Geschichte!

Das Wort des Joel, zu dem Petrus greift, ist ein endzeitliches. Da- 17/20
mit sagt Petrus: Das Pfingstgeschehen ist endzeitliches Geschehen, **„ehe da kommt der Tag des Herrn, der große und strahlende"**. Die lange verkündigte, erwartete und ersehnte Endzeit – jetzt bricht sie an. Die Hörer erleben in der Ausgießung des Geistes ihren Beginn. So ist das ganze NT getragen von der Gewißheit, in der Endzeit zu stehen[48].

[47] Wir haben hier für die Predigt und die Evangelisation zu lernen! Unser falsches Drängen und ständiges Appellieren zeigt, daß wir nicht mehr genug Tatsachen zu sagen haben, die in sich selbst Entscheidung fordernd sind, oder daß wir sie in dieser ihrer eigenen Mächtigkeit nicht genug sehen und herausstellen können. Finney hat bei seiner Evangelisation wochenlang „gelehrt", also göttliche Tatsachen vor seinen Hörern sichtbar gemacht, ehe er dann zur Entscheidung rief. „Gefühle" haben keinen Wert in sich selbst, sondern nur als Zeichen für die richtige Erfassung bedeutsamer Tatsachen.

[48] Wir können uns gar nicht genug klar machen, daß die „Eschatologie", die Botschaft von

Wenn wir die Joelstelle im AT selbst nachschlagen, merken wir, wie Petrus in Joel 3, 2 eine erklärende Änderung vornimmt. Gott hatte durch den Propheten verkündigen lassen, daß in dieser Ausgießung des Geistes **„auf alles Fleisch"** sogar Sklaven und Sklavinnen eingeschlossen sein sollten (wie es sich dann auch in der jungen Christenheit buchstäblich erfüllt hat). Petrus aber formuliert: **„. . . auf meine Knechte und auf meine Mägde."** Denn so hat Gott jetzt die Erfüllung seiner Verheißung gegeben: Sie beginnt bei dieser kleinen Gruppe der Knechte und Mägde Gottes, die in jenen hundertundzwanzig vor den Hörern stehen. Die **„Wunder am Himmel oben"** und **„die Zeichen auf der Erde unten"** stehen noch aus. Die Endzeit ist lang und inhaltsreich. Wir haben aber von **„Blut und Feuer und Rauchqualm"** in unserer Generation schon wahrhaft Apokalyptisches gesehen.

21 Es bedarf keines besonderen „Appells", wenn Menschen bezeugt wird: Ihr erfahrt den Anbruch der Endzeit. Damit ist der letzte Entscheidungsernst unmittelbar für jeden gegeben. Die Endzeit bringt den **„Tag des Herrn"** herbei, den **„großen und strahlenden"**, wie Petrus hier mit der LXX[48a] sagt. Der hbr Urtext spricht von dem „großen und schrecklichen" Tag des Herrn. Jedenfalls aber geht es um die Errettung des Menschen an diesem Tage. Wenn dieser ganze Weltlauf abbricht, wenn Gott selber in seiner ganzen Heiligkeit und Gerechtigkeit hervortritt und sein fehlloses Gericht hält, wenn niemand mehr entrinnen und sich verbergen kann, wenn es um ewiges Leben oder ewigen Tod geht – wer kann da errettet werden? Frage aller Fragen! Wenn immer im NT von Errettung gesprochen wird, müssen wir dies vor Augen haben. Es geht in der ntst Botschaft von Anfang an nicht um Hilfe in mancherlei Lebensnöten oder um sittliche oder religiöse Verbesserung des Menschen, es geht um die Rettung am Tage des Herrn, dem großen, strahlenden und schrecklichen. Einmütig ist aber auch die Antwort des ganzen NT: **„Und es wird geschehen: jeder, der nur immer anrufen wird den Namen des Herrn, wird errettet werden."** Dabei ist unter dem Wort „Herr" immer der „Herr Jesus Chri-

der Endzeit, nicht ein Anhang zur ntst Theologie, sondern ihre Grundlage ist! Vgl. Rö 2, 5. 16; 5, 9; 13, 11–14; 1 Ko 1, 7; 3, 11–15; 15, 20–58; 1 Th 4, 13–18; 5, 1–11; 2 Th 1 u. 2; 1 Tim 6, 13–16; 2 Tim 4, 7; Tit 2, 18 f; 1 Pt 1, 13. 20; 2 Pt 3,11–14; Offb.

[48a] „Septuaginta = die Siebzig", darum kurz mit den lat Zahlzeichen LXX angeführt, heißt die große grie Übersetzung des AT. Der Überlieferung nach soll sie von siebzig Männern (eigentlich zweiundsiebzig, nämlich aus jedem Stamm sechs Älteste) geschaffen worden sein, die sie in 72 Tagen so herstellten, daß wunderbarerweise bei allen zweiundsiebzig der Text genau übereinstimmte. Da die Christen die Septuaginta in ihrer Mission eifrig benutzten, wandten sich die Juden dann mehr und mehr von ihr ab und schufen neue eigene Übersetzungen des AT. Die atst Zitate des NT sind überwiegend dem Text der Septuaginta entnommen.

stus, der Gekreuzigte und Auferstandene" gesehen. So ist das Wort aus Joel auch Rö 10, 13 von Paulus angeführt.

Aber die Männer, auf die Petrus blickt, werden nicht jetzt erst am Pfingsttage unmittelbar Zeugen endzeitlichen Geschehens, sie sind schon viel länger und in einer verhängnisvollen Weise Miterlebende, ja Mithandelnde der Endzeit. Das will ihnen Petrus nun zeigen und wendet sich darum mit einer erneuten Mahnung zur Aufmerksamkeit an seine Hörer. Nicht erst die Geistesausgießung ist Gottes endzeitliches Handeln. Sie ist nur ein Teilgeschehen und steht in ganz großen Zusammenhängen. Sie ist der Sendung des Einen zugeordnet, den Petrus jetzt in den Mittelpunkt seiner Predigt stellt: Jesus! Petrus nennt ihn zunächst nur mit seinem schlichten menschlichen Namen: **„Jesus von Nazareth"**[49]. Unter diesem Namen haben alle seine Hörer ihn gekannt. Aber in seiner einfachen Menschlichkeit war er doch **„beglaubigt von Gott bei euch durch Machttaten und Wunder und Zeichen"**. Die Wunder Jesu, für uns moderne, falsch vergeistigte Menschen eine Sache der Verlegenheit, die wir gern so oder so aus dem Evangelium weg erklären, waren für Petrus (wie für Jesus selbst! Vgl. Lk 10, 9; 11, 20; Jo 10, 37. 38; 14, 11) notwendige göttliche Beglaubigung seiner Sendung[50]. Petrus versteht es, ohne dogmatische Ausdrücke, die den Hörern unverständlich bleiben müssen, doch sofort zu zeigen, daß seine Hörer es in Jesus mit Gott selbst zu tun haben: denn die Wunder hat **„durch ihn Gott in eurer Mitte, wie ihr selbst wißt, getan"**. Ja, sie haben das alles selber miterlebt und haben darum auch zu diesem Jesus Stellung nehmen müssen und Stellung genommen. Aber in welch furchtbarer Weise! Sie haben ihn **„durch die Hand der Gesetzlosen ans Kreuz geheftet und beseitigt"**. Petrus reißt den ganzen Abgrund ihrer Schuld vor ihnen auf[51]. Die Auslieferung ihres isrealitischen Bruders, durch den Gott so herrlich und gnädig wirkte, an die Römer, an die „Gesetzlosen", die ihn in den Tod am Fluchholz bringen, macht ihre Schuld besonders schrecklich. 22/23

[49] Im Text steht „Jesus der Nazoräer". Ob die Urchristenheit mit diesem Wort noch etwas anderes sagen wollte als die Bezeichnung der Herkunft Jesu, wissen wir nicht. Daher bleiben wir bei der einfachen Wiedergabe durch „Jesus von Nazareth".

[50] Wie sollte ein ohnmächtiger „Messias" wirklich der Messias und Retter sein! Weil die Christenheit weithin sich der Wunder Jesu geschämt und Jesus nicht mehr als den „mächtigen Erretter" bezeugt hat, wenden sich die Menschen verständlicherweise denen zu, die als Männer dieser Welt ihre „Machttaten und Wunder und Zeichen" zeigen.

[51] Es ist wichtig darauf zu achten, daß hier ebenso wie im Römerbrief die Sünde nicht „moralisch" gesehen wird, sondern im schuldhaften Widerspruch des Menschen gegen Gott. Es gab viele Sünde in Israel, auf allen Lebensgebieten. Petrus aber spricht mit ihnen nicht von Habsucht, von Betrug und Unreinheit, sondern einzig von ihrer Stellung zu Jesus und damit zu Gott. Wie einheitlich ist die Schrift. So sagt es auch kurz und klar Jo 16, 9: „Um die Sünde, daß sie nicht glauben an mich."

Sicherlich, diese ihre Schuld ist in Gottes Plan mit hineingenommen. Gott hat Jesus **„durch den festgesetzten Ratschluß und die Vorsehung Gottes preisgegeben"**. Hier begegnet uns wieder das Wort **„preisgegeben"**, auf das wir schon bei dem Blick auf Judas Ischarioth stießen (S. 44 Anm. 32). Menschen können nicht etwa durch ihre Auflehnung gegen Gott Gottes Plan durchkreuzen und Gottes Absichten vereiteln. Gott triumphiert gerade darin, daß er die menschliche Sünde zum Werk der Sündentilgung benutzt. Aber die schuldigen Menschen werden dadurch nicht entlastet. Petrus behaftet seine Hörer mit ihrer Schuld. Denn dieses Geschehen hat sich nicht irgendwie in der Ferne vollzogen, so daß die Hörer der Predigt mehr oder weniger bewegte Zuschauer dieser Dinge sein konnten. Nein, sie sind unmittelbar beteiligt, sind die Mörder Jesu und erleben in diesen Pfingsttagen die Antwort Gottes, die Bestätigung und Erhöhung Jesu durch Gott in der Ausgießung des Heiligen Geistes.

24 Denn Gott hat Jesus **„auferweckt, lösend die Wehen des Todes"**. Wieder wird das Zeugnis von der Auferstehung zum entscheidenden Mittelpunkt der Botschaft (vgl. o. zu Kap. 1, 22). Wohl ist sie „das Wort vom Kreuz", und der Missionar Paulus konnte entschlossen sein, „nichts zu kennen als nur Jesus Christus und ihn als den Gekreuzigten" (1 Ko 1, 18; 2, 2). Aber das Kreuz erhält die volle Heilsbedeutung erst durch die Tat Gottes, mit der Gott sich am Ostertage zu Jesus und seinem Erlösungswerk bekennt. Petrus betont hier, daß diese Auferweckung Jesu geradezu notwendig und unvermeidlich war: **„Wie es ja auch nicht möglich war, daß er von ihm in der Gewalt gehalten wurde."** Der Tod konnte mit seinen „Fesseln" (so Ps 18, 5. 6 im Hbr statt der unrichtigen Übersetzung „Wehen" in der LXX) den nicht dauernd binden, der dieser von Gott beglaubigte Retter war. Es wird hier aber auch deutlich, daß es dem Tod gegenüber nicht um „Anschauungen", um philosophische „Beweise für die Unsterblichkeit der Seele" oder dergleichen geht, sondern um eine Machtfrage und um ein mächtiges Geschehen. Der Tod bindet und hält „uns in sei'm Reich gfangen" (Luthers Osterlied!). Gott aber hat mit göttlicher Gewalt eingegriffen und bei Jesus diese Fesseln zerrissen und Jesus in neue Lebensherrlichkeit emporgeführt[52].

25/28 Es „mußte" so sein. Nicht nur vom Wesen der Dinge her, sondern

[52] Nicht an „Vernichtung" durch den Tod ist gedacht, wie modernes Denken, auch theologisches, oft meint. Die Vorstellung, daß im Tod „der ganze Mensch nach Leib und Seele" stirbt und vergeht, ist der gesamten Bibel völlig fremd. Darum spricht auch die ntst Botschaft nicht von der Auferweckung Jesu „aus dem Tod", sondern „aus den Toten". Gott hat „aus den Toten heraufgeführt den großen Hirten der Schafe" (Hbr 13, 20). Die „Toten" sind nicht ausgelöscht und vernichtet, aber sie sind in den „Fesseln" des Todes.

vor allem „nach der Schrift" (vgl. 1 Ko 15, 4), **„denn David sagt im
Blick auf ihn: ‚Ich sah den Herrn vor mir immerdar, denn er ist zu
meiner Rechten, damit ich nicht ins Wanken gerate'."** Petrus benutzt
Ps 16, 8—11 zum Schriftbeweis für die Auferstehung Jesu. Wir dür-
fen gegen diesen Schriftbeweis nicht einwenden, es sei doch im Psalm
ursprünglich und „historisch" alles ganz anders gemeint. Sicherlich,
alle atst Aussagen und Verheißungen haben ihre lebendige Bezie-
hung zur jeweiligen Gegenwart, sprechen in die geschichtliche Lage
hinein und kündigen Dinge des geschichtlichen Geschehens an. Aber
sie enthalten zugleich etwas, was in der geschichtlichen Gegenwart
nicht aufgeht und sich im bloßen geschichtlichen Geschehen nicht er-
füllen kann. Sie weisen über sich selbst hinaus. Ganz gewiß, schon
David selbst erfuhr etwas von der jubelnden Freude und dem tiefen
Frieden, der in unser Leben kommt, wenn wir **„den Herrn immerdar
vor uns sehen"**. Er erlebte Bewahrungen in tödlicher Gefahr, so daß
seine Seele nicht der Totenwelt überlassen wurde und er die Ver-
wesung noch nicht sah. Aber Petrus hat recht: Es erfüllte sich dieses 29/32
herrliche Psalmwort noch nicht wahrhaft an David. Freimütig darf
Petrus darauf hinweisen, daß der Erzvater David **„starb und begra-
ben wurde und sein Grab ist in unserer Mitte bis auf diesen Tag"**.
Jedes Kind kennt das Davidsgrab in Jerusalem. Darum ist sein Psalm
zugleich prophetische Weissagung. Gott hat ihm den besonderen
Nachkommen auf dem Thron verheißen (2 Sam 7, 12 ff; Ps 89, 4 ff;
132, 11), den eigentlichen und wahren König, den Messias. So **„hat
er vorausschauend gesprochen von der Auferstehung des Gesalbten,
daß er weder überlassen wurde in die Totenwelt, noch sein Fleisch die
Verwesung sah"**. Dieser Gesalbte aber, von dem David im Psalm
sprach, ist Jesus. Denn an ihm ist tatsächlich geschehen, was David
sagt. Jesus ist von Gott auferweckt „am dritten Tage", also ehe die
Verwesung einsetzt. **„Dafür sind wir alle Zeugen."**

Diese Auferweckung Jesu bleibt nicht ein einmaliges, sonderbares 33/35
Mirakel ohne Auswirkung. Nein, die Ostergeschichte geht weiter.
**„Zur Rechten Gottes wurde er nun erhöht, empfing die Verheißung
des Heiligen Geistes vom Vater und hat ausgegossen dieses, was ihr
seht und hört."** Auch dafür ist der Schriftbeweis zu führen mit dem
Wort des Psalms 110, das schon Jesus selbst in seiner rätselhaften
Tiefe den Schriftgelehrten entgegenhielt, die nur an einen „Davids-
sohn" als Messias dachten (Mt 22, 41—46). Hier ist es vollends klar:
„Denn nicht David stieg auf in den Himmel." Er spricht ausdrücklich
von **„seinem Herrn"**, der in unbegreiflicher Hoheit von Gott selbst
zu seiner Rechten gesetzt wird. Wieder haben die Apostel die Erfül-
lung dieses Schriftwortes in der Himmelfahrt Jesu selbst erlebt. Die
Folge aber dieser Erhöhung Jesu ist die Ausgießung des Geistes,

vom Vater empfangen, vom Sohn vollzogen, das Geschehen, das die Hörer selbst in dieser Stunde miterlebten. Bis hierhin fügen sich Schriftworte der Vergangenheit und Tatsachen der Gegenwart zueinander und machen sich dadurch gegenseitig hell und gewiß.

36 Nur Schriftverheißung und Tatsachenzeugnis hat Petrus vor seine große, aufgewühlte Zuhörerschaft gestellt. Nun zieht er aus allem den letzten Schluß: **„Mit Gewißheit also erkenne das ganze Haus Israel, daß Gott ihn zum Herrn und Gesalbten gemacht hat — diesen Jesus, den ihr gekreuzigt habt."** Jedes Wort in diesem Schlußsatz ist voll Wucht und Wichtigkeit. Es geht um völlige Gewißheit, nicht um Annahmen und Meinungen oder gar um Phantasien aufgeregter Seelen. Diese klare Gewißheit kann keiner von sich weisen. Sie geht auch nicht nur einzelne Männer, etwa die Priester und Schriftgelehrten, oder besonders religiös veranlagte Menschen an. Das ganze Haus Israel ist zu dieser Gewißheit gerufen. Gott hat eine endgültige Tatsache von letzter Bedeutung geschaffen und hier einen Mann **„zum Herrn und Gesalbten[53] gemacht"[54].** Das jahrhundertelange Warten auf den Messias ist zu Ende, Gott hat seine Verheißung heut und hier

[53] Durch die „Salbung" mit Öl wurden in Israel Männer zu „Königen" geweiht (1 Sam 10, 1; 16, 1. 13; 1 Kö 19, 15. 16). Aber Israel konnte nie vergessen, daß es als das Bundesvolk Gottes nicht „Könige" haben konnte wie die „Nationen" (1 Sam 8, 1—9). Eigentlich konnte nur Gott selber ihr „König" sein (Ps 93, 1. 2!). Je enttäuschter Israel von seinen Königen sein mußte, um so mehr lernte es warten auf „den" König, „den" Gesalbten, auf den auch seine besten Fürsten nur ein Hinweis sein konnten. Ein wahrer „Davidssohn", ein mit Heiligem Geist „gesalbter" Herrscher, der „Messias", mußte kommen und Israel an sein herrliches Ziel führen (Jes 9, 1—6; 11, 1—9). Dieser „Gesalbte" ist in Jesus da. Aber wie schon Jesus selbst auf das göttliche Geheimnis hingewiesen hatte, das alles allzu irdische Hoffen auf einen bloßen „zweiten David" zerschlug (Mt 22, 41—46), so fügt auch hier Petrus zu dem Wort „Gesalbter" sogleich noch das Wort „Herr". „Kyrios" (in der Lutherbibel „Herr") war die grie Wiedergabe des atst Gottesnamens. Jesus ist der „König", in dem nun wirklich Gott selber der „Herr" seines Volkes wird. Darum ist Jesu Königtum ein weltumspannendes und überweltliches. In Jesus ist Ps 93, 1. 2 erfüllt: Der Herr ist König. Jesus ist „Herr" und „König".

[54] Petrus wählt den Ausdruck „Gott hat ihn zum Herrn und zum Gesalbten *gemacht*", um die ganze Geschichtlichkeit und Aktualität des göttlichen Handelns zu unterstreichen. Sicher war Jesus auch schon in seinem irdischen Leben „Herr und Messias". Ja, sein „Herrentum" reicht bis in die Ewigkeit zurück (Phil 2, 6a). Aber doch kann derselbe Paulus, der Phil 2, 6a schrieb, im Römerbrief sagen, daß Jesus „eingesetzt wurde zum Sohn Gottes in Kraft nach dem Geist der Heiligkeit auf Grund von Totenauferstehung" (Rö 1, 4). Hier liegen nicht einfach nur „ältere Christologien" vor, wie die historische Forschung meint. Das „ewige" und das „geschichtliche" Handeln Gottes in seinem Verhältnis zueinander bleibt für unser Erfassen immer rätselvoll. Gott geht so ernst und wirklich in die Geschichte ein, daß er dort Dinge „macht", die doch zugleich bei ihm vorzeitliche Gegenwart sind. Wenn wir nur Gottes „Ewigkeit" sehen, wird für uns alles gläsern und unbeweglich und die Geschichte zum bloßen Schein. Wenn wir nur Gottes geschichtliches Handeln sehen, droht sich für uns alles in dem bloßen Strom innerweltlichen Geschehens aufzulösen. Darum stehen zu unserem Besten die verschiedenen „Christologien" mit ihren entgegengesetzten Blickpunkten im NT.

erfüllt. Der Messias ist da. Die Endzeit ist mit der Ausgießung des Geistes hereingebrochen. Aber zum Herrn und Messias hat Gott gemacht **„diesen Jesus, den ihr gekreuzigt habt"**. Mit dieser Feststellung schließt Petrus seine Predigt. Etwas Ungeheuerliches spricht er damit aus und stellt seine Hörer vor einen Abgrund unermeßlicher Schuld. Vorbei ist es jetzt mit billigem Spott. Vorbei aber auch mit den ratlosen Fragen: „Was will dieses sein"? Gott hat in Treue und Herrlichkeit seine Verheißung erfüllt, der Messias ist gesandt und beglaubigt mit den Zeichen und Wundern seiner irdischen Wirksamkeit und mit der Erhöhung zur Rechten Gottes und der Ausgießung des Geistes. Wir aber haben den Messias verworfen und ermordet, wir haben Gott ins Gesicht geschlagen und unsere ganze lange Geschichte als Bundesvolk ungültig gemacht. Was soll nun werden?

DER RUF ZUR BEKEHRUNG UND ERRETTUNG

Apostelgeschichte 2, 37—41

37 **Als sie das hörten, wurde ihr Herz durchbohrt, und sie sprachen**
zu Petrus und den übrigen Aposteln: „Was sollen wir tun, Brü-
38 **der?" * Petrus aber (sagte) zu ihnen: „Bekehret euch, und lasse**
jeder von euch sich taufen auf den Namen des Messias Jesus zur
Vergebung eurer Sünden, und ihr werdet empfangen die Gabe
39 **des Heiligen Geistes. * Denn euch gehört ja die Verheißung und**
euren Kindern und allen denen in der Ferne, so viele herzurufen
40 **wird der Herr, unser Gott." * Und mit vielen weiteren Worten**
gab er Zeugnis und ermahnte sie (sagend): „Laßt euch retten aus
41 **diesem verkehrten Geschlecht!" * Die nun annahmen sein Wort,**
ließen sich taufen, und es wurden hinzugetan an jenem Tage etwa
dreitausend Seelen.

zu Vers 37:
Apg 16, 30
Lk 3, 10
Hbr 4, 12
zu Vers 38:
Apg 3, 19
Mk 16, 16
Apg 8, 15-17
Eph 1, 13
Kol 1, 13-14
zu Vers 39:
Apg 13, 48
Eph 2, 13
Kol 1, 21
Offb 7, 14
zu Vers 40:
2 Ko 5, 20
Gal 1, 4
Phil 2, 15
1 Th 1, 5
zu Vers 41:
Apg 2, 47
4, 4
5, 14
6, 4
Rö 10, 17
Eph 1, 13
1 Th 1, 6
1 Th 2, 13

Man hat darauf hingewiesen, daß die Reden des Petrus in der Apostelgeschichte alle in gleicher Weise aufgebaut seien. Das war von der Sache her gegeben. Und doch hebt sich die Pfingstpredigt in einem wesentlichen Punkt von den späteren Reden ab: sie enthält kein Gnadenangebot, keine Aufforderung an die Hörer zu irgend einem Tun, keinen Appell an Herz und Gemüt. Und doch erreicht sie in der Wucht ihrer Tatsachen mit scharfer Treffsicherheit das „Herz" der Hörer. **„Als sie das hörten, wurde ihr Herz durchbohrt."** Von dieser Predigt sind die Hörer weder „begeistert" noch „erbaut". Alle übrigen Kategorien, mit denen wir die Wirkungen einer Predigt zu beschreiben pflegen, versagen hier. Hier war scharf geschossen worden und der Schuß saß mitten im Herzen.

Freilich, damit war der Ausgang der Sache noch nicht entschieden. Immer, wenn das Wort uns trifft und unsere Schuld aufdeckt, steht alles auf des Messers Schneide. Beugen wir uns nun unter unsere Schuld, brechen wir innerlich zusammen oder lehnen wir uns auf und schlagen gerade als die „Getroffenen" auf den Boten ein, der uns so mit dem Wort verwundete. Auch von den Hörern der Stephanusrede heißt es: „Als sie dieses hörten, wurden ihre Herzen zersägt" (Kap. 7, 54). Aber dann knirschen sie mit den Zähnen und halten sich die Ohren zu, stürmen auf Stephanus ein und stoßen ihn zur Stadt hinaus zur Steinigung. Es ist ein wunderbares Geheimnis, wenn die klare Wortverkündigung Herzen so trifft, daß sie kapitulieren in der heißen Frage: „Was sollen wir tun?"

Hier am Pfingsttag geschieht es so. Petrus hat kein Tun von seinen Hörern gefordert. Aber er hatte von lauter „Tun" gesprochen, vom Tun Gottes und vom Tun der Menschen. „Gott hat . . . ihr habt; ihr habt . . . Gott hat", davon war seine Predigt erfüllt. Nun brach angesichts dieser geschehenen Taten die Frage nach dem „Tun" mit Notwendigkeit hervor. **„Sie sprachen zu Petrus und den übrigen Aposteln: Was sollen wir tun, Brüder?"** Diese Frage hat einen verzweifelten Klang. Gibt es aus der Kette der Ereignisse, in denen sie zu Verrätern und Mördern des Messias geworden sind, überhaupt noch einen Ausweg? Können sie jetzt noch irgend etwas „tun"? „Was sollen wir bloß machen?" so haben wir die Frage zu hören.

Und doch hat Petrus mitten im rückhaltlosen Ernst seiner Verkündigung Vertrauen bei seinen Hörern gewonnen. Als „Brüder" werden Petrus und seine Mitapostel angeredet, als Brüder, von denen man trotz allem noch Rat und Hilfe erwartet. Und mußte nicht die Tatsache der Verkündigung als solche eine unwillkürliche Hoffnung erwecken? Würde sich dieser Bote des Messias Jesus so an sie wenden, so zu ihnen sprechen, wenn doch alles aus wäre und nur noch das Gericht erwartet werden könnte? So hat die Frage der Hörer zugleich einen ahnenden, verlangenden Klang. Es gibt am Ende nach allen Missetaten ein ganz neues, rettendes Tun? Die Auferweckung des von ihnen beseitigten Messias durch Gott könnte — kaum auszudenken — eine unbegreifliche Begnadigung bedeuten?

Mit der meisterhaften Weisheit des Heiligen Geistes hatte Petrus seinen Hörern keinerlei „Tun" nahe gelegt. Gerade darum bricht mit elementarer Wucht die Frage hervor: **„Was sollen wir tun?"**

Und nun zeigt es sich, daß Petrus auf diese Frage eine klare und bestimmte Antwort hat. Wo immer Menschen unter der Verkündigung der Wahrheit zur Erkenntnis ihrer Schuld kommen und aus einem erschrockenen Herzen heraus fragen, darf ihnen eine eindeutige, selige Antwort gegeben werden. Petrus weiß wirklich einen

Weg, den seine Hörer nun in bestimmten Schritten gehen können und gehen müssen. Diese Schritte heißen: Bekehrung — Taufe zur Vergebung der Sünden — Geistesempfang.

Der Erzählerstil des Lukas ist reizvoll; die rasche Lebendigkeit der 38
Antwort zeichnet Lukas durch das Fortlassen jedes Verbums: **„Petrus aber zu ihnen: ‚Bekehret euch'!"** Die meisten Übersetzungen behalten hier das bekannte „Tut Buße" bei. Es ist wahr: alle vom Geist Gottes gewirkten und geleiteten Bewegungen sind Bußbewegungen. Jede „Erweckung" beginnt mit „Buße". Aber der Ausdruck „Buße tun" ist für uns allzu belastet mit der Vorstellung düsterer Stimmungen. Petrus hat hier den alten Prophetenruf aufgenommen, der in Israels Geschichte so oft erklungen war: „Schubu! = Kehrt um!" (Vgl. Jes 30, 15; 31, 6; 55, 7; Jer 3, 7; 25, 5; 26, 3; Hes 18, 23; 33, 11; Mal 3, 7.) „Buße" in unserem Sinn, also Erkenntnis der Schuld und Trauer über das, was man getan, ist nur ein Teil der Sache. Entscheidend ist, daß es nun aus dieser Erkenntnis heraus zu einer Umkehr und Umwendung des ganzen Lebens kommt.

Wie kann aber eine „Umkehr" helfen? Nicht das Umkehren als solches bringt die Hilfe. Doch wirkliche „Umkehr" ist immer die Abkehr von dem bisherigen Leben und zugleich die Zukehr zu einem neuen Ziel. Und dieses Ziel der Umkehr ist für Petrus eindeutig bestimmt. Er ruft die Fragenden zu dem Messias Jesus. Petrus entwickelt hier keine Erlösungslehre und keine Kreuzestheologie. Er setzt nicht auseinander, wie trotz allem noch eine Errettung „möglich" ist. Nach all dem fragt ja auch der wirklich „Verlorene" gar nicht. Wenn wir noch verlangen, daß uns die Erlösung erst „bewiesen" und „erklärt" werden müsse, ehe wir sie annehmen können, zeigen wir damit nur, daß wir unsere Verlorenheit noch gar nicht erkannt haben. Darum spricht Petrus nur die eine wunderbare Tatsache aus, auf die alles ankommt: Bei Jesus gibt es Vergebung der Sünden! Dieser Jesus, den wir vergessen, übersehen, verachtet, bekämpft und gehaßt haben, nimmt sich unser unbegreiflich an und löscht die ganze Schuld unseres Lebens, auch unsere ganze Schuld gegen ihn selbst, aus. Christus vergibt den Christusmördern. Der Sohn Gottes begnadigt die Gottesfeinde.

War das zu fassen? Genügen hier Worte und Versicherungen? Petrus mit seinen Brüdern faßte diese Tat Jesu in eine Handlung hinein, die sofort auch wieder zu einer „Tat" der Schuldigen wurde. Jesus wäscht Menschen rein. Nur er selbst kann es tun mit seinem Blut. Aber er tut es nun mit dem Zeichen des Untertauchens im Wasser. Da wird das alte Leben „begraben" und die Schuld verschlungen. Wer sich jetzt taufen ließ, der hatte nicht nur Gedanken und Fragen über seine etwaige Sünde, nicht nur Wünsche und Meinungen über eine mögliche Erlösung, sondern gab sich tatsächlich verloren. Der stieg als ein durch und durch Beschmutzter in das reinigende Bad, der stellte sich unter das Todesurteil und nahm die Vergebung als ein jetzt sich vollziehendes Geschenk an. Dies alles aber war die Sache jedes einzelnen in persönlicher Entscheidung. Darum sagt Petrus auch nicht: „Laßt euch alle taufen", sondern hebt es ausdrücklich hervor: **„Lasse jeder von euch sich taufen."** Er verwendet bei dem „jeder" nicht das Wort „pas", die Einzahl des Wortes „alle", sondern „hékastos", das jeden einzelnen als solchen hervorhebt.

So war diese Taufe nicht eine geheimnisvolle Handlung, die ohne die innere Beteiligung der Menschen von selber etwas wirkte, sondern ein klarer Entscheidungsschritt der radikalen Umkehr. Aber diesem Schritt in der Taufe, der von vornherein nur durch die Gnade möglich und sinnvoll war, antwortet die Gnade Jesu mit dem Geschenk der Vergebung der Sünden. So war es schon bei Johannes: Johannes „predigte von der Taufe der Buße zur Vergebung der Sünden" (Lk 3, 3). Aber der Täufer wird diese Vergebung doch nur in Aussicht gestellt, aber nicht unmittelbar vollzogen haben; andernfalls hätte ihn ja bei der großen Zahl seiner Taufen noch ganz anders der Vorwurf der Gotteslästerung treffen müssen, der Jesus sofort gemacht wurde, als er nur einem einzigen Menschen die Vergebung direkt zusprach (Lk 5, 21). Nun aber ist die Vergebung vollgültig erworben durch Jesus, der sein Leben in den Tod gab und der nun als der Auferweckte und Erhöhte das göttliche Recht des wirksamen Vergebens in seiner Hand hat. Wenn die Umkehrenden zu Jesus kamen, wird in ihrer Taufe ihre ganze schuldige Vergangenheit begraben und ihnen der neue versöhnte Stand vor Gott geschenkt.

Dabei kann Petrus ihnen sofort fest versprechen: **„Und ihr werdet empfangen die Gabe des Heiligen Geistes."** Sie, die Feinde und Mörder des Messias, bekommen genauso den Heiligen Geist wie die Jünger, die mit Jesus gegangen waren! Das ist Gnade, das ist wirkliches Vergeben. Hier gibt es kein „vielleicht" und „hoffentlich". Hier gibt es auch keine Aufforderung zum Beten um den Heiligen Geist. Ohne klare Bekehrung zu Jesus würde kein Flehen um Gottes Geist etwas nützen[55]. Den Bekehrten und Reingewaschenen aber wird unmittelbar das Geschenk des Heiligen Geistes zuteil, der nicht erst kommen
39 muß, sondern nun gekommen ist. **„Denn euch gehört ja die Verheißung und euren Kindern und allen denen in der Ferne, so viele herzurufen wird der Herr, unser Gott."** Petrus blickt bei diesen Wor-

[55] Sicherlich darf der Mensch in seiner inneren Not auch ernstlich um den Heiligen Geist beten. Aber dann wird er in Erhörung dieses seines Gebetes eben diesen Weg der Umkehr und Auslieferung an Jesus geführt werden, wodurch der Heilige Geist in sein Herz einzieht.

ten nicht auf die Heidenmission hinaus! Es war für die Gläubigen aus den Juden später geradezu ein Schock, als „auch auf die Heiden die Gabe des Heiligen Geistes ausgegossen ward" (Kap. 10, 45). Und Petrus hätte diesen Schock geteilt, wenn er nicht von Gott ganz besonders auf dieses Ereignis vorbereitet worden wäre. Jedenfalls ist am Pfingsttage sein Blick einzig und völlig auf Israel gerichtet. In Jerusalem war nur ein kleiner Ausschnitt des ganzen Volkes versammelt. Viele waren noch „in der Ferne" — sollten sie etwa keinen Anteil an dem bekommen, was jetzt in Jerusalem geschah? Doch, Petrus weiß es aus der gleichen Joelstelle, die er am Beginn seiner Pfingstpredigt angeführt hatte: „Denn auf dem Berge Zion und zu Jerusalem wird eine Errettung sein, wie der Herr verheißen, auch bei den anderen übrigen, die der Herr berufen wird" (Joel 2, 32).

Wie bei jeder rechten Evangelisation folgen der die Herzen treffen- 40
den Verkündigung die entscheidenden Aussprachen. Es waren freilich keine seelsorgerlichen Einzelgespräche unter vier Augen hinter verschlossenen Türen. Das war hier auch nicht nötig, wo es sich um die eine, gleiche, öffentliche Sünde der Verwerfung Jesu handelte. Aber um die Apostel, die um Petrus geschart als die besonders Verantwortlichen hervorgetreten waren, bilden sich Gruppen von fragenden Menschen, denen ganz persönlich zugesprochen werden muß, denn eine echte Bekehrung ist keine Kleinigkeit. Auch da, wo ein Gewissen tief getroffen ist und wo die Gnade Gottes groß vor einem Menschen steht, geht es durch einen Kampf hindurch, ehe der entscheidende Schritt tatsächlich getan wird. Es ist das Menschenherz wirklich ein „trotzig und verzagt Ding". Mitten in klarer Schulderkenntnis kommen doch innere Bedenken und Einwände: Ist denn wirklich ein so radikaler Bruch nötig? Muß ich einen so folgenschweren Schritt sofort tun? Besonders schwer kann es uns werden, wenn wir aus einem „frommen" Leben kommen. So mochten damals viele zögern: „Aber wir sind doch Israeliten! Wir haben doch fromm gelebt und die Gebote Gottes gehalten. Wir sind doch keine gottlosen Heiden. Müssen wir uns wirklich bekehren?"

Petrus ringt mit Ernst und Einsatz um die Herzen: **„Und mit vielen weiteren Worten gab er Zeugnis und ermahnte sie** (sagend): **Laßt euch retten aus diesem verkehrten Geschlecht!"** Es steht in dieser Stunde alles auf dem Spiel. Auch eine durchschlagende Predigt nimmt den Hörern die Entscheidung nicht ab. Es kann noch wieder alles verloren gehen. **„Laßt euch retten"** — es geht um Rettung! Es geht nicht um Vertiefung religiöser Erkenntnis, nicht um moralische Verbesserung des Lebens, nicht um vermehrten Anteil am kirchlichen

Leben, es geht um Errettung[56]. Bedenken, Fragen, Zögern kosten mich das Leben, wenn ich mich nicht sofort aus dem brennenden Haus retten lasse.

Das wird besonders deutlich, indem dieser dringende Ruf gerade an Israeliten, an moralisch hochstehende und kirchlich fromme Leute ergeht und eben dieses frommste Volk der Welt als **„dieses verkehrte Geschlecht"** bezeichnet. Die verborgene Feindschaft gegen Gott, die tötliche Ichhaftigkeit des Lebens ist nirgends gefährlicher als da, wo sie sich hinter regelmäßigem Gottesdienstbesuch, reichlichem Beten und Opfern und moralischer Sauberkeit des Lebens versteckt. Darum ging auch schon der unermüdliche Kampf der Propheten. So hatte ein Mose bereits Israel eine „böse und verkehrte Art" genannt (5 Mo 32, 33). Jetzt aber war es in der Stellung Israels zu Jesus in letzter Klarheit offenbar geworden. Daß Jesus der heilige Gottessohn, der für Gott und Gottes Ehre lebte, Israel unerträglich wurde, daß Israel ihn ausstieß und durch die Hand der Gesetzlosen ans Fluchholz brachte, das war kein bedauerlicher Irrtum, kein unglücklicher Zufall, das war der Ausdruck der verborgenen Gottesfeindschaft mitten im Volke Gottes. Darum muß gerade jetzt hier dieser radikale Schritt einer vollständigen Umkehr getan werden, sonst gehen diese Frommen Israels verloren[57].

Die dringende Mahnung wird in der eigentümlichen Form: im Imperativ des Passiv gegeben, die für die missionarische Verkündigung des NT kennzeichnend ist: **„Laßt euch erretten"**, wörtlich: „Werdet errettet!" Die Errettung verlorener Sünder kann nur durch Gott selbst geschehen; sie ist ganz allein seine wunderbare Tat, reine, freie Gnade (vgl. Eph 2, 1–9). Und doch geschieht sie nicht ohne den eigenen Willen und die klare Zustimmung des Menschen. Es ist des Sünders höchst verantwortliche und entscheidende Tat, daß er sich erretten lasse. Die unlösbare Zusammengehörigkeit von beidem ist in dieser eigentümlichen Verbform eines „aktiven Passiv" zum Ausdruck gebracht.

Es wundert uns nicht, daß es nun zu Entscheidungen — und damit sofort auch zu Scheidungen kommt. Eine „Menge", die in Jerusalem

[56] Wenn unsere kirchliche Arbeit an Kindern, jungen Menschen und Erwachsenen das doch wieder begreifen würde! Wie sehr sind wir mit ganz andern Anliegen beschäftigt, die erst *nach* der Rettung und Wiedergeburt eines Menschen wirklichen Wert haben und *vor* seiner Errettung vergeblich bleiben. So gleicht unser kirchliches Tun weithin einem Bauen ohne Fundament. Wieviel ernste und treue Arbeit wird dadurch ohne jeden wirklichen Erfolg getan!

[57] Dem entsprechend geht in allen Erweckungsbewegungen bis heute der schwerste Kampf gerade um die kirchlich treuen und eifrigen Menschen. Sie sehen es am schwersten, daß der Ruf „Laßt euch erretten aus diesem verkehrten Geschlecht!" gerade ihnen gilt, und setzen der Erweckung einen entrüsteten Widerstand entgegen.

„zusammenkommt" (Kap. 2, 6) umfaßt weit mehr als dreitausend Menschen[58]. Aber nicht alle „nahmen das Wort an." Auch die Verkündigung eines Petrus am Pfingsttag unter der Gegenwart und Macht des Heiligen Geistes hat nicht die Garantie, alle zu bekehren. Die dreitausend sind zugleich eine „kleine" und eine „große" Schar. Im Blick auf die Bevölkerung Jerusalems, die an solchem Festtag durch zahlreiche Besucher vermehrt war, welch eine kleine Auswahl! Aber von der andern Seite her gesehen, welch unerhörtes Ereignis: Eine einzige „Predigt" bringt dreitausend Herzen zur Umkehr!

Ob es damals möglich war, noch am selben Tage in Jerusalem dreitausend Menschen zu taufen, können wir heute nicht beurteilen. Wenn Petrus sein Reden um 9 Uhr morgens begann, standen auch nach den Gruppenaussprachen noch viele Stunden für diese Taufen zur Verfügung. Der Entschluß zur Bekehrung und zur Taufe wurde jedenfalls bei diesen dreitausend an diesem Tage gewirkt; so wurden sie grundmäßig **„hinzugetan"**, selbst wenn die Taufhandlungen sich noch in die nächsten Tage hineinzogen. Eins ist aber für uns auffallend: Hier so wenig wie später bei dem Äthiopier oder bei Kornelius oder dem Kerkermeister ist von einem „Taufunterricht" die Rede. Die Taufe wird sofort nach der Bekehrung vollzogen. Die Bekehrung ist der entscheidende Vorgang, dem Sündenvergebung in der Taufe und Geistesempfang sogleich folgen. Die gründliche Unterweisung in der „Lehre der Apostel" geschieht in der bereits getauften, von Gottes Geist erfüllten und in der Bruderschaft zusammengefaßten Gemeinde.

DAS LEBEN DER URGEMEINDE

Apostelgeschichte 2, 42—47

42 Sie blieben aber beharrlich bei der Lehre der Apostel und bei der
43 Gemeinschaft, beim Brechen des Brotes und bei den Gebeten. * Es
überkam aber jede Seele Furcht; viele Wunder und Zeichen aber
44 geschahen durch die Apostel. * Alle Gläubiggewordenen aber wa-
45 ren zusammen und hatten alles gemeinsam. * Und die Grund-
stücke und Besitztümer verkauften sie und verteilten es an alle,
46 entsprechend, wie einer es nötig hatte. * Täglich verharrten sie
einmütig in dem Tempel und brachen in den Häusern das Brot,
nahmen Nahrung zu sich mit Frohlocken und Schlichtheit des

zu Vers 42:
Apg 20, 7
Eph 5, 19
Phil 2, 1
Kol 3, 16
zu Vers 43:
Apg 5, 11
19, 17
Jo 20, 23
Mk 16, 17-18.
20

[58] Man hat eingewendet, daß es nicht möglich sei, im Freien auch nur dreitausend Menschen ohne Lautsprecher zu erreichen. Aber Whitefield hat zu zehntausend, ja zu zwanzigtausend und dreißigtausend Menschen ohne Lautsprecher gesprochen. Vgl. Otto Riecker „Ruf an alle", Wuppertal 1962.

zu Vers 44:
Apg 4, 32
zu Vers 46-47:
Apg 5, 14
6, 7
9, 31
11, 21. 24
12, 24
14, 1
19, 20
Eph 5, 19-20
Kol 3, 16
Jak 5, 13

47 Herzens, * lobten Gott und hatten Gunst bei dem ganzen Volk.
Der Herr aber fügte hinzu, die sich retten ließen, täglich zu demselben.

Wie geht es nach dem bewegenden Pfingsttag weiter? Es ist bezeichnend, daß wir hier so wenig wie in den letzten Worten Jesu vom Zeugendienst seiner Jünger Ermahnungssätze und Befehlsworte lesen, sondern nur einfache Aussagesätze. Wir meinen ja nach Bekehrungen und geistlichen Durchbrüchen immer gleich warnen zu müssen: „Nun müßt ihr aber auch . . .!" Damals war das nicht nötig, denn der Geist war da und schenkte in lebendiger Wirklichkeit, was wir
42 mit vielen Ermahnungen doch nicht erreichen. **„Sie blieben aber beharrlich . . ."**[59]. Seelische Begeisterung verrauscht schnell, der Heilige Geist schafft Bleibendes.

Wobei blieben sie? Vor allem **„bei der Lehre der Apostel"**. Es war hier so gewesen, wie es heute noch oft bei Bekehrungen ist: Das Zentrum des Lebens war von der Evangelisation getroffen, die entscheidende Wendung war geschehen, Menschen waren ein Eigentum Jesu geworden – aber wie wenig wußten sie von Jesus! Wie begierig waren sie, mehr, viel mehr von Jesus zu erfahren. Sie mußten nicht zum Bibellesen gedrängt werden, sie drängten sich um das lebendige NT, das in den Aposteln vor ihnen stand. Und nun werden wir uns den „Unterricht" der Apostel nach der jüdischen Sitte sehr schulmäßig und gerade darum befriedigend und beglückend zu denken haben. Die Apostel entwickelten nicht theologische und dogmatische Gedanken, sondern erzählten, „was Jesus zu tun und zu lehren begann" (Kap. 1, 1), erzählten, was sie mit Jesus erlebt hatten, und überlieferten die Aussprüche, Reden und Gleichnisse des Herrn. Und die Hörer prägten sich alles ein und lernten es auswendig als Menschen, die von klein auf daran gewöhnt waren, ihrem Gedächtnis viel Bibel einzuprägen. So lebten die Evangelien schon lange in Herz und Gedächtnis vieler, ehe davon etwas aufgeschrieben wurde. Solches Lernen und Auswendiglernen aber war nicht „langweilig", sondern beglückend. Wie reich wurde man, indem man immer mehr und mehr von diesem Jesus in sich aufnahm, dem man als dem Retter und Messias in inniger Dankbarkeit gehörte[60].

[59] Der hier verwendete Ausdruck „proskarterein = verharren" kommt – besonders in Verbindung mit dem Gebet – vielfach im NT vor: Apg 1, 14; 2, 46; 6, 4; Rö 12, 12; 13, 6; Eph 6, 18; Kol 4, 2. Wie entscheidend wichtig ist das „beharrliche Bleiben" für den Fortgang und die Reifung unseres geistlichen Lebens!

[60] Ob nicht auch unser Bibellesen viel froher würde, wenn wir nicht immer meinten, erst unsere erbaulichen Gedanken über den Text machten es fruchtbar, sondern wenn wir in der Aneignung des Textes selbst das Wichtigste und Schönste des Bibellesens erfaßten und wieder viel mehr Zeit auf das Auswendiglernen verwendeten?

Die Lehre der Apostel hatte sofort noch eine zweite Aufgabe. Wir haben es mit Israeliten zu tun. Ihnen hatte bisher der Unterricht der Schriftgelehrten gezeigt, wie man das Gesetz auf alle Einzelheiten des Lebens anwende. Darum war man gern mit allen Fragen der Lebensgestaltung zu den Schriftgelehrten gekommen. Nun gehörte das Leben Jesus; für ihn, zu seinem Wohlgefallen sollte es gelebt werden. Wie sah das aus? Wie folgte man praktisch „den Fußspuren Jesu nach“ (1 Pt 2, 21)? Das mußten nun die Apostel den jung Bekehrten zeigen, auch wenn sie es nicht rabbinisch und gesetzlich tun konnten[61].

Endlich werden die Apostel in ihrer „Lehre“ noch eines getan haben, was gerade für Israeliten unentbehrlich war: Sie zeigten auf, wie das Leben, Leiden, Sterben und Auferstehen Jesu den großen Verheißungen des Alten Bundes entsprach. So hatte Jesus selber den Jüngern „die Schrift geöffnet“, daß ihnen „das Herz darüber brannte“ (Lk 24, 27–32). So führten Petrus wie Paulus in jeder ihrer Reden den „Schriftbeweis“. So konnten die jungen Christen in Jerusalem genau wie später die Leute in Beröa selber prüfen, „ob sichs so verhielte“ (Apg 17, 11). Jesus wurde erwiesen als die Erfüllung des Alten Testamentes, und das Alte Testament erschloß sich von Jesus her allen in einem ganz neuen Licht.

Sie blieben aber auch beharrlich **„bei der Gemeinschaft“**. Petrus hatte lediglich von der Errettung und Bekehrung des einzelnen gesprochen. Umkehren und sich erretten lassen, ist in der Tat Sache jedes einzelnen in der ganzen Verantwortung seiner eigenen Entscheidung. Wir hören kein Wort, daß Petrus dann anschließend auch noch etwas davon gesagt hätte, wie sie nun aber zusammen bleiben und recht treu im Besuch aller Veranstaltungen sein müßten. Es wurde nicht zur Gründung einer Gemeinde aufgefordert oder die Bildung eines Vereins der Jesus-Gläubigen beschlossen. Dies alles war gar nicht nötig, denn **„sie blieben beharrlich bei der Gemeinschaft“**. Es zog sie ganz von selbst[62] zueinander. Es hätte keiner jetzt für sich bleiben mögen[63].

[61] In diesem Punkt hat uns in der evangelischen Christenheit viel gefehlt. Darum erwuchs unter uns jenes Christentum, das nur noch im Hören des Vergebungswortes bestand und die Gestaltung des ganzen wirklichen Lebens einer Standesethik oder gar der „Eigengesetzlichkeit“ der verschiedenen Lebensgebiete überließ!

[62] Dafür haben wir in der Kirchengeschichte viele Beispiele. So erlebt es Dr. Baedecker auf seinen Reisen durch Rußland, wo zu seiner Zeit unter dem russischen Hochadel viele errettet worden waren. „Hoch und nieder war verbunden in einer Liebe zu einem Herrn. In vielen Häusern kamen die Gläubigen zusammen, um miteinander die Bibel zu lesen und zu beten“; so berichtet Baedecker. (Karl Weber, Dr. F. W. Baedecker, Ein Weltreisender Gottes, Metzingen 1960.)

[63] Ganz entsprechend bedarf es bei echten Erweckungen keiner Ermahnungen. Man kann

Diese Gemeinschaft ist nicht nur eine geistliche und erbauliche, sondern ist konkrete Lebensgemeinschaft. Das kommt zum Ausdruck in dem **„Brechen des Brotes"**. Das Wort meint zunächst einfach die gemeinsame Mahlzeit, die nach jüdischer Sitte mit dem Brechen und Verteilen des Brotes eingeleitet wird (vgl. Kap. 20, 11; 27, 35; Mt 14, 19; 15, 36; auch 26, 26; Lk 24, 30. 35). Man aß zusammen, natürlich wie Vers 46 sagt, gruppenweise in Häusern[64]. Dabei konnte die Gemeinschaft im Teilen und Abgeben sofort konkret werden. Aber nach 20, 7 dürfen wir annehmen, daß Lukas auch hier schon beim „Brotbrechen" zugleich die Feier des Herrenmahles vor sich sah. Diese Feier erwuchs — genau wie bei ihrer Einsetzung durch Jesus selbst — aus der gemeinsamen Mahlzeit und hatte, weit entfernt von Altar, Liturgie und Priestertum, in Haus und Mahlzeit ihren lebendigen Platz. So war es selbst noch in der heidenchristlichen Gemeinde von Korinth[65], wie 1 Ko 11, 17—34 zeigt.

Endlich blieben sie beharrlich **„bei den Gebeten"**. Da hier in allem von dem gemeinsamen Leben der ersten Gemeinde gesprochen wird, haben wir bei „den Gebeten" vor allem an Gebetsgemeinschaften zu denken. Gemeinsames Glauben treibt zum gemeinsamen Beten. Wieviel war nun auch täglich durchzubeten, selbst wenn sich dieses Beten zunächst noch ganz in den Grenzen Israels hielt. Alle waren in Dank und Beugung, Bitte und Fürbitte an der Gebetsgemeinschaft beteiligt. Als Israeliten waren die Glieder der Jesus-Gemeinde an das regelmäßige Beten gewöhnt. Psalmen und das „Achtzehn-Bitten-Gebet" waren in aller Munde. Aber mit all diesem Beten waren sie dennoch „das verkehrte Geschlecht" gewesen, dessen Beten nicht taugte. Nun ist ihnen das Anrufen des Vaters im Geist und in der Wahrheit geschenkt worden, der Kindesschrei aus einem vom Sohnesgeist erfüllten Herzen (Jo 4, 24; Rö 8, 15; Gal 4, 6). Was für Gebetsgemeinschaften wurden nun gehalten! Kapitel 4, 23—24 wird uns einen Blick da hinein tun lassen.

43 **„Es überkam aber jede Seele Furcht."** Finden wir das seltsam? Die „Furcht Gottes" ist uns freilich fremd geworden, weil Gott uns fern

vielmehr gar nicht genug Gelegenheiten zum Zusammenkommen schaffen, denn danach verlangt es alle ganz von selbst. Der Vorwurf gegen die Evangelisation, sie ziele nur auf Bekehrung des einzelnen und vergesse die Gemeinde, ist von hier aus gesehen ganz gegenstandslos. Jeder echte Bekehrte sucht nach Gemeinschaft, nur leider, daß es ihm oft sehr schwer gemacht wird, sie zu finden. Vgl. Mund „Theophil Krawielitzki", 2. Aufl., Marburg 1954.

64 Bei der Größe der Gemeinde war ein Zusammenkommen aller „reihum" in den Häusern der Christen ausgeschlossen.

65 Hier bahnt sich freilich um bestimmter Unzuträglichkeiten willen deutlich die Trennung des „Herrenmahles" von den häuslichen Mahlzeiten an und wird von Paulus selbst gewünscht (V. 22).

und undeutlich wurde, ein bloßer Gedanke unseres Kopfes. Von den ersten Christen aber schreibt Bengel zu unserer Stelle mit Recht: „Habebant enim DEUM praesentum" – „sie hatten nämlich GOTT gegenwärtig". Für Errettete war es darum nicht jene Angst vor Strafe, von der Johannes schreibt, daß die völlige Liebe sie austreibt (1 Jo 4, 18). Es war vielmehr die heilige Scheu derer, die nun wirklich in der Gegenwart Gottes im Heiligen Geist und so „bei dem verzehrenden Feuer und der ewigen Glut wohnten", von der Jesaja 33, 14 sprach. Es ist die „Furcht", die gerade Petrus den Glaubenden als bleibendes Merkmal ihres ganzen Wandels wünscht (1 Pt 1, 17).

Diese Nähe Gottes wurde handgreiflich spürbar in den **„Wundern und Zeichen, die durch die Apostel geschahen"**[66]. Der lebendige Gott ist seinem Wesen nach ein Gott der Wunder, ein Gott, der in die Wirklichkeiten des Lebens helfend, befreiend, heilend eingreift. Von da aus überkam die „Furcht" auch diejenigen, die noch nicht zur Gemeinde gehörten. Man sah mit Scheu auf diese Christen, bei denen sich Gott so mächtig erwies, und hütete sich, ihnen zu nahe zu treten. Man ahnte etwas davon, daß Gott noch etwas anderes sei als jene Gestalt alter Überlieferung, die man in hergebrachten Formen ohne besondere Erschütterung des Herzens „geglaubt" und verehrt hatte. Es ist ein Merkmal der Echtheit jener „Wunder und Zeichen", daß sie nicht Begeisterung und Schwärmerei, sondern „Furcht" erweckten.

„Alle Gläubiggewordenen aber waren zusammen und hatten alles 44/45
gemeinsam." Man kann auch übersetzen: sie „behandelten alles als ihnen allen in gleicher Weise gehörenden, gemeinsamen Besitz" (so G. Stählin). Das war unmittelbar ernst gemeint. **„Und die Grundstücke und Besitztümer verkauften sie und verteilten es an alle, entsprechend wie einer es nötig hatte."** Die grie Zeitform, in der hier das Wort **„sie verkauften"** steht, deutet an, daß dieses Verkaufen nach und nach geschah, wo eben besondere Nöte zu solchen Entschlüssen treiben. Wir müssen dabei die sozialen Zustände in Jerusalem bedenken. Die Stadt war dicht bevölkert, aber war durch ihre Lage zur Handelsstadt ungeeignet und wies auch sonst keine besonderen Erwerbsquellen auf. So gab es dort viel Armut. Es werden auch die Apostel nicht die einzigen gewesen sein, die die galiläische Heimat und mit ihr die Existenzgrundlage aufgegeben hatten. Diese Gemeindeglieder mußten von den andern mit erhalten werden. Dazu kam, daß diese Gemeinde in den ersten Wochen ihres Bestehens viel Zeit

[66] Wir haben im Text wörtlich übersetzt: Viele Wunder und Zeichen „aber" geschahen ... Das im Grie unaufhörlich gebrauchte „de" ist vielmehr eine verbindende Partikel als ein eigentliches „aber" und kann hier in diesem Zusammenhang geradezu den Sinn eines „nämlich, denn" annehmen. Die entscheidende Furcht Gottes wird also ausdrücklich mit den geschehenden Zeichen und Wundern in Verbindung gebracht.

haben wollte zum Bleiben in der Apostel Lehre, in der Gemeinschaft, in den Gebetsversammlungen. Diese Zeit wurde dem Erwerb entzogen. Die große Kollekte, die viele Jahre später Paulus mit Eifer in seinen Gemeinden für Jerusalem sammelte, bestätigt das Bild, das uns Lukas zeichnet. Eben weil es in Jerusalem nicht viele Besitzende und Wohlhabende gab, kam die Urgemeinde trotz der hingebenden Liebe in ihren Reihen nicht aus den finanziellen Nöten heraus.

Wieder ist es wichtig, daß wir beachten: Nicht Forderungen werden erhoben, nicht Ideale entwickelt, wie es eigentlich bei Christen sein müßte, sondern geschehene Tatsachen werden berichtet. So geschah es damals, so machten es **„alle Gläubiggewordenen"**. Die Äußerung des Petrus in Apg 5, 4 zeigt, wie grundsätzlich dabei die volle Freiheit des einzelnen gewahrt blieb. Es war einfach dies, daß der Brudername nicht ein bloßes Wort war, sondern alle so herrlich Erretteten und im Messias Jesus Verbundenen sich wirklich als eine große Familie fühlten, in der keiner sein Eigentum ängstlich wahrte und keiner einen Bruder in Not sehen mochte. **„Entsprechend wie einer es nötig hatte"**, wurde ein Grundstück[67] oder anderer Besitz von einem wohlhabenden Gemeindeglied verkauft und damit dem Bruder geholfen. Dazu half die biblische Auffassung des Menschen, die die Gemeindeglieder als Israeliten ohne weiteres mitbrachten. Hier wurde nicht nur die Seele des Menschen hochgeschätzt, sondern der ganze Mensch in seiner leib-seelischen Existenz als Einheit gesehen und die Wichtigkeit seines „äußeren Lebens" unmittelbar erkannt. Das spiegelt sich darin wider, daß im Alten Bund das große Zukunftsziel nicht das „Jenseits" war, sondern das „Gelobte Land", in dem sie „die wüsten Städte bauen und bewohnen, Weinberge pflanzen und Wein davon trinken, Gärten machen und Früchte daraus essen" (Am 9, 14). So war jetzt auch im Pfingstgeschehen der ganze Mensch von Gott beschlagnahmt worden mit Seele und Leib, mit seinem ganzen Besitz, und war mit allem, was er war und hatte, in den Dienst Gottes gerufen. Und ebenso sah er den Nächsten nicht als eine geistlich zu betreuende „Seele", sondern als einen Bruder, dessen gesamte Existenz und Existenznot ihn unmittelbar anging. Die „Gemeinschaft" als solche war sofort und von vornherein nicht nur eine „religiöse", auf das „Innerliche" beschränkte, sondern eine konkrete und das ganze Leben umfassende[68].

[67] Das hier stehende Wort bedeutet zunächst allgemein „Besitz, Eigentum". Seine Verwendung in Apg 5, 1 im Vergleich zu Apg 5, 8 zeigt aber, daß es den engeren Sinn von „Grundstück" angenommen hat.

[68] Welche Verheerungen hat hier das wieder und wieder eingedrungene „grie" Denken in der Christenheit angerichtet. Wie selbstverständlich sehen wir bis heute in unserem Geld, in unserem Besitz, in unseren Rechten und Vorrechten unsere eigene Sache, die

„Täglich verharrten sie einmütig in dem Tempel." Das taten sie 46
nicht aus bloßer Gewohnheit oder Anhänglichkeit an alte Sitten. Es war schon etwas, wenn die Jesusjünger sich den Priestern unterstellten, die die Treibenden bei dem Vorgehen gegen Jesus gewesen waren. Dazu reichte das Band der Sitte nicht aus. Es wäre nicht zu verwundern gewesen, wenn die Apostel erklärt hätten: Mit dem Tempel und mit diesem Priestertum haben wir nichts mehr zu tun. Aber damit wäre der Ernst des Verhältnisses von Altem und Neuem Testament, von Jesusgemeinde und Israel völlig verkannt. Jesus ist ja nicht der Stifter einer neuen Religion, sondern der Messias Israels. Jesus vollendet die Geschichte Gottes, die mit der Berufung Abrahams begonnen hatte. Wer ihn als Messias erkannt hat, gehört nicht weniger, sondern erst recht in Israel hinein. Der Gedanke, sich von Israel und seinem Tempel zu trennen, konnte jenen ersten Christen überhaupt nicht kommen. Ihr tägliches Weilen im Tempel war der selbstverständliche Ausdruck ihrer Zugehörigkeit zu dem Israel, das nun durch Jesus am Ziel seiner ganzen Geschichte stand.

Wohl aber hatten sie notwendig zugleich noch ihre eigenen Zusammenkünfte: **„Sie brachen in den Häusern das Brot, nahmen Nahrung zu sich mit Frohlocken und Schlichtheit des Herzens."** Diese Zusammenkünfte bei den gemeinsamen Mahlzeiten hatten ihr Kennzeichen in **„Frohlocken und Schlichtheit des Herzens"**. Auf den Speisezettel haben sie dabei wenig geachtet! Und diese jubelnde Freude war nicht ein Gegensatz zur „Furcht" oder von der Furcht auch nur eingeschränkt, sondern war genauso wie die „Furcht" die Wirkung der ganzen Gegenwart Gottes. Immer verfehlen wir die Wahrheit, wenn wir bei Gott die Gerechtigkeit und die Liebe, den Ernst und die Güte trennen. Immer verlieren wir darum die ganze tiefe Freude, wenn wir die Furcht Gottes verlieren. Vor dem in Jesus, in seinem Kreuz und seiner Auferstehung offenbaren lebendigen Gott ist uns der überströmende Dank und die heilige Scheu gleichzeitig geschenkt. Der Heilige Geist in unserem Herzen läßt uns jubeln u n d erzittern, Gott fürchten u n d lieben. Dabei müssen wir darauf achten, daß das Wort „Frohlocken" immer „endzeitlichen" Klang hat. „Die Erlösten des Herrn werden wiederkommen und gen Zion kommen mit Jauch-

mit unserem Verhältnis zu Gott und zu unserem Bruder nichts zu tun hat. Wie tüchtig kommen wir uns vor, wenn wir bei der kirchlichen Kollekte die bescheidenen „Gaben unserer Liebe" in den Korb legen oder gar den Zehnten geben. Wie völlig kühl haben wir im 19. Jahrhundert dem werdenden proletarischen Schicksal zugesehen. An Gegenstößen urchristlichen Geistes hat es nicht gefehlt: In manchen Zweigen des Mönchtums, in der Brüder-Unität, in Diakonissen-Mutterhäusern, in Vater Bodelschwinghs Werken und anderwärts war davon etwas zu spüren. Aber es blieben doch vereinzelte Erscheinungen, während damals die Urgemeinde als solche und als ganze in dieser echten „Gemeinschaft" lebte.

zen; ewige Freude wird über ihrem Haupte sein; Freude und Wonne werden sie ergreifen, und Schmerz und Seufzen wird entfliehen" weissagte Jesaja (35, 10). Wenn es jetzt in der Gemeinde diese Mahlzeiten voll Jubel und Lob Gottes gab bei aller äußeren Armut, dann waren diese Mahlzeiten schon Vorbild und Angeld des Hochzeitsmahles der Endzeit, da Gott in aller seiner Herrlichkeit in sichtbarer Gegenwart unter seinem Volke weilen und es mit „unaussprechlicher und herrlicher Freude" (1 Pt 1, 8) erfüllen wird. Daß sie, die Feinde Gottes und Mörder Jesu, zu diesen „Erlösten des Herrn" gehören durften, das war ein immer neuer Grund dieses „Frohlockens", das jetzt schon die Tage der jungen Gemeinde durchstrahlte. Die in der sogenannten „Didache"[69] überlieferten Abendmahlsgebete lassen uns etwas davon ahnen, wie wir uns dieses **„Zu-sich-Nehmen der Nahrung mit Frohlocken und Schlichtheit des Herzens und mit dem Lobpreis Gottes"** zu denken haben.

47 So waren diese ersten Christen mit Gott und den Menschen im Frieden, **„sie lobten Gott und hatten Gunst bei dem ganzen Volk".** Es war ein großes Geschenk, daß diese Gemeinde — anders als die in Thessalonich (1 Th 1, 6) — sich zunächst im Frieden aufbauen durfte. Nun war es nicht von außen erschwert, zum Glauben an Jesus zu kommen und ihm das Leben auszuliefern. Freilich, die innere Überwindung der Herzen bringt keine äußere Gunst der Lage und nicht einmal das werbende Wort einer lebendigen Gemeinde als solches zustande. Nur der Herr selbst kann uns aus Unglauben und Verlorenheit erretten und die Bekehrung schenken. So tat es Jesus damals. Es blieb nicht bei der einmaligen Erweckung am Pfingsttag. Täglich gab es die große Freude an Menschen, die sich retten ließen. **„Der Herr aber fügte hinzu, die sich retten ließen, täglich zu demselben."**[70]

[69] Diese Schrift ist in deutscher Übersetzung zu finden in: Edgar Hennecke, Neutestamentliche Apokryphen, 3. Aufl., Tübingen 1959, S. 555 ff.

[70] „Zu demselben", so haben wir wörtlich übersetzt. Diesen Ausdruck hat man sehr bald nicht mehr verstanden und daher in den Handschriften Änderungen und Verbesserungen versucht. Aus solchen alten Verbesserungen stammt Luthers „zu der Gemeinde". Das Wort, das auch schon Apg 1, 15; 2, 1. 44 von Lukas gebraucht wurde, ist die grie Übersetzung eines hbr Wortes, das oft im AT vorkommt und „miteinander, zusammen" bedeutet. Die Bekehrten blieben nicht allein und vereinzelt. Sie wurden vom Herrn „zu demselben hinzugetan", sie wurden „miteinander" verbunden und mit den andern „zusammengeschlossen".

DIE HEILUNG DES LAHMEN

Apostelgeschichte 3, 1—10

1 **Petrus aber und Johannes gingen hinauf zum Tempel um die**
2 **Stunde des Gebetes, die neunte. * Und ein Mann, der von Mutter-**
leib an lahm war, wurde herbei getragen; den setzte man täglich
an die Tür des Tempels, welche „die schöne" heißt, um Almosen
3 **zu erbitten von denen, die in den Tempel hineingingen. * Als er**
Petrus und Johannes sah, wie sie im Begriff waren, den Tempel
zu betreten, begann er zu bitten, um ein Almosen zu bekommen.
4 *** Petrus aber schaute ihn fest an mit Johannes und sprach: „Sieh**
5 **uns an!" * Er aber richtete sein Augenmerk auf sie in der Erwar-**
6 **tung, etwas von ihnen zu bekommen. * Petrus aber sprach: „Sil-**
ber und Gold besitze ich nicht; was ich aber habe, das gebe ich
dir: In dem Namen Jesu, des Messias, des Nazareners, wandle!"
7 *** Und ihn bei der rechten Hand fassend, richtete er ihn auf. So-**
8 **gleich aber wurden fest seine Füße und seine Knöchel, * und auf-**
springend trat er fest hin und wandelte und ging mit ihnen in den
9 **Tempel, wandelnd und springend und Gott lobend. * Und es sah**
10 **das ganze Volk ihn wandeln und Gott loben. * Sie erkannten ihn**
aber, daß er es war, der nach dem Almosen am Schönen Tor des
Tempels saß, und wurden voll Staunen und Verwunderung über
das, was ihm widerfahren war.

zu Vers 1: Lk 18, 10; Jo 18, 15
zu Vers 2: Apg 14, 8; Jo 9, 1
zu Vers 4: Apg 14, 9
zu Vers 6: Mt 9, 6; Mt 10, 1. 8. 9; Mk 16, 17; Lk 9, 1. 2; Jo 5, 8; Apg 9, 34
zu Vers 7: Mt 8, 15; Lk 5, 25; Apg 9, 41; 14, 10; Jes 35, 6
zu Vers 8: Jo 5, 14
zu Vers 10: Lk 5, 26

Lukas hat uns das Bild der ersten Christenheit und ihres Lebens gezeichnet. Geht das nun immer weiter unverändert fort? Nein, wir leben in der „Geschichte", in dem fortgehenden Geschehen, das sich in ganz bestimmter Weise formt und gestaltet. Menschen suchen oft mit ihren Plänen diese Gestaltung zu bestimmen und scheitern doch an scheinbaren Zufällen oder an Widerständen und Bewegungen, die aus der Tiefe der Geschichte alle Pläne durchkreuzen. Es ist bezeichnend, daß die Apostelgeschichte nichts von solchen Plänen der jungen Christengemeinde weiß. Sie berichtet nichts von Sitzungen der Apostel, auf denen Beschlüsse über den Fortgang der Kirchengeschichte gefaßt worden wären. Und doch geht diese Geschichte vorwärts zu neuen Ereignissen und zu Auseinandersetzungen und Kämpfen, die unabsehbare, weitgehende Folgen haben. Das aber geschieht nicht nach wohldurchdachten Planungen, sondern es erwächst aus scheinbar unbedeutenden und „zufälligen" Ereignissen.

„Petrus aber und Johannes gingen[71] hinauf zum Tempel um die 1

[71] Wieder steht hier das Imperfektum, das im Grie die Dauer einer erzählten Handlung

Stunde des Gebetes, die neunte." Sie tun nichts Besonderes und wissen nicht, daß dieser ihr Gang einen neuen Abschnitt der Kirchengeschichte einleitet. Das „tägliche Abendopfer" nach 2 Mo 29, 38 f wurde um die neunte Stunde, also gegen drei Uhr nachmittags, dargebracht. Die Sitte hatte eine der drei täglichen Gebetszeiten auf diese Stunde des Abendopfers gelegt (Dan 6, 11; 9, 21). So nahmen auch Petrus und Johannes – auch Gal 2, 3 werden sie als „Säulen" der Gemeinde zusammen genannt – am Gebet im Tempel teil, als schlichte Männer Israels ohne jede besondere „Würde", obwohl sie die Bevollmächtigten des Königs aller Könige sind.

2 Viele Menschen besuchen um diese Zeit den Tempel, und so läßt sich ein von Mutterleib her lahmer Mann täglich dorthin tragen und an der sogenannten „Schönen Pforte" des Tempels niedersetzen. Es ist gut, wenn wir uns ein anschauliches Bild des Tempels[72] machen, der mit seinen Höfen und Säulenhallen sehr anders aussah als eine „Kirche" bei uns. Die „Schöne Pforte" war vermutlich das Tor, das vom „Vorhof der Heiden" in den „Vorhof der Frauen" führte, den jeder kultisch reine Jude betreten konnte[73]. Da es für Körperbehinderte und Arme keinerlei amtliche Fürsorge gab, mußten diese für
3/4 sich selber sorgen. Dem kam die religiöse Anschauung entgegen, die im Almosen ein verdienstliches Werk sah (vgl. Mt 6, 1–4) und es mit dem „Beten" und „Fasten" zu einem Bestandteil des Gottesdienstes machte. So saß auch der Gelähmte an der Schönen Pforte, **„um Almosen zu erbitten von denen, die in den Tempel hineingingen"**. Er redete auch Petrus und Johannes an. **„Petrus aber schaute ihn fest an mit Johannes und sprach: Sieh uns an!"** Über die inneren Vorgänge im Herzen des Petrus wird nichts gesagt. Hat er den armen Menschen schon öfter bemerkt? Wird ihm jetzt die innere Gewißheit zuteil, daß er hier wunderbar helfen darf?[74] Auf jeden Fall beginnt nun

ausdrücken kann; wir könnten es durch den Zusatz „regelmäßig" verdeutlichen. Der Gang zum Tempel, von dem jetzt berichtet wird, ist also nicht ein vereinzelter, sondern steht in der Reihe all der Tage, an denen Petrus und Johannes der festen Gebetssitte folgen. Es ist wahr: „Wer nicht zu bestimmten Zeiten betet, betet auch nicht zu unbestimmten."

[72] „Lexikon zur Bibel", 5. Aufl. Wuppertal 1964, Tafel 84 bei Sp 1313 und Stadtplan von Jerusalem Sp 684.

[73] Es wurde sprachlich unterschieden „hieron = Heiligtum", das die gesamte Tempelanlage mit den Säulenhallen und Vorhöfen bezeichnete, und „naos = Tempelhaus", das das eigentliche Tempelgebäude mit dem Heiligtum und dem Allerheiligsten meinte.

[74] Grundsätzlich war Petrus zum Heilen ebenso ermächtigt wie zum Verkündigen. Jesus hatte in seinem Auftrag an die Jünger beides von vornherein verbunden, weil von Gottes rettender Gnade immer der ganze Mensch, nicht nur seine „Seele" gemeint ist; vgl. Mt 10, 7 f; Mk 16, 15–18; Lk 10, 9. Aber gerade bei diesem ersten Mal mußte Petrus seiner Vollmacht jetzt gewiß werden.

sein Handeln. Er stellt zunächst den persönlichen Kontakt mit dem
Mann her, der gewöhnt war, die vielen Menschen zu sehen und doch
nicht zu sehen. Gerade das Almosen-geben und das Almosen-emp-
fangen wird so schnell völlig unpersönlich[75]. Überrascht blickt der 5
Lahme zu diesen beiden Männern auf, die ihn so ganz anders behan-
deln, als er es sonst gewohnt ist. Wollen sie ihm besonders viel ge-
ben?

„Petrus aber sprach: Silber und Gold besitze ich nicht." Petrus hatte 6
ja Heimat und Gewerbe verlassen und erhielt von der Gemeinde nur
das Notwendige zum Leben. Er ist eigentlich in der gleichen Lage wie
dieser Mann, der ihn um eine Gabe angesprochen hat. Und doch ist
Petrus unendlich reich. Dieser unscheinbare Mann, der kein Geld in
der Tasche trägt, ist eben doch „Apostel", Bevollmächtigter Gottes,
und kann als solcher geben, was die reichsten Leute Jerusalems mit
ihrem Geld nicht aufwiegen konnten. **„Was ich aber habe, das gebe
ich dir: In dem Namen Jesu, des Messias, des Nazareners[76], wandle!"**[77]

Zum ersten Mal erscheint hier der „Name Jesu" in seiner einzigartigen Bedeutung. Um diesen „Namen" wird es dann fort und fort gehen: Kap. 3, 16; 4, 7. 10. 12. 17. 18. 30; 5, 28. 40. Auch wir kennen noch einen Nachklang der Formel „im Namen": Es werden Urteile verkündigt „im Namen des Volkes" oder Glückwünsche und Grüße ausgesprochen „im Namen" eines ganzen Kreises von Menschen. Auch das ist uns nicht ganz fremd, daß das Aufklingen eines großen und bedeutsamen Namens ein Erschauern über unser Herz gehen läßt. „Im Namen" bezeichnet die Vollmacht, die hinter dem Reden und Handeln schwacher Menschen steht. Der „Name" vergegenwärtigt den Namensträger in seiner ganzen Größe, Kraft und Bedeutung. Die Menschen früherer Zeiten erlebten das noch viel unmittelbarer. Ein „Name" konnte darum zur Zauberformel werden. Alles aber hängt davon ab, wer hinter einem „Namen" steht! Wer ist dieser „Jesus", dieser „Nazarener"? Nur ein Mensch und dann in seinen maßlosen Ansprüchen ein Irrgeist und Gotteslästerer? Oder ist er wirklich der „Herr" und der „Messias", der „Knecht", ja der „Sohn" des lebendigen Gottes? Die machtvolle Wirkung seines Namens ist der klare Beweis für seine Person. Das ist die grundlegende Linie in den Kapiteln 3–5 der Apostelgeschichte[78].

[75] G. Stählin (a. a. O. S. 59) spricht sehr fein davon, wie „der Bettler aus seiner Doppelhaltung der gewohnheitsmäßigen Dringlichkeit und der stets auf Enttäuschung gefaßten Gleichgültigkeit herausgerissen wird".

[76] Vgl. Anmerkung Seite 61

[77] Eine erhebliche Reihe von Handschriften liest „steh auf und wandle".

[78] Im Namen Jesu das vollmächtige Wort sagen kann nur der, der die Person Jesu in ihrer

7 So gewiß ist Petrus, daß er den Lahmen bei der rechten Hand faßt und aufrichtet. Die einfache Erzählung des Lukas sagt uns nicht, was in dem Kranken selber vor sich ging. „Glaubte" er? Theoretische Glaubensüberlegungen stellte er gewiß nicht an. Zum rettenden Heilsglauben kommt er in diesem Augenblick noch nicht. Aber indem er dem aufrichtenden Griff des Petrus folgte, vollzog sich darin ein Glauben, das für diese Stunde genug war. Er folgte darin einem jener unmöglichen und „sinnlosen" Befehle Gottes, in die sich Gottes wunderbare, unsere natürliche Welt sprengende Gaben kleiden müssen. Wir denken an Lk 7, 14; 8, 54; 18, 42; Jo 11, 43. Das ist der Glaubens-Gehorsam, wie er wesensmäßig auch den Heilsglauben kennzeichnet, nur, daß dieser dann nicht Kranke gesund, sondern fluchwürdige Sünder zu geliebten Kindern Gottes macht. Immer aber ist echter Glaube ein solches Zugreifen und Handeln des Menschen, der dann staunend die Wirklichkeit dessen erfährt, was Gott in seinem Wort fordert („wandle!") und damit zugleich gibt. **„Sogleich aber wurden fest seine Füße und seine Knöchel, und aufspringend trat er fest hin."**

8 Petrus seinerseits war gehorsam glaubend dem Wink seines Herrn gefolgt. An irgendwelche Folgen seiner Tat dachte er nicht. Er freute sich mit dem Mann, der aus seinem Elend befreit war, und freute sich des herrlichen Heilandes, dem er dienen durfte. Gesagt wird so etwas in der sachlichen, zurückhaltenden Darstellung der Bibel freilich nicht. Nur von der Freude des Geheilten, von seinem Wandeln und Springen und Gott loben ist die Rede. Lukas malt durch das vielfach wiederholte: „er wandelte, er sprang, er lobte" die ganze Intensität der Freude dieses Mannes. Wie gebraucht und genießt er jetzt das, was wir Gesunden als eine selbstverständliche Fähigkeit gedankenlos hinnehmen. Sein erster Gang aber führt ihn mit den Aposteln in den Tempel hinein. Seine Freude erschöpft sich nicht in seinem Glück, sondern treibt ihn zu Gott.

9/10 Das Geschehen aber ist nicht verborgen geblieben, es ist ja eine belebte Stunde am Tempeleingang. **„Und es sah das ganze Volk ihn wandeln und Gott loben. Sie erkannten ihn aber[79], daß er es war, der nach dem Almosen am Schönen Tor des Tempels saß, und wurden voll Staunen und Verwunderung über das, was ihm widerfahren war."** Wieder wie am Pfingsttage führt das Wunder als solches nur

ganzen Wirklichkeit und Herrlichkeit kennt. Darum ist eine über die Person Jesu unsicher gewordene Kirche so machtlos! Und umgekehrt erweist die Wirkung des Namens Jesu in der Lösung dämonischer Bindungen, in Heilung von Krankheiten, in der Befreiung von Menschenherzen bis heute die Wahrheit des alten apostolischen Zeugnisses.

[79] Wieder liegt für den Griechen im „Imperfekt" der Hinweis, daß dieses „Erkennen" nach und nach geschah und sich durch die Menge hindurch ausbreitete.

zum „Verwundern" und zum scheuen Staunen. Das „Zeichen" verlangt nach dem „Wort", wobei dann freilich das Zeichen dem Wort eine Aktualität und Wirklichkeitsmacht besonderer Art gibt. Petrus erhält die Gelegenheit, ja die Verpflichtung, dieses Wort nun zu sagen.

ERNEUTE VERKÜNDIGUNG IM TEMPEL

Apostelgeschichte 3, 11–26

11 Während er sich aber zu Petrus und Johannes hielt, lief das ganze
Volk zu ihnen hinzu bei der sogenannten Halle Salomos, außer
12 sich vor Staunen. * Als Petrus das sah, hob er an zum Volk:
„Israelitische Männer, warum wundert ihr euch über diesen oder
was blickt ihr auf uns, als hätten wir durch eigene Kraft oder
13 Frömmigkeit fertig gebracht, daß er gehen kann? * Der Gott Abra-
hams und Isaaks und Jakobs, der Gott unserer Väter, hat verherr-
licht seinen Knecht Jesus, den ihr freilich preisgegeben habt und
verleugnet angesichts des Pilatus, als er ihn freizulassen beschloß.
14 * Ihr aber habt den Heiligen und Gerechten verleugnet und ge-
15 beten, daß euch ein Mörder geschenkt würde. * Aber den Fürsten
des Lebens habt ihr getötet! Den hat Gott auferweckt aus den
16 Toten, wofür wir Zeugen sind. * Und auf Grund des Glaubens an
seinen Namen hat diesen, den ihr seht und kennt, sein Name
stark gemacht, und der durch ihn (erweckte) Glaube hat ihm diese
vollkommene Gesundheit gegeben vor euch allen.
17 Und nun, Brüder, ich weiß, ihr habt es aus Unwissenheit getan,
18 wie auch eure Oberen. * Gott aber hat, was er vorher verkündigt
hat durch den Mund aller Propheten, daß leiden werde sein Ge-
19 salbter, erfüllt auf diese Weise. * Darum ändert euren Sinn und
20 bekehrt euch, damit ausgelöscht werden eure Sünden, * auf daß
Zeiten der Erquickung kommen vom Angesicht des Herrn und er
21 sende den euch vorausbestimmten Messias Jesus, * den der Him-
mel aufnehmen muß bis zu den Zeiten der Wiederherstellung von
allem, was Gott gesprochen hat durch den Mund seiner heiligen
22 Propheten von alters. * Mose schon hat gesagt: Einen Propheten
wird euch erwecken der Herr, Gott, aus euren Brüdern wie mich;
ihn sollt ihr hören in allem, was er immer zu euch reden wird.
23 * Es wird aber geschehen: Jede Seele, die nicht hören wird auf
24 jenen Propheten, soll ausgerottet werden aus dem Volk. * Und
alle die Propheten von Samuel und den folgenden an, so viele
25 gesprochen haben, haben auch diese Tage verkündigt. * Ihr seid

zu Vers 11:
Jo 12, 19
Jo 14, 12
Apg 5, 12
zu Vers 12:
Apg 14, 15
zu Vers 13:
Jes 52, 13
Mt 12, 18
Mk 2, 9. 11
Lk 23, 22
Apg 5, 30
2 Ko 3, 15
zu Vers 14:
Mt 27, 22 f
Lk 23, 18
Jes 53, 11
zu Vers 15:
1 Ko 15, 5
Hbr 2, 10
Hbr 12, 2
zu Vers 17:
Apg 13, 27
17, 30
Lk 23, 34
1 Ko 2, 8
1 Tim 1, 13
zu Vers 18:
Lk 24, 25-27
Jes 53
zu Vers 19:
Apg 2, 38
Kol 2, 14
zu Vers 20:
2 Pt 3, 12

zu Vers 21:
Apg 1, 11
1 Ko 15, 25. 28
Kol 3, 1
zu Vers 22:
5 Mo 18, 15. 19
Mk 9, 7
Jo 5, 24
Apg 7, 37
zu Vers 23:
Mt 13, 13
zu Vers 24:
Apg 10, 43
zu Vers 25:
1 Mo 12, 3
Lk 1, 70-75
Lk 19, 9
Rö 15, 8
Gal 3, 8
zu Vers 26:
Apg 4, 27. 30
13, 46

die Söhne der Propheten und des Bundes, den Gott verordnet hat euren Vätern, indem er zu Abraham sagte: Und in deinen Nachkommen werden gesegnet werden alle Geschlechter der Erde.
26 *** Für euch zuerst hat Gott erweckt seinen Knecht und hat ihn gesandt als den, der euch segnet, wenn ihr euch, ein jeder, abwendet von euren Bosheiten** (oder: indem er jeden von euch von euren Bosheiten bekehrt)."

Die Handschrift D (vgl. die Übersicht über die Handschriften des NT in den Richtlinien für die Benutzer S 6) gibt den Vers 11 so wieder: „Während aber Petrus und Johannes herauskamen, kam er mit heraus sich zu ihnen haltend; sie aber standen da, außer sich vor Staunen." Man hat in den Abweichungen der Handschrift D den besseren und ursprünglicheren Text sehen wollen. Aber gerade unsere Stelle zeigt eher einen allzu gewissenhaften, verbessernden Schreiber. Dieser Schreiber wußte, daß die sogenannte Halle Salomos am Ostrande des Tempelbezirkes lag, noch vor der Schönen Pforte. Wenn die Apostel nach Vers 8 durch diese Pforte tiefer in den Tempel hineingegangen waren, mußten sie erst wieder „herauskommen", ehe sie zur Halle Salomos gelangen konnten. So gestaltete der Schreiber von D den Text. Aber mußte das ausdrücklich gesagt und jeder Schritt der Apostel beschrieben werden? Ist Lukas solch ein pedantischer Erzähler?

12 Das Gerücht von der wunderbaren Heilung ist natürlich weitergegangen. Und als nun Petrus und Johannes aus dem Tempel kommen, der Geheilte eng an sie angeschlossen, da **„läuft das ganze Volk zu ihnen hinzu bei der sogenannten Halle Salomos**[80] **außer sich vor Staunen". „Als Petrus das sah"**, muß er reden. Er kann es bei dem bloßen Staunen der Menschen nicht lassen, er muß ihnen von dem sagen, der diese Heilung gewirkt hat. Er muß vor allem alles abschneiden, was sich an Bewunderung fast selbstverständlich an ihn und an Johannes hängt. Ein Apostel Jesu unterscheidet sich dadurch radikal von den vielen Wundertätern, die es in jener Zeit unter Juden und Heiden gab. Ein Mann wie Simon in Samaria sagte von sich selbst, er sei ein Großer, und ließ sich gern „die große Kraft Gottes" nennen (Kap. 8, 9–10). Petrus und Johannes aber lehnen dies gerade entschlossen ab: **„Was blickt ihr auf uns, als hätten wir durch eigene Kraft fertiggebracht, daß er gehen kann?"** Petrus und Johannes waren wie alle biblischen Menschen „Glaubende", also in sich selbst nichts und nur Werkzeuge des Handelns Gottes. Es ist auch nicht ihre **„eigene Frömmigkeit"**, mit der sie Gottes Wunder herbeiziehen.

[80] In der „Halle Salomos" hatte bereits Jesus selbst seine große Hirtenrede gehalten Jo 10, 22–30.

Der Glaubende kennt keine verdienstliche Religiosität[81]. Mit aller Kraft wendet Petrus die Gedanken seiner Hörer völlig von den Aposteln fort, allein auf Gott hin. **„Der Gott Abrahams und Isaaks und** 13
Jakobs" – um ihn allein geht es. Für sich selbst läßt Petrus nicht das geringste übrig.

Nicht einen neuen Gott verkündigt der Apostel! Das „Christentum" ist nicht eine „neue Religion". Auch in der Botschaft der Christen geht es um **„den Gott Abrahams und Isaaks und Jakobs, den Gott der Väter"**. Wie mußte das vor einer jüdischen Hörerschaft im Tempel betont werden. Aber – und nun ist Petrus sofort bei seinem Zentralthema – eben dieser Gott der Väter **„hat verherrlicht seinen Knecht Jesus"**. Es wird nicht Jesus gegen einen unzulänglichen Gott des Alten Bundes ausgespielt; wie hätte Israel das anhören können. Nein, die Geschichte Jesu ist das Werk dieses einen lebendigen Gottes, der **„der Gott Abrahams und Isaaks und Jakobs"** ist, und ist deshalb für jeden Israeliten verbindlich. Darum spricht Petrus hier auch mit Worten des AT. Die feierliche Bezeichnung Gottes als **„der Gott Abrahams und Isaaks und Jakobs, der Gott unserer Väter"** findet sich geradeso in der Berufungsgeschichte des Mose am brennenden Dornbusch (2 Mo 3, 6. 15). Und von der „Verherrlichung" oder „Erhöhung" des „Knechtes Gottes" hatte Jesaja gerade vor dem mächtigen 53. Kapitel in 52, 13 gesprochen: „Siehe, mein Knecht wird weislich tun und wird erhöht und sehr hoch erhaben sein."

Wohl könnte von den späteren Zeugnissen des NT her die Bezeichnung Jesu als des „Gottesknechtes"[82] zu gering erscheinen. Sie findet sich bei einem Paulus nirgends. Aber die echte Verkündigung meint nicht, ständig und sofort alle höchsten dogmatischen Aussagen bringen zu müssen. Sie will ja dem Verständnis der Hörer begegnen und knüpft darum an das an, was den Hörern vertraut ist. Dabei war der „Gottesknecht" des Jesaja wahrlich eine geheimnisvolle und gewaltige Gestalt! War sie in Jesus aus einem Prophetenwort zur gegenwärtigen Wirklichkeit geworden, so war das eine aufwühlende Botschaft. „Jesus, der Gottesknecht, den Jesaja weissagte" – mehr

[81] Das Bild der Heiligen wird bedenklich, sobald auch nur eine Andeutung davon erscheint, als führe die außergewöhnliche Frömmigkeit eines Menschen mit Fasten und Beten und Gottesliebe Zeichen und Wunder herbei. Aber auch wir müssen uns immer neu vor dem unwillkürlichen Gedanken hüten, daß der „große Mann" in der „Reichsgottesarbeit" besondere „Kräfte" habe oder ganz besonders fromm sei.

[82] Das im Text stehende grie Wort „pais" kann zwar sowohl „Sohn" wie „Knecht" bedeuten, ähnlich wie auch im Deutschen „Knabe" und „Knappe" eigentlich das gleiche Wort sind. Petrus aber hat sicherlich von dem „Knecht Gottes", dem „ebed Jahwe", gesprochen, dessen Gestalt alle seine Hörer aus dem Propheten Jesaja kannten.

brauchte in dieser Stunde nicht gesagt zu werden. Vor den Augen der Hörer hatte Gott **„seinen Knecht Jesus verherrlicht"**.

13–15 Daran wird die ganze Schuld Israels deutlich. Gott ist treu, Gott hat die Prophetenweissagung erfüllt und den „ebed Jahwe", den „Gottesknecht", gesandt. Israel aber hat ihn **„preisgegeben und verleugnet"**. Wieder spricht Petrus mit seinen Hörern nicht über Ansichten und theologische Meinungen, sondern über eindeutige Taten und Tatsachen. Gottes Handeln und Israels Tun stehen Zug um Zug widereinander: Gott verherrlicht Jesus – sie haben ihn preisgegeben[83]; Gott stellt den **„Heiligen und Gerechten"** in ihre Mitte – sie verleugnen ihn und erbitten sich dafür einen Mörder; Gott schenkt ihnen den **„Fürsten des Lebens"** – sie töten ihn; sie töten – aber Gott erweckt ihn aus den Toten. Solches Handeln wider Gottes Tun und Schenken aber ist letzte, vollendete Schuld, weit über alle moralischen Verfehlungen hinaus. Was Israel getan hat, wiegt umso schwerer, als selbst ein „Gesetzloser" wie Pilatus die Unschuld Jesu sieht und ihn freilassen will. Und welche Verblendung liegt darin, den **„Fürsten** (d. h. den Urheber und Bringer) **des Lebens" zu „töten"** und in einem Mörder ein „Geschenk" zu sehen! Petrus erspart seinen Hörern nichts. Wieder sehen wir, mit welchem Ernst Petrus die Vergebung seiner Schuld ergriffen hat. Er, der als führender Jünger Jesu seinen Herrn „verleugnete", kann mit ruhiger Sachlichkeit seinen Hörern „ihr Verleugnen" des Heiligen und Gerechten vorhalten. Freilich, er kann es nicht mehr von oben herab, als einer, der „besser" wäre als sie. Er kann es nur als der, der von der Vergebung weiß und darum auch den andern die Schuld nur aufdeckt, damit sie Vergebung empfangen. So allein kommt echte Bußpredigt zustande, die sich von aller harten Moralpredigt grundlegend unterscheidet. Gerade darum kann echte Bußpredigt so rückhaltlos und klar sein, wie wir es hier an der Rede des Petrus sehen.

16 Für die Auferweckung Jesu **„sind wir Zeugen"**, sagt Petrus. Aber in gewisser Weise sind seine Hörer es nun auch. Denn **„auf Grund des Glaubens an seinen Namen hat diesen, den ihr seht und kennt, sein Name stark gemacht, und der durch ihn** (erweckte) **Glaube hat ihm diese vollkommene Gesundheit gegeben vor euch allen"**. Der „Name" Jesu kann nur so machtvoll sein, weil Jesus der Auferstandene und Lebendige ist. Petrus bestätigt unsere Annahme, daß sich in dem Gehorsam gegen den aufrichtenden Griff des Petrus der „Glaube" in dem Gelähmten vollzog. Ja, Petrus geht darüber noch hinaus. Er hat erfahren, wie Jesus selber es ist, der durch sein Wort den Glauben in diesem Mann „erweckte". Es ist kennzeichnend, wie

[83] Vgl. Anmerkung S. 44

darum hier der mächtige „Name Jesu" und der wirksame **„Glaube an seinen Namen"** in einem einzigen Satz scheinbar verwirrend ineinander verschlungen sind. Was hat dem Gelähmten **„diese vollkommene Gesundheit gegeben"?** Der Name Jesu oder der Glaube? Petrus bezeugt: nicht das eine oder andere! „Objekt" und „Subjekt" sind hier unlöslich miteinander verflochten. Das gerade kennzeichnet alles bibelmäßige Geschehen. Und eben der Glaube seinerseits ist nicht eine menschliche Qualität oder Leistung als solche, sondern ist Gabe Jesu durch sein Wort. Da die Hörer Zeugen dieses Geschehens sind, haben sie jetzt Jesus mit eigenen Augen lebendig am Werk gesehen.

Und nun kommt — ganz anders als am Pfingsttag — schon in der 17–19
Predigt selbst der Aufruf zur Umkehr. Diese Umkehr war freilich nicht möglich, wenn die Verwerfung Jesu mit vollem Wissen und Wollen erfolgt wäre. Aber Petrus kann sagen: **„Ich weiß, ihr habt es aus Unwissenheit getan, wie auch eure Oberen."** Das ist genau das gleiche Urteil, das Paulus im Rückblick auf die Zeit seines leidenschaftlichen Kampfes gegen Jesus über sich selbst gefällt hat: „Aber ich erfuhr Erbarmen, weil ich es unwissend getan hatte im Unglauben" (1 Tim 1, 13). Das ist von Paulus, der sich sofort (V. 15) den größten aller Sünder nennt, nicht als Entschuldigung gemeint! So will auch hier Petrus nicht verharmlosen, was er eben als unbegreifliche und schreckliche Schuld vor seine Hörer hingestellt hat. Wenn Israeliten nicht mehr erkennen, was ein Heide wie Pilatus sah, dann ist das nicht Mangel an Intellekt, der ihr Tun entschuldigte, sondern eine Verblendung, die aus einem wachsenden Ungehorsam gegen Gott entstanden ist. Nur diejenige Sünde, die nach Jesu warnendem Wort an die Pharisäer unvergebbar ist (Mk 3, 28–30), der bewußte Widerstand gegen Gottes überführenden Geist, ist noch nicht geschehen! Darum kann zur Umkehr gerufen werden. Gott aber hat in seiner wunderbaren göttlichen Art die Schuld Israels benutzt, um auf diese Weise zu erfüllen, was er von den Leiden des Messias schon durch den Mund aller[84] Propheten vorausgesagt hatte.

Es gibt noch Umkehr. Aber sie muß nun auch mit radikalem Ernst vollzogen werden. Petrus unterstreicht das, indem er hier für den Ruf zur Bekehrung zwei Worte verbindet, die die beiden Seiten einer Bekehrung beleuchten: die Abwendung von der Sünde und die Zuwendung zu Gottes Gnade: **„Darum ändert euren Sinn und bekehrt euch."** Wenn solche Bekehrung erfolgt, dann findet sie etwas unbegreiflich Großes: **„Ausgelöscht werden eure Sünden."** Das also gibt

[84] Petrus muß hier nicht an einzelne Aussprüche bei „allen Propheten" gedacht haben, er war nicht Dogmatiker, der nach „Belegstellen" und „Beweisen" suchte, sondern israelitischer Christ, der überzeugt war, daß das ganze AT von Jesus Christus spricht. So hat es Jesus selbst gesagt und gezeigt: Jo 5, 39; Lk 24, 27.

es wirklich für uns: Alle unsere Sünden eines total verkehrten und gottverwerfenden Lebens werden getilgt, so daß es ist, als hätten wir sie nie begangen! Welch ein Angebot. Das ist „Evangelium"[85].

Dieses „Evangelium" hat Petrus am Pfingsttag erst sagen wollen, als er aus den Fragen seiner Hörer deren echte Erschütterung ersah. Jetzt, da die Gemeinde Jesu aus Israel entstanden ist, kann er schon in der Predigt selbst zur heilvollen Umkehr rufen. Er überschreitet sofort noch in einer anderen Richtung den Rahmen seiner ersten Rede. Hatte er dort nur durch das Wort des Joel den endzeitlichen Charakter der Geistesausgießung angedeutet, so richtet er jetzt den
20 Blick der Hörer ausdrücklich auf die Zukunft: **„auf daß Zeiten der Erquickung kommen von dem Angesicht des Herrn und er sende den vorausbestimmten Messias Jesus"**. Israel empfand die ganze Härte seiner Lage. Dort unmittelbar hinter dem Tempel erhob sich die Burg Antonia, von der aus der Vertreter Roms die Stadt beherrschte. Israel war ein ohnmächtiges, drangsaliertes und verachtetes Volk. Wie fern waren die herrlichen Dinge, die Gott seinem Volk versprochen hatte! Wann kamen die Zeiten der Erquickung, des „Aufatmens"? Wie oft ist aus jüdischem Herzen diese Frage aufgestiegen[86]. Petrus gibt hier eine doppelte Antwort. Diese Zeiten kommen nur durch Jesus. Er ist der **„vorausbestimmte Messias"**, ihn muß Gott aufs neue senden als den Weltvollender. Dann kommen die Erquikkungszeiten[87]. Das hängt aber wiederum davon ab, daß Israel sich bekehrt. Wohl weiß es Petrus vom Himmelfahrtstage her, daß der Vater „die Zeiten und Fristen seiner eigenen Macht vorbehalten hat". Aber er weiß auch, daß Gottes Regierung nie die eiserne Durchführung eines starren Programmes ist, sondern auf das Tun und Lassen der Menschen eingeht. Kommt es jetzt zur Bekehrung Israels, dann eilen die Zeiten der Erquickung schneller herbei.

21 Jesus wird zur Vollendung seines Werkes erneut „gesandt", das gehört zur Botschaft von Jesus notwendig und wesentlich dazu. **„Ihn muß der Himmel aufnehmen bis zu den Zeiten der Wiederherstellung von allem, was Gott gesprochen hat durch den Mund seiner heiligen Propheten von alters."** Hier steht das Wort von der „apokatastasis", der „Wiederherstellung aller Dinge", das in der Christenheit immer

[85] Es kann uns auffallen, daß eine Aufforderung zur Taufe hier nicht ausgesprochen ist. Nach der vollzogenen Taufe der Dreitausend war das wohl nicht mehr nötig. Ebenso fehlt hier die Zusage des Geistesempfangs. Es muß nicht in jeder Predigt alles gesagt werden.

[86] Wie klingt dieses Sehnen aus dem Lobgesang des Zacharias: „Daß wir, erlöst aus der Hand unserer Feinde, ihm dienten ohne Furcht unser Leben lang" Lk 1, 67 ff.

[87] Hier ist wie auch in vielen Prophetenworten das endzeitliche Geschehen in einem einzigen, zusammenfassenden Wortbild ausgedrückt.

wieder rasch mit der „Allversöhnung" in eins gesetzt wird. Sicherlich, man kann durchaus auch übersetzen: „Bis zu den Zeiten der Wiederherstellung (oder: Vollendung) des Alls, von denen Gott gesprochen hat durch den Mund seiner heiligen Propheten von altersher"[88]. Aber mit dieser Wiederherstellung des Alls war gerade in Israel nicht mit einem Gedanken an das Seligwerden aller Menschen oder gar noch der gefallenen Engel und Satans gedacht! Auch in dem Ausdruck selbst liegt nichts davon. Wohl bedarf diese von Sünde, Satan und Tod verwüstete Schöpfung einer gründlichen und umfassenden „Wiederherstellung", einer Hinwendung zum längst von Gott geplanten Ziel der Vollendung und Vollkommenheit. Dafür hat Gott auch schon die „Zeiten" bestimmt und hat durch seine Propheten **„von alters"** davon gesprochen. Darauf wartet alles (Rö 8, 19–24), darauf wartet auch Jesus selbst (Hbr 10, 13). Er ist bis dahin im Himmel verborgen und geborgen. Dann aber wird er aufs neue „gesandt" („auf ein Befehlswort" 1 Th 4, 16), um alles zum Ziel zu bringen. Diese ungeheure Hoffnung schließt aber das Gericht in seinem ganzen Ernst mit ein (vgl. nur 2 Th 1, 7–9). Gerade darum ruft Petrus im Blick auf die kommenden Ereignisse seine Hörer so dringend zur Bekehrung.

Wenn wir die oben im Text gegebene Übersetzung vorziehen, wird es vollends klar, es geht nicht um eine „Wiederbringung aller", sondern um die volle Erfüllung aller Verheißungen, die Gott durch Prophetenmund ausgesprochen hat. Sie wird nicht nur „Erfüllung", sondern „Wiederherstellung" genannt, weil in der Gegenwart alles – gerade auch durch Israels eigene Schuld – gleichsam zerstört und zerschlagen ist, was Israel doch nach Gottes Willen zuteil werden sollte. So muß es „wieder hergestellt" werden.

Damit ist Petrus bei dem Schriftbeweis, an dem ihm auch hier wieder in vollem Ernst liegt und der seine Rede wirksam abschließt. 22
Schon Mose hat von dem kommenden, geheimnisvollen Propheten gesprochen, den Gott aus Israel erwecken wird. Er wird an der Schwelle der Vollendungszeit stehen, wie Mose der große Mittler des Anfangs, des Sinaibundes, der Volkwerdung Israels gewesen war. Darum heißt es: **„Einen Propheten . . . wie mich".** Aber wie die Vollendung den Beginn überragt, so ist auch die Bedeutung dieses „neuen Mose" noch gewaltiger und unbedingter: **„ihn sollt ihr hören in allem, was er immer zu euch reden wird".** Weil diese Verheißung in Israel lebendig geblieben war, wurde schon der Täufer offiziell gefragt, ob er sich etwa für „den Propheten" halte (Jo 1, 21).

Jesus aber ist wirklich dieser Prophet, dieses Gegenbild des Mose. 23

[88] So auch G. Stählin a. a. O. S. 61

Darum gilt es, auf Jesus so unbedingt zu hören, wie Mose selbst es seinem Volk schon gesagt hat (5 Mo 18, 15. 19)[89]. Unter Heranziehung von 3 Mo 23, 29 wird es den Hörern mit tiefem Ernst noch einmal vorgehalten, daß es bei der Stellung zu Jesus um Leben und Tod geht: **„Es wird aber geschehen: jede Seele, die nicht hören wird auf jenen Propheten, soll ausgerottet werden aus dem Volk."** Nach „Allversöhnung" klingt dies Wort nicht. Es trifft aber noch einmal den entscheidenden Punkt, um den es bei jeder Verkündigung an Israeliten gehen mußte. Verlieren wir nicht unseren kostbaren jüdischen Besitz, wenn wir uns Jesus anschließen? Das war die Frage, die sich der christlichen Verkündigung entgegenstellte. Im Gegenteil! antwortet Petrus. Nur wenn ihr zu Jesus kommt und auf ihn hört, bleibt ihr überhaupt Glieder des erwählten Volkes. Wer Jesus ablehnt, wird von Gott aus der Liste Israels gestrichen.

24 Aber nicht nur Mose, sondern **„alle Propheten von Samuel und den
folgenden an, so viele gesprochen haben, haben auch diese Tage ver-
kündigt". „Diese Tage"** des Geschehens mit Jesus, in das die Apostel
ihr ganzes Volk mit hineinziehen möchten, damit auch die Vollen-
dung dieses Geschehens, die erneute Sendung Jesu zur Herbeiführung
der Zeiten der Erquickung bald kommen kann. Denn trotz der gro-
25 ßen Schuld Israels bleibt es dabei: **„Ihr seid die Söhne der Propheten
und des Bundes, den Gott verordnet hat euren Vätern."** Der Aus-
druck **„Söhne der Propheten und des Bundes"** meint nicht nur den
geschichtlichen Zusammenhang in der Folge der Geschlechter, der
freilich wichtig genug ist, sondern auch die innere Zugehörigkeit, so
wie wir von „Kindern des Lichtes" sprechen. Petrus wirbt hier mit
achtungsvoller Liebe um seine Hörer. Seht doch, *was* ihr seid, und
seid es doch nun auch wirklich. Der Abrahamsbund[90] verheißt den
„Nachkommen" (Einzahl!), durch den **„alle Geschlechter der Erde
gesegnet werden"** sollen. In Jesus ist dieser Nachkomme da (vgl.
Gal 3, 15–18). Den unmittelbaren Gliedern des Abrahambundes zu-
allererst gehört er darum (vgl. Rö 1, 16; 2, 9; 2, 10: „Zuerst den Ju-
26 den"). Wenn Petrus formuliert: **„Für euch zuerst hat Gott erweckt**

[89] Von hier aus wird bedeutsam, daß auf dem Berg der Verklärung Gott selbst im Beisein des Mose dieses sein Wort göttlich beglaubigt und es über Jesus ausspricht: „Den sollt ihr hören!" (Mt 17, 5)

[90] Es fällt uns auf, daß Petrus nicht von einem Bund spricht, den Gott „mit den Vätern geschlossen", sondern von einem Bund, den Gott „an eure Väter verordnet" hat. Zwischen Gott und Mensch kann kein Bund „geschlossen" werden wie zwischen gleichberechtigten Partnern. Es hat darum ein gutes Recht, wenn auch wir vom Alten und Neuen „Testament" = „Verfügung" reden. Es geht um eine von Gott allein getroffene „Verfügung", mit der er sich selbst an seine Verheißung und Zusage bindet — o kostbare Festigkeit dieses Bundes! — und uns Menschen unsere rechte Stellung im gehorsamen Vertrauen zu seiner Verheißung anweist.

seinen Knecht", so ist dieses **„erweckt"** vielleicht absichtlich doppeldeutig gebraucht. „Erwecken" wird in der biblischen Sprache gern verwendet für die geschichtliche Sendung von Menschen durch Gott. Die ganze Sendung Jesu ist so die Erfüllung des göttlichen Versprechens an Abraham. Aber nach der erregenden Verkündigung der Auferweckung Jesu aus den Toten mußten die Hörer in diesem Wort „erweckt" erneut die Mahnung herausklingen hören: Diesen von Gott zur Erfüllung des Abrahambundes gesandten Jesus habt ihr Söhne des Bundes getötet; aber nun hat Gott ihn noch einmal „erweckt" aus den Toten. Und auch dies ist wieder **„für euch zuerst"** geschehen. Nun erweist euch endlich als wahre „Söhne des Bundes" und nehmt Jesus an.

Denn – so kann nun Petrus das ganze Evangelium zusammenfassen – als einen Segnenden, nicht als einen Vergeltenden und Strafenden hat Gott Jesus „erweckt". Freilich, es geht dabei nicht um einen allgemeinen „Segen", so wie wir das Wort oft erbaulich-unbestimmt gebrauchen. „Segnen" bedeutet, Menschen von Gott her etwas Gutes zuwenden. Während aber Israel – ähnlich wie wir – dieses „Gute" von Gott allzuleicht eigensüchtig als eine Fülle von irdischen Gaben und Durchhilfen begehrte und erwartete, hatte schon der aaronitische Segen (4 Mo 6, 24) das zugewendete Gute von Gott vielmehr in dem zugewandten leuchtenden Angesicht Gottes selbst, in seiner Gnade und in seinem Frieden gesehen. Nun zeigt Petrus den „Segen" im Ziel der ganzen Sendung Jesu: in der Errettung und Bekehrung Israels. Die Konstruktion des grie Satzes, mit dem Petrus seine Rede schließt, kann beides aussagen: **„indem er abwendet jeden von euch von euren Bosheiten"** oder **„indem ihr euch, ein jeder, abwendet von euren Bosheiten"**. Der innere Sinn bleibt in beiden Fassungen wesentlich gleich. In der ersten Fassung würde besonders unterstrichen, daß Jesus in der Bekehrung der Hörer der eigentlich Handelnde ist. In der zweiten Fassung wird die Verantwortung der Hörer selbst stärker betont, obgleich auch dann ihr eigenes Sich-Bekehren die Segensgabe Jesu ist. Denn worin sie, die frommen Israeliten, jetzt leben, sind „Bosheiten". Das Wort erinnert sofort an „den Bösen", an den Teufel. Petrus meint nicht, daß seine Hörer in allen möglichen menschlichen Schlechtigkeiten stecken, aber sie stehen unter der Obrigkeit der Finsternis (Kol 1, 13), leben im Widerspruch zu Gott, haben kein wahres göttliches Leben und sind darum vergiftet in all ihrem Denken, Reden und Tun. Dieser Zustand ist Verderben, Verlorenheit und Tod. Jesus aber kam „zu suchen und zu erretten, was verloren ist". Als der Gekreuzigte und Auferstandene steht er so aufs neue vor den Menschen in der Halle Salomos. Die Heilung des lahmen Bettlers ist ein „Zeichen" für jene ganz andere Heilung und

Aufrichtung, die Jesus allen schenken will. So verbindet sich noch einmal Ernst und Freude, Angebot und Forderung ganz eng miteinander. Es geht nicht ohne entschlossene Bekehrung. Aber solche Bekehrung ist bei all ihrem Ernst doch nicht Last und harte Zumutung, sondern herrlicher göttlicher Segen in der Befreiung aus Schuld und Gebundenheit[91].

ERSTE VERHANDLUNG VOR DEM HOHEN RAT

Apostelgeschichte 4, 1—22

zu Vers 1:
Lk 22, 4. 52
Apg 5, 24. 26
zu Vers 2:
Mt 22, 23
Apg 23, 6. 8
1 Ko 15, 12
Phil 3, 11
zu Vers 4:
Apg 2, 41. 47
5, 14
zu Vers 6:
Mt 26, 3
Lk 3, 2
zu Vers 7:
Mt 21, 23
zu Vers 8:
Mt 10, 18 f
Apg 2, 4
zu Vers 10:
Apg 2, 23
3, 6. 13-16
zu Vers 11:
Ps 118, 22
Mt 21, 42
zu Vers 12:
Mt 1, 21
Mt 12, 21
Jo 1, 12
Jo 14, 6

1 Während sie aber zum Volk sprachen, traten an sie heran die
2 Priester und der Tempelhauptmann und die Sadduzäer, * auf-
gebracht, weil sie das Volk lehrten und an Jesus die Auferstehung
3 aus den Toten verkündigten, * und legten die Hand an sie und
setzten sie in Haft bis zum nächsten Tag; denn es war schon
4 Abend. * Viele aber von denen, die das Wort gehört hatten, ka-
men zum Glauben, und es wurde die Zahl der Männer gegen
fünftausend.
5 Es geschah aber am nächsten Tag, daß sich versammelten ihre
Oberen und die Ältesten und die Schriftgelehrten in Jerusalem,
6 * und Hannas, der Hohepriester, und Kajaphas und Johannes und
Alexander und alle, die aus Hohenpriestergeschlecht waren,
7 * und sie stellten sie in die Mitte und fragten: „In welcher Kraft
8 oder in welchem Namen habt ihr das getan, ihr?" * Da sprach
Petrus erfüllt mit Heiligem Geist zu ihnen: „Obere des Volkes
9 und Älteste! * Wenn wir heute verhört werden wegen der
Wohltat an einem kranken Menschen, durch wen ihm Rettung
10 widerfahren ist, * so soll kund sein euch allen und dem ganzen
Volk Israel, daß durch den Namen Jesu, des Messias, des Nazare-
ners, welchen ihr gekreuzigt habt, den Gott auferweckt hat aus
11 den Toten, durch diesen dieser dasteht vor euch gesund. * Er ist
der Stein, verachtet von euch, den Bauleuten, der zum Eckstein
12 geworden ist. * Und es gibt in gar keinem anderen die Rettung,
denn es ist auch kein anderer Name unter dem Himmel, der unter
den Menschen gegeben wäre, durch den wir uns retten lassen
13 müssen (oder: gerettet werden sollen).**" * Sehend aber den Freimut**

[91] Wenn es doch auch heute klar würde, daß wir mit dem Ruf zur Bekehrung nicht Menschen quälen und belasten, sondern in Gottes Auftrag segnen und beschenken wollen! Fromme und unfromme Menschen wehren sich gegen die Bekehrungspredigt so, als würde hier allzu viel von ihnen verlangt. Nein, es wird ihnen ein ganz großes Angebot gemacht! Von der Sünde wirklich loskommen dürfen, ist das denn eine Last? Und neues, göttliches Leben erhalten, ist das ein Unglück, gegen das man sich zur Wehr setzen muß?

**des Petrus und des Johannes und bemerkend, daß sie ungelehrte
Leute und Laien sind, gerieten sie in Staunen; sie erkannten sie
14 auch, daß sie mit Jesus gewesen waren. * Sie erblickten aber den
Menschen bei ihnen stehen, der geheilt worden war, und hatten
15 nichts dagegen zu sagen. * Nachdem sie ihnen befohlen, aus dem
Synedrium hinauszugehen, berieten sie untereinander und sagten:
16 * „Was wollen wir diesen Menschen tun? Denn daß ein offen-
kundiges Zeichen durch sie geschehen ist, ist allen Bewohnern
17 Jerusalems sichtbar, und wir vermögen es nicht zu leugnen. * Aber
damit es nicht noch mehr verbreitet wird ins Volk hinein, wollen
wir ihnen mit Drohungen verbieten, nicht mehr zu reden unter
18 Berufung auf diesen Namen zu irgendeinem Menschen." * Und sie
riefen sie und befahlen, überhaupt nicht zu verkündigen und nicht
19 zu lehren unter Berufung auf den Namen Jesu. * Petrus aber und
Johannes antworteten und sprachen zu ihnen: „Ob es recht ist vor
20 Gott, auf euch zu hören mehr als auf Gott, beurteilt selbst. * Denn
wir wenigstens sind nicht im Stande, von dem, was wir gesehen
21 und gehört haben, nicht zu reden." * Sie aber fügten noch weitere
Drohungen hinzu und ließen sie frei, da sie keine Möglichkeit fan-
den, wie sie sie bestrafen konnten um des Volkes willen, weil alle
22 Gott priesen auf Grund des Geschehenen; * denn mehr als vierzig
Jahre alt war der Mensch, an dem geschehen war dieses Zeichen
der Heilung.**

Apg 2, 21
Gal 3, 26
Eph 1, 5
zu Vers 13:
Mt 26, 71 f
Jo 7, 15
1 Ko 14, 23 f
zu Vers 14:
Apg 3, 8 f
zu Vers 15:
Apg 5, 34
zu Vers 16:
Jo 11, 47
zu Vers 18:
Apg 5, 28
zu Vers 19:
Jo 12, 43
Apg 5, 29
2 Ko 13, 8
2 Tim 1, 7
zu Vers 20:
Apg 22, 15
1 Ko 9, 16
2 Pt 1, 16. 18
1 Jo 1, 1. 3
zu Vers 21:
Mt 13, 16 f
Jes 52, 15

1/2

Es ist nicht verwunderlich, daß die Behörden eingreifen. Ein solcher Menschenauflauf im Tempelgelände mußte schnell auffallen. Was ging hier vor? Die Priester interessieren sich besonders für das, was in „ihrem" Tempel zu einer großen Volksmenge gesagt wird. Schon darüber sind sie **„aufgebracht, weil sie[92] das Volk lehrten"**. Wer maßt sich das dort an? Und nun hören sie gar, daß sie **„an Jesus die Auferstehung aus den Toten verkündigten"**. Die Priester gehörten mit dem Laienadel zur einflußreichen Gruppe der „Sadduzäer", die wir schon aus den Evangelien kennen. Sie leugnen die Auferstehung und wünschen ein aufgeklärtes Judentum, das geistig mit der Weltbildung, politisch mit der Weltmacht zusammengeht. Nun hören sie in ihrem eigensten Bereich dies, was ihrem Denken ins Gesicht schlägt und ihr ganzes Streben gefährdet! Man hat kritisch eingewendet, das von Lukas gekennzeichnete Bild könne nicht stimmen, denn sonst hätten die Sadduzäer in gleicher Weise schon längst gegen die Pharisäer vor-

92 Während wir bisher nur von einer Rede des Petrus hörten, lesen wir jetzt auf einmal „sie sprachen" zum Volk, „sie lehrten" das Volk. Es wird auch hier wie am Pfingsttag ein Fragen in der Hörerschaft aufgebrochen sein (Apg 2, 37) und zu Gesprächen geführt haben, an denen alle Apostel beteiligt waren. Da hinein erfolgt der polizeiliche Eingriff.

gehen müssen, die sich auch zur Auferstehung bekannten. Aber es ist etwas anderes, ob amtlich anerkannte Schriftgelehrte hinter den Wänden der Lehrhäuser von der Auferstehung sprechen, oder ob jetzt irgendwelche Männer im Tempelbezirk zu Tausenden davon reden. Und es ist erst recht etwas anderes, ob die Auferstehung am Ende der Tage theoretisch behauptet oder ob sie ausgerechnet an Jesus – welch ein aufregender Name für die Priesterschaft – als
3 gegenwärtige Wirklichkeit bezeugt wird[93]. So alarmierten die Priester die Tempelpolizei, deren Befehlshaber, der „Tempelhauptmann", selber den Sadduzäern angehörte. **„Sie legten die Hand an sie und setzten sie in Haft bis zum nächsten Tag; denn es war schon Abend."** „Abend" wird es in Palästina schon früh. Lukas macht damit keine genaue Zeitangabe[94]. Es war aber jedenfalls nicht mehr möglich, sofort noch eine Sitzung des Rates einzuberufen.

So verbringen Petrus und Johannes die erste Nacht in einer Gefängniszelle. Es ist die erste Nacht von vielen tausend Nächten, die viele tausend Boten Jesu so verbringen werden. Als Petrus und Johannes zur üblichen Gebetszeit ihren gewohnten Gang zum Tempel machten, ahnten sie nicht, daß sie von diesem Gang nicht wieder nach Hause zurückkommen, sondern im Gefängnis landen würden. Aber die Schritte dieses Weges waren notwendig gewesen. Sie konnten an Gottes Auftrag für den Leidenden nicht vorbeigehen und mußten helfen. Sie konnten die Menge nicht ihrem ratlosen Staunen und ihren falschen Gedanken überlassen, sondern mußten von Jesus sprechen. So konnten sie ohne Selbstvorwürfe im Gefängnis sein.

4 Aber die Verhaftung der Apostel ist nicht das einzige Ergebnis dieses Tages, sondern **„viele von denen, die das Wort gehört hatten, kamen zum Glauben".** Was Petrus so eindringlich vor seine israelitischen Hörer hingestellt hatte, faßte mit unausweichlicher Macht ihr Gewissen und ließ **„viele"** das Angebot Gottes annehmen. „Zum Glauben kommen", das ist immer wieder in allen Jahrhunderten und in allen Ländern und Erdteilen das entscheidende Ereignis, um das es geht. Das persönliche Erfassen des auferstandenen, gegenwärtigen Jesus als des Retters, die Übergabe des ganzen Lebens an ihn, die Eingliederung in seine Gemeinde, das alles liegt in diesem einfachen

[93] Das Gespräch Jesu mit Martha in Jo 11, 23–26 gibt uns in seiner Weise einen Eindruck von der Wucht dieses Unterschiedes.

[94] Zu der Frage der Ansetzung des „Abends" vgl. Lk 24, 29. Immerhin zeigt die Zeitangabe von Apg 4, 3 im Vergleich zu Apg 3, 1, daß Lukas für das ganze Geschehen mit einer erheblichen Zeitdauer gerechnet hat. Petrus hat nicht nur wenige Minuten gesprochen! Es ist die Kunst des Lukas, aus einer langen Rede der Apostel nur einen kurzen Überblick über deren Inhalt zu geben und doch in uns den Eindruck zu erwecken, als hätten wir mit den damaligen Hörern gemeinsam eine vollständige Rede miterlebt.

Ausdruck. Es wird dabei deutlich, daß „Glaube an Jesus" das ein und alles des Christseins ist.

„Und es wurde die Zahl der Männer gegen fünftausend." Auch hier wieder wird Lukas summarisch berichten. Nach der aufregenden Verhaftung der Apostel war schwerlich Zeit zu Feststellungen und Zählungen der Bekehrten. Taufen konnten an jenem Abend kaum noch vollzogen werden. So wird Lukas sagen wollen, daß durch die Auswirkung dieser mächtigen Verkündigung die Gemeinde einen Zuwachs bekam, der die Zahl der Männer von dreitausend auf fünftausend ansteigen ließ. Dabei kann wirklich — wie in Mt 14, 21 — der Blick nur auf die Männer gerichtet gewesen sein. Es kann aber auch entsprechend den dreitausend „Seelen" in Kapitel 2, 41 an die Zahl der Gemeindeglieder überhaupt gedacht sein, die jetzt neu hinzukamen.

Am nächsten Tag kommt es zur Sitzung des **„Synedriums"**, des 5/6
„Hohen Rates". Es ist die gleiche Behörde, die wenige Wochen zuvor den Prozeß gegen Jesus geführt hat (Mk 14, 53; Mt 26, 54; Lk 22, 66). So begegnen wir auch den bekannten Namen Hannas und Kajaphas. Nicht Hannas, sondern Kajaphas ist der amtierende Hohepriester, aber Hannas, der Schwiegervater des Kajaphas, hat offenbar noch großen Einfluß im Hohen Rat (vgl. Jo 18, 13). Johannes[95] und Alexander sind uns sonst nicht bekannt, gehören aber zum **„Hohenpriestergeschlecht"**. Weiterhin haben Sitz und Stimme im Hohen Rat die **„Oberen"**, die führenden Glieder des Priesteradels, und die **„Ältesten"**, unter denen sich — wie wir in Kapitel 5 sehen werden — auch angesehene Pharisäer und Schriftgelehrte befanden.

Nun werden die Apostel hereingeführt und stehen im freien Raum 7
„in der Mitte", der von dem Sitz der Ratsherren im Halbkreis umschlossen ist. Das Verhör beginnt: **„In welcher Kraft oder in welchem Namen habt ihr das getan, ihr?"** Die Frage wird das ganze Auftreten der Apostel meinen, die Heilung vor allem, aber auch die öffentliche Verkündigung im Tempel. Wie kommt ihr zu dem allen, wer hat euch dazu die Erlaubnis gegeben? Genauso war an Jesus selbst die Frage gerichtet worden: „In welcher Vollmacht tust du dieses? Und wer hat dir diese Vollmacht erteilt?" (Mt 21, 23)[96]. Nun ist die Stunde rasch gekommen, von der Jesus seinen Jüngern gesagt hatte: „Hütet euch vor den Menschen, sie werden euch an die Synedrien auslie-

[95] Die Handschrift D nennt statt seiner Jonathas, den Sohn des Hannas und Amtsnachfolger des Kajaphas. Das könnte aber wieder die Textänderung eines geschichtskundigen Schreibers sein.

[96] Anders als bei den Ketzerprozessen des europäischen Raumes geht es hier nicht um „Gedanken" und „Lehrmeinungen", die auf ihre dogmatische Richtigkeit geprüft werden. Im biblischen Raum wird gehandelt! Darum geht die Frage hier nach der Vollmacht, nach dem „Namen", der zu solchem Handeln berechtigt.

fern" (Mt 10, 17; vgl. Lk 12, 11 f; 21, 11—15). Petrus und Johannes werden daran gedacht und sich der großen Verheißung getröstet haben, die über dieser Stunde stand: „Der Heilige Geist wird euch zu derselben Stunde lehren, was ihr sagen sollt" (Lk 12, 12).

8 Diese Zusage erfüllt sich. Man kann die Rede des Petrus nicht lesen, ohne tief bewegt zu sein und dieses „Erfülltsein vom Heiligen Geist"[97] deutlich zu erkennen. Welche Lage dieser einfachen Männer vor dieser großartigen Versammlung! Aber es ist in den Worten des Petrus nichts Befangenes, e r spricht wirklich, wie der Hohe Rat selbst feststellt, mit „Freimut". Keine Angst um das eigene Leben, kein Haschen nach dem Wohlwollen dieser Mächtigen ist zu spüren, aber auch keine Entrüstung, keine Dreistigkeit. Frei von jeder Art von Ichhaftigkeit, sachlich, klar, ehrerbietig, aber mit dem tiefen Ernst des wirklichen Stehens vor Gott redet Petrus. Diese Haltung meint das ntst Wort „Freimut"[98].

9 Mit der Weisheit, die für solche Stunden den Jüngern versprochen ist, bezieht Petrus die Fragen des Hohen Rates ganz auf die Heilung des Lahmen. Mit feinem Humor kann er den hohen Herren vorhalten: **„Wenn wir heute verhört werden wegen der Wohltat an einem kranken Menschen . . ."** Eine seltsame Gerichtsverhandlung, die sich nicht auf Übeltaten, sondern auf eine Wohltat bezieht! Aber diese Weisheit des Petrus ist nicht Diplomatie. Petrus greift sofort die zentrale Frage auf: **„durch wen**[99] **dem Kranken Rettung wider-**
10 **fahren ist".** Zu solcher Tat gehört freilich „Vollmacht". Hinter ihr steht der **„Name"** dessen, der hier eigentlich gehandelt, und die **„Rettung"**, die Heilung geschenkt hat. Petrus spricht es mit allem Nachdruck aus: **„So soll kund sein euch allen und dem ganzen Volk Israel, daß durch den Namen Jesu, des Messias, des Nazareners, welchen ihr gekreuzigt habt, den Gott auferweckt hat aus den Toten, durch diesen dieser dasteht vor euch gesund."** Aus der Verteidigung wird unmittelbar Verkündigung, aus dem gerichtlich Befragten ein klarer Zeuge, aus dem Angeklagten ein ernster Ankläger[100]. Petrus

[97] Der Heilige Geist „wohnt" ständig in den Herzen derer, die ihn „empfangen haben". Aber es gibt für besondere Lagen ein besonderes Wirken des Geistes Gottes, das einen Mann ganz „erfüllt" und ihn zu einem besonderen Werkzeug Gottes macht.

[98] Die alten Lutherbibeln sagten „Freidigkeit". Daraus war dann leider „Freudigkeit" gemacht worden. Dieses viel mißbrauchte Wort hat einen falschen Gefühlsklang. „Freudig" war Petrus in jener Stunde sicher nicht; aber er verkündigt „freidig", d. h. mit „freiem Mut".

[99] Das grie Wort läßt nicht erkennen, ob es männlich oder sächlich aufzufassen ist. Es könnte auch mit „durch sie, wodurch" übersetzt werden. Im Zusammenhang des Ganzen wird aber die Formulierung des Petrus schärfer und klarer, wenn er schon hier auf Jesus blickend, „durch wen" sagt.

[100] So ist es zu allen Zeiten bis heute gegangen, wo Menschen Jesu vor weltlichen oder „geistlichen" Gerichten standen.

verschweigt auch vor diesen Männern, die das Todesurteil über Jesus gesprochen hatten, die beiden Grundaussagen nicht: Ihr habt Jesus gekreuzigt, Gott hat ihn auferweckt. Wie anders noch klang das in diesem Kreise als vor den Volksscharen, die nicht in dieser unmittelbaren Weise am Tod Jesu schuldig waren. Den Gegensatz, den Petrus 11
auch in seinen beiden anderen Reden seinen Hörern vor Augen stellte, unterstreicht er hier mit Ps 118, 22[101] in neuer Weise: Gerade die **„Bauleute"**, die für den Aufbau Israels Verantwortlichen, hatten den Stein Jesus als unbrauchbar verachtet. Gott aber hat gerade ihn zum **„Eckstein"** gemacht. Er ist der Grundstein, der den ganzen Bau Israels (und den ganzen Bau der Gemeinde des Neuen Bundes Eph 2, 20; 1 Ko 3, 11!) trägt, oder nach dem heute gewonnenen Verständnis des Ausdruckes: er ist der Schlußstein, der dem ganzen Baugewölbe erst den Halt gibt. Jesus, von den kirchlichen, theologischen Fachleuten verworfen, von Gott zur entscheidenden Größe gemacht, das wagt Petrus vor der obersten Behörde seines Volkes zu sagen[102].

Petrus hat von vornherein für die wunderbare Heilung des Lahmen das Wort „Rettung" verwendet. Das war kein rednerischer Kunstgriff. So war Petrus innerlich von Gottes Geist geleitet worden. Er sah mit der Klugheit des Heiligen Geistes in der Heilung des Lahmen ein „Zeichen", das auf etwas viel Größeres hinweist[103]. Es geht gar nicht nur um die einzelne Rettung des Menschen aus seiner Krankheit, es geht um die ganze Rettung des Menschen vor Gott, nicht nur um „Heilung", sondern um „Heil". Darum kann er es nun von der einzelnen **„Wohltat an einem kranken Menschen"** her umfassend und radikal aussprechen: **„Es gibt in gar keinem andern die Rettung."** 12
Da ist in einem einzigen kurzen Satz das ganze Evangelium in seiner Herrlichkeit und in seinem entscheidungsvollen Ernst. Dieses **„in gar keinem andern"** spricht schon jenes „a l l e i n" aus, allein Christus, allein durch den Glauben, mit dem die Reformation die Hoheit des Evangeliums erneut vor die Menschen stellte. Petrus trifft damit den verborgenen Hintergrund dieses ganzen Verhörs. Nicht eine

[101] Petrus, der „Laie" (Vers 13), belehrt die Schriftgelehrten (Vers 5) aus der Schrift wie ein Meister (vgl. Jo 7, 15; Mk 6, 2); „die Ungelehrten" sind die wahren Gottesgelehrten (vgl. Lk 10, 21; Mt 21, 16) (Stählin a. a. O. S. 73).

[102] Das Bild des „Baues", das Petrus dem Psalm entnimmt, hat in der Bibel fundamentale Bedeutung, von Jes 28, 16 bis Offb 3, 12. Gerade Petrus hat es später in seinem Brief (1 Pt 2, 4—10) ebenso wie Paulus in Eph 2, 20—22 zur Beschreibung des wesenhaften Geschehens auch in der ntst Heilsgeschichte benutzt. Dann ist es eine ebenso entscheidende wie sehr konkrete Frage, wer der „Eckstein" in diesem Bau Gottes ist. Wer aber den von Gott gelegten „Stein" nicht erkennt, begeht nicht nur einen theoretischen Irrtum, sondern kommt an diesem Stein zu Fall. Das sah Petrus schon bei jener Ratsversammlung vor sich.

[103] So hat der Evangelist Johannes die Wunder Jesu verstanden!

einzelne Wundertat hat diese Sitzung der obersten Behörde zustande gebracht. Sondern es ist Jesus und seine Bedeutung für Israel, für die ganze Welt, um die es hier geht. Hier scheiden sich die Geister bis heute. Hier stehen immer wieder die **„Bauleute"**, die diesen Stein für den Aufbau der Menschheit gering achten und in grober oder feiner Form verwerfen, und dort die Glaubenden, die es wissen, daß **„kein anderer Name unter dem Himmel ist, der unter den Menschen gegeben wäre, durch den wir uns retten lassen müssen"**. Noch einmal geht es um den **„Namen"**; vgl. o. S. 87. Wir brauchen auch als Christen nicht zu leugnen, daß es viele Namen in der Geschichte der Menschheit gibt, die wir mit Ehrerbietung und Dankbarkeit nennen, Namen von Männern und Frauen, von denen wir Wertvolles empfingen. Nur eines können sie alle uns nicht geben: die Rettung im Gericht des Heiligen Gottes, die Rettung aus dem ewigen Tod (Ps 49, 8 f). In Jesus aber ist uns dieser eine **„Name"** von Gott selber geschenkt als eine „unaussprechliche Gabe". Es ist der Name, **„durch den wir gerettet werden sollen"**, durch den wir uns aber auch **„retten lassen müssen"**. Wieder stoßen wir auf dieses „aktive Passiv", auf diese unsere Verantwortung vor der Botschaft von Gottes alleinigem Heil. In dem betont ausgesprochenen „wir" liegt das persönliche Bekenntnis. Es geht nicht um allgemeine Wahrheiten, nicht um die Menschen im allgemeinen, es geht um „uns", um dich und mich[104].

13/14 Es ist für den Erfolg dieser Rede und für die Art eines solchen Gremiums bezeichnend, daß ein Fragen nach der Wahrheit der Sache selbst und der verkündigten Botschaft überhaupt nicht aufkommt. Was solche **„ungelehrte Leute und Laien"** sagen, ist keiner ernsthaften Beachtung wert. Die Heilung kann man zwar nicht bestreiten, aber man kann sie auch nicht weiter ernst nehmen[105]. Der Gedanke, sie, die führenden Männer des Volkes, sollten vor diesen ungebildeten jungen Männern „Buße tun", in der Verurteilung dieses Jesus eine Schuld vor Gott sehen und an dieses Märchen von der Auferstehung glauben, ist zu absurd, als daß man ihm nur einen Augenblick Raum geben könnte. Aber persönlich haben Petrus und Johannes Eindruck auf sie gemacht. Wie können Unstudierte[106] so freimütig

[104] Darum hat es nicht erst und nicht nur der „Pietist", sondern auch ein „orthodoxer" Dichter wie Paul Gerhardt ausgesprochen: „... da bist du, m e i n Heil, kommen und hast m i c h froh gemacht" (aus: „Wie soll ich dich empfangen ...").

[105] Dieser naive Hochmut der „Fachleute" wird den Verkündigern des Evangeliums immer wieder begegnen. Auch die offenkundigsten Tatsachen helfen hier nichts. Sie werden bagatellisiert oder geschickt in das kluge System des eigenen Denkens eingeordnet.

[106] Es ist unvermeidlich, daß die Kirchen heute ihren Amtsträgern eine möglichst gute Ausbildung geben. Aber die Kirchen sollten nie vergessen, daß am entscheidenden Anfang nicht Theologieprofessoren stehen, sondern „anthropoi agrammatoi = des Schreibens unkundige Menschen", doch „erfüllt mit Heiligem Geist". Auch in der modernen Welt

vor solch einer erhabenen Versammlung stehen! **„Sie erkannten sie auch, daß sie mit Jesus gewesen waren".** Johannes war sogar (nach Jo 18, 15) dem Hohenpriester persönlich bekannt. Und der Geheilte war mit verhaftet[107] worden, und **„sie erblickten ihn bei ihnen stehen".** Was sollten sie da noch **„dagegen sagen"?** Eine verbindliche Lehre wie in unserer Kirche gab es in Israel nicht; ein „Lehrzucht-Verfahren" gegen die Apostel kam darum nicht in Betracht. Selbst gegen Jesus war der Prozeß schwierig gewesen; erst Jesu eigenes Bekenntnis zu seiner Gottessohnschaft erbrachte die „Gotteslästerung", auf Grund deren man ihn verurteilen konnte. Doch die Behauptung, die Heilung des Lahmen sei durch Jesus geschehen, war vielleicht Unsinn, aber keine Gotteslästerung. Dazu ist auf das Volk Rücksicht zu nehmen. **„Denn daß ein offenkundiges Zeichen durch sie geschehen ist, ist allen Bewohnern Jerusalems sichtbar, und wir vermögen es nicht zu leugnen."** So ist das Synedrium in Verlegenheit. Es läßt
die Angeklagten hinausgehen und berät unter sich[108]. Man kann nur 15—17
eines tun: dafür sorgen, daß **„es nicht noch mehr verbreitet wird ins Volk hinein".** Mit einem strengen Redeverbot hofft man das zu er-
reichen. **„Und sie riefen sie und befahlen, überhaupt nicht zu verkün- 18**
digen und nicht zu lehren unter Berufung auf den Namen Jesu." Nun ist es ganz klar heraus: Auch dem Hohen Rat geht es nicht um Heilungen und dergleichen. Es geht auch ihm einzig um Jesus, daß endlich dieser „Name" nicht mehr genannt und von diesem Jesus nicht mehr gesprochen wird[109]. Darum wird sowohl das „Verkündigen" in die Menge hinein wie auch das „Lehren" in geschlossenen Versammlungen verboten, ja, selbst das persönliche Wort an den ein-

wird sich solch Erfülltsein mit dem Heiligen Geist als wichtiger und wirksamer erweisen als alles kluge Wissen, ja als einzig wirksam. Man kann darum die gegenwärtige Zurüstung zum kirchlichen Dienst nur mit großer Sorge sehen und sich über die Unwirksamkeit der Kirche heute nicht wundern.

107 Er hat die Herrlichkeit Jesu erfahren und die große Freude erlebt, nun bekommt er auch den „Anteil an den Leiden" und an der Schmach Christi.

108 Natürlich hat man kritisch gefragt, woher denn dann Lukas von dieser Verhandlung hinter verschlossenen Türen etwas wissen konnte. Wie weltfremd ist die „Kritik". Als ob nicht aus hunderten von „Geheimverhandlungen" schnell die intimsten Einzelheiten an die Öffentlichkeit gekommen wären! Zudem gehörten Männer wie Nikodemus und Gamaliel dem Hohen Rat an, die keinen Grund hatten, über die Vorgänge in der Sitzung zu schweigen.

109 Das verkennen die Kritiker, die zwischen Vers 16 und 17 einen Widerspruch finden. Ein Redeverbot sei doch sinnlos, wenn bereits alle Bewohner Jerusalems von der Heilung gehört hätten. Ein einzelnes Ereignis, wenn es noch so aufregend ist, ist bald wieder vergessen. Darum brauchte der Hohe Rat keine Sorge zu haben. Aber der Name Jesu sollte nicht immer weiter ins Volk hineingetragen werden. Wäre das Redeverbot befolgt worden, so gäbe es kein Christentum, trotz der in ganz Jerusalem bekanntgewordenen Heilung des Lahmen.

zelnen. Schon das Sprechen von Jesus zu **„irgendeinem Menschen"** ist strafbar.

Die Apostel erklären sofort offen, daß sie sich nicht an das Redeverbot halten werden! Sie denken weder an einen Kompromiß noch an heimliche Umgehung des Verbotes. Wieder wird der „Freimut" sichtbar. Darum hat der Ungehorsam hier nichts Freches, nichts „Aufsässiges" an sich. Die Apostel begründen ihn im Gehorsam gegen
19/20 Gottes Auftrag[110] und wenden sich an das eigene Urteil ihrer Obrigkeit. Sie haben hier nicht Heiden vor sich, sondern die Leiter des erwählten Volkes Gottes. **„Ob es recht ist vor Gott, auf euch zu hören mehr als auf Gott, beurteilt selbst".** Ob etwas „gerecht vor Gott" sei oder nicht, das war ja die ständige Frage in Jerusalem. **„Wir wenigstens"** – das sonst in der grie Sprache bei den Tätigkeitsworten allein durch die Wortform ausgedrückte „wir" ist hier hervorhebend extra hinzu gesetzt – **„sind nicht imstande, von dem, was wir gesehen und gehört haben, nicht zu reden."** So steht es mit echten Zeugen Jesu. Sie müssen sich nicht zwingen, der Zeugenpflicht einigermaßen nachzukommen, sondern – wie kann doch der Heilige Geist formulieren! – sie sind gar nicht imstande, etwa nicht zu reden.
21/22 Daran scheitert jedes „Redeverbot". Der Hohe Rat beantwortet die Erklärung der Apostel mit erneuten Drohungen und läßt die Männer frei. Ob er doch noch hoffte, diese einfachen Menschen würden eingeschüchtert sein und sich vor allzu eifriger und öffentlicher Tätigkeit hüten? Jedenfalls war die bloße Ankündigung, trotz des Verbotes reden zu wollen, noch keine strafbare Handlung. Beim nächsten Prozeß wird das anders sein. Da liegt der Tatbestand einer Übertretung des Verbotes vor (Kap. 5, 28). Jetzt aber finden sie **„keine Möglichkeit, wie sie sie bestrafen könnten".** Und der Blick der Behörde bleibt auf das Volk gerichtet. **„Alle priesen Gott auf Grund des Geschehenen."** Diese Heilung war besonders bewegend gewesen: **„denn mehr als vierzig Jahre alt war der Mensch, an dem geschehen war dieses Zeichen der Heilung".** So lange hatte hier ein Mensch an den Fesseln seiner Krankheit gelegen und war nun frei geworden. Staunend und dankend sprach man in der ganzen Stadt davon. Konnte man von seiten einer an Gott glaubenden Behörde in dieses Lob Gottes hinein mit Bestrafungen antworten?

[110] Dieser „Auftrag Gottes" ist niemals objektiv festzustellen. Es kann immer wieder sein, daß Menschen in diesem „Gott mehr gehorchen" einer Täuschung unterliegen oder es sogar nur zum Vorwand ihres Eigenwillens nehmen. Darum mahnt dieser Satz der Apostel beide Seiten, Ankläger und Angeklagte, zur ernsten Prüfung und darf nicht leichthin nachgesprochen werden.

BERICHT VOR DER GEMEINDE UND GEMEINDEGEBET

Apostelgeschichte 4, 23—31

23 Als sie aber freigelassen waren, kamen sie zu den Ihrigen und
berichteten alles, was zu ihnen die Hohenpriester und die Ältesten
24 gesagt hatten. * Sie aber, als sie es hörten, erhoben einmütig ihre
Stimme zu Gott und sprachen: „Herrscher, der du gemacht hast
den Himmel und die Erde und das Meer und alles, was in ihnen
25 ist, * der du im Heiligen Geist durch den Mund unseres Vaters
David, deines Knechtes, gesagt hast: ‚Warum tobten Nationen
26 und Völker sannen Vergebliches? * Aufgetreten sind die Könige
der Erde, und die Herrscher versammelten sich zusammen gegen
27 den Herrn und gegen seinen Gesalbten.' * Versammelt haben sich
ja wirklich in dieser Stadt gegen deinen heiligen Knecht Jesus, den
du gesalbt hast, Herodes und Pontius Pilatus mit den Nationen
28 und mit den Völkern Israels, * zu tun alles, was deine Hand und
29 dein Rat vorausbestimmt hat, daß es geschehen soll. * Und nun,
Herr, sieh auf ihre Drohungen und gib deinen Knechten, mit
30 allem Freimut zu reden dein Wort, * indem du die Hand aus-
streckst, daß Heilung und Zeichen und Wunder geschehen durch
31 den Namen deines heiligen Knechtes Jesus." * Und als sie gebe-
tet hatten, erbebte der Ort, an dem sie versammelt waren, und sie
wurden erfüllt alle mit dem Heiligen Geist und redeten das Wort
Gottes mit Freimut.

zu Vers 24: 2 Mo 20, 11 Neh 9, 6 Ps 146, 6 Apg 14, 15
zu Vers 25: Ps 2, 1 f
zu Vers 27: Lk 23, 12 Apg 10, 38
zu Vers 28: Apg 2, 23
zu Vers 29: Eph 6, 19 1 Pt 3, 14 f
zu Vers 30: Apg 3, 26 5, 12
zu Vers 31: Apg 2, 2. 4 5, 42 16, 26

Nach der Haftentlassung eilen Petrus und Johannes zu den „**Ihrigen**". Wie man sonst nach bedeutsamen und schweren Erlebnissen seine Familie, seine nächsten Angehörigen aufsucht, so finden die Apostel ihre Heimat in der Gemeinde, die sie ganz als „Familie Gottes" empfinden. Hier wird wirksam, was bei Jesus selbst begonnen hatte: Mk 3, 31—35. Natürlich konnten nicht alle jene fünftausend zur Stelle sein. Aber ein Kreis von Betern war offenbar seit der Verhaftung der Apostel mit ernster Teilnahme am Geschehen beisammen geblieben (vgl. Apg 12, 12). 23

Nun kommt das, was wir aus der Zeit des Kirchenkampfes so gut kennen: „der Bericht zur Lage". Petrus und Johannes „**berichteten alles, was zu ihnen die Hohenpriester und die Ältesten gesagt hatten**". Zum wenigsten der tragende Kreis der Gemeinde muß erfahren, was sich zugetragen hat und wie es steht. Welche Freude wird es ausgelöst haben: Unsere beiden Brüder sind wieder da! Aber wie ernst

war es auch durch das Redeverbot und die Drohung der Regierung.
24 Und nun haben wir Grund zum Staunen. Denn nun folgt nicht, wie wir es selbstverständlich gewohnt sind, die „Aussprache" über den Bericht. Es wird nicht in einer Diskussion die Haltung der Apostel gebilligt, das Unrecht der Regierung festgestellt, die richtige Mitte zwischen geforderter Festigkeit und gebotener Vorsicht ausgewogen. Diese Schar wendet den Blick sofort weg von Menschen hin zu Gott! Sie ist wirklich und im Ernst „gläubig": Gott ist ihr die Hauptsache. Darum folgt auf den Bericht zur Lage statt Aussprache Gebetsgemeinschaft. **„Sie aber, als sie es hörten, erhoben einmütig ihre Stimme zu Gott und sprachen."**

In diesem Gebet fällt die ausführliche Anrede auf[111]. Mit der Anrede vergegenwärtigt sich der Beter, zu wem er jetzt spricht, um dadurch die kühne Zuversicht ebenso zu gewinnen wie die gehorsame Unterordnung. Wir müssen das wieder mehr lernen. **„Herrscher, der du gemacht hast . . ."**. Dieses Gebet geht an Gott, nicht an Jesus. Gott ist der Gewaltige, alles umfassende Schöpfer – was sind neben ihm die mächtigsten Menschen? Er ist aber nicht nur
25/26 stumme Schöpfermacht. Er hat geredet. Er tat es **„im Heiligen Geist durch den Mund unseres Vaters David, deines Knechtes"**[112]. Wieder wie in der Pfingstpredigt ist David auch in seinen Psalmen als Prophet gesehen, durch dessen Mund Gott selber im Heiligen Geist spricht und Zukünftiges voraussagt. Es ist der Anfang des 2. Psalmes, den sich die Beter vor Augen halten. Auch das müssen wir wieder ganz anders lernen, unser Beten auf Gottes eigenes Wort zu gründen. Vor diesem Wort verliert die Lage das Befremdende und Erschrekkende. Es hat solche Lage bereits früher gegeben, sie ist von Gott in seinem Wort vorgesehen, und es steht darüber die Gewißheit von Gott her: Alles „Toben der Nationen" ist doch nur „Sinnen auf Vergebliches".

Was David damals aussprach, das ist jetzt ganze Wirklichkeit ge-
27 worden: **„Versammelt haben sich ja wirklich[113] in dieser Stadt gegen**

[111] Man hat für die ganze Art des Gebetes auf Hiskias Gebet Jes 37, 15–20 verwiesen. Warum sollte sich diese bibelkundige Schar nicht an ein atst Gebet in ähnlicher Lage erinnert und davon gelernt haben? In diesem großen Gemeindegebet ist der Streit zwischen „freiem" und „gebundenem" Beten überwunden. Die Gemeinde betet „frei" „aus dem Herzen" und spricht dabei doch unwillkürlich und dankbar in Formen und Worten, die sie von den betenden Vätern empfangen hat.

[112] Diese Übersetzung ist schon eine Zurechtsetzung des grie Wortlautes, der überladen und in Unordnung ist. Der kürzere Text der „Koine" (siehe die Richtlinien für den Benutzer der W.Stb. S. 6 dieses Bandes) könnte hier das Ursprüngliche haben: „Der du durch den Mund Davids, deines Knechtes, gesagt hast."

[113] Wörtlich: „Auf Grund von Wahrheit." Das biblische Wort „Wahrheit" meint nicht die subjektive Wahrhaftigkeit, sondern die objektive Wirklichkeit.

deinen heiligen Knecht Jesus, den du gesalbt hast, Herodes und Pontius Pilatus mit den Nationen und Völkern Israels." Diese Verwirklichung des prophetischen Wortes ist unheimlich genug: In der Stadt Gottes selbst, nicht etwa draußen bei den Nationen, haben sich zusammengetan, die gar nicht zusammengehören: der jüdische König und der römische Statthalter, die Heiden und die Israeliten. O ja, was findet sich nicht alles zusammen, wenn es gegen Jesus geht!

Aber nun triumphiert der Glaube. Wenn sie sich alle zu einem 28
widernatürlichen Bündnis gegen Jesus zusammengeschlossen haben, dann könnte der Satz doch eigentlich nur weitergehen: **„zu tun, was** sie gegen deinen Rat und Willen sich vorgenommen haben." Aber es ist voller Ernst mit der Gewißheit: **„Sie sannen Vergebliches."** Nicht nur so, daß diese Pläne der Feinde scheitern. Nein, ihre gelungene Durchführung kann nur gerade das zustande bringen, **„was deine Hand und dein Rat vorausbestimmt hat, daß es geschehen soll".** So die Welt und die Weltgeschichte sehen, das heißt „glauben".

Darum kann nach dieser Anrede die eigentliche Bitte nun wunder- 29
bar selbstlos und kühn sein. Kein Wort fällt von der Bestrafung der Feinde; kein Wort von Bewahrung und Schutz für das bedrängte Häuflein. **„Und nun, Herr, sieh auf ihre Drohungen."**[114] Das ist genug[115]. Für die Gemeinde aber ist der heiße Wunsch nur der: **„Gib deinen Knechten mit allem Freimut zu reden dein Wort."** Nicht auf uns und unsere „Haltung" können wir bauen. Wir sind schnell am Ende. Petrus mag daran gedacht haben, wohin er mit seinem „und wenn ich mit dir sterben müßte, so will ich dich nicht verleugnen" gekommen ist. Es ist Gottes Gabe, wenn wir in bedrohten Lagen
furchtlos und sachlich die Botschaft weiter ausrichten. Erbeten wer- 30
den aber auch die „mitfolgenden Zeichen" (Mk 16, 26), die die Botschaft bestätigen und den Namen Jesu verherrlichen. Warum haben wir diese Bitte um das „Ausstrecken seiner Hand zur Gesundheit" so preisgegeben?

Solches Beten wird erhört! Alles wirkliche Beten bewegt den Arm 31
Gottes. Und dieser Arm Gottes bewegt nun hier den **„Ort, an dem sie versammelt waren"** zum Zeichen der Erhörung. Aber auch hier ist nicht das Zeichen das Wichtigste. Sondern das ist es: **„Sie wurden erfüllt alle mit dem Heiligen Geist und redeten das Wort Gottes mit Freimut."** Der Heilige Geist ist ausgegossen; er „wohnt" nun in der

114 Es wird hier eine Eigenart des Betens deutlich. Natürlich „sieht" Gott das Tun der Feinde auch ohne unser Gebet. Aber indem wir es ausdrücklich erbitten, werden wir an diesem seinem Tun mitbeteiligt und seines „Sehens" tröstlich gewiß.

115 Es braucht sich an der „Lage" noch nichts zu ändern. Wenn ich nur in meiner Lage nicht allein und verlassen bin, wenn Gottes Blick und Herz sie nur kennt und umfaßt. Vgl. Offb 2, 2. 13. Dort lesen wir des erhöhten Herrn Trost für seine bedrängte Gemeinde.

gläubigen Gemeinde (1 Ko 3, 16)[116]. Aber der Geist Gottes ist nicht ein „Fluidum", das nach seiner Ausschüttung mechanisch gleichbleibend da ist, sondern er ist lebendige Person, die je nach der Lage und Haltung der Glaubenden neu und besonders ihre Gegenwart wirksam macht und die Glaubenden **„erfüllt"**. Dieses „Erfüllen" wird wirksam im freimütigen Verkünden des Wortes Gottes. Das „Erfülltsein mit dem Geist" ist nicht ein Vorrecht des Petrus oder der Apostel. **„Alle"** erfahren es jetzt, und „alle" nehmen am Weitersagen der Botschaft teil. Unter dem gläubigen Beten wird das Redeverbot zum Durchbruch eines neuen, breiten Stromes der Verkündigung.

Man hat mit Recht darauf hingewiesen, daß Lukas nicht ein Historiker im modernen Sinn war. Er schrieb bewußt zur „Erbauung". Er will nicht nur sachlich feststellen, wie es „einmal gewesen war", sondern mit dem geschichtlichen Bild der Vergangenheit der Gemeinde der Gegenwart dienen. An dem Bild der Urgemeinde in ihrem ersten Zusammenstoß mit den Mächtigen dieser Welt will Lukas der Gemeinde seiner Zeit (und aller Zeiten!) zeigen, wie sie beten und unerschrocken und kühn das Wort weiter ausrichten muß, des lebendigen Gottes gewiß.

EIN ZWEITER BERICHT AUS DEM LEBEN DER URGEMEINDE

Apostelgeschichte 4, 32—37

zu Vers 32: Jo 17, 21 f
zu Vers 33: Apg 2, 45. 47
zu Vers 34: 5 Mo 15, 4
zu Vers 35: Apg 5, 2; 2 Ko 8, 14

32 Die Menge der Gläubiggewordenen aber war e i n Herz und e i n e
Seele; und auch nicht einer sagte, daß etwas von seinen Besitz-
tümern sein eigen sei, sondern es war ihnen alles gemeinsam.
33 * Und mit großer Kraft legten die Apostel das Zeugnis von der
Auferstehung des Herrn Jesus ab, und große Gnade waltete über
34 ihnen allen. * Denn es war auch kein Notleidender unter ihnen.
Denn alle, die Besitzer von Grundstücken oder Häusern waren,
35 brachten nach dem Verkauf den Preis für das Verkaufte * und
legten ihn zu den Füßen der Apostel nieder. Es wurde aber aus-
36 geteilt einem jeglichen so, wie einer es bedurfte. * Joseph aber,

[116] Vgl. dazu die Fülle der Stellen im NT, in denen dieses „Wohnen" des Geistes in den Gläubigen, dieses Empfangenhaben des Geistes, durch die Gläubigen bezeugt wird. (Vgl. Rö 5, 5; 8, 9—11; Rö 8, 15. 23; 1 Ko 3, 16; 6, 19; 12, 7; 2 Ko 5, 5; Gal 3, 2; 4, 6; 5, 25; Eph 1, 13; 4, 30; 2 Tim 1, 7; Tit 3, 6; 1 Joh 2, 20. 27; 3, 24.) Angesichts dieser Stellen ist es unmöglich, daß jedes besondere „Erfülltsein" mit dem Geist Gottes als ein neues „pfingstliches" Geschehen zu verstehen ist. Eph 5, 18—21 zeigt mit aller Deutlichkeit, daß man auf ganz andern Wegen als durch enthusiastische Erlebnisse „voll Geistes" wird.

der zubenannt wurde „Barnabas" von den Aposteln, was übersetzt heißt „Sohn des Trostes", ein Levit, Cyprier von Geschlecht,
37 *** im Besitz eines Ackers, verkaufte ihn und brachte das Geld und legte es zu den Füßen der Apostel nieder.**

zu Vers 36: Apg 9, 27; 11, 22. 30; 12, 25; 1 Ko 9, 6; Gal 2, 1-13

32

„Sie wurden erfüllt alle mit dem Heiligen Geist", so schloß der vorige Abschnitt. Und dies zeigte sich nicht nur im freimütigen Zeugnis nach draußen. Der Geist Gottes ist nicht nur — wie es in unserer Kirche leicht erscheinen kann — ein Mittel der Verkündigung. Er gestaltet vor allem das innere Leben: **„Die Menge der Gläubiggewordenen aber war ein Herz und eine Seele."** Gewiß findet sich der Ausdruck vom **„einen Herzen"** auch schon im AT (1 Chro 12, 38); und auch im Griechentum gab es ein Nachdenken über das Wesen der Gemeinschaft und ein Sehnen danach[117]. Anklänge an das, was auch sonst von Menschen über Einmütigkeit und Gemeinschaft gedacht und gesagt worden war, sind von der Sache her selbstverständlich. Wichtig und groß aber ist, daß hier im Heiligen Geist verwirklicht war und gelebt wurde, was sonst überall ein bloßes theoretisches Ideal bleibt[118]. Die Liebe ist die Grundfrucht des Geistes (Gal 5, 22), das die Gemeinde umschlingende „Band der Vollkommenheit" (Kol 3, 14).

Diese Liebe zeigt sich hier gerade am kritischen Punkt! **„Auch nicht einer sagte, daß etwas von seinen Besitztümern sein eigen sei."** Wie leicht endet unsere Liebe an dieser Stelle. Lukas hat in seinem Evangelium, noch mehr als die andern Evangelisten, die gefährliche Macht des Besitzes geschildert (Lk 12, 13—21; 16; 19, 1—10). Nun freut er sich, zeigen zu können, wie in der jungen Christenheit diese Macht

[117] Haenchen weist in seinem Kommentar S. 188 darauf hin, daß in der berühmten Nikomachischen Ethik des Aristoteles als griechisches Gemeinschaftsideal „eine Seele" und „Gemeinschaft am Eigentum der Freunde" erwähnt werden. Lukas deutet hier an, daß die erste Gemeinde auch das „griechische Gemeinschaftsideal verwirklichte". Ebenda S. 190.

[118] Paulus hat diese Verwirklichung auch für seine geliebten Philipper vor Augen 1, 27; 2, 2. Wir aber werden beschämt erkennen müssen, wie wir hier weithin nur Worte und keine Wirklichkeit mehr haben. Vgl. das wichtige Buch von J. H. Oldham „Ein Mensch wagt zu lieben" (6. Aufl. Bad Salzuflen 1961). Ebenso wird uns von solchem Leben der Gläubigen berichtet in dem Buch von Frank Houghton „Amy Carmichael von Dohnavur" (2. Aufl. Wuppertal 1961). Auf S. 52 heißt es: „Im ganzen Hause herrscht eine Atmosphäre der Liebe und des Gehorsams. In dieser großen Familie von über 30 Menschen, deren Alter von 34 Jahren bis zum Kind von 9 Monaten schwankt, habe ich nicht einen bösen Blick gesehen, noch ein ungeduldiges Wort gehört. Eine Schar von liebevolleren, selbstloseren Frauen, Mädchen und Kindern kann man nicht leicht finden. Ich glaube, das Geheimnis besteht darin, daß man alles, Großes und Kleines, für Gott tut, um Ihm wohlzugefallen, und in dem Bewußtsein, daß Jesus gegenwärtig ist." Dabei brauchen wir nicht zu verkennen, wie schwer das Lieben für uns bleibt und wie die Gemeinschaft auch unter den Gläubigen beständig bedroht ist: Apg 6, 1; 11, 2; 15, 2; 20, 30; Eph 4, 3.

wirklich gebrochen war, gerade darum, weil hier nicht eine gesetzliche Regelung alle zum Verzichten zwang. Für jeden blieben die Grundstücke und Häuser sein unangetasteter Besitz. Aber niemand versteifte sich auf sein Besitzrecht und verteidigte sein Eigentum. Hier wurde nicht eine neue soziale Gestaltung versucht, nicht ein neuer „Eigentumsbegriff" gefunden. Hier wurde eine völlig neue innere Haltung eingenommen. Diese Haltung wirkte sich in allen aus, sowohl in denen, die wie Maria, die Mutter des Johannes = Markus (Apg 12, 12), ihr großes Haus behielt, um es in anderer Weise für die Brüder nutzbar zu machen, und auch in denen, die wie Barnabas tatsächlich ihr Grundstück verkauften. **„Es war ihnen alles gemeinsam"**, oder wie wir auch übersetzen könnten: **„Sie betrachteten alles als gemeinsamen Besitz."**

Die ganze Eigenart in dieser Haltung der Urgemeinde wird besonders deutlich, wenn wir sie mit dem Leben der ungefähr gleichzeitigen Ordensgemeinschaft von Qumran[119] vergleichen. Man hat gern auf die großen Ähnlichkeiten hingewiesen und gefragt, ob sich das Urchristentum nicht geradezu aus solchen jüdischen „Sekten" wie Qumran ableiten ließe. Aber der Unterschied zwischen „Urchristentum" und „Qumran" ist auch hier ein wesenhafter: in Qumran hartes Gesetz um der eigenen Vollkommenheit willen, in der Gemeinde Jesu ohne jeden gesetzlichen Zwang ganz vom Evangelium her die innere Lösung vom Besitz und die Freiheit der Liebe, die nicht auf die geistlichen Höhen des eigenen Ich, sondern auf die Tiefen der Nöte des Bruders sieht. Zudem ist die ganze Lage für „Qumran" und für die Urgemeinde grundverschieden. Klöster und Orden, seien es essenische oder christliche oder buddhistische, können eine als Einrichtung durchgeführte Gütergemeinschaft haben; jene erste, aus Familien bestehende Gemeinde konnte es nicht. Eine Familie kann ohne ein gewisses Maß persönlichen Besitzes, der frei zu ihrer eigenen Verfügung bleibt, nicht leben. Hier kann die „Gemeinsamkeit des Besitzes" nur in jener inneren Haltung bestehen, der das Gedeihen des Ganzen und das Gedeihen des Bruders wichtiger als alles eigene „Recht" ist. Darum ist es auch falsch, von einem „urchristlichen Kommunismus" zu sprechen, auch wenn die Formulierung **„alles gemeinsam"** immer wie-

[119] 1947 wurden in einer Höhle bei Qumran in der judäischen Wüste nahe am Toten Meer wertvollste biblische Handschriften gefunden. Sie entstammen der Bibliothek eines Klosters aus der Zeit Jesu und seiner Apostel. Ob die Mönchsgemeinschaft dieses „Klosters" zu den „Essenern" gehörte oder eine eigene jüdische Sekte darstellte, ist — wie so viele Fragen um Qumran — noch nicht endgültig geklärt. Sicher ist aber, daß diese religiöse, jüdische Genossenschaft, die dort lebte, Besitzlosigkeit, Ehelosigkeit, Gütergemeinschaft und harte Askese übte. (F. F. Bruce, Die Handschriftenfunde am Toten Meer, München 1957; J. Jeremias, Die theolog. Bedeutung der Funde am Toten Meer. Göttingen 1962.)

der dazu verleitet hat. Wirklicher Kommunismus und christliche Lebensgemeinschaft erwachsen aus total verschiedenen Wurzeln, ob uns das nun lieb oder leid ist. G. Stählin sagt auch treffend, daß die hier gegebene Schilderung des Lukas ein „Urbild, aber kein Vorbild" sei. Damals in Jerusalem handelte die Liebe kraftvoll in der ihr jetzt gegebenen Lage. Wir denken noch einmal an die großen Schwierigkeiten, die in Jerusalem dem Erwerbsleben entgegenstanden und dadurch besondere Nöte schafften (s. o. S. 75). In den paulinischen Gemeinden war das anders. Darum hat Paulus das „Vorbild" von Jerusalem nicht nachgemacht, sondern seinen Gemeinden ganz andere Regeln gegeben (vgl. 1 Th 4, 11 f; 2 Th 3, 6—12). Aber die Not in Jerusalem hat er anerkannt und mit starkem Einsatz die große Sammlung für die Urgemeinde betrieben (2 Ko 8; 9; Rö 15, 25—31). Und das „Urbild" tatkräftiger, brüderlicher Liebe bleibt auch für ihn in Geltung: 1 Th 4, 9 f; Gal 6, 2. 6.

Eine unmittelbare und dann notwendig „gesetzliche" Nachahmung der Urgemeinde wäre ein Mißverständnis der Schrift. Aber das „Urbild" darf uns keine Ruhe lassen. Die innere Haltung jener ersten Gemeinde Jesu darf und muß wieder die unsere werden. Welche konkreten Formen der brüderlichen Gemeinsamkeit sie dann findet, wird von der jeweiligen geschichtlichen Lage her bestimmt sein müssen. Dankbar wollen wir auf Stätten wie auf das alte Herrnhut sehen, wo in der gesellschaftlichen Umwelt des 18. Jahrhunderts der „Gemeingeist" ein wirkliches Zusammenleben in wirklicher Bruderschaft schuf, oder auf die Lebensformen in der Mission Karl Studds[120], in dem Dohnavur der A. Carmichael [121] und in anderen Werken. Und es kann jeder von uns an seinem Platz und in seiner Weise in der „Haltung" leben, die unser Abschnitt schildert.

Vers 33 ist von manchen Auslegern als späterer Einschub ange- 33
sehen worden, der den klaren Zusammenhang zwischen V. 32 und 34 störe. Aber kann nicht gerade der Heilige Geist diesen Platz für seinen Hinweis auf das bleibende Zentrum des Gemeindelebens gewählt haben? Er mahnt dadurch: Seht nicht nur auf den urchristlichen Liebes-Kommunismus, der euch vielleicht begeistert! Verliert euch nicht darin. Diese Liebe war nur da, weil **„mit großer Kraft die Apostel von der Auferstehung des Herrn Jesu"** zeugten. Hier kann uns die Formulierung verwundern. Wir haben uns daran gewöhnt, die Auferstehung Jesu als einen „Lehrpunkt" der christlichen Dogmatik anzusehen, bei dessen Darlegung eine besondere „Kraft" nicht nötig zu sein scheint. Im NT ist das ganz anders. Die Auferweckung

[120] Vgl. „Karl Studd, Ein Bote Gottes" und „Mit Studd im Kongo", beide v. Norman P. Grubb, Basel o. J.

[121] „Amy Carmichael von Dohnavur" von Frank Houghton, Wuppertal 1961.

Jesu von den Toten ist in ihrem Geschehen selbst das Werk unerhörter göttlicher Kraft. Und diese gleiche Macht Gottes ist auch „erweckend" am Werk, wo es in Menschen zum Glauben an den Auferstandenen kommt (vgl. Eph 1, 19. 20; Kol 2, 12). Wirklicher Glaube ist ein „mit Christus lebendig gemacht, mit ihm auferweckt werden" (Eph 2, 5. 6). Darum muß auch die Verkündigung der Auferstehung **„mit großer** (göttlicher!) **Kraft"** geschehen[122]. Zugleich aber war es auch wieder eine Hilfe für das Zeugnis der Apostel, daß der Stand in der Gemeinde die umwandelnde Macht des auferstandenen Herrn merken ließ. Hier entkräftete die beschämende Wirklichkeit des Gemeindelebens nicht die großen Worte der Verkündigung. Die Verkündigung der Apostel geschah so, wie es später Paulus, Silvanus und Timotheus in Thessalonich erfuhren: „Unser Evangelium war bei uns nicht allein in Worten, sondern auch in Kraft und im Heiligen Geist und in großer Gewißheit" (1 Th 1, 5). Das ist die Art rechter Verkündigung in Jerusalem und Thessalonich und an jedem Ort der Welt.

Dann gilt auch immer, was hier hinzugefügt wird: **„Große Gnade waltete über ihnen allen."** Es handelt sich an unserer Stelle nicht wie in Apg 2, 47 um die „Gunst bei dem ganzen Volk", sondern wie in Lk 2, 40 um Gottes Gnade, die auf ihnen ruhte. Diese Gnade wirkte sich aber nicht nur in der Kraft der Verkündigung aus. Sie brachte in der jungen Gemeinde die Verheißung von 5 Mo 15, 4 zur Erfüllung:
34/35 **„Denn es war auch kein Notleidender unter ihnen."** Die Fürsorge für die jeweils Bedürftigen ist aber nun nicht mehr eine rein persönliche Sache zwischen diesen und den Wohlhabenden wie Apg 2, 45. Jetzt sind die Apostel eingeschaltet: Die Besitzer von Grundstücken oder Häusern **„brachten nach dem Verkauf den Preis für das Verkaufte und legten ihn zu den Füßen der Apostel nieder. Es wurde aber ausgeteilt einem jeglichen so, wie einer es bedurfte".** In der größer gewordenen Gemeinde müssen diese Dinge umfassender geordnet werden. Es bildet sich eine gemeinsame Kasse, die ganz selbstverständlich von den Aposteln verwaltet wird. Sie sind die allen bekannten Männer in der Gemeinde, ihnen übergibt man das Geld. Beim „Lehren" der Gemeinde (Kap. 2, 42) sitzen sie auf einem erhöhten Platz, so daß die Gaben **„zu ihren Füßen niedergelegt"** werden. Näheres erfahren wir aber nicht. Beschließen die Apostel unter sich über die Zuteilung von Gaben? Wurde bereits regelmäßig Buch geführt? Halfen Gemeindeglieder bei der Überbringung der Unterstüt-

[122] Unsere „Homiletik" (Lehre von der Predigt) wird diesen entscheidenden Gesichtspunkt ganz neu erfassen müssen! Wie anders wird sich die ganze Zurüstung des Nachwuchses gestalten, wenn wir wieder daran denken werden, daß wirkliches „Predigen" nicht nur eine Sache der „reinen Lehre", sondern wesentlich eine Sache der „Kraft" ist.

zungen? Man wird sich an die gute Organisation der Wohltätigkeit in den jüdischen Gemeinden angelehnt haben. Wie die Ordnung dann noch weiter ausgebaut zu werden verlangte, wird uns Kapitel 6 zeigen. Wir werden es in dieser Welt — leider — immer wieder erleben, daß das einfache, unmittelbar persönliche Helfen von Mensch zu Mensch, von Christ zu Christ nicht ausreicht und von Ordnungen überbaut werden muß, die einerseits alles wirksamer zusammenfassen, andererseits aber auch leichter zur Form erstarren lassen und dem Helfen für Geber und Empfänger den kostbaren Duft der ganz persönlichen warmen Liebe nehmen. Übrigens zeigt auch hier wieder das Imperfekt in der Schilderung, daß es sich um ein „Verkaufen" und „Bringen" nach und nach von Fall zu Fall handelt. Das Wort „alle" ist daher auch an dieser Stelle wie so oft im NT nicht arithmetisch,
sondern grundsätzlich zu verstehen. Darum kann nun noch ein Mann 36/37
besonders genannt werden, der ein Beispiel für solches Tun in der Urgemeinde darstellt. Es ist der seiner Familie nach aus Cypern stammende Joseph, von den Aposteln „Barnabas" genannt. Natürlich ist auch er Israelit, sogar einer aus dem Stamme Levi. Er wird besonders erwähnt, weil er noch oft mit wichtigen Diensten für die Gemeinde in der Apostelgeschichte vorkommt (9, 27; 11, 22—25. 26. 29. 30; 13, 1—2; 14, 12. 20. 27. 28; 15, 2). Der Beiname, unter dem allein er weiterhin in der Apostelgeschichte erscheint, wird von Lukas als **„Sohn des Trostes"** gedeutet. Wie ist dieser Name innerlich zu verstehen? **„Sohn des Trostes"** würde ihn zunächst als einen besonders Getrösteten bezeichnen. Hat er bei seiner Taufe diesen Namen erhalten, weil er nun den „Trost Israels kannte" (Lk 2, 25)? Oder ist er von den Aposteln als einer bezeichnet, der die Gabe des Tröstens in schöner Stärke besaß? Manches an seinen späteren Diensten würde dazu gut passen. Offenbar gehört er (bzw. schon sein Vater) zu jenen Juden in der weiten Welt, die sich in Jerusalem ankaufen, um hier lebend oder im Grabe zur Stelle zu sein, wenn der Messias kommt. Dann wird der Verkauf des Grundstücks eine besonders bedeutungsvolle Handlung. Barnabas trennt sich von einem Besitz, der keine bloße Geldangelegenheit war, sondern mit der großen Hoffnung Israels zusammenhing. Er konnte sich von diesem Besitz trennen, weil Israels Hoffnung für ihn in Jesus erfüllt war. So ist es zugleich ein Bekenntnis seines Glaubens, als er seinen Acker verkaufte **„und brachte das Geld und legte es zu den Füßen der Apostel nieder"**.

ANANIAS UND SAPPHIRA

Apostelgeschichte 5, 1–11

zu Vers 2:
1 Mo 3, 1-5
Jos 7, 19. 20
zu Vers 3:
Lk 22, 3
Jo 13, 8
Apg 2, 44
1 Th 4, 8
zu Vers 4:
5 Mo 23, 23
zu Vers 5:
Apg 19, 17
1 Pt 4, 17
zu Vers 9:
Hbr 4, 12

1 Ein Mann aber, Ananias mit Namen, zusammen mit seiner Frau
2 Sapphira verkaufte einen Besitz * und brachte etwas von dem
Kaufpreis beiseite, unter Mitwissen seiner Frau, und brachte
3 einen Teil und legte ihn zu den Füßen der Apostel nieder. * Es
sprach aber Petrus: „Ananias, warum hat der Satan dein Herz
erfüllt, daß du den Heiligen Geist anlügst und etwas von dem
4 Preis des Grundstückes auf die Seite brachtest? * Blieb es nicht,
wenn es (unverkauft) blieb, dein eigen, und war es nicht, auch als
es verkauft war, in deiner Verfügung? Was (ist's), daß du dir vor-
nahmst in deinem Herzen diese Sache? Du hast nicht Menschen,
5 sondern Gott belogen!" * Wie Ananias diese Worte hörte, stürzte
er nieder und hauchte (sein Leben) aus. Und es kam große Furcht
6 über alle, die es hörten. * Es standen aber die jungen Leute auf
7 und hüllten ihn ein, trugen ihn heraus und begruben ihn. * Es ge-
schah aber nach Verlauf von etwa drei Stunden, trat seine Frau
8 herein, die nichts von dem Vorgefallenen wußte. * Da wandte sich
Petrus an sie: „Sage mir, habt ihr für so viel das Grundstück weg-
9 gegeben?" Sie aber sprach: „Ja, für so viel." * Petrus aber zu ihr:
„Was (ist's), daß ihr übereingekommen seid, zu versuchen den
Geist des Herrn? Siehe, die Füße derer, die deinen Mann begru-
10 ben, sind vor der Tür und werden auch dich hinaustragen." * Sie
stürzte aber sofort zu seinen Füßen hin und hauchte ihr Leben
aus. Als die Jünglinge aber hereinkamen, fanden sie sie tot, und
11 trugen sie hinaus und begruben sie bei ihrem Mann. * Und es
kam große Furcht auf die ganze Gemeinde und auf alle, die die-
ses hörten.

Lukas hat uns das Bild der ersten Christenheit in hellen Farben geschildert. Als ein reines Geschenk von oben aus der Kraft des Heiligen Geistes war dieses göttliche Leben mit seinem Glauben und Lieben in der neuen Gemeinde da. Aber diese Gemeinde hat einen Todfeind. Petrus hat es später warnend geschrieben: „Seid nüchtern und wachet; denn euer Widersacher, der Teufel, geht umher wie ein brüllender Löwe und sucht, welchen er verschlinge" (1 Pt 5, 8). Der Einbruch Satans in den Raum der Gemeinde geschieht an der Stelle, die in jeder frommen Gemeinschaft die gefährdete ist. Im frommen Kreis gibt das fromme Verhalten Ansehen und Ehre. Wie leicht ist dadurch der Blick beim Geben, Beten und Fasten von Gott abgelenkt zu dem Beifall der Menschen. Das ist die feine Heuchelei, die ständig unser Glaubensleben bedroht. Jesus hat sie in Mt 6, 1–4; 5, 6. 16–18 an der Gemeinde des Alten Bundes aufgezeigt. Sie kann aber auch noch gröber und häßlicher werden. Zur vollen Leistung dessen, was in der Gemeinde – mit Recht! – hochgehalten wird, hat man nicht Lust und Kraft, aber das Ansehen möchte man doch haben. So kommt es zur Heuchelei der Scheinleistung, zur Lüge, und dies in den heiligen Dingen Gottes selbst. Wird sich solche „Heuchelei", die Jesus an den Frommen seines Volkes aufgedeckt und mit dem furchtbaren Bild von den „übertünchten Gräbern" (Mt 23, 27) ins Licht gestellt hat, auch in seiner eigenen Gemeinde wiederholen und ihr eine tödliche Wunde beibringen? Was hatte die neue Gemeinde Israel noch zu sagen, wenn sich auch in ihr „der Sauerteig der Pharisäer" fand, „welches ist die Heuchelei" (Lk 12, 1)? Von dieser entscheidenden Frage her müssen wir den Bericht über Ananias und Sapphira lesen und so das erschreckende Gericht verstehen, das Gott damals vollzogen hat. Es traf die erste wissentliche und willentliche Heuchelei hart (viel zu hart, wie wir schnell sagen). Aber es wirkte die tiefe Furcht, die für diese erste Gemeinde gerade im jüdischen, an die Heuchelei so gewöhnten Raum lebensnotwendig war.

Ananias[123] **„verkaufte einen Besitz und brachte etwas von dem** 1/2
Kaufpreis beiseite, unter Mitwissen seiner Frau, und brachte einen Teil und legte ihn zu den Füßen der Apostel nieder". Es handelt sich also um ein wohl überlegtes, zwischen den Eheleuten verabredetes Vorhaben. Nicht die Tatsache, daß dies Ehepaar Geld vom Verkauf seines Grundstückes für sich behielt, war die Sünde. Sie hätten das
ruhig tun können: **„Blieb es nicht, wenn es unverkauft blieb, dein** 4
eigen, und war es nicht, auch als es verkauft war, in deiner Verfügung?" Die Sünde lag in der Heuchelei. Ananias und Sapphira wollen als die aufopfernden Spender vor den Aposteln und der Gemeinde dastehen und doch zugleich nicht wirklich alles opfern, sondern sich selbst wenigstens mit einem Teil des Geldes gegen die Not sichern. So werden sie zu „Lügnern", zu Lügnern im Heiligtum und vor Gottes Angesicht. Ananias hat **„nicht Menschen, sondern Gott belogen".** Wollen wir – mit manchem Ausleger! – angesichts dieses Tatbestandes das Gericht Gottes noch zu „hart" nennen[124]?

[123] Wir finden diesen Namen später noch einmal in der Bekehrungsgeschichte des Paulus (Apg 9, 10; 12, 2) und bei dem Hohenpriester, der Paulus verhörte (Apg 23, 2).

[124] Der große mittelalterliche Theologe Anselm von Canterbury hat recht, wenn er in seiner Schrift „Cur deus homo" sagt: „Nondum considerasti, quanti ponderis sit peccatum = du hast noch nie bedacht, welch ein Gewicht die Sünde hat." Daran kranken wir in der modernen Christenheit. Darum kommen wir mit unserem Abschnitt nicht zurecht. Wenn Gott uns bisher soviel milder behandelt hat, können wir darüber nur dankend staunen, aber nicht das strenge Gericht schelten, das auch wir wohl verdient

3 Als Ananias das Geld bringt, durchschaut ihn Petrus. Er besitzt in dieser Stunde in besonderer Weise den Durchblick in das Herz des andern, der jedem rechten Verkünder und Seelsorger, jedem wirklichen Christen je und dann gegeben wird (vgl. 1 Ko 14, 25 f!). Nun muß Petrus sprechen. Er tut es in aller Klarheit schonungslos: **„Ananias, warum hat der Satan dein Herz erfüllt, daß du den Heiligen Geist anlügst?"** Es geht nicht um eine der vielen Unwahrhaftigkeiten, die unaufhörlich zwischen Menschen vorkommen. Hier ist Furchtbares geschehen. Ananias weiß doch, daß der Heilige Geist in der Gemeinde wohnt und die Apostel erfüllt. So tastet er mit seiner Lüge den Heiligen Geist und darin den gegenwärtigen Gott selber an. Das ist nicht mehr menschlich verständlich. Hier ist der Feind Gottes selbst am Werk, um mitten in dem neuen Gottesvolk seine Macht zu erweisen und den Angriff gegen Gott zu führen. Der „Vater der Lüge" blickt Petrus aus diesem Gemeindeglied an. Aber das ist für Ananias keine Entschuldigung. Petrus fragte ihn mit Recht: **„Warum hat Satan dein Herz erfüllt?"** Immer ist eine inwendige Geschichte voll eigener Schuld vorhergegangen, ehe Satan ein Herz „erfüllen" kann. Welches diese Geschichte bei Ananias war, wird uns nicht gesagt; aber Petrus erinnert ihn mit seiner Frage daran. Welch schauerlicher Tatbestand: ein Herz, das vorher mit dem Heiligen Geist Gottes erfüllt war, ist nun erfüllt vom Satan. Das kann es geben. Jede Selbstsicherheit ist uns verwehrt.

5 **„Wie Ananias diese Worte hörte, stürzte er nieder und hauchte sein Leben aus."** Lukas will dieses Geschehen sicher nicht „psychologisch" verstanden haben, auch wenn Gott den jähen Schrecken bei dem plötzlich ins Licht gestellten Mann zu seinem Gericht mit benutzt haben kann. Petrus selbst hat nur den Tatbestand der Schuld ausgesprochen und kein Urteil gefällt. War noch Raum zur Buße? Hätte Ananias noch in anderer Weise „niederstürzen" und seine Schuld bekennen können? Aber das Wort des Apostels, das für Tausende von Sündern zum Lebenswort geworden war, wird hier zum Todeswort. Gott tilgt den Heuchler aus der Gemeinde aus. Als Folge **„kam große Furcht über alle, die es hörten"**. Dazu dienen die Gerichte Gottes. Wir alle sind vom Sündenfall her ohne Furcht Gottes und tragen tief in uns die Neigung, Gott nicht wahrhaft ernst zu nehmen. Es ist Gottes Gnade mitten in seinen Gerichten, wenn die Gemeinde dadurch seiner heiligen Wirklichkeit inne wird und die Furcht Gottes lernt.

6 **„Es standen aber die jungen Leute auf . . . und begruben ihn."**

hätten! Es geht auch nicht an, angesichts der „Härte" des Petrus auf die „Milde" Jesu zu verweisen. Auch Jesus hat dieser Sünde nicht sein Erbarmen erwiesen, sondern sein „Wehe!" entgegengerufen.

Die Teilung der Gemeinde in Jüngere und Ältere (vgl. 1 Pt 5, 5) war schon im Judentum üblich. Die „Jungen" sind es naturgemäß, die einen solchen Dienst wie das Forttragen und Begraben eines Leichnams zu tun haben.

Gottes Gericht wiederholt sich an Sapphira. Sie ist zunächst frei- 7–9
lich nur mitschuldig. Darum gibt Petrus ihr mit seiner Frage eine Möglichkeit zur Umkehr. Sie kann sich durch diese Frage aus der Lüge lösen lassen und die Wahrheit sagen. Aber nun lädt sie durch ihre Antwort die volle Schuld auf sich. Sie **„kommt"** durch diese Antwort **„überein"** mit dem Mann und nimmt an seiner Schuld, **„den
Heiligen Geist zu versuchen"**[125], teil. Nun sagt Petrus ihr ausdrück- 10/11
lich das Gericht Gottes an, das sich sofort vollzieht. **„Und es kam große Furcht auf die ganze Gemeinde und über alle, die dies hörten."** Noch einmal wird das göttliche Ziel solchen Eingreifens klar. Gerade diese Gemeinde[126] auf der Höhe ihres geistlichen Lebensstandes war in besonderer Weise vom Fall bedroht. Darum war es ihr eine mächtige Hilfe, daß sie bei aller jubelnden Freude an Gottes reicher Gnade auch Gottes unerbittlichen Ernst gerade den frommen Leuten gegenüber erlebte und dadurch gegen die „Schliche des Teufels" (Eph 6, 11) gerüstet wurde. So steht dieser Bericht von Ananias und Sapphira nicht für die Fernstehenden in der Bibel, sondern für die Gemeinde, für die Glaubenden, und zerschlägt uns alle falsche Sicherheit. Aber dieses Geschehen wirkte zugleich tief in die Stadt hinein und erweckte auch dort etwas von echter Gottesfurcht. Sie alle in Jerusalem „wußten" von Gott und hatten Berichte von Gottes Handeln von klein auf gelernt. Nun wird aus allem „Gewußten" Geschichte leben-

[125] In 1 Ko 10, 9 weist Paulus darauf hin, daß in Israel diejenigen, die „den Herrn versuchen", von den Schlangen umgebracht wurden. Wenn Gott schon im atst Volk so hart strafte, wenn man ihn versuchte, muß nicht sein Gericht erst recht über Menschen ergehen, die in der Gemeinde des Neuen Bundes den einwohnenden Heiligen Geist versuchen? Je näher wir bei Gott leben, umso weniger „harmlos" ist unser Leben. Im Heiligtum, in der Gegenwart Gottes wird gerade an den „Priestern" deutlich, daß Sünde tödlich ist: 2 Mo 28, 35. 43; 30, 17–21; 3 Mo 10, 1–3. Die Gemeinde aber des Neuen Bundes ist ein Königreich von Priestern, in dessen Mitte Gott im Heiligen Geist wohnt.

[126] Zum ersten Mal wird hier das Wort „ecclesia = Gemeinde" in der Apg gebraucht, während es bisher nur „die Gläubigen" oder „die Brüder" hieß. Das Wort, das es deutlich auch im grie Sprach- und Kulturbereich gab (vgl. Apg 19, 32. 40), müssen wir hier im israelitischen Raum vom AT her hören. „Ecclesia" ist „Kahal Jahwe", das versammelte Volk Gottes. (Vgl. etwa 4 Mo 14, 5; 16, 3; 20, 4; 5 Mo 5, 19; Ps 22, 23. 26; Esra 10, 12.) An unserer Stelle meldet sich also das in den Jesusgläubigen aufwachende Bewußtsein, innerhalb des ablehnenden Israel das eigentliche Gottesvolk zu sein. Wie wunderbar schreibt der Heilige Geist: Das neue „Selbstbewußtsein" der Christenheit erwähnt er zum ersten Mal da, wo es nicht um stolze Ansprüche, sondern um erschütterte Furcht vor dem Weilen in Gottes Nähe geht!

diger Gegenwart Gottes im erschreckenden Gericht. Mancher Israelit erfuhr zum ersten Mal im Leben, was wirklich „Furcht Gottes" ist.

EIN DRITTER BERICHT AUS DEM LEBEN DER URGEMEINDE

Apostelgeschichte 5, 12–16

zu Vers 12:
Apg 2, 43
4, 30
6, 8
7, 36
14, 3
15, 12
2 Ko 12, 12
zu Vers 14:
Apg 2, 47
zu Vers 15:
Apg 19, 11. 12
Mk 5, 27-29
Mk 6, 56

12 Durch die Hände der Apostel aber geschahen viele Zeichen und
Wunder im Volk. Und sie waren einmütig alle in der Halle Salo-
13 mos. * Von den übrigen aber wagte keiner, ihnen zu nahe zu
14 kommen; aber das Volk hielt sie hoch. * Noch mehr aber wurden
als Glaubende hinzugetan zum Herrn, Scharen von Männern und
15 Frauen, * so daß sie auch auf die Straßen hinaustrugen die Kran-
ken und sie auf die Betten und Bahren legten, damit, wenn Petrus
16 käme, wenigstens sein Schatten einen von ihnen beschattete. * Es
kam aber auch die Menge aus den Städten rings um Jerusalem her
zusammen, und sie brachten Kranke und von unreinen Geistern
Gequälte, welche alle geheilt wurden.

12 Als Paulus 2 Ko 12, 11 f die Echtheit seines Apostolats den Korinthern gegenüber verteidigte, schreibt er: „Denn es sind ja eines Apostels Zeichen unter euch geschehen in aller Geduld mit Zeichen und mit Wundern und mit Taten." Ein „Apostel" ist nicht nur ein Denker oder ein Lehrer und Prediger, sondern er ist vor allem ein „Bevollmächtigter", der in Wort und Tat im Auftrag seines Herrn zu h a n d e l n hat. Das verkennen wir zu leicht, weil wir im Mittelpunkt unserer Kirchen die „Lehre" haben. Dann wird uns ein Abschnitt wie der vorliegende fremd, ja anstößig. In der Apostelgeschichte wie in den Evangelien ist das wunderbare Helfen und Heilen fest mit der Verkündigung verbunden, weil Jesus ein wirklicher Retter und Wiederhersteller für den wirklichen Menschen nach Geist, Seele und Leib ist[127]. Darum hatte die Gemeinde in ihrem großen Gebet (Apg. 4, 24–31) auch beides erbeten: den Freimut zur Verkündigung und das Ausstrecken der Hand Gottes zu Heilung, Zeichen und Wundern. Von der Erfüllung dieser zweiten Bitte berichtet jetzt Lukas. Wie das Wort Gottes über die Lippen von Menschen zu den andern kommt, so wird die ausgestreckte Hand Gottes durch die Hand der Apostel wirksam: **„Durch die Hände der Apostel aber geschahen viele Zeichen und Wunder im Volk."** Für Lukas ist das geradezu „selbstverständlich". Stehen wir, die wir nur noch das „Predi-

[127] Vgl. dazu S. 81 und Anmerkung 74 S. 80

gen" kennen, wirklich „über" jenen angeblich „primitiven" Zeiten oder bleiben wir weit hinter dem zurück, was als mächtige Einheit von Wort und Tat für Jesus und für die Apostel kennzeichnend war?

„Und sie waren einmütig alle in der Halle Salomos." Natürlich waren das auch nach Meinung des Lukas nicht ständig die Fünftausend. Aber der Vorhof des Tempels mit der Halle Salomos blieb der Treffpunkt der Gemeinde, die ja eine „Kirche" oder ein „Gemeindehaus" nicht besaß und in den Häusern nur in kleinen Gruppen zusammen sein konnte. Zugleich bezeugten sie damit ihre feste Zugehörigkeit zu Israel und richteten die Botschaft von Jesus an ihr Volk aus, durch ihr Dasein im Tempel und durch ihr Wort. Jesus gehört Israel und Israel gehört Jesus[128].

Die Wirkung dieses Verhaltens bleibt nicht aus. **„Das Volk hielt** 13
sie hoch". Es war eine schöne, frohe Anfangszeit, in der noch viel Offenheit im einfachen Volk von Israel vorhanden war. Die Gemeinde war ja auch wirklich anziehend, sowohl durch die Wunder und Zeichen als auch durch die herzliche Liebe und Fürsorge in ihrer Mitte. Konnte es dadurch nicht zu einem unguten, oberflächlichen Wachstum kommen? Schon manches schöne Werk des Herrn ist an solchem Wachstum zugrunde gegangen. Aber hier zieht die Gegenwart Gottes im Heiligen Geist selbst eine Grenze, ohne daß die Gemeinde Schranken aufrichten muß: **„Von den übrigen[129] aber wagte keiner, ihnen zu nahe zu kommen."** Die Gemeinde war nicht nur „anziehend", sie erweckte ebenso auch eine Scheu, die keinen sich ihr anbiedern ließ. So muß es immer wieder sein, bei der Gemeinde wie bei den einzelnen Christen. Es prägt sich Gottes liebevolles und doch heiliges Wesen recht in ihnen aus, wenn sie mit starker Kraft anlokken und doch jede falsche Vertraulichkeit ausschließen.

Es gibt aber auch ein echtes Wachstum. **„Noch mehr aber wurden** 14
als Glaubende hinzugetan zum Herrn, Scharen von Männern und Frauen." Die „Erweckung" geht weiter. Wir heute lesen mit Bewegung, daß es wieder **„Scharen von Männern"** sind, die zum Glauben kamen. Lukas will eher die Frauen hervorheben, die er im Unterschied zu Kap. 2, 42 und 3, 4 hier ausdrücklich nennt[130]. In Israel und darum auch in der Urgemeinde war das Verhältnis zu Gott, das noch nicht zur stimmungsmäßigen „Religion" heruntergekommen war, in erster Linie Mannessache. Und es war eher die Frau, die sich vor so

[128] Vgl. dazu S. 69

[129] Unter den „übrigen" versteht Lukas die unbekehrten Juden, wie er auch in seinem Evangelium 8, 10 das Wort von „denen draußen" in Mk 4, 11 seinerseits mit den „übrigen" wiedergibt.

[130] Auf die Frau in der Gemeinde und ihre Bedeutung weist Lukas später vielfach hin: Kap. 8, 3; 9, 36; 12, 12; 16, 1; 16, 14; 18, 26; 21, 9.

schweren Fragen – Ist Jesus der Messias? Ist mit der Ausgießung des Geistes die Endzeit angebrochen? Müssen wir bei Jesus die Errettung suchen? – in ihr häusliches Leben flüchten mochte. Darum ist es eine große Sache, daß hier **„Scharen von Frauen"** zur klaren Entscheidung für den Messias Jesus kommen.

15 Die leibliche Hilfe der Apostel sucht man eifrig. Es wird wieder so wie in den Erdentagen Jesu – kein Wunder, da der Auferstandene und Erhöhte derselbe ist wie der Heiland der Evangelien und durch seine Boten sein Werk fortsetzt: **„So daß sie auch auf die Straßen hinaustrugen die Kranken und sie auf die Betten und Bahren legten, damit, wenn Petrus käme, wenigstens sein Schatten einen von ihnen beschatte."** Markus berichtet 6, 56: „Und wo er in Dörfer, Städte und Höfe hineinging, da legten sie die Kranken auf den Markt und baten ihn, daß sie auch nur den Saum seines Kleides anrühren dürften; und alle die ihn anrührten, wurden gesund." Auch das blutflüssige Weib spricht: „Wenn ich nur den Saum seines Gewandes anrühre, werde ich gesund" (Mk 5, 28). Jesus hat diese Frau nicht als „abergläubisch" gescholten, sondern den wirklichen Glauben in ihrem Verlangen erkannt. Wollen wir nicht ebenso an denen, die auf den Schatten des vorbeigehenden Petrus warteten, ein erstes zaghaftes „Glauben" achten? Es waren ja nicht im Aberglauben verfangene Heiden, die das taten, sondern Israeliten, die aus ihren Psalmen (17, 8; 36, 8; 91, 1; 121, 5) vom „Schatten Gottes" und seiner helfenden Macht etwas wußten. Wenn Gott in diesem seinem Boten wirksam war, war dann nicht in seinem Schatten etwas von diesem „Schatten Gottes" spürbar?

16 Der Ruf von dem, was in Jerusalem geschah, gelangte selbstverständlich schnell auch in die benachbarten Ortschaften Judäas[181]. **„Es kam aber auch die Menge aus den Städten rings um Jerusalem her zusammen, und sie brachten Kranke und von unreinen Geistern Gequälte, welche alle geheilt wurden."** Wieder ist es wie bei Jesus selbst: „und er heilte sie alle" (Mt 4, 24). Und wie im Bereich seiner Wirksamkeit sind es nun auch hier **„von unreinen Geistern Gequälte"**[182], die die Hilfe der Gemeinde suchen. Die von Jesus gewollte Aus-

[181] Wenn Lukas diese Ortschaften „Städte" nennt, dann sollte man ihm das als Griechen nicht übelnehmen. Mk 1, 38 verwendet den Ausdruck: „Dorfstädte", was Lk 4, 43 auch einfach mit „Städte" wiedergegeben ist. Den Unterschied zwischen „Dorf" und „Stadt" im damaligen Palästina dürfen wir uns nicht nach den uns vertrauten Verhältnissen vorstellen. Er war mehr verwaltungstechnischer als unmittelbar anschaulicher Natur.

[182] Uns ist das Wort und die damit gemeinte Sache fremd geworden. Dabei leben um uns her Tausende, die solche „Gequälten" sind! Auch heute läßt ernsthafte Seelsorge an Menschen, die mit okkulten Dingen (Kartenlegen, Horoskop, Handlinienlesen, Besprechen, Spiritismus u. a.) in Verbindung gekommen und von da unter die Gewalt „unreiner", d. h. widergöttlicher Mächte geraten sind, in dunkle Abgründe von Ge-

breitung der Botschaft über Jerusalem hinaus nach „ganz Judäa" (Apg 1, 8) beginnt. Aber nicht durch planmäßige Evangelisationsreisen der Apostel, sondern „ganz von selbst", durch das Hereinströmen von Menschen aus dem Lande zu den Aposteln. Hier werden Beziehungen geknüpft, die dann beim Losbruch der Verfolgung den flüchtenden Christen Jerusalems Wege öffnen und Unterschlupf bieten konnten. Aber dabei blieb es völlig klar: Das sehnsüchtige Vertrauen, das die Kranken und Gebundenen bei den Aposteln Hilfe suchen ließ, war nicht schon der „Glaube", der allein in die Gemeinde hineinführen konnte. Dieser „Glaube" war nichts Undeutliches und Unbestimmtes. Die ntst Männer hätten sich sehr verwundert, wenn wir ihnen erzählt hätten, es könne doch niemand von einem andern wissen, ob er wirklich glaube, das wisse man ja nicht einmal von sich selber. Für sie waren die „Gläubiggewordenen" oder „Glaubenden" deutlich erkennbar[188]. Ob ein Mensch mit seiner eigenen Frömmigkeit zufrieden blieb oder ob er seine Schuld und Verlorenheit erkannte und allein auf Jesus sein Vertrauen setzte und ihn als den „Herrn" und „Messias" anerkannte, das ergab einen radikalen Unterschied. Zum Glauben kam man nur durch tiefe Buße und einen radikalen Bruch mit dem ganzen bisherigen frommen oder unfrommen Leben. Es konnte nicht verborgen bleiben, ob ein Mensch durch diesen Bruch hindurchgegangen und wirklich zu Jesus gekommen war oder nicht.

DIE ZWEITE VERHANDLUNG VOR DEM HOHEN RAT

Apostelgeschichte 5, 17—42

17 **Es erhob sich aber der Hohepriester und alle, die es mit ihm hiel-** zu Vers 17:
18 **ten, die Partei der Sadduzäer; sie wurden voll von Eifer * und leg-** Mt 27, 18
ten die Hand an die Apostel und brachten sie in öffentliche Haft. Apg 4, 1. 6 13, 45
19 *** Aber ein Engel des Herrn öffnete nachts die Türen des Gefäng-** zu Vers 18:
20 **nisses, führte sie hinaus und sprach: * „Geht und stellt euch im** Apg 12, 4-10
Tempel hin und redet zum Volk alle diese Worte des Lebens." zu Vers 19:
21 *** Als sie es aber gehört hatten, gingen sie in der Morgendämme-** Mt 18, 10
rung in den Tempel und lehrten. Es fand sich aber der Hohepriе- Mt 26, 53

bundenheit, Not und Angst hineinblicken. Aber auch heute ist es der Name Jesu, durch den hier Rettung und Befreiung gebracht werden kann. Die Wirklichkeit des biblischen Christus wird hier besonders mächtig erfahren.

133 Es macht keinen großen Unterschied, ob wir in V. 14 übersetzen: „Die Glaubenden wurden zum Herrn hinzugetan", oder „die dem Herrn Glaubenden wurden hinzugetan". Die erste Auffassung der grie Worte entspricht dem Satz des Lukas in Apg 11, 24.

zu Vers 20:
Jo 6, 68
Apg 7, 38
Rö 10, 6-9
Phil 2, 16
5 Mo 30, 9 ff
zu Vers 26:
Mt 21, 26
Apg 16, 39
zu Vers 28:
Mt 27, 25
Apg 1, 8
4, 18
Jo 12, 19
zu Vers 29:
Apg 4, 19
Dan 3, 18
zu Vers 30:
5 Mo 21, 22
Apg 2, 23
Gal 3, 13
zu Vers 31:
Lk 22, 69
Jo 16, 10
Apg 2, 33
3, 13. 15
zu Vers 32:
Lk 24, 18
Jo 15, 26. 27
Apg 1, 22
zu Vers 33:
Apg 7, 54
zu Vers 34:
Apg 23, 9
zu Vers 36:
Mt 24, 5
zu Vers 37:
Lk 2, 2
Lk 13, 1
zu Vers 38:
Mt 15, 13
zu Vers 39:
Jes 8, 10
Gal 6, 7
zu Vers 40:
Mt 5, 10-12
Mt 10, 17
Apg 22, 19

**ster ein und die mit ihm waren, und sie riefen den Hohen Rat
zusammen und die ganze Ältestenschaft der Söhne Israels und
22 sandten zum Gefängnis, um sie vorführen zu lassen. * Als aber
die Diener hinkamen, fanden sie sie nicht im Gefängnis. Zurück-
23 kehrend aber * meldeten sie: „Das Gefängnis fanden wir ver-
schlossen mit aller Sicherheit und die Wachen an den Türen
stehend; als wir aber geöffnet hatten, fanden wir drinnen nie-
24 mand." * Als sie aber diese Worte hörten, der Tempelhauptmann
und die Hohenpriester, waren sie ratlos darüber, was dieses wohl
25 werden möchte. * Es kam aber jemand und meldete ihnen: „Siehe,
die Männer, die ihr ins Gefängnis gesetzt habt, stehen im Tempel
26 und lehren das Volk." * Da ging der Tempelhauptmann hin mit
den Dienern und holten sie, nicht mit Gewalt, denn sie fürchteten
27 sich vor dem Volk, sie möchten gesteinigt werden. * Sie führten
sie aber vor und stellten sie vor den Hohen Rat, und es fragte sie
28 der Hohepriester und sagte: * „Wir haben euch streng befohlen,
nicht zu lehren auf Grund dieses Namens. Und siehe, erfüllt habt
ihr Jerusalem mit eurer Lehre und wollt über uns bringen das Blut
29 dieses Menschen." * Antwortend aber sprachen Petrus und die
30 Apostel: „Gehorchen muß man Gott mehr als Menschen. * Der
Gott unserer Väter hat Jesus auferweckt, den ihr umgebracht habt,
31 indem ihr ihn ans Holz hängtet. * Diesen hat Gott zum Fürsten
und Retter erhöht mit seiner rechten Hand, zu schenken Umkehr
32 für Israel und Vergebung der Sünden. * Und wir sind Zeugen für
diese Worte und der Heilige Geist, den Gott gegeben hat denen,
die ihm gehorchen."
33 Als sie es aber hörten, ging es ihnen durch und durch und sie
34 wollten sie töten. * Es stand aber auf im Hohen Rat ein Pharisäer
mit Namen Gamaliel, ein Gesetzeslehrer geschätzt im Volk, befahl
35 die Menschen kurz hinaus zu tun, * und sagte zu ihnen: „Israe-
litische Männer, seht euch bei diesen Menschen vor, was ihr tun
36 wollt. * Denn vor diesen Tagen stand auf Theudas, behauptend
jemand zu sein, dem anhing eine Zahl von etwa vierhundert Män-
nern. Er wurde beseitigt, und alle, die ihm folgten, wurden zer-
37 sprengt und wurden zu nichts. * Nach dem stand auf Judas, der
Galiläer, in den Tagen der Schätzung, und brachte eine Schar zum
Abfall hinter sich her. Auch er kam um, und alle, die ihm folgten,
38 wurden zerstreut. * Und jetzt sage ich euch: Steht ab von diesen
Menschen und laßt sie los. Denn wenn aus Menschen ist dieser
39 Rat oder dieses Werk, wird es zugrunde gehen. * Wenn es aber
aus Gott ist, werdet ihr nicht imstande sein, sie zugrunde zu rich-
ten, daß ihr nur nicht gar als Kämpfer gegen Gott erfunden wer-
40 det." * Sie ließen sich von ihm bestimmen und riefen die Apostel**

herein, ließen sie schlagen und geboten, nicht zu reden auf Grund
41 **des Namens Jesu, und ließen sie frei. * Sie nun gingen vom An-**
gesicht des Hohen Rates sich freuend, daß sie gewürdigt worden
42 **waren, für den Namen entehrt zu werden. * Und keinen Tag**
hörten sie auf, im Tempel und in einzelnen Häusern zu lehren und
zu verkündigen den Messias Jesus.

zu Vers 41: Apg 9, 16; 16, 25; Phil 1, 29; 1 Pt 4, 13
zu Vers 42: Apg 18, 5

Wir dürfen an dieser Stelle dankbar sehen, wie Gott in Lukas einen Mann mit besonderen schriftstellerischen Gaben in seinen Dienst stellt. Lukas hat dem Bericht über den ersten Zusammenstoß der Gemeinde mit der Priesterschaft nicht sogleich die Schilderung der sich verschärfenden Kämpfe folgen lassen, sondern eine ausführliche Darlegung der inneren Zustände der Gemeinde von Kap. 4, 32 – 5, 16 eingeschaltet. Dadurch erleben wir den Verlauf der Dinge mit, wie er von den Christen damals selbst durchlebt worden ist. Die unerschrockene Festigkeit der Apostel bewährt sich, das Gebet der Gemeinde wird erhört, eine Zeit des Wachstums und des inneren Aufbauens (nicht ohne Versuchungen und Gerichte!) wird geschenkt. Der Schriftsteller Lukas vermeidet dadurch zugleich eine Ermüdung seiner Leser und läßt sie mit neuer Aufmerksamkeit aufhorchen, wenn nun der Kampf von neuem beginnt. Mit kraftvoller Anschaulichkeit stellt Lukas das bewegte Geschehen vor unsere Augen, das nun anhebt.

Es ist in der Geschichte oft so, daß die großen Spannungen und Gegensätze nicht sofort voll ausgetragen werden. Denken wir nur an den Verlauf der Reformation. So ist es auch hier. Über der Pause nach dem ersten Zusammenstoß liegt doch bleibend die Drohung des Redeverbotes. Nun muß es sich zeigen: Gibt die Priesterschaft nach, findet sie sich mit der dauernden Übertretung ihrer Befehle ab, gibt es also für die Gemeinde eine lange Zeit ungestörten Wachstums, oder verwirklicht sie ihre Drohungen und treibt gerade dadurch die Geschichte der ersten Christenheit in ungeahnter Weise vorwärts. Die Christen werden bei ihrem täglichen Zusammensein im Tempelgelände an der Haltung der Priester gemerkt haben, wie bei diesen die Erbitterung wuchs.

„Es erhob sich aber der Hohepriester und alle, die es mit ihm hiel- 17
ten, die Partei[134] der Sadduzäer; sie wurden voll von Eifer und legten
die Hand an die Apostel und brachten sie in öffentliche Haft." Es ist wie in der Geschichte Jesu selbst: Die Pharisäer standen zwar auch immer entschlossen gegen Jesus und griffen ihn an, aber es blieb bei

[134] Hier steht das Wort „hairesis", von dem unser Wort „Häresie" abgeleitet ist, das für uns die Abspaltung von der Kirche durch Irrlehren bedeutet. Damals hatte das Wort diesen Sinn noch nicht.

den inneren Angriffen; bei dem Todesbeschluß ist die Priesterschaft führend (Jo 11, 46–53). Die theologischen Fragen waren ihr nicht so wichtig. Aber sie sah den Rest politischer Selbständigkeit und damit zugleich ihre eigene Macht durch solche gefährliche Schwärmerei bedroht und griff energisch durch. So sieht auch jetzt die Priesterschaft mit der ganzen Gruppe der Sadduzäer in wachsender Sorge und Empörung – **„voll von Eifer"** – die unverminderte Tätigkeit der Apostel und das Anwachsen der Gemeinde. Wie lange dieses Zusehen gegangen ist, sagt uns Lukas nicht. Aber seit wir durch einen glücklichen Fund den Aufenthalt des Paulus in Korinth genauer datieren können, wissen wir, daß die Bekehrung des Paulus früher erfolgt ist, als wir meist angenommen haben. Für das, was die Apostelgeschichte in ihren ersten acht Kapiteln erzählt, steht nur ein verhältnismäßig kurzer Zeitraum zur Verfügung. Zwischen dem ersten und zweiten Prozeß gegen die Apostel werden nur einige Wochen gelegen haben.

18 Nun aber **„erhebt sich"** der Hohepriester zum Handeln. Die Verhaftung ist schroffer, erfaßt nicht nur Petrus und Johannes, sondern **„die Apostel"**, und bringt sie in die **„öffentliche Haft"**, ins Staatsgefängnis. Diesmal konnte es zum Todesurteil kommen! Gott aber
19–21 gibt ein mächtiges Zeichen dafür, daß bei allem „Eifer" der Menschen dennoch er die Dinge in seiner Hand hat und seine Boten zu schützen weiß. **„Ein Engel des Herrn öffnete nachts die Türen des Gefängnisses."** Es geht dabei nicht um das Wohlergehen der Boten selbst. Nicht zum Entkommen werden sie aus dem Gefängnis befreit. Sie werden zum erneuten Dienst in den Tempel befohlen. Es geht bei diesem Dienst ja nicht um religiöse Ansichten oder Formen der Frömmigkeit, die ganz wichtig und interessant sein mögen, die aber doch nicht ein letztes Gewicht haben. Es geht um **„alle diese Worte des Lebens"**. Es ist die Botschaft, an der Leben und Tod, ewiges Leben oder ewiger Tod der Menschen hängt. Diese Worte müssen unter allen Umständen gesagt werden![185] Die Apostel gehorchen. Beim Morgengrauen wurden die Tempeltore geöffnet und das Morgenopfer dargebracht. Menschen fanden sich dazu ein. Da beginnen sofort auch die Apostel ihre Lehrtätigkeit. Das grie Imperfektum weist darauf hin, daß diese morgendliche Lehrtätigkeit eine längere Zeit andauerte. Wieder ist auf ausdrückliche Weisung Gottes der Tempel ihr Ort. Das Evangelium soll sich nicht in die Verborgenheit flüchten, sondern in der Öffentlichkeit verkündigt werden. Es ist keine fromme Winkelsache, sondern erhebt Anspruch darauf, Jesus und sein Lebenswerk öffentlich zu verkündigen.

[185] Sehen wir unsern Dienst noch so? Wie anders müßte dann unser Einsatz sein!

Welche Verlegenheit, als nun[136] die feierliche Sitzung des Hohen Rates[137] eröffnet wird und die Verhafteten vorgeführt werden sollen – sie sind nicht da! Türschlösser und Wachen sind in Ordnung, aber die Zellen sind leer! Es ist schrecklich mit diesen Aposteln. Nie geht es mit ihnen glatt: **„Was will dies nun wieder werden!"** Die Peinlichkeit der Situation erhöht sich! Die fatale Meldung kommt: **„Siehe, die Männer, die ihr ins Gefängnis gesetzt habt, stehen im Tempel und lehren das Volk."** Nun macht sich der Tempelhauptmann mit seinen Dienern persönlich auf. Ein gewaltsames Vorgehen wagen sie nicht, sie fürchten den Ausbruch einer Erregung in der Volksmenge, die der Gemeinde Jesu mit großer Achtung und Ehrerbietung (Kap. 5, 13) gegenübersteht und in einem gewaltsamen Vorgehen gegen die Apostel eine „Gotteslästerung" sehen könnte, auf die sie mit der gebotenen „Steinigung" antwortet. Es ist bezeichnend für den klaren Glaubensstand der Apostel, daß sie diese Gunst des Volkes und ihre wunderbare Befreiung aus dem Gefängnis nicht für sich ausnutzten. Sie erkennen das Recht zu ihrer Vorladung an[138]. Willig folgen sie dem Tempelhauptmann und wissen, daß es ihres Gottes Plan und Wille ist, daß sie erneut den führenden Männern ihres Volkes das Zeugnis von Jesus sagen. 22–24

(25/26 – printed beside the line beginning "geht es mit ihnen glatt")

Nun stehen sie wieder in der Mitte der Ratsversammlung. Der Hohepriester leitet die Verhandlung ein. Die Frage des Hohenpriesters[139] ist keine wirkliche „Frage", sondern ein erregter Vorwurf. 27/28

[136] Die Handschrift D hat in Vers 18 eingefügt „und ging ein jeder nach Hause". Sie ändert Vers 21 entsprechend: „Als sie aber früh aufgestanden waren und den Rat zusammengerufen hatten ..." Ist das der ursprüngliche Text? Aber welcher Schreiber sollte das weggelassen haben, wenn es ursprünglich so dastand? Dagegen ist verständlich, daß ein sehr genauer Schreiber hier eine Lücke in dem Bericht fand, die er durch seine Ergänzung auszubessern suchte. (Vgl. o. Seite 84)

[137] Lukas fügt hier dem Hohen Rat „die ganze Ältestenschaft der Söhne Israels" hinzu. Natürlich gehören die „Ältesten" bereits dem Hohen Rat an, wie auch Lukas in 4, 5 weiß. Entweder ist bei der Wichtigkeit der zu treffenden Entscheidung die Versammlung noch durch Hinzuziehung angesehener Männer erweitert oder Lukas hat die grie Bezeichnung „gerusia = Ältestenschaft" als Erklärung für seine Leser dem hbr Wort „Synedrium" beigefügt.

[138] Es ist immer töricht, wenn staatliche Behörden gegen Christen Gewaltmaßnahmen anwenden. Die Verhaftung der Apostel war ganz unnötig. Der Hohepriester hätte sich diese ganze Blamage sparen können. Die Apostel wären von vornherein einer Vorladung freiwillig gefolgt.

[139] Kritische Ausleger haben beanstandet, daß der Hohepriester sich nicht zuerst nach dem Vorgang der Befreiung erkundigt habe. Daran werde deutlich, daß Lukas das Befreiungswunder erst seinerseits in einen schlichteren Bericht über den Prozeß gegen die Apostel eingefügt habe. Aber ist es nicht klug gehandelt, wenn der Hohepriester sich nicht erst in eine Erörterung dieser rätselhaften und peinlichen Sache einläßt, sondern zum entscheidenden Angriff gegen diese Männer ansetzt, die er nun doch endlich vor sich hat. Gerade wenn Lukas diese Befreiung aus dem Gefängnis erst selber zur Aus-

Jetzt ist die Übertretung des ausdrücklichen Redeverbotes in flagranter Weise geschehen: **„Sieh, erfüllt habt ihr Jerusalem mit eurer Lehre."** Und nun läßt der Hohepriester in seiner Erregung auch die eigentliche wunde Stelle sehen, die hinter dem **„Eifer"** liegt: **„... und wollt über uns bringen das Blut dieses Menschen."** Es ist also das Wort **„Eifer"** in Vers 17 nicht einfach als „Eifersucht" zu fassen. Eifersucht auf die Erfolge der Apostel — so oberflächlich ist das Motiv nicht, das die Priesterschaft treibt. **„Ihr wollt das Blut dieses Menschen über uns bringen."** Das hieß: die Verkündigung der Auferweckung Jesu durch Gott stellt fortgesetzt uns als Mörder des Messias hin und lädt eine furchtbare Blutschuld auf uns. Es mischte sich aber gewiß (wie einst Jesus gegenüber) das politische Denken ein: Mit eurem schwärmerischen Wahnsinn bringt ihr es noch zum Eingreifen der Römer, und dann wird aus dem Ruf des Karfreitags „Sein Blut komme über uns und unsere Kinder" schrecklicher Ernst. Der Hohepriester bringt den verhaßten Namen „Jesus" nicht über die Lippen; er sagt nur **„auf Grund dieses Namens"** und **„das Blut dieses Menschen"**. Dadurch wird besonders deutlich: Es geht um **„diesen Namen"**, es geht um **„diesen Menschen"**, es geht um Jesus, allein um ihn!

29 Die Antwort der Apostel[140] ist schlicht, fest und klar. Beruft sich
der Ankläger auf das Redeverbot der früheren Verhandlung, so
greift auch Petrus auf sein damaliges Wort zurück: **„Gehorchen muß
man Gott mehr als Menschen."** Damit ist schon alles gesagt und alles
begründet. Aber freilich, dies Wort kann auch eine fromme Redens-
art sein, mit der jeder rechtfertigt, was ihm gefällt. Es muß schon
sehr bestimmt gezeigt werden, wieso die Apostel wirklich **„Gott ge-
horchen"**, so ernst, daß sie entgegenstehende Verbote von Men-
schen, seien es auch die Priester und Ältesten ihres Volkes, nicht be-
30 achten können. Petrus zeigt seinen Anklägern, daß er sich nicht etwa
einen Gott ausdenkt, hinter dessen angeblichen Weisungen er seine
eigenen Wünsche versteckt. Nein, dieser Gott, dem die Apostel mehr
gehorchen müssen, ist **„der Gott unserer Väter"**, der Gott, den auch
der Hohe Rat anerkennt. Vorbildlich sucht Petrus gerade jetzt den
gemeinsamen Boden. Dieser Gott der Väter aber **„hat auferweckt
Jesus"**. Es geht in keiner Weise um irgendwelche Ansichten über
Gott, es geht um die Tatsache, die Gott selbst geschaffen hat[141]. Das

schmückung erfunden und in den Bericht eingetragen hätte, dann hätte er nicht verfehlt, sie auch bei der Verhandlung wirkungsvoll zu verwenden.

140 In welcher Weise neben Petrus die andern Apostel zu Worte kamen, läßt Lukas bei der notwendigen Knappheit seiner Darstellung nicht erkennen.

141 Auch wir sollten in unserer Lage heute bei der Verkündigung und dem persönlichen Zeugnis uns selbst und den andern deutlich machen, daß das Fundament unseres

kann weder Petrus noch der Hohepriester ändern: Gott hat Jesus auferweckt. **„Den ihr umgebracht habt, indem ihr ihn ans Holz hängtet";** fügt Petrus hinzu, um noch einmal den Gegensatz zwischen Gott und dem Hohen Rat aufs schärfste deutlich zu machen. Hat Petrus bisher nur das „Töten" Jesu genannt und die Art dieses Tötens am Pfingsttag (Kap. 2, 23) nur angedeutet, so stellt er es vor diesem Gremium nun ausdrücklich fest: Ihr habt nach 5 Mo 21, 22 f an Jesus gehandelt und ihn dadurch als Verfluchten gebrandmarkt (vgl. Gal 3,
13). Aber diesen von euch Verfluchten hat Gott **„zum Fürsten und** 31
Retter erhöht mit seiner rechten Hand". Die Auferweckung Jesu aus den Toten ist ja nicht die Wiederherstellung seines alten Lebens, sondern seine Einsetzung in ein ganz neues und herrliches Wirken. In Kap. 2, 36 war das mit den Titeln „Herr und Messias" ausgedrückt. Jetzt wird der Auferstandene und durch Gottes Rechte Erhöhte als **„Fürst und Retter"** bezeichnet. „Retter, Erlöser, Heiland" ist Gottes Ehrenname im AT: Ps 19, 15; Jes 41, 14; 44, 6; 49, 7. 26; 43, 3; 59, 20; 63, 16; Jer 50, 34; Hos 13, 4. Nun wird dieser Name auf Jesus übertragen, weil in ihm Gottes endgültig rettendes Handeln gerade in Israel geschehen will. So haben die Jesuszeugen der Urgemeinde die „Gottheit Jesu" erkannt, die Einheit Jesu mit Gott. Mag später in den Gemeinden der grie und römischen Welt das Wort „Retter" sofort an die Titulatur der römischen Kaiser erinnert und Jesus jenen zweifelhaften „Rettungsgestalten" gegenüber als den wahren Retter der Welt gepriesen haben, hier unter Israeliten ist der Name „Retter" biblisch und göttlich und zwingt vom AT her gerade Israel zur Entscheidung.

Darum wird sein Retteramt sogleich und ausdrücklich auf Israel bezogen: **„. . . zu schenken Umkehr für Israel und Vergebung der Sünden."** Das ist uns wichtig, daß Petrus hier (wie schon Kap. 3, 17. 26 und in den Einzelunterredungen am Pfingsttag) gerade Israel die Umkehr und die Vergebung anbietet. Die weitverbreitete Meinung, Israel sei verworfen, weil es Jesus gekreuzigt habe, und die Kirche sei nun an die Stelle Israels getreten, erweist sich als eine oberflächliche Behauptung ohne biblischen Grund. Der Auferstandene ist nicht Israels Feind, sondern wirbt durch seine Boten um Israel. Die ganze volle Vergebung ist für Israel bereit. Jawohl, auch der Hohepriester, auch dieser ganze Hohe Rat wird die Auslöschung seiner unermeßlichen Schuld empfangen, wenn er umkehrt und zu Jesus kommt. Wie irrt doch der Hohepriester in seiner Empörung. Petrus will nicht „das Blut dieses Jesus über ihn bringen". Petrus nennt die Schuld des Hohenpriesters nicht, um bloßzustellen und zu

Glaubens nicht theologische oder weltanschauliche Gedanken oder Meinungen sind sondern unabänderliche göttliche Tatsachen.

vergelten, Petrus verkündigt ihnen den Retter und den vollen Frieden der Vergebung. Israel stand damals erneut und erst recht vor der großen Entscheidung. Und erst die Ablehnung dieses Gnadenangebotes Jesu wird nun in Gottes Weltplan zu der Beiseitestellung Israels, die den Raum schafft für den Aufbau des Leibes Christi, der Gemeinde aus allen Nationen.

„Umkehr" — da war es wieder, dieses schreckliche Wort, das schon den Täufer so unerträglich gemacht und den Haß gegen Jesus immer mehr gesteigert hatte. Mochte das „Volk, das nichts vom Gesetz weiß" (Jo 7, 19), zur Buße gerufen werden, insoweit waren die Bemühungen des Täufers anzuerkennen. Aber Priester und Älteste des Volkes sollten sich bekehren müssen? Israel als Ganzes, das fromme Israel mit seiner genauen Gesetzeserfüllung und seinem kostbaren Tempeldienst sollte eine Bekehrung nötig haben? Das ist ein ruchloser Angriff gegen alles Heilige! Sie wollen es nicht sehen, daß Umkehr „Geschenk" ist.

32 **„Und wir sind Zeugen für diese Worte . . ."** Petrus verwendet hier einen Ausdruck, den wir wohl mit **„Worte"** wiedergeben, der aber im Hbr die Sache selbst mit meint, von der das Wort spricht. Wir sind Zeugen für all das, was Gott getan hat. Vielleicht spürt Petrus die innere Ablehnung: „Das kann jeder behaupten." Darum fügt er hinzu: **„. . . und der Heilige Geist, den Gott gegeben hat denen, die ihm gehorchen"**. Es gibt außer den Aposteln noch einen anderen, einen göttlichen Zeugen, den Heiligen Geist. Hier fällt das Wort, das dann als „testimonium spiritus sancti", als „Zeugnis des Heiligen Geistes" in der Theologie mit Recht eine große Rolle gespielt hat. Unentbehrlich ist auch für uns das klare Wortzeugnis derer, die Jesus nach seiner Auferstehung sahen: 1 Ko 15, 1—20. Aber daß dies nicht eine bloße Behauptung bleibt, daß es uns innerlich überführt und gewiß macht, das ist das Werk des Geistes. „Ich glaube, daß ich nicht aus eigener Vernunft noch Kraft an Jesum Christum meinen Herrn glauben oder zu ihm kommen kann; sondern der Heilige Geist hat mich durch das Evangelium berufen, mit seinen Gaben erleuchtet, im rechten Glauben geheiligt und erhalten." Freilich, Gottes Geist zwingt uns nicht mit äußerer Gewalt, ohne unseren Willen, Gott wahrt die Freiheit, die er uns verliehen hat. Gott schenkt den Geist nur denen **„die ihm gehorchen"**. Da lag der entscheidende Punkt bei den Gegnern Jesu. Darum bekehrt der Heilige Geist den Hohenpriester und seine Gefolgsleute nicht einfach. An dem „Kehrt um!" kommen sie nicht vorbei; verweigern sie diese Umkehr, dann erhalten sie auch nicht die Erleuchtung durch den Heiligen Geist.

33 Kehrt um, verurteilt euer ganzes bisheriges Tun als Schuld! Welch eine Forderung an „fromme" Menschen! Wo sie im Stolz der eigenen

Frömmigkeit abgelehnt wird, kann es nicht bei einer einfachen sachlichen Verneinung der Botschaft bleiben, es muß zur leidenschaftlichen Empörung gegen die kommen, die die Umkehr verlangen. **„Als sie es aber hörten, ging es ihnen durch und durch und sie wollten sie töten."** Lukas braucht hier (und dann wieder Kap. 7, 54) ein anderes Wort als in Kap. 2, 37; eigentlich heißt es: „Sie wurden zersägt." Innerlich tief getroffen waren sie. Aber gerade darum hatten sie nur noch den einen Willen, diese Männer endgültig zum Schweigen zu bringen. Vor der Forderung der Bekehrung kann man nur eines: zusammenbrechen und sich beugen oder — hassen.

Es sieht aus, als wiederhole sich nun der Prozeß gegen Jesus oder 34
als käme es schon jetzt gegen die Apostel zu dem tumultuarischen Verfahren, das später dem Stephanus den Tod bringt. Aber in diesem Augenblick erhebt sich im Rat **„ein Pharisäer mit Namen Gamaliel, ein Gesetzeslehrer, geschätzt im Volk"**. Gamaliel — wie wir wissen, der theologische Lehrer des Saul von Tarsus (Kap. 22, 3) — war der Enkel des großen Schriftgelehrten Hillel und jetzt das Haupt seiner Schule. Auch in der jüdischen Überlieferung wird mit großer Hochachtung von ihm gesprochen. In dem Mischnatraktat Sota heißt es: „Mit dem Tode Rabbi Gamaliels, des alten, hörte die Ehrfurcht vor dem Gesetz auf, und Reinheit und Enthaltsamkeit starben." Gamaliel zeigt die Stärke und die Schwäche der pharisäischen[142] Haltung.
Sie war bestimmt von der steten Furcht vor „Versündigungen". In 35
dieser Furcht ist der Pharisäer äußerst gewissenhaft und besonnen. Aus dieser Furcht heraus kann er aber auch schwer zu einer klaren Stellungnahme kommen. Lieber nichts tun, als sich am Ende versündigen! So nimmt jetzt auch Gamaliel keine wirkliche Stellung zu der großen Frage, um die es hier ging. Aber **„seht euch bei diesen Menschen vor, was ihr tun wollt"**. Es konnte ja doch etwas sein an dem, was diese ungelehrten Leute mit solcher Kühnheit und Bestimmtheit sagten. Gott konnte hinter all diesen seltsamen Geschehnissen stehen. Auch von der wunderbaren Befreiung des Apostels mochte Gamaliel doch beeindruckt worden sein. Darum jetzt kein Todes-
urteil, das nicht wiedergutzumachen ist. **„Daß ihr nur nicht gar als** 39
Kämpfer gegen Gott erfunden werdet!" Es ist nach Gamaliels Ansicht auch gar nicht nötig, sich in dieser undurchsichtigen Sache voreilig festzulegen. Der Schriftgelehrte beruft sich nicht — im Gegensatz zu dem „Laien" Petrus — auf die Schrift. Aber es ist ihm ernst mit dem Glauben an Gott und Gottes allmächtige Regierung. Er ist überzeugt:

[142] Wir dürfen in diesem Wort hier nicht den Sinn hören, der sich für uns heute mit dem Scheltwort „pharisäisch" und „Pharisäer" verbindet! Es ist hier rein sachlich verwendet.

„Wenn[143] **aus Menschen ist dieser Rat oder dieses Werk, wird es zugrunde gehen. Wenn es aber aus Gott ist, werdet ihr nicht imstande**
36/37 **sein, sie zugrunde zu richten."** Diese seine Überzeugung verdeutlicht er an den praktischen Beispielen des Theudas und des Judas aus Galiläa[144]. Gott hat diese eigenmächtigen und schwärmerischen Bewegungen schnell zusammenbrechen lassen. Ist das junge Christentum von gleicher Art, so wird es bald ebenso sein Ende finden, ohne
38/39 daß der Hohe Rat mit Todesurteilen eingreift. **„Und jetzt sage ich euch: Steht ab von diesen Menschen und laßt sie los."** Mit dem lebhaften Ruf aus dem ängstlichen Herzen eines ernsten Pharisäers schließt Gamaliel seine Rede: **„Nur nicht gar als Kämpfer gegen Gott erfunden werden."**[145]

40 An dem angesehenen theologischen Lehrer und seinen Gesinnungsgenossen im Rat kann die priesterliche Partei nicht einfach vorbeigehen. Es wird auch bei all ihrer Wut eine letzte Unsicherheit in ihrem Herzen gewesen sein. Ein klarer Rechtsgrund zu einem Todesurteil lag auch jetzt nicht vor. Sie **„ließen sich von ihm bestimmen".** Gamaliel hatte die Angeklagten hinaustun lassen, um eine interne Beratung zu ermöglichen. So waren die verhaßten Gestalten den Priestern aus den Augen gerückt. Das erleichterte eine rasche Beschlußfassung.

Die Apostel werden hereingerufen, das Redeverbot wird erneuert. Zu seiner nachdrücklichen Einschärfung wird an ihnen jene Auspeitschung vollzogen, die uns als die „vierzig weniger eins"[146] auch

[143] Die grie Sprache ermöglicht hier eine feine Unterscheidung, die wir im Deutschen nicht so wiedergeben können. Das erste „wenn" meint eine bloße Annahme („falls es so sein sollte"), das zweite aber einen wirklichen Tatbestand („wenn es nun einmal so ist . . ."). Damit deutet Gamaliel an, daß er persönlich Gott irgendwie in der jungen Christenheit am Werke sieht. „Irgendwie" — darum wird er selber doch nicht Christ.

[144] Nach dem, was der jüdische Geschichtsschreiber Josephus uns über Theudas berichtet, ist dieser nicht vor Judas, sondern erst sehr viel später aufgetreten, in einer Zeit, die ein ganzes Stück nach dieser Ratssitzung liegt. Entweder müßte Lukas hier den Gamaliel auf einen andern Mann gleichen Namens anspielen lassen, oder die Ungenauigkeit in den Berichten, die Lukas erhalten hat — er selber als Grieche konnte die palästinensischen Verhältnisse nicht so genau kennen — „kann daher rühren, daß spätere Verhandlungen, bei denen auch der Ausgang des Theudas erörtert wurde, mit der Erzählung über die ältere Verhandlung des Rats zusammengenommen sind" (A. Schlatter zu unserer Stelle in seinen „Erläuterungen" Band 4 S. 63).

[145] Wie tief ist der junge Saul von seinem alten Lehrer Gamaliel unterschieden. Er wagt die ganze Entscheidung gegen das Christentum und wird tatsächlich zum „Kämpfer gegen Gott"! Aber darum kann er auch vor Damaskus den ganzen Zusammenbruch vor Gott und die ganze Gnade Gottes erleben und der große Kämpfer für das Evangelium werden, während Gamaliel es mit seiner Frömmigkeit und seiner Scheu vor Gott zu nichts gebracht hat.

[146] Die Schriftgelehrten dachten bei der Vollziehung dieser Strafe an die Gesetzesbestimmung in 5 Mo 25, 2—3. Um die dort von Gott gebotene Höchstzahl von vierzig Schlägen

von Paulus her bekannt ist (2 Ko 11, 24) und in jeder Synagoge als Strafe verhängt werden konnte. Dann werden die Apostel entlassen.

Und nun lesen wir von ihnen die kostbaren Sätze: **„Sie nun gingen** 41/42
vom Angesicht des Hohen Rates, sich freuend, daß sie gewürdigt worden waren, für den Namen entehrt zu werden. Und keinen Tag hörten sie auf, im Tempel und in einzelnen Häusern zu lehren und zu verkündigen den Messias Jesus." Nicht die heißen Schmerzen eines blutigen Rückens waren ihnen wesentlich; sie werden gar nicht erwähnt. Doch tief empfanden sie die Entehrung, die in solcher körperlichen Strafe vor den Augen ihrer Feinde lag. Aber nicht gebrochen, nicht klagend, auch nicht verbittert, sondern **„sich freuend"** gehen sie vom Rat fort. Vor Menschen war ihr Leiden freilich eine Schmach, aber vor Gott war es „eine Würde, die nicht jedem widerfährt". Sie erfüllen das Wort, das ihnen Jesus selbst als „Seligpreisung" gesagt hatte (Mt 5, 11–12; Lk 6, 22. 23). Wir merken, wie sehr Petrus aus eigenster Erfahrung redet, wenn er später in seinem Brief schreibt: „Denn was ist das für ein Ruhm, wenn ihr um Missetat willen geschlagen werdet und das geduldig ertragt? Aber wenn ihr um guter Taten willen leidet und das ertragt, das ist Gnade bei Gott" (1 Pt 2, 20, vgl. noch Apg 4, 14–16). Die Apostel wurden nicht „um Missetat willen" geschlagen, sondern **„für den Namen"**, den einen wunderbaren Namen, für den man alles mit Freude leiden kann. Unerschrocken setzten sie ihre Tätigkeit fort, im Tempel vor den Augen der Priesterschaft und auch in den einzelnen Häusern. Sie „evangelisierten", sagte Lukas wörtlich und verwendet hier zum ersten Mal dieses schöne Wort. Der Inhalt der Evangelisation läßt sich in jenen zwei Worten zusammenfassen, die wir nur noch als einen „Namen" empfinden: Sie evangelisierten den **„Messias Jesus"**. In Wahrheit ist dies ein Bekenntnis, mit dem das ganze Evangelium ausgesprochen ist: Jesus ist der Messias, Jesus ist der Christus, Jesus ist der Erfüller aller göttlichen Verheißungen, der Retter von Schuld und Tod, der König Israels und der Vollender der Welt.

DIE EINSETZUNG DER SIEBEN

Apostelgeschichte 6, 1–7

1 **In diesen Tagen, da sich die Jünger mehrten, erhob sich ein Mur-**
ren der Hellenisten gegen die Hebräer, weil übersehen wurden bei
2 **dem täglichen Dienst ihre Witwen. * Da beriefen die Zwölf die**

zu Vers 1: Apg 4, 35
zu Vers 2: 2 Mo 18, 17-23

auf keinen Fall durch ein Versehen zu überschreiten, ließ man den vierzigsten Schlag aus.

zu Vers 3:
1 Tim 3, 7. 8
zu Vers 4:
Lk 1, 2
Apg 2, 42
zu Vers 6:
Apg 8, 17
2 Ko 8, 19
1 Tim 4, 14
2 Tim 1, 6
Hbr 6, 2
zu Vers 7:
Apg 19, 20
Rö 1, 5
Rö 16, 26

Menge der Jünger und sprachen: „Es ist (Gott) nicht wohlgefällig,
wenn wir unter Vernachlässigung des Wortes Gottes die Tische
3 bedienen. * Erseht euch aber, Brüder, aus euch Männer mit einem
guten Ruf, sieben, voll Geist und Weisheit, die wir einsetzen wer-
4 den für diese Aufgabe. * Wir aber wollen am Gebet und an der
5 Zudienung des Wortes verharren." * Und es gefiel das Wort vor
der ganzen Menge, und sie erwählten Stephanus, einen Mann voll
Glauben und Heiligem Geist, und Philippus und Prochorus und
Nikanor und Timon und Parmenas und Nikolaos, einen Proselyten
6 aus Antiochia. * Diese stellten sie vor die Apostel, und unter Ge-
bet legten sie ihnen die Hände auf.
7 Und das Wort Gottes wuchs, und es mehrte sich die Zahl der
Jünger in Jerusalem sehr, auch eine große Menge von Priestern
gehorchten dem Glauben.

1 Man hat Lukas zum Vorwurf gemacht, er zeichne ein zu ideales Bild der ersten Christenheit. Hier jedenfalls berichtet er ruhig von erheblichen Unzulänglichkeiten, die zu einer Spannung in der jungen Gemeinde und zum lauten Murren führten. Durch die Gemeinde lief ein natürlicher Unterschied: Es gab „Hellenisten", d. h. Juden aus den westlichen Ländern, die grie sprachen, und „Hebräer", die aramäisch redenden Juden aus Palästina (und dem eigentlichen Orient). Solche Unterschiede sind nie bedeutungslos[147]. Die Einheit der Gemeinde Jesu wird nicht dadurch hergestellt, daß man Verschiedenheiten einfach übergeht. Die grie sprechenden Kreise hatten es nicht leicht in christlichen Zusammenkünften, bei denen — auch von den Aposteln her — aramäisch gesprochen wurde. Ein Zug zu eigenen Versammlungen mit dem vertrauteren Grie wird sich bald ergeben haben. Umgekehrt ist nun die Fürsorge der Gemeinde, die nach Kap. 4, 35 bei der wachsenden Zahl der Christen[148] nicht mehr rein persönlich erfolgen konnte, sondern durch die Vermittlung

[147] Es gab darum im alten Berlin „französisch-reformierte" Gemeinden neben den „deutsch-reformierten".

[148] Nach Apg 5, 14 hatte dieses Wachstum weiter angehalten. „In diesen Tagen, da sich die Jünger mehrten" beginnt Lukas unsern Abschnitt. Dabei verwendet er zum ersten Mal das Wort „Jünger" für die Christen, das freilich in Texten der Koine-Gruppe schon 1, 15 für „Brüder" steht (vgl. Apg 9, 1. 10; 11, 26. 29; 13, 52; 14, 27; 15, 10; 16, 1; 18, 23; 19, 1; 20, 1. 30; 21, 4. 16). Das Wort bezeichnet zunächst den Schüler und Lehrling; von da aus dann auch den Anhänger eines Meisters und wird darum mit der Nennung dessen gebraucht, dessen Schüler oder Anhänger jemand ist, z. B. „Jünger des Johannes" (Mt 9, 14). Dann werden im Raum der Gemeinde die „Jünger Jesu" so sehr „die Jünger" schlechthin, daß nun das Wort ohne jeden Zusatz die Christen als solche benennt. Es wird aber darin die wichtige Wahrheit aufbewahrt, daß der wirkliche Christ in die „Nachfolge" eingetreten ist und nicht neben einem sonst eigenmächtigen Leben einen „Glauben" an Jesus haben kann.

der Apostel geschah, nicht in vollem Maße bis zu diesen „hellenistischen" Kreisen gelangt. Dabei waren es die Witwen, die **„übersehen wurden bei dem täglichen Dienst"**. Wieder merken wir, wie knapp die ganze Darstellung des Lukas ist. „Es wurde aber ausgeteilt einem jeglichen so, wie einer es bedurfte" (Kap. 4, 35), so hatte er, in kurzer Zusammenfassung des Wesentlichen, geschrieben. Für ihn war es wohl selbstverständlich, daß zu denen, die „es bedurften", in erster Linie die „Witwen" gehörten. Aus 1 Tim 5, 3—16 sehen wir, wie die Fürsorge für die Witwen ein besonderes Aufgabengebiet der Gemeinde blieb. Eine Möglichkeit eigenen Erwerbes gab es im Altertum für Frauen einfach nicht. Hatte eine Witwe keine Kinder, die für ihren Unterhalt sorgten, so geriet sie in große Not. In dieser Lage waren aber besonders die Witwen der „Hellenisten". Ehepaare waren im Alter aus dem Ausland ins Heilige Land, vor allem nach Jerusalem gezogen. Nun war der Mann gestorben, die Kinder lebten irgendwo in der Ferne, was sollte jetzt werden? Die Fürsorge der Gemeinde, zunächst der jüdischen und nun auch der christlichen, setzte ein. Nun wurden die sprachlichen Verschiedenheiten ebenso zum Hindernis wie die große Ausdehnung der Gemeinde. Witwen lebten damals still und zurückgezogen. Den Aposteln waren die Witwen des aramäischen Kreises der Gemeinde eher bekannt und wurden leichter in ihren Gesichtskreis gebracht. Die hellenistischen Witwen wurden **„übersehen"**. Auch das hat Lukas nicht extra erzählt, daß dies „Austeilen einem jeglichen so, wie einer es bedurfte" bereits zu einer Form regelmäßiger Hilfe geführt hatte. So etwas gestaltet sich unvermerkt und ist auf einmal als Einrichtung da. So war es offenbar zu regelmäßigen Speisungen der Bedürftigen gekommen, zu täglichen Mahlzeiten, zu denen hellenistische Witwen nicht mit eingeladen worden waren. Das aber erweckt in besonderer Weise den Kummer und die Verbitterung, wenn sich bestimmte Menschen nicht nur von einer freien, gelegentlichen Beschenkung, sondern von einer regelmäßigen Fürsorge ausgeschlossen sehen, die auch ihnen ein „Recht" auf bestimmte Gaben zu verleihen scheint. Wir wissen alle, wie schnell wir uns verletzt fühlen, wie leicht wir „Absichten" hinter Unterlassungen vermuten, die sich eigentlich ganz harmlos erklären, wie wir einzelne Fälle rasch verallgemeinern und wie ein Gruppenegoismus dann alles verschärft. **„Es erhob sich ein Murren der Hellenisten gegen die Hebräer, weil übersehen wurden bei dem täglichen Dienst ihre Witwen."**

Wie gut, daß dieses Murren bis zu den Aposteln durchdringt! Es 2
bedeutete einen Vorwurf auch gegen sie, in deren Händen bisher die Verwendung und Verteilung der Gaben lag. Aber die Apostel reagieren nicht empfindlich, sondern sachlich. Sie entscheiden nicht einfach selbst, sondern beteiligen (wie schon Kap. 1, 15 ff und dann wieder

15, 4. 22) an der aufgebrochenen Schwierigkeit die ganze Gemeinde. Sie **„berufen die Menge der Jünger"** und geben in Einmütigkeit als die **„Zwölf"** die Erklärung ab: **„Es ist Gott nicht wohlgefällig, wenn wir unter Vernachlässigung des Wortes Gottes die Tische bedienen."** Welch ein Wort voll Klarheit des Heiligen Geistes! Die Apostel sind nicht zuerst von dem Murren und den Vorwürfen bewegt. Sie entschuldigen sich nicht und versprechen nicht ihrerseits sofortige Abhilfe. Sie sehen nicht einmal zuerst auf die vorliegende Not, wie „christlich" das auch ausgesehen hätte. Sie blicken sofort auf zu dem Herrn und fragen nach seinem Willen. Das heißt „gläubig" leben! Wie frei und sachlich macht solcher Blick. Denn das ist klar: **„Vernachlässigung des Wortes"** kann nicht Gottes Wille und Auftrag sein. Die Apostel ehren Gott wirklich als Gott und bewähren es, daß der Mensch nicht vom Brot allein lebt, sondern von jedem Wort, das durch den Mund Gottes geht, und daß die ihnen anvertraute Botschaft buchstäblich „Worte dieses Lebens" (Kap. 5, 20) sind, an denen das ewige Leben der Menschen hängt. Diese Botschaft muß darum unter allen Umständen ausgerichtet werden. Diesem Dienst gehört alle Zeit und Kraft der Boten.

3 Aber die Zwölf schätzen darüber die äußere Fürsorge nicht gering. Wenn Witwen hungern, kann man das nicht einfach hinnehmen. Hier muß gründlich für Abhilfe gesorgt werden. Aber – die Gemeinde ist ja da! **„Erseht euch aber, Brüder, aus euch Männer mit einem guten Ruf, sieben, voll Geist und Weisheit, die wir einsetzen werden für diese Aufgabe".** Wir würden heute für diese Aufgabe an Frauen der Gemeinde denken. Damals war das zunächst unmöglich, wenn auch verhältnismäßig bald (Phoebe!) der Durchbruch durch die Sitte der Zeit gerade an diesem Punkt erfolgt ist. Es müssen also für jetzt geeignete Männer gesucht werden. Männer, denen man Gelder anvertraut, müssen **„einen guten Ruf"** haben. Warum es gerade **„sieben"** sein sollen, sagen die Apostel nicht. Aber in jüdischen Gemeinden bestand der Ortsvorstand meist aus sieben Männern, welche die „Sieben einer Stadt" genannt wurden. So mögen die Apostel unwillkürlich an diese Zahl gedacht haben[149]. Jedenfalls heißen diese Männer dann „die Sieben" (Kap. 21, 8), nicht aber, wie wir oft ohne Nachprüfung sagen, „Diakone". Nun wird die innere Vorbedingung genannt: **„voll Geist und Weisheit."** Auch dieser „Tischdienst" ist in einer Gemeinde Jesu ein „geistliches Amt", keine bloße „Verwaltungssache", die wesentlich mit rein weltlichen Kräften und Gaben zu bewältigen wäre. Es wird daran besonders deutlich, wie wahrhaft „sachlich" der Satz der Apostel über ihre eigene Arbeit war. Er hatte

[149] Vielleicht spielte auch die Rücksicht auf die sieben Tage der Woche mit: Die Leitung und Verantwortung im Fürsorgedienst konnte für jeden Tag reihum gehen.

nicht etwa den Sinn: Solche einfachen Dinge können auch geringere Leute machen, wir Apostel sind zu groß dazu. Nein, die Fürsorge in der Gemeinde erforderte vorzügliche Männer **„voll Geist und Weisheit“**[150]. In der Schilderung des Lukas liegt noch nichts von jenem Stufenbau der „Ämter“, mit dem die Kirche sich bald dem „Schema“ dieser Welt anglich und dadurch all den Trieben der menschlichen Natur Raum gab, die dem Wort und Wesen Jesu tief widersprachen, dem Ehrgeiz, dem Aussein auf Recht und Vorrecht, dem Pochen auf äußere Stellung. Lukas beschreibt hier nicht, wie dem höheren Amt der Apostel ein „niederes“ der „Diakonie“ zur Seite gestellt wird. Er gibt nicht einen Beitrag zum „Werden der Kirchenverfassung“. Er zeigt vielmehr, wie eine lebendige Gemeinde bei auftretenden Nöten und Bedürfnissen tatkräftig zu sorgen weiß und auch in Tätigkeiten solcher Art Auswirkungen des in ihr wohnenden Geistes Gottes erblickt.

Nun können wir auch den nächsten Satz in seiner lauteren Sachlichkeit hören: **„Wir aber wollen am Gebet und an der Zudienung des Wortes verharren.“** In dieser Sachlichkeit sollten wir allerdings auch für heute diesen Satz hören! Denn wir haben heute viele erbauliche Wendungen bereit, um den Aposteln zu widersprechen und ihnen zu zeigen, wie sie doch gerade den Auftrag des Meisters erfüllt hätten, wenn sie demütig und liebevoll **„die Tische bedient“** hätten. Das wäre die beste und wirksamste Predigt gewesen! Zumindest meinen wir weithin, heute sei die helfende Tat die einzige noch wirklich „ankommende“ Verkündigung, weil das „Wort“ entleert und machtlos sei. Und ganz selbstverständlich muten wir den „Dienern am Wort“ zu, daß sie einen erheblichen Teil ihrer Zeit und Kraft dem „Bedienen der Tische“ widmen. An passenden theologischen und christlichen Begründungen fehlt es uns dabei nicht. Eigentlich sollte uns das Ergebnis dieses Systems längst aufgeschreckt haben. Wir sollten es neu hören, was die Apostel mit solcher Klarheit und Bestimmtheit aussprechen. Sie nennen an erster Stelle als notwendig das Gebet! In der Tat, wieviel Zeit und Kraft erfordert das Gebetsleben des Dieners am Wort, wenn er auch nur einigermaßen allem gerecht werden soll, was allein schon in der ihm anvertrauten Gemeinde vor ihm liegt. Ob nicht die offenbare geistliche Ohnmacht unserer Kirche darin ihre eigentliche Wurzel hat, daß unsere Amtsträger vor lauter Überbelastung nicht mehr im **„Gebet verharren“**

Note: the verse number 4 stands in the right margin beside the line "Nun können wir auch den nächsten Satz in seiner lauteren Sach-".

[150] Hier war nicht weniger die „Liebe“, die Grundfrucht des Heiligen Geistes, nötig wie bei dem Ringen um die Rettung von Menschen. Und den wirklichen Durchblick durch die Verhältnisse, das liebevolle und gerade darum unbestechliche Urteil über die Bedürftigkeit, die zurechthelfende Behandlung der menschlichen Schwächen und Unarten bei den Betreuten, gibt nur die „Weisheit von oben“ (Jak. 3, 17).

können[151]. Wieder bewundern wir die Formulierungskraft des Heiligen Geistes, wenn Petrus zum Gebet die **„Zudienung des Wortes"** stellt. Es geht nicht darum, daß die Apostel sich vor dem „Dienen" drücken und sich vornehm auf erbaulichen Höhen halten wollen. Sie wissen, daß Jesus sie zum „Dienen" rief. Sie wollen nicht weniger dienen als die jetzt zu wählenden Sieben, nicht weniger „Diakone" sein als diese. Aber ihr Dienst vollzieht sich auf einem anderen Gebiet und nimmt sie dort völlig in Anspruch. Der „Dienst am Wort" läßt einfach nicht Zeit und Kraft für anderen Dienst übrig. Sollte das heute wirklich anders sein?

5 **„Und es gefiel das Wort vor der ganzen Menge."** Lukas verwendet hier eine atst Redeweise, wie er sie in seiner grie Bibel (etwa 2 Sam 3, 36) las. Ebenso konnte schon dort die ganze Gemeinde Israel als die **„ganze Menge"** bezeichnet werden (2 Chro 31, 18). **„Und sie erwählten . . ."**; die Menge **„wählte"**, ohne daß wir über das Verfahren dabei unterrichtet werden. Die Namen der Gewählten haben einen grie Klang. Es werden auch gerade „Hellenisten" mit benannt worden sein, weil eine Vernachlässigung ihrer Witwen der Anlaß zu der ganzen Aktion gewesen war. Nikolaos wird ausdrücklich als ein **„Proselyt aus Antiochia"** bezeichnet. Zum ersten Mal erscheint hier ein geborener Grieche, ein „Heide" im Raum der Gemeinde Jesu, freilich hier noch auf dem Weg über den Eintritt in die israelitische Volksgemeinschaft. Zum ersten Mal klingt auch der Name **„Antiochia"** auf, der dann in der Apostelgeschichte so bedeutsam wird. Wenn Lukas selber aus Antiochia stammte, dann besaß er hier besonders genaue Kenntnisse[152]. Dagegen war ein Mann wie Philippus trotz seines grie Namens schwerlich ein Hellenist. Er arbeitete später intensiv in Samaria, also in aramäischem Sprachgebiet.

Bei diesen Männern geht es uns ähnlich wie bei den Aposteln. Nur von Stephanus und Philippus hören wir noch weiter; die anderen kommen in der Apostelgeschichte nicht mehr vor. Sie haben den Dienst getan, zu dem sie hier gewählt wurden, das ist genug. Stephanus und Philippus aber finden wir im Evangelistendienst! Das kann uns nur wundern, solange wir noch im „Amtsdenken" befangen sind. Aber Schlatter hat recht: „Die Apostelgeschichte zeigt uns, daß die Beamten, die mit bestimmtem Auftrage konkrete Verpflichtungen auf sich nahmen, das Christenrecht unverkürzt besaßen, und die

151 Es sei hier auf „John Heyd, der Beter", Beatenberg 1955, verwiesen. Aber auch bei allen anderen von Gott bevollmächtigten Männern und Frauen (Hudson Taylor, Karl Studd, Georg Müller, Mutter Eva) war das Beten das Erste und Wichtigste in ihrem Leben.

152 Dadurch wird die oft geäußerste Annahme, die „Nikolaiten" in Ephesus und Pergamon, über die der erhöhte Herr sein scharfes Urteil spricht (Offb 2, 6. 15), gingen auf diesen Nikolaus zurück, sehr unwahrscheinlich.

Meinung war keineswegs die, daß Stephanus zwar Suppen koche, aber das Wort den andern lasse, sondern er bleibt, was er ist, Diener der Gemeinde, Glied am Leib des Herrn, darum Zeuge seiner Gnade, Kämpfer für sein Recht, und darf sterben, ohne daß ihn der Vorwurf träfe: Dein Diakonat hat dich in die Küche geschickt und nicht auf den Märtyrerposten"[153].

„Diese stellten sie vor die Apostel, und unter Gebet legten sie 6
ihnen die Hände auf." Wir werden hier auf beides zu achten haben. Einerseits sind es die Apostel, die die Gewählten in den Dienst einstellen. Die Handauflegung unter Gebet ist nicht nur eine formale Bestätigung der Wahl. Für biblisch denkende Menschen war schon vom AT her die Handauflegung reale Übertragung von Vollmacht und Kraft zum Dienst (4 Mo 27, 18–23; 5 Mo 34, 9), was durch das negative Gegenbild der realen Übertragung von Schuld durch Handauflegung (2 Mo 29, 15; 3 Mo 16, 21; 4 Mo 8, 12; 3, 19; 24, 14) ernst unterstrichen wird. Hier wird nicht nur symbolisch angedeutet, sondern wirksam gehandelt. Auf der andern Seite aber war dies, wie Apg 13, 3 zeigt, nicht amtlich – hierarchisch gemeint im Sinne einer rein „apostolischen" Funktion[154].

„Und das Wort Gottes wuchs." Wie auch in 2 Th 3, 1 ist **„das** 7
Wort" hier als eine selbständige Größe von eigener Lebendigkeit und Lebensmacht betrachtet. Wir sind wirklich nur „Diener" dieses Wortes, das nicht erst wir mit unserem Einsatz und unserer Tüchtigkeit groß und wirksam zu machen haben. Gott sei von Herzen Dank, daß auch wir es miterleben dürfen, wie das Wort selber „läuft" und **„wächst"**. Das verpflichtet uns erst recht zur Hergabe all unserer Liebe und Kraft im Dienst und befreit doch zugleich unsern Dienst von aller angstvollen Überspannung[155].

„Und es mehrte sich die Zahl der Jünger in Jerusalem sehr, auch eine große Menge von Priestern gehorchten dem Glauben." Lukas

[153] Aus Schlatters Vortrag über: „Das Amt in der Kirche", zitiert in der ausgezeichneten Auslegung der Apostelgeschichte von Udo Smidt 3. Aufl., Kassel 1960.

[154] Im Gedanken der „apostolischen Sukzession", die auch einem Zinzendorf wichtig war, liegt eine biblische Wahrheit, die wir uns schenken lassen dürfen. Es ist schon etwas, wenn ein Mose seinem Nachfolger Josua die Hände auflegt! Wir haben aber auch ganz allgemein im „Reichen der Hand" und im „Händedruck" noch ein Ahnen, daß hier eine reale Verbindung entsteht und etwas von unserem Vertrauen, unserer Liebe, unserer Kraft dem andern dargereicht wird. Wie sollte nicht erst recht etwas geschehen, wenn geisterfüllte Menschen bewußt im Aufblick zum Herrn unter Gebet segnend die Hände auflegen, sei es zur Heilung (Mk 16, 18), sei es zur Ausrüstung und Sendung im Dienst (2 Tim 1, 6).

[155] Luthers drastischer Satz im Blick auf die Reformation hat hier sein biblisches Recht: „Während Magister Philippus und ich Wittenbergisch Bier tranken, ist das Wort durch die Lande gegangen und hat's getan."

hatte uns in der Priesterschaft den eigentlichen Gegner Jesu und dann auch der Botschaft von Jesus gezeigt. Nun geschieht das Wunder (Jo 7, 48. 49!), daß das Wort selbst in die Reihen dieses Gegners einbricht[156]. Gerade hier formuliert Lukas treffend: **„Sie gehorchten dem Glauben."** Diese Priester konnte nicht eine rasche Begeisterung zu Jesus führen. Der Glaube mußte sich ihnen in seinem göttlichen Recht und seiner inneren Notwendigkeit zeigen, so daß sie entgegen ihrer ganzen bisherigen Haltung und entgegen allen Schwierigkeiten den Schritt zu Jesus als einen Schritt des G e h o r s a m s taten. Im Grie deutet das Imperfektum wieder an, daß dieses **„Gehorsamwerden"** dem Glauben gegenüber nur langsam und nach und nach geschah. Dabei braucht auch die **„Menge der Priester"** nur im Verhältnis zu der Gesamthaltung der Priesterschaft und nicht rein zahlenmäßig „groß" gewesen zu sein. Aber es wird hier an den Priestern besonders sichtbar, was zum Wesen echten Glaubens gehört. Echter Glaube ist nicht Willkür, ist nicht „Gefühl"; ist auch nicht nur die Annahme eines großen Glückes. Wie schnell könnten wir sonst wieder unsicher werden, wenn die Gefühle vergehen oder statt des Glükkes große Nöte aus unserem Glauben erwachsen. Klar und fest ist der Glaube nur dann, wenn er sich gehorchend einer Wahrheit unterwirft, die in Gottes Handeln in Jesus unwidersprechlich vor uns steht. Zugleich zeigt der Ausdruck aber auch, daß es niemals mechanisch, durch irgendeine „Überwältigung" zum Glauben bei uns kommt. Unser bequemes Herz wünscht sich oft solche Überwältigung, die uns im Grunde das Glauben ersparen würde. Gottes Wahrheit wird uns hell gezeigt; das ist Gottes Werk. Aber nun ist es unsere Sache, unter Überwindung erheblicher Widerstände um uns und in uns selber dem Glauben zu **„gehorchen"**[157].

156 Man hat darauf hingewiesen, daß es etwa achttausend Priester gab, von denen viele in großer wirtschaftlicher Bedrängnis lebten und dadurch in einem sozialen Gegensatz zu dem Priesteradel standen. Aber das „erklärt" die Übertritte zum Christentum aus ihren Reihen keineswegs. Ihre Lage konnte sie ebenso gut von einem Übertritt zurückhalten. Sollten sie die letzten kümmerlichen Stützen verlieren und sich die Hohenpriester zu Feinden machen, deren Macht und Einfluß sie nur zu gut kannten? Konnte eine Bewegung sie locken, deren Führer erklären mußte: „Silber und Gold habe ich nicht"?

157 „Glaubensgehorsam" ist eine besondere Prägung der paulinischen Verkündigung (Rö 1, 5; 15, 18; 16, 26; dazu auch Rö 6, 17; 10, 16; Phil 2, 12; 2 Th 1, 8). Wird hier nicht Lukas als „Pauliner" deutlich?

STEPHANUS UND DER BEGINN DES PROZESSES GEGEN IHN

Apostelgeschichte 6, 8—15

8 **Stephanus aber voll Gnade und Kraft tat große Wunder und**
9 **Zeichen im Volk. * Es erhoben sich aber einige von den (Mitglie-**
dern) der sogenannten Synagoge der Libertiner und Kyrenäer
und Alexandriner und von denen aus Kilikien und Asien, dispu-
10 **tierend mit Stephanus, * und sie vermochten nicht zu widerstehen**
11 **der Weisheit und dem Geist, mit dem er redete. * Da stifteten sie**
Männer an, die sagten: „Wir haben ihn Lästerworte gegen Mose
12 **und Gott reden hören." * Und sie brachten in Bewegung das Volk**
und die Ältesten und die Schriftgelehrten, und herantretend
13 **packten sie ihn und führten ihn zum Hohen Rat. * Sie stellten**
falsche Zeugen auf, die aussagten: „Dieser Mensch hört nicht auf,
Worte gegen diesen heiligen Ort und gegen das Gesetz zu reden;
14 *** denn wir haben ihn sagen hören, daß dieser Jesus, der Nazare-**
ner, zerstören wird diesen Ort und ändern die Sitten, die uns
15 **Mose überliefert hat." * Und es blickten gespannt auf ihn alle, die**
im Rat saßen, und sahen sein Angesicht wie eines Engels An-
gesicht.

zu Vers 10: Lk 21, 15
zu Vers 11: Mt 26, 59-66
zu Vers 12: Mt 10, 17
zu Vers 13: Jer 26, 11
zu Vers 14: Mt 23, 38; Mt 24, 2; Mt 26, 61; Jo 4, 21
zu Vers 15: Lk 20, 36

Mit schriftstellerischer Kunst hat uns Lukas einen Blick in die Zustände der Gemeinde tun lassen, ehe er zur Schilderung des dritten Prozesses mit seinem blutigen Ernst ansetzt. Wir haben aufatmen dürfen (wie die Gemeinde selbst), bevor wir nun angespannt das Schicksal des Stephanus miterleben. **„Stephanus"**[158], dieser Name steht sofort an der Spitze des neuen Abschnittes. Wir haben ihn eben bei der Wahl der „Sieben" als „Mann voll von Glauben und Geist" kennengelernt. Jetzt wird von ihm gesagt: **„voll Gnade und Kraft".** Biblische Männer sind keine Denker und Theoretiker, die weltanschauliche oder theologische Systeme über Gott entfalten, sondern Zeugen des lebendigen Gottes, durch die er handelt. Denn diese Gnade Gottes ist auch ihrerseits nicht eine bloße freundliche Gesinnung, sondern machtvoll helfendes Tun. **„Gnade und Kraft"** gehören zusammen. Kraftlose Gnade hilft nichts, und gnadenlose 8

[158] Wieder sehen wir, wie wenig Interesse die Bibel an „Biographien" hat: Wir erfahren von Stephanus — sein Name heißt auf deutsch „Kranz" — weder seine Herkunft noch seinen Weg zum Glauben an Jesus. Die Bibel zeigt uns Menschen immer so, wie sie in der großen Sache Gottes sichtbar werden und soweit sie für diese Sache Bedeutung haben. Es geht überall in der Bibel um Gott und nicht um Menschen als solche.

Kraft ist schrecklich. Aber **„Gnade und Kraft"** tut **„große Wunder und Zeichen im Volk"**. Heilungen und andere Hilfe erstaunlicher Art in der Wirksamkeit des Stephanus lenken den Blick auf Jesus.

Die Apostel sind also nicht die einzigen, die Gott auf solche Weise beglaubigt. Gott ist auch dann nicht an bestimmte Menschen gebun-
9 den, selbst wenn er ihnen einzigartige Aufträge gab. Nichts hindert ihn, auch durch andere Männer zu wirken. Stephanus ist selbständig auch in den Wegen seiner Evangelisation. In Jerusalem gab es neben dem Tempel die „Synagogen". In ihnen wurde die Schrift (also das „AT") gelesen und von den Schriftgelehrten erläutert. Aber wie wir aus dem Leben Jesu und aus der Geschichte des Paulus reichlich wissen, konnte in der Synagoge jeder Israelit aus der Schrift vorlesen und dazu etwas sagen (vgl. Mt 9, 35; Lk 4, 16–21; Apg 13, 14–16; 17, 2; 18, 4; 19, 8). Es wundert uns nicht, daß Stephanus von diesem Recht Gebrauch machte, um die Botschaft von Jesus auch auf diese Weise in das Volk hineinzutragen. Er war selber „Hellenist" und suchte darum die hellenistischen Synagogen in Jerusalem auf. Aus den Worten des Lukas geht nicht eindeutig hervor, ob er hier fünf verschiedene Synagogen vor Augen hat oder nur zwei, so daß die **„Libertiner"**[159] mit den Juden aus Kyrene und Alexandrien gemeinsam eine Synagoge benutzten, während die aus Kilikien und aus der römischen Provinz „Asien" (s. o. zu Apg 2, 10) ein weiteres Bethaus zur Verfügung hatten. In der Synagoge der Kilikier hat damals auch sicher Saul aus Tarsus gesessen und so durch einen Mann wie Stephanus zuerst die christliche Botschaft gehört.

Eine „hellenistische" Synagoge schien ein besonders dankbares Arbeitsfeld zu bieten. Die Juden aus der westlichen Diaspora waren weitblickender und beweglicher als die Juden Jerusalems. Grie Denken war nicht ohne Einfluß auf sie geblieben. Aber es stellte sich bald heraus, daß sie gerade dadurch auch wieder gefährlicher waren als die „Gesetzeslehrer" alter hbr Art. Ging es diesen mehr um Einzelheiten der Schriftauslegung, so erfaßten jene schneller und klarer die Auswirkungen einzelner Gedanken im Zusammenhang des Ganzen. Die **„Wunder und Zeichen"** hatten auch hier wieder als solche

[159] „Libertiner" bedeutet „Freigelassene". In der Zeit der Sklaverei wurden mancherlei Sklaven aus verschiedenen Gründen „frei" und bildeten eine eigene soziale Schicht. So waren von den Juden, die unter Pompejus bei der Eroberung Jerusalems 63 v. Chr. gefangen und in die Sklaverei verkauft worden waren, viele frei geworden, bzw. ihre Kinder hatten die Freilassung erreicht. Sie waren nach Jerusalem zurückgekehrt und besaßen für sich eine eigene Synagoge, vielleicht gemeinsam mit den Kyrenäern und Alexandrinern. Es ist aber auch nicht ganz daran vorbei zu gehen, daß alte armenische Übersetzungen statt „Libertiner" vielmehr das Wort „Libyer" haben. Das paßt weit besser zu „Kyrenäer" und „Alexandriner", ist freilich darum auch verdächtig, eine unwillkürliche oder bewußte Verbesserung des Textes zu sein.

nicht zum Glauben führen können[160]. Sie konnten nur das Fragen wecken und eine falsche Ruhe stören. Dieses Fragen bricht nun hervor. Männer aus den hellenistischen Synagogen **„erhoben sich und disputierten mit Stephanus"**. Da dann die Anklagen gegen Stephanus sich darauf richteten: **„Wir haben ihn Lästerworte gegen Mose und Gott reden hören"** und **„Dieser Mensch hört nicht auf, Worte gegen diesen heiligen Ort und gegen das Gesetz zu reden"**, muß es sich bei der Diskussion mehr und mehr um diese beiden Punkte „Tempel" und „Gesetz" gehandelt haben. Es ist hier offenbar ganz ähnlich gegangen, wie später bei Martin Luther. Die Verkünder des Neuen sprachen zunächst mit Freude von dem Positiven, von dem, was Jesus bringt, von dem, den Gott „erhöht hat als Fürsten und Retter, zu schenken Umkehr für Israel und Vergebung der Sünden" (Kap. 5, 31). Das wird bei Stephanus nicht anders gewesen sein als bei den Aposteln. Aber nun wird Stephanus wie Martin Luther von den Gegnern gezwungen, die negativen Folgerungen zu ziehen. Und die denkgeübteren „Hellenisten" können ihn viel besser in immer kühnere Gedanken hineintreiben als die Jerusalemer, die in einer allgemeinen Empörung steckenblieben und ohne klare Begründung das „Reden unter Berufung auf den Namen Jesu" verbieten. Die Apostel verbanden ihre neue Frohe Botschaft mit einer selbstverständlichen Treue dem Tempel und dem Gesetz gegenüber, so wie Martin Luther auch nach seiner Neuentdeckung des Evangeliums ein guter Katholik bleiben wollte. An Stephanus aber werden nun in der Disputation die Fragen gerichtet: Wenn in Jesus und seinem Kreuz die Vergebung aller Sünden geschenkt wird, was soll dann noch der Tempel und der ganze Tempelkult? Wenn die neue Gemeinde auf dem „Glauben" ruht, und wenn sie im „Glauben" das entscheidende Verhältnis zu Gott, ihre Gerechtigkeit vor Gott, besitzt, was bedeutet dann noch das Gesetz? Es sind die Fragen, die später auch die christlichen Gemeinden selbst lebhaft beschäftigt haben (Römerbrief, Galaterbrief, Hebräerbrief!).

In dieser heißen Auseinandersetzung erfährt Stephanus die Wahr- 10
heit der Verheißung Jesu Lk 21, 35: „Und sie vermochten nicht zu widerstehen der Weisheit und dem Geist, mit dem er redete." Was später im Römerbrief und im Galaterbrief mit unwiderstehlicher Klarheit und Geistesmacht vor uns liegt und durch die Jahrhunderte hindurch immer von neuem Durchbrüche zur Wahrheit und Freiheit gewirkt hat, das ist damals schon von Stephanus ausgesprochen

160 Wir werden es immer wieder erleben, daß auch heute Menschen einfach „Beweise" für Gott durch „Wunder" verlangen, aber dann doch mit keinem Wunder zufrieden sind und vor keinem Zeichen wirklich kapitulieren. Erst am „Wort" fallen die Entscheidungen.

worden. Innerlich war Stephanus nicht zu überwinden. Immer wieder stand sein Wort voll Geist und Leben im Raum der Synagoge. Das
11 hat damals Saul von Tarsus miterlebt! Aber nun geschieht das, was immer geschieht, wenn Menschen in brennenden, das Leben einer ganzen Gemeinschaft berührenden Fragen den Bringer einer Botschaft nicht überwinden können und sich auch nicht von seiner Botschaft überwinden lassen. Sie greifen zu List und Gewalt. **„Da stifteten sie Männer an, die sagten: ‚Wir haben ihn Lästerworte gegen Mose und Gott reden hören'."** Sie treten nicht selber hervor. Sie sind feine Theologen und können das grobe Geschütz nicht handhaben, das zu einem gewaltsamen Vorgehen nötig ist. Sie wissen genau, daß Stephanus nicht daran gedacht hat, „Lästerworte" gegen Mose und gegen Gott zu sagen. Aber es ist nicht schwer, primitiven Gemütern,
12 die am Alten hängen, die Aussagen des Stephanus so darzustellen, daß sie in ihnen mit subjektiv völlig ehrlicher Entrüstung „Lästerungen" hören[161]. Die empörten Berichte dieser Männer werden im Volk ohne weiteres geglaubt, und zum ersten Mal hören wir, daß nun auch hier eine Bewegung gegen einen Jünger Jesu aufbricht, wo man bisher mit Achtung und Freude auf die Christen sah (Kap. 2, 47; 5, 11; 5, 26). Die feindlich eingestellten **„Ältesten"** und **„Schriftgelehrten"** nehmen die bösen Nachrichten über Stephanus erst recht begierig auf. Die **„Ältesten"** sind zugleich Mitglieder des Rates, die dem Hohen Rat willkommenen Bericht erstatten und die Ansetzung einer Sitzung erreichen. Zur verabredeten Stunde **„treten sie an Stephanus heran, packen ihn und führen ihn zum Hohen Rat"**.

13 Dort werden sogleich **„falsche Zeugen[162] aufgestellt"**. Das müssen wieder nicht Männer gewesen sein, die bewußt logen und willkürliche Behauptungen vortrugen; das hätte wenig Kraft gehabt. Wenn sie aussagten: **„Dieser Mensch hört nicht auf, Worte gegen diesen heiligen Ort und gegen das Gesetz zu reden; denn wir haben ihn sagen hören, daß dieser Jesus, der Nazarener, zerstören wird diesen Ort und ändern die Sitten, die Mose uns überliefert hat"**, dann haben sie entscheidende Punkte an sich richtig herausgehört. Was war noch der Tempel, was war noch das Gesetz, wenn Jesus und der

161 Jede Erweckungsbewegung gibt anschauliche Beispiele für solche Vorgänge. Modersohn berichtet: „Es dauerte auch nicht lange, da kam die erste Beschwerde aus diesen Kreisen. Bei einer Beerdigung hatte ich gesagt, das Seligwerden sei nicht eine so selbstverständliche Sache, wie etwa der Morgen der Nacht folge oder der Frühling auf den Winter. Da müßten Bedingungen erfüllt werden, wenn man selig werden wolle. Da ging eine Beschwerde ans Konsistorium, daß ich meinen Geifer auf die Gräber der teuren Toten gespritzt hätte, die doch von meinen Amtsbrüdern feierlich geweiht worden seien." („Er führet mich auf rechter Straße" 8. Aufl. Wuppertal 1961)

162 Die Not des „falschen Zeugnisses" ist im AT sehr ernst gesehen: 2 Mo 20, 16 (8. Gebot!); 23, 1; 5 Mo 19, 16—18; Ps 27, 12; 35, 11; Spr 14, 5; 24, 28.

Glaube an ihn ein und alles war? Anscheinend hat sich Stephanus, in den Disputationen auch auf das geheimnisvolle Wort Jesu über den Tempel (Jo 2, 19—21; Mt 26, 61; 27, 40) berufen, das schon im Prozeß gegen Jesus selbst eine Rolle spielte; ebenso könnte auch Jesu Stellung zum Sabbat zur Sprache gekommen sein[168]. Wie schnell können solche Worte falsch verstanden werden! So mag zur Reformationszeit mancher gute Katholik mit ehrlichem Grimm gemeint haben, daß Luther „Lästerworte" gegen den Papst und die heilige Kirche rede und alles niederreiße und zerstöre, woran doch das Herz eines frommen Menschen hänge. Zugleich freilich standen in solchen Zeugenaussagen ganz anders als in den bisherigen Verhandlungen gegen die Apostel konkrete Anklagepunkte vor dem Hohen Rat, welche die beiden Gruppen in ihm, die Sadduzäer wie die Pharisäer, treffen und gegen Stephanus aufbringen mußten. **„Und es blickten gespannt auf ihn alle, die im Rat saßen, und sahen sein Angesicht wie eines Engels Angesicht."** Das darf man sicher nicht falsch psychologisieren. Hier war mehr als nur menschliche „Freudigkeit". Aber wie bei Ananias (Siehe o. S. 112) Gott auch den jähen Schrecken des ins Licht gestellten Schuldigen mit zu seinem Gericht benutzt haben kann, so gehört auch bei Stephanus in dieser Stunde alles das zu dieser seiner Verklärung mit dazu, was sein ganzes Herz und Leben mit Freude an Jesus, mit Frieden der völligen Heilsgewißheit, mit suchender, rettender Liebe zu seinem Volk erfüllte. Darum sieht der Rat auf seinem Angesicht nicht die Angst des Menschen, der sich der Wut einer erregten Menge und dem Haß seiner Feinde preisgegeben sieht, aber auch nicht die Empörung des ungerecht Behandelten, nicht die Überlegenheit des Besserwissers, sondern den Glanz eines Gottesboten voll Wahrheit, Heiligkeit und Liebe.

DIE REDE DES STEPHANUS

Apostelgeschichte 7, 1—53

1 Es sagte aber der Hohepriester: „Verhält sich dieses so?"
2 * Er aber sprach: „Ihr Männer, Brüder und Väter, hört! Der Gott
der Herrlichkeit (Ps 29, 3 Luther: „Der Gott der Ehre") erschien
unserem Vater Abraham, als er in Mesopotamien war, bevor er
3 sich in Haran niederließ (1 Mo 11, 31; 15, 7) * und sprach zu ihm:
‚Geh hinaus aus deinem Land und deiner Verwandtschaft und
komm her in das Land, das ich dir zeigen werde' (1 Mo 12, 1).

zu Vers 2:
1 Mo 11, 31
1 Mo 15, 7
zu Vers 3:
1 Mo 12, 1. 5

[168] Damit mochten die Ankläger Aussagen über das Handeln des wiederkommenden Herrn verquickt und einfach auf die Gegenwart bezogen haben.

zu Vers 5:
1 Mo 12, 7
1 Mo 13, 15
1 Mo 17, 8
1 Mo 48, 4
zu Vers 6:
1 Mo 15, 13. 14
2 Mo 12, 40
zu Vers 7:
2 Mo 3, 12
zu Vers 8:
1 Mo 17, 10
1 Mo 21, 4
Lk 2, 21
zu Vers 9:
1 Mo 37, 11. 28
Mt 27, 18
zu Vers 10:
1 Mo 39, 21. 22
zu Vers 11:
1 Mo 41, 54
1 Mo 42, 5
zu Vers 12:
1 Mo 42, 2
zu Vers 13:
1 Mo 45, 1. 3. 16
zu Vers 14:
1 Mo 45, 9-11
1 Mo 46, 27
zu Vers 15:
1 Mo 46, 6
1 Mo 49, 33
zu Vers 16:
1 Mo 23, 16
Jos 24, 32
zu Vers 17-19:
2 Mo 1, 7-12
zu Vers 20:
2 Mo 2, 2
Hbr 11, 23

4 * Da zog er hinaus aus dem Land der Chaldäer und ließ sich in
Haran nieder. Und von dort nach dem Sterben seines Vaters ließ
er ihn übersiedeln in dieses Land, in dem ihr jetzt wohnt
5 (1 Mo 11, 32; 12, 5). * Und nicht gab er ihm Erbe darin, auch nicht
einen Fuß breit, und er verhieß, es ihm zu geben zum Besitz und
seinem Samen nach ihm, obwohl er noch kein Kind hatte
6 (1 Mo 12, 7; 13, 15; 17, 8). * Es sprach aber Gott folgendermaßen:
‚Es werde sein Same Beisasse sein in einem fremden Land, und
sie werden ihn versklaven und mißhandeln vierhundert Jahre
7 lang. * Und das Volk, dem sie fronen werden, will ich richten,
sprach Gott, und danach werden sie ausziehen und werden mir
8 dienen an diesem Ort‘ (1 Mo 15,23 f; 2 Mo 12, 40; 24; 3, 12). * Und
er gab ihm den Bund der Beschneidung (1 Mo 17, 10; 21, 2—4);
und so zeugte er den Isaak und beschnitt ihn am achten Tage,
9 und Isaak den Jakob und Jakob die zwölf Patriarchen. * Und die
Patriarchen wurden eifersüchtig auf Joseph und verkauften ihn
10 nach Ägypten (1 Mo 37); und es war Gott mit ihm, * und er ret-
tete ihn aus allen seinen Drangsalen, und gab ihm Gnade und
Weisheit vor Pharao, dem König Ägyptens, und er setzte ihn als
Regenten über Ägypten und sein ganzes Haus (1 Mo 39, 1—5;
11 41, 38—46; 42, 6; Ps 105, 21). * Es kam aber eine Hungersnot
über ganz Ägypten und Kanaan und große Drangsal, und nicht fan-
12 den Nahrungsmittel unsere Väter. * Als aber Jakob hörte, daß
Getreide in Ägypten war, sandte er unsere Väter ein erstes Mal
13 (1 Mo 41, 53—54; 42, 1—5). * Und beim zweiten Mal wurde Jo-
seph von seinen Brüdern erkannt (oder: gab sich zu erkennen),
und kund wurde dem Pharao das Geschlecht Josephs (1 Mo 45,
14 3. 16). * Joseph aber sandte hin und ließ holen Jakob, seinen Va-
ter, und seine ganze Verwandtschaft mit fünfundsiebzig Seelen
15 (1 Mo 45, 9—11; 46, 27). * Und es zog Jakob hinab nach Ägypten;
und er starb daselbst und unsere Väter (1 Mo 46, 1. 6; 49, 33),
16 * und sie wurden überführt nach Sichem und beigesetzt in dem
Grab, das Abraham gekauft hatte um eine Summe Silbers von
den Söhnen Hemors in Sichem (1 Mo 23, 16—17; 33, 18 f;
50, 13; Jos 24, 32).
17 Als aber die Zeit der Verheißung nahte, die Gott dem Abraham
18 zugesagt hatte, wuchs das Volk und mehrte sich in Ägypten, * bis
ein anderer König über Ägypten aufstand und nichts wußte von
19 Joseph (2 Mo 1, 7. 8). * Dieser handelte arglistig an unserem Ge-
schlecht und plagte die Väter, so daß sie ihre Kinder aussetzen
20 mußten, daß sie nicht am Leben blieben (2 Mo 1, 9 f. 22). * In die-
ser Zeit wurde Mose geboren und war wohlgestaltet (wohlgefäl-
lig?) vor Gott. Er wurde aufgezogen drei Monate in dem Hause

21 seines Vaters. * Als er aber ausgesetzt wurde, nahm ihn die
Tochter Pharaos auf und erzog ihn sich selbst zum Sohn (2 Mo 2,
22 2. 5. 10; Hbr 11, 23). * Und Mose wurde unterrichtet in aller
Weisheit der Ägypter; er war aber mächtig in seinen Worten und
23 Taten (1 Kö 5, 10). * Als sich für ihn aber eine Vierzig-Jahrezeit
erfüllte, kam es in sein Herz, zu sehen nach seinen Brüdern, den
24 Söhnen Israels. * Und als er sah, daß einem Unrecht geschah,
stand er ihm bei und verschaffte Vergeltung dem Mißhandelten,
25 indem er den Ägypter erschlug (2 Mo 2, 11 f). * Er dachte aber,
die Brüder würden verstehen, daß Gott ihnen durch seine Hand
26 Rettung gebe; aber sie verstanden nicht. * Am folgenden Tage
nämlich erschien er bei ihnen, als sie sich stritten; und er suchte
sie zu versöhnen zum Frieden, indem er sagte: ‚Männer, ihr seid
27 doch Brüder! Warum tut ihr einander Unrecht?' * Der aber seinem
Nächsten Unrecht tat, stieß ihn weg sprechend: ‚Wer hat dich
28 eingesetzt als Herrscher und Richter über uns? * Willst du mich
etwa umbringen, so wie du umgebracht gestern den Ägypter?'
29 * Mose aber entfloh auf Grund dieses Wortes und wurde ein
Beisasse im Land Midian, wo er zwei Söhne zeugte (2 Mo 2, 13 bis
15. 22; 18, 3 f).
30 Und als sich erfüllten vierzig Jahre, erschien ihm in der Wüste
des Berges Sinai ein Engel im flammenden Feuer eines Dorn-
31 busches. * Als Mose es sah, wunderte er sich über das Gesicht.
Als er aber hinzukam, um es genau zu betrachten, kam die Stim-
32 me des Herrn: * ‚Ich bin der Gott deiner Väter, der Gott Isaaks
und Jakobs.' Mose aber geriet in Zittern und wagte nicht genau
33 hinzusehen. * Es sprach zu ihm der Herr: ‚Löse die Sandalen
deiner Füße! Denn der Ort, auf dem du stehst, ist heiliges Land.
34 * Ich habe wohl gesehen die Mißhandlung meines Volkes in
Ägypten, und sein Seufzen habe ich gehört, und ich bin herab-
gekommen, um sie zu erretten; und nun komm, laß dich nach
35 Ägypten senden' (2 Mo 3, 1—10). * Diesen Mose, den sie verleug-
net hatten, indem sie sprachen: ‚Wer hat dich eingesetzt als Herr-
scher und Richter?', den hat Gott als Herrscher und Erlöser ge-
sandt durch den Engel (wörtlich: mit der Hand des Engels), der
36 ihm erschien in dem Dornbusch. * Dieser führte sie heraus, Wun-
der und Zeichen tuend im Land Ägypten und im Roten Meer und
in der Wüste vierzig Jahre lang (2 Mo 7, 11; 14, 21—28; 4 Mo 14,
37 33 f). * Dieses ist der Mose, der gesagt hat den Söhnen Israels:
‚Einen Propheten wird euch Gott erwecken aus euren Brüdern
38 wie mich' (5 Mo 18, 55). * Dieser ist es, der bei der Versammlung
in der Wüste zwischen dem Engel, der zu ihm redete auf dem Berge
Sinai, und unseren Vätern stand, der lebendige Worte emp-

zu Vers 21: 2 Mo 2, 5. 10
zu Vers 22: 2 Mo 2, 11; 2 Mo 4, 10; Lk 24, 19
zu Vers 23: Hbr 11, 24. 25
zu Vers 24-29: 2 Mo 12, 12-15. 22
zu Vers 30-34: 2 Mo 3, 2-10; 5 Mo 33, 16
zu Vers 32: Mt 22, 32
zu Vers 34: Apg 2, 24
zu Vers 35: 2 Mo 2, 14
zu Vers 36: 2 Mo 7, 3. 10; 2 Mo 14, 21
zu Vers 37: 5 Mo 18, 15
zu Vers 38: 2 Mo 19, 3. 4; 5 Mo 9, 10

zu Vers 40-41:
2 Mo 32, 1. 4. 6. 23
zu Vers 42:
Jer 7, 18
Jer 19, 13
Am 5, 25-27
Rö 1, 24. 25
zu Vers 44:
2 Mo 25, 40
2 Mo 27, 21
zu Vers 45:
5 Mo 32, 49
Jos 3, 14
Jos 18, 1
zu Vers 46:
2 Sam 7, 2
Ps 132, 5
zu Vers 47-48:
1 Kö 6, 1
1 Kö 8, 27. 30
Apg 17, 24
zu Vers 49:
Jes 66, 1. 2
Mt 5, 34
zu Vers 51:
2 Mo 32, 9
2 Mo 33, 3
Jer 6, 10
Jer 9, 25
Jes 63, 10
zu Vers 52:
2 Chro 36, 16
Mt 23, 31
1 Pt 1, 10
Mt 27, 19
Apg 2, 23
zu Vers 53:
2 Mo 20
Jo 7, 19
Gal 3, 19
Hbr 2, 2

fing, um sie euch zu geben (2 Mo 19, 3. 7. 9. 14; 5 Mo 9, 10),
39 *** dem nicht wollten gehorsam werden unsere Väter, sondern sie**
stießen ihn weg und wendeten sich in ihren Herzen nach Ägypten,
40 *** sagend zu Aaron: ‚Mache uns Götter, die vor uns herziehen**
werden; denn dieser Mose, der uns herausgeführt hat aus Ägyp-
41 **ten, wir wissen nicht, was ihm widerfahren ist.' * Und sie mach-**
ten ein Kalb in jenen Tagen und brachten ein Opfer dem Götzen-
bild und freuten sich an den Werken ihrer Hand (2 Mo 16, 3;
42 4 Mo 14, 3–4; 2 Mo 32, 1. 4–6. 23 f). *** Gott aber wendete sich ab**
und gab sie dahin, zu dienen dem Heer des Himmels, wie ge-
schrieben steht im Buch der Propheten: ‚Habt ihr etwa Schlacht-
opfer und andere Opfer mir dargebracht vierzig Jahre in der
43 **Wüste, Haus Israel? * Und ihr habt mitgeführt das Zelt des Mo-**
loch und den Stern des Gottes Rompha, die Bilder, die ihr ge-
macht habt, um sie anzubeten; und ich werde euch verpflanzen
noch über Babylon hinaus' (Jer 7, 18; 8, 2; 19, 3; Am 5, 25—27;
1 Kö 11, 7; 2 Kö 17, 6).
44 **Das Zelt des Zeugnisses hatten unsere Väter in der Wüste, wie**
es angeordnet hatte der mit Mose Redende, es zu machen nach
45 **dem Vorbild, das er gesehen hatte. * Dieses haben auch übernom-**
men unsere Väter und hineingebracht mit Josua (im grie Text
geschrieben als „Jesus") **bei der Besitzergreifung** (des Landes)
der Nationen, die Gott ausstieß vor dem Angesicht unserer Väter,
bis zu den Tagen Davids (2 Mo 25, 8. 9. 40; Jos 3, 14; 18, 1;
46 2 Mo 34, 11). *** Der fand Gnade vor Gott und bat, zu finden eine**
Behausung für das Haus Jakobs (für den Gott Jakobs) (2 Sam 7, 2;
47/48 Ps 132, 5). *** Salomo aber baute ihm ein Haus** (1 Kö 6). *** Aber**
der Höchste wohnt nicht in dem, was mit Händen gemacht ist
49 (1 Kö 8, 27—30), **wie der Prophet sagt: * ‚Der Himmel ist mir**
Thron, aber die Erde Schemel meiner Füße. Welches Haus wollt
ihr mir bauen, sagt der Herr, oder welches ist der Ort meiner
50 **Ruhe? * Hat nicht meine Hand dieses alles gemacht'** (Jes 66, 1. 2)?
51 *** Ihr Halsstarrigen und Unbeschnittenen an Herzen und Ohren,**
ihr widerstrebt immer dem Heiligen Geist, wie eure Väter so auch
ihr (2 Mo 32, 9; 33, 3; 3 Mo 26, 41; Jer 9, 25; 6, 10; Jes 63, 10).
52 *** Welchen Propheten haben eure Väter nicht verfolgt? Und sie töte-**
ten die, welche voraus verkündigt haben von dem Kommen des
Gerechten, dessen Verräter und Mörder ihr jetzt geworden seid,
53 *** ihr, die ihr empfangen habt das Gesetz durch Anordnungen von**
Engeln, und habt es nicht gehalten" (2 Chro 36, 16; Gal 3, 19;
Hbr 2, 2).

1 Wenn wir dieses ganze Kapitel recht verstehen wollen, müssen wir

uns klarmachen, daß die Lage bei diesem dritten Prozeß gegen die Christen eine vollständig andere ist. Bei den beiden ersten Verhaftungen waren die Apostel von der Behörde selbst festgenommen worden. Nach der Zwischenpause der Nacht konnte die Behörde ihrerseits die Verhandlung führen; es ging verhältnismäßig ruhig und sachlich zu. Die Anklagepunkte waren formaler Natur: unbefugtes Handeln und Reden im Tempel, Übertretung eines Redeverbotes. Der Zorn der Sadduzäer richtete sich gegen das stete Reden von Jesus; die Bedeutung dieses von ihnen hingerichteten Jesus stand ganz allgemein zur Debatte. Jetzt aber ist der Angeklagte von einer erregten Schar vor den Hohen Rat gezerrt, die schwersten Vorwürfe werden vor dem Rat (und erst einmal gar nicht von ihm!) erhoben, Zeugenaussagen bestätigen diese Vorwürfe. Die vor dem Rat erhobene Anklage aber hat einen ganz bestimmten Inhalt: Gotteslästerung, Lästerung Moses, Ablehnung des Tempels, Ablehnung des Gesetzes. Jeder kannte die Bestimmung 3 Mo 24, 16: „Welcher des Herrn Namen lästert, der soll des Todes sterben; die ganze Gemeinde soll ihn steinigen. Wie der Fremdling, so soll auch der Einheimische sein; wenn er den Namen lästert, so soll er sterben." Hier geht es sofort um Leben und Tod! Und diesmal hat der Hohe Rat auch „das Volk" nicht zu fürchten. Männer aus dem Volk stehen als leidenschaftliche Verkläger des Stephanus vor dem Rat. Der Hohepriester aber kann dadurch die Rolle des bloßen Vorsitzenden spielen: **„Es sagte aber der Hohepriester: ‚Verhält sich dieses so?'"**

Stephanus antwortet. Auch für ihn ist die Lage eine völlig andere 2
als für die Apostel. Er kann darum nicht wie Petrus bestimmte einzelne Vorwürfe mit knappen Worten zurückweisen und seine Handlung mit einem kurzen Zeugnis der göttlichen Taten in Jesus rechtfertigen. Mit einem bloßen „Ich habe gar nicht gelästert" war angesichts der Zeugenaussagen nichts getan.

„Ihr Männer, Brüder und Väter, hört!", so beginnt er. Sofort in seiner Anrede bezeigt er seine feste Zugehörigkeit zu Israel („Brüder") und seine ehrerbietige Haltung gegen die, die **„Väter"** im Volk waren. Mit seiner Bitte um Gehör bereitet er sie auf eine lange Rede vor.

Und nun folgt eine eingehende Darstellung der Geschichte Israels auf Grund vieler Schriftworte. Ausleger haben sich gewundert, „daß die Richter den Redenden nicht nach den ersten Sätzen unterbrochen und zur Sache gerufen haben".[164] Aber das ist Eintragung modernen Empfindens in eine ganz andere Welt! Der Orientale hat Zeit. Und eine Schilderung der heiligen Geschichte seines Volkes hörte jeder

[164] Vgl. Haenchen a. a. O. S. 240 mit einem Hinweis auf Zahn.

Israelit mit Andacht und Freude, selbst in solcher Stunde. „Herr Stephanus, das sind ja alles alte, bekannte Geschichten! Kommen Sie zur Sache!" nein, so konnte kein Hoherpriester, kein Pharisäer, kein Israelit sprechen.

Es ist auch gar nicht wahr, daß Stephanus auf die Anklage gegen ihn nicht eingehe. Wir müssen nur wieder nicht an das Plädoyer moderner Rechtsanwälte denken. „Lästerung Gottes, Lästerung Mose, Ablehnung des Gesetzes" hieß die Anklage. **„Der Gott der Herrlichkeit erschien unserem Vater Abraham"**, antwortet Stephanus. So stehe ich zu Gott, so stehe ich zu den Vätern, so stehe ich zur Schrift! Wir müssen bedenken, daß das Wort „Gesetz" einen viel weiteren Sinn haben kann. Die „Thora", „das Gesetz", waren die fünf Bücher Mose (und die fortführenden Geschichtsbücher). Die fünf Bücher Mose enthielten aber nicht nur gesetzliche Bestimmungen, sondern erzählten die Geschichte Israels und bezeugten die Offenbarung Gottes. „Das Gesetz" war in diesem Sinne einfach „Die Bibel". „Ich soll schriftwidrig lehren und die Bibel verachten? Ich bringe nur die Schrift, nichts als die Schrift, ich lebe in der Bibel", antwortete Stephanus und beweist es eben durch seine ausführliche Rede. Darum bringt er keine eigenen theologischen Gedankengänge, und darum weist er auch nicht nur wie Petrus vor dem Hohen Rat auf die neuen Taten Gottes in Jesus hin, sondern legt ihm von Abraham an ein Schriftzeugnis nach dem andern vor. Er will nichts sein als nur Schrifttheologe.

Der Leser hat schon aus den Stellenangaben im Text gesehen, um welche Fülle von Bibelstellen es sich handelt. Wer sich die Mühe macht, alle Stellen in seinem AT nachzuschlagen, wird freilich im dortigen Wortlaut nicht immer genau das finden, was Stephanus sagt. Das kommt einerseits daher, daß der Hellenist Stephanus nach der „Septuaginta"[165] zitierte, die er zudem nicht zum Nachschlagen vor sich liegen hatte, sondern aus dem (freilich sehr geübten) Gedächtnis wiedergab. Andererseits hat Stephanus hier und da jüdische Lehrüberlieferung und Auslegung unmittelbar mit dem Text zusammengefaßt.

Wir lesen in 1 Mo 46, 27; 2 Mo 1, 5 von siebzig Seelen, die mit Jakob nach Ägypten kamen, während in Vers 14 Stephanus fünfundsiebzig nennt. Aber schon die Septuaginta kam durch eine Zuzählung von neun Söhnen Josephs zu den in 1 Mo 46, 26 genannten sechsundsechzig Seelen auf die Zahl fünfundsiebzig. In Vers 16 ist die Begräbnisstelle, die Abraham bei Mamre für Saras Begräbnis erwarb und in der er dann selbst ruhte, mit dem von Jakob bei Sichem

[165] Vgl. Anmerkung 48a S. 60

von Hemor gekauften Land (1 Mo 23, 26 f; 33, 18 f) zusammengefaßt. Hier kann dem Redner, da er von Jakob sprach, im Augenblick ein Gedächtnisfehler unterlaufen sein; es kann aber auch schon eine Lehrtradition gegeben haben, die aus uns unbekannten Gründen diese Zusammenfassung vorgenommen hat. Im Vers 19 ist die Angabe von 2 Mo 1, 22 in anderer Weise ausgelegt, als wir sie verstehen; freilich ist die Konstruktion des grie Satzes schwierig und daher seine Übersetzung nicht eindeutig. Weiter: daß Mose in aller Weisheit der Ägypter unterrichtet worden sei, ist ein naheliegender Schluß, da er als Sohn der Tochter des Pharao aufwuchs; in 2 Mo 2 ist es aber nicht gesagt. Und daß Mose **„mächtig in seinen Worten"** war, scheint der Angabe von 2 Mo 4, 10 zu widersprechen; aber **„mächtig in Worten"** muß keineswegs „redegewandt" bedeuten! Die „Macht" des Wortes, von der der Hauptmann von Kapernaum sprach (Mt 8, 8 f), kann auch ein Mann mit „schwerer Zunge" besitzen. Es sind darum auch sofort die **„Taten"** hinzugefügt.

Am schwierigsten steht es mit dem Zitat aus Amos 5, 25—27 und V. 42 f. In unserer Bibel lesen wir in der Amosstelle: „Ihr truget den Sikkuth, euren König, und Chiun, euer Bild, den Stern eurer Götter, welche ihr euch selbst gemacht hattet". Die Septuaginta las den Namen „Sikkuth" als „Skene = Zelt" und das Wort „König = Melek", als „Moloch". Der Götzenname „Rompha" erscheint schon in den Handschriften der Apostelgeschichte in den verschiedensten Formen; wie alle diese Namensformen aus dem ursprünglichen „Chium" entstanden sind, wissen wir nicht. In Am 5, 27 spricht Amos von Gottes Strafe als einem Wegführenlassen „jenseits Damaskus". Israel war überzeugt, daß auch die zehn Stämme des Nordreiches nicht verloren sein könnten. Da sie aber in Babylonien nicht zu finden waren, müssen sie noch über Babylon hinaus ihren Verbannungsort haben. So änderte schon die grie Bibel den hbr Text.

Aber alles das sind kleine Dinge, die für das Verständnis der 2—8
Stephanusrede selbst ohne Bedeutung bleiben. Es sind zwei große Wahrheiten, die Stephanus seinen Anklägern und dem Hohen Rat entgegenhält und mit denen er, der Angeklagte, genau wie Petrus gerade von der Schrift her zum Ankläger wird. Wie es bei einem so intensiven Blick in die Schrift hinein nicht anders sein kann, steht erstens und vor allem Gott in seiner ganzen Souveränität und Freiheit vor uns. **„Der Gott der Herrlichkeit erschien unserem Vater Abraham"**, damit beginnt Stephanus. Kein „Verdienst" veranlaßte Gott, gerade ihm zu erscheinen. Abraham war damals noch **„in Mesopotamien"**, also im Heidentum. Gottes freie Wahl griff ihn heraus und begann damit die Geschichte Israels in seiner eigenen Gnade. Es gibt also keinen berechtigten „Stolz" des Juden. Stephanus trifft

damit sofort den tiefsten wunden Punkt, aus dem die ganze Wut gegen ihn aufbricht: Es ist der falsche Stolz, der sich gegen den Ruf zur Umkehr aufbäumt. Stephanus hat auch hier die Linie aufgezeigt, die dann Paulus (der Hörer dieser Rede des Stephanus!) in Rö 9—11 aufnimmt. Die ganze weitere Geschichte Israels steht unter dieser bestimmenden Macht Gottes, der mit seinen Verheißungen und Voraussagen in der erstaunlichen Geschichte Josephs und in der gewaltigen Sendung Moses der frei Handelnde und Errettende bleibt. Nicht Stephanus „lästert Gott", sondern seine Verkläger tun es, wenn sie dem Gott der Herrlichkeit diese Freiheit und Gnadenmacht bestreiten wollen, mit der er jetzt aufs neue in der Sendung Jesu gehandelt hat.

So hat Stephanus wirklich „voll Geist und Weisheit" (Kap. 6, 10)
seine Verteidigung in die Tiefe geführt und die eigentliche Sache her-
ausgestellt, um die es geht. Er hat dies nicht mit eigenen Worten,
sondern ganz und gar mit der Bibel getan und seinen schriftkundigen
Richtern zugetraut, daß sie das verstehen. Dabei wurde er notwendig
und unwillkürlich zum Angreifer. Denn nun zeigt sich in der ganzen
9 Geschichte Israels als Zweites das gleiche Widerstreiten gegen Gottes
Freiheit und Gnade, das jetzt in der Ablehnung Jesu zum vollen
Durchbruch kommt. Die, die wir als „Patriarchen" verehren, waren
eifersüchtig auf Joseph, auf den Mann, mit dem Gott war und durch
den Gott so Großes tat, was auch für Jakob und seine Söhne in der
Hungersnot zur Rettung wurde. Erst beim zweiten Mal wurde Joseph
39 von seinen Brüdern erkannt[166]. Und Mose, den Stephanus gelästert
haben soll, wurde gerade von seinen Brüdern „verleugnet" und „weg-
25 gestoßen". **„Er dachte aber, die Brüder würden verstehen, daß Gott
ihnen durch seine Hand Rettung gebe; aber sie verstanden nicht."**[167]
So verkennen und „verleugnen" (Apg 3, 14) die Führer des Volkes heute Jesus, der sich seiner Brüder angenommen hat und der ihnen zum Retter von Gott gesandt ist[168]. Der angebliche Lästerer des Mose

[166] Manche Ausleger haben in dieser Bemerkung des Stephanus einen Hinweis darauf gesehen, daß auch Jesus, bei seinem ersten Kommen von Israel nicht erkannt, bei seinem zweiten Kommen erkannt werden wird.

[167] Man kann und darf biblische Berichte von verschiedenen Seiten her sehen. Wir können in Moses damaliger Handlungsweise das Eigenmächtige und Ungöttliche bemerken, das ihn darum auch so schnell verzagen und fliehen ließ. Aber Stephanus hatte ein gutes Recht, an den Volksgenossen des Mose das Unverständnis gegen den Mann hervorzuheben, der sich ihrer so annahm und der auch von Gott her zu ihrem Retter bestimmt war.

[168] Obwohl es Stephanus mit keinem Wort ausspricht, ist es doch möglich, daß er besonders Joseph wie auch Mose als „Vorbilder" Jesu empfindet und darstellt. „Nachdem der zukünftige Retter zunächst aus der von seinen Brüdern verschuldeten Not errettet worden war, rettet er nun diese aus der von Gott gesandten Not. Aus ihr heraus werden die zu Rettenden zu ihrem Retter gesandt — bei Mose und Jesus ist es umgekehrt —, und

zeigt die ganze Größe Mose in einem eindrucksvollen fünfmaligen **„dieser Mose, dieser, dieser, dieser, dieser"**, aber damit zugleich auch 35—39
die ganze unbegreifliche, schuldhafte Widerspenstigkeit Israels, das innerlich („in ihren Herzen") **„nach Ägypten"** zurück will und im groben Götzendienst auch wirklich geistlich gesehen dorthin zurückkehrt. Nicht Stephanus, nicht die Gemeinde Jesu ist der Gegner Mose, Israel selbst ist es! Auch Stephanus (wie Petrus in Kap. 3, 22 f) erinnert an Moses Wort von dem **„kommenden Propheten wie mich"**: Israels Auflehnung wird aufs neue akut in seiner Feindschaft gegen diesen einzigartigen „Propheten", der in Jesus vor ihnen steht[169].

Darum stellt Stephanus nun auch die Geschichte vom „goldenen 40—43
Kalb" vor seine Hörer hin. Israel hat die wunderbare Rettung aus Ägypten erlebt, die Gottes mächtige Hand durch Mose vollbracht hat. Israel war soeben am Sinai Zeuge der erschütternden Heiligkeit und Herrlichkeit des lebendigen Gottes gewesen. Israel hat einmütig dem Bund Gottes und seinem Gesetz zugestimmt. Und dann kann Israel einen Augenblick später Aaron auffordern **„Mache uns Götter"** und nach dem Erleben des wahren Gottes einem „Kalbe" opfern. Und dieses nicht irgendwie scheu oder verzweifelt, sondern sie **„freuten sich an den Werken ihrer Hand"**. So ist Israel, das jetzt den Anwalt Gottes und Mose gegen Jesus und die Zeugen seiner Wahrheit spielen will[170]! Gott aber macht ihre Schuld zur Strafe. Er, den sie verachten und nicht haben wollen, wendet sich von ihnen ab[171] und gibt sie ihrem Götzendienst preis, an den er sie kettet[172]. So wird sich auch jetzt das Gericht Gottes in Israel vollziehen, wenn es in Stephanus seinen Herrn Jesus und in diesem wiederum Gott selbst verwirft.

Aber Stephanus soll gegen den Tempel gesprochen haben. Auch 44—45
hier können nicht eigene Meinungen ausschlaggebend sein, entscheiden kann nur die Schrift. Darum spricht Stephanus nun auch vom „Zelt" des Zeugnisses — ach, Israel hat das „Zelt Molochs" viel lieber ge-

zwar betont der Verfasser das zweimalige Kommen der Brüder, das seine Entsprechung im zweimaligen Kommen Mose (vgl. V. 23 ff, 34 ff) und in der zweimaligen Sendung Jesu hat (vgl. Kap. 3, 20 mit V. 26). Erst beim zweiten Mal werden der Retter den Geretteten und diese der Welt offenbar (vgl. 1 Jo 3, 2; auch Offb 22, 4; Lk 21, 27; Jo 8, 28 u. a.)." G. Stählin a. a. O. S. 107.

169 Darum hat schon Jesus selbst in Jo 5, 45 Mose den eigentlichen Verkläger Israels genannt, den Mose, auf den sich die Juden gegen Jesus berufen wollen. Vielleicht hat Stephanus dieses Wort Jesu gekannt und ihm bei seinem Studium des AT nachgesonnen.

170 So ist jeder Mensch in seinem Wesen von Natur!

171 So ist der Atheist damit gestraft, daß er nun ohne Gott in dieser furchtbaren Welt des Todes und ohne Hoffnung leben muß. Eph 2, 12.

172 Vgl. dazu die Ausführungen des Paulus in Rö 1, 18—32: Gott straft unsere Sünde, indem er uns an die Sünde „dahingibt".

habt! – und vom Tempel. Ja, eben ein „Zelt", von Mose nach himmlischem Vorbild hergestellt, hatte Israel, auch bei seinem Übergang in das verheißene Land. Und so bleibt es in der ganzen Zeit des Wachstums und des Aufstieges bis zu David hin. Der freilich **„bat, zu finden eine Behausung für das Haus Jakobs"**[173]. Aber für den Blick des Stephanus kann es gerade zu der „**Gnade**", die David vor Gott fand, gehört haben, daß ihm diese Bitte abgeschlagen wurde. So redlich das Empfinden Davids war: „Siehe, ich wohne in einem Zedernhause, und die Lade Gottes wohnt unter den Teppichen" (2 Sam 7, 2), es war dennoch eine tiefe Verkennung Gottes darin: **„Welches Haus wollt ihr mir bauen", „oder welches ist der Ort meiner Ruhe?"** (V. 49) Gott bewahrte David vor dem vergeblichen Werk. Denn **„der Höchste wohnt nicht in dem, was mit Händen gemacht ist"**. Wer Gott an den Tempel binden will, verkennt, wer Gott ist und was Gott von sich selbst gesagt hat. Wenn es Gott in den großen Zeiten mit Mose und mit David genügt hat, das einfache **„Zelt des Zeugnisses"** zu seiner Offenbarungsstätte zu haben, dann ist der kein „Lästerer", der auf den Tempel geringen Wert legt.

51—53 Und nun zieht Stephanus aus dem umfassenden biblischen Zeugnis die Folgerung für die Gegenwart. Wir dürfen uns diese letzten Sätze seiner Rede ja nicht etwa als ein „Schimpfen" denken. Der Mann, der mit dem Antlitz eines Engels vor seinen Richtern stand, der sie bewußt als Brüder und Väter angeredet hatte, der läßt sich jetzt nicht am Schluß von Fleisch und Blut zu bloßer Heftigkeit hinreißen. Wir müssen es alles in heißem Schmerz um sein Volk und in tiefem Ernst vor Gott gesagt hören. So wie dann auch Paulus in seinen härtesten Anklagen gegen Israel doch zugleich der bleibt, der „große Trauer und unaufhörliches Weh" um seine Brüder aus Israel im Herzen trägt (Rö 9, 1—5). Nicht mit kalten, rechthaberischen Theologen haben wir es hier zu tun, sondern mit Männern, die von Jesus die Liebe empfangen hatten, allerdings die Liebe, die rückhaltlos die verderbliche Wirklichkeit sieht. **„Ihr Halsstarrigen und Unbeschnittenen an Herzen und Ohren, ihr widerstrebt immer dem Heiligen Geist, wie eure Väter so auch ihr."** Auch diese schwersten Vorwürfe sind bis in den Wortlaut hinein – biblisch! Auch hier sagt Stephanus nur, was die Schrift sagt. Er sieht und zeichnet „Israel" als eine Einheit gestern und heute. Er sieht die Propheten abgelehnt und verfolgt, gerade weil sie **„vorausverkündigt haben von dem Kommen des Gerechten"**. Kein Wunder, daß nun erst recht die Söhne dieser Prophetenmörder jetzt **„zu Verrätern und Mördern"** dieses nun gekommenen Gerechten geworden sind.

[173] Vielleicht ist hier doch mit den Handschriften des „Reichstextes" statt „to oiko" vielmehr „to theo", also „für den Gott Jakobs" zu lesen.

Die Anklage gegen Stephanus und die Christen kommt aus einem tief verlogenen, selbstzufriedenen Bild, das sich Israel von sich selbst und seiner Geschichte gemacht hat. Sie sehen sich als das bevorzugte Gottesvolk, das mit seinem Tempel und mit seinem Gesetz in schöner Frömmigkeit vor Gott dasteht, und sind empört, wenn man diese ihre eitle Einbildung mit der Botschaft von Jesus angreift. Aber eben „das Gesetz", die Schrift, auf die sie sich berufen, zerstört den lügenhaften Wahn und zeigt Israels wahres Bild. Wohl haben sie das Gesetz, auch **„das Gesetz"** im engeren Sinn; durch heilige Vermittlung, **„durch Anordnung von Engeln"** (vgl. Gal 3, 19), haben sie es empfangen. Aber gehalten — haben sie es nie!

So gründlich, so tief ist die Antwort des Stephanus auf die Frage des Hohenpriesters[174]. So muß man als Christ das AT lesen, so die Geschichte Israels sehen — total anders, als wir es auch in der Christenheit vielfach getan haben, wenn wir Israel als „das Volk der Religion"[175] in falschem Glanz sahen. Freilich, wir werden zwischen falscher Verherrlichung Israels und „Antisemitismus" hin und her schwanken, solange wir nicht in echter Buße erkennen, wie Israels Lüge der Wahn auch unserer eigenen „Frömmigkeit" und unseres eigenen kirchlichen Stolzes ist, der in den tiefsten Schichten unseres „cor incurvatum in se ipsum", unseres „auf sich selbst zurück gekrümmten Herzens" (Luther) wurzelt. Darum reagieren wir gerade als „fromme Leute" auf den Angriff des Evangeliums, auf den Ruf zur Umkehr zu Jesus, auf das Wort vom Kreuz mit der gleichen Empörung, die damals gegen Stephanus aufbrach. Die Rede des Stephanus kann man darum nicht nur „historisch-kritisch" lesen, sondern muß sie als selbst davon Betroffener bußfertig hören.

DAS ENDE DES STEPHANUS UND DIE VERFOLGUNG DER GEMEINDE DURCH SAULUS

Apostelgeschichte 7, 54 — 8, 3

54 Als sie aber dies hörten, schnitt es ihnen durchs Herz, und sie
55 knirschten mit den Zähnen gegen ihn. * Voll Heiligen Geistes

zu Vers 54:
Ps 35, 16
Ps 112, 10
Apg 5, 33

[174] Wer das nicht versteht, der muß freilich mit Kopfschütteln vor dieser „langen" und angeblich die Sache gar nicht berührenden „Predigt" stehen und unlösbare „Probleme" in ihr finden.

[175] Diesen Titel führte bezeichnenderweise ein angesehenes und viel gebrauchtes Schulbuch über das AT in der Zeit vor dem ersten Weltkrieg. Kein Wunder, daß die Rede des Stephanus ein unbekanntes und unverstandenes Stück Bibel blieb!

zu Vers 55:
Mt 3, 16
Mt 26, 64
Mk 16, 19
Jo 1, 51
Apg 10, 11
2 Ko 12, 2
Offb 4, 2
Offb 5, 1
zu Vers 56:
Mt 3, 16
Mt 10, 11
Jo 1, 51
Jo 14, 19
zu Vers 58:
5 Mo 17, 7
Mt 23, 37
Jo 16, 2
Apg 22, 20
8, 1
Hbr 13, 12
zu Vers 59:
Ps 31, 6
Lk 23, 46
zu Vers 60:
Mt 5, 44
Lk 23, 34
zu Vers 1:
Apg 11, 19
22, 20
Jo 16, 2
Mt 10, 23
zu Vers 2:
Mt 14, 12
zu Vers 3:
Apg 9, 1
9, 21
22, 4
26, 11
1 Ko 15, 9
Phil 3, 6
Gal 1, 13. 23

aber zum Himmel blickend sah er die Herrlichkeit Gottes und Je-
56 sum stehend zur Rechten Gottes und sprach: * „Siehe, ich sehe
die Himmel geöffnet und den Menschensohn zur Rechten Gottes
57 stehend." * Schreiend aber mit lauter Stimme hielten sie sich ihre
Ohren zu und stürzten sich einmütig auf ihn, trieben ihn aus der
58 Stadt und steinigten ihn. * Und die Zeugen legten ihre Kleider ab
59 zu den Füßen eines jungen Mannes namens Saulus. * Und sie
steinigten den Stephanus, der anrief und sprach: „Herr Jesus,
60 nimm auf meinen Geist." * In die Knie gesunken aber rief er mit
lauter Stimme: „Herr, messe ihnen diese Sünde nicht zu!" Und
8, 1 als er dies gesagt, entschlief er. * Saulus aber war einverstanden
mit seiner Tötung.
Es entstand aber an jenem Tage eine große Verfolgung gegen die
Gemeinde in Jerusalem. Alle zerstreuten sich über die Gegenden
2 von Judäa und Samaria, außer den Aposteln. * Es bestatteten aber
den Stephanus fromme Männer und hielten eine große Toten-
3 klage über ihn. * Saulus aber suchte die Gemeinde zu vernichten,
indem er in die Häuser eindringend Männer wie Frauen fort-
schleppte und in das Gefängnis einlieferte.

Schon das knappe Wort des Petrus in Apg 5, 33 hatte die Herzen im Hohen Rat „zersägt" und den Willen zum Töten erweckt. Die Rede des Stephanus aber bedeutet noch einen ganz anderen Angriff, und die Situation ist von vornherein ganz anders erfüllt von Erbitterung. So können wir uns nicht wundern über die Auswirkung dieser Rede, die Stephanus nicht anders erwartet haben wird. **„Als sie aber dies hörten, schnitt es ihnen durchs Herz, und sie knirschten mit den Zähnen gegen ihn."** Noch halten sie zurück, das Urteil muß erst gefällt werden; aber die innere Erregung läßt sie mit den Zähnen knirschen. Kritische Ausleger haben vermißt, daß sich nicht auch hier wieder ein Gamaliel erhebt und zum Abwarten rät[176]. Aber erstens kommt die Verhandlung des Rates gar nicht zu Ende, da der nächste Ausruf des Stephanus den Tumult losbrechen läßt. Zweitens ist die ganze Lage und die Fassung der Anklage eine völlig andere als in Kapitel 5. Und drittens wurde von der Rede des Stephanus auch die pharisäische Gruppe ganz anders getroffen als von dem Wort und Zeugnis des Petrus. „Ihr habt das Gesetz nicht gehalten", das zog der pharisäischen Existenz den Boden unter den Füßen fort. Jesus ist auferstanden und hat diesen lahmen Mann geheilt, Jesus ist der Messias — das konnte sich ein Gamaliel nachdenklich anhören. „Ihr Halsstar-

[176] Haenchen kann es sich nur so erklären: Lukas besaß die glückliche Gabe, Personen dann zu vergessen, wenn sie ihn als Schriftsteller gestört hätten (a. a. O. S. 226).

rigen und Unbeschnittenen an Herzen und Ohren, ihr widerstrebt immer dem Heiligen Geist" — das war auch für ihn eine maßlose und unerträgliche Beschimpfung Israels und seiner Frommen. Jetzt war es mit der Zurückhaltung eines Gamaliel vorbei!

Aber zu einer Beratung und Abstimmung kommt es gar nicht mehr. 55
Stephanus wird in diesem Augenblick im Heiligen Geist der Blick in die Welt Gottes geschenkt. Er sieht **„die Herrlichkeit Gottes und Jesus stehend zur Rechten Gottes".** Er war sich seiner Lage und des sicheren Todes bewußt; nun wird er innerlich allem entnommen und vor jene Wirklichkeit gestellt, die er glaubend erfaßt und bezeugt hat. Die „Herrlichkeit" Gottes ist immer auch der Lichtglanz Gottes. Wie wunderbar leuchtet er dem Stephanus in der Finsternis von Unverstand und Haß, die ihn umgab. Er sieht Jesus **„stehend zur Rechten Gottes"**, der nach Ps 110, 2 zur Rechten Gottes sitzt und wartet (Hbr 10, 12 f). Hat sich Jesus zur Begrüßung des ersten Blutzeugen erhoben? Zeigt er gerade jetzt bei Beginn der ersten Verfolgung seiner Gemeinde, daß er nicht untätig zuschaut, sondern der Handelnde ist, der sich schon zu seiner Parusie rüstet? Das sind nur Vermutungen. Stephanus sieht es so, mehr sagt uns Lukas nicht. Was er aber sieht, das spricht er aus, seine Lage und seine Feinde vergessend:
„Ich sehe die Himmel geöffnet und den Menschensohn zur Rechten 56
Gottes stehend." So hatte es Jesus selber[177] vor dem gleichen Hohen Rat gesagt: „Doch ich sage euch, von nun an wird's geschehen, daß ihr werdet sehen des Menschen Sohn sitzen zur Rechten der Kraft" (Mt 26, 64). Damals zerriß der Hohepriester sein Kleid, und der Hohe Rat sprach das Todesurteil. Jetzt bricht die Erregung noch ungestümer
los: **„Schreiend aber mit lauter Stimme hielten sie sich ihre Ohren zu** 57
und stürzten sich einmütig auf ihn." Es gibt kein Urteil mehr, keine Besinnung darauf, daß zu einer Hinrichtung das Einverständnis des römischen Prokurators nötig war. Die Behauptung, daß ein Mensch zur Rechten Gottes stehe, war für jedes jüdische Ohr eine unerträgliche Antastung der Majestät und Einzigartigkeit Gottes. Und nun sollte es gar jener Mensch sein, der von den maßgebenden Männern Israels ans Fluchholz gehängt worden war! Diese Gotteslästerung war ihnen so schrecklich, daß sie sich die Ohren zuhielten und laut schrien, teils aus Entsetzen, teils um die Worte des Stephanus zu übertönen. Beim Hinausstoßen des Stephanus aus der Stadt müssen sie nicht ausdrücklich an die gesetzliche Bestimmung 3 Mo 24, 14; 4 Mo 5, 36; 5 Mo 17, 5 gedacht haben, es erfolgte ganz von selbst. Der erste Märtyrer erfüllte freilich damit das, was Hbr 13, 12–13 ge-

[177] Darin liegt wohl der Grund, daß wir in dem Wort des Stephanus den einzigen Fall im NT haben, in dem ein anderer als Jesus selbst den Titel „Menschensohn" von Jesus gebraucht.

sagt ist. Die Steinigung als solche erfolgte nicht nach der Regel, die wir aus der Mischna, der jüdischen Überlieferung, kennen[178]; es wurden einfach auf freiem Feld die Steine auf Stephanus geschleudert. Nur die Bestimmung aus 5 Mo 17, 7 wurde eingehalten: die Zeugen gegen Stephanus taten die ersten Würfe. Sie legten ihr dabei hinder-
58 liches Obergewand **„zu den Füßen eines jungen Mannes namens Saulus"** ab.

So führt Lukas mit schriftstellerischer Kraft Paulus in sein Geschichtswerk ein: **„Ein junger Mann namens Saulus".** Noch ahnt niemand, am wenigsten er selbst, was aus ihm werden wird. Aber der Leser der Apostelgeschichte spürt es mit Erschauern: Da der erste Zeuge Jesu als Märtyrer stirbt, hat Jesus sich schon den neuen Boten erwählt, mitten aus der Schar seiner Feinde. Die Sache Jesu ist nicht aufzuhalten, nicht durch Prozesse, nicht durch Haß und Blutvergießen. Das Evangelium muß nach Jesu Wort und Willen bis an die Enden der Erde getragen werden; und eben der Mann, der es hier mit Ernst vernichten will, muß der wesentlichste Mitwirker dabei sein! Das grie Wort, mit dem er gekennzeichnet wird, meint nicht einen „Jüngling" in unserem Sinn, sondern den Mann zwischen vierundzwanzig und vierzig Jahren. Eine führende Rolle konnte in Israel ein Mann frühestens mit dreißig Jahren spielen. Wir dürfen uns den Saul, der die erste Verfolgung der Gemeinde in Gang setzt, nicht zu jung denken. Es wird ihm hier keine amtliche Stellung zugeschrieben, wie er sie in seinem eigenen Rückblick auf seine Vergangenheit in Phil 3 auch nicht erwähnt. Aber er muß ein besonderes Ansehen gehabt haben, daß gerade bei ihm die Kleider der Zeugen niedergelegt wurden. Warum sollte es auch nicht so sein, wenn er von sich selbst berichten konnte: „Und im Judentum stürmte ich vor über viele meiner Altersgenossen in meinem Volk hinaus, da ich in besonderer Weise ein Eiferer für meine väterlichen Überlieferungen war" (Gal 1, 14)?

59 Stephanus betet aber unter den Steinwürfen, zunächst noch stehend, in Anlehnung an das Psalmgebet 31, 6, in das auch Jesus sterbend seine Bitte an den Vater kleidete. Dabei ist aber das Gebet des Jüngers an Jesus selbst gerichtet und bescheidener geformt: **„Herr Jesus, nimm auf meinen Geist."** Was hinter dem leiblichen Sterben liegt, können wir im einzelnen nicht wissen; unsere irdischen Vorstellungen erreichen es nicht. Aber dies eine darf der sterbende Christ erbitten und dabei der Erhörung gewiß sein: Jesus ist da, Jesus nimmt unsern Geist auf[179]. Dann bricht Stephanus unter den Stei-

[178] Danach wurde der Verurteilte von einer Höhe herabgestürzt; führte das nicht zu seinem Tode, so wurde von oben ein schwerer Stein auf seine Brust geworfen, der die Rippen zerbrach und Herz und Lungen verletzte.

nen in die Knie, und laut tönt sein Ruf über seine Feinde hin: **„Herr, messe ihnen diese Sünde nicht zu!"** Es bestätigt sich, was wir oben über den Schluß seiner Rede gesagt haben. Er sucht auch jetzt nicht Gottes Rache und Strafe über die, die ihn hier so ungerecht zu Tode bringen. Darum wird auch dieses harte und gewaltsame Sterben dennoch ein „Entschlafen" in tiefem Frieden.

„Saulus aber war einverstanden mit seiner Tötung!" So kann das 8, 1a
Menschenherz sein, wenn es im eigenen Eifer für Gottes Ehre zu kämpfen meint. Die Rede des Stephanus überzeugte Saulus nicht, die ganze Haltung des Stephanus überwand ihn nicht. Er hielt die gewaltsame Beseitigung dieses Mannes für recht vor Gott. Ob die Formulierung des Lukas über ein inneres Einverständnis des Saulus hinaus auch eine irgendwie amtliche Zustimmung zu dieser Hinrichtung zum Ausdruck bringen soll, ist nicht festzustellen. Wie es aber auch sei, das wollen wir jedenfalls nicht vergessen, der erste Märtyrer stirbt nicht unter den Steinwürfen der „Welt" oder unter dem Schwert des Staates, sondern unter den Händen der kirchlichen Eiferer. Und der „fromme" Saul war **„einverstanden mit seiner Tötung"**.

Und nun löst das erregte Geschehen **„jenes Tages" „eine große** 1b
Verfolgung gegen die Gemeinde in Jerusalem" aus. Sie wird wie das Vorgehen gegen Stephanus tumultarischen Charakter getragen haben. **„Alle zerstreuten sich über die Gegenden von Judäa und Samaria, außer den Aposteln."** Das **„alle"** ist hier — wie an vielen Stellen des NT — nicht statistisch zu nehmen. Es gingen nicht bis auf den letzten Mann sämtliche Christen aus Jerusalem fort. Wozu hätten dann die Apostel dort bleiben sollen? Und wozu drang Saulus noch in die Häuser ein, wenn es keine Christen mehr in Jerusalem gab? Die Apostel blieben, weil eine verstörte und bedrängte Gemeinde sie brauchte. **„Alle"** können fliehen, die Apostel können es nicht[180].

[179] Die moderne Theologie müßte feststellen, daß der erste Märtyrer der Christenheit falsch gebetet hat. Er hätte sagen müssen: „Herr, erwecke mich am jüngsten Tage und behalte mich bis dahin in deinen Gedanken." Aber die biblischen Menschen teilen das Wissen aller Völker der Welt, daß der Mensch einen Geist hat, der das leibliche Sterben überdauert. Freilich, zugleich muß gesagt werden, daß der erste Märtyrer auch weit bescheidener war als viele Christen. Er jubelte nicht: Jetzt gehe ich in die Herrlichkeit!, sondern bat nur: Herr, nimm meinen Geist auf. Der Zustand „unser Leben ist verborgen mit Christus in Gott" (Kol 3, 3) bleibt auch nach dem leiblichen Tode bestehen. Erst wenn Christus sich offenbart, bei der Parusie, werden auch wir mit ihm offenbar „in Herrlichkeit" (Kol 3, 4). Vgl. auch die wartenden Seelen am himmlischen Altar Offb 6, 9.

[180] Es wird deutlich, wie auch ein Wort des Herrn selbst (Mt 10, 23) nicht zu einem starren „Gesetz" zu werden braucht und es auch nicht werden darf. Die Jünger haben die Freiheit zu fliehen, aber auch die Freiheit zu bleiben.

Aber ein Strom von Flüchtlingen ergießt sich in das Land bis nach
3 Samaria hin. Doch Saulus ist mit dieser Schockwirkung nicht zufrieden. Er **„suchte die Gemeinde zu vernichten, indem er in die Häuser eindringend Männer wie Frauen fortschleppte und in das Gefängnis einlieferte"**. Er ist radikal, also bis auf die Wurzel dringend und rücksichtslos. S o hat er sich selbst geschildert, nicht nur in den Reden der Apostelgeschichte, sondern auch in seinen Briefen. „Ich habe die Gemeinde Gottes verfolgt" (1 Ko 15, 9); „nach dem Eifer ein Verfolger der Gemeinde" (Phil 3, 6); „ich war ein Lästerer und ein Verfolger und ein Frevler" (1 Tim 1, 13), und Gal 1, 23 steht das gleiche Wort „vernichten" wie hier im Text[181].

Man hat eingewendet, daß eine solche systematische Verfolgung in Jerusalem nicht ohne den Hohen Rat und vor allem nicht ohne die Zustimmung der römischen Besatzung möglich war. Nun dürfen wir die „Systematik" jener Verfolgung wieder nicht mit modernen Maßstäben messen. Es ist im Altertum und vor allem im Orient die kalte Genauigkeit nicht üblich gewesen, mit der heute staatliches Vorgehen betrieben wird. Nicht einmal bei den späteren Christenverfolgungen, die der römische Staat inszenierte, ist die Schar der Christen auch nur annähernd vollständig erfaßt worden. Saulus drang in die Häuser ein – das heißt noch lange nicht, daß er Straßenzüge polizeilich abriegelte und durchkämmte! Aber freilich, der Hohe Rat mußte schon hinter ihm stehen und das Einverständnis der Römer für solche Maßnahmen besitzen. Das **„Einliefern der Christen ins Gefängnis"** hatte nicht die Gefangenschaft als solche zum Ziel, sondern es diente der Durchführung eines Prozesses, der mit der Auspeitschung bis zum Widerruf (vgl. Apg 26, 11 „ich zwang sie zu lästern") und bei Verweigerung des Widerrufes mit der Todesstrafe endete. Das ging nicht ohne die Duldung durch die Besatzungsmacht. Wie können wir heute sagen, daß der Hohe Rat diese Duldung nicht bekommen haben „könne"? Sollte Pilatus etwas dagegen gehabt haben, wenn Juden einander totschlugen? Lukas schreibt von einer Einwilligung der römischen Behörde nichts. Aber wie vielfach schweigt er in seiner knappen Darstellung von Dingen, die zweifellos doch geschehen sein müssen[182].

181 Die Kritik hält die Darstellung des Lukas für völlig ungeschichtlich. Ihrer Meinung nach war Paulus damals gar nicht in Jerusalem. Nur in oder bei Damaskus hat er sich an Christen im Rahmen der Strafbefugnis der Synagoge vergriffen. Aber hätte er sich dadurch schon in dem absoluten Sinn als „Verfolger der Gemeinde Gottes" betrachtet? Hätte er davon wirklich sagen können „Ich habe die Gemeinde Gottes maßlos verfolgt und zerstört" (Gal 1, 12)? Er braucht hier den gleichen Ausdruck vom „Zerstören" der Gemeinde, wie überhaupt die Schilderung des Lukas genau zu dem Selbstzeugnis des Apostels paßt.

182 Es ist immer mißlich, wenn wir von uns aus feststellen wollen, was in der Geschichte

Daß das Verfahren gegen Stephanus nicht mit einer klaren, amtlichen Verurteilung endete, sondern in eine Lynchjustiz auslief, zeigt auch die Bemerkung **„es bestatteten aber den Stephanus fromme Männer und hielten eine große Totenklage über ihn"**. Für einen amtlich als Gotteslästerer hingerichteten Mann war eine solche Bestattung und Totenklage nicht erlaubt. Nicht Christen konnten damals ihrem Bruder diesen Dienst tun. Aber in der Judenschaft gab es Männer, die Stephanus anders einschätzten, als seine Gegner es taten. Sie wagten es, ihm jetzt die letzte Ehre zu erweisen. 2

DAS EVANGELIUM KOMMT NACH SAMARIA

Apostelgeschichte 8, 4–25

4 Die nun Verstreuten zogen durch (das Land) und verkündigten
5 dabei das Wort. * Philippus aber kam hinab in die Stadt Samarias
6 und verkündigte[183] ihnen den Messias. * Die Volksscharen aber
gaben acht[184] auf das von Philippus Gesagte einmütig, indem sie
7 zuhörten und die Zeichen sahen, die er tat. * Denn viele von de-
nen, die unreine Geister hatten – schreiend mit lauter Stimme
8 fuhren sie aus; viele Gelähmte und Lahme wurden geheilt; * es
entstand aber viel Freude in jener Stadt.
9 Ein Mann aber namens Simon war schon vorher in der Stadt,
der Zauberei trieb und das Volk Samariens in Erstaunen setzte,
10 indem er von sich behauptete, ein Großer zu sein. * Auf ihn ga-
ben alle acht[184] klein und groß, und sagten: „Dieser ist die Kraft
11 Gottes, die man die Große nennt." * Sie achteten[184] aber auf ihn,
weil er sie lange Zeit mit seiner Zauberei in Erstaunen gesetzt
12 hatte. * Als sie aber gläubig wurden dem Philippus gegenüber,
der die Botschaft von der Gottesherrschaft und dem Namen Jesu,
des Messias, brachte, ließen sie sich taufen, Männer und Frauen.
13 * Simon aber kam auch selber zum Glauben; er ließ sich taufen
und blieb beständig bei Philippus; und da er die großen Zeichen
und Wunder schaute, die geschahen, geriet er in Erstaunen.
14 Als aber die Apostel in Jerusalem hörten: angenommen hat

zu Vers 4: Apg 8, 40; 11, 19
zu Vers 5: Apg 1, 8; 6, 5
zu Vers 6: Hbr 2, 1
zu Vers 7: Mk 16, 17
zu Vers 8: Jo 4, 40-42
zu Vers 9: Apg 5, 36
zu Vers 10: Apg 8, 6
zu Vers 12: Mt 28, 19
zu Vers 14: Apg 1, 8; 11, 1. 22; Jo 4, 35. 39–41

habe geschehen oder nicht geschehen „können". Die Wirklichkeit ist viel bunter, als wir denken, und es geschieht allerlei, was unser Denken nicht für möglich hält.

[183] Wir geben notgedrungen mit dem gleichen Ausdruck zwei verschiedene Worte wieder, die wir nicht entsprechend verdeutschen können. In Vers 4 heißt es „sie evangelisierten" das Wort; in V. 5 dagegen „er heroldete ihnen den Messias".

[184] Das hier verwendete grie Wort enthält über das „achten, achtgeben" hinaus schon ein Stück den Klang von „sich halten an, anhängen".

zu Vers 15/16:
Apg 2, 38
19, 2-7
zu Vers 17:
Apg 6, 6
9, 17
19, 6
zu Vers 20:
Mt 10, 8
zu Vers 21:
Ps 78, 37
Apg 13, 10
zu Vers 22:
5 Mo 29, 18
zu Vers 23:
Hbr 12, 15
zu Vers 25:
Jo 4, 35

Samaria das Wort Gottes, sandten sie zu ihnen Petrus und Jo-
15 hannes, * die herabkamen und für sie beteten, damit sie Heiligen
16 Geist empfingen. * Denn noch war er nicht auf einen von ihnen
gefallen; sondern sie waren nur getauft auf den Namen des
17 Herrn Jesu. * Da legten sie die Hände auf sie, und sie empfingen
18 Heiligen Geist. * Als aber Simon sah, daß durch die Auflegung
der Hände der Apostel der Geist gegeben wird, brachte er ihnen
19 Geld * und sagte: „Gebt auch mir diese Vollmacht, daß, wem im-
mer ich die Hände auflege, er den Heiligen Geist empfängt (daß
20 jeder, dem ich die Hände auflege . . .)". * Petrus aber sprach zu
ihm: „Dein Geld samt dir gehe ins Verderben, weil du gemeint
21 hast, die freie Gabe Gottes durch Geld zu erwerben. * Du hast
kein Teil noch Los an diesem Wort; denn dein Herz ist nicht
22 gerade vor Gott. * Kehre darum um von dieser deiner Schlechtig-
keit und bitte den Herrn, ob dir vergeben wird der (böse) Einfall
23 deines Herzens. * Denn zu bitterer Galle und zur Fessel der Unge-
24 rechtigkeit sehe ich dich geworden." * Simon aber antwortete und
sprach: „Betet ihr für mich zum Herrn, daß nichts auf mich kom-
25 me von dem, was ihr gesagt habt." * Sie nun, nachdem sie durch-
greifend Zeugnis abgelegt und das Wort des Herrn gesagt hatten,
kehrten nach Jerusalem zurück und brachten dabei vielen Dör-
fern der Samariter die Botschaft.

4/5 **„Die nun Verstreuten zogen durch das Land und verkündigten dabei das Wort." „Philippus aber kam hinab in die Stadt Samarias und verkündigte ihnen den Messias."** Jesus hatte bei seinem Abschied den Aposteln nicht eigentlich befohlen, etwas zu tun, sondern gesagt, was sie als seine Zeugen tun würden. Dementsprechend hatten die Apostel dann auch keine Beratungen, wie sie den Befehl Jesu ausführen sollten, und machten keine Missionspläne. Sie tun als Glaubende Tag für Tag, was ihnen „unter die Hände kommt" (1 Sam 10, 7). Lukas hat in meisterhafter Weise gezeigt, wie sich dadurch alles „begibt" und gerade so Gottes Plan zur Durchführung kommt. Aus dem stillen, absichtslosen Gang zum Tempel Apg 3, 1 erwächst der Kampf, der nun zur ersten Hinrichtung eines Zeugen Jesu und zur ersten Verfolgung der Gemeinde geführt hat. Aber gerade dadurch kommt es ohne planmäßige Unternehmungen der Apostel zu der Evangelisation in Judäa und Samaria, von der Jesus gesprochen hatte. Lukas hat es kraftvoll unmittelbar nebeneinander gestellt: Saulus sucht die Gemeinde zu vernichten – die Verstreuten verkündigen bis nach Samaria hin die Botschaft! Freilich, auch die Verschiedenheit im Schicksal von Christen wird sichtbar: Männer und Frauen liegen in Jerusalem im Gefängnis, leiden und sterben –

Flüchtlinge stehen frei im Dienst ihres Herrn. Wer will sagen, wen das bessere Los getroffen, wer den wichtigeren Dienst getan hat?

Die Verstreuten **„zogen durch"**; dies Wort hat Lukas sehr oft verwendet. Z. B. in Kapitel 10, 38 zeichnet er damit auch zusammenfassend das Bild der Wanderungen Jesu. Die Flüchtlinge finden nicht schnell eine neue Heimat, sie rechnen wohl auch mit ruhigeren Zeiten, die ihnen die Rückkehr nach Jerusalem erlauben werden. Aber wie sich auch ihr Leben gestaltet, sie „evangelisieren". Es lag ja nahe, daß sie nach den Gründen ihrer Flucht gefragt wurden; es wird auch gerüchtweise von allem Geschehenen im ganzen Land gesprochen worden sein[185]. Es lag ebenso nahe, daß diese Männer und Frauen nach allem, was sie durchgemacht hatten, nun von dieser gefährlichen Jesussache ängstlich schwiegen. Aber sind sie auch Flüchtlinge, so sind sie doch keine Verleugner. Sie reden von Jesus; sie tun es „evangelistisch", also mit ungebrochener Freude und werbender Kraft. So war auch damals schon die „Evangelisation von Mann zu Mann" von großer Bedeutung!

In Philippus – es ist nicht der Apostel, sondern der Kap. 6, 5 zu den „Sieben" Gewählte ist gemeint – befindet sich ein bedeutender Mann unter den Flüchtlingen. Ihn führt der Weg – **„hinab"** vom hochgelegenen Jerusalem (760 m ü. M.) – nach der **„Stadt Samarias"**[186]. Das wird nicht das alte „Samaria" gewesen sein, das nach verschiedenen Zerstörungen, Neubauten und Erweiterungen in hellenistischer Zeit von Kaiser Augustus an Herodes den Großen geschenkt und von diesem zu Ehren des Kaisers „Sebaste" genannt worden war. Sebaste war eine überwiegend heidnische Stadt; eine von den Aposteln bestätigte Heidenmission hat es aber vor Kap. 10 nicht gegeben. So werden wir an Sichem zu denken haben. Hier wohnten die „Samariter" in dem uns bekannten Sinn einer eigenen, von Jerusalem gelösten jüdischen Religionsgemeinschaft. Hier war Philippus vor dem Hohen Rat in Sicherheit. Hier fand er den Boden für eine Verkündigung des „Messias", auf den auch die Samariter warteten (vgl. Jo 4, 25). Er konnte hier als „Herold"[187] des großen Königs reden, zumal die Erinnerung an Jesus bei vielen noch lebendig gewesen sein wird. Jetzt kommt die große Ernte, die Jesus schon gesehen und die in ihren Anfängen damals begonnen hatte.

Beides lenkt die Aufmerksamkeit ganzer Scharen auf Philippus, 6/8

[185] Wir lasen bereits in Apg 5, 16, wie das Wirken der Apostel in Judäa bekannt wurde und Menschen in leiblichen und seelischen Nöten zu den Aposteln nach Jerusalem hinein lockte. So waren mancherlei gute Beziehungen geknüpft, die jetzt den Flüchtlingen zustatten kamen.

[186] Beachtliche Handschriften sagen „eine Stadt Samarias".

[187] Vgl. Anmerkung 183

einerseits das von ihm Gesagte, das sie hören, andererseits seine Wunder- und Machttaten, die sie sehen. Beides steht in enger Verbindung miteinander. Aus Vers 12 erfahren wir, daß Philippus **„die Botschaft von der Gottesherrschaft und dem Namen Jesu, des Messias, brachte"**. Wir denken viel zu wenig daran, daß das Evangelium von Anfang an das „Evangelium vom Reich" war und bis in das letzte Buch der Bibel hinein blieb. Gottes Herrschaft bricht rettend, helfend, heilend in diese Welt der Unheils- und Todesmächte hinein. Das ist der „eschatologische" Grundzug der ganzen biblischen Botschaft. Aber diese „Endzeit" hat bereits begonnen. Das „Reich Gottes" ist Zukunft und doch nicht mehr nur Zukunft. Der Messias, der Heilskönig, ist da. Er heißt Jesus. Darum ist dieser Jesusname voll Kraft der mächtigen Hilfe (vgl. Apg 4, 10–12). Das aber kann man nicht mit Vollmacht verkündigen, wenn es nicht zugleich mit dem Verkündigen auch tatsächlich geschieht und vor aller Augen sichtbar wird[188]. Wenn **„unreine Geister" „schreiend mit lauter Stimme"**[189] ausfuhren, wenn verkrümmte Glieder sich streckten und gelähmte Menschen laufen und springen, dann erweist der Name Jesu seine herrliche Macht, und die Königsherrschaft Gottes ist gegenwärtig. **„Es entstand aber viel Freude in jener Stadt"**, das können wir uns vorstellen.

9 Das alles war für den Eingang des Evangeliums hier besonders wichtig. Denn diese Stadt lebte nicht nur in dem alten, überlieferten „Judentum" samaritischer Färbung, sondern war beherrscht von einer neuen Religion, von okkulten Kräften, die ihren Vertreter in **„einem Mann namens Simon"** hatten, der **„Zauberei trieb und das Volk Samariens in Erstaunen setzte, indem er von sich behauptete, ein Großer zu sein"**. Dabei müssen wir uns daran erinnern, daß nach Jo 8, 48 das Samaritertum zu Jesu Zeit bereits allgemein als okkult verseucht galt. Was Lukas hier berichtet, können wir uns von eigenen Erfahrungen aus vorstellen. Wir kennen Aberglauben und Zauberei in vielfältigen Formen. Wir kennen die geheimnisvoll-stolze Selbstüberzeugung derer, die auf diesem Gebiet etwas „sind". Wir kennen aber auch dies, daß es nicht bei einzelnen Zauberkünsten bleiben muß, sondern daß nun die okkulten Erfahrungen in ein weltanschauliches und religiöses System eingebaut werden, das Anschauungen bekannter Religionen, auch des Christentums, geschickt mit verwertet. In diesem System hat dann der Mann mit den okkulten

[188] Hier haben uns Männer wie Blumhardt und Johannes Seitz wieder recht biblisch sehen und darum auch biblisch beten und handeln gelehrt.

[189] Sowohl die göttliche wie die dämonische Welt ist so gewaltig, daß sie das ruhige und wohltemperierte Reden des natürlichen Menschen sprengen und zum „Schreien" führen kann; vgl. als das Gegenstück zu unserer Stelle: Rö 8, 15; Gal 4, 6.

Gaben seine besondere Stellung, die er mit dunklen Andeutungen
ahnen läßt und die seine Anhänger umso leidenschaftlicher propa-
gieren. So war es auch in dieser Stadt Samariens. Simon stand im 10/11
Mittelpunkt des Interesses. **„Auf ihn gaben alle acht[190], klein und groß, und sagten: ‚Dieser ist die Kraft Gottes, die man die Große nennt.'"** Hier war eines jener Religionssysteme wirksam, wie sie aus der Religionsmengerei des hellenistischen Orients vielgestaltig hervorgingen und wie wir sie dann in der sogenannten „Gnosis" christlich gefärbt als gefährliche Konkurrenten der Kirche kennen. Man sprach von den verschiedenen „Emanationen", den „Ausflüssen" oder „Ausstrahlungen" der Gottheit und sah in bestimmten Kreisen oder auch in einzelnen Männern die „Kräfte" der Gottheit in verschiedenem Maße wirksam. Und eine Gestalt konnte dann **„die Kraft Gottes sein, die man die Große nennt"**. Der „Meister" selbst sagt es nicht, aber seine Anhänger sprechen es aus. Zugleich wird auch hier jenes seltsame Hineinmischen bekannter Vorstellungen alter Religion sichtbar. Simon selbst **„behauptete von sich, ein Großer zu sein"**. Das erinnert auffallend an die in Apg 5, 36 erwähnte Selbstaussage des Theudas, der in sie seinen Messiasanspruch kleidete. So mag auch Simon auf die samaritischen Messias-Erwartungen angespielt und ihre Erfüllung in seiner Person angedeutet haben. Damals aber wie heute noch horcht der Mensch begierig auf, wenn etwas seinem Verlangen nach wunderbarer Hilfe und nach einem Erleben des Übernatürlichen, Geheimnisvollen so drastisch und so billig entgegenkommt. **„Sie achteten aber auf ihn, weil er sie lange Zeit mit seiner Zauberei in Erstaunen gesetzt hatte."**

Von Anfang an stand das Evangelium im Kampf. In Jerusalem 12
hatte es mit dem Stolz der gesetzlichen Gottesbeziehung zu ringen. Sobald es aber die Grenzen des gesetzestreuen Judentums überschritt, traf es nicht so etwas wie einen leeren Raum an, sondern stieß auf das wirre Religionsgemisch der Zeit, das sich hier bis in das samaritische Judentum hinein auswirken konnte. Lukas schildert uns die erste Auseinandersetzung mit solcher okkult geladenen Religiosität. Es scheint zunächst alles aufs beste zu gehen. **„Als sie aber gläubig wurden dem Philippus gegenüber, der die Botschaft von der Gottesherrschaft und dem Namen Jesu, des Messias, brachte, ließen sie sich taufen, Männer und Frauen."** Wir fühlen ordentlich mit, wie hell und klar die Botschaft des Philippus hereinbrach in das seltsame Halbdunkel der Simonschen Anschauungswelt. Und vor allem:
Hier geschah noch mehr und noch Erstaunlicheres als bei Simon. Das 13
führte zum großen Triumph. Simon selbst wird davon gepackt. **„Si-**

[190] Vgl. Anmerkung 184.

mon aber kam auch selber zum Glauben; er ließ sich taufen und blieb beständig bei Philippus; und da er die großen Zeichen und Wunder schaute, die geschahen, geriet er in Erstaunen.“ Ist das nicht herrlich?

Lukas ist kein moderner Historiker, der seine Darstellung mit seiner eigenen kritischen Beurteilung der Dinge begleitet. Er schildert, was geschieht. Umso mehr aber muß der Leser seines Werkes darauf achten, wo sich in der Darstellung selbst zeigt, daß auch damals Fehler in der Arbeit gemacht werden konnten. Es muß uns auffallen[191], daß in der Verkündigung des Philippus eins völlig fehlt: der Bußruf „Kehrt um!“ Wie klar war er stets in der Verkündigung der Apostel zu hören. Und wie notwendig war nach der Flut okkulter Belastungen gerade in dieser Stadt eine gründliche Buße. Wie mußte die seltsame Mischreligion, in der sie gelebt hatten, als „Feindschaft gegen den lebendigen Gott“ erkannt und abgelegt werden. Nichts von alledem geschieht. Diese Männer und Frauen scheinen bruchlos von Simon zu Philippus überzugehen. Wie treffend läßt Gottes Geist Lukas hier formulieren: **„Als sie aber gläubig wurden dem Philippus gegenüber.“** Nicht eigentlich Jesus gegenüber werden sie gläubig. Nicht Jesus selbst steht im Mittelpunkt. Man geht eigentlich nur von einem Menschen zu dem andern über. Philippus „kann“ mehr als Simon, also „glaubt“ man nun ihm. So gibt es hier eine „Erweckung“, die doch keine Bußbewegung ist. Zu der **„großen Freude in der Stadt“** tritt darum nicht wie in Jerusalem (Apg 2, 43; 5, 11) die heilige Furcht. Die **„Zeichen und Wunder“** spielen eine allzu große Rolle. Man hat den Eindruck, daß sich Simon selbst dem Evangelium nur als der noch größeren Wundermacht beugt. Auch hier ist es wieder Philippus, der größere Meister, bei dem Simon **„beständig bleibt“**, nicht Jesus selbst. Hier ist die Evangelisation im Ansatz unzulänglich.

14—17 Das wird offenbar, als die Apostel eine „Visitation“ in Samaria durchführen. **„Als aber die Apostel in Jerusalem hörten: Angenommen hat Samaria das Wort Gottes, sandten sie zu ihnen Petrus und Johannes.“** Welche staunende Freude muß es in Jerusalem gegeben haben, als die bedrängte Gemeinde dort von den großen Ereignissen und Siegen in Samaria hörte: **„Samaria[192] hat das Wort Gottes angenommen.“** Nun wollten sich die Apostel selbst überzeugen und

[191] Udo Smidt hat in seiner Auslegung besonders darauf aufmerksam gemacht.

[192] Hier wird das Wort „Samaria“ in der gleichen Weise gebraucht, wie Paulus 2 Ko 9, 2 schreibt: „Achaja ist (für die große Sammlung) schon seit vorigem Jahr gerüstet.“ Weil die kleinen Scharen der Gläubigen in der Provinz Achaja sich zu der Sammlung gerüstet hatten, war „Achaja“ bereit. Für den Blick des Glaubens sind die Glaubenden ausschlaggebend, so gering ihre Zahl unter den andern sein mag.

zugleich die Verantwortung wahrnehmen, die sie hier in ganz besonderer Weise trugen. War doch die Feindschaft zwischen Samaritern und Juden tief eingewurzelt und „Samaria" jedem Jerusalemer schwer verdächtig. Nun sollten „Samariter" zu der einen Gemeinde des Messias Jesus ganz dazu gehören und das gleiche Leben aus Gott empfangen haben!

Es geht den beiden Abgesandten, Petrus und Johannes, im großen so, wie es später Paulus in Ephesus bei den zwölf „Jüngern" ging (Apg 19, 12 f): Sie merkten sofort, daß in Samaria Entscheidendes fehlte. Der Heilige Geist war „noch nicht auf einen von ihnen gefallen". Woran merkten sie das? Die Ausleger verweisen auf Apg 10, 40 und erklären sofort: Es fehlte das Zungenreden. Aber wir sollten mit solchen raschen Rückschlüssen vorsichtig sein. Wenn es Gott gefallen hat, bei den ersten Gläubigen aus den Heiden das Geschenk seines göttlichen Lebens den israelitischen Christen besonders handgreiflich durch das Zungenreden und den überströmenden Lobpreis Gottes zu beweisen, so muß darum den Aposteln die Zungenrede noch nicht als die eine und wesentliche Auswirkung des Geistes gegolten haben. Denn gerade von der Urgemeinde selbst hören wir weder bei der Gründung noch hernach bei den mehrfachen Schilderungen ihres Werdens und Wachsens ein Wort von „Zungen". Da ist vielmehr die überströmende Liebe „das" Kennzeichen des neuen Lebens. Und bei Simon war der Mangel auch nach dem Urteil des Petrus (V. 21. 23) offensichtlich nicht der, daß er nicht in Zungen sprach, sondern daß er ein ungereinigtes Herz hatte. Samaria war aufgeregt genug, es hatte stürmische Äußerungen des Heiligen Geistes nicht nötig. Aber das wahre göttliche Leben in tiefer Reinigung und Erneuerung des Herzens fehlte. Selbst wenn es sich dann auch in dem freien Lob Gottes und im Gebet mit der „Zunge" zeigen mochte, das Wesentliche war die innere Umwandlung, die dahinter stand. Diese Umwandlung geschieht nun unter dem Beten und unter der Handauflegung der Apostel. **„Da legten sie die Hände auf sie, und sie empfingen den Heiligen Geist."**

Und nun wird an Simon der ganze Mangel in seiner „Bekehrung" offenbar. Bisher war in der Erzählung des Lukas das „Gläubigwerden" immer ein echtes und wahres gewesen. Jetzt erleben wir zum ersten Mal mit, daß man „zum Glauben kommen" und „getauft werden" und dabei doch ungebrochen der alte Mensch bleiben kann. „Bekehrung" ohne wirkliche Umkehrung und Herzenserneuerung! Wie notwendig wäre diese Herzenserneuerung vollends bei diesem okkult völlig verseuchten Simon gewesen! Und nun zeigt sich, was wir seitdem oftmals gerade bei okkult belasteten und schwarmgeistigen Männern und Bewegungen in der Christenheit erlebt haben: Unter der „christlichen" Decke regiert im Herzen der alte Hochmut und Ehrgeiz, und spielt das Geld seine üble Rolle.

18/19 Nicht nach dem Heiligen Geist, nicht nach der Erneuerung selbst verlangt Simon, aber nach dieser wunderbaren Fähigkeit, sichtbare Umwandlung der Menschen zu bewirken. Hätte er diese Macht[193], dann wäre er wieder **„ein Großer"**, dann würden sie ihn wieder „die große Kraft Gottes" nennen, dann stünde er wieder über dem Philippus, der bei all seinen Wundern das nicht fertiggebracht hatte, was Petrus und Johannes können. Er mißversteht die Wirksamkeit der Apostel aus seinem eigenen Wesen heraus okkult-magisch[194], und er offenbart unwillkürlich seinen eigenen Herzenszustand, wenn er selbstverständlich annimmt, solche geheimnisvollen Kräfte gibt man
20 nicht umsonst her, für Geld aber kann man alles haben. Petrus aber antwortet mit der notwendigen Härte: **„Dein Geld samt dir gehe ins Verderben, weil du gemeint hast, die freie Gabe Gottes durch Geld zu erwerben."** Er stellt trotz „Bekehrung" und „Taufe" mit uner-
21/22 bittlicher Klarheit fest: **„Du hast kein Teil noch Los an diesem Wort."** Denn, so urteilt er mit starkem Anklang an Ps 78, 36 f, **„dein Herz ist nicht gerade vor Gott"**. Kein Getauftsein, keine Wundertat (und auch keine „Zungenrede"!) hilft etwas, wenn es um unser Herz nicht recht bestellt ist. Anders als bei Ananias und Sapphira wird hier aber noch die Möglichkeit einer echten „Umkehr" offengelassen. Nun hören wir endlich in diesem Kapitel das **„Kehre um!"** und das
23 Wort von der Vergebung der Sünden! Petrus denkt dabei nicht nur an das persönliche Schicksal des Simon, sondern sieht den ganzen gefährlichen Einfluß eines solchen Mannes und spricht das in seiner bibelgesättigten Sprache im Anklang an 5 Mo 29, 17 und Jes 58, 6 aus: **„Denn zu bitterer Galle und zur Fessel der Ungerechtigkeit sehe**
24 **ich dich geworden."** Die Antwort des Simon ist kennzeichnend. Er sieht seine Schuld nicht ein und erschrickt vor seinem Zustand nicht. Darum mag er auch nicht Buße tun. Er bleibt in seinem Aberglauben hängen, fürchtet aber gerade von ihm aus den „mächtigen" Petrus und etwaige Folgen seiner Drohungen für sich selbst und antwortet darum: **„Betet ihr für mich zum Herrn, daß nichts auf mich komme von dem, was ihr gesagt habt."** Dem entspricht, was wir an späteren Nachrichten über Simon haben. Justin der Märtyrer, der

[193] In allem Heidentum und allem Okkultismus steckt das Verlangen nach „Macht". Macht über die Dinge, Macht über die Menschen, Macht über das Jenseits möchte man haben. Darum gehört es zum Beweis der wahren Gottessohnschaft Jesu, daß Jesus bis in sein Sterben hinein willentlich der für sich selbst Machtlose blieb.

[194] Dazu hätte er ein gewisses Recht gehabt, wenn wirklich die ekstatischen Erscheinungen der eigentliche Beweis des Geistes gewesen wäre, wie bei religionsgeschichtlichen Forschern ohne weiteres angenommen wird.

selber in Samaria um 100 n. Chr. geboren ist, weiß von Simon. Simon hat sich – von vielen als „Gott" verehrt – von der Gemeinde Jesu getrennt und eine eigene gnostische Gemeinde gegründet. Wenn ihm dabei üble Verirrungen auf sexuellem Gebiet nachgesagt werden, so entspricht auch das den Erfahrungen, wie wir sie bis in unsere Zeit bei schwarmgeistigen Bewegungen vielfach machen: Okkulte Kräfte verbinden sich mit Unlauterkeit auf finanziellem und sexuellem Gebiet[195].

Die Apostel hielten ihre Arbeit mit der Handauflegung nicht für 25
beendet. Bekehrung, Vergebung der Sünde, Geistesempfang – das ist ein Anfang und kein Endpunkt. So wie in Jerusalem gerade darauf das „Verharren bei der Apostel Lehre" folgte und wie Paulus gerade die zum Glauben Gekommenen in Thessalonike sorgsam und dringlich in seine Seelsorge nahm (1 Th 2, 12; 4, 6), so verlassen auch Petrus und Johannes Samarien erst, **„nachdem sie durchgreifend Zeugnis abgelegt und das Wort des Herrn gesagt hatten"**. Der Rückweg nach Jerusalem wird eine Evangelisationsreise durch die Dörfer der Samariter.

EIN ÄTHIOPIER KOMMT ZUM GLAUBEN

Apostelgeschichte 8, 26–40

26 Ein Engel des Herrn aber redete zu Philippus und sagte: Stehe auf
und gehe um die Mittagszeit (oder: nach Süden) zu der Straße, die
27 hinabgeht von Jerusalem nach Gaza; diese ist öde. * Und er
stand auf und ging. Und siehe, ein äthiopischer Mann, ein Eu-
nuch, Hofbeamter der Kandake, der Königin der Äthiopier, der
über ihren ganzen Schatz (gesetzt) war, war nach Jerusalem ge-
28 kommen, um anzubeten. * Er war auf der Rückreise begriffen
29 und saß auf seinem Wagen und las den Propheten Jesaja. * Es
sprach aber der Geist zu Philippus: Geh hinzu und schließe dich
30 diesem Wagen an. * Als aber Philippus herbeilief, hörte er ihn
den Propheten Jesaja lesen und sprach: „Verstehst du auch, was
31 du liest?" * Er aber sprach: „Wie sollte ich denn das imstande
sein, wenn keiner mich anleitet?" Und er bat Philippus aufzu-
32 steigen und sich zu ihm zu setzen. * Aber der Abschnitt (oder:
Wortlaut) der Schrift, den (die) er las, war dieser: Wie ein Schaf
zur Schlachtung geführt wird und wie ein Lamm vor seinem

zu Vers 27:
Ps 68, 32
1 Kö 8, 41. 42
Jes 56, 6-7
Zeph 3, 10
zu Vers 31:
Lk 24, 27
Jo 16, 13
zu Vers 32:
Jes 53, 7-8

[195] Wenn die Kirche im Mittelalter den Erwerb kirchlicher Ämter durch Geld als „Simonie" bezeichnete, so hat sie unsern Bericht nur halb verstanden, weil sie in falscher Weise den Geist Gottes institutionell an das kirchliche „Amt" gebunden sah.

zu Vers 35:
Lk 24, 44-46
1 Ko 15, 3-4
zu Vers 36:
Apg 10, 47
zu Vers 39:
1 Kö 18, 12
2 Ko 12, 2. 4
Apg 16, 34
zu Vers 40:
Apg 8, 4
21, 8

33 **Scherer verstummend, so öffnet er seinen Mund nicht. * In der**
Erniedrigung wurde sein Gericht aufgehoben. Sein Geschlecht,
wer wird es beschreiben? Denn fortgenommen ist von der Erde
34 **sein Leben (Jes 53, 7. 8). * Es antwortete aber der Eunuch dem**
Philippus und sprach: „Ich bitte dich, von wem sagt der Prophet
35 **dies? Von sich selbst oder von einem anderen?" * Da öffnete**
Philippus seinen Mund, und ausgehend von dieser Schriftstelle
36 **verkündigte er ihm die Botschaft von Jesus. * Wie sie aber auf**
der Straße dahinfuhren, kamen sie an ein Wasser, und der
Eunuch sagte: „Siehe da, Wasser! Was hindert, daß ich getauft
37 **werde?"** * (Es sprach aber zu ihm Philippus: „Wenn du glaubst
aus ganzem Herzen, ist es möglich." Antwortend aber sprach er:
38 „Ich glaube, daß Jesus Christus der Sohn Gottes ist.") * **Und er**
befahl, daß der Wagen hielte, und sie stiegen beide in das Was-
39 **ser hinab, Philippus und der Eunuch, und er taufte ihn. * Als sie**
aber aus dem Wasser heraufkamen, entrückte der Geist des
Herrn den Philippus, und es sah ihn nicht mehr der Eunuch; denn
40 **er zog seines Weges mit Freude. * Philippus aber wurde gefun-**
den in Asdod, und hindurchziehend verkündigte er die Botschaft
in allen Städten, bis er nach Caesarea kam.

26 War Philippus bei seiner Arbeit in Samaria zu tadeln? Daß eine vom Okkultismus belastete Stadt ein schwieriges Missionsfeld war und daß ein Mann wie Simon einen ganz besonderen seelsorgerlichen Tiefblick erforderte, den Philippus offensichtlich so nicht besaß, das geht aus dem Verlauf der Geschichte selbst hervor. Aber Philippus tat, was er konnte, und war ein beglaubigter und gesegneter Bote seines Herrn. Seine Arbeit war nicht vergeblich, wenn sie auch erst durch Petrus und Johannes zur klaren Frucht wurde. Aber hatte Jesus nicht gerade in Samaria das Wort von dem verschiedenartigen Dienst der Erntearbeiter gesagt? (Jo 4, 36—38). Wenn der neue Abschnitt auch nichts darüber sagt, wo und wann „ein Engel des Herrn zu Philippus redete", so liegt es doch am nächsten, ihn noch in Samaria zu denken[196]. Er stand dann in der reichen Arbeit, die einer fruchtbaren Evangelisation folgt. Dann wird es auch besonders eindrucksvoll, wie Gott selbst aus eifriger und dringlicher Tätigkeit herausrufen kann. **„Stehe auf und geh um die Mittagszeit**

[196] Freilich wäre der Befehl in seinem Wortlaut auch wieder viel leichter zu verstehen, wenn sich Philippus in Jerusalem befand. Von Samaria nach Gaza hinunter ist eine lange Wanderung; wird Philippus dann gerade um die Mittagszeit dort sein? Von Jerusalem aus aber konnte er sich ausdrücklich so aufmachen, daß er gegen Mittag auf dieser Straße nach Gaza war. Der Zusatz „diese ist öde" würde sich dann eindeutig auf die Straße beziehen.

(oder: nach Süden) **zu der Straße, die hinabgeht von Jerusalem nach Gaza; diese ist öde.“ „Steh auf!“** entspricht unserem „Mach dich auf!“ **„Um die Mittagszeit“** oder **„nach Süden“**, beide Fassungen sind möglich. Aber daß Gaza im Süden lag, mußte nicht noch ausdrücklich hervorgehoben werden, während die Anweisung, um die heiße Mittagszeit die dann vollends menschenleere Straße aufzusuchen, die scheinbare „Sinnlosigkeit“ des göttlichen Befehls unterstreicht[197]. Der Zusatz: **„Diese ist öde“** kann sich auf die Straße oder auf den — im grie als weiblich empfundenen — Ort Gaza beziehen. Der König von Jerusalem, Alexander Jannai, hatte zu Beginn des Jahrhunderts Gaza nach hartem Kampf erobert und gründlich zerstört. Wie wir auch die Einzelheiten unseres Satzes zu verstehen haben, jedenfalls wird Philippus an eine unwirtliche und einsame Stelle geschickt, an der gerade in der heißen Mittagshitze niemand zu erwarten ist. Ja, so seltsam können Gottes Befehle aussehen! Doch hat Gott für diesen scheinbar sinnlosen Auftrag einen Engel geschickt, damit Philippus gewiß ist, daß wirklich Gott ihm diese Weisung erteilt, gegen die jede vernünftige Überlegung sprach.

Philippus gehorcht, das sagt eindrucksvoll der kurze Satz, der die 27
Befehlsworte des Engels als ausgeführte wiederholt: **„Und er stand auf und ging.“** Was ist auf der heißen Straße bei den Ruinen von Gaza zu sehen? Vielleicht lange Zeit nichts. Aber dann heißt es, wie so oft in der Bibel: **„Siehe!“** Es ist längst eine Geschichte im Gange, von der Philippus nichts ahnen kann. Gottes Boten wissen in den wenigsten Fällen von den Geschichten, die Gott schon begonnen hat, ehe er seine Zeugen in entscheidender Weise Menschen begegnen läßt. **„Siehe, ein äthiopischer Mann, ein Eunuch, Hofbeamter der Kandake, der Königin der Äthiopier, der über ihren ganzen Schatz (gesetzt) war.“** Das „Äthiopien“ der Bibel ist nicht das heute oft mit diesem Namen bezeichnete Abessinien, sondern entspricht etwa der Landschaft Nubien im Sudan, liegt also tief im Süden des ägyptischen Reiches. Es war von Königinnen regiert, die den Titel „Kandake“ in ähnlicher Weise trugen wie die ägyptischen Herrscher den Titel „Pharao“. Die Äthiopier waren rassisch keine Neger; Luthers Übersetzung „Mohrenland“ könnte uns das denken lassen. Sie sind hochgewachsene, kriegstüchtige Leute von dunkler Hautfarbe. So haben wir uns auch diesen „äthiopischen Mann“ vorzustellen. Er ist ein Hofbeamter von besonders verantwortlicher Stellung, der „Finanzminister“ der Königin. Er wird hier zugleich als „Eunuch“ (Verschnittener) bezeichnet. Männer am Hof weiblicher Herrscher

[197] Ist Philippus noch in Samaria, würde allerdings die Anweisung „nach Süden“ besser passen; wie sollte Philippus gerade zur Mittagszeit die Straße Jerusalem—Gaza erreichen, wenn er über 100 km zu wandern hatte?

wurden in der Tat oft zeugungsunfähig gemacht, aus naheliegenden Gründen. Damit erfuhr aber das ursprünglich ganz eindeutige Wort zugleich eine Bedeutungserweiterung, so daß es überhaupt Männer hoher Stellung am Hofe bezeichnen kann. So wäre dann Luthers Übersetzung des Wortes mit „Kämmerer" gar nicht abwegig.

Dieser hochgestellte, einflußreiche und vermögende Mann hat eine bewegende innere Geschichte. Er **„war nach Jerusalem gekommen, um anzubeten. Er war auf der Rückreise begriffen und saß auf seinem Wagen und las laut den Propheten Jasaja"**. Die Frage nach Gott, ein Sehnen nach dem wirklichen, lebendigen Gott liegt schöpfungsmäßig in jedem Menschenherzen. Die heidnischen Religionen konnten dieses Verlangen nicht stillen. Darum gab es und gibt es in allen Religionen und Weltanschauungen Menschen, die Suchende sind. Reichtum, Stellung, Kunst und Wissen können sie nicht befriedigen. Solchen Menschen kam damals die jüdische Mission entgegen. Die Botschaft von dem einen Gott, die klare Anschauung des wahrhaft guten und rechten Lebens in den Geboten Gottes, die wunderbaren Führungen der Geschichte Israels, alles dieses zog die Herzen mächtig an. Hier war etwas, was weder die heidnischen Religionen noch die philosophischen Systeme zu bieten hatten. Männer, die sich so dem Judentum erschlossen, konnten durch Beschneidung und Proselytentaufe[198] ganz in Israel aufgenommen werden. Andere taten diesen Schritt nicht, lebten aber innerlich unter den Einflüssen der biblischen Gottesanschauung und Ethik. Der äthiopische Mann unseres Abschnittes wird nicht als „Proselyt" bezeichnet. War er tatsächlich ein Verschnittener, so durfte er nach 5 Mo 23, 1 f überhaupt nicht in den Verband des Volkes Israel eingegliedert werden. Auch seine Stellung am Hof mochte einen direkten Übertritt zum Judentum unmöglich machen. Aber innerlich ist er tief erfaßt. Dabei ist es gar nicht so schwierig zu denken, wie er überhaupt mit dem Judentum in Verbindung gekommen sein könnte. Nahe der Grenze des Sudan liegt die Nilinsel Elephantine, auf der sich seit Jahrhunderten eine jüdische Kolonie befand. Von ihr strahlte der Einfluß atst Klarheit in die Umgebung aus; auch direkte israelitische Mission wird von hier getrieben worden sein. So hatte dieser Äthiopier die Botschaft des AT gehört. Nun möchte er einmal in Jerusalem sein, von dem er schon so viel vernommen hat, in dieser „Stadt des großen Königs" (Ps 48, 3). So scheut er nicht die Reise von zweimal zweitausend km — als hochgestellter Mann im eigenen Reisewagen fah-

[198] Das Wort „Proselyt" heißt wörtlich: „Ein Hinzugekommener." Man unterschied später „Proselyten des Tores", die nur die „sieben Gebote Noahs" hielten, und „Proselyten der Gerechtigkeit", die das ganze mosaische Gesetz auf sich nahmen.

rend –, um in Jerusalem selbst, im dortigen Tempel „anzubeten", auch wenn er als „Nichtbeschnittener" dem eigentlichen Heiligtum fernbleiben mußte. Er war aber doch im Zentrum jener Gottesbeziehung, die ihn innerlich angezogen und ergriffen hatte. Wir können uns denken, daß er als reicher, hochgestellter Ausländer allerlei Beziehung zu jüdischen Kreisen gewann und Gespräche mit den Lehrern Israels hatte. Das wird dadurch bestätigt, daß er einen kostbaren Schatz mit heimnahm: eine Buchrolle[199] des Propheten Jesaja. Er war reich genug, sich so etwas leisten zu können. Aber eine „Buchhandlung", in der man „Bibelteile" einfach kaufen konnte, gab es in Jerusalem nicht. Nur durch Schriftgelehrte kann der Äthiopier an ein solches Stück der Heiligen Schrift gekommen sein.

Jetzt jedenfalls ist er auf der Heimfahrt und benutzt die vielen 28/29
stillen Stunden in seinem Wagen zum Lesen in seinem neu erworbenen Schatz. Selbstverständlich liest er als Mensch des Altertums laut[200]. Philippus wird beim Kommen des Wagens auf der einsamen Straße innerlich aufgehorcht haben. Nun empfängt er vom Geist – ein Engel ist jetzt nicht mehr nötig – die Weisung: Ja, um dieses Wagens willen bist du hierher geschickt. **„Geh hinzu und schließe dich diesem Wagen an."** Der schwerfällige Reisewagen des Altertums auf einer Straße, die keine moderne Chaussee war, fuhr dazu langsam genug. Wie bewegt es Philippus, als er, herangekommen, merkt, mit welcher Lektüre der vornehme Mann im Wagen beschäftigt ist. Und nun wird ihm die rechte Frage gegeben, wie die Boten Jesu tausendfach das kurze, treffende Wort in den Mund gelegt bekommen haben, das zum fruchtbaren Gespräch führt: **„Verstehst du auch, was du liest?"** Das ist im Grie[201] ein unwillkürliches Wortspiel: „ginóskeis, ha anaginóskeis?" Für den Christen Philippus ist es dabei gewiß, daß der andere das AT nicht wahrhaft verstehen kann; es hängt ja die „Decke" darüber, die nur „in Christus aufhört"

[199] Wie solche Buchrolle aussah, zeigen uns die berühmten Qumran-Funde, bei denen wir ja gerade den Propheten Jesaja in einer Handschrift erhalten haben, die etwa um 100 v. Chr. angefertigt sein wird. Aber es ist durchaus damit zu rechnen, daß damals auch schon die „Kodex"-Form, also das „Buch" in der heute noch üblichen Gestalt, im Gebrauch war. Wir können uns den Äthiopier in seinem Wagen statt mit der schweren und unhandlichen Rolle auch mit einem richtigen Buch auf dem Schoß vorstellen.

[200] Im Judentum war leises Lesen der Bibel geradezu verpönt. Auch wir sollten die Bibel wieder laut lesen! Es wäre das eine wesentliche Hilfe für uns hastige und zerstreute Leute. Viele biblische Texte erschließen ihre innere Kraft und Klarheit gerade erst beim lauten Lesen.

[201] Das hellenistische Grie war damals die Weltverkehrssprache, „Koine", d. h. „gemeinsame Sprache" genannt. Philippus als Hellenist sprach es, der hochgestellte Äthiopier auch. Auch sein Jesajabuch war nicht hebr geschrieben, sondern eine Abschrift aus der LXX (vgl. o. Anm. 48a S. 60).

(2. Ko 3, 14). Den Finanzminister müssen wir sofort liebgewinnen: Da ist kein Unwille über die Störung, keine Entrüstung über diese Frage des Fremden, sondern nur die freimütige Antwort: **„Wie sollte ich denn dazu imstande sein, wenn keiner mich anleitet?"** Und sofort folgt die Einladung an Philippus, auf den Wagen zu steigen und sich zu ihm zu setzen.

32/33 Der Äthiopier ist bei Jes 53, 7 f angekommen. Da das Wort
„Schrift" in der Einzahl an sich schon „Schriftstelle, Schriftabschnitt"
bedeutet – die ganze Bibel heißt „die Schriften" –, so kann für
„periochė" hier die Bedeutung „Wortlaut" vorzuziehen sein. Es wird
uns die Stelle im Wortlaut dargeboten. Es sind nicht die uns so be-
sonders vertrauten und wesentlichen Verse 4–6 in Jes 53, die der
Äthiopier vor sich hat. Das könnten wir schade finden, zumal der
V. 8 in seinem hier vorliegenden grie Wortlaut für uns schwer ver-
ständlich ist: **„Sein Geschlecht, wer wird es beschreiben? Denn fort-**
genommen ist von der Erde sein Leben." Die gleich anschließende
Verweisung auf das stellvertretende Leiden des Gottesknechtes für
die Missetat seines Volkes ist merkwürdigerweise nicht mehr mit
aufgeführt. Jedenfalls ist hier aber von der Erniedrigung und dann
von der wunderbaren Erhöhung des Gottesknechtes gesprochen. In
der Erniedrigung ist der Gottesknecht das stille Lamm Gottes, das
schweigend trägt und duldet. **„Darum wird in der Erniedrigung sein**
Gericht aufgehoben" und sein Leben wird **„fortgenommen von der**
Erde", hinauf in die Herrlichkeit Gottes. Und nun stellte der Äthio-
pier die Frage, die jedem ernsthaften Leser von Jes 53 kommen
mußte und die auch die atst Forschung immer wieder aufwarf: **„Ich**
bitte dich, von wem sagt der Prophet dies? Von sich selbst oder von
einem anderen?" Philippus entwickelt in seiner Antwort nicht die
Probleme der atst Theologie. Mag rein historisch hier vieles unge-
klärt bleiben, der Christ weiß es im Heiligen Geist gewiß: Hier ist
35 von Jesus gesprochen[202]. Und so **„öffnete Philippus seinen Mund**
und ausgehend von dieser Schriftstelle verkündigte er ihm die Bot-
schaft von Jesus". Welch kostbare „Evangelisation" in der Einsam-
keit und Stille dieser Fahrt.

Wir müssen nicht denken, daß Philippus dabei immer nur auf den Mann an seiner Seite eingeredet hat. Der hochgestellte Beamte war schon gewohnt, seinerseits das Wort zu ergreifen. Und wieviel hatte er zu fragen. Wenn er hernach beim Anblick des Wassers sofort an

[202] Es gibt kein „voraussetzungsloses" und „objektives" Verstehen des AT. Immer tragen wir bestimmte „Voraussetzungen" an die Deutung der alten Schriftabschnitte heran. Die Erfüllung der atst Prophetie in Jesus aber ist die von Gott selbst uns geschenkte und in diesem Sohn einzig „objektive" und zutreffende Grundlage für das Erfassen dessen, was der Vater Jesu Christi bereits im Alten Bund hat sagen und zeigen wollen.

die Taufe denkt, dann sehen wir, wie umfassend von der ganzen Botschaft gesprochen worden ist.

„Wie sie aber auf der Straße dahinfuhren, kamen sie an ein Was- 36
ser, und der Eunuch sagte: ‚Siehe da, Wasser! Was hindert, daß ich getauft werde?'" Für den Äthiopier ist dieses der eigentliche Durchbruch zur Auslieferung an Jesus. Die Beschneidung konnte (5 Mo 23, 2) oder wollte er nicht haben, aber getauft will er nun werden. Daß Jesus ihn nicht wie Mose als einen Eunuchen zurückweist, dessen war er gewiß. Daß seine Stellung bei Hofe für ihn kein Hindernis sein sollte, Jesus anzugehören, dazu war er entschlossen. Wer „von Jesus Christus ergriffen ist", der kennt keine „Hindernisse" mehr. Aber – hindert nicht den Philippus noch vieles, die Taufe zu vollziehen? Hätten wir nicht an seiner Stelle sehr viele Bedenken gehabt? Welcher Missionar im Heidenland tauft denn nach einem einzigen Gespräch? Ist nicht erst gründlicher Taufunterricht nötig, eine längere Bewährungszeit? Kann man überhaupt einen einzelnen Mann zum Christen machen, der dann zu Hause keine Gemeinde findet, keinen Halt, keine Seelsorge? Von solchen
Bedenken her wird ein späterer Abschreiber den V. 37 in unserem 37
Text eingefügt haben, den die maßgebenden Handschriften nicht enthalten: **„Es sprach aber zu ihm Philippus: ‚Wenn du glaubst aus ganzem Herzen, ist es möglich.' Antwortend aber sprach er: ‚Ich glaube, daß Jesus Christus der Sohn Gottes ist.'"** Mußte nicht, wie es dann in der Kirche allgemein üblich wurde, vor der Taufe ein Glaubensbekenntnis des Täuflings gesprochen werden? Unser „Apostolikum" ist ja aus einem solchen „Taufbekenntnis" der römischen Gemeinde erwachsen. Aber wenn wir damit recht haben, daß Philippus den Eunuchen nicht nur die ganze Zeit anpredigte, sondern des Mannes immer neue, begierige Fragen hörte und beantwortete und über der Bibel im Gespräch mit ihm war, dann sah er ja die klare Arbeit des Heiligen Geistes in diesem Mann und erkannte seinen „Glauben" viel besser und tiefer, als es durch die Ablegung eines offiziellen „Bekenntnisses" geschehen konnte. **„Ich glaube, daß Jesus Christus Gottes Sohn ist"**, das leuchtete aus allem hervor, was der Äthiopier jetzt im Gespräch sagte. Dieser Glaube aber war genug zur Übereignung an den Herrn und zur Aufnahme in die Gliedschaft an seinem Leibe. Denn „Christentum" ist ja nicht ein kompliziertes Gedankensystem, das man in mühsamer Arbeit lernen und verstehen muß, sondern die rettende und erneuernde Lebensverbundenheit mit Jesus, die im Entstehen des Glaubens geschenkt wird. Die „Lehre der Apostel", das immer gründlichere Kennenlernen des lebendigen Gottes in der atst und ntst Heilsgeschichte folgt dann nach (vgl. Apg 2, 41. 42) und dauert das ganze Leben hindurch an. So

38 wird der ursprüngliche Text einfach gelautet haben: **„Und er befahl, daß der Wagen hielte, und sie stiegen beide in das Wasser hinab, Philippus und der Eunuch, und er taufte ihn."** Der entscheidende Schritt zu Jesus hin ist der Sache nach immer – ein Schritt! Jede Bekehrung ist im Kern eine „plötzliche", so wie auch jede Verlobung die Sache eines Augenblickes ist, welche lange Vor- und Nachgeschichte sie immer haben mag. Und gerade, wenn der Äthiopier zu Hause keine christliche Gemeinde vorfand, worauf sollte Philippus dann diesen Mann vertrösten, dem er die Botschaft von Jesus gebracht hatte und der nun dieser Botschaft glaubte? Wenn er ein Eigentum des lebendigen und auferstandenen Jesus wird, dann wird sein Herr ihn auch festhalten und für ihn sorgen.

39 Diese Zuversicht und ihre sofort beginnende Verwirklichung will wohl die eigenartige Formulierung des nächsten Satzes mit ihrem seltsamen „denn" ausdrücken. **„Als sie aber aus dem Wasser heraufkamen, entrückte der Geist des Herrn den Philippus, und es sah ihn nicht mehr der Eunuch, denn er zog seines Weges mit Freude."** Wie gänzlich unsentimental und voll ernster göttlicher Sachlichkeit ist die Bibel. Es gibt kein weiteres bewegtes Zusammensein der beiden Männer. Gottes Geist **„entrückt Philippus"**. In welcher Weise das geschah, wird nicht gesagt. Jedenfalls: der Mann aus Äthiopien ist wieder allein. Aber so dankbar er dem gewesen sein wird, der ihn zu Jesus gebracht hat, für ihn ist nicht Philippus wichtig, sondern einzig Jesus. Wie deutlich unterscheidet sich hier die Bekehrung des Äthiopiers von der des Simon. Der Äthiopier ist nicht nur zu Philippus bekehrt und klammert sich darum auch nicht an ihn. Hier war alles allein vom göttlichen Wort her geschehen. Der Äthiopier staunte den Philippus nicht als überlegenen Wundermann an; sein ganzes Herz war von Jesus erfüllt, dem Lamm Gottes, das der Welt Sünde trug. Er sah Philippus nicht mehr und muß ihn nicht mehr sehen, denn er kann nun **„seines Weges mit Freude ziehen"**. Vielleicht war ihm dieses jähe Verschwinden des Philippus ein besonders kraftvolles Zeichen, daß es wirklich Gottes wunderbares Eingreifen war, das seinem Leben die entscheidende Wendung gab. Übrigens ist hier der Geistesempfang[203] – der Äthiopier ist als voller und ganzer Christ anzusehen – im Wirken des Philippus ohne Handauflegung

[203] Codex D bringt ihn ausdrücklich zur Geltung in einer Erweiterung des Verses 39: „Als sie aber aus dem Wasser hervorkamen, fiel der Heilige Geist auf den Eunuchen, ein Engel aber entrückte den Philippus." Doch dies wird eben eine „Erweiterung" durch einen Schreiber sein, der hier etwas vermißte. Hätte der ursprüngliche Text so gelautet, so hätten die anderen maßgebenden Handschriften sicher nichts davon gestrichen.

der Apostel geschehen; und auch hier zeigt sich der Geistesempfang nicht im „Zungenreden" des Kämmerers, sondern in der Freude, mit der auch ein Äthiopier in seine ferne und vom Christentum noch ganz unberührte Heimat zieht.

Es muß uns auffallen, daß Lukas, der seine Apostelgeschichte so knapp und zurückhaltend schreibt und uns von vielem nichts berichtet, was wir gern wissen möchten, diese Einzelgeschichte in seinem Werk bringt und sie so ausführlich erzählt. Aber es ist seine Art, wichtige geschichtliche Vorgänge mit Einzelbeispielen anschaulich zu machen. Der lahme Bettler an der schönen Pforte zeigt uns, wie es bei den vielen Heilungen durch die Apostel zuging. Aus der anschließend mitgeteilten Predigt des Petrus können wir uns ein Bild machen, wie die Apostel überhaupt in der ersten Zeit verkündigt haben. An Ananias und Sapphira erleben wir besser als durch allgemeine Schilderungen mit, wie ernst es in jener ersten Gemeinde zuging, und an dem Zauberer Simon erfassen wir beispielhaft den Zusammenstoß des Evangeliums mit der okkult-religiösen Umwelt der Zeit. So zeigt uns Lukas hier an Philippus, wie Gott seine Boten braucht und führt, und wie die „Evangelisation" von Mann zu Mann aussieht, die damals neben der Tätigkeit der Apostel eine so große Rolle spielt. Aber nicht nur das. Lukas hat, wie wir schon sahen, sein Werk mit schriftstellerischer Begabung aufgebaut (s. o. S. 20). In Kapitel 10 wird er uns die erste Heidenbekehrung durch Petrus schildern, in demselben Caesarea, in das wir hier am Schluß unseres Kapitels den Philippus begleiten. Auf diese Heidenbekehrung geht es zu, wenn in unserer Erzählung ein Äthiopier zum lebendigen Glauben und zur Taufe kommt. Er ist nicht eigentlich „Heide". Er hat schon feste Beziehung zu Israel und ähnelt darin einem „Proselyten". Und doch wird er auch wieder nicht so genannt und war schwerlich beschnitten, war also doch auch so etwas wie ein Heide aus ganz fernem Land. Ja, Gott führt die Botschaft von Jesus über die Grenzen Jerusalems und Judäas hinaus nach Samaria und läßt jetzt schon einen seiner Boten ein Zeichen für die Erfüllung des alten Psalmwortes erleben: „Mohrenland wird seine Hände ausstrecken zu Gott." Wie mag es auch Philippus bewegt haben, daß die Bekehrung dieses Mannes zugleich die Erfüllung der göttlichen Zusage in Jes 56, 3 war: „Und der Fremde, der zum Herrn sich getan hat, soll nicht sagen: Der Herr wird mich scheiden von seinem Volk; – und der Verschnittene soll nicht sagen: Siehe ich bin ein dürrer Baum." Darum mußte Philippus dort aus seiner Wirksamkeit zu dieser entlegenen, öden Stätte eilen, weil Gott keines seiner Worte zur Erde fallen lassen will.

Vor Philippus liegt eine neue reiche Arbeit: **„Philippus aber wurde** 40

gefunden[204] in Asdod, und hindurchziehend verkündigte er die Botschaft in allen Städten, bis er nach Caesarea kam." Von Asdod in der Küstenebene nördlich von Gaza kam Philippus auf dem Wege nach Caesarea in die Städte Jabne, Lydda, Joppe, Apollonia, Antipatris. Wir werden annehmen dürfen, daß es in diesen Städten von da an kleine Gemeinden von Christen gab. In Caesarea war Philippus diesen Gemeinden ebenso wie seinem ersten Arbeitsfeld in Samaria nahe.

DIE BEKEHRUNG UND BERUFUNG DES SAULUS

Apostelgeschichte 9, 1–19a

zu Vers 1: Apg 22, 8-21; 26, 9-20
zu Vers 2: Apg 8, 3; 9, 14
zu Vers 3: 1 Ko 9, 1
zu Vers 4: Mt 25, 40. 45
zu Vers 7: 5 Mo 4, 12; Dan 10, 7 f
zu Vers 8: Jo 9, 39
zu Vers 10: Apg 10, 3. 17. 19; 16, 9 f; 18, 9
zu Vers 11: Gal 4, 6
zu Vers 12: Apg 6, 6

1 Saulus aber, noch Drohung und Mord atmend gegen die Jünger
2 des Herrn, trat an den Hohenpriester heran * und erbat von ihm
Briefe nach Damaskus an die Synagogen, damit, wenn er einige
Angehörige „des Weges" fände, Männer und Frauen, er sie ge-
3 bunden nach Jerusalem bringe. * Auf seiner Wanderung aber ge-
schah es, daß er sich Damaskus näherte, und plötzlich umstrahlte
4 ihn ein Licht aus dem Himmel, * und zur Erde fallend hörte er
eine Stimme zu ihm sagen: „Saul, Saul, was verfolgst du mich?"
5 * Und er sprach: „Wer bist du, Herr?" Er aber: „Ich bin Jesus,
6 den du verfolgst;[205] * aber steh auf und geh in die Stadt, und es
7 wird dir gesagt werden, was du tun sollst." * Aber die Männer,
die mit ihm reisten, standen sprachlos, denn sie hörten zwar die
8 Stimme, aber sahen niemand. * Es erhob sich aber Saulus von der
Erde, doch obwohl seine Augen offen waren, sah er nichts. An
9 der Hand ihn führend, brachten sie ihn nach Damaskus. * Und er
war drei Tage lang nicht sehend, und aß und trank nicht.
10 Es war aber ein Jünger in Damaskus namens Ananias, und es
sprach zu ihm im Gesicht der Herr: „Ananias!" Er aber sprach:
11 „Hier bin ich, Herr!" * Der Herr aber zu ihm: „Steh auf, geh zur
Straße, die die Gerade heißt, und frage im Hause des Judas nach
12 einem Mann aus Tarsus namens Saulus. * Denn siehe, er betet

[204] Vielleicht ist auch zu übersetzen: „Philippus fand sich." Dann wäre damit angedeutet, daß Philippus selbst nicht wußte, wie ihm geschah und wie er nach Asdod gelangt sei. Spätere Zeiten haben solche „Entrückungen" auszumalen versucht. Lukas aber wahrt auch hier das Geheimnis und gibt keiner Neugierde Raum. Er hat ja als Begleiter des Paulus den Philippus selbst gesehen und gesprochen. Aber auch Philippus wird nur haben sagen können: „Ich weiß nicht, wie es geschah, aber als ich zur Besinnung kam, fand ich mich weit fort von Gaza in Asdod."

[205] Der von der Lutherübersetzung gebrachte Satz „Es wird dir schwer werden, wider den Stachel zu lecken" ist wohl aus Apg 26, 14 hier eingedrungen; er ist in den Handschriften nur schwach bezeugt. Das revidierte NT hat ihn darum auch nicht mehr gebracht.

und sah (im Gesicht) einen Mann namens Ananias hereinkom-
men und ihm die Hände auflegen, damit er wieder sehend werde.
13 * Es antwortete aber Ananias: „Herr, ich habe gehört von vielen
über diesen Mann, wieviel Schlimmes er deinen Heiligen getan
14 hat in Jerusalem. * Und hier hat er Vollmacht von den Hohen-
15 priestern, zu verhaften alle, die deinen Namen anrufen." * Es
sprach aber zu ihm der Herr: „Gehe, denn ein erwähltes Rüstzeug
ist mir dieser, zu tragen meinen Namen vor Nationen und Könige
16 und vor die Söhne Israel; * denn ich werde ihm zeigen, wieviel
17 er für meinen Namen leiden muß." * Da machte sich auf Ananias
und kam in das Haus, und ihm die Hände auflegend sprach er:
„Bruder Saul, der Herr hat mich gesandt, Jesus, der dir erschien
auf dem Wege, den du kamst, damit du wieder sehend werdest
18 und erfüllt mit dem Heiligen Geist." * Und sofort fielen von sei-
nen Augen gleichsam Schuppen, er konnte sehen, und er stand
19a auf und ließ sich taufen. * Und er nahm Speise zu sich und kam
wieder zu Kräften.

zu Vers 13:
Apg 9, 2
zu Vers 14:
1 Ko 1, 2
zu Vers 15:
Gal 1, 15
Rö 1, 5. 14
1 Tim 1, 12
Apg 27, 24
zu Vers 16:
Apg 23, 29
2 Ko 11, 23-28
Kol 1, 24
zu Vers 17:
Apg 6, 6
8, 17
zu Vers 19:
Apg 27, 36

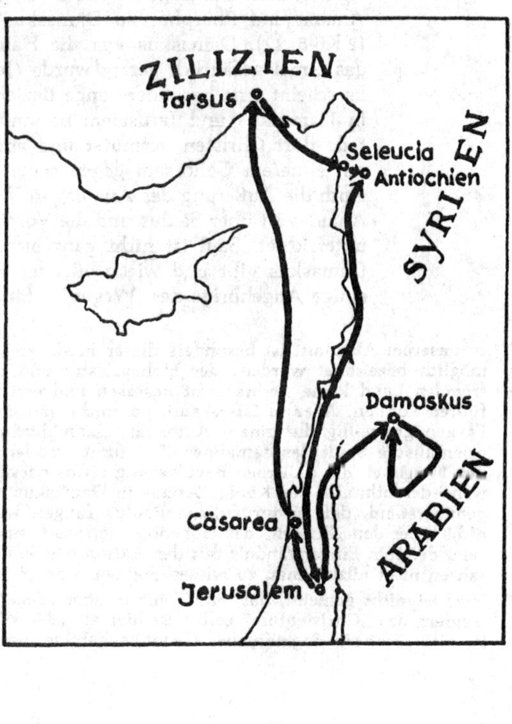

Die Wege des Paulus vor seiner ersten Missionsreise: Zug nach Damaskus (Apg 9, 1–9); Aufenthalt in Arabien (Gal 1, 17); Rückkehr nach Jerusalem (Apg 9, 26—28; Gal 1, 18. 19); Aufenthalt in Tarsus (Apg 9, 30; Gal 1, 21); Fahrt nach Antiochien (Apg 11, 25. 26); Reise nach Jerusalem mit der Spende der Gemeinde in Antiochien und Rückkehr (Apg 11, 30; Gal 2, 1—10).

1/2 Bis dicht an die Heidenmission waren wir geführt worden. Unser Blick ging nicht nur von Jerusalem nach Samaria, sondern schon weit hinaus ins ferne Nubien, in das ein an Jesus Gläubiggewordener heimkehrt. Geht es nun nicht weiter? Kommt nun nicht der Bericht, wie Petrus zu wirklichen Heiden geführt wird und bei ihnen den Durchbruch der Gnade Gottes erlebt? Apg 10, 1 würde sich genau an Kap. 8, 40 anschließen! Aber Lukas blendet zurück. Wir sollen es über der Freude an dem Äthiopier nicht vergessen: **„Saulus aber, noch Drohung und Mord atmend gegen die Jünger des Herrn."** Jesus führt seine Sache voran, aber es bleibt lebensgefährlich, ein Christ zu sein. In Jerusalem wird gelitten. Und drohend erhebt sich die Gefahr auch in weiter entfernten Gebieten. Denn Saulus **„trat an den Hohenpriester heran und erbat von ihm Briefe nach Damaskus an die Synagogen, damit, wenn er einige Angehörige des ‚Weges' fände, Männer und Frauen, er sie gebunden nach Jerusalem bringe".** Damaskus war eine bedeutende Stadt am Ostabhang des Antilibanon. Schon früh wird es im AT erwähnt: Elieser, Abrahams Knecht, stammt aus Damaskus 1 Mo 15, 2; Naemann rühmt „die Wasser Amana und Pharphar zu Damaskus" gegen alle Wasser in Israel (2 Kö 5, 22). Damaskus war die Hauptstadt des syrischen Reiches, das Israel gefährlich genug wurde (Jes 9, 10 f, freilich auch 7, 3—9). Es scheint eine besonders enge Beziehung zwischen der Judenschaft in Damaskus und Jerusalem bestanden zu haben, daß Paulus gerade dort Christen vermutet und anderseits der Hohepriester dort mit sicherem Gehorsam gegen seine Anordnungen rechnen darf[206]. Auch die Äußerung des Ananias in V. 13 zeigt diese Verbundenheit: Ananias ist über Saulus und die Vorgänge in Jerusalem von „vielen" unterrichtet. Saul ist nicht ganz sicher, ob es schon „Christen" in Damaskus gibt und wie groß oder klein ihre Zahl ist: **„Wenn er einige Angehörige des ‚Weges'[207] fände."** Das paßt gut zu der Tat-

[206] In unserem Abschnitt ist besonders dieser Punkt angezweifelt, ja als geschichtlich unmöglich bezeichnet worden; der Hohepriester und das Synedrium hätten in einem fremden Land keine Rechtsmacht besessen und erst recht nicht Verhaftungen durchführen können. Aber es ist ja auch gar nicht von einer „Rechtsvollmacht" die Rede! Es genügte völlig die innere Autorität. Dann dürfen wir uns auch umgekehrt eine orientalische Stadt der damaligen Zeit nicht „modern" vorstellen. Wenn dort einzelnen Menschen der jüdischen Bevölkerung etwas passierte, wer fragte viel danach. Und wenn der Ethnarch des Königs Aretas in Damaskus der Judenschaft so willfährig gegenüberstand, daß er ihr zuliebe Paulus fangen wollte (2 Ko 11, 32), warum sollte nicht unter den „Briefen" des Hohenpriesters auch einer an diesen Ethnarchen gewesen sein, der sein Einverständnis mit der Aktion des Saulus erbat? Wir sollten nach 1 900 Jahren nicht allzu genau zu wissen meinen, was „möglich" oder „unmöglich" war.

[207] Hier ist nicht gemeint, daß Saul „auf seinem Wege" einige Christen finden konnte, sondern das „Christentum" selbst ist hier als „der Weg" bezeichnet. Das Christentum ist also nicht ein dogmatisches Gedankengebilde, das man im Kopf hat, sondern ein

sache, daß noch keine direkte Mission von den Aposteln aus dort getrieben worden ist. Damaskus gehört – gleich andern bedeutenden Städten wie Antiochia und Rom – zu den Orten, in die das Christentum „einsickerte" und nicht durch eine Evangelisation namhafter Männer Eingang erhielt. Warum Saul nach der Zerstörung der Gemeinde in Jerusalem seinen Blick gerade auf Damaskus richtet, wissen wir nicht. Es ist ihm aber auch hier blutiger Ernst mit der Ausrottung der „Christen". Darum will er die Frauen ebenso verhaften wie die Männer. Es wird hier deutlich, daß die Frau im Christentum von Anfang an eine ganz andere Bedeutung bekam als in Israel oder in den heidnischen Religionen[208]. Saulus muß auch die gläubigen Frauen vernichten, wenn er dem Christentum ein Ende bereiten will[209].

Der Apostel Paulus wird in der Apostelgeschichte bis zu Kap. 13, 9 nur mit seinem hebr Namen „Saulus" genannt. Da Paulus bereits von Geburt her das römische Bürgerrecht besaß (Kap. 22, 28), wird er auch den römischen Namen „Paulus" (= der Kleine) von Anfang an neben seinem jüdischen Namen „Saulus" geführt haben. Wir finden in der Apostelgeschichte auch andere Doppelnamen: Joseph, genannt Barsabas, mit dem Beinamen Justus (Kap. 1, 23), Johannes-Markus (Kap. 12, 12), Silas und Silvanus (Kap. 15, 40; 1 Th 1, 1). Jüdische Männer nannten sich in der grie Umwelt gern mit einem grie Namen. Jetzt aber steht er mit leidenschaftlichem Handeln mitten in seinem jüdischen Volk als dieser „Saulus", so wie er dann in der Heidenmission als der „Paulus" stehen wird.

Er **„atmet Drohung und Mord gegen die Jünger des Herrn"**, das ist ein bezeichnender Ausdruck. Sein ganzes Wesen ist leidenschaftlich erfüllt von der Gegnerschaft gegen die Christen mit tödlichem Ernst. Das entspricht genau seiner eigenen Schilderung Gal 1, 13. War er auch Schüler Gamaliels (22, 3), so unterschied er sich hier doch radikal von seinem Lehrer. Auch Temperament und natürliche Anlage spielten dabei eine Rolle. Warum sollen wir diese Kräfte gering achten? Sicher, die gestaltende Hand des Künstlers ist das Ausschlaggebende, aber der Künstler weiß sehr wohl, welches Material er jeweils für sein Werk verwendet! Zu den großen geschichtlichen Leistungen auch in der Gemeinde Gottes gehört Wucht und Leiden- 1–6

„Weg", den man mit seinem ganzen Leben geht, weil es „der Weg zum Leben" ist. Was David schon froh gerühmt hatte (vgl. Apg 2, 28), ist nun voll erfüllt. Denn Jesus selbst ist „der Weg" (Jo 14, 6). So meint der Ausdruck „Angehörige des Weges" einfach die „Christen".

208 Vgl. o. S. 39

209 So waren es auch in der Geschichte des Christentums bis in unsere Tage hinein oft genug die Frauen, die in Zeiten der Verfolgung am zähesten widerstanden.

schaft. Ein Philipp Melanchthon konnte Hervorragendes als Lehrer für die Reformation leisten; ein welterschütternder Reformator konnte er nicht werden. Saulus von Tarsus war auch in diesem Sinne ein **„erwähltes Rüstzeug"**. Mit einem Gamaliel hätte Jesus selbst nach einer redlichen Bekehrung das nicht anfangen können, was er mit Paulus tat. Gamaliel sah seiner Natur nach die eine Seite der Wahrheit: Gegen Gottes Willen kann man weder negativ noch positiv ankommen. Saulus sah die andere Seite: Dem Willen Gottes hat man sich mit ganzem Einsatz hinzugeben! Gottes Ehre hat man mit jedem Mittel gegen seine Lästerer zu verteidigen. Saulus sah das im Gesetz klar genug bezeugt und dargestellt: 3 Mo 24, 10–16; 2 Mo 32, 26–28; 4 Mo 25, 1–5. Er sah das unausweichliche Entweder-Oder: Entweder war dieser Jesus wirklich der Messias Israels, dann mußte man ihm mit jedem Blutstropfen dienen, oder er war ein falscher Messias, ein Gotteslästerer, mit Recht ans Fluchholz gehängt, dann mußte man alle mit dem Tod bestrafen und ausrotten, die ihn noch immer als den Messias propagierten. Es ging ja um Söhne Israels, die diesen „Weg" gingen, diesen unerhörten Irrweg. Darum wendet sich der „Pharisäer" Saul ohne weiteres an den Hohenpriester, das Haupt der „Sadduzäer". In dem Wunsch nach Vernichtung der Christen ist er mit ihm einig.

Dieser Saulus wird „bekehrt"! Wodurch? Der moderne Mensch liebt es, nach psychologischen Vermittlungen zu suchen. Muß nicht Paulus die Not des Gesetzes, die er später so klar und so scharf zeichnet, damals bereits selber gespürt haben? Nein! Paulus war kein Martin Luther! Nicht Rö 7, 7 ff, sondern Phil 3, 3 ff ist Selbstbiographie. „Nach der Gerechtigkeit im Gesetz untadelig", so sah sich der Pharisäer Saul und fand darum in dem letzten Satz der Stephanusrede eine Lästerung, die den Tod verdiente. Aber hat nicht das Sterben des Stephanus einen tiefen Eindruck auf ihn gemacht? War er nicht unsicher geworden? Lukas bezeugt uns in Apg 8, 1; 9, 1 das Gegenteil. Lukas schneidet uns mit Recht alle solchen modernen Gedankengänge ab. Die Bekehrung des Saulus ist allein das Werk Jesu durch das jähe Eingreifen in das Leben seines Feindes. Sie hat nach jeder Richtung einen ungeheuer sachlichen Charakter, den wir sehen müssen, wenn wir den biblischen Bericht und die ganze „Theologie" des Paulus recht verstehen wollen[210]. Nicht im Durchbruch neuer Gedanken ereignet sie sich; der völlige Umsturz der bisherigen Gedankenwelt und der Aufbau einer neuen „Theologie"

[210] Die kritische Auslegung wirft Lukas vor, er habe Paulus nicht verstanden und sein Bild verzeichnet; man müsse darum Paulus gegen Lukas geradezu in Schutz nehmen (vgl. Haenchen S 103). Nun, die Bekehrung des Paulus ist von Lukas völlig sachgemäß und „paulinisch" geschildert.

vollzieht sich erst als Folge der Bekehrung. Diese selbst ist aber auch nicht ein Aufwallen tiefer Gefühle; die Gefühle sind hier – wie immer in der Bibel – nur Begleitung des eigentlichen Geschehens und werden nur sehr zurückhaltend angedeutet. Nein, Jesus gab gegen die treibende Grundüberzeugung des Saulus: „Jesus – Christus, Jesus der Messias – das ist Gotteslästerung!" den tatsächlichen Gegenbeweis: „Jesus – Christus, Jesus der Messias – das ist göttliche Wirklichkeit." Damit zerbrach die Existenz des Saulus bis auf den Grund. Aber dieser selbe Jesus beschlagnahmte diese zerbrochene Existenz für sich und seinen Dienst; und Saulus gehorchte. Das ist die Bekehrung des Paulus. So schildert sie Lukas: **„Auf seiner Wanderung aber geschah es, daß er sich Damaskus näherte, und plötzlich umstrahlte ihn ein Licht aus dem Himmel, und zur Erde fallend hörte er eine Stimme zu ihm sagen: ‚Saul, Saul, was verfolgst du mich?' und er sprach: ‚Wer bist du, Herr?' Er aber: ‚Ich bin Jesus, den du verfolgst; aber steh auf und geh in die Stadt, und es wird dir gesagt werden, was du tun sollst'"**[211].

„Aber die Männer, die mit ihm reisten, standen sprachlos, denn 7
sie hörten zwar die Stimme, aber sahen niemand." In Kap. 22, 9 wird es umgekehrt gesagt: „Meine Begleiter sahen das Licht, aber die Stimme des zu mir Redenden hörten sie nicht." So unbefangen konnte in der ersten Christenheit der gleiche Vorgang in den Einzelheiten verschieden[212] erzählt werden. Wie gar nicht ängstlich, wie gewiß war man seiner Sache! In beiden Fällen wird hier der gleiche Tatbestand bezeugt: Die Offenbarung Jesu im eigentlichen Sinn empfing nur Saulus; aber sie ist nicht ein bloßes inneres Gesicht[213]. Sie ist ein so objektives Geschehen, daß auch die Begleiter des Saulus etwas davon merken und nun ratlos dastehen. Paulus selbst hat die Begegnung mit Jesus von allen bloßen „Visionen" unterschieden und sie den Ostererfahrungen angefügt, freilich als eine letzte und

[211] Wieder beobachten wir die respektvolle Zurückhaltung des Lukas. Es wird nichts ausgemalt, die Erscheinung Jesu nicht beschrieben. Ein jäh aufflammendes Licht, wenige Worte einer Stimme – das ist alles.

[212] Der Unterschied in der Darstellung wird geringer, wenn wir genau zusehen. Lukas betont an unserer Stelle: „Sie sahen niemand", keine Person des Redenden. Das ist das Entscheidende; ein allgemeines Licht mögen sie gesehen haben. Umgekehrt liegt in der Schilderung von Kap. 22, 9 der Ton auf der Tatsache, daß die Begleiter die persönliche Anrede nicht verstanden, wobei sie eine „Stimme" als solche wohl gehört haben können.

[213] Die Bibel unterscheidet klar zwischen inneren „Schauungen" und den wirklichen Offenbarungen göttlicher Gegenwart. Es ist daher von vornherein verfehlt, wenn man etwa die Osterberichte als Schilderung bloßer „Visionen" darzustellen suchte, um sie der modernen Welt gegenüber zu „retten".

ungewöhnliche nach der Himmelfahrt (1 Ko 15, 8). Er tritt damit in die Reihe der „Zeugen der Auferstehung" und gründet darauf seine apostolische Autorität (Apg 1, 22; 1 Ko 9, 1).

4 **„Saul, Saul, was verfolgst du mich?"** Die Eindringlichkeit des doppelten Anrufes finden wir in der Bibel auch sonst (1 Mo 22, 11; 2 Mo 3, 4). Die vorwurfsvolle Frage Jesu bringt nicht nur zum Ausdruck, daß Jesus sich ganz zu seiner verfolgten Gemeinde stellt und alles, was sie leiden muß, als ihm selbst angetan empfindet. Sie trifft vielmehr genau in das Zentrum der ganzen Unternehmung Sauls. Er greift nach dem Christen, aber er meint in allem eigentlich nur – Jesus! Er hat es in seinem Herzen immerzu schon mit Jesus selbst zu tun. Es liegt darum in seinem Eifer jener Widersinn, der viele Verfolgungen bis heute kennzeichnet: der leidenschaftliche Haß richtet sich gegen den Gott und gegen den Christus, den es angeblich gar nicht gibt und den man doch eben in seinem Haß selber als Wirklichkeit bekennt. Mich möchtest du beseitigen und ausrotten, Saul – warum? Was habe ich dir getan? Zugleich knüpft Jesus mit dieser hebr Nennung des alten biblischen Ehrennamens bereits eine feste Verbindung mit seinem Feind. Du hassest mich – ich hasse dich nicht, ich rufe dich bei deinem Namen. Wir denken daran, was wir uns schon (o. S. 81) über die enge Verbindung von „Namen" und „Person" sagen ließen.

5 Saul stammelt nur zur Antwort: **„Wer bist du, Herr?"** Der Verfolger Saul kann Jesus nicht erkennen, wie der Jünger und Zeuge Stephanus ihn sofort erkennt (Apg 7, 55). Er ist von dem Lichtglanz geblendet, und doch mag in seiner Frage bereits ein Klang gewesen sein: „Jesus – bist du es wirklich? Bist du also doch – der Herr?" Und nun kommt als Antwort auf diese Frage das große „Ich bin!" aus dem Mund des Auferstandenen und erhöhten Herrn. Schon auf Erden hatte es Jesus seinen pharisäischen Gegnern gesagt: „Wenn ihr nicht glaubt, daß ‚Ich bin', so werdet ihr sterben in euren Sünden" (Jo 8, 24). Saul, nun glaube es, daß „Ich bin", und sei errettet! Und damit hat Jesus den Sieg über seinen Verfolger schon gewonnen und ist dieses Sieges so völlig und ruhig gewiß, daß er sofort jenes Verhältnis zu Paulus beginnt, das von jetzt an das ganze Leben dieses
6 Mannes gestaltet. Jesus verfügt über Paulus: **„Aber steh auf und geh in die Stadt, und es wird dir gesagt werden, was du tun sollst."** In seiner Selbstdarstellung Apg 26, 16–17 hat es Paulus verkürzt so erzählt, als habe Jesus selbst gleich anschließend die Berufung und Sendung Sauls ausgesprochen. Hier aber erfahren wir, daß Jesus seinen Knecht auf das verweist, was man ihm in der Stadt sagen wird. Das ist einerseits Übung im Gehorsam, wie sie dieser starke und eigenwillige Mann brauchte; es ist aber auch Barmherzigkeit:

Saul wird Zeit gelassen, den Umsturz seines ganzen Lebens innerlich zu verarbeiten, ehe er den neuen Auftrag empfängt.

„Es erhob sich aber Saulus von der Erde, doch, obwohl seine Au- 8/9
gen offen waren, sah er nichts. An der Hand ihn führend, brachten sie ihn nach Damaskus." Vielleicht müßten wir übersetzen: „Saulus aber wurde von der Erde aufgehoben"; er war nicht imstande, sich selbst aufzurichten. Es ist bei uns allen so, daß innere Erschütterungen sich auch leiblich auswirken und dokumentieren. Leib und Seele sind eng und tief verbunden. **„Und er war drei Tage lang nicht sehend, und aß und trank nicht."** Denn hier war eine „Umkehr" geschehen, die tatsächlich das Leben eines Mannes so radikal, so bis auf die Wurzeln umkehrte, wie es ganz selten geschieht. Hier wurde nicht ein Leben zerbrochen, das den Stempel der Sünde deutlich an sich trug und darum schon immer im tiefsten Herzen von seiner Verlorenheit wußte. Hier wurde jäh als Sünde und Gottesfeindschaft offenbar, was bis zu diesem Augenblick höchste Gerechtigkeit, wahre Frömmigkeit, rückhaltloser Eifer für Gott gewesen zu sein schien. Saul von Tarsus muß die Erfahrung machen, die er später den Römern in Rö 7, 13 darlegen wird: Gerade in der tadellosen Gerechtigkeit, die er errungen zu haben meinte, war die Sünde „überaus sündig" geworden und der frömmste Mann Israels der „Größte unter allen Sündern" (1 Tim 1, 15). Und nur dies Erstaunliche blieb als Tatsache in dieser Nacht des Trauerns: Jesus hatte ihn nicht vernichtet oder verworfen! In dem Ruf an ihn war nicht eigentlich Zorn und Gericht gewesen, sondern Erbarmen und Liebe!

Jesus selbst hat von Saul in diesen Tagen der Blindheit gesagt: **„Siehe, er betet."** Saul sucht sich betend und fastend in dem Geschehenen zurechtzufinden. Dabei werden es sofort notwendig die beiden Fragen gewesen sein, die ihn bestürmen und die Brennpunkte seines Denkens geblieben sind: „Warum wurde der Messias zum Gekreuzigten?" und „Was bedeutet das Gesetz?" Aber diese Fragen waren keine „theologischen", denen ein kühner und kühler Denker am Schreibtisch zu Leibe ging, sie waren Fragen seiner eigenen Existenz. Beide Fragen hängen eng miteinander zusammen und wurden miteinander gelöst. Weil unsere eigene Gerechtigkeit durch das Gesetz gerade zur tödlichen Sünde wird, darum stirbt der Messias am Fluchholz und wirkt damit die ganz neue, wahre Gerechtigkeit, die vor Gott gilt, die Gerechtigkeit durch den Glauben. Und weil wir zu dieser wahren Gerechtigkeit geführt werden sollen, die vor dem heiligen Gott gilt, darum ist das Gesetz „nebeneingekommen, damit groß werde die Übertretung" (Rö 5, 20).

Nun handelt Jesus an Saul durch Ananias, wie er immer wieder 10–12
durch den Bruder am Bruder sein Werk tut. Er wendet sich an Ana-

nias durch ein „Gesicht", das wir uns schwerlich als ein Traumgesicht denken dürfen, da Ananias sogleich zu Saul geht und nicht nachts in ein fremdes Haus gekommen sein kann. Saul empfing gleichzeitig das entsprechende Gesicht, das ihn schon auf Ananias' Kommen vorbereitet. Das war bei dem Hingenommensein Sauls nötig. Die „Gerade Straße" war als eine breite Prachtstraße bekannt. Die Judenschaft der Stadt war offensichtlich reich und angesehen, so daß ein Mann wie Judas in dieser Straße wohnen konnte.

13–16 Ananias erhebt unwillkürlich Einwände. Lukas wird nicht meinen, Ananias habe Jesus sagen wollen: „Da mag ich nicht hingehen, da habe ich Angst." Es geht vielmehr in dem Gespräch zwischen Ananias und seinem Herrn um den „Namen" Jesu. Ananias wendet ein: „Verdient denn dieser Mann Schonung und Gnade?" **„Und hier hat er Vollmacht von den Hohenpriestern, zu verhaften alle, die deinen Namen anrufen."** Auch Ananias sieht: Es geht bei dem Angriff Sauls auf die Christen eigentlich um den Namen Jesu. Von daher gewinnt die Antwort Jesu erst ihre Wucht und Größe: **„Gehe, denn ein erwähltes Rüstzeug ist mir dieser, zu tragen meinen Namen vor Nationen und Könige und vor die Söhne Israels."** Gerade der, der den Namen Jesu austilgen wollte von der Erde, wird diesen Namen in die Welt hineintragen wie kein anderer. Jetzt läßt er Christen leiden, weil sie den Namen Jesu aussprechen. Aber **„ich werde ihm zeigen, wieviel er für meinen Namen leiden muß"**. Wir sehen, wie dies Wort vom „Namen" Jesu die ganzen Sätze durchzieht. Das entspricht genau der Rolle, die der „Name Jesu" auch im Handeln, Kämpfen und Leiden der Apostel und der Urgemeinde in den Kapiteln 3–5 spielte.

Das „Leiden für den Namen Jesu" ist nicht so etwas wie ein zufälliger Begleitumstand des Wirkens, der hier vorausgesagt wird, weil es sich nun einmal so begeben wird. Das Leiden gehört vielmehr zu dem Wirken notwendig hinzu und ist selbst ein wesentliches Stück dieses Wirkens. Das Leiden behindert und schwächt das **„auserwählte Rüstzeug"** nicht, sondern macht es erst wahrhaft zu einem solchen. Genau so hat es Paulus selbst in mächtigen Selbstaussagen gesehen und bejaht: 1 Ko 4, 9–13; 2 Ko 4, 7–11; 11, 23–30; Phil 3, 10. Wieder erweist sich Lukas als ein echter Pauliner, wenn er in seiner Darstellung wieder und wieder zeigt, wie Paulus gerade leidend wirkt und siegt.

Nicht unwichtig ist die Tatsache, daß Saul nicht einseitig nur zum „Heidenapostel" erwählt wird. Nein, auch **„vor die Söhne Israels"** soll er den Namen Jesu tragen. Die große Gebietsteilung zwischen Paulus und den führenden Männern Jerusalems nach Gal 2, 9 ist eine menschliche Vereinbarung, die nur die großen Linien absteckte, nicht aber Paulus verbot, auch seinen israelitischen Brüdern von

Jesus zu sagen. Wie hätte er es nach Rö 9, 1—4 auch ausgehalten, an ihnen stumm vorüberzugehen und Israel die Kunde von seinem gekreuzigten Messias zu verschweigen! Seine Berufung gab ihm hier durch das eigene Wort des Herrn Jesu das gute Gewissen, wenn er auch draußen bei den „Nationen" zuerst die Synagoge aufsuchte und erst dann durch die Abweisung dort den freien Raum für die „Heidenmission" erhielt. Genauso hat er es selbst in Rö 11, 11—15 grundsätzlich dargelegt.

Nun gehorcht Ananias, und zwar herzlich und völlig. Er gibt die- 17
sem Feind und Verfolger sofort den Brudernamen und **„legt ihm die Hände auf, damit du wieder sehend werdest und erfüllt mit dem Heiligen Geist"**. Hier wird zweierlei deutlich. Heilung der Blindheit und Ausrüstung mit dem Heiligen Geist werden an die Handauflegung des Bruders gebunden. So wichtig ist Jesus die Bruderschaft der Seinen. Zugleich erhält das Handeln Jesu auf diese Weise die eindeutige Bestimmtheit und Klarheit. Die Heilung ist nicht „Zufall" oder „Natur", sondern Jesu eigene Gabe durch die Hand des Bruders. Aber es ist nicht die Hand eines hohen Apostels dazu nötig. Ein einfacher Christ wie Ananias kann es tun. Jedes Mißverständnis der Schilderung Kap. 8, 15—17 ist damit abgewehrt. Die Handauflegung ist weder „sakramental" noch „hierarchisch".

„Und sofort fielen von seinen Augen gleichsam Schuppen, er 18
konnte sehen, und er stand auf und ließ sich taufen." Saulus hat unter der Handauflegung des Ananias nicht nur Heilung, sondern auch den Heiligen Geist empfangen. Hat er damit nicht alles, was er braucht? Und doch ist es ihm selbstverständlich, **„er stand auf und ließ sich taufen"**, offenbar sofort an Ort und Stelle von Ananias. Die Taufe ist ihm kein „Problem" und nicht mit schwierigen theologischen Fragen belastet. In ihr dokumentiert sich die Zugehörigkeit zu Jesus und zu seiner Gemeinde. Saulus erwartet nicht, erst durch die Taufe Christ zu werden und die Gnade Jesu und den Heiligen Geist zu bekommen. Er ist schon ein Eigentum Jesu, er hat die Gnade seines Herrn und den Heiligen Geist erhalten, er ist **„ein erwähltes Rüstzeug"**. Aber darum verachtet er die Taufe nicht. Er läßt in ihr sein ganzes altes Leben in den Tod des Herrn begraben (Rö 6, 3 f), läßt es sich versiegeln, daß er „mit" Christus gekreuzigt ist (Gal 2, 19) und hält sich nun für gestorben der Sünde gegenüber und lebend für Gott in Christus Jesus, seinem Herrn (Rö 6, 11). Zugleich fügt die Taufe ihn ein in die Gemeinde.

Mit der Taufe endet sein Fasten: **„Und nahm Speise zu sich und** 19a
kam wieder zu Kräften." Es war nicht mehr Trauerzeit. Er hielt sein erstes Mahl, gewiß so wie die erste Christenheit in Jerusalem: in Jubel und Einfalt des Herzens Gott lobend (Kap. 2, 46). Und es ist

anzunehmen, daß auch bei ihm dieses Mahl zugleich zur ersten Feier des „Herrenmahles" wurde. Dann war das **„Wieder-zu-Kräften-Kommen"** ein leiblich-geistliches, das in der Einheit von „Mahlzeit" und „Feier des Herrenmahles" den ganzen Menschen Saulus zu dem ungeheuren Dienst stärkte, den er nun sofort begann.

DIE ERSTE WIRKSAMKEIT DES SAULUS IN DAMASKUS UND JERUSALEM UND IHR ENDE

Apostelgeschichte 9, 19b—30

zu Vers 20: Gal 1, 16
zu Vers 21: Apg 9, 1. 14; 8, 1. 3; 1 Ko 1, 2; 1 Ko 15, 9; Phil 3, 6; 1 Tim 1, 13
zu Vers 22: Apg 18, 28
zu Vers 23: Jo 5, 18
zu Vers 24: Apg 20, 3; 2 Ko 11, 32 f
zu Vers 25: Apg 17, 10; 23, 23. 31
zu Vers 27: Apg 4, 36; 9, 20

19b Er war aber mit den Jüngern in Damaskus zusammen einige
20 Tage, * und sofort verkündigte er in den Synagogen Jesus, daß
21 dieser ist der Sohn Gottes. * Es erstaunten aber alle, die es hör-
ten, und sagten: „Ist nicht dieser es, der in Jerusalem ausrottete,
welche anrufen diesen Namen, und ist er nicht hierher dazu ge-
kommen, um sie gebunden zu den Hohenpriestern zu bringen?"
22 * Saulus aber wurde immer kraftvoller und versetzte die Juden,
die in Damaskus wohnten, in Bestürzung, indem er bewies: Die-
ser ist der Messias.
23 Als aber viele Tage zu Ende waren, faßten die Juden mit ein-
24 ander den Beschluß, ihn zu beseitigen; * es wurde aber Saulus
ihr Anschlag bekannt. Sie bewachten aber auch die Tore Tag und
25 Nacht, um ihn zu beseitigen. * Es nahmen ihn aber seine Jünger
und ließen ihn nachts durch die Mauer hinab, indem sie ihn hin-
26 unterließen in einem Korb. * Angekommen aber in Jerusalem,
versuchte er, sich den Jüngern anzuschließen, und alle fürchteten
sich vor ihm, da sie nicht glauben wollten, daß er ein Jünger sei.
27 * Barnabas aber nahm sich seiner an, brachte ihn zu den Apo-
steln und erzählte ihnen, wie er (Saul) auf dem Wege den Herrn
gesehen und daß er zu ihm gesprochen und wie er in Damaskus
28 freimütig geredet habe in dem Namen Jesu. * Und er ging bei
ihnen ein und aus in Jerusalem, freimütig redend im Namen des
29 Herrn, * und er sprach und disputierte mit den Hellenisten. Sie
30 aber versuchten ihn zu beseitigen. * Als es aber die Brüder erfuh-
ren, brachten sie ihn nach Caesarea und sandten ihn weiter nach
Tarsus.

19b Saulus bekehrt und getauft — und wie geht es nun weiter? Es folgt das ganz Natürliche: **„Er war aber mit den Jüngern in Damaskus zusammen einige Tage."** Saulus kannte kein privates Christentum. Jesus ist nicht einfach ein persönlicher Heiland für einzelne, sondern als ihr Retter zugleich der „Kyrios" und der „Messias". So gehört Saulus den Brüdern und sucht ihre Gemeinschaft. Wie muß das für ihn und für sie gewesen sein! Er war ausgezogen, sie zu verhaften und zum Kapitalprozeß nach Jerusalem zu schleppen. Nun sitzt er als Bruder unter ihnen und gehört zu ihnen.

Aber dann zeigt sich der ganze Saulus: **„Und sofort verkündigte** 20
er in den Synagogen Jesus." Der entschlossene Einsatz liegt in seiner Natur. Aber zugleich hat er auch seine Bekehrung richtig verstanden. Sie war ja von vornherein nicht einfach seine eigene Errettung und Seligkeit, sondern Berufung zum Dienst. Und dieser Dienst war für Paulus nicht ein herber Zusatz zu dem empfangenen süßen Heil; immer sah er gerade in der Betrauung mit dem Dienst die Tiefe des ihm erwiesenen Erbarmens (2 Ko 4, 1; 1 Tim 1, 12 f). Darum wird er nun sofort der „Herold" seines Königs; es steht hier wieder das Wort „herolden" für „verkündigen". Die Synagogen — es gab in den großen Städten mit einer zahlreichen Judenschaft stets mehrere jüdische Bethäuser — sind der Ort, in dem der Heroldsruf für Israels König ertönen muß.

Der Inhalt seiner Verkündigung ist ein einziger Satz von unendlicher Bedeutung: **„Dieser ist der Sohn Gottes."** Vom „Knecht Gottes" hatte Petrus zu seinen Israeliten gesprochen. Das Persongeheimnis Jesu hatte er unberührt gelassen. Paulus aber drang hier sofort tiefer. Was er in der Begegnung mit Jesus erlebt und was sich ihm von daher an Jesus erschlossen hatte, das ließ ihn Jesu völlige Zugehörigkeit zu Gott erfassen. Der Messias konnte nach jüdischem Verständnis auch ein bloßer Mensch sein. Paulus aber sah: Der Messias Jesus stand nicht unter den Menschen, wenn auch als der größte und herrlichste von ihnen; er kam von Gott und besaß „die Gestalt Gottes" (Phil 2, 6).

Unter der Judenschaft in Damaskus kommt es zur ratlosen Ver- 21/22
wirrung und Bestürzung, denn Paulus blieb nicht in theoretischen Gedankengängen über Jesus stecken, sondern **„bewies, dieser ist der Messias".** Damit war für jeden Israeliten die praktische Entscheidungsfrage gestellt. Dem Messias Israels muß man mit Herz und Leben zur Verfügung stehen. Paulus „bewies" es mit der Heiligen Schrift. Lukas wird es uns noch an Beispielen der Ansprachen des Paulus in Synagogen zeigen.

Müssen die Juden nun nicht überzeugt werden, wenn ein Mann 21—23
wie Saulus, wenn der ehemalige Verfolger der Christen es ihnen sagt und beweist? So denken wir! Aber es hat sich oft genug gezeigt, daß weder die erstaunlichsten Wunder noch solche Wendungen führender Männer das widerstrebende Menschenherz überwinden. Der Widerstand des Herzens gegen die Bekehrung ist viel zu tief. Paulus

erlebt hier zum ersten Mal, was er später in 2 Ko 3, 15 f ausgesprochen hat: Auch der Schriftbeweis hilft in der Synagoge nicht, weil über dem AT die „Decke" hängt, die erst durch die Bekehrung zu Jesus weggenommen wird. Aber gleichgültig kann diese Botschaft keinen lassen; führt sie nicht zur Bekehrung, dann führt sie — Saulus weiß das allzugut — zur leidenschaftlichen Ablehnung. **„Als aber viele Tage zu Ende waren, faßten die Juden miteinander den Beschluß, ihn zu beseitigen."** Saulus kann in Damaskus keinen ersten Triumph feiern, sondern muß sofort das Leiden für Jesus kennenlernen. Er erlebt aber auch seine Rettung, wie er sie uns selbst 2 Ko 11, 32—33 erzählt hat[214]. Diese erste Todesgefahr ist ihm unvergeßlich in Erinnerung geblieben, er fügt sie der Aufzählung seiner Leiden in 2 Ko 11 noch besonders hinzu. Zugleich war es auch das erste Mal, daß er erfuhr, wie der Mann, den Gott noch brauchen will, nicht verloren ist, auch wenn seine Lage menschlich aussichtslos erscheint und ein starker Machthaber sorgfältig alle Tore bewacht[215].

26 **„Angekommen aber in Jerusalem . . ."** Die Schilderung der Verse 26—30 scheint im Widerspruch zu stehen zu dem, was Paulus selbst in Gal 1, 18—20 über seinen ersten Aufenthalt in Jerusalem sagt. Wenn auch „viele" Tage bis zu dem Anschlag und der Flucht aus Damaskus vergangen waren (V. 23), so sind das doch nicht „drei Jahre", wie Paulus Gal 1, 18 schreibt. Aber Lukas, der ja an vielen Stellen seines Buches längst nicht alles ausführlich darstellt, was sich zweifellos zugetragen hat, erwähnt das nicht, was wir von Paulus selbst erfahren: „Ich ging weg nach Arabien und kehrte wieder nach Damaskus zurück" (Gal 1, 17). Saulus blieb nicht ständig in Damaskus, sondern ging von dort aus nach „Arabien". Das ist nicht das heutige Arabien gewesen, das nur noch einen Rest des großen Nabatäerreiches darstellt, das zur Zeit der Apostel von seiner Hauptstadt Petra (dem alten Edom) bis nach Damaskus hinaufreichte. Manche haben die Vorstellung gehabt, Paulus habe dort Jahre der Stille und Einsamkeit verbracht, um seine ganze Anschauung vom Christen-

214 Wie gut, daß er dies tat! Sonst würde sofort die Kritik ansetzen und uns sagen, es sei doch ganz „unmöglich", daß die Judenschaft von Damaskus die Macht besessen habe, „Tag und Nacht die Tore zu bewachen, um ihn zu beseitigen". Paulus zeigt uns, wieso es „möglich" war: Die Judenschaft hatte den Statthalter des Königs Aretas für ihre Pläne gewonnen und Paulus bei ihm als gefährlichen Aufrührer hingestellt.

215 Unser Text sagt: „Es nahmen ihn aber seine Jünger . . ." Hat Paulus wirklich sofort eigene „Jünger", besondere „Schüler" um sich gesammelt? Der Sitte und Art des Rabbinentums hätte das entsprochen. Aber bei Paulus ist davon in seinen Briefen nichts zu sehen. So kann hier einfach ein Schreibfehler vorliegen, den der Koine-Text mit Recht verbessert hat. Es handelt sich im grie Wortlaut um einen einzigen, noch dazu sehr ähnlichen Buchstaben, der aus einem „ihn" das Wort „seine" gemacht haben kann („auton" — „autou").

tum zu durchdenken und sich so auf seinen kommenden Dienst zu rüsten. Aber einerseits war „Arabien" keine stille Wüste, sondern zur Zeit der Nabatäer ein der Wüste abgerungenes Kulturland mit lebendigen Städten; und andererseits ist Paulus so in ganz falscher Weise als grübelnder Theologe gesehen. Der Saulus, der „sofort" in den Synagogen Jesus heroldet und seine Würde als Messias und Gottessohn „beweist", bedurfte solcher stillen Zeit nicht. Nein, er war missionarisch in den Städten Arabiens tätig. Und dann erst, als er „wieder nach Damaskus zurückkehrte" und seine evangelistische Tätigkeit fortsetzte, kam es zum letzten Konflikt.

Der eigene Bericht des Paulus über seinen Aufenthalt in Jerusalem 27
läßt zunächst nur an einen kurzen, stillen Besuch bei Petrus denken. Und gewiß, die summarische Angabe des Lukas: **„Barnabas aber nahm sich seiner an und brachte ihn zu den Aposteln"** müssen wir nach Gal 1, 19 korrigieren: Paulus sah damals nur Petrus und den Herrenbruder Jakobus, das versichert er nachdrücklich. Aber ebenso gewiß ist die kurze Angabe des Gal Briefes unvollständig, weil es Paulus in dem Zusammenhang seines Briefes nur auf das Eine ankommt, seine ganze Selbständigkeit und Unabhängigkeit den Uraposteln gegenüber klarzustellen. Daran läßt aber auch der Bericht des Lukas keinen Zweifel: Paulus kommt als völlig selbständiger Christ und Zeuge Jesu zu den Aposteln: **„Und er erzählte ihnen, wie er auf dem Wege den Herrn gesehen und daß er zu ihm gesprochen und wie er in Damaskus freimütig geredet habe in dem Namen Jesu."** Daß auch nach den drei Jahren der Arbeit in Damaskus und Arabien Mißtrauen und Ablehnung bei den Christen Jerusalems gegen den einstigen Verfolger bestand, ist verständlich. Zu viel hatten sie durch ihn erlitten. Warum ihn Barnabas anders beurteilte und ganzes Vertrauen zu ihm faßte, wird nicht gesagt. Aber geschieht so etwas nicht oft genug? Eine besondere Verbundenheit des Paulus mit
Barnabas liegt später offenkundig vor. Warum sollte sie damals nicht 28—30
so entstanden sein, wie Lukas uns hier berichtet? Aber Saulus im Verkündigungsdienst in Jerusalem? Gal 1, 18—20 sagt nichts davon. Aber „Schlüsse aus dem Schweigen" von Urkunden sind immer bedenklich. Und wir haben von Paulus selbst ein Zeugnis für eine evangelistische Arbeit in Jerusalem. Er schildert den Römern seine Arbeit und sagt: „So daß ich von Jerusalem aus und im weiten Bogen bis Illyrien das Evangelium des Christus erfüllt habe" (Rö 15, 19). „Von Jerusalem aus" — diesen Dienst einer Evangelisation in Jerusalem kann er nur bei diesem ersten Besuch dort und noch einmal bei Gelegenheit des Apostelkonzils getan haben. Er war nach Gal 1, 18 „fünfzehn Tage bei Petrus". Darin lagen immerhin zwei Sabbate, an denen er am gleichen Ort wie Stephanus den „Helle-

nisten" (vgl. o. S. 136) sagen konnte, warum der scharfe Gegner des Stephanus nun im Glauben an Jesus stehe. Daß dies bei ihm ebenso wie bei Stephanus zu „Diskussionen" führte, ist selbstverständlich. Das Ergebnis war hier kein anderes als in Damaskus: **„Sie aber versuchten ihn zu beseitigen."** Ein „Abtrünniger" von diesem Format und dieser Bedeutung darf nicht am Leben bleiben. Je höher sie ihn früher geschätzt haben, umso empörter sind sie nun. Die Brüder **„brachten ihn nach Caesarea und sandten ihn weiter nach Tarsus"**. Wenn Paulus selbst unbestimmter und weiter „die Gegenden von Syrien und Kilikien" nennt (Gal 1, 21), so wird das damit zusammenhängen, daß er zwar seine alte Heimatstadt Tarsus als nächste Zufluchtsstätte aufsuchte, aber dort nicht untätig herumsaß, sondern von Tarsus aus in die ganze Provinz hinein die Botschaft verkündigte, und daß er die bald sich anschließende Tätigkeit in Antiochia (Apg 11, 25 f) in seinen kurzen Überblick mit einschließt. Von Gemeinden in Syrien und Kilikien hören wir Kap. 15, 23 und Kap. 15, 41. Sie werden in jener Zeit entstanden sein, als Paulus von Tarsus aus an die Arbeit ging. Offen bleiben viele Fragen, auf die wir gern eine Antwort hätten: Lebten damals die Eltern des Paulus noch?[216] Nahmen sie den Sohn auf? Konnte er sie für Jesus gewinnen? Wie sah es in jenen „Gemeinden" aus, die damals gegründet wurden? Waren auch sie schon wesentlich „heidenchristlich"? Nach Apg 15, 3. 12. 23 ff ist das anzunehmen. Aber wie gern wüßten wir Näheres!

26—30 Es bleibt für uns eine fühlbare Spannung zwischen der Darstellung des Lukas und den knappen Sätzen des Paulus im Galaterbrief. Nach Gal 1, 18—20 würde man nicht mit einer so lebendigen und lebhaften Tätigkeit des Paulus in Jerusalem rechnen, wie sie unser Abschnitt schildert; und bei unserem Abschnitt würde man nicht denken, daß es sich um einen so kurzen Besuch speziell bei Petrus gehandelt hat, bei dem Paulus außer Petrus keinen Apostel sah und sprach. Aber solange wir in dieser Welt und Zeit leben, werden bei der Darstellung vergangener Ereignisse solche Unterschiede unvermeidlich sein. Jeder von uns kann die Probe darauf machen, wenn er einmal seine Kinder von Ereignissen des Familienlebens erzählen läßt. Wie anders sieht für ihren Blick vieles aus, als es im Erinnerungsbild der Eltern steht. Und doch haben beide Teile jenes Ereignis miterlebt und berichten davon nach bestem Wissen und Gewissen. So müssen wir auch den Unterschied in der Darstellung zwischen Apostelgeschichte und Galaterbrief tragen. Er ist ein Zeichen dafür, daß wir nicht Geschichtskonstruktionen, sondern lebendige

[216] Nach Apg 22, 3 ist aber an die Möglichkeit zu denken, daß die Eltern mit ihren Kindern schon früher nach Jerusalem verzogen sind, so daß Paulus in Tarsus sein Elternhaus nicht mehr vorfand.

Erinnerung an wirklich durchlebte Geschichte vor uns haben. Ist doch auch bei Lukas selbst ein erheblicher Unterschied in der Schilderung dieser Jerusalemer Tage zu finden. Von dem in Apg 22, 17–21 Berichteten würden wir nach Kap. 9, 29–30 nichts ahnen. Und doch werden wir Lukas nicht für einen Wirrkopf halten, der in Kapitel 22 nicht mehr weiß, was er in Kapitel 9 geschrieben hat! Die Wirklichkeit ist immer reicher und vielseitiger, als wir denken, und gibt darum zu sehr unterschiedlichen Darstellungen Anlaß, die bis zur „Widersprüchlichkeit" abweichen können.

Wie es aber auch mit Gal 1, 18 ff und Apg 9, 26 ff stehen mag, daß Paulus jetzt nach Jerusalem ging und die führenden Männer der Urgemeinde persönlich kennenlernte, ist von grundlegender Bedeutung für die ganze weitere Geschichte der ersten Christenheit. Es entstand ein Vertrauensverhältnis zwischen den „Säulen" in Jerusalem und Paulus, das auch in starken Belastungsproben nicht erschüttert worden ist (Gal 2, 7–10; 1 Ko 15, 11; Apg 15, 24–26). Zugleich erfuhr Paulus aus dem Mund des führenden Jüngers und des leiblichen Bruders Jesu Einzelheiten aus der Geschichte des Herrn, die er seinerseits den Gemeinden weitergab; vgl. das schon im rabbinischen Sprachgebrauch geprägte: „Empfangen – geben" in 1 Ko 11, 23; 15, 3. Wie wichtig ist das für uns und unsere geschichtliche Gewißheit über Jesus! Paulus hat nicht dem „einfachen Evangelium" gegenüber eine seltsame Vorstellungswelt aus allerlei fremden Elementen aufgebaut, sondern hat mindestens 14 Tage lang im besonderen Verkehr mit Petrus und Jakobus seine Botschaft an den Erfahrungen und Kenntnissen jener Männer geprüft, die Jesus aus jahrelangem, nächstem Umgang kannten, und hat festgestellt: „Es sei nun ich oder jene: so predigen wir" (1 Ko 15, 11).

DAS WIRKEN DES PETRUS IN LYDDA UND JOPPE DIE ERWECKUNG DER TABITHA

Apostelgeschichte 9, 31–43

31 Nun hatte die Gemeinde durch ganz Judäa und Galiläa und Sa-
maria Frieden, wurde aufgebaut und wandelte in der Furcht des
Herrn; und durch den Zuspruch des Heiligen Geistes wuchs sie.
32 * Es geschah aber, daß Petrus alles durchwandernd hinabkam
33 auch zu den Heiligen, die in Lydda wohnten. * Er fand dort einen
Menschen namens Aeneas, seit acht Jahren auf einem Bett lie-
34 gend; er war gelähmt. * Und es sprach zu ihm Petrus: „Aeneas,
es heilt dich Jesus Christus; steh auf und mache dir selber dein

zu Vers 31:
1 Ko 14, 3
Jo 14, 16
zu Vers 32:
Apg 8, 4.
14. 40
20, 32
26, 18
1 Ko 1, 2
Hbr 3, 1

zu Vers 33:
Apg 3, 2
14, 8
zu Vers 34:
Lk 5, 24
Apg 3, 6-8
14, 10
zu Vers 40/41:
Mt 10, 8
Mk 5, 40-42
Lk 7, 15
1 Kö 17, 19 ff
zu Vers 42:
Apg 19, 17
zu Vers 43:
Apg 10, 6

35 **Bett!", und sofort stand er auf. * Und es sahen ihn alle, die in**
Lydda und in (der Ebene) Saron wohnten, die bekehrten sich zum
Herrn.

36 **In Joppe aber war eine Jüngerin mit Namen Tabitha, was über-**
setzt heißt „Dorkas = Gazelle"; die war voll von guten Werken
37 **und Wohltaten, die sie erwies. * Es geschah aber in jenen Tagen,**
daß sie krank wurde und starb. Sie wuschen sie und bahrten sie
38 **in einem Obergemach auf. * Da aber Lydda nahe bei Joppe ist,**
hatten die Jünger gehört, daß Petrus dort sei, und sandten zwei
Männer zu ihm mit der Aufforderung: „Zögere nicht, zu uns zu
39 **kommen." * Petrus aber stand auf und kam mit ihnen. Als er an-**
gekommen war, führten sie ihn in das Obergemach, und es
traten zu ihm alle die Witwen weinend und die Unter- und
Oberkleider zeigend, die Dorkas gemacht hatte, als sie noch bei
40 **ihnen war. * Petrus aber schickte sie alle hinaus, kniete nieder**
und betete, und zu der Leiche gewendet sprach er: „Tabitha, steh
auf!" Sie aber öffnete ihre Augen, und Petrus erblickend setzte
41 **sie sich auf. * Er aber gab ihr die Hand und richtete sie auf; dann**
rief er die Heiligen und die Witwen und stellte sie als lebendig
42 **dar. * Kund aber wurde es in ganz Joppe, und es kamen zum**
43 **Glauben viele an den Herrn. * Es geschah aber, daß er viele Tage**
in Joppe blieb bei einem Simon, einem Gerber.

31 In der Verfolgung der Gemeinde war Paulus die eigentliche treibende Kraft gewesen. Wohl waren die Sadduzäer von tiefer Abneigung gegen das Christentum erfüllt. Ein Mann wie Stephanus konnte die Priesterschaft wie auch die Schriftgelehrten zu leidenschaftlicher Empörung hinreißen. Gern gab der Hohepriester einem entschlossenen Mann wie Saulus von Tarsus alle nötigen Vollmachten. Aber die konsequente Durchführung einer Verfolgung lag den vornehmen, theologisch liberalen und politisch vorsichtigen Leuten nicht. Mit der Bekehrung Sauls war darum die Verfolgung zu Ende. Und wenn sich zwischen diese Bekehrung und den ersten Besuch des Christen Saulus in Jerusalem etwa drei Jahre schieben, dann wird die Schilderung des Lukas voll verständlich: **„Nun hatte die Gemeinde durch ganz Judäa und Galiläa und Samaria Frieden."** Von einer Evangelisation in Galiläa hat Lukas nicht besonders erzählt; wir sehen es wieder, wieviel er nicht ausführlich berichtet, was er doch selber als geschehen ansieht. Daß gerade in Galiläa, dem großen Wirkungsfeld Jesu und der Heimat der Apostel, der Botschaft die Wege offenstanden, ist verständlich.

Lukas verwendet hier das Wort „Gemeinde" zum ersten und einzigen Male in seinem Geschichtswerk so, daß es die vielen „Gemeinden" in der großen Einheit der „Kirche" zusammenfaßt. Er tut es ganz unwillkürlich und ohne nähere Erläuterung. Es entspricht einem mächtigen Sachverhalt, der vor allen dogmatischen oder kirchenrechtlichen Erwägungen durch Gottes Wirken einfach gegeben ist. Wohl lebte die junge Christenheit – auch noch bei Paulus – „kongregationalistisch", also in eigenständigen und unabhängigen Einzelgemeinden. Aber grundsätzlich konnte sie nur die eine Gemeinde des einen Herrn und Messias sein, wie es auch nur das eine Israel Gottes gab. So ist es die eine Gemeinde durch ganz Judäa, Galiläa und Samaria hindurch, die nun Frieden hat.

Es ist freilich ein Friede von sehr begrenzter Dauer, der schon in Kap. 12, 1 von neuer Bedrängnis, diesmal von dem König Herodes Agrippa her, abgelöst wird. Aber in diesem Frieden „wurden sie aufgebaut"[217]. Lukas hat uns beides gezeigt, was von der Kirchengeschichte immer neu bestätigt wird. Auch Not und Verfolgung vernichten die Gemeinde Jesu nicht, wie ihre Feinde es zu erreichen hoffen (Kap. 8, 3), sondern stärken sie und müssen gerade zu ihrer Ausbreitung dienen. Aber zum „Aufbau" bedarf die Gemeinde auch der Ruhezeiten, und es gibt im Frieden ein „Wachstum", das in dieser Weise in den Stürmen nicht möglich ist.

Dabei wandelt sie auch jetzt während der ruhigen Atempause, die Gott ihr gönnt, **„in der Furcht des Herrn"**. Gott ist ihr nicht ein theologischer Gedanke, sondern „Gott ist gegenwärtig", und in dieser heiligen und lichten Gegenwart Gottes wird das Leben bei aller Freude tief ernst und scheut jede Befleckung[218]. Die Gegenwart Gottes ist Wirklichkeit in dem Heiligen Geist. Sein „Zuspruch"[219] ist beständig da. Dadurch „wächst" die Gemeinde nicht nur innerlich. Lukas wird mit dem hier von ihm gebrauchten Wort vor allem das äußere Wachstum meinen. In vielen Gesprächen der Christen mit ihren Volksgenossen blieb der „Zuspruch" nicht vergeblich, weil die stille Macht des Geistes ihn an Herzen und Gewissen beglaubigte.

Nun hat Petrus die Freiheit, Jerusalem zu verlassen und sich auf 32

[217] Lukas benutzt hier das Wort, das dann bei Paulus eine so entscheidende Rolle spielt: Rö 14, 19; 15, 2; 1 Ko 8, 1; 10, 23; 14, 3; 14, 4. 12. 26; 2 Ko 10, 8; 12, 19; Eph 2, 21; 4, 12; 4, 16; 1 Th 5, 11. Paulus kann dieses Wort wohl auch einmal von der persönlichen „Erbauung" gebrauchen: 1 Ko 14, 4. Aber gerade an dieser Stelle wertet er deutlich die eigene Erbauung ab gegenüber der viel wichtigeren Erbauung der Gemeinde. Dabei ist das Wort noch ganz sachlich gemeint, nicht gefühlig entstellt wie bei uns. Das Bild des „Baues" steht noch deutlicher vor Augen. Ein „Bauplatz" ist alles andere als „erbaulich": Arbeit, Lärm und Staub kennzeichnen ihn.

[218] Vgl. die Auslegung zu Apg 2, 43 S. 74/75

[219] Hier steht das auch bei Paulus so häufig verwendete Wort „paraklese", das sowohl „Trost" wie „Ermahnung" in sich schließt. Unser Wort „Zuspruch" gibt das einigermaßen wieder.

eine Missions- und Visitationsreise zu begeben. **„Es geschah aber, daß Petrus alles durchwandernd hinabkam auch zu den Heiligen, die in Lydda wohnten."** Wieder treffen wir auf das Wort „durchwandern" (s. o. S. 157), das hier ebenso ein „Visitieren" wie ein „Missionieren" bezeugen wird. „Alles durchwandernd" schreibt Lukas und überläßt es uns, dazu „Gemeinden" oder „Gegenden" oder „Christen" zu ergänzen. Dabei kommt er vom hochgelegenen Jerusalem „hinab" nach dem schon in der Küstenebene liegenden Lydda, 40 km nordwestlich von Jerusalem[220]. Dort leben bereits Christen. Sie werden hier (wie schon die Christen Apg 9, 13 und dann wieder Kap. 9, 41) die **„Heiligen"** genannt; Lukas verwendet diesen Ausdruck nur Kap. 26, 10 noch einmal. Wir kennen diese Bezeichnung aus den Briefen des Paulus. Sie will nicht Menschen nach ihren sittlichen oder religiösen Eigenschaften schildern[221], sondern sie als Eigentum Gottes in Christus kennzeichnen. Menschen in Lydda gehören Gott, wie sie ihm als Glieder des Volkes Israel schon gehören sollten, aber es in Wahrheit doch nun erst durch die Bekehrung zu Jesus tun.

33 Petrus **„findet dort einen Menschen namens Aeneas, seit acht Jahren auf einem Bett liegend; er war gelähmt"**. Das **„dort"** wird sich auf die Schar der Heiligen, nicht aber allgemein auf den Ort Lydda beziehen; so werden wir uns den gelähmten Aeneas als Christen zu denken haben. Nicht der Kranke ruft im Sinn von Jak 5, 14 die Hilfe des Petrus an, sondern Petrus handelt nach der Anweisung
34 seines Herrn Mk 16, 18b. Von sich aus geht er in der Gewißheit seines Auftrages auf den Kranken zu: **„Aeneas, es heilt dich Jesus Christus."** Noch deutlicher als bei der Heilung des lahmen Bettlers in Kapitel 3 wird hier von vornherein Jesus als der eigentliche und alleinige Geber der Heilung herausgestellt. Hier konnte der Name Jesu sofort genannt werden, weil Jesus in diesem Christenhause glaubend gekannt wurde. Petrus fügt hinzu: **„Stehe auf und mache dir selber dein Bett!"** Ob wir diese Aufforderung an Aeneas wirklich so zu fassen haben, wie es unsere Übersetzung tut, ist fraglich. Es steht wörtlich nur da: „Breite dir selbst aus." Was Aeneas „ausbreiten" soll, müssen wir ergänzen. Meint aber Lukas wirklich das „Bett"? Da der Gelähmte bereits auf dem Bett liegt, muß er es nicht erst „ausbreiten". Sinnvoll wäre das Umgekehrte gewesen: „Roll dein Bett zusammen und geh heim." Aber Petrus ist im Hause des Aeneas und hat keinen Anlaß, dies zu sagen. Vielleicht meint er die

220 Lydda ursprünglich „Lod" wird schon in alter Zeit erwähnt; nach der Rückkehr aus der babylonischen Gefangenschaft wird es wieder besiedelt (Esr 2, 33; Neh 7, 37).

221 Wie unbiblisch ist der katholische Gebrauch dieses Wortes, der auch uns noch immer stark beeinflußt.

„Ausbreitung" des Teppichs, auf dem man nach morgenländischer Sitte saß. Dann hätte die Aufforderung den schönen Sinn: Nun brauchst du nicht mehr abseits von uns im Bett zu liegen! Rücke heran in unseren Kreis als ein Gesunder, der wieder voll am Leben des Hauses teilnehmen kann.

Aeneas erhebt sich geheilt. Diese wunderbare Heilung im Namen 35
Jesu wird bekannt, nicht nur in der Stadt Lydda, sondern in der ganzen Ebene Sarons; **„alle"** sahen den Geheilten. **„Die bekehrten sich zum Herrn"**, fügt Lukas hinzu. Hier scheint das Wunder als solches Glauben und Bekehrung zu wirken. Aber so ist es doch nicht: Die Verkündigung des Wortes ist vorangegangen; nun stand dieser verkündigte Jesus in seiner erbarmenden Wirklichkeit mitten unter ihnen. Nun öffnen sie ihm das Herz.

Indessen ereignet sich im nahen Joppe[222], 18 km entfernt von Lydda, 36—38
ein schmerzlicher Todesfall. **„Eine Jüngerin[223] mit Namen Tabitha"[224]**, grie Dorkas, zu deutsch „Gazelle", lebte ganz im Wohltun und Helfen; dabei waren es besonders die Witwen (s. o. S. 129), an die sie denkt. Gerade in jenen Tagen erkrankt sie und stirbt. Das Niederlegen der Leiche im **„Obergemach"** ist ungewöhnlich. Haben die Christen in Joppe an Elias und Elisa (1 Kö 17, 19; 2 Kö 4, 10; 2 Kö 4, 21. 32) und von da aus schon an Petrus gedacht und ein großes Hoffen in ihren Herzen getragen? Es kann ja in besonderen Stunden ein gelesenes oder von früher her bekanntes Wort der Schrift mit eigentümlicher Macht lebendig werden und uns und unser Tun göttlich leiten und bestimmen. Es mag ihnen bedeutsam und ein „Zeichen", ein Hinweis von Gott gewesen sein, daß Tabitha gerade **„in jenen Tagen"** erkrankte und starb, in den Tagen, in denen Petrus in der Nähe weilte. Jedenfalls senden sie jetzt **„zwei Männer zu ihm mit der Aufforderung: „Zögere nicht, zu uns zu kommen."** Sie sagen ihm nichts Näheres, sie sprechen die Bitte um ein Wunder nicht aus. Wie echt und lebendig ist das gezeichnet, wie auch wir oft schon zu glauben und zu erwarten beginnen und doch nicht in Worte fassen mögen, was uns bewegt. Gott allein soll bestimmen, was er tun will.
Ob Petrus ahnte, daß er Großem entgegenging? Jedenfalls folgt er 39
dem Ruf und findet in Joppe die ganze Trauer, besonders der Witwen, die ihm **„weinend die Unter- und Oberkleider zeigen, die Dor-**

[222] Joppe, eigentlich Japho, bildet in der atst Zeit die Grenze des Stammes Dan (Jos 19, 46). Von hier suchte Jona seine Flucht zu bewerkstelligen (Jon 1, 3). Es ist das heutige Jaffa. Es liegt an der Küste, besitzt aber keinen eigentlichen Hafen. Die Seeschiffe ankern draußen; Frachten und Passagiere werden mit Booten an Land gebracht.

[223] Diese Wortbildung kommt im NT nur an dieser Stelle vor.

[224] So und nicht „Tabea" ist zu lesen. Der hebr Name wird eigentlich auf der letzten Silbe mit einem langen a betont.

40 **kas gemacht hatte, als sie noch bei ihnen war".** Er weist alle hinaus, auch wenn das Weinen der Witwen etwas völlig anderes war als das Getümmel der Klageweiber im Hause des Jairus (Mk 5, 38. 39). Er muß mit Gott allein sein und im Gebet die Gewißheit gewinnen, ob Gott hier etwas so Großes tun will. Das Gebet geschah auf den Knien. Dann wendet er sich mit einem ganz kurzen und schlichten Wort an die Tote: **„Tabitha, steh auf!"**[225] Wie ist das so völlig anders als alles Zauber- und Wunderwesen okkulter Art. Hier werden keine Zauberformeln gemurmelt, keine geheimnisvollen Namen genannt, keine seltsamen Bräuche geübt. Ein herzlicher Befehl wird erteilt, und es wird im Glauben erwartet, daß dieser an sich unmögliche Befehl durch Gottes Tat befolgt werden wird[226]. Darum schildert Lukas auch hier wieder das Geschehen selbst mit seiner ganzen Zurückhaltung und Nüchternheit: **„Sie aber öffnete ihre Augen, und Petrus erblickend setzte sie sich auf."** Nicht ein Wort von irgendwelchen wunderbaren Erlebnissen in der Zeit des Totseins wird gesprochen. Es ist eigentlich nur wie ein Erwachen aus dem Schlaf. Petrus **„aber gab ihr die Hand und richtete sie auf; dann rief er die Heiligen und die Witwen"** zur Mitfreude herein. Er **„stellte sie als lebendig dar"**, so wie einst bei seiner Parusie der Herr Jesus uns alle „darstellen" wird vor seinem Angesicht und vor dem Vater (Kol 1, 22; 2 Ko 4, 14).

Solch ein Geschehen kann nicht verborgen bleiben. Die **„Heiligen"** hatten auch vorher schon in Joppe von Jesus nicht geschwiegen. Nun ist seine Heilandsmacht unter ihnen in ihrer eigenen Stadt sichtbar geworden. **„Und es kamen zum Glauben viele an den Herrn."** Viele, nicht alle. Aber Petrus hat Anlaß, längere Zeit in Joppe zu bleiben und die Bewegung weiter zu führen, die durch die Erweckung der Tabitha in Gang gekommen ist. So groß die Freude der Christen, besonders der Witwen war, ihre „Gazelle" wieder zu haben, das wichtige war nicht diese leibliche, sondern die anschließende geistliche Erweckung. Tabitha mußte doch wieder sterben. Aber wer jetzt zum

[225] Dies Wort des Petrus ist nur in einem Buchstaben verschieden von dem Wort des Herrn im Hause des Jairus. Dort heißt es: „Talithá kumi!"; hier: „Tabithá kumi!". Die Kritik ist geneigt, sofort zu sagen: also eine bloße Nachahmung. Aber wie froh wird Petrus gewesen sein, gerade hier so mit dem Wort seines Herrn sprechen zu können, wo er von seinem Herrn und nicht von sich eine so mächtige Tat erwartet.

[226] Dabei zeigt der Vergleich mit Eph 5, 14, daß eine Erweckung aus dem leiblichen Tod grundmäßig nichts „Größeres" oder „Wunderbareres" ist als das Auferstehen eines Menschen aus dem „Totsein in Sünden und Übertretungen" Eph 2, 1. Beides ist dem Menschen von Natur unmöglich, es kann nur von Gott gewirkt werden. Eine Totenerweckung wie die der Tabithá ist darum ein Zeichen, sowohl für diese geistliche erweckende Macht Gottes wie für die Auferstehung der Glaubenden bei der Parusie des Herrn.

Glauben kam, gewann das ewige Leben. Petrus wohnte während dieser Zeit **„bei einem Gerber Simon"**. Die Gerber waren damals verachtete Leute und wohnten außerhalb der eigentlichen Stadt. Petrus, „der hohe Apostel", scheute nicht das übelriechende Gewerbe seines Glaubensbruders und nahm gerade seine Gastfreundschaft an. So war er dann leicht zu finden, als die Boten des Kornelius ihn suchten.

Von Jerusalem bis nach Samaria und bis an den Küstenstreifen von Asdod hinauf nach Caesarea reicht nun die Wirksamkeit des Evangeliums! Ein gutes Stück des „Planes" Jesu nach Apg 1, 8 ist in erstaunlicher Weise bereits erfüllt. Werden wir jetzt hören, wie Paulus das Evangelium vollends in die Weite der Welt hinausträgt? Nein, Lukas schildert eingehend und nachdrücklich zuvor etwas anderes. Paulus selbst ist sich später, schon auf einer ersten Höhe seiner Wirksamkeit, bewußt gewesen, daß er „vergeblich lief oder gelaufen wäre", wenn die Apostel in Jerusalem seinem Werk unter den Nationen nicht ihre Zustimmung gaben (Gal 2, 2). Wir dürfen hier nicht naiv von unsern modernen Verhältnissen her denken. Wir sind es gewohnt, daß jeder frei sein eigenes Werk aufbauen kann, wenn er nur die Kraft und die Fähigkeit hat, es durchzuführen. Die maßgebenden Männer damals aber — einschließlich des Paulus selbst — standen ernsthaft und völlig unter Gott. Gottes Volk und Werk in der Welt aber war Israel. Ihm gehörte Jesus als der Messias, ihm die Gabe des Heiligen Geistes (vgl. Apg 2, 39). Kein Mensch konnte einfach von sich aus daran gehen, aus den Heiden eine Gemeinde des Messias Jesus zu sammeln. Paulus hat noch in Rö 11 im Bild vom edlen Ölbaum, in dessen Stamm wilde Zweige eingepfropft werden, das Unerhörte und gleichsam „Widernatürliche" der Heidenbekehrung geschildert. Hier mußte Gott selbst handeln! Niemand anderes als Gott konnte der Heidenmission den Weg öffnen. Wie Gott es getan hat, das erzählt uns darum Lukas, ehe er uns Paulus auf seinen Missionsreisen begleiten läßt[227].

[227] Die Einwände der Kritik gegen den Bericht des Lukas sind darum unverständlich. Man könnte und müßte die Ereignisse geradezu so ähnlich rekonstruieren, wenn sie Lukas nicht erzählt hätte. Paulus selbst hält sein Wirken unter den Heiden für unmöglich, wenn Petrus ihm nicht zustimmt. Wie aber sollte Petrus, der treue Israelit, zustimmen, wenn Gott ihn nicht handgreiflich davon überzeugte, daß er, der Gott Israels, selbst die Heidenmission will?

DIE BEKEHRUNG UND TAUFE DER ERSTEN HEIDEN IM HAUSE DES CORNELIUS

Apostelgeschichte 10, 1–48

zu Vers 1:
Mt 8, 5
Apg 27, 1
zu Vers 2:
Lk 7, 5
zu Vers 3:
Lk 1, 11
Apg 10, 30
zu Vers 6:
Apg 9, 43
11, 13 f
zu Vers 9:
Dan 6, 10
Apg 3, 1
zu Vers 10:
Apg 22, 17
zu Vers 14:
3 Mo 11
Hes 4, 14
zu Vers 15:
Mt 15, 11
Rö 14, 14. 19 f
1 Tim 4, 4
zu Vers 17:
Apg 12, 9
zu Vers 19:
Apg 11, 28
13, 2. 4
zu Vers 20:
Apg 15, 7

1 Ein Mann aber in Caesarea mit Namen Kornelius, Centurio der
2 sogenannten Italischen Kohorte, * fromm und Gott fürchtend mit
seinem ganzen Hause, viel Wohltaten dem Volk erweisend und
3 beständig zu Gott betend, * sah in einem Gesicht deutlich –
etwa um die neunte Stunde des Tages – einen Engel Gottes zu
4 ihm hereinkommen und zu ihm sagen: „Kornelius!" * Er aber, ihn
gespannt anblickend und in Furcht geraten, sagte: „Was ist,
Herr?" Er aber sprach zu ihm: „Deine Gebete und deine Wohl-
5 taten sind hinaufgekommen zum Gedächtnis vor Gott. * Und
jetzt schicke Männer nach Joppe und laß holen einen Simon, der
6 Petrus zubenannt wird; * er ist zu Gast bei einem Gerber Simon,
7 dessen Haus am Meer liegt." * Als aber der Engel fortgegangen
war, der mit ihm geredet hatte, rief er zwei der Diener und einen
8 frommen Soldaten von denen, die ständig um ihn waren, * und
nachdem er ihnen alles erzählt hatte, sandte er sie nach Joppe.
9 Am folgenden Tage aber, während jene unterwegs waren und
sich der Stadt näherten, stieg Petrus auf das Dach, um zu beten,
10 gegen die sechste Stunde. * Er wurde aber hungrig und wollte
essen. Während sie aber bei der Zubereitung waren, kam eine
11 Verzückung über ihn, * und er sieht den Himmel geöffnet und
herabkommen ein Gefäß wie ein großes Leinentuch, an vier Zip-
12 feln herabgelassen auf die Erde; * in ihm waren alle die vierfüßi-
gen und kriechenden Tiere der Erde und Vögel des Himmels.
13 * Und es kam eine Stimme zu ihm: „Steh auf, Petrus, schlachte
14 und iß!" * Aber Petrus sprach: „Keinesfalls, Herr; denn niemals
15 aß ich etwas Gemeines oder Unreines." * Und die Stimme wieder
zum zweiten Mal zu ihm: „Was Gott gereinigt hat, erkläre du
16 nicht für gemein." * Das geschah aber dreimal, und sogleich
wurde hinaufgenommen das Gefäß in den Himmel.
17 Während aber Petrus bei sich selbst ratlos war, was das Gesicht
bedeuten möge, das er gesehen hatte, siehe, da standen die Män-
ner, die abgesandt waren von Kornelius und sich nach dem Hause
18 des Simon durchgefragt hatten, am Tor * und riefen und fragten,
19 ob Simon, der Petrus zubenannt werde, hier zu Gast sei? * Wäh-
rend aber Petrus über das Gesicht nachsann, sprach der Geist:
20 „Sieh, zwei Männer, die dich suchen! * Aber steh auf, geh hinab

und geh mit ihnen, ohne Bedenken, denn ich selbst habe sie ge-
21 sandt." * Petrus aber stieg herab und sprach zu den Männern:
„Siehe, ich bin der, den ihr sucht, was ist die Ursache, derent-
22 wegen ihr hier seid?" * Sie aber sprachen: „Der Centurio Korne-
lius, ein gerechter und gottfürchtender Mann, in gutem Ruf ste-
hend bei dem ganzen Volk der Juden, wurde von einem heiligen
Engel angewiesen, dich holen zu lassen in sein Haus und Worte
23 von dir zu hören." * Nun rief er sie herein und nahm sie gastlich
auf. Am folgenden Tage aber stand er auf und zog mit ihnen
24 aus, und einige der Brüder aus Joppe kamen mit ihm. * Am
nächsten Tage aber kam er herein nach Caesarea. Kornelius aber
erwartete sie und hatte seine Verwandten und seine nächsten
25 Freunde zusammengerufen. * Als es aber geschah, daß Petrus
hereinkam, ging ihm Kornelius entgegen, fiel zu seinen Füßen
26 nieder und erwies ihm seine Huldigung. * Aber Petrus hob ihn
27 auf und sagte: „Stehe auf! Auch ich bin (nur) ein Mensch!" * Und
indem er sich mit ihm unterhielt, ging er hinein und findet viele
28 zusammengekommen * und sprach zu ihnen: „Ihr selbst wißt,
wie unerlaubt es ist für einen jüdischen Mann, sich einem Anders-
stämmigen anzuschließen oder bei ihm einzukehren. Und mir
zeigte Gott, keinen Menschen gemein oder unrein zu nennen.
29 * Darum bin ich auch ohne Widerspruch gekommen, als ich geholt
wurde. Ich frage nun, aus welchem Grunde ließet ihr mich holen?"
30 * Und Kornelius sprach: „Vor vier Tagen um diese Stunde war
ich um die neunte Stunde im Gebet in meinem Hause, und siehe,
31 ein Mann stand vor mir in leuchtendem Gewand * und sagte:
‚Kornelius, erhört wurde dein Gebet, und deiner Wohltaten wur-
32 de gedacht vor Gott. * Schicke nun nach Joppe und schicke her
Simon, der zubenannt wird Petrus; er ist zu Gast im Hause Si-
33 mons des Gerbers am Meer.' * Sofort nun habe ich zu dir ge-
schickt, und du hast recht getan, daß du gekommen bist. Jetzt nun
sind wir alle hier vor Gott, zu hören alles, was dir aufgetragen
ist von dem Herrn."
34 Da öffnete Petrus seinen Mund und sprach: „In Wahrheit * erfasse
35 ich, daß Gott keine parteiische Bevorzugung kennt, * sondern in
jedem Volk, wer ihn fürchtet und Gerechtigkeit wirkt, ist ihm
36 willkommen. * (Hört) das Wort (oder: Ihr wißt von dem Wort)[228],
das er den Söhnen Israels sandte, verkündigend Frieden durch
37 Jesus Christus; dieser ist aller Herr. * Ihr kennt das Wort, das
durch ganz Judäa geschehen ist, das seinen Anfang nahm von

zu Vers 23:
Apg 11, 12
zu Vers 25:
Lk 5, 8
zu Vers 26:
Apg 14, 15
Offb 19, 10
zu Vers 30:
Apg 1, 10
zu Vers 31:
Lk 1, 13
zu Vers 33:
Mt 18, 20
Lk 10, 16
Jo 4, 22
Jo 8, 35
zu Vers 34:
5 Mo 10, 17
1 Sam 16, 2
Rö 2, 11
Rö 10, 12
Jo 9, 31
zu Vers 36/37:
Ps 107, 20
Jes 52, 7
Mt 28, 18
Apg 1, 22
Rö 10, 12
Rö 14, 9
Eph 2, 17
Eph 6, 15
Phil 2, 11

228 Die Verbindung der Sätze ist im jetzigen grie Wortlaut undeutlich; es scheint im Text eine kleine Lücke entstanden zu sein.

zu Vers 38: Mt 4, 12-17 Lk 4, 18 Lk 13, 16 f Lk 16, 16
zu Vers 39: 5 Mo 21, 22 Apg 2, 23 Gal 3, 13
zu Vers 40: Apg 13, 31 1 Ko 15, 4-7
zu Vers 41: Jo 14, 19. 22 Jo 15, 27 Jo 21, 13 f Apg 1, 4. 22
zu Vers 42: Jo 5, 22 Apg 17, 31 2 Tim 4, 1 1 Pt 4, 5
zu Vers 43: Jes 33, 24 Jes 40, 1. 2 Jes 53, 5. 6. 11 Apg 3, 24 5, 31
zu Vers 44: Jer 31, 34 Dan 9, 24
zu Vers 45: Apg 2, 17. 30
zu Vers 46: Mk 16, 17 Apg 2, 4 19, 6 1 Ko 12, 10
zu Vers 47: Mt 3, 11 Apg 8, 36 11, 17
zu Vers 48: Apg 2, 41

38 Galiläa aus nach der Taufe, die Johannes verkündigte, * Jesus
von Nazareth, wie ihn Gott gesalbt mit Heiligem Geist und Kraft,
der hindurchzog, wohltuend und heilend alle vom Teufel Ver-
39 gewaltigten, denn Gott war mit ihm; * und wir sind Zeugen
alles dessen, was er getan hat im Land der Juden und in Jerusa-
40 lem. Ihn haben sie umgebracht, ihn ans Holz hängend. * Diesen
hat Gott auferweckt am dritten Tage und gegeben, daß er sicht-
41 bar werde, * nicht dem ganzen Volk, sondern den von Gott vor-
her ausgewählten Zeugen, uns, die wir mit ihm zusammen ge-
gessen und getrunken haben nach seinem Auferstehen aus den
42 Toten. * Und er gebot uns zu verkündigen dem Volk und zu be-
zeugen, daß er der von Gott bestimmte Richter der Lebendigen
43 und Toten ist. * Ihm bezeugen alle Propheten: Vergebung der
Sünden empfängt durch seinen Namen jeder, der an ihn glaubt."
44 Während Petrus noch diese Worte sprach, fiel der Heilige Geist
45 auf alle, die das Wort hörten. * Und außer sich gerieten die Gläu-
bigen aus der Beschneidung, die mit Petrus zusammen gekom-
men waren, daß auch auf Heiden die Gabe des Heiligen Geistes
46 ausgegossen war. * Denn sie hörten sie mit Zungen reden und
47 Gott preisen. Da antwortete Petrus: * „Es kann doch nicht je-
mand das Wasser verwehren, daß nicht getauft werden diese,
48 welche den Heiligen Geist bekamen wie auch wir?" * Er ordnete
an, daß sie in dem Namen Jesu Christi getauft wurden. Da baten
sie ihn, einige Tage zu bleiben.

„Ein Mann aber in Caesarea"; das mächtige Geschehen, in welchem Gott selbst der Völkermission das Tor aufstößt, beginnt so schlicht. Den Namen Caesarea haben wir schon am Abschluß von Kap. 8 gehört. Hier hatte früher eine kleine sidonische Siedlung namens „Stratons Turm" gelegen. Herodes der Große hatte sie etwa 25 n. Chr. zu einer prächtigen Stadt ausgebaut, die er Kaiser Augustus zu Ehren „Caesarea = Kaiserstadt" nannte. In dem trefflichen, von Molen geschützten Hafen landen die römischen Statthalter und haben in Caesarea ihre eigentliche Residenz (vgl. Kap. 23—26). Darum hat die Stadt eine römische Garnison. Es liegt dort die **„Italische Kohorte"**[229]. Und der **„Mann in Caesarea"** ist Kornelius[230], ein „Centurio"

[229] Eine römische Legion bestand aus 10 Kohorten, die je wieder 6 Hundertschaften umfaßten. An der Spitze jeder Hundertschaft stand ein „Hundertschaftsführer", lat „Centurio". Das war ein aus dem Mannschaftsstand hervorgegangener Offizier. Unser Wort „Hauptmann" entspricht den Verhältnissen nicht ganz. Die Kohorten konnten besondere Namen tragen. Die „Italische Kohorte" wird zunächst in Italien aufgestellt worden sein, aus Freigelassenen, denen das römische Bürgerrecht verliehen war und die nun freiwillig dienten. Sie wurde später in die Provinz Syrien verlegt. Dort werden auch Syrer und Landeskinder in sie aufgenommen worden sein.

in dieser **„Italischen Kohorte"**. Er ist persönlich fromm und gottesfürchtig, also wieder einer jener Männer, die vom Heidentum wie von der Philosophie ihrer Zeit unbefriedigt auf den Gottesglauben und die Ethik Israels stießen und davon angefaßt waren. Ein eigentlicher „Proselyt" (vgl. o. S. 171) konnte er in seiner Stellung nicht werden. Aber er war innerlich für Gott erschlossen. Es war ihm voller Ernst damit. Darum gestaltete er sein Leben nach den Regeln jüdischer Frömmigkeit, mit „Beten" unter Einhaltung bestimmter Gebetszeiten und mit „Almosen", die dem jüdischen Volke zugute kamen[231]. Die Schilderung unterstreicht: **„Er erwies dem Volk viele Wohltaten."** Dankbar nimmt er sich der Juden an, durch die er soviel empfangen hatte, und half ihnen mit seiner militärischen (und damit zugleich polizeilichen!) Stellung. **„Und er betete beständig zu Gott."** Daß dies **„beständige"** Beten hier nicht quantitativ gemeint ist, versteht sich bei ihm, dem diensttuenden Offizier, von selbst. Aber durch Beachtung der drei wichtigsten Gebetszeiten (vgl. Dan 6, 11; Ps 55, 18) durchzog er jeden Tag mit dem goldenen Band des Gespräches mit Gott[232]. 2

Sehr zu beachten ist die Hinzufügung **„mit seinem ganzen Hause"**. Anders als in unserer heutigen individualistischen Welt war damals ein **„Haus"** (zu dem die Sklaven ebenso gehörten wie die Familie in unserem Sinn) eine äußere und innere Einheit, die völlig von dem Hausherrn bestimmt wurde. Darum konnte damals das **„ganze Haus"** sofort mitgetauft werden, wenn der Hausherr gläubig wurde. Vgl. Apg 16, 33—34[233]. So zog auch Kornelius **„sein ganzes Haus"** mit in die Frömmigkeit hinein, die ihn selbst erfüllte und seinem Leben einen neuen Inhalt gab. Eine innerliche, persönliche Beeinflussung der Hausgenossen war damit verbunden; V. 7 und 22 lassen uns etwas von der Gemeinschaft des Hauptmannes mit seinen Leuten sehen.

Kornelius erinnert uns lebhaft an den „Hauptmann von Kapernaum" (Lk 7, 1—10). Das NT zeigt uns überhaupt eine Reihe von Soldaten (Lk 7, 1—10; 23, 47; Apg 23, 18 ff; 27, 1. 3. 43) in einem guten Licht. Natürlich nicht aus „Militarismus"! Aber im Wesen des

230 Er trägt einen römischen Namen, muß aber nicht selbst aus der Familie der Kornelier stammen. Freigelassene einer Familie konnten deren Namen annehmen. Es gab seit Lucius Kornelius Sulla (138—78 v. Chr.) viele Familien der Freigelassenen mit dem Namen Kornelius in Rom.

231 Codex D nennt in Apg 10, 30 auch das dritte Stück, das „Fasten". Vgl. diese Dreiheit auch in Mt 6.

232 Wie wichtig ist solche feste Ordnung für uns, auch wenn das echte Beten als solches die freie Wirkung des Sohnesgeistes in uns bleibt. Rö 8, 15; Gal 4, 6.

233 Darum war auch die etwaige Taufe kleiner Kinder des Hauses damals ein Vorgang, der nicht einfach zu einer biblischen Rechtfertigung der Kindertaufe bei uns verwendet werden darf.

rechten Soldaten liegt eine Geradheit, Sachlichkeit, Gehorsamsbereitschaft und Entschlossenheit, die der biblischen Botschaft entgegenkommt. Darum versteht der Hauptmann von Kapernaum das Evangelium so viel einfacher und sachgemäßer als die frommen Israeliten, und darum mag es auch wiederum ein Hauptmann sein, in dessen Hause die erste durchgreifende Heidenbekehrung stattfindet.

3—8 So nimmt er auch an diesem Tage die übliche jüdische Gebetszeit um drei Uhr nachmittags (Apg 3, 1) wahr. Da tritt ein Engel zu ihm und ruft seinen Namen. Der Offizier **„blickt ihn gespannt an"**, empfindet aber doch die **„Furcht"**, die jedes irdische Geschöpf bei der Begegnung mit einem Boten aus der ewigen Welt überkommt. Aber er darf eine gute Botschaft hören: **„Dein Gebet und deine Wohltaten sind hinaufgekommen zum Gedächtnis vor Gott"**[234]. Es mag ihm das als Heiden immer wieder fraglich gewesen sein: Mußte er nicht erst durch die Beschneidung und durch die Übernahme des ganzen Gesetzes voll zum Gottesvolk gehören, ehe Gott auf ihn achten konnte? Nun erfährt er es anders und lernt auf seine Weise die selige Wahrheit, die im Lauf dieser Geschichte auch dem Petrus aufgehen wird (V. 34 f). Aber nicht dazu sendet Gott seinen Engel, um einem Menschen eine gute Zensur zu überbringen. Er hat einen Auftrag an Kornelius. Sinn und Bedeutung dieses Auftrages werden Kornelius nicht gesagt[235]. Aber er weiß als Soldat, wie es mit „Befehlen" steht, und gehorcht, ohne zu fragen. Er ruft **„zwei der Diener und einen frommen Soldaten von denen, die ständig um ihn waren, und nachdem er ihnen alles erzählt hatte, sandte er sie nach Joppe"**. Also auch in seiner Truppe hat er von seiner Gotteserkenntnis gesprochen und von seinen Leuten einige dafür gewonnen, mit denen er nun oft zusammen ist.

9—16 Gott hat seinen Plan; mit seiner Durchführung hat er bei Kornelius eingesetzt. Jetzt, während dessen Boten schon unterwegs sind und sich Joppe nähern[236], wendet sich Gott an Petrus. Um ungestört

[234] Jede „Verdienstlehre", etwa auch die römische, wird sich gern auf einen solchen Satz berufen. Unsere berechtigte Abneigung gegen den Verdienstgedanken darf uns aber umgekehrt nicht hindern, zu wissen und zu sagen, daß „Gebet und Wohltaten" nicht umsonst sind, sondern von Gott beachtet werden. Jak 4, 8 bleibt gültig, auch wenn dieses „zu Gott Nahen" selbst schon wieder Wirkung der erweckenden und ziehenden Gnade Gottes ist. Es ist Gott nicht gleichgültig, ob wir beten oder vor ihm stumm bleiben, den Menschen wohltun oder wehe tun.

[235] Spätere Handschriften haben hier zu ergänzen versucht und damit Ernst und Schönheit des Berichtes gerade gestört.

[236] Von Caesarea nach Joppe sind es reichlich 50 km. Rund 9 Stunden waren die Boten unterwegs. Wenn sie am Nachmittag noch ein Stück gewandert waren und am nächsten Tag früh aufbrachen, konnten sie um die Mittagszeit eintreffen. Doch mag Kornelius auch Reittiere zur Verfügung gestellt haben, um einen Gottesmann abzuholen.

beten zu können, ist Petrus – nach Apg 9, 43 noch in Joppe bei dem Gerber Simon wohnend – gegen Mittag auf das Dach des Hauses gestiegen[237]. Nun **„wurde er hungrig und wollte essen. Während sie aber bei der Zubereitung waren, kam eine Verzückung über ihn"**. Ihm sendet Gott nicht einen Engel. Gott ist nicht eintönig. Petrus wird mit einer visionären Schau beschenkt. Im grie Text steht hier das Wort „Ekstase", das, in dem Bericht Kap. 11, 5 wiederholt, in diesem Sinne nur Kap. 22, 17 noch einmal vorkommt. Aber diese „Ekstase" ist zugleich sehr nüchtern und zeigt dem Petrus etwas, was zu seiner augenblicklichen Lage Beziehung hat: Aus dem geöffneten Himmel[237a] wird ein Leinentuch an den vier Zipfeln herabgelassen, voll von allen[238] möglichen Tieren. Dabei erfolgte die Aufforderung: **„Steh auf, Petrus, schlachte und iß!"** Petrus lehnt heftig ab. In den Ausdrücken **„gemein"** und **„unrein"** liegt für ihn ein tiefer Schauer. Wir alle kennen solche Empfindungen, die durch Erziehung und jahrelange Gewöhnung so tief in uns liegen, daß sie ohne jede Überlegungen instinktiv hervortreten, sobald daran gerührt wird. Bei Petrus kommt zu der Abscheu dem **„Unreinen"** gegenüber der ebenso gefühlsmäßige Stolz des gesetzestreuen Juden: **„. . . denn niemals aß ich etwas Gemeines oder Unreines."** Die Stimme antwortete Petrus mit dem rätselhaften Wort: **„Was Gott gereinigt hat, erkläre du nicht für gemein."** Was meint der Herr? Ist die ganze Speiseordnung des Gesetzes aufgehoben? Seit wann ist sie das? Oder will Jesus noch viel mehr sagen und stellt seinem Jünger ein schaubares Gleichnis vor Augen? Dann ist es in der Gleichzeitigkeit von Offenbarung und Verhüllung ein echtes Gleichnis nach den Worten Jesu in Mk 4, 10–12. 25; nur wenn Petrus „hat", wird es ihm im Geschehen des Reiches Gottes selbst „gegeben" werden, das Gleichnis und darin dieses Geschehen zu verstehen. Eine dreimalige Wiederholung des Vorganges mahnt Petrus an die Wichtigkeit dessen, was

[237] Die palästinensischen Häuser haben flache Dächer, die der Stille und der frischen Luft wegen ein beliebter Aufenthaltsort waren. Nach 5 Mo 22, 8 mußten sie mit einem Geländer zum Schutz vor Unfällen versehen werden.

[237a] Der „geöffnete Himmel" ist hier etwas wesenhaft anderes als bei der Taufe des Herrn oder im Schauen des Stephanus und des Sehers Johannes. Im wirklichen Himmel befindet sich natürlich nicht ein Leinentuch mit vielen Tieren! Es wird in der Schau des Petrus mit dem „geöffneten Himmel" eben nur verdeutlicht, daß das ganze Gesicht nicht eigene Phantasie des Apostels ist, sondern echtes Geschenk von Gott selbst her.

[238] Wieder ist das Wort „alle" nicht pedantisch zu nehmen; in dem Tuch war selbstverständlich nicht der gesamte Inhalt von Brehms Tierleben! Ebenso töricht ist der Hinweis, es hätten sich da auch reine Tiere in dem Tuch befunden, die Petrus hätte ruhig nehmen und schlachten können. Nein, Petrus sieht ein Tiergewimmel, und die Aufforderung, da hineinzugreifen und zu schlachten und zu essen, erschreckt ihn.

ihm gezeigt wird[239]. Dann wird das Tuch wieder in den Himmel hinaufgenommen. Das Herabkommen des Tuches aus dem Himmel und sein Zurücknehmen in ihn hinein wollte dem Petrus sagen, daß er hier eine Weisung von oben, von Gott her empfangen hat.

17—27 Nun führt Gott die beiden begonnenen Geschichten zusammen und macht eine durch die andere wirksam und klar[240]. Petrus steht noch im tiefen Sinnen, was dieses Gesicht ihm sagen soll, da kommen die Männer von Kornelius ans Tor des Grundstückes. Keiner hört ihr Rufen, auch Petrus nicht, der völlig von seinen Gedanken hingenommen ist. Aber die Leitung des Geistes Gottes läßt ihn vom Dach herunterkommen: **„Siehe, ich bin der, den ihr sucht."** Er erfährt, was Kornelius von ihm will, und nimmt die Boten gastlich auf; selbstverständlich ist er und nicht der Gerber Simon dabei der Handelnde und Verantwortliche.

In feiner schriftstellerischer Kunst redet Lukas nicht davon, wie Petrus der Sinn des geschauten Gesichtes aufgeht; im Tun des Petrus erleben wir es mit. Petrus hält einer Offenbarung stand, die ihm aus einem langen jüdischen Leben heraus ganz „unmöglich" vorkommen mußte. Er nimmt die heidnischen Männer eines Offiziers der Besatzungsmacht in das Haus auf; er geht mit ihnen dem Hause dieses Heiden entgegen und ist willig, dort einzukehren. Er wird dort Heiden die Botschaft sagen und wird dann, von Gottes Handeln bezwungen, auch den letzten unerhörten Schritt tun und Heiden ohne Beschneidung in die Gemeinde des Messias Israels durch die Taufe aufnehmen. Auf diesem ganzen Wege begleiten ihn einige Christen aus Joppe, die dann bei den Verhandlungen im Apostelkreis über das Geschehene als Zeugen wichtig werden. Kornelius konnte sich ausrechnen, wann etwa mit dem Eintreffen seines Gastes zu rechnen war. Er weiß nicht, was eigentlich durch diesen Simon Petrus geschehen soll. Der Engel hat darüber nichts gesagt, so wie auch Petrus selbst seinen Weg geht, ohne schon einen näheren Auftrag von Gott zu haben. Gott behält alles völlig in seiner Hand. Aber ein Mann, auf den ihn ein Engel hingewiesen hat, ist auch für einen frommen Heiden etwas ganz Großes. So hat Kornelius seine Verwandten und seine engsten Freunde herbeigeholt, damit sie diese bedeutungsvolle

239 Vgl. aber auch die Bedeutung der Zahl 3 in der Bibel: 2 Mo 23, 14; 34, 23; Jes 6, 3; Dan 6, 11; Mt 26, 34; 26, 61; 27, 63; Lk 2, 46; 13, 7; 1 Jo 5, 7. Das dreimalige Geschehen oder Tun ist das Ganze und Abgeschlossene.

240 Wer immer im Ernst ein Leben unter Gott führte, hat sicher ähnliches erlebt, wie Gott in zunächst ganz unverständlicher Weise hier und da Geschichten mit Menschen beginnt, um sie dann überraschend miteinander zu verbinden und zu einem Ziel zu bringen, das nun erst klar hervortritt. Wer das aus der eigenen Erfahrung kennt, wird unser Kapitel mit anbetender Freude lesen und nicht nur Regeln der „Formgeschichte" darin sehen.

Stunde mit ihm durchleben. Und er begrüßt den eintreffenden Gast mit dem Niederfallen und mit einer „Huldigung"[241], die ihm als Heiden und als Mann des damaligen Kaiserreiches ganz anders nahe lag als uns. Für ihn ist Petrus ein göttliches Wesen, wie das damalige Heidentum sie vielfältig kannte[242]. Petrus schiebt dieses Denken kurz beiseite: **„Stehe auf! Auch ich bin nur ein Mensch!"** In freundlicher Unterhaltung werden die Zeremonien der Aufnahme eines Gastes
(vgl. Lk 7, 44–46) erledigt. Dann steht Petrus vor der erwartungs- 28–33
vollen Versammlung. Wie eigen war das Leben des Petrus geworden: der Fischer vom See Genezareth – der Redner vor großen Volksscharen – der Verhaftete und Ausgepeitschte vor dem Hohen Rat – und nun der ehrfurchtsvoll aufgenommene Große in einem heidnischen Offiziershaus, auf den alle mit Spannung blicken.

Petrus schildert die seltsame Lage, in der er sich befindet: **„Ihr selbst wißt, wie unerlaubt es ist für einen jüdischen Mann, sich einem andersstämmigen Mann anzuschließen oder bei ihm einzukehren. Und mir zeigte Gott, keinen Menschen gemein oder unrein zu nennen. Darum bin ich auch ohne Widerspruch gekommen, als ich geholt wurde."** So weit reicht bei ihm die Führung Gottes, so weit hat er jetzt das Gesicht verstanden: Es handelt nicht von Speisegesetzen und von reinen oder unreinen Tieren; das war alles nur Bild. Es handelte von Menschen[243]. Hier war die Frage „rein" oder „unrein" noch viel ernster und tiefer. Gab es nicht doch die vielen „unreinen" Menschen, mit denen man als Jude nichts zu tun haben konnte, die darum auch in der Gemeinde der Messias-Jesus-Gläubigen Juden unmöglich waren? Darüber entscheidest nicht du, Petrus; darüber entscheidet Gott. Was Gott reinigt, kannst du nicht für unrein erklären. Das hat Petrus verstanden[244]. Aber worauf Gott mit dem allen hinauswill, das weiß er immer noch nicht. Er hat das Tabu durchbrochen, er ist im heidnischen Haus wider alles jüdische Denken und Empfinden. Aber nun möchte er von Kornelius hören, was er hier

241 Codex D hat hier den Bericht ausgeschmückt: „Als sich aber Petrus Caesarea näherte, lief ihm der Sklave voraus und sagte, daß er gekommen sei. Kornelius sprang heraus und, ihm begegnend, fiel er ihm zu Füßen ..."

242 Die Menschen der großen Reiche des Ostens kannten das Sichniederwerfen vor dem (göttlichen) Herrscher von jeher. Die freien, westlich empfindenden Griechen nannten es zunächst verächtlich „proskynein = anhündeln". Dann aber wurde es auch im römischen Kaiserreich mit seinen als „göttlich" verehrten Kaisern die Form der Huldigung vor Menschen, denen man göttliche Würde zuschrieb. Wir haben es mit „er erwies ihm seine Huldigung" übersetzt.

243 Freilich, es mußte dies auch seine Auswirkung auf die Speisegebote haben und zu jenem Grundsatz führen, der 1 Tim 4, 4–5 ausgesprochen ist.

244 Und das war für ihn so neu und so umstürzend, wie wir uns das heute kaum vorstellen können.

überhaupt soll? **„Ich frage nun, aus welchem Grunde ließet ihr mich holen?"** Aber Kornelius kann nur noch einmal kurz die Tatsachen[245] schildern, den Gast herzlich willkommen heißen und dann ganz ihm zuschieben, was in dieser Stunde nun eigentlich geschehen soll: **„Und du hast recht getan, daß du gekommen bist. Jetzt nun sind wir alle hier vor Gott, zu hören alles, was dir aufgetragen ist von dem Herrn."**[246] Wie sollte er, der Heide, über Gottes Absichten bei diesem ganzen merkwürdigen Geschehen etwas wissen, wenn es der Gottesmann selbst nicht weiß? Und doch hat er mit diesem seinem Wort ohne sein Wissen dem Petrus den Auftrag Gottes ins Herz gerufen: Sage hier die ganze Botschaft! Sie wollen und sollen sie hören.

34/35 Da geht Petrus die Bedeutung und die Größe dieser Stunde auf. Das also will Gott, dazu hat Gott selbst das alles herbeigeführt: Er soll Heiden das Evangelium von Jesus ebenso bezeugen, wie er es bisher Israel verkündigte, und Heiden zu Jesus und in die Gemeinde des Messias Jesus hineinrufen, ohne daß sie erst durch die Beschneidung Angehörige Israels werden. **„Da öffnete Petrus seinen Mund und sprach."** Petrus ist sich bewußt, welche Bedeutung sein Reden hat. Und wir heutigen Christen aus den Nationen sollten es mit ermessen, daß unser Christseindürfen in dieser Rede des Petrus seine Wurzel hat. **„In Wahrheit erfasse ich, daß Gott keine parteiische Bevorzugung kennt, sondern in jedem Volk, wer ihn fürchtet und Gerechtigkeit wirkt, ist ihm willkommen."** Er erfaßt jetzt in der ganzen vollen Wirklichkeit, was ihm bereits mehr und mehr aufgegangen war. So hatte schon die Schrift in 5 Mo 10, 17; 1 Sam 16, 7 gesprochen, Petrus wußte es. Aber in der Sonderstellung Israel schien doch eine „parteiische Bevorzugung" bei Gott vorzuliegen, die der Jude genoß und leidenschaftlich behauptete. Nun aber erfüllt sich die Schriftwahrheit in voller Größe; Petrus darf auch in dieser Stunde unerhörter Geschichtswende auf dem Boden der Schrift stehen. Ob er zugleich daran dachte, daß nun durch ihn auch die Ausführung des letzten Befehls Jesu am Himmelfahrtstag in ungeahnter Größe begann: „. . . und bis an die Enden der Erde"?

Der Grieche blickte voll Verachtung auf die „Barbaren". Sie waren

245 Dabei ist der Ausdruck im grie Text jetzt ungeschickt und mißverständlich. Wörtlich heißt es: „Vom vierten Tage an bis zu dieser Stunde war ich um die neunte Stunde anbetend in meinem Hause." Codex D hat die Schwierigkeit empfunden und durch einen Einschub zu bessern gesucht: „Vom dritten Tage an bis zu dieser Stunde habe ich gefastet, und als ich um diese Stunde betete . . ." Es sind ja in der Tat nur drei Tage seit der Engelerscheinung und der Absendung der Boten vergangen. Aber solche „Ungenauigkeiten" gehören zum lebendigen Leben.

246 Codex D hat das „vor Gott", das ihm bei einem Heiden wohl zu weit zu gehen schien, durch ein „vor dir" ersetzt.

für ihn nicht eigentlich Menschen. Der Jude sah in der „Heidenwelt“ lauter Finsternis, Gottlosigkeit und Schmutz. Auch wir sind immer wieder geneigt, außerhalb unseres nationalen, rassischen, sozialen, weltanschaulichen, religiösen, kirchlichen, theologischen Kreises alles als minderwertig und verdorben anzusehen. Und gerade als ernsthaft fromme Menschen sind wir in der Gefahr, diese unsere Einstellung auch Gott zuzuschreiben oder sie gar von Gott abzuleiten. Aber Gott ist anders! **„Wer ihn fürchtet und Gerechtigkeit wirkt, ist ihm willkommen“**[247]. Hat nicht aber Gott selber Israel ausgesondert, den strengen Zaun des Gesetzes um Israel aufgerichtet und ihm jede Vermischung mit den Nationen verboten? Das war eine notwendige pädagogische Maßnahme Gottes, die unvermeidlich war, wenn Israel das werden sollte, was Gott mit ihm vorhatte. Aber diese pädagogische Maßnahme war eine vorläufige, und das eigentliche Ziel dabei war von Anfang an die ganze Welt: „In dir sollen gesegnet werden alle Geschlechter auf Erden“ (1 Mo 12, 3). Nun ist die Stunde für dieses Ziel gekommen.

Aber was ist dieses Ziel? Ist es mit dieser Erkenntnis: **„Wer ihn fürchtet und Gerechtigkeit wirkt, ist ihm willkommen“** unmittelbar schon erreicht? Liegt hier bereits der Gedanke vor, der dann später die Zeit der Aufklärung beherrschte: Alle positiven Religionen sind überflüssig, einschließlich des kirchlichen Christentums; Gottesglaube und Tugend, darauf allein kommt es an? Das ist eine unmittelbar wichtige Frage auch für uns heute. Was ist es mit den vielen feinen und ernsten Menschen, die Gott fürchten, Gutes tun, beten, die aber auch selber damit zufrieden sind und die ganze Botschaft des Evangeliums nicht begreifen können und für überflüssig halten? Petrus sagt: Sie sind Gott willkommen. Also verlangt auch Gott nicht mehr vom Menschen und ist mit solcher Frömmigkeit zufrieden? Glaube an den Gekreuzigten und Auferstandenen, Errettung, Vergebung der Sünden, Wiedergeburt im Heiligen Geist ist nicht erforderlich?

Petrus weiß es vollständig anders. Menschen dieser Art sind Gott 36—43
willkommen — gerade für die Christusbotschaft. Darum fährt Petrus hier unbeirrbar fort: **„Hört das Wort, das er den Söhnen Israels sandte, verkündigend Frieden durch Jesus Christus; dieser ist aller Herr.“** Auch Israel, das Bundesvolk, das noch ganz anders Gott kannte, betete, um die Erfüllung der Gebote Gottes rang, brauchte die Verkündigung des **„Friedens durch Jesus Christus“** und die An-

[247] U. Smidt a. a. O. S. 81 hat es verdeutlicht: „Gott ist kein Sektierer.“ Freilich, hier ist noch ein Stück „jüdisch“ gedacht: „Wer Gott fürchtet und Gerechtigkeit wirkt.“ Paulus hat die Schrift noch kühner herangezogen: Rö 10, 20. Die rettende Liebe Gottes in Jesus kennt überhaupt keine Grenzen und Schranken mehr. Aber es mußten nicht alle Schritte auf einmal getan werden; der Schritt des Petrus hier war groß genug.

nahme dieses Friedens in Umkehr und Glauben. Wie sollte ein Mann wie Kornelius dieses alles nicht nötig haben! Aber dieser Jesus ist „aller Herr", wie Petrus hier mit Betonung sagt. Darum ist er auch für einen Kornelius da und legt seine Hand auf ihn. Völlig unbekannt ist Jesus in Caesarea nicht. **„Ihr kennt das Wort[248], das durch ganz Judäa geschehen ist, das seinen Anfang nahm von Galiläa aus nach der Taufe, die Johannes verkündigte."**

Und nun folgt ein kurzer Bericht über Jesus von Nazareth. In einfacher und doch mächtiger Weise wird den Heiden, die vom „Messias" Israels, dem „Gesalbten" nichts wissen können, erklärt: **„Jesus von Nazareth, wie ihn Gott gesalbt mit Heiligem Geist und Kraft."[249]** Der Inhalt des Evangeliums wird kurz zusammengefaßt: **„. . . der hindurchzog, wohltuend und heilend alle vom Teufel Vergewaltigten, denn Gott war mit ihm"[250].** Wie wird hier deutlich, warum die Heilungen, Befreiungen und Wunder einen so großen Raum in den Evangelien einnehmen. Wenn der Bericht über Jesus gelautet hätte: „Der hindurchzog, feine und tiefe Gedanken über Gott und das menschliche Leben lehrend", was hätte das für Kornelius bedeutet und was könnte es uns sagen? Nicht „Gedanken" und „Lehren" braucht der Mensch; die hat er genügend und in reicher Auswahl. Hilfe braucht er, Heilung, Befreiung, Erneuerung seines Lebens, und darum brauchte er den, der in Gottes Vollmacht Taten tut! „Jesus ist kommen, nun springen die Bande, Stricke des Todes, die reißen entzwei", das müssen wir singen können. Darum hören wir begierig in den Evangelien die **„Zeugen alles dessen, was er getan hat".** Und dann kommt das Rätsel des Kreuzes. Ihn, diesen Wohltäter und Befreier, **„haben sie umgebracht, ihn ans Holz hängend".** Gott aber hat mächtig eingegriffen: **„Diesen hat Gott auferweckt am dritten Tage und gegeben, daß er sichtbar werde, nicht dem ganzen Volk, sondern den von Gott vorher ausgewählten Zeugen, uns, die wir mit ihm zusammen gegessen und getrunken haben nach seinem Auferstehen aus den Toten."** Den Heiden gegenüber kann und will Petrus keinen Schriftbeweis führen. Darum verläuft

[248] Der hier gebrauchte Ausdruck „rhema" bezeichnet ebensowohl das Wort wie auch seinen Inhalt. Darum kann Petrus von dem „Wort" sprechen, das „durch ganz Galiläa geschehen" ist. Wir haben in der deutschen Sprache etwas Ähnliches in dem Wort „Geschichte", das sowohl etwas Geschehenes als solches wie die Erzählung davon benennen kann.

[249] Unwillkürlich wird hier mit innerer Notwendigkeit der trinitarische Charakter aller christlichen Gotteserkenntnis sichtbar. Das NT hat keine „Trinitätslehre". Aber selbst wenn ein Petrus zum ersten Mal vor Heiden steht, kann er den lebendigen Gott nur als den zeigen, der in seinem Sohn Jesus Christus durch den Heiligen Geist wirksam ist.

[250] Es ist der wahre „Immanuel" (Jes 7, 14), in ihm ist das „Gott mit uns" herrliche Wirklichkeit.

seine Ansprache hier ganz anders als seine Rede am Pfingsttag oder vor seinen jüdischen Volksgenossen im Tempel. Hier bringt er einfach die Tatsachen selbst[251]. Und er faßt ihre Bedeutung nicht wie am Pfingsttage in die Worte „Kyrios und Messias" zusammen, sondern stellt es Kornelius und den Seinen (wie später Paulus den Athenern und einem Felix) vor Augen: **„Er ist der von Gott bestimmte Richter der Lebendigen und Toten."** Hier muß sich Petrus nicht mit verhärteten, selbstgerechten Juden auseinandersetzen. Hier kann er damit rechnen, daß ein ernster und innerlich aufgeschlossener Mann weiß, was dieses Gericht trotz aller **„Wohltaten"** und aller Gottesverehrung für ihn bedeutet, und daß er sich darum nach dem **„Frieden"**, nach der Vergebung der Sünden sehnt. So endet das Wort des Petrus mit dem vollen Evangelium: **„Ihm bezeugen alle Propheten: Vergebung der Sünden empfängt durch seinen Namen jeder, der an ihn glaubt."**[252]

„Während Petrus noch diese Worte sprach . . ." Natürlich hat sich Petrus nicht damit begnügt, dies Wichtigste und Wunderbarste nur eben mit einem kurzen Satz auszusprechen. Lukas gibt nur das Thema der Evangelisation an[253]. Und unter dieser Evangelisation geschieht es: **„Während Petrus noch diese Worte sprach, fiel der Heilige Geist auf alle, die das Wort hörten."** Jetzt hören sie nicht nur das Wort als Schilderung einer objektiven Wirklichkeit, jetzt verklärt ihnen der Heilige Geist Jesus (Jo 16, 14) und schenkt ihnen das Erfassen der ganz persönlichen Gewißheit: „Auch mich, auch mich erlöst er da", Jesus, „mein Herr, der mich verlorenen und verdammten Menschen erlöst hat". Und das erfaßt diese Menschen so mächtig und tief, daß das Danken und Loben die gewöhnliche Sprache sprengt und sie **„mit Zungen reden und Gott preisen"**. 44—46

Gott macht die Wirkung des Heiligen Geistes hier so unüberhörbar deutlich, damit auch **„die Gläubigen aus der Beschneidung, die mit Petrus zusammen gekommen waren"**, erkennen müssen, **„daß auch auf Heiden die Gabe des Heiligen Geistes ausgegossen ist"**. Das ist für ihr ganzes bisheriges Denken so unerhört, daß sie **„au-**

[251] Das „Essen und Trinken mit den Jüngern" wird dabei besonders hervorgehoben; aber nicht nur als Beweis für die ganze Tatsächlichkeit der leibhaftigen Auferstehung. Es ist die „Mahlgemeinschaft", die für das Evangelium von besonderer Bedeutung ist: vom Zöllnergastmahl über das Abendmahl bis hin zum Hochzeitsmahl der neuen Welt. Über jeder Mahlzeit von Christen darf seit Ostern etwas von diesem Glanz liegen. Das ist der eigentliche Sinn des Tischgebetes: „Komm, Herr Jesus, sei du unser Gast."

[252] Das ist auch bei Paulus der Kern des Evangeliums: „Kraft Gottes zur Errettung für jeden Glaubenden" (Rö 1, 16). „Gottes Gerechtigkeit durch den Glauben an Jesus Christus für alle Glaubenden" (Rö 3, 22).

[253] Das ist hier genauso, wie wir es bei der Rede des Paulus auf dem Areopag finden werden. Vgl. überhaupt das zu den „Reden" in der Apg Gesagte S. 42

ßer sich geraten" vor Staunen. Heiden erhalten ohne Beschneidung, ohne Eingliederung in Israel den Heiligen Geist. Dieser Heilige Geist aber ist doch nicht irgendeine „religiöse Kraft", die selbstverständlich auch Heiden haben können. Es ist die endzeitliche Gabe (Kap. 2, 16—18), die Gott seinem Bundesvolk verheißen hatte (Kap. 2, 39). Und diesen endzeitlichen Anteil an Gottes eigenem Leben erhalten unbeschnittene Heiden bedingungslos, sogar vor der Taufe, durch das „Hören des Glaubens", wie Paulus es später den Galatern (3, 2) und den Ephesern (1, 13) bezeugt.

47 Petrus aber zieht nun die klare Folgerung: **„Da antwortete Petrus: ‚Es kann doch nicht jemand das Wasser verwehren, daß nicht getauft werden diese, welche den Heiligen Geist bekamen wie auch wir?'"** Auf die typisch „moderne" und ichhafte Frage, ob denn die Taufe noch „nötig" sei, wo diese Heiden bereits die Gabe des Geistes empfangen haben, kommt weder er noch Kornelius mit den Seinen. Die Taufe ist doch nicht Last, sondern Geschenk! Sie ist freilich auch keine magische Handlung, die durch ihren bloßen Vollzug den Geist verleiht; dann wäre sie in diesem Falle tatsächlich überflüssig gewesen[254]. Taufe ist das Siegel auf die Zugehörigkeit zu der Gemeinde des Christus Jesus. Nach dieser klaren, öffentlichen Versiegelung verlangten sie dort im Hause des Kornelius von ganzem Herzen. Die Taufe ist zugleich das Handeln Jesu selbst, mit dem er Menschen zu seinem Eigentum annimmt und ihnen den Anteil an seinem Tod und seiner Auferstehung verbrieft. Nun, wo ihre Herzen für Jesus brennen, wo sie seine Herrlichkeit im Heiligen Geist erkennen, nun ist es ihr inniger Wunsch, daß Jesus es ihnen in der Taufe zusagt: Ja, ihr gehört mir, und ich gehöre euch ganz und gar!

48 So ordnet Petrus die Taufe an. Aber er vollzieht sie nicht selbst, so wie auch Paulus möglichst nicht selber getauft hat (1 Ko 1, 14. 17). Es war wohl bei Petrus die gleiche Sorge, die auch bei Paulus sichtbar wird: „Daß nicht jemand sage, ihr wäret auf meinen Namen getauft worden." Gerade in der „hellenistischen" Umwelt konnte ein solches Mißverständnis leicht entstehen. Es liegt darin keine Geringschätzung der Taufe als solcher, wohl aber eine Verweisung auf den Platz, der ihr zukommt. „Gezeugt in Christus Jesus durch das Evangelium" hat Paulus die korinthischen Christen durch seine Evangelisation; aus Heiden zu geisterfüllten Menschen Gottes hat die Verkündigung des Petrus die Hörer im Hause des Kornelius gemacht. Das ist und bleibt das Entscheidende. Taufen mögen nun andere.

[254] Hier wird die Verfehltheit des oft gebrauchten Bildes vom „Sparkassenbuch" deutlich, das das Kind mit seiner Taufe empfange, um dann später von ihm Gebrauch zu machen. Das „Sparkassenbuch" wäre gegenstandslos gewesen, nachdem diese Menschen die Geldsumme bereits auf den Tisch gelegt bekommen hatten!

Anschließend folgt Petrus der Bitte, noch einige Tage dazubleiben. Fast möchten wir die Kargheit und Zurückhaltung des Lukas bedauern, der nicht mehr als diese wenigen Worte darüber sagt. Was mögen das für Tage gewesen sein. Welche „Bibelstunden", welche Gebetsgemeinschaften, welches Singen! Zum ersten Mal war eine Gemeinde Jesu aus Juden und Heiden im Loben Gottes einmütig beieinander.

Auf eines müssen wir beim Blick auf diesen Bericht noch achten: welche Freiheit im Handeln Gottes ist hier sichtbar und von der ersten Christenheit willig respektiert worden[255]! In den Pfingsttagen führte Bekehrung und Taufe unmittelbar zum Geistesempfang, ohne daß dort „Zungenbeten" sichtbar wird. In Samaria bringt Bekehrung und Taufe den Heiligen Geist noch nicht; erst durch Gebet und Handauflegung wird er geschenkt. Und hier im Hause des Kornelius gibt Gott den Geist unter mächtigen Erscheinungen bereits vor der Taufe und ohne eine ausdrücklich vollzogene „Bekehrung"! Wie haben wir dieses souveräne Handeln Gottes durch ein festes theologisches System ersetzt, das so oder so an sich selbst funktionieren soll und ja nicht anders funktionieren darf.

PETRUS RECHTFERTIGT DIE AUFNAHME VON HEIDEN IN DIE GEMEINDE DES MESSIAS JESUS

Apostelgeschichte 11, 1–18

1 Es hörten aber die Apostel und die Brüder, die in Judäa waren,
2 daß auch die Heiden das Wort Gottes angenommen hatten. * Als
aber Petrus hinaufkam nach Jerusalem, stritten gegen ihn die aus
3 der Beschneidung und sagten: * „Du bist bei unbeschnittenen
4 Männern eingekehrt und hast mit ihnen gegessen!" * Da hob
Petrus an und setzte es ihnen der Reihe nach auseinander
5 und sagte: * „Ich war in der Stadt Joppe im Gebet, und ich sah
in Verzückung ein Gesicht: herabkommend ein Gefäß wie ein
großes Leinentuch, an vier Enden herabgelassen aus dem Him-
6 mel, und es kam bis zu mir hin. * Gespannt darauf blickend be-
trachtete ich es, und da sah ich die Vierfüßler der Erde und die
wilden Tiere und die Kriechtiere und die Vögel des Himmels.
7 * Ich hörte aber auch eine Stimme zu mir sagen: ‚Stehe auf, Petrus,
8 schlachte und iß!' * Ich aber sprach: ‚Keinesfalls, Herr! Denn Ge-

zu Vers 1:
Apg 8, 14
11, 22
1 Th 2, 13

zu Vers 2:
Apg 10, 45
15, 5

zu Vers 3:
Gal 2, 12
Eph 2, 11 f

zu Vers 5:
Apg 10, 9-48

zu Vers 8:
Mt 15, 11

[255] Wenn nach Ansicht der Kritiker der Verfasser der Apostelgeschichte ein Mann aus dem Anfang des 2. Jahrhunderts war, konnte er diese Freiheit noch so unbefangen schildern?

zu Vers 9:
Apg 15, 9
zu Vers 14:
Apg 16, 30 f
zu Vers 16:
Apg 1, 5
2, 4
15, 8
Jo 14, 16
Gal 3, 2
2 Pt 1, 1
zu Vers 18:
Lk 2, 20
Apg 13, 48
14, 27
15, 12

meines oder Unreines ist noch nie in meinen Mund gekommen.'
9 *** Es antwortete aber zum zweiten Mal eine Stimme aus dem Him-**
10 **mel: ‚Was Gott gereinigt hat, erkläre du nicht für gemein.' * Dies**
aber geschah dreimal, und hinaufgezogen wurde wieder alles in
11 **den Himmel. * Und siehe, gleich darauf standen drei Männer bei**
dem Hause, in dem wir waren, abgesandt von Caesarea an mich.
12 *** Es sagte aber der Geist mir, ich solle mit ihnen gehen ohne**
jedes Bedenken. Es kamen aber auch mit mir diese sechs Brüder,
13 **und wir kamen hinein in das Haus des Mannes. * Er berichtete**
uns aber, wie er gesehen hatte den Engel in seinem Hause stehen
und sagen: ‚Sende nach Joppe und laß holen Simon, der zube-
14 **nannt wird Petrus, * der Worte zu dir sprechen wird, durch die**
15 **du gerettet werden wirst und dein ganzes Haus.' * Indem ich aber**
zu sprechen begann, fiel der Heilige Geist auf sie wie auch auf
16 **uns am Anfang. * Ich gedachte aber des Wortes des Herrn, wie er**
sagte: ‚Johannes taufte mit Wasser, ihr aber werdet getauft wer-
17 **den mit dem Heiligen Geist.' * Wenn nun Gott ihnen die gleiche**
Gabe gegeben hat wie auch uns, die gläubig waren geworden an
den Herrn Jesus Christus, ich, wer war ich, daß ich Gott hätte
18 **hindern können?" * Als sie dieses hörten, wurden sie still und**
priesen Gott und sagten: „Also auch den Heiden hat Gott die
Umkehr zum Leben gegeben!"

Was in einer Stadt wie Caesarea geschah, blieb in Jerusalem nicht
verborgen[256]. Bis in die judäischen Gemeinden hinein dringt die er-
1 staunliche Kunde: **„Auch die Heiden haben das Wort Gottes ange-**
nommen." Es handelt sich also auch für die Jerusalemer nicht einfach um die Bekehrung eines einzelnen Mannes und seiner persönlichen Freunde. Hier ist etwas grundsätzlich Neues geschehen. Das unterscheidet das Ereignis in Caesarea von der Bekehrung des Äthiopiers. Dort zieht ein einzelner Mann als Christ in sein fernes Heimatland. Das läßt aufhorchen, aber das kann eine Ausnahme sein. Jetzt war im jüdischen Land selber eine ganze Schar von Heiden zu Jesus gekommen und in die Gemeinde Jesu aufgenommen worden und lebte dort unter den Augen des Apostels zusammen mit den Christen aus Israel. Wie sollte man sich dazu stellen? Wie sollte es werden, wenn es weiterging und in großem Maße „Heiden das Wort Gottes annahmen"? Das Grundproblem der jungen Kirche meldet sich an:

[256] Vgl. 8, 14. Codex D hat hier den Text wieder erweitert. Nicht einige Tage blieb Petrus in Caesarea, sondern „geraume Zeit"; dann nimmt er feierlich Abschied, benutzt die Rückwanderung zu weiterer Lehrtätigkeit und berichtet in Jerusalem selber von dem Geschehen. Der vorliegende Bericht war D zu nüchtern und zu knapp; der Schreiber wollte sicherstellen, daß man in Jerusalem auch wirklich alles erfahren konnte.

Was wird aus „Israel", was ist es mit dem „Alten Bund" und mit dem „Gesetz", wenn Heiden ohne Beschneidung gleichberechtigte Glieder der Messiasgemeinde werden können?

Es ist verständlich, daß diese tiefgreifenden Fragen nicht sofort eine umfassende und bleibende Lösung erfuhren, sondern noch lange in immer neuen Auseinandersetzungen und Kämpfen die junge Christenheit bewegten und zu einer recht unterschiedlichen Stellungnahme führten[257].

Wir müssen darauf achten, wie bezeichnend in unserem Abschnitt der Streit beginnt. Daß auch Heiden **„das Wort Gottes annehmen"**, dagegen läßt sich nicht gut etwas sagen. Die jüdischen Christen werfen Petrus auch nicht vor: Wie konntest du Heiden das Evangelium verkündigen! Nicht einmal: Wie konntest du Heiden einfach taufen! Sie fassen die ganze Frage überhaupt noch nicht theologisch-grundsätzlich an. Sie sehen zunächst nur das für ihr gewohntes Tun und Empfinden unmittelbar Anstößige: **„Du bist bei unbeschnittenen Männern eingekehrt und hast mit ihnen gegessen!"** Das ist genau die Frage, die dann später in Antiochia erneut zur Debatte stehen wird (Gal 2, 11). Die Heiden mögen Christen werden, aber dürfen darum gläubige Israeliten mit ihnen volle Tischgemeinschaft haben? Durfte Petrus in das Haus des Kornelius gehen und tagelang dort mit den unbeschnittenen Männern zusammen leben? 2/3

Dabei ist beachtlich: Auch ein Apostel, auch ein Petrus hat nicht einfach „apostolische Autorität". Die Gemeinde hat das Recht, ihn zur Rede zu stellen. Und Petrus selbst bestreitet ihr dieses Recht nicht. Er stellt sich den Fragen und Vorwürfen der Gemeinde. Und umgekehrt: Die Gemeinde nimmt Taten und Entscheidungen auch des führenden Apostels nicht einfach unmündig hin, sondern weiß sich zum eigenen Anteil an den Ereignissen verpflichtet und zum eigenen Urteil aufgerufen. Denn um Glieder der Gemeinde handelt es sich bei **„denen aus der Beschneidung"**. Es beginnt sich jene Gruppe gesetzestreuer Christen zu bilden, die später Paulus leidenschaftlich bekämpft (vgl. Gal 2, 4; 2, 12; Apg 15, 1). Wir müssen diese Gruppe in ihrer Weise verstehen: Wie zäh hängen auch wir oft am Alten, lange Gewohnten. Und hier ging es für ihren Blick doch um Gottes eigenes Wort und Gesetz! Petrus antwortet auf die Fragen und Vorwürfe nicht mit grundsätzlicher Theologie. Er berichtet 14—16

[257] Wer die Schilderung unseres Kapitels für unhistorisch hält, weil sonst die späteren Nöte und Schwierigkeiten nicht mehr hätten auftreten können, denkt ungeschichtlich und lebensfremd. Wie lange hat es gedauert, bis die reformatorischen Grunderkenntnisse sich wirklich durchsetzten. Welche Probleme ergaben sich auch in der Reformationszeit, immer neu im Fortgang der Geschichte; wie viele Konferenzen wurden nötig, wie viele „Lösungen" lösten doch nicht, welche Kämpfe entbrannten!

noch einmal seine Erlebnisse und zeigt, wie völlig alles allein von Gott geleitet worden ist. Es geht gar nicht um „Theologie", um „Ansichten" und „Meinungen", über die man theologisch streiten kann. Petrus will auch gar nicht „recht haben" mit seiner Theorie und Praxis. Es geht vielmehr um Gottes eigenes Handeln und daher um Tatsachen, die Gott selber geschaffen hat. Die Rechtfertigung des Petrus besteht darum einfach in einem Tatsachenbericht, nicht in einer Diskussion.

In der Gestaltung des Berichtes herrscht wieder die ganze sorglose Freiheit, die wir in der biblischen Zeit überall wahrnehmen. Während in Apg 10, 20 nur von zwei Männern gesprochen war, werden hier in V. 11 – entsprechend Apg 10, 7 – drei Männer genannt. Der begleitende Soldat ist das eine Mal beiseite gelassen, das andere Mal mit beachtet. Die Zahl der begleitenden Bürger aus Joppe wird in V. 12 angegeben. Lukas läßt jetzt zur Verkürzung des wiederholenden Berichtes den Engel bereits dem Kornelius sagen, was sich in Wirklichkeit erst im Lauf des spannungsreichen Geschehens ergab. Petrus wird **„Worte[258] zu dir sprechen, durch die du gerettet werden wirst und dein ganzes Haus"**. Um besonders hervorzuheben, daß nicht etwa er mit seiner eindringlichen Rede den Kornelius zum Glauben gebracht und so ein eigenmächtiges Werk getan habe, formuliert Petrus **„indem ich aber zu sprechen begann, fiel der Heilige Geist auf sie wie auch auf uns am Anfang"**. Das ist keine Verfälschung. Gerade im Rückblick auf das Geschehen steht es Petrus selbst noch einmal vor Augen, wie überraschend das Handeln Gottes hier hereinbrach: Er hatte eigentlich gerade erst „angefangen", das Evangelium den fremden Hörern darzulegen, da tat schon der Geist sein Werk. Wir erfahren nun auch, was durch das Herz des Petrus ging, als er die von Gottes Geist ergriffene Schar vor sich sah. Er mußte an das Wort des Herrn vom Himmelfahrtstage denken (Apg 1, 5). Damals hatten sie es nur auf sich selbst bezogen und konnten es auch nicht anders hören. Jetzt aber steht Petrus vor der überwältigenden Größe des göttlichen Handelns: Diese Geistestaufe empfangen genauso wie die Apostel auch fremde Heiden.

17 Es ist freilich unerhört, aber es ist nun einmal Tatsache: **„Gott hat ihnen die gleiche Gabe gegeben wie auch uns, die gläubig geworden waren an den Herrn Jesus Christus."** Petrus erinnert mit dieser Formulierung seine jüdischen Glaubensgenossen unwillkürlich an eine Wahrheit, die für die ganze Frage, die jetzt zur Erörterung stand, von großer Wichtigkeit war: Auch sie, die Apostel und die anderen aus der Beschneidung, hatten den Heiligen Geist doch eben nicht auf

[258] Vgl. Anmerkung 248 S. 204

Grund ihres Beschnittenseins empfangen, sondern auf Grund ihres Glaubens. Man kann allerdings im grie Text den Relativsatz **„. . . die gläubig geworden waren an den Herrn Jesus Christus"** ebenso auf das „ihnen", also auf die Heiden zurückbeziehen wie auf das unmittelbar vorangehende „uns". Eine sichere Entscheidung, wie Lukas es gemeint hat, ist nicht möglich. Auf jeden Fall aber bestand der Sache nach die volle Gleichheit zwischen den Aposteln aus Israel und jenen Heiden: Auf gleicher Grundlage empfingen sie das gleiche freie Geschenk Gottes! Dieser Tatsache gegenüber betont Petrus: **„Ich, wer war ich, daß ich Gott hätte hindern können?"** Petrus läßt es inhaltlich ganz offen, woran er Gott nicht „hindern konnte". Er nennt dabei nicht die Taufe, weil sie ja auch von den andern nicht genannt war. Er faßt das ganze Geschehen zusammen. Er betont ganz besonders das **„gleich wie wir"**. Gott hat hier eine große Gleichheit ans Licht gestellt: gleiche Verlorenheit, gleiche Bekehrung, gleicher Glaube, gleiche Sündenvergebung, gleicher Geistesempfang. Konnte Petrus in diese Gleichheit hinein seinerseits Unterschiede machen und denen die Tischgemeinschaft verweigern, die Gott selbst in die volle Gemeinsamkeit des gleichen Erfahrens hineingestellt hatte?

Petrus **„konnte Gott nicht hindern"**. Verläßt Lukas mit seiner ganzen Darstellung „die Wirklichkeit, in der die echten Glaubensentscheidungen fallen" und macht, „anstatt uns Gottes Handeln spüren zu lassen", „daraus eine Reihe von Mirakeln?"[259] Der moderne Christ mag in eigener Freiheit „Glaubensentscheidungen" vollziehen und darum genug daran haben, Gottes Handeln zu spüren. Was aber hätten wohl seine Mitapostel und seine judenchristlichen Freunde gesagt, wenn Petrus ihnen erklärt hätte: „Ich habe mich glaubend zu diesem Schritt entschlossen, Heiden ohne Beschneidung voll in die Gemeinde des Messias Jesus aufzunehmen, und habe dabei Gottes Handeln gespürt"? Er hatte es mit Männern zu tun, die in ihrem AT auch nicht nur in unbestimmter Weise „Gottes Handeln spürten", sondern es im Leben Abrahams und der Väter, in der Geschichte Moses wie der Propheten „in einer Reihe von Mirakeln" eindeutig vor sich hatten. Und ein solcher Mann des AT war auch Petrus selbst. Mögen wir Heutigen es „weiter gebracht" haben, Petrus war froh, daß er bei diesem ungeheuren Schritt, der Israels ganze bisherige Geschichte geradezu aufzuheben schien, Gottes eigenes Führen und Handeln so handgreiflich vor sich hatte und seinerseits nur das eine zu tun brauchte: Gott nicht zu hindern!

Der Ausgang der Sache entspricht der Lage. Die Fragenden beken- 18

[259] So Haenchen a. a. O. S. 308.

nen nicht, für ihre Einwände eine überzeugende theologische Lösung erhalten zu haben und nun überzeugte Freunde der gesetzesfreien Heidenmission geworden zu sein. Aber sie werden angesichts der Tatsachen still. Das ist schon viel. Und sie blicken von ihren Fragen und Problemen weg auf die Größe und Herrlichkeit dieser göttlichen Tatsache: **„Also auch den Heiden hat Gott die Umkehr zum Leben gegeben!"** Auch das ist etwas Großes, wenn wir uns neidlos und herzlich der Barmherzigkeit mitfreuen, die andern widerfährt. Zu dieser Mitfreude hatte Jesus die jüdischen Frommen eingeladen (Lk 15, 31–32) – vergeblich. Die an Jesus Gläubiggewordenen aus der Beschneidung sind zu solcher lobpreisenden Mitfreude fähig geworden. Aber ihre Fragen waren damit noch nicht gelöst, gerade die Frage der vollen Lebensgemeinschaft zwischen Juden-Christen und Heiden-Christen, von denen die Erörterung mit Petrus ausgegangen war. Petrus selbst hatte hier noch keine umfassende Klarheit. Er hatte nicht mehr als die ganz praktische Erklärung: Ich mußte das alles tun, ich konnte doch **„Gott nicht hindern"**.

DIE ANFÄNGE EINER HEIDENCHRISTLICHEN KIRCHE IN DER WELTSTADT ANTIOCHIA

Apostelgeschichte 11, 19–26

19 Die nun verstreut waren von der Drangsal her, die wegen Stepha-
nus entstanden war, kamen durch bis nach Phönikien und Cypern
20 und Antiochia, keinem das Wort sagend als nur Juden. * Es waren
aber einige aus ihnen, Männer aus Cypern und Kyrene, die, als sie
nach Antiochia kamen, auch zu den Griechen sprachen, verkündi-
21 gend den Herrn Jesus. * Und es war die Hand des Herrn mit ih-
nen, und eine große Zahl, gläubig geworden, bekehrte sich zum
22 Herrn. * Gehört aber wurde die Kunde in die Ohren der Ge-
meinde in Jerusalem über sie, und sie entsandten Barnabas nach
23 Antiochia. * Als er hinkam und sah die Gnade Gottes, freute er
sich, und er ermahnte alle, dem Vorsatz des Herzens gemäß zu
24 bleiben bei dem Herrn. * Denn er war ein guter Mann und
voll von Heiligem Geist und Glauben. Und es wurde hinzugetan
25 eine große Schar zum Herrn. * Er zog aber aus nach Tarsus, um
26 nach Saulus zu suchen, * und als er ihn gefunden hatte, brachte
er ihn nach Antiochia. Es geschah ihnen aber, daß sie sich sogar
ein ganzes Jahr vereinten in der Gemeinde und eine große Schar
lehrten, und daß zuerst in Antiochia die Jünger den Namen
„Christianer" erhielten.

zu Vers 19: Apg 8, 1–4
zu Vers 20: Apg 10, 36
zu Vers 21: Lk 1, 66; Apg 2, 47
zu Vers 22: Apg 8, 14
zu Vers 23: Apg 13, 43; 14, 22
zu Vers 24: Apg 2, 47; 5, 14
zu Vers 25: Apg 9, 11. 27. 30
zu Vers 26: Mt 28, 19 f; 1 Pt 4, 16

Lukas „blendet zurück". Wörtlich knüpft er an Apg 8, 4 an. Und nun müssen wir uns an eine Eigenart des Schriftstellers Lukas gewöhnen: Das mächtige Ereignis, das für alles Weitere bis zur Reise des Paulus nach Rom schlechthin entscheidend ist, den Anfang einer heidenchristlichen Kirche in der Weltstadt Antiochia, berichtet er in wenigen knappen Zeilen, während er die Bekehrung des Kornelius in großer Ausführlichkeit mit mancher Wiederholung erzählt hat. Wir würden gerade umgekehrt verfahren sein. Und doch gibt uns Lukas damit ganz das richtige Bild. In Kap. 10, 1 und 11, 18 ging es nicht nur um die Bekehrung eines römischen Hauptmanns als solchen, sondern um die Gewinnung des maßgebenden Apostels für die Heidenmission ohne Beschneidung überhaupt. Auch der neue Anfang in Antiochia hätte niemals diesen großen Fortgang haben können, wenn nicht Petrus inzwischen durch Gottes besondere Führungen und Taten dazu gebracht worden wäre, unbeschnittene Heiden nur auf Grund ihrer Bekehrung zu Jesus voll als Brüder in der Christusgemeinde anzusehen. So urteilt Paulus selbst noch viele Jahre später in Gal 2, 2. Darum mußte hier bis in alle Einzelheiten hinein ein umfassendes Bild gegeben werden. Die Gründung der heidenchristlichen Gemeinde in Antiochia geschah ganz unscheinbar von unbekannten Männern. Und dann erst erweist sich die Bedeutsamkeit dieses Geschehens. Dem entspricht die knappe und stille Art, mit der Lukas berichtet.

„Die nun verstreut waren von der Drangsal her, die wegen Stephanus entstanden war . . ."; es gab also immer noch „Verstreute" von damals her. Und nun erfahren wir, daß sie auf ihrer Flucht nicht nur nach Samarien, sondern sogar bis **„nach Phönikien und Cypern und Antiochia gekommen sind**[260]. **„Phönikien"** ist der lange schmale Küstenstreifen Palästinas vom Karmel bis zum Libanon mit den bedeutenden Küstenstädten Ptolemais, Tyrus, Sarepta, Sidon; Cypern die umfangreiche Insel in dem Winkel des Mittelmeeres, der von Syrien und Kilikien gebildet wird. Vor allem wichtig aber ist Antiochia. Es ist eine verhältnismäßig junge Stadt, eine Gründung der Diadochen, der Nachfolger Alexanders des Großen, zwischen Libanon und Taurusgebirge im fruchtbaren Weideland am Orontes gelegen, 300 km nördlich von Damaskus. „Es war rasch zu einer 19

[260] Mißtrauisch hat man hier einen „Widerspruch" zu Apg 9, 26 gesehen. Als ob alle Flüchtlinge nach dem Aufhören der Verfolgung notwendig wieder hätten zurückkommen müssen. Gerade die am weitesten Weggelangten werden am ehesten dort eine neue Heimat gefunden haben, so daß sie nun dort bleiben. Man bedenke dabei, wie sehr die Juden damals überhaupt in weiter Verstreuung zu leben gewohnt waren. Die jetzt aus Jerusalem Geflüchteten finden überall Volksgenossenschaft und Synagoge und waren darum verhältnismäßig schnell „zu Hause".

Weltstadt emporgeblüht, zur drittgrößten Stadt des Reiches nach Rom und Alexandrien, zu einem Schmelztiegel der Kulturen und der Religionen, freilich auch zu einer ähnlich verrufenen Stadt wie Korinth. Von seiner einstigen Größe zeugen noch heute die antike Stadtmauer, die sich, viel zu weit geworden, um das zu einer mittleren Provinzstadt zusammengeschrumpfte moderne Antiochia (Antakiye) zieht, und vor allem das Museum mit seinen herrlichen Mosaiken u. a. aus jener Glanzzeit" (Stählin a. a. O. S. 161). In Antiochia lebte eine große und missionarisch kraftvolle Judenschaft, der sich viele Proselyten anschlossen. Unter den „Sieben" Kap. 6, 1–6 war uns Nikolaus als ein solcher „Proselyt aus Antiochia" genannt worden.

Wir hörten es schon in Kap. 8, 4, daß die Versprengten trotz der Not, aus der sie kamen, von ihrem Glauben nicht schwiegen. Aber es war ihnen zunächst ganz selbstverständlich, daß sie **„keinem das Wort sagten als nur den Juden"**. Da ergab sich die „Anknüpfung" für die Verkündigung zwangsläufig: Die Flüchtlinge mußten von ihrem Schicksal erzählen und dabei auch den Grund ihrer Flucht nennen; damit waren sie unvermeidlich bei der Botschaft von Jesus. Dann aber geschieht ohne irgendwelche Planung und zunächst sicher
20 ganz nebenbei ein Schritt von großer Bedeutung: **„Einige"** der Flüchtlinge – es handelt sich um **„Männer aus Cypern und Kyrene"**, die den Umgang mit Griechen gewöhnt waren – redeten **„auch zu den Griechen"**[261]**, „verkündigend den Herrn Jesus"**. Sie mochten persönliche oder geschäftliche Beziehung zu griechischen Einwohnern von Antiochia haben oder jetzt finden und benützten diese Beziehung, um „den Herrn Jesus zu evangelisieren". Es kommt auch hier wieder zu der „Evangelisation von Mann zu Mann". Der Inhalt der Evangelisation und damit das Thema jeder Evangelisation wird hier bei einer völlig voraussetzungslosen heidnischen Hörerschaft auf die knappste und einfachste Formel gebracht, die noch in 1 Ko 12, 3 als das Urbekenntnis eines Christen nachklingt: „Kyrios Jesous = Herr ist Jesus." Atst Schriftbeweis konnte hier nicht gebracht, an Gesetz oder Opferkult nicht angeknüpft werden. Aber was ein „Kyrios", ein **„Herr"** ist, das wußte in Antiochia jedermann. Es gab viele „Herren" weltlicher und religiöser Art. Nun bezeugen jene Flüchtlinge: „Wir haben einen Herrn Jesus Christus, durch welchen alle Dinge sind und wir durch ihn" (1 Ko 8, 6). Er ist wirklich und ernstlich der **„Herr"**, der unser ganzes Leben für sich beansprucht, dem

[261] Eine nicht unerhebliche Handschriftenreihe liest statt „Hellenen = Griechen" vielmehr **„Hellenisten"**. Aber „Hellenisten" waren kein Gegensatz zu den „Juden", da auch strenge Juden sprachlich-kulturell „Hellenisten" sein konnten (vgl. Apg 6, 1). „Hellenisten" muß trotz alter Bezeugung ein Schreibfehler sein.

wir aber auch unser ganzes Leben für Zeit und Ewigkeit anvertrauen dürfen. Dabei werden die Flüchtlinge von diesem **„Herrn Jesus"** ähnlich erzählt haben, wie Petrus es vor dem heidnischen Offizier tat. Diese Evangelisation wurde erleichtert durch das aufgelockerte Geistesleben dieser Großstadt, die reich war an berühmten Schulen für Philosophie, Medizin und Rhetorik und über eine großartige Bibliothek, über Theater, Sportstadien und Bäder verfügte; sie war er-
schwert durch die sprichwörtliche sittliche Laxheit der Bevölkerung 21
mit ihrem entarteten Heidentum. Zum eigenen Staunen derer, die dieses Gespräch über Jesus mit Heiden wagten, fand die Botschaft in erheblichem Maße Eingang: **„Eine große Zahl, gläubig geworden, bekehrte sich zum Herrn."** Waren jene Männer aus Kyrene und Cypern so geschickte Missionare, so überzeugende, so vollmächtige Geistesmenschen? Lukas sagt uns darüber nichts, denn er sieht den Grund des Erfolges ganz woanders: **„Es war die Hand des Herrn mit ihnen."** Das ist zuletzt immer und überall der eigentliche Grund wirksamer Verkündigung. So wurden diese namenlosen Männer aus dem Volk, ohne Ausbildung, ohne Ordination, ohne Missionsgesellschaft, ohne Plan ganz entscheidende Pioniere der Heidenmission. Die Stunde Gottes war da; sie wagten das Zeugnis, und **„die Hand des Herrn war mit ihnen"**.

Aber wie gut und notwendig, daß das Geschehen in Caesarea 22
vorangegangen ist. Als jetzt **„die Kunde über sie in die Ohren der Gemeinde in Jerusalem kommt"**, daß in Antiochia große Scharen von Heiden ohne Beschneidung, nur auf Grund ihrer Bekehrung zu Jesus und ihres Glaubens an ihn, in die Gemeinde aufgenommen worden seien, war es nicht mehr das erschreckend Neue; zugleich war es auch nicht so unmittelbar herausfordernd, weil hier nicht der erste Mann der Urgemeinde als alter Israelit mit unbeschnittenen Männern Tischgemeinschaft gehalten hatte; es war alles sehr viel weiter entfernt geschehen. Immerhin, es bewegt nicht nur die Apostel, sondern die ganze Jerusalemer Gemeinde. Sie weiß sich verantwortlich für alles, was sich irgendwo um Jesus Christus sammelt. **„Und sie entsandten Barnabas nach Antiochia."** Diesmal können die Apostel nicht selbst kommen, dazu liegt Antiochia zu fern. Barnabas, von Cypern stammend, ist den Menschen dort in Antiochia innerlich näher. Mit ihm, dem „Sohn des Trostes", kommt ein Mann in die neuentstandene Gemeinde, der seiner ganzen Art nach ein Mann offenen Vertrauens ist[262]. Darum kommt er auch nach Antiochia

[262] Er hat Saulus den Weg zu den Aposteln in Jerusalem vermittelt (Kap. 9, 27), und selbst bei seinem Zusammenstoß mit Paulus (Kap. 15, 37—39) steht diese seine Art dahinter: Er will Johannes-Markus trotz seines Versagens nicht fallen lassen.

23 nicht als kritischer Beobachter, sondern **„als er hinkam und sah die Gnade Gottes, freute er sich"**. Im Grie wird dieser kurze Satz durch den Anklang der Worte „Gnade = cháris" und „er freute sich = echáre" noch sprechender. Barnabas sieht nicht gleich „Bedenkliches" und „Probleme"; er sieht, wie herrlich die freie Gnade Gottes auch Heiden in die Gemeinde holt; wie konnte er etwas anderes tun als sich freuen, daß Gottes Gnade so weit reicht und so Unerwartetes tut! Das ist noch mehr als das Wort des Petrus: „Ich konnte Gott nicht hindern." Barnabas „hinderte" nicht nur nicht[263], sondern er **„freute"** sich. Er sah freilich auch die Gefahr, daß diese geistig beweglichen Griechen leicht wieder erlahmen konnten. Darum **„ermahnte er alle, dem Vorsatz des Herzens gemäß zu bleiben bei dem Herrn"**. Wieviel solcher Mahnungen zum „Bleiben" gehen durch das ganze NT[264]. Es ist durchaus nicht selbstverständlich, daß alle Bekehrten und zum Glauben Gekommenen nun auch „bleiben"! „Heilsgewißheit" ist nicht „Sorglosigkeit"! Heilsgewißheit sieht auf die Macht und Treue des Herrn; rechte Seelsorge sieht auch mit nüchternem Blick auf die ganze äußere und innere Bedrohtheit des Menschen und mahnt darum mit Ernst und immer neu zum „Bleiben"!

24 Lukas ist in seiner Schilderung sehr zurückhaltend mit einem persönlichen Lob einzelner Männer. Hier aber fügt er doch an: **„Denn er war ein guter Mann und voll von Heiligem Geist und Glauben."** Dabei hat für den Griechen das Wort „gut" nicht den von uns leicht hineingehörten Klang von „Gutmütigkeit", sondern mehr die Bedeutung von „tüchtig". Seine Freude an der jungen Gemeinde ebenso wie sein herzliches Mahnen geschieht im „Glauben" und ist geleitet und bevollmächtigt vom Heiligen Geist. Sonst hätte es wenig genutzt, wenn er ein „guter Mann" war. Nun aber ist es nicht verwunderlich, daß in seiner Anwesenheit das Wachstum der Gemeinde weitergeht: **„Und es wurde hinzugetan eine große Schar zum Herrn."**

25/26 Aber Barnabas leistet für den ganzen weiteren Gang der Kirchengeschichte nicht nur den guten Dienst, daß er sich an der gesetzesfreien Heidengemeinde einfach „freut", er fördert nicht nur das Wachstum dieser Gemeinde nach innen und außen, sondern er tut noch einen weiteren Schritt von großer Tragweite: Er holt Paulus in die Arbeit nach Antiochia und legt damit den Grund für das ganze Lebenswerk des Paulus. Er erkennt die besondere Bedeutung dieser Gemeinde in diesem Zentrum des Ostens. Er sucht zu ihrem Aufbau

[263] Das ist bei allen Kirchen und Kirchenleitungen oft schon das Beste, was sie neuen Aufbrüchen gegenüber tun können.

[264] Vgl. Jo 15, 4. 5. 9; Apg 2, 42; 13, 43; 14, 22; 1 Ko 13, 13; Kol 1, 23; 1 Tim 6, 2; 1 Jo 2, 24. 28; 4, 16; Mt 10. 22; Offb 2. 10. 13. 25; 3. 10 f.

einen Mitarbeiter von besonderer Fähigkeit und denkt an Saul von Tarsus. Er kennt seine Tatkraft als Verfolger wie als Christ und Zeuge Jesu; er hat ihn selber in Jerusalem bei den Aposteln eingeführt (Apg 9, 27). Er sah auch wohl, wie nötig die Gemeinde dieser Weltstadt einen durchgebildeten Theologen und gründlichen Denker brauchte. Er wußte, wie Saulus damals in seine Heimatstadt Tarsus geschickt worden ist. Ist er noch dort? **„Er zog aber aus nach Tarsus, um nach Saulus zu suchen; und als er ihn gefunden hatte, brachte er ihn nach Antiochia."** Und nun folgt ein ganzes Jahr fruchtbarer gemeinsamer Arbeit dort. Es ist vor allem Lehrarbeit. Eine Gemeinde Jesu entsteht und wächst nach außen nur durch „Evangelisation", durch die erweckliche Verkündigung der rettenden Botschaft. Ist sie aber entstanden, so bedarf sie der Festigung und des inneren Wachstums durch „Lehre". Sie waren in Jerusalem „beharrlich in der Lehre der Apostel geblieben" (Apg 2, 42), und so lehrten Barnabas und Saulus nun auch in Antiochia **„eine große Schar"**. Lukas sagt: **„Es geschah ihnen dies."** Es war bei der Entsendung des Barnabas nicht so geplant gewesen, und an Saulus hatte niemand gedacht. Nun „begab es sich" so. Es war ihnen und der Gemeinde ein Geschenk. Wieviel wird Saulus bei diesem langen, gründlichen „Lehren" selber gelernt haben. Eines lernte er dabei ganz neu kennen: die Arbeitsgemeinschaft mit einem Bruder, den Dienst in der „Mannschaft". Die großen Lehrer Israels waren im Grunde einsame Leute, die je für sich eine „Schule" bildeten, andern aber kritisch gegenüberstanden. Jetzt darf Paulus kosten, wie das ist, wenn man in der Gemeinschaft mit einem Bruder seinen Dienst tut. Paulus hat das nicht wieder missen mögen, auch nicht, als es zu dem schmerzlichen Bruch mit Barnabas kam. Welche reichen Bilder herzlicher Arbeitsgemeinschaft zeigen uns seine Briefe, vor allem auch die Grußliste in Rö 16.

Und noch etwas Bedeutsames geschah in Antiochia: Die **„Jünger"** 26
erhielten dort einen eigenen Namen! Sie waren zunächst einfach „Juden" gewesen und wollten es auch selber sein. Ihnen hatte sich in Jesus Israels große Hoffnung erfüllt. Sie fühlten sich darum gerade als die eigentlichen Juden und hofften, ganz Israel zu Jesus führen zu können. Für die leitenden Kreise ihres Volkes waren sie eine bedenkliche jüdische Absplitterung, „die Sekte der Nazarener", wie der Rechtsanwalt des Hohen Rates zornig und verächtlich vor Felix sagt (Apg 24, 5). Auch von der Heidenwelt wurden sie einfach als „Juden" betrachtet. Nun aber war gerade in Antiochia eine große Zahl „Griechen" zur Gemeinde gestoßen. Als „Juden" konnten sie sich weder selber betrachten, noch von ihren grie Mitbürgern betrachtet werden. Was waren sie? „Nazarener", wie die Juden sie

schalten? Aber diese Bezeichnung war den Leuten von Antiochia völlig unverständlich; von „Nazareth" hatten sie nie etwas gehört. Oder „Jünger, Schüler"? Aber dieser Ausdruck war in dieser Stadt mit den vielen Unterrichtsstätten viel zu formal. Was gab es da alles für „Schüler"! Da greifen die Antiochener den Namen auf, der in allen Gesprächen mit ihnen immer wieder erklang und die entscheidende Rolle spielte, und nannten sie nach Jesus Christus die „Christianer", die „Christusleute". Dieser Name war brauchbar und bürgerte sich rasch ein. In 1 Pt 4, 16 ist er schon ganz selbstverständlich verwendet. Freilich, gerade diese Stelle läßt auch schon etwas von den Schwierigkeiten ahnen, die mit ihm über die Gemeinde Jesu heraufzogen. Das Judentum war im römischen Reich „Religio licita", öffentlich anerkannte Religion. Als „Juden" waren die Jünger zugleich „legale" Leute. Wie stand es aber mit den „Christianern"? Schon sehr bald, unter Nero, wird das Wort „Christ" ein Wort des Verdachtes und Hasses. Und in dem Briefwechsel zwischen Kaiser Trajan und seinem Statthalter Plinius im Jahre 111—13 wird bereits die Frage erörtert, ob der Christenname als solcher strafwürdig sei. Tertullian (geboren um 150 n. Chr.) kennt den furchtbaren Ruf, der sich bei jedem öffentlichen Unglück erhob: „Christianos ad leonem!", — „Vor die Löwen mit den Christianern!" Das konnten die nicht ahnen, die sich an dem neuen, klaren Namen in Antiochia freuten[265].

EINE ERSTE HEIDENCHRISTLICHE SAMMLUNG FÜR JERUSALEM

Apostelgeschichte 11, 27—30

zu Vers 27: Apg 13, 1; 15, 32; Eph 4, 11

27 In diesen Tagen kamen herab von Jerusalem Propheten nach
28 Antiochia. * Es stand aber auf[266] einer von ihnen mit Namen
Agabus und sagte durch den Geist voraus, daß eine große Hun-

[265] Wenn der Verfasser der Apostelgeschichte nach der Meinung der historischen Kritik sein Buch erst am Anfang des 2. Jahrhunderts schrieb, konnte er dann noch so unbefangen und fröhlich von der Entstehung des damals bereits so gefährlichen Namens berichten?

[266] Codex D bringt wieder eine abweichende Gestaltung des Textes: „Es war aber großes Frohlocken. Als wir uns aber zusammenscharten, sprach einer von ihnen mit Namen Agabus, andeutend durch den Geist, daß ..." Damit erscheint hier zum ersten Mal die „Wir"-Quelle des Lukas. Hat D etwa den richtigen Text? War Lukas damals selbst mit in Antiochia? Da wir den Schreiber aber mehrfach dabei getroffen haben, wie er den ihm vorliegenden Text erbaulich erweitert und ausgeschmückt hat, werden wir von vornherein bedenklich sein. Dazu fehlt gerade in der Schilderung dieses antiochenischen Jahres jeder anschauliche Zug, so daß auch von daher nicht wahrscheinlich ist, daß Lukas dieses Jahr miterlebte.

gersnot kommen werde über die ganze Erde; sie trat (auch wirk-
29 lich) **ein unter Klaudius. * Von den Jüngern aber, entsprechend
wie einer die Mittel hatte, beschlossen sie, ein jeder von ihnen,**
(etwas) **zum Dienst** (zur Unterstützung) **zu schicken den in Judäa
30 wohnenden Brüdern. * Das taten sie auch und sandten** (es) **an
die Ältesten durch die Hand des Barnabas und Saulus.**

zu Vers 28: Apg 21, 10
zu Vers 29: 2 Ko 8, 9. 12 Gal 2, 10
zu Vers 30: Rö 15, 25-28 1 Ko 16, 1

Unter den Männern, die Gott mit besonderen Gaben den Gemeinden schenkt, werden Eph 4, 11 ebenso wie 1 Ko 12, 28 auch die „Propheten" genannt. Die Schilderung der Gemeindeversammlung in Korinth zeigt, daß dabei mit einer ganzen Schar von „Propheten" in einer Gemeinde gerechnet wird, die einander in ihrem Reden ablösen (1 Ko 14, 29—32). So ist es nicht verwunderlich, daß auch aus der Jerusalemer Gemeinde eine Gruppe von Propheten nach Antiochia kommt. Warum sie diese weite Reise zu einer Gemeinde machten, in der bereits die Prophetengabe lebendig war (Apg 13, 1), wissen wir nicht. Aber müssen wir denn alles wissen? Die Darstellung des Lukas ist an vielen Stellen kurz und summarisch[267]. Einer aus der Prophetenschar, Agabus, dem wir dann Apg 21, 10 f noch einmal in Caesarea begegnen werden, **„sagte durch den Geist voraus, daß eine große Hungersnot kommen werde über die ganze Erde"**. Sicherlich war es weder beim atst noch beim ntst Propheten die einzige oder auch nur hauptsächlichste Aufgabe, künftige Ereignisse vorauszusehen (vgl. 1 Ko 14, 24 f)[268]. Aber daß wiederum der Blick in die Zukunft zum Wesen des Prophetentums gehört, ist nicht gut zu bestreiten. Einen solchen Vorausblick schildert unser Abschnitt. Er bezieht sich auf eine große Hungersnot, die **„über die ganze Erde"** kommen soll. Lukas verwendet hier das Wort, das wir heute als „Ökumene" in einem andern Sinn kennen. Damals bezeichnete es die „bewohnte", die „kultivierte", vor allem auch die vom römischen Reich beherrschte und verwaltete Erde. Lokale Hungersnöte gab es

[267] Den Bericht kritisch anzuzweifeln, weil wir über die Gründe des berichteten Vorganges nichts wissen, ist unberechtigt. Ist es nicht ein Zeichen unserer Armut und Kälte, daß wir überhaupt nach besonderen „Gründen" fragen, während doch einfach das lebendige Verlangen der Bruderschaft der „Propheten" von Jerusalem nach dieser neu geschenkten Gemeinde im fernen Antiochia ziehen konnte? Wie sehr hat sich Paulus danach gesehnt, nicht nur Fürbitte zu tun, sondern „das Angesicht der Brüder zu sehen" (1 Th 2, 17). Da nimmt man auch eine beschwerliche Reise von 500 km auf sich!

[268] Es ist aber ernsthaft zu fragen, ob nicht das „prophetische Reden" als allgemeine Geistesgabe der Gemeinde noch etwas anderes ist als die spezielle Gabe, die einige Männer für die Dauer oder wenigstens für längere Zeit zu „Propheten" macht. Paulus kann doch nicht im Gegensatz zu 1 Ko 12, 29 jetzt auf einmal die Vorstellung haben, daß nun doch „alle" Gemeindeglieder (1 Ko 14, 24, 31) zu „Propheten" werden.

damals oft. Jetzt sieht Agabus eine Notzeit kommen, die das ganze römische Reich erfaßt.

29 Solche allgemeinen Nöte treffen die Kinder Gottes genauso wie die gottfernen Menschen. Auch die antiochenischen Christen meinen nicht, daß die Gläubigen vom Hunger wunderbar verschont würden. Darum wissen sie sich aufgerufen zum Helfen. Und nun geschieht wirklich etwas „Wunderbares": Diese Christen denken nicht zuerst an sich selbst und treffen nicht Vorkehrungen, wie sie sich in Antiochia auf die schwere Zeit vorbereiten können; sie denken an die Urgemeinde im jüdischen Lande. Sie wissen durch Barnabas und nun auch durch die Jerusalemer Propheten, wie schwer die Urgemeinde jetzt schon mit ihren vielen Armen durchkommt (vgl. o. S. 75). Wie wird es erst werden, wenn die allgemeine Not die Preise hinaufschnellen läßt? So beschließen sie sofort eine Geldsammlung, bei der jeder so viel zeichnet, wie seine Mittel es erlauben, um dann das Geld **„zum Dienst[269] zu schicken den in Judäa wohnenden Brüdern"**. Sie führen die Sammlung auch tatsächlich durch. Wie groß ist diese Hilfsbereitschaft in einem Augenblick, in dem das drohende Gespenst der Hungersnot vor ihnen allen stand und die menschliche Vernunft ihnen sagte, daß sie ausgerechnet jetzt doch nichts abgeben könnten.

30 Und sie **„sandten** (es) **an die Ältesten durch die Hand des Barnabas und Saulus"**. Auf einmal erscheinen hier **„Älteste"** in Jerusalem. Warum wird die Kollekte nicht an die Apostel gesandt? Wir müssen uns erinnern, daß sie schon in Kapitel 6 den ganzen Unterstützungsdienst in andere Hände abgegeben haben. Und wir müssen darauf achten, daß die Sammlung nicht ausschließlich für Jerusalem selbst bestimmt war, sondern umfassender **„den in Judäa wohnenden Brüdern"** galt. Daß die Gemeinden in dem Lande nach dem Vorbild Israels „Älteste" hatten, ist nicht erstaunlich. Lukas hat auch hier wieder nicht ausdrücklich berichtet, was ihm in dem begrenzten Umfang seines Werkes nicht unbedingt erzählenswert erschien. Aber auch in der großen Gemeinde der Stadt Jerusalem selbst kann sich rasch die Notwendigkeit ergeben haben, so wie zunächst die „Sieben" zum „Tischdienst", dann auch „Älteste" für die vielen praktischen Aufgaben der Gemeindeleitung einzusetzen. Diese Aufgaben konnten von den Aposteln nicht auch noch wahrgenommen werden, wenn der Grundsatz des Petrus Kap. 6, 4 aufrecht erhalten werden sollte.

Barnabas und Saulus gehen nach Jerusalem. Kann das stimmen? Paulus selbst hat im Galaterbrief auf seinen ersten Besuch in Jerusalem (Gal 1, 18) nur noch den zum Apostelkonzil folgen lassen

[269] Das hier verwendete, allgemeine Wort „Dienst" gewinnt auch in Aussagen des Paulus 1 Ko 16, 15; 2 Ko 8, 4; 9, 13; Rö 15, 31 den Sinn von „Unterstützung".

(Gal 2, 1). Ist damit nicht die Angabe des Lukas in unserem Abschnitt widerlegt? Aber war es wirklich die Absicht des Paulus im Galaterbrief, alle Aufenthalte in Jerusalem zu registrieren? War das für den Zweck seiner Darstellung den Galatern gegenüber erforderlich? Von juden-christlicher Seite war den Galatern gesagt worden, ihr Paulus sei gar kein wirklicher Apostel mit eigener Vollmacht; er sei erst später in den Dienst getreten und von den eigentlichen und wirklichen Aposteln, den Zwölf in Jerusalem, abhängig. Nun beweist Paulus den Galatern seine volle Unabhängigkeit. Daß er nach seiner unmittelbar von Jesus selbst gewirkten Bekehrung drei Jahre in der Arbeit stand, ohne erst ein Schüler der Apostel zu werden, daß er dann bei seinem ersten Besuch nur kurz in Jerusalem weilte und außer Petrus und dem Herrenbruder Jakobus keinen der Apostel sah, und daß seine Teilnahme am Apostelkonzil so verlief, wie er es in Galater 2 schildert, das alles war für diesen Nachweis von entscheidender Bedeutung. Aber war seine Selbständigkeit und apostolische Vollmacht dadurch widerlegt, daß er einmal von Antiochia aus eine Kollekte nach Jerusalem brachte und sie nicht einmal den Aposteln, sondern den **„Ältesten"** übergab? Das war wohl kaum von seinen Gegnern als „Beweis" gegen ihn verwertet worden. So hatte auch Paulus keinen Grund, in seinem Brief darauf einzugehen.

Eine genaue Zeitangabe für das Eintreten der Hungersnot hat Agabus nicht gemacht. Lukas fügt noch hinzu, sie sei unter Kaiser Klaudius tatsächlich gekommen[270]. Klaudius regierte von 41—54. Aus Angaben des jüdischen Geschichtsschreibers Josephus wissen wir, daß Palästina unter der Regierung von Titus Alexander, dem 2. Statthalter nach König Agrippas Tod (im Jahre 44), schwere Hungersjahre durchmachte. Das kann nicht vor dem Jahre 46 gewesen sein. Die Sammlung und Hilfesendung aus Antiochia denkt sich Lukas bereits im Jahre 44, da er anschließend den Tod des Königs Herodes Agrippa berichtet. Aber seine Schilderung behauptet auch gar nicht, daß die Unterstützung für die judäischen Gemeinden erst bei Ausbruch der Not erfolgt sei. Seine Hinzufügung: **„Sie trat** (auch wirklich) **ein unter Klaudius"** will zeigen, daß er selber das Eintreten des Hungers zeitlich von seiner Voraussage trennt. Die Gemeinde aber ließ sich sofort zum Handeln bewegen, gerade weil die prophetische

[270] Aus dem Geschichtswerk des Sueton hören wir von einer Hungersnot, die in Rom zu öffentlichen Beschimpfungen des Kaisers Klaudius durch die leidende Bevölkerung führte. Kritische Forscher haben dagegen eingewandt, daß damit noch nicht eine Katastrophe in allen Provinzen des Reiches bewiesen sei. Nun, eine prophetische Schau kann nicht statistisch gepreßt werden. Auch allgemeine Notzeiten wirken sich nie hundertprozentig aus. Wenn ein Prophet unserer Tage die Zerstörung der Städte in ganz Deutschland von der Luft aus geweissagt hätte, so wäre sein Spruch dadurch noch nicht „widerlegt", daß statistisch eine ganze Anzahl deutscher Städte unversehrt blieb.

Schau nicht erkennen ließ, wie nah die Katastrophe etwa schon war.

Wichtig ist für uns die Übereinstimmung dieser ersten Sammlung einer heidenchristlichen Gemeinde für Jerusalem mit der späteren Sammeltätigkeit des Paulus. Wenn auch die Hungersnot **„über die ganze Erde"** geht, wird doch nur Jerusalem und Judäa Gegenstand helfender Fürsorge. Die Urgemeinde besaß eine Wichtigkeit und Würde, die gerade von den Gemeinden aus den Nationen — und genauso von Paulus — willig anerkannt und mit solcher Sammlung bestätigt wurde. Die Tempelsteuer, die von jedem Diaspora-Juden gezahlt wurde, mag hier unwillkürlich mitgewirkt haben. Die Kollekte bleibt aber im Unterschied von der festgelegten Tempelsteuer völlig freiwillig. Das hat Paulus auch später stets festgehalten (2 Ko 8). Antiochia ist also auch in dieser wichtigen Sache vorangegangen und hat die Grundlinie der späteren Entwicklung vorgezeichnet. Indem Paulus mit in den Dienst der Sammlung gestellt wird, hat er auch hier für sein ganzes weiteres Werk Grundlegendes gelernt.

WUNDERBARE BEFREIUNG DES PETRUS AUS DEM GEFÄNGNIS

Apostelgeschichte 12, 1—19

zu Vers 1: Lk 21, 12
zu Vers 2: Mt 20, 20-23
zu Vers 3: Apg 24, 27; 25, 9
zu Vers 5: Jak 5, 16 b
zu Vers 6: Lk 8, 23; Ps 4, 9
zu Vers 7: Apg 5, 19; Hbr 1, 14
zu Vers 9: Ps 91, 11. 12; Ps 126, 1 ff
zu Vers 11: Ps 34, 8; Dan 6, 23; Apg 16, 24

1 In jener Zeit aber legte der König Herodes Hand an, um einigen
2 von der Gemeinde Böses anzutun. * Er tötete aber Jakobus, den
3 Bruder des Johannes, mit dem Schwert. * Da er aber sah, daß es
wohlgefällig ist den Juden, ließ er weiterhin auch Petrus ver-
4 haften — es waren aber die Tage der ungesäuerten Brote —, * den
er nach der Festnahme ins Gefängnis warf, indem er ihn vier
Viererschaften von Soldaten übergab, ihn zu bewachen, mit der
5 Absicht, ihn nach dem Passah dem Volke vorzuführen. * Petrus
nun wurde bewacht in dem Gefängnis; Gebet aber wurde ange-
6 spannt gehalten von der Gemeinde zu Gott für ihn. * Als aber
Herodes im Begriff war ihn vorzuführen, in jener Nacht schlief
Petrus zwischen zwei Soldaten gebunden mit zwei Ketten; Wächter
7 aber vor der Tür hielten die Wache. * Und siehe, ein Engel des
Herrn trat heran, und ein Licht leuchtete auf in dem Raum. Pe-
trus einen Stoß in die Seite gebend, weckte er ihn auf mit dem
Worte: „Stehe rasch auf!" Und es fielen ab seine Ketten von den
8 Händen. * Es sprach aber der Engel zu ihm: „Gürte dich und zieh
deine Sandalen an!" Er machte es so. Und er spricht zu ihm:
9 „Wirf deinen Mantel um und folge mir!" * Und hinausgehend

folgte er ihm und wußte nicht, daß es wahr ist, was durch den
Engel geschieht; er meinte aber ein Traumgesicht zu sehen.
10 * Durchschreitend aber die erste Wache und die zweite kamen sie
an das eiserne Tor, das in die Stadt führt; es öffnete sich von
selbst für sie, und hinaustretend gingen sie eine Straße weiter
11 vorwärts, und alsbald schied der Engel von ihm. * Und Petrus
kam zu sich und sprach: „Nun weiß ich wirklich, daß der Herr
seinen Engel gesandt und mich aus der Hand des Herodes errettet
12 hat und aus aller Erwartung des Volkes der Juden." * Als er sich
darüber klar geworden war, ging er zu dem Hause der Maria,
der Mutter des Johannes mit dem Beinamen Markus, wo viele
13 versammelt waren und beteten. * Als er aber an der Tür des Tor-
gebäudes klopfte, kam eine Magd, um nachzusehen, mit Namen
14 Rhode, * und als sie die Stimme des Petrus erkannte, öffnete sie
vor Freude das Torgebäude nicht, sondern lief hinein und berich-
15 tete, es stehe Petrus vor dem Torgebäude. * Sie aber sagten zu
ihr: „Du bist von Sinnen." Sie aber behauptete steif und fest, es
16 verhielte sich so. Da meinten sie: „Es ist sein Engel." * Petrus
aber klopfte weiter. Als sie aber öffneten, sahen sie ihn und ge-
17 rieten außer sich. * Er aber winkte ihnen mit der Hand zu schwei-
gen und erzählte ihnen, wie der Herr ihn herausgeführt habe aus
dem Gefängnis, und sagte: „Berichtet Jakobus und den Brüdern
18 dies!" Er aber ging fort und zog an einen andern Ort. * Als es
aber Tag wurde, gab es eine nicht geringe Bestürzung unter den
19 Soldaten, was nur aus Petrus geworden war? * Als aber Herodes
nach ihm sandte und ihn nicht mehr vorfand, verhörte er die
Soldaten und befahl sie abzuführen; und er ging von Judäa nach
Caesarea hinab und hielt sich dort auf.

zu Vers 12: Apg 12, 25; 15, 37; 2 Tim 4, 11
zu Vers 14: Lk 24, 41
zu Vers 15: Mt 18, 10
zu Vers 17: Gal 1, 19
zu Vers 18: Apg 5, 21—24
zu Vers 19: Apg 16, 27

In der Lage der Gemeinde hat sich eine ernste Wende vollzogen. 1
Kaiser Klaudius hatte im Jahre 41 Herodes Agrippa aus Dank für politische Verdienste — er hatte zwischen dem Senat und dem vor den Truppen ausgerufenen neuen Kaiser vermittelt — zum König von Jerusalem ernannt. Damit beherrschte Agrippa das gesamte Reich seines Großvaters, Herodes des Großen. Nun lebte die Urgemeinde nicht mehr unter einem römischen Statthalter, von dem immer noch ein gewisser Rechtsschutz erhofft werden konnte, sondern unter einem orientalischen Despoten, dessen Willkür sie ausgeliefert war. Die weltliche Geschichte ist nicht belanglos für die Gemeinde Jesu! Zugleich hat sich aber auch die Einstellung der Judenschaft gegen die Gemeinde gewandelt. Am Anfang hatte Lukas sagen können: „Sie hatten Gunst bei dem ganzen Volk" (Apg 2, 47). Auch in der Folgezeit mußte der Hohe Rat noch mit der Stimmung des Vol-

kes rechnen, das für die Apostel eingenommen war (Kap. 4, 21; 5, 26). Aber schon bei dem Tumult um Stephanus war das anders geworden. Jetzt stößt der König bei den Juden sogar auf lebhafte Sympathie, als er gegen die Apostel vorgeht. Verwundert uns das? Volksstimmungen sind zu allen Zeiten sehr unbeständig. Und die ernste, geheiligte Haltung der Christenheit konnte auf die Dauer schwerlich der breiten Masse gefallen. Jedenfalls **„in jener Zeit aber legte der König Herodes Hand an, um einigen von der Gemeinde Böses anzutun"**. Die Zeitangabe bleibt unbestimmt wie vielfach bei Lukas. Waren Paulus und Barnabas schon in Jerusalem? War das Ganze ein Gegenschlag Satans gegen die wirkungsmächtigen Ereignisse, die in Antiochia für die weltweite Ausbreitung der Christusbotschaft ihren Anfang genommen hatten? Eindrucksvoll ist die Gegenüberstellung jedenfalls: Dort Antiochia mit seiner wachsenden Gemeinde, hier Jerusalem mit erneuter Verfolgung, die diesmal gerade den Apostelkreis trifft. In der Gemeinde Jesu sind die Geschicke von Anfang an nicht gleichmäßig. Antiochia darf eine Zeit fröhlichen Gedeihens haben, Jerusalem geht durch Angst und Leiden. Petrus wird wunderbar aus dem Gefängnis befreit und dem Leben und der Wirksamkeit zurückgegeben, Jakobus muß ohne jeden helfenden Eingriff von oben her sterben. Der Herr aber teilt alles nach seinem Willen zu. Das macht still in Erfolgen wie in Nöten.

2 **„Er tötete aber Jakobus, den Bruder des Johannes, mit dem Schwert."** Bei einem orientalischen Herrscher ist ein solcher Befehl rasch gegeben und ausgeführt. Jakobus erlebt, was Jesus ihm einst vorausgesagt (Mk 10, 39): nun trinkt er den Leidenskelch und empfängt die Bluttaufe. Es ist aber bezeichnend, daß von irgendeiner Verherrlichung des Märtyrers nichts zu spüren ist. Wie knapp und nüchtern ist auch hier wieder der Bericht des Lukas[271]. Was Herodes überhaupt zu diesem ganzen Vorgehen veranlaßte, warum er gerade zuerst Jakobus verhaften und hinrichten ließ, wird uns nicht mitgeteilt.

3/4 Als Herodes merkt, daß ihm sein Vorgehen gegen die Christen Beliebtheit verschafft, wie sie gerade ein selbstherrlicher Tyrann immer wieder haben muß, **„ließ er weiterhin auch Petrus verhaften"**. Es geht nicht um eine Verfolgung der ganzen großen Gemeinde. Herodes hat ihre anerkannten Führer im Auge. So werden auch die Kreise des Hohen Rates gedacht haben: Nehmen wir dieser widerwärtigen Bewegung die Führer, so wird sie von selbst zerfallen.

[271] Später weiß man sehr viel von dem Prozeß und dem Todesgang des Jakobus zu erzählen. Einen Bericht darüber bei Clemens von Alexandrien (um 200) hat uns die Kirchengeschichte des Eusebius aufbewahrt. Weist nicht die so ganz andere Art der Apostelgeschichte auf eine frühe Zeit ihrer Abfassung hin?

Es sind **„die Tage der ungesäuerten Brote"**. Die Verhaftung des Jüngers erfolgt also zeitlich genauso wie die seines Meisters. Aber während bei Jesus der Hohe Rat noch eben vor Festbeginn den Prozeß in aller Eile durchführt, denkt Herodes offenbar an einen großen Schauprozeß, der in aller Ruhe nach dem Fest vonstatten gehen soll. Petrus wird im Gefängnis streng bewacht. **„Vier Viererschaften"** wechseln sich mit dreistündiger Wachablösung nach römischem Muster ab. Der Hohe Rat mochte Herodes in Erinnerung an die peinlichen Vorgänge von Apg 5, 17–26 gewarnt haben.

Das ist nun die Lage, die Lukas mit jenem knappen Satz be- 5
schreibt, der seitdem in der Geschichte der Gemeinde Jesu durch die Jahrhunderte wieder und wieder lebendige Wirklichkeit geworden ist: **„Petrus nun wurde bewacht in dem Gefängnis; Gebet aber wurde angespannt gehalten von der Gemeinde zu Gott für ihn."** Die brutale Welt kämpft mit ihren Machtmitteln gegen die schwache Gemeinde Jesu: sie verhaftet, bewacht, tötet und hüllt das alles in blendende Propaganda ein. Die Gemeinde kann und darf keine gleichartigen Waffen suchen. „Stecke dein Schwert in die Scheide" ist ihr durch Petrus hindurch ein für allemal von ihrem Herrn gesagt. Aber sie besitzt eine mächtige Waffe, von der Welt verachtet und verlacht, und doch stärker als alle Gewalt eines Herodes: das anhaltende, ernste Gebet[272]. Von dieser ihrer Waffe macht sie nun Gebrauch. Natürlich konnte dazu nicht die ganze große Gemeinde zusammentreten. Aber im Hause der Maria, der Mutter des Johannes-Markus, waren **„viele versammelt und beteten"**, anhaltend, auch die Nacht hindurch (V. 12)[273]. Auch in der menschlich sehr aussichtslosen Lage beteten sie **„angespannt"**, ebenso anhaltend wie inbrünstig. Haben sie dabei nach Vers 14 f doch nicht wirklich mit der Erhörung ihrer Gebete gerechnet? So kennen wir es auch von uns: wenn wir um Großes und „Unmögliches" gefleht haben, können wir es nicht fassen, wenn die Erfüllung plötzlich vor uns steht. A. Schlatter macht zugleich mit Recht darauf aufmerksam, daß sich hier auch die demütige und nüchterne Art des Betens dieser Gemeinde gezeigt habe. Wohl bewegt gläubiges Bitten den Arm der Allmacht. Aber es

272 Es ist der Segen aller Leidenszeiten für die Gemeinde, daß das Gebet, oft in der eigenen Mitte so vernachlässigt und gering geschätzt, nun wieder in seiner Notwendigkeit erkannt und neu geübt wird. Die Katastrophen, aus denen wir kommen, die Leiden großer Teile der Christenheit, von denen wir wissen, haben das stellvertretende Gebet um den ganzen Erdball hin neu erweckt — ein wunderbares Geschenk in dieser endgeschichtlichen Zeit.

273 Das „nächtliche" Gebet ist auch von Paulus besonders empfohlen worden: Eph 6, 18; Kol 4, 2. Die Nacht konnte für Sklaven die einzige ungestörte Gebetszeit sein. Aber auch für andere Gemeindeglieder zeigte sich darin der Ernst und das „Anhalten" ihres Flehens.

bleibt eben ein „Bitten", und der Arm der Allmacht bleibt Gottes eigener Arm, der Gottes eigene Pläne durchführt, die alle unsere heißesten und redlichsten Wünsche durchkreuzen können. Schon bei der ersten Bedrohung war es den Betern nicht die Hauptsache gewesen: Herr, schütze deine Boten! Sondern: „Gib deinen Knechten mit allem Freimut zu reden dein Wort" (Apg 4, 29). Warum sollte das nicht auch jetzt im Mittelpunkt der Gebete gestanden haben?

6 In dieser Richtung wird auch das Beten der Gemeinde zuerst erhört. Welche Lage muß es für Petrus gewesen sein, als er aus seinem Wirken herausgerissen dem gewaltsamen Sterben entgegen ging! „Und wenn ich mit dir sterben müßte . . .", jetzt ist es ernst damit. Und hatte nicht der Herr selbst an jenem unvergeßlichen Morgen der Osterzeit Petrus angedeutet, „mit welchem Tode er Gott preisen würde" (Joh 21, 18—19)? War es nun soweit? Die letzte Nacht vor der Hinrichtung ist gekommen. Durchwachte sie Petrus bewegten Herzens, von mancher Angst angefochten, in heißem Beten? Nein. Die Gemeinde wacht und betet für ihren Apostel; dieser aber darf in tiefem Frieden ruhn. **„In jener Nacht schlief Petrus zwischen zwei Soldaten gebunden mit zwei Ketten."** Er schläft so tief und fest, daß der Engel ihn mit einem Stoß in die Seite wecken muß! „Ich liege und schlafe ganz mit Frieden; denn allein du, Herr, hilfst mir, daß ich sicher wohne." In Jesus gilt dies Wort des 4. Psalms selbst für einen Mann, der zwischen zwei Soldaten gekettet seine letzte Nacht auf Erden zubringt, während die Schritte der Wache vor seiner Tür zu hören sind[274].

7—11 Und nun schildert Lukas in wunderbarer Anschaulichkeit die Befreiung des Petrus durch den Engel. Petrus ist so völlig benommen, daß der Engel ihm alles einzelne befehlen muß: **„Stehe rasch auf! Gürte dich! Zieh deine Sandalen an! Wirf deinen Mantel um! Folge mir!"** Petrus **„wußte nicht, daß es wahr ist, was durch den Engel geschieht;**

[274] Das ist nicht „legendäre Ausschmückung". Landesbischof Dr. Hanns Lilje berichtet in seinem Buch „Im finstern Tal" (68. Tsd Nürnberg 1962) folgendes: 1944 wurde er ins Gefängnis eingeliefert, nicht wissend, was mit ihm werden würde. Dort erlebt er in der ersten Nacht: „Da wird mir eine köstliche Gabe zuteil, die mir schon unzählige Male in meinem Leben geholfen hat: der Schlaf. Ich lege mich auf der Pritsche schlafen. Und da ich mit dieser köstlichen Gabe, obwohl sie mir in jeder Minute zur Verfügung steht, sehr im Rückstand bin, da ich einen langen, früh begonnenen und immerhin ereignisreichen Tag hinter mir habe, schlafe ich trotz der harten Lagerstatt und des unaufhörlichen nächtlichen Lärmes, selbst trotz der schauderhaft grellen Lampe, die uns die Nacht unmittelbar aufs Lager scheint, wunderbar fest und tief, so daß ich am andern Morgen völlig erfrischt und gestärkt aufwache und die Welt anders sehe." . . . „Ich selber habe geschlafen und sehe ein, daß ich eines Tages eine theologische Abhandlung werde schreiben müssen über den Schlaf als eine Form Gott zu loben."
Andere Zeugnisse von zum Tode verurteilten Christen treten ihm zur Seite.

er meinte aber ein Traumgesicht zu sehen"[275]. Es ist auch alles „traumhaft" genug: die Ketten fallen von seinen Händen, die Türen öffnen und schließen sich von selbst, die Wachsoldaten sehen und merken nichts.

Auf der Straße[276] scheidet der Engel von Petrus. Die himmlischen Boten Jesu sind in ihrem Dienst von strenger Sachlichkeit. Sie führen ihren Auftrag aus und verschwinden sofort nach seiner Beendigung. Kein persönliches Interesse an Menschen oder Dingen darf sie aufhalten[277]. Aufs lebendigste aber schildert Lukas, wie Petrus sich aus dem traumhaften Geschehen mit seinen Wundern zurückfindet in die ganze Wirklichkeit: **„Und Petrus kam zu sich und sprach: ‚Nun weiß ich wirklich, daß der Herr seinen Engel gesandt und mich aus der Hand des Herodes errettet hat und aus aller Erwartung des Volkes der Juden.'"** Ja, auch ein „frommes" Volk kann sich mit grausamer „Erwartung" auf das Schauspiel einer Hinrichtung freuen.

Als sich Petrus über seine Lage **„klargeworden war, ging er zu** 12—17
dem Hause der Maria, der Mutter des Johannes mit dem Beinamen Markus." Diese Maria wird im Unterschied zu anderen nicht nach ihrem Vater oder ihrem Mann, sondern nach ihrem Sohn bezeichnet. Lukas darf offenbar annehmen, daß seine Leser Johannes-Markus als einen bedeutenden Christen kennen[278]. Petrus hat wunderbare Befreiung durch Engelshand erfahren; nun hat er wieder selber zu handeln und tut das Nächstliegende: Er will dorthin, wo er auch jetzt in der tiefen Nacht Brüder versammelt wissen kann[279].

Wie malt Lukas die Szene, die sich jetzt abspielt: Wie die Magd („Rhode", also etwa „Röschen" mit Namen) zum Nachsehen auf sein Klopfen hin kommt — das stattliche Haus hat ein Torgebäude an der Straße — und beim Erkennen der Stimme des Petrus vor freudigem Schreck das Aufschließen vergißt, wie sie bei ihrer Meldung

[275] „Wenn der Herr die Gefangenen Zions erlösen wird, werden wir sein wie die Träumenden" Ps 126, 1.

[276] Codex D hat den Zusatz: „Und hinaustretend gingen sie die sieben Stufen hinab und gingen eine Straße weit." Liegt hier eine alte Erinnerung an die Lage des Gefängnisses vor?

[277] Übrigens zeigt uns das Kommen und Gehen dieses Engels, daß Lukas ihn keineswegs „vom Himmel herabfliegend" und „zum Himmel emporeilend" denkt. Er tritt jäh aus einem echten Jenseits der gesamten sichtbaren Wirklichkeit, einschließlich des „Himmels", in diese Welt ein und aus ihr in das Jenseits zurück. Die Menschen der Bibel waren in ihrem Weltbild offenbar nicht so naiv, wie ihre Kritiker es ihnen zuschreiben.

[278] Es ist der Vetter des Barnabas und wird uns in Apg 13, 5. 13; 15, 36—40 wieder begegnen. Erwähnt wird er weiter in Kol 4, 10; Phlm 24; 2 Th 4, 11 und 1 Pt 5, 13. Die kirchliche Überlieferung sieht in ihm den Verfasser des Markus-Evangeliums.

[279] Dieses ruhige Ineinander von „Wunder" und nüchternem Alltag kennzeichnet überhaupt die biblische Welt. Vgl. z. B. Mk 1, 31; 5, 41—43; Jo 11, 44.

an die versammelten Beter für unklug gehalten wird und doch steif und fest behauptet, Petrus stehe wirklich da draußen, und wie dann Petrus alle lauten Bezeugungen der Freude abwehrt, kurz von seiner Befreiung erzählt, um Nachricht an Jakobus und die Brüder bittet und dann fortgeht **„an einen andern Ort"**. Noch einmal: Wirkliche Beter sind nicht so, wie fromme Theorie sie sich ausdenken mag; sie beten mit gründlichem Ernst und können es doch nicht fassen, wenn die Erhörung „über Bitten und Verstehen" plötzlich vor ihnen steht. Das Überirdische, das Erscheinen eines Engels, der als Schutzengel Gestalt und Stimme des Petrus angenommen hat, gilt ihnen noch für wahrscheinlicher als die tatsächliche Errettung des Apostels aus solchem Gefängnis. Petrus weiß, es darf jetzt keinen Aufsehen erregenden Lärm vor dem bekannten Hause der Christen geben. Er handelt jetzt überhaupt mit voller Nüchternheit. Er meint weder ein besonderes Heldentum zeigen zu müssen, noch auf Gottes weitere Wunder spekulieren zu dürfen. Hat Gott ihn so errettet, weil er ihn noch braucht; dann ist es jetzt seine Pflicht, sich vor Herodes in Sicherheit zu bringen. Indem Lukas auch dem Leser den Ort nicht nennt, an den Petrus sich begibt, läßt er uns anschaulich miterleben, wie auch diese betende Schar den wiedergeschenkten Apostel sogleich ins Unbekannte ziehen lassen muß.

Petrus gibt die Anweisung, **„Jakobus und den Brüdern"** sofort von dem Geschehen Bericht zu erstatten. Ist Jakobus bereits damals zu einer führenden Stellung neben den Aposteln aufgestiegen? Warum und wodurch?[280] Oder bringt ihn Petrus jetzt erst selber in diese Stellung, indem er bei seinem Weggang gerade ihm die Leitung an seiner Stelle übergibt? Tut Petrus das, weil Jakobus der einzige bedeutende Mann der Gemeinde ist, der als besonders gesetzestreuer Jude in relativer Sicherheit vor einem Zugriff gedacht werden kann? Wie wenig wissen wir, was wir aus der Geschichte der ersten Christenheit gern wissen möchten. Lukas hat es nicht für nötig gehalten, uns darüber zu unterrichten. In Gal 2 finden wir Jakobus auch nach der Rückkehr des Petrus nach Jerusalem vor diesem an der Spitze genannt.

18/19 **„Was ist nur aus Petrus geworden?"** fragen ratlos die Soldaten am nächsten Tage. Herodes läßt sich von diesem rätselhaften Entkommen seines Gefangenen ebensowenig beeindrucken wie die Hohenpriester damals von der Befreiung der Apostel (Apg 5, 19—24). Ein Wunder, ein unmittelbares Eingreifen Gottes darf es nicht geben; davor müßte man ja erschrecken und sich beugen. Also werden die

[280] Es ist dabei nicht zu übersehen, daß Jesus selbst seinem Bruder Jakobus dadurch eine besondere Stellung neben den Aposteln gegeben hat, daß er ihm nach seiner Auferstehung eigens eine Begegnung schenkte 1 Ko 15, 7.

Soldaten haftbar gemacht, verhört und zur Hinrichtung abgeführt. Dem König aber ist Jerusalem verleidet; er geht nach Caesarea und hält sich dort auf.

DER TOD DES HERODES

Apostelgeschichte 12, 20—25

20 **Er war aber heftig erzürnt auf die Tyrer und Sidonier. Gemein-**
sam aber kamen sie zu ihm, überredeten Blastus, den Kämmerer
des Königs, und suchten um Frieden nach, weil ihr Land von
21 **königlichem Land her die Lebensmittel bekam. * Am festgesetzten**
Tag aber zog Herodes ein königliches Gewand an, ließ sich auf der
22 **Rednertribüne nieder und hielt eine Ansprache an sie. * Das Volk**
aber rief ihm zu: „Eines Gottes Stimme und nicht eines Men-
23 **schen!" * Sofort aber schlug ihn ein Engel des Herrn, dafür, daß**
er die Ehre nicht Gott gegeben hatte, und er wurde von Würmern
24 **zerfressen und gab den Geist auf. * Aber das Wort des Herrn**
25 **wuchs und mehrte sich. * Barnabas und Saulus aber kehrten aus**
Jerusalem zurück, nachdem sie den Dienst erfüllt hatten, und nah-
men mit Johannes, der zubenannt wird Markus.

zu Vers 20: Hes 27, 17
zu Vers 22: Hes 28, 2. 6-10
zu Vers 23: Dan 5, 20; Offb 7, 12
zu Vers 24: Jes 55, 1; Apg 2, 47; 6, 7; 19, 20
zu Vers 25: Apg 4, 36; 11, 29

20
Nun berichtet uns Lukas das Ende des Mannes, der mit solcher Willkür gegen die Apostel vorgegangen war. Die Darstellung des Lukas wird gestützt durch das, was uns der jüdische Geschichtsschreiber Josephus von dem Tod des Herodes Agrippa erzählt. In der Hafenstadt Caesarea wird Herodes besonders an die großen, selbständigen Hafenorte Tyrus und Sidon erinnert, gegen die er einen heftigen Zorn hat. Den Grund dafür teilt uns Lukas nicht mit. Eine kriegerische Unternehmung gegen sie ist ausgeschlossen. Solche Dinge hätte sich Rom in einer seiner Provinzen nicht gefallen lassen. Aber Herodes kann einen kalten Krieg führen. Die Städte auf dem schmalen Küstenstreifen vor dem Libanon sind auf die Lebensmitteleinfuhr aus dem Herrschaftsgebiet des Herodes angewiesen. So kommt es zu einer Gesandtschaft beider Städte[281], die den Kämmerer Blastus zu gewinnen weiß; das Geld der reichen Handelsstädte wird dabei seine Rolle gespielt haben. Es gelingt die Beendigung des kalten Krieges. Herodes läßt dieses Ereignis gebührend feiern. **„Am festgesetzten Tag aber zog Herodes ein königliches Gewand an, ließ sich auf der Rednertribüne nieder und hielt eine Ansprache an sie."** Hat

[281] Codex D hat den Text hier wieder (verdeutlichend) erweitert: „Sie aber kamen gemeinsam aus den beiden Städten zu dem König . . ."

Herodes seinen „heftigen Zorn“ unter dem Zureden seines Kämmerers aufgegeben, so will er nun wenigstens in der Öffentlichkeit glänzen. Seine Ansprache wird sich auf diese politischen Ereignisse und das eigene Verdienst des Königs bei der Herstellung des Friedens bezogen haben. Das alles mochte gern geschehen; Gott läßt der Welt und ihren Machthabern in solchen Dingen ruhig ihren Lauf. Aber nun ereignet sich etwas, das Gottes Ehre antastet: **„Das Volk aber rief ihm zu: ‚Eines Gottes Stimme und nicht eines Menschen!‘“** Auch Josephus weiß von dem silberdurchwirkten Prachtgewand des Königs zu berichten, das in der Morgensonne schimmerte und blitzte und den König wie eine himmlische Lichtgestalt erscheinen ließ. Das gleiche Volk, das nach dem jähen Tod wenige Tage später den König beschimpft, bricht in begeisterte Ovationen aus:
23 **„Eines Gottes Stimme!“** Göttliche Verehrung der Herrscher hatte vom Orient her die ganze Welt verseucht. Herodes aber ist ein jüdischer König, der eben noch vorgegeben hatte, den „alten Glauben“ gegen die christlichen Revolutionäre schützen zu müssen. Seine Verantwortung ist eine ganz andere als die heidnischer Fürsten. Läßt er sich die Vergötterung seiner Person gefallen, dann ist das der Bruch des ersten Gebotes, der Gottes Gericht herausfordert. Nicht bei der Hinrichtung des Jakobus, nicht bei der Verhaftung des Petrus, sondern jetzt, da ein König aus Israel **„die Ehre nicht Gott gegeben hatte“, „schlug ein Engel des Herrn“** zu. Auch Josephus weiß, daß Herodes unmittelbar als ein jählings Sterbender den glanzvollen Festtag verlassen hat. **„Und er wurde von Würmern zerfressen und gab den Geist auf“[282].**

24 Mit wirksamem Kontrast fügt Lukas die letzten Sätze des Kapitels an diesen Bericht an: **„Aber das Wort des Herrn wuchs und mehrte sich.“** Er heißt uns damit auf das ganze Kapitel zurückschauen. An seinem Beginn meint ein König alle Gewalt in seiner Hand zu haben und willkürlich gegen Menschen der Gemeinde vorgehen zu können, die ihm irgendwie im Wege sind. An seinem Abschluß sehen wir diesen König plötzlich zugrunde gehen, und kein strahlendes Silbergewand kann das Elend des schmerzgequälten, eiternden Leibes mehr verhüllen. **„Aber das Wort Gottes wächst und mehrt sich.“** Ein Machthaber versucht unter dem Beifall des Volkes das Christentum durch Vorgehen gegen die Apostel zu zerstören. Der Gemeinde geschieht schweres Leid. **„Aber das Wort Gottes wächst und mehrt sich.“** Ganz verschieden ist das Schicksal der Boten: Der Zebedaide Jakobus muß sterben, und kein Engel bewahrt ihn vor dem Richterschwert. Es wird

[282] Codex D hat wieder erweitert und vergröbert: „Herabschreitend von der Rednertribüne wurde er von Würmern zerfressen bei lebendigem Leibe, und so gab er seinen Geist auf.“

kein Wesens daraus gemacht. Petrus wird gerettet und darf weiter wirken – bis auch seine Stunde des Zeugentodes kommt. Aber wenn auch Lukas durch die Schilderung der wunderbaren Befreiung des Petrus die Gemeinde seiner Zeit und aller Zeiten in der Gewißheit stärken will, daß keine noch so totale Weltmacht die wehrlosen Boten Gottes antasten kann, solange sie Gott für seinen Dienst braucht, die Hauptsache sind dennoch nicht solche Wunder. Die Hauptsache ist, daß durch Siege oder Niederlagen, durch göttliche Wunderhilfen oder durch williges Leiden und Bluten **„das Wort des Herrn wächst und sich mehrt"**. Es ist wie eine selbständige Größe von eigener Lebens- und Wirkungsmacht, freilich nur von menschlichen Boten unter Einsatz ihres Lebens weitergetragen, und doch zugleich unabhängig von den Schicksalen derer, die es sagen. Lukas begründet mit diesem kurzen Satz, warum seine „Apostelgeschichte" gerade nicht eine genaue Geschichte aller Apostel und ihrer Erlebnisse und Taten ist, wie wir modernen Menschen sie gern von ihm gehabt hätten. Es kommt in der Geschichte, die er beschreibt, nur auf das eine an, daß **„das Wort des Herrn wächst und sich mehrt"**.

Lukas hat die Feststellung über das „Wachsen des Wortes" in seiner eigenen Lebensmacht und Herrlichkeit gerade an diesem Punkt seines Geschichtswerkes ausgesprochen, weil dieser Punkt – noch mehr als Apg 6, 5 – ein Wendepunkt ist. Denn hier beendet Lukas die Schilderung vom Werden der Jerusalemer Gemeinde und von dem Wirken des Petrus. Wenn wir in Kapitel 15 noch einmal nach Jerusalem geführt werden, geschieht es im Rahmen der Geschichte der paulinischen Mission, die mit Kapitel 13 beginnt. Großes haben wir in diesen 12 Kapiteln miterlebt. Vom stillen, verborgenen Warten des Jüngerkreises ging es hinein in das mächtige Geschehen des Pfingsttages (Kap. 1 u. 2). Durch Wort und Wunder, in Freude und Gericht, durch Angriffe und Errettungen wuchs die Gemeinde der Stadt (Kap. 3–5). Das erste Märtyrerblut fließt, die erste eigentliche Verfolgung bricht aus, aber gerade dadurch wird das Evangelium in die Weite geführt, nach Samaria, an die Küste bis Caesarea; ein Hinweis auf die Berufung auch ferner Heiden zum Heil leuchtet auf (Kap. 6–8) Der leidenschaftliche Leiter der Verfolgung, Saul von Tarsus, wird bekehrt und zum Werkzeug großer kommender Pläne des Herrn berufen. Eine Atempause gibt Petrus Gelegenheit, unter Gottes ausdrücklicher Führung den Schritt zur Eingliederung unbeschnittener Heiden in die Gemeinde des Messias Jesus zu tun. Durch die Flüchtlinge kommt das Evangelium bis nach dem fernen Antiochia, erfaßt dort auch Griechen und schafft in einer lebendigen Gemeinde der bedeutungsvollen Großstadt die Basis für die große Heidenmission des Paulus (Kap. 9–11). Antiochia aber bleibt mit Jerusalem verbunden durch die Entsendung des Barnabas und durch die antiochenische Hilfeleistung, die Barnabas und Saulus nach Jerusalem bringen. Die bedrohte Lage der Christenheit im feindlichen Jerusalem, aber auch Gottes schützende Hand über ihr wird in anschaulichen Bildern dargestellt (Kap. 11–12).

25 Dann lenkt Lukas mit der erneuten Erwähnung von Barnabas und Saulus zu dem hin, was in Kapitel 11 begann und was er nun im zweiten Hauptteil seines Buches zu erzählen hat. **„Barnabas und Saulus aber kehrten aus Jerusalem zurück, nachdem sie den Dienst erfüllt hatten."** Es hat Bedenken erregt, daß Barnabas und Saulus ausgerechnet in der Verfolgungszeit in Jerusalem gewesen sein sollten. Aber man darf nicht vergessen, um eine eigentliche „Verfolgung" der Gemeinde handelte es sich damals nicht. Bedroht waren diesmal nur die Apostel. Aber auch sonst wären Männer wie Barnabas und Saulus schwerlich mit ihrer Geldgabe umgekehrt, die gerade in einer Notzeit umso mehr willkommen sein mußte.

„Sie nahmen mit Johannes, der zubenannt wird Markus." Petrus hatte offenbar besondere Beziehung zu diesem jungen Mann. In das Haus seiner Mutter geht er nach seiner Befreiung. Später nennt er brieflich Markus „seinen Sohn" (1 Pt 5, 13). Die Überlieferung der alten Kirche weiß, daß dies der Markus ist, der uns das Markus-Evangelium schrieb, und zwar nach den Lehrvorträgen, die er aus dem Mund des Petrus gehört hatte. Er war ein Vetter des Barnabas. Mit ihm tritt wieder ein Jerusalemer Christ in die Arbeit der weiten Heidenmission mit ein.

Hat Johannes-Markus auch für die Abfassung der Apostelgeschichte Bedeutung? A. Schlatter macht darauf aufmerksam, daß Lukas nach Kol 4, 10. 14 mit Markus zusammen bei Paulus war. War Markus mit ein Gewährsmann für diesen ersten Teil der Apostelgeschichte? Hat Lukas die für ihn wesentlichen Mitteilungen von Markus erhalten? Bricht er auch deshalb den Bericht über Jerusalem und Palästina in diesem Augenblick ab, in dem Markus Jerusalem verläßt und in die paulinische Mission hinüberwechselt? Für die Geschichte des Stephanus kam Paulus selbst, für die Wahl der „Sieben" und der Evangelisation in Samaria außerdem Philippus als Zeuge in Betracht; Lukas war mit Philippus in Caesarea zusammen (Apg 21, 8). Wie wir auch über die Erwägungen Schlatters urteilen, wir müssen uns jedenfalls klarmachen, in wie enger Beziehung viele der bekannten Männer dieser Zeit miteinander standen und wieviel Austausch von Nachrichten und Berichten dadurch möglich war. Wir haben ein völlig ungeschichtliches Bild der ersten Christenheit, wenn wir einen großen Paulus einsam durch die Lande ziehen lassen, einen großen Petrus einsam irgendwelche Taten tun sehen, einen Lukas einsam schriftliche

Quellen für sein Werk suchen lassen, vereinzelte Ereignisse hier und da für sich geschehen denken.

DIE ERSTE MISSIONSREISE

1. Die Aussendung von Barnabas und Saulus
Die Arbeit auf Cypern

Apostelgeschichte 13, 1–12

1 Es waren aber in Antiochia in der dort bestehenden Gemeinde
Propheten und Lehrer: Barnabas und Symeon mit dem Beinamen
Niger und Lucius von Kyrene und Manaën, der „Milchbruder"
2 des Vierfürsten Herodes, und Saulus. * Als sie aber dem Herrn
dienten und fasteten, sprach der Heilige Geist: „Sondert mir aus
den Barnabas und Saulus für das Werk, zu dem ich sie berufen
3 habe." * Da fasteten und beteten sie, legten ihnen die Hände auf
und entließen sie.
4 Sie nun, ausgesandt vom Heiligen Geist, zogen nach Seleukia hin-
5 ab, und von dort segelten sie nach Cypern. * Und angelangt in
Salamis, verkündigten sie das Wort Gottes in den Synagogen der
6 Juden. Sie hatten aber auch Johannes als Gehilfen. * Nachdem sie
aber die ganze Insel bis Paphos durchwandert hatten, fanden sie
einen Mann, einen Magier, einen jüdischen Lügenpropheten, der
7 den Namen Bar-Jesus hatte. * Er war bei dem Prokonsul Sergius
Paulus, einem verständigen Manne. Dieser ließ Barnabas und
Saulus zu sich rufen und wünschte das Wort Gottes zu hören.
8 * Es widerstand ihnen aber Elymas, der Magier – so wird näm-
lich sein Name übersetzt –, indem er den Prokonsul abzubringen
9 suchte vom Glauben. * Saulus aber, der auch Paulus (heißt), erfüllt
10 vom Heiligen Geist, faßte ihn scharf ins Auge * und sprach: „O
du, voll von aller Tücke und allem Betrug, Sohn des Teufels,
Feind aller Gerechtigkeit, wirst du nicht aufhören, zu verkehren
11 die geraden Wege des Herrn? * Und jetzt, siehe die Hand des
Herrn ist auf dir, und du wirst blind sein, nicht sehend die Sonne
bis zur bestimmten Frist." Sofort aber fiel auf ihn Dunkel und
Finsternis, und umhergehend suchte er solche, die ihn an der Hand
12 führten. * Da kam der Prokonsul, als er das Geschehen sah, zum
Glauben, überwältigt von der Lehre des Herrn.

zu Vers 1: Mt 23, 34 Apg 11, 27 1 Ko 12, 28 Eph 4, 11
zu Vers 2: Apg 9, 15 14, 26 Rö 1, 1 Gal 1, 15 f
zu Vers 3: Apg 6, 6 14, 23 1 Tim 4, 14
zu Vers 5: Apg 12, 12. 25
zu Vers 6: Mt 24, 24 Apg 8, 9
zu Vers 7: Apg 18, 12 ff
zu Vers 8: 2 Tim 3, 8
zu Vers 9: Apg 2, 4 9, 17
zu Vers 10: Hos 14, 10 Mich 3, 9 Jo 8, 44 Apg 8, 21
zu Vers 11: Ps 32, 4 Jo 9, 39 Apg 9, 8 22, 11
zu Vers 12: Mt 7, 28 Mk 1, 22. 27

Schon durch den letzten Satz des 12. Kapitels von der Rückkehr des Barnabas und Saulus sind wir wieder nach Antiochia geführt worden. Auch Barnabas, zunächst doch der Jerusalemer Visitator in

Antiochia, sieht jetzt nicht mehr in Jerusalem, sondern in Antiochia den Platz, an den er hingehört. Er hat aber nicht etwa allein mit Saulus zusammen die Führung der Gemeinde in der Hand. „Bischöflich" ging es damals nicht zu! In der Leitung stehen **„Propheten und Lehrer"**. Hier sollen nicht „Ämter" mit bestimmten „Befugnissen" voneinander abgegrenzt werden; dann hätten wir erfahren müssen, wer von den fünf mit Namen Genannten denn nun „Prophet" und wer „Lehrer" war. Hier wird vielmehr gesagt, die Gemeinde besaß in ihren leitenden Männern die beiden wichtigsten Gestalten des „Wortes": die unmittelbar vom Geist gewirkte Verkündigung mit dem Durchblick durch die Herzen und mit der Vorschau in die Zukunft, und die lehrhafte, auf bestimmtes Wissen gestützte Darlegung mit der Entscheidung in praktischen und seelsorgerlichen Fragen. „Charisma" und „Amt" liegen noch ganz ineinander, denn es ist alles noch von Gott geschenktes und geleitetes Leben. Geistesmächtige Männer wirken; organisatorische Fragen, Abgrenzungen von Zuständigkeiten, Probleme der Kirchenverfassung sind ganz unwichtig und werden darum auch nicht sichtbar. Aber Barnabas ist tatsächlich der erste in der Reihe, und Saulus steht als der Jüngste am Schluß. Es gehört zum rechten Lesen der Apostelgeschichte, daß wir „geschichtlich" sehen lernen: Der „große Paulus" war auch einmal ein junger Anfänger, der als letzter unter anderen führenden Persönlichkeiten stand. Wir werden in diesem 13. Kapitel ein ganzes Stück verfolgen können, wie Paulus „wurde". Die Leitung wird von den Fünf „bruderrätlich" ausgeübt worden sein. Es befindet sich übrigens unter ihnen kein neu zum Glauben gekommener Antiochener. **„Symeon"** führt einen jüdischen Namen; warum er den Beinamen „Niger = der Schwarze" führt, wird nicht erkennbar. Symeon gehört offenbar zu den in Apg 11, 20 erwähnten Männern aus der Kyreneika. Manaën ist entweder tatsächlich Sohn der Amme des Herodes Antipas[283] oder er hat die Bezeichnung **„Milchbruder"** als einen Titel bekommen, der an griechischen Höfen auch ohne solche naturhaften Beziehungen verliehen werden konnte. Jedenfalls ist er damit als Palästinenser und als älterer und auch menschlich bedeutender Mann gekennzeichnet. Die junge Gemeinde in Antiochia brauchte erfahrene Männer, die durch ihre Beziehung zur Urgemeinde ausreichende Kenntnis von Jesus, seiner Geschichte und seinem Wort besaßen. Wie gern wüßten wir mehr von ihnen! Wie ist ein Mann aus der Umgebung eines Herodes Antipas zum Glauben an Jesus gekommen? Welche Ge-

[283] Das ist der Herodes, der Johannes den Täufer hinrichten ließ und zu dem Pilatus nach Lk 23, 7 Jesus sandte, weil er sein Landesherr war. „Vierfürst" müßte eigentlich „Viertelfürst" heißen, da das Wort einen Herrscher über den vierten Teil eines Landes meint; aber „Vierfürst" ist höflicher.

schichte Gottes hat sich da abgespielt? Aber das konnte Lukas in seinem kurzen Buch nicht alles erzählen.

Und nun geschieht etwas wesentlich Neues in der Geschichte der 2
urchristlichen Mission. Wir hatten schon darauf geachtet, daß die Apostel keinen Plan entwarfen, wie sie den Auftrag Jesu erfüllen sollten. Die Ausbreitung der Botschaft „ergab sich" von Gelegenheit zu Gelegenheit, bis hin nach dem fernen Antiochia[284]. Nun aber erfolgt die ausdrückliche Sendung von „Missionaren", die hauptamtlich den Auftrag zur Verkündigung des Evangeliums in die Welt hinaus erhalten. Freilich nicht nach Überlegungen und Beratungen der Gemeindeleitung, nicht nach den Erfordernissen einer „Missions-Strategie". Es ist der Geist Gottes selbst, der diese ganz neue Art der Evangelisation anordnet. Es geschieht dies, **„als sie dem Herrn dienten und fasteten"**. Es steht dabei nicht eindeutig fest, ob dies „sie" nur die fünf genannten Männer oder eine gottesdienstliche Zusammenkunft der Gemeinde meint. Sicher ist dieser „Gottesdienst"[285] vor allem Gebetsdienst. Dazu gehört das „Fasten" nun nicht mehr als verdienstliche Leistung, sondern als ein wesentliches Mittel, um in Freiheit und Sammlung für unser Reden mit Gott und Gottes Reden mit uns bereit zu sein[286]. In solcher Gebetsversammlung **„spricht der Heilige Geist: Sondert mir aus den Barnabas und den Saulus für das Werk, zu dem ich sie berufen habe."** Der Geist spricht. Aber der Geist Gottes spricht und handelt durch Menschen. So werden wir uns auch hier zu denken haben, daß **„Propheten"** in der Gemeinde mit der Gewißheit über diesen Auftrag Gottes erfüllt wurden und ihn nun klar aussprechen. Alles an dieser Weisung des Geistes ist zu beachten. **„Sondert mir aus"**, die Erwählten gehören damit nicht mehr der Gemeinde und nicht eigenen oder gemeindlichen Wünschen und Plänen, sondern unmittelbar dem Heiligen Geist selbst. Es wird nicht ein einzelner „großer Mann" in Anspruch genommen, sondern zwei Männer werden zum Reisedienst bestimmt, wie auch Jesus seine Jünger „zu zweit" ausgesandt hat (Mk 6, 7; Lk 10, 1). Wer je selber in solchem Dienst stand, der weiß,

284 Unsere Ungeistlichkeit und Vollmachts- und Führungslosigkeit verrät sich in der Übernahme des schrecklichen Wortes „aufziehen" in den kirchlichen Sprachgebrauch. Die erste Missionsreise ist Gott sei Lob und Dank nicht von Antiochia „aufgezogen" worden.

285 Im AT wird dieses Wort „dem Herrn dienen" ausschließlich vom priesterlichen Dienst gebraucht. Aber die Überzeugung, die in 1 Pt 2, 5 zum Ausdruck kommt, wird früh die junge Christenheit durchdrungen haben: Wir sind die rechten „Priester" und „dienen" im Gebet dem Herrn.

286 So ist es schon ein Schaden, daß wir das Fasten ganz verloren haben. Gossner hat mit seiner Randbemerkung recht: „Der Heilige Geist kommt nicht in einen vollen Bauch und in ein zerstreutes Gemüt."

welch eine Hilfe es ist, nicht einsam und allein in den Nöten und Freuden, Kämpfen und Schwierigkeiten stehen zu müssen, sondern den Bruder zur Gemeinschaft des Gebetes, der Wortverkündigung, der Beratung und Beurteilung zur Seite zu haben. Es werden dabei nicht etwa Barnabas und Symeon genommen, die in der Liste nebeneinander stehen, sondern der erste und der letzte in der Liste werden herausgegriffen. Der Geist Gottes nimmt auf die von Gott geführte Geschichte Rücksicht, die **„Barnabas und Saulus"** in besonderer Weise schon bisher verbunden hatte (Apg 9, 27; 11, 25). Und wie bei der Berufung Abrahams wird über das Ziel der Berufung nichts Näheres gesagt. **„Für das Werk, zu dem ich sie berufen habe"**, das genügt. Wahrscheinlich haben in jener Stunde weder die Gemeinde noch Barnabas und Saulus selbst geahnt, wie ungeheuer dieses **„Werk"** sein wird. „Diener" brauchen nicht vorher zu wissen, was ihr Herr mit ihnen vorhat. Und es gehört mit zur Barmherzigkeit des Herrn, die Größe und Schwere dessen, was vor uns liegt, verhüllt zu lassen, bis es sich Tag um Tag und Jahr um Jahr im Tun und Leiden, in Siegen und Bedrängnissen zeigt. Für Saulus aber stimmte der neue Auftrag mit dem überein, was ihm Jesus durch Ananias schon grundlegend für sein Leben nach seiner Bekehrung gesagt hatte. Er hatte ohne Eigenmächtigkeit — wenn auch nicht untätig vgl. o. S. 183 ff — gewartet, zuletzt in seiner Vaterstadt Tarsus. Dann begann die Erfüllung. Es kam der Ruf nach Antiochia in eine bedeutende Tätigkeit dort im Kreise der Brüder. Wie wird Saulus aufgehorcht haben, als nun sein Name fiel bei der Berufung zu dem **„Werk"** des Heiligen Geistes, das wie eine ferne Bergkette vor seinem Blick aufzutauchen begann.
3 Das Geschehen von Kapitel 9 fängt an, seine eigentliche Fortsetzung zu finden. Die Vorbereitung der Aussendung ist gründlich; freilich nicht wie bei uns in Beratungen und Planungen, sondern im ernsthaften, wieder durch Fasten unterstützten Beten. **„Sie legten ihnen die Hände auf"**, dadurch wird den beiden die Gewißheit ihrer Sendung versiegelt und die Bevollmächtigung zuerteilt (zur Handauflegung vgl. o. S. 133)[287].

4/5 Nun beginnt die „erste Missionsreise" des Paulus. So sind wir gewohnt zu sagen. Aber es handelt sich nicht um bloße „Reisen", sondern um ganze Missionsperioden mit zum Teil langen Arbeits-

[287] Hier ist echte Ordination! Von solcher Ordination kann Luther mit Recht sagen: „Sie tut dem Teufel sehr weh." Denn nun gibt es die stete Ausführung des Dienstes im Glauben, unabhängig von allen Gefühlen und Stimmungen des Herzens und von allen Schwierigkeiten der äußeren Lage. Es gilt dann Otto Stockmayers schönes Wort: „Wer glaubt, sieht ab von seinen Stimmungen und Erfahrungen. Er kümmert sich weder um seinen Gemütszustand, noch um die Schwierigkeiten des Weges; mit einem Worte Gottes in der Hand geht er vorwärts, ohne etwas zu fühlen oder zu sehen, ohne Vertrauen oder Glauben in sich zu suchen."

zeiten an bedeutenden Orten. Dabei tritt Antiochia als „Ausgangspunkt" von „Reisen" immer mehr zurück. Es erwächst eine ganze selbständige Welt des Evangeliums mit einer Kette von Gemeinden, für die lediglich Jerusalem nach wie vor ein Ort einzigartiger Bedeutung bleibt. Dementsprechend wandelt sich auch die Erzählungsweise des Lukas. Wohl werden uns auch jetzt noch Einzelgeschichten beispielhaft berichtet; aber diese sind nun ganz eingefügt in umfassende Schilderungen der großen Missionsperioden, bis hin zu dem Weg des Paulus nach Rom.

„Sie nun, ausgesandt vom Heiligen Geist, zogen nach Seleukia hinab." Seleukia ist die Hafenstadt des 25 km landeinwärts gelegenen Antiochia, nach dem Gründer beider Städte, Seleukus I Nikator (300 v. Chr.), benannt. Sie gehen diesen ersten Weg einer großen Reise in der Gewißheit ihrer „Ordination" (s. o. Anm. 287). Dann geht es zu Schiff nach Cypern[288]. Diese Insel ist die Heimat des Barnabas; vielleicht ist darum der Weg dorthin gewählt worden. Vielleicht liegt aber in der ausdrücklichen Hervorhebung **„ausgesandt vom Heiligen Geist"** auch ein Hinweis darauf, daß diese Reiseroute ebenfalls vom Geist Gottes selbst angegeben war. Sie landen in der Hafenstadt Salamis am östlichen Rand der Insel und benutzen die Möglichkeit, in den Synagogen[289] das Wort Gottes zu verkündigen. Von einer positiven oder negativen Auswirkung wird nichts gesagt. **„Sie hatten aber auch Johannes als Gehilfen."** Das hier gebrauchte Wort „Diener, Gehilfe" bezeichnet etwa das, was wir einen „Assistenten" nennen. Johannes hatte gewiß auch allerlei äußere Dienste zu leisten, aber doch
nicht nur das[290]. Von Salamis aus **„durchwandern sie die ganze Insel** 6
bis Paphos", dem Hafen an der entgegengesetzten Südwest-Küste. Von dieser Wanderung über eine Strecke von 160 km gibt uns Lukas keinen Bericht, nur daß der Ausdruck „durchziehen, **durchwandern"** in der Apostelgeschichte überall ein geprägtes Wort für die evangelistische Tätigkeit ist (vgl. o. S. 157). Ob es von der Evangelisation durch die Flüchtlinge (wie Apg 11, 19) her Gemeinden oder wenigstens einzelne Gruppen von Christen gab, mit denen Barnabas und Saulus in Verbindung kommen konnten, erfahren wir nicht. Es ist

[288] Die uns vertraute Namensform haben wir übernommen; im grie Text heißt die Insel „Kypros". Das Wort „Kupfer" ist davon abgeleitet.

[289] Die Judenschaft der Insel war so stark, daß sie in der Kriegszeit unter Trajan die ganze Insel in ihre Gewalt zu bringen vermochte. Darum gibt es in Salamis eine Reihe von Synagogen.

[290] „Biblische" Züge wiederholen sich sachgemäß dort, wo „biblisch" gearbeitet wird: Solche „Gehilfen" gab es sofort wieder in der „Zeltmission" und in aller „Mannschaftsarbeit". Es sind dort allerlei äußere Arbeiten zu leisten; bei ihrer treuen Erfüllung zeigt sich, wen der Herr auch zu geistlichen Diensten hinzuziehen kann.

jedenfalls nicht zum Aufbau eigentlicher Gemeinden durch die Sendboten gekommen. Auch wo Gott selbst durch den Heiligen Geist sendet und wo die Botschaft klar gesagt wird, müssen nicht gleich „Erfolge" zu sehen sein.

7 Dagegen läßt uns Lukas an einer Einzelgeschichte Not und Verheißung der Missionsarbeit in heidnischer Umgebung miterleben. Paphos ist Sitz eines römischen Prokonsuls[291] und die Hauptstadt der Insel. Ein wesentlicher Zug in der ganzen Arbeit des Paulus beginnt hier sichtbar zu werden. Man hat aus der Schilderung des Lukas den Eindruck, daß die beiden in Booten auf den Hauptort, auf das maßgebende Zentrum der Insel zustreben, wobei Paulus der Treibende gewesen sein wird. So hat Paulus erst recht in den späteren Jahren missioniert. War in den Hauptorten der „Leuchter" mit der Flamme des Evangeliums da, zog sich eine „Leuchterkette" von Gemeinden in den bedeutenden Städten durchs Land, dann war „alles mit dem Evangelium Christi erfüllt" (Rö 15, 19). Darum war auch jetzt Paphos mit dem Sitz des Prokonsuls das Ziel des Paulus. Der gegenwärtige Inhaber des Amtes, Sergius-Paulus, war ein „verständiger Mann", als Römer zu nüchternem und klarem Denken geneigt. Das hinderte aber im ganzen Religionsgemisch und in der ganzen inneren Unsicherheit der damaligen Zeit nicht, daß er einen **„Magier"**, also so etwas wie einen „Hoftheologen" und Hofastrologen in seiner Umgebung hatte[292]. In irgendeinem Maße „abergläubisch" ist alles Heidentum, auch das römische. Gerade der aufgeklärte Kulturmensch des römischen Westens war beeindruckt von der „geheimnisvollen Weisheit" des Orients. War dieser Bar-Jesus ein Jude, ein „jüdischer Pseudoprophet", wie es wörtlich heißt, umso besser; man weiß ja die Juden im Besitz uralter heiliger Überlieferungen. Dämonische Wahrsagung und Zauberei ist auch nicht einfach „Unsinn". Auch Bar-Jesus mochte manches richtig vorausgesagt und dem hohen Beamten manche wirksame Hilfe gegeben haben.

Nun kommen Barnabas und Saulus nach Paphos. Von ihrer Wirksamkeit hört auch der Prokonsul. Er ist – wie der Äthiopier oder Kornelius – einer der vielen suchenden Männer jener Zeit. So **„ließ er Barnabas und Saulus zu sich rufen und wünschte das Wort Gottes zu hören"**.

291 Provinzen, die dem römischen Senat gehörten, wurden von Beamten verwaltet, die den Titel „Prokonsul" trugen.

292 Man vergleiche, wie auch Felix den Gefangenen Paulus in diese Rolle zu drängen sucht, Apg 24, 24. Zugleich werden wir darauf aufmerksam, daß wir uns diese hohen römischen Würdenträger nicht als schlichte „Beamte" im modernen Sinn denken dürfen. Sie hatten tatsächlich eine „Hofhaltung" und sollten darin den von Rom unterworfenen Fürsten gleich sein oder sie an Macht und Glanz noch übertreffen.

Das sind die großen Möglichkeiten der Mission, daß sie auf solche Heiden trifft. Aber ähnlich wie in Samaria (Kap. 8)[293] und doch wieder ganz anders tritt sofort die Gegenmacht in Aktion. **„Es widerstand ihnen aber Elymas der Magier — so wird nämlich sein Name[294] übersetzt —, indem er den Prokonsul abzubringen suchte vom Glauben."** Dieser „Jesussohn" ist nicht ein bloßer Schwindler und Scharlatan, sonst hätte er sich bei einem Sergius Paulus nicht lange halten können. Paulus kennzeichnet ihn mit tiefem Ernst. Den „Sohn Jesu" nennt er **„Sohn des Teufels", „Feind aller Gerechtigkeit".** Er sieht ihn **„voll von aller Tücke und allem Betrug".** Und gerade weil dieser Mann nicht ein Scharlatan ist, weil er biblisches, prophetisches Gedankengut verwendet und den Namen des lebendigen Gottes gebraucht, **„verkehrt er die geraden Wege des Herrn".** Das ist immer wieder die Gefahr des Okkultismus gerade in seinen „höheren" Formen, daß er so „tief religiös", ja „christlich" aussehen kann und doch in der schlimmsten Weise das einfache klare Evangelium von Buße und Glauben entstellt und die Menschen rettungslos verwirrt. Dahinter steht raffiniert getarnt die Macht des Satans. Nun sieht der Mann in der Verkündigung des Barnabas und Saulus das Licht göttlicher Wahrheit und Freiheit hereinbrechen und den suchenden Römer dadurch beeindruckt und erfaßt werden. Seine ganze Stellung am Hof ist bedroht; aller Okkultismus ist ja gierig nach Ansehen, Einfluß, Stellung und meist auch nach Geld. „Der Glaube", der rettende, alle satanische Finsternis durchbrechende Glaube, darf nicht Herr über Sergius Paulus werden. Anders als Simon in Samaria „widersteht" Elymas den Boten des Evangeliums und kämpft um seine Position, **„indem er den Prokonsul abzubringen suchte vom Glauben".** Biblischer Glaube ist das Ende aller okkulten Bezauberung. 8

Was hier geschieht, kann freilich kein Ausleger recht erfassen, der nicht selber im Kampf mit Finsternismächten gestanden hat und die Dinge aus eigenen Erfahrungen kennt. Andernfalls wird ihm der Bericht des Lukas seltsam, vielleicht sogar abstoßend vorkommen, und 9/10

[293] Die Kritik hat in solchen Zügen des lukanischen Berichtes eine absichtliche Parallelisierung der Paulus- und Petrusgeschichten gesehen. Damit ist notwendig eine Herabsetzung des geschichtlichen Wertes dieser Schilderungen verbunden. Aber die Gleichartigkeit in den Erlebnissen des Petrus und des Paulus entsteht sachlich aus der Einheit des Herrn und seines Auftrages und aus der Gleichartigkeit der Welt, in die sie beide mit ihrem Auftrag vorstoßen. Gestalten wie einen „Magier Simon" und einen „Magier Jesussohn" gab es damals an vielen Orten.

[294] Der vorhergenannte Name des jüdischen Mannes „Bar-Jesus" heißt „Sohn des Jesus"; dabei ist „Jesus" ein damals gebräuchlicher Name, der erst für uns seine Einzigartigkeit bekommen hat. Elymas kann schwerlich Übersetzung von „Bar-Jesus" sein wollen. Vielmehr scheint hier das Wort „Magier" mit einem aus dem Orient stammenden Wort erklärt zu werden, das den geheimnisvoll Wissenden bezeichnet.

er wird geneigt sein, ihn sofort für eine „Legende" zu halten. Aber der Bericht ist in Wirklichkeit treffend. Der Macht der Finsternis gegenüber gibt es keinen Kompromiß; hier ist mit Diskussion oder Aufklärung nichts getan. Hier muß gehandelt werden. Barnabas wird seinem ganzen Wesen nach dazu nicht der gegebene Mann gewesen sein. Darum tritt jetzt Saulus hervor, von diesem Augenblick an mit seinem weltbekannten Namen „Paulus" bezeichnet. Freilich auch seine „natürliche" Art könnte als solche hier nichts ausrichten! Aber sein energisches, einsatzbereites Wesen wird jetzt vom Heiligen Geist durchdrungen und in Anspruch genommen und reißt dem Hofastrologen die Maske herunter: **„Saulus, der auch Paulus** (heißt), **erfüllt vom Heiligen Geist, faßte ihn scharf ins Auge und sprach: ‚O du, voll von aller Tücke und allem Betrug, Sohn des Teufels, Feind aller Gerechtigkeit, wirst du nicht aufhören zu verkehren die geraden Wege des Herrn?'"** Das ist nicht „geschimpft". Wie vornehm, wie eindrucksvoll, wie religiös wissen sich Okkultisten zu geben, damals „jüdisch", heute „christlich"! Darum müssen sie in aller Rücksichtslosigkeit ent-
11 larvt werden, heute wie damals. Aber die Entlarvung allein genügt noch nicht. Hier geht es tatsächlich um „Macht"! Sergius Paulus hat es sehr richtig verstanden, wenn er dann **„überwältigt"** ist von der **„Lehre des Herrn"**, genauso wie die Menschen in der Synagoge zu Kapernaum nach der Befreiung des Besessenen die „neue Lehre" bei Jesus bestaunen (Mk 1, 27). In der Botschaft von Jesus geht es von vornherein um eine **„Lehre"**, die rettende und befreiende Gewalt hat und sich darum auch allen Mächten der Finsternis gegenüber sieghaft erweist. „Die Hand des Herrn" ist es, die zur Heilung ausgestreckt ist (Apg 4, 30), „die Hand des Herrn" wirkt in der Verkündigung in Antiochia die Bekehrung der Griechen (Kap. 11, 21). Und von dieser mächtigen „Hand" gilt es nun auch richtend und zerschlagend: **„Und jetzt, siehe die Hand des Herrn ist auf dir, und du wirst blind sein, nicht sehend die Sonne bis zur bestimmten Frist."** Auch hier ist der Raum zur Umkehr offengelassen, das Gericht ist zeitlich begrenzt. Aber es tritt augenblicklich ein: **„Sofort aber fiel auf ihn Dunkel und Finsternis, und umhergehend suchte er solche, die ihn an der Hand führten."** Geschlagen muß der Bote der Finsternis das Feld räumen. Dunkel und Finsternis ist sein Teil. Die bezaubernde Macht ist der ganzen Hilflosigkeit gewichen. Das Gericht, das sich an ihm vollzieht, ist nicht willkürlich, sondern von tiefer Gerechtigkeit.

12 Über die Auswirkung der göttlichen Strafe an dem Magier hören wir nichts. Dagegen **„der Prokonsul kam zum Glauben, als er das Geschehene sah."** Freilich, wir hören nichts von seiner Taufe. Da der klare bestimmte Schritt zu Jesus, wie er in der Taufe geschieht, von dem Äthiopier wie von Kornelius ausdrücklich berichtet wird — auch

nachher wieder von dem Kerkermeister in Philippi —, ist nicht damit zu rechnen, daß Lukas die Taufe hier als „selbstverständlich" unerwähnt gelassen hat. Es ist eher zu schließen, daß der hohe römische Beamte zwar von dem Erlebten tief beeindruckt ist und sein Herz der Botschaft von Jesus ein ganzes Stück öffnet, den letzten entscheidenden Schritt mit allen Konsequenzen aber doch nicht zu tun vermag. Gerade von einem Mann in dieser Stellung würde Lukas den offiziellen Übertritt zum Christentum nicht verschwiegen haben. Das gibt es bis heute immer wieder, daß Menschen schon an Jesus „glauben" und bewegt vor seiner Macht und Gnade stehen, und doch kommt es nicht zu einer wirklichen Bekehrung und nicht zum verantwortlichen Eintritt in eine Gemeinde Jesu. Wie schmerzlich ein solcher Abschluß der Dinge ist, sehen wir gerade hier. Was hätte aus einem Sergius Paulus werden können, wenn er den letzten Schritt zu Jesus getan hätte. So aber entschwindet er völlig unserem Blick.

DIE ERSTE MISSIONSREISE

2. Beginn der Mission im Hochland von Kleinasien
Das Evangelium im Pisidischen Antiochia

Apostelgeschichte 13, 13—52

13 **Abgefahren aber von Paphos kamen Paulus und seine Gefährten**
nach Perge in Pamphylien. Johannes aber trennte sich von ihnen
14 **und kehrte nach Jerusalem zurück. * Sie selbst aber zogen durch**
von Perge aus und kamen nach dem Pisidischen Antiochia und
gingen in die Synagoge am Tag des Sabbats und setzten sich.
15 *** Nach der Verlesung des Gesetzes und der Propheten sandten die**
Synagogenvorsteher zu ihnen und ließen sagen: „Männer und
Brüder, wenn ihr ein Wort des Zuspruchs an das Volk habt, so
16 **sprecht!" * Da stand Paulus auf, winkte mit der Hand und sprach:**
17 **„Ihr israelitischen Männer und ihr Gottesfürchtigen, hört! * Der**
Gott dieses Volkes Israel erwählte unsere Väter, und das Volk er-
höhte er in seiner Fremdlingschaft im Lande Ägypten, und mit
18 **einem hohen Arm führte er sie heraus aus ihm. * Und in einer**
19 **etwa vierzigjährigen Zeit ertrug er sie in der Wüste. * Und nach-**
dem er vernichtet hatte sieben Völker im Lande Kanaan, teilte er
20 **ihr Land** (unter sie) **als Erbteil * für etwa vierhundertundfünfzig**
Jahre. Und danach gab er[295] Richter bis zum Propheten Samuel.

zu Vers 13:
Mt 21, 29 f
Apg 12, 12
15, 38
zu Vers 14/15:
Apg 15, 21. 32
16, 13
17, 2
18, 4
19, 8
zu Vers 16:
Apg 21, 40
zu Vers 17:
2 Mo 6, 1. 6
2 Mo 12, 37
2 Mo 14, 8
2 Mo 16, 35
4 Mo 14, 34
Jes 1, 2
zu Vers 18:
5 Mo 1, 31

[295] Der Koine-Text (besonders auch D) gibt hier eine andere Folge der Worte: „Und danach gab er ihnen für etwa vierhundertundfünfzig Jahre Richter bis zum Propheten Samuel."

21 * Und danach erbaten sie sich einen König, und es gab ihnen Gott
den Saul, den Sohn des Kis, einen Mann aus dem Stamm Benja-
22 min, vierzig Jahre lang. * Und als er ihn abgesetzt hatte, erweckte
er den David ihnen zum König, dem er auch Zeugnis gab und
sprach: ‚Ich fand David, den Sohn Jesse (Isais), einen Mann nach
meinem Herzen, der tun wird alle meine Willenskundgebungen.'
23 * Von dessen Samen gemäß der Verheißung führte Gott Israel
24 den Retter zu: Jesus, * nachdem Johannes vorausverkündigt hatte
vor seinem Auftreten eine Taufe der Umkehr für das ganze Volk
25 Israel. * Als aber Johannes seinen Lauf vollendete, sagte er: ‚Was
ihr von mir vermutet, das bin ich nicht; aber siehe, es kommt
nach mir der, dem ich nicht würdig bin, die Sandalen der Füße
26 loszubinden.' * Männer und Brüder, Söhne des Geschlechts Abra-
hams und die Gottesfürchtigen unter euch, uns wurde das Wort
27 dieses Heiles gesandt. * Denn die Bewohner Israels und ihre
Oberen hatten diesen (oder: dieses, nämlich ‚Wort') nicht erkannt
und die Stimmen der Propheten, die an jedem Sabbat vorgelesen
werden, (und sie eben dadurch) mit ihrem Gerichtsurteil (über
28 Jesus) erfüllt. * Und obwohl sie keine todeswürdige Schuld fan-
29 den, baten sie Pilatus, daß er hingerichtet werde. * Als sie aber
erfüllt hatten alles, was von ihm geschrieben steht, nahmen sie
30 ihn herab vom Holz und legten ihn in ein Grab. * Aber Gott er-
31 weckte ihn aus den Toten. * Er erschien während vieler Tage de-
nen, die mit ihm hinaufgezogen waren von Galiläa nach Jerusa-
32 lem, welche jetzt seine Zeugen sind an das Volk. * Und auch wir
33 verkündigen euch die an die Väter ergangene Verheißung, * daß
sie Gott erfüllt hat für die Kinder, für uns, indem er Jesus auf-
erstehen ließ, wie auch in dem zweiten Psalm geschrieben steht:
34 ‚Mein Sohn bist du, ich habe dich heute gezeugt.' * Daß er ihn
aber auferstehen ließ aus den Toten als einen, der nicht mehr zu-
rückkehren sollte zur Verwesung, hat er so ausgesprochen: ‚Geben
will ich euch die Heilsverheißungen Davids, die zuverlässigen.'
35 * Deshalb sagt er auch an anderer Stelle: ‚Du wirst nicht zugeben,
36 daß dein Heiliger die Verwesung sehe.' * David, nachdem er für
seine eigene Generation gedient hatte dem Willen Gottes, ent-
schlief und wurde versammelt zu seinen Vätern und sah die Ver-
37 wesung. * Er aber, den Gott auferweckt hat, sah die Verwesung
38 nicht! * Kund sei euch also, Männer und Brüder, daß durch diesen
euch Vergebung der Sünden verkündigt wird; und von allem,
wovon ihr im Gesetz des Mose nicht gerechtfertigt werden konntet,
39/40 * wird in diesem jeder Glaubende gerechtfertigt. * Sehet nun
41 zu, daß ja nicht eintreffe das bei den Propheten Gesagte: * ‚Sehet,
ihr Verächter, und wundert euch und werdet zunichte; denn ein

zu Vers 19:
5 Mo 7, 1
Jos 14, 2
zu Vers 20:
Ri 2, 16
1 Sam 3, 20
zu Vers 21:
1 Sam 8, 5
zu Vers 22:
1 Sam 16, 12 f
Ps 89, 21
Jes 44, 28
zu Vers 23:
2 Sam 7, 12
Jes 11, 1
zu Vers 24:
Lk 3, 3
Lk 16, 16
zu Vers 25:
Mk 1, 7
Jo 1, 20. 27
zu Vers 26:
Ps 107, 20
Apg 13, 40
zu Vers 27:
Jes 29, 10-12
Jes 53
Jo 16, 3
1 Ko 2, 8
zu Vers 28:
Mt 27, 22. 23
Lk 18, 31
zu Vers 29:
Mt 27, 59. 60
zu Vers 30:
Apg 3, 15
26, 8
zu Vers 31:
Apg 1, 3
1 Ko 15, 5f
1 Jo 1, 1 ff
zu Vers 33:
Ps 2, 7
Rö 1, 4
Hbr 1, 5
zu Vers 34:
Jes 55, 3
zu Vers 35:
Ps 16, 10
Apg 2, 27

Werk wirke ich in euren Tagen, ein Werk, das ihr einfach nicht
glauben werdet, wenn es einer euch erzählt.'"
42 **Als sie aber hinausgingen, baten sie, es möchten am nächsten**
43 **Sabbat ihnen diese Dinge (nochmals) gesagt werden. * Als sich**
aber die Synagogenversammlung aufgelöst hatte, folgten viele
der Juden und der gottesfürchtigen Proselyten Paulus und Barna-
bas, die mit ihnen redeten und sie zu bestimmen suchten, bei der
44 **Gnade Gottes zu bleiben. * Am folgenden Sabbat versammelte**
45 **sich bald die ganze Stadt, zu hören das Wort Gottes. * Als aber**
die Juden die Scharen sahen, wurden sie voll Eifersucht und
widersprachen dem von Paulus Gesagten und lästerten dabei.
46 *** Mit freimütigem Ernst sprachen Paulus und Barnabas: „Euch**
mußte notwendig zuerst gesagt werden das Wort Gottes. Da ihr
es aber wegstoßt und euch selbst nicht würdig erachtet des ewigen
47 **Lebens, siehe, so wenden wir uns zu den Heiden. * Denn so hat**
uns der Herr den Auftrag gegeben: ,Ich habe dich gesetzt zum Licht
der Heiden, auf daß du seiest zur Rettung bis an das Ende der
48 **Erde.'" * Als die Heiden das hörten, freuten sie sich und priesen**
das Wort des Herrn. Und es kamen zum Glauben alle, die be-
49 **stimmt waren für das ewige Leben. * Es wurde aber das Wort des**
50 **Herrn durch das ganze Land getragen. * Aber die Juden hetzten**
die gottesfürchtigen, vornehmen Frauen auf und die Ersten der
Stadt und erregten eine Verfolgung gegen Paulus und Barnabas
51 **und trieben sie aus ihrem Gebiet fort. * Sie aber schüttelten den**
52 **Staub von ihren Füßen wider sie und kamen nach Ikonion! * die**
(zurückbleibenden) Jünger aber wurden erfüllt mit Freude und
Heiligem Geist.

„Abgefahren aber von Paphos" — wieviel kann in einem kurzen Wort liegen! Es werden uns zwar die „Erfolge" auf Cypern nicht geschildert, und bei Sergius Paulus ist es zum letzten Entschluß nicht gekommen. Trotzdem und vielleicht sogar gerade deshalb hätte es nahe gelegen, daß Barnabas und Paulus die Arbeit auf der Insel fortsetzten oder zunächst nach Antiochia zurückkehrten. Aber nun hat Paulus die Leitung ergriffen. **„Paulus und seine Gefährten"** heißt es jetzt. Und in ihm ist offenbar die Klarheit durchgebrochen, die dann sein ganzes weiteres Wirken bestimmt: Nicht die eingehende Durcharbeitung eines ganzen Gebietes ist Aufgabe der Pioniermissionare, sondern das Hinaustragen der Botschaft in immer neue Länder und Städte, „bis an die Enden der Erde". Er, der am Himmelfahrtstage nicht mit dabei war, hat doch diesen Befehl seines Herrn mächtig und eindeutig gehört. So drängt es ihn — Barnabas und vor allem Johannes Markus mögen ihre Bedenken gehabt haben — von der Insel

zu Vers 36: Ri 2, 10; 1 Kö 2, 10; Apg 2, 29
zu Vers 38: Apg 10, 43; 2 Ko 3, 6 ff; Gal 3, 21; Hbr 10, 1
zu Vers 39: Rö 3, 28; Rö 5, 1; Rö 10, 4
zu Vers 40: Mt 13, 14
zu Vers 41: Hab 1, 5
zu Vers 42: Apg 13, 14 f
zu Vers 43: Apg 11, 23; 17, 4
zu Vers 45: Lk 15, 28; Apg 5, 17; 14, 2; 17, 5; 19, 9; Rö 10, 21; Apg 13, 46-52
zu Vers 46: Mt 10, 6; Lk 7, 30; Apg 3, 26; 18, 6; 22, 8
zu Vers 47: Jes 49, 6; Mt 5, 14; Lk 2, 32; Jo 8, 12
zu Vers 48: Apg 11, 18; Rö 8, 29 f
zu Vers 50: Apg 14, 2; 17, 5; 2 Tim 3, 11
zu Vers 51: Mt 10, 14 f; Apg 18, 6
zu Vers 52: Lk 10, 10 f

vorwärts aus der engeren Heimat des Barnabas hinüber zu seiner eigenen Heimat Kleinasien mit ihrer ganzen Weite und Größe. Er gewinnt die beiden andern für seinen Plan. So besteigen sie ein Schiff[296], das nach Norden auf die kleinasiatische Küste zusteuert. Welch großen und schweren Dingen fahren sie entgegen!

„Perge in Pamphylien" wird als erster Ort genannt. Es ist nicht selbst Hafenstadt, sondern liegt am Kestros, 12 km oberhalb seiner Mündung ins Mittelmeer. Für große Schiffe war der Fluß nicht befahrbar; Schiffsreisende mußten in Attália an Land gehen. Eine eigene Arbeit wird hier nicht begonnen; nach Apg 14, 25 wird erst auf dem Rückweg auch in Perge das Evangelium verkündigt. Es drängt Paulus weiter ins Innere des Landes. Jetzt macht Johannes Markus nicht mehr mit: **„Johannes aber trennte sich von ihnen und kehrte nach Jerusalem zurück."** Lukas nennt uns seine Gründe nicht. Aber der Ausdruck, den Paulus Apg 15, 38 für seine „Trennung" gebraucht, enthält den Klang von „Abfall" in sich, und der hinzugefügte Vorwurf, er sei „nicht mit ihnen gekommen zu dem Werk", zeigt, daß Markus dieses Werk gescheut hat. Es mag ihm — vielleicht aus seinem „Jerusalemer Denken" heraus — überspannt und allzu kühn erschienen sein. Bei seiner Rückkehr und bei seinen Berichten in Jerusalem wird es auch Kopfschütteln genug gegeben haben.

14 **„Sie aber zogen durch von Perge aus und kamen nach dem Pisidischen Antiochia."** Wie einfach dieses kurze Sätzchen klingt. Es waren aber 160 km einer mühsamen und gefahrvollen Gebirgswanderung, die bestenfalls in acht Tagen zurückgelegt werden konnte. Räuberische Stämme hausten in den Bergen. Die Aufzählung von 2 Ko 11, 26: „Auf Wanderungen oft, in Gefahren durch Flüsse, in Gefahren durch Räuber", wird auch an diesen ersten harten Weg im ganz fremden Land denken. Wie mag es dabei mit der Unterkunft für die Nächte und mit der Verpflegung gewesen sein![297]

Dann sind sie im pisidischen Antiochia[298]. Auch das war eine Gründung des Seleukus I Nikator, zu Ehren Antiochus des Großen „Antiochusstadt" genannt. Die Seleukiden hatten hier — wie in ganz Pamphylien und Lykaonien — viele Juden angesiedelt, um für ihre Herrschaft eine zuverlässige Bevölkerungsgruppe in diesem Grenzland zu besitzen. Seit 25 n. Chr. war diese Stadt römische Kolonie, so daß sie nach römischem Recht verwaltet wurde. Sie lag landschaftlich noch in Phrygien, aber an der Grenze von Pisidien, gehörte jedoch amtlich

[296] Der hier verwendete Ausdruck für „abfahren" gilt immer der Seereise; so auch Apg 16, 11; 18, 21; 27, 21; 28, 11.

[297] Man muß einmal eine Schilderung wie die von Schneller lesen, der den Wegen des Paulus selber nachgewandert ist. Vgl. L. Schneller, Paulus, Leipzig 1926, S. 90 ff.

[298] Vgl. dazu im „Lexikon zur Bibel" Sp 85/86.

zur römischen Provinz Galatien[299]. Antiochia ist ein lebhaftes Handelszentrum an der großen Straße von Ephesus zur Kilikischen Pforte, Sitz der zivilen und militärischen Verwaltung für den Süden der Provinz. Wenn Paulus hierher strebt und hier die Arbeit beginnt, so zeigt sich wieder seine Erkenntnis: „Leuchter", die weithin ins Land strahlen, konnten nur die größeren Städte sein; darum hat Paulus sie gesucht; die Evangelisation des weiten Landes mußte dann Sache solcher zentralen Stadtgemeinden sein.

Naturgemäß suchen die beiden Israeliten am Sabbat die Synagoge 15
auf, „sitzen" in ihr und feiern den Gottesdienst mit, der vor allem in der **„Verlesung des Gesetzes und der Propheten"** besteht. Dann folgt jene Stelle, an der der Synagogenleiter[300] jeden dazu fähigen Juden zu einer Ansprache auffordern kann. So werden auch hier die beiden fremden Männer, die den Eindruck von Lehrern (Rabbinen) machen, gefragt, ob sie **„ein Wort des Zuspruches an das Volk haben"**. Paulus nimmt das Wort. Barnabas versteht die feine Kunst des Zurücktretens. Lukas hat uns diese eine Rede des Paulus vor einer Synagogengemeinde ausführlich überliefert, damit wir wissen, so hat Paulus evangelisiert, wenn er vor jüdischen Hörern stand. An diese Rede werden wir immer wieder denken müssen, wenn wir Paulus an irgendeinem Ort seinen Dienst bei seinen jüdischen Volksgenossen[301] beginnen sehen.

Wenn wir die Rede als ganze überblicken, dann fällt uns ein we- 16
sentlicher Grundzug auf, der im Gegensatz zu unserer gewohnten Art der Vorträge, Predigten und Ansprachen steht. Wir lieben die grundsätzlichen Erörterungen, die „weltanschaulichen" Darlegungen, die systematischen Beweise. Paulus aber erzählt Geschichte und berichtet Gottes Taten und die daraus sich ergebenden Tatsachen, und fordert am Schluß seine Hörer auf, diesen Tatsachen zu „glauben", das heißt, sie für ihr eigenes Leben und ihren eigenen Stand vor Gott gültig sein zu lassen und in Anspruch zu nehmen. Damit ist die Rede des Paulus

299 Darauf fußt die Ansicht, daß Paulus sich auch in dem Galaterbrief an den römischen Provinznamen gehalten habe, wie er es auch sonst tut, und daß so der Galaterbrief den Gemeinden Antiochia, Ikonion, Lystra und Derbe gelte. Die „Galater" im volkstumsmäßigen Sinn wohnen weiter nördlich. Von Gemeindegründungen bei ihnen hören wir in der Apostelgeschichte nichts, aber die Notiz Apg 16, 6 läßt Gemeindegründungen möglich erscheinen, und die Mitteilung in Kap. 18, 23 macht sie wahrscheinlich. Zu dieser ganzen Frage vergleiche die Auslegung des Galaterbriefes in unserer Wuppertaler Studienbibel S. 17 ff.

300 Es gab an sich nur einen „Synagogenvorsteher". Wenn hier wie Mk 5, 22 eine Mehrzahl genannt wird, mag dabei an die Mitglieder des Synagogenvorstandes gedacht sein.

301 Paulus redet hier die „Gottesfürchtigen" neben den „Israeliten" besonders an. Sie werden dort zahlreich gewesen sein, und für Paulus waren sie wichtig als Menschen aus den Nationen, die von Gott bereits berührt worden waren.

„biblisch"; denn auch die Bibel ist — zum Befremden und zur Enttäuschung vieler, die nach „Weisheit" fragen (1 Ko 1, 22) — wesentlich ein Geschichtsbuch, das in reiner Tatsächlichkeit erzählt, was Gott getan hat. Es gehört darum für uns eine Umstellung unseres ganzen Denkens dazu, wenn wir die Bibel richtig lesen und im biblischen Sinn „Glaubende" werden wollen[802].

17 Wir folgen unserer eigenen theologischen Denkweise und verkennen die geschichtliche Wirklichkeit, wenn wir in den Reden der ntst Zeugen von einem „Schriftbeweis" sprechen. Es geht Paulus nicht darum, für bestimmte dogmatische Gedanken einen „Beweis" aus dem AT zu holen. Er hat gar keine „dogmatischen Gedanken". Er will seine Volksgenossen in die Gottesgeschichte hineinstellen, die im alten Bund begonnen hat und nun in Jesus ihre Fortsetzung und ihre Vollendung findet. Mit innerer Notwendigkeit setzt er darum bei **„unseren Vätern"** ein, die „Gott erwählt hat". Das ist das grundlegende Handeln Gottes, auf dem sich alles weitere aufbaut. Paulus unterstreicht damit — wie Stephanus es getan hat und wie es Paulus selbst in Rö 9—11 mit erschreckender Klarheit tun wird —, daß nicht „Verdienst" und „Leistung", sondern frei erwählende Gnade die ganze Geschichte Israels bestimmt. Auf Gottes wunderbares Handeln
18—22 lenkt er den Blick: **„Das Volk erhöhte er in seiner Fremdlingschaft im Lande Ägypten, und mit einem hohen Arm führte er sie heraus aus ihm. Und in einer etwa vierzigjährigen Zeit ertrug**[803] **er sie in der Wüste. Und nachdem er vernichtet hatte sieben Völker im Land Kanaan, teilte er ihr Land** (unter sie) **als Erbteil für etwa vierhundertundfünfzig Jahre."** Richter schenkte er ihm[804], auf ihren Wunsch auch den ersten König, Saul, und nach Sauls Verwerfung David. In allem ist Gott der Handelnde und Gebende. Paulus hat eine „theozentrische Theologie", weil die Schrift die Gottheit Gottes so vor uns hinstellt.

So steht Gottes Geschichte mit Israel vor den Augen der Hörer. Wie anders noch als wir hörten das alle **„Söhne des Geschlechtes Abrahams"** (V. 26). Wie anders sagte es ein Mann, der selber ein
23 **„Saul aus dem Stamm Benjamin"** war! Aber nun stand man mit David an der kritischen Stelle der Geschichte Israels. Wohl war David **„ein Mann nach Gottes Herzen, der tun wird alle Willenskundgebungen Gottes"**. Wohl gelten ihm und seinem Samen große Verheißungen. Aber — was war daraus geworden? Wo blieb ihre Erfüllung? Wo blieb der „Sohn David"? Wo blieb der „ewige Bund", den Jesaja

[802] Vgl. dazu die Auslegung der „Pfingstpredigt" des Petrus o. S. 58 ff.

[803] Das grie Wort kann sowohl als „ertragen" wie als „ernähren" verstanden werden; 5 Mo 1, 31 spricht vom „Tragen".

[804] Vgl. die Anmerkung zu Vers 20 im Text.

(55, 3) verkündigt hatte, da Gott Israel „die gewissen Gnaden Davids geben" wollte? Das waren Fragen, die jeden Israeliten bewegen mußten und die in der messianischen Erwartung brannten. Darum setzt hier Paulus unmittelbar mit der Verkündigung der Erfüllung ein: **„Von dessen Samen gemäß der Verheißung führte Gott Israel den Retter zu: Jesus."** Wieder hat Gott gehandelt wie in den Tagen der Väter, und Israel, das von den Gottestaten in seiner alten Geschichte lebt, kann und darf sich dieser neuen Tat Gottes nicht entziehen.

Paulus hat offenbar gemerkt, daß Nachrichten über die Täuferbe- 23–25
wegung auch in die Judenschaften Kleinasiens gekommen sind und dort die Herzen bewegen. Er stellt falsche Auffassungen darüber mit der Aussage des Johannes richtig. Das ausdrückliche „Ich bin es nicht"
entspricht dem gewaltigen Selbstzeugnis Jesu: „Ich bin"! Und dann 26–30
setzt er mit einer neuen, besonders herzlichen Anrede ein, weil er nun von dem zu sprechen hat, was seine Botschaft so schwer macht. Die Proselyten werden dabei wieder genannt: Gerade für sie, die als Sucher göttlicher Wahrheit zu Israel gekommen waren, kam alles darauf an, daß sie jetzt nicht getäuscht wurden, sondern die eigentliche Enthüllung der Wahrheit und Gnade Gottes in Jesus fanden. Die Führer Israels in Jerusalem hatten Jesus verurteilt und durch die Römer hinrichten lassen.

Freilich, gerade dadurch ist es gekommen, daß nun **„uns das Wort dieses Heils gesandt wurde"**. Paulus stellt dieses positive und für seine Hörer so heilvolle Ergebnis voran, ehe er auf die Ereignisse in Jerusalem selber eingeht. Aber dennoch, welch ein dunkles Rätsel für jüdische Ohren: Den **„Retter für Israel"** haben sie in Jerusalem nicht erkannt, sondern, **„obwohl sie keine todeswürdige Schuld fanden, baten sie Pilatus, daß er hingerichtet werde"**. Und dann **„nahmen sie ihn herab vom Holz und legten ihn in ein Grab"**. Paulus löst hier das Rätsel noch nicht durch eine „Kreuzeslehre". Er entlastet Jerusalem, soweit er es von seinen eigensten Erfahrungen her[305] kann: Sie **„hatten diesen** (oder: dieses, nämlich ‚Wort') **nicht erkannt und die Stimmen der Propheten, die an jedem Sabbat vorgelesen werden"**. Die „Decke" hing vor ihren Herzen, wird Paulus später sagen (2 Ko 3, 14). Aber wie wunderbar führt Gott seine Sache zum Ziel! Gerade dadurch haben sie **„die Stimmen der Propheten mit ihrem Gerichtsurteil erfüllt"**. Sie haben an Jesus **„erfüllt alles, was von ihm**
geschrieben steht". Das könnte freilich alles nicht so gesagt werden, 31–37

[305] Vgl. sein Wort 1 Tim 1, 13, das ihn wohl von der unvergebbaren Sünde des wissentlichen und willentlichen Widerstrebens gegen Gott entlastet, aber dennoch keine „Entschuldigung" ist. Solches „Nichterkennen" ist immer ein tief schuldhafter Vorgang, weshalb sich Paulus gerade in diesem Zusammenhang als den „größten Sünder" bezeichnet.

wenn Gott nicht seinerseits die entscheidende Tat[306] getan hätte! **„Aber Gott erweckte ihn aus den Toten. Er erschien während vieler Tage denen, die mit ihm hinaufgezogen waren von Galiläa nach Jerusalem, welche jetzt seine Zeugen sind an das Volk"**[307]. Und nun kommt die ganze Frohe Botschaft: **„Die an die Väter ergangene Verheißung hat Gott erfüllt für die Kinder, für uns."** Auf Ps 2, 7 weist Paulus hin und — wie schon Petrus in der Pfingstpredigt — auf Ps 16, 10. Von David selbst kann dies Wort nicht gelten: denn **„David, nachdem er für seine eigene Generation gedient hatte dem Willen Gottes, entschlief und wurde versammelt zu seinen Vätern und sah die Verwesung"**[308]. Davids Bedeutung ist eine begrenzte; er blieb dem allgemeinen Menschenlos verhaftet und **„sah die Verwesung"**. **„Er aber, den Gott auferweckt hat, sah die Verwesung nicht!"** In diesem Ausdruck liegt die Erkenntnis, daß es sich Ostern nicht nur um die Wiederbelebung eines Toten handelt, sondern um die Tat Gottes, mit der er Jesus eine völlig neue, „unverwesliche", von aller Todverfallenheit freie Daseinsweise gab (vgl. Rö 6, 9).

38/39 Das sind die Tatsachen, die nur als solche bezeugt werden können. Aber diese Tatsachen haben eine Bedeutung, weil Gott in ihnen handelt. Gerade aus diesem Höhepunkt menschlicher Blindheit und Sünde macht Gott durch die Auferweckung Jesu das Angebot der Vergebung! **„Kund sei euch also, Männer und Brüder, daß durch diesen euch Vergebung der Sünden verkündigt wird."** Und nun kommen die Formulierungen, die ganz „paulinisch" sind. Wie werde ich vor Gott gerecht? Das ist die Frage, die jeden Menschen erschüttert, der überhaupt vor die Wirklichkeit des heiligen, lebendigen Gottes gestellt ist. Darum war jeder Jude von ihr bewegt. Die ernsten Frommen in Jerusalem mühten sich, diese „Gerechtigkeit" durch peinlich genaue

306 An solchen Stellen kann auch uns erneut deutlich werden, wie entscheidend die Auferstehung Jesu für uns ist und wie das Kreuzesgeschehen wirklich erst von Ostern her als das allgenugsame Werk der Versöhnung sichtbar wird.

307 Es muß uns auffallen, daß Paulus hier — anders als in 1 Ko 15 — seine eigene Begegnung mit dem Auferstandenen nicht zum Zeugnis mit heranzieht. Mit dem „und auch wir..." in V. 32 hebt er sich ausdrücklich von den Uraposteln ab. Das ist aber kein „Widerspruch" und keine Verzeichnung des Paulusbildes durch Lukas. Daß Paulus den auferstandenen Herrn selber sah, das hat Lukas wahrlich genug betont. Dreimal bringt er in seinem Werk die Schilderung jenes Geschehens vor Damaskus. Hier aber ist nur besonders stark betont, was Paulus auch 1 Ko 15, 8 mit dem Wort „Fehlgeburt" sagen will. Zu den ursprünglichen Aposteln gehört er nun einmal nicht. Paulus schneidet damit in einer fremden Synagoge von vornherein alle Einwände ab, die ihm entgegenhalten konnten: „Was weißt du denn schon? Du warst ja nicht von Anfang an dabei!"

308 Man kann diesen Satz auch so konstruieren: „David, nachdem er seiner eigenen Generation gedient hatte, entschlief nach dem Willen Gottes." Am wesentlichen Sinn ändert sich dadurch nichts.

Erfüllung des Gesetzes Mose zu erlangen. Können wir sie so finden? Indem Paulus seinen Hörern zuruft: **„Ihr konntet nicht gerechtfertigt werden im Gesetz des Mose"**, rechnete er damit, daß in vielen von ihnen das Gewissen diesem seinem Satz recht geben muß. Dann ist es freilich eine Frohe Botschaft: **„In Jesus wird jeder Glaubende gerechtfertigt."**

Freilich, Paulus rechnet auch mit Widerspruch und sieht diesen 40/41
sehr kennzeichnend begründet. Unser Wissen von Gott kann mit unaufhaltsamer Wucht die letzte Frage in uns wecken, die nur in der Botschaft von dem für uns gekreuzigten und auferstandenen Jesus die wirkliche Antwort bekommt. Aber unser Wissen von Gott kann uns auch in die Sicherheit einer gewohnten und uns angenehmen Frömmigkeit hineinbringen, aus der wir uns nicht aufschrecken lassen wollen. Darum greift Paulus in diesem Augenblick zu dem Wort aus Hab 1, 5. Auch damals hatte Israel Gott in ein System eingesponnen, das Gott „ungefährlich" machte. Gott aber wird dies Gespinst zerreißen und **„ein Werk wirken in ihren Tagen, ein Werk, daß sie einfach nicht glauben werden, wenn es einer ihnen erzählt"**. Damals war dieses aufschreckende Neue, das aller Sicherheit und Behaglichkeit ein Ende machte, die Erhebung der Chaldäer zur Weltmacht und ihr Erscheinen in Palästina. Jetzt zerschlägt der lebendige Gott alle eigene Sicherheit des frommen Menschen, alle eigenmächtige und halbe Frömmigkeit, indem er den Retter für Israel durch Israels Führer verwerfen und hinrichten läßt und dann durch das ungeheure Ereignis seiner Auferstehung aus den Toten ihn aufs neue den Glaubenden zum Retter schenkt. Jetzt steht vor jedem die große Entscheidung: **„Verächter"** zu sein oder ein **„Glaubender"** zu werden[309].

Beim Hinausgehen aus der Synagoge wird an die Boten die Bitte 42/43
gerichtet, **„es möchten am nächsten Sabbat ihnen diese Dinge** (nochmals) **gesagt werden"**. Es steht hier wieder jener Ausdruck, der dem Hbr entsprechend sowohl „Wort" wie „Sache" meinen kann[310]. Es ist verständlich, daß sie über dieses gewaltige Thema noch mehr hören wollen und es jetzt noch gar nicht gleich fassen können. Aber als dann alles aus der Synagoge strömt, **„folgten viele der Juden und der gottesfürchtigen Proselyten Paulus und Barnabas, die mit ihnen redeten und sie zu bestimmen suchten, bei der Gnade Gottes zu bleiben"**. Es kommt — auch sicher weiter in die nächsten Tage hinein — zu vielen seelsorgerlichen Aussprachen, bei denen Paulus und Barnabas

309 Angesichts der ganzen Tatsächlichkeit des Handelns Gottes bleibt auch bis heute jedem Menschen nur die Wahl: „Verächter" oder „Glaubender" zu sein.

310 Es ist der Ausdruck „rhema", der mit dem „Wort" zugleich das im Wort bezeichnete „Ding" meint. Vgl. Anm. 246 S. 204

die Fragenden und Suchenden zu einem festen und bleibenden Anschluß an die in Jesus erschienene Gnade zu bestimmen suchten. Ja, der Ausdruck **„bleiben"** kann sogar darauf hinweisen, daß eine Reihe von Menschen zum Glauben an Jesus und zur Übergabe an Ihn gekommen waren und nun schon in der bewahrenden und weiterführenden Seelsorge der Boten standen. Manche Handschriften sprechen darum ausdrücklich von der Taufe solcher Menschen und von der Verbreitung der Botschaft durch die ganze Stadt hindurch – sachlich sicher richtig, aber gerade darum wohl unwillkürliche oder willentliche „Verbesserung" des ursprünglichen Textes.

44/45 **„Am folgenden Sabbat versammelte sich bald die ganze Stadt, zu hören das Wort Gottes."** Wieder ist diese Angabe nicht „statistisch" zu nehmen. Auch wir würden von einer Evangelisation, die einen ganzen Ort in Bewegung bringt, so reden können, auch wenn rein zahlenmäßig nur ein Bruchteil der gesamten Bevölkerung tatsächlich der Einladung gefolgt ist. So war auch die Evangelisation des Paulus in Antiochia Stadtgespräch. Scharen von Menschen machten sich überall zur Synagoge auf. Diese **„Scharen"** aber waren zum großen Teil „Heiden". Das weckt die Eifersucht der Juden. Jetzt ist es ihnen klar, daß die Botschaft des Paulus Schwärmerei ist, die die alte ehrwürdige Ruhe stört und Israels Vorzug bedroht. Jetzt widersprechen sie laut den herabwürdigenden Behauptungen, Israel habe seinen Messias verkannt und ans Kreuz gebracht, und den phantastischen Berichten von der Auferstehung Jesu aus den Toten. Es kommt in der Erregung zu „Lästerungen". Diese galten nicht den beiden Boten. Menschen kann man verleumden oder beschimpfen, aber nicht eigentlich **„lästern"**. Gelästert wird Jesus. Das „anathema Jesous = verflucht ist Jesus" (1 Ko 12, 3) hallt durch die Synagoge, wie es Saulus einst selbst gerufen, zu dem er die von ihm verhafteten Christen zu zwingen gesucht hatte (Apg 26, 11).

46 Paulus und Barnabas sahen, daß ihre Arbeit in der Synagoge zu Ende ist. Zum Streiten sind sie nicht da. Über das Evangelium kann man nicht diskutieren. Man kann es nur annehmen oder ablehnen. Aber sie räumen nicht stillschweigend das Feld. **„Mit freimütigem Ernst sprachen Paulus und Barnabas: ‚Euch mußte notwendig zuerst gesagt werden das Wort Gottes. Da ihr es aber wegstoßt und euch selbst nicht würdig erachtet des ewigen Lebens, siehe, so wenden wir uns zu den Heiden.'"** Das war und blieb die Überzeugung des Völkerapostels bis in den Römerbrief hinein: „Den Juden zuerst" (Rö 1, 16). Davon war seine Arbeit grundsätzlich bestimmt, wie es uns Lukas auch überall auf den Missionsreisen des Paulus zeigt. Aber freilich, gezwungen werden kann durch die Verkündigung niemand. Jeder behält die Freiheit, das Wort „wegzustoßen". Er tut freilich damit

etwas Schreckliches: Er spricht sich selber damit das Urteil[311], und dieses Urteil lautet: **„Nicht würdig erachtet des ewigen Lebens."** Er bringt sich selbst um das Leben. Das ist der tiefe Ernst der uns verliehenen Freiheit dem Wort der Botschaft gegenüber.

Achten wir auf das Verhalten der Boten! Sie versuchen nicht, den Ablehnenden immer weiter nachzugehen und mit Bitten und Beschwörungen in sie zu dringen. Sie fragen sich aber auch nicht erschrocken, was sie bei ihrer Verkündigung falsch gemacht haben und mit welchen besseren Methoden sie vielleicht doch noch an die vielen Ablehnenden herankommen könnten. Paulus war sich vielmehr bewußt, daß die Verkündigung „Geruch des Lebens zum Leben und Geruch des Todes zum Tode" ist (2 Ko 2, 16). Darum sind die Boten auch nicht verzagt, sondern stehen voll „Freimut" da. Will Israel nicht hören, so sind **„Heiden"** da, zu denen sie sich nun wenden
dürfen. Das ist der Auftrag, der schon bei Jesaja (49, 6) dem „Knecht 47
Gottes" gegeben ist: **„Ich habe dich gesetzt zum Licht der Heiden, auf daß Du seiest zur Rettung bis an das Ende der Erde"!** In kühner Weise bezieht Paulus dieses dem „Gottesknecht" gesagte Wort auf seinen eigenen Botendienst. Er kann das tun, weil in dem Boten der Herr selbst auf dem Plan ist. Der eigentliche Evangelist in jeder Evangelisation ist Jesus selber. Ist er das **„Licht der Heiden"**, so sind es auch seine Boten, durch die er **„Rettung bis an das Ende der Erde"** wirkt.

„Als die Heiden das hörten, freuten sie sich und priesen das Wort 48
des Herrn." Ja, das ist auch das „Neue" und Unglaubliche, was Gott tut: Israeliten schmähen das Wort Gottes und lästern, Heiden nehmen es mit Freude auf und preisen! **„Und es kamen zum Glauben . . ."** – es ist nicht Zufall und nicht etwa nur Sache einer bestimmten Redeweise, wenn in der Apostelgeschichte, wie im ganzen NT, das Christ-werden immer wieder „gläubig werden", „zum Glauben kommen", heißt. So wie zum „Gesetz" notwendig das „Werk" gehört, so zum „Evangelium" notwendig das **„Glauben"**. Die Botschaft von dem, was Gott in Jesus für uns getan hat und tut, verlangt nur das eine, dieses eine aber auch unabdingbar: daß wir „glauben". Der Ausdruck **„zum Glauben kommen"** zeigt dabei, daß solches **„Glauben"** nicht ein Verhalten ist, das zu unserem übrigen Leben nun auch noch hinzutritt, sondern daß es eine umfassende, unser ganzes Sein bestimmende Richtung und Gestaltung unseres gesamten Lebens ist. **„Zum Glauben kommen"** ist eine grundlegende Wendung unseres Lebens. Darum ist es nicht verwunderlich, wenn

311 Das Wort, das die Übersetzungen mit „würdig erachten" oder „für würdig halten" wiedergeben, heißt eigentlich „als würdig beurteilen" oder „richten". Mit der Ablehnung des Wortes „richtet" der Mensch sich selbst. Vgl. die Warnung Jesu Jo 12, 48.

zwar die Heiden ganz allgemein sich der Botschaft freuen und das Wort des Herrn preisen, aber dann doch nicht einfach „alle" zum Glauben kommen, sondern nur **„alle, die bestimmt waren für das ewige Leben"**. Lukas will mit dieser Formulierung keine Prädestinationslehre entwickeln. Erst recht liegen ihm alle die Folgerungen fern, die wir theoretisch sofort daraus ziehen möchten: Also können die andern, die sich nicht zum Glauben entschlossen, gar nichts dafür; sie waren eben nicht „für das ewige Leben bestimmt". Und also kann auch ich nichts für meinen Unglauben, Gott ist dafür verantwortlich, wenn er mich nicht „erwählte". Lukas will auch hier nur „Geschichte" darstellen, Geschichte mit dem wunderbaren Geheimnis göttlichen Handelns. Er meint es ganz positiv, so wie es jeder von uns sagt, der selber „zum Glauben kam": Keiner von uns rühmt dabei sich selber, daß er so tüchtig und fromm gewesen wäre, sich zu bekehren und im Glauben das Heil zu ergreifen (das wäre ja schon wieder „Werk" und nicht „Glaube"), jeder von uns rühmt notwendig Gottes unbegreifliche Liebe, die ihn zum Leben bestimmt und darum zum lebendigen Glauben wiedergeboren hat. Aber jeder von uns weiß auch, daß die Verweigerung des Glaubens seine eigene, zum Tode führende Schuld gewesen wäre.

49 Paulus hat recht getan, als er die Stadt Antiochia zum Ansatzpunkt seiner Arbeit wählte: **„Es wurde aber das Wort des Herrn durch das ganze Land getragen."** Was in Antiochia geschah, blieb nicht verborgen; es wurde überall in den Dörfern der Umgegend von der neuen Botschaft gesprochen und der Name des Retters Jesus genannt. Noch mehr: die zum Glauben Gekommenen konnten und wollten nicht schweigen; sie trugen selber als junge „Evangelisten" die Botschaft weiter ins Land.

50—52 Die Trennung der Boten von der Synagoge führte nicht zum Frieden. Im Gegenteil, den Juden war die mächtige Wirksamkeit des Paulus und Barnabas jetzt erst recht unerträglich. Durch vornehme fromme Damen, die sich zur Synagoge hielten und die neue Botschaft als eine Erschütterung ihres ganzen bisherigen Lebens ablehnten, gewannen sie Einfluß auf die **„Ersten der Stadt"**. Diesen Männern an der Spitze der Verwaltung war es leicht klarzumachen, daß die Aufregung, die durch die ganze Stadt ging und bis in das Land hinein ausstrahlte, eine bedenkliche, den Frieden störende Sache sei. So kommt es zum Ausweisungsbefehl gegen Paulus und Barnabas. Da Paulus 2 Ko 11, 25 von einem dreimaligen Erleiden der Stockschläge spricht, wie sie gerade von den „römischen" Magistraten verabfolgt wurden, während die Apostelgeschichte nur von dem einen Fall in Philippi (Kap. 16, 22) erzählt, kann auch hier in Antiochia die Ausweisung ebenfalls in dieser harten und schmerzhaften Weise geschehen sein. Darauf kann auch die Formulierung bei Lukas **„sie erregten eine Verfolgung gegen Paulus und Barnabas“** hindeuten. Umso wunderbarer ist es, daß die zum Glauben Gekommenen durch dieses Geschehen nicht aus der Bahn geworfen werden: **„Die** (zurückbleibenden) **Jünger aber wurden erfüllt mit Freude und Heiligem Geist“**[312]. Das entspricht der Erfahrung in Thessalonich: Sie „nahmen das Wort an in viel Bedrängnis mit Freuden des Heiligen Geistes“ (1 Th 1, 6). So etwas vermag Gott!

Paulus und Barnabas müssen Antiochia verlassen. Sie tun es nach der Weisung Jesu, sie **„schüttelten den Staub von ihren Füßen wider sie“.** Erklärt die Stadt durch diese Ausweisung, daß sie mit den Boten Jesu nichts zu tun haben will, so antworten die Boten mit einer Geste, mit der sie auch ihrerseits bestätigen, daß sie nicht einmal den Straßenstaub an ihren Füßen aus der Stadt mitnehmen wollen und die Stadt dem Urteil Gottes überlassen. Und wohin nun? Wenn Paulus und Barnabas nicht schon umkehren wollen, stehen ihnen drei Wege offen: der Weg nach Norden zum Schwarzen Meer hin, auf dem aber keine größeren Orte locken; die Handelsstraße im Westen nach Ephesos hin oder die Handelsstraße nach Osten auf Ikonion zu. Den Vorstoß weiter nach Westen hin unternehmen sie jetzt noch nicht. Aber sie müssen von Antiochia weit fort und wählen so Ikonion als nächstes Ziel.

DIE ERSTE MISSIONSREISE

3. Paulus und Barnabas in Ikonion

Apostelgeschichte 14, 1—7

1 **Es geschah aber in Ikonion auf dieselbe Weise, daß sie in die**
Synagoge der Juden kamen und so sprachen, daß von den Juden
2 **und den Griechen eine große Menge gläubig wurden. * Aber die**
Juden, die nicht gehorchen wollten, erregten und machten böse die
3 **Seelen der Heiden gegen die Brüder. * Geraume Zeit immerhin**
verweilten sie (dort) **in freimütigem Vertrauen auf den Herrn, der**
Zeugnis gab für das Wort seiner Gnade, indem er schenkte, daß
4 **Zeichen und Wunder geschahen durch ihre Hände. * Es spaltete sich**
aber die Menge der Stadt, und die einen hielten es mit den Juden,

zu Vers 1: Apg 13, 14; 11, 20. 21
zu Vers 2: Apg 13, 45
zu Vers 3: Apg 19, 11; 5, 12; 20, 32; Mk 16, 20; Hbr 2, 4

[312] Von der Taufe dieser Jünger berichtet Lukas nichts. Die war ihm gewiß selbstverständlich, aber doch auch dem „Zum-Glauben-Kommen“ gegenüber so unwichtig, daß sie ihrer ausdrücklichen Erwähnung nicht bedarf. Sie ist in der Urchristenheit nicht ein „Sakrament“ für sich mit eigener Wirkungsmacht, sondern ein selbstverständlicher Vorgang innerhalb der Geschichte Gottes mit einem Menschen.

zu Vers 5:
Apg 19, 2
2 Tim 3, 11
zu Vers 6:
Mt 10, 23
zu Vers 7:
Apg 11, 19.20

5 **die andern aber mit den Aposteln. * Als aber ein Drang entstand**
der Heiden und der Juden samt ihren Oberen, sie zu mißhandeln
6 **und zu steinigen, * merkten sie es und flüchteten in die Städte**
7 **Lykaoniens, Lystra und Derbe und die Umgegend. * Und dort wa-**
ren sie, die Botschaft verkündigend.

1 In Ikonion[313] geht es **„nach derselben Weise"** wie in Antiochia: Paulus und Barnabas gehen nicht nur aus praktischen Gründen in die Synagoge, sondern aus dem grundsätzlichen Wissen: „den Juden zuerst", wie Paulus im Römerbrief (1, 16) schreibt. Die Verkündigung wirkt Glauben bei vielen, **„Juden"** und **„Griechen".** Lukas erzählt hier so knapp, daß nicht zu erkennen ist, ob diese Griechen als Proselyten oder „Gottesfürchtige" von vornherein mit in der Synagoge sitzen, oder ob Lukas daran denkt, daß durch die Verkündigung auch eigentliche „Heiden" angezogen wurden und zum Glauben kamen. Dies letztere ist aber jedenfalls geschehen, wenn es zu einer **„Spaltung der Menge der Stadt"** kommt. Das treibende Element dabei waren wieder die Juden[314].

2 Lukas nennt sie **„die Juden, die nicht gehorchen wollten".** Weil der Glaube sich Gottes großen Taten unterstellt, ist der Un„glaube" immer auch Un„gehorsam", Auflehnung gegen Gottes eigenes Handeln. Das gilt in besonderem Maße für die, die als Angehörige des Bundesvolkes vor allem zum Hören und Gehorchen verpflichtet waren. Aber hier macht der Stolz auf die „eigene Gerechtigkeit" vor Gott die willige Unterwerfung unter Gottes Urteil und die Öffnung des Herzens für Gottes freie Gnade besonders schwer. Die grie Wortform macht dabei deutlich, daß auch der „Unglaube" als „Ungehorsam" eine aktive, willentliche Haltung ist. Wir verkennen das oft vor lauter „Problematik", mit der wir den „Unglauben" als eine Art Schicksal rechtfertigen und damit den Ungläubigen gerade keinen guten Dienst erweisen! Es ist uns auch heilsam, hier zu sehen: Selbst unter der Arbeit der großen und bevollmächtigten Boten Jesu kommt

[313] Ikonion liegt gut 100 km östlich von Antiochia. Dort waren römische Veteranen angesiedelt; hellenisierte Galater, römische Beamte und Juden bewohnten die Stadt, die in einer fruchtbaren Senke, der sonst trockenen lykaonischen Hochebene lag und ein wichtiger Handelsplatz mit bedeutender Wollweberei war (vgl. Lexikon zur Bibel Sp 640). Ikonion — jetzt „Konia" heißend — ist heute noch der bedeutendste von den Orten, die Paulus und Barnabas auf ihrer Reise berührten.

[314] In kritischen Kommentaren klingt es manchmal so, als sei dies nur eine schematische Anschauung des Verfassers der Apg. Aber die Darstellung des Lukas wird durch das eigene Zeugnis des Paulus in 1 Th 2, 16 voll bestätigt. Da der 1. Thessalonicher-Brief früh geschrieben ist und es in Philippi gerade nicht die Juden waren, die den Anlaß zur Verfolgung gaben, muß Paulus bei seiner Äußerung besonders auf die Erfahrungen der 1. Missionsreise zurückblicken.

es zur „Spaltung" in der Stadt. „Spaltung" ist also nicht das Ergebnis von Ungeschick und Versagen in der Verkündigung, sondern ein ebenso schmerzliches wie unvermeidliches Ereignis unter der Botschaft, die Entscheidung fordert und allerlei Scheidung wirkt[815].

Die Wühlereien der Judenschaft lassen zuerst noch Raum für ein 3
längeres Verweilen der beiden Brüder[816]. Sie spüren freilich, was sich da zusammenbraut. Aber sie bleiben zunächst in der Stadt und setzen ihre Arbeit fort **„in dem freimütigen Vertrauen auf den Herrn, der Zeugnis gab für das Wort seiner Gnade[817], indem er schenkte, daß Zeichen und Wunder geschahen durch ihre Hände"**. Jesus erfüllt seine Zusage, die er bei der Aussendung seiner Jünger in die Welt gegeben hatte (Mk 16, 17—20). Er schenkt **„Zeichen und Wunder"**, aber sie geschehen dann **„durch die Hände"** der Boten. Immer wieder stoßen wir auf den Grundzug in der Bibel, daß Gott sein eigenes Reden und Handeln an Ohr und Mund, Herz und Hand von Menschen bindet. Solche Wunder sind **„Zeichen"**, Hinweise auf den Herrn, nicht „Beweise"; sie überzeugen die Gegner nicht, erwecken aber doch eine gewisse Scheu, solche Männer anzugreifen, die nicht nur Worte machen. Gleichgültig läßt die Verkündigung niemanden. Man nimmt 4
überall in der Stadt Partei für die Synagoge oder für die Apostel.
Solche Spannungen steigern sich leicht in sich selbst. Die Gegner 5
drängen zum gewaltsamen Vorgehen mit Mißhandlungen und Steinigung[818]. Als die Apostel das merken, weichen sie der Entladung der Leidenschaften aus und fliehen. Es geht im Dienst Jesu weder um Lebensrettung um jeden Preis noch aber auch um menschliches „Heldentum". Die Frage kann immer nur sein, was der Herr jetzt will. Paulus und Barnabas sind gewiß, daß eine Herausforderung des letzten Konfliktes und ein Opfer des Lebens in Ikonion weder der gesammelten Gemeinde noch überhaupt der Sache des Herrn dient.

815 Luther wußte noch, daß das Evangelium „Rumor macht"; seine Kirche jammerte oft darüber, wenn es geschah.

816 Sie werden hier ganz schlicht als „Brüder" bezeichnet wie in V. 4 als „Apostel", obwohl Lukas sonst diesen Namen für die Zwölf spart. Es herrscht im NT wirklich Freiheit.

817 Es lohnt sich zu sehen, wie dieser Ausdruck „Wort seiner Gnade" im NT viele ähnliche Wortbildungen zur Seite hat: „Wort des Lebens" Apg 5, 20; „Wort dieses Heils" Apg 13, 26; „Wort des Evangeliums" Apg 15, 7. Dazu „Wort vom Reich" Mt 17, 19; „Worte ewigen Lebens" Jo 6, 68; „Wort vom Glauben" Rö 10, 8; „Wort vom Kreuz" 1 Ko 1, 18; „Wort von der Versöhnung" 2 Ko 5, 19; „Wort der Wahrheit" 2 Ko 6, 7; „Wort Christi" Kol 3, 16; das „heilsame Wort" 1 Tim 6, 3. In solch unsystematischer Freiheit und Mannigfaltigkeit kann das NT formulieren. An vielen Stellen heißt es dann einfach „das Wort . . ." Dabei ist wichtig: Alle diese genannten großen Güter sind jetzt im „Wort" uns vorgelegt und werden nur durch das „Wort" und im „Wort" erlangt! So schlechterdings entscheidend ist das „Wort"!

818 An dem Drängen auf diese typisch jüdische Strafe für Gotteslästerung sieht man, wie sehr die Juden die Treiber bei der ganzen Sache sind.

6 Sie **„flüchteten in die Städte Lykaoniens, Lystra und Derbe und die**
7 **Umgegend"**. Dort aber setzten sie trotz der schweren Erfahrungen in
Antiochia und Ikonion ihren Evangelisationsdienst fort. Wieder be-
stätigt Paulus in seinem frühesten Brief die Schilderung des Lukas:
„Obwohl wir vorher gelitten haben und mißhandelt worden sind,
gewannen wir freien Mut in unserem Gott, zu reden zu euch das
Evangelium Gottes unter vielem Kampf." (1 Th 2, 2) Wenn sich diese
Äußerung auch auf andere Orte bezieht, zeigt sie doch die gleiche
grundsätzliche Haltung des Paulus.

Lukas hat uns so ein erstes Bild der Paulinischen Heidenmission mit ihrer herrlichen Frucht und ihren ernsten Kämpfen und Nöten gegeben. Mission, Evangelisation ist „Geschichte", von Gott mit seinen Boten durchgeführt, nie vorweg zu konstruieren oder hinterher in ein System zu bringen, nie ohne Gefahren und Leiden, aber auch nie ohne Siege und Freuden.

DIE ERSTE MISSIONSREISE

4. Evangelisation in Lystra

Apostelgeschichte 14, 8—20

zu Vers 8:
Apg 3, 2
Jo 9, 1
zu Vers 9:
Apg 3, 4
Mt 9, 28
zu Vers 10:
Jo 5, 9
Hes 2, 1
zu Vers 11:
Apg 28, 6
Gal 4, 14
zu Vers 14:
Apg 22, 23
Mt 26, 65
zu Vers 15:
Apg 10, 26
Jak 5, 17
1 Th 1, 9
2 Mo 20, 11

8 **Und ein Mann in Lystra, kraftlos an seinen Füßen, saß da, lahm**
9 **von Mutterleib, der noch nie hatte gehen können. * Dieser hörte**
den Paulus reden. Der blickte ihn fest an, und als er sah, daß er
10 **den Glauben hatte, geholfen zu bekommen, * sprach er mit lau-**
ter Stimme: „Stelle dich auf deine Füße aufrecht!" Und er sprang
11 **auf und konnte gehen[819]. * Als aber die Menge sah, was Paulus**
getan hatte, erhoben sie ihre Stimme, indem sie auf lykaonisch
sagten: „Die Götter sind Menschen gleich geworden und zu uns
12 **herabgekommen!" * Und sie nannten Barnabas „Zeus", den Pau-**
13 **lus aber „Hermes", weil er es war, der das Wort führte. * Und**
der Priester des Zeus vor der Stadt brachte Stiere und Blumen-
gewinde an die Tore und wollte zusammen mit den Volksscharen
14 **opfern. * Als das aber die Apostel Barnabas und Paulus hörten,**
zerrissen sie ihre Kleider und sprangen heraus zu der Menge,
15 **rufend und sprechend: * „Ihr Männer, was macht ihr da! Auch wir**
sind Menschen gleich wie ihr; wir verkündigen die Botschaft, daß
ihr euch von diesen Nichtsen bekehren sollt zu dem lebendigen
Gott, der gemacht hat den Himmel und die Erde und alles in ihnen.

[819] Genau steht nur da „Er ging" wie auch in V. 8 „Er war noch nie gegangen". Im Deutschen berücksichtigen wir in solchem Fall nicht die bloße Tatsache, sondern sehen dabei auf das Können oder Nichtkönnen.

16 *** Er ließ in den vergangenen Geschlechtern alle Nationen auf**
17 **ihren eigenen Wegen gehen. * Und doch ließ er sich nicht unbe-**
zeugt durch Wohltun, indem er vom Himmel her auch Regen gab
und fruchtbare Zeiten, erfüllend mit Speise und Frohsinn eure
18 **Herzen." * Und dieses sagend, brachten sie mit Mühe die Volks-**
19 **scharen davon ab, ihnen zu opfern. * Es kamen aber von Antiochia**
und Ikonion Juden herbei; und sie überredeten die Massen, stei-
nigten Paulus und schleiften ihn zur Stadt hinaus, meinend, er
20 **sei tot. * Als aber die Jünger ihn umringten, stand er auf und ging**
in die Stadt. Und am folgenden Tag ging er zusammen mit Bar-
nabas fort nach Derbe.

zu Vers 16: Apg 17, 30; Rö 1, 24-32
zu Vers 17: Apg 17, 23; Rö 1, 19 f; Ps 145, 16; Ps 147, 8; Jer 5, 24
zu Vers 19: 2 Ko 11, 25; 2 Tim 3, 11; Apg 17, 13; 2 Ko 6, 9

Den kurzen, zusammenfassenden Schlußsatz in Apg 14, 7 illustriert 8
Lukas nach seiner Weise mit einer anschaulichen Geschichte, die sich in Lystra ereignet. Lystra liegt 30 km südwestlich von Ikonion. Sein Name ist uns auch in einer römischen Inschrift als „Col (onia) Lustra" genannt. Es ist offenbar eine rein heidnische Stadt; von Juden ist nicht die Rede, eine Synagoge wird nicht sichtbar. Die Bevölkerung — gefühlsmäßig leicht erregbar und bestimmbar — versteht soweit die Weltsprache des hell Grie, daß Paulus zu ihr zu reden vermag, spricht aber sonst ihr heimatliches „Lykaonisch".

Unter der zuhörenden Menge sitzt ein Mann, **„kraftlos an seinen** 9/10
Füßen, lahm von Mutterleib, der noch nie hatte gehen können". Paulus blickt auf ihn und sieht auf seinem Gesicht die erwartungsvolle Bereitschaft, von diesem Verkünder eines wunderbaren „Heiles" eine Hilfe in seinem Elend zu bekommen. Was kann alles in dem Herzen eines Menschen vorgehen, der zum ersten Mal das Evangelium hört! Da sagt ihm Paulus **„mit lauter Stimme: ‚Stelle dich auf deine Füße aufrecht!'"**[320] **„Und er sprang auf und konnte gehen."**[321]

Die Wirkung des Wunders ist auf diesem heidnischen Boden ganz 11/12
anders als an der Tür des Jerusalemer Tempels. Die leicht erregbare Bevölkerung versteht das Geschehen sofort „heidnisch". „Der qualitative Unterschied von Gott und Mensch" (Kierkegaard) ist dem

[320] Paulus wiederholt hier Gottes Ruf an Hesekiel (2, 1). Damit wird unterstrichen, daß Gott selbst in dem Ruf des Paulus handelt. Darum geschieht, was der Ruf sagt, durch den gehorchenden Glauben des Kranken hindurch.

[321] Es ist auffallend, wie ähnlich diese Heilung durch Paulus der in Kapitel 3 erzählten Heilung des Lahmen durch Petrus ist. Es kann durchaus die Absicht des Lukas gewesen sein, uns das von Paulus betonte: „... es sei Paulus oder Apollos oder Kephas" (1 Ko 3, 22; 15, 11) auf solche Weise anschaulich zu machen. Es ist derselbe eine Herr, der in Petrus wie in Paulus „wirksam gewesen ist" (Gal 2, 8) und darum auch ähnliche Zeichen vollbringt. Allerdings ein einfacher „Abklatsch" ist weder diese Heilung noch die Befreiung aus dem Gefängnis (Apg 12, 7—11 u. Kap. 16, 25—28) noch die Totenauferweckung (Apg 9, 36—42 u. Kap. 20, 7—10).

Heidentum völlig unbekannt. Es erhebt mit Leichtigkeit große Menschen zu „Göttern" und läßt mit der gleichen Leichtigkeit Götter in Menschengestalt erscheinen. Was für die Bibel mit ihrem Wissen um den lebendigen Gott das ungeheure Geschehen der Heilsgeschichte ist: Gott wird Mensch, ist für Heiden eine einfache Sache. Warum sollen „Zeus" und „Hermes"[322] nicht einmal nach Lystra kommen und dort ein schönes Wunder tun? Sie **„erhoben ihre Stimme, indem sie auf lykaonisch sagten: ‚Die Götter sind Menschen gleich geworden und zu uns herabgekommen!'"**[323] Es wird kein Zufall sein, daß gerade in jener Gegend die Sage von „Philemon und Baucis" spielt[324], dem frommen alten Paar, das von Göttern in Menschengestalt besucht
13 wird. Sie **„nannten Barnabas ‚Zeus', den Paulus aber ‚Hermes', weil er es war, der das Wort führte"**. Diese Verteilung der bekannten Götternamen auf die beiden Boten Jesu gibt uns ungewollt ein gutes Bild der beiden Männer: Barnabas ist sichtlich der ältere, ruhige und würdigere, eine „väterliche" Gestalt, darum mit dem Götternamen Zeus zu identifizieren; Paulus ist der lebhafte, beweglichere Wortführer, der „Götterbote" Hermes. Welch gute, gegenseitige Ergänzung waren sie dadurch in ihrem Dienst.

Was hinter dem Tun des Priesters steht, der den Zeustempel vor der Stadt bedient, sagt uns Lukas nicht. Vielleicht war er einfach von der allgemeinen Erregung mit fortgerissen; vielleicht wollte er diese Erregung für sich und seinen Tempel nutzbar machen. Jedenfalls erscheint er mit **„Stieren"** und **„Blumengewinden"** am Stadttor[325] und will **„zusammen mit den Volksscharen opfern"**. Gern **„opfert"** man solchen **„Göttern"**, die mit erstaunlicher Wunderhilfe erscheinen und von denen sich noch viele Vorteile erhoffen lassen. Es wird an solchem Vorgang deutlich, wie alle derartige „Religion" samt ihren „Opfern" und ihrer Begeisterung nur „Fleisch" ist.

[322] Das werden nicht die lykaonischen Götternamen gewesen sein. Aber die Religionsmischung der Zeit ließ die alten heidnischen Götter leicht im Bild der klassischen Göttergestalten des Reiches sehen und sie mit deren Namen benennen. Das gilt auch für den „Zeus"-Tempel vor der Stadt, von dem noch Reste erhalten sind.

[323] Die Kritik erhebt den Einwand, das sei doch nach der Ansprache des Paulus nicht mehr möglich gewesen. Wenn Paulus und Barnabas hernach durch ihr Wort die Männer vom Opfern abhalten, dann hätte die klare Verkündigung vorher es gar nicht erst zu solchem Tun kommen lassen können. Das ist weltfremdes Denken! Wie sollte uraltes, eingewurzeltes Heidentum von einer einzigen Predigt beseitigt worden sein! Auch nachher bringen sie die Menge „nur mit Mühe davon ab, ihnen zu opfern". Damit soll nicht die Größe des Wunders (so Haenchen), sondern die Zähigkeit des heidnischen Empfindens unterstrichen werden.

[324] Der römische Dichter Ovid hat sie uns literarisch überliefert.

[325] Der Text spricht von „Toren" in der Mehrzahl. Sind die Eingangstore des Zeustempels gemeint? Haben Paulus und Barnabas draußen vor der Stadt in der Nähe des Zeustempels gepredigt? Dann würde die ganze Szene noch verständlicher.

Herodes hatte es sich gern gefallen lassen, als das Volk rief: „Eines Gottes Stimme, nicht eines Menschen" (Apg 12, 21–23). Die Apostel, die das lykaonische Reden nicht verstanden und sich die Bewegung des Volkes zunächst nicht zu deuten wußten, springen jetzt mit dem jüdischen Zeichen des Entsetzens über eine Gotteslästerung, dem **„Zerreißen der Kleider"** (Mt 26, 65) unter die Menge: **„Ihr Männer, was macht ihr da! Auch wir sind Menschen gleich wie ihr."** Es ist die gleiche völlige Abwehr jeder falschen Einschätzung wie in Apg 3, 12; 10, 26[826]. Aber sie sind nicht nur **„Menschen"**, sondern auch „Evangelisten". Es geht ihnen gerade darum, daß die Menschen sich **„von diesen Nichtsen bekehren sollen zu dem lebendigen Gott"**. Genauso hat Paulus auch die Bekehrung der Thessalonicher gesehen: „wie ihr euch bekehrt habt zu Gott fort von den Götzen, leibeigen zu sein dem lebendigen und wahren Gott" (1 Th 1, 9)[827]. 14/15

Nun erhalten wir nach der großen Predigt vor Juden und Proselyten in Antiochia den Abriß einer ersten „Predigt" vor Heiden. Freilich, es ist eben gerade keine „Predigt"; dazu war in diesem Augenblick nicht die Zeit. Darum ist hier auch jeder Vergleich mit der Areopagrede und jede theologische Kritik fehl am Platz! Einer erregten Volksmenge voll heidnisch-religiöser Begeisterung kann jetzt nur in einfachen, klaren Linien das Allernötigste gesagt werden. Kein Schriftzitat ist hier angebracht, auch wenn Paulus unwillkürlich mit den Worten von 2 Mo 20, 11 spricht. Auch von Sünde und Erlösung kann jetzt noch nicht die Rede sein; darum fällt auch der Name „Jesus" nicht. Nur das Zeugnis von dem wahren lebendigen Gott kann den **„Nichtsen"** und der nichtigen Religion entgegengestellt werden. 16–18

Paulus empfindet es in diesem Augenblick tief: er spricht zu den Menschen aus den „Nationen", die als solche nicht wie Israel eine Geschichte mit Gott haben und in keinem geschichtlichen Verhältnis zu Gott stehen, an das er anknüpfen könnte. Gott ließ ja **„alle Nationen auf ihren eigenen Wegen gehen"**. Und doch bestand eine feste und erkennbare Beziehung Gottes auch zu diesen Menschen, die dort

826 Zwar nicht in dieser groben Verzerrung, aber in gefährlicher feiner Form finden wir diese falsche Einschätzung immer wieder auch im „christlichen" Bereich, sobald Wort und Tat eines Verkünders machtvoll wird. U. Smidt hat a. a. O. S. 107 zu dieser Stelle das Wort Riegers gebracht: „Die jetzige Welt kann ihre Ehrenbezeigungen feiner anbringen als diese Leute mit ihren Ochsen und Kränzen; aber ihr Rauchwerk des Lobes ist desto giftiger, wenn sie einen damit abfangen will. Wer nicht auf seiner Hut ist, dem kann es wohl geschehen, daß er sich in Achtung und Kredit setzt, aber für den Herrn Jesus doch nichts ausrichtet."

827 Das ist überhaupt das Wesen der „Bekehrung", in der es nicht zuerst um moralische Dinge, sondern um das 1. Gebot geht, um das Verhältnis zu Gott allen groben oder feinen „Göttern" gegenüber.

vor ihm standen. **„Gott ließ sich nicht unbezeugt durch Wohltun."** Gott wird zunächst am Wohltun erkannt! Die Verkündigung des Paulus ist auch jetzt vor diesen heidnischen Männern ganz „evangelistisch", nicht „gesetzlich". Er spricht nicht von Gottes Forderungen und Geboten. Er schildert Gott in seinem Geben und in seinen Wohltaten. Denn erst von da aus kann der Anspruch Gottes auf Dank und Verehrung, und Verweigerung dieses Dankes als Schuld erkannt werden (Rö 1, 21).

Das **„Wohltun Gottes"** war hier freilich nicht Erwählung und Errettung aus Ägypten und Bundesschluß. Aber es war dennoch für das Leben auch der Leute in Lystra von grundlegender Bedeutung: **„. . . indem er vom Himmel her auch Regen gab und fruchtbare Zeiten, erfüllend mit Speise und Frohsinn eure Herzen."**

Kehrt euch von den Nichtsen zu diesem Gott, der euch so wohlgetan hat! Das ist der Ruf dieser Stunde. Sicher, von da aus mußte dann auch der Vorwurf von Römer 1, 21 erhoben und die Sündenerkenntnis geweckt werden: Warum habt ihr den großen Wohltäter nicht geehrt und ihm nicht gedankt? Es mußte die Botschaft vom Zorn und Gericht folgen, damit dann das eigentliche Evangelium gesagt und von Jesus und seinem Opfer gesprochen werden konnte. Und das ist auch in Lystra alles noch geschehen. Die Tatsache, daß **„Jünger"** in der Stadt den gesteinigten Paulus umringen konnten und daß Timotheus aus Lystra kam (Apg 16, 1), zeigt deutlich, daß auch in Lystra eine echte Gemeinde Jesu zustande kam. In dem von Lukas geschilderten Augenblick aber ging es um das eine Bemühen der beiden Boten: **„Und dieses sagend, brachten sie mit Mühe die Volksscharen davon ab, ihnen zu opfern."**

Wie es um die Bevölkerung von Lystra stand, zeigte sich bald[328].
19 **„Es kamen aber von Antiochia und Ikonion Juden herbei; und sie überredeten die Massen."** Das ist eine alte Erfahrung: Geht man auf die Begeisterung von Menschen nicht willig ein, dann kann diese durch die Enttäuschung in Feindschaft und Haß umschlagen. So finden die Juden in Lystra den bereiteten Boden für ihre Propaganda gegen Paulus und Barnabas. Hier gelingt, was in Ikonion nicht mehr glückte. Es kommt unversehens zum erregten Angriff der Bevölkerung. Dabei gilt hier schon der jüdische Haß zielbewußt dem Paulus. Barnabas tritt ganz zurück. Die überragende Bedeutung des Paulus ist Feind und Freund bereits klar. Um irgend etwas wie ein „Ver-

[328] Wie lange es dauerte, bis man in Ikonion und Antiochia von dem Aufenthalt der beiden in Lystra hörte und einzuschreiten beschloß, sagt Lukas uns nicht. Ebensowenig erzählt er uns im einzelnen, wie Paulus und Barnabas die Zeit bis dahin mit weiterer Evangelisation und Seelsorge ausnutzten. Jedenfalls kommt es zur Bildung einer Gemeinde, die den nun einsetzenden Sturm zu überstehen vermochte.

fahren" gegen Paulus handelt es sich nicht; es bestand in Lystra keine jüdische Gemeinde, die ein Verfahren hätte durchführen können. Juden werden in der Menge mit dem Ruf „Gotteslästerer"! Steine auf Paulus geschleudert haben, und die durch Verleumdung erregte Menge folgt dem Beispiel; Paulus bricht blutend zusammen. Ob er in diesen Momenten an Stephanus gedacht hat, dessen Steinigung er mit Wohlgefallen ansah? Paulus wird für tot gehalten und zur Stadt hinausgeschleift. Paulus hat auch später an diese schweren Erlebnisse
zurückdenken müssen (2 Ko 6, 9; 11, 25; 2 Tim 3, 11). Aber als die — 20
vielleicht nur kleine — Schar der Jünger ihn umringt[329], **„stand er auf und ging in die Stadt"**. Was für ein Mann ist dieser Paulus! Wie würden wir in solcher Lage einen vorsichtigen Krankentransport und eine gründliche ärztliche Betreuung selbstverständlich in Anspruch nehmen, um in einer langen Schonzeit wieder zu Kräften zu kommen. Paulus aber steht auf und geht in die Stadt, als wäre nichts geschehen. Es scheint ihm auch jede Sorge ferngelegen zu haben, er könne erkannt und von neuem angegriffen werden. Welche Stärkung im Glauben, welches Vorbild selbstvergessener Tapferkeit war das für die jungen Christen! Aber Paulus und Barnabas können nicht länger bleiben. Am **„folgenden Tag ging er zusammen mit Barnabas fort nach Derbe"**.

DIE ERSTE MISSIONSREISE

5. Rückweg durch die entstandenen Gemeinden
Einsetzung von Ältesten
Rückkehr nach Antiochia mit dem Bericht vor der Gemeinde

Apostelgeschichte 14, 21–28

21 **Sie evangelisierten in jener Stadt und machten viele zu Jüngern;**
dann kehrten sie nach Lystra und nach Ikonion und Antiochia zu-
22 **rück, * indem sie die Seelen der Jünger stärkten, sie mahnten im**
Glauben zu bleiben und „daß wir durch viele Drangsale in das
23 **Reich Gottes eingehen müssen". * Nachdem sie ihnen. aber ge-**
meindeweise Älteste ausgewählt hatten, beteten sie mit Fasten
und befahlen sie dem Herrn, an den sie gläubig geworden waren.
24 *** Und durch Pisidien ziehend kamen sie nach Pamphylien;**
25 *** und nachdem sie in Perge das Wort gesagt hatten, gingen sie**

zu Vers 22: Apg 11, 23 Mt 7, 14 Eph 3, 13 1 Th 3, 2 f 2 Th 1, 5 f 2 Th 3, 12 Offb 7, 14
zu Vers 23: Apg 13, 3 20, 32 Tit 1, 5

[329] Die kritische Auslegung wundert sich, warum diese Jünger Paulus nicht „geschützt" haben. Diese eben aus dem Heidentum gewonnenen Neulinge sollen sich im Gewühl einer fanatischen Volksmenge als Helden vor Paulus stellen! Es ist schon viel, daß sie jetzt bei ihm sind.

zu Vers 26:
Apg 13, 1—3
15, 40
1 Ko 15, 10
zu Vers 27:
Apg 3, 8
11, 18
15, 3 f
1 Ko 16, 9
2 Ko 2, 12
Kol 4, 3

26 hinab nach Attália. * Und von dort segelten sie fort nach Anti-
ochia, von wo sie waren übergeben worden der Gnade Gottes zu-
27 dem Werk, das sie vollbracht hatten. * Als sie angekommen waren
und die Gemeinde versammelt hatten, berichteten sie alles, was
Gott mit ihnen getan hatte, und daß er den Heiden die Tür des
28 Glaubens geöffnet habe. * Sie verweilten aber eine nicht geringe
Zeit bei den Jüngern.

Paulus und Barnabas sind noch einmal ein Stück nach Osten ge-
21 gangen, nach Derbe. Sie **„evangelisierten in jener Stadt"** und **„machten"** dadurch auch dort **„viele zu Jüngern"**[880]. Lukas gebraucht hier wie an vielen Stellen, wo im Text ein „groß" oder „viel" oder „lange Zeit" vorkommt, ein Wort, das ursprünglich „genug", „ausreichend" bedeutet. Damit wird der relative Charakter der Angabe unterstrichen. „Viele" Jünger, das müssen statistisch keine große Zahl gewesen sein; aber im Blick auf die Größe des Ortes und die Fülle der Schwierigkeiten einer solchen ersten Evangelisation waren es „genug", waren es **„viele"**[881]. Wir werden uns die paulinischen Gemeinden rein zahlenmäßig überhaupt nicht allzu groß zu denken haben. Selbst in Korinth z. B. erschien es denkbar, die ganze Gemeinde an einem Ort zu versammeln (1 Ko 14, 23) und dies ohne „Kirche" oder „Gemeindehaus".

Nach der Gemeindegründung in Derbe kehren Paulus und Barnabas um. Wie wenig entspricht das Werk des Lukas den Wünschen moderner Geschichtsschreibung! Wir würden an dieser Stelle die Gründe eingehend erörtern, die zu diesem Entschluß führten, hier das Missionswerk abzubrechen, aber auch nicht durch die Kilikische Pforte über Tarsos nach Antiochia zurückzukehren, sondern noch einmal den Weg durch die Städte zu wagen, aus denen sie mit Gewalt vertrieben worden waren. Lukas sagt darüber nicht ein Wort. Wir können Vermutungen anstellen. Nahe genug lag freilich die Erwägung, wie sehr diese jungen Gemeinden in der feindseligen Umwelt eine Stärkung ihres Glaubens und eine Ordnung ihres Lebens brauchten. Jeder Evangelist, jeder Missionar kennt das dringende Verlangen, nach seiner ersten Arbeit recht bald wieder nach dem Stand derer zu sehen, die er zu Jesus führen durfte. Wenn Paulus den Thessalonichern schildert (1 Th 2, 17; 3, 13), wie er sich um sie sorgt, wie heiß sein Wünschen und Beten ist, sie bald wieder zu sehen, dann ist das bei der ersten Missionsreise nicht weniger die Haltung seines Herzens

[880] Hier ist das gleiche Wort „zu Jüngern machen" verwendet, das wir aus dem Missionsbefehl Mt 28, 19 kennen.

[881] Das Bestehen der Gemeinde wird uns in Apg 20, 4 deutlich, wo ein „Derbäer" Gajus als Begleiter des Paulus zur Überbringung der Kollekte nach Jerusalem genannt wird.

gewesen. So besuchen sie Lystra, Ikonion und Antiochia, nicht mehr
zu öffentlicher evangelistischer Wirksamkeit, sondern nur für seel-
sorgerliche Arbeit an schon Gewonnenen[352]: **„Sie stärkten die Seelen** 22
der Jünger, sie mahnten im Glauben zu bleiben." Auch die entschiedenste und klarste Bekehrung ist nur ein Anfang! Es ist eine gefährliche Täuschung, wenn man meint, nun gehe alles „von selber" weiter. Jetzt gerade kommen die Kämpfe, die Anfechtungen, die Fragen. Ein Christenleben ist nicht ein erbaulicher Spaziergang auf Rosenpfaden, sondern ein gefahrvoller Weg durch Feindesland! Darum bedürfen die Seelen der Jünger der Stärkung und des Zuspruchs! Wie ernst hat ein Paulus diese Aufgabe genommen, jeden einzelnen „wie ein Vater seine eigenen Kinder" zu ermahnen, ja zu „beschwören", Gottes und seines Rufes würdig zu wandeln (1 Th 2, 11; Apg 20, 31)! Im NT ist immer beides zugleich als lebendige Wahrheit da, was logisch sich zu widersprechen scheint: die selige Gewißheit, daß niemand und nichts uns aus der Hand des guten Hirten reißen kann, und die ernste Notwendigkeit, daß wir mit allem Einsatz **„im Glauben bleiben"**. Wer das eine vom andern in falscher Konsequenz löst, gerät entweder in gefährliche Sicherheit oder in ebenso gefährlichen unruhigen Eifer.

Die beiden Missionare sagen den Gemeinden, was wir lange Zeit viel zu wenig gesagt haben: **„. . . daß wir durch viele Drangsale in das Reich Gottes eingehen müssen."** Wieder bestätigt der 1. Thessalonicherbrief (3, 3 f) diese Angabe des Lukas. Hier sind nicht die Leiden gemeint, die, ganz abgesehen von der Glaubensstellung, jede Kreatur in dieser Welt des Todes treffen. Durch sie kommt man ja doch nicht in das Reich Gottes! Sondern es sind die **„Drangsale"** gemeint, die eben durch unsern Glauben an Jesus über uns kommen. Solche **„Drangsale"** sind nicht ein unangenehmes Mißgeschick, das man eigentlich vermeiden kann und das nur selten und vorübergehend einmal Christen trifft. Nein, mit Notwendigkeit führt der Weg in das Reich Gottes durch sie hindurch. Wir müssen uns fragen, ob wir überhaupt auf dem richtigen Wege in das Reich Gottes sind, wenn wir solchen Drangsalen nicht begegnen. Darum aber stärkt uns umgekehrt das Ziel dieses Weges auch für das Ertragen dessen, was zur Erreichung des Zieles durchlitten werden muß. Denn dieses Ziel ist von einzigartiger Größe und Herrlichkeit: „die Königsherrschaft

[352] Es ist die sogenannte „Nacharbeit" nach der Evangelisation. Welch ein Problem ist sie leider geworden. Wie unfähig dazu erweisen sich oft die Gemeinden und ihre Hirten. Versäumen nicht aber auch die Evangelisten eine wesentliche Aufgabe? Es waren hier doch Paulus und Barnabas selbst, die die „Nacharbeit" taten! Vergleiche auch Finneys Arbeitsweise. Bleibt nicht bei uns viel Evangelisation fruchtlos, weil solche Nacharbeit fehlt oder nach der Anstrengung der Evangelisation nur müde und lau getan wird?

Gottes". **„In das Reich Gottes eingehen"** ist nicht „in den Himmel kommen". Wohl ist uns Gutes auch für den „Zwischenzustand" nach dem leiblichen Sterben verheißen (Lk 23, 43; Rö 14, 7 f; 2 Ko 5, 8; Phil 1, 23; Jo 14, 3), aber für den Blick der ntst Männer war das wirklich nur „Zwischenzustand", auf den das Auge nicht eigentlich gerichtet war. „Reich Gottes", das sind die mächtigen Ereignisse, in denen Gott durch Jesus seinen weltweiten Plan vollendet. Und dieser Herrlichkeit[838] gegenüber wiegen die Leiden des gegenwärtigen Äons nichts (Rö 8, 18; 2 Ko 4, 17).

23 Die beiden Boten füllen ihre Tage aber nicht nur mit Seelsorge; sie wählen **„ihnen gemeindeweise Älteste aus"**. In den paulinischen Briefen werden erst und nur in 1 Tim 5, 17 und in Tit 1, 5 **„Älteste"** genannt. Der 1. Thessalonicherbrief spricht von „denen, die vorstehen im Herrn und ermahnen" (1 Th 5, 12), der Philipperbrief nennt „Aufseher und Diener" (Phil 1, 1). Trotzdem können sich Barnabas und Paulus zunächst an die ihnen vertraute Ordnung jüdischer Gemeinden angeschlossen und „Älteste" eingesetzt haben, zumal es eine so naheliegende Regelung war. Die Gemeinden, die nun auf längere Zeit leben und bestehen mußten, brauchen eine klar geordnete Leitung. Die Wortverkündigung muß weitergehen, das stete „Ermahnen", also Seelsorge treulich geübt werden, alle Zusammenkünfte bedürfen äußerlich und innerlich der Ordnung. Das alles geht nicht „von selbst". Hier müssen diejenigen da sein, die „vorstehen im Herrn und ermahnen" (1 Th 5, 12). Auf den Titel kommt es dabei nicht viel an; eine „Kirchenordnung" mit Paragraphen wurde ihnen nicht in die Hand gegeben. Aber die Apostel suchen Männer aus, denen sie zutrauen konnten, daß sie die Gemeinde zusammenhalten und für alle ihre Bedürfnisse sorgen würden.

Der Schluß des Satzes kann verschieden aufgefaßt werden. Das **„sie befahlen sie dem Herrn"** würde sich zunächst speziell auf diese **„Ältesten"** beziehen und ihre „Amtseinführung" beschreiben. Aber dann wäre doch der Zusatz **„an den sie gläubig geworden waren"** merkwürdig. Dies war ja keine Besonderheit, die nur diesen Männern galt. Das **„sie"** kann aber ebensogut auch das **„ihnen"** aus dem Anfang des Satzes Vers 23 wieder aufnehmen. Dann bezieht es sich auf alle Jünger und schildert nicht die Amtseinführung der Ältesten, sondern den Abschied von den Gemeinden als ganzen. Und nun gewinnt es seinen vollen Sinn: Paulus und Barnabas **„beteten mit Fasten und befahlen sie dem Herrn, an den sie gläubig geworden**

[838] Teilnahme an der Entrückung und Einholung des kommenden Königs, Teilnahme am Sturz des Antichristen, Teilnahme an der Segensherrschaft im Tausendjährigen Reich, Teilnahme am Weltgericht, Wohnen im Innersten der Gottesstadt auf der neuen Erde — all dies ist „Herrlichkeit".

waren". Sie müssen fort und diese jungen Gemeinden verlassen. Aber Jesus ist da und bleibt in Derbe und Lystra und Ikonion und Antiochia. Und die Glieder der Gemeinden sind an diesen Herrn gläubig geworden, sie haben die persönliche Lebensverbindung mit ihm. So können die Apostel sie diesem Herrn anvertraut sein lassen, wie jeder Missionar und jeder Evangelist in dieser Gewißheit seine Ruhe findet.

Das wilde pisidische Bergland, in dem man kein Grie sprach, wer- 24/25
den die beiden wirklich **„durchzogen"** haben, wenn freilich auch hier das Wort **„durchziehen"** darauf hinweisen kann, daß sie auf ihrem Wege jede Möglichkeit ausnutzen, zu Menschen von Jesus zu sprechen (vgl. S. 157). Aber in Perge wird jetzt **„das Wort gesagt"**, ohne daß von dem Erfolg und von einer Gemeindegründung berichtet wird.
Dann geht es hinab nach „Attália", dem eigentlichen Hafen, von dem 26
aus die direkte Fahrt mit dem Schiff sie nach Antiochia (bzw. zunächst Seleukia) bringt.

„Von wo sie waren übergeben worden der Gnade Gottes zu dem Werk, das sie vollbracht hatten", setzt Lukas bedeutungsvoll hinzu. Ja, was geht durch unser Herz, wenn wir zum Ausgangspunkt einer Missionsreise, einer Evangelisationsfahrt zurückkehren, und nun ist lebendige, reiche Geschichte geworden, was damals nur als „Plan" oder gar als völlig unbekannte Zukunft vor uns lag. Sie waren **„der Gnade Gottes übergeben worden"**, und diese Gnade hatte sich herrlich erwiesen, nicht in leichten und mühelosen Erfolgen, nicht im Bewahrtbleiben vor Schmerzen und Nöten, aber in reicher Frucht gefahrvoller, mühsamer Monate, im Durchbringen durch tödliche Bedrohung und schwerste Leiden. Sie hatten wirklich **„das Werk vollbringen"** dürfen, zu dem sie ausgesandt waren. Hatte der Heilige Geist bei ihrer Aussendung dieses **„Werk"** so verhüllt gelassen wie einst bei Abraham das verheißene Land, jetzt stand dieses **„Werk"** als ein vollendetes in seiner ganzen Größe vor ihnen. Wie ein Wunder mußte es ihnen selbst erscheinen, daß sie so weit in die Völkerwelt hinausgelangt waren und daß dort nun wirklich eine erste Leuchterkette von Gemeinden Jesu stand.

Das alles aber geht nicht nur sie selbst, sondern ebenso die Ge- 27
meinde an, von der sie mit Handauflegung unter Fasten und Beten abgeordnet worden waren. Darum ist es ihnen ganz selbstverständlich, daß sie, **„als sie angekommen waren, die Gemeinde versammelten"** und ihr **„alles berichteten, was Gott mit ihnen getan hatte"**. So kommt es zum ersten „Missionsfest" einer Gemeinde mit dem ersten „Missionsbericht" ihrer Missionare. Die großen, so beglaubigten Gottesmänner sind nicht einsame, für sich selbst lebende Gestalten, sondern gehören ganz in die Gemeinde hinein und wissen sich ihr

verantwortlich. Die Gemeinde ist freilich auch nicht ihre Herrin, die sie ihrerseits zur Rechenschaft zieht. Die beiden Boten selber laden die Gemeinde ein, um ihr den Anteil an dem Geschehenen zu geben, an dem sie in all diesen Monaten durch ihre Fürbitte bereits teilgenommen haben wird. Sie reden weder von ihren Leistungen noch von ihren Leiden. Wieder fehlt dem Bericht des Lukas jede leiseste Spur von „christlicher Heldenverehrung". Nein, ihr Rechenschaftsbericht vor der Gemeinde handelt von dem, **„was Gott mit ihnen getan hatte"**. Und das ist das eigentliche Thema ihres Redens, weil es die entscheidende Summe ihrer Erlebnisse und Erfahrungen ist: **„Gott hat den Heiden die Tür des Glaubens geöffnet."** Das hier geprägte Wort von der **„Tür des Glaubens"** hat einen doppelten Sinn: Es weist zunächst darauf hin, daß diese bisher ganz unbekannten, im üblichen Heidentum lebenden Menschen den Zugang zum Glauben fanden, zu dem gleichen Glauben, in dem die Gemeinde Antiochia und ihre Boten leben. Welch ein Wunder! Es ist das Wunder der Mission aller Zeiten. Aber diese **„Tür des Glaubens"** ist zugleich der freie Zugang zu Gott selbst (Rö 5, 2). Durch Jahrhunderte hatte in Israel die Beschneidung als **„Tür"** gegolten, die rechtmäßig und wirksam zum Volk Gottes und zum Bundesgott Israels selbst führte. Nun ist in ganz großem Maßstab durch Gottes eigenes Handeln erwiesen: Es gibt für Heiden den freien Zugang zu Gott, nicht auf den Umwegen über Beschneidung und Eingliederung in Israel, sondern unmittelbar durch den **„Glauben"**. Der Glaube an Jesus, dieser Glaube allein ohne jede eigene Leistung, ist die **„Tür"**, die Gott selbst zu sich hin für die Völker aufgetan hat. Das entspricht der begrenzten, wenn auch ersten und grundlegenden Erfahrung, die Petrus im Hause des Kornelius machte
28 (Ap 11, 18). Anschließend an diese Berichterstattung – Lukas verzichtet in seiner zurückhaltenden Art darauf, auch nur ein Wort von dem Staunen, der Freude, dem Lobe Gottes von seiten der Gemeinde zu sagen – **„verweilten"** Paulus und Barnabas **„eine nicht geringe Zeit bei den Jüngern"**. Dem Reisedienst mit seinem ganzen Einsatz folgt eine Zeit größerer Ruhe, der Einsamkeit draußen die Geborgenheit in einer ganzen Jüngerschar, dem steten Ausgeben in unablässiger Verkündigung folgt die Stille des eigenen Aufnehmens im Hören auf das Wort der Brüder. Später wird Paulus das nur noch in der Form haben, daß er längere Zeit hindurch in einer der von ihm selbst ins Leben gerufenen Gemeinde bleibt.

DAS APOSTELKONZIL

Apostelgeschichte 15, 1—35

1 Und einige, herabkommend von Judäa, suchten die Brüder zu
lehren: Wenn ihr euch nicht beschneiden laßt nach der Sitte Moses,
2 könnt ihr nicht errettet werden. * Als aber eine nicht geringe Un-
ruhe und Auseinandersetzung entstand für Paulus und Barnabas
gegen sie, ordneten sie an, hinaufgehen sollten Paulus und Barna-
bas und einige andere von ihnen zu den Aposteln und Ältesten
3 nach Jerusalem wegen dieser Streitfrage. * Sie nun, auf den Weg
gebracht von der Gemeinde, durchzogen Phönikien und Samaria,
die Bekehrung der Heiden erzählend, und bereiteten große Freude
4 allen Brüdern. * Angekommen aber in Jerusalem, wurden sie emp-
fangen von der Gemeinde und den Aposteln und den Ältesten
5 und berichteten alles, was Gott mit ihnen getan hatte. * Es stan-
den aber einige von denen auf, die zur Partei der Pharisäer ge-
hörten und gläubig geworden waren, und sagten, man müsse sie
beschneiden und ihnen gebieten, zu halten das Gesetz Moses.
6 Es versammelten sich aber die Apostel und die Ältesten, um zu-
7 zusehen wegen dieses Wortes. * Als aber eine lange Auseinander-
setzung erfolgte, stand Petrus auf und sprach zu ihnen: „Männer
und Brüder, ihr wißt, daß von alten (oder: den ersten) Tagen her
unter euch Gott erwählt hat, daß durch meinen Mund hören
sollten die Heiden das Wort des Evangeliums und zum Glauben
8 kommen. * Und der Herzenskündiger Gott gab für sie Zeugnis,
9 indem er ihnen den Heiligen Geist gab ebenso wie uns, * und er
machte keinen Unterschied zwischen uns und ihnen, nachdem er
10 durch den Glauben gereinigt hatte ihre Herzen. * Jetzt nun, was
versucht ihr Gott, daß ihr ein Joch legt auf den Nacken der Jünger,
welches weder unsere Väter noch wir die Kraft hatten zu tragen?
11 * Vielmehr durch die Gnade des Herrn Jesus glauben wir errettet
zu werden, ganz ebenso wie auch jene".
12 Da wurde die ganze Menge still, und sie hörten Barnabas und
Paulus erzählen, welche großen Zeichen und Wunder Gott unter
den Heiden durch sie getan hatte.
13 Als sie aber schwiegen, antwortete Jakobus und sprach: „Ihr
14 Männer und Brüder, höret mich! * Simon hat dargelegt, auf
welche Weise Gott zuerst darauf gesehen hat, zu gewinnen aus
15 den Heiden ein Volk für seinen Namen. * Und damit stimmen
16 zusammen die Worte der Propheten, wie geschrieben steht: * ‚Da-

zu Vers 1:
1 Mo 17, 10-14
3 Mo 12, 3
Apg 15, 24
Gal 5, 1. 2
Kol 2, 11

zu Vers 2:
Apg 11, 30
Gal 2, 1

zu Vers 3:
Apg 8, 14. 25
11, 19
13, 4

zu Vers 4:
Apg 14, 27

zu Vers 5:
Apg 11, 2

zu Vers 7:
Apg 10, 20. 34. 35. 44
11, 15

zu Vers 8:
Apg 1, 24
11, 17
2 Pt 1, 1

zu Vers 9:
Apg 10, 34
Rö 2, 29
Rö 10, 5. 12

zu Vers 10:
Mt 11, 30
Mt 23, 4
Gal 3, 10
Gal 5, 1

zu Vers 11:
Gal 2, 16
Eph 2, 4—10
1 Pt 1, 13

zu Vers 12:
Apg 11, 18
14, 3
21, 19
Rö 15, 19

zu Vers 13: Apg 21, 8
zu Vers 14: Lk 1, 68
zu Vers 16: Am 9, 11 f Jer 12, 15
zu Vers 18: Jes 45, 21
zu Vers 19: Apg 16, 4 21, 25 1 Ko 10, 1
zu Vers 20: 1 Mo 9, 4 3 Mo 17, 10-16
zu Vers 21: Apg 13, 15. 27 2 Ko 3, 15
zu Vers 22: Hbr 13, 7
zu Vers 24: Gal 1, 7
zu Vers 26: Apg 20, 24 21, 13 Rö 16, 4
zu Vers 29: 1 Ko 8, 1
zu Vers 32: Apg 11, 27 13, 1. 15 Hbr 13, 22

nach werde ich mich wenden und werde wieder aufbauen die Hütte
Davids, die zerfallene. Und ihre Trümmer werde ich wieder auf-
17 bauen und werde sie wieder aufrichten, * auf daß suchen die übri-
gen der Menschen den Herrn, und alle Heiden, über welche ge-
18 nannt ist mein Name über sie, * spricht der Herr, der dieses tut,
19 was (ihm) bekannt (ist) von Ewigkeit.' * Darum urteile ich für
meine Person, nicht Schwierigkeiten zu machen denen, die sich
20 aus den Heiden zu Gott bekehren, * wohl aber ihnen vorzuschrei-
ben, daß sie sich enthalten von den Befleckungen der Götzen und
21 von Unzucht und Ersticktem und Blut. * Denn Mose hat seit alten
Zeiten in jeder Stadt die, die ihn verkündigen, da er ja in den
Synagogen an jedem Sabbat vorgelesen wird."
22 Da beschlossen die Apostel und die Ältesten samt der ganzen
Gemeinde, auszuwählen Männer aus ihrer Mitte und sie zu sen-
den nach Antiochia zusammen mit Paulus und Barnabas, nämlich
Judas, genannt Barsabas, und Silas, Männer, führend unter den
23 Brüdern, * indem sie durch ihre Hand schrieben: „Die Apostel und
Ältesten Brüder den in Antiochia und Syrien und Kilikien (woh-
24 nenden) Brüdern aus den Heiden Freude! * Nachdem wir gehört
haben, daß einige aus unserer Mitte euch in Unruhe gebracht ha-
ben, mit Worten verwirrend eure Seelen, denen wir gar keinen
25 Auftrag gegeben hatten, * beschlossen wir in voller Einmütigkeit,
Männer auszuwählen und zu euch zu senden, zusammen mit
26 unseren Geliebten Barnabas und Paulus, * Menschen, die dahin-
gegeben haben ihre Seele für den Namen unseres Herrn Jesus
27 Christus. * Abgesandt haben wir nun Judas und Silas, und sie
28 sollen mündlich dasselbe verkündigen. * Denn es gefiel dem Heili-
gen Geist und uns, nichts mehr euch als Last aufzulegen außer
29 diesen Dingen notwendigerweise: * sich zu enthalten von Göt-
zenopfern und Blut und Ersticktem und Unzucht. Wenn ihr euch
davor bewahrt, werdet ihr wohltun (oder: euch wohlbefinden).
Lebt wohl!"
30 Sie nun wurden verabschiedet und kamen hinab nach Antiochia;
und als sie die Menge versammelt hatten, übergaben sie den Brief.
31 * Als sie ihn aber gelesen hatten, wurden sie froh über den Zu-
32 spruch. * Und Judas und Silas – die selber Propheten waren – er-
33 (34) munterten mit vielem Wort die Brüder und stärkten sie. * Als
sie eine Zeit verweilt hatten, wurden sie verabschiedet mit Frieden
35 von den Brüdern zu denen, die sie gesandt hatten. * Paulus aber
und Barnabas blieben in Antiochia, lehrend und verkündigend
mit noch vielen anderen das Wort des Herrn.

Während Paulus und Barnabas nach den mächtigen Freuden und 1
Leiden der ersten Missionsreise stillere Tage in der Gemeinde in Antiochia hatten, geschieht etwas, was wir uns sofort in seiner grundlegenden Bedeutung klarmachen müssen, weil es wieder und wieder die Geschichte der Gemeinde Jesu notvoll beeinflußt. **„Und einige, herabkommend von Judäa, suchten die Brüder zu lehren."** Der Verkehr zwischen der Urgemeinde und Antiochia war lebhaft, das haben wir schon gemerkt. Es mag oft Besucher aus Judäa in Antiochia gegeben haben. Aber nun kommen **„einige"**, deren Namen wir hier so wenig erfahren wie im Galaterbrief, die aber zu **„lehren"** suchten, d. h. also ihre Überzeugung nicht nur in persönlichen Gesprächen hier und da äußern, sondern ausdrücklich und öffentlich als die rechte Anschauung vertreten. Diese Überzeugung lautet: **„Wenn ihr euch nicht beschneiden laßt nach der Sitte Moses, könnt ihr nicht errettet werden."** Die Männer, die so lehren, sind Christen und wollen Christen sein! Sie glauben an Jesus als den Messias Israels und Bringer des Gottesreiches. Aber, so sagen sie, damit ist doch die Gottesforderung nicht aufgehoben, daß alle, die zu Gottes Volk gehören und am Heil der Endzeit teilhaben wollen, beschnitten werden müssen. Sie bestreiten gar nicht die Heidenmission als solche, sie begrüßen die Heiden, die sich zu Jesus bekehrt haben. Nur, das genüge noch nicht, so seien sie noch nicht wirklich errettet. Erst die Beschneidung mache sie zu vollen, sicher erretteten Gliedern der Heilsgemeinde. „Jesus *und* Beschneidung", das ist ihr Grundsatz. Aber es wird dabei sofort sichtbar, daß der zweite Faktor unwillkürlich den Vorrang bekommt. Jesus allein kann nicht erretten; wie wichtig ist also die Beschneidung!

In der Kirchengeschichte hat sich dieser Vorgang bis heute immer neu wiederholt. Das Christentum wird nicht nur von außen bestritten und angegriffen, sondern auch in der Gemeinde selbst erheben sich die Männer, die mit Nachdruck und aller Bestimmtheit lehren: Wenn ihr nicht dies tut und das tut, was doch als Gottes Gebot biblisch zu belegen ist, dann könnt ihr nicht errettet sein. „Jesus und . . .", das ist immer wieder die Formel. Jesus allein und der Glaube an ihn allein reicht nicht aus. Erst wenn noch dieses oder jenes an Tun oder Leistung hinzukommt, erhalten wir das ganze und eigentliche Christenleben. In naiver Form lebt diese Ansicht weithin in vielen Christen: „An Jesus glauben *und* die Gebote halten", das heißt ein Christ sein.

Wir spüren alle die verfängliche Kraft solcher „Lehre". Wir wollen doch rechte und ganze Christen sein. Und vor allem, wir wollen doch klar und gewiß errettet sein! Das macht alle Fragen im Raum der Kirche so schwer und so brennend, daß es dabei immer um der Seelen

Seligkeit geht. Zugleich ist das so schwierig, daß diese neuen Lehrer die mächtige Autorität hinter sich haben: **„Nach der Sitte Moses"**, sagen sie. War Mose nicht der große Mann Gottes? Gründete sich nicht auf ihn das ganze AT? Konnte, mußte es nicht neben Jesus und
2 mit ihm zusammen gelten? So können wir uns nicht wundern, daß die jungen Christen Antiochias tief beunruhigt werden. Sind sie noch keine wahren Christen? Waren sie noch nicht wirklich errettet? Haben die Männer recht, die doch aus Judäa, der eigentlichen Heimat des Christentums, und aus der Umgebung der Apostel kommen? Was sie sagen, klingt so ernst. Es geht ihnen um unser volles Heil. Paulus und Barnabas widersprechen den neuen Lehrern. Es wird für Paulus eine große Hilfe bedeutet haben, daß auch der von Jerusalem gekommene Levit Barnabas ihm hier zur Seite tritt. Die Auseinandersetzung wird heftig. Lukas gebraucht dabei das Wort „stasis = Aufruhr" wie in Lk 23, 19. 25; Apg 19, 40. Es zeigt sich wieder etwas, das durch die ganze Geschichte der Kirche bis heute geht. Ein solcher Streit läßt sich nicht einfach „biblisch" entscheiden. Auf die Bibel berufen sich beide Teile; gerade dadurch wird die Auseinandersetzung so bitter, weil jeder das klare biblische Wort für sich zu haben meint. So muß die Entscheidung derer angerufen werden, die ein unbestrittenes Ansehen haben. **„Sie ordneten an, hinaufgehen sollten Paulus und Barnabas und einige andere von ihnen zu den Aposteln und Ältesten nach Jerusalem wegen dieser Streitfrage."**

3 Wie die Abgesandten, die ganz feierlich **„von der Gemeinde auf den Weg gebracht werden"**, ihre Reise durchführen, ob von Seleukia ein Stück zu Schiff oder ganz auf dem Landwege, wird nicht gesagt. Aber dann geht es jedenfalls durch Phönikien[334] und Samaria. Es liegt Paulus und Barnabas daran, die verschiedenen Christengemeinden zu besuchen und überall von ihren Erfahrungen in der Heidenmission zu berichten. Sie **„bereiteten damit große Freude allen Brüdern"**. „Dieser von Gemeinde zu Gemeinde übergreifende Zusammenhang war damals noch nicht in Einrichtungen und Ämtern ausgeprägt; er gewann vielmehr Gestalt durch die zahlreichen persönlichen Berührungen, die namentlich die Reisen der Apostel von Gemeinde zu
4 Gemeinde herstellten", bemerkt Schlatter dazu. In Jerusalem werden sie **„empfangen von der Gemeinde und den Aposteln und den Älte-**

[334] Daß es auch in Phönikien Christengemeinden gab, erfahren wir nur zufällig durch diese Bemerkung. Wir sehen wieder, wie vieles Lukas nicht erzählt. Ein Schweigen des Lukas über etwas bedeutet also nie, daß er es nicht gewußt hätte. Diese phönikischen Gemeinden werden ebenfalls durch die Auswirkung der Flucht bei der Verfolgung durch Saulus entstanden sein. Wie eigen wird es Paulus berührt haben, wenn er jetzt auf Menschen stieß, die einst vor ihm geflohen waren und gerade dadurch den Jesusnamen weitergetragen hatten, den er mit seiner Verfolgung zu vernichten gesucht hatte.

sten". Auch in Jerusalem spürt man, daß dies etwas anderes ist als der Besuch von Brüdern, wie man ihn häufig hatte. Zum ersten Mal wird hier in einer grundlegenden Frage des Heils die Entscheidung der Gesamtkirche angerufen, die **„von der Gemeinde und den Aposteln und den Ältesten"** in Jerusalem in besonderer Weise vertreten wird. Es ist aber nun ganz kostbar, wie es gar nicht gleich zu förmlichen „Verhandlungen" mit theologischen Grundsätzen und Streitsätzen kommt, sondern daß auch hier Paulus und Barnabas einfach erst einmal berichten dürfen **„alles, was Gott mit ihnen getan hatte"**. Paulus und Barnabas sind nicht erfüllt und bewegt von dem Streit in Antiochia und von ihren theologischen Erkenntnissen und deren Recht. Von sich selbst weg ist ihr Blick auf Gottes große Taten gerichtet. Das unterscheidet dieses sogenannte Apostelkonzil überhaupt von den Synoden und Konzilien der späteren Zeit, daß nicht die „Theologen", sondern die „Zeugen" das gewichtige Wort haben, und nicht dogmatische Grundsätze, sondern von Gott geschenkte Tatsachen den eigentlichen Ausschlag geben. Nur daß es freilich eben diese Tatsachen sind, die Paulus' und Barnabas' Stellungnahme in dem aufgebrochenen Konflikt nötig und unaufgebbar machen: für die freie Gnade Gottes in Jesus als dem einzigen Grund des Heils, für die völlige Freiheit vom Gesetz, für die schrankenlose Weite der Mission.

Auf diesen Bericht hin melden sich **„einige"** zum Wort und sagen, 5
„man müsse sie beschneiden und ihnen gebieten, zu halten das Gesetz Moses". Wir erfahren von diesen **„einigen"** jetzt Näheres, was sie uns besser verstehen läßt. Es waren Christen, **„die zur Partei der Pharisäer gehörten und gläubig geworden waren"**. Diese Männer waren nicht wie Paulus durch die Begegnung mit Jesus bis auf den Grund ihres Lebens zerbrochen worden (vgl. Apg 9, 3 ff). Ihnen war alle eigene Gerechtigkeit noch nicht zerschlagen. Sie blieben **„Pharisäer"**, strenge, an das Gesetz gebundene Fromme, die nur insofern **„gläubig geworden waren"**, als sie in Jesus den verheißenen Messias Israels anerkannten. Nun war es ihnen ganz undenkbar, daß Heiden zu diesem Messias Jesus kommen und errettet werden könnten, ohne durch die Beschneidung und die Übernahme des Gesetzes zu dem erwählten Gottesvolk zu gehören. Wie sehr kommt es bis heute darauf an, daß Menschen vor Gott den Zerbruch ihres ganzen Lebens erfahren und dadurch von sich selber und allem eigenen Tun radikal gelöst werden. Nur von „tief erschrockenen Gewissen", wie die Reformatoren sagten, kann das Evangelium wirklich verstanden werden.

Es ist ein schönes Zeichen für die Freiheit und Aufrichtigkeit in der 6
ersten Christenheit, daß sowohl Paulus und Barnabas ungehemmt berichten, wie auch diese gesetzlich denkenden Gemeindeglieder ihre Ansichten öffentlich frei aussprechen können. Es wird auch weiterhin

alles offen zum Austrag gebracht[335]. **„Es versammelten sich aber die Apostel und die Ältesten, um zuzusehen wegen dieses Wortes." „Dieses Wort"**, die erhobene Forderung, den Heidenchristen die Beschneidung zur Pflicht zu machen, war von vielfacher Bedeutung. Es war grundsätzlich wichtig, klar zu wissen, ob Dinge wie die Beschneidung zum Heil notwendig sind oder nicht. Dahinter stand – was aber noch nicht zur Erörterung kommt – die Frage nach Sinn und Bedeutung des Gesetzes überhaupt. Aber die Entscheidung dieser grundsätzlichen Fragen hatte größte Auswirkungen auf das Schicksal der Gemeinde Jesu in Jerusalem! Wurde tatsächlich so entschieden, daß der Zugang zu Jesus nur durch das Gesetz hindurch möglich war, dann brachte das den Christen in Judäa eine enorme Erleichterung. Sie waren damit als rechte Israeliten vor allen rehabilitiert. Blieben sie dagegen mit Scharen unbeschnittener Heiden brüderlich verbunden, erkannten sie solche „unreinen" Menschen als volle Glieder der Messiasgemeinde an, dann war die Kluft zu ihrer jüdischen Umgebung hin unüberbrückbar tief, auch wenn sie persönlich gesetzestreu lebten. Zugleich ging es aber auch um die Einheit der jungen Kirche! Es konnte damals schon geschehen, was dann in der Kirchengeschichte oft genug erfolgt ist: Es konnte zur Spaltung kommen. Eine paulinische Heidenkirche und eine petrinische Judenkirche, ein antiochenisches gesetzesfreies Christentum und ein Jerusalemer gesetzgebundenes Christentum hätten dann nebeneinander und gegeneinander gelebt. So ist es eine bedeutungsvolle Stunde, als sich jetzt **„die Apostel und die Ältesten** – doch wohl nach Vers 12 und 22 in Anwesenheit der Gemeinde –[336] **versammeln"**. Lukas hat das in seinem Werk dadurch großartig zum Ausdruck gebracht, daß Kapitel 15 genau in der Mitte seines Buches steht[337]. Eine Entscheidung von letztem Ernst

[335] Die seit der Erfindung des Buchdrucks übliche Art der Auseinandersetzung durch Bücher, Broschüren und Zeitschriften hat ihre großen Gefahren. Wieviel kühler und schärfer wird nun alles. Ein Mann wie Zinzendorf hat darum immer wieder die unmittelbare Begegnung auch mit seinen Gegnern und Feinden gesucht. Beachtlich der Satz eines Seelsorgers: „Willst du mit Menschen auseinanderkommen, dann mußt du einen Brief schreiben; willst du mit Menschen zusammenfinden, dann mußt du hingehen und mit ihnen sprechen."

[336] Man kann Vers 6 aber auch so verstehen, daß nach der Gemeindeversammlung, in der Paulus und Barnabas berichtet hatten und in der die Forderung nach der Beschneidung der Heidenchristen erhoben wurde, zunächst eine Besprechung im engeren Kreise der „Apostel und Ältesten" stattfand. Erst später wurde die Gemeinde als ganze von dem Ergebnis mit dem abschließenden Wort des Petrus unterrichtet, hörte aufs neue einen Bericht von Paulus und Barnabas und dann den Antrag des Jakobus, der nun von allen zum Beschluß erhoben wird. Eine eindeutige Entscheidung, wie sich Lukas den Ablauf der Dinge vorgestellt hat, läßt sich nicht geben.

[337] Von den 94 Seiten des gedruckten grie Textes der Apg sind es genau 47 Seiten bis zu Kapitel 15.

für das Heil und von größten praktischen Folgen muß getroffen werden.

Was geschieht jetzt? Wie schwer und verantwortungsvoll ist das Übersetzen! Heißt der Anfang des nächsten Satzes: „Als sich aber viel Streit erhob" (Haenchen) oder „Als aber eine lange Erörterung stattgefunden hatte" (Schlatter)? Haben wir auch im Kreise der **„Apostel und Ältesten"** an eine heftige **„Auseinandersetzung"** zu denken? Sind von der anwesenden Gemeinde her erregte Äußerungen laut geworden? Oder ist nach der bekannten Methode schriftgelehrter „Untersuchungen" (das ist die Grundbedeutung des hier im Text stehenden Wortes) die Streitfrage als solche genau bestimmt und das Für und Wider der entgegengesetzten Lösungen erörtert worden? Wir können es nicht eindeutig entscheiden. Jedenfalls aber ergreift nun nach einer Debatte Petrus das Wort. Hören wir jetzt ein „Theologisches Grundsatzreferat"? Führt Petrus wenigstens einen „Schriftbeweis"? Nein, Petrus läßt sich auf nichts ein, was die bisherige „Erörterung" nur weiter verlängern, den bisherigen „Streit" nur weiter vertiefen könnte. Er stellt, genau entsprechend der Schilderung in Kapitel 10 und 11, die von Gott selbst geschaffenen Tatsachen vor die Versammlung hin. Nicht „Meinungen" können entscheiden, auch nicht „biblisch begründete" Meinungen. Entscheiden können nur Tatsachen, in denen Gott selber seine Entscheidung vollzogen hat. Es sind drei solcher Tatsachen, die Petrus hervorhebt. *Gott selbst* hat ausgerechnet Petrus dazu ersehen, daß **„durch seinen Mund hören sollten die Heiden das Wort des Evangeliums und zum Glauben kamen"**. Und dieser Entschluß Gottes stand **„von alten** (oder: von ersten) **Tagen her"** fest; er ist kein spätes Anhängsel. *Gott selbst* hat solchen unbeschnittenen Heiden im Hause des Kornelius den Heiligen Geist geschenkt, die höchste messianische Gabe; dadurch hat Gott selbst **„für sie Zeugnis gegeben"**. Gott aber ist **„Herzenskündiger"**, darum gilt sein **„Zeugnis"** wie kein anderes. Und *Gott selbst* hat sie **„gereinigt"**. Die Männer, die die Beschneidung der Heiden fordern, haben darin recht: Heiden sind „unrein" vor Gott, sie müssen darum „gereinigt" werden. Aber bei diesen Heiden in Caesarea hat Gott selbst diese Reinigung vollbracht, und dies nun wirklich so, wie es Beschneidung und Speisegebote nie tun konnten, als eine **„Reinigung des Herzens"**. Petrus hat von dem Unterricht Jesu nach Mk 7, 14–23 über die eigentliche „Unreinheit" doch einiges verstanden! 7–10

So hat Gott selber bereits die Frage entschieden, um die es geht. Die Vertreter der Beschneidung sagten mit innerem Schaudern: Ihr könnt doch nicht wider das Gesetz „unterschiedslos" unbeschnittene, unreine Heiden und beschnittene, gesetzestreue Israeliten in einer Gemeinde zusammenfassen wollen! Petrus entgegnet: Gott selbst

„machte keinen Unterschied"! Dieses „unterschiedslose Aufnehmen" hat Gott selbst vollzogen. Nun wird es überwältigend klar: Wer jetzt doch wieder „Unterschiede" macht und die Beschneidung der Heiden fordert, der kämpft nicht gegen Paulus und Barnabas und die Antiochener, der **„versucht Gott"**, der führt den Kampf gegen Gott selbst! Wie kraftvoll und tief hat Petrus alles zum entscheidenden Punkt geführt.

10/11 Darum schließt er nun mit einem Wort, daß dieses **„keinen Unterschied"** auch noch nach der andern Seite, nach der jüdischen hin, deutlich macht. Sie wollen das Gesetz wie ein **„Joch auf den Nacken der Jünger legen"**. Aber — haben sie denn als Israeliten dieses Joch tragen können? Petrus mag hier an den mächtigen Ruf seines Herrn denken, den er mit eigenen Ohren gehört hatte: „Nehmt auf euch mein Joch . . . so werdet ihr Ruhe finden für eure Seelen" (Mt 11, 29). Das Joch des Gesetzes hatte ihnen keine „Ruhe" gebracht, sondern sie zu jenen „Sich-Abarbeitenden und Lasten-Tragenden" (wörtlich für: „Mühselige und Beladene") gemacht, die Jesus zu sich ruft. Darum gilt für sie als Juden der eine, einfache, gleiche Grundsatz des Heils genauso wie für Heiden: **„Vielmehr durch die Gnade des Herrn Jesus glauben wir errettet zu werden, ganz ebenso wie auch jene"**[838]. Es liegt darin zugleich etwas wie eine Frage an jene zum Glauben gekommenen Pharisäer: Warum kamt ihr denn überhaupt zu Jesus? Was suchtet ihr bei ihm? Der Anschluß an Jesus wird nur dann tief und unverbrüchlich sein, wenn wir bei Jesus allein die Rettung aus unserer totalen Verlorenheit finden!

12 Die Rede des Petrus hat jetzt die gleiche Wirkung wie einst sein Wort nach den Vorgängen um Kornelius. Damals „wurden sie ruhig" (Apg 11, 18), jetzt **„wurde die ganze Menge still"**. Das heißt noch lange nicht, daß sie alle schon überzeugt waren. Aber der Widerspruch „verstummte"; es ließ sich gegen das, was Petrus ausgeführt hatte, nichts einwenden. Und nun erhalten Barnabas und Paulus erneut das Wort. Es ist bedeutsam, wenn jetzt auch Paulus nicht etwa an das Schlußwort des Petrus anknüpft und theologische Gedankengänge

[838] Man hat eingewendet, so könne Petrus in Wirklichkeit nie gesprochen haben; für einen Israeliten sei das Gesetz nicht Last und Not, sondern Freude und Ehre gewesen. Damit traut man Petrus zu, daß er drei Jahre lang umsonst mit Jesus gegangen ist und Jesu Wort völlig verständnislos gehört hat. Paulus jedenfalls hat eine andere Überzeugung von Petrus gehabt. Er hat ihm bei dem Zusammenstoß in Antiochia zugetraut, daß er dem Satz: „Doch weil wir wissen, daß der Mensch durch des Gesetzes Werke nicht gerecht wird, sondern durch den Glauben an Christus Jesus, sind auch wir gläubig geworden an Christus Jesus, damit wir gerecht werden durch den Glauben an Christus und nicht durch des Gesetzes Werke; denn durch des Gesetzes Werke wird kein Fleisch gerecht" (Gal 2, 16) seine volle Zustimmung gebe. Das ist aber nichts anderes, als was Petrus nach dem Bericht des Lukas hier jetzt sagt.

entwickelt[839], sondern auf der Grundlinie des Petrus bleibt. Zu den „Tatsachen", die Petrus vor die Versammlung hinstellte, fügen Barnabas und Paulus – der Levit Barnabas, das alte angesehene Glied der Urgemeinde ist hier wieder vorangestellt, Paulus hat ihm gern in diesem Augenblick das erste Wort überlassen – die „Tatsachen" vom Heidenmissionsfeld hinzu. Nun werden sie auch wirklich angehört: **„Und sie hörten Barnabas und Paulus erzählen, welche großen Zeichen und Wunder Gott unter den Heiden durch sie getan hatte."** Die **„Wunder"** sind auch hier wieder **„Zeichen"**: Gott hat die gesetzesfreie Heidenmission eines Paulus und Barnabas nicht verworfen, sondern mit seinem vielfachen, wunderbaren Eingreifen ausdrücklich bestätigt[840].

Erneut wird die führende Rolle des Jakobus sichtbar (vgl. o. S. 228). 13–19
Er sagt nicht nur auch sein Wort zu dem Ganzen, sondern er sagt das abschließende, zum Beschluß führende Wort, das nun freilich auch nötig war. Mit dem **„Höret mich"** stellt er selbst die Wichtigkeit dessen fest, was er jetzt zu sagen hat. Er stellt zu den göttlichen Tatsachen nun das göttliche Wort in der Schrift[841]. Denn **„was Gott tut"**, das ist **„ihm bekannt von Ewigkeit"**. Darum konnte nie als „Gottes Handeln" bezeichnet werden, was seinem Wort in der Schrift widerspricht. Aber mit dem, was **„Simon dargelegt hat . . ."**[842], **„damit stim-**

[839] Man hat darüber den Kopf geschüttelt und die Darstellung des Lukas kritisiert, damit aber nur gezeigt, wie wenig man die Größe des ganzen Vorganges verstanden hat.

[840] Waren frühere Zeiten in falscher Weise „wundersüchtig", so sind wir heute in der Kirche in falscher Weise „wunderscheu". Gottes Botschaft bedarf der mitfolgenden und bestätigenden Zeichen.

[841] Das Schriftwort stammt aus Amos 9, 11. 12 in Verbindung mit Jes 45, 21. Freilich, wenn wir in unserer Lutherbibel oder auch in einer modernen Übersetzung die Stelle bei Amos nachschlagen, finden wir in Vers 12 auf den ersten Blick einen anderen, einen „nationalen" Sinn: Das wieder hergestellte Davidische Israel sollte „besitzen die übrigen zu Edom und alle Heiden, über welche mein Name genannt ist, spricht der Herr, der solches tut". Wir wissen nicht, in welcher Form Jakobus den Text des Amos gekannt hat. Aber es ist doch bedeutsam, wenn auch ein heutiger Ausleger feststellt: „So hat auch diese Heilshoffnung trotz ihrer politischen Farben ein durchaus theozentrisches Gepräge: Alle Völker, auch das wiederaufgerichtete Gottesvolk, werden am Ende der göttlichen Herrschaft unterstehen" (A. Weiser in ATD B. 24, S. 178). Ebenso sagt es H. Frey (Die Botschaft des AT B. 23/1, S. 190): „Dieses neue Reich soll den im Gericht begnadigten Rest der Menschheit vereinigen; voran den Rest Edoms, dessen Abtrennung einst besonders schmerzlich und dessen Feindschaft von der Gemeinde als bittere Unnatur, als Bruderzwist empfunden wurde. Aber nicht nur die abgefallenen Brüder, sondern alle Völker, auf die Gott Besitzanspruch erhebt, soll dieses Reich verbinden." So hat Jakobus den Amos auch im hbr Urtext ganz richtig verstanden! Ihm war das Entscheidende darin der Satz: „Alle Heiden, über die mein Name genannt ist."

[842] Daß ein Jakobus sich jetzt lieber auf das Wort des Petrus beruft, das zur Streitfrage selbst gesprochen war, als auf die Missionsberichte des Paulus und Silas, sollte man ihm nicht verdenken. Wenn man sich aber schon darüber verwundert, dann ist es doch

men zusammen die Worte der Propheten". Das ist für die bibeltreuen Juden und für Jakobus selbst sehr wichtig. Sicherlich hat Jakobus nicht umsonst ein Prophetenwort gewählt, das zunächst von der **„Zuwendung Gottes"** zu Israel und dem **„Wiederaufbau der zerfallenen Hütte Davids"** spricht und das Gottsuchen der **„übrigen der Menschen"** und **„der Heiden"** mehr als eine Vervollständigung oder Umrahmung des wiederhergestellten Bundesvolkes ansieht. Wir unserseits aber müssen uns freimachen von einer unbiblischen Geringschätzung Israels und einer Überbetonung der Heiden und müssen daran denken, daß auch ein Paulus die Wurzel der gesamten Kirche in Israel und in den Heidenchristen aufgepfropfte Reiser am Stamm des Wurzelstockes Israel gesehen hat (Rö 11, 13–15). Welches Bild der Dinge Jakobus nun auch auf Grund der Schrift in sich trug, er sah die Selbständigkeit der **„übrigen der Menschen"** und der **„Heiden"**, die zu Gott kommen, ohne erst in die **„Hütte Davids"** mit eingebaut zu werden. So stellt sein Antrag erst einmal fest: **„Darum urteile ich, nicht Schwierigkeiten zu machen denen, die sich aus den Heiden zu Gott bekehren."** Auch Jakobus stimmt damit der gesetzesfreien Heidenmission zu. So hat es auch Paulus den Galatern geschrieben: „Mir haben auch die Angesehenen nichts auferlegt" (2, 6), wobei er dann in V. 9 Jakobus an erster Stelle nennt.

Aber stimmt das noch zu dem Fortgang des Antrages: **„Wohl aber**
20 **ihnen vorzuschreiben, daß sie sich enthalten von den Befleckungen der Götzen und von Unzucht und Ersticktem und Blut"?** Was soll das? Ist es ein „Kompromiß"? Will Jakobus nun doch ein Stückchen „Gesetz" in Geltung lassen zur Beruhigung der Gegenseite? Nun, Jakobus dürfte klug genug gewesen sein, um zu wissen, daß „Kompromisse" gewöhnlich beide Seiten enttäuschen. Aber wenn man die Freiheit vom Gesetz aussprach, erhob sich notwendig eine Frage, die Paulus selbst genug zu schaffen machte: Bedeutet diese „Freiheit" absolute Ungebundenheit und Willkür? Das hat auch ein Paulus klar bestritten. Auch er konnte die Thessalonicher erinnern an „die Gebote, die wir euch gegeben haben durch den Herrn Jesus (1 Th 4, 2)". Wenn Jakobus verlangte **„Enthaltung von den Befleckungen der Götzen"**, so stimmte Paulus zu: „Ihr könnt nicht zugleich trinken des Herrn Kelch und der Teufel Kelch; ihr könnt nicht zugleich teilhaftig sein des Tisches des Herrn und des Tisches der Teufel" (1 Ko 10, 21). Wenn Jakobus forderte **„Enthaltung von Unzucht"**, schrieb auch Paulus den Korinthern: „Fliehet die Hurerei" (1 Ko 6, 18). Paulus konnte dem Antrag des Jakobus bis dahin vorbehaltlos zu-

ein Beweis für die Echtheit der lukanischen Darstellung. Wer hier frei erfand, hätte doch Jakobus so reden lassen, wie es besonders schön und erbaulich gewesen wäre.

stimmen und sah darin nichts „Auferlegtes". Doch Enthaltung von **„Ersticktem"** und **„Blut"?** Jakobus ist nach seinem Brief der Mann mit dem scharfen Blick für das praktische Leben. Darum erkannte er, daß gerade bei der grundsätzlichen Anerkennung gesetzesfreier Heidenchristen neben gesetzestreuen Judenchristen das Miteinander beider Teile, z. B. einfach schon bei der Tischgemeinschaft, eine selbstlose Rücksicht der „Freieren" auf die „Gebundeneren" verlangte. Den Juden waren bestimmte Dinge unerträglich, die nun auch für die Christen aus den Nationen ausdrücklich ausgeschlossen sein müssen. Neben der Berührung mit dem Götzendienst und mit der Dirne gehört dazu vor allem der Genuß **„von Ersticktem und Blut".** Auch hier mußte Paulus nicht widersprechen! Jene hochmütige „Freiheit", die sich selbst gefällt und auf das Gewissen des Bruders keine Rücksicht nimmt, hat er selber entschlossen bekämpft (vgl. Rö 14, 13—21; 15, 1). Auch hier lag für ihn in dem Antrag des Jakobus nicht gesetzlich „Auferlegtes", das er um des Evangeliums willen ablehnen mußte[343].

Schwierig für unser Verständnis ist der Satz, den Jakobus noch
hinzufügt: **„Denn Mose hat seit alten Zeiten in jeder Stadt die, die** 21
ihn verkündigen, da er ja in den Synagogen an jedem Sabbat vorgelesen wird." In welchem Sinn sagte er das? Es kann ein Wort zu den Gesetzestreuen hin sein. Er mochte auf ihren Gesichtern die Frage lesen: Und was wird bei dem allen aus Mose? Gilt er denn nun gar nichts mehr? Jakobus antwortet ihnen: Habt keine Sorge, daß mit diesem Beschluß und mit der Entstehung einer gesetzesfreien Christenheit aus den Nationen Mose Abbruch geschieht. Mose wird nicht vergessen. In allen Städten wird an jedem Sabbat sein Wort und Gesetz verlesen. Jeder Christ aus Israel kann Mose dort weiter hören.

Zu erwägen ist aber noch ein anderes Verständnis. Man hat darauf hingewiesen, daß gerade diese vier Forderungen der Enthaltung von Götzenopfer (3 Mo 17, 7—9), von **„Unzucht"** im Sinn verbotener Verwandtenehen (3 Mo 18, 6 ff; 26), von **„Ersticktem und Blut"** (3 Mo 17, 10—12 und 13—15), ausdrücklich nicht nur Israel selbst, sondern auch dem „Fremdling, der unter euch ist" gelten. Hat Jakobus das vor Augen gehabt und mit seinem Antrag gesagt: Das Gesetz als solches gilt nur Israel, es solle darum Christen aus den Nationen

[343] Als die Judenschaft durch die Katastrophe von 70 (Titus zerstört Jerusalem) immer mehr aus Palästina verschwand und die Kirche fast ausschließlich eine „heidenchristliche" wurde, verloren die letzten beiden Forderungen des Jakobus den praktischen Bezug und damit den verständlichen Sinn. Man konnte sie nur „moralisch" auffassen, legte „Blut" als „Mord" aus, fand so in dem Ganzen die drei schlimmsten Todsünden: Götzendienst, Ehebruch und Mord verboten; und schon Codex D fügte die „goldene Regel" hinzu: „und alles, was sie nicht wollen, daß ihnen geschehe, sollen sie auch andern nicht tun". Der ursprüngliche Sinn des „Aposteldekrets" ist das aber nicht.

nicht auferlegt werden; aber es gibt im Gesetz selber vier Vorschriften, die auch dort schon den Fremden mitgelten; die Einhaltung dieser Vorschriften muß allerdings auch vom Heidenchristen verlangt werden, wenn wir Gemeinschaft mit ihm haben sollen? Dann konnte sein letzter Satz darauf hinweisen, daß durch die Verkündigung des Mose in allen Städten eben auch diese vier Forderungen mit ihrer Geltung für die „Fremden" bekannt sind. So würde es mit Recht Anstoß unter den Juden geben, wenn sie in der Christenheit nicht beachtet würden. Freilich – sollte Jakobus in jener Stunde wirklich so verwickelte Gedankengänge gehabt haben?

22–29 Nun kommt es zur Beschlußfassung. Die Versammelten haben es nachher in der schriftlichen Formulierung nur mit dem wundervollen Ausdruck sagen können: **„Denn es gefiel dem Heiligen Geist und uns."** So hat man auch später gern geredet. Hier aber ist es nicht kirchliche Formel, hier ist es Wahrheit. Denn die Versammlung geht nicht so aus, weil Jakobus etwa als eine Art Diktator gesprochen hat und sich alles seinem Spruch schweigend fügt. Es findet aber auch keine „Abstimmung" statt, bei der der „Antrag Jakobus" mit großer Mehrheit angenommen wird. Beide „weltlichen" Weisen einer Beschlußfassung sind einer echten Versammlung von Gläubigen fremd. Was in der Versammlung gesagt worden ist, das wurde im Licht des Geistes Gottes allen, Aposteln, Ältesten und Gemeinde, so einleuchtend klar, daß ihnen der gemeinsame Beschluß einfach geschenkt war. Das ist das Wirken des Heiligen Geistes in ihnen allen. Es ist ein Beschluß im Heiligen Geist.

Bei der Wichtigkeit der Frage und angesichts der notvollen Verwirrung in Antiochia sollten nicht nur Barnabas und Paulus und die mitgekommenen Antiochener das Ergebnis der Beratung und die Stellungnahme der Apostel überbringen. Es könnte ihnen bei anders Eingestellten doch das Mißtrauen begegnen, sie hätten einseitig und zu ihren Gunsten gehört und berichtet. Der Beschluß wird vielmehr schriftlich festgehalten, und mit den Abgesandten aus Antiochia sollen zwei **„Männer, führend unter den Brüdern", „Judas, genannt Barsabas, und Silas"** nach Antiochia gehen und **„mündlich"** (eigentlich „durch Wort") alles bestätigen und etwaige Fragen beantworten.

23 Das Schreiben hat die Form, die uns in der wörtlichen Übersetzung etwas seltsam erscheint, aber genau dem Briefstil der Zeit entspricht: Der Nennung des Absenders[344] folgt die Nennung des Empfängers

[344] Schwierig ist dabei die Wendung die „Ältesten Brüder". Ist hier ein „und" ausgelassen, so daß die Zufügung der „Brüder" die Beteiligung der ganzen Gemeinde deutlich machen will? Ein Teil der Texte liest darum auch ausdrücklich die „Ältesten und die Brüder". Oder bezieht sich der Ausdruck „Brüder" auf Apostel und Älteste zurück, so daß wir verdeutschen müssen „die Apostel und Ältesten, eure Brüder"?

und der knappe Gruß mit dem einen einzigen Wort **„Freude"!** (Das gleiche finden wir bei dem Brief des Oberst Claudius Lysias an den Statthalter Apg 23, 25.) Der Brief geht dann auf die Lage in Antiochia ein, hat aber schon im Gruß die Christen Syriens und Kilikiens eingeschlossen. Was in Antiochia geschah, hatte sofort seine Auswirkungen nach Syrien und bis nach Kilikien hinein. Die Gemeinden Südgalatiens (bzw. Lykaoniens: Ikonion, Lystra, Derbe) dagegen lagen weit abseits, es war nicht nötig und nicht einmal gut, sie mit Fragen zu beschäftigen, die bei ihnen gar nicht akut waren. Die Abgesandten aus Jerusalem konnten sie auch gar nicht erreichen, während Vertreter syrischer und kilikischer Gemeinden in Antiochia gewiß zu finden waren. So wird Südgalatien in dem Schreiben nicht genannt.

Die Apostel und Ältesten bedauern die Unruhe und Verwirrung, 24
die durch **„einige aus unserer Mitte"** entstanden ist und distanzieren sich ausdrücklich von diesen **„einigen"**, ohne sie freilich wie Paulus „falsche Brüder" zu nennen. Irgendeinen amtlichen **„Auftrag"**, auf den sie sich berufen haben mögen, haben sie jedenfalls nicht gehabt.
Diese Stellungnahme erfolgt in **„voller Einmütigkeit"**. Sodann wird in 25/26
die Mitteilung über den Entschluß, besondere Vertrauensleute nach Antiochia zu senden, in feiner Weise die klare Anerkennung des Barnabas und Paulus eingefügt: Sie, die Angegriffenen und Gescholtenen, sind für die Leitenden in Jerusalem **„unsere Geliebten"**, und es wird ihnen das Zeugnis ausgestellt, daß sie **„Menschen sind, die dahingegeben haben ihre Seele für den Namen unseres Herrn Jesus Christus"**. Wie wichtig ist es bei allen — oft unvermeidlich tiefgehenden — Meinungsverschiedenheiten in der Christenheit, daß der Einsatz für Jesus anerkannt bleibt und für wesentlich gehalten wird[345]. **„Die Seele dahingeben"**, das war die Tat Jesu, an der wir „die Liebe erkannt haben". „Die Seele für die Brüder einsetzen" ist das daraus folgende Gebot an uns (1 Jo 3, 16). Es gibt aber auch „ein Dahingeben der Seele" für den Namen dessen, der uns zuerst mit seiner Hingabe geliebt hat. Es ist groß, wenn auch ein Jakobus mit den Jerusalemer Christen aus Israel das an Paulus und Barnabas sieht und vor der Öffentlichkeit der Urgemeinde mit tiefer Achtung ausspricht. Auf die brüderliche Anerkennung durch die führenden Männer Jerusalems hat auch Paulus als Ergebnis der Verhandlungen besonders Gewicht gelegt (Gal 2, 9).

Die gewählten Vertrauensleute werden brieflich vorgestellt und 27
ihr Auftrag, **„sie sollen mündlich dasselbe verkündigen"**, bestätigt.

[345] Wie schwer hat sich auch hier die evangelische Christenheit versündigt. Wie gering gilt ihr oft der Einsatz für Jesus gegenüber theologischen Lehrabweichungen. Wie ist sie oft mit Männern umgangen, die „ihre Seele für den Namen unseres Herrn Jesus Christus hingegeben haben"!

28/29 Nun erst kommt die Mitteilung des eigentlichen Beschlusses. Die vier Punkte, in denen auch von den Heidenchristen eine bestimmte Haltung erwartet wird, werden nicht näher begründet, sondern einfach als notwendig bezeichnet. Die Formulierung vermeidet sorgfältig jeden Eindruck, als handle es sich doch wieder um ein „Gesetz". Das würde besonders deutlich, wenn wir hier mit dem üblichen Sprachgebrauch die Worte des Schlußsatzes als ein „so werdet ihr euch wohlbefinden, so wird es euch gutgehen" fassen. Aber auch bei der Übersetzung: **„So werdet ihr wohl tun"** wird unterstrichen, daß eine freie Einfügung in notwendige Gegebenheiten und nicht strikte Erfüllung eines Gesetzes erwartet wird. Der kurze Schlußgruß **„Lebt wohl"** ist wieder der ganz übliche.

30—32 In einer Gemeindeversammlung in Antiochia wird der Brief übergeben und gelesen. Lukas hält sich und uns nicht damit auf, genau mitzuteilen, wem der Brief ausgehändigt und von wem er vorgelesen wird. Viel wichtiger ist, daß er seinen Zweck erreicht: **„Sie wurden froh über den Zuspruch."** Offenbar sehen auch die Antiochener in den vier Punkten keine „Auflage", die ihre Freude trüben könnte. Die Jerusalemer Vertrauensleute benutzen ihren Besuch, **„mit vielem Wort die Brüder zu ermuntern und zu stärken". „Mit vielem Wort"** bedeutet „in vielen Ansprachen". Lebendige Gemeinden können und wollen viel hören, wenn schon einmal Brüder bei ihnen zu Besuch sind. Und Lukas kann von diesen Brüdern noch hinzufügen: **„die selber Propheten waren".** Sie haben also etwas zu sagen, was aus dem Geist Gottes stammte und darum quellfrisch und lebendig war. Das lohnte sich zu hören. Lukas zeigt hier zugleich das in Apg 11, 27 von manchen vermißte rechte Verständnis der „Prophetie": Sie ist nicht in erster Linie Vorhersage für die Zukunft, sondern vom Geist Gottes geleitete Rede, die Herzen und Gewissen trifft. Dann werden
34 die Brüder **„verabschiedet mit Frieden von den Brüdern zu denen, die sie gesandt hatten"**[346].

35 Paulus und Barnabas nahmen ihre Lehr- und Verkündigungsarbeit in Antiochia wieder auf. Das „Lehren" und das „Evangelisieren" wird dabei sachlich unterschieden. Wir sollen aber nicht den falschen Eindruck gewinnen, als hätten nur Paulus und Barnabas in einsamer Größe in Antiochia gewirkt; nein, **„viele andere"** sind sowohl an der

[346] Codex D u. a. fügen hier einen Vers 34 ein: „Es gefiel aber Silas, bei ihnen zu bleiben; Judas allein trat die Reise an." Das ist deutlich spätere Korrektur eines Schreibers, der auf Vers 40 vorausblickt: Paulus wählt Silas als Mitarbeiter auf seiner zweiten Missionsreise, also muß Silas in Antiochia geblieben sein. Aber dann wird der Widerspruch zu der unmittelbar vorhergehenden Mitteilung des Vers 33 hart. Wie Silas erneut nach Antiochia gekommen ist, um mit Paulus gemeinsam die Reise anzutreten, sagt uns Lukas nicht, wie er uns vieles nicht mitteilt, was wir unserseits gern wüßten.

Lehrarbeit wie an der Evangelisation beteiligt. Eine Gemeinde wie Antiochia war reich an aktiven Kräften, und das Bild vom „Leib" mit den vielen tätigen Gliedern war dort nicht dogmatische Formel, sondern Beschreibung einer lebendigen Wirklichkeit.

Mit dem „Apostelkonzil" und „Aposteldekret" waren die Fragen und Nöte um das „Gesetz" nicht einfach zu Ende. Nur für die Gläubigen aus den Nationen war die Entscheidung getroffen, nicht für die Christen aus Israel. Auch bei Einhaltung der vier Punkte durch die Heidenchristen bleibt die volle Lebensgemeinschaft gesetzestreuer Juden mit ihnen voller Schwierigkeiten. Gal 2, 11—13 gibt uns sofort ein Bild davon. Aber auch jene Kreise arbeiteten weiter, die die Eingliederung der Heiden in Israel durch Beschneidung und Gesetzeserfüllung für notwendig hielten. Doch so ist es ja immer wieder in der Geschichte. Mit der „Barmer Erklärung" war der Weg der Bekennenden Kirche keineswegs schon gerade und spannungslos gesichert. Es wäre naiver Rationalismus, der die tiefen Triebkräfte des Menschen verkennt, wenn man folgern wollte: „Wenn doch ‚Barmen' alles so klar ausgesprochen hatte und einmütig angenommen war, dann konnte doch nicht . . ." Darum ist aber auch der Einwand hinfällig, der gegen die ganze Darstellung des Lukas sagt: Wenn Apg 10 wirklich so geschehen ist, dann „konnte" doch im Blick auf die Antiochenische Heidenmission gar keine Frage und Not mehr entstehen; Apg 10 macht Apg 15 überflüssig, bzw. der geschichtliche Hintergrund von Apg 15 erweist Apg 10 als völlig unhistorisch. Genauso könnte und müßte man dann schließen, daß die späteren heißen Kämpfe des Paulus mit den Judaisten die Darstellung von Gal 2, 1—10 als „unhistorisch" erweisen. Die Geschichte in ihrer Wirklichkeit ist viel „bunter", als der verständige Geschichtsforscher denkt.

Gerade in unserem Kapitel finden sich mannigfache Abweichungen in den Handschriften. Gleich in V. 1 bezeichnen manche Handschriften: „die aus Jerusalem Herabgekommenen" als „Gläubiggewordene aus der Partei der Pharisäer" und identifizieren sie dadurch mit den Sprechern von V. 5. In V. 2 schildert Codex D den Widerstand des Paulus und läßt die Aufforderung zum Hinaufziehen nach Jerusalem von den Gegnern ausgehen. In V. 5 werden die, die sich jetzt zum Wort melden, ausdrücklich als die gleichen Männer bezeichnet, die vorher in Antiochia erschienen waren und das Erscheinen von Paulus und Barnabas in Jerusalem gefordert hatten. In V. 12 fügt D mit einem öfter von ihm verwendeten Ausdruck bei: „Während die Ältesten dem von Petrus Gesagten zustimmten." Auch der schwierige V. 18 hat mannigfache Verbesserungen erfahren: „bekannt ist von Ewigkeit her dem Herrn sein Werk", schreibt D; „bekannt sind von Ewigkeit her Gott alle Dinge", sagt der Koine-Text. Auf die Hinzufügung der „goldenen Regel" zu dem Aposteldekret durch D wiesen wir schon hin. Ebenso auf die Bemerkung, die als V. 34 von D gebracht wird.

Von allen diesen Textabweichungen werden wir sagen müssen, daß sie „Ergänzungen" oder „Verbesserungen" sind, deren spätere Hinzufügung durch einen Abschreiber wir gut verstehen können, während ihre Weglassung aus einem ursprünglichen Text unverständlich erscheint. Von irgendwelchem Gewicht für das Ganze sind sie nicht. Nur für das Verständnis des Aposteldekrets tragen sie etwas aus; aber gerade hier erweisen sie sich als ein Mißverständnis einer späteren Zeit, die die ursprüngliche Lage nicht mehr kannte.

Exkurs. Das Verhältnis von Apg 15 zu Gal 2, 1—10

Das „Apostelkonzil" ist von Paulus in Gal 2, 1—10 auch seinerseits behandelt worden[347]. Wir haben schon in der Auslegung selbst immer wieder auf diese Aussagen des Paulus geblickt und die wesentlichen sachlichen Übereinstimmungen mit dem von Lukas Berichteten hervorgehoben. Es sei jetzt rückblickend nur noch einmal auf die entscheidende und grundlegende Einheit hingewiesen: In den aufgebrochenen Fragen um die Heidenmission muß Jerusalem als maßgebende Instanz angerufen werden, und Jerusalem hat das gesetzesfreie Heidenchristentum anerkannt. Auch Paulus weiß, daß der Grund dieser Stellungnahme nicht theologische Erörterungen waren, sondern die Beugung vor den von Gott selbst gewirkten Tatsachen (Gal 2, 8). Trotzdem geht es uns auch hier so wie bei der Vergleichung von Apg 9, 26—30 mit Gal 1, 18—23: Wer beide Darstellungen, Apg 15 und Gal 2, 1—10, unbefangen liest, spürt ohne weiteres den starken Unterschied, weniger in den tatsächlichen Einzelheiten als vielmehr im gesamten Bild der Dinge. Aber wir müssen gerade bei Gal 2 beden-

[347] Es ist — auch im „Lexikon zur Bibel" Sp 103 — vorgeschlagen worden, die Aussagen in Gal 2, 1—10 vielmehr auf den in Apg 11, 30 erwähnten Besuch des Barnabas und Paulus in Jerusalem zu beziehen (Gal 2, 1 = Apg 11, 30; vgl. Gal 2, 2 mit Apg 11, 28). „Dabei erkannten die Apostel die in Antiochia bereits bestehende selbständige Heidenmission an (Gal 2, 6—9). Titus wurde nicht gezwungen, sich beschneiden zu lassen (V. 3), von einer allgemein bindenden Entscheidung in dieser Frage ist aber noch nicht die Rede. Vorbereitet war die Haltung der Apostel durch die Bekehrung des Kornelius und seine Taufe durch Petrus (Apg 10, 1—11. 18). Die Entstehung weiterer heidenchristlicher Gemeinden führte aber erneut zu Auseinandersetzungen mit Judenchristen, sowohl in Kleinasien (Anlaß des Galaterbriefes; vgl. auch die Erwähnung der Christen in Syrien und Kilikien Apg 15, 23) wie in Antiochia (Apg 15, 1; Gal 2, ff.). In dieser Situation, noch vor dem Apostelkonzil, wäre dann der Galaterbrief geschrieben. Diese Darstellung versucht, beiden Berichten ohne Abstriche gerecht zu werden, und vermeidet, einen durch den anderen in Frage zu stellen."

ken, auch Paulus wollte jetzt nicht einen ruhigen, historischen Bericht über das ganze Geschehen geben. In spürbarer Erregung – seine Sätze brechen mehrfach ab, um dann neu wieder aufgenommen zu werden, so wie man in der Erregung spricht – hebt er das heraus, was ihm im Blick auf die jetzigen Nöte in den Galatischen Gemeinden das Entscheidendste ist[348]. Es geht ihm vor allem um die Anerkennung seines selbständigen Apostolats. So muß ja bei ihm ein anderes Gesamtbild entstehen als bei Lukas, der uns ohne Beeinflussung durch bestimmte einzelne Nöte die entscheidende Stunde in der „Mitte" der Geschichte der ersten Christenheit schildern will, in der die Einheit der Kirche bewahrt und die Anerkennung der gesetzesfreien Heidenmission durch Jerusalem gewonnen wurde. Für Paulus war es wesentlich, daß „Titus nicht gezwungen wurde, sich beschneiden zu lassen"; es war auch für die Galater wichtig, aus deren Reihen Titus stammt. Für Lukas war es eine unwichtige Einzelheit, die er in seinem Geschichtswerk nicht bringen mußte. Lukas sah auf die Gesamtlage der Heidenchristen und nannte die vier von ihnen erwarteten „Enthaltungen". Paulus sah auf das, was ihm selbst als Verpflichtung auferlegt wurde, die Sammlung für die Armen Judäas; es wäre sehr wenig zart gewesen, wenn man diese Sammlung als Jerusalemer „Anspruch" an die Heidenchristen in das „Aposteldekret" mit aufgenommen hätte. Paulus bezieht sich auf eine „Offenbarung", die ihn zur Reise nach Jerusalem veranlaßte. Es war gerade bei dem Thema „Mein völlig selbständiges Apostolat" schwer genug, den Galatern gegenüber zuzugeben, daß er den Jerusalemern dennoch sein Evangelium vorlegen mußte, wenn er „nicht vergeblich laufen oder gelaufen sein wollte". Da ist es ihm wichtig, daß ein ausdrücklicher Wink seines Herrn hinter dieser Reise stand. Er sagte aber selbst, daß er „mit Barnabas" nach Jerusalem ging, den er aber nicht so „mitnehmen" konnte wie den Titus! So muß schon ein gemeinsamer Beschluß zur Reise vorgelegen haben. Warum sollte er nicht in der von Lukas erzählten Entsendung durch die Gemeinde Antiochia begründet gewesen sein? Paulus konnte seiner ganzen Art nach zunächst erhebliche Bedenken haben: Wir fechten diese Fragen allein aus, wir brauchen die Jerusalemer nicht; wir sind selbständige Apostel Jesu. Aber sein Herr sagte ihm in einer Offenbarung: Doch, Paulus, geh! Du brauchst die brüderliche Zustimmung der Jerusalemer, wenn du nicht deine Missionsarbeit vergeblich machen willst. So ist Apg 15 und Gal 2, 1–10 miteinander vereinbar. Wir dürfen dabei nicht vergessen, wie verschiedenartig und spannungsreich zu allen Zeiten die Darstellung selbst miterlebter Ereignisse ausfällt, je nach der persönlichen Eigenart des Verfassers und

[348] Auch Haenchen hat in seinem Kommentar diese Seite an Gal 2 sehr ernst genommen

nach dem Zweck seines Berichtes. Es ist etwas sehr anderes, ob ein Schriftsteller in einem Buch eine zusammenfassende Schilderung bietet, oder ob sich ein Mann mitten im Kampf in einem Brief auf sein Erleben beruft.

DIE ZWEITE MISSIONSREISE

1. Der neue Aufbruch

Apostelgeschichte 15, 36—41

zu Vers 36:
1 Th 3, 5
zu Vers 37:
Apg 12,12.25
zu Vers 38:
Apg 13, 13
zu Vers 39:
Apg 4, 36
13, 4
17, 16
1 Ko 9, 6
Kol 4, 10
Phlm 24
2 Tim 4, 11
zu Vers 40:
Apg 9, 27
11, 25. 26
15, 22. 32
14, 26
20, 32
zu Vers 41:
Apg 14, 22
15, 23

36 **Nach einigen Tagen aber sagte zu Barnabas Paulus: „Wir wollen**
uns doch wieder auf den Weg machen und nach den Brüdern
sehen in allen Städten, in denen wir verkündigt haben das Wort
37 **des Herrn, wie es ihnen geht." * Barnabas aber wollte mitnehmen**
38 **auch den Johannes, genannt Markus. * Paulus aber bestand dar-**
auf, ihn, der sich getrennt hatte von ihnen von Pamphylien aus
und nicht mit ihnen gekommen war zum Werk, diesen nicht wie-
39 **der mitzunehmen. * Es kam aber zur Erbitterung, so daß sie sich**
voneinander trennten und Barnabas, mitnehmend den Markus,
40 **fortsegelte nach Cypern. * Paulus aber wählte sich Silas und zog**
41 **aus, übergeben der Gnade des Herrn von den Brüdern. * Er durch-**
wanderte aber Syrien und Kilikien, die Gemeinden stärkend.

Nun kommt die große zweite Missionsreise in Sicht! Wie frei und unsystematisch bleiben die Dinge im NT. Es muß nicht jedesmal der Geist Gottes unter Gebet und Fasten seine Aufträge geben. Unsere eigenen Überlegungen haben auch ihr gutes Recht vor Gott. Diese Reise, die dann nach Europa hinüberführen wird, beginnt sehr schlicht in dem Wunsch des Paulus, die neugegründeten Gemeinden in Südgalatien wieder zu besuchen. Freilich, es wird dann gerade auf dieser Reise der Geist Gottes viel zu korrigieren haben; er wird „hindern" und zu ungeahnten Zielen leiten! Wir wissen aus 1 Th 2, 1 f und 3, 8, wie Paulus selber zu einer in seinem Dienst geborenen Gemeinde stand: Sie war ein Stück seines eigenen Lebens (vgl. auch das schöne Wort 2 Ko 7, 3b). Dazu war Paulus ein von der Schrift erfüllter Mann: das bloße „Im-Herzen-Tragen" genügte ihm nicht, so sehr er es auch übte (Phil 1, 7); ihn verlangte brennend nach der leibhaftigen
36 realen Gemeinschaft. So drängt es ihn zu einem Besuch in den Südgalatischen Städten. Selbstverständlich wendet er sich mit seinem Plan an Barnabas: **„Wir wollen uns doch wieder auf den Weg machen und nach den Brüdern sehen in allen Städten, in denen wir verkündigt haben das Wort des Herrn, wie es ihnen geht."** Von einer Ausdehnung der Reise auf neue Missionsgebiete wird nicht gesprochen.

Der Besuch und die Stärkung bestehender Gemeinden ist ohne Frage der Wille Jesu; hier können Pläne gemacht werden. Der Vorstoß in missionarisches Neuland ist des Herrn eigene Sache, der nicht mit „Planen" vorgegriffen werden kann. Lukas wird uns das noch sehr deutlich vor Augen führen.

Barnabas ist zur Reise bereit, will aber Johannes Markus wieder mitnehmen. Paulus verweigert das. In dem „Sich-Trennen", das er Markus vorwirft, klingt das „Im-Stich-Lassen", die Fahnenflucht mit[349]. Das Wort des Barnabas vom **„mitnehmen"** spricht Paulus seinerseits im Grie so aus, daß ein „Ihn-immer-um-uns-haben" darin mitschwingt[350]. Wie soll er einen Mann in jenen Städten neben sich mitreden lassen, der sich damals geweigert hat, missionarisch in diese Städte mitzukommen? Es kommt zur erbitterten Auseinandersetzung. Die beiden Gefährten trennen sich. Wie müssen wir dankbar sein, daß die Apg so etwas offen berichtet[351]! Auch die großen Männer der ersten Christenheit sind nicht fehlerlose Leute und können „erbittert" werden und sich trennen. An eine gemeinsame Arbeit ist jedenfalls nicht mehr zu denken. Barnabas geht mit Markus in seine Heimat Cypern. Wir hören in der Apg nichts mehr von ihm[352]. Aber der Herr macht selbst aus diesem Streit für seine Sache noch etwas Gutes: Nun ziehen zwei Mannschaften statt einer einzigen zu seinem Dienst aus, und ein Mann wie Silas wird neu für die Mitarbeit in der Mission gewonnen. 37—39

Paulus nimmt Silas mit. Er legt auf das „Zu Zweit" im Zeugendienst weiter Gewicht und ist froh, auch wieder einen Mann aus Jerusalem an seiner Seite zu haben, der zugleich in den grundlegenden Erkenntnissen nach Apg 15, 22. 27 ihm nahestand[353]. Doch ist 40

349 Ob nicht Paulus auch an das Wort des Herrn Lk 9, 62 gedacht hat?

350 Für Leser des Grie: Barnabas hat das Wort im Aorist verwendet, Paulus gebraucht es im Präsens.

351 Es wird freilich Lukas der Vorwurf gemacht, er habe die in Gal 2, 1—18, besonders V. 13 erzählten Ereignisse, die den eigentlichen Grund des Zerwürfnisses und der Trennung von Paulus und Barnabas gebildet haben, verschwiegen und durch einen „harmloseren" Streit um Johannes Markus ersetzt. Aber wäre eine Trennung um grundlegender Fragen willen nicht verständlicher und „edler" gewesen als ein Zusammenstoß und eine Trennung dieser Art? Lukas hat bei dem knappen Raum seines Buches eine Einzelheit wie den Besuch des Petrus in Antiochia mit seinen Nöten verständlicherweise nicht bringen können. Es könnte aber wohl sein, daß die Enttäuschung über Barnabas bei Paulus noch mitwirkte, als er sich weigerte, nun auch noch Markus, den Vetter des Barnabas, mitzunehmen. So etwas kennen wir auch aus eigenen Erfahrungen.

352 Wohl aber nennt ihn Paulus in 1 Ko 9, 6 so, daß man sieht: Die „Erbitterung" ist überwunden. Auch Markus ist nach Kol 4, 10; Phlm 24 (auch 2 Tim 4, 11) wieder fest mit Paulus verbunden. Auch im NT kann es zur „Erbitterung" kommen; aber „die Liebe, die sich nicht erbittern läßt" (1 Ko 13, 5) gewinnt die Oberhand.

353 Daß Silas ebenfalls römisches Bürgerrecht besaß (Apg 16, 37), wird sich im Laufe der

nun seine Stellung auf dieser zweiten Reise von Anfang an eine andere: Er ist jetzt der eigentlich Leitende und Maßgebende, der in Freiheit sein Werk tut, es aber freilich auch versteht, Mitarbeiter zu gewinnen und an der Arbeit zu beteiligen (vgl. 2 Ko 1, 19; Phil 2, 19. 20). Wohl wird er von Antiochia noch ausdrücklich **„der Gnade des Herrn übergeben"**. Er kehrt auch noch wieder nach Antiochia zurück (Apg 18, 22. 23). Aber er ist nicht mehr der von Antiochia ausgesandte und der Gemeinde dort verantwortliche Missionar, er ist von nun an der „Paulus", den wir bei der Nennung seines Namens unwillkürlich vor Augen haben. Er geht freilich damit auch jener Einsamkeit entgegen, die in dem 2. Timotheusbrief erschütternd zum Ausdruck kommt (2. Tim 1, 15; 4, 9. 11. 16).

41 Paulus wählt diesmal den Landweg durch die kilikische Pforte. **„Er durchwanderte aber Syrien und Kilikien, die Gemeinden stärkend."** Er besucht dabei Gemeinden, die er in den ersten Jahren seiner Arbeit von Damaskus und Tarsus aus (Apg 9, 27. 30; Gal 1, 17—21) gegründet haben wird. Wie bedürfen sie der Stärkung! Werden es doch zahlenmäßig kleine Häuflein in fremder und feindseliger Umgebung gewesen sein. Wieder hätten wir gern ein anschauliches Bild der mühsamen Wanderungen, der gefährlichen Wege, der schweren und lieblichen Erfahrungen bei den Brüdern; aber Lukas gibt es uns nicht. Wieder faßt er reiches, vielgestaltiges Leben in einem summarischen Satz zusammen.

DIE ZWEITE MISSIONSREISE

2. Bei den alten Gemeinden. Berufung des Timotheus

Apostelgeschichte 16, 1—5

zu Vers 1:
Apg 17, 14
19, 22
Phil 2, 19-22
1 Th 3, 2
2 Tim 1, 5
2 Tim 3, 15
Rö 16, 21
1 Ko 4, 17
Hbr 13, 23

1 Er gelangte aber auch nach Derbe und Lystra. Und siehe, ein Jünger
war dort namens Timotheus, Sohn einer gläubigen jüdischen Frau,
2 aber eines griechischen Vaters, * der ein (gutes) Zeugnis hatte von
3 den Brüdern in Lystra und Ikonion. * Von diesem wollte Paulus,
daß er mit ihm ausziehe, und er nahm und beschnitt ihn der Juden
wegen, die an jenen Orten waren; sie wußten ja alle, daß sein Vater
4 ein Grieche war. * Als sie aber die Städte durchzogen, übergaben sie
ihnen zur Befolgung die Verordnungen, die beschlossen waren von

Reise als wertvoll erweisen. Silas (mit der latinisierten Namensform „Silvanus") verantwortet die beiden Thessalonicher-Briefe mit und ist in Korinth ein wertvoller Mitarbeiter in der Evangelisation (Apg 18, 5; 2 Ko 1, 19). Später finden wir Silvanus als Sekretär bei Petrus (1 Pt 5, 12), auch dies ein Zeichen für die freie Bewegung der Männer des NT.

5 **den Aposteln und Ältesten in Jerusalem. * Die Gemeinden nun wurden gestärkt im Glauben und wuchsen an Zahl täglich.**

zu Vers 2: Apg 6, 3; 22, 12
zu Vers 3: Apg 21, 28 f; Gal 2, 3; 1 Ko 9, 19 f
zu Vers 4: Apg 15, 23-29; 21, 25
zu Vers 5: Apg 4, 4; 14, 22; 18, 23; Kol 2, 5; 1 Pt 5, 9

Diesmal kommt Paulus von Osten her zunächst nach Derbe und von da nach Lystra. Welche Erinnerungen standen lebendig vor ihm. Jetzt schenkt ihm gerade Lystra denjenigen Mitarbeiter[354], von dem er noch im Alter im Brief an die Philipper bezeugt: „Denn keinen habe ich von gleicher Gesinnung, der so echt für eure Anliegen besorgt sein wird" (Phil 2, 20). Ähnlich urteilt er über ihn in 1 Ko 4, 17: „Aus derselben Ursache habe ich Timotheus zu euch gesandt, welcher ist mein lieber und getreuer Sohn in dem Herrn, daß er euch erinnere an meine Wege, die in Christus Jesus sind, wie ich sie überall in jeder Gemeinde lehre." Er sagt damit, daß Timotheus einst selbst von ihm für Jesus gewonnen worden ist. Das Urteil des Paulus nach vielen
Jahren der Bewährung bestätigt das **„Zeugnis"**, das damals schon 2
die **„Brüder in Lystra und auch in Ikonion"** dem jungen Mann ausstellten. Daß ihn auch die Christen in Ikonion so gut kannten, zeigt, daß er damals bereits in lebhaftem Dienst stand und unter vielen andern auffiel.

Timotheus ist ohne seine Schuld in einer ganz schwierigen Lage. 3
Er stammt aus einer Mischehe, die nach jüdischem Recht nicht als wirkliche Ehe anerkannt war. Der Sohn einer solchen Verbindung galt einerseits als Israelit, der beschnitten werden mußte, andererseits war er als Bastard verachtet. Timotheus war aber nicht beschnitten worden. Wenn ihn Paulus so als Mitarbeiter aufnahm, dann war nicht nur Timotheus selbst bei jedem Dienst an jüdischen Menschen schwer gehemmt, es fiel auch auf das ganze Missionswerk selbst ein Schatten, den jüdische Propaganda nur zu gut ausnützen konnte: Seht euch nur diesen Mitarbeiter des Paulus an, diesen unbeschnittenen jüdischen Bastard, dann wißt ihr, was ihr von diesem „Christentum" zu halten habt! So entschloß sich Paulus, Timotheus zu beschneiden. Wir dürfen das nicht als eine „Ängstlichkeit" ansehen, als ein billiges Mittel zur Erleichterung der Arbeit oder als eine unwürdige Rücksicht auf Menschen, die unvereinbar wäre mit des Paulus klarer Art. Eher haben wir darin ein lebendiges Beispiel für das, was Paulus in 1 Ko 19–22 mit seinem Wort „den Juden ein Jude werden, um die Juden zu gewinnen" praktisch gemeint hat. Paulus hat den Galatern geschrieben: „Ich bezeuge noch einmal einem jeden, der sich beschneiden läßt, daß er das ganze Gesetz zu tun schuldig ist" (Gal 5, 3). Mit

354 In den Briefen des Paulus ist Timotheus genannt: 1 Ko 4, 17; 2 Ko 1, 1. 19; Kol 1, 1; 1 Th 1, 1; 3, 1. 2; 2 Th 1, 1; 1 Tim 1, 3. 18; 4, 12. 14; 2 Tim 1, 5 f.; 3, 15; 4, 9. 5. 21; Phil 2, 19.
In der Apg: 16, 1. 3. 10; 17, 4; 18, 5. 22; 20, 4; 27, 2.

der Beschneidung hat er daher auch Timotheus zugemutet, sich nunmehr ganz als „Israelit", als Glied des Bundesvolkes zu wissen und alle Folgerungen daraus zu ziehen. Aber eben dies wollte Paulus: Timotheus sollte nicht halb Grieche und halb Jude sein, sondern eins von beiden ganz, auch wenn in Christus Jesus „weder Beschneidung noch Unbeschnittensein irgendeine Bedeutung hat, sondern der Glaube, der durch die Liebe wirksam ist" (Gal 5, 6). Die Beschneidung des Timotheus steht darum auch nicht im geringsten im Gegensatz zu der eben erkämpften Gesetzesfreiheit der Heidenchristen. Hier wird ja nicht ein Heide beschnitten, weil eben doch die Beschneidung zum Heil nötig ist, sondern der Sohn einer jüdischen Mutter erhält die Beschneidung, damit er klar und ganz das sein kann, wozu ihn seine Geburt schon gemacht hat.

4 Das „Aposteldekret" war nur an „die Brüder in Antiochia und Syrien und Kilikien" adressiert. Aber mit Recht urteilt Paulus, daß es grundsätzlich allen Christen aus den Nationen galt. Darum wartet er nicht, bis von anderer Seite her dieser Jerusalemer Entscheid bekannt wird. In Silas kam nun auch der Mann nach Südgalatien, den die Gemeinde Jerusalems selbst als ihren Vertrauensmann in dieser Sache gewählt hatte. So **„übergaben sie ihnen zur Befolgung die Verordnungen, die beschlossen waren von den Aposteln und Ältesten in**
5 **Jerusalem"**. Die Reise erreicht ihren zunächst geplanten Zweck: **„Die Gemeinden nun wurden gestärkt im Glauben und wuchsen an Zahl täglich."** Paulus hat auch später in dem „Begießen" nach dem „Pflanzen", in dem „Aufbauen" auf dem gelegten Grund (1 Ko 3, 6. 11–15) ein wesentliches, unentbehrliches und höchst verantwortliches Werk gesehen[355].

Lukas berichtet uns nichts von Nöten und neuen Verfolgungen. Aber es ist oft so: Der Sturm von Entrüstung und Gegnerschaft, den man einmal in der ersten Erregung entfachen konnte, läßt sich nicht wiederholen. Hier war er auch tatsächlich eine rein jüdische Sache gewesen. Die Bevölkerung als ganze und die Behörden hatten inzwischen längst andere Dinge, die sie bewegten. An das Bestehen der (kleinen) Christengemeinden hatte man sich gewöhnt. Aber auch sonst verzichtet Lukas hier wieder darauf, uns all das Viele miterleben zu lassen, was wir in einer modernen Missionserzählung mit inniger Teilnahme von solchem Wiedersehen der Boten mit ihren Gemeinden lesen würden.

[355] Wir kennen es nicht mehr in echter Weise, weil wir das „Grundlegen", „Pflanzen", „Durch-das-Evangelium-Zeugen" nicht mehr üben! Unsere Gemeindearbeit ist darum merkwürdig zwiespältig. Einerseits muten wir unseren Gemeinden ohne weiteres das apostolische Wort zu, das an wiedergeborene Menschen gerichtet ist; andererseits suchen wir ständig „neue Wege der Volksmission", um auf weitesten Umwegen die Gemeindeglieder überhaupt noch mit der Botschaft zu erreichen.

DIE ZWEITE MISSIONSREISE

3. Die rätselhafte Führung nach Troas

Apostelgeschichte 16, 6–10

6 Sie durchzogen aber Phrygien und das galatische Land, gehindert
7 vom Geist Gottes, zu reden das Wort in der Asia. * Als sie aber
an Mysien herangekommen waren, versuchten sie, nach Bithy-
8 nien zu reisen, und nicht ließ sie der Geist Jesu. * So durchzogen
9 sie Mysien und kamen hinab nach Troas. * Und ein Gesicht wurde
nachts von Paulus gesehen: Ein makedonischer Mann stand da
und bat ihn und sprach: „Komm herüber nach Makedonien und
10 hilf uns!" * Als er aber das Gesicht gesehen hatte, sofort suchten
wir fortzukommen nach Makedonien, indem wir den Schluß zo-
gen (oder: in der festen Gewißheit), **daß uns Gott berufen hatte,**
ihnen das Evangelium zu verkündigen.

zu Vers 6: Apg 10, 19; 18, 23; Rö 15, 22; Gal 4, 13
zu Vers 7: Apg 8, 5
zu Vers 8: Apg 20, 5
zu Vers 9: Apg 9, 10. 12; 11, 5; 18, 9

Der Vorsatz des Paulus Apg 15, 36 ist durchgeführt. Was nun? Wir 6
würden heute sorgfältig Überlegungen anstellen, Erkundigungen einziehen, einen verantwortlich erwogenen Plan ausarbeiten und dann den Herrn um seinen Segen zu unserem Vorhaben bitten. Auch einen Paulus dürfen wir uns nicht so denken, daß er gedankenlos in den Tag hineinlebte und auf Orakel und jähe Einfälle wartete. Aber er war wirklich ein Beter. Und er sah in Jesus wirklich und in allem Ernst seinen Herrn, dessen „Sklave" (Phil 1, 1) er war. Er erwog darum seine Pläne von vornherein und sofort in ihrem Entstehen nicht mit sich selbst allein, auch nicht nur mit seinen Gefährten, sondern zuerst mit seinem Herrn. So wird er jetzt gewiß geworden sein, daß Gottes Wille nicht „Rückkehr nach Antiochia" hieß, sondern „weitere Mission".

Wo aber sollte diese erfolgen? Schon auf der ersten Reise war Paulus im pisidischen Antiochia auf der großen Reichsstraße gewesen, die in westlicher Richtung in die „Asia" führte, in die römische Provinz „Asien", die vor allem das Küstengebiet Kleinasiens mit Ephesos als Hauptstadt umfaßte. Hier lagen viele Städte mit grie Sprache, mit lebendigem Leben und starker Ausstrahlung in das umliegende Land. Hier fand Paulus die Missionsgelegenheiten, wie er sie suchte, zumal auch Judenschaften und Synagogen den guten Anknüpfungspunkt boten. Damals aber mochte die Aufgabe dort dem Anfänger Paulus noch zu groß erschienen sein. Vielleicht ließ auch die Art der Ausweisung aus Antiochia keine andere Wahl. Der Missionsweg hatte damals jedenfalls nach Osten geführt: nach Ikonion, Lystra,

Derbe. Was aber lag jetzt näher, als vom Osten kommend den Vorstoß nach Westen zu wagen in die „Asia" hinein! Aber Paulus und Silas sind nicht „Herren" ihrer Entschlüsse. Sie werden **„gehindert vom Geist Gottes, zu reden das Wort in der Asia"**. So wenden sie sich nordwärts bzw. nordostwärts und **„durchzogen Phrygien und das galatische Land."** Von seiten des Herrn her hatten sie nur das Nein in bezug auf die Asia, aber keine positive andere Weisung. Ja, so sehr ist Jesus wirklich „Herr", so kann er uns warten lassen, auch da, wo wir meinen, wir müssen dringend wissen, was nun geschehen soll.

Das **„galatische Land"** meint deutlich die Landschaft, die wirklich von ehemaligen Kelten besiedelt ist und von daher ihren Namen hat, nicht die römische Provinz „Galatien", deren südlichen Teil sie auf der ersten Reise bereits missioniert hatten. Das **„Durchziehen"** kennen wir schon als einen Ausdruck für evangelistische Reisetätigkeit. Wie schweigsam ist Lukas! Nicht ein Wort sagt er über den Erfolg dieses „Durchziehens", über die Geburt von Gemeinden. Und doch muß dort etwas geschehen sein. Denn nach Apg 18, 23 und 19, 1 hat Paulus auf seiner „dritten Missionsreise" nach Ephesus nicht den einfacheren Seeweg gewählt, sondern die langwierige und beschwerliche Fußwanderung „durch das galatische Land und Phrygien" auf sich genommen. Das wird er nur getan haben, weil dort Gemeinden lagen, die seinen Besuch nötig hatten. Es werden die Gemeinden gewesen sein, an die der Galaterbrief gerichtet ist. Namhafte Städte[356] gab es dort nicht; eben darum nennt auch der Galaterbrief keine Ortsnamen.

7 Jetzt nähern sich die Boten „Mysien", das den nördlichen Teil der „Asia" bildete. Aber dorthin sollen sie ja nicht. Also wenden sie sich erneut nordöstlich und **„versuchen nach Bithynien zu reisen"**. Dort im Küstengebiet des Schwarzen Meeres locken Städte wie Nicäa und Nikomedien, Chalzedon und Byzanz. Wie anders wäre die Kirchengeschichte verlaufen, wenn dieser Plan durchgeführt worden wäre. Aber – wieder versagt die göttliche Führung ihre Zustimmung: **„und nicht ließ sie der Geist Jesu"**. Wie ratlos, wie dringlich fragend werden sie nun wieder vor ihrem Herrn gestanden haben: „Herr, was willst du denn eigentlich? Wo sollen wir nach deinem Willen hin?"

[356] Man könnte freilich an Ankyra, das bekannte Angora, denken. Aber erstens wäre es dann hier und gewiß auch im Galaterbrief genannt worden, wenn Paulus und Silas damals in diese Stadt gelangt wären. Und zweitens finden wir die beiden Boten im nächsten Satz an der Grenze von Mysien. So weit nordöstlich nach der Hauptstadt Galatiens sind sie demnach nicht gekommen. Die Schilderung in Apg 18, 23 ebenso wie die Adresse des Galaterbriefes paßt auch viel besser auf eine Anzahl von Gemeinden in ländlichen Gegenden.

Sie können jetzt nur **„Mysien durchziehen"**, ohne dort eine Arbeit 8
zu versuchen. Dann stehen sie in Troas – dem alten sagenumwobe-
nen Troja – am Meer und am Ende jedes möglichen Weges. So hat
Gott im Laufe der Kirchen- und Missionsgeschichte manches Mal
gerade seine erwählten Werkzeuge ans „Ende" geführt, dahin, wo
ihnen jede eigene Möglichkeit abgeschnitten war und nur noch eine
überraschende Lösung durch Gott selbst übrigblieb[357].
Diese Lösung kommt auch hier: **„Und ein Gesicht wurde nachts von** 9
Paulus gesehen: ein makedonischer Mann stand da und bat ihn und
sprach: ‚Komm herüber nach Makedonien und hilf uns!'" Gott läßt
uns manchmal mit seiner Führung bis zum Äußersten, fast unerträg-
lich lange, warten; aber dann im letzten Augenblick kommt die Füh-
rung mit wunderbarer Bestimmtheit. Woran Paulus den **„Mann aus**
Makedonien" erkannte, sagt Lukas nicht. Aber in Träumen und Ge-
sichten „wissen" wir stets sehr genau, was dort vor uns steht, ohne
einen einleuchtenden Grund für dieses Wissen angeben zu können.
Als Paulus am Morgen seinen Gefährten das nächtliche Gesicht er- 10
zählt, da **„ziehen sie[358] den Schluß, daß Gott sie berufen hatte, ihnen**
das Evangelium zu verkündigen". Denn dieser unerwartete, unerhörte
Ruf Gottes läßt jetzt all sein hinderndes Nein auf einmal verständlich
erscheinen. Um des viel Größeren willen ist das Kleinere und Nahe-
liegende versagt worden. Menschliches Planen hätte erwogen: Evan-
gelisation in der Asia und in Ephesos – wer weiß, ob sich dann nicht
sogar Verbindungen nach Griechenland knüpfen. Gott wirft seine
Boten kühn nach Europa hinüber und will die feste Basis in Makedo-
nien, ehe das schwierige Griechenland in Angriff genommen wird.
Ephesos, Kolossä, Laodikea und die andern Gemeinden in der Asia
(vgl. Offb 1, 4 und 2–3) finden dann schon ihre Stunde.

Nun folgt „sofort" ihr praktisches Bemühen: **„sofort suchten wir fortzukommen nach Makedonien."** Es wird jetzt nicht erst ein Gremium von Europaexperten zusammengerufen, nicht erst sorgfältig

[357] Paulus hat immer unter Gebet und der Leitung Gottes gestanden, vgl. Rö 15, 30–32; 1, 10. Es ist das Vorrecht aller Kinder Gottes, durch Führung von oben von aller gefährlichen Eigenmächtigkeit und von den noch gefährlicheren okkulten Mitteln zur Regelung des Lebens in der Zukunft befreit zu sein. Aber wie schwer ist es, in dieser Führung gehorsam auszuharren, wenn sie so rätselhaft alles versagt und jeden Weg versperrt! Der Gehorsam gegen Gottes „Nein" ist härter als der gegen eine unwillkommene positive Weisung. Wie leicht überhören wir ein solches „Nein". – Übrigens berichtet Codex D noch an drei Stellen (Apg 17, 15; 19, 1; 20, 3) von solchen besonderen „Führungen" oder „Hinderungen". Das dürfte wieder spätere Ausmalung und Systematisierung sein. Das NT ist viel freier.

[358] Welch ein Geschenk, Brüder bei sich zu haben, mit denen man solch ein nächtliches „Gesicht" besprechen kann, um unter gemeinsamem Gebet zur „festen Gewißheit" zu gelangen.

geprüft, welche Verhältnisse man „drüben" vorfinden werde und wie man mit der Botschaft an Europäer herankommen könne. Es wird gehorcht und gehandelt. Dem Evangelium eine „Tür des Wortes aufzutun" (Apg 14, 28) auch drüben im unbekannten Erdteil, das ist allein Gottes Sache. Sache der Boten ist es, dieses eine, einzige, unveränderliche Evangelium zu bezeugen.

An dieser Stelle erscheint in der Apg zum ersten Mal das „Wir", das uns von jetzt an vielfach begegnen wird (Apg 16, 10–17; 20, 5; 21, 18; 27, 1 – 28, 16). Sicherlich, es „wirkt hier als ein Stilmittel von gewaltiger Kraft"[359]. Gerade an diesem entscheidenden Wendepunkt der Mission stehen wir plötzlich gleichsam selber mitten in dem Geschehen darin und erleben es unmittelbar mit. Aber als bloßes Stilmittel würde es sich abbrauchen, wenn es nun immer wieder verwendet wird. Nein, der Leser der Apg wird hier nicht ein „Stilmittel" sehen, das ihn lebendiger in die Ereignisse hineinholen soll, er kann gar nicht anders als den Eindruck haben: Hier war der Verfasser des Buches mit dabei, hier schließt er vor allem sich selbst in das Geschehen und Erleben unmittelbar mit ein. Hätte der Verfasser lediglich eine fremde „Wir-Quelle" benutzt, so hätte er sich ausdrücklich gegen diesen selbstverständlichen Eindruck verwahren und irgendwie zum Ausdruck bringen müssen, daß er persönlich gerade nicht zu diesem „Wir" gehöre, sondern den Erlebnisbericht eines andern benutze. Der „Wir"-Bericht beginnt in Troas, führt aber nur bis Philippi, bricht dort ab und setzt erst Apg 20, 6 erneut ein – wieder in Philippi. Man darf daraus wohl schließen, daß Lukas sich erst in Troas der Missionsmannschaft des Paulus anschloß und dann in Philippi zur Weiterführung der dortigen Arbeit zurückgelassen wurde. Lukas macht es wie Johannes in seinem Evangelium. Er deutet seine persönliche Augenzeugenschaft wohl an, schweigt aber über sich selbst völlig. Wie gutes Zutrauen dürfen wir zu ihm haben.

DIE ZWEITE MISSIONSREISE

4. Der Anfang in Philippi

Apostelgeschichte 16, 11–15

zu Vers 13:
Lk 4, 20
Apg 13, 14

11 Abgefahren aber von Troas, gelangten wir geradeswegs nach
12 Samothrake, am folgenden Tag aber nach Neapolis * und von dort
nach Philippi, das die erste Stadt dieses Teiles von Makedonien
ist, eine „Kolonie". Wir verweilten aber in dieser Stadt einige
13 Tage. * Und am Tage des Sabbat gingen wir zum Tor hinaus an

[359] Haenchen a. a. O. S. 431.

den Fluß, wo wir meinten, daß eine Gebetsstätte sei, und setzten
uns und redeten zu den Frauen, die zusammengekommen waren.
14 *** Und eine Frau mit Namen Lydia, eine Purpurhändlerin aus der**
Stadt Thyatira, eine Gottesfürchtige, hörte zu, der der Herr das
15 **Herz öffnete, achtzugeben auf das von Paulus Gesagte. * Als sie**
aber getauft wurde und ihr Haus, bat sie und sagte: „Wenn ihr
geurteilt habt, daß ich gläubig an den Herrn Jesus sei, dann
kommt in mein Haus und bleibt." Und sie nötigte uns.

zu Vers 14:
Lk 8, 18
Apg 8, 6
Jo 6, 44
1 Th 2, 13
Offb 1, 11
Offb 2, 18. 24
Offb 10, 35

zu Vers 15:
Jo 4, 53
Mt 10, 40
Lk 24, 29

Sie hatten „sofort gesucht fortzukommen nach Makedonien". Sie
finden ein Schiff hinüber nach Europa und „fuhren ab". Die damalige
Seefahrt mit den kleinen Schiffen war oft eine mühselige Sache; die
Boten Jesu sind dankbar und spüren darin die Hand ihres Herrn, daß
diesmal die Fahrt ohne Schwierigkeiten mit günstigem Wind **„ge-** 11
radeswegs nach Samothrake" geht, einer Insel, deren hohes Gebirge
schon lange aus dem Meer vor ihnen aufgetaucht war. Über Nacht
blieb das Schiff dort vor Anker und gelangte **„am folgenden Tag nach**
Neapolis"[360]. Warum hier in dieser schönen Stadt mit dem vortreffl-
lichen Hafen nicht einmal der Versuch einer Evangelisation gemacht
wird, wissen wir nicht. Wahrscheinlich wollte Paulus seinem Wunsch
folgen, sofort in der Metropole der Landschaft mit der Arbeit ein-
zusetzen. Ohne Aufenthalt ziehen die Boten Jesu sogleich weiter
„nach Philippi, das die erste Stadt des Teiles von Makedonien ist,
eine ‚Kolonie'".

Als 167 v. Chr. Makedonien römische Provinz wird, wird es in vier gesonderte Teile gegliedert, um Erhebungen gegen die römische Herrschaft zu erschweren. Die **„erste Stadt"** in jenem Teil der Provinz ist Philippi. Es ist in der römischen Geschichte berühmt geworden. Hier schlugen Oktavian und Antonius die Mörder Cäsars; und der junge Oktavian tat damit den entscheidenden Schritt auf dem Weg, der ihn zum Kaiser Augustus werden ließ. Zur Erinnerung und zum Dank erhob er Philippi zur „Kolonie". Damit besaß die Stadt Selbstverwaltung, Befreiung von allen Abgaben und Tributen und italisches Recht. Römische Soldaten wurden in ihr angesiedelt, die unmittelbar in Rom ihre Zuständigkeit hatten und von der Provinzialverwaltung in Amphipolis unabhängig waren.

Im Hafenort Neapolis (Neustadt) hat Paulus sich nicht aufgehalten. 12/13
Aber in Philippi bleibt er. Nun ist er bei den Makedoniern, denen er
nach Gottes Auftrag helfen soll. Stürzt er sich nun in die Arbeit
hinein? Organisiert er Versammlungen? Nein, in aller Ruhe **„verweil-**

[360] Nach Apg 20, 6 brauchten die Reisenden später in der umgekehrten Fahrtrichtung für die gleiche Strecke fünf Tage.

ten wir in dieser Stadt einige Tage". Paulus bleibt auch hier in der ersten Stadt Europas bei seiner Weise, den Anknüpfungspunkt für seinen Dienst in Israel zu suchen. Die Judenschaft in dieser römischen Kolonie ist so klein, daß Paulus sie zunächst gar nicht findet. In der Stadt gibt es keine Synagoge. Paulus scheint bei seinen Gängen durch die Stadt nicht einmal Juden getroffen zu haben. Denn **„am Tage des Sabbat gingen wir zum Tor hinaus an den Fluß, wo wir meinten, daß eine Gebetsstätte sei".** Dieser Fluß, der Gangitis, strömt nicht durch Philippi selbst, sondern ist 2 km von der Stadt entfernt. Eine Synagoge wird dort schwerlich gestanden haben. Man kam zum Gebet am Flußufer zusammen, weil man das Wasser zu den vorgeschriebenen Waschungen brauchte (vgl. Ps 137, 1). Paulus hat sich nicht getäuscht. Die jüdische Gebetsstätte ist da. Einige Frauen sammeln sich. Männer scheinen, zunächst wenigstens, nicht dagewesen zu sein. Und nun ist es ein lehrreicher Anblick für uns. Gott hat in den großen Landschaften Kleinasiens alle Wirksamkeit unmöglich gemacht. Gott hat den Weg nach Ephesos und den aussichtsreichen Orten der Asia versperrt. Gott hat seine Boten hierher nach Makedonien, nach Europa geführt. Welch ein Aufwand Gottes! Muß nun nicht Großes geschehen? Müssen nun nicht die Makedonier, die „Europäer" erreicht werden? Was sollen ein paar fromme Frauen draußen vor der Stadt? Aber diesen Frauen wird die Botschaft gesagt; für diese Frauen ist Paulus jetzt ganz da. Eben dies heißt unter Gottes Führung stehen, daß man auf alle großen Pläne verzichten und sich mit gesammelter Hingabe für das Kleine und Unbedeutende einsetzen kann. Es ist Gottes Sache, aus so kleinen Anfängen Großes erwachsen zu lassen. Das Reich Gottes ist gleich einem Senfkorn, das ein Mensch nahm und säte es auf seinen Acker" (Mt 13, 31).

14 Unter den Frauen ist eine Nicht-Jüdin, eine **„Gottesfürchtige".** Sie stammt aus **„Thyatira"** (Offb 2, 18), einer Stadt in der Asia, in die Gott seine Boten jetzt nicht gehen ließ. Das Handeln mit Purpurstoffen hatte diese Frau nach Philippi geführt. Purpurstoffe sind Luxusware. **„Lydia"**[361] ist offensichtlich eine tüchtige und energische Frau (vgl. V. 15), die es in ihrem Beruf zu etwas gebracht hat und nun ein großes Haus in der Stadt besitzt. Aber sie gehört zu den Menschen, die an Geschäft und Gewinn und reichem Leben nicht genug haben. Ihr inneres Suchen hat sie zur Judenschaft geführt, deren wunderbarer Gott sie anzieht. Sie schämt sich nicht, unter den paar Frauen am Sabbat draußen am Fluß zu sein. Sie **„hörte zu".** Die Form des Wortes kann darauf hinweisen, daß dies nicht nur an jenem ersten

[361] Vielleicht hieß sie einfach: „die Lydierin"; Lydien war berühmt wegen seiner Purpurfärberei und seiner Färbergilden. Thyatira lag in Lydien.

Sabbat, sondern öfter geschah. Damit jedenfalls fängt es immer an, daß ein Mensch „hört". Und nun erfolgt jener geheimnisvolle Vorgang, den man nur so beschreiben kann, wie Lukas es hier tut: **„. . . der der Herr das Herz öffnete[362], achtzugeben auf das von Paulus Gesagte."** Wieviel können wir hören, ohne zu „hören", ohne „achtzugeben", ohne zu fassen, was das Gesagte ist, was es für uns bedeutet. Echtes, erfassendes Hören ist schon Geschenk der Gnade. Es ist das Gegenteil jenes Gerichtes, das Mt 13, 10–15 schildert. Dem gleichen Wort „achtgeben auf" oder „sich halten an" begegneten wir schon Apg 8, 10–11. Es besagt mehr als unser deutsches „achtgeben". Es wird gerade an unserer Stelle ein verhaltener Ausdruck für den glaubenden Anschluß an das Wort sein. Jedenfalls erwuchs aus ihm das unmittelbare „Zum-Glauben-kommen", von dem Lukas hier nicht ausdrücklich spricht.

Wieder ist Lukas von äußerster Kürze. Wann es zum Gläubigwerden und zur Taufe kam, ob Lydia die einzige blieb oder ob auch andere Frauen gewonnen wurden, das alles erfahren wir nicht. Wie hätte es uns gefreut, diesen bewegenden Tauftag dieses Erstlings in Europa mitzuerleben! Lukas ist etwas anderes wichtig. Paulus hat mit Entschlossenheit an dem Grundsatz festgehalten, für sich und seine Mitarbeiter keinerlei Unterstützungen aus den Gemeinden anzunehmen (vgl. 1 Ko 9, 15–18). Es lag ihm mit Ernst daran, nicht nur sein Werk vor jedem Verdacht des Eigennutzes freizuhalten, sondern auch in der grie Umwelt mit ihrer Verachtung der Arbeit den eigenen Erwerb des Brotes und die Unabhängigkeit von den anderen zu Ehren zu bringen (vgl. 1 Th 2, 9; 4, 11; 2 Th 3, 7–12). Nur in Philippi hat er es ausnahmsweise anders gehalten: Phil 4, 10. 15 f. Lukas schildert
uns, wie das auf die Lydia zurückgeht. An ihrem Tauftag **„bat sie und** 15
sagte: ‚Wenn ihr geurteilt habt, daß ich gläubig an den Herrn Jesus sei, dann kommt in mein Haus und bleibt'". Sie schließt einen Ring des Vertrauens: Sie hat sich mit allem, was sie ist und hat, dem Herrn anvertraut; die Boten Jesu vertrauen ihr, daß es wirklich so in ihrem Leben steht; nun dürfen und sollen die Boten sich auch ihr anvertrauen und ganz zu ihr in ihr Haus ziehen. Paulus zögert von seinem wohldurchdachten Grundsatz aus. Aber **„sie nötigte uns"**. Wie schön, daß ein so mächtiger Mann wie Paulus beides kann: mit harter Folgerichtigkeit einen als notwendig erkannten Weg durchzusetzen, aber auch sich von dem Glauben und der Liebe einer Frau überreden lassen und von da aus einer ganzen Gemeinde erlauben, für ihn zu sorgen.

[362] Hier liegt wieder das Bild von der „Tür" vor, das wir Apg 14, 27 schon fanden. Dies „Öffnen der Tür" liegt völlig außerhalb unserer Macht. Mit keiner alten oder neuen „Methode" ist es zu erreichen. Es ist das reine Geschenk des Herrn: Offb 3, 8. 9; 2 Ko 2, 12.

Getauft wurde Lydia **„und ihr Haus"**. Das **„Haus"** meint dabei nicht nur die persönliche Familie. Lydia wird unverheiratet gewesen sein. Es sind vor allem die vielleicht zahlreichen Sklaven, die das „Haus" bilden. Sind sie alle persönlich zum Glauben an Jesus gekommen? Wir müssen es wohl als Tatsache hinnehmen, daß Paulus die Verbundenheit eines „Hauses" so eng und so lebendig sah, daß er mit der Hausherrin auch ihr ganzes Gesinde der Herrschaft Jesu unterstellte (vgl. Anm. 376) [363].

So beginnt die große Christenheit Europas mit dieser einen entschlossenen Frau! Nicht ein Mann ist der „Erstling" Europas, nicht einmal eine echte „Europäerin". Aber im Hause der Lydia entsteht nun das erste Missions- und Gemeindezentrum Europas. Lydia ist als Jüngerin Jesu so tüchtig und energisch, wie sie es als Weltkind in ihrem Beruf war. Gott kann sehr wohl auch die Tüchtigen und Wohlhabenden in seiner großen Sache brauchen.

DIE ZWEITE MISSIONSREISE

5. Der Kerkermeister von Philippi

Apostelgeschichte 16, 16–40

zu Vers 16: Apg 12, 13; 19, 24
zu Vers 17: Mk 1, 24. 34; Lk 4, 41
zu Vers 18: Mk 16, 17; Apg 4, 2; 2 Ko 2, 11
zu Vers 19: Apg 15, 40; 19, 25

16 **Es geschah aber, als wir zur Gebetsstätte gingen, daß eine Sklavin,**
die einen Wahrsagergeist hatte, uns begegnete, die viel Gewinn
17 **einbrachte ihren Herren, indem sie wahrsagte. * Diese folgte dem**
Paulus und uns und rief: „Diese Menschen sind Knechte des
höchsten Gottes, die euch den Weg der Rettung verkündigen!"
18 *** Das aber tat sie an vielen Tagen. Paulus aber wurde unwillig**
darüber und wandte sich um und sprach zu dem Geist: „Ich befehle dir im Namen Jesu Christi auszufahren aus ihr!" Und er
19 **fuhr aus zur selben Stunde. * Als aber ihre Herren sahen, daß ausgefahren war die Hoffnung ihres Gewinns, ergriffen sie Paulus**
20 **und Silas und schleiften sie auf den Markt zu den Behörden * und**
brachten sie zu den Prätoren und sagten: „Diese Menschen brin-

[363] Ähnliches berichtet Graf Korff aus der Erweckungszeit unter dem russischen Hochadel. Die junge Fürstin Lieven vom kaiserlichen Hof bekehrte sich. Nachdem Jesus ihr Herr geworden war, öffnete sie ihm auch ihr Palais. Als sie einmal den Besuch von Graf Korff hatte und mit ihm in ihrem wundervoll ausgestatteten großen Saal war, konnte dieser sich nicht enthalten zu sagen: „Wie merkwürdig ist es, daß es hier so stark nach dem Stalle riecht." — „Das ist durchaus nicht merkwürdig", antwortete die Fürstin, „hier war vor kurzem eine Gebetsversammlung, an der alle unsere Kutscher teilnahmen. Mein Haus gehört meinem Heiland, ich bin nur seine Hausverwalterin." (Aus Karl Weber: Dr. F. W. Baedeker)

21 gen unsere Stadt in Unruhe; Juden sind sie, * und sie verkündigen
Sitten, die uns nicht erlaubt sind anzunehmen und zu tun, da
22 wir Römer sind." * Und es erhob sich die Menge gegen sie, und
die Prätoren ließen ihnen die Kleider herunterreißen und befahlen,
23 sie mit Ruten zu schlagen. * Nachdem sie ihnen viele Schläge ge-
geben hatten, warfen sie sie ins Gefängnis, indem sie dem Ge-
24 fängniswärter befahlen, sie sicher zu verwahren. * Der warf sie,
als er solchen Befehl bekommen hatte, in das innere Gefängnis
und legte ihre Füße zur Sicherheit in den Block.
25 Um die Mitternacht aber beteten Paulus und Silas und priesen Gott
26 mit einem Lied; es hörten ihnen aber die Gefangenen zu. * Plötzlich
aber geschah ein großes Erdbeben, so daß erschüttert wurden die
Grundmauern des Gefängnisses. Es öffneten sich aber sofort alle
27 Türen, und aller Fesseln wurden gelöst. * Als aber der Gefängnis-
wärter jäh aufwachte und die Türen offen sah, zog er das
Schwert und wollte sich töten, da er meinte, entflohen seien die
28 Gefangenen. * Es rief aber Paulus mit lauter Stimme: „Tue dir kein
29 Leid an, denn alle sind wir hier!" * Da forderte er Licht, lief hinein,
30 und zitternd fiel er vor Paulus und Silas nieder. * Und als er sie
nach draußen geführt hatte, sprach er: „Ihr Herren, was muß ich
31 tun, daß ich gerettet werde?" * Sie aber sprachen: „Glaube an den
Herrn Jesus Christus, und gerettet werden wirst du und dein
32 Haus." * Und sie sagten ihm das Wort Gottes samt allen, die in
33 seinem Hause waren. * Und er nahm sie in jener Stunde der Nacht
mit sich und wusch sie von den Schlägen, und getauft wurde er
34 selbst und die Seinen alle sogleich. * Und er führte sie hinauf in
sein Haus und setzte ihnen eine Mahlzeit (wörtlich: einen Tisch)
vor und jubelte mit seinem ganzen Hause, daß er an Gott gläubig
geworden war.
35 Als es aber Tag geworden war, sandten die Prätoren die Liktoren
36 mit der Weisung: „Laß diese Menschen frei". * Es meldete aber
der Gefängnisvorsteher diese Worte dem Paulus: Die Prätoren
haben hergesandt, damit ihr freigelassen würdet. Nun geht hinaus
37 und zieht in Frieden! * Aber Paulus sprach zu ihnen: „Geschla-
gen haben sie uns öffentlich ohne Verhör, die wir Römer sind,
und ins Gefängnis geworfen; und jetzt schicken sie uns heimlich
fort? O nein, sondern sie sollen selbst kommen und uns fort-
38 geleiten!" * Es meldeten aber den Prätoren die Liktoren diese
Worte. Sie bekamen es aber mit der Angst, als sie hörten, daß es
39 Römer sind, * und kamen und redeten ihnen zu und führten sie
(aus dem Gefängnis) hinaus und baten sie, fortzugehen aus der
40 Stadt. * Da verließen sie das Gefängnis und gingen zu Lydia; sie
sahen die Brüder und sprachen ihnen zu und zogen davon.

zu Vers 20:
Apg 17, 6
1 Kö 18, 17
Am 7, 10
zu Vers 22:
2 Ko 11, 25
Phil 1, 30
1 Th 2, 2
zu Vers 24:
Apg 12, 6. 10
zu Vers 25:
Apg 5, 41
Kol 3, 16
Jak 5, 13
zu Vers 26:
Apg 4, 31
5, 19
12, 7. 10
zu Vers 27:
Apg 12, 19
zu Vers 30:
Lk 3, 10
Apg 2, 37
22, 10
zu Vers 31:
Mk 16, 16
Lk 10, 25
Jo 4, 53
Jo 6, 29
Apg 3, 16
11, 14
17, 36
zu Vers 34:
Ps 23, 5
Jo 14, 6
Apg 8, 39
1 Th 1, 9
zu Vers 36:
Mk 5, 34
zu Vers 38:
Apg 22, 29
zu Vers 39:
Mt 0, 04
Apg 5, 26

Am Schluß unseres Abschnittes sind **„Brüder“** da, von denen Paulus Abschied nimmt. Lukas hat bei dem beschränkten Raum für sein weitgespanntes Geschichtswerk nicht erzählt, wie die Arbeit der Boten Jesu in Philippi weiterging und wie hier eine Gemeinde Jesu entstand, die im Hause der Lydia ihren Sammelpunkt besaß. Wir müssen aber jedenfalls an eine längere Zeit der Wirksamkeit in Philippi denken und nicht die Vorstellung haben, als sei mit der Bekehrung der Lydia und der des Gefängnisaufsehers schon alles Wichtige in Philippi geschehen. Lukas schildert nur Beginn und Ende der paulinischen Arbeit in Philippi.

16–18 Wieder stoßen die Boten Jesu mit der okkulten Welt des Heidentums zusammen. Eine Sklavin hat einen **„Wahrsagergeist“**[864]. Sie gehört einem ganzen Konsortium von „Herren“, die durch ihre Wahrsagerei gute Einnahmen haben. Es ist das bis heute eine eigenartige Tatsache, daß gerade okkult behaftete Menschen von Jesu Jüngern angezogen werden. So läuft auch dieses Mädchen **„Paulus und uns nach“**[865], und man hört ihr lautes, erregtes Rufen: **„Diese Menschen sind Knechte des höchsten Gottes, die euch den Weg der Rettung verkündigen.“** Ist das nicht Wahrheit und damit zugleich eine wirksame Unterstützung für Paulus und seine Sache? Muß Paulus nicht erfreut sein, wenn selbst eine Wahrsagerin auf ihn hinweist? **„Paulus aber wurde unwillig darüber.“** Er ist weder geschmeichelt noch interessiert. Er weiß, wer hinter diesem Rufen steht. Er duldet keine Reklame des Teufels für die Sache Jesu. Auch wenn sich Finsternismächte „religiös“ oder sogar „christlich“ tarnen, bleiben sie verderbliche Mächte des Feindes. Wir brauchen uns nur auszudenken, zu welchen Mißverständnissen[866] in der heidnischen Bevölkerung es kommen muß, wenn die Boten Jesu auf eine Linie mit diesem Okkultis-

[864] Wörtlich heißt es: Einen Geist „Python“. Der „Python“ ist der Drache, der als Wächter des berühmten Delphischen Orakels am Fuß des Parnaß hauste. Wenn das Wort später auch ganz allgemein einen „Wahrsagergeist“ bezeichnet, wird in dem Wort doch noch die Beziehung zum Delphischen Orakel mitgehört worden sein. In der Sklavin hatte man so etwas wie eine „Pythia“ im Kleinformat.

[865] Lukas erzählt wieder im Imperfekt und drückt damit die Dauer des Geschehens aus. Jenem ersten Auffinden der Gebetsstätte folgen also viele sabbatliche Gänge dahin. Wir dürfen uns eine längere Wirksamkeit der Boten in Philippi ausmalen. Und — wie dann Vers 18 es ausdrücklich sagt — auch das besessene Mädchen sucht immer wieder den Paulus und folgt ihm aufgeregt nach.

[866] Ein solches Mißverständnis lag sofort in der Gottesbezeichnung vor. Auch in Mk 5, 7 konnte Jesus „Sohn des höchsten Gottes“ genannt werden. Aber im Raum Israels war dieser Ausdruck die Ehrung des einen lebendigen Gottes; im Heidentum die relative Hervorhebung eines einzelnen Götterwesens in der Vielheit der andern. Es zeigt sich hier den Boten Jesu gegenüber genau die gleiche Haltung der dämonischen Welt, wie sie in den Evangelien dem Herrn selbst entgegentritt: Sie muß die Wahrheit anerkennen und hüllt sich doch in Unwahrheit und Auflehnung ein.

mus gestellt werden. Darum „**wendet sich Paulus um**" und spricht das Machtwort: „**,Ich befehle dir im Namen Jesu Christi auszufahren aus ihr!' Und er fuhr aus zur selben Stunde**". Den Mächten der Finsternis gegenüber gibt es keine Schonung, aber auch keine Scheu. Mit ihnen kann der Jünger Jesu nur im Befehlston reden, wie sein Herr es getan hat (z. B. Mk 1, 25; 5, 8). Während aber Jesus selbst das einfache „Ich gebiete dir" sprechen konnte, hat der Jünger nur dann die Vollmacht, wenn er es „**im Namen Jesu Christi**", im glaubenden Blick auf den Kreuzessieg und die Macht des lebendigen, gegenwärtigen Herrn tut, damals wie heute[367].

19—24 Das Mädchen ist frei, aber der mühelose Gewinn ist ebenso „**ausgefahren**" wie der Wahrsagergeist. Als die Besitzer der Sklavin merken, daß sie nicht mehr „wahrsagen" kann und darum nichts mehr einbringt, und als sie hören, was geschehen ist, sind sie empört. Was gilt ihnen die Gesundheit und Freiheit einer Sklavin! Was kümmern sie sich um Fragen göttlicher Wahrheit. Ihr Gewinn, ihr Geld ist angetastet, unerhört! Wenn es ans Geld geht, dann wird der Mensch ungemütlich. Wer ist denn dieser Paulus und dieser Silas? Natürlich „**Juden**"! Der Antisemitismus wird wach, den es damals im römischen Reich schon lebhaft gab. Man hört ordentlich die moralische Entrüstung der geschäftstüchtigen Herren. Durch diese „**Juden**" hat es schon allerlei Unruhen in der Stadt gegeben. Den Burschen wollen wir das Handwerk legen! So lauern sie Paulus und Silas in einer Straße auf „**und schleiften sie auf den Markt zu den Behörden und brachten sie zu den Prätoren**"[368]. Natürlich beschweren sie sich nicht über die Heilung der Sklavin. Man hat zu allen Zeiten gewußt, wie man an die „Ordnung" und an das nationale Gefühl apellieren muß, wenn es in Wirklichkeit um das eigene Geld geht! „**Diese Menschen bringen unsere Stadt in Unruhe; Juden sind sie, und sie verkündigen Sitten, die uns nicht erlaubt sind anzunehmen und zu tun, da wir Römer sind.**" Welche „**Sitten**" das sind, die Paulus und Silas verkünden, wird im einzelnen nicht gesagt[369]. Es kommt auch gar nicht

[367] Wem entsprechende eigene Erfahrungen fehlen, wird hier psychologische Erklärungen suchen, die Tiefenpsychologie bemühen oder das Ganze für eine „Wunderlegende" halten. Dabei bestätigt die „Therapie" die „Diagnose": Krankhafte Seelenzustände weichen nicht einem kurzen Machtwort! Wer sich näher über den wahren Sachverhalt unterrichten will, sei auf das grundlegende Werk von Kurt E. Koch „Seelsorge und Okkultismus", 7. Auflage, Berghausen, hingewiesen; aber auch auf Ernst Seitz „Mächte der Finsternis", Stuttgart.

[368] Der hier von Lukas verwendete Titel „Strategoi" ist nicht ganz korrekt, wird aber auch so auf Inschriften gebraucht. Eine Stadt unter italischem Recht wird von zwei Prätoren regiert, die lateinisch „duumviri", die „Zweimänner", hießen.

[369] Die Ankläger hatten sogar das formale Recht auf ihrer Seite, wie das in solchen Situationen oft der Fall ist. Die Werbung für fremde Kulte unter römischen Bürgern war

darauf an. Es gilt ja nur, Behörde und Bevölkerung gegen diese hergelaufenen jüdischen Unruhestifter aufzubringen[870]. Das gelingt. Es kommt zu keiner Untersuchung, bei der Paulus sein römisches Bürgerrecht hätte in die Waagschale werfen können. Hier stehen die stadtbekannten, reichen Herren, dort diese unscheinbaren, fremden Juden. Das Volk, zum großen Teil aus römischen Kolonisten bestehend, nimmt im Hochgefühl seines römischen Stolzes gegen Paulus und Silas Stellung. Die Prätoren winken den Liktoren[871], und schon werden den beiden auf offenem Markt die Kleider heruntergerissen, die Rutenhiebe sausen, bis der Rücken blutig ist. Dann führt man Paulus und Silas ab ins Gefängnis. In einem finsteren Raum im Inneren des Gebäudes werden ihnen die Füße in den Holzblock eingespannt, so daß sie mit dem wunden Rücken in unbequemster Lage bewegungslos Stunde um Stunde zubringen müssen.

25 Wie kann Gott das zulassen! Wie schön war das Missionswerk in Gang gekommen, zu dem Gott sie doch eigens hierher gerufen hatte. Und nun ist alles jäh zu Ende. Um „einer Wohltat willen"! (vgl. Apg 4, 9) Ist es nicht zum Verzweifeln? **„Um die Mitternacht aber beteten Paulus und Silas und priesen Gott mit einem Lied."** Hier ist erfüllt, was Hiob von den Lobgesängen sagt, die Gott in der Nacht gibt, auch in der Nacht solcher Leiden und Rätsel (Hio 35, 10; auch Ps 42, 9; 119, 55). Die Männer und Frauen sind nicht zu zählen, die in allen Jahrhunderten der Kirchengeschichte durch diesen Bericht getröstet und ermutigt worden sind. Was mögen die andern Gefangenen gedacht haben, die sonst nur Stöhnen und Schimpfen und Fluchen kannten und die nun dem Beten und dem Loblied des Paulus und Silas zuhören?

26–28 Da bricht Gottes Hilfe mit einem Erdbeben herein. Solche jähen Katastrophen machen das Herz der Menschen offenbar. Der Gefängnisaufseher – vermutlich ein alter römischer Offizier – aus dem Schlaf aufgeschreckt sieht nur das eine: „Die Gefängnistüren sind auf", denkt nur das eine: „Die Gefangenen sind entflohen", kennt nur den einen Ausweg: „Diese Schande kann ich als verantwortlicher

verboten! Die christliche Mission unter Römern war von vornherein illegal, wo das „Christentum" etwas anderes sein wollte als eine „Richtung" innerhalb des Judentums. Aber wie verlogen war dieses Pochen auf das „Recht". Diese selben stolzen Römer scheuten nicht das Geschäft mit finsterer Wahrsagerei. Die ganze Szene zeigt aber, wie sehr wir uns in Philippi in einer „römischen" Stadt befinden.

870 Wie oft hat es seitdem diese Empörung gegen die „neuen Moden", gegen die „Beunruhigung" des Volkes oder der Kirche gegeben. Und wie oft standen dabei die egoistischen Interessen im Hintergrund.

871 Die „Liktoren" sind die Gerichtsdiener des Prätorius. Sie tragen in Rom das Rutenbündel mit dem Beil darin, in der Provinzstadt nur das Rutenbündel. Sie sind die Vollstrecker der von den Prätoren verhängten Strafen.

Offizier nicht überleben!"[372] **„Er zog das Schwert und wollte sich töten."** Da trifft ihn der Ruf des Paulus: **„Tue dir kein Leid an, denn alle sind wir hier!"** Mit einer schnell entzündeten Fackel stürzt er in den Raum — da sind seine Gefangenen! Was sind das für Menschen! Mächtig ist eine göttliche Hilfe für sie gekommen — und sie sind dageblieben und haben ihn so herzlich angerufen und vor der raschen Tat bewahrt. **„Da forderte er Licht, lief hinein, und zitternd fiel** 29—31
er vor Paulus und Silas nieder. Und als er sie nach draußen geführt hatte, sprach er: ‚Ihr Herren, was muß ich tun, daß ich gerettet werde?'" Auch hier ist eine Geschichte Gottes vorhergegangen, die wir nicht kennen. Wieviel dieser Mann von der Wirksamkeit des Paulus in den Wochen vorher gehört hatte, wissen wir nicht; Lukas ist sehr schweigsam. Aber die Frage nach dem Heil wird nicht in wenigen Minuten äußerer Erschütterung in einem toten Herzen geboren; wohl aber kommt sie in solchen Minuten zu sich selbst und bricht endlich heraus, wenn sie ein aufgewachtes Herz schon lange im Verborgenen beunruhigt hat. Das aber ist das Kostbare am Evangelium, daß es auf diese Frage die einfache, eindeutige Antwort hat: **„Glaube an den Herrn[373] Jesus Christus, und gerettet werden wirst du und dein Haus."** Das unterscheidet das Evangelium von allen andern Religionen und Weltanschauungen, daß es nicht irgendwelche Leistungen vom Menschen fordert, nicht neue religiöse Methoden empfiehlt, nicht geheimnisvolle Erkenntnisse vermittelt, sondern zu dem einen, kindlich leichten Schritt aufruft: Hier ist Jesus — vertrau dich ihm an! Darin liegt die ganze Errettung. Wie aber haben wir den Zusatz zu verstehen: **„Du und dein Haus"**? Liegt hier eine spezielle Zusage für diesen einen Fall, weil Paulus und Silas hier die Gewißheit hatten, daß alle Hausgenossen ebenfalls zu dem rettenden Glauben durchdringen würden? Oder darf jedermann, der zu Jesus kommt, sich die Zusage aneignen: auch meine Frau, auch meine Kinder werden gläubig werden? Wir werden die Eigenart eines Hauses der alten Welt mit berücksichtigen müssen. Es umfaßte nicht nur Frau und Kinder, sondern vor allem auch die Schar der dem „Hause" zugehörigen Sklaven. Es ist in unserem Text offensichtlich an eine Gruppe erwach-

[372] Es kommt hinzu, daß er mit seinem Kopf für die Gefangenen haftet! Vgl. Apg 12, 18.

[373] Damit weisen die Boten zugleich die Anrede „Ihr Herren" zurück. Diese Anrede hatte im Mund und in den Ohren eines Menschen der damaligen Zeit einen ganz anderen Klang als für uns. Wir hören darin nur eine gewisse achtungsvolle Höflichkeit. („Was bekommen die Herren?" fragt der Kellner.) Damals aber lag in dem Wort „Kyrios = Herr" sofort ein Ton religiöser Scheu vor einer jenseitigen Macht. Darum betonen die beiden: Nein, sie sind in gar keiner Weise „Herren", in keiner Weise geheimnisvolle und religiös wichtige Gestalten, was der heidnische Offizier bei dem wunderbaren Geschehen fast zwangsläufig angenommen haben wird. „Herr" ist nur Jesus! Alle Boten Jesu können immer nur leidenschaftlich von sich selbst wegweisen auf Jesus allein.

sener Menschen gedacht, denen „das Wort Gottes gesagt" wird. Diese Menschen haben die Ereignisse der Nacht miterlebt, sie standen nun mit unter der Verkündigung und jetzt wird auch ihnen wie dem Hausherrn zugesichert: die Rettung ist für euch da, wenn ihr den Schritt zu Jesus wagt. Das Wort der Boten Jesu will nicht behaupten, daß das Gläubigwerden des Hausherrn mechanisch die Rettung aller Hausbewohner in sich schließt. An Onesimus, der dem „Hause" des Philemon zugehörte, wird sehr deutlich, daß es ohne die persönliche Entscheidung für Jesus nicht ging. Gerettet war Onesimus nicht schon, als Philemon Christ wurde, sondern erst als er selber bei Paulus in Rom zum Glauben kommt. Aber das dürfen wir allerdings tröstlich wissen, daß Gott uns als diesen, mit unserem Hause fest verbundenen Menschen sieht und darum seine rettende Gnade herzlich für die Unsern bereithält und unser Gebet für sie erhört. Andererseits dürfen wir nicht vergessen, was der Herr selbst über den Riß gesagt hat, der um seines Namens willen gerade auch durch Häuser[374] und Familien gehen wird.

32/33 Weil das Evangelium diese eine, einfache Antwort auf die Lebensfrage unseres Herzens ist, darum kann nun auch alles so schnell gehen. Nicht ein wochenlanger Unterricht ist nötig, sondern in einer Nachtstunde **„sagten sie ihm das Wort Gottes samt allen, die in seinem Hause waren"**. Die Herrlichkeit Jesu ist in einem ganzen Leben des Bibellesens, Nachsinnens und Betens nicht annähernd auszuschöpfen und kann doch in *einer* Stunde[375] so vor Menschen hingestellt werden, daß deren Herzen alles Wesentliche erfassen und zur ganzen Übergabe an Jesus bereit sind. Darum kann der Kerkermeister **„getauft werden und die Seinen alle sogleich"**[376]. Aber es ist fein erzählt,

[374] Vgl. dazu auch die Ausführungen Anm. 376

[375] Unendlich mannigfaltig und immer original verlaufen die echten, von Gott gewirkten Bekehrungen. Es gibt hier kein Schema und keine Methode. Aber immer ist beides da: die durchdringende Erkenntnis der „Verlorenheit", der Schrei nach der Errettung und das ganze Ergreifen des Retters Jesus im Heilsglauben. Darum kann man in diesen eigentlichen Heilsglauben niemals „hineinwachsen". Darum ist jede Bekehrung zuletzt eine „plötzliche", so intensiv ihre „Vorgeschichte" gewesen sein mag und ihre „Nachgeschichte" sicherlich sein wird. Und darum gibt es auch dort das klare „Einst" und „Jetzt", wo ein Mensch das Datum seiner Bekehrung nicht nennen kann.

[376] Die „Seinen," die „Familie" umfaßte nicht nur Frau und Kinder, sondern vor allem auch die Schar der dem „Hause" zugehörigen Sklaven. Es ist im Text offensichtlich an eine Gruppe erwachsener Menschen gedacht, denen „das Wort Gottes gesagt" worden war. Freilich ist damals ein „Haus" eine solche Einheit gewesen und der „Familienvater" eines Hauses eine so bestimmende Größe, daß die Übergabe des Hausherrn an Jesus beinah selbstverständlich sein ganzes Haus in die Zugehörigkeit zu Jesus als dem Herrn mit hineinzog. Daß ein solches Geschehen hier echt und lebendig war, zeigt die eigens hervorgehobene Mitfreude des ganzen Hauses. Es ist möglich, daß bei der Taufe eines „Hauses" auch kleine Kinder mitgetauft wurden. Das rechtfertigt aber noch nicht die Taufe von Säuglingen unter den völlig andern Verhältnissen moderner

daß er die Taufe nicht vollziehen läßt, ohne zuvor den Boten Jesu seinen Dienst getan und ihre wunden Rücken abgewaschen zu haben. Sie aber hatten den liebevollen, lebendigen Verkündigungsdienst durchgeführt, ohne an ihren Hunger, ihre Schmerzen, überhaupt an sich selbst zu denken.

Es ist schön zu sehen, wie das Verhältnis des Gefängnisaufsehers 34
zu den Boten immer herzlicher und freier wird: zuerst stürzt er im Gefängnis ihnen zu Füßen, dann führt er sie hinaus auf den Hof, um ungestört seine drängende Frage zu stellen; dann nimmt „er sie zu sich" in sein Haus und wäscht sie; und jetzt nach vollzogener Taufe **„führt er sie hinauf in sein Haus und setzte ihnen eine Mahlzeit** (einen Tisch) **vor"**. Aber es ist doch nicht nur eine wachsende persönliche Verbundenheit. Wir werden nicht fehlgehen mit der Annahme, daß dieses Mahl die Feier des Herrenmahles mit einschließt, die alle mit Jesus und darin erst ganz miteinander vereint. Bei dem alten Soldaten bricht die Freude in lautem Jubel[877] durch, und sein ganzes Haus freut sich mit ihm.

Und solcher Rettungsjubel ist der beglückende Lohn der Boten Jesu damals und heute. Gott kann einer Lydia in der Stille unter dem Wort das Herz öffnen; Gott kann durch das Leiden seiner Boten und durch „Erdbeben" ein Herz aufbrechen lassen. Es ist seine Sache. Wir können nur bereit sein und auf sein Tun eingehen, sei es im schlichten Wortdienst im „kirchlichen Ghetto", sei es in einer nächtlichen Evangelisation unter Schmerzen am ungewöhnlichen Ort eines Zuchthaushofes.

„Als es aber Tag geworden war, sandten die Prätoren die Liktoren 35
mit der Weisung: ‚Laß diese Menschen frei.'" Den römischen Beamten mochte ihr stürmisches Vorgehen selbst nicht mehr ganz lieb sein. Sie mochten auch die Ausprügelung und die Nacht im Gefängnis als ausreichende Strafe ansehen für Leute, denen keine bestimmten Taten vorzuwerfen waren. Voll Freude berichtet der Gefängnisaufseher seinen Brüdern diese glückliche Lösung. Wieviel bange Gedanken, die er sich bei aller Freude mehr und mehr über sein weiteres Verhältnis zu diesen seinen Gefangenen hatte machen müssen, waren nun mit einem Schlage durch Gottes wunderbare Güte erledigt. Es gab keinen Konflikt mehr zwischen seiner Pflicht als römischer Beamter und als christlicher Bruder. Aber jetzt lernt er Paulus von einer ganz neuen Seite kennen. Wohl trug Paulus das in

Familien. Zum wenigsten aber setzt die Taufe von Kleinkindern den lebendigen Glauben der Eltern voraus, der bei den heutigen „Kindertaufen" offenkundig fehlt.

[877] Es ist der gleiche Jubel, der in der Urgemeinde die gemeinsamen Mahlzeiten mit dem Herrenmahl erfüllt Apg 2, 46. 47. Und es ist die Freude des Zöllnermahles Jesu Lk 5, 29; 15, 23. 24.

seinem Herzen, was er später seinem Timotheus als „Willigkeit zum Leiden" ans Herz legte (2 Tim 4, 5). Aber darum nennt er Unrecht doch Unrecht, zumal wenn es von denen begangen wird, die in hohen staatlichen Ämtern für das Recht zu sorgen haben. Es sollte auch auf die junge Gemeinde, die es in dieser römischen Kolonie schon schwer genug haben würde, nicht der Makel fallen, daß ihre Begründer froh gewesen sein mußten, nach öffentlicher Züchtigung und Gefängnishaft heimlich aus der Stadt zu entkommen. Darum geht Paulus mit dem Gefangenenaufseher zu den Liktoren hinaus: **„Geschlagen haben sie uns öffentlich ohne Verhör, die wir Römer sind, und ins Gefängnis geworfen; und jetzt schicken sie uns heimlich fort? O nein, sondern sie sollen selbst kommen und uns fortgeleiten!"** Er besteht nicht auf dem Bleiben, nachdem die „Ausweisung" jetzt zur „Bitte" wird **„fortzugehen aus der Stadt"**. Er sieht in dem Geschehen das Ende seiner Wirksamkeit von Gott hier ebenso gesetzt wie einst im Pisidischen Antiochia oder in Ikonion[378]. Die Gemeinde Jesu in Philippi ist da, der erste Leuchter in Makedonien steht und strahlt das Licht der Kunde von Jesus in die Umgegend. Paulus darf und soll weitergehen. Er darf es dann den Thessalonichern sagen: „Obwohl wir vorher gelitten hatten und mißhandelt worden waren, wie ihr wißt, in Philippi, gewannen wir freien Mut in unserem Gott, zu reden zu euch das Evangelium Gottes unter viel Kampf (2 Th 2, 2). Er scheint aber Lukas in Philippi zurückgelassen zu haben. Denn das „Wir" in der Erzählung bricht mit Apg 16, 17 ab und wird erst Kap. 20, 6 wieder erscheinen und auch dort wieder in Philippi. So hat wohl Lukas die Arbeit in Philippi weitergeführt und ist dann mit Paulus auf die Reise nach Jerusalem gegangen. Paulus sieht noch einmal die junge Gemeinde im Hause der Lydia, spricht den Brüdern zu und wandert weiter nach Westen, tiefer nach Makedonien und Europa hinein.

DIE ZWEITE MISSIONSREISE

6. Evangelisation in Thessalonike und Beröa

Apostelgeschichte 17, 1–15

zu Vers 1:
1 Th 2, 1. 2

1 Sie reisten aber durch Amphipolis und Apollonia und kamen nach
2 Thessalonike, wo eine Synagoge der Juden war. * Nach seiner

378 Wenn Codex D die Beamten ihrerseits die Bitte um das Verlassen der Stadt damit begründen läßt: „Damit nicht etwa Leute sich gegen uns zusammenrotten und drohendes Geschrei erheben gegen euch", so wird er sachlich wieder Richtiges getroffen haben. Hier wird ein Beweggrund auch für Paulus und Silas liegen, daß sie trotz ihrer völligen Rehabilitierung und trotz der Anerkennung ihres römischen Bürgerrechtes aus der Stadt weichen.

Gewohnheit ging Paulus zu ihnen hinein, und an drei Sabbaten
3 besprach er sich mit ihnen von den Schriften aus, * indem er aus-
legte und dartat, daß der Messias leiden und von den Toten auf-
erstehen müsse, und daß dieser der Messias ist, Jesus, „den ich
4 euch verkündige". * Und einige von ihnen ließen sich überzeugen
und schlossen sich Paulus und Silas an, und von den gottesfürch-
tigen Griechen eine große Menge sowie von den Frauen der Vor-
5 nehmen nicht wenige. * Die Juden aber wurden eifersüchtig und
holten sich vom Marktgesindel einige üble Männer, erregten einen
Volksauflauf und brachten die Stadt in Aufruhr. Und sie zogen
vor das Haus Jasons und suchten sie vor die Volksmenge zu brin-
6 gen. * Als sie sie aber nicht fanden, schleiften sie Jason und einige
Brüder zu den Stadtpräfekten und schrien: „Die die ganze Welt in
7 Aufruhr brachten, sind jetzt auch hier, * die beherbergt Jason.
Und diese alle handeln den Geboten des Kaisers zuwider, indem
8 sie sagen, ein anderer sei König, Jesus." * Sie brachten aber die
Menge und die Stadtpräfekten in Aufregung, als sie dies hörten.
9 * Und als sie einen hinreichenden Betrag (als Bürgschaft) erhalten
10 hatten von Jason und den übrigen, ließen sie sie frei. * Aber die
Brüder schickten sofort während der Nacht Paulus und Silas nach
Beröa. Als sie dort angekommen waren, gingen sie in die Syn-
11 agoge der Juden. * Diese aber waren edler als die in Thessalonike:
Sie nahmen das Wort mit aller Bereitwilligkeit auf, indem sie
täglich die Schriften durchforschten, ob sich dies so verhielte.
12 * Viele nun aus ihnen kamen zum Glauben, und von den grie-
13 chischen vornehmen Frauen und Männern nicht wenige. * Als
aber die Juden von Thessalonike erfuhren, daß auch in Beröa ver-
kündigt würde von Paulus das Wort Gottes, kamen sie und brach-
14 ten auch dort die Masse in Unruhe und Verwirrung. * Sofort
aber sandten da die Brüder Paulus fort, zu reisen bis an das Meer.
15 Und es blieben Silas und Timotheus dort. * Die aber Paulus gelei-
teten, brachten ihn bis Athen, und als sie Auftrag empfangen hat-
ten an Silas und Timotheus, daß sie so schnell wie möglich zu ihm
kommen sollten, reisten sie ab.

zu Vers 2: Lk 4, 16
zu Vers 3: Lk 24, 26 f; Jo 20, 9; Apg 4, 2; 18, 5; 26, 13
zu Vers 4: Apg 13, 43; 28, 24; Eph 1, 11
zu Vers 5: Apg 13, 45; 1 Th 2, 16
zu Vers 6: Apg 16, 20; 24, 5; Rö 16, 21
zu Vers 7: Lk 2, 1; Lk 23, 2; Jo 19, 12
zu Vers 10: Apg 9, 25; 13, 14; 20, 4; 23, 23. 31
zu Vers 11: Jo 5, 39; Apg 8, 28
zu Vers 13: Apg 14, 19; 1 Th 2, 14-16
zu Vers 14: Apg 16, 1; 1 Th 3, 1—5
zu Vers 16: Jo 2, 17; Apg 15, 39

„Sie reisten aber durch Amphipolis und Apollonia." Sie benutzen 1
auch hier eine große Reichsstraße, die „Via Egnatia", die von Byzanz quer durch Thrakien, Makedonien und Illyrien nach Dyrrhachium am Adriatischen Meer führte. Amphipolis ist eine alte Stadt, 436 v. Chr. von den Athenern an der Strymonmündung angelegt, rund 50 km südwestlich von Philippi. Es ist die amtliche Provinzialhauptstadt. Apollonia liegt auf der Halbinsel Chalkidike, wieder knapp 50 km südwestlich von Amphipolis. Von einer Missionsarbeit dort hören wir

nichts; später auch nichts von Gemeinden dieser Städte, denen Briefe oder Besuche hätten gelten müssen. Warum Paulus und Silas hier eine Arbeit nicht versuchen und jedenfalls keine Gemeinden gründen können, wird nicht erörtert. Ausgeschlossen aber ist dadurch eine Tätigkeit und die Gewinnung einzelner für Jesus nicht. Wenn Paulus es schon im ersten Brief an die Thessalonicher lobt, daß ihre Bruderliebe „an allen Brüdern, die in ganz Makedonien sind", Gutes tue, so wird schwerlich nur an Philippi und Beröa gedacht sein. Es ist die Art des Lukas, vieles Wichtige zu übergehen, um an den Brennpunkten der Ereignisse uns den Gang der Geschichte anschaulich vor Augen zu stellen. So führt er uns auch jetzt sogleich nach Thessalonike[379]. Das ist die Hauptstadt des zweiten Bezirkes der Provinz, an der Via Egnatia und zugleich am Meer gelegen, eine bedeutende Stadt mit einer großen Judenschaft[380]. Thessalonike ist Sitz eines römischen Prokonsuls, ist aber „freie Stadt" mit Selbstverwaltung. An der Spitze stehen 5 bis 6 „Politarchen". Wieder haben die Boten Jesu von Apollonia aus fast 50 km in westlicher Richtung zurückzulegen gehabt, um Thessalonike zu erreichen.

2 Hier findet Paulus wieder eine Synagoge[381]. **„Nach seiner Gewohnheit ging Paulus zu ihnen hinein, und an drei Sabbaten besprach er sich mit ihnen von den Schriften aus."** Das grie Wort „dialegesthai = sich unterreden", von dem unser Fremdwort „Dialog" stammt, geht im Lauf der Zeit in den Sinn „zu jemand sprechen", „predigen" über. Lukas wird hier aber doch wohl meinen, daß es mindestens im Anschluß an die Verkündigung zu Aussprachen gekommen ist. Das Thema, um das es geht, wird hier besonders klar herausgestellt. Es ist ein innerlich zusammenhängendes Doppelthema. Verkündigt die Bibel einen leidenden, sterbenden und auferstandenen Messias? Ist gerade darum der von der jüdischen Obrigkeit verworfene, durch die Römer gekreuzigte und nach dem Zeugnis der Jünger auferstandene Jesus
3 der erwartete Messias? Dabei mußte **„von den Schriften"**[382] ausgegangen und auf Grund der Schriften **„ausgelegt und dargetan"** werden. Die „Auslegung" der Schriften führt zum „Dartun" der großen Botschaft von Jesus (so auch in den Reden Apg 3—13), wo umge-

[379] Es ist das heutige Saloniki, eine im ersten Weltkrieg viel genannte Stadt von über 200 000 Einwohnern.

[380] Vgl. die Auslegung der Thessalonicher-Briefe in unserer Wuppertaler Studienbibel S. 14.

[381] Der Koine-Text liest: „die" Synagoge; das klingt so, als habe die Judenschaft des ganzen Distrikts hier ihren einzigen Versammlungsraum besessen.

[382] Das Judentum sagte im Blick auf die Sammlung der vielen Bücher der Bibel nicht „Die heilige Schrift", sondern „Die heiligen Schriften". Hatte man sie doch in der Fülle der Buchrollen ganz anders in ihrer Vielzahl vor Augen als wir, die wir alles in einem handlichen Band besitzen.

kehrt diese Kunde von den großen Taten Gottes in Jesus die Schriften erst richtig verstehen und auslegen läßt. Aber zu dem „objektiven" Schriftbeweis tritt das persönliche Zeugnis, das uns Lukas an dieser Stelle dadurch anschaulich macht, daß er seinen Bericht in die erste Person der direkten Rede übergehen läßt: **„. . . den ich euch verkündige".** Über Jesus gab es noch keine „Schriften", auf die man sich berufen konnte, sondern nur die mündliche Verkündigung.

Paulus hat im Blick auf seine Wirksamkeit später von den „Etli- 4/5
chen" gesprochen, die er errettet, indem er mit ganzer Kraft „allen alles zu werden" sich müht (1 Ko 9, 22b). So sind es auch hier **„einige"** aus der Judenschaft, die **„sich überzeugen lassen"** und sich Paulus und Silas anschließen[383]. Weit stärker ist der Widerhall bei den **„gottesfürchtigen Griechen"**, die offenbar zahlreich der Synagoge angehören und von denen **„eine große Menge"** gewonnen wird[384]. Lukas unterstreicht, daß **„nicht wenige von den Frauen der Vornehmen"** dabei waren. Denn dies erregt nun in besonderem Maße die Eifersucht der Juden. Man muß das menschlich verstehen. Es war für eine Judenschaft nicht einfach, wenn fremde Wanderredner in das bisher ruhige und geschlossene Leben der Synagoge, das viele Griechen angelockt hatte, nun einen Zwiespalt hineintrugen. Dazu taten sie dies mit einer Lehre, die das gewohnte Denken über den Messias zerschlug und die von den maßgebenden Stellen in Jerusalem entschieden abgelehnt wurde[385]. Und nun wenden sich gar einflußreiche und wohlhabende Damen diesem Neueren zu, während sie bisher Geld und Einfluß der Synagoge zukommen ließen. Man kann die „Irrlehre" der fremden Boten und die Spaltung in der bisherigen Besucherschaft der Synagoge nicht zum Grund irgendeines Vorgehens machen. Das Judentum kannte den Begriff der „Irrlehre" nicht, weil es am „Gesetz" und also am „Tun" orientiert war. Es mußte schon zu „Lästerungen" kommen, ehe man strafend eingreifen konnte. Darum fängt man es hier anders an. In einer Großstadt wie Thessalonike gibt es Herumtreiber, an die man im Marktgewühl herankommen kann. Mit ihrer Hilfe trägt man mit den nötigen Parolen eine Erregung in die Stadt

383 Das Wort heißt eigentlich „hinzugelost werden"; es besagt also einen festen und dauernden Anschluß ihrer ganzen Person, nicht nur eine gedankliche Zustimmung.

384 Paulus selbst hat in 1 Th 1, 4—6 die Durchschlagskraft der Botschaft in Thessalonike geschildert. Es ist gut, die ganze anschauliche, herzliche und lebendige Darstellung der drei ersten Kapitel dieses Briefes neben den kurzen und summarischen Sätzen des Lukas zu lesen. Man sieht dann: Lukas sagt eher zu wenig als zu viel!

385 Da dies im Gedächtnisjahr von A. H. Franckes 200. Geburtstag geschrieben wird, sei nur daran erinnert, welcher Widerstand und Haß gegen Francke aufbrach, als er — sogar in vollem Einklang mit den Grundlehren der Kirche — neues Glaubensleben zu wecken suchte.

hinein, der man auch hier eine politische und nationale Wendung gibt. Das für ruhige Bürger so bedenkliche Wort „Unruhe", „Aufruhr" wird ausgespielt.

6 Man weiß um Zusammenkünfte in Jasons Haus[386], bringt vor dem Haus einen Volksauflauf zustande und durchsucht das Haus, um Paulus und Silas **„vor die Volksmenge[387] zu bringen". „Als sie sie aber nicht fanden, schleiften sie Jason und einige Brüder zu den Stadtpräfekten".**[388] Und nun wird hier das gleiche Spiel gespielt wie in Jerusalem bei dem Prozeß Jesu. Die Juden, die doch selber auf das Kommen des Messias warten, der alle heidnischen Staatsmächte vernichten soll, legen die Botschaft von dem „König Jesus" als Hochverrat gegen den Kaiser aus. Sie schreien: **„Die die ganze Welt in Aufruhr brachten, sind jetzt auch hier."** „Weltrevolutionäre" sind also die Boten Jesu. – Die tobende Menge ahnt gar nicht, in welch
7 tiefem Sinn sie recht hat!.[389] **„Und diese alle handeln den Geboten des Kaisers zuwider, indem sie sagen, ein anderer sei König, Jesus."** Dabei muß man wissen, daß das Wort **„König"** damals nicht wie bei uns einen geringeren Herrscherrang anzeigte, sondern auch ganz offiziell vom Kaiser in Rom gebraucht wurde (1 Pt 2, 13). Als Pilatus sich gegen die ungerechte Verurteilung Jesu wandte, genügte der Satz „Läßt du diesen los, so bist du des Kaisers Freund nicht; denn wer sich zum König macht, der ist wider den Kaiser" (Jo 19, 12), um Pila-
8 tus weich werden zu lassen. So geht auch jetzt eine ängstliche Aufregung durch **„die Menge und die Stadtpräfekten, als sie dies hörten".** Auflehnung gegen den römischen Kaiser – damit ist gerade für eine freie Stadt und ihre Leitung nicht zu spaßen. Zum Glück sind Paulus und Silas nicht zur Stelle; mit ihnen hätte man kurzen Prozeß gemacht. Aber Jason ist offenbar ein angesehener und wohlhabender Mann in der Stadt, der sich dafür verbürgt, daß an dem ganzen Geschrei kein wahres Wort ist. Wahrscheinlich hat er sich zugleich dafür verbürgen müssen, daß die bösen Männer schleunigst sein Haus und die Stadt überhaupt verlassen. Das war auch den jüdischen Drahtziehern genug. Jedenfalls kommt der ganze Sturm zu

[386] Von Jason erfahren wir nichts weiter. Vielleicht ist er mit dem Jason identisch, der im Brief an die Römer 16, 21 Grüße bestellt. Wenn der im gleichen Vers mit ihm zusammen genannte „Sosipater" der Beröer Sopatros ist, der Apg 20, 4 zu den Gliedern der Kollektenkommission gehört, ist er es wohl.

[387] Der hier gewählte Ausdruck „demos" kann eine reguläre „Volksversammlung" bezeichnen. Aber so, wie das Ganze angelegt war, ist an eine solche „Volksversammlung" nicht zu denken. Man will nur die verhaßten Männer zu den Demonstranten herausbringen.

[388] Das sind die „Politarchen", von denen schon die Rede war. Lukas schreibt sachkundig mit der richtigen Titulatur.

[389] Wäre nur die Christenheit „weltrevolutionär" geblieben, anstatt einseitig eine Macht des Konservativismus zu werden!

dem überraschenden Schluß: **„Und als sie einen hinreichenden Betrag** (als Bürgschaft) **erhalten hatten von Jason und den übrigen, ließen sie sie frei."** 9

Die Arbeit in Thessalonike ist für Paulus und Silas zu Ende. Hat sie nur wenig über drei Wochen gedauert? Man hat das oft aus der Erwähnung der „drei Sabbate" geschlossen. Aber dabei würde man die Eigenart in der Darstellungsweise des Lukas verkennen, der uns immer nur einzelne Bilder malt und gern nur Anfang und Ende in der Wirksamkeit des Paulus (in Philippi z. B. nur „Lydia" und den „Gefängnisaufseher") schildert. Paulus erwähnt dankbar, daß die Philipper mehrfach etwas zu seiner Unterstützung nach Thessalonike geschickt haben (Phil 4, 16). Die Entfernung Philippi-Thessalonike betrug 150 km; ein mit Gaben beladener Bote — auch wenn es nur Geld, aber eben doch Metallgeld war — mußte hin und zurück mindestens acht Tage unterwegs sein; und vor ihrer ersten Hilfeleistung müssen zunächst Nachrichten über den Gang der Dinge von Thessalonike nach Philippi gelangt sein. Auch eine Sammlung braucht ihre Zeit. Schon das macht einen längeren Zeitraum als drei bis vier Wochen für eine mehrmalige Unterstützung nötig. Vor allem aber haben wir ja das Bild, das uns Paulus selbst im 1. Thessalonicher-Brief von seiner Arbeit sehen läßt. Die Gemeinde wird daran erinnert, wie er mit Silas und Timotheus „Tag und Nacht werkend, um keinem von euch zur Last zu fallen, das Evangelium Gottes bei ihnen heroldete" (1 Th 2, 9). Das konnte die Gemeinde überhaupt erst sehen, nachdem sie sich gebildet hatte (frühestens am Ende der drei Sabbate), indem sie nun in einer längeren engen Gemeinschaft mit den drei Boten an ihrem ganzen Leben teilnahm. Auch die von Paulus betonte Einzelseelsorge an den Gläubigen (1 Th 2, 12) muß einen längeren Zeitraum nach der Gemeindegründung gefüllt haben. Diesen ganzen Alltag der Mission mit seiner Arbeit und Mühe schildert Lukas im begrenzten Raum seines Buches nicht, obwohl er nach Apg 18, 3; 20, 31. 34 davon weiß.

Nun wird auch verständlich, warum Paulus die Gemeinde so genau über die Eschatologie bis in ihre Einzelheiten hinein (1 Th 5, 1. 2; 2 Th 2, 5. 6) unterrichten konnte. Eben diese eschatologische Unterweisung wird es gewesen sein, die den Juden den Stoff für ihre Aufputschung der Bevölkerung bot[890]. Die Befriedigung „religiöser Bedürfnisse" ist Privatsache. Jesus als ein „Herr und Heiland" in irgend-

[890] Darum wird gerade Thessalonike der Ort gewesen sein, an dem das große Thema „Christus und die Cäsaren" (vgl. das schöne Buch von E. Stauffer) zuerst aufbrach, das dann die Jahrhunderte beherrschte bis in die großen Kämpfe zwischen „Kaiser und Papst" hinein und das in der Zeit des Antichristen erneut zum „staatsgefährlichen Thema" werden wird.

welchen himmlischen Gefilden stört die Kreise der irdischen Mächte noch nicht. Aber wenn es ernst damit wird, daß Jesus der „Weltherr" und der „Weltvollender" ist, der wiederkommt und nach dem Sturz des Antichristen diese Erde besitzen und beherrschen wird, dann wird es „staatsgefährlich"[391].

10 **„Aber die Brüder schickten sofort während der Nacht Paulus und Silas nach Beröa."** Das ist eine kleine Stadt an den Ausläufern des berühmten Olymp, rund 70 km westlich von Thessalonike. Hier, abseits der großen Verkehrsstraße an einem stillen Ort, hält man die Boten für sicher. Aber es geht Paulus nicht um Sicherheit, es geht ihm um die Botschaft, selbst in dieser Kleinstadt, die er sich sonst nicht zur Verkündigung ausgesucht hätte. Darum führt sein Weg trotz der eben gemachten Erfahrungen sofort wieder in die Synagoge. „Sie sind Israeliten, denen die Sohnesannahme und die Herrlichkeit und die Bundesschließungen und die Gesetzgebung und der Gottesdienst und die Verheißungen gehören" (Rö 9, 4). Darum muß ihnen die Botschaft von ihrem Messias gebracht werden. Nun erleben die Bo-
11 ten eine frohe Überraschung. **„Diese aber waren edler als die in Thessalonike: Sie nahmen das Wort mit aller Bereitwilligkeit auf, indem sie täglich die Schriften durchforschten, ob sich dies so verhielte."** Das ist es, was jeder Verkünder biblischer Wahrheit gern möchte: nicht „begeisterte", seelische Aufnahme, sondern gründliche Prüfung an dem Wort der Schrift, die dann zu einer gegründeten und
12 klaren Entscheidung für Jesus führt. **„Viele nun aus ihnen kamen zum Glauben, und von den griechischen vornehmen Frauen und Männern nicht wenige."** Es entsteht wieder eine aus Juden und Griechen gemischte Gemeinde der an Jesus Glaubenden.

13 Bei dem engen Zusammenhang der Judenschaft untereinander und dem regen Verkehr der damaligen Zeit kann es nicht ausbleiben, daß **„die Juden von Thessalonike erfuhren, daß auch in Beröa verkündigt würde von Paulus das Wort Gottes"**. Wie von Antiochia und Ikonion nach Lystra, **„kamen sie"** nun von Thessalonike nach Beröa **„und brachten auch dort die Masse in Unruhe und Verwirrung"**[392]. Wieder muß Paulus eine hoffnungsvolle Arbeit abbrechen. Welch eine Kette von

[391] Es ist kein Wunder, daß die Bedrängnisse für die Gemeinde auch nach dem Fortgang der Boten hart weitergingen. Die Juden sind die Anstifter im Hintergrund. Die Leiden selbst widerfahren den Thessalonikern von ihren eigenen Volksgenossen (1 Th 2, 14). Sie sind so ernst, daß Paulus mit großer Sorge an die Gemeinden denkt (1 Th 3, 1–4). Bis zum 2. Thessalonicher-Brief haben sie sich noch gesteigert (2 Th 1, 4), was zu der erregten Überspannung der eschatologischen Erwartung mit beigetragen haben wird.

[392] Paulus schreibt später von seinen jüdischen Volksgenossen: „Ich gebe ihnen das Zeugnis, daß sie eifern um Gott, aber mit Unverstand" (Rö 10, 2). Welch ein Einsatz der Juden in Kleinasien und hier! Und wie lassen wir alles teilnahmslos laufen, die wir die wahre große Sache Gottes in Jesus, die rettende Wahrheit, anvertraut bekamen!

Leiden ist sein Leben und sein Dienst! Diesmal wartet die Gemeinde nicht ab, bis es zu einem Vorgehen gegen Paulus kommt, sondern:
„Sofort aber sandten da die Brüder Paulus fort, zu reisen bis an das 14/15
Meer." Bis zum Meer sind es über 40 km. Ein eigentlicher Hafen liegt dort nicht. Aber ein Segelboot werden sie wohl auftreiben, das Paulus nach Athen fährt. Silas und Timotheus, der erst jetzt wieder erwähnt wird, bleiben in Beröa, erhalten aber durch die Gemeindeglieder, die Paulus bis nach Athen geleitet haben, die Weisung, **„sie sollten so schnell wie möglich zu Paulus kommen"**. Nach Apg 18, 5 haben Silas und Timotheus Paulus erst wieder in Korinth erreicht. Nach 1 Th 3, 1–2 war Timotheus – allerdings offenbar auch nur er – zunächst bei Paulus in Athen und wurde von dort nach Thessalonike gesandt, um die Gemeinde in ihrer Not zu stärken und Paulus Bericht zu bringen, während Silas die Arbeit in Beröa weiter tat. Wir wissen zu wenig über alle Einzelheiten, um sagen zu können, wie sich diese verschiedenen Nachrichten miteinander verbinden lassen. Es kommt auch wenig darauf an. Der wesentliche Zug, mit dem der nächste Abschnitt einsetzt: „Paulus allein in Athen", wird jedenfalls von Paulus selbst in 1 Th 3, 1 bestätigt.

DIE ZWEITE MISSIONSREISE

7. Paulus in Athen

Apostelgeschichte 17, 16–34

16 Während aber in Athen Paulus auf sie wartete, geriet sein Geist
in ihm in Erregung, als er sah, daß die Stadt voll von Götzen-
17 bildern war. * Er besprach sich nun in der Synagoge mit den Juden zu Vers 17:
und den Gottesfürchtigen und auf dem Markt an jedem Tag mit den Apg 13, 14
18 gerade Anwesenden. * Einige von den epikuräischen und stoischen zu Vers 18:
Philosophen ließen sich in ein Gespräch mit ihm ein, und einige 1 Ko 1, 22 f
sagten: „Was will denn eigentlich dieser Körnerpicker sagen?", 1 Ko 4, 12 f
andere aber: „Er scheint ein Verkünder fremder Gottheiten zu zu Vers 19:
sein", denn er verkündigte Jesus und die Anastasis (Auferste- Apg 28, 22
19 hung). * Sie nahmen ihn aber und führten ihn zum Areopag und
sagten: „Können wir erfahren, was diese neue von dir verkündigte
20 Lehre ist? * Denn einige befremdliche Dinge bringst du zu unsern
Ohren. Wir möchten gern erkennen, was dies eigentlich sein
21 will." * Die Athener aber alle und die dort wohnenden Fremden
benutzten ihre Zeit für nichts anderes, als etwas möglichst Neues
22 zu sagen oder zu hören. * Paulus aber stand mitten auf dem
Areopag und sprach: „Ihr Männer von Athen, in jeder Beziehung

zu Vers 23:
Apg 14, 17
zu Vers 24:
1 Kö 8, 27
Jes 42, 5
Mt 11, 25
Apg 7, 48
zu Vers 25:
Ps 50, 8-12
Jak 1, 17
zu Vers 26:
1 Mo 10
5 Mo 32, 8
Ps 74, 17
Apg 1, 7
zu Vers 27:
5 Mo 4, 28 f
Jes 55, 6
Ps 145, 18
Jer 23, 23 f
Lk 24, 39
Rö 1, 19
1 Jo 1, 1
zu Vers 29:
1 Mo 1, 27
Jes 40, 18
Apg 19, 26
Rö 1, 23
1 Ko 12, 2
zu Vers 30:
Lk 24, 47
Apg 3, 1
14, 16
zu Vers 31:
Ps 9, 9
Ps 96, 13
Ps 98, 9
Jo 5, 22. 27
Apg 10, 42. 45
Rö 10, 14
2 Ko 5, 10
1 Th 1, 10
zu Vers 32:
Apg 24, 25
1 Ko 1, 23
zu Vers 34:
Apg 16, 14
1 Ko 15, 12

23 **sehe ich euch als höchst religiöse Leute. * Denn als ich durch**
(die Stadt) ging und mir ansah eure Heiligtümer, fand ich auch
einen Altar, auf dem die Inschrift stand ‚Einem unbekannten Gott'.
24 **Was ihr nun unwissend verehrt, das verkündige ich euch. * Gott,**
der gemacht hat die Welt und alles das in ihr, er, der Herr Him-
mels und der Erde ist, wohnt nicht in Tempeln von Menschen-
25 **hand, * und er läßt sich auch nicht von Menschenhänden bedienen,**
als ob er etwas (oder: jemand) **brauchte, er, der allen gibt selber**
26 **Leben und Odem und alles. * Er machte aus einem das ganze**
Menschengeschlecht, zu wohnen auf dem ganzen Angesicht der
Erde, indem er festgesetzte Zeiten bestimmte und die festen
27 **Grenzen ihres Wohnens, * zu suchen Gott, ob sie wohl ihn er-**
tasten und finden möchten; und er ist ja auch wirklich nicht fern
28 **von einem jeden von uns. * Denn in ihm leben wir und bewegen**
uns und sind wir; wie auch einige von euren Dichtern gesagt ha-
29 **ben: ‚Denn wir sind auch seines Geschlechts.' * Da wir nun von**
Gottes Geschlecht sind, dürfen wir nicht meinen, Gold oder Silber
oder Stein, dem Gebilde menschlicher Kunstfertigkeit und Über-
30 **legung sei das Göttliche gleich. * Die Zeiten der Unwissenheit hat**
Gott übersehen, verkündet jetzt aber den Menschen, alle überall
31 **sollen umkehren, * weil er festgesetzt hat einen Tag, an dem er**
will richten den Erdkreis mit Gerechtigkeit, durch einen Mann,
den er bestimmt hat, indem er allen den Glauben anbietet (oder:
indem er allen den Beweis erbracht hat) **dadurch, daß er ihn aus**
32 **den Toten auferstehen ließ." * Als sie aber „Auferstehung der**
Toten" hörten (oder: von einer Auferstehung Toter), **begannen**
die einen zu spotten, die andern aber sagten: „Wir wollen dich
33 **darüber auch nochmals hören." * So ging Paulus aus ihrer Mitte.**
34 *** Einige Männer aber schlossen sich an ihn an und wurden gläubig,**
unter ihnen der Areopagit Dionysius und eine Frau namens Da-
maris und andere mit ihnen.

„Während aber in Athen Paulus auf sie wartete . . ." Nun ist Paulus in Athen! Nicht sein eigener Plan war es, der ihn bis in dieses geistige Zentrum der Zeit geführt hatte. Es war Gottes Plan. Von Stadt zu Stadt war er vorwärts getrieben worden, wirklich „getrieben" von den immer neuen Widerständen und Verfolgungen, die ihn nirgends länger bleiben ließen. Timotheus ist in den ersten Tagen bei ihm, bis er ihn voller Sorgen nach Thessalonike schickt (1 Th 3, 1 f). Es war ihm schwer, in dieser fremden Welt ohne die Gefährten und Beter zu sein. Was er in Athen sieht, **„erregt seinen Geist"**, erfüllt
16 sein Herz mit Kummer und Zorn. Er kann die vielen Tempel und
Götterstatuen nicht mit dem Baedeker in der Hand in verständnis-

vollem Kunstgenuß betrachten[393]. Er sieht als der, der den heiligen, lebendigen Gott kennt, hier die ganze Verirrung der Menschheit. Wenn Athen auch damals nicht mehr das große klassische Athen war, sondern eine verhältnismäßig kleine Stadt, es war doch „die Universitätsstadt" der Zeit, der Ort, an dem viele ihre geistige Bildung suchten. Und die Menschen eines solchen Ortes gingen an Gott vorbei, in der Fülle ihrer „Religionen" ebenso wie in ihren „Weltanschauungen". Darum **„geriet sein Geist in ihm in Erregung, als er sah, daß die Stadt voll von Götzenbildern war"**.

Paulus bringt seine Tage nicht mit müßigem Warten und innerer 17
Entrüstung zu. Er sucht die Menschen und das Gespräch mit ihnen. Er ist und bleibt der Missionar. Auch Athen hat eine Judenschaft und eine Synagoge. Paulus geht, wie überall, so auch hier zuerst dorthin und **„besprach sich in der Synagoge mit den Juden und den Gottesfürchtigen"**. Von einem Erfolg wie in Thessalonike oder Beröa hören wir hier nichts. Aber auch das Treiben auf dem Markt gibt ihm Gelegenheit zu sprechen **„an jedem Tag mit den gerade Anwesenden"**[394]. Ob Theophilus beim Lesen dieser Stelle des ihm gewidmeten Buches an Sokrates denken mußte, der einst auch so in Athen mit den Menschen sprach? Freilich, wie arm war ein Sokrates neben dem, was Paulus in seiner Botschaft für die Menschen besaß.

Bei solchen Gesprächen trifft er bald auf „Philosophen". Philoso- 18
phie, „Liebe zur Weisheit", ist an und für sich eine große Sache. Es gehört zum Adel des Menschen, daß er fragen muß, fragen nach dem Grund und Wesen der Welt, fragen nach seinem eigenen Menschsein, nach dem Ziel und dem Sinn seines Lebens. Und es ist schon etwas, wenn dieses Fragen wie bei Sokrates endet in dem Eingeständnis „Ich weiß, daß ich nichts weiß". Gefährlich aber wird jede Philosophie und Weltanschauung, wenn sie dem Menschen ein Gehäuse für seine angstvolle oder hochmütige Ich-Sicherung verschafft, in der er sich den bedrängenden Fragen seiner Existenz gerade entzieht. Es ist dabei freilich ein Unterschied, ob der Mensch mit den „Epikuräern" in einem feinen Lebensgenuß die Sinnerfüllung seines Daseins sucht und zu allem, was darüber hinausgeht, nur die Achsel zuckt, oder ob er mit den „Stoikern" eine Weltvernunft über den Dingen anerkennt und den Menschen durch seinen Einsatz für die Tugend von dem Zwang der

[393] Offb 2, 13 hat den berühmten Pergamon-Altar, dieses erlesene Kunstwerk, dennoch einfach als „Thron des Satans" bezeichnet. Wie ferne sind wir der biblischen Klarheit und dem biblischen Ernst! Gottes Gottheit, Gottes Ehre, das, was das erste Gebot meint ist uns gleichgültig geworden. Der Mensch mit seinen relativen Werten gilt uns mehr als Gott.

[394] Auch hier wird er „allen alles, um überhaupt einige zu retten". Zugleich ist hier das Wort „dialegesthai" deutlich ein „Sich-besprechen", nicht ein „Predigen". Vgl. dazu o. S. 306.

äußeren Schicksale und von der Herrschaft seiner Triebe und Leidenschaften frei zu machen sucht. Aber die wesentliche Wahrheit verfehlen beide, auch wenn Stoiker wie Seneca oder der Kaiser Marc Aurel menschlich unsere aufrichtige Bewunderung gewinnen mögen. Denn beide Philosophien kennen nur den von Gott gelösten, auf sich selbst gestellten Menschen, der seine eigentliche Wahrheit niemals finden kann, da sie – wie Paulus nachher zeigen wird – gerade in seiner Beziehung zu dem lebendigen Gott liegt.

In Athen gab es zudem damals keinen wirklich bedeutenden Lehrer der Philosophie. Es war alles epigonenhaft und kümmerlich und gerade darum vom Hochmut der Ahnungslosigkeit erfüllt. Das zeigt sich sofort bei den Auseinandersetzungen mit Paulus[395]. Die einen sind schnell mit dem Urteil fertig: **„Was will denn eigentlich dieser Körnerpicker sagen?"** Das spottende Scheltwort „Körnerpicker" ist vom Bild des Vogels entnommen, der hier und da seine Körner aufliest. Ein „Körnerpicker" ist also ein Mann, der ohne eigenes Denken und ohne systematische Klarheit sich vom Hören und Lesen allerlei angeeignet hat, was er nun wahllos als seine Weisheit weitergibt. So sehen diese Leute ausgerechnet einen Paulus! Andere hören nur ganz oben hin, was Paulus von Jesus und von der „Anastasis" (von der „Auferstehung") sagt. Sie hatten ja gehört, daß drüben vom Orient her immer neue Götter und Göttinnen auftauchen, für deren geheimnisvollen Kult in einem müden und enttäuschten Geschlecht geworben wurde. So wird auch dieser „Jesus" und diese „Anastasis" solch ein neues Götterpaar sein. In diesem Urteil kann eine versteckte Drohung liegen: War das auch eine „religio licita", eine staatlich erlaubte Religion, die dieser Jude brachte? Der römische Staat war den Religionen anderer Völker gegenüber sehr konzessionsfreudig; immerhin, eine Konzession mußte man schon haben, wenn man „neuen Göttern"[396] das Wort reden wollte.

19/20 Hat sich daran so etwas wie ein amtliches Verfahren angeknüpft? Man hat den folgenden Satz gern so verstanden: **„Sie nahmen ihn aber und führten ihn zum Areopag und sagten: ‚Können wir erfahren, was diese neue von dir verkündigte Lehre ist? Denn einige befremdliche Dinge bringst du zu unsern Ohren.'"** In dem **„Nehmen"** und **„Führen"** des Paulus – solche Ausdrücke werden tatsächlich auch in

[395] Das hier im Text verwendete Wort kann zu einem bloßen „sich in ein Gespräch einlassen" abgeschwächt sein, kann aber noch den ursprünglichen Sinn des „Zusammenstoßens" mitklingen lassen.

[396] Wenn Lukas hier die Philosophen für die neuen „Götter" das Wort „daimonia" brauchen läßt, konnte darin eine Anspielung auf Sokrates liegen. Auch Sokrates wurde wegen der Verkündigung neuer Gottheiten zum Tode verurteilt, weil er von dem „daimonion" in seiner Brust, der inneren göttlichen Stimme in seinem Herzen gesprochen hatte. In dieser Anspielung lag dann zugleich eine versteckte Drohung.

der Gerichtssprache gebraucht – läge eine Art von „Verhaftung" und in den **„befremdlichen Dingen"** eine Anklage. Dann wäre mit dem **„Areopag"** weniger der Ort, der „Areshügel" nordwestlich der „Akropolis", der berühmten Burg Athens, gemeint als vielmehr eine Behörde, die in römischer Zeit eine gewisse Aufsicht über die Religionen, die Schulen und die guten Sitten geführt zu haben scheint. Die Angaben darüber sind aber unsicher und umstritten. Und vor allem: Die Darstellung des Lukas zeichnet die Situation ganz anders. Nach Schluß seiner Rede **„ging Paulus aus ihrer Mitte"** fort; das paßt nicht zu einer noch so milden „Vernehmung". Und dem **„Können wir erfahren, was diese neue von dir verkündigte Lehre ist?"** folgt als Begründung nicht eine Verweisung auf irgendwelche amtliche Bestimmungen, sondern eine Schilderung der beweglichen Neugier der
Athener Bevölkerung. **„Die Athener aber alle und die dort wohnen-** 21
den Fremden benutzten ihre Zeit für nichts anderes, als etwas möglichst Neues zu sagen oder zu hören." Durch seine Gespräche ist Paulus allerlei Leuten aufgefallen, man wird aus seinen Äußerungen nicht recht klug, man möchte einmal im Zusammenhang und grundsätzlich hören, **„was dies eigentlich sein will"**, was er mit dem allen eigentlich meint. Und nun wählt man dafür einen vornehmen und etwas offiziellen Versammlungsraum, den Areopag. Es ist eine denkwürdige Stunde, als Paulus auf diesem Platz in Athen seine Botschaft darzulegen hat! Jetzt ist er wirklich in „Europa". Freilich, es ist ein entartetes Europa. Hier ist nicht das ernste und aufrichtige Fragen nach Wahrheit. Hier regiert die Sucht nach dem Neuen und Allerneuesten. Hier kann das Evangelium bestenfalls als aufsehenerregende Neuigkeit für einige Tage „interessant" sein, um dann rasch wieder einer anderen Sensation Platz zu machen. Der „Mißerfolg" in Athen ist von vornherein zu erwarten. Das Auftreten eines Paulus in dieser Stadt bringt nicht eine entscheidende Wendung, sondern bleibt eine Episode ohne große Auswirkung. Und doch hat Lukas unter der Leitung des Heiligen Geistes gestanden, als er diese „Episode" so eingehend und mit aller schriftstellerischen Kraft schilderte. Denn auch der „Mißerfolg" ist in Gottes Sache von tiefer Bedeutung. Das Evangelium ist stets auch „Geruch des Todes zum Tode". Auch das Nein des Menschen gilt vor Gott wie sein Ja. In „Athen" hat Gott für alle Zeiten anschaulich gemacht, was Paulus dann den Korinthern in 1, 26 ff sagt: „Das, was nichts ist, hat Gott erwählt, um zuschanden zu machen, was etwas ist." Es erfüllt sich Jesu jubelndes Dankgebet, daß Gott es „den Weisen und Klugen verborgen hat und hat es den Unmündigen offenbart". Wir möchten immer wieder gerade „Athen" gewinnen und verachten die „Frauen von Philippi". Gott aber bringt einen Paulus wohl auch nach Athen und läßt ihn mit allem Einsatz

um Athen werben. Aber ein „Athenerbrief" des Paulus wird nicht geschrieben werden, während sein Philipperbrief noch heute hell leuchtet.

Wir werden gut tun, nicht sofort rein gedanklich auf die Rede des Paulus einzugehen. Wir könnten sie dann zu abstrakt und darum zu unlebendig hören und nicht als das Zeugnis eines echten Redners, der sein Wort mitformen läßt von dem Ort, an dem er steht, und von dem, was er von diesem seinem Platz aus vor Augen hat. Wir lassen uns von einem Christen, der selbst auf dem Areopag gestanden hat, den Eindruck schildern, den er dort oben empfing. „Eine Welt von unbeschreiblicher Schönheit liegt einem da zu Füßen. In reizender Mannigfaltigkeit wechseln Berg und Ebene, Land und Meer. Drunten die Stadt, von der unser Bild besonders den Theseustempel mit seinem rotgolden schimmernden Marmor sehen läßt, und die Ebene von Attika mit ihren Gärten und Olivenwaldungen und den beiden Flüßchen Kephisor und Ilisos. Im weiten Kranze lagern sich ringsumher die in farbigen Duft gekleideten Gebirge, der Hymettos, der Pentelikon, der kühn und jäh aufragende Kegel des Lykabettos und im Norden den Kreis abschließend der Parnaß. Im Westen aber glänzt das Meer, der weite, herrliche saronische Golf.

Auf diese Höhe hinaus trat Paulus, von einer Anzahl von Athenern umgeben. Etwa hundert Mann haben da droben Platz. Paulus sah hier nicht nur die Schönheit der Natur. Vor seinen Augen erhob sich auch in bezauberndem Glanze das Schönste und Herrlichste, was jemals menschliche Kunst auf Erden gebaut und gebildet hat.

Auch Paulus hatte für alles offene Augen. Und es ist, als ob er seine berühmte Areopagrede nur sozusagen abgelesen hätte von dieser Natur, dieser Kunst, diesem Volke, das ihn hier von allen Seiten anschaute" (D. L. Schneller „Paulus", Leipzig 1926, S. 210).

Und nun die Areopagrede selbst, mit der Lukas freilich nicht nur eine historische Stunde schildern, sondern zugleich zeigen will, wie ein Paulus überhaupt in der grie Welt evangelisiert hat[397].

22 Anknüpfung und Einsatz der Evangelisation war ebenso liebevoll wie geschickt. Hat ihn zunächst die Verkehrung und die Verfinsterung

[397] Es ist bestimmt ein Mißverständnis, wenn man unter Hinweis auf den „Mißerfolg" in Athen und unter Verwendung von 1 Ko 1,23 konstruiert hat: In Athen habe Paulus sich viel zu sehr seinen Hörern angepaßt und das Kreuz Jesu zurückgestellt; gerade dadurch habe er einen Mißerfolg erlebt, komme darum so beklommen nach Korinth und habe beschlossen, hier nun nichts anderes mehr zu wissen als Jesus Christus den Gekreuzigten. Als ob Lukas bei dem so beschränkten Raum seines Buches zwei Seiten geopfert hätte, um uns zu zeigen, wie Paulus es auch einmal falsch gemacht habe. Und darf man das überhaupt ohne weiteres einen „Mißerfolg" nennen, wenn eine einzige Evangelisationsansprache in fremder Umgebung zwei namhafte Persönlichkeiten und andere mit ihnen gewinnt?

erregt, mit der hier auf der Höhe der Bildung Menschen „die Herrlichkeit des unvergänglichen Gottes gegen das Abbild des vergänglichen Menschen vertauschen" (Rö 1, 23 vgl. dazu die Auslegung dieser Stelle in unserer Wuppertaler Studienbibel), so sieht er jetzt beim Werben um diese Menschen einen „religiösen" Zug darin[398]. Athen galt in der Tat im Altertum als „fromme Stadt". Alle „Religion" ist in sich selbst zwiespältig. Sie meint irgendwie „Gott" und ist doch zugleich blind für Gott. Dieser Zwiespalt scheint für Paulus im Heiden- 23
tum selbst gespürt worden zu sein, wenn es „unbekannten Göttern" Altäre errichtet. Es gab damit selber zu, daß es mit all seinen Tempeln und Bildern und Opfern doch nicht zu einer frohen, ruhigen Zuversicht kam, die Gottes klar bewußt war[399]. An diese Ungewißheit und an die in ihr unbewußt liegende Sehnsucht knüpft Paulus an: **„Was ihr nun unwissend verehrt, das verkündige ich euch."** Auch heute kann die Evangelisation unter „religiösen" Menschen nicht anders verfahren. Es fällt hier aber sogleich das ernste Wort von der „Unwissenheit", das dann am Schluß der Rede noch einmal klar hervortritt (V. 30). Ein herbes Wort. Alle „Philosophie" und „Wissenschaft", auf die Athen (und die ganze gebildete Welt des römischen Reiches!) so stolz war, ist doch „unwissend" in bezug auf das Höchste und Notwendigste, was es zu wissen gilt, worüber man volle Gewißheit haben muß! Das religiöse „Sehnen und Suchen" ist nicht Auszeichnung, sondern Elend und Schuld! Der Bote Jesu aber macht dieser „Unwissenheit" nicht dadurch ein Ende, daß er nun seinerseits das wahre „Wissen", die überlegene „Religionsphilosophie" bringt, sondern indem er „verkündigt". Er kann hier auf dem Areopag vor Philosophen nichts anderes tun als das, was er auch in der Synagoge von Thessalonike oder von Antiochia tat: die Botschaft verkündigen (Apg 13, 32; 17, 3). Denn auch Israel ist „unwissend" wie Athen und hat darum im Unverständnis der Prophetenworte sie gerade erfüllen müssen (Apg 13, 27). Überall also in der Menschheit wird der Evangelist sagen müssen: **„Was ihr nur unwissend verehrt, das verkündige ich euch."**

[398] Das hier stehende Wort ist zwar doppeldeutig, darf aber hier nicht negativ als „abergläubisch" und der Komparativ auch nicht als ein „allzu sehr" gefaßt werden. Kein Redner, der das Ohr seiner Hörer haben will, beginnt sofort mit Kritik. Und es würde dadurch auch der nächste, mit einem begründenden „denn" beginnende Satz unverständlich.

[399] Einen Altar mit einer solchen Inschrift „Einem unbekannten Gott" hat man bisher nicht gefunden. Die kritische Forschung hat daraus geschlossen, daß er der freien Phantasie des Lukas entsprungen sei. Aber sollte Lukas, der sein Buch einem gebildeten Mann seiner Zeit widmete, darin etwas geschildert haben, von dem ihm sein Gönner sofort gesagt hätte: „Lieber Lukas, das gibt es ja gar nicht!"? Wollen wir es heute besser wissen als Lukas, der selbst im Altertum lebte?!

24 Und nun gewinnt die Rede sofort ihren entscheidenden Grundzug. Wohl war auch die grie Philosophie und Weltanschauung weithin „religiös" und redete von „Gott". Aber immer erscheint in solcher religiösen Weltanschauung der Mensch und die Welt als das Gewisse und Klare, von dem aus dann das „Göttliche" als das Unsichere und Fragliche am äußersten Horizont des Denkens auftaucht. Dem wirft sich das Zeugnis des Boten Gottes entgegen. Er hat nicht Meinungen, Schlüsse, Gedankengänge, die sich mit dem großen Unbekannten beschäftigen, sondern er stellt es mit völliger, jubelnder und ehrfürchtiger Gewißheit vor seine Hörer hin: „Gott!" Gott ist das einzig Gewisse und Feste und Klare. Und Welt und Menschheit und Einzelmensch gewinnen erst von ihm her Halt und Sinn. **„Gott, der gemacht hat die Welt und alles, das in ihr"** — die Welt in all ihrer strahlenden Schönheit, die dort vom Areopag aus zu sehen ist, hat ihren Bestand doch nur im Schöpfungswort Gottes. **„Er, der der Herr Himmels und der Erde ist"** — aus einer sinnlos und ziellos sich in sich selbst drehenden Riesenmaschine wird die Welt nur darum ein sinn-
25 volles Gebilde, weil sie diesen Herrn hat. Sinnlos ist dann freilich alle „Religion", die Gott bedienen, Gott schöne Häuser bauen und Gott Gefälligkeiten erweisen möchte[400], **„als ob er etwas bedürfe"**, während er doch selber ganz und gar nicht der Bedürfende, sondern der Gebende ist und sein Wesen als Gott gerade im Schaffen und Schenken hat. Hier wird alle „Religion", die grobe und die feine, im Grund entwurzelt, und es wird Raum gemacht für das Evangelium, für das gebende und schenkende Wort Gottes.

26 Und nun wendet sich der Blick zum Menschen und zur menschlichen Geschichte. Wie verächtlich sah man von Athen mit all seinen kulturellen Herrlichkeiten, die jedem auf dem Areopag vor Augen lagen, auf die „barbarischen" Völker herab; wie geneigt waren die grie Männer, die Paulus jetzt zuhörten, diese andern gar nicht voll als Menschen anzusehen. Aber vor Paulus steht die Menschheit als eine einzige große Einheit[401]: **„Er machte aus einem das ganze Menschen-**

[400] „Kultus" heißt eigentlich „Pflege", Gottes-„dienst" will Gott „bedienen". Die Götter werden natürlich deshalb „gepflegt" und „bedient", damit sie ihrerseits die Wünsche und Bedürfnisse des Menschen erfüllen. Wie sehr trägt auch die „christliche Religion" und sehr viel „christlicher Gottesdienst" diesen Charakter! Wie tief steckt der Wahn, „als ob Gott etwas bedürfe", als ob wir mit unserer Frömmigkeit ihm einen Gefallen täten, in unsern Herzen. Das Evangelium, die Botschaft von der freien Gnade des ewig reichen Gottes ist das Ende aller „Religion", alles Gottes-„dienstes" im alten Sinn. In „Martha" und „Maria" sind der Mensch, der den Herrn bedienen will, und der Mensch, der nur noch den freien liebenden Dienst des Herrn annehmen kann, einander gegenübergestellt (Lk 10, 38—42).

[401] Man könnte statt „das ganze Menschengeschlecht" auch übersetzen „jedes Volk der Menschen". Aber das Altertum hat nicht völkisch gedacht. Und der Israelit Paulus sah

geschlecht, zu wohnen auf dem ganzen Angesicht der Erde.“ Freilich,
damit ist die Menschheit nicht eine unterschiedslose Masse. Der Mis-
sionar Paulus hat schon viele Völkerschaften kennengelernt und von
ihrer Geschichte gehört und steht hier auf dem Areshügel auf eminent
geschichtlichem Boden. Aber auch diese Geschichte ist nichts in sich
selbst. Wieder ist auch in dem unabsehbaren Wogen und Treiben der
Menschheitsgeschichte Gott der feste, klare Grund: **„Er bestimmte
festgesetzte Zeiten und die festen Grenzen ihres Wohnens.“** Und der
„Sinn“ aller Geschichte aller Völker und Rassen und Menschen ist
nur der eine: **„Zu suchen Gott, ob sie wohl ihn ertasten und finden** 27
möchten“[402]. Aber ist denn Gott zu finden? Was für Probleme wir
immer dabei haben mögen, Paulus ist davon überzeugt gewesen.
Rö 1, 19 f hat er es selbst niedergeschrieben: „Denn das Erkennbare
Gottes ist offenbar unter ihnen, denn Gott hat es ihnen offenbart.
Denn das Unschaubare an ihm wird seit der Schöpfung der Welt an
seinen Werken, wenn es recht bedacht wird, erschaut“[403]. Ebenso, nur
ganz einfach für ungebildete Menschen, hat er es in Lystra (Apg 14,
15—17) gesagt. Hier drückt er den gleichen Tatbestand anders aus[404]:
„Er ist ja auch wirklich nicht fern von einem jedem von uns. Denn in 28
ihm leben wir und bewegen uns und sind wir.“ Das ist eigentlich
noch schärfer gesagt als im Römerbrief. Es gibt tatsächlich gar keine
eigentliche „Gottlosigkeit“! Jeder Mensch ist von Gott umfangen und

zunächst „die Nationen“ als das eine große Völkermeer. Vielleicht ist sogar die Einheit des ganzen Menschengeschlechtes so stark gesehen, daß nicht einmal die „festgesetzten Zeiten“ und die „festen Grenzen“ auf die geschichtlichen Zeiten und Räume der einzelnen Völker gehen, sondern für das gesamte Menschendasein auf den geordneten Wechsel der Jahreszeiten und auf die Grenzen der „Ökumene“, der bewohnbaren Erde, gegen Meer und Wüste.

[402] Darum verfehlt jedes Leben sein Ziel und wird leer und sinnlos, das nicht Gott sucht und findet. Eine letzte Leere und Sinnlosigkeit jedes gottgelösten Lebens ist der sehr praktische und schmerzvolle „Gottesbeweis“, den gerade der gottleugnende Mensch gegen seinen Willen führen muß. Die tiefen Zusammenhänge dieses „Suchens“ mit der Schöpfung des Menschen zum Bilde Gottes und mit dem Sündenfall hat Paulus hier nicht aufgezeigt. Dafür war diese Stunde auf dem Areopag nicht da.

[403] In beiden Stellen sagt Paulus zugleich weniger und mehr, als wir gewohnt sind. Es geht nicht um ein „Erkennen“ Gottes, mit dem wir eine volle systematische Theorie über ihn besitzen, die alle Probleme löst. Das möchte der stolze Mensch freilich gern haben. Aber nur „das Erkennbare Gottes“ ist ihm zugänglich und nur ein „Ertasten“ ist sein „Finden Gottes“. Zugleich aber liegt in den Ausdrücken des Paulus der ganze Realismus gegenüber unserer bloßen Gedankenhaftigkeit: „ertastet“ wird Gott und „erschaut“, wie man eben eine reale Wirklichkeit wahrnimmt. Nicht Theorien über Gott, nicht Gespinste der Religionsphilosophie sollen wir haben, sondern wir sollen auf die Wirklichkeit Gottes stoßen, wir dürfen Gott „begegnen“. Das „Mehr“ und das „Weniger“ bei Paulus gehören wesentlich zusammen.

[404] Darf er das eigentlich nicht? Ist die Sache sofort „unhistorisch“, wenn Paulus nicht die Sätze seines — damals noch gar nicht geschriebenen — Römerbriefes wiederholt?

hat Gottes ewige Kraft und Gottheit nicht nur in den Werken vor sich, sondern kann jeden Pulsschlag seines Lebens, jede Regung eines Muskels, jede Sekunde seines Daseins nur „in Gott" und durch Gott haben! Das sieht Paulus in dem Vers des grie Dichters Aratus ausgesprochen: **„Denn wir sind auch seines Geschlechts."** Denn gerade auch das innere Leben, Bewegen und Sein des Menschen ist Gottes Gabe. Das Zitat ist kühn! Gemeint ist es vom Dichter selbst im Sinne jener natürlichen und naturhaften Gottesverwandtschaft, jenes „Gott in uns", welches das strikte Gegenteil der biblischen Botschaft ist. Darum gerade kann auch der moderne religiöse Mensch das Evangelium nicht hören, weil er sich sofort dahinein verschanzt: Ich gehöre sowieso zu Gott, ich finde Gott in der Natur, ich trage Gott in mir selbst! Paulus aber sieht den gleichen Tatbestand in völlig anderem Licht. Die Gotteserkenntnis in der Natur wird zur unentrinnbaren Anklage gegen den Menschen und macht ihn unentschuldbar (Rö 1, 20), und die tatsächliche Gottebenbildlichkeit des Menschen (1 Mo 1, 27) kann immer nur das ganze Elend und die ganze Verirrung und Verfinsterung des gegenwärtigen „heidnischen" Menschen
29 aufdecken. Welche Verirrung und Verzerrung, wenn nun gemeint wird, **„Gold oder Silber oder Stein, dem Gebilde menschlicher Kunstfertigkeit und Überlegung sei das Göttliche gleich"**. Das gilt auch da, wo die Gottesbilder nicht mehr aus Gold, Silber und Stein, sondern aus Gedanken und Meinungen gemacht werden. Auch der edelste „Gott der Philosophen" ist ein **„Gebilde menschlicher Kunstfertigkeit und Überlegung"**. Auch hier wieder ist jene „Verkehrung" am Werk, die aller Religion eignet: Das **„Gebilde"** Mensch wird zum „Bildner" Gottes in Stein oder in Gedanken; aus dem lebendigen Gott wird das „Gottesbild", das der Mensch sich zurechtmacht[405]. Aus dem Einen, der ganz und gar nur „Subjekt" ist, wird ein „Objekt" des Menschen, seiner Religionsphilosophie, seiner Theologie, seines Gottesdienstes.

30 Und nun eilt die Evangelisation auf ihr eigentliches Ziel zu: auf den Ruf zur Umkehr, der hier genauso ernst vor den gebildeten Griechen erhoben wird wie am Pfingsttage vor Israel. Wenn der Ruf damals Israel ein „verkehrtes Geschlecht" und seine angebliche Gerechtigkeit Sünde nannte, so heißt er hier die stolze Kultur und Weisheit der Griechen und alle ihre „Religion" mit allen Tempeln und Gottesdiensten **„Unwissenheit"**[406]. Gott **„hat die Zeiten der Un-**

[405] Hier liegt das Recht der marxistischen Kritik aller Religionen. Wir sollten das sehr ernst nehmen. Nur das lebendig im Heiligen Geist bezeugte und lebendig im Heiligen Geist gelebte Evangelium ist dieser Kritik überlegen.

[406] Römer 1 und 1. Korinther 1 verlaufen in einer höchst beachtlichen Parallelität und Unterschiedenheit. In Rom geht es „jüdisch" um die „Gerechtigkeit"; in Korinth „grie-

wissenheit übersehen". Sagt der Römerbrief es anders? Sicherlich, er spricht vom „Dahingegebensein" der Nationenwelt in die moralische Zersetzung um der Verkehrung Gottes willen. Das sagt Paulus jetzt auf dem Areopag nicht. Aber muß er überall alles sagen? Hat ein Evangelist nicht das gute Recht, jetzt in einer bestimmten Situation bestimmte Wahrheiten einmal nicht auszusprechen? Anderseits weiß auch der Römerbrief von dem „Ansichhalten Gottes", das Sünden vorläufig „übergeht" (Rö 3, 25) und erst „jetzt" alles zum Austrag bringt. Dieses entscheidungsvolle „Jetzt" verkündigt Paulus auch auf dem Areopag! Es hat sein ganzes Gewicht, weil Gott **„festgesetzt** 31
hat einen Tag, an dem er will richten den Erdkreis mit Gerechtigkeit". Diese Botschaft vom Gericht ist wirklich eine Wahrheit, die sich „beweist an aller Menschen Gewissen vor Gott" (2 Ko 4, 2)[407]. Paulus rechnet damit, daß auch in der Brust der Athener, die ihm aus Neugier zuhören, der Zeuge für diese mächtige Wahrheit seine Stimme erheben kann. Hier auf dem Areshügel wurde in alten Zeiten das Blutgericht gehalten; alles menschliche Gericht ist aber nur eine Vorschattung des fehllosen Gerichtes, das Gott selbst halten wird. Dort in der dunklen Felsspalte des Areopag wurde den „Erynnien" geopfert, jenen schrecklichen Rachegöttinnen, die unversöhnlich jeden Frevler verfolgen[408]. Auch darin lag das Ahnen von „dem Tag des Zornes und des gerechten Gerichtes Gottes" (Rö 2, 5). Diese Wahrheit ist freilich keine künstlerische oder philosophische „Neuigkeit", über die es sich interessant diskutieren läßt! Er unterstreicht die ganze Realität und die Nähe dieses Gerichtes durch die Tatsache, daß der Richter bereits ernannt und beauftragt ist. Wieder steht Gott als der Handelnde in der Mitte. Darum kann diesem Gericht niemand entgehen. Gott richtet den ganzen **„Erdkreis".** Und er tut es **„mit Gerechtigkeit".** Da gilt kein Ansehen der Person, kein literarischer Ruhm, keine einflußreiche Beziehung, kein eleganter Scherz. Sie alle, die Paulus jetzt vor sich sieht, werden vor diesem Gericht und seiner

chisch" um die „Weisheit", die Erkenntnis. Das ist ein erheblicher Unterschied. Aber doch ist die grundsätzliche Lage des Menschen in beiden Fällen gleich. Der Mensch findet mit allen seinen eigenen Bemühungen ebensowenig die „Gerechtigkeit", die vor Gott gilt, wie die „Weisheit", die Gott wirklich erreicht. Darum wird er hier wie dort zur Umkehr gerufen, um in der „törichten Botschaft" von Jesus die Rettung zu finden. Dahingegeben an die sittliche Zerstörung trotz aller moralischen Bemühungen, dahingegeben an die Unwissenheit über Gott trotz aller Religion und Philosophie — es ist in beiden Fällen der gleiche Stoß des evangelistischen Angriffs, wenn auch mit verschiedenem Inhalt von der jeweiligen Lage her.

[407] Friedrich Schiller hat das gerade in seinem Revolutionsdrama, in den „Räubern", in der Sterbeszene des Franz Moor mit Wucht geschildert.

[408] Schiller hat sie uns in den „Kranichen des Ibykus" anschaulich geschildert.

unbestechlichen Gerechtigkeit ihr Leben zu verantworten haben[409].

Jetzt erlaubt der Text zwei verschiedene Auslegungen. Wörtlich steht da: **„Glauben anbietend allen."** Das kann die Bedeutung von „glaubwürdig machend allen", „einen Beweis erbringend allen" haben. Dann hat Paulus sagen wollen: daß Gott wirklich diesen Mann und keinen andern zum Richter des Weltgerichts bevollmächtigt hat, das hat er dadurch bewiesen, daß er ihn aus den Toten auferstehen ließ. Wie später bei Felix hätte Paulus bei dem so gefaßten Schluß seiner Rede den Ernst der Verantwortung vor Gott hervorgehoben und von da aus zur Umkehr gerufen, ohne jetzt schon den Weg des Heils näher zu zeigen. Das konnte und sollte erst dann geschehen, wenn auch hier unter der Verkündigung die Frage aufbrach: Was sollen wir tun, um gerettet zu werden? Die Areopagrede wäre damit genau parallel der Pfingstpredigt des Petrus. Es läßt sich aber auch das alte Verständnis rechtfertigen: **„allen bietet Gott den rettenden Glauben an."** Dann hat Paulus am Schluß seiner Rede im eigentlichen Sinn das Evangelium verkündigt und seinen Hörern gezeigt, wie der von Gott eingesetzte Weltrichter jetzt noch der vom Tode erweckte lebendige Heiland ist, zu dem alle kommen dürfen, um Vergebung und Rettung zu empfangen. Dieses Verständnis liegt darum nahe, weil anders als bei der Pfingstpredigt des Petrus der Ruf zur Umkehr die eigentliche Spitze der Areopagrede bildet. Am Pfingsttag ist das „Kehrt um" erst die Antwort auf das bange Fragen der Hörer. Hier ist es mit der ganzen Betonung, **„alle überall"** sollen umkehren, der Inhalt der Verkündigung selbst. Dann mußte aber gesagt werden, wohin denn diese „Umkehr" führen soll. Sonst blieb sie ein eigenmächtiges, moralisches Manöver, das niemand helfen kann. Ruf zur Umkehr ohne Nennung des Retters, zu dem man kommen darf, wäre wieder „Gesetz" und nicht „Evangelium". Darum steht auch am Pfingsttag neben dem „kehrt um" sofort das andere „laßt euch taufen auf den Namen Jesu zur Vergebung der Sünden". Vor Heiden aber war es vollends nötig, den konkret zu nennen, in welchem sie den „unbekannten Gott" wirklich finden konnten. Hier war die „Auferweckung" dieses **„einen Mannes"** von entscheidender Bedeutung. Nur zu einer lebendigen und gegenwärtigen Person kann man „kommen" und „umkehren"; andernfalls wird aus dem Ruf zur Umkehr eine fromme Phrase und aus seiner Befolgung eine bloße innerseelische Gemütsbewegung ohne Wahrheit und Kraft.

Die Rede des Paulus auf dem Areopag hat natürlich nicht nur die wenigen Minuten gedauert, die zur Verlesung unseres Textes heute

[409] So und nicht anders hat der Bote des Evangeliums immer wieder ganz konkret seine Hörer zu sehen.

nötig sind. Wir erinnern uns an das, was wir uns bereits S. 42 über die Wiedergabe der Reden in der Apostelgeschichte durch Lukas klarmachten. Ganz besonders im entscheidenden Schlußteil hat Paulus nicht nur einen einzigen Satz gesagt, der so, wie er da steht, seinen Hörern völlig unverständlich bleiben mußte. Lukas gibt uns nur den „Leitsatz“ dieses Teils. Dessen Inhalt stand den Lesern der Apg sowieso klar vor Augen. Ausführlich aber gab uns Lukas die „Einleitung“ und den ersten Teil der Rede wieder, weil er uns daran zeigen wollte: So sprach Paulus vor „Heiden“, so bahnte er sich den Weg, so nahm er seine Hörer mit bis zu der Stelle, an der er ihnen seine eigentliche Botschaft bringen konnte. Daß Paulus auch in Athen mit seinen „Philosophen“ diese eigentliche Botschaft nicht etwa an den Rand geschoben hat, zeigt der Bericht über seine Gespräche auf dem Markt: „Jesus“ und „die Auferstehung“ stand dort offensichtlich im Mittelpunkt (vgl. V.18). Sollte er nun auf einmal bei der näheren Erörterung seiner Lehre, zu der er ausdrücklich aufgefordert war, diese „befremdlichen Dinge“ weggelassen haben, um die man ihn gerade fragte?!

Paulus hat in herzlicher Weise an den Stand seiner Hörer ange- 32
knüpft, aber er hat ihnen dann nichts erspart: statt interessanter Diskussionen der Ruf zur Umkehr; statt sinniger Gedanken die harte Tatsache des Weltgerichts; statt eigener Moral und Religion die Auferstehung eines Retters, an den es zu glauben gilt. Es ist kein Wunder, daß die Athener in der Mehrzahl verständnislos blieben und das Wort von der Auferstehung Toter zum offenen Spotten benutzten. Aber andere sind doch nachdenklich geworden und erklären: **„Wir wollen dich darüber auch nochmals hören.“** Freilich, das kann genauso ein höfliches Ausweichen sein wie später bei Felix (Apg 24, 25). Das **„Nochmals“** kam nicht zustande, das Heute war versäumt. Kein Evangelist, nicht einmal ein vollmächtiger wie Paulus, kann das verhindern. **„So ging Paulus aus ihrer Mitte“** hinweg. Es kommt nicht 33
zu weiteren Gesprächen wie am Pfingsttag oder wie im pisidischen Antiochia. Paulus hat aber auch nicht versucht, solche Gespräche um jeden Preis von sich aus zustande zu bringen. **„Er geht aus ihrer Mitte“** weg. Wieder finden wir jene „apostolische“ Haltung, auf die wir schon in Apg 13, 46 stießen. Die Boten Jesu kennen das heiße Ringen um die Errettung verlorener Menschen, bis zum Einsatz des Lebens (1 Th 2, 8), aber sie kennen nicht ein „Nachlaufen“, ein „Anbringenwollen“ des Evangeliums um jeden Preis. Sie wissen um die ganze Größe der Gabe, die sie bringen; wer sie nicht haben will, der soll und muß in den Tod laufen. „Das Wort vom Kreuz ist eine Torheit denen, die verloren werden“, schrieb Paulus den Korinthern (1 Ko 1, 8). Darum kennen die Boten Jesu das „Weggehen“ wie ihr Herr Jesus selbst, das dann ein Todesurteil bedeutet (Jo 8, 21).

34 Aber nun kommt das Erstaunliche, das uns verbietet, von einem „Mißerfolg" des Paulus in Athen zu sprechen: **„Einige Männer aber schlossen sich an ihn an und wurden gläubig, unter ihnen der Areopagit Dionysius und eine Frau namens Damaris und andere mit ihnen."** Ein Mitglied des hohen Gerichtshofes ist von der Ankündigung des letzten Gerichtes getroffen und bewegt und mit ihm eine namhafte Frau und einige andere[410]. Zur Bildung einer ganzen Gemeinde ist es nicht gekommen; einen „Athener-Brief" des Paulus kennen wir nicht. Aber wenn Paulus im 1. Brief an die Korinther auch diejenigen Christen Griechenlands grüßt, die „an ihren Orten den Namen des Herrn Jesus anrufen" (1 Ko 1, 2), dann hat er auch an die gedacht, die in Athen im Glauben an Jesus lebten.

DIE ZWEITE MISSIONSREISE

8. Paulus in Korinth

Apostelgeschichte 18, 1—17

zu Vers 1:
1 Ko 1, 2
zu Vers 2:
Apg 18, 26
11, 28
Rö 16, 3-5
1 Ko 16, 19
2 Tim 4, 19
zu Vers 3:
Apg 20, 34
Rö 16, 3 f
1 Ko 4, 12
1 Ko 9, 12
2 Ko 11, 8
zu Vers 4:
Apg 13, 14
zu Vers 5:
Apg 17, 14 f
1 Ko 1, 6
1 Th 3, 6
zu Vers 6:
Mt 10, 14
Mt 27, 25
Apg 13, 46. 51
20, 26
28, 28
Rö 1, 16

1/2 **Danach schied Paulus von Athen und kam nach Korinth. * Und**
er fand einen Juden namens Aquila, seiner Herkunft nach aus
Pontus, der kürzlich aus Italien gekommen war, und sein Weib
Priskilla, weil Klaudius angeordnet hatte, es müßten alle Juden
Rom verlassen, und er ging zu ihnen; und weil sie das gleiche
3 **Handwerk hatten, blieb er bei ihnen, * und sie arbeiteten; sie wa-**
4 **ren nämlich Zeltmacher von Beruf. * Er besprach sich** (oder: er
predigte) **aber in der Synagoge an jedem Sabbat und suchte Juden**
5 **und Griechen zu überzeugen. * Als aber zurückkamen von Make-**
donien Silas und Timotheus, wurde Paulus ganz hingenommen
vom Wort, indem er den Juden bezeugte, es sei wirklich Jesus der
6 **Messias. * Da sie sich aber widersetzten und lästerten, schüttelte**
er seine Kleider aus und sprach zu ihnen: „Euer Blut komme über
euer Haupt! Rein werde ich von jetzt ab zu den Heiden gehen."
7 *** Und er ging von dort weg und kam in das Haus eines Gottes-**
fürchtigen namens Titius Justus, dessen Haus an die Synagoge
8 **angrenzte. * Krispus aber, der Synagogenvorsteher, wurde gläubig**
an den Herrn mit seinem ganzen Hause, und viele Korinther, die
9 **(Paulus) hörten, glaubten und ließen sich taufen. * Es sprach aber**
der Herr eines Nachts durch ein Gesicht zu Paulus: „Fürchte dich
10 **nicht, sondern rede und schweige nicht. * Denn ich bin mit dir,**
und niemand wird Hand an dich legen, dir Böses anzutun, denn

[410] Wenn bei uns eine einzige Evangelisationsrede solchen „Erfolg" hätte, wie dankerfüllt (und wohl auch „stolz") würden wir sein!

11 ich habe ein zahlreiches Volk in dieser Stadt." * Er ließ sich aber
ein Jahr und sechs Monate nieder, lehrend unter ihnen das Wort
12 Gottes. * Als aber Gallio Prokonsul von Achaja war, erhoben
sich die Juden einmütig gegen Paulus und führten ihn zum Rich-
13 terstuhl, * indem sie sagten: „Dieser verführt die Menschen, Gott
14 gegen das Gesetz zu verehren." * Als aber Paulus den Mund öff-
nen wollte, sagte Gallio zu den Juden: „Wenn ein Unrecht vor-
läge oder ein schlimmes Bubenstück, ihr Juden, würde ich eure
15 Klage mit Recht annehmen. * Wenn es sich aber um Streitfragen
über Lehre und Namen und das bei euch geltende Gesetz handelt,
müßt ihr selbst zusehen. Richter darüber will ich nicht sein."
16/17 * Und er trieb sie fort von dem Richterstuhl. * Da ergriffen
alle Sosthenes, den Synagogenvorsteher, und verprügelten ihn
vor dem Richterstuhl, und Gallio kümmerte sich nicht im ge-
ringsten darum.

zu Vers 8: Jos 24, 15 Apg 9, 10 1 Ko 1, 14
zu Vers 9: Jer 1, 8 Apg 4, 29 1 Ko 2, 3
zu Vers 10: Jos 1, 5. 9 Jes 41, 10 Jes 43, 5 Hos 2, 25 Mt 28, 28 Jo 10, 16
zu Vers 11: Jer 1, 8 Apg 19, 10
zu Vers 12: Apg 13, 7 19, 38 2 Ko 1, 1
zu Vers 14: Apg 23, 29 25, 18-20
zu Vers 15: Jo 18, 31
zu Vers 17: 4 Mo 6, 2. 5

„Danach schied Paulus von Athen und kam nach Korinth." Was schließt dieser sehr knappe Satz in sich! Wann und wie hat Paulus den Entschluß gefunden, die Ankunft seiner Gefährten nicht, wie er ursprünglich wollte (Apg 17, 16), in Athen abzuwarten, sondern schon vorher Athen zu verlassen? Wie gewann er die Überzeugung, nach Korinth gehen zu sollen? Gewiß war Korinth die nächste große Stadt von Athen aus. Aber war es für eine christliche Mission ein verheißungsvoller Platz? Die alte Stadt Korinth mit den berühmten „Isthmischen Spielen" war 146 v. Chr. bei ihrer Eroberung durch die römischen Legionen vollständig zerstört worden und hatte ein Jahrhundert lang in Trümmern gelegen. Julius Cäsar hatte für den Wiederaufbau gesorgt, und so war eine ganz moderne Stadt entstanden, die seit 27 v. Chr. Hauptstadt der Provinz „Achaja" und Sitz des Prokonsuls war. Es war eine bedeutende Handelsstadt mit zwei Häfen, die sich nach Westen zum Ionischen und nach Osten zum Ägäischen Meer öffneten. So wurde Korinth zum Umschlagplatz des Handels im Ostteil und Westteil des Mittelmeerraumes, der in jener Zeit „die Welt" („Ökumene") darstellte! In aller Kraßheit traten die sozialen Gegensätze hervor: neben den reichen Handelsherren und Schiffsreedern stand die große Masse der Sklaven, die die Ruderarbeit auf den Schiffen und die vielfältige Arbeit in den Häfen und Faktoreien, in den Werften und Geschäften taten. Völker und Rassen aus Ost und West mischten sich an diesem Ort ohne bodenständige Bevölkerung. Sprichwörtlich war die Unsittlichkeit und das lockere Leben in Korinth. „Korinthisieren" war die Bezeichnung für skrupelloses Ausleben. Daran änderte die Fülle der Religionen und Kulte nichts. Im Gegenteil, im östlichen Heidentum war das Geschlechtsleben mit seinem Rausch als etwas „Religiöses" empfunden und deshalb in den Kultus einbezogen worden. Im Tempel pflegte man die Prostitution zu Ehren der Gottheit, im Tempel fand man die zur Hingabe bereiten „Hierodulen"[411]. Und ein solcher Tempel der „Artemis" — hier war eine alte grie Göttergestalt mit der „Astarte" des Orients vermischt worden — mit einer Fülle von „Priesterinnen" stand in Korinth! Kein Wunder, wenn die Frage der „Reinheit" gerade in 1 Ko 5. 6 eine solche Rolle spielt. War es wirklich so naheliegend für Paulus, dorthin zu gehen? Hatte es Zweck, in solcher Stadt die Botschaft von Jesus zu verkündigen? In 1 Ko 2, 3 hat uns Paulus selbst geschildert, wie zaghaft er nach Korinth kam[412]. Wahrlich nur „der Erweis von Geist und Kraft" von Gott her konnte in dieser Stadt einen Durchbruch zum Glauben schenken. Und wenn Jesus seinen Boten gerade in Korinth in besonderer Weise zum Ausharren und Reden stärkte (V. 9), so hat das seinen guten Grund. Vieles in den Korintherbriefen wird uns nur von diesem dunklen Hintergrund her verständlich.

Aber nun ist Paulus auf der Fahrt nach Korinth über das Ägäische Meer zum Hafen Kenchreä[413]. Schon lange sieht er vor sich den 600 m hohen Burgberg „Akro-Korinth" über der Stadt aufragen. Dann geht es nach der Landung in Kenchreä hinein in die fremde, laute und unheimliche Stadt. Lukas läßt uns hier einmal einen Blick in die Art tun, wie Paulus es überhaupt in solcher Stadt anfing. Wir nehmen es sonst ohne viel Nachdenken hin: Paulus kam eben in die und die Stadt. Aber wo fand er da Unterkunft? Wovon lebte er? Er war doch nicht ein reicher Mann, der sich Hotelzimmer nehmen und im Gasthaus essen konnte? Hier erleben wir es einmal mit: Paulus „grüßt das Handwerk". Er ist gelernter Lederarbeiter („Zelt-

[411] Vgl. dazu heute das Rettungswerk der Amy Carmichael an indischen Tempelkindern. F. Houghton, Amy Carmichael, Wuppertal 1961.

[412] Die oft gehörte Auslegung, Paulus sei nach dem „Mißerfolg" in Athen so ängstlich nach Korinth gekommen, sollte endlich erledigt sein! Als ob ein Paulus nach dem nötigen „Erfolg" stolz und kühn einherkommt, nach einem „Mißerfolg" aber entmutigt und scheu. Vor allem: 1 Ko 2, 1—5 steht doch im festen Zusammenhang eines ganzen Beweisganges! Paulus will gerade nicht eine „Ausnahme" seiner Haltung schildern, die er in Korinth einmal gemacht habe. Sondern so wie Gott immer und grundsätzlich das Schwache und Verachtete erwählt, so kann der Bote Gottes immer nur „in Schwachheit und Furcht und mit vielem Zittern" in seinen Dienst gehen. Das entspricht der „Torheit" und der „Schwachheit Gottes" in dem Wort vom Kreuz. Und gerade nur so wird die Kraft des Heiligen Geistes wirksam. Nur so ruht der Glaube von Menschen nicht auf menschlichen und seelischen Überredungskünsten, sondern auf Gottes Kraft.

[413] Möglich ist aber auch, daß Paulus den Landweg über Eleusis und Megara genommen hat (wie einst Ibykus vgl. Schiller „Die Kraniche des Ibykus"). Ja, diese Annahme wird sogar unterstützt dadurch, daß die in Kap. 18, 1 gewählten Ausdrücke nicht die üblichen einer Seereise sind.

macher")[414] und suchte einen Meister seines Handwerks, möglichst
unter den Juden, um bei ihm Arbeit und „Kost und Logie" zu finden. 2
So wird er auch durch die Straßen von Korinth fragend gegangen
sein und **„fand[415] einen Juden namens Aquila, seiner Herkunft nach
aus Pontus, der kürzlich aus Italien gekommen war, und sein Weib
Priskilla". „Und weil sie das gleiche Handwerk hatten, blieb er bei
ihnen."**

Um des Ehepaares Aquila und Priskilla willen hat Lukas uns das
berichtet. Sie sind bekannte Persönlichkeiten der Urchristenheit.
„Aquila (ein Mann namens Adler) ist das Musterbeispiel eines inter-
nationalen Juden, den das Leben fast durch die ganze damalige Welt
hin- und herwirbelte; nur in Palästina selbst hat er nie gelebt"
(G. Stählin S. 243). Er stammt aus Pontus, einer Landschaft am Süd-
ufer des Schwarzen Meeres, lebt dann aber in der Reichshauptstadt
Rom, kommt als Vertriebener nach Korinth, geht mit Paulus nach
Ephesus, ist zur Zeit des Römerbriefes wieder in Rom (Kap. 16, 3)
und nach 2 Tim 4, 19 beim Lebensende des Paulus wieder in Ephesus.
Paulus stellt dem Ehepaar im Römerbrief das schöne Zeugnis aus:
„Grüßt Priska und Aquila, meine Mitarbeiter in Christus Jesus, die
für mein Leben ihren eigenen Hals dargeboten haben, denen nicht
ich allein danke, sondern auch alle die Gemeinden der Nationen"
(Rö 16, 3—4). Auch in Rom, wo sie nun wieder leben, haben sie eine
Hausgemeinde gebildet (Rö 16, 5). Seine Frau Priskilla — Paulus
braucht in seinen Briefen nicht diese Verkleinerungsform, sondern
den eigentlichen Namen „Priska" — mag Römerin sein. Das Ehepaar
ist so miteinander verwachsen, daß immer nur beide zusammen ge-
nannt werden. In vier von sechs Fällen steht aber der Name der Frau
voran. Sie wird die geistig und geistlich Bedeutendere gewesen sein. 3
Das Ehepaar hat zunächst in Rom gelebt. Aber dann hatte sie das
auch von dem römischen Geschichtsschreiber Sueton erwähnte Edikt
des Kaisers Klaudius[416] mit andern Juden von dort vertrieben.

[414] So versteht man heute das Wort „Zeltmacher". Zwar wurden auch die dunklen Haare der kilikischen Ziegen zu einem festen Stoff verarbeitet, und es lag nahe, bei Saulus aus Tarsus in Kilikien an das Erlernen solcher Herstellung von „kilikischem Tuch" zu denken. Aber es wurde keineswegs ausschließlich als Zelttuch verwendet, während umgekehrt Zelte gern aus Leder gefertigt wurden.

[415] Ein Mann wie Paulus wird nicht anders als betend diesen suchenden Gang getan haben. Darum „fand" er nun auch. Er fand in Aquila und Priskilla vermutlich bereits an Jesus gläubige Juden. Ihr Gläubigwerden durch Paulus wäre von Lukas sicher berichtet worden. Die Notiz von D in Vers 7, daß Paulus „von Aquila wegging" ist wieder eine Texterweiterung des auf Genauigkeit bedachten Abschreibers, der in Aquila und Priskilla noch unbekehrte Juden sieht.

[416] Der Satz bei Sueton lautet: „Die Juden vertrieb Klaudius aus Rom, weil sie auf Betreiben eines gewissen Chrestus ständig Tumulte machten." Da im damaligen Latein

Nun waren sie **„kürzlich aus Italien gekommen"**. Welche Freude für Paulus, einen solchen Arbeitgeber und Quartierwirt in der fremden Stadt zu finden.

4 An die Verkündigungsarbeit geht Paulus auf die gewohnte Weise: **„Er besprach sich** (oder: er predigte) **aber in der Synagoge an jedem Sabbat und suchte Juden und Griechen zu überzeugen."** Das grie Wort, „dialegomai" heißt ursprünglich „sich unterreden", bezeichnet dann aber auch allgemeiner das „Sprechen" und wird bei religiösen Themen zum „Predigen". Paulus wird schwerlich nur Unterredungen sondern auch zusammenhängende Verkündigung gehabt haben, wobei dann diese Verkündigung wieder zu Fragen, Auseinandersetzungen und Gesprächen führte. In dieser Arbeit gibt es einen deutlichen Abschnitt, **„als Silas und Timotheus von Makedonien zurückkamen"**. Nun **„wurde Paulus ganz hingenommen vom Wort"**. Man könnte auch übersetzen: „Paulus ging völlig in der Wortverkündigung auf." Dahinter steht mancherlei. Paulus ist es ernst um die Bruderschaft. Erst in der Gemeinschaft mit den Brüdern entfaltet sich seine volle Kraft. So sieht er auch im Rückblick die grundlegende Arbeit in Korinth als „Mannschaftsarbeit" (2 Ko 1, 19). Aber wir werden an dieser Stelle auch alles das berücksichtigen müssen, was er in 1 Th 3, 1–8 gerade von Korinth aus schrieb: „Nun leben wir, da ihr steht in dem Herrn." Befreit von den quälenden Sorgen um Thessalonike durch die guten Nachrichten der Brüder, kann er sich ganz anders mit freiem Herzen dem Verkündigungsdienst widmen. Aber auch das werden wir ganz nüchtern hinter dem Satz des Lukas sehen müssen, woran Paulus selbst in 2 Ko 11, 9 die Korinther erinnert: „Als ich bei euch anwesend war und Mangel hatte, war ich niemand beschwerlich. Denn meinen Mangel füllten die Brüder aus, die aus Makedonien kamen." Silas und Timotheus haben eine so reiche Spende mitgebracht, daß Paulus eine Zeitlang nichts zu verdienen braucht, sondern seine ganze Zeit und Kraft seiner Missionsarbeit widmen kann. Diese gilt weiter besonders der Judenschaft: Er **„bezeugte den Juden, es sei wirklich Jesus der Messias"**. Aber gerade über der verstärkten Wirksamkeit des Paulus und seiner Gefährten bricht auch der Widerstand heftiger hervor und steigert sich wieder bis zu **„Lästerungen"**. Es ist

„e" und „i" in der Aussprache ineinander übergehen konnten, ist es von großer Wahrscheinlichkeit, daß die Unruhen in der Judenschaft Roms in einem leidenschaftlichen Streit um die „Christusfrage" bestanden. Dann wäre schon damals die Botschaft von Jesus als dem Christus zu der großen Judenschaft Roms gekommen und hätte dort zu einem ähnlichen Sturm geführt wie in Antiochia, Thessalonike und Korinth. Sueton aber konnte den eigentlichen Grund nicht verstehen und gab nur wieder, was er gehört hatte: daß ein gewisser Christus oder Chrestos die Ursache der Unruhen war. Aquila und Priskilla gehörten dann zu jenem Teil der Judenschaft Roms, die zum Glauben an Jesus als den nunmehr gekommenen Messias Israels gelangt waren.

das geradezu eine notwendige Entwicklung. Wer sich nicht Jesus als
dem wahren Messias Israels von Herzen unterwirft, muß ihn als fal-
schen Messias, als Gotteslästerer, als Verfluchten verwerfen[417]. 6
Wieder sehen wir Paulus nicht sich bestürzt fragen, inwiefern er
durch seine Fehler an solchem Mißerfolg schuld sei und welche bes-
seren Methoden man anwenden müsse, um die Juden doch noch zu
gewinnen. Er macht vielmehr die Ablehnenden selber für ihre Ent-
scheidung verantwortlich: **„Er schüttelte seine Kleider aus und sprach
zu ihnen: ‚Euer Blut komme über euer Haupt!'"**[418] Und er zieht die
missionarische Folgerung: **„Rein werde ich von jetzt ab zu den Hei-** 7
den gehen."[419] Natürlich kann er nun nicht mehr in der Synagoge
bleiben. Er findet Raum für sein Wirken[420] in dem **„Hause eines
Gottesfürchtigen namens Titius Justus, dessen Haus an die Synagoge
angrenzte"**. Paulus scheute die Herausforderung nicht, die in diesem
„christlichen Gemeindehaus" unmittelbar neben der Synagoge lag.
Für seine Arbeit bot es den besonderen Vorteil, daß die zur Synagoge
eilenden „gottesfürchtigen Griechen" ständig auf die Christus-Bot-
schaft des Paulus aufmerksam wurden und leicht den Weg zu ihr
fanden. Erfolglos blieb der Dienst nicht: **„Krispus aber, der Synago-** 8
**genvorsteher, wurde gläubig an den Herrn mit seinem ganzen
Hause."** Paulus nennt ihn 1 Ko 1, 14 als einen der wenigen, die er
eigenhändig in Korinth getauft hat. Heißt nun das nächste Sätzchen:
„Viele Korinther, die ‚es' hörten, glaubten und ließen sich taufen"?
War die Bekehrung des Synagogenvorstehers so eindrucksvoll, daß
viele dadurch zum Glauben kamen? Wäre das einem Paulus lieb ge-
wesen? Man kann auch übersetzen: **„Viele korinthische Hörer glaub-**

[417] Die Hochschätzung Jesu bei vielen heutigen Juden ist darum zwar erfreulich, aber auch zugleich für Juden und Christen bedenklich. Nachdem man Jesus Thron und Krone genommen, führt man mit ihm unverbindliche religiöse Gespräche.

[418] Es ist etwas Bedeutsames um das „Blut". In ihm ist das Leben 3 Mo 17, 11. Darum schreit Abels Blut zu Gott. Darum ist im Bunde Gottes mit Noah nachdrücklich vom „Blut" die Rede 1 Mo 9, 4—6. Darum hat das Blut aber auch die besondere sühnende Kraft, von 3 Mo 17, 11 bis hin zu dem Blut Christi Hbr 9, 14; Offb 7, 14. Wie schwerwiegend ist es dann, wenn ich mich mit dem „Blut" eines Menschen schuldhaft belade. Selbst einem Mann wie Pilatus ist es wichtig festzustellen, daß er „unschuldig ist an dem Blut dieses Gerechten" (Mt 27, 24) und der Hohe Rat wehrt sich dagegen, daß die Apostel dieses Menschen „Blut über ihn führen wollen" (Apg 5, 28). Paulus aber weiß sich „rein von dem Blut" derer, die seine Botschaft ablehnen, vgl. Apg 20, 26. Die Hörer, die die rettende Gnade Gottes nicht annehmen wollen, bringen selber „ihr Blut über ihr Haupt", führen also selber ihren ewigen Untergang herbei.

[419] Manche Ausleger sehen darin ein von Lukas eingetragenes Schema. Der „Heidenapostel" Paulus sei doch nicht grundsätzlich erst dann zu den Heiden gegangen, wenn Israel sein Wort ablehnte! Aber die Darstellung des Lukas wird durch grundlegende Äußerungen von der eigenen Hand des Paulus bestätigt: Rö 1, 16; 11, 11. 19. 20. 25.

[420] Darum handelt es sich, und nicht um sein persönliches Wohnen, wie D irrtümlich meint.

ten und ließen sich taufen." Es geht ganz allgemein um Einwohner der Stadt, die die Verkündigung des Paulus in der ganzen Zeit gehört hatten und nun die Entscheidung für Jesus vollzogen.

9/10 War damit nicht die Arbeit in Korinth getan? Konnte, ja mußte Paulus nicht weiter? Oder sollte er wieder den Sturm abwarten, der ihn mit Gewalt vertrieb? Paulus mag mit solchen Fragen betend vor seinem Herrn gestanden haben und bekommt nun die Antwort: **„Es sprach aber der Herr eines Nachts durch ein Gesicht zu Paulus: ‚Fürchte dich nicht, sondern rede und schweige nicht! Denn ich bin mit dir und niemand wird Hand an dich legen, dir Böses anzutun, denn ich habe ein zahlreiches Volk in dieser Stadt.'"** Dieses Wort gibt Paulus wie allen, die im Evangelisationsdienst stehen, den wahren und tiefen Blick in das eigentliche Wesen ihres Tuns. Nicht sie gewinnen durch ihren Einsatz dem Herrn Jesus ein Volk; so denken wir es uns gern in der angeborenen Ichhaftigkeit unseres Herzens. In Wirklichkeit aber ist Jesus gleichsam schon längst vor Paulus in Korinth gewesen und hat sich dort ein großes Volk erwählt[421].

Noch ahnt dieses Volk selber nichts davon, aber der Blick Jesu ist schon auf es gerichtet[422]. Darum hat Jesus überhaupt Paulus nach Korinth geführt, um dieses sein Volk dort durch das Evangelium herauszurufen. Noch aber hat Paulus nicht alle erreicht, die Jesus dort zu seinem Eigentum haben will. Darum fordert ihn der Herr zum getrosten Bleiben und Reden auf. Er versteht das Bangen im Herzen auch eines Paulus nach der ganzen Kette schwerster Erlebnisse: Antiochia, Ikonion, Lystra, Philippi, Thessalonike, Beröa. Auch die großen Boten im alten Bund haben sich gefürchtet vor der Größe und Härte ihres Auftrages und vor dem drohenden Haß der gottlosen oder der frommen Welt. Wie oft erklingt darum das „Fürchte dich nicht!" und das „Ich bin mit dir!" aus Gottes Mund (vgl. 2 Mo 3, 11 f; Jos 1, 6. 7. 9; Jes 41, 20; 43, 5; Jer 1, 8). Nun redet Jesus, der erhöhte Herr, die Sprache Gottes und sagt seinem Paulus das gleiche zu: „Ich bin mit dir." Er gibt ihm die Zusicherung seines Schutzes, so daß es in Korinth anders gehen wird als in jenen Städten.

11 Paulus wird aus Korinth nicht vertrieben werden. In der Tat wagte die Judenschaft in Korinth nach der Trennung der Gemeinde von ihr keinen Angriff. Ungestört **„ließ sich Paulus dort ein Jahr und sechs Monate nieder, lehrend unter ihnen das Wort Gottes"**. Endlich darf er einen Gemeindeaufbau selber gründlich durchführen. Und die Ge-

[421] So hat es Paulus auch für die Thessaloniker gesehen: 1 Th 1, 4.

[422] In dieser Zuversicht dürfen und in dieser Zuversicht allein können auch wir bei der Evangelisation vor den unbekannten Menschenscharen stehen. Jesus „hat" längst sein Volk unter ihnen. Sie wissen es nicht, aber unter unserer Verkündigung werden sie es erfahren, daß sie „Erwählte Gottes", „berufene Heilige" sind.

meinde in Korinth ist auch nach den beiden an sie geschriebenen Briefen ohne ernste Nöte und Verfolgungen geblieben. Sie hat darum freilich auch Paulus in seinem ständigen Leiden nicht verstehen können (s. b. 1 Ko 4, 8 ff; 2 Ko 4, 7–12).

Die Zusage Jesu erfüllt sich auch dann, als die Juden endlich doch 12
versuchen, die Wirksamkeit des Paulus lahm zu legen. Sie benutzen dazu den Amtsantritt[423] des neuen Prokonsuls Gallio[424] [425].

Das Vorgehen ist sehr viel gemäßigter, als wir es aus den andern 13
Städten kennen. Es wird keine Aufwiegelung der Massen versucht. Immerhin **„erhoben sie sich einmütig gegen Paulus"** und veranlassen oder zwingen ihn, mit ihnen zum **„Richterstuhl"**[426] des Prokonsuls zu kommen, wo sie Anklage gegen ihn erheben. Aber diese Anklage vor Gallio lautet nicht wie in Thessalonike auf hochverräterisches Treiben gegen den Kaiser, sondern sucht Paulus nur den Schutz der staatlichen Religionserlaubnis zu entziehen. Das Judentum ist „Religio lecita", vom römischen Staat anerkannte Religion. Wenn aber Paulus **„die Menschen verführt, Gott gegen das Gesetz zu verehren"**, hat er sich selbst außerhalb dieser „erlaubten Religion" gestellt; so soll ihm der Prokonsul zum mindesten eine weitere Predigttätigkeit untersagen. In späterer Zeit haben solche Anklagen bei den staatlichen
Stellen vollen Erfolg gehabt. Gallio aber läßt in offenkundigem Anti- 14
semitismus den Angeklagten Paulus gar nicht erst zu Wort kommen, sondern weist die ganze Klage rundweg ab. Es handelt sich hier

[423] Lukas schreibt zwar nur: „Als aber Gallio Prokonsul von Achaja war." Doch wird die Einreichung einer Klage gegen Paulus gerade in diesem Zeitpunkt damit zusammenhängen, daß man die Gelegenheit eines neuen römischen Beamten zu einem Vorgehen gegen Paulus ausnützen will.

[424] Gallio wird der Bruder des bekannten römischen Staatsmannes Seneca sein. Welches Schicksal erlitt dieser Mann, den wir hier so großartig in seinem hohen Amt sehen! Nach dem gewaltsamen Ende seines Bruders wurde auch er von Nero zum Selbstmord gezwungen. Als Paulus und Gallio sich hier in Korinth begegneten, konnten sie nicht ahnen, daß sie einmal beide durch denselben römischen Kaiser ihr Leben verlieren würden.

[425] Die Erwähnung des Gallio erlaubt uns, wichtige Daten im Leben des Paulus festzulegen. Wohl hatten wir immer schon die Angaben des Paulus, die aber nur Zeitabstände nennen: „nach drei Jahren", „nach vierzehn Jahren" (Gal 1, 18; 2, 1) und keine Jahreszahlen geben. Durch den glücklichen Fund einer Inschrift können wir jetzt wissen, daß Gallio 51/52 Prokonsul von Achaja war. Paulus ist demnach im Jahr 50 bis hinein in das Jahr 51 in Korinth gewesen. Das paßt auch zu der Bemerkung, daß Aquila und Priskilla erst „kürzlich" aus Italien nach Rom gekommen waren. Das Edikt des Klaudius, das die Juden aus Rom vertrieb, fällt in das Jahr 49.

[426] „Als Sinnbild der römischen Macht stand (und steht bis heute) mitten auf dem geräumigen Marktplatz das ‚Bema', eine seine Umgebung um reichlich 2 m überragende geräumige Tribüne aus mächtigen Quadern, auf der der römische Statthalter bei seinen Amtshandlungen zu sitzen pflegte (S. V. 12. 16 f)" (Stählin S. 242).

offensichtlich nicht um ein bürgerliches Verbrechen, sonst **„würde ich eure Klage mit Recht annehmen"**. Aber diese Zänkereien **„über**
15 **Lehre und Namen und das bei euch geltende Gesetz"** macht bitte unter euch ab! **„Richter darüber will ich nicht sein."** Schroff weist Gallio die Juden von seinem Richterstuhl fort und sieht es ruhig mit an, wie antisemitische Zuschauer oder auch die enttäuschten Juden selbst[427] den neuen Synagogenvorsteher Sosthenes[428] vor seinen Augen verprügeln.

DAS ENDE DER ZWEITEN UND DER BEGINN DER DRITTEN MISSIONSREISE

Apostelgeschichte 18, 18–23

zu Vers 18: 4 Mo 6, 9. 18; Apg 21, 24; Rö 16, 1
zu Vers 19: Apg 13, 14
zu Vers 20: Jo 4, 40; Apg 19, 9 f; 20, 16
zu Vers 21: Apg 21, 15; Rö 1, 10; Rö 15, 32; 1 Ko 4, 19; 1 Ko 16, 7; Jak 4, 15
zu Vers 22: Apg 21, 15
zu Vers 23: Apg 16, 6

18 Nachdem aber Paulus noch hinreichende Tage geblieben war,
nahm er Abschied von den Brüdern und segelte nach Syrien und
mit ihm Priskilla und Aquila. Er ließ in Kenchreä das Haupt sche-
19 ren, denn er hatte ein Gelübde. * Sie gelangten aber nach Ephesus,
und jene ließ er dort; er selbst aber ging in die Synagoge und be-
20 sprach sich mit den Juden. * Als sie ihn aber baten, längere Zeit
21 zu bleiben, willigte er nicht ein, * sondern verabschiedete sich und
sprach: „Ich werde wieder zurückkehren zu euch, wenn Gott will",
22 und fuhr ab von Ephesus. * Und er landete in Caesarea, zog hin-
auf und begrüßte die Gemeinde und zog hinab nach Antiochia.
23 * Und als er einige Zeit zugebracht hatte, brach er auf und durch-
zog nacheinander das galatische Land und Phrygien, stärkend alle
Jünger.

Paulus blieb nach dem Vorfall bei Gallio noch **„hinreichende Tage"** (vgl. Anmerkung 256) in Korinth, dann **„nahm er Abschied von den Brüdern und segelte fort nach Syrien"**. Auch Aquila und Priskilla verlassen mit ihm die Stadt[429]. Wie beweglich, wie wenig irdisch gebunden waren damals solche Christen! Dabei waren Aquila und Priskilla offensichtlich begüterte Menschen, die einen größeren selbständigen Handwerksbetrieb hatten. Es war nicht so ein-

[427] Der ursprüngliche Text hat nur das Wort „alle", wobei es offen bleibt, ob der Reichstext mit seinem Zusatz „alle Griechen" die Meinung des Lukas richtig wiedergibt.

[428] Ob er mit Sosthenes identisch ist, der den 1 Korintherbrief mit verantwortet (1 Ko 1, 1)? Das ist keineswegs sicher, dazu waren solche Namen zu häufig.

[429] Vielleicht bleibt Silas zur Fortführung der Arbeit in Korinth, da er Kap. 18, 5 zum letzten Mal in der Apostelgeschichte erwähnt wird und sich nicht in der Reisebegleitung des Paulus befindet.

fach, schon wieder alles abzubrechen und in einer andern Stadt neu anzufangen. Es müssen auch bestimmte Pläne der Mission dahinter gestanden haben, Weisungen des Herrn, dem man die Sicherheit der irdischen Existenz gern zum Opfer brachte.

Welches waren diese Pläne? Unser Abschnitt ist gerade in seiner Kürze gar nicht leicht zu verstehen. Es wäre alles klar, wenn es nach Vers 18 sogleich mit Vers 23 weiterginge unter Nennung von Antiochia. So aber hören wir von den **„nach Syrien"** Abgefahrenen im nächsten Vers mit Erstaunen, **„sie gelangten nach Ephesus".** Nun müssen wir allerdings daran denken, daß es damals keine bestimmten festen Schiffahrtslinien mit regelmäßigem Passagierverkehr gab. Paulus konnte nicht einfach in Kenchreä eine Fahrkarte nach Syrien lösen. Man fuhr möglichst an der Küste entlang und so kurz wie möglich über das offene Meer. So wird — wir betrachten es uns auf der Karte — der Weg über Ephesus geradezu der normale gewesen sein. Wahrscheinlich bekam Paulus in Kenchreä zunächst einfach nur ein Schiff nach Ephesus und mußte von dort wieder eine Fahrgelegenheit nach Syrien suchen. Zugleich aber wird Ephesus bereits ganz in seinem fragenden und betenden Blick gelegen haben[430]. Aquila und Priskilla wollen nicht mit ihm nach Syrien gehen, sondern wollen nach Ephesus übersiedeln. Dorthin finden wir dann auch am Schluß des Abschnittes Paulus wieder unterwegs, und das ganze nächste Kapitel wird der großen Arbeit in Ephesus gewidmet sein.

Vor der Ausreise **„ließ er sich in Kenchreä das Haupt scheren, denn er hatte ein Gelübde".** Der Wortstellung nach läßt sich dieser Satz zunächst mit Aquila verbinden. Man könnte auch denken, daß hier Aquila nach Priskilla genannt ist, weil sich das Scheren des Hauptes am eindeutigsten auf Aquila bezieht. Aber sollte uns der so sparsame Lukas eine solche Sache von einer Nebenperson seines Buches erzählen? So werden wir bei dem Gelübde und der feierlichen Handlung in Kenchreä doch an Paulus selbst zu denken haben. Freilich, der ganze Vorgang bleibt uns dunkel genug[431]. Es kann sich um ein „Nasiräat" nach 4 Mo 6, 1–21; Ri 23, 4–7 gehandelt haben. Dabei mußte das abgeschnittene Haar unter bestimmten Verrichtungen eines Priesters im Tempel in Jerusalem geopfert werden. V. 22 spricht auch von einem Besuch des Paulus in Jerusalem, bei dem diese Zere-

430 Wir erinnern uns, daß Paulus bereits am Anfang der zweiten Missionsreise nach der „Asia" strebte, deren Hauptort Ephesus war (Kap. 16, 6).

431 Eben darum ist der Gedanke der kritischen Auslegung, Lukas habe diesen Zug erfunden, um uns Paulus als gesetzestreuen Juden vorzustellen, recht abwegig. Ein Schriftsteller von der Fähigkeit eines Lukas hätte das wesentlich geschickter und eindrucksvoller getan als mit einer kurz hingeworfenen Bemerkung, aus der eine eigentliche „Gesetzestreue" gerade nicht zu ersehen war.

monie erfolgen konnte. Vielleicht hat sich Paulus aber auch nur – bei der Reise nach Korinth? bei besonderen Schwierigkeiten und Gefahren dort? nach der nächtlichen Erscheinung des Herrn? – durch ein Gelübde mit dem Wachsenlassen seines Haares besonders als einen Gott zum Dienst geweihten Mann kennzeichnen wollen, bis er sein Arbeitsfeld nach wohldurchgeführter Arbeit wieder verlassen könne. Das Schneiden des Haares in Kenchreä sagte dann in einem „Zeichen": „Herr ich habe wirklich diesen ganzen schweren und fruchtbaren Dienst ausrichten dürfen!" War der gesetzesfreie Paulus zu einem solchen „Gelübde" fähig? Eben in dieser seiner Freiheit konnte er freiwillig und ohne den alten „Verdienstgedanken" Gesetzesbestimmungen und Gelübde als Anhaltspunkte und Markierungen seines Weges übernehmen. Wir werden jedenfalls gut tun, nicht allzu schnell wissen zu wollen, was ein Paulus „konnte" oder „nicht konnte". Nach einer „Erfindung" des Lukas sieht gerade eine solche hingeworfene Notiz nicht aus. Lukas hat das Gelübde des Paulus nebenbei berichtet, einfach weil es Tatsache war.

19 **„Sie gelangten aber nach Ephesus, und jene ließ er dort, er selbst aber ging in die Synagoge."** Wir dürfen das grie „aber" nicht überbewerten. Es ist ein kleines, ganz unbetont zwischengeschobenes Wort, das wir in vielen Fällen gar nicht mit übersetzen sollten, weil unser deutsches „aber" viel zu gewichtig ist. Daß Paulus Aquila und Priskilla in Ephesus ließ und selber in die Synagoge ging, bildet natürlich keinen Gegensatz. Es ist eine bemerkenswerte Tatsache, die wir zur Kenntnis nehmen sollen, daß Aquila und Priskilla sich für längere Zeit in Ephesus niederließen. Das heißt „aber" nicht, daß Paulus sich seinerseits nicht um Ephesus kümmerte. Nein, er nimmt sich auch hier die Zeit, die Synagoge aufzusuchen[482] und Gespräche mit den Juden anzuknüpfen bzw. ihnen zu predigen. Und
20 hier findet er sogar weit besseren Eingang als je bisher. Sie **„baten ihn, längere Zeit zu bleiben"**.

Wieder ist unser Abschnitt verwunderlich. Zum ersten Mal ist eine Judenschaft wirklich hörbereit, und doch, trotz der ausdrück-
21 lichen Bitte um längeres Bleiben, **„willigte er nicht ein, sondern verabschiedete sich und sprach: ‚Ich werde wieder zurückkehren zu euch, wenn Gott will', und fuhr ab von Ephesus"**. Die Schwierigkeit ist früh empfunden worden. Der „Koine" Text hat darum hinzugefügt: „Ich muß unter allen Umständen das kommende Fest in Jerusalem begehen." In der Tat muß Paulus davon überzeugt gewesen sein, daß eine neue lange Arbeit jetzt nicht seine Aufgabe sei, sondern daß er erst wieder die Verbindung mit der Urgemeinde in Jerusalem

[482] Nach D nur an einem einzigen Sabbat. Aber das ist wohl wieder nur der Abschreiber, der aus V. 20 einen solchen allzu genauen Schluß zog.

sowohl wie mit der Gemeinde Antiochias aufnehmen und festigen müsse. Was war doch alles geschehen, seit er zum Apostelkonzil in Jerusalem gewesen war und dann Antiochia zur zweiten Missionsreise verlassen hatte! Philippi, Thessalonike, Beröa, Korinth, dieses ganze große Stück Europa war zur Gemeinde Jesu hinzugekommen. Wie lag nun Paulus daran, daß hier gerade nicht eine eigene „paulinische" Kirche entstand, sondern daß alles der eine Leib Christi, das eine Volk des Herrn blieb und so auch von Jerusalem und Antiochia gesehen wurde. Aber sein Blick bleibt auf die Asia gerichtet, auf das fehlende Zwischenstück zwischen den Gemeinden des Ostens und der neuen Gemeindekette in Europa. So verspricht er das Wiederkommen, wenn seine Hoffnungen den Willen Gottes recht verstanden hatten. Dieser „Vorbehalt des Jakobus" (Jak 4, 15) stand auch sonst über allem Denken und Planen eines Paulus.

Seine Fahrt geht nicht nach Seleukia, sondern nach Caesarea. Das 22
konnte einfach an den Windverhältnissen liegen, von denen die damalige Schiffahrt ganz anders abhängig war als die heutige. Aber die Aussage des Verses 22: **„Er zog hinauf und begrüßte die Gemeinde"**, kann schwerlich das kleine Wegstück vom Hafen Caesareas hinauf in die Stadt zur Begrüßung der dortigen Gemeinde meinen. Welchen Grund sollte Paulus gehabt haben, gerade dieser Gemeinde einen so feierlichen Besuch abzustatten? Nein, das „Hinaufgehen" bezeichnet traditionell den Weg nach Jerusalem (vgl. Lk 18, 31). Dort begrüßte er die Urgemeinde. Aber wenn er später mit so ernsten Befürchtungen an den Besuch dort denkt (Rö 15, 25. 30—32) und ihn nur unternimmt, weil er die große Gabe seiner Gemeinden dorthin zu bringen hat, war jetzt seine Reise weniger gefährlich? Einmal wissen wir tatsächlich nicht, wie es damals stand; und zum andern kann es sich wirklich um ein so kurzes und nur im Schoß der Gemeinde selbst sich vollziehendes „Grüßen" handeln, daß daraus noch nicht eine ernste Gefahr für ihn erwachsen mußte. Zudem: wann hätte ein Paulus eine Gefahr gescheut, wenn er einen Weg vor Gott für notwendig und geboten hielt?

Von Jerusalem geht er **„hinab nach Antiochia"**. Auch dieser Aus- 23
druck paßt nur, wenn sein Weg von Jerusalem und nicht von Caesarea nach Antiochia führte. Paulus bleibt nur **„einige Zeit"**[488] dort. Wieder müssen wir hinter der kurzen, nüchternen Notiz des Lukas eine reiche, lebendige Geschichte sehen. Was hätte ein moderner christlicher Schriftsteller wohl alles aus diesen Tagen in Antiochia zu erzählen gehabt. Was hatte Paulus zu berichten! Was hörte er vom Fortgang in Antiochia, von der Missionsreise des Barnabas und

[488] Hier steht nicht das von Lukas sonst so gern gebrauchte Wort: „genügende Zeit"; der Aufenthalt war also nicht lang.

Markus. Welchen Austausch hatte man miteinander über der Bibel, welche Gemeinschaft im Gebet. Dann geht Paulus erneut auf Reisen. Er beginnt die sogenannte „dritte Missionsreise". Paulus fährt nicht über See rasch nach der Asia, sondern wählt den beschwerlichen Landweg durch die Kilikische Pforte und **„durchzog nacheinander das galatische Land und Phrygien, stärkend alle Jünger"**. Wie flüchtig kann man dies Sätzchen lesen, um dann rasch nach Ephesus weiterzueilen. Aber was bedeutet diese Wanderung an wochenlangen Strapazen! Paulus scheint dabei Derbe, Lystra, Ikonion, das pisidische Antiochia nicht wieder berührt, sondern seinen Weg von vornherein weiter nördlich durch Galatien nach Phrygien genommen zu haben. Da er dabei nicht „evangelisierte", sondern die **„Jünger stärkte"**, müssen „Galatische Gemeinden" dagewesen sein. Wir denken an Kap. 16, 6 zurück. Es bestätigt sich, was wir dort von der Gründung kleiner galatischer Gemeinden auf dem Lande vermuteten. Auch Gal 4, 13 hebt seine „erste" Evangelisation in Galatien von einem späteren zweiten Besuch ab. Paulus hat offensichtlich den durch ihn gegründeten Gemeinden gern eine „zweite Gnade" (2 Ko 1, 15) zugewendet. Dann führt sein Weg auf der großen Handelsstraße über das pisidische Antiochia nach Ephesus.

DIE DRITTE MISSIONSREISE

1. Apollos in Ephesus und Korinth

Apostelgeschichte 18, 24–28

zu Vers 24:
Apg 19, 1
1 Ko 1, 12
1 Ko 3, 4. 5 f
1 Ko 4, 6
1 Ko 16, 12
Tit 3, 13
zu Vers 25:
Apg 3, 15
19, 3
Rö 12, 11
Offb 3, 15
zu Vers 27:
Rö 16, 1
2 Ko 3, 1
Kol 4, 10
zu Vers 28:
Lk 23, 10
Apg 9, 22
17, 3

24 **Ein Jude aber namens Apollos, Alexandriner von Geschlecht, ein**
beredter (oder: gelehrter) **Mann, kam nach Ephesus, mächtig in**
25 **den Schriften. * Dieser war unterrichtet über den Weg des Herrn,**
und brennend im Geist sprach er und lehrte genau die Dinge von
26 **Jesus, obwohl er nur die Taufe des Johannes kannte. * Dieser be-**
gann freimütig zu reden in der Synagoge. Als ihn Priskilla und
Aquila hörten, nahmen sie ihn zu sich und setzten ihm noch ge-
27 **nauer den Weg Gottes auseinander. * Als er aber weiterreisen**
wollte nach Achaja, schrieben die Brüder ermunternd den Jüngern,
ihn aufzunehmen. Als er ankam, half er viel den Gläubiggewor-
28 **denen durch die Gnade. * Denn kraftvoll widerlegte er die Juden,**
öffentlich erweisend durch die Schriften, daß Jesus der Messias ist.

Es ist ein kurzer, aber für unsere Kenntnis des Urchristentums sehr bedeutsamer Abschnitt, den wir vor uns haben und den wir keinesfalls schnell überlesen dürfen. Etwas sehr Wichtiges und sehr Schwieriges geschieht: Ein neuer Mann erscheint auf dem paulinischen Missionsgebiet. Nicht ein von Paulus selbst berufener und ihm von vornherein unterstellter Mitarbeiter, sondern ein eigenständiger „Freier Missionar" eigener Prägung, ein Mann von Format und ein von Gott selbst ausgerüsteter Bote. Für Paulus und die paulinischen Gemeinden ergab sich daraus die Aufgabe, die sich im Lauf der Kirchengeschichte wieder und wieder stellte: die Verschiedenheit der Gaben mit Freude anzuerkennen, die Arbeit recht zu teilen und dabei in der ganzen Einheit zu bleiben. Paulus hat diese Aufgabe vorbildlich gemeistert (1 Ko 3, 5—10; 4, 6 f; 16, 12), die Gemeinde Korinth hat weitgehend versagt (1 Ko 1, 11 f; 3, 4. 21).

Von Apollos[434] erfahren wir wichtige und interessante Dinge. Er ist Alexandriner von Geschlecht. Damit wird unser Blick auf Alexandria gerichtet, die zweitgrößte Stadt des römischen Reiches und anders und tiefer als Athen ein Mittelpunkt kulturellen und wissenschaftlichen Lebens. Berühmt war ihre Bibliothek, und Juden und Griechen hatten hier ihre bedeutenden Bildungsstätten. Auch die junge Christenheit bekam später in Alexandria einige ihrer großen Lehrer geschenkt: Klemens, Origenes, Athanasius, Cyrill. In Alexandria lehrte der jüdische Denker Philo (* 45 n. Chr.), der das AT als Inbegriff einer tiefsinnigen Weisheit auszulegen suchte, die der griechischen Philosophie noch überlegen war, aber ihren Fragestellungen entsprach. Ob Apollos selber Philo gehört und von ihm für sein Bibelverständnis (**„mächtig in den Schriften"**) entscheidende Wegweisung empfangen hatte? Seiner ganzen Art nach war Apollos jedenfalls auch später ein „Alexandriner". Das ihm hier beigelegte Kernwort „logios" kann sowohl seine Beredsamkeit wie seine Gelehrsamkeit hervorheben.

Er war **„unterrichtet über den Weg des Herrn, und brennend im** 25a
Geist sprach er und lehrte genau die Dinge von Jesus". Das sind große Aussagen über ihn. Er kannte die Lehre Jesu und notwendig auch Jesu Weg zum Kreuz und seine Auferstehung. Er konnte über dieses alles **„genau"** lehren. Es waren nicht nur undeutliche Nachrichten, die er über Jesus besaß. Von seiner tiefgründigen Kenntnis des AT aus sah er in Jesus den verheißenen Messias. Dieses Bewußtsein, daß in Jesus die Erfüllung des AT gekommen sei, entzündete ihn innerlich und machte ihn auch bei seiner Verkündigung **„brennend im Geist"**.

Wann ist Apollos Christ geworden? Noch in Alexandria? Kam er direkt von dort nach Ephesus? Oder war er vorher in Jerusalem und gehörte dort zur Synagoge der Alexandriner? (Vgl. Kap. 6, 6. 9). Kam er dort zum Glauben? Aber dann würde er schwerlich bei der „Taufe des Johannes" stehen geblieben sein. Auch diese Stelle zeigt: Biogra-

434 Der Name ist Kurzform von „Apollonius".

phisches Interesse war in der Urchristenheit gering; Lukas sagt uns nichts von Dingen, die wir für wesentlich halten.

25b Aber wie sollen wir es nun verstehen, daß diesem Mann noch etwas, ja Entscheidendes fehlt? Wenn er **„genau die Dinge von Jesus lehrte"**, warum mußte er dann **„noch genauer den Weg Gottes"** auseinandergesetzt bekommen? Lukas sagt: **„Er kannte nur die Taufe des Johannes."** Was heißt das? Wir sind am Verständnis solcher Stellen gehindert durch die langgewohnte akademische Art unserer christlichen und kirchlichen Dogmatik. Wir meinen darum, es müßte jemand entweder dies ganze, zusammenhängende Lehrsystem kennen, oder er habe überhaupt keine „genaue Kenntnis". Aber gerade in jener ersten Zeit konnte es einen brennenden Messias-Jesus-Glauben geben, der sich dennoch ganz im Rahmen des Judentums hielt. Jesus ist der Messias, Jesus wird kommen und das Reich aufrichten. Darauf kann man sich wenigstens jetzt vorbereiten, wie es der Täufer mit seiner Vorbereitungstaufe gelehrt hatte. Wieviel konnte dabei genau und brennend über Jesus gelehrt werden. Aber das wußte Apollos noch nicht, was die Jünger selber erst staunend am Himmelfahrtstage gehört und dann Schritt für Schritt in seiner Verwirklichung erlebt haben: daß der Wiederkunft Jesu die Ausgießung des Geistes vorangeht und in der Kraft dieses Geistes der Zeugendienst in aller Welt, der durch eine Taufe ganz anderer und neuer Art Menschen der neuen Gemeinde eingliedert und sie in der Wiedergeburt schon jetzt mit ewigem Leben im Heiligen Geist beschenkt hat. (Vgl. zu 1, 5)

Wie wir am Anfang von Kap. 19 sehen werden, war diese innere Einstellung nicht nur die Privatsache des Apollos. Es muß damals ganze Gruppen – vielleicht sogar „Gemeinden" – gegeben haben, die, aus der Täuferbewegung hervorgegangen, zwar das Lehren und Heilen, Sterben und Auferstehen Jesu kannten, Jesus für den Messias Israels hielten, aber doch in besonderer Weise an Johannes dem Täufer hingen und seine Bußtaufe für wesentlich ansahen. Gerade in der Entfernung von Palästina, etwa in Ägypten oder in der Asia, konnte eine solche Art des Christentums vorkommen und sich halten.

26 Apollos lehrt dieser seiner Einstellung nach bewußt in der Synagoge. Aquila und Priskilla hören dort seine Verkündigung. Und nun vollzieht sich etwas Seltenes und Schönes. Die „Laien" Aquila und Priskilla freuen sich über das, was der gelehrte Theologe aus Alexandrien sagt; aber sie spüren schnell, daß hier etwas „fehlt". Aber sie kritisieren den Redenden nicht hinter seinem Rücken und reden nicht mit bedauerndem Achselzucken über ihn mit andern, sondern sie **„nahmen ihn zu sich und setzten ihm noch genauer den Weg Gottes**

auseinander". Und Apollos läßt sich einladen und scheut sich nicht, in dem einfachen Handwerkerhaus zu sitzen und sich von dem Zeltmacher und noch mehr von seiner Frau tiefer in den lebendigen Glauben an Jesus hineinführen zu lassen. Wohl einer Gemeinde, die solche „Laien" und solch eine „Mutter in Christus" hat, die auch den beredten und bibelkundigen Prediger auf das hin anzureden wagen, was ihm fehlt. Und wohl einem Theologen, der nicht zu stolz ist, sich von solchen Gemeindegliedern sagen und weiterhelfen zu lassen[435].

Apollos hält es nicht lange in Ephesus, er will weiter nach 27
Achaja. Die Brüder in Ephesus geben ihm ein Empfehlungsschreiben an die Christen in Korinth mit[436]. Wir sehen daraus, daß es in Ephesus, vielleicht schon durch die ganze Wirksamkeit des Paulus, vielleicht durch die Weiterarbeit von Aquila und Priskilla, eine Schar von Christen gibt. In Achaja, das heißt praktisch in Korinth, angekommen, entfaltet Apollos eine zweifache Wirksamkeit: Einerseits **„half er viel den Gläubiggewordenen durch die Gnade".** Man könnte den Ausdruck **„durch die Gnade"** zu dem Wort **„die Gläubiggewordenen"** ziehen. Aber viel wahrscheinlicher haben wir diese Gnade in Apollos Wirksamkeit zu sehen, so daß er dadurch den Gläubigen viel helfen kann. Dann bedeutet **„Gnade"** hier des Apollos besondere „Gnadengabe". Die ganze Art des Apollos und besonders seine originelle und tiefe Auslegung des AT konnte Menschen ansprechen und fördern, die bei Paulus noch nicht alles empfingen, was sie brauchten. Es mochten gerade die „Gebildeten" jener Zeit sein, die durch die Lehrtätigkeit des Apollos entscheidend weiterkamen. Paulus selbst hat das ohne Neid gesehen. Auf der andern Seite hilft Apollos der jungen Gemeinde kraftvoll in ihrer steten Auseinandersetzung mit der zahlreichen Judenschaft der Stadt: **„Denn kraftvoll widerlegte er die Juden, öffentlich erweisend durch die Schriften, daß Jesus der Messias ist."** Ob das noch in der Synagoge selbst geschah, die ihm als Juden offenstand und die nach den Erfahrungen bei ihrer vergeblichen Klage gegen Paulus duldsamer geworden sein mochte, ist zweifelhaft. Aber da das Versammlungshaus der Christen weiter neben der Synagoge lag, konnten umgekehrt nach der Abreise des Paulus jüdi-

[435] Als ein Beispiel unter den vielen sei das Gespräch zwischen dem alten Schuster Rahlenbeck in Herdecke und seinem Pastor in „Der Finenpastor von Herdecke" genannt. F. Bahn, Schwerin 1929. S. 43 ff; 84 ff.

[436] D hat hier den Text wieder erweitert, um die knappen Angaben des Lukas verständlicher zu machen: „In Ephesus weilten einige Korinther, und als sie ihn gehört hatten, baten sie ihn, mit ihnen zusammen in ihre Vaterstadt zu reisen. Es stimmten ihm aber die Epheser zu und schrieben den Jüngern in Korinth, daß sie den Mann aufnehmen sollten." Sachlich kann das wieder zutreffen, im ursprünglichen Text hat es aber schwerlich gestanden.

sche Lehrer kommen und jüdische Gemeindeglieder zurückzugewinnen suchen. Nun bekam die Gemeinde in Apollos einen hervorragenden Kämpfer gegen sie, der manchen Juden für den Messias Jesus gewann. Aus 1 Ko 1, 12 wissen wir, daß Apollos in Korinth wirksam gearbeitet hat, so daß sich eine ganze von ihm zu Jesus geführte Gruppe ausdrücklich auf ihn als auf ihren geistlichen Vater berief.

DIE DRITTE MISSIONSREISE

2. Paulus und die Johannesjünger in Ephesus

Apostelgeschichte 19, 1–7

zu Vers 1:
Apg 18, 24. 27
1 Ko 16, 8
zu Vers 2:
Jo 7, 39
Apg 2, 38
8, 15 f
zu Vers 3:
Lk 3, 3. 7
Apg 18, 25
zu Vers 4:
Mt 3, 11
Lk 3, 16
Apg 13, 24
zu Vers 5:
Apg 2, 38
zu Vers 6:
Mk 16, 17
Apg 2, 4
6, 6
8, 17
10, 44. 46
1 Ko 14

1 **Es geschah aber, während Apollos in Korinth war, daß Paulus,**
nachdem er die oberen Gegenden durchzogen hatte, nach Ephesus
2 **kam und einige Jünger fand. * Und er sprach zu ihnen: „Habt ihr**
Heiligen Geist empfangen, als ihr zum Glauben kamt?" Sie aber
zu ihm: „Nein, wir haben nicht einmal gehört, daß es Heiligen
3 **Geist gibt"** (oder: daß der Heilige Geist schon da ist). *** Und er**
sprach: „Worauf wurdet ihr denn getauft?" Sie aber sprachen:
4 **„Auf die Taufe des Johannes." * Es sprach aber Paulus: „Johannes**
hat mit einer Bußtaufe getauft, indem er dem Volk sagte, sie soll-
ten an den nach ihm Kommenden glauben, das heißt an Jesus."
5 *** Als sie es gehört hatten, ließen sie sich auf den Namen des Herren**
6 **Jesus taufen. * Und als ihnen Paulus die Hände auflegte, kam der**
Heilige Geist auf sie, und sie redeten mit Zungen und weissagten.
7 *** Es waren aber insgesamt etwa zwölf Männer.**

Während Apollos schon in Korinth arbeitet, hat Paulus seine Wanderung durch **„die oberen Gegenden"**[437] beendet und trifft in Ephesus ein[438]. Nun ist Paulus wirklich in der Asia! Ob er damals bereits auf seiner Wanderung einige der Gemeinden gründete, die dann in Offb 2 u. 3 oder in den Briefen des Märtyrers Ignatius vor uns stehen, oder ob alle diese Gemeinden vielmehr in der Auswirkung der Ephesischen Arbeit entstanden sind, wissen wir nicht. Das letztere ist

[437] Der Ausdruck „die oberen Gegenden" kann das Hochland von Kleinasien meinen, kann aber auch einfach mit „Binnenland" übersetzt werden. Auf jeden Fall ist an die Kap. 18, 23 kurz skizzierte Reise des Paulus gedacht.

[438] D erzählt hier mit einer eigenartigen Erweiterung, von der schwer zu sagen ist, wie er auf sie kommt: „Als Paulus nach seinem eigenen Plan nach Jerusalem reisen wollte, sprach zu ihm der Heilige Geist, er solle sich umwenden zu der Asia hin." Vielleicht dachte der Schreiber von D an Kap. 16, 6 und wollte betonen, daß diesmal der Heilige Geist ausdrücklich selber Paulus nach der Asia schickte, während Paulus schon wieder an eine Reise nach Jerusalem dachte.

aber wahrscheinlich, wenn selbst die Gemeinde in dem so nahen Kolossä dem Paulusschüler Epaphras ihr Dasein verdankt (Kol 1, 7; 2, 1; 4, 12). Die Ausbreitung des Christentums geschah weit lebendiger und vielseitiger, als wir es nach unserem Schema über die „großen Männer" meinen.

Jedenfalls aber nach seiner Missions-Methode ist das Ziel des Paulus Ephesus, die Hauptstadt der Provinz. Ephesus besaß damals noch einen — heute längst versandeten — Hafen. Handelsstraßen liefen von der Stadt nach Kleinasien und weit in den Orient hinein. Größe und Bedeutung von Ephesus hatte die Römer veranlaßt, dieser Stadt eine gewisse politische Selbständigkeit mit einem eigenen Senat und einer eigenen Volksversammlung zu geben. Darum greift beim Aufstand der Silberschmiede auch nicht der römische Prokonsul, sondern der eigene städtische Kanzler ein. Er respektiert in seiner Weise die Rechte der „Volksversammlung". Durch seine Lage und seinen Handel war Ephesus ein besonderer Ort pulsierenden Lebens und vielfältiger Mischung westlich-griechischer Einflüsse mit starken orientalischen Elementen. Kein Wunder, daß hier Paulus nicht nur auf eine stärkere Judenschaft, sondern auch auf besonders ausgeprägtes Zauberwesen stieß und mit einem ganzen Gewerbe in Konflikt kam, das von dem weltberühmten „Artemis" (eigentlich: Kybele-) Tempel lebte. Verständlich aber auch, wie Paulus gerade hier eine lange und intensive Wirksamkeit entfalten konnte[439].

In Ephesus findet er **„einige Jünger"**, also einige „Christen". Wieder erfahren wir vieles nicht, was wir gern wissen würden: Wer hat diese Männer zu „Jüngern" gemacht? Es waren nicht die einzigen Christen, die es nach der Wirksamkeit von Aquila und Priskilla und Apollos und nach der ersten Arbeit des Paulus (Kap. 18, 19—20) überhaupt in Ephesus gab. Es muß sich um eine besondere Gruppe abseits von der Synagoge und abseits von der eigentlichen Gemeinde handeln. Wo kam sie her? Und wie „fand" Paulus sie? Davon hören wir nichts. Doch wir sind das ja bei Lukas gewohnt und müssen uns damit begnügen, Tatsachen zur Kenntnis zu nehmen, die wir nicht näher erklärt bekommen. Das gilt auch für den überraschenden Einblick, den wir in die innere Lage dieser Männer bekommen. Sie sind „Christen", aber Paulus merkt rasch, daß es mit ihrem Christentum nicht stimmt. Es fehlen ihnen die Merkmale geistlichen Lebens[440].

439 D. Ludwig Schneller „Paulus — Das Leben des Apostels" (Verlag Wallmann Leipzig 1926) gibt eine anschauliche Schilderung der Stadt.

440 Der kritische Gelehrte stellt auch hier wieder fest: das „könne" es doch bei „Christen", noch dazu in der Nähe von Aquila und Priskilla, gar nicht gegeben haben. Lukas habe sich das nur so ausgedacht, um die Wirksamkeit des Paulus hervorzuheben. Aber wer in wirklicher seelsorgerlicher Arbeit steht, merkt auch heute noch oft genug im Ge-

2 Paulus stellt ihnen die klare Frage: **„Habt ihr den Heiligen Geist empfangen, als ihr zum Glauben kamt?"** Noch einmal wird klar, es handelt sich um „Christen". Diese Männer sind **„zum Glauben gekommen"**, das heißt im NT eindeutig „zum Glauben an Jesus als den Messias". Aber noch ganz anders als bei Apollos wird der tiefe Mangel dieses Glaubens an Jesus deutlich. Diese Männer kennen die Geschichte Jesu allenfalls bis zur Auferstehung. Sie waren ganz von der Verkündigung des Täufers gefangen, bei dem sie offenbar während der großen Erweckungsbewegung selber zur Taufe waren. Jesus blieb ihnen persönlich der kommende Messias, der sein eigentliches Werk als der „Mann mit der Wurfschaufel", als der Mann mit der „Feuer- und Geistestaufe" erst noch tun wird. Von dem eigentlichen Evangelium, von dem errettenden Leiden des Messias Jesus, von der bereits geschenkten Erfüllung des messianischen Heiles in der Ausgießung des Heiligen Geistes hatten sie nichts gehört, sondern sich mit ihrer Johannestaufe und ihrer endzeitlichen Erwartung begnügt. Das liegt in ihrer Antwort auf die bestimmte Frage des Paulus[441]: **„Nein, wir haben nicht einmal gehört, daß es Heiligen Geist gibt** (oder: daß der Heilige Geist schon da ist)." Natürlich wußten sie aus der Schrift vom Heiligen Geist. Erst recht hatten sie gerade von Johannes dem Täufer gehört, daß der kommende Messias „mit dem Heiligen Geist taufen wird". Aber das wußten sie nicht, daß es jetzt und hier schon Heiligen Geist für uns „gibt", daß der Heilige Geist bereits ausgegossen und da ist und daß für uns durch den Heiligen Geist ein neues göttliches Leben und ein neues Dienen mit den Gaben des Geistes möglich ist[442].

Und nun stellt sich auf eine weitere Frage des Paulus heraus, daß sie nur **„auf die Taufe des Johannes"** getauft und somit von der ganzen eigentlichen Geschichte Jesu noch gar nicht berührt worden

spräch und im gemeinsamen Beten diesen ganz eigentümlichen Mangel und muß die gleiche Frage stellen wie Paulus damals: „Habt ihr Heiligen Geist empfangen, als ihr zum Glauben kamt?" Es gibt eben doch in der Wirklichkeit vieles, was es nach unserer Meinung nicht geben „kann".

441 Wir sollten auch unserseits Christen, auf die wir treffen und bei denen wir Mängel spüren, viel klarer und entschiedener fragen. Welche Hilfe könnte ihnen daraus erwachsen! Daß man solches Fragen für „hochmütig" hält, darf uns nicht abschrecken. Es gibt auch heute viel „Glauben an Jesus", der als „Glaube" anerkannt werden muß und der doch ein ganz unzureichender Glaube ist, weil er den noch gar nicht in seiner Größe und in dem Vollmaß seiner Gaben sieht, an den er glaubt. Hier müssen wir, wie Paulus es bei diesen Männern tat, zeigen, wieviel mehr Jesus für uns bereit hat.

442 Wie ist dies tatsächlich der Stand vieler heutiger „Christen". Man lernt zwar den dritten Artikel und im lutherischen Raum auch Luthers Erklärung dazu; aber daß dies nicht nur ein Lehrstück für den Kopf, sondern mächtige Wirklichkeit für das Leben ist, das ahnt man nicht einmal!

sind[443]. Darum zeigt ihnen Paulus den bloßen Vorbereitungscharakter der Johannes-Taufe und das eigentliche Wesen des „Glaubens an Jesus". Eine neue Welt geht ihnen auf. Sie „hören" wirklich. Mit Staunen und mit Freude sehen sie, wie Gott durch Jesus schon so viel von dem erfüllt hat, was sie erst für die Zukunft erwarteten. Sie greifen im Glauben zu und **„ließen sich auf den Namen des Herrn Jesus taufen"**. Und nun, **„als ihnen Paulus die Hände auflegte, kam** 6
der Heilige Geist auf sie, und sie redeten mit Zungen und weissagten". Es wird deutlich sichtbar und hörbar, daß ein neues inneres Leben in sie eingezogen ist. Die beiden Geistesgaben, die Paulus in seiner Darlegung 1 Ko 14 unterscheidet und in ihrem Wert für das Gemeindeleben abwägt, sind ihnen zuteil geworden.

Es waren nur **„etwa zwölf Männer"**, an denen dies geschieht. Und doch hat uns Lukas von ihnen erzählt. Vielleicht hat ihn dazu die Tatsache veranlaßt, daß es solche „Johannes-Christen" zu seiner Zeit noch vielfach gab, die er mit diesem seinem Bericht ansprechen wollte. Der Heilige Geist aber hat gewußt, was er tat, als er Lukas diesen Abschnitt schreiben ließ. Es ist etwas Großes, wenn Menschen aus einem armen und engen „Christentum" herauskommen zu der eigentlichen Wahrheit und Fülle des Lebens in Christus. Es ist für alle Zeiten und auch gerade für unsere Gegenwart entscheidend wichtig zu wissen: Eigentliches Christsein ist Geistesempfang und Leben im Heiligen Geist. Wie vielen „Getauften" muß die Frage ins Herz gebohrt werden: „Habt ihr (den) Heiligen Geist empfangen?"

Wir werden auf die große Freiheit zu achten haben, die in jener ersten Zeit im Handeln der Boten Gottes geherrscht hat, weil man damals noch nicht meinte, das Handeln des lebendigen Gottes in kirchlichen Sätzen und Ordnungen fest eingefangen zu haben. Lukas hat sich nicht gescheut, so dicht nebeneinander von Apollos zu berichten, der auch „nur die Taufe des Johannes kannte" und doch bereits „brennend im Geist sprach und genau von Jesus lehrte" und nicht neu auf den Namen Jesu getauft wurde, und von diesen zwölf Männern, die die Taufe auf den Namen des Herrn Jesu nachholen mußten und dann erst durch die Handauflegung des Paulus den Geist empfingen. Er hat uns in Kap. 10 Heiden vor Augen geführt, die den Geist erhalten, ohne noch getauft zu sein; er hat uns in Kap. 8 Menschen in Samaria geschildert, die das volle Evangelium hören, zum Glauben kommen, auf den Namen Jesu getauft werden und denen dann doch erst durch die Apostel unter Handauflegung das Leben aus Gott geschenkt wird. Uns ist das sehr unbequem; wir haben so gern

[443] In einer Großstadt wie Ephesus war es durchaus möglich, daß solch eine kleine Sondergruppe nur streng unter sich zusammenkam und von der Gemeinde und ihrer Verkündigung noch nichts erfahren hatte.

klare Ordnungen und dogmatische Sauberkeit. Aber wir müssen zur Kenntnis nehmen, daß Gott seine Freiheit liebt. Es wird aber eine von Lukas absichtlich unterstrichene Parallele zu Kap. 8 sein, wenn auch hier bei Paulus erst die apostolische Handauflegung und nicht schon die Taufe als solche den Geist verleiht.

DIE DRITTE MISSIONSREISE

3. Das Wirken des Paulus in Ephesus

Apostelgeschichte 19, 8–12

zu Vers 8:
Apg 13, 14
18, 19. 26
28, 23. 31
zu Vers 9:
Apg 9, 2
13, 45
18, 6. 7
Rö 16, 17
1 Ko 5, 11
2 Ko 6, 17
2 Th 3, 6
2 Tim 1, 15
Tit 3, 10
2 Jo 10
zu Vers 10:
Apg 18, 11
20, 31
1 Ko 16, 8
zu Vers 11:
Apg 14, 3
zu Vers 12:
Lk 8, 44
Mk 6, 56
Apg 5, 15

8 **Hineingehend in die Synagoge aber unterredete sich** (oder: pre-
digte) Paulus drei Monate lang mit Freimut und suchte vom Rei-
9 **che Gottes zu überzeugen. * Als aber einige sich verhärteten und**
den Glaubensgehorsam verweigerten, indem sie den Weg vor der
Menge schmähten, trennte er sich von ihnen und sonderte die
Jünger ab, indem er täglich sich unterredete (predigte) **in dem**
10 **Lehrsaal des Tyrannus. * Dies geschah aber zwei Jahre lang, so**
daß alle Bewohner der Asia das Wort des Herrn hörten, Juden wie
11 **Griechen. * Und Machterweisungen nicht gewöhnlicher Art tat**
12 **Gott durch die Hände des Paulus, * so daß sie auch zu den Kran-**
ken brachten von seiner Haut Schweißtücher oder Schurze und
daß von ihnen die Krankheiten wichen und die bösen Geister
ausfuhren.

Nun nimmt Paulus die Verkündigung in der Synagoge wieder auf[444]. Das Thema, um das sich alles bewegt, ist die Königsherrschaft Gottes. Ein im damaligen Judentum bekanntes und beliebtes Thema! Es ist aber ein großer Unterschied, ob ich mir über eine mögliche und ersehnte Herrschaft Gottes von der Schrift her Gedanken mache, oder ob ich bezeuge, daß sie in einem bestimmten Mann mit einem ganz bestimmten Ablauf des Geschehens gekommen sei und verlangt, daß ich mich dieser Herrschaft unterstelle. Man war zwar in einer Weltstadt wie Ephesus auch in der Synagoge beweglicher und aufgeschlossener als anderwärts. Paulus kann drei Monate lang seine Verkündigung in der Synagoge durchführen. Aber vor der Bestimmtheit der Botschaft kann es nicht bei allgemeinen Fragen und Diskussionen bleiben. Es müssen Entscheidungen fallen. Wieder wie in Ikonion (s. dazu S. 254) spricht Lukas von Gehorsam bzw. Ungehorsam. Entweder hat Gott so gehandelt und durch das Kreuz und die Auferste-

[444] Zu dem Wort „sich unterreden" oder „predigen" vgl. die Auslegung zu Kap. 18, 4.

hung Jesu seine Herrschaft verwirklicht, wie es die Botschaft sagt, dann muß ich „gehorchen" und mich mit der Hingabe meines ganzen Lebens dem Herrn Jesus unterstellen[445]. Und das gilt nicht nur dem einzelnen Israeliten, sondern der Synagogengemeinde als ganzer. Oder ich muß bei aller allgemeinen Toleranz in Lehrfragen dennoch diese herausfordernde Botschaft als „Lüge" und Anmaßung abweisen und **„schmähen"**. Bei **„einigen"** beginnt es mit der klaren Verweigerung des Glaubensgehorsams und mit der Schmähung des **„Weges"**[446]. **„Die Menge"** aber hört die Schmähungen mit an, ohne gegen sie Stellung zu nehmen. Sie stellt sich damit schon auf die Seite der Ablehnung. Es gilt, was Jesus selbst bereits gesagt hat: „Wer nicht für mich ist, der ist wider mich; und wer nicht mit mir sammelt, der zerstreut."

Das sieht Paulus. Noch wird er nicht aus der Synagoge getrieben; es sind ja erst „einige", die ihm laut und heftig widersprechen. Aber er wartet nun solche Vorgänge wie in Thessalonike oder Korinth nicht erst ab. Die Entscheidung ist klar, das Angebot an Israel ist erfolgt und abgelehnt. So **„trennte er sich von ihnen und sonderte die Jünger ab"**[447]. Er mietet sich einen Hörsaal und hält dort täglich **„zwei Jahre lang"**[448] seine Vorträge und Unterredungen[449]. Die Trennung von der Synagoge bringt sofort einen großen Vorteil: nun hat Paulus einen

[445] Wie völlig hat unsere Evangelisation diesen klaren und festen Klang verloren! Wer die „Heilstatsachen" in lauter „Religion" oder in lauter Existentialismus auflöst, kann nicht mehr sachlich und bestimmt verkündigen und nicht mehr Entscheidungen wirken. Unter den Evangelisten ist Finney vorbildlich in seiner sachlichen und mannhaften Verkündigung. Kein Wunder, daß er die Männer hatte!

[446] Zu diesem Ausdruck siehe Anmerkung 207.

[447] Paulus hat auch hier wieder nicht diskutiert und problematisiert, sondern die Trennung und Absonderung als notwendig gewagt. Wer zu solchen Scheidungen nicht Mut hat, erreicht nichts und gefährdet alle Schwankenden und Schwachen.

[448] Paulus spricht in Kap. 20, 31 von einem Zeitraum von „drei Jahren". Die ersten drei Monate in der Synagoge und die Zeit nach den zwei Jahren bis zur wirklichen Abreise sind mitgerechnet. Das Altertum zählt überhaupt so, daß Anfang und Abschluß eines Zeitraumes in diesen mit eingerechnet wurde. Wenn jemand von Herbst des Jahres 1 bis zum Beginn des Jahres 3 irgendwo weilte, so galt das als „drei Jahre".

[449] D will wissen, daß er das von der fünften bis zur zehnten Stunde, also von 11—16 Uhr tat. Dann hätte Paulus damit gerechnet, daß die arbeitende Bevölkerung, die in diesen heißesten Stunden frei hatte, trotz der Hitze zu seinen Vorträgen kam. Auch Paulus selbst konnte sich in diesen Stunden am besten von seiner Handarbeit freimachen. Wie Paulus überhaupt seinen Verkündigungsdienst und seine Seelsorge mit dem Erwerb des Lebensunterhaltes als Handwerker und mit seiner unaufhörlichen Fürbitte verband, darüber sagen uns weder seine eigenen Briefe etwas, noch die Schilderung der Apostelgeschichte, so gern wir es wüßten. Nur das ist klar, daß es mit der Ausfüllung der Tag- und Nachtzeit ernst war und daß das von ihm empfohlene „Wachen im Gebet" seiner eigenen Erfahrung entsprach.

Raum, in dem er nicht nur wöchentlich einmal am Sabbat, sondern täglich sprechen kann[450].

10 Paulus hat Ephesus eine besonders lange Zeit seines Wirkens gegönnt. Er wird es getan haben, weil von Ephesus aus ganz anders noch als von den makedonischen Städten und selbst von Korinth her die Botschaft in die andern Städte der Asia hinausdrang, **„so daß alle Bewohner der Asia das Wort des Herrn hörten, Juden wie Griechen"**. Lukas will gewiß nicht behaupten, daß im statistischen Sinne ausnahmslos jeder Bewohner der Asia das Wort des Herrn gehört habe, so wenig wie Paulus selbst in Kol 1, 28 gemeint haben kann, „jeden Menschen" der damaligen Welt gelehrt zu haben[451]. Aber die Verkündigung dringt weiter in die Provinz hinein und erreichte „alle", die Juden wie die Griechen. Alle Bewohner der Provinz standen im Einflußraum des Wortes Gottes (Kol 1, 28). Wie weit Paulus selbst von Ephesus in die Umgegend gekommen ist und dort evangelisiert hat, wissen wir nicht. Daß Philemon in Kolossä von Paulus selbst zum Glauben an Jesus geführt worden ist, könnte dafür sprechen; daß aber die Gemeinde in Kolossä als ganze ein Werk des Epaphras ist, spricht dagegen. Jedenfalls aber verbreiten hier noch mehr als im pisidischen Antiochia (s. S. 252) von Jesus ergriffene Menschen die Botschaft in die ganze Umgegend hinein. Und umgekehrt besuchte mancher, der aus der Asia in die Hauptstadt kam, Vorträge dieses merkwürdigen Mannes, von dem man so viel sprach; und er nahm mit sich zurück in seine Heimat, was er bei Paulus gehört hatte[452]. Juden gingen dabei zu Juden; Griechen suchten ihre grie Freunde und Verwandten auf. Die Missionsmethode des Paulus bewährte sich von neuem.

11 Die Verkündigung ist begleitet von besonderen „Machterweisungen Gottes". Das liegt im Wesen des Evangeliums. Das Evangelium will nicht theologische Belehrung über Gottes Wesen und Eigen-

[450] In allen geistlich lebendigen Zeiten, vor allem in eigentlichen Erweckungen, hat man sich ganz selbstverständlich nicht mit einem Sonntagsgottesdienst und einer wöchentlichen Bibelstunde begnügt, sondern täglich Versammlungen gehalten (vgl. z. B. E. Modersohn „Er führet mich auf rechter Straße", Wuppertal 1961). Es zeugt von dem ganzen Todeszustand vieler „Gemeinden", daß ihnen selbst das regelmäßige, wöchentliche Zusammenkommen schon zu viel ist.

[451] Die Beobachtung dieses Sprachgebrauchs ist wichtig im Blick auf die „Allversöhnung", die diesen Sprachgebrauch übersieht und aus dem „alle" falsche „statistische" Folgerungen zieht.

[452] So ist es heute noch vorbildlich auf dem Missionsfeld. Ihren Impulsen folgend, können schwarze oder braune Menschen gar nicht anders, als ihren Stammesgenossen weiterzusagen, was ihr eigenes Herz erfaßt hat. Ja, sie gehen zu fremden und feindlichen Stämmen (vgl. „K. Studd, ein Bote Jesu" von Norman P. Grubb, Basel o. J.). Wir aber schieben es kühl auf die ab, die es „studiert" haben und die amtlich dazu verpflichtet sind.

schaften, sondern Siegeskunde sein von dem rettenden Eingreifen Gottes, das dem ganzen Menschen gilt und darum auch die Befreiung von leiblichen Zerstörungen und dämonischen Bindungen einschließt. Darum rechnet Paulus selber in 2 Ko 12, 12 „Zeichen und Wunder und Taten" zu seiner Beglaubigung als Apostel. Gott selbst bleibt dabei klar der Handelnde, der **„durch die Hände des Paulus"** wirkt. Aber er erweist nun auch wirklich seine „Macht" heilend und befreiend. Die „Königsherrschaft Gottes", von der Paulus sprach (V. 8), steht nicht in Worten, sondern in Kraft (1 Ko 4, 20). Jetzt bricht sie in Satans Reich mit Macht herein.

Dabei kommt es in Ephesus zu **„Machterweisungen nicht gewöhnlicher Art"**. Wie einst Petrus (Kap. 5, 15) dem Andrang der Kranken einfach nicht mehr gerecht werden konnte, so war es auch Paulus unmöglich, selbst zu allen Kranken zu gehen. Und wie man sich damals bei Petrus half, indem man die Kranken so hinlegte, daß bereits der Schatten des vorbeigehenden Apostels auf sie fiel, so **„brachten sie hier zu den Kranken von des Paulus Haut Schweißtücher und Schurze"**[458] mit dem Erfolg, **„daß von ihnen die Krankheiten wichen und die bösen Geister ausfuhren"**. Sind wir verwundert, daß Paulus diesem „abergläubischen Treiben" nicht wehrte? Finden wir, daß Lukas wenigstens ein tadelndes Wort dazu hätte sagen müssen? Halten wir mit modernen Auslegern das Ganze für die Erfindung einer späten, wundersüchtigen Zeit, die Glaube und Aberglaube nicht mehr klar unterscheiden konnte? Aber wir sind nicht die Herzenskündiger, die erkennen können, wo auch in solchem Tun ein echtes Glauben nach Gottes Hilfe ausschaut. Jenem blutflüssigen Weib, das nur die Quaste von Jesu Mantel anrühren wollte, hat der Herr Jesus nicht „Aberglauben" vorgeworfen, sondern zugesichert: „Dein Glaube hat dir geholfen." Lukas berichtet Tatsachen, ohne nach unserer theologischen Kritik zu fragen. Es hat Gott gefallen, in Ephesus dem suchenden Sehnen nach Hilfe und Befreiung mit tatsächlichen Heilungen und Errettungen zu antworten. Er hat dadurch der Verkündigung des Paulus Wege gebahnt. Man hörte auf die Botschaft von Jesus, der sich in seinem Boten so mächtig erwies. Aber es blieb auch bei diesen Heilungen durch Schweißtücher und Schurze des Paulus dabei: **„Gottes Machterweisungen durch die Hände des Paulus."** Es geschah gerade hier in Ephesus der Durchbruch durch das ganze Zauberwesen. Die Epheser hatten also verstanden, daß in Paulus nicht ein neuer Zauber zu dem vielen alten hinzukam, an den man gerade in Ephesus

[458] Welche Kleidungsstücke gemeint sind, können wir nicht mit Sicherheit sagen. Der zweite Ausdruck bezeichnet zunächst den Arbeitsschurz. Manche sehen aber auch darin ein Tuch, das der Arbeiter zum Abwischen des Schweißes benutzte. Nur würden dann die beiden verschiedenen Worte die gleiche Sache meinen.

gewohnt war, sondern daß in Paulus ein lebendiger Heiland wirksam war, der das Vertrauen zu seinem Erbarmen und seiner Hilfe nicht unbelohnt ließ, auch wenn man von seinem Knecht Paulus jetzt nur das Schweißtuch oder den Arbeitsschurz haben konnte. Wie wenig hier an „Magie" zu denken ist, zeigt uns Lukas[454] sogleich im nächsten Abschnitt.

DIE DRITTE MISSIONSREISE

4. Der Sieg über die Zauberei in Ephesus

Apostelgeschichte 19, 13–20

zu Vers 13: Mk 9, 38; Lk 9, 49; Lk 11, 19; Apg 16, 18
zu Vers 15: Mk 1, 34; Lk 4, 41
zu Vers 17: Apg 5, 5. 11; 9, 42
zu Vers 18: Mt 3, 6
zu Vers 19: 5 Mo 18, 10-14; 3 Mo 19, 31; Apg 8, 9
zu Vers 20: Apg 6, 7; 12, 24

13 Es unternahmen aber auch einige der herumziehenden jüdischen
Exorzisten, zu nennen über denen, die böse Geister hatten, den
Namen des Herrn Jesu, indem sie sagten: „Ich beschwöre euch bei
14 dem Jesus, den Paulus verkündigt." * Es waren das aber eines ge-
wissen Skeuas, eines jüdischen Hohenpriesters, sieben Söhne, die
15 dieses taten. * Es antwortete aber der böse Geist und sprach zu
ihnen: „Jesus kenne ich, und von Paulus weiß ich; ihr aber – wer
16 seid ihr?" * Und der Mensch sprang auf sie los, in dem der böse
Geist war, wurde ihrer beider Herr und ließ seine Kraft an ihnen
aus, so daß sie nackt und verwundet aus jenem Hause fliehen
17 mußten. * Das aber wurde kund allen Juden und Griechen, die in
Ephesus wohnten, und es fiel Furcht auf sie alle, und groß wurde
18 der Name des Herrn Jesus. * Viele aber von denen, die gläubig
geworden waren, kamen bekennend und mitteilend ihre Prakti-
19 ken. * Zahlreiche aber von denen, die Zauberei getrieben hatten,
trugen die (Zauber-)Bücher zusammen und verbrannten sie vor
allen. Und man berechnete ihren Wert und fand fünfzigtausend
20 Silberdrachmen. * So wuchs nach der Kraft des Herrn das Wort
und erwies seine Stärke.

13 „Magie" liegt immer dann vor, wenn heilige Dinge, heilige Bräuche, heilige Namen in sich selbst wunderbare Wirkungen ausüben sollen. Unendlich weit verbreitet ist dieses „magische" Denken, das dem alten Menschen entgegenkommt, weil es ohne Buße und Glauben Anteil an jenseitigen Kräften und Hilfen zu geben verspricht. So versteht auch eine Gruppe jüdischer Exorzisten die Wunder in der Wirksamkeit des Paulus magisch. Tun es schon „die Schweißtücher und

454 Es ist bemerkenswert, daß es der Arzt Lukas ist, der uns diese Vorgänge erzählt. Er hat bei all seinem ärztlichen Wissen keinen Anstoß daran genommen.

Schurze" des Paulus, so tut es gewiß erst recht der Name „Jesus" und die Berufung auf „Paulus".

„Exorzisten", das heißt Austreiber dämonischer Mächte und damit Bringer von Hilfe und Gesundheit, gab es im Altertum so zahlreich wie noch heute offen in allem Heidentum und verborgener in weiten „christlichen" Gebieten. Angesehen waren in der alten Welt besonders die jüdischen Beschwörer; stand doch die älteste Religion der Welt hinter ihnen, und war doch Salomons „Weisheit" immer mehr als eine geheimnisvolle, in die Geisterwelt hineinwirkende Kunst verstanden worden. Der „Name" Salomo galt als mächtig im zauberischen Sinn. Kein Wunder, daß gerade solche Männer meinen konnten, in dem Namen „Jesus" in Verbindung mit diesem einzigartigen Paulus eine neue, noch viel wirksamere Beschwörungsformel gefunden zu haben. Denn über aller Zauberei liegt bis heute diese eigentümliche Unruhe: Man ist stolz auf sein „Können", man erlebt erstaunliche Wirkungen, und man ist doch ständig auf der Suche nach neuen, noch größeren Wirkungsweisen und horcht auf, wenn irgendwoher neue magische Methoden und Erfahrungen auftauchen. Daß in dieser Weise auch das junge Christentum betrachtet worden ist, beweist ein aufgefundener Zauberpapyrus: „Ich beschwöre dich bei Jesus, dem Gott der Hebräer."

So versuchen es nun auch die **„Skeuassöhne"**[455]: **„Ich beschwöre** 14
euch[456] **bei dem Namen Jesu, den Paulus verkündigt."** Sie wollen ganz „orthodox" sein; sie kennen selber Jesus nicht, aber es soll der Jesus sein, den Paulus verkündigt und durch dessen Namen Paulus seine Wunder tut. Alle „Magie" lebt von der Genauigkeit in der Wiederholung der Formeln[457]. Aber nun zeigt es sich, daß es im Evan-

455 Einen Hohenpriester Skeuas kennen wir nicht. Aber es ist auch sehr unwahrscheinlich, daß Lukas gemeint haben sollte, Söhne eines Jerusalemer Hohenpriesters hätten sich in Ephesus als Beschwörer betätigt. Mit schönen Titeln war man in der Welt, auch und gerade in der religiösen Welt, nie sparsam. Lukas schreibt dementsprechend auch nicht „des Hohenpriesters Skeuas", wie er Apg 4, 6 „Hannas, der Hohepriester" sagt, sondern formuliert ganz locker: „eines gewissen Skeuas, eines Juden, eines Hohenpriesters Söhne." Warum diese sieben Söhne gemeinsam das Beschwören ausüben, wissen wir nicht. Sie empfinden sich aber so als handelnde Einheit — vielleicht mit einem „Sprecher" — daß sie nicht sagen: „Wir beschwören euch", sondern: „Ich beschwöre euch."

456 D erweitert hier wieder den Text. Er hebt dabei hervor, daß die Skeuassöhne nur eine Gruppe unter den vielen in V. 13 genannten jüdischen Exorzisten sind. Das beschwörende Wort rückt er so zurecht, wie es in den Zusammenhang besser paßt: „Wir beschwören dich ..." Die Beschwörer sind in der Mehrzahl; der antwortende böse Geist ist V. 15 nur einer. Eben darum wird es spätere Korrektur eines genauen Abschreibers sein.

457 Vergleiche Goethes Gedicht vom „Zauberlehrling" und die gesamte Praxis der Zauberei auf Grund des 6. u. 7. Buches Mose. Aber auch die christlichen Sakramente drohen

gelium nicht um „Namen" und „Formeln" geht. Die Dämonen äußern sich selbst zur Sache[458]. **„Jesus kenne ich, und von Paulus weiß ich; ihr aber – wer seid ihr?"** Nur „Namen" fürchten die Mächte der Finsternis nicht, sie kennen und fürchten Personen, die Person Jesus (vgl. Mk 1, 24!), aber auch die Person eines Paulus, der so oft in ihr Recht eingegriffen hat! Darum fragen sie auch diese Sieben, die ihnen entgegentreten, nach ihrem eigenen Personsein: **„Ihr aber – wer seid ihr?"**

Wer ohne Erfahrung auf dem Gebiet der Zauberei ist, mag diesen Bericht rasch beiseite legen, weil er in ihm nur eine unwahrscheinliche und befremdliche Erzählung aus dem abergläubischen Altertum zu sehen vermag, die Lukas hier eingefügt hat[459]. Wer aber um die Mächte der Finsternis weiß und um die auch heute noch unabweisbare seelsorgerliche Aufgabe[460], ihnen entgegenzutreten und gebundene Menschen aus ihren Schlingen zu befreien, der wird aufmerksam bei unserem Bericht verweilen. Ist nicht auch für uns der „Name Jesu" die einzige und einzigartige Waffe in dem uns verordneten Kampf? Gebieten nicht auch wir im Namen Jesu in die Dämonenwelt hinein? Können wir dabei dann ähnliches erleben wie hier die Skeuassöhne? Kommt es doch irgendwie auf uns selbst, auf unsere Person und unsern persönlichen Zustand an?[461] Wer kann sich dann noch in solchen Dienst hineinwagen? Aber Jesus selbst hat beim Fehlen der Vollmacht bei seinen Jüngern nicht auf ihre Person und ihren persönlichen „sittlich-religiösen" Zustand verwiesen, sondern ihnen gesagt: „Um eures Unglaubens willen konntet ihr den bösen Geist nicht austreiben" (Mt 17, 26). So meint auch in unserem Bericht die Frage der Dämonen nicht die allgemeine moralische Qualifi-

„magisch" verstanden zu werden, wenn man die „Wirksamkeit" der Taufen von der genauen Rezitierung der richtigen Taufformel abhängig macht oder die Einsetzungsworte des Abendmahls halblaut wie eine Beschwörungsformel murmelt und die Gegenwart des Herrn bei seinem Mahl nur dann eintreten läßt, wenn nicht nur ein „Laie", sondern ein „geweihter Mann" die vorgeschriebenen Worte spricht. Kein Wunder, daß unser Ausdruck „Hokuspokus" eben von diesem Gemurmel „Hoc est corpus = das ist mein Leib" abgeleitet ist.

458 Das haben sie auch bei Blumhardt getan (vgl. Zündel Joh. Christ. Blumhardt, 17. A. Gießen 1962)

459 Erschreckenderweise finden selbst ernste Ausleger diesen Bericht „humoristisch"!

460 Zur Orientierung für den Leser sei hier auf das grundlegende Buch von Dr. K. Koch „Seelsorge und Okkultismus" hingewiesen, aber auch auf die wertvolle Schrift „Mächte der Finsternis" von E. Seitz, Stuttgart. Lesenswert bleibt auch nach wie vor Zündel „Johann Christoph Blumhardt", Gießen.

461 Unsere reformatorischen Väter haben gesagt, der Seelsorger habe seine Vollmacht „non propter personam, sed propter mandatum", „nicht wegen der Person, sondern wegen des Auftrages". Ist dieser entscheidende Grundsatz durch den Bericht des Lukas widerlegt? Eine wichtige Frage!

kation der Skeuassöhne, sondern ihre Beziehung zu Jesus, ihren persönlichen „Glauben". Der Name Jesu ist wahrhaft sein „Name", das heißt seine wirksame Gegenwart, sein geschehender Sieg nur im Ereignis des Glaubens. „Dies ist der Sieg, der die Welt überwunden hat, unser Glaube" (1 Jo 5, 4). Und diesen „Glauben" kann man nur haben, indem man an Jesus persönlich gläubig wurde und Jesus Herz und Leben übergab. Keiner, der redlich im Dienst Jesu steht, braucht sich vor den Dämonen und ihrer Frage zu fürchten. Er darf ihnen getrost antworten: „Wenn ihr so fragt — ich bin ein Eigentum Jesu, meines Herrn." Und er darf und soll dann kühn und ohne Furcht nach dem vollbrachten Sieg Jesu greifen und im Namen Jesu der Macht der Finsternis gebieten. Er wird erfahren, daß Jesus wirklich der Sieger ist, heute wie einst. Die Skeuassöhne aber haben keine Antwort auf die erschreckende Frage nach ihrem eigenen Stand. Darum erleben sie
es, daß **„der Mensch auf sie lossprang, in dem der böse Geist war,** 16
ihrer beider[462] **Herr wurde und seine Kraft an ihnen ausließ, so daß sie nackt und verwundet aus jenem Hause fliehen mußten"**[463].

Dieser Vorgang wird bekannt, und nun fällt auch hier in Ephesus 17
wie einst in Jerusalem **„Furcht auf sie alle"**. Die Echtheit aber des ganzen Geschehens kommt darin zum Ausdruck, daß jetzt nicht der Name des Paulus als des überlegenen Magiers in aller Mund ist, son-
dern **„groß wurde der Name des Herrn Jesu"**. Und nun setzt gerade 18
unter denen, **„die gläubig geworden waren"**, eine neue Bußbewegung ein. Viele von ihnen kamen **„bekennend und mitteilend ihre Praktiken"**. Man braucht dabei gar nicht nur an Zaubereidinge zu denken, die erst im nächsten Satz eigens hervorgehoben werden. Gerade die gläubige Gemeinde bedarf immer neuer „Erweckungen", die durch solche besonderen Ereignisse ausgelöst werden können und dann zu vertiefter Buße führen. Ephesus kannte jenes „Heidentum", von dem Paulus in seinem Brief an die Epheser spricht: „Wie auch die Heiden wandeln in der Nichtigkeit ihres Sinnes, weil sie in ihrem Urteilsvermögen verfinstert sind, entfremdet dem Leben Gottes, wegen der Unwissenheit, die in ihnen ist, wegen ihrer Herzensverstocktheit" (Eph 4, 17—19). Es ist falscher Rationalismus, wenn wir meinen,

[462] Das grie Wort für „beide" kann auch den Sinn von „alle" annehmen, ohne daß auf die genaue Zahl geachtet wird. Ein Beispiel dafür ist Apg 23, 8. So wird das Wort auch hier tatsächlich die sieben Söhne des Skeuas meinen.

[463] Da alle christliche Verkündigung stets auch ein Eingriff in das Reich des „Fürsten dieser Welt" ist, gilt unsere Geschichte im weiteren Sinn allen Dienern und Dienerinnen am Wort. Keine „Orthodoxie" („der Jesus, den Paulus verkündigt") reicht aus. Gefragt ist jeder Verkündiger, wer er selber ist. Die Luth. Bekenntnisschriften haben dem Ausdruck gegeben mit ihrer Unterscheidung der „periti" (der „Erfahrenen") und der „otiosi" (der „Müßigen"). Vollmacht in Verkündigung und Seelsorge hat nur der, der selbst durch Buße zum Glauben durchdrang und Jesus gehört.

das sei durch eine Bekehrung zu Jesus einfach alles weggeblasen. Dann hätte Paulus in seinem Brief nicht so ernst zu warnen gehabt. Auch bei einer echten Bekehrung bleibt noch viel alte Sünde verborgen. Es bleiben Sündenwurzeln im Herzen. Darum haben auch altgewordene Gotteskinder oft noch viel zu beichten, auch an Schuld der Vergangenheit, die jetzt erst wirklich ans Licht kommt. An dem vollen Heilsstand, an der ganzen Heilsgewißheit wird dadurch nichts abgebrochen. Für alle, die ihr verlorenes Leben Jesus übergeben, gilt es: „Ihr seid abgewaschen, ihr seid geheiligt, ihr seid gerecht geworden durch den Namen des Herrn Jesus Christus und durch den Geist unseres Gottes" (1 Ko 6, 11). Aber gerade weil sie „Auserwählte Gottes, Heilige und Geliebte" sind, arbeitet Gott an ihnen, deckt tiefer und tiefer auf und stellt ihr Leben in sein Licht. Und nun muß heimliche Sünde, heimliche Gebundenheit in offenem Bekenntnis vor dem Seelsorger ans Licht gebracht werden.[464]

Unabdingbar nötig ist das Beichten bei Zaubereisünden. Der erfahrene Seelsorger wird es gar nicht „eigenartig" finden, daß die Gläubigen in Ephesus sich erst jetzt zu diesem Bekenntnis entschließen[465]. Er weiß, wie Satan gerade auch bei den Gläubigen diese Dinge in Vergessenheit bringt, so daß erst nach Jahren unter dem Wort Gottes bei bestimmter Gelegenheit die Erinnerung an alte Zaubereisünden jäh erwacht und zum Bekenntnis treibt. So geschieht es nun auch in
19 Ephesus. **„Zahlreiche aber von denen, die Zauberei getrieben hatten, trugen die** (Zauber-)**Bücher zusammen und verbrannten sie vor allen."** „Zauberpapyri" gab es im Altertum in großen Mengen, und gerade die „Ephesinischen Zauberschriften" waren berühmt. Kein Wunder, daß hier ein ganzer Berg zusammen kommt. Die Loslösung von diesem ganzen unheimlichen Gebiet wird im öffentlichen Verbrennen dokumentiert. **„Man berechnete ihren Wert und fand fünfzigtausend Silberdrachmen."** Selbstverständlich hat man nicht mit dem Preiskatalog in der Hand eine statistisch genaue Aufstellung gemacht! Aber alle „Zauberei" ist teuer! Fünfzigtausend Silberdrachmen ist eine ganz erhebliche Summe, wenn man bedenkt, daß eine Silberdrachme damals der übliche Tageslohn für einen Arbeiter war (vgl. Mt 20, 2). Aber man frage nur einmal, was auch heute noch selbst arme Leute zu den Besprechern und Wahrsagern tragen.

20 Durch all dies „wächst" nicht der Ruhm des Paulus oder der Christen, auch nicht einfach die Zahl der Gemeindeglieder, aber **„das**

[464] Die Bemühungen um eine Erneuerung der persönlichen Beichte auch im evangelischen Raum sind darum sehr zu begrüßen. Nur daß sie leider oft nicht geistlich von innen her einsetzen, sondern in der Schaffung von Institutionen und in Formfragen steckenbleiben.

[465] So Haenchen a. a. O. S. 502.

Wort". „Nach der Kraft des Herrn" gewinnt es immer weiteren Einfluß auch auf die, die noch gar nicht zum persönlichen Glauben durchbrachen. Man vergleiche dazu das, was uns aus allen Erweckungsbewegungen berichtet wird; auch wenn nur ein Teil des Dorfes sich wirklich bekehrt, bekommt doch das ganze Leben des Dorfes ein anderes Gesicht[466]. So müssen wir uns auch in Ephesus eine weitausstrahlende Wirkung des Wortes Gottes vorstellen. Nur dadurch ist erklärlich, daß die Goldschmiede der Stadt den Rückgang in ihrem Geschäft mit den Bildern des Dianatempels empfindlich merken.

DIE DRITTE MISSIONSREISE

5. Reisepläne des Apostels

Apostelgeschichte 19, 21—22

21 **Als sich aber dieses erfüllt hatte, nahm sich Paulus im Geiste vor,**
durchwandernd Makedonien und Achaja zu reisen nach Jerusalem,
indem er sprach: „Nachdem ich dort gewesen bin, muß ich auch
22 **Rom sehen." * Nachdem er aber nach Makedonien zwei von denen,**
die ihm dienten, Timotheus und Erastus, gesandt hatte, blieb er
selbst (noch) **eine Zeitlang in der Asia.**

zu Vers 21:
Apg 23, 11
Rö 1, 10. 13. 15
1 Ko 4, 17
1 Ko 16, 5
2 Ko 10, 16

zu Vers 22:
Apg 17, 14
Rö 16, 21. 23
2 Tim 4, 20

21

„Als sich dieses erfüllt hatte", damit wird Lukas auf die gesamte Wirksamkeit des Paulus in Ephesus zurückblicken. Hier war wirklich der Auftrag **„erfüllt"**: Das Wort von Jesus war so wirksam gesagt, daß es in die ganze Provinz hinein bekannt geworden war; Juden und Griechen hatten die Botschaft gehört. Eine große Gemeinde war entstanden und eben jetzt durch eine neue, vertiefte Buße gereinigt und gefestigt worden; der alles verseuchenden Zauberei war Jesu helle Kraft entgegengetreten. Jesu Name war in Ephesus groß geworden. Paulus denkt an den Abschied. Er **„nahm sich im Geist vor, durchwandernd Makedonien und Achaja zu reisen nach Jerusalem"**. Das Reiseziel **„Jerusalem"** war gegeben, wenn die Einheit der Kirche bewahrt werden sollte. Und den von ihm gegründeten Gemeinden einen zweiten Besuch abzustatten, war eine weise und notwendige Regel. Hier durfte Paulus selber **„sich etwas vornehmen"**. Aber er tat es **„im Geist"**, unter der inneren Leitung seines Herrn. So ist es für den Christen das Normale. Der Heilige Geist macht uns nicht zu Maschinen, sondern rechnet mit unserer eigenen Lebendigkeit, und wiederum unser eigenes Denken und Planen bedarf des darin regie-

[466] Vgl. dazu „Gustav Knak" v. Dr. Wangemann, Basel 1881, S. 194/95; und auch „Wenn Gottes Winde wehen" von J. W. van Zeijl, Wuppertal, S. 56—61.

renden Heiligen Geistes. Diese Geistesleitung ist besonders am Werk, wenn nun des Paulus Blick über das ganze bisherige Arbeitsfeld hinaus in die Ferne geht und zum ersten Mal der Name **„Rom"** genannt wird. Hier treffen wir auf die eigentümliche Gewißheit des Paulus, nach Rom kommen zu „müssen". Sicherlich war es innerlich gegeben, daß der Völkerapostel die Hauptstadt der Völkerwelt sah und die dortige Gemeinde kennenlernte. Paulus verlangte es danach: Rö 1, 8—15. Aber hier liegt für ihn offenbar ein göttlicher Auftrag, der in diesem biblischen **„ich muß"** wiederklingt (vgl. Apg 23, 11).

Von diesem seinem Plan, über Makedonien nach Achaja (Korinth) zu kommen, spricht Paulus auch in dem in Ephesus geschriebenen ersten Brief an die Korinther (16, 5—9). Der Plan hat dann Änderungen erfahren (2 Ko 1, 15); Paulus bleibt beweglich. Tatsächlich ist Paulus, nachdem er inzwischen einmal ohne endgültige Beseitigung der Schwierigkeiten in der Gemeinde in Korinth gewesen war, doch über Makedonien nach Korinth gekommen und wieder über Makedonien nach Jerusalem gegangen: 2 Ko 2, 12 ff; Apg 20, 1 ff. Titus, der erstaunlicherweise in der Apg nirgends erwähnt wird, hat inzwischen die verfahrene Lage in Korinth weitgehend in Ordnung bringen können (2 Ko 2, 12 ff; 7, 6; 8, 16 ff; 22, 18), was dem vorher entsandten Timotheus (1 Ko 16, 10) nicht gelungen war. Wir haben ja überhaupt daran zu denken, daß die schmerzlichen Ereignisse in Korinth durch die Leute der Chloe (1 Ko 1, 11 f) in Ephesus dem Paulus bekannt geworden sind. Das ganze Ringen um diese geliebte Gemeinde hat sich in Ephesus und von Ephesus aus abgespielt! Welch eine schwere innere Last hat Paulus damit während der großen, aufreibenden Arbeit in Ephesus getragen! Lukas sagt davon kein Wort. Wir merken erneut, wieviel Wichtiges nicht in der Apg steht und wie lückenhaft überhaupt unsere Kenntnis von der Geschichte der ersten Christenheit[467] bleibt.

22 Auch die ganze, für Paulus so wichtige Sammlung für Jerusalem, von der Lukas sehr wohl weiß, wie Apg 24, 17 zeigt, berichtet er uns nicht. Sogar bei der Voraussendung des Timotheus und Erastus erwähnt er sie nicht. Wenn diese beiden Männer hier als solche bezeichnet werden, die „ihm dienten", dann ist natürlich nicht an eine persönliche Bedienung des Paulus zu denken. Es muß vielmehr so gefaßt werden, wie es Paulus von Timotheus in Phil 2, 22 in einer kostbaren Feinheit formuliert, daß „er wie einem Vater ein Kind mit mir gedient hat für das Evangelium". 1 Ko 3, 5 bezeichnet Paulus sich selbst und Apollos als „Diener, durch welche ihr seid gläubig gewor-

[467] Es sei bei dieser Gelegenheit an A. Schlatters gleichnamiges Buch (Gütersloh 1926) erinnert, das auch von theologischen „Laien" gut gelesen werden kann und bis heute nicht überholt ist.

den". Timotheus und Erastus sind also als Mitarbeiter bei Paulus in Ephesus gewesen. Im nächsten Abschnitt werden uns auch noch Gajus und Aristarchus als solche Begleiter des Paulus genannt. Wir haben uns Paulus nicht als „einsamen Großen" zu denken, sondern in einer ganzen Schar von Mitarbeitern gibt uns die Grußliste in Rö 16 ein eindrucksvolles Bild davon. Von Timotheus haben wir schon oben gesprochen (vgl. S. 287 f). Erastus wird schwerlich derselbe sein, der in Rö 16, 23 von Korinth aus mit grüßt und als „Schatzmeister der Stadt (Korinth)" bezeichnet wird. Ein Mann dieser Stellung konnte nicht als Mitarbeiter des Apostels Monate oder Jahre hindurch von Korinth und seiner Arbeit abwesend sein. Ebenso wird die Mitteilung in 2 Tim 4, 20, Erastus sei in Korinth „geblieben", nicht auf den dort ansässigen Schatzmeister, sondern auf den gleichen (jüngeren) „Diener" des Paulus gehen, der auch an unserer Stelle genannt ist.

Paulus hat unter Geistesleitung seinen Plan gefaßt und die Vorbereitungen zur Reise getroffen. Aber nun eilt er nicht. Er, der energische, rastlos tätige Mann vermag zu warten und noch **„eine Zeitlang in der Asia"** zu verweilen. Er bestimmt nicht selbständig den endgültigen Termin des Aufbruches. Es zeigt sich dann bald der Sinn dieses Zögerns. Nach menschlichem Urteil blieb Paulus „zu lange"; von seinem Herrn her war ihm eine Erfahrung zugedacht, der er sich nicht entziehen sollte.

DIE DRITTE MISSIONSREISE

6. Aufruhr gegen das Evangelium in Ephesus

Apostelgeschichte 19, 23—40

23 Es entstand aber um jene Zeit ein nicht geringer Aufruhr wegen
24 des „Weges". * Denn ein Demetrius mit Namen, ein Silber-
schmied, der silberne Tempel der Artemis herstellte, verschaffte
25 den Handwerkern nicht geringe Beschäftigung. * Sie versammelte
er und die mit dergleichen beschäftigten Arbeiter und sprach:
„Männer, ihr wißt, aus dieser Arbeit kommt uns der Wohlstand,
26 * und ihr seht und hört, daß nicht nur von Ephesus, sondern fast
von der ganzen Asia dieser Paulus durch Überredung viel Volk
abwendig gemacht hat, indem er sagt, es seien keine (wirklichen)
27 Götter, die durch Hände entstehen. * Aber nicht nur dieser unser
Geschäftszweig läuft Gefahr, in Mißkredit zu kommen, sondern
auch das Heiligtum der großen Göttin Artemis für nichts geachtet
zu werden, und sie droht ihre Majestät einzubüßen, welche die
28 ganze Asia und die Welt verehrt." * Als sie es aber hörten, wurden

zu Vers 23:
Apg 19, 9
2 Ko 1, 8. 9
zu Vers 24:
Apg 16, 16
zu Vers 25:
Apg 16, 19
zu Vers 26:
Ps 115, 4
Apg 17, 29

zu Vers 29:
Mt 2, 3
Apg 20, 4
21, 30
Rö 16, 23
Kol 1, 14
Kol 4, 10
Phlm 24
3 Jo 1
zu Vers 32:
Apg 21, 34
zu Vers 38:
Apg 13, 7
18, 12
zu Vers 40:
Apg 25, 27
Lk 16, 2

sie voll Zorn und schrien: „Groß ist die Artemis der Epheser!"
29 *** Und die Stadt wurde voll Aufregung, und sie stürmten einmütig**
ins Theater, indem sie die Makedonier Gajus und Aristarchus mit-
30 **schleppten, die Reisegefährten des Paulus. * Als aber Paulus in die**
Volksversammlung gehen wollte, ließen ihn die Jünger nicht.
31 *** Aber auch einige von den Asiarchen, die ihm gewogen waren,**
schickten zu ihm und vermahnten ihn, sich nicht in das Theater zu
32 **wagen. * Die einen nun schrien dies, die andern das; denn die**
(Volks-)Versammlung war in völliger Verwirrung, und die mei-
sten wußten gar nicht, weswegen sie zusammengekommen waren.
33 *** Aus der Menge aber schoben sie den Alexander in den Vorder-**
grund, da die Juden ihn vorstießen. Alexander aber winkte mit
der Hand und wollte eine Verteidigungsrede vor dem Volk hal-
34 **ten. * Als sie aber erkannten, es ist ein Jude, da kam ein einziger**
Ruf von allen, die ungefähr zwei Stunden lang schrien: „Groß ist
35 **die Artemis der Epheser!" * Es brachte aber der Stadtsekretär die**
Menge zur Ruhe und sagte: „Ihr Männer von Ephesus, welchen
Menschen gibt es denn, der nicht weiß, daß die Stadt der Epheser
die Tempelschirmerin der großen Artemis ist und ihres vom Him-
36 **mel gefallenen Bildes! * Da dies nun unwidersprechlich ist, müßt**
37 **ihr euch ruhig verhalten und nichts Übereiltes tun. * Ihr habt ja**
diese Männer hierher gebracht, (obwohl sie) **weder Tempelräuber**
38 **noch Lästerer unserer Göttin** (sind). *** Wenn nun Demetrius und**
die mit ihm verbundenen Handwerker gegen jemand eine Klage
haben, so werden ja Gerichtstage gehalten und es gibt Prokonsule;
39 **da mögen sie gegen einander Klagen erheben. * Wenn ihr aber**
etwas Weitergehendes verlangt, wird es in der gesetzmäßigen
(Volks-)Versammlung entschieden werden. * Denn wir stehen in
der Gefahr, verklagt zu werden wegen des heutigen Aufruhres,
da kein Grund vorhanden ist, mit dem wir uns verantworten
könnten wegen dieser Zusammenrottung." Und als er dies ge-
sagt hatte, löste er die Versammlung auf.

23 Nach der Abreise der beiden Boten „blieb er selbst eine Zeitlang in der Asia". Paulus mußte auch in Ephesus noch einen Sturm erleben, der ihm (und uns) zeigt, wie die Gemeinde Jesu auch da, wo „das Wort nach der Kraft des Herrn wächst und seine Stärke erweist", von den Mächten der Welt und dem hinter ihnen stehenden Satan bedroht bleibt. **„Es entstand aber um jene Zeit ein nicht geringer Aufruhr wegen des ‚Weges'"**[467a]. Er entstand wieder – wie in Philippi – an jener Stelle, die schon von Jesus selbst mit großem Ernst als eine

[467a] Zu dem Ausdruck „Weg" vgl. Anm. 207.

der gefährlichsten für unser Verhältnis zu Gott bezeichnet worden ist: am „Mammon", am Geld[468]. In Ephesus stand der weltberühmte Tempel der „Artemis", das „Artemision"[469]. Sein erster Bau war in der Geburtsnacht Alexanders d. Großen abgebrannt. Danach war er größer und prächtiger wieder aufgebaut worden und galt mit seinen 128 Säulen von 19 m Höhe und seinem reichen künstlerischen Bildschmuck als eines der sieben Weltwunder des Altertums. In einer Nische stand das angeblich vom Himmel gefallene Bild der Göttin aus schwarzem Holz. Wer nach Ephesus kam — der Verkehr zur
See und auf der großen Handelsstraße nach Osten brachte viele 24
Menschen in die lebhafte Stadt — nahm sich gern als „Reiseandenken" ein kleines Abbild des Tempels mit. Solche Abbilder aus Terrakotta sind gefunden worden. Lukas berichtet, daß sie auch aus Silber in großer Zahl hergestellt wurden. Eine ganze einheimische Industrie unter Leitung des Demetrius[470] lebte davon. Die Auswirkung der Verkündigung des Paulus ist so stark, daß es hier im Geschäft zu merken
ist, und dies ist ein sehr empfindlicher Punkt bei den Menschen. 25
Demetrius beruft eine Zunftversammlung ein und wendet sich an seine Kollegen. Bei ihnen kann die Frage des „Geschäftes" und des Geldes offen hervorgehoben werden. Aber Demetrius weiß — wie die Herren der wahrsagenden Sklavin in Philippi, daß man für den Kampf nach draußen andere Parolen braucht. Dort in der römischen Kolonie schob man das römische Nationalgefühl vor und brachte das echt römische Herz in Wallung. Hier spielt Demetrius die Sache geschickt vom Geldbeutel auf das religiöse Gefühl und auf den ephesini-
schen Lokalpatriotismus hinüber. Von der Verkündigung des Paulus 26
sieht er nur die negative Seite, die unvermeidliche Ablehnung von **„Göttern, die durch Hände entstehen"**, und die spürbare Abwendung vom Heidentum bis weit in die Provinz hinein. Nun zeigt er seinen Kollegen, wie **„nicht allein dieser unser Geschäftszweig Gefahr läuft**

[468] Es ist ein sehr bedenkliches Zeichen für den Weg der Kirche, daß sie diese Gefahrenstelle trotz der mächtigen Worte ihres Herrn und seiner Boten so leicht genommen und in Predigt und Seelsorge so wenig ernstlich berücksichtigt hat.

[469] Das war nicht mehr die ursprüngliche grie „Artemis", lat „Diana", die keusche Göttin der Jagd, sondern die asiatische Fruchtbarkeitsgöttin „Kybele", die vielbrüstig dargestellt wurde und deren Kult ekstatische und orgiastische Züge aufwies.

[470] Aus dem 1. Jahrhundert ist uns ein Demetrius in Ephesus bekannt geworden, der aber nicht als Silberschmied, sondern als „neopoios" = Tempelvorsteher bezeichnet wird. Zwölf solcher „Tempelvorsteher" wurden jährlich von der Stadt ernannt und hatten die Aufsicht über die im Tempel eingehenden Weihgeschenke und die notwendigen Reparaturen. So wie die Tempel im Altertum oft zugleich die Stätte festlicher Einladungen und „Gesellschaften" waren, so stellten sie auch kapitalkräftige „Banken" dar. Der Silberschmied Demetrius könnte zugleich auch ein solcher „Tempelvorsteher" gewesen sein und als solcher die Anfertigung und den Verkauf der Tempelbilder und der silbernen Abbilder der Göttin organisiert haben.

**in Mißkredit zu kommen, sondern auch das Heiligtum der großen
Göttin Artemis, für nichts geachtet zu werden, und sie droht ihre
Majestät einzubüßen, welche die ganze Asia und die Welt verehrt".**
Selbstverständlich hat Demetrius nicht nur diese drei Sätze gespro-
chen. Lukas gibt uns wieder nur eine knappe Inhaltsangabe. Die leicht
erregbaren Orientalen sehen es vor sich, wie Ephesus sein „Welt-
wunder" verliert, seine große Göttin einbüßt, und vor allem wie sie
28 selbst in ihrem guten Verdienst geschädigt werden. Sie **„wurden voll
Zorn"**, und nun erklingt in der Zunftversammlung der Ruf, den man
bei den wilden Umzügen auf der großen Prozessionsstraße vom Tem-
pel zum Hafen hinab oft genug gehört haben wird: **„Groß ist die
Artemis der Epheser!"** Die aufgeregte Handwerkerschar verbreitet
ihre Empörung gegen Paulus in der ganzen Stadt[471]. **„Und die Stadt
wurde voll Aufregung, und sie stürmten einmütig ins Theater, indem
sie die Makedonier Gajus und Aristarchus mitschleppten, die Reise-
gefährten des Paulus."** Das Theater der damaligen Zeit und Welt
war nicht ein geschlossenes Haus, wie wir es in unserem nordischen
Klima kennen, sondern eine Art „Stadion" mit aufsteigenden Sitz-
reihen, auf denen in Ephesus fast 26 000 Menschen Platz fanden,
also der gegebene Ort für eine große Volksversammlung. Die vor-
handenen Reste geben uns heute noch einen Eindruck von der Größe
dieses Baues. Paulus ist von der Menge nicht gefunden worden. Aber
seine Reisebegleiter Gajus und Aristarchus schleppte man mit[472]. All-
30 zu sanft wird es dabei nicht zugegangen sein. Paulus selbst will zu
der Volksversammlung[473] in das Theater gehen. Er wird nicht dar-

[471] D fügt in V. 28 ausdrücklich hinzu, „sie liefen auf die Straße".

[472] Ein Gajus wird gleich nachher in Apg 20, 4 als Begleiter des Paulus genannt, dort aber als „Derbeer", also nicht als Makedonier bezeichnet. Eine vereinzelte Lesart von D schreibt stattdessen zwar „Douberios", also ein Mann aus „Douberos" in Ost-Makedonien, so daß er dann mit dem „Makedonischen Gajus" in unserer Stelle identisch sein könnte. Aber ist das nicht wieder eine Verbesserung des sehr aufmerksamen und verbesserungsfreudigen Schreibers von D? Wir finden gelegentlich auch statt „Die Makedonier" die Einzahl: „Gajus und den makedonischen Aristarchus." Doch auch das wird Verbeserung sein, weil man den Gajus aus Derbe Kap. 20, 4 mit dem Gajus unserer Stelle in eins setzen wollte. Allerdings finden wir den hier mit ihm genannten Aristarchus ebenfalls in Apg 20, 4 wieder. Aristarchus hat nach Apg 27, 2 Paulus auf seiner Reise als Gefangenen nach Rom begleitet und ist nach Philemon 24 dort bei Paulus. In Kol 4, 10 nennt Paulus ihn als seinen Mitgefangenen.

[473] Hier steht ebenso wie in Apg 17, 5 das Wort „demos", das wir alle von der „Demokratie" her kennen. Es hat hier aber anders als Apg 17, 5 die Bedeutung einer „Volksversammlung", wenn auch nicht einer gesetzlichen (vgl. V. 39). In V. 32. 39. 40 wird für „(Volks-)Versammlung" das gleiche Wort „ekklesia" verwendet, das im NT fort und fort zur Bezeichnung der Gemeinde, der „Kirche" gebraucht wird. Eine „Gemeinde" wird also im NT immer als eine „sich versammelnde" gesehen! Was sich nicht unter dem Wort und in der Bruderliebe „versammelt", gehört gar nicht wirklich zur „Gemeinde".

über nachgedacht haben, ob es ihm gelingen könnte, durch sein Wort die Menschen zu erreichen und zu bewegen. Er war Menschenkenner genug, um sich über die Hörfähigkeit einer erregten Menge keine Illusionen zu machen. Ihm wird es einfach untragbar gewesen sein, verborgen in Sicherheit zu sitzen, während seine Gefährten in äußerster Gefahr schwebten. Paulus war doch ganz einfach auch ein Mann und dazu ein Christ! Aber die Gemeindeglieder lassen ihn nicht los; sie wollen mit Recht ein nutzloses Opfer vermeiden. Vielleicht hätten sie hier so wenig erreicht wie Apg 21, 12–14, wenn nicht **„einige von den Asiarchen[474], die ihm gewogen waren, zu ihm geschickt und ihn ermahnt hätten, sich nicht in das Theater zu wagen"**. Auch wenn diese „Asiarchen" vor allem die Aufgabe hatten, den Kult des regierenden Kaisers und der Göttin Roma zu fördern und so das Reich religiös-politisch zusammenzuhalten, konnten einige von ihnen[475] Paulus persönlich schätzen und jedenfalls seine tumultuarische Ermordung durch eine aufgeregte Menge nicht wünschen. Sie konnten auch mit Recht befürchten, daß die Masse bei seinem Erscheinen im Theater jede Besinnung verlieren würde.

Lukas beschreibt treffend die zusammengelaufene Menge im gro- 32
ßen Theater: **„Die einen nun schrien dies, die andern das; denn die (Volks-)Versammlung war in völliger Verwirrung, und die meisten wußten gar nicht, weswegen sie zusammengekommen waren."** Demetrius getraut sich offenbar hier nicht mehr hervor. Da der **„Stadtsekretär"** ihn und sein Anliegen nachher kennt, läßt Lukas in seiner kurzen Art den Leser selbst die Folgerung ziehen, daß Demetrius als der Anstifter der ganzen Aktion vor den Stadtschreiber zitiert worden war und von ihm das hören mußte, was dieser dann auch öffentlich ausspricht. Einer Anklage wegen Landfriedensbruches möchte sich Demetrius nicht gern aussetzen; so verschwindet er von der Bildfläche. Aber dafür werden andere jetzt tätig: die Juden. Sie sind auch 33
in Ephesus die erbitterten Gegner des Paulus und der jungen Christengemeinde. Sie **„stießen den Alexander in den Vordergrund"**. In

[474] „Die Städte der römischen Provinz Asia waren in einem Bund zusammengeschlossen, der im wesentlichen religiöse Aufgaben hatte: den Kult des regierenden Kaisers und der Göttin Roma zu fördern. Der erste Bundestempel wurde in Pergamon erbaut, weitere in Smyrna und Ephesos, das später noch einen zweiten und dritten Kaisertempel errichtete. Jedes Jahr wurde ein Asiarch für das ganze Bundesgebiet und je ein weiterer für jede Bundesstadt mit einem Bundestempel gewählt; Wiederwahl war möglich. Zur Zeit des Paulus wird es jedes Jahr 3–4 Asiarchen gegeben haben, die jeweils aus den vornehmsten und reichsten Familien stammten." Haenchen a. a. O. S. 508 Anm. 4.

[475] Die Inhaber dieses jährlich wechselnden Amtes mochten ihre Titel auch nach ihrer Amtsabgabe weiterführen; Lukas muß das „Asiarch a. D." hier so wenig hinzugefügt haben, wie wir es bei Titeln auch nicht immer tun.

welchem Sinn taten sie das? Wer war der Alexander? War er Jude und sollte jetzt die Judenschaft „verteidigen" und die Volkswut ganz auf die „Christen" lenken? War er im Gegenteil ein führender Judenchrist? Wollen die Juden durch sein „Hervorstoßen" die ziellos aufgeregte Menge zu einem Vorgehen gegen die Christen veranlassen? Wir wissen es umso weniger, als der erste Teil des Satzes vieldeutig ist. Das hier im Text stehende Wort würde zunächst heißen: „Einige aus der Menge belehrten den Alexander", oder: „klärten den Alexander auf". Aber kann man sich das in jener Situation vorstellen, daß Menschen in dieser Masse zu ruhiger „Aufklärung" eines einzelnen, von den Juden hervorgestoßenen Mannes Zeit und Lust hatten? Die „westlichen" Handschriften bieten daher durch Änderung der Vorsilbe ein Wort, das „in den Vordergrund schieben" bedeutet. Das ließe sich schon denken, daß eine ratlose Volksmasse einen Mann, der ihr auffällt, weil er irgendwo hervorgestoßen wird, weiter nach vorn
34 befördert und von ihm ein Wort erwartet. Aber Alexander kommt gar nicht erst zu Wort, so daß wir auch dadurch nicht erfahren, in welchem Sinn er **„eine Verteidigungsrede vor dem Volk halten wollte"**. Kaum merkt man in dem überfüllten Theater **„es ist ein Jude"**, da spürt man aufs neue die Bedrohung der ephesinischen Göttin durch diese widerwärtigen Leute mit ihrer Verachtung der „Heiden" und ihrer „Bilder". Und nun brandet aus den Sitzreihen ein einziger Schrei auf: **„Groß ist die Artemis der Epheser!"** Und zwei Stunden lang erschallt es immer wieder in Sprechchören und Massengeschrei aus der großen Versammlung: **„Groß ist die Artemis der Epheser!"**

35 In der Versammlung ist auch der **„Stadtsekretär"**. Luthers Übersetzung mit „Kanzler" trifft die Sache gut. Für uns wäre ein „Stadtschreiber" (wie es wörtlich heißt) eine recht unbedeutende Persönlichkeit. Im Altertum wirkt es aber immer noch nach, daß das „Schreiben" einmal eine hohe, geheimnisvolle Kunst war und daß darum der Titel „Schreiber" die höchsten Beamten der Herrscher bezeichnete. Der „Stadtschreiber" von Ephesus war einer der maßgebenden Männer der Stadtverwaltung, war der Leiter der gesetzmäßigen Volksversammlungen und führte die Aufsicht über das Tempelvermögen des weltberühmten Heiligtums. Dieser kluge und in der Versammlungsleitung geübte Mann hat seine Zeit abgewartet. Wenn man über zwei Stunden für nichts und wider nichts auf harten Bänken gesessen und sich müde geschrien hat, dann wird auch die erregteste Volksmenge stiller und ist geradezu dankbar, wenn einer sie endlich
35—39 aus ihrer sinnlosen Lage erlöst. So brachte **„der Stadtsekretär die Menge zur Ruhe"** und stellt dann sehr geschickt drei Dinge fest: Um den Weltruhm von Ephesus, **„die Tempelschirmerin der großen Artemis und ihres vom Himmel gefallenen Bildes"** zu sein, braucht sich

niemand zu sorgen, der ist „unwidersprechlich"; gegen die beiden hergeschleppten Männer liegt keine Anklage wegen eines religiösen Verbrechens vor; für Privatklagen aber sind die Gerichtstage und die Prokonsule zuständig; will die Menge noch etwas Weitergehendes, dann muß das in einer ordnungsmäßigen Versammlung beraten und
entschieden werden. Denn dieses Vorgehen jetzt könnte – damit 40
spielt der Kanzler seinen eigentlichen Trumpf aus – der Stadt beim Kaiser eine Anklage wegen „Aufruhrs" eintragen. Der römische Staat legte großen Wert auf Ruhe und Ordnung in der Provinz. Die Städte gerade der Asia aber wetteiferten ihrerseits miteinander um die Gunst des Kaisers, der ihnen Vorrechte und Vorteile politischer und finanzieller Art gewähren konnte. Das wußten auch die Bürger von Ephesus. Wie, wenn Ephesus eine kaiserliche Ungnade zu spüren bekäme? So kann der Beamte die Versammlung auflösen, ohne daß Gajus und Alexander oder gar Paulus etwas geschieht, ohne daß irgendein Beschluß zustande kommt.

Paulus selbst hat in 1 Ko 15, 32 geschrieben: „Habe ich nur um menschlicher Dinge willen zu Ephesus mit wilden Tieren gefochten?" Manche Ausleger meinen das wörtlich verstehen zu müssen. Dann würde Paulus doch noch in das Theater von Ephesus gekommen sein, um als Verurteilter dort um sein Leben zu kämpfen. Aber ein solcher Vorgang läßt sich nicht in das Bild einordnen, das uns Lukas von der ephesinischen Arbeit des Paulus gibt. Sollte man nach einem solchen Verlauf der von Demetrius veranlaßten Unruhe Paulus noch einen Prozeß gemacht und ihn den wilden Tieren preisgegeben haben? Vor allem aber: Ein so besonderes Leiden hätte Paulus in seiner Aufzählung 2 Ko 11, 23–33 nicht übergangen! So wird der Ausdruck bildlich gemeint sein. Freilich, auch dann zeigt er uns, daß die Lage für Paulus – gerade auch bei jener stürmischen Volksversammlung – weit ernster war, als die zurückhaltende und jede Verherrlichung von Menschen vermeidende Darstellung des Lukas auf den ersten Blick erkennen läßt. Paulus wird die brüllende, nach ihm suchende Volksmenge gehört haben. Und vor den Augen der erregten Menge im Theater lag die Arena, in der sie oft genug Männer unter den Pranken und Zähnen wilder Tiere hatten verbluten sehen. Sicherlich, erst ein Befehl des Prokonsuls konnte die Käfige öffnen; aber wenn eine ganze Volksversammlung es stürmisch forderte und den Schmäher ihrer großen Artemis in ihrer Gewalt hatte, konnte es ein Prokonsul leicht für gut halten, einen fremden Juden der Gunst des Volkes zu opfern.

Trotzdem werden wir des Paulus Aussagen über „die Bedrängnis in der Asia" (2 Ko 1, 8. 9) nicht auf die von Lukas erzählten Vorgänge beziehen können. Hier muß Paulus vielmehr in unmittelbarer, ja menschlich ganz auswegloser Bedrohung seines Lebens gestanden haben. Aber er nennt dabei nicht wie 1 Ko 15, 32 die Stadt Ephesus, sondern spricht von „der Asia". An welchem Ort und in welcher Weise diese besondere Todesgefahr über ihn hereinbrach, können wir aus seinen Andeutungen nicht erschließen. Wieder merken wir, wieviel Wichtiges wir aus dem Leben des Paulus nicht wissen, was in einer modernen Paulus-Biographie sicher ein ganzes Kapitel gefüllt hätte. Lukas hat nichts erzählt, was die Männer der ersten Christenheit nur persönlich anging. Sein Blick war auf das Werden der weltweiten Christenheit gerichtet, und dieses Werden macht er in knappen, zusammenfassenden Sätzen und in einzelnen, lebendig ausgeführten Bildern deutlich.

DAS ENDE DER DRITTEN MISSIONSREISE UND DER BEGINN DER REISE NACH JERUSALEM

Apostelgeschichte 20, 1–12

zu Vers 1:
Apg 19, 21
2 Ko 2, 13
2 Ko 7, 5
1 Tim 1, 3
zu Vers 3:
Apg 9, 24
21, 27
23, 16
1 Ko 15, 32
2 Ko 11, 26
zu Vers 4:
Apg 17, 10
19, 29
21, 29
27, 2
Rö 16, 21
Eph 6, 21
2 Tim 4, 12. 20
zu Vers 5:
Apg 16, 8
zu Vers 6:
Apg 21, 4
28, 14
zu Vers 7:
Apg 2, 42. 46
1 Ko 16, 2

**1 Nach dem Aufhören des Tumultes ließ Paulus die Jünger kom-
men und ermahnte sie, verabschiedete sich von ihnen und zog
2 fort, um nach Makedonien zu reisen. * Nachdem er aber jene Ge-
genden durchzogen und sie mit vielem Wort ermahnt hatte, kam
er nach Hellas. Nachdem er dort drei Monate zugebracht hatte,
3 * drohte gegen ihn ein Anschlag von den Juden, als er nach Syrien
absegeln wollte; so faßte er den Entschluß, durch Makedonien
4 zurückzureisen. * Es folgte ihm aber Sopatros, des Pyrrhus Sohn,
aus Beröa, von den Thessalonikern aber Aristarchus und Sekun-
dus, und Gajus aus Derbe und Timotheus, aus der Asia aber
5 Tychikus und Trophimus. * Diese aber reisten voraus und erwar-
6 teten uns in Troas. * Wir aber segelten nach den Tagen der unge-
säuerten Brote von Philippi ab und kamen zu ihnen nach Troas
binnen fünf Tagen, wo wir sieben Tage verweilten.
7 Als wir am ersten Tage der Woche versammelt waren, das Brot zu
brechen, sprach Paulus zu** (oder: mit) **ihnen. Und da er am folgen-
den Morgen fortgehen wollte, dehnte er das Wort bis Mitternacht
8 aus. * Es waren aber viele Lampen in dem Obergemach, wo wir
9 versammelt waren. * Es saß aber ein junger Mann mit Namen
Eutychus auf dem Fensterbrett, der tiefem Schlaf verfiel, als Paulus
noch länger redete. Übermannt vom Schlaf fiel er vom dritten
10 Stock hinab und wurde tot aufgehoben. * Paulus aber eilte hinun-
ter, warf sich über ihn, und indem er ihn umfaßte, sprach er:**

11 **„Beunruhigt euch nicht, denn seine Seele ist in ihm." * Und er** zu Vers 10:
ging hinauf, brach das Brot und aß, sprach lange bis zum Tages- Mk 5, 39
12 **anbruch und ging so davon. * Sie brachten aber den jungen Men-** 1 Kö 17, 21
schen lebend herbei und wurden nicht wenig getröstet. zu Vers 11: Apg 28, 23

Paulus hat den Sturm in Ephesus noch miterleben müssen. Dieser 1
Sturm war insofern ein bedeutungsvolles und ernstes Zeichen, als er diesmal nicht von den Juden ausging. Also auch das Heidentum kann sich mit wilder Macht gegen die Gemeinde Jesu und ihre Boten erheben, wenn sein Lebensinteresse bedroht ist, das von der heidnischen Religion aus in zäher Verflechtung das wichtige Geld und das ebenso wichtige Ansehen einer ganzen Stadt mit ihrem Tempel umfaßt. Aber nicht dieser Sturm als solcher vertrieb Paulus aus Ephesus. **„Nach dem Aufhören des Tumultes ließ Paulus die Jünger kommen und ermahnte sie, verabschiedete sich von ihnen und zog fort."** Es kam zu einer planmäßigen (Apg 19, 21) Verabschiedung von der versammelten Gemeinde. Das Wort **„parakalein = ermahnen"** ist für uns im Deutschen schwer wiederzugeben. Allein schon die Erinnerung daran, daß das Wort „Paraklet" (Luther: der Tröster) für den Heiligen Geist von diesem Begriff „parakalein" abgeleitet ist, zeigt uns, daß Paulus nicht nur mit „Ermahnungen" vor der Jüngerschar gestanden hat. Es ist einfach die ganze „Abschiedspredigt" gemeint, die Zeugnis, Zuspruch, Mahnung, Trost enthalten haben wird wie seine Ansprache an die Ältesten in Milet (vgl. V. 17—35). Es ist tatsächlich sein Abschied von der Gemeinde. Denn auf dem Rückweg von Griechenland her auf der Reise nach Jerusalem sieht er nur noch einmal ihre Ältesten.

Reiseziel des Paulus ist zunächst Makedonien. **„Nachdem er aber** 2
jene Gegenden durchzogen und sie mit vielem Wort ermahnt hatte, kam er nach Hellas." Wir kennen nun schon zur Genüge die Art des Lukas, arbeitsvolle und ereignisreiche Zeiträume in wenigen Sätzen zusammenzufassen. Nach 1 Ko 16, 5—8 will Paulus bis Pfingsten in Ephesus bleiben, über Makedonien nach Korinth kommen, dort überwintern und nach Eröffnung der Schiffahrt im Frühling nach Jerusalem fahren. So ist er im Herbst 55 erneut in Korinth eingetroffen. Wenn er tatsächlich bald nach Pfingsten Ephesus verließ, hatte er bis zum Herbst Monate für die Gemeinden Philippi, Thessalonike, Beröa. Hat er diese ganze Zeit nur für Makedonien verwendet? Ist er von Ephesus aus ohne Aufenthalt nach Philippi gefahren? Das „Durchziehen" kennen wir schon als Ausdruck für eine evangelistische Reisetätigkeit. Aus 2 Ko 2, 12 f erfahren wir, daß er auf seinem Weg nach Makedonien mindestens in Troas eine verheißungsvolle Arbeit begonnen hat, die er aus seiner heißen Sorge für die

Korinther vorzeitig abbrach. Nun kam er nach Makedonien. Wir können uns ausmalen, wie das Wiedersehen mit seinen Gemeinden war. Paulus selbst aber zeichnet davon ein ganz anderes Bild: „Da wir nach Makedonien kamen, fanden wir keine Ruhe; sondern allenthalben waren wir in Trübsal, auswendig Streit, inwendig Furcht" (2 Ko 7, 5). Der Dienst an Gemeinden ist kein Kinderspiel und für das „Fleisch" kein Genuß! Er ist entsagungsvoll, enttäuschungsreich, mühsam und schwer und gibt uns ernstlichen Anteil an den „Leiden des Christus" (2 Ko 1, 5; Phil 3, 10). Dann brachte die Ankunft des Titus endlich die große Erleichterung in den Sorgen um Korinth (2 Ko 7, 6). Aber wieviel war auch in den makedonischen Gemeinden zu ordnen, zu helfen, zu kämpfen, zurechtzubringen, zu tragen. Wie gern hätten wir von solchen Wochen im Leben des Paulus ein anschauliches Bild. Es würde jedenfalls die Sorglosigkeit und geistliche Trägheit vieler von uns beschämen. Lukas aber faßt alles nur in den kurzen Ausdruck: **„Nachdem er sie mit vielem Wort ermahnt hatte . . ."**

Nun kam er nach **„Hellas"**. Nur hier ist im NT dieser alte klassische Name für Griechenland zu finden; sonst wird der römische Provinzname „Achaja" verwendet. Wie aber **„kam er"** dorthin? In seinem Brief an die Römer, den er bald darauf in Korinth verfaßte, schrieb er, er habe „von Jerusalem aus in weitem Bogen bis Illyrien" das Evangelium des Christus erfüllt (Rö 15, 19). Nach „Illyrien" aber kann er nur auf dieser Reise jetzt gekommen sein. Dann ist er von Makedonien westwärts auf die Küste der Adria zugewandert und dann an der Westküste Griechenlands entlang durch Epirus auf Korinth zugekommen. Dabei wird die Gemeinde Nikopolis am Golf von Arta gegründet worden sein, die Paulus so vertraut war, daß er dort auf einer späteren Reise überwintern will (Tit 3, 12). Ist vielleicht deshalb hier der umfassende Name **„Hellas"** gebraucht, weil „Achaja" nur den südlichen Teil der Halbinsel bezeichnet?

Endpunkt der Reise ist jedenfalls Korinth. Der Aufenthalt dort ist von Lukas mit „drei Monaten" zu knapp angegeben. Selbst wenn Paulus erst im Spätherbst eintraf, vergingen bis zum Wiederbeginn der Schiffahrt mehr als drei Monate. Was hat diese Monate in der heißumkämpften Gemeinde gefüllt! Und denken wir daran: in dieser Zeit schrieb Paulus den Römerbrief!

3 Wir erleben mit, wie sich Reisepläne des Apostels ohne seine Schuld ändern. Er möchte von Korinth aus zu Schiff nach Syrien. Aber **„es drohte gegen ihn ein Anschlag von den Juden, als er nach Syrien absegeln wollte"**. Sollte die Ermordung des Paulus noch im Gedränge des Hafens oder sollte sie auf dem Schiff erfolgen? Wir wissen es nicht. Jedenfalls greift man nach dem Mißlingen der An-

klage vor Gallio zum Meuchelmord. Für den Fanatismus hat noch
stets der Zweck alle Mittel geheiligt. Der Mordplan wurde Paulus
bekannt. **„So faßte er den Entschluß, durch Makedonien zurückzurei-
sen.“** Paulus hatte bei seiner Abreise von Korinth den Ertrag der gro-
ßen Sammlung für Jerusalem bei sich. Auch auf dieses Geld kann
sich der geplante **„Anschlag der Juden“** mit gerichtet haben. Um die- 4
ser Sammlung willen reiste Paulus diesmal mit ganz besonders gro-
ßer Begleitung. Nach 2 Ko 8, 16—24 ist zunächst Titus mit zwei unge-
nannten Brüdern bestimmt gewesen „zum Gefährten unserer Fahrt
in diesem Liebeswerk, welches durch uns ausgerichtet wird“. Es wird
aber aus diesem ursprünglichen Plan der Entschluß erwachsen sein,
aus allen an der Sammlung beteiligten Gemeinden jemand mitfah-
ren[476] zu lassen. Nicht nur, damit „es redlich zuginge nicht allein
vor dem Herrn, sondern auch vor den Menschen“ (2 Ko 8, 21), viel-
mehr auch als Zeugen des lebendigen Heidenchristentums vor den
Jerusalemer Brüdern. So nennt Lukas hier sieben Männer: **„Sopatros,
des Pyrrhus Sohn, aus Beröa, von den Thessalonikern aber Aristarchus
und Sekundus, und Gajus aus Derbe und Timotheus, aus der Asia
aber Tychikus und Trophimus.“** Aus Philippi kam Lukas wieder mit,
was am erneuten Auftauchen des „Wir“ in V. 5/6 zu erkennen ist. War-
um keine Vertreter aus Korinth genannt sind, wissen wir nicht. Der
Rückschluß, daß trotz aller Mahnungen in 1 Ko 16, 1—4 und 2 Ko 8. 9
die Sammlung in Korinth nicht durchgeführt worden sei und darum
keine Vertreter der Korinther nötig waren, ist angesichts der aus-
drücklichen Nennung von „Achaja“ in Rö 15, 26 unmöglich. Ob die 5
ganze Begleiterschar oder nur die zuletzt genannten aus der Asia,
Tychikus und Trophimus, **„vorausreisten und uns in Troas erwarte-
ten“**, ist nicht sicher festzustellen[477]. Jedenfalls aber gehört Lukas so
sehr zur engsten Umgebung des Paulus, daß er nicht mit voraus-
geschickt wird, sondern bei Paulus bleibt.

[476] Wenn der Koine-Text in V. 4 einfügt: es folgte ihm aber „bis zur Asia ...“, so ist das sicher falsch. Das „Mitfahren“ dieser Vertreter aus den Gemeinden hat nur dann Sinn, wenn sie bis nach Jerusalem mitkommen, die große Kollekte dort mit übergeben und die Verbundenheit der heidenchristlichen Gemeinden mit der Urgemeinde bekunden. Drei der sieben Männer, die Lukas nennt, finden wir dann auch mit in der Gefangenschaft des Paulus: Aristarchus, Timotheus und Tychikus. Und Trophimus ist Apg 21, 29 ausdrücklich als in Jerusalem mit anwesend genannt.

[477] Ob „Sopatros“ mit dem in Rö 16, 21 mit grüßenden „Sosipatros“ identisch ist, bleibt ungewiß. Aristarchus war schon Apg 19, 29 genannt. Sekundus ist uns nicht weiter bekannt, ebensowenig Gajus aus Derbe (vgl. aber Anm. 472). Über Timotheus s.o.S. 287. Trophimus spielt bei der Gefangennahme des Paulus in Jerusalem eine Rolle Apg 21, 29; er ist 2 Tim 4, 20 noch einmal erwähnt. Tychikus ist der Überbringer der Briefe an die Epheser und an die Kolosser und, im Zusammenhang damit, wahrscheinlich auch des Philemonbriefes (Eph 6, 21; Kol 4, 7).

6 Nun wird der Bericht wieder sehr genau: **„Wir aber segelten nach den Tagen der ungesäuerten Brote von Philippi ab und kamen zu ihnen nach Troas binnen fünf Tagen, wo wir sieben Tage verweilten." „Nach den Tagen der ungesäuerten Brote"** wird reine Zeitangabe sein; schwerlich hat Paulus in der wesentlich heidenchristlichen Gemeinde von Philippi das jüdische Passah begangen. Die Fahrt dauerte diesmal fünf Tage (vgl. dagegen o. S. 293). In Troas nimmt sich Paulus mit seinen Begleitern noch eine Woche Zeit zum Bleiben. Dort ist von ihm auf der Reise von Ephesus nach Makedonien eine Gemeinde gesammelt worden (2 Ko 2, 12). Und nun erhalten wir einen
7—12 lebendigen Einblick in den Abschiedsgottesdienst. Er findet am **„ersten Tag der Woche"**, also am Sonntag statt. Neben der Bemerkung 1 Ko 16, 1 finden wir hier zum ersten Mal einen Hinweis darauf, daß in den heidenchristlichen Gemeinden der erste Tag der Woche als der Auferstehungstag des Herren Jesus besonders gefeiert wurde. Die Gemeinde kommt zusammen, um **„das Brot zu brechen"**. Die gemeinsame Mahlzeit mit der Feier des Herrenmahles steht im Mittelpunkt. Aber **„Paulus spricht dabei zu** (oder: mit) **ihnen"**. Paulus mag vor allem selber gesprochen haben, da er sehr viel auf dem Herzen hatte. Und da es das letzte Mal vor ihrer Trennung ist, die Paulus mehr und mehr als eine endgültige zu sehen beginnt (vgl. V. 38), **„dehnte er das Wort bis Mitternacht aus."** Ja, Paulus hat dann nach der späten Mahlfeier noch bis zum Tagesanbruch zu den Versammelten gesprochen (V. 11). Die Wahrheit Gottes in ihren vielen und reichen Beziehungen ist ihm so wichtig, daß er nicht nur selber auf jeden Schlaf vor dem Aufbruch zur Reise verzichtet, sondern auch den Gemeindegliedern zumutet, die Nachtstunden dranzugeben. Wir merken, wie ernst seine Ermahnung, um des Gebetes willen „zu wachen", in Kol 4, 2 gemeint ist.

Wir sehen aber auch recht tröstlich: Sogar bei dem Reden eines Paulus konnte man einschlafen! Es wird das in keiner Weise „moralisch" genommen, sondern als natürliche Tatsache vermerkt. Ein junger Mensch, der den ganzen Tag gearbeitet hat, schläft eben ein, wenn eine Rede bis gegen Mitternacht fortgeht. Man ist in einem stillen **„Obergemach"** versammelt genau wie die erste Jüngerschar in Jerusalem (Apg 1, 13). Es liegt hier in einem offenbar großen Hause sogar im 3. Stock. **„Viele Lampen"**[478] brennen. Der **„junge Mann"** hat sich auf die Fensterbank ans offene Fenster gesetzt. **„Übermannt vom Schlaf, fiel er vom dritten Stock hinab und wurde tot aufgehoben."** Welche schmerzvolle Störung drohte damit diesem letzten Zusammensein. Aber nun darf Paulus tun, was einst Elias und Elisa getan

[478] D macht aus den „Lampen" vielmehr „Hypolampades", das heißt „Fenster". Vielleicht war es ihm so leichter verständlich, warum der junge Mann auf einem Fensterbrett saß.

haben. Es fällt uns aber gerade im Vergleich mit diesen atst Berichten auf, wie verhalten und einfach hier bei Paulus alles verläuft. Von dem Wunder der Erweckung[479] wird keinerlei Aufhebens gemacht, Paulus wird nicht verherrlicht. Mit ganzer Entschiedenheit und doch ohne Aufregung handelt Paulus; mit ruhiger Sammlung kehrt er zur Gemeinde zurück und widmet sich ihr so ganz, als ob nichts geschehen wäre. Wichtig ist nur, daß keine Störung entsteht, sondern Mahlfeier und Predigt in ihrer ganzen Bedeutsamkeit fortgehen. Nur am Schluß wird noch etwas von der Freude über das Wunder gesagt. Vielleicht hat D den Sinn hier richtig getroffen, wenn er den Text erweiternd schreibt: „Als sie sich aber verabschiedeten, brachte er (Paulus) den jungen Menschen lebend herbei, und sie wurden nicht wenig getröstet." Dabei gilt dieser „Trost" nicht den Angehörigen des jungen Mannes, die doch schon seit Stunden wissen, daß ihm nichts passiert ist, sondern der ganzen Gemeinde in dieser Abschiedsstunde. Das erlebte Wunder, der unversehrt in ihrer Mitte stehende junge Mann, ist ihnen ein trostvolles „Zeichen" der Macht und Gnade des Herrn, der ihren geliebten Apostel auf seiner gefährlichen Reise ebenso in der Hand hat wie sie mit ihrem Gemeindeleben, das nun ganz auf sich selbst gestellt sein wird.

AUF DER REISE NACH JERUSALEM

1. Der Reiseweg

Apostelgeschichte 20, 13–16

13 **Wir aber gingen voraus zum Schiff und fuhren ab nach Assos,**
indem wir von dort Paulus an Bord nehmen wollten; so hatte er
14 **es nämlich angeordnet, da er selbst zu Fuß gehen wollte. * Als er**
aber mit uns zusammentraf in Assos, nahmen wir ihn an Bord und
15 **kamen nach Mitylene. * Und von dort absegelnd langten wir am**
folgenden (Tage) gegenüber Chios an; am nächsten (Tage) aber fuh-
ren wir hinüber nach Samos. Am folgenden aber kamen wir nach
16 **Milet. * Denn Paulus hatte beschlossen, an Ephesus vorbeizu-**
fahren, damit er nicht Zeit verlieren müßte in der Asia. Denn er
beeilte sich, um – wenn es möglich wäre – am Tage des Pfingst-
festes in Jerusalem zu sein.

zu Vers 15: 2 Tim 4, 20
zu Vers 16: Apg 18, 21

479 Man hat hier nur ein „Wunder der Bewahrung" sehen wollen. Aber es steht nicht da, daß der Jüngling „wie tot" aufgehoben wurde; und ebenso wenig sagt Paulus, daß seine Seele „noch" in ihm sei. Lukas will eine echte Totenerweckung schildern. Paulus „beugt sich" auch nicht über den Herabgestürzten, etwa um zu horchen, ob das Herz noch schlägt, sondern „warf sich über ihn" und „umfaßt ihn" eben wie es Elia und Elisa mit den toten Knaben getan haben.

13 Wir nehmen die Karte zur Hand und verfolgen den Reiseweg, den wir im Gegensatz zu der sonstigen Art unserer Apostelgeschichte so genau berichtet bekommen. Lukas hat hier ein kurzes Stück seines Reisetagebuches in sein Werk übernommen. Paulus hat **„angeordnet"**, daß seine Begleiter nach Assos, 25 km südlich von Troas, mit dem Schiff vorausfahren und ihn dort erst an Bord nehmen. Er selbst legt den Weg zu Fuß zurück. Lukas nennt den Grund für diese Regelung nicht. Aber wir werden nicht fehlgehen in der Annahme, daß Paulus auf diese Weise einen Tag der ungestörten Stille gewinnen wollte, ohne doch für seine Reise Zeit zu verlieren. Wieviel war zu durchdenken und zu durchbeten: das ganze große Arbeitsfeld, auf dem er nun „fertig" war (Rö 15, 23), und „Jerusalem" und „Rom" und „Spanien", wie sie drohend und lockend vor ihm lagen (Rö 15, 22—32). Die Fahrt geht dann durch die Inselwelt der kleinasiatischen
14—15 Küste an Mitylene und Chios vorbei nach dem Vorgebirge Trogylion, das in der westlichen Textgruppe auch eigens erwähnt wird. Hier mußte sich Paulus entscheiden, ob er das Schiff verlassen und nach Ephesus hinüberfahren oder die Reise auf seinem Schiff fortsetzen
16 wollte. Aber Paulus **„hatte beschlossen, an Ephesus vorbeizufahren, damit er nicht Zeit verlieren müsse in der Asia. Denn er beeilte sich, um — wenn es möglich wäre — am Tage des Pfingstfestes in Jerusalem zu sein"**. Der Hauptanlaß der ganzen Reise, die Überbringung der großen Kollekte für die Jerusalemer Gemeinde mit ihren finanziellen Nöten, wird auch hier wieder nicht erwähnt. Paulus möchte aber an dem nächsten großen Festtag, dem Pfingstfest, in Jerusalem sein, weil er dann besonders viele Gemeindeglieder auch aus der Umgegend von Jerusalem antreffen kann. Vielleicht konnte ihm in dem Gewühl des Festes sein Besuch in der feindseligen Stadt am unauffälligsten erscheinen. Wir sind auf solche Vermutungen angewiesen, da Lukas uns keine Begründung für den dringenden Wunsch des Paulus angibt. Jedenfalls hätte gerade Ephesus mit seiner bedeutenden Gemeinde und seinen Beziehungen in die Asia hinein einen längeren Aufenthalt erfordert. So geht die Reise weiter bis nach Milet.

AUF DER REISE NACH JERUSALEM

2. Der Abschied von den Ältesten in Milet

Apostelgeschichte 20, 17—38

zu Vers 17: Tit 1, 5-9

17 Von Milet aber schickte er nach Ephesus und ließ die Ältesten der
18 Gemeinde zu sich kommen. * Als sie aber bei ihm eingetroffen

waren, sprach er zu ihnen: „Ihr wißt, wie ich mich vom ersten
Tage ab, an dem ich die Asia betrat, unter euch die ganze Zeit
19 verhalten habe, * dienend dem Herrn mit aller Demut und Tränen
und Anfechtungen, die mir durch die Anschläge der Juden wider-
20 fuhren. * Wie ich nichts verschwieg von dem, was heilsam ist, es
euch nicht zu verkündigen und euch zu lehren öffentlich und in
21 den Häusern, * bezeugend Juden und Griechen die Umkehr zu
22 Gott und den Glauben an unsern Herrn Jesus. * Und jetzt, siehe,
gebunden durch den Geist gehe ich nach Jerusalem, das, was mir
23 dort begegnen wird, nicht wissend, * nur daß der Heilige Geist von
Stadt zu Stadt mir bezeugt, daß Bande und Drangsale mich erwar-
24 ten. * Aber keines Wortes wert halte ich mein Leben für mich
selbst, damit ich meinen Lauf vollende und den Dienst, den ich
empfing von dem Herrn Jesus, zu bezeugen das Evangelium der
25 Gnade Gottes. * Und jetzt, siehe, ich weiß, daß ihr nicht mehr
sehen werdet mein Angesicht, ihr alle, bei denen ich durchzog,
26 heroldend das Reich. * Daher bezeuge ich euch am heutigen Tage,
27 daß ich rein bin von dem Blut aller. * Denn ich habe nicht ver-
28 säumt, zu verkündigen den ganzen Rat Gottes an euch. * Habt
acht auf euch selbst und die ganze Herde, in der euch der Heilige
Geist eingesetzt hat zu Aufsehern, zu weiden die Gemeinde Got-
tes, die er sich erworben hat durch sein eigenes Blut (oder: durch
29 das Blut seines eigenen [Sohnes]). * Ich weiß, daß nach meinem
Weggang wilde Wölfe zu euch kommen werden, welche die Herde
30 nicht schonen, * und aus eurer eigenen Mitte werden Männer auf-
stehen, die Verkehrtes reden, um die Jünger hinter sich herzu-
31 ziehen. * Darum wachet, eingedenk dessen, daß ich drei Jahre hin-
durch Nacht und Tag nicht aufgehört habe, mit Tränen zu ermah-
32 nen jeden einzelnen. * Und jetzt übergebe ich euch dem Herrn und
dem Wort seiner Gnade, das mächtig ist aufzubauen und zu geben
33 das Erbe unter den Geheiligten allen. * Silber oder Gold oder Ge-
34 wand habe ich keines begehrt. * Ihr selbst wißt, daß für meine
Bedürfnisse und für die, die mit mir sind, diese Hände gedient
35 haben. * Mit allem habe ich euch gezeigt, daß man so arbeitend
sich der Schwachen annehmen muß und gedenken der Worte des
Herrn Jesus, daß er selbst gesagt hat: ‚Selig ist mehr das Geben
36 als das Nehmen.'" * Und als er das gesagt hatte, beugte er seine
37 Knie und betete mit ihnen allen. * Es geschah aber ein lautes Wei-
38 nen aller, und sie fielen Paulus um den Hals und küßten ihn, * in
Schmerz versetzt am meisten durch das Wort, das er gesagt hatte,
daß sie nicht mehr sein Angesicht sehen würden. Sie geleiteten
ihn aber zum Schiff.

zu Vers 18:
Apg 18, 19
19, 10
2 Ko 11, 28
1 Th 1, 5
1 Th 2, 1
zu Vers 19:
1 Th 2, 6
1 Th 2, 15 f
1 Pt 5, 3
zu Vers 20:
2 Tim 4, 2
zu Vers 21:
Apg 14, 15
16, 31
17, 30
26, 18. 20
zu Vers 22:
Apg 19, 21
zu Vers 23:
Apg 9, 16
10, 19
21, 4. 11. 33
zu Vers 24:
Apg 15, 26
21, 13
2 Ko 5, 18
1 Th 2, 8
2 Tim 4, 7
zu Vers 26:
Hes 3, 18-21
Apg 18, 6
1 Th 2, 10
zu Vers 27:
Jo 15, 15
Eph 1, 4—6
zu Vers 28:
Ps 74, 2
Lk 20, 32
Phil 1, 1
1 Tim 3, 1 f
1 Tim 5, 16
Tit 1, 7
1 Pt 2, 25
1 Pt 5, 2
Offb 5, 9
zu Vers 29:
Mt 7, 15
Mt 10, 16
Jo 10, 12

zu Vers 30: Gal 4, 17 Tit 1, 10 f 1 Jo 2, 18 f
zu Vers 31: Mk 13, 35. 37 2 Ko 2, 4 1 Th 2, 11 2 Tim 4, 2
zu Vers 32: 5 Mo 33, 3 f Apg 14, 3. 23 Rö 16, 25 Eph 1, 18 Kol 1, 12 Hbr 13, 7
zu Vers 33: 1 Sam 12, 3 Mt 10, 8 1 Ko 9, 12 2 Ko 7, 2
zu Vers 34: Apg 18, 2 1 Ko 4, 12 1 Th 2, 9
zu Vers 35: 1 Th 4, 11 3 Jo 7 Hbr 13, 16
zu Vers 36: Apg 21, 5
zu Vers 37: Apg 21, 6 Rö 16, 16 1 Pt 5, 14
zu Vers 38: Kol 2, 1

Milet, etwa 60 km südlich von Ephesus gelegen, war damals mit seinen vier Häfen eine bedeutende Stadt. Paulus muß dort – vielleicht durch den Wechsel des Schiffes – einen längeren Aufenthalt gehabt haben. Bis seine Boten Ephesus erreichten und mit den Ältesten wieder in Milet eintrafen, mußten selbst bei günstigster Schiffsverbindung zwei bis drei Tage vergehen. Und doch kostete das Paulus weniger Zeit, als wenn er nochmals selber nach Ephesus gekommen wäre. So **„schickte er nach Ephesus und ließ die Ältesten der Gemeinde zu sich kommen"**[480]. Von ihrer Einsetzung ist uns nichts erzählt worden. Lukas nahm an, daß wir nach Apg 14, 23 selbstverständlich damit rechneten, daß Paulus alle von ihm gegründeten Gemeinden nach dem jüdischen Vorbild mit „Ältesten" versah und in ihre Hand die Leitung und Verwaltung der Gemeinde legte. Daß die Gemeinden einer festen Ordnung bedurften, wenn sie auch zahlenmäßig nicht allzu groß waren, ist für Paulus klar. Daß er dabei das bewährte Vorbild der jüdischen Gemeinde befolgte, ist nicht verwunderlich. Wenn er die Ältesten in seiner Rede zugleich als „Aufseher" (grie „Episkopos", aus dem unser Wort „Bischof" entstanden ist) bezeichnet, so erinnert uns das daran, daß es auch im Griechentum für mancherlei notwendige Funktionen in Vereinen und weltlichen oder religiösen Gemeinschaften solche „Aufseher = Episkopen" gab[481]. Wie groß die Zahl dieser Ältesten in Ephesus war, erfahren wir nicht; solche Einzelfragen der kirchlichen Ordnung waren damals gar nicht wichtig. Darum ist auch die Rede des Paulus an die Ältesten ein rein geistliches Wort und geht auf „Verfassungsfragen" mit keiner Silbe ein.

Nun gibt uns Lukas ein Beispiel – das einzige in seinem Werk –, wie Paulus vor Christen gesprochen hat. Kein Wunder, daß darum diese Rede besonders viele Anklänge an seine Briefe enthält. **„Ihr wißt, wie ich mich vom ersten Tag ab, an dem ich die Asia betrat, unter euch die ganze Zeit verhalten habe."** Nicht mit Grundsätzen, Regeln oder Weisungen beginnt Paulus, sondern er knüpft an sein eigenes Vorbild an. So hat er auch den Philippern geschrieben: „Fol-

480 Aus V. 18 und besonders aus V. 25 könnte man schließen, daß Paulus damals nicht nur nach Ephesus geschickt, sondern Älteste aus der ganzen Asia zu einer Abschiedsversammlung einberufen hat. Lukas hat diese Art, daß er uns erst nachträglich etwas erfahren läßt, was er vorher gar nicht erzählt hat; so z. B. den Inhalt von V. 23, aber auch die Tatsache der Einsetzung von Ältesten in Ephesus überhaupt.

481 Mit dem späteren „Bischofsamt" hat das noch nichts zu tun, schon weil diese „Episkopen" eben die „Ältesten" sind und – wie auch Phil 1, 2 zeigt – in einer Mehrzahl ihre Dienste wahrnahmen. Erst allmählich im Zusammenhang mit der Ausgestaltung des Kultus und mit den Kämpfen gegen die Irrlehre tritt mehr und mehr einer der Ältesten als der „Bischof" hervor, bis es in der Mitte des 2. Jahrhunderts zum voll ausgebildeten „monarchischen Episkopat" kommt.

get mir, liebe Brüder, und sehet auf die, die so wandeln, wie ihr uns habt zum Vorbilde" (3, 17). Das gehört zum Wesen des Evangeliums im Gegensatz zu allem „Gesetz": An der lebendigen Wirklichkeit ist zu sehen, wie ein Christenleben geführt wird; und nicht die harte Erfüllung von Vorschriften, sondern die lebendige „Nachahmung" eines anziehenden Lebens (vgl. auch 1 Ko 11, 1; Eph 5, 1 f) bringt uns in die rechte Gestaltung unseres eigenen Lebens hinein. So drückt Paulus auch jetzt beim Abschied den Ältesten nicht eine „christliche Ethik" in die Hand, sondern hinterläßt ihnen sein Vorbild.

Dabei steht grundlegend der eine Zug dieses Bildes voran: **„Dienend dem Herrn"**, ein „Sklave des Christus Jesus", wie er es den Philippern (1, 1), aber auch den Galatern (1, 10) gegenüber ausspricht. Einen „Herren" gefunden haben, sein Leben völlig als „Dienst" für diesen Herren leben dürfen, das kennzeichnet die neue Existenz des Christen überhaupt und des „Amtsträgers" insbesondere. Dreierlei hebt Paulus bei diesem „Dienst" hervor: **„Demut, Tränen, Anfechtungen."** Jedes „Amt" in der Gemeinde Jesu ist verdorben, wenn es nicht ganz und entschlossen „Dienst" bleibt; die **„Demut"** ist ja „Dienemut". Mit welchem Recht Paulus auf seine **„Demut"** verweisen konnte, kann jeder gründliche Leser seiner Briefe selbst feststellen. Ferner ist Dienst in der Gemeinde nicht ohne heiße Schmerzen möglich. Er ist durchaus nicht immer „Freude", sondern er kostet **„Tränen"**. Auch davon spricht er in seinen Briefen 2 Ko 2, 4; Phil 3, 18. Und der Dienst führt in Kampf und **„Anfechtungen"**, nicht weil wir den Dienst fehlerhaft und schlecht tun, sondern gerade wenn wir ihn redlich und liebevoll ausrichten. Paulus hat es in 2 Ko 6, 4—10; 11, 23—29; 1 Th 2, 2. 15 selbst geschildert. Aber in solchen **„Anfechtungen"**[482] werden wir gegründete und bewährte Leute. Paulus hat seinen Satz nicht klagend und bedauernd ausgesprochen, sondern mit voller Bejahung dessen, was seine Jahre in Ephesus erfüllte. Er hielt es ja für „vorbildlich". 19

Anfechtungen und Schwierigkeiten haben ihn nicht dazu gebracht, 20
daß er „etwas" **„verschwieg von dem, was heilsam**[483] **ist, es euch nicht**

[482] Es verwundert uns, daß Paulus die Anfechtungen auch vor den Ältesten von Ephesus auf die Juden zurückführt, während Lukas uns dort nur von einem rein heidnischen Aufruhr gegen Paulus berichtet. Aber Lukas hat, wie wir schon sahen, aus dem langen Aufenthalt in Ephesus vieles nicht erzählt. Vielleicht kam gerade jene besondere Drangsal von 2 Ko 1, 8—10 durch die Judenschaft über Paulus. Oder Paulus sieht hier die Summe aller seiner Erfahrungen vor sich.

[483] Es gehört zu der ganzen unfeierlichen und „gewöhnlichen" Sprache des NT, daß auch hier ein ganz „weltliches" und nüchternes Wort steht, das eigentlich nur „nützlich" bedeutet. Inhaltlich aber freilich ist das gemeint, was „ewig nützt" und dem ewigen Heil des Menschen dient.

zu verkündigen und euch zu lehren". Die beiden Arten des Dienstes, die immer wieder nötig sind, hat Paulus ausgeübt: das **„Verkündigen"** der Botschaft und das **„Lehren"** in all den Fragen, die aus der Botschaft für das Glauben und Leben des einzelnen und der Gemeinschaft entstehen. Mit ernstem Eifer hat er jede Gelegenheit dazu benutzt
21 **„öffentlich und in den Häusern"**[484]. An **„Juden und Griechen"** hat er sich dabei gewandt; wir könnten modern sagen: an kirchliche und fernstehende, an religiöse und an weltliche Menschen. Dabei waren Inhalt und Ziel seiner Verkündigung einfach, wenn auch gewaltig. Es ging um nicht mehr, aber auch nicht weniger als um **„die Umkehr zu Gott und den Glauben an unsern Herrn Jesus".** Wieder stand nicht eine eingehende Belehrung „über" Gott im Mittelpunkt, sondern die entscheidende persönliche Tat der Wendung zu ihm, „fort von den Abgöttern" (1 Th 1, 9), heraus aus dem „Machtbereich der Finsternis" (Kol 1, 13), zurück zu dem einzig rechtmäßigen Herrn und Schöpfer. Und wieder nicht in dem korrekten theologischen Wissen von Jesus lag die Hauptsache, sondern im **„Glauben"** an Jesus als dem **„Herrn"**, in der vertrauenden und gehorchenden Auslieferung des Lebens an ihn. Und diese **„Umkehr zu Gott"** hat Paulus auch den **„Juden"** (also den religiösen und kirchlichen Leuten) unabdingbar zugemutet, genauso wie Petrus es am Pfingsttage tat (Apg 2, 38). Auch der fromme Jude war „tot für Gott" (Eph 2, 3) und bedurfte „der Errettung aus diesem verkehrten Geschlecht" (Apg 2, 40). Aber auch dem **„Griechen"** (dem Fernstehenden, dem Menschen der weltlichen Welt) ist diese Rettung sofort und ohne Umweg über das „Gesetz" möglich. Das heißt zunächst einfach in Abwehr der Judaisten: Der „Grieche" muß nicht erst ein „Jude" werden, ehe er das Heil erlangen kann. Es heißt aber zugleich auch: „Der Mensch von draußen" muß nicht erst versuchen, durch eigene Erfüllung irgendwelcher Gebote, durch mystische oder asketische Übungen, durch Unterwerfung unter kirchliche Zeremonien „besser" oder „frömmer" zu werden. Die völlige und ganze Errettung liegt auch für ihn allein in dem „Glauben an unsern Herrn Jesus" (Apg 16, 31).

22 Von der Vergangenheit her geht der Blick zum Ernst der Gegenwart. Paulus geht seinen Weg völlig gewiß, unbekannt ist nur das Ende dieses Weges. Er ist **„durch den Geist gebunden"**, er steht dabei unter der Leitung des Geistes Gottes, dem er fraglos gehorcht. Diese feste, ruhige Gewißheit liegt auch über seinen entsprechenden Worten an die Römer (15, 15—28). Seine Reise nach Jerusalem ist nicht ein unsicheres, eigenmächtiges Wagnis. Er weiß im Heiligen Geist, daß er

[484] Zu diesem Dienst „in den Häusern" kommt der überlastete und moderne Pfarrer kaum noch. Umso wichtiger ist es, daß „Stewardship" und „Besuchsdienst" hier zu helfen suchen. Nur — „haben wir die Leute dazu", um mit Luther zu reden?

sie machen *muß*. Darum ist es auch keine Erschütterung seiner Gewißheit, wenn **„der Heilige Geist von Stadt zu Stadt mir bezeugt[485], daß Bande und Drangsale mich erwarten"**. Der **„im Geist Gebundene"** kann auch tatsächlich ein mit eisernen Ketten Gebundener werden. Das „Kreuz", das „Sterben Jesu" war für einen Paulus nie bloß eine dogmatische Größe, sondern stets eine sein Leben konkret gestaltende Macht (2 Ko 4, 10; Phil 3, 10. 18). Gottes Wege sind nicht durch Gelingen und Glück gekennzeichnet. Wieder stellt Paulus dabei „vorbildlich" seine innere Haltung vor die Männer, die den Dienst in der Gemeinde in Ephesus übernommen haben: **„Keines Wortes wert halte ich mein Leben für mich selbst, damit ich meinen Lauf vollende und den Dienst, den ich empfing von dem Herrn Jesus."** Im Bild des „Laufs zum Ziel" hat Paulus die Existenz des Christen vielfach gesehen (1 Ko 9, 24—27; Phil 3, 13—14; 2 Tim 4, 7); mit tiefem Ernst lag ihm am **„Vollenden"** des Laufes bis zum Ziel. Und der **„Dienst"** war ihm nicht lästige Pflicht, sondern der Ausdruck staunenswerter Gnade, die er von seinem Herrn **„empfangen"** (1 Tim 1, 12 f; 2 Ko 4, 1) hat[486]. Dieser Dienst ist in aller Vielseitigkeit seiner Ausrichtung doch nur ein einziger: **„zu bezeugen das Evangelium der Gnade Gottes."** Daß dieser anvertraute Dienst ausgerichtet wird, an dem das ewige Leben von Menschen hängt, darauf allein kommt es an. Das persönliche Lebensschicksal ist der Größe und Wichtigkeit dieses Dienstes gegenüber **„keines Wortes wert"**. Es hat für Paulus keinen Wert in sich selber erhalten unter Beeinträchtigung seines Dienstes. Hier ist das Wort Jesu Mk 8, 35 in echter Weise und nicht als „christliche Moral" erfüllt. Darum kann Paulus es jetzt mit voller Klarheit aussprechen: **„Ich weiß, daß ihr nicht mehr sehen werdet mein Angesicht[487], ihr alle, bei denen ich durchzog, heroldend das Reich."** Noch einmal wird in dieser Ausdrucksweise die weltweite Art der Botschaft deutlich. Die Gemeinde Jesu muß sich nicht erst künstlich um den „Öffentlichkeitscharakter" ihres Wirkens mühen. Redet sie von dem „Reich", dann spricht sie von der öffentlichsten Sache, die es gibt, von dem, was die ganze Schöpfung, die gesamte Menschheit, Himmel und Erde, Gegenwart und Zukunft umspannt. Darum ist ihre Verkündigung, wie es Paulus hier sieht, ein „Herolden". Die Boten Jesu sind nicht mystische Geheimlehrer, sondern „Herolde",

(Randziffern: 23, 24, 25)

[485] Das ist wieder einer jener „Nachträge" des Lukas: bisher hat er uns davon nichts mitgeteilt und es uns höchstens in einer solchen Abschiedsszene wie in Troas ahnen lassen.

[486] Sehen wir alle, die wir das Glück haben, unser Leben ungeteilt der Verkündigung des Evangeliums widmen zu dürfen, unsern Dienst auch so an?

[487] Würde Lukas das hier berichtet und am Schluß des Abschnittes noch einmal unterstrichen haben (V. 38), wenn er eine nochmalige Wirksamkeit des Paulus im Osten gekannt hätte?

die auf den Markt und in den Gassen so einfach und vernehmlich wie möglich ausrufen, was Gott jedermann zu sagen hat.

Für Paulus als einen Abschiednehmenden ist es wichtig, daß er
26 **„rein ist von dem Blut aller"**. Welche Verantwortung liegt auf den Boten Jesu! Denn beides zugleich ist wahr: Zum lebendigen Glauben erweckt Gott allein (1 Ko 3, 7), und dennoch kann der Verkündiger schuldig werden am **„Blut"**[487a], am Verlorengehen derer, die ihn hören. Falsche Freundlichkeit, Menschengefälligkeit, Unentschiedenheit, Trägheit, Scheu vor dem Zeitgeist und anderes mehr können ihn in solche Schuld verstricken. Bei einem letzten Abschied steht die Frage besonders schwer vor uns, wenn wir unser Werk endgültig aus der Hand legen, nichts „nachholen", nichts „gutmachen" können. Paulus weiß sich **„rein von dem Blut aller"**. Wenn Menschen verlorengehen, die ihn hörten, ist es ihre eigene Schuld. Paulus hat nichts
27 **„versäumt"**; er kann Abschied nehmen. Er hat **„den ganzen Rat Gottes verkündigt"**. Vielleicht ist das von Paulus mit Nachdruck so formuliert, weil er jene große Bewegung kommen sah, die dann gerade die kleinasiatischen Gemeinden schwer erschüttert hat: die „Gnosis". Sie meinte göttliche Geheimnisse zu kennen, die man in den Gemeinden „versäumt" oder „verschwiegen" habe. In Korinth war man auch schon unzufrieden gewesen mit Paulus und sah sich nach Lehrern mit größerer „Weisheit" um. Nein, sagt Paulus im Blick auf solche Gedanken, das, was von Gott und seinem umfassenden und herrlichen Erlösungswerk zu sagen ist, von der Schöpfung bis zur Vollendung, habe ich alles ausgesprochen[488]. Auch wir dürfen es darum wissen: In der Verkündigung eines Paulus finden wir alles zum Heil Notwendige und bedürfen nicht anderer Erkenntnisse, von wem immer sie uns angeboten werden.

28—30 Und damit ist Paulus selbst schon bei der Zukunft der Gemeinde: Er täuscht sich über den Ernst dieser Zukunft nicht. Aber jetzt ist es nicht der jüdische Haß, den er fürchtet, nicht Drangsale und Verfolgungen einer feindlichen Welt. Paulus war überzeugt, daß „wir Bedrängnisse haben müssen", die dazu da sind, daß die Gemeinde darin gerade ihren Glauben bewährt (1 Th 3, 3. 4). Aber er sorgt sich um den Einbruch der Irrlehrer, die wie **„wilde Wölfe die Herde nicht schonen werden"**. Und er sieht voraus das unheimliche Geschehen, daß aus den eigenen Reihen der Ältesten **„Männer aufstehen wer-**

[487a] Vgl. Anm. 418.

[488] Wir müssen uns freilich ernstlich danach fragen lassen, ob wir wirklich den „ganzen Rat" Gottes im Sinn des Paulus der uns anvertrauten Gemeinde gebracht oder wesentliche Dinge (z. B. biblische Eschatologie) als nicht „zeitgemäß" oder einfach in unserem theologischen Besserwissen unterschlagen haben! Wie eigenmächtig gehen wir mit der biblischen Wahrheit um, die doch *Gottes* Ratschluß entfaltet. Wie schnell wird heute die Verkündigung des „ganzen" Ratschlusses Gottes als „Biblizismus" geschmäht.

den, die Verkehrtes reden, um die Jünger hinter sich herzuziehen". So hat er schon von Korinth aus die Römer gewarnt: Rö 16, 17 f. Diese Befürchtungen bewegen ihn auch jetzt, wenn er an Ephesus und die Asia denkt. Auch in wirklichen Christen kann das Ich wieder die Oberhand gewinnen und mit neuen Lehren und Entdeckungen glänzen und eine führende Rolle gewinnen wollen. Gerade Ehrgeiz und Eitelkeit haben tiefe, zähe Wurzeln in uns allen. Bis jetzt bildete Paulus selbst mit seiner geistlichen und apostolischen Autorität einen mächtigen Schutz. Aber was wird **„nach seinem Weggang"** werden, sei es, daß er bei diesem Wort an seine Wirksamkeit im fernen Italien und Spanien denkt oder an seinen Tod? Da kommt aus seinem Herzen die dringende Mahnung: **„Habt acht auf euch selbst und auf die ganze Herde."** Sorglosigkeit ist in dieser Zeit und Welt nicht angebracht. Auch nicht im Blick auf unser eigenes Leben und Arbeiten. Sind sie „Älteste", dann sind sie nicht weniger, sondern mehr gefährdet als die andern. Der Feind, der eigentliche „Wolf", der hinter den **„Wölfen"** (Joh 10, 12) steht, hat es auf sie besonders abgesehen; wieviel hat er gewonnen, wenn er im Herzen eines Ältesten das ichhafte Wesen zum Aufglühen bringt und dadurch viele in der Gemeinde von dem Weg der klaren Wahrheit wegzieht!

Aber dann gilt die wachsame Sorge auch der Gemeinde. Auch sie entwickelt sich nicht einfach „von selbst" in der rechten Weise. Auch eine echte Bekehrung und Wiedergeburt ist ein Anfang, nicht ein Abschluß, ist das Betreten der Kampfbahn, der Start, aber nicht das Erreichen des Zieles und das Gewinnen des Preises. Durch wieviel Gefahren und Bedrohungen geht auch eine Gemeinde der „Gläubigen" hindurch! Da gerade sind die Ältesten zu **„Aufsehern[489] gesetzt".** Und zwar vom Geist Gottes und nicht von Menschen oder kirchlichen Institutionen. Es galt damals wohl jedem Ältesten, was Paulus seinem Timotheus in 1 Tim 4, 14 schreibt: „Laß nicht außer acht die Gabe in dir, die dir gegeben ist durch Weissagung mit Handauflegung der Ältesten." Unter Geistesleitung haben Paulus und seine Mitarbeiter Apg 14, 23 und auch sonst bei der Einsetzung von Ältesten gehandelt. Wie groß wird durch diesen ihren eigentlichen Auftraggeber ihre Verantwortung, wie gewiß aber auch die nötige Ausrüstung zu ihrer Aufgabe, selbst wenn die **„wilden Wölfe"** einzubrechen suchen oder im eigenen Kreis die Irrlehre sich erhebt. Was ihnen anvertraut ist, das ist nicht weniger als **„die Gemeinde Gottes, die Gott sich erworben hat durch sein eigenes Blut** (oder: durch das Blut seines eigenen Sohnes)". Wie kostbar ist, woran Gott sein eigenes Blut, das Blut seines Sohnes gesetzt hat. Es macht dabei keinen letzten Unterschied,

[489] Luther-Übersetzung „zu Bischöfen", dazu s. Anm. 481.

welcher Lesart wir folgen. Vater und Sohn sind so innig und wesenhaft verbunden, daß das Blut des Sohnes auch das Herzblut des Vaters ist. Und umgekehrt kann Gott sein „Blut" nur in dem Mensch gewordenen Sohn vergießen[490]. Wie ernst, wie sorgfältig muß eine Schar von Menschen geführt werden, die Gott so teuer zu stehen kam! Paulus betont dabei: die **„ganze"** Herde. Auch in seinen Briefen kann man dies dringliche „alle . . . alle . . ." hören (z. B. Phil 1, 1; 4, 21; 1 Th 5, 27). Es gibt in der Gemeinde Gottes auch die „Ungezogenen", die „Kleinmütigen", die „Schwachen" (1 Th 5, 14). Wie so gar nicht imponierend und erfreulich sind viele Kinder Gottes! Und doch, sie gehören zur ganzen Herde dazu und sind teuer erkauft, und unsere ganze Sorgfalt und Liebe muß ihnen darum gelten[491]. Viel kritisches Reden und Jammern über Kinder Gottes ist darum nicht unsere Sache. Woran Gott sein Blut setzte, darüber habe ich mich nicht zu ärgern.

31 Wieder kann Paulus auf sein eigenes Vorbild verweisen. **„Darum wachet, eingedenk dessen, daß ich drei Jahre hindurch Nacht und Tag nicht aufgehört habe, mit Tränen zu ermahnen jeden einzelnen."** Paulus, der Gemeindegründer, der in vielen Orten ganze Scharen zu Jesus brachte, hat sich so um den einzelnen gekümmert (vgl. auch 1 Th 2, 12). Nacht und Tag hat er rückhaltlos Zeit für den einzelnen gehabt. Es war ihm ganzer, sein Herz in Anspruch nehmender Ernst mit jedem[492]. Dem harten, an Leiden gewohnten Mann konnten hier die Tränen kommen. In ihm lebte wirklich Christus, der gute Hirte, der nicht das eine einzelne Schaf leichten Herzens preisgab, weil er ja die neunundneunzig andern hatte, sondern gerade diesem einen unermüdlich nachging, bis er es gefunden.

32 Paulus hat gemahnt und den Ältesten die Größe ihrer Verantwortung gezeigt. Aber nun blickt er beim Abschied nicht auf die Treue und Tüchtigkeit dieser Männer, sondern birgt sie selbst in eine an-

[490] Freilich hat es später in der Christenheit theologische Auseinandersetzungen darüber gegeben, ob der Vater selbst gelitten habe oder nur der Sohn (vgl. Kompendium der Kirchengeschichte von Heussi § 17 u-z). Die Fragen reichen bis in unser Gesangbuch hinein. In dem Lied „O Traurigkeit, o Herzeleid" las man im 2. Vers zeitweilig: „O große Not, Gott selbst liegt tot." Wenn das auch mit Recht geändert worden ist, so bleibt es doch bei der erstaunlichen Tatsache, daß der ewige, heilige Gott leidensfähig ist und in der Hingabe des geliebten Sohnes unter unserer Schuld leidet.

[491] Vgl. die Mahnungen in 1 Th 5, 14.

[492] Hier liegt einer der wesentlichsten Schäden im heutigen Gemeindeleben. In der Vielzahl von Veranstaltungen behalten wir keine Zeit und Kraft mehr für den „einzelnen". Und doch hängt das Leben einer ganzen Gemeinde an dem Leben der „einzelnen". Sich selbst überlassene „einzelne" fahren sich fest, verkümmern, erkranken und werden so ein verborgenes Hindernis und ein geistlicher Krankheitsherd für die Gemeinde. Woran ein Paulus bei jungen lebendigen Gemeinden seine Kraft Nacht und Tag setzte, das können wir nicht für zweitrangig oder überflüssig halten.

dere Hut: **„Und jetzt übergebe ich euch dem Herrn und dem Wort seiner Gnade."** So hatte er es Kap 14, 23 in den Gemeinden der ersten Missionsreise auch getan. Der Herr ist auferstanden und lebt und wirkt, und das Wort selbst hat in sich die Macht, Gemeinde aufzubauen und bis zu jenem letzten Ziel zu führen, wo ehemals verlorene Sünder **„das Erbe unter den Geheiligten allen"** erhalten. Als „Kinder Gottes" sind sie ja auch „Erben", „Gottes Erben und Miterben des Christus" (Rö 8, 17).

Noch einmal blickt Paulus zurück auf seine Wirksamkeit und hebt 33–34
das hervor, was er auch den Thessalonikern sehr eindringlich vor die Seele stellte (1 Th 2, 9). **„Silber oder Gold oder Gewand[493] habe ich keines begehrt[494]. Ihr selbst wißt, daß für meine Bedürfnisse und für die, die mit mir sind, diese Hände gedient haben."** Gerade in der grie Welt mit ihrer Geringschätzung der körperlichen Arbeit lag es Paulus ernst daran, daß die Glieder der Gemeinde Jesu ihr eigenes Brot essen und daß die helfende Liebe wirklich auf die „Schwachen" beschränkt blieb. Auch hier war wichtiger als alle Lehren und Mahnungen das eigene Beispiel. Und es war ein mächtiges Beispiel, wenn der Leiter der großen, arbeitsreichen Mission keinen Unterhalt von der Gemeinde annahm, sondern mit seinen Gefährten durch Handarbeit selbst das Nötigste erwarb.Wer konnte dann noch die christliche Wohltätigkeit mißbrauchen, ohne sich schämen zu müssen[495]? Wir wollen es vor uns sehen, wie ein Paulus hier seine Hände hochhebt – **„diese meine Hände"** – und sie allen als harte Arbeitshände zeigt.

„Mit allem habe ich euch gezeigt, daß man so arbeitend sich der 35
Schwachen annehmen muß." Paulus fügt dabei ein Wort des Herrn dazu, das uns sonst nicht überliefert ist[496]: **„Selig ist mehr das Geben**

[493] Für den Orientalen besteht sein persönlicher Reichtum gerade auch in kostbaren Kleidern.

[494] Auch schon dem atst Gottesknecht lag daran, daß seine völlige Uneigennützigkeit vor aller Augen lag (1 Sam 12, 2–3).

[495] Paulus hat dabei immer anerkannt, daß grundsätzlich der fleißige Verkünder des Evangeliums seinen Unterhalt von der Gemeinde empfangen darf. „So hat auch der Herr befohlen, daß, die das Evangelium verkündigen, sollen sich vom Evangelium nähren" (1 Ko 9, 14). Es ist ein besonderer „Ruhm", wenn er es anders macht. Es mußte freilich vor seinem Beispiel jeder Verkünder, jeder Älteste von Ephesus sich prüfen, ob er nicht an diesem „Ruhm" selber Anteil haben sollte. Die Lage für den heutigen Boten Jesu unter den modernen Arbeits- und Lebensbedingungen ist eine andere; sie ändert sich vollends, wenn der Bote für eine ganze Familie zu sorgen hat. Und doch kann auch für uns die Zeit kommen, in der das Vorbild des Paulus wieder maßgebend und hilfreich sein wird.

[496] Auch 1 Th 4, 15 zeigt uns, daß Paulus Worte Jesu kannte, die wir in unserem Evangelium nicht finden. Wenn gerade Lukas ein solches Wort hier bringt, sehen wir, wie wenig er meinte in seinem Evangelium alles aufgezeichnet zu haben.

als das Nehmen."[497] Es wird mit diesem Wort nicht geleugnet, daß auch das Nehmen eine selige Sache sein kann. Der Schwache darf sich fröhlich helfen lassen und die Kunst des dankbaren Nehmens üben. Ist doch das Nehmen die Grundhaltung, die wir alle Gott gegenüber einnehmen müssen[498]. Aber der angstvolle Egoist in uns darf es sehen, daß das „Geben" nicht eine abgerungene Pflicht, sondern eine „selige" Sache ist, noch **„seliger als das Empfangen"**. Hier dürfen wir „Nachahmer" des gebenden Gottes sein.

Mit einem Wort des Herrn Jesus, nicht mit einem eigenen Wort hat Paulus, der Bote Jesu, geschlossen. Dann kommt das kniende Gebet mit der ganzen Schar. Seelsorge endet im Gebet, und diese „Ältestenrüstzeit" endet in der knienden Gebetsgemeinschaft. Welch ein Anblick, diese Schar von Männern mit Paulus auf den Knien im Gebet! Das war sichtbare Frucht seiner Arbeit. Und nun geschieht der Abschied. **„Es geschah aber ein lautes Weinen aller, und sie fielen Paulus um den Hals und küßten ihn."** Geheiligte Menschen Gottes verwandeln sich nicht in überirdische Gestalten, die hart und kühl durch die Begebenheiten dieses Lebens unberührt hindurchschreiten. Sie durchleben alles mit einem ganz warmen und lebendigen Menschenherzen und kennen darum Freuden und Leiden dieses unseres Daseins auf dieser Erde nicht weniger, sondern eher noch reicher und tiefer als die andern. Daß es so ist und daß es so sein darf und sein soll, zeigt die Schilderung dieses Abschieds. Wir sollten darum vorsichtig sein mit dem raschen Urteil „Menschenhängerei"! Boten Jesu, die andern das Beste brachten, was es gibt, werden wie ein Paulus auch menschlich von ihnen geliebt werden (vgl. auch Gal 4, 13—15). Nur freilich, daß auch solche Liebe von beiden Teilen willig dem zum Opfer gebracht wird, der durch seine unvergleichbare Liebestat am Kreuz den Anspruch auf unser ganzes Herz und Leben erworben hat. So halten die Epheser ihren geliebten Apostel nicht fest, sondern **„geleiten ihn zum Schiff."**

Lukas hat an dieser Stelle seines Buches keinen deutlichen Einschnitt gemacht, wie er überhaupt die 3. Missionsreise ohne weiteres in die letzte Reise nach Jerusalem übergehen läßt. Wir aber werden gut tun, an dieser Stelle des endgültigen Abschieds des Apostels von seinem ganzen bisherigen Arbeitsfeld einen Rückblick auf das Missionswerk des Paulus zu werfen.

[497] Die kritische Forschung meint: „Lukas hat ein grie Sprichwort aufgenommen und Jesus in den Mund gelegt" Haenchen a. a. O. S. 725. Lukas ist ein christlicher Erzähler, der einfach nach seinem Wohlgefallen Jesus „Worte in den Mund legt" — bei solchen Vorstellungen endet die „Wissenschaft"!

[498] Darum wird die sprachlich auch mögliche Übersetzung: „Selig ist das Geben, nicht das Nehmen" doch nicht zu empfehlen sein.

Was ist eigentlich geschehen? Sind hier nur von einem sehr aktiven Mann sehr interessante Reisen gemacht worden, auf denen sich allerlei ereignet hat? Paulus hat in 2 Ko 5, 19—21 das „Aufrichten des Wortes von der Versöhnung" unmittelbar mit zu dem Versöhnungswerk Gottes gerechnet. Gott versöhnte die Welt mit ihm selber am Kreuz; aber diese dort vollzogene Versöhnung gelangt zu den Menschen nur, indem sie von Botschaftern an Christi Statt verkündigt und von Menschen geglaubt wird. Dabei ist dieses „Wort von der Versöhnung" nicht ein frei schwebendes „Kerygma", das sich nun durch das Evangelium in der Welt vorfindet und von Menschen gehört oder auch nicht gehört werden kann. Die Verkündigung dieses Wortes ist vielmehr selber wieder ein Handeln des lebendigen Gottes, das sich in einer ganz bestimmten Geschichte in aller Wirklichkeit vollzieht. Und eben solches „Vermahnen" des lebendigen Gottes, solches „Bitten" des auferstandenen Christus ist im Lebenswerk des Paulus geschehen. Darum wird es von Lukas in den Kap. 13—20 als „Geschichte" in dieser unerfindbaren Konkretheit geschildert, an ganz bestimmten Menschen, in ganz bestimmter Weise geschehen. Aber wiederum ist es nicht bunte, menschliche Geschichte, in deren Verlauf wir einen Mann namens Paulus bewundern lernen, sondern ist als diese Geschichte zugleich „Offenbarung", Tun des lebendigen Gottes selbst, in welchem die am Kreuz vollbrachte Errettung bestimmten Menschen zuteil wird.

Dieses Handeln Gottes gilt „den Juden zuerst". Darum geht Paulus, wenn er nur irgend kann, zuerst in die Synagogen. Das ist nicht ein Darstellungsschema des Lukas, sondern so hat es Paulus selbst grundsätzlich in Rö 1, 16 ausgesprochen.

Dieses Handeln Gottes ist „Verkündigung". Es ist Verkündigung mit einem eindeutig bestimmten Inhalt (vgl. auch 1 Ko 1, 23. 24; 2, 2; Gal 3, 1), und es ist Verkündigung, die ihre Wirksamkeit nicht in irgendeinem rednerischen Können, sondern in der Kraft des Heiligen Geistes hat, daher auch nur unter Leitung des Geistes geschehen kann. Die Darstellung des Lukas wird von den eigenen Aussagen des Paulus bestätigt (1 Ko 2, 1. 3; 2 Ko 2, 14—17).

Weil bereits die errettende Verkündigung als solche ein wunderbares Handeln Gottes ist, ist sie fast „selbstverständlich" auch von Zeichen und Wundern mannigfacher Art begleitet. Vor allem gehören Heilungen und Befreiungen gebundener Menschen zum Dienst des Apostels ebenso wie zum Leben Jesu. Wieder bestätigt das Paulus selbst (2. Ko 12, 12).

Mit der gleichen Notwendigkeit führt die Verkündigung eines leidenden und gekreuzigten Christus zum Anteil an den Christusleiden und macht den Weg des Boten zu einem Weg ständiger Schwierigkeiten, Nöte und Gefahren. Lukas hat uns das auf allen Missionsreisen des Paulus sehr eindrücklich gezeigt. Paulus selbst hat in der Auseinandersetzung mit den Korinthern fast eifersüchtig darüber gewacht, daß diese Seite seines apostolischen Berufes nicht verkannt werde (1 Ko 4, 9–13; 2 Ko 4, 7–11; 2 Ko 11, 23 ff).

Die unter der Verkündigung erretteten Menschen bilden „Gemeinde", ohne daß sie dazu besonders aufgefordert und angeleitet werden müssen. Und sie leben in der Gemeinde dem Tag entgegen, an dem Gott sein Werk in der neuen Offenbarung Jesu vollendet. Das schließt nicht aus, daß es um diese Gemeinde viel Mühen, Sorgen und Kämpfe gibt, wie es Paulus selbst den Ältesten von Ephesus gesagt hat.

DIE WEITERFAHRT VON MILET: PAULUS IN TYRUS, PTOLEMAIS UND CAESAREA

Apostelgeschichte 21, 1–14

1 Als es aber geschah, daß wir abfuhren, nachdem wir uns von
ihnen losgerissen hatten, kamen wir mit guter Fahrt nach Kos, am
2 folgenden Tag nach Rhodus und von dort nach Patara. * Und als
wir ein Schiff gefunden hatten, das nach Phönikien hinüberfuhr,
3 stiegen wir ein und fuhren ab. * Nachdem wir aber Cypern gesichtet und es zur Linken liegengelassen hatten, segelten wir nach
Syrien und landeten in Tyrus, denn dort sollte das Schiff seine
4 Ladung löschen. * Als wir die Jünger aufgefunden, blieben wir
dort sieben Tage. Sie sagten Paulus durch den Geist, er solle nicht
5 nach Jerusalem gehen. * Als es aber geschah, daß wir die Tage vollendet hatten, machten wir uns zur Reise auf, während uns alle
das Geleit gaben mit Frauen und Kindern bis außerhalb der Stadt.
6 Und nachdem wir am Strand niederkniend gebetet hatten, * nahmen wir voneinander Abschied; und wir bestiegen das Schiff,
7 jene aber kehrten nach Hause zurück. * Wir aber vollendeten die
Fahrt und gelangten von Tyrus nach Ptolemais. Und als wir die
8 Brüder begrüßt hatten, blieben wir einen Tag bei ihnen. * Am
nächsten Morgen aber brachen wir auf und kamen nach Caesarea.
Wir kehrten ein in dem Hause des Philippus, des Evangelisten, der
9 einer der „Sieben" war, und blieben bei ihm. * Er hatte vier Töchter, Jungfrauen, die Prophetinnen waren. * Als wir aber mehrere
10 Tage verweilten, kam von Judäa ein Prophet herbei namens Agabus. * Und er kam zu uns, nahm den Gürtel des Paulus, band sich
11 selbst Füße und Hände und sprach: „Das sagt der Heilige Geist:

zu Vers 4: Apg 20, 23; 21, 11 f
zu Vers 5: Apg 20, 36
zu Vers 8: Apg 6, 2-5; 8, 5. 40; 2 Tim 4, 5
zu Vers 9: Apg 2, 17
zu Vers 10: Apg 11, 28
zu Vers 11: Jo 21, 18; Apg 20, 23

Den Mann, dem dieser Gürtel gehört, werden so binden in Jeru-
salem die Juden und ihn ausliefern in die Hand der Heiden."
12 *** Wie wir aber dieses hörten, baten wir und auch die einheimischen**
13 **(Christen), er sollte nicht hinaufgehen nach Jerusalem. * Da antwor-**
tete Paulus: „Was macht ihr damit, daß ihr weint und mir das Herz
brecht? Denn nicht allein mich binden zu lassen, sondern auch zu
sterben in Jerusalem bin ich bereit, für den Namen des Herrn
14 **Jesu." * Als er sich nicht überzeugen ließ, wurden wir still und**
sagten: „Der Wille des Herrn geschehe."

zu Vers 12: Mt 16, 22; Apg 20, 24
zu Vers 13: Apg 20, 24; Rö 15, 31
zu Vers 14: Mt 16, 21 ff; Mt 26, 42; Lk 22, 42; Jo 21, 18

Wie sind wir Lukas dankbar, daß er, der eine ganze arbeitsreiche 1
Wanderung des Paulus durch Kleinasien mit einem einzigen Satz abmachen kann (Kap. 18, 23), uns jetzt nach seinem Reisetagebuch so genau an der letzten Reise des Paulus teilnehmen läßt. Er tut es wohl, eben weil es die letzte Reise des freien Apostels ist. Das entspräche dann der Tatsache, daß auch die Evangelien die Leidensgeschichte des Herrn ausführlicher erzählen als alles andere. Für Lukas – und für uns, die wir diese Betrachtung lernen sollen – ist der Leidensweg des Paulus nicht Störung und Abbruch, sondern Höhe seiner Wirksamkeit. Darum liegt auch eine gewiß nicht nur unbewußt hervorgehobene Ähnlichkeit des Jüngers mit seinem Meister über diesem Abschnitt. Paulus hat es Jahre vorher ausgesprochen: „Werdet meine Nachahmer, wie auch ich des Christus" (1 Ko 11, 1). Diese „Nachahmung" hat er schon immer darin gesehen, daß er „das Sterben Jesu an seinem Leibe umhertrug, damit auch das Leben Jesu an seinem Leben offenbar wurde" (2 Ko 4, 10). Nun wird es damit letzter Ernst.

Die Stationen der Reise sind auf der Karte leicht zu verfolgen. Durchgehende Schiffsverbindungen für Passagierverkehr gab es nicht. Man reiste auf Handelsschiffen, deren Reiseziel durch die Bestimmung ihrer Ladung gegeben war. So mußte in **„Patara"**[499] ein neues Schiff gesucht werden. Es wurde eines gefunden, das nicht die
übliche, zeitraubende Tour an der Küste entlang machte, sondern 3–4
direkt – an Cypern südlich vorbei – nach Phönikien fuhr und in Tyrus zur Löschung seiner Ladung landete. So kam Paulus noch einmal an Cypern vorbei und sah in der Ferne Paphos liegen. Wie mag er zurückgedacht haben an seine erste Missionsreise und an alles, was sein Herr von da aus hatte erwachsen lassen! Er fuhr mit vertrauten Brüdern und Mitarbeitern zusammen; wieviel hatte er ihnen aus seinen Erlebnissen zu erzählen. In Tyrus ist eine offenbar sehr

[499] Wenn D hier die Fahrt des ersten Schiffes bis Myra verlängert, so erweist er sich auch hier wieder als ein bedachtsamer Abschreiber, der aus seinem Wissen um Myra als dem lebhaftesten Umschlagplatz den ihm vorliegenden Text „berichtigt".

kleine Gemeinde, die man erst **„auffinden"** muß; dann aber bleibt Paulus sieben volle Tage bei ihr. Das bildet einen gewissen Gegensatz zu der Mitteilung von Apg 20, 16, nach der Paulus „an Ephesus vorbeifuhr, denn er beeilte sich, am Tage des Pfingstfestes in Jerusalem zu sein".

Jetzt hat er eine ganze Woche für eine kleine, nicht einmal von ihm selbst gegründete Gemeinde Zeit. Das muß aber nicht auf einem freien Entschluß des Paulus aus innerem Grunde beruhen. Vielleicht wollte er mit dem gleichen Schiff bis Ptolemais weiter und mußte auf die Löschung der Ladung warten; oder sie suchten ein neues Schiff, das aber erst nach sieben Tagen abfuhr. Mit solchen Aufenthalten hatte Paulus gerechnet und gerade darum einen – notwendig langen – Besuch in Ephesus vermieden.

4 Hier in Tyrus sagen die Jünger **„durch den Heiligen Geist, er solle nicht nach Jerusalem gehen".** Lukas meint nicht eine Geistesweisung, die Paulus den Gang nach Jerusalem untersagt und damit der Geistesgewißheit widersprochen hätte, in der Paulus selber unbeirrbar stand. Lukas schildert uns hier nur anschaulich, was Paulus in seiner Ansprache an die Ältesten von Ephesus allgemein erwähnt hatte: „Nur, daß der Heilige Geist von Stadt zu Stadt mir bezeugt, daß Bande und Drangsale mich erwarten." Dieses Geschehen sehen auch die Christen in Tyrus innerlich vor sich und fassen es ihrerseits als Warnung, Paulus solle nicht nach Jerusalem gehen. Gegen das Leiden erhebt sich in unserem Herzen immer ganz selbstverständlich das Nein. Vom Geist Gottes vorausgezeigtes Leiden wird uns darum sofort zur
5 „Warnung". Paulus aber bricht nach Vollendung der Tage zur Weiterreise auf, so wie sein Herr einst „entschlossen sein Angesicht nach Jerusalem wandte, um nach dorthin aufzubrechen" (Lk 9, 51). Die – auch hier wieder als klein und intim sichtbare – Gemeinde begleitet vollzählig die Reisenden vor die Stadt hinaus mit Frauen und Kindern. Welch ein Bild, als sie nun alle **„am Strand niederknien"** und beten und Abschied nehmen. Wie werden das gerade auch die Kinder
6 ganz miterlebt haben. Dann trennen sich die Wege: **„Wir bestiegen das Schiff, jene aber kehrten nach Hause zurück."** Verschieden sind die Wege und Schicksale auch derer, die als Glieder e i n e s Leibes dem gleichen Herrn gehören und dienen.

7 **„Wir aber vollendeten die Fahrt und gelangten von Tyrus nach Ptolemais."** Ptolemais ist das einstige Akko, das Richter 1, 31 und Micha 1, 10 erwähnt wird. Auch dort besteht eine Gemeinde Jesu, von deren Gründung wir nichts wissen. Aber „die Verstreuten zogen durch das Land und verkündigten dabei das Wort" (Apg 8, 4) und „die nun verstreut waren von der Drangsal her, die wegen Stephanus entstanden war, kamen durch bis Phönikien" (Apg 11, 19); es kann

aber auch von Caesarea aus das Evangelium nach Ptolemais gekom-
men sein. Wir sehen jedenfalls, wie verbreitet damals schon das
Christentum war. Hier, wo nicht auf ein Schiff gewartet werden muß,
bleibt Paulus nur einen Tag und kommt dann nach Caesarea[500]. Diese
Stadt ist schon aus der Geschichte des Philippus (Apg 8, 40) und von 8–9
der wichtigen Begebenheit mit Kornelius her bekannt (Apg 10,
1–11. 18). Hier kehrt Paulus bei demselben Philippus ein, der als
„einer von den Sieben" damals besonders vor dem Verfolger Saulus
fliehen mußte. Nun sind diese beiden Männer als Brüder beieinander,
der Verfolger als Gast bei den Verfolgten! Wir erfahren jetzt, daß
Philippus schon länger verheiratet war und vier nun erwachsene
Töchter besitzt, die auf die Ehe verzichtet haben und die Geistesgabe
der Weissagung besitzen[501]. Was mochte die Frau des Philippus mit
ihren Kindern auf der Flucht durchgemacht haben, bis sich die Familie
in Caesarea eine neue Existenz schuf. Aber von solchen persönlichen
Schicksalen wird gar nicht gesprochen. Die Erwähnung der **„weis-
sagenden Töchter"** zeigt, daß selbst in Palästina die öffentliche Ver-
kündigung durch Frauen in der Gemeinde möglich war. Der Kirchen-
geschichtler Eusebus berichtet uns, daß Philippus später in Hierapolis
gelebt habe, wo auch seine prophetischen Töchter sehr geschätzt wa-
ren; sein Grab dort sei noch lange in Ehren gehalten worden.

Auch hier kommt es zu einem längeren Aufenthalt. Hat Paulus 10–11
seinen Entschluß, zu Pfingsten in Jerusalem zu sein, aufgegeben? Ist
die Reise so schnell und glücklich vonstatten gegangen, daß er sich
jetzt diesen Aufenthalt erlauben kann[502]. Jetzt steht er unmittelbar
vor dem letzten entscheidenden Schritt nach Jerusalem hinauf, und
jetzt erfolgt die letzte und bestimmteste Warnung durch Agabus, der
uns hier noch einmal neu vorgestellt wird, obwohl wir ihn aus
Apg 11, 28 eigentlich schon kennen. Agabus macht in der Weise, die
auch die alten Propheten geübt haben (vgl. Jes 20, 23; Jer 13, 1–11;
19, 10 f), seine Weissagung durch eine sinnbildliche Handlung deut-

500 Caesarea liegt in der Luftlinie bereits 50 km südlich von Ptolemais. Paulus und seine Begleiter müssen schon einen sehr straffen Marsch leisten, wenn sie in einem Tage von Ptolemais nach Caesarea kommen wollten. Oder machten sie auch diesen Weg noch einmal zu Schiff?

501 Dabei sind Weissagungsgaben und Ehelosigkeit im Zusammenhang miteinander gesehen. Es gibt eine Hingabe an den Herrn und seinen Dienst, die zur Aufopferung aller an und für sich natürlichen und schönen Wünsche und Hoffnungen führt (vgl. 1 Ko 7, 32–43). Daß wir auf evangelischem Boden die Ehelosigkeit nur als eine notgedrungene und bedauernswerte Sache kennen, ist ein Zeichen geistlichen Mangels. Wir sollten uns auch hier zum NT zurückfinden und die „Jungfräulichkeit" als einen geistlichen Wert neu sehen.

502 Bei diesem Aufenthalt war Lukas tagelang mit Philippus zusammen. Was konnte er hier über die Geschichte der ersten Christenheit alles erfahren!

lich. Mit seinem **„Gürtel"**, d. h. aber einem langen, um die Lenden als Gürtel geschlagenen Tuch, **„bindet er sich selbst Füße und Hände". „Das sagt der Heilige Geist: Den Mann, dem dieser Gürtel gehört, werden so binden in Jerusalem die Juden und ihn ausliefern in die Hand der Heiden."** Diese Weissagung wird gerade dadurch in ihrer Echtheit bestätigt, daß sie sich ihrem Wortlaut nach gar nicht erfüllt hat. Die Juden haben durchaus nicht Paulus gebunden und an die Römer überliefert; sondern sie hätten Paulus totgeschlagen, wenn die Römer nicht rettend eingegriffen hätten, wie Lukas selber Apg 21, 30–34 erzählen wird. Und doch hat Agabus richtig geschaut: Durch den Haß der Juden kam Paulus in die Hand der Römer und damit zuletzt in die Hand Neros, unter dem er den Tod fand.

Auch hier hat die Linie des Meisters die des Jüngers bestimmt: „Er wird überantwortet werden den Heiden" (Lk 18, 32). „Ihr habt ihn genommen durch die Hände der Gesetzlosen und umgebracht" (Apg 2, 23), heißt es von Jesus. So gilt auch von dem Jünger: **„Sie werden ihn ausliefern in die Hand der Heiden."** Darum kann auch die Stellung des Jüngers zu diesem Geschehen keine andere sein als die des Meisters. Wohl ist Paulus auf seinen Dienstwegen bis hierher mehrfach dem Tode ausgewichen (Apg 9, 25; 13, 51; 14, 6; 14, 20; 16, 40; 17, 10; 17, 14) – genau wie Jesus selbst (Mt 12, 15; 14, 13; 15, 21; vgl. auch Apg 10, 23). Es geht in keiner Weise um menschliches Heldentum, überhaupt nicht um die Haltung des Jüngers als solche. Es geht allein um die Sache Gottes und um die Erfüllung des Auftrages. Darum ist das „Weichen" solange notwendig, wie es der Durchführung des Auftrages dient, und unmöglich, sobald der Auftrag selber das Leiden und das Sterben fordert. Darum bittet Jesus in Gethsemane den Vater nicht um die zwölf Legionen Engel, denn „wie sollen dann aber die Aussprüche der Schrift erfüllt werden, daß es so geschehen muß?" (Mt 26, 54). Darum sieht Jesus in dem wohlmeinenden Petrus, der ihn vor einem so schrecklichen Los bewahrt sehen will, Satan selber auf dem Plan, um Gottes Weg zu durchkreu-
12–13 zen (Mt 16, 23). Und darum kann auch Paulus in Caesarea das herzliche Bitten seiner Reisebegleiter und der einheimischen Christen nur mit dem liebevollen Vorwurf beantworten: **„Was macht ihr damit, daß ihr weint und mir das Herz brecht?"** Er leugnet die Gefahr seines Weges nicht, bezweifelt nicht die Wahrheit der Weissagungen, aber er kann sie nur bitten, ihm den schweren, aber unvermeidlichen Weg nicht noch schwerer zu machen. Und er kann bei sich selber nur bei dem klaren Entschluß bleiben: **„Nicht allein mich binden zu lassen, sondern auch zu sterben in Jerusalem bin ich bereit für den Namen des Herrn Jesus."** Die Wortstellung hebt schön und nachdrücklich hervor, daß dieses Leiden und Sterben ja doch nicht ziellos und ver-

geblich geschieht, sondern **„für den Namen des Herrn Jesus“**. Ist es dieser Name nicht wert, daß man alles für ihn einsetzt? So gibt Paulus seinen Mitarbeitern und Freunden den stärkenden Zuspruch, den er eigentlich seinerseits von ihnen empfangen sollte.

Warum der „Name Jesu“ diesen gefahrvollen Gang nach Jerusalem notwendig machte, hat Lukas nicht gesagt. Er spricht merkwürdigerweise auch hier nicht von der großartigen Gabe der Christenheit aus den Nationen an die Muttergemeinde in Jerusalem, die doch für Paulus der eigentlich zwingende Grund für seine Reise war (Rö 15, 25–32). Warum er es nicht tut, obwohl Apg 24, 17 erkennen läßt, daß er natürlich von dieser Sammlung weiß, läßt sich nicht sagen (vgl. aber S. 390). Wir haben oft Gelegenheit gehabt festzustellen, daß Lukas von wichtigen Geschehnissen schweigt, deren Kenntnis er in „Nachträgen“ verrät. Bei dieser Reise nach Jerusalem will er vielleicht jeden „Grund“ ausschließen, der noch „menschlich“ aussehen und dementsprechend verschieden beurteilt werden könnte, und begnügt sich deshalb mit jenem „muß“, das zunächst auch ohne jede „Begründung“ über dem Leidensweg des Herrn und über seinen Leidensweissagungen steht.

Über solche Gewißheit „im Geist“ läßt sich nicht diskutieren. Die Vernunft könnte sehr einleuchtend sagen: Paulus, das Geld können auch die Vertreter der Gemeinden abliefern. Du selbst bist doch wirklich unentbehrlich im Dienst. Denke an Rom, denke an Spanien. Nur du kannst dieses große Werk vollbringen! Geh darum hier der Gefahr genauso aus dem Wege, wie du es auch in andern Fällen getan hast! Dazu warnt dich doch Gott in all den Prophetensprüchen! Wem nützt du denn mit deinem Leiden in Jerusalem? Das ist alles richtig
und sehr vernünftig. Aber Paulus **„ließ sich nicht überzeugen“**. Seine 14
Gewißheit ist eine andere und anders gegründete. Da **„wurden“** seine Freunde vor dieser klaren Entschlossenheit **„still“** und sagten: **„Der Wille des Herrn geschehe.“**[508]

PAULUS IN JERUSALEM

1. Ein diplomatischer Rettungsversuch

Apostelgeschichte 21, 15–26

15 **Aber nach diesen Tagen rüsteten wir uns und zogen hinauf nach**
16 **Jerusalem. * Es kamen aber auch einige der Jünger von Caesarea**
mit uns; sie führten uns zu einem Cyprier Mnason, bei dem wir

[508] Ein solches Beten ist eine Frucht des Gethsemane-Gebetes Jesu, das aber nicht mit der („eschatologischen“!) dritten Bitte des Vaterunsers verwechselt werden darf.

zu Vers 18:
Apg 12, 17
15, 13
Gal 1, 19
Gal 2, 9
zu Vers 20:
Apg 2, 41
11, 18
15, 1
zu Vers 21:
1 Mo 17, 12
Apg 16, 3
Rö 10, 4
Gal 3, 24 f
zu Vers 23/24:
4 Mo 6, 2. 5. 13. 18
Apg 18, 18
zu Vers 25:
Apg 15, 20. 29
16, 4
zu Vers 26:
4 Mo 6, 9-20
1 Ko 9, 20

17 **Herberge finden sollten, einem alten Jünger. * Als wir aber nach**
18 **Jerusalem kamen, nahmen uns die Brüder freudig auf. * Am fol-**
genden Tag aber ging Paulus mit uns zu Jakobus, und alle Älte-
19 **sten waren zugegen. * Und als er sie begrüßt hatte, berichtete er**
eines nach dem andern, was Gott getan hatte unter den Heiden
20 **durch seinen Dienst. * Als sie es aber gehört hatten, priesen sie**
Gott, sagten aber zu ihm: „Du siehst, Bruder, wieviel Tausende
von Gläubiggewordenen es unter den Juden gibt, und alle sind sie
21 **Eiferer für das Gesetz. * Man hat ihnen aber über dich erzählt,**
daß du den Abfall von Mose lehrst alle unter den Heiden (woh-
nenden) Juden, indem du sagst, sie sollen ihre Kinder nicht be-
schneiden und auch nicht nach den (jüdischen) Sitten wandeln.
22 *** Wie ist es nun? Auf jeden Fall werden sie hören, daß du ge-**
23 **kommen bist. * Dies nun tue, was wir dir sagen: Wir haben hier**
24 **vier Männer, die ein Gelübde auf sich haben. * Diese nimm zu**
dir und reinige dich mit ihnen und trage die Kosten für sie, damit
sie sich auch das Haupt scheren lassen können: Dann werden alle
erkennen, daß an dem, was man ihnen über dich erzählt hat, nichts
ist, sondern daß auch du festhältst an der Bewahrung des Gesetzes.
25 *** Betreffs der gläubig gewordenen Heiden aber haben wir unsere**
Stellungnahme mitgeteilt, daß sie sich hüten vor dem Götzen-
26 **opfer und Blut und Ersticktem und Hurerei." * Da nahm Paulus**
die Männer zu sich, heiligte sich am folgenden Tage mit ihnen und
ging in den Tempel, anzeigend die Erfüllung der Tage der Reini-
gung, bis dargebracht würde für einen jeden von ihnen das Opfer.

15 Der Weg nach Jerusalem wird angetreten. Der Reisebericht sagt
hier ausdrücklich: **„Nach diesen Tagen rüsteten wir uns."** Das dabei
verwendete Wort kann ein Hinweis darauf sein, daß Reittiere für
diese 100 km lange Strecke bereitgestellt wurden. Auch dann war sie
nur in zwei Tagen zu bewältigen, und es mußte übernachtet[504] wer-
16 den. Darum kamen aus Caesarea einige Brüder mit, die die Reisenden
bei einem Cyprier Mnason einführten, bei dem sie übernachten soll-
ten. Es ist ein **„alter Jünger"**. Er wird also von Anfang an zur Urgemeinde gehört haben wie sein Landsmann Barnabas auch. Es war wichtig, daß ein solcher Mann einen Paulus aufnahm, wenn es dabei auch der Empfehlung der Christen aus Caesarea bedurfte. Und auch hier wieder ist zu beachten: Unter den **„wir"**, die dort Herberge finden, ist Lukas selber bei diesem **„alten Jünger"**, wenn auch nur für eine Nacht. Wieviel konnte er auch in dieser kurzen Zeit von einem

[504] D verdeutlicht hier wieder in seinem Bemühen um Genauigkeit: „Und als wir in ein Dorf gelangt waren, kamen wir zu Mnason." Der ursprüngliche Text dagegen läßt die Möglichkeit offen, daß Mnason der Quartiergeber in Jerusalem selbst war.

Manne wie Mnason hören! Dann ist Paulus mit seinen Begleitern 17
in Jerusalem. **„Freudig nahmen uns die Brüder auf."** Das kann nicht heißen, daß die ganze Urgemeinde Paulus freundlich willkommen hieß. Denn erstens war die Gemeinde nicht sofort bei der Ankunft des Paulus versammelt, und zweitens spricht Jakobus mit großer Sorge von dem tiefen Mißtrauen gegen Paulus in den Reihen der gläubiggewordenen Juden Jerusalems. Hier ist aus dem Reisetagebuch zitiert. Lukas vermerkte darin den freundlichen Empfang bei den Brüdern,
bei denen sie – gewiß auf Grund alter Beziehungen – wohnten. So- 18
gleich am nächsten Tag erfolgt der Besuch bei Jakobus, bei dem **„alle Ältesten zugegen waren"**. Jakobus ist offensichtlich der maßgebende Mann. Zur Urgemeinde in Jerusalem kommen, heißt zu Jakobus kommen. Wenn aber von Petrus, Johannes und den andern Aposteln kein Wort verlautet, dann müssen wir doch wohl daraus schließen, daß sie damals nicht in Jerusalem waren. Paulus erschien sicher mit der ganzen Delegation aus den Gemeinden des Missionsfeldes und
mit der großen Gabe an die Urgemeinde. So findet ein offizieller 19
„Empfang" im Beisein aller Ältesten statt. Paulus mit seinen Mitarbeitern „begrüßt" ausdrücklich die Ältesten, und das heißt doch wohl: Er überbringt die Grüße der weltweiten Christenheit an die Urgemeinde. Dann erkundigt er sich nicht zuerst nach der „Lage", nach dem, was er in Jerusalem zu erwarten hat, nach der Stimmung, die ihm entgegenkommt. Sein Herz ist voll von Gottes großer Sache. So gibt er vor allen einen ausführlichen Bericht über das, was nicht er, was aber Gott durch seinen Dienst in der Völkerwelt getan hat. Philippi, Thessalonike, Beröa, Athen, Korinth, Ephesus, die Asia, Troas – alles das stand nun **„eins nach dem andern"** vor Jakobus und
den Ältesten. **„Als sie es aber gehört hatten, priesen sie Gott."** Dazu 20
sind solche Berichte notwendig, damit Gottes Taten bekannt werden und Gott das Lob dargebracht werden kann[505]. Es ist aber der Darstellung des Lukas richtig abzuspüren, wie es doch nicht zu einer eigentlichen und tiefen Freude bei Jakobus und den Ältesten kommt, sondern wie sofort die großen Sorgen hervorbrechen, die bei aller persönlichen Schätzung des Paulus (die bei Jakobus offensichtlich immer bestanden hat) und bei aller Freude an Gottes Taten da draußen in der weiten Welt Jakobus und die Ältesten hier in Jerusalem erheblich belasten.

Wir Christen von heute müssen uns sehr gründlich in die damalige Lage versetzen, wenn wir unsern ganzen Abschnitt und den Rat des Jakobus verstehen wollen. Die Kirchenleitung in Jerusalem steht in einer großen Schar von **„Gläubiggewordenen unter den Juden"** –

[505] Es ist falsche Bescheidenheit, wenn wir nicht von dem erzählen wollen, was Gott durch unsern Dienst getan hat.

„Myriaden" sagt Jakobus mit einem hingeworfenen starken Wort, das wieder nicht statistisch gemeint ist —, die den Glauben an Jesus als den Messias mit dem **„Eifer für das Gesetz"** verbinden. Wir müssen hier nicht gleich von „Engherzigkeit" und dergleichen reden. Wir müssen daran denken, wie zäh wir selber oft an alten Ordnungen und vertrauten Verhältnissen hängen, gerade in unserer Religion. Und hier ging es doch um das von Gott selbst gegebene Gesetz — sollte nicht seine eifrige Bewahrung für jeden Israeliten Ehre und Freude sein, auch wenn er in Jesus den erwarteten Messias Israels sah? Daran hing zugleich die Möglichkeit der Urgemeinde, sich in Jerusalem überhaupt zu halten und für Jesus als den Messias einzutreten. Wir dürfen nicht vergessen: In Jerusalem gewinnen, je näher es auf die Katastrophe von 70 n. Chr. zugeht, die radikalen Elemente mehr und mehr Einfluß. Wir dürfen nicht vergessen: Wenige Jahre nach diesem Gespräch ist Jakobus selber von Juden gesteinigt worden (62 n. Chr.)! Angesichts solcher Tatsachen vergeht uns der Mut, die Sorgen des Jakobus und der Ältesten im Blick auf den Besuch eines Paulus als falsche Ängstlichkeit und Engherzigkeit abzutun.

21 Nun hat man in den Kreisen der gesetzesfreudigen Christen unerhörte Dinge über Paulus erzählt bekommen. **„Man hat ihnen aber über dich erzählt, daß du den Abfall von Mose lehrst alle unter den Heiden** (wohnenden) **Juden, indem du sagst, sie sollen ihre Kinder nicht beschneiden und nicht nach den** (jüdischen) **Sitten wandeln."** Jakobus und seine Leute glauben den Erzählungen nicht, und doch sehen sie die große Schwierigkeit. Daß Paulus gekommen ist, kann man nicht verheimlichen. **„Auf jeden Fall werden sie hören, daß du gekommen bist."** Was soll nun werden[506]? Natürlich hat Paulus nicht **„den Abfall von Mose gelehrt"** und hat auch den Juden draußen in Korinth oder Ephesus nicht geraten, ihre Kinder nicht mehr zu beschneiden. Aber war nicht die Lehre des Paulus vom Gesetz wahrhaftig schwer zu verstehen? Paulus hatte inzwischen den Galater- und den Römerbrief geschrieben: „Das Gesetz aber kam daneben hinein, damit groß werde die Übertretung. Wo aber groß wurde die Sünde, da strömte über die Gnade" (Rö 5, 20). „Jetzt aber wurden wir gelöst vom Gesetz, da wir dem starben, in dem wir festgehalten wurden, so daß wir dienen in Neuheit des Geistes und nicht in Altheit der Schrift" (Rö 7, 6). „Ihr seid von Christus getrennt, die ihr im Gesetz gerechtgesprochen werdet, ihr seid aus der Gnade herausgefallen" (Gal 5, 4). Wie mußten solche Sätze in den Ohren gesetzestreuer Judenchristen klingen! Der Galaterbrief war in den galatischen

[506] D schiebt ein: „Vor allem muß die Menge zusammenkommen, denn sie werden hören ..." D denkt also an eine allgemeine Gemeindeversammlung wie in Kap. 15. Aber der Vorschlag des Jakobus zeigt, daß er nichts dergleichen plant.

Städten und Dörfern, der Römerbrief in Rom vorgelesen worden. Wie leicht konnten von daher solche schroffen Formulierungen umlaufen. Und wird Paulus nicht immer wieder so auch mündlich verkündigt haben? Wer nicht geistlich tief gegründet war und den Gedankengängen mit Ernst und andringender Mühe nachging, der könnte als Israelit solche Sätze über das Gesetz nur mit bebender Empörung hören, zumal wenn sie ihm aus dem Zusammenhang gerissen mitgeteilt wurden. Und wie leicht geschieht unter uns Menschen gerade das immer wieder. Einfache Gemüter können mit Überzeugung nach Jerusalem berichten: Dieser Paulus hetzt in unglaublicher Weise gegen unser heiliges Gesetz! Es mochte auch mancher gläubig gewordene Jude in den heidenchristlichen Gemeinden des Paulus die Folgerung gezogen haben: Also löse ich mich vom Gesetz, das ja doch keine Heilsbedeutung mehr hat. Hatte doch selbst Petrus in Antiochia zunächst „heidnisch" gelebt (Gal 2, 14), und **„die (jüdischen) Sitten"** beiseite gesetzt. So konnten Judenchristen tatsächlich hier und da auch auf die Beschneidung ihrer Kinder verzichtet haben. Wie schnell werden bis heute einzelne Vorkommnisse verallgemeinert und dann einem bestimmten Mann zur Last gelegt.

Wir alle wissen, wie hoffnungslos in solcher Lage allgemeine 23
Diskussionen sind, wie man sich meist nur immer erbitterter auseinander redet. So kommt Jakobus auf einen ganz andern Vorschlag. Paulus soll einfach mit einer öffentlich sichtbaren Tat beweisen, daß er persönlich gesetzestreu ist. Dazu wird gerade ein Stück aus dem Zeremonialgesetz ausgewählt, etwas, was nur für Israeliten gelten konnte. Vier Männer der Urgemeinde haben ein Nasiräatsgelübde nach 4 Mo 6, 1–21 auf sich genommen. Die Zeit ihres Nasiräats war zu Ende, nun müssen sie nach den Vorschriften des Gesetzes die notwendigen Opfer im Tempel bringen. Da solche Opfer kostspielig waren, war es bereits Brauch in Jerusalem, daß bemitteltere
Leute für arme Nasiräer die Kosten übernahmen. Das sollte Paulus 24
jetzt für die vier Männer tun. Damit bekannte er sich in der Öffentlichkeit zum Gesetz, und diese vier Männer waren jederzeit als Zeugen dafür greifbar. Paulus mußte sich dafür auch selber **„reinigen"**. Er war nach jahrelangem Aufenthalt unter den Nationen nach Jerusalem gekommen, er hatte mit Heiden Tischgemeinschaft gehalten, er war dadurch in schwerer Form levitisch „unrein". „Er konnte davon nicht nur durch ein Bad mit dem Sonnenuntergang desselben Tages rein werden, sondern mußte nach 4 Mo 19, 12 zweimal, am dritten und am siebenten Tag, vom Priester mit dem Reinigungswasser besprengt werden" (A. Schlatter „Erläuterungen"). Jakobus und die Ältesten hoffen: **„Dann werden alle erkennen, daß an dem, was man ihnen über dich erzählt hat, nichts ist, sondern daß auch du festhältst**

an der Bewahrung des Gesetzes." Die Frage der Christen aus den Nationen wird dadurch nicht berührt, sie ist durch das „Apostel-dekret" entschieden, an das Jakobus hier noch einmal ausdrücklich erinnert. Paulus muß also nicht in Sorge sein, daß er mit der Befolgung des Vorschlages, den Jakobus macht, irgendwie die Gesetzesfreiheit seiner Gemeinden aus den Nationen gefährdet. Diese Klarstellung war umso notwendiger, als ja die Vertreter dieser Gemeinden Paulus umgaben und das ganze Gespräch verfolgten.

War das Ganze ein menschlicher Schachzug, der verdientermaßen mißlingen mußte? War es falsch von Paulus, daß er sich darauf einließ? Warum hören wir auch jetzt kein Wort von der großen Liebesgabe aus den Heidengemeinden und von ihrer Aufnahme bei der Urgemeinde? So dringend das Geld gebraucht wurde, so sehr mußte in der äußerst gespannten Situation jeder Schein vermieden werden, als ließe man sich durch Geld bestechen, dem Abfall vom Gesetz gegenüber ein Auge zuzudrücken. Erst wenn die Gesetzestreue des Paulus über jeden Zweifel erwiesen war, konnte die große Gabe aus seinen Händen überhaupt angenommen werden. Vielleicht hat Lukas alle diese für grie Leser schwer verständlichen Schwierigkeiten in seinem Buch nicht erörtern wollen und darum von der Kollekte, von der er nach Apg 24, 17 weiß, völlig geschwiegen. Es kam aber gerade auch für Paulus alles darauf an, daß diese mit soviel Eifer und Liebe gesammelte Gabe seiner Gemeinden nicht zurückgewiesen wurde. Ein solcher Bruch mit der Urgemeinde und den führenden Männern in Jerusalem hätte eine unabsehbare Erschütterung seines ganzen Werkes bedeutet. Man denke nur an die Vorgänge in Galatien, aber auch in Korinth, wo seine Geltung als echter Apostel mit starker Wirkung in die Gemeinde hinein bestritten wurde. Wenn seine Gegner dort mit Recht melden konnten: Euer „Apostel" Paulus ist in der Urgemeinde völlig abgelehnt worden, nicht einmal unser mühsam erspartes Geld hat man dort aus seiner Hand entgegengenommen, dann konnte sich seine Befürchtung erfüllen, daß er „vergeblich gelaufen war" (Gal 2, 2). Die klare und ganze Zustimmung der Jerusalemer war für ihn und sein Werk lebensnotwendig. Darum wird er dem Vorschlag des Jakobus voll zugestimmt haben. Er war grundmäßig der Überzeugung, daß ein Jude wirklich ein Jude bleiben sollte, wie entsprechend auch ein Heide ganz und gar ein „Heide" (1 Ko 7, 17–24). Er konnte in voller Freiheit den Juden ein Jude sein (1 Ko 9, 20). Er konnte ohne Verleugnung seines Glaubens für Christen eintreten, die freiwillig ein Nasiräat auf sich genommen hatten. Es lag ihm selber daran, daß seine Sätze über Sinn und Wirkung des Gesetzes nicht als Gegnerschaft gegen das Gesetz als solches mißverstanden wurden. Es blieb auch für ihn bei dem, was er selber klar ausgesprochen

hatte: „Das Gesetz ist heilig und gerecht und gut" (Rö 7, 12) und „Beseitigen wir nun das Gesetz durch den Glauben? Ausgeschlossen, sondern wir richten das Gesetz auf" (Rö 3, 31). Es konnte ihm nur lieb sein, wenn das in einer klaren Handlung öffentlich unter Zeugen zum Ausdruck kam. Darum ist er auch dann nach dem Mißlingen dieses Planes seinen schweren Weg offenkundig in ruhiger Gewißheit gegangen, ohne von dem Gedanken gequält zu werden: „Hätte ich mich doch nur nicht auf den Plan des Jakobus eingelassen!" Wie sich Dinge entwickeln, wenn wir bestimmte Schritte nicht getan hätten,
das können wir niemals wissen. Jakobus hatte jedenfalls recht: Ver- 22
borgen bleiben konnte die Anwesenheit des Paulus in Jerusalem nicht. Den Tempel hätte er auch ohne seine Verbindung mit den vier Nasiräern betreten. Er konnte dabei so gut von den Juden aus der Asia erkannt und angegriffen werden, wie ihn Gott auch am siebenten Tag – wie bei der Reinigung am dritten Tage – unerkannt bleiben lassen konnte. Aber auch wenn er den Tempel ganz vermied, würde der fanatische Haß gegen diesen weltbekannten Abtrünnigen die Gelegenheit zu einem Anschlag gefunden haben, bei dem dann die Römer nicht so schnell zu seiner Rettung zur Stelle waren wie im Tempel. Wir dürfen auch bei dieser Geschichte wie die Christen in Caesarea sagen: „Der Wille des Herrn geschehe!"

PAULUS IN JERUSALEM

2. Tumult im Tempel und Verhaftung durch die Römer

Apostelgeschichte 21, 27–40

27 **Als aber die sieben Tage im Begriff standen vollendet zu werden,** zu Vers 27:
sahen die aus der Asia gekommenen Juden ihn im Tempel und Hes 44, 7
brachten die ganze Menge in Aufruhr und legten die Hände an Apg 6, 13 f
28 **ihn, * schreiend: „Ihr Männer von Israel, zu Hilfe! Das ist der** 24, 18 f
Mensch, der gegen das Volk und das Gesetz und diese Stätte zu Vers 28: Apg 24, 6
alle überall lehrt! Dazu hat er auch noch Griechen in den Tempel zu Vers 29:
29 **geführt und entweiht diesen heiligen Ort." * Denn sie hatten** Apg 20, 4
vorher Trophimus, den Epheser, in der Stadt mit ihm zusammen 2 Tim 4, 20
gesehen; ihn, meinten sie, habe Paulus in den Tempel hinein- zu Vers 30:
30 **geführt. * Da geriet in Bewegung die ganze Stadt, und es entstand** Mt 2, 3
ein Auflauf des ganzen Volkes. Und sie griffen Paulus und Apg 19, 29 26, 21
schleiften ihn aus dem Tempel heraus; und sofort wurden die zu Vers 31:
31 **Tore geschlossen. * Während sie ihn zu töten suchten, kam Mel-** Apg 23, 15
dung zum Tribunen der Kohorte: Ganz Jerusalem ist im Aufruhr! zu Vers 32:
32 *** Er nahm sofort Soldaten und Centurionen und lief zu ihnen** Apg 23, 27

zu Vers 33:
Apg 21, 11
20, 23
zu Vers 34:
Apg 19, 32
22, 24. 30
zu Vers 36:
Lk 23, 18
Jo 19, 15
Apg 22, 22
zu Vers 38:
Apg 5, 36 f
zu Vers 39:
Apg 9, 11
zu Vers 40:
Apg 13, 16
22, 2

hinunter. Als sie aber den Tribunen und die Soldaten sahen,
33 **hörten sie auf, Paulus zu schlagen. * Da kam der Tribun heran,**
verhaftete ihn und befahl, er sollte mit zwei Ketten gefesselt
werden, und erkundigte sich danach, wer er sei und was er getan
34 **habe. * Die einen riefen dies, die andern das in der Menge. Als er**
aber nichts Zuverlässiges erfahren konnte wegen des Tumultes,
35 **befahl er, ihn in die Kaserne zu führen. * Als er aber zu den Stu-**
fen kam, geschah es, daß er getragen werden mußte von den
36 **Soldaten wegen der Gewalt der Masse. * Denn es folgte die Menge**
des Volkes und schrie: „Hinweg mit ihm!"
37 **Als er im Begriff war, in die Kaserne hineingebracht zu werden,**
sagt Paulus zum Tribunen: „Darf ich dir etwas sagen?" Er aber
38 **sagte: „Du verstehst Griechisch? * Du bist also nicht der Ägypter,**
der vor diesen Tagen einen Aufstand machte und hinausführte in
39 **die Wüste die viertausend Dolchmänner?" * Paulus aber sprach:**
„Ich bin ein jüdischer Mann aus Tarsus in Kilikien, Bürger einer
nicht unbedeutenden Stadt. Ich bitte dich, erlaube mir zu reden
40 **zum Volk." * Als er es aber erlaubt hatte, winkte Paulus stehend**
auf den Stufen mit der Hand dem Volk zu. Als aber tiefe Stille
eintrat, redete er sie in hebräischer (aramäischer?) **Sprache folgen-**
dermaßen an:

27 Der Plan des Jakobus ist fast durchgeführt. **„Die sieben Tage stehen im Begriff vollendet zu werden."** Paulus war wohl schon wieder zum inneren Heiligtum zugelassen, da **„sehen die aus der Asia gekommenen Juden ihn im Tempel"**. Wir müssen den wilden Zorn dieser Männer verstehen. Gerade in Ephesus hatte Paulus sich rasch von der Synagoge getrennt und eine eigene große Gemeinde aufgebaut. Wenn man nach der Lehre des Paulus zu der Gemeinde des Messias gehören konnte, ohne durch die Beschneidung Glied Israels zu werden, ohne das Gesetz zu halten, ohne im Tempel Jerusalems die Versöhnung mit Gott zu suchen — was bleibt dann überhaupt noch von **„dem Volk und dem Gesetz und dieser Stätte"** übrig? Paulus hat sich diese Fragen selber vorgelegt und sie durchdacht und dann den Römern Antwort darauf gegeben: Rö 3, 1; 3, 9; 9, 1—4. Aber war das
28 leicht zu verstehen? Und was in Ephesus sich vor den Augen treuer Synagogenglieder abspielte, mußte in ihrem Herzen nur zu leicht den Eindruck erwecken: Dieser Paulus zerstört alles, was unser uralter,
29 heiliger Besitz ist. Und nun sehen sie diesen Mann im inneren Heiligtum! Sie haben ihn schon vorher in der Stadt mit dem Griechen Trophimus gleichsam Arm in Arm gesehen. Sofort ist ihnen klar: Den hat er sicher mit in den Tempel gebracht und das Heiligtum entweiht! Der „Vorhof der Heiden" war vom eigentlichen „inneren Vorhof" des

Tempels streng getrennt. Verbotstafeln warnten jeden Nicht-Israeliten vor dem Betreten dieses inneren Vorhofes: „Wer dabei getroffen wird, ist selber verantwortlich für seinen Tod, der darauf folgt." So stand es mit roten Buchstaben auf einem weißen Kalksteinblock[507]. So verstehen wir, daß diese Juden aus der Asia sofort an Paulus **„die Hände legen"** und **„schreien: ‚Ihr Männer von Israel, zu Hilfe!'"** Freilich, der Sache nach bleibt es grotesk: Paulus ist im Tempel als gehorsamer Sohn Israels, der vier Männern half, nach dem Gesetz ihr Nasiräat zu beenden. Die Diasporajuden aber schreien um Hilfe, als würde das schrecklichste Verbrechen im Tempel vor ihren Augen begangen. „Der Tempel ist entweiht!", das ist ein Ruf, der sofort **„die ganze Menge in Aufruhr bringt"**. „Der Tempel ist entweiht", dieser Schrei dringt auch sofort in die Stadt, die ja von drei Seiten den Tempel umgab. „Der Tempel ist entweiht!", das ließ so-
gleich auch aus der Stadt Menschen herbeistürzen; **„da geriet in Be-** 30
wegung die ganze Stadt, und es entstand ein Auflauf des ganzen Volkes." Im Tempelbezirk darf kein Blut vergossen werden, das sitzt tief in allen jüdischen Herzen[508]. Darum zerrt man Paulus heraus. **„Sofort wurden die Tore geschlossen"**[509]. Und draußen auf dem Tempelvorplatz sucht die Menge Paulus zu lynchen. Man schlägt auf ihn ein. Ob Paulus in diesen Minuten besonders an Stephanus gedacht hat? Auch ihn schleppten einst Diasporajuden so im Tumult zu Tode — und Paulus fand es damals gut! Jedenfalls aber wird er sich fest in der Führung seines Herrn gewußt haben in der Zuversicht: Dies kann nicht das Ende sein, ich „muß" ja nach Rom. Es ist aber bezeichnend, daß die Apg kein Wort von dem inneren Erleben des Paulus sagt, wie es in einer modernen Schilderung sicher nicht fehlen dürfte. Der Bibel liegt nichts an dem, was Menschen „fühlen" oder „denken".

Wie gänzlich anders ist es geworden seit den Tagen, als an der gleichen Stelle eine begeisterte Menge sich um Petrus drängt und die Botschaft aufmerksam hört (Apg 3, 26), als der Tempelhauptmann sich persönlich bemühen muß, die Apostel vor den Hohen Rat zu holen und dabei die Sorge hat, von dem Volk gesteinigt zu werden (Apg 5, 26). Wo bleiben jetzt „die Myriaden gläubig gewordener Juden", von denen Jakobus gesprochen hatte? Kam kein Judenchrist

[507] Vergleiche das „Lexikon zur Bibel" Tafel 81, Sp 1 313.

[508] Vgl. die Athalja-Geschichte in 2 Kö 11, 13—16.

[509] Die Annahme, die Juden aus der Asia hätten im geheimen Einverständnis mit der Tempelpolizei und der jüdischen Obrigkeit gehandelt, ist nach Lage der Dinge ganz unwahrscheinlich und zur Erklärung des Vorgangs nicht nötig. Ein Tumult im Tempel, ein aufgeregtes Hinausdrängen der Massen genügte völlig, um den „Tempelhauptmann" (Apg 4, 1) zu veranlassen, vorsichtshalber die Tempeltüren erst einmal zu schließen. Natürlich verstärkte das bei den aus der Stadt Herbeilaufenden den Eindruck einer tatsächlich geschehenen Tempelentweihung.

seinem Bruder Paulus zu Hilfe? Sie werden es in der Tat damals nicht mehr gewagt haben, für Paulus einzutreten. Und es mag in solchen Augenblicken durch manches judenchristliche Herz der Gedanke gegangen sein (wir kennen das aus dem Kirchenkampf): Dieser Paulus hat es auch wirklich zu weit getrieben; für einen so extremen Mann können wir wirklich nicht den mühsamen Bestand unserer Gemeinde (und unseres eigenen Lebens) einsetzen!

31 So kommt die Hilfe für Paulus von ganz anderer Seite. Es geschieht
kein „Wunder", es erscheint kein Engel. Es geht höchst nüchtern
und „weltlich" zu, und doch bewahrt der Herr wunderbar seinen
Knecht, dessen Aufgabe noch nicht erfüllt ist. Er bewahrt ihn nicht
vor dem Leiden, das er ihm selber verheißen hat (Apg 9, 15 f), aber
er bewahrt sein Leben, das menschlich verloren scheint: **„Sie suchen
ihn zu töten."** Unmittelbar an der Nordwestecke des Tempelbezirkes,
durch eine Treppe mit diesem verbunden, liegt die Burg „Antonia",
Standort der römischen Besatzung in Jerusalem unter dem Befehl des
Tribunen („Chiliarch = Tausendschaftführer", etwa „Oberst") Klau-
dius Lysias. Von dem Wachturm der Burg ist der Tumult auf dem
Tempelplatz und das Hinzueilen von erregten Menschen aus der
Stadt sofort zu sehen und das wilde Geschrei deutlich zu hören. Man
war damals noch mehr als früher in steter, mißtrauischer Sorge dem
unverständlichen und fanatischen Volk der Juden gegenüber. So ge-
langt augenblicklich die Meldung an den Kommandeur: **„Ganz Jeru-**
32 **salem ist in Aufruhr!"** Der Tribun nimmt das sehr ernst, rafft schnell
Soldaten und Offiziere („Centurionen" wie Kornelius einer war) zu-
sammen und eilt zu dem Schauplatz der Unruhe. Beim Nahen des
Militärs lassen die Juden von ihrem Opfer ab. Paulus wird sofort ver-
33—34 haftet und mit zwei Ketten gefesselt. Und nun sucht der Befehlshaber
herauszubekommen, was hier eigentlich los ist. Aus der erregten
Menge hört er aber nur ein Durcheinander von Rufen, aus denen er
sich kein Bild machen kann. So läßt er Paulus von den Soldaten in
35 die Mitte nehmen und zur Burg bringen. Als die Menge sieht, daß der
Gegenstand ihrer Wut ihr entzogen wird, drängt sie mit solcher Ge-
walt nach, daß die Soldaten ihren Gefangenen schließlich forttragen
müssen; vielleicht konnte Paulus, auf den bis zum Erscheinen der
Römer immerhin eine ganze Zeit eingeschlagen worden war, auch
36 gar nicht mehr selber schnell genug gehen. Und hinter ihm brandet
immer wieder der Schrei empor: **„Hinweg mit ihm!"** Wieder geht der
Jünger seinem Meister nach: So war einst auch über Jesus geschrien
worden: „Hinweg mit diesem und gib uns Barabbas los!" (Lk 23, 18)
Und es erfüllt sich noch einmal wieder das schmerzvolle Wort des
Herrn über Jerusalem: „Jerusalem, Jerusalem, die du tötest die Pro-
pheten und steinigst, die zu dir gesandt sind!" (Lk 13, 34)

Dem in Leidensgluten gehärteten Paulus trauen wir es zu, daß er 37
auch jetzt nach allen Mißhandlungen sich am Kasernentor mit einer ruhigen und höflichen Bitte an den Tribunen wendet: **„Darf ich dir
etwas sagen?"** Der Befehlshaber hatte, wie wir es alle tun, sich eine 38
vorläufige Auffassung der Dinge gebildet. Wie wir schon Apg 5, 36. 37 in der Rede des Gamaliel erfuhren, gab es in Jerusalem immer wieder politische und messianische Bewegungen, von denen wir etwas wissen müssen, wenn wir manches in der Geschichte des Täufers und in der Geschichte des Herrn Jesus selbst recht verstehen wollen. Aus der Partei der „Zeloten" waren die „Dolchmänner" hervorgegangen, die im politischen Mord gerade auch an unzuverlässigen Volksgenossen das rechte Mittel der Zurüstung des Volkes auf den großen Befreiungstag Gottes sahen. Und schwärmerische „Propheten" führten erwartungsvolle Scharen in die „Wüste" hinaus, wo der Messias zu ihnen kommen und dann mit ihnen die wunderbare Freiheit für Israel bringen werde (vgl. von da aus die Warnung Jesu Mt 24, 11. 26). Auf die **„Wüste"** als den Ort der Erneuerung des Volkes hatte ja besonders Hosea (Kap. 2, 16) hingewiesen; aber auch Jesaja (Kap. 40, 3; 41, 18) und Jeremia (Kap. 31, 2) hatten davon gesprochen. Auch Johannes der Täufer war in der Wüste aufgetreten. Der jüdische Geschichtsschreiber Josephus berichtet uns von einem „Ägyptischen Pseudopropheten", der mit viertausend Betrogenen zum Ölberg gezogen sei; an anderer Stelle spricht er von jemand, der sich als Prophet ausgibt und der Menge rät, mit ihm auf den Ölberg zu gehen; dort würden sie sehen, wie Jerusalems Mauern einstürzen. Solche „messianischen" Bewegungen und das Treiben der „Dolchmänner" waren an sich ganz verschiedene Dinge; es ist aber zu verstehen, wenn ein römischer Tribun das nicht alles auseinanderhalten kann und darum den Ägypter mit viertausend „Dolchmännern" in die Wüste gezogen sein läßt; beide Kreise haben sich später auch tatsächlich verbündet. Der Befehlshaber meinte, im Mittelpunkt des ganzen Volksauflaufes stehe jener „Ägypter", den er nun glücklich gefunden habe. So ist er völlig überrascht, als Paulus ihn in tadellosem
Griechisch anspricht. Paulus stellt sich ihm vor, wobei er nur sein 39
Bürgerrecht der bedeutenden kilikischen Stadt Tarsus, noch nicht sein römisches Bürgerrecht erwähnt. Er bittet um die Erlaubnis, zum Volk sprechen zu dürfen. Der Offizier bewilligt es ihm. Er erwartet wohl, auf diese Weise etwas Näheres über diesen ganzen Vorgang zu erfahren. Passieren kann ja nichts mehr, da sein Gefangener in sicherem Gewahrsam auf der obersten Treppenstufe vor dem Burgeingang mit den Soldaten steht.

Es kann uns verwundern, daß jetzt, da Paulus mit der Hand winkt 40
und zu sprechen beginnt, sofort **„eine tiefe Stille eintrat"**. Aber Volks-

massen sind unberechenbare Gebilde. Daß der von ihnen halb Totgeschlagene sich jetzt aufrichtet und zu ihnen wendet, mag sie völlig verblüfft haben. Jeder ist begierig zu hören, was dieser Mann zu sagen hat. So kommt es zu jener eigentümlichen Szene, die einen Maler wohl zur Darstellung reizen könnte: Paulus hoch auf einer Treppe, umgeben von Soldaten und Offizieren. Hinter ihm die Burg, vor ihm die große, schweigende Menge und dort der gewaltige Gebäudekomplex des Tempels. Noch einmal, ein letztes Mal, darf er in Jerusalem seinem geliebten Volk Israel (Rö 9, 1—4!) das Evangelium verkündigen und ihm in einem persönlichen Zeugnis sagen, warum er als ein treuer Sohn dieses Volkes dennoch aus einem gesetzestrengen Pharisäer ein Glaubender an Jesus und ein Apostel der Heiden geworden ist.

PAULUS IN JERUSALEM

3. Seine letzte Rede an sein Volk

Apostelgeschichte 22, 1—21

zu Vers 1: Apg 7, 2; 13, 26
zu Vers 2: Apg 21, 40
zu Vers 3: Apg 5, 34; 9, 1-29; 26, 5. 9-20; Gal 1, 14
zu Vers 4: Apg 8, 3
zu Vers 7: Mt 17, 6
zu Vers 10: Apg 16, 30
zu Vers 11: Apg 13, 11
zu Vers 12: Apg 6, 3
zu Vers 14: 2 Ko 5, 21; Gal 1, 15 f; Gal 3, 14

1 „Brüder und Väter, hört meine jetzt an euch gerichtete Verteidi-
2 gung." * Als sie aber hörten, daß er in hebräischer Sprache zu
3 ihnen redete, hielten sie noch mehr Ruhe. Und er sagt: * „Ich bin
ein jüdischer Mann, geboren in Tarsus in Kilikien, aufgezogen
aber in dieser Stadt, zu Füßen Gamaliels unterrichtet in der ge-
nauen Erfüllung des väterlichen Gesetzes, ein Eiferer für Gott,
4 wie ihr alle es heute seid. * Als solcher habe ich diesen ‚Weg' ver-
folgt bis zum Tode, bindend und in die Gefängnisse überliefernd
5 Männer und Frauen, * wie auch der Hohepriester es mir bezeugt
und der ganze Ältestenrat. Von ihnen empfing ich auch Briefe an
die Brüder nach Damaskus und zog hin, um auch die dort seienden
(Christen) gebunden nach Jerusalem zu bringen, damit sie be-
6 straft würden. * Es geschah mir aber, als ich dahinzog und mich
Damaskus näherte, daß um die Mittagszeit plötzlich aus dem Him-
7 mel erstrahlte helles Licht um mich her; * ich stürzte zu Boden und
hörte eine Stimme zu mir sagen: ‚Saul, Saul, warum verfolgst du
8 mich?' * Ich aber antwortete: ‚Wer bist du, Herr?' Und er sprach
9 zu mir: ‚Ich bin Jesus, der Nazarener, den du verfolgst.' * Die
aber mit mir waren, sahen zwar das Licht, die Stimme aber dessen,
10 der zu mir redete, hörten sie nicht. * Ich sagte aber: ‚Was soll ich
tun?' Aber der Herr sprach zu mir: „Steh auf, gehe nach Damaskus,
und dort wird man dir Auskunft geben über alles, was dir zu tun
11 aufgetragen ist.' * Wie ich aber nicht sehen konnte vor der Herr-
lichkeit jenes Lichtes, kam ich, an der Hand geführt von meinen

12 **Begleitern, nach Damaskus. * Ananias aber, ein Mann fromm**
nach dem Gesetz, im guten Ruf stehend bei allen (dort) wohnen-
13 **den Juden, * kam zu mir und sprach herantretend zu mir: ‚Bruder**
Saul, werde sehend!' Und ich konnte zur selben Stunde ihn sehen.
14 *** Er aber sprach: ‚Der Gott unserer Väter hat dich erwählt, zu er-**
kennen seinen Willen und zu sehen den Gerechten und zu hören
15 **die Stimme aus seinem Munde, * daß du wirst ein Zeuge für ihn**
sein gegenüber allen Menschen von dem, was du gesehen und ge-
16 **hört hast. * Und jetzt, was zögerst du? Steh auf, laß dich taufen**
17 **und abwaschen deine Sünden, anrufend seinen Namen.' * Es ge-**
schah mir aber, als ich nach Jerusalem zurückkehrte und während
18 **ich betete im Tempel, daß ich in Verzückung geriet * und sah ihn,**
der zu mir sagte: ‚Eile und gehe rasch aus Jerusalem, denn sie wer-
19 **den nicht annehmen dein Zeugnis über mich.' * Und ich sprach:**
‚Herr, sie selber wissen, daß ich es war, der ins Gefängnis bringen
ließ und mißhandeln von Synagoge zu Synagoge die an dich
20 **Glaubenden; * und als vergossen wurde das Blut des Stephanus,**
deines Zeugen, da stand ich dabei und war einverstanden und be-
21 **wachte die Kleider derer, die ihn töteten.' * Er sprach zu mir:**
‚Gehe, denn zu den Heiden weit fort werde ich dich senden.'"

zu Vers 15: Apg 4, 20
zu Vers 16: Apg 2, 21; 2, 38; 1 Ko 1, 2; 1 Ko 6, 11; 2 Tim 2, 22
zu Vers 17: Apg 9, 26; 2 Ko 12, 1-4
zu Vers 19: Apg 8, 3
zu Vers 20: Apg 7, 57 f; 8, 1; Lk 11, 48
zu Vers 21: Apg 9, 15; 13, 2; Gal 2, 7. 9

1–2

Die Stille der Menge wird noch tiefer, als nun die ersten Worte in hbr (oder: aramäischer) Sprache[510] über den weiten Platz hallen. **„Brüder und Väter"**, beginnt Paulus. Das ist der Form nach eine „captatio benevolentiae", eine „Gewinnung des Wohlwollens", wie sie die klassische Redekunst für den Anfang einer Ansprache vorschrieb. Aber so wie Paulus die antike Briefform mit neuer Kraft erfüllt hat, so auch hier diese Rederegel. Kraftvoll schiebt er innerlich alles beiseite, was er eben in dieser Masse erlebt hat. Diese haßerfüllten Fanatiker, die ihn fast totgeschlagen hätten, sind als Israeliten dennoch seine **„Brüder und Väter"**. So allein will er sie jetzt sehen und anreden. Das ist die gleiche Haltung, die er auch Rö 9, 1–5 eingenommen hat.

„Hört meine jetzt an euch gerichtete Verteidigung." Dies Stichwort **„Verteidigung"** werden wir in den nächsten Kapiteln noch mehrfach treffen: Apg 24, 10; 25, 8. 16; 26, 1. 2; 26, 24; inhaltlich auch

[510] Welches von beiden der Fall war, läßt sich nicht mit Bestimmtheit entscheiden. Einerseits wäre eher an eine Rede in Aramäisch zu denken, da das klassische Hbr schon lange nicht mehr Umgangssprache war. Anderseits wäre dabei aber die offensichtliche Verwunderung der Menge verwunderlich. Aramäisch sprach selbstverständlich auch jeder Diaspora-Jude. Aber nun hören sie aus dem Munde dieses angeblichen Feindes Israels die Laute der heiligen Sprache der Schrift, wie sie sie jeden Sabbat bei den Verlesungen in der Synagoge vernahmen. Ist dieser Paulus also doch ein heiliger Mann, bewandert in der alten heiligen Sprache?

28, 17 ff. Es ist gleichsam die Überschrift über diesen Teil der Apostelgeschichte. Aber womit „verteidigt" sich Paulus hier? Auf den Vorwurf der „Entweihung des Tempels" geht er mit keinem Wort ein. Dieser sinnlose Vorwurf konnte nur entstehen und geglaubt werden, weil ein Vorwurf viel tieferer Art den Haß gegen ihn immer mehr gesteigert hatte. Es ist sein Abfall vom Judentum und es ist noch mehr sein Weg zu den Heiden, was die Glut der Empörung gegen ihn erregt. Diese beiden entscheidenden Punkte greift Paulus darum in seiner Rede auf. Er hat auf beide Vorwürfe die eine klare Antwort und „Verteidigung": Beides war nicht sein eigener Entschluß, aus eigenen Wünschen oder Überlegungen geboren, in beidem hat der Herr selber gehandelt, so, daß Paulus nur gehorchen konnte. Die Rede des Paulus hat darum die gleiche Grundstruktur, wie wir sie schon in den Reden des Petrus vor der Menge, vor dem Hohen Rat und vor dem „Apostel-Konzil" feststellten und wie sie einfach „biblisch" ist, d. h. dem Wesen der ganzen Bibel entspricht: Tatsachen werden hingestellt, Tatsachen, die Gott geschaffen hat, und nun muß freilich diesen göttlichen Tatsachen mehr gehorcht werden als allen Gedanken, Wünschen und Forderungen der Menschen. So ist auch diese Rede nicht Darlegung von Gedanken, Erörterung von Fragen und Problemen, Beweis für bestimmte Thesen, sondern persönliches Zeugnis göttlicher Tatsachen.

3 Paulus betont hier – wie in seiner „Verteidigung" vor den Galatern in Gal 1, 13 f – seine leidenschaftlich jüdische Vergangenheit. Wir erfahren dabei, daß er zwar **„in Tarsus in Kilikien geboren"** ist, **„aufgezogen aber in dieser Stadt** (Jerusalem)**"**. Sind also die Eltern mit Sohn und Tochter früh von Tarsus nach Jerusalem verzogen? Ist darum auch die Schwester des Paulus in Jerusalem verheiratet (Apg 23, 16)? Oder ist das **„aufgezogen"** nicht so wörtlich gemeint? Wir wissen zu wenig, um solche Fragen beantworten zu können. Klar ist dagegen die nächste Aussage: **„Zu den Füßen**[511] **Gamaliels unterrichtet in der genauen Erfüllung des väterlichen Gesetzes."** Von Gamaliel hörten wir schon (s. o. S. 125). Kein Zweifel, daß Paulus die genaueste Schulung im Gesetz erhalten hat, die es damals überhaupt gab. Daraus ist sein „Eifer für Gott" (Phil 3, 6) erwachsen, jener „Eifer für Gott", den er nur zu gut kennt (Rö 10, 2) und der auch hinter dem Fanatismus steht, mit dem sie ihn jetzt zu töten suchen.
4–5 Wie gut kann er sie verstehen! Auch ihn trieb dieser „Eifer" zur

[511] Da die „Lehrer" damals wie heute auf einem erhöhten „Katheder" ihren Platz hatten, saßen die Schüler buchstäblich „zu ihren Füßen". Lk 2, 46 ist darum ein sehr bezeichnender Zug: Der Zwölfjährige sitzt nicht als Schüler schweigend und lernend „zu den Füßen" der Lehrer Jerusalems, sondern „mitten unter ihnen" und fragt sie ebenso, wie er ihnen zuhört.

„Verfolgung dieses Weges[511a] bis zum Tode.“ Für die Radikalität seines Verfolgerwillens ist es bezeichnend, daß er auch die Frauen nicht schont. Und wenn seine schlimmsten Gegner, die Juden aus der Diaspora, diese Ereignisse nicht miterlebt haben und ihm vielleicht nicht ganz glauben, dann haben sie in den Hohenpriestern und im Ältestenrat selber Zeugen dafür. Aus diesem „Eifer“ gab es für ihn kein eigenes Freiwerden. Was ihn aus der Bahn warf, war nicht eigener Zweifel, eigener „Abfall“, sondern Gottes Eingriff vor Damaskus.

Paulus erzählt nun selber dieses entscheidende Geschehen in seinem Leben, das wir aus Kapitel 9 bereits kennen. Kleine Züge werden 6—11
deutlicher: Das blendende Licht bricht gerade **„um die Mittagszeit“** herein, es ist heller, es ist ganz anders als mittägliche Sonnenglut. Darum wird von der **„Herrlichkeit“** dieses Lichtes gesprochen und dabei das Wort „doxa“ verwendet, das stets den Lichtglanz Gottes meint. Kleine Züge sind abweichend: **„Die aber, die mit mir waren, sahen zwar das Licht, die Stimme aber dessen, der zu mir redete, hörten sie nicht“** heißt es hier, während in Kap. 9, 7 erzählt wurde: „Sie hörten zwar die Stimme, sahen aber niemand.“ Solche Unterschiede[512] in der Darstellung kommen immer vor, wenn lebendig berichtet wird. Den von der großen Sache Erfüllten kümmern sie wenig. In beiden Berichten aber wird das eine deutlich: Was Paulus widerfuhr, war nicht etwa nur ein Vorgang in seinem Inneren, es war so real, daß auch seine Begleiter es merkten; aber die Erscheinung des erhöhten Herrn selber war für Paulus allein bestimmt; seine Begleiter hörten eine Stimme, sie sahen ein helles Licht, mehr aber empfingen sie nicht.

Auch das, was Paulus von Ananias sagt, hat den echten Berichts- 12—16
charakter. Es ist keine bloße Wiederholung, kein Abklatsch von Kap. 9, 10—18! Es ist wie jede echte Erzählung eines Ereignisses in den Grundzügen völlig übereinstimmend, in den hervorgehobenen Einzelheiten aber verschieden. In Kap. 9, 17 hebt Ananias hervor, daß Jesus selbst ihn zu Paulus gesandt habe. Jetzt liegt es Paulus daran, seinen jüdischen Hörern zu zeigen, wie es gerade **„der Gott der Väter“** sei, der Gott, an den auch sie glauben, der Paulus **„erwählt hat, zu erkennen seinen Willen“**[513]. Den Namen Jesus nennt er

[511a] Zum Ausdruck „Weg“ vgl. Anm. 207.

[512] Der Unterschied ist auch wieder nicht so groß. Apg 9, 7 wird das Sehen des Lichtglanzes nicht ausgeschlossen; nur das wird gesagt, daß die Begleiter des Paulus die Person Jesu, den auferstandenen Herrn selbst nicht sehen. Sie wären ja sonst „Zeugen seiner Auferstehung“ geworden! Vgl. zum Ganzen o. S. 177

[513] So hat es Paulus auch Gal 1, 15 gesagt. Um den „Willen Gottes“ ging es jedem ernsten Juden. Er sah diesen Willen freilich im Gesetz ausgesprochen, während jetzt der neue Wille Gottes, als der Rettungswille seiner Gnade in Jesus offenbar geworden ist und Paulus zu seinem Werkzeug erwählt hat. Aber dennoch: Wille und Erwählung Gottes,

hier nicht, sondern spricht von **„dem Gerechten"**, den Gott ihn vor Damaskus sehen und hören ließ. Darin liegt, wie bei den Petruspredigten, die Anklage gegen Israel, das diesen **„Gerechten"** ausstieß und ans Fluchholz hängte. Nun ist Paulus durch Damaskus zum **„Zeugen"** gemacht, zu dem Mann, der wie die Urapostel berichten kann, was er selber von Jesus **„gesehen und gehört hat"**, der dies aber auch zu tun verpflichtet ist. Noch einmal wird uns klar, daß es im „Christentum" nicht um unsere Gedanken und Ansichten über Gott geht, sondern um unerfindbare, von Gott geschaffene und geschenkte Tatbestände, die man schlechterdings nur „bezeugen" kann, wenn man sie gesehen und gehört hat[514].

Paulus durfte nun dort in Damaskus das tun, was er selber später so oft als das rettende Geschehen genannt hat: Er durfte „den Namen des Herrn anrufen" und in der Taufe die Antwort Jesu und die Abwaschung seiner Sünden, seines ganzen Rebellenlebens empfangen. Seltsamerweise wird weder hier noch an irgendeiner andern Stelle von Paulus der Geistesempfang bei der Taufe, dokumentiert durch Zungenreden, erzählt. Aber es ist bei der Taufe des Sauls von Tarsus offenbar so still und nüchtern zugegangen, wie es Kap. 9, 19 von Lukas beschrieben wird. Ein Unterschied in der Darstellung ist aber besonders auffallend: Während Kap. 9, 15 sogleich klar die „Heiden" als das eigentliche Sendungsziel des Paulus genannt werden, läßt er es hier seinerseits vor dieser Menge noch verborgen in dem allgemeinen Ausdruck **„du wirst ein Zeuge für ihn sein gegenüber allen Menschen"**.

17 Denn von seiner Sendung zu den Heiden, diesem gefährlichsten Punkt, will Paulus nun noch gründlicher sprechen. Paulus hat in 2 Ko 12 von den „Gesichten und Offenbarungen des Herrn" ungern und nur andeutend geschrieben. Sein Leben war auch nach dieser Richtung hin unendlich viel reicher und mächtiger, als wir es wissen können. Eine solche „Offenbarung des Herrn" empfing er bei seinem ersten Besuch in Jerusalem[515] nach seiner Bekehrung und empfing sie beim Gebet im Tempel. Paulus hat solche „Gesichte" klar von der

nicht Eigenwille und Ungehorsam haben Paulus auf den total neuen Weg geführt (vgl. 1 Ko 1, 1; 2 Ko 1, 1; Kol 1, 1; 2 Tim 1, 1).

514 Auch unsere Aufgabe heute ist nicht tiefsinnige Gedankenbildung oder geschickte Diskussion, sondern „Zeugnis", wie es auch der einfachste Christ ohne Ausbildung und Examina ablegen kann und muß.

515 Wieder haben wir es mit einem der typischen Nachträge des Lukas zu tun. In Kap. 9, 29 f führte er die schnelle Abreise des Paulus nur auf einen Mordanschlag gegen ihn und auf den Rat bzw. Befehl der Brüder zurück. Jetzt erfahren wir, was Paulus eigentlich bewegt und getrieben hat. Es ist aber kein „Widerspruch". In dem Mordanschlag verwirklicht sich die Warnung des Herrn, und der Rat der Brüder nimmt das „Eile und geh!" des Herrn auf.

realen Begegnung mit Jesus vor Damaskus unterschieden! Hier konnte es für ihn keine Verwechslungen geben. Es wäre darum umgekehrt eine völlige Entstellung des Damaskus-Geschehens, wenn wir dabei von einer „Christus-Vision" des Paulus sprechen wollten. Auch bei dem, was Paulus jetzt erzählt, weiß er genau, daß er im Tempel **„in Verzückung geriet"**, also in jenen Zustand, von dem er 2 Ko 12, 2 f sagt: „Ob er in dem Leibe oder außer dem Leibe gewesen ist, weiß ich nicht; Gott weiß es." Darum sah und hörte auch jetzt im Tempel keiner etwas außer ihm. Für ihn aber war es eine gültige „Offenbarung des Herrn": **„Ich sah ihn, der zu mir sagte: ‚Eile und gehe rasch** 18
aus Jerusalem, denn sie werden nicht annehmen dein Zeugnis über mich.'" Jesus im Tempel, Jesus der Herr auch des Tempels — welche Ungeheuerlichkeit war das wieder für die Hörer des Paulus. Wahrscheinlich vermied er darum auch hier wieder den Jesus-Namen und sprach nur von **„Ihm"**. **„Eile!"** sagt ihm Jesus: Wie hat dann diese **„Eile"**, dieses stürmische Vorwärtsdrängen über der ganzen Arbeit
des Paulus gelegen. Paulus unterstreicht aber zunächst, daß er auch 19
jetzt dem Herrn selbst entgegen noch anders dachte und in Jerusalem bleiben wollte. Seine Hörer sollen es wissen, wie zäh er an Israel und an Jerusalem hing! Er hat es sich in keiner Weise selber ausgesucht, zum Apostel der Nationen zu werden. Hat er nicht gerade in Jerusa- 20
lem so viel wieder gutzumachen? Und muß es nicht gerade in Jerusalem alle überzeugen, wenn er, der allen bekannte Verfolger, jetzt für das Evangelium eintritt[516]? Aber Jesus weiß es besser. Paulus soll
nicht seine Kraft in vergeblichen Kämpfen in Jerusalem verzehren. 21
Sein Herr hat andere Pläne mit ihm und gebietet ihm jetzt mit aller Bestimmtheit: **„Gehe, denn zu den Heiden weit fort werde ich dich senden."** Paulus mußte gehorchen, auch wenn er gern seine eigene Seligkeit daran gegeben hätte, um sein Israel, und das heißt ohne weiteres: um Jerusalem zu retten.

PAULUS IN JERUSALEM

4. Paulus in Schutzhaft der Römer

Apostelgeschichte 22, 22—29

22 **Sie hörten ihn aber an bis zu diesem Wort, und sie erhoben ihre Stimme und sagten: „Hinweg von der Erde mit einem solchen!**

[516] So meinen wir es alle. Aber wir müssen es auch alle schmerzlich erfahren: Einem Bekehrten hilft keine Versicherung, daß er früher selber so gedacht habe wie seine jetzigen Gegner und ihre Einwände sehr gut kenne und sich nun doch habe anders überzeugen müssen. Auf weltanschauliche und theologische Gegner macht so etwas nicht den geringsten Eindruck.

zu Vers 22:
Lk 23, 18
Apg 21, 36
25, 24
zu Vers 23:
Mt 26, 65
Apg 14, 14
zu Vers 24:
Apg 21, 34
zu Vers 25:
Apg 16, 37
23, 27
zu Vers 29:
Apg 21, 33

23 Denn er darf nicht leben!" * Und als sie schrien und ihre Kleider
24 abwarfen und Staub in die Luft schleuderten, * befahl der Tribun,
ihn in die Kaserne zu bringen mit der Anweisung, er solle unter
Geißelhieben verhört werden, damit er erfahre, weshalb sie so
25 gegen ihn schrien. * Als sie ihn aber für die Auspeitschung aus-
streckten, sagte Paulus zu dem dabeistehenden Centurio: „Dürft
ihr einen Römer und dazu noch ohne gerichtliches Urteil geißeln?"
26 * Als es der Centurio hörte, ging er zu dem Tribunen, erstattete
Meldung und sagte: „Was willst du tun? Denn dieser Mensch ist
27 ein Römer!" * Da kam der Tribun herzu und sprach zu ihm: „Sage
28 mir, du bist wirklich ein Römer?" Er sprach: „Ja!" * Der Tribun
antwortete: „Ich meinerseits habe das Bürgerrecht für eine hohe
Summe erworben." Paulus aber sagte: „Ich bin auch (darin) **ge-**
29 boren." * Sofort nun traten von ihm weg, die ihn verhören soll-
ten. Und der Tribun war erschrocken, als ihm klar wurde, daß er
ein Römer sei und daß er ihn hatte fesseln lassen.

22 Es ist Paulus gelungen, die erregte Menge still zu bekommen. Auch den Bericht über seine Begegnung mit Jesus vor Damaskus hört sie schweigend an. Eine Schar an Jesus glaubender Juden lebte in ihrer Mitte und wurde geduldet. So mochte auch dieser Paulus an Jesus glauben. Aber als Paulus nun von seiner Sendung spricht: nicht nach Jerusalem, sondern fern unter die Heiden!, da ist der jüdische Stolz aufs neue getroffen. **„Sie hörten ihn aber an bis zu diesem Wort, und sie erhoben ihre Stimme und sagten: ‚Hinweg von der Erde mit einem solchen! Denn er darf nicht leben!'"** Der Tumult bricht los wie vorher.

23 **„Sie schrien und warfen ihre Kleider ab und schleuderten Staub in die Luft."** Ihr rasender Zorn muß einen Ausdruck finden, zumal der Verhaßte hinter dem Wall der Legionäre für sie unerreichbar ist.

24 Der Tribun steht ratlos vor diesem ganzen Geschehen. Überrascht von dem guten Grie seines Gefangenen hatte er die Rede erlaubt und irgendeine Lösung der Situation von ihr erhofft. Verstanden hat er nicht viel von der Rede, selbst wenn Paulus nicht hbr, sondern aramäisch sprach. Aber immerhin, es wurde still; die Leute hörten zu. Und nun brach plötzlich der tolle Sturm wieder los, die Lage wurde bedrohlich. Was war das nur für ein Mann, den er verhaftet hatte? Darüber wollte er endlich Klarheit haben, und so ordnet er an, was damals bei Bewohnern unterworfener Provinzen völlig üblich war: Hinein in die Kaserne mit ihm und Verhör unter Anwendung der Folter!

25 Paulus wird den lateinisch gegebenen Befehl nicht verstanden haben. Erst als die Soldaten ihn in der Kaserne packen und ihn für die Auspeitschung ausstrecken wollen, merkt er, was man vorhat. Er wen-

det sich an den Centurio, der das Verhör leiten sollte, mit der Frage: **„Dürft ihr einen Römer und dazu noch ohne gerichtliches Urteil gei-
ßeln?"** Der Offizier **„erstattet"** sofort **„Meldung"** an den Tribunen. 26
Eine höchst fatale Sache! Auf das Schlagen eines römischen Bürgers stand die Todesstrafe! Und selbst das Fesseln eines **„Römers"** war
streng verboten. So eilt der Tribun persönlich herbei. Was für eine 27–29
menschliche Zeit war es damals, daß das einfache Wort eines Mannes genügte und man seiner Aussage traute. Denn einen Paß mit „Lichtbild" und Stempel hatte Paulus sicher nicht bei sich. Wohl wundert sich der Tribun. Wie kommt dieser offensichtlich arme Mann zum römischen Bürgerrecht, das er selbst **„für eine hohe Summe erworben hatte"**? Aber Paulus kann es ihm sagen: **„Ich bin auch darin geboren."** Der pflichttreue Offizier erschrickt: Schon mit der Fesselung des Paulus hat er sich strafbar gemacht und hatte mit der Anordnung der Geißelung gegen ihn ein Verbrechen begangen, das ihn den Kopf kosten konnte. Die beteiligten Soldaten ziehen sich sofort zurück. „Civis romanus sum" d. h. „Ich bin römischer Bürger", das war damals wirklich ein Zauberwort. Paulus hat davon Gebrauch gemacht, einst in Philippi (16, 37) und jetzt hier in der römischen Kaserne. Er trug die „Malzeichen Christi" (Gal 6, 17) genug an seinem Leibe. Und jetzt mußte er um Leben und Freiheit kämpfen für den großen Auftrag, den sein Herr ihm gegeben hatte. Lukas hat uns an Paulus beides gezeigt: die völlige Bereitschaft zum Leiden und zum Sterben für den Namen des Herrn Jesus, aber auch die ruhige und sorgfältige Verteidigung seines Lebens und seiner Wirkungsmöglichkeiten, und das ebenfalls für den Namen des Herrn Jesus.

PAULUS IN JERUSALEM

5. Verhandlung vor dem Hohen Rat

Apostelgeschichte 22, 30 — 23, 11

**30 Am andern Tage aber, da er Zuverlässiges erfahren wollte, wes-
wegen er von den Juden angeklagt werde, löste er ihn** (von den
Fesseln) **und befahl, daß der Hohepriester und das ganze Syne-
drium zusammenkommen sollten, und führte Paulus hinunter
23, 1 und stellte ihn vor sie. * Paulus aber blickte das Synedrium fest
an und sprach: „Ihr Männer und Brüder, ich habe mit völlig gu-
tem Gewissen mein Leben mit Gott geführt bis zu diesem Tag!"
2 * Aber der Hohepriester Ananias befahl dem neben ihm Stehen-
3 den, ihn auf seinen Mund zu schlagen. * Da sprach Paulus zu ihm:
„Schlagen wird dich Gott, du getünchte Wand! Da sitzest du, mich
nach dem Gesetz zu richten, und gegen das Gesetz befiehlst du,**

zu Vers 30:
Mt 10, 17 ff
Apg 21, 34
zu Vers 1:
Apg 22, 1. 3 ff
1 Tim 3, 9
Hbr 13, 18
zu Vers 2:
Jer 20, 1 f
Jo 18, 22 f
Apg 24, 1

zu Vers 3:
Hes 13, 10–15
Mt 23, 27
Jo 7, 51
zu Vers 5:
2 Mo 22, 27 f
zu Vers 6:
Mt 10, 16
Apg 22, 3
26, 5
28, 20
Phil 3, 5
zu Vers 8:
Mt 22, 23
zu Vers 9:
Apg 5, 34. 39
25, 25
zu Vers 11:
Ps 124
Apg 18, 9
19, 21
27, 24
28, 23

4 daß ich geschlagen werde?" *Aber die Dabeistehenden sagten:
5 „Den Hohenpriester Gottes schmähst du?" * Und Paulus sprach:
„Ich wußte nicht, Brüder, daß er der Hohepriester ist. Denn es
steht geschrieben: Den Obersten deines Volkes sollst du nicht
6 verwünschen." * Da aber Paulus wußte, daß der eine Teil aus
Sadduzäern besteht, der andere aber aus Pharisäern, rief er in
dem Synedrium: „Brüder, ich bin Pharisäer, ein Sohn von Phari-
säern; wegen der Hoffnung und der Auferstehung der Toten
7 werde ich gerichtet." * Als er aber dies sagte, entstand ein Streit
zwischen den Pharisäern und Sadduzäern, und es spaltete sich die
8 Menge. * Denn die Sadduzäer sagten, es gäbe nicht Auferstehung,
9 nicht Engel, noch Geist. Die Pharisäer aber bekennen beides. * Es
entstand ein lautes Geschrei; und es erhoben sich einige der
Schriftgelehrten von dem pharisäischen Teil, stritten und sagten:
„Nichts Schlimmes finden wir an diesem Mann. Wenn aber ein
10 Geist zu ihm gesprochen hat oder ein Engel –?" * Als aber ein
großer Aufruhr entstand, fürchtete der Tribun, Paulus werde von
ihnen zerrissen werden, und befahl, die Wache solle herkommen,
11 ihn aus ihrer Mitte reißen und in die Kaserne bringen. * In der
folgenden Nacht aber trat zu ihm der Herr und sprach: „Sei gutes
Muts! Denn wie du meine Sache bezeugt hast in Jerusalem, so
mußt du auch in Rom Zeugnis ablegen!"

30 Dieser Abschnitt bietet unserm Verständnis erhebliche Schwierigkeiten. Wenn Klaudius Lysias das Verhör unter der Folter hatte abbrechen müssen, hatte er dann nach allem Erlebten so wenig Vertrauen zu Paulus, daß er ihn nicht selber gründlich nach allem fragte? Es scheint in der Tat, daß Paulus ihm irgendwie „unheimlich" war und er lieber von einer andern Stelle ein „objektives" Bild der Anklage gegen Paulus haben wollte. Konnte aber der Stadtkommandant von Jerusalem dem Hohenpriester und dem Hohen Rat einen „Befehl" geben? Vielleicht wählte Lukas hier unwillkürlich die militärische Sprache, während der Tribun in Wirklichkeit um eine solche Sitzung gebeten haben wird. Die Sadduzäer folgten einer solchen Bitte gern und hofften, Paulus dabei in ihre Hand bekommen zu können. Widerspruchsvoll ist das Verhalten des Tribunen auch darin, daß er einerseits erschrocken war, „weil er Paulus hatte fesseln lassen", (V. 29) und ihn doch erst am folgenden Tage „von den Fesseln löste". Auch hier wird ein Mißtrauen sichtbar, das den Offizier auf jeden Fall vorsichtig sein ließ. Zur Ratssitzung aber ließ er Paulus ungefesselt gehen. Es soll auch daran sichtbar sein, daß Paulus jetzt nicht zur Aburteilung als Verbrecher dort erscheint, sondern daß sich lediglich der Tribun über den Vorwurf gegen Paulus orientieren will. Lysias

mit seinem Adjutanten wohnt der Sitzung persönlich bei. Er **„stellte Paulus vor sie"** und erteilt Paulus damit das Wort.

„Paulus aber blickte das Synedrium fest an und sprach: ‚Ihr Män- 23,1
ner und Brüder, ich habe mit völlig gutem Gewissen mein Leben mit Gott geführt bis zu diesem Tag!'" Wir staunen. Kann Paulus, der Verfolger der Gemeinde, der erste aller Sünder (1 Tim 1, 15), so reden? Gibt es in seinem Leben keinen Bruch? Wenn wir diesen Satz des Paulus recht verstehen wollen, müssen wir auf zweierlei achten: einmal auf die Art seiner Bekehrung und zugleich auf die Situation, in die hinein er hier redet. Was er im Römerbrief (10, 2) ganz Israel zubilligt, das konnte er vor diesem Kreis auch sich selbst zuschreiben: ein Leben, das Gott dienen wollte. Es hatte in diesem Augenblick keinen Zweck, dem Hohen Rat auseinanderzusetzen, wie sehr dieser „Dienst Gottes" dennoch unermeßliche Schuld geworden war. Hier war er nicht seines früheren Lebens wegen angeklagt, sondern um all das, was er seit seiner Bekehrung getan hatte. Für die Männer, vor denen er hier stand, sah doch sein Leben so aus, daß er aus einem rechten und frommen Wandel als strenger Jude unbegreiflich in diese gotteslästerliche und schändliche Gesellschaft der Christen geraten war. Dahinter konnten doch nur dunkle und böse Motive stehen. Petrus und Johannes waren: „ungelehrte Leute und Laien" (Kap. 4, 13) und hatten darin eine gewisse Entschuldigung. Aber ein Paulus konnte doch nur mit bösem Gewissen vor denen stehen, mit denen er einst gegen den christlichen „Wahn" gekämpft hatte. Darum sagt Paulus jetzt seinen ersten Satz: „Ich weiß, wie ihr mich anseht, aber
ich stehe frei und **mit völlig gutem Gewissen** vor euch!" Der Hohe- 2
priester bestätigt, daß wir richtig ausgelegt haben. Ihm ist dieser Satz die Frechheit eines verstockten Verbrechers, für die er einen Schlag auf den Mund haben muß.

Wieder sehen wir Paulus wie Kap. 16, 37; 22, 25 fest gegen alles 3
Unrecht gerade amtlicher Stellen auftreten. Er ruft dem Vorsitzenden des Rates zu: **„Da sitzest du, mich nach dem Gesetz zu richten, und gegen das Gesetz befiehlst du, daß ich geschlagen werde?"** Und er verbindet damit ein Wort, das er nicht aus seinem eigenen Herzen hat und das wir nicht als ein heftiges Wort der Erregung auffassen dürfen: **„Schlagen wird dich Gott, du getünchte Wand."** Paulus war nicht der Mann, der aus Ärger fluchte! Er spricht hier eine Weissagung aus, die sich erfüllt hat. Der Vorsitzende, den Paulus nicht kennt und der nicht die hohepriesterliche Tracht trägt[517], ist Ananias. Er war

[517] Auch hier wird sichtbar, wie diese Sitzung zustande gekommen war. Man hatte sich — nicht ungern — dem Wunsch des Römers gefügt; aber man ließ ihn spüren, daß er nicht die Hohenpriester Israels springen lassen könne! Man erschien formlos, ohne Würdezeichen.

im Jahre 48 n. Chr. als Hoherpriester eingesetzt worden. „Das Amt verlor er wegen der blutigen Fehde, die zwischen den Juden und den Samaritern entstanden war; deshalb schickte ihn der Regent von Syrien, Ummidius Quadratus, vor das kaiserliche Gericht nach Rom. Von dort nach Jerusalem zurückgekehrt, wurde er allmählich der reichste und mächtigste unter den Hohenpriestern. Da den Sadduzäern daran lag, daß Paulus ihnen jetzt nicht entwische, ist es nicht auffallend, daß dem gewalttätigsten Mann aus ihrer Schar die Leitung des gerichtlichen Verfahrens gegen Paulus übertragen wurde" (Schlatter, „Erläuterungen"). Paulus nimmt das Verhalten dieses Mannes sehr ernst. Denn er selbst steht ja hier als der Apostel und Zeuge des Messias Jesus! Es geht in dieser Sitzung um die höchsten und entscheidendsten Wahrheiten für Israel. Jetzt ist es unverzeihliche Schuld, wenn der Leiter dieser Verhandlung eine **„getünchte Wand"**[518] ist, ein Mann, der sich dem Ernst der Fragen nicht stellt, sondern unter der Tünche von „Rechtsprechung" den wehrlosen Boten Jesu sofort zum dreisten Verbrecher stempeln möchte. Das läßt Gott[519] nicht ungestraft: **„Schlagen wird dich Gott, du getünchte Wand!"** Das Wort hat sich erfüllt. Ananias ist wenige Jahre später zu Beginn des jüdischen Aufstandes gegen Rom als Römerfreund ermordet worden.

4—5 **„Aber die Dabeistehenden sagten: ‚Den Hohenpriester Gottes schmähst du?'"** Ananias war dem Paulus nicht persönlich bekannt und jetzt ohne Abzeichen erschienen. Paulus entschuldigt sich: **„Ich wußte nicht, Brüder, daß er der Hohepriester ist. Denn es steht geschrieben: Den Obersten deines Volkes sollst du nicht verwünschen."** Nicht daß das Verhalten des Ananias weniger schlimm wurde, wenn er Hoherpriester war. Im Gegenteil. Aber Paulus sah in dem Wort des Gesetzes **„Den Obersten deines Volkes sollst du nicht verwünschen"** eine rechte und ernste Anweisung Gottes, die er auch als Christ willig achtete[520].

518 Vergleiche dazu Jesu Wort vom „übertünchten Grab" Mt 23, 27, vor allem aber Hes 13, 10—12. Das Bild ist für den Morgenländer noch krasser, der seine Häuser vielfach aus Lehm und Asphalt bauen mußte. Die Brüchigkeit solcher Wände war mit der weißen Kalktünche überdeckt.

519 Kein Leser der Apg kann umhin, an dieser Stelle an die eigentümliche Parallele zu dem Prozeß Jesu zu denken: Jo 18, 20—23. In der ruhigen Sachlichkeit („Demut") der Antwort scheint der Meister dem Jünger weit überlegen. Das wäre nicht verwunderlich. Aber wir dürfen doch die Unterschiede der Lage nicht übersehen. Damals schlug ein Gerichtsdiener im eigenen Ärger Jesus; hier befahl der Vorsitzende des Gerichts den Schlag. Hier war die Verantwortung und die Schuld eine weit größere; und eben das stellt Paulus mit seinem Wort fest.

520 Manche Ausleger meinen in dem Wort des Paulus eine Ironie zu hören: „Verzeihung, aber das war ja nun wirklich nicht gerade hohenpriesterlich gehandelt! Dahinter konnte ich beim besten Willen nicht einen Hohenpriester erkennen. Wenn es aber tatsächlich

Und nun wird es wieder überraschend und zunächst befremdend 6
für uns. **„Da aber Paulus wußte, daß der eine Teil aus Sadduzäern besteht, der andere aber aus Pharisäern, rief er in dem Synedrium: ‚Brüder, ich bin ein Pharisäer, ein Sohn von Pharisäern; wegen der Hoffnung und der Auferstehung der Toten werde ich gerichtet.'"** Ist Paulus unter die Diplomaten gegangen? Macht er in dieser Lage einen gerissenen Schachzug? Und fällt eine Körperschaft wie der Hohe Rat sofort darauf herein? Paulus hat sich später bei der offiziellen Verhandlung vor dem Statthalter Felix im Beisein des Ananias und der Ältesten aus Israel auf diesen Satz berufen (Kap. 24, 21). Das hätte er nie tun können, wenn der Satz nur eine List gewesen wäre. Paulus muß ihn ernst gemeint haben. Aber wie kann Paulus das im Ernst gesagt haben?

Wir dürfen solch ein Wort nicht losgelöst von der Situation für sich betrachten. Paulus steht zum ersten und – wie er wohl ahnt – auch zum letzten Mal vor der höchsten Instanz seines geliebten Volkes Israel. Steht er nur als „Christ", als unbeteiligter Fremdling vor ihr? Ist seine Bekehrung die Lösung von Israel? Wir heutigen Christen sehen es immer so an. Aber alles, was Paulus in Rö 9–11 geschrieben hat, widerspricht einer solchen Vorstellung. Israel ist nicht von Gott verstoßen. Israel ist der edle Ölbaum, aus dem nur Zweige ausgebrochen sind, dessen Wurzel aber heilig bleibt. Paulus hat auch als Apostel der Heiden nicht aufgehört Israelit zu sein. Muß er sich denn ohne Gegenwehr aus Israel ausstoßen lassen? Gibt es keine gemeinsame Basis mehr zwischen dem Israeliten Paulus und den Israeliten im Hohen Rat? Zwischen den Sadduzäern und ihm liegt freilich ein Abgrund. Aber sind diese Sadduzäer eigentlich noch „Israel"? Doch da sitzen im Synedrium die Pharisäer – sind hier nicht echte Brücken da? **„Denn die Sadduzäer sagten, es gäbe nicht Auferstehung, nicht Engel, noch Geist. Die Pharisäer aber bekennen beides.**[521]**"** Die Pharisäer kennen eine echte Hoffnung. Sie glauben ernsthaft an die Auferstehung. Sie mögen die Botschaft von Jesus als einen bedenklichen Irrtum verwerfen und ihre Ausbreitung für ein Unglück halten. Aber ein todeswürdiges Verbrechen konnten sie nicht darin sehen, wenn einer an die tatsächlich von Gott gewirkte Auferstehung eines Mannes glaubt und von einer himmlischen Offenbarung überwunden zu sein behauptet. Es kann und darf nicht geschehen, daß Paulus nur von Israel verurteilt wird. So ruft er es in die Versammlung hinein: Mit euch Pharisäern weiß ich mich trotz allem verbunden, auf eurer Seite stehe ich, mit euch teile ich die Hoff-

der Hohepriester war – dann freilich – bitte ich um Entschuldigung." Aber Paulus hat in diesem Augenblick schwerlich Neigung zur Ironie gehabt.

[521] Zu dem Gebrauch des Wortes „beides" im Sinn von „alles" vgl. o. S. 351, Anm. 462.

nung Israels, die die Sadduzäer längst preisgegeben haben. Mit euch gemeinsam rechne ich damit, daß der lebendige Gott wirklich Tote auferweckt, und nur weil ich mit dem, was auch ihr grundsätzlich bekennt, letzten Ernst mache, stehe ich hier vor Gericht.

7–9 Weil Paulus sein Wort nicht als „Schachzug", sondern im letzten Ringen um die Erhaltung eines Bandes mit Israel gesagt hat, darum macht es Eindruck. Wir denken daran, daß eben doch auch ein Gamaliel nicht einer einfachen Verurteilung der Apostel zustimmen konnte, sondern mit der Möglichkeit rechnete, es könne Gottes Handeln hinter dem stehen, was Petrus und Johannes bezeugten. Und die Sache Jesu war tatsächlich nicht „untergegangen" (Apg 5, 38). Wieder müssen sie sich im Hohen Rat mit dieser Sache beschäftigen. Eine ungeheure Verbreitung hat sie gefunden in die weite Welt hinaus. „Ist das Werk aber aus Gott, werdet ihr nicht imstande sein, sie zugrunde zu richten" (Apg 5, 39), hatte der hochangesehene Lehrer Gamaliel damals gesagt. Stand Gott doch hinter all diesem Geschehen? So können die Pharisäer jetzt nach der Erinnerung an die **„Hoffnung"** Israels und an die **„Auferstehung der Toten"** nicht einfach mit den Sadduzäern Paulus verwerfen. Die immer vorhandene Spaltung tritt erneut hervor. Die Gemüter erhitzen sich an den alten Streitfragen, und es wird sehr laut im Saal. Nicht als ob alle Pharisäer geschlossen für Paulus eingetreten wären. Aber immerhin: **„Es erhoben sich einige der Schriftgelehrten von dem pharisäischen Teil, stritten und sagten: ‚Nichts Schlimmes finden wir an diesem Mann. Wenn aber ein Geist zu ihm gesprochen hat oder ein Engel –'?"**

10 Mit welchem Kopfschütteln mag der Tribun diesen Vorgang angesehen haben. Aber wieder ist sein Versuch gescheitert, Klarheit in dieser Sache zu bekommen. Wieder steht er vor dem Rätsel dieses seines Gefangenen, um den auch hier wieder dieser Tumult tobt, ohne daß deutlich wird, was man diesem Paulus eigentlich vorwarf! Irgend ein für einen römischen Soldaten faßbares Verbrechen ist es jedenfalls nicht. Das ist immerhin klar geworden. Unbegreifliche Streitigkeiten in Israel sind es, aus denen man nicht klug werden kann. So schreibt er es dann in seinem Bericht an den Statthalter. Jetzt aber muß er dafür sorgen, daß sein Gefangener nicht noch zerrissen wird. Er schickt seinen Adjutanten und läßt „eine Abteilung" – also wohl die Wache – kommen und Paulus **„aus ihrer Mitte reißen und in die Kaserne bringen"**.

11 Eine einmütige Verurteilung durch das Synedrium hat Paulus verhindern können. Zu einer raschen Verurteilung durch die Römer kann es nicht kommen. Eine neue Verfolgung der ganzen Gemeinde wird sich nicht anschließen, nachdem das Synedrium gespalten ist. Aber die Lage des Paulus ist völlig ungeklärt. Was wird werden? Pau-

lus selbst kann nicht in unbeteiligter Ruhe durch alles hindurchgegangen sein, so ruhig und überlegen er sich in allem gezeigt hat. Da wird ihm aufs neue eine „Offenbarung des Herrn" (2 Ko 12, 1) geschenkt. **„In der folgenden Nacht aber trat zu ihm der Herr und sprach: ‚Sei gutes Muts! Denn wie du meine Sache bezeugt hast in Jerusalem, so mußt du auch in Rom Zeugnis ablegen!'"** Jesus bestätigt seinem Boten, daß sein Gang nach Jerusalem trotz der ernsten und verwirrenden Folgen recht war. Paulus mußte in Jerusalem vor der Volksmenge und dem Obersten Rat seines Volkes die Sache Jesu bezeugen. Wir dürfen nicht einwenden, im Synedrium habe er doch kein Wort von Jesus gesagt. Daß er an Jesus als den Messias Israels und an seine Auferstehung glaubte, brauchte er in diesem Kreis nicht zu versichern. Das wußten alle. Aber darin bestand sein Zeugnis, daß er mit tiefem Ernst seinen einstigen Pharisäergenossen vorhielt, daß sein Evangelium nicht anders sei als die volle Erfüllung alles dessen, was auch sie lehrten; und daß darum auch sie zum Glauben an Gottes Taten in Jesus gerufen seien. Es gehörte in den Plan des Herrn mit Paulus, daß er das in Jerusalem sagte. Aber nun „muß" er auch noch nach Rom als Zeuge Jesu kommen. Darum darf er gutes Muts sein in aller Wirrnis, die er nicht lösen kann, sein Herr kann und wird ihn nach Rom bringen.

Paulus hat später aus Rom von seinem Prozeß an Timotheus geschrieben: „Sie verließen mich alle, aber der Herr stand mir bei" (2 Tim 4, 16 f). Jetzt erlebte er das zum ersten Mal. Wo war jetzt Jakobus, wo die „Tausende unter den Juden, die gläubig geworden waren"? Wo seine Gefährten aus den heidenchristlichen Gemeinden? Wir lesen nicht von einem einzigen Versuch, der unternommen wird, um Paulus zu helfen. Wir hören nicht einmal von einem brüderlichen Besuch bei Paulus, obwohl Kap. 23, 16 zeigt, daß solche Besuche möglich waren. Viele Zeugen Jesu haben solche Verlassenheit von ihren Freunden und von der „Gemeinde" erleben müssen. Wie schwer mag sie einem Paulus gefallen sein, der so von Herzen die Brüder liebte! Aber Jesus verläßt seinen Boten nicht. Er ist in Jerusalem und in der Burg Antonia so gegenwärtig, wie er es in Korinth war und wie er es auf dem tobenden Meer und einst im Prozeß vor Nero in Rom sein wird.

EIN NEUER ANSCHLAG GEGEN PAULUS
Überführung des Apostels nach Caesarea

Apostelgeschichte 23, 12–35

zu Vers 12: Jo 16, 2
zu Vers 15: Apg 25, 3
zu Vers 16: Apg 9, 24; 20, 3

12 Als es aber Tag wurde, rotteten die Juden sich zusammen und
legten einen Bann auf sich, indem sie sagten, sie würden weder
13 essen noch trinken, bis sie Paulus getötet hätten. * Es waren aber
14 mehr als vierzig, die diese Verschwörung veranstalteten. * Sie
kamen zu den Hohenpriestern und Ältesten und sprachen: „Mit
einem Bann haben wir uns belegt, nichts zu genießen, bis wir den
15 Paulus getötet haben. * Jetzt nun werdet ihr bei dem Tribunen
vorstellig, zusammen mit dem Synedrium, daß er ihn hierher
bringe zu euch, als wolltet ihr noch genauer seine Sache unter-
suchen. Wir aber sind bereit, bevor er in eure Nähe kommt, ihn
16 zu beseitigen." * Es hörte aber der Sohn der Schwester des Paulus
den Anschlag, kam herbei und ging in die Kaserne und berichtete
17 dem Paulus. * Paulus aber rief einen der Centurionen herbei und
sagte: „Diesen jungen Mann führe zum Tribunen, denn er hat ihm
18 etwas mitzuteilen." * Er nun nahm ihn, brachte ihn zum Tribunen
und sprach: „Der Gefangene Paulus rief mich heran und bat mich,
diesen jungen Mann zu dir zu bringen, der dir etwas zu sagen
19 habe." * Der Tribun aber nahm ihn bei der Hand, führte ihn bei-
seite und erkundigte sich: „Was ist's, das du mir mitzuteilen
20 hast?" * Er sagte aber: „Die Juden sind übereingekommen, dich
zu bitten, daß du morgen früh Paulus hinabbringst zum Syne-
drium, als wolle es eine noch genauere Untersuchung anstellen.
21 * Du nun sei ihnen nicht zu willen, denn es lauern ihm auf mehr
als vierzig Mann von ihnen, die sich selbst mit einem Bann belegt
haben, weder zu essen noch zu trinken, bis sie ihn beseitigt haben,
22 und jetzt sind sie bereit, erwartend die Zusage von dir." * Der
Tribun entließ den jungen Mann, indem er ihm befahl, keinem zu

zu Vers 23: Apg 9, 25; 17, 10
zu Vers 26: Apg 24, 1; Jak 1, 1
zu Vers 27: Apg 21, 33; 22, 25. 30

23 sagen, „daß du dies an mich gemeldet hast". * Und er rief zwei der
Centurionen herbei und sagte: „Macht zweihundert Soldaten be-
reit, daß sie nach Caesarea marschieren, und siebzig Reiter und zwei-
24 hundert Leichtbewaffnete, von der dritten Stunde an", * und Reit-
tiere bereitzustellen, damit sie Paulus darauf setzten und heil zu
25 dem Statthalter Felix brächten. * Und er schrieb einen Brief, der
26 diese Form hatte: * „Klaudius Lysias entbietet dem erlauchten
27 Statthalter Felix seinen Gruß. * Diesen Mann, der von den Juden
ergriffen und nahe daran war, getötet zu werden, habe ich, heran-
rückend mit der Wache, herausgeholt, da ich erfuhr, daß er ein

28 **Römer ist. * Und da ich die Ursache kennenlernen wollte, wegen**
29 **deren sie ihn verklagten, brachte ich ihn vor ihr Synedrium. * Da**
fand ich ihn angeklagt wegen Streitfragen ihres Gesetzes, jedoch
keine des Todes oder des Gefängnisses werte Anklage auf sich ha-
30 **bend. * Nachdem mir aber ein Anschlag angezeigt worden ist, der**
gegen den Mann erfolgen soll, habe ich ihn sofort zu dir geschickt
und habe auch die Ankläger angewiesen, ihre Sache gegen ihn vor
31 **dir zu führen." * Die Soldaten nun nahmen gemäß dem an sie er-**
gangenen Befehl den Paulus und brachten ihn nachts nach Antipa-
32 **tris. * Am folgenden Tage aber ließen sie die Reiter mit ihm**
33 **weiterziehen und kehrten in die Kaserne zurück. * Sie aber kamen**
nach Caesarea, gaben den Brief dem Statthalter und führten ihm
34 **auch den Paulus vor. * Als er den Brief gelesen und gefragt hatte,**
aus welcher Provinz er sei, und erfahren hatte, daß er aus Kilikien
35 **(stammte), sagte er: * „Ich werde dich verhören, wenn auch deine**
Ankläger eingetroffen sind." Er befahl, er solle im Prätorium des
Herodes bewacht werden.

zu Vers 29: Lk 23, 15. 22 Apg 18, 14 f 24, 1-8 25, 11. 25 26, 31
zu Vers 30: Apg 24, 8
zu Vers 31: Apg 17, 10
zu Vers 34: Apg 22, 3
zu Vers 35: Apg 25, 16

12—15

Was soll werden? Wie soll es weitergehen? Die Lösung kommt — wie so oft bei den Menschen Gottes — ganz unerwartet und gerade von seiten der Todfeinde des Paulus. Wir müssen uns noch einmal die Lage in Jerusalem anschaulich vorstellen. Je gespannter und erhitzter sich das national-religiöse Empfinden des jüdischen Volkes dem großen Aufstand näherte, umso unfähiger war es zu ruhigen und gerechten Überlegungen. Schroffe Urteile wie „Verräter", „Volksfeind" wurden leidenschaftlich aufgegriffen und ließen den Haß emporflammen. Und das „Weg mit ihm!" blieb nicht nur Wunsch und Geschrei. Immer schärfer wurde der Terror der „Dolchmänner", die, das krumme Messer im faltigen Gewand verborgen, überall in den engen Straßen, in den Pilgerzügen, selbst im Tempel zugegen waren und mit raschem Zustoßen die „Schädlinge" und „Römerfreunde" beseitigten. Es war ihnen damit bitterer, fanatischer Ernst. So bespricht man auch jetzt in radikalen Kreisen aufgeregt das Versagen des Hohen Rates diesem Abtrünnigen, diesem Verräter Paulus gegenüber und beschließt, zur Selbsthilfe zu greifen. Mehr als vierzig Mann nehmen das Gelübde auf sich, sie wollen verflucht sein, wenn sie etwas essen und trinken, ehe sie Paulus getötet haben. Aber wie an ihn herankommen? Sehr einfach: Der Kommandant will doch selber gerne herausbekommen, was es mit diesem Paulus auf sich hat; also verspricht man ihm eine zweite, gründlichere Ratssitzung zur Untersuchung der Sache. Zu dieser sollte er Paulus herunterschicken; auf dem kurzen Wege bricht man unversehens in die Reihe der begleitenden Soldaten ein und sticht Paulus nieder. Wenn dann auch der eine oder andere unter einem römischen Schwerthieb fällt, Dolchmänner verstehen auch zu sterben, wenn sie nur Israel von solchem Schandfleck befreien[522]. Natürlich braucht man dazu die Hilfe des Hohen Rates, der sich dann an den Tribunen wenden muß. Die römerfreundlichen Sadduzäer waren den Dolchmännern sonst nicht gerade gewogen, der direkte Mord widerstrebte ihrer ganzen „vornehmen" und „gebildeten" Art. Aber sie selbst sollen ja ganz aus dem Spiel bleiben; der Mord solle geschehen, **„bevor Paulus in eure Nähe kommt"**. Verhaßt war Paulus auch ihnen. So gehen sie auf den Plan ein, zumal es wenig geraten war, sich den Terroristen zu widersetzen.

16—22 Der Plan ist geschickt entworfen und bedeutet eine tödliche Gefahr für Paulus. Aber Gott weiß seinen Boten zu schützen. Wenn vierzig Fanatiker sich verschwören, so kann das nicht geheim bleiben. Ein Schwesternsohn des Paulus erfährt von dem Anschlag und meldet ihn dem Paulus. Ein Christ braucht er dazu persönlich nicht zu sein. Paulus kann den Besuch seines Neffen erhalten. Sein römisches Bürgerrecht wirkt gerade bei den Centurionen nach. Einer von ihnen bringt bereitwillig den jungen Mann zum Tribun. Der Mann hat mit diesem seltsamen Gefangenen genug Aufregung gehabt und beschließt seine sofortige Überlieferung an den Statthalter in Caesarea, der bei der ganzen verworrenen Sache sowieso allein der Zuständige
23—24 ist, der eine Entscheidung treffen kann. Nach gutem militärischem Grundsatz stellt er für die Überführung des Gefangenen eine solche Streitmacht bereit[523], daß irgendein Angriff der Gegner von vornherein zwecklos wird. Paulus bekommt sogar ein Reittier zur Verfügung gestellt und wird auf ihm in die Mitte der siebzig Reiter genommen worden sein. Und so erlebt Paulus, was Menschen unter Gott immer wieder erfahren: Es wird alles ganz anders, als er es sich je hätte denken können. „Drangsal und Fesseln, Auslieferung an die Heiden", das war Paulus vorausgesagt worden. Wie soll ich dann je aus Jerusalem zurückkommen, mochte er gedacht haben. Nun verläßt er Jerusalem in solcher militärischen Begleitung in der Stille der Nacht. Um neun Uhr abends stehen die Truppen bereit. Durch die Nacht hindurch geht es nach Antipatris[524]. Das sind fast 50 km, eine erhebliche Marschleistung. Dort ist Paulus in Sicherheit. Das große

[522] Einige Handschriften haben in V. 15 den Zusatz: „und wenn es nötig wäre, auch zu sterben."

[523] Das Wort, das wir mit „Leichtbewaffnete" übersetzt haben, ist nicht sicher zu bestimmen. Vielleicht trifft Luthers Übersetzung „Schützen" das richtige.

[524] Die Stadt liegt am Südostrand der Saronebene an der alten Heerstraße zwischen Jerusalem und Caesarea. „Herodes der Große baute sie an der Stelle des alten Aphek und nannte sie nach seinem Vater" (Lexikon zur Bibel Spalte 88).

Truppenkontingent kann nach Jerusalem zurückkehren[525]. Für Paulus geht der Ritt im Schutz der Kavallerieabteilung sofort weiter nach Caesarea.

Klaudius Lysias hat einen Brief an den Statthalter mitgegeben. Er zeigt die typische Briefform des Altertums. Der Statthalter Felix ist als „Erlaucht" oder als „Exzellenz" angeredet. Der „Gruß" heißt wörtlich übersetzt „viel Freude!", aber er ist so abgegriffen und bedeutungslos wie unser „Guten Tag" oder „Wiedersehen!", bei dem keiner dem andern wirklich einen „guten Tag" wünscht oder ernstlich an ein „Wiedersehen" denkt. Der Brief faßt inhaltlich kurz zusammen, was der Tribun mit Paulus erlebt hat, betont das römische Bürgerrecht[526] des Gefangenen, das zu seinem Schutz verpflichtet, und deutet — zurückhaltend und ohne vorgreifende Stellungnahme — an, daß es sich offenbar um innerjüdische religiöse Streitigkeiten und nicht um irgendein bürgerliches Verbrechen handelt. Nun mag der Statthalter zusehen! An ihn hat Lysias auch die jüdischen Ankläger verwiesen. Auch das gehört zum Stil des antiken Briefes, daß man ihn vom Standpunkt des Empfängers aus schrieb, also in der Form der Vergangenheit ausdrückt, was beim Schreiben des Briefes noch Gegenwart oder Zukunft ist. Wir würden schreiben: „Ich schicke dir den Gefangenen und werde seine Ankläger anweisen, ihre Sache gegen ihn vor dir zu führen." Aber wenn Felix den Brief lesen wird, dann „hat" Lysias das alles schon getan. 25—30

Paulus wird sogleich Felix vorgeführt. Der Statthalter erkundigt sich nach seiner Heimatprovinz[527], entschließt sich dann aber doch, die Sache selber zu übernehmen. Paulus sollte in dem „Prätorium"[528], 33—35

[525] Man hat diese Angaben des Lukas sehr kritisch betrachtet, ihn zugleich auch mit mangelnder geographischer Kenntnis der Lage der Orte und der Entfernungen zwischen ihnen entschuldigt. Aber muß man die Angaben in unserem Bericht pressen? Sie „brachten Paulus nachts nach Antipatris" muß doch nicht heißen, daß sie genau am Morgen mit ihm in Antipatris eintrafen. Und das Weiterziehenlassen des Paulus mit den Reitern am folgenden Tage und das eigene Zurückkehren der Truppe in die Kaserne besagt in keiner Weise, daß auf der Stelle ein erneuter Gewaltmarsch bis nach Jerusalem angetreten sei. Nur das soll unterstrichen werden, daß für Paulus allerdings der Ritt sofort nach Caesarea weiterging.

[526] Wie „echt" ist dabei die unwillkürliche Umfärbung in der Darstellung! Gerade weil der Tribun ein schlechtes Gewissen im Blick auf die Behandlung des römischen Bürgers Paulus hat (Fesselung und Auspeitschung), stellt er hier sein Vorgehen als schützendes Eingreifen für einen römischen Bürger dar.

[527] Ein Prozeß konnte in der Heimatprovinz eines Angeklagten geführt werden oder in der Provinz des Tatortes oder in der Provinz, in der der Betreffende verhaftet worden war.

[528] Manche Ausleger haben dies „Prätorium" mit dem in Phil 1, 13 genannten identifiziert und lassen so den Philipperbrief — wie auch die andern Gefangenschaftsbriefe — in Caesarea geschrieben sein. Aber dazu paßt in keiner Weise, daß Paulus sich im Philipperbrief offenbar auf eine Haftverschärfung bezieht, während er in Caesarea nach kur-

dem Amtssitz des Statthalters, der in Caesarea das Schloß des Herodes bewohnte, bewacht werden, bis auch seine Ankläger erschienen. Ob das von vornherein eine „leichte" Haft bedeutet hat, wissen wir nicht. Ein solches Schloß konnte auch seine dunklen Verließe haben. Darum wird später in Kap. 24, 23 die Erleichterung der Haft ausdrücklich hervorgehoben. Nun ist Paulus wieder in Caesarea, ganz anders als knapp vierzehn Tage vorher (Kap. 21, 8—14). Agabus hat mit seiner Prophezeiung recht behalten. Daran hatte Paulus damals nicht gezweifelt, als sie ausgesprochen wurde; aber zu sterben für den Namen des Herrn Jesu, das war in Jerusalem noch nicht von ihm gefordert worden. Er war zunächst wirklich „von den Ungläubigen in Judäa errettet" (Rö 15, 31); die Gebete auch der römischen Brüder waren darin erhört. Wie wird der Herr seinen Weg nach Rom führen? Wird er doch noch „mit Freuden" zu der Gemeinde Roms kommen und sich „mit ihr erquicken"? (Rö 15, 32) Was mag er in seiner Gefängniszelle gedacht, gehofft, getan und gebetet haben! Wie wenig wissen wir!

PAULUS IN CAESAREA

1. Die Verhandlung vor dem Statthalter Felix

Apostelgeschichte 24, 1—23

zu Vers 1: Apg 23, 2; 25, 2. 15
zu Vers 3: Apg 23, 26; 26, 25
zu Vers 5: Lk 23, 2; Apg 17, 6; 1 Ko 4, 13
zu Vers 6: Apg 21, 28 f
zu Vers 8: Apg 23, 30

1 **Nach fünf Tagen aber kam der Hohepriester Ananias mit einigen**
Ältesten und einem Rhetor Tertullus herab, die dem Statthalter
2 **Anzeige erstatteten gegen Paulus. * Als er aber herbeigerufen**
war, begann Tertullus die Anklage mit folgenden Worten: „Daß
wir viel Frieden erlangt haben durch dich und Reformen erfolgt
3 **sind für dieses Volk durch deine Fürsorge, * erkennen wir allezeit**
4 **und allerorten an, erlauchter Felix, mit aller Dankbarkeit. * Damit**
ich aber nicht weiter dich ermüde, bitte ich dich, uns kurz anzuhö-
5 **ren in deiner Güte. * Wir fanden nämlich diesen Mann als eine**
Pestbeule und einen Erreger von Unruhen gegen alle Juden auf der
6 **ganzen Welt, als Rädelsführer der Sekte der Nazarener. * Er hat**
auch den Tempel versucht zu entweihen; da haben wir ihn er-
7 **griffen** (und wollten ihn nach unserm Gesetz richten. * Es kam
aber der Tribun Lysias herbei und führte ihn mit Gewaltanwen-
dung aus unseren Händen, indem er seinen Anklägern befahl,
8 zu dir zu kommen.) *** Von ihm wirst du selber, wenn du ihn**

zer Zeit eine Hafterleichterung erfuhr. Und mit einer Möglichkeit des Todesurteils brauchte Paulus in Caesarea schwerlich so ernst zu rechnen, wie er es in Phil 2, 17 immerhin tut. Das Recht der Appellation an den Kaiser stand ihm als römischem Bürger immer offen.

**verhört hast wegen aller dieser Dinge, das erfahren, dessen wir
9 ihn anklagen." * Es griffen (ihn) aber auch die Juden mit an, in-
10 dem sie sagten, es verhalte sich so. * Und Paulus antwortete, als
ihm der Statthalter zunickte zu reden: „Da ich weiß, daß du seit
vielen Jahren ein Richter für dieses Volk bist, verteidige ich mich
11 gutes Muts in meiner Sache. * Du kannst ja feststellen, daß es
nicht mehr als zwölf Tage für mich sind, seit ich hinaufzog anzube-
12 ten nach Jerusalem. * Und weder im Tempel fanden sie mich gegen
jemand disputierend oder einen Auflauf des Volkes erregend,
13 noch in den Synagogen, noch in der Stadt. * Sie können dir auch
14 nicht beweisen, worüber sie mich jetzt anklagen. * Das aber be-
kenne ich dir, daß ich nach dem ‚Wege', den sie eine ‚Sekte' nen-
nen, so dem Gott der Väter diene, glaubend allem, was dem Ge-
15 setz entspricht und was bei den Propheten geschrieben ist, * wobei
ich die Hoffnung zu Gott habe, welche auch diese selbst erwarten,
daß eine Auferstehung stattfinden werde der Gerechten und der
16 Ungerechten. * Deswegen übe ich mich auch selbst, ein unverletz-
tes Gewissen zu haben gegen Gott und die Menschen beständig.
17 * Nach vielen Jahren aber bin ich hergekommen, um Wohltaten
18 für mein Volk auszurichten und Opfer. * Bei diesen fanden mich,
als ich mich einer Reinigung unterzog, im Tempel, nicht mit einer
19 Volksmenge und auch nicht im Tumult, * einige Juden aus der
Asia, die vor dir anwesend sein und Anklage erheben sollten,
20 wenn sie etwas hätten gegen mich. * Oder diese selbst mögen
sagen, was sie für ein Unrecht fanden, als ich vor dem Synedrium
21 stand, * außer diesem einen Ausspruch, den ich ausrief unter ih-
nen stehend: Wegen der Auferstehung der Toten werde ich ge-
22 richtet heute von euch!" * Es vertagte sie aber Felix, der ziemlich
genau über den „Weg" bescheid wußte, indem er sagte: „Wenn
der Tribun Lysias herabkommt, werde ich eure Sache entschei-
23 den." * Er gab dem Centurio die Anordnung, daß Paulus in Ge-
wahrsam zu behalten sei, aber Erleichterung haben solle und
keinen der Seinen zu hindern, ihn zu bedienen.**

zu Vers 9: Apg 7, 1
zu Vers 10: Mt 10, 19 f
zu Vers 11: Jo 12, 20; Apg 21, 17
zu Vers 14: Apg 28, 22
zu Vers 15: Dan 12, 2; Lk 14, 14; Jo 5, 28 f
zu Vers 16: Apg 23, 1; 2 Ko 1, 12
zu Vers 17: Apg 11, 29; 21, 24; Rö 15, 25 f; 2 Ko 8, 9; Gal 2, 10
zu Vers 18: Apg 21, 27
zu Vers 21: Apg 23, 6
zu Vers 22: Apg 23, 26
zu Vers 23: Apg 27, 3; 28, 16

Ananias hat bestenfalls am Tage nach dem Abtransport des Paulus 1
von Lysias gehört, daß Paulus nunmehr in Caesarea sei und daß dort vor Felix gegen ihn verhandelt werden müsse. Wenn er schon nach fünf Tagen mit dem Rechtsanwalt bei Felix erscheint, wobei er wenigstens zwei Tage für die Reise brauchte, so hat er rasch und energisch gehandelt. Paulus sollte ihm nicht noch weiter entkommen. Der „Rhetor" Tertullus ist etwas wie ein „Rechtsanwalt", erfahren in der Kunst rednerischer Darstellung und in der Praxis geschickter Menschenbehandlung.

2—3 Wie es uns auch sonst aus dem Altertum geschildert wird, beginnt
die Verhandlung mit der Herbeirufung des Angeklagten. Diesmal
kann Paulus nicht einfach das Wort nehmen wie vor dem Synedrium.
Zuerst wird die Anklage gehört. Die „Captatio benevolentiae" (s. o.
S. 397) ist dick aufgetragene Schmeichelei. Daß die Juden ausgerechnet
unter Felix **„viel Frieden erlangt haben"** und daß **„Reformen erfolgt
sind für dieses Volk durch deine Fürsorge"**, entspricht in keiner
Weise den Tatsachen. Aber solche Redewendungen gehören zum Stil
rhetorischer Ansprachen. Zugleich bereitet aber Tertullus durch diese
Betonung der Fürsorge des Statthalters für „den Frieden" sehr geschickt
die Anklage gegen den „Unruhestifter" Paulus vor. Felix war
tatsächlich energisch gegen das Treiben der „Dolchmänner" eingeschritten.
Nun soll er ebenso energisch diesen Erreger von Unruhen
in der Judenschaft, diesen Paulus, beseitigen. Felix war ein früherer
Sklave, ein Freigelassener des Kaisers Klaudius, der ihn im Jahre 52
durch Quadratus, den Statthalter von Syrien, zum Prokonsul einsetzen
ließ. Der persönliche Einfluß seines Bruders Pallas am Hof
wird dabei mitgewirkt haben. Felix war offenbar ein skrupelloser
Emporkömmling. Ein römischer Geschichtsschreiber (Tacitus) sagt
von ihm, daß er als Prokonsul „die Macht eines Königs mit der
Gesinnung eines Sklaven ausgeübt habe", voller Willkür und Grau-
4 samkeit. Nach der weiteren Phrase, den Statthalter **„nicht weiter
ermüden"**, seine kostbare Zeit nicht unnötig in Anspruch nehmen zu
wollen, würden wir heute sagen, entwickelt Tertullus die eigentliche
5—8 Anklage in drei Punkten: Paulus ist im ganzen Reich ein Unruhestifter
gegen die unter dem Schutz des Reiches stehenden Juden und
damit **„eine Pestbeule"**, die vom Statthalter schnellstens beseitigt
werden muß; er ist der Rädelsführer der Sekte der Nazaräer; er hat
schließlich sogar den Versuch gemacht, den Tempel zu entweihen[529].
Von Paulus selbst, bzw. von Lysias, wird Felix die Richtigkeit dieser
Anklage bei einer Vernehmung bestätigt bekommen. Darauf unterstützen
die mitgekommenen Juden den Angriff des Tertullus und
versichern, **„es verhalte sich so"**.
10 **„Der Statthalter nickt Paulus zu, zu reden"**, ein Wort verschwendet

[529] Einige Handschriften haben hier den oben im Text in Klammern (V. 7) mit aufgenommenen Zusatz. Eine Angabe darüber, wie der von ihnen ergriffene Angeklagte in die Hand der Römer kam, so daß sie nun hier gegen ihn prozessieren müssen, ist eigentlich unentbehrlich. Sie ist in dieser Form zugleich eine Beschwerde gegen Lysias und bahnt die Möglichkeit an, daß Felix ihnen den verhaßten Paulus wieder ausliefert (vgl. Kap. 25, 9). Der anschließende, im Haupttext stehende Satz: „Von ihm wirst du selber, wenn du ihn verhört hast wegen aller dieser Dinge, das erfahren, dessen wir ihn anklagen", würde dann auf Lysias bezogen werden können; auch das ist wahrscheinlicher, als daß Felix bei einer Vernehmung von dem Angeklagten selbst die Vorwürfe der jüdischen Partei bestätigt erhalten wird.

der hohe Herr nicht erst an den Angeklagten. Die Antwort des Paulus geht genau auf die Punkte der Anklage ein. Auch er beherrscht die Redeform der Zeit so weit, daß er ebenfalls mit der „Captatio benevolentiae" beginnt. Aber wie ruhig und sachlich ist sie im Gegensatz zu dem unwahren Schwulst des Rhetors. Paulus weist nur auf die Tatsache hin, daß Felix ungewöhnlich lange das Amt des Prokonsuls inne hat. **„Da ich weiß, daß du seit vielen Jahren ein Richter für dieses Volk bist, verteidige ich mich gutes Muts in meiner Sache."** Felix kennt die Ver- 11—13
hältnisse, kennt die Juden, das erleichtert Paulus die Verteidigung. Der Vorwurf der Unruhestiftung und des Versuches der Tempelschändung ist durch die leicht feststellbare kurze Zeit widerlegt, die Paulus in Jerusalem zugebracht hat. Einschließlich des Ankunftstages und des Tages seines Abtransportes ist Paulus nur zwölf Tage dort gewesen. Weder im Tempel noch in der Synagoge oder sonst in der Stadt ist er bei Disputationen mit andern oder bei der Erregung von Volksaufläufen getroffen worden[580]. So entbehren die Anklagen des Hohen Rates jeder Begründung und sind unbeweisbar. Zum „Christentum" freilich 14
bekennt er sich auch vor dem Statthalter offen und klar. Nur handelt es sich dabei nicht um eine **„Sekte"**, eine „Abspaltung", sondern um einen **„Weg"**. Wir sehen an dieser Stelle besonders deutlich, warum die Urchristenheit diesen Ausdruck **„Weg"** geprägt hat (s. o. Anm. 207). Es ging ja in der Anklage wie in der Verteidigung um die eine, entscheidende Rechtsfrage: Gehören die Jesus-Gläubigen noch zu der „Religio licita", zu der amtlich gestatteten Religion des Judentums, oder steht ihnen dieser Rechtsschutz nicht mehr zu, weil sie sich vom Judentum getrennt, „abgespalten" haben? Die Juden sagten verständlicherweise: Mit diesen „Christen" haben wir nichts zu tun, der Schutz unserer Religion kann und darf ihnen nicht mehr zugute kommen. Paulus dagegen betont hier sehr umsichtig: Ich bin nach wie 14/15
vor Israelit, **„ich diene dem Gott der Väter"**, ich **„glaube allem, was dem Gesetz entspricht und was bei den Propheten geschrieben ist"**, ich halte an der großen jüdischen Hoffnung fest, **„daß eine Auferstehung stattfinden wird, der Gerechten und der Ungerechten"**. Paulus sagt damit nicht nur: Ich bin immerhin auch noch Jude, sondern er sagt: Ich bin erst recht und eigentlich und viel ernster ein Israelit als meine Ankläger. Ich glaube wirklich und völlig dem AT, ich rechne mit der Auferstehung und betrachte sie nicht nur als eine theologische Theorie. Ich gehe den „Weg" Gottes mit aller Klarheit und Entschiedenheit, den Weg, den der Gott der Väter mit der Sendung des

[580] Dabei geht Paulus freilich auf die Anklage, daß er im Judentum „auf der ganzen Welt" Unruhe errege, nicht ein. Er beschränkt sich auf die für den Statthalter nachprüfbaren Vorgänge in Jerusalem.

16 Messias Jesus Israel gezeigt und eröffnet und geboten hat[581]. Weil die Hoffnung der Auferstehung durch seinen Sohn zur wahrhaft „lebendigen Hoffnung" (1 Pt 1, 3) geworden ist, wird nun die „Eschatologie" unmittelbar wirksam für die „Ethik". Weil Paulus auf die tatsächliche **„Auferstehung der Gerechten und Ungerechten"** zulebt, **„deswegen übt er sich auch selbst, ein unverletztes Gewissen zu haben gegen Gott und die Menschen beständig"**. Das **„Gewissen"** hat Paulus stets sehr ernst genommen, auch gerade bei dem noch nicht Glaubenden (vgl. Rö 2, 15; 2 Ko 4, 2). Es ist nicht einfach „die Stimme Gottes" in uns, wohl aber das Organ, mit dem wir den Anspruch Gottes an uns vernehmen. Je näher wir Gott stehen, umso feiner und richtiger reagiert unser Gewissen. Nun ist es leicht „verletzt". Darum setzt der Christ Paulus eine beharrliche „Übung" daran, so zu denken, zu reden und zu tun, daß sein Gewissen **„unverletzt"** blieb und zwar sowohl Gott wie auch den Menschen gegenüber[582]. Schon von da aus ist es völlig unmöglich, daß Paulus der gewissenlose Verbrecher ist, als den ihn die jüdische Anklage hinstellt.

17 Paulus geht noch einmal besonders auf den gefährlichen Vorwurf der versuchten Tempelschändung ein. Jetzt erwähnt er auch die große Kollekte. **„Nach vielen Jahren aber bin ich hergekommen, um Wohltaten für mein Volk auszurichten und Opfer."** Eben weil Paulus sich mit tiefster Überzeugung als Israelit weiß und gerade die Urgemeinde in Jerusalem als das rechte Israel, kann er dem Statthalter gegenüber mit gutem Gewissen sagen, daß diese Kollekte **„seinem Volk"** galt. Sie ist und bleibt betont eine Gabe der Heidenchristen gerade an „Jerusalem". Paulus hatte, auch abgesehen von seinem Eintreten für die Nasiräer, von vornherein vor, am Tempelgottesdienst teilzunehmen. Er wußte, daß er sich nach Jahren des Lebens unter den Nationen dafür „reinigen" mußte und „Opfer" darbringen;
18/19 so liegt in seiner Aussage hier nichts Unwahrscheinliches. Den Vorwurf der Unruhestiftung gegen die Juden im ganzen Reiche kann Tertullus nicht beweisen. Das könnten bestenfalls die „Juden aus der Asia", die ihn im Tempel sahen und überfielen. Sie **„sollten vor Felix anwesend sein und Anklage erheben, wenn sie etwas hätten**

[581] Auch hier handelt es sich wieder nicht um „Diplomatie". Wir müssen vielmehr unserseits los von unserem naiven „christlichen" Denken, das im „Judentum" eine erledigte und vom „Christentum" abgelöste Größe sieht. Wir können und müssen mit Paulus erneut sehen, daß es „der Gott der Väter" ist, dem auch wir dienen; offensichtlich glauben auch wir den Schriften des AT und leben in der gleichen prophetischen Hoffnung, die auch Israel kennt. Das haben wir lange vergessen, sehr zum Schaden unseres Glaubenslebens, das nun den grie Idealismus anstelle des atst Realismus zur Grundlage des christlichen Denkens und Lebens nahm.

[582] Kann ein Christ anders leben? Vgl. dazu das treffliche Buch von O. Hallesby „Vom Gewissen" (Wuppertal 1961).

gegen mich". Aber sie sind vorsichtigerweise nicht da. Die Anklage wegen „Erregung von Unruhen" würde sehr rasch gerade sie treffen. Aber das spricht Paulus schon nicht mehr aus. Er verzichtet überhaupt auf alle Gegenanklagen. Er handelt auch hier in seiner Verteidigung als „Christ", als ernster Nachfolger des Jesus Christus, der „nicht widerschalt, da er gescholten ward, nicht drohte, da er litt" (1 Pt 2, 23).

Die Juden aus der Asia sind nicht da. Aber die Juden aus Jerusalem stehen vor ihm. Sie erinnert er an die Verhandlung im Hohen Rat. Dort ist kein bestimmtes und klares „Unrecht" gefunden und vorgebracht worden. Auch jetzt wieder kann Paulus es nur so sagen, wie er es dort laut in die Versammlung gerufen hat: **„Wegen der Auferstehung der Toten werde ich gerichtet heute von euch!"** Es geht nun einmal tatsächlich nicht um greifbare, für das wirkliche Recht faßbare Vergehen oder Verbrechen, es geht um Dinge des Glaubens. 20/21

Ankläger und Angeklagter haben gesprochen. Nun muß der Prokonsul entscheiden. Man wird es Felix nicht verdenken können, daß er eine klare Entscheidung nach der einen oder anderen Seite nicht sofort zu fällen vermag. Daß er erst noch einmal Lysias hören will, der die ganzen Vorgänge miterlebt hatte, muß wirklich kein Vorwand sein. Sicherlich spielen bei Felix, **„der ziemlich genau über den ‚Weg' Bescheid wußte"**, mancherlei Erwägungen mit. Woher er das Christentum bereits kannte, wird nicht gesagt. Aber da er seit 52 in Caesarea residierte, ist es nicht weiter verwunderlich, daß er von der Bekehrung seines Centurio Kornelius und von der Bildung einer Christengemeinde in der Stadt und in der ganzen Umgebung gehört und sich dafür interessiert hatte. Dazu kommt, daß seine Frau Jüdin war. Wie sollte sie von der Botschaft, daß in Jesus der Messias gekommen und die alte Verheißung der Propheten erfüllt sei, nicht mit bewegt worden sein? Felix kannte aus den Jahren seines Amtes auch gründlich das Ränkespiel, das in Jerusalem getrieben wurde. So konnte und wollte er Paulus nicht verurteilen, dessen Verteidigung so sachlich und einleuchtend gewesen war. Daß er es andererseits mit dem Hohenpriester nicht einfach verderben und darum auch Paulus nicht direkt aus der Haft entlassen wollte, ist sicher für seine Stellungnahme entscheidend gewesen. Er spricht die Vertagung des Prozesses aus. Das war ein Ausgang der Sache, mit dem die Jerusalemer zufrieden sein konnten. „Vertagung" — das war die Möglichkeit weiterer Schritte, zumal man den Prokonsul und seinen Charakter genau kannte. Auf der andern Seite aber blieb Paulus gegen die jüdischen Mordpläne gesichert. Und er erfährt die möglichste Erleichterung seiner bestehenbleibenden Haft. Seine vielen christlichen Freunde können unbeschränkt zu ihm kommen und können ihn **„bedienen"**. Wie gern hätten wir ein Bild dieser Zeit! Wie hat Paulus seine Tage ausgefüllt? Was hat er in jenen zwei Jahren, die seine Gefangenschaft in Caesarea schließlich dauerte, geschrieben? Welche Freunde waren bei ihm? War auch Lukas dabei? Wieder müssen wir auf ersehntes Wissen verzichten.

PAULUS IN CAESAREA

2. Das Gespräch mit Felix

Apostelgeschichte 24, 24–27

zu Vers 24:
Mk 6, 20
zu Vers 25:
Jo 16, 8
Jo 18, 38
Apg 17, 32
26, 28
zu Vers 26:
Mk 6, 20
zu Vers 27:
Lk 23, 25
Apg 12, 3
25, 9
Rö 8, 36

24 Nach einigen Tagen aber erschien Felix mit Drusilla, seiner Frau,
einer Jüdin, und ließ Paulus holen und hörte ihn über den Glau-
25 ben an Jesus Christus. * Als er aber von Gerechtigkeit und Ent-
haltsamkeit und dem kommenden Gericht sprach, wurde Felix in
Schrecken versetzt und antwortete: „Für jetzt kannst du gehen,
26 wenn ich Zeit finde, werde ich dich wieder rufen lassen." * Zu-
gleich hoffte er auch, daß ihm Geld gegeben werde von Paulus.
Deshalb ließ er ihn auch häufiger kommen und unterhielt sich mit
27 ihm. * Als aber eine zweijährige Frist vollendet war, bekam Felix
als Nachfolger den Porcius Festus. Und da er eine Gunst erweisen
wollte den Juden, ließ Felix Paulus als Gefangenen zurück.

24 Es ist eine gewaltige Szene, die Lukas uns jetzt vor Augen führt. **„Felix mit Drusilla, seiner Frau, die eine Jüdin war"** – was für Menschen, was für Schicksale stehen hinter diesem Namen! Über Felix hörten wir schon das Urteil des römischen Geschichtsschreibers Tacitus. Drusilla war bereits seine dritte Frau. Sie war die jüngste Tochter des Königs Agrippa I, dessen Art und Ende uns Lukas in Apg 12, 1–3. 21–23 geschildert hat. Herodes Agrippa II war also ihr Bruder, Bernike ihre Schwester (Apg 25, 13). Eine erste Ehe mit Antiochus Epiphanes von Kommagene war nicht zustande gekommen, weil der Bräutigam sich zum Übertritt in das Judentum nicht entschließen konnte. Drusilla heiratete dann den König Azizus von Edessa in Syrien, der die Bedingung der Beschneidung erfüllte. Felix bewog die junge und blendend schöne Frau durch einen jüdischen Magier, ihren Gatten zu verlassen und ihn, den Heiden, zu heiraten. Bei dem berühmten Vesuvausbruch im Jahre 79 wird auch sie den harten Tod dort finden.

Aber diese beiden Menschen **„lassen Paulus holen und hören ihn über den Glauben an Jesus Christus"**. Unaustilgbar sitzt das Sehnen und Fragen auch im Herzen eines brutalen Emporkömmlings und einer leidenschaftlichen und zuchtlosen Frau. Sie spüren wohl, wie unsicher die Macht und der Glanz waren, in denen sie jetzt lebten.

Die Jüdin, die ihren Glauben bei der Eheschließung mit Felix öffentlich fortgeworfen hatte, konnte doch nicht vergessen, was sie von Kindheit an von dem lebendigen Gott[583] wußte. Felix war seinerseits schon auf das Christentum gestoßen und offenbar nicht unbeeindruckt geblieben (vgl. V. 22). Malen wir uns das Bild nur recht anschaulich aus. Da sitzen die beiden, wie eben reiche und mächtige Leute zu allen Zeiten sitzen, gepflegt, geschmückt, in festlicher, vornehmer Kleidung; und da steht Paulus, ein Gefangener, gezeichnet von einem Leben unerhörter Strapazen und Leiden, an ein äußerlich armes und bescheidenes Dasein gewöhnt, innerlich brennend erfüllt von Gottes großer Sache. Der Gefangene in Privataudienz bei seinem Richter — welche Gelegenheit, die Gunst des mächtigen Mannes zu gewinnen und seinem Prozeß die gute Wendung zu geben! Paulus benutzt sie nicht! Paulus denkt mit keinem Gedanken an sich selbst. Paulus sieht diese beiden Menschen, den Herrn „Glücklich" (so heißt „Felix" übersetzt), der doch innerlich tief unglücklich ist; die israelitische Frau, die für den Preis ihres Judentums das Leben gewinnen wollte an der Seite des emporgekommenen Römers und die doch das Leben dabei
verlor. Er sieht die einzigartige Gelegenheit, diesen beiden Menschen 25
die Botschaft zu sagen, die sie ebenso nötig brauchen wie ein lykaonischer Bauer in Lystra oder ein grie Hafenarbeiter in Korinth, und er benutzt diese Gelegenheit ohne Rücksicht auf sich selbst. Er ist auch in dieser Stunde ganz der Bote Jesu. Dem Manne, der seinen Weg zur Macht und zum Reichtum skrupellos mit jedem Mittel des Unrechts gegangen war, sagt er von der Gerechtigkeit. Zu dem Ehepaar, das auf so üble Weise zueinander gekommen war, spricht er von der Enthaltsamkeit. Dem aufgeklärten Römer aus der Welthauptstadt, der Jüdin, die ihre religiösen Bindungen abgeworfen hatte, stellt er das kommende Gericht vor Augen. Paulus macht dabei keine feinen Umwege. Paulus mißt nicht vorsichtig ab, wieviel er seinen Hörern zumuten könne. Paulus führt den klaren, geraden Angriff auf die beiden Menschen und zweifelt nicht, daß jeder Mensch in jeder Lage wisse, was es um die Gerechtigkeit und um die Keuschheit und um das kommende Gericht sei! Und er hat sich nicht geirrt. Felix lächelt nicht ironisch über den rückständigen Mann, der von so veralteten Dingen redet, über die ein moderner Mensch doch längst hinaus ist. Drusilla winkt nicht ab, daß sie diese religiösen Redensarten zur Genüge kenne, daß sie ihr aber keinen Eindruck machen. **„Felix ward in Schrecken versetzt."** Der Zeuge für die Wahrheit und für das kom-

583 Einige Handschriften fügen dem Text die Erklärung bei, daß Drusilla „Paulus zu sehen und das Wort zu hören wünschte. Da Felix ihr zu Gefallen sein wollte, ließ er Paulus . . ." Aber das ist eben schon ein Stück Auslegung und keinesfalls ursprünglicher Text. Immerhin mag Drusilla der treibende Teil bei der Sache gewesen sein.

mende Gericht wohnt in jeder Menschenbrust. Paulus hat es auch hier wieder erlebt: „Durch Offenbarung der Wahrheit weisen wir uns aus vor aller Menschen Gewissen" (2 Ko 4, 2).

Paulus hat gewiß mit Spannung verfolgt, was in beiden Zuhörern vor sich geht. Er sieht das Erschrecken des Felix. Wird jetzt auch aus des Felix Herz die Frage brechen, die er einst aus dem Mund des Gefangenenaufsehers in Philippi und von so vielen Menschen gehört hat: „Paulus, was muß ich tun, daß ich gerettet werde? Wie sieht mein Leben aus! Was soll in dem kommenden Gericht aus mir werden!"? Wie brennend gern hätte er dann diesem Ehepaar von Jesus gesagt, dem Sündenträger der Welt, der auch diese beschmutzten und entarteten Menschenleben reinigen und erneuern kann. Was hätte aus Felix und der Königstochter Drusilla werden können! Aber auch an diesem entscheidenden Punkt unter der treffenden und erschreckenden Wahrheit Gottes bleibt dem Menschen die Freiheit. Felix wagt die Entscheidung nicht. Er bricht ab **„und antwortet: ‚Für jetzt kannst du gehen; wenn ich Zeit finde, werde ich dich wieder rufen lassen'"**. Es ist so, wie U. Smidt treffend formuliert hat: „Felix liebt die Vertagung — im Prozeß des Paulus vor den Juden und im Prozeß seines Lebens vor dem lebendigen Gott." Felix sagt nicht ein klares Nein zur Botschaft, aber er meint über die Zeit und über Gottes Angebot verfügen zu können. So gerade gehen Menschen verloren.

26 Er ließ freilich Paulus noch **„häufiger kommen und unterhielt sich mit ihm"**[534]. Aber das heilsame Erschrecken kam nicht mehr. Es wurden leere Unterhaltungen, sicher eine Qual für einen Paulus. Sie standen von vornherein unter dem Vorzeichen der Lüge: **„Zugleich hoffte er auch, daß ihm Geld gegeben werde von Paulus"**[535]. Man sprach von Gott, und das unruhige Herz war doch beim Geld. Darum war es Paulus doppelt unmöglich, auf die mehr oder weniger deut-

[534] Die kritische Forschung hält die ganze Szene für eine Erfindung des Schriftstellers Lukas, weil das widerspruchsvolle Verhalten des Felix, das religiöse Interesse eines geldgierigen Emporkömmlings für die Fragen des Christentums unvorstellbar sei. Wer in viel Seelsorge die Menschen kennengelernt hat, wird diesem Urteil nicht zustimmen. So wie Felix von Lukas geschildert wird, gerade so ist der Mensch. Er beschäftigt sich gern und nicht einmal ohne Ernst mit weltanschaulichen und religiösen Fragen. Er spürt, daß an der Botschaft von Gott „etwas dran" ist. Aber zugleich hält ihn das Geld fest in seinem Bann und läßt die „religiösen Interessen" nie zu einer wirklichen Lebensentscheidung für Gott werden.

[535] Warum der Statthalter Paulus für einen Menschen mit Geldmitteln hielt, wird nicht gesagt. Hatte er bei der ersten Vernehmung die Äußerung des Paulus über die Wohltaten für sein Volk (V. 17) mißverstanden und sie als persönliche Spende des reichen Paulus angesehen? Oder beobachtete er den liebenden Eifer der Christen für ihren Apostel und meinte, diese Leute könnten schon ein ordentliches Lösegeld zusammenbekommen, wenn Paulus es mit dem nötigen Nachdruck verlangte?

liche Anspielung des Machthabers einzugehen und so in die Freiheit zu gelangen. Erwies sich Felix als käuflich, der Bote Jesu konnte es um keinen Preis sein! Paulus trug es, daß sein unentbehrliches, weltweites Wirken scheinbar von der Gunst oder der Ungunst eines bestechlichen Menschen abhing. Er trug es, daß er gefangen blieb, obwohl Felix ihn hätte ohne weiteres loslassen können. Er trug es, daß 27
er schließlich diesem Mann nach allen religiösen Gesprächen nicht mehr wert war, als daß dieser sich mit ihm ein billiges gutes Andenken bei den Juden verschaffte[536], als er nach 2 Jahren vom Kaiser abberufen wurde. Paulus trug es, weil auch in dem schwer ertragbaren Verhalten elender Menschen der lebendige Gott handelt, wie rätselhaft sein Tun und Lassen uns auch erscheinen mag.

PAULUS IN CAESAREA

3. Die Verhandlung vor dem Statthalter Festus
Berufung auf den Kaiser

Apostelgeschichte 25, 1–12

1 Als nun Festus die Provinz betreten hatte, zog er nach drei Tagen
2 hinauf nach Jerusalem von Caesarea. * Und es wurden bei ihm
vorstellig die Hohenpriester und die Ersten der Juden gegen Pau-
3 lus * und ersuchten ihn, indem sie sich eine Gunstbezeigung ge-
gen ihn ausbaten, daß er ihn nach Jerusalem kommen ließe, wobei
sie einen geheimen Anschlag machten, ihn unterwegs zu töten.
4 * Festus allein antwortete: Paulus werde in Haft gehalten in Cae-
5 sarea; er selbst aber werde in Kürze abreisen: * „Die nun unter
euch", sagte er, bevollmächtigt sind, mögen mit hinabziehen und,
6 wenn etwas Schlimmes an dem Manne ist, ihn anklagen." * Nach-
dem er aber unter ihnen nicht mehr als acht oder zehn Tage ver-
weilt hatte, zog er nach Caesarea hinab, und am folgenden Morgen
setzte er sich auf den Richterstuhl und befahl Paulus vorzuführen.
7 * Als er aber erschienen war, umringten ihn die von Jerusalem
herabgekommenen Juden, indem sie viele und schwere Beschul-
digungen vorbrachten, die sie nicht zu beweisen vermochten,
8 * während Paulus sich verteidigte: „Weder gegen das Gesetz der
Juden, noch gegen den Tempel, noch gegen den Kaiser habe ich

zu Vers 1: Apg 23, 23 24, 27
zu Vers 2: Apg 24, 1
zu Vers 3: Apg 23, 15 f
zu Vers 6: Apg 22, 30
zu Vers 7: Lk 23, 10

[536] Spätere Handschriften formulieren in V. 27: „Aber den Paulus ließ er im Gefängnis um der Drusilla willen." Dann wäre es hier so gekommen wie einst bei Johannes dem Täufer und seinem König: Die Frau konnte den Vorwurf des Boten Gottes nicht vergessen, der als Stachel in ihrem Gewissen saß. Die gekränkte Drusilla rächt sich, indem sie Felix dazu bestimmt, bei seinem Fortgang Paulus nicht loszulassen. Aber der alte Text gibt einen ausreichenden Grund für die Handlungsweise des Felix an.

zu Vers 9:
Apg 24, 27
zu Vers 10:
Apg 22, 28
zu Vers 11:
Apg 23, 29
26, 32
28, 19
zu Vers 12:
Apg 27, 1.24

9 mich irgendwie vergangen." * Festus aber, der den Juden einen
Gefallen erweisen wollte, antwortete Paulus und sprach: „Willst du
nach Jerusalem hinaufziehen und dich dort über diese Dinge rich-
10 ten lassen vor mir?" * Es sprach aber Paulus: „Ich stehe vor dem
kaiserlichen Tribunal, hier muß ich gerichtet werden. Den Juden
habe ich kein Unrecht getan, wie auch du sehr wohl weißt.
11 * Wenn ich nun im Unrecht bin und etwas Todeswürdiges getan
habe, so will ich mich dem Sterben nicht entziehen. Wenn aber
nichts an dem ist, dessen diese mich anklagen, dann kann mich
12 niemand ihnen preisgeben. Ich berufe mich auf den Kaiser!" * Da
antwortete Festus, nachdem er sich mit dem Kollegium beraten
hatte: „Auf den Kaiser hast du dich berufen, zum Kaiser sollst
du gehen."

1 Über Porcius Festus wissen wir aus römischen Quellen nichts Sicheres. Wahrscheinlich ist er im Jahre 57 n. Chr. an Felix Stelle zum Prokonsul ernannt worden. Nach seiner Ankunft in der Provinz besucht er bereits nach 3 Tagen Jerusalem, die wichtigste Stadt seines Regierungsbezirkes. Die Hohenpriester und die maßgebenden Kreise benutzen die Gelegenheit, um – gewiß unter vielem anderen – erneut ihre Beschwerden gegen Paulus vorzubringen, dessen Zurücklassung in der Gefangenschaft sie natürlich von Felix erfahren hatten. Sie legen dem neuen Beamten nahe, ihnen bei seinem Amtsantritt sein Wohlwollen dadurch zu beweisen, daß er Paulus zur Verhandlung nach Jerusalem bringen läßt. Dabei wird der alte Mordplan als sicherstes Mittel zur endgültigen Beseitigung des Paulus wieder aufgenommen. Haß lebt tief und zäh in Menschenherzen, wenn religiöse und nationale Leidenschaften ihn nähren. Und der Teufel findet darin ein eifrig gepflegtes Mittel seines Zornes gegen die Boten Jesu. Dieser Haß hätte darum auch Paulus nach einer Freisprechung und Freilassung nicht lebendig nach Rom kommen lassen. Gottes Weg, seinen Boten nach Rom zu bringen, war darum auch nach menschlichem Ur-
4/5 teil der sicherste, vielleicht der einzig mögliche. Festus will sich einen Prozeß, der bereits zwei Jahre in Caesarea geruht hat, nicht einfach aus der Hand nehmen lassen. Da er rasch nach Caesarea zurückkehrt, sollen die maßgebenden Leute, denen an diesem Prozeß so viel liegt, gleich mit ihm nach Caesarea reisen, wo dann die Verhandlung gegen Paulus sofort erfolgen kann. Festus läßt dabei die Schuldfrage offen: **„Wenn etwas Schlimmes[587] an dem Manne ist"**; er läßt sich auch innerlich die Entscheidung als Richter nicht vorweg aufdrängen. Er will selber die Sachlage kennenlernen.

[587] Festus gebraucht hier das gleiche Wort, das der Schächer von Jesus verneinend sagt (Lk 23, 41).

Sogleich am Morgen nach der Rückkehr **„setzte Festus sich auf den Richterstuhl"**[538] und eröffnete damit die Verhandlung. Paulus wird nach seinem Erscheinen als Angeklagter sofort drohend **„umringt"** und heftig beschuldigt. Zu den alten Anklagepunkten scheint man nun noch rein politische Verdächtigungen hinzugefügt zu haben. Die „Erregung von Unruhe in der Judenschaft der ganzen Welt" (Kap. 24, 5) konnte leicht als Verbrechen gegen den „Frieden" des römischen Reiches und somit gegen den Herrscher dieses Reiches ausgelegt werden. Vielleicht hatte der Hohe Rat sich aber auch von Diasporajuden weiteres Anklagematerial gegen Paulus geholt und Beschuldigungen aufgegriffen, wie sie bereits in Thessalonike ausgesprochen waren (Kap. 17, 6 f). Es ist aber für den Fortgang der Sache wichtig, daß hier von seiten der Ankläger zuerst der Name des Kaisers genannt wird. Vielleicht hat das bewußt oder unbewußt Paulus den Anstoß gegeben, an eine Berufung auf den Kaiser zu denken. Paulus tritt diesen Anschuldigungen, denen die Beweise fehlen, mit ganzer Bestimmtheit entgegen: **„Weder gegen das Gesetz der Juden, noch gegen den Tempel, noch gegen den Kaiser habe ich mich irgendwie vergangen."** Nun steht der neue Statthalter vor der gleichen Entscheidung wie vor ihm Felix. Und es zeigt sich, daß auch der persönlich einwandfreie und in seinem Amt tatkräftige Mann an der gleichen Stelle scheitert wie sein Vorgänger. Er ist kein unabhängiger Richter, sondern politischer Funktionär und Richter in einer Person. Paulus einfach zu verurteilen, ist er nicht imstande. Paulus hat recht, wenn er ihm sagt: **„Den Juden habe ich kein Unrecht getan, wie auch du sehr wohl weißt."** Aber den Freispruch wagt Festus nicht, er will es mit den Häuptern der Judenschaft nicht sofort am Anfang seiner Amtszeit verderben und sich nicht um eines einzelnen Mannes willen unnötige Schwierigkeiten schaffen. Zu abermaliger „Vertagung" hat er keinen hinreichenden Grund. So will er eine Sache, bei der er sich als Römer und Landfremder sowieso nicht durchfindet (vgl. V. 20 und 26), von sich abschieben. Wenn Paulus selber daran festhält, ein Jude zu sein, so mag er sich in Jerusalem von den Instanzen seines Volkes richten lassen, wenn auch unter dem Vorsitz des Statthalters; damit mußte er doch genügende Garantie für eine ordentliche Durchführung des Verfahrens haben. Aber Paulus kennt die Lage besser

6—8

9

[538] Mit dieser Stelle, vgl. auch Kap. 18, 12, ist besonders deutlich erwiesen, daß das Wort „bema" auch in 2 Ko 5, 10 keineswegs nur eine „Preisrichterbühne" bedeuten muß, sondern auch dort zunächst „Richterstuhl" heißt. Daß freilich 2 Ko 5, 10 nicht das „Völkergericht" und auch nicht das „Jüngste Gericht", sondern eben ein besonderes Gericht über die Gemeinde gemeint ist, geht sachlich aus der Tatsache der Entrückung (1 Th 4, 13—18), aus der ganzen Schilderung in 1 Ko 3, 11—15 und aus den Formulierungen in Mt 25, 32 und Offb 21, 12 hervor. Man darf aber nicht sprachlich von dem Wort „bema" aus argumentieren.

als der noch unerfahrene Statthalter und lehnt diesen Vorschlag ab. Zurück nach Jerusalem – nein! Das steht für ihn fest. Und da kein klarer Beweis einer Straftat festliegt, kann er nicht einfach den Juden ausgeliefert werden, nur um diesen vom Statthalter aus eine Gunst zu erweisen.

10/11 Aber was soll dann werden? Paulus scheint zunächst einfach auf Weiterverhandlung seiner Sache vor dem Prokonsul zu bestehen: **„Ich stehe vor dem Kaiserlichen Tribunal, hier muß ich gerichtet werden."** Dieser Satz ist noch keine Berufung auf den Kaiser. Ein **„Kaiserliches Tribunal"** war auch der Richterstuhl des Statthalters. Warum ist Paulus nicht dabei verblieben? Fürchtet er doch, daß Festus nachgeben und aus seinem fragenden Angebot einer Verhandlung in Jerusalem eine zwingende Entscheidung machen könnte? Will Paulus endgültig solchen Möglichkeiten entgehen? Es geht ihm nicht um sein Leben als solches: **„Wenn ich nun im Unrecht bin und etwas Todeswürdiges getan habe, so will ich mich dem Sterben nicht entziehen."** Aber im Intrigenspiel der Politik aufgeopfert werden, das will er nicht. Es mag ihm seine von Gott bestätigte Gewißheit „du mußt nach Rom ziehen" jetzt gerade hell vor Augen gestanden haben, als er an dem neuen Prokonsul wieder die Unzuverlässigkeit der Männer sah, die hier sein Geschick in der Hand haben. So kann ihm, während er noch sprach und zunächst nur dabei beharrte, vor dem Kaiserlichen Tribunal des Statthalters zu bleiben, der Gedanke nahegelegen haben, durch Berufung auf den Kaiser selbst endgültig aus dem Machtbereich Jerusalems und auf jeden Fall nach Rom zu kommen. So macht Paulus zum dritten Mal Gebrauch von seinem römischen Bürgerrecht, das ihm diese Möglichkeit der Appellation an den Kaiser als letzte Instanz gab. Es lag in diesem Recht etwas von jener „Reichsunmittelbarkeit", die Paulus im Blick auf die Philipper zum Bild der Stellung des Christen in der Welt gemacht hatte (s. Phil 3, 20 und die Auslegung dazu in der W. Stb.). Alle Zwischeninstanzen, selbst ein mächtiger Statthalter, waren ausgeschaltet, sobald sich Paulus als römischer Bürger auf den Kaiser berief. Keine Macht der Welt und der Hölle können uns festhalten, wenn wir als „Bürger mit den Heiligen und Gottes Hausgenossen" den Namen des Herrn anrufen. Zugleich aber sehen wir auch, wie wichtig scheinbar ganz „äußerliche" Dinge in der Geschichte auch eines Gottesboten werden können. Was wäre aus Paulus geworden, wenn er nicht „zufällig" von Geburt her das römische Bürgerrecht besessen hätte?

Festus prüft mit dem Kollegium seiner Rechtsberater den Antrag seines Angeklagten und gibt ihm dann statt: **„Auf den Kaiser hast du dich berufen, zum Kaiser sollst du gehen."** Manche Ausleger haben in diesen Worten des Statthalters einen ironischen Ton gehört:

„Hast du eine Ahnung, was ein Prozeß vor dem Kaiser Nero bedeutet! Aber wenn du es so haben willst, schön, dann kannst du das ja selber erleben! Zum Kaiser sollst du gehen." Es kann durchaus sein, daß Festus so ähnlich gedacht hat. Aber Lukas will nur sachlich die große Wendung zeichnen und uns zeigen, wie Jesus seinen Plan mit einem Boten durchzuführen und Paulus wirklich nach Rom zu bringen weiß. Daß dies menschlich gesehen der einzig „sichere" Weg nach Rom war angesichts des mordbereiten jüdischen Fanatismus gegen einen freigelassenen Paulus, haben wir bereits angemerkt.

PAULUS IN CAESAREA

4. Gespräch des Statthalters mit Agrippa über Paulus
Paulus wird dem Königspaar vorgeführt

Apostelgeschichte 25, 13—27

13 Als aber einige Tage verstrichen waren, kamen der König Agrippa
14 und Bernike nach Caesarea, um Festus zu begrüßen. * Wie sie
aber mehrere Tage dort verweilten, legte Festus dem König den
Fall des Paulus vor und sagte: „Ein Mann ist zurückgelassen von
15 Felix als Gefangener, * gegen den, als ich in Jerusalem war, vor-
stellig wurden die Hohenpriester und die Ältesten der Juden,
16 seine Verurteilung verlangend. * Ihnen antwortete ich, es sei nicht
Sitte bei den Römern, einen Menschen preiszugeben, bevor der
Angeklagte persönlich seine Ankläger vor sich habe und Gele-
17 genheit zur Verteidigung bekäme gegen die Anklage. * Als sie nun
mit hierher gekommen waren, ließ ich keinen Aufschub eintreten,
sondern setzte mich am folgenden Tage auf den Richterstuhl und
18 befahl, den Mann vorzuführen. * Über ihn brachten die auftreten-
den Ankläger keine Beschuldigung wegen Verbrechen vor, die ich
19 vermutet hatte, * sondern hatten einige Streitfragen betreffs
ihrer Religion gegen ihn und betreffs eines verstorbenen Jesus,
20 von dem Paulus behauptet, er lebe. * Da ich meinerseits in Ver-
legenheit war, wie ich diese Dinge untersuchen sollte, sagte ich,
ob er nach Jerusalem gehen und sich dort darüber richten lassen
21 wolle. * Als sich aber Paulus darauf berief, für die Entscheidung
der Majestät bewahrt zu werden, befahl ich, ihn in Gewahrsam
22 zu halten, bis ich ihn zum Kaiser senden kann." * Agrippa aber zu
Festus: „Ich möchte auch selber den Menschen hören." „Morgen",
sagte er, „wirst du ihn hören".
23 Am folgenden Tage nun kamen Agrippa und Bernike mit großem
Gepränge und gingen in den Audienzsaal mit den Tribunen und
den hervorragendsten Männern der Stadt, und auf Befehl des

zu Vers 13: Apg 9, 15
zu Vers 14: Apg 24, 27
zu Vers 15: Apg 24, 1
zu Vers 18: Apg 18, 14
zu Vers 19: Apg 18, 15; 23, 29; 26, 8. 23
zu Vers 22: Lk 23, 8
zu Vers 23: Mt 10, 18

zu Vers 24:
Apg 22, 22
25, 27
zu Vers 25:
Apg 23, 29
zu Vers 27:
Apg 19, 40

24 Festus wurde Paulus vorgeführt. * Und Festus sprach: „König
Agrippa und alle ihr anwesenden Männer, ihr seht diesen (Mann),
dessentwegen das ganze Volk der Juden mich anging in Jerusa-
25 lem und hier, rufend, er dürfe nicht mehr leben. * Ich aber stellte
fest, daß er nichts Todeswürdiges getan habe; da er aber selber
sich auf die Majestät berief, beschloß ich, ihn (dorthin) zu sen-
26 den. * Über ihn habe ich nichts Zuverlässiges dem Herrn zu
schreiben. Darum habe ich ihn euch und besonders dir, König
Agrippa, vorgeführt, damit ich nach stattgefundener Untersuchung
27 bekomme, was ich schreiben kann. * Denn es scheint mir wider-
sinnig, wenn der, der einen Gefangenen schickt, nicht auch die
gegen ihn erhobenen Beschuldigungen anzeigt."

13 Wieder kommt es zu einer eigenartigen Szene, die freilich an äußerem Glanz großartiger, an innerer Wucht aber ärmer ist als die Begegnung des Paulus mit Felix und Drusilla. König Agrippa II machte dem neuen römischen Statthalter seine Aufwartung. Er ist der Sohn Agrippas I, dem wir in Kap 12 begegneten, und Urenkel Herodes des Großen. Die Macht seines Vaters war ihm vom römischen Kaiser nicht wieder übertragen worden. Er herrschte nur über Teile von Galiläa und Peräa und residierte in Caesarea-Philippi. Da er aber die Schutzherrschaft über den Tempel in Jerusalem und das Recht, den Hohenpriester ein- und abzusetzen, erhalten hatte, war seine Rolle keine ganz unbedeutende. Bernike ist die Schwester Agrippas und der Drusilla. Sie war zunächst verlobt mit Markus, dem Neffen des Philosophen Philo. Sie heiratete dann ihren Oheim Herodes von Chalkis, nach dessen Tod sie als zwanzigjährige Witwe zu ihrem Bruder Agrippa zurückkehrte. Das Verhältnis der Geschwister zueinander gab Anlaß zu bösen Verdächtigungen. Zwischen 63 und 66 war sie mit dem König Polemo von Kilikien verheiratet, verließ ihn aber und lebte wieder bei ihrem Bruder; sie begleitete ihn, der unverheiratet war, auch bei öffentlichen Anlässen[539]. So schildert es uns hier auch Lukas.

14/15 Der längere Aufenthalt des Königs gibt Festus Gelegenheit, mit ihm auch über Paulus zu sprechen. Bei der Darlegung des Festus merken wir erneut, wie Lukas uns in seinen Berichten durchaus nicht alles gleich sagt, was er weiß, sondern im Blick auf den jeweiligen Zweck seine Darstellung sehr kürzen kann. Daß Festus den Juden gegenüber die Art des römischen Rechtsstaates hervorgehoben habe, der keinen Menschen ohne persönliche Gegenüberstellung mit seinen

[539] Nach 70 wurde Bernike die Geliebte des Titus, als dessen Gemahlin sie sich schon benahm; aber ihre Hoffnung, Kaiserin zu werden, erfüllte sich nicht, da die öffentliche Meinung Titus zur Trennung von ihr zwang.

Anklägern und ohne Gelegenheit zur Verteidigung jemandem ausliefere, hören wir erst hier. Oder hat Festus das damals nur „gedacht“
und sprach es jetzt erst aus? Ebenso erfahren wir nun erst, daß Jesus 17—19
und seine Auferstehung in den Verhandlungen doch eine größere Rolle gespielt haben, während wir vorher nur von Fragen nach der Stellung des Paulus zum jüdischen Gesetz, zum Tempel und zum Kaiser hörten. Der Statthalter hat aus den Anklagen und aus der Verteidigung des Paulus gemerkt, daß irgendwelche **„Verbrechen“**, wie er sie doch immer noch vermutet hatte, nicht vorlagen. Es ging vielmehr um **„religiöse Streitfragen“** und dabei vor allem **„um einen verstorbenen Jesus, von dem Paulus behauptet, er lebe“.** Der Römer hat mit der einfachen Sachlichkeit eines Weltmenschen genau den springenden Punkt des „Christentums“ erfaßt. Er kann es nur so primitiv ausdrücken. Aber gerade so kennzeichnet er das Evangelium des Paulus ganz richtig. Bis heute geht es immer wieder um diesen Jesus, der starb und darum für die Welt erledigt ist, und von dem wir behaupten, er lebe!

Ein römischer Beamter muß freilich **„in Verlegenheit sein, wie er** 20
diese Dinge untersuchen solle“, wie er in diesen, ihm gänzlich fremden Fragen durchgreifen und Recht und Unrecht unterscheiden kann. Er hätte darum die Sache am liebsten nach Jerusalem abgegeben; auch darin ist Festus jetzt ehrlicher als Paulus selbst gegenüber. Vom Vorsitz des Statthalters wird nicht mehr gesprochen, und ein ratloser Vorsitzender, der die Materie der Verhandlung selbst nicht beherrscht, hätte dem Angeklagten wenig genützt. Wie, wenn bei dieser neuen Verhandlung vor dem Synedrium der Hohepriester für bessere Disziplin sorgte und das „Schuldig“ sprechen ließe? Hätte dann Festus gewagt und es wagen können, den so Verurteilten nochmals mit sich nach Caesarea zu nehmen und aufs neue dort eine Ver-
handlung anzusetzen? Paulus hatte schon recht, wenn er alle solchen 21
Pläne durch seine Berufung auf die **„Entscheidung der Majestät“** durchkreuzte. König Agrippa tut dem Statthalter den Gefallen, sich
für die Sache zu interessieren: **„Ich möchte auch selber den Men-** 22
schen hören.“ Wahrscheinlich interessiert er sich wirklich dafür, diesen umstrittenen Führer der Christen kennenzulernen. Es gab Christengemeinden auch in seinem Herrschaftsbereich, und schon sein Vater hatte sich kurz vor seinem Tod mit diesen Leuten befaßt. Erfreut antwortet Festus mit militärischer Kürze: **„Morgen wirst du**
ihn hören.“ Das wird nun verständlicherweise eine hochoffizielle 23
Sache. Das königliche Geschwisterpaar erscheint natürlich nicht ohne seinen Hofstaat; so bringt auch der Statthalter sein Offizierskorps mit, dem dieser umstrittene Gefangene sicher nicht unbekannt geblieben ist; er lädt auch die **„hervorragendsten Männer der Stadt“** zu

der Veranstaltung ein. Jesus hat es den Seinen verheißen: „Und auch vor Statthalter und Könige werdet ihr geführt werden um meinetwillen, ihnen und den Heidenvölkern zum Zeugnis" (Mt 10, 18). Seinem Paulus hat er es noch besonders zugesagt: „Gehe, denn ein erwähltes Rüstzeug ist mir dieser, zu tragen meinen Namen vor Nationen und Könige und vor die Söhne Israels" (Apg 9, 15). Nun ermöglicht er es ihm, diesem Mann ohne Titel und Würden, ohne Macht und Recht, diesem armen Gefangenen, in dieser großen und feierlichen Weise vor dem letzten jüdischen König, vor dem römischen Prokurator und vor einer vornehmen Schar die Botschaft von Jesus zu verkündigen. So wird Gott es fertigbringen, daß Kaiser und Reich auf den geringen Mönch Martin Luther, auf diesen einfachen Bergarbeitersohn, hören müssen. Wenn wir von hier auf Bericht Lk 23, 6—12 „Jesus vor König Herodes" hinüberblicken, müssen wir geradezu sagen: Der auferstandene Herr gewährt seinen Dienern, was ihm selbst als dem stillen Lamm Gottes versagt bleiben mußte. Jesus konnte vor seinem Landesherrn nur schweigen; Paulus wie Luther dürfen reden. Jesus erntete am Hof nur das eine: Hohn und Spott; Paulus wie Luther erringen sich ein ganzes Stück Achtung. Und doch blieb der schweigende Gottessohn vor Herodes und Pilatus größer als der redende Paulus vor Agrippa und Festus und Luther vor Karl V.

24 Die Versammlung wird regelrecht von Festus mit einer Ansprache eröffnet. Wieder bringt Lukas jetzt erst sehr wirkungsvoll zur Geltung, was er bei der unmittelbaren Schilderung noch nicht mitteilte. Die „Hohenpriester und die Ersten der Juden", die bei dem Antrittsbesuch des Statthalters gegen Paulus vorstellig wurden (Apg 25, 2), haben dafür gesorgt, daß während der Unterredung vor den Fenstern eindrucksvolle Demonstrationen stattfanden und das wilde Schreien von Kap. 22, 22 „Er darf nicht mehr leben!" sich wiederholte. Der neue Herr sollte merken, daß das ganze Volk leidenschaftlich die Verurteilung dieses Paulus verlangt und daß er gut daran tut, es
25 mit diesem erregten Volk nicht zu verderben. Die nüchterne Festigkeit, mit der der Römer dem Locken und Drohen widersteht und das Ansinnen der führenden Juden abweist, tritt dadurch noch deutlicher hervor. Vielleicht wollte es Festus auch in diesem großen Augenblick besonders hervortreten lassen. Festus stellt dann fest, daß ein klares, für das römische Recht faßbares Verbrechen, das die Todesstrafe verdient, bei Paulus nicht vorlag. Darum war ihm die **„Berufung auf die Majestät"** in Rom nicht unwillkommen. Damit war er diesen schwierigen Fall los. Nur eins macht ihm dabei Kummer. Er war bei der Überlieferung seines Gefangenen an den Kaiser zu einem Begleitschreiben verpflichtet. Aber **„über ihn habe ich nichts Zuverlässiges**

dem Herrn[540] zu schreiben". Nicht als ob der Prokonsul selber ein Urteil abzugeben hätte. Der Entscheidung des Kaisers durfte er nicht im geringsten vorgreifen. Aber er mußte dem Kaiser klar mitteilen, welche wirklichen Beschuldigungen und Anklagepunkte gegen den vorliegen, den er ihm als Staatsgefangenen einlieferte. Und eben hier schaute der Statthalter nicht durch, wieviel auch die Juden heftig gegen Paulus geredet hatten. Was war an diesen Anschuldigungen wirklich daran? Es ging erneut um die Frage, auf die wir oben schon als auf die entscheidende stießen: Hatte Paulus sich vom Judentum als einer Religio licita getrennt, hatte er sich gar gegen diese staatlich geschützte Religion vergangen? Inwiefern hatte er das getan?
Hier erhofft Festus vor allem von dem jüdischen König eine sach- 26/27
kundige Hilfe. **„Denn es scheint mir widersinnig, wenn der, der einen Gefangenen schickt, nicht auch die gegen ihn erhobenen Beschuldigungen anzeigt."**

PAULUS IN CAESAREA

5. Die Rede des Paulus vor Festus und Agrippa

Apostelgeschichte 26, 1–32

1 **Agrippa aber sprach zu Paulus: „Es ist dir gestattet, für dich zu**
sprechen." Da streckte Paulus die Hand aus und verteidigte sich:
2 *** „Betreffs alles dessen, wessen ich angeklagt werde von den**
Juden, König Agrippa, halte ich mich für glücklich, daß ich mich
3 **vor dir heute verteidigen soll, * der du in besonderer Weise ein**
Kenner (oder: ganz besonders deshalb, weil du ein Kenner) **bist**
der bei den Juden gültigen Sitten und Streitfragen. Darum bitte
4 **ich, mich geduldig anzuhören. * Meine Lebensweise von Jugend**
an, die sich von Anfang an vollzog in meinem Volk und in Jeru-
5 **salem, wissen alle Juden, * die mich von früher kennen, wenn sie**
Zeugnis geben wollen, daß ich nach der strengsten Richtung un-
6 **serer Religion gelebt habe als Pharisäer. * Und jetzt stehe ich auf**
Grund der Hoffnung auf die an unsere Väter von Gott ergangene

zu Vers 1: Apg 13, 16; 21, 40
zu Vers 2: Mt 10, 18
zu Vers 4: Gal 1, 13
zu Vers 5: Apg 23, 6; Phil 3, 5 f
zu Vers 6: Apg 28, 20

540 Hier finden wir den Titel „Kyrios = Herr" auf den römischen Kaiser angewandt, den Titel, den die junge Christenheit Jesus gab. Wir merken daraus, daß wir das „Herr Jesus" nicht so hinsagen dürfen, wie wir es vielfach tun. „Kyrios Jesus = Herr ist Jesus" ist das Urbekenntnis der Gemeinde. Es stellt Jesus neben den Weltherrscher auf dem römischen Kaiserthron, ja über ihn, da Jesus und nicht er der wirkliche „Herr" ist. Nun ist klar, daß man diese ungeheure Behauptung nur durch „den Heiligen Geist" wahrhaft aussprechen kann (1 Ko 12, 3b), und in welchem Ton man das „Herr Jesus" sagen muß. Aber ebenso klar ist auch, daß hier der schwere Konflikt der jungen Christenheit mit dem römischen Kaiserreich aufbrechen und die Christen zu Majestätsverbrechern stempeln mußte. Wie wenig haben wir Jesus wirklich als den „Herren" bezeugt, daß uns so lange diese Konflikte erspart blieben!

zu Vers 7:
Apg 24, 15
zu Vers 8:
Apg 13, 30
zu Vers 9:
Jo 16, 2
Apg 9, 1-29
22, 3-21
zu Vers 11:
Apg 8, 3
zu Vers 13:
Lk 2, 9
zu Vers 16:
Hes 2, 1. 3. 4
zu Vers 17:
1 Chro 16, 35
Jer 1, 7. 8. 19
zu Vers 18:
Jes 35, 5
Jes 42, 7. 16
Jes 61, 1
Eph 2, 2
Kol 1, 12-14
Apg 20, 32
1 Pt 2, 9
zu Vers 19:
Gal 1, 15 f
zu Vers 20:
Mt 3, 8
Lk 3, 8
Apg 2, 38
zu Vers 21:
Apg 21, 30 f
zu Vers 22:
Lk 24, 44-47
zu Vers 23:
Mt 4, 16
Mt 27, 53
Lk 2, 32
Lk 24, 26
Apg 17, 3
1 Ko 15, 4. 20
2 Tim 1, 10
zu Vers 24:
Mk 3, 21
Jo 10, 20
zu Vers 25:
Apg 2, 15
24, 3

7 Verheißung vor Gericht, * zu der unser Zwölf-Stämme-Volk in
Beharrlichkeit Nacht und Tag (Gott) dienend zu gelangen hofft.
Wegen dieser Hoffnung werde ich angeklagt von den Juden,
8 o König. * Warum wird es bei Euch als unglaubhaft beurteilt,
9 wenn Gott Tote auferweckt? * Ich freilich habe selber geglaubt,
gegen den Namen Jesu von Nazareth viel Feindseliges tun zu
10 müssen. * Das tat ich auch in Jerusalem, und viele der Heiligen
habe ich selbst in Gefängnisse eingeschlossen, da ich die Voll-
macht von den Hohenpriestern bekam; und wenn sie getötet
11 wurden, gab ich die Stimme dafür ab. * In allen Synagogen habe
ich sie oft mit Strafen gezwungen zu lästern, und heftig gegen
12 sie wütend, verfolgte ich sie bis in die auswärtigen Städte. * Als
ich aber dabei nach Damaskus zog mit Vollmacht und Genehmi-
13 gung der Hohenpriester, * sah ich mitten am Tage auf dem Wege,
o König, vom Himmel her über den Glanz der Sonne hinaus ein
14 Licht mich umstrahlen und die mit mir Reisenden. * Und als wir
alle zur Erde fielen, hörte ich eine Stimme zu mir sagen in hebräi-
scher Sprache: ‚Saul, Saul, was verfolgst du mich? Schwer ist es
15 für dich, gegen den Stachel auszuschlagen.' * Ich aber sprach:
‚Wer bist du, Herr?' Aber er sprach: ‚Ich bin Jesus, den du ver-
16 folgst. * Aber stehe auf und tritt auf deine Füße. Denn dazu bin
ich dir erschienen, um dich zu erwählen zum Diener und Zeugen
dessen, was du sahst und was ich dich noch sehen lassen werde
17 (oder: worin ich dir noch erscheinen werde), * dich errettend vor
18 dem Volk und vor den Heiden, zu denen ich dich sende, * zu öff-
nen ihre Augen, daß sie sich bekehren von der Finsternis zum
Licht und von der Macht Satans zu Gott, auf daß sie Vergebung
der Sünden empfangen und das Erbteil („Los") unter den Geheilig-
19 ten durch den Glauben an mich.' * Daher, o König Agrippa, ward
20 ich nicht ungehorsam der himmlischen Erscheinung, * sondern
denen in Damaskus zuerst und denen in Jerusalem (und das
ganze Land Judäa) und den Heiden verkündigte ich, Buße zu tun
und sich zu Gott zu bekehren, der Buße würdige Werke tuend.
21 * Wegen dieser Dinge ergriffen mich die Juden im Tempel und
22 versuchten mich umzubringen. * Da ich nun Hilfe von Gott er-
langte, stehe ich bis auf den heutigen Tag als Zeuge für klein
und groß, nichts außer dem sagend, was die Propheten angekün-
23 digt haben, daß es geschehen solle, und Mose, * daß („ob") der
Messias dem Leiden unterworfen sei, daß („ob") er als Erster aus
der Auferstehung der Toten Licht verkündigen soll dem Volk
24 und den Heiden." * Als er dieses zur Verteidigung sagte, ruft
Festus mit lauter Stimme: „Du bist wahnsinnig, Paulus, das viele
25 Studieren treibt dich in den Wahnsinn!" * Paulus aber sagt: „Ich

bin nicht wahnsinnig, erlauchter Festus, sondern spreche Worte
26 der Wahrheit und der Besonnenheit. * Denn es weiß davon Be-
scheid der König, zu dem ich voll Zuversicht spreche. Denn ver-
borgen geblieben ist ihm von diesen Dingen nichts, davon bin
27 ich überzeugt. Denn nicht im Winkel ist dies geschehen. * Glaubst
du, König Agrippa, den Propheten? Ich weiß, daß du glaubst!"
28 * Aber Agrippa zu Paulus: „Nächstens wirst du mich durch deine
29 Überredung zum Christen machen!" * Aber Paulus: „Ich wünsch-
te zu Gott, daß über kurz oder lang nicht allein du, sondern alle
meine heutigen Hörer solche werden, wie ich bin, abgesehen von
30 diesen Fesseln." * Und der König stand auf und der Prokonsul
31 und Bernike und die bei ihnen saßen, * und indem sie sich zurück-
zogen, sprachen sie miteinander und sagten: „Nichts, was den
32 Tod oder das Gefängnis verdient, tut dieser Mensch." * Agrippa
aber sagte zu Festus: „Freigelassen konnte dieser Mensch werden,
wenn er sich nicht auf den Kaiser berufen hätte."

zu Vers 26: Jo 18, 20
zu Vers 28: Apg 24, 25
zu Vers 29: Rö 5, 1 ff; Gal 1, 15 f; Gal 2, 20
zu Vers 31: Apg 23, 29
zu Vers 32: Apg 25, 11; 28, 19

1 Agrippa antwortet nicht selber auf die Eröffnungsansprache des Statthalters. Er sieht sich durch sie zum Leiter der Versammlung gemacht und erteilt in sehr höflicher Form dem Paulus das Wort. So hören wir nun den Apostel zum letzten Mal in einer großen Rede. Es ist eine Verteidigungsrede und wird von Lukas auch ausdrücklich als solche bezeichnet. Doch sie wird zum evangelistischen Angriff auf den König persönlich, aber auch auf alle Hörer in dieser besonderen Stunde.

2/3 Wieder beginnt Paulus die Rede, wie es der Natur der Sache entspricht und von der Redekunst ausdrücklich gefordert wurde, mit einer Captatio benevolentiae. Aber auch hier ist sein Wort ungekünstelt und sachlich zutreffend. Paulus darf sich rechtfertigen vor einem Mann des Judentums, der nicht wie Felix oder Festus ratlos vor den **„bei den Juden gültigen Sitten und Streitfragen"** steht, sondern sie kennt, und der doch nicht wie die Hohenpriester und Ältesten von vornherein durch den Haß gegen sein Wort verschlossen ist. Paulus weiß diese glückliche Lage zu schätzen. Hier kann er eingehend sprechen und darf doch **„geduldiges Zuhören"** erwarten.

4/5 Seine Rechtfertigung liegt nicht in bestimmten Anschauungen, nicht in grundsätzlichen Beweisen und logischen Zusammenhängen, sie liegt einzig und völlig in seiner Geschichte[541]. Sie wird darum hier

[541] Lessing hat die ganze Not des modernen Rationalisten dem biblischen Christentum gegenüber ausgesprochen, wenn er ruft: „Zufällige Geschichtstatsachen können doch niemals notwendige Vernunftwahrheiten beweisen!" Hier liegt für ihn der „garstige Graben", der ihn von der Bibel trennt. Aber göttliche Wahrheiten sind eben keine „notwendigen Vernunftwahrheiten". Und umgekehrt: „Geschichtstatsachen" sind keine

aufs neue erzählt, so wie Israel nicht müde wurde, sich seiner Gottesgeschichte zu erinnern. Auf seiner streng jüdischen Vergangenheit liegt ein großes Gewicht. Tarsus wird dabei überhaupt nicht mehr erwähnt. Es soll jeder Verdacht von vornherein abgewehrt werden, als sei Paulus ein „Diaspora-Jude“, dem ein Abfall relativ nahe lag. So hat er auch in seinem Rückblick Phil 3, 5 betont: „Hebräer von Hebräern“, also trotz der Geburt in Tarsus ein echter und ganzer Israelit. Dafür könnte er viele Zeugen beibringen. Aber diese seine Vergangenheit ist nicht einfach nur ein Gegensatz zu seinem jetzigen Christenstand[542]. Der echte Pharisäer sah nicht nur auf das Gesetz und seine genaue Erfüllung, sondern eben dabei auf die Zukunft, auf das Kommen des Messias. Darin ist Paulus ein **„Pharisäer“** geblieben,
6/7 hier sah er den Punkt der Gemeinsamkeit. In diesem Sinne geht es im ganzen Dienst des Paulus in allem Ernst um **„die an unsere Väter von Gott ergangene Verheißung, zu der unser Zwölf-Stämme-Volk in Beharrlichkeit Nacht und Tag** (Gott) **dienend**[543] **zu gelangen hofft“**. Gewiß lag in diesem „Dienst Gottes“, der das Kommen des Messias herbeiflehen möchte, der ganze „Unverstand“ der „eigenen Gerechtigkeit“ vor Gott. Doch auch in Rö 10, 2 f hat Paulus bei aller Klarheit und Schärfe des Urteils zugleich mit innerer Achtung von diesem „Eifer“ um Gott sprechen müssen. Warum sollte er in jener Stunde vor dem König seines Volkes nicht noch einmal das betont haben, was ihn mit Israel und der pharisäischen Gruppe in Israel verband? „Gottes Gaben und Berufung können ihn nicht gereuen“ (Rö 11, 29). Israels Unglauben kann Gottes Glauben nicht aufheben (Rö 3, 3). Die an unsere Väter ergangenen Verheißungen bleiben in

„zufälligen“, sondern in ihnen handelt der lebendige Gott und gibt sich gerade dadurch zu erkennen. Israel hatte für seine Existenz und für seine Sendung keinen anderen „Beweis“ als die „zufällige Geschichtstatsache“ der Errettung aus Ägypten. „Ich bin Jahwe, dein Gott, der ich dich aus Ägyptenland, aus dem Diensthause geführt habe.“ Und der leidenschaftliche Pharisäer und Christenverfolger Paulus hat für seinen Christenglauben und für sein Apostolat keine andere Grundlage als die — ganz und gar nicht „zufällige“ — „Geschichtstatsache“ von Damaskus.

542 Gewiß hat er sie in Phil 3, 3—11 auch auf das „Verlust-Konto“ setzen können gegen den einen, unendlichen „Gewinn“ der „überragenden Größe der Erkenntnis Christi Jesu, seines Herrn“. Aber die große „Umbuchung“ in seiner Lebensbilanz hat er mit ihr nur vornehmen müssen, sofern er vorher in ihr seine „Gerechtigkeit vor Gott“ sah. In seiner jetzigen Rede aber geht es überhaupt nicht um die Wertung seiner Vergangenheit Gott gegenüber, sondern um ihren Inhalt als Erwartung des kommenden Handelns Gottes. Diesem Inhalt nach aber ist der Pharisäismus vom Evangelium nicht widerlegt, sondern erfüllt. Paulus schreibt es mit Überzeugung auch den Römern: „Beseitigen wir nun das Gesetz durch den Glauben? Ausgeschlossen, sondern wir richten das Gesetz auf“ (Rö 3, 31).

543 Das Dienen meint besonders das Gebet. Ein „beharrliches Beten Tag und Nacht“ kannten Israel und seine ernsthaften frommen Kreise, wie Lk 2, 37; 18, 7 und auch die Klosterregel von Qumran (vgl. dazu Anm. 119, S. 106) zeigen.

Kraft. Das war stets des Paulus Überzeugung, der er hier dadurch einen besonderen Ausdruck gibt, daß er Israel trotz der im Exil verschwundenen zehn Stämme des Nordreiches dennoch **„unser Zwölf-Stämme-Volk"** nennt. Er kann es ohne jede unechte Diplomatie redlich sagen: **„Wegen dieser Hoffnung bin ich angeklagt von den Juden, o König."**

Aber der König scheint hier eine unwillige oder doch zweifelhafte 8
Bewegung gemacht zu haben. Paulus, du willst doch wohl nicht behaupten, daß du von den Juden gehaßt und angeklagt wirst, weil du ein strenger Pharisäer bist und die messianische Hoffnung Israels hochhältst! Nein, König, antwortete Paulus, aber weil ich die tatsächliche Erfüllung der Hoffnung Israels in der Auferstehung Jesu von den Toten verkündige[544]! Für mich ist sie aus einem bloßen Dogma und einer ungewissen Erwartung durch Gottes Tat lebendige Gegenwart geworden. Aber das will man nicht hören! Warum eigentlich nicht? **„Warum wird es bei euch als unglaubhaft beurteilt, wenn Gott Tote auferweckt?"**

Paulus redet aus der gleichen Lage heraus, aus der auch heute noch 9
viele Gläubige ihr Zeugnis ablegen: Sie können es gar nicht fassen, warum man die kostbare, befreiende Botschaft von Jesus ablehnt — und haben doch selber einmal zu den energisch Ablehnenden gehört! So denkt Paulus gerade jetzt daran: **„Ich freilich habe selber geglaubt, gegen den Namen Jesu von Nazareth viel Feindseliges tun zu müssen."** Er schildert seine Verfolgertätigkeit so schroff und konkret wie nirgends sonst. Nicht nur von Verhaftungen ist die Rede wie 10/11
Kap. 8, 3 und 9, 2, sondern auch von Todesurteilen, bei denen er **„seine Stimme dafür abgab"**[545]. Ja, nun gibt er seine schwersten Erinnerungen preis: **„In allen Synagogen habe ich sie oft mit Strafen gezwungen zu lästern."** Wie mag er dann selber die fünf Auspeitschungen in den Synagogen (2 Ko 11, 24) ertragen haben im Denken an Menschen, die Jesus lieb hatten und die er mit der Peitsche dazu

[544] Lukas „verwischt" nicht die Unterschiede zwischen der pharisäischen und christlichen Hoffnung, wie manche Ausleger meinen, sondern Paulus zeigt mit Recht den eigentlichen Unterschied nicht in der „Lehre" als solcher, sondern in ihrer gegenwärtigen Realisierung. Das ist genau dem tiefen Unterschied entsprechend, der Jesus und seine Gegner in der Frage der Sündenvergebung trennte. „Lehrmäßig" leugnete kein Schriftgelehrter die Vergebung Gottes. Aber daß sie jetzt und hier in Jesus da ist, das „entsetzte" sie.

[545] A. Schlatter sagt dazu: „Damit ist nicht gesagt, daß Paulus Mitglied des Rates war. Nach jüdischem Recht waren Todesurteile keineswegs ausschließlich dem Rat vorbehalten, und nachdem dieser die gesetzlichen Normen für die Christenprozesse festgelegt hatte, können die kleineren Gerichtshöfe die einzelnen Fälle behandelt haben. Auch bei der Christenverfolgung nach dem Tode des Festus fällte ein besonderer Gerichtshof die Todesurteile."

zu bringen suchte, den teuren Jesusnamen zu lästern[546]. Auch über die Ausdehnung seines Kampfes gegen die Gemeinde Jesu macht Paulus hier eine besondere Angabe: **„Und heftig gegen sie wütend, verfolgte ich sie bis in die auswärtigen Städte."** Nach der Schilderung in Kap. 8 und 9 konnte es den Anschein haben, als habe Paulus sofort nach seiner Tätigkeit in Jerusalem Damaskus als ersten auswärtigen Ort gewählt. Das wäre von der Sache her befremdend und unwahrscheinlich gewesen. Jetzt erfahren wir, daß Paulus das Gebiet seiner Verfolgung nach und nach weiter ausgedehnt hat.

12 Im Zusammenhang dieser Verfolgung **„in die auswärtigen Städte"** geht es nun auch nach Damaskus. Wieder kann Paulus nur „Geschichtstatsachen" vor seine Hörer hinstellen. Nicht theologische Erwägungen, nicht religiöse Ansichten haben ihn zum Christen gemacht. Auch nicht gründliche Bibelstudien. Er weiß es aus eigenster Erfahrung, wie das ist, was er 2 Ko 3, 14 beschreibt: „Aber ihre Sinne wurden verstockt. Denn bis auf den heutigen Tag bleibt diese Decke unaufgedeckt über dem Alten Testament, wenn sie es lesen." Allen „psychologischen" Erklärungen seiner Bekehrung hätte Paulus energisch widersprochen[547]. Es ist allein das unberechenbare, souveräne Eingreifen des erhöhten Herrn selbst, das sein Leben und sein Denken vollständig herumreißt und aus dem Verfolger der Gemeinde den Apostel Jesu für die Nationen macht. Seine ganze innere Einstellung, sein ganzer weiterer Weg, seine ganze Tätigkeit, die ihn hier auf die Anklagebank gebracht hat, ist einfach nur „Gehorsam". Dieses eine Wort ist eigentlich seine ganze Verteidigung und Rechtfertigung[548].

13—17 Weil Paulus das dem Agrippa und den andern Hörern zeigen will, hat er seinen Bericht über Damaskus noch wieder anders gestaltet als in Kap. 22 (und in Kap. 9). Es ist für uns sehr wichtig, diese unbefangene Freiheit im ntst Zeugnis so vor Augen zu sehen. Drei Berichte über das gleiche entscheidende Ereignis stehen in demselben Buch nebeneinander, und doch hat Lukas sich keineswegs ängstlich gemüht, sie nun auch ja genau aufeinander abzustimmen. Paulus kann hier vor dem König den Dienst des Ananias weglassen und die Botschaft Jesu, die ihm der Herr durch Ananias gab, unmittelbar mit dem Anruf Jesu vor Damaskus verbinden. Ananias ist unwichtig, und es war

[546] Das „ich zwang sie" steht hier im Imperfektum, das im grie ausdrücken kann: „ich suchte sie zu zwingen". Das entlastet nicht Paulus, aber es deutet an, daß keineswegs alle sich zwingen ließen.

[547] Rö 7, 7 ff ist nicht Selbstbiographie, sondern grundsätzliche Schilderung des Menschen unter dem Gesetz, vom Standpunkt des Christen Paulus aus und in die anschauliche Ichform gekleidet. Der selbstbiographische Rückblick in die Geschichte seiner Bekehrung steht Phil 3, 3 ff und widerspricht jeder psychischen Erklärung.

[548] Vgl. dazu o. S. 433

wirklich Jesus selbst, der durch diesen einfachen Christen zu Paulus sprach. Darum ist es für Paulus keine „Verfälschung", wenn er jetzt Jesus unmittelbar zu ihm sagen läßt: **„Denn dazu bin ich dir erschienen, um dich zu erwählen zum Diener und Zeugen dessen, was du sahst und was ich dich noch sehen lassen werde."** Wie wichtig ist das für uns hinsichtlich der Osterberichte und anderer Erzählungen in den
Evangelien. Anders noch als in Kap. 9, 15 und 22, 15 empfängt Paulus 18
hier ein Wort über seinen Auftrag, gültig für die Evangelisation aller Zeiten. Der Inhalt seines Auftrages besteht nur in einer einzigen Tat: **„Zu öffnen ihre Augen."** Wie wunderbar ist damit die ganze Herrlichkeit des Evangeliums gekennzeichnet! Nichts anderes muß der Mensch noch „tun", nichts muß er aus sich machen, nichts sich anquälen. Nur die Augen muß er öffnen, um zu sehen, wie Gott alles andere schon getan hat, wie die ganze Erlösung „vollbracht" ist[549]! Die Augen öffnen, das scheint die leichteste Tat des schwächsten Menschen zu sein. Und doch können wir sie nicht selber tun, weshalb Paulus und mit ihm alle Evangelisten der Welt den Auftrag bekamen: **„Zu öffnen die Augen"** derer, zu denen sie gesandt sind. Aber auch das wiederum kann kein Evangelist, kann nicht einmal ein Paulus in eigener Macht. Nur in der Vollmacht Jesu im Heiligen Geist kann ein Bote Jesu das „Sieh doch! Blicke auf!" so sagen, daß es geschieht und daß wirklich Augen aufgehen für das Lamm Gottes, das der Welt Sünde trägt. Und nun erst, von diesem Blick der geöffneten Augen her, kann es zur Bekehrung kommen, die ohne das ein haltloses Menschenwerk bleibt. Jetzt erst wird es möglich, **„daß sie sich bekehren von der Finsternis zum Licht und von der Macht des Satans zu Gott, auf daß sie Vergebung der Sünden empfangen und das Erbteil („Los") unter den Geheiligten durch den Glauben an mich".** Es geht bei der Bekehrung nicht um einzelnes, nicht um diese oder jene moralische Änderung, es geht um die totale Lebenswende, die durch die absoluten Gegensätze „Finsternis - Licht", „Gott - Satan" bezeichnet sind. Hier gilt ein ganzes Entweder-Oder. Von Natur aber ist jeder Mensch in der Finsternis und führt sein Leben unter der Macht Satans und darum unter dem Zorn Gottes (Eph 2, 1—3). Lebensnotwendig, heilsnotwendig ist darum die Bekehrung **„von der Finsternis zum Licht und von der Macht Satans zu Gott".** Sie ist es für den frommen Israeliten ebenso wie für moderne Heiden. In dieser Bekehrung empfängt der Mensch **„die Vergebung der Sünden"** und damit zugleich **„das Erbteil („Los") unter den Geheiligten".** So gewaltig ist das Ziel, das Jesus der Arbeit des Paulus setzt. Es geht um die

549 So hat es der junge Spurgeon erlebt, als er innerlich zerrissen und zerquält an jenem Januarsonntag in die kleine freikirchliche Kapelle geriet. „Sieh, junger Mann, sieh!" rief ihm der einfache Prediger zu. „Und ich sah — und war gerettet."

ganze Ewigkeit. Die Worte am Schluß des Satzes: **„durch den Glauben an mich"** können und müssen auf alle drei unermeßlichen Güter bezogen werden: Vergebung der Sünden empfangen wir durch den Glauben an Jesus; das ewige Erbteil wird uns im Glauben an Jesus zuteil; und **„Geheiligte"** sind wir ebenfalls einzig durch den Glauben an Jesus.

14 Der erhöhte Herr hat Paulus in jenem entscheidenden Augenblick vor Damaskus eine Warnung zugerufen, die Paulus jetzt vor seinen Hörern mit einem Wort verdeutlicht, das als Sprichwort bekannt war: **„Hart für dich, gegen den Stachelstock dich aufzubäumen."** Statt der Peitsche hatte man zum Antreiben der Zugtiere im Altertum einen Stock mit einer scharfen Spitze. Wenn das Tier, anstatt zu gehorchen, sich gegen diesen Stock aufbäumte, so drückte es sich damit den Stachel nur tiefer und schmerzhafter ins Fleisch. Jesus hat also dem Verfolger gesagt, daß alle vergangene Schuld ausgelöscht ist, daß nun aber alles weitere Trotzen und sich-Wehren nur größere Qual über ihn bringen würde; nun mußte er gehorchen und folgen.

19/20 **„Daher, o König Agrippa, ward ich nicht ungehorsam der himmlischen Erscheinung."** Das ist der Mittelpunkt seiner Verteidigung. Gerade nicht Abfall, Eigensucht, Zuchtlosigkeit ist sein neuer Weg, wie seine Gegner meinen, sondern unbedingter Gehorsam. So wie Luther es allen Beschuldigungen und Verdächtigungen entgegenhielt, er habe das Werk der Reformation doch nicht in eigener Willkür gemacht, sondern Gott habe ihn vorwärts geführt „wie einen blinden Gaul", so sagt es hier auch Paulus: Wie ein Zugtier, das sich gegen den schmerzenden Stachel nicht sträuben kann, bin ich gehorsam meinen Weg gegangen[550]. Sofort in Damaskus hat er seinen Dienst begonnen und hat dann den Jerusalemern und den Nationen die Botschaft von der Bekehrung gebracht[551]. Dabei hat ihm, dem Gehorsamen, daran gelegen, daß auch bei den andern die Bekehrung nicht in Gefühlen steckenblieb, sondern zu **„der Buße würdigen Werken"** führte.

21 In diesem gehorsamen Dienst, nicht in irgendeiner „Tempelschändung" liegt der Grund, warum **„die Juden ihn im Tempel ergriffen und umzubringen versuchten"**. Tiefer als in seiner kurzen Verteidi-

[550] Das Christentum ist nicht, wie seine Gegner wähnen, Phantasie, Schwelgen in frommen Wünschen und Neigungen, sondern höchst sachlicher Gehorsam. Wer nicht in solchem Gehorsam lebt, mag sehr „religiös" sein, ein biblischer Christ ist er nicht.

[551] In unseren Handschriften stehen in alter und guter Bezeugung die oben eingeklammerten Worte: „und das ganze Land Judäa". Aber schon der vierte Fall statt des hier notwendigen dritten paßt in das Satzgefüge nicht hinein. Und Gal 1, 22 versichert Paulus ausdrücklich: er sei den Gemeinden Judäas persönlich unbekannt geblieben. So werden wir in den Worten einen zwar alten, aber doch fremden Einschub in den ursprünglichen Text sehen müssen.

gungsrede vor Gericht deckt Paulus hier die eigentlichen Hintergründe des jüdischen Hasses gegen ihn auf. In der Tat, **„wegen dieser Dinge"** waren die Diasporajuden so aufgebracht gegen ihn. Aber in jener Stunde, wie so oft schon vorher, **„erlangte er Hilfe von Gott"**. So
konnte man ihn nicht beseitigen, wie man es gern wollte, sondern er 22
„steht bis auf den heutigen Tag als Zeuge für klein und groß" da. Noch einmal betont Paulus, daß er dabei völlig und klar auf dem Boden der Schrift geblieben ist und **„nichts außer dem sagt, was die Propheten angekündigt haben, daß es geschehen soll, und Mose"**.
Inhaltlich ist das das Kreuz des Christus und seine Auferstehung, die 23
„Israel und den Heiden das Licht" bringt. Dabei ist die Form der Sätze eigenartig. Paulus braucht hier nicht das übliche Wort für „daß", sondern verwendet das Wort „wenn, ob". Nun ist es freilich so, daß im hellenistischen Grie das „ei = wenn" den Sinn von „daß" annehmen kann. Aber wir finden doch sonst immer das richtigere „hoti = daß", bzw. die Satzkonstruktion mit dem Infinitiv. Bringt nicht Paulus mit seinem „ob" anschaulich zum Ausdruck, wie gerade von den Juden her immer wieder die Fragen gegen seine Verkündigung einstürmen, sei es ehrlich suchend, sei es feindlich ablehnend: Paulus, du verkündigst einen leidenden, einen sterbenden Messias — „ob" das wirklich von Mose und den Propheten gesagt ist? Du predigst den Auferstandenen, „ob" du das wirklich nach „den Schriften" (1 Ko 15, 4) tun kannst, wie du behauptest? Paulus antwortet mit der ganzen ersten Christenheit in voller Überzeugung: Ja! Wir stehen auf dem Grund der Schrift! Wir führen den Schriftbeweis!

Jetzt wird Paulus unterbrochen. Solange Festus aus dem Streit 24
zwischen Paulus und den Juden nur heraushörte, es gehe dabei „um einen verstorbenen Jesus, von dem Paulus behauptet, er lebe", solange waren das sonderbare Behauptungen, die man auf sich beruhen lassen konnte. Aber dieses nun, daß Jesus **„als erster aus der Auferstehung der Toten Licht verkündigen soll dem Volk und den Heiden"**, das geht dem römischen Staatsmann zu weit. **„Du bist wahnsinnig, Paulus, das viele Studieren treibt dich in den Wahnsinn!"** ruft er dazwischen. Paulus aber kann mit der Ruhe klarer Überzeugung antworten: **„Ich bin nicht wahnsinnig, erlauchter Festus, sondern spreche Worte der Wahrheit und der Besonnenheit."** Paulus ist im grie Denken und Reden genügend zu Hause, um zu wissen, wie hoch gerade die besten antiken Menschen die „sophrosýne = Besonnenheit" schätzten, wie abhold sie allem waren, was nach „Manie = Wahnsinn, Schwärmerei, Unklarheit" aussah. Sicherlich, das Evangelium sagt unerhörte Dinge. Und doch ist es nicht „Schwärmerei", sondern klare, besonnene Wahrheit. Es ist die einzige, wirklich ganz nüchterne Erfassung des Menschen in seiner Lage vor Gott. Wer wirk-

lich Christ wurde, der weiß, daß er damit nicht träumerisch beseligt die Wirklichkeit überflog, sondern endlich der Wahrheit standhielt, der Wahrheit Gottes und der Wahrheit seiner selbst[552].

26 Und nun wendet sich Paulus noch einmal an den Mann, an dem ihm offenbar in dieser Stunde vor allem liegt, an den jüdischen König. Hier sind andere Voraussetzungen des Verstehens als bei dem römischen Staatsmann. Hier ist schon Vorgeschichte Gottes geschehen, die für jede Evangelisation so wichtig ist. Wenn Agrippa auch erst 27 n. Chr. geboren und in Rom erzogen ist, hörte er doch, als er nach des Vaters plötzlichem Tod im Jahre 44 n. Chr. die Herrschaft in Palästina antrat, genug von den Ereignissen um Jesus. **„Denn verborgen geblieben ist ihm von diesen Dingen nichts, davon bin ich überzeugt. Denn nicht im Winkel ist dies geschehen."** Mochte dieser „verstorbene Jesus" für den Römer auch eine sonderbare Winkelsache sein, nicht wert, daß sich ein Mann ernsthaft damit abgab, für den
27 jungen jüdischen König war das anders. Auf ihn erfolgte nun der direkte evangelistische Angriff: **„Glaubst du, König Agrippa, den Propheten?"** Wieder wie bei der Rede an Felix finden wir bei Paulus diese bestimmte Zuversicht, daß sein Wort im Gewissen des Angeredeten die unausweichliche Zustimmung finden muß. Auch wenn man ein Herodier ist und mit seiner Schwester in einem undurchsichtigen Verhältnis lebt — kann man jüdischer König sein und den Propheten nicht glauben? Muß nicht im Herzen eine letzte Achtung vor dem göttlichen Wort aus Prophetenmund wohnen? Und wenn diese Achtung tief verschüttet war, muß sie nicht in dieser Stunde unter dem Anruf des Wortes aufwachen, gerade weil Agrippa noch jung ist? **„Ich weiß, daß du glaubst!"**[553]

28 Die Antwort des Königs ist schon in den Handschriften verschieden gefaßt, ein Zeichen, wie ihr Verständnis von früh an als schwierig empfunden worden ist. Nach den besten Texten lauten sie wörtlich: „Bald überredest du mich, den Christen zu machen." Dabei könnte das Wort „machen" so gebraucht sein, wie wir es auch im Deutschen kennen: „Er machte den Weihnachtsmann." Agrippa hätte dann den starken Eindruck zugegeben, den Paulus mit dem ernsten Griff nach seiner Überzeugung auf ihn gemacht hatte, und hätte sich doch im letzten Augenblick mit merklicher Ironie diesem Eindruck entzogen.

[552] Von diesem Wahrheitsernst muß alle Verkündigung, besonders alle Evangelisation durchdrungen sein. Der Evangelist, der nicht mit Paulus sagen kann: „Ich spreche Worte der Wahrheit und der Besonnenheit", taugt nicht zu seinem Dienst.

[553] Unentbehrlich bleibt auch uns in unserem Dienst solcher direkter Angriff. In zahllosen Fällen trifft erst mit solchen „zudringlichen" Fragen die Verkündigung wirklich das Herz eines Menschen und zwingt ihn zur Entscheidung. Wenn der Gefangene Paulus seinen König so zu fragen wagt, dann dürfen wir doch erst recht unsern Hörern solche Fragen stellen.

Paulus, wenn du so auf mich eindringst, bekommst du mich herum – aber ich „spiele" dann nur den Christen; etwas Letztes und Ernstes wird doch nicht daraus. Das wäre zugleich ein Wort tiefer Selbsterkenntnis des jungen Herodiers. Der Koine-Text, der das „machen" durch „werden" ersetzt, hätte dann gerade die letzte Eigenart in Agrippas Antwort verkannt. Es wäre aber auch zu denken, daß die heutige Textgestalt aus den beiden inhaltlich verwandten Aussagen zusammengeflossen ist: **„Bald überredest du mich, ein Christ zu werden"**, und **„Bald wirst du mich zum Christen machen"**. Dann müßte man die Antwort des Königs etwa so fassen, wie es oben in der Übersetzung geschehen ist, wenn man nicht doch die Lesart der Koine vorzieht.

Paulus hat sich nicht getäuscht: Der jüdische König hält die Botschaft nicht einfach für „Wahnsinn". Er sagte in dieser Versammlung und vor dem römischen Statthalter ein Wort vom „Christ-werden", das auch dann erstaunlich bleibt, wenn es zugleich in ein Stück Abwehr gehüllt ist. Agrippa ist dabei ein Bild der vielen Männer, die als Menschen von Stellung und Bildung dem Eindruck nicht nachzugeben wagen, den das Wort der Wahrheit auf sie gemacht hat. Sie weisen den Boten Jesu nicht scharf zurück; sie schätzen ihn. Aber mit einer eleganten oder leisen spöttischen Wendung entziehen sie sich seinem Zugriff.

Die Lesart des Codex A „peithe" statt „peitheis" würde Agrippas 29
Antwort nur einen ironisch abweisenden Sinn geben: „Du bildest dir wohl ein, mich eins, zwei, drei zum Christen zu machen." Dieser Sinn ist aber durch die Entgegnung des Paulus ausgeschlossen. Ein positiver Zug muß in den Worten des Königs gelegen haben, an den Paulus sich jetzt hält: **„Ich wünschte zu Gott, daß über kurz oder lang nicht allein du, sondern alle meine heutigen Hörer solche werden, wie ich bin, abgesehen von diesen Fesseln."** So darf der von Liebe erfüllte Glaube sprechen. Schon Jesus selbst hat im Blick auf das Christwerden der Reichen gesagt: „Bei den Menschen ist es eine Unmöglichkeit, aber bei Gott sind alle Dinge möglich" (Mt 19, 26). Mag es ein Herodier für undenkbar halten, daß er den Christen nicht nur „spielen", sondern im Ernst ein Jünger des gekreuzigten Messias werden könne, Paulus traut Gott auch solche Wunder zu. Auch ein Festus, der jetzt noch „Wahnsinn!" ruft, kann es seinem Kollegen auf Cypern nachmachen und „zum Glauben kommen" (Kap. 13, 12). Wenn es nicht „bald" geschieht, kann es doch „später", **„über kurz oder lang"** noch geschehen, auch bei den Offizieren[554] und den „hervorragenden Männern der Stadt". Gottes Wirken ist nicht zu Ende. Paulus ist

[554] Der Hallesche Pietismus hat ausgerechnet unter den Offizieren im Heer Karls XII. von Schweden viele erfaßt und zum persönlichen Glauben zu Jesus gebracht.

ernstlich ein Mann des „Glaubens", des Rechnens mit Gottes Macht. Darum ist sein letztes Wort in dieser Stunde nicht ein Wort der Enttäuschung, der Bitterkeit, der Strafandrohung, sondern ein Wort der herzlichen und werbenden Liebe, die kühn nach den zurechthelfenden Möglichkeiten Gottes ausschaut. Gewiß, die Ketten sähe Paulus ihnen gern erspart. Aber sonst kann er, der arme, zerschundene, in der Welt bedeutungslose Jude, nur wünschen, sie würden alle **„wie er"**. Was ist das „große Gepränge" des Königs und seiner schönen Schwester? Was ist die Macht des Prokonsuls, den morgen schon die Ungnade eines Nero zum Sterben zwingen kann? Was ist aller Glanz und Reichtum dieser Versammlung gegen die Herrlichkeit des „Erbteils unter den Geheiligten durch den Glauben an Jesus"! (V. 18)

30—32 Die hohen Herrschaften erheben sich und beenden die Sitzung. Eine wirkliche Frage hat keiner an Paulus zu stellen. So ernstlich und tief getroffen sind sie nicht. Aber während sie sich zurückziehen, **„sprechen sie miteinander und sagen: ‚Nichts, was den Tod oder das Gefängnis verdient, tut dieser Mensch'"**. Diesen Eindruck haben alle bekommen. **„Agrippa aber sagte zu Festus: ‚Freigelassen konnte dieser Mensch werden, wenn er sich nicht auf den Kaiser berufen hätte.'"** Wie ist das zu verstehen? Konnte denn Paulus seine Berufung auf den Kaiser nicht zurückziehen, wenn ihm der Statthalter versicherte, daß gar kein Verfahren gegen ihn erfolgen, sondern seine Freilassung angeordnet werden solle? Oder hat sich Paulus mit seinem voreiligen Schritt selber die Tür in die Freiheit versperrt? Mit solchen Erwägungen würden wir das Wort Agrippas weit überschätzen. Es ist eine hingeworfene Bemerkung in der Stimmung des Augenblicks, mehr nicht. Rechtlich hatte Agrippa in dieser Sache nicht das geringste zu sagen. Seine Meinung hatte darum kein Gewicht. Eben darum konnte er sie leicht äußern, ohne sich nun wirklich für sie einsetzen zu müssen. Festus aber war in anderer Lage. Er sagte darum auch kein Wort von möglicher Freilassung. Sollte er einem überspannten Schwärmer zuliebe es mit den Häuptern der Judenschaft verderben? Seine Linie in dieser fatalen Sache wird er weiter verfolgen, trotz der freundlichen, aber unverbindlichen Äußerung seines hohen Gastes. Er schickt diesen Paulus jedenfalls nach Rom.

DIE SEEREISE NACH ROM

Apostelgeschichte 27, 1—44

zu Vers 1:
Apg 25, 12

1 Als aber beschlossen war, daß wir nach Italien abfuhren, übergaben sie Paulus und einige andere Gefangene einem Centurio

2 namens Julius von der Kaiserlichen Kohorte. * Wir bestiegen ein
Schiff von Adramyttium, das die Orte der Asia anlaufen sollte,
und fuhren ab, indem Aristarchus, ein Makedonier aus Thessalo-
3 nike, mit uns war. * Am andern Tag landeten wir in Sidon, und
Julius, der Paulus menschenfreundlich behandelte, erlaubte ihm,
4 zu seinen Freunden zu gehen und Pflege zu finden. * Und nach
der Abfahrt von dort fuhren wir unter Cypern hin, weil uns die
5 Winde entgegen waren, * durchsegelten die offene See längs der
Küste von Kilikien und Pamphylien und kamen nach Myra in
6 Lydien. * Dort fand der Centurio ein alexandrinisches Schiff, das
7 nach Italien fuhr, und brachte uns auf dieses. * In vielen Tagen
wenig Fahrt machend und mit Mühe bis in die Nähe von Knidos
gelangend, fuhren wir, da uns der Wind nicht hinzuließ, unter
8 Kreta hin bei Salmone, * segelten mit Mühe an der Insel entlang
und kamen nach einem Ort, der „Gute Häfen" heißt, in dessen
Nähe die Stadt Lasea liegt.
9 Da aber viel Zeit verstrichen war und die Seefahrt schon gefähr-
lich war, weil auch das Fasten bereits vorüber war, warnte Pau-
10 lus * und sagte zu ihnen: „Ihr Männer, ich sehe, daß mit Unge-
mach und großem Verlust nicht nur der Fracht und des Schiffes,
11 sondern auch unserer Seelen die Fahrt erfolgen wird." * Aber der
Centurio glaubte dem Kapitän und dem Schiffsreeder mehr als
12 dem von Paulus Gesagten. * Da aber der Hafen zum Überwintern
ungünstig gelegen war, faßte die Mehrheit den Beschluß, von dort
abzusegeln, ob sie wohl nach Phönix gelangen könnten zum
Überwintern, einem Hafen von Kreta, der nach Südwesten und
13 nach Nordwesten offen ist. * Als aber ein leichter Südwestwind
einsetzte, meinten sie ihr Vorhaben erreicht zu haben, lichteten
14 die Anker und fuhren nahe an Kreta entlang. * Nach kurzer Zeit
aber warf sich auf die Insel ein Wirbelsturm, Eurakylon genannt.
15 * Da aber das Schiff mitgerissen wurde und nicht imstande war,
dem Wind entgegen zu blicken, gaben wir es ihm preis und lie-
16 ßen uns treiben. * Ein Inselchen namens Klauda unterlaufend, ver-
mochten wir nur mit Mühe uns des Beibootes zu bemächtigen;
17 * als sie es hochgezogen hatten, wandten sie Hilfsmaßnahmen an,
indem sie das Schiff untergürteten. Da sie fürchteten, in die Syrte
verschlagen zu werden, ließen sie den Treibanker herab und trie-
18 ben so dahin. * Da wir aber heftig vom Sturm bedrängt wurden,
19 machten sie am nächsten Tag einen Notauswurf, * und am dritten
Tage warfen sie (oder: wir) eigenhändig das Gerät über Bord.
20 *Als aber weder Sonne noch Mond sich mehrere Tage hindurch
zeigten und ein nicht geringer Sturm uns zusetzte, schwand
21 schließlich alle Hoffnung, daß wir gerettet würden. * Als man

zu Vers 2:
Apg 19, 29
20, 4
Kol 4, 10
Phlm 24
zu Vers 3:
Apg 24, 23
28, 2. 16
zu Vers 6:
Apg 28, 11
zu Vers 9:
3 Mo 16, 29
2 Ko 11, 25 f
zu Vers 12:
Apg 28, 11
zu Vers 15:
Ps 107, 25-27
zu Vers 19:
Jon 1, 5
zu Vers 20:
Mt 8, 25

zu Vers 23: Apg 5, 19
zu Vers 24: Mt 10, 17. 18 Apg 9, 15 23, 11
zu Vers 33: Ps 102, 5
zu Vers 34: 1 Sam 14, 45 2 Sam 14, 11 Mt 10, 30 Lk 21, 18
zu Vers 35: Lk 22, 19 Jo 6, 11 Apg 2, 42 Lk 9, 16
zu Vers 36: Apg 9, 19
zu Vers 41: 2 Ko 11, 25

lange Zeit ohne Essen geblieben war, da trat Paulus in ihre Mitte
und sprach: „Man hätte, ihr Männer, mir gehorchen und nicht von
Kreta abfahren sollen und sich dieses Ungemach und diesen Ver-
22 lust ersparen. * Und jetzt ermahne ich euch, gutes Mutes zu sein,
denn es wird nicht zum Verlust einer Seele von euch kommen, nur
23 des Schiffes. * Denn es trat zu mir in dieser Nacht von dem Gott,
24 dem ich gehöre und dem ich diene, ein Engel * und sprach: ‚Fürch-
te dich nicht, Paulus, du mußt vor den Kaiser treten; und siehe,
25 geschenkt hat dein Gott alle, die mit dir fahren.' * Darum habt
guten Mut, Männer; denn ich vertraue Gott, daß es so sein wird,
26 wie es mir gesagt worden ist. * Auf eine Insel aber müssen wir
auflaufen."
27 Als aber die vierzehnte Nacht kam, während wir in der Adria
umhertrieben, merkten gegen Mitternacht die Matrosen, daß sich
28 ihnen Land näherte. * Und lotend fanden sie zwanzig Klafter; als
sie aber kurz weitergefahren waren und wieder loteten, fanden
29 sie fünfzehn Klafter. * Und aus Furcht, wir würden irgendwie auf
felsige Stellen auflaufen, warfen sie vom Achterdeck vier Anker
30 und wünschten, es würde Tag. * Als aber die Matrosen aus dem
Schiff zu fliehen suchten und das Beiboot ins Meer ließen unter
31 dem Vorwand, sie wollten vom Bug aus Anker anbringen, * sagte
Paulus dem Centurio und den Soldaten: „Wenn diese nicht im
32 Schiff bleiben, könnt ihr nicht gerettet werden." * Da kappten die
Soldaten die Taue des Beibootes und ließen es fallen (oder: trei-
33 ben). * Bis es aber Tag zu werden begann, ermahnte Paulus alle,
Nahrung zu sich zu nehmen, und sprach: „Heute schon den
vierzehnten Tag wartend, seid ihr ohne Essen geblieben und habt
34 nichts zu euch genommen. * Darum ermahne ich euch, Nahrung
zu euch zu nehmen, denn dies dient zu eurer Rettung. Denn kei-
ner von euch wird auch nur ein Haar von seinem Haupt verlie-
35 ren." * Dieses sagend und Brot nehmend, dankte er Gott vor
36 allen, brach es und begann zu essen. * Da wurden alle guten Muts
37 und nahmen auch selber Nahrung zu sich. * Wir waren aber alle
38 Seelen im Schiff zweihundertundsechsundsiebzig. * Als sie sich
aber sattgegessen hatten, erleichterten sie das Schiff, indem sie
das Getreide (oder: den Weizen) in das Meer warfen.
39 Als es aber Tag wurde, erkannten sie das Land nicht, bemerkten
aber eine Bucht mit flachem Strand, auf welchen sie, wenn mög-
40 lich, das Schiff auflaufen lassen wollten. * Und die Anker kap-
pend, ließen sie sie ins Meer, zugleich lösten sie die Haltetaue der
Steuerruder und, das Vorsegel vor dem Wind hissend, hielten sie
41 auf den Strand zu. * Als sie aber auf einen Außengrund gerieten,
ließen sie das Schiff auflaufen, und das Vorderteil rammte sich

ein und blieb unbeweglich, aber das Heck zerbrach von der Ge-
42 **walt. * Die Soldaten aber beschlossen, die Gefangenen zu töten,**
43 **damit keiner schwimmend entkomme. * Aber der Centurio wollte**
Paulus retten und hinderte sie an ihrem Vorhaben; er befahl, die
des Schwimmens Kundigen sollten als erste herabspringend an
44 **Land gehen, * und die übrigen die einen auf Brettern, die andern**
auf irgendwelchen Schiffstrümmern (oder: auf dem Rücken von
Besatzungsmitgliedern). **Und so geschah es, daß alle aufs Land**
gerettet wurden.

zu Vers 42:
Apg 16, 27
zu Vers 44:
Apg 27, 22-25

Nun wird der Beschluß zur tatsächlichen Abreise gefaßt und Pau- 1
lus mit andern Gefangenen zusammen einem Offizier übergeben. Von den **„andern Gefangenen"** erfahren wir nichts Näheres. Schwerlich waren es ebenfalls römische Bürger, die sich auf den Kaiser berufen hatten, wahrscheinlich Verurteilte, die nach Rom gebracht wurden, um dort bei den Spielen den Tod zu finden. Schon darum wird Paulus von vornherein eine gewisse Sonderstellung in dem Gefangenen-Transport eingenommen und größere Freiheiten genossen haben. Aus den späteren Schilderungen ergibt sich, daß er sich offenbar frei auf dem Schiff bewegen konnte. Da zur Beförderung der Gefangenen Privatschiffe benutzt wurden, befanden sich auch viele andere Passagiere (vgl. V. 37) an Bord. Der Centurio (s. o. S. 196) **„Julius"** steht bei der **„Kaiserlichen Kohorte"**. „Cohors Augusta" ist öfter ein Ehrentitel für Truppenteile, die aus Landeskindern aufgestellt waren. Der Offizier Julius aber wird Römer sein. Er zeigt in unserem Kapitel den Blick für den Wert eines Menschen und die gerechte und unbürokratische Handlungsweise, wie sie dem echten
Soldaten immer wieder eigen ist. Man fährt zunächst mit einem 2
Schiff, das seinen Heimathafen in Adramyttium hat, einer Stadt in Mysien, südöstlich von Troas, und das die Häfen der Kleinasiatischen Küste anlaufen soll. Neben Lukas — in unserem Kapitel setzt ja der „Wir-Bericht" wieder ein — fährt Aristarchus aus Thessalonike mit. Wir kennen ihn schon aus Kap. 19, 29 und 20, 4. In Kol 4, 10 nennt ihn Paulus ausdrücklich seinen „Mitgefangenen", und auch Philemon 24 erscheint er unter denen, die bei Paulus sind und ihre Grüße bestellen lassen. Die Form, in der seine Mitreise erwähnt wird, zeigt aber, daß er nicht zu den Verhafteten gehörte, sondern freiwillig die Gefangenschaft des Paulus teilte. So ernst konnte ein Mann seine Verbundenheit mit Paulus nehmen. Hier wird im Abbild deutlich, was es heißt: „Die Gemeinschaft der Leiden" (Phil 3, 10!) eines andern begehren. Aristarchus wollte nicht nur der Mitarbeiter eines freien und erfolgreichen Paulus sein, sondern auch der Gefährte des Apostels, der um des Evangeliums willen als Gefangener die gefahrvolle Reise nach Rom machte.

3 Am nächsten Tag gelangt man bis Sidon, wo das Schiff, aus nicht näher mitgeteilten Gründen, einen Aufenthalt hat. Der Centurio erlaubt Paulus, das Schiff zu verlassen und in der Stadt seine christlichen Freunde[555] aufzusuchen. Julius kannte Paulus aus den Jahren seiner Gefangenschaft in Caesarea und wußte, daß er sich auf ihn verlassen konnte. Immerhin wird Paulus dabei nach damaligem Brauch an einen Soldaten gefesselt gewesen sein. Was das **„Pflege finden"** oder „Fürsorge genießen" in sich schließt, wissen wir nicht. Die Christen in Sidon mögen Paulus nicht nur im Augenblick erquickt, sondern auch für die Weiterreise mit mancherlei Nützlichem versehen haben.

4 Bei der Weiterfahrt zeigen sich die Schwierigkeiten der damaligen Schiffahrt. Das Überwinden von Gegenwind durch „Kreuzen" kannte man bei den schwerfälligen Schiffen nicht. So fuhr das Schiff „unter Cypern hin", das heißt an der Ostküste der Insel entlang, so daß die Insel es vor dem Westwind schützte, während eine Meeresströ-
5 mung es nordwärts trug. Dann freilich kam wieder die **„offene See"** an **„der Küste von Kilikien und Pamphylien"** entlang. Auch dort gab es im Meer eine nach Westen ziehende Strömung, die das Schiff trotz des ungünstigen Windes bis **„Myra"** brachte. An diesem wichtigen
6 Umschlagplatz (s. o. S. 381) treffen sie auf eines der großen alexandrinischen Getreideschiffe, die zur Versorgung Roms ständig von Alexandria nach der Hauptstadt unterwegs waren. Der weite östliche Umweg war bei der Unzulänglichkeit der damaligen Schiffahrt nicht ungewöhnlich. Man scheute die Fahrt über das offene Meer und hielt sich nach Möglichkeit in der Nähe der Küste. Das Schiff faßte neben seiner Weizenladung immerhin noch 276 Personen. Sein Reiseziel war nun Italien. So läßt der Centurio seine Ge-
7/8 fangenen auf dieses Schiff umsteigen. Aber auch jetzt hält der ungünstige Westwind an. Er läßt das Schiff nur langsam vorwärtskommen, macht eine Landung auf der Insel Knidos unmöglich und zwingt das Schiff mit südlichem Kurs auf Kreta zuzufahren, dessen Ostküste man bei Kap Salmone erreicht. Mühsam geht es an der Südküste der Insel entlang bis zu einem Platz mit dem erfreulichen Namen **„Schöne Häfen"** oder „Guthafen" in der Nähe der Stadt Lasea. Leider täuscht der Name. Von einem „guten Hafen" zur sicheren Überwinterung ist nichts da.

[555] Es sind schwerlich persönliche „Freunde" des Paulus gemeint. Von dem Wort des Herrn Jesu Jo 15, 14 her werden sich die Christen — wie es auch in manchen religiösen Vereinen der Zeit geschah — „Freunde" genannt haben. Vgl. die Selbstbezeichnung der Quäker als „Gesellschaft der Freunde". Vielleicht gibt Lukas aber auch den Ausdruck wieder, den der Centurio bei seiner Urlaubserteilung gebrauchte: Du darfst deine Freunde in der Stadt besuchen.

Nun ist man in einer unangenehmen Lage. Mit der langsamen 9
Fahrt hat man viel Zeit verloren. **„Das Fasten"**, also der große Versöhnungstag am 10. Tag des 7. Monats (Tischri - Sept./Oktober) war bereits vorbei, man stand schon in der für die Schiffahrt gefährlichen Jahreszeit. Was soll werden? Es kommt offenbar zu einer Beratung
darüber, zu der auch Paulus hinzugezogen wird. Julius wird etwas 10
von dem gewußt haben, was Paulus selbst 2 Ko 11, 25 f aus seinem Leben berichtet. Seine vielen Reisen haben ihn auch mit den Dingen der Seefahrt vertraut gemacht, er kannte gründlich die Gefahren des Meeres. So warnt er eindringlich vor jeder Weiterfahrt, die nicht nur für das Schiff, sondern auch für aller Leben bedrohlich werden muß.
Aber die amtlichen Fachleute, **„Kapitän und Schiffsreeder"**[556], sind 11/12
anderer Meinung. Es kommt in der **„Mehrheit"** zu einem Kompromiß: die Weiterfahrt nach Italien wird aufgegeben, aber man will wenigstens noch an Kreta entlang bis Phönix fahren, um dort einen
besseren **„Hafen für das Überwintern"** zu finden. Das Vorhaben 13
scheint auch bestens zu gelingen: Ein leichter Südwind setzt ein, man lichtet die Anker und fährt nahe an der Küste von Kreta entlang nach Westen auf Phönix zu. Aber Paulus hat nicht nur aus seiner allgemeinen Kenntnis der Seefahrt heraus so bestimmt gesprochen und gewarnt, sondern in einer prophetischen Gewißheit. Ihn täuscht der günstige Anfang der Fahrt nicht. Er erwartet das Unheil, das er
nicht ändern konnte und das nun rasch hereinbricht. Eine Art Taifun, 14
„ein Wirbelsturm"[557] wirft sich über Kreta und erfaßt das Schiff. Es
ist nicht möglich, das Schiff mit dem Bug gegen den Wind zu drehen 15
(**„dem Wind entgegenzublicken"** sagt der Text anschaulich, das Schiff wie ein Lebewesen betrachtend) und so den Sturm zu überstehen. Man mußte es, wahrscheinlich unter Benutzung des kleinen Vorder-
segels (V. 40), vom Wind treiben lassen. Im Windschutz der kleinen 16/17
Insel Klauda gelingt es wenigstens, das Beiboot an Deck zu bringen, das an einem Tau hinter dem Schiff herfuhr und bei dem Sturm in Gefahr war, auf das Schiff geworfen zu werden oder voll Wasser zu laufen und zu sinken. Zugleich werden Hilfsmaßnahmen angewendet: das Schiff wird **„untergürtet"**. Wie das geschah, wissen wir nicht

[556] Der „Kybernetes" ist nicht der „Steuermann", also der Mann, der das Steuerruder des Schiffes bedient, sondern der die ganze Fahrt bestimmende „Kapitän"; der „Naukleros" ist der Schiffsherr, der Schiffsreeder, der die Fahrt mitmachte.

[557] Der Name des Wirbelsturmes „Eurakylon" findet sich nur hier. Er ist zusammengesetzt aus „Euros = Ostwind" und „aquilo = Nordwind", bezeichnet also einen Nordoststurm. Die Koine hat stattdessen „Euroklydon", „Euros = Ostwind", „Klydon = Wogenschwall" gebildet. Für das Sprachgefühl sind aber solche Namen mehr als eine Zusammenfügung einzelner Worte. In dem Namen schwang für die Menschen, die ihn gebrauchten, die Wildheit und Gefährlichkeit solchen Wirbelsturmes.

genau. Jedenfalls aber sollen um den Schiffsrumpf gespannte Taue dem Schiffskörper größere Festigkeit geben.

Es ist nicht verwunderlich, wenn wir in der Darstellung des Lukas nicht alles verstehen. Ist dies doch einer der wenigen ausführlichen Berichte, die wir überhaupt von einer Seereise aus dem Altertum haben. Den Zeitgenossen, für die Lukas schrieb, waren alle diese technischen Ausdrücke vertraut und anschaulich. Wir besitzen keine schriftstellerischen Parallelen, mit deren Hilfe wir die von Lukas gebrauchten Wendungen genau erklären könnten. Wir wollen aber dankbar sein, daß eine so einzigartige Schilderung aus dem Leben des Altertums in unserem NT steht. Nicht umsonst handelt es sich um einen „Wir-Bericht". Es ist diese stürmische und ereignisreiche Reise von Lukas miterlebt und darum so anschaulich erzählt worden.

17 Der Nordsturm treibt das Schiff davon. Wohin? Die Windrichtung geht auf die große **„Syrte"** zu, die wegen ihrer Sandbänke gefürchtet war. Dorthin zu kommen, will man unter allen Umständen vermeiden und führt darum ein weiteres Manöver aus, das uns nicht eindeutig klar ist. Wörtlich heißt es: **„Sie ließen das Gerät herab."** Das grie Wort „Skeuos = Gerät" kann wie das entsprechende deutsche Wort je nach dem Zusammenhang sehr Verschiedenes bezeichnen. So könnte es an unserer Stelle das große Segel meinen, das nun **„herabgelassen wird"**. Aber das ist wohl schon längst vorher geschehen. Man hätte bei einem Sturm gar nicht mit dem sehr großen und breiten Segel eines antiken Schiffes fahren können. So haben wir unter dem „Gerät" eher an einen **„Treibanker"** zu denken, den ein Marine-Offizier so beschreibt: „Eine breite Holzfläche, senkrecht im Wasser gehalten durch ein Gewicht am unteren Ende und eine leere Tonne am oberen, wird an einem Seil so nachgeführt, daß der Treibanker jedesmal, wenn das Schiff von einem Wellenberg herabgleitet, einen großen Widerstand bietet." Das Seil muß die halbe Länge der Entfernung von Wellenberg zu Wellenberg haben (Haenchen a. a. O. S. 628). So wird die Fahrt verlangsamt in der Hoffnung, daß der
18 Sturm nachläßt, ehe man die Syrte erreicht hat. Am folgenden Tag sieht man sich beim Anhalten des Unwetters genötigt, einen **„Notauswurf"** vorzunehmen, also einen Teil der Schiffsfracht über Bord zu werfen, um das Schiff zu erleichtern und so etwas höher über der
19 Wasseroberfläche zu halten. Am dritten Tag folgt alles entbehrliche **„Gerät"** von Bord nach[558]. Doch alle diese Maßnahmen helfen nichts.

[558] Das Wort „skeue" bezeichnet nicht so sehr ein einzelnes „Gerät", sondern mehr die Gerätschaft, die ganze Schiffsausrüstung. Vielleicht ist damals auch der Hauptmast mit dem schweren Segel über Bord geworfen worden, um größere Gefährdungen zu vermeiden. Der Koine-Text schreibt übrigens „wir warfen" über Bord, läßt also Paulus und seine Gefährten an dieser Arbeit beteiligt sein.

„Als aber weder Sonne noch Mond sich mehrere Tage hindurch 20
zeigten", ist man ohne jede Orientierungsmöglichkeit dem **„nicht ge-
ringen Sturm"** ausgesetzt, und es schwindet schließlich **„alle Hoff-
nung, daß wir gerettet würden"**. Mutlosigkeit, Ungemach, Seekrank-
heit führen dazu, daß niemand mehr essen will. Es sitzt oder liegt
alles in dumpfer Hoffnungslosigkeit beieinander in dem engen Raum,
den ein Schiff damals den Passagieren bot. Das **„wir"** an dieser Stelle
zeigt, wie Lukas selber sich noch der verzweifelten Stimmung erinnert,
die alle auf dem Schiff, auch ihn selber, ergriff. Umso erstaunlicher 21–26
ist die Haltung, die er an Paulus erlebt. **„Da trat Paulus in ihre Mitte
und sprach: ‚Man hätte, ihr Männer, mir gehorchen und nicht von
Kreta abfahren sollen und sich dieses Ungemach und diesen Verlust
ersparen. Und jetzt ermahne ich euch, gutes Mutes zu sein, denn es
wird nicht zum Verlust einer Seele von euch kommen, nur des Schif-
fes.'"** Paulus ist anders als sie alle, selbst als die Seeleute und Solda-
ten. Warum? Liegt es an seinem menschlichen Charakter? Aber darin
dürfen wir einem Offizier wie Julius auch einiges zutrauen. Ist Paulus
ruhig von seinen reichen Erfahrungen der Errettung aus Seenot her?
Aber Kapitän und Mannschaft werden auch ihre Erfahrungen hinter
sich haben. Nein, Paulus hat hier – wie einst im Gefängnis zu Philippi
– jene „Rückverbindung" des Glaubenden, die alles ganz anders
macht. Er ist nicht auf seinen Charakter und auf seine Erfahrungen,
also irgendwie auf sich selbst angewiesen, sondern durchlebt diese
schweren Tage betend. Er kann seinem Herrn sagen: „Herr, ich sollte
doch nach Rom? Du hast mich doch aus allen Gefährdungen in Jeru-
salem und Caesarea nicht darum gerettet, damit ich hier ertrinke?"
Und er bekommt durch einen Boten Gottes die klare Antwort:
„Fürchte dich nicht, Paulus, du mußt vor den Kaiser treten!" Der En-
gel ruft auch einem Paulus jenes tröstende Wort zu, das so oft in der
Bibel zu hören ist: **„Fürchte dich nicht!"** Daran wird deutlich, was wir
eben sagten. Auch ein Paulus ist in solchen schauerlichen Tagen als
Mensch nicht gegen die Furcht gefeit. Wolkendunkel Tag und Nacht,
heulender Sturm und brüllende Wogen, Todesgefahr Stunde um
Stunde, durch Tage hindurch, wessen Herz bangte da nicht! Mensch-
licher Zuspruch hilft hier nichts. Aber die Gottesboten dürfen uns mit
Vollmacht zur Furchtlosigkeit rufen. Sie kennen ja den einen, der
alles in seiner Hand hat und alles wenden kann, auch auf dem
tobenden Meer. Paulus hat aber sogleich noch ein Anliegen. „Soll ich
allein gerettet werden? Was wird aus Julius, der so freundlich zu mir
war? Was aus all den Menschen hier auf dem Schiff?" **„Siehe, ge-
schenkt hat dein Gott alle, die mit dir fahren."** So tritt Paulus mit
Glaubensgewißheit unter die Verzagten. Damals, als er vor der Wei-
terfahrt warnte, haben sie vielleicht über seinen „Pessimismus" den

Kopf geschüttelt. Jetzt sehen sie, daß sein Wort schon beachtlich ist! Und diesmal darf es ein Wort der Ermutigung sein. Mögen sie es nun nicht für „Optimismus“ halten, sondern auch ihrerseits etwas von dem Gott ahnen, der ihr Leben in seiner Hand hat. Jetzt darf er der Bote Gottes für die andern werden und das ihm zugesprochene **„Fürchte dich nicht!“** weiter sagen: **„Darum habt guten Mut, Männer.“** Klar spricht er vor dieser religiös so gemischten Schar aus, worauf er sich dabei stützt: nicht auf menschliche Erwägungen und Hoffnungen, sondern auf den lebendigen Gott. **„Denn ich vertraue Gott, daß es so sein wird, wie es mir gesagt worden ist.“** Hier wird anschaulich, was „Glauben“ ist: in aussichtsloser Lage der Zusage Gottes einfach vertrauen und mit ihrer Erfüllung unbedingt rechnen. Und wenn sie fragen, wie denn eine Rettung erfolgen soll, dann antwortet Paulus: **„Auf eine Insel aber müssen wir auflaufen.“** Das ist wieder ein prophetisches Wort. Denn in der Adria eine Insel zu treffen, ist so unwahrscheinlich wie nur möglich. Zugleich soll der Ernst Gottes nicht verhüllt werden. Das Leben retten sie, aber Schiff und Ladung gehen verloren. Das trifft Schiffseigentümer und Kapitän, die auf die Warnung des Knechtes Gottes nicht hören wollten.

27 **„Als aber die vierzehnte Nacht kam, während wir in der Adria umhertrieben . . .“**, was für eine endlose Zeit ist das für die Beteiligten gewesen, die einsam und ohne jede Orientierung in der wilden Wasserwüste der Gewalt des Sturmes ausgesetzt waren! Aber da **„merkten gegen Mitternacht die Matrosen, daß sich ihnen Land näherte“**. Woran sie es merkten, wird nicht gesagt. Hörten sie es an
der Brandung? Sahen sie es an der Art des Wassers und der Wellen?
28 Mehrere Lotungen kurz nacheinander zeigen, daß die Wassertiefe
rasch abnimmt, man sich also wirklich schnell dem Land nähert, des-
29 sen Lage und Art man in der Nacht nicht erkennen kann. Man fürch-
tet felsige Klippen und legt das Schiff durch vier Anker fest, die vom
Heck aus ausgeworfen werden. Man sehnt den Tag herbei, um die
Lage überprüfen zu können.

30—32 Die Matrosen aber lassen im Dunkel das Boot herunter; angeblich wollen sie auch vom Bug her das Schiff verankern und dazu die Anker im Boot ein Stück hinausführen. Paulus aber fürchtet einen Fluchtversuch und erstattet sofort dem Centurio Meldung: **„Wenn diese nicht im Schiff bleiben, könnt ihr nicht gerettet werden.“** Sie sind ja die sachkundigen Leute, auf die man völlig angewiesen ist; ganz besonders, wenn das von Paulus vorausgesehene Auflaufen auf einer Insel verwirklicht werden soll. Die Soldaten kappen sofort die Seile des Bootes und lassen es so aufs Meer fallen und dort treiben. Man verliert das Boot, aber behält die Schiffsbesatzung an Bord.

33 Als endlich der Tag zu dämmern beginnt, der über den Ausgang

entscheiden muß, nimmt Paulus aufs neue das Wort. Er, der Jude, der kaiserliche Gefangene, ohne Rang und Macht, wird in diesen Stunden zum Führer im Schiff. Denn die wirkliche und ernste Gefahr macht zu allen Zeiten Besitz, Titel und Stellung wesenlos und wägt den eigentlichen Wert des Menschen. Die echte Autorität tritt hervor, die wie von selbst von den andern anerkannt wird. Paulus hat diese Autorität als der Glaubende, der im Glauben die Ruhe des klaren
Blickes für das Notwendige behält. Darum mahnt jetzt gerade er, der 34
Glaubende und Betende, die Menschen nicht zu irgendwelchen frommen Übungen, sondern zum — Essen! **„Darum ermahne ich euch, Nahrung zu euch zu nehmen, denn dies dient zu eurer Rettung."** Der Glaube ist im Unterschied zu aller „Religion" immer eine sehr nüchterne Sache, die die irdischen Erfordernisse nicht überfliegt, sondern in ihrer Wichtigkeit richtig einschätzt[559]. Zugleich kann der Glaubende über ein bloßes „Mahnen" oder „Befehlen" hinaus durch seine Gewißheit „trösten" und dadurch die Möglichkeit schaffen, das Angemahnte auch wirklich zu tun: **„Denn keiner von euch wird auch nur ein Haar von seinem Haupt verlieren."** Fröhlich wendet Paulus das Wort des Herrn Jesu, das er seinen Jüngern für die Nöte der Verfolgungszeiten gab, jetzt auch auf die Gefahren des Schiffbruches an. Er tut es mit Recht; Gott hat ihm ja alle seine Mitreisenden geschenkt. Und Gott tut dann das Wunderbare, daß sie wohl in die ernsten Schwierigkeiten hineinmüssen, aber darin doch so bewahrt werden, daß sie nicht einmal das Geringste ihres Lebens dabei verlieren.
Paulus mahnt und tröstet aber nicht nur, sondern gibt selbst das 35/36
Beispiel: **„Dieses sagend und Brot nehmend, dankte er Gott vor allen, brach es und begann zu essen."** Angst und Sorge „verschlagen uns den Appetit", wir bekommen keinen Bissen herunter. Wo man in gefährlicher Lage wieder essen kann, da ist die Angst wirklich überwunden[560].

So geschieht der Durchbruch durch Angst und Lähmung nun bei der ganzen Besatzung des Schiffes: **„Da wurden alle guten Muts und nahmen auch selber Nahrung zu sich."** So kann ebenso wie die Angst

[559] Vgl. Jesu Anweisung nach der Auferweckung von Jairi Töchterlein: „Er sagte, sie sollen ihr zu essen geben" (Mk 5, 43); oder das Verhalten von Simons Schwiegermutter nach der Heilung: „Und sie diente ihnen" (Mk 1, 31). In beiden Fällen wird nicht das Wunder gefeiert und genossen, sondern das Nächstliegende und Notwendige getan.

[560] Man darf aus dieser Mahlzeit nicht eine Art „Eucharistie" machen wollen. Paulus spricht vor dem Essen laut sein Dankgebet, weil er es als Israelit so gewohnt ist und weil er sich seines Glaubens nicht schämt und gerade auch durch ihn die Mutlosen aufrichten möchte. Es geht aber um ein ganz irdisches Essen zur Stärkung vor den entscheidenden Stunden. Nur, daß damals die irdische Mahlzeit und das heilige Mahl einander ganz anders nahe lagen als bei unserer Verbannung des Göttlichen in „heilige" Räume und „heilige" Zeiten. (Vgl. Kap. 2, 46 f; 1 Ko 10, 31.)

auch der wirkliche Mut ansteckend wirken. Das schwache Wort, das in sich selbst nicht mehr als ein Lufthauch ist, vermag dennoch Furcht zu vertreiben und Herzen umzuwandeln, wenn es mit innerer Vollmacht gesprochen wird.

37 Wir erfahren nun die genaue Zahl der Passagiere. Sie könnte uns im Blick auf die geringe Größe der damaligen Schiffe übertrieben erscheinen. Aber gerade sie steht wieder in einem „Wir"-Satz und geht so auf die persönliche Erinnerung des Lukas zurück. Übrigens gibt Josephus, der eine ganz ähnliche Sturmfahrt wie Paulus durchzumachen hatte und in der gleichen Gegend Schiffbruch erlitt, für sein Schiff die Zahl der Mitreisenden sogar mit sechshundert an.

38 Nun in der Nähe von Land erleichtert man das Schiff noch einmal durch Ausschüttung der letzten Reste der Weizenfracht. Der Tiefgang des Schiffes soll möglichst gering sein, um über Klippen und Sandbänke besser hinweg zu können.

39 Im Licht des Tages erkennt man mit Freuden, wie gut man es getroffen hat. Zwar kennt keiner das Land, das dort vor ihnen liegt;
40 aber sie ankern vor einer Bucht mit flachem Strand. So kappt man die Anker und überläßt sie dem Meer, löst die Riemen, welche die beiden miteinander gekoppelten Steuerruder während des Ankerns festhalten, setzt auf den niedrigen Vordermast (der auch als Krahn gebraucht werden konnte), das kleine Vordersegel und hält auf den flachen Strand zu. Aber es geht nicht so gut, wie man denkt. Des Paulus Vorhersage vom Verlust des Schiffes trifft ein. Das Schiff gerät auf einen „Außengrund". Das grie Wort bedeutet eigentlich
41 „eine doppelmeerige Stelle", es meint eine Erhöhung des Meeresbodens, hinter der erneut tieferes Wasser folgt. Das Schiff läuft hier auf, das Vorderteil rammt sich sofort im Sand fest und bleibt unbeweglich stecken, während von der Gewalt des Stoßes[561] das Heck abbricht, das schon von der tagelangen Sturmfahrt durch den Wogenanprall gelitten haben mochte. Der flache Strand liegt bereits nahe vor
42 aller Augen. Fast mechanisch greifen die Soldaten zur Waffe, um die
43/44 Gefangenen zu töten. Es sind zum Tode Verurteilte, die nicht entkommen dürfen. Julius liegt an Paulus, den er auf dieser Fahrt noch ganz anders schätzen gelernt hat. So soll dieser Mann nicht im letzten Augenblick zugrunde gehen, der in diesen Tagen mehr und mehr der eigentliche Führer auf dem Schiff geworden ist, der Mann, dem man die Rettung verdankt. Der Centurio verbietet das Töten der Gefangenen. Vielleicht denkt er dabei an die Worte des Paulus von

[561] Der Koine-Text ergänzt hier: „von der Gewalt der Wogen." Es ist aber fraglich, ob hier in der Bucht das Meer noch so heftig bewegt war. Die Schilderung des Lukas scheint auch ein sofortiges Zerbrechen des Hecks zu meinen, nicht seine allmähliche Zerstörung durch Wellen.

der Insel, auf die das Schiff auflaufen müßte, auf der dann eine weitere Flucht der Gefangenen unmöglich ist. So gibt er den Befehl, daß alle, die schwimmen können, sofort vom Schiff ins Meer springen und den Strand erreichen sollen, während **„die übrigen die einen auf Brettern, die andern auf irgendwelchen Schiffstrümmern"**[562] zu folgen versuchen und am Strand die Hilfe der ans Land Geschwommenen erfahren. **„Und so geschah es, daß alle aufs Land gerettet wurden."** Die Voraussage des Paulus hat sich erfüllt.

Für uns aber ist wichtig das Bild, das wir in diesem ganzen Kapitel von Paulus und damit von dem wirklichen Christen überhaupt bekommen. Paulus ist nicht nur der große Denker und Theologe. Er ragt nicht nur hervor, wenn er vor großen Versammlungen das bewegende Wort spricht. Nein, er ist der Mann, der sich in der ganzen Härte der Not einer gefährlichen Sturmfahrt bewährt. Auch auf einem Schiff mit Matrosen und Soldaten ist er bald die beherrschende Autorität. Das ist auch schon in seiner natürlichen Art mit begründet: Energie, Festigkeit und Mut waren ihm schöpfungsmäßig mitgegeben. Aber die eigentliche Quelle seiner gelassenen Ruhe und seiner völlig unverkrampften Zuversichtlichkeit ist sein „Glaube", seine Geborgenheit in dem lebendigen Gott. Darum darf jeder wirkliche Christ etwas von dieser Haltung des Paulus haben: „Unverzagt und ohne Grauen", auch in wirklich gefährlichen Tagen und Stunden.

AUF DER INSEL MALTA

Apostelgeschichte 28, 1—10

1 **Und als wir gerettet waren, da erfuhren wir, daß die Insel Malta**
2 **heiße. * Und die Barbaren erwiesen uns ungewöhnliche Freundlichkeit; denn sie zündeten einen Holzstoß an und holten uns alle herbei wegen des einsetzenden Regens und wegen der Kälte.**
3 *** Als aber Paulus eine Menge Reisig zusammenraffte und auf das Feuer warf, kam eine Schlange infolge der Hitze heraus und biß**
4 **sich an seiner Hand fest. * Als aber die Barbaren das Tier von seiner Hand herabhängen sahen, sagten sie zueinander: „Sicherlich ein Mörder ist dieser Mensch, den aus dem Meer gerettet die Ver-**

zu Vers 1: Apg 27, 26. 39
zu Vers 2: 2 Ko 11, 27
zu Vers 4/5: Mk 16, 18 Lk 10, 19

[562] Wörtlich heißt es: „Auf einigen derer von dem Schiff." G. Stählin schlägt in seiner Übersetzung vor, dieses „einige" nicht sächlich, sondern männlich zu fassen und als Besatzungsmitglieder zu deuten, auf deren Rücken die Nichtschwimmer ans Land kommen. Ein beachtlicher Vorschlag! Es werden mit „die einen — die andern" offensichtlich zwei verschiedene Arten der Rettungsmöglichkeit für die Passagiere unterschieden. „Bretter" und „Schiffstrümmer" aber sind im Grunde die gleiche Sache. Welche „Bretter" sollte man gehabt haben, die nicht zugleich „Schiffstrümmer" waren?

zu Vers 6:
Apg 14, 11
zu Vers 8:
Lk 10, 9
Jak 5, 14 f
zu Vers 9:
Mt 10, 8
zu Vers 10:
Apg 16, 15

5 geltung nicht leben läßt." * Er nun schüttelte das Tier ab ins Feuer
6 und erlitt keinen Schaden. * Sie aber erwarteten, er werde an-
schwellen oder plötzlich tot niederfallen. Als sie aber lange ge-
wartet hatten und sahen, daß ihm nichts Schlimmes geschah, än-
derten sie ihre Meinung und sagten, er sei ein Gott.
7 In der Umgebung jenes Ortes aber gehörten Landgüter dem Ersten
der Insel namens Publius, der uns aufnahm und drei Tage freund-
8 lich bewirtete. * Es geschah aber, daß der Vater des Publius von
Fiebern und Dysenterie (Ruhr) ergriffen darniederlag. Zu ihm
ging Paulus hinein und betete, legte ihm die Hände auf und heilte
9 ihn. * Als das geschehen war, kamen auch die übrigen, die
auf der Insel Krankheiten hatten, herzu und wurden geheilt.
10 * Sie ehrten uns mit vielen Ehrungen und gaben uns bei der Ab-
fahrt noch, was nötig war.

1 Nun erfahren die Schiffbrüchigen, wo sie sind. Es ist die Insel Malta, zu der der Sturm sie – wirklich wunderbarerweise – hingetrieben hat. Malta stand einst unter der Herrschaft Karthagos. So sprechen die Einwohner noch punisch und sind daher **„Barbaren"**[568]. Dieser Ausdruck war damals ein rein sachlicher und enthält noch nicht den Klang des Rohen und Grausamen, den wir inzwischen hinein-
2 gelegt haben. Die Malteser kümmern sich herzlich um die Fremden, die an ihren Strand geworfen sind. Naß sind diese an Land gekommen, von den Tagen der Strapazen und der Angst geschwächt. Nun **„setzen Regen und Kälte ein"**, die Schiffbrüchigen frieren. Da wird ein großer Holzstoß angezündet, in dessen Nähe sich viele bergen können.

3 Das Feuer muß unterhalten werden. Die Schiffbrüchigen beteiligen sich mit Zusammentragen von Brennmaterial. Auch der große Apostel **„rafft eine Menge Reisig zusammen und wirft es auf das Feuer"**. Da fährt **„eine Schlange heraus und beißt sich an seiner Hand fest"**. Sichtbar für alle hängt das Tier von seiner Hand herab. Paulus
4/6 schleudert es ab ins Feuer und ist offenbar sehr unbekümmert. Er weiß wohl von der Zusage seines Herrn an seine Jünger Lk 10, 19; Mk 16, 18. Aber auf die einfachen Inselbewohner macht es einen tiefen und unheimlichen Eindruck. Eben ist dieser Mann dem Meer entronnen, nun beißt ihn die Giftschlange. „Gewiß" ist es **„ein Mörder, den die Vergeltung nicht leben läßt"**. So rasch sind ja auch wir

[568] Das Wort bezeichnet zunächst den „Bärtigen" im Gegensatz zum glattrasierten Kulturmenschen. Dann aber meint es den Menschen einer fremden und unverständlichen Sprache. So schreibt Paulus in 1 Ko 14, 11 wörtlich: „Wenn ich nun die Bedeutung der Stimme nicht weiß, so werde ich dem Redenden ein Barbar und der Redende für mich ein Barbar."

oft mit unserem Urteil fertig. Als aber Paulus weder vom Gift anschwillt noch plötzlich tot umfällt, schlägt die Stimmung um: Er muß **„ein Gott"** sein, dem das Meer und die Schlange nichts anhaben können. Von einer aufklärenden Rede wie Kap. 14, 15 ff berichtet Lukas diesmal nichts. Die Situation war hier auch eine völlig andere als damals in Lystra[564]. Aber es wird in ihr sichtbar, wie hilflos die Menschen sind, die Gott nicht kennen. **„Ein Mörder" – „ein Gott"** – so geht ihr Urteil im Augenblick hin und her.

Die einfachen Einwohner der Insel können nur eine erste Hilfe 7
leisten. Die nötige durchgreifende Fürsorge geht von dem ersten Beamten der Insel – der **„Erste der Insel"** ist ein amtlicher, uns auch sonst bezeugter Titel – aus, der in der Nähe auf der Insel Landgüter besitzt. Auf ihnen kann er die Schiffbrüchigen zunächst einmal für drei Tage aufnehmen, bis sie für die drei Wintermonate mit der völlig ruhenden Schiffahrt anderweitig untergebracht werden. Der Centurio mit seinen Soldaten ist bei Publius selber einquartiert und
hat auch seine Gefangenen dorthin mitgebracht. Auch hier gewährt er 8/9
Paulus eine große Bewegungsfreiheit. Paulus kann dem an der Ruhr erkrankten Vater des Gastgebers einen Dienst tun und ihn durch Gebet und Handauflegung heilen. Das spricht sich natürlich schnell herum, und viele Kranke von der Insel kommen und finden Hilfe. Auch hier wird wieder deutlich, wie sehr das „Heilen" zum apostolischen Dienst gehört. Selbstverständlich tritt die Wortverkündigung dazu. Die Heilung wurde im Namen Jesu und in der Kraft seiner Auferstehung geschenkt; so mußte notwendig etwas von Jesus gesagt und bezeugt werden. Wenn aber Lukas nichts von einer eigentlichen Predigt oder gar von der Bildung einer Gemeinde berichtet, so entspricht auch das wieder der Lage. Die Freiheit zur öffentlichen Predigttätigkeit konnte Julius dem Gefangenen des Kaisers nicht gewähren.

Die Dankbarkeit der Einwohner ist groß. **„Sie ehrten uns mit** 10
vielen Ehrungen." Steckt in dem „uns" eine Andeutung, daß der Arzt Lukas an den Heilungen beteiligt war? Wahrscheinlicher ist, daß die unmittelbaren Freunde des Paulus zusammen mit ihm beschenkt und geehrt werden, wie sie auch mit ihm gebetet und zu den Kranken gesprochen haben werden. Die Dankbarkeit hält an bis zur Abreise, wo man Paulus und seine Begleiter mit allerlei nützlichen Dingen versieht. Wie einfach und selbstverständlich wächst hier der Dienst des Paulus und seiner Begleiter aus der gegebenen Lage heraus. Aber wie wunderbar ist zugleich Gottes Führung. Nun bekommt

564 Wäre Lukas, wie die Kritik annimmt, ein Erfinder christlicher Wundergeschichten, so würde er in der Tat nicht verfehlt haben, Paulus auch hier eindrucksvoll predigen zu lassen und uns eine Schar bekehrter Malteser vor Augen zu stellen. Aber Lukas berichtet erlebte Tatsachen. Paulus hat hier nun einmal nicht gepredigt.

diese kleine Insel Gottes Freundlichkeit und Hilfe zu schmecken und etwas von der Botschaft von Jesus zu hören. Jesu Weisung erfüllt sich auch in dieser Weise: „Bis an die Enden der Erde . . .“ Und welch ein Bild: Diese „Barbaren“ wissen nicht, wie sie ihrer Dankbarkeit genug Ausdruck geben können gegen den Mann, der als Gefangener unter ihnen weilt, weil die Gottesstadt Jerusalem nur Undank und Haß für ihn hatte.

ANKUNFT IN ITALIEN UND IN ROM

Apostelgeschichte 28, 11–16

zu Vers 11: Apg 27, 6
zu Vers 14: Apg 21, 4
zu Vers 15: Rö 1, 7–12; 2 Ko 7, 67; Apg 23, 11
zu Vers 16: Apg 27, 3

11 Aber nach drei Monaten fuhren wir in einem Schiff ab, das auf
der Insel überwintert hatte, einem alexandrinischen, mit den
12 Dioskuren als Schiffszeichen. * Und in Syrakus angelaufen, blie-
13 ben wir drei Tage dort, * von wo wir (an der Küste) entlang fah-
rend nach Rhegium gelangten. Und nach einem Tag, als Südwind
14 einsetzte, kamen wir in zweitägiger Fahrt nach Puteoli. * Dort
fanden wir Brüder und wurden eingeladen, bei ihnen zu bleiben
15 sieben Tage. Und so kamen wir nach Rom. * Von dort kamen
die Brüder, die von unserer Lage gehört hatten, uns entgegen bis
Forum Appii und Tres Tabernae. Als Paulus sie sah, dankte er
16 Gott und faßte Mut. * Als wir aber nach Rom hineinkamen, wurde
es Paulus erlaubt, privat zu wohnen zusammen mit dem ihn be-
wachenden Soldaten.

11 Drei Monate waren die Schiffbrüchigen auf Malta geblieben. Da nach Plinius die Seefahrt um den 7. Februar wieder begann, muß die Strandung Anfang November geschehen sein. Jetzt geht ein Schiff – wieder ein alexandrinisches – ab, das in einem Hafen Maltas überwintert hat. Es führt **„als Schiffszeichen die Dioskuren“**[565], die entweder als Gallionsfigur den Bug des Schiffes schmückten oder zu beiden Seiten des Bugs aufgemalt waren. In Syrakus, der bedeuten-
12/13 den Hafenstadt an der Ostküste Siziliens, blieb das Schiff drei Tage, wahrscheinlich um Ladung zu löschen und neue Fracht an Bord zu nehmen. Dann geht es **„an der Küste entlang fahrend“**[566] hinüber

[565] Die Dioskuren sind die Zwillingsgötter Kastor und Pollux, die Söhne des Zeus, die als Retter in Seenot galten und besonders in Ägypten sehr verehrt wurden.

[566] Das im Text stehende Wort bedeutet eigentlich „herumfahrend“ und paßt hier insofern schlecht, als die Ostküste Siziliens fast gerade von Norden nach Süden verläuft. Vielleicht will Lukas sagen, daß das Schiff infolge widriger Winde gerade nicht einfach der Küste entlang fahren konnte, sondern einen Bogen machen mußte. „Entlang fahren“ ist schon Verbesserung. Die Handschrift B schreibt stattdessen das gleiche Wort,

nach Rhegium, der ersten Stadt in Italien selbst. Nach einem Wartetag kommt ein Südwind auf, der das Schiff mit guter Fahrt in zwei Tagen nach Puteoli am Golf von Neapel bringt. Während die Frachtschiffe von hier weiter nach Ostia, dem Hafen an der Tibermündung fahren, steigen die Passagiere meist in Puteoli aus, um den Weg nach Rom zu Fuß zurückzulegen. So war Puteoli immerhin eine bedeutende Hafenstadt, durch die der ganze Reiseverkehr aus dem Osten und dem Süden des Reiches ging. Damit wird es zusammenhängen, daß es hier — anders als in Syrakus und Rhegium — schon eine Christengemeinde gibt. Auch sie ist wieder ein Zeugnis für die Tätigkeit unbekannter schlichter Männer, die es nicht lassen konnten, von Jesus zu erzählen.

„Dort fanden wir Brüder." Wie **„fand"** man sie? Vielleicht stieß man „zufällig" auf sie, vielleicht hat Paulus auch allerorts nach ihnen
ausgeschaut. Er sehnte sich nach den „Brüdern". Er selbst konnte sie 14
als Gefangener nicht „suchen"; aber seine Begleiter waren durch nichts daran gehindert. Warum Julius mit seinen Soldaten selber gern in dieser Stadt blieb, wird uns nicht berichtet. Wir wissen ja: Lukas erzählt sehr vieles nicht, was wir gern wüßten. Vielleicht machte einfach die Umstellung auf den Fußmarsch einen etwas längeren Aufenthalt nötig, zumal die Soldaten nicht wie Paulus und die Seinen reich beschenkt Malta verlassen konnten[567]. Jedenfalls bekommt Paulus die Erlaubnis, eine Einladung der Christen in Puteoli anzunehmen. Sieben Tage lang darf er die Liebe der Brüder genießen, dann geht es **„nach Rom"**, wie Lukas zunächst zusammenfassend feststellt.

Aber Lukas muß sofort etwas Wichtiges über diesen Weg nach 15
Rom ergänzen. In den sieben Tagen des Aufenthaltes in Puteoli ist durch die Christen die Kunde von der Ankunft des Paulus und von seiner Lage als Gefangener nach Rom gelangt. Als die Brüder in Rom[568] davon hören, **„kommen sie ihm bis Forum Appii und Tres**

das in Kap. 27, 40 „die Anker fortnehmen" hieß. Aber selbst wenn man auch in unserer Stelle „die Anker" stillschweigend ergänzt, ist diese Lesart schwierig: In Apg 27, 40 werden die Anker ja nicht „gelichtet", sondern als unnötiges Hindernis „gekappt".

567 Ausleger wie A. Schlatter vermuten, daß Julius damals bereits selber Christ geworden war und darum die Einladung der Gemeinde in Puteoli auch bekam und gern annahm. Aber würde Lukas das nicht doch ausdrücklich hervorgehoben haben?

568 Den Ausdruck „Gemeinde" verwendet Lukas so wenig, wie Paulus selbst es in der Adresse seines Römerbriefes tut. Über die vermutlichen Gründe vgl. die Auslegung des Römerbriefes in unserer W. Stb. S. 34. Der Blick auf den Römerbrief zeigt, daß die Vermutung der Kritik, Lukas habe die Gemeinden in Rom mit Absicht nicht genannt, um erst Paulus als den Gründer der römischen Gemeinde zu feiern, nur aus dem Geist ständigen Mißtrauens stammt und in der Sache selbst keinen Grund hat.

Tabernae entgegen". Der erstgenannte Ort liegt rund 60, der zweite etwa 49 km von Rom entfernt. Man wird an zwei Gruppen römischer Christen zu denken haben, von denen die eine bis Tres Tabernae, die andere sogar bis Forum Appii gelangt[569].

„Als Paulus sie sah, dankte er Gott und faßte Mut." Verwundert uns das? Dann verkennen wir, was die Bruderschaft allezeit für Paulus bedeutet hat. Paulus hatte nicht unsere entstellte Art des Christseins. Er war nicht gern der einsame Große, der alles allein kann und der sich selbst genügt. Allein zu bleiben war ihm ein ernstes Opfer (1 Th 3, 1). So ist ihm dieses unerwartete Entgegenkommen der römischen Brüder eine tiefe Freude, für die er Gott dankt, und in seiner so ernsten Lage eine wirkliche Ermutigung. Was er vor Jahren den römischen Christen schrieb: „Ich sehne mich danach, Zuspruch zu erfahren in eurer Mitte durch den beiderseitigen Glauben, unseren und meinen" (Rö 1, 11. 12), das war ihm nicht eine höfliche Redensart gewesen. Nun fügt es sich für ihn, wenn auch in anderer Weise, als er es bei seinem Brief[570] dachte, daß er den jetzt doppelt nötigen Zuspruch von ihnen empfängt.

16 **„Als wir aber nach Rom hineinkamen . . .",** so knapp, so trocken berichtet Lukas von dem großen Augenblick. Sollten wir nicht Vertrauen zu seinem Buch haben, wenn er so sichtlich alle schriftstellerischen Sensationen vermeidet? Wie oft hat Paulus seine Wünsche, seine Gebete, seine Pläne hierher gerichtet. Nun ist er da! Aber Lukas sagt kein Wort von den Gedanken und Empfindungen, die jetzt durch die Seele des Paulus gehen. Wir aber müssen bei dem kurzen Satz des Lukas still werden. Was für Menschen sind in den Jahrhunderten des Altertums in Rom eingezogen: Feldherren, Kaiser, Kaufleute, Dichter, Philosophen. Den Einzug eines jüdischen Gefangenen in militärischer Begleitung wird niemand groß beachtet haben. Und doch schreitet dort einer durch die Straßen Roms, der die Welt tiefer und nachhaltiger beeinflussen und gestalten wird als all die Träger glänzender Namen, denen das römische Volk bei ihrem Einzug zujubelte.

569 „Sie kommen uns entgegen." Hier steht das Gleiche „eis apantäsin", das wir auch Mt 25, 6 und 1 Th 4, 17 finden. Es ist gerade aus unserer Stelle (wie auch aus Mt 25, 6) klar, daß der Sinn dieses „Entgegenkommens" die „Einholung" des Apostels (bzw. des Bräutigams) ist. Darum wird es sich auch in 1 Th 4, 17 nicht um eine „Entrückung" zum Herrn in den Himmel handeln, um dort im Himmel bei ihm zu bleiben, so wenig die römischen Christen sich mit Paulus in Forum Appii oder Tres Tabernae niederließen, sondern um die „Einholung" des wiederkommenden Herrn durch seine Gemeinde.

570 Was die brüderliche Tröstung und Ermutigung bedeutet, haben wir im Kirchenkampf wieder neu gelernt. Die kleine Schar der Christen, die in Zukunft in aller Welt unter einer völlig anders gearteten Menschheit zu leben haben wird, wird nur bestehen können, wenn jeder einzelne von wirklicher Bruderschaft getragen und gehalten wird.

In Rom angekommen, hat es Paulus unerwartet gut. Es **„wurde Paulus erlaubt, privat zu wohnen"**. Die römische Behörde, die ihm diese Erlaubnis gibt, wird nicht näher genannt. Aus dem Luthertext kennen wir die Koine-Lesart: „Der Centurio übergab die Gefangenen dem Lagerkommandanten, dem Paulus aber wurde erlaubt, privat zu wohnen, außerhalb der Kaserne." Aber das wird spätere Erweiterung durch einen Abschreiber sein, der hier die nötigen Angaben vermißte. Jedenfalls ist die Lage des Paulus eine verhältnismäßig leichte und erfreuliche. Er kann jederzeit Menschen bei sich in der Wohnung empfangen und Gespräche führen. Freilich, er bleibt Gefangener. Er wohnt **„zusammen mit dem ihn bewachenden Soldaten"**, an dessen Arm er angekettet ist. Wirklich allein war Paulus nun niemals, auch nicht nachts zum Schlafen. Und auch Bibellesen und Beten konnte er nur in der steten Gegenwart eines Fremden. Persönliche Nöte und Unbilden der Boten sind im NT „nicht der Rede wert". Wir hören nicht einmal die Andeutung einer Klage oder eines Bedauerns. Das nächtliche „Wachen zum Gebet" wird er umso mehr ausgenutzt haben, um mit seinem Herrn zu reden, während sein Wachsoldat neben ihm schlief.

PAULUS IN ROM

Auseinandersetzung mit den Häuptern der Judenschaft
Das Zeugnis des Paulus frei und ungehindert

Apostelgeschichte 28, 17–31

17 Es geschah aber nach drei Tagen, daß er die zusammenrief, die
die Ersten unter den Juden waren. Als sie aber zusammengekom-
men waren, sagte er zu ihnen: „Ich, ihr Männer und Brüder, der
ich nichts gegen das Volk oder die väterlichen Sitten getan habe,
wurde als Gefangener aus Jerusalem in die Hand der Römer über-
18 liefert. * Diese, als sie mich verhört hatten, wollten mich frei-
19 lassen, weil keine Ursache zur Todesstrafe bei mir vorliegt. * Da
aber die Juden widersprachen, wurde ich gezwungen, mich auf den
Kaiser zu berufen, nicht als ob ich eine Anklage gegen mein Volk
20 hätte. * Aus diesem Grund habe ich euch eingeladen, euch zu se-
hen und mit euch zu sprechen. Denn wegen der Hoffnung Israels
21 trage ich diese Kette." * Sie aber sprachen zu ihm: „Wir unserer-
seits haben weder schriftliche Mitteilungen über dich aus Judäa
bekommen, noch kam einer der Brüder und berichtete oder sagte
22 etwas Böses über dich. * Wir verlangen aber von dir zu hören,
was du denkst; denn über diese Richtung ist uns bekannt, daß ihr

zu Vers 17:
Apg 23, 1
zu Vers 19:
Apg 25, 11
26, 32
zu Vers 20:
Apg 23, 6
24, 15
26, 6 f
2 Tim 1, 16
zu Vers 22:
Lk 2, 34
Apg 17, 19 f
24, 14
Rö 10, 21
Hbr 12, 3

zu Vers 23:
Lk 24, 27
Apg 19, 8
20, 7. 11
zu Vers 24:
Apg 14, 4
17, 4
zu Vers 26:
Jes 6, 9 f
Mt 13, 14 f
Jo 12, 40
zu Vers 27:
2 Ko 3, 14
zu Vers 28:
Ps 67, 3
Jes 52, 10
Apg 13, 46
18, 6
zu Vers 30:
2 Tim 1, 17
zu Vers 31:
Apg 19, 8
Eph 6, 18-20
Phil 1, 14
2 Tim 2, 9

23 überall widersprochen wird." * Sie bestimmten ihm aber einen
Tag und kamen zu ihm in sein Quartier in noch größerer Zahl.
Ihnen legte er (seine Anschauung) dar, bezeugend die Herrschaft
Gottes, indem er sie von Jesus zu überzeugen suchte, vom Gesetz
24 Moses und den Propheten aus, von früh bis zum Abend. * Und die
einen ließen sich gewinnen durch das, was er sagte; die andern
25 aber verweigerten den Glauben. * Da sie aber uneins waren un-
tereinander, gingen sie weg, während Paulus ein einziges Wort
sagte: „Richtig hat der Heilige Geist gesprochen durch Jesaja,
26 den Propheten, zu euren Vätern: * ‚Gehe zu diesem Volk und
sprich: Hörend werdet ihr hören und nicht verstehen, und sehend
27 werdet ihr sehen und nicht erkennen. * Denn fühllos wurde das
Herz des Volkes, und mit ihren Ohren hören sie schwer, und
ihre Augen haben sie geschlossen, damit sie nicht etwa sehen mit
ihren Augen und mit ihren Ohren hören und mit ihrem Herzen
28 verstehen und sich bekehren und ich sie heile.' * Kund sei euch
nun, daß den Heiden gesandt wurde dieses Heil Gottes, sie wer-
29 den hören!" * (Und als er dies gesagt hatte, gingen die Juden weg,
indem sie viel Auseinandersetzung untereinander hatten)[571].
30 * Er blieb aber ganze zwei Jahre in der eigenen Mietswohnung
31 und empfing alle, die zu ihm kamen, * bekundend die Herrschaft
Gottes und lehrend von dem Kyrios Jesus Christus mit allem
Freimut ungehindert.

Nun ist Paulus also in Rom! Wir haben die gleiche Frage auf dem Herzen, die auch die Philipper bewegte: die Frage nach seinem weiteren Ergehen, nach dem Verlauf seines Prozesses, nach dem Urteil, mit dem dieser Prozeß schloß. Wurde Paulus zum Tode verurteilt? Kam er frei? Aber Lukas erweist sich auch hier als guter Schüler des Paulus. So wie Paulus selbst die Fragen der Philipper nach seinem Ergehen sofort umwendet zu einer Auskunft über den Fortgang des Evangeliums („Wissen lassen aber möchte ich euch, Brüder, daß meine Lage mehr zum Fortschritt des Evangeliums geführt hat" Phil 1, 12), so sagt uns auch Lukas am Schluß seiner Apostelgeschichte nichts von alledem, was wir so gern wissen möchten, und richtet unsern Blick einzig auf den Fortgang der großen Sache des Evangeliums. In geradezu großartiger Weise unterstreicht Lukas durch den viel umstrittenen Schluß seines Buches noch einmal, was uns die Art seiner Darstellung schon gezeigt hat: das persönliche Schicksal der einzelnen Menschen, selbst der Apostel und sogar

[571] Dieser V. 29, uns aus der Luther-Übersetzung vertraut, findet sich im Koine-Text, fehlt aber in maßgebenden Handschriften.

eines Paulus, ist unwichtig gegenüber dem Evangelium und seinem Lauf durch die Welt! Unsere Unzufriedenheit mit dem Abschluß der Apostelgeschichte ist somit nur ein Zeichen unserer eigenen unbiblischen und verkehrten Einstellung. Das Evangelium wird in der Welthauptstadt frei verkündigt, das müßte uns mit Dank und Freude und Anbetung erfüllen. Der Prozeßverlauf und der Lebensausgang des Paulus ist daneben ohne Gewicht. Wie kraftvoll und vollmächtig würde die Gemeinde Jesu heute dastehen, wenn sie wieder so zu denken, so zu leben und so zu leiden lernte!

Nicht auf das Ergehen des großen Paulus, sondern auf die Arbeit des berufenen Boten wird im letzten Abschnitt unser Blick gerichtet.
Diese Arbeit setzt auch in Rom nicht anders ein als überall: bei der 17
Verkündigung an Israel. Der Mann, der schuldlos **„aus Jerusalem in die Hand der Römer überliefert"** worden ist, der die meisten seiner schweren Leiden durch Juden erlitt, der allein durch den Haß seiner israelitischen Volksgenossen in dieser gefahrvollen Lage vor dem Gericht Kaiser Neros steht, der sucht auch in Rom als erstes und sofort die Verbindung mit der Judenschaft und bittet **„nach drei Tagen die, die die Ersten unter den Juden sind"**, zu sich in seine Wohnung. Welch unverbrüchliche Treue zu Israel, in der sich etwas von Gottes unwandelbarer Treue widerspiegelt. Die römischen Juden folgen seiner Einladung, ein Zeichen, daß sie ihrerseits noch nicht eine endgültige Stellung gegen die junge Christenheit und gegen Paulus eingenommen haben. Paulus legt ihnen zunächst seine persönliche Lage dar um der Sache willen. Sein Satz **„als Gefangener aus Jerusalem in die Hand der Römer überliefert"**, scheint im Widerspruch zu stehen mit den Ereignissen, wie sie uns Kap. 21, 27 ff geschildert und auch von jüdischer Seite selbst mit Betonung Kap. 24, 7 (Koine-Text) dargestellt sind. Sollte Lukas diesen Widerspruch nicht bemerkt haben? Aber Paulus kann und will sich jetzt nicht auf Einzelheiten
einlassen und hebt nur die Grundlinie heraus: Nicht die Römer ha- 18/20
ben ihn irgendwelcher Verbrechen wegen von sich aus festgenommen, sie fanden bei der Untersuchung nichts Strafwürdiges an ihm; die führenden Kreise Israels sind schuld, daß er jetzt als Gefangener des Kaisers in Rom ist. Dabei hat er seinerseits **„nichts gegen das Volk oder die väterlichen Sitten getan"**. Aber er trägt seinem Volk nichts nach und will bei seinem Prozeß vor dem Kaiser nicht etwa sein Volk verklagen. Nein, auch jetzt weiß er sich völlig zu Israel gehörig und sieht in Jesus **„die Hoffnung Israels"** wahrhaft erfüllt[572]. Darum sucht er mit wirklichem Ernst die Verbindung mit der Judenschaft in Rom. **„Denn wegen der Hoffnung Israels trage ich diese**

[572] Vgl. zu dieser ganzen Einstellung des Paulus o. S. 407

Kette." Den ganzen Widersinn seiner Lage hat Paulus in diesem kurzen Satz zusammengefaßt. Können das die Juden in der Welthaupt-
21/22 stadt nicht durchschauen und sich zu ihm stellen? Die Antwort der Häupter der Judenschaft ist nicht ungünstig. Erstaunlicherweise haben der Hohepriester und der Hohe Rat keinen amtlichen Bericht über Paulus nach Rom geschickt. Trotz des lebhaften Verkehrs ist auch kein Jerusalemer gekommen, der amtlich oder privat **„etwas Böses über Paulus"** berichtet hätte. Das Christentum freilich ist den römischen Juden bekannt. Aber noch sehen sie darin eine **„Richtung"** des Judentums, der allerdings **„überall widersprochen wird"**.[573] Darum **„verlangen sie von Paulus zu hören, was er denkt"**. In dem hier gebrauchten Wort für **„verlangen"** steckt der Hinweis auf ein gewisses Recht einer solchen Forderung. Die Christenheit in Rom war von unbekannten Männern gegründet worden. Nun ist es den führenden Juden Roms wichtig, daß ein namhafter Mann der „Nazarener" (Kap. 24, 5), ein Pharisäer und Schriftgelehrter, bei ihnen ist und ihnen über seine Stellung zum Christentum Auskunft geben kann. Zu dieser Auskunft ist er ihnen gegenüber verpflichtet.

23/24 So füllt sich an einem bestimmten Tag das Zimmer des Paulus. Es gibt ein langes Gespräch vom frühen Morgen bis zum späten Abend. Selbstverständlich bildet wieder die Schrift Grundlage und Ausgangspunkt, und es geht um die beiden zusammengehörigen Themen „Reich Gottes" und „Jesus". Jesus — der Bringer der Gottesherrschaft, der Erfüller der alten Verheißungen und Erwartungen, das sucht Paulus, seinen Besuchern zu zeigen. **„Und die einen ließen sich gewinnen durch das, was er sagte."** Das bedeutet hier aber offensichtlich nicht schon klare Bekehrung zu Jesus, sondern nur Offenheit und Interesse für das, was Paulus ihnen darstellt. **„Die andern aber verweigerten den Glauben."** Hier wird noch einmal deutlich, was das ganze NT unter „Unglauben" versteht. Er ist das willentliche Nein zu der klar gehörten und verstandenen Botschaft. So blieb die Judenschaft Roms uneins und zwiespältig[574]. Es kommt nicht zu einer einmütigen, klaren Verwerfung des Paulus. Aber es ist auch von einem weiteren Hörenwollen keine Rede. Es mögen einzelne auf Grund dieses Tages den Weg zu der Gemeinde Jesu in Rom gefun-

[573] Jede ausgesprochene und bestimmte Erkenntnis und Einstellung findet natürlich auch lebhaften Widerspruch. Dem „Christentum" ergeht es darum nicht anders als jeder Religion und Weltanschauung. Darum ist es Torheit, das Christentum schon deshalb abzulehnen, weil ihm kräftig widersprochen wird! Für den tieferen Blick sieht es sogar noch anders aus: In einer gegen Gott sich auflehnenden Welt muß gerade die eigentliche Wahrheit Gottes den leidenschaftlichen Widerspruch erwecken. Daß der Christenheit „überall widersprochen wird", ist also gerade das Siegel auf die Echtheit ihrer Botschaft.

[574] Das spiegelt sich in dem zugefügten V. 29 des Koine-Textes wider.

den haben. Aber Israel als Ganzes bleibt auch in Rom der Botschaft verschlossen. Das sieht Paulus am Ende dieses heißen Tages deutlich 25/27
vor sich, und so ruft er beim Abschied den vergeblich Umworbenen noch ein Wort zu, das schwere Gerichtswort Gottes aus der Berufungsgeschichte Jesajas, das wir nur hier in der Apg und außerdem in Mt 13, 14; Jo 12, 40 aus dem Munde Jesu selbst hören. Es macht in einer ganz eigentümlichen und erschreckenden Weise deutlich, wie hinter aller faktischen „Schwerhörigkeit" und „Blindheit" für Gottes Botschaft in Wahrheit eine unheimliche, tiefe Abwehr des Menschen steckt, der nicht hören und verstehen will. Warum will er es nicht? Weil er instinktiv spürt, wie alles Hören und Verstehen ihn der Bekehrung entgegentreibt, die er haßt, obwohl sie für ihn die Rettung ist. So schwer bekehrt sich gerade der „fromme" Mensch. Nun wird es auch in Rom deutlich, was Paulus überall erfuhr. Die **„Hoffnung Israels"**, für die Paulus die Kette trägt, wird von Israel selbst zurückgestoßen. Gott aber schenkt dadurch die Zeit für die Herausrufung 28
des Leibes Christi aus den Nationen. **„Kund sei euch nun, daß den Heiden gesandt wurde dieses Heil Gottes; sie werden hören."**

Und so geschieht nun auch in Rom zwei Jahre lang die Missions- 30/31
arbeit unter den Heiden, in den Grenzen, die durch die Gefangenschaft des Paulus gesetzt waren. Aber in diesen Grenzen **„mit allem Freimut ungehindert"**. Paulus kann nicht draußen in großen Versammlungen sprechen; aber Menschen kommen zu ihm, denen er die große Botschaft vom Anbruch der Gottesherrschaft sagen und über den **„Kyrios Jesus Christus"** genauen Unterricht geben kann. Der Titel **„Kyrios"** hat hier in der Hauptstadt des „Kyrios Nero" noch einen ganz anderen Klang! Er sagt mächtiger als unser abgebrauchtes deutsches Wort „Herr", daß Jesus Christus der Herrscher der Welt ist und der Träger des göttlichen Heils für alle Räume und Zeiten der Weltgeschichte bis zum großen Tag seiner Wiederkunft.

Durch Philemon 10 kennen wir einen jener vielen Besucher, die damals zu Paulus in sein Quartier kamen, den entlaufenen Sklaven Onesimus, der nun durch Paulus zu Jesus und zur wahren Freiheit findet. Wie viele andere mögen es gewesen sein, die in jenen zwei Jahren die Wende ihres Lebens bei Paulus erfuhren!

„Er blieb aber ganze zwei Jahre in der eigenen Mietswohnung." Diese Formulierung zeigt klar, daß Lukas von einer Wendung nach zwei Jahren wußte. Ist es nur jene Wendung, die wir in Phil 1, 12 f sich widerspiegeln sehen, wo Paulus offenbar in die Kasernen überführt worden ist und seine bisherige Bewegungsfreiheit verloren hat? Ist es die Wendung zum Tode? Wir sind hier gänzlich auf Vermutungen angewiesen. Auf der einen Seite haben wir die kirchliche Überlieferung, die den Tod des Paulus in das Jahr 64 legt. Dann würde die Verlegung in die Kaserne nur das entscheidende Stadium seines Prozesses ankündigen, der nach seiner eigenen Erwartung in Phil 1, 25 f mit dem Freispruch geendet hätte. Später müßte Paulus dann erneut verhaftet und vor Gericht gestellt und als römischer Bürger zum Tode durchs Schwert verurteilt worden sein. Die sogenannten „Pastoralbriefe" (1 und 2 Tim und Titus) lassen sich als echte Paulusbriefe nur verstehen, wenn der römischen Gefangenschaft noch eine Zeit der Wirksamkeit — freilich doch wieder im Osten und nicht in Spanien — gefolgt ist. Auf der andern Seite aber steht der bestimmte Ausspruch des Paulus in Kap. 20, 25: „Ich weiß, daß ihr nicht mehr sehen werdet mein Angesicht, ihr alle, bei denen ich durchzog, heroldend das Reich." Sollte Lukas das geschrieben haben, wenn er wußte, daß Paulus noch einmal freikam und den Osten erneut besuchte? Es wäre auch schwer zu verstehen, wenn Lukas an dieser Stelle sein Werk beendet hätte, obwohl er den günstigen Ausgang des Prozesses und eine weitere Wirksamkeit des Paulus kannte. Es müßte denn sein, daß er wirklich einen dritten Band seines Werkes in Aussicht genommen hat, der nun diese weitere Wirksamkeit des Paulus schildern sollte, wie manche annehmen. Wenn er dagegen mit seinen Lesern wußte, daß nach diesen zwei Jahren die Verschärfung der Haft, der Prozeß und der Tod folgte, dann wäre dieser Schluß seines Buches wahrhaft groß und folgerichtig. Das Bild des Paulus, der den von Jesus vorgesehenen und durch soviel Hindernisse und Gefahren hindurch dennoch herbeigeführten Zeugendienst in der Hauptstadt Roms tat, **„zwei Jahre hindurch mit allem Freimut ungehindert"**, sollte dann das letzte sein, was der Leser der Apg vor sich sah. Was danach kam, war dem Leser bekannt. Aber es hat keine Wichtigkeit. Die Apg weiß noch nichts von der Verherrlichung der Märtyrer, die später so bestimmend in der Kirche wurde. Wie kurz und sachlich hat sie den Tod des Jakobus berichtet! Auch ein Paulus ist als Märtyrer nicht wichtig, so wie Paulus selbst sein Sterben nur als die Beigabe, als das „Trankopfer" zum eigentlichen „Opfer des Glaubens" der Gemeinde angesehen hat (Phil 2, 17). Auch die großen, erwählten Werkzeuge Jesu leiden und sterben, wie es der Herr selbst vorausgesagt hat. Aber das Evangelium geht weiter. „Gottes Wort ist nicht gebunden." Den Sterbenden entsinkt die Siegesfahne der Botschaft von Jesus. Aber immer wieder sind andere da, die sie aufnehmen und die in dem Maß ihres Auftrages **„bekunden die Herrschaft Gottes und lehren von dem Kyrios Jesus Christus mit allem Freimut ungehindert"**.

NACHWORT

Wir stehen am Schluß der Apostelgeschichte und blicken zurück. Womit begann unser Buch? Mit dem Einen, der in der Mitte weniger junger Männer auf dem Ölberg bei Jerusalem steht und sie in die Weite der Welt hinausweist. Nun am Schluß des Buches lehrt Paulus, der Bote Jesu, in der Welthauptstadt Rom das Evangelium unverboten, und von Jerusalem bis nach Rom geht durch die „Ökumene", durch die damalige Kulturwelt, die Kette der Gemeinden Jesu, der vielen namhaften, deren Gründung wir miterlebten, und der vielen unbekannten, auf die wir nur im Vorbeigehen stießen.

Wie ist das gekommen, in dem knappen Zeitraum von etwa 30 Jahren? Wir sind so an diese Tatsache gewöhnt, daß wir gar nicht mehr ermessen, wie erstaunlich es alles ist. Nie hätte ein Mensch diese Geschichte konstruieren oder sich vorher auch nur irgendeine Vorstellung von ihr machen können. Nie hätte ein Mensch sie für möglich gehalten, wenn er dabeigewesen wäre, als die Elf auf dem Ölberg die Sendung in die Welt hinaus empfingen.

Lukas hat uns diese Geschichte nicht in moderner „systematischer" Weise dargestellt, unter ausdrücklicher Hervorhebung der Triebfedern und der entscheidenden Gesichtspunkte. Lukas ist ein „Erzähler" in dem alten biblischen Stil der einfachen Tatsächlichkeit. Wie man in einem Zug fährt und an Station nach Station vorbeieilt und durch immer neue Landschaften getragen wird bis zum großen Endpunkt der Reise, so liest man sich durch die Apostelgeschichte hindurch. Oft möchte man Halt! Halt! rufen und aussteigen, um sich auf dieser oder jener bedeutenden Station noch näher umzusehen. Aber der Zug eilt weiter; neues Land tut sich dem Blick auf.

Eines aber hat uns Lukas mit seiner ganzen Schilderung unerhört eindrücklich gemacht, und darauf soll jetzt am Schluß unser Blick noch einmal ruhen. In dieser ganz unausdenkbaren Geschichte ist nichts „gemacht", sondern alles „geworden", nichts „geplant" und nichts „organisiert", sondern alles hat sich so „begeben". Hier haben nicht Menschen mit immer neuen Mitteln und Methoden große Ziele erreicht. Hier hat allein das verkündigte Wort in seinem eigenen Lauf Leben geschaffen. Das Wort nimmt wohl auch einzelne bedeutende Männer in seinen Dienst, aber es tut die entscheidenden Dinge ebensogut durch unbekannte und namenlose.

Darum ist diese ganze „Apostelgeschichte" ein unerklärbares Geheimnis, das Geheimnis der Kraft des Heiligen Geistes, das Geheimnis göttlicher Leitung und Führung, das Geheimnis des Glaubens, in welchem Menschen sich dem Wirken des Wortes zur Verfügung stellen. Es „wird" alles so, weil am Anfang der Eine steht, der nicht mit anfeuernder und treibender Energie, sondern mit der Ruhe unbedingter Tatsächlichkeit feststellt: „Ihr werdet Kraft empfangen, wenn der Heilige Geist auf euch kommt, und werdet meine Zeugen sein, in Jerusalem und in ganz Judäa und Samaria und bis an das Ende der Erde." Wenn er spricht, so geschieht es; wenn er gebietet, so steht es da. Darum führt die Apostelgeschichte von diesem Anfang zu diesem Schluß, und darum ist alles Geschehen in ihr so, wie es Lukas als ein treuer Zeuge voll Glaubens und Heiligen Geistes uns geschrieben hat.

Es gilt aber gerade auch von der Apostelgeschichte des Lukas, was Paulus den Römern von der Bibel überhaupt sagt: „Denn alles, was zuvor geschrieben wurde, wurde zu unserer Belehrung geschrieben, damit wir durch die Geduld und durch den Trost der Schriften die Hoffnung haben." Es ist nicht eine fremde und vergangene Geschichte, die wir hier „historisch" aus weiter Entfernung betrachten. Denn der Eine, der am Anfang der Apostelgeschichte steht, ist derselbe gestern und heute. Er baut seine Gemeinde heute noch so, wie er es damals tat. Wir stehen mit hundert Problemen und mit immer neuen eigenen Versuchen und Methoden vor der Ohnmacht und dem Elend der Kirche in unserer Gegenwart. Laßt uns doch zurückkehren zu der „Apostelgeschichte", die mit dem letzten Satz des Lukas nicht zu Ende war, sondern weiter und weiter gegangen ist bis zu uns. Laßt uns entschlossen allem eigenen Können, eigenen Planen und Tun entsagen und das wahre Beten und Glauben wieder zu unserer Sache machen, weil der Herr Jesus Christus selbst alles in der Hand hat und mit seinem Planen und Lieben, mit der Macht seines Wortes und Geistes heute wie damals seine Taten tun und seine Gemeinde bauen und sie zurüsten will auf den Tag seiner neuen Gegenwart.

Sachregister

Dieses Sachregister will kein vollständiges Verzeichnis aller wichtigen Worte in diesem Band bieten, sondern nur auf die wichtigsten „Sachen“ hinweisen, die in diesem Buch ausgelegt werden.

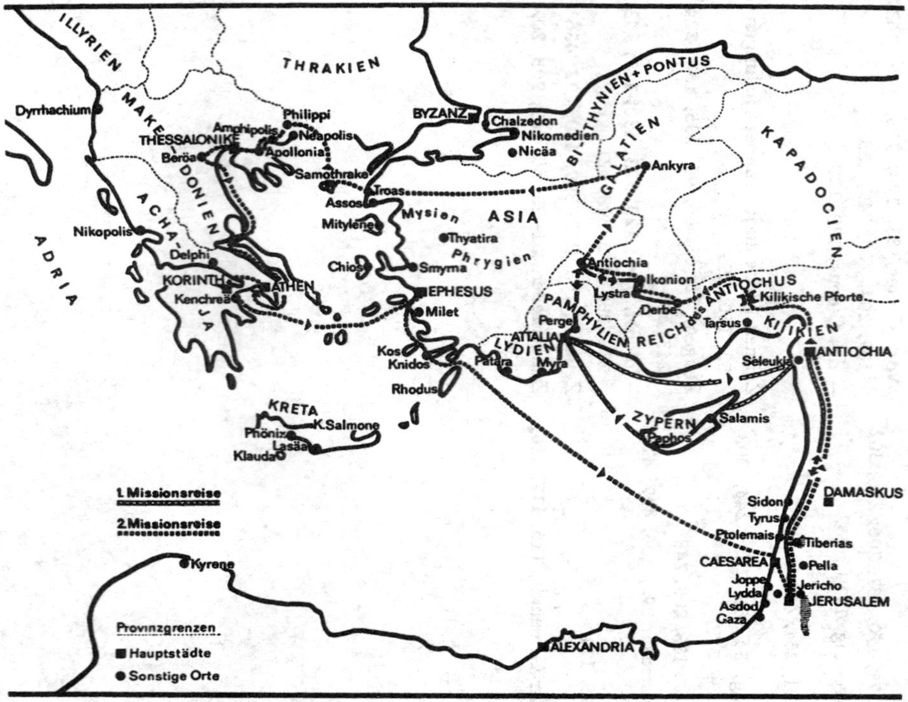

Die 1. Missionsreise des Apostels Paulus nach Kleinasien (Apg 13—14); Reise nach Jerusalem zum Apostelkonzil (Apg 15); 2. Missionsreise (Apg 16—18).

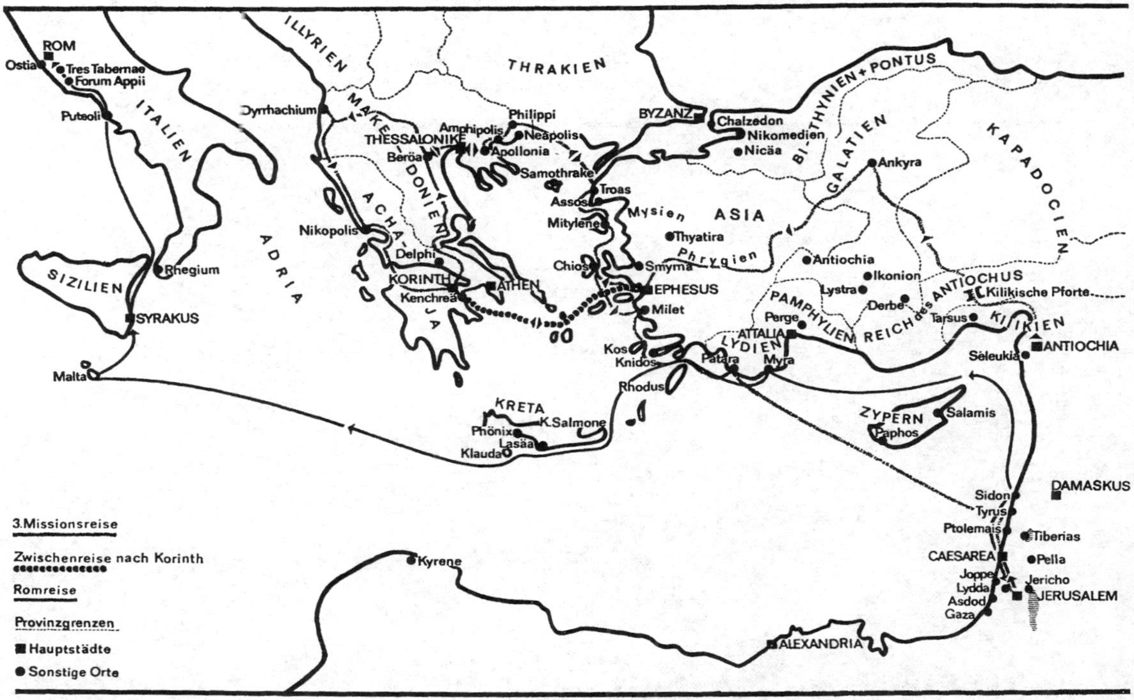

Die 3. Missionsreise des Apostels Paulus (Apg 12—21);
Zwischenreise nach Korinth; Fahrt nach Rom (Apg 27—28).

Der Brief des Paulus an die Römer

erklärt von

Adolf Pohl

R. BROCKHAUS VERLAG

INHALTSVERZEICHNIS

Abschnitt B
Die Offenbarung der Gerechtigkeit Gottes für den Glauben (3,21-4,25)

Abschnitt C
Der im Glauben Gerechte wird leben! (5,1-8,39)

VORWORT DES VERFASSERS

Als Adolf Schlatter 1935 als 83-Jähriger in hoher Abgeklärtheit seinen Kommentar zum Römerbrief erscheinen ließ, stellte er ihn unter die Überschrift »Gottes Gerechtigkeit«. Für sich genommen könnte dieser Hauptbegriff des Briefes wie ein fern leuchtendes Gestirn vor sich hinflimmern, keinen von uns so richtig erfassend. Anders, wenn er im Sinne von Römer 1, Vers 5 vervollständigt wird: »Gottes Gerechtigkeit und unser Gehorsam des Glaubens«. Sofort ist Spannung im Raum.

Das Studium dieses Briefes wühlt uns auf und wühlt uns um. Vor seiner durchdringenden Macht wird jedermann ein Schüler. Sollten sich schon Preise für gutes Bescheidwissen im Glauben angesammelt haben, gibt man sie, wenn man diesen Brief studiert hat, zurück. Gestandene Lehrer des Wortes stehen vor der Leere ihrer Lehre und sind froh, noch einmal lernen zu dürfen.

Der Römerbrief steht nicht umsonst an der Spitze der neutestamentlichen Briefsammlung. Was ihn heraushebt, ist schon sein Anlass. Diesmal bemühte Paulus sich weniger um Probleme einer Ortsgemeinde. Seine eigene Lage trieb ihn zum Schreiben. Für ihn war sozusagen »Halbzeit«. Er stand vor der Wende zum missionarischen Vorstoß in den Westen des Reiches. Ein geplanter Zwischenaufenthalt in Rom sollte ihm dabei weiterhelfen. Aber dieses Unterfangen wurde mit unendlichen Beschwernissen aus den eigenen Reihen behängt. Sie eigentlich gebaren den Römerbrief als klassisches Dokument evangeliumsgemäßer Weltverantwortung, wobei »Weltverantwortung« nicht tief und weit genug genommen werden kann und keine Schmalspur verträgt.

Nun können wir Menschen nicht alles auf einmal denken, nicht einmal alles Wichtige. Noch weniger können wir alles auf einmal sagen. Das galt selbstverständlich auch für Paulus, als er sich anschickte, »sein« Evangelium darzulegen. Da er kein Wirbelwind war, schuf er ein ordentliches Nacheinander. Nacheinander widmete er sich großen Gedankenblöcken. Themabewusst im Ganzen und planvoll im Einzelnen, schreibt er in erstaunlicher Konzentration. Diese Eigenart fordert seine Leser heraus, ihren Sinn für Gliederung, Beziehungen und Zusammenhänge zu entwickeln. Verwenden wir dieses Schreiben nur als Zettelkasten, aus dem wir schöne Sprüche herausziehen, geht das ganze wunderbare Werk an uns vorbei. Nicht anders, wenn wir schon damit zufrieden sind, zentrale Vokabeln nacheinander abzuklopfen.

So einfach der Zuschnitt dieser Auslegung ist und so knapp ihr Umfang, möchte sie darum gerade auch den Gedankenfaden aufzeigen, an dem uns der Apostel Vers für Vers, aber auch Abschnitt für Abschnitt entlangführt. Wer die Auslegung notgedrungen nur zu einem begrenzten Abschnitt nachlesen kann, sollte sich nicht sofort auf die Versauslegung stürzen, sondern auch die Einführungen in die Abschnitte und in die größeren Abteilungen mitnehmen. Vor allem die Einleitungsfragen zum ganzen Brief sollte man nicht überschlagen: Was führte Paulus zu dem doch recht ungewöhnlichen Schritt, gerade einer Gemeinde, die ihm als Ganze nur aus der Ferne bekannt war, den Brief der Briefe zu schreiben?

Die Auseinandersetzung mit der Geschichte der Auslegung und mit der gegenwärtigen Forschung ist mir selbstverständlich, muss hier aber fast ganz hinter dem Vorhang bleiben. Wer aber einen Blick dafür hat, merkt, dass der Vorhang sich ständig bewegt.

Der beschränkte Raum für eine so umfangreiche Aufgabe nötigte auch zu einem sonst nicht üblichen Verfahren. Ich habe verhältnismäßig häufig auf meine eigene Auslegung des Galaterbriefs, die 1995 in der gleichen Reihe erschien, hingewiesen (in dieser Weise: »s. Galater, WStB, S.«). Die Briefe an die Galater und Römer gehören zeitlich und sachlich besonders eng zusammen und erläutern sich gegenseitig. Den Exkurs auf S. 238-240 verdanke ich dem Herausgeberkreis.

Im Herbst 1998 Adolf Pohl

A. Einleitungsfragen

Beginnen wir unsere Annäherung an den Römerbrief mit einer Episode aus Apg 28: Paulus war in Süditalien gelandet, um jetzt auf dem Landweg Rom zu erreichen. Für ihn ein großer Augenblick! Er kam viel später als geplant. Etwa fünf Jahre waren vergangen, seit er der römischen Gemeinde schrieb: »Ich komme!« Und er kam anders, als er sich das vorgestellt hatte: mit einem Gefangenentransport. Noch ein ganzes Stück von Rom entfernt stießen sie auf eine Gruppe von Männern, die sich als Abordnung der römischen Gemeinde vorstellte. Sie waren ihm sage und schreibe 65 Kilometer entgegengekommen, um ihm das Ehrengeleit zu geben. Lukas hält fest: »Als Paulus sie sah, dankte er Gott und gewann Zuversicht.« Also mitten auf der Straße erst einmal beten und dann überquellend danken. Was hat es mit diesem auffälligen Verhalten auf sich? Er hatte in der römischen Gemeinde Verleumdungen befürchtet, aber jetzt wusste er sich dort angenommen. Anders gesagt: Sein Römerbrief hatte seinen Zweck erfüllt.

Von hier aus versuchen wir, diesen Apostel in seinem Wollen und Ringen so in den Blick zu bekommen, dass es uns reizt, dieses gewaltige Schreiben zu studieren.

1. Der Römerbrief gehört an die Spitze aller Paulusbriefe

a) Die Briefmission des Paulus

Rund drei Jahrzehnte Wirksamkeit waren ihm vergönnt, nämlich von etwa 33 an (Berufung vor Damaskus) bis spätestens 67 (Martyrium in Rom). Die von ihm überlieferten Briefe stammen sämtlich aus der zweiten Hälfte dieser Zeitspanne, beginnend mit dem 1Thess etwa aus dem Jahre 50. Briefe aus den Jahren davor sind entweder verloren gegangen oder erst die Ausweitung seines Werkes hatte ihn auf dieses Mittel gelenkt. Auf diese Weise ersetzte er notwendige, aber nicht durchführbare Apostelbesuche durch öffentlich zu verlesende Apostelschreiben.

Vier spätere Briefe aus den Jahren 54 bis höchstens 58 rückten im NT an die vorderste Stelle und somit auch an die Spitze, seine so genannten »Hauptschriften«: Röm, 1+2Kor und Gal. Sie begründeten seinen besonderen Rang für die Gemeinde Jesu Christi aller Zeiten.

b) Die vier Hauptbriefe enthalten die antijudaistische Grundentscheidung des Paulus

Nach Gal 1,13-14 lebte Paulus in seiner vorchristlichen Phase selbst im »Judaismus«. Er bezeichnete damit seinen maßlosen Eifer, seine zu Christus bekehrten Brüder, ob aus dem Judentum oder aus dem Heidentum stammend, unter das Gesetz zu zwingen. Ähnlichem Eifer begegnete er dann auch innerhalb der christlichen Gemeinde (Gal 2,14). So etwa lautete das Programm: Das Mosegesetz ist Gottes Zentraloffenbarung für Zeit und Ewigkeit. Selbst die Sendung Christi war nur Hilfsmaßnahme Gottes zugunsten des Sinaibundes, so dass der Christusglaube dem Sinaibund einzuordnen ist. Selbstverständlich handelte es sich bei diesem christlichen Judaismus um ein Gebilde eigener Art. Er mutete der Christusgemeinde nicht den ganzen pharisäischen Gesetzesapparat zu, sondern als Minimalforderung nur die drei alten bekennerhaften Rituale Israels: Beschneidung, Sabbat und Speisereinheit.[1] Doch schon darin gab es örtlich unterschiedliche Gewichtung. Während die Judaisten z.B. in Galatien mit Nachdruck die Beschneidung forderten (5,2f; 6,12), schien dieser Punkt in Rom keine besondere Rolle zu spielen. Nach Röm 14,2.5 standen dort Sabbatfeier und Speisereinheit im Brennpunkt (14,2.5).

c) Die Antwort des Paulus

Kein Mensch, auch Paulus selbst nicht, hätte das Mosegesetz außer Kraft setzen dürfen, denn es ist heilig, gerecht, gut, geistlich und schön (7,12.14). »Aber Gott offenbarte seinen Sohn in mir«, bekennt er Gal 1,15f, nämlich als seine endgültige Offenbarung, als die wahre Zentralsonne. Der Sohn steht hoch über Mose und sämtlichen Propheten. Wie die Sterne erbleichen, wenn die Sonne erscheint, so verblassen vor dem offenbaren Christus alle anderen Größen: das Mosegesetz, das Gewissensgesetz, das Staatsgesetz, jede Norm, jedes System, jede Macht. Herr ist Jesus! Mit diesem Ruf war Paulus in die Heidenmission gezogen. Natürlich war er nicht der einzige Heidenmissionar, nicht einmal der erste (16,7; Apg 11,20-23). Aber ausgerüstet mit einem charismatischen Tiefblick für die »Wahrheit des Evangeliums« (Gal 2,5.14), verlieh er der gesetzesfreien Mission das gültige Profil, so dass er »mein Evangelium« sagen konnte (2,16; 16,25). Für diese Schau setzte er sich auch in einer bei ihm sonst selten zutage tretenden Schroffheit ein (Gal 1,8). Kein Wunder, dass gerade dieser Mann Zielscheibe der Judaisten wurde.

d) Die Reaktion der christlichen Judaisten

Nicht alle bekehrten Juden oder Proselyten (zur Synagoge übergetretene Heiden) schafften den Schritt in die Gesetzesfreiheit. Besonders in der Jerusalemer Gemeinde meldeten sich zunehmend Gegenkräfte. Diese erachteten es schließlich als ihre Sendung, zur gesetzesfreien Heidenmission dieses Paulus ein Kor-

[1] S. Galater, WStB, S. 24-25.

rektiv zu bilden. Wo er Gemeinden hinterlassen hatte, erschienen auch ihre Sendboten und verkündeten den an Christus Glaubenden aus dem Heidentum: Damit alles seine Ordnung hat, müsst ihr euch auch noch beschneiden lassen! Sonst seid ihr nicht wirklich Abrahams Kinder und darum auch nicht Gotteskinder. Was Paulus euch gesagt hat, war mindestens unvollständig, es muss komplettiert werden. – Diese Versuche zur Nachmission lassen sich nachweisen in Antiochia, Galatien, Philippi, Thessalonich, Korinth und Rom. In Galatien gelang es fast, das ganze Werk des Paulus zu kippen.

e) Der Kampf des Paulus

Dagegen kämpfte Paulus also den Kampf seines Lebens, den Kampf um das Herrsein Jesu. Wer Christus zwar verehrt – und das taten die judaistischen Brüder ohne Frage –, ihn aber zum nur Zweithöchsten macht, also Mose über ihn stellt, stürzt ihn in Wahrheit vom Thron und streicht damit das Evangelium wieder durch (Gal 1,7; 5,2.4). Dieser antijudaistische Kampf wurde das gemeinsame Anliegen der vier paulinischen Hauptbriefe. Schon die Häufigkeit gewisser Vokabeln kennzeichnet sie. Z.B. findet sich »beschneiden, Beschneidung« in den vier Hauptbriefen 30-mal, in den restlichen neun Briefen nur noch 9-mal; oder »Gesetz« in den Hauptbriefen 113-mal, sonst nur noch sechsmal. In den Briefen vorher und nachher standen andere Gefahren und andere Themen im Mittelpunkt, was sich auch am anderen Wortschatz zeigt.

f) Der Römerbrief als Glücksfall

Das Auftreten der Judaisten zwang Paulus also, sein Evangelium noch einmal neu[2] und gründlich zu durchdenken und zu begründen. Diese Denkarbeit gipfelte schließlich im Römerbrief, und zwar in keiner Weise beiläufig. Während sonst Gemeindenöte seine Briefe bestimmten[3], schrieb er diesmal in eigener Angelegenheit. Längst sah er einen Auftrag, auch in Rom offen das gesetzesfreie Heil zu vertreten. Das musste die auch in Rom in der Luft liegende Kontroverse mit den Judaisten, ob nun in der Gemeinde oder in der Synagoge, verschärfen. Um die römischen Christen dafür zuzurüsten, schrieb er diesen »prophylaktischen« Brief (Burton). Wir haben hier also eine ausdrückliche und ausführliche theologische Rechenschaftslegung des Heidenapostels, und zwar auf der Höhe seines Wirkens, ausgereift in Jahren der Auseinandersetzung.

2 Auffällig ist z.B., dass der tragende Begriff des Röm »Gerechtigkeit Gottes« in seinen vorangegangenen Briefen fast völlig fehlt; er findet sich sonst nur 2Kor 5,21.

3 Dieses Merkmal fehlt zwar auch hier nicht ganz, erscheint aber erst weit hinten, ab Kap. 14.

2. Die christliche Gemeinde in Rom war für Paulus eine echte Herausforderung

a) Ihr Entstehen

In der Hauptstadt des Reiches hatte sich im 1. Jh. das stärkste Judenzentrum der Alten Welt entwickelt. Man schätzt es auf zigtausend Glieder. Mindestens dreizehn Synagogengemeinden konnten in der Stadt nachgewiesen werden. Sie hielten rege Verbindung mit Jerusalem. Als Händler, Handwerker und nicht zuletzt als frommer Pilger reiste man hin und her (vgl. Apg 2,10). In dieses Bild fügt sich gut ein, dass in römischen Synagogengottesdiensten eines Tages auch zu Christus bekehrte Juden aus Jerusalem auftauchten. Sie bekannten ihren Glauben und es entwickelte sich eine vitale christliche Bewegung. Somit geht die römische Christenheit auf das Wirken für uns namenloser Gläubiger zurück. Was den Zeitpunkt anbetrifft, wird sich sogleich zeigen, dass diese Anfänge mindestens[4] schon in den vierziger Jahren lagen, also ein ganzes Jahrzehnt vor der ersten Missionsreise des Paulus. Nicht er war der erste Missionar in Europa, nicht etwa Philippi die erste europäische Gemeinde.

Als in den römischen Synagogen das christliche Zeugnis erscholl, wird sich Ähnliches abgespielt haben wie nach der Apg auch in Damaskus, Antiochia, Kleinasien, Mazedonien oder Griechenland: Nach unvermeidlichen Auseinandersetzungen kam es bei Juden und Proselyten zu Entscheidungen für Christus und infolgedessen zu Scheidungen. Die Kämpfe müssen dort so heftig gewesen sein, dass sie die ganze römische Judenschaft alarmierten, ja sogar die öffentliche Ordnung gefährdeten. An dieser Stelle gewinnen wir festen historischen Boden unter den Füßen, denn sowohl der römische Geschichtsschreiber Sueton als auch Apg 18,2 berichten, Kaiser Claudius habe im Jahre 49 verfügt, alle Juden müssten Rom wegen Unruhestiftung verlassen. Der Text des Sueton ergibt, dass es sich mit größter Wahrscheinlichkeit um jenen Konflikt mit den dortigen Christen handelte. Übrigens vermittelten die vertriebenen Judenchristen in den Gemeinden des Ostens ein gutes Bild über die römische Gemeinde (1,8; 16,19), Paulus selbst durch das hoch qualifizierte Ehepaar Aquila und Priscilla (16,3f; Apg 18,2).

b) Die Umformung der römischen Christenheit

Durch die Ausweisung der Juden aus Rom wurde dort der heidenchristliche Teil der Christenschar ihrer jüdischen Führungsschicht beraubt und war notge-

[4] Eine Entstehung bald nach Pfingsten (im Blick auf Apg 2,10) oder nach der Vertreibung der hellenistischen Christen aus Jerusalem (Apg 8,1-4) ist denkmöglich, ohne mit Gewissheit behauptet werden zu können.

drungen auf sich selbst gestellt. Als aber Kaiser Claudius im Jahre 54 starb, unterließ es sein Nachfolger, das Edikt zu erneuern, und die römischen Juden kehrten wieder zurück. Doch hatte sich in der Zwischenzeit von fünf Jahren das Bild der Gemeinde erheblich gewandelt. Die Heidenchristen waren missionierend in die heidnische Bevölkerung hineingestoßen, wodurch sich ihre Zahl stark vermehrte.[5] So fanden sich die heimkehrenden Judenchristen als Minderheit vor.[6] Leider hatte sich auch ein heidenchristliches Selbstbewusstsein entwickelt, nach 11,17-25 nicht ohne die Gefahr der Überheblichkeit.

c) Die Gemeinde zur Zeit des Römerbriefs

Die mehrheitlich heidenchristliche Gemeinde bot sich für einen Vertreter einer beschneidungsfreien Mission als natürliche Bundesgenossin an, war die Beschneidung doch für erwachsene Männer eine bewusst erlebte Tortur.[7] Aber darüber hinaus hatten sich die Römer dem Evangelium auch von Herzen angeschlossen; dafür sprechen die Äußerungen in 1,8.12; 6,17; 7,4; 15,14; 16,19. In 15,1 schließt er sich mit ihnen als den »Starken« zusammen, nach 15,24 freute er sich darauf, sich an ihrem Glauben zu »erquicken«.

Die Christen in Rom bildeten vielleicht die traditionsreichste Gemeinde außerhalb Palästinas, hatten offenbar auch missionarische Kraft bewiesen.[8] Jedermann wusste um ein blühendes christliches Zentrum dort. Es bedeutet etwas, dass später auch Petrus gerade dieser Gemeinde schrieb, dazu vermutlich auch Hebr und Mk ihnen gewidmet waren. Paulus zollt dieser Gemeinde hohen Respekt:

- In 16,16 sendet er ihr einen auffallenden Gruß: Als einzelne Gemeinde wird sie von sämtlichen anderen gegrüßt, was ihre Vorrangstellung beweist.
- Nach 1,13; 15,22 hat er sie auch nicht erst jetzt entdeckt, wo er sie brauchte (s.u.), sondern schon seit Jahren den Besuchswunsch gehegt.
- Er maßt sich nicht an, dieser unabhängig von ihm gewachsenen Gemeinde etwas grundsätzlich Neues zu bringen, sondern möchte sie nach 15,14-15 nur an Bekanntes »erinnern«. Er will ihr dienen, sich aber nach 1,11-12 auch von ihr dienen lassen. Im Übrigen versichert er ihr in 15,20 seinen Grundsatz der Nichteinmischung.

[5] Die Verfolgung durch Nero im Jahre 64 setzt in Rom eine christliche Gemeinde als stadtbekannte Größe in ansehnlicher Zahlenstärke voraus.

[6] Paulus spricht seine Leser insgesamt als Heidenchristen an (1,5-6.13; 10,1-3; 11,13.17-25.30-31; 15,14-15). Auf die Anwesenheit von Judenchristen muss er ausdrücklich aufmerksam machen (16,3.7.11). Für Vertreter jüdischer Traditionen innerhalb der Gemeinde sprechen auch Kap. 14 und 15.

[7] S. Galater, WStB, S. 198ff.

[8] Aus Apg 28,14 erfahren wir, dass in Puteoli (200 km von Rom entfernt) »Brüder« lebten. Rom war also nicht mehr die einzige Gemeinde in Italien. Nach Hebr 13,24 grüßten die »Brüder aus Italien«.

3. Paulus schrieb den Brief um die Jahre 55/56 von Korinth aus

Er schrieb, d.h. diktierte diesen Brief dem Tertius (16,22) unmittelbar vor seiner eigenen Abreise nach Jerusalem (15,25). Dabei befand er sich nach 16,23 in Korinth bei seinem Gastgeber Gaius.[9] Dieser letzte Korinth-Aufenthalt vor seiner Jerusalemreise währte nach Apg 20,2-3 drei Monate und fiel auf den Winter 55/56. Diese Angabe für die Abfassungszeit wird von der Forschung mit nur geringen Abweichungen allgemein geteilt.[10]

4. Paulus hatte die römische Gemeinde in weit reichende Pläne einbezogen

a) Die besondere Bedeutung des Briefschlusses

Im Rahmen des Briefeingangs (1,9-15) stellt Paulus einen einzigen Briefzweck breit in die Mitte: Ankündigung eines geplanten Apostelbesuchs in Rom. Aber es gilt, den *ganzen* Rahmen des Briefes zu beachten. Gerade persönliche Dinge gehörten im Altertum in den Schluss eines Briefs (hier ab 15,14). Nachdem der eigentliche Briefinhalt seine Wirkung getan hatte, schuf der Schluss für den Schreiber noch einmal eine ganz besondere Nähe zum Empfänger. Nehmen wir also Briefeingang und Briefschluss zusammen, ergibt sich, dass der Röm einer *doppelten* Reisevorbereitung dienen sollte, einer Reise über Rom nach Spanien, aber vorher erst noch einer Reise von Korinth nach Jerusalem. Machen wir den Briefschluss im Einzelnen fruchtbar:

b) Die innere Situation des Paulus

Paulus stand vor einem tiefen Einschnitt seines Wirkens. Die Mission in der östlichen Reichshälfte lag hinter ihm, der Absprung in eine Westmission vor ihm. Zur Begründung erklärt er 15,23: »Ich habe keine Aufgabe mehr in diesen Ländern.« Wieso konnte er sich angesichts so vieler Heidenvölker im Osten ar-

9 Vgl. 1Kor 1,14. Das Neue Testament kennt vier Träger des Namens Gaius. Was spricht dafür, dass der 16,23 genannte Vertreter dieses Namens in Korinth lebte? Der neben ihm erwähnte Erastus scheint Korinther gewesen zu sein (2Tim 4,20). Ferner heißt es in 16,1-2 von der Gemeindeschwester Phoebe, der er offenbar den Brief mitgab, dass sie in Kenchreä Dienst tut, wobei es sich um den Hafenvorort Korinths handelte. So weist alles auf Korinth als Absendeort.

10 Die Jahresangabe entsteht so: Bei seinem ersten Korinthbesuch stand Paulus nach Apg 18,12-17 vor dem Gericht des Gallio. Ein glücklicher Fund, die sog. Gallio-Inschrift, die 1905 veröffentlicht wurde, besagt, dass dieser Statthalter von Frühjahr 52 bis Frühjahr 53 (oder 51/52) im Amt war. Von diesem festen Punkt aus rechnet man die folgenden Ereignisse bis zum zweiten Korinthbesuch des Paulus hinzu und kommt auf die Jahre zwischen 55 bis höchstens 58. Da Lukas oft nur ungefähre Angaben macht, sind gewisse Schätzungen notwendig.

beitslos melden? An dieser Stelle ist zu bedenken, dass Paulus nicht flächendeckend, sondern schwerpunktmäßig missionierte, d.h., er sah sich speziell als Großstadtmissionar. Wie die Apg zeigt, blieb er auf den Hauptverkehrsstraßen und ging an den Dörfern vorbei, bis er, teilweise nach Hunderten von Kilometern, wieder in die nächste größere Stadt kam. Dort gründete er eine Gemeinde, die sofort für ihr Umland missionarisch verantwortlich war (vgl. 1Kor 1,2; 1Thess 1,6ff). Die Entstehung einer Gemeinde an einem zentralen Ort bedeutete für ihn schon die Gewinnung des Umlandes, beseelte ihn doch das Vertrauen: Feuer breitet sich von selbst aus. Für ihn stand Philippi für Mazedonien (Phil 4,15), Thessalonich für Mazedonien und Achaia (1Thess 1,7f), Korinth für Achaia (1Kor 16,15; 2Kor 1,1), Ephesus für Asia (Röm 16,5; 1Kor 16,19; 2Kor 1,8).

Zwei Gesichtspunkte machen dieses Verfahren verständlich. Da war zunächst seine Berufung nach Apg 22,21 (vgl. Gal 1,16): »Ich will dich ferne zu den Völkern senden.« Er war Völkermissionar, der im Welthorizont dachte, in Völkern und Ländern, nicht in Dörfern und Häusern. Zweitens hatten auch die sprachlichen Verhältnisse ihr Gewicht. Zwar verstand man überall, wo Zivilisation hingelangt war, das Griechische. So musste Paulus z.B. nach Galatien nicht auf Galatisch und nach Rom nicht auf Lateinisch schreiben. In Stadtgemeinden konnten alle der gottesdienstlichen Verlesung griechisch geschriebener Briefe folgen. Aber daneben lebte eine Unzahl von Lokalsprachen weiter, die für den Missionar, wie Apg 14,11-15 beweist, zum Problem werden konnten. Besonders in ländlichen Gegenden benötigte er Dolmetscher. Auch von daher war Paulus an die Städte gewiesen.

In diesem Sinne war für ihn die Arbeit im Osten getan. Es drängte ihn zu neuen Völkern und Ländern. Italien kam dafür nicht in Frage, dort gab es schon mit Rom ein auch von ihm anerkanntes Zentrum (vgl. Punkt 2). Also sofort der Sprung nach Spanien! An Rom hatte er kein direkt missionarisches Interesse (1,12; 15,20-21), sondern Erwartungen anderer Art:

c) Rom auserwählt als neue Trägergemeinde

Die bisherigen Zentren und Stützpunkte lagen extrem im Osten, während sich die römische Gemeinde für die Spanienpläne schon verkehrstechnisch anbot. Rein geographisch war sie für den, der vom Osten nach Spanien wollte, überhaupt nicht zu umgehen, denn alle Wege führten nach Rom und wieder von Rom aus hinaus. Was die Seefahrt anbelangt, segelte man im Altertum – tausend Jahre vor der Einführung des Kompasses! – nicht einfach quer durchs Mittelmeer, sondern immer mit Sichtverbindung zur Küste. Dabei also kam man auf dem Weg nach Spanien unvermeidlich an Rom vorbei. Dort erwartete der Apostel geistlich-praktische Hilfe zur Weiterfahrt (15,24).

Aber die Romfahrt (mit Weiterreise nach Spanien) war für Paulus nicht einmal sein nächstes, sondern erst sein übernächstes Ziel. Davor lag eine Reise in entgegengesetzter Richtung.

d) Die römische Gemeinde als Mitkämpferin des Paulus in Sachen Jerusalembesuch

Damit kommt die für ihn weit schwierigere Aufgabe zur Sprache. Erst im Briefschluss, als er annehmen konnte, die Herzen und Gedanken der Römer durch seine Darlegungen gewonnen zu haben, rückt er damit heraus (15,25ff): »Jetzt aber fahre ich hin nach Jerusalem, um den Heiligen zu dienen.« Dieser »Dienst« bestand in der Übergabe einer gemeinsamen Kollekte der von ihm gegründeten Gemeinden.

Diese Reise war für ihn so problematisch, dass er flehentlich um Fürbitte ersuchte, V.30: »Helft mir kämpfen durch eure Gebete für mich zu Gott!« Nach V.31 fürchtete er in Jerusalem einerseits Nachstellungen der dortigen jüdischen Behörden, andererseits Missverständnisse bei den Gläubigen. Er fürchtete, dass die Gruppe der Judaisten inzwischen einen solchen Einfluss in der Urgemeinde bekommen haben könnte, dass man das Gemeinschaftszeichen in Gestalt der großartigen Kollektenaktion (15,27) ablehnen würde. Ja, dort rüstete man sich schon, ihn bei seinem Kommen zur Rechenschaft zu ziehen, anzuklagen, niederzuringen und ihn so vor allen Tochtergemeinden in den Provinzen gründlich und endgültig unmöglich zu machen. Ihr Ziel war, ihn mit geistlicher und theologischer Vollmacht in aller Form der »Beschämung« preiszugeben (s. zu 1,16a).

Und was hatte die ferne Gemeinde in Rom damit zu tun? Bei den traditionell regen Beziehungen der Stadt zu Jerusalem musste er voraussetzen, dass der innerchristliche Streit um seine Person auch diesen Gläubigen nicht verborgen geblieben war (vgl. Röm 3,8). Als ihnen persönlich Unbekannter machte er sich bei ihnen umso mehr auf negative Rückwirkungen gefasst. Ob man dort über den angekündigten Besuch eines so umstrittenen und streitbaren Mannes so glücklich war? Gewönnen in Rom die Verleumdungen an Boden, fiele damit aber auch die Westmission ins Wasser. Romreise und Jerusalemreise waren eben miteinander verschränkt. Unter diesen Umständen bedeutete die Aufforderung zur Fürbitte: Tretet in diesem großen Streit vor Gott und Menschen auf meine Seite! Dieses Ansinnen konnte er übrigens unmöglich an den Briefanfang stellen. Zuerst galt es, Rechenschaft zu geben, was er nun wirklich lehrte.

e) Die Auswirkung auf die Gestalt des Briefes

Erklärt ist damit die auffallende Erscheinung, dass Paulus gegenüber dieser mehrheitlich heidenchristlichen Gemeinde so ausführlich und tiefgründig jüdische (und damit auch christlich-judaistische!) Einwände aufgreift, ferner sehr reichlich den Schriftbeweis verwendet und in drei langen Kapiteln der Israelfrage nachgeht. Man hat den Röm deswegen schon einen verkappten Jerusalembrief genannt.[11] Aber seine Zielgruppe bildeten tatsächlich die Römer, mit

11 Jervell, J., S. 61-73; vorher schon andeutend E. Fuchs, bei Bornkamm, S. 138.

denen ihn in Zukunft eine Arbeitsgemeinschaft verbinden sollte und die er deswegen bis ins Gewissen hinein gewinnen musste. Die Grundlage dafür konnte nur das Evangelium selber schaffen. Weil der Vorgang aber in eine gespannte Situation traf, musste er seine Leser zugleich befähigen, die erkannte Wahrheit gegenüber kontroversen Einwürfen vertreten zu können.

f) Das Testament des Paulus?

Es ist üblich geworden, diesen Brief das »Testament« des Paulus zu nennen.[12] Fraglos ist der Brief zu seinem theologischen Testament *geworden*. Aber entsprach diese Sicht dem Selbstverständnis des Verfassers bei der Abfassung? Zu einem »Testament« gehört die Überzeugung: Mein Werk ist getan, ich gebe hiermit mein Erbe weiter. Doch das war damals noch nicht die Lage des Paulus. Er stand nicht am Endpunkt, sondern an einem Wendepunkt, war voller Pläne und Hoffnungen und lieferte in denkwürdiger Stunde ein Dokument seiner missionsstrategischen und heilsgeschichtlichen Schau.

g) Zusammenfassung

Obwohl seine beiden bevorstehenden Reisen geographisch in die entgegengesetzte Richtung führten, gehörten sie für ihn eng zusammen. Und obwohl Spanien weit weg von Jerusalem lag, vermochte er es nicht, sich von den Jerusalemern leichthin unabhängig zu machen. Der Geist der Spaltung unter den Verkündern und unter den Glaubenden war für ihn eine Katastrophe (1Kor 1,13). Um diese abzuwenden, hatte er sich gegen alle Warnungen zur lebensgefährlichen Reise nach Jerusalem entschieden. Die Jerusalemer waren gewiss missionstheologisch »unterentwickelt«, ohne wirklichen Durchblick für die Wahrheit des Evangeliums. Aber sie waren »Heilige« (15,26), sicherlich sehr anstrengende Heilige, jedoch geheiligt durch das Blut Christi und durch den Glauben. So gab es für Paulus kein gesegnetes Spanien ohne aufrichtiges Bemühen um die Heiligen in Jerusalem.

12 Zuerst Günther Bornkamm, aber ähnlich schon W. Sandy, 1895.

B. Auslegung

Briefeingang (1,1-17)

Im Altertum lag auf Buchanfängen größtes Gewicht. Als wegweisend für das ganze Werk wurden *sie* besonders gestaltet. Nun ist der Röm gewiss ein Brief, aber fraglos mit Übergängen zum Buch, so dass auch für ihn jenes Gesetz in Kraft trat. Auch dieser Briefkopf legt Gleise für alles Folgende und will sorgfältig gelesen sein. Der damals übliche kurze Briefkopf von oft nur drei Wörtern[1] dehnt sich in diesem Fall zu einem einzigen überdimensionalen und überaus gehaltvollen Satz, der hier in der Übersetzung nicht geglättet und nicht in kurze Sätze umgebrochen wurde.

a) Absender, Empfänger und Segenszuspruch (Präskript) (1,1-7)

1 Paulus, Knecht Christi Jesu, berufener Apostel, ausgesondert für das Evangelium Gottes,
2 welches er vorher angekündigt hatte durch seine Propheten in den heiligen Schriften
3 (und das) von seinem Sohn (handelt), der geboren ist aus dem Samen Davids nach dem Fleisch,
4 eingesetzt als Sohn Gottes in Kraft nach dem Geist der Heiligkeit aufgrund der Auferstehung der Toten – (das Evangelium also über) Jesus Christus, unsern Herrn,
5 durch den wir empfangen haben Gnade und Apostolat, (Menschen zu führen) zum Gehorsam des Glaubens, (und zwar auch) in allen (nichtjüdischen) Völkern für (die Verherrlichung) seines Namens,
6 unter denen auch ihr seid Berufene Jesu Christi,
7 an alle, die in Rom sind, den Geliebten Gottes, den berufenen Heiligen, Gnade euch und Friede von Gott, dem Vater unseres Herrn Jesus Christus.

Paulus will die Gläubigen in Rom gewinnen. Darum verweist er als Erstes auf den gemeinsamen Boden des »Evangeliums«[2], auf dem sie und er und alle christlichen Gemeinden Fuß gefasst haben, von dem aus sich gewiss auch strittige Fragen klären lassen.

[1] S. Galater, WStB, S. 32-34.
[2] Dieses Stichwort durchzieht die ganze Brieferöffnung (V. 1.9.15.16).

1 Ohne wie meist in seinen Gemeindebriefen die Namen von Mitarbeitern zu erwähnen, stellt er sich selbst vor. Die Umstände erforderten es, dass es diesmal vordringlich um ihn selbst ging: **Paulus**. Nicht, dass man in Rom nichts über ihn gewusst hätte. Auch an Orten, wo er nicht missioniert hatte, kannte und besprach man seine Lebensgeschichte (Gal 1,22f; Apg 21,21). Aber die Judaisten hatten ihn in den Ruf eines Abtrünnigen gebracht. Dagegen verwahrt er sich dreifach.

Er ist zunächst ein **Knecht Christi Jesu**, wörtlich »Sklave«. Käme diese Selbstbezeichnung aus dem Mund eines Griechen, wäre sie als übertriebene Demutsgebärde zu werten, denn im Griechentum hatte das Wort fast ausschließlich entwürdigenden Sinn. Hier aber spricht ein Jude, geprägt durch das AT, das mit diesem Wort höchsten Dienst bezeichnen kann, nämlich Indienstnahme durch Gott selbst. So waren Mose, Josua, David und vor allem die Propheten »Knechte Gottes«.

Diesen Sinn bestätigt hier die zweite Beifügung: **ein Berufener**. Wie von den atl. Gottesknechten war auch von Paulus eine Berufungsgeschichte bekannt. Mit ihr fiel seine Bestellung zum **Apostel** zusammen. Hier liegt wie bei der Masse der ntl. Stellen eine speziell christliche Verwendung dieser Vokabel vor. Sie geht über den Wortsinn »Abgesandter«, »Bote« hinaus, indem sie eine lebenslängliche und gar heilsgeschichtliche Aufgabe einschließt. Träger dieses Titels sind die Garanten des unverfälschten Evangeliums, auf dem die Gemeinde aller Zeiten gründet.[a] Als solche bilden sie einen einmaligen Personenkreis.

[a] Mt 16,18 Eph 2,20 Offb 21,14

Eine dritte Bestimmung greift noch hinter das Damaskusgeschehen zurück. Schon vor seiner Geburt war er ein durch Gott **Ausgesonderter**. Zur Abtrennung gehört sofort eine Zuordnung: **für das Evangelium Gottes.** Mit dem Stichwort »Evangelium« spricht schon der erste Satz des Briefes das Weltkonzept von Jes 52,7-9 an (vgl. Anm. zu V. 16a): Gott tritt am Ende der Zeit wie nie zuvor aus sich heraus und wendet sieghaft und heilschaffend den Lauf der Menschheit zu sich. »Dein Gott hat die Herrschaft angetreten!«, jubeln dort die Freudenboten, eben die »Evangelisten«. So versteht Paulus sich. Damit ist klargestellt, dass er nicht als Privatmann nach Rom kommt, nicht als interessanter Theologe, nicht als Paulinist, sondern eben in dieser Apostelfunktion als Garant des Evangeliums.

Das alles aber stellt er nicht, jeder Überprüfung enthoben, einfach in den Raum. Eingedenk des Grundsatzes von Mt 18,16 bringt er zwei Zeugen bei, die auch den römischen Christen vertrauenswürdig waren.

2 Als erster Zeuge bestätigt das AT das Evangelium des Paulus, **welches er**, also Gott, **vorher angekündigt hatte**. Das Evangelium

ist kein unvermittelter, zusammenhangsloser Einfall Gottes, sondern war längst in Lehre und Logik der **Heiligen Schriften** verankert.[3] Sie bilden ein nach vorn schauendes, auf Christus wartendes Buch. Seine Verfasser galten allesamt als **Propheten.** Gott ließ ihre Prophetie Schrift werden, damit sie für die, die die Erfüllung erleben würden, als Zeugen bereitständen. Man sollte Erfüllung neben Verheißung legen können und dadurch umso gewisser werden (2Petr 1,19). Somit ist das AT gerade für Christen geschrieben, wie Paulus sehr deutlich betont.[b] Gerade im Zusammenhang mit seinen entscheidenden Thesen[c] benennt er Schriftstellen als »Zeugen«.[d] Sein Heidenapostolat[e] ist keine schriftwidrige Unternehmung.

[b] 1Kor 9,9-10; 10,11 Röm 4,23f; 15,4
[c] Röm 3,21 Apg 10,43

Paulus stellt die Summe des im AT verheißenen Evangeliums **3a**
fest: Es handelt **von seinem Sohn**. Nicht eine Lehre, auch nicht die Rechtfertigungslehre ist Evangelium, sondern der Sohn. Die ganze Urchristenheit stimmte damit überein, dass die Mitte der Schrift Christus selber ist.[f] Als Sohn ist er mehr als Abraham, Mose, David, Salomo oder irgendein Prophet. Er ist die Fülle Gottes leibhaftig.

Aber waren und sind die Juden nicht zu Recht über diese christologische Vereinnahmung ihrer Schriften empört, die doch nicht einmal den Namen »Jesus Christus« enthalten? Paulus selbst stand einst als jüdischer Rabbi Modell für diesen Protest. Aber er verdankte die Erkenntnis der wahren Aussageabsicht der Schrift einer »Enthüllung« im Sinne von 2Kor 3,14-16. Von da ab legte ihm der lebendige Herr die Schrift aus, und die Schrift bezeugte ihm diesen Herrn.

[d] Röm 1,17 3,4.10-18 4,3.7f. 17f.22
[e] Joh 5,39 Lk 24,27.44 Apg 8,35 2Tim 3,15 2Kor 1,20
[f] Apg 2,36 13,33 Phil 2,8f Röm 14,9

Als zweiten Zeugen bietet Paulus ein urchristliches Glaubensbe- **3b-4**
kenntnis auf. Um dieses Vorgehen aufzuhellen, machen wir uns ein Ergebnis der neueren Forschung zunutze. Zunehmend setzt sich die Einsicht durch, dass er hier und an so manchen anderen Stellen nicht selber formuliert, sondern einen alten urchristlichen Kernsatz zitiert.[4] Auch nach 6,17 und 15,15 hatten die Christen in Rom bei ihrem Christwerden einen Fundus solcher Glaubenssätze übernommen, der sie mehr oder weniger mit der gesamten Christenheit verband. Indem Paulus sich jetzt eines solchen gemeinchristlichen Stücks bedient, schließt er sich mit seinen Lesern zu einer Glaubensgemeinschaft zusammen, und genau das war der Zweck des Briefs.

[3] Insofern ist das Neue am NT nicht ganz neu. Wiederum geht es darin über das AT hinaus, dass es dessen Verheißungen nicht einfach wiederholt, sondern zusätzlich das inzwischen ergangene Ja und Amen Gottes dazu bezeugt (2Kor 1,20). Erfüllung aber ist unfasslich mehr als Verheißung.

[4] Dies Urteil gründet sich auf das Ebenmaß der Sätze (drei Stücke in V. 3 entsprechen drei Stücken in V. 4), auf den hymnologischen Stil, auf den unpaulinischen und altertümlichen Wortschatz und auf den Vergleich mit der Parallele 1Tim 3,16, wo ebenfalls deutlich ein Hymnus erklingt.

Mit Hilfe dieses Bekenntnisses entfaltet Paulus in V. 3-4a die Geschichte des Evangeliums vom Sohn, und zwar in zwei aufeinander folgenden Abschnitten. Der erste betrifft das Dasein des Sohnes »nach dem Fleisch«, der zweite sein Dasein »nach dem Geist der Heiligkeit«. Dieses Nacheinander von »Fleisch« und »Geist« in der Geschichte Christi erscheint ähnlich 1Petr 3,18.

Zum ersten Abschnitt: **der geboren ist aus dem Samen Davids nach dem Fleisch**. Wie in 9,3.5.8 bezeichnet »Fleisch« an dieser Stelle neutral die geschöpfliche Wirklichkeit, in der sich menschliches Leben abspielt. Der ewige Sohn wurde Menschengeschöpf. Genauer: Er wurde Jude (vgl. 9,4f). Man kann sogar seinen Stammbaum angeben: aus dem Samen Davids. Doch dies Stichwort führt zugleich weiter. War er Davidide, erweckte er nach 2Sam 7,10-16 die glühendste Erwartung auf den messianischen König der Juden.

Dem Wortlaut nach fehlt in diesem Bekenntnis die so wichtige Verkündigung des Todes Jesu. Aber obwohl hier nur das Stichwort »Geburt« erklingt, wäre es unsinnig, die Sache bei Weihnachten enden zu lassen. Selbstverständlich lag zwischen Geburt (V. 3) und Auferstehung (V. 4) auch sein Lebens- und Leidensweg bis hin zum Tod. Dies Bekenntnis wurde ja von Menschen gesprochen, die – wenn auch noch vor der Niederschrift unserer vier Evangelien – die Jesusüberlieferung von Geburt bis Auferstehung im Sinn hatten. Diese aber berichtet glaubensvoll, dass gerade über dem Haupt des Gekreuzigten zu lesen stand: »König der Juden«, Davidssohn! So umschloss dieses erste Stück vom Heilskönig nach dem Fleisch auch seine Selbstentäußerung, Schwachheit, Schande und Gottverlassenheit. In diesem Sinne ist es Gegenstand ergriffenen Bekennens.

Dann aber die zweite Station nach V. 4a: **eingesetzt als Sohn Gottes in Kraft nach dem Geist der Heiligkeit.**[5] Ein Eingriff des gerechten Gottes wendete alles. Er erhob den sanftmütigen und leidensbereiten, scheinbar widerlegten und nach dem Gesetz fluchbeladenen (Gal 3,13) Sohn aus der tiefsten Tiefe in die Sphäre Gottes (vgl. Phil 2,6-11). Dass an Ostern zu denken ist, fügt das Satzende mit Gewicht hinzu: **aufgrund der Auferstehung der Toten.** Auf diese Weise wurde aus dem Sohn in Schwachheit der Sohn in Kraft.[6]

Dieses alte Glaubensbekenntnis stützt vorzüglich den Zielgedanken des Paulus: das machtvolle Herrsein des Sohnes in Weltmaßstab. So spricht er es am Versende volltönend aus: Das Evange-

5 Ein atl. Ausdruck für »Heiliger Geist«: Jes 63,16f; Ps 51,13 im hebr. Text.

6 Häufig im NT steht »Kraft« im Zusammenhang mit der Auferstehung: Mk 12,24f; Röm 15,19; 1Kor 6,14; 15,43; 2Kor 13,4; Eph 1,19-21; Phil 3,10; Kol 2,12.

lium handelt von **Jesus Christus**[7], **unserm Herrn**. Der Wechsel von »Sohn« zu »Herr« geschieht absichtsvoll. »Sohn« ist Jesus in Bezug auf Gott, »Herr« in Bezug auf die Welt und alle Menschen und Mächte. Auf diese österliche Machtfülle des Erhöhten »über alles« (9,5), wie sie gegenwärtig greifbar wird in der Heidenmission[g], wollte Paulus ja zu sprechen kommen.

[g] Röm 1,16 1Kor 1,18.24 Gal 2,8 Apg 15,12 Mt 28,18-20

Nach der wichtigen Einlage V. 2-4 setzt Paulus seine Selbstvor- 5
stellung von V. 1 fort. Jetzt kann er beziehungsreicher von seinem Apostolat sprechen. Seine Berufung war eine Entscheidung des eben genannten »Herrn«: **durch den wir empfangen haben Gnade und Apostolat**. Offensichtlich beschreibt er hier *eine* Sache mit zwei Ausdrücken. Das Begriffspaar Gnade – Apostel bildet er an vielen Stellen.[h] »Gnade« heißt im Griechischen *charis* und ergibt *charisma*. So sieht er sich als einen besonderen Charismatiker-Apostel in geschichtlich zugespitzter Stunde. Nach Gal 2,9 haben ihn auch seine Mitapostel als solchen erkannt und anerkannt.

[h] Röm 12,3 15,15 Gal 2,9 1Kor 1,18 15,10 2Kor 1,12 12,9 Eph 3,7-9

Doch rüstete ihn dieser Herr nicht nur mit Gaben und Vollmacht aus, sondern bestimmte auch Zweck und Ziel seines Wirkens. Er erhielt den Auftrag, die Heiden **zum Gehorsam des Glaubens** zu führen. Diese Angabe empfängt durch ihren Platz in der Selbstvorstellung ein hohes Gewicht, das sich durch die gleich lautende Wiederholung im Briefschluss 16,26 (vgl. 15,18; 16,19) noch erhöht. Wie eine Klammer legt sie sich um das ganze Schreiben. Darum verdient sie besondere Beachtung[8]. Ohne Frage hätte es auch schlicht heißen können, Paulus wolle die Heiden »zum Glauben« führen. Was also hat die Zuspitzung »*Gehorsam* des Glaubens« auf sich? In 9,16 heißt es: »*dem Evangelium* gehorsam sein«, noch ausführlicher in 2Kor 9,13: »euer Gehorsam *im Bekenntnis zum Evangelium* Christi«. Der Gehorsam besteht also in der zustimmenden Unterwerfung unter das gehörte Evangelium, im erstmaligen *Anrufen des verkündigten Christus als Herrn*.

In diese Richtung lenkt auch hier der Zusammenhang. Ausgangspunkt war nach V. 4 das Herrsein des Auferstandenen. In der Mission wird sein Herrenname ausgerufen, um von Glaubenden angerufen zu werden (10,9-13). Wenn das der wesentliche Vorgang in der Erfahrung des Heils ist, ist Gehorsam tief in den Glauben eingelassen. Abstoßende Erfahrungen mit menschlichen Gehorsams-

[7] Der Eigenname »Jesus« gehört in den Bereich der hebr. Sprache (*Jehoschu'a*, »Gott hilft«), während der Amtstitel »Christus« ein griech. Wort ist (der »gesalbte« Heilskönig). Die Doppelbezeichnung umschreibt also den Weg Gottes von Israel zu den Griechen, d.h. zur ganzen Welt.

[8] »Um diesen Gehorsam des Glaubens geht es im ganzen Römerbrief« (Michel, S. 329). »Gehorsam, gehorchen« (*hypakoä*) ist nicht nur beim Eintritt in den Glauben unverzichtbar, sondern auch für den Christenalltag (fünfmal in 6,12.16.17). Der gesamte dogmatische Teil mündet in diesen Begriff (viermal *apeitheia* in 11,30-32). Beachte auch 5,19.

forderungen müssen hier ganz außen vor bleiben. Auch an Verzicht auf Verstandesgebrauch zugunsten eines krampfhaften »Glaubens« etwa an schwierige Bibelstellen (*sacrificium intellectus*) ist nicht zu denken. Weil der Gehorsam sich auf den offenbaren Herrn bezieht, geschieht er nicht blind, sondern einsichtig, und weil das Gehörte Freudenbotschaft ist, nicht erzwungen, sondern dankbar.

Dieses Ergebnis ist dreifach auszuwerten. Erstens liegt darin schon eine Antwort an die Judaisten, die doch argwöhnten, Paulus vertrete ein nicht zu verantwortendes Billigangebot.[i] Dagegen ist jetzt klargestellt: Der Glaubensakt ist ganzheitlicher Herrschaftswechsel, Herz und Lippen umfassend (10,9-10). Wer daran vorbei »glauben« würde, bliebe in der Sklaverei der Sünde (6,12.16.17).

[i] Gal 1,10 Jak 2,14-20

Zugleich ist diese Zuspitzung auch die einzige Weise, wirksam abzusichern, dass der Glaube sich nicht zu einem verdienstlichen Werk verzerrt.[9] Glaube ist keine auf Gott gerichtete menschliche Anstrengung, sondern Beugung unter das von Gott angestrengte Verfahren in Christus, wie es uns kundgetan wird. Gerade das horchende Gehorchen ist radikaler Verzicht auf Selbstruhm (3,27).

Schließlich verweist diese Formel auch auf die menschliche Verantwortung bei der Entstehung des Glaubens. Der Hörer des Evangeliums soll nicht lauern, ob der Glaube wohl von selber kommt, an ihm hochkriecht oder ihn überfällt, vielmehr ist ihm Glauben geboten.[10] Als gefallener Mensch erfährt er vor Gott seinen eigenen Widerstand, also seinen Unglauben. Mit dieser Not soll er zu Gott fliehen, indem er sich ihm und seinem Wort unterwirft: »Ich glaube, hilf meinem Unglauben!« (Mk 9,26). Diese letzte Beugung unter den Allmächtigen wird dem Ohnmächtigen nicht erlassen. Wenn auch in größter Vornehmheit, ersucht ihn das Evangelium dann doch um eine eigene Antwort (2Kor 5,20). Es gilt Offb 21,17: »*Wer da will*, der komme!«

Aus dem universalen Herrentum Jesu ergab sich für das Apostolat des Paulus ferner ein universaler Geltungsbereich: **in allen (nichtjüdischen) Völkern für die Verherrlichung seines Namens** zu wirken.

6-7a Davon leitet Paulus die Berechtigung ab, sich auch den Römern zuzuwenden: **unter denen auch ihr seid.** Innerhalb des Briefschemas ist er damit bei der Angabe der Empfänger angelangt. V. 7

9 So missdeutete das Judentum den Glauben Abrahams als vorbildliches Frommsein, das Gott mit Gerechtsprechung prämierte (Galater, WStB, S. 121f).

10 Oder ist unser Glaube einfach Gottes Entscheidung, »alleiniges Werk und ausschließliche Gabe Gottes« (O. Hofius, S. 304)? Fr. Neugebauer verweist dazu (S. 165ff) auf die Tatsache, dass Paulus nie auffordere: »Glaubt!« Doch diese Folgerung ist kurzschlüssig. Ja, er schreibt auch nie: »Hört auf das Evangelium!« Er schreibt Gemeindebriefe an Hörende und Glaubende.

bringt sie in aller Form: **an alle, die in Rom sind,** nämlich die gleich ihm selbst (V. 1) **Berufene Jesu Christi** sind. Aber das wird nun vertieft: Sie sind **Geliebte Gottes,** wie in 5Mo immer wieder Israel bezeichnet wird, klassisch dort in 7,7-8. Zu diesem Gottesvolk sind sie hinzuberufen. Gottes Liebe enthüllte sich ihnen reinigend im Sühnetod Christi. Damit sind sie »gottfähig«, »heilig« sagt die Bibel[11], also **berufene Heilige.**

Dass sie für ihn Gemeinde im Vollsinn sind, besiegelt er schließ- 7b
lich dadurch, dass er sie, ganz wie er es in den Briefanfängen an die von ihm selbst gegründeten Gemeinden regelmäßig zu tun pflegt, segnet. Damit ist alles Folgende Segensrede. **Gnade euch und Friede von Gott, dem Vater unseres Herrn Jesus Christus.** Durch diesen Zuspruch sind sie über einen Vorgang, der von Gott über Christus und den Apostel herbeikommt, göttlicher Gnade übergeben. Der Gnadengruß steht dem Fluchwort gegenüber. Während Letzteres nach Mt 25,41 bedeutet: »Geht hinweg!«, hat Ersterer nach Lk 1,28 den Grundsinn: »Der Herr ist mit dir!« An den Zuspruch einer solchen Gottesgemeinschaft schließt sich sinnvoll an: »und Friede!« Auf dem Hintergrund des hebr. *schalom* schwingt hier ein reicher Wortgehalt mit. Herausgenommen aus der Fluchgeschichte weitet sich vor ihnen verheißungsvoll ein weites Feld: Heilwerden, allseitiges Wohlergehen, freudevolle Fülle des Lebens.

b) Dank, Besuchspläne und ihre Begründung (Proömium) (1,8-15)

8 Zuerst danke ich gleich von vornherein meinem Gott durch Jesus Christus euer aller wegen, dass euer Glaube verkündigt wird in der ganzen Welt.

9 Denn mein Zeuge ist Gott, dem ich diene in meinem Geist am Evangelium seines Sohnes, dass ich euch unablässig erwähne,

10 jedes Mal bei meinen Gebeten, flehend, ob mir vielleicht endlich einmal der Weg gebahnt werde, durch Gottes Willen, zu euch zu kommen.

11 Ich habe nämlich Sehnsucht, euch zu sehen, damit ich euch irgendeine geistliche Gnadengabe mitteile zu eurer Stärkung,

12 das heißt: um in eurer Mitte mitermutigt zu werden durch den wechselseitigen (Austausch des) Glaubens, sowohl des euren als auch des meinen.

[11] Heiligkeit ist in diesem Zusammenhang Ausdruck ihres Bei-Gott-sein-Dürfens, nicht ihres sittlichen Zustandes, obwohl Heiligkeit sich selbstverständlich sittlich fruchtbar erweisen wird.

13 **Ich will euch nicht unwissend lassen, Brüder, dass ich mir häufig vorgenommen habe, zu euch zu kommen – wurde nur bisher gehindert –, damit ich auch unter euch irgendeine Frucht hätte wie auch unter den anderen Heiden.**
14 **Sowohl den Griechen als auch den Barbaren, sowohl den Weisen als auch den Ungebildeten bin ich Schuldner;**
15 **so (bestand) meinerseits Bereitschaft, auch euch, denen in Rom, das Evangelium zu verkünden.**

Ein Teil der Kommentare zu diesem Abschnitt könnte fast den Eindruck erwecken, als habe sie gegenüber der ausnehmenden Höflichkeit des Paulus in diesem Abschnitt ein Misstrauens-Virus befallen. Ist denn Höflichkeit immer Schmeichelei und Anpassung an die Konvention immer nur hohle Form? Ist Wahrung des Taktes immer Taktik? Hat derjenige, der Brüderlichkeit betont und um ein günstiges Gesprächsklima bemüht ist, immer nur autoritäre Absichten? Sollte der, der in 16,18 beschwörend vor den unwahrhaftigen Schönrednern und Schmeichlern warnt, selber so arbeiten? Lebenswerk und Persönlichkeit des Paulus geben keinen Anlass zu solchen Vorurteilen. Es ist nur zu begründet, von der Ernsthaftigkeit dieser Sätze auszugehen. Sie sind vom Willen geprägt, vor dem geplanten Besuch, ja vor dem Lesen des Folgenden eine persönliche Beziehung aufzubauen.

8 Paulus kehrt heraus, dass ihn das christliche Werk in Rom nur mit Dank erfüllen kann. **Zuerst danke ich gleich von vornherein meinem Gott … euer aller wegen.** Vorbehaltlos gesteht er: Es ist zwar nicht mein Werk, aber es ist »mein Gott«, der sich unter euch verherrlicht hat. Das Dankgebet wird wie alles christliche Beten **durch Jesus Christus** vermittelt.[a] Christus bedeutet nicht nur Einfluss von Gott her auf uns zu, sondern auch Rückfluss zu Gott hin, eben lebendiges Fließen zwischen Gott und Mensch. Der Gegenstand des Dankes besteht darin, **dass euer Glaube verkündigt wird in der ganzen Welt.** Er wurde zur Anrede, zur zeichenhaften Verkündigung, die Außenstehende vor Gott[b] stellte. Diese Ausstrahlung[12] hatte auch ihn selbst berührt.

[a] Röm 7,25 16,27

[b] Röm 15,14 16,19

9-10 Seine Leser sollen wissen, wie stark ihn der Wunsch beseelt, sie in Rom zu besuchen. **Denn mein Zeuge ist Gott, dem ich (priesterlich) diene in meinem Geist am Evangelium seines Sohnes, dass ich euch unablässig erwähne, jedes Mal bei meinen Gebeten.** Weil er etwas glaubhaft machen will, was mit seinem äußeren Verhalten nicht zusammenzupassen scheint (V. 13), muss er sich auf

12 »In der ganzen Welt« darf man nicht pressen. Joh 12,19 zeigt den sprichwörtlichen Charakter der Wendung.

das höhere Wissen Gottes berufen. Wie wir es von den Uraposteln lesen (Apg 6,4), diente Paulus seinem Gott nicht nur durch seine missionarischen Aktivitäten, sondern auch »in meinem Geist«. Der äußeren Unermüdlichkeit entsprachen regelmäßige Gebetszeiten. Er vergleicht sich da mit einem Priester (ähnlich 15,16), der Tag und Nacht im Tempel die fälligen Opfer zelebriert. Eben das war Gott von Paulus wohl bekannt.

Bemerkenswert, dass hier im Unterschied zu sonstigen Brieferöffnungen keine Fürbitte für die Gemeinde folgt, wohl aber eine Bitte für sich selbst: **flehend, ob mir vielleicht endlich einmal der Weg gebahnt werde, durch Gottes Willen, zu euch zu kommen.** Der Satz spiegelt wider, wie elementar ihn sein Anliegen bewegt: Fragende Abhängigkeit (»ob mir vielleicht«), mischte sich mit ungeduldigem Drängen (»endlich einmal«). Seit vielen Jahren[c] erfüllte ihn der Wunsch, »zu euch zu kommen«.

[c] Röm 1,13 15,23. 29.32 Apg 19,21 23,11

Der Zweck der angestrebten Reise ist die Abstattung eines förm- 11
lichen Apostelbesuchs. **Ich habe nämlich Sehnsucht, euch zu sehen.** Schon dieses »euch zu sehen«[13] spricht dafür, dass er sich dort nicht niederlassen und einnisten will. Dann der positive Zweck: **damit ich euch irgendeine geistliche Gnadengabe mitteile zu eurer Stärkung.** Er kommt also amtlich, im Rahmen seiner Sendung und seines Sendungsbewusstseins, das er in V. 1-7 oder 15,15f.29 oder etwa 1Kor 15,10 unverhohlen zeigt. All diese Stellen sind wie auch dieser Satz um das Stichwort »Gnade« gruppiert. Es ist seine Apostelgnade[14], mit der er kommen will, »zu eurer Stärkung«. Der Ausdruck setzt keine sonderliche Schwäche der Christen in Rom voraus, sondern hat seinen Platz in der allgemeinen Missionssprache und bedeutet: Christen im Glauben zu befestigen, und zwar als eine Tätigkeit, die neben der missionarischen Aufgabe ebenfalls zum apostolischen Dienst gehört (Lk 22,32).[15]

Paulus muss den Charakter seines Besuchs in Rom sicherstellen. 12
»Das heißt« meint nicht: Ich muss mich korrigieren. Wäre der letzte Satz falsch gewesen, hätte er ihn nicht erst diktiert. Aber etwas anderes mag in der Luft gelegen haben. Sein kürzlich geschriebener 2Kor zeigt, wie er sich anderer Apostel-Leitbilder erwehren musste. Vielleicht waren auch in Rom Superapostel mit Starallüren be-

[13] In 15,24 steht dieses Sehen für einen begrenzten Besuch auf der Durchreise.

[14] In 15,15ff wird er sie definieren.

[15] Lukas schildert den Vollzug in Apg 14,22; 15,41; 18,23: Eine Christenschar, die aus einem Gründungsbesuch eines Apostels hervorgegangen war, empfing nach angemessener Zeit diesen apostolischen Stärkungsbesuch. In diesen Rahmen fügt sich z.B. 1Thess 3,2 ein. Nach dem Entstehen des Glaubens geht es um das Bestehen im Glauben, und zwar unverrückt auf dem apostolischen Grund und in Abwehr von Irrlehren, vgl. 16,25; 1Thess 3,13; 2Thess 2,17; 3,3; 1Petr 5,10; 2Petr 1,12; 3,17.

kannt, die »das Amt verlästerten«: ruhmsüchtig, herrisch, selbstherrlich und anspruchsvoll (2Kor 6,3 und Kapitel 11-12). Dort in 1,24 setzt er dagegen: »Nicht dass wir Herren wären über euren Glauben, sondern wir sind Gehilfen eurer Freude; denn ihr steht im Glauben.« Genau das trifft hier den Sinn, wenn er schreibt, wie er sich den Verlauf seines Besuchs wünscht: **um in eurer Mitte ermutigt zu werden durch den wechselseitigen (Austausch des) Glaubens, sowohl des euren als auch des meinen.** Auch nach 12,3-8 hat er von einer christlichen Gemeinschaft die Vision einer allseitig begabten Körperschaft, wenn auch mit unterschiedlichen Maßen des Glaubens. Von daher kommt es zum wechselseitigen Geben und Nehmen. Jeder gibt, was er hat, und empfängt, was ihm fehlt – auch der Apostelbruder. Apesteltum und Brudertum durchdringen einander.

13 Paulus beteuert auffällig, dass sein Reisevorsatz schon seit Jahren besteht. **Ich will euch nicht unwissend lassen, Brüder.** Misstrauen in Rom könnte so sprechen: Wenn er wirklich diese Sendung hat und wenn es ihn wirklich so arg drängt, auch uns in Rom einen Apostelbesuch abzustatten, warum war er dann nicht schon längst da? Warum besinnt sich der Heidenapostel nach Jahren augenscheinlicher Uninteressiertheit plötzlich auf dieses Zentrum in Rom?[16] Dazu versichert Paulus: **dass ich mir häufig vorgenommen habe, zu euch zu kommen, damit ich auch unter euch irgendeine Frucht hätte wie auch unter den anderen Heiden.** Längst hatte er Rom im Visier. Am eigenen Antrieb fehlte es nicht, in 15,22-23 wird er näher begründen, warum er ihm nicht folgen konnte. Das Bildwort von der Frucht ist ähnlich offen für irgendeine Konkretion wie der recht allgemeine Ausdruck »irgendeine geistliche Gabe« (V. 11).

14 Nachdrücklich stellt er fest, dass er sich dem Heidentum uneingeschränkt verpflichtet weiß. **Sowohl den Griechen als auch den Barbaren bin ich ein Schuldner.** Mit »Griechen und Barbaren« umschrieb man damals gern die gesamte Menschheit. Die unterschiedlichen Volkstümer verblassten zugunsten einer modernen Einheitskultur. Entscheidend war, ob jemand an dieser Kultur Anteil hatte oder nicht, d.h. praktisch, ob er die Zivilisationssprache Griechisch beherrschte. Das brachte ihm dann die Bezeichnung »Grieche« ein. Diejenigen, die nicht Griechisch sprachen, waren Barbaren.[17] Ihnen fehlte ja mit dieser Sprache die »Eintrittskarte« zur herrschenden Kultur, sie galten als roh und unzivilisiert. Entsprechend erläutert

16 Möglich wäre auch, dass ihn die Judaisten in den Ruf der Feigheit gebracht hätten, vgl. 2Kor 10,1.2.11. Dazu dann hier die energische Zurückweisung in V. 16: »Ich schäme mich des Evangeliums nicht!«

17 Dieser ursprüngliche Sinn zeigt sich auch noch in 1Kor 14,11; Apg 28,2.4.

Paulus diesen Doppelbegriff mit einem zweiten: **Weise – Ungebildete.** Aber diese Unterscheidung ist für ihn in diesem Fall kein Gesichtspunkt. Überall, unabhängig von Sprach- und Bildungsgrenzen, gibt es Menschennot und ist damit das Evangelium am Platz. Für sie ist es ihm anvertraut, ihnen ist er es schuldig. Darum war der Rombesuch nie Sache seines Beliebens.[d]

[d] 1Kor 9,16

Damit sind Missverständnisse um sein bisheriges Fernbleiben 15
ausgeräumt. **So (bestand) meinerseits Bereitschaft, auch euch, denen in Rom, das Evangelium zu verkünden.** Der Satz hat kein regierendes Verb. Da Paulus aber ab V. 13 in die Vergangenheit blickt, sollte das in Gedanken zu ergänzende Verb auch in die Form der Vergangenheit gesetzt werden. Dass er in der Gegenwart auf einen Besuch in Rom brannte, galt nach V. 9 sowieso. Aber schon in den Jahren zuvor hatte er dies Zentrum des Heidentums nie außer Acht gelassen.

Es könnte befremden, dass Paulus der Gemeinde in Rom »euch«, statt etwa »bei euch«, noch das Evangelium verkünden wollte. Aber der Ausdruck hatte damals noch nicht den schmalen Sinn von Erstverkündigung, sondern umfasste die apostolische Sendung überhaupt, sowohl die Gründung von Gemeinden mit dem Evangelium als auch ihre Festigung mit dem Evangelium (s. zu V. 11). Das Evangelium bleibt auch innergemeindlich zentral.[e]

[e] 1Kor 9,14 2Kor 9,13 Phil 1,27 2Tim 4,5

c) Aufstellung der Hauptthese: Das Evangelium ist Gottes Kraft zur Rettung (1,16-17)

16 Denn nicht schäme ich mich des Evangeliums, denn Kraft Gottes ist es zur Rettung für jeden Glaubenden, sowohl – zuerst! – für den Juden als auch für den Griechen.
17 Denn Gerechtigkeit Gottes wird in ihm (dem verkündigten Evangelium) offenbart aus Glauben zum Glauben, wie geschrieben ist (Hab 2,4a): »Der Gerechte aber wird aus Glauben leben.«

1. *Das Briefthema.* Nach den persönlich gehaltenen Ausführungen von V. 1-15 gleitet Paulus jetzt zur eigentlichen Sache hinüber, indem er in Form von genau überlegten Sätzen sein Briefthema liefert. Es handelt sich wohlgemerkt nicht um eine Bestimmung des Evangeliums selber; dazu fehlen zentrale Aussagen über Jesus Christus, wie sie etwa der Bekenntnissatz V. 2-4 brachte. Vielmehr geht es um Folgerungen aus dem Evangelium.

Wie in den Einleitungsfragen (1) dargestellt, war es im Zuge der Heidenmission zum großen Streit zwischen Paulus und den christlichen Judaisten gekommen. Er betraf nicht die Christologie; beide verstanden sich als Verkünder des Evangeliums, aber nach dem Urteil des Paulus zogen seine Widersacher daraus soteriologische[18] Folgerungen, die nicht der »Wahrheit des Evangeliums« (Gal 2,5.14) entsprachen. Dabei kam rückwirkend ein »anderes Evangelium« (Gal 1,6-9) heraus.

Man kann den Gekreuzigten predigen, aber mit solch einer Missions- und Gemeindepraxis verbinden, dass Christus wie umsonst gestorben ist (Gal 2,21). Man kann Jesus Christus verehren und doch schon aus seinem Macht- und Segensbereich herausgefallen sein (Gal 5,2). Dies ist die besondere Problematik, in die Paulus und darum auch der ganze Röm hineingerissen sind. Darin bezieht er gleich zu Beginn Position.

2. *Entscheidende Weichenstellungen.* Die Ausleger werten diese beiden Verse einmütig als das Programm des Paulus für den ganzen Brief. Tatsächlich werden hier die Weichen gestellt und Gleise gelegt, die Paulus dann nirgendwo mehr umstellt. Die Bestandteile des Textes liefern im Kern die Antworten auf acht Fragen:

1. Wem gilt der Dienst des Apostels? »die Juden zuerst«
2. Und die übrigen Völker? »auch die Griechen«, sprich: Nichtjuden
3. Worin besteht für beide das Angebot? »Rettung«
4. Durch welche Wirkursache ? »Macht Gottes«
5. Durch welche Sachursache? »Offenbarung der Gerechtigkeit Gottes«
6. Auf welcher Grundlage? »das Evangelium«
7. Unter welcher Zeugenschaft? »wie geschrieben steht«
8. Auf welchem Wege? »jedem Glaubenden«, »aus Glauben zu Glauben«

3. *Ergänzungsbedürftigkeit.* Wir vermeiden es an dieser Stelle, hier allzu aufwendige Begriffsarbeit zu betreiben. Vieles rundet sich nämlich erst im Laufe der folgenden Kapitel. Besonders ist auf 3,21-26 zu verweisen. Vorbereitet durch den großen Vorbau 1,18-3,20 kommt Paulus dort ausführlich auf das zurück, was er hier in formelhafter Kürze voranstellt, bezieht es dort aber ausdrücklich auf Sünde und Schuld und verbindet es mit christologischen Aussagen. Dort ist dann auch der Platz, auf die Zentralbegriffe »Gerechtigkeit Gottes« und »Glaube« näher einzugehen.

16a Paulus charakterisiert sein Verhalten in dem großen Streit, der um seine gesetzesfreie Heidenmission entbrannt ist. **Denn nicht**

[18] Soteriologie: Lehre vom Heil und seiner Annahme

schäme ich mich des Evangeliums. Die psychologische Auslegung spricht so: Der Gedanke an den bevorstehenden Besuch in Rom, dieser großmächtigen, glanzvollen Metropole, zusammen mit dem Selbstbewusstsein der Hauptstädter und dem Spötteln der Intellektuellen hätten den kleinen Asiaten erst einmal eingeschüchtert. Diese Empfindungen habe er niederringen müssen. Aber Paulus hat hier überhaupt nicht die heidnische Bildungswelt Roms im Sinn (im Unterschied zu V. 14). Unmittelbar vor dem Aufbruch nach Jerusalem (15,25) bewegte ihn etwas anderes. In Jerusalem und anderswo begann sich Jesu Voraussage von Joh 16,2 zu erfüllen: schärfster Widerstand von jüdischer Seite! Er erging mit theologischer Wucht, mit Pochen auf die Schrift und als vermeintlicher Dienst für Gott. Das traf tief. Woher nahm er demgegenüber seine Standhaftigkeit? Nicht aus seiner Psyche, sondern aus seiner Theologie.

Aus gutem Grunde werfen wir hier einen Blick auf die Botschaft des jesajanischen Trostbuches mit seinen Gottesknecht-Abschnitten. Paulus zitiert nämlich in seinen Briefen häufiger als jede andere atl. Schrift gerade Jesaja.[19] Dort nach Jes 53,1 findet der Gottesknecht in der eigenen Volksgemeinde keinen Glauben. Ihm wird der Prozess gemacht. Besonders Jes 50,4-9 ist zu beachten: Das in V. 6 erwähnte Schlagen auf die Wange, Bespeien und Haareraufen gehörte als Ritual der körperlichen *Beschämung* zu den Elementen des altisraelitischen Prozesswesens.[a] Es sollte den Schuldspruch auch in öffentlicher Schande sichtbar machen.[20] Aber der geschmähte Knecht bietet mit hochgehaltenem Antlitz die Stirn (V. 6b). Er bejaht dieses Leiden als zugehörig zu seiner Sendung. Die Kraft dazu verleiht ihm der unmittelbaren Umgang mit Gott (V. 5): »Nahe ist mir mein Rechtshelfer. Wer will mit mir prozessieren? Sieh, der Herr hilft mir, wer ist der, der mich schuldig sprechen könnte?« (V. 8).[21] Darum dann V. 7: *»Ich weiß, dass ich nicht beschämt werde«*, bzw. *»dass ich mich nicht schämen muss«*. Der Gottesknecht vertraut, dass sein Rechtsstreit vor der höheren In-

[a] 4Mo 12,14 5Mo 25,9 Jer 20,2 Hi 17,6 30,10 Mk 14,65

19 Insgesamt 21-mal, vgl. schon zu V. 1. Otto Betz hat gezeigt, wie Jes 53,1 auch die Kernbegriffe für Röm 1,16-17 liefert, und fasst S. 69 zusammen: »Paulus hat nicht nur den Inhalt des Evangeliums, sondern auch die Praxis der Verkündigung mit Hilfe von Jes 52-53 reflektiert und geordnet.« Beachte außer der oben behandelten Stelle 50,4-9 die gemeinsamen Stichpunkte »Rettung«, »Gerechtigkeit«, »Offenbarung« mit Jes 45,8; 46,13; 51,5.6.8, besonders 56,1. Offenbar hatte die urchristliche Botschaft dort ihren wesentlichen Anhalt. Die Verkündiger bezogen den Auftrag zur Heidenmission, der nach Jes 49,6; 52,10.15 dem Gottesknecht erteilt ist, auch auf sich selbst (Apg 13,47). Nach Röm 10,15 waren sie die Freudenboten von Jes 52,7.

20 Vgl. unser Wort »anprangern«: Im Mittelalter wurden Verurteilte auf dem Marktplatz an den Pranger gestellt, um sie der tätigen Verachtung durch die Bevölkerung preiszugeben (vgl. Mk 8,31; Hebr 12,6).

21 Schon hier also der Ton, den Paulus in 8,31-39 voll anschlagen wird.

stanz, eben vor Gott, zu seinen Gunsten entschieden werden wird. Deswegen zieht er sich vor den Anschuldigungen nicht zurück (V. 5), sondern fährt unbeirrbar fort mit der Heilsbotschaft für alle Heillosen (V. 4).

[b] Mk 8,38 2Tim 1,8.12

In diesen Rahmen zeichnet Paulus seine eigenen Erfahrungen ein. Über ihnen lag Notwendigkeit, aber auch Verheißung.[b] Als Gerechter öffentlich Unrecht und Schmach erleiden und dennoch seine Feinde segnen – das war nach jener Prophetie die Missionspraxis des Gottesknechtes. Diese Schau sollte Paulus auch in Jerusalem die Maßstäbe liefern, doch genauso jetzt bei der Abfassung dieses Briefes und seinem erhofften Kommen nach Rom. Von Gott nicht beschämt, schämte er sich nicht.[22]

[c] Hebr 1,3

16b Ihn bestärkte die bereits erwiesene Wirkung des Evangeliums: **Denn Kraft Gottes ist es zur Rettung.** Im Unterschied zu V. 20 spricht er hier nicht etwa von der »ewigen Kraft« Gottes in der Schöpfung[c], auch nicht wie in V. 4 von jenem »Kraftakt« Gottes zu Ostern, sondern ganz ähnlich wie in 1Kor 1,18 von einem *Wort*geschehen. »Kraft« bezieht sich nämlich auf »es«, auf das zuvor erwähnte Evangelium, die urchristliche Missionspredigt. Gott gab der Welt nicht nur den Christus, sondern auch die kraftgeladene Predigt von Christus. Christus und Christuspredigt verhalten sich dabei wie Gabe und unentbehrliche Beigabe, denn »wie sollen sie an den glauben, von dem sie nichts gehört haben? Wie sollen sie hören, wenn niemand verkündigt? Wie aber soll jemand verkündigen, wenn er nicht gesandt ist?« (Röm 10,14). Die Urchristenheit stand staunend vor den Wirkungen des Wortes, vor seiner Ausbreitung über alle Grenzen.[d]

[d] Apg 15,12 Gal 2,8b 2Kor 4,6 10,4-5 Joh 14,12

[e] 5,9f 1Kor 3,12-15 5,5 2Kor 5,10

Als ihr Zweck erscheint wieder wie 1Kor 1,18: »zur Rettung«. »Rettung« ist ein biblisches Hauptwort mit der Grundvorstellung: jemanden aus einer Bedrohung heil davonkommen lassen (darum auch oft mit »Heil«, übersetzt, vgl. »Heiland«). Bei Paulus ist die Wortfamilie 63-mal vertreten. Aber nur ein einziges Mal verwendet er den Begriff für Rettung aus irdischer Not (2Kor 1,8-10), wenige Male für gegenwärtige Rettung aus Sündennot, in der großen Überzahl jedoch für zukünftige(!) Rettung im Endgericht.[e][23]

Dieses Evangelium gilt universal (vgl. schon V. 5b): **für jeden Glaubenden**. Das NT bezeugt die Zusammenstellung von Rettung

22 Die beste Parallele findet sich Phil 1,20: »Ich warte sehnlichst und hoffe, dass ich in keinem Stück *beschämt werde*, sondern in aller Freimütigkeit, wie allezeit so auch jetzt, Christus verherrlicht werde an meinem Leibe …«, vgl. 1Tim 1,8.12.

23 So unmissverständlich 8,24: Was der Glaubende gegenwärtig erfährt, ist erst »Rettung auf Hoffnung« (vgl. 1Joh 4,17), also aus der bisherigen Hoffnungslosigkeit. Zuversichtlich erwartete man für die eigentliche Rettung den Beistand Jesu im letzten Gericht (8,34), gab aber nicht leichthin Entwarnung (1Kor 3,12-15; 4,5; 2Kor 5,10; Gal 6,7).

und Glaube in großer Breite.[f] Während der folgende Vers hervorhebt: Glaube *allein*!, liegt hier der Ton auf totaler Entschränkung: Glaube und darum Rettung für ausnahmslos jeden. Paulus scheut auch nicht die Nagelprobe und wendet dieses »Für alle!« ausdrücklich auf den tiefsten Unterschied an, der die Menschheit durchzieht, weil er im Erwählen Gottes verankert ist: **sowohl – zuerst! – für den Juden als auch für den Griechen**[24].

[f] Röm 10,9 Eph 2,8 Mt 9,22 Mk 5,54 10,52 16,16 Lk 7,50 8,12 17,19 Joh 3,16.18 Apg 15,11 16,31

Zunächst: Die einfache Wendung »Juden *und* Griechen« wäre schlicht eine Zusammenfassung. Das »sowohl – als auch« aber ruft Gegensätzlichkeit ins Bewusstsein, um diese dann unter bestimmten Bedingungen aufzuheben. Diese Aufhebung feiert Paulus in 10,12-13: »Es ist hier *kein Unterschied*[g] zwischen Juden und Griechen; es ist über alle *derselbe Herr,* reich für *alle,* die ihn anrufen, denn *jeder,* der den Namen des Herrn anrufen wird, wird gerettet werden.« Damit wölbt sich schon von hier an ein Bogen zum letzten Satz des lehrhaften Briefteils in 11,32: Gott will sich aller, sowohl seines erwählten Volkes als auch der nicht erwählten Völker, erbarmen![25]

[g] Röm 3,22.29f 4,9-12 9,24

Nun aber das dazwischengerufene »zuerst«[h] für den Juden! Trotz seines Universalismus war für Paulus die Menschheit keine uniforme Masse. Die gesonderte Behandlung der Heiden in 1,18-32 und der Juden in 2,1-3,8 spricht eine deutliche Sprache. Es lag ihm fern, einen im Gesetz lebenden Juden genauso wie einen Heiden anzusprechen (1Kor 9,20-22). Bevor Heiden durch das Evangelium Wortoffenbarung empfangen, tragen sie in ihrem Inneren nur einen Schatten von Gott, vordergründig aber dienen sie Götzen. Dagegen erfuhren die Juden längst vor dem Erschallen des Evangeliums die Wortoffenbarung des wahren Gottes und damit eine lange und reiche Geschichte mit ihm (3,2). Das »zuerst die Juden« ist dreifach zu werten:

[h] Röm 2,9.10 Apg 13,46 26,20 Mk 7,27

- Es würdigt erstens den geschilderten *geschichtlichen Vorsprung.* Sie waren schon vorbereitet und darum auch sofort an der Reihe (vgl. Apg 3,26; 13,46).
- Zweitens besitzen sie auf Grund ihrer Erwählung auch eine *sachliche Erstbestimmung für das Heil* in Christus. Wem, wenn nicht ihnen gilt die rettende Kraft des Evangeliums[26] (11,14)?! Paulus kennt kein »die Juden zuletzt«, auch nicht in 11,26a. Dies Vor-

24 »Grieche« verkörpert hier im Unterschied zu V. 14 nicht den zivilisierten Menschen, sondern, wie an der Gegenüberstellung zu »Jude« deutlich wird, den Nichtjuden, die Heidenwelt.

25 Im ganzen Röm ist »alle« Vorzugswort (71-mal), z.B.: 1,5.16.18; 2,9.10; 3,9.12.22.23; 4,11.16; 5,12; 8,32; 9,17; 10,4.12.18; 11,32; 12,17.18; 14,10; 15,11; 16,26.

26 Von hier aus ist auch die Frage nach der Judenmission zu beantworten, vgl. den Exkurs »Judenmission?« im Anschluss an 11,11-16.

recht zieht allerdings nach 2,9 und 10 auch eine erhöhte Verantwortung nach sich.

– Schließlich ergibt sich drittens auch ein *Ehrenvortritt* für dieses Volk. Paulus erwartete nach 15,27 von den Heidenchristen, dass sie sich bleibend als Schuldner der »Heiligen in Jerusalem« empfänden (vgl. Joh 4,22). Heidenchristliche Überheblichkeit war für ihn einfach ein Unding.[i] Wer Gott liebt und ehrt, liebt und ehrt auch die Wege, die Gott mit der Berufung Abrahams ging (11,28).

[i] Röm 11,18.20. 25; 15,27 Joh 4,2

17 Endlich bestimmt Paulus das rettende Evangelium auch inhaltlich. **Denn Gerechtigkeit Gottes wird in ihm offenbart.** Die Bibel kennt eine Mehrzahl von Weisen Gottes, aus sich herauszutreten, durch mannigfache Kräfte und Gaben, Worte und Wunder, Hilfen und Strafen. Doch keine dieser Offenbarungen schöpfte aus, was er ist, will und kann. Immer blieb da ein Rest. Damit blieben all diese Offenbarungen das schuldig, wonach der verzweifelte Zustand unserer Welt schreit, nämlich das letzte, ungetrübte Offenbarsein Gottes, sein volles und richtiges Gottsein. Eben dies strahlt nun auf mit dieser Gerechtigkeit Gottes.

Es ist zuerst an einen Vorgang zu denken, der an Gott geschieht, und an eine Gerechtigkeit, die die seine ist. »Gott erwies seine(!) Gerechtigkeit, *dass er selbst gerecht ist*«, so legt die maßgebliche Parallele 3,26 den Begriff aus. Dann gilt es allerdings weiterzulesen: »und dass er gerecht *macht* den, der an Jesus glaubt.« Gottes Rechtsein ist nicht etwas, was bei sich selbst bleibt. Es breitet sich machtvoll aus über Menschen und letztlich über die ganze Schöpfung (Jes 11,9). Diesen Bezug auf diese sich mitteilende Gottesgerechtigkeit stellt hier Paulus sofort her, wenn auch in äußerster Kürze: Es ist eine Gerechtigkeit, die auch Menschen zuteil wird[27], **aus Glauben zum Glauben.** Das erste Element »*aus* Glauben« kehrt im Brief immer wieder.[j] Das »*zum* Glauben« dagegen scheint hier einem besonderen Interesse zu dienen, indem es absichert, dass es immer wieder in den Glauben hineingeht und beim Glauben bleibt. Glaube ist nicht nur Anfangsstadium, vielmehr kennzeichnet Glaube die Art, fortan überhaupt Mensch zu sein. Der Doppelausdruck ließe sich umschreiben: lauter Glaube, Glaube von A-Z, ununterbrochen und grundsätzlich.

[j] Röm 3,26.30 4,16; 5,1 9,30.32 10,6 14,23

Ein Bibelwort aus Hab 2,4a belegt in schriftgelehrter Gepflogenheit die dargelegte These: **Wie geschrieben ist: »Der Gerechte aber wird aus Glauben leben.«** Der Satz bringt die beiden bisherigen Stichworte »Gerechtigkeit« und »Glaube« mit einem dritten in Be-

[27] Luther setzte sofort bei dieser Folgerung für die Glaubenden ein und versah darum »Gerechtigkeit Gottes« sogleich mit dem Zusatz: »die vor Gott gilt«.

ziehung, mit »Leben«. Es entsteht ein fruchtbares Begriffsdreieck. Aufgrund seiner Kürze ist es allerdings offen für unterschiedliche Betonung:

a) Zunächst lenkt das Gefälle des Gedankens[28] den Nachdruck auf »aus Glauben«. Damit findet die Gegenposition zur judaistischen Gesetzesgerechtigkeit eine abschließende Stütze in der Schrift: Allein aus Glauben gibt es Leben!

b) Aber auch »wird leben« lässt sich betonen.[29] Dann verharrt der Gedanke nicht mehr bei der Notwendigkeit des Glaubens zur Rettung, sondern schreitet fort zu einer Zusage für den Geretteten. Gottes Gerechtigkeit macht auch lebensfähig, sie will sich lebenschaffend offenbaren. Dieser Sicht widmet Paulus den Briefteil Kap. 5-8 (s. dort die Einführung).

28 Viermal »Glaube, glauben« in V. 16f!

29 So bei Habakuk und in der Auswertung durch Hebr 10,38-39.

Der lehrhafte Briefteil (1,18-11,36)

Volles Heil für Juden und Heiden durch den Glauben an den Herrn Jesus Christus

Abschnitt A

DIE NOTWENDIGKEIT EINER OFFENBARUNG DER GERECHTIGKEIT GOTTES: ALLE MENSCHEN UNENTSCHULDBAR UNTER DER ANKLAGE (1,18-3,20)

Paulus tritt also nach V. 16a unbeirrbar für das Evangelium ein, ob in Jerusalem oder in Rom oder sonst wo. Einen ersten Grund dafür hatte er schon ab V. 1 vorangestellt: Göttliche Berufung liegt auf ihm. Jetzt liefert er eine zweite Begründung: Diese Botschaft wird angesichts der Misere der Menschheit einfach gebraucht. Um deren Umfang zu beschreiben, stellt er die Entfaltung seiner eben genannten These für 64 Verse zurück. Abgesehen von einer beiläufigen Erwähnung in 2,16 erscheint in diesem langen Abschnitt nicht einmal der Name Jesu Christi. Die Empfänger treten in den Mittelpunkt. Der Apostel treibt »Bedarfsforschung«. Sie ergibt, dass die Menschen das Evangelium nicht nur nötig haben, sondern sogar übernötig. Da ist nicht nur eine kleine »Marktlücke«, sondern ein Riesenbedarf. Dabei wird das Evangelium genau so gebraucht, wie es ist. Es dürfte kein bisschen anders sein.

In 3,9 bezeichnet Paulus den Abschnitt rückblickend als eine Anklageerhebung. Unter den Menschen herrschen viele Nöte, aber die Not aller Nöte ist die, dass sie ihr Leben unter der Verurteilung Gottes führen müssen. Über Juden und Heiden schwebt das Urteil: »unentschuldbar!« (1,20 und 2,1).

1. Die Heiden unter dem Zorn Gottes (1,18-32)

18 Denn offenbart wird (schon jetzt) der Zorn Gottes vom Himmel her über alle Unfrömmigkeit und Ungerechtigkeit der Menschen, die die Wahrheit durch Ungerechtigkeit niederhalten.
19 Denn das Erkennbare an Gott ist offenbar unter ihnen. Gott offenbarte es ihnen.
20 Sein Unsichtbares wird nämlich seit der Erschaffung des Kosmos durch die Werke – vernünftig begriffen – geschaut,

**sowohl seine ewige Kraft als auch seine Göttlichkeit, so dass
sie unentschuldbar sind.**
**21 Denn im Wissen um Gott haben sie (ihn) nicht wie einen Gott
verherrlicht oder ihm gedankt, sondern sie sind in ihren Über-
legungen der Nichtigkeit verfallen, und es wurde verfinstert
ihr unvernünftiges Herz.**
**22 Während sie (prahlerisch) behaupteten, weise zu sein, wur-
den sie zu Toren,**
**23 und sie verwechselten die Herrlichkeit des unvergänglichen
Gottes mit dem Abbild der Figur des vergänglichen Men-
schen und der Vögel und der Vierfüßler und Kriechtiere.**
**24 Darum gab Gott sie dahin durch die Begierden ihrer Herzen
an die Unreinheit, so dass ihre Leiber durch sie entehrt
wurden.**
**25 Sie vertauschten die Wahrheit Gottes mit der Lüge (der heid-
nischen Religiosität) und verehrten und dienten (kultisch)
dem Geschöpf anstelle des Schöpfers, welcher gepriesen (ist)
in Ewigkeit. Amen.**
**26 Deswegen gab Gott sie dahin an entehrende Leidenschaf-
ten, denn ihre Frauen vertauschten den naturgegebenen (ge-
schlechtlichen) Umgang mit dem widernatürlichen.**
**27 Gleicherweise ebenfalls die Männer verließen den naturge-
gebenen Umgang (mit) der Frau und entbrannten gegenein-
ander, Männer mit Männern Schandtat verübend und den ge-
bührenden Lohn für ihre Verirrung empfangend.**
**28 Und weil sie es nicht für wertvoll einschätzten, Gott in der
Erkenntnis zu haben, gab Gott sie dahin an einen wertlosen
Verstand, so dass sie das (moralisch) Unstatthafte taten:**
**29 erfüllt mit aller Ungerechtigkeit, Bosheit, Habgier, Schlech-
tigkeit – voll von Neid, Mord, Streit, List, Tücke – (sie sind)
Zuträger,**
**30 Verleumder, Gotthasser, Gewalttäter, Überhebliche, Prahl-
hänse, Erfinder von Schlechtigkeiten, den Eltern unbotmäßig,**
31 unvernünftig, unzuverlässig, lieblos, erbarmungslos.
**32 Sie kennen (durchaus) die Rechtsordnung Gottes, dass die,
die so etwas praktizieren, den Tod verdienen, aber sie tun
Derartiges nicht nur, sondern sie spenden auch noch Beifall
denen, die (es) praktizieren.**

1. *Die besondere Eigenart des Abschnitts.* Gäbe man heute bei einer neutralen Kommission eine Studie über den Zustand des Heidentums im 1.Jh. in Auftrag, käme sicher ein völlig anderer Bericht heraus. Lauschten wir einem weisen Mann jener Zeit, der sich über das gleiche Thema meditativ ausbreitet, hörte sich das wieder an-

ders an. Wir besitzen übrigens solch ein Zeugnis in der »Weisheit Salomos« aus dem 1.Jh. v.Chr., das sich sogar bis in bestimmte Vokabeln hinein mit Paulus berührt (z.B. 11,15; 12,23-24.27; 13,1-9; 14,12-14.22-31). Doch Paulus führt weder eine empfindungsreiche Meditation vor, noch liefert er einen neutralen Bericht zum Stand der Dinge. Seine Darstellungsweise erinnert eher an die Anklagen der atl. Propheten: streng themagebunden, plakativ, summarisch, radikalisierend, typisierend. Ohne Einfühlung in diese besondere Form des Abschnitts verrennen wir uns in lauter »Widersprüche« bei Paulus:

- Hier erscheint die Heidenwelt als durch und durch homosexuell (V. 26-27) und als einzige Lasterhöhle (V. 28-32), aber nach 2,10 und 14-15 kennt Paulus auch edles Heidentum.
- Hier strahlt Gottes gute Schöpfung in jedes Gewissen hinein, so dass jedermann dankbar sein könnte (V. 20-21), dagegen stöhnt nach 8,19-22 alle Kreatur unter Knechtschaft und Angst.
- Hier zeigt sich die Gesellschaft prahlerisch, ja sündenbegeistert (V. 32), dagegen bezeugt 7,14-24 die qualvolle Ich-Befindlichkeit des Individuums.
- Hier stehen die Menschen allein ihrer eigenen Schuld gegenüber (V. 18-20), dagegen ist es nach 8,38-39 eine ganze Hierarchie dämonischer Mächte, die von Gott trennen will.

Paulus äußerte in seinen Briefen mehrfach, dass er verständige Leser erwartet. Diese Erwartung ist nur recht und billig. Wir sollten uns in seine Aussageabsicht hineinhören und ihn mit kurzschlüssigen Einwänden verschonen.

18 V. 18 fasst überschriftartig den Zustand des Heidentums zusammen. Freilich gab es »Unfrömmigkeit und Ungerechtigkeit« und die in V. 29-31 aufgelisteten Unarten auch im Judentum. Schon die Propheten haben solche Dinge unermüdlich Israel vorgehalten. Dementsprechend findet sich die Rede von »Ungerechtigkeit« und »Zorn Gottes« auch im folgenden Abschnitt über die Juden.[a] Trotzdem zeigt *ein* Merkmal, dass Paulus hier noch nicht an die Juden denkt: Nicht ein einziges Mal fällt das Wort »Gesetz«, das er aber in Kap. 2 gleich 23-mal benennt. Also geht es hier tatsächlich um die »Gesetzlosen«. Diese **Menschen** leben in **aller Unfrömmigkeit und Ungerechtigkeit** dahin. Der Doppelausdruck[1] soll einen Gesamteindruck vermitteln. Dabei rückt das Schwergewicht auf den zweiten Begriff, denn »Ungerechtigkeit« wird am Versende und dann immer wieder aufgenommen: V. 29; 2,8; 3,5; 6,13. **Sie halten die**

[a] Röm 2,5.8 3,5

[1] Vgl. im Deutschen Wendungen wie »Kummer und Sorge« oder »Mühe und Arbeit«, die auch nicht spitzfindig auseinander zu nehmen sind.

Wahrheit (s. zu 2,2[b]) **nieder.** Mit einer Unzahl[2] von Übeltaten knüppeln sie auf dieses Wissen ein (V. 20f) und lassen es nicht hochkommen.[3] Sie sperren es in den Keller ihres Bewusstseins. Die Freude am Unrecht (V. 32; 2Thess 2,12) verdrängt die Liebe zur Wahrheit. [b] Röm 1,25 2,8.20; 3,7

Über dieser heidnischen Lebensart wird **der Zorn Gottes offenbart,** und zwar als gegenwärtiger, sich unablässig wiederholender Vorgang[4], wie sich ja auch nach V. 17 unter der Verkündigung des Evangeliums (»in ihm«) immer wieder die Gerechtigkeit Gottes offenbart.[5] Allerdings offenbart sich der Zorn Gottes wortunabhängig **vom Himmel her.**[6] Überall unter dem Himmel, auch wo das Evangelium noch nicht hingekommen ist[7], enthüllt er sich über den Völkern. Er dringt in die Schicht ihres Bewusstseins ein: Sie »wissen« (vgl. V. 19.20.21.32), dass das Nein Gottes über ihnen hängt wie ein Schwert. Nach 2,15 ist die Welt voller Gewissen, nur räumt sie ihm in kollektiver Verstocktheit nicht den gebührenden Stellenwert ein (V. 28.32).

Jenes Wahrheitsempfinden, gegen das das Heidentum rebelliert, 19
ist zu erläutern. Es verdankt sich einer dritten »Offenbarung«[8], nämlich der der Schöpfergüte Gottes. Die vorsichtige Ausdrucksweise ist jedoch sprechend. Nicht Gott selbst **ist unter ihnen offenbar,** sondern lediglich etwas an ihm, nämlich **das Erkennbare an Gott. Gott offenbarte es ihnen.** So ist er ihnen prinzipiell nicht fern (Apg 17,27). Sie führen ihr Dasein »umgeben von der Weisheit Gottes«[c]. [c] 1Kor 1,21 Joh 1,4-9

[2] Durch »*alle* Unfrömmigkeit« entsteht der Eindruck massenhafter Verstöße. Beim Einzelverstoß kann das Gewissen reagieren, aber bei einer Unsumme von Untaten bleibt die Ampel ständig auf »Rot«, so dass man sich daran gewöhnt, bei Rot über die Kreuzung zu gehen. Man lebt praktisch ohne Gewissen.

[3] Dass die Wahrheit »dämonisch niedergehalten« werde (Käsemann, S. 241), ist hier durch nichts angedeutet.

[4] S. zu V. 22-32, »Das Zorneswalten Gottes«.

[5] In beiden Fällen, in V. 18 wie in V. 17, Präsens! Also nicht: wird offenbart *werden;* der Zorn wird nicht erst angedroht, sondern herrscht schon.

[6] Auch die Gaben des Schöpfers kommen nach Ps 76,9 »vom Himmel her«, d.h. für die Allgemeinheit; ähnlich Mt 5,45; Apg 14,1. Ist der Himmel Herkunftsort des Gerichts, tritt der Gedanke der Unentrinnbarkeit hinzu (1Mo 7,11; 19,24; Jos 10,11).

[7] Die Auslegung, wonach der Zorn Gottes erst in der Begegnung mit dem gekreuzigten und auferstandenen Herrn erkannt wird (Wilckens I, S. 102f, mit Käsemann S. 31), trifft kaum die Meinung des Paulus. Schon das AT bezeugte diesen Zorn über dem Heidentum, ebenso jüdische Schriften. Paulus geht noch einen Schritt weiter: Auch das dahingegebene Heidentum selber weiß sich unter Gott und unter seiner Anklage (vgl. Apg 14,16-17). Die Frage ist wichtig, denn daran hängt das Urteil von V. 20: »Unentschuldbar!« Freilich wird dies Wissen erst durch das Wort vom Kreuz entfesselt. Doch das eigentlich Neue durch Christus ist eben nicht schon die Sündenerkenntnis, sondern das Sünden*gericht*: mit Christus gekreuzigt, gestorben, begraben und – auferstanden!

[8] Das NT verwendet das Wort »Offenbarung« nicht exklusiv für die Christusoffenbarung. Zwar erscheint für »offenbaren« diesmal nicht wie in V. 17 und 18 *apokalyptô*, sondern *phaneroô*, aber auch diesen zweiten Ausdruck verwendet Paulus 3,21 für die Offenbarung Gottes in Christus.

20 V. 20 bringt Näheres über dies an Gott Erkennbare. Zwar hat noch nie jemand Gott selbst gesehen, deswegen lügen alle Gottesbilder, aber **sein Unsichtbares wird geschaut.** Das scheint paradox: Unsichtbares sichten? Man sieht es indirekt am Sichtbaren, buchstäblich »durch die Blume«, nämlich **durch die Werke** in Natur und Geschichte. »Ohne Sprache und Worte« »erzählen die Himmel die Ehre Gottes«, sprudeln sie nur so hervor (Hi 12,7-10; Ps 19,2-5). Diese Offenbarung gibt es **seit der Erschaffung des Kosmos** und dann immer weiter. Der Schöpfer gleicht nicht einem Uhrmacher, der sein Werk nach Vollendung aus der Hand gibt, damit es selbsttätig weiterlaufe. Vielmehr hält er das Geschaffene von einer Sekunde zur anderen in Betrieb.[9] Der nie erschöpfte Schöpfer wird »nicht müde und matt« und »trägt das All«[d].

[d] Hebr 1,3 Jes 40,28

Paulus bringt dies Geschehen auf den Punkt. Da wirkt **eine ewige Kraft** herein, die innerweltliche Kräfte übersteigt. Um anschaulich zu werden: Wir können das Wachstum eines Grashalms in jeder Phase filmen, seine Funktionen erklären, seine chemischen Zusammenhänge bestimmen, können eine täuschend ähnliche Imitation herstellen, wir können es auch vernichten. Aber was wir Könner nicht können: Wir können es nicht erschaffen. So demonstriert uns schon jedes Grashälmchen, was wir nicht können und was wir nicht sind, nämlich nicht Schöpfer. Laufend spiegelt sich in seiner offenbaren Allmacht unsere Ohnmacht. Menschsein heißt, ständig himmelhohe Überlegenheit erfahren und ständig an seinen eigenen Grenzen entlanggehen. Das gilt auch abgesehen von den klassischen Grenzerfahrungen wie Krankheit und Sterben. Schon im gewöhnlichen Alltag sind wir nicht immer stark und können uns nicht immer selber helfen. Jeder braucht laufend Erbarmen. Da ist auch viel zu vieles, was unsere Wissenschaft nicht weiß. Jede neue Erfindung grenzt an noch mehr Unerforschtes. Und auch unsere Mächtigen sind gar nicht so mächtig.

Angesichts so vieler für uns unbeherrschbarer Dinge können wir darum unmöglich Herr sein. Eine unsichtbare **Göttlichkeit**[10] erhebt ihren Herrschaftsanspruch. Vor ihr haben wir uns zu verantworten. Aus keinem Menschenherzen lässt sich diese Pflicht zur Verantwortung löschen (2,14-16). Dabei erleben wir diese Überlegenheit nicht als blanke Unterwerfungsmacht, sondern als Segensmacht.

9 Das »von selbst« von Mk 4,28 meint nicht einen naturgesetzlichen Automatismus, sondern die Unabhängigkeit des Schöpfers von Menschenhand und Menschenschläue. Er interveniert in jedem Augenblick und entsendet laufend seine Impulse.

10 Paulus wählt hier eine unpersönliche Bezeichnung für Gott (»Göttlichkeit«, im NT nur hier). Das ist kein Zufall. Er spricht den Heiden kein personales Verhältnis zum lebendigen Gott zu. Sollte es darum gehen, heißt es: Sie kennen Gott nicht; s. Galater, WStB, S. 179f.

Sie gewährt uns Lebensraum, Speise und Daseinsfreude[e]. Ihr gebührt unabweisbar Dankbarkeit (V. 21).

[e] Apg 14,17 17,26 1Mo 1,28-29 2,8.18 Ps 104,27-30 Jes 45,18

Unser Vers enthält noch eine wichtige Klausel. Die Schöpfungsoffenbarung wird nur **geschaut**, sofern sie **vernünftig begriffen** wird. Vernunft verbindet zwei Vorgänge miteinander, einen empfangenden mit einem verarbeitenden.

Zum ersten Akt: »Vernunft« kommt von »vernehmen«, und damit beginnt sie auch immer. Sie beweist geöffnete Sinne für die ganze Breite des Daseins. Zweitens aber nimmt sie diese Eindrücke verlustlos in ihr Nachdenken hinein, um es zu achten, zu umkreisen, zu bewegen, bis sie sie zu angemessenen Schlussfolgerungen führt. Auf diese Weise kommt es zu jenem **Erschauen** im Sinne eines echten Zugewinns. Bei einer vernünftigen Verarbeitung der realen Welterfahrung ist Gott ganz schwer wegzudenken, so leicht es ist, ihn wegzureden. Aber kaum etwas gehört, wenn es mit rechten Dingen zugeht, so eng zusammen wie Menschsein und Gottesverehrung.

Zwei Verse lang legte Paulus dar, dass die Heiden Wissen um Gott, um seinen Herrschaftsanspruch und um ihre Verantwortung haben. Der Schlusssatz verrät, worum es ihm dabei ging: **so dass sie unentschuldbar sind**. Der Gerichtszorn von V. 18 ist rechtmäßig. »Die Menschen hatten durchaus die Möglichkeit, sich Gott gegenüber gebührlich zu verhalten ... der Verurteilte kann nicht auf Unwissenheit plädieren. Er kann sich nicht herauswinden.«[11] Auch nach Berücksichtigung mildernder Umstände gibt es nirgendwo berechtigtes, entschuldbares Heidentum.[12]

V. 21 leuchtet den schuldhaften Umgang mit der Offenbarung 21
Gottes in der Schöpfung tiefer aus. Die Menschen folgten nicht, wie V. 20 forderte, dem »Gesetz der Vernunft« (7,23); sie waren nicht bei Vernunft. Das zum Greifen Naheliegende ergriffen sie nicht. Dafür taten sie das tief Unnatürliche. **Denn im Wissen um Gott haben sie (ihn) nicht wie einen Gott verherrlicht oder ihm gedankt.** Ihre Sünde besteht im Ansatz in einer Unterlassungssünde. Ein doppeltes »nicht« klagt sie an (»nicht verherrlicht, nicht gedankt«). Also nicht das Neinsagen steht am Anfang, sondern dies Nichtssagen, das Wegsehen (V. 21), das Nichtachten (V. 28), das Vorbeihören (*parakoä*, 5,19), das Vergessen (3,11; 10,20).

11 Wiard Popkes, Aufbau, S. 490-501.

12 Unsere Stelle galt oft als Beleg für eine angeborene »natürliche« Gotteserkenntnis, die der Mensch nicht erst empfangen muss. Paulus aber spricht hier deutlich genug von Offenbarung, die von außen einwirkt. Unablässig bezeugt Gott sich den Menschen. Leider halten sie die Wahrheit am laufenden Band nieder (V. 18), so dass die Möglichkeit der Gotteserkenntnis nie fruchtbar wird, sondern sich ihnen auch laufend entzieht (V. 21-22) und es heißen muss: »Sie kennen Gott nicht« (Apg 17,23.30; 1Kor 1,21; Gal 4,8; Eph 4,18; 1Thess 4,5; vgl. 1Petr 1,14). Diese Unkenntnis ist Schuld, Gegenstand der Anklage.

Zur ersten Unterlassung: Sie verherrlichten Gott nicht als Gott, d.h. die Kenntnis seines Herrschaftsanspruchs wurde nicht Anerkenntnis. Statt zusammen mit allen Geschöpfen Gott zu huldigen und zu loben[f], leugnen sie ihre Geschöpflichkeit und beginnen den Aufschwung zum Übermenschen und zur eigenen Gottgleichheit (1Mo 3,5). Ein enormer Kraftakt! Man bedenke: Angesichts der täglichen Erfahrung, nicht allmächtig und unsterblich, also ganz bestimmt nicht Gott zu sein, gebärden sie sich dennoch wie ein Gott! Daran überhebt sich nun die Menschheit.

[f] 1Mo 1,31 Ps 104; 145; 148

Die andere Unterlassung: Und sie haben ihm nicht gedankt. Auch Lk 6,35 dient der Ausdruck »die Undankbaren« als Sammelbezeichnung für die Sünder. Während sich die Verweigerung der Ehre auf den Geber selbst bezieht, bezieht sich Undank auf das Tun seiner Hand. Wenn wir aber Gott nicht für das Gute, das er uns getan hat, danken, vergessen wir es und bald beherrscht uns sentimentales Selbstmitleid. Am Ende müsste sich eigentlich Gott bei uns entschuldigen.

Der Schlussteil des Verses schildert die unmittelbare Kehrseite, eben das, was übrig bleibt, wenn die Gottesverehrung fehlt (vgl. die Parallele Eph 4,17-18). Verursacher der ganzen Misere ist das **Herz**[13] des Menschen. Nie ist es abwesend, immer ist es dabei, wenn er Böses tut. An seiner Verantwortlichkeit wird festgehalten. Das Herz war **unvernünftig** (vgl. V. 31). Es wusste um Gott, aber wollte ihn nicht. Es hasste ihn (V. 30; 5,10), und zwar ohne Ursache[g]. Wer jedoch hasst, kann nicht mehr klar denken. Er hat sich selbst das Licht ausgeschaltet, sein Dasein **verfinstert.** Nun ist nichts Gutes mehr zu erwarten. **Sie sind in ihren Überlegungen der Nichtigkeit verfallen.** Bei allem Zustrom von Segnungen Gottes und trotz ihrer unbestrittenen Denkfähigkeit können Menschen, wenn es um das Eigentliche geht, um letzte Sinnsuche und Lebenserfüllung, erstaunlich anspruchslos werden.[14] Schon der Ausdruck »Nichtigkeit« verweist auf Götzendienst. Im AT heißen Götzen oft »Hauch«, »Nichtse«[h], weil es mit ihrer angeblichen Göttlichkeit nichts ist, ge-

[g] Joh 15,25 3,20 13,18
[h] 5Mo 32,21 1Kön 16,13 2Kön 17,15 1Chr 16,26 Ps 31,7 96,5 Jes 44,9 Jer 2,5 1Kor 8,4 10,19

[13] »Herz« noch V. 24, »unvernünftig« noch V. 31

[14] Zur Dürftigkeit der Philosophiegeschichte schrieb Kurt Tucholsky auf Berlinerisch (bei Gollwitzer, Denken und Glauben, S. 250):
»Da jibt et n' Waschkorb voll Philosophen.
Dat liest man, und haste det hinta dir,
dreihundert Pfund bedrucktes Papier,
dann lechste die Weisen
bei't alte Eisen
un sachst dir, wie Kuhle, innalich:
Sie wissen es nich! Sie wissen es nich!«

hören sie doch in den Bereich des Geschaffenen. Damit sind die anschließenden Verse vorbereitet.[15]

V. 22-32 bringen Inhaltliches zum in V. 18a bezeugten Zorngericht. 22-32
Um die Eindringlichkeit zu steigern, verwendet Paulus das Mittel der Wiederholung: dreimal diese gen Himmel schreiende Verwechslung von Gott mit den Götzen (V. 22-23.25 und 28a)[16]; dreimal die Auslieferung durch Gott an die Konsequenzen ihres Verhaltens (V. 24a; 26-27a und 28b-31) und dreimal die daraus sich ergebende Misere (V. 24b; 27b und 32). Dabei gerät die Darstellung der Schuld von Stufe zu Stufe immer kürzer und die ihrer Folgen immer ausführlicher, bis sich vor unsern Augen gleichsam eine Sintflut von Lastern ergießt und die ganze Innenverschmutzung der menschlichen Gesellschaft aufplatzt. Zunächst überschriftartig zu den Gedankenkreisen:

- V. 22-24: Überhebung über Gott führt zum Absturz in die kaum zu beschreibende Torheit des Götzendienstes.
- V. 25-27: Entehrung Gottes führt zu erbärmlicher Selbstliebe.
- V. 28-32: Undank gegen Gott führt zu einer menschenverachtenden Gesellschaft, die sich selbst zerstört.

Wir behandeln hier summarisch drei Themen aus diesem Abschnitt:

Das Zorneswalten Gottes. Das Wort **»dahingeben«**, das den Abschnitt refrainartig durchzieht (V. 24.26.28), zeigt, was Paulus in der Überschrift V. 18 bei »Zorn« im Sinn hatte: ein aktives Verfügen Gottes. Die Bibel bezeugt nicht einen Gott, der gegenüber der Unsumme von Ungerechtigkeit stillhält und sich zwar ärgert, aber nichts tut. Er ist nicht nur der Zuschauer, der sich die Fälle nur merkt, um im Endgericht darauf zurückzukommen. Vielmehr wird aus seinem inneren Widerwillen schon heute tätiger Widerstand. Dabei treibt ihn nicht Lust zur Rache, sondern Leidenschaft zum Recht. Diese flammt überall auf, wo die Welt nicht mehr »richtig« ist. Er wollte Leben, schuf Leben, bewahrt Leben und ist ein Gott des Lebens. Darum ist er ein Gott des Zorns, wo immer Leben geschädigt wird.[17] Er reagiert also auf die Verweigerung der

[15] Sie entfalten das Thema Götzendienst. Das in V. 23 mit »Figur« übersetzte Wort (*eikôn*, »Bild«) meint wahrscheinlich die Kultstatue, vor der man huldigend niederfällt. So häufig in Dan 3 und zehnmal in Offb (z.B. 13,14.15; 14,9.11; 16,2).

[16] Dreimal Formen von *allassô*, »vertauschen« (V. 23.25.26), dreimal *paradidonai* (V. 24.26.28).

[17] Die Bibel spricht ungeniert vom »Zorn« und »Grimm« Gottes, gelegentlich sogar von seiner »Rache« – für heutige Leser manchmal schwer anhörbar. Zum Teil liegt das an der Sprachentwicklung. Wir füllen solche Ausdrücke anders. Ein Zornesausbruch gehört z.B. nicht in den Gerichtssaal. Ein Richter tobt nicht. Wiederum kommt für »Zorn« und »Wut« heute ein Sprachgebrauch auf, der sich dem biblischen Sinn wieder annähert: kompromisslose Empörung gegen das Böse, die man auch bewusst zur Kenntnis gibt: »Wir empfinden Wut, wir sind zornig!«

Gottesverehrung und den daraus folgenden Götzendienst aktiv mit gerichtlichen Maßnahmen, die den weiteren Weg des Heidentums mitgestalten.

Im Dahingeben[18] liegen zwei Momente, wie auch Apg 7,42 zeigt: zuerst *los*lassen (a), um dann einer anderen Instanz zu *über*lassen (b). Zum richterlichen Preisgeben (a) vgl. das Tun des Pilatus nach der Verurteilung Jesu Mk 15,15, aber auch den Verlassenheitsschrei Mk 15,34. Dort sind es Gottes Hände, die sich zurückziehen. Nach unserer Stelle ist dem Heidentum der schützende Verbund mit Gott entzogen, es verliert ein Stück (!) Bewahrung. Dann geschieht (b) dieses Weiterreichen und Ausliefern an gerichtliche Vollzugsorgane. Im Heidentum, das immer wieder die göttlichen Impulse aus der Schöpfung veruntreute, verspielte, verachtete, können jetzt andere Größen ihre Macht entfalten. Welche Größen sind das? Paulus spricht an dieser Stelle nicht von Satan und Dämonen (s. zu 16,20). Gott überlässt diese »Kinder des Zorns« (Eph 2,3) ungeschützt sich selbst, nämlich der **Unreinheit** ihrer Herzen (V. 24), den **entehrenden Leidenschaften** (V. 26), dem **wertlosen Verstand** (V. 28), eben ihrer selbst gewählten Weise zu leben. Das ist überaus bemerkenswert für Gottes zeitliches Strafen. Er lässt nicht Feuer vom Himmel fallen, entsendet nicht irgendwelche Dinge aus überweltlichen Räumen, sondern gibt irdische Entwicklungen frei. Die Menschen erleben einmal die Konsequenzen und Potenzen, die ihrer eigenen Entscheidung innewohnen. Sie schmecken, was sie sich eingebrockt haben.[19] Nun ganz unter sich, beginnt ihre Selbstschädigung (V. 29-31). Dass sie es weithin herrlich und befreiend finden, »ohne Gott in der Welt« zu leben (Eph 2,12; vgl. hier V. 32), ist dabei ihr Geheimnis. Paulus sieht sie in einer Sackgasse: »Gott hat sie alle verschlossen unter dem Ungehorsam« (11,32).

Ein erster Zusatz: Gott ist im Allgemeinen nicht »schnell zum Zorn« (Mi 2,7), nur ungern lässt er ihm »freien Lauf« (Ps 78,49f), aber es kann der Augenblick kommen, wo dem Menschen mit Geduld nicht mehr gedient ist, weil er sich sonst daran gewöhnt, dass es schlechten Menschen gut geht. Dann muss er einmal zur Ader

[18] Dieses Wort findet sich auch häufig in der prophetischen Gerichtsrede des AT. »Der so Dahingegebene ist im wahrsten Sinn des Wortes gottverlassen; Gott hat ihn aus seinem Schutz herausgestellt in die Gewalt feindlicher Mächte« (W. Popkes, S. 25).

[19] Der Mensch steht Kopf, und Gott bindet ihn nun an diese Stellung. Wer Sünde tut, wird der Sünde Sklave (Joh 8,39). Nach 5Mo 4,19 hat Gott selbst den Heidenvölkern (im Zorn) z.B. den Gestirnsdienst »zugewiesen«. Nach Eph 4,19 ging dem Dahingegeben*werden* die Selbstübergabe an die Ausschweifungen voraus, nach 2Thess 2,10-11 der Auslieferung an die Lüge das eigene Liebgewinnen der Lüge.

gelassen werden, muss seinen Willen bekommen, und zwar faustdick (Jer 2,19 und 17).

Zweitens will jetzt noch einmal die Aussage von V. 20 bedacht sein: Die Welt ist noch keine Hölle, denn Gottes Schöpfergüte läuft weiter, solange die Erde steht (1Mo 8,22). Darum leben auch die Menschen weiter, obwohl sie nach V. 32 den Tod verdient haben. Die innergeschichtlichen Gerichte sind also noch nicht Totalgerichte. Sie ergehen gleichsam mit angezogenen Bremsen, untermischt mit einem Reichtum an Geduld und Langmut (2,4). Sie haben einen pädagogischen Sinn, wie es auch in der Offb wiederholt anklingt (Ruf zur Umkehr: 9,20f; 16,9.11). Das ist auch für diesen Gerichtsabschnitt der zutreffende Horizont: Die Offenbarung seines Zorns verwahrt die Welt für die Offenbarung seiner Gerechtigkeit im Evangelium (1Tim 2,4; 2Petr 3,9).

Des Menschen Götzendienst. So töricht er wirkt, hat er andererseits seine Logik. Der Mensch war geschaffen zur Gottesverehrung. Das war für ihn das Allernatürlichste. Flieht er nun von Gott weg, nimmt er diese Wesensstruktur, eben dies Verehrungs- und Hingabebedürfnis mit. Er hält es nicht aus, vor nichts zu knien. Er kann nicht einfach vor sich hinleben, er lebt nicht von Brot allein. Er braucht irgendetwas, was ihn selbst überragt. Ein »Gott« muss her. Aber dazu kniet er jetzt an falscher Stelle, da nämlich, wo er nach 1Mo 1,26 als zur Herrschaft Berufener aufrecht stehen sollte. Statt dessen greift er sich Geschaffenes, »Elemente des Kosmos« (Gal 4,3.8-10), die er nun überhöht. Hier stehen wir an der Wurzel des Götzendienstes. Er hat viele Spielarten, aber immer ist es Geschaffenes, was in den Rang des Schöpfers gehoben und vergöttert wird. Unermüdlich umkreist man es, weiht ihm die besten Kräfte, opfert ihm alles – bloß weg von Gott.

a) In den primitiven Religionen ist es vielleicht ein Baumstamm, aus dem ein Götze geschnitzt wird, **ein Abbild der Figur des vergänglichen Menschen** oder **der Vögel und Vierfüßler und Kriechtiere** (V. 23f; besonders eindrucksvoll in Jes 44,9-20 gegeißelt).

b) Im Fall der Philosophien und Weltanschauungen nimmt der Mensch Denkelemente, Ideen, ethische Prinzipien oder geistige Gesetze, aus denen er sich ein herrschendes System »schnitzt«. In dieses System begibt er sich dann hinein wie in eine luftdicht zugelötete Dose. Treten Erstickungsanfälle auf, steigt er um in eine neue Dose; so etwas lässt sich in der Gesellschaft etwa alle dreißig Jahre beobachten.

c) Oder das »Material«, aus dem man sich kleine Götter »schnitzt«, sind andere Menschen. Man überhöht Künstler, Wissenschaftler, Sportler, weltliche oder kirchliche Obere und baut um sie einen Personenkult auf.

Drastisch stellt Paulus in V. 23 den Tiefpunkt dar: Menschen, zum Stellvertreter Gottes auf Erden bestellt, knien vor Kriechtieren! Man stelle sich das praktisch vor: vor Kriechtieren auch noch kriechen! Welch haarsträubende **Verwechslung der Herrlichkeit des unvergänglichen Gottes**! Aber die Akteure stellen sich noch der allgemeinen Bewunderung. **Während sie (prahlerisch) behaupteten, weise zu sein, wurden sie zu Toren**[i] (V. 22, vgl. V. 32).

[i] 1Kor 1,20 3,19

Zur Homosexualität.[20] Natürlich behauptet Paulus nicht homosexuellen Umgang unter den Heiden als Regel, sonst wären die Völker längst ausgestorben. Vielmehr erkennt er hier ein besonders augenfälliges Zeichen, das die Erkrankung der Allgemeinheit anzeigt. Damit ist auch gesagt, dass der einzelne Homosexuelle nicht besonders schuldig sein muss. Jeder Fall liegt anders. Es gibt Verführer und Verführte und auch krank machende Verhältnisse. Sachlich geht es darum: Eine Gesellschaft, die ihr primäres Gegenüber, also Gott, für uninteressant erklärt (V. 28), bekommt ihre entsprechende Quittung: Sie bewältigt nicht mehr das Leben mit dem Du. Sie hat jetzt wirklich nur noch sich selbst, kann nichts mehr lieben außer sich selbst und nichts mehr suchen als sich selbst und die eigene Art. Unter diesem Blickwinkel sind die Homosexuellen als die ins eigene Geschlecht Verliebten und bis ins Sexuelle hinein auf ihre eigene Art Zurückgebogenen Symptomträger einer Gesellschaft.

Paulus bleibt hier also im Gedankenzusammenhang. Das Thema ist nicht an den Haaren herbeigezogen, ging es in diesen Versen doch um den Abfall vom Schöpfer. Gottes Schöpfung aber ist uns nirgendwo so nahe wie im eigenen Leib. Unsern Leib jedoch erfahren wir nicht geschlechtsneutral, sondern im Rahmen männlich-weiblicher Paarung (1Mo 1,27). Damit ist uns unsere sexuelle Bestimmung nicht zur Wahl gestellt. Sie ist nicht auswechselbar, höchstens zerstörbar. In der Homosexualität geschieht Letzteres. Die Instinkte stehen Kopf, die Urordnung der Schöpfung wird beiseite geschoben, die Urform bereichernder Nächstenschaft wird vertan, gemieden und verachtet.

[20] Die Erscheinung gab es auch im Judentum (vgl. 3Mo 18,22; 20,13), dort allerdings heftig verpönt. Dagegen wurde sie im Umkreis griechischer Mentalität als selbstverständlich hingenommen, verbreitet besonders in gehobenen Schichten der Gesellschaft, unter Philosophen und Künstlern. Von den fünfzehn römischen Kaisern sollen vierzehn homosexuell gewesen sein. Dabei wurde diese Praxis als die weit höhere Form der Liebe gerühmt. Schon seit alters gab sie sich als »modern« und wies gesunde Kritik als spießbürgerlich zurück.

2. Die Juden unter dem Zorn Gottes (2,1-3,8)

Den Fall der Heiden hatte Paulus wie im Vorlesungsstil abgehandelt.[21] Ungestört konnte er seine Aussagen treffen, denn dass der Zorn Gottes auf der Heidenwelt liegt, war auch seinen judaistischen Kritikern aus dem Herzen gesprochen. Aber der Zorn Gottes gleicherweise über den Gesetzesfrommen? Erst mit dieser Behauptung stellt Paulus sich der eigentlichen Auseinandersetzung, was sich schon am veränderten Stil zeigt. Schon zu Anfang ein lebhafter Redewechsel. Gleich in V. 1 fünfmal »du« und dann laufend Dialogstil: Einwürfe und Gegenfragen bis zum Schluss, mit nur kurzen lehrhaften Einlagen. Man vergleiche auch die Länge der beiden Abschnitte: nur 15 Verse über die Heiden, aber 45 Verse über die Juden.[22] Eigentlich hatte sich der Abschnitt über die Juden schon mit 2,11 gerundet, aber zäher Widerstand von judaistischer Seite macht vier Anhänge notwendig (vgl. Inhaltsverzeichnis).

a) Keine Sonderbehandlung für Juden im Endgericht (2,1-11)

1 Darum: Unentschuldbar bist du, o Mensch, jeder, der richtet.
Denn worin du den andern richtest, verurteilst du dich selbst.
Du praktizierst nämlich dasselbe – als der Richtende.
2 Wir wissen aber, dass das Gerichtsurteil Gottes gemäß der
Wahrheit ist über die, die all Derartiges praktizieren.
3 Rechnest du aber damit, o Mensch, der du diejenigen richtest,
die Derartiges praktizieren, und es selber tut, dass gerade du
dem Urteil Gottes entfliehen wirst?
4 Oder verachtest du den Reichtum seiner Güte, (seines) Zuwar-
tens, (seiner) Langmut, missachtend, dass Gottes Güte dich zur
Umkehr leitet?
5 Aber bei deinem Starrsinn und (deinem) unbußfertigen Her-
zen speicherst du dir selbst Zorn auf für den Tag des Zorns und
der Offenbarung des gerechten Urteilens Gottes,
6 »der vergelten wird einem jeden nach seinen Werken«:
7 Denen zwar, die mit Beharrlichkeit eines guten Werkes suchen
Herrlichkeit und Ehre und Unvergänglichkeit, (erteilt er) ewi-
ges Leben;

[21] Als über Abwesende sprach er fortwährend über »sie«. Der Heide ist »der andere« von 2,1, der »Blinde, Unmündige, Unverständige« von V. 19-20.

[22] Die Überschriften in der LÜ lassen die Hinwendung zu den Juden erst mit V. 17 beginnen. Aber schon V. 1-10 mündet aus: die »Juden zuerst« (V. 9f), und bereits V. 12-16 spricht elfmal vom Gesetz, so dass die Judenproblematik schon längst vor V. 17 die Gedanken regiert.

8 **denen aber, die aus der Selbstsucht (sind) und nicht Gehorchende der Wahrheit, aber der Ungerechtigkeit Gehorchende (sind), (gilt) Zorn und Grimm.**
9 **Bedrängnis und Angst über jede Menschenseele, die das Böse bewirkt, Juden zuerst und (auch) die Griechen;**
10 **Herrlichkeit aber und Ehre und Frieden jedem, der das Gute wirkt, dem Juden zuerst und (auch) dem Griechen.**
11 **Denn es gibt kein Ansehen der Person für Gott.**

Der gegenwärtige Zorn Gottes über alle Ungerechtigkeit der Menschen nach 1,18 gilt auch den Juden, obwohl deren Geschichte nach V. 4 unbestritten auch von einem »Reichtum seiner Güte, Geduld und Langmut« geprägt ist. Hierin stimmt Paulus mit seinen jüdischen Brüdern überein. Auch er nimmt die besondere Gnade über dem erwählten Volk wahr. Doch werden sie ihm zustimmen, dass erfahrene Gnade nicht vom Endgericht befreit, ja ihm sogar ein besonderes Gewicht verleiht: »*zuerst* die Juden«? (V. 9 und 10). Folgerichtig mündet dieser Abschnitt in die gewaltige Ausrufung des allgemeinen Endgerichts (V. 7-11). Dafür möchte er ihr Gewissen wecken und auf diese Weise auch in ihnen einen Resonanzboden für das Evangelium von der rettenden Gerechtigkeit Gottes bereiten.

1 Im Unterschied zur allgemeinen Rede von den »Menschen« ab 1,18 geht Paulus mit 2,1 zur Einzahl über: **o Mensch!** Es handelt sich um einen besonderen Menschen, nämlich: **der du richtest.** Damit tritt ein völliger Stimmungswechsel ein. Gerade noch standen die Lasterhaften vor uns, die das Böse nicht nur tun, sondern auch noch amüsiert denen applaudieren, die es ebenso tun (1,32). Jetzt wendet Paulus sich an den moralischen Menschen, bei dem Gut und Böse noch etwas gilt und der deswegen auch »nicht sitzt, wo die Spötter sitzen« (Ps 1,1). »Richten« ist in diesem Zusammenhang nicht schon Verdammen, wovon erst die nächste Zeile spricht.[23] Vielmehr bezeichnet das Richten hier wie oft in der Bibel das Prüfen (12,2; 14,22), Urteilen, Mahnen, Erziehen und Lehren, wie V. 18-20 anschaulich macht. Paulus spricht hier einen besonders gesegneten (V. 4!) und zum Dienst berufenen Menschen an.[24] Damit ist hier

23 Statt *krinô* dort *katakrinô*. Es ist ein Missverständnis, hier das urchristliche Verbot des Richtens ins Feld zu führen (Mt 7,1-5; Röm 14,4.10.13; Jak 4,11-12).

24 Vergleichbar ist die Anrede Gottes an Hesekiel: »Du Menschenkind!« (93-mal in Hes, allein siebenmal in der Berufung des Propheten, Kapitel 2-3). Gott macht einen Menschen zu einem Einzelnen, stellt ihn vor sich hin und beauftragt ihn mit dem Wächterdienst für die anderen (Hes 33,7-8).

beispielhaft[25] der gesetzestreue Jude aufgerufen. Ihm lag der frivole Grundzug von 1,32 fern. Die Offenbarung vom Sinai, dann in den Jahrhunderten die unentwegten Wortmeldungen Gottes durch die Propheten und schließlich die flächendeckende religiöse Erziehung hatten in Israel eine intakte Werteordnung geschaffen. Angewidert wandte man sich von Unmoral ab. Gegenüber dem »Unstatthaften« (1,28) erhob sich unweigerlich das mahnende: »Du sollst nicht!«[26]

Erfahrungsgemäß lässt uns die Ausübung der moralischen Funktion leicht vom Boden abheben. Immerzu ermahnen, erziehen und predigen schafft unwillkürlich ein gehobenes Selbstgefühl. Das Urteil über den andern: »*Du* hast gesündigt!« verdrängt das Bekenntnis: »*Ich* habe gesündigt!« (2Sam 12,13; Lk 15,21). Auch das Ansehen, das dem Mann des Gesetzes aus seiner Umgebung zuwächst, tut ein Übriges. Und schließlich: Ist jahrzehntelange Ausübung solcher Dienste etwa nichts? Was mag Gott wohl besser gefallen: das Tun des Bösen mit Applaus begleiten oder es in Übereinstimmung mit dem göttlichen Gesetz verurteilen? Wird er nicht ein Leben, das als erhobener Zeigefinger gelebt wurde, im Endgericht honorieren und ihm eine Sonderbehandlung angedeihen lassen?

Dies Selbstverständnis wird durch Paulus erschüttert. Nein, **»unentschuldbar!«** antwortet er mit derselben Vokabel, die er 1,20 auf die Heiden anwandte, und bringt damit diese moralischen Kreise tatsächlich mit den Heiden auf denselben Nenner. Da ist etwas, was bei Gott unbedingt durchschlägt: **Du praktizierst nämlich dasselbe.** Du tust gewiss nicht dauernd Böses, in deinem Leben ist fraglos viel Bewahrung (s.o. und V. 4), aber du tust es ab und zu. Du tust nicht auf allen Gebieten Böses (V. 10.14), aber du tust es hier und da. Also ab und zu und hier und da – das genügt schon. Da sind Augenblicke in deinem Leben, die dir blitzartig zeigen, wer du in Wahrheit bist. Was aber wahr ist, ist nicht nur für eine Sekunde wahr. Das bleibt wahr, bis in alle Ewigkeit. Das hat Wahrheit so an sich.

Unrecht ist für Gott unter keinen Umständen erträglich. In keinem einzigen Fall geht Böses gut, sondern der Zorn Gottes enthüllt

25 Israel ist das Vorführmodell Gottes vor den Völkern, an dem Gott dreierlei vorführt: *Erstens*, wie Gott ist, vgl. V. 4 und als überwältigenden Beleg dafür das ganze AT; *zweitens*, was Gott will, nämlich in seinem heiligen Gesetz; *drittens*, was der Mensch ist: Auch bei größter Anstrengung ist er verloren und des Evangeliums bedürftig. Gerade das Gesetz vermittelt Selbsterfahrung, so dass sich gerade beim Juden der Widerspruch zwischen Wissen und Tun besonders deutlich zeigt.

26 Allerdings kennt Paulus auch moralische hoch stehende Kreise im Heidentum (2,14-15). Ohne Frage sind auch sie hier mit angesprochen. Vor allem tun intensiv christliche Kreise gut daran, sich dem zweiten Kapitel zu stellen.

sich darüber (1,18). Es ist nicht kompensierbar durch Gesetzesstudium Tag und Nacht, nicht durch unbeirrbares Eintreten für die Rechte Gottes in der Öffentlichkeit. Im Gegenteil: Die Logik läuft andersherum. Die Schuld des Gesetzesmenschen verschärft sich sogar durch die weit klarere Kenntnis des Gotteswillens (V. 21-23). Was 1,32 von den Heiden gesagt wurde: »Sie wussten« und taten es doch, gilt von den moralisch denkenden und urteilenden Menschen noch viel mehr.[27]

2 Paulus untermauert seinen Gedankengang mit einer Grundlehre[a] des Volkes Gottes: **Wir wissen aber, dass das Urteil Gottes gemäß der Wahrheit ist über die, die all Derartiges praktizieren.** Willkür scheidet im Endgericht aus. Dort herrscht nichts als der Maßstab der Wahrheit. Wahrheit ist wie in 1,18.25 Wahrheit Gottes, Gottes eigenes Wahrsein, sein Sich-selbst-treu-Sein. Gott hält sich an sich selbst. Niemals wird Gott von Gott abweichen. Ein Mensch, der vor diesem Gericht auf Sonderbehandlung spekuliert, müsste sie schon gegen die gesamte Offenbarungsgeschichte Gottes erhoffen.[b]

[a] Röm 3,19; 5,3; 7,14; 8,22.28

[b] Röm 2,16; Gal 2,5.14

3 V. 3 zieht die fragwürdige Logik ans Licht, mit der der Jude diesem Richter entgehen will: **Rechnest du aber damit, o Mensch, der diejenigen richtet, die Derartiges praktizieren, und es selber tut, dass gerade du dem Urteil Gottes entfliehen wirst?**[28] Diesen Zusammenhängen ging schon die Auslegung zu V. 1 nach. Vergeblich erhofft man als Mitrichter Gottes »kollegiale« Behandlung.

4 V. 4 ertappt ihn bei einer zweiten Ausflucht. Jetzt führt man nicht die eigene Tätigkeit ins Feld, sondern reiht die empfangenen Segnungen Gottes völlig falsch ein. **Oder verachtest du den Reichtum seiner Güte, (seines) Zuwartens, (seiner) Langmut, missachtend, dass Gottes Güte dich zur Umkehr leitet?** Gottes Güte gegen Israel war Tatsache. Er gab sie nicht dahin wie die Heiden (1,24.26.28). Seine Langmut ließ seinen Zorn nicht herausfahren. Er behandelte

[27] Die Wahrheit, dass das Zu-Gericht-Sitzen über andere nicht entlastet, sondern die eigene Schuld zusätzlich aktiviert, hat sich in 2Sam 12 verdichtet. Dazu Pred 3,16: »Auf dem Richterstuhl sitzt der Schuldige.«

[28] Auch Mt 3,7 erwähnt die Lehre der Schriftgelehrten, wonach man dem Zorn Gottes »entfliehen« kann, wenn man Abraham zum Vater hat. Tatsächlich wurde mit wenig Widerspruch und seit 70 verstärkt gelehrt, dass Israel im Endgericht allein übrig bleibe. Gottes Regungen würden sich verteilen: Zorn und Hass den Völkern, Israel aber Gnade. Aus dem heilsgeschichtlichen »zuerst die Juden« wurde ein ewiges »allein die Juden«, und zwar die Judenschaft geschlossen. Wie immer sich die einzelnen Israeliten auch zu Gott stellen mögen, für sie gäbe es Gnade. Aufgrund ihrer Abstammung von Abraham blieben sie Kinder Gottes in Ewigkeit. Die wenigen Ausnahmen, nach denen auch Juden vom ewigen Leben ausgeschlossen blieben, haben die jüdischen Gelehrten sorgfältig festgestellt; sie heben den Satz nicht auf: »Ganz Israel hat Anteil an der zukünftigen Welt« (Bill IV, S. 1152-57; III, S. 81.263f.293. Die Formulierung geht vermutlich auf Rabbi Akiba um 120 zurück, ist aber Ergebnis langer Vorgeschichte.)

sie ständig besser, als sie es verdienten.[c] Doch geschah das selbstverständlich in der Absicht[d], Zeit zum Selbstgericht und zu einer von Herzen kommenden Umkehr zu gewähren. Doch der Mensch, verdorben bis in sein Denken hinein, folgert: Reichtum an Güte – also bin ich gut. Keine Strafe – also keine Schuld. Darum weitermachen! Aber nur ganz oberflächlich kann man so schlussfolgern. Wer zwar Gnade will, aber eine Gnade, die nicht zur Buße führt, verachtet Gnade.

[c] Röm 3,26 Ps 103,8-13 145,8-16 Hes 20,44 Mt 5,45 Lk 6,35b
[d] 2Petr 3,9.15

Die beiden Fragen zur Selbstverteidigung in V. 3 und 4 bedurften keiner Antwort. Sobald man sie sich bewusst macht, sind sie auch schon widerlegt. Als theologische Argumente waren sie nur Leichtgewichte. Aber letztlich regiert hier gar nicht die Theologie, sondern das Herz, das nicht will, wie Gott will. Dazu wiederholt Paulus ein altes Scheltwort gegen Israels Fühllosigkeit während der Wüstenwanderung.

Aber bei deinem Starrsinn und (deinem) unbußfertigen Her- 5
zen. Beharrlich antwortete das Volk auf die unermüdlichen Angebote des göttlichen Heils mit Trotz.[29] Dennoch müht sich der Apostel, in die Gewissen einzudringen. Dazu verwendet er die im Judentum gut bekannte Rede vom Verdienstschatz im Himmel[30], allerdings ins Negative gewendet: **Du speicherst dir selbst Zorn auf.** Jedes Unrecht bewirkt, dass Gottes Zorn sich regt, anhäuft, staut, auch wenn er sich im äußeren Lebensgang noch zurückhält, bis er am **Tag des Zorns** mit seiner **Offenbarung des gerechten Urteilens Gottes** losbricht.

V. 6 liefert zu diesem »gerechten Urteilen Gottes« ein Schrift- 6
zeugnis: **»Er wird vergelten einen jeden nach seinen Werken.«** Ähnliche Wendungen finden sich verstreut in der ganzen Bibel.[31] Zu betonen ist, dass nur Gott so richtet, im Unterschied zu irdischen Gerichten. Menschliche Richter urteilen streng genommen nicht nach den Werken selber, waren sie doch nie dabei. Sie müssen sich schon auf die Aussagen verlassen, die der Angeklagte selber oder die Zeugen machen (mit all ihren begreiflichen Fehlerquellen!). Sie richten nur nach dem Hörensagen. Gott aber ist der, der da war und der da ist und der da sein wird, so dass er keines Zeugen bedarf. Er ist sein eigener Zeuge. Er kann somit nach den Tatbeständen selbst gehen, nach den Werken.

[29] LÜ dafür meist »Halsstarrigkeit«, »Verstockung«, »Unbußfertigkeit«: 2Mo 33,3.5; 34,9; 5Mo 9,6.13.27; 10,16. Der Ausdruck auch bei den Propheten, bei Jesus (Mk 10,5; 16,14) und Stephanus (Apg 7,51).

[30] »Wer rechtschaffen handelt, speichert sich Leben auf beim Herrn« (4Esr 6,5; vgl. Mt 6,19f; 1Tim 6,19).

[31] Am genauesten entsprechen hier Ps 62,13 und Spr 24,12. Häufig auch bei Paulus, z.B. 1Kor 3,13-15; 2Kor 5,10; 9,6; Gal 5,21; 6,7-10

Im Judentum spielte dieses »Gericht nach den Werken« eine große Rolle, wurde aber folgendermaßen abgefälscht. Ein Engel trägt ständig das Tun des Menschen in Listen ein, sei es gut oder böse. Im Endgericht wird eine Waage aufgestellt und gewogen, ob die guten oder die bösen Werke überwiegen. Bleibt die Waage in der Schwebe, ist Gott, falls es sich um einen Nachkommen Abrahams handelt, nicht kleinlich, sondern zerreißt einige Schuldbriefe. Rettung also durch Verdienste plus Gnade. Unter dieser Voraussetzung musste der Jude alle Tage seines Lebens darauf achten, dass er für jedes böse Werk möglichst auch ein gutes tat, um mindestens für eine ausgeglichene Bilanz zu sorgen (vgl. Lk 18,12).

In dieser Werkgerechtigkeit stecken zwei Fehler. *Erstens:* Durch die Konzentration auf jedes einzelne Werk übersieht man ihre Zwischenräume: ihre Vorgeschichte, ihre Motive, die zu dieser Tat führten, die Ziele, die eigentlich gewollt und angestrebt worden waren; ferner die Widerstände, die zu überwinden waren, oder welche Hilfen zur Verfügung standen. Das alles ist für eine gerechte Beurteilung erheblich. Gott berücksichtigt nicht nur die Spitze des Eisbergs. Er sieht nach V. 7 auch die **Beharrlichkeit** und das aufrichtige **Suchen**, nach V. 16a auch das verborgene Tun. *Zweitens* geht bei der Werkgerechtigkeit der übergreifende Zusammenhang der Werke verloren. Man sieht *das* Werk vor *den* Werken nicht. Paulus ersetzt gern »Werke« durch die Einzahl »Werk«, z.B. 1Kor 3,13; Gal 6,4; Phil 1,6. Wir Menschen haften an Teilaspekten und schaffen uns daraus Phantombilder, mit denen wir dann leben. Gott aber hält sich im umfassenden Sinn an den Befund unseres tatsächlichen Lebens. Die ganze Menschenwirklichkeit muss der ganzen Gotteswirklichkeit standhalten.

7-11 Unter Abbruch des Dialogstils gibt Paulus jetzt machtvoll eine Grundsatzerklärung über Gottes Richten. Es folgt Lehre, nicht Prophetie. Paulus benennt die Prinzipien des göttlichen Richtens, sagt aber nicht Ergebnisse voraus. Stahlhart zieht er den Gedanken durch, indem er V. 7-8 in V. 9-10 wirkungsvoll wiederholt.[32] V. 11 schließt dann mit einem dicken Schlussstrich: Gott hält sich an die Tatbestände, einerlei wer der Täter ist. Demgemäß öffnet sich auch für die einen der Eingang ins **ewige Leben,** während die anderen durch **Bedrängnis und Angst** eingekesselt werden. Die Rede vom

[32] Dabei kehrt er die Gedankenfolge um. Das erste Mal folgert er aus der gegenwärtigen Lebensweise für die zukünftige Vergeltung (V. 7-8), das zweite Mal schlussfolgert er von der Zukunft auf die Gegenwart (V. 9-10). Zugleich wechseln gute und böse Werke die Reihenfolge.

Zorn wird nicht ermäßigt, sondern noch verstärkt durch die Häufung **Zorn und Grimm** (bei Paulus nur hier).[33]

Zweimal kehrt hier in V. 9f das **»zuerst die Juden«** von 1,16 wieder. Ihr heilsgeschichtlicher Vorrang gilt nach Paulus also dreifach: *erstens* für das Angebot einer Rettung durch den Glauben (1,16; 10,12), *zweitens* für die Zusicherung unbestechlichen Gerichts als gerechter Lohn (V. 10) oder eben *drittens* als gerechte Strafe (V. 9). Keiner dieser drei Punkte ist herauszubrechen. Sie entscheiden für Paulus die Frage nach der Judenmission.

b) Verschafft ein Leben unter dem Schall des Gesetzes wirklich keine Sonderbehandlung im Endgericht? (2,12-16)

12 Wie viel nämlich in der Weise der Gesetzlosen gesündigt haben, werden auch in der Weise der Gesetzlosen umkommen, und wie viel im (Geltungsbereich) Gesetz gesündigt haben, werden durch das Gesetz gerichtet werden.
13 Nicht nämlich die Hörer des Gesetzes (sind) gerecht bei Gott, sondern die Täter des Gesetzes werden gerechtgesprochen werden.
14 Jedesmal nämlich, wenn Heiden, die nicht das (mosaische) Gesetz haben, von Natur das (Geforderte) des Gesetzes tun, sind diese, obwohl sie das Gesetz nicht haben, sich selbst (das) Gesetz;
15 dieselben erweisen ja das (geforderte) Werk des Gesetzes als geschrieben in ihren Herzen, indem ihr Gewissen Zeugnis gibt und ihre Gedanken sich wechselseitig beschuldigen und verteidigen.
16 (Folglich: Das Endgericht wird stattfinden) am Tage, an dem Gott richten wird das Verborgene der Menschen nach meinem Evangelium durch Christus Jesus.

Die judaistischen Kritiker nehmen die Behauptung von Gottes Unparteilichkeit, mit der V. 11 ausmündete, so nicht hin. Muss da nicht für Israel ein »Reichtum seiner Güte« in Anschlag gebracht werden, den Paulus doch selbst nach V. 4 zugesteht? In den folgenden Abschnitten sieht Paulus sich genötigt, sich diese Vorteile Punkt für Punkt vorzunehmen und zu prüfen, ob sie tatsächlich

[33] Die Lehre, nach der es nach dem angeblich nur pädagogisch gemeinten Endgericht und nach Verstreichen von genügend Zeit endlich doch zur Allbeseligung aller Menschen und Geschöpfe kommt, bricht solchen Worten einfach die Spitze ab.

Argumente gegen eine Gleichbehandlung der Juden im Gericht hergäben. Zuerst geht es um den Besitz des Gesetzes.

12 Es steht fest, dass der Sünde in jedem Fall der Tod folgen muss. **Wie viel nämlich in der Weise der Gesetzlosen gesündigt haben, werden auch in der Weise der Gesetzlosen umkommen, und wie viel im (Geltungsbereich) Gesetz gesündigt haben, werden durch das Gesetz gerichtet werden.** Nach beiden Seiten hin ist Gerechtigkeit zu fordern. Weder darf dem heidnischen Sünder aus seiner Unkenntnis des mosaischen Gesetzes ein Nachteil noch dem jüdischen Sünder aus dem Besitz des Gesetzes ein Vorteil erwachsen. Paulus fasst beide Seiten gesondert ins Auge:

13 Der Jude ist nur an das zu erinnern, was er schon weiß[a]: **Nicht nämlich die Hörer des Gesetzes (sind) gerecht bei Gott, sondern die Täter des Gesetzes werden gerechtgesprochen werden.** Anders war das Gesetz nie gemeint. So kann der Jude nur verstummen, wenn er als Gesetzesübertreter sein Urteil empfängt. Schwieriger ist es mit den Heiden. Wo bleibt der gleiche Maßstab, wenn Heiden, obwohl ohne Gesetz, in gleicher Strenge verurteilt werden?

[a] 5Mo 27,26 Gal 3,10.12 Jak 1,22

14 Die Heiden kennen das Gesetz, ohne es zu haben! **Jedes Mal nämlich, wenn Heiden, die nicht das (mosaische) Gesetz haben, von Natur das (Geforderte) des Gesetzes tun …** Paulus weiß, dass in den Völkern je und je Taten geschehen, die fraglos den Forderungen des mosaischen Gesetzes entsprechen. Offensichtlich ist Gottes Wille niemandem völlig unbekannt. Dabei denkt Paulus natürlich nicht an die Ritualvorschriften, sondern an Kernaussagen wie die Zehn Gebote, an Taten der Nächstenliebe.[b] Sie geschehen[34] ohne künstliche Beeinflussung durch Religion oder Ideologie. Davon leitet er ab: **Diese sind, obwohl sie das Gesetz nicht haben, sich selbst Gesetz.**

[b] Röm 13,8-10 Gal 5,14

Dabei gehört Paulus nicht zu den Gleichmachern heilsgeschichtlicher Unterschiede. Nicht umsonst heißt es zweimal: Die Heiden **haben nicht das Gesetz.** Israel allein empfing die Sinai-Offenbarung. Um die Heiden aber für das Heil in Christus aufzubewahren, lief die Schöpfergüte weiter, so dass auch der gottentfremdete Mensch immer noch Mensch ist. Selbst in einem unmenschlichen System *muss* er nicht Unmensch sein, sondern kann nachweislich Taten des Guten, des Wahren und des Gerechten tun. Es wäre voreilig, in der menschlichen Gesellschaft nur ökonomische Gesetze am Werke zu sehen, um sich ihnen zu ergeben. Auch moralische Maßstäbe sind in Kraft. Weil der Mensch aber menschenwürdig handeln kann, soll er es auch. Auf diesen Um-

[34] Auch nach Mt 7,11 können Böse einmal Gutes tun. Trotzdem kommt Paulus zum Gesamturteil: Kein Gerechter! (3,9.19.23; 5,12).

stand zielt Paulus. Er setzt das moralische Empfinden der Heiden nicht mit dem Sinaigesetz gleich, vergleicht aber die beiderseitige Verantwortlichkeit. Sie ist vergleichbar, weil es derselbe Gott ist, der, wenn auch in unterschiedlichen Ordnungen, unter Juden und Heiden wirkt. Jedem bezeugt sich Gott[c], wenn auch den Heiden nur indirekt, nur schattenhaft, ohne feste Schriftform (V. 20). So unterschiedlich die Verantwortlichkeit deswegen graduell sein mag, ist sie und damit auch die Unentschuldbarkeit grundsätzlich gegeben.[35]

[c] Röm 1,19-20 Apg 14,17 17,27f

Paulus lässt es bei dieser kompakten Aussage nicht bewenden, 15
sondern hilft noch einmal erläuternd nach. Was bekunden denn diese Heiden mit ihrem gewissenhaften Tun? Dass ihnen eine objektive Norm gegenübersteht! Gute Taten unter ihnen **erweisen ja das (geforderte) Werk des Gesetzes als geschrieben,** gewiss nicht auf Steintafeln, sondern auf einem völlig anderen Beschreibstoff, eben **in ihren Herzen.**[36] Sie tragen sozusagen einen kleinen Mose in sich. Auf diese »Schrift« bezieht sich ihr Gewissen als eine Art Lesegerät: **ihr Gewissen gibt Zeugnis.** Das Gewissen ist also nicht selbst diese objektive Norm, aber dadurch, dass es sich regt, lässt es erkennen, dass es um eine solche weiß und sich als deren Anwalt versteht. Das aber führt während, vor oder nach der Tat zum Streit im menschlichen Ich. Der innere Gerichtshof tagt: **und (zwar) beschuldigen und verteidigen sich ihre Gedanken wechselseitig.** Offensichtlich sind sie nicht so leicht steuerbar. Sie stimmen untereinander, vor allem aber mit dem Gewissen nicht immer überein. Sie empfinden jenen kritischen Begleiter als einen quälenden[37] »Mitwisser« (so der Wortsinn der griech. Vokabel für Gewissen!). Oft führen dessen Anklagen zum übersteigerten Rechtfertigungsdrang[38].

Nach diesem Seitenblick auf den Gewissensstreit im Menschen 16
kann Paulus wieder zum Thema zurücklenken und beteuern, dass das Endgericht für jedermann unparteiisch stattfinden wird. Es ge-

35 Es gibt also nicht nur nach 1,19-20 eine geschöpflich mögliche Gotteserkenntnis, sondern auch einen geschöpflich möglichen moralischen Ansporn (vgl. ferner 2,26). Darum respektierte Paulus auch das, was außerhalb der Gemeinde als wohlanständig galt: 1Kor 5,1; 11,13-16; Phil 4,8; 1Tim 3,7.

36 Einige Ausleger meinen, dies »erweisen« geschehe erst beim Endgericht. Dann werde auch die eigene Gewissensstimme Zeugnis geben. Aber V. 15 hängt sprachlich an V. 14, so dass von Vorgängen während des Erdenlebens die Rede ist.

37 Das unterscheidet die Verwendung des Bildes hier von der in Jer 31,33. Dort geschieht zusammen mit der Beschriftung des Herzens auch die Umwandlung des Herzens durch den Heiligen Geist, so dass der Wille Gottes gern getan wird.

38 Dass das Gewissen diesen komplizierten Bedingungen ausgeliefert ist, zeigt zur Genüge, wie wenig es einen blanken Spiegel des Willens Gottes darstellt. Oft besteht zwischen Gewissen und Gewissen ein himmelweiter Unterschied. Oft ist es schwach und befleckt (1Kor 4,4; 8,7) – ein Hinweis für diejenigen, die ganz und gar auf Gewissenskultur setzen.

schieht **am Tage, an dem Gott richten wird das Verborgene der**
[d] 1Kor 4,5 **Menschen.** Dann wird sich alles lichten[d], denn Gott richtet nicht nach unserm Gewissen, sondern nach seinem vollkommenen Wissen, und zwar aufgrund unserer Werke. Damit bleibt es bei der in V. 11 aufgestellten These: Abweisung jeder Günstlingswirtschaft.

Paulus ist sich nicht bewusst, mit diesen Ausführungen vom Evangelium abgewichen zu sein. Die Verkündigung des Gerichts nach den Werken[e] ist in der christlichen Gemeinde kein Fremdkörper, sondern gehört mit der Verkündigung der Gerechtigkeit aus dem Glauben zusammen, **nach meinem**[39] **Evangelium durch**[40] **Christus Jesus.** Das könnte ein Christentum verwirren, das eine Art Hintertürchen erwartet, jenen Gerichtssaal vor Beginn erlöst zu verlassen. Gott habe eben an die Stelle der guten Werke den Glauben gesetzt. Oder es sei gar unchristlich, vor dem Gericht zu warnen.

[e] Röm 14,10-12 1Kor 1,8 3,12-15 4,4f; 5,5 2Kor 5,10 1Thess 1,10; 4,6

Wir bedenken kurz die unbedingte Notwendigkeit des Gerichts. Es gibt keinen unmerklichen, gleitenden Übergang von der Ungerechtigkeit zur Gerechtigkeit. Einen solchen könnte man sich höchstens vorstellen, wenn Ungerechtigkeit nur ein Mangel an Gerechtigkeit wäre. Dann wäre eine langsame Auffüllung des Mangels denkbar. Aber Ungerechtigkeit ist der Gerechtigkeit feind (5,10; 8,7; 2Kor 6,14). Zwischen zwei unvereinbaren Gegensätzen aber kann es auf dem Wege vom einen zum anderen nur einen Zusammenprall geben, in diesem Fall: ein unerbittliches Gericht über die Ungerechtigkeit. Sonst stände am Ende Scheinseligkeit und damit die endgültige Niederlage des Lebens. Dagegen ist schon der Gedanke, dass Lüge und Gewalt gerichtet werden, eine Wohltat. Letztendlich wird auch der Vorgang selber zu den großen Wohltaten gehören. Darum in der Bibel das ewige Lob der Gerichte Gottes (z.B. Offb 16,5-7).

c) Sichert dem Juden die Berufung zum Lehrmeister der Nationen wirklich keine Vorrechte im Endgericht? (2,17-24)

17 Wenn du dich aber »Jude« nennen lässt und ruhst auf dem Gesetz und rühmst dich Gottes
18 und kennst den Willen (Gottes) und prüfst, was (jeweils als Wille Gottes) zu tun ist, unterwiesen aus dem Gesetz,

39 »mein Evangelium« bei Paulus noch 16,25; 2Tim 2,8; »unser Evangelium« 2Kor 4,3; 1Thess 1,5; 2Thess 2,14. Vgl. dazu Einleitungsfragen 1b und ausführlich Galater, WStB, S. 77-81 zu 2,9.

40 Beide Auslegungen dieses »durch Christus« sind möglich, a) Gott richtet durch Christus, er hat ihm die Richterfunktion übertragen (1Kor 4,5; 2Kor 5,10; Eph 6,8; 2Tim 4,8; Joh 5,22f.27; Apg 10,42; 17,31), aber auch b) dies Evangelium ist durch Christus gestiftet (2Kor 5,19; Hebr 2,3).

19 bist (also) überzeugt, ein Führer der Blinden zu sein, ein Licht derer in Finsternis,
20 ein Erzieher der Unverständigen, ein Lehrer der Unmündigen, im Besitz der (festen Schrift)form der Erkenntnis und Wahrheit des Gesetzes –
21 der du den anderen lehrst, dich selbst lehrst du nicht? Der du predigst: Nicht stehlen!, du stiehlst?
22 Der du sagst: Nicht die Ehe brechen!, du brichst die Ehe? Der du die Götzenbilder verabscheust, du begehst Tempelraub?
23 Der du dich des Gesetzes rühmst, durch die Übertretungen des Gesetzes entehrst du Gott.
24 Denn: »Der Name Gottes wird durch dich verlästert unter den Heiden« (Jes 52,5; Hes 36,20), wie geschrieben steht.

Nicht nur der Besitz des Gesetzes konnte gegen eine Gleichbehandlung von Juden und Heiden im Endgericht ins Feld geführt werden, sondern auch die missionarische Existenz Israels aufgrund dieser Segnung. Es ist berufen, Leiter, Licht, Erzieher und Lehrer der Völker zu sein (V. 19f). Ein köstlicher Kranz, den Paulus da dem Gesetzesjuden flicht und aufs Haupt setzt! Er macht ihnen diese Würde überhaupt nicht streitig. Aber hinsichtlich des Endgerichts hebelt er auch dieses Argument aus, indem er ihn wieder ungerührt auf das eigene Tun festnagelt (V. 21-23).[41]

Paulus greift die Selbstbezeichnung auf, mit der sich die Erwählten ihre Sonderstellung innerhalb der Völkerwelt bewusst machten: **Wenn du dich aber »Jude« nennen lässt**. Zwar als »Juden« verrufen, nahmen sie diesen Namen zum Trotz als Würdenamen.[a] Auf Grabinschriften konnte z.B. ehrend einem jüdischen Eigennamen noch beigefügt werden: »Jude«. Vielleicht füllte man damit den Begriff aus 1Mo 49,8-12: »Juda, dich werden deine Brüder rühmen«, und dir »gehört der Gehorsam der Völker«. Freund und Feind werden dir huldigen. Du wirst Sieger der Geschichte sein! 17a

[a] Röm 2,28f Offb 2,9 3,9

Paulus umreißt wahres Judesein. Nach 5Mo 4,6-8 ist vor allem das mosaische Gesetz zu nennen, das Israel von allen übrigen Völkern unterscheidet. **»Gesetz«** erscheint hier am Anfang (V. 17), in der Mitte (V. 18) und am Schluss (V. 20). **Und ruhst auf dem Gesetz,** wie die Taube Noahs vom ruhelosen Flug über die Sintflutlandschaft zu- 17b-18

[41] Wer die erste Hälfte dieses »rhetorischen Meisterstücks«, also V. 17-20, zur Ironie, zur bitteren Spottrede erklärt, entzieht der zweiten Satzhälfte von V. 21 an die volle Wucht. Die zehn Aussagen über den Schriftgelehrten sind vielmehr Stück für Stück genauso ernsthaft zugestanden wie etwa die Aufzählung in 9,4-5. So haben wir hier jedes Fädchen billiger Pharisäer-Kritik zu verbannen. Vor uns ersteht nicht »der stolze Turm des jüdischen Selbstbewußtseins« (Bornkamm), der dann in der zweiten Hälfte wonnevoll umgestoßen wird. Über dem Ganzen liegt des Paulus »große Trauer und unablässiger Schmerz« (9,2).

rückkehrte und sich endlich auf sicherem Platz niederließ (1Mo 8,9).[42] Im Gesetz befestigte der Schriftgelehrte seine Zeltpflöcke, um Wand an Wand mit dem Gesetz zu wohnen und es Tag und Nacht zu meditieren (Ps 1,2).[43]

In der gütigen Gabe des Gesetzes ist er sich zugleich Gottes sicher: **und rühmst dich Gottes.** Solch Rühmen bekennt auch Paulus von
[b] Röm 5,11 1Kor 1,31 2Kor 10,17 Phil 3,3 Gal 6,14
sich[b], so dass hier noch kein Tadel aufklingt. **Und kennst den Willen (Gottes).** Was der Höchste nämlich im Einzelnen will oder nicht will, was gut oder böse ist, liegt in den seltensten Fällen sortiert da. Auch lässt es sich nicht immer so einfach aus der Bibel ablesen. Oft erkennt man es erst, indem man es suchend findet. In diesem Vorgang hat der Gesetzeskundige eine Schlüsselstellung inne: **und prüfst, was (jeweils als Wille Gottes) zu tun ist**[44], unterwiesen aus dem Gesetz. Sein Studium der Offenbarungsurkunde macht ihn unentbehrlich. Er kann mit dem »Kompass« umgehen.

19-20 Zum Erwähltsein Israels gehört aber auch ein Auftrag. Er bestand von der Wurzel her im Segensdienst für die Völker.[c] Das Judentum
[c] 1Mo 12,1-3 2Mo 19,5-6
hatte diesen Auftrag in Gestalt seiner Schriftgelehrsamkeit verinnerlicht. **Du bist (also) überzeugt** – und es muss darin keine Anmaßung liegen! –, **ein Führer der Blinden zu sein, ein Licht derer in Finsternis, ein Erzieher der Unverständigen, ein Lehrer der Unmündigen.** Plastisch entwirft Paulus das Leitbild des Schriftgelehrten, wobei er sich auf reiches atl. Material berufen kann.[45] Soeben hatte Paulus auch dem Heidentum gewisse Gesetzeskenntnisse zugestanden (V. 14f), jetzt hebt er jedoch die besondere Form des Gesetzes hervor, die der Synagoge tatsächliche Überlegenheit verschafft: **Du bist im Besitz der (festen Schrift)form der Erkenntnis und Wahrheit des Gesetzes.** Auch Jesus bestätigte diesen Männern eine propagandistische Kraft im ganzen Raum des Mittelmeers (Mt 23,15a).

21-22 Grammatikalisch gesehen bricht nach V. 20 der Satz zusammen. Vier rhetorische Fragen setzen ein. V. 23 ließe sich als zusammenfassende fünfte Frage verstehen. Fassungslos wird festgestellt, dass

42 Die Wendung wird an dieser Stelle gern als falsches Ausruhen verstanden, z.B. LÜ: »Du verlässt dich (sträflich, wie etwa Mi 3,1!) auf das Gesetz«. Die Vokabel *epanapauomai* ist höchst selten, häufig dagegen ihre Grundform *anapausis* (bzw. *katapausis*). Für sie ist der positive Ruhegedanke wichtig, vgl. die davon abgeleiteten Begriffe in 15,24; Mt 11,29. Auch das Gesetz wurde als Ruheort angeboten.

43 Nach Sir 24,8.24f; 51,27 sollte der Rabbinenschüler dort seine Wohnung aufschlagen, d.h. die weisen Gesetze beständig studieren.

44 »Was zu tun ist«, wörtlich: »das Unterscheidende«, das sich bei einer Prüfung als wichtig, wesentlich und notwendig vom eher Gleichgültigen abhebt (Phil 1,10).

45 Auch in der christlichen Gemeinde kehren Dienstämter wie Leiter, Verkündiger, Erzieher und Lehrer wieder. In diesem Sendungsbewusstsein an sich liegt noch nichts Verwerfliches.

sich dieser Missionar um die Gebote, für die er sich mit allen professionellen Mitteln einsetzt, selber nicht kümmert. **Der du den anderen lehrst, dich selbst lehrst du nicht? Der du predigst: Nicht stehlen!, du stiehlst? Der du sagst: Nicht die Ehe brechen!, du brichst die Ehe? Der du die Götzenbilder verabscheust, du begehst Tempelraub?** In der Synagoge sind Lehrsatz, Predigtwort und exegetisches Zitat fleißig in Gebrauch[d], beherrschen das Denken, bewegen die Lippen, füllen die Gottesdienste – aber in der eigenen Praxis verflüchtigen sie sich ins Wesenlose. Der Eiferer da vorn ist nicht wahrer Jude, er spielt nur Jude.[46] Paulus will dem Juden, wie oben vorausgeschickt, nicht die Gewissheit seiner Erwählung und Sendung rauben. Aber er beharrt darauf, dass Gott, so wahr er Gott ist, kein Spielchen mit sich treiben lässt, sondern »nach der Wahrheit richtet« (V. 2).

[d] Mt 23,3

Paulus belegt hier V. 1: »Du tust dasselbe!« Aber waren die Rabbinen wirklich so schlimm? Waren sie alle notorische Diebe, Ehebrecher und Schieber? Statt hier unsachliche Polemik zu unterstellen, gilt es, einen Sinn für diese Redeform zu entwickeln.[47] Den beispielhaft genannten Verstößen gegen das 7., 6. und 1. Gebot[48] ließen sich ähnliche Vorkommnisse aus damaliger jüdischer Selbstkritik anreihen (Bill III, S. 105-115). Aber dort verarbeitete man sie anders, eben als bedauerliche Entgleisung Einzelner. Paulus erkennt sie in ihrer Symptomatik und in ihrem Stellenwert für Gesetzlichkeit überhaupt. Die Macht der Sünde ist dort eben nicht gebrochen (3,20). Heiligste Lehre, höchstes Wissen und äußerster Einsatz machen's nicht. Auch noch ein bisschen gesetzlicher werden als bisher macht's nicht; einzelne gute Taten brechen nicht den Bann.

Die Missstände sind verursacht durch eine Verschiebung des 23
Sichrühmens von Gott (V. 17) auf das Gesetz. **Der du dich des Gesetzes rühmst, durch die Übertretungen des Gesetzes entehrst du Gott.** Das Sichrühmen hat bei Paulus oft einen speziellen Sinn: sich im Kampf um Sein und Nichtsein als Sieger erklären, gewissermaßen demonstrativ die Hand zum Victory-Zeichen hochrecken. Zugleich bekennt man preisend vor den Umstehenden, worauf allein

[46] In diesem Sinn nennt Jesus die Schriftgelehrten *hypokritäs* (z.B. Mt 6,2.5.16; 23,13.15.23.25.27.28.29). Das Wort wird gewöhnlich mit »Heuchler« übersetzt, hat jedoch in der biblischen Sprache zumeist nicht den Sinn subjektiver Verstellung, sondern objektiver Verfremdung. Ihr Herz ist weit weg von ihrem Mund (Mk 7,6), so dass sie wie der Blinde von der Farbe sprechen. Gott bestimmt nicht ihr Dasein, sie leben im praktischen Atheismus.

[47] Vgl. die Einführung zu 1,18-32. Auch die Schärfe Jesu in der Beurteilung schriftgelehrter Frömmigkeit z.B. nach Mt 6,2.5; 23,2-3.5 ist hier einzubeziehen.

[48] In Übereinstimmung mit dem ersten Gebot war Teilnahme am Götzendienst in heidnischen Tempeln verpönt. Aber wenn es ums Geld ging, machte so mancher Jude auch Geschäfte mit heidnischen Tempeln und ihren kostbaren Edelmetallen, trotz 5Mo 7,25f.

[e] Jer 9,22f 2Kor 5,12 10, 12f.16 Gal 6,13f Phil 3,3 Eph 2,8f Jak 1,9f

und im Gegensatz zu anderen Größen[e] Heil und Überleben zu finden sei. Kann der Mensch so mit dem Gesetz triumphieren? Im Gesetz selber kommt der Mensch nur als Täter vor. »Tue das und das«, sagt es, ohne noch etwas hinzuzufügen (Gal 3,12). Es schenkt nicht den Geist. Es fordert nur und stellt am laufenden Band die Übertretungen fest: Nicht alles getan! Du entehrst Gott, lebst also nicht im ersten Gebot. Es stopft den Mund, stellt unter Anklage (3,19) und nimmt bis zur Aburteilung in Haft (Gal 3,23). Darum ist der Weg des Gesetzes als Mittel des Heils ein grandioser Irrtum (10,2-3).

24 Ein Schrifthinweis belegt, dass Paulus nicht übertreibt. **Denn: »Der Name Gottes wird durch dich verlästert unter den Heiden« (Jes 52,5; Hes 36,20[49]), wie geschrieben steht.** Das Judentum nahm Entheiligung des Gottesnamens überaus ernst. Während man aber verborgen begangene Übertretung milder betrachtete, wog öffentliche Sünde schwer. Hier im Zusammenhang geschieht die Übertretung durch einen Missionar, der das Gesetz allen, die es hören wollen, als seinen »Ruhm« vorzeigt und anpreist. Wo erwartet man das Tun des Gesetzes, wenn nicht bei ihm! Aber bei genauerem Hinsehen erleben die Hörer das Schauspiel gespielter Gesetzesstrenge und wenden sich mit richtigem Instinkt entschieden ab, nur bestärkt in ihrem bisherigen Heidentum. Diese Mission ist das Gegenteil von Mission.

Damit ist widerlegt, was zu widerlegen war: die mildere Behandlung des zum Dienst erwählten Juden im Gericht. Eher gilt das Gegenteil, vgl. Jak 3,1: »Ihr wisst, liebe Brüder, dass wir (Lehrer, Missionare, Seelsorger) im Gericht strenger beurteilt werden.« Die unerhörte Härte des Paulus ist nicht Selbstzweck. Sie steht im Dienst seines Anliegens von 1,18-3,20: Alle Menschen, Heiden und zuerst auch die Juden, sind evangeliumsbedürftig.

d) Gewährleistet das Beschnittensein etwa nicht die Errettung im Endgericht? (2,25-29)

25 Beschneidung nützt allerdings, wenn du das Gesetz praktizierst; wenn du aber ein Übertreter des Gesetzes bist, ist dein Beschnittensein Unbeschnittenheit (»Vorhaut«) geworden.

26 Wiederum: Wenn der Unbeschnittene (»die Vorhaut«) die Rechtsforderungen des Gesetzes beachtet, wird (dann) nicht (im Endgericht) seine Unbeschnittenheit (»seine Vorhaut«) als Beschnittensein angerechnet werden?

[49] Paulus nahm offensichtlich den Wortbestand mehr aus Jes 52,5 (nach der LXX), aber die Sache liegt Hes 36,20 näher.

27 Und (so) wird der physisch Unbeschnittene (»die Vorhaut«), der aber das Gesetz erfüllt, dich (im Endgericht) richten, der du bei Buchstabe und Beschneidung Übertreter des Gesetzes bist.

28 Nicht nämlich, wer (es) im Sichtbaren (ist), ist Jude, und nicht im Sichtbaren am Fleisch (vollzogene Beschneidung ist) Beschneidung;

29 vielmehr der im Verborgenen Jude (ist, der ist Jude), und Beschneidung des Herzens durch den Geist, nicht durch den Buchstaben, (ist Beschneidung). Dessen Lobpreis (kommt im Endgericht) nicht von Menschen, sondern von Gott.

Nicht erst das Beobachten von Gesetzesvorschriften sondert den Juden von den Heiden ab, sondern schon seine Beschneidung, vollzogen acht Tage nach seiner Geburt. Sie galt als das Eigentliche, als das, was zum Juden machte, so dass »Beschneidung« das jüdische Volk bezeichnen konnte. Die restlichen Völker hießen danach geringschätzig »Vorhaut«. Auf diese Weise gruppierte sich für Juden die gesamte Menschheit gerade um diese Handlung.[50] Deren Wertschätzung kannte keine Grenzen. Um ihretwillen ging man sogar ins Martyrium. Ihren größten Segen aber würde sie im Endgericht entfalten. Die Beschneidung »hatte als solche die Kraft, jeden Israeliten (ausgenommen waren nur wenige Kategorien) aus dem Feuer des Gehinnoms (der Hölle) zu erretten und zu einem Sohn der zukünftigen Welt zu machen«. »Beschnittene fahren nicht in die Hölle hinab.«[51] Unzerstörbare Heilkraft schrieb man ihrem Vollzug zu. Als geschulter Schriftgelehrte kannte Paulus diesen Hintergrund genau. Er wusste, dass sich für Juden beim Thema Gericht unweigerlich das Stichwort »Beschneidung« einstellt und alles zuspitzt.

Paulus verwahrt sich gegen die Unterstellung, dass er die Be- 25
schneidung für schädlich halte.[52] **Beschneidung nützt allerdings.** Sie ist jedoch mit einem »wenn« verbunden: **wenn du das Gesetz praktizierst. Wenn du aber ein Übertreter des Gesetzes bist, ist dein Beschnittensein Unbeschnittenheit (»Vorhaut«) geworden.** Die Beschneidung gleicht einem Zeigefinger, der auf ein Leben im Gehorsam hinzeigt (Gal 5,3). Fehlt solch ein Leben, weil ein »unbeschnittenes Herz« vorliegt[a], ist dieses Zeichen gegenstandslos. Es zeigt auf nichts. Es ist »Fleisch«, das »nichts nützt« (Joh 6,63).

[a] 3Mo 26,41 Jer 6,10 9,25

50 Zur Ausführung, Geschichte und Bewertung der Beschneidung s. Galater, WStB, S. 198ff.203.249.

51 Bill III, S. 119. Man kann von einer förmlichen Sakramentsmagie sprechen. Paulus erlebte wie wir die Bereitschaft des Menschen, sich auf religiöse Handlungen zu verlassen, hat diesen Umstand aber nicht für Taufe oder Abendmahl genutzt. Im Gegenteil, er konnte vor einem christlichen Sakramentalismus warnen (1Kor 10,1-12).

52 Vgl. 3,1. Zu seine Haltung in dieser Frage vgl. Galater, WStB, S. 73 zu Gal 2,3.

26 In Frageform mutet Paulus dem Juden auch die Kehrseite dieser Wahrheit zu. **Wiederum: Wenn der Unbeschnittene (»die Vorhaut«) die Rechtsforderungen des Gesetzes beachtet, wird (dann) nicht (im Endgericht) seine Unbeschnittenheit (»seine Vorhaut«) als Beschnittensein angerechnet werden?** Schon hier steht der V. 29 mit einer ganz anderen Art von Beschneidung im Hintergrund.

27 Paulus kann seinen judaistischen Widersachern die letzte Konsequenz nicht ersparen: Letzte können Erste werden![53] **Und (so) wird der physisch Unbeschnittene (»Vorhaut«), der aber das Gesetz erfüllt, dich (im Endgericht) richten, der du bei Buchstabe und Beschneidung Übertreter des Gesetzes bist.** Im Endgericht werden Menschen zu Richtern, indem sie als positive Beispiele aufleuchten[b] und auf diese Weise den Ungehorsamen zur Beschämung gereichen.[54]

[b] Mt 13,43 Dan 12,3

28 Jetzt kann Paulus zeigen, wie er selber den Würdenamen »Jude« von V. 17 füllt. Schlussfolgernd aus V. 25-27 grenzt er sich zunächst ab: **Nicht nämlich, wer (es) im Sichtbaren (ist), ist Jude, und nicht im Sichtbaren am Fleisch (vollzogene Beschneidung ist) Beschneidung.** Auch er nennt Judesein und Beschnittensein in einem Atemzug. Wer jedoch aufgrund seines körperlichen Merkmals unter dem Namen »Jude« lebt, aber mit dieser Gabe nicht wuchert, sondern gerade als Jude nicht das tut, was zu tun geboten ist: Gott zu dienen und den Nächsten zu lieben wie sich selbst, der hat sich selbst verfehlt.[55] Abrahamitischer Stammbaum und körperliches Merkmal sind eben nicht entscheidend für einen wirklichen Juden (9,6f). So heilsam Beschneidung also sein mag, ist sie doch nicht heilswirkend.

29 Dem Sichtbaren wird nun in V. 29a das **Verborgene** als das Wahre gegenübergestellt: **Vielmehr der im Verborgenen Jude (ist, der ist Jude), und Beschneidung des Herzens durch den Geist, nicht durch den Buchstaben, (ist Beschneidung).** Die sichtbare Welt ist uns zwar von Gott eindeutig als Wirkungsfeld zugewiesen. Dort sollen wir ihm und dem Nächsten dienen – wo denn sonst? Aber eben: Die sichtbare Welt ist Wirkungsfeld des *Menschen*! In diesem Sinn geschieht die jüdische Beschneidung im Sichtbaren, und das heißt: als *Menschen*werk, »von (*Menschen*)händen gemacht«, wie Kol 2,11 im Blick auf die jüdische Beschneidung sinngemäß feststellt. Das ist hier der Gesichtspunkt. Das Heil liegt nicht in der Sphäre des Eigenhändigen, Machbaren, Verfügbaren und Erklärba-

53 Vgl. ähnlich Lk 11,31f.
54 Auch in 1Kor 6,2 ist nicht an tätige Mitwirkung bei Urteilsfindung und Strafvollzug zu denken.
55 Vgl. die christliche Parallele Offb 3,1: »Du hast den Namen, dass du lebst, und bist tot«.

ren. Menschenkraft bedeutet niemals Rettung. Das ist Grundthese des ganzen Römerbriefs. Von hier aus ist das »Verborgene« in V. 29 zu deuten. Es steht dem Sichtbaren gegenüber wie der Schöpfer dem Geschöpf, wie das geheimnisvolle Gotteswalten bloßem Menschenwerk. Wahres Judesein gründet nicht in einem operativen Eingriff an einem Körperteil, sondern der Allmächtige griff in die Mitte der Existenz und schuf sie um zu sich hin. In diesem Sinne geschah Beschneidung des Herzens durch den Geist.

Hier haben wir schon eine Andeutung dessen, was ab 5,5 immer deutlicher wird, nämlich der Pneumatologie des Römerbriefs. Bewegt durch die atl. Prophetie[c], bezeugt Paulus das endgeschichtliche Neuwerden von Herz und Hand durch den messianischen Geist. Zwar ist auch das Gesetz geistlich (7,14), aber das Judentum »hat allezeit dem Heiligen Geist widerstrebt« (Apg 7,51), sozusagen den Geist aus dem Gesetz getrieben und nur noch den Buchstaben übrig behalten. Dieses Nur-Buchstabe, dieses sich auf das Prinzip der Buchstäblichkeit Werfen, wenn nur ja der korrekte Vollzug gewahrt bleibt, ist es nicht, was Gott meint und für uns bereit hat.[d] Nicht darauf, dass die Vorschrift penibel abgedeckt wird, kommt es an, sondern dass die Wahrheit in Wahrhaftigkeit geschieht. Sonst hat die Wahrheit ihre Seele verloren.

[c] 5Mo 10,16 30,6 Jer 4,4 31,31-34 Hes 11,19-20 36,26f

[d] 2Kor 3,3-8 Röm 7,6 Phil 3,3

Ähnlich wie in V. 10 endet Paulus wieder mit einem Ausblick auf den positiven Ausgang des Endgerichts: **Dessen Lobpreis** kommt im Endgericht **nicht von Menschen, sondern von Gott.** Menschen, die »nicht Ehre von Menschen« suchten, sondern »die Ehre, die vom alleinigen Gott ist«[e], die also in diesem Zeitalter auf das Verborgene Gottes setzten, werden als höchsten Lohn seine öffentliche Freude über sich erleben.

[e] Joh 5,41.44 12,42f

e) Vorläufiger Hinweis auf den wahren Vorzug der Juden und dessen Problematik (3,1-8)

1 **Was (ist) demnach der Vorzug des Juden oder was der Nutzen der Beschneidung?**
2 **Viel, in jeder Hinsicht! In erster Linie nämlich: Ihnen wurden die Worte Gottes anvertraut.**
3 **Was nun? Wenn welche untreu wurden, wird etwa ihre Untreue Gottes Treue aufheben?**
4 **Ausgeschlossen! Es sei vielmehr (so): Gott ist wahrhaftig, aber (Ps 116,11b): »Alle Menschen sind Lügner.« Wie geschrieben ist (Ps 51,6b): »Damit du gerechtgesprochen wirst in deinen Worten und siegst, wenn man mit dir rechtet.«**

5 **Wenn aber unser Unrecht Gottes Gerechtigkeit an den Tag bringt, was sollen wir (dazu) sagen? Ist Gott etwa ungerecht, dass er (dafür trotzdem) das Zorn(gericht) verhängt? Ich spreche nach Menschenart.**
6 **Ausgeschlossen! Wie könnte Gott sonst die Welt richten?**
7 **Wenn sich nun durch meine Lüge die Wahrhaftigkeit Gottes überströmend zu seinem Preise erweist, was werde ich noch als Sünder verurteilt?**
8 **Ja, (ist es sogar so,) wie man uns verlästert und wie einige behaupten, wir sagten: Lasst uns das Böse tun, damit das Gute (daraus) komme? Das (Verdammungs)urteil über sie besteht zu Recht.**

Nach den beiden großen Abschnitten über die Verlorenheit von Heiden und Juden dürfte Paulus jetzt zusammenfassen. Aber er hat in Kap. 2 einige Dinge gesagt, die für Juden, aber auch für Heiden unter judaistischem Einfluss (vgl. V. 8) so schwer anhörbar waren, dass sie ihm kaum weiter hätten folgen können. Wenn für Juden im Endgericht weder der Besitz des Gesetzes (2,12-16) noch seine Vertretung auf Erden (2,17-24) noch die Beschneidung (2,25-29) etwas ausrichten, wo blieb dann ihre Besonderheit? Diese drohende Blockade bei seinen Lesern nötigt schon hier zu einem Zwischenstück über Israels Erwählung und Vorzug. Dabei muss allerdings ein kurzes Wort genügen (V. 2), auch wenn es einen neuen Ansturm von Einwänden auslöst (V. 3-8). Schroff weist er diese zurück, nicht etwa aus Hilflosigkeit, sondern im Gedanken an eine eingehende Behandlung dieser Problematik in Kap. 9-11.

1 Paulus stellt seine Äußerungen in 2,25a und 28f über den Nutzen der Beschneidung und des Judeseins zur Debatte. **Was (bleibt) demnach (als) der Vorzug des Juden, oder was ist der Nutzen der Beschneidung?**

2 In tiefer Dankbarkeit kann er antworten: **Viel, in jeder Hinsicht!**, muss sich hier aber auf das Entscheidende beschränken. **In erster Linie**[56] **nämlich: Ihnen wurden die Worte Gottes anvertraut.** Entscheidend ist nicht Qualität oder Verhalten dieses Volkes, sondern ein außerordentliches Hereinwirken Gottes. Das ist das Geheimnis Israels: Es ist und bleibt von außerhalb seiner selbst zu definieren. Was ihm geschah, sind **Worte Gottes!** Das Fehlen jeder Inhaltsangabe mag ein Wink sein, an dieser Stelle inhaltliche Festlegungen zu unterlassen und wie Hebr 1,1 an die grundsätzliche Tatsache des

[56] Vgl. auch 1Kor 11,18. Es ließe sich auch übersetzen: »erstens«, um dann mit »zweitens, drittens, viertens« fortzufahren. Paulus hätte dann die eigentlich beabsichtigte Zählung doch lieber abgebrochen, um sie erst in 9,4 wieder aufzugreifen. Aber solch ein Vorgang ist schwer vorstellbar.

Redens Gottes zu denken. Staunend, jubelnd stellt Paulus fest, dass Gott im Unterschied zu den stummen Götzen und schweigenden Göttern, auch im Unterschied zur wortlosen Offenbarung in der Schöpfung nach 1,19-20 über diesem Volk aus sich herausging und redete, und zwar in den Jahrtausenden »vielfach und auf vielerlei Weise«. Es konnte einem schon die Fassung rauben, »dass ein Volk die Stimme Gottes hat reden hören« (5Mo 4,32-33).[57] Die Worte wurden ihm **anvertraut**, nämlich zum Verwahren, zum Schützen gegen Missbrauch, zum unverfälschten Weitergeben, aber auch zum Vorweisen in der Stunde der Rechenschaftslegung. Der Ausdruck »anvertrauen«[a] schließt also Dienstpflicht und Verantwortlichkeit ein. Der folgende Vers setzt ein Treueverhältnis voraus. Der Bundesgedanke ist gegenwärtig.

[a] 1Kor 9,17 Gal 2,7 1Thess 2,4 1Tim 1,11 Tit 1,3

Paulus bezeugt ähnlich wie 9,6 die vollkommene Verlässlichkeit 3
Gottes, selbst unter den Bedingungen der Bundesbrüche Israels. **Was nun? Wenn welche**[58] **untreu wurden**, wie wird Gott antworten? **Wird etwa ihre Untreue Gottes Treue aufheben?** Die Art dieser Frage lässt als Antwort nur ein Nein übrig. Gott bleibt bei seiner Zusage. Aber er bleibt auch nicht passiv, sondern verknüpft diese Zusicherung an den herausragenden Stellen des AT immer wieder mit der Verheißung eines noch bevorstehenden überwältigenden Ereignisses. So Hosea 2,21-22: »Und ich werde dich mir verloben auf immer … auf Grund von Recht und Gerechtigkeit und in Gnade und Barmherzigkeit.« Diese Verheißung hat inzwischen durch die Sendung Jesu ihr Ja und Amen gefunden (2Kor 1,20). Im Kreuzesgeschehen steht Gott treu zu seiner Berufung (1Kor 1,9; 1Thess 5,24), seiner Bewahrung (1Kor 10,13) und seiner Vergebung (2Tim 2,13; 1Joh 1,9). Dagegen war vor Christus die Lage für Israel in der Tat verzweifelt. Ohne Christus wäre auch Paulus ratlos, und weil er in dieser Phase des Briefes noch nicht in die neue Weltstunde eingeführt hat (3,21-26), kann er hier auch noch nicht so recht befriedigend antworten wie dann Kap. 9-11.

Aber der Gedanke, Gott könnte seine Zusagen nicht halten, kann 4
nur entschieden zurückgewiesen werden: **Ausgeschlossen!** Unvorstellbar, dass des Menschen Sünde Gottes Treue beendet, statt dass Gottes Treue die Sünde beendet (11,26). Flehentlich erwartet Paulus den Augenblick, wenn Gottes Art im Kontrast zur Menschenart in hellstem Licht erstrahlt: **Es sei vielmehr (so): Gott ist wahrhaftig, aber (Ps 116,11b): »Alle Menschen sind Lügner.«** Und

[57] Vgl. Adolf Pohl, Staunen, S. 7-11.

[58] Diese Übersetzung soll jede Vorstellung über die Zahl der Untreuen vermeiden, um die es hier sicher nicht geht, wie ähnlich 11,17. Nach 1Kor 10,5 fiel eine »Mehrzahl« der Israeliten in der Wüste ab (in diesem Sinn auch Röm 11,4), aber Mose, Josua, Kaleb und viele andere waren treu.

weiter in Gebetssprache: **Wie geschrieben ist (Ps 51,6b): »Damit du gerechtgesprochen wirst in deinen Worten und siegst, wenn man mit dir rechtet.«** Wiederholt fasst das AT die Geschichte zwischen Gott und Mensch in das Bild eines Rechtsverfahrens.[b] Dabei klagen die Menschen so heftig gegen den Himmel, dass sie ihren Wohltäter sogar in Verteidigungsnot zu bringen scheinen. Doch dieser Beter tritt auf die Seite Gottes, wünscht allein seinen Sieg herbei, der auch ein Sieg seiner Zusagen sein wird.

[b] Jes 1,18 41,1 43,9-12

5 Gewiss ist das göttliche Treuegeschehen unfasslich: **wenn aber unser Unrecht Gottes Gerechtigkeit an den Tag bringt.** Ähnlich spitzt Paulus in 5,20b zu. Während er dort aber die Aussage anschließend ausführlich abklären kann, muss er hier kurz sein. **Was sollen wir (dazu) sagen?** Er kennt den Menschen und weiß schon, was hier kommt: **Ist Gott etwa ungerecht, dass er (dafür trotzdem) das Zorn(gericht) verhängt?** Kann er Unrecht, das seiner Gnade doch so recht eine Gelegenheit bietet, bestrafen? **Ich spreche nach Menschenart.**

6 Aber theologischen Argumenten, die Gottes Gottheit antasten, ist das Wort zu entziehen. **Ausgeschlossen!** Als wenn man Gott gegen Gott, also für die Sünde ins Feld führen könne! **Wie könnte Gott sonst die Welt richten?** Weder Jude noch Christ bezweifeln Gottes Weltenrichteramt und damit seinen Widerwillen gegen das Böse.

7 Doch hartnäckig wird nachgestoßen: Das Weltgericht könne eigentlich entfallen, man könne unbesorgt und sogar noch verdienstvoll sündigen. **Wenn sich nun durch meine Lüge die Wahrhaftigkeit Gottes überströmend zu seinem Preise erweist, was werde ich noch als Sünder verurteilt?** Hinter solch absurder Vernünftelei steht einfach des Menschen Bestreben, die Folgen seiner Taten nicht tragen zu müssen. Im ganzen zweiten Kapitel spürte Paulus es auf und bekämpfte es in allen seinen Spielarten. Dabei hat er nie das Nebeneinander von Gottes Erwählung und menschlicher Verantwortung aufgegeben.

8 Schließlich nimmt er eine tatsächliche Agitation gegen seine Person aufs Korn, wonach seine Ethik gotteslästerlich sei. **Ja, (ist es sogar so,) wie man uns verlästert und wie einige behaupten, wir sagten: Lasst uns das Böse tun, damit das Gute (daraus) komme?** Böses tun, Herzeleid zufügen, um der anderen Seite Gelegenheit zu geben, Liebesbeweise zu liefern? Eine solche Ausdeutung seiner Verkündigung in Umlauf zu setzen, ist für ihn vollendete Gewissenlosigkeit. Hier missachtet innerste Gegnerschaft gegen das Evangelium jede Grenze. **Das (Verdammungs)urteil über sie besteht zu Recht.**[c]

[c] Röm 6,21 2Kor 11,15 Phil 3,19

f) Zusammenfassung (3,9-20)

9 Was (sagen wir) also? Haben wir (Juden) etwas voraus? In keiner Weise! Wir haben nämlich vorher Anklage erhoben, dass alle, Juden sowohl als auch Griechen, unter (der Herrschaft) der Sünde sind,
10 wie geschrieben ist: »Nicht ist (da) ein Gerechter, auch nicht einer« (Pred 7,20a),
11 »nicht ist (da) der Vernünftige, nicht ist (da) der, der (in Wahrheit) Gott sucht.
12 Alle sind abgewichen, zusammen unbrauchbar geworden, nicht ist (da) der Täter der Rechtschaffenheit, nicht einmal einer.« (Ps 14,2-3)
13 »Ein offenes Grab (ist) ihr Schlund, mit ihren Zungen betrogen sie« (Ps 5,10), »Schlangengift (ist) unter ihren Lippen.« (Ps 140,4)
14 »Ihr Mund ist voll Fluch und Bitternis.« (Ps 10,7)
15 »Schnell (sind) ihre Füße, Blut zu vergießen.
16 Trümmer und Elend (sind) auf ihren Wegen,
17 und den Weg des Friedens erkannten sie nicht.«(Jes 59,7)
18 »Nicht gibt es Gottesfurcht vor ihren Augen.« (Ps 36,2)
19 Wir wissen aber: Alles, was das Gesetz spricht, sagt es zu denen, die innerhalb (des Geltungsbereiches) des Gesetzes (leben), damit jeder Mund gestopft und alle Welt straffällig vor Gott sei.
20 Darum: »Aufgrund von Gesetzeswerken wird kein Fleisch gerechtgesprochen werden vor ihm« (Ps 143,2), denn durch das Gesetz (kommt nur) Erkenntnis der Sünde.

Endlich kann Paulus die Auseinandersetzung, die er ab 2,1 mit den Judaisten zu führen hatte, abschließen.[59] Die Serie der Schriftzitate ist nach V. 19 ausdrücklich auf Gesetzesleute gemünzt. Damit haben wir in diesem dunklen Gemälde über die Sünden der Juden in V. 10-18 ein Seitenstück zum heidnischen Lasterkatalog in 1,28-30. Was die Herrschaft der Sünde anbetrifft, besteht somit »kein Unterschied« (3,22). »Der ganze Kosmos« (V. 19) bedarf der neuen Heilsordnung, die dann im folgenden Abschnitt ausgerufen wird.

Anknüpfend an V. 1 kann Paulus die Frage nach den jüdischen 9
Privilegien[60] erneut aufgreifen, um sie jetzt, bezogen auf das End-

[59] Den Heiden gilt jetzt nur noch ein Seitenblick, etwa in V. 9b und 19b.

[60] Einige Ausleger übersetzen die Frage mit einer gewissen sprachlichen Berechtigung so, als ob Paulus sich jetzt selber fragte: »Machen wir Ausflüchte?« Dann ginge es hier nicht um die Frage nach einem Plus der Juden, auch käme es nicht zum Widerspruch zwischen 3,1 und hier V. 9, wonach Paulus das eine Mal den Vorteil der Juden mit Elan bejaht, das andere Mal genau so entschieden ableugnet. Trotzdem empfiehlt sich die mehrheitliche Übersetzung oben (auch sprachlich begründbar), denn die Ausführungen in den letzten Versen lassen sich kaum als »Ausflüchte« des Paulus verstehen.

gericht, zu beantworten. **Was (sagen wir) also? Haben wir (Juden etwas) voraus?** Unter dem genannten Blickwinkel muss es heißen: **In keiner Weise!**[61] Sonst geschähe Gottes Gericht nicht mehr »nach der Wahrheit« (2,2), sondern es herrschte dort gegen 2,11 Günstlingswirtschaft. Einziger Maßstab kann nur die tatsächliche Lebenswirklichkeit sein. Diese aber ist eindeutig: **Wir haben nämlich vorher Anklage erhoben, dass alle, Juden sowohl als auch Griechen, unter (der Herrschaft) der Sünde sind.** Die Art dieser durch die Sünde ausgeübten Weltherrschaft will richtig erfasst sein. Nach 2,10.14 hat Paulus nicht geleugnet, dass in der Welt auch Gutes getan und vor allem auch gewollt wird (vgl. 7,18b-22). Doch im Unterschied zu den Schriftgelehrten macht er die Hoffnung zunichte, das Böse durch Gutes aufwiegen zu können.[62] Böses wird nicht dadurch gut, dass außerdem auch noch Gutes getan wird. Mehr noch: Angesichts gelegentlicher guter Taten ist das Ungute doppelt verwerflich, beweisen sie doch, dass ein Wissen um Gut und Böse vorhanden, dass die Wahl des Guten möglich und damit Ungehorsam nicht Schicksal ist. Schließlich zeigt der nur gelegentliche Gehorsam, dass der Gehorsam gespalten ist. Gespaltener Gehorsam aber ist ganzer Ungehorsam, denn auch beim Jasagen will man Gott im Grunde nicht, auch in seinem Gehorchen ist der Mensch wesenhaft Gottes Feind (5,10). In dieser Halbheit, in diesem nicht »von ganzem Herzen Gott lieben« passt der Mensch unmöglich zu Gott, der ungespalten liebt.

Der Kernbegriff »Sünde«[63] erweckt bei Paulus den Eindruck einer personhaften Macht. Nach unserem Brief »kam« die Sünde in die Welt »hinein«, »täuscht« den Menschen, »bewohnt« ihn, sie »ist tot« und »lebt auf«, »tritt« aus der Tarnung »in Erscheinung«, »beherrscht« wie ein König oder »knechtet« wie ein Sklavenhalter seine Leibeigenen, man ist an sie »verkauft« oder auch von ihrem Eigentumsrecht wieder »befreit«, man stellt ihr Waffen zur Verfügung wie einem Hauptmann, der seine Söldner »bezahlt«, sie »tötet« einen und »wird selbst verurteilt«[a].

[a] Röm 5,12.21 6,6-22 7,8-20 8,2-3

10-18 Wenn Paulus im Vorvers sagte: »Wir haben Anklage erhoben«, dann geschah das selbstverständlich nur gedeckt durch die Schrift. Als Beleg erscheint ein langes Mischzitat, das überwiegend aus Klagepsalmen über die allgemeine Gottlosigkeit der

[61] Auch hier wird gelegentlich abweichend vom Üblichen übersetzt: »Nicht in jeder Hinsicht!« Dann wäre Paulus inzwischen mindestens vorsichtiger geworden, den Vorzug der Juden zu preisen. Aber wieder erlaubt der Zusammenhang dieses Verständnis keineswegs.

[62] S. ausführlich zu 2,6, auch hier zu V. 20a.

[63] Hier im Röm das erste Mal der Begriff »Sünde«, die Wortgruppe dann 60-mal. Nur ganz selten spricht Paulus von »Sünden« (Mehrzahl!) im Sinne von Einzelverstößen.

Leute stammt. Der Apostel kürzt oder ergänzt die Sätze, spitzt sie zu und verschmilzt sie zu einem festen Block durch das ständige: »Nicht ist einer da, der …«, was den Sinn hat: »Es gibt nicht einen, der …«[64]

V. 10-12 klagt massiv auf Bundesbruch: **alle sind abgewichen** (V. 12). Dabei kehren Elemente heidnischer Gottlosigkeit wieder. So die Ungerechtigkeit von 1,18 hier in V. 10a: **kein Gerechter;** die Uneinsichtigkeit der Herzen von 1,21.31 hier in V. 11: **kein Vernünftiger;** die Gleichgültigkeit gegenüber Gott von 1,28 hier in V. 11: **keiner, der (in Wahrheit) Gott sucht;** das Urteil über die moralische Verderbtheit der Gesellschaft von 1,28.32 wird hier in V. 12b wiederholt: **zusammen unbrauchbar geworden.**

V. 13-17 beschreiben die konkreten Folgen und verlegen sich dabei besonders auf die Zungensünden. Die verderbte Wortwelt ist ein zentrales Übel. Die Körperteile **Schlund, Zunge, Lippen** (V. 13) und **Mund** (V. 14) sind es, von denen aus sich der Hauch von Verwesung über das Zusammenleben ausbreitet (V. 13). Dieses überscharfe, feindselige, hasserfüllte und mit Hass erfüllende, tief ungute Reden der Menschen lenkt dann auch ihre **Füße** (V. 15-16) und verblendet ihre **Augen**, so dass sie schließlich keinen Ausweg mehr erkennen (V. 17.18). Trotz Wissensdrang und Wissensschatz Ratlosigkeit in den Grundfragen des Wohls und des Heils[b]. V. 18 nennt in Übereinstimmung mit Spr 1,7 den verlorenen Schlüssel alles wahren Wissens und Erkennens: die **Gottesfurcht** (vgl.1,21).

[b] Jes 48,18.22 Lk 19,41-44

19 Paulus erinnert an die gemeinsame Überzeugung, dass Aussagen der Schrift und darum auch die soeben gehörten Urteile vollinhaltlich auf die Juden gemünzt sind. **Wir wissen aber: Alles, was das Gesetz spricht, sagt es zu denen, die innerhalb (des Geltungsbereiches) des Gesetzes (leben).** Die Schriften Israels im AT[65] haben die Aufgabe, Israel zu überführen. **Damit jeder Mund gestopft und alle Welt straffällig vor Gott sei.** Straffälligkeit setzt den Zusammenbruch der Verteidigung voraus. Bis dahin bewegten sich die Münder der Vorgeladenen unablässig. Sie wollten sich herausdiskutierten (Lk 10,29), hielten die Wahrheit von sich selbst weg, wendeten sie auf die anderen und auf die Verhältnisse an, beschönigten ihr Tun und Lassen, beteuerten ihre Unschuld. Sie wollten

64 Zur Schärfe der Anklage vgl. auch zu 2,21f und das Wort Jesu nach Joh 7,19: »Niemand von euch tut das Gesetz!«

65 Hier wird das gesamte AT als »Gesetz« bezeichnet, denn das lange Zitat ist ja nicht etwa aus den Mosebüchern zusammengestellt, die im engeren Sinne als »Gesetz« galten. Das AT konnte so bezeichnet werden, weil das Mosegesetz auch die Sachmitte der restlichen Schriften darstellt. Dieser weitere Sprachgebrauch findet sich auch 1Kor 14,21.

[c] Ps 107,42 Hi 5,16 9,2-4.14

aus dem Gerichtssaal einen Sprechsaal machen. Da kommt Gottes Wortmeldung in Form des Mosegesetzes und jeder Mund wird gestopft[c]. Dies Schweigen der Überführten ist noch nicht Heil, aber Klarheit, nämlich Rechtsklarheit.

20a An dieser Stelle bilanziert Paulus abschließend den jüdischen Gesetzesdienst. Wie beim theologischen Grundentscheid des Gal (2,16c), gelangt er wieder zu Ps 143,2: **Darum (ist geschrieben): »Aufgrund von Gesetzeswerken wird kein Fleisch gerechtgesprochen werden vor ihm.«** Der Vers versetzt in den Zeitpunkt des zukünftigen Gerichts. Jemand, der vielleicht in seinem Erdenleben von seinen Mitmenschen als »Gerechter« geehrt wurde, steht nun »vor ihm«. Dort zeigt sich, dass er nicht beharrlich »in allem, was geschrieben ist«, geblieben ist (Gal 3,10; 5,3). Zwar hatte er gehofft, die fehlenden Gebotserfüllungen durch die immerhin vorhandenen Gesetzeswerke aufzuwiegen (vgl. Lk 18,12). In diesem Sinne »rühmt er sich des Gesetzes« (2,23). Aber der Jubel Gottes nach 2,29 und sein Richterwort: »Du bist gerecht!« bleiben aus. Es ist zwar etwas Gutes, hier und da gesetzliche Anweisungen zu befolgen, aber Gutes rechtfertigt nicht Böses. Es gibt keine Ersatzhandlungen auf Ersatzfeldern für die fehlende fröhliche Hingabe des ganzen Herzens, der ganzen Seele und aller Kräfte an Gott. Wenn das Gesetz also nicht rechtfertigt, was leistet es dann?

20b Das Gesetz schafft, wie schon V. 19 angedeutet, Rechtsklarheit. **Denn durch das Gesetz (kommt) Erkenntnis der Sünde.** Keinesfalls macht es zum Sünder, aber es enthüllt den Sünder als einen solchen.[66] Es ermöglicht Selbsterfahrung. Erkenntnis[d] geht hier wie oft im AT über einen theoretischen Erkenntnisgewinn hinaus. Unter dem hellen göttlichen Gebot bekommt man es auf dem Wege praktischer Erfahrung im Vollsinn mit Sünde zu tun: Ich bin Gott und seinem Reich tief fremd, ein Kind des Zorns. Auf diese Weise Tiefe und Verdammlichkeit der Sünde zu erkennen, ist aber auch ein unschätzbarer Vorzug. Das gilt jedenfalls dann, wenn es ein Evangelium gibt.

[d] Röm 1,28 10,2 Phil 1,9

[66] Hier ist kurz zusammengefasst, was Paulus in den folgenden Kapitel vertiefen wird, z.B. V. 27-31; 4,15; 5,20 und Kap. 7.

Abschnitt B

DIE OFFENBARUNG DER GERECHTIGKEIT GOTTES FÜR DEN GLAUBEN (3,21-4,25)

Über 64 Verse hinweg knüpft Paulus jetzt wieder an die Kernaussage von 1,16-17 an: »Gerechtigkeit Gottes ist offenbart worden«. In einer bestimmten Weltstunde unternahm Gott handelnd seine Selbstrechtfertigung. Er wurde sich selbst gerecht als ein wahrer Rettergott, und zwar im Weltmaßstab für alle Glaubenden. Dieses Reden von Rettung bleibt aber bloßes Wortgetön, das auf die Nerven geht, solange zwei Punkte gegenstandslos sind: *Erstens*, wenn mit uns Menschen sowieso alles richtig wäre und kein Unheil uns bedrohte. *Zweitens*, wenn es von Gott her dieses Außerordentliche überhaupt nicht gegeben habe und sich von ihm her über seine ewige Routine hinaus nichts bewegte. Die erste Möglichkeit hat Paulus durch seinen langen Einschub als Illusion deutlich gemacht. Zum zweiten Punkt, was Gott denn getan habe, fehlt hier eine solch ausführliche Bezeugung. Paulus lieferte den Römern keine evangelienartige Darstellung von Worten und Taten, vom Leiden, Sterben und Auferstehen Jesu Christi. Dieser gestandenen Gemeinde in Rom musste man das nicht erst noch erzählen. Wie in allen urchristlichen Gemeinden wurde dort die Jesus-Überlieferung gepflegt, dazu auch Kernsätze des christlichen Glaubens festgehämmert. Derartiges konnte Paulus also voraussetzen. Fünf ganze Verse in den ersten vier Kapiteln genügten, an die bekannte Überlieferung zu erinnern (1,3-4; 3,24-25 und 4,25). Allgemeine Übereinstimmung machte die Sache kurz. So konnte Paulus jetzt daran gehen, seine spezielle These von 1,16-17, die noch ohne irgendeine Erwähnung Jesu Christi formuliert war, zu vervollständigen und vor allen Dingen im Blick auf seine judaistischen Widersacher zuzuspitzen. Es entstand der Basisabschnitt des Römerbriefs, die »Urzelle paulinischen Denkens« (O. Kuss, S. 26). Diesen Kern konnte Paulus geradezu als sein Eigentliches, seine »Weisheit« bezeichnen (1Kor 1,24; 2,1-2.6-7). Ohne hier etwas zu erfassen, bleibt einem der ganze Paulus stumm.

1. Der Basisabschnitt des Briefes: Glaubensgerechtigkeit unter Absehung vom Gesetz aufgrund des Sühnetodes Jesu Christi (3,21-26)

21 Jetzt aber ist ohne Gesetz Gottes Gerechtigkeit offenbart worden, bezeugt durch das Gesetz und die Propheten,

22 und zwar Gerechtigkeit Gottes (zugänglich) durch den Christusglauben für alle Glaubenden. Denn (es gibt) keinen Unterschied (bei ihnen zwischen Juden und Heiden):
23 Alle sündigten sie nämlich und sind verlustig der Herrlichkeit Gottes,
24 werden (aber) gerechtgesprochen umsonst durch seine Gnade aufgrund des Loskaufs, (der) in Christus Jesus (geschah),
25 welchen Gott öffentlich hingestellt hat als Sühne(ort) – (zugänglich) durch den Glauben! – kraft seines Blutes, zum Erweis seiner Gerechtigkeit wegen des (straflosen) Hingehenlassens der früher geschehenen Sünden,
26 (geschehen) unter der Zurückhaltung Gottes, (also) zum Erweis seiner Gerechtigkeit in der Jetztzeit, damit er selbst ein Gerechter und ein Gerechtsprechender sei in Bezug auf den, (der) aus dem Glauben an Jesus (lebt).

Bloßgestellt und grell beleuchtet in ihrer Schuld stehen Juden und Heiden da. Alle ihre Möglichkeiten sind ausgereizt. Sie sind nicht mehr zu retten. Nur noch Gott kann vor Gott retten. Das geschah. Gott selbst betrat den Schauplatz und schaltete sich mit seiner ganzen Gottheit zugunsten seiner Menschen ein. In diesem Zusammenhang kehren auch die beiden Kernbegriffe von 1,16-17 wieder. Aber was dort wie Brocken hingeworfen wurde, erscheint jetzt in organischer Einbettung: Die sechs Verse sprechen gleich siebenmal von »Gerechtigkeit, gerechtsprechen, gerecht sein« und viermal von »Glaube, glauben«. Allerdings stellen sich für unser Verstehen auch Schwierigkeiten ein, die sich aus Stil und Wucht dieser Grundsatzerklärung ergeben. Das Fehlen von Tätigkeitswörtern, die Häufung schwergewichtiger Hauptwörter, oft unverbunden aufgereiht, sind nicht immer leicht gedanklich einzuordnen.

21 **Gerechtigkeit Gottes** – wie die Sonne steht dieser Zentralbegriff über diesem Basistext. Schon in 1,17 führte Paulus ihn erklärungslos ein. Offenbar konnte er ihn als vertraut voraussetzen. Wieso er das konnte, verrät hier die zweite Vershälfte: **bezeugt durch das Gesetz und die Propheten**, d.h. durch das AT. Also ist das AT zu befragen. Vor allem das jesajanische Trostbuch bildet den Hintergrund.[1] Damit aber bekommt dieser Begriff eine für uns ungewöhnliche Bedeutungsbreite und -tiefe.

1 Als Heilstat Gottes findet sich »Gerechtigkeit« in Jes 41,10; 42,6.21; 45,8.13.19.21.23f; 46,13; 51,5.6.8; 54,14. Auf menschliches Verhalten bezogen: 48,1.18; 46,12; 51,1.7; vgl. 1,21.26.27; 5,7.23; 9,6; 11,4f; 16,5; 26,10. Das Wort bildet die Klammer um das ganze Werk. Auf die besondere Nähe zu Jesaja war schon zu 1,16a hinzuweisen.

Von Gottes Gerechtsein als seiner ewigen Eigenschaft ist sie als etwas Grundneues zu unterscheiden, verheißen als einzigartige Tatoffenbarung zu einer bestimmten Weltstunde. Mit ihr wird Gott den Beweis liefern, dass es trotz aller dunklen Wege mit ihm in jeder Hinsicht seine Richtigkeit hat.[2] Während wir in erschreckender Weise nicht mehr richtige Menschen sind (1,18-3,20), haben wir aber einen durch und durch richtigen Gott, der kein Dämon ist, kein Irrlicht, kein Götze und kein Phantom.

Bei der Offenbarung seiner Gerechtigkeit handelt es sich keinesfalls eng und speziell um ein richterliches Abstrafen. Vielleicht haben wir in der deutschen Sprache noch eine Brücke zum biblischen Verständnis. Wenn sich z.B. ein Mann von überlegenen Fähigkeiten auf den Weg macht, irgendwo eine verfahrene Sache zu regeln, begleitet ihn die Erwartung: »Er wird's richten!« Hier hat das Wort »richten« noch einen lebendigeren, umfassenderen Sinn als im Justizwesen: alles wieder in Ordnung bringen, in die erforderliche Lage versetzen, so dass das Leben weitergeht. So verhieß das jesajanische Trostbuch, dass Gott noch einmal zugunsten seiner Menschen zurechtbringend in die Weltgeschichte eingreifen werde. Zweifellos wird sich dieser Eingriff auch mit der Richterfunktion verbinden, wobei aber vorausgesetzt ist, dass ein Richter in Israel zugleich eine Art Staatsanwalt war, der sich der öffentlichen Missstände annahm. So ist die endgeschichtliche Gerechtigkeit Gottes Akt der Rechtshilfe für die Gequälten und Erniedrigten. »Siehe, dein König kommt zu dir, ein Gerechter *und ein Helfer*« (Sach 9,9 nach LÜ). Markant verkoppelt auch 1Joh 1,9 »Gerechtigkeit« und »Treue« miteinander. Hier eine Spannung zu sehen, wäre abwegig. Die Frommen des AT haben darum den Ausdruck »Gerechtigkeit« ausgesprochen geliebt.[3]

Diese Gerechtigkeit schafft eine Sphäre, in der alles Leben aufblüht. Sie hat ihr Zentrum in Gott, aber ihre Peripherie reicht bis an die Ränder der Schöpfung. Sie umfasst Gericht und Gnade, Menschen und Verhältnisse, Handeln und Sein, Gegenwart und Zukunft. Man gebe es deswegen auf, diesen vielschichtigen Begriff im Römerbrief über einen Leisten zu ziehen und beachte jede Stelle in ihrem Zusammenhang.

Doch wie erfüllte sich die bei Jesaja prophezeite Rechtstat Gottes? Zunächst: Sie ist **offenbart worden**. Gewiss klingt hier 1,17 an. Aber zwei kleine Abweichungen machen auf sich aufmerksam: a) Diesmal wählt der Apostel für »offenbaren« einen anderen Aus-

[2] »Grundlage ist das hebr. Adjektiv *zaddik*, das eigentlich nicht ›gerecht‹ im üblichen Sinne bedeutet, sondern besser mit ›richtig‹ übersetzbar ist« (K. Haacker, ELThG III, S. 1662).

[3] Aus der Fülle von Belegen: Ps 31,2; 36,2; 51,15; 71,15f; 116,5; 143,1f; 143,1f; 145,7.17

druck (*phaneroô* statt *apokalyptô*), und er setzt ihn b) auch in eine andere Zeitstufe. Dort stand »offenbaren« im Präsens und betraf das gegenwärtige Verkündigungsgeschehen im christlichen Missionsprozess.[a] Doch das diesem Geschehen vorausgehende Ereignis, von dem solche Predigt handelt, kommt erst hier zur Sprache. Jetzt heißt es im Perfekt: Gottes Gerechtigkeit »ist offenbart worden«. Ein einmaliges Ereignis der Vergangenheit hat ein Faktum geschaffen, das jetzt ein für alle Mal gilt und seine weltweite Bekanntmachung rechtfertigt. Es handelt sich, wie es V. 22 endlich sagen wird, um die Tat Gottes durch und in Jesus Christus. Durch sie trat seine Gerechtigkeit in Erscheinung.

[a] 2Kor 2,14f; 4,2

Jetzt aber ist sie offenbart worden, nach V. 26 noch betonter: »in der Jetztzeit«. Urchristliches Zeitbewusstsein und auch Hochgefühl sprechen sich hier aus.[b] Gott gestaltete schon immer die Zeitläufte, aber durch das Christusereignis rief er eine grundsätzlich neue Zeit ins Dasein. Gott schlug eine Kerbe in den Ablauf der Dinge. Dieser Einschnitt ist so deutlich, dass das, was jetzt kommt, nicht mehr als Weiterlaufen des Bisherigen verstanden werden kann. Vergleichbar ist Gottes Tun am ersten Schöpfungsmorgen (vgl. wieder Jes: 40,26-31; 44,24; 51,9-11; 54,5).

[b] Röm 3,26 11,5.31 13,11 2Kor 6,2 Gal 4,4.29 Mk 1,15

Seine judaistischen Widersacher herausfordernd kennzeichnet Paulus diese Gottestat ferner durch den kleinen Einschub **»ohne[4] Gesetz«**. Im Versschluss umschreibt der Doppelausdruck »Gesetz und Propheten« das AT. Hier dagegen bezeichnet »Gesetz« wie 7,22.25; 8,7 die Willenskundgabe Gottes, greifbar in seiner mosaischen Form, abgeschattet im Herzen aller Menschen. Dies Gesetz ist erstens heilig (7,7-13), zweitens von elementarer Überzeugungskraft in allen Gemütern (7,16-22), aber dennoch – drittens – schwach, wo es mit Menschen unter der Sünde zu tun bekommt (8,3). Und nur diesen Fall kennt Paulus (3,9). Nur Gerechte kann das Gesetz frei- und frohsprechen, sonst kann es nur verdammen, wie Paulus gerade noch im Vorvers ausführte (3,20; vgl. 4,15). Aus dieser Sackgasse führt Gott »jetzt aber« heraus, aus dem Zorn in die Gerechtigkeit.

So gewiss die neue Gerechtigkeit die uns geläufigen Rechtskategorien sprengt, ist sie in tief befriedigender Weise immer auch Rechtsakt. Darum gehören wie in jedem israelitischen Prozess zwei Zeugen dazu: **bezeugt durch das Gesetz und die Propheten** als die beiden wichtigsten Teile des AT. In Kap. 4 folgt z.B. ein atl. Stück als Muster für christliche Glaubensgerechtigkeit. So unverkennbar der Einschnitt in der Heilsgeschichte, so wenig ist da ein Bruch.

[4] D.h. ohne Einschaltung des Gesetzes. Das gleiche »ohne« kehrt V. 28 und 4,6 wieder: »ohne Werke des Gesetzes«.

V. 22a nennt als einzigen Zugang zu dieser Sphäre des Heils mit größtem Nachdruck den Glauben an Jesus Christus. **Gerechtigkeit Gottes** aber[5] **(zugänglich) durch den Christusglauben für alle Glaubenden.** Neben »aus Glauben« oder »im Glauben« verwendet Paulus dieses »durch den Glauben«. Der Ausdruck lässt sich bildlich als eine Art Zugang oder Korridor verstehen, durch den hindurch ein Bereich betretbar ist. Zugleich ist an dieser Stelle »Glaube« und »Christus« sprachlich zusammengeschweißt zu »Christusglaube«. Ohne Christus wäre Glaube ein Nullwert. Er gliche einer Telefonleitung, die am anderen Ende in der Luft hängt. Nun hängt sie nicht in der Luft, denn Christus ist auferstanden. Die glaubensvolle Anrufung des Lebendigen (10,12-13) besagt: Unser Heil ist jetzt aus unserer Tätigkeit und Befindlichkeit gänzlich herausgenommen. Nicht wir erreichen die Gerechtigkeit, sondern sie erreicht uns, sie fließt uns durch den Glauben zu als ein Geschenk. Wenn es aber so steht: »ohne das Gesetz, durch den Glauben«, steht die Tür weit offen für alle; die Beschränkung auf gesetzesstrenge Juden fällt dahin. Angesichts der Heilsfrage lautet die Unterscheidung nicht mehr: Jude oder Heide (V. 22b), sondern allein: Glaube oder Unglaube. **22a**

Die Frage nach dem Glauben ist allerdings nicht zu umgehen. Noch immer blieb die Heilsbotschaft unwirksam, wo sie »sich nicht durch den Glauben mit den Hörern verband« (Hebr 4,2). Hier ist der Platz, grundsätzlicher auf das ntl. Standardwort »Glaube« einzugehen.[6] Paulus beschäftigt sich wie das ganze NT kaum mit dem innerseelischen Hergang beim Glauben.[7] Der Glaubende ist vor allem ein von sich weg- und abgelenkter und in sofern ein nach außen gerichteter Mensch. Er ist ganz Ohr, ganz Lauschender, konzentriert auf die Botschaft von Christus. Er hört, was dort die Gnade spricht. Sie spricht ihm Unglaubliches zu (vgl. Jes 53,1!), niemals könnte er sich das selber sagen. Er kann es sich nur sagen lassen. Er lässt es sich sagen. Sein Horchen wird ganzheitliches Horchen, nämlich Gehorchen (1,5). Was er über Kommen, Tun, Lehren, Leiden, Sterben und Auferstehen Jesu hört, erobert so sein Denken und Wollen, dass er sich im öffentlichen Bekenntnis darauf festlegt (10,9f). Glaube ist so eine Schöpfung der Christuspredigt. Wo es nichts oder nichts Gediegenes von Christus zu hören gibt, gibt es

5 Vielleicht hebt dies »aber« das hier Gemeinte von einer Glaubensgerechtigkeit ab, die sich überhaupt nicht auf Christus bezieht. So z.B. mit sonst ganz ähnlichen Vokabeln in Qumran (1Qp Hab VII,17; VIII,1-3).

6 Vgl. die Auslegung zu 1,5 und 4,17b-23, aber auch Galater, WStB, S. 122: »Sprachliches zu ›glauben‹«.

7 Ansätze vielleicht Mk 9,24; Röm 4,19-21; 2Kor 13,5. In Lk 17,5f schneidet Jesus das eingehende Interesse der Jünger am eigenen Glauben ab.

auch nichts zu glauben (10,14b). Erst die verbale Verkündigung Jesu Christi verleiht der Gemeinde Existenzberechtigung: »Wehe mir, wenn ich das Evangelium nicht verkündige!« (1Kor 9,16).

22b-23 An dieser Stelle holt Paulus kurz das Ergebnis von 1,18-3,20 in seinen Gedankengang herein. **Denn (es gibt) keinen Unterschied (zwischen Juden und Heiden): Alle sündigten sie nämlich**[8] **und sind verlustig der Herrlichkeit Gottes.** Nach Ps 8,6-7 kommt der Mensch eigentlich gleich nach Gott. Als Gottes Abglanz hat er eine Krone der Herrlichkeit[9] auf seinem Haupt, die Schöpfung zu seinen Füßen. Doch diese Würde besitzt er nur, insofern er in der Gottesverehrung verharrt, wie der Mond nur scheint, wenn er der Sonne zugewandt ist. Durch die verhängnisvolle Weichenstellung von 1,21 hat der Mensch seine gottgewollte Ausstrahlung verloren. In 1,24-32 und 3,10-18 porträtierte Paulus den gottabgewandten und darum erschütternd glanzlosen Menschen. Nach 2,7.10 geht es im Endgericht um die Frage, ob Gott uns diesen Strahlenglanz der ursprünglichen Menschenwürde verleiht.

24 Nachdem Paulus noch einmal den unter der Anklage verstummten und unter dem Zorn Gottes erloschenen Menschen vergegenwärtigt hat, bringt er als Kontrastaussage über denselben Menschen: Sobald sie zum Glauben an Christus kommen, **werden sie** durch Gott **gerechtgesprochen.** Sie sind Gott recht, gottfähig und damit auch rundherum lebensfähig. Paulus versichert doppelt, dass dafür keine Rechnung aufgemacht wird. Der Freispruch ergeht **umsonst**, kostenlos[c], ohne dass er deswegen »billig« wäre. Weithin gibt es umsonst, was zu geringfügig ist, hier aber gerade das, was unbezahlbar und deswegen unter keinen Umständen für Geld zu haben ist. Der vollständige »Preisnachlass« erklärt sich in diesem Fall als reine **Gnade**.

[c] Jes 55,1 Offb 21,6 22,17

Zugleich erscheint Gnade hier in juristischen Zusammenhängen. Sie ist als innergerichtlicher Vorgang gedacht. Unsere Sünde hatte nämlich Rechtsverhältnisse geschaffen. Sie hat uns in den Status eines Sklaven versetzt (Kap.6; Joh 8,34). Wir erleiden Zwangsabläufe, die uns nicht einmal nur Unrecht tun, sondern die wir auch verdie-

[8] Werner de Boor bemerkt zu diesem Vers: »Luthers bekannte Übersetzung: ›Sie sind allzumal Sünder‹ ist leider durch den langen Missbrauch zu einem Wort achselzuckenden Leichtsinns geworden. Es wäre darum gut, wenn diese Übersetzung aus unsern Bibeln verschwände. Paulus will nicht entschuldigen mit der resignierenden Feststellung: ›allzumal Sünder‹, sondern beschuldigen mit dem unleugbaren Tatbestand … Wenn wir vor uns sähen, wie Gott uns gedacht und gewollt hat! Dann würde uns erst mit Erschrecken klar werden, wie beschmutzt und entstellt, wie verkrüppelt und verdorben wir durch die Sünde sind.«

[9] Das griech. Wort für »Herrlichkeit« (*doxa*) verbindet sich in der Bibel mit der Vorstellung eines Lichteffekts: majestätischer Strahlenglanz, wie er einen Thronenden umgibt (1,23) und auch seine Umgebung überglänzt. So deutlich Lk 2,9: »Die *doxa* des Herrn leuchtete um sie.« Ähnlich Apg 22,11.

nen. Denn dass unser Böses uns nicht gut tut, dass wir ernten, was wir säten, ist auch vor Gott rechtens (Gal 6,7). Die Sündenmacht kann somit einen göttlichen »Vollstreckungsbefehl« vorweisen. Insofern erleiden wir nicht nur satanische Gemeinheit, sondern auch göttliches Gericht. »Die Kraft der Sünde ist das (göttliche!) Gesetz« (1Kor 15,56). Was wir folglich brauchen, ist nicht »nur Liebe«. Vergebung »einfach so« führt nicht in die Freiheit. Bei wahrer Rettung muss es mit rechten Dingen zugehen. Dazu bedarf es einer Entrechtung unserer Sünde. Gottes Gnadenzuspruch hat seinen Rechtsgrund im Rechtsakt des Todes Christi. Ihn zu würdigen, verwendet Paulus im Röm mindestens drei juristische Bildworte: »Loskauf« (V. 24) aus dem Familienrecht, »Sühne« (V. 25) aus dem Sakralrecht und in 5,1-11 »Versöhnung« aus dem Völkerrecht.

Wir werden von Gott freigesprochen **aufgrund des Loskaufs, (der) in Christus Jesus (geschah).** Loskauf war ursprünglich eine Einrichtung aus dem israelitischen Familienrecht.[10] War ein Israelit hoffnungslos verschuldet, trat sein nächster Angehöriger mit allem, was er hatte und konnte, als sein »Löser« für ihn ein. Diese Loskauf-Einrichtung dient in der Bibel auch als Gleichnis für das erlösende Handeln Gottes an Israel in Ägypten[d], dann in der Babylonischen Gefangenschaft[e], schließlich bei Jesaja wie im NT als Geschehen für alle Völker.

[d] 2Mo 6,6 5Mo 7,8 9,26; 13,6 15,13 21,8 24,18

[e] Jes 43,14 44,22-24 53,2 62,10-12 63,9

Das NT weist achtzehn Loskauf-Stellen auf. Sie sind verschieden ausgeformt, aber ihre Grundbotschaft lautet: Gott ist dieser eigentliche nächste Verwandte aller Menschen (Ps 27,10). Bedingungslos tritt er für seine versklavten und verschleppten Geschöpfe ein. Gerade Schuld, Not und Schande rufen ihn als »Löser« herbei. In Christus hat er sich auf diese Rolle festgelegt. Dort ist er »Löser« in Fülle. Weil ein Kauf kein Raub ist, sondern ein Rechtsakt, ist der Loskauf in[11] Christus Jesus die verlässlichste Sache von der Welt. Sie kann auch das sensibelste Gewissen vollkommen stillen und stoppt die zermürbende Selbstbestrafung.

Nun hat der Vergleich mit der altisraelitischen »Erlösung« auch seine Grenze. Der »Löser« leistete Stellvertretung, aber ohne dass er dabei starb. Der Heilstod Jesu ruft also nach ergänzenden Deutungen. Dazu bedient Paulus sich eines Mittels, das im NT die stärkste Verbreitung fand. Er deutete Jesu Sterben mit Ausdrücken aus dem atl. Opferwesen.

10 3Mo 25,47-55; 27,1-29; bei Jes auch verbunden mit »Gerechtigkeit«: 43,22-28; 44,21f; 48,9f; 50,1-3; 54,6-8 und 55,7. Loskaufstellen in Bezug auf das Werk Jesu, z.B.: Gal 4,5; 1Kor 6,20; 7,23; Eph 1,7; 1Tim 2,6; Tit 2,14

11 »In Christus Jesus« (im Röm noch 6,11.23; 8,1.2; 8,39) sagt mehr als »durch Christus Jesus«, wie Christus mehr ist als nur ein Instrument zum Heil. Er verkörpert auch das Heil.

25a **Welchen Gott öffentlich hingestellt hat als Sühne(ort).** Gleich das zweite Wörtchen kann nicht genug betont werden: Gott war der Handelnde! In den heidnischen Tempeln waren die Opfer Instrumente in des Menschen Hand, um auf eine ungnädige Gottheit einzuwirken. Selbstbestrafung sollte sie erweichen und umstimmen. Aber schon im AT fließt die Grundströmung entgegengesetzt. Gott ist der Sühnende (5Mo 21,8a; Jes 6,7), er seinerseits sorgt für das Opfer (1Mo 22,8), er war es, der »das Blut auf den Altar gab« (3Mo 17,11). Wieder steht hier auch das Jesaja-Buch als Zeuge, nämlich die gewaltige Stelle 43,22-25: »Nicht du, ich, ich bin es, der Sünden tilgt!« Wenn Israel zum Opfern kam, betrat es immer schon Gnadenboden, musste ihn sich nicht erst bereiten. So auch ganz eindeutig beim Opfer Christi: »Christus ist uns *von Gott* zur Gerechtigkeit gemacht.« Darin aber brachte er sich selbst zum Opfer für unsere Sünden. Er »war in Christus und versöhnte die Welt mit sich selbst« (1Kor 1,30; 2Kor 5,19). Wenn jemand auf Golgatha grausam war, dann nicht er, sondern wir.

Gott stiftete zu Karfreitag einen öffentlichen Sühne(ort). Bei diesem Wort[12] ist an den goldenen Aufsatz[13] zu denken, der nach 2Mo 25,17-22 im Allerheiligsten der Stiftshütte und später des Tempels der Bundeslade auflag. Das Gerät diente als Sockel für zwei Nachbildungen eines Flügelwesens (Cherubim), rechts und links. Diese trugen zwischen sich den unsichtbaren Thron Gottes. Mit ihren Flügeln verhüllten sie diese Stätte seiner gnädigen Gegenwart (2Mo 25,22). Dort vollzog der Hohepriester am Großen Versöhnungstag auch die jährliche Entsühnung des Volkes. Dazu sprengte er vor diesen Aufsatz zweimal siebenfach das sühnende Tierblut. Das Gerät ging mit dem ersten Tempel verloren; im zweiten Tempel war das Allerheiligste leer. Trotzdem wurde der Ritus bis zu seinem Untergang im Jahre 70 n. Chr. jahrhundertelang im leeren Raum begangen. Im Ausland feierten die Juden den Großen Versöhnungstag schon immer ohne Tempel, eben in ihren Synagogen, und begehen ihn noch bis heute als das feierlichste aller jüdischen Feste (*jom kippur*). Die Einrichtung war jedem Heiden, der zum Freundeskreis

12 Das griech. *hilastärion*, wörtlich ganz allgemein »das zur Sühne Gehörige«, konnte verschiedene Gegenstände bezeichnen. Die Übersetzer wählen hier »Sühnmal«, »Sühnmittel«, »Sühnegerät«, »Sühnopfer«, »Sühnort«, »Sühnaltar«, »Sühnedeckel« oder »Sühnplatte« Luther ursprünglich: »Gnadenstuhl«; LÜ weicht einfach auf »Sühne« als Handlung aus, obwohl der Gedanke an einen Gegenstand näher liegt. Wegweisend ist, dass das Wort in der LXX einen festen Gebrauch annahm, nämlich für den »Aufsatz« (2Mo 25,17) auf der Bundeslade im Allerheiligsten (so 25-mal von 27 Stellen!), bestätigt durch die zweite Belegstelle im NT, Hebr 9,5.

13 Die LXX erläutert in 2Mo 25,18 das *hilastärion* mit *epithesis*: etwas Aufgelegtes. Es scheint sich um ein eigenes Gerät gehandelt zu haben, das auf der Bundeslade stand, nicht einfach um den Kastendeckel.

der Synagoge zählte, vertraut. Auch in der römischen Gemeinde konnte man davon ohne nähere Erklärung sprechen.

Dass wir hier in die Zusammenhänge des Großen Versöhnungstages hineingeführt werden, bestätigt der Hinweis auf den Blutritus, der dort die überragende Mitte bildete: **kraft seines Blutes.** In dieser Hinsicht ging es allerdings bei Jesu Opfer nicht um sinnlich Wahrnehmbares. Die christliche Gemeinde wusste, dass Jesus nicht buchstäblich in einer Opferveranstaltung gestorben ist. Weder war da ein sakraler Raum, ein Altar, ein Priester, ein Schächterschnitt mit Ausbluten des Körpers in eine Schüssel, noch diente sein Blut zur kultischen Besprengung im Allerheiligsten des Tempels. Christus starb nach Hebr 13,12 ausdrücklich ganz profan, außerhalb der Heiligen Stadt. Aber schon der irdische Herr, dann der Auferstandene, seine Apostel und die Urchristenheit waren von der Erkenntnis überwältigt, dass dem atl. Opferwesen ein prophetischer Charakter eignete, der sich im vollkommenen Opfer Jesu erfüllte. Karfreitag war gegen allen Augenschein der universale Versöhnungstag. So konnte jetzt gleichnishaft auch von seinem Blut gesprochen und Zug um Zug übertragen werden. Für das Verständnis von Jesu Tod gewann die Rede vom Opferblut Christi[f] einen hohen Rang.

[f] Röm 5,9; Mt 26,28; Mk 14,24; Lk 22,20; Apg 20,28; Röm 5,9; 1Kor 10,16; 11,25.27; Eph 1,7; 2,13; Kol 1,20; Hebr 9,14; 10,19.29; 13,12.20; 1Petr 1,2.18f; 1Joh 1,7; 5,6; Offb 1,5; 5,9; 7,14; 12,11

Die Botschaft vom Blut Christi lautete nach 3Mo 17,11: Unschuldiges Leben tritt für gerichtsverfallenes Leben ein. Sühnopfer und Stellvertretung können also kaum voneinander getrennt werden. Freilich haben Juden es leichter, solch eine Existenzstellvertretung zu erfassen. Durch generationenlange Lektüre des AT (2Kor 3,16; Apg 15,21), dieses herrlich realistischen Buches, besitzt dies Volk den Vorzug (3,1f) einer einzigartigen Berührung mit Wirklichkeit. Dagegen werden wir, die wir in heidnischer Kultur leben und atmen, von einer heidnischen Zeitphilosophie in die andere getrieben. Wir sitzen im jeweiligen Denkgehäuse wie in einem Treibhaus und haben einfach zu wenig »Freilanderfahrung«, sprich Wirklichkeitsberührung. Deswegen leidet unsere Gesellschaft an epochalen Mangelerscheinungen. Der Individualismus der Neuzeit hat z.B. einen blinden Fleck im Auge für Stellvertretung, obwohl diese uns von allen Seiten umgibt. Wenn wir irgendwo eine Bewusstseinserweiterung benötigen, dann in dieser Hinsicht. Es geschieht nichts Wesentliches, weder Heilsames noch Böses, ohne Stellvertretung. Eltern leben und handeln dauernd für ihre Kinder, der Arzt setzt sich für den Patienten ein, der Politiker entscheidet für die ganze Bevölkerung mit, der Lehrer hat weithin die Zukunft des Schülers in der Hand, je nachdem wie gediegen er arbeitet, der Mann steht für seine Frau in der Verantwortung und umgekehrt oder der Pastor für die Gemeinde. Wo immer wir sündigen, sündigen wir für andere mit, wo immer wir umkehren, kommt es unserer Umwelt und Nachwelt zugute. Stellvertretung ist nicht lediglich ein schmales juristisches Phänomen (s. auch zu 5,12).

Zugegeben: Es gibt nirgendwo unter dem Himmel ein Stellvertretungsmodell, das an das »für alle«[14] von Golgatha heranreicht. Wo stirbt im strengen Sinn »einer für alle« (2Kor 5,14)? Darum bringt unser Text zwei Hinweise auf eine Unvergleichbarkeit von Opfervorbild dort und Opfererfüllung hier. *Erstens* hat Gott den neuen Sühneort öffentlich hingestellt. Das Allerheiligste im Jerusalemer Tempel war für normale Menschen ein dunkler unbetretbarer Raum, mit einem Vorhang dicht verhängt. Doch im Todesmoment Jesu zerriss der Vorhang so gründlich wie möglich (Mk 15,38). Damit ist der Zugang zum gnädigen Gott für alle Welt entschränkt. *Zweitens* ruft **durch den Glauben!** noch einmal ins Gedächtnis zurück, dass sich hier ein Heil »ohne das Gesetz« (V. 21) offenbart, also an Mose und allen Opferbildern vorbei. Sie mögen ihren Dienst tun, aber treten dann beiseite.

25b-26 In V. 25b-26 erreicht Paulus das Hauptanliegen seines Briefes. Viermal klingt jetzt der Stamm »gerecht« auf. Endlich kann er entfalten, was er bisher pauschal »Offenbarung der Gottesgerechtigkeit« nannte (1,17; 3,21). Gott handelte im Sühnetod Jesu Christi **zum Erweis seiner Gerechtigkeit.** Bisher fehlte dieser Erweis, und zwar **wegen des (straflosen) Hingehenlassens** (*paresis*[15]) **der früher geschehenen Sünden unter der Zurückhaltung** (*anochä*) **Gottes,** d.h. Gott ließ den Sünder bisher leben. Wenn er auch seinen

[14] Die wörtliche Rede vom Für-Tod häuft sich in Kap.5,6-8 (viermal) und ist in 8,32 tragend für den ganzen Abschnitt. In 1Kor 15,11 beruft Paulus sich für diese Verkündigung auf den Konsens mit allen Aposteln.

[15] Sinngemäß mit Zahn, Zürcher, Menge, Schlatter, RevEB u.a. wird hier eine Übersetzung von *paresis* vertreten, wonach *an dieser Stelle noch nicht von Vergebung* die Rede ist. Sie ist allerdings seit 1965 durch einen Aufsatz von W.G. Kümmel umstritten. Er registriert zunächst, dass *paresis* zumeist »Erlass« oder »Vergebung« bedeutet, schließt aber nicht die Möglichkeit aus, dass das Wort auch im Sinne von »Hingehenlassen«, »Laufenlassen«, »Verschonen« gebraucht wird (vgl. Wörterbücher). Rein sprachwissenschaftlich kommt man hier also nicht weiter. Die Entscheidung kann nur am Zusammenhang fallen, der aber nach W.G. Kümmel für die Möglichkeit »Vergebung« spricht. Zu übersetzen wäre dann: Gott handelte »zum (*eis*) Erweis seiner Gerechtigkeit zur (*dia* mit Akkusativ) *Vergebung* der früher geschehenen Sünden«. Will Paulus hier nach dem ersten Zweck noch einen zweiten Zweck nennen, obwohl er doch im zweiten Fall eine sehr andere Präposition verwendet? Sprachlich viel glatter ergibt sich im zweiten Fall eine Begründung: *wegen der paresis*! Nur so wird man m.E. auch dem Gedankenfluss der Verse gerecht. Die Erwähnung der *paresis* mündet in den Hinweis auf die »Zurückhaltung Gottes«, so dass die drei Textelemente eine bruchlose Linie bilden: »*paresis* → früher geschehene Sünden → Zeit der Zurückhaltung Gottes«. Diese ganze Reihe gehört zum Rückblick auf »früher«. Erst V. 26b lenkt Paulus wieder zur »Jetzt-Zeit« zurück. Er nimmt die Rede vom »Erweis der Gerechtigkeit Gottes« aus V. 25 wieder auf, durch den die Gerechtsprechung möglich wird. »Gerechtsprechung« ist hier wie im ganzen Brief die herrschende Heilsvokabel, nicht *paresis* (fehlt sonst im ganzen NT, auch in der LXX).

Widerwillen gegen das Böse in den Gewissen der Menschen erfahren und Gerichtsfolgen schmecken ließ, liefen doch die Erweise seiner Schöpfergüte vor und außer Christus für alle Bösen immer weiter. Der offenbare Zorn von 1,18-32 war eben noch nicht Endzorn. Auch die atl. Sühnemöglichkeiten glichen nur »Schatten« (Hebr 8,5) des Vollkommenen und vermochten den Gerechtigkeitsdurst des Gewissens nicht zu befriedigen. Dieses Schwebende in Gottes Verhalten, dieses »halbe« Gericht und diese »halbe« Vergebung machten sein Gerechtsein missverständlich. Sein Laufenlassen setzte ihn dem Verdacht aus, es mangele ihm am richterlichen Ernst. Er müsste doch durchgreifen. Seit alters bereitete dieser Zustand größte Not (etwa Ps 73,2-12.21-22 und das Hiobbuch). Die Zurückhaltung Gottes focht die Frommen an[16], während sie die Frevler sorglos und unbekümmert machte.

Diesem Zustand bereitete Karfreitag ein Ende. Gott schuf Klarheit. Er erbrachte den Tat**erweis** für seine Gerechtigkeit. Nach Ablauf seiner Geduld ergriff ihn **in dieser Jetztzeit** seine »Ungeduld«: Er packte das Sündenthema grundsätzlich an. Jesu Tod am Fluchholz ist unübersehbar Gericht – Kreuzigung der ganzen Welt (Gal 6,14).

Freilich, und damit nimmt die Geschichte eine unwahrscheinliche Wendung, wie sie noch nie in eines Menschen Herz gekommen war: Gericht am Unschuldigen, also am »Falschen«, besser: am Stellvertreter. Und an welchem Stellvertreter! Der Richter selber, Gott als Gott übernimmt für seine Geschöpfe, die sich unmöglich gemacht haben, die existentielle Verantwortung. »Existentiell« heißt hier: Hingabe, ohne etwas von sich außen vor zu lassen. Im Tode Jesu offenbarte sich der ganze Gott ganz – ganz als Richter, ganz als Retter. Er richtete aufs Schärfste, aber liebte seine Feinde aufs Höchste (5,10), indem er ihnen das Kleid der Gerechtigkeit Christi anbot. Auf diese Weise kam im Sühnetod Jesu heraus, wie sehr Gott durch und durch Gott und nicht ein Mensch ist, ein »richtiger« Gott, und zwar nach zwei Seiten: Einerseits war er **selbst ein Gerechter,** wie bisher ausgelegt. Andererseits ist er aber auch ein wahrhaft **gerechtsprechender** Richter, erhaben über jeden Verdacht der Korruption. Spräche er den Schuldigen gerecht, wäre er sich selbst ein Gräuel (2Mo 23,17; 25,1; Spr 17,15). Doch er spricht nur den frei, dessen Recht ans Licht gekommen ist und der in Gerechtigkeit dasteht, freilich bekleidet mit einer fremden Gerechtig-

16 Ein uns ungewohnter Gedanke! Uns Heutigen liegt die entgegengesetzte Anklage: Wie kann Gott so viel Unglück zulassen! Hier dagegen: Wie kann Gott so wenig Unglück geschehen lassen! Aufs Ganze gesehen geht es den Menschen doch dauernd besser, als sie es verdienen. Wie sie sich so vor Gott benehmen, kann man sich nur wundern, was er sich alles gefallen lässt.

keit. Christus ist ihm von Gott zur Gerechtigkeit gemacht (1Kor 1,30) – **aus dem Glauben an Jesus.** Außerhalb dieses Glaubens lebt der Mensch auch nach Christus wie vor Christus einsam, zweifelnd und ungeborgen. Aber der Glaubende lebt in einem Kraftfeld, das von diesem Gerechtigkeitserweis Gottes im Sühnetod Jesu wunderbar hochgehalten wird.

2. Bedeutung der neuen Heilsordnung für Juden und das jüdische Gesetz (3,27-31)

27 Wo (bleibt) folglich der (Selbst)ruhm? Er ist ausgeschlossen. Durch welche Art von Gesetz? (Etwa durch das Gesetz) der Werke? Nein, sondern durch das Gesetz des Glaubens.
28 Wir gelangen nämlich zu dem Urteil, dass ein Mensch durch Glauben gerechtgesprochen wird, ohne Gesetzeswerke.
29 Oder (ist Gott) der Juden Gott allein? Nicht etwa auch (Gott) der Heiden? Ja, auch der Heiden,
30 so gewiss (gilt): Einer ist Gott! Er wird gerechtsprechen die Juden (»Beschneidung«) aus Glauben und die Heiden (»Vorhaut«) durch Glauben.
31 Setzen wir also das Gesetz außer Kraft durch den Glauben? Ausgeschlossen! Sondern wir richten das Gesetz auf.

Der lebhafte Dialogstil zeigt an, dass Paulus jetzt wieder die Auseinandersetzung mit seinen judaistischen Widersachern aufnimmt. Was ergibt sich also daraus, dass Gott im Opfertod Jesu Christi einen neuen Rechtsgrund für die Menschheit schuf, so dass jetzt jeder Glaubende Gerechtigkeit empfängt?

27-28 Als Erstes ist die Frage nach dem Selbstanteil des Freigesprochenen eindeutig zu klären. **Wo (bleibt) folglich der (Selbst)ruhm? Er ist ausgeschlossen.** Der Umstand, dass der Glaubende sich einer fremden Gerechtigkeit erfreuen darf, entzieht ihm selbstverständlich den Boden für jede Siegerpose (s. zu 2,23; 1Kor 4,7).[17]

Trotzdem erwägt Paulus noch einmal die beiden gegensätzlichen Ansätze zum Ruhmesgewinn: **Durch welche Art von Gesetz** gelingt er? »Gesetz« kann hier nicht das Mosegesetz bezeichnen, denn davon gibt es nicht alternativ zwei Arten. Aber zwei Regeln oder Prinzipien des Vorgehens, zwei Methoden oder Wege sind denkbar, sich vor dem göttlichen Richter siegreich behaupten zu wollen. Zuerst noch einmal ganz kurz (in nur zwei Wörtern!) die eben schon als

17 Auch Angeberei zwischen Mensch und Mensch sollte einem jetzt peinlich sein. Nur ist an dieser Stelle an ein Sichrühmen »vor Gott« zu denken.

unmöglich erklärte Möglichkeit: Selbstruhm **(durch das Gesetz) der Werke**[18]**? Nein, sondern** als radikaler Gegensatz dazu: **durch das Gesetz des Glaubens.** Dieser und der folgende Vers belegen in einer Klarheit, die nichts zu wünschen übrig lässt, dass das NT das Glauben des Menschen nicht als Werk versteht, sondern als den völlig anderen Weg in Sachen Rettung und Heil: **Wir gelangen nämlich zu dem Urteil, dass ein Mensch durch Glauben** an Christus **gerechtgesprochen wird, ohne Gesetzeswerke.**

Es regiert hier folgender Denkweg[19]: Aus dem im letzten Abschnitt verkündeten »allein Christus« folgt auch das »allein durch den Glauben«. Ein »allein« zieht das andere »allein« nach sich. Das hat Martin Luther hier durch seine Einfügung des Wörtchens »allein« gut nachempfunden. Dieser Schlachtruf der Reformation (lateinisch: *sola fide*) wurde freilich im evangelischen Raum allzu leicht zum Faulbett, als ob der Glaube Wirken überhaupt ausschlösse. Gewiss soll die linke Hand nicht wissen wollen, was die rechte tut (Mt 6,3) – keine Selbstbespiegelung![a] – aber das bedeutet nicht, dass es der linken Hand gleichgültig sein kann, wenn die rechte *nichts* tut.[20]

[a] Röm 5,11 1Kor 1,30-31 2Kor 10,17 Gal 6,14

Zweimal hatte es jetzt »ohne Gesetz« geheißen (V. 21.28). Diese Abkoppelung der Gerechtsprechung vom Mosegesetz und damit vom Judesein hat Folgen: Heidesein schließt nicht mehr vom Heil aus, Judesein bedeutet keinen Sonderweg zum Heil (10,12-13). In beiden Fällen gilt das *sola fide*.

Angesichts des judaistischen Widerstandes gegen eine universale 29
Öffnung des Heils führt Paulus die biblische Gotteslehre selbst ins Feld. **Oder (ist Gott) der Juden Gott allein?**[21] **Nicht etwa auch (Gott) der Heiden?** Nach den Schriftgelehrten ist Gott zwar Schöpfer der Heidenvölker und am Ende auch ihr Richter, aber nicht ihr Erlöser. Nach dem AT dagegen hat Gott den andern Völkern nicht den Rücken zugekehrt, als er Israel erwählte. Vielmehr zielte Abra-

18 Das »Gesetz der Werke« (ein nur an dieser Stelle erscheinender gelegentlicher Ausdruck) ist etwas anderes als der geprägte Fachausdruck »Werke des Gesetzes« in V. 20.28; Gal 2,16; 3,2. »Gesetz« kann eben auch einen allgemeinen Sinn annehmen, der jedes Mal aus dem Zusammenhang zu erheben ist, z.B. 7,23 (»Gesetz der Sünde«), 8,2 (»Gesetz des Geistes und des Lebens«), Gal 6,2 (»Gesetz Christi«) oder Jak 1,23 (»Gesetz der Freiheit«).

19 Griech. *logizesthai*, s. zu 6,11.

20 Zum reformatorischen *sola fide* Schlatter, S. 153: »Die Verherrlichung des Glaubens hat dann unheilvoll gewirkt, wenn mit ihm jene Verkürzung des Lebens vollzogen wurde, die das Handeln aus ihm ausscheidet und nichts als Glauben übrig lässt. Diesen unmöglichen Menschen, der nichts tut, sondern einzig glaubt und folgerichtig nicht leben kann, sondern bloß auf sein Sterben wartet, hat aber nicht Paulus erfunden.«

21 Um 150 lässt ein Schriftgelehrter Gott so sprechen: »Gott bin ich über alle, die in die Welt kommen, aber meinen Namen habe ich nur mit euch vereint; ich heiße nicht der Gott der Völker der Welt, sondern der Gott Israels« (Bill III, S. 185).

[b] Jes 19,24f Am 9,7 Jona 4,2.11 Jes 2,2-4 Mi 4,1-3

hams Berufung von vornherein auf weltumspannenden Segen (1Mo 12,3; Gal 3,14). Er »sollte Erbe der Welt sein, Vater aller« (Röm 4,11.13). Darum hat er auch die Geschichte der Philister, Aramäer und Abessinier geleitet, Ägypter und Assyrer gesegnet. Er erbarmt sich auch der Heiden, verheißt ihnen Heil[b]. **Ja,** er ist Erlösergott **auch der Heiden.** Im NT kommen die atl. Ansätze voll zur Geltung.[c]

30 Paulus schreibt seinen Widersachern ihr eigenes Hauptbekenntnis aus 5Mo 6,4 ins Stammbuch: **So gewiss (gilt):** ***Einer*** **ist Gott!** Wie der Apostel sich 1Kor 1,13 heftig gegen eine Zerspaltung Christi und damit der Heilsgemeinde wendet, so ruft er hier die Unteilbarkeit Gottes aus, um die Gleichstellung[22] der beiden Gemeindeteile zu begründen: **Er wird gerechtsprechen die Juden (»Beschneidung«) aus Glauben und die Heiden (»Vorhaut«) durch Glauben.**

[c] Röm 9,25f 10,19f Eph 3,15 1Tim 2,4-6

31 Schließlich greift er den Vorwurf auf, sich mit dieser Lehre als Gesetzesbrecher zu entlarven. **Setzen wir also das Gesetz außer Kraft durch den Glauben?** In diesem Fall ist »Gesetz« wie V. 28 und V. 21a wieder eindeutig das Sinai-Gesetz.[23] Aber Paulus wusste sich wie Jesus in Mt 5,17 und gewiss auch Stephanus trotz Apg 6,13f als Israelit ohne Falsch. Darum hat er für diesen Argwohn nur das schärfste Abwehrwort (s. zu 3,6): **Ausgeschlossen!** Wir sind keine Umstürzler in Israel, **sondern wir richten das Gesetz auf,** erst wir, d.h., unser Evangelium verschafft ihm seine volle Geltung.[24] Der Zuspruch: »Gerecht aus Gnaden!« (V. 24) stimmt nämlich durchaus mit der Schuldigerklärung durch das Gesetz überein, gibt es doch Gnade nur dort, wo Schuld feststeht. Unschuld würde Gnade unnötig machen. Insofern verleiht gediegene Christuspredigt dem Gesetz sein volles Gewicht.

3. Das Zeugnis der Schrift für die Glaubensgerechtigkeit: Abraham (4,1-25)

Das große Abraham-Kapitel hat einen doppelten Anlass: a) Paulus wäre kein Jude gewesen, wenn er nur dem Augenblick gelebt hätte und es ihm nicht auch um die *heilsgeschichtliche Tiefe seiner Rechtfertigungslehre* gegangen wäre. Sein Interesse daran zeigte er

22 Die Unterscheidung: Juden werden »*aus* Glauben«, Heiden »*durch* den Glauben« gerecht, hat nur stilistische Bedeutung. In 9,32 wird »durch den Glauben« auch auf Juden bezogen.

23 »Gesetz« könnte auch die Schrift insgesamt bezeichnen. Aber der Vorwurf, Paulus würde die Schrift abschaffen, lag nicht vor, wäre auch angesichts seines ständigen Schriftgebrauchs absurd.

24 Für *histano* scheidet hier die Bedeutung, neues Recht zu setzen, aus (so zwar der Gebrauch in Mk 7,9; Hebr 10,9; vgl. Röm 10,3). Vielmehr wird vorhandenes Gesetz bestätigt, seine Autorität gestärkt.

schon 3,21: So unerhört neu die Offenbarung Gottes in Christus auch war, war sie dennoch schon »bezeugt durch das Gesetz und die Propheten«. Diese Behauptung belegt er jetzt. Dazu greift er mit Abraham nicht ein beliebiges Beispiel heraus; insofern unterscheidet sich Röm 4 von Hebr 11,8-19. Dort erscheint der Erzvater in einer »Wolke von Zeugen« (12,1), als ein Vorbild unter vielen. Hier dagegen steht er in seiner unwiederholbaren Urbildfunktion vor uns. Er stellt den Punkt dar, an dem innerhalb der Fluchgeschichte der Menschheit eine Segensgeschichte aufbrach und dafür ein erwähltes Volk aufgebaut wurde. Sein Leben ist Grundriss, der dem ganzen Bau die Maßstäbe liefert. Er ist die Wurzel, die den Baum trägt (11,18). Alle anderen werden nicht nur *wie* er gesegnet, sondern »in« ihm und »zusammen mit ihm« (Gal 3,8f) – eine erstaunliche Gemeinschaft mit Abraham über Jahrtausende hinweg. Darum ist entscheidend wichtig, was er »gefunden hat« (hier V. 1), also der geistliche Ertrag seines Lebens. Dieser verdichtet sich in 1Mo 15,6, eine Schlüsselstelle, die hier durch das ganze Kapitel hindurchleitet (dreimal zitiert: V. 3.9 und 22). Sie bindet »Glaube« und »Gerechtigkeit« fest zusammen, also genau die Kernbegriffe des Röm seit 1,16. Zugleich ist jedoch Gal 3,8 zu beherzigen: Abraham hat nur eine »*Vor*verkündigung des Evangeliums« empfangen (*proeuängelisato*). Zwischen dem Erzvater und uns liegt eben auch eine heilsgeschichtliche Zäsur. Er streckte sich auf das Evangelium aus, aber wusste noch nicht vom auferstandenen Christus und vom Geist zu Pfingsten. Er »glaubte« eben noch *vor* dem »Kommen des Glaubens« (Gal 3,23).

b) Unübersehbar ist zugleich, dass dies Thema hier nicht in wohliger Erbaulichkeit, sondern *in lebhafter Auseinandersetzung* abgehandelt wird. Indem Paulus nämlich zu Abraham hindurchstieß, betrat er ein durchaus besetztes Feld. Abraham galt im Judentum als das Urbild der Tugend.[25] Kein Böses hatte angeblich über ihn Gewalt, alle Tage seines Lebens verbrachte er als »der Redlichste unter den Redlichen« im vollkommenen Gehorsam. Zum Lohn dafür erwählte Gott ihn und schickte ihn auf die Wanderschaft, allen Völkern seine hervorragenden Eigenschaften vorzuführen. In dieses Bild ordneten die jüdischen Exegeten auch 1Mo 15,6 ein, also als Beispiel für Abrahams Werkgerechtigkeit. Dass dem ehemaligen Rabbi Paulus diese Abraham-Deutung gegenwärtig war, zeigt deutlich der einleitende V. 1: »Was sollen wir nun sagen?« So begann er häufig, wenn er einer gegnerischen Frage Raum gab (s. zu 6,1).

[25] In: Galater, WStB, S. 121f zu Gal 3,6-9, wird die rege Beschäftigung des Judentums mit Abraham beschrieben. Bill III, S. 186ff hat auf 15 Seiten entsprechende Zitate zusammengestellt.

a) Wodurch wurde Abraham vor Gott gerecht? (4,1-8)

1 Was sollen wir nun sagen, dass Abraham, unser Urvater nach dem Fleisch, gefunden hat?
2 Wenn Abraham nämlich aus (Gesetzes)werken gerechtgesprochen wurde, hat er (etwas zum Selbst)ruhm. Aber (das stimmt) nicht bei Gott.
3 Was nämlich sagt die Schrift? »Abraham aber glaubte Gott, und (das) wurde ihm als Gerechtigkeit angerechnet« (1Mo 15,6).
4 Dem Werkenden aber wird nicht Lohn angerechnet nach (Weise) der Gnade, sondern nach Schuldigkeit.
5 Dem aber nicht Werkenden, sondern Glaubenden an den, der den Gottlosen gerechtspricht, wird sein Glaube als Gerechtigkeit angerechnet.
6 Gleichwie auch David die Seligpreisung ausspricht über dem Menschen, dem Gott Gerechtigkeit anrechnet ohne Werke (Ps 32,1f):
7 »Glückselig sind, denen die Ungesetzlichkeiten vergeben und denen die Sünden zugedeckt wurden.
8 Glückselig der Mann, dem der Herr die Sünde nimmermehr anrechnet.«

1 Paulus greift die zwischen Christen und Juden umstrittene Frage nach der Kernerfahrung Abrahams auf. **Was sollen wir nun sagen, dass Abraham, unser Urvater nach dem Fleisch, gefunden hat?** Er hat jedenfalls Gnade gefunden, wie sich der Ausdruck »finden« aufgrund einer biblischen Wendung[a] vervollständigen lässt. Darin waren sich Paulus und seine Gegner einig. Doch wodurch gelangte er in diesen Gnadenstand? Was machte ihn Gott recht, so dass er »Freund Gottes« genannt wurde (Jak 2,23)? Nach der Fortsetzung in V. 2 lautet die gegnerische Antwort: Beispielhafte Gesetzeserfüllung brachte ihm das Lob Gottes ein! Dabei ist die jüdische Lehre zu berücksichtigen, Abraham habe schon das Sinaigesetz gekannt, wenn auch noch nicht in Schriftform, und es Punkt für Punkt vorbildlich erfüllt. Dadurch erwarb er einen Überschuss an guten Werken, der seinen Nachfahren im Endgericht zugute kommen würde.[26] Wenn sie ihre Sünden nicht durch eigene Verdienste aufwiegen können, schöpfen sie aus seinem Verdienstschatz. So betrachtet stürzte für Juden ohne die überströmende Werkgerechtigkeit Abrahams die Heilshoffnung zusammen.

[a] 1Mo 18,3 Lk 1,30 Apg 7,46 Hebr 4,16

[26] Bill I, S. 117-119, vgl. zu 2,5.

Paulus spitzt nun die jüdische Deutung zu: **Wenn Abraham nämlich aus (Gesetzes)werken gerechtgesprochen wurde, hat er Ruhm** (s. zu 2,23 und 3,27). Er könnte im Gericht mit seiner eigenen Gerechtigkeit auftrumpfen. Dagegen erhebt sich jedoch exegetischer Protest. **Aber (das stimmt) nicht bei Gott,** der durch die Schrift spricht. 2

Die Schlüsselstelle 1Mo 15,6 belegt die Glaubensgerechtigkeit Abrahams. **Was nämlich sagt die Schrift? »Abraham aber glaubte Gott, und (das) wurde ihm als Gerechtigkeit angerechnet.«** »Schlüsselstelle« meint in diesem Fall: Diese Anrechnungsweise war nicht nur an jene Situation gebunden, sondern legte Grund für das Verhältnis Abrahams zu Gott überhaupt, bis ins Endgericht hinein. Nach dem Wortsinn jener Stelle war Glaube bei Abraham nicht gläubiges Praktizieren von Vorschriften, sondern rückhaltloses Horchen auf Gottes Zuspruch (s. zu 3,22; hier V. 20-21). Der Gedanke an Umgang mit Speisegeboten, Festordnungen, Riten und Opfern liegt hier nun wirklich fern. Also der auf die Verheißungen vertrauende Abraham war Gott genau recht, der ideale Bundesgenosse. Darum sprach er ihm unter Verzicht auf das ihm zustehende Recht, Schuld anzurechnen (V. 6-8), feierlich gnädige Annahme zu. Dieser Grundentscheid ist es, der Abraham und das ihm verheißene Heilsvolk trägt. Selbstverständlich hat solches »Glauben« eine Menge mit weiteren Willensäußerungen Gottes zu tun. Aber wer immer den Willen Gottes will, muss zuerst und zuletzt ihn selber wollen. Bei jedem der Gebote gilt es, zum ersten Gebot durchzustoßen und Gott selbst über alle Dinge zu fürchten und zu lieben.[27] 3

Eine Verrechnung von menschlicher Gegenleistung ist dem Text von 1Mo 15,6 fremd. **Dem Werkenden aber wird nicht Lohn angerechnet nach (Weise) der Gnade, sondern nach Schuldigkeit.** Dann würde ja das Leistungskonto regieren, das steigt und steigt, bis es ablesbar die Summe »Gerechtigkeit« ergibt und quittiert werden kann. Aber hier herrscht dagegen Gnade, ganz nach Röm 3,24; 11,5f. 4

Also bleibt nur Glaubensgerechtigkeit übrig. **Dem aber nicht Werkenden, sondern Glaubenden an den, der den Gottlosen gerechtspricht, wird sein Glaube als Gerechtigkeit angerechnet.** Hier wird der Stammvater unausgesprochen unter die Gottlosen[28] eingereiht.[b] Vielleicht will Paulus damit auch auf dessen heidnische 5

[b] Röm 1,18 5,6; 11,26

27 Vgl. die ausführliche Auslegung dieses Verses zu Gal 3,6, in: Galater, WStB, S. 123ff.

28 Wörtlich ein »Ehrfurchtsloser«, was aber auf atl. Hintergrund zu schwach wirkt. Es fehlt nicht nur etwas an pietätvollem Benehmen, sondern es wird tatbetont und ganzheitlich gegen Gott gelebt. Dieser Mangel an Gemeinschaft mit Gott wird mit »gott-los« umschrieben. Gegensatz wäre »gotterfüllt«.

Herkunft hinweisen.[29] Jedenfalls fordert er die jüdische Abraham-Deutung unerhört heraus, ja brüskiert zunächst jedes übliche Rechtsempfinden.[c] Hier liegt ein Dilemma, das erst am Ende des Kapitels gelöst wird (vgl. auch zu 3,26), das man aber als ein solches empfinden sollte.

[c] 2Mo 23,7 1Kön 8,32 Jes 5,23

6-8 Ein weiterer Beleg für dieses göttliche Anrechnen jetzt aus dem zweiten Teil der Schrift: **Gleichwie auch David die Seligpreisung ausspricht über dem Menschen, dem Gott Gerechtigkeit anrechnet ohne Werke (Ps 32,1f): »Glückselig sind, denen die Ungesetzlichkeiten vergeben wurden und denen die Sünden zugedeckt wurden. Glückselig der Mann, dem der Herr die Sünde nimmermehr anrechnet.«** Dieses Psalmenzitat stellt sich durch sein letztes Wort »anrechnen« dem Vers aus Mose an die Seite und fasst etwas dort noch Unausgesprochenes, aber schon Mitgemeintes in klare Begriffe. Innerhalb der juristisch bestimmten Sprache der Rechtfertigungslehre erklingt damit die Rede vom Vergeben und Zudecken Gottes und vergegenwärtigt so die Fülle personhafter Liebe (vgl. 5,5; 8,35.37.39). Es herrscht keine Schmalspur: Die Gerechtigkeit verdrängt nicht die Liebe und die Liebe nicht die Gerechtigkeit. Gott ist Vater, auch wenn er Richter ist. Damit stimmt Paulus wieder mit den atl. Propheten überein.[30] Vergebung ist in solchen Zusammenhängen über Gewissensberuhigung im Einzelfall hinaus fundamentale Hilfe, ist heilsgeschichtlicher Einschnitt, der das Gottesverhältnis eines ganzen Volkes auf einen neuen Boden stellt. Auch die christliche Gemeinde ist wie für Jesus[d] so auch für Paulus eine Schuld- und Vergebungsgemeinschaft.

[d] Mt 6,12. 14f; 18,22. 23-35

b) In welchem Stande empfing Abraham die Gerechtigkeit durch Gott? (4,9-12)

9 Die Seligpreisung also, (geht) diese auf die Beschneidung oder auf die Unbeschnittenheit? Wir sagen doch: »Abraham wurde der Glaube zur Gerechtigkeit angerechnet.«
10 Wie also wurde er (ihm) angerechnet? (Als einem), der in der Beschneidung ist oder in der Unbeschnittenheit (»Vorhaut«)?

[29] Nach 5Mo 26,5 war er »ein umherirrender Aramäer« (vgl. Hes 16,3). Von ihm und seiner Sippe wird Jos 24,2 gesagt: »und dienten anderen Göttern«. Bei ihrem Herkunftsort Ur handelte es sich nach den Ausgrabungen um ein damaliges Zentrum der Verehrung des Mondgottes Nanar (ähnlich Haran). Jüdische Stimmen aus dem 2. Jh. sagten dem Erzvater frühere Beschäftigung mit Astrologie nach (Bill III, S. 212f).

[30] Wo Jeremia die Darstellung der Heilszeit bündelt, spricht auch er zentral von Vergebung (31,31-34; 33,1-9; 36,3; 50,20), vgl. Jes 33,24; 59,20.

Nicht in der Beschneidung, sondern in der Unbeschnittenheit (»Vorhaut«).
11 **Auch ein Zeichen empfing er, (nämlich das) der Beschneidung, (und zwar) als Siegel der Glaubensgerechtigkeit, (die er empfangen hatte) in der Unbeschnittenheit, auf dass er ein Vater aller sei, die im (Stande der) Unbeschnittenheit glauben, damit auch ihnen die Gerechtigkeit (aus Glauben) angerechnet werde,**
12 **und (ebenso) ein Vater der Beschneidung, (d.h.) denen, die nicht bloß aus der Beschneidung sind, sondern auch im Einklang stehen mit den Fußstapfen des Glaubens unseres Vaters Abraham in (seiner) Unbeschnittenheit (»Vorhaut«).**

Weil Abraham und David den gleichen Gott hatten, erfuhren sie auch Vergleichbares. So kann Paulus hier 1Mo 15,6 und Ps 32,1f nebeneinander stellen. Aber durfte er diese Botschaft vom Heil für beschnittene Juden einfach zu den Unbeschnittenen, also den Heiden, hinaustragen? Nach rabbinischer Lehre vergibt Gott im Endgericht nur Beschnittenen (s. Anm. zu 2,3), so dass Leser des Paulus hier größte Schwierigkeiten bekommen mochten. Darum beginnt er eine neue Runde der Auslegung. Seiner geduldigen Art, immer wieder neu zu argumentieren, spürt man ab, dass er Menschen vor sich hat, die erst umlernen müssen.

9-10

Nach den Rabbinen geht die Seligpreisung der zitierten Psalmstelle nur auf Israel. Doch Paulus hält den Zusammenhang mit der Stelle über Abraham fest. **Die Seligpreisung also, (geht) diese auf die Beschneidung oder auf die Unbeschnittenheit? Wir sagen doch: »Abraham wurde der Glaube zur Gerechtigkeit angerechnet.«** Man bedenke doch nur die Biographie Abrahams: **Wie also wurde er (ihm) angerechnet? (Als einem), der in der Beschneidung ist oder in der Unbeschnittenheit (»Vorhaut«)?** Auch nach rabbinischer Berechnung erfolgte seine Beschneidung (1Mo 17,11) 29 Jahre nach der göttlichen Gerechterklärung 1Mo 15,6.[31] Dennoch muss es für die Juden bei ihrer Dogmatik schwer anzuhören gewesen sein, wie trocken Paulus diesen Umstand ausspricht: **Nicht in der Beschneidung, sondern in der Unbeschnittenheit (»Vorhaut«).** Das bedeutete ja nicht weniger, als dass Gott Abraham angenommen hatte, als dieser noch nicht Jude war.

11a

Wie verhielt sich dann die spätere Beschneidung Abrahams zu seiner Glaubensgerechtigkeit? **Auch ein Zeichen empfing er, (nämlich das) der Beschneidung, (und zwar) als Siegel der Glau-**

[31] Bill III, S. 203

bensgerechtigkeit, (die er empfangen hatte) in der Unbeschnittenheit. Schon in 3,1 beschäftigte die Beschneidung, aber nur als Ersatzausdruck für das Judesein. Hier dagegen zielt Paulus auf das körperliche Merkmal selbst, auf diesen operativen Eingriff am Geschlechtsteil des Mannes. Welche Rolle spielte er für den längst mit Gott verbundenen Abraham? Gott schenkte ihm damit ein Zeichen. Zu betonen ist: ihm persönlich! Weil es sich um ein Zeichen im Intimbereich handelte, eignete es sich nicht für ein Bekenntnismerkmal vor den Augen von Fremden, sondern war Bestätigung für ihn selbst und seine Familie. Die Beschneidung war für ihn Siegel[32] der Glaubensgerechtigkeit. Gott vergewisserte ihn auf diese Weise, dass er ihn erwählt und wahrhaftig aus Heidentum und Gottlosigkeit (V. 5) in seine Gemeinschaft geholt habe. Damit bewirkte sie nicht sein Gerechtsein vor Gott, sondern setzte es gerade voraus. Die Handlung hat also ihre Bedeutung, nicht aber Heilsbedeutung.

11b-12 Gott hat Abraham so geführt, damit er Urbild für eine universale Heilsgemeinde werde. Statt mit »zuerst die Juden« beginnt Paulus diesmal mit den Heiden, weil er hier der zeitlichen Reihenfolge im Leben Abrahams folgt: **Auf dass er ein Vater aller sei, die im (Stande der) Unbeschnittenheit glauben, damit auch ihnen die Gerechtigkeit (aus Glauben) angerechnet werde.** Die ersten Jahre lebte er seine Glaubensgerechtigkeit im Stande der Unbeschnittenheit, dann aber auch als Beschnittener, so dass er **(sei ebenso) ein Vater der Beschneidung,** und das wiederum im Glauben: **(d.h.) denen, die nicht bloß aus der Beschneidung sind, sondern auch im Einklang stehen mit den Fußstapfen des Glaubens unseres Vaters Abraham in (seiner) Unbeschnittenheit (»Vorhaut«).** Die gleichmäßige Hervorhebung des Glaubens erinnert an 11,23: Juden können wieder in den Ölbaum, der aus der Wurzel Abraham erwächst, eingepfropft werden, »insofern sie nicht im Unglauben bleiben«. Wer bloß beschnitten ist, ist nicht das, was Abraham war, und hat dessen Segen noch nicht empfangen. Es genügt nicht,

32 Ein Siegel ist ein Gerät, mit dem ein Namenszug oder Symbol auf eine Fläche gestempelt werden konnte, oder auch der Abdruck selbst. Der Abdruck war Eigentums- und Schutzzeichen, er kennzeichnete das Objekt als Hoheitsgebiet des Siegelführenden. Auch Menschen konnten gesiegelt werden, allerdings an einem gut sichtbaren Körperteil (z.B. Hes 9,4; Offb 7,3; 22,4). Das »Siegel« kann also im Zusammenhang der Beschneidung nur gleichnishaft verwendet werden, und die Auslegung dieses Bildwortes muss sich in die Zusammenhänge einfügen. »Versiegelung« kehrt auch im NT wieder, und zwar mit diesen näheren Bestimmungen: »als ihr gläubig wurdet«, »in unsern Herzen«, durch die »Gabe des Geistes als Unterpfand«, »durch den Heiligen Geist« (2Kor 1,22; Eph 1,13; 4,30). Das NT verwendet »Siegel« also nicht als einen zur Wassertaufe gehörenden Ausdruck. Das geschah eindeutig erst fast hundert Jahre später in der Schrift »Hirt des Hermas«, danach aber zunehmend (Fitzer, ThWNT VII, S. 952f).

Abraham nur als »Stammvater nach dem Fleisch« (4,1) zu haben. Der natürliche Bestand des Volkes deckt sich nicht mit dem Segensvolk. Das hat Paulus schon 2,28-29 angedeutet und wird es 9,6-13 breit ausführen. Entscheidend ist Abrahams Glaube, nicht Beschneidung, noch weniger das Unbeschnittensein.[a]

[a] Gal 5,6 6,15 1Kor 7,19

c) Welche Sicherheit besaß Abraham bezüglich der Verheißung Gottes? (4,13-17a)

13 Nicht nämlich durch das Gesetz (ist) die Verheißung dem
Abraham oder seinem Samen (zuteil geworden), dass er Erbe
der Welt sein sollte, sondern durch Glaubensgerechtigkeit.
14 Wenn nämlich die aus dem Gesetz Erben (sind), ist der Glau-
be entleert und die Verheißung außer Kraft gesetzt.
15 Denn das Gesetz bewirkt Zorn. Wo aber nicht Gesetz existiert,
(gibt es) auch nicht Übertretung.
16 Deswegen (gilt): »aus Glauben«, damit (gilt): »aus Gnaden«,
auf dass die Verheißung gesichert sei dem gesamten Samen,
nicht allein dem (Samen) aus dem Gesetz, sondern auch dem
(Samen) aus dem Glauben Abrahams, der unser aller Vater ist,
17a wie geschrieben ist (1Mo 17,5): »Zum Vater vieler Völker habe
ich dich gesetzt.«

Das Abraham-Kapitel geht seinem Höhepunkt entgegen, erkennbar an der Einführung des Wortes »Verheißung« (V. 13.14. 16.20; im Abraham-Kapitel Gal 3 achtmal). Zwar taucht »Verheißung« nie in den atl. Abraham-Geschichten auf, wohl aber die Sache, und zwar mit höchster Wichtigkeit. Die Erwählung Abrahams diente nicht einem Selbstzweck. Vielmehr lag in ihr eine vorwärts drängende Dynamik. Dementsprechend sind die betreffenden atl. Abschnitte regelmäßig mit weit reichenden Zusagen Gottes verknüpft. Sie setzten den Erwählten in ein Verhältnis zum Rest der Welt, und zwar zu ihrem zukünftigen Heil. Der Gesegnete sollte – über seine Nachkommen oder den einen Nachkommen (Gal 3,16!) – ein weltweit Segnender werden. Diese Zusicherungen Gottes fasst Paulus in den Begriff »Verheißung«. Christus war zwar das Ende des Mosegesetzes (10,4), aber keineswegs dieser Abraham-Verheißung (15,8). Auch das Judentum bewegte im Zusammenhang mit Abraham die Dimension der Zukunft, indem es von ihm als dem »Welterben« sprach (vgl. V. 13). Anlass und Garantie für diese großartigen Zusagen Gottes sei aber seine tadellose Gesetzesbefolgung gewesen. Mit dieser abwegigen Sicht konnte Paulus auch seitens der christlichen Judaisten rechnen.

13 Es ist nach dem Bibeltext verfehlt, die Verheißung an Abraham, **Erbe der Welt** zu sein, überhaupt mit der mosaischen Gesetzgebung zu verbinden. **Nicht nämlich durch das Gesetz (wurde) die Verheißung dem Abraham oder seinem Samen (zuteil).** Es kommt hinzu, dass das Judentum dies »Erbe« ganz eigen füllte. Danach sollte Israel einmal die Herrschaft über die Völker der Erde ausüben.[33] Worin dagegen Paulus das Erbe oder den Segen Abrahams verwirklicht sah, sagt er etwa Gal 3,14 oder 29: in der Ausgießung des Heiligen Geistes im Rahmen des Missionsprozesses und der Entstehung von Christusgemeinden in allen Völkern. Diese Gabe aber wird nicht anders zuteil als **durch Glaubensgerechtigkeit** – ganz im Gefolge Abrahams.

14 Paulus stellt sich für einen Augenblick vor, die Verheißung wäre abhängig von des Menschen Beobachtung gesetzlicher Vorschriften. **Wenn nämlich die, (die) aus dem Gesetz (ihre Zuversicht schöpfen), Erben (sind), ist der Glaube entleert und die Verheißung außer Kraft gesetzt.** In diesem Fall wäre die Verheißung genauso schwach wie die Kraft des Menschen, und wer sich an sie hinge, griffe ins Leere.

15 Was sind demnach die Möglichkeiten des Gesetzes? **Denn das Gesetz bewirkt Zorn.** Die Praxis zeigt, dass ein ganzer Wald von Paragraphen das Herz des Sünders in seinem bisherigen Zustand belässt. So scharf sie auch zum Einsatz gebracht werden, ist das tatsächliche Ergebnis niemals Gerechtigkeit, vielmehr zeigt sich die Schuldverfallenheit umso deutlicher. Die ohnehin vorhandene Sünde mausert sich[a], wird fassbar und anklagbar. Umgekehrt gilt: **Wo aber nicht Gesetz existiert, (gibt es) auch nicht** juristisch fassbare **Übertretung.** So führt das Gesetz nicht zum Vater, sondern zum zürnenden Richter.

[a] Röm 3,20; 5,13.20; 7,8; Gal 3,19

16-17a Soll die Verheißung wirksam werden, muss sie unbedingt in der Gnadenordnung gründen und Angelegenheit des Glaubens sein wie bei Abraham. **Deswegen (gilt): »aus Glauben«, damit (gilt): »aus Gnaden«.** Die beiden Begriffe können so ineinander geschoben werden, weil sie dieselbe Blickrichtung haben. Sie blicken gemeinsam auf das Christusgeschehen von 3,25-26. Auf diesen Christus bezieht sich vom Menschen her der »Glaube«, von Gott her die »Gnade«. Beim Wort »Gnade« (*charis*) hatten die Leser des Griechischen sicher auch die sprachliche Herkunft im Ohr: *chara*, das »Sichfreuen«. Gnade ist also eine Erfahrung, die durch ihre Erfreulichkeit gekennzeichnet ist. Für sie gibt es nämlich beim Empfänger weder Voraussetzung noch Vorbereitung noch Erwartung. Sie

[33] Bill III, S. 209; IV, S. 880f

kommt über einen als reines Geschenk.[b] Überraschend strömt sie aus der Welt Gottes ein, als Schöpfung von oben (V. 17).

[b] Röm 3,24 5,15.17

Damit ist sonnenklar, dass sie »ohne das Gesetz« ergeht (3,21), ja in einer gewissen Spannung zu ihm steht[c], denn das Gesetz arbeitet ja ausdrücklich auf der Ebene des menschlichen Sollens, Wollens und Tuns (Gal 3,12). Wenn der Gnade überhaupt etwas beim Menschen entspricht, dann das »allein aus Glauben« von 3,28. Darum wird die Verheißung nur dort rechtskräftig, wo Glaube gilt und Gnade herrscht: **auf dass die Verheißung gesichert sei dem gesamten Samen, nicht allein dem (Samen) aus dem Gesetz, sondern auch dem (Samen) aus dem Glauben Abrahams, der unser aller Vater ist.** Hier ist das Missverständnis möglich, Paulus stelle in diesem Vers gesetzliche Juden und christusgläubige Heiden als Abrahams Kinder zusammen (»aus dem Gesetz – aus dem Glauben«). Aber nach dem Versanfang setzt er für alle im Folgenden Genannten Glauben voraus. Darum charakterisiert »aus dem Gesetz« in diesem Fall, im Unterschied zu V. 14, nicht gesetzliches Wesen, sondern bezeichnet einfach Glaubende jüdischer Herkunft. Auch sie stehen jetzt – über Abstammung »nach dem Fleisch« hinaus – in einem geistlichen (!) Verhältnis zu Abraham und können ihn zusammen mit den gläubigen Heiden einmütig »unser aller Vater« nennen. Ein Beleg aus der Schrift rundet wieder den Gedankengang ab. **Wie geschrieben ist (1Mo 17,5): »Zum Vater vieler Völker habe ich dich gesetzt.«**

[c] Gal 2,21 5,4 Röm 4,4 6,14f; 11,6

d) Wie sah der Vollzug des Glaubens bei Abraham aus? (4,17b-22)

17b (Diese Verheißung empfing er) im Angesicht Gottes, dem er glaubte (als an den), der die Toten lebendig macht und ruft (ins Dasein) das, was nicht ist, dass es sei.
18 Er hat gegen Hoffnung auf Hoffnung hin geglaubt, dass er ein Vater vieler Völker werde, nach dem Gesagten (1Mo 15,5): »So (zahlreich) wird dein Same (sein)«,
19 und nicht schwach werdend im Glauben, richtete er sein Augenmerk auf seinen eigenen Leib in seiner Abgestorbenheit, fast hundertjährig, und auf das Abgestorbensein des Mutterschoßes Saras.
20 Hinsichtlich der Verheißung Gottes zweifelte er nicht in Unglauben, sondern erstarkte im Glauben, Gott die Ehre gebend
21 und völlig gewiss, dass (Gott), was er verheißen hat, auch zu tun die Macht hat.
22 Darum auch wurde ihm (dieser sein Glaube) zur Gerechtigkeit gerechnet.

Nachdem Paulus in seinem Brief die Vokabelgruppe »glauben« bald 30-mal verwendet hat, bringt er endlich die Art und Weise eines solchen Glaubens in Großaufnahme. Die Stelle kann dieses christliche Standardwort vor einem nur floskelhaften Gebrauch bewahren. – Leser mit genauen Bibelkenntnissen könnten bei V. 19 Schwierigkeiten bekommen, wird der alte Abraham doch in 1Mo 16,1-4 und 25,1-6 als durchaus zeugungsfähig vorgestellt. Das zeigt, dass Paulus sich nicht immer der gesamten Überlieferung verpflichtet fühlte, sondern sie nur unter bestimmten Anliegen gezielt auswertete. In Gal 4,21-31 bezieht er z.B. die Ismaelgeschichte mit ein.

17b Paulus hebt am glaubenden Abraham hervor, dass er Gott ins Auge fasste und keinen Augenblick aus dem Auge ließ. **(Diese Verheißung empfing er) im Angesicht Gottes, dem er glaubte.** Die Stimme der Verheißung im Ohr, suchte er das Angesicht des Verheißenden.[34] Was er glaubt, führt ihn vor die Frage, wem er glaubt.

Der empfangene Eindruck von Gott kommt in zwei Ausdrücken zur Sprache, die Paulus als einem frommen Juden geläufig waren. Israel stand staunend vor Gott, **der die Toten lebendig macht.** Der übernächste Vers bringt als Beispiel, wie Gott dem biologisch »toten« Elternpaar den Isaak schenkte. Hebr 11,19 behandelt unter dem gleichen Gesichtspunkt ein anderes Beispiel, das Morija-Geschehen. Gott befahl Abraham, Isaak darzubringen. Wie sollte der Stammvater das verarbeiten: einerseits seinen Sohn und damit auch die Verheißung einer Nachkommenschaft opfern, andererseits doch an der Wahrhaftigkeit des Verheißenden festhalten! Zwingend ergab sich diese Lösung: Bei Gott ist der Tod eines Menschen nicht endgültig tödlich, immer ist Totenauferweckung einzurechnen. Damit begriff Abraham etwas, was für die Führungen Gottes typisch ist. »Gott prangt nicht mit dem, was schon da ist« (Luther). Immer wieder blitzte diese seine Art in der Geschichte seines Volkes auf[a], bis sie sich in Christus unüberbietbar, unübersehbar und unverlierbar kundtat (V. 24f). Damit zurück zum ersten Beispiel, das hier aktuell ist. Gott offenbart sich ähnlich auch schon vor dem Grab: Gott **ruft (ins Dasein) das, was nicht ist, dass es sei.** Ohne Einbeziehung vorhandener Faktoren macht Gott existent, was er will. So widerständig die Zustände auch sind, gehorchen sie ihm aufs Wort.[b] Es herrscht eine Mühelosigkeit wie bei der Schöpfung. »Gott kann«, heißt es auch V. 21 oder 11,23 und an

[a] 5Mo 32,39 1Sam 2,6 2Kor 1,9 3,6 Eph 2,1.5f 5,14 1Tim 6,13
[b] Mt 8,8-9

34 Die Stelle erinnert sprachlich und sachlich an die Worte, mit denen Gott in 1Mo 17,1 die Verheißung eines Nachkommen einleitet: »Ich bin der allmächtige Gott; wandle *in meinem Angesicht* (so LXX) und sei fromm.« Mit seiner Zusage schenkte Gott sich selbst. Dementsprechend greift auch der Glaube nicht nur nach der Zusage, sondern nimmt auch dieses Selbstangebot Gottes an.

ungezählten Stellen der Bibel.[35] Es drängt sich eine Linie auf. Was er *einmal* konnte, kann er auch zweimal. Der Schöpfer ist auch Neuschöpfer.[36]

Der glaubende Abraham lebte nicht in einer abgeschlossenen und in sich ruhenden Seelenverfassung, sondern zeigte sich hochgradig durch Hoffnung beseelt.[37] **Er hat gegen Hoffnung auf Hoffnung hin geglaubt, dass er ein Vater vieler Völker werde, nach dem (in 1Mo 17,5) Gesagten: So (zahlreich) wird dein Same (sein).** Die Fortsetzung macht anschaulich, wie Abraham seinen Glauben gegen seine tatsächliche Lage behaupten musste. Er war »gegen Hoffnung«, also hoffnungswidrig hoffnungsvoll. Dass Hoffnung Wesenselement des Glaubens ist, zeigt der Römerbrief immer wieder[c]. 18

[c] Röm 5,2.4f 8,20.24f 12,12 15,4.13

Die Geschichte Abrahams zeigt aber auch, dass Glaubende im Stande der Anfechtung leben. **Nicht schwach werdend im Glauben** an den Totenauferwecker, **richtete er sein Augenmerk auf seinen eigenen Leib in seiner Abgestorbenheit, fast hundertjährig, und auf das Abgestorbensein des Mutterschoßes Saras.** Kaum will Paulus sagen, dass Abraham nie Glaubensschwäche zeigte, vielmehr dass er sie überwand. Doch wie? Nach der alten LÜ dadurch, dass er seinen und Saras greisenhaften Körperzustand[38] »*nicht* ansah«. Um glauben zu können, hätte er dann mit geschlossenen Augen leben müssen. Nach den uns heute zugänglichen besseren Handschriften schwingt sich der Glaube aber gerade nicht über die Weltwirklichkeit hinaus, sondern nimmt sie in den Blick, wie sie ist. Erst Illusionslosigkeit über seine innerweltliche Lage macht den Glauben an Gott tief und wahr. 19-21

Dabei gehörte Abraham nicht zu jenen, die grundsätzlich ein abenteuerliches Leben lockt und das Wagnis des Unmöglichen reizt. Sein Glaube war nicht Willkür, sondern hatte realen Anhalt: **Hinsichtlich der Verheißung Gottes zweifelte er nicht in Unglau-**

[35] Auch die urchristliche Mission erlebte in Form von Bekehrungen dieses Erschaffen Gottes aus dem Nichts und das Erstehen göttlichen Lebens aufs Wort, so dass sich diese Redeweise auch in der Missionssprache ansiedelte (z.B. Röm 9,25-26; 10,19; 2Kor 4,6; 5,17; Gal 6,15; Eph 2,10.15; 4,24).

[36] Hier ist wieder die Nähe zu Jes 40-66 zu empfinden. »Denn die Achse, um die sich Jesajas ganze Verkündigung dreht, ist das Wissen um die Wirklichkeit des schöpferischen Jahwewortes« (Dieter Schneider, S. 115). Immer wieder werden Schöpfung und Neuschöpfung verbunden, z.B. 40,21.25f.28; 45,6f.18; 48,13. Diese Einzigartigkeit des Erlösers führt die Erbärmlichkeit der Götzen vor.

[37] Die gesamte Darstellung der atl. Glaubensmenschen in Hebr 11 ist von dieser Sicht beherrscht: V. 1.6. 7.10.13.14-16.27.39f.

[38] Der bildliche Ausdruck »erstorbener Leib« berührt sich mit »sterblicher Leib« in 6,12; 8,10.11, wenn dort auch an einen anderen Sachverhalt gedacht ist. Immerhin besteht ein typologischer Zusammenhang, der zu 8,11.26 fruchtbar zu machen ist.

ben. Ihre Glaubwürdigkeit blieb ihm Wirklichkeit Nr. 1: **sondern er erstarkte im Glauben.**

Schon die Entstehung des Glaubens beginnt nach 10,17 nicht mit einem menschlichen Kraftakt. Nicht der Mensch wirft mit aller Gewalt ein Seil in den Himmel, bis es festhakt, sondern Gott kommt in einem Gnadenakt zum Menschen und »bändelt« an. Von Gott genötigt, erfasst und umfasst, kommt es zum menschlichen Glauben. Nicht anders geht es bei jedem Erstarken des Glaubens in der Anfechtung: Gottes starke Hand ist da![d] Zwei Partizipien beschreiben ein drittes Merkmal. Der Glaube **gibt Gott die Ehre**. Er beteiligt sich nicht mehr an der Ursünde, nämlich dem Raub an der Ehre Gottes zugunsten des Selbstruhms[e]. Er lässt Gott Gott sein, **völlig gewiss, dass (Gott), was er verheißen hat, auch zu tun die Macht hat.** Gott ist für ihn *ganz*, nämlich ganz Gott, ohne einen Zwiespalt[f] zwischen dem, was er sagt, und dem, was er kann. Wir Menschen sind zerrüttet, vielfach gespalten. Reden, Wollen und Können fallen bei uns auseinander.

[d] Phil 4,13 2Thess 3,3 1Tim 1,12 2Tim 4,17 Apg 9,22 2Kor 12,9-11 Eph 6,10 2Tim 2,1

[e] Röm 1,21.23.25 2,23; 3,27

[f] 5Mo 32,3 Ps 18,3 Jes 26,4

22 Paulus kehrt bestätigend zu V. 3 zurück und beendet seine Abraham-Exegese: **Darum auch wurde ihm (dieser sein Glaube) zur Gerechtigkeit gerechnet.** Wer Gott Gott sein lässt, den lässt Gott auch Mensch sein: Du bist mir recht – recht zum ewigen Beisammensein und Zusammenwirken! Hier gilt es, jedes Wort zu wiegen: du – mir! Auf der einen Seite »Erde und Asche« (1Mo 18,27), auf der anderen der Schöpfer aller Dinge. Aber der Gottferne und Gottlose (V. 5) wird gottfähig. Gnade (V. 4) nimmt menschliche Unmöglichkeiten als Material in ihre Hand, Totenauferweckung findet statt.

e) Worin besteht die Urbildlichkeit des Glaubens Abrahams für Christen? (4,23-25)

23 Nicht aber allein seinetwegen ist geschrieben: »Es wurde ihm angerechnet«,
24 sondern auch unsretwegen, denen es künftig (als Gerechtigkeit) angerechnet werden soll als solchen, die glauben an den Auferwecker unseres Herrn Jesus von den Toten,
25 welcher dahingegeben wurde wegen unserer Übertretungen und auferweckt wurde wegen unserer Gerechtsprechung.

Die Frage, wie Abraham glaubte, glitt im letzten Abschnitt unversehens zu den Fragen hinüber, wem er glaubte und was er glaubte. Diese werden jetzt vorrangig. Der Kern unserer Gemeinsamkeit mit dem »Vater aller Glaubenden« wird aufgedeckt.

Die eigentliche Zielgruppe dessen, was über den Urvater Abra- 23-24a
ham geschrieben steht, ist die christliche Gemeinde. **Nicht aber allein seinetwegen ist geschrieben: »Es wurde ihm angerechnet«, sondern auch unsretwegen.** Schon 1,2 lasen wird vom AT als Verheißungsliteratur.[a] Was es bezeugt, ist im Grunde »Typus des Kommenden« (5,14). Das verschafft ihm über Jahrtausende hinweg eine unmittelbare Nähe zu denen, auf die »das Ende der Zeit gekommen ist« (1Kor 10,11). Man könnte von einer nur hauchdünnen Wand zwischen jenem Anfang und der Endzeitgemeinde sprechen. Im Anblick der Glaubensgerechtigkeit Abrahams begreift sie ihren eigenen Pflanzboden, aus dem heraus sie selber lebt. Das Bewusstsein dieser heilsgeschichtlichen Tiefe macht sie stark und krisenfest wie kein individualistisches Erlebnischristentum. Jenes Schriftwort betrifft also die Christen, **denen es künftig (als Gerechtigkeit) angerechnet werden soll als solchen, die glauben.** Grammatikalisch spricht Paulus hier in der Form der Zukunft, weil er sich in den Zeitpunkt versetzt, als die Verheißung erging. Aber solche Gerechtsprechung gehört schon zum »Jetzt«.[b]

[a] Röm 15,4 1Kor 9,10 10,6.11

[b] Röm 3,21-26 8,30 1Kor 6,11

Allerdings gibt es zwischen Abraham und dem christlichen Glau- 24b
ben nicht nur Übereinstimmung, sondern auch Steigerung. Christen glauben wie Abraham an den Totenauferwecker (V. 17b)[39], aber – und das geht weit über das hinaus, was Abraham widerfuhr – **an den Auferwecker unseres Herrn Jesus von den Toten.** Im christlich-jüdischen Gespräch besteht der eigentliche Beitrag von christlicher Seite in dem Zeugnis, dass Gott den gekreuzigten Jesus von Nazareth nicht nur lebendig[40], sondern auch zum Herrn gemacht hat (s. zu 1,4). Nach 14,9 ist dieses Herrsein Jesu die Zusammenfassung all dessen, was Karfreitag und Ostern bedeuten können.

Ein sorgfältig geformter ebenmäßiger Spruch über diesen Herrn 25
bündelt zum Schluss den ganzen Briefabschnitt ab 3,21.[41] In Form eines Bekenntnisses, das von allen Gemeinden getragen wird, holt Paulus zunächst noch einmal die grundlegende Botschaft vom Sühnetod Jesu aus 3,25 wieder herein: **welcher dahingegeben wurde wegen unserer Übertretungen**. Diese Gottestat ist ihm auch in den weiteren Ausführungen immer als Basis gegenwärtig (etwa 5,9-10; 6,10; 8,3.32-34). Dann jedoch führt hier der Zusammenhang mit V. 17b speziell auf die Ostertat, die in 3,24-25 noch fehlte: **und**

[39] Hier wie schon in V. 17b und ebenfalls 8,11; 2Kor 4,14; Gal 1,1; Eph 1,20; Kol 2,12; 1Petr 1,21 findet sich das Partizip von »auferwecken« für Gott, d.h. dieses Tun ist seine feste, kennzeichnende Eigenschaft, die für ihn zum regelrechten Beinamen wird.

[40] Das allein würde ihn nicht von Lazarus oder vom Jüngling zu Nain unterscheiden! Totenauferweckung an sich ist für einen schriftgelehrten Juden auch nicht unglaubhaft.

[41] Der Satz schließt sich deutlich, wenn auch in freier Form an Jes 53 an (nach LXX), bis hin zu wörtlichen Bruchstücken aus V. 4-6.11-12.

auferweckt wurde wegen unserer Gerechtsprechung. Für das »wegen« sowohl im Vordersatz als auch im Nachsatz dieses Verses sind unterschiedliche Auslegungen möglich.

a) Die Präposition »wegen« (*dia* mit dem Akkusativ) könnte beide Male kausalen (begründenden) Sinn haben. Dann ergibt sich für die beiden Taten Gottes diese Zuordnung: Christus starb an unserer Stelle, »wegen« unserer Sünden. Damit stellte er unsere Gerechtigkeit wieder her, etwa im Sinne von 5,9: »Wir sind gerecht geworden durch sein Blut.« Unter dieser Voraussetzung, also »wegen« unserer vollkommenen Gerechtigkeit, hat Gott dann durch ein zweites Tun geantwortet, indem er Jesus aus dem Tode erweckte. Die Auferweckung war so gesehen das strahlende Ja und Amen Gottes zum bereits am Kreuz vollbrachten Werk (Joh 19,30). Sie machte es unbezweifelbar. Ostern ist der Zweifelbrecher (1Kor 15,17); keine negative Erfahrung kommt mehr dagegen an.

b) Man kann allerdings auch die sprachliche Möglichkeit nutzen, dass dies »wegen« gelegentlich einen finalen Sinn (Zweckangabe) bezeichnen kann. In diesem Fall belässt man zwar dem Vordersatz den kausalen Sinn wie oben, begreift aber die Fortsetzung final und umschreibt: Christus wurde »in der Absicht« unserer Gerechtsprechung, der Herstellung und Bewährung unserer Gerechtigkeit auferweckt. So gesehen war die Ostertat Gottes nicht nur eine rückwärts gewandte Bestätigung der vollkommenen Sühne, Gott ließ es nicht nur bei einer Bereinigung der Vergangenheit bewenden, stellte nicht nur den Nullpunkt wieder her, sondern zielt ihrerseits auf ein »noch mehr«.[c] Sie ist vorwärts gewandter Durchbruch zur Neuheit eines Lebens für Gott (5,2; 6,4b.10f). Christus ist erhöht, um die Versöhnten auch in alle Zukunft »durch sein Leben« zu retten (5,10). Sein ununterbrochenes Gerechtsprechen (8,34; Hebr 7,25) »führt ins Leben« (5,18). Die hier angegebenen Parallelstellen zeigen, wie stark diese Gedanken den nächsten Briefabschnitt beschäftigen werden.

[c] Röm 5,9.10 8,34

Man sollte sich beide Auslegungen zum Besten dienen lassen. Letztendlich sind Karfreitag und Ostern so eng miteinander verschlungen, dass jede begriffliche Gegenüberstellung mit Vorbehalt zu erfolgen hat.

Abschnitt C

DER IM GLAUBEN GERECHTE WIRD LEBEN! (5,1-8,39)

Der letzte Briefabschnitt klang in 4,25 mit den Worten aus: »unsere Gerechtsprechung«. 5,1 beginnt: »nunmehr gerechtgesprochen«. Noch enger kann eine Anknüpfung nicht sein. Insofern versteht man Ausleger, die Kap. 5 noch zu 3,21-4,25 schlagen (z.B. Wilckens). Und doch ist da eine Auffälligkeit, die m.E. zwingend dafür spricht, hier einen Themenwechsel und den Beginn eines neuen Hauptabschnitts zuzugeben. Der Wechsel spiegelt sich in einer auffallenden Auswechslung des Vokabulars wider. Sogar das bisherige Kernwort »Glaube, glauben« verschwindet.[1] Dafür tauchen Begriffe auf wie »Friede«, »Gnade«, »Hoffnung«, »Liebe«, »Geist«, »Versöhnung«, »Rettung«, »Leben«, die vorher fehlten oder fast fehlten. Besonders zu beachten ist »Leben, leben«. Bisher erschien dieser Begriff lediglich einmal in 2,7, dagegen jetzt in 5,10.17.18.21; 6,2.4.8.10.11.13.22.23; 7,1.2.3.9.10; 8,2.6.10.12.13.38. Paulus haftet eben nicht allein am punktuellen Vorgang der Rechtfertigung des Sünders. Wenn er in seinem Programmvers 1,16f Hab 2,4 heranzog: »Der Gerechte aber wird *leben*«, war das für ihn kein Anhängsel. Nicht nur knappes Überleben gewährt das Evangelium, es ist auch vollauf Leben schaffend.[2] Es befähigt, die Wirklichkeit zu bestehen. Eben dies spiegelt sich auch in den oben aufgeführten neuen Stichworten wider. Daher die Überschrift für den neuen Hauptabschnitt.

1. Das Rühmen der Gemeinde gerechtgesprochener Sünder (5,1-11)

1 Nunmehr gerechtgesprochen aus Glauben, haben wir Frieden mit Gott durch unsern Herrn Jesus Christus,
2 durch den wir auch Zugang haben – im Glauben! – zu der Gnade, in der wir stehen, und rühmen uns der Hoffnung der Herrlichkeit Gottes.
3 Aber nicht allein (das), sondern wir rühmen uns auch der Bedrängnisse, wissend, dass Bedrängnis Standhaftigkeit bewirkt,

[1] Ab jetzt fehlt diese Wortgruppe bis 8,39 mit Ausnahme von 6,8 völlig! Lediglich in den beiden ersten Versen 5,1-2 versichert Paulus noch einmal, dass der Glaube selbstredend für alles Folgende Basis bleibt.

[2] In 5,17.18.21; 8,10 verbindet sich »Gerechtigkeit« ausdrücklich mit »Leben«.

4 **die Standhaftigkeit aber Bewährung, die Bewährung aber Hoffnung.**
5 **Die Hoffnung aber lässt nicht zuschanden werden, denn die Liebe Gottes ist ausgegossen in unseren Herzen durch den Heiligen Geist, der uns gegeben ist.**
6 **Schon als wir Schwache waren – noch zu dem Zeitpunkt! – ist Christus nämlich für Gottlose gestorben.**
7 **Nicht leicht nämlich stirbt jemand für einen Gerechten, für das Gute nämlich wird einer vielleicht wagen zu sterben.**
8 **Gott (aber) bringt seine (ihm eigene) Liebe zu uns an den Tag (dadurch), dass, als wir noch Sünder waren, Christus für uns gestorben ist.**
9 **Folglich: Wie viel mehr werden wir als jetzt Gerechtgesprochene durch sein Blut durch ihn gerettet werden vor dem Zorn(gericht)!**
10 **Wenn wir nämlich als Feinde, die wir waren, versöhnt worden sind mit Gott durch den Tod seines Sohnes, wie viel mehr werden wir als Versöhnte gerettet werden durch sein Leben.**
11 **Nicht allein aber (aufgrund unserer Versöhnung am Kreuz werden wir im zukünftigen Gerichtszorn gerettet), sondern auch als sich Rühmende in Gott durch unsern Herrn Jesus Christus, durch den wir jetzt die Versöhnung empfingen.**

Der Ton der Auseinandersetzung weicht jetzt dem Wir-Ton, also gemeinschaftlichen Feststellungen. Die glaubende Gemeinde spricht. Sie legt hier ihr Grundbekenntnis ab, das dann für die folgenden vier Kapitel Stoff liefert. Es umkreist nicht mehr den rettenden Wendepunkt, sondern entfaltet dieses Heil ins Leben hinein, und zwar dreifach: vom bereits erlangten Gnadenstand über die gegenwärtigen Bedrängnisse bis hin zur erwarteten Vollendung. Das Schwergewicht rückt dabei sichtlich auf die Rettung im Endgericht, denn: Ende gut – alles gut! Tatsächlich hängt alles an der Frage: Wird unser Leben *insgesamt* gelingen? Erst die Antwort auf diese Frage macht unsere Gegenwart sinnvoll oder eben sinnlos. Die Zukunft qualifiziert unsere Gegenwart. Also: Können wir begründet hoffen? Oder biblisch ausgedrückt: Können wir uns »rühmen«? Dieser Begriff rahmt den ganzen Abschnitt (V. 2.3.11). Bisher wurde verfehltes Rühmen angesprochen (2,23; 3,23.27; 4,2). Jetzt ist wahres Lebensvertrauen zu bekunden.

1-2 Für den, der auf dem Rechtsgrund des Todes Christi glaubend Fuß fasste, entfaltet sich Heil. **Nunmehr gerechtgesprochen aus Glauben, haben wir Frieden mit Gott.** Bei »Friede«, biblisch gedacht, geht es immer ums Ganze und Umfassende. Der gerechtsprechende Gott tut nichts Halbes. Alles kommt in Ordnung.[3] Das erfahren wir nicht durch das, was *wir* sind und haben, sondern **durch[4] unsern Herrn Jesus Christus** als einen Raum der **Gnade, in dem wir stehen**. Dieser Raum ist nicht von allen Seiten lässig zu betreten, sondern hat einen bestimmten **Zugang,** wie z.B. einst der Tempelbezirk in Jerusalem. Dessen Tore trugen den Namen »Tore der Gerechtigkeit« (Ps 118,19-20; Jes 29,2); nur Gerechte durften nahen. So stockte der festliche Pilgerzug vor dem Tor und stellte sich der Überprüfung durch den Priester (Ps 15; 24). Nur wer als gerecht erfunden wurde, erhielt Einlass zum Raum göttlicher Gegenwart. Im Rahmen dieser Vorstellung sah die Urchristenheit auch ihre Gerechtsprechung durch Christus. Er führt hinein zu Gott[a], ja *ist*[b] in Person unser Zugang zum Stand[c] in der Gnade. Dass Christus hier als **Herr** bezeichnet wird, lenkt den Blick speziell auf den Erhöhten. Er war nicht nur unser Friede am Kreuz, sondern tritt auch gegenwärtig und bis hin ins Endgericht als unser Bürge vor Gott hin und bewahrt uns den Frieden Gottes (4,25; 8,34). Das alles gilt selbstverständlich **im Glauben**, wie Paulus in V. 1 und 2 noch einmal als unverlierbare Voraussetzung einschiebt.

[a] Eph 2,17-20 3,11-12 Hebr 2,10; 4,16 9,8-12 10,19-22
[b] Joh 14,6
[c] Röm 14,4 1Kor 10,12 Gal 5,4 1Petr 5,12 2Petr 3,17f

Jedem Menschen droht das Misslingen seines Lebens. Die Glaubenden aber erfüllt Zuversicht: **und rühmen uns der Hoffnung der Herrlichkeit Gottes.** Schon zu 3,27 wurde dargelegt, dass die Bibel solches Sich-Rühmen nicht einfach als Angeberei abtut. Es ist notwendiges Merkmal menschlichen Daseins. Nicht der geknickte, sondern der strahlende Mensch, der zu siegen weiß und einmal tatsächlich sieggekrönt dastehen soll (8,37), ist Gottes Ziel. Wie wird der Mensch Sieger? Er strahlt, wenn Gott strahlt. Wenn einmal »das Reich und die Kraft und die Herrlichkeit« endgültig Gottes sein wird, wird das auch die Mitverherrlichung aller sein, die in Christus sind (8,17.30; Phil 3,21).

Trotz des Satzes: »Der Gerechte wird leben«, gilt auch die Wahr- 3-5a
heit: »Der Gerechte muss viel leiden«[5] (Ps 34,20). **Aber nicht allein (das), sondern wir rühmen uns auch der Bedrängnisse.** Der Gerechte wird einer Welt der Ungerechtigkeit (1,18) immer wie ein Splitter im Fleisch stecken. Unvorstellbar, dass er ohne Widerspruch, Bedrohung und Angst bleibt. »Willst du Gottes Diener sein, schicke dich zur Anfechtung« (Sir 2,1). Druck von allen Seiten will

[3] Paulus berührt sich hier wieder mit Kernstellen des Jesaja: 45,7; 48,18.22; 52,7; 54,10; 57,18f. Der hebr. Begriff für »Friede« (*schalom*) enthält sprachlich »einsmachen«, »vervollständigen«, »zu einem unversehrten Ganzen machen«, zusammenbringen, was zusammengehört. In diesem Sinne wurde »Friede« urchristliches Leitwort, z.B. im Röm: 1,7; 8,6; 14,17.19; 15,13.33; 16,20.

[4] Dieses »durch Christus« findet sich bei Paulus 34-mal, hier z.B. noch in V. 2.9.10.11.

[5] Eine ausführliche Belehrung über die Leiden des Christen bringt 8,18-39.

seinen Glauben wieder eindrücken. »Bedrängnisse« ist an dieser Stelle summarisch zu verstehen. Es gibt sie von außen wie von innen, körperlich, seelisch und geistig, außerhalb und innerhalb der Gemeinde.[d] Erstaunlich nur, dass dies Heer von Übeln das Sich-Rühmen und Hoffen des Glaubenden nicht nur nicht verdüstert, sondern sogar steigern kann. Denn er rühmt sich nicht, *obwohl* er leidet, sondern gerade *weil* er leidet: **Wir wissen, dass Bedrängnis Standhaftigkeit bewirkt, die Standhaftigkeit aber Bewährung, die Bewährung aber Hoffnung.** Bedrängnisse, zusammengespannt mit dem Glauben (V. 1 und 2), rufen eine Kette positiver Wirkungen hervor. Wie man eine abwärts laufende Rolltreppe zum Hinauflaufen benutzen kann, so lässt sich Niederdrückendes in gegensätzlicher Richtung überwinden (8,28). Leiden für Christus geht einem plötzlich als Leiden mit Christus auf, als Geschenk engster Gemeinschaft mit ihm[e] und Markenzeichen für die Echtheit unserer Nachfolge. Das vermittelt vorher nicht gekannte Standhaftigkeit. Bestandene Proben aber ergeben Bewährung, was wiederum die Hoffnung auf Gottes Herrlichkeit[f] aktiviert. In Anlehnung an Psalmworte wie 22,6; 25,3.20 heißt es: **Die Hoffnung aber lässt nicht zuschanden werden.** Wie wenig Paulus jedoch mit verbissenen Durchhalteparolen arbeitet, zeigt der folgende Vers.

[d] Röm 8,35-39 1Kor 4,9-13 2Kor 4,8-10

[e] Mt 5,11f Apg 5,41 Phil 1,29 3,10 1Petr 4,13

[f] Röm 8,18 2Kor 12,9-10 Joh 16,2-4 1Petr 4,14 Jak 1,2-4.12; 5,11

5b Woher nehmen diese Bedrängten immer wieder ihre Frische? **Denn die Liebe Gottes ist ausgegossen in unseren Herzen.** Zwar müssen sie wie alle Menschen mit unbeantworteten Fragen leben, aber sie bleiben beim Rühmen, denn sie stehen gleichzeitig unter dem elementaren Eindruck des Geliebtseins bei Gott. Ohne immer zu verstehen, wissen sie aber, woran sie bei Gott sind.[g] Da ist ein »heller Schein der Erkenntnis der Herrlichkeit Gottes in dem Angesicht Jesu Christi« (2Kor 4,6) in ihr ehemals verfinstertes Herz (1,21) hereingebrochen: **durch den Heiligen Geist**. Dieser Geist ist das, was Gott selbst erfüllt und was ihn auch uns gegenüber beseelt. Indem er uns **gegeben** wird, teilt Gott uns seinen innersten Besitz mit, seine Liebe. Und zwar wurde sie ausgegossen, also schrankenlos gegeben.[6] Denen, die ihn anrufen, reicht er nicht nur den kleinen Finger, sondern seine ganze Hand. Er nimmt sie nicht nur zu einem »Schnupperkurs« an, sondern zu einem ewigen Bund (2Kor 1,22).

[g] 1Kor 1,9 15,42-44.57-58 Phil 1,6 1Thess 1,10

6 Bevor ab V. 9 das Rühmen der pneumatisch gesegneten Gemeinde weitergeht, schiebt Paulus eine lehrhafte Erläuterung zu dieser Liebe Gottes ein. Dazu durchstößt er die schöpfungsmäßige Ebene und zeigt ihren christologischen, ja staurologischen Tiefgang (von *stauros*, »Kreuz«).

[6] Gießen ist nicht Tröpfeln. Schon Joel 3,1, vgl. Apg 2,33, steht »ausgießen auf« für die Spendung nichtsparender, rückhaltloser Fülle. So dann auch ganz deutlich Tit 3,6 (»in reichem Maß«).

Zuerst sei uns der Zustand derer bewusst, für die Christus liebend sein Leben gab. **Schon als wir Schwache waren – noch zu dem Zeitpunkt! – ist Christus nämlich für Gottlose gestorben.** Das vorgezogene »schon«, durch einen Einschub noch einmal unterstrichen[7], hebt hervor, dass Jesu Passion auf Menschen in ihrem absoluten Schwächezustand stieß. **»Schwache«** bezieht sich dabei auf ihre **Gottlosigkeit** (s. Fußnote zu 4,5) und hat keinen mildernden Sinn wie in 14,1. Ihre sittliche Kraft und ihre menschliche Würde war gebrochen. Katastrophal an ihre Leidenschaften dahingegeben (1,24.26.28), waren sie unfähig zu einem Leben mit Gott.

Paulus sucht für die »Liebe des Christus« (8,35) irdische Verglei- 7
che. Freiwillig für andere sterben? **Nicht leicht nämlich stirbt jemand für einen Gerechten.** Weil man nur ein Leben hat, wird man sich diesen Einsatz schon überlegen. Stirbt jemand für eine als unbescholten verehrte Persönlichkeit? Ohne konkret zu werden, wechselt Paulus zu einem anderen Fall, den er sich schon eher vorstellen kann: **Für das Gute nämlich,** für eine gute Sache[8], **wird einer vielleicht wagen zu sterben.** Griechen und Römer verherrlichten z.B. den Soldatentod: »Es ist süß und ehrenvoll, fürs Vaterland zu sterben« (Horaz, 1. Jh. v.Chr.). Bei den Juden stand das Martyrium für die Religion der Väter in höchsten Ehren (2Makk 6,18-7,42). Hier sind verstehbare Motive erkennbar, werden aber durch das **vielleicht** eingeschränkt und beiseite gestellt.

Paulus bezeugt demgegenüber die Hingabe Christi durch Gott 8
als reines Wunder der Liebe. **Gott (aber) bringt seine (ihm eigene) Liebe zu uns an den Tag (dadurch), dass, als wir noch Sünder waren, Christus für uns gestorben ist.** Gottes Handeln mit Christus hebt sich von allem ab, was jemals in ein Menschenherz gekommen ist (1Kor 2,9). Am Kreuz geschah nicht höchste Steigerung des Heroischen, sondern tiefste Erniedrigung, Widersinn bis zum Skandal (Phil 2,8; 1Kor 1,18). Nie zu begreifende Liebe zu uns Sündern brach durch. Gott brachte sie frei an den Tag und bringt sie im Wort vom Kreuz immer wieder an den Tag (Präsens der Wandellosigkeit).

Immer schon, auch in atl. Zeit, war Gottes Wesen Liebe: »barmherzig und gnädig, geduldig und von großer Güte« (Ps 103,8). Für dieses Gottesbild benötigten wir also nicht erst das Neue Testa-

[7] Andere verstehen unter diesem »Zeitpunkt« den günstigen, von Gott bestimmten Termin (vgl. Gal 4,4), zu dem Christus sich opferte.

[8] Was hier veranlasst, das Wort *agathou* nicht maskulin, sondern neutrisch zu übersetzen, ist der Artikel davor. Übersetzt man trotzdem »für *den* Guten (Menschen)«, muss man den »Guten« über den vorgenannten »Gerechten« stellen – eine nicht ganz gewöhnliche Vorstellung. Allerdings gibt es im Talmud komplizierte Unterscheidungen über Gerechte, die nicht gut sind, und über Gute, die nicht gerecht sind (Bill III, S. 223).

ment. Das Neue am Neuen Testament besteht vielmehr darin, dass Gott nicht nur geliebt hat, sondern dass er *derartig* geliebt hat, dass er seinen Sohn gab (Joh 3,16). Seine Liebe fand jetzt einen Weg[9], den Höhenweg, den Königsweg. Es handelte sich um ein unwiderrufliches Sichverausgeben Gottes »für uns«.[10] Das ganze AT sehnte sich danach, das ganze NT verdankt sich ihm. Hier, in diesem stellvertretenden »für uns« (in V. 6-8 viermal!) meldet sich die Mitte der Schrift oder ihr »Geheimnis« (16,25).

9 Zurückkehrend zu V. 2-4 begründet Paulus noch einmal die christliche Hoffnung auf die endgültige Errettung. **Folglich: Wie viel mehr werden wir als jetzt Gerechtgesprochene durch sein Blut durch ihn gerettet werden vor dem Zorn(gericht)!** Paulus kann also die Liebe Gottes rückhaltlos preisen, ohne einen Gedanken daran, die Lehre vom allgemeinen Endgericht zu streichen (vgl. 2,16). Wer hier noch nicht mitgehen kann, muss noch einmal eine Schleife durch die bisherigen Kapitel drehen.

10 Paulus wiederholt den Ansatz von V. 9, reichert ihn aber an. **Wenn wir nämlich als Feinde, die wir waren, versöhnt worden sind mit Gott durch den Tod seines Sohnes, wie viel mehr werden wir als Versöhnte gerettet werden durch sein Leben.** Die bisherige Redeweise von verurteilten Sündern und ihrem gnädigen Freispruch (V. 8-9) bewegte sich in Vorstellungen aus dem Gerichtssaal. Wenn Paulus jetzt von Versöhnung spricht, verlässt er zwar nicht das Rechtsdenken, aber wechselt in den Bereich des Völkerrechts[11]: Staaten stellen ihre Feindseligkeiten ein, indem sie Friedensbedingungen aushandeln (Lk 14,31-32). Der Ton legt sich damit auf Heilung des Gemeinschaftsbruchs. Wir sind versöhnt worden mit Gott. Im Einzelnen ist 2Kor 5,18-21 zu beachten.[12]

9 Auch nach 1Kor 12,31 ist Liebe nicht eine seelische Temperatur, sondern ein ganz bestimmter Weg, der zur Problemlösung beschritten wird.

10 Das »für uns« im Röm: 4,25; 5,6.8; 8,3.32 und 14,15. Der atl. Hintergrund ist wieder Jes 53,4.5.10.12.

11 Anders »Versöhnung« in Mt 5,23-26 oder 1Kor 7,10-11, wo es um private Aussöhnung entzweiter Einzelpersonen geht.

12 Unmittelbar vor dem Röm hatte Paulus 2Kor 5 geschrieben. Dort fasst er eine von den Menschen verschuldete kosmische Störung ins Auge. Diese objektive Streitmasse zwischen Gott und Mensch nahm Gott selbst in Christus auf sich. Dort (V. 20) wie hier ist die Hingabe Jesu in den Sühnetod der feste Kern des Abschnitts. Das Ergebnis dieses einseitigen und darum beispiellosen Aktes ist eben »Versöhnung«. Gott schob sie »der Welt« wie einen Teppich unter die Füße. Damit ist jedermann Kandidat für wunderbar Neues und Großes (V. 17). Der Aufruf V. 20: »Lasst euch versöhnen mit Gott!« fordert nicht etwa zur Mitwirkung an der Versöhnung auf, sondern nur zum »Empfangen« des fertigen Geschenks im Gehorsam des Glaubens (hier V. 11). Nie im NT wird Gott Gegenstand versöhnenden Handelns (vgl. noch Eph 2,14-17 und Kol 1,19-22). An allen Stellen ist es seine ureigene Tat, die seinen Feinden als abgeschlossen (!) verkündigt wird. Lediglich der Empfang dieser Versöhnung gehört in das »jetzt« (5,10f).

Die Anreicherung gegenüber V. 9 zeigt sich schließlich auch darin, dass jetzt ähnlich 4,25 neben »durch den Tod seines Sohnes« das andere tritt: »durch sein Leben«. Beides – Todesmacht und Auferstehungskraft Jesu – wirkt zusammen. Durch seinen Tod ist das Entscheidende und Höchste gewonnen, aber gerade deswegen: um wie viel mehr[13] wird der Lebendige »alles schenken« (8,32), uns aus einer Not in die andere retten und dann auch einmal aus der letzten Not, dem Endgericht. Diese Liebe des Vaters unseres Herrn Jesus Christus kennt kein Erkalten, vielmehr nur Verlängerung bis ans Ende. So eindeutig Paulus das Endgericht bezeugt, stiftet er damit in der Gemeinde doch nicht eine Stimmung der Angst, sondern der Zuversicht, ja Freude.

Paulus bündelt das Rühmen der Gemeinde. **Nicht allein aber** 11
(werden wir aufgrund unserer Versöhnung am Kreuz im zukünftigen Gerichtszorn gerettet werden[14]), sondern auch als sich Rühmende in Gott durch unsern Herrn Jesus Christus, durch den wir jetzt die Versöhnung empfingen. Christliches Lebensvertrauen speist sich zweifach: aus Gottes »damals« (V. 6) und Gottes »jetzt« (V. 9.10). Gott war damals ganz groß *für* uns, als wir noch gegen ihn waren, aber auch das Jetzt der Versöhnten ist nicht etwa leeres Abwarten in leerem Raum, sondern voller geistlicher Erfahrung gegenwärtiger Gnade (V. 2).

2. Einer für alle! – bei Adam und weit übertrumpfend durch Christus (5,12-21)

12 **Deswegen: Wie durch einen Menschen die Sünde in die Welt hineingekommen ist und durch die Sünde der Tod und ebenso der Tod zu allen Menschen hindurchgekommen ist, weil sie alle gesündigt haben** – (Fortsetzung s. V. 18)
13 **Bis zum Gesetz war nämlich (die) Sünde (auch schon) in der Welt, Sünde aber wird nicht angerechnet, wenn ein Gesetz nicht da ist.**
14 **Dennoch herrschte der Tod (wie ein König) von Adam bis Mose auch über die, die nicht gesündigt hatten in Gleichartigkeit der Übertretung Adams, welcher Gegenbild ist des zukünftigen (Adam).**

[13] S. zu V. 15 (Anmerkung) und 17, ferner 8,34b.

[14] Der Gedankenfortschritt ist hier schwer zu erkennen. In V. 11 fehlt ein regierendes Verb. Meist wird das Partizip »rühmend« in einen Indikativ umgewandelt. Hier wird vorgeschlagen, den Text nicht zu verändern und das fehlende Verb aus dem Vorvers sinngemäß zu ergänzen (C. Breytenbach, S. 150-153).

15 **Aber nicht: Wie die Verfehlung, so die (Gnaden-)Gabe! Wenn nämlich durch die Verfehlung des einen die Vielen starben, um wie viel mehr wurde die Gnade Gottes und das Gnadengeschenk des einen Menschen Jesus Christus den Vielen in reichem Maß zuteil.**
16 **Auch nicht: Wie durch Einen, der gesündigt hat, so das Geschenk. Denn das Gerichtsurteil (führte) zwar von dem Einen zur Verdammnis (der Vielen), aber die (Gnaden)gabe führte von Vieler Übertretungen zur Gerechtsprechung.**
17 **Wenn nämlich durch Verfehlung des Einen der Tod zur (königlichen) Herrschaft gelangte, (eben) durch den Einen, um wie viel mehr werden die die Fülle der Gnade und (die Fülle) des Geschenks der Gerechtigkeit Empfangenden im Leben (königlich) herrschen durch Einen – Jesus Christus.**
18 **Folglich also (V. 12 wieder aufnehmend): Wie (es) durch Eines Verfehlung zur Verdammnis aller Menschen (kam/kommt/wird kommen), ebenso (kam/kommt/wird kommen) es durch Eines Rechtstat für alle Menschen zur Gerechtsprechung (mit der Folgewirkung) des Lebens.**
19 **Wie nämlich durch den Ungehorsam des einen Menschen die Vielen als Sünder festgestellt wurden, ebenso werden auch (im Endgericht) durch den Gehorsam des Einen die Vielen als Gerechte festgestellt.**
20 **(Das) Gesetz (des Mose) aber ist dazwischen hereingekommen, damit die Übertretung ihr Vollmaß erreiche. Wo aber die Verfehlung ihr Vollmaß erreichte, (da) wurde die Gnade überreichlich,**
21 **damit gleichwie die Sünde (königlich) herrschte durch den Tod, ebenso auch die Gnade (königlich) herrsche durch Gerechtigkeit zum ewigen Leben durch Jesus Christus, unseren Herrn.**

1. *Zur Weiterführung des Gedankens.* Schon wieder drängt sich dem Leser der Eindruck eines Stilwechsels auf. Das ständige »wir, uns, unser« von V. 1-11 ist verklungen (kehrt erst in der allerletzten Zeile zurück, V. 21). Die Erhobenheit des Bekennens weicht deutlich einer lehrhaften Einlage. Dennoch, ungeachtet der unterschiedlichen Formen, gehören die beiden Abschnitte inhaltlich eng zusammen, denn durch das in V. 12 groß vorangestellte »deswegen« knüpft Paulus ausdrücklich an den bisherigen Faden an. Der neue Abschnitt baut ausdrücklich auf dem Bisherigen auf. Aber in welchem Sinn? Gewöhnlich heißt es, die bisherige (angeblich) individuelle Betrachtungsweise sei für Paulus ein zwingender Grund gewesen, sie zu komplettieren. Sünde und Tod, die der Glaubende

durch Christus in seinem Leben überwunden weiß, seien ja zugleich universale, kosmische Mächte. Soll ihre Überwindung ernsthaft behauptet werden, müssen sie jetzt auch universal nachgewiesen werden. Darum habe Paulus sich gedrungen gefühlt, einen Abriss der Geschichte von Adams Sündenfall bis zur Vollendung durch Christus anzufügen.

Diese Auskunft befriedigt aber schon deswegen nicht, weil bereits der erste Abschnitt (V. 1-11) sachlich und zeitlich universal ausgerichtet ist; an der Versöhnung wird z.B. gerühmt, dass sie der ganzen gottfeindlichen Welt galt. Sie bestimmt sieghaft Vergangenheit, Gegenwart und Zukunft. Vor allem schildert V. 12ff gar keinen heilsgeschichtlichen Prozess, sondern den Zustand, in dem sich der Mensch seit Adams Fall schon immer befindet. Für eine Geschichtstheologie wäre das Dargebotene auch allzu lückenhaft. Es fehlen z.B. die Berufung Abrahams, die Errettung Israels aus Ägypten, der Bund mit David, die Prophetie des Neuen Bundes und so manches, was dem NT an der Heilsgeschichte wichtig ist.

Weiterhelfen kann hier die Beobachtung, dass der vorige Abschnitt in volltönende Christusverehrung ausmündet (»unser Herr Jesus Christus«, V. 11) und dass der neue Abschnitt dort auch wieder landet (»Jesus Christus, unser Herr«, V. 21). Alles innerhalb dieses Rahmens ist zentral Christuslehre, genauer: Lehre über seine Stellvertretung in seinem Tod. Dieser Punkt war ab V. 6 angerissen, in V. 7 im Vorbeigehen erläutert worden. Doch wurde dort auch die Unzufriedenheit des Apostels erkennbar. Die Vergleiche wollten ihm nur begrenzt gelingen, zerbrachen ihm als untauglich unter den Händen. Hier blieb also ein entscheidender Erklärungsbedarf. »Deswegen« – um hier eine Lücke zu füllen – jetzt dieser gewaltige christologische Abschnitt. Paulus lenkt auf die Tatsache hin, dass Stellvertretung eine Grundstruktur des Menschseins überhaupt darstellt. In herausragendem Sinn zeigt sich das an Adam. Was er tat, tat er für das ganze Menschengeschlecht, wenn es auch eine Stellvertretung im Bösen wurde. Aber das zehnmalige »einer – alle« in V. 12.15.16.17.18.19, ob nun im Guten oder Bösen, zeigt deutlich die Konzentration auf die Realität stellvertretenden Handelns. So erklärt sich das Interesse am Adam-Thema.[15]

2. *Allbeseligung?* Gerade diesen Text darf man nicht als Seiteneinsteiger lesen, also ohne die vorangegangenen Kapitel durchlaufen zu haben und ihre Ergebnisse in sich zu tragen. Wer unberührt oder

[15] Der Rückbezug auf die erste Kapitelhälfte ist dabei mit Händen zu greifen. Das viermalige Sterben »für« von V. 6-8 beschäftigt jetzt unermüdlich. Auch das alles in den Schatten stellende »um wie viel mehr« von V. 9 und 10 erscheint wieder in V. 15 und 17. Das Lob der unwahrscheinlichen Gnadenübermacht V. 20 nimmt wieder V. 2 auf.

doch ungerührt von allem Bisherigen herantritt, kann hier die wunderlichsten Lehren finden. Er findet z.B. in V. 15 denknotwendig die Aussage, dass die Gnade Gottes in Christus bereits zu jedem einzelnen Menschen übergeströmt sei (vollendete Vergangenheit!); jedermann ist im Grunde Christ, auch wenn er es noch nicht weiß. Oder nach V. 19 werden sämtliche Menschen, die durch Adam zu Sündern geworden sind, einmal als Gerechte dastehen. Nun hat Paulus vorher das ganze zweite Kapitel der Versicherung gewidmet, dass »nach meinem Evangelium« (2,16) niemand dem Endgericht entrinnen werde und jeder mit einer doppelten Möglichkeit seines Ausgangs zu rechnen habe (2,7-11). Es gibt bei Gott auch ein endgültiges Nein zu einem endgültigen Nein (vgl. Fußnote zu 2,11). Ferner hat er die Rettung gleich im Programmvers des Briefes 1,16-17 unüberhörbar mit dem Glauben verbunden. Im grundlegenden Briefteil 3,21-4,25 lasen wir in diesem Sinn etwa 25-mal »glauben, Glaube, aus Glauben, durch Glauben, mittels Glauben«. Wie oft hätte er es sagen müssen, bis wir es endlich und ein für alle Mal begreifen? Zu Beginn dieses Kapitels zog er diese Voraussetzung ausdrücklich auch in den neuen Briefabschnitt herüber (»aus Glauben, durch Glauben« in V. 1f). Das alles zusammen wollen wir beim Lesen dieses Abschnitts beherzigen. Wir haben nicht jene Kapitel durch diesen Abschnitt auszulöschen, also nicht Schrift durch Schrift zu vernichten, sondern Schrift durch Schrift zu erklären.

12a Um einen Vergleich zum stellvertretenden Handeln Christi zu ziehen, beginnt Paulus mit der bedeutungsschweren Rolle Adams für die Welt. **Deswegen: Wie durch einen Menschen die Sünde in die Welt hineingekommen ist.** Die Menschheit ist nicht eine Ansammlung isolierter Einzelwesen, sondern bildet einen Leib. Jedes seiner Glieder lebt in »Symbiose«, lebt zusammen mit den anderen Gliedern zu wechselseitigem Nutzen oder auch zum gegenseitigen Schaden.[16] In diesem allgemeinen Beziehungsgeflecht spielte Adam (V. 14 mit Namen genannt) eine besondere Rolle. Er war nicht ein besonders Schlimmer, aber der Erste.[a] Alle nach ihm würden sein »Bild« tragen.[b] Würde es ein Zerrbild sein? Er war gewissermaßen an der Tür zur Geschichte postiert, der Türöffner. Was würde er absperren, was hereinlassen? Durch ihn ist die Sünde in die Welt hineingekommen!

[a] 1Kor 15,20f. 45.47
[b] 1Mo 5,3 1Kor 15,49

Man unterscheide »Sünden« (Mehrzahl) für einzelne Tatsünden und »Sünde« (Einzahl, so hier sechsmal) für eine atmosphärische Macht. Von ihr spricht Paulus immer wieder hochdramatisch wie

16 Ausführlich zur Stellvertretung s. zu 3,25.

von einer Person (s. zu 3,9). Von der sündigen Tat Adams handelt Paulus erst ab V. 14.[17] Hier geht es um den Einlass jener Macht in unsere Welt. Er geschah mit Adam so, wie es immer wieder geschieht: Wer sündigt, also an einem bestimmten Punkt die Gemeinschaft mit Gott aufkündigt, wird im selben Augenblick von allen guten Geistern verlassen. Es geht nicht mehr weiter wie vorher, denn sein Lebensraum, nämlich die Welt[18], ist auf der Stelle einer negativen Macht ausgeliefert. Der Blick fällt hier sogleich auf ihr Gefolge: **und durch die Sünde der Tod.** Nicht an natürliches Sterben ist hier gedacht, sondern an Tod als Unnatur, als ganzheitliche Trennung vom Leben. Sündigen macht nicht nur sterblich, sondern vor allem verdammlich, selbst bei lebendigem Leibe. Sogar auf der höchsten Vitalität liegt jetzt der Grauschleier des Nichtigen und Vergeblichen.

12b In immer neuen Wiederholungen gleichen sich jetzt die Vorgänge in der adamitischen Welt mit denen bei Adam. **Und ebenso ist der Tod zu allen Menschen hindurchgekommen.** Dieses »Hindurchkommen zu allen« wirft die Frage nach dem Wie auf. Die Kirchenväter antworteten: Das geschah naturhaft, auf dem Wege des Erbgangs mittels Zeugung. Der Text verrät aber nichts von einer sündigen Substanz in Adam[19], die durch immer neue Zellteilung weitergereicht wurde.[20] Vielmehr gleichen Sünde und Tod einem erobernden König[c] (6,23: Söldnerführer), der ein Land durchdringt, um auch die letzte Provinz zu besetzen und zu versklaven. Was alle Menschen mit Adams Sündenfall verbindet, sind also nicht Blutsbande, sondern ist das Dasein in dieser gemeinsamen Welt und Weltgeschichte. In diesem Sinn sind sie »in Adam« (1Kor 15,22).

[c] Röm 14.17.21 6,6-22

Zur Weite der Sünden- und Todesmacht kommt ihre Tiefe. Unsere Versklavung speist sich *auch aus der eigene Tatsünde*: **weil[21] sie alle**

17 V. 14: »Übertretung«, V. 15.17.18: »Verfehlung«, V. 19: »Ungehorsam«.

18 »Welt« ist hier nicht einfach mit »Menschen« gleichzusetzen. Sie umfasst sowohl den Menschen als auch die auf ihn bezogene, von Gott ursprünglich gut geschaffene Umwelt, d.h. menschenwürdige *Verhältnisse* (1Mo 1,31).

19 Die Lehre von der Erbsünde geht vor allem auf den Kirchenvater Augustin (um 400) zurück und wurde auf dem Konzil zu Trient 1546 als katholische Kirchenlehre festgeschrieben. Aber auch dort, wo sie inzwischen lehrmäßig abgelehnt wird, kann sie die Gemüter noch überschatten.

20 Auch Vergleiche mit Bazillen und Infektion tun keinen guten Dienst (Käsemann: »gleichsam wie eine ansteckende Krankheit«). Man sollte der heutigen Neigung zur Medizinalisierung der Sünde keinen Vorschub leisten, weil sie unsere Nachfolge untergräbt. Auch den Verhängnisgedanken sollte man nicht übertreiben, s. die weitere Auslegung.

21 Die Vulgata (katholische lateinische Kirchenbibel) hat das griech. *eph' hô* mit *in quo* übersetzt, so dass herauskommt: »in welchem (bezogen auf Adam) sie alle gesündigt haben«. Diese Falschübersetzung hat ein Jahrtausend geherrscht und ist erst heute überwunden. Paulus verwendet denselben Ausdruck auch 2Kor 5,4; Phil 3,12. (Er ist zusammengezogen aus *epi toutô hoti*, »deshalb weil«, WB, Sp. 582.)

gesündigt haben (2,12; 3,23). Die Misere der Menschheit besteht letztlich in ihrer Schuld. Ohne diesen begründenden Zusatz wären unsere Lebensumstände als gesetzmäßiges Verhängnis verstanden. Es geht aber um personale Geschichte, in der die Verhältnisse nie das eigene Versagen entschuldigen (1,21). Auch außerhalb des Paradieses heißt es immer noch: »Du aber herrsche über sie (die Sünde)!« (1Mo 4,7). Wenn wir auch nicht zu verantworten haben, dass wir in der Welt sind, so doch unser tatsächliches Sündigen. Alle Weltanschauungen sind ein Weglaufen vor dieser Tatsache, allein die Bibel ist hierin unbestechlich. Wir werden nicht gesündigt, sondern sündigen selbst, in ureigener Aktivität. In jeder bösen Tat, in jedem bösen Wort oder Gedanken steckt mindestens ein Körnchen Bosheit, »ohne Ursache« in den umgebenden Verhältnissen (Joh 15,25). Es läuft bei uns dermaßen parallel zu Adam, dass man in Anlehnung an eine jüdische Stimme sagen möchte: Jeder ist sein eigener Adam.[22]

13 Paulus weiß allerdings als Jude, dass das Erscheinen des mosaischen Gesetzes auch Unterschiede schuf. Die Gottesoffenbarung vom Sinai hat in Israel die Lage des Sünders fraglos verschärft. **Bis zum Gesetz war nämlich (die) Sünde (auch schon) in der Welt, Sünde aber wird nicht angerechnet, wenn ein Gesetz nicht da ist.** Erst im Umkreis des Gesetzes konnte Schuld so recht als Feindschaft gegen Gott entlarvt und damit bewusst werden.[d] Sie wurde auf den juristischen Begriff gebracht, d.h. der Gerichtsprozess war nun im Gange. Der Sünder ist wie in Untersuchungshaft genommen (Gal 3,23). Deswegen unterschied Paulus schon in 2,12 zwischen Sünde ohne und unter dem Gesetz. Aber an dieser Stelle schneidet er weitere Erörterungen ab.

[d] Röm 4,15 7,10-11 2Kor 3,6 Gal 2,19

14 Angesichts der offenkundigen weltweiten Herrschaft des Todes bleibt es auch bei der Einheit des Menschengeschlechts unter der Sünde. **Dennoch herrschte der Tod (wie ein König) von Adam bis Mose auch über die, die nicht gesündigt hatten, in Gleichartigkeit der Übertretung Adams, welcher Gegenbild ist des zukünftigen (Adam).** Bei Adam und dann wieder in Israel gab es gewiss das ausdrückliche Gebot, das zur Sünde reizte. Dennoch galt auch für die Zwischenzeit: Alles sündigt, alles stirbt. So ist das »alle – alle« von V. 12 gesichert. In ihrer Versklavtheit sind Heiden und Juden nicht auseinander zu dividieren (3,9.23). Nicht nur die Heiden,

22 So in der sog. syrischen Baruch-Apokalypse. Einerseits wird in 48,42 geklagt: »Was hast du, Adam, allen angetan, die von dir abstammen? Dann aber in 54,15 und 19: »Wenn Adam auch zuerst gesündigt hat …, so zog doch auch von den Kindern ein jedes selber die künftige Pein sich zu … Sonach trägt Adam einzig und allein für sich die Schuld; wir alle aber wurden jeder für sich selbst zum Adam.«

auch die Juden sind »in Adam« (1Kor 15,22). Nun aber ist Adam in der Bibel keine verheißungslose Figur. Mit der ganzen Menschheit im Kielwasser treibt er auf eine Zukunft, auf den zweiten Adam zu (1Kor 15,45). Er ist Gegenbild[23] eines neuen Repräsentanten der Menschheit, der ebenfalls nicht nur Israel gehört. Selbstverständlich ist die Gegenüberstellung Adam – Christus gewagt, nur brauchbar, wenn eine dreifache Ungleichheit gesehen wird:

Die Gnadentat überragte die Übeltat unermesslich, weil die beiden Täter bei vergleichbarer Rolle sich dennoch im Rang unterscheiden. **Aber nicht: Wie die Verfehlung, so die (Gnaden)Gabe! Wenn nämlich durch die Verfehlung des Einen die Vielen[24] starben, um wie viel mehr wurde die Gnade Gottes und das Gnadengeschenk in dem einen Menschen Jesus Christus den Vielen in reichem Maß zuteil.** Adams Tat und Tatfolge, nämlich die Herrschaft des Todes, reckten sich bildlich gesprochen bis in den Himmel hinein, übten sie doch ihre Macht aufgrund göttlichen Rechts aus (zweite Anm. zu 3,24). Hier lag der Kern ihrer Widerständigkeit: Gott selbst sagt nein zum Sünder (1Mo 2,17). Darum hilft hier kein Sprüchlein, das Menschen sich selber oder einander zusprechen oder das sich aus schönen Ideen ergibt. Wer diese Todesmacht beseitigen will, müsste schon Gott beseitigen. Einziger Ausweg: Gott selber handelt, »Gnade Gottes in dem einen Menschen[25] Jesus Christus« betritt den Platz. Ihre Macht geht ins für uns Unbegreifliche.[26] Sie zerbricht die Todesmacht in ihrem Kern.

Zweitens übertraf die Kraft der Gnadentat die des Verdam- 16
mungsurteils, weil sie viel schwerere Ausgangsbedingungen hatte. **Auch nicht: Wie durch einen, der gesündigt hat, so das Geschenk. Denn das Gerichtsurteil (führte) zwar von dem einen zur Verdammnis (der Vielen), aber die (Gnaden-)Gabe führte von Vieler Übertretungen zur Gerechtsprechung.** In Adams Fall ging es nur

[23] Griech. *typos*; es ergibt sich die Typologie in der Bibel. Weil Gott immer Gott ist und der Mensch immer Mensch, geschieht zwischen Gott und Mensch immer wieder Vergleichbares, Typisches. Es kommt zu Wiederholungen, freilich nicht langweiligen Wiederholungen, bei denen man schon vorher alles weiß, aber gewisse Züge sind wieder erkennbar (s. ausführlich Galater, WStB, S. 109).

[24] Aufgrund des semitischen Hintergrundes meint »die Vielen« hier »alle« (so dann deutlich V. 18). Sicher ist hier auch Jes 53,11f gedanklich verwertet.

[25] Dass »Mensch« hier die Bedeutung göttlicher Hoheit hat, ergibt sich daraus, dass der Ausdruck in diesem Zusammenhang sonst überflüssig wäre, wird Christus doch schon mit seinem menschlichen Eigennamen »Jesus« bezeichnet. Die Beifügung »Mensch« erinnert an die Evv., bei denen das Zeugnis vom »Menschen(sohn)« eine hervorragende Rolle spielt.

[26] Die Redeweise »wenn – um wie viel mehr« war eine im Judentum sehr verbreitete Denkfigur, bei Paulus V. 15.17, ähnlich schon V. 9.10; 11,12.24; 2Kor 2,7-11; auch Mt 6,30; 7,11; Hebr 9,13f; 12,9.25. Um die Überlegenheit einer Größe zu erweisen, versucht man gar nicht erst die direkte Ausage, sondern stellt sie einer anderen Sache von anerkannter Größe gegenüber, die nun aber im Vergleich aussichtslos zurückfällt (Bill III, S. 223-226.230).

um einen Einzelnen. Die Gerechtsprechung durch Christus dagegen wurde ganz anders gefordert, traf sie doch doppelt auf Vielheit, nämlich auf viele Übertretungen und viele Sünder. Im dürren Sommer mit einem Streichholz einen Wald anzuzünden ist ein Kinderspiel gegen die schwere Aufgabe, den ausgebrochenen Waldbrand zu löschen. Jesus musste im Guten unvergleichlich mehr leisten als Adam im Bösen.

17 V. 17 spricht noch einmal von dem »Einen«, bezeichnet damit aber nicht mehr Adam, sondern Christus. Verglichen werden in diesem dritten Fall jeweils die Endfolgen. Die Gnadentat Christi überbietet Adams Sündentat weit, weil sie nicht nur zum Nullpunkt zurückführte, sondern darüber hinaus in noch nie gekannte Lebensfülle versetzt. **Wenn nämlich durch Verfehlung des Einen der Tod zur (königlichen) Herrschaft gelangte durch den Einen, um wie viel mehr werden die die Fülle der Gnade und (die Fülle) des Geschenks der Gerechtigkeit Empfangenden im Leben (königlich) herrschen durch Einen – Jesus Christus.** Die negative Herrschaft zu beseitigen, den Menschen nur in seine frühere Ausgangsposition zu versetzen, um ihn dann wieder sich selbst zu überlassen, genügte der Gnade Christi nicht. Worin erweist sich die Fülle der Gnade und des Geschenkes der Gerechtigkeit? Bemerkenswert, wie Paulus es vermeidet, an Stelle der bisherigen »Beherrschung« durch den Tod jetzt von einer »Beherrschung« durch das Leben zu sprechen. Vielmehr kehrt er heraus: Sie, also die Erretteten selber, werden (königlich) herrschen im Leben, als Mitkönige Jesu Christi![e] Der neue Adam bringt also in keiner Weise neue Knechtschaft (Joh 7,36), ja zwingt nicht einmal zum Glück.[27] Das Heil wird ihnen nicht angeworfen wie der Putz an die Wand, denn sie sind für den Herrn keine Wand. Sie sind Empfangende (Präsens!), im lebendigen Umgang mit dem Lebendigen.

[e] Dan 7,18 Röm 8,17 1Kor 6,2 15,23 2Tim 2,12 Offb 20,4 22,5

18-19 **Folglich also.** Nachdem der Blick für den himmelweiten Unterschied zwischen Adam und Christus geschärft ist, kann Paulus endlich den Vergleich, zu dem er bereits in V. 12 angesetzt hatte, durchführen. Jetzt heißt es nicht mehr wie V. 15 und 16: »*nicht* wie«, sondern zweimal positiv: »*ebenso wie*«.

18 Adam und Christus sind darin vergleichbar, dass ihre Taten Auswirkung haben auf diejenige Menschenreihe, die sie jeweils repräsentieren. **Wie (es) durch Verfehlung von Einem zur Verdammnis aller Menschen (kam/kommt/kommen wird), ebenso (kam/kommt/wird es kommen) durch Rechtstat von Einem für alle Menschen zur Gerechtsprechung (mit der Folgewirkung) des**

[27] Wir sind zwar zwangsläufig Kinder unserer Eltern, nicht aber zwangsläufig Eigentum Jesu. Wir werden weder naturhaft verdammt noch naturhaft selig.

Lebens. In dieser ersten Vergleichung hat Paulus die Zeitform offen gelassen, indem er jedes Verb vermied. Die möglichen Ergänzungen sind in Klammern gesetzt.[28] Offensichtlich will er zunächst allein das folgenreiche Tun an sich, bei Christus oder bei Adam, ins Blickfeld rücken.

Die bisherige Auslegung hob hervor, dass keine der beiden Menschenreihen Reihen von Puppen sind. In beiden Fällen sind die Betroffenen mit ihrem eigenen verantwortlichen Handeln dabei. Daraus ergibt sich, dass hier das zweimalige »alle Menschen« unterschiedliche Personengruppen umfasst. Das erste Mal sind es alle Glieder der adamitischen Menschheit, das zweite Mal dagegen alle Glieder, die im Glauben an Christus hängen. Sämtliche Menschen sind »in Adam«, aber nicht selbstredend »in Christus«.

Wieder geht es Paulus wie in der ersten Hälfte von Kap. 5 vor- 19
nehmlich um die christliche Hoffnung. Darum spitzt er den Vergleich jetzt futurisch zu. **Wie nämlich durch den Ungehorsam des einen Menschen die Vielen als Sünder festgestellt wurden, ebenso werden auch (im Endgericht) durch den Gehorsam des Einen die Vielen als Gerechte festgestellt.** Paulus bleibt auf die großen Linien konzentriert: Zweimal »einer für alle«! Einzelheiten des Unheilsweges wie des Heilsweges bleiben jetzt unberücksichtigt. Aber im Unterschied zu V. 18 werden die dort noch recht allgemeinen Ausdrücke »Verfehlung« und »Rechtstat« in ihrem Kern bloßgelegt, nämlich als Ungehorsam und Gehorsam.

»Gehorsam« ist ein gesamtbiblischer Leitbegriff. Adam war nach 1Mo 3,5 der Versuchung erlegen, im Ungehorsam wie Gott sein zu wollen. Jesus dagegen offenbarte nach Phil 2,8 seinen Gehorsam und damit seine wahre Gottebenbildlichkeit (1Mo 1,27). Wir führen unser Leben in der weltweiten Ausstrahlung dieser beiden Modelle. Allerdings halten sie sich nicht etwa die Waage. Dem Gehorsamen hat Gott in der Auferweckung von den Toten den Namen über alle Namen und damit den Sieg erteilt.[f] Auf diesen Triumph der Gnade steuert Paulus hier zu.

[f] Röm 4,25 5,10; 8,34 1Kor 15,55-57

Zwischendurch formuliert er den wohlverstandenen Sinn des Ge- 20a
setzes. **(Das) Gesetz (des Mose) aber ist dazwischen hereingekommen, damit die Verfehlung ihr Vollmaß erreiche.** Der Ausdruck »dazwischen hereingekommen« erklärt das Gesetz nicht etwa zu einem negativen Zwischenfall. Keinesfalls wertet Paulus das Gesetz ab, wie 7,7ff bestätigen wird. Aber es ist auch nicht die Zentraloffenbarung Gottes von Ewigkeit zu Ewigkeit. Gott gab es vielmehr in die

[28] Von einer Gerechtsprechung in der Vergangenheit spricht Paulus z.B. in V. 1.9, in der Gegenwart 3,24.26.28; 4,15; 8,33 und im zukünftigen Gericht hier im nächsten Vers 19.

Geschichte[29] Israels hinein, um sein Volk in die eigene Existenztiefe hineinzuführen. Am klaren Gebot wurde die Feindschaft gegen Gott spruchreif (V. 13; 4,15). Durch das Gesetz nahm somit gerade nicht die Heiligkeit zu, sondern die Sünde, und zwar nicht zahlenmäßig, sondern wesensmäßig. Sie wuchs sich aus in ihr Vollmaß. Das Gesetz ist »Multiplikator auf der Unheilsseite« (O. Kuss, S. 225).

20b Damit knüpft Paulus wieder an sein Zeugnis von der nie zu begreifenden Feindesliebe Gottes in V. 6-10 an. **Wo aber die Verfehlung ihr Vollmaß erreichte, (da) wurde die Gnade überreichlich.** Gezielt wählte Gott sich für seine Tat den Schauplatz aus: wo – da. Er wollte keinen billigen Triumph. Darum übertrumpfte er die Sünde dort, wo sie sich zu ihrem Vollmaß herausgeputzt hatte und in ihrer ganzen Unentschuldbarkeit dastand. Dort, in der Tiefe seines Volkes Israel, ist er auf der Höhe und offenbart er Gnade im Übermaß: **überreichlich.**

21 Auf diese übergroße Gnade baut die Gewissheit unserer Hoffnung. **Damit gleichwie die Sünde (königlich) herrschte im Bereich des Todes, ebenso auch die Gnade (königlich) herrsche durch Gerechtigkeit zum ewigen Leben durch Jesus Christus, unseren Herrn.** Das Mittel dieses Herrschaftswechsels war Gerechtigkeit, ihr Ziel wahres, unverbrüchliches, also ewiges Leben. Die volltönende feierliche Schlusszeile »durch Jesus Christus, unsern Herrn« erschien schon am Anfang (V. 1), in der Mitte (V. 11) und hier am Ende. Sie bindet das ganze Kapitel zusammen.

3. Der Christ und die Macht der Sünde (erstes Sonderthema) (6,1-23)

1. *Zur Gliederung von Kap. 5-8.* Der Aufbau der ersten vier Kap. des Römerbriefs ließ sich recht gut nachvollziehen. Kap. 5 weitete dann den Blick: durch den Glauben nicht nur die rettende Wende, sondern dazu auch gelingendes Leben! Dagegen bereitet die gedankliche Erfassung der Fortsetzung in Kap. 6-8 Schwierigkeiten. »Ein strenger Plan ist nicht nachzuweisen« (U. Luz, S. 209). Der Apostel handelt womöglich so, wie man es auch heute nach einem Vortrag tut: Wer hat noch eine Frage an den Referenten? Es folgt eine Aussprache. So etwa geht Paulus auf Einwürfe ein, die von mitdenkenden Lesern erhoben werden könnten. Er verteidigt und vertieft das Bisherige an ausgewählten Punkten. Dafür spricht die Häufung bestimmter Vokabeln, die jedes Mal plötzlich einsetzt,

[29] Dagegen lehrte das Judentum: »Das Gesetz ist allem (d.h. der Schöpfung der Welt) vorausgegangen« (Bill II, S. 353). Deswegen sei es Gottes Eigentliches.

aber nach einer Weile genauso deutlich einem neuen Stichwort weicht. Es handelt sich also bei 6,1-23; 7,1-25 und 8,1-30 um Sonderthemen (s. dazu die jeweiligen Einführungen). Eine Zusammenfassung, die zum Bekenntnisstil von Kap. 5,1-11 zurückkehrt, schließt mit 8,31-39 den Briefteil ab.

2. *Kap. 6 als erstes Sonderthema.* Hier zeigt die Konkordanz auf den ersten Blick, dass das Kapitel durch 17-mal »Sünde, sündigen« herausragt. Paulus legt Grund für das Thema »Christ und Sünde«. Er stellt sich der kritischen Frage: Was wird aus der Glaubensgerechtigkeit, wenn sie auf die weiter existierende Realität der Sünde stößt? Hat das, was er bisher dargelegt hat, überhaupt mit dem gelebten Leben zu tun? Handelt es sich um bloße Innerlichkeit oder gar um reine Gedankenakrobatik?

a) Ausgebürgert aus dem Reich der Sünde – leben mit Christus für Gott (6,1-11)

1 Was sollen wir also sagen? Sollen wir in der Sünde verbleiben, damit die Gnade ihr Vollmaß erreiche?
2 Ausgeschlossen! (Wir), die der Sünde starben, wie sollten wir noch in ihr leben (wollen)?
3 Oder wisst ihr nicht: Alle, die wir getauft wurden auf Christus Jesus, wurden auf seinen Tod getauft?
4 Mitbegraben wurden wir folglich mit ihm durch die Taufe auf den Tod, damit, wie Christus auferweckt wurde von (den) Toten durch die Herrlichkeit des Vaters, ebenso auch wir in der Neuheit des Lebens wandeln.
5 Wenn wir nämlich Zusammengewachsene geworden sind mit der Gleichheit seines Todes, erst recht werden wir (es) mit (der Gleichheit) seiner Auferstehung sein.
6 Dies wissen wir: Unser alter Mensch wurde (mit Christus) mitgekreuzigt, damit der Leib der Sünde außer Kraft gesetzt ist, so dass ihr nicht mehr der Sünde Sklaven seid.
7 Der Gestorbene ist nämlich von der Sünde (rechtskräftig) frei.
8 Wenn wir aber mit Christus gestorben sind, glauben wir, dass wir auch mit ihm leben werden,
9 wissend, dass Christus als Auferweckter von den Toten nicht mehr stirbt, der Tod ist nicht mehr Herr über ihn.
10 Was er nämlich starb, starb er der Sünde ein für alle Mal, was er aber lebt, lebt er für Gott.
11 Ebenso auch ihr: Begreift euch selber (in einem Glaubensurteil) als Tote der Sünde (gegenüber), dagegen als Lebende für Gott in Christus Jesus.

Paulus legt das Scharnier frei, durch das der Glaube das Leben kraftvoll bewegt, damit es zur tatsächlichen Besserung des Alltags kommt. Der Weg, der dazu häufig eingeschlagen wird, wäre die Steigerung des Imperativs. Das »Du sollst!« wird verschärft: mehr die Bibel lesen, mehr beten, gründlicher beichten, disziplinierter leben, selbstloser dienen! Nun fehlen bei Paulus nie die Imperative, ab V. 11 erscheinen sie z.B. in großer Zahl. Jedoch hier, wo es um den eigentlichen Ansatz zur Besserung geht, folgen zehn Verse ohne eine einzige Forderung. Stattdessen beginnt eine *Rechtsbelehrung*. Es geht um ein vollständigeres Begreifen des Erlösungswerkes Christi, eben in seinen Rechtsfolgen.

1 Mit der Wendung »**Was sollen wir also sagen?**« zeigt Paulus wiederholt[a], dass er einen in der Luft liegenden Einwurf empfindet. Gerade hatte er in 5,20b gerühmt: Wo mehr Sündenmacht, da noch mehr Gnadenmacht! Sofort setzt eine gewisse Logik ein: Dann ist uns ja ein Hebel in die Hand gegeben, Gnade zu bewegen, nämlich durch Weitersündigen. **Sollen wir in der Sünde verbleiben, damit die Gnade ihr Vollmaß erreiche?** Bei der Einzahl »Sünde« denkt Paulus nicht an einzelne Taten, sondern an Sünde als Macht (vgl. 5,20b). Dazu passt hier das »verbleiben«. Wie man im Bereich der Güte Gottes oder im Bereich des Unglaubens bleiben kann (11,22.32), so auch im Machtbereich der Sünde. Sie gleicht einem politischen Gebilde, einem Königreich: V. 12.14.16.18.22. Das besondere Interesse dabei: Es handelt sich um ein Rechtsgebilde. Die Sünde herrscht *legal* über uns, denn das Tun des Bösen verletzte nicht nur das eigene Gewissen, sondern schuf auch Rechtsverhältnisse, Strukturen des Bösen, in denen jetzt gelebt werden muss.

[a] Röm 3,9 4,1; 6,15 7,7; 9,14 11,1.11

Wer stellt hier diese Querfrage? In 3,7f werfen ihm ganz ähnlich »Lästerer« vor, er verführe durch seine Gnadenlehre zum Sündigen. Wendet Paulus sich hier gegen die gleichen Leute? Aber hier ist alles anders. Er fertigt nicht wie dort kurz ab, spricht nicht im Scheltton, sondern im Wir-Stil und in großer Ausführlichkeit in die eigene Runde hinein. Auch in Christen schlummert die dunkle Möglichkeit, die Gnade zu missbrauchen, das Evangelium zur Manipuliermasse zu machen, vgl. Gal 5,13: »Liebe Brüder, ihr seid zur Freiheit berufen. Allein seht zu, dass ihr durch die Freiheit nicht dem Fleisch Raum gebt.« Gieriger Ich-Wille wittert Morgenluft, stößt in den neu geschenkten Freiheitsraum hinein und spielt darin groß auf. Folge: Die moralischen Verhältnisse in einer Gemeinde werden trostlos. Nichtchristen sündigen manchmal mit mehr Niveau als Christen. Nächste Folge: Die Gemeinde verfällt notgedrungen der miesesten Gesetzlichkeit, die es gibt.

Für dies »Verbleiben in der Sünde« sagt der nächste Vers »in der Sünde leben«: sich das Leben wieder in ihrem Fluidum, ihrer Denkungsart und Lust einrichten. Man will gar nicht von dieser Geisteshaltung Abschied nehmen, man will gern weiter sündigen und wittert in der Lehre des Paulus eine Möglichkeit, dies ohne Schaden tun zu können. Man hat ja nun die »Gnade« als Unterschlupf und bezeugt sie ergriffen, vielleicht auch ergreifend für andere, die man verführt. Doch so spielt man nur noch mit Worthülsen. Wer gern sündigt, weiß schon nicht mehr, dass Jesus anwesend ist. Sagte der Herr etwa zum Geheilten am Teich Betesda: Und nun sündige ruhig weiter? (Joh 5,14). Sagte er zur Ehebrecherin, nachdem er ihr Vergebung zugesprochen hatte: Sündige getrost weiter, denn du hast nun immer mich? (Joh 8,11).

Paulus weist den Einwurf von V. 1 zweifach zurück. Zunächst er- 2
tönt sein schärfstes Abwehrwort: **Ausgeschlossen!** Er kann dazu in keiner Weise Amen sagen.[30] Aber zur instinktiven Abwehr tritt sein logisches Argument: **Wir starben der Sünde.** Diese Aussage durchzieht den ganzen Abschnitt als Leitsatz (V. 2.5.6.7.8.11). Wenn wir hier nichts begreifen, greift der ganze Abschnitt nicht. Das bei Paulus häufige Bildwort vom geistlichen Sterben[b] muss darum behutsam und in besonderer Ausführlichkeit aufgeschlüsselt werden.

[b] Röm 6,5. 6.8.11 7,4.6; 8,10 1Kor 15,31 2Kor 4,10 5,14; 7,3 Gal 1,19 5,24

Sterben lässt sich unterschiedlich betrachten. Für den Sterbenden selbst und für seine Angehörigen mag der psychologische Aspekt im Vordergrund stehen (Abschied, Schmerz, Verlust, Trauer). Doch Paulus denkt hier überhaupt nicht an etwas Trauriges. Der Arzt, der den Totenschein auszustellen hat, sieht den Sterbefall unter medizinischem Aspekt. Paulus jedoch denkt an die Rechtsfolgen eines Sterbefalls, besonders deutlich in 7,1-6. Mit der Sekunde, in der der Tod eintritt, fällt jeder Anspruch an den Verstorbenen in sich zusammen. Niemand kann noch etwas von ihm wollen. Finanzamt, Kreditgeber, Strafverfolger können nur von Lebenden etwas holen. Allein die Toten entwischen dem ganzen System von Verbindlichkeiten. Hiob 3,17ff: Im Tod »haben die Gefangenen allesamt Frieden, … und der Knecht ist frei von seinem Herrn«. Sterben verändert die Rechtslage radikal. Sterben ist Befreiung. »Wir sind der Sünde gestorben!« ist Freiheitsschrei.

In den folgenden Versen kommt es zu einer wesentlichen Anreicherung des Bildes: Drei der sechs Vorkommen betonen, dass *dieses* Sterben kein Sologeschehen darstellt: »Wir sind Zusammengewachsene mit der Gleichheit *seines* (Christi!) Todes« (V. 5), »unser alter Mensch wurde *mit*gekreuzigt« (V. 6), »sind *mit Christus* gestor-

[30] *mä genoito*, wörtlich: »Nicht geschehe das!«, allein im Röm zehnmal. Mit dem Gegenteil, *genoito*, »Das geschehe!«, übersetzt die LXX meistens das hebr. Amen, so häufig zum Schluss der Psalmen: Man identifizierte sich mit dem gehörten Lobpreis, und zwar vor Gott. Entsprechend *distanziert* Paulus sich hier in höchsten Tönen.

ben« (V. 8).[31] Da Christus am Kreuz starb, folgt für unsere Teilhabe an seinem Tod, dass wir dieses Sterben nicht an uns selbst vollstrecken können. Selbstkreuzigung ist technisch und darum auch als Bild unmöglich. Niemand schwingt selbst den Hammer, um die eigenen Hände ans Kreuz zu heften. Manche Gläubigen verkrampfen sich aber so, um der Sünde abzusterben. Sie wollen sich selbst abquälen durch wütende Selbstbestrafung, Sich-selbst-schlecht-Machen, durch Weinen, durch Askese oder besondere Handlungen, von denen sie sich magische Wirkungen versprechen. Oder sie reden es sich verbissen ein, sie seien nun wirklich, völlig für die Sünde tot. Aber es geht um einen reinen Außeneingriff. Als wir den verkündigten Christus im Glauben annahmen, nahm Gott das nicht nur hin, sonden tat etwas. Er »versiegelte« uns durch den Heiligen Geist. Im Altertum tätowierte man neu erworbene Sklaven mit einem Eigentumszeichen (vgl. 8,9b.14-16; 2Kor 1,22; Eph 1,13; 4,30). Durch diese göttlich geschenkte Zugehörigkeit zum Gekreuzigten sind wir legal ausgebürgert aus dem Reich der Sünde und versetzt in den Macht- und Segensbereich Christi. Eine andere Umlaufbahn um eine andere Sonne befreit uns zum alternativen Leben. Wir »wandeln in der Neuheit des Lebens« oder »in der Neuheit des Geistes« (V. 4b; 7,6).

Jedoch: Wir selbst sind es, die »gestorben« sind, das Königreich der Sünde dagegen existiert weiter. Seine Strukturen umgeben uns nach wie vor von allen Seiten.[32] Mehr noch: Das Böse tut so, als wären wir ihm unterstellt. Es baut sich groß vor uns auf, um uns zu imponieren und einzuschüchtern. Es belästigt uns, um unsern Glauben zu ermüden, bis wir wieder funktionieren wie früher. Doch hier ist, wenn irgendwo, Widerstand zu leisten. Wir stehen zu diesem System in keiner Schuldigkeit mehr (8,12). Aber noch einmal: Die Sündenmacht ist noch da. Sie hat noch solche Macht, dass kein Gläubiger mit ihr spielen sollte. 1Kor 10,12: »Wer da meint, er stehe« bombenfest im Glauben, er werde mit jeder Versuchung fertig, er könne sich z.B. schmunzelnd die schmutzigsten Bildern anschauen, »der mag wohl zusehen, dass er nicht falle.« Aber so viel Macht diese Macht auch hat, sie hat kein Recht. Ihre Forderungen an uns sind illegal. Unser legaler Herr ist Christus.

31 Der Reichtum an zusammengesetzten Wörtern mit diesem christologischen »mit« ist bei Paulus einmalig. Grundmann zählt in ThWNT VII, S. 786f, diese 14 auf: »mitsterben«, »-gekreuzigt werden«, »-begraben werden«, »-zusammenwachsen«, »-auferweckt werden«, »-leben«, »-lebendig gemacht werden«, »-leiden«, »-verherrlicht werden«, »-erben«, »-gestaltet sein«, »-gestaltet werden«, »-herrschen«, »-versetzt werden«.

32 Es ist wie bei einem Gesandten eines Landes im Ausland. Umgeben von einem fremden Rechtskörper ist er dennoch real Bürger seines Heimatlandes und genießt dessen Schutz und Hilfe (vgl. Phil 3,20).

Damit zurück zum Gedankengang. Was sich V. 1 logisch zu ergeben schien, platzt bei Licht besehen als Widersinn auf: **Wie sollten wir noch in ihr leben,** kann doch niemand zwei Leben gleichzeitig führen! Diese Klarheit gewann Paulus, indem er die Rechtsfolgen der Kreuzestat vollständiger ausleuchtete. In den bisherigen Kapiteln hieß es: Christus *für uns* gestorben[c], jetzt tritt hinzu: und *wir mit ihm* gestorben.

[c] Röm 3,25-26 4,25 5,6.8.15. 17.18.19

Weil es hier um den tragenden Gedanken für den ganzen Abschnitt geht, vergewissern wir uns noch einmal, wo dieses »Sterben« in der Biographie eines Menschen seinen Platz hat. Paulus hat es seit 1,16 zur Genüge festgeklopft: Alles im Glauben, durch Glauben, aus Glauben, zum Glauben! 5,2 fasste zusammen: Durch den Glauben Zugang zur ganzen Gnade. Gott gibt im Gläubigwerden nicht zunächst den kleinen Finger, um erst als Zusatz, erst in einer Extrabehandlung alles zu schenken. Im Kern der Erfahrung des Heils in Christus gibt er sich selbst und ganz. Es erfüllt sich Joh 5,24: »Wer mein Wort hört und glaubt dem, der mich gesandt hat, … ist vom Tode zum Leben hindurchgedrungen.«

Zur Bekräftigung des Gesagten, nämlich dass sie »tot« sind, hält 3
Paulus ihnen als »Totenschein« (J.A. Bengel) ihre Taufe vor.[33] Zunächst ruft er das Taufverständnis ab, das er voraussetzen kann: **Oder wisst ihr nicht: Alle, die wir getauft wurden auf Christus Jesus, wurden auf seinen Tod getauft?** Die Frage ist nur rhetorisch gestellt. Auch im fernen Rom, wo er selber nicht gearbeitet hatte, gehörte dies zum christlichen Grundwissen. Allerdings kann Wissen der Beachtung entschwunden sein, so dass es einem nichts mehr sagt. Dann ist es totes Material, das neu verinnerlicht werden muss.

Wir gehen die einzelnen Elemente von V. 3 durch. Alle »wurden getauft«, sie tauften sich nicht etwa selbst. Diese Passivform war für eine Bewegung, die aus dem Judentum hervorgegangen war, keine Selbstverständlichkeit. Ein gesetzestreuer Jude hatte bei zahlreichen Anlässen ein Tauchbad zu nehmen, wobei er sich selbst ganz unter Wasser tauchte. Diese rituelle »Waschung« stellte seine Gottesdienstfähigkeit wieder her, etwa nach Verunreinigung durch Aussatz, geschlechtliche Ausflüsse, Berührung von Leichen oder Gräbern. Die erste dieser langen Reihe von »Taufen« in seinem Leben gewann naturgemäß eine besondere Feierlichkeit. Für übertrittswillige Heiden z.B. entwickelte sich später die sog. »Proselytentaufe« (bei einem Mann nach seiner Beschneidung). Da es

[33] »Die Erinnerung an die Taufe (hat) im ganzen Zusammenhang nur ergänzende Bedeutung … Daher ist im Sinne des Apostels nicht jede Einzelaussage in diesem Abschnitt unmittelbar und ausschließlich auf die Taufe zu beziehen« (K. Kertelge, S. 118).

sinnbildlich um Waschung ging, ergaben sich für den Vollzug drei Punkte: (1) Wie man sich selbst wäscht, tauft man sich selbst; (2) deswegen tat man es auch unbekleidet und tat es (3) nicht in öffentlicher Versammlung, aber unter zwei oder drei Zeugen.[34]

Die christliche Taufe unterschied sich davon nach Sinn und Praxis. Sie stand im Gefolge der Johannestaufe. Dort regierten andere Zusammenhänge: (1) *Alle* Umkehrwilligen, auch Juden trotz ihrer Waschriten, unterzogen sich dieser Taufe; (2) sie ließen sie von Johannes an sich vollziehen. Dieser Umstand stach so auffällig heraus, dass Johannes unter dem Beinamen »der Täufer« in die Geschichte einging; (3) da das Bild der Waschung verlassen war, entfiel auch jede Wiederholung; (4) ebenfalls war der Charakter einer abgeschirmten Handlung hinfällig. Johannes taufte öffentlich im Jordan.

In diesen Gleisen vollzogen auch die ersten Christen die Handlung. Die Passivform »getauft *werden*«, die das NT in aller Regel einhält, erklärt sich also aus dem Kontrast zu den jüdischen Waschriten. Es steckt darin keineswegs ein verhüllter Hinweis auf Gottes heilswirksames Handeln in der Taufe (passivum divinum). Schon Johannes hatte die Erwartung, dass Gott oder Christus in der Wassertaufe das eigentliche Subjekt sei, nachhaltig zurückgewiesen, und das NT überlieferte diesen Satz aufmerksam.[d] Außerdem waren die Getauften in anderer Weise höchst aktiv: Sie »kamen« zur Taufe, »kehrten um«, »gaben Gott Recht«, »bekannten ihre Sünden«, »verachteten« nicht den Heilsratschluss Gottes, sondern betraten bereitwillig seinen Weg.[e]

[d] Mt 3.11 Mk 1,8 Lk 3,16 Joh 1,26f.33 Apg 1,5 13,24

[e] Mk 1,5.9 Lk 7,29-30 10,9.12f Apg 2,21 Joel 3,5

Trotz aller Bildhaftigkeit ist die Taufe wie jede Handlung stumm und darum auch missverständlich. Sie bedarf ähnlich wie das Abendmahl eines Deuteworts. Für die Taufe erscheint dazu hier und im NT fast durchgängig die Präposition »auf … hin« (griech. *eis*). Zu jeder Taufe gehört eben eine Angabe, woraufhin sie geschieht. »Worauf (*eis ti*) seid ihr denn getauft?« Auf Johannes, auf Jesus, auf Mose oder auf Paulus?[f] Das Worauf einer christlichen Taufe lautet unter verschiedenen Abwandlungen, aber doch eindeutig: auf Christus Jesus. Sofort spitzt Paulus es auf das Entscheidende zu: Wir wurden getauft auf (*eis*[35]) seinen Tod am Kreuz. Der Höhepunkt seines Lebens lag nach dem Willen Gottes in seinem Sterben für die Sünde der Welt. Alle vier Evangelien gipfeln in der Passionsgeschichte. Ohne diesen Sühnetod wäre er überhaupt

[f] Apg 19,3.5 1Kor 1,13 10,2

34 Bei Frauen verbargen sich die Zeugen hinter einer Wand, so dass sie immerhin das Wasser plätschern hörten (Bill I, S. 110-112).

35 Es besteht kein Anlass, dies zweite *eis* anders zu übersetzen als das erste , wie es die LÜ tut: »auf Christus Jesus«, aber »in seinen Tod«. Richtig z.B. RevEB und EÜ.

nicht der Christus, so dass er zentral als der Gekreuzigte ausgerufen wurde (1Kor 2,2). Hörer, die dieses Wort des Gerichts und der Gnade annahmen, riefen den Herrn im Glauben an und ließen sich auf ihn, auf seinen Tod taufen. Dadurch veröffentlichten sie ihre Beziehung[36] zum Herrn. Diese aber ist immer auch eine Beziehung zu seiner Gemeinde. Nicht umsonst geschah die Taufe durch einen Vertreter der Gemeinde. So gehört hier alles zusammen: Ein Herr, ein Glaube, eine Taufe, ein Leib und ein Geist (Eph 4,4f). Unverbindliche Privatfrömmigkeit scheidet ab jetzt aus.

Diesen urchristlichen Konsens über die Taufe macht Paulus jetzt 4
für seinen Gedankengang fruchtbar. Er folgert: **Mitbegraben wurden wir folglich mit ihm durch die Taufe auf den Tod.** Die Wendung »auf den Tod« meint natürlich wie im Vers zuvor »auf den Tod *Christi*«. Wir wurden in der Taufe nicht etwa selber getötet oder ertränkt. Ausdrücklich heißt es: Wir wurden »mitbegraben mit ihm«. Das »mitbegraben« schließt dabei unverbunden an das letzte Wort von V. 3 an. Die beiden Wörter erscheinen dadurch wie ineinander geschoben: »getauft – mitbegraben«. Das Getauftsein wird als Mitbegrabensein identifiziert. Taufe ist Begräbnis. Ein Begräbnis hat gegenüber dem Sterben einen sehr wohl unterscheidbaren Sinn. Es ändert nichts mehr am Sein des Gestorbenen. Es fügt seinem Totsein nichts hinzu, es steigert es nicht. Der Tote wird nicht noch toter. Das Begräbnis liegt auf einer anderen Ebene, es betrifft die Geltung des Gestorbenen. Es macht die Realität seines Todes unwidersprechlich.[37] Ein Begräbnis hat Vorzeigefunktion für die Umwelt. Es macht den Sterbefall zu einem unübersehbaren öffentlichen Faktum und stellt damit einen Rechtsvorgang dar. So hier: Die Taufe bescheinigt »amtlich« unser Gestorbensein mit Christus. Somit unterstützte dieser Seitenblick auf die Taufe in wünschenswerter Klarheit das Anliegen des Paulus von V. 2.

Zum *Mit*begrabensein: Zweiergräber waren im Altertum gut bekannt. Eheleute, aber auch Vater und Sohn, Mutter und Tochter oder auch Geschwister wurden in ein gemeinsames Grab gelegt – Ausdruck für eine noch über den Tod hinaus gültige Solidarität. Dieser Umstand spielt für die Fortsetzung eine Rolle.

V. 4b schließt einen Damit-Satz an. Er zielt auf die Lebensführung nach der Taufe. Über dem Mitbegrabenwerden schwebt göttliche Absicht: **damit, wie Christus auferweckt wurde von (den) Toten durch die Herrlichkeit des Vaters, ebenso auch wir in der**

36 Die Präposition *eis* drückt in diesem Fall die »Beziehung auf eine Person oder Sache« aus (WB, Sp. 463).

37 Darum hat auch das Begräbnis Jesu sein Eigengewicht und gehört ins Evangelium hinein (1Kor 15,3-5). Es bedeutete: Jesus war wirklich tot.

Neuheit des Lebens wandeln. In diesem Zweiergrab herrscht ganz wie im Grab Jesu vor Jerusalem nicht Verwesung, sondern Verheißung. Der Gemeinschaft im Tod und Grab folgt auch eine Entsprechung in der Auferstehung. Allerdings führt Paulus den Entsprechungssatz unerwartet zu Ende, ja biegt ihn um. Zu erwarten wäre: Wie Christus aus dem Grab in die Herrlichkeit des Vaters erhöht wurde, ebenso werden auch wir nach der Taufe verherrlicht. Aber für uns geht es nach der Taufe eben nicht stracks in die Vollendung und steil in den Himmel, wo Christus thront, sondern hinein in den Dienst auf dieser Erde, noch gezeichnet von Verweslichkeit, Niedrigkeit und Ärmlichkeit (1Kor 15,42-43). Doch unter dieser Einschränkung gilt die unglaubliche Gleichung: Wie Christus dürfen wir jetzt ein Leben in Neuheit führen! Nach der schlichten Aussage des Verses ist an Erfahrungen mit Kräften seiner Auferstehung gedacht, an ständig überfließendes Ostern, an tagtägliches Erneuertwerden, um wieder gottfähig, lebensfähig, dienstfähig und leidensfähig sein zu können.[38]

In V. 2-4 ist das Grundlegende zum Einwand von V. 1 gesagt. Um es zu befestigen, wiederholt Paulus es jetzt in auffälliger Breite. In zwei parallelen Durchgängen V. 5-7 und 8-10 trumpft er unermüdlich mit der Glaubenslogik auf: Wenn – dann! Unsere Auslegung erläutert jetzt nur noch Einzelheiten, die in den folgenden Versen hinzukommen.

5 In V. 5 fasst Paulus unsere Gemeinschaft mit dem gestorbenen Christus in ein neues Bild, genommen aus dem Bereich des Organischen. **Wenn wir nämlich Zusammengewachsene geworden sind mit der Gleichheit seines Todes, erst recht werden wir (es) mit (der Gleichheit) seiner Auferstehung sein.** Das »erst recht« zeigt an, woran Paulus jetzt gegenüber V. 2-4 verstärkt denkt. Bisher lag ihm am Effekt der Trennung (»der Sünde gestorben«, V. 2), ab jetzt aber gesteigert an der positiven Wirkung, hinzielend auf »leben für Gott« (V. 10.11.13; zweimal V. 22; 7,4).

6-7 Laufend appelliert Paulus an das »wissen, glauben, kennen« der Christen in Rom, so schon V. 3, jetzt V. 6, dann wieder V. 8 und V. 9. So wirbt er um ihr Vertrauen, nicht zuletzt im Blick auf seinen Plan, sie in seine Spanienmission einzubinden (vgl. Einleitungsfragen 4). Sie sollen nicht argwöhnen, er dränge ihnen Fremdes auf; er »erinnert« doch nur an Bekanntes (15,15). Was er ihnen aber zumutet: wirklich zu wissen, was sie wissen! Mögen sie die Rechtsfolgen des Todes ihres Herrn für jeden Glaubenden in ihrer Länge, Breite und Tiefe erfassen. **Dies wissen wir: Unser alter Mensch wurde (mit**

[38] In 7,6 erweitert Paulus »Neuheit« zu »Neuheit des Geistes«. Er denkt also an pneumatische Erfahrungen, denen er das große Geist-Kapitel Röm 8 widmen wird.

Nach zehn Versen im Wir-Stil hatte Paulus 6,11 mit dem ermahnenden »ihr« begonnen. Dieser Ton setzt sich jetzt mit Nachdruck fort. Falschen Folgerungen ist entgegenzutreten: Christen sind zwar »der Sünde gestorben«, »mit Christus zusammengewachsen«, um »für Gott zu leben«, aber das macht ihr Erdendasein nicht zum Himmelbett, sondern zum Kampfplatz.

Zunächst sind die gewandelten Rechts- und Machtverhältnisse 12
zu durchschauen. **Nicht soll folglich die Sünde König sein.** »Sie soll nicht« hat hier den Sinn: Sie darf nicht mehr. Wo Christus Herr ist, ist die Macht der Sünde illegal (6,7). Gott gab ihr die »rote Karte«, doch sie schmuggelt sich aufs »Spielfeld« zurück. In 7,8-11 schildert Paulus ihre Hinterlist. **In eurem sterblichen Leib** will sie sich tummeln. Der Begriff »Leib« wird zu 12,1b ausführlich entfaltet. Gewiss gehören unsere körperlichen Belange wie Essen und Trinken, Sexualtrieb, Selbstschutz vor Kälte oder Hitze, Bedarf an Ruhe oder Bewegung usw. dazu, aber dies alles nicht abgehoben von unserer seelischen, geistigen, familiären, sozialen, kulturellen und politischen Regsamkeit. Diesen Leib kennzeichnet Paulus als sterblich. Wie alles Geschaffene ist er vergänglich, was ihn aber nicht von vornherein als sündig erklärt. Eph 5,29 setzt voraus, dass Christen ihren Leib »nähren und pflegen«, d.h. seine Bedürfnisse achten, nicht etwa als etwas Böses wegwünschen (»hassen«). Die Sünde steht dem Leib deutlich als etwas anderes gegenüber. Aber sie will sich des Leibes bemächtigen, sie will seinen natürlichen, von Gott eingestifteten Lebensdrang zur Gier steigern und verselbstständigen. Sie will den an sich normalen und notwendigen Bedürfnissen einen anderen Stellenwert verleihen, so dass ihre Erfüllung nicht mehr dem Menschen dient, sondern ihn herrisch beansprucht und versklavt: **so dass (ihr) gehorcht seinen Begierden**.

Das Wort »gehorchen« geht im Griechischen wie im Deutschen von »horchen« aus. Daraus kann Hinhorchen werden: sich also dem Gehörten nicht entziehen, sondern unter seinem Schall bleiben[42], schließlich ihm vertrauen und folgen. Wir verwenden das Wort allerdings auch verblasst: Ein Apparat »gehorcht« einem Tastendruck, ein Tier »gehorcht« seinem Instinkt. In solchen Fällen bekommt der »Gehorchende« aber nichts zu horchen, nichts zu glauben und nichts zu wollen, sondern reagiert nur auf Impulse. Was aber beim Apparat und auch beim Tier ausgeschaltet ist, ist beim Christen eingeschaltet. Christen tun z.B. nicht instinktiv gesteuert das Richtige. Es ist nicht wahr, dass sie nicht mehr anders können als Gutes zu denken und zu tun. Sie können auch anders. Sie haben

42 Darum im Griech. die Vorsilbe *hyp-* (unter) bei *hypakouô*: unter dem Hören, dem Gehörten bleiben.

in der Tat etwas zu wollen, gerade sie. Gerade für sie kommt die menschliche Verantwortung ins Spiel.

13 Der Gedanke der Verantwortlichkeit tritt noch schärfer hervor, wenn Paulus jetzt das Bild vom Sklavendienst auswechselt gegen das vom Kriegsdienst. Zugleich spricht er statt vom Leib von den **Gliedern,** also von den einzelnen Lebensvollzügen. Die Bibel erwähnt unsere Glieder dann, wenn es darum geht, den wirkenden und darum auch wirklichen Menschen zu bezeichnen. Durch Hand, Fuß und Auge verwirklichen wir uns[43] und zeigen, wer wir tatsächlich sind und was in unsern Herzen ist (Mk 9,43-47).

Damit die Sündenherrschaft nicht über das Einfallstor »Leib« und mit Hilfe unserer Handlungen wieder zurückkehrt[a], ist ein Doppeltes gefordert, eine Absage und eine Zusage. Zunächst die Absage: **Stellt ihr auch nicht eure Glieder[b] zur Verfügung als Waffen der Ungerechtigkeit für die Sünde.** Tragt eure »Waffen« nicht zum Feind hinüber! Um im Bild zu bleiben: Der Feind hat von drüben zum Überlaufen aufgefordert. Paulus setzt jedenfalls eine Entscheidungssituation voraus. Wird diese Aufforderung nicht mit einem klaren Nein beschieden, gelingt auch kein Ja zu Gott, sondern nur ein verhängnisvolles Jein. Davor möchte Paulus bewahren. Nach diesem Sichverweigern folgt zweitens (V. 13b) das genauso tatsächliche Sich-zur-Verfügung-Stellen für Gott. Also nicht nur lauern, was sich jetzt wohl von selber tut! Und zwar stellt sich der Glaubende zum Kampf zur Verfügung[44], denn Taten sind hier Waffen. Der Kampf gilt dem Auftrag, aus der empfangenen Glaubensgerechtigkeit heraus auch für Lebensgerechtigkeit im Alltag zu kämpfen. Woran gedacht ist, zeigt etwa die lange Reihe von »Ausführungsbestimmungen« in 12,9-21, die Paulus abschließend so zusammenfasst: »Lass dich nicht vom Bösen besiegen, sondern besiege du das Böse mit Gutem.« Durch uns hindurch soll etwas von einer Gott gehorsamen und gerechten Welt sichtbar werden. Die Wendung **»gleichsam als Lebende aus den Toten«** bringt etwas Schwebendes in die Aussage.[45] Es besteht ein Unterschied zwischen dem Auferstehungsleben des Herrn selbst und dem der Seinen. »Wir werden ihm gleich sein«, aber sind es

[a] Mt 12,43-45 2Petr 2,20-22
[b] Röm 6,19 7,5.23

43 Dabei können wir uns an unserer Bestimmung vorbei verwirklichen. Wir geraten nicht zum wirklichen Christen, zum wirklichen Ehepartner, zu wirklichen Eltern. Aus der Selbstverwirklichung wird leider eine Selbstentwirklichung.

44 Es geht um ein Mitkämpfen mit Christus, denn Leben »für Gott« ist nach V. 10 vom Auferstehungsleben Christi abgeleitet und dieser steht unter einem Kampfauftrag (1Kor 15,23-25). Paulus kann sich unbefangen der militärischen Sprache bedienen (noch 13,12; Eph 6,11-13). Zumeist aber wählt er für »kämpfen« Ausdrücke aus dem sportlichen Wettkampf (so auch 15,30 und besonders deutlich 1Kor 9,24-27). Das Wort »siegen« in 8,37; 12,21 ist allgemeinerer Art.

45 Griech. *hôsei*, recht häufig im NT, geht in LÜ etwas unter.

noch nicht (1Joh 3,2), wir müssen noch seufzend auf unseres Leibes Erlösung warten (8,11.22f). Dieses »noch nicht« ist nüchtern und ehrlich zuzugeben.

Die so streng zum Gehorsam Gerufenen sind geborgen in der 14
Übermacht der Gnade (5,20). Ähnlich Gal 5,16 folgt eine uneingeschränkte Verheißung: **Die Sünde nämlich wird nicht über euch Herr sein, nicht nämlich seid ihr unter dem Gesetz, sondern unter der Gnade.** Befehle abseits von dieser Gnade, also gnadenlose Befehle, wären sinnlos. Je mehr sich solche Befehle auch verschärfen mögen, desto gerissener und darum mächtiger erwiese sich die Sünde. Erst unter der Gnadenordnung gelingt das Leben, erst unter Freien bekommt der Imperativ seinen Sinn.

c) Leben unter der Herrschaft Jesu Christi als Freiheitsgeschenk (6,15-23)

15 **Was nun? Sollen wir (etwa) sündigen, weil wir nicht unter dem Gesetz sind, sondern unter der Gnade? Ausgeschlossen!**
16 **Wisst ihr nicht, wem ihr euch (jeweils) selbst als Sklaven zur Verfügung stellt zum Gehorsam, (dem) seid ihr (auch) Sklaven, dem ihr gehorcht, entweder der Sünde zum Tode oder des Gehorsams zur Gerechtigkeit?**
17 **Dank aber (sei) Gott, dass ihr (zwar) wart Sklaven der Sünde, aber gehorsam geworden seid von Herzen der (Präge)form der Lehre, der ihr übergeben wurdet.**
18 **Nachdem ihr aber befreit wurdet von der Sünde, wurdet ihr »versklavt« der Gerechtigkeit.**
19 **Menschlich rede ich, wegen der Schwachheit eures Fleisches: Gleichwie ihr nämlich eure Glieder sklavisch zur Verfügung gestellt habt der Unreinheit und Gesetzlosigkeit, so stellt jetzt eure Glieder »sklavisch« der Gerechtigkeit zur Verfügung zur Heiligung.**
20 **Als ihr nämlich Sklaven wart der Sünde, wart ihr »Freie« gegenüber der Gerechtigkeit.**
21 **Welche »Frucht« hattet ihr folglich damals? Solche (Dinge), wegen der ihr euch jetzt schämt. Das Ende jener (Dinge ist) nämlich der Tod.**
22 **Jetzt aber, nachdem ihr von der Sünde befreit worden seid und »Sklaven« für Gott geworden seid, habt ihr eure Frucht zur Heiligung, das Ende aber ist ewiges Leben.**
23 **Der Sold der Sünde (ist) nämlich der Tod, die Gnadengabe aber Gottes (ist) ewiges Leben in Christus Jesus, unsern Herrn.**

Mit V. 15 lässt Paulus das zweite Mal einen Einwand gegen seine Gnadenlehre zu. Wie schon zu V. 1 antwortet er nicht zum Fenster hinaus, sondern spricht eindringlich in den christlichen Raum hinein (s. dort). Während er im ersten Fall die Wirklichkeit der *Gemeinschaft* mit Christus ins Feld führte, macht er diesmal fruchtbar, was die *Herrschaft* des Christus für uns in sich birgt.

15 **Was nun?** Gerade erklang wieder das Lob der Gnade (V. 14). Was bedeutet das für unser praktisches Tun?[46] **Sollen wir (etwa) sündigen, weil wir nicht unter dem Gesetz sind, sondern unter der Gnade?** Voraussetzung dieser Frage ist vielleicht auch echte Besorgnis: Geht das überhaupt, so ganz allein mit der Gnade? Es gibt ein Verlangen nach Gesetz aus Furcht vor dem Sündigen. Aber für Paulus ist jede Rückkehr unter das Gesetz unvorstellbar (Gal 5,3-4). **Ausgeschlossen!** Er erteilt eine Lektion über die Macht der Gnade.

16 **Wisst ihr nicht?** Die Leser kennen die antike Einrichtung des Sklavenwesens[47]. **Wem ihr euch (jeweils[48]) selbst als Sklaven zur Verfügung stellt zum Gehorsam[49], (dem) seid ihr (dann auch) Sklaven, dem ihr gehorcht.** Der Nachsatz »dem ihr gehorcht« bestätigt nur noch einmal, was damals jedem klar war: Untertänigkeit gehört zur Struktur des Sklavenstandes. Alles andere ist Theorie. Ein Sklave mochte dieses Stück seiner Daseinsverfassung im Tagtraum einmal vergessen, doch sobald er davon erwachte, machte sich die Realität handfest bemerkbar. Auch ein Besitzerwechsel, von dem sich der Sklave Besserung seiner Verhältnisse versprochen haben mag, beendete nie die sklavische Hörigkeit.

Paulus gleitet vom Bild zur Sache hinüber. Er denkt an das Christwerden. Auch da geschieht ein Herrenwechsel, aber es bleibt auch da beim »Sklavendienst«, **entweder der Sünde zum Tode oder des Gehorsams zur Gerechtigkeit.** Das Entweder-oder lautet also nicht: der Sünde dienen oder ihr nicht dienen, sondern allein: der Sünde dienen oder dem neuen Herrn dienen. Etwas Drittes, also nicht sündigen, aber auch Christus nicht dienen, gibt es nicht. Ohne in die von Christus aufgerichtete Daseinsverfassung der Gerechtigkeit einzutreten und ihr zur Verfügung zu stehen, ginge das Sündigen immer weiter, auch bei noch so viel Gesetz. Gehört einer aber der Gerechtigkeit an, hat auch sie, ebenso wie vorher die Sünde, bindende Kraft. »Ich bin von Christus ergriffen« (Phil 3,12).

46 Es geht im Unterschied zu V. 1 nicht mehr um verfehltes christliches Sein (»in der Sünde bleiben«), sondern ganz handfest um »sündigen«.

47 In diesem Abschnitt achtmal »Sklave, sklavisch, versklaven« (V. 16.17.18.19.20.22), dreimal »Freige-lassener, freikaufen« (V. 18.20.22), zweimal als Sklave »gehorchen« (V. 16.17).

48 Der Aorist kann wiederholte einmalige Vorgänge bezeichnen (punktueller Aorist).

49 »Es kam auch vor, dass Freie sich freiwillig in Sklaverei begaben, sei es aus Not, um sich den Lebensunterhalt zu sichern, sei es, um auf diese Weise einen Sklaven frei zu machen« (Michel, S. 135).

Für die Leser war dieser Umschwung geschehen. **Dank aber (sei) Gott, dass ihr (zwar) wart Sklaven der Sünde.** Im heutigen Europa ist Christsein für viele Menschen nicht erfahrenes Geschenk (»Gott sei Dank!«), sondern eine Art Selbstverständlichkeit. Paulus aber kann bei den Römern lebendige Erinnerung an ihre christlichen Anfänge abrufen. Ihr seid **gehorsam geworden von Herzen der (Präge)form der Lehre, der ihr übergeben wurdet**. Hier fließt zweierlei zusammen. Einerseits waren sie selber mit **dem Herzen** dabei (vgl. 10,9f), ungezwungen, aus freiem Willen, andererseits waren sie Empfänger eines Geschehens. Sie wurden als Auszubildende in die Obhut der Lehre übergeben.[50] Während Paulus in 16,17 von »der Lehre« spricht, »die ihr (aktiv!) gelernt habt«, kehrt er hier heraus, was mit ihnen dabei geschah, ging es doch hier im Zusammenhang um die bindende und gestaltende Macht der neuen Zugehörigkeit. Darum heißt es auch: (Präge)form der Lehre. **17**

Das griech. *typos* kommt von *typto*, »schlagen«: In einen Stein, Metall oder sonstiges Material werden Zeichen geschlagen oder gestochen. Das Ergebnis ist ein *typos*, etwas Eingraviertes, das nun seinerseits wie ein Stempel verwendet werden kann, so z.B. ein Münzstempel, mit dessen Hilfe Geldmünzen geprägt werden. Darum die Übersetzung »Prägeform der Lehre«.

Bei dieser Prägung durch die Lehre hat Paulus offensichtlich einen umfänglichen Vorgang vor Augen. Darum befriedigt die Auslegung nicht, wonach hier an einen rituellen Akt in einem bestimmten Gottesdienst zu denken sei, etwa an die Verpflichtung auf einen Bekenntnistext bei der Taufe. »Lehre« (*didachä*) ist kaum ein kurzer Bekenntnistext.[51] Solch ein Hersagen erfüllt auch nicht den Begriff des Prägens. Eher ist an Mt 28,19 zu erinnern: »Macht zu Schülern und tauft sie und lehrt sie halten alles (!), was ich euch geboten habe.« Jesus hinterließ ein rundes Lebenskonzept, eine eingehende Einweisung in ein alternatives Leben. Sie vor allem ist der Lehrstoff, verbunden mit Begründungen in der Schrift (AT).

Wir halten fest: Gläubigwerden ist nicht allein ein Akt der Begeisterung, es erschöpft sich nicht in Innigkeit. Man fragt vielmehr den Verkündiger: Was sollen wir tun?[a] Wir haben uns bisher heillos vertan, gib uns Tatanweisung von Christus her! Man stellt sich einem Lernprozess[b]. Paulus konnte den Ephesern schreiben: »Ihr habt Christus gelernt« (Eph 4,20f). Mit den Galatern hätte er den Unter-

[a] 1Kor 4,17 11,23;15,3 Gal 1,9 Eph 4,21 Kol 2,6 1Thess 2,11f 4,1f.6.11f 2Thess 3,6
[b] Röm 8,15 Gal 5,1.13 Joh 15,14f

50 *paradidonai* hat oft den Sinn, an einen Gerichtsvollzug zu übergeben. Hier begegnen wir dem positiven »übergeben«: Menschen der Gnade Gottes bzw. dem Wort der Gnade anheim zu stellen: Apg 14,26; 15,40 (vgl. 14,23; 20,32); 1Petr 4,19; Lk 23,46; Joh 19,30.

51 »Lehre« erscheint im NT 30-mal, und zwar bis auf die Ausnahme in Hebr 13,9 in Einzahl, die eine Gesamtheit bezeichnet, etwa die »Lehre der Pharisäer« oder die »Lehre der Apostel«.

richt gern noch einmal wiederholt, »bis Christus (wieder) unter euch *gestaltet* wird« (Gal 4,19).

18-19 Immer noch in stark bildhafter Rede spricht Paulus über den Wechsel des »Sklavenhalters«: **Nachdem ihr aber befreit wurdet von der Sünde, wurdet ihr »versklavt« der Gerechtigkeit.** Eigentlich ist es unerträglich, von einer »Versklavung« durch die Gerechtigkeit zu sprechen. Dieser uneigentliche Gebrauch einiger Wörter in den folgenden Versen ist in der Übersetzung durch Anführungsstriche kenntlich gemacht. Paulus bittet um Nachsicht für diese Redeweise, begründet aber auch sein Vorgehen in V. 19a: **Menschlich rede ich, wegen der Schwachheit eures Fleisches,** d.h. wegen der menschlichen Schwäche, die Dinge allzu leicht misszuverstehen. Worum es ihm letztlich geht: Wer in aller Form bekannt hat, dass Jesus sein Herr geworden ist, möge sich nun auch im Rahmen dieser Tatsache bewegen und sie nicht nachträglich verdrängen, um sich ihr zu entziehen.

Der Vergleich ist in aller Klarheit und auch Härte durchzuziehen: **Gleichwie ihr nämlich eure Glieder sklavisch zur Verfügung gestellt habt der Unreinheit und Gesetzlosigkeit, so stellt jetzt eure Glieder »sklavisch« der Gerechtigkeit zur Verfügung zur Heiligung.** Die Bekehrung der Römer hat für sie ein neues »jetzt« geschaffen (vgl. noch V. 21 und 22), »jetzt« ist es für sie nur noch zeitgemäß, ausschließlich Christus zu Diensten zu sein.

In 14,1-9 spürt Paulus solch einem Dasein nach bis in alle seine Verästelungen. Acht Beispiele zeigen die Spannweite eines Lebens für Christus: »dem Herrn essen, trinken, schwach sein, stark sein, stehen, fallen, leben und sterben«. Dies alles fügt Paulus hier und V. 22 zum Begriff der Heiligung zusammen.

20-22 Bisher arbeitete Paulus mit der »Gleichheit« zwischen Sündendienst und Gerechtigkeitsdienst. In den restlichen Versen lenkt er nun doch den Blick auf den krassen Unterschied der beiden Dienstverhältnisse. Dazu erfragt er zunächst den Ertrag ihrer vorchristlichen Zeit. **Als ihr nämlich Sklaven wart der Sünde, wart ihr »Freie« gegenüber der Gerechtigkeit. Welche »Frucht« hattet ihr folglich damals?** Nur ironisch lässt sich außerhalb der Gerechtigkeit von »Freien« reden. Widersinnig ist dann auch »Frucht«. Mit bitterer Scham blicken sie vom »jetzt« auf das »damals«: Bei allem Freiheitspathos (1,30: »hochmütig und prahlerisch«) war es doch eine schauerliche Freiheit und zeitigte faule Früchte. **Solche (Dinge)** – sie füllen Lasterkataloge wie 1,29-32; 3,10-17 oder 13,13 –, **wegen der ihr euch jetzt schämt! Das Ende jener (Dinge ist) nämlich der Tod.** Jahre, die ihnen damals eventuell sogar Vergnügen bereiteten (1,32), lagen jetzt wie ein Totenfeld vor ihnen. **Jetzt aber, nachdem ihr von der Sünde befreit worden seid und Sklaven für Gott**

geworden seid, habt ihr eure Frucht zur Heiligung, das Ende aber ist ewiges Leben.

In einer lehrhaften Zusammenfassung verlässt Paulus das Bild 23
vom Sklaven und knüpft noch einmal ans Militärwesen an wie schon V. 13. Die Sünde erscheint jetzt als Söldnerführer, der seinen Leuten nach dem Feldzug den Sold auszahlt. **Der Sold der Sünde (ist) nämlich der Tod.** Die Bibel kennt auch Sterben als natürliche Bedingung unseres Menschseins. Hier dagegen ist wie in 1,32; 5,12 vom Gerichtstod die Rede. Wir müssen nicht nur sterben, wir *verdienen* zu sterben. Weil Sünde das Verhältnis zum Gott des Lebens zerstört, muss bei ihr in gerader Linie der Tod herauskommen.[52] Bei aller Lebensgier ist er immer schon eingeschlossen (1Kor 15,32b). Sünde geht mit dem Tode schwanger (Jak 1,15). Im Kontrast zu diesem düsteren Ausblick macht hier ein lichtvoller Satz den Schluss: **Die Gnadengabe aber Gottes (ist) ewiges Leben in Christus Jesus, unsern Herrn.**[53]

4. Der Christ und das Gesetz (zweites Sonderthema) (7,1-25)

Das neue Kap. ist durch 29-maliges Auftauchen der Begriffe »Gesetz« bzw. »Gebot« geprägt. Eine besondere Lektion über das Mosegesetz war unumgänglich, hatte Paulus doch in 3,21 seinen Basisabschnitt mit den Worten eröffnet: »Ohne das Gesetz!« – schwer anhörbar für die Ohren gesetzestreuer Juden. Als er später, inzwischen gebrandmarkt als Verkünder des gesetzesfreien Evangeliums, in Jerusalem auftauchte, schrien sie: »Hinweg mit ihm!« (Apg 21,36). Nach Apg 7,54.57 knirschten sie beim Anhören des Stephanus mit den Zähnen und hielten sich laut brüllend die Ohren zu. Aber auch in der damaligen (wie in der heutigen!) Gemeinde konnte Paulus mit seinen Formeln Not bereiten. Angesichts unleugbarer Versündigungen in den eigenen Reihen waren nicht wenige Gläubige überzeugt, dass es so ganz ohne Gesetz nicht geht. Dies Thema schwelte also ab 3,21. Verstreute Hinweise wie 3,19f; 4,15; 5,13.20 waren nicht dazu angetan, zu beruhigen. Schließlich mussten Äußerungen wie gerade eben in 6,14, wonach sich das Leben unter dem Gesetz gar mit einem Leben unter der Sünde deckt, das Befremden aufs Höchste steigern. Das Gesetz stammt von Gott und ist noch im Endgericht göttliche Norm (2,12). Man darf fragen: Steht Paulus noch zu seiner Versicherung

52 Unser Sein ist »Sein zum Tode«, wusste auch der Philosoph Martin Heidegger (1889-1976).

53 *charisma*, »Gnadengabe«, von *charis*, »Gnade«. »Gnade« war ab Kap. 5 bis hierher für zwei Kapitel Leitwort: 5,2.15(2x).17.20.21; 6,1.14.15.17.

von 3,31, dass er niemals als Gesetzesbrecher auftreten werde? Keinesfalls konnte er die römische Gemeinde als Stützpunkt für seine Spanienmission gewinnen, wenn er diesen Argwohn nicht ausräumte.

a) Der Rechtsnachweis für die Lösung vom Gesetz (7,1-6)

1 Oder wisst ihr nicht, Brüder – ich rede doch zu Gesetzeskundigen –: Das Gesetz ist Herr über den Menschen, solange er lebt.
2 Die verheiratete Frau ist nämlich durch das Gesetz an ihren (noch) lebenden Mann gebunden. Wenn der Mann aber stirbt, ist sie dem Gesetz des Mannes enthoben.
3 Folglich also wird sie (zwar) bei Lebzeiten des Mannes eine Ehebrecherin genannt, wenn sie eines anderen Mannes (eigen) wird; wenn aber der Mann gestorben ist, ist sie vom Gesetz her eine Freie, und sie ist nicht eine Ehebrecherin, indem sie eines anderen Mannes (eigen) wird.
4 Folglich, meine Brüder, auch ihr seid getötet worden dem Gesetz durch den Leib des Christus, einem anderen (eigen) zu werden, dem von den Toten Auferweckten, damit wir für Gott Frucht bringen.
5 Als wir nämlich im Fleisch waren, wurden die Leidenschaften der Sünden durch das Gesetz in unsern Gliedern ins Werk gesetzt, dem Tod Frucht zu bringen.
6 Jetzt aber sind wir dem Gesetz enthoben, nachdem wir gestorben sind, (nämlich dem Gesetz,) in welchem wir gefangen gehalten wurden, damit wir »Sklaven« sind in der Neuheit des Geistes und nicht (mehr) in der Altheit des Buchstabens.

Dieser Abschnitt ist eine unschätzbare Hilfe in der Frage, wie Christen sich in gutem Glauben und mit gutem Gewissen vom Gesetz frei wissen dürfen.

1-3 Die hier und V. 4 eingefügte Anrede **»Brüder«** bestätigt, wie wenig dies Thema für Paulus und seine Leser rein akademischer Natur war. Es berührte spürbar die Voraussetzung ihrer Gemeinschaft. **Oder wisst ihr nicht?** Wieder setzt er beim Gemeinsamen an: **Ich rede doch zu Gesetzeskundigen.** Als solche werden sie folgendem Grundsatz allgemeinen Rechtsdenkens, an dem auch das Mosegesetz teilhat[54], nicht widersprechen: **Das Gesetz ist (nur) Herr über den Menschen, solange er lebt.** Der abstrakte

[54] Vgl. 3,19 und das rabbinische Wort: »Wenn ein Mensch gestorben ist, ist er frei geworden vom Gesetz und von Gebotserfüllungen« (Bill III, S. 232).

Satz hat praktische Folgen. V. 2-3 bringen ein Beispiel. **Die verheiratete Frau ist nämlich durch das Gesetz an ihren (noch) lebenden Mann gebunden. Wenn der Mann aber stirbt, ist sie dem Gesetz des Mannes enthoben.** Die bindende Kraft der Ehegesetze gilt nicht über den Tod hinaus. Er scheidet eine Ehe (s. zu 6,2) und löst damit den bisherigen Stand der Frau zugunsten eines neuen Standes auf. Nirgendwo wird eine Witwe weiterhin auf ihren verstorbenen Mann verpflichtet (1Kor 7,39). **Folglich also wird sie (zwar) bei Lebzeiten des Mannes eine Ehebrecherin genannt, wenn sie eines anderen Mannes (eigen) wird; wenn aber der Mann gestorben ist, ist sie vom Gesetz her eine Freie, und sie ist nicht eine Ehebrecherin, indem sie eines anderen Mannes (eigen) wird.** Paulus zielt hier einzig und allein auf einen bestimmten Punkt, auf die rechtmäßige[55] Auflösung einer Bindung durch den Tod und deren unbestrittene Folgen. Von anderen Betrachtungsweisen des Sterbevorgangs sieht er hier wie schon in Kap. 6 ab. Diese Genauigkeit seines Denkens sollte auch unsere Verwendung des Beispiels[56] bestimmen.

Jetzt die Lehre daraus für die Christen: **Daher, meine Brüder,** 4
auch ihr seid getötet worden dem Gesetz durch den Leib des Christus. 6,1-10 hatte dies geistliche Sterben zehn Verse lang eingeprägt. Aufgrund dieses Rechtsvorgangs steckt in ihrer Gesetzesfreiheit kein Fädchen ruchloser Willkür. Wer das heilige Gesetz eigenmächtig abwürfe, wäre auch nicht wahrhaft gesetzesfrei, sondern ein ganz gewöhnlicher Sündenknecht. Gesetzlos und gesetzesfrei ist also sehr wohl zu unterscheiden. Was der Abschnitt 6,1-11 über das geistliche Mitsterben mit Christus lehrte, wird jetzt durch den Bezug auf den Leib des Christus angereichert. Jesus wurde dem Gesetz leibhaftig, also ganz irdisch-jüdisch unterstellt (Lk 2,21.22; Gal 4,4). Anders hätte er es nicht erfüllen und auch nicht dessen Lebenszusage erfahren können. Sie lautete nach 10,5 oder Gal 3,12: Wer alles tut, ohne einen Hauch von Gesetzesbruch, soll leben. Jesus hat sein Erdenleben so vollendet, in völliger Hingabe an Gott und in völliger Hingabe für uns nach dem Willen Gottes bis in den Tod (Gal 2,20). Darum war sein Sterben auch rechtlich gültig für uns und wir bekommen im Glauben daran berechtigten Anteil. Dieses geistliche Sterben ist durchschlagender,

55 Vgl. Gal 2,19: »durch das Gesetz(!) dem Gesetz gestorben«.

56 Wir behandeln es darum nicht als *Allegorie*: Der gestorbene Mann im Beispiel ist nicht das Gesetz, denn das Gesetz stirbt nicht; die Frau ist nicht die Gemeinde, denn diese überlebt nicht das Gesetz; der zweite Mann ist nicht Christus, denn Christus nimmt nicht die Witwe eines anderen (2Kor 11,2). Es handelt sich auch nicht um ein *Gleichnis*, das hinkt, sondern eben um ein echtes Fallbeispiel aus dem Rechtsleben, das in rechtliches Denken einübt.

unwiderruflicher und weit greifender als körperlicher Tod. Noch »toter« geht es nicht, darum aber auch nicht noch losgelöster von alten Verbindlichkeiten. Unsere Verpflichtung gegenüber dem Gesetz ist durch den Leib Christi völlig abgedient. Wie ein tiefer Graben liegt nun zwischen unserm Damals und unserm Heute das Grab Jesu. Drüben herrschte das Gesetz, an diesem Ufer reicht uns Christus die Hand: **einem anderen (eigen) zu werden, dem von den Toten Auferweckten, damit wir für Gott Frucht bringen.** Verschmähten wir allerdings dies Sterben Jesu »für uns«, dann auch dies Gestorbensein mit ihm, und dann wäre auch das Gesetz wieder unser Herr.

5 V. 5b blickt noch einmal auf früher zurück. **Als wir nämlich im Fleisch waren,** also noch im Stande der Feindschaft gegen Gott (8,7), **wurden die Leidenschaften der Sünden durch das Gesetz ins Werk gesetzt in unsern Gliedern, dem Tod Frucht zu bringen.** Das Gesetz schuf zwar nicht die Sünde, aber setzte die vorhandene Sünde ins Werk. Die im Sünder schlummernde Gegnerschaft rieb sich am konkreten Einzelgebot. Widergöttliches Wesen platzte auf, wurde vom Gesetz auf frischer Tat ertappt und konnte als solches unter Anklage gestellt werden. Mehr noch: Wir wurden durch das Gesetz **gefangen gehalten** (V. 6), nach 11,32; Gal 3,23 wie Häftlinge im Untersuchungsgefängnis. Ohne Bild: Das Gesetz verhindert durch seine unbestechliche Anklage im Gewissen die Illusion einer Selbstrechtfertigung und ein Glücklichwerden trotz Schuld. Es sorgt dafür, dass der Refrain von Jes 48,22; 57,21 wahr bleibt: »Die Gottlosen haben keinen Frieden.« Es hält schließlich die Erlösungsbedürftigkeit frisch, bis der Glaube kommt (Gal 3,23) und »Gott sich aller erbarme« (11,32).

6 **Jetzt aber** hat sich die Tür des Glaubens geöffnet. Nicht ein Tüttel des Gesetzes wurde geändert (Mt 5,17-20), aber **wir sind gestorben, damit wir nicht (mehr) »Sklaven« sind in der Altheit des Buchstabens.** Der Blick fällt hier auf die Schriftlichkeit des Mosegesetzes. Einerseits liegt darin, dass etwas in Buchstaben gefasst schwarz auf weiß vor Augen steht (vgl. Joh 19,22; 2Kor 3,7), der Vorteil der Eindeutigkeit. Andererseits veräußerlicht es dadurch. Auf die äußere Fläche gebannt, erstarrt es zur blanken Forderung. Als fernes Wort lässt es des Menschen Herz allein. Ihm stellt Paulus 10,8-10 das »nahe Wort« gegenüber, das das Herz neu macht, es umschafft. **Neuheit des Geistes** wird als noch nie Dagewesenes oder auch nur Erahntes in lebendiger Frische erfahren. Das Thema »Geist« kündigte sich schon 2,29; 5,5 an und wird 8,1-30 breit in die Mitte treten.

b) Dennoch – das Gesetz ist heilig (7,7-13)

7 Was werden wir folglich sagen? Gesetz (gleich) Sünde? Ausgeschlossen! Sondern die Sünde hätte ich nicht kennen gelernt, wenn nicht durch das Gesetz. Um das Begehren wüsste ich nämlich nicht, wenn nicht das Gesetz gesagt hätte: Nicht sollst du begehren!
8 Anlass nehmend aber durch das Gebot bewirkte die Sünde in mir alles Begehren. Ohne nämlich das Gesetz (ist) Sünde tot.
9 Ich aber lebte einstmals ohne Gesetz, beim Kommen aber des Gesetzes wurde die Sünde lebendig.
10 Ich aber starb, und erfunden wurde mir das zum Leben (gegebene) Gebot, (dass gerade) dies (mir) zum Tode (gereichte).
11 Die Sünde nämlich, Anlass nehmend durch das Gebot, verführte mich und tötete (mich) durch dieses.
12 Daher (bleibt festzustellen): Das Gesetz (ist) wohl heilig, und das Gebot (ist) heilig und gerecht und gut.
13 (Ist) folglich Gutes mir ein Tod geworden? Ausgeschlossen! Vielmehr die Sünde (war es), damit sie sichtbar werde als Sünde, durch das Gute mir den Tod bewirkend, damit im Übermaß die Sünde sündig werde durch das Gesetz.

In V. 6 strahlte endlich als Gegenbegriff zum Gesetzesdienst »Neuheit des Geistes« auf und versetzte den Leser in erwartungsvolle Spannung. Da schaltet Paulus noch einmal eine Verzögerung von neunzehn Versen ein. Was ihn dazu veranlasst, ist sein herzliches Werben gerade auch um seine kritischen Leser, indem er ihr stärkstes Bedenken noch einmal in aller Gründlichkeit würdigt: Wo bleibt bei »seinem Evangelium« (2,12) die Heiligkeit des Gesetzes? Dazu folgt ein zweiteiliges Lehrstück.

1. *Zum auffallenden Ich-Stil in V. 7-13 und 14-25.*[57] Dieses »ich« wird unterschiedlich erklärt:

- Es ließe sich auf das »ich« in zahlreichen Psalmen verweisen. Aber dies insgesamt ist kein Psalm, weder ein Klagepsalm, auch wenn V. 24 ein Klageruf erschallt, noch ein Bußpsalm, auch wenn V. 25a das Vorhandensein eines Heils anklingt.
- Auch handelt es sich hier nicht um ein autobiographisches »ich«, vergleichbar mit Phil 3,4-11. Die Aussage in V. 9 (»Ich aber lebte einstmals ohne Gesetz«) passt nicht in seinen eigenen Lebensweg, war er doch am achten Tag beschnitten und von früh an gesetzlich erzogen worden.

[57] Die LÜ zählt 46-mal »ich, meiner, mir, mich«!

- Schließlich passt hier auch das pädagogische »ich« nicht, das Paulus in seinen Briefen verwenden kann, um eine Sache unaufdringlich an sich selbst vorzuführen und so sein Gegenüber umso wirksamer zum Nachvollzug aufzufordern (etwa Gal 2,18). Hier jedoch fehlt der seelsorgerliche Rahmen.
- Darum ein vierter Vorschlag: Der Abschnitt zeigt in seiner ganzen Länge ein Ich ohne jedes Wir. Alle sozialen Beziehungen versinken, vom Nächsten wird völlig abgesehen. Im Unterschied zum Bild des Sünders etwa in 1,28-31 erscheint Sünde hier als etwas, was man nur sich selbst antut. Diese Konzentration auf den bloßen Ich-Kern ist schon einzigartig. Er wird zermahlen zwischen der Heiligkeit des Gesetzes und der Macht der Sünde. Ureigene Betroffenheit durch Gott findet Ausdruck. Paulus führt sie in dieser Weise vor, weil er Wesen und Wirken des Gesetzes beleuchten will, nicht Psychologie betreiben (vgl. auch die Einführung zu V. 14-25).

Nun gibt es aber im wirklichen Leben keinen sozial völlig abgehobenen Menschen. Jeder lebt im Dreieck von Ich – Gott – mein Nächster. Darum können wir auch in diesem Abschnitt mehrere Ebenen mindestens durchschimmern sehen:

- *Die Ebene des Gesetzesjuden*. Schon V. 6 setzt eindeutig das Sinaigesetz voraus und damit vorrangig die innere Situation des Gesetzesjuden, wie er sie selber erfuhr. Kaum schrieb er an seiner eigenen Geschichte völlig vorbei. Persönliche Erfahrungen aus seiner pharisäischen Zeit flossen ein. Doch wie passt dazu Phil 3,4-10, wo er seinen damaligen Gesetzesstolz hervorhebt (»nach der Gerechtigkeit im Gesetz untadelig«) ohne auch nur ein bisschen Gesetzesverzweiflung wie hier? Doch Stolz und Verzweiflung bilden keinen letzten Gegensatz. Hinter einem auffälligen Pochen auf die »eigene Gerechtigkeit« (dort V. 9, hier 10,3) könnte gerade ihr Nichtvorhandensein stehen. Noch immer wirft sich heimliche Verzagtheit umso heftiger auf peniblen Buchstabendienst (Mt 23,23), zeigt sich in Selbstgerechtigkeit, so lange es irgend geht. Man überhöre auch nicht die ergreifenden Zeugnisse, mit denen gesetzesbewusste Juden ihrer Sündennot Ausdruck geben konnten, z.B. 1QS 11,9ff 4Esr 3,19-22; 9,36f, auch nicht die Bußpsalmen und Klagelieder des AT. Es bestätigt sich 3,20 (vgl. 5,20 und hier V. 7): »Durch das Gesetz kommt Erkenntnis der Sünde.«
- *Die allgemein menschliche Ebene.* In V. 9f spielt Paulus deutlich auf 1Mo 2-3 an und damit auf die Lage eines jeden Menschen. Jeder Mensch begegnet in irgendeiner Form dem Gesetz, auch außerhalb des Mosebunds (1,32; 2,14f; 7,1), so dass sich bei jedem vergleichbare Konflikte einstellen können.

- *Die Ebene des Christen?* Sie sind gewiss nicht »unter die Sünde verkauft« (V. 14), diese »wohnt« nicht in ihnen (V. 17), vielmehr »wohnt Gottes Geist in euch« (8,9). Aber sie können kleingläubig werden und dadurch wieder den Anhauch vor- oder außerchristlicher Situationen erfahren. Mahnungen wie etwa 6,11.12.13; Gal 5,16.25 ergehen nicht nur pro forma oder zum Schein. Bei Rückfall wird Römer 7 wieder aktuell.

Wieder zeigt die typische Frageform, dass Paulus auf einen Ein- 7
wand eingehen will: **Was werden wir folglich sagen?** Die Wichtigkeit, die er eben wieder der Gesetzesfreiheit beigemessen hat, schien eine negative Einschätzung des Gesetzes zu bestätigen: Alles ist gut, wenn nur das Gesetz aus der Welt verschwände; meidet das Gesetz wie die Sünde![58] So drängt sich ganz ähnlich wie in Gal 3,21 die Frage auf: **Gesetz (gleich) Sünde?** Ohne im Geringsten zu zögern, wehrt Paulus ab: **Ausgeschlossen!** Es gibt da zwar eine Wechselwirkung, aber völlig anderer Art, als geargwöhnt wird. Sie will sorgfältig bestimmt sein. Dazu zergliedert Paulus die Vorgänge: **Sondern die Sünde hätte ich nicht kennen gelernt, wenn nicht durch das Gesetz.** Sünde entsteht nicht durch das Gesetz, wohl entsteht durch das Gesetz Erkenntnis der Sünde (so schon 3,20). Wie so oft in der Bibel umfasst »**erkennen**« auch hier mehr als theoretische Kenntnisnahme.[a] Gemeint ist eine ganzheitliche Erfahrung, in die das Gesetz hineinführt. Das wird weiter ausgeführt. **Um das Begehren wüsste ich nämlich nicht, wenn nicht das Gesetz gesagt hätte: Nicht sollst du begehren!** Widergöttlicher Lebensdrang[b] tritt erst voll in Erscheinung, wenn er statt auf Watte auf Widerstand stößt, eben auf das unbedingte, göttliche Nein des Gesetzes. Erst dieser Widerstand, nicht noch so viel Sündigen an sich, schafft Sündenerkenntnis. Sünde an sich betrügt und vernebelt (V. 11).

[a] 2Kor 5,21 1Kor 8,3 13,13 Phil 3,10 Gal 4,9

[b] Röm 1,24 6,12; 13,14 Gal 5,16.24

Paulus verweilt bei diesem Vorgang. **Anlass nehmend aber** 8
durch das Gebot bewirkte die Sünde in mir alles Begehren. Der Drang nach Selbstdurchsetzung braucht etwas, was ihm entgegentritt, Feindschaft braucht den Feind. Gesetzwidrigkeit entwickelt sich an der Zumutung eines Verbots. Bekommt sie diesen Anlass, lebt Sünde so recht auf und weckt in mir in den Einzelfällen des Alltags alles Begehren. Daraus ist zu folgern: **Ohne nämlich das Gesetz (ist) Sünde tot.** Es gibt sie noch nicht als Rechtsfall. Schon 2,12 unterschied Paulus Sünde ohne und unter dem Gesetz. Ohne

58 Tatsächlich ließen sich von ihm deckungsgleiche Aussagen über Sünde und Gesetz zusammenstellen: Sünde und Gesetz herrschen über den Menschen (6,14 vgl. 7,1) und wirken sogar zusammen (7,5); es gilt, der Sünde wie dem Gesetz zu sterben (6,2.10f vgl. 7,4), so dass mit Genugtuung auf Freiheit von der Sünde wie vom Gesetz zurückgeblickt wird (6,18.22 vgl. 7,3).

Gesetz ist Sünde noch nicht auf den juristischen Begriff gebracht (5,13). Erst durch die Begegnung mit ihm wird sie justitiabel.

9 Bisher war offensichtlich an das Sinaigesetz gedacht. »Du sollst nicht begehren!« erinnerte an 2Mo 20,17f; 5Mo 5,21. Jetzt aber gleitet Paulus hinüber zu 1Mo 2-3. Schon das sechsmalige »Gebot« in Einzahl[c], das er mit Ausnahme von 13,9 sonst überhaupt nicht verwendet, spricht für den Bezug auf das »gebieten« in 1Mo 2,16; 3,11.17 wie »betrügen« (V. 11) auf 1Mo 3,13. (Übrigens findet sich auch »Begierde« von V. 7f in 1Mo 2,6; vgl.4,7.) So mag der Satz **»Ich aber lebte einstmals ohne Gesetz«** an die neue Lage erinnern, die sich für Adam mit dem Erlass des Verbotes 1Mo 2,16 ergab. Wiederum fällt sein Name hier nicht direkt, so dass die Geschichte von der Gabe des Gesetzes am Sinai nicht völlig verdrängt wird, sondern anwesend bleibt. Auch für uns fließen manchmal zwei biblische Geschichten ineinander, weil sie sich tatsächlich in einem Punkt berühren.[59] Jedenfalls: Mit dem **Kommen des Gesetzes** erlebte die schon vorhandene Sünde (5,14!) ihre »Auferstehung« (V. 8): **Die Sünde wurde lebendig.**

[c] Röm 8.9.10. 11.12.13

10 Das Aufleben der Sünde erwies sich für »mich« als tödlich. In Anspielung auf 1Mo 2,17 heißt es: **Ich aber starb.** Gedacht ist an den tiefsten Lebensbruch, an den Verlust der Gemeinschaft mit dem lebendigen Gott. Sünde gegen Gott und Leben mit Gott sind unverträglich. Verwunderlich aber, in welche Rolle das Gesetz geraten war. **Erfunden wurde mir das** im Paradies **zum Leben (gegebene) Gebot** (1Mo 2,17), **(dass gerade) dies (mir) zum Tode (gereichte).**

11 Wie soll man mit dieser Verkehrung zurechtkommen? Darauf antwortet 1Mo 3 mit dem Motiv der Verführung. Paulus stellt an die Stelle der Schlange die Sünde[d]. **Die Sünde nämlich, Anlass nehmend durch das Gebot, verführte mich und tötete (mich) durch dieses.** Der Mensch ließ sich voll betrügen (1Mo 3,13: »Die Schlange betrog mich«): Zuerst verkannte er Gottes Wohltat (1,21a), dann begann er seinen Schöpfer zu hassen (1,30), dann hielt er Übertretung für Leben (1,21b) und schließlich verließ er dümmlich den Schutz des Gebots (1,29).

[d] Röm 16,18 2Kor 11,3 1Tim 2,14 1Thess 2,3 Mk 4,19

12 So bleibt es bei der höchsten Tadellosigkeit des Gesetzes. **Daher (bleibt festzustellen): Das Gesetz (ist) wohl heilig, und das Gebot (ist) heilig und gerecht und gut.** Dieser Dreiklang wird in den Versen 14 und 16 noch mit »geistlich« und »schön« zu einem Fünf-

[59] Der Ausleger darf also nicht jede Einzelheit von 1Mo 2-3 für diese Stelle passend machen wollen (z.B. ist »ohne Gesetz leben« hier nicht Dasein in paradiesischer Unschuld!). In 5,14 wertet Paulus die Adamgeschichte anders aus.

klang aufgefüllt.[60] So ist das Gesetz von der Sünde gänzlich geschieden. Nimmermehr betrügt es den Menschen, immer hat dieser es bei ihm mit Gott zu tun.

Noch einmal wendet Paulus sich an den kritischen Hörer. **(Ist)** 13
folglich Gutes mir ein Tod geworden? Ausgeschlossen! Vielmehr die Sünde (war es). Die Verantwortung für das Böse lag eindeutig bei der Sünde und dem Sünder. Aber es geht Paulus jetzt um noch mehr. Die Sünde wird nicht das letzte Wort haben. Obwohl sie das Gesetz vor ihren Wagen spannte, bekam sie es nicht wirklich in ihre eigene Regie. Es blieb Mittel in *Gottes* Hand. Ein doppelter Absichtssatz bezeugt sein überlegenes Walten: **damit sie (die Sünde) sichtbar werde als Sünde, durch das Gute mir den Tod erwirkend.** Indem es ihr gelungen war, sich sogar mit dem Guten, mit dem Gesetz Gottes zu bemänteln, schien sie vollauf zu triumphieren. Doch im Endeffekt wurde sie in ihrer Negativität gründlich bloßgestellt. Ein zweites »damit« steigert den Gedanken: **damit im Übermaß die Sünde sündig werde durch das Gesetz.** Das Gesetz trieb ihr Innerstes so nach außen, dass sie ihre wahre Gestalt annahm. Das Böse wurde grundböse.

Im Unterschied zum nächsten Abschnitt schreibt Paulus hier in Vergangenheitsform. Er zeichnet Geschichte nach. Innerhalb der Geschichte sind Entscheidungen gefallen, von denen auch der heutige Mensch immer schon herkommt und aus denen er nicht mehr herauskommt, ohne die sein gegenwärtiger Zustand unerklärlich bliebe.

c) Dennoch – das Gesetz ist schwach (7,14-25)

14 **Wir wissen nämlich: Das Gesetz ist geistlich, ich aber bin fleischlich, verkauft unter die Sünde.**
15 **Denn was ich bewirke, (an)erkenne ich nicht; nicht nämlich genau das, was ich will, tue ich, sondern was ich hasse, gerade das tue ich.**
16 **Wenn ich aber, was ich nicht will, gerade das tue, stimme ich dem Gesetz zu: Gut!**
17 **Nun aber (wie die Dinge liegen, gilt) nicht mehr: Ich selber bewirke es, sondern die in mir wohnende Sünde.**
18 **Ich weiß nämlich: Nicht wohnt in mir, das heißt in meinem Fleisch, Gutes. Das Wollen (des Guten) ist mir (zwar) zur Verfügung, aber das Bewirken des Guten nicht.**

[60] Damit bleibt Paulus hinter dem atl. Gesetzesjubel (beispielhaft in Ps 119) nicht zurück. Aber das Gesetz erweckt nicht *nur* Freude. Beachte die Einführung zu 7,14-25.

19 Nicht nämlich, was ich tun will, das Gute, sondern was ich nicht will, das Böse, genau das praktiziere ich.
20 Wenn ich aber, was ich nicht will, genau das tue, bewirke es nicht mehr ich selbst, sondern die in mir wohnende Sünde.
21 Ich finde folglich das Gesetz, (dass) mir als dem, der das Gute tun will, das Böse nahe liegt.
22 Freudig stimme ich nämlich dem Gesetz Gottes zu nach meinem inneren Menschen,
23 erblicke aber ein anderes Gesetz in meinen Gliedern, Krieg führend mit dem Gesetz meiner Vernunft, mich (jedes Mal) zum Kriegsgefangenen machend durch das Gesetz der Sünde in meinen Gliedern.
24 Ich elender Mensch! Wer entreißt mich diesem Leib des Todes!
25 Dank aber (sei) Gott durch Jesus Christus, unsern Herrn! Folglich also: Ich, als ein und derselbe, diene mit der Vernunft dem Gesetz Gottes, aber durch das Fleisch dem Gesetz der Sünde.

Immer neue Ansätze und Wiederholungen, auch der Wechsel in die Gegenwartsform verraten, dass Paulus einem Höhepunkt seiner Gesetzeslehre zustrebt. Allerdings erscheint der Abschnitt auf den ersten Blick als eine psychologische Skizze der Zerrissenheit des Menschen zwischen Gut und Böse. Kaum ein Leser, den sie nicht ergreift, ertappt und betroffen zurücklässt. Entsprechend fand er Eingang in Auslegung und Verkündigung. Dabei häufen sich gern Ausdrücke wie »unheimlich«, »rätselhaft«, »tragisch«. Parallelen aus dem Geistesleben vom Altertum bis zur Neuzeit unterstreichen solche Analyse wirkungsvoll. Dennoch: Solch beliebte Verwendung sollte nicht die Aussageabsicht des Abschnitts selbst verstellen. Übergeordnetes Thema bleibt das Gesetz. Hier der Zusammenhang: Der letzte Abschnitt war zum uneingeschränkten Gesetzeslob gelangt (besonders V. 12). Dieses Lob wird jetzt ausdrücklich festgehalten (V. 14 und 16), aber mit einer Behauptung verbunden, für die sich im Wortlaut des AT kein Beleg findet und die ein Herzensanliegen jüdischen Glaubens zu verletzen schien: Das Gesetz ist schwach, in keiner Weise geeignet, des Menschen Heil zu schaffen. Mit ihm lässt sich keine Hoffnung mehr verbinden, denn es ist geschwächt durch die Fleischesart des Menschen. Und eben *hier* ist auch die eigentliche Verzweiflung von Röm 7 angesiedelt. Sie liegt nicht schon darin, dass der Mensch selber der Sünde nicht gewachsen ist. Man muss tiefer hinabsteigen: *Auch das Gesetz, das doch eindeutig aus dem Raum der Heiligkeit stammt, ist ihr nicht gewachsen!* Dagegen sind die feinsinnigsten und rührendsten

Tiefblicke in unsere eigene Befindlichkeit, die wir uns gegenseitig vermitteln, allzumal flach.

Zunächst knüpft Paulus an V. 12 an. **Wir wissen nämlich: Das Gesetz ist geistlich.** In diesem Fall schließt das »wir« auch die Juden ein. Die gemeinsame Bibel lehrt Christen und Juden die Heiligkeit des Gesetzes. Sicher können Juden auch noch mitsprechen: **Ich aber bin fleischlich.** Dass der Mensch nicht Gott von Art ist und dass Geist und Fleisch aufs Tiefste unterschieden sind, hat Israel sehr wohl gewusst (Ps 143,2). Aber Paulus stößt nach und greift zum Vergleich mit der Sklavenexistenz: **verkauft unter die Sünde.** Der Mensch ist aufgrund seiner selbst verschuldeten Geschichte (1,21; 5,12; 7,8-10) nicht mehr Herr seiner selbst. Gott »gab ihn dahin« (1,24.26.28), veräußerte ihn auf dem Sklavenmarkt. Seitdem ist er nicht mehr Sohn im Haus des Vaters. Die Merkmale seines Sklavenstandes sind nun zu entfalten. 14

Ein Sklave identifiziert sich nicht mit seinem Handeln. **Denn was ich bewirke, (an)erkenne ich nicht; nicht nämlich genau das, was ich will, tue ich, sondern was ich hasse, gerade das tue ich.** Die LÜ des ersten Versteils: »ich *weiß* nicht, was ich tue«, trifft hier kaum den Sinn. Es mag zwar sein, dass Menschen je und je unbewusst Böses tun, sich selbst ein Rätsel sind, ihnen alles quer läuft und sie selber überrascht. Aber so viel Psychologie sollte man nicht in diese schlichte Aussage einlegen. Ein Sklave tut seine Arbeit eben widerwillig.[61] Seiner Willensfreiheit entspricht keine Handlungsfreiheit. Seinem eigentlichen Wollen kann er nur nachtrauern, während er sein ungewolltes Handeln nicht zu akzeptieren vermag. 15

Sein Wollen ist nämlich das Wollen des Guten. **Wenn ich aber, was ich nicht will, gerade das tue, stimme ich dem Gesetz zu: Gut!** Hier steht im Griech. kein voller Satz, sondern ein Ausruf, sprachlich ganz wie das siebenmalige Schöpferlob auf der ersten Seite der Bibel.[a] Zwar erwartet man solch freudigen Beifall für das Gute nicht gerade von einem Menschen, der das Böse tut. Doch selbst noch das von ihm nicht befolgte Gesetz hat ihn gewonnen. Er kann sich nicht genug damit tun, zu versichern: Ich will das Gute![b] Für Paulus ist offensichtlich kein Mensch ein Teufel. Wiederum zeichnet er ihn auch nicht als Helden in unerklärlicher Tragik. Im Gegenteil, je mehr der Sünder das Wollen des Guten beteuert, desto höher steigt der Grad seiner Verantwortlichkeit. Sein Böses ist ihm voll anzulasten. Gerade der Fromme scheitert besonders eindrucksvoll. 16

[a] 1Mo 1,4. 10.12.18. 21.25.31

[b] Röm 7,15. 16.18.19. 21.22

[61] Griech. *ginôskô* hat an ungezählten Stellen der Bibel den Sinn: innere Gemeinschaft mit etwas haben, ihm bejahend und vertrauensvoll zugewandt sein.

Während V. 15-16 aus V. 14c den Begriff »verkauft« umkreisten, fassen die nächsten Verse den Käufer des Sklaven ins Auge. Dessen Gebaren erinnern allerdings eher an einen Hausbesetzer als an einen legalen Sklavenhalter.

17 Das Unbehagen, bei sich selbst nicht heimisch zu sein, erklärt sich durch die Anwesenheit eines zweiten Subjekts. **Nun aber (wie die Dinge liegen, gilt) nicht mehr: Ich selber bewirke es, sondern die in mir wohnende Sünde.** Ob Paulus »wohnen« von der Sünde[c] oder auch vom Geist[d] ausgesagt, bedeutet es immer Herrschaftsausübung. Hier ist es die Sünde, die unter meinem Dach schaltet und waltet. Was das Ich tut, tut es nicht mehr in Freiheit. Es will, was es muss, nicht was es im Grunde möchte. Insofern klingen hier Vorstellungen von Besessenheit an. Doch bemerke man auch Unterschiede: Im klassischen Fall von Besessenheit ist die subjektive Dimension der Sünde nicht mehr erkennbar. Ein Fremd-Ich sitzt dem eigenen Ich so beherrschend auf, dass dieses völlig ausgeschaltet ist. Darum hat Jesus sich mit keinem Befallenen unterhalten, vielmehr den einwohnenden Dämon herausgefordert. Hier dagegen ist das Ich voll da, es kann, wie der Text belegt, wollen, zustimmen, sich freuen, hassen, handeln, leiden und verzweifeln. Wichtig für die Einschätzung des Ich in Röm 7 ist auch Röm 8,1: »So gibt es nun keine Verurteilung mehr!« Das heißt rückschließend für das Ich von Röm 7: Es erfährt sein Elend bewusst und schuldbewusst als Verurteilung. Insofern deckt Röm 7 nicht den Sachverhalt der Besessenheit. Paulus bedient sich dieser Ausdrucksweise nur zum Vergleich und in Grenzen.

[c] Röm 7,17. 18.20
[d] Röm 8,9.11 1Kor 3,16

18-20 Er vertieft das Gesagte, indem er den Begriff »Fleisch« hereinholt. **Ich weiß nämlich: Nicht wohnt in mir, das heißt in meinem Fleisch, Gutes.** Er hätte sagen können: »In mir wohnt nichts Gutes.« Durch »das heißt« stellt er aber die Gleichung auf: in mir = in meinem Fleisch. »Fleisch« hat in der Bibel oft einen neutralen Sinn, indem es die geschöpfliche Ausstattung des Menschen nach Leib, Seele und Geist bezeichnet. Dann ist »im Fleisch leben« nicht schon ein »in der Sünde leben«, wie Gal 2,20 besonders deutlich zeigt. Anders klingt jedoch 7,5 im Zusammenhang: »wir waren im Fleisch«. Wenn der Mensch seine geschöpfliche Ausstattung nicht nur hat, sondern sie ihn »hat«, er ihr also verfällt, sich mit Hilfe seines Könnens, Habens und Wissens gegen seinen Schöpfer verschanzt, büßt »im Fleisch sein« seine Neutralität ein. Aus »meinem Fleisch« wird »Fleisch der Sünde« (8,3). Während es V. 16 noch hieß, dass das Ich in einem fort das Gesetz Gottes lobt: Gut, gut!, heißt es dann vom gleichen Ich: In mir wohnt nichts Gutes. Die inneren Abläufe noch einmal genauer: **Das Wollen (des Guten) ist mir (zwar) zur Verfü-**

gung[62], so dass ich vor einer echten Wahlmöglichkeit stehe. **Aber das Bewirken des Guten** geschieht **nicht. Nicht nämlich, was ich tun will, das Gute, sondern was ich nicht will, das Böse, genau das praktiziere ich.** Auf dem Wege zum praktischen Tun versündige ich mich ständig gegen meine Möglichkeiten. Damit landet der Gedanke wieder bei V. 17. Ich bin Geisel der Sünde geworden: **Wenn ich aber, was ich nicht will, genau das tue, bewirke es nicht mehr ich selbst, sondern die in mir wohnende Sünde.**

Nach Beschreibung der Sündenherrschaft (V. 17-20) wendet sich Paulus wieder dem eigentlichen Thema zu. Darum erscheint wieder die Vokabel »Gesetz«.

Einleitend eine kurze Anknüpfung an das Bisherige: **Ich finde** 21
folglich das Gesetz, d.h. eine Gesetzmäßigkeit, einen regelmäßigen Ablauf, **(dass) mir als dem, der das Gute tun will, das Böse nahe liegt.** Immer wieder geschieht es so: Das richtige Wollen des Menschen kippt augenblicklich um in fleischliches Handeln, »so dass man gar nicht mehr Augenblicke reinen Wollens von Augenblicken falschen Handelns unterscheiden kann«.[63] Das »Fleisch« im negativen Sinn (s. zu V. 18) hat längst krebsartig seine »Metastasen« in meine Glieder geschickt, sprich in alle meine praktischen, aber auch gedanklichen Vollzüge. Hier ist nichts mehr operabel. Der Weg in den Tod (V. 24) ist vorgezeichnet wie nach einem Gesetz. Die Lage des »Patienten« ist objektiv verzweifelt, wie vergnügt er auch zeitweilig subjektiv gestimmt sein mag.

Das Gesetz Gottes steht als ohnmächtiger Zuschauer dabei. **Freu-** 22-23
dig stimme ich nämlich dem Gesetz Gottes zu nach meinem inneren Menschen, erblicke aber ein anderes Gesetz in meinen Gliedern, Krieg führend mit dem Gesetz meiner Vernunft, mich (jedes Mal) zum Kriegsgefangenen machend durch das Gesetz der Sünde in meinen Gliedern. Paulus verlebendigt seine Ausdrucksweise. Sachliches Beipflichten nach V. 16 wird hier freudiges Zustimmen zum guten Gesetz Gottes. An Stelle des abstrakten »ich« erscheint jetzt der »innere Mensch«[64], der in einen heftigen Krieg zwischen Gut und Böse hineingerissen ist.

62 Griech. *parakeimai*, »daneben liegen für jemanden«, nur hier und V. 21 im NT, so dass mit einem gewählten Ausdruck zu rechnen ist, der an seiner jeweiligen Stelle behutsam bestimmt werden will: (a) Da ist etwas für jemanden als Möglichkeit vorhanden, es steht ihm griffbereit zur Verfügung, so dass er daraus etwas machen kann oder nicht (so V. 18); oder (b) es liegt ihm schon als Neigung nahe, er hat eine Schlagseite dahin (so V. 21).

63 Schweizer, ThWNT VII, S. 134

64 Der Ausdruck bezeichnet den wirklichen Menschen, wie Gott ihn sieht, dafür in der Bibel oft »Herz« (1Sam 16,7). Er kann unterschiedlich bestimmt sein. Hier ist er »alter« (V. 6), »fleischlicher« (V. 14) und »elender Mensch« (V. 24), dagegen 2Kor 4,16; Eph 3,16 geistdurchwirkter und von Christus erfüllter Mensch (vgl. Gal 2,20; 1Petr 3,4).

Auf der einen Seite steht das »Gesetz meiner Vernunft«, vergleichbar dem »Gewissen« in 2,15. Es ist nicht identisch mit dem Gesetz Gottes, aber weiß in irgendeiner, wenn auch fragwürdigen Form um Gottes Gebot und Verbot. Immerhin meldet es sich als sein Anwalt. Die Spannung, von der hier die Rede ist, besteht also nicht zwischen einer guten und einer bösen Hälfte in mir, sondern zwischen Gott einerseits (im Medium der Vernunft oder des Gewissens) und andererseits mir, dem rebellischen Menschen. Dieser Mensch lebt maßgeblich von seinen Gliedern her. Gedacht ist dabei gewiss an seine Körperfunktionen, doch über die massive Körperlichkeit hinaus ist das ganze Tun und Lassen des Menschen umfasst (s. zu 6,12-13). Dort hat das andere Gesetz, das Antigesetz, das Gesetz der Sünde, seine Residenz eröffnet. Von dort her rücken seine Argumente in erdrückender Selbstgewissheit gegen die vernehmende Vernunft (1,20) vor. Sie umringen sie und treten sie nieder. Dann tragen sie den Menschen gefangen davon, in ein vernunftloses Tun hinein. Das alles, ohne dass ein Handgemenge anschaulich wird; er wird einfach weggetragen.

24 Der Mitgeschleppte lässt sein Wehgeschrei erschallen: **Ich elender Mensch.** Nach 8,1 wird unser Abschnitt unter das Wort »Verurteilung« gerückt: Mein Elend ist letztlich meine Schuld. Der Buchstabe des Gesetzes erscholl und »tötete« mich wie mit einem Fallbeil: »Darum bist du unentschuldbar, o Mensch! (1,20; 2,9)« Ein Ausruf in Frageform schließt sich an: **Wer wird mich entreißen aus diesem Leib des Todes?** Aber die Frage: »Wer?« rechnet nicht noch erwartungsvoll mit irgendjemandem, sondern trägt schon die Antwort in sich: Da ist niemand! Ich weiß keinen mehr, ich habe keine Zukunft mehr! Sie schreit also nur noch Verzweiflung hinaus.[65] Was mit »ich« anfängt, führt niemals in die Freiheit. Der Leib, von Gott wunderbar für Gott erschaffen, ist vom Gerichtstod gezeichnet (s. zu 6,23). Das ist das Elend des Menschen: Er lebt nicht willenlos, aber machtlos unter unentschuldbarer Anklage auf seinen Tod zu.

25 An dieser Stelle bricht aus dem Christ Paulus[66] ein »Danke!« an Gott heraus: **Dank aber (sei) Gott durch Jesus Christus, unsern Herrn!** Für ihn ist ja Rettung sichtbar, 8,1-4 ist ihm schon im Sinn.

Nach diesem Zwischenruf spricht das Ich von Röm 7 weiter und bringt seine Misere auf den Punkt. **Folglich also: Ich, als ein und**

[65] Darin unterscheidet sich Röm 7 von der idealistischen Weltanschauung. Dort gefällt man sich in seiner Zerrissenheit, bescheinigt sich seinen angeblich guten Kern, heischt Beifall mit seiner Grundehrlichkeit (»Ich stehe zu meiner Vergangenheit«) und landet beim Selbstmitleid, vermischt mit Heldenverehrung. Allerdings wissen wir es in einer tieferen Schicht besser. Davon spricht Röm 7.

[66] Nach einhelliger Textüberlieferung ist V. 25a nicht von einem späteren Abschreiber eingebracht. Solche Zwischenrufe können bei jüdischen Autoren auch nicht befremden, vgl. 1,25 ; 6,17; 9,5; 1Kor 15,57; 2Kor 8,16; 9,15; 11,31; Gal 1,20.

derselbe[67], diene mit der Vernunft dem Gesetz Gottes, aber durch das Fleisch dem Gesetz der Sünde. Dieser Satz des Jammers hat in Gal 2,20 einen jubelnden Gegensatz. Dort bekennt ein anderes Ich: Christus lebt in mir und ich lebe mit meiner ganzen Geschöpflichkeit (»im Fleisch«) diesem Christus! Hier dagegen: Nichts Gutes wohnt in mir, mich regiert übermächtig das Gesetz der Sünde. Das gute Gesetz Gottes ist für mich bloßer Buchstabe (V. 6). Es ragt in mein Wollen hinein, aber nicht in mein Wirken. Seine Schwäche ist offenkundig.

5. Der Christ und der Geist (drittes Sonderthema) (8,1-30)

Die Darstellung eines Lebens unter dem Gesetz, mit der Kap. 7 endete, verlangt von der Sache her nach dem einzigen wirklichen Gegenangebot: Leben im Geist.[68] Alles andere wäre ein Austreiben des Teufels mit Beelzebul. Zur Breite und Mächtigkeit des Pneumatischen (*pneuma* = Geist) in der Urchristenheit führt E. Schweizer[69] aus: »Längst bevor der Geist Gegenstand der Lehre war, war er für die Gemeinde erfahrene Tatsache.« »Es dürfte schwerfallen, sich die palästinensische Gemeinde als nicht-pneumatisch vorzustellen … Die Bildung der eschatologischen Gemeinde …, die Aufnahme der Verkündigung, der Einbruch ins heidnische Gebiet ist nicht denkbar ohne starke pneumatische Erfahrungen.«

Exkurs: *Fleisch und Geist bei Paulus*

Wie Paulus geistliche Erfahrungen lehrmäßig abklärt, beeindruckt durch Tiefe und Weite. Wie schon in Gal 5 geht er auch hier das Thema an, indem er das Gegensatzpaar »Geist – Fleisch«[70] bildet. Dadurch gelingt ihm eine heilsgeschichtliche Einordnung.

a) Schon als die Zeit noch nicht erfüllt war (Gal 4,4.6) und »der Geist noch nicht da war« (Joh 7,39), spielte dieser in Schöpfung und dann in der Geschichte Israels eine Rolle. Doch die atl. Propheten verhießen noch ein ganz anderes Wirken des Geistes, näm-

67 Diese Betonung einer einheitlichen Persönlichkeit (*autos egô*) fällt auf. Paulus lehrt keine doppelte Identität. Er würde die Aussage »zwei Seelen, ach in meiner Brust« nicht unterschreiben.

68 Kap. 7 hatte 23-mal »Gesetz«, nur zweimal »Geist, geistlich«, dagegen begegnet in Kap. 8 nur noch 5-mal »Gesetz«, dagegen 21-mal »Geist«; auf die restlichen 15 Kapitel des Briefes kommt im Durchschnitt nur noch eine Geist-Stelle.

69 ThWNT VI, S. 402, Anm. 462, und 394,7f

70 Das gilt hier besonders für V. 4-13, wo sich die beiden Begriffe Satz für Satz kontrastieren. Was die Verwendung von »Fleisch« im Einzelnen angeht, knüpft Paulus wie das ganze NT an den vielseitigen Gebrauch im AT an. Dagegen ist seine zugespitze Gegenüberstellung Geist-Fleisch nicht im AT vorgebildet, sondern eine Weiterführung.

lich am Abend der Welt als Kraft der Neuschöpfung in Erscheinung zu treten. Man denke an Jes 44,3; Hes 36,26-27 und Joel 3,1, vor allem aber an die große Vision von Israels Totenerweckung in Hes 37,1-14. Dazu passt, dass die Urchristenheit die Ankunft des Geistes in ihrer Mitte vornehmlich als den »verheißenen« Geist bezeichnete (Apg 1,4; 2,33.39; Gal 3,14; Eph 1,13). Insofern gehört der Geist also nicht immer und überall dazu, sondern markiert einen tiefen Umbruch. Er ist nicht Teil dieser, sondern schon Angeld der kommenden Welt (8,23).

b) Diesem Inbegriff der neuen Welt stellt Paulus mit »Fleisch« einen Inbegriff der alten Welt gegenüber. Dabei bezeichnet dies Wort wohlgemerkt nicht schon das Stoffliche, Leibliche und Sichtbare an sich. Auf dem Sichtbaren, einschließlich der menschlichen Leiblichkeit, Ernährung, Sexualität, Arbeit und Kultur, lag ursprünglich die volle Freude des Schöpfers (1Mo 1,4.10.12.18.21.25.31). »Fleisch« in Gegenüberstellung zum »Geist« steht also nicht für das Sichtbare überhaupt, sondern für das Alte, für die vergehende Welt. Sie ist vom Tode umfangen, weil sie sich im Aufruhr gegen den Gott des Lebens befindet. Der Mensch in ihr will nicht von Gott und für Gott geschaffener Mensch sein, sondern schaffender Gott (1Mo 3,5). Für diesen Feldzug gegen Gott spannt er nun die ganze wunderbare Schöpfung ein, das Stoffliche gewiss, aber auch die geistigen Fähigkeiten. All das Gute wird unter seinen Händen schlecht. Dadurch ist er nicht mehr Krone, sondern Katastrophe der Schöpfung (8,20). Dieser die gesamte alte Welt durchziehende widergöttliche Lebensdrang ist »Fleisch« (8,7). Der Begriff ist eng verquickt mit dem Begriff der Sündenmacht (8,3). Aber »Sünde« geht auf Sündigen zurück (5,12), ist also von der einzelnen Tat her gedacht, »Fleisch« dagegen ist eine Grundverfassung, die ausstrahlt und alles verstrahlt: »Ich bin fleischlich« (7,14).

a) »Neuheit des Geistes« und Freiheit vom Gesetz durch das Sein in Christus (8,1-4)

1 Keine Verdammnis[71] jetzt also den in Christus Jesus (Lebenden)!
2 Das Gesetz des Geistes des Lebens in Christus Jesus hat dich freigemacht vom Gesetz der Sünde und des Todes.
3 Was nämlich die Unfähigkeit des Gesetzes betrifft, weil es geschwächt wurde durch das Fleisch – Gott, sendend seinen

71 *katakrima* hier und *katakrinô* in V. 3 umfassen über Verurteilung hinaus auch die Vollstreckung, so dass die Übersetzung mit »Verurteilung, verurteilen« hier nicht genügt.

Sohn in Gleichgestalt des Fleisches der Sünde, und zwar als Sündopfer, verdammte die Sünde im Fleisch,
4 **damit die Rechtsforderung des Gesetzes erfüllt würde in uns, die wir nicht nach dem Fleisch wandeln, sondern nach dem Geist.**

In diesen vier Versen trifft der Apostel für seine Geistlehre den Grundentscheid: Der Geist, der sich von allerlei Geistern durch seine Heiligkeit unterscheidet, wird »in Christus Jesus« erfahren. Dieser Ausdruck erscheint hier in V. 1 mit Gewicht, wird in V. 2f inhaltlich gefüllt und bildet in der letzten Zeile des Abschnitts den krönenden Abschluss (V. 39). Wer sich diese christozentrische Geistlehre[72] ein für alle Mal gesagt sein lässt, tut der Gemeinde und sich selbst etwas Gutes.

Mit **also** knüpft Paulus an den Stand der Dinge an, den er schon 1
7,6 erreicht hatte[73]: »Wir sind dem Gesetz enthoben.« Damit ist auch dessen Anklage verstummt. Die Verzweiflung, die nach 7,24 bleiern auf dem adamitischen Ich liegt, wird durch den Zuruf durchstoßen: **Keine Verdammnis!** »Die Gerechtsprechung des Lebens«[74] ertönt. Geschmückt mit Gerechtigkeit stehen die Glaubenden da. Dies gilt vom Gläubigwerden an bis hin zum Endgericht.[a]

Zunächst bindet Paulus diese Aussage an das heilvolle **jetzt**[b] (s. zu 3,21). Zeitenwende ist vorausgesetzt, am ausführlichsten in 2Kor 3 dargelegt: Der Dienst des Mose, der »zur Verdammnis führt«, ist abgelaufen zugunsten des apostolischen Dienstes, »der den Geist gibt und zur Gerechtigkeit führt« (dort V. 7-8). Zweitens hat dieses Heil seinen bestimmten Ort **in Christus Jesus.** Als erster Versuch, diese Wendung[75] zu verstehen, diene ein Vergleich mit anderen Umschreibungen unseres Verhältnisses zum Herrn, etwa: Christus bei uns, mit uns, über uns, vor uns, mitten unter uns oder in uns. Sie alle verbindet die Vorstellung der Nähe. Dagegen wird der Ausdruck »wir in Christus« von der Tatsache unserer Zugehörigkeit regiert. Aufgrund von Einpflanzung (6,5) bilden wir mit

[a] Röm 8,33 1Kor 1,8 3,11-15 11,32 Kol 1,22 Offb 7,13-14

[b] Röm 3,21.26 5,9.11 6,19.21 8,1 11,5.30.31 2Kor 6,2 Gal 4,29 2,20

72 Auch im Gal nimmt Paulus diese feste Verbindung vor, wenn er 4,6 den Geist einmalig den »Geist des Sohnes« nennt.

73 Der Ich-Abschnitt von 7,7-25 war nur ein Zwischenspiel, der den Gedankengang von zuvor nicht verdrängt hat.

74 So nach 5,16.18. An die Stelle der *katakrima* (Verdammnis) trat die *dikaiôma* (Gerechtsprechung).

75 Während sie vor Paulus fehlt, erscheint sie bei ihm weit über 100-mal (in Abwandlungen wie »in Christus Jesus«, »in Jesus Christus«, »im Herrn Jesus Christus«, »im Herrn«, »in Jesus«, »in Christus«), allein im Röm 20-mal: 3,24; 6,11.23; 8,1.2.39; 9,1; 12,5; 14,14; 15,17; 16,2.3.7.8.9.10.11.12.13.22. Wegen der vielseitigen Verwendung wird eine scharfe begriffliche Bestimmung kaum gelingen. Z.B. kann dieses »in« dem »in Adam« gegenüberstehen (1Kor 15,22) oder dem »im Fleisch« (Phlm 16) oder auch dem »im Gesetz« (hier).

[c] Röm 12,5 1Kor 12,12 Eph 4,4

ihm ein Gemeinwesen, einen einzigen Lebensverband[c], nach Luther »*einen* Kuchen«. Sein Sterben, Begrabenwerden und Auferstehen ist nicht etwas, was nur außerhalb von uns geschehen ist und das wir uns nur anhören, sondern an dem wir teilnehmen. Was ihm geschah und noch geschehen wird, geschah und geschieht auch uns. Das befreite Sein-in-Christus steht in krassem Gegensatz zur Ich-Einsamkeit 7,25: Ich bin allein, ich will allein, ich kann allein, ich verzweifle und sterbe allein!

[d] 1Mo 6,17 7,15 4Mo 16,22 27,16 Hes 37,5

[e] Joh 6,63 Röm 8,6.11 1Kor 15,45 2Kor 3,6 Gal 6,8 1Petr 3,18

2 Dieses **»in Christus Jesus«** von V. 1 nimmt Paulus jetzt wieder auf und entschlüsselt es als Erfahrung des Heiligen Geistes.[76] **Das Gesetz des Geistes des Lebens hat dich[77] freigemacht.** Da Paulus sonst schlicht vom »Geist« oder vom »Geist Gottes« oder »Geist Christi« spricht, wird er »Geist des Lebens« aus seinem griech. AT (LXX) genommen haben. Dort findet sich der Ausdruck im Zusammenhang mit der Schöpfung, aber vor allem mit der Neuschöpfung[d], nämlich in der großen Vision Hes 37,1-14. Danach soll das tote Israel durch den »Geist« (dort neunmal) wieder »leben« (sechsmal), eben durch den »Geist des Lebens«, wie es dort V. 5 (LXX) strahlend heißt. Der Abschnitt übertrifft an Dramatik alle Visionen des Hesekiel und musste Juden und Christen fesseln. In V. 11 berührt Paulus jenes Kapitel noch einmal, und mehrfach lesen wir bei ihm vom »lebendig machenden Geist«.[e] Wenn er 1Kor 15,45 schrieb: Christus »wurde zum Geist, der da lebendig macht«, oder 2Kor 3,17: »Der Herr ist *der* Geist«, mag ihm die Erfüllung gerade dieser Prophetie vorgeschwebt haben. Paulus führt hier also das Zeugnis vom Geist ein, ohne dabei von Christus wegzuführen[78], vielmehr bezeugt er so Jesu heute und hier erfahrbare Mächtigkeit. Das aus 2Kor 3,17 soeben zitierte Wort fährt fort: »Wo aber der Geist des Herrn ist, da ist Freiheit.« Das deckt sich mit der Geistaussage unserer Stelle: Der Geist **hat dich freigemacht vom Gesetz der Sünde und des Todes.**

Allerdings hat die bisherige Auslegung einen Zusatz ausgespart. Paulus spricht hier vom »Gesetz des Geistes des Lebens«, sicher hervorgerufen durch das Gegenüber zum »Gesetz der Sünde und des Todes« (dazu 7,21.23.25). Zwei in sich geschlossene Gesetzmäßigkeiten stehen gegeneinander. Die zweite wird von der Übermacht der erstgenannten gebrochen. Diese Verbindung von Geist und Gesetz zeigt, wie wenig Paulus das Wirken des Geistes nur als

[76] In V. 9 tritt für »in Christus Jesus« auch »im Geist« ein.

[77] Die Du-Anrede fällt hier ähnlich Gal 4,7 aus dem Rahmen und verleiht dem Gesagten starkes Gewicht.

[78] Er ist ja der Geistträger »ohne Maß« (Joh 3,34). Schon die Bezeichnung »Christus« bzw. »Messias« hat den Wortsinn »Geistgesalbter«.

gelegentliche »Zuckung« erfährt. Vielmehr weiß er sich dauernd getragen von einem verlässlichen Element.[79] Der Geist ist im Kleinen und im Großen der umsichtige und treue Baumeister der neuen Schöpfung nach den ewigen Plänen Gottes.

Zum zweimaligen »Gesetz« in diesem Vers ist eine andere Auslegung zu hören und zu prüfen. Sie neigt dazu, bei Paulus jeden bildlichen Gebrauch von »Gesetz« auszuschließen und allemal an das Gesetz des Mose zu denken (hebr. *tora*). Danach wäre auch hier in der zweiten Vershälfte mit dem »Gesetz der Sünde und des Todes« die *tora* gemeint, wie ähnlich schon in 7,23.25. Allerdings sei es die durch den Sünder missbrauchte *tora*. Weil sie im Zusammenwirken mit der Sünde den Tod gebiert (7,5.11.13), könne sie so erschreckend bezeichnet werden.[80] Ebenso sei aber in der ersten Vershälfte auch das »Gesetz des Geistes des Lebens« nichts anderes als die *tora*, doch in diesem Fall habe Christus die verhüllende Decke nach 2Kor 3,14 von ihr weggezogen und sie wieder ihrem ursprünglichen Gebrauch nach Röm 7,10 zugeführt, nämlich das Leben zu geben.[81]

Kaum fügen sich diese Gedanken in das Gesamtbild bei Paulus ein. Paulus lehrt nirgendwo, was dann hier in V. 2 herauskäme, dass das Gesetz des Mose der Befreier der Glaubenden aus der Verdammnis sei. Wenn er 7,10 vom »zum Leben gegebenen Gesetz« schreibt, gilt das im Sinne von Gal 3,12: Ursprünglich, vor dem Einbruch der Sünde, hatten alle Gebote Gottes eine das Leben schützende Aufgabe. Nicht aber ist an eine endgeschichtliche Heilsrolle des mosaischen Gesetzes gedacht. Hätte Paulus die *tora* als Auferstehung und Leben verkündigt, hätten die Schriftgelehrten niemals seinen Tod gesucht. Noch dort im gleichen Kapitel schrieb er (Gal 3,21b): »Nur wenn ein Gesetz gegeben wäre, das lebendig machen könnte, käme die Gerechtigkeit wirklich aus dem Gesetz.« Nun kommt sie »ohne das Gesetz« (Röm 3,21). Das Gesetz ist zwar nach 7,14 geistlich, aber es gibt nicht den Geist (Gal 3,1-5), es ist nach 7,12 heilig, gerecht und gut, aber es macht nicht heilig, gerecht und gut.

Jetzt deckt Paulus vollends die Zusammengehörigkeit von Geist 3
und Christus auf. Dazu knüpft er noch einmal an die eindringliche Schilderung von 7,14-25 an, wonach das mosaische Gesetz nicht ge-

[79] Zu »Gesetz« im übertragenen Sinn vgl. 3,27: »Gesetz des Glaubens«; Gal 6,2: »Gesetz des Christus«; Jak 1,25; 2,12: »Gesetz der Freiheit«.

[80] Dann würde die *tora* allerdings nach 7,23, wo von demselben »Gesetz der Sünde« die Rede ist, »in meinen Gliedern« wohnen und nach V. 20 identisch sein mit »der Sünde, die in mir wohnt«. Kann man sich das als Meinung des Paulus vorstellen?

[81] So H.W. Schmidt, S. 136. U. Wilckens findet in unserm Vers gar eine »Wende im Gesetz selbst«, ja eine »Entgegensetzung«, einen Kampf der geistlichen *tora* mit der verfälschten *tora*, den er tiefsinnig mit innergöttlichen Vorgängen auf Golgatha vergleicht (II, S. 123).

[f] Gal 4,3.8 Hebr 7,18f; 10,4

gen das Gesetz der Sünde ankam[f]. **Was nämlich die Unfähigkeit des Gesetzes betrifft, weil es geschwächt wurde durch das Fleisch** – Hier bricht der Satz ab. Paulus spart sich die Wiederholung, wie und warum das Gesetz seine positiven Ziele nicht verwirklichen konnte, und bringt sofort die neue Initiative Gottes. Auszugehen ist hier vom Hauptsatz: **Gott verdammte die Sünde im Fleisch.** Zur Aufhebung der Verdammnis nach V. 1 gehört unlösbar die Vollstreckung der Verdammnis. Kein Heil ohne gründliches Gericht. Einen unmerklichen, gleitenden Übergang von der Welt der Sünde in die Welt Gottes gibt es nicht (2Kor 6,14), oder das Alte schliche sich doch wieder ins Neue ein.

[g] Röm 1,3 Gal 4,4 Joh 3,16 1Joh 4,9

[h] Hebr 2,14.17 4,15 Phil 2,7

[i] 1Tim 3,16 1Petr 4,1 1Joh 4,2 Joh 1,14

Wie ging Gott vor? Das zeigt die in den Hauptsatz eingeschobene Aussage: Gott **sandte seinen Sohn.**[g] Zweck dieser Sendung war das Opfer (s.u.). Für einen sich Opfernden aber hängt alles von seiner glaubwürdigen Gemeinschaft mit denen ab, für die er eintreten soll.[h] Darum hier die absichtliche Hervorhebung: Der Sohn wurde **in Gleichgestalt des Fleisches der Sünde** gesandt. Die christlichen Bekenntnisse bestätigen es immer wieder: Er »ist in das Fleisch gekommen«, »offenbarte sich im Fleisch«, »litt im Fleisch«.[i] »Fleisch« ist hier deutlich die antigöttlich besetzte, von der Sündenmacht geprägte Welt. Der alte Äon, dessen Zeitgeist wahrlich nicht der Heilige Geist ist, wuchtete nun mit seiner umfassenden Gewalt auf den Gesandten Gottes ein. »Wir, die wir im ›Fleisch‹ unser natürliches und gewohntes Lebenselement besitzen, können kaum ahnen, welche Fremde und Qual, welche Last und Pein es für den Sohn Gottes war, als ein Glied dieser gottentfremdeten Menschheit im kalten Dunkel der Lieblosigkeit und Ichhaftigkeit Tag um Tag leben zu müssen.«[82] Diese volle Solidarität war aber Voraussetzung für den eigentlichen Zweck der Sendung: **und zwar als Sündopfer.**[83] Damit wiederholt Paulus im Kern 3,25. Auf die Auslegung dort wird verwiesen. Hier kehren wir zur Hauptaussage des Verses zurück: Im Kreuzesopfer verdammte Gott die Sünde im Fleisch. Paulus hebt am Opfer Christi diesmal nicht das Ja zum Sünder hervor, sondern das Nein zur Sünde.[84] Dieses Nein von Karfreitag, das auch

82 So vertieft W. de Boor an dieser Stelle, S. 181.

83 Die beiden griech. Wörter *peri hamartia* können wörtlich übersetzt werden: »für die Sünden«, was in seiner Knappheit jedoch sofort erklärungsbedürfig wäre. Dagegen wird der Text bestechend klar, sobald berücksichtigt wird, dass *hamartia* im AT (LXX) an über hundert Stellen nicht nur für »Sünde«, sondern auch verkürzt für »Sünd*opfer*« steht (hebr. *chatat*). So heißt in den Opferanweisungen von 3Mo 4-5 *peri hamartia* wohl zwanzigmal »als Sündopfer«. Auch der Hebr bedient sich dieser atl. Wendung. Entsprechend übersetzt LU in Hebr 10,6.8; 13,11 mit »Sündopfer«, unterlässt es dann aber in 10,18 und hier.

84 Das Kreuz ist auch »Kreuzigung der Welt«, »Gefangennahme« ihrer Mächte, »Sturz Satans« (Gal 6,14; Eph 4,8; Kol 2,15; Offb 12,9).

unser Nein wurde, als wir mit Christus im Glauben starben und in der Taufe begraben wurden, gehört zur Befreiung und zum Freisein von der Sündenmacht. Solange wir noch ein Fünkchen Ja zum Bösen in uns zurückbehalten oder wieder einziehen lassen, verletzten wir den Geist, der uns gegeben ist (Eph 4,30), und schwächen uns selbst.

Wie oft im NT benennt auch hier ein Damit-Satz das durch die 4
Christustat angezielte und bewirkte Heil. **Damit die Rechtsforderung des Gesetzes erfüllt würde in uns.** Paulus lenkt auf das Mosegesetz (*tora*) zurück. Am Kreuz hat Gott nicht etwa die *tora* verdammt, vielmehr die Sünde, die sich mit dem Gesetz bemäntelte. Das Gesetz dagegen wurde durch das Leben und Sterben Christi erfüllt. Auch seine Nachfolger sind nicht etwa zur Nichterfüllung des Gesetzes befreit, sondern zu seiner Erfüllung. Dabei ist weniger an die Vielzahl der Einzelvorschriften zu denken als vielmehr an seinen grundsätzlichen Charakter als gute, gerechte und heilige Rechtsforderung (Einzahl!) Gottes. Das Wie wird in 13,8-10 zur Sprache kommen, das Wodurch dagegen hier: **die wir nicht nach dem Fleisch wandeln[j], sondern nach dem Geist.** Während V. 2 das Freiwerden durch den Geist bezeugte, geht es jetzt um das Freisein und Freibleiben durch denselben Geist. Dieses »wandeln«, dieses Unterwegssein Schritt für Schritt nach dem Geist, setzt Weggemeinschaft mit ihm voraus, seine laufende Kontaktnahmen mit uns, seine Schrittmaße (immer genommen am Wort, Werk und Weg Jesu[k]) und sein Führen (V. 14). Zu erinnern ist wieder an das »Gesetz« des Geistes nach V. 2. Sein Wirken wird als Inbegriff zuverlässiger Dauer[l] erfahren. Er ist die Kraft zum gottgefälligen Leben in der »besseren Gerechtigkeit«[m].

[j] 2Kor 10,2-3 5,16; 11,18 1Kor 3,3
[k] Röm 14,14 15,2-7 1Kor 11,1-2 Phil 2,1-13
[l] Hag 2,5 Joh 14,16f
[m] Mt 5,20 Jer 31,33 Hes 31,31-34 36,27 Röm 2,29 1Thess 4,8f

b) Grundsätzliches über Fleisch und Geist und zur Situation der Geistträger (8,5-11)

5 **Die nämlich nach dem Fleisch Seienden, sind gesinnt auf das des Fleisches, die aber nach dem Geist auf das des Geistes.**
6 **Die Sinnesart des Fleisches (ist) nämlich Tod, die Sinnesart des Geistes Leben und Frieden,**
7 **weil die Sinnesart des Fleisches Feindschaft (ist) gegen Gott, denn dem Gesetz Gottes ordnet es sich nicht unter, denn es kann es auch nicht.**
8 **Die darum im Fleisch Seienden können Gott nicht gefallen.**
9 **Ihr aber seid nicht im Fleisch, sondern im Geist, so gewiss Geist Gottes in euch wohnt. Wenn aber jemand Geist Christi nicht hat, dieser ist nicht sein.**

10 Wenn aber Christus in euch ist, (ist) zwar der Leib tot der Sün-
de wegen, aber der Geist Leben der Gerechtigkeit wegen.
11 Wenn aber der Geist dessen, der Jesus von den Toten aufer-
weckt hat, in euch wohnt, wird der, der Christus von den To-
ten auferweckt hat, auch eure sterblichen Leiber lebendig ma-
chen durch seinen in euch einwohnenden Geist.

Paulus wird die gerade in V. 4 angeschnittene Frage nach dem christlichen Wandel in V. 12 aufgreifen, wo er auch wieder zum Wir-Stil zurückkehrt. In V. 4 kam aber auch als dunkle Hintergrundfolie zur Sprache, wie der Wille Gottes eben nicht geschieht. Diese Erwähnung veranlasst ihn, zunächst eine grundsätzliche Untersuchung über die Gegenbegriffe »Geist« und »Fleisch«[85] einzuschieben.

5-6 Am Fleisch oder am Geist orientierte Menschen ziehen ihre jeweilige Linie durch, ob sie wollen oder nicht. **Die nämlich nach dem Fleisch Seienden, sind gesinnt auf das des Fleisches, die aber nach dem Geist auf das des Geistes.** Es gibt nichts Drittes, keine Vermischung, keine Überkreuzung. Jedes Sein hat unweigerlich sein Gesinntsein bei sich, durch das es sich verwirklicht. **Die Sinnesart des Fleisches (ist) nämlich Tod, die Sinnesart des Geistes Leben und Frieden.** Ein wirkliches Herauskommen aus dem Wesen des Fleisches und Übertritt in das Sein im Geist ist nur als bares Wunder denkbar.

7-8 Paulus begründet die Todeswirkung des Fleisches aus dessen Grundhaltung. **Die Sinnesart des Fleisches (ist) Feindschaft gegen Gott.** Hinter seinem tief sitzenden Willen, sich selbst zu behaupten, zu befriedigen und zu verehren, hinter dem lustvollen Hunger seiner Gier, auch der des Denkens[a], steht Gotteshass (1,30) und Rebellion gegen den Schöpfer (5,10). Gott schuf den Menschen zum Dasein mit anderen und darum auch für andere (13,9), ansatzweise meldet sich auch das eingestiftete Bedürfnis nach Hingabe, aber das Fleisch zielt offen oder verdeckt immerzu auf seinen eigenen Nutzen. Von daher ist Gesetzeserfüllung durch das Fleisch, in welcher Form auch immer, Selbsttäuschung.[b] **Denn dem Gesetz Gottes ordnet es sich nicht unter.** Aus der Logik der Dinge folgt: **Es kann es auch nicht.** Seine Macht ist dem Gebot Gottes gegenüber wesensbedingt Ohnmacht. Damit ist das Urteil über Menschen dieser Art gesprochen. **Die darum im Fleisch Seienden können Gott nicht gefallen,** auch wenn sie wollen.

[a] Röm 1,21.28 Eph 2,3

[b] Röm 9,31-33 10,2-3 Phil 3,6

[85] Vgl. Einführung zu Kap. 8, Punkt 2: »Geist und Fleisch bei Paulus«.

Nach dieser allgemeinen Klarstellung spricht Paulus wieder seine gläubigen Leser an und bestätigt ihnen, wo ihr eigenes Lebenszentrum liegt. **Ihr aber seid nicht im Fleisch, sondern im Geist.** Was V. 1f Sein-in-Christus hieß, heißt jetzt Sein im Geist (V. 9a). Jedoch wandelt er auch diesen Ausdruck im folgenden ohne Übergang noch viermal ab. Er spricht von »Innewohnung des Geistes Gottes« (V. 9b), »Besitz des Geistes Christi« (V. 9c), »Christi[c] (Eigentum) sein« (V. 9d) und schließlich von »Innewohnung des Geistes Christi« (V. 10a). So auffällig das ist, es ist sachgerecht. Hier lässt sich nichts in ein schmales Sprachbett zwängen. Die christliche Wirklichkeit nötigt, trinitarisch zu sprechen: Gott, Christus und der Geist offenbaren sich gemeinsam. Zurück zu V. 9b: **so gewiss[86] Geist Gottes in euch wohnt.** Aus dieser Gewissheit zieht Paulus im Folgenden drei Schlüsse (dreimal »wenn aber« in V. 9.10.11). Zunächst wird der negative Fall abgehandelt. **Wenn aber jemand Geist Christi nicht hat, dieser ist nicht sein.** Dass jemand den Geist »hat«oder auch Gott »hat« und den Sohn »hat«, sagt das NT wiederholt.[d] Von menschlicher Verfügungsgewalt aufgrund dieses »Habens« und von Besitzerstolz ist dabei keine Rede. Vielmehr kommt zum Ausdruck, was in allen damaligen Gemeinden Allgemeinwissen war, nämlich dass man Christ wird durch den Empfang des Geistes. Alle wahren Christen sind »Geistliche«[87]. Folgerichtig sind jene, die nicht mehr im Bereich Christi zu Hause sind, denen es fern liegt, auf ihn zu hören, ihm zur Verfügung zu stehen, und seine Wirklichkeit vergessen, beim besten Willen keine Christen. 9

[c] 1Kor 7,40 Kol 4,1 1Joh 2,23 5,12 2Joh 9

[d] Mk 9,41 1Kor 1,12 3,23 2Kor 10,7

Das zweite »wenn« könnte befremden. Trotz der Eindeutigkeit von V. 9 leben Christen dann doch in spannungsvoller Doppelwirklichkeit: gleichzeitig lebendig und tot! **Wenn aber Christus in euch ist, (ist) zwar der Leib tot der Sünde wegen, aber der Geist Leben der Gerechtigkeit wegen.** Einerseits steht ihr leibliches Dasein unter dem geistlichen Sterben mit Christus. Was 6,6-11; 7,6; 8,3b vorhielt, war nicht als inzwischen überwundener Zustand gemeint. Der Vorgang, mit Christus der Sünde wegen gekreuzigt und gestorben zu sein, erfährt eine Streckung über unsere gesamte irdische Zeit. Fortwährend bedroht uns ein Leben jenseits des Glaubens. Die Antwort darauf kann nur darin bestehen, »täglich« das Kreuz auf sich zu nehmen, die »Praktiken des Leibes zu töten« und 10

[86] Das griech. *eiper* ließe sich auch mit »wenn wirklich« übersetzen. Dann bliebe Raum für einen Zweifel; eine unausgesprochene Aufforderung zur Selbstprüfung im Sinne von 2Kor 13,5 läge vor. Dieser Ton fügt sich aber weniger gut in dies Kap. ein, das nicht eine einzige Mahnung ausspricht, sondern sich ganz auf Belehrung und Zuspruch verlegt. Erst 12,1 eröffnet Paulus einen großen Abschnitt: »Ich ermahne!«

[87] Vgl. Gal 6,1 und in WStB, Galater, die Auslegung zu Gal 3,1-5.

[e] Lk 9,23 Röm 8,13 1Kor 15,31

so »täglich« zu sterben[e]. In V. 18-30 wird Paulus dieser noch unerlösten und seufzenden Befindlichkeit der Geisterfüllten (!) einen großen Abschnitt widmen. Auf der anderen Seite gilt, dass aber der Geist, also in diesem Fall wie auch V. 16 der Menschengeist, »Leben ist wegen der Gerechtigkeit«. »Der Glaubensgerechte wird leben!« von 1,17 tönt hier wieder durch. Diese Seite werden die Verse 14-17 behandeln.

11 Schließlich das dritte »wenn aber«: Glaubende wissen sich dank des innewohnenden Geistes in den Vorraum der Zukunft versetzt[f]. **Wenn aber der Geist dessen, der Jesus von den Toten auferweckt hat, in euch wohnt, wird der, der Christus von den Toten auferweckt hat, auch eure sterblichen Leiber lebendig machen durch seinen in euch einwohnenden Geist.** Er hat sich zu Ostern als der »Geist des Lebens« von Hes 37,1-14 identifiziert (s. zu V. 2). Bei der Ankunft Jesu Christi wird er mit seinem »lebendig machen« vor nichts Halt machen, auch nicht vor ihrem sterblichen Leib (s. zu 6,12). Er wird sie durch Überflutung mit Leben aus der in V. 10 dargestellten Disharmonie herausführen.

[f] Röm 5,9-11.21 6,5.8. 22-23

c) Wandel nach dem Geist als freie Söhne und Töchter Gottes (8,12-17)

12 Folglich aber, Brüder, wir sind Schuldner nicht dem Fleisch, nach dem Fleisch zu leben.

13 Wenn ihr nämlich nach dem Fleisch lebt, werdet ihr sterben müssen. Wenn ihr aber durch den Geist die Praktiken des Leibes tötet, werdet ihr leben.

14 So viele nämlich durch den Geist Gottes geführt werden, diese sind Söhne Gottes.

15 Nicht nämlich habt ihr empfangen Geist der Sklaverei, (der) wieder zur Furcht (veranlassen würde), sondern ihr habt Geist der Sohnschaft empfangen, durch den wir schreien: Abba, Vater!

16 Der Geist selbst bezeugt unserm Geist: Wir sind Gottes Kinder.

17 Wenn aber Kinder, auch Erben, nämlich Erben Gottes, Miterben Christi, so gewiss wir ja mit leiden, damit wir auch mit verherrlicht werden.

Nach dem Zwischenstück V. 5-11 kehrt Paulus mit »Brüder!« zu V. 4 zurück, zum »Wandel im Geist«. Er bezeugt jetzt diesen »Geist« als »Geist der Sohnschaft«, nach Gal 4,6 sogar: »Geist des Sohnes«. Wir werden diesen Abschnitt nicht in lauter Mahnungen,

Warnungen und Polemiken umsprechen. Paulus verwendet hier wie im ganzen Kapitel keinen einzigen Imperativ, im Unterschied zur Behandlung desselben Themas in Gal 5. Es ist für unsern Kampf um ein gerechtes Leben wichtig, uns in den großen Indikativen des Evangeliums zu bergen.

Noch einmal stellt Paulus für alle Glaubenden die große Ent- 12-13
pflichtung an die Spitze. **Folglich aber, Brüder, wir sind Schuldner nicht dem Fleisch, nach dem Fleisch zu leben.** Selbstverständlich ließe sich jetzt positiv fortsetzen: »sondern wir sind Schuldner unseres Herrn« (Lk 17,7-10), aber Paulus zielt hier auf unsern Sohnesstand, was ihn zu einer anderen Ausdrucksweise führt. Zunächst führen zwei Wenn-Sätze zweierlei Verkettungen vor, deren man sich bewusst sein soll: Trügerischer Lebensdrang führt unweigerlich ins Sterben (V. 13a), allein geistliches »Töten« trägt die Lebensverheißung (V. 13b). **Wenn ihr nämlich nach dem Fleisch lebt, werdet ihr sterben müssen. Wenn ihr aber durch den Geist die Praktiken des Leibes tötet, werdet ihr leben.** Das Todeswürdige ist hier nicht der Leib selbst. Nach 12,1 soll er als lebendiges Opfer für Gott dargebracht werden, wie er hier nach V. 11 auch zur Auferstehung bestimmt ist. Aber er ist ein Kampfplatz zwischen Fleisch und Geist und kann erobert werden für Praktiken[88], die offenkundig im Ungeist von Gal 5,19-21 geschehen. Wer nicht durch sie sterben will, muss sie töten[a], das meint: aus dem Totsein von 6,11 heraus die Beziehung zu solchem Tun bedingungslos abbrechen. Jesus sprach drastisch vom Amputieren verführerischer Glieder (Mk 9,47). Damit zielte er nicht auf die Gefühlswelt, sondern auf die Tatwelt: Schluss machen mit solchen Handlungen und stattdessen etwas durch den Geist tun (12,21). Seine Anwesenheit ist die eigentliche »Neuheit« (7,6) auf dem Kampfplatz. Er verändert die Umstände und führt im Vergleich zur verzweifelten Lage von 7,14-25 auch zu anderen Ergebnissen (Gal 5,16).

[a] Gal 5,24 Kol 3,5

Jetzt geht Paulus näher auf die Wirkweise des Geistes ein und 14
entschlüsselt sie als Erfahrung von Sohnschaft.[89] **So viele nämlich durch den Geist Gottes geführt werden, diese sind Söhne Gottes.** Der Geist führt, wie ein Hirte seine Schafe »führt«, und sie folgen ihm (Joh 10,3; vgl. Ps 23,2-3), oder wie Gott bzw. Mose sein

[88] Diese Übersetzung bleibt nahe am griech. Wort (*praxis*) und soll dessen negativen Klang wiedergeben, der auch z.B. in Lk 23,51; Apg 19,16; Kol 3,9 enthalten ist. Die Verbform in diesem Sinn findet sich auch in Röm 1,32; 2,1.2; 7,19.

[89] Sohnschaft ist dem Volk Israel geschenkt (9,4), soll erneuert werden durch die endzeitliche Geistausgießung im Neuen Bund (Jer 31,9) und sich ausweiten auf Söhne, die Gott sich aus Steinen erweckt, also auf Heiden (Mt 3,9; Röm 9,26; 2Kor 6,18; Offb 21,7).

Volk durch die Wüste »führte« (Ps 136,18) oder wie Jesus damals seine Jünger »führte« (Mk 10,32) und hier ein Vater seinen Sohn »führt«. Der im Geist Wandelnde geht also nicht vor Erhobenheit nur noch auf Zehenspitzen[90], er ist nicht verzaubert, wiederum auch nicht ständig überanstrengt, sondern wesentlich ein Geführter. Das bedeutet vom Führenden her eindeutig überlegenes Herrsein, jedoch voller Fürsorge. Von Seiten der Geführten gilt fraglos Folgsamkeit, aber voller Herzensgehorsam (6,17) als von Söhnen Gottes.

15 Von hier ab verlässt Paulus das Thema »Wandel nach dem Geist«, um das Verständnis dieses Geistes als »Geist der Sohnschaft« zu vertiefen. Wenn irgendwo, zeigt er sich im neuen Beten. Kontrasthintergrund[b] ist der Frondienst der Gesetzlichkeit aus Heidenangst vor Gott: **Nicht nämlich habt ihr empfangen Geist der Sklaverei, (der) wieder zur Furcht (veranlassen würde), sondern ihr habt Geist der Sohnschaft empfangen, durch den wir schreien: Abba, Vater!** Schon in dem für das NT so wichtigen Ps 2 besteht das erste Sohnesrecht im freimütigen Beten (dort V. 7-8), hat sich doch Vaterschaft aufgetan (5,2). Als nächste Parallele bietet sich 5,5 an: Liebe Gottes hat unser Herz überschüttet. »Wir können wissen, was uns von Gott geschenkt ist«, denn »Gott hat es uns offenbart durch den Geist« (1Kor 2,10-12). *Was* hat der Geist uns offenbart und geschenkt? Nicht sich selbst. Hier zeigt sich, ob wir unsere Lektion zum Auftakt des Kapitels gelernt haben (V. 2-3): Der Geist wirkt christozentrisch. Er »kündet« Christus, »überführt« von seinem Gericht und seiner Gerechtigkeit, »legt Zeugnis ab« und »verherrlicht« ihn als den Sohn. Damit aber haben wir »den Vater gesehen«[c], so dass sich die Vateranrede auf die Lippen legt. Was die Übersetzung des aramäischen *Abba* anbetrifft, hätte sich auch das griech. *pappas*, »Papa«, »Väterchen«, angeboten. Dass dagegen in allen drei ntl. Abba-Stellen[d] das griech. *pater*, »Vater«, gewählt wird, zeigt, dass *abba* nicht mehr als Kosewort verstanden wurde.[91]

[b] 2Tim 1,7 1Joh 4,18

[c] 1Kor 2,10-12 Joh 14,6-7 15,26 16,8.14.15

[d] Gal 4,6 Mk 14,36 Röm 8,15

Der Ausdruck »schreien« zielt hier nicht auf den Einsatz von Lautstärke, sondern auf die Intensität, auf das elementare Hervorbrechen einer Äußerung, bei der jemand sein Letztes gibt. Das ist

[90] Angesichts der Zusammenhänge erübrigt es sich, an ein Getriebenwerden und enthusiastisches Mitgerissenwerden zu denken. Hier wie Gal 5,8 empfiehlt es sich, *agô* mit »führen« zu übersetzen.

[91] Die Sprachgeschichte war weitergelaufen, so dass schon in vorchristlicher Zeit aus dem ursprünglichen Lallwort des Kleinkindes die normale Anrede »Vater« in der Erwachsenensprache geworden war (Schelbert, Sprachgeschichtliches zu »Abba«). Ungewöhnlich war auch nicht, dass Jesus über Gott als den Vater sprach (das geschah schon im AT 11-mal und auch im Judentum), sondern dass er Gott auch so *anredete* und seine Jünger lehrte, es ebenso zu tun, vgl. WStB, Galater, S. 168 und 176.

eben nicht an buchstäbliches Geschrei gebunden. Zu vergleichen sind etwa die über 60 Stellen in den Psalmen, in denen »schreien« zur Gebetssprache gehört. Besonders deutlich ist das der Fall, wenn der Beter »Tag und Nacht« zu Gott »schreit«. Auch das »Herz« kann »sprechen«, »schreien« und »jubeln«.[e]

[e] Ps 27,8 84,2; 88,2 Klgl 2,18

Allerdings wird dies »wir schreien Abba« auch als förmlicher »gottesdienstlicher Schrei« ausgelegt (E. Käsemann). Danach hätte die ganze Gemeinde an einer bestimmten Stelle des liturgischen Ablaufs im Sprechchor diesen Abba-Schrei ausgestoßen (oder nach anderen: mit einem Vaterunser begonnen). Aber hätte dieser Vorgang den bei Paulus genannten Zweck erfüllt? Gab es ihn überhaupt gleichmäßig in den Hausgemeinden von Galatien bis Rom? Trägt man hier nicht Entwicklungen aus der späteren Massenkirche in das 1. Jh. zurück?

Wieder andere Ausleger denken an charismatische Eingebungen Einzelner. Aber in diesem Fall wird man dem **wir** nicht gerecht, das alle Glaubenden und ihr Beten umfasst und nicht auf gesonderte Gabenträger anspielt. Doch »reden etwa alle in Sprachen?« (vgl. 1Kor 14,30). Außerdem erfordern solche Aussprüche, die sich auf den Geist berufen, grundsätzlich eine Prüfung durch die anderen (1Kor 12,10; 14,29). Man soll ihnen nicht ohne weiteres glauben (1Joh 4,1). Darum erfüllen auch sie nicht den Zweck, den Paulus hier voraussetzt: unbedingte Vergewisserung der »Liebe Gottes, die in Christus Jesus ist« (8,38-39)! Weil die finstere Undankbarkeit, die alle anderen Sünden gebiert (1,21), vor den Augen des glaubenden Hörers im Meer der Vergebung versenkt ist, baut sich endlich sein heidnisches Urmisstrauen zugunsten eines Urvertrauens ab. Jeder Grauschleier auf seinem Gottesverhältnis verfliegt. Die Gegenwartsform »schreit« lässt an immer neue geistliche Impulse denken.

Jetzt schließt sich der Kreis. Ausgangspunkt war der Empfang **16**
des Geistes der Sohnschaft, Merkmal seiner Echtheit war die vertrauensvolle Anrufung des Vaters. Jetzt führt die Gewissheit von Gottes Vatertum wiederum zur Vergewisserung der eigenen Sohnschaft zurück. **Der Geist selbst bezeugt unserm Geist: Wir sind Gottes Kinder!**[92] Das erwähnte Wirken des Geistes wird jetzt auf den Nenner gebracht: Er übt die Zeugenfunktion aus. Der Geist

[92] Der mühelose Wechsel von »Sohn« auf »Kind« zeigt dem heutigen Leser, dass Paulus schon bei »Söhne« die weiblichen Gemeindeglieder einschloss. Zwei Stellen mögen zeigen, dass »Söhne« in der Bibel nicht immer wörtlich genommen werden darf, 1Mo 3,16: »Mit Schmerzen sollst du Söhne (wörtlich!) gebären.« Die Entbindung von Mädchen ist natürlich eingeschlossen. Und 2Mo 14,22: »Die Söhne (wörtlich!) Israels gingen mitten hinein in das Meer.« Die Töchter verblieben gewiss nicht am Ufer. Ähnlich steht es oft mit dem Gebrauch von »Brüder«.

[f] Röm 1,9; 8,10; 1Kor 5,3-5; 7,34; 16,18; 2Kor 2,13; 7,1.13; Gal 6,18; Phil 4,23

steht unserm menschlichen Geist als Zeuge gegenüber.[93] Die Verwendung von »Geist« als Menschengeist ist für Paulus nicht ungewöhnlich[f]. So begegnet das Innerste Gottes, das allein weiß, »was in Gott ist« und »die Tiefen der Gottheit erforscht«, dem Innersten des Menschen, das allein weiß, »was im Menschen ist« (1Kor 2,10f) und redet ihm gut zu: »Fürchte dich nicht, ich habe dich erlöst, ich habe dich bei deinem Namen gerufen, du bist mein« (Jes 43,1). So spricht uns der Geist mit Gott zusammen – ein folgenreiches Geschehen. Schon Jesus hat Mt 7,14-19 das Tun ans Sein gebunden.

17 Aus dem Kindsein folgt ein weiteres Recht. **Wenn aber Kinder, auch Erben, nämlich Erben Gottes.** Eine Adoption verändert alle Beziehungen, nicht nur die zu Personen, also zum Vater und zu dessen Kindern und Hausgenossen, sondern auch die zum väterlichen Besitz: »Alles, was mein ist, ist dein« (Lk 15,31; Joh 17,10).[94] Der Erbgang für die Glaubenden gilt vermittelt durch den erstgeborenen Sohn. Er ist der eigentliche Erbe, sie sind **Miterben Christi** (V. 32). Dieses Erbe besteht aber nicht allein in der zukünftigen Herrlichkeit (V. 18.30).

[g] 2Kor 1,5; 4,17; 7,3; Phil 3,29f; 3,10; Kol 1,24

[h] 2Kor 5,20; Gal 6,14.19; Kol 1,24

Es folgt eine bemerkenswerte Logik, wie sie schon 5,3 begegnete. Paulus spricht wie dort die gegenwärtigen Leiden[g] der Söhne an, ohne sie auch nur einen Augenblick lang als Widerspruch zum Sohnesstand zu empfinden. Im Gegenteil, sie haben positiv beweisende Kraft: **So gewiss[95] wir ja mit leiden,** beginnt er. Ihre Leiden quittieren ihnen ihr Sein in Christus, in ihnen wird Christusgemeinschaft für sie fasslich. Ihr Herr unterscheidet sich ja von allen anderen Herren durch sein Kreuz. Zwar ist er selbst schon erhöht, aber bisher er allein. Sie dagegen als seine Nachfolger gehören noch an den Platz, den er verlassen hat. Sie betreiben auf dieser Erde an seiner statt seine Sendung, so dass es ihnen auch zukommt, seine Leiden zu vollenden.[h] Indem sie »kreuzförmig« werden (vgl. Gal 6,17), sind sie ihm gleichförmig, womit für sie die Dinge in Ordnung sind. Und so wahr sie im Nachvollzug des Weges Jesu stehen, so gewiss führt dieser Weg auch ans Ziel: **Wir werden auch mit verherrlicht.** So erweisen sich die Leiden sogar als eine Quelle der Hoffnung.

93 *symmartyreo* hieß ursprünglich: als Zeuge neben einem oder mehreren Zeugen etwas *mit*bezeugen. Diese Grundbedeutung verblasste aber später zum einfachen »bezeugen«, »bestätigen«, bei Paulus z.B. auch 2,15 und 9,1.

94 Das Thema Erbe gehört zur Verheißung an Abraham: 4,13f, ausführlicher im Gal (3,14.18.29; 4,1.7; 5,21).

95 Zur Übersetzung des *eiper* vgl. Anm. zu V. 9.

d) Der Beistand des Geistes angesichts unseres Seufzens inmitten des Erdenleids (8,18-25)

18 Ich urteile nämlich: Nicht gleichgewichtig sind die Leiden der Jetztzeit gegenüber der zukünftigen Herrlichkeit, die an uns offenbart werden wird.
19 Das sehnsüchtige Harren der Schöpfung erwartet nämlich die Offenbarung der Söhne Gottes.
20 Der Nichtigkeit nämlich ist die Schöpfung unterworfen worden – (das geschah ihr) nicht freiwillig, sondern um dessentwillen, der sie unterworfen hat – auf Hoffnung hin.
21 Denn auch sie, die Schöpfung, wird befreit werden von der Sklaverei der Vergänglichkeit zur Freiheit der Herrlichkeit der Kinder Gottes.
22 Wir wissen nämlich: Die ganze Schöpfung zusammen seufzt und liegt insgesamt in Wehen bis jetzt.
23 Nicht aber allein (das), sondern auch wir selbst, die wir die Erstgabe des Geistes haben, auch wir selbst seufzen in uns, die Sohnschaft erwartend, die Erlösung unseres Leibes.
24 Auf Hoffnung hin sind wir nämlich errettet worden. (In ihrer Erfüllung schon) erblickte Hoffnung jedoch ist keine Hoffnung. Was man nämlich erblickt, wer hofft (dann noch darauf)?
25 Wenn wir aber, was wir nicht erblicken, erhoffen, erwarten wir (es) in Geduld.

Um hier den Gedankenfaden zu erkennen, achten wir auf die Eröffnung des folgenden Abschnitts (V. 26): »*In gleicher Weise aber auch* steht uns der Geist bei …« Derartig anknüpfend unterscheidet er also dort einen zweiten Fall von diesem ersten Fall und stellt beide Fälle in Parallele. Beide handeln demnach vom Beistand des Geistes[96], einmal dort angesichts der Tiefe des Leids (V. 26-30), dann aber auch schon hier angesichts der Weite des Leids (V. 18-25). Ab V. 18 werden also die »Leiden der Jetzt-Zeit« Thema. Dies Thema läuft durch bis zum Ende des Kapitels, einschließlich des großen zusammenfassenden Bekenntnisses 8,31-39. Dabei kommt es zu einer reichen Auffächerung christlicher Leiderfahrung:
– V. 18-25: die natürlichen Leiden
– V. 26-30: das Erleiden der Gebetsnot vor Gott

[96] Beide Abschnitte decken sich sachlich mit dem Zeugnis vom Heiligen Geist in der Abschiedsrede Jesu. Ohne diesen »Beistand« (LÜ: »Tröster«) könnten sie die Zeit seiner leiblichen Abwesenheit nicht ertragen. Aber durch ihn will er »bei, mit und in« ihnen sein (Joh 14,16.26; 15,26; 16,7).

- V. 31-34: das Erleiden von Anfechtung angesichts persönlicher Schuld
- V. 35-36: die Verfolgungsleiden
- V. 37-39: schließlich das Leiden unter geistigen Mächten, die uns von der Liebe des Christus abschotten wollen.

Christen haben nicht immer mit allen fünf Formen des Leidens zu tun; z.B. ist für den Einzelnen nicht immer Verfolgungszeit. Aber ohne Christusleid überhaupt wären wir nicht Miterben Christi und darum auch nicht Kinder Gottes.

18 Mit den Worten »**Ich urteile nämlich**« folgt ein weiteres Lehrstück[97] über den Heiligen Geist, jetzt aber mit Bezug auf **die Leiden**, die Paulus gerade in V. 17 angeschnitten hatte. Die Weltstunde der **Jetzt-Zeit** (s. zu 3,21) enthält nicht nur eine Weltchance, sondern auch eine Weltgefahr, denn das Evangelium stößt nicht in ein Niemandsland, sondern auf Widerstand. So gilt es, »durch viel Bedrängnis in das Reich Gottes einzugehen« (Apg 14,2). Durch ihre massive Gegenwärtigkeit könnten die Bedrängnisse aber das zukünftige und darum noch unsichtbare Heil in den Schatten stellen.

Paulus gehört nicht zu denen, die für die harte Gegenwart nur ein Lächeln übrig haben (12,15; 2Kor 1,8). Aber er legt die gegenwärtigen Leiden zusammen mit der zukünftigen Herrlichkeit auf die Waage. Kommt es dabei zum Gleichgewicht, zum Ausgleich von Freud und Leid? Das wäre schon etwas, aber nein, **nicht gleichgewichtig sind die Leiden der Jetztzeit gegenüber der zukünftigen Herrlichkeit, die an uns offenbart werden wird.** Die Waagschale, die mit den Bedrängnissen der Endzeit beladen ist, schnellt federleicht[98] in die Höhe vor der übergroßen zukünftigen Herrlichkeit auf der Gegenseite. Dieses Abwägen blitzt hier allerdings nur kurz auf. Im Unterschied zu 1Kor 15,35-49 setzt Paulus jetzt nicht fort: Wie wird das sein, »wenn wir in die goldnen Gassen ziehn ein«?, sondern stellt sich der Frage: Wie verkraften wir bis dahin die Gegenwart, um nicht vor der Zielankunft auf der Strecke zu bleiben?

19-22 Er beginnt mit einem Seitenblick auf die »Schöpfung«. Für seine diesbezüglichen Aussagen beruft er sich nicht auf die sensiblen Fähigkeiten eines Dichters, der das Raunen der Natur vernimmt, selbstverständlich auch nicht auf naturwissenschaftlich Fassbares. Mit »**wir wissen nämlich**« (V. 22) verweist er vielmehr auf anerkannte Überlieferung in allen Gemeinden, vor allem auf das Alte Testament. Es geht um ein Wissen, das aus dem Gottesglauben der Bibel erwächst. Wer an Götzen glaubt, spricht ganz anders über die

97 Im Unterschied zum Stil des Bekenntnisses ab V. 38: »Ich bin gewiss!«

98 In 2Kor 4,16; 1Petr 1,6; 5,10 wird in ähnlichem Zusammenhang nicht das Gewicht, sondern die zeitliche Länge verglichen: Kürze verschwindet gegenüber endloser Dauer.

Natur. Wir »wissen« oft *nicht!* Weithin haben uns kulturelle und philosophische Einflüsse die Zusammenhänge alles Geschaffenen zerschnitten. Übrig bleibt für neuzeitlich geprägtes Denken als Letztwirklichkeit das Individuum an seinem Schreibtisch, von dem aus es sich zum Maß aller Dinge macht und – draußen hilflos seine Kontaktarmut mit Natur, Mitmensch, Gemeinde und Kosmos erfährt.

Der Wortsinn von **»Schöpfung«** – diese Vokabel findet sich hier in jedem der vier Verse! – umfasst zunächst alles Geschaffene; allerdings ist im Einzelfall mit Einschränkungen zu rechnen. An unserer Stelle ist die glaubende Gemeinde ausgenommen, steht sie doch nach V. 23 der Schöpfung betont gegenüber. Nach V. 20 aber scheiden Menschen überhaupt aus, denn dort sind lediglich solche Geschöpfe ins Auge gefasst, die ohne Selbstverschulden schicksalhaft der Nichtigkeit unterworfen wurden. Das jedoch trifft letztlich für keinen einzigen Menschen zu (1,19-21; 5,12). So hat der Begriff an unserer Stelle nichts Schillerndes. Nicht von der gefallenen, sondern von der unterworfenen Welt ist die Rede. Dass von dieser außermenschlichen Schöpfung persönliche Akte wie Hoffen, Harren und Seufzen ausgesagt werden, spricht nicht gegen dieses Verständnis. Im AT geschieht das in Hülle und Fülle.[99] Gewiss verwendet es damit dramatisierende, künstlerisch gestaltete Sprache, aber es steckt mehr darin als eine künstlerische Ader, an der man seine Freude haben kann. Menschen können über Außermenschliches immer nur unangemessen sprechen, weil sie nur Begriffe verwenden können, die sie aus dem Menschsein heraus gewonnen haben. Wichtig nur, dass man sich dieser Grenze bewusst ist. Die Verfasser der Bibel haben nie Mensch und Tier oder Mensch und Pflanze verwechselt. Darum durften sie freimütig nach Menschenart sprechen und auch verständige Leser erwarten.

Paulus spricht also der vernunftlosen Schöpfung ein **»sehnsüchtiges Harren«** zu.[100] Sie ist mit ihrem gegenwärtigen Zustand nicht zufrieden. Nach 1Mo 1,31 war sie einmal, wie alles, »gut«. Für *wen* war sie gut? Gewiss für den Menschen, aber auch für Gott. Sie existiert nicht nur *durch* ihn, sondern auch *für* ihn (11,36). Ihr ist eine innerste Ausrichtung auf seine Verherrlichung eingestiftet.[101] Doch gerade darin ist sie gestört. Ein besonderes Ereignis warf sie aus der Bahn und zwang sie in den Leerlauf[102] (V. 20). Aus dieser Störung

99 Als Beispiele: Ps 19,2-5; 148; Jes 55,12

100 So etwa der Grundsinn von *apokaradokia*, gewöhnlich umschrieben »sehnsüchtiges Harren«. Luther missverständlich: *»ängstliches* Harren«, wie er auch in V. 22 vom »sich ängsten« spricht, statt: »in Geburtswehen liegen«, »Mutterschmerzen erleiden«.

101 Offb 5,13 schaut diese Bestimmung erfüllt: von allen Rängen brausender Gottesjubel!

102 *mataiotäs*, »Nichtigkeit«, eigentlich »Leerheit«

will sie ungestüm heraus, um wieder ihre ursprüngliche Bestimmung zu erfüllen. Wie kann das geschehen? Nach V. 19 durch **»die Offenbarung der Söhne Gottes«** (vgl. V. 21: durch deren »herrliche Freiheit«). Also ist ihre Geschichte in die Geschichte der Menschen einbezogen.

V. 20-21 erläutert das. Ihr gegenwärtiger Zustand ist nicht Schuld und Strafe, sondern Schicksal: **nicht freiwillig, sondern um dessentwillen, der sie unterworfen hat.** Wenn das eine Anspielung auf das Strafwort in 1Mo 3,17 ist (»Verflucht sei der Acker um deinetwillen«), und dem ist kaum auszuweichen, dann war es Gott, der hier richterlich um des Menschen willen an der außermenschlichen Schöpfung gehandelt hat. Von Adam lässt sich solch eine Aktion nicht behaupten. Gott hatte dem Menschen alles zu treuen Händen übergeben, ihn zum König über die Erde gekrönt[a]. Diese Zuständigkeit des Menschen war so gültig und wesentlich, dass es für seinen Verantwortungsbereich Folgen haben musste, als er gottlos wurde. Aus der Krone der Schöpfung wurde die Katastrophe der Schöpfung. Nun ist die Natur um den Menschen herum gestört, gehemmt, verkümmert, ausgelaugt.[103] Wenn die Naturgeschichte aber so mit der Menschengeschichte verkoppelt ist, ist es nur folgerichtig, dass erst der Mensch wieder in Ordnung kommen muss, wenn die Natur in Ordnung kommen soll. Eben das ist ihr **Hoffnungs**schimmer (Ende von V. 20). Wenn der abgefallene, rebellische Mensch nicht mehr rebelliert, sondern wieder in wahrer Sohnschaft aufstrahlt, wird auch Himmel und Erde mit allem, was dazwischen ist, neu erglänzen.[b] So ist die Heilslehre der Bibel nicht am isolierten Individuum orientiert. Ist Christus die Offenbarung des Schöpfers aller Dinge, kann seine Erlösung nicht auf den einzelnen Menschen noch überhaupt auf Menschen beschränkt bleiben.

[a] 1Mo 1,28f 2,15f Ps 8,6-9

[b] Jes 11,6f 65,17.25 Eph 1,10 Kol 1,20 2Petr 3,13 Offb 21,1

In V. 22 kann Paulus sein Urteil von V. 20 befestigen. **Wir wissen nämlich: Die ganze Schöpfung zusammen seufzt und liegt insgesamt in Wehen bis jetzt.** Die Kreatur in ihrer Gesamtheit[104] intoniert ihr sehnsüchtiges Harren im himmelschreienden »Seufzen«. Ihre »Wehen«[c] setzen in irgendeiner Form einen Anteil an der »Wiedergeburt« der alten Weltverhältnisse voraus (Mt 19,28). »**Seufzen**« ist hier unbedingt anders gefüllt als vier Verse später,

[c] Jes 21,3 26,16-19 Jer 30,4-7 Mt 19,28 24,8-13 Gal 4,12

[103] Das erste und letzte Buch der Bibel reichen sich die Hand, denn auch in der Offb spiegeln sich die Gerichte über den Menschen im Geschehen an seiner Umwelt wider. Hier zeigt sich heute eine unerwartete Aktualität. Die Natur versagt dem Menschen weithin den Dienst, so dass Selbstverständliches (1Mo 8,21-22) nicht mehr selbstverständlich ist. Kehrt der Mensch nun um (vgl. Offb 16,9.11)?

[104] LÜ ergänzt hier: »mit uns«, aber *diese* Gemeinsamkeit kommt erst in V. 23 zur Sprache.

wo es heißt, dass der Geist »seufzt«.[105] An dieser Stelle erhält der Begriff sein Profil dadurch, dass dieser Aufschrei aus dem Mund von Unterworfenen ertönt (V. 20). Wegweisend für das Verständnis ist das »Seufzen« Israels unter Pharao.[d] Dort ging es um mehr als um instinktive Abwehr überschwerer physischer Belastung. Ein Volk schrie auf, das sich mit seinem Dasein grundsätzlich nicht identifizieren wollte und auch nicht sollte (vgl. 7,15). Als zur Freiheit berufen legten die Versklavten mit ihrem »Seufzen« Rechtsbeschwerde ein. So hat Mose sie unermüdlich im Namen Gottes gedolmetscht: »Gib mein Volk frei, dass es mir diene!« So schreit hier auch die Erde zu Gott. Paulus dolmetscht ihre Not, ihr göttliches Recht und ihr sehnsüchtiges Harren auf Befreiung.

[d] 2Mo 2,24 3,7; 6,5 Apg 7,34 Ps 79(78),11

Aus thematischen Gründen bietet Paulus hier nur einen Ausschnitt biblischer Lehre von der Schöpfung. Die kosmische Symphonie des Stöhnens ist jedoch entschieden nicht alles, was über sie zu sagen ist. Schon nach 1Mo 3 vermischte Gott seine Gerichte mit Beweisen seiner weiterlaufenden Treue. Nach Apg 14,17 erfüllt er die Menschenherzen mit »Speise und Freude«. Auch außerhalb der Heilsoffenbarung gibt es berechtigte Daseinsfreude.[106]

In diese Schau von der gefallenen Schöpfung zeichnet Paulus jetzt 23
auch das Christsein ein. **Nicht aber allein (das), sondern auch wir selbst, die wir die Erstgabe des Geistes haben, auch wir selbst seufzen in uns.** Das Stöhnen der außermenschlichen Kreatur – unschuldig schuldverhaftet – kehrt im Menschenbereich wieder. Dabei unterstreicht das zweimalige »auch wir selbst« verbunden mit der Beifügung »die wir die Erstgabe des Geistes haben«, dass der Geistempfang nicht des allgemeinen Seufzens enthebt. Im Gegenteil, die übrige Kreatur leidet nur dumpf und stumpf vor sich hin, dagegen erfahren Menschen des Geistes bei vollem Bewusstsein den krassen Zwiespalt zwischen der herrlichen Zukunft und der unherrlichen Gegenwart. Als Hoffnungsträger sind sie doppelt sensibel für das gegenwärtige Erdenleid. Aber solange sie im sterblichen Leib leben, bleiben sie dem Elend dieser Welt verhaftet. Schon die Bezeichnung »Erstgabe des Geistes«[e] macht bewusst, dass heutige Heilserfahrung noch nicht in den endgültigen Zustand versetzt. Damit wird nicht etwa der Gedanke an weitere Geistempfänge geweckt, wohl aber an eine Folge von pneumatischen Wirkungen bis hin zur Auferweckung zu einem geistlichen Leib (V. 23).[f]

[e] 2Kor 1,22 5,5 Hebr 6,5f

[f] Röm 8,11 1Kor 15,44

105 *stenazô, stenagmos*; die Begriffe sind in den acht Stellen des NT wie in den 57 Stellen der LXX sehr bedeutungsreich und nicht überall über einen Leisten zu schlagen.

106 Einfältig-tiefsinnig schreibt Wilhelm Busch: »Sie freuen sich mit Weib und Kind, nur bloß, weil sie vorhanden sind.«

Unser Abschnitt vergegenwärtigt uns also die natürlichen Leiden. Wir sind nämlich als Mit-Mensch nicht nur gefallene Welt, sondern als Mit-Kreatur auch unterworfene Welt. Darum leiden wir nicht nur schuldhaft, sondern auch schicksalhaft. Dass sich die natürlichen Leiden im Leben nie in Reinkultur nachweisen lassen, sondern sich Schuld und Schicksal mischen, ist selbstverständlich. Der Versuch, die einzelnen Anteile an der Leiderfahrung säuberlich zu isolieren und zu sortieren, gelingt kaum. Trotzdem kann es schon viele Wogen glätten, diesen Gesichtspunkt überhaupt zu erwägen.

Ich vergegenwärtige mir also, dass vieles für mich und für meinen Nächsten einfach Geschick ist. Wir konnten uns nicht aussuchen, in welcher Zeit wir leben, welche Eltern wir haben, welcher Nationalität wir angehören, wie wir aussehen, welche Schule wir besuchen, welche Lehrer uns bilden usw. Zudem sind wir zwischen Wiege und Bahre den natürlichen Prozessen des Werdens und Vergehens unterworfen, des Lebensdranges und des Lebenzerfalls. Im Blick auf diese Bedingungen ist unser Beieinander ohne Negativerfahrungen nicht denkbar. Auf dieser Linie sind eine Menge Irrtümer, Enttäuschungen, Missverständnisse, Vergesslichkeiten, Begrenzungen wie Zurücksetzungen, unter denen wir seufzen, zu bedenken. Schon in jedes Gespräch unter zweien schleichen sich am laufenden Band Fehlleistungen ein. Gewusst ist noch nicht richtig gesagt, gesagt ist noch nicht richtig verstanden, verstanden ist noch nicht richtig befolgt. Wenn das alles genügend vor Augen steht, wird einem aber auch klar, dass Erlittenes nicht kurzschlüssig als Schuldfrage behandelt werden darf. Sofort Böses suchen und »Sünde!« schreien, könnte tief falsch sein, sofort das eigene oder die anderen Gewissen zu belasten, gar schädlich. So stumpfen die Gewissen nur ab und verlieren ihre Fähigkeit zum berechtigten Gebrauch. Statt am laufenden Band zu beschuldigen und zu strafen, werden geistliche Menschen gründlich nachdenken und sich ihren Horizont durch Abschnitte wie diesen erweitern lassen.

24 Aus gutem Grund folgen verallgemeinernde Bemerkungen über den christlichen Heilsstand. Mit der Rettung öffnen sich auf der Stelle Dimensionen umfassender Hoffnung. **Auf Hoffnung hin sind wir nämlich errettet worden.** Die ersten Christen fielen ihrer Umgebung geradezu durch *Vor*freude auf.[g] Doch diese Vorfreude könnte in Gegenwartsfreude ertrinken. Es gibt ein »Lächel-Christentum«, das es herausgefunden hat, heute schon – umgeben vom Erdenleid – seinen Wohlstand und sein Wohlsein werbewirksam zu feiern. Diese Art hat Paulus besonders im 2Kor beschäftigt.[h] **(In ihrer Erfüllung schon) erblickte Hoffnung jedoch ist keine Hoffnung. Was man nämlich erblickt, wer hofft (dann noch darauf)?**

[g] 1Petr 3,15; Röm 4,18; 5,2.4.5; 12,12; 15,4.13

[h] 2Kor 4,18; 5,7

Er kehrt zurück zum Thema des gegenwärtigen Leidensdrucks, 25
den nach V. 18 und V. 23 gerade Geisterfüllte erfahren, und bezeugt echte Hoffnung. **Wir aber erhoffen, was wir nicht erblicken.** Doch: **Wir erwarten (es) in Geduld.** Das letzte Wort in diesem Abschnitt erhält damit das Wort »Geduld«. Es dient nicht als verklingendes Satzende, sondern als Zielpunkt des Ganzen. Wir überhören nicht, dass Paulus unmittelbar fortfährt: »*In gleicher Weise aber auch* steht uns der Geist bei …« (V. 26, vgl. Einführung oben), so dass er hier rückwirkend Erfahrungen geistlichen Beistandes in Aussicht stellt. Der Geist, der uns seufzen lässt (V. 23), leistet auch Beistand, Wartende bleiben zu können. Die Härte und Menge des Erlittenen könnte einen solchen Grad annehmen und einen solchen Druck ausüben, dass die Gegenwart die Zukunft völlig in den Schatten zu stellen droht. Verblasst aber die Hoffnung, verliert man die Geduld mit der Gegenwart. Eine Gegenwart aber, mit der man die Geduld verliert, stampft man ein. Man erkennt ihr jeden Sinn ab und verhält sich entsprechend in ihr. Doch durch den Geist ist der »Gott der Geduld« (15,5) anwesend und richtet die Seufzenden auf und aus: »Seid fröhlich in Hoffnung und geduldig in Bedrängnis!«

e) Der Beistand des Geistes angesichts unserer Schwachheit vor Gott (8,26-30)

26 In gleicher Weise aber steht uns der Geist auch bei unserer Schwachheit bei. Was wir nämlich beten sollen nach Gebühr, wissen wir nicht. Aber der Geist selbst legt (für uns) Fürsprache ein mit unaussprechlichen Seufzern.
27 Der die Herzen Erforschende aber weiß, was das Bestreben des Geistes ist, denn gottgemäß legt er Fürsprache ein für die Heiligen.
28 Wir wissen aber, dass denen, die Gott lieben, alles verhilft zum Guten, denen, die nach dem Ratschluss (Gottes) Berufene sind.
29 Denn: Die er im Voraus erkannt hat, hat er auch im Voraus bestimmt zu Gleichgestalteten des Bildes seines Sohnes, damit dieser sei Erstgeborener unter vielen Brüdern.
30 Die er aber im Voraus bestimmt hat, die hat er auch berufen, die er aber berufen hat, die hat er auch gerechtgesprochen, die er aber gerechtgesprochen hat, die hat er auch verherrlicht.

Vom Seufzen der Glaubenden inmitten der Weltnöte wendet Paulus sich jetzt ihrer »Schwachheit« vor Gott zu. Dabei denkt er nicht an besondere Schwächeanfälle. Er beginnt ja nicht: *wenn* wir nicht gottgemäß zu beten wissen, sondern stellt im Rahmen eines Lehrstücks allgemein gültig fest: Wir wissen nicht gottgemäß zu beten.[107] Eine Parallele bietet die erste Seligpreisung Mt 5,3. Auch sie zielt nicht auf besondere Stunden geistlicher Armut, denen Stunden geistlichen Reichtums gegenüberständen. Vielmehr kennzeichnet sie mit »geistlich arm« den Stand der Jünger überhaupt, vermag ihnen aber wider Erwarten dazu zu gratulieren.

26a Paulus kündigt also eine zweite Form der Hilfeleistung des Geistes[108] an. **In gleicher Weise aber steht uns der Geist auch bei unserer Schwachheit bei.** Bei dieser Schwachheit handelt es sich um ein Versagen in einem zentralen Punkt: **Was wir nämlich beten sollen nach Gebühr, wissen wir nicht.** Das NT bezeugt für die ersten Christen zwar einen großen Reichtum an Gebetsanlässen, Gebetsformen und -inhalten, aber gerade beim Vollzug des Gebets selbst wird jedes-Mal ein Nicht-beten-Können spruchreif, nämlich das Unvermögen, nach Gebühr zu beten. Diese allgemeine Angabe wird im nächsten Vers inhaltlich gefüllt durch **»gottgemäß«.**[109] Im personalen Gegenüber zu Gott setzen Gottes Maßstäbe ein. Darum erweist sich der Mensch, wenn irgendwo, gerade im Gebet als unmöglich. Weder in seinem Denken und Wollen noch in seinem Reden passt er zu Gott. Auch die geistgewirkte Gebetsgabe der Glossolalie gehört nach 1Kor 13 als unangemessenes Reden zum Unvollkommenen (V. 8-11).[110] Wer weiß, was er sagt, wenn er »Gott« sagt, der weiß auch, dass Gott in einem Licht wohnt, zu dem wir Menschen nicht hinzutreten können (1Tim 6,16). Jesaja stößt auf die Flammen zuckender Schwerter von 1Mo 3,23 und schreit vor dem dreimal Heiligen auf: »Weh mir, ich vergehe!« und: »Wer kann wohnen bei der ewigen Glut?« (Jes 6,5; 33,14). In diesem Sinn bezeichnet Paulus also die Grundbefindlichkeit des Beters als Schwachheit. Auch wenn er alles getan hat, was in seinen Kräften steht, um seiner Zerstreutheit, Widerspenstigkeit und Eitelkeit Herr zu werden, auch dann steht er knieweich[111] vor dem Wahrhaftigen. Wer betet, tut etwas, was der Mensch soll, aber was vom Menschen her eigent-

107 Vgl. dagegen 1Joh 3,20: »*Wenn* uns unser Herz verdammt …«

108 S. Einf. zum vorigen Abschnitt 8,18-25.

109 In »nach Gebühr« (V. 26) wie in »gottgemäß« (V. 27) steckt griech. *kata* (bzw. *katho*) mit Akk.: Angabe einer Norm, eines Maßstabes, an dem etwas gemessen wird.

110 S. auch zu V. 15, letzter Absatz. Darum ist auch die Auslegung dieser Geistesäußerung als »glossolalisches Schreien im Gottesdienst« (H. Balz, EWNT I, S. 1128, mit E. Käsemann) fallen zu lassen. Diese »unaussprechlichen Seufzer« des Geistes fügen sich mit der Sprachenrede nach 1Kor 14,14-17, die Paulus in der Versammlung auf zwei, höchstens drei Beiträge beschränkt (dort V. 27), in keiner Weise zusammen.

111 Der Grundsinn von »schwach sein« (*astheneia*): »nicht geradestehen können«, »weder Stand noch Position besitzen«, »mit nichts auftrumpfen und für sich selbst nicht aufkommen können«.

lich unmöglich ist. Seine Zugehörigkeit zur vergänglichen Welt (V. 23) muss sich gerade beim Beten auswirken. »Das Fleisch ist schwach«, sagte Jesus diesbezüglich (Mk 14,38; vgl. 1Kor 15,43).

Der Geist aber steht uns bei. Dieses zusammengesetzte Verb[112] erscheint im NT nur noch Lk 10,40, dort aber in schöner Anschaulichkeit. Marta möchte, dass ihre Schwester ihr in der Hausarbeit »beisteht«. Deswegen soll Maria nicht etwa die ganze Arbeit tun, aber sie soll Marta auch nicht allein dienen lassen. So auch das Beistehen hier. Der Glaubende stellt das Beten nicht ein, sondern betet in aller Schwachheit weiter, aber er weiß, dass auch der Geist betet. Es entsteht eine ungleiche, aber reale Gebetsgemeinschaft.

In der zweiten Vershälfte gewinnt der Begriff »Schwachheit« **26b-27**
schärfere Umrisse. **Aber der Geist selbst legt (für uns) Fürsprache ein.** Die Tatsache, dass dieses seltene Verb[113] bei Paulus nur hier in Röm 8, hier aber gleich dreimal erscheint (V. 26.27.34), muss für die Auslegung Gewicht haben. In V. 34 ist Christus der Beistand, der zur Rechten des Vaters Fürsprache übt, so dass auch Gott für uns ist. Demgegenüber handelt es sich hier um den Geist als den »anderen Beistand«. Sein Dienst geschieht nicht im Himmel, sondern betont auf Erden »bei, mit und in« den Jüngern (Joh 14,16-18), in ihren »Herzen« (V. 27; 5,5; 8,15; Gal 4,6). Ein und derselbe Vorgang wird also in trinitarischer Fülle bezeugt: Gott ist für uns, Christus ist für uns, der Geist ist für uns. Dabei liefert die dritte Fürbitte-Stelle in V. 34 durch ihren ausführlichen Zusammenhang ab V. 31 auch die Klarstellung, woran Paulus bei dieser **Schwachheit** vor Gott denkt: Nicht weniger als unsere Gerechtsprechung steht auf dem Spiel. Eigene Sünde, Schuld und Gewissensnot werden bedrohlich. Mächte der Anklage und Verdammung berennen uns unermüdlich und wollen in den innersten Festungsring des Glaubens einbrechen und uns dort von der Liebe Gottes trennen. Aber Gott ist Gott, Christus lebt, der Geist lässt uns nicht allein.[114]

Die Vorstellung des Paulus von der Rolle des Geistes ist genau zu erfassen. **Der Geist selbst,** so wird betont, verwendet sich für uns **mit unaussprechlichen Seufzern**. Nicht an unsere eigenen unaussprechlichen Seufzer nach V. 23 ist zu denken. Paulus denkt an ein Geschehen, von dem die Beter aufgrund dieser Belehrung zwar genauso wissen dürfen, wie sie um Jesu Eintreten in der Höhe wissen, das sie aber nicht als eigene Aktivität erleben. Das Wort »seufzen« ist in der Bibel sehr beziehungsreich. Hier lenkt der Zusammenhang

112 *synantilambanomai*: mit jemand und für ihn zupacken.
113 *entyngchano hyper*: »Fürsprache einlegen«; für göttliche Fürsprache nur noch Hebr 7,5, sprachlich anders 9,24; 1Joh 2,1.
114 Vgl. »Schwachheit« und Hilfsbedürftigkeit in diesem Sinne auch in Hebr 4,15-16.

auf Mk 7,34. Wie der irdische Jesus dort seufzend fremde Not auf sich nahm, tut es heute an seiner Stelle der Geist. Sein Seufzen wird als unaussprechlich charakterisiert, d.h. Menschenlippen taugen dafür in keiner Weise (vgl. 2Kor 12,4). Es ist göttlicher Art, darum aber auch göttlich wirksam wie kein Menschengebet. **Der die Herzen Erforschende[a] aber weiß, was das Bestreben des Geistes ist, denn gottgemäß legt er Fürsprache ein für die Heiligen.** Gott und Geist harmonieren ohne Frage vollkommen (1Kor 2,10-11).

[a] 1Sam 16,7 1Kön 8,39 Ps 17,3 26,2 139,1f.23f Apg 1,24 1Joh 3,20

Rückschauend ist zu bemerken, dass Paulus nicht speziell gottesdienstliche Vorgänge schildert. Sie geschehen in den »Herzen«, auch außerhalb der Versammlung. Auch bezeugt er in diesem Fall keine wahrnehmbaren Bekundungen des Geistes am Beter, wie z.B. bei der Verzückung von 2Kor 12,4 (»ich hörte«) oder bei der Glossolalie nach Apg 2,4 oder 1Kor 14,2 (»sie redeten«). Ohne allzu große Beachtung seiner Befindlichkeit beharrt der Beter im Gebet (12,12), selbst wenn da »keine Stimme noch Antwort« ist. Keineswegs beschreitet er den Weg der Baalspriester in 1Kön 18,26-29, steigert nicht äußere Frömmigkeitsübungen (Dauer, Lautstärke, Körpereinsatz). Angebracht ist dagegen ein neues Horchen auf das Evangelium von Gott und Christus im Geist, der unser Beten unablässig gottgemäß und wirksam begleitet. Im Zuge dieses Geschehens fließt uns ein allergewissestes Glaubenswissen[b] zu, wie der Text fortfährt.

[b] Röm 2,2 3,19; 4,21 5,3; 6,6.9 7,14; 8,22 13,11

28
Die Gerechtsprechung von Gott her, vermittelt durch Christus und den Geist, ergibt: **Wir wissen aber, dass denen, die Gott lieben, alles verhilft zum Guten.** Das hier vorausgesetzte »Gott lieben«[c] ist nicht als hohe Hürde vor uns aufgebaut, über die wir uns erst hinüberquälen müssen. In unserer Liebe zu Gott leisten wir nichts Besonderes. Wir sind schlicht Widerschein, Spiegel seiner Liebe zu uns (1Kor 8,3; 1Joh 4,10). Ein solches Leben im Kreislauf der Liebe triumphiert über alles. Auch die Dinge, die heute noch ihrer Eigengesetzlichkeit zu folgen scheinen, dienen uns auf die Länge zum Guten[d], nämlich zum Heil.[115] Gott legt ihnen »einen Zaum ins Maul« und zügelt sie souverän seinem Ziele zu (Jes 30,28). Das Gesagte gilt **denen, die nach dem Ratschluss (Gottes)** vor Grundlegung der Welt[e] **Berufene sind.** Durch diesen Zusatz macht Paulus auf den unendlichen Vorsprung aufmerksam, den Gottes Entschlusskraft und Willenskraft späteren Einflüssen gegenüber besitzt.

[c] 5Mo 6,5 1Kor 2,9 16,22 Eph 6,24 2Tim 4,8 Jak 1,12 2,5
[d] Röm 10,15 14,16 15,2 16,19
[e] Jes 25,1 Eph 1,4.11 3,11 2Tim 1,9

29-30
Sein Handeln steht in einer unauflöslichen Verkettung. Vier gleich aufgebaute Sätze bezeugen staunend, wie zielstrebig und

[115] Dies Verständnis (Gutes = Heil, vgl. 14,16) ist wichtig, wenn es nicht zu Enttäuschungen kommen soll. Christen geht es nach gewöhlichem Verständnis nicht immer gut oder gar bestens.

folgerichtig Gott vorgeht, fern aller Laune.[116] Die erste Verkettung betrifft zwei vorzeitliche Akte. **Denn: Die er im Voraus erkannt hat, hat er auch im Voraus bestimmt.** Das Wort »erkennen« hat hier nicht seinen alltäglichen Sinn, sondern ist durch das AT geprägt: jemanden erkennend für sich entdecken, also für ein persönliches Vertrauensverhältnis[f] aussondern, eben erwählen.[117] Diejenigen aber, die einmal in diesem Sinn in das Sehfeld Gottes geraten sind, gelangen damit auch in sein Kraftfeld: Sie werden von ihm bestimmt[118], also »programmiert«.

[f] 1Mo 18,19 Jer 1,5 Am 3,2 1Kor 8,3 Gal 4,9 2Tim 2,19

An dieser Stelle unterbricht Paulus die Kette, um dieses Programm kurz zu umreißen: **zu Gleichgestalteten des Bildes seines Sohnes, damit dieser sei Erstgeborener unter vielen Brüdern.** Die ntl. Stellen, die von einer Gestaltung in das Bild Christi sprechen[g], gehören in das Umfeld von 1Mo 1,27. Sie umkreisen des Menschen Bestimmung zur Gottebenbildlichkeit. Der erste Adam verfehlte dieses Bild, Christus erfüllte es. Darum wird er hier auch als Sohn bezeichnet: Der Sohn spiegelt den Vater wider (Joh 14,9). Christus ist also der neue Adam (1Kor 15,47), das Haupt einer neuen Menschenfamilie, Erstgeborener unter vielen Brüdern. Erstgeburt schließt in der Bibel Gleichheit mit den Nachgeborenen ein, aber auch Überlegenheit an Rang und Würde. In dieses Menschheitsprojekt weiß sich also die christliche Gemeinde eingeordnet.

[g] 1Kor 15,49 2Kor 3,18 4,4 Eph 4,24 Phil 2,16 3,10.21 Kol 1,15 3,10 Hebr 1,3

Damit zur zweiten Verkettung: **Die er aber im Voraus bestimmt hat, die hat er auch berufen.** Gottes Handeln überschreitet nun die Schwelle zur Geschichte und erscheint in irdischen Biographien als Berufung.[h] Sie wird durch die Verkündigung des Evangeliums und im Gehorsam des Glaubens empfangen. Die dritte Verkettung: **Die er aber berufen hat, die hat er auch gerechtgesprochen.** Gott erklärt sie um Jesu willen zu Heiligen (1,7; 8,27). Nach 4,17 handelt es sich um ein schöpferisches Tun: »Er ruft das, was nicht ist, ins Dasein« (4,17). Schließlich die vierte Verkettung: **Die er aber gerechtgesprochen hat, die hat er auch verherrlicht.** An anderen Stellen weiß Paulus auch von Herrlichkeit, die schon in der Gegenwart an uns wirksam ist (2Kor 3,18). Hier aber führt der Gedankenfaden von V. 17f her zu einer noch erhofften Verherrlichung am Ende. Wenn er dabei Zukünftiges schon im Perfekt bringt, erklärt sich das

[h] Röm 1,1.6.7 9,12.24.29

116 Geht es auch ohne Glauben? Dem Wortlaut nach bleibt der Glaube hier wie auch an so wichtigen Stellen wie 4,25; 5,9.16.18.19; 8,33 unausgesprochen. Aber es wäre sträflich, solche Aussagen vom Röm insgesamt zu trennen.

117 Ein Seitenblick auf Nichterwählte entfällt hier.

118 *prohorizein;* für dies griech. Wort (noch V. 30 und Eph 1,5.11) wählte die lateinische Übersetzung *praedestinare, praedestinatio.* Davon wurde die Lehre von der Prädestination gebildet, d.h. von der göttlichen Vorherbestimmung. Vgl. dazu in der Einführung zu 9,30-10,21 Punkt 2: »Gottes Allmacht und des Menschen Verantwortung«.

aus Prophetenart. In dieser sprachlichen Form bringt sie den Höchstgrad an Gewissheit zum Ausdruck. »Vor Gott ist auch die letzte Verherrlichung schon ›perfekt‹« (Werner de Boor).

6. Schlusswort zu Kap. 1-8: Die sieghafte Offenbarung der Gerechtigkeit Gottes in Jesus Christus (8,31-39)

31 Was sollen wir also zu diesen Dingen sagen? Wenn (demnach) Gott für uns (ist), wer (kann dann) gegen uns (sein)?
32 (Er), der doch sogar des eigenen Sohnes nicht hat verschont, sondern hat ihn für uns alle dahingegeben, wie sollte er uns nicht auch zusammen mit ihm alles schenken?
33 Wer erhebt Anklage gegen die Auserwählten Gottes? Gott (ist ja) der Gerechtsprechende!
34 Wer (ist) der (sie) Verurteilende? Christus (ist) der (für sie) Gestorbene, vielmehr aber der Auferweckte, der auch da ist zur Rechten Gottes, der auch Fürsprache für uns einlegt!
35 Wer wird uns trennen (können) von der Liebe des Christus? Bedrängnis oder Beengung oder Verfolgung oder Hunger oder Nacktheit oder Gefahr oder Schwert?
36 Wie geschrieben ist (Psalm 44,23): »Deinetwegen werden wir getötet den ganzen Tag, wir werden angesehen als Schlachtschafe.«
37 Aber in diesen (Dingen) allen siegen wir überwältigend durch den, der uns geliebt hat.
38 Ich bin also gewiss, dass weder Tod noch Leben, weder Engel noch Herrschaften, weder Gegenwärtiges noch Zukünftiges, überhaupt keine Mächte,
39 weder Höhe noch Tiefe noch irgendein anderes Geschöpf wird das Vermögen haben, uns zu trennen von der Liebe Gottes in Christus Jesus unserm Herrn.

Mit einer Sprachkraft, die schon der Kirchenvater Augustinus rühmte, und in einer Lebhaftigkeit, die sich in sieben Fragen und immer neuen Ausrufen äußert, gipfeln jetzt die ersten acht Kapitel des Römerbriefs in diesem triumphierenden Bekenntnis. Der Vorstellungshintergrund ist unverkennbar: Es geht um Sieg im Gerichtssaal![119] Damit steht Paulus voll im Briefthema von

[119] Darauf lenkt hier schon die offensichtliche Anlehnung an Jes 50,6-9 (ganz deutlich dort an V. 8), eine Stelle, die schon zu 1,16a den Hintergrund bildete. In Übereinstimmung damit erscheint eine ganze Serie von juristischen Ausdrücken: »für jemand sein«, »gegen jemand sein«, d.h. als Prozessgegner auftreten (V. 31, vgl. Mt 5,23; Offb 2,4.14.20); »Anklage erheben«, »gerechtsprechen« (V. 33); »verurteilen«, »Fürsprache einlegen« (V. 34). »siegen« in V. 37 kann das Gewinnen im Rechtsstreit bezeichnen (vgl. Offb 2,7.11.17.26; 3,5.12.21).

1,16-17: Die rettende Offenbarung der Gerechtigkeit Gottes, dargestellt im Rahmen eines Prozesses zwischen Gott und Mensch. In diesem Rechtsstreit treten unterschiedliche Ankläger auf. Nach V. 31-34 ficht eigene Schuld an. Nach V. 35-37 sind es Verfolgungsleiden, die Gottes Liebe zu uns in Zweifel ziehen sollen. Nach V. 38-39 gefährden geistige und dämonische Mächte unsern Glauben. Doch wie Jesaja ist auch Paulus nicht der Gefangene seiner Bilder. Er haftet nicht punktuell am Freispruch für den Todgeweihten, sondern weitet darüber hinaus den Blick für ihre Lebensfähigkeit und Überlebensfähigkeit angesichts aller Widrigkeiten in Vergangenheit, Gegenwart und Zukunft (vgl. schon zu 1,17 am Ende). An diesen Punkt gelangte Paulus bereits in Kap. 5. Schon dort begann er das »Rühmen« der Gemeinde zu intonieren. Dann aber verspürte er wesentliche Einwände von der Praxis her, so dass er mit Kap.6; 7 und 8,1-30 drei Exkurse einschieben musste (Sonderthemen). Endlich, nach Stillung des Erklärungsbedarfs, brandet hier der Siegeshymnus endgültig auf. Wie in 5,5 erklingen mit V. 37-39 wieder Spitzensätze von der Liebe Gottes.

Paulus kündigt abschließende Folgerungen an. **Was sollen wir** 31
also zu diesen dargelegten **Dingen sagen?** »Wir« sind diejenigen, die im Gehorsam des Glaubens stehen (1,5). Paulus macht sich zu ihrem Mund und stellt Fragen über Fragen, allerdings nur in der Absicht, jubelnde Gewissheiten herauszufordern. Die erste Frage: **Wenn (demnach) Gott für uns (ist), wer (kann dann) gegen uns (sein)?** Das »wenn« fasst die Bedingung ins Auge, an der hier alles hängt, ob nämlich Gott im Gerichtsverfahren auf unsere Seite tritt. Aber der Eintritt dieser Bedingung ist nicht mehr ängstlich oder auch nur gespannt abzuwarten. Es duldet keine Frage: Sie ist eingelöst. Doch sollte nachempfunden werden, wie wenig das selbstverständlich ist. Man vergegenwärtige sich, dass Paulus, bevor er sich hier zum Apostel der Heilsgewissheit aufschwingt, in den ersten Kapiteln des Briefes in erschütternder Weise als Apostel der Unheilsgewissheit auftrat: Juden und Heiden stehen »unentschuldbar« unter Anklage, »jeder Mund ist verstummt und die ganze Welt vor Gott schuldig«.[a] Diese Lage wurde jedoch für die Glaubenden total umgestürzt: zwar unentschuldbar, aber dennoch unanklagbar! »Wer (kann dann) gegen uns (sein)?« Verklagen und Verdammung hätten Anlass genug und sind insofern nicht sinnlos, aber sie sind machtlos, denn Gott ist in nie geahnter Weise Gott, wie V. 32 ausführen wird.

[a] Röm 1,20; 2,1; 3,9.19; 5,12

Der Auftakt V. 31 klang grundsätzlich, gültig für Zeit und Ewig- 32
keit. Das ist festzuhalten, auch wenn jetzt wiederholt lediglich die

Zeitstufe der Zukunft[120] gewählt worden ist. Sie gestattet sowohl eine Anwendung auf das zukünftige Endgericht als auch auf gegenwärtige Erfahrung der Glaubenden.

Eine zweite Frage beteuert Gottes grenzenloses Für-uns-Sein. **(Er), der doch sogar des eigenen Sohnes nicht hat verschont, sondern hat ihn für uns alle dahingegeben...** Der Ausdruck »dahingeben« hat hier den gleichen Inhalt wie in 1,24.26.28: Auslieferung an den Strafvollzug. Darum: »Der Satz, dass Gott seinen Sohn preisgibt, gehört zu den unerhörtesten Aussagen des NT ... Hier ist geschehen, was Abraham an Isaak nicht zu tun brauchte (1Mo 22,16): Christus wurde vom Vater in voller Absicht dem Schicksal des Todes überlassen; Gott hat ihn hinausgestoßen unter die Mächte des Verderbens ...«[121] Es geschah für uns (s. zu 3,25; 4,25; 5,8), und zwar für uns alle, für Juden und Heiden. Der Einzige, der Sünde wirklich ernst nimmt, Gott, bewirkt die Umschuldung von den Schuldigen auf den Unschuldigen; die von ihm geschaffenen Menschen sind ihm teurer als sein Teuerstes. Hier zeigen sich die »Tiefen Gottes«, wie der Heilige Geist sie nach 1Kor 2,10 ausleuchtet und nach Röm 5,5 dem Menschenherzen erschließt.

[b] 2Kor 9,15 Mt 6,33 1Sam 17,37
[c] 2Kor 2,7.10 12,13 Eph 4,32 Kol 2,13 3,13
[d] 1Kor 2,12 Eph 1,8 Phil 2,29
[e] Röm 4,13 5,17 1Kor 4,8 6,9f; 15,50 Eph 5,5 Offb 20,6 22,5

Dem Größten folgt denknotwendig alles Kleinere, der unaussprechlichen Gabe folgen Zugaben.[b] **Wie sollte er uns nicht auch zusammen mit ihm alles schenken?** Es ist, als ob eine Lawine losgetreten sei. Über unserm Leben bricht vorbehaltloses Schenken aus. »Alles schenken« heißt zunächst: Alles vergeben![c] Das Gewissen ist wieder so sauber wie ein Maimorgen. Aber »schenken« geht nach biblischem Gebrauch noch darüber hinaus. Gott kehrt die toten Werke nicht aus, ohne zweitens einzukehren mit seinen positiven gegenwärtigen Heilsgaben.[d] Drittens legt hier der Zusammenhang ab 8,17 auch den Gedanken an Zukünftiges, eben an das »Erbe« nahe. Es besteht in der »Erlösung unseres Leibes« als der »herrlichen Freiheit der Kinder Gottes« (V. 18.21.23.30). Freie genießen Herrenrecht. So werden die Glaubenden mit Christus herrschen über das All[122] und über die Mächte. Sie erben die Herrschaft Gottes.[e] Erst damit ist hier das Wörtchen »alles« ausgeschöpft. Die ursprüngliche Würde des Menschen nach 1Mo 1,26 (»die da herrschen«) ist wieder hergestellt.

33-34 Es folgt ein ähnlicher Gedankengang wie 31-32. **Wer erhebt Anklage gegen die Auserwählten Gottes? Gott (ist ja) der Gerechtsprechende! Wer (ist) der (sie) Verurteilende? Christus (ist) der**

120 V. 32: »*wird* schenken«, V. 33: »*wird* anklagen«, V. 35: »*wird* trennen«, V. 39: »*wird* nicht trennen können«.

121 W. Popkes, Christus, S. 286; vgl. Gal 3,13.

122 Griech. *ta panta* kann sowohl mit »alles« als auch mit »das All« übersetzt werden.

(für sie) Gestorbene. Aber dann spitzt Paulus anders zu: Christus ist **vielmehr der Auferweckte, der auch da ist zur Rechten Gottes, der auch Fürsprache für uns einlegt!** In V. 32 und 34a ist er derjenige, an dem gehandelt *wird*, in V. 34b dagegen der Handelnde. Die Aussage über Christus leitet Paulus hier mit einem »vielmehr« ein und entfaltet daraus ein zweifaches »nicht nur, sondern auch«: Er ist nicht nur gestorben, sondern erstens auch auferweckt und zweitens auch als Erhöhter tätig. Dadurch ist der Wert seines Sterbens in gar keiner Weise herabgestuft; das »vielmehr« besteht darin, dass es sich wirksam in die Gegenwart hinein verlängert. Ein Christus, der nur früher einmal da war und starb, später einmal wiederkommt und dazwischen Pause hat, wäre nicht der biblische Christus. Den urchristlichen Glauben beschäftigte zentral Jesu gegenwärtige Rolle zur Rechten Gottes, dem Platz des Mitregenten. Die Wendung stammt aus Ps 110,1, ein Basisvers für das NT, den es häufiger zitiert als jedes andere Schriftwort. Nach diesem Psalm ist der Herr zu unserer Zeit nach zwei Seiten tätig. Einerseits legt er im Rahmen des Weltgeschehens einen Feind nach dem anderen zu seinen Füßen nieder (1Kor 15,25). Andererseits aber steht er als Priester für seine Gemeinde ein[f]. Von einer Sekunde zur anderen verdankt sie sich diesem seinem Wirken. In keiner Befindlichkeit steht sie vor Gott allein, allein als die, die sie in sich selber ist, sondern immer als die, die sie in Christus ist.

[f] Hebr 4,15-16 7,25 Joh 14,16f 17,9-17 1Joh 2,1 Jes 53,12 Hi 19,25-29

Dies Für-uns-Sterben und Für-uns-Leben bezeichnet Paulus jetzt **35-36**
als die Liebe des Christus[123] und stellt sich für einen Augenblick der atemberaubenden Frage: **Wer wird uns trennen (können) von der Liebe des Christus?** Das Einssein mit ihm verlieren, hieße wahrhaftig Verlierer sein. Tatsächlich wird an dieser Verbundenheit gerüttelt, z.B. durch apostolische Leiderfahrung. Trotz ihrer Hingabe für ihre Mitmenschen erleben christliche Zeugen sich ausgegrenzt aus der bürgerlichen Gemeinschaft, manchmal als »erbärmlicher als alle anderen Menschen« (1Kor 15,19). Da sind **Bedrängnis oder Beengung**[124] **oder Verfolgung oder Hunger oder Nacktheit**[125] **oder Gefahr oder** Richter**schwert?**[g] Passen solche Erlebnisse überhaupt zu ihrer Überzeugung, »Auserwählte Gottes« (V. 33), erklärte Lieblinge der Heilsgeschichte zu sein? War da nicht doch eigene Schuld

[g] 1Kor 4,9-13 2Kor 4,9,7-12 6,4-10; 11,23-27

123 In dieser »Liebe des Christus« erweist sich die »Liebe Gottes« (V. 39, vgl. V. 37). So ist nicht nur Gott für uns (V. 31), sondern auch Christus (V. 34-37) und der Geist (V. 26).

124 LÜ übersetzt hier »Angst«, aber in die Aufzählung äußerer Leiden fügt sich ein seelischer Zustand weniger gut ein. Wahrscheinlich denkt Paulus an ausweglos scheinende praktische Engpässe. In 2Kor 1,8f erzählt er, dass er manchmal nicht mehr weiterwusste. Die Vokabel *stenochôria* findet sich auch 2Kor 4,8; 12,10.

125 Galt als Zeichen äußerster Armut Mangel an nötigster Kleidung.

im Spiel und darum Trennung von Gott und allen guten Geistern? Haben die Verfolger und Spötter und die ringsherum so sicher Dahinlebenden immer nur Unrecht? Aber der Apostel findet in seiner Erschütterung Halt an der Schrift: So ungeschützt er allen möglichen Fehldeutungen ausgeliefert ist, die Gestalt seines Lebens erklärt sich von höherer Warte aus ganz anders. **Wie geschrieben ist (Psalm 44,23): »Deinetwegen,** gerade wegen tiefster Bindung an den gekreuzigten Herrn (V. 17), gerade *weil* »uns die Liebe des Christus im Griff hat« (2Kor 5,14), **werden wir getötet den ganzen Tag, wir werden angesehen als Schlachtschafe«;** nicht einmal zur Gewinnung von Wolle hält man uns für nützlich.

37 An diesem Tiefpunkt erhebt sich ein unwiderstehlicher Siegeshymnus. Schon in 5,3-5 wurden selbst erfahrene Bedrängnisse in einen Prozess der Hoffnung hineingerissen. **Aber in diesen (Dingen) allen siegen wir überwältigend durch den, der uns geliebt hat.** Paulus fügt dem Wort »siegen« die Vorsilbe »über« hinzu[126]: nicht nur siegen, sondern »übersiegen«, glänzend siegen.

38-39 Schließlich wollen uns auch geistige Mächte vom Segens- und Machtbereich der Liebe Gottes abschotten. In seiner großen Darstellung der Menschenschuld von 1,18-3,20 hatte Paulus diese Mächte noch völlig ausgeblendet. Nichts sollte die eigene Verantwortung des Menschen für sein Tun verdecken. Sobald er aber ab 3,21 das Evangelium einführte, musste er auch von überindividuellen Mächtigkeiten sprechen, wie besonders ab Kap. 5 deutlich wird. Das Evangelium, das nach 1,16 selber eine dynamische Macht (*dynamis*) darstellt, stößt nämlich nicht in ein Machtvakuum hinein, sondern in ganze Systeme, die sich im Aufruhr gegen Gott befinden.[127] Dieser Tatsache stellt sich der Apostel jetzt zusammenfassend und abschließend, um auch auf diesem Feld das Bekenntnis zur Übermacht der Liebe Gottes aufzurichten. Dazu beruft er sich auf das Gewicht geistlicher Erfahrung: **Ich** wurde überzeugt und **bin nun gewiss.**

Die folgende Aufzählung hat in vielen Briefen Parallelen[h], übertrifft sie aber an Umfang und Geschlossenheit. Unter den zehn Ausdrücken stehen sich vier Mal zwei Eckpunkte gegenüber, die offenbar jedes Mal die ganze Fülle dessen umfassen, was zwi-

[h] 1Kor 3,22 15, 24-26 Phil 2,10.20 Eph 1.21 6,12 Kol 1,16 2,10.15 1Petr 3,22

126 Solche enthusiastischen Wortzusammensetzungen mit »über« (*hyper*) liebte er sichtlich, z.B.: überreiches Wachstum (2Thess 1,3), überragende Herrlichkeit (2Kor 3,10), Übermaß der Kraft (2Kor 4,7), über alle Maßen mehr, als wir erbitten (Eph 3,20), unüberbietbare Erkenntnis (Phil 3,8), Gnade im Übermaß (Röm 5,20), überschwängliche Gnade an mir (1Tim 1,14), Christus durch Gott übererhöht (Phil 2,9).

127 Weiteres zu diesen Mächten s. zu V. 39. Herrschaft stößt auf Herrschaft. Darum rüstete Jesus seine Jünger mit »Vollmacht über die unreinen Geister« aus, als er sie aussandte, die Gottesherrschaft auszurufen (Mk 6,7).

schen ihnen liegt. **Tod** und **Leben** umfasst ähnlich wie in 14,7 und Phil 1,20 unser ganzes geschöpfliches Dasein. Bei »Tod« sind alle seine Vorformen einzubeziehen (Offb 21,4), so dass der Einfluss mannigfacher Leidensmächte vor Augen steht (Krankheit, Mühsal, Unglück, Armut, Unterdrückung, Streit und Krieg). Ebenso ist »Leben« aufzufächern, nämlich nach seinen aufbrechenden, drängenden, mitreißenden Kräften, die immer auch des Menschen Unglück werden können. Das Paar **»Engel – Herrschaften«** lässt in die vielschichtige Hierarchie von dienenden und gebietenden Geistern hineinblicken. **»Gegenwärtiges – Zukünftiges«** macht die unheimliche Größe »Zeit« bewusst. Man soll den Tag nicht vor dem Abend loben. Die Zeit läuft, wir laufen unweigerlich mit, ob wir wollen oder nicht. Was kommt noch alles auf uns zu! **»Höhe – Tiefe«** vergegenwärtigt die Weite des Raumes. Schon damals wurden solche Ortsbezeichnungen auch zu bedrohlichen Machtsphären in ihrer Erhabenheit oder Abgründigkeit aufgeladen. 2Kor 10,5 spricht Paulus von überheblichen, »hohen Gedankengebäuden, die sich gegen die Erkenntnis Gottes auftürmen«. Wir Heutigen sprechen auch von seelischen Hochs oder Tiefs und kennen unsere Abhängigkeit von ihnen. Noch in V. 38 wurde als Sammelausdruck **»Mächte«** eingestreut. Der Abschluss: **noch irgendein anderes**[128] Geschöpf, ordnet alle genannten Größen rückschauend innergeschöpflich ein (vgl. Kol 1,16). Gott schuf nach 1Mo 1-2 nicht nur Gegenständliches, sondern auch Kräfte, die die Dinge bewegen, ordnen, durchwalten. Aber auch sie sind in den Fall des Menschen hineingerissen, was nun auf ihn zurückschlägt. Statt dem Menschen zu dienen, können sie ihn bedrohen. Der Kosmos funktioniert nicht mehr ohne weiteres. Sie befehden sich auch gegenseitig. Als Chaoten hätten sie aus dem Kosmos längst ein einziges Chaos gemacht, wäre da nicht das Aufhalten Gottes (2Thess 2,6). Von Gott gelöst, können sie nur von Gott lösen und verderben. Darum erstreckt sich das Werk Christi auch auf sie. Gott hat Christus zu ihrem Herrn gemacht, sie niederzuringen (Eph 1,10.20-22; 1Kor 15,25). Dabei darf das Thema »Christus und die Mächte« nicht auf Christus und die politischen Mächte verkürzt werden und die Gemeinde darf nicht kurzschlüssig politisiert werden.

[128] Ihre Zahl ist für Paulus hier nicht erschöpft. Ähnlich fügt er Eph 1,22 an: »und jeder Name (jede Autorität), *der genannt werden mag*«, so dass wir ergänzen dürfen: geistige Prinzipien, Gesetzmäßigkeiten, die sich absolut setzen wollen, Denkschablonen, Systeme, Vorurteile, Ideologien, Utopien, geistige und kulturelle Traditionen. Ganze Epochen sind von ihnen wie chloroformiert.

Paulus geht an dieser Stelle nicht in die Einzelheiten. Er ist gefesselt von »Gottes großer Liebe, mit der er uns geliebt hat« (Eph 2,4), wohlgemerkt von dieser Liebe als Tat, nicht als ruhender Eigenschaft.[129] Gott trat zu einem bestimmten Datum aktiv in die gestörte Welt ein. Das Opfer Christi verlieh dem Gesamten der Schöpfung das entscheidende und unaufhaltsame Gefälle zum Heil. Aus seiner Auferweckung schöpft Paulus jene Gewissheit, die er schon V. 28-30 umriss. Nichts kann diese Tat und dieses Tun der Liebe aufheben noch unsere darin gründende Gemeinschaft mit Gott aufbrechen. Ein ganzer Kosmos von Antikräften **wird** nicht **das Vermögen haben, uns zu trennen von der Liebe Gottes in Christus Jesus, unserm Herrn.** Im Gegenteil: Unser Glaube ist der Sieg, der den Kosmos überwunden hat (1Joh 5,4).

129 Die allgemeine Rede vom »lieben Gott«, der gar nicht anders kann als einfach lieb zu sein, ist eine Erfindung des 18. Jh.s Verbissen halten wir an dieser Ideologie fest, erscheinen damit im Gottesdienst und erwarten von der Predigt in kindischer Anspruchshaltung die uns zustehenden Streicheleinheiten. Das ist denkbar weit weg von der »Liebe Gottes in Christus Jesus unserm Herrn«.

Abschnitt D

SOLLTE DIE UNTREUE ISRAELS GOTTES TREUE AUFHEBEN? (9,1-11,36)

Schon im letzten Kapitel stand neben der Sieghaftigkeit auch das Seufzen des Glaubens (8,23.26). So schließt sich hier das schmerzliche Ertragen der »unbegreiflichen Entscheidungen und unerforschlichen Wege« Gottes an (11,33), und zwar mit Brennpunkt Israel. Dabei liegt Paulus mit dieser neuen Thematik voll im Plan. Nach 1,16f beabsichtigte er einerseits, »Rettung für alle« darzulegen, wobei »alle« nach V. 16 ausdrücklich Juden und Heiden umfasst. Dieses Zeugnis vom universalen Heil erfüllte die ersten acht Kapitel. In Christus »kein Unterschied«!, hieß es in 3,22-24. Andererseits setzte der Apostel schon dort das Vorhandensein einer geschichtlichen Ordnung voraus: »*zuerst* die Juden«. Gleichmacherei zwischen den Völkern und diesem Volk wäre unfromm, obwohl er immer wieder so missverstanden wurde.

Schon 3,1-8 sah er sich genötigt, auf eine Verunsicherung in der Frage Israels einzugehen. Hatte nicht das jüdische Nein zur nachösterlichen Verkündigung Jesu als des Herrn[1] die Erwählung dieses Volkes aufgehoben und seine Vorrechte gelöscht? Durch ein zweimaliges »Ausgeschlossen!« wehrte Paulus dort ab. »Sollte ihre Untreue Gottes Treue aufheben?« (V. 3; danach hier die Überschrift für Kap. 9-11). Mehr aber war dort innerhalb des Gedankengangs nicht möglich. Zunächst hatte die Entfaltung des universalen Heils Vorfahrt. Doch plante er für die Israelfrage einen eigenen Abschnitts.[2]

1. Vorarbeit: Gottes Erwählen (9,1-29)

Paulus überrascht uns zu Beginn seines großen Israel-Abschnitts durch Vorschaltung eines ersten größeren Gesprächsgangs, der die Schuld Israels noch mit keinem Wort erwähnt. Dagegen beginnt

[1] Auf dieses Nein bezieht sich alles, was Paulus in Röm 9-11 vom Unglauben und Ungehorsam Israels schreibt, nicht auf ihr »Kreuzige!« nach den Evangelien.

[2] Dass Paulus sich die Kap. 9-11 von vornherein vorbehalten hatte, wird auch durch eine Beobachtung am Wortschatz unterstützt. Bisher fehlte das wichtige Stichwort »Rettung« aus seiner Themenangabe von 1,16f fast ganz (nur 5,1.10; 8,24). Jetzt erscheint es in auffälliger Häufigkeit: 9,27; 10,1.9.10.13; 11,11.14.26a.26b.

eine Vorarbeit über Erwählung nach der Schrift, offenbar in Abgrenzung gegen die Gestalt des Erwählungsglaubens in Teilen des Judentums, die für ihn exegetisch unhaltbar ist.[3]

Exkurs: *Die allgemeine und die erwählende Liebe Gottes*

Gott liebt alles, was er schuf, und erbarmt sich aller seiner Werke (Ps 145,9). Aber wenn seine allgemeine Liebe blockiert wird, greift Gott zum Mittel der erwählenden Liebe, indem er sich auf eine bestimmte Person oder Körperschaft konzentriert. Es ist wie mit einem Flussdampfer, der festfährt und durch kein Ziehen oder Schieben wieder flottzumachen ist. Dann wird eine neue, vertiefte Fahrrinne ausgebaggert. Eine solche Engführung setzt in der Bibel augenfällig mit 1Mo 12 ein: Gott rief Abraham heraus, ohne Terach, seinen Vater, ohne seinen Bruder Nahor, ohne seinen Neffen Lot. In der nächsten Generation erwählte er den Isaak, aber nicht seinen Halbbruder Ismael. Von den zwei Enkeln nahm er Jakob, nicht dessen Zwillingsbruder Esau. Später erwählte er Mose, aber nicht Pharao, schloss einen Bund mit dem Volk Israel, aber nicht mit dem ägyptischen Volk. Würde man diese Erwählungslinie, die die ganze Bibel durchzieht, streichen, bliebe von ihr nur noch eine Broschüre übrig. Doch widerlegen solche Engführungen nicht Gottes allgemeine Liebe? Erwählung beschränkt keineswegs das Heil von vornherein auf den Erwählten, sondern nimmt ihn in Dienst für das Heil der Welt. Abraham wurde durch seine Erwählung im Nu in ein Dreieck versetzt, das er sich vorher niemals hätte träumen lassen: »Gott« – »Abraham« – »alle Geschlechter der Erde«[4]. Indem Gott ihn erwählte, hat er also keinesfalls den anderen Völkern den Rücken zugekehrt. Im Gegenteil, er wendete sich ihnen mit neuen Mitteln zu. Der Segen gehörte nicht eigentlich dem Erzvater und seinen Nachkommen, sondern sollte sich von ihnen her in der fluchbeladenen Umwelt ausbreiten. Die Evangelien spitzen diese Wahrheit zu und bezeugen den Weg einer atemberaubenden Engführung. Am Ende stellte Gott seine Sache in dieser Welt auf einen einzigen Erwählten: den gehorsamen toten Jesus. Doch welch ungeahnte Ausweitung enthüllte sich! Mit seiner Auferweckung rollte ein Geschehen an, in dem wir noch mitten darin stehen. Durch diesen Einen will Gott die gesamte Menschenwelt zu sich herumwenden.

3 Die dichte Kette von Bibelzitaten in diesem Abschnitt spricht für sich: V. 7.9.12.15.17.25.26.27.28. Vgl. den Exkurs »Zu den AT-Zitaten bei Paulus«.

4 Diese völkerumspannende Weite behält das ganze AT bei: 1Kön 8,41ff; Jes 2,2-4; 19,19ff; 42,4.10.12; 43,9f; 45,23; 49,1.6; 48,20f; 51,5; 55,4ff; 66,19; Jer 12,15-17; 16,19-21; Mi 4,1ff; Zef 3,9ff; Ps 96; 98; 145.

Exkurs: *Zu den AT-Zitaten bei Paulus*

Röm 9-11 stechen durch 38 Bezugnahmen auf das AT heraus. Der Einfachheit halber spricht man von den Schrift»zitaten« des Paulus. Tatsächlich kann er sehr genau zitieren, arbeitet aber auch die AT-Stücke frei in seinen Zusammenhang ein. Genaues Vergleichen würde nicht selten nur herausgerissene Satzbrocken aus dem AT zu Tage fördern, das eine Mal aus dem hebräischen Text (MT), meistens aus dem griechischen Text (LXX), dazu Einfügungen, Umstellungen, Mischungen und Abwandlungen. Diese Art war im Judentum völlig geläufig. Heute kennen wir »Zitat« im strengen Sinn, wonach die geringste Abweichung als Verstoß zählt. Das setzt natürlich moderne technische Mittel voraus. Aber einen für damalige Verhältnisse fremdartigen Maßstab von »Zitat« erst an Paulus anzulegen und sich dann zu mokieren, dass er grotesk zitiere, wäre selber grotesk.

a) Vorspruch: Geliebtes Israel! (9,1-5)

1 Die Wahrheit sage ich in Christus, ich lüge nicht, wobei mir (zustimmend mit)bezeugt mein Gewissen im Heiligen Geist:
2 Großes Leid (setzt) mir (zu) und unaufhörlicher Schmerz meinem Herzen.
3 Ich bäte nämlich (gern), selbst Anathema zu sein weg von Christus für meine Brüder, meine Stammverwandten nach dem Fleisch,
4 die (doch) Israeliten sind: denen die Sohnschaft und die Herrlichkeit und die Bundesschlüsse und die Gesetzgebung und der Gottesdienst und die Verheißungen (gehören),
5 denen die Väter (gehören) und von denen der Christus nach dem Fleisch (stammt), der über allem Gott ist, gepriesen in die Zeitalter hin, Amen.

Dieser Vorspruch ist überaus bemerkenswert. Er enthält Klage ohne Anklage. Nicht Israels Verhalten, sondern allein sein Geliebtsein kommt zur Sprache, ob nun durch den ungebrochen israeltreuen Apostel oder durch den beschenkenden Gott. Hier beweist Paulus, dass sich in ihm kein Fädchen Judenfeindschaft[5] findet,

[5] Dieser Ausdruck ist sachlich treffender als die Bezeichnung »Antisemitismus«, die den Tatbestand verschleiert, dass die Feindschaft speziell den Juden gilt. Der Ausdruck »Antijudaismus« empfiehlt sich nicht, weil er nicht berücksichtigt, was Paulus nach Gal 1,13.14, vgl. 2,14, unter »Judaismus« versteht.

auch nicht, wenn er später unbestechlich Anklagen erheben muss. Ihre Härte entspringt vielmehr wie bei den atl. Propheten innerster Sorge.

1-2 Zu Beginn gibt er eine Versicherung ab, für die er keine Bekräftigung scheut. **Die Wahrheit sage ich in Christus, ich lüge nicht, wobei mir (zustimmend mit) bezeugt mein Gewissen im Heiligen Geist: Großes Leid (setzt) mir (zu) und unaufhörlicher Schmerz meinem Herzen.** Vier Doppelungen schaffen letzten Nachdruck: Paulus – Christus; Wahrheit sagen – nicht lügen; Gewissen – Heiligen Geist; Trauer – Schmerz. So spricht jemand, der eine Verkennung seines innersten Wollens und Wesens abwehren muss.

3 Paulus ist kein Feind Israels! **Ich bäte[6] nämlich (gern), selbst Anathema zu sein, weg von Christus für meine Brüder.** Fürbitte um Rettung seines Volkes ist für ihn nach 10,1 ständiges Herzensanliegen. Ihn hat die Gesinnung seines Herrn erfasst, der über Jerusalem weinte (Lk 19,41-44), für seine Feinde betete (Lk 23,34) und für sie sein Leben gab (Mk 10,45). Wie Mose sich für sein bundesbrüchiges Volk einsetzte (2Mo 32,32), ist Paulus bereit, selbst Anathema zu sein.[7] Damit befiehlt er seinen Fall Gott an, und zwar dem Zusammenhang nach: zum Gericht. Er bietet für die Rettung Israels im Gegenzug den nachträglichen Verlust seines eigenen Gnadenstandes in Christus an, »für meine Brüder weg von Christus«. In welchem Sinn er hier von Brüdern spricht, fügt er hinzu: **meine Stammverwandten nach dem Fleisch.** Er beruft sich also nicht auf geistliche Bruderschaft, sondern auf seine natürliche Volkszugehörigkeit. Doch spürt er auch die Grenzen seiner menschlichen Möglichkeiten[8] (Ps 49,8).

4 Jetzt aber geht Paulus von der Bezeichnung »Juden« zum Titel »Israel« über[9]: **die (doch) Israeliten sind.** Damit lenkt er auf das hin, was dies Volk eigentlich charakterisiert. Im Unterschied zu 3,2 macht er die Eigenart dieses Volkes diesmal an einer Mehrzahl von Merkmalen fest. Zunächst besitzt Israel korporativ – nicht in seinen einzelnen Gliedern – die **Sohnschaft.** Seit der Zeit in Ägypten tritt Gott als sein Eigentümer auf, verpflichtet, sein Nothelfer zu sein, aber auch berechtigt, seinen Dienst zu erwarten (2Mos 4,22f; Hos 11,1). Mit **Herrlichkeit** wird die Summe der Gotteserscheinungen

6 Das Wort *euchomai* gehört in die Gebetssprache, erst in zweiter Linie kommt es als allgemeines »wünschen« in Betracht.

7 Vgl. zum Ausdruck ausführlich WStB, Galater, S. 43-45.

8 Beispiel für Gebete des Paulus, die sich nicht verwirklichen ließen, ist 2Kor 12,8f, für solche Wünsche 1Kor 7,7; 14,5; Gal 4,20, vgl. zu Röm 10,1. Auch das Angebot des Mose wurde abgewiesen (2Mo 32,33).

9 Bisher im Röm 9-mal »Juden«, ab jetzt in Kap. 9-11 elf Stellen mit »Israel«, »Juden« nur noch 9,24; 10,12.

beschrieben, die Israel im Laufe der Geschichte genoss (z.B. 2Mo 29,43-46). Dabei kam es an Knotenpunkten je und je zu **Bundesschlüssen** (Abraham, Mose, Josua, David u.a.), in denen Gott sich Israel verpflichtete. Zum Schutz eines Bundes gehörte die **Gesetzgebung.** Sie bleibt Gnadengabe, auch wenn sie sinnwidrig genutzt wird (9,31; 10,2) und dadurch umschlägt in Steigerung der Schuld (3,20; 4,15; 5,20; 7,12-13). Auf der Habenseite stand für Israel ferner der **Gottesdienst**, Stichpunkte: Tempel, Priestertum, Opfer, Anbetung. Was dies Volk aber unter den Völkern in einzigartiger Weise (Eph 2,12!) und auch in dunkelster Nacht eine Nation der Hoffnung bleiben ließ, sind seine Heils**verheißungen.** Soweit Israels unverlierbare Gaben (11,29).

Nun wechselt Paulus in die personale Ausdrucksweise. Dabei 5
schlägt er den geschichtlichen Bogen von den Erz**vätern** (11,28) der Vorzeit bis hin zum **Christus nach dem Fleisch** in der Endzeit. Dies letzte Merkmal ist nicht eines unter achten, sondern Ziel aller Veranstaltungen Gottes mit seinem Volk (Joh 4,22). Auf Christus hin wurde es erwählt, gesegnet, beauftragt, erzogen und erhalten. Um Christus unmissverständlich als Höhepunkt zu bestimmen, fügt Paulus an: **der über allem Gott ist, gepriesen in die Zeitalter hin, Amen.** Mit diesem Lobpreis[10] bringt Paulus das volle christliche Bekenntnis in den Gedankengang herein. Der erwartete »Christus nach dem Fleisch« ist inzwischen als Herr und Gott (10,9) »nach dem Geist« und »in Kraft durch die Auferstehung von den Toten« (1,3-4) anwesend.

b) Erwählung bleibend als reine Gnade des Berufenden (9,6-13)

6 Es ist aber nicht so, dass herausgefallen ist das Wort Gottes, denn nicht alle, die vom Israel (abstammen), diese (sind) Israel,
7 auch (ist es) nicht (so): Same Abrahams sind alle Kinder (Abrahams), sondern »im Isaak wird dir Same (durch Gott) berufen werden« (1Mo 21,12).
8 Das heißt: Nicht die Kinder des Fleisches, diese (sind) Kinder Gottes, sondern die Kinder der Verheißung werden (durch Gott) als Same gerechnet werden.
9 Das Verheißungswort (ist) nämlich dies: »Entsprechend der Zeit werde ich kommen, und es wird der Sara ein Sohn sein« (1Mo 18,10.14).

10 Mit Hilfe einer geringen Veränderung des überlieferten Textes kommen andere Ausleger hier zu einem Lobpreis Gottes, nicht Christi. O. Cullmann hat den Sachverhalt sorgfältig geklärt (Christologie, S. 320f).

10 Nicht aber allein (bei ihr war es so), sondern auch der Rebe-
cka, als sie (mit beiden Kindern) von einem (Mann) schwan-
ger war, von Isaak, unserm (Stamm)Vater,
11 als sie noch nicht geboren worden waren und noch nicht et-
was Gutes oder Schlimmes getan hatten, – damit der Vorsatz
Gottes nach Art der Auswahl (bestehen) bleibe,
12 nicht aufgrund (menschlicher) Werke, sondern gemäß dem
Berufenden – wurde zu ihr gesagt: »Der Ältere wird dem Jün-
geren dienstbar sein« (1Mo 25,23).
13 Wie (ja auch) geschrieben ist: »Den Jakob habe ich geliebt,
den Esau aber habe ich gehasst« (Mal 1,2f).

Nach seinem Bekenntnis zu Israel und dessen heilsgeschichtlicher Rolle schaltet Paulus einen Abschnitt über die Art und Weise göttlichen Erwählens vor (vgl. Einführung zu 9,1-29) und damit über die Frage: Wer ist Israel? Gott hatte dem Abraham verheißen, aus ihm ein irdisches Volk zu machen. Ein Volk ist eine Gemeinschaft, für die neben Sprache, Sitte und Kultur auch Abstammung eine Rolle spielt. Aber für das Volk Israel darf zu keinem Zeitpunkt seines Bestehens der Faktor »Gott« vergessen werden. Hier liegt das Anliegen des Paulus.

6 Zunächst geht er hinter die Vielzahl von Vorrechten Israels zurück und fasst als seinen letzten Daseinsgrund »das (erwählende) Wort Gottes« ins Auge (ähnlich 3,2). Für ihn duldet es keinen Zweifel: **Es ist aber nicht so, dass herausgefallen ist das Wort Gottes.** Es entfiel seinem Gedächtnis weder aus Vergesslichkeit noch Unachtsamkeit[11], er hat sich dem gegenüber, was er da einmal gewollt hat, nicht inzwischen entfremdet, indem er es in menschliche Verwaltung und Verwertung gegeben hätte. Denn mit diesem Wort hatte er damals nicht nur *etwas* zugesagt, sondern zuerst und zuletzt sich selbst, und zwar als den Gnädigen. In diesem Sinne bleibt das Verhältnis eine lebendige Größe. Niemals wird Gott sich aus ihm hinausdrängen lassen. Das macht die unvergleichliche Wertbeständigkeit dieser Zusage der Erwählung aus. Sie ist und bleibt »Wahl *der Gnade*« (11,5). Das war sozusagen von Anfang an »Geschäftsordnung« für den Umgang zwischen dem Rufenden und den Berufenen, an der nachträglich nichts mehr geändert wird.[a]

[a] Röm 4,17; 8,28.30; 9,24; 11,29; Gal 1,6

Auf dieser Linie liegt der anschließende Begründungssatz. Erwählung wurde nicht allmählich Gewohnheitsrecht: **denn nicht alle, die** nur äußerlich, körperlich **vom Israel (sind), diese (sind erwähltes) Israel.** Das Israel, das die Schrift meint, deckt sich nicht

[11] Anschaulich die Redewendung in 2Kön 10,10: »Kein Wort ist (ihm aus der Hand) auf die Erde gefallen«, wo es als bedeutungslos zertreten würde.

mit einem Blutsverband. Jüdische Geburt verbindet nicht naturhaft mit Gott, ihr wohnt keine Heilsmächtigkeit inne[12]. Fortpflanzung[13] in diesem Volk ist nicht schon Heilsgeschehen[b]. Gott lässt sich nicht als Volksgott vereinnahmen. Wahres Israel bleibt Geschenk. Wer hier nicht unterscheidet und noch mit einem erstarrten Israel-Begriff umgeht, hat die eigentlichen Vorgänge in und um Israel noch nicht erfasst. Der hohe Gott gehört immer selber in die Definition von Israel mit hinein. Das ist auch für die Deutung von »ganz Israel« in 11,26 zu beherzigen.

[b] Hes 33,24-25 Mt 3,9 Joh 8,39-45

Für solch ein Erwählen setzte Gott gleich am Anfang, beim Über- **7-9**
gang in die zweite Generation von Abraham zu Isaak, ein Ausrufezeichen. Anfänge sind typisch für den Fortgang. Deswegen sind die Vätergeschichten auch »um unsretwillen aufgeschrieben« (4,23; 15,4). **Auch (ist es) nicht (so): Same Abrahams sind alle Kinder (Abrahams), sondern »im Isaak wird dir Same (durch Gott) berufen werden«** (1Mo 21,12). Auf welchem Wege wurde einer der Söhne Abrahams zum Segensträger berufen, so dass »im Isaak« die Welt gesegnet wurde (1Mo 26,4)? Bibelleser wissen, dass Gott dazu schöpferisch in diese Familie hineinrief. Dagegen wurde sein Halbbruder Ismael, genauso legitim Abrahams Sohn[14] und ebenfalls beschnitten (1Mo 17,25), aus dem Volk Gottes ausgegliedert. Aufgrund verborgener Wahl behandelte Gott die Brüder unterschiedlich. Er lässt sich eben nicht verpflichten, den ganzen biologischen Nachwuchs seiner Leute zu nehmen, wird nicht Familiengott, sondern hält sich frei für reine Gnadenwahl. **Das heißt: Nicht die Kinder des Fleisches, diese (sind) Kinder Gottes, sondern die Kinder der Verheißung werden (durch Gott) als Same gerechnet werden. Das Verheißungswort (ist) nämlich dies: »Entsprechend der Zeit werde ich kommen, und es wird der Sara ein Sohn sein« (1Mo 18,10.14).**[15]

12 So lehrte es allerdings die herrschende Richtung im Judentum: Hauptsache, der Stammbaum ist in Ordnung! Schon durch leibliche Abstammung von Abraham sind Juden Gottes Kinder und erwartet sie ewiges Leben: »Ganz Israel hat Anteil an der zukünftigen Welt« (Bill III, S. 263f). Ganz anders lauten die Aussagen des Täufers Mt 3,8 und Jesu Mk 3,35; Joh 8,33ff. Der reiche Jude im Gleichnis Lk 16,19ff gelangte nicht in Abrahams Schoß, weil er nicht auf Mose und die Propheten gehört hatte.

13 Anders Fr.-W. Marquardt, S. 4, der der »jüdischen Fortpflanzungsgemeinschaft« Offenbarungsqualität zuspricht. Israel war jedoch von Anfang an eine gemischte Gesellschaft. Schon Abraham nahm Fremdgeborene durch Beschneidung in sein Haus (1Mo 17,13.23). Josef heiratete eine Ägypterin (1Mo 41,45ff; 48,5), Mose eine Midianiterin (2Mo 2,21). Beim Auszug aus Ägypten schloss sich »viel Mischvolk« an und ging später in Israel auf (2Mo 12,38.44.48; vgl. 5Mo 23,8f). Solche Vorgänge, als völlig normal empfunden, setzten sich in den Jahrhunderten fort. In einer späteren Phase entschied die Einhaltung des Sabbats, ob jemand zum erwählten Volk gehörte, nicht jüdische Geburt (Esra 6,21; Jes 56,1-8). Die Stammbäume im NT (Mt 1; Lk 3) nennen ehrfurchtsvoll aus dem Heidentum eingefügte Einzelpersonen.

14 Für altorientalisches Denken handelten Abraham und Sara ethisch erlaubt.

15 Zu den Begriffen »Kinder des Fleisches« und »Kinder der Verheißung« s. Gal 3,23, vgl. WStB, Galater, S. 191f.

10-13 Besonders eignete sich auch das Beispiel der dritten Generation für das Anliegen des Paulus. **Nicht aber allein (bei ihr war es so), sondern auch der Rebekka, als sie (mit beiden Kindern) von einem (Mann) schwanger war, von Isaak, unserm Vater.** In diesem Fall gab es noch weniger fassbaren Grund für unterschiedliche Behandlung: die gleiche Mutter, der gleiche Vater, sogar der gleiche Zeugungsakt! Nach dem geltenden Recht stand der Erstgeburtssegen und damit das Herrenrecht dem Esau als dem Älteren der Zwillinge zu. Doch das Maß der Verborgenheit göttlicher Wahl wird noch weiter vorangetrieben (der Einschub V. 11b-12a ist hier zunächst ausgeklammert): **Als sie noch nicht geboren worden waren und noch nicht etwas Gutes oder Schlimmes getan hatten, wurde zu ihr (der Mutter) gesagt: »Der Ältere wird dem Jüngeren dienstbar sein« (1Mo 25,23).** Gott entschied unabhängig von menschlichem Tun, Können, Verdienen, Wissen und Erwarten. Er wählte ohne jede Wahlbeeinflussung. V. 13 fasst zusammen: **Wie** ja auch Mal 1,2f **geschrieben ist: »Den Jakob habe ich geliebt, den Esau aber habe ich gehasst.«** Das Gegensatzpaar »lieben« und »hassen«
[c] Mt 10,37 Lk 14,26
beschreibt hier wie auch an ähnlichen Stellen[c] nicht Gefühlslagen, sondern den Willensentschluss innerhalb eines Wahlvorgangs. Von zwei Kandidaten war einer für eine bestimmte Aufgabe zu finden. Dazu wird der eine dem anderen vorgezogen, der andere hintangesetzt. Der Begriff »hassen«[16] meint demzufolge nichts weiter als »nicht erwählen«, während »lieben« eng mit »erwählen« zusammenrückt[17]. Dieser Sprachgebrauch ist schon im AT vorgebildet[d].

[d] 5Mo 4,37 7,7f; 10,15 Ps 78,68 Jes 41,8

Gott erwählte ohne einen erkennbaren Grund, wohl aber mit einem erkennbaren Zweck. Diesen benennt ein Damit-Satz, den Paulus viel sagend einschiebt: **damit der Vorsatz Gottes nach Art der Auswahl (bestehen) bleibe, nicht aufgrund (menschlicher) Werke, sondern gemäß dem Berufenden.** Dieses Wörtchen **gemäß** führt den entscheidenden Maßstab ein. Es darf nicht nach den Gerufenen gehen, es darf am Ende in keiner Weise Selbstrettung, Selbstbestätigung und Selbstehrung herauskommen, denn wahre Rettung der Welt steht auf dem Spiel. Darum muss es unbedingt nach Gott gehen. So kommt von Anfang bis Ende in allen Stadien nur Gnadenwahl in Frage. Diese scharfe Entgegensetzung von Menschenwerk und Gnade Gottes und das Ringen um die Aus-

16 Gott hat den nicht gewählten Esau nicht in unserm Sinne »gehasst«, ihn nicht aktiv mit Feindseligkeit verfolgt, bis er ihn und seine Nachkommen in der Hölle hatte. Nach 1Mo 27,38-40, vgl. Hebr 11,20, empfing auch er einen Segen, ähnlich nach 1Mo 21,18 Ismael.

17 Da das Tätigkeitswort »erwählen« (*eklegomai*) im Röm fehlt, ist »lieben« hier und auch 9,25; 11,28 als Ersatzwort für »erwählen« anzusprechen. Die Hauptwörter »Wahl, Erwählter« finden sich dagegen in 8,33; 9,11; 11,5.7.23.

schaltung des Selbstruhms zugunsten alleiniger Verherrlichung Gottes ist uns aus der ersten Hälfte des Briefes noch gut im Ohr.[e] Wenn solche Merkmale hier wiederkehren, was sich auch in der Fortsetzung immer wieder bestätigen wird[f], bedeutet das, dass Paulus in Röm 9-11 die Israelproblematik ganz und gar mit der Botschaft von Röm 1-8 lösen will: allein Christus, allein durch den Glauben, allein aus Gnaden. Auch für die Israelfrage gilt: kein anderes Evangelium (2Kor 11,4).

[e] Röm 3,24.27-30 4,2.4-6 5,1-2
[f] Röm 9,32 10,2-3 11,5-6

c) Im Erwählen und im Nichterwählen ein erbarmender Gott (9,14-23)

14 Was werden wir folglich sagen? (Findet sich) etwa Ungerechtigkeit bei Gott? Ausgeschlossen!
15 Dem Mose nämlich sagt er (2Mo 33,19): »Ich werde mich erbarmen, wessen immer ich mich erbarme, und werde Mitleid haben, mit wem immer ich Mitleid habe.«
16 Demnach also ist es nicht (Sache) des Wollenden und nicht des Laufenden, sondern des erbarmenden Gottes.
17 Denn es sagt die Schrift dem Pharao (2Mo 9,16): »Eben dazu habe ich dich erstehen lassen, damit ich erweisen werde an dir meine Macht und damit verkündet werde mein Name auf der ganzen Erde.«
18 Folglich also: Wessen er will, erbarmt er sich, wen er aber will, verhärtet er.
19 Du wirst mir folglich sagen: Was tadelt er noch (uns Menschen)? Seinem Willen – wer hätte ihm (je) widerstanden?
20 O Mensch, wer eigentlich bist du, ja du, der rechtet mit Gott? Es wird doch nicht das Gebilde dem Bildner sagen: Warum hast du mich gerade so gemacht?
21 Oder hat nicht Verfügungsgewalt der Töpfer über den Lehm, aus seinem Gemenge zu machen das eine Gefäß (Werkzeug) zur Ehre, das andere aber zur Unehre?
22 Wenn aber Gott, willens, (einerseits) Zorn zu erweisen und seine Macht bekannt zu machen, trug in großer Langmut Werkzeuge des Zorns, zugerichtet zum Untergang,
23 (andererseits) damit er bekannt mache den Reichtum seiner Herrlichkeit an Werkzeugen der Barmherzigkeit, die er vorherbestimmte zur Herrlichkeit – (um wie viel mehr muss dann dein Trotz umschlagen in Lobpreis?)

Es ist üblich geworden, bei der Auslegung dieses Abschnitts mit Wucht von der »Freiheit« Gottes zu sprechen. Das könnte schon ein schiefer Ansatz sein. Paulus sagt nicht: Gott ist frei! eher schon: Gott ist Gott, und das Geschöpf hat sich mit seiner Macht abzufinden. Aber der Abschnitt geht darüber hinaus und sagt: Gott ist der erbarmende Gott[18], ob er nun erwählt oder nicht erwählt. Jedenfalls sinnt Paulus nicht über Gott »an und für sich« nach, freischwebend, außerweltlich, überzeitlich, so ganz allgemein. Allgemein gültiges über Gott ist ungültig, denn wir haben nur einen bestimmten Gott, der sich längst zu einem bestimmten Zeitpunkt für ein bestimmtes Volk, für Israel, entschieden hat. Er begab sich gleichsam in eine Abhängigkeit und ist im strengen Sinn nicht mehr frei und ungebunden. Soweit ging Israel auch mit, bekam dann aber Schwierigkeiten mit der Art und Weise von Gottes Erwählen und Nichterwählen im Einzelnen (vgl. 9,6-13). Israel glich einer Frau, die mit ihrem Mann nur äußerlich zusammen lebt, praktisch jedoch durch ein Phantom von Ehemann besetzt ist, was im Zusammensein mit dem wirklichen Mann zu viel Herzeleid führt. Israel lebte mit seinem Phantom-Gott und lag mit dem wahren Gott im Streit. Diesen Streit greift Paulus jetzt auf.

14 In gewohntem Stil (6,1; 7,7) gibt er einem neuen Gedankengang Raum: **Was werden wir folglich sagen?** Der folgende Einwurf erinnert so stark an 3,5-8, dass man auch hier an die »Lästerer« von dort denken darf: **(Findet sich) etwa Ungerechtigkeit bei Gott?** Dieser versteckte Vorwurf wird vorzüglich beleuchtet durch das Gleichnis Jesu von dem »ungerechten« Hausherrn in Mt 20,1-16. Vorausgesetzt ist die damalige jüdische Empörung über die Praxis Jesu, nach der Letzte Erste wurden (V. 16).[19] Jesus rechtfertigt sein Handeln, indem er in Form des Gleichnisses zurückfragt (V. 15): »Darf ich mit dem, was mir gehört, nicht tun, was ich will? Siehst du so scheel drein, weil ich *so gütig* bin?« Das ist die »Ungerechtigkeit« der Gnade und zugleich die »bessere Gerechtigkeit« von Mt 5,20, die er sich als der Gesandte Gottes königlich erlaubt. Verbände Gott sich allerdings ernstlich mit Ungerechtigkeit, also mit etwas, was es nur bei Menschen gibt[a], wäre er nicht mehr Gott. Darum: **Ausgeschlossen!** Ist Gott nicht mehr Gott, ist sowieso alles aus – mit Israel, Gemeinde und Welt.

[a] Röm 1,18.29 2,8; 3,5

15-16 Paulus geht dem Anstoß an Gottes »ungerechtem« Erwählen nach. Dabei leitet ihn der Gedanke: Es kann nicht unrecht sein, was schon immer Israels Vorhandensein und Überleben ausmachte. So lässt er die einfachen Wahrheiten aufleuchten, denen Israel sich von Anfang an verdankte. So tat er es übrigens schon im letzten Ab-

[18] Die Wortgruppe »Erbarmen, Mitleid, Langmut« beherrscht diese zehn Verse von Anfang bis Ende (acht Vorkommen in V. 15.16.18.22.23). Sie erweist sich hier als Schlüssel der Auslegung.

[19] So zog Gott auch zur Zeit Isaaks dem Esau als dem Ersten den Jakob als den Letzten vor (V. 13).

schnitt V. 6-13. Nur blättert er jetzt im AT weiter und gelangt von den Vätergeschichten zur Mosegeschichte. **Dem Mose nämlich sagt er (2Mo 33,19): »Ich werde mich erbarmen, wessen immer ich mich erbarme, und werde Mitleid haben, mit wem immer ich Mitleid habe.« Demnach also ist es nicht (Sache) des Wollenden und nicht des Laufenden, sondern des erbarmenden Gottes.** Immer das Gleiche, Generation für Generation: Gott nahm dieses Volk sich selbst aus der Hand und ließ es von reinem Erbarmen leben. Es fehlte bei diesem Volk wahrlich nicht an Versuchen der Selbstverwirklichung, am Wollen und Laufen.[20] Es wollte groß, stark und bedeutend sein wie andere Völker und erwartete dafür von Gott Unterstützung. Aber auf dieser Linie hatte Israel keine Verheißung. Noch immer galt Gottes Ankündigung bei Beginn der Volksgeschichte aus 2Mo 3,14: »Ich werde sein, der ich sein werde«, d.h. nicht der, von dem ihr euch eure Phantombilder macht.

Wie aber verträgt sich dies Beiseitestellen von jeglichem Wollen und Laufen damit, dass Jesus fragt: »Was *wollt* ihr, dass ich für euch tue?« und ausdrücklich zusagt: »Dir geschehe, wie du *willst*!« (Mk 10,36; Mt 15,28). Oder der gleiche Paulus spornt an: »*Lauft*, dass ihr den Siegespreis erlangt!« (1Kor 9,24; vgl. Phil 3,12f; Hebr 12,1). Gewiss, in allen Gemeindebriefen ruft er die Glaubenden auf, mit allen Kräften durch Gott, aus Gott und für Gott zu leben. Aber für eines ist der Mensch eben nicht zuständig, dafür, dass Gott ihn erwählt, dass er ihn überhaupt haben will, ruft und liebt. Das holt niemand von uns durch keinen Einsatz vom Himmel herunter, sondern ist Sache des erbarmenden Gottes.

Als zweiten Beleg für das Handeln des erbarmenden (!) Gottes **17**
bringt Paulus die Rolle Pharaos. **Denn es sagt die Schrift dem Pharao (2Mo 9,16): »Eben dazu habe ich dich erstehen lassen, damit ich erweisen werde an dir meine Macht und damit verkündet werde mein Name auf der ganzen Erde.«** Hier wird in einer solchen Verkürzung gesprochen, dass ein Unkundiger meinen möchte, er läse hier die Berufung eines Evangelisten: »damit verkündet werde mein Name«. Dabei stellte sich dieser König in geradezu klassischer Weise gegen die Erlösungsabsichten Gottes. Seine tyrannische Macht schien die Macht des gerechten Gottes völlig zuzudecken. Aber Gott, obwohl Feind der Sünde, regierte sogar das sündige Tun Pharaos. Nur ließ sich der heilsame Sinn dieses Geschehens nicht von der Oberfläche ablesen. Die folgenden Verse klären weiter ab.

20 Bei »laufen« ist an den Läufer im Stadion zu denken, der sich mit letztem Einsatz ins Zielband wirft.

18 Zunächst bringt Paulus Gottes allmächtiges Handeln an Mose und Pharao auf den Begriff. **Folglich also: Wessen er will, erbarmt er sich, wen er aber will, verhärtet er.** Solche Gegenüberstellungen (sich erbarmen – verhärten, vgl. V. 13: lieben – hassen) könnten falsche Vorstellungen über die Gewichtsverteilung wecken. Aber dass hier ab V. 15 sechsmal der Gnade Ausdruck verliehen wird, bevor in diesem Vers einmal etwas vom Verstocken verlautet, ist zeichenhaft. Erbarmendes Erwählen auf der einen Seite und Verwerfen auf der anderen Seite halten sich hier und in der ganzen Bibel nicht die Waage, sondern haben völlig unvergleichbaren Rang. Das Wort »sich erbarmen« ist Leitwort[21] bis in den Zielvers 11,32[b], »verhärten«[22] oder »verwerfen« dagegen ist nur als Schatten dabei.

[b] Röm 9,15.16.18 11,30.31

Um hier den Sinn des Verstockens zu erfassen, ist einmal zu erwägen, woran Paulus hier bewusst vorbeischreibt. Er schildert nicht Pharaos sündiges Verhalten im Einzelnen. Das reiche atl. Material darüber bleibt ungenutzt.[23] Auch zieht Paulus weder den Gedanken nach rückwärts aus, ob Gott den Pharao schon vor Ewigkeiten so programmiert habe, noch nach vorwärts, welches Geschick ihn im Endgericht erwarte. Was tatsächlich gesagt ist: Mit seiner Verstockung empfing Pharao eine Bestimmung in der Zeit für eine Aufgabe in der Zeit, nämlich »Werkzeug« (V. 21f) zu sein in der Hand des befreienden Gottes. In diesem Sinne ordnete schon V. 17 seine Rolle dem Geschehen der machtvollen Errettung Israels ein und unter.

19 Wie V. 13 den Protest von V. 14 hervorrief, so der soeben behandelte V. 18 hier einen neuen Einwand. **Du wirst mir folglich sagen: Was tadelt er noch (uns Menschen)? Seinem Willen – wer hätte ihm (je) widerstanden?** Gut gefragt! Zwingende Logik hat Paulus in die Enge getrieben. Seine Lehre scheint praktisch Gottes Richtertum aufzuheben (vgl. 3,6), womit sie sich als unseriös entlarvt. Selbst Pharao hätte sich so auf Gottes Verantwortung herausreden können, um Israel getrost weiter auszubeuten. Doch läuft hier einiges schief. Die Wahrheit ist anders: Der Mensch erträgt nicht die Verfügungsgewalt Gottes, weil er sein eigener Gott sein will (1Mo 3,5). Er bockt gegen Gott und angelt sich zur Ablenkung ein gut klingendes Thema, das ihn im Grunde herzlich wenig umtreibt,

21 Darum ist hier auch nicht die Lehre von der Prädestination zu entfalten (s. zu 8,28). Es wird im Rahmen der Heilsordnung gedacht. Welche Figur Pharao innerhalb der Schöpfungsordnung abgab, steht auf einem anderen Blatt. Sicher fehlte es auch in seinem natürlichen Leben nicht an Segnungen Gottes, an Gesundheit, Gaben und Gelingen. Das Urteil über Pharao im Endgericht steht Gott allein zu.

22 Wie Gott nach Apg 16,14 das Herz öffnet, kann er es auch hart machen und verschließen.

23 Zehnmal verstockt Gott: 2Mo 4,21; 7,3; 9,12; 10,1.20.27; 11,10; 14,4.8.17. Zehnmal Selbstverstockung: 7,13.14.22; 8,15.19.32; 9,7.34.35; 18,5.

weil er sowieso sein eigenes Leben lebt. Aber dieser Trotz und auch dieses Thema vergehen einem: Dem erbarmenden Gott gegenüber nimmt man alles an, sein Tadeln wie Gerechtsprechen, seinen Willen wie seinen Unwillen, sein Erwählen wie sein Verwerfen.[24] Ihm gegenüber »legt man die Hand auf den Mund« (Hiob 40,4) und wird sich hüten, mit ihm, dem Erbarmer, zu rechten.

Jetzt hinterfragt Paulus die scheinbar gelungene Frage, um den Fragesteller zu sich selbst zu bringen. **O Mensch, wer eigentlich bist du, ja du, der da rechtet mit Gott?** Im Erkennen der eigenen Geschöpflichkeit wird man zur Bejahung seines Schöpfers und dessen »Überlogik« geführt. Es wird einem peinlich, ihn auf die Anklagebank zu setzen. **Es wird doch nicht das Gebilde dem Bildner sagen: Warum hast du mich gerade so gemacht?** Das Wort aus Jes 29,16, auf das Paulus hier anspielt, beginnt: »Wie kehrt ihr alles um!« **Oder hat nicht Verfügungsgewalt der Töpfer über den Lehm, aus seinem Gemenge zu machen das eine Gefäß** (ursprünglich »Werkzeug«[c]) **zur Ehre, das andere aber zur Unehre?** Diese Ausmalung des Bildes hat man in ihrer Offenheit schon als »Rohheit« empfunden. Aber auf einen groben Klotz gehört auch ein grober Keil.[25] **20-21**

[c] Jer 18,1-11 Apg 9,15 2Kor 4,7

Nach Feststellung, was Gott kann, tritt abschließend in den Vordergrund, was er will. Dabei verblasst die Gestalt des verstockten Pharao von V. 17, und das verstockte Israel kommt in Sicht (der Ausdruck in 11,7). **Wenn aber Gott, willens, (einerseits) Zorn zu erweisen und seine Macht bekannt zu machen, trug in großer Langmut Werkzeuge des Zorns, zugerichtet zum Untergang, und (andererseits) damit er bekannt mache den Reichtum seiner Herrlichkeit an Werkzeugen der Barmherzigkeit, die er vorherbestimmte zur Herrlichkeit – um wie viel mehr muss dann dein Trotz umschlagen in Lobpreis?** Dieser vielleicht aus Erregung abgebrochene[26] und hier versuchsweise ergänzte Satz ist in seiner Reichhaltigkeit nicht ganz leicht zu überschauen. Bisher standen Erwählen und Verwerfen nebeneinander, einfach hinzunehmen als zwei Möglichkeiten Gottes. Dies unterschiedliche göttliche Tun wird jetzt zusammengespannt. Beides wird durchstrahlt von einem einheitlichen Willen. Dieser Wille zielt auf Herrlichkeit, wie der Satz doppelt ausmündet, d.h. auf das Herrsein Gottes in seiner ganzen Macht und Schönheit. Auch Gottes innergeschichtlicher Zorn **22-23**

[24] Zu diesem Geschehen folgt mit V. 25f eine wichtige Ergänzung.

[25] Man verkenne auch nicht den eigentlichen Vergleichspunkt. Selbstverständlich sind wir Menschen nicht Masse und ist Gott nicht Töpfer; zwischen Töpfer und Material besteht ja auch kein Liebesband, aber ein Eigentumsverhältnis: »sein« Gemenge! Man lese noch einmal Mt 20,15 (s. zu V. 14).

[26] Dem Wenn-Satz fehlt ein Hauptverb.

(1,18) steht im Dienst dieser Macht (vgl. schon V. 17). Die V. 22 erwähnte große Langmut schränkt nicht den Zorn ein, sondern bedeutet: Das Böse wird nicht auf der Stelle vernichtet, es bekommt nach dem unerforschlichen Rat Gottes sogar gehörigen Auslauf, nach Menschenmeinung manchmal über Gebühr: »Wie lange noch?« Aber: »Hier ist Geduld und Glaube der Heiligen!« (Offb 6,10; 13,10). Gott »lässt beides miteinander wachsen« (Mt 13,30). Doch der Zusatz »zugerichtet zum Untergang« erinnert tröstlich an das geschichtliche Abtreten auch dieses Werkzeugs zu seiner Zeit. Die Heilsgeschichte wird die Unheilsgeschichte überwinden. So offenbart sich der Gott des Erbarmens im erwählenden wie im nicht erwählenden Tun, beides in Wechselwirkung zueinander und im Gefälle auf das Heil für die Welt.

d) Neuschöpfung Israels aus Juden und Heiden (9,24-29)

24 Welche (Werkzeuge der Barmherzigkeit) er auch gerufen hat – (nämlich) uns, nicht allein aus den Juden, sondern auch aus den Heiden,
25 wie (Gott) auch in dem (Buch) Hosea sagt (2,25 und 2,1): »Ich werde rufen das ›Nicht mein Volk‹: ›Mein Volk!‹ und die ›Nicht Geliebte‹: ›Geliebte!‹,
26 und es wird geschehen an dem Ort, wo ihnen gesagt worden ist: ›Nicht mein Volk seid ihr‹, dort wird gerufen werden: ›Söhne des lebendigen Gottes!‹«.
27 Jesaja aber schreit über Israel (10,22f): »Wenn (auch) wäre die Zahl der Söhne Israels wie der Sand des Meeres – der Überrest wird gerettet werden,
28 ein Wort nämlich, das erfüllend und verkürzend tun wird der Herr auf der Erde.«
29 Und ebenso hat Jesaja vorhergesagt (1,9): »Wenn der Herr Zebaoth uns nicht Samen übrig gelassen hätte, wären wir wie Sodom geworden und wie Gomorra gleich geworden.«

Paulus beendet den ersten Durchgang durch die Erwählungsgeschichte Israels, der mit Abraham einsetzte (9,6f) und hier bis zur Neuschöpfung Israels aus Juden und Heiden führt. Dabei vermeidet er noch, die Schuld Israels anzusprechen, obwohl sie sich hier doch geradezu aufdrängt. Noch schaut er allein auf Gott und sein Verhalten. Von dort allein verspricht er sich Orientierung. Dass er hier in eine feierliche Reihung von Bibelworten ausmündet, markiert einen Höhepunkt. Seine Grundposition, aus der heraus er die folgenden Kapitel niederschreibt, wird sichtbar.

Paulus wendet sich jetzt den »Gefäßen der Barmherzigkeit« aus V. 23 zu. Sie sind für ihn nicht nur gedachte Bilder, sondern etwas gegenwärtig Vorhandenes. **Welche er auch gerufen hat – uns!** Der Boden wundersamer Wirklichkeit ist betreten, die christliche Gemeinde. Ihr Entstehen und Bestehen wurde im ersten Jahrhundert als etwas überaus Erstaunliches empfunden[a]. Die ganze Apg ist von diesem Staunen getragen. Das Wort Jesu von den »größeren Werken« der Jünger erfüllte sich (Joh 14,12). Es geschieht durch Gottes schöpferisches Rufen[27]: Gott »macht die Toten lebendig und ruft (ins Dasein) das, was nicht ist, dass es sei« (4,17). Das substantivierte Partizip »Rufender« wurde im NT Gottesbezeichnung[b]. Durch die mächtige Stimme des Totenauferweckers erstand wie aus Gräbern eine lebendige Gemeinde (vgl. Hes 37), **nicht allein aus den Juden, sondern auch aus den Heiden.** In beiden Fällen hatte ein »aus … heraus« aus dem bisherigen Kollektiv stattgefunden, aus Judentum oder Heidentum. So auch Petrus in Apg 2,40: »Lasst euch erretten aus diesem verkehrten Geschlecht!« **24**

[a] Röm 1,7f 16,19f 2Kor 4,6 Gal 2,8b Apg 15,12

[b] Gal 1,6 5,8 1Thess 2,12; 5,24 1Petr 1,15 2,9; 5,10

Das Gesagte war für das Denken der Synagoge so umstürzend, dass Paulus ab jetzt nur noch die Schrift sprechen lässt. V. 25-26 bezieht er (wie übrigens auch 1Petr 2,10) auf Heiden, V. 27-29 auf Juden. Die Prophetie des Hosea 2,25 und 2,1 spricht ursprünglich das Israel des 8. Jh.s v.Chr. an. Wenn Paulus sie der äußeren Umstände von Wann und Wo entkleidet, missachtet er nicht etwa deren Sinn. Vielmehr enthüllt er charismatisch ihren bleibenden Kern, nämlich Gottes Möglichkeit überhaupt und immer wieder. **Wie (Gott) auch in dem (Buch) Hosea sagt: »Ich werde rufen das ›Nicht mein Volk‹: ›Mein Volk!‹ und die ›Nicht Geliebte‹: ›Geliebte!‹, und es wird geschehen an dem Ort, wo ihnen gesagt worden ist: ›Nicht mein Volk seid ihr‹, dort wird gerufen werden: ›Söhne des lebendigen Gottes!‹«** Namenswechsel bedeutet grundstürzenden Wandel des Daseins[c]. Gott macht alles neu. Dieses Rufen »ging hinaus in alle Lande« (10,18) durch das Evangelium und schuf nicht nur Juden, sondern auch Heiden um. Dabei wich dieser Vorgang in keiner Weise von Gottes ursprünglichem Plan ab, sondern ergab sich in gerader Linie aus der Verheißung an Abraham, »unser aller Vater« (4,16). Deren Ziel war von Anfang an eine gesegnete Völkergemeinschaft (1Mo 12,3), was das AT nie aus dem Auge verloren hat[d]. **25-26**

[c] Jes 1,26 9,5; 62,2 65,15 Offb 2,17

[d] 1Kön 8,41ff Ps 93; 96 98 Jes 2,2-4 19,19ff 42,4; 43,9f 49,6 48,20f 55,4ff Jer 12,15-17 16,19-21 Mi 4,1ff Zef 3,9ff

Besondere Aufmerksamkeit verdient die Umbenennung von »Nicht-Geliebte« zu »Geliebte«.[28] Da »lieben« Ersatzwort für »er-

[27] Dieses gewichtige »rufen« (dreimal im Abschnitt!) hat Paulus auch in das folgende Hosea-Zitat eingerückt; die LXX, aus der er zitiert, hat dort nur »sagen, nennen«. Bei der Übersetzung des Zitats sollte man dies von Paulus beabsichtigte »rufen« nicht wieder auf jenen blassen Sinn bringen.

[28] Hosea 2,25 verwendete »sich erbarmen«, Paulus aber ersetzt das Wort durch »lieben« (vgl. Anm. 17).

wählen« ist (s. zu 9,13), werden somit Nichterwählte, d.h. Verworfene, zu Erwählten. Der Hinweis auf den unveränderten Schauplatz[29] dieser Wandlung treibt den Gedanken auf die Spitze: »Es wird geschehen an dem Ort, wo ihnen gesagt worden ist …« Man ist an 5,20 erinnert: Gott zieht sich nicht auf leichtere Fälle zurück, sondern genau dort, wo tief schwarze Verworfenheit herrscht, soll die Gnade seiner Erwählung triumphieren.

[e] Röm 10,20 11,1. 14f.23
[f] 5Mo 4,25f 2Kön 21,14 23,27 Ps 78,59f.67f Jer 6,30
[g] Mt 3,8f Joh 8,33f
[h] Röm 11,20-22 1Kor 10,12

Somit ergeben sich neue Horizonte für Verworfene. Verworfensein ist eine offene Situation[e]. Verworfene können Erwählte werden. Das hat schon das AT vorgezeichnet, und Paulus ist nur sein Exeget. Aber umgekehrt ist auch Erwähltsein eine offene Situation. Erwählte können verworfen werden, wie es im AT an zahllosen Stellen zu lesen ist[f], aber auch das NT es bezeugt[g], ohne die Christen auszunehmen[h]. Vielleicht hat Paulus schon das Töpfergleichnis in V. 21 im Sinne des Vorbildes von Jer 18,1-12 verstanden: Der Töpfer entwirft vor Arbeitsbeginn seinen Plan, aber kann ihn auch während der Ausführung abändern. Die Ansicht, Gott könne nicht mehr zurück, wenn er einmal entschieden habe, und könne dann nur noch tatenlos zusehen, wie alles abläuft, ist falsch.

27-28 Auch den Weg der Juden beleuchtet die Schrift. **Jesaja aber schreit über Israel.** Nur an dieser Stelle zitiert Paulus eine Stelle aus dem AT mit dem Ausdruck »schreien«.[30] Der folgende Ausspruch erging in einem bestimmten geschichtlichen Zusammenhang, aber wieder überragt er ihn, so dass er auch in anderen Zusammenhängen gilt. Er begleitet Israel, Jes 10,22f: **»Wenn (auch) wäre die Zahl der Söhne Israels wie der Sand des Meeres – der Überrest wird gerettet werden.«** Die Rede vom Überrest[31] beschäftigt 11,3-5 weiter. Trotz der Verheißung an Abraham, seine Nachkommenschaft werde sich wie der Sand des Meeres vermehren (vgl. 1Mo 13,16), konnte sich Israel nicht ohne weiteres seines Volkstums erfreuen. Sein allzu menschliches Vertrauen auf sein Erwähltsein prallte immer wieder auf die Wirklichkeit härtester Gerichte in Form von schrecklichen Verlusten. Immerhin aber blieb ein Rest übrig und damit die Verheißung: Es gibt noch Zukunft in Gestalt eines erstaunlichen Wiederauflebens. Paulus verwendet dies Wort hier im Zusammenhang (V. 24!) als Heilswort. **»Ein Wort nämlich, das erfüllend und verkürzend tun wird der Herr auf der Erde.«** Gott wird es in die Tat

29 Diese Nuance geht in der LÜ verloren.

30 Die Schriftgelehrten taten es häufig, um auf Inspiration hinzuweisen (Bill III, S. 275).

31 Zum Hintergrund der Vorstellung vom Rest, die in vielen atl. Schriften begegnet: Im Altertum versuchten Sieger nicht selten feindliche Völker auszurotten. Dabei konnte sich manchmal durch irgendwelche Umstände ein kleines Grüppchen verbergen und der Vernichtung entgehen. Dieser kümmerliche Rest wurde eventuell Grundstock für einen Neuaufbau des schon todgeweihten Volkes.

umsetzen, und zwar vor dem Forum der Erde. Weltweit wird er seine Gottheit unter Beweis stellen. Der Ausdruck »verkürzend« spricht von der Raschheit des Handelns[32], wobei aber kaum eine zeitliche Beschleunigung im Sinn ist als vielmehr die entschlossene, unabänderliche Ausführung. Gott macht »kurzen Prozess«.

Ein zweites Wort aus Jesaja antwortet in tiefer Beugung auf die 29
eben erklungene Zusage der Rettung (1,9). **Und ebenso hat Jesaja vorhergesagt (1,9): »Wenn der Herr Zebaoth uns** – Jesaja selbst und auch Paulus schließen sich ein – **nicht Samen übrig gelassen hätte, wären wir wie Sodom geworden und wie Gomorra gleich geworden.«** Jerusalem ist in nichts verschieden von jenen verworfenen Städten. Aber Gott hält inne im Gericht und lässt unverdiente Gnade walten.

2. Der Tatbestand: Israels Unglaube (9,30-10,21)

Von der Klage zur Anklage. Im ersten Gesprächsgang V. 6-29 fiel kein Wort über das größte Verheißungsgut Israels, über den Messias (V. 5). Das ändert sich in der zweiten Runde. Zuerst erscheint V. 31 der messianische »Stein«, dann heißt es mehrmals »Christus« (10,4.6.7.17), »Herr« (10,9.12.13) oder einfach »Jesus« (10,9). Dazu gehört, dass nun auch (nach fast vier Kapiteln!) wieder »Glaube, glauben« erscheint (9,33; 10,4.6.8.9.10.11.14.16.17). Schon diese Statistik macht augenfällig, dass jetzt in breitem Strom die Lehre von Kap. 3 und 4 einfließt, um die Frage Israels zu erhellen. Dabei kommt allerdings das Unbegreifliche zur Sprache, dass Israel gerade an seinem Messias massiv schuldig wurde. Es glaubte nicht (9,32; 10,16), gehorchte nicht (10,16), verweigerte das Vertrauen und widersprach (10,21), wurde zornig (10,19), ordnete sich nicht unter (10,3), stieß sich am Felsen Christus (9,32), verfehlte seine Zielvorgabe (9,31), war uneinsichtig (10,2), verkannte die göttliche Heilsveranstaltung (10,3). Die Liste lässt sich in Kap. 11 verlängern. So wenig wie in Kap. 2 ist hier die Schuld Israels abzuschwächen, auch nicht durch die Tatsache, dass Gott sich nach 3,5; 11,11 15 Israels Unglauben bediente.

Exkurs: *Gottes Allmacht und die Verantwortung des Menschen*

Es könnte schon verwundern, wie Paulus kommentarlos zwei scheinbar unvereinbare Aussagereihen nebeneinander stellt, im

[32] So Delling zu diesem Ausdruck, dessen Sinn hier nicht leicht zu erfassen ist (ThWNT VIII, S. 65). Schlatter, S. 307, bezieht dies »kürzen« auf die Dezimierung der Judenschaft »zum kleinen Rest«.

ersten Gesprächsgang die alleinige Verfügungsgewalt Gottes und jetzt ab 9,30 die Eigenverantwortlichkeit und Schuld des Menschen. So unsystematisch das scheint, aber beides ist Wahrheit. Ohne Allmacht wäre Gott nicht Gott und ohne Verantwortlichkeit wäre der Mensch nicht Mensch. Würden wir die eine Wahrheit mit der anderen totschlagen, also das biblische Gottesbild um des Menschen willen aufopfern oder das biblische Menschenbild um Gottes willen fallen lassen, um uns dann aus einer einseitigen, isolierten Wahrheit eine stimmige Philosophie zu machen, gerieten wir ins Unfruchtbare. Von Werner de Boor, dem früheren Herausgeber dieser Reihe, stammt der Satz: »Die Bibel ist so wirklichkeitsnah, dass sie völlig unsystematisch ist.«

a) Der Glaube an Christus als Dreh- und Angelpunkt (9,30-33)

30 **Was werden wir folglich sagen? Dieses: Heiden, die nicht der Gerechtigkeit nachjagten, ergriffen die Gerechtigkeit, eine Gerechtigkeit freilich aus Glauben.**
31 **Israel dagegen, das einem Gesetz der Gerechtigkeit nachjagte – zum Gesetz ist es nicht hingelangt.**
32 **Warum? Weil (es) nicht aus Glauben (geschah), sondern als ob (es) aufgrund von Werken (möglich wäre). Sie nahmen Anstoß an dem Stein des Anstoßes,**
33 **wie geschrieben ist (Jes 28,16; 8,14): »Siehe, ich setze in Zion einen Stein des Anstoßes und einen Fels des Ärgernisses, und der Glaubende an ihn wird nicht beschämt werden.«**

Was Evv. und Apg in vielen Kapiteln ausbreiten, erscheint hier in letzter Verdichtung: Der Messias Jesus war seinem Volk im Wege.
30 In seiner bekannten Frageform rundet Paulus ab und führt zugleich weiter: **Was werden wir folglich sagen?** Zunächst zeigt er die heidenchristlichen Gemeinden als den Kontrasthintergrund, vor dem sich Israels Nein umso dunkler abhebt: **Heiden, die nicht der Gerechtigkeit nachjagen.** Nicht, dass er Heiden sittliches Streben überhaupt abspricht. Überall unter Menschen findet der moralische Wettlauf[33] statt, vor sich selbst und vor den anderen (2,7.14-15). Aber der Sinn für jene Gerechtigkeit, die Gott geschenkweise bereithält, geht dem Menschen außerhalb des Lichtkegels der Offenbarung ab. Im Blick darauf galt von den Heiden Eph 2,12: »Ihr hattet keine Hoffnung und lebtet ohne Gott in der Welt.« Doch als

[33] Das eindrückliche Bild vom Sprinter in 9,16, der um den Gewinn des Sieges läuft, legt sich hier und wieder 11,11 nahe, vgl. 5Mo 16,20; Jes 51,1.

Hörer des Evangeliums ergriffen sie diese Gerechtigkeit[a]. In einer Stadt nach der anderen nahmen Leute ohne Vorbereitung und Vorgeschichte Jesus an. Sie *taten* es einfach. »Wie ein Kind« empfingen sie die ganze Herrlichkeit (Mk 10,15). Aus Heidenangst vor Gott wurde Heidenjubel zu Gott (15,9-13; Gal 4,15). »Nicht-Volk« wurde nach V. 25f »Volk«. Das moralische Missverständnis ihrer Gerechtigkeit wird kurz abgewiesen: **eine Gerechtigkeit freilich aus Glauben.**

[a] Röm 3,25 4,25; 5,17f 1Kor 1,30 Apg 3,14 1Petr 3,18 1Joh 2,1

Ihrem unerwarteten Heilsgewinn steht die schmerzliche Heils- 31
ferne der Erwählten gegenüber. **Israel dagegen, das einem Gesetz der Gerechtigkeit nachjagte.** Das mosaische Gesetz wird hier bei seinem Wesen genommen und darum ehrfürchtig als »Gesetz der Gerechtigkeit« bezeichnet. Dass es gerecht ist und auf Gerechtigkeit zielt, stimmt mit einer stattlichen Reihe von positiven Aussagen über das Gesetz bei Paulus überein[b]. So liegt auch noch kein Tadel darin, dass Israel diesem Gesetz[34] nachjagte. Gott selbst hatte es auf diese Bahn geschickt. Aber Paulus kann nur bedauernd feststellen: Dennoch verfehlte es das Ziel, **zum Gesetz,** d.h. zur Erfüllung seines Wesens, **ist es nicht hingelangt,** seine Herrlichkeit hat es nicht wirklich erlebt. Man könnte erwarten, dass Paulus dafür wieder die Verstöße der Juden gegen einzelne Gebote ins Feld führt, wie schon in 2,17-24. Aber so übersieht man die maßgebliche Rolle des Zeitfaktors. Dort sah Paulus noch von der Äonenwende ab und konnte darum die Anklage der Propheten im AT nur verlängern. Hier dagegen ist die inzwischen stattgefundene Begegnung Israels mit seinem Messias das Thema. Man muss jetzt den Ruf von 8,34 im Ohr haben: »Christus ist hier!« Unter diesen Umständen, also vis-à-vis mit der anwesenden rettenden Macht Jesu (10,8), ist die entscheidende Sünde, über die noch zu reden ist, der Unglaube[c]. Weil das jüdische Volk nicht zum Glauben an Jesus Christus fand, gelangte es auch nicht zum Gesetz in seinem eigentlichen Sinn.

[b] Röm 3,31 7,14.16 10,4; 13,8 Gal 5,14

[c] Joh 15,22-25 16,9

Die Auslegung hat vorgegriffen, wird aber jetzt bestätigt. Also 32
warum diese Zielverfehlung? Der Fehler lag schon im Ansatz (s. zu 3,27): **weil** jenes Nachjagen **nicht aus Glauben (geschah), sondern als ob (es) aufgrund von Werken** (möglich wäre). Paulus versetzt sich in die Köpfe seiner jüdischen Brüder. Ihre Illusion: Um Gottes Gerechtigkeit teilhaftig zu sein, müsse der Mensch »Werke des Gesetzes« tun, Riten wie Beschneidung, Sabbat und Speisegebote erfüllen. Darauf beruhe das rechte Gottesverhältnis. Aber so fehlt gerade die Grundlage. Man muss mit dem Anfang anfangen. Wenn Gott in Gnaden ruft, kann es beim Hörer nur darum gehen, im Ge-

34 Es gilt, den positiven Begriff des »Gesetzes« vom negativen Begriff der »Werke des Gesetzes« (3,20.28; Gal 2,16; 3,2) zu unterscheiden.

horsam des Glaubens (1,5; 10,3) Ja und Amen zu sagen (1,5). Da ruft auch das Gesetz nichts dazwischen. Für den Gewinn der Gerechtigkeit vor Gott ist eben der Glaube das Werk aller Werke.

Der unverbundene Anschluss des nächsten Satzes zeigt, wie etwas hervordrängt, was für Paulus schon beim Stichwort »nicht glauben« im Hintergrund aktiv war: **Sie nahmen Anstoß an dem Stein des Anstoßes.** Sie hatten nicht etwa ein falsches Ziel und gingen nicht einen falschen Weg, aber sie stolperten unterwegs, weil sie nicht mit Gottes Gottheit rechneten. Der erwartete und dann doch so unerwartete Messias erwies sich für Israel zum zwischen die Füße gerollten Stein des Anstoßes[d], der es aus der Bahn warf.

[d] Lk 5,30 15,1.25-30 19,7

33 Angesichts dieses Erschütternden rettet Paulus sich auf den Boden der Schrift: **Wie geschrieben ist (Jes 28,16; 8,14): »Siehe, ich setze in Zion einen Stein«.** Die »Stein-Theologie« findet sich nicht nur im AT[e] (z.B. Ps 118,32), sondern in mancherlei Abwandlungen auch weit verzweigt im NT[f]. Die Leser in Rom verstanden diese verschlüsselte Rede von Christus offenbar sofort. Allerdings verkürzt Paulus. Nach der Jesaja-Stelle dient der Stein nicht *nur* als Anstoß, es handelt sich auch um »einen bewährten Stein, einen kostbaren Eckstein, der fest gegründet ist«, und zwar auf dem **Zion.** Diese geographische Bezeichnung galt ursprünglich dem ältesten Teil von Jerusalem, dann vor allem dem Ort der Bundeslade und damit dem Thron Gottes, von dem aus er Israel regiert. An diesem zentralen Ort war auch die endgeschichtliche Wiederherstellung Israels zu erwarten. Tatsächlich drängte Jesus, als der Höhepunkt seines Werkes nahte, zielstrebig nach »Zion«, in den Tempel von Jerusalem. In den dortigen letzten Streitgesprächen fielen die Würfel, entschied sich sein Gang ins Opfer. Wenige hundert Meter vom Tempel entfernt wurde das Kreuz Jesus zum neuen und wahren Thronort Gottes. Aber das Geographische war nur Anknüpfung, nicht Bindung. Auch die politischen Erwartungen werden abgestreift und wichen priesterlichen und gottesdienstlichen Zügen[g]. Der Gekreuzigte wurde in der Folgezeit der in der ganzen Welt betretbare rettende Felsen, Eckstein für Gottes verheißenen Neubau. **Der Glaubende an ihn wird nicht beschämt werden.**

[e] 5Mo 32,4.15.18. 30.31.37 Ps 118,32
[f] Mt 16,18 Mk 12,10 Lk 2,34 Apg 4,11 1Kor 10,4 Eph 2,20 1Petr 2,4-6
[g] Röm 11,9 1Kor 1,18.21.23. 25; 2,14 3,18; 4,10 Gal 5,11

Doch im Unterschied zur Zion-Stelle 11,26b hebt Paulus hier durch Einarbeitung von Jes 8,14 die Unheilsrolle des Steins hervor: Der gleiche Stein wurde zum **Stein des Anstoßes und Fels des Ärgernisses.** In diesem Christus begegnet uns auch unser Richter. »Wer aber nicht glaubt, der ist schon gerichtet, denn er glaubt nicht an den Namen des eingeborenen Sohnes Gottes« (Joh 3,18). Man mag so hart sein wie Emaille, aber Emaille springt. Früher oder später liegt man zerbrochen vor dem Felsen Christus. Das offizielle Israel zerschellte damals an diesem Stein, auf dem es doch stehen sollte – ganz wie Evv. und Apg es erzählen. Bei diesem Stein beharrt Gott: Ich, nicht der Mensch, setze ihn! Wir Menschen bestimmen eben nicht die letzten Grundlagen für Leben und Überleben. Gott bestimmt sie. Gegen menschliche Rebellion heißt es Ps 2,6-12: »Ich habe meinen König eingesetzt auf meinem heiligen Berg Zion. Küsst seine Füße mit Zittern. Wohl denen, die auf ihn trauen!« Niemand von uns ist zum Unglauben bestimmt.

b) Der heilsgeschichtliche Unverstand Israels (10,1-4)

1 **Brüder, der Wunsch zwar meines Herzens und die Fürbitte zu Gott für sie (ist) auf (ihre) Rettung (gerichtet).**
2 **Ich bezeuge ihnen nämlich, dass sie Eifer um Gott haben, aber nicht nach (richtiger) Erkenntnis.**
3 **Missachtend nämlich die Gerechtigkeit Gottes und im Bestreben, ihre eigene Gerechtigkeit aufzurichten, ordneten sie sich nicht der Gerechtigkeit Gottes unter.**
4 **Ende/Ziel nämlich des Gesetzes ist Christus, zur Gerechtigkeit für jeden Glaubenden.**

Der letzte Abschnitt gipfelte in dem ausdrucksstarken Bild, wie Israel, während Heiden an ihm vorbeizogen, durch einen Stolperstein aus dem Lauf geworfen wurde. Wir eilten voraus und sprachen schon im Klartext von dem Felsen Christus. Paulus entschlüsselt das Bild erst jetzt. Was ist die letzte Ursache von Israels Verlorenheit, aus der Paulus Rettung erfleht?

Wie in 11,25 wendet Paulus sich mit der Anrede **Brüder** betont an 1
die Heidenchristen. Sie sollen jetzt sein »Zeugnis« (V. 2) für Israel entgegennehmen. **Der Wunsch zwar meines Herzens und die Fürbitte zu Gott für sie (ist) auf (ihre) Rettung (gerichtet).** Wie schon 9,2f verbinden sich »Herz« und »Gebet«, so dass Paulus wieder die Dringlichkeit seines Flehens beteuert. Wieder verbindet es sich auch mit restloser Ergebung in den Willen Gottes.[35] Das »zwar«, dem kein zu erwartendes »aber« folgt, bedeutet sinngemäß: »soweit es auf meinen Wunsch ankommt«.[36] Inhalt ist das große Thema »Rettung« von 1,16. Paulus stellt es an die Spitze des Kapitels.

[35] Fürbitte gehört zum Dienst des Propheten (1Mo 20,7; 2Mo 8,26; 9,28f; 32,11.37; 4Mo 11,11; 1Sam 7,5; 12,19.23; 2Kön 19,4). Erhörung kann abgewiesen werden (Jer 7,16; 11,14; 14,11f; 15,1, vgl. auch Am 7,7-9 und 8,1-3 mit 7,2.5; 1Joh 5,16). Das »vielleicht« in Jer 21,2 ist darum durchaus am Platz, denn Beten löst keinen Automatismus aus. Zur Sorgfalt der Fürbitte s. Dieter Schneider, Jeremia, WStB, S. 79, Anm. 259.

[36] So BDR 447,2., Anm. 14

2 Zunächst kann und muss er von Israel sagen: **Ich bezeuge ihnen nämlich, dass sie Eifer um Gott haben.** Damit wird der Ausdruck von 9,31 »sie jagen dem Gesetz nach« vertieft. »Eifer« ist in solchen Zusammenhängen immer Fachausdruck für »Gesetzeseifer«[a]. Eifer um Gott wird umgesetzt in den Eifer, das mosaische Gesetz bis in alle Verästelungen des Alltags hinein und bis zum letzten Atemzug zu halten. Das Wort kennzeichnet also die strenge Richtung der Pharisäer[37], eine der großen Bußbewegungen der Religionsgeschichte[38].

[a] Gal 1,14 Phil 3,6 Apg 22,3

Doch dieser ganze emsige Betrieb ist fehlgeleitet: **aber nicht nach (richtiger) Erkenntnis.** Mangelte es ihnen an Information über Jesus? Allein die Notiz in 2Kor 11,4, dass Paulus fünfmal die schreckliche Synagogenstrafe der 39 Schläge erlitt, beweist sein aufopferungsvolles Bemühen, mit seinen Stammesgenossen im Gespräch zu bleiben. Unkenntnis entlastete sie jedenfalls nicht, wie auch V. 18-21 darlegen wird. Ihr Mangel an Erkenntnis[b] hatte vielmehr Gründe, die bis in ihr Gewissen hinabreichten. Stephanus wagte das Urteil: »Ihr widerstrebt allezeit dem Heiligen Geist« (Apg 7,51; vgl. Mk 3,28f).

[b] Röm 1,28.32 3,20 1Kor 2,8 1Tim 1,13 Lk 23,34

3 Sie waren sperrig in ihrem Denken, **missachtend die Gerechtigkeit Gottes.** Der Genitiv »Gottes« kann nicht nachhaltig genug ins Bewusstsein genommen werden: Es handelt sich für uns Menschen in der Tat um Fremdgerechtigkeit, die ausdrücklich *nicht* unsere eigene ist. Durch den sühnenden Christus erwies Gott zunächst, dass er selbst gerecht ist, dann aber auch, dass er gerecht *macht*, indem er dem Menschen auf puren Glauben hin diese Fremdgerechtigkeit zuspricht. So grundlegend 3,25f und zuletzt noch 9,30.

Aber ihr **Bestreben** war verbissen darauf aus, im Endgericht **ihre eigene** durch Gesetzeseifer erworbene **Gerechtigkeit** vor dem Richterthron Gottes **aufzurichten,** damit Gott sie anerkenne. Paulus selbst hatte als Pharisäer in dieser Verblendung gelebt (Phil 3,9: »*meine* Gerechtigkeit, die aus dem Gesetz kommt«). Dafür lief er an Christus vorbei, ja rannte er gegen ihn an (9,32). Dafür verfolgte er die Gemeinde Gottes (Gal 1,13). Er kam ins Schleudern bis hin zu blindwütigem Mord (Apg 9,1). Hier deutet er diese Haltung als Ausfluss einer tiefen Rebellion[c] gegen die Gottheit Gottes: **Sie ordneten sich nicht der Gerechtigkeit Gottes unter.** Das rechthaberische Geschöpf lehnt sich gegen den Recht habenden Gott auf.

[c] Röm 8,7 10,21 1Kön 18,39

[37] Diese Kennzeichnung Israels ist für das Verständnis von Röm 9-11 wichtig. Paulus behandelt dort nicht alles mögliche Judentum, nicht religiös erschlaffte und verweltlichte Schichten seines Volkes. Schon Kap. 9 zeigte, dass ihn Gesichtspunkte wie Blut und Rasse nicht leiteten.

[38] Über Ursprung und Geschichte s. Galater, WStB, S. 53ff, »Paulus als früherer ›Eiferer‹«.

Endlich setzt Paulus das seit 9,30 herrschende Gegenüber von 4
Gesetz und Christus ins Verhältnis. **Ende/Ziel nämlich des Gesetzes ist Christus.** Seit den Tagen der Kirchenväter schwelt hier eine Übersetzungsfrage. Die Wiedergabe des griech. Wortes *telos* durch den Doppelbegriff »Ende/Ziel« ist ein Versuch. Sie soll andeuten, dass diese beiden Übersetzungsmöglichkeiten[39] in diesem Fall kein Entweder-oder darstellen und beide festzuhalten sind. Wir lassen die Wahrheit beider Wiedergaben (A und B) einzeln auf uns wirken.

Zu A (temporal, zeitbezogen): Christus ist des Gesetzes Ende. In die Heilslinie von Abraham bis Christus schob Gott die Zeit des Sinaigesetzes ein[d]. Es lehrte den Willen Gottes[e], aber mit einer anderen Zwecksetzung als vor dem Fall. Vor dem Fall diente das Gebot unmittelbar dem Leben[f]. An diesen ursprünglichen Sinn der Gebote hat Israel sich immer erinnert. Daher auch das hohe Lob des Gesetzes im AT[g]. Doch inzwischen war die Macht der Sünde hereingebrochen. Unter diesen Umständen verdüsterten sich die Horizonte. Was bisher Merkmal des Lebens war, wurde Merkmal einer Existenz in der Sünde. Jedes »Du sollst!« bedeutete: Gott kümmerte sich weiter um mich, aber jetzt im Zorn. Das Gesetz wurde zur Fluchmacht (Gal 3,10), stand im »Dienst der Verurteilung« (2Kor 3,9). Durch das Gesetz nahm Gott jetzt die Sünder »unter Verschluss« (11,32). Als moderner Vergleich diene das Tun des Ermittlungsrichters. Um einer Flucht des Missetäters vorzubeugen[h], nimmt er ihn in Untersuchungshaft, bis das Material für die Anklage vervollständigt ist. Paulus bietet im Röm serienweise Aussagen über das Gesetz, die sich in diesem Rahmen auslegen lassen[i]. Im Gal wählte er als Bilder für das Gesetz Gefängnis, Aufpasser und Vormund[j]. Dort arbeitet er auch stärkstens die zeitliche Befristung dieser Gesetzesfunktion heraus.[40] Eine Zeitenwende ohnegleichen bringt ein göttliches Handeln völlig anderer Art an den Tag, ausdrücklich gekennzeichnet: »ohne Gesetz« (Röm 3,21). Die Sendung des Sohnes in die Welt und des Geistes in die Herzen der Glaubenden wendet alles (Gal 4,4-6). Die Herrschaft des Gesetzes ist beendet. »Christus hat das Gesetz aufgehoben« (Eph 2,15). Mit Schärfe scheidet und unterscheidet Paulus darum die Epochen. Sie bilden ein Entweder-oder, schließen einander aus[k].

[d] Röm 5,20 Gal 3,19
[e] Röm 2,15.18.25 7,22; 8,4
[f] Röm 7,10 Gal 3,21
[g] Ps 1; 19 119 Hes 11,1f 39,26f Jer 31,31-34
[h] Röm 11,32a Gal 3,22a
[i] Röm 2,12.15 3,20b 4,15 5,13.20 7,5.7.8f.10. 11.13
[j] Gal 3,23 3,24-29 4,1-7
[k] Gal 2,21 3,13 4,9.19.30 5,2.9.12

[39] Dass *telos* sowohl mit »Ende« als auch mit »Ziel« übersetzbar ist, ist unbestritten, WB, Sp. 1617f. In 2Kor 3,13 wäre z.B. jede andere Übersetzung als mit »*Ende*« sinnlos. Dagegen wäre 1Petr 1,9 umgekehrt die zeitliche Übersetzung sinnlos. Dort ist natürlich vom *Ziel* des Glaubens die Rede.

[40] Man beachte dort die Reihe der temporalen Bestimmungen: »ehe der Glaube kam« (3,23), »bis zu Christus hin« (3,24), »nachdem« (3,25), »nicht länger« (3,28; 4,7), »solange« (4,1), »bis zum Termin« (4,2), »als die Zeit kam« (4,4). Zum Gewicht der Zeitangaben auch im Röm: 3,21.26; 6,17.18; 7,5; 8,1.

Zu B (final, zielbezogen): Ziel des Gesetzes ist Christus. Derselbe Paulus behandelte das Gesetz aber in anderer Hinsicht durchaus nicht als Auslaufmodell. In größter Selbstverständlichkeit zog er es in den Gemeinden ermahnend heran. Es besaß zwar keine Kraft, zu bewirken, was es forderte, aber es hatte mit seinen Forderungen Recht (8,3-4). Jetzt, eingeordnet in die geistliche Machtsphäre des Christus, soll und kann es auch erfüllt[l] werden. Weder der Geist noch die Liebe sind Ende des Gesetzes, sondern sie erfüllen es.

[l] Röm 13,8 Gal 5,14 Mt 5,17 Lk 16,17

Diese Erfüllung wurzelt im Gehorsam des zweiten Adam. Als neues Menschheitshaupt hat Jesus durch sein gesetzestreues Leben und Sterben[m] uns zugute jene Untersuchungshaft aufgelöst und gleichzeitig das Gesetz wieder für seine ursprüngliche Aufgabe freigestellt. Es signalisiert nicht mehr Gottes Zorn, sondern seine Liebe zu uns. Es unterstützt bei der Verwirklichung eines Lebens mit Gott auf dieser Erde. Frei vom Gesetz alter Art ist die Gemeinde unter dem Herrn Jesus Christus frei fürs »neue Gebot«. Er erfüllte es grundlegend, er legte es maßgeblich aus und er ist als der wahre Sachwalter des Willens Gottes selber gebietend unter uns.

[m] Röm 8,3f Gal 3,13 4,4f 2Kor 5,21 Mt 3,15

Überwiegend und oft recht einseitig wird die Übersetzung A vertreten (vgl. LÜ). Sie soll sich zwingend aus dem Zusammenhang ergeben.[41] Doch ganz so verhält es sich nicht. Im Umfeld erscheinen Gesetz und Christus durchaus nicht in Schwarzweißmalerei. Man folge dem Gedankenfaden ab V. 2: Das Synagogenjudentum eifert um Gott, doch ohne Durchblick für das heilsgeschichtliche Ziel, das ihm in Christus vorgehalten wird. Gegen diese Verkennung bildet Paulus seinen Schlüsselvers, wobei er wohlgemerkt *telos* an die Spitze des Satzes stellt: »Ziel des Gesetzes nämlich ist Christus«, der alle Gerechtigkeit und damit das Gesetz erfüllte. Auch der Schluss des Satzes zeigt, dass Paulus hier nicht auf der Schiene bloßer Gegensätzlichkeit fährt. Gerade auch seine jüdischen Brüder möchte er an die neue **Gerechtigkeit** heranführen, wenn er betont: **für *jeden* Glaubenden.** Dieses Anliegen bewegt ihn deutlich bis V. 12f. Die Polemik gegen den pharisäischen Gesetzesdienst schwingt zwar zwangsläufig immer mit (»Christus ist des Gesetzes *Ende*«), hat aber nicht das gleiche Gewicht wie die Gewinnung für die Gerechtigkeit des Glaubens (»*Ziel* des Gesetzes ist Christus«).

41 Z.B. G. Bornkamm, Gesammelte Aufsätze, Band IV, S. 137; Anm. 45: »Die scharfen Antithesen« in 9,30-10,8 »lassen keinen Zweifel daran, dass *telos* Ende (und nicht: Ziel) bedeutet.«

c) Die rettende Glaubensgerechtigkeit (10,5-13)

5 Mose nämlich beschreibt die Gerechtigkeit aus dem Gesetz (3Mo 18,5): »Der Mensch, der diese (Dinge) getan hat, wird leben durch sie.«
6 Die Glaubensgerechtigkeit aber spricht so (5Mo 9,4; 30,12; Ps 107,26): »Sage nicht in deinem Herzen: Wer wird hinaufsteigen in den Himmel?« Das heißt, um Christus herunterzuführen.
7 Oder: »Wer wird hinabsteigen in die Totenwelt?« Das heißt, um Christus von den Toten heraufzuführen.
8 Sondern was sagt sie? »Nahe dir ist das Wort (Gottes), in deinem Mund und in deinem Herzen« (5Mo 30,14). Das heißt, das Wort des Glaubens, das wir (als Herolde) verkünden.
9 Denn: Wenn du bekennst mit deinem Mund den Herrn Jesus und glaubst in deinem Herzen: Gott hat ihn auferweckt von den Toten! Wirst du gerettet werden.
10 Mit dem Herzen nämlich wird geglaubt zur Gerechtigkeit, mit dem Mund aber bekannt zur Rettung.
11 Es sagt nämlich die Schrift (Jes 28,16): »Jeder an ihn Glaubende wird nicht beschämt werden.«
12 Nicht nämlich besteht (in dieser Hinsicht) ein Unterschied (in Betreff) eines Juden und eines Griechen, denn ein und derselbe Herr aller (ist da), reich (sich erweisend) für alle ihn Anrufenden.
13 »Jeder« nämlich, »der auch immer anruft den Namen des Herrn, wird gerettet werden« (Joel 3,5).

Die Rettung Israels, die Paulus V. 1 erflehte, dachte er sich grundsätzlich und bis an das Ende des Kapitels so, wie es soeben die letzten Worte von V. 4 sagten: durch den Glauben. Diesen Rahmen füllt jetzt der folgende Einschub. Es handelt sich um die ausführlichste Darstellung der Glaubens-Entstehung bei Paulus überhaupt. Dabei konnte der Apostel jedoch nicht die anders lautende pharisäische Heilslehre übergehen. Er profiliert also die Glaubensgerechtigkeit auf dem Hintergrund der Gesetzesgerechtigkeit, und das von Anfang bis Ende mit der Schrift als seiner Kronzeugin (vgl. Exkurs zu 9,1-29: Zu den AT-Zitaten bei Paulus). Am Ende dieser exegetischen Arbeit kehrt er deutlich zu seinem Ausgangspunkt in V. 1 zurück (dreimal »Rettung, gerettet werden« in V. 9.10.13).

3Mo 18,5 war für Paulus offenbar[a] ein wichtiger Einsatz, seine Glaubensbotschaft zu entwickeln. **Mose nämlich beschreibt die Gerechtigkeit aus dem Gesetz: »Der Mensch, der diese (Dinge) getan hat, wird leben durch sie.«** Geleitet durch unsere protestantische Tradition nehmen wir hier sofort die Bindung an das 5

[a] Gal 3,12 Röm 2,10.25.26 7,10

menschliche Tun aufs Korn und schwärzen sie an. Wir meinen, hier läge schon das Übel. Gesetzesfrömmigkeit und Glaube ständen sich gegenüber wie Tun und Nichtstun. Doch Menschen und auch Christen handeln ununterbrochen, und nach Paulus sollen sie gute Werke tun[b], denn ihre ganze Tatwelt erscheint einmal vor dem Richterstuhl Gottes[c]. So in Übereinstimmung mit AT und Judaisten. Im Unterschied zum Judaismus besteht er aber auf dem vollen Wortsinn, auf dem Ganzheitsanspruch des Gesetzes: diese Dinge, sie alle, nicht nur dies und das und ab und zu[d]! »Beharrlich bleiben *in allem*«, zitiert er Gal 3,10 mit Nachdruck. Gott verlangt damit nicht Unmögliches[42], aber er verlangt genau das, was der Mensch, der unter der Herrschaft der Sünde steht, nicht will. Er will Gott nicht ganz gehören. Und das ist unser Fall. Unter diesen Umständen ist das Gesetz nach Mose nicht zum Leben gegeben, sondern tritt – auch bei einer Menge guter Werke! – als Fluchmacht in Kraft. Daraus ist aber nicht zu schließen, die Zusage: »der wird leben durch sie!« sei nicht ernsthaft gewesen. Aber das Gesetz ist jetzt eine unerfüllte, von sich wegweisende und wartende Größe. Es will auf Christus hinaus!

[b] Gal 3,10 5,3; 6,13 Jak 2,10f
[c] Röm 13,3 2Kor 9,8 Eph 2,10 1Thess 2,10
[d] Röm 2,6-11 1Kor 4,5 2Kor 5,10

6-8 Die Fortsetzung setzt das Gekommensein des Christus voraus. **Die Glaubensgerechtigkeit aber,** plastisch als Person vorgestellt, **spricht so.** Sie muss nicht noch schreiben, denn geschrieben ist sie längst. Aber sie spricht das Geschriebene um, nämlich in die neue Lage hinein. Paulus schließt sich zwar an den geschriebenen Mose an, hebt sich aber zugleich von ihm ab. Dem dient auch die Mischung von Schriftworten (5Mo 30,11-14; 9,4; Ps 107,26): **»Sage nicht in deinem Herzen: Wer wird hinaufsteigen in den Himmel?« Das heißt, um Christus herunterzuführen. Oder: »Wer wird hinabsteigen in die Totenwelt?« Das heißt, um Christus von den Toten heraufzuführen. Sondern was sagt sie? »Nahe dir ist das Wort (Gottes), in deinem Mund und in deinem Herzen.«** Paulus legt die Wendung »das Wort ist dir nahe« eigen aus.[43] Mose verwies mit diesem Satz auf die Tatsache, dass die Forderungen Gottes in Israel einen befestigten Besitz darstellten, überliefert von Mund zu Mund und durch ständigen Gebrauch eingegraben in ihre Herzen. Weder Höhenflüge noch Tiefenschürfungen waren nötig, Ausreden darum unmöglich. Ihrer schlichten Befolgung stand nichts im Wege. Paulus aber geht es nicht um Mühelosigkeit (Phil 2,15!), vielmehr will er absolut Überflüssiges und Unzeitgemäßes abschneiden. Ein dreimaliges **das heißt**[44] leitet eine Auslegung ein,

[42] Für den Gottesmenschen eine Leichtigkeit: Mt 11,30; 1Joh 5,3!
[43] Für ihn ist vom AT inzwischen der Schleier abgetan (2Kor 3,14), so dass es Christus bezeugt.
[44] Die gebräuchliche Formel zur Einleitung einer Exegese, vgl. schon 9,8.

nach der die von Gott geforderte Gerechtigkeit bereits überwältigend genaht und nahe ist[e]. Gott hat im Wunder der Einzelperson Christi von sich aus die Kluft zwischen Himmel und Erde überwunden (hier V. 6), Christus ist als Besieger der Verderbenswelt gegenwärtig (V. 7), sein Herrsein, d.h. das Herrschen seiner Gerechtigkeit, wird nun in aller Welt ausgerufen (V. 8). Diese Verkündigung heißt **Wort des Glaubens,** wobei Glaube aber nicht im strengen Sinn als Vorbedingung vorgeschaltet ist, denn die Vorbedingungen für dieses Heil sind schon in der Vergangenheit erbracht. Glaube ist eher Erlaubnis, auf der Stelle unter die Herrschaft der Gerechtigkeit Christi zu treten. Das ist es, **das wir** als Herolde[45] **verkünden.** Die christliche Missionspredigt bringt das Heil real in Griffnähe.

[e] Jes 50,8 51,5

Wie geht's weiter? Zwischen das Hören und Gerettetwerden **9**
tritt immerhin ein Wenn.[46] **Denn: Wenn du bekennst mit deinem Mund den Herrn Jesus.** Wo das Herrsein Jesu gültig im Raum steht, kann sich der Hörer nicht schweigend nur etwas denken. Es drängt sich ihm eine Äußerung auf die Lippen, im negativen Fall Verneinung oder gar Lästerung, andernfalls das huldigende Bekenntnis: »Herr ist Jesus« – ich ergebe mich ihm als sein Sklave (6,16)! Im Bekenntnis steuert man also nicht religiöse Ansichten bei, sondern man anerkennt die neue Lage von Menschheit und Kosmos, was selbstverständlich auch das eigene Leben umprogrammiert. Ein Bekenntnis ist eine öffentliche Erklärung, die das Verhältnis zu diesem Herrn aus dem Gewoge schwankender privater Empfindungen herausnimmt und mit rechtlicher Kraft ordnet. Im Rahmen dieses Rechtsvorganges wird das Bekenntnis erfragt[f], mit dem Mund abgelegt[g] und von den Ohren der Zeugen, Menschen und Engel, vernommen[h]. Darum kann später auch ermahnt werden, an diesem Bekenntnis festzuhalten und die Folgen auf sich zu nehmen.[i] Wiederum kann es nicht rituell als »Herr-Herr«-Plappern abgeleistet werden, sondern: **und glaubst in deinem Herzen.** Das Wort hatte die Außenschicht durchschlagen und erfüllte jetzt das Herz[j] mit dem Werk Gottes: **Gott hat ihn auferweckt von den Toten!** Ohne dies Wissen wäre Glaube wie Bekenntnis leer (1Kor 15,14.17). Wer sich aber in dieser Weise der Herrschaft Christi unterstellt, **wird gerettet werden.** Zugehörig-

[f] Joh 1,19f Mt 16,15f 26,71f Apg 8,37
[g] Phil 2,11
[h] 1Tim 6,12 Mt 10,32 Lk 12,8
[i] Hebr 4,14 10,23 2Kor 9,13 Joh 9,27 12,42
[j] Apg 2,37 8,37; 15,9 Röm 2,5 5,5; 6,17

45 Griech. *käryssô*, von *käryx*, Herold, Ausrufer. Das Wort konnte ganz abgeblasst verwendet werden, z.B. 2,21 (Lehrvortrag in der Synagoge). Aber an den drei Stellen in 10,8.14.15 ist es offensichtlich abhängig von Jes 52,7 und hat seinen ursprünglichen Hintergrund: Herolde erscheinen auf dem Marktplatz und rufen umstürzende, aufwühlende Nachricht aus: Änderung der Machtverhältnisse!

46 Der Wenn-Satz sollte nachempfunden werden. Er nennt eine Voraussetzung der zukünftigen Rettung, die nicht selbstredend bei jedem Menschen zutrifft. Ab V. 16 kommt auch die Möglichkeit einer Ablehnung des Evangeliums in den Blick.

keit zu Christus rettet aus der Not (s. zu 1,16b) – aus einer in die andere und ganz gewiss auch einmal aus der letzten Not im Endgericht.

10 Paulus fasst das Gesagte seiner Wichtigkeit wegen in einen förmlichen Lehrsatz. Dabei werden die Vorgänge jetzt in ihre dogmatische Reihenfolge gebracht. **Mit dem Herzen nämlich wird geglaubt zur Gerechtigkeit, mit dem Mund aber bekannt zur Rettung.** Dreierlei Einheiten werden hier festgeklopft. Zunächst gehören die Heilsgüter Gerechtigkeit und Rettung zusammen. Erstere befreit von der Schuldanklage, die andere vom Straftod. Wenn alles mit guten Dingen zugeht, sind auch Herz und Mund eins[k]. Schließlich sind auch Glauben und Bekennen ungespalten. Das bekennende Reden des Mundes gehört nach 2Kor 4,13 zum »Geist des Glaubens«. Weder verheimlicht sich der Glaube, noch wird das Bekenntnis unabhängig vom Zustand des Herzens geschauspielert.

[k] Spr 16,23; Mt 12,34; 2Kor 6,11

11-12 Die Wiederholung des AT-Zitates aus 9,33b unterstreicht, dass sich die Rettung bis ins Endgericht hinein bewährt: **Es sagt nämlich die Schrift (Jes 28,16): »Jeder an ihn Glaubende wird nicht beschämt werden.«**[47] Anknüpfend an V. 4 legt Paulus stärkstes Gewicht darauf, dass hier **jeder**[48] hoffen darf. **Nicht nämlich besteht (in dieser Hinsicht) ein Unterschied (in Betreff) eines Juden und eines Griechen, denn ein und derselbe Herr aller (ist da), reich (sich erweisend) für alle ihn Anrufenden**[49]. Was Paulus hier im Ergebnis zusammenfasst, entfaltet Eph 2,14-18: Das Gesetz hatte sich spaltend als »Zaun« und »Feindschaft« zwischen Israel und den Völkern auswirken müssen. Indem aber der Gekreuzigte das Gesetz erfüllte und aller Herr wurde, fiel auch jener Unterschied zwischen Juden und Griechen dahin (vgl. 3,22.29). Alle haben »in *einem* Geist« Zugang zum Vater, hier: in »ein und demselben Herrn«. Unvorstellbar, dass sein Reichtum, den Paulus so gern rühmt[l], jemals einen seiner Anrufer arm dastehen lässt.

[l] Röm 9,23; 2Kor 8,9; Phil 4,19; Eph 1,18; 2,4; Kol 1,27

13 Speziell ist an den Reichtum der Barmherzigkeit im Gericht gedacht. Dazu wieder die Schrift (Joel 3,5): **»Jeder« nämlich, »der auch immer anruft den Namen des Herrn, wird gerettet werden«.** Im Unterschied zu V. 12 steht »anrufen« hier nicht mehr in Dauerform, sondern bezeichnet den einzelnen Akt. So hat Paulus hier weniger das Christ*sein* im Auge als das Christ*werden*, das mit der erst-

[47] Zur Nicht-Beschämung s. zu 1,16a.

[48] Das universale »jeder« viermal: V. 11.12.13.

[49] Im Vorgriff auf das folgende Schriftwort in V. 13 tauscht Paulus jetzt den Ausdruck »Glaubende« gegen »Anrufende« (noch Apg 9,14.21; 1Kor 1,2).

maligen Anrufung[50] beginnt. Im Anrufen verwirklicht sich ganz praktisch das Bekennen von V. 9-10.

d) Israel verschließt sich dem genahten Heil (10,14-21)

14 Wie freilich werden sie den anrufen, an den sie nicht zum
Glauben kamen? Und wie werden sie (an den) zum Glauben
kommen, von dem sie nichts gehört haben? Wie aber werden
sie hören ohne Verkünder?
15 Wie aber werden (die Verkünder) verkünden, wenn sie nicht
gesandt sind? Wie geschrieben ist (Jes 52,7): »Wie schön die
Füße derer, die Gutes als Evangelium bringen!«
16 Aber nicht alle wurden gehorsam dem Evangelium. Jesaja
nämlich sagt (53,1): »Herr, wer hat unserer (zu Gehör gebrach-
ten) Botschaft geglaubt?«
17 Folglich: Der Glaube aus der Botschaft, aber die Botschaft
durch das Wort Christi.
18 Aber ich sage (fragend): Haben sie etwa nicht gehört? Gewiss
doch! »In alle Lande ging hinaus ihr Schall und bis zu den En-
den der (bewohnten) Erde ihre Worte« (Ps 19,5).
19 Aber ich sage (weiterfragend): Hat Israel es etwa nicht ver-
standen? Als erster Zeuge sagt Mose (5Mo 32,21): »Ich selber
werde euch eifersüchtig machen auf ein Nicht-Volk, auf ein
unverständiges Volk werde ich euch zornig machen.«
20 Jesaja aber wagt (Israel) sogar frei heraus zu sagen (Jes 65,1):
»Ich wurde gefunden von denen, die mich nicht suchten, ich
machte mich offenbar den nicht nach mir Fragenden.«
21 In Bezug auf Israel aber sagt er (in der Fortsetzung Jes 65,2):
»Den ganzen Tag streckte ich meine Hände aus nach einem
Volk, das Vertrauen verweigert und widerspricht.«

Paulus spitzt jetzt die soeben dargelegte Wahrheit vom »nahen Wort« (V. 6-8) auf Israel zu und greift damit zugleich das Thema von dessen Schuld und Verlorenheit wieder auf. Zunächst stellt er sicher, dass seine Brüder glauben *könnten*. Vor ihnen zuerst wurde

[50] Die zitierte Stelle Joel 3,5 spielte eine wegweisende Rolle bei der »Geburt« der christlichen Gemeinde in Apg 2. Ab V. 21 ist sie sozusagen Predigttext des Petrus. Wörter aus Joel 3,5 durchziehen das Kap. bis zum Ende: »Herr« in V. 25.34.36.39.47; »anrufen« des »Namens« in V. 38 (die auffällige Präposition *epi* weist auf das *epikaleisthai* für »anrufen des Namens« zurück); »jeder« in V. 36. 39.43.44.45, »herbeirufen« in V. 39 und »gerettet werden« in V. 40.47. Lukas berichtet für dieses »anrufen« auch eine Parallele aus dem nicht-religiösen Bereich. Fünfmal verwendet er das gleiche Wort für den Rechtsvorgang, durch den Paulus sich unter den Schutz des Kaisers stellte, was ihn für seine korrupten Richter unantastbar machte (25,11.12.25; 26,32; 28,19).

die Heilsgegenwart ausgerufen, und für den Heiligen Geist ist auch die Verhärtung eines Menschen immer noch porös. Aber da, wo Gott seinem Volk ganz nah war, sagte es nein. Wieder birgt der Apostel sich bei diesen hoch empfindlichen Aussagen Satz für Satz in der Schrift.

14-15 In Form von vier Fragen, die fest verbundenen Kettengliedern gleichen, führt Paulus vor, was Gott alles getan hat, damit Glaube auch wirklich entstehen kann. An alles ist gedacht, Gott hat es an nichts fehlen lassen: Sendung – Botendienst – Hören – Möglichkeit zum Glauben – Anrufen. Paulus gleitet diese Abfolge allerdings rückwärts entlang. Auf diese Weise stehen am Ende die christlichen Träger der Frohbotschaft werbend vor Israel. Zugleich aber steht es auch Heidenchristen gut an, Gottes Kettenschlüsse zu Herzen zu nehmen und nicht zu zerstören. **Wie freilich werden sie den anrufen, an den sie nicht zum Glauben kamen?** Ein Unding, sich unter die Verehrer Christi zu mischen ohne wahren Glauben. **Und wie werden sie (an den) zum Glauben kommen, von dem sie nichts gehört haben?** Ein Unding, zum Glauben aufzufordern, ohne Christus zentral vor die Augen zu malen (Gal 3,1). Ebenso ein Unding, glauben zu wollen ohne das hörende Herz[a], das sich bereitwillig unter die christliche Verkündigung stellt. Niemand in der Bibel glaubt von selbst, aus eigenem Entschluss und Wagnis oder im menschlichen Kraftakt. »Höre!« ist im AT und NT ein Schlüsselwort[b]. **Wie aber werden sie hören ohne Verkünder?** Ein Unding, »sich nach eigenen Wünschen immer neue Lehrer zu suchen, die den Ohren schmeicheln« (2Tim 4,3). **Wie aber werden (die Verkünder) verkünden** (s. zu V. 8b), **wenn sie nicht gesandt sind?** Ein Unding, Sendung durch Studium ersetzen zu wollen und ohne Berufung seine Stimme im Namen Gottes zu erheben.[51] Doch Gott sorgt für wahre Freudenboten (Eph 4,11-12). **Wie geschrieben ist (Jes 52,7): »Wie schön die Füße derer, die Gutes als Evangelium bringen!«** Indem Gott seinen Fuß in die Welt setzte, brachte er Sesshafte auf die Beine und die Füße von Meldegängern in Bewegung, machte sie hurtig und ließ sie Berge von Hindernissen und Täler von Finsternissen überwinden. Indem sie kommen, ist der Herr da (Lk 10,16) und spricht befreiend, erfreuend und rettend. Sollte Israel sie nicht mit offenen Armen empfangen? Trotz der allgemeinen Redeweise mit »sie« hat Paulus schon hier bei V. 14-18 Israels Verhalten im Auge (s. V. 19).

[a] 1Kön 3,9-12 5Mo 10,16 Jer 3,10 29,13 Hes 11,19f
[b] 5Mo 6,5 Mk 4,9 9,7 Offb 2,7.12. 17.29; 3,6. 13.22

51 Gewiss gibt es eine Sendung für alle Glieder der Gemeinde: »Ihr sollt verkünden!« (1Petr 2,9). Davon ist jedoch die besondere Berufung zum Dienst des Wortes zu unterscheiden (Apg 6,2-4). »Sind etwa alle Apostel? Sind sie alle Propheten? Sind sie alle Lehrer?« »Lasst nicht zu viele von euch Lehrer werden, meine Brüder!« (1Kor 12,29; Jak 3,1).

Den folgenden Satz spricht er gewiss in tiefer Trauer, aber nicht 16
in Zorn oder Entsetzen. Er verarbeitet seine Erfahrung nämlich in
der Weite und Tiefe der Schrift. **Aber nicht alle wurden gehorsam**
dem Evangelium. Jesaja nämlich sagt (53,1, vgl. Joh 12,38): **»Herr,**
wer hat unserer (zu Gehör gebrachten[52]) Botschaft geglaubt?«
Das Evangelium versetzt seine Hörer nicht in eine Zwangslage,
sondern in eine offene Situation. Weil für sie der Stand der Unwissenheit beendet ist, *können* sie jetzt glauben oder *können* es lassen. In keinem Fall kommt das Wort »leer zurück« (Jes 55,11). Ob es Gnade oder Gericht wirkt – es wirkt[c].

[c] 2Kor 2,14-16 4,4-6 2Thess 1,8; 3,2

Nachdem die Vorstellung von einem Glaubensautomatismus 17
unter der Predigt abgewiesen ist, kann Paulus über die Entstehung des Glaubens zwei Sätze aufstellen: **Folglich: Der Glaube aus der Botschaft.** Bevor der Glaube kommt, kommt die Botschaft (s. Anm. zu V. 16), der Glaube ist Annahme der Botschaft. **Aber die Botschaft durch das Wort Christi.** Hinter dem Mund des Boten steht der Mund des auferstandenen Christus[d].

Ist der Schuldspruch gegenüber Israel noch zu umgehen? **Aber** 18
ich sage (fragend)[53]: Haben sie etwa nicht gehört? Schon zu V. 2 wurde festgestellt, dass die christliche Missionspredigt den Kern des Judentums sehr wohl erreicht hatte. Hier aber antwortet Paulus offenbar auf einer anderen Ebene. **Gewiss doch! »In alle Lande ging hinaus ihr Schall und bis zu den Enden der (bewohnten) Erde ihre Worte« (Ps 19,5).** Das Psalmwort weiß um eine weltweite Botschaft vom Himmel her, unterschieden vom Gesetz, das vom Sinai kam. Sie besteht im Lobpreis der Schöpferherrlichkeit Gottes, die besonders an der Pracht des Sonnenballs festgemacht wird. Sie dringt immerzu auf alle unter der Sonne Lebenden ein (Mt 5,45; Röm 1,19f). Von daher zieht Paulus einen Vergleich: Die Erlösung ist so weltweit wie die Schöpfung. Darum überragt die Macht des Evangeliums auch die unmittelbaren missionarischen Bemühungen, von deren Begrenzungen Paulus sonst wirklichkeitsnah spricht (1,10.13; 15,19-24). Doch Christus ist über die kleine Zahl von Bekehrten hinaus »das Licht, das alle Menschen erleuchtet, die in diese Welt kommen« (Joh 1,4.9). Bevor es ihnen einleuchtet, noch mit geschlossenen Augen, werden sie beschienen von seiner Macht. Das gilt auch für die Juden. Wie die Sonne den ganzen Tag scheint, gilt ihnen das Händeausstre-

[d] Mt 28,19 Mk 16,15 Lk 24,47 Joh 20,21 Apg 10,42 2Kor 5,18b

[52] Das Wort *akoä*, das Paulus hier und V. 17 aus dem griech. Text von Jes 53,1 übernimmt (vgl. Gal 3,2.5; 1Thess 2,13), bezeichnet eigentlich keine Rede, sondern eine »Höre«. Dafür gibt es schwerlich ein einziges Übersetzungswort.

[53] Es folgt der erste von vier Selbsteinwänden des Paulus: 10,18.19; 11,1.11. Paulus macht sich seine Urteile über Israel nicht leicht.

cken und Rufen Gottes **»den ganzen Tag«**. Der Apostel vertraut hier Umständen, die mit der Auferstehung Jesu Christi in Kraft sind (Mt 28,18). Sie sind für ihn unbezweifelbare Wirklichkeit, der er sich öffnet. Hätten sich die ersten Jünger nur von Umfragen, Statistiken, Trendmeldungen, Berechnungen und Prognosen leiten lassen, gäbe es heute nirgendwo Bibeln und christliche Gemeinden.

19 **Aber ich sage (weiterfragend).** Das Verlangen, Israels Verhalten zu ergründen, treibt Paulus um. Israel könnte ungewollt etwas überhört und darum nicht recht verstanden haben. **Hat es etwa nicht verstanden?** Im Sinne von V. 18 ist hier zu antworten: »Gewiss doch!« Weil es nur zu gut verstand, hörte es vorbei und verfiel einem schuldhaften Unverstand (V. 2f; 1,21c). Doch dieser Not, die allgemein menschlich ist, ist Gott in seinem Erbarmen gewachsen. Darauf lenkt jetzt die Fortsetzung. **Als erster Zeuge sagt** als Sprecher Gottes **Mose**, auf den sich die Schriftgelehrten so gern beriefen (5Mo 32,21): **»Ich selber werde euch eifersüchtig machen auf ein Nicht-Volk, auf ein unverständiges Volk werde ich euch zornig machen.«** Schon 9,25-26 pries Paulus die Erweckung von Heiden zur Verständigkeit, obwohl sie doch allbekannt als hoffnungslos unverständig gelten. Aber sie wurden Musterbeispiel für das, was Gottes Erbarmen vermag. Damit entschwindet für Israel die letzte Entschuldigung, keimt aber auch seine schönste Hoffnung. Denn wie viel mehr kann das auch mit dem seit Jahrtausenden erwählten Volk geschehen (s. Auslegung zu 11,11).

20 Ein zweiter Zeuge hielt Israel ebenfalls die Verheißung von Heidenbekehrungen vor. **Jesaja aber wagt (Israel) sogar frei heraus zu sagen (Jes 65,1): »Ich wurde gefunden von denen, die mich nicht suchten, ich machte mich offenbar den nicht nach mir Fragenden.«** Das Suchen und Fragen nach Gott einstellen (1,28; 3,11), sich im Fortgehen nicht einmal mehr über die Schulter nach ihm umsehen, das zeigt den Menschen, der nicht nur äußerlich fern von Gott ist. Solche Menschen dennoch in vollkommener Gottesgemeinschaft zu schauen, das ist schon eine gewagte, unerhörte und unerhört tröstende Prophetie.

21 Das Kapitel von der Schuld Israels war getragen von der Gewissheit unablässiger Bemühungen Gottes um sein gefallenes Volk. Damit schließt es auch. **In Bezug auf Israel aber sagt er** (in der Fortsetzung Jes 65,2): **»Den ganzen Tag streckte ich meine Hände aus nach einem Volk, das Vertrauen verweigert und widerspricht«** (vgl. zu V. 18). Weil dem Apostel die Autorität der Schrift entscheidend und genug ist, ergreift er im Anschluss an diese reiche Zitatenkette wie auch schon nach 9,25-29 nicht noch einmal das Wort zu einer eigenen Zusammenfassung.

Exkurs: *Judenmission?*

Mission ist Weitergabe der Guten Nachricht. Eine solche Botschaft kann jedoch nicht nur Inhalt sein, sondern will auch die missionarische Praxis bestimmen. Darum wird der Missionar jedermann, aus welchem Volk auch immer, achtungsvoll begegnen und ihn nach 2Kor 5,20 in wahrer Menschenfreundlichkeit »bitten«, ersuchen, einladen, seine Kandidatur für das wunderbar Große und Neue anzunehmen. Jede andere Art und Weise wäre ein Widerspruch in sich selbst, wäre nicht Mission. Völker, die das Evangelium empfangen haben wie man Schläge empfängt, können auch nicht als christlich gelten.

a) Im Blick auf die Judenmission zweier Jahrtausende ist weithin von fragwürdiger Mission zu sprechen. Gewalttätig, unter Einsatz sozialen Drucks wurden Juden besonders in der Zeit der Inquisition auf staatlichen Befehl zwangsbekehrt.

b) Aufgrund solcher Erfahrungen wird Judenmission von Juden scharf abgelehnt. Sie erfuhren sie als Dezimierung ihres Volkes, ja empfinden sie heute als »Fortsetzung des Holocaust mit anderen Mitteln«. Aber ihre Ablehnung wendet sich nicht erst gegen die Methoden christlicher Mission, sondern schon gegen das Zeugnis des NT selber. Jüdische Forscher, auch wenn sie den historischen Jesus tief verehren, weisen jedes Messiastum an ihm als christliche Verfälschung zurück. Darum: »Christlich-jüdische Begegnungen oder Gespräche sind meistens verbunden mit der jüdischen Forderung nach einer Erklärung zum Verzicht auf Judenmission.«[54] Am besten funktionieren solche Gespräche, wenn die christliche Seite die Positionen der liberalen protestantischen Theologie einnimmt, denn diese erklärt von sich aus, dass Jesus zwar bemerkenswert, aber völlig unmessianisch lebte, starb, begraben wurde und verweste. Dieser Umstand wird von vielen Christen verdrängt oder nicht durchschaut.

c) In weiten kirchlichen Kreisen wird heute der geforderte Preis für Gespräche tatsächlich gezahlt: »Ablehnung der Judenmission in jeder Form«. Allerdings erfolgt das nicht immer auf der Basis der Liberalen Theologie. Oft handelt es sich um Christen, die gläubig auf die Schrift hören wollen. Danach ist Israel trotz teilweiser Verhärtung Gottes Volk und bleibt Eigner der höchsten Gaben und Berufungen (9,4f; 11,29). Es gleicht dem älteren Sohn im Gleichnis Lk 15,11-32. Er blieb immer im Haus des Vaters und lebte unter seinem Gebot. Trotz des Zwistes mit ihm empfängt er die Bestätigung: »Kind (!), du bist allezeit bei mir, und alles, was mein ist, ist dein.«

[54] A. Burchartz, ELThG, S. 1009

Kurzschlüssig wird aus dem Gleichnis gefolgert: Israeliten müssten nicht umkehren. Sie glaubten schon immer an den einen Gott, besäßen im AT die gleiche Heilige Schrift wie wir und seien deswegen unsere geistlichen »Brüder«. Sie bekehren zu wollen, sei unter diesen Umständen grober Missverstand. Kein Geringerer als Karl Barth lehnte darum Mission unter den Juden ab. Nachdem er uns »armen Heiden« den »einzigartig begnadeten Juden« vor die Augen gestellt hat, fragt er: »Was gibt es da zu ›missionieren‹?« »Was hätten wir ihn zu lehren, was er nicht schon wüsste, was wir nicht vielmehr bei ihm zu lernen hätten?« (KD IV,3 (1959), S. 1006). Die Antwort darauf ist nicht so einfach, wie Karl Barth nahe zu legen scheint. Es macht einen Unterschied, ob »der Jude« z.B. Jesus selbst ist oder z.B. Paulus vor seiner Bekehrung. Legen wir uns hier einmal auf den Juden fest, den der Röm voraussetzt. Er »rühmt sich des Gesetzes« und »hat Eifer um Gott, aber ohne richtige Erkenntnis« (2,17-23; 10,2f). Darum lässt er sich auch durch seine heiligen Schriften nicht zu Jesus Christus führen. Eine Decke hat sich für ihn auf das AT und auf sein Herz gelegt (2Kor 3,14-16). Was hat er – mit dieser Decke! – uns dann noch zu lehren? Er kann uns in Informationsgesprächen Sachfragen zu Sprache, Denkweise und Zeremoniell des Judentums erläutern, aber nicht den eigentlichen Dienst tun, für den Gott Israel erwählt hat: Er ist nicht Zeuge Gottes (Jes 43,10; 44,8; Apg 1,8) und kann uns nicht den Christus »nach der Schrift« groß machen (1Kor 15,3-5).

d) Zurück zur aktuellen Lage. Schulden Christen auch Juden das Evangelium in Wort und Tat? Oder hat an diese Stelle »die brüderliche Solidarität und der ökumenische Dialog« mit den Juden zu treten?[55] Dialog ist gut, aber worüber? Wie ist die biblische Sicht? Das Evangelium von Jesus Christus als dem gegenwärtigen Herrn aller Menschen steht aufgrund der gesamten Offenbarungsgeschichte seit Abraham bleibend den Juden zu. Die urchristlichen Missionare übersprangen darum weder das erzjüdische Jerusalem noch die halbjüdischen Gebiete Judäa und Samaria. Auch für Lehre und Praxis des Paulus blieb grundlegend: »die Juden zuerst« (1,16). Niemals lehrte er die Umkehrung: die Juden zuletzt. Er tat, wo er ging und stand, sein Äußerstes, »damit ich die Juden gewinne«, d.h. rette (1Kor 9,20-22). Judenmission, recht verstanden, ist sogar Voraussetzung der Heidenmission, denn wie sollte etwas für die Heiden gut sein können, was nicht einmal für die Geliebten Gottes gut ist?

[55] H. Kremers, 1979

3. Die Lösung: Gleiches Erbarmen für Israel und Heiden (11,1-36)

Nach Vorarbeit in Teil 1 und Darstellung des bedrückenden Tatbestandes in Teil 2 kann Paulus sich der Lösung des Themas zuwenden, das er 9,6a angekündigt hatte: Gottes unerschütterliche Treue zu seinen Verheißungen für Israel. Gott geht dabei ungeahnte, geheimnisvolle Wege, aber er erreicht das Ziel. Darum säumt eine Reihe von Finalbestimmungen den Gedankengang (Damit-Sätze in V. 11.19.25.31.32). Endlich mündet alles in den Zielsatz: »damit Gott sich aller (nämlich Juden und Heiden) erbarme« (V. 32). Mit »Erbarmen, sich erbarmen« fasst Paulus das vollendende Heilshandeln Gottes zusammen (9,15.18.23; 11,30.31.32; 15,9).

a) Israel nicht verstoßen, wenn auch teilweise verstockt (11,1-10)

1 Ich sage also (fragend): Hat Gott sein Volk etwa verstoßen? Ausgeschlossen! Auch ich selbst bin nämlich Israelit, aus dem Samen Abrahams, Stamm Benjamin.
2 »Nicht verstoßen hat Gott sein Volk« (1Sam 12,23), das er im Voraus erkannt hat. Oder wisst ihr nicht, was im Elia(abschnitt) die Schrift sagt, als er Klage führt gegen Israel?
3 Herr, »deine Propheten haben sie getötet, deine Altäre haben sie niedergerissen, und ich bin allein zurückgelassen, und sie trachten nach meinem Leben« (1Kön 19,10.14.18).
4 Jedoch was sagt ihm der Gottesspruch? »Ich habe mir zurückbehalten siebentausend Männer, die nicht ihre Knie gebeugt haben vor der Baal(sgottheit)« (1Kön 9,18).
5 Auf diese Weise also ist auch in der Jetzt-Zeit ein Rest nach Auswahl der Gnade entstanden.
6 Wenn aber durch Gnade (geschehen), dann nicht mehr durch Werke. Denn sonst geschieht Gnade nicht mehr als Gnade.
7 Was folglich? Was Israel anstrebte, das hat es nicht erlangt, aber: die Auswahl erlangte (es), die Übrigen wurden verhärtet.
8 Wie geschrieben ist: »Gott gab ihnen einen Geist der Betäubung, Augen des Nicht-Sehens und Ohren des Nicht-Hörens, bis zum heutigen Tag« (5Mo 29,3; Jes 29,10).
9 Und David sagt: »Es werde ihr Tisch zur Schlinge und zum Fangnetz und zum Anstoß und ihnen zur Vergeltung.
10 Verfinstert seien ihre Augen, nicht sehen zu können, und ihre Rücken beuge allezeit« (Ps 69,23-24).

Das Bild eines Gottes, der Israel mit beiden Armen wegstößt, ist für Paulus keine Sekunde annehmbar. Gott ist für sein Volk, wie es der letzte Vers von Kap. 10 gerade schauen ließ, ein Gott der ausgebreiteten, offenen Arme. Auf der anderen Seite war das Nein der Synagoge zu Christus in Rom bekannter Tatbestand, so dass sich bei den dortigen heidenchristlichen Lesern die Erklärung nahe legte, Gott habe dies Volk offensichtlich aus der Heilsgeschichte entfernt (vgl. V. 17-22). Wie sollte er auch seine Absicht von 1Mo 12,3, die Welt zu segnen, durch Feinde des Evangeliums (V. 28) verwirklichen! Hier schaltet sich Paulus ein.

1 **Ich sage also (fragend): Hat Gott sein Volk etwa verstoßen?** Von der Schrift her kommend, etwa als Beter von Ps 94,11, gibt es nur eine Antwort: **Ausgeschlossen!** Schon er selbst war ein lebendiges Gegenargument: Gott hatte ihn angenommen! Er macht seinen Lesern bewusst, wen sie vor sich haben: **Auch ich selbst bin nämlich Israelit, aus dem Samen Abrahams, Stamm Benjamin**. Wer also über Israel spricht, unterscheide bitte. Der Verweis auf seinen Stammbaum hat hier nichts zu schaffen mit dem törichten Erwählungsstolz von früher (Phil 3,5; 2Kor 11,22), sondern dient lediglich der Erinnerung: Ich war nicht, ich *bin* Jude und Israelit im Vollsinn! Aber das eigentlich Wichtige in diesem Zusammenhang hängt nicht an einer Einzelperson.

2-4 Erst einmal zurück zu jenem »Ausgeschlossen!« von V. 1: **»Nicht verstoßen hat Gott sein Volk« (1Sam 12,22), das er im Voraus erkannt hat,** also erwählt hat (s. zu 8,29). Selbst die Tatsache, dass Israel in seiner Mehrheit das Evangelium von Jesus Christus und seine Boten verstieß, kommt gegen diese Gewissheit nicht an. Sie speist sich aus einem Wort, das angesichts eines früheren Abfalls Israels wie ein Blitzstrahl Gottes Bundestreue erhellte. **Oder wisst ihr nicht, was im Elia(abschnitt) die Schrift sagt, wie er Klage führt gegen Israel? Herr, »deine Propheten haben sie getötet, deine Altäre haben sie niedergerissen, und ich bin allein zurückgelassen, und sie trachten nach meinem Leben« (1Kön 19,10.14.18).** Worin dies Beispiel aus der Schrift wegweisend ist, folgt V. 4: **Jedoch was sagt ihm der Gottesspruch? »Ich habe mir zurückbehalten siebentausend Männer, die nicht ihre Knie gebeugt haben vor der Baal(sgottheit)** (1Kön 9,18). Der Anfang des Satzes: »Ich habe zurückbehalten!« stellt eine Tat Gottes an die Spitze. Weil Gott inmitten seines Volkes aktiv ist, ist bei Israel zu unterscheiden. Da ist die Gruppe der zurückbehaltenen Männer, unabhängig von menschlicher Tapferkeit und Treue, auch von ihrem Bekanntheitsgrad, denn selbst Elia war ahnungslos. Durch ihr bloßes Vorhandensein stellten sie wandelnde Prophetie dar. Dadurch, dass es sie gab und dass Elia ab jetzt an sie denken durfte, vermittelten sie Hoffnungskraft. In ihnen steckte schon etwas von einem vollständigen Israel, denn ihre Zahl, Siebentausend, ist nicht Zählzahl[56], sondern Sinnzahl, Zahl einer von Gott gewollten Fülle. So trieb Gott seine Sache mit Israel selbst durch den Abfall hindurch voran.

Die Schriftstelle erlaubt eine Übertragung auf die gegenwärtige 5-6
Heilszeit[a], weil Gott heute derselbe ist wie damals. **Auf diese Weise also ist auch in der Jetzt-Zeit ein Rest.** Wieder begegnet der prophetische Kernbegriff[b] vom »Rest« (s. zu 9,27). Im Judentum, das diese Lehre ebenfalls bewahrt hatte, galt durchweg als Rest, wer inmitten der allgemeinen Verweltlichung seine Frömmigkeit durchhielt. Dagegen verlegte Jesaja den Akzent vom »frommen« Rest auf den durch Gott (9,28!) bekehrten und also auch bekehrungsbedürftigen Rest: »Ein Rest kehrt um!« (zweimal in Jes 10,21f). Auf dieser Linie liegt Paulus: Es ist ein Rest **nach Auswahl der Gnade,** es sind begnadigte Sünder aus den Juden, was kräftig unterstrichen wird: **Wenn aber durch Gnade (geschehen), dann nicht mehr durch Werke. Denn sonst geschieht Gnade nicht mehr als Gnade.** Durch diesen Hinweis auf den Gegensatz Gnade – Gesetzeswerke ragt wieder Röm 1-8 herein (vgl. schon z. 9,11b-12a). Was jene Siebentausend zur Zeit des Elia waren, sind also zur Zeit des Paulus die zu Christus bekehrten Juden.

[a] Röm 3,26 8,18 11,5.30.31 2Kor 6,2
[b] Jes 1,8f 4,2ff; 6,13 7,3 10,20-21 11,11.16 28,5; 37,32 45,20ff Jer 23,3 31,7 50,20 Hes 11,13 14,21 36,36 Joel 3,5 (ff: s.u.)

Das bedeutet aber nicht, dass Gott dem Nein der jüdischen 7-10
Mehrheit gegenüber in Passivität versinkt. Gott ist immer Gott, darum gibt es kein folgenloses Sündigen. **Was folglich? Was Israel anstrebte, das hat es nicht erlangt, aber: die Auswahl erlangte (es), die Übrigen wurden verhärtet.** Obwohl letztere im Unterschied zu den unbekannten Siebentausend das offizielle Israel darstellten, wird von ihnen wie beiläufig als von den »Übrigen« gesprochen. Weil sie vor dem Evangelium in Selbstrechtfertigung verfielen (10,2f), erlangten sie nicht ihre Rechtfertigung, ja ernteten zeitweilige Verhärtung[57] der vorhandenen Willenseinstellung. Hierher gehört sachlich auch die Rede vom »Dahingeben« Gottes nach 1,24.26.28. Weil sie »allezeit dem Heiligen Geist widerstreben« (Apg 7,51), überließ Gott sie einem Ungeist. **Wie geschrieben ist: »Gott gab ihnen einen Geist der Betäubung** oder nach Jes 29,10 des Tiefschlafs, **Augen des Nicht-Sehens und Ohren des Nicht-Hörens[58], bis zum heutigen Tag« (5Mo 29,3).** Gott kann, um eine flache Bekehrung zu verhindern, in einer bestimmten Phase

Am 4,11 5,15 Obd 17 Mi 2,12 4,6f; 5,6f 7,18 Zef 2,9 3,12f Sach 13,7ff 1Mo 45,7

[56] Sonst müssten gewiss auch viele ihrer Frauen hinzugezählt werden.

[57] Das griech. *pôrôsis* kommt von *pôros,* Tuffstein, bezogen auf innere Abstumpfung von Juden (11,25; 2Kor 3,14) und Heiden (Eph 4,18). Sinngleich ist das Wort *sklärotäs,* Starrsinn, das Paulus 2,5; 9,18 verwendet.

[58] Die Verwendung solcher Stellen auch in Mt 13,10-17; Mk 4,10-12; Lk 8,9-10; Joh 9,39; 12,37-40; Apg 28,26-27 zeigt, dass die Urchristenheit dieser Wahrheit ihr volles Gewicht gelassen hat.

Umkehr blockieren. Er schenkt sich uns erst durch Gericht hindurch.

Ein zweites Schriftzeugnis greift das Nicht-sehen-Können auf und unterstreicht das Thema mit ungeheurer Wucht: **Und David sagt: »Es werde ihr Tisch zur Schlinge und zum Fangnetz und zum Anstoß und ihnen zur Vergeltung. Verfinstert seien ihre Augen, nicht sehen zu können, und ihre Rücken beuge allezeit« (Ps 69,23-24).** Das Wort »Tisch« verwendet Paulus in 1Kor 10,21 für den Altartisch in heidnischen Kulten. Dies Gerät umkreisten die heidnischen Priester in liturgischer Begehung in ungezählten Verbeugungen (vgl. 1Kön 18,26). So heißt es hier am Ende, jetzt sinnbildlich bezogen auf den jüdischen Gesetzesdienst: Mögen sich seine Anhänger ihm nur eifrig hingeben, sich also in ihrer Religiosität verfestigen und festfahren!

Um bei der Auslegung solcher Aussagen nicht ins Schleudern zu geraten, rufe man sich noch einmal die hoffnungsvollen Verse 4-6 ins Gedächtnis. Es war nicht die Meinung des Paulus, dass dies göttliche Gerichtshandeln Bekehrungen von Juden überhaupt unmöglich mache. Verhärtung ist nicht Verstoßung, sondern immer noch eine offene Situation (s. zu 9,26 am Ende). In Kap. 2 hält Paulus seinen unbußfertigen Brüdern den »Reichtum der Güte« (V. 5) vor, der sie in Fülle machtvoll umgibt (V. 4).

b) Der göttliche Heilszweck im Blick auf den verhärteten Teil Israels (11,11-16)

11 Ich sage also (fragend): Sind sie etwa angeprallt, um zu fallen? Ausgeschlossen! Sondern durch ihre Verfehlung (wurde sogar) die Rettung den Heiden (zuteil), mit dem Ziel, (auch) sie selbst (zum Nacheifern) zu reizen!
12 Wenn aber ihre Verfehlung Reichtum der Welt und ihr Versagen Reichtum der Heiden, wie viel mehr ihre Erfüllung!
13 Euch Heiden aber sage ich: Gerade insofern ich Apostel der Heiden bin, preise ich meinen Dienst,
14 ob ich vielleicht mein Fleisch (zum Nacheifern) reizen werde und einige von ihnen retten werde.
15 Wenn nämlich ihre Verwerfung Versöhnung der Welt, was die Annahme, wenn nicht Leben aus den Toten!
16 Wenn aber die Erstlingsgabe heilig (ist), (ist es) auch der Teig, und wenn die Wurzel heilig (ist), (sind es) auch die Zweige.

Ein erstes Hoffnungszeichen stellte der bekehrte Volksteil Israels dar (11,1-6). Aber damit nicht genug. Gott nimmt ebenfalls das

Nein der Verhärteten in sein zielstrebiges Walten hinein, so dass dies Volk, ob bekehrt oder unbekehrt, bleibend eine heilsgeschichtliche Rolle spielt. Damit die Auslegung aber nicht über das Ziel hinausschießt, beachte man, dass dieser Abschnitt von dem Wörtchen »wenn« regiert wird (V. 12.15.16).[59] Es geht demnach nur um bedingte Mitteilungen: vorausgesetzt das und das, gilt das und das, ohne Erörterung, ob bzw. wann und wie sich die Bedingung erfüllt. Zweitens handelt es sich in V. 12 und 15 um Nominalsätze, nur von Hauptwörtern bestimmt, während Verben fehlen. Die Übersetzung verzichtete darauf, das Fehlende zu ergänzen, stattdessen wurden die Sätze mit einem Ausrufezeichen versehen. Dem Wortlaut nach beschreibt Paulus eben nicht Handlung, kündigt keine Vorgänge an, sondern betrachtet staunend Sachverhalte in ihrem Verhältnis zueinander. Er besaß zwar die Gabe der Prophetie, hielt sie aber unter Kontrolle (1Kor 14,32). Wo sie endete, spekulierte er nicht weiter. Wohl konnte er dann weiter beten. Nach 10,1 ist gerade dies Kapitel unter Gebet geschrieben. Er ergibt sich mit seinen Wünschen und Hoffnungen völlig in Gottes Willen.

Die Frage von V. 1 bohrt weiter. Wie steht es also mit dem verhär- 11
teten Teil Israels, über den Paulus in den Versen 7-10 so bedrückend sprechen musste und die mit dem Wort »allezeit« endeten? Verwerfung also als Dauerzustand? **Ich sage also (fragend): Sind sie etwa angeprallt** (vgl. 9,32f)**, um zu fallen?** »Fallen« ist hier wie 14,4 Bildwort für Verdammung im Endgericht, im Gegensatz zu »Stehen«[a]. Aber solch »Fallen« Israels ist nimmermehr Gottes Absicht: **Ausgeschlossen,** sonst würde ja auch sein Wort »hinfallen« (9,6). Er überließ sein gestraucheltes Volk nicht dem freien Fall, **sondern** behielt es als sein Werkzeug in der Hand. Er handelt durch diese Verhärteten, aber Erwählten, ja durch diese Feinde, aber Geliebten (V. 28) weiter segnend! Wie soll man das verstehen? Bereits 9,23 bezeugte Paulus sehr allgemein, dass Gott an Verworfenen seine Herrlichkeit kundtun kann. Jetzt aber wird's praktisch.

[a] Röm 11,20; 14,4 1Kor 10,12 Jak 5,12

Das Nein Israels stiftete einen großen Segen: **Durch ihre Verfehlung (wurde) die Rettung den Heiden (zuteil).** Im Bild: Das Wasser eines gestauten Stromes fließt über in ein anderes Flussbett und bewässert dadurch andere Landstriche. Oder nach Mk 7,28: Die Brosamen, die vom Tisch der Kindlein fallen, kommen den Hündlein unter dem Tisch zugute. Dieser Übergang des Evangeliums zu den Heiden, nachdem es zunächst nur Israel gegolten hatte (Apg 11,19), dort aber abgeblockt wurde, war immer wieder praktische

[59] Im klassischen Griech. »bezeichnet *ean* (wenn) mit Konjunktiv das Erwartete, das auf eine eventuelle Verwirklichung hindeutet«, auch »das sich unbestimmt häufig Wiederholende«. Es ist in diesem Sinn auch im NT »voll im Gebrauch« (BDR § 373,1; § 371,4).

[b] Apg 13,45-47 18,6 19,8-10 28,24-28

Erfahrung der christlichen Missionare im ersten Jahrhundert[b] und leuchtete ihnen schließlich in seiner Regelmäßigkeit als höheres Walten ein. Jüdisches Versagen brachte den Heiden Rettung. Das aber nicht nur als historisches Anfangsereignis vor neunzehnhundert Jahren, sondern heute noch fasslich z.B. durch jedes Exemplar eines AT in unserer Hand. Wenn wir es mit sehenden Augen sähen, würde es uns aufs Höchste verwundern, dass diese Sammlung jüdischer Schriften unter uns ist. Die Literatur anderer Völker aus dem Altertum findet sich nur noch in den Fachbibliotheken der Gelehrten, aber diese jüdische Bibel segnet uns im Alltag, erhält die Christlichkeit unserer Gemeinden. In ihr ist uns die heilsgeschichtliche Rolle auch des verhärteten Israel alle Tage gegenwärtig. Bezüglich ihres Inhalts schreibt K. Haacker zu Recht: »Wir kennen den lebendigen, wahren Gott nur durch die Erfahrungen, die Menschen aus dem Volk Israel mit ihm gemacht haben … Die Gotteserkenntnis in Israel ist die Grundlage auch unserer Gotteserkenntnis. Eben darum sind die heiligen Schriften Israels zur Bibel der Kirche geworden, nur ergänzt – nicht ersetzt! – durch das NT. Der Gott, an den wir Christen glauben, kann als ›der Gott Israels‹ von den heidnischen Göttern unterschieden werden, auch von den Gottesvorstellungen der Philosophie.«[60]

Aber das ist nur die eine Seite. Heidenmission erschöpft sich nicht in der Gewinnung von Heiden. Zwar benutzte Gott zunächst den Ungehorsam Israels, das Evangelium in die Völkerwelt zu lenken, tat das aber **mit dem Ziel, (auch) sie selbst,** die Juden, **(zum Nacheifern) zu reizen.**[61] Dies Motiv des Reizens, das Paulus nach 10,19 dem Gesang des Mose in 5Mo 32,21 entnommen hat und das er hier und in V. 14 wiederholt, wurde für ihn wegweisend. Er nimmt dies Reizen positiv, als werbendes Locken zum Nacheifern: Schmeckt und seht, wie freundlich, wie begehrenswert der Herr ist (Ps 34,9)! Auch in diesem Locken verwirklicht sich 10,21 das Händeausstrecken Gottes nach seinem Volk »den ganzen Tag«. Gewiss reizt die Rettung der Heiden die Juden auch zu Ärger und Wut. Beispiel ist Jona, als er Gottes Barmherzigkeit für das heidnische Ninive erlebte: »Das aber verdross Jona sehr und er ward zornig« (Jona 4,1). Ähnlich erboste sich der ältere Bruder im Gleichnis gegen seinen Vater, als der sich des verlorenen Bruders erbarmte (Lk 15,28). Doch beide Bibelabschnitte enden mit einem gewaltigen Bemühen, den Erzürnten zu gewinnen und in das Miterbarmen und in den Empfang der Barmherzigkeit Gottes für sich selber hineinzuziehen.

60 Biblisches Wörterbuch, Wuppertal 1982, S. 204

61 Schon Jesus erwartete, dass die Bekehrung völlig gottentfremdeter Menschen das ablehnende offizielle Israel locken würde, hinterherzukommen (Mt 21,32f).

Bezeichnend jedoch, wie das geschah. Dem Jona hielt Gott nicht etwa den erfreulichen Stand der Frömmigkeit der Niniviten vor, wie auch der Vater in Lk 15 den älteren Sohn überhaupt nicht mit der neuen Bravheit des Heimkehrers hereinlockte. So hob Paulus gegenüber seinen Stammesgenossen auch nicht die sittlichen Vorzüge der heidenchristlichen Gemeinden hervor. Vielmehr rühmte er die Gnade, die für Gottlose eintritt (5,6).[62] Von daher versuchte er seine Brüder aus ihrer tief sitzenden Resignation herauszuführen (7,24; Mt 11,28), die wohl mehr als alles andere Bekehrungen verhindert: Wenn Gott solche Leute annahm, darf auch das ungetreue Israel hoffen. In diesem Sinne erkannte Paulus eine wunderbare Wechselwirkung zwischen Heidenmission und Israelmission, »damit ihr einmütig mit einem Munde Gott lobt, den Vater unseres Herrn Jesus Christus« (15,6). Diese Hoffnung beweist auch, dass Paulus, wenn er von der Verhärtung seines Volkes durch Gott spricht, nicht der Lehre von einer mechanistischen Vorherbestimmung huldigt. Israel ist nicht in eine unabänderliche Erstarrung versetzt, sondern wird von einem Reichtum der Güte, Geduld und Langmut Gottes umspielt, auf den es antworten kann.

Die folgenden Verse vermitteln einen Begriff von diesem Wer- **12**
ben. Paulus lässt erkennen, wie er vor seinen jüdischen Brüdern die Gnade groß machen würde. **Wenn aber ihre Verfehlung Reichtum der Welt und ihr Versagen Reichtum der Heiden …** Zunächst greift er noch einmal den Ausdruck »Verfehlung« aus V. 11 auf, bewertet ihn jetzt aber in einem Nachsatz als sein Versagen.[63] Durch seinen Abfall vom Messias beschädigte es seinen messianischen Charakter, was nach V. 15 durch seine »Verwerfung« quittiert wurde. Trotzdem leitete Gott aus diesem Zusammenbruch den geistlichen Reichtum[c] der Heiden ab. Daraus ergibt sich: Bewirkt Gott schon durch das Israel, das versagt hat, einen solchen Reichtum, dann wird er sich über einem Israel, dass zu seinem wahren Sein zurückfindet, bestimmt nicht arm zeigen. Man muss das Gegenteil folgern: wie viel mehr[64] ihre, nämlich Israels, Erfüllung! Ein »erfüll-

[c] Röm 9,23 11,33 2Kor 8,9 Eph 2,4

62 Wenn im folgenden Vers zweimal vom »Reichtum« der heidenchristlichen Gemeinden die Rede ist, steht 10,12 im Hintergrund: »Der *Herr* ist reich für alle, die ihn anrufen.« Der Blick staunt also nicht zu attraktiven Gemeinden empor.

63 Zahn betont S. 506, dass das Wort *hättäma* nicht den Vorgang einer Niederlage bezeichnet, sondern den durch sie herbeigeführten Zustand. Aufschlussreich ist die zweite Stelle der Bibel, in der es vorkommt. Paulus hatte es kurz zuvor 1Kor 6,7 verwendet. Dort warnt er die Korinther: Wenn sie mit einem Bruderstreit vor ein weltliches Gericht zögen, würden sie ihren Charakter als Gemeinde Jesu einbüßen (»es wäre für euch ein *hättäma*«, also eine Niederlage, ein Verlust an geistlicher Substanz).

64 Eine ähnliche Denkweise (»um wie viel mehr«) fand sich schon 5,9.10.15.17; 8,32, dann auch hier wieder V. 24. Eine Lawine, einmal ins Rollen gekommen, wird immer größer.

tes Israel« ist in diesem Zusammenhang selbstverständlich nicht ein zahlenmäßig aufgefülltes Israel, bekommt doch das an sich sehr vieldeutige Wort »Fülle« hier sein klares Profil durch sein Gegenüber, eben als Gegenteil von »Versagen«. Paulus schaut ein Israel, das in der Fülle seiner messianischen Sendung steht. Als solches ist es in einem weit höheren Maß Segensträger für die Welt als in seiner Verhärtung.

13-14 Der letzte Satz war nicht vollständig ausformuliert. So wurde nicht recht fasslich, woran der Apostel dachte. In den folgenden Versen bekommen es seine Leser im Klartext: **Euch Heiden aber sage ich: Gerade insofern ich Apostel der Heiden bin, preise ich meinen Dienst (auch im Blick auf Israel), ob ich vielleicht mein Fleisch (zum Nacheifern) reizen werde.** Bei diesem auf Israel gerichteten Reizen handelt es sich also nicht um ein Geschehen vom Himmel her, sondern um Vorgänge innerhalb des geschichtlichen Missionsprozesses. Die Ankündigung in 5Mo 32,21: »Ich will sie reizen«, verwirklicht Gott durch Menschen, hier vornehmlich durch den Apostel der Heiden Paulus. Er wünscht also nicht missverstanden zu werden: Die Heidenchristen, die hier bis V. 32 angeredet werden, mögen seine glühende Hingabe an das Werk unter ihnen nicht judenfeindlich vereinnahmen. Er versteht sein Wirken unter ihnen zugleich als gewaltiges Locken Gottes[65] gegenüber seinem eigenen Volk. Dabei trug dies Wirken die Merkmale echter christlicher Mission: Sie steht grundsätzlich unter dem **ob vielleicht[66] einige[d] von ihnen gerettet werden[67]**. Gerettet wird, wer glaubt – Person um Person. Kein übermächtiges Kollektivereignis wird vorausgesagt.

[d] 1Kor 9,22 Apg 14,4 17,4.32.34 28,24

15 Nach dieser Klarstellung wiederholt Paulus den Lobpreis der Gnade von V. 12, verwendet aber diesmal Ausdrücke, die weniger die Erscheinungen an Israel selbst hervorheben als vielmehr das dahinter stehende Handeln Gottes. **Wenn nämlich ihre Verwerfung Versöhnung der Welt, was die Annahme, wenn nicht Leben aus den Toten?** Gott hat ihr selbst verschuldetes Versagen (V. 12) mit Verwerfung belegt, verwendete dies Volk aber trotzdem als Ins-

[65] Zu den erstaunlichen Wirkungen des göttlichen Lockens in der neueren Zeit gehört schon die gründliche Erforschung des NT und die Aufhebung der Verdammungsurteile über Jesus und Paulus in jüdischen Kreisen. (C.H. Ratschow, RGG³, S. 660; dazu Sh. Ben Chorin, Jesus im Judentum, Wuppertal 1970).

[66] Diese Wendung (*ei pôs*) zeigt, dass Paulus hier nicht im Rahmen einer Prophetie, sondern eines Gebetswunsches spricht. Darin bestärkt der Gebrauch der Wendung auch in 1,10, wo die Beugung unter den Willen Gottes, wie sie zu jedem echten Gebet gehört, ausdrücklich erwähnt wird.

[67] Dass er »etliche« seiner Stammesbrüder retten wollte (hier V. 14 und 1Kor 9,20), war über die Absichtserklärung hinaus auch Bericht aus seiner Praxis. Die Apg illustriert seine Erfolge (13,43; 14,1; 16,1; 17,4.11; 18,4; vgl. 19,10.17).

trument des Segens. Der Völkerwelt wurde dadurch der Teppich der Versöhnung unter die Füße geschoben. Hier ist 2Kor 5,18-21 nachzulesen. Im Rahmen der Verkündigung unter allen Völkern, auch unter Israel, rechnete Paulus damit, wie in V. 14 gerade gesagt, dass auch Glieder des verworfenen Teils Israels »gerettet werden«. Den Vorgang hat 10,9-13 ausführlich geschildert. Dort steht auch außer jedem Zweifel, dass der Herr, reich an Erbarmen, Juden, die ihn anrufen, unterschiedslos annimmt. Diese Annahme[68] gipfelt jedes Mal im Freudenruf von Lk 15,24: »Dieser mein Sohn war tot[69] und ist wieder lebendig geworden!« Dem Angenommenen ist neues Leben gewiss[70]. Darum: **Was die Annahme, wenn nicht Leben aus den Toten!** Schon im Glauben Abrahams offenbarte sich der Lebendigmacher, und nach 4,17-18 hat auch der christliche Glaube hier seine Wurzeln. Nach 8,2 erfährt die Gemeinde den »Geist des Lebens« von Hes 37. In dieser Schau war die Urchristenheit zu Hause. »Leben aus den Toten« war für sie Gegenwart[e], nicht äußerster Rand der Heilsgeschichte.[71]

[e] Röm 6,4-11.13 8,10 Eph 2,1.5; 5,14 Kol 2,13 3,3 1Joh 3,14 Joh 5,24f

16 Zwei Bilder nennen eine zusätzliche Voraussetzung für die Zuversicht des Paulus in Bezug auf bisher verhärtete Juden. Das erste Bild erinnert an die Vorschrift der Teigabgabe nach 4Mo 15,18-20. **Wenn aber die Erstlingsgabe heilig (ist), (ist es) auch der Teig.** Von einem zur Brotbereitung hergerichteten Teig musste die Hausfrau erst eine kleine vorgeschriebene Menge in das Haus des Priesters senden.[72] Damit galt die ganze Masse als gottgeweiht und gottgefällig und war zum Gebrauch freigegeben. So bewirkt der kleine treue Rest in Israel, dass nicht das ganze Volk »wie Sodom und Gomorra geworden« ist (9,29), sondern weiter Gott gehört und somit heilig ist. Das andere Bild bezieht nicht einen kleinen Teil auf die große Masse, sondern den Ursprung des Volkes auf seine Entfaltung in seinen Gliedern. **Und wenn die Wurzel heilig (ist), (sind es) auch die Zweige.** Die Qualität der Zweige eines Baumes ist von der Wurzel bestimmt (zur Deutung der Wurzel s. zu V. 17). Zum

68 »Annahme« als Ausdruck für eine endgeschichtliche Volksannahme ist nirgendwo belegt. Das Substantiv *proslämpsis* findet sich nur hier in der Bibel. Das Verb *proslambanesthai* erscheint wiederholt in den Psalmen, wo einzelne Beter engste Gemeinschaft mit Gott geschenkt bekamen (Ps 18(17),17; 27(26),10; 65(64),5; 73(72),24; Psalmnummern in Klammern beziehen sich auf die Zählung in LXX).

69 Die Bezeichnung der Sünder als geistlich Tote war im Judentum wohl bekannt (Bill I, S. 489).

70 In diesem »wenn nicht« (*ei mä*) liegt keine Steigerung von der »Versöhnung der Welt« zum »Leben aus den Toten«. Versöhnung lässt sich nicht steigern, sondern enthält schon Gerechtigkeit und Leben.

71 Über die allgemeine Auferstehung der Toten bei der Vollendung spricht das NT überaus häufig, aber immer sprachlich anders als hier, nämlich unter Verwendung der Vokabeln *anastasis, exanastasis, anhistämi, exanhistämi, stämi, egeirô.*

72 Ausführlich Bill IV, S. 665ff

Heiligkeitsbegriff an dieser Stelle: In 1Kor 7,13-16 kann Paulus gegen seinen gewöhnlichen Sprachgebrauch einen nicht gläubigen und noch nicht geretteten Menschen als »heilig« bezeichnen, »wenn es ihm gefällt, bei ihr (der gläubigen Ehefrau) zu wohnen«. Dadurch lebt er nämlich real im Heiligkeitsbereich. Es gibt also eine Heiligkeit aus zweiter Hand. Sie stellt gewiss nicht das Ziel der Wege Gottes dar, aber ist verheißungsvoll. Dies Verständnis von »heilig« trifft sicher auch den Sinn in unserm Vers.

c) Die Art und Weise, wie Rettung geschieht – auch und zuerst für die Juden (11,17-24)

17 Wenn aber einige Zweige ausgebrochen wurden, du aber (als Zweig) vom wilden Ölbaum wurdest eingepfropft unter sie und bist Mitteilhaber (an) der Wurzel der Fettigkeit des Ölbaums geworden,
18 rühme dich nicht (triumphierend) herab(blickend) gegenüber den Zweigen! Wenn du dich aber rühmst, (so bedenke): Nicht du trägst die Wurzel, sondern die Wurzel trägt dich.
19 Du wirst folglich sagen: Ausgebrochen wurden Zweige, damit ich eingepfropft würde.
20 Schön! Aufgrund von Unglauben wurden sie ausgebrochen. Du aber stehst aufgrund des Glaubens. Denke nicht Hohes, sondern fürchte (Gott)!
21 Wenn nämlich Gott die naturgemäßen Zweige nicht schonte, wird er dich auch nicht schonen.
22 Sieh also Güte und Strenge Gottes: Gegen die Gefallenen zwar Strenge, aber gegen dich Güte, wenn du in der Güte verharrst. Sonst wirst auch du ausgehauen.
23 Auch jene aber, wenn sie nicht verharren im Unglauben, werden eingepfropft werden. Kraft hat nämlich Gott, sie wieder einzupfropfen.
24 Wenn nämlich du aus dem von Natur wilden Ölbaum herausgehauen und gegen die Natur eingepfropft wurdest in den edlen Ölbaum, wie viel mehr werden diese von Natur (edlen Zweige) in den eigenen Ölbaum eingepfropft werden!

Jetzt macht Paulus seine Sicht der Dinge im groß ausgeführten Bild vom Ölbaum fasslich. Es strahlt noch auf den folgenden Abschnitt aus, so dass wir hier vor einem Kernstück von Röm 11 stehen. Dabei deckt sich der Lehrgehalt des Bildes dreifach mit 1,16. Erstens kehrt hier in V. 23 die Bezeugung der »Kraft Gottes« wieder: »Gott hat die Kraft!« (*dynamis – dynatos*). Zweitens ist bei der

Rettung wieder der Glaube Dreh- und Angelpunkt (V. 20.23), und zwar in ungeheurer Dringlichkeit für jeden, ob Jude oder Heide. Schließlich besteht Paulus hier deutlich auf dem »zuerst für den Juden« von dort, indem er in V. 24 die jüdischen Privilegien bewusst macht: »um wie viel mehr die Juden!«

Der Zusammenhang von Wurzel und Zweigen nach V. 16b be- 17
schäftigt weiter, aber in anderer Weise. Die Zweige bilden jetzt nicht mehr ein unterschiedsloses Kollektiv, sondern können voneinander abstechen. Von **einigen Zweigen** im Unterschied zu anderen ist die Rede. Es sind die ungläubigen Israeliten (V. 20), die durch einen Gerichtsakt aus dem edlen Ölbaum **ausgebrochen wurden**. Andererseits wurdest **du**, der Heidenchrist, als Wildling **eingepfropft unter sie,** eben unter die stehen gebliebenen christusgläubigen Juden.

Gewiss kennt Paulus das Bild vom Ölbaum in Jer 11,16, lehnt sich dort aber kaum an. Dort erscheint Israel als einst fruchtbarer Ölbaum, dem im Feuersturm des Gerichts sämtliche Zweige verbrannten, hier dagegen wurden nicht einmal die ausgebrochenen Zweige verbrannt (V. 24). Außerdem ist Israel hier nicht mit dem Baum als solchem verglichen, sondern mit seiner Bezweigung. Was sich zwischen Wurzel und Zweigen befindet, Stamm und Äste, wird nicht bedacht. Die Wurzel ist in Übereinstimmung mit jüdischen Schriften Bild für Abraham.[73] Paulus hat ihm nicht umsonst das gesamte Kap. 4 gewidmet, wenn dort auch nicht als der Wurzel, sondern in ähnlich grundlegender Bedeutung als der Stammvater. In Übereinstimmung mit dem AT arbeitete Paulus für Abraham eine Art Vatertum heraus, bei dem leibliche Fortpflanzung zurücktritt. Entscheidend wichtig ist sein Glaube. Durch ihn wurde er weit mehr als nur Ahnherr des jüdischen Volkes, nämlich »Vater vieler Völker« (4,17). In seinem Glaubensakt wurzelt die ganze Heilsgeschichte. Das ist auch hier der leitende Gesichtspunkt. Allein im Glauben ist man, ob Jude oder Heide, **Mitteilhaber (an) der Wurzel der Fettigkeit,** nur Glaubende **trägt die Wurzel** (V. 17f).

Der sechsmal erwähnte Vorgang des Einpfropfens hat mit der uns gewohnten Veredelungspraxis nichts zu tun, empfängt dieser Baum doch nicht ein edles Reis, das ihn verbessern könnte. Auch ist nicht an die im Altertum gelegentlich geübte Einpfropfung von Wildreisern zu denken, um alternde Ölbäume aufzufrischen, denn diese Wurzel verdankt dem Wildling nichts, sondern umgekehrt dieser alles der Wurzel. So sprengt Paulus bewusst das natürliche

73 »Auserwählte Wurzel« bezeichnet ihn Henoch 93,8; vgl. Testament des Judas 24,5. – Karl Barth erklärt dagegen die Synagoge, also das gesetzestreue Judentum, zur »Wurzel der Kirche«, das die Kirche nun bleibend trage (KD IV,3, S. 1007).

Bild; nicht umsonst hebt er V. 24 das **»gegen die Natur«** hervor. Gott handelt hier nicht nach dem Muster eines Gärtners, sondern als Neuschöpfer. So kommt es auch zur Wiedereinpfropfung herausgehackter Zweige, die doch normalerweise längst verbrannt sind.

18 An den Tatbestand, dass ein »Wildling« jetzt im vollen »Saft« der Heilsoffenbarung leben darf, knüpft Paulus eine an sich unnötige Mahnung an, unbegreiflicherweise dennoch nötig: **Rühme dich nicht (triumphierend) herab(blickend)**[74] **gegenüber den Zweigen!** Ein dreifaches Unding: a) Im begnadigten Heiden flackert das Ich-Fieber auf. Er entwickelt für sich ein Vorrangbewusstsein, mausert sich unter der Hand zum Edelreis; b) er empfindet für den Juden, der doch um der Väter willen ein Geliebter sein müsste (V. 28b), gehässige Schadenfreude; c) er vergisst ganz und gar das Stehen vor Gott (V. 20). Er steht Kopf, er muss die Füße wieder auf den Boden bekommen. **Wenn du dich aber rühmst, (bedenke): Nicht du trägst die Wurzel, sondern die Wurzel trägt dich.** Das letzte **du** ist mit erhobener Stimme gesprochen: Wie unpassend ist solch ein Verhalten für einen wie gerade dich! Zur Deutung der **Wurzel** s. zu V. 17.

19-20 Jetzt verteidigt der getadelte »christliche« Judenfeind sein Verhalten mit einer Theorie, die er angeblich vom Handeln Gottes abgelesen hat. **Du wirst folglich sagen: Ausgebrochen wurden Zweige, damit ich eingepfropft würde.** So spricht die »Enterbungstheorie«: Israel habe seine Erwählung verwirkt. Es trete somit in die Reihe der anderen Völker zurück, um der christlichen Kirche als seiner Rechtsnachfolgerin Platz zu machen. Die lobende Antwort: **Schön!** hat den spitzen Unterton: Es ist nicht alles völlig falsch, was du sagst. Sachlich richtig ist das Fallen des Juden und Stehen des Heidenchristen beobachtet. Falsch ist die Sicht, wonach hier ein planmäßiger Mechanismus abläuft, abgehoben vom Hereinwirken Gottes. Gott verplant keinen einzigen Menschen von vornherein und für alle Ewigkeit, vielmehr **aufgrund von Unglauben wurden sie ausgebrochen.** Genauso empfindsam reagiert er aber auch auf die leiseste Regung im Winkel des eigenen Herzens. **Du aber stehst aufgrund des Glaubens.** Darum: **Denke nicht Hohes,** hebe nicht ab vom Boden in die Höhen deiner menschlichen Theorien, **sondern fürchte** den lebendigen Gott! Wie in einem gewaltigen Crescendo heißt es im Folgenden immer: Gott (V. 21), Gott (V. 20a), Gott (V. 22b), Gott (V. 23)! In diese Wirklichkeit reißt Paulus uns hinein.

[74] Das einfache Wort für »sich rühmen« (so 2,17.23; 5,3.11; vgl. 3,27) ist hier verstärkt durch die Vorsilbe *kata,* herab (diese Form im NT noch Jak 2,13; 3,14).

Wir Heidenchristen sollten eine doppelte Lektion gelernt haben. 21
Einerseits gibt es vor Gott keine »natürliche« Anwartschaft auf die Hölle. Offenkundig Nicht-Erwählte können Erwählte werden (9,25f). Aber auch umgekehrt: Es gibt keine mechanische Anwartschaft auf das Heil. **Wenn Gott die naturgemäßen Zweige nicht schonte, wird er dich auch nicht schonen.** Erwählte können verworfen werden. Das NT enthält für die Glieder der christlichen Gemeinde Warnungen, die an die Wurzel gehen[a].

[a] Gal 6,7-10 1Kor 4,4.5 9,24-27 10,11f 2Kor 5,10 Phil 2,12 Offb 3,5.16

Paulus fasst zusammen. **Sieh also Güte und Strenge Gottes: Gegen die Gefallenen zwar Strenge, aber gegen dich Güte, wenn du in der Güte verharrst. Sonst wirst auch du ausgehauen.** In dieser Gottesverkündigung bilden schenkende Güte[b] und richterliche Strenge eine unzertrennliche Einheit. Zunächst zur Strenge: Tatsächlich ist Gott gefährlich (vgl. V. 20: Fürchte Gott!), und zwar gegen jedermann und allezeit. Rettung vor Gott liegt allein in der Flucht zu Gott (Martin Luther). Bleiben in der Rettung ist nur möglich, »wenn du in der Güte verharrst«[c] – eine besonders schöne Umschreibung für das »Stehen im Glauben« in V. 20. 22

[b] Röm 2,4 Eph 2,7 Tit 3,4

[c] Joh 15,4-16

Jetzt kann Paulus seine Hoffnung für Israel genauer aussprechen. **Auch jene aber, wenn sie nicht verharren im Unglauben, werden eingepfropft werden** in jenen guten Ölbaum. Dieses »wenn nicht« ist nicht zu überhören. Von 1,16 an bis Kap.10 hinein hat Paulus unmissverständlich gemacht: Rettung ist unlöslich mit dem Herrn Jesus Christus und darum mit dem vertrauensvollen Glauben an ihn verbunden. Hier gilt: »Kein anderes Evangelium!« (2Kor 11,4). Noch in 10,12 ließ er darin ausdrücklich keine Ausnahme gelten. Es gibt keinen zweiten Heilsweg. Juden werden nicht anders gerettet als Heiden. Nur so verwirklicht sich ihre »Annahme« (V. 15). **Kraft hat nämlich Gott, sie wieder einzupfropfen.** Schon zum Beginn der Heilsgeschichte leuchtete diese Schöpfermacht auf (4,17.21, vgl. 11,15 und 16,25). 23

Jetzt zieht Paulus von etwas viel Schwererem, das Gott aber bereits vermocht hat, einen Rückschluss auf die vergleichsweise »leichte« Wiedereinpfropfung von Juden in den Ölbaum. **Wenn nämlich du Heide aus dem von Natur wilden Ölbaum herausgehauen und gegen die Natur eingepfropft wurdest in den edlen Ölbaum, wie viel mehr werden diese von Natur (edlen Zweige) in den eigenen Ölbaum eingepfropft werden!** Zwar gibt es für den Allmächtigen keine schweren und leichten Fälle; alles vermag er mit Leichtigkeit. Um aber des Menschen Skepsis niederzuringen, lässt Paulus einmal auch für Gottes Allmacht unterschiedliche Grade von Schwierigkeit zu. So gesehen ist es doch über die Maßen erstaunlich, dass Gott sich aus Steinen, sprich aus dem Betonboden des Heidentums, Kinder erweckte (Mt 3,9; Eph 2,12). Um wie viel 24 mehr und erst recht kann er seine erwählten Israeliten, denen man außerdem Eifer um Gott und sein Gesetz bescheinigen muss (9,31; 10,2), wieder annehmen.

Rückblickend gilt es, den genauen Sinn des langen Satzes von V. 23-24 zu erfassen: Das zweimalige Futur »sie werden eingepfropft werden« hängt an der vorangestellten Zeile: **Wenn sie** unter der missionarischen Verkündigung **nicht verharren im Unglauben,** dann[75] wird Gott sie wieder einpfropfen. Aber werden sie es tun? Paulus hat dieses »wenn nicht« sehnlichst erfleht (10,1).

d) Das Geheimnis der Rettung für »ganz Israel« (11,25-32)

25 Nicht nämlich will ich, dass ihr unwissend seid, Brüder, in Bezug auf dies Geheimnis, damit ihr nicht in euch selbst klug seid: Verhärtung ist Israel teilweise geschehen, bis die Fülle der Heiden eingegangen ist,
26 und so wird ganz Israel gerettet werden, wie geschrieben ist (Jes 59,20; 27,9): »Es wird kommen vom Zion der Erretter, er wird abwenden die (Handlungen der) Unfrömmigkeit von Jakob.
27 Und das ist von mir her der Bund mit ihnen, wenn ich wegnehmen werde ihre Sünden.«
28 Nach dem Evangelium (sind die Juden) zwar Feinde um euertwillen, nach der Auswahl aber Geliebte um der Väter willen.
29 Denn unwiderrufbar sind die Gaben und die Berufung Gottes.
30 Wie nämlich ihr einstmals Gott ungehorsam geworden seid, jetzt aber Erbarmung erfuhrt durch deren Ungehorsam,
31 so sind sie jetzt ungehorsam geworden durch eure (Erfahrung der) Erbarmung, damit auch sie jetzt Erbarmung erführen.
32 Denn zusammengeschlossen hat Gott alle in den Ungehorsam, damit er sich aller erbarme.

[a] Röm 1,13 1Kor 10,1 12,1 2Kor 1,8 1Thess 4,13

Die Heidenchristen bleiben angeredet, aber das lebhafte Wechselgespräch von 11,1-24 verebbt. Nachdem die Grundlage für eine Lösung der Israelfrage gelegt ist und im Ölbaum-Gleichnis plastisch vor Augen steht, folgt eine lehrhafte Zusammenfassung.

25a Eine Redefigur, die sich bei Paulus noch fünfmal[a] findet, leitet ein: **Nicht nämlich will ich, dass ihr unwissend seid.** In diesem Fall versieht er sie aber mit einer ausdrücklichen Begründung: **damit ihr nicht in euch selbst klug seid.** Er verweilt also noch bei

[75] Das Futur ist demnach nicht als *futurum propheticum* zu nehmen, sondern als *futurum logicum*.

der eben geäußerten Gefahr (V. 18-22), seine heidenchristlichen Leser könnten überheblich auf das verstockte Israel herabblicken. Dort gab er die Macht Gottes zu bedenken (V. 23b), hier seine Weisheit (vgl. V. 33-35). Er spricht vom **Geheimnis.**

Die urchristlichen Missionare wussten sich als Verwalter einer Mehrzahl von Geheimnissen[b]. Dabei lassen sich die zwanzig Vorkommen in den Paulusbriefen gruppieren in solche Stellen, die sich auf einzelne Punkte[c] des göttlichen Plans beziehen, und andere, die sein Zentrum zum Inhalt haben. Dann heißt es in Einzahl »Geheimnis Gottes, Geheimnis seines Willens, Geheimnis des Christus, des Evangeliums, des Glaubens« oder keiner Beifügung bedürftig, allein mit hinweisendem Fürwort versehen wie hier, **»dies Geheimnis«**[d]. Diesem Schlüsselgeheimnis galt der eigentliche Lebensdienst des Paulus, nämlich der Verkündigung des gekreuzigten Christus als Gottes allgenugsame Weisheit (1Kor 1,30). Es handelt sich nicht um einen Punkt neben anderen Punkten der Heilslehre, sondern bildet deren Mittelpunkt, auf den alles hingeordnet ist und der alle anderen Geheimnisse entschlüsselt (2Kor 1,20). Diesem Herzstück seiner Theologie widerstanden freilich die Judaisten mit solcher Wucht, dass er immer wieder um Fürbitte nachsuchte, damit er dies »Geheimnis des Evangeliums« nicht irgendwelchen Einschüchterungsversuchen zum Opfer brächte.[e]

[b] 1Kor 4,1 13,2; 14,2 Mt 13,11 Lk 8,10

[c] 1Kor 15,51 Eph 5,32 2Thess 2,7

[d] Röm 16,25 1Kor 2,1.7.8 Eph 1,9 3,3.4.9 6,19 Kol 1,26.27 2,2; 4,3 1Tim 3,9

[e] Röm 15,30 Eph 6,19 Kol 4,3 2Thess 3,1

Wenn Paulus, wie wir lasen, es für außerordentlich wichtig hielt, seinen römischen Leser diese Christuswissenschaft mitzuteilen, wird ihm das für die anderen Gemeinden nicht weniger am Herzen gelegen haben. Das Anliegen müsste sich auch in anderen seiner Briefe niederschlagen. Die Erwartung bestätigt sich. Der Römerbrief steht nicht isoliert da. Schon in den beiden ersten Kapiteln des 1Kor geht es genau wie hier um die »Klugen«, die befangen sind von der »Weisheit dieser Welt« und verblendet für die »Weisheit Gottes im Geheimnis« (dort 2,7; vgl. 1,17.18; 2,1-5.6-9). Als deren zentraler Inhalt erscheint »Christus als Gottes Kraft und Weisheit« (1,24). Es geht wie auch hier um ein Heilsgeheimnis, denn wieder regiert die Vokabel »retten«. Wie hier sticht an dieser Rettung das Universale hervor, für »Juden sowohl als auch Heiden« (1,22.23. 24). Im später geschriebenen Eph erwägt Paulus noch einmal dies Heil, nun ganz ausführlich, ausgereift und unmissverständlich und wieder unter dem Stichwort »Geheimnis«. Gleich im ersten Kapitel tritt es uns entgegen: Es besteht darin, dass in Christus alles zusammengefasst wird – »wir« Juden und »ihr« Heiden (1,9-14). Kap. 2 folgt der große Abschnitt über den Fall der »Mauer« zwischen Juden und Heiden, Kap.3 dann die Passage mit dreimal »Geheimnis«, jetzt eindeutig inhaltlich bestimmt: »Durch Offenbarung ist mir das **Geheimnis** kundgemacht worden, … ihr könnt meine Einsicht in das **Geheimnis** Christi erkennen, ...: *nämlich dass die Heiden Miterben (Israels) sind und zu einem Leib gehören und Mitgenossen der Verheißung (mit Israel) in Christus sind durch das Evangelium* ... Ich sollte ans Licht bringen, was die Verwaltung des **Geheimnisses** sei« (Eph 3,3-9). Schließlich wurde »Geheimnis« auch im Kol Schlüsselbegriff. Der »herrliche Reichtum des Geheimnisses« besteht dort nach 1,26f im »Christus in euch (Heiden)«, so dass glaubende Juden und Heiden im umfassenden Leib Christi eine versöhnte Gemeinschaft bilden. Dies Geheimnis, für das Paulus eine ganz besondere Zuständigkeit und auch Verantwortung besaß, war den Römern, die außerhalb seines Wirkungskreises Christen geworden waren, noch nicht in dieser Klarheit gesagt worden. Es gehörte zur »geistlichen Gabe« und »zum Segen Christi«, mit dem er auch nach Rom kommen wollte (1,11; 15,29).

Wir stehen hier an einem wichtigen Punkt der Auslegung des Römerbriefs, der bei den Auslegern immer wieder höchstes Interesse gefunden hat. Man kann die verschiedenen Auslegungen etwa so zusammenfassen:

25b Es folgt der Geheimnissatz selbst, gipfelnd in V. 26a. Er bezieht sich zunächst auf die beiden Grundvorgänge der Jetztzeit, die schon damals für jedermann offen zutage lagen: a) die Ablehnung des Evangeliums seitens maßgeblicher Teile der Synagoge und b) die Entstehung christlicher Gemeinden unter den Völkern. Beides hatte der Apostel in 9,30-33; 10,1-3.16-21; 11,7-24 schon zu Genüge behandelt. Weil er aber sah, dass seine Leser in Rom mit diesen Fakten falsch umgingen und sich versündigten (V. 8-22.25a), deckte er ihnen den göttlichen Sinn dieser Vorgänge auf. Eben darin kommt auch der Geheimnischarakter zum Tragen. Die beiden Vorgänge verlaufen gegen allen Anschein nicht gegeneinander, nicht einmal beziehungslos nebeneinander: **Verhärtung ist Israel teilweise geschehen, bis die Fülle der Heiden eingegangen ist.** Das »bis« zeigt an;

a) dass dies göttliche Verhärten anhält, *solange die Mission durch die Völker läuft, ja damit sie läuft*. Durch dieses Verhärten widerfährt ja auf der anderen Seite den Heiden das Heil, wie Paulus V. 11 erklärt hatte;

b) zugleich gilt umgekehrt: Die Völkermission hält an um Israels willen *bis ans Ende dieser Zeit, und zwar als Treuezeichen für Israel und Ansporn zur Rettung von Juden*, wie Paulus V. 13-14 den Heiden ausdrücklich versicherte (vgl. 10,19; 11,11). So geht »jetzt in dieser Zeit«[76] der Strom der Gnade hinüber und herüber. Keine Barmher-

[76] Dieses »jetzt« von V. 5 wird bis zum Schluss des Kapitels festgehalten: noch drei Mal V. 30.31, ohne zwichendurch eine Bezugnahme auf die Wiederkunft Christi.

zigkeit für die Heiden ohne Israel, keine Barmherzigkeit für Israel ohne die Heiden, »damit er sich aller erbarme« (V. 32).

»Verhärtung« bedeutet demnach für die Juden nicht, in eine unabänderliche Erstarrung versetzt zu sein, bis der Herr wiederkommt. Vielmehr: Weil sie »Geliebte sind um der Väter willen« (V. 28), streckt Gott den ganzen Heilstag seine Hände nach ihnen aus, um sie durch den Glauben an ihren Messias zu retten (V. 14.23-24). Bei der »Fülle der Heiden« mag man an eine festgesetzte Zahl von Bekehrten denken[77], aber auch der Hinweis auf die »Erfüllung (Verbform von *pläroô*) des Evangeliums« nach 15,19 ist angebracht: Eines Tages, den Gott setzen wird, wird es gültig vollstreckt sein. Die Verkündigung des Evangeliums hat nicht nur ihr Muss (Mk 13,10), sondern auch ihr Maß.

Jetzt legt Paulus das ganze »Geheimnis« frei. Unter der darge- 26a
stellten göttlichen Doppelstrategie geschieht ein Drittes. Dieses begann schon damals und ist noch heute im Gange. Aber erst mit dem Ende der Missions- und Gnadenzeit wird es vollendet sein. Darum wechselt Paulus jetzt in die Form der Zukunft: **und so wird ganz Israel gerettet werden**. Ein typischer Ergebnissatz! Mit **und so**[78] knüpft er an die soeben beschriebene Verfahrensweise Gottes an. Gott wird also im Rahmen der Weltmission zum verheißenen Ergebnis führen: **»Ganz Israel wird gerettet werden«**.

Man nennt diese Auslegung auch die inklusive Auslegung. Andere Ausleger (s. Exkurs S. 238) sehen den Vorgang der Rettung von ganz Israels nicht innerhalb der laufenden Missionsgeschichte. Für sie setzt sie erst nach deren Schluss ein, bei der Wiederkunft Christi (die sog. exklusive Auslegung). Oft übersetzen sie darum das kleine Wörtchen »so« *gegen* den lexikalischen Befund[79] mit »dann«. Ein

[77] Dieses »eingehen« steht im Zusammenhang mit den Einlassprüchen Jesu, in denen er die Bedingungen für den Eintritt in das Königtum Gottes nennt, z.B. in Mt 5,20; 7,21; 18,3; 19,23; Mk 10,15.23f; Lk 9,61; 18,17; Joh 3,5; vgl. 1Kor 6,9f; 15,50; Gal 5,21; Offb 21,27; 2,14.

[78] Dieses »und so« (*kai houtôs)* ist grundlegend für das Verständnis dieses Abschnitts. Bringt es den bisherigen Gedanken zum Abschluss oder eröffnet es einen neuen Gedanken? Im zweiten Fall wäre der Sinn: »Und so wird ganz Israel gerettet, wie es geschrieben steht …« V. 26b wäre also auf die Wiederkunft Jesu gedeutet. Die Funktion von »und so« an dieser Stelle kann man letztlich nicht beschwören, aber J. Jeremias hat das zweite Verständnis schon durch sprachliche Erhebungen unwahrscheinlich gemacht (Sprachliche Beobachtungen, S. 198.207f).

[79] Das griech. *houtôs* ist ein modales, nicht temporales Adverb. Trotzdem wird es an dieser Stelle häufig temporal wiedergegeben: »dann schließlich« (Lietzmann), »alsdann« (Zahn), »dann« (Michel), »so/dann schließlich« (H.W. Schmidt), »sodann« (Käsemann). »Aber diese temporale Bedeutung ist nicht belegt und fehlt mit Recht in den Lexika von W. Bauer und Liddell-Scott« (J. Jeremias, Sprachliche Beobachtungen, S. 198). Die gleichen Übersetzer haben mit *houtôs* fünf Verse später (V. 31) keine Schwierigkeit. Hier aber setzen sie stillschweigend *kai tote* voraus. Die Folgen dieser Textänderung sind erheblich. Man stelle sich z.B. für das *houtôs* in Joh 3,16 die Wiedergabe vor: »*Dann erst* hat Gott die Welt geliebt«. So käme heraus, Gott habe die Welt vor Christus noch nicht geliebt und sich erst später dazu entschlossen.

»und dann« an dieser Stelle lenkt natürlich den Blick auf ein nachfolgendes Ereignis und unterstützt jene Auslegung aufs Beste.

Über die logische Verbindung der Satzteile hinaus sind aber auch die tragenden Begriffe zu erfassen. Was Paulus unter »Rettung«[f] und **»gerettet werden«**[g] versteht, hat er in 1,16 seinem ganzen Brief vorangestellt und gerade noch 10,8-13 in besonderer Ausführlichkeit erläutert: Rettung geschieht im Glauben aufgrund der apostolischen Predigt. Die beiden genannten Stellen betonen, dass darin für Juden und Heiden kein Unterschied besteht.

[f] Röm 5,9.10 8,24 10,9.13 11,14
[g] Röm 1,16 10,1.10

Doch was ist **ganz Israel**? Im AT gehört die Wendung zum geläufigen Begriffsschatz, ohne sonderliche Feierlichkeit.[80] Dem gegenüber sticht hier der markante Gebrauch ab: nach zehnmaligem einfachen »Israel«[81] wird mit erhobener Stimme als Gegenstand eines Geheimnisses verkündet: »ganz Israel«. Man lasse das förmliche Aufstrahlen des Ausdrucks auf sich wirken. Doch weiter: Durch das beigefügte »ganz« oder »all«[82] steht dies Israel in Verbindung mit V. 32. Auch dort triumphiert dies »alle«. Dort zieht Paulus nach Darstellung der getrennten Wege von Juden und Heiden einen Strich und bündelt das Gesagte: *Alle* wurden von Gott in ihrer Schuld ertappt, um für *alle* Erbarmen in Kraft zu setzen. Da ist nichts zu verkürzen. Israel allein wäre »zu wenig« hieß es schon Jes 49,6 (vgl. Apg 13,47).[83] Es soll nicht beim »Rest«, bei der »Auswahl«, bei der »Erstgabe« oder bei der »Wurzel«[h] bleiben. Alle diese Begriffe, wie sie Kap. 11 durchziehen, verlangen eine Auffüllung zum Ganzen, zum »ganz Israel«. Wie kommt es dazu? Auf dem Weg der »Einpfropfung«, »Einbürgerung«, »Einleibung«, des »Einbaus« oder des »Eingehens«[i] von Nichterwählten. Erst mit diesem Hinzukommen von Gliedern aus allen Völkern wird das Volk Gottes vollzählig, wie es Hebr 11,40 ansagt: »damit sie nicht ohne uns vollendet würden«. Dieses Israel, das nicht »ganz« ist ohne Einschluss der glaubenden Juden und nicht »ganz« ist ohne Einschluss der glaubenden Heiden, sollten die Römer als den ewigen Plan Gottes in Jesus Christus begreifen. Hier zeigt sich auch die Basis für

[h] Röm 11,7.16 9,27; 11,25
[i] Röm 11,17 Eph 2,19.21 3,6

80 Etwa 140 Stellen, *kein* feststehender Begriff, sondern recht lose für wechselnde Personenkreise verwendet: das eine Mal für die Gesamtbevölkerung von ganz Israel, das andere Mal nur für die im Südreich oder für alle Soldaten, für alle Bauern, für alle Festteilnehmer usw., aber immer für Israeliten.

81 Röm 9,6.27.31; 10,19.21; 11,2.7.25

82 Hier in V. 26 wie auch in V. 32 stehen im Griech. Formen von *pās*. Man könnte auch »All-Israel« übersetzen, um den Gleichklang hier und dort empfinden zu lassen.

83 Die Verheißung eines inklusiven Heils findet sich konzentriert im sog. »Heilsbüchlein« Jes 60-62. Leitwort ist dort »Völker«. Angezogen vom Licht, nicht im Eroberungszug, ziehen sie herbei in die Stadt der offenen Tür. Zusammen mit heimgekehrten Israeliten huldigen sie dem Gott Israels. Nach Jes 66,21 werden auch aus ihren Reihen Priester und Leviten genommen.

die leidenschaftlichen Mahnungen von Röm 14-15. Man beherzige das Schlusswort des Paulus zum Israel-Thema in Röm 15,7-12.

Aufmerksame Hörer des Römerbriefs damals und heute kann dieses inklusive (einschließende) Verständnis von Israel kaum überraschen. Schon im AT ist es breit angebahnt. Von Anfang an führte Gott Wege, die die Herausbildung eines exklusiven Selbstverständnisses in Israel massiv durchkreuzten.[84] Es zeigte sich, dass weder alle Abkömmlinge Abrahams als Israel zählten noch alle Israeliten Abkömmlinge Abrahams waren. Im NT werden die Früchte dieses Erziehungsweges geerntet. Da kann die Abrahamskindschaft bestimmten Juden abgesprochen und bestimmten Heiden zugesprochen werden.

Wenden wir uns dem zweiten zu: Gott kann Abraham aus Steinen Kinder erwecken (Mt 3,9) und tut es auch. »Ihr seid Abrahams Nachkommen und Gottes Kinder!« schreibt Paulus Heidenchristen in Galatien. Ab jetzt konnten alte Titel Israels in großer Selbstverständlichkeit auf örtliche Christengruppen angewandt werden, die scharenweise oder gar mehrheitlich Heiden einschlossen. Sie werden »Volk des Eigentums«, »königliche Priesterschaft«, »Tempel«, »Bund«, »Licht«, »Ekklesia«, »Herde«, »Braut« genannt. Sie gelten als die »Erwählten, Berufenen, Heiligen«. Es kam sogar zu aufreizenden Spitzenaussagen dieser Art. Heidenchristliche Gemeinden werden rundheraus als »Israel Gottes« angesprochen (Gal 6,16), Unbeschnittene heißen tatsächlich »die Beschneidung« (Phil 3,3), Abraham ist »Vater« von Nichtjuden, Sara ihre »Mutter« (Röm 4,16; Gal 4,26). Auf diesem breiten Unterbau einer inklusiven Verwendung von Israelbezeichnungen kann Paulus auch hier vom »Israel« sprechen, das nach der Verheißung der Propheten und durch den neuen Bund im Blut Jesu »ganz« geworden ist.

Wie alle wichtigen Lehrpunkte versieht er auch diesen mit einem 26b-27
Schriftbeleg. Er eröffnet ihn nach jüdischer Sitte mit der geläufigen Wendung[85]: **Wie geschrieben ist.** In freier Wiedergabe folgt Jes 59,20; 27,9: **»Es wird kommen vom Zion der Erretter, er wird abwenden die (Handlungen der) Unfrömmigkeit von Jakob. Und das ist von mir her der Bund mit ihnen, wenn ich wegnehmen werde ihre Sünden.«**

Eingedenk des Wortes aus 2Petr 1,20, »dass keine Weissagung in der Schrift eigener Auslegung untersteht«, bemühen wir uns um Einbindung in das apostolische Vorbild, wie es im NT niedergelegt ist. Dann erinnert das Stichwort »Zion« sogleich an 9,33: Dieses alte Symbol des Heils ist bereits erfüllt (s. dort). Der Christusfelsen ist

[84] Vgl. die Anm. zu 9,6a.
[85] Über 20-mal im NT, allein 10-mal im Röm.

gelegt, der messianische **Erretter**[86] ist da. Was zu Jesajas Zeiten noch heißen musste: Er **wird kommen**! ist inzwischen gnadenreiche Gegenwart: Er ist gekommen und kommt auch noch heute im Heiligen Geist **vom Zion**[87], von Golgatha her, diesem Ausgangspunkt aller Hilfe und Wiederherstellung. Er reinigt **Jakob,** eine Bezeichnung, die im AT häufig fürs Volksganze steht, parallel zu »Israel«. Er tut es, indem er ihn von aller **Unfrömmigkeit** erlöst und **ihre Sünden wegnimmt.** Im Opfertod Jesu verwirklicht sich der **Bund** in neuer Gestalt. Wir kennen solche Kernworte als die tragende Aussage in allen vier Abendmahlstexten des NT. In der Mitte des Mahls steht nicht ein noch zu erhoffender Bund, sondern die Erinnerung an den gewirkten »neuen Bund in meinem Blut zur Vergebung der Sünden«. Das war überhaupt der Zweck seines ersten Kommens. Es ist vollbracht! Und hierin geschieht nun nichts zweimal: »Er ist *einmal* am Ende der Zeiten geoffenbart worden, um die Sünden durch sein Opfer aufzuheben, ... beim *zweiten Mal wird er nicht der Sünde wegen erscheinen*« (Hebr 9,26-28).

Exkurs: »*Ganz Israel wird gerettet werden« (11,26)*

Die hier dargebotene (sog. inklusive) Auslegung weiß sich in Übereinstimmung mit namhaften Bibeltheologen wie Joachim Jeremias, Oskar Cullmann, Karl Barth und nicht zuletzt Luther und Calvin. Wie oben erwähnt, folgt die Mehrzahl der Bibelausleger dieser Deutung nicht, sondern vertritt die sog. exklusive Auslegung, wonach »ganz Israel« an dieser Stelle nicht die geretteten Heiden einschließt, sondern sich ausschließlich auf das jüdische Volk bezieht, Die wesentlichen Argumente dieser Auslegung sind Folgende:

1.) Paulus führt in V. 25-27 nicht die Gedanken von V. 1-24 zu Ende; er bricht den vorigen Gedankengang ab und deutet auf ein Geheimnis hin, das er als Geheimnis stehen lässt und nicht näher erklärt. In den Versen 1-24 hat er seine Erfahrungen im Missionsdienst unter Juden zusammengefasst und sie im Licht der Heilsgeschichte reflektiert. Er spricht von der Einstellung Israels dem Evangelium gegenüber »jetzt zu dieser Zeit« (11,5.31f). Mit den Worten »Nicht will ich, dass ihr unwissend seid« beginnt er in V. 25 eine prophetische Aussage im Blick auf die Zukunft Israels bei der Wiederkunft Christi. Darauf weist seine Formulierung »bis die volle Zahl der Heiden eingegangen ist«. Paulus fügt an den bisherigen Gedankengang hier eine eschatologische Aussage an. Das ist nichts Unge-

86 Bedingt durch das Zitat erscheint hier für »erretten« eine andere Vokabel als eben noch in V. 26a. Aber der Zusammenhang mit all den Stellen von Errettung von 1,16 an ist selbstverständlich.

87 Auch Hebr 12,21-24 ist der »Berg Zion« schon als Ort des Heil eröffnet. Das Kommen des Erretters, das Heil, der Bund und das Wegnehmen der Sünde werden schon gefeiert.

wöhnliches: Auch Röm 8,18ff hat Paulus in seine Aussagen über »die gegenwärtige Zeit« einen Ausblick in die Zukunft eingeblendet, nämlich das Offenbarwerden der Kinder Gottes und die Erlösung der Schöpfung. Ebenso stellt Paulus in V. 12 die Gegenwart der Zukunft gegenüber:

V. 12: Israels »Verschulden« (*hättäma*) wird in der jetzigen Zeit zum »Reichtum der Heiden« (*ploutos*) – in der Zukunft wird »wie viel mehr ihre (Israels) Fülle« (*plärôma* vgl. V. 25) ein noch größerer Reichtum sein.

V. 15: Der »Verwerfung« (*apobolä*) in Gestalt der »Verhärtung« (V. 7) tritt die »Annahme« (*proslämpsis*) Israels gegenüber, die wie »Leben aus den Toten« ausschließlich Gottes wunderbares Handeln sein wird. Es erscheint willkürlich, wollte man alle Begriffe auf die Mehrzahl der Israeliten beziehen, bei dem Wort »Annahme« aber eine Ausnahme machen und dieses Wort, das nur hier im NT vorkommt, in seiner Bedeutung auf »die Annahme einzelner Juden« beschränken.

V. 25: Die »Verhärtung« Israels gilt jetzt für einen Teil der Juden (*apo merous*) für eine von Gott begrenzte Zeit (*achri hou*), dann folgt die Rettung von »ganz (*pas*) Israel«.

Paulus hat offenbar die Gesamtheit des Volkes Israel in ihrer von Gott bestimmten Fülle im Blick.

2.) Die Formulierung »ganz Israel« in V. 26 »und so wird ganz Israel gerettet werden« finden wir nur hier im NT. Sie kann nicht aus der LXX abgeleitet werden, sondern ist das Äquivalent für das hebr. *kol-jisrael* im AT. »Ganz Israel« ist im AT der immer wiederkehrende Begriff für die Gesamtheit Israels in der jeweils lebenden Generation (Jos 3,17; 23,2; 24,1; 2Chr 30,1; Jer 9,25; Mal 3,22 u.a.), wobei oft das Volk Israel durch einzelne Gruppen, etwa die Ältesten, Familienoberhäupter, Richter u.a. repräsentiert wird. Immer steht die Gruppe für das Ganze (2Chr 29,24; Esr 6,16f; 8,35), ist Hinweis auf das Volk; aber nie geht das Ganze in der Gruppe auf. Es sei nicht anzunehmen, dass die atl. Bedeutung von »ganz Israel« in Röm 11,26 abgewandelt sei und in »inklusivem Sinn«, d.h. die bekehrten Juden, aufgefüllt durch die Zahl der bekehrten Heiden, verstanden werden müsse. »Ganz Israel« meint im AT die von Gott gewollte Körperschaft des erwählten Volkes Israel, und diese kollektive Bedeutung finden wir auch im NT, wenn Jesus zu seinen Jüngern sagt Mt 19,28: »Ihr werdet auf zwölf Thronen sitzen und die zwölf Stämme Israels richten« (vgl. Lk 22,30). In die gleiche Richtung weisen die Worte vom »Haus Israel« Mt 15,24 und Apg 2,36.

3.) Der Übergang von V. 25 u. V. 26 (*kai houtôs*) kann durchaus – wie im vorliegenden Kommentar – rückbezogen verstanden werden, so dass er den vorausgehenden Gedanken zum Abschluss bringt. Dies ist aber nicht zwingend. Es gibt auch die andere Möglichkeit, dass sich die Formulierung *kai houtôs* wie in Röm 15,20f auf den nachfolgenden Satzteil bezieht (ebenso Lk 24,24; Phil 3,17). Dann stellen diese beiden Worte den Bezug zu dem Schriftzitat her, so dass es heißen kann: »So (auf diesem Wege) wird ganz Israel gerettet, wie es geschrieben steht ...« Damit zöge V. 26 eine sachliche Folgerung aus V. 25. V. 25 spräche von der teilweisen »Verhärtung« Israels und der dafür von Gott gesetzten zeitlichen Begrenzung, wenn »die volle Zahl der Heiden« erreicht sein wird. V. 26 zeigt dann die Folge – ganz Israel wird errettet – und die Weise, wie Gott die »Verhärtung« aufheben wird: »Der Retter wird aus Zion kommen und die Gottlosigkeit von Jakob abwenden«.

Da die Worte des Apostels Paulus in V. 25 u. V. 26a auf die Zukunft gerichtet sind, muss auch das atl. Bibelzitat als Verheißung auf die Zukunft gedeutet werden. Christus wird bei seiner Wiederkunft aus der unsichtbaren Welt Gottes hervortreten und Israel von der Last seiner Schuld befreien. Es gibt eine Reihe atl. Verheißungen, die sich mit Jesu Kommen erfüllt haben, aber deren »Erfüllung im Vollsinn erst noch kommen muss« (vgl. Hab 2,3f mit Hebr 10,37; Jes 9,6 mit Lk 1,32f u. Offb 19,6; ebenso Ps 2 mit Apg 4,25ff und Offb 11,15). So erwartet Paulus unter Hinweis auf atl. Verheißungen, dass »ganz Israel« bei der Wiederkunft Jesu ihn als seinen Messias erkennen und anerkennen wird.

4.) Das Wort »Geheimnis« in V. 25 bezeichnet ein eschatologisches Geheimnis Gottes. Paulus wusste, dass Gottes Offenbarung viele Geheimnisse einschließt (1Kor 4,1). Sicher gehört es zum »Geheimnis des Evangeliums«, das Paulus anvertraut war und das er seinen Lesern aufschließt, dass Christus bis zu seiner Wiederkunft die »Glieder seines Leibes« aus Juden und Heiden sammelt. Aber von anderen Geheimnissen hat Paulus nur andeutungsweise gesprochen, ohne nähere Ausführungen darüber zu machen, so von der Verwandlung der Glaubenden bei der Wiederkunft Jesus (1Kor 15,51) und von dem »Geheimnis der Gesetzlosigkeit (2Thess 2,7). Jedesmal ist das Wort »Geheimnis« auf einen bestimmten eschatologischen Vorgang bezogen. Auch in Röm 11,25-27 deutet Paulus auf einen Vorgang, ohne ihn näher zu erklären: Bei der Wiederkunft Jesu wird »ganz Israel« gerettet. Wie Gott das machen wird, das bleibt Gottes Geheimnis. Paulus betont ausdrücklich: »Gott kann« (V. 23).

28-32 Das richtende und rettende Tun Gottes an Juden und Heiden in der Jetztzeit ist dargestellt, soll jetzt aber erkenntnismäßig aufgearbeitet werden. Dazu stellt Paulus am geschichtlichen Verlauf zwei Gegensätzlichkeiten heraus, um sie jedes Mal mit einem Denn-Satz aufzuklären (V. 29.32).

Die erste Gegensätzlichkeit: **Nach dem Evangelium,** d.h. hin- 28
sichtlich ihrer Einstellung zum Evangelium, sind die Juden **zwar Feinde**[88] um euertwillen, aber nach der Auswahl, d.h. auf Grund ihrer Erwählung, sind sie **Geliebte um der Väter willen.** Sie sind also schon jetzt, noch in ihrer Gegnerschaft und gerade in ihrer Gegnerschaft gottgeliebt. Dies wurde daran sichtbar, dass Gott durch sie die Heiden mit dem Evangelium segnete, und zwar aus Treue zu den Vätern, denen er verheißen hatte, durch ihre Nachkommen die Völker zu segnen. Dass Gott ihnen verhärtend entgegentreten musste, hatte seinen Grund also nicht allein in ihrer Schuld, sondern auch in ihrem Gesegnetsein. Zur Erklärung folgt:

Dahinter steht die Verlässlichkeit Gottes: **Denn unwiderrufbar** 29
sind die Gaben und die Berufung Gottes, nämlich dass Abraham ein »Vater vieler Völker« sein sollte (4,17). Das Wort zu Beginn des Satzes heißt wörtlich »unbereubar«, aber innerhalb juristischer Zusammenhänge wie hier sprechen wir nicht von Reue, sondern von Widerruf. Gott ist nie und nimmer vertragsbrüchig.[89]

Paulus formuliert jene Verzahnung der Geschicke von Juden und 30-31
Heiden mit ihren Gegensätzlichkeiten ein zweites Mal, aber jetzt aus einer anderen Sicht. In V. 29 stand Israel im Vordergrund, während die Heiden nur mit den Wörtern »um euretwillen!« auftauchten. Diesmal treten sie in den Vordergrund, um von ihnen aus zu Israel zu führen. **Wie nämlich ihr einstmals Gott ungehorsam geworden seid, jetzt aber Erbarmung erfuhrt durch deren Ungehorsam, so sind jetzt sie ungehorsam geworden durch eure (Erfahrung der) Erbarmung, damit auch sie jetzt Erbarmung erführen.** In gemeißelter Sprache bringt Paulus die Dinge, mit denen er kapitellang gerungen hat, auf einen Satz. Nichts wird hier auf die Wiederkunft Christi vertagt. Ein dreimaliges **»jetzt«** bindet alles Gesagte an die gegenwärtige Heilszeit, in der Paulus, die römische Gemeinde und wir uns befinden[j].

[j] Röm 3,21.26 2Kor 6,2

Wieder, wie schon V. 29, strahlt über allem ein Denn-Satz auf. Au- 32
ßer dem Nebeneinander von Juden und Heiden gibt es auch ihren Zusammenschluss. **Denn Gott hat zusammengeschlossen alle in den Ungehorsam, damit er sich aller**[90] erbarme. Man denke an ein großes Fischernetz (vgl. Pred 9,12), mit dem Gott Juden und Heiden

[88] Paulus denkt an bestimmte jüdische Kreise, die sich als erbitterte Gegner der missionarischen Kräfte in Jerusalem erwiesen, dann genauso dem Werk des Paulus selbst widerstanden (1Thess 2,14-16).

[89] Was die Geschehnisse um Israels *im Einzelnen* anbetrifft, bezeugt das AT dagegen an etwa 30 Stellen die Reue Gottes, jedoch immer im Rahmen des unwiderruflichen Bundes.

[90] »Alle« blickt hier nicht auf die Vielzahl einzelner Menschen, sondern hat den Sinn »beide«, nämlich die beiden Körperschaften, von denen gerade die Rede war, Juden und Heiden. Das gleiche »alle« findet sich in 3,9, dort auch erklärt mit »Juden und Griechen«, ähnlich das »alle« in 10,13 im Zusammenhang.

unentrinnbar **zusammengeschlossen** hat. Sachparallele ist Gal 3,22: Gott hat die Menschheit insgemein richterlich eingezingelt, indem er sie unwidersprechlich unter seinen Schuldspruch stellte. Keine Ausflucht führt mehr hinaus und keine Hilfe mehr herein. Es bleibt nichts als die Erfahrung des blanken Zorns. Allein Gnade vermag in diesen Bereich einzubrechen. Damit ist gesagt, worauf Gott hinauswollte: damit er sich aller erbarme. Weder der Triumph der Heidenchristen noch der Stolz der Juden bekommen Recht, sondern allein die Verherrlichung der Gnade unseres Herrn Jesus Christus.

e) Abschließender Lobpreis Gottes (11,33-36)

33 O Tiefe des Reichtums und der Weisheit und Erkenntnis Gottes! Wie unerforschlich seine Gerichtsentscheidungen und unaufspürbar seine Wege!
34 Denn, »wer hat den Sinn des Herrn erkannt? Oder wer ist sein Ratgeber gewesen?« (Jes 40,13).
35 Oder wer hat ihm zuvor gegeben, und er wird ihm zurückgeben?
36 Denn aus ihm und durch ihn und auf ihn hin (ist) alles. Ihm die Herrlichkeit in die Zeiten! Amen.

Weil die Behandlung der Israelfrage in Kap. 9-11 voll und ganz auf Kap. 1-8 basierte, bezieht sich der abschließende Lobpreis sicher auf den gesamten lehrhaften Briefteil Kap. 1-11. Die Darstellung dieser Kapitel, niedergeschrieben unter höchstem Einsatz geistiger Kräfte, ist jetzt dem Schreiber selbst zu mächtig. Er betet. Dabei bewegt er sich in der Gebetssprache, wie sie ähnlich die Beter in AT, Judentum und auch Griechentum pflegten. In der Anbetung Gottes erstirbt das Bemühen, sich selbst wortschöpferisch bemerkbar zu machen.

33 Die Anbetung beginnt ohne förmliche Anrede mit staunenden Ausrufen über Gottes Offenbarungen: welch **Reichtum** seiner Gaben (10,12), welche **Weisheit** seines Handelns (8,28), welche **Erkenntnis,** d.h. welch erwählendes Erkennen (8,29), in seiner überzeugenden Wahrhaftigkeit. Dazu: **O die Tiefe!** Vor ihr weiß sich der Mensch in seine Schranken gewiesen[a]: **Wie unerforschlich seine Gerichtsentscheidungen und unaufspürbar seine Wege!** Gott befriedigt zwar vollauf unsern Glauben, er offenbart sich als der, der durch und durch Licht ist, ohne den Schatten einer Trübung, aber er befriedigt nicht unsere Theorien, auch nicht unsere Glaubenstheorien. Wir haben eine letzte Undeutbarkeit seines richtenden und rettenden Handelns auszuhalten. Der offenbare Gott ist gleichzeitig der verborgene. Wie das zusammenstimmt, mag ein Vergleich zei-

[a] 1Kor 2,10 Eph 3,18

gen: Es gibt Bergseen, denen man trotz ihres kristallklaren Wassers nicht bis auf den Grund sehen kann, eben wegen ihrer Tiefe.

Drei Fragen unterstreichen die Unergründbarkeit Gottes. **Denn** 34-35
(nach Jes 40,13), **»wer hat den Sinn des Herrn erkannt«?** Uns ist zwar aufgetragen, die Kette der Taten Gottes zu bezeugen. Aber wir übernehmen uns schon, wenn wir alle Sinnzusammenhänge zwischen den einzelnen Kettengliedern herstellen wollen und zu wissen vorgeben. **»Oder wer ist sein Ratgeber gewesen?«** Ein irdischer Herrscher kann seine Augen nicht überall haben. Darum benötigt er den Austausch mit einem Beraterstab. Dessen Hinweise fließen in seine Entscheidungen ein. Gott aber hat seine Augen und seinen Geist überall (Ps 33,18; Offb 1,4; 4,5.6.8). **Oder wer hat ihm zuvor gegeben, und er wird ihm zurückgeben?** Gott ist in seinem Walten durch keine Vorgaben gebunden. Er muss sich bei niemand revanchieren. Er lässt sich nichts abhandeln. Die drei Fragen rufen den Menschen, auch den Propheten, auch den Ausleger zu einer letzten Ehrfurcht. Wer sich der ganzen Schrift stellt, erlebt immer wieder, wie sie zu verhindern weiß, ihr Zeugnis mit unseren theologischen Entwürfen stimmig zu machen.

Zweieinhalb Verse benötigte dieser Beter, angesichts der Weisheit Gottes seine eigenen Begrenzungen anzunehmen. Unser Denken, Erkennen und prophetisches Reden ist eben »Stückwerk«, ist »kindisch«, ist Erblicken nur »rätselhafter Umrisse« (1Kor 13,9-13). Dennoch täuscht der Eindruck, Paulus resigniere hier am Ende doch noch vor einer heilsgeschichtlichen Bemühung. Er nimmt die Gültigkeit seiner in Kap. 9-11 erteilten Antwort nicht zurück. Ihm ist es nach wie vor nicht gleichgültig, »dass ihr unwissend seid« (V. 25a). Aber darin ist er Vorbild, dass Theologie durch Gebet und Anbetung hindurchmuss, damit sie auch zur Anbetung führt und nicht zu streitbarer Rechthaberei.

Unter Staunen über diese Tiefen wird Paulus gewiss, dass Gott 36
der Geschichte vollkommen mächtig ist. Keine Gegenregierung und keine Nebenregierung wird sich behaupten. »Einer ist über allen« (Eph 4,6). **Denn aus ihm und durch ihn und auf ihn hin (ist) alles.**[91] Nach diesem »aus«, »durch« und »auf hin« besteht die Welt weder aus einem großartigen Stillstand, noch dreht sie sich im endlosen Kreislauf, sondern gleicht einer zielgerichteten Bewegung von ungeheurer innerer Dynamik. Der Beter spricht diesem Herrn zu, was ihm rechtens zusteht: **Ihm die Herrlichkeit,** d.h. die Endverherrlichung[b], **in die Zeiten! Amen.**

[b] Röm 8,17.21.30 2Kor 2,18 Eph 1,18 Phil 1,9-11 2,11 Kol 1,27 3,4 2Thess 1,9

[91] In diese und ähnliche Umschreibungen der Allmacht Gottes (1Kor 8,6; Eph 4,6; Kol 1,16; Hebr 2,10; Offb 4,11) nisten sich gern Sonderlehren ein (Pantheismus, Fatalismus, Allbeseligungslehre). Doch diese Allmacht ergoss sich wohlgemerkt vollständig in Christus hinein. Es gibt bei ihm daneben keine Geheimnistuerei. In 2Kor 5,18 folgt einem ähnlichen Satz eine Kernstelle des Evangeliums.

Der mahnende Briefteil (12,1-15,13)

Schon Kap. 6 brachte den Nachweis, dass Glaubensgerechtigkeit und Lebensgerechtigkeit zuinnerst miteinander verschränkt sind. Doch grundsätzliche Erörterungen genügen nicht. Darum geht der Apostel im letzten und längsten Briefteil zu einer Kette von praktischen Ermahnungen über: So soll, kann und darf die irdische Alltäglichkeit der Glaubenden aussehen. Zahlreiche ntl. Briefe gliedern sich ähnlich in einen lehrhaften und einen mahnenden Teil[1], hier insgesamt überschrieben mit: »Ich ermahne euch.« Grundsinn des griech. Wortes *parakaleô* ist »zurufen«, dann auch verwendet für »auffordern, ermahnen«. Im NT tritt ein zusätzlicher Ton hinzu, den das Wort als Übersetzungswort im AT gewonnen hatte: trösten[2]. Von daher zeichnet es sich durch seinen freundlichen und herzlichen Klang aus. Es genügt, Jes 40,1f zu lesen, um die Atmosphäre zu spüren, in die uns dies tröstende Mahnen schlagartig versetzt. Die Ermahnten befinden sich voll und ganz im Schallraum des Heils. Hier nach V. 7f gehört Ermahnung zu den Gaben der Gnade. Mahnen und Empfang von Mahnung sind Grundvorgänge gesunden Christseins. Durch sie vermittelt Gott seine unverzichtbaren Steuerimpulse, so dass die Gemeinde sich nur gratulieren kann, dass es sie in ihren Reihen gibt.

1. Aufruf zum Lebensgottesdienst (12,1-13,14)

Ein Teil der Christen in Rom stand schon länger im Glauben als Paulus selbst. Sie waren in Verfolgungen erprobt und reich an geistlicher Erkenntnis und tätiger Liebe. Wenn er jetzt ein ganzes Sortiment von Weisungen vor ihnen ausbreitet, spricht das nicht gegen seine Wertschätzung dieser Gemeinde. Man muss hier nicht hinter jedem Vers akute Notstände in Rom vermuten.[3] Ermahnung ist eben nicht nur für Schwerenöter, nicht nur für Unwissende, Neulinge, Straffällige, nicht nur fürs Grobe (vgl. die Einführung oben zum ganzen Briefteil).

1 Solche Ermahnungsteile bezeichnet die Bibelauslegung in Anlehnung an die antike Rhetorik als Paränese, von *paraineô*, ermahnen. Anstelle dieser Vokabel steht bei Paulus allerdings *parakaleô*, so dass man auch von Paraklese spricht. »Ich ermahne« als Überschrift für einen ganzen Briefteil findet sich ebenfalls Eph 4,1, ähnlich 1Thess 4,1, abgesehen von zahlreichen Einzelermahnungen.

2 Die LXX verwendete nämlich *parakaleô* für das hebr. *nacham* (nif. und pi.), sich Trauernder und Leidender erbarmen, ihre Schmerzen lindern, sie trösten und aufbauen.

3 Etwas anders verhält es sich bei dem zweiten großen Abschnitt 14,1-15,13.

a) Vorwort: Erfahrene Barmherzigkeit wird Mahnung (12,1-2)

1 **Ich ermahne euch folglich, Brüder, durch die Barmherzigkeit Gottes, darzubringen eure Leiber zu einem Opfer, lebendig, heilig, wohlgefällig für Gott, als euren »vernünftigen Gottesdienst«.**

2 **Und werdet nicht konform mit dieser Weltzeit, sondern gestaltet euch um durch die Erneuerung eurer Gesinnung, damit ihr prüft, was der Wille Gottes ist, der gute und wohlgefällige und vollkommene.**

Nach der Einführung in den ganzen Briefteil sei hier nur noch darauf verwiesen, dass diesem Vorwort der Paränese am Schluss in 13,11-14 ein Nachwort von gleichem Gewicht gegenübersteht (s. Einführung dort).

Paulus stellt seine gesamte apostolische Mahnung in den Bereich 1a
»des Vaters der Barmherzigkeit« (2Kor 1,4). **Ich ermahne euch folglich, Brüder, durch die Barmherzigkeit Gottes.** Eigentlich ermahnt gar nicht er selber.[4] Das wäre ihm zu schwächlich, ja zu gewagt.[5] Die Barmherzigkeit Gottes[6] dagegen ist eine Vollmacht und Großmacht ohnegleichen, kaum erfahrbar, ohne anders zu werden, ohne dass sie in uns »Wollen und Vollbringen bewirkt« (Phil 2,13). Wenn wir uns nicht selber die Augen zuhalten, werden wir durch den Anblick seines Christus »verwandelt von Herrlichkeit zu Herrlichkeit« (2Kor 3,18). Freilich kommt dies Verwandeltwerden nicht wie unter Betäubung über uns, sondern durchläuft Mahnung, gehorsames Hinhören, freies Entscheiden, entschlossenes Wollen und energisches Tun. Was Paulus hier mit »Barmherzigkeit« der Sache nach vor Augen steht, verrät das vorangestellte »folglich«. Es knüpft an 11,30-32 an, denn dort hatte er gerade das ganze rettende Tun Gottes unter dem Stichwort »Barmherzigkeit, sich erbarmen« zusammengefasst[7]. Es umgreift, was Paulus elf Kapitel lang nahe zu bringen sich gemüht hat. Damit schwingt jetzt die Ermahnung

[4] Vgl. auch sein Ermahnen »durch die Gnade«, »durch unsern Herrn Jesus Christus«, »durch den Namen unseres Herrn Jesus Christus«, »durch die Sanftmut und Güte Christi«, »im Herrn Jesus Christus« (V. 3; 15,30; 1Kor 1,10; 2Kor 10,1; 1Thess 4,1; 2Thess 3,12).

[5] So 15,18: »Ich werde es nicht wagen, auch nur etwas zu reden, was nicht Christus durch mich gewirkt hat.«

[6] Das Wort (*oiktirmos*) ist an dieser Stelle trotz seiner Mehrzahlform als Einzahl zu übersetzen, weil Paulus sich offensichtlich an AT-Sprache anlehnt. Dort erscheint »Barmherzigkeit« über 30-mal in dieser Weise (*rachamim*). Der Plural stellt die genannte Sinnesart in ihrer Fülle und Umfänglichkeit vor Augen.

[7] Viermal! Dort allerdings anders als hier *eleeô*, von *eleos*. Wie parallel oder sinngleich Paulus jedoch beide Vokabeln empfindet, zeigt etwa 9,15 (in Übereinstimmung mit dem AT). Darum können auch beide Ausdrücke mit »Barmherzigkeit« übersetzt werden.

im Kraftfeld der Christusbotschaft. Zwar fehlt der Name »Christus« in diesen zwei Kapiteln (bis auf 12,5), aber der Vollklang »Herr Jesus Christus« im letzten Vers (13,14) zeigt, was immer gegenwärtig war.

Wie mag nun das Leben derer aussehen, die von einer Viertelstunde zur anderen durch diesen Inbegriff der Barmherzigkeit Gottes und sonst nichts gehalten werden?

1b Ganzheit göttlichen Erbarmens ruft nach unserer Ganzheit. Das findet hier einmaligen Ausdruck: **Ich ermahne euch, darzubringen[8] eure Leiber zu einem Opfer.** Ohne Frage wird hier bildlich gesprochen, und zwar im Gedanken an Tempelgottesdienste, bei denen auf dem Altar »Leiber« lagen (Hebr. 13,11). Sofort aber macht Paulus die Grenzen dieses Bildes bewusst. Es geht jetzt nicht um Tierleiber, sondern um »eure Leiber«, und es geht nicht um Leichname, sondern um **lebendige** Opfer.

Die bildliche Rede vom Opfer gerade des Leibes fällt auf.[9] Im Hintergrund steht sicher der Opferleib Christi, zu dem sich das NT häufig und mit großem Gewicht bekennt[a]. Sein Opfer in diesseitiger, sichtbarer, öffentlicher Leiblichkeit und unsere Opfer gehören zusammen. Aber wie? Paulus fordert, wenn man die Fortsetzung in V. 2 und im ganzen Kapitel beachtet, nicht zum Martyrium auf. Wenn er trotzdem zur Hingabe des Leibes mahnt, setzt er einen besonderen Akzent. Bliebe es bei dem allgemeinen Ruf von 6,11: »Lebt für Gott!«, könnte die Hingabe leicht einseitig nach innen schlagen und dadurch eine rein innerliche, gedankliche, religiöse, mystische Gestalt annehmen – ohne ernsthafte Bedeutung für die Praxis. Es ist aber so, als ob Paulus seine Leser herausfordernd anschaut: »Habt ihr angesichts der Barmherzigkeit Gottes im Opfer Christi dazu noch Lust? Zieht doch die Konsequenzen und setzt eure gesamte Geschöpflichkeit seiner Barmherzigkeit aus!« »Leib« unterscheidet sich vom einzelnen Glied als das Umfassende. Der nur abgezirkelte, auf *eine* Stunde, auf *einen* Raum, auf *eine* Gefühlslage begrenzte Gottesdienst ist es darum nicht, was Paulus vorschwebt. Im NT werden einzelne Zusammenkünfte der Christen nie »Gottesdienst« genannt, sind sie doch nur Teilstücke eines Gottesdienstes, der das ganze Leben umspannt.

[a] Röm 7,4 1Kor 12,24. 27.29 1Petr 2,24 Hebr 10,5.10 Mt 26,26 Mk 14,22 Lk 22,17

[8] Das Wort »darbringen, zur Verfügung stellen« (*parhistämi*) erscheint auch fünfmal in der wichtigen Parallele Kap. 6 (V. 13.16.19), dort allerdings im Rahmen des Sklaven- oder Kriegsdienstes, hier des Priesterdienstes.

[9] Was Christen sonst als »Opfer« darbringen: Gebete (Hebr 13,15; Offb 5,8; 8,3f), Absage an Bosheit (1Petr 2,5), Wandel in selbstverleugnender Liebe (Eph 5,1-2), Wohltätigkeit (Hebr 13,16), Unterstützungsgaben (Phil 4,18), Einsatz zur Verbreitung des Evangeliums (Röm 15,15-17), Martyrium (Phil 2,17; 2Tim 4,6).

Überflüssig zu sagen, dass der »Leib« hier nicht geringschätzig[10] als äußerliches Anhängsel angesehen wird. Sonst käme ja die unsinnige Aufforderung heraus: Gebt Gott das Nebensächliche, das Eigentliche könnt ihr behalten! Die wesentliche Rolle des Leiblichen wird uns bewusst, wenn wir uns vorstellen, wir hätten keinen Leib. Ohne ihn könnten wir nicht essen, nichts sagen, hören, sehen, fühlen. Ohne die Nervenzellen unseres Gehirns könnten wir nicht denken, lesen, verstehen, glauben. Wir könnten nicht lieben, nicht Gutes tun, wie uns auch nicht Gutes getan werden könnte. Wir könnten schließlich auch nicht auferstehen. Es gibt kein leibloses Menschsein. Darum darf man zuspitzen: Wir *haben* nicht einen Leib, sondern wir *sind* Leib. Dieses Leibsein, sprich Menschsein, ist hier eingefordert. Gott hatte es uns verliehen, doch es wurde Bereich der Sünde und des Todes[b]. Aber durch Christus erkauft, soll dieser Leib wieder uneingeschränkt Segensbereich des Heiligen Geistes werden, so dass an ihm Christus hochgepriesen wird[c].

[b] Röm 6,6.12 7,24 8,10.11.23

[c] 1Kor 6,13.19f Phil 1,20

Hier ist ein Einwand möglich: Wenn es um ein **heiliges, Gott wohlgefälliges Opfer** geht, darf man ihm dann das streckenweise so unbedeutende und glanzlose Leibesleben unsortiert anbieten? Muss man nicht wenigstens das Kostbare heraussuchen? Doch was ist an unsern sterblichen, verweslichen Leibern (8,11), behaftet mit Schwäche, Irrtum und Schuld, schon kostbar? Tatsächlich sind sie nie kostbar an sich, aber sie werden es dadurch, dass sie als Material für Gottes Allmacht in seine Hände gelangen. Darin besteht des Menschen Vollkommenheit, dass er sich in nichts seinem Gott vorenthält. So wird er auferstehen in Unverweslichkeit, Herrlichkeit und in Kraft (1Kor 15,42-44).

Das wäre **»vernünftiger Gottesdienst«!** Schon die Propheten des AT übten vernichtende Kritik an widersinnigen Gottesdiensten ihrer Zeit[d]. Paulus scheint hier gewisse Erscheinungen seiner Zeit zu treffen. Er könnte einen Lieblingsausdruck damaliger heidnischer Philosophen kritisch aufgenommen haben[11] – darum hier die Anführungszeichen. Gebildete Kreise jener Zeit wandten sich von den groben blutigen Opfern und der Fülle äußerer Zeremonien in den Tempeln ab und priesen einen rein gedanklichen Gottesdienst. Gott war für sie nämlich reiner Gedanke, höchste Vernunft. Darum galt ihnen auch der Gedanke als das Höchste, was Gott darzubringen war, während sie das Leibliche für verächtlich erklärten. In diesem

[d] Jes 1,11-15 Am 5,21-23

10 In der griechischen Philosophie galt der Leib als Strafgefängnis, in das wir Menschen wegen unseres Abfalls von Gott eingesperrt worden seien.

11 Dafür spricht, dass Paulus das griech. *logikos*, vernünftig, sonst nie verwendet (im NT nur noch 1Petr 2,5; in der LXX fehlt das Wort). Dagegen gehörte »vernünftiger Gottesdienst« zur philosophischen Schulsprache.

Sinne rühmten sie den »vernünftigen Gottesdienst«. Nun brüskiert Paulus diesen Modetrend. In einem deutlich erkennbaren Zusatz entwindet er den Philosophen diesen Ausdruck und füllt ihn neu: Wahrhaft »vernünftig« ist nur ein Gottesdienst, der folgerichtig und angemessen auf Gottes Barmherzigkeit in Jesus Christus antwortet. Damit ist er vom feinen Heidentum genauso weit entfernt wie vom groben Heidentum. Völlig ungriechisch mahnt er gerade zum Opfer des Leibes als von **eurem,** der Christusangehörigen, »vernünftigen Gottesdienst«. Man spürt, was er von einem gedanklich verdünnten Christentum, von Theologie nur als Denkerlebnis halten würde.

2 Bisher wurde geredet, als ob der Glaubende allein im Zweierverhältnis zu Gott lebt. Aber er lebt im Dreieck Ich – Gott – Welt. Unter diesem Gesichtspunkt kann der Ruf zum Gott wohlgefälligen Leben jetzt nur lauten: **Werdet nicht konform mit dieser Weltzeit.** Der einmal schön und gut geschaffene Kosmos ist nicht mehr unproblematisch Welt unter Gott. Ein »Gott dieser Weltzeit« vernebelt das Feld, verunklart die ursprüngliche Klarheit des Daseins (2Kor 4,4). Dadurch fehlt der Durchblick. Für den verblendeten Menschen verkürzt sich der Lebenssinn auf Befriedigung seiner Triebe (6,12; 7,8; 13,14). Da diese Geld kostet, steht Gewinnstreben ganz obenan, also gute Examen für eine einträgliche Stellung. Sie gilt es zu erkämpfen, anschließend zu sichern und zu verteidigen, gesteuert von Machtstreben und Ehrsucht. Gemeinschaft entpuppt sich dabei oft genug als im Kollektiv organisierter Egoismus. Aber im Grunde ist da kein Blick fürs Ganze, keine Verantwortung fürs Ganze, keine Sendung fürs Ganze, nur der dumpfe Ruf: Ich will doch glücklich sein! Doch von diesem Lebensschema[12] fühlt sich der Durchschnittsmensch so recht verstanden. Darum drängt er es treuherzig jedermann auf, auch dem Christen. Gegen diese Zumutung heißt es hier: Nicht konform werden!

Allerdings lebt dies Nicht-konform-Gehen nicht allein vom Neinsagen. Darum die Fortsetzung: **Gestaltet euch um,** lasst euch umgestalten[13] **durch die Erneuerung eurer Gesinnung.** Es geht um ein Tun in dem Sinn, dass man etwas an sich geschehen *lässt*. Oder umgekehrt: Es soll uns etwas widerfahren, was wir auch selber wollen. Neuschöpfung soll uns widerfahren. In dies im Gange befindliche große Neue (13,12) mögen wir laufend unsere Gesin-

12 Der Begriff »Schema« steckt in dem griech. Wort *syschämatizô,* hier recht wörtlich mit unserm Fremdwort »konform gehen« übersetzt. Sein Sinn: gleiche Form oder Gestalt annehmen, sich damit identifizieren und in ihrem Wesen aufgehen.

13 Beide Übersetzungen sind möglich und sinnvoll, aber hier wie schon V. 1 (»Werdet nicht konform!«) trägt die Aufforderung zur eigenen Bereitschaft und Mitwirkung den Ton.

nung[14] hineinhalten, um uns der Gestaltungskraft des Geistes Jesu im Gebet und im Gehorsam des Glaubens auszusetzen (2Kor 3,18). Neusein gibt es nicht auf Vorrat. Wir müssen laufend zur Vernunft gebracht und ins Neue eingewiesen werden: Tag für Tag, von Fall zu Fall[e].

Schließlich zeigt Paulus diese sich in ständiger Erneuerung befindliche Gesinnung in Aktion: **damit ihr prüft, was der Wille Gottes ist, der gute und wohlgefällige und vollkommene.** Den Willen Gottes tun ist im NT Inbegriff des Christseins[f]. An erster Stelle wird er »der gute« genannt, ein Stichwort, dass markante Stellen im AT aufnimmt und im Folgenden mehrmals den Maßstab des Handelns angibt[g]. Allerdings ist auch für den Christen »das Gute« nicht immer sofort erkennbar. Naives[15] Christsein stände in Gefahr, gleichgeschaltet zu werden. Oft sind die Verhältnisse undurchschaubar, oft kommt ihre formende Gewalt über einen, ehe man sich's versieht. Darum fordert und wünscht Paulus in seinen Briefen prüfendes Christsein[h]: »Prüft, was der Wille Gottes ist, der gute und wohlgefällige und vollkommene«. Das Gute ist oft erst herauszufinden, kritisch zu ermitteln, womöglich in gemeinschaftlicher Bemühung. Zum Nachlesen (nämlich in der Bibel) gehört auch das Nachdenken. »Verstehst du auch, was du liest?« (Apg 8,10). Unser Vers warnt vor dem »Schema dieser Welt«, bietet aber nicht stattdessen ein christliches Gegenschema an, sondern ein prüfendes, ständig lernwilliges Trachten nach dem Willen Gottes. »Lernt von mir!« (Mt 11,29)

[e] 1Kor 15,32 2Kor 4,16 Eph 4,23 Kol 3,10 Lk 9,23
[f] Mt 5,10 Mk 3,35 Lk 22,42 1Petr 4,2 1Joh 2,17 Hebr 13,21
[g] Jes 5,20 Hos 8,3 Am 5,14f Mi 3,2; 6,8 Röm 12,9.17.21 13,3.4
[h] Phil 1,9f Eph 5,10.17 Kol 1,9f 3,10 1Thess 5,21

b) Mahnungen für die Funktionsträger im Gemeindeleben (12,3-8)

3 **Ich sage nämlich durch die mir gegebene Gnade jedem, der unter euch (etwas) ist, dass er nicht über das hinaussinnen soll, was man sinnen muss, sondern darauf sinnen soll, besonnen zu sein, wie Gott einem jeden Einzelnen zugemessen hat das Maß des Glaubens.**
4 **Gleichwie wir nämlich in *einem* Leib viele Glieder haben, die Glieder aber nicht sämtlich dieselbe Funktion haben,**
5 **so sind wir, die Vielen, *ein* Leib in Christus, als Einzelne aber sind wir untereinander Glieder,**

[14] Der sehr häufige griech. Wortstamm *nous* meint ursprünglich und auch hier nicht die neutral betrachtende, sondern die *trachtende*, auf etwas gerichtete Vernunft, darum hier »Sinn, Gesinnung«, vgl. 1,28; 7,25; 14,5.

[15] Naiv wäre die Losung: »Nichts mitmachen!« (vgl. 1Kor 5,9f) und genauso naiv das Gegenteil: »Alles mitmachen!« (vgl. 1Kor 6,12; 10,23). Es ist um uns herum nicht alles schlecht, es ist nicht alles gut.

6 Inhaber aber von unterschiedlichen Charismen nach der uns gegebenen Gnade: Sei es Prophetie, (dann bitte) im (richtigen) Verhältnis zum Glauben (ausüben),
7 sei es Diakonie, (dann bitte) in Diakonie, sei es der Lehrende, (dann übe er es bitte aus) in der Lehre,
8 sei es der Ermahnende, (dann bitte) in der Ermahnung, der Anteil Gebende (gebe) in Einfalt, der Vorstehende (wirke) im Eifer, der Sicherbarmende (handle) in Fröhlichkeit.

Suche und tue in jeder Lage den Willen Gottes! Das war der Vorspruch nach 12,1-2. Das Ja zum Willen Gottes hat notgedrungen das Nein zu den Schemata dieser Weltzeit bei sich, d.h. es verwirklicht sich in ständiger Bereitschaft, sich zu verändern und anders zu sein. Mit diesem Ja und Nein geht Paulus jetzt in den christlichen Alltag. Gern leitet er mit einer Verneinung ein, um dann die Einweisung in den guten Willen Gottes folgen zu lassen (V. 3.11. 14.16.17.19.21).

Bezeichnend, dass er als erstes Beispiel den Gottesdienst vornimmt. Offenbar hat die Verweltlichung dort ihre besondere Einbruchsstelle. Nach 16,5.10.11 lebten die römischen Christen in mehreren über das Stadtgebiet zerstreuten Hausgemeinden, jede als eine Art Großfamilie, in der sich Frauen, Männer, Jung und Alt auf engstem Raum begegneten (s. zu 16,5). Damit waren persönliche Spannungen und sachliche Engpässe vorprogrammiert. Solch eine Gemeinde war bald »zerstört« (14,20), wenn ihre Glieder nicht beständig in der Erneuerung von 12,2 standen.

3 Als erstes und ernstestes Beispiel für Verweltlichung behandelt Paulus Grenzüberschreitungen bei den Funktionsträgern. **Ich sage nämlich durch die mir gegebene Gnade jedem, der unter euch (etwas) ist.** Diese Auslegung macht den Vorschlag, »sein« an dieser Stelle nicht ganz blass als Dazugehörigkeit zu verstehen, sondern als qualifiziertes Dabeisein[16]. Angesprochen sind dann diejenigen, die in der Hausgemeinde einen Aufgabenbereich gefunden und dafür auch eine Gabe unter Beweis gestellt haben. Die anschließende Aufzählung der Gabenträger bestätigt diese Sicht. Dem Mitarbeiter ist also gesagt, **dass er nicht über das hinaussinnen soll, was man sinnen muss.** Er dränge nicht über eine ihm gesetzte Grenze hinweg, er verletze nicht ein »man muss«.[17] Hier kommt das Ja zum Willen Gottes nach V. 2 ins Spiel. **Darauf soll er sinnen, besonnen**

16 In Gal 2,6 wird solch ein »sein« ausformuliert: »die das Ansehen haben, *etwas* zu sein«. Danach habe ich auch hier »etwas« ergänzt.

17 Dabei hat Paulus nicht das »man muss« des bürgerlichen Anstands im Sinn: Das und das tut man nicht, man drängt sich nicht hervor, man gibt nicht an!, obwohl auch das schon etwas ist (Phil 4,8-9).

zu sein, wie Gott einem jeden Einzelnen zugemessen hat das Maß des Glaubens. Die Rede vom Maß setzt für den Glauben unterschiedliche Bemessungen voraus, die wohlgemerkt einem jeden Einzelnen durch Gott selbst zugeteilt worden sind. Also ist hier nicht an den Heilsglauben zu denken, denn darin schafft Gott keine Unterschiede: »*ein* Herr, *ein* Glaube« (Eph 4,5). Auch Unterschiede in der Stärke der persönlichen Gläubigkeit sind hier nicht im Blick, denn Derartiges geht auf menschliche Trägheit oder Treue zurück. Der schwierige Ausdruck scheint vielmehr sinngleich mit »Maß der *Gaben*« oder »Maß der *Kraft*« verstanden zu sein (Eph 4,7.16; vgl. 1Kor 7,7; 1Petr 4,10). Vom Geber her sind es Gnadengaben, aber vom Empfänger her Glaubensgaben, allen Glaubenden zugedacht. Von daher können und sollen die Gemeindeglieder auch Verschiedenes verrichten. Auf diese nicht hinterfragbaren[a] Entscheidungen Gottes mögen sie sich besinnen. So wird ihr Verhalten besonnen[18] und auch maßvoll. Andernfalls verliert der »vernünftige Gottesdienst« von V. 1 seine Vernünftigkeit. Zweierlei Weisen der Verweltlichung wären hier nämlich denkbar. Der eine Gabenträger füllt sein Maß nicht aus. Er ist träge (V. 11), steht nicht zu seiner Verantwortung oder macht sich gegen 1Kor 15,10 selbst zur Null: Ich bin nichts, ich kann nichts, ich will auch nichts. Der andere geht über sein Haben, Können und Sollen hinaus, bläst sich auf, reckt sich hoch, übernimmt sich, arbeitet sich in fremde Rollen vor, eifert in lächerlicher Weise Leitbildern nach, die nicht zu ihm passen. Das Schlimmste aber: Wo einer damit anfängt, tut das bald auch ein Zweiter und dann mehrere. Der Gottesdienst wird zum Wettstreit[b] gemeindeunfähiger Gabenträger. Die Gemeinde gerät aus dem Gleichgewicht. Damit liegen ihre wahren Möglichkeiten brach.

[a] 1Kor 12,11.18 2Kor 12,9 Eph 4,7 Joh 21,22

[b] Mk 9,33-37 1Kor 4,6b; 6,7 2Kor 12,20 Gal 5,15.26

Paulus veranschaulicht das Leben unter dem »Maß des Glau- **4-6a**
bens« mit dem Bild vom Leib. **Gleichwie wir nämlich in *einem* Leib viele Glieder haben, die Glieder aber nicht sämtlich dieselbe Funktion haben, so sind wir, die Vielen, *ein* Leib in Christus, als Einzelne aber sind wir untereinander Glieder, Inhaber aber von unterschiedlichen Charismen nach der uns gegebenen Gnade.** Dies ist Nachhall des 1Kor, den Paulus vielleicht nur Monate zuvor schrieb. Die dortigen Kap. 12-14 entfalten das Leib-Bild breiter und spezieller. Wir sind schon Glieder am Leib, müssen uns nicht noch dazu machen. Gott hat uns in seiner Sorgfalt dazu gemacht. Jeder ist ein Geschenk an die Gemeinde, zu dem sie sich gratulieren kann. Doch sind wir tatsächlich Inhaber von Charismen

18 Wörtlich: gesunden Sinnes sein. So buchstäblich für geistige Gesundheit in Mk 5,15 oder für normale Bewusstseinslage in Apg 26,25, dagegen hier wie auch häufig in den Briefen an Timotheus und Titus im übertragenen Sinn.

nach der uns gegebenen Gnade?[19] In einer überschaubaren Gemeinde wie in Rom gleitet man unwillkürlich in irgendein Mittun hinein. Manchmal erstaunlich, bei wem sich Gaben zeigen, wer da zunächst notgedrungen, dann mit wachsendem Eifer initiativ wird. Natürlich treten einige Funktionen besonders hervor, aber niemand macht daraus sofort eine Hierarchie, ein Stufensystem mit einem genauen Oben und Unten. Die Leitungsfunktion »versteckt« sich hier in V. 8 unter anderen Gaben, denn »wir, die Vielen, sind untereinander Glieder«.

6b-8 V. 6b-8 folgen Weisungen[20] für einzelne Dienstträger. Weil Paulus nach V. 3 lediglich Mahnungen einschärfen will, sind keine belehrenden Dienstbeschreibungen zu erwarten[21]. Seine ersten Leser waren sofort im Bilde, wir nicht. Manchmal gelangen wir nur zu tastenden Versuchen einer Deutung. Wer hier also eine festgeklopfte Ämterlehre sucht, bekommt Schwierigkeiten. Das NT hat noch keine einheitlichen Dienstbezeichnungen. Als diese sich in späteren Jahrhunderten verfestigten, schrumpfte ihre Zahl meist auf drei oder vier. Diese wenigen Funktionäre zogen dann viel zu viel Zuständigkeiten auf sich und ragten aus der passiven Gemeinde heraus.

6 **Sei es Prophetie.** Prophetie steht hier und regelmäßig in der Spitzengruppe der Gabenlisten[c], gehört also zur Grundversorgung jeder Ortgemeinde. Allerdings sind unsere Vorstellungen davon angesichts der Vielgestaltigkeit der Prophetie und des reichen Materials im AT und NT stark verengt. Es gibt Prophetie wider Willen[d] oder als Impuls eines jeden beliebigen Gemeindegliedes[e], aber auch personengebunden, so dass es zur feststehenden Bezeichnung »Prophet« kommt. Eigentliche Triebkraft der Prophetie ist im NT das lebendige Jesuszeugnis (Offb 19,10), das die Gemeinde geistlich aufbaut und korrigiert (1Kor 14,3). Inhaltlich hat Prophetie ein weites Feld: Rückblick auf die Vergangenheit, Durchblick in der Gegenwart, Ausblick in die Zukunft. Sie deckt einem einzelnen Hörer, einer ganzen Gemeinde oder einem Volk Verborgenes[f] auf, wie es nur Gott sieht, so dass der Prophet »redet als Wort Gottes« (1Petr 4,11). Diese hohe oder gar höchste Gabe (1Kor 14,1) ist auch besonders stark durch Verweltlichung gefährdet. Darum beschäftigt das Thema der Falschprophetie und ihrer Prüfung die ganze Heilige

[c] 1Kor 12,28 Eph 4,11

[d] 4Mo 23,20 Joh 11,51

[e] 1Kor 11,4-5 14,24. 29-31

[f] 1Kor 14,25 13,2

[19] Der Plural *charismata* (Charismen, Gnadengaben) ist hier lehrreich verbunden mit dem Singular *charis* (Gnade). In den *charismata* individualisiert sich die eine universale *charis*.

[20] An dieser Stelle bedient Paulus sich der Siebenzahl. In anderen Briefen verwendet er andere Ordnungsschemata. Es gibt kein bestimmtes Gabensoll für alle Gemeinden.

[21] Daher auch die überaus knappen Nachsätze, in allen sieben Fällen ohne Verb, die der Übersetzer mit Imperativen auffüllt.

Schrift (vgl. »prüfen« in V. 2). Hier also die Mahnung: Die Prophe-
tie bitte **ausüben im (richtigen) Verhältnis zum Glauben**, d.h. zum
überlieferten apostolischen Glaubensgut, wie es im Röm durchge-
hend vorausgesetzt wird[g]. Der Prophet könnte die Glaubensbasis [g] Röm 12,7
verlassen, sich eigenen seelischen und intellektuellen Wucherun- 6,17
gen überlassen (2Kor 4,5). Aber wahre Propheten sind den Apos- 14,14 15,4
teln als den Garanten der Jesusüberlieferung untertan. Ihr Evange- 16,17
lium regiert in der christlichen Gemeinde auch die höchsten und
glänzendsten Begabungen. Sogar Paulus selbst zwang sich nach
Gal 1,8 unter diesen Maßstab.

Wir versuchen zunächst, die weiteren Tätigkeiten einigermaßen **7-8**
zu bestimmen. Neben die Prophetie tritt die **Diakonie.** Wie Jesu
Tun in Worte und Taten unterteilt wurde, so auch das Wirken der
Jüngergemeinde: Ihr Wortdienst ist umringt von einem Kranz ka-
ritativer Dienste. In V. 8b folgen Beispiele. Am Anfang war der
Stand der **Lehrer** besonders wichtig. Männer mit zuverlässigem
Gedächtnis und gründlicher Ausbildung[22] mussten in den Zu-
sammenkünften die lebensnotwendigen Überlieferungen einprä-
gen[h]. Nach Apg 13,1 bildeten sie ein besonderes Gegenüber zu [h] Mt 28,20
den Propheten. Während die Propheten die lebendige Anrede Apg 2,42 13,1
Gottes verkörperten, verkörperten diese Lehrer die Heilige Gal 6,6
Schrift, die Jesusüberlieferung und die apostolischen Glaubens- 2Tim 2,2
sätze. Sie bewahrten einen Schatz und waren deswegen ein Hebr 13,9 Jak 3,1
Schatz. Wieder andere Gemeindeglieder, die **Ermahnenden,** wa-
ren unterwegs zu den Einzelnen und erwiesen sich als geschickt
zum brüderlichen, väterlichen und mütterlichen Beistand[i]. Sie [i] 1Thess
halfen, dass die pauschale Verkündigung nicht über die Köpfe 2,3-8 1Tim 5,1
hinweg, sondern in die einzelnen Köpfe hineinging und für den Apg 9,26f
eigenen Alltag verstanden wurde. Im Bereich der diakonischen
Aufgabe führen die drei letzten Bezeichnungen. Der an seinem
Besitz **Anteil Gebende** könnte z.B. derjenige sein, der der Ge-
meinde sein Haus öffnete: »Kommt in mein Haus und bleibt da!«
(Apg 16,15) – Bedingung für das Entstehen und Bestehen einer
Hausgemeinde. Man vergegenwärtige sich, was das für Wohn-
raum, Küche, Privatleben und auch für den Geldbeutel bedeutete.
Leicht erklärlich, dass dabei dem Hausbesitzer auch eine gewisse
Leitung zufiel. Vielleicht folgt deswegen hier ein Wort an den
Vorstehenden. Er wird hier nicht bei seiner Würde, sondern bei
seiner Bürde genommen, ist seine Stellung doch noch ganz in die
anderen Dienste eingebettet. Er ragt nicht aus der Gemeinde her-

[22] Bibeln in jedem Gemeindesaal und in Privatbesitz gab es erst anderthalbtausend Jahren später, nachdem die Buchdruckerkunst erfunden, die Bibelgesellschaften gegründet und die allgemeine Schulpflicht eingeführt worden war.

aus, sondern in sie hinein. Mit seinem Blick fürs Ganze koordiniert und organisiert er. Eine Gemeinde, in der die Leitungsfunktion vernachlässigt wird, gleicht einem Fluss ohne Flussbett. Vieles versickert und kommt nicht zur Wirkung. Schließlich: Wie der irdische Jesus wird auch seine Gemeinde zu einem Magnet für auffällig viele Schwache, Kranke und Arme. Darum empfangen einzelne Glieder besonders deutlich das Jesus-Charisma des **Sich-Erbarmens.**

Mt 9,36; 14,14; 15,32; 20,34

Der Telegrammstil der Nachsätze zeigt die Energie, mit der Paulus seine Weisungen zur »Erneuerung des Sinnes« nach V. 2 vorbringt. Die Mahnung an die Propheten wurde schon ausgelegt. Bei den folgenden drei Beispielen verdoppelt er nur: Diakonie **in Diakonie**, Lehren **in der Lehre**, Ermahnen **in Ermahnung!** So einfach ist das: Verhalte dich sachorientiert und gabenorientiert! Die tänzelnden Grenzüberschreitungen weichen einer wachen Konzentration auf das, wofür man von Gott her wirklich zuständig ist. Man lässt sich an seiner Gnade genügen, schöpft sie voll aus und bringt viel Frucht. Das erspart eine Menge Störungen wie Missverständnisse, Rempeleien, Rivalitäten und Neid. Die letzten drei Beispiele mahnen, den anvertrauten Dienst **in Einfalt, Eifer und Fröhlichkeit** zu verrichten. Wo das geschieht, wäre das die Erneuerung des unzufriedenen dritten Knechts im Gleichnis von den anvertrauten Pfunden (Lk 19,20f). Er ist endlich zufrieden. Er erkennt die Güte seines Herrn und findet gerade seine eigene Aufgabe schön. Er steht im »vernünftigen Gottesdienst«.

c) Mahnungen an alle Glieder der Gemeinde (12,9-21)

9 **Die Liebe (sei) ungeheuchelt. Verabscheut das Böse. Geht mit dem Guten eine feste Verbindung ein.**
10 **In der Geschwisterliebe seid einander liebevoll treu. In der Ehrerbietung geht einander voran.**
11 **An Eifer (seid) nicht träge, seid brennend im Geist, dient dem Herrn.**
12 **In Hoffnung freut euch, in Bedrängnis haltet durch, im Gebet beharrt.**
13 **An den Bedürfnissen der Heiligen nehmt (tätigen) Anteil, die Gastfreundschaft übt (ohne Erlahmen).**
14 **Segnet, die euch verfolgen, segnet und verflucht nicht.**
15 **Freut euch mit den Fröhlichen, weint mit den Weinenden.**
16 **Trachtet miteinander auf ein und dasselbe, trachtet nicht nach hohen Dingen, sondern beugt euch herab zu den Geringen. Seid nicht klug bei euch selbst.**

17 **Gebt niemand Böses für Böses zurück. »Seid bedacht auf das Gute« (Spr 3,7; 17,13) gegenüber allen Menschen.**
18 **Wenn es möglich ist und was euch anlangt, haltet mit allen Menschen Frieden.**
19 **Rächt euch nicht selbst, Geliebte, sondern gebt Raum dem Zorn (Gottes), es steht nämlich geschrieben (5Mo 32,35): »Mein ist die Rache, ich werde vergelten, spricht der Herr.«**
20 **Sondern »wenn deinen Feind hungert, speise ihn; wenn er dürstet, tränke ihn. Indem du das tust, häufst du glühende Kohlen auf sein Haupt« (Spr 25,21f).**
21 **Lass dich nicht besiegen durch das Böse, sondern besiege durch das Gute das Böse.**

Durch längere Beschäftigung mit diesem Abschnitt gerät man in die volle Wohltat des Evangeliums. Durch gewisse Anklänge in V. 14.17.21 an die Bergpredigt sind auch deren Seligpreisungen gegenwärtig. Der Opfergang Jesu selbst erscheint als der eigentliche Beweger. Was anfänglich als Sammelsurium von Sprichwörtern erschien, weicht dem Eindruck einer starken inneren Geschlossenheit.

Im deutlichen Unterschied zu V. 3-9 berührt der neue Abschnitt mit keinem Wort die Geistesgaben, wohl aber die Frucht des Geistes nach Gal 5,22 (Liebe, Geduld, Freude, Friede).[23] Was hat dieser Unterschied auf sich? Die Geistesgaben sind in der Gemeinde *unterschiedlich* verteilt, darum bekommen auch V. 6-8 die verschiedenen Dienstträger je ihre besondere Mahnung. Dagegen werden die Geistesfrüchte bei allen Gliedern in gleicher Weise erwartet, wie die Mahnungen hier zeigen.

Abgesehen von zahlreichen Parallelen im AT und in jüdischen Schriften[24] finden sich für solche Mahnungen auch deutliche Anklänge bei heidnischen Schriftstellern. Wo immer sittliche Ansprüche gestellt werden und Wert auf Herzensbildung gelegt wird, ist eine weithin vergleichbare Spruchweisheit lebendig. So bewegt auch Paulus sich im Bereich eines allgemeinen Sinnes für Gut und Böse. Christen sollen auch gar nicht als Sonderlinge erscheinen. Das unterscheidend Christliche liegt vielmehr im Woher und Wozu. Paulus kommt her von der Barmherzigkeit Gottes (V. 1), und letztes Ziel ist nicht Bildung und Bewahrung des eigenen Charak-

23 Trotzdem überschreibt Käsemann den Abschnitt: »Die charismatische Gemeinde« und bezeichnet die Liebe als die höchste Geistesgabe. Doch keine Charismenliste erwähnt die Liebe. Nach 1Kor 12,31 ist sie nicht Gabe, sondern ein geistlicher Weg. Dieser wird dort Schritt für Schritt und Fall für Fall in 13,4-6 beschrieben.

24 Aufgeführt bei Bill III, S. 296-303.

ters, sondern die Auferbauung der Gemeinde zu Christus hin als dem Herrn. Als Auslegungsschlüssel kann V. 11c gelten: »Dient dem Herrn!«

9-10 Sobald ein Christ wirklich tut, was er doch glaubt, übt er Liebe. Das stellte Paulus schon Gal 5,6b fest. Es ist jene Liebe, die sich nicht am Liebenswerten orientiert, sondern Echo auf die Barmherzigkeit Gottes gibt (V. 1). Insofern durchbricht sie die Verhaltensmustern dieser Weltzeit (V. 2). Aber Liebe kann in bloßes christliches Gehabe absinken. Wenn sie nur noch durch Gesichtsausdruck und Begrüßung gespielt wird[25], gerät eine ganze Gemeinde ins Unechte und Maskenhafte. Weil das ihr Wesen entscheidend verfremden würde, mahnt das NT unermüdlich zur Wahrheit in der Liebe[a]. **Die Liebe (sei) ungeheuchelt.** Die folgenden Zurufe zeigen Liebe in ihrer Substanz: **Verabscheut das Böse.** Wahre Liebe lässt erkennen, wozu sie – aus Liebe! – nein sagt (1Kor 13,6). Und: **Geht mit dem Guten eine feste Verbindung ein.** Das **Gute** ist hier nach V. 2 der »gute, vollkommene und wohlgefällige« Wille Gottes. An ihm gilt es unbedingt zu »kleben«[26]. Leitbild ist der Zusammenhalt in einer guten Familie[27]. **In der Geschwisterliebe**[28] seid einander liebevoll treu, im wechselseitigen[29] Eintreten füreinander. Wie tief dies Eintreten reicht, sagt die Aufforderung: **In der Ehrerbietung geht einander voran.** Hier ist nicht die Ehre im Blick, die einem Amt oder Stand gebührt[b], sondern die jedem Glied als einem Geschöpf von unendlichem Wert zu zollen ist[c]. Darin Ausnahmen zu machen (Jak 2,1-9) ist nicht nur Schuld gegen den Himmel, sondern auch schwere Last für den, der geringschätzig behandelt wird. Geachtet werden, Menschenwürde genießen ist für jeden Menschen Grundbedingung zum eigentlichen Weiterleben. Wo dies zu kurz kommt, wuchert Ehrsucht[d].

[a] 1Thess 4,9 Hebr 13,1 Jak 3,17 1Petr 1,22 2,17; 3,8 1Joh 2,10 3,8.11.14

[b] Röm 13,7 Eph 6,2 1Thess 4,4; 5,20 1Tim 5,17

[c] Phil 2,3b 1Petr 2,14 Jak 2,1

11-13 V. 11-13 fasst das Tätigkeitsfeld der Gemeinde ins Auge. **An Eifer (seid) nicht träge.** Die Mahnung zum Eifer kommt V. 8 nahe, dort auf die Einsatzbereitschaft des Vorstehers bezogen, hier auf die eines jeden. Alle zusammen sollen gern Gemeinde sein, die weiß, was sie ist, was sie tun soll und es auch willig tut. Die Gemeinde zu

[d] Joh 5,44 Gal 5,26 Phil 2,3a

25 Das Wort »spielen« ist hier sachgemäß, denn das griech. Wort für Heuchler (*hypokritäs*) stammt aus dem Schauspielerwesen, vgl. Anm. zu 2,21f.

26 Das griech. *kollaô* meint ursprünglich »leimen«, »unauflöslich verlöten«. Beachte auch die Verwendung in Mt 19,5; 1Kor 6,17!

27 Dabei hebt der Ausdruck *philostorgos* nicht auf familiäre Umgangsformen ab, sondern auf Opferbereitschaft.

28 Wörtlich »Bruderliebe«, aber sachlich im NT eindeutig auf alle Glieder der Gemeinde bezogen (mit WB, 1712).

29 Typisch für Paulus das Wort »einander«, in diesem Abschnitt dreimal, dazu ausführlich Galater, WStB, S. 233f.

Laodizea war mit ihrer Lauheit gar in die äußerste Gefahrenzone geraten[e]. Berufen zum Mittun am größten Geschehen, das es geben kann, nämlich am Geschehen des Willens Gottes auf Erden, gilt für sie: **Seid brennend im Geist.** Und: **Dient dem Herrn.**[30] Im Deutschen ist »Herr« verwendbar für jeden Herrn von nebenan, aber die Gemeinde dient dem Herrn aller Herren und nicht zuletzt dem Herrn der Zukunft. Eben das kann man nur »brennend« tun, nie gelangweilt und nur auf Sparflamme. Vielmehr **in Hoffnung freut euch**. Nach 5,2f können die gegenwärtigen Bedrängnisse diese Freude nur umso stärker entfachen. **In Bedrängnis haltet durch, im Gebet beharrt.** Eine Durchsicht der Stellen, die »beharren« und »Gebet« verknüpfen[f], lässt auch hier an regelmäßige Teilnahme an den Gebetsversammlungen denken. Gemeinsames Beten ist Merkmal einer glaubenden Gemeinde. Wo nicht mehr gebetet wird, wird nicht mehr geglaubt. Man kann nicht nur gedanklich glauben. Die erwähnten Bedrängnisse führen zur nächsten Mahnung: **An den Bedürfnissen der Heiligen nehmt (tätigen) Anteil.** Einzelne Glieder, die einer Hausgemeinde beitraten, verloren leicht ihren bisherigen sozialen Rückhalt, z.B. konnten Witwen um ihres Glaubens willen aus der bisherigen Armenpflege herausfallen. Damit waren sie der Gemeinde als Aufgabe vor die Füße gelegt (Jak 1,27). Unterstützungsbedürftig waren auch die urchristlichen Gemeindelehrer, weil ihr hingebender Dienst ihren Broterwerb beeinträchtigte (Gal 6,6; 1Kor 9,14). Auffällig ist für heutige Leser die Fortsetzung: **Die Gastfreundschaft übt (ohne Erlahmen).** Warum im NT so nachdrücklich diese Mahnung[g], warum das Lob und die Dankbarkeit gerade für diese Aufgabe[h]? Im Altertum war jemand, der als Fremder »ohne Bürgerrecht«, »außerhalb des Bundes« lebte, schutzlos (Eph 3,12.19; 1Mo 4,14). Das galt doppelt, handelte es sich um einen Missionar, der einer argwöhnisch beäugten Gemeinschaft zugehörte, und dreifach, wenn ein solcher gar schon steckbrieflich gesucht wurde (Apg 9,23-25). Für ihn war der Unterschlupf im Haus eines Glaubensgenossen die einzige Zuflucht und für diesen selbst nicht ungefährlich (Beispiel: Apg 17,6-8). Also nicht hausfrauliche Bequemlichkeit ist hier Thema, sondern Angst, die vor Gewährung von Gastfreundschaft zurückschrecken ließ. Aber an solch offenen Häusern hing die Ausbreitung des Urchristentums.

[e] Hebr 10,24f 12,12f Offb 3,15f

[f] Apg 1,14 2,42.46 Eph 6,18 Kol 4,2 1Thess 5,17

[g] Hebr 13,2 1Petr 4,9 Mt 25,35. 38.43f

[h] 16,23 2Kor 11,33 Phlm 22 1Tim 3,2 5,10 Tit 1,5 2Joh 5 Mk 9,41

[30] So wörtlich auch Kol 3,24. Hier aber teilen sich aufgrund unterschiedlicher Handschriften die Meinungen. Schrieb Paulus »Dient dem Herrn« (LÜ) oder »Dient der Zeit«? Zur Sache: Selbst wenn man unter »Zeit« (*kairos*) Gnadenzeit versteht, bleibt es schwierig, als Meinung des Paulus zu verstehen, dass Christen der Zeit wie Sklaven (!) dienen sollen. Wenn er Eph 5,16; Kol 4,5 auffordert: Nutzt sie! bringt das eben nicht diese Abhängigkeit zum Ausdruck. – Wahrscheinlich unterlief einmal eine Verschreibung, die aus »dem Herrn« unabsichtlich »der Zeit« gemacht hat (aus *kyriô* das ähnliche *kairô*). Ihr folgten dann spätere Abschreiber.

14 Der Gedanke an die Verfolgung der Gemeinde lässt Paulus einen kurzen Einwurf machen, auf den er aber V. 17-20 noch einmal ausführlich zurückkommen wird. **Segnet, die euch verfolgen, segnet und verflucht nicht.** Hier versagen alle Parallelen.[31] Nirgendwo gibt es den Ruf zur Feindesliebe in gleicher Unzweideutigkeit wie bei Jesus, so dass Paulus hier unmittelbar als Stimme seines Herrn spricht. Seine Nähe zu Jesus zeigt sich auch in seinen Begründungen für Feindesliebe. Erstens: Nach Mt 5,44-45; Lk 6,35f sollen die Jünger ihre Feinde lieben, um sich als Nachahmer Gottes zu erweisen; denn Gott ist barmherzig auch zu den Gottlosen. Ebenso verankert Paulus seine Ermahnungen in der Barmherzigkeit Gottes (oben V. 1). Zweitens: Nach Mt 5,46-47 sollen die Jünger ihre Feinde lieben, um sich von heidnischer Mentalität zu unterscheiden und in dieser Welt das »Besondere« zu tun. Ebenso ruft auch Paulus auf, nicht mit dieser Weltzeit konform zu gehen (oben V. 2). Das ist jedoch nur in der Gegenwart Gottes realisierbar. Dort wird man ganz wahr in der Liebe. Es kommt zur segnenden Fürbitte. Sie möchte vom Verfolger den Zorn Gottes abwenden, ganz wie Jesus es tat (Lk 23,34). So ist hier nicht nur die Stimme Jesu gegenwärtig, sondern auch sein segnendes Sterben.

15 V. 15 gilt gewiss innerhalb der Gemeinde, mag aber auch in Fortsetzung von V. 14 alle Mitmenschen einschließen: **Freut euch mit den Fröhlichen, weint mit den Weinenden.** Das Erleiden von Verfolgungen könnte verhärten, so dass nichts mehr mitschwingt bei Freud und Leid dieser Erde. Darum: Werdet nicht überirdisch oder unmenschlich fromm!

16 V. 16 führt wieder eindeutig in die Verhältnisse der Gemeinde zurück. **Trachtet miteinander auf ein und dasselbe.** Die Übersetzung soll an das schöne deutsche Wort »Eintracht« erinnern. Die Mahnung findet sich bei Paulus sprachlich ganz ähnlich siebenmal[i]. Selbstverständlich weiß er um Meinungsverschiedenheiten in den Gemeinden. Sie sind so lange etwas Normales, wie sie unter Kontrolle bleiben. Die Kontrolle lautet nach V. 11: »Dient dem Herrn!« Solange das durchschlägt, sucht man und finden sich Mittel und Wege, die Schwierigkeiten zu überwinden. Aber diese beginnen zu triumphieren, wenn die Beteiligten nicht mehr dem Herrn unterstellt bleiben. Ein fremdes Trachten schleicht sich ein: **Trachtet nicht nach hohen Dingen, sondern beugt euch herab zu den Geringen.** Hohe Dinge, die sich im Kopf eingenistet haben, stoßen jetzt Menschen beiseite, die einem beim Vorwärtsstürmen

[i] Röm 15,5 2Kor 13,11 Gal 5,10 Phil 2,2 3,15; 4,2

[31] Jüdische Schriftgelehrte gaben zwar schöne Beispiele der Nachgiebigkeit und hörten Schmähungen an, ohne sie zu erwidern (Bill I, S. 341), aber eine Sendung zur aktiven Feindesliebe lag fern. Paulus bezeugt 1Kor 4,12: »Schmäht man uns, so segnen wir.«

im Wege sind. Sie erscheinen als die Geringen, Bedeutungslosen, Uninteressanten. **Seid nicht klug bei euch selbst.** Selbstklug setzt man sich sowohl über das Herrsein Jesu als auch über das Bruder-Sein hinweg. Der Tatbestand der Verweltlichung (vgl.V. 2) ist vollständig gegeben.

Die Verse 17-20 ergänzen das bereits in V. 14 angeschnittene The- **17-20**
ma Feindesliebe nach zwei Seiten. Einerseits durchzieht die folgenden Sätze die Universalität der christlichen Liebe[i], die um keinen Menschen einen Bogen macht, andererseits drängen sie, auf Vergeltung zu verzichten. Der Fürbitte nach V. 14 muss auch die Praxis entsprechen. **Gebt niemand Böses für Böses zurück.** Und dann positiv: **»Seid bedacht auf das Gute« (Spr 3,7; 17,13) gegenüber allen Menschen.** Im Trachten nach dem »Guten« löst man sich vom parteilichen Standpunkt. Übergeordnet ist die Bemühung um Ausgleich und Besserung. Der Beginn des folgenden Satzes, **wenn es möglich ist und was euch anlangt,** zeigt, dass dem Apostel bei seinen Mahnungen die Wirklichkeit »dieser Weltzeit« (V. 2) durchaus bewusst ist. Nicht immer gewinnt Liebe, nicht immer ist Liebe beliebt. Aber dass sie ihr Ziel nicht immer erreicht, ist für sie kein Grund, es zu ändern. Es bleibt dabei: **Haltet mit allen Menschen Frieden.** »Frieden halten« ist mehr als: »Seid friedlich!« Im Sinne von Mt 5,9 schwebt eine aktive Rolle vor, die eine Konfliktlösung anstrebt. Wenn sie nicht gelingt und nun Unrecht herrscht, heißt es: **Rächt euch nicht selbst, Geliebte, sondern gebt Raum dem Zorn (Gottes), es steht nämlich geschrieben (5Mo 32,35): »Mein ist die Rache, ich werde vergelten, spricht der Herr.«** Unsere Empörung über Unrecht in Ehren, aber allein Gott kann und wird sie stillen, zunächst in begrenzter Form durch die Regierungsgewalt (13,4), vollkommen am nahenden Tag des Zorns. Drängen wir uns jedoch selbst in Gottes Amt, wäre das das Ende *unseres* Amtes, für das wir in diese Weltzeit gestellt sind, nämlich die Barmherzigkeit Gottes auszuleben (Mt 5,38-48; 13,29-30). Paulus besteht darum auf der christlichen Sendung: **Sondern »wenn deinen Feind hungert, speise ihn; wenn er dürstet, tränke ihn. Indem du das tust, häufst du glühende Kohlen auf sein Haupt« (Spr 25,21f).** Auf dem Haupt angehäufte Kohlenglut ist auf jeden Fall, milde gesagt, spürbar. Das drastisches Bild sagt also mindestens dies: Euer Tun in Gott ist inmitten des sonst üblichen und sinnlosen Wiedervergeltens spürbares und wirksames Tun! Auch wenn der geliebte Feind nicht auf der Stelle reuig vor euch auf die Knie geht, hat ihn doch eine Erfahrung von etwas Neuem berührt. Er war für Sekunden ein Berührter, Bewegter, Erstaunter, vielleicht ein Beschämter (vgl. 1Petr 2,15; 3,16), jedenfalls ein Gesegneter. Gott wird sich in seinem ferneren Leben weiter seiner annehmen.

[i] Gal 6,10 Phil 4,5 1Thess 5,14f 1Tim 2,1.3f Tit 2,11 3,2.4 Hebr 12,44

21 Nach Schluss dieser Lektion verallgemeinert Paulus und spitzt zugleich persönlich zu: **Lass dich nicht besiegen durch das Böse, sondern besiege durch das Gute das Böse.** Diese Welt ist ein Ort des Kampfes zwischen zweierlei Weisen, Mensch zu sein, Mensch unter dem »Gott dieser Welt« oder Mensch unter dem Gott und Vater unseres Herrn Jesus Christus. Sieger sind wir nicht erst durch irdische Erfolge unseres Tuns, sondern in verborgener Weise schon durch das Tun des Guten selbst.[k]

[k] 1Joh 5,4f Offb 2,7.11. 17.26; 3,5.12.21

d) Mahnung zur Unterordnung unter die Regierungsgewalt (13,1-7)

1 Jedermann ordne sich den vorgesetzten Behörden unter. Denn es gibt keine Regierungsgewalt außer durch Gott. Die existierenden (Behörden) sind durch Gott angeordnet.
2 Daher, wer sich der Regierungsgewalt widersetzt (entgegenordnet), widersetzt sich der Anordnung Gottes, die sich Widersetzenden aber werden für sich Verurteilung empfangen.
3 Denn die Regierenden sind nicht Schrecken dem guten Werk, sondern dem bösen (Werk). Willst du dich aber vor der Regierungsgewalt nicht fürchten, tue du das Gute, und du wirst Belobigung von ihr her haben.
4 Denn Gottes Bediensteter ist sie, dir zum Guten. Wenn du aber das Böse tust, fürchte dich. Sie trägt nämlich das Schwert nicht umsonst. Denn sie ist Gottes Dienerin als Rächerin zum Zorn gegen den, der das Böse tut.
5 Darum ist es nötig, sich unterzuordnen, nicht allein wegen des Zorns, sondern auch wegen des Gewissens.
6 Deswegen zahlt ihr ja auch Steuern; Beamte Gottes sind sie nämlich, für eben dies energisch tätig.
7 Erstattet allen die Verpflichtungen: dem (ihr) die Steuern (schuldet), (erstattet) die Steuern; dem (ihr) den Zoll (schuldet), den Zoll; dem Respekt (gebührt), Respekt; dem Ehrerbietung (gebührt), Ehrerbietung.

Das Wort »Liebe«, von Paulus im vorangehenden wie im nachfolgenden Abschnitt immer wieder als Leitwort in Gebrauch genommen (12,9.10.17b; 13,8.9.10), hat in diesen sieben Versen über die staatliche Ordnung Pause. Damit ist von vornherein klar: Es ist hier nichts mit dem »heiß geliebten Vaterland«, mit »innig geliebten« Kaisern, Königen oder Führern und mit »lang anhaltendem stürmischen Beifall« vor ihrem Podest. Schon der Ausdruck »Staats*treue*« ist hier fast zu viel. Dagegen verlängert sich sehr wohl eine andere Linie. Sie beginnt 12,2 mit dem Tun des »Guten« nach dem Willen Gottes, läuft über 12,9.17b.21 und spielt hier in V. 3-4 die maßgebliche Rolle. Liebe ist immer Tun des Guten, sie »geht mit dem Guten eine feste Verbindung ein« (12,9), aber je nach ihrem Gegenüber wird sie sich wandeln. Gegenüber Menschen ist sie menschlich (12,10: »herzlich«), gegenüber Sachen aber handelt sie sachlich, sachkundig und sachdienlich. So spricht und denkt Paulus sehr diszipliniert, wenn er staatliche Organe nicht zum Gegenstand persönlicher Liebe macht, sondern ihnen gegenüber schlicht zum Rechtverhalten aufruft. Diese Wandlungsfähigkeit der Liebe gehört zu ihrer Glaubwürdigkeit. Unsere Liebe ist unglaubwürdig, wenn wir sie zwar gewissenhaft auf Personen richten, z.B. niemals eine alte Frau überfallen und ausrauben könnten, aber bedenkenlos eine Behörde betrügen. Sonst stellte man sich der Staatsgewalt gegenüber »dieser Weltzeit« gleich (12,2): behandelte sie gleichgültig, wie es die Umwelt tut. Man hasst und hetzt mit, kuscht vor ihr, wird frech, nörgelt, beutet sie aus und provoziert sie – ganz wie die Umwelt. Übrigens neigt gerade eine politisch einflusslose und an die Macht ausgelieferte christliche Gemeinde, die nicht viel Gutes von den Behörden erwarten kann, zu einer negativen Haltung gegenüber dem Staat. Unbekümmert breitet sich hier Verweltlichung im Sinne von 12,2 aus.

Aber staatliche Ordnung ist zu wichtig, als dass christliche Ethik sie aussparen dürfte. Abgesehen von einzelnen Hinweisen spiegelt das NT an sechs Stellen die urchristliche Belehrung wider: Mk 10,42-45 (par.); Mk 12,13-17 (par.); Röm 13,1-7; 1Tim 2,1-2; Tit 3,1 und 1Petr 2,13-17. Dass unser Abschnitt diese Parallelen an Umfang und Gewicht übertrifft, erklärt sich befriedigend einerseits aus dem Zuschnitt des Schreibens. Paulus arbeitete hier mit größerem Zeitaufwand und nach absichtsvoller Planung, zudem schreibt er an Leser, die als Bewohner der Hauptstadt einem besonders traditionsreichen und selbstbewussten Machtapparat gegenüberstanden, auch über einschneidende Erfahrungen mit dessen Maßnahmen verfügten (Einleitungsfragen 2a-b). Zwei Konstruktionen erübrigen sich deswegen. Erstens muss es in der römischen Gemeinde keine revolutionäre Strömung gegeben haben, die Paulus angeblich niederhalten wollte.[32] Zweitens fehlen im Röm Spuren einer schwärmerischen Geringschätzung irdischer Ordnungen.[33]

32 Man könnte an Einflüsse der Zeloten denken, die damals in Palästina stark im Kommen waren und den »heiligen« Krieg gegen Rom schürten und in den Jahren 66-70 auch erreichten. Ihr Ansatz war die Verweigerung der Steuern. Zelotismus wurde auch Jesus vorgeworfen (Lk 23,2.14). Doch kann Paulus in V. 7 davon ausgehen, dass die römischen Christen wie selbstverständlich Steuern zahlten.

33 In der Gemeinde Korinth führte dagegen ein falsches Geistverständnis zu anarchischen Tendenzen, vgl. besonders die Parole: »Es ist alles erlaubt!« (1Kor 6,12; 10,23).

In der Auslegung taucht immer wieder der Einwand auf, Paulus urteile hier unbegreiflich blauäugig über den Staat.[34] Hätte er z.B. nach Erfahrung der 30-er Jahre in Deutschland seine Auslassungen noch einmal wiederholen können? Doch davon abgesehen, dass er den Terror staatlicher Gewalt bis zur Neige auskosten musste[a], hat man so sein eigentliches Anliegen noch nicht begriffen. Zu ermessen ist auch, dass die Christen nach dem Einsetzen der großen planmäßigen Verfolgungen im zweiten Jahrhundert in ergreifender Weise an Röm 13 festhielten. Selbst Offb 13, wo der Staat als antichristliches »Tier« geschaut wird, das sein großes Lästermaul öffnet und sich von jedermann als Alleskönner anbeten lässt, gibt nicht eine veränderte Parole aus. Der Zuruf an die Leser dort in V. 10 lautet ganz im Geiste des Paulus: »Hier ist Geduld und Glaube der Heiligen!«

[a] 1Kor 15,19. 30-32 2Kor 1,8-11 11,25 Phil 1,13 1Thess 2,2 Apg 16,23f 24,27

Röm 13 wird aber auch dadurch unterschätzt, dass Ausleger dazu neigen, zu unkritisch über neuzeitliche Demokratie zu urteilen. Gewiss unterscheidet sie sich von antiken oder heutigen totalitären Regimen wie Tag und Nacht. Trotzdem weckte Jesus nicht umsonst den untrüglichen Blick für menschliche Machtgebilde überhaupt, indem er zu seinen Jüngern sagte: »Ihr aber wisst, dass die, die als Herrscher der Völker gelten, sie unterjochen und dass ihre Großen sich Gewalt über sie aneignen« (Mk 10,42f). Er erwartet, dass wir Sonntagsreden der Regierenden nicht für bare Münze nehmen, sondern Erscheinungsformen und Techniken der Machtausübung prüfen und durchschauen. Kann man wirklich sagen, dass »im modernen demokratischen Staat das in Röm 13 vorausgesetzte Gegenüber von Herrschenden und Untertanen prinzipiell aufgehoben (ist)«, dass die Funktionen der Herrschenden nun »verteilt« seien, dass aller Gewaltgebrauch dem »Volk verantwortlich« ist, also »im Namen des Volkes« geschieht?[35]

Exkurs: *Zur antiken und gegenwärtigen Sozialordnung*

In allen Jahrhunderten stießen Bibelleser auf den Graben zwischen biblischer Zeit und ihrer eigenen Zeit. Unser Abschnitt über den Umgang mit den Behörden macht diesen Graben für unsere Zeit besonders augenfällig. Kaum ein Leser wird nicht irgendwie stutzig. Damit er aber dies gewichtige Stück nicht kurz angebunden beiseite legt, möchte dieser Exkurs helfen, das Damals und das Heute überhaupt zu erfassen.

[34] »Der moderne Leser ist immer wieder unangenehm berührt von der Naivität ...« (Zeller, S. 220, ähnlich Wilckens III, S. 44).

[35] U. Wilckens, III, S. 41f

a) Sobald es um praktisches Christsein ging, besonders um ethische Fragen, musste für die ersten Gemeinden die Strömung des Stoizismus interessant werden.[36] Sie erstarkte in den ersten Jahrhunderten zunehmend und bot für ungezählte Menschen sogar bis heute Lebenshilfe und ethisches Geleit. Sie prägte weithin die Idealvorstellung von einem ehrbaren bürgerlichen Leben. Zum weltanschaulichen Hintergrund: Der Stoiker schaut bewundernd auf ein unpersönliches Weltgesetz der Vernunft in allem Sein, vom Größten bis zum Kleinsten. Er nennt es auch Gott, Gottheit oder Vorsehung. Darum gibt es keine Willkür und Zufälligkeit, es läuft gleichsam eine Weltmaschine in ungeheurer Präzision vor sich hin. Was geschieht, muss geschehen, und es ist gut und vernünftig, wie es geschieht. Unter dieser Voraussetzung ist glückliches Menschenleben allein gehorsames Menschenleben. Es ist bestrebt, mit diesem allseitigen Ordnungsgefüge in Einklang zu bleiben. »Sträube ich mich, so handle ich schlecht – und folgen muss ich doch.«[37] Man entsagt der Triebhaftigkeit, dem Gelüste, der Affekthandlung. Man lässt sich nicht hinreißen, sondern hält sich in allem an das gute Maß. Man tut, was geboten ist. Das Gesollte steht auf allen Gebieten in hoher Geltung.

b) Der Bibelleser fühlt sich jetzt an zahlreiche formale Berührungspunkte mit ntl. Anweisungen erinnert. Die Mahnung zum unbedingten Tun der Gebote, zur Besonnenheit, zum reiflichen Überdenken und Prüfen, zur bedächtigen Rede, zum schicklichen Handeln fand damals bei ernst gerichteten Heiden eine geebnete Bahn. In diese Reihe gehört nun auch das Vorherrschen des Ordnungsbegriffs in unserm Abschnitt. Allein in den beiden ersten Versen verwendet Paulus viermal den Wortstamm »ordnen«: *hypotassesthô, tetagmenai, antitassomenos, diatagä* (die Übersetzung ahmt die Vokabeln nach). »Ordnung« spielt für Paulus eine bemerkenswerte Rolle, wie sich an weiteren Ableitungen zeigt: *taxis* (1Kor 14,40), *ataktos, atakteô:* ungeordnet leben, ohne Sinn für Verpflichtungen (1Thess 5,14; 2Thess 3,6-7.11), *hypotagä:* Unterordnung unter Autorität (Gal 2,5; 2Kor 9,13). Die Mahnung zur Unterordnung ist im NT das unverhohlene Grundwort christlichen Handelns: Die Bürger sollen sie der Regierungsgewalt gegenüber üben (Röm 13,1.5; Tit 3,1; 1Petr 2,13), die Sklaven dem Sklavenbesitzer gegenüber (Tit 2,9; 1Petr 2,18), die Frauen den Ehemännern gegenüber (Eph 5,22.24; Kol 3,18; 1Tim 2,11; Tit 2,5; 1Petr 3,1.5), die Kinder den Eltern gegenüber (1Tim 3,4), die Glieder der Gemeindeleitung gegenüber (1Petr 5,5; 1Kor 16,16) und eins dem anderen gegenüber (Eph 5,21).

36 Zwar lesen wir Apg 17,18, dass Paulus mit den Stoikern stritt, aber dort ging es auch um die Gottesfrage.

37 Epiktet, bei Bruce, I, S. 50

c) Die Christusgemeinde weiß, dass Christentum und Stoizismus trotz dieser sprachlichen Parallelen Welten trennen. Das hat seinen Grund schon im Gotteszeugnis des AT und vor allem in der Offenbarung Jesu Christi. Aber die ersten Christen waren in den damaligen Lebensrahmen hineingestellt, nicht um ihn einfach zu ändern (z.B. Sklavengesetzgebung), sondern darin ihren Glauben zu bewähren. Es ist Aufgabe der Auslegung, Punkt für Punkt zu zeigen, wie im NT stoische Ausdrücke in einer Art Dialyse christlich umgefüllt wurden, ihr eigenes Leben haben und deswegen ihr Missbrauch unverzeihlich wäre.

d) Zunächst aber ist der Schock nachzuempfinden, den der heutige Hörer, der in einer völlig veränderten Sozialordnung aufwächst und der ihr eben auch nicht einfach entspringen kann, erlebt. Nicht mehr »Unterordnung« ist heute das faszinierende Schlüsselwort, sondern »Freiheit«. Alles soll frei sein: das Denken, die Forschung, das Gewissen, der Glaube, die Kirche, die Presse, das Volk, der Bürger, der Arbeiter, die Frau, die Jugend, die Liebe, das Kind, die Abtreibung und vieles mehr.

e) Wir wollen nicht zurück ins Mittelalter. Schon nach einer Probe von vierzehn Tagen würden wir uns wieder zurückmelden. Die freiheitliche Sozialordnung lockt uns wirklich mit einem Zipfel der Wahrheit. Aber sie ist zwiegesichtig. Die Freigelassenen werden auch wieder eingefangen. Geistige Machtzentren haben sich gebildet und normieren und formieren die Gesellschaft erschreckend. Und die Befreiten zeigen sich wild, böse und undankbar. Die Notbremse wird gezogen: Strafen werden verschärft, Polizei verstärkt, Instrumentarien der Verbrechensbekämpfung verbessert, immer mehr Daten des Bürgers erfasst. Könnte nicht ein grundsätzlicher Fehler im Menschenbild und im Gottesbild stecken? Es gibt Gegenbewegungen. Doch der öffentlichen Meinung fällt nach wie vor nichts anderes ein, als noch draufzusatteln: Die »Freiheit« müsse noch weiter vorangetrieben werden, damit sich endlich das Gute im Menschen entfalten könne. – Mit diesem ganzen Gemisch hat es die Auslegung heute zu tun.

1a Paulus stellt eine bestürzend einfache, unumstößlich geltende Mahnung an die Spitze: **Jedermann,** ob Jude, Heide oder Christ, **ordne sich den vorgesetzten Behörden**[38] unter. Vorausgesetzt ist

[38] Griech. *exousia*, Gewalt, sehr vieldeutig, je nach Zusammenhang. In diesem Text gehört es zu einer Reihe von Begriffen, die auch in der damaligen Amtssprache geläufig waren (z.B. »Regierende« in V. 3, »Beamte« in V. 6). So ist *exousia*, hier in Mehrzahl, auch für »Behörde« belegt. Nach V. 4 und 7 ist an staatliche Organe wie Polizei, Gericht, Finanzamt oder Zollstelle zu denken. Durch sie erlebt der kleine Mann seine Regierung. In V. 2-3 erscheint das Wort noch dreimal in Einzahl, als Zusammenfassung oder Zentralgewalt. Darum dort immer mit »Regierungsgewalt« übersetzt.

das Wissen um eine umfassende Ordnung der Gesellschaft. Jedermann ist darin in ein bestimmtes Verhältnis zu den anderen versetzt und möge seinen Platz einnehmen. Dabei entsteht auch je und je ein Oben und Unten, was durch »vorgesetzt« (Obergewalt besitzen) bewusst gemacht wird. Gewiss wird es immer schwer sein, dies Sichunterordnen einem Menschen begreiflich zu machen, der mit heißem Herzen dem Bekenntnis lebt: »Mir geht nichts über mich!« Aber auch der heutige Hörer kennt die Sehnsucht nach Eltern, nach einem Lehrer oder Freund, die »in Ordnung sind«. Ohne zur Ordnung zu rufen, Ordnung zu schaffen und Ordnung zu halten können Menschen nicht zusammen sein.

Nachdem Paulus die Ordnung, die Bevölkerung und Regierung **1b**
umfasst, bewusst gemacht hat, nennt er Gott als den Urheber dieses Gebildes. **Denn es gibt keine Regierungsgewalt außer durch Gott.** Selbstverständlich waren Paulus die irdisch-menschlichen Umstände bekannt, wie Regierende an die Macht kommen. Zu seinen Lebzeiten gab es in Rom vier Kaiserkrönungen, davon drei nach Mord und Totschlag. Auch seine Bibel erzählt ungeschminkt von solchen Dingen. Aber Paulus verlegt sich hier ganz und gar auf die theologische Sicht. **Die existierenden (Behörden) sind durch Gott angeordnet.** Sobald hier das Wort »Gott« ertönt, geht es um den Gott des Lebens und des Friedens in Opposition gegen alles Chaotische, das das Leben zerstört. Dass es für das Zusammenleben und für das Überleben der Menschen im Kleinen und Großen nicht ohne eine Friedensordnung geht, weiß im Grunde jeder. Auch die christliche Gemeinde weiß sich ihr verpflichtet. Allerdings klang schon 12,18 an, dass dem Bemühen um Frieden und Ausgleich durch fehlenden guten Willen Einiger Grenzen gesetzt sind. In diesem Zusammenhang kommt jetzt die Einrichtung einer staatlichen Ordnungsgewalt zur Sprache (Näheres dazu V. 4). Sie ist keine Heilsordnung, gehört aber zu einem erträglichen Dasein.

Paulus liest sie nicht von der Natur ab, wie es griechische Philosophen taten[39], führt sie auch nicht auf die Schöpfung am Anfang zurück. Das bedeutet: Es gibt sie nicht als vorgegebene Idealgestalt, die nun den Staaten aller Zeitalter und Erdteile als Soll auferlegt wäre.[40] Vielmehr ruft der Ausdruck »durch Gott angeordnet« die Vorstellung einer Kette von Anordnungen hervor (vgl. sogleich zu V. 2), die Gott je und je in die Abläufe der Ereignisse hineingibt, ob

39 Z.B. in der Stoa (vgl. Exkurs oben): »Das wohlgefügte Universum ist Vorbild für den Idealstaat und das bürgerliche Leben« (Hauck, ThWNT III, S. 795,24).

40 In einer Massengesellschaft muss Staat sich anders ausbilden als in dünn besiedelten Gebieten, wo man das Haus des Nachbarn nicht einmal durchs Fernrohr sieht. Aber überall steht die getroffene Ordnung unter Gott und vor Gott.

nun im Zorn, in Geduld oder Gnade. In allen Phasen ist Gott der Menschengeschichte mächtig. Ohne seine Fügungen im Einzelnen durchsichtig machen zu können, stehen wir hier vor einem Allgemeingut biblischen Glaubens, klassisch im Buch Daniel[b]: »Gott setzt Könige ab und setzt Könige ein.« In Offb 13 heißt es zwar von der entarteten politischen Macht: »Und der Drache gab dem Tier seine Kraft und seinen Thron und große Macht« (V. 2), aber wenige Verse später wird die Aussage überhöht: »Ihm wurde (durch Gott!) Macht gegeben …« (V. 7). In der Tat ein für uns undurchdringliches Ineinander zweier Initiativen von total entgegengesetzter Richtung! Amos 3,6 bezeugt diese Allwirksamkeit (nicht Alleinwirksamkeit!) Gottes in dem Satz: »Trifft ein Unglück die Stadt, und Jahwe war nicht am Werk?« (Übersetzung nach H.W. Wolff). Gott ist auch in dieser gefallenen Welt an jedem Fleck der Erde pausenlos in Aktion (Joh 5,17). Er schaut nicht nur auf alles herab wie der stille Mond. Er lässt sich nicht im Jenseits einsperren, er ist nicht nur Gott im Himmel, sondern auch auf Erden (5Mo 4,39; Jos 2,11; Pred 5,2). Kein Bezirk (und auch kein Rathaus), der seinem Wirken entrückt wäre.[41] Wenn Gott nach Mt 10,29 sogar im Vogelflug und im Entstehen einer Glatze wirkt, wie viel mehr im Entstehen und Bestehen einer jeden real existierenden Regierung. »Ja, gewiss, Gott ist der Gott der Nationen!« (3,29). Es gibt keine in sich selbst ablaufende Weltgeschichte.

[b] Dan 2,21.37f 4,14.29 5,21 Spr 8,15f 21,1 Jes 45,1-7 Lk 1,52 Joh 19,11 Röm 9,17

2 Unter diesen Umständen entfällt die offene oder versteckte Verweigerungshaltung als christliche Möglichkeit. **Daher, wer sich der Regierungsgewalt widersetzt (entgegenordnet), widersetzt sich der Anordnung Gottes, die sich Widersetzenden aber werden für sich** im Endgericht Gottes **Verurteilung empfangen.** Folglich ist Anarchie, also grundsätzliche Widersetzlichkeit gegen Regierungsgewalt, kein christlicher Ausweg. Etwas anderes ist Verweigerung bestimmter Befehle der Staatsgewalt (dazu die Anm. zu V. 3b).

3-4 Damit wechselt Paulus vom Grundsätzlichen zum Praktischen, zum *Handeln* der Regierungsgewalt und zum *Tun* der Christen. Dabei arbeitet Paulus mit der Voraussetzung, beide Seiten würden in einem wesentlichen Punkt harmonieren: Sie wollen das Gute und bekämpfen das Böse. Genauer: Vom Staat her geschieht es so[42], die Christen werden ermahnt, es zu tun. Was letztere anbetrifft, zeigt die dreimalige Gegenüberstellung von Gut und Böse, dass sie noch einmal in den Gedankenstrom des letzten Kapitels hineingenom-

41 Anders etwa Albert Einstein: »Ich glaube an Gott, aber an einen Gott, der sich auf keinen Fall um uns kümmert« (bei H. Gollwitzer, Denken, S. 138).

42 Wer hier Mahnungen an die staatliche Seite vermisst, sucht etwas an einer Stelle, wo es nicht hingehört. Gemeindeparänese hat ihre eigene Aufgabe (vgl. Einführung in Briefteil 12,1-15,13).

men werden. In eindringlicher persönlicher Anrede werden sie wie schon 12,2 auf den Willen Gottes eingeschworen (V. 3b): **Tue du das Gute,** unbedingt! Wohlgemerkt heißt es nicht: Tue unbedingt das Befohlene![43] Beim Tun des Guten kommt ihnen in der staatlichen Struktur etwas entgegen, was sie als christliche Gemeinde nur bejahen können – eine zunächst sehr erstaunliche Behauptung. Die Staatsgewalt **belobigt** die Täter des Guten und bestraft **die, die das Böse tun.** Paulus hebt hier an der Staatsgewalt einzig und allein ihre ethische Funktion hervor.[44] Durch ihre Strafverfolgung ist sie Garant der Rechtsordnung, **als Gottes Bedienstete**[45] Rächerin zum Zorn für die, die das Böse tun (V. 4b). Nach 12,19 sollen Christen sich nicht in das Racheamt hineindrängen, sondern dem zukünftigen Zorn Gottes Raum geben. Hier jedoch ergänzt Paulus und lehrt, dass Gott dieses Amt schon gegenwärtig nicht völlig ruhen lässt, sondern es provisorisch durch die Staatsgewalt als sein Werkzeug ausüben lässt. Die gerichtliche Strafverfolgung ist, so bruchstückhaft sie geschieht, durchscheinend für Gottes kommenden Zorn. Dieser »kleine Zorn« verweist auf jenen »großen Zorn«. Gott will die Menschheit nicht in den großen Zorn hineinlaufen lassen, ohne dass ihr vorher Heil begegnet. Damit sie sich aber nicht vorher durch den Kampf aller gegen alle, durch Dschungelrecht, Lynchjustiz und Wechselmord selbst zum Verschwinden bringt, stellt Gott mindestens den gröbsten Exzessen des Bösen die juristische Gewalt entgegen.

Bei dieser Betonung gerade des richterlichen Elements im Staatswesen und im Gedanken an die real existierenden Gerichte staunt man über solche Aussagen: **Tue du das Gute, und du wirst Belobigung von ihr her haben** (V. 3b), **wenn du aber Böses tust, fürchte dich, denn sie trägt das Schwert nicht umsonst** (V. 4b). So einfach

43 Im Einzelfall kann fraglos Widersetzlichkeit am Platz sein (Apg 4,19; 5,29). Die Bibel bringt zahlreiche Beispiele von Widerstand gegen Fürstenunrecht. Man denke nur an Hebr 11,23-27: Die Eltern des Mose übertraten »im Glauben« Menschensatzungen, und Mose »fürchtete durch den Glauben nicht den Zorn des Königs«. Für den Fall eines solchen Ungehorsams ist jedoch auch Bonhoeffer zu hören: »Überschreitet die Obrigkeit an irgendeiner Stelle ihren Auftrag…, so ist ihr zwar an dieser Stelle der Gehorsam … zu verweigern; es ist aber nicht erlaubt, aus diesem Verstoß (der Obrigkeit) verallgemeinernd zu folgern, dass diese Obrigkeit nun auch in anderen oder gar allen andern Forderungen keinen Anspruch auf Gehorsam mehr hat. Der Ungehorsam kann immer nur eine Entscheidung im Einzelfall sein …« (Ethik, München 1949, S. 267).

44 Nur V. 6 streift ein Seitenblick auch die andere Seite des Staates. Er ist auch Garant der Wirtschaftsordnung, indem er durch Sorge für Straßen, Brücken, Währung, soziale Sicherungen usw. die Rahmenbedingungen für Handel und Wandel schafft. Beim totalitären Staat lassen sich auf diesem Gebiet noch am leichtesten die Reste der Rechtsstaatlichkeit nachweisen, und wenn es nur das ist, dass er für den Rechtsverkehr auf der Straße sorgt.

45 In V. 4 zweimal *diakonos*, davon unser »Diakon«. In bestimmten Fällen können heidnische Könige sogar als »Gesalbter« oder »Knecht« Jahwes bezeichnet werden (Jes 45,1; Jer 25,9).

ist das alles? Nach dem Zusammenhang ist bei diesem Lob der guten Tat an das Lob aus Richtermund[46] zu denken: Im Rahmen eines Prozesses stellt er Gut und Böse fest und teilt insofern Lob und Tadel zu. Aber hatte Paulus nicht selbst schlimme Erfahrung mit der Brutalität, Korruption und rechtsstaatlichen Heuchelei seiner Richter gesammelt?[47] 8,35 fasst er zusammen: »Wir werden getötet den ganzen Tag, wir sind geachtet wie Schlachtschafe.« Und dennoch sollte der aufmerksame Leser des Röm an dieser Stelle nicht gar zu überrascht sein. Zunächst: Nach 1,32 »weiß« auch das Heidentum noch im Tun des Bösen, »dass die, die solches tun, ... den Tod verdienen«. Das Wissen um Gut und Böse ist unter den Völkern ausnahmslos vorauszusetzen (2,15). Zweitens: Nach 7,16.22 lebt im Unerlösten nicht nur dies Wissen, sondern sogar Anerkennung, ja Gefallen am guten Willen Gottes. Mehr noch, nach 2,14 hält Paulus es drittens für möglich: »Sie *tun* von Natur, was das Gesetz fordert«. Obwohl sie ganzheitlich gesehen unentschuldbar unter Anklage stehen, geschehen unter ihnen wenigstens fragmentarisch gute Taten. Also: Wissen um das Gute, Bejahen des Guten und Tun des Guten! Für derartige Signale sogar beim heidnischen Staat sollten Christen sensibel bleiben. Ein Vorbild ist die Art ntl. Prozessberichte. Paulus erlangte dies »Lob« des Staates, indem der Oberst Lysias, die Statthalter Felix und Festus und König Agrippa wiederholt seine Unschuld bescheinigten[c], was sie freilich nicht hinderte, parallel dazu seine Haft hinauszuziehen[d]. Pilatus musste öffentlich dreimal feststellen: »Ich finde keine Schuld an diesem Menschen«, um diesen Unschuldigen dennoch der furchtbaren römischen Geißelung zu unterziehen. Herodes musste sich ihm im Urteil anschließen (Lk 23,4.14.15.22). Der Hohe Rat machte erstaunlich viel Umstände um Recht und Gesetz, wenngleich das Todesurteil über Jesus rechtswidrig schon vor dem Prozess feststand. Das erbärmlichste Regime kommt eben ohne Anlehnung an den hohen Begriff von Gut und Böse nicht aus. Auf diese Weise legt es sich Gott zu Füßen, wie die römischen Soldaten dem dornengekrönten und purpurbekleideten Jesus huldigten. Von Unrecht und Spott zugeschüttet triumphierte die Gerechtigkeit!

[c] Apg 23,26 24,22 25,25 26,32
[d] 1Joh 4,18 Apg 26,16 1Petr 3,13-17 4,15f

[46] Anders u.a. P. Stuhlmacher, S. 178: »Die Rede von der ›Belobigung‹ durch die Staatsmacht lässt sich schön von der Gepflogenheit römischer Kaiser her illustrieren, Belobigungsschreiben an verdiente Beamte und einzelne Städte im römischen Imperium zu senden, falls diese besonders politisches Wohlverhalten an den Tag gelegt haben.« Doch kaum wird Paulus den damaligen Christen, die politisch unbedeutend waren, den Empfang solcher Kaiserschreiben oder Vergleichbares in Aussicht gestellt haben. Darum hier besser mit Michel, S. 285: Das Schwert ist Symbol des Richteramtes. Das gilt auch für 8,35, dort zugleich ein Beispiel für missbrauchte Richtervollmacht.

[47] Vgl. Jesus in Lk 22,25: »Die Könige herrschen über die Völker, und ihre Machthaber lassen sich Wohltäter nennen. Ihr aber nicht so!«

Wir kehren zurück zur Mahnung an den Christen: Tue Gutes! Paulus schärft es nicht allein durch die Aussicht auf das zu erwartende Lob ein, sondern fast noch stärker durch Vergegenwärtigung drohender Strafe im Fall der Übeltat (dreimal in diesen beiden Versen das Furchtmotiv!): **Willst du dich aber vor der Regierungsgewalt nicht fürchten, tue das Gute!** Ein Christ soll es nicht auf die leichte Schulter nehmen, sich, weil er es »nur« mit einer weltlichen Behörde zu tun hat, über die Normen von Gut und Böse hinwegzusetzen. Er geriete dadurch auch vor Gott aus einem Rechtsbereich heraus. Das Recht, eigentlich gedacht **dir zum Guten**, kehrt sich gegen ihn, Sanktionen werden wirksam. Vor allem entzieht sich ihm in solch einem Fall vor den Schranken des Gerichts der wahre geistliche Mut, der nur dem Gottesfürchtigen geschenkt wird[e].

[e] Röm 8,32-36 Apg 4,13.29 1Petr 3,13-17

Paulus kann nun seine These von V. 1 verstärken und vertiefen. 5
Darum ist es nötig, sich unterzuordnen, nicht allein wegen des Zorns, sondern auch wegen des Gewissens. Keineswegs empfiehlt er bloß äußeres Sichfügen und vorauseilende Unterwürfigkeit als einzige Möglichkeit zum Überleben, noch weniger geschmeidige Anpassung zu eigenem Vorteil. Ihm geht es um eine Sache innerster Verpflichtung.

Die Tatsache, dass seine römischen Leser ihre Steuern offenbar 6
normal entrichten, wertet er als Zustimmung. **Deswegen zahlt ihr ja auch Steuern.** Schon an der Wiege des Christentums machte das Thema Steuern zu schaffen (Lk 2,1). In Rom litt man z.Zt. der Abfassung dieses Briefes ganz besonders unter hohen Abgaben und unter den gewaltsamen Methoden der Steuereinnehmer. Der Umschlag in Erbitterung lag immer nahe. Darum wendet Paulus seine Sicht von V. 4 gerade auf diese staatlichen Organe an: **Beamte Gottes sind sie nämlich, für eben dies energisch tätig.**

Ohne jedes Bindewort setzt der neue Satz ein und klopft noch 7
einmal die christliche Forderung in diesen staatsethischen Fragen fest. Durch seine Kürze und starke Verallgemeinerung gibt er sich als These zu erkennen: **Erstattet allen die Verpflichtungen.** Die Mehrzahl »Verpflichtungen« meint nicht eine Menge von Geldschulden, sondern umfasst hier alles, was Christen der Gesellschaft schulden. Von der Wiege bis zur Bahre empfangen sie im Rahmen der öffentlichen Ordnung Dienstleistungen. Nachdem sie für Gott aufgewacht sind, sind sie auch wach für Gottes Walten in diesen Weltverhältnissen und bringen ihm auch auf dieser Ebene ihren »vernünftigen Gottesdienst« dar (12,1). Sie tun es, indem sie allen Personen und Institutionen gegenüber gerecht und fair ihre Pflicht erfüllen. Es folgt eine Aufzählung von Beispielen: **Dem (ihr) die Steuern (schuldet), (erstattet) die Steuern; dem (ihr) den Zoll (schuldet), den Zoll; dem Respekt (gebührt), Respekt; dem Ehr-**

erbietung (gebührt), Ehrerbietung. Beziehen sich »Respekt« und »Ehrerbietung« vielleicht auf Gott? Der Vergleich mit Mk 12,17 und 1Petr 2,17 könnte diesen Gedanken nahe legen. Aber er passt nicht recht zur voranstehenden These und auch nicht in diese gleichförmige Reihe von Beispielen. Paulus zieht wirklich die Linie durch: Nehmt die bestehende Regierungsgewalt ernster als sie sich vielleicht selbst nimmt!

e) Nächstenliebe als Erfüllung des Gesetzes (13,8-10)

8 **Niemand sollt ihr etwas schulden, außer einander zu lieben. Denn wer den andern liebt, hat das Gesetz erfüllt.**
9 **Das nämlich (in 5Mo 5,17-21 Gebotene): »Du sollst nicht ehebrechen, du sollst nicht töten, du sollst nicht stehlen, du sollst nicht begehren« und wenn (da) irgendein anderes Gebot (ist), wird in diesem Wort zusammengefasst (3Mo 19,18): »Lieben sollst du deinen Nächsten wie dich selbst.«**
10 **Die Liebe tut dem Nächsten nichts Böses. Erfüllung des Gesetzes ist also Liebe.**

Mit 10,4f schien das Stichwort »Gesetz« aus dem Röm verschwunden zu sein und wurde sicher auch vom Leser nicht vermisst. In den beiden ethischen Kap. 12-13 hatte es scheinbar nichts mehr zu suchen, sieghaft im Namen der Liebe aus dem Feld geschlagen. Aber so wird Paulus weit unterschätzt. Er wurzelt im AT, denkt heilsgeschichtlich und sieht auch unbestechlich die Gefahr einer »christlichen« Gesetzlosigkeit. Gleich in doppelter Aussage zieht er jetzt die Frage des Gesetzes[48] wieder herein.

8 Paulus knüpft an die Mahnung an, im Rahmen des bürgerlichen Lebens jedem das ihm Geschuldete zu begleichen: **Niemand sollt ihr etwas schulden.** Es gibt aber auch eine weiter bestehende, unvergleichlich andere Verpflichtung, die schon 12,9-21 beschäftigte: **außer einander zu lieben.** Liebe setzt sich von genügsamer Bürgerlichkeit entschieden ab. Als Christ leben heißt nicht schon, finanzielle, rechtliche und moralische Verpflichtungen prompt abzugelten, um sich dann zurückzulehnen, sich auszuklinken aus dem restlichen Riesenbedarf an Aufgaben ringsherum. Ein Christ bleibt im Dienst. Nie sagt er zum Nächsten: Ich habe meine Schuldigkeit getan, wir sind uns quitt! Nie redet er sich mit bereits geleisteter

[48] Was die spannungsvollen Aussagen des Paulus zum Gesetz anbetrifft, wird auf die Auslegung zu 10,4 verwiesen.

Hilfe heraus: Den und den bin ich los! Damit wäre er ja schon aus der Liebe gefallen.[49]

Das NT verlangt nicht Liebe »in fröhlicher Grundlosigkeit« (Karl Barth), sondern breit begründet. Wir »schulden« zu lieben (1Joh 4,11), weil wir Liebe empfingen durch Gott den Vater (Mt 5,44f), den Sohn (1Joh 4,1) und den Heiligen Geist (Gal 5,22). Aber Liebe ist auch schlicht Gehorsam. Besonders in undurchschaubaren Lagen – und das sind die häufigsten Fälle – oder wenn die Psyche (noch) nicht mitmacht, tut sie das Gebotene. In diese Richtung weist unsere Stelle. **Denn wer den andern liebt, hat das Gesetz erfüllt.** Damit lenkt Paulus zum Ausgangspunkt der ganzen Paraklese von Kap. 12 und 13 zurück, ausgesprochen in 12,2b: Tue unbedingt den Willen Gottes! Wer den Willen Gottes tut, bleibt in Ewigkeit. Willst du zum Leben eingehen, halte die Gebote, eben die Gebote des Gesetzes![a] Es gibt bei Paulus wie bei Jesus keine Stelle, die auch nur ahnen ließe, dass der Wille Gottes anderswo zu finden wäre als im Gesetz und in den Propheten des AT. Das »neue Gebot« der Liebe macht nicht das »alte Gebot« überflüssig[b]. Liebe ist nicht das Ende des Gesetzes, sondern seine Erfüllung.

[a] 1Joh 2,17 Mt 19,17 Joh 15,10

[b] 1Joh 2,7f

Paulus verdeutlicht das enge Verhältnis der Liebe zum Gesetz. 9-10
Das nämlich (in 5Mo 5,17-21 Gebotene): »Du sollst nicht ehebrechen, du sollst nicht töten, du sollst nicht stehlen, du sollst nicht begehren« und wenn (da) irgendein anderes Gebot (ist), wird in diesem Wort zusammengefasst (3Mo 19,18): »Lieben sollst du deinen Nächsten wie dich selbst.« Wir setzen mit dem ersten Sätzchen aus V. 10 ein: **Die Liebe tut dem Nächsten nichts Böses.** Hierzu passt die Auswahl aus den Zehn Geboten, die Paulus ab V. 9 folgen lässt. Böse wäre z.B. die Verletzung der Ehe des Nächsten, seiner leiblichen Unversehrheit und seines Eigentums, böse wäre, ihn ständig in unseren Neid hineinlaufen zu lassen, statt ihm ein Segen zu sein. Das Gesetz insgesamt gleicht einer sorgfältigen Beschilderung des menschlichen Daseins mit Wegweisern, die immer in die gleiche Richtung und zum gleichen Ziele weisen: Deinem Nächsten soll durch dich nichts Böses geschehen, sondern Gutes. Gerade wenn er sich ins Unrecht gesetzt hat, sollst du ihm bis ins Herz hinein gut sein und ihm Beweise dessen liefern. Das war schon der Sinn der hier aus 3Mo 19,18 angeführten Stelle in ihrem Zusammenhang. Insofern wird das Gesetz durch das Gebot der Nächstenliebe zusammengefasst, d.h. auf einen Punkt, auf seinen

[49] Das klassische Beispiel steht in Mt 18,21-35: Darf man mit Vergeben beim siebten Mal anhalten und die Liebe einstellen? Jesus antwortet ganz im Sinne unserer Stelle: Liebe ist man immer schuldig!

Hauptpunkt gerichtet[50]. Jesus hat als Ausleger[51], ja als verkörperte Auslegung des AT dafür gesorgt, gelebt und gelitten, dass dieser Hauptpunkt nicht in einem Wust von Erörterungen untergeht und verloren geht, sondern wirklich erfüllt wird (Joh 4,34). Darin sind ihm die Apostel gefolgt. **Erfüllung des Gesetzes** und damit auch Ende seiner quälenden Funktion von Röm 7,14-25 **ist also Liebe.**

f) Nachwort: Zukunftsorientierte Lebensgestaltung im Licht des heraufziehenden Tages (13,11-14)

11 Und dieses (alles tut) im Wissen um die Zeit: Die Stunde (ist) schon da, dass ihr vom Schlaf aufsteht, denn jetzt (ist) unsere Rettung näher als (damals), als wir gläubig wurden.
12 Die Nacht ist vorgerückt, der Tag genaht. Folglich lasst uns ablegen die Werke der Finsternis, anziehen die Waffen des Lichts.
13 Wie am Tage lasst uns ehrenhaft wandeln, nicht in Gelagen und Zechen, nicht in Bordellbesuchen und perversen Lastern, nicht in Streit und Eifersucht,
14 sondern zieht an den Herrn Jesus Christus und übt nicht des Fleisches Fürsorge aus zur Gier hin.

Ein Nachwort begründet rückschauend die Paränese Kap. 12-13, allerdings in anderer Weise als im Vorwort 12,1-2. Dort berief Paulus sich auf die Schubkraft der erfahrenen Barmherzigkeit Gottes. Jetzt führt er die Zugkraft ins Feld, die von der Hoffnung auf das öffentliche Kommen Christi ausgeht. Oder ein anderes Bild: Herkunft und Zukunft der Gemeinde gleichen zwei Brückenpfeilern, zwischen denen ihre Gegenwart ausgespannt ist. Ohne diese beiden Pfeiler oder ohne einen der beiden würde sie abstürzen, würde sich christliches Leben unweigerlich im Strom des Üblichen auflösen.

Zur Naherwartung. Nach der griechischen Philosophie, wie sie bis heute als geistige Grundlage des Abendlandes nachwirkt, ist Gott

50 *anakephalaioomai* meint eigentlich, etwas unter Konzentration auf die Hauptsache nochmals zusammenfassen. Es bringt nichts Neues, Höheres, sondern spitzt nur zu. Das Wort erscheint im NT nur noch Eph 1,10, dort aber als Handeln Gottes in besonderer Sinnfülle.

51 Im Unterschied zu Jesus (Mt 7,12; 22,37-39 par.) verknüpft Paulus die Zehn Gebote hier nicht mit dem Gebot der Liebe zu Gott, erwähnt auch keine Gebote der ersten Tafel (vgl. Gal 5,14; Jak 2,8). Er verwendet »lieben« eben nur innerhalb der Ethik. Für »Liebe« zu Gott entdeckten die ersten Christen als neues Hauptwort »Glaube«: Gott liebt uns, wir glauben ihm seine Liebe. Dieser Glaube wiederum ist voll liebender Energien zum Nächsten (Gal 5,6).

gut, wahr und schön, aber absolut bewegungslos.[52] Die Bibel dagegen läutet Sturm: »Ich bin – der da kommt!«[a] Gott befindet sich in einer herannahenden und in unsere Welt hereintretenden Bewegung. Daher ist biblische Verkündigung Gottes immer auch Ankündigung und versetzt in Erwartung des Nahenden. Schon im 8. Jh. v. Chr. rief Jesaja: »Der Tag ist nahe!« (Jes 13,6), und alle folgenden Propheten frischten in ihrer Generation diese Naherwartung mit ähnlichen Wendungen auf[b]. Israel war seit Jahrhunderten ein Volk steter Naherwartung. Hier schloss sich Johannes der Täufer an: »Das Reich Gottes ist nahe herbeigekommen« (Mt 3,2). Alle vier Evangelien entfalten einmütig, wie diese Ankündigung sich zentral in der Passionsgeschichte erfüllte. Dort kam entscheidend Gottes Reich, geschah sein Wille und wurde sein Name auf Erden geheiligt. Am Kreuz wurde Jesus Herr über Sünde, Tod und Teufel – bestätigt zu Ostern. Seine Gemeinde erfuhr als Körperschaft des Heiligen Geistes in ihrer Mitte sein Herr-Sein. Umso mehr erlitt sie aber auch die schrille Dissonanz zwischen messianischer Erfüllung und weiter währenden unmessianischen Verhältnissen. Es kam zu einem neuen Warten, ja zu einem Hungern nach der uneingeschränkten öffentlichen Verherrlichung eben dieses Herrn in der ganzen Schöpfung. Weil sie auf den wartete, der der bereits Gekommene und täglich Nahe war, übertrifft die ntl. Naherwartung die atl. an Dringlichkeit und Ausdrücklichkeit. Das wiederum erhöhte die Geduldsprobe. So verarbeiten zahlreiche Stellen im NT das Thema vom »säumigen Herrn«, der menschliche Erwartungen nicht bestätigt[c]. Abgesehen vom Problem der Ungeduld gab es ferner *unwillkürliche* zeitliche Vorstellungen von der Ankunft des Herrn. Menschen können nicht anders, als alles, was sie stark bewegt, in ihren eigenen Lebenshorizont hereinzuziehen. Wir könnten uns z.B. eine Wiederkunft im übernächsten Jahrtausend nicht vorstellen und sie dennoch brennend erwarten. So scheint auch Paulus der Gedanke an ein persönliches Erleben der Wiederkunft Jesu noch zu seinen Lebzeiten nicht fern gelegen zu haben[d]. Aber solche Redeweise unterlief ihm nur. Nie rückte die Behauptung eines Termins in die Spitze seiner Gedankenführung. Sie wurde nirgendwo Lehraussage. Im Gegenteil, er und die von ihm Belehrten »wissen genau«, dass sie über das Wann nichts Genaues wissen (1Thess 5,1-2). Es ist grundsätzlich unberechenbar. »Der Tag ist (allein) dem Herrn bekannt« (Sach 14,7). Paulus ehrte die hoheitlichen Entscheidungen Gottes über Zeit und Stunde (11,33-35).

[a] Offb 1,8 4,8 22,7.20

[b] Jes 46,13 56,1 Zef 1,7.14 Obd 15 Hes 30,3 12,23 Joel 1,15 4,14 Am 6,3

[c] Mt 24,42-51 25,1-13 Mk 13,13 Lk 19,11 Joh 21,22 Apg 1,8 1Thess 5,1-3 2Thess 2,3.7 Hebr 10,35-39 Jak 5,7 2Petr 3,3-10 Offb 6,9-11 13,10

[d] 1Thess 4,15-17 1Kor 7,29-31 15,51

[52] Kleinknecht, THWNT III, S. 73-79

Alle christlichen Kirchen haben die Wiederkunft Christi in ihr Lehrsystem aufgenommen. Allerdings kann diese Erwartung für uns praktisch gegenstandslos werden, eine unverbindliche Fernerwartung, die unsere Gegenwart nicht gestaltet: »Mein Herr kommt noch lange nicht!« Ihr steht auf der Gegenseite die Soforterwartung gegenüber: »Dann und dann muss und wird er kommen!« In diesem Fall missbraucht man herausgepflückte Bibelstellen für prickelnde Voraussagen, die aber nur bis zur nächsten Blamage führen. Außerdem bringen sie die ehrbare biblische Naherwartung in Verruf.

11 Obwohl die römische Gemeinde keine Gründung des Paulus war, kann er auch bei den dortigen Lesern ein bestimmtes Wissen voraussetzen. Jede christliche Gemeinde stand damals in einer heilsgeschichtlichen Erkenntnis, so dass keiner Gemeinde das Folgende neu war. Aber wie 6,3 konnte solch Wissen der Beachtung entschwunden sein. Es will belebt werden, damit die apostolischen Mahnungen nicht ins Leere laufen. **Und dieses (alles tut) im Wissen um die Zeit.** Kurz umreißt Paulus das urchristliche Verständnis der Situation zwischen dem ersten und dem zweiten Kommen des Herrn, dem »Tag des Herrn«. Dieser Tag ist noch nicht da (2Thess 2,2), wohl aber genaht (V. 12). Dies »genaht« meint aber nicht: Er kommt morgen oder übermorgen! Vielmehr schaut Paulus den bereits eingetretenen Tagesanbruch. **Die Stunde ist schon da, dass ihr vom Schlaf aufsteht.** Der Wortlaut erinnert unwillkürlich an Gethsemane.[53] Auch dort bezieht sich die Mahnung, nicht mehr zu schlafen, auf eine markante Zeitangabe. Es ist die Weltstunde, Stunde der Weltgefahr, aber auch der Weltchance. Deswegen heißt sie einerseits »Stunde der Macht der Finsternis«, andererseits »Stunde des Menschensohnes«, »seine Stunde«. Ihr Inhalt ist das erlösende Handeln Gottes im Leiden Jesu. Sie mündete in den Triumphschrei aus: »Es ist vollbracht!«[e] Hier wurzelt das Zeitgefühl der christlichen Gemeinde. Im Tiefpunkt zu Karfreitag schaut sie den Höhepunkt der herrlichen Enthüllung Gottes, so dass sich jetzt alles ändert. Weltenwende ist geschehen, auch wenn die Welt so weiterläuft, als wäre nichts geschehen. Als Veranschaulichung dient das Dämmerspiel in frühster Stunde, wenn der junge Tag sich meldet. Ab jetzt ringen Licht und Finsternis miteinander, das aber nicht in ewiger Tragik wie in etlichen Religionen, sondern die Nacht ist schon geschlagen und befindet sich im Rückzug. Darum können die Schatten, die noch auf dem Dasein liegen, den Glaubenden nicht mehr imponieren, sie nicht ver-

[e] Mk 14,41 Lk 22,53 Joh 7,30 8,20 12,23.31 13,1; 17,1 19,30

[53] Mk 14,32-42 bringt dreimal »Stunde« und achtmal »Schlaf/schlafen/wachen«.

leiten, zu »schlafen wie die übrigen« (1Thess 5,6). Für sie ist die Schlafsucht von 11,8 verflogen. Nichts mehr ringsherum befindet sich in bleierner Zuständlichkeit, vielmehr alles in vorwärts drängender, unaufhaltsamer Bewegung. **Jetzt (ist) unsere Rettung näher als (damals), als wir gläubig wurden.** Aus »nahe« wird »näher« und »immer näher«. Kein Augenblick verharrt auf der Stelle. Der Christ sieht sich nicht auf dem Abstellgleis, sondern erfährt ein Vorwärtsschreiten von Glauben zu Glaube, Gnade zu Gnade und Herrlichkeit zu Herrlichkeit[f].

[f] Röm 1,17 Joh 1,16 2Kor 3,18

In V. 12-14 folgen Anweisungen zu zukunftsorientiertem Han- **12-14**
deln. **Die Nacht ist vorgerückt, der Tag genaht.** Ist das erkannt, sind hellwach Folgerungen zu ziehen: **Folglich!** Paulus bleibt im Bild: Nach dem Aufstehen (V. 11) ist das Sichankleiden an der Reihe. Eine negative Möglichkeit steht der positiven gegenüber, im ersten Fall als Sortiment von »Kleidungsstücken«[54]. Wir folgen jetzt dem Text in thematischer Ordnung.

Zunächst die rückwärts gewandte Lebensgestaltung: **Folglich lasst uns ablegen die Werke der Finsternis.** Auf keinen Fall sollen Christen die alten befleckten Stücke, die sie in Reue und Umkehr von sich getan haben, noch einmal hervorholen. V. 13 bringt krasse Beispiele aus dem heidnischen Nachtleben.[55] **Gelage:** Sie werden sündhaft üppig aufgezogen, eine Schande angesichts der Hungernden der Welt (Lk 16,20f) und eine Goldgrube für die Ärzte, die die Eingeweide wieder auskurieren müssen. **Zechen:** Ein Gläschen verlangt nach dem nächsten, bis die ganze Gesellschaft alkoholisiert ist und die normalen Hemmungen ausgeschaltet sind. **Bordellbesuche**[56]: Hinweis auf Sexualität ohne jede Menschenwürde, oft bei den Feten angezielt, befördert durch die lähmende Wirkung des Alkohols und aufgereizt durch scharfe Speisen. **Perverse Laster**[57]: Man vgl. dazu 1,26f. **Streit und Eifersucht**: Es genügen jetzt Lappalien, um Mord und Totschlag heraufzubeschwören.

Hier lässt sich auch die zusammenfassende Mahnung V. 14b anschließen: **Und übt nicht des Fleisches Fürsorge aus zur Gier hin.** Das Wort »Fleisch« wird an dieser Stelle häufig als »Leib, Körper«

[54] An ein Nachtgewand ist also nicht gedacht; der Römer legte sich angekleidet ins Bett, zog nur Mantel und Schuhe aus (Michel, S. 293, Anm. 2).

[55] Kap. 2 und 7 zeigen, dass Paulus sehr wohl auch andere Gestalten der Sünde kannte. Auch ist von dieser Stelle nicht auf einen so niedrigen sittlichen Stand der römischen Christen zu schließen. Fälle grober Unzucht hätte er wohl so gründlich behandelt wie 1Kor 6,12-20. Aber hier passen diese Beispiele ins eindrückliche Bild von der Nacht.

[56] *koitä*, »Beischlaf«, hier in Mehrzahl; Übersetzung mit Stuhlmacher.

[57] *aselgeia:* auf die Spitze getriebene Ausschweifung mit dem »Element des Immer-mehr«, Ausdruck von »Bösartigkeit und Perversion«, »Verkehrtheit von Sodom und Gomorra«, vgl. Eph 4,19; 1Petr 4,3; 2Petr 2,7; Jud 4 (Goldstein, EWNT I, S. 407).

verstanden und darum auch so übersetzt, etwa EÜ: »Sorgt nicht so für euren Leib, dass die Begierden erwachen.« Aber dies Verständnis überzeugt im Gedankengang kaum, erscheint »Fleisch« hier doch als Gegenmacht[58] zum Herrsein Jesu Christi. Sein Ansatzpunkt sind die Triebe und Strebungen eines Menschen. Sie gehören gewiss zu seiner schöpfungsmäßigen Ausstattung[59], mit der er Gott verherrlichen soll. Wo sie aber unter die Macht des Fleisches geraten und zur Gier hin gehegt und gepflegt werden, entgleiten sie ihrer dienenden Rolle. Sie entarten und gebärden sich herrisch. Begehren wird zur Gier, Lust zur Lüsternheit.

Damit zur alternativen Lebensweise. Den »Werken der Finsternis« stellt Paulus nicht einfach die »Werke des Lichtes« gegenüber, sondern die »**Waffen** des Lichtes«. Das kämpferische Element[g] fällt auf: das Gute nicht nur tun, sondern auch vorantragen und durch das Gute das Böse besiegen (12,21). Christen gehen mit ihrer Sendung kampfbereit in den Tag. Dazu legen sie Waffen an, aber eben »Waffen **des Lichtes«.** Sie verschmähen die Mittel des Gegners, werden nicht höhnisch, werden nicht ungeduldig, nicht eitel und setzen nicht unter Druck. Sie kleiden sich mit dem Lichtkleid Gottes (1Joh 1,6).

[g] Röm 6,12-14 8,13.36 Eph 6,10-18 Kol 3,5

Auch in V. 14 bleibt Paulus noch im Bild vom Sichankleiden. Zugleich bündelt er damit die gesamte Paränese der beiden Kapitel: **Zieht an den Herrn Jesus Christus.** Das Anlegen der Christuskleidung hat im Bilderschatz des Apostels einen festen Platz mit einem eindeutigem Sinn[60]: a) In keinem dieser Fälle wird auf ein passives Überkleidet- und Verwandelt*werden* angespielt. Immer erscheint die aktive Verbform: »Legt an!« Erwartet wird, dass Stück um Stück dessen, was Gott bereitlegt, »ergriffen«, angenommen und angelegt wird (Eph 6,13.16). b) Das Bild betrifft regelmäßig die sittliche Gestaltung des Alltags nach dem Modell Christi[h]. Wer Christus anzieht, schlüpft in dessen Sendung hinein, so dass ihn ab jetzt die Herrschaft Jesu ganz praktisch umhüllt und prägt. Ein solcher Dienstantritt geschah nach Gal 3,27 grundlegend in der Taufe, soll aber an jedem Morgen in frischer Willigkeit bestätigt werden.

[h] Gal 3,27 Eph 4,20-32 6,11-17 Kol 3,8-17 1Petr 2,1 Hebr 12,1

58 S. Einführung zu 8,1-30 (»Fleisch und Geist bei Paulus«).

59 Das hier verwendete Wort *epithymia, epithymeō* kann ein »Begehren« oder »Verlangen« bezeichnen, das sittlich nichts Verwerfliches oder auch nur Bedenkliches an sich trägt: Verlangen nach Nahrung (Lk 15,16), geistiger Gemeinschaft (Lk 22,15; Phil 1,23), religiöser Erkenntnis (1Petr 1,12) oder auch nach Dienstämtern in der Gemeinde (1Tim 3,1).

60 Ausführlich Galater, WStB, S. 155 und 166f.

2. Spezielle Mahnung zur gegenseitigen Annahme im gemeindlichen Konflikt (14,1-15,13)

Ein, zwei Sätze zur gegenseitigen Annahme hätten sich ohne weiteres in die bisherigen Ermahnungen einfügen lassen, etwa in 12,9-16. Aber Paulus schloss die Paränese in aller Form mit 13,11-14 ab und eröffnet jetzt gesondert eine zusätzliche, sehr ausführliche Runde zu diesem Thema (36 Verse!), und zwar in durchgehend direkter Anrede. Der Grund für diesen Sonderabschnitt wird in einer brennenden Not der römischen Gemeinde zu suchen sein. Bei der guten »Infrastruktur« der Urchristenheit (Einleitungsfragen 2c) war ihm nicht verborgen, dass in den römischen Hausgemeinden zwei Gruppen miteinander rangen, die »Starken« (der Ausdruck nur 15,1) und die »Schwachen« (14,1.2; 15,1, oft in 1Kor 8-9).

Der Sachkonflikt in Rom. Dem Abschnitt sind drei religiöse Anliegen der »Schwachen« zu entnehmen: Jeder Fleischgenuss ist zu vermeiden (14,2), bestimmte Tage sind zu begehen (14,5) und auf Weingenuss ist zu verzichten (14,17.21). Die zusammenfassende Art, wie Paulus diese drei Punkte behandelt, spricht dafür, dass es sich um den Forderungskatalog ein und derselben Gruppe handelte. Dabei treten Tagewählerei und Weinverzicht sichtlich zurück, während die Speisefrage im Vordergrund bleibt. Religiöse Strömungen, die das Ideal der Enthaltsamkeit und des Vegetarismus pflegten, kannte das Altertum in mannigfachen Schattierungen, und zwar bei Heiden und Juden. Die Ausleger sind sich aber weithin einig, dass bei dieser Gruppe in Rom mindestens judaistischer Einschlag[61] vorauszusetzen ist. Dafür spricht, dass Paulus im Unterschied zu der sehr ähnlichen Stelle 1Kor 8 hier mit keiner Silbe heidnischen Götzendienst berührt. Stattdessen führt er 14,14 Jesu Stellungnahme zur jüdischen Reinheitspraxis ins Feld und lässt den ganzen Abschnitt ab 15,7 in das Thema »Juden und Heiden« ausmünden. So hat die Gruppierung in Rom sicher im Jude- bzw. Heidesein ihre Wurzel.

Aktualität. Für heutige Gemeinden ist der Speisezettel kaum eine Angelegenheit der Glaubenslehre. Unsere Spannungsherde liegen woanders. Heute geht es um Fragen der Sexualethik, der Ehescheidung, des Umgangs mit Politik und Kultur, der Einstellung zur neuzeitlichen Aufklärung mit Folgen für das Schriftverständnis, der Dienste der Frau, der Gottesdienstgestaltung, der Formen cha-

[61] Es sei daran erinnert, dass »Judaisten« von »Juden« zu unterscheiden sind. Auch einzelne Heiden könnten von der judaistischen Ideologie gewonnen sein (vgl. Einleitungsfragen 1b-e).

rismatischen Lebens, der evangelistischen Praxis u.Ä. Was uns trotzdem zu erwartungsvollen Lesern des Paulus werden lässt, ist die außergewöhnliche Sorgfalt und durchdringende Kraft, mit der er die damals anstehenden Fragen behandelt. Diese Art ist beispielhaft für alle Zeiten.

a) Im Konfliktfall nicht das Herrsein Christi in der Gemeinde antasten! (14,1-12)

1 Den Schwachen im Glauben aber nehmt an, (doch lasst es ja) nicht zu Beurteilungen der Ansichten (kommen)!
2 Der eine glaubt, alles essen (zu dürfen), der andere, schwach (wie er ist), isst (nur) Pflanzenkost.
3 Der (auch Fleisch) isst, verachte nicht den, der nicht isst, aber der nicht (Fleisch) isst, verurteile nicht den, der isst, denn Gott hat ihn angenommen.
4 Du, wer bist du, der (da) verurteilt einen fremden Hausdiener? Dem eigenen Herrn steht oder fällt er. Er wird aber stehen, der Herr nämlich vermag ihn am Stehen zu halten.
5 Der eine nämlich beurteilt einen Tag höher als einen (anderen) Tag, der andere aber beurteilt jeden Tag (gleich). Jeder soll in seinem Sinn voll überzeugt sein.
6 Der auf den (besonderen) Tag bedacht ist, ist (darauf als) dem Herrn (ergeben) bedacht, und der (Fleisch) isst, isst dem Herrn (ergeben), er spricht nämlich das Dankgebet zu Gott, und der nicht isst, isst dem Herrn (ergeben) nicht, und spricht das Dankgebet zu Gott.
7 Niemand nämlich von uns lebt für sich selbst und niemand stirbt für sich selbst,
8 denn sowohl wenn wir leben, leben wir dem Herrn (ergeben), als auch wenn wir sterben, sterben wir dem Herrn (ergeben). Sowohl wenn wir sterben, wie wenn wir leben, sind wir (Eigentum) des Herrn.
9 Denn dazu ist Christus gestorben und lebendig geworden, damit er sowohl über Tote als auch über Lebende Herr ist.
10 Du nun, was verurteilst du deinen Bruder? Oder auch du, was verachtest du deinen Bruder? Alle nämlich werden wir vorgeführt werden vor den Richterstuhl Gottes.
11 Denn es ist geschrieben (Jes 49,18; 45,23): »So wahr ich lebe, spricht der Herr: Mir wird sich beugen jedes Knie und jede Zunge wird Gott (huldigend) anerkennen.«
12 Folglich wird jeder von uns für sich selbst Gott Rede (und Antwort) stehen.

Gleich in diesen ersten zwölf Versen gelingt es Paulus, Vordergründiges und Zeitbedingtes zu durchstoßen und in überraschender Tiefe Fundamentales freizulegen. Im Grunde ist hier schon alles Wesentliche gesagt. Seine Lösung: Da jeder der Kontrahenten in der Glaubensbindung zu Christus steht, sind alle von seiner Herrschaft umfasst (neunmal »Herr« in diesen zwölf Versen!). Einander nicht anzunehmen hieße da, Christi Herrenrecht anzutasten.

Die erste Zeile ist Überschrift zum Ganzen. In direkter Anrede an 1
die Starkgläubigen heißt es: **Den Schwachen im Glauben aber nehmt an.** Niemals hätten die Benannten sich selbst als Schwache gesehen. Aber Paulus steht zu dieser Bezeichnung[a]. Das griech. Wort für »schwach sein« kann Kraftlosigkeit unterschiedlichster Art ausdrücken. Da es im NT an vierzigmal auch für leiblich Kranke verwendet wird, liegt es nahe, hier an sinnbildlich »erkrankten« Glauben zu denken. Ein Infekt hat ihn betroffen. Dadurch ist er geschwächt, sein eigentliches Wesen konnte sich nicht ausprägen. Doch diesen Gläubigen gegenüber gilt: Annehmen![62] Zwar könnte die Gemeinde manche Spannungen schnell los sein, wenn sie bestimmte Brüder loswürde, aber was Gott zusammengefügt hat, soll der Mensch nicht scheiden. Die mögliche Übersetzung »aufnehmen« könnte verleiten, an eine juristische Aufnahme in die Gemeinde zu denken. Aber das wäre ein zu schmales Verständnis. Es geht hier um den Vollzug der Gemeinschaft als nie endende Aufgabe (13,8), die sich nicht mit einer einmaligen Geste abdienen lässt.[63]

[a] Röm 15,1; 1Kor 8,9.10.11.12

Dieses »Nehmt an!« wird hier im Unterschied zu 15,7 mit einer erregt hervorgestoßenen Abwehr versehen: Doch lasst es ja **nicht zu Beurteilungen der Ansichten** kommen! Ein solcher Satzbrocken bringt Ausleger in Verlegenheit und führt zu verschiedenen Umschreibungen. Der erste der beiden Begriffe gehört zu einer Vokabelgruppe, die das ganze Kapitel durchzieht und von dem Grundsinn ausgeht: ein Urteil fällen[64]. Paulus fordert die Starken entschieden auf: Verzichtet auf Beurteilungen jener angekränkelten, fragwürdigen Ansichten[65] der Schwachen, d.h. strebt nicht öffentliche Verhandlungen zu diesem Zweck an! Ein Teil der Übersetzer (z.B. LÜ)

[62] In anderen Fällen trat Paulus judaistischen Einflüssen mit Schärfe entgegen, z.B. 16,17-19; Kol 2,16 und im Galaterbrief. Maßstab war für ihn, ob sie sich agitatorisch bemerkbar machten, das Evangelium veränderten und die Gemeinde gefährdeten.

[63] Die wenigen Parallelen für »aufnehmen« (*proslambanomai*) im griech. AT handeln von Gott, der einen Menschen in seine besondere, enge Gemeinschaft rettet (Ps 18,17; 26,10; 65,5; 72,24).

[64] *diakrisis* hier in V. 1 und *krinein, diakrinein, katakrinein* in 14,3.4.5.10.13.22.23. Zu Recht auch de Boor, S. 317: »Der Ausdruck ›Beurteilung der Ansichten‹ ist ganz parallel der ›Beurteilung der Geister‹ in 1Kor 12,10 gebildet und wird daher ebenso zu verstehen sein.«

[65] Die Wortgruppe *dialogismos, dialogizomai* ist im NT fast ausschließlich mit einem negativen Klang versehen, z.B. 1,21; 1Kor 3,20; Phil 2,14.

umschreibt den warnenden Satz dagegen: »Streitet nicht ...!« Aber das trifft hier nicht das Anliegen. Der Apostel wehrt nicht erst dem Auswuchs, nicht erst den hässlichen Szenen, sondern schon dem Ansatz. Besorgt blickt er auf die Lage der Gemeinde. Der judenchristliche und heidenchristliche Teil drohen auseinander zu driften (vgl. schon 11,17-20). Die elementare Gemeinschaft steht auf dem Spiel. In dieser Zerreißprobe wären endlose Sachgespräche ein Missverständnis. Schroff weist Paulus sie zurück. Der Bruder soll nicht erst angenommen werden aufgrund einer Angleichung der Theologien, nicht nach Übernahme eines gewissen Blocks von Werten und Wahrheiten, nach bestandener biblischer Schulung, nach Gesundung und Stärkung seines Glaubens, sondern »weil Gott ihn angenommen hat« (V. 3) und »gleichwie Christus uns angenommen hat« (15,7). Das aber geschah nach 5,6 auf dieser Grundlage: »Christus ist schon zu der Zeit für uns Gottlose gestorben, *als wir noch schwach waren.*« Wir verdanken unser Christsein der Tatsache, dass diese Liebe wahr ist, ausgeschüttet in unsere Herzen durch den Heiligen Geist (5,5). Hier liegt nun auch die Basis unserer Gemeinschaft. In den folgenden Versen geht es darum, dass diese Christus-Basis eine wirksame und kraftvolle Wirklichkeit bleibt und sich nicht zu blasser Rhetorik verflüchtigt.

2 Getreu der eigenen Mahnung in V. 1b geht Paulus jetzt nicht auf die »Ansichten« ein, sondern kennzeichnet nur die jeweilige Praxis. **Der eine glaubt, alles essen (zu dürfen), der andere, schwach (wie er ist), isst (nur) Pflanzenkost.** Von V. 1 her kommend, wird man »**glauben**« an diesen beiden Stellen nicht zum bloßen »meinen« abschwächen. Die Gestaltung des Speisezettels wird hier wirklich hoch angebunden. Im ganzen Abschnitt[b] geht es um ein Ausleben des Heilsglaubens. Wir beginnen zu ahnen: Was die damaligen Hausgemeinden in Rom zu zerreißen drohte, steht der Bedrohlichkeit heutiger Meinungsverschiedenheiten nicht nach. Gewährung oder Verweigerung der Tischgemeinschaft griff tief. Ging jemand von einem Tisch fort und nahm an einem gesonderten Tisch mit eigenem Menü Platz, mochte von den Sitzengelassenen empfunden werden: Wozu sind wir dann noch Gemeinde, wenn wir nicht einmal zusammen essen können!

[b] Röm 14,1.2.22.23; 15,7

3 Es folgt eine zweiteilige apostolische Weisung, die in V. 10 noch einmal in dieser Form aufgenommen wird. Zunächst an den »Starken«, der sich guten Gewissens Fleischverzehr leistet: **Der (auch Fleisch) isst, verachte nicht den, der nicht isst.** Wer Oberwasser hat, und das hatten die Starken in Rom offenbar, macht sich mit seinem Gegner gewöhnlich wenig Mühe. Mit einem kurzen verächtlichen Blick braust er an ihm vorbei. Aber die Verse 10.13.15.21 werden ihm diesen Menschen als »Bruder« wertvoll machen. Anders

sieht der Apostel den, der die Freigabe der Fleischkost nicht verkraftet: **Aber der nicht (Fleisch) isst, verurteile nicht den, der isst.** Wer Verachtung spürt, bedarf umso mehr der Selbstachtung und findet sie. In diesem Fall etwa so: Ich bin als Christ ernster, schriftgemäßer, gewissenhafter, gehorsamer als jene! Er verurteilt den seiner Meinung nach verweltlichten Bruder. Doch er wird an das Machtwort Gottes erinnert: **Gott hat ihn angenommen!**[66]

Der über seinen Bruder schon zu Gericht sitzt, steht urplötzlich 4
vor Gott und seinem eigenen unmöglichen Benehmen. **Du[67], wer bist du, der (da) verurteilt einen fremden Hausdiener?** Ein Sklavenbesitzer besaß zum Haussklaven aufgrund des persönlichen Umgangs ein engeres Verhältnis als zu den Ackerknechten. Nun übertragen: Du brichst in ein Sonderverhältnis ein, in das du nicht hineingehörst, wenn du deinen Bruder verurteilst. Du machst Christus das Herrenrecht streitig und spielst dich selbst als Herr auf. Du leistest dir Eingriffe, die einfach zu weit gehen, weil sie dem Herrn zu nahe treten. An dieser Stelle bekundet Paulus auch seine Zuversicht für den Bruder. **Dem eigenen Herrn steht oder fällt er. Er wird aber stehen, der Herr nämlich vermag** ihn in der Endabrechnung[68] **am Stehen zu halten.** Bei allem Fragwürdigen befindet er sich in guten Händen, erfährt regulative Kräfte und wird gewiss einmal mit allen Glaubenden vollendet werden. Die Wirklichkeit der Schuld wird gesehen, aber auch die Macht der Gnade.

Es folgt eine der schönsten Beschreibungen der Gemeindewirk- 5-8
lichkeit. **Der eine nämlich beurteilt einen Tag höher als einen (anderen) Tag, der andere aber beurteilt jeden Tag (gleich).** Nur am Rande taucht hier ein zweiter Streitpunkt auf. Der folgende Satz nimmt vor allem den Schwachen in Schutz: **Jeder soll in seinem Sinn[69] voll überzeugt sein.** Ohne mit ihm in der Sache übereinzustimmen (V. 14.20), gesteht Paulus ihm, da es ja nicht um letzte Wahrheiten des Evangeliums geht, eigene Überzeugungen zu, ja hält es für Unrecht, ihn in Zweifel zu stürzen (V. 15.20f). Einheit im Geist ist etwas anderes als Gleichschaltungen der Ansichten (V. 1).

[66] Mit dem Wort »annehmen« stehen wir wieder bei V. 1. Gegenbegriffe dazu sind somit »verachten« und »verurteilen« und weiter: »Anstoß zum Fallen geben« (V. 13.21), »betrüben«, »ins Verderben bringen« (V. 15), »Gottes Werk in ihm zerstören« (V. 20) und »verlästern« (V. 16). Ein grausiger Umgang miteinander in der Gemeinde!

[67] Dem genauen Zusammenhang nach wird weiter (bis einschließlich V. 9) zum Schwachen gesprochen, der da richtet. V. 10-13 fassen Richtende und Verachtende, Schwache und Starke, zusammen. Ab V. 13 geht die Anrede an die Starken. Jedoch mag sich Richten und Verachten in derselben Person mischen, so dass jeder Vers jeden anspricht.

[68] Stehen und Fallen kann Bewährung und Versagen im irdischen Leben umschreiben, wird an dieser Stelle aber wie 11,11 im Endgericht beurteilt.

[69] Zu »Sinn« (*nous*) vgl. 12,2.

Der auf den (besonderen) Tag bedacht ist, ist (darauf als) dem Herrn (ergeben) bedacht, und der (Fleisch) isst, isst dem Herrn (ergeben), er spricht nämlich das Dankgebet zu Gott, und der nicht isst, isst dem Herrn (ergeben) nicht, und spricht das Dankgebet zu Gott. Niemand nämlich von uns lebt für sich selbst und niemand stirbt für sich selbst, denn sowohl wenn wir leben, leben wir dem Herrn (ergeben), als auch wenn wir sterben, sterben wir dem Herrn (ergeben). Sowohl wenn wir sterben, wie wenn wir leben, sind wir (Eigentum) des Herrn. Wunderbar tröstlich, wie der Apostel über dieser gebeutelten Gemeinde die Herrenbeziehung aller Glieder zu erkennen vermag. Achtmal kehrt er in diesen Versen heraus: dem Herrn![c] Der Bruder lebt und stirbt eben nicht dir und mir. Auch der Schwachgläubige bleibt Hoheitsgebiet Jesu, das sogar seine Skrupel einschließt. Sie sind eine fehlgeleitete, aber ernst zu nehmende Konsequenz seiner Ergebenheit an den Herrn[70], machte er mit ihnen doch bereits geistliche Erfahrungen. Über dem armseligen, eigentlich unnötigen Gemüsetopf steigt sein Dankgebet auf (s. zu 1,21), und der Himmel hört es.

[c] Röm 6,10f.13 2Kor 5,15 Gal 2,19

9 Das achtfach benannte Herrsein Jesu darf nicht zur Floskel erstarren. Darum strömt in Form eines urchristlichen Bekenntnissatzes der volle Inhalt des Evangeliums ein. Er spielt eine ähnliche Rolle wie ein Beleg aus der Schrift und ist als Höhepunkt des Abschnitts anzusprechen. **Denn dazu ist Christus gestorben und lebendig geworden, damit er sowohl über Tote als auch über Lebende Herr ist.** Jenes gegenwärtige Herrsein Christi wurde geboren aus dem Sterben Jesu für alle und aus seiner Krönung mit unvergänglichem Leben am Ostermorgen für alle. Alle Glaubenden sind in seiner Heilsmacht und Schutzmacht geborgen.

Dies Bekenntnis zur geheimen Herrlichkeit der Gemeinde will genau verstanden sein. Paulus schönt nichts, er rechtfertigt nicht alles Gewordene in der Gemeinde als begrüßenswerten Reichtum.[71] 1Kor 10,23 gilt auch hier: »Es erbaut nicht alles.« So waren die Ansichten der Schwachen für ihn sicher schwer anhörbar. Die »Schwachheiten der Unvermögenden« fielen zur Last und waren schlicht zu »tragen« (15,1). Doch an einem hält er fest: Diese Schwachen sind Schwache »im Glauben« (V. 1f), und diese Glaubensbindung an den Herrn zählt. Wo immer sie gegeben ist, ist für

70 Er spricht ihm nicht ab, dass sein Fasten den Herrn wirklich erreicht und erfreut; anders Sach 7,5 in anderer Lage.

71 Auf dieser Linie etwa Käsemann, S. 355, wenn er in diesem Zusammenhang von »charismatischer Freiheit«, »geschenkter Gabe« und »unendlicher Weite vorhandener Möglichkeiten« spricht. Auf S. 365 führt er zu Unrecht 1Kor 12,22 als Parallele an. Paulus sieht diese Schwachheiten nicht als etwas, was Gott charismatisch zugeteilt hat.

Paulus im Ansatz wesentliche Gemeinschaft möglich. Freilich, der Glaube muss sich auch als solcher kundtun. Mit nomineller Gemeindezugehörigkeit oder subjektiver Aufrichtigkeit ist hier nichts geholfen. Glaube rechter Art führt zu wahrnehmbaren Lebenszeichen. Ein Glaubender ist Hörer des Wortes, betet, dankt, bekennt, gehorcht, übt Liebe und nimmt Teil am allgemeinen Geben und Nehmen.

10-12 Nach der Einlage von V. 4-9 kann Paulus auf Einverständnis hoffen und darum die Mahnungen von V. 3 wiederholen. **Du nun, was verurteilst du deinen Bruder? Oder auch du, was verachtest du deinen Bruder?** Beweggrund für unser Verhalten ist aber nicht allein das gegenwärtige, sondern auch das zukünftige Herrsein Christi: **Alle nämlich werden wir vorgeführt werden vor den Richterstuhl Gottes. Denn es ist geschrieben (Jes 49,18; 45,23): »So wahr ich lebe, spricht der Herr: Mir wird sich beugen jedes Knie und jede Zunge wird Gott (huldigend) anerkennen.« Folglich wird jeder von uns für sich selbst Gott Rede (und Antwort) stehen.** Die Schlussabrechnung findet hiernach vor Gott statt, aber sein Vollstrecker in allem ist Christus. Man vergleiche die Auslegung zu 2,16. Wir werden Gott im Angesicht des Herrn Jesus Christus begegnen. Ihm hat er nicht allein unsere Vergangenheit und Gegenwart, sondern auch unsere Zukunft übergeben.

b) Die Starken haben ihrer Schutzfunktion für den Schwachen gerecht zu werden (14,13-23)

13 Lasst uns folglich nicht mehr einander aburteilen, sondern kommt vielmehr zu diesem Urteil: nicht dem Bruder einen Anstoß geben oder ein Ärgernis (bereiten).
14 Ich weiß und bin überzeugt im Herrn Jesus, dass nichts durch sich selbst unrein ist, wenn nicht dem, der etwas für unrein erachtet; demselben (ist es) unrein.
15 Denn wenn dein Bruder wegen einer Speise Schaden erleidet, wandelst du nicht mehr gemäß der Liebe. Verderbe nicht wegen deiner Speise den, für den Christus gestorben ist!
16 Es soll folglich nicht verlästert werden euer Gutes.
17 Denn die Herrschaft Gottes ist (doch) nicht Speise und Trank, sondern Gerechtigkeit und Friede und Freude im Heiligen Geist.
18 Wer nämlich darin Christus (als Sklave) dient, (ist) Gott wohlgefällig und den Menschen bewährt.
19 Daher lasst uns den (Dingen) des Friedens nachjagen und den (Dingen) der Erbauung untereinander.

20 Reiße nicht wegen einer Speise das Werk Gottes nieder. Alles ist zwar rein, doch zu etwas Bösem (wird es erst) dem Menschen, der es mit Anstoß isst.
21 Gut (ist am Ende dies): Nicht Fleisch essen noch Wein trinken, noch (etwas zu tun), woran dein Bruder sich stößt.
22 Den Glauben, den du hast, habe ihn bei dir selbst vor Gott. Glückselig, der sich nicht selbst verurteilt in dem, was er prüft (und zu tun für gut befindet).
23 Aber der Zweifler, wenn er isst, ist verurteilt, denn (er tut es) nicht aus Glauben. Alles aber, was nicht aus Glauben (getan wird), ist Sünde.

In der römischen Gemeinde war ein unsichtbarer Gerichtshof eröffnet worden. Es drohte eine Atmosphäre, die das gemeinsame und einmütige Lob Gottes nach 15,6.9.11 erstarren ließ. Deswegen forderte Paulus gleich im ersten Satz (14,1), diese ganze gemeindefremde Art einzustellen. Davon lässt er auch jetzt nicht ab (V. 13a.b.15.16. 20). Während er zu diesem Zweck bisher das Herrsein Christi aufstrahlen ließ, bringt er jetzt besonders den teuer erkauften Bruder in den Blick.

Die Stellungnahme zum Konflikt der Starken und Schwachen im Röm ist deutlich 1Kor 8-10 nachgestaltet (höchstens ein knappes Jahr früher abgefasst!). Bei allen Parallelen haben die beiden Stücke aber unterschiedliche Ausgangspunkte. Für die Korinther geht Paulus von der Freiheit des Gewissens und seinem guten Recht aus, für die römischen Christen dagegen setzt er elementarer ein, nämlich beim Glauben an Christus als dem Herrn (s. zu V. 2). Heutige Leser springen natürlich sofort auf das zeitgemäße Wort »Freiheit« an. Um sich aber nicht die Gedanken des Paulus im Röm-Abschnitt zu verstellen, sollten sie dies Stichwort nicht hierher herüberziehen und zum Leitbegriff der Auslegung machen.[72]

13 Etwas spitz[73] fordert Paulus die Starken auf, ihr kritisches Vermögen auf ein völlig anderes Ziel zu lenken: **Lasst uns folglich nicht mehr einander aburteilen, sondern kommt vielmehr zu diesem Urteil: Nicht dem Bruder einen Anstoß legen oder ein Ärgernis (bereiten).** Die Begriffe »Anstoß« und »Ärgernis« haben in der Bibel einen unheimlichen Tiefgang. Paulus bittet nicht etwa: Verärgert euren Bruder nicht, ruft nicht seinen Unmut hervor!, sondern

[72] So z.B. Wilckens (Bd. 3, S. 89), der den Abschnitt überschreibt: »Freiheit durch Liebe, Freiheit als Liebe«. Aber der Ausdruck »Freiheit« fehlt in Röm 14 und 15 gänzlich.
[73] Schon zu V. 1 wurde darauf hingewiesen, dass das ganze Kapitel von immer neuen Abwandlungen des griech. *krinein* durchzogen wird. Um diese Art nach Möglichkeit nachahmen zu können, wähle ich hier statt der häufigen Übersetzung mit »richten« Formen von »urteilen« (vgl. Stuhlmacher).

nach V. 15: Seid für ihn kein Anlass zum Verderben![a] Auch Luther nahm »ärgern« noch nach dem ursprünglichen Wortsinn: jemanden ins Arge stoßen und der Macht des Argen überantworten. Hierher gehört Jesu Vorhaltung Mt 23,15: Erst entfaltet ihr größten missionarischen Aufwand, um einen einzigen Menschen zu retten, dann aber leistet ihr euch mit dem Geretteten einen Umgang, der ihn zu einem »Sohn der Hölle« werden lässt.

Um Missverständnissen vorzubeugen, folgt ein Einschub: Keine 14
Preisgabe biblischer Wahrheit! Wo der Pegelstand der Wahrheit zu niedrig ist, oder wo sie in so viel Watte gewickelt wird, dass man keinen Kern mehr spürt, werden Bekundungen der Liebe hohl. Also umreißt Paulus in diesem öffentlichen Brief vor den Ohren der »Schwachen« unmissverständlich seinen Standpunkt. Die Einleitung, **ich weiß und bin überzeugt in dem Herrn Jesus,** benutzt er mehrmals[b], aber sonst ohne den Zusatz »Jesus« wie hier. Offensichtlich beruft er sich hier sinngemäß auf ein Wort des irdischen Herrn[74], wenn es heißt: **Nichts ist durch sich selbst unrein.** Mk 7,19c liegt nahe: »Damit erklärte Jesus alle Speisen für rein.«[75] Speisen gehören zu den natürlichen Dingen aus Gottes Hand (1Kor 10,26). Unter Dank genossen (V. 6), sind sie rein[c]. Damit ist aber auch schon die Ausnahme gegeben: **wenn nicht dem, der etwas** aufgrund seines Glaubensurteils[d] **für unrein erachtet** und deswegen natürlich auch nicht dankt; **demselben** ist es in der Tat **unrein.** Der griech. Ausdruck, hier mit »erachten« übersetzt, verbietet, die Bedenken der »Schwachen« auf die leichte Schulter zu nehmen. Die Macht der Tradition, Erziehung und Gewohnheit ist gewaltig. Dan 1,8 und noch krasser die erschütternde Geschichte 2Makk 6,18-21 geben einen Einblick in diese Geisteshaltung: Lieber sterben als dies Verbotene zu essen! Zwar hatte Jesus seinen Jüngern das Programm der Speisefreiheit hinterlassen. Aber Programm ist bei uns Menschen nicht ohne weiteres schon Praxis. Nicht nur verstandesmäßige Belehrung, auch ein seelischer Umbau war angesagt. Apg 10 und 11 zeigen, dass sogar zusätzliche Offenbarungen »vom

[a] 3Mo 19,14 Röm 9,31 11,9; 14,21 16,17 Mt 5,29 13,21.41 15,12; 16,23 18,7f; 24,10

[b] Gal 5,10 Phil 2,24 2Thess 3,4

[c] Röm 3,28 4,3-9.22 6,11; 8,18

[d] 1Kor 8,8 10,25f 1Tim 4,4 Tit 1,15 Hebr 13,9

[74] Auch in Eph 4,21 spielt die Nennung des einfachen Personennamens »Jesus« diese Rolle. In 1Kor 6,10.12.25 zeigt sich, dass der Apostel über einen wenn auch begrenzten Vorrat an Jesusworten verfügte, die er als letzte Autorität ins Feld führen konnte.

[75] Jesus tat nach Mk 7,17-23 einen zweifachen Dienst. Erstens hob er als der Sohn Gottes feierlich die Speisegebote des Mose auf und enthob uns damit der Sorge um Verunreinigung durch Speisen. Zweitens erhöhte er aber auch unsere Sorge, uns zu verunreinigen, und zwar wieder durch den Mund und weithin wieder beim Essen. Sie geschieht durch das, was aus dem Munde »herausgeht«, also durch Zungensünden. Es gibt unreine Geister, die das Herz besetzen und über unsere Lippen »eine Welt voll Ungerechtigkeit« hervorbringen (Jak 3,6), vornehmlich bei alkoholisierten Festgelagen (vgl. 13,13 und 3,13-14). Schließlich benötigen wir einen dritten Dienst Jesu: dass er uns selber Tischherr, Tischdiener und Speise wird (Mk 14,22; Lk 22,27; Joh 6,48-56).

Himmel« (dort V. 11.16; 11,5.9) benötigt wurden. Selbst im engsten Jüngerkreis mischte sich der Glaube an das Herrsein Jesu mit Unglaube (Gal 2,13). Ängstlichkeit trieb wieder zurück in den Schutz alter, mächtiger Traditionen. Weil aber der Mensch ein ganzheitliches Wesen ist, mögen ihm vor den »Starken« zwar die Argumente ausgehen, mag er äußerlich sogar nachgeben, aber deswegen zieht der innere Mensch noch lange nicht nach.

15 Paulus bestätigte also die Überzeugung der »Starken«, nicht aber, wie der ganze Abschnitt zeigt, ihr Verhalten. So knüpft er wieder an V. 13 an und beginnt zu begründen: **Denn wenn dein Bruder wegen einer Speise** geistlichen **Schaden erleidet ...** Die Ursache für dieses Erleiden ist mit »wegen einer Speise« recht allgemein angegeben. Wegen *seiner* oder *deiner* Speise? Zunächst gehen wir der ersten Möglichkeit nach. Autoritär durch die Starkgläubigen bedrängt, ließ ein Schwacher sich zum Fleischessen verleiten[76], aber unter Skrupeln. Sofort vermisste er in seinem Inneren die freudige Anerkennung durch seinen Herrn. Damit war sein Friede dahin. Er war um die Ernsthaftigkeit seines Christseins gebracht. Dass ihm seine Tat einen schweren geistlichen **Schaden** einbrachte, liegt auf der Hand. Wahrscheinlicher ist hier jedoch an den anderen Fall zu denken[77], spricht Paulus doch fortwährend vom Essen des Starken (besonders V. 21). Der Schwache bleibt also standhaft bei seinem Gemüsetopf, erlebt sich aber inmitten der starkgläubigen Mehrheit als Geächteter (V. 3.10). Eben dagegen erhebt Paulus den Vorwurf: **Du wandelst nicht gemäß[e] der Liebe,** denn was dem Schwachen jetzt empfindlich fehlt, ist das Angenommensein durch die Brüder. Vielleicht ist die Auseinandersetzung zwischen den Gruppen erhitzt genug, um das im Augenblick subjektiv nicht zu empfinden. Aber Entzug der Liebe ist objektiv[78] schädlich für unser Menschsein. Fehlen der Liebe in der Gemeinde betrübt den Heiligen Geist (Eph 4,30) und schadet ihr insgesamt.

[e] Röm 15,5 Eph 5,2

Damit ist zugleich die zur Schau getragene Glaubensstärke der Starkgläubigen angefragt. Wer tut, was er glaubt, müsste doch Liebe üben (s. zu 12,9), oder er befindet sich in einem schreienden Widerspruch: **Verderbe nicht wegen deiner Speise den, für den Christus,** an den du doch glaubst, **gestorben ist!** Das Drohwort

76 Diesen Fall setzt die Wiedergabe der Guten Nachricht voraus.

77 Gleich die zweite Vershälfte bestätigt: »*deine* Speise«. Darum hat die LÜ auch in der ersten Vershälfte eingefügt: »wegen *deiner* Speise«, ebenso Käsemann.

78 Um dies Erleiden des Schwachen als geistliche Negativerfahrung, als echten Verlust, als gefährliche Schädigung erkennen zu lassen, habe ich das Passiv *lypeisthai* an dieser Stelle nicht mit »betrübt werden« übersetzt, sondern mit »Schaden erleiden«. Betrübtsein meint im heutigen Sprachgebrauch eine seelische Befindlichkeit. Auch sie zählt im Umgang miteinander, aber kann nicht im gleichen Maß berücksichtigt werden, wie das, was Paulus hier vorhält.

Jesu aus Mt 18,6 meldet sich. Der zum Hüter seines Bruders berufen war (1Mo 4,9), könnte sein Verderber werden.

Der folgende Satz enthält keine direkte Anrede an Gemeindeglieder. Der unpersönliche Stil **»es soll nicht verlästert werden«** lässt an die Reaktionen Außenstehender denken. Paulus fürchtet einen Vorgang, der ihm als Missionar weh tun muss. **Das Gute von euch** ist hier wie 8,28 und 10,15 die den Christen anvertraute einzigartige Heilsbotschaft von der »Herrschaft Gottes« (nächster Vers!). Aber nun verstrahlt der Richtgeist das ganze Gemeindeleben, was unweigerlich in der Umwelt wahrgenommen wird. Dabei kann der interne Konflikt um »Speise und Trank« (wieder nächster Vers!) für jeden normalen Heiden nur als gegenstandslos und lächerlich erscheinen. Es wiederholt sich 2,24: »Denn euretwegen wird Gottes Name gelästert unter den Heiden.« 16

Paulus setzt dieser Gemeinde den Kopf zurecht. **Denn die Herrschaft Gottes ist (doch) nicht Speise und Trank, sondern Gerechtigkeit und Friede und Freude im Heiligen Geist.** Es geht weiter um die Außenansicht der Gemeinde. Wenn sie schon das große Wort vom Reich Gottes in ihrer Umgebung allgemein verständlich machen will, dann bitte in den drei genannten Erscheinungsweisen. **Gerechtigkeit**: Das Gemeindeleben vermittle einen Geschmack vom Zurechtkommen einer Menschengemeinschaft auf Erden unter Gott (6,19). Friede: Sie finde und betrete Wege des Friedens auch da, wo man üblicherweise aufgibt (3,17). Freude: Sie feiere die ans Ziel gekommene Liebe Gottes (5,8). Und das alles nicht nur rhetorisch, sondern im Heiligen Geist, also real mit Herzen, Mund und Händen (1Kor 4,20). Dann, so ist Paulus überzeugt, wird die Gemeinde nicht nur das Lob Gottes ernten, sondern auch von ihrer Umwelt mindestens respektiert werden. **Wer nämlich darin Christus dient** (als Sklave dem Herrn, vgl. V. 9!)**, (ist) Gott wohlgefällig und den Menschen bewährt.** »Sie fanden Wohlwollen beim ganzen Volk«, hieß es in Jerusalem, weil die Christen dort ihre Gemeinschaftsprobleme in der Kraft des Heiligen Geistes lösten (vgl. hier 15,13). Dass dann auch das äußere Wachstum nicht ausblieb, kann nicht verwundern (Apg 2,47; 6,7). 17-18

Abrundend fordert Paulus noch einmal die Gesamtgemeinde auf, in der gewiesenen Richtung vorwärts zu schreiten, wobei er sich selbst an ihre Seite stellt. **Daher lasst uns den (Dingen) des Friedens nachjagen und den (Dingen) der Erbauung untereinander.** Der ermutigende Ton verstärkt sich im nächsten Kapitel zusehends (15,5.13.14.29.32f). 19

Aber der Apostel kann sich nicht so schnell von seiner Sorge um die Gemeinde lösen. Er wiederholt einen ähnlichen Warnruf wie V. 15: **Reiße nicht wegen einer Speise das Werk Gottes nieder!** 20-21

Das **Werk Gottes** ist hier sicher wie 1Kor 3,9 das Wunderwerk der Gemeinde. Soeben war vom lebendigen Baugeschehen dort die Rede (V. 19). Ihm gegenüber erscheint die Speisefrage als eine unsagbare Nichtigkeit. Das veranlasst Paulus, noch einmal die Maßstäbe klarzustellen. **Alles ist zwar rein** – das hörten wir schon in V. 14. **Doch zu etwas Bösem (wird es) dem Menschen, der es mit Anstoß isst** – das war zu V. 15 auszulegen. Es ist für eine Gemeinschaft bedrohlich, wenn Menschen nur mit einem verletzten Gewissen in ihr leben können. Jetzt aber das positive Gegenstück zum Bösen: **Gut (ist am Ende dies): Nicht Fleisch essen und nicht Wein trinken und nicht (irgendetwas zu tun), woran dein Bruder sich stößt.** Nicht, nicht, nicht – bloß nicht! So radikal das klingt, so wenig empfindet ein Paulus die Radikalität. Das Herrsein Christi (V. 1-12) und die Kostbarkeit des teuer erkauften Bruders (V. 13-23) machen diese Entscheidung für ihn federleicht.

Das dritte »nicht« scheint ein Freibrief für die Diktatur des Schwachen zu sein, ein Vetorecht für ihn, wenn immer etwas im Gemeindeleben ihm nicht passt. Er muss nur laufend schmollen. Zum Teil mag es der begeisterte Redeschwung sein (vgl. auch 1Kor 8,13), der Paulus die Aussage auf die Spitze treiben ließ. Denn keinesfalls verlangt er, dass das Meinen und Wollen des Schwachen allen anderen Befehl sei. Übergeordnet sind im Gemeindeleben vielmehr diese beiden Punkte: das Herrsein Christi (14,1-12) und unsere Schutzfunktion für den Bruder (14,13-23). Den zusammenfassenden Höhepunkt wird der dritte Abschnitt bringen (15,1-6).

22-23 Der folgende Vers scheint den Starken in Schutz zu nehmen: **Den Glauben, den du hast, habe ihn bei dir selbst vor Gott.** Der Glaube hat zwar eine den Menschen zugewandte Seite (vgl. dazu die Auslegung zu V. 9 am Ende), ist aber wesensmäßig Leben vor Gott und entzieht sich insofern den Menschen. Ähnlich klangen schon V. 4 und 5c, wenn dort auch stärker auf den Glauben des anderen bezogen. Diesen Respekt, der im Grunde Respekt vor Gott als dem Schöpfer des Glaubens ist, darf man nun auch getrost für den eigenen Glauben beanspruchen. Darum 1Kor 7,23: »Werdet nicht Knechte der Menschen!« Paulus plädiert für die Unverfügbarkeit des Glaubens.

Für den Starken im Glauben, der unter der Verurteilung des Schwachen leben muss (V. 3b.10a), folgt eine Seligpreisung: **Glückselig, der sich nicht selbst verurteilt in dem, was er prüft (und zu tun für gut befindet).** Für den Zweifler[79] wird V. 23 ein Wehe fol-

[79] Dieser ist nach Jak 1,8 »ein Mann mit zwei Seelen«, zwischen denen er unschlüssig hin- und herschwankt.

gen. Bei ihm spalten sich Glaube und Tun und gehen je ihren eigenen Weg. Er tut nicht, was er glaubt, und glaubt nicht, was er tut. Das muss ihn langsam, aber sicher zerrütten, selbst wenn er das sachlich Richtige tut. **Der Zweifler, wenn er** unter Abkoppelung seiner persönlichen Bindung an Christus **isst, ist verurteilt, denn (er tut es) nicht aus Glauben.** Solch Essen ist kein Glaubenstun und ist deswegen nicht dem Herr getan (V. 6). **Alles aber, was nicht aus Glauben (getan wird), ist Sünde.** Hier schrillt noch einmal ein Alarmzeichen für den Starken, der drauf und dran ist, seinen schwachen Bruder in die »Freiheit« zu locken, zu drängen, zu stoßen. Er stößt ihn ja in die Trennung von seinem Herrn, also in Sünde. Zwar hat er so sein Prinzip durchgesetzt, aber des Bruders Heil geopfert.

c) In Eintracht den Weg Christi gehen (15,1-6)

1 **Wir aber, wir Starken, schulden, die Schwachheiten derer, die nicht stark sind, zu tragen und nicht uns selbst zu gefallen.**
2 **Ein jeder von uns gefalle seinem Nächsten zum Guten, für die Auferbauung.**
3 **Denn auch der Christus gefiel nicht sich selbst, sondern wie geschrieben ist (Ps 69,10): »Die Schmähungen derer, die dich schmähen, fielen auf mich.«**
4 **Denn was immer zuvor geschrieben wurde, wurde zu unserer Belehrung geschrieben, damit wir durch Geduld und (trostvolle) Ermahnung Hoffnung haben.**
5 **Der Gott aber der Geduld und der (trostvollen) Ermahnung gebe euch, auf ein und dasselbe bedacht zu sein untereinander, gemäß Christus Jesus,**
6 **damit ihr einmütig aus *einem* Mund Gott verherrlicht, den Vater unseres Herrn Jesus Christus.**

Wie soll eine Gemeinde mit ihren vielfältigen Spannungen erträglich weiterleben? Welche Methode der Konfliktbewältigung, welches System von Werten und Wahrheiten hat Paulus in Kap.14 angeboten? Er hat mit seiner Antwort von Anfang an nicht hinter dem Berg gehalten. Methoden, Systeme, Prinzipien in Ehren, wenn sie nur zu den Füßen Jesu Platz nehmen. Schon die Verse 7-9 verkündigten das Herrsein Jesu als die eigentliche Ermöglichung christlicher Gemeinschaft. In seiner Gegenwart kann Glaubende nichts unüberbrückbar trennen. Hier sieht Paulus den gangbaren Weg, den er seinen Lesern jetzt noch einmal konzentriert ans Herz legt. Vgl. auch den Rückblick unter V. 5.

1 Obwohl Paulus kürzlich in den Korintherbriefen eine »Theologie der Schwachheit« entwickelt hatte[a], zählt er sich hier in anderer Weise den Starken zu: **wir aber, wir Starken.** Er teilte nur ihre Überzeugung, nicht ihr Ichgefühl. Im griech. Text steht voran: **Wir schulden.** Gerade wir stehen unter einer besonderen Verpflichtung, **die Schwachheiten derer, die nicht stark sind, zu tragen.** Das sollte unter dem Gesichtspunkt ausgleichender Gerechtigkeit jedermann einleuchten.[80] In jeder Gemeinschaft gibt es nun einmal Glieder, die immer nur kosten, und andere, die die Kosten tragen. Deswegen aber kann von einem besonderen Heroismus der »Starken«, in dem sie sich bespiegeln **und sich selbst gefallen,** keine Rede sein.[81]

[a] 1Kor 1,24.27 2Kor 12,9.10 13,4

2 Dann aber verallgemeinert Paulus: **Ein *jeder* von uns gefalle seinem Nächsten zum Guten, für die Auferbauung** (14,19). Wie das Leben so spielt, kann es unversehens zum Rollentausch kommen. Morgen schon könnten es die bisher Starkgläubigen sein, die der Herr fragen muss: »Wo ist nun euer Glaube?« (vgl. Lk 8,25). Oder ein Starker ist unter die Räuber gefallen und liegt ausgeraubt und halb tot am Wege. Dann ist jeder, der vorbeikommt, im Vergleich zu ihm ein »Starker« und der bisher »Starke« ein bedürftiger Nächster. Christi Grundgesetz gilt unbedingt: »Einer trage des andern Last!« (Gal 6,2). Natürlich sind nicht des andern Launen und Verschrobenheiten zu befriedigen. Aber selbst ein kratzbürstiger Nächster, der sich die größte Mühe gibt, uns unsympathisch zu erscheinen, bleibt in Person eine stumme Bitte an uns: Sei kein Unmensch, sei mir Mitmensch! Wir können dreifach reagieren: a) Ich gestalte jede Begegnung zum eigenen Nutzen und lebe in diesem Sinn mir selbst zu Gefallen. b) Ich weiche in die Neutralität aus, indem ich sein und mein Leben säuberlich voneinander trenne. c) Ich sehe seine berechtigten Erwartungen, anerkenne sie und versuche sie zu erfüllen.

3 Die Mahnungen von V. 1-2 ergingen nicht auf der rein moralischen Ebene, etwa: Auf eigene Faust in dieser schlechten Welt unbedingt gut sein! So gut das klingt, es macht nicht gut. Darum holt Paulus ein Stück Vergangenheit hervor, das aber nicht einfach vergangen ist, sondern bleibt und gegenwärtig weiterwirkt. **Denn auch der Christus gefiel nicht sich selbst.** Die enge Verknüpfung unseres Handelns mit seinem Handeln setzt sich in V. 5 fort:

[80] Beispiel: Gebrechliche Teilnehmer einer Bergwanderung können einen Weg ohne Geländer nicht begehen. Also entscheiden sich die Rüstigen um des gemeinsamen Weges willen für die gesicherte Strecke. Sie bringen gewiss ein Opfer, aber unter dem Gesichtspunkt der Gemeinschaft tun sie nichts Besonderes. Wer nämlich ohne Geländer gehen kann, kann es auch mit Geländer. Aber umgekehrt geht es nun einmal nicht.

[81] Die Wendung »sich selbst gefallen« prägt hier die drei ersten Verse und gewinnt in V. 3 große Tiefe.

»gemäß Christus Jesus«, dann in V. 7: »wie auch der Christus«. Hier und V. 7 ist »Christus« nicht wie so oft im NT mit dem Eigennamen »Jesus« verschmolzen. Gesondert, mit dem Artikel versehen, kehrt er Jesu messianisches Amt heraus. Dieses Amt umfasst weit mehr als die Rolle eines Vorbildes und die Aufstellung einer Handlungsnorm. Zum Vergleich: Die Wandergruppe, die einen Berg besteigen will, marschiert nicht in breiter Fünferfront los. Sie folgt einem Bergführer. Dieser macht den Teilnehmern nicht nur etwas vor, sondern macht auch etwas für sie durch. Er stemmt sich Sturm und Wetter entgegen, sichert Schritt für Schritt jeden einzelnen Fußstapfen, trägt die Verantwortung für sie. So ist Christus Anführer, Bahnbrecher und Vollender[b].

[b] Joh 14,2 Apg 3,15 5,31 1Petr 2,21 Hebr 2,10; 5,9 6,20; 12,2

Diese Deutung von Jesu Dienst verdankte die Urchristenheit entscheidend dem AT, z.B. dem Passions-Psalm 69[82]. **Wie geschrieben ist: Die Schmähungen derer, die dich** (nämlich Gott) **schmähen, fielen auf mich** (nämlich Christus). Der Geber aller Güte wurde von der rebellierenden Menschheit geschmäht. Nicht Lob und Dank, sondern grundlose Feindschaft erntete er. Staunend steht die Bibel vor seiner unbegreiflichen Geduld. Geschah das aber Gott dem Vater, wie sollte es Gott dem Sohn anders ergehen? Kaum bekamen die Sünder den Sohn in die Hände (Mk 12,7f; 14,41b), stürzte sich die ganze Gottesfeindschaft auf ihn. Die Leidenswoche zeigte es: Sie wollten ihn nicht nur körperlich beseitigen, sondern darüber hinaus entehren und moralisch vernichten, eben schmähen. Die Berichte bringen tunlichst nach jedem Verhör eine Verspottungsszene. Auf Golgatha erlitt er sowohl den Hohn der Zuschauer als auch der Maßgeblichen, der Soldaten und sogar der Mitgekreuzigten. Er wurde der schlechthin Geschmähte[c]. Doch stieß er diese Schmach nicht ab, warf sie nicht auf die Urheber zurück, schalt nicht zurück, fluchte nicht zurück, sondern betete für sie (Lk 23,34). Er lebte und starb seinen Nächsten zu Gefallen. Das ist die »Liebe des Christus« (8,35). Diesem Herrn und seiner gestaltenden Macht ist die christliche Gemeinde ausgesetzt.

[c] Mt 26,67 27,30.39. 41.44 Mk 10,34 14,65 15,19. 29.32 Lk 22,63 23,11.39 Joh 18,22 19,2f Ps 22,7 Jes 50,6

Eine einzigen Zeile aus dem AT ließ den Passionschristus auf- 4
leuchten. So rühmt Paulus die Nützlichkeit und Wohltat der Schrift überhaupt. **Denn was immer zuvor geschrieben wurde,** hat diese Qualität. Es **wurde zu unserer Belehrung geschrieben, damit wir durch Geduld und durch (trostvolle) Ermahnung** der Schriften **Hoffnung haben.** Die Worte »Geduld« und »Hoffnung« standen schon 5,2-5; 8,24f und 12,12 beisammen. Der erste Begriff wird sogleich hier in V. 5 genutzt, der zweite in V. 13.

82 Ps 69 diente neben Ps 22 zur Begleitung des Geschehens am Kreuz: Mt 27,34.48; Mk 15,23.36; Lk 23,36; Joh 19,28; vgl. Joh 15,25; Hebr 11,26.

5-6 Angesichts der festgefahrenen Lage in Rom legt sich dem Apostel ein Gebetswunsch auf die Lippen. Dazu wählt er eine erstaunliche Gottesbezeichnung. Er adelt das Wort »Geduld«, indem er es gar in Gott selbst hineinhebt: Gott ist ein **Gott der Geduld**. Nach gewöhnlicher Ansicht benötigt Gott keine Geduld, denn er kann, hat und weiß alles.[83] Aber das AT sagt es anders. Sein zentraler Glaubenssatz lautet: »HERR, HERR, Gott, barmherzig und gnädig und *geduldig* und von großer Gnade und Treue.«[d] »Geduld« ist hier Ausfluss seiner Gnade. Da ist eine wundersame Nichtausführung seines Zorngerichts, und zwar nicht aus Unschlüssigkeit oder Gleichgültigkeit gegenüber dem Bösen, sondern im Blick auf noch zu erwartende Eingriffe Gottes. Seine Geduld erklärt sich aus seinem Herrsein über die Zukunft (Klgl 3,22).

[d] 2Mo 34,6 4Mo 14,18 Neh 9,17.31 Ps 86,15 103,8 111,4 116,5 145,8 Jona 4,2 Nah 1,3

Hier ist ein Rückblick auf Kap.14 am Platz. Psychologisch betrachtet ist es ein Dokument zartester Einfühlung. Aber überzog Paulus nicht die Rücksichtnahme (besonders V. 21)? Auch nach den Korintherbriefen befremdete seine merkwürdig schonende Art. Er erschien wenig konsequent und durchsetzungsfähig. Er nutzte weder seine Rechte noch seine Freiheit und spielte seine Autorität nicht voll aus. Besaß er keine? Dabei fuhr er doch einmal im entgegengesetzten Fahrwasser. Er erinnert selber an seinen gewalttätigen »Eifer« zur Reinigung der jüdischen Volksgemeinde (Gal 1,13f; Phil 3,6). Doch er war in Christus dem »Gott der Geduld« begegnet[e]. Er hatte begriffen, dass nicht die Gewalt, sondern die Geduld die Verheißung hat (Spr 16,22). Darum bedrängte er nicht mehr in geistlichen Dingen. Wer hier ungeduldig kurzen Prozess macht, scheidet aus den fruchtbaren Prozessen der Gemeinde aus.

[e] Hebr 12,1-3 Mt 11,28-30

Ermahnung und Fürbitte des Apostels hatten für die an getrennten Tischen Sitzenden dieses Ziel: **auf ein und dasselbe bedacht zu sein untereinander** (s. zu 12,16)**, gemäß Christus Jesus**. Dies »gemäß Christus Jesus« tritt jetzt an die Stelle von »gemäß der Liebe« in 14,15a. Schon dort zeigte die Fortsetzung, dass Paulus speziell die gekreuzigte Liebe ins Gedächtnis rief. Auch hier steht schon ab V. 3 der Passionschristus vor Augen. In dessen Kraftfeld gelingt die Eintracht. Paulus hofft: **Damit ihr einmütig aus *einem* Mund Gott verherrlicht.** Das »einmütig« ist Lieblingswort der Apg[f] und bezeichnet dort nicht ein nur seelisches, sondern auch soziales Ereignis. Die in Spannung liegenden Gemeindeteile finden sich in örtlicher Geschlossenheit zusammen. Diese ermöglicht auch gültiges Handeln: Laut und gemeinsam erschallt das Lob Gottes an allen Tischen. Damit erfüllt die Gemeinde ihre

[f] Apg 1,14 2,46; 4,24 5,12; 7,57 8,6; 12,20 15,25 18,12 19,29

83 »Von Gott ist keine Geduld auszusagen, da er nie unter Drangsal steht« (Hauck, ThWNT IV, S. 591).

höchste Berufung. Als Vorausabteilung der Menschheit tut sie heute schon das, was schlussendlich alle Geschöpfe tun werden (Phil 2,11; Offb 5,13). Sie **verherrlicht Gott, den Vater unseres Herrn Jesus Christus.**

d) Durch Christus Juden und Heiden vereint zum endzeitlichen Lob Gottes (15,7-13)

7 Darum: Nehmt einander an, wie auch der Christus euch ange-
nommen hat zur Herrlichkeit Gottes.
8 Ich sage nämlich, dass Christus Diener geworden ist der Ju-
den (»Beschneidung«) für die Wahrheit Gottes, zu bestätigen
die Verheißungen an die Väter,
9 dass aber die Heiden Gott verherrlichen (sollen) für die Barm-
herzigkeit, wie geschrieben ist (Ps 18,50): »Deswegen werde
ich dich bekennen unter den Heiden und auf Saiten spielen
deinem Namen.«
10 Und wiederum sagt sie (die Schrift, in 5Mo 32,43): »Frohlockt,
ihr Heiden, mit seinem Volk!«
11 Und wiederum (Ps 117,1): »Lobt, alle Heiden, den Herrn und
lobpreist ihn, alle Völker!«
12 Und wiederum sagt Jesaja (Jes 11,10): »Es wird kommen der
Wurzelspross Isais, sich erhebend, zu herrschen über die Hei-
den, auf ihn werden die Heiden hoffen.«
13 Der Gott aber der Hoffnung erfülle euch mit aller Freude und
(allem) Frieden im Glauben(sleben), damit ihr reich werdet in
der Hoffnung, durch die Kraft des Heiligen Geistes.

Dieser Zielabschnitt nimmt noch einmal die Mahnung auf, die ab 14,1 verhandelt wurde, hebt sie aber auf eine andere Ebene. Nicht mehr individuell wie bisher wird gedacht (der Bruder, seine Ansichten, sein Angenommensein, seine persönliche Bindung an den Herrn, sein Gewissen, sein Anstoßnehmen usw.), sondern gruppenbezogen. Die Anrede »ihr« bekommt den Sinn: Ihr beiden Gemeindeteile aus dem Judentum und Heidentum! Alle zusammen mögen jetzt ihren Blick über den örtlichen Konflikt emporheben und sich heilsgeschichtlich orientieren. Von daher wird Hoffnung und Geduld für den Alltag zuteil.

Paulus behält seine Generallinie von 14,1 bei: **Darum: Nehmt** 7
einander an! Aber der erregt abwehrende Zusatz von dort weicht hier einer positiven Verlängerung. In ihrem Mittelpunkt steht wieder (wie V. 3) ausdrücklich der gekreuzigte Heilskönig: **wie auch**

[a] Eph 4,32 5,2.25.29 **der Christus**[a] **euch,** gleichsam vom Kreuz herab, **angenommen hat.** Sein Ziel dabei ist die **Herrlichkeit** und Verherrlichung[84] **Gottes.** Zu dieser Sicht hatte schon der letzte Abschnitt geführt (V. 6). Jetzt weitet sich die Schau zum brausenden Jubel aller Völker vor Gott (V. 9-12).

8 Paulus ist sich der Auseinandersetzung um seine Person und Lehre bewusst, besteht aber auf seiner Zuständigkeit als Lehrer der Heilsgeschichte: **Ich sage nämlich.** Er lehrt zweierlei über das Amt des Christus. Zunächst, **dass Christus Diener geworden ist der Juden (»Beschneidung«,** vgl. 3,30). Der Ausdruck »Diener« hat wie »Sklave« in der biblische Sprache nichts Erniedrigendes, sondern kann den Empfänger höchster Aufträge bezeichnen (s. 1,1). Der irdische Jesus war zum Retter und Wiederhersteller der »verlorenen Schafe des Hauses Israel« bestellt (Mt 15,24). Der innere Sinn seiner Sendung galt dabei der **Wahrheit Gottes,** d.h. er hatte **die Verheißungen an die Väter** (9,5; 11,28) **zu bestätigen.** Die aufwühlende Frage nach der Bundestreue Gottes stand auf dem Spiel: Hatte er getäuscht, als er den Vätern für alle Zeiten eine Fülle von Segen zusicherte? Weil Paulus diese Frage schon 3,1-8 angeschnitten und in Kap. 9-11 gründlich behandelt hat, muss er an dieser Stelle das Wie nicht ausführen. Aber eines stellt er klar: Die Verheißungen sind durch den Dienst Christi als zuverlässig erwiesen, eingelöst und somit in Kraft (2Kor 1,20).

9a Paulus bleibt der Grundthese seines Briefes von 1,16 treu: »die Juden zuerst«, doch nicht sie allein! Nicht umsonst hob er unentwegt an Abraham hervor, dass er Vater *aller*[b], auch der Heiden sei.[85] Darum gehörte zum Werk Jesu zweitens auch das Wirken für die Heiden: **dass aber die Heiden Gott verherrlichen (sollen) für die Barmherzigkeit.** Das Heil für die Heiden hat der Brief ebenfalls in zahlreichen Kapiteln entfaltet. Zum umfassenden Ausdruck »Barmherzigkeit« s. zu 12,1.

[b] Röm 4,11.12. 13.16.17. 18; 3,29f

9b-12 Eine Zitatenkette untermauert das Gesagte, ausgewählt aus solchen Schriften des AT, die Paulus auch sonst am häufigsten benützt. Zuerst aus Ps 18,50: **»Deswegen werde ich dich bekennen unter den Heiden und auf Saiten spielen deinem Namen.«** Worte von König David gelten hier offenbar als Worte des Davidsohnes.

[84] Die Übersetzung »ehren« ist hier zu schwach, »loben« zu dünn. Es geht um mehr als um Bezeugung von Achtung und Anerkennung. »Herrlichkeit« ist Fülle des Herrseins. Wer Gott »verherrlicht«, ist hingerissen zu restloser Ergebung vor seiner aufstrahlenden Macht.

[85] Die Aussage, dass die Heiden »ausgeschlossen sind von den Verheißungen« (Eph 2,12), ist insofern nicht absolut. Darum trifft auch die Auslegung nicht zu, wonach sich hier in V. 8f Verheißungen und Barmherzigkeit so verteilen, dass die Verheißungen den Juden, Barmherzigkeit aber den Heiden gilt. Beides gilt nach dem Plan Gottes letztendlich schon immer beiden, aber den Juden zuerst.

Dieser dankt Gott für die Heilstat an sich selbst. Aber er tut es unter den Heiden. Sein messianisches Königtum weitet sich übernational aus. Während die Heiden hier noch als Zuhörer erscheinen, fordern die beiden folgenden Worte sie zum eigenen Loben auf. **Und wiederum sagt sie** (die Schrift, in 5Mo 32,43): **»Frohlockt, ihr Heiden, mit seinem Volk!«** Zusammen mit dem glaubenden Israel sollen sie einen gemeinsamen Chor bilden. Später verdeutlicht Sach 2,15: »Viele Völker sollen sich zum Herrn wenden und sollen mein Volk sein.« **Und wiederum** (Ps 117,1): **»Lobt, alle Heiden, den Herrn und lobpreist ihn, alle Völker!«** So sah die Schrift Heidenmission und Bildung einer Gemeinde aus Juden und Heiden[86] längst voraus. Ein Wort, das typisch ist für eine durchgängige Linie des gesamten Jesaja-Buches, bezeugt abschließend, dass sich das Heil für Israel sofort universal ausdehnt. **Und wiederum sagt Jesaja** in 11,10: **»Es wird kommen der Wurzelspross Isais, sich erhebend, zu herrschen über die Heiden.«** Zwar ist die israelitische Sippe Isais zu Bethlehem der Wurzelboden des Retters (vgl. Joh 4,22), aber im Zuge einer Erhebung[87] empfängt der Wurzelspross alle Gewalt im Himmel und auf Erden. Für christliche Hörer legt sich die Gedankenverbindung mit der Auferstehung Jesu nahe. Folge ist, dass es von den Heiden, die doch ausgesprochenermaßen »keine Hoffnung haben« (1Thess 4,13), heißt: **auf ihn werden die Heiden hoffen.** Sie sind in Christus dem »Gott der Hoffnung« begegnet (V. 13). Hoffen ist nun gemeinsames Seinsmerkmal aller Glaubenden aus Juden und Heiden.

Paulus versteht viel zu viel von den Nöten einer christlichen Gemeinde, als dass er mit blanken Anweisungen arbeiten würde. Darum mündet er wie schon im letzten Abschnitt (V. 5f) in einen Segensspruch. In beiden Fällen verbindet er ihn mit einem Aufblick zu Gott, dort zum »Gott der Geduld«, hier zum »Gott der Hoffnung«. **Der Gott aber der Hoffnung erfülle euch mit aller Freude und (allem) Frieden im Glauben(sleben), damit ihr reich werdet in der Hoffnung, durch die Kraft des Heiligen Geistes.** Gott erscheint hier geschmückt mit einem Kranz von sechs strahlenden Begriffen: Hoffnung, Freude, Friede, Glaube, Kraft und Geist. Die doppelte, zusammen mit V. 12 gar dreifache Erwähnung der »Hoffnung« sticht hervor und gestaltet das Ganze zu einem wahren Hohelied der Hoffnung. **13**

[86] Das jesajanische Stichwort »alle Heiden« begegnet im NT immer wieder: Mt 25,32; 28,19; Lk 24,47; Apg 14,16; Röm 1,5; 16,26; 2Tim 4,17.

[87] Im hebr. Text dieser Stelle vermisst man sowohl eine besondere »Erhebung« als auch die Rede vom »Hoffen« der Heiden. Wie meist zitiert Paulus hier aus dem griech. AT (LXX).

Die römische Gemeinde drohte auf heidnische Maßnahmen zu verfallen. Hilflosigkeit neigt zu gewalttätigen Lösungen. Paulus jedoch überantwortet seine Leser nach 36 Versen des Zuredens dem Gott der Hoffnung. Die bereits geschehene Heilstat, in ihrer ganzen Tragweite erfasst, enthält unwiderstehliche Elemente der Zukunft, so dass sich die Zuversicht nicht an den Widerständen verbraucht, sondern reich (10,12) und immer reicher anschwillt. Der Gott der Hoffnung schenkt Geist der Hoffnung und damit eine Kraft, die nach 1,4 und 8,11 als Auferstehungsmacht ausgewiesen ist. Welche Gemeinde wird sich aus diesem dynamischen Geschehen ausklinken und hoffnungslos auseinanderlaufen?

Briefschluss (15,14-16,27)

Paulus konnte an dieser Stelle auf eine gewaltige geistige Anstrengung zurückblicken. Kaum waren seine Leser unbeeindruckt geblieben. Unter dieser Voraussetzung greift er noch einmal die Themen des Briefeingangs 1,1-17 auf. Erneut besteht er auf seiner Zuständigkeit als Apostel der Heiden, wiederholt die Besuchsabsicht, ebenso seine uneingeschränkte Anerkennung der römischen Gemeinde und versichert sich der Gemeinschaft im Gebet. Aber er verbindet damit jetzt einen genaueren Einblick in seine persönlichen Verhältnisse, Pläne und Wünsche und auch in seine Rombeziehungen (Grußliste!). Dies Verfahren entspricht übrigens ganz den Gepflogenheiten des Altertums bei Briefschlüssen (vgl. unter Einleitungsfragen Punkt 4), wenngleich dieser Briefschluss ungewöhnlich lang ausfällt.[1]

a) Erläuterung zum Wagnis des Römerbriefs (15,14-21)

14 Ich bin aber überzeugt, meine Brüder, auch ich selbst in Bezug auf euch, dass auch ihr selbst voll guter Gesinnung seid, erfüllt mit aller Erkenntnis, befähigt auch einander zu mahnen.

15 Sehr gewagt habe ich euch aber geschrieben – teilweise, gewissermaßen euch wieder erinnernd kraft der Gnade, die mir von Gott gegeben ist,

16 zu sein ein (priesterlicher) Diener Christi Jesu für die Heiden, (priesterlich) das Evangelium Gottes zu verwalten, damit die Darbringung der Heiden (als Opfer) geschehe annehmbar (für Gott), geheiligt durch den Heiligen Geist.

17 Folglich habe ich (Grund zum) Ruhm in Christus Jesus vor Gott.

18 Denn ich werde nicht wagen, etwas zu reden, was nicht Christus durch mich bewirkt hat hin zum Gehorsam der Heiden, durch Wort und Tat,

[1] Die LÜ macht zu 16,23 durch eine Anmerkung darauf aufmerksam, dass der Schluss des Röm in den alten Handschriften sehr uneinheitlich ist. Mindestens vierzehn verschiedene Textfassungen sind belegt. Bestimmte Versgruppen fehlen in einem Teil der Abschriften oder sind an andere Stelle gerückt oder erscheinen gar zweimal. Dieser Umstand hat begreiflicherweise zahlreiche Erklärungsversuche ausgelöst, denen wir in diesem Rahmen nicht nachgehen können. Die beste Lösung, der zunehmend die Forschung zustimmt, ist die, dass mit 1,1-16,27 die ursprüngliche Fassung des Röm vorliegt.

19 in der Kraft der Zeichen und Wunder, in der Kraft des Geistes Gottes, so dass ich von Jerusalem aus und im Bogen bis Illyrien hin das Evangelium des Christus vollstreckt habe,
20 (dabei) aber Ehre einlegend, folgendermaßen zu evangelisieren: nicht wo Christus (schon) genannt worden ist, damit ich nicht auf fremdem Fundament baue,
21 sondern (ich handelte so), wie geschrieben ist (Jes 52,15): »Denen nichts über ihn verkündet wurde, die werden (seine Herrlichkeit) sehen, und die nicht gehört haben, werden verstehen.«

Schon 1,14-16a sah Paulus klar vor sich, dass er bei einem Rombesuch etwas riskierte, jedenfalls dann, wenn er auch dort seiner »Schuldigkeit« ungeschmälert nachkäme. Ihm waren die judaisierenden Strömungen außerhalb, aber auch innerhalb der römischen Gemeinde bekannt. Schon durch diesen offenen Brief hatte er's drauf ankommen lassen. Aber soviel an ihm lag, wollte er Frieden (12,18). Um die heikle Lage zu versachlichen, machte er sie durch das zweimalige Stichwort »Wagnis« in V. 15 und 18 bewusst.

14 Zunächst versichert er seine Leser noch einmal (vgl. schon 1,7-8.12) seiner ehrlichen Zuwendung, und zwar mit einer Eindeutigkeit und Herzlichkeit[2], die jedes Misstrauen verbannen sollte: **Ich bin aber überzeugt, meine Brüder, auch ich selbst in Bezug auf euch, dass auch ihr selbst voll guter Gesinnung seid.** Die Wendungen »ich selbst« und »ihr selbst« halten sich die Waage. Beiden Seiten ist Selbständigkeit zugestanden – Voraussetzung für wahre Gemeinschaft. Das umfassende Urteil: »voll guter Gesinnung, erfüllt mit aller Erkenntnis, befähigt auch einander zu mahnen«, gesteht den Römern zu, eine urteils-, handlungs- und lebensfähige Körperschaft zu sein. Freilich, auch mit aller Erkenntnis erfüllte Christen bedürfen nach 12,2 ständiger Erneuerung[3], nicht zuletzt durch gegenseitiges Zurechthelfen. Wo das nicht begriffen wird, wäre »volle Erkenntnis« gerade fragwürdig. So tönte es ganz gefährlich in Laodizäa: »Du sprichst: Ich bin reich und habe genug und brauche nichts! *und weißt nicht*, dass du elend und jämmerlich bist, arm, blind und bloß« (Offb 3,17).

[2] Die Anrede »*meine* Brüder« nur noch 7,4, sonst im Röm achtmal ohne besitzanzeigendes Fürwort.

[3] Man darf also die Tatsache, dass Paulus eine Gemeinde reichlich ermahnt, nicht ausspielen gegen seine dankbare Feststellung des geistlichen Zustandes eben dieser Gemeinde. Er serviert an solchen Stellen nicht höfliche Nettigkeiten, um sich die Geneigtheit der Leser zu ergattern (*captatio benevolentiae)*, sondern steht staunend vor geistlichen Wirklichkeiten auch im »irdenen Gefäß« (2Kor 4,7), vgl. Einführung zu 1,8-15.

Paulus wird V. 24 nicht zögern, das Werk in Rom als seine »Erquickung« zu bezeichnen. Das hindert ihn aber nicht, seinen eigenen Beitrag einzubringen. **Sehr gewagt habe ich euch aber geschrieben – teilweise.** Keinesfalls entschuldigt er sich wegen seiner brieflichen Ermahnungen.[4] Auch auf andere Passagen seines Briefes spielt er nicht an. In der Einführung zu diesem Abschnitt wurde dagegen der Bezug auf 1,14-16a hergestellt. Paulus war sich der Gefahr bewusst, die er überall durch sein Einstehen für das Evangelium heraufbeschwor, nahm sie aber auf sich.[5] Seine ungeheure Zumutung für damalige Hörer, für spätere Generationen und im Grunde auch für uns Heutige verdichtet sich z.B. in einem Einschub zu Beginn seines Kernabschnitts 3,21-26 – er besteht im Griechischen aus nur zwei Wörtern: Offenbarung der Gerechtigkeit Gottes *»ohne Einschaltung des Gesetzes«*! Welchen Missverständnissen und Missbräuchen war dies Sätzchen nicht schon ausgesetzt! Verkündete Paulus, wenn er das heilige, gerechte und gute Gesetz aushebelte, wie es schien, nicht Heil ohne Heil? War das nicht gar Sabotage an der gesamten Heilsgeschichte? Der Römerbrief stellt eine einzige Anstrengung dar, diese Fehlschaltung zu beheben. **15**

Das angehängte Wörtchen »teilweise« zielt also nicht auf bestimmte Teile des Briefes, die im Unterschied zu anderen besonders kühn ausgefallen wären, sondern bereitet die Fortsetzung vor: **Ich habe euch** doch nur **gewissermaßen wieder erinnernd geschrieben.** Will sagen: Befremdete auch meine Darstellung des Evangeliums, so müsste sich dies Befremden bei euch, die ihr erfüllt seid von geistlicher Erkenntnis (V. 14!), in Grenzen halten. Nur teilweise, nur eingeschränkt dürfte euch dieser Brief verunsichern, denn ich habe lediglich Konsequenzen gezogen aus euch längst Bekanntem. Hatte er nicht immer wieder das gemeinsame Stehen im überlieferten Evangelium anklingen lassen[a] und eine Fülle von Hinweisen auf die gemeinsame Schrift geliefert! Doch woher nahm er den Wagemut, sich als Außenstehender in dieser Weise auch in Rom einzumischen? Es geschah **kraft der Gnade, die mir von Gott gegeben ist.** »Gnade« spielt hier wie häufig bei ihm nicht allgemein auf sein Christsein an, sondern auf die ihm zuteil gewordene Apostelgnade.

[a] Röm 1,3-4; 2,2; 3,19; 6,3.6.9.17; 7,1.14; 8,28; 13,11; 14,14; 16,17

16 So wiederholt er die Tatsache seiner speziellen Beauftragung, dem Heidentum das Evangelium zu erschließen. Man vgl. die Aus-

[4] Fitzer (ThWNT VIII, S. 187) übersetzt *tolmäroteron* »ein wenig kühn« und deutet die Wendung als höfliche »Entschuldigungsformel« auf der Linie der Anbiederung. Es sei daran erinnert, dass das griech. Wort eine Steigerungsform von *tolmäros* darstellt, also rein sprachlich nicht gerade von einer Minderung des Wagnisses spricht.

[5] Vgl. besonders die Auslegung zu 1,16a: »Ich schäme mich des Evangeliums nicht.«

legung zu 1,1.5f.14, beachte aber hier die Erweiterungen. **Zu sein ein (priesterlicher) Diener Christi Jesu für die Heiden, (priesterlich) das Evangelium Gottes zu verwalten, damit die Darbringung der Heiden (als Opfer) geschehe annehmbar (für Gott), geheiligt durch den Heiligen Geist.** Der kurze Hinweis 1,9 auf seinen »Gottesdienst im Geist« wird jetzt ausgebaut. Priester und Opfer aus dem AT kehren hier vergeistigt wieder, ähnlich 12,1. Dort sind allerdings alle Christen aktiv Opfernde, während sie hier als Heidenchristen selber das Opfer bilden, das Paulus seinerseits zelebriert und verantwortet. Er sieht sich in diesem weltweiten Gottesdienst in priesterlicher Aufsichtspflicht.[6] Ein Priester hat darauf zu achten, dass die Opferbestimmungen eingehalten werden, denn das Dargebrachte muss für Gott annehmbar, d.h. gereinigt und fehlerlos sein[b]. Damit tritt die spezielle Apostelgnade des Paulus (V. 15) in Erscheinung. Obwohl er unbedingt im Einklang mit dem ganzen Apostelkreis stand (1Kor 1,13; 15,11) und mit ihm gemeinsam das unverfälschte Evangelium, wie der österliche Herr es übergab (2Kor 5,18), garantierte, ragte er in einer Hinsicht heraus. In der »Sinfonie« der Apostel fiel ihm eine »Solopartie« zu. Zwar hatte er nicht mit der Heidenmission begonnen noch sie als Einziger vorangetrieben, aber er hat sie theologisch am klarsten vertreten. Unleugbar war ihm diesbezüglich die »Wahrheit des Evangeliums« anvertraut (Gal 2,5.14).[7] Ihre Eckpunkte sind Gehorsam des Glaubens und Freiheit vom Gesetz. Der Röm ist das klassische Dokument dieser Klarsicht.

[b] 3Mo 1,3 19,5 22,19f Jes 56,7 Jer 6,20 Phil 4,18 1Petr 2,5

Im AT wurden Personen und Gegenstände durch äußerliche Riten für den Gottesdienst annehmbar gemacht[c], sprich: geheiligt. Hier dagegen steht an dieser Stelle ein Geschehen durch den Heiligen Geist, auf das er V. 19 zurückkommen wird.

[c] 3Mo 11-26

17-19 Unverkennbar reagiert Paulus jetzt auf Anfragen an sein apostolisches Selbstbewusstsein: Was machst du aus dir selbst? (vgl. Joh 8,53). **Folglich habe ich (Grund zum) Ruhm in Christus Jesus vor Gott.** Zunächst versichert er, dass er keinesfalls seine Grenzen überschreitet: **Denn ich werde nicht wagen, etwas zu reden, was nicht Christus durch mich bewirkt hat hin zum Gehorsam der Heiden.** Was ihm überhaupt den Mut gab, das V. 15 erwähnte Wagnis einzugehen, erwuchs daraus, dass er sich vor einem zweiten, anderen Wagnis unbedingt hütete. Es bestände in Untreue gegenüber dem Erhöhten, der ihn bei Damaskus mit der Heidenmission betraut hatte. Fortan hängt über ihm ein Wehe: »Wehe mir, wenn

[6] Auch nach 2Kor 11,2 weiß er sich für die Gemeinde entscheidend verantwortlich, dort aber im Bild des Brautführers.

[7] Vgl. Galater, WStB, S. 79-81.

ich das Evangelium nicht predigte« (1Kor 9,16) und wenn er es losgelöst von seinem Wirken wirkte![d] Doch nun positiv. Er darf auf die Legitimationszeichen seines Herrn verweisen. Christus wirkte in ihm umfassend, **durch Wort und Tat.** Zum kräftigen[e] Wort traten bei ihm als »Zeichen eines Apostels« (2Kor 2,4) auch Taten **in der Kraft der Zeichen und Wunder**[8]. Beide Kraftwirkungen, Wort und Tat, drangen **in der Kraft des Geistes Gottes** erobernd in den Bereich gegnerischer Mächte ein (8,38). Sie »schleiften Festungen und rissen hohe Gedankengebäude nieder« (2Kor 10,4f), brachen herrschende Strukturen auf, unter denen die Hörer gefangen waren und wirkten »hin zum Gehorsam der Heiden« (hier V. 18, ausführlich dazu schon zu 1,5). An vielen Orten entstanden und bestanden als wahres Wunder von Auferstehungskraft (8,11) christliche Gemeinden, die Gott verherrlichten (V. 9-12). Paulus konnte seinen ganzen Dienst als »Dienst des Geistes« bezeichnen (2Kor 3,6.8).

Jetzt lässt er vor den Augen seiner Leser das Bild seines bisherigen »Feldzuges« (2Kor 10,4) erstehen: **so dass ich von Jerusalem aus und im Bogen bis Illyrien hin das Evangelium des Christus vollstreckt habe.** Auch in der denkwürdigen Versammlung von Apg 15 spielte das Verfahren, sein bisheriges Missionswerk vor Augen zu stellen, eine entscheidende Rolle (Apg 15,12; Gal 2,8f). In ihm sprach sich ein Gottesurteil aus: Paulus hat die Apostelgnade empfangen! Die heidenchristlichen Gemeinden waren sein »Empfehlungsschreiben«, »Siegel seines Apostelamtes« (2Kor 3,2f; 1Kor 9,2). Ausgangspunkt dieses Wirkens war Jerusalem.[9] Wohl hat er dort nie evangelisiert, aber in der erwähnten Versammlung in dieser Stadt gewann er für sein eigenes Bewusstsein und für das Urteil der Mitapostel und Urchristenheit sein Profil als Heidenmissionar. Jeder spätere Zeitpunkt hinge für ihn ohne jenen Jerusalemer Entscheid in der Luft (Gal 1,18; 2,2). Der Sonnenbahn folgend führte sein Weg von Ost nach West[10], bis an die Küste des adriatischen Meeres. Illyrien entsprach etwa der Gegend des heutigen Albanien. Dort hätte man per Schiff 200 km übersetzen können und befände

[d] 2Kor 2,19 4,5; 6,3f Gal 1,10 1Thess 2,3-9

[e] 1Kor 2,4f 3,3; 4,19f 2Kor 2,3-5; 6,7 12,12 Eph 3,6f 1Thess 1,5-10 Apg 1,8 4,33

8 Zu diesem Thema s. Galater, WStB, S. 119 zu 3,5

9 Die zwei bis drei Jahre Tätigkeit in der Gegend von Damaskus (Gal 1,17) erwähnt er hier nicht. Offenbar ordnete er sie anders ein.

10 Diese Richtung wollte er also über Rom bis Spanien (V. 24) fortsetzen. Von einer »Durchquerung der Welt« (Harnack) ist aber deswegen keine Rede, höchstens von einer solchen des damaligen Römischen Reiches. Keinesfalls setzte Paulus sein eigenes Wirken gleich mit dem Siegeszug des Evangeliums in der ganzen Welt, der selbstverständlich in alle Himmelsrichtungen ging. Bei seinem Bildungsstand (schon aufgrund seiner Kenntnis des AT!) wusste er um Ägypten, Nordafrika, Innerafrika, Babylonien, Persien und um die Völker des Nordens, auch von Gallien und Germanien. Es fehlte wahrhaftig nicht »nur noch Spanien« (gegen J. Jeremias, Sprachliche Beobachtungen, S. 198). Er sah sich nicht als All-Apostel für alle Länder und Völker, sondern bezeugt hier nur seinen eigenen Weg.

sich schon auf der Höhe von Rom. Wir besitzen hier den einzigen Beleg, dass Paulus in Illyrien gewirkt hat. Nach 2Tim 4,10 arbeitete sein Mitarbeiter Titus in Dalmatien, das mit Illyrien vereint war. Paulus hat also in diesem großen Halbrund das Evangelium des Christus vollstreckt. Der Ausdruck setzt ein befohlenes Tun voraus, das auftragsgemäß ausgeführt und abgeschlossen wurde. Hieran wird Paulus V. 23 anknüpfen.

20 Überraschend gibt Paulus einen Grundsatz bekannt, der sich weniger aus seiner Berufung ergab als eher aus späteren Erfahrungen. **(Dabei) legte ich aber Ehre ein, folgendermaßen zu evangelisieren: nicht wo Christus (schon) genannt worden ist, damit ich nicht auf fremdem Fundament baue.** In 2Kor 10,12-18, wo er die gleiche Haltung einnimmt, verrät sich auch sein Motiv. Er will sich absetzen von jenen Missionaren, die ihm selber nachreisten, nachmissionierten, nachspionierten und sein Werk ruhmsüchtig an sich rissen. Er vermied jeden Anstoß. Aus ähnlichem Grund nutzte er in neu gegründeten Gemeinden auch nicht sein Recht auf materielle Unterstützung: »Alles aber tue ich um des Evangeliums willen« (1Kor 9,23). Indirekt gibt er den Römern wieder zu verstehen: Ich werde bei euch nur eine Gastrolle spielen, doch helft mir bei meiner Pionierarbeit in Spanien – allein um des Evangeliums willen!

21 Auch für individuelle Entscheidungen fand er biblische Stütze. **Sondern (ich handelte so), wie geschrieben ist (Jes 52,15): »Denen nichts über ihn verkündet wurde, die werden (seine Herrlichkeit) sehen, und die nicht gehört haben, werden verstehen«** (vgl. 9,30a; 10,20).

b) Die speziellen Erwartungen an die Christen in Rom (15,22-33)

22 Darum wurde ich auch die vielen Male gehindert, zu euch zu kommen.
23 Jetzt aber, da ich keinen Raum mehr in diesen Gegenden habe, aber Verlangen habe, zu euch zu kommen seit vielen Jahren,
24 (werde ich zu euch kommen[11]), wenn ich nach Spanien reise. Ich hoffe nämlich, euch auf der Durchreise zu sehen und durch euch zur Weiterreise dorthin ausgestattet zu werden, wenn ich mich zuerst an euch ein wenig gesättigt habe.
25 Jetzt aber reise ich nach Jerusalem, zu dienen den Heiligen.

[11] Dem Satz fehlt ein regierendes Verb, so dass ein späterer Abschreiber diese ergänzenden Worte einschob.

26 **Mazedonien und Achaia hatten nämlich ein gewisses (Zeichen der) Gemeinschaft beschlossen für die Armen von den Heiligen in Jerusalem.**
27 **Das haben sie nämlich (als gut) beschlossen, sie sind auch ihre Schuldner. Denn wenn die Heiden an ihren (der Jerusalemer) geistlichen (Gütern) Gemeinschaft hatten, schulden sie auch mit fleischlichen (Gütern) ihnen Dienst zu erweisen.**
28 **Nachdem ich dies also vollendet habe und ihnen den Ertrag versiegelt (übergeben) habe, werde ich über euch nach Spanien weiterreisen.**
29 **Ich weiß aber, wenn ich zu euch komme, werde ich in der Fülle des Segens Christi kommen.**
30 **Ich ermahne euch aber, Brüder, durch unsern Herrn Jesus Christus und durch die Liebe des Geistes, mit mir gemeinsam zu kämpfen in den Gebeten für mich zu Gott,**
31 **damit ich entrissen werde den Ungehorsamen in Judäa und mein Dienst für Jerusalem angenehm sei den Heiligen,**
32 **damit ich mit Freuden zu euch kommend durch den Willen Gottes, mich zusammen mit euch erquicke.**
33 **Der Gott des Friedens aber sei mit euch allen! Amen.**

Bisher begegnete Paulus den römischen Christen in diesem Brief auf dem Boden geistlicher Erkenntnis, um so ihr volles Ja zu seiner Verkündigung zu gewinnen. In der Hoffnung, es errungen zu haben, kommt er jetzt mit zwei handfesten Erwartungen heraus.

Dazu knüpft er wieder bei seiner Absicht an, endlich Rom zu besuchen. In 1,9-16a hatte er die Redlichkeit dieses Wunsches beteuert, inzwischen in 15,19 auch auf den sachlichen Hinderungsgrund verwiesen (sein Arbeitspensum im Osten). Jetzt fasst er zusammen: **Darum wurde ich auch die vielen Male gehindert, zu euch zu kommen. Jetzt aber, da ich keinen** (Wirkungs)**Raum mehr in diesen Gegenden** für meine apostolische Aufgabe **habe** (s. Einleitungsfragen 4b), **aber Verlangen habe, zu euch zu kommen seit vielen Jahren …** 22-23

Erst an dieser Stelle erfahren die Römer, in welch großem Rahmen sein Besuchsplan eingebunden ist: … werde ich zu euch kommen, **wenn ich nach Spanien reise. Ich hoffe nämlich, euch auf der Durchreise zu sehen** (1,11) **und durch euch zur Weiterreise dorthin ausgestattet zu werden, wenn ich mich zuerst an euch ein wenig**[12] **gesättigt**, also mich gestärkt **habe.** Den Besuch wird er ganz im Sinne von 2Kor 1,24 gestalten, ohne autoritär in ihre Befugnisse 24

12 Wörtlich wieder »teilweise« wie V. 15, aber hier nicht wie dort nachgestellt, sondern im Sinn höflicher Selbstbeschränkung.

einzugreifen. Spanien war damals ähnlich wie das Gegenstück Palästina im Osten eine viel umkämpfte, belebte Landbrücke zwischen Europa und Afrika, dazu Anlauf reich verzweigter Seewege, schon seit Jahrhunderten in die griechische Weltkultur einbezogen und Heimat bedeutender Philosophen, Künstler und Kaiser. Längst lebte dort auch eine Judenschaft in Synagogengemeinden. Paulus sieht sich also durch eine neue gewichtige Epoche der Mission herausgefordert. Die römischen Christen sind geladen, dafür die neue Trägergemeinde zu bilden (Einleitungsfragen 4c). Diese Aufgabe steht hinter dem Wort ausstatten[13]: Ein ganzer Stab von Mitarbeitern war mit Proviant und Geld zu versorgen. Hinzu kam die Bereitschaft zu geistlicher Mitverantwortung, gottesdienstlicher Aussendung, womöglich auch zum Reisegeleit durch einen sprachkundigen Begleiter.

25-27 Aber das hoffnungsfreudige »Jetzt zu euch!« von V. 23 wird überraschend noch einmal durch ein anderes »jetzt« zurückgedrängt: **Jetzt aber reise ich nach Jerusalem, zu dienen den Heiligen,** also der Gemeinde dort (vgl. 1,7). Sachlich ging es, wie sogleich deutlich wird, um einen Geldtransport. Aber warum musste Paulus unbedingt dabei sein und deswegen wieder einmal seine Romreise aufschieben? Den Lesern war die Besonderheit dieses »Dienstes« zu erläutern. **Mazedonien und Achaia hatten nämlich ein gewisses (Zeichen der) Gemeinschaft beschlossen für die Armen[14] von den Heiligen in Jerusalem.** Es ging um eine karitative Aktion für den verarmten Teil der Jerusalemer Gemeinde, die aber zugleich der ganzen Gemeinde ein Signal geben sollte. Dabei scheint der Ausdruck »ein gewisses Zeichen« zu besagen, dass Paulus hier nicht in die Einzelheiten gehen wollte. Er erwähnt z.B. nicht das Zustandekommen der Aktion[a], nicht seine eigene Betriebsamkeit darin, nicht das Mittun auch der kleinasiatischen Gemeinden, nicht die Überbringung durch eine große Abordnung nach Apg 20,4; 1Kor 16,3. Wichtiger ist ihm, dass seine Leser den inneren Sinn der Geldsammlung erkennen. **Das haben sie nämlich (als gut) beschlossen, sie sind auch ihre Schuldner,** zwar nicht juristisch, sondern moralisch. **Denn wenn die Heiden an ihren (der Jerusalemer) geistlichen (Gütern) Gemeinschaft hatten, schulden sie ihnen auch mit fleischlichen (Gütern) Dienst zu erweisen.** Paulus hat das geschichtliche Verdienst der Urgemeinde unbeirrt hochgehalten[b]: Sie war es, die der Heidenwelt das Evangelium übergeben hat. »Von Jerusalem aus« (V. 19) nahm die Überlieferungskette ihren Anfang,

[a] 1Kor 16,1-4 2Kor 8; 9 Gal 2,10 Apg 24,17

[b] 1Kor 9,11 14,26 Gal 2,2 6,6

13 *propempô*, wörtlich: vorschicken, bei Paulus achtmal für: zur Weiterreise ausstatten.

14 Das Problem der überdurchschnittlichen Überalterung und Verarmung der Jerusalemer Gemeinde von Anfang an ist in Apg 2-6 zu studieren.

und Anfängen muss man treu bleiben. Nun drängte Paulus darauf,
dass es zu einem *beiderseitigen* Geben und Nehmen käme, eben zur
Gemeinschaft der jüdischen und der heidnischen Gemeinden. Die
jeweils gegebenen und empfangenen Güter mochten noch so unter-
schiedlich sein, aber jeder gab eben, was er hatte, und empfing, was
ihm fehlte. So leben alle in gegenseitiger Schuldigkeit[15] und »Ver-
danktheit« (Josef Hainz). So sollte ein handfestes Zeichen die Wahr-
heit von Gal 3,28 verkörpern: »Hier ist nicht Jude noch Grieche, son-
dern allesamt einer in Christus Jesus.«

Nachdem Paulus die Notwendigkeit seiner Jerusalem-Mission 28-29
einsichtig gemacht hat, kann er wieder an V. 24 anknüpfen. **Nach-
dem ich dies also vollendet habe und ihnen den Ertrag versiegelt
(übergeben) habe, werde ich über euch nach Spanien weiterrei-
sen.** Das »Versiegeln« erscheint im NT fast immer im übertragenen
Sinn[c], so dass man auch hier damit rechnen kann. Paulus legt Wert
auf eine ordnungsgemäße, unanfechtbare Abwicklung, damit das
Zeichen auch wirklich aufleuchtet. Wie schon Ende V. 24 be-
schwingt ihn jetzt wieder die Aussicht auf die bevorstehende Glau-
bensstärkung in Rom: **Ich weiß aber, wenn ich zu euch komme,
werde ich in der Fülle des Segens Christi kommen.** In V. 32
spricht er im gleichen Zusammenhang und in gleicher Zuversicht
von erwarteter »Freude« und »Erquickung«.

[c] Joh 3,33 6,27 2Kor 1,22 Eph 1,13 4,30 Offb 10,4 22,10

Doch jetzt holt ihn wieder die sorgenvolle Gegenwart ein, der 30
Aufbruch nach Jerusalem. Damit hängt sein zweites Ansinnen zu-
sammen: Betet für mich! Das ist hier deutlich mehr als Routine in
Briefschlüssen[d]. Er beschwört die Römer geradezu, ermahnt sie bei
allem, was ihnen heilig ist: **Ich ermahne euch aber, Brüder, durch
unsern Herrn Jesus Christus und durch die Liebe des Geistes, mit
mir gemeinsam zu kämpfen in den Gebeten für mich zu Gott.**
Obwohl sie ihn nur aus der Ferne kennen, obwohl sie nach 3,8 und
16,17 auch der Ausstrahlung der Gegenpropaganda ausgesetzt
sind, geht er davon aus, dass dies große Schreiben ihm in Rom Kre-
dit eingebracht hat. Dies Guthaben aktiviert er nun. Er drängt sie
zur Entscheidung: Tretet in ein Kampfbündnis mit mir ein, gebt mir
Rückendeckung – gewiss vor Menschen, aber bis hin zur höchsten
Instanz, vor Gott! Solch Kämpfen mit Gott im Gebet mag uns be-
fremden, gehört aber zur biblischen Tiefe des Gebets[e].

[d] Eph 6,19 Kol 4,3 1Thess 5,25 2Thess 3,1 Hebr 13,18

[e] Apg 20,22f. 37ff; 21,11-14. 21-24

Im Gedanken an Jerusalem wühlen ihn schwerste Befürchtungen 31
auf[f]. Er sieht eine doppelte Gefahr. Erstens: Betet für mich, **damit
ich entrissen werde den Ungehorsamen in Judäa,** also den Juden
außerhalb der Gemeinde, die dem Evangelium nicht Folge leiste-

[f] Röm 10,3.16.21 11,30.31

[15] Dabei ist etwas schuldig sein und es dennoch willig und frei tun, kein Gegensatz. Es gibt einen Gehorsam des Herzens (2Kor 9,7; Phlm 14).

[g] 1Mo 32,27-29 Lk 11,8 18,4

ten[g]. Fast unbegreiflich und doch real war die andere Gefahr: Betet für mich, damit **mein Dienst für Jerusalem angenehm sei den Heiligen.** Das »Zeichen der Gemeinschaft« (V. 26) und damit auch eine neue Anerkennung seiner gesetzesfreien Heidenmission könnte von der Urgemeinde verweigert werden, je nachdem welche Kreise dort die Oberhand bekämen, Jakobus oder die Judaisten.[16] Dann käme es nicht zur »Eintracht, einmütig mit einem Mund Gott zu loben« (V. 5-6). Verdammungssprüche würden die Dankgebete verhindern – für Paulus zum Entsetzen.

[h] Röm 16,20 2Kor 13,11 Phil 4,9 1Thess 5,23 2Thess 3,16 Hebr 13,20

32 Wie wir es aus den Psalmen kennen, mischen sich auch im Gebet des Paulus bedenkenvolle mit hoffnungsvollen Teilen. Hier bricht Zuversicht durch: **damit ich mit Freuden zu euch kommend durch den Willen Gottes, mich zusammen mit euch erquicke.** Der Hinweis auf den Willen Gottes zeigt die Grundhaltung biblischen Betens: Der Beter bleibt Mensch, und Gott bleibt Gott. Darum unterstellt Paulus Gott auch seine eben geäußerten Vorstellungen vom Ablauf der Mission. Tatsächlich kam alles sehr anders. Das siebenfache freudige »Ich komme!«[h] im Röm lief ins Leere. In Jerusalem wurde Paulus sogleich verhaftet und verschwand für Jahre im Gefängnis (etwa 58-60, vor allem in Cäsarea). Erst im Frühjahr 61, mit fünfjähriger Verspätung, erreichte er Rom – im Gefangenentransport. Erst nach weiteren zwei Jahren Haft kam er frei. Das scheint jedenfalls Apg 28,30f vorauszusetzen. Ob die Spanienmission überhaupt noch stattfand, sagt uns das NT nicht, während spätere Nachrichten darüber umstritten sind.[17]

[i] Röm 1,10.13 15,22.23. 29.32

33 Mit dem folgenden Gebetswunsch schließt noch nicht der Brief (vgl. Phil 4,9; 1Thess 2,11-13), wohl aber das Bemühen des Apostels, die Römer für sein praktisches Hauptanliegen zu gewinnen. **Der Gott des Friedens aber sei mit euch allen! Amen.** Nachdem er alles gegeben hat, kann er ihre Entscheidung nur noch Gott anheim stellen. In V. 5 hatte er ihn als den »Gott der Geduld« und in V. 13 als den »Gott der Hoffnung« bezeugt, jetzt findet er eine dritte Bezeichnung: der Gott des Friedens. Dieser Beistandswunsch hatte seinen Platz offenbar in der gottesdienstlichen Praxis der Aussendung, wenn Versammelte wieder auseinander gingen, denn er begegnet häufig am Schluss der Briefe[i]. Jeder Einzelne gehe jetzt seinen Weg, geborgen in der mitwandernden Heilsgegenwart Gottes, die **Friede** heißt.

16 Vgl. Apg 21,20ff. Zum dortigen Kräfteverhältnis s. Galater, WStB, S. 78 zu Jakobus.

17 Die früheste Notiz findet sich im 1. Clemensbrief, geschrieben vom Bischof Clemens um 96 aus Rom nach Korinth. In Korinth lebten damals noch genug Personen, die persönlich mit Paulus verkehrt hatten. Dort nach 5,7 ist Paulus als Missionar bis ans äußerste Ende des Westens gelangt, was ziemlich eindeutig auf Spanien weist. Bei aller Skepsis muss der Historiker die Frage beantworten, ob das nach nur dreißig Jahren Abstand gesponnen sein kann. Noch nach über fünfzig Jahren haben wir Fakten der politischen und kirchlichen Ereignisse um 1945 so fest im Gedächtnis, dass wilde Behauptungen über diese Zeit bei uns keine Chance hätten.

c) Empfehlung der Phöbe (16,1-2)

1 Ich empfehle euch aber unsere Schwester Phöbe, die auch Diener/Diakon der Gemeinde in Kenchreä ist.
2 Nehmt sie auf in dem Herrn, würdig der Heiligen, und steht ihr bei, in welcher Angelegenheit auch immer sie euch benötigt. Auch sie ist nämlich vielen Beistand gewesen, auch mir selbst.

Bei den unsicheren damaligen Verhältnissen benötigten Reisende, vor allem Frauen, an fremden Orten Empfehlungsschreiben. Diese Einrichtung war allgemein und auch zwischen christlichen Gemeinden üblich[a].

Die den Römern unbekannte Person von auswärts, die Paulus 1
hier empfiehlt, war sicher die Überbringerin des Röm; die Empfehlung hinge sonst in der Luft. Phöbe ist mit dem Brief im Gepäck erschienen. **Ich empfehle euch aber unsere Schwester Phöbe.** Sonst nennt Paulus weibliche Personen lediglich bei ihrem Namen, diese Frau aber bezeichnet er empfehlend als Schwester[b] im geistlichen Sinn, d.h. als Christin. Um ihr darüber hinaus das Vertrauen zu sichern, fügt er ergänzend hinzu: **die auch Diener/Diakon der Gemeinde in Kenchreä ist.** Das »dienen« ist zwar zentral für die christliche Grundhaltung, so dass alle Glaubenden in einer Weise Diener sind, aber hier bezieht sich »Diener« auf eine feste Beauftragung durch eine Ortsgemeinde, der Gemeinde in Kenchreä, dem östlichen der beiden Häfen von Korinth. Ihr Amt war den Römern ein Begriff, wurde es doch auch von Männern ausgeübt (12,7).[18]

[a] Apg 18,27 15,25-27 1Kor 16,3.10f 2Kor 3,1 8,22f Kol 4,7-9
[b] 1Kor 7,15 9,5 Phlm 2 Jak 2,15

Auf die Vorstellung der Person folgt ähnlich dem Wortlaut von 2
Phil 2,29 die Bitte, mit dem Gast christlich umzugehen: **Nehmt sie auf in dem Herrn, würdig der Heiligen, und steht ihr bei, in welcher Angelegenheit auch immer sie euch benötigt.** Dann wendet er auf sie noch einen zweiten Amtsbegriff an, diesmal aber in seiner weiblichen Form: **Auch sie ist nämlich vielen Beistand[19] gewesen.** Das zurückweisende »auch« verbindet die Gastfreundschaft, die er für sie erbittet, mit den zahlreichen Fällen von Gastfreundschaft, die sie anderen geleistet hat. Sie arbeitete also auf dem weiten Feld der Fürsorge und Betreuung – eine wahre Gemeindemutter. Stuhlmacher meint S. 217, Paulus habe hier die Phöbe mit dem Titel »Patronin« versehen, was bedeuten würde, dass sie eine Gemeinde lei-

[18] Darum hier auch die männliche Form *diakonos*. Die weibliche Form *diakonissa* taucht erst im 2. Jh. auf. Wie sich Schwester Phöbes Dienst praktisch gestaltete, deutet sich im nächsten Vers an.

[19] Griech. *prostatis* (weiblich) von *prostatäs* (männlich): Vorsteher, Rechtsbeistand, Schirmherr, Patron.

tete. Aber ihre Tätigkeit bezieht sich ganz allgemein auf »viele« Einzelpersonen, nicht irgendwie auf einen Bereich, eine Körperschaft. Der Amtsbegriff gilt in diesem Fall also nur übertragen. Darum hier auch die verallgemeinernde Übersetzung mit »Beistand«. Nicht unwichtig ist das nachgestellte **»auch mir selbst«.** Dieser Punkt ist im folgenden Abschnitt zu bedenken.

d) Bitte um Weitergabe von Grüßen (16,3-16)

3 Grüßt Priska und Aquila, meine Mitarbeiter in Christus Jesus,
4 die für mein Leben ihren Hals hingehalten haben, denen nicht ich allein danke, sondern auch alle Gemeinden der Heiden –
5 und die Gemeinde in ihrem Haus. Grüßt Epänetus, meinen Geliebten, der die Erstgabe der (Provinz) Asia für Christus darstellt.
6 Grüßt Maria, die sich mannigfach für euch abgemüht hat.
7 Grüßt Andronikus und Junias, meine Volksgenossen und Mitgefangenen, die hervorragend sind unter den Aposteln, die auch vor mir in Christus waren.
8 Grüßt Ampliatus, meinen Geliebten im Herrn.
9 Grüßt Urbanus, unsern Mitarbeiter in Christus, und Stachys, meinen Geliebten.
10 Grüßt Apelles, den Bewährten in Christus. Grüßt die aus dem Haus des Aristobul.
11 Grüßt Herodion, meinen Volksgenossen. Grüßt die aus (dem Haus) des Narzissus, die im Herrn sind.
12 Grüßt Tryphäna und Tryphosa, die sich abmühen im Herrn. Grüßt Persis, die Geliebte, die sich mannigfach abgemüht hat im Herrn.
13 Grüßt Rufus, den Auserwählten im Herrn, und seine Mutter, (die) auch meine (Mutter wurde).
14 Grüßt Asynkritus, Phlegon, Hermes, Potrabas, Hermas und die Brüder bei ihnen.
15 Grüßt Philologus und Julia, Nereus und seine Schwester und Olympas und alle Heiligen bei ihnen.
16 Grüßt einander mit dem heiligen Kuss. Es grüßen euch alle Gemeinden des Christus.

Paulus bittet jetzt die Empfänger des Briefes, namentlich genannten Personen in ihrer Mitte (!) Grüße zu übermitteln. Ähnliches liefert kein zweiter Gemeindebrief. Das Verfahren lässt sich auch nur aus den römischen Verhältnissen erklären.[20] Dort gab es auf der einen Seite eine Gemeinde, die Paulus im Ganzen noch nicht kannte und auch nicht geprägt hatte, die er aber trotz aktiver Gegenkräfte (3,8; 16,17f) für seine gesetzesfreie Heidenmission gewinnen wollte. Auf der anderen Seite bestand dort eine Enklave zugezogener Christen aus dem Wirkungsfeld und Lehrkreis des Paulus. Auf diese ihre Prägung weist Paulus hier mehrfach deutlich genug hin. Seine Liste nennt nicht ihre geistlichen Qualitäten an sich, sondern ihr früheres Wirken zusammen mit ihm und in seinem Sinn. Als solche empfiehlt Paulus sie der Gemeinde, ganz ähnlich wie zuvor in V. 2 die Phöbe: »Sie hat vielen beigestanden, *auch mir selbst*!« Wenn er nun die Gesamtgemeinde in dieser Nachdrücklichkeit[21] bittet, diese Repräsentanten »seines« Evangeliums (2,16) in ihrer Mitte zu grüßen, fällt der Vorgang aus dem Rahmen des nur Üblichen und entlockt dem Grußakt einen besonderen, nämlich seinen ursprünglichen Sinn[22]: Eine eventuelle Teilnahmslosigkeit oder gar Distanziertheit wird aufgehoben, Gemeinschaft wird geknüpft, Beziehung in Fluss gebracht. Das alles geschieht, wie Paulus hofft, inspiriert durch den tiefen Eindruck, den sein öffentlich verlesener Brief hinterlassen hat. Ein Grußakt mit Bruderkuss soll besiegeln (V. 16), dass man sich in diesem Augenblick im Sinne von Kap. 14-15 gegenseitig annimmt, wie Gott einen selbst in Christus angenommen hat.

Seitdem A. Deißmann 1908 in seinem Buch »Licht aus dem Osten« die griechischen, lateinischen und jüdischen Namen dieser Liste untersucht hat, werden aus diesen Namensformen m.E. zu

[20] Zahlreiche Forscher vertreten die These, Kap.16 sei ursprünglich an Ephesus gerichtet. Nur dort habe Paulus aufgrund zweieinhalbjährigen Wirkens diesen Bekanntenkreis besessen. Irrtümlich sei das Stück aber in den Röm hineingeraten. Doch »die Ephesus-Hypothese schafft wohl mehr und schwerere Probleme, als sie löst« (Josef Schmid, Einleitung, S. 462; sinngemäß auch Kümmel, Einleitung, S. 280). Auch gibt Käsemann, wenn auch vorsichtig, einen zusätzlichen Grund gegen die Echtheit der Grußliste im Röm zu bedenken (S. 396). Er meint, wenn Paulus »so viele Freunde in Rom« besaß, die ihn sowieso verteidigten, hätte sich doch der lange Röm »erübrigt« (S. 396). Dazu: a) Der Paulusgruppe von sechzig Personen (oder mehr, wie Käsemann schätzt) stand in der Stadt eine Gesamtgemeinde von sicher einigen Hundert oder gar einem Tausend von Gläubigen gegenüber (Einleitungsfragen 2b); b) Diese große Schar konnte sich nicht an einem Ort versammeln, sondern lebte dezentralisiert in ungezählten Hausgemeinden. Die fragliche Gruppe aber war nach V. 5.10.11.14.15 auf nur bestimmte dieser Häuser konzentriert und isoliert; c) Die Zugewanderten konnten erst mit der Zeit in die Mitte des Gemeindegeschehens vordringen; d) Vor allem: Nicht jeder von ihnen hatte das Format, einen Römerbrief zu »erübrigen«, so dass ihre Anzahl nichts besagt. Das alles zog ihrem Einfluss Grenzen.

[21] 21-mal »grüßen« in V. 3-23!

[22] Das griech. Wort für grüßen, *aspazomai*, könnte von *spaô*, an sich ziehen, abgeleitet sein. Eine Umarmung ist vorausgesetzt. Sie versinnbildlicht die »Eröffnung zwischenmenschlicher Kommunikation« (Trummer, EWNT I, Sp. 416f). Umso teuflischer der Missbrauch, die Beziehung zu jemand gerade durch Umarmung und Begrüßungskuß *abzubrechen* (Lk 22,48)!

weit reichende Folgerungen gezogen. Man entnimmt der Liste über die Volkszugehörigkeit des Trägers hinaus auch seinen sozialen Stand (Freier, Begüterter, Sklave, Freigelassener, Beziehung zu fürstlichen Häusern) und steuert manchmal wahre Romanzen bei. Aber griechische Namen machten keinen Griechen, lateinische Namen banden nicht an Rom. Paulus selbst ist Beispiel genug, dass ein Jude mit bestem Stammbaum dennoch unter seinem lateinischen Beinamen bekannt war. Wir vergegenwärtigen uns auch, mit welcher Leichtigkeit in deutschen Familien südeuropäische, amerikanische oder nordische Modenamen vordringen.

3-5a Grüße nach Rom bedeuteten für Paulus, als Erstes an dies Ehepaar zu denken: **Grüßt Priska**[23] **und Aquila!** Der Bibelleser kann in den sechs ntl. Stellen ihren bewegten Lebensweg verfolgen[a], von Pontus im nördlichen Kleinasien über Rom, Korinth, Ephesus, wieder Rom und wieder Ephesus. Einerseits zeigt diese Route, wie mobil Menschen und gerade Juden jener Zeit sein konnten, andererseits erklärt sich diese Biographie aber zusätzlich aus der Sache des Evangeliums: Sie sind **Mitarbeiter** (vgl. V. 9.21). Eintritt in das christliche Werk bedeutet nicht selten und zu wiederholten Malen Abschied von Haus, Stadt und Land.[24] Des Weiteren fügt Paulus hier und in den folgenden Versen kennzeichnend viermal »**in Christus**« (V. 3.7.8.10) und sicher sinngleich fünfmal »im Herrn« (V. 8.11.12.17) hinzu. Wer unterscheiden möchte, kann im ersten Fall das Erfahren des Heils und die Gleichgestaltung mit Jesus (Phil 3,9ff), im zweiten Fall die Tätigkeit unter seinem Herrsein in den Vordergrund stellen. Nach dieser kurzen Erwähnung der Christusbeziehung dieses Ehepaars läuft der Satz auf ihre Beziehung zu Paulus zu. Er hatte sie schon anfänglich erwähnt: »**meine** Mitarbeiter«. Jetzt: **die für mein Leben ihren Hals hingehalten haben.** Sie haben gleichsam ihren Kopf unter das Henkerbeil gelegt oder, wie wir sagen, Kopf und Kragen für Paulus riskiert. Es ist müßig, den Zwischenfall örtlich und zeitlich bestimmen zu wollen, aber wichtig, seine für immer zusammenschweißende Wirkung zu begreifen: **denen nicht ich allein danke, sondern auch alle Gemeinden der Heiden.** Dies Ehepaar ist aus dem Werk, das Christus durch Paulus bisher im Osten tun konnte, nicht wegzudenken. In ihrer Person hatten die Römer Werk und Wollen des Paulus in ihrer Mitte.

[a] Röm 16,3f Apg 18,1-3.18-21.24-26 1Kor 16,19 2Tim 4,19

23 Lukas verwendet immer die Verkleinerungsform »*Priscilla*« (Apg 18,2.18.26).

24 Darum ist die Aufforderung G. Bornkamms überflüssig, man möge einmal genau erklären, »wie die vielen Bekannten des Paulus inzwischen aus dem Osten nach Rom gekommen sind«. Eine »derartige ›Völkerwanderung‹« sei doch eine »phantasievolle Annahme« (Der Römerbrief als Testament des Paulus, S. 128).

Die Annahme dieser beiden Menschen schloss selbstverständlich auch **die Gemeinde in ihrem Haus** ein. Bemerkenswert ist hier wie auch in Eingangs- und Schlussgrüßen einiger Briefe der Wortverbund »Gemeinde« und »Haus«[b]. Unterstützt durch zahlreiche Notizen der Apg[c] ergibt sich, dass das Werk von Paulus weithin in Gestalt von Hausgemeinden lebte und überlebte, die also jeweils nur bis zu ein paar Dutzend Gläubige umfassten. Wie es kein wahres Judentum gab ohne überschaubare Zusammenschlüsse zu regelmäßiger Gemeinschaft um Wort und Gebet, gegenseitiger Lebensberatung und Fürsorge, so dass sich überall Haussynagogen bildeten[25], ging auch das Urchristentum von Anfang an einen vergleichbaren Weg. Man erinnere sich hier an den Ausspruch von Zinzendorf (1700-1760): »Ich statuiere kein Christentum ohne Gemeinschaft.«

[b] 1Kor 16,19 Kol 4,15 Phlm 2

[c] Apg 1,13 2,46; 5,42 8,3; 12,12 16,15 18,7f 20,8.20

5b-7

Der nächste zu Grüßende ist **Epänetus**. Der Zusatz **mein Geliebter** kommt sicher der Bruderbezeichnung gleich. Wie in V. 8.9.16 bekennt dabei »mein« die persönliche Verbundenheit.[26] Doch wie Priska und Aquila steht auch Epänetus in einem besonderen Bezug zum ganzen Missionswerk: Er war der Erstbekehrte, die **Erstgabe der (Provinz) Asia für Christus.** Wieder sieht Paulus sein Wirken als priesterliches Geschehen vor Christus (vgl. 15,16). Was **Maria** anbetrifft, hebt Paulus hervor, dass die Römer selber schon erfahren haben, wie sie sich für die Gemeinde **abgemüht hat** (der Ausdruck zweimal auch in V. 12). Im Unterschied zu »arbeiten« hebt er die Schwere der Tätigkeit hervor: schuften[27]! Bemerkenswert, wie oft im NT gerade dieses Wort für Missions- und Gemeindetätigkeit verwendet wird[d]. Während von Priska und Aquila die jüdische Herkunft allgemein bekannt war, bezeichnet Paulus die beiden Nächsten ausdrücklich als seine **Volksgenossen,** vgl. auch V. 11, so dass die Liste fünf Judenchristen hervorhebt. Paulus redet also deutlich die heidenchristliche Mehrheit an. **Andronikus und Junias**[28] nennt er sehr allgemein **meine Mitgefangenen,** vielleicht nur sinnbildlich. Vor allem erfahren wir hier zwei Namen aus der Schar der urchristlichen Wandermissionare, die »Apostel« genannt

[d] 1Kor 3,8 15,10.58 16,16 2Kor 10,15 Gal 4,11 Phil 2,16 Kol 1,29 1Thess 1,3; 3,5

25 In Jerusalem soll es 480 Synagogen gegeben haben (Bill II, S. 662), neben offiziellen Gebetshäusern eben auch solche Haussynagogen.

26 In V. 16 scheint er in Bezug auf eine Frau dieses »meine« bewusst zu vermeiden.

27 Griech. *kopiaô* von *kopos*, Schlag. Man arbeitet sich schief und krumm und fühlt sich wie zerschlagen. Kein Schonposten!

28 Die griech. Textform *junian* ist ein Akkusativ, der sowohl vom männlichen Vornamen Junias als auch vom weiblichen Vornamen Junia gebildet sein kann. Sie unterscheidet sich dann nur durch andere Akzentuierung, die man sich aber selbst denken muss, da die alten Handschriften noch keine Akzente trugen. Die Ausleger entschieden sich seit den Kirchenvätern unterschiedlich. Von den neueren Kommentaren lesen hier Wilckens und Stuhlmacher von einem weiblichen Apostel Junia.

[e] Apg 14,4.14 1Kor 15,7 2Kor 8,23 Gal 1,19

werden konnten[e], ohne zum Zwölferkreis zu gehören: **die hervorragend sind unter den Aposteln, die auch vor mir in Christus waren.** Da Paulus etwa zwei, drei Jahre nach dem Tode Jesu zum Glauben kam, gehörten diese beiden zu den allerersten Zeugen, vielleicht zu den 500 Brüdern, die nach 1Kor 15,6 den Herrn gesehen hatten. Es war für Paulus wesentlich, dass er sich mit diesen Männern eins wissen durfte (1Kor 1,10-13).

8-15 Die restlichen Namen sind mit keinen oder nur mit knappen Beifügungen versehen, die hier zumeist schon erläutert wurden. Doch noch ein Wort zu V. 13: **Grüßt Rufus, den Auserwählten im Herrn, und seine Mutter, (die) auch meine (Mutter wurde).** Ist die Vermutung, dass uns der Vater des Rufus bekannt ist und dass es sich dabei um den Kreuzträger Simon von Kyrene von Mk 15,21 handelte, »nur eine erbauliche Spekulation« (Käsemann, S. 395)? Man stelle sich der auffallenden Notiz bei Markus. Vorausgeschickt sei, dass alle Indizien dafür sprechen, dass dies Evangelium nach Rom weist. Dann ist der Hinweis auf die beiden in Mk 15,21 genannten Söhne Alexander und Rufus allein sinnvoll, wenn die römischen Leser diese beiden kannten.[29]

16 Nachdem Paulus diese Glaubensgeschwister aus seinem eigenen Lehr- und Lebenskreis mit großem Nachdruck anempfohlen hat, fordert er die Gläubigen unterschiedlichen Herkommens zu einem Zeichen willentlicher Gemeinschaft heraus: **Grüßt einander mit dem heiligen,** also gottesdienstlichen[f] **Kuss.** Unsichtbar schlösse sich damit auch der geistliche Ring um alle abwesenden Gemeinden: **Es grüßen euch alle Gemeinden des Christus**. Nicht zuletzt wäre auch Paulus selbst und damit seine Verkündigung vom gesetzesfreien Heil einbezogen. Insofern ist dieser Grußteil weder ein Nachtrag noch ein Irrläufer im Röm, sondern verlängert sinnvoll sein Grundanliegen.

[f] Apg 20,37 1Kor 16,20 2Kor 13,12 1Thess 5,26 1Petr 5,14

e) Warnung vor den Spaltern (16,17-20)

17 Ich ermahne euch aber, Brüder, Acht zu geben auf die, die die Spaltungen und die Ärgernisse (zum Abfall vom Glauben) verursachen, entgegen der Lehre, die ihr gelernt habt – und wendet euch von ihnen ab.

18 Solche nämlich dienen nicht unserm Herrn Christus, sondern ihrem Bauch, und durch Schönrednerei und (schmeichlerische) Segenssprüche täuschen sie die Herzen der Arglosen.

[29] Es war selten, nach BDR § 162,3 »unmöglich«, sonst einen Mann nach seinen Söhnen zu benennen.

19 **Doch euer (Glaubens)Gehorsam ist (als Nachricht) zu allen hingedrungen. So freue ich mich über euch. Ich will aber, dass ihr weise seid in Bezug auf das Gute, unversehrt dagegen in Bezug auf das Schlechte.**
20 **Der Gott des Friedens aber wird den Satan zermalmen (und) unter eure Füße (legen) auf die Schnelle. Die Gnade unseres Herrn Jesus sei mit euch.**

Dem Aufruf zur gegenseitigen Annahme in allen römischen Hausgemeinden schließt sich sinnvoll eine Warnung vor den Spaltern an.[30] Auch dieser Abschnitt lässt sich kaum woanders vorstellen als in Rom, setzt er doch voraus, dass die Spalter zwar schon agitierten (3,8; V. 17), aber noch nicht wie in den Gemeinden des Ostens Fuß gefasst hatten (V. 19). Wenn fünf Jahre später die römischen Brüder den heranziehenden Apostel so ehrenvoll empfingen (Apg 28,15), könnte das auch ein Erfolg dieses rechtzeitigen Alarmrufs gewesen sein. Dieser Ruf war es, der die Gemeinde in kritische Wachsamkeit versetzte, und gehört so zu den besonders gesegneten Stücken des Briefs.

Kap. 14 und 15 haben die Weite und die Langmut dokumentiert, in der Paulus unterschiedliche theologische Meinungen in der Gemeinde anging. Ähnliches zeigen Stellen wie 1Kor 1,10-17 und Phil 3,15. Ganz anders behandelt er jedoch gezielte Angriffe auf das gemeinsame tragende Fundament, nämlich jene umtriebigen Elemente, die sich wiederholten Vorhaltungen nicht stellen und nicht aufhören, die Gutgläubigen zu verunsichern und schließlich die Glaubensgemeinschaft zu zersetzen (vgl. Gal 5,15.26). Mindestens objektiv erweisen sie sich als »Feinde des Kreuzes Christi«, wie Paulus Phil 3,18-19 unter Tränen feststellen musste. Aus diesem Leiden für die Gemeinde ist auch seine leidenschaftliche Strenge geboren oder die bittere Ironie in 2Kor 11,1-5. Der ganze Galaterbrief ist hier einzuordnen.[31]

Nicht allgemein vorbeugend, sondern schon im Blick auf eine bestimmte Gefahr schärft Paulus den Blick: **Ich ermahne euch aber, Brüder, Acht zu geben auf die, die die Spaltungen und die Ärgernisse (zum Abfall vom Glauben) verursachen.** Während 14,13.21 vor Anstoß durch den Wandel warnte, droht hier Anstoß durch falsche Lehre: **entgegen der Lehre, die ihr gelernt habt**[a]. In der Urchristenheit hatte verlässliche Lehre einen hohen Rang. Sie wurde nicht gegen das Leben ausgespielt, konnte doch als der eigentliche »Lehrstoff« Jesus bezeichnet werden, indem es hieß: »Ihr habt Jesus 17

[a] Röm 6,17 1Kor 15,1ff Eph 4,20f 1Thess 4,1 2Thess 2,15

[30] Er »sprang« also nicht »überraschend in wilde Polemik« (Käsemann, S. 400).
[31] Zur Schärfe des Paulus vgl. WStB, Galater, zu 1,6-9; 5,11-12; 6,12-13, besonders auch S. 244ff zum Thema »Ketzerpolemik«.

gelernt!« (Eph 4,20f). Durch das Festhalten an dieser Lehre verschwamm ihr Glaube nicht zu unkontrollierbaren Phantasien, sondern blieb in den Bahnen disziplinierter objektiver Aussagen, was sie auch gemeinschaftsfähig bleiben ließ. Darum erwartete Paulus gegenüber diesen fremden Lehrern, die schon die Hausgemeinden zu durchwandern begannen, eine klare Absage: **Wendet euch von ihnen ab.** In ihrem Fall galt kein Bruderkuss (V. 16) und keine Annahme im Glauben (14,1).

18 Paulus kennzeichnet die Gegenposition dieser Leute, die offenbar vorgaben, ebenfalls Christus zu dienen. Dadurch, dass er keine Namen nennt, schult er umso mehr den Blick für den Typ. **Solche nämlich dienen nicht unserm Herrn Christus, sondern ihrem Bauch.** Da »Bauch« auch in der vergleichbaren Stelle Phil 3,19 erscheint, handelt es sich hier nicht um eine momentane unbeherrschte Beschimpfung, sondern um ein wohl bedachtes Ergebnis einer längeren Prüfung. Die letzten zwei Jahre Erfahrungen in den Gemeinden des Ostens haben ihn gelehrt, in den Verführern bei allen Unterschieden doch eine letztlich einheitliche Bewegung zu sehen (Einleitungsfragen 1b-e). Doch wie ist der Grundvorwurf, nur dem Bauch zu dienen, zu verstehen? Deckt Paulus ihre Triebhaftigkeit auf (so die Ausleger mehrheitlich) oder ihre materiellen Interessen (Stuhlmacher, S. 223) oder ihren Geltungsdrang (de Boor, S. 359)? Doch wollte er mit einem so krassen Wort etwas so Blasses sagen? Hat er vielleicht mit »Bauch« wirklich »Bauch« gemeint, nicht allgemein fleischliches Wesen? Kommen wir von V. 17 her, dürfen wir eine Aussage über die *Lehre* dieser Spalter und Verführer erwarten. Sie beharrten zäh auf zwei Stücken: Speisevorschriften und Beschneidungsgebot. Damit landen sie also immer wieder beim Bauch.[32] Das macht Paulus den Gemeinden bewusst. Gewiss, unser Körper steht unter dem Urteil des Schöpfers von 1Mo 1,31: »Siehe, sehr gut!« Aber auch die besten Elemente der Schöpfung sind »schwach und erbärmlich« (Gal 4,9) im Vergleich mit dem Schöpfer und Neuschöpfer. Wer vom auferstandenen Herrn herkommt, sollte sich nicht mehr von diesen penetranten Anpreisungen angeblichen Heils durch körperliche Zeremonien belästigen lassen.

Jedoch traten die fremden Lehrer außerordentlich werbewirksam auf. **Durch Schönrednerei und (schmeichlerische) Segenssprüche täuschen sie die Herzen der Arglosen.** »Man scheint geradezu ein böser Mensch zu sein, wenn man sich gegen so milde

32 griech. *koilia*, »Leibeshöhle«, auch »Unterleib«. Verwendet als Sitz des Verdauungsapparats z.B. Mt 12,40; Mk 7,19; Lk 15,16; 1Kor 6,13a; Offb 10,9f, als Sitz der Geschlechtsorgane z.B. 2Sam 7,12; 16,11; Ps 132,11 (nach LXX Ps 131,11); Sir 23,6; 1Kor 6,13b.

Leute wendet, die doch nur das Gute und den Segen wollen« (de Boor, S. 360). So stand zu befürchten, dass in den Hausgemeinden so mancher der Ausstrahlung dieser »Lichtgestalten«[b] und ihrer vorgespiegelten Scheinwelt erliegen würde. Waren die urchristlichen Versammlungen denn zu langweilig und ihre Glieder darum anfällig für solche Angebote? Das wohl kaum. Nach 14,17 konnte Paulus für das Beisammensein der Christen allgemein »Friede und Freude im Heiligen Geist« voraussetzen. Aber hier lag ein Unterschied: Das apostolische Evangelium koppelte nicht vom Alltag ab, es verabreichte nicht seelische Drogen nur für den Sonntag, es machte das komplizierte Dasein nicht viereckig und die Tiefe der Sünde nicht platt, es sparte sich nicht das AT und bekannte vor allem das uneingeschränkte Herrsein Jesu. Das alles hätte die menschliche Natur gern einfacher und bequemer.

[b] 2Kor 11,13-15 2Tim 4,3f 2Petr 1,3

Im Unterschied zur äußerst bedrohlichen Lage in den galati- 19
schen Gemeinden schien das christliche Werk in Rom noch stabil. **Doch euer (Glaubens-)Gehorsam ist (als Nachricht) zu allen hingedrungen** (vgl. 1,8). **So freue ich mich über euch.** Aber noch einmal schärft er abrundend ein: **Ich will aber, dass ihr weise seid in Bezug auf das Gute, unversehrt dagegen in Bezug auf das Schlechte.** Wahres Christsein heißt immer auch »Köpfchen haben«, merken, was zwar schön aussieht, aber nicht gut ist und darum doch nicht wirklich schön ist. Gegen das Unschöne, ja Schlechte muss auf der Stelle das Nein aufstehen, ein Nein ohne jedes Ja[c]. Man erinnert sich an Jesu Wort Mt 10,16b.

[c] Röm 12,21 1Kor 13,6 14,20 Eph 4,14

Wieder einer der erstaunlichen Umschwünge bei Paulus. Ob- 20
wohl durchfurcht von der »Sorge für alle Gemeinden« (2Kor 11,28), dennoch diese geistliche Kraft bei ihm zum prophetischen Trostamt: **Der Gott des Friedens aber wird den Satan zermalmen (und) unter eure Füße (legen) auf die Schnelle.** Der Gott des Friedens, eben noch Inbegriff der Geborgenheit (15,33), wird jetzt als siegreicher Held gegen den hintergründigen Widersacher Gottes angekündigt. Dessen Macht wird gebrochen, und zwar auf die Schnelle. Der Ausdruck[33] gehört nach dem AT zum Bild des Blitzkrieges[d]. Überfallartig kommt der Eroberer, und weil völlig unerwartet[e], absolut überlegen. Für den Überrumpelten ist Widerstand zwecklos. Es kommt zu keinem Handgemenge mehr. So wird Gottes Sieg über seine heute noch so großmächtigen Feinde von fabelhafter Leichtigkeit sein: Nur schon »durch sein Erscheinen«, durch »den Hauch seines Mundes« ist die Sache erledigt (2Thess 2,8).

[d] Ps 2,12 Jes 5,26 Jer 4,13 Hes 7,8 Joel 4,4 Mal 3,1 Offb 1,2 2,16; 3,11 11,14 22,6.7. 12.20

[e] Mt 24,39 1Thess 5,2-3 Offb 3,3 16,15

33 Vom griech. *tachos* leiten wir Tachometer ab. Ein Tachometer ist kein Chronometer, er misst nicht die Zeit, sondern die Gangart, die Schnelligkeit der Fortbewegung.

Zwei bildkräftige Aussagen sind hier miteinander verbunden: Vernichtung der Satansmacht durch Gott und Erhöhung der Erlösten zur Mitregierung. Ihre Füße auf dem Hals des Besiegten veranschaulichen dessen vollständige Überwindung. Der große Bogen von 1Mo bis Off ist hier gegenwärtig*f*, wird aber im Einzelnen nicht mehr nachgezeichnet.

f 1Mo 3,15 Ps 2,9 Offb 2,27 12,5 19,15 20,6; 22,5

Bemerkenswert ist, dass Paulus noch nicht im Zusammenhang mit der Herkunft und Verbreitung der Sündenmacht in Kap. 1 und 5, auch nicht im Zusammenhang mit dem verzweifelten Leiden unter ihrer Herrschaft in Kap. 7 vom Satan spricht, sondern erst hier. Wer zu schnell und zu viel und zu leichthin (Jud 9) vom Satan spricht, macht ihn zum Kinderschreck.

In die sicher aufgewühlte Gemeinde hinein ergeht ein segnendes Wort: **Die Gnade unseres Herrn Jesus sei mit euch.** Solche Gnadenwünsche finden sich in den Briefen des NT in großer Zahl, besonders an ihren Anfängen und Schlüssen (über zwanzigmal). Sie sind im Einzelnen unterschiedlich gestaltet, ergehen also nicht als trockene Floskel, sondern sind jedes Mal ein Ereignis: Die Hörer wissen sich jetzt »der Gnade übergeben« (Apg 14,26; 15,40).

f) Übermittlung von Grüßen (16,21-23)

21 **Es grüßen euch Timotheus, mein Mitarbeiter, und Luzius, Jason und Sosipater, meine Volksgenossen.**
22 **Ich, Tertius, der ich diesen Brief geschrieben habe, grüße euch in dem Herrn.**
23 **Es grüßt euch Gajus, mein und der ganzen Gemeinde Gastgeber. Es grüßt euch Erastus, der städtische Beamte, und Quartus, der Bruder.**

Gesondert von seinen eigenen Grüßen mit ihrer anderen Funktion (s. Einführung in V. 3-16) entledigt Paulus sich jetzt der Grüße aus seiner Umgebung. Nur einige der acht Namen versieht er mit sparsamen Anmerkungen. Offenbar durften diese Männer davon ausgehen, dass man sie in Rom kannte und sich über ihr Gedenken freute.[34]

21-23 V. 21-23 nennt drei Judenchristen, an der Spitze **Timotheus**[35], den Paulus wie keinen anderen Weggefährten **»meinen Mitarbeiter«** bezeichnen konnte (Phil 2,19-22). In V. 22 räumt Paulus seinem

34 V. 24 ist ein späterer Zusatz. Vielleicht vermissten spätere Abschreiber an diesem Briefschluss den üblichen Segensspruch und ergänzten ihn.

35 Die Apg erwähnt den Namen sechsmal, Paulus in seinen Briefen 17-mal.

Schreiber nach dessen enormer Arbeitsleistung[36] die Möglichkeit ein, seinen Gruß selber anzubringen. **Ich, Tertius, der ich diesen Brief geschrieben habe, grüße euch.** Er arbeitete nicht als namenloser Schreibsklave. Durch das angehängte »**in dem Herrn**« betont er sein Christsein. V. 23 erfahren wir das gastliche Haus zu Korinth, in dem der Röm entstand. **Es grüßt euch Gajus, mein Gastgeber.** Weil es im gleichen Atemzug heißt, dass Gajus auch Gastgeber **der ganzen Gemeinde** war, ist hier nicht herauszulesen, dass er der Gesamtgemeinde zu Korinth ein Versammlungslokal zur Verfügung stellte, sondern dass er jedem durchreisenden Bruder, eben wie dem Paulus, Unterkunft gewährte 12,13). »Ganze Gemeinde« (in der Welt!) ist also eher schmunzelnd gesagt, aus ehrlicher Anerkennung und Dankbarkeit. **Erastus** wird im Unterschied zu allerlei Verwaltern in der Privatwirtschaft als »Verwalter der Stadt« gekennzeichnet. Die Wiedergabe »**städtische Beamte**« soll hier offen lassen, in welchem Bereich er wirkte und in welchem Rang er stand. Man sollte aus solch knappen Ausdrücken nicht zu viel herauslesen.

g) Lobpreis des geschichtsmächtigen Gottes (16,25-27)

25 Dem aber, der die Macht hat, euch zu befestigen nach meinem Evangelium und der Predigt von Jesus Christus, nach der Offenbarung des Geheimnisses, in ewigen Zeiten verschwiegen gewesen,
26 offenbart aber jetzt (und) – (bezeugt) auch durch prophetische Schriften – nach dem Auftrag des ewigen Gottes zum Gehorsam des Glaubens für alle Heiden kundgemacht,
27 (also:) dem allein weisen Gott, ihm (gebührt) durch Jesus Christus die Herrlichkeit in die Zeitalter hinein, Amen.

Unsere Bibelausgaben folgen auch in diesen Schlussversen den ältesten und besten Handschriften. Der Text begegnet demnach als Paulustext. Punkt für Punkt berührt er noch einmal Inhalte des Briefs, gebündelt wie in einem Brennpunkt (vgl. die zahlreichen Hinweise in der Auslegung). Einige Ausdrücke heben sich allerdings stilistisch vom restlichen Brief ab. Doch nur zur Not sollte man aus diesem Grund einen späteren Bearbeiter einführen, der

36 Im Altertum schrieb man selten eigenhändig, denn Schreiben war anstrengend. Der Beschreibstoff war rauh, die Tinte lief leicht aus, Feder oder Pinsel mussten laufend frisch geschärft oder geformt werden. Wegen des mäßigen Schreibtempos diktierte man nicht Wort für Wort, sondern Silbe für Silbe.

hier einen Nachtrag formulierte. Der Satz erhebt sich eben zur Gebetssprache, und Beter lassen gerade beim Lobpreis ihren individuellen Sprachstil stärker hinter sich und rücken in ihrer Ausdrucksweise eng mit der anbetenden Gemeinde aller Zeiten zusammen. Es bilden sich ein ganzer Stapel typischer Begriffe und überladener Aufzählungen mit einer Neigung etwa zum Dreier-Rhythmus (vgl. Einf. zu 11, S. 33-36). Der Kern dieses schwer überschaubaren Satzgebildes beginnt in V. 25 mit den Worten »Dem aber« und vollendet sich erst in V. 27: »sei die Herrlichkeit in die Zeitalter hin«. Dazwischen wird, ehrfurchtsvoll das Wort »Gott« vermeidend, zu diesem Gepriesenen aufgeschaut und sein Walten in Vergangenheit, Gegenwart und Zukunft beschrieben.

25-26 Der Aufschwung zu diesem Lobpreis ist durch die Sorge um den Fortbestand der Gemeinde ausgelöst. Notgedrungen sucht der Blick des Beters den, **der die Macht hat, euch zu befestigen.** Wie zerbrechlich waren diese kleinen Christengrüppchen, die sich irgendwo im riesigen Häusermeer von Rom versammelten![37] Da fehlte jeglicher anerkannte gesellschaftliche Status. Es fehlte aber auch, wie vor allem Kap. 14 und 15 zeigen, die lehrmäßige Abklärung in den eigenen Reihen, so dass die Gemeinde zu zerreißen drohte. Vor allem wollten in Rom wie in den Gemeinden aller Orte und Zeiten geistige Kräfte den Glauben wieder auslöschen (V. 20 wies auf Satans Macht hin), so dass das Anliegen der Festigung diesen Brief wie viele ntl. Schriften erfüllt.[a] Aber gegen den Tod der Gemeinde gibt es Auferstehungs**macht** Gottes.[b] Wo, wie, wodurch wirkt sie? Das **Evangelium** im Verein mit seiner **Predigt** ist diese unwahrscheinliche Lebensmacht (1,17). Paulus darf es »**sein** Evangelium« nennen (noch 2,7), nicht weil er sein Erfinder und Besitzer wäre, denn das ist Gott (1,1) und Christus (1,9), aber weil er sein ganz besonderer Diener ist, nämlich bezüglich seiner Universalität für Juden und Heiden (1,5.16).

[a] Lk 22,32 Apg 14,22 15,32.41 16,5 18,23 Röm 1,11 1Thess 3,2.13 2Thess 2,17; 3,3 Jak 5,8 Offb 3,2
[b] 5,10; 6,8 8,11 Mt 16,18 Joh 14,19

Eine zweite Zeile kennzeichnet den Inhalt der Lebensmacht »Evangelium«. Sie wirkt **Offenbarung** (1,16; 3,21). Es gibt mancherlei Offenbarung, z.B. enthüllt sich nach 1,20 seit der Schöpfung die unendliche Macht Gottes jeder betrachtenden menschlichen Vernunft. Aber jene Offenbarung hat keine rettende, sondern nur anklagende Wirkung. Hier aber offenbart Gott sein Innerstes, sein Gutsein, sein eigentliches Gottsein für alle Geschöpfe, eben seine Gerechtigkeit (3,26b). Das aber geschieht im **Geheimnis,** nämlich im Unterschied zu 1,20 gerade in Form einer Macht*begrenzung,*

[37] Schon einmal hatten die Christen Roms die harte Hand der Politik zu spüren bekommen, nämlich das Edikt von Kaiser Claudius im Jahre 49 (vgl. Einleitungsfragen 2b). Im Jahre 64 brach die schlimme Verfolgung unter Nero herein.

d.h. in der Ohnmacht des Geschmähten am Kreuz (5,8; 15,3). Das ist der zentrale Inhalt der apostolischen Missionspredigt. Sie ist »Wort vom Kreuz« (1Kor 2,2.7-8). Indem sie dies Geheimnis gewissenhaft verkündet (1Kor 4,1), ist sie Offenbarung, und dadurch, nur dadurch lebt und überlebt christliche Gemeinde.

Das Geheimnis wird am Ende von V. 25 und am Anfang und Ende von V. 26 mit drei Ausdrücken versehen: **verschwiegen, offenbart, kundgemacht**. In früheren Epochen war es verhüllt; Gott schwieg in erstaunlicher Zurückhaltung zur Schuldfrage (3,26). **Jetzt** aber ist Wendezeit; jenes Geheimnis Gottes dringt in die Geschichte ein und enthüllt sich (3,21.26; 11,30f). Fortan wird es auftragsgemäß universal kundgemacht. Diesem offenbaren Gott gebührt ein einsichtiger, nicht ein blinder **Gehorsam des Glaubens** (1,5). Als unerlässlich fügt Paulus den Hinweis auf das Zeugnis der **prophetischen Schriften** Israels ein. Sie bestätigen das Evangelium, wie sie im Nachhinein durch das Evangelium selber bestätigt werden. Das ist für den Röm in seiner ganzen Länge wichtig (so grundlegend 1,2.3; 3,21).

Unter dem Eindruck göttlichen Waltens in der Geschichte wen- 27
det sich der Beter rühmend Gott und seiner herrlichen Zukunft zu, **in die Zeitalter hinein**. Schon 11,33-36 pries Paulus die Weisheit der Wege Gottes, jetzt fügt er hinzu: Er ist der **allein** Weise. Damit tönt der Hauptbegriff aus dem Urbekenntnis Israels an, dem sog. »Sch^{e}ma-jisrael« nach 5Mo 6,4: »Höre Israel, der Herr ist unser Gott, der Herr allein …« Dies Bekenntnis zu Gott als dem einzigartig Einen wurde und wird von frommen Juden seit Jahrtausenden täglich morgens und abends gebetet und noch auf dem Sterbebett oder im Martyrium als Inbegriff der Seligkeit gehaucht: Einer – in diesem Fall weit mehr als Zahlenangabe, nämlich Gütezeichen. Dem vielfach zerbröckelnden und zerfallenden Weltzustand wird die ungebrochene Felsenhaftigkeit Gottes gegenübergestellt. Sie wird sich als das universale Heilungszentrum erweisen: »Zu der Zeit (des Heils) wird der Herr der Einzige sein und sein Name der Einzige« (Sach 14,9). Auch Jesus, Paulus und die ersten Christen lebten und beteten in diesen Zusammenhängen, denn **durch Jesus Christus** wird dieser Gott und seine Alleinverherrlichung erschlossen (Phil. 2,9-11). Die christliche Gemeinde versteht sich als Vorbeterin der Schöpfung und spricht heute schon von ganzem Herzen, von ganzer Seele und mit aller ihrer Kraft das **Amen** zu seiner **Herrlichkeit.**[c]

[c] Mk 12,30.33 Joh 5,44 17,3 Röm 3,30 1Kor 8,4 Gal 3,20 1Tim 1,17 6,15 Jud 25

LITERATURVERZEICHNIS

Barth, Karl, Die Kirchliche Dogmatik, Zürich 1960-1975
ders., Kurze Erklärung des Römerbriefs, München 1959
Betz, Otto, Wie verstehen wir das Neue Testament, 1981, S. 57-63
ders., Die heilsgeschichtliche Rolle Israels bei Paulus, in: Theologische Beiträge 9, 1978, S. 1-21
de Boor, Werner, Der Brief des Paulus an die Römer (Wuppertaler Studienbibel), Wuppertal (1962) 1983
Bornkamm, Günther, Der Lobpreis Gottes (Röm 11,33-36), in: Gesammelte Aufsätze I, München 1958, S. 70-75
ders., Der Römerbrief als Testament des Paulus, in: Gesammelte Aufsätze IV, München 1971, S. 120-139
ders., Die Offenbarung des Zornes Gottes (Röm 1-3), in: Gesammelte Aufsätze I, München 1958, S. 9-33,
ders., Glaube und Vernunft bei Paulus, in: Gesammelte Aufsätze II, München 1959, S. 119-136
ders., Paulus, Berlin ²1977
ders., Taufe und neues Leben (Röm 6), in: Gesammelte Aufsätze I, München 1958, S. 51-69
Borse, Udo, Die geschichtliche und theologische Einordnung des Römerbriefes, in: BZ 16, 1972, S. 70-83
Brandenburger, Egon, Adam und Christus. Exegetisch-religionsgeschichtliche Untersuchungen zu Röm. 5,12-21 (1. Kor 15) (WMANT 7), Neukirchen 1962
Breytenbach, Cilliers, Versöhnung. Eine Studie zur paulinischen Theologie (WMANT 60), Neukirchen 1989
Bruce, F.F., Zeitgeschichte des Neuen Testaments, (TVG) Wuppertal 1986
Bultmann, Rudolf, Theologie des Neuen Testamentes, 6., durchgesehene A., Tübingen 1968

Calvin, L. Porter, Romans 1,18-32: Its role in the developing argument, in: New Test. Stud. Vol. 40, 1994, pp. 210-228
Cullmann, Oskar, Die urchristliche Zeit- und Geschichtsauffassung, Zollikon-Zürich ²1948,
ders., Die Christologie des Neuen Testaments, Tübingen, 2., durchgesehene A.
ders., Heil als Geschichte. Heilsgeschichtliche Existenz im Neuen Testament. Christus und die Zeit, Tübingen 1965

Delling, Gerhard, Der Kreuzestod Jesu in der urchristlichen Verkündigung, Berlin 1971

Eichholz, Georg, Die Theologie des Paulus im Umriß, Neukirchen 1972

Fitzer, F., Der Ort der Versöhnung nach Paulus. Zur Frage des »Sühnopfers Jesu«, in: ThZ 22/3 (1966), S. 161-183

Gaugler, Ernst, Der Brief an die Römer (Prophezei), 1. Teil, Zürich 1958
Gollwitzer, Helmut, Römer 11,25-32, in: GPM 1963/64, S. 274-283
ders. und *Wilhelm Weischedel,* Denken und Glauben. Ein Streitgespräch, ²1965
Goppelt, Leonhard, Israel und die Kirche, heute und bei Paulus, in: Christologie und Ethik, Aufsätze, 1968, S. 165-189
ders., hrsg. von *Jürgen Roloff,* Theologie des Neuen Testaments, 1. Jesu Wirken in seiner theologischen Bedeutung, 2. Vielfalt und Einheit des apostolischen Christuszeugnisses, Göttingen 1975 und 1976

Haacker, Klaus, Exegetische Probleme des Römerbriefs (NT 20), Leiden 1978, S. 1-21

Hahn, Ferdinand, Das Verständnis der Mission im Neuen Testament (WMANT 13), Neukirchen 1963

ders., Zum Verständnis von Römer 11,26a: ›... und so wird ganz Israel gerettet werden‹, in: Paul and Paulinism. FS C.K. Barrett, Hg. v. M.D. Hooker – S.G. Wilson, 1982, S. 221-234

Härle, Wilfried, Die Rede von der Liebe und vom Zorn Gottes, (ZThK.B 8), Tübingen 1990, S. 50-69

Hartenstein, Karl, Israel im Heilsplan Gottes, Stuttgart 1952

Haubeck, Wilfried, Befreites Leben. Römer 6-8 in der christlichen Existenz (Christsein Heute forum 78), Witten o.J.

ders., Loskauf durch Christus. Herkunft, Gestalt und Bedeutung des paulinischen Loskaufmotivs, Gießen 1985

Hofius, Otfried, Das Evangelium und Israel. Erwägungen zu Römer 9-11, in: ZThK 83, 1986, S. 297-324

Jeremias, Joachim, Einige vorwiegend sprachliche Beobachtungen zu Röm 11,25-36, in: Lorenzo De Lorenzi (Hrsg.), Die Israelfrage nach Röm 9-11, Rom 1977, S. 193-205

ders., Neutestamentliche Theologie. Erster Teil, Die Verkündigung Jesu, Gütersloh 1971

Jervell, J., Der Brief nach Jerusalem. Über Veranlassung und Adresse des Römerbriefs, in: StTh 25 (1971)

Jüngel, Eberhard, Das Gesetz zwischen Adam und Christus. Eine theologische Studie zu Röm 5,12-21 (ZthK 60), Tübingen 1963, S. 42-74

Käsemann, Ernst, An die Römer (HNT 8a), Berlin ²1974

ders., Geist und Buchstabe, in: Paulinische Perspektiven, Tübingen 1969, S. 237-288

ders., Gottesdienst im Alltag der Welt. Zu Römer 12, in: EVB II, S. 198-294

ders., Der Glaube Abrahams in Röm 4, in: Paulinische Perspektiven, Tübingen 1969, S. 140-177

Kertelge, Karl (Hrsg.), Das Gesetz im Neuen Testament (QD; 108), Freiburg 1986

ders., Der Brief an die Römer (Geistliche Schriftlesung 6), Leipzig 1971

Klaiber, Walter, Rechenschaft über den Glauben: Römerbrief (Bibelauslegung für die Praxis 21), Stuttgart 1989

Klein, Günter, »Christlicher Antijudaismus«. Bemerkungen zu einem semantischen Einschücherungsversuch, in: ZThK 79/1982, S. 411-450

Koch, Klaus (Hrsg.), Um das Prinzip der Vergeltung in Religion und Recht des Alten Testaments, Darmstadt 1972

Kümmel, Werner Georg, Die Theologie des Neuen Testaments nach seinen Hauptzeugen Jesus-Paulus-Johannes (NTD), Berlin 1971

ders., Die Probleme von Römer 9-11 in der gegenwärtigen Forschungslage, in: Lorenzo De Lorenzi (Hrsg.), Die Israelfrage nach Röm 9-11, Rom 1977, S. 13-33

ders., Einleitung in das Neue Testament, Berlin 1989

ders., paresis und *endeixis.* Ein Beitrag zum Verständnis der paulinischen Rechtfertigungslehre, in: Heilsgeschichte und Geschichte, Ges. Aufsätze 1933-1964, 1965, S. 260-270.

Kuss, Otto, Der Römerbrief, Regensburg 1957 (Römer 1,1 bis 6,11) und 1963 (Römer 6,11 bis 8,19)

ders., Paulus. Die Rolle des Apostels in der theologischen Entwicklung der Urkirche, Regensburg 1971

Luck, Ulrich, Gerechtigkeit in der Welt – Gerechtigkeit Gottes, in: Wort und Dienst (Jahrbuch der kirchlichen Hochschule Bethel N.F. 12 Bd), 1973
ders., Inwiefern ist die Botschaft von Jesus Christus »Evangelium«? in: ZThK, Tübingen 1980
ders., Die Bekehrung des Paulus und das Paulinische Evangelium. Zur Frage der Evidenz in Botschaft und Theologie des Apostels, in: ZNW 1985, S. 185-208
Luz, Ulrich, Das Geschichtsverständnis des Paulus (BEvTh 49), München 1968
ders., Zum Aufbau von Röm. 1-8 (ThZ 25/3), 162-181

Marquardt, Friedrich-Wilhelm, Die Juden im Römerbrief (ThSTB), Zürich 1971
Michel, Otto, Der Brief an die Römer (KEK), Göttingen 1955
Minde, von der, Hans-Jürgen, Schrift und Tradition bei Paulus, München 1976
Moltmann, Jürgen, Der Weg Jesu Christi. Christologie in messianischen Dimensionen, München 1989
ders., Theologie der Hoffnung. Untersuchungen zur Begründung und zu den Konsequenzen einer urchristlichen Eschatologie (BEvTh 38), München 1965
Müller, Ulrich B., Prophetie und Predigt im Neuen Testament. Formgeschichtliche Untersuchungen zur urchristlichen Prophetie (StNT 10), Gütersloh 1975

Neugebauer, Fritz, In Christus, Berlin 1961
Nygren, Anders, Der Römerbrief 3.A., Göttingen 1959

Osten-Sacken, Peter von der, Die Heiligkeit der Tora. Studien zum Gesetz bei Paulus, München 1989

Plag, Christoph, Israels Weg zum Heil. Eine Untersuchung zu Römer 9-11, in: AzTh 1,40, 1967
Pohl, Adolf, Der Brief an die Galater (WStB), Wuppertal 1995
ders., Staunen, daß Gott redet. Die Bibel im Rahmen der Offenbarung Gottes, Wuppertal 1988
Popkes, Wiard., CHRISTUS TRADITUS. Eine Untersuchung zum Begriff der Dahingabe im Neuen Testament (AThANT 49), Zürich 1967
ders., Zum Aufbau und Charakter von Römer 1,18-32, in: New Testament Studies, vol. 28, S. 490-501
Porsch, Felix, Viele Stimmen, ein Glaube. Anfänge, Entfaltung und Grundzüge neutestamentlicher Theologie (Die Botschaft Gottes, Neutestamentliche Reihe 35), Leipzig 1988

Ratschow, Carl Heinz, Rechtfertigung. Diakritisches Prinzip des Christentums zu den anderen Religionen, in: ders., Von den Wandlungen Gottes. Beiträge zur systematischen Theologie, hrsg. von Chr. Keller-Wenttorf u. M. Repp, Berlin 1986, S. 336-376
Rengstorf, Karl Heinrich, Das Ölbaum-Gleichnis in Röm 11,16ff. Versuch einer weiterführenden Deutung, in: Donum Gentiliciumm (FS D. Daube), S. 127-164
Ridderbos, Herman, Paulus. Ein Entwurf seiner Theologie, Wuppertal 1966
Rießler, Paul, Altjüdisches Schrifttum außerhalb der Bibel, Augsburg 1928
Roloff, Jürgen, Neues Testament (Neukirchner Arbeitsbücher), Neukirchen [2]1979

Saß, Gerhard, Röm 15,7-13 – als Summe des Römerbriefs gelesen, in: EvTh, 53. Jg. (1983), Heft 6, S. 510-527

Schelbert, Georg, Sprachgeschichtliches zu »Abba«, in: Melanges Dominique Barthelemy, Orbis Biblicus et Orientalis 38, Freiberg-Göttingen 1981, S. 395ff
Schelkle, Karl Hermann, Israel im Neuen Testament, Darmstadt 1985
ders., Paulus Lehrer der Väter. Die altkirchliche Auslegung von Römer 1-11
Schlatter, Adolf, Gottes Gerechtigkeit. Ein Kommentar zum Römerbrief, Stuttgart (1935) ^{4}1965
ders., Der Brief an die Römer (Erläuterungen zum NT 5), 1974
Schlier, Heinrich, Die Taufe nach dem 6. Kapitel des Römerbriefes, in: Die Zeit der Kirche. Exegetische Aufsätze und Vorträge, Freiburg 1966, S. 47-56
ders., Vom Wesen der apostolischen Ermahnung nach Römer 12,1-2, in: Die Zeit der Kirche. Exegetische Aufsätze und Vorträge, Freiburg 1966, S. 74-89
ders., Von den Juden. Römerbrief 2,1-29, in: Die Zeit der Kirche. Exegetische Aufsätze und Vorträge, Freiburg 1966, S. 38-47
Schlink, Edmund, Ökumenische Dogmatik. Grundzüge, Göttingen 1983
Schmid, Hans Heinrich, Rechtfertigung als Schöpfungsgeschehen. Notizen zur alttestamentlichen Vorgeschichte eines neutestamentlichen Themas, in Rechtfertigung, FS f. Käsemann, S. 403-414
Schmid, Josef, Einleitung in das Neue Testament, Leipzig ^{6}1972
Schmidt, Hans Wilhelm, Der Brief des Paulus an die Römer (ThHK 6), Berlin 1962
Schmithals, Walter, Der Römerbrief als historisches Problem (StNT 9), Gütersloh 1975
Schneider, Dieter, Der Prophet Jesaja, Kapitel 40-66 (Wuppertaler Studienbibel), Wuppertal 1990
Schnepel, Erich, Die befreiende Botschaft. Bibelstudien zum Römerbrief Kap. 5 bis 8, Stuttgart 1980
Schweitzer, Wolfgang, Die Herrschaft Christi und der Staat im Neuen Testament (BEvTh 11), München 1949
Schumacher, Heinz, Glaubensgerechtigkeit und Geistesherrlichkeit. Der Römerbrief, Stuttgart 1967
Ströter, Ernst Ferdinand, Die Judenfrage und ihre göttliche Lösung nach Römer Kapitel 11, Kassel o.J.
Stuhlmacher, Peter, Der Brief an die Römer (NTD 6), Göttingen 1989
ders., Versöhnung, Gesetz und Gerechtigkeit. Aufsätze zur biblischen Theologie, Göttingen 1981
ders., Zur Interpretation von Römer 11,25-42, in: Probleme biblischer Theologie, FS f. Gerhard von Rad, München 1971, S. 555-570

Walter, Nikolaus, Zur Interpretation von Römer 9-11, in: ZThK, 1984, S. 172-195
Weber, Otto, Grundlagen der Dogmatik, Neukirchen, Erster Band ^{3}1964, Zweiter Band 1962
Wilckens, Ulrich, Der Brief an die Römer (EKK), Neukirchen 1978 (Römer 1-5), 1980 (Römer 6-11) und 1982 (Römer 12-16)
Wiesemann, Heinrich, Das Heil für Israel. Was sagt darüber das Neue Testament? Stuttgart 1965
Zahn, Adolf, Der Brief des Paulus an die Römer (KNT VI), Erlangen ^{3}1925
Zeller, Dieter, Der Brief an die Römer (RNT), Regensburg 1985

Der erste Brief des Paulus an die Korinther

erklärt von

Werner de Boor

R. BROCKHAUS VERLAG

VORWORT

Der 1. Korintherbrief ist nicht eine theologische Abhandlung, die einer in der Stille seines Studierzimmers schrieb. Er steht mitten in einer bewegten Geschichte, ja er ist selber ein Stück „Geschichte", ein lebendiges Geschehen zwischen der Gemeinde in Korinth und ihrem Apostel.

Wer diesen Brief verstehen will, muß ihn darum auch „geschichtlich" lesen. Er wird dabei auf Dinge treffen, die für uns geschichtlich vergangen sind. „Sklaven" in der Art des Altertums gibt es bei uns nicht mehr. „Götzenopferfleisch" ist uns unbekannt. Keine Frau trägt bei uns ein „Kopftuch" im Sinne der Apostelzeit. Und keiner von uns wird es als „Schande" empfinden, wenn eine Frau öffentlich redet.

Und doch ist es das Wunder der Bibel, daß der 1. Korintherbrief nicht ein bloßes Zeitdokument ist, das nur Liebhaber der Geschichte interessiert, sondern daß dieses zeitbedingte Schreiben des Paulus an eine bestimmte geschichtliche Gemeinde bis heute in aller Welt und unter allen nur denkbaren Verhältnissen sich als gegenwärtiges, lebendig redendes und wirkendes Wort Gottes erweist.

Freilich, es geht in ihm — mit Ausnahme von Kapitel 15 — nicht um die uns besonders interessierenden Probleme der Erkenntnis und der Lehre. Es sind vielmehr Fragen des Gemeindeaufbaues und des Gemeindelebens, die den Brief füllen. Wir aber wissen kaum noch, was eigentlich „Gemeinde Gottes" ist. Wir haben den einzelnen Menschen vor Augen, der in der Verkündigung erweckt, bekehrt und dann in seinem persönlichen Christenleben gefördert werden soll. So ist uns der 1. Korintherbrief gerade wegen seiner „Einfachheit" gegenüber dem Römer- oder Galaterbrief fremd geblieben. Er gab zur persönlichen „Erbauung" zu wenig her, weil ihm alles am konkreten „Bau" der Gemeinde liegt. Gerade darum ist es für uns heute so notwendig, daß wir diesen Brief wieder wirklich kennenlernen und uns von ihm sagen lassen, wie Gemeinde Jesu entsteht und im Glauben und in der Liebe lebt.

Dazu möchte die folgende Auslegung helfen. Ihr Ziel ist erreicht, wenn der Brief selber für den Leser lebendig wird und zu ihm mit seiner eigenen Mächtigkeit redet.

Schwerin, den 24. Oktober 1967

Werner de Boor

INHALT

EINLEITUNG

1. Das Schreiben des Paulus als wirklicher Brief

Wenn wir den 1. Korintherbrief recht lesen und verstehen wollen, dann haben wir als erstes zu bedenken, daß wir es bei ihm mit einem wirklichen „Brief" zu tun haben. Er steht zwar unter den „Lehrbüchern" des NT, und dies mit einem gewissen Recht. Der Apostel Paulus sucht in ihm als echter „Lehrer" die Gemeinde in Korinth in vielen Fragen zu einer klaren Erkenntnis zu führen. Trotzdem ist sein Brief keine theologische Abhandlung, die irgendwelche Themen nach allen Seiten hin grundsätzlich erörtert. Ein Brief wendet sich ganz bestimmten Menschen in einer konkreten Lage zu. Auf ihre Fragen geht er ein, an ihre Gedankengänge knüpft er an. Die für sie jetzt wichtigen Seiten einer Sache hebt er hervor. Auf anderes, was uns vielleicht sehr interessieren würde, geht er gar nicht ein. Ein Brief muß ja kurz bleiben. Vieles kann er nur andeuten. Darum hängt auch das Verständnis eines Briefes davon ab, daß wir ein gewisses Bild derer haben, an die er sich in allen seinen Ausführungen wendet. Wenn wir ein solches Bild nicht oder nicht klar genug zu gewinnen vermögen, stoßen wir oft auf unüberschreitbare Grenzen des Verstehens.

Dabei sind wir bei unserem Brief in der schwierigen Lage, daß wir keine anderen Quellen für unsere Kenntnis der korinthischen Gemeinde haben, an die Paulus schreibt. Nur aus unserem Brief können wir rückschließend festzustellen suchen, wie es bei den Empfängern des Briefes aussah. Wir kommen aus einem gewissen „Zirkel" nicht heraus: wir müssen bei der Auslegung das schon voraussetzen, was wir doch im Lesen und Auslegen des Briefes selbst erst herausstellen können. Unvermeidlich bleibt dadurch vieles unsicher. Es wird aber dem Leser bei der Lektüre des Briefes helfen, wenn er von vornherein eine gewisse Vorstellung von den Briefempfängern und ihrer äußeren und inneren Lage hat. Diese Vorstellung muß sich dann in der Auslegung selbst bewähren und befestigen.

2. Die Stadt Korinth

Die Stadt Korinth, zu der Paulus im Herbst des Jahres 50 als der Bote Jesu kam, war nicht mehr das alte Korinth der klassischen Zeit. Dieses alte Korinth war im Jahre 146 v. Chr. bei der Eroberung Griechenlands durch die Römer völlig zerstört worden und hatte ein Jahrhundert lang in Trümmern gelegen. Erst Julius Cäsar gab im Jahre 44 v. Chr. den Befehl zum Wiederaufbau. Nun entstand eine völlig neue Stadt, die äußerlich rasch emporblühte und Menschen aus allen Ländern anzog. Denn Korinth war durch seine Lage für die damaligen Verhältnisse besonders zu einer Stadt der Schiffahrt und des Handels geschaffen. Mit dem übrigen Griechenland durch eine schmale Landbrücke, den „Isthmus von Korinth", verbunden, besaß es nördlich und südlich dieses Landstreifens je einen Hafen. Der nördliche Hafen Lechäum lag am Golf von Korinth und nahm den Schiffsverkehr des westlichen Mittelmeeres auf. Die südliche Hafenstadt Kenchreä am Golf von Aegina stand den Schiffen offen, die das östliche Mittelmeer bis nach Kleinasien, Palästina und Ägypten befuhren. So wurde Korinth zum wichtigsten Umschlagplatz des Handels zwischen dem Westen und dem Osten der Mittelmeerwelt. Es war kein Wunder, daß die Stadt gedieh und schnell eine große und reiche Handelsstadt wurde. Das führte – zumal beim Fehlen einer alteingesessenen bodenständigen Bevölkerung – zu einem üppigen und lockeren Leben, das geradezu sprichwörtlich wurde. „Korinthisieren", also „wie ein Korinther leben", nannte man es, wenn jemand ein zügelloses Genußleben führte. Neben der reichen Oberschicht in Korinth aber standen große Scharen von Sklaven und Bevölkerungskreise geringerer Art. Darum waren die sozialen Unterschiede in Korinth groß.

Das geschlechtliche Leben war in der ausgehenden Antike weithin und in Korinth noch in besonderem Maß zerrüttet. Schon in der klassischen Zeit Griechenlands sagt der große Redner Demosthenes: „Wir haben Hetären, um uns mit ihnen zu ergötzen, sodann gekaufte Dirnen, um unseren Körper zu pflegen, endlich Frauen, die uns rechtmäßige Kinder schenken sollen und denen obliegt, alle unsere häuslichen Angelegenheiten zu überwachen." Wie sah es erst aus, als in der späteren Zeit orientalisches Empfinden den Westen durchsetzt hatte. Nun kannte man auch in Griechenland die „Kultische Prostitution". In Korinth stand der große Tempel der „Liebesgöttin" Aphrodite; in kleinen, mit Rosen geschmückten Häusern wohnten um ihn her tausend Priesterinnen der Gottheit, die sich in deren Dienst jedem Besucher hingaben. Der Gang zu ihnen hatte für das Gefühl jener Zeit nichts Anstößiges.

In religiöser Hinsicht wird Korinth das gleiche wirre Bild geboten haben, das wir in jener Zeit überall finden. Der Kult der alten Götter wurde als unentbehrliches Stück des staatlichen und bürgerlichen Lebens selbstverständlich gepflegt. Eine wirkliche religiöse Bedeutung hatte er aber weithin nicht mehr. Soweit ein inneres Verlangen in den Menschen lebte, suchte es in philosophischen Lehren und Anschauungen Befriedigung oder wandte sich den „Mysterien" zu, in deren geheimnisvollen Handlungen den Eingeweihten göttliches Leben und Überwindung des Todes versprochen wurde. Aber auch die Kulte orientalischer, besonders ägyptischer Gottheiten gewannen in wachsendem Maße Einfluß.

Korinth beherbergte auch eine Judenschaft, die in einer Synagoge ihr Lebenszentrum besaß. Auch von ihr gingen Einflüsse in die Umwelt aus und machten manche Griechen zu „Proselyten". Das hohe Alter der atst Offenbarung, die klare Botschaft von dem einen Gott, dem Schöpfer Himmels und der Erde, die wunderreiche Geschichte Israels, die klare Ordnung des menschlichen Lebens in den Geboten Gottes, alles das mußte in einer Zeit der inneren Unsicherheit und Wirrnis gerade auf ernste Menschen anziehend wirken. Es fehlte aber auch in Korinth nicht der „Antisemitismus", der das ganze römische Reich durchzog. Bei der Klage der Judenschaft gegen Paulus vor dem neu ernannten Statthalter Gallio fand dieser Antisemitismus in der Abweisung der Klage und im Verhalten der Zuhörer des Prozesses einen bezeichnenden Ausdruck (Apg 18, 12–17).

3. Die Entstehung der Gemeinde in Korinth

Paulus war von Athen nach Korinth gekommen, ob auf dem Landweg über den Isthmus oder zu Schiff, wissen wir nicht. Er hatte jene große, bewegende Reise hinter sich, die ihn gegen seine ursprünglichen Absichten (Apg 16, 6f) durch besondere Leitung des Geistes und schließlich durch ein nächtliches Gesicht von Asien nach Europa hinübergeführt hatte. In Makedonien hatte seine Evangelisation in Philippi und Thessalonich zur Gründung von Gemeinden geführt. Aber aus beiden Städten hatte er nach kurzer Zeit unter stürmischen Ereignissen weichen müssen. In Athen konnte er nach mancherlei Gesprächen mit Philosophen durch eine einzige Rede auf dem Areopag einzelne Hörer dem Evangelium erschließen (Apg 17). Zu Taufen und zur Gemeindebildung kam es nicht. Aber Paulus war nicht entmutigt. Immer strebte er nach den bedeutenden Städten, von denen aus die Botschaft von Jesus in das umliegende Land ausstrahlen mußte, wenn sie erst einmal in der Stadt selbst Fuß gefaßt hatte. So richtete sich sein Blick von Athen aus auf das nicht weit entfernte Korinth.

Aber konnte diese Großstadt mit ihrem berüchtigten Leben das rechte Missionsfeld sein? Konnte Paulus hier für das Evangelium auf irgendeinen Erfolg hoffen? Paulus wird so überhaupt nicht gefragt haben. Er war von seinem Herrn beauftragt, er „mußte" evangelisieren (1 Ko 9, 16). Der „Erfolg" war nicht seine Sache. Er rechnete aber mit der „Erweisung des Geistes und der Kraft" (1 Ko 2, 4) auch in einer Stadt wie Korinth und behielt damit recht. Das Wunder geschah. Gerade in Korinth entstand eine besonders große und lebendige Gemeinde Gottes.

Ihr Werden schildert uns die Apostelgeschichte Kap. 18, 1—11. Paulus war zunächst allein nach Korinth gekommen. Er fand in der fremden Großstadt Arbeit und Unterkunft bei dem Ehepaar Aquila und Priskilla, das — erst kürzlich aus Rom gekommen — in Korinth seinen Handwerksbetrieb neu aufgebaut hatte. Es ist wahrscheinlich, daß das Ehepaar bereits in Rom christusgläubig geworden war. Wie überall begann Paulus auch in Korinth seine Verkündigung in der Synagoge. Nach Erfüllung ihres Auftrages in Makedonien (Apg 17, 14; 1 Th 3, 1 f) stießen Silvanus und Timotheus wieder zu ihm. Nun begann jene „Mannschaftsarbeit", auf die Paulus in 2 Ko 1, 19 dankbar zurückblickt. Es kam aber auch hier zu einer negativen Entscheidung der Judenschaft als solcher, durch die Paulus veranlaßt wurde, für sein Evangelium einen eigenen Raum zu mieten, der in nächster Nachbarschaft zur Synagoge lag (Apg 18, 6 f). Es sollte deutlich bleiben, daß Israel weiter zu seinem König und Erretter gerufen wurde. Es geschah auch nicht vergeblich. Der Synagogenvorsteher Krispus wurde gläubig und von Paulus persönlich getauft (1 Ko 1, 14). Er wird nicht der einzige Jude gewesen sein, der in Jesus den Messias erkannte. Aber es war doch wesentlich eine heidenchristliche Gemeinde, die nun entstand.

Man darf sich von 1 Ko 1, 26 ff her kein einseitiges Bild der Gemeinde machen. Wohl waren in ihr auch Sklaven zu finden, an die sich Paulus in 1 Ko 7, 20—22 besonders wendet. Aber der Hauptteil des 7. Kapitels gibt für Ehe und Ehescheidung, für das Verheiraten oder Lediglassen der Töchter Anweisungen, die nur für „freie" Menschen erfüllbar waren. So wird ein großer Teil der Gemeinde aus „Freien" bestanden haben. Daß auch wohlhabende Leute zur Gemeinde gehörten, zeigt 1 Ko 11, 21. Sie können nicht einmal ganz gering an Zahl gewesen sein, wenn eingehend über die Frage der Beteiligung an Festmahlzeiten in Tempeln und Privathäusern gesprochen werden mußte (Kap. 8 u. 10). Auch Prozesse um mein und dein vor den weltlichen Gerichten werden nicht von Sklaven oder armen Leuten geführt. Die scharfen sozialen Gegensätze in der Stadt reichten bis in die Gemeinde hinein und gefährdeten ihre Einheit. Bei den Gemeindemahlen hungern die einen, und andere schwelgen.

Nach einer Arbeit von $1^1/_2$ Jahren (Apg 18, 11) — welche kurze Zeit für den Aufbau einer Gemeinde! — kam es auch in Korinth zu dem Versuch der Judenschaft, Paulus mit Hilfe der römischen Staatsorgane zu vertreiben. An der Haltung des römischen Prokurators Gallio scheiterte dieser Versuch. Gallio — der Bruder des bekannten römischen Philosophen Seneca — nahm die Klagen nicht einmal an und sah gleichmütig zu, als der Synagogenvorsteher Sosthenes vor seinen Augen verprügelt wurde. So konnte Paulus noch längere Zeit in Korinth bleiben, fuhr dann aber über Ephesus nach Antiochia zurück (Apg 18, 18—22).

Bald danach – genaue Zeitangaben sind bei der Spärlichkeit der Nachrichten nicht möglich — kam Apollos nach Korinth und setzte die Evangelisation erfolgreich fort (Apg 18, 27 f). Er stärkte und vertiefte das Glaubensleben und wurde von der ganzen Gemeinde geschätzt, wie eine offenbar offizielle Einladung an ihn zu einem erneuten Besuch in Korinth (1 Ko 16, 17) beweist. Er wirkte besonders in die Judenschaft hinein. Es sammelte sich um ihn eine Gruppe von Menschen, die ihm ihren Christenstand verdankten (1 Ko 1, 12). Paulus blickt in 1 Ko 3, 5 auf Gemeindeglieder, die durch Apollos zum Glauben kamen.

Die Gemeinde wuchs nochmals, als Christen aus dem Osten zuwanderten, die sich auf Kephas (Petrus) als den führenden Mann der Urchristenheit beriefen (1 Ko 1, 12; vgl. auch 2 Ko 11, 5). Daß Petrus selber in Korinth gewesen sei und dort evangelisiert habe, ist kaum anzunehmen.

So war in Korinth eine vielseitige Arbeit geschehen und – anders als in Philippi und Thessalonich — eine vielschichtige Gemeinde entstanden. Ihre natürlichen „griechischen" bzw. „hellenistischen" Anlagen und Kräfte führten zu einem reichen und lebhaften Gemeindeleben, bildeten bald aber auch besondere Gefahrenpunkte.

4. Die Schwierigkeiten in der Gemeinde

„Wenn Gottes Winde wehen vom Thron der Herrlichkeit und durch die Lande gehen, dann ist es sel'ge Zeit." Solche „selige Zeit" war es gewiß auch anfangs in Korinth, als der Jubel der Erretteten erklang und eine Gemeinde Gottes mitten in dieser Großstadt ihr neues Leben führte. Aber jeder Bekehrte erfährt es früher oder später, daß dieses neue Leben nicht mühelos weiterwächst. Unsere alte Natur ist durch die Wiedergeburt nicht einfach abgetan, sondern macht sich je nach unserer Art kräftig bemerkbar. Und wo eine ganze Schar von Menschen ein gemeinsames Leben zu führen hat, zeigen sich viele Schwierigkeiten und Nöte, die von unserem natürlichen Wesen her das Zusammenleben bedrohen. Gerade bei einer Gemeinde, die ohne den heilsamen Druck äußerer Drangsale blieb, war das bald zu spüren. Das alte Ichwesen (das „Fleisch", wie die Bibel gern sagt) entfaltete sich und trug in Korinth typisch „griechische" Züge.

Von unseren gewohnten Vorstellungen her denken wir bei Schwierigkeiten und Spaltungen in einer Christengemeinde sofort an „Irrlehren". Die Forschung hat darum auch immer neu versucht, ein Bild der „Irrlehren" in Korinth zu entwerfen. Aber darum handelt es sich nicht. Es kommt auch nicht wie in Galatien oder in Kolossä zu einem Einbruch „gesetzlichen" Denkens und „gesetzlicher" Frömmigkeit mit der Begeisterung für besondere Leistungen und Übungen. Im Gegenteil, ein Teil der Gemeinde ist von einem Hochgefühl der „Freiheit" erfüllt. „Alles steht mir frei", ist die Losung. Das in dieser Welt konkret gelebte Leben ist gleichgültig. Die griechische Freude am „Erkennen", an der „Weisheit" und an der schönen und hinreißenden Rede bricht durch. Wenn das Gemeindeleben daran reich ist, wenn sich dazu die geheimnisvollen göttlichen Kräfte im Zungenreden und anderen „Gaben" zeigen, was kommt dann noch auf mein tägliches Leben an? Warum soll ich nicht meine geschlechtlichen Bedürfnisse befriedigen, wie ich auch esse und trinke? Warum soll ich nicht an Gastmählern in heidnischen Tempeln teilnehmen, wenn ich doch „weiß", daß es die dort angebeteten Götter gar nicht gibt? Warum soll ich nicht mein „Recht“ gegen andere Gemeindeglieder vor heidnischen Richtern suchen? Ja, müssen wir nicht unsere christliche Freiheit und Überlegenheit recht klar herausstellen? War es nicht ein erfreuliches Siegel dieser Freiheit, als einer es wagte, seine eigene Stiefmutter zu heiraten und alle „Moral“ zu verachten? Haben die Frauen in der Gemeinde nicht recht, die das „Kopftuch“, das Zeichen der Unterordnung unter den Ehemann, ablegten und sich unterschiedslos neben den Männern am Beten und Weissagen beteiligten? Wenn andere Gemeindeglieder „ängstlich“ und „eng“ bleiben, dann müssen sie durch das kühne Beispiel der „Freien“ mitgerissen werden. Der Blick auf die Tiefe der Sünde und auf den Ernst der Verlorenheit, aus der der Mensch errettet werden muß, ging dabei mehr und mehr verloren. Das Kreuz des Christus wurde unwichtig. Andere Themen waren interessanter. Im Zuge dieser Entwicklung wuchs bei vielen eine Unzufriedenheit mit Paulus. Er hatte zwar selber das gesetzesfreie Evangelium gebracht; aber war es nicht doch in einer gewissen Enge und Einseitigkeit stecken geblieben? Er war so gar kein hinreißender Redner. Auch inhaltlich waren seine Vorträge dürftig. Immer ging es nur um das Kreuz. Die modernen Fragestellungen, die kühnen und tiefsinnigen Gedankengänge anderer Lehrer, auch eines Apollos, lagen ihm fern. Hemmte Paulus nicht die Entwicklung der Gemeinde? Und ständig kamen Nachrichten über Nöte und Leiden des Apostels. So sah ein echter Gesandter des höchsten Königs aus? Hatten andere Wanderredner der Zeit nicht ein ganz anderes Auftreten? In manchen Kreisen sagte man sogar, er sei kein echter Apostel; vielleicht war etwas daran? Freilich, ein Teil der Gemeinde bekannte sich mit fester Treue zu ihm. „Ich gehöre zu Paulus“, rief man in diesem Kreis. Aber andere setzten dem entgegen: „Nun, dann bekenne ich mich zu Apollos!“ Und wieder andere ließen nur einen Petrus und andere „hohe Apostel“ (2 Ko 11, 5) gelten, während manche ganz neue Wege gingen und in voller Freiheit von allen menschlichen Bindungen nur „Christus gehören“ wollten.

5. Der Anlaß zum 1. Korintherbrief

So stand Paulus schon bald vor Nöten und Schwierigkeiten gerade in dieser Gemeinde in Korinth. Er suchte zunächst mit einem Brief zu helfen, der uns nicht erhalten ist. 1 Ko 5, 9–13 zeigt, daß es in diesem Brief nicht um eigentliche Lehrfragen, sondern um die Praxis des Gemeindelebens ging. Die Gemeinde duldete in ihrer Mitte „Brüder“, die in offenkundigen, groben Sünden, vor allem in geschlechtlicher Zügellosigkeit, lebten. Daß die Mahnung des Paulus, die Gemeinschaft mit solchen Menschen abzubrechen, mißverstanden und als eine unmögliche Zumutung abgelehnt wurde, macht deutlich, wieviel Mißtrauen und Widerstand gegen Paulus in der Gemeinde bereits vorhanden war. Immerhin wußte sich die Gemeinde als ganze noch an ihren geistlichen Vater gebunden. Paulus hört durch seine Freunde viel aus der Gemeinde, was ihm tiefe Sorge bereitet. Die Gemeinde sandte schließlich auch ihrerseits Männer nach Ephesus — darunter den mit Paulus von Anfang an verbundenen Stephanas, den „Erstling Griechenlands“ —, um dem Apostel schriftlich (und unwillkürlich dabei auch mündlich) Fragen zu stellen. Auch diese Fragen beziehen sich offensichtlich nicht auf theologische Lehren oder Lehrdifferenzen, sondern auf praktische Dinge des Christenlebens. Paulus seinerseits hat Timotheus mit einem Besuch in Korinth im Anschluß an eine Reise durch Makedonien beauftragt, um als vorläufiger Vertreter des Apostels der Gemeinde die Stellung des Paulus zu den Nöten und

Schwierigkeiten des Gemeindelebens zu verdeutlichen. Jetzt aber, nach der unmittelbaren Anfrage der Gemeinde und nach neuen, beunruhigenden Nachrichten aus Korinth, schreibt Paulus der Gemeinde einen eingehenden Brief, unsern 1. Korintherbrief. Er selbst kann erst später, ebenfalls auf dem Weg über Makedonien, zur Gemeinde kommen, da er sie nicht nur kurz sehen, sondern ihr einen langen und gründlichen Besuch durch das Überwintern bei ihr machen möchte.

6. Eigenart und Einheit des Briefes

Der 1. Korintherbrief ist also in ganz besonderer Weise ein eigentlicher „Brief", der fort und fort auf die konkreten Verhältnisse und Nöte dieser bestimmten Gemeinde eingeht. Er hat darum nicht wie der Römerbrief ein beherrschendes Thema, wendet sich nicht wie der Galaterbrief leidenschaftlich gegen eine Verderbung des Evangeliums selber durch eine neue Aufrichtung des „Gesetzes" und verhandelt nicht wie Epheser-, Kolosser-, 2. Thessalonicherbrief einzelne Fragen der christlichen Lehre. Selbst in Kap. 15 hat es Paulus nicht mit einer bestimmten Irrlehre in der Frage der Auferstehung zu tun, sondern mit einer aus der Gesamthaltung der Korinther resultierenden Unwilligkeit, die Auferstehungsbotschaft wirklich zu glauben und in allen ihren Konsequenzen ernst zu nehmen. Und doch ist eine Einheit unseres Briefes zu erkennen, die in der Sache selbst, nicht in der Systematik einer bestimmten Theologie, gegeben ist. Kap. 13 ist Mitte und Höhe des Briefes. Alle Nöte im Leben der Gemeinde in Korinth kommen zuletzt aus dem Fehlen der wirklichen Liebe, der „Agape". Erfüllte die Liebe die Herzen, dann gäbe es keine Spaltungen, keinen Streit, keine Eifersucht (Kap. 1—4); dann trüge die Gemeinde über einen schweren Sündenfall in ihrer Mitte Leid (Kap. 5); Prozesse unter Brüdern vor weltlichen Richtern wären ausgeschlossen (Kap. 6); die Ordnung des geschlechtlichen Lebens, der rechte Gebrauch des Leibes würde ohne „Gesetz" zustandekommen, und die Fragen um die Ehe und die Ehelosigkeit fänden ihre lebendige Antwort (Kap. 6 und 7). Von der Liebe zum Herrn und zu den Menschen her löste sich das Problem des „Götzenopferfleisches" (Kap. 8 u. 10) und erwüchse den Korinthern das Verständnis für das leidensreiche, aufopfernde Leben ihres Apostels, der keine Bezahlung von ihnen annehmen will (Kap. 4 u. 9). Die Frau trüge der Sitte der Zeit nach ruhig weiter ihr „Kopftuch" (Kap. 11), die böse Entwürdigung des Gemeinde- und Herrenmahles wäre unmöglich (Kap. 11), und die Bewertung der Geistesgaben erhielte ihren klaren Maßstab (Kap. 12 u. 14). Warum fehlt in Korinth diese Liebe? Warum bleiben die Gemeindeglieder trotz ihrer Erkenntnis und trotz der Fülle der Geistesgaben so „fleischlich", solche „Kinder", die vom eigenen Ich bestimmt werden? Sie haben „das Wort vom Kreuz" zugunsten von allerlei „Weisheit" aus der Mitte gerückt! „Liebe" lernen wir nur unter dem Kreuz. Hier ist Gott zur Errettung von uns Verlorenen „töricht" und „schwach" geworden und entfaltet darin gerade seine verborgene Weisheit zu unserer Herrlichkeit. Hier empfangen wir dieses Gottes eigenen Geist und „Christi Sinn", der uns zu neuen, liebenden Menschen macht (Kap. 1 u. 2). Von da aus erfolgt auf dem von Gott selbst — in dem gekreuzigten Christus — gelegten Fundament der Bau der Gemeinde aus „Gold, Silber, edlen Steinen" (Kap. 3). Diese Gemeinde lebt in der Erwartung der neuen, total anderen Wirklichkeit, die in der Auferstehung Jesu Christi von den Toten schon hervorgebrochen ist und bei der Parusie des Herrn zum alles erfüllenden Siege kommen wird (Kap. 15). Weil es in dem ganzen Brief um die Liebe geht, wird in seinem Schluß nach einzelnen Mitteilungen und Mahnungen das „Anathema" (der „Fluch") über die gesprochen, die den Herrn Jesus nicht liebhaben (Kap. 16).

7. Die Einheitlichkeit und Unversehrtheit des Briefes

Bei der ganzen Art des Briefes gab es manchen Anlaß, seine Einheitlichkeit anzuzweifeln. Die Frage des „Götzenopferfleisches" wird nach den Ausführungen in Kapitel 8 erneut und in weit stärkerer Weise in Kap. 10, 14—11, 1 behandelt; Kap. 9 schiebt sich ohne wirklichen Zusammenhang dazwischen. Sind vielleicht Stücke aus dem uns verlorenen ersten Brief oder auch aus dem ebenfalls nicht erhaltenen dritten, dem „Tränenbrief" (2 Ko 2, 4), in den 1. und 2. Korintherbrief aufgenommen worden, da die Gemeinde diese Stücke für wichtig hielt, aber die Briefe als ganze aus mancherlei Gründen nicht aufbewahren wollte? Doch das bleiben ganz ungewisse Vermutungen. Und die Art unseres Briefes, die den Anlaß zu solchen Vermutungen gibt, entzieht ihnen zugleich ihre Beweiskraft: ein Brief, der in so freier Weise auf die mancherlei praktischen Nöte des Gemeindelebens in Korinth eingeht, kann „sprunghaft" sein, kann eine Frage erneut aufnehmen und sie nach bestimmten Richtungen hin ergänzen und verschärfen. Die Auslegung selbst muß zeigen, ob im Brief wirklich so starke Unstimmigkeiten vorliegen, daß ohne die Annahme von Einschüben nicht auszukommen ist. Nach unserm Urteil ist das allenfalls bei dem kurzen Abschnitt Kap. 14, 33b—36 im Vergleich mit Kap. 11, 2. 16 der Fall.

8. Abfassungsort und Abfassungszeit

Als Abfassungsort ist Ephesus in Kap. 16, 8 genannt: „Ich werde in Ephesus bleiben bis zum Pfingstfest." Wir haben beim Lesen des Briefes daran zu denken, daß er nicht in stiller Ruhe geschrieben ist, sondern mitten in heißer Arbeit, auf die Paulus mit Kap. 16, 9 selbst hinweist. Unebenheiten und Spannungen im Brief finden auch darin eine einfache Erklärung. Wie quälend müssen für den Apostel die Sorgen um Korinth gerade bei der Fülle der Aufgaben in Ephesus gewesen sein, wie kränkend alles Mißtrauen gegen den, der sich im Dienst für Jesus aufrieb.

Wenn Paulus in Kap. 16, 8 auf das Pfingstfest als nächsten Termin blickt, kann er den Brief nicht früher als im Anfang des Jahres geschrieben haben. Die durch nichts anderes begründete Erwähnung des Passalammes[1] in Kap. 4, 6 ff ist aber ein starker Hinweis darauf, daß es erst die Passazeit ist, in der Paulus den Brief diktiert. Aber die Passazeit welchen Jahres? Im Blick auf Kap. 16, 8 hat man stets als selbstverständlich angenommen, daß der Brief am Ende der ephesinischen Wirksamkeit verfaßt sei. Dann ständen wir mit ihm im Frühjahr 55. Aber ist das so gewiß? Hat sich denn erst am Ende der mehrjährigen Arbeit in Ephesus für den Apostel „eine große Tür geöffnet"? Und wie kurz wäre dann die Zeit eines verlängerten Bleibens von sieben bis acht Wochen, gemessen an den Jahren seiner bisherigen Tätigkeit? Die kurzen Bemerkungen in Kap. 16, 8 f würden viel verständlicher, wenn sie in den Anfang der ephesinischen Zeit fielen. Dann ist es für Paulus wie für die Korinther eine neue Erfahrung, daß sich ihm in Ephesus eine große Wirksamkeit öffnet, gleichzeitig aber auch erheblicher Widerstand dagegen erhebt. Und wenn er nun meint,

[1] „Passa" wird in diesem Band ohne h geschrieben. Ich verweise dazu auf das Buch von Joachim Jeremias „Die Abendmahlsworte Jesu", EVA Berlin.

noch länger bleiben zu müssen, und seinen Aufenthalt über Ostern hinaus bis Pfingsten ausdehnt, dann wäre dies nach einem ersten kurzen Wirken eine erhebliche Zugabe an Zeit.

Freilich, Paulus wäre dann an diesem Pfingsten tatsächlich doch nicht von Ephesus losgekommen, sondern wenigstens noch ein weiteres Jahr geblieben, um dann erst seinen Reiseplan nach Kap. 16, 3—9 durchzuführen. Damit kommen wir aber in Konflikt mit der Schilderung in Apg 19, 21 f. Hier wird der Reiseplan des Apostels und die Sendung des Timotheus genau entsprechend 1 Ko 16, 3—9 dargestellt, aber eindeutig an das Ende der ephesinischen Wirksamkeit gelegt. Und in Apg 20, 1 f wird die Durchführung des Reiseplanes entsprechend berichtet. Auf eine bereits durchstandene Arbeits- und Kampfzeit in Ephesus weist auch unser Brief selbst mit seiner Bemerkung vom „Tierkampf" in Ephesus in Kap. 15, 32 hin. So werden wir unseren Brief doch auf die Passazeit des Jahres 55 zu datieren haben. Es zeigt sich auch hier wieder, daß wir das Verständnis von Briefstellen nicht von unseren Auffassungen und Gedanken bestimmt sein lassen dürfen. Wir wissen viel zu wenig, was hinter den Sätzen eines Briefes steht, die uns zu mancherlei Vermutungen Anlaß geben. Die klaren Angaben der Apostelgeschichte entscheiden.

9. Die handschriftliche Überlieferung des Briefes

In der handschriftlichen Überlieferung des 1. Korintherbriefes zeigen sich meist nur Abweichungen, die für das Verständnis des Textes ohne Bedeutung sind. Wo die Handschriftengruppe der „Koine" (vgl. die kurze Darstellung der Handschriften auf S. 7) in erheblicherem Maße schwierige Textstellen glättet oder Zusätze zum Text aufweist, wird in der Auslegung selbst darauf Bezug zu nehmen sein.

DER EINGANGSGRUSS

1. Korinther 1, 1—3

1 **Paulus, berufener Apostel des Christus Jesus durch den Willens-**
2 **entschluß Gottes, und Sosthenes, der Bruder, * der Gemeinde Got-**
tes, die in Korinth besteht, Geheiligten in Christus Jesus, berufenen
Heiligen, zusammen mit allen, die anrufen den Namen unseres
3 **Herrn Jesus Christus an jedem Ort, ihrem und unserem: * Gnade**
euch und Friede von Gott unserm Vater und dem Herrn Jesus
Christus.

zu Vers 1: Apg 9, 15 18, 17 Gal 1, 1 Kol 1, 1
zu Vers 2: Kap 6, 11 Jo 17, 19 Apg 2, 21 9, 14. 21; 18 22, 16 2 Ti 2, 22
zu Vers 3: Rö 1, 7 Eph 1, 2

Paulus war groß genug, in der Form seiner Briefe nicht nach besonderen Eigenheiten zu suchen, sondern einfach der Sitte seiner Zeit zu folgen. Der Brief des Altertums nennt an seinem Beginn Absender und Empfänger des Schreibens und verbindet beide mit einem Gruß. Das kann so kurz und knapp geschehen, wie es uns in Apg 23, 26 der Brief des Klaudius Lysias an den Prokurator Felix zeigt. Es können aber auch Absender und Empfänger ausführlicher gekennzeichnet und die eigentlichen Grußworte erweitert werden. Paulus hat von diesen Möglichkeiten vielfältigen Gebrauch gemacht. Schon in der Formung seiner Briefeingänge ist er innerlich mit denen beschäftigt, an die er schreibt, und läßt deutlich anklingen, was ihn im Blick auf sie bewegt.

So ist es auch in unserem Brief. In Korinth wird die apostolische 1
Vollmacht des Paulus bestritten; darum stellt Paulus gleich durch die ersten Worte seines Briefes diese Vollmacht betont fest. Nicht irgendein Christ namens Paulus schreibt hier, sondern ein **„Apostel des Christus Jesus"**. Im Wort **„Apostel"** liegt für das griechische Ohr die Sendung und Bevollmächtigung[1]. Vom Staats- und Völkerrecht her müssen wir das Wort erfassen. Der „bevollmächtigte Botschafter" eines Landes redet und handelt in höchster Autorität. Hinter ihm steht dabei der ganze Wille und die ganze Macht des Staates, der ihn gesandt hat. Die Formulierung „Apostel des Christus Jesus" erinnert uns daran, daß „Christus" nicht ein Eigenname, sondern ein Titel, der Königstitel Jesu ist. Paulus ist „bevollmächtigter Botschafter des

[1] Da die Kirche der Reformation in der „reinen Lehre" die beinah einzige Aufgabe der Kirche sah, faßte man unwillkürlich auch einen „Apostel" wie Paulus wesentlich als Theologen und Lehrer auf. Vgl. die Bezeichnung der apostolischen Briefe als „Lehrbücher" des NT. Es war vergessen, daß die Kirche auch in ihrer Verkündigung „handelt", in das Reich der Finsternis einbricht, Menschen errettet, den Leib Christi baut und daß zu diesem allen „Macht" nötig ist. Vollends bedurfte dessen der „Apostel", der den „kirchengründenden" Dienst zu tun und das Fundament der Gemeinde selbst zu legen hatte (3, 10). Paulus hat darum sein apostolisches Tun in 2 Ko 10, 3—6 mit Bildern der staatlich-militärischen Welt beschrieben und „Zeichen und Wunder und Taten" zu den Wesenszügen eines „Apostels" gerechnet (2 Ko 12, 12). Ein Apostel ist ein „Bevollmächtigter".

Königs Jesus". Es gilt durch diese Bevollmächtigung auch für Paulus in ganzem Ernst das Wort Jesu: „Wer euch hört, der hört mich, und wer euch verachtet, der verachtet mich" (Lk 10, 16). Auch wir heutigen Leser haben in unserem Brief nicht nur das interessante Dokument eines bedeutenden Mannes aus dem Altertum zu sehen. Wir stehen hier vor einem Wort, das auch für uns letzte Autorität besitzt, vor einem Wort, das der Herr selbst durch seinen Gesandten zu uns sagt. Wie sorgfältig werden wir es zu lesen haben!

Paulus unterstreicht seine Vollmacht durch zwei Hinzufügungen. Er konnte sich nicht selbst zum Gesandten des Königs ernennen, sondern mußte dazu **„berufen"** werden. Diese Berufung geschah aber ganz anders, als wenn ein irdischer König jemand in ein hohes und verantwortungsvolles Amt ruft. Der irdische Herrscher wählt sich dazu den geeignetsten, tüchtigsten und hervorragendsten Mann. Paulus aber hat im Rückblick auf seine Bekehrung und Sendung immer nur ein unbegreifliches Erbarmen darin sehen können, daß ausgerechnet er, diese „Fehlgeburt", dieser „Lästerer, Verfolger und Frevler" zum Apostel berufen wurde (1 Ko 15, 8; 2 Ko 4, 1; 1 Ti 1, 13). Nicht in ihm selber, nicht in seinen Qualitäten liegt der Grund seiner Berufung, sondern allein in dem freien **„Willensentschluß Gottes"**, jenes wunderbaren Gottes, „der die Toten lebendig macht und dem, was nicht ist, ruft, daß es sei" (Rö 4, 17). So hat es Paulus in 2 Ko 3, 5 f unterstrichen.

Auch als **„berufener Apostel"** will Paulus nicht allein vor der Gemeinde stehen in seinem Schreiben, sondern stellt auch hier (vgl. 2 Ko 1, 1; Gal 1, 2; Phil 1, 1; Kol 1, 1; 1 u. 2 Th 1, 1) einen zweiten Mann neben sich an die Spitze des Briefes. Der Anteil eines solchen „Mitunterzeichners" an einem Brief konnte sehr verschieden sein. Im 1 Th läßt das häufig gebrauchte „wir" die drei Boten Jesu tatsächlich gemeinsam zur Gemeinde reden. In unserem Brief spricht Paulus durchweg in der Ichform allein. Aber **„Sosthenes, der Bruder"** verantwortet den Brief vor den Korinthern mit. Der Inhalt des Briefes ist von Paulus mit ihm durchgesprochen worden. Sosthenes hört auch das Diktat des Briefes mit. Durch seine Nennung im Eingang des Schreibens gibt er seine ausdrückliche Zustimmung zu dem, was Paulus den Korinthern sagt. Sie haben es nicht etwa nur mit Paulus persönlich zu tun.

Dann aber mußte dieser **Sosthenes** ein Mann sein, der die Verhältnisse in Korinth genau kannte und der auch Achtung und Vertrauen in der Gemeinde genoß. Man hat darum immer wieder an jenen Sosthenes gedacht, der in Apg 18, 17 als Synagogenvorsteher und als Nachfolger des gläubig gewordenen Krispus (Apg 18, 8) vorkommt und die jüdischen Klagen gegen Paulus vor Gallio vertritt. Vielleicht ist er durch Apollos während seiner korinthischen Wirksamkeit für Jesus gewonnen worden (vgl. Apg 18, 24—28). Dann hätte es für die Korinther großes Gewicht, wenn er das alles mit unterschreibt (bzw. nach der Briefsitte der Zeit „überschreibt"), was Paulus zu den vielen Nöten und Fragen darzulegen hatte. Es ist freilich die Identität des

„Bruder Sosthenes" mit dem Sosthenes von Apg 18, 17 nicht zu beweisen. Der Name ist in der damaligen Zeit kein seltener. Es konnte auch ein anderes bedeutendes Glied der Gemeinde in Korinth gegeben haben, das diesen Namen trug.

Daß Paulus hier nicht wie in 2 Ko 1, 1 Timotheus um die Mitverantwortung für den Brief bittet, ist verständlich. Timotheus sollte in seinem persönlichen Besuch die Anliegen des Paulus in Korinth vertreten (4, 17). Zur Zeit der Abfassung des Briefes war er nach Apg 19, 22 bereits aus Ephesus abgereist und konnte so für den Brief gar nicht mehr herangezogen werden. Warum hat Paulus nicht den bei ihm in Ephesus weilenden Apollos selbst gebeten, den Brief mit ihm gemeinsam zu schreiben? Paulus steht mit ihm in einem klaren und guten Verhältnis, wie gerade unser Brief in Kap. 3, 4–8 zeigt. Das wissen auch die Korinther selbst, die an Paulus die Bitte gerichtet hatten, Apollos zu einem erneuten Besuch in Korinth zu bewegen (16, 12). Aber gerade hier zeigt sich, wie Apollos ein beweglicher Evangelist sein und bleiben wollte, der sich jetzt nicht an eine einzelne Gemeinde für längere Zeit binden konnte. So war er nicht der Mann, der in all den Schwierigkeiten des Gemeindelebens verantwortlich mitreden und mahnen konnte.

2 Der Brief gilt der **„Gemeinde Gottes[2], die in Korinth besteht"**. Paulus weiß sich mit völliger Überzeugung als „Vater" der korinthischen Christen (4, 14 f). Und doch liegt es für ihn außerhalb jeder Möglichkeit, sie als „seine Gemeinde" anzureden. Eine „Gemeinde" gehört als solche Gott und gehört ausschließlich ihm, der sie mit dem eigenen Blut erworben hat (Apg 20, 28)[3]. In dieser Tatsache gründet die ganze Selbständigkeit und Freiheit der Gemeinde, die Paulus durch seine beiden Briefe hindurch ernstlich und sorgfältig respektiert[4].

[2] Paulus verwendet für „Gemeinde" den grie Ausdruck „ekklesia". Dieses Wort bezeichnet im Grie aber nicht eine Gemeinde als eine dauernd verbundene Schar, sondern nur die zu bestimmten Zwecken einberufene „Versammlung". So wird es sachkundig von Lukas in Apg 19, 39 f verwendet. Es darf darum nicht seiner bloßen Wortbildung nach zur Kennzeichnung der Kirche als einer „Herausgerufenen Schar" benutzt werden. „Ekklesia tou theou" ist vielmehr Wiedergabe des atst „kehal Jahwe" (Mi 2, 5; 4 Mo 16, 3; 20, 4), wie auch das Wort „kahal" als solches oder in der Verbindung „kehal Jisrael" vielfach Israel feierlich als das Gottesvolk bezeichnet. Schon die LXX übersetzt dieses „kahal" mit „ekklesia". Diesen Sprachgebrauch nimmt Paulus auf. Dabei bleibt aber das Moment des Versammeltseins wichtig. Auch „kahal" blickt vielfach gerade auf das „versammelte" Gottesvolk, zu dem gesprochen wird, z. B. 5 Mo 31, 30. Wer nicht an der Versammlung der Gemeinde teilnimmt, gehört nicht wirklich zu ihr. Andererseits ist aber auch eine kleine Schar, die sich im Hause eines Gemeindegliedes versammelt, bereits „ekklesia", „Gemeinde", „Kirche" (16, 19).

[3] Darum ist es auch unmöglich, jede institutionelle „Kirchgemeinde" einfach als „Gemeinde Gottes" anzusprechen. Vgl. dazu E. Schnepel: „Ich hatte das 1. Kapitel vom Wesen ntst Gemeinde vor Augen geführt bekommen, daß nur unser Herr selbst in Wahrheit seine Gemeinde begründen und bauen kann und daß zu ihr die gehören, die er durch einen geheimnisvollen Eingriff in ihre Person mit sich selbst verbindet" („Ein Leben im 20. Jahrhundert", S. 72, R. Brockhaus Verlag 1965).

[4] Wie bedenkenlos reden wir von „meiner Gemeinde" und „unserer Kirche" und tun dies wahrlich nicht nur aus „Liebe". Wir sehen vielmehr tatsächlich in Gemeinde und Kirche das Objekt unserer Verfügungsmacht und Gestaltungskraft, mit dem wir nach unseren eigenen Ideen verfahren, wenn auch gewiß in bester Absicht. Das hängt damit zusammen, daß wir meinen, unser Lehren und Erziehen bilde Christen und Gemeinden. Wir sind nicht mehr

Von diesen Tatsachen aus gewinnt aber auch alle „Mahnung" ihren Ernst und ihre Kraft. Weil die Korinther **„Gemeinde Gottes"** sind, darum dürfen die Dinge in Korinth auf keinen Fall bleiben, wie sie jetzt sind.

Wenn Paulus nicht einfach schreibt: „Der Gemeinde Gottes in Korinth"[5], sondern **„der Gemeinde Gottes, die in Korinth besteht"**, so unterstreicht diese Wendung das Wunder dieser Gemeinde. In dieser traditionslosen, berüchtigten Hafenstadt mit ihrer ganzen sittlichen Verwilderung gibt es „Gemeinde Gottes"! Und diese Gemeinde **„besteht"**. Es war in Korinth nicht nur zu einer flüchtigen Erregung unter der Verkündigung der unerhörten Botschaft von Jesus gekommen. Es war daraus eine Gemeinde erwachsen, die in einer solchen Umwelt ihren festen Bestand bewahrte.

Paulus fügt hinzu: **„Geheiligten in Christus Jesus, berufenen Heiligen"**. Auch hierin leitet ihn der Blick auf all das, was er gerade mit den Korinthern besprechen muß. Mußte Paulus den Galatern gegenüber die unaufgebbare „Freiheit" herausstellen, „zu der sie Christus befreit hat" (Gal 5, 1), so droht in Korinth das verhängnisvolle Mißverständnis dieser Freiheit. „Alles steht mir frei" war ein betontes Schlagwort in Korinth (6, 12; 10, 23).

Darum erinnert Paulus die Korinther sofort in der Adresse daran: Ihr seid **„Geheiligte"**, ihr seid **„berufene Heilige"**, ihr gehört Gott und nicht mehr euch selbst und euren eigenen Wünschen und Begierden. Gott hat euch Korinther genauso wie mich **„berufen"** zu seinem Eigentum. „Heilige" sind im ganzen NT nicht einzelne, ganz besonders fromme und vollkommene Menschen innerhalb der Kirche, sondern „heilig", also Gott gehörig, Gott geweiht ist jeder, der überhaupt zur Gemeinde Gottes zählt. „Heilig" sind sie nicht in sich selbst. Sie sind vielmehr **„geheiligt in Christus Jesus"**, weil er sie aus dem Verderben, aus der totalen Verlorenheit errettet und um den Preis seines Blutes und Lebens für sich erworben hat. Diese Errettung kam als ein „Ruf" nach Korinth, als dort die Botschaft von Jesus verkündigt wurde. Dieser Ruf traf dort Menschen, die in sich selbst genauso verdorben und unbrauchbar für Gott waren wie Saul von Tarsus. Wie groß und wunderbar ist es, daß sie nun **„Heilige"** sind. Von dieser

davon durchdrungen, daß nur Gott selbst in Erweckung, Bekehrung und Wiedergeburt Gemeinde schafft. Hätten wir dieses Werk Gottes ständig klar vor Augen, würden wir genau wie Paulus ganz selbstverständlich denken und sagen „Gemeinde Gottes in . . .".

[5] Die Formulierung ist bezeichnend. Wir sprechen leicht von „Deutschen Gemeinden", „Amerikanischen Kirchen" usw. und machen damit die menschlich-nationalen Züge wichtig. In Wahrheit ist die „Gemeinde Gottes" überall ihrem Wesen nach gleich von Gott her geprägt. Ihre örtliche Lage in „Korinth", in Deutschland, in Amerika usw. ist freilich nicht bedeutungslos und stellt dem Gemeindeleben konkrete Probleme, wie gerade an den Korintherbriefen zu sehen ist. Aber es muß doch mit Ernst festgehalten werden, daß es keine „Korinther-Gemeinde" gibt, sondern nur eine „Gemeinde Gottes in Korinth". Darin ist es zugleich begründet, daß in allen Einzelgemeinden an allen Orten und zu allen Zeiten bei allen dadurch bedingten Verschiedenheiten doch die eine „ekklesia" lebt. Die „eine heilige allgemeine Kirche" kommt nicht durch nachträgliche Zusammenführung der Einzelgemeinden zustande, sondern ist als „Gemeinde Gottes" in ihnen allen von vornherein da.

Grundlage aus wird Paulus den Korinthern in vielen Fragen ihres Denkens und Lebens zeigen, wie aus dem „Geheiligtsein" die „Heiligung" des Einzellebens und des Gemeindelebens erwächst[6]. Nicht durch unser Mühen um Heiligung werden wir Geheiligte; sondern weil wir in Christus Jesus Geheiligte s i n d , können und sollen wir uns um Heiligung mühen.

Paulus und Sosthenes schreiben aber nicht nur „der Gemeinde Gottes, die in Korinth besteht". Sie richten ihren Brief zugleich an **„alle, die anrufen den Namen unseres Herrn Jesus Christus an jedem Ort, ihrem und unserem"**. Klar ist, daß sie sich damit an Christen wenden, die nicht unmittelbar zur korinthischen Gemeinde selbst gehören, sondern an einem andern „Ort" ihr Christenleben führen. Ihr Christsein wird dadurch gekennzeichnet, daß sie **„anrufen den Namen unseres Herrn Jesus Christus"**. Das Gebet zu Jesus unterscheidet Christen am einfachsten und am deutlichsten von allen andern frommen oder unfrommen Menschen[7].

Für Paulus ist vom AT her das „Anrufen des Namens des Herrn" eine wichtige Sache gewesen[8]. Es handelt sich dabei nicht nur um ein gelegentliches „Anrufen" Gottes in einzelnen Nöten, so freundlich Gott auch darauf antworten mag. Für Paulus ist – wie für Petrus am Pfingsttag – vor allem das Wort aus Joel wichtig (Joe 3, 5), das er in Rö 10, 13 an entscheidender Stelle anführt: „Jeder, wer nur anrufen wird den Namen des Herrn, wird errettet werden." Das ist das grundlegende Zufluchtsuchen bei Gott angesichts der drohenden Gerichte Gottes im Hereinbruch seiner Königsherrschaft. Es ist ein eschatologisches[9] Anrufen, wie die ganze Existenz der Gemeinde überhaupt endgeschichtlich zu verstehen ist. Der „Name des Herrn", der so angerufen werden kann und so die Errettung bringt, ist im Neuen Bund eindeutig klar: Es ist **„der Name unseres Herrn Jesus Christus"**. Dabei liegt auf dem Wort „Herr" ein starker Ton. In der Auferstehung und in der Erhöhung zur Rechten Gottes ist Jesus zum „Kyrios", zum „Herrn" gemacht (Apg 2, 36), in dessen Hand unser ewiges Schicksal

[6] Wie haben wir in weiten Teilen der Christenheit völlig vergessen, daß wir „Heilige" sind und darum auch „heilig als die Kinder Gottes danach leben", „göttlich leben" müssen, wie Luther im Katechismus sagt. Mit welcher Mühe suchen wir nach der Begründung der „christlichen Ethik" und nach dem Ansatzpunkt der „Heiligung" neben und nach der „Rechtfertigung". Wieder liegt es daran, daß wir den Grundvorgang des Christwerdens: die wirkliche Errettung und die tatsächliche Aufnahme unter die „Hausgenossen Gottes" nicht mehr im Blick haben.

[7] Das „Gebet zu Jesus" als das entscheidende Kennzeichen wirklichen Glaubens an Jesus hat W. Künneth der modernen existentialistischen Theologie gegenüber treffend herausgestellt („Glaube an Jesus", Hamburg 1930², S. 255 ff).

[8] Unter den zahlreichen Stellen des AT seien nur 5 Mo 28, 10; 32, 3; 1 Kö 18, 24; Ps 116, 4; 124, 8; 129, 8; Spr 18, 10; Jes 24, 15; Da 2, 20; Joe 3, 5; Ze 3, 9; 3, 12 genannt.
Schon wir Menschen machen uns andern bekannt, indem wir unseren Namen nennen. Nun können wir mit unserem Namen angeredet werden. Die persönliche Verbindung ist hergestellt. Vollends wichtig aber ist der Name Gottes. Indem Gott seinen „Namen" nennt, tritt er aus seinem unergründlichen Geheimnis hervor, macht sich uns bekannt, zeigt uns sein Wesen und ermöglicht uns das „Anrufen" seines Namens. Siehe dazu besonders 2 Mo 3, 1–15. Das ist der hohe Besitz Israels, daß es den Namen Gottes kennt und darum Gott wahrhaftig und erhörlich anrufen kann.

[9] Zu dem Wort „eschatologisch", „Eschatologie" vgl. die Anmerkung 11 auf Seite 29.

liegt. Als der „Herr“ kann er und nur er aus dem Verderben erretten und uns den Anteil am Reich Gottes schenken. Wer in diesem Sinne Jesus „anruft“, der ist „Christ“[10].

Aber wo haben wir diese Christen zu suchen? **„An jedem Ort, ihrem und unserem.“** Man hat die Ausdrücke „ihrem und unserem“ nicht von dem „Ort“ gelten lassen wollen, sondern auf den „Herrn Jesus Christus“ zurückbezogen, der so als „ihr und unser“ Herr bezeichnet werde. Paulus habe von „unserem Herrn“ gesprochen, dessen Namen sie anrufen, und nun ausdrücklich hinzugefügt, Jesus sei nicht nur „unser“, sondern eben auch „ihr“ Herr. Aber war solche Hinzufügung wirklich nötig? Ist sie sprachlich in dieser Weise möglich? Vor allem hätte dann Paulus den Brief von vornherein an die Christenheit in der ganzen Welt gerichtet, weil nun die Bezeichnung „an jedem Ort“ ohne eine nähere und einschränkende Erklärung bliebe. Das ist aber gerade bei diesem Brief unwahrscheinlich, der sich so konkret mit den besonderen Nöten in Korinth beschäftigt[11]. **„Zusammen mit“** den Korinthern können nur die Christen angesprochen sein, die ohne eigene Gemeindebildung[12] in Orten um Korinth her wohnen und denen Paulus den Anteil am Brief um so mehr gönnt, als für sie die Gemeinde in Korinth ein Sammelpunkt gewesen sein wird. Diese Christen durften sich in Korinth bei der Verlesung des Briefes ausdrücklich mit gemeint wissen. Sie kannten die Zustände in Korinth selber und konnten so verstehen, was Paulus und Sosthenes zu sagen hatten.

Warum aber werden die „Orte“, an denen diese Christen wohnen, **„ihre und unsere“** genannt? Das „und“ wird hier einen verbindenden und hinzuziehenden Sinn haben[13]. Die Schreiber des Briefes wollen dann sagen: Ihr wohnt nicht nur dort an „eurem“ Ort, euch selbst überlassen. Nein, „euer“ Ort ist auch „unser“ Ort, wir ziehen euch ganz mit hinzu und wissen uns auch für euch verantwortlich.

3 Und nun kommt der bekannte Gruß, der nicht nur ein „frommer Wunsch“ ist, sondern ein wirklicher „Zuspruch“, eine bewußte Segnung: **„Gnade euch und Friede.“** Dabei meinen diese Begriffe nicht einzelne Heilsgaben, sondern das Heil in seiner Ganzheit und Fülle. Das Wort „charis“ klingt an „chairein“ an, womit der Grieche gern

[10] Wie reich ist das NT an Beziehungen für das entscheidende Geschehen, das wir mit „Bekehrung“ und „Bekehrtsein“ meinen. Da wir die Bekehrung leicht als eine eigene Leistung mißverstehen, ist es uns eine große Hilfe, daß hier gezeigt wird, worin „Bekehrung“ besteht. Derjenige „bekehrt sich“ recht, der angesichts seiner totalen Verlorenheit vor dem Gericht Gottes den Namen des Einen anruft, der durch sein Opfer am Kreuz errettet. Dieser Hilfeschrei ist alles andere als eine „Leistung“, auf die man stolz sein könnte!

[11] Daß von Gott her im Heiligen Geist der Brief für die Gemeinden aller Zeiten und aller Orte bestimmt war, steht auf einem anderen Blatt. An unserer Stelle geht es um die Adressierung des Schreibens durch Paulus.

[12] In Rö 16, 1 ist bereits von einer „Gemeinde in Kenchreä“, der Hafenstadt Korinths, die Rede. Die Schar der Christen ist dort seit der Zeit unseres Briefes so gewachsen, daß ein eigenes Gemeindeleben möglich wurde.

[13] Handschriften der Koine-Gruppe fügen noch ein „te“ ein, das diesen Sinn unterstreicht. Selbst wenn diese Handschriften das „te“ erst zum ursprünglichen Text hinzugefügt haben, zeigt das doch, wie man schon sehr früh dieses „und“ verstanden hat.

grüßte, um den andern das Wohlsein und ein glückliches Leben zu wünschen. Und „schalom = Friede" war für den Israeliten der Inbegriff alles dessen, was als „Unversehrtheit", „Glück" und „Heil" dem ganzen Gottesvolk und jedem einzelnen Glied darin zuteil werden sollte. Nun ist beides im Evangelium Wirklichkeit geworden, weil der lebendige Gott als „unser Vater" es schenkt, weil Jesus Christus als „Herr" es in seinem Sterben erworben hat und es als der Auferstandene und im Heiligen Geist Gegenwärtige uns verleiht. Darum hat Paulus auch keine Wunschformel, kein „sei mit euch" geschrieben, sondern in dem einfachen **„Gnade euch und Friede"** zum Ausdruck gebracht: Gnade und Friede sind für euch da, auch wenn in dem Brief beschwerliche und schmerzliche Dinge zu erörtern sind.

DER DANK FÜR DIE GEMEINDE

1. Korinther 1, 4–9

4 Ich danke Gott allezeit für euch auf Grund der Gnade Gottes, die
5 euch gegeben wurde in Christus Jesus, * daß ihr in allem reich
6 wurdet in ihm, in allem Wort und aller Erkenntnis, * da ja das
7 Zeugnis des Christus in euch befestigt wurde, * so daß ihr nicht zurücksteht in irgendeiner Gnadengabe, erwartend die Offenbarung
8 unseres Herrn Jesus Christus. * Er wird euch auch befestigen bis zum Endziel als Unbescholtene an dem Tage unseres Herrn Jesus.
9 * Treu ist Gott, durch welchen ihr berufen wurdet zur Anteilhabe an seinem Sohn Jesus Christus, unserem Herrn.

zu Vers 4:
Rö 1, 8
zu Vers 5:
2 Ko 8, 7. 9
Kol 1, 9 f
zu Vers 7:
Lk 17, 30
Phil 3, 20
2 Th 1, 7
1 Pt 1, 7. 13
4, 13
zu Vers 8:
Phil 1, 6. 10 f
1 Th 3, 13
5, 23 f
zu Vers 9:
Kap. 10, 13
Rö 8, 17
2 Tim 1, 9
1 Jo 1, 3

Paulus denkt mit sehr ernsten Sorgen an Korinth. Er wird im Brief von schweren Schäden im Gemeindeleben zu reden haben und manches harte Wort sagen müssen. Und doch beginnt er den Brief mit dem Dank: **„Ich danke Gott allezeit für euch."** Ist das nur Folgsamkeit gegen die gute Sitte der Frommen in Israel, die alles, was sie taten, mit einem Lobpreis Gottes begannen? Ist es ein diplomatischer Zug, um gerade bei dieser schwierigen und gegen Paulus argwöhnischen Gemeinde durch ein gewisses Lob Gehör zu gewinnen? Aber
4 Paulus lobt nicht die Korinther, sondern Gott! Und er nennt sofort den echten Grund, den er zum Danken hat: **„Auf Grund der Gnade Gottes, die euch gegeben wurde in Christus Jesus."** Mag es in Korinth aussehen wie es will, das Dasein der Gemeinde als solches ist das Werk herrlicher „Gnade Gottes in Christus Jesus". Hätte je ein Mensch denken können, daß es in diesem Korinth, in dieser Stadt des Geldes und der Sittenlosigkeit[1], eine „Gemeinde Gottes", „berufene Heilige" geben könnte? Aber Gottes rettende und umwandelnde Gnade hat durch Jesus das Wunder in Korinth getan. Es war durch

[1] Vgl. in der Einleitung S. 12.

nichts vorbereitet, durch nichts verdient, es war freie Gnade[2] und kann darum nur mit immer neuem Dank angestaunt werden[3]. Dabei spricht Paulus hier wie überhaupt in unserem Brief in der ersten Person **„Ich danke"** – ein Beweis dafür, daß wir in anderen Briefen das dort stehende „wir" ernst zu nehmen haben. Sosthenes hat nicht selbst an der grundlegenden Arbeit in Korinth teilgenommen. Er mag seinerseits auch mit Dank an die Korinther denken. Aber Paulus ist in seinen Aussagen zu gewissenhaft, um hier ein „Wir danken Gott allezeit für euch" zu schreiben, das nicht völlig dem Tatbestand entspricht[4].

Alle Schwierigkeiten, Fehler und Nöte heben diesen Dank nicht auf. Darum stellt ihn Paulus auch in diesem Brief an die Spitze[5]. Wieviel Paulus zu tadeln und zu mahnen hat, die Gemeinde darf es wissen, ihr Apostel denkt allezeit voll Dank an sie.

5 Worin zeigt sich diese Gnade Gottes, die den Korinthern „gegeben wurde in Christus Jesus"? Sie **„wurden in allem reich in ihm"**. Gnade beschenkt[6], Gottes Gnade macht herrlich reich. Paulus erkennt das mit Freuden an, auch wenn vieles in Korinth nicht in Ordnung ist.

Der von Gott geschenkte Reichtum ist umfassend. Paulus schreibt kühn **„in allem reich"**. Aber nun bestimmt er dieses „alles" näher, um konkret zu zeigen, worin sich dieser göttliche Reichtum gerade in Korinth zeigt[7]. Die Korinther sind reich **„in allem Wort und aller Erkenntnis"**. Damit sind zwei Dinge genannt, die zunächst der Naturanlage der Griechen entsprachen. Der Grieche besaß die Redefähigkeit und die Freude am Reden[8]. Der „Redner" war in jeder griechischen

[2] Das grie Wort „charis" enthält mancherlei Klänge. Es kann auch „Dank" bedeuten; das „eucharisto = ich danke" ist von dem gleichen Wortstamm abgeleitet. „Charis" bezeichnet aber auch „Anmut, Lieblichkeit", wie aus dem entsprechenden lat Wort „gratia" unser Lehnwort „Grazie" geworden ist. Wir haben dementsprechend „Gnade Gottes" nicht als kühle dogmatische Formel, sondern als ein warmes und herzliches Wort voll Liebe und Freundlichkeit zu hören. „Gnade" weckt darum sofort das freudige Danken.

[3] Weil bei uns der Christ das Produkt „christlicher Erziehung" zu sein scheint, haben wir das Danken verlernt. In Wahrheit ist aber auch bei uns jede wirkliche Gemeinde, jeder lebendige Kreis, jedes Glaubenswerk ein solches Geschenk der Gnade. Ja, jeder einzelne von uns, der wirklich ein Kind Gottes ist, kann jetzt und in Ewigkeit nur die freie Gnade rühmen, die ihn dem Verderben entriß und mit dem ewigen Leben beschenkte.

[4] Wie leicht sind wir im mündlichen und im schriftlichen Ausdruck aus Freundlichkeit oder Unbedachtsamkeit ungenau, auch da, wo es um heilige Dinge geht.

[5] Nur im Galaterbrief fehlt der Dank, weil in Galatien gerade die Gnade Gottes selber durch ein Christentum eigener Leistungen verdrängt zu werden drohte.

[6] Es ist darum keine rechte Ehrung Gottes, wenn wir immer nur von unserer Armut und unserem Elend zu reden wissen und jedes Zeugnis von unserem „Reichtum" als hochmütig und unecht scheuen. Hat uns denn Gottes Gnade nicht beschenkt? Oder nur mangelhaft und kümmerlich? Wie wenig konkretes Danken und Fürdanken gibt es bei uns!

[7] Jede Gemeinde darf ebenso wie jeder einzelne Christ ein eigenes Gepräge haben und einen besonderen Reichtum besitzen. Wir uniformieren so gern. Gott aber ist in Natur und Gnade der Schöpfer unendlicher Individualität. Er schafft weder „den Baum", noch „den Christen" oder „die Gemeinde". Er schafft Birken und Tannen, schafft „Philipper", „Thessalonicher", „Korinther", schafft dich und mich.

[8] Die „Rede" ist hier wie in 2 Ko 11, 6 mit dem Ausdruck „logos = Wort" gemeint, nicht das „Wort Gottes", das den Korinthern von Paulus und anderen Boten Jesu in reichem Maße gebracht worden war.

Stadt hochgeschätzt. Ebenso wichtig war den Griechen der Dichter, der das Wort zu handhaben und mit dem Wort menschliches Geschehen, menschliches Denken und Fühlen darzustellen wußte. Bis heute kennen und bewundern wir die großen griechischen Dichter wie Homer und Sophokles. Paulus sah die ganze Gefahr dieser Anlage gerade bei seinen Korinthern. Er lehnte es deshalb mit Entschlossenheit ab, selber ein „Redner" zu sein und Menschen mit Redekunst zu gewinnen (1 Ko 1, 17; 2, 1; 2 Ko 11, 6). Das aber ist das Große an Paulus, daß er trotzdem weiß, wie unentbehrlich das „Wort" für unser Zusammenleben, auch für das Leben in einer Gemeinde Gottes ist. Gott kann auch diese natürliche Gabe heiligen und in seinen Dienst nehmen. Dazu kann er das „Wort der Weisheit" und das „Wort der Erkenntnis", das Wort der Prophetie und das Wort der Danksagung und des Lobgesanges als besondere Gabe seines Geistes verleihen (1 Ko 12, 8; 14, 15 f; 14, 3; 14, 24 f). An all solchem „Wort" in seiner mannigfaltigen Gestalt sind die Korinther reich. Wenn sie in der Gemeinde zusammenkommen, sitzen sie nicht stumm und verlegen beieinander. Sie müssen nicht warten, bis ein beamteter Redner den Mund öffnet oder ein Buch ihnen Lieder und Gebete vermittelt. Sie sind eine lebendige Schar, in der „jeder" etwas zu sagen hat (14, 26). Das ist ein Reichtum der Gemeinde und ist zum Danken.

Die Besonderheit der griechischen Entwicklung hat das Streben nach Erkenntnis sehr gefördert. Nicht zufällig liegen in Griechenland die Wurzeln dessen, was wir „Philosophie" nennen. Hier entstanden zuerst eigentliche „Weltanschauungen". Paulus sieht die ganze Gefahr des „Erkennens", das Menschen aufgeblasen machen kann (1 Ko 8, 1). Er weiß auch, daß dieses Erkenntnisstreben gerade das nicht erreicht, was allein das letzte Fragen des Menschen beantworten könnte: die wirkliche Erkenntnis Gottes (1, 21). Darum sagt er es gerade den Korinthern mit aller Schroffheit und Schärfe, daß nur die Torheit der Botschaft rettet und daß die Rettung allein im Glauben an die törichte Botschaft vom Kreuz liegt (1, 21). Er fordert geradezu auf, ein „Tor" in dieser Weltzeit zu werden (3, 18). Aber das hat mit Dummheit, Unwissenheit und Geistesträgheit nichts zu tun. Von der Errettung aus gibt es im Glauben fruchtbare und unentbehrliche Erkenntnis. Es gibt das vom Geist Gottes geschenkte „Wort der Weisheit" und „Wort der Erkenntnis" (12, 8). Es gibt im Heiligen Geist ein wahrhaftiges Wissen von Gott und seinen großen Plänen, eine echte „Weisheit", von der die bestimmenden Mächte dieses Äons nichts ahnen (2, 6—16).

Die oft gebrauchte Formulierung des Paulus „Ich will nicht, daß ihr nicht wißt" zeigt, wie sehr es Paulus selber daran lag, daß die Gemeinden ein helles und eindringendes Verständnis in allen Fragen des Glaubens und des Lebens besaßen. Wie sollte er da nicht für eine Gemeinde danken, die in **„aller Erkenntnis"** reich wurde. Dabei ist das Wort „alle" hier wie so oft bei Paulus nicht statistisch zu fassen. Paulus meint natürlich nicht, daß die Korinther alles wüßten, was es überhaupt zu wissen gibt. Wieviele Erkenntnisse muß er ihnen gerade erst in unserem Brief erschließen. Aber die Korinther haben in der Tat nicht nur einzelne und dürftige Einblicke in die göttliche Wahrheit, sondern haben vielseitig und umfassend erkannt, was die Botschaft sagt[9].

6 Die Korinther können das Wort in seinem vielfältigen Reichtum und die Erkenntnis in ihrer wachsenden Lebendigkeit haben, nicht einfach weil sie „Griechen" mit der natürlichen Anlage dazu sind, sondern **„da ja das Zeugnis des Christus in euch befestigt wurde"**. Das **„Zeugnis des Christus"** ist zunächst das Zeugnis von Christus, das seine Boten nach Korinth brachten. Es ist aber in letzter Wirklichkeit das Zeugnis, das Christus selbst in seinen Boten von Gottes richtender und rettender Wahrheit ablegt. Jesus ist der eigentliche „treue Zeuge" (Offb 1, 5). Dieses Zeugnis wurde **„in euch befestigt"**. Das Wort **„befestigen"** ist ein Fachausdruck der Gerichtssprache. Eine Zeugenaussage kann vom Richter abgewiesen und entkräftet oder von ihm bestätigt und in Kraft gesetzt werden. In den Korinthern, sowohl im Herzen der einzelnen wie in der Gemeinde als ganzer, hatte das Zeugnis des Christus Gültigkeit und Wirksamkeit bekommen. Von da aus war in Korinth alle Erkenntnis in reichem Maße geschenkt worden und stand das Wort in lebendiger Fülle der Gemeinde zu Gebote[10].

7 Trotz dieses Reichtums waren die Korinther unzufrieden mit der Wirksamkeit des Paulus bei ihnen und meinten, hinter andern Gemeinden **„zurückzustehen"**. Hatten andere Christen unter besseren Lehrern und größeren Aposteln nicht mehr als sie? Aus der Undankbarkeit für das Empfangene wächst die Unzufriedenheit und der Neid. Darum fügt Paulus hinzu: **„so daß ihr nicht zurücksteht in irgendeiner Gnadengabe"**. An „Dienstgaben des Heiligen Geistes" (s. Kap. 12 u. 14) war die Gemeinde besonders reich. Das wird uns sofort deutlich, wenn wir Rö 12, 3—8 neben 1 Ko 12, 7—11 stellen. Wie vieles „fehlte" in Rom, was in Korinth da war. Wenn schon einmal der — in sich selbst bedenkliche, weil so leicht ichhafte — Blick unserem „Besitz" gelten soll, dann konnten die Korinther zufrieden sein. Sie standen in der Vielfalt der Gnadengaben hinter keiner Gemeinde zurück.

Durch die enge Verbindung von „Wort", „Erkenntnis" und „Gnadengabe" wird uns deutlich, wie wenig Paulus mit dem „Wort" eine bloße Redegewandtheit und mit der „Erkenntnis" eine theoretische Weltanschauung oder Theologie meinte. Erkenntnis, die aus dem Zeugnis des Christus erwächst, ist ein lebendiges Vertrautsein mit der Wirklichkeit Gottes, das sofort zum Beschenktsein mit göttlichen

[9] So haben auch wir die klare Einsicht in die „Torheit" der Botschaft und in die besondere Rolle des „Glaubens" nicht zum Deckmantel der Geistesträgheit zu nehmen. Unsere Gemeinden haben „erkennende" Gemeinde zu sein, und wir alle haben nicht nur in der Gnade, sondern auch in der Erkenntnis zu wachsen.

[10] Das ist der einzige Weg, auf dem auch wir zur wirklichen Erkenntnis Gottes kommen und die Fähigkeit gewinnen, das rechte Wort an der rechten Stelle zu sagen. Wir bemühen uns vergeblich darum, solange wir bei uns selber bleiben. Aber wenn das Zeugnis des Christus in uns eindringt und fest wird, wie öffnen sich da die Erkenntnisse, wie wird dann auch im schlichtesten Menschen das treffende Wort entbunden!

Gaben und Kräften führt. Und daraus erwächst ein „Wort", das ein vollmächtiges und hilfreiches zum Aufbau der Gemeinde und zur Gewinnung anderer Menschen ist.

Paulus hat von Herzen für das gedankt, was er der Gemeinde in Korinth gegeben sah. Ob die Korinther beim Vorlesen des Briefes sich nur an diesem ihrem Reichtum freuten, oder ob sie merkten, wie eigentümlich begrenzt der Dank ihres Apostels war? Paulus selbst war sich der schmerzlichen Grenze seines Dankes sicher bewußt. Bei den Thessalonichern hatte er vor allem „Glaube" und „Liebe" als das hervorheben können, was die Gemeinde in wachsendem Maße besaß (1 Th 1, 2 f; 2 Th 1, 3). Davon kann Paulus im Blick auf Korinth nichts sagen. Hier sah er den tiefen Schaden, der hinter allen einzelnen Nöten und Schäden des Gemeindelebens in Korinth stand. Mächtig wird darum das 13. Kapitel der Gipfel des Briefes werden, auf den im Grund alles ausgerichtet ist. Weil aber Paulus selber Liebe besitzt, darum kann er dennoch am Beginn seines Briefes mit dankbarem Blick das sehen und hervorheben, was die Korinther tatsächlich besaßen.

Wie reich auch immer das korinthische Gemeindeleben war, wie dankbar es Paulus sah und die Korinther selber es sehen sollten, nie darf vergessen werden, daß es doch nur eine „Erstlingsgabe" (Rö 8, 23) ist, die gerade als solche das Sehnen und Verlangen vorwärts richtet dem alles vollendenden Werk des Christus entgegen. Paulus freut sich deshalb, daß die Korinther **„erwartend"** leben. Das ist ein entscheidender Wesenszug jeder Gemeinde der apostolischen Zeit, daß sie **„die Offenbarung unseres Herrn Jesus Christus"** erwartet (vgl. 1 Th 1, 10; Rö 13, 11—14; Gal 5, 5; Phil 3, 20 f). Denn das Evangelium als solches ist von vornherein und wesentlich die Botschaft vom kommenden Reich. Die „Eschatologie"[11] war nicht ein einzelnes, wenn auch wichtiges Kapitel der apostolischen Lehre, sondern alles, was ein Apostel überhaupt zu verkündigen und zu lehren hatte, war „eschatologisch", war auf die „letzten Dinge", auf die Zukunft ausgerichtet. Gerade auch die „Rechtfertigung" des verlorenen Menschen durch die geschehene Erlösung am Kreuz war auf das Bestimmteste bezogen auf den Tag Gottes, der ein Tag des Gerichtes und des Zornes ist (Rö 2, 5; 5, 9; Gal 5, 5; 1 Th 1, 10). Die „Errettung" führt zum Anteil an der kommenden Herrlichkeit (Rö 8, 17; 2 Ko 4, 17 f; Kol 3, 4).

Paulus spricht aber nicht von der „Wiederkunft" Jesu. Das NT kennt das bei uns übliche Wort nicht. Umgekehrt ist im NT das bei uns ganz auf die Vergangenheit bezogene Wort „Offenbarung" vielfach gerade von den zukünftigen Ereignissen gebraucht: Rö 2, 5; 8, 19; 2 Th 1, 7; 1 Pt 1, 7; 4, 13; Offb 1, 1. So erwarten auch die Korinther **„die Offenbarung unseres Herrn Jesus Christus"**. So wirksam Jesus jetzt im Zeugnis seiner Boten und im Heiligen Geist und seinen Gna-

[11] Den zweiten Teil dieses Wortes „logie" kennen wir aus vielen Bezeichnungen: Biologie, Geologie, Theologie u. a. Hier aber sind Inhalt der „Kunde", der „Kenntnis" die „Eschata = die letzten Dinge", also die Ereignisse, durch die Gott seinen Heilsplan zu seinen letzten Zielen führt. „Eschatologie" ist also „Kunde von den letzten Dingen".

dengaben ist, so sehr bleibt er jetzt doch der Unsichtbare und Verborgene. Das ist für uns schwer zu ertragen. Deshalb geht unser Erwarten[12] mit einem notwendigen und mächtigen Sehnen und Verlangen auf ein neues Hervortreten und Sichtbarwerden Jesu als des „Herrn".

Es muß der eine große „Tag" kommen, der alles klar macht, der alles Finstere und Böse endgültig beseitigt, den Tod als den letzten Feind aufhebt und Jesus in letzter Wahrheit als den „Kyrios", als den Weltherrn zur Ehre Gottes des Vaters, sichtbar werden läßt (15, 23 ff). Dieser „Tag" ist darum **„der Tag unseres Herrn Jesus".**

8 Aber werden wir selber an diesem ungeheuren Tage bestehen? Die Antwort des Paulus auf diese Frage ist kennzeichnend für das, was das ganze NT unter „Glauben" versteht. Das erste und entscheidende Wort heißt dabei nicht „wir", sondern **„Er": „Er wird euch auch befestigen bis zum Endziel."** Wo das Zeugnis des Christus in Menschen „befestigt" wurde, da „befestigt" nun auch Christus selber diese Menschen. Er tut dies bis zum „Endziel". Das grie Wort „telos" faßt beides in eins; es meint das „Ende", aber nicht als einen „Schluß", als ein „Aufhören", sondern als ein „Ziel". Darum liegt in dem Ausdruck **„bis zum Endziel"** auch ein Klang von „endgültig" und „völlig".

Er wird die Korinther so „befestigen", daß sie **„Unbescholtene"** sind **„an dem Tage unseres Herrn Jesus".** Das schließt den Ernst jenes Tages nicht aus, von dem Paulus in Kap. 3, 11–15 sprechen wird. Vieles am Aufbau unseres Lebenswerkes mag im Feuer jenes Tages verbrennen, aber uns selbst wird keine Verwerfung treffen, kein „Schelten". Warum nicht? Weil es dann sichtbar werden wird, daß die „fremde Gerechtigkeit Christi", die wir im Glauben ergreifen und festhalten, wirklich die uns gehörende und ewig gültige Gerechtigkeit vor Gott ist. „Wer wird Anklage erheben gegen Auserwählte Gottes? Gott ist der, der gerecht spricht!" (Rö 8, 33). In diesem Glauben **„befestigt"** uns der, der durch sein Zeugnis den Glauben in uns schuf.

9 Aber müssen wir nicht wenigstens unsererseits „treu" sein? Wieder geht für den Glauben der Blick sofort von uns selbst fort. „Treu" sind nicht wir, auf die Treue der Korinther kann sich Paulus nicht verlassen. Aber **„treu ist Gott".** Gottes Treue will und wird das letzte Wort über unser Leben behalten! Vergleiche dazu auch Kap. 10, 13. Er hat die Korinther und auch uns **„berufen zur Anteilhabe an seinem Sohn Jesus Christus".** Wir sind an die Übersetzung gewöhnt: „Berufen zur Gemeinschaft seines Sohnes Jesus Christus." Aber das Wort „koinonia" bringt noch etwas anderes zum Ausdruck als unser Wort „Gemeinschaft". Gemeinschaft setzt gleichberechtigte Partner voraus. An den Sohn Gottes haben wir Sünder nicht das leiseste Anrecht. Es ist Gottes unbegreifliche Liebe, daß er uns den **„Anteil"** an seinem Sohn schenkt. Damit ist aber auch gekennzeichnet, daß das Christsein etwas weit größeres und lebendigeres bedeutet- als nur

[12] Wenn man auch im hell Grie die Vorsilben nicht überbewerten darf, so klingt doch in dem „ap-ek-dechesthai" etwas von der Stärke der Sehnsucht.

das, was wir meist unter „Glauben an Jesus Christus" verstehen. Wir bleiben nicht von Jesus getrennt, um nur aus der Ferne mit ihm und seinem Wirken zu rechnen. Sondern wie der Teilhaber eines Geschäftes am ganzen Leben des Geschäftes mitbeteiligt ist und seinen Gewinn mit genießt, so sind wir in das Leben und Wirken Jesu mit hineingenommen. Uns gehört alles mit, was Jesus besitzt! Jesus teilt seinen ganzen Reichtum mit uns. Paulus wird das am Herrenmahl verdeutlichen, das uns die „Anteilhabe am Leib und Blut des Herrn gewährt" (1 Ko 10, 16). Er wird es aber auch am Bild der Gemeinde als des „Leibes Christi" zeigen, wie real wir Teile des Christus selber sind, so daß unsere Leiber „Christi Glieder" sind und wir selbst „ein Geist mit ihm" (6, 15. 17; 12, 27). Darum ist Christus „unser Leben" (Phil 1, 21; Kol 3, 3). Darum sind wir „zusammen mit ihm" gekreuzigt, begraben, gestorben (Rö 6, 3. 6; Kol 2, 12; 3, 2) und zusammen mit ihm auferweckt und in das himmlische Wesen gesetzt (Eph 2, 6). Darum tun wir nun alles „in Christus", „in dem Herrn". Das alles liegt in der **„Anteilhabe an seinem Sohn"**, zu der uns Gott berufen hat[13].

Wenn aber Gott uns diese „Anteilhabe", dieses „Verwachsensein" mit Christus (Rö 6, 5) gewährt, dann hält seine Treue uns auch darin fest, bis dorthin, wo die Vereinigung mit seinem Sohn die ausschließliche, von keiner Anfechtung mehr bedrohte Wirklichkeit unseres Lebens sein wird. Gott kann und wird nicht dulden, daß Menschen im ewigen Tod versinken, die einmal so wesenhaft mit seinem Sohn verbunden worden waren.

Rückblickend wollen wir noch darauf achten, daß in den neun ersten Versen des Briefes neun Mal mit Nachdruck auf Jesus Christus, auf den „Kyrios", den „Herrn", hingewiesen ist. Alles Gnadenhandeln Gottes, sein ganzes Schenken geschieht durch Jesus. Wer Gott nicht in Jesus erfaßt, verfehlt die Wirklichkeit Gottes und seiner Gnade. Nichts hat der Christ in sich selber, wie die zu meinen scheinen, die in Korinth große Leute sein wollten. Alles hat der Christ allein in Christus. Das macht wahrhaft demütig, aber auch tief dankbar und froh und verbindet uns fest miteinander.

DIE STREITIGKEITEN IN DER GEMEINDE

1. Korinther 1, 10—17

10 Ich ermahne aber euch, Brüder, durch den Namen unseres Herrn
Jesus Christus, daß ihr dasselbe sagt alle miteinander und daß
nicht unter euch Spaltungen seien, ihr vielmehr fertig gemacht
11 seid in derselben Gesinnung und in derselben Meinung. * Es wurde
mir nämlich Aufschluß gegeben über euch, meine Brüder, von den
12 (Leuten) der Chloe, daß Streitigkeiten unter euch sind. * Ich
meine aber dies, daß jeder von euch sagt: Ich gehöre zu Paulus,

zu Vers 10: Kap. 11, 18; Rö 15, 5; Phil 2, 1 f
zu Vers 12: Kap. 3, 4; Jo 1, 42; Apg 18, 24. 27

[13] Wie weit bleibt das meiste „Christentum" hinter diesem wahren „Christsein" zurück!

zu Vers 14: Apg 18, 8; 19, 29; Rö 16, 23
zu Vers 16: Kap. 16, 15. 17
zu Vers 17: Kap. 2, 4; Apg 9, 15; Mt 28, 19

13 **ich aber zu Apollos, ich zu Kephas, ich zu Christus. * Zerteilt ist**
der Christus! Wurde etwa Paulus gekreuzigt für euch, oder wur-
14 **det ihr auf den Namen des Paulus getauft? * Ich danke** (Gott), **daß**
15 **ich keinen von euch getauft habe außer Krispus und Gajus, * da-**
mit nicht einer behauptet, daß ihr auf meinen Namen getauft
16 **wurdet. * Getauft habe ich aber auch das Haus des Stephanas;**
17 **sonst weiß ich nicht, ob ich einen andern getauft habe. * Denn**
nicht hat Christus mich gesandt zu taufen, sondern zu evangelisie-
ren, nicht in Weisheit der Rede, damit nicht entleert werde das
Kreuz des Christus.

Die Nöte, die Paulus in Korinth sah, schwächten seinen Dank nicht; aber sein herzlicher Dank für alles, was die Gemeinde von Gott empfangen hatte, hindert auch nicht den klaren Blick für die schweren Entstellungen im Gemeindeleben der Korinther. Im Gegenteil! Je mehr die Gemeinde von Gott her besaß, um so schmerzlicher waren alle Schäden, die diesen Reichtum unwirksam zu machen drohten[1].

Wie der Brief in seinem Fortgang (5, 9; 7, 1. 25; 8, 1; 12, 1) zeigt, hatte die Gemeinde ihrem Apostel durch ihre drei Abgesandten Stephanas, Fortunatus und Achaikus (16, 17) eine Reihe von Fragen vorgelegt und seine Stellungnahme dazu erbeten. Aber Paulus geht nicht sofort darauf ein. Nachrichten, die er unabhängig von dieser offiziellen Gesandtschaft der Korinther durch die Leute der Chloe und vielleicht gerade jetzt erst erhalten hatte, machen ihm Sorgen. Die Einheit der Gemeinde war bedroht. Davon muß er zuerst mit der Gemeinde sprechen.

10 **„Ich ermahne aber euch, Brüder, durch den Namen unseres Herrn Jesus Christus."** Paulus muß an eine offene Wunde des Gemeindelebens rühren und weiß, auf wieviel Empfindlichkeiten er dabei trifft. Darum sagt er der Gemeinde, daß er es nicht von sich aus tut, nicht aus eigenen Gedanken und Empfindungen heraus. Jesus selbst nötigt ihn dazu. Denn der im Eingang des Briefes Satz um Satz genannte „Herr Jesus Christus" ist der unverbrüchliche Einheitsgrund der Gemeinde und will ihre Einheit. Jede Spaltung in einer Gemeinde würde zugleich ihn „zerteilen" und seinen „Namen" widerlegen (V. 13). Paulus wird den Korinthern in unerhörter Kraft und Tiefe in den folgenden Ausführungen zeigen, wie sehr es bei allem Schaden in Korinth um ihn und seinen **„Namen"**, also um die Geltung seines Wesens und seines Willens, vor allem seines Kreuzes geht.

Paulus mahnt, **„daß nicht unter euch Spaltungen seien"**. Solche Spaltungen zeigen sich im Reden. Darum liegt Paulus daran, **„daß ihr dasselbe sagt alle"**. Natürlich ist damit nicht eine langweilige Eintönigkeit oder eine künstliche Uniformierung gemeint. Nichts lag einem Paulus, dem Verfechter der Freiheit und Echtheit, ferner als

[1] Wir werden es immer neu lernen müssen, auch unsererseits im Blick auf Gemeinde und einzelne Christen (und auch im Blick auf uns selbst) den frohen Dank und die klare Sicht von Fehlern und Sünden in uns zu tragen, ohne daß eins das andere beeinträchtigt und hindert.

dies. Aber **„dieselbe Gesinnung"** und **„dieselbe Meinung"**, also die innere Übereinstimmung bei aller Mannigfaltigkeit der persönlichen Art und der jeweiligen Lebenserfahrung dürfen und müssen sie haben. Diese ernste Einheit kommt darin zum Ausdruck, daß das unendlich reiche und lebendige Wort doch „dasselbe" bei allen ist[2]. Dadurch ist eine Gemeinde **„fertig gemacht"**, „in den gehörigen Stand gesetzt". Eine Gemeinde, in der die verschiedensten Meinungen wirr durcheinandertönen und eine ganz unterschiedliche Gesinnung regiert, ist nicht „im rechten Stand", und darum auch nicht imstande, ihre Aufgabe zu erfüllen[3].

Bei dieser Mahnung wird Paulus bereits alles das vor Augen haben, was er mit den Korinthern im einzelnen besprechen muß. In diesen konkreten Fragen des Gemeindelebens käme es darauf an, daß hier alle Gemeindeglieder **„dasselbe sagen"**, die gleiche Stellung einnehmen, das gleiche Urteil fällen und darum auch in gleicher Weise handeln. Alle sollten Prozesse vor weltlichen Richtern ablehnen (6, 1—11), alle ein reines Leben führen (6, 12—20), alle in den Fragen der Ehe übereinstimmen (Kap. 7), alle von den Tempelmahlzeiten fernbleiben (Kap. 8 u. 10), alle die Geistesgaben vom Gesichtspunkt des Gemeindeaufbaues aus einschätzen (Kap. 12 u. 14), alle in der Liebe den überragenden Weg erkennen (Kap. 13), alle in der Frage der Auferstehung volle Klarheit und Gewißheit haben (Kap. 15). So konkret meinte Paulus seinen dringenden Wunsch, **„daß ihr dasselbe sagt alle miteinander"**.

Nun sagt Paulus den Korinthern, warum er so um sie besorgt ist. 11
Zwar ist es noch nicht zu „Spaltungen" gekommen, wohl aber sind **„Streitigkeiten"** unter ihnen, die schnell zu eigentlichen „Spaltungen" führen können (vgl. 11, 18). **„Es wurde mir nämlich Aufschluß gegeben über euch, meine Brüder, von den** (Leuten) **der Chloe, daß Streitigkeiten unter euch sind."** Wer Chloe ist, wissen wir nicht. Die Korinther aber kennen sie offenbar. Der Name „Chloe = die Blonde" war häufig bei Sklavinnen. War Chloe eine „Freigelassene", die zu Besitz und Ansehen gelangt war? Lebte sie in Korinth selbst oder in Ephesus? Waren Söhne oder Sklaven aus ihrem Hause von Korinth aus zu Paulus gekommen? Oder haben sie in Ephesus Nachrichten aus Korinth erhalten? Alles das wissen wir nicht. Es kommt nicht viel darauf an. Wichtig für uns ist nur, wie offen Paulus hier die Quelle seiner Nachrichten nennt. Hier wird nichts versteckt und unbestimmt gelassen[4]. Das erschien Paulus um so nötiger, als die Gemeinde selber, aus welchen Gründen auch immer, dem Apostel von

[2] Wir kennen dies etwa von gesegneten Konferenzen her, wo jeder Redner ganz original in seiner Weise spricht, jeder vom anderen so erfrischend verschieden, und wo dennoch „alle dasselbe sagen".

[3] Wie schwach und unwirksam wurden Gemeinde und Kirchen des Protestantismus, als sie sich zum Sprechsaal der verschiedenen Ansichten machen ließen! Wie groß ist da auch heute die Not!

[4] Wieviel Not macht es oft bei uns, daß Menschen, die uns über bedenkliche Dinge unterrichten, nicht offen für ihre Mitteilungen eintreten wollen!

diesen Nöten nichts mitgeteilt hatte. Das von Paulus verwendete Wort für „Aufschluß geben", grie „deloo", meint das Offenbarmachen von etwas Verborgenem. Es liegt in dieser Formulierung etwas wie ein Vorwurf: Warum habt ihr als Gemeinde mich diese Dinge nicht offen wissen lassen? Paulus ist zugleich dankbar, daß die Leute der Chloe es wagten, ihm mitzuteilen, was ihm als Vater der Gemeinde nicht verborgen bleiben durfte.

12 Paulus kennzeichnet sofort die **„Streitigkeiten"** näher, von denen ihm berichtet worden ist. Sie haben ihren Anlaß in einem zunächst ganz natürlichen Vorgang. Nachdem die Gemeinde in Korinth von Paulus (und seinen Mitarbeitern Silas und Timotheus) gegründet worden war, hatte die Wirksamkeit des Apollos in Korinth ein neues Wachstum gebracht. Es war voll verständlich, wenn Menschen mit besonderer Dankbarkeit an demjenigen hingen, durch den sie das Beste ihres Lebens empfangen hatten. So sehen andere Gemeindeglieder in Kephas[5] den Mann, der ihnen den Zugang zu Jesus gebracht hatte. Manche Ausleger meinen, es müßte dann auch Petrus selber genauso wie Paulus und Apollos in Korinth gewesen sein und dort Menschen für Jesus gewonnen haben. Aber darüber haben wir keinerlei Nachrichten. Doch auch über des Petrus Besuch in Antiochia wüßten wir nichts, wenn nicht Paulus in Gal 2, 1 ff eine Episode aus diesem Besuch erzählt hätte. Es kann sich aber auch um Christen aus Israel handeln, die im Osten durch Petrus bekehrt und nun nach Korinth gezogen waren. Vielleicht hatten sie ihrerseits wieder Mitgliedern der Synagoge in Korinth das Herz für Jesus aufgeschlossen und rechneten sich nun mit ihnen zusammen zu Petrus als dem rechten und eigentlichen Apostel Jesu. Jedenfalls „sagt" nun „jeder" in Korinth, welchem Boten Jesu er sich besonders zugehörig weiß. **„Ich gehöre zu Paulus, ich aber zu Apollos, ich zu Kephas"**, auch das könnte so noch mit frohem und fröhlichem Dank gesagt werden. Gefährlich wurde es erst, wenn dieser Dank ein falsches Gewicht bekam und die Boten Jesu wichtiger wurden als Jesus selbst. Nun war man nicht mehr in Jesus eins und „sagte nicht mehr dasselbe", sondern ereiferte sich gegeneinander für die Größe und Bedeutung der Boten[6]. Das Wort dankbarer Liebe und Schätzung wurde zum eifersüchtigen Kampfruf, der die Gemeinde zu spalten drohte[7].

War aber dann nicht die vierte Gruppe im Recht, die von Paulus, Apollos, Kephas ganz absah und einfach erklärte: „Ich gehöre Chri-

[5] Kephas ist der aramäische Name des Jüngers, der in grie Sprache Petros, lat Petrus, hieß.

[6] Apollos selber war an dieser Haltung seiner Anhänger offenbar unschuldig. Paulus macht ihm nirgends einen Vorwurf, sondern weiß sich mit ihm ganz eins (4, 6). Die ganze Gruppenbildung mit ihrem Streit scheint erst kürzlich, also längere Zeit nach der Abreise des Apollos aus Korinth, hervorgetreten zu sein.

[7] Auch bei uns ist die Grenze fein und scharf zwischen der rechten Dankbarkeit für den Menschen, der mich zu Jesus führte, und der falschen und gefährlichen Herausstellung von Persönlichkeiten, für die ich mich ereifere. Wieviel Unfrieden und Unheil wird durch die Überschreitung dieser feinen Grenze in die Gemeinde getragen! Wir sollten viel ernster darauf achten, wenn bei Evangelisationen oder an besonderen Segensstätten der Name von Menschen lauter erklingt als der Name Jesu.

stus“? Hätte Paulus nicht daran seine Freude haben müssen, wie er ja auch selber in Kap. 3, 23 die gleiche Formulierung verwendet: „Ihr aber gehört Christus“? Doch da gerade zeigt sich der tiefe Unterschied. Paulus meint mit diesem Wort unterschiedslos die ganze Gemeinde. Jene „Christus-Leute“ aber bildeten bewußt eine „Gruppe“ gegen die andern. Hier geschieht das allerschlimmste: hier wird „Christus“ selbst zum Parteinamen. Vielleicht war der Ansatz noch ganz echt gewesen. Man wollte kein Hängen an irgendeinem Menschen, man wollte Christus gehören. Aber es zeigt sich in 2 Ko 10, 7 eindeutig, daß daraus eine hochmütige Sonderstellung geworden war, die dieses „Ich gehöre Christus“ nur für sich selbst in Anspruch nahm und den anderen absprach[8].

Es brach hier zugleich eine sehr grundsätzliche Frage auf: Gibt es eine Zugehörigkeit zu Jesus unmittelbar und ohne das apostolische Wort? Kann man zu Jesus gehören und dabei Kephas und Paulus als belanglos beiseite schieben? Wird dann nicht aus „Christus“ ein eigenmächtiges Gebilde meiner Gedanken? Lerne ich den wirklichen Jesus Christus anders kennen als nur im Wort seiner bevollmächtigten Boten?

Es ist die in der Kirchengeschichte immer wieder so wichtige Frage, ob es ein Verhältnis zu Jesus Christus gibt neben der „Schrift“ oder über die Schrift hinaus, sei es durch „Geist“ oder durch ein unfehlbares „Lehramt“, das Dogmen aufstellt, die in der Schrift keinen Grund haben. Die Reformation entschied sich mit biblischem Recht für den Grundsatz: „Allein durch die Schrift!“, allein durch das apostolische Wort.

Paulus weist den klaren Weg zwischen einer gefährlichen Überschätzung und einer ebenso bedenklichen Geringschätzung der Apostel. Betont hatte er es an den Anfang seines Briefes gestellt: „Berufener Apostel des Christus Jesus durch den Willensentschluß Gottes.“ Er hat der Gemeinde das entscheidende Wort des Christus Jesus als dessen bevollmächtigter Botschafter zu sagen, und die Gemeinde hat es zu hören. Aber mit tiefem Ernst wendet er sich nun gerade an diejenigen in Korinth, die sich in falscher Weise für ihn (oder für Apollos oder Kephas) ereiferten.

Was ist das Ergebnis der Parteiungen? Es ist ein unerträgliches 13
„Zerteilt ist der Christus!“ Der grie Text kennt keine Zeichensetzung. Wir sind an dieser Stelle durch Luthers Übersetzung (künftig mit LÜ bezeichnet) an die Frageform des Satzes gewöhnt. Aber die Frage, ob Christus zerteilt ist, hat wenig Sinn. Sie mußte als Frage lauten: Ob

[8] Man hat freilich darauf hingewiesen, daß Paulus in unserem ganzen Brief nicht mehr auf diese „Christus-Gruppe“ zurückkommt, und darum eine andere Erklärung für dieses „Ich gehöre Christus“ versucht. Ein Abschreiber des Briefes hätte es als sein Bekenntnis gegen die Stolzen in Korinth an den Rand geschrieben, und von da aus sei es dann in den Text gedrungen. Aber das bleibt eine bloße Annahme, die in den Handschriften keinerlei Anhaltspunkte findet. Und in 2 Ko 10, 7 hat es Paulus durchaus mit Leuten zu tun, die die Zugehörigkeit zu Christus in falscher Weise in Anspruch nehmen. Können solche Neigungen sich nicht auch schon zur Zeit des ersten Briefes gezeigt haben?

denn Christus etwa zerteilt werden könne und dürfe? Darum ist der Satz besser als ein Ausruf des Schreckens zu fassen: **„Zerteilt ist der Christus!“** Dahin habt ihr es in Korinth gebracht, daß der Christus, der eine, über allen stehende Herr, gleichsam zerrissen wird, weil jede Partei ihn an sich reißen und den andern wegnehmen will. Erschreckt nicht auch ihr selber darüber?[9]

Und dann wendet sich Paulus in feiner und vorbildlicher Weise gerade an „seine Gruppe“ und weist an ihr den Korinthern die ganze Verblendung jedes falschen Hängens an einem Boten Jesu auf. **„Wurde etwa Paulus gekreuzigt für euch?“** Mag ein Zeuge Jesu noch so bedeutend und geistlich kraftvoll und lebendig sein, mag er erstaunliche Dinge vollbringen und einen tiefen Einfluß ausüben, das errettende Werk am Kreuz, also das eine, worauf allein es ankommt, hat er nicht vollbracht. Das tat nur der eine, Jesus, der reine und heilige Gottessohn. Darum kann auch kein anderer neben ihm eine wesentliche Bedeutung für mich haben[10]. Alles falsche Rühmen christlicher Persönlichkeiten endet an der Frage: „Wurde er, wurde sie etwa für uns gekreuzigt?“ Nun wird es wahr: „Sie sahen niemand als Jesus allein.“

Paulus fügt hinzu: **„Oder wurdet ihr auf den Namen des Paulus getauft?“** „Auf den Namen jemandes taufen“ klingt an eine damals gebräuchliche Redewendung aus dem Geschäftsleben an: „Auf den Namen jemandes buchen, etwas auf das Konto jemandes schreiben.“ Taufe ist Übereignung an den, auf dessen Namen er getauft wird[11]. „Ich gehöre Paulus“ – ja, stimmt das? Gehörst du wirklich ihm? Wurdest du denn in der Taufe ihm übereignet?

14 Paulus ist angesichts der Lage in Korinth dankbar[12], **„daß ich keinen von euch getauft habe außer Krispus und Gajus“**. Wie wir heute einem Menschen leicht eine falsche Rolle zuschreiben, weil wir durch ihn (in Wahrheit aber durch Christus!) zum Glauben kamen, so konnte damals die Bedeutung dessen falsch gesehen werden, der einen Menschen taufte. „Ich gehöre ganz zu Paulus, denn Paulus hat

[9] Auch die zerspaltene Christenheit unserer Tage sollte ganz anders erschrocken sehen, wie sie den Christus zu zerteilen droht, weil jede Kirche ihn im Grunde allein für sich selbst beansprucht. Wenn jede „Kirche“ den Christus als das lebendige Haupt auch der andern Kirchen anerkennt, müßten alle sich noch ganz anders eins in ihm wissen und sich untereinander lieben.

[10] Das gilt auch für jede falsche Schätzung der Männer, deren Wirkung zu eigenen Kirchenbildungen führte, Luther, Calvin, Wesley, Zinzendorf und andere. Darum hat Luther am Ende seines Lebens ausdrücklich gebeten, „man wolle seines Namens verschweigen“; leider erbat er es vergeblich.

[11] Es ist die Frage, ob im NT bei der entscheidenden Rolle, die der Glaube dort spielt, an eine solche „Übereignung“ ohne den eigenen Willen des Betroffenen überhaupt gedacht werden konnte. Jesus hat mit tiefem Ernst vor jeder unbedachten Nachfolge gewarnt (Lk 9, 57–62; 14, 25–33). Sollte er Freude haben an Scharen von Menschen, die ihm „übereignet“ werden, ohne die Kosten überschlagen zu können?

[12] Es ist fraglich, ob das „eucharisto“ intransitiv im Sinne von „ich bin dankbar“ gebraucht werden konnte, oder ob es auch hier heißt „ich danke“, wobei „Gott“ als Beziehungspunkt des Dankens stillschweigend zu ergänzen ist, wie eine Reihe wichtiger Handschriften es in ihrem Text auch ausdrücklich bringt.

mich getauft, da hat er mich auf sein Konto geschrieben"[13]. Darum ist Paulus froh, daß er nur ganz vereinzelte Gemeindeglieder in Korinth getauft hat, **„damit nicht einer behauptet, daß ihr auf meinen Namen getauft wurdet".** Hier ist das persönlich noch erträgliche Bekenntnis 15
„Ich gehöre zu Paulus" zu der grundsätzlichen Behauptung gesteigert, daß alle von Paulus Getauften darum auch zu ihm gehören. Wir wissen nicht, ob einzelne Parteigänger des Paulus sich tatsächlich zu einer solchen Behauptung verstiegen oder ob Paulus es nur als letzte Konsequenz eines falschen Denkens fürchtete.

Paulus nennt als von ihm selbst getauft zunächst nur **„Krispus und Gajus"**[14]. Aber er weiß, er schreibt an eine Gemeinde, in der bereits viel Mißtrauen gegen ihn lebt. Wie schnell kann es da heißen, Paulus verschweige die Wahrheit, er habe ja doch auch noch andere getauft.
Darum besinnt sich Paulus und verbessert sich: **„Getauft habe ich** 16
aber auch das Haus des Stephanas"[15], und fügt hinzu: **„Sonst weiß ich nicht, ob ich einen andern getauft habe"**[16].

Warum hat Paulus in Korinth nur so wenige getauft? Hier wie in 17
allem seinen Tun und Lassen ist Paulus nicht von seinen eigenen Meinungen und Wünschen bestimmt, sondern von dem Auftrag seines Herrn. **„Denn nicht hat Christus mich gesandt zu taufen, sondern zu evangelisieren."** Darin liegt nicht eine Geringschätzung der Taufe als solcher. Wir mißverstehen dies Wort des Paulus, wenn wir es so auslegen und so auswerten[17]. Der Mann, der Rö 6 schrieb, hat von der Taufe nicht gering gedacht. Aber es mußte allerdings für die Taufe zuerst die Voraussetzung geschaffen werden, ohne die sie gar nicht möglich war. An Jesus konnte der nur übereignet werden, der Jesus kannte und der in Jesus den unentbehrlichen Retter sah, dem er von ganzem Herzen gehören wollte. Darum war in der Tat das „Evangelisieren" das erste und notwendigste Werk, das die ganze Zeit und Kraft des Paulus in Anspruch nahm. War das Gewaltige geschehen,

[13] Die spätere kirchliche Entwicklung zeigt, daß diese Sorge nicht aus der Luft gegriffen war. Wenigstens zwischen Täufling und Paten entsteht nach kirchlicher Lehre durch die Taufe eine „geistliche Verwandtschaft", so daß die Ehe zwischen beiden verboten wurde.

[14] Krispus ist der Synagogenvorsteher, der nach Apg 18, 8 zum Glauben kam. In ihm war ein bedeutsamer Mann für Jesus gewonnen worden. Wir können es verstehen, wenn Paulus hier ausnahmsweise die Taufe selbst vollzog. Auch Gajus ist nach Rö 16, 23 ein angesehener und wohlhabender Mann in Korinth, der in seinem großen Hause nicht nur Paulus persönlich beherbergte, sondern sogar der ganzen Gemeinde Raum für ihre Zusammenkünfte bot. In Apg 19, 29 und 20, 4 bezeichnet der häufig vorkommende Name andere Christen.

[15] Man hat durch die Taufe von ganzen Häusern die Kindertaufe im NT bewiesen sehen wollen. Aber Kap. 16, 15 zeigt, daß jedenfalls das „Haus des Stephanas" aus Erwachsenen bestand.

[16] Wir haben hier eine Stelle, die besonders deutlich zeigt, wie echt menschlich ein Brief des NT bleibt, auch wenn er ganz und gar im Heiligen Geist geschrieben ist. Er ist nicht ein unfehlbares Diktat des Geistes. Aber gerade auch in solchem gewissenhaften Nachsinnen und Sichverbessern ist der Heilige Geist am Werk und schenkt uns einen „bevollmächtigten Botschafter" Jesu, der uns als Mensch, der sich korrigieren muß, ganz nahe bleibt.

[17] Auch der Wortlaut im Satz des Paulus ist in dieser Hinsicht beachtenswert. Er formuliert nicht polemisch: „Christus hat mich gesandt, nicht zu taufen, sondern zu evangelisieren." Er stellt lediglich positiv seinen besonderen Auftrag heraus. Dieser Auftrag für ihn war nicht das Taufen, sondern das Evangelisieren. Die Wichtigkeit der Taufe als solcher bleibt dabei unberührt.

waren Menschen die Augen aufgetan worden, daß sie sich bekehrten von der Finsternis zum Licht und von der Gewalt des Satans zu Gott (Apg 26, 18), dann konnten und sollten andere Mitarbeiter die Taufe dieser Bekehrten vollziehen[18].

Paulus fügt ein Wort über die Art seines Evangelisierens hinzu: **„nicht in Weisheit der Rede, damit nicht entleert werde das Kreuz des Christus."** Es ist ein Wort von mächtiger Tiefe. Mit ihm greift Paulus die zweite Not in Korinth an, die hinter der offensichtlichen Not der Parteiungen als ihr verhängnisvoller Grund stand. „Griechen suchen Weisheit" (V. 22). Das grie Wort für Weisheit, „sophia", kennen wir alle aus dem Begriff „Philosophie". Tief im Wesen des von Gott losgerissenen, einsam in der Welt stehenden Menschen liegt das Verlangen, eine umfassende „Anschauung" von dieser Welt („Weltanschauung") zu bekommen, Welt und Leben geistig zu bewältigen und zu beherrschen, die großen Fragen des Lebens aus eigener Kraft und Vernunft zu lösen. Auch „Gott" kann dann als Objekt des menschlichen Denkens in der Weltanschauung vorkommen. Dies allgemein menschliche Verlangen nach „Weisheit" war bei den Griechen besonders stark ausgebildet. Der „Philosoph" war wie der „Redner" und der „Dichter" bei ihnen hoch angesehen. Wer ihnen „Weisheit" bringt und ein Wort hat, das von Weisheit erfüllt und gestaltet ist, den bewundern und lieben sie. Solche **„Weisheit der Rede"** vermißte man in Korinth an Paulus, darum war er für viele kein großer Apostel. War Paulus nicht begabt genug, um das Verlangen der Korinther zu erfüllen? Hatte er sich selber nicht genug Weisheit angeeignet? Nein, erwiderte Paulus, ganz bewußt und mit vollem Willen bringt meine Evangelisation keine „Weisheit". Warum nicht? **„Damit nicht entleert werde das Kreuz des Christus."** Das blutige Opfer des Sohnes Gottes zur Rettung des verlorenen Menschen ist der denkbar schärfste Gegensatz gegen die menschliche Selbstherrlichkeit, die von sich aus mit allem, sogar mit Gott fertig werden will. Kreuzesbotschaft und Weisheitsrede sind darum miteinander unvereinbar. Wo immer „Weisheit" das Wort bestimmt, wo die Menschen nach ihrem Wünschen zu einem geistigen Beherrschen der göttlichen Dinge geführt werden, da wird das Kreuz Jesu „leer", unwichtig und unwirksam. Es wird an den Rand gedrängt, ja, es verschwindet zuletzt unter den hohen Gedankengängen, mit denen der Mensch sich Gottes bemächtigt. Die Evangelisation des Paulus aber hatte gerade in diesem Kreuz ihren Mittelpunkt und mußte darum umgekehrt alle „Weisheit" ablehnen. Damit ist das große Thema gegeben, über das Paulus nun mit den Korinthern zu reden hat.

[18] So hat es offenbar auch Petrus gehalten (Apg 10, 48), und dies trotz des Wortlauts von Mt 28, 19. Er hat den Befehl des Herrn befolgt und für die Taufe der gläubig gewordenen Heiden gesorgt. Aber auch er wußte, daß diese Taufe erst möglich war, nachdem die „Evangelisation" ihr grundlegendes Werk getan hatte. Diese „Evangelisation" im Hause des Kornelius war seine eigene apostolische Aufgabe. Das Taufen überließ er anderen.

DAS WORT VOM KREUZ

1. Korinther 1, 18—25

**18 Denn das Wort vom Kreuz ist freilich denen, die verlorengehen,
Torheit, denen aber, die gerettet werden, uns, ist es Kraft Gottes.
19 * Es steht ja geschrieben: „Ich will verderben die Weisheit der
Weisen, und den Verstand der Verständigen will ich zunichte ma-
20 chen." * Wo ist ein Weiser? Wo ein Schriftgelehrter? Wo ein Wort-
fechter dieses Äons? Hat nicht Gott die Weisheit der Welt als Tor-
21 heit erwiesen? * Denn weil ja an der Weisheit Gottes die Welt
mittels der Weisheit Gott nicht erkannte, beschloß Gott, durch die
22 Torheit der Verkündigung zu retten die Glaubenden. * Weil ja
einerseits Juden Zeichen verlangen, andererseits Griechen Weis-
23 heit suchen, * wir aber herolden Christus als Gekreuzigten** (oder:
einen gekreuzigten Christus), **für Juden ein Skandal, für Heiden
24 eine Torheit, * für die Berufenen selbst aber, Juden wie auch Grie-
25 chen, Christus als Gottes Kraft und Gottes Weisheit. * Denn das
Törichte Gottes ist weiser als die Menschen, und das Schwache
Gottes ist stärker als die Menschen.**

zu Vers 18: Rö 1, 16; 2 Ko 2, 15; 4, 3; 2 Th 2, 10
zu Vers 19/20: Hio 5, 12; Ps 33, 10; Jes 19, 11 f; 29, 14; 44, 25; Kap. 3, 18
zu Vers 21: Mt 11, 25 f; Rö 11, 33
zu Vers 22: Mt 12, 38 f; Jo 4, 48; Apg 17, 18. 32; Kap. 2, 2. 14
zu Vers 23: Rö 9, 32
zu Vers 24: V. 18; Kap. 2, 5; Rö 9, 32; Kol 2, 3
zu Vers 25: V. 23; 2 Ko 13, 4

18

Paulus bestätigt es noch einmal: das von ihm verkündigte Wort ist **„das Wort vom Kreuz"**. Im „Kreuz", also in der Tatsache, daß der Messias, der Sohn Gottes, am „Pfahl", am Ort des Fluches, endete, hat seine Botschaft ihren eigentlichen Inhalt. Paulus „entschied sich dafür, nichts zu wissen als nur Jesus Christus und diesen als Gekreuzigten" (2, 2). Dabei war Paulus von seiner eigensten Lebensgeschichte bestimmt. An dem Kreuz Jesu hatte er den großen Anstoß genommen. Auch ihm war es ein „Skandal" (V. 23) gewesen, daß ein gepfählter Verbrecher der Messias Israels sein sollte. Mit ernster Empörung war er zum entschlossenen Gegner derer geworden, die solchen gotteslästerlichen Wahnwitz behaupteten. Sie müssen mit der Peitsche zur Vernunft gebracht oder vernichtet werden (Apg 26, 10 f). Aber dann war ihm vor Damaskus dieser Jesus als der Auferstandene und von Gott selbst Erhöhte begegnet. Er stand vor der unerhörten Tatsache, daß der Gekreuzigte der Messias *ist*. Daraus erwuchs mit Notwendigkeit die eine brennende Frage, warum der Messias zum Gekreuzigten, der heilige Gottessohn zum Fluch werden mußte? Paulus wird uns gleich die Antwort auf diese Frage geben. Auf jeden Fall aber ist die Tatsache, daß der Herr der Herrlichkeit in dieser Weise endete und enden „mußte", so ungeheuerlich, daß sie notwendig zur Mitte alles Denkens über Gott und Mensch werden mußte, wenn sie einmal in den Blick gekommen war. Das ganze Wort der Verkündigung wurde **„Wort vom Kreuz"**.

Mit diesem Wort vom Kreuz wird alle „Weisheit", alles Denken der Menschen über sich selbst, über Welt und Gott jäh durchkreuzt. Der Mensch, der mit seinem Denken alle Dinge bewältigen will, ist seiner selbst sicher. Er meint in Ordnung zu sein und darum von sich aus mit allen Problemen, auch mit der Gottesfrage, fertig werden zu können. Das Wort vom Kreuz aber bietet ihm statt aller Weisheit vielmehr „Errettung" als das eine Notwendige an und sagt ihm damit, daß er ein „Verlorener" ist. Nicht Weisheit, nicht „Religionsphilosophie", nicht tiefe Gedanken über Gott, nicht Lösung seiner Denkprobleme hat der Mensch nötig, sondern Rettung. Hier wird freilich das ganze bisherige Denken, ja die ganze bisherige Existenz des Menschen umgestürzt. Das **„Wort vom Kreuz"** ist für den Menschen die äußerste Herausforderung, weil es ihn zum verlorenen Sünder macht, der errettet werden muß. Kein Wunder, daß dieses Wort darum für den selbstsicheren Menschen **„Torheit"** ist, unverständlich, verächtlich und empörend zugleich. Und gerade darin erweist er sich als der, der **„verlorengeht"**. In der Blindheit für seine Verlorenheit dokumentiert sie sich gerade in ihrer ganzen Tiefe. Der Mensch weist in dieser Blindheit das Wort vom Kreuz auch als das Wort seiner Errettung ab und besiegelt damit sein Verlorengehen. So ist die Aussage des Paulus gemeint: **„Das Wort vom Kreuz ist freilich denen, die verlorengehen, Torheit."**

Die Rettung aber beginnt damit, daß dem Menschen die Augen für seine Verlorenheit geöffnet werden. Der Mensch kann nie von sich selber aus die tiefe Selbsttäuschung durchbrechen, in der er gerade als gefallener und verlorener Mensch lebt. Auch kein anderer Mensch, kein Prediger und kein Seelsorger kann ihm hier die Augen auftun und ihn von seiner Sünde und Verlorenheit überführen. Nur Gottes wunderbare Kraft kann es durch das Wort vom Kreuz bewirken. Dann ergreift der Mensch als ein Verlorener die Rettung am Kreuz. Das sichere Zeichen dafür, daß dies in einem Menschenleben geschah, ist darin zu erkennen, daß der Mensch nun nichts mehr in sich selber zu finden und zu rühmen weiß, sondern nur noch die rettende Gotteskraft im Kreuz Jesu Christi dankend und anbetend rühmt. Darum schreibt es Paulus: **„Denen aber, die gerettet werden, uns, ist es Kraft Gottes."**

Paulus hat diesem Satz von den Erretteten ein **„uns"** eingeschoben. Das ist wichtig. Von der Errettung kann man nicht objektiv und neutral sprechen. Die Errettung kennt nur der, dem sie persönlich widerfahren ist. Das persönliche Zeugnis in diesem „uns" oder „wir" ist also nicht „Hochmut", „Pharisäismus", „falsche Sicherheit"; so sehen es immer gerade nur die, die in ihrem natürlichen Hochmut die Botschaft von der Rettung ablehnen. Das dankende persönliche Zeugnis gehört vielmehr zur Sache selbst. Durch Gottes Kraft Errettete sind nicht unbestimmte Leute, sondern das sind „wir", die diese Errettung tatsächlich erfuhren. Jeder „Pharisäismus" ist aber hier gerade ausgeschlossen. Das wunderbare Errettetsein eines total Verlorenen ist kein Grund zu irgendeinem Stolz.

Die Formulierung des ganzen Satzes ist überraschend unlogisch und gerade darum die Sache treffend. Wenn das Wort vom Kreuz den Verlorenen „Torheit" ist, müßte es logischerweise den Erretteten

„Weisheit" sein. Aber so schreibt Paulus gerade nicht. Denn „Rettung" erfolgt nicht durch „Weisheit", sondern durch den Einsatz von „Kraft". Was „uns" aus der ewigen Verlorenheit rettet, das ist **„Kraft Gottes"**. Darum ist das **„Wort vom Kreuz"** etwas anderes als eine „Lehre über das Kreuz". In aller „Kreuzestheologie" liegt die Gefahr, das Kreuz zu erklären und verständlich zu machen und es damit seiner anstößigen „Torheit" zu berauben und unvermerkt zu einer neuen „Weisheit" werden zu lassen, die den Menschen einleuchtet und gefällt. Aber dadurch wird „das Kreuz des Christus entleert" (V. 17), dadurch verliert es gerade seine rettende Kraft. Es muß von der Gemeinde und von jedem Verkünder ertragen werden, daß die Botschaft vom Kreuz **„freilich denen, die verlorengehen, Torheit"** ist und bleibt. Nur indem der Mensch sich an dieser unbegreiflichen und empörenden Botschaft stößt, besteht die Aussicht, daß sie in seinem Herzen als Stachel haften bleibt, den Menschen nicht mehr losläßt und ihn endlich in der Kraft Gottes doch überwindet. Eine einsichtige Kreuzeslehre mag dem Menschen interessant sein und seine gedankliche Zustimmung finden; „erretten" wird sie ihn niemals.

Paulus hat in seinem Satz die Zeitform der Gegenwart gebraucht und von denen gesprochen, **„die verlorengehen"**, und denen, **„die gerettet werden"**. Denn noch ist keines Menschen Geschichte abgeschlossen. Wie wir in Kap. 14, 24 f noch besonders lesen werden, rechnet Paulus durchaus mit der Möglichkeit, daß auch der „Ungläubige", also der bewußt Ablehnende, vom Wort getroffen und überwunden werden kann. Aber auch wir, **„die wir gerettet werden"**, „sind" erst dann endgültig errettet, wenn wir am Tage des Herrn Jesus Christus als Unbescholtene vor ihm stehen werden (1, 8). Diese Feststellung aber ändert nichts an dem tiefen Ernst des Satzes. Es gibt also nach dem Zeugnis des Paulus nur die beiden Arten von Menschen: Verlorene und Errettete[1].

Alle „Weisheit", alles eigenmächtige Denken und Meinen über Gott 19
verschließt Herz und Augen für die richtende und rettende Tatsache des Kreuzes. Darum liegt es Gott daran, dieses Hindernis für die Kreuzesbotschaft selbst zu zerschlagen. Es ist Paulus im Blick auf das Verlangen nach „Weisheit" in der korinthischen Gemeinde wichtig, in der „Schrift", also im AT, diesen Willen Gottes ausgesprochen zu finden: **„Es steht ja geschrieben: ‚Ich will verderben die Weisheit der Weisen, und den Verstand der Verständigen will ich zunichte machen'."** Es ist im AT vielfältig (Jes 29, 14; Ps 33, 10; Jes 19, 11 ff; 33, 18; 44, 25; Hio 12, 17) bezeugt, wie alle Menschenweisheit Gott im Wege ist, bei den Völkern wie in Israel. „Ägypten" mit seiner uralten „Weisheit" und seinen okkulten Künsten ist das besondere Beispiel dafür (Jes 19, 11 u. 14). Aber auch in Israel geht das Ringen Gottes

[1] Es ist die Frage an unsere ganze Verkündigung und Seelsorge, ob wir das noch wirklich wissen und zur Grundlage unseres Dienstes machen. Sehen wir in den Menschen noch im Ernst „Verlorene"? Geht es uns in unserem Dienst um die R e t t u n g von Menschen? Hat unsere Verkündigung noch den herausfordernden und gerade darum auch rettenden Charakter des wirklichen Wortes vom Kreuz?

durch die Propheten darum, daß nicht die Offenbarung Gottes durch eigene Weisheit ersetzt und die Rettung aus den Nöten nicht in der eigenen Kraft und Klugheit gesucht wird. Paulus rechnet damit, daß auch in einer heidenchristlichen Gemeinde Jesu die Schrift, das Alte Testament, vollgültige Autorität ist.

20 **„Wo ist ein Weiser? Wo ein Schriftgelehrter? Wo ein Wortfechter dieses Äons?"** „Wörtlich so wie hier finden sich diese Sätzchen allerdings nirgends im AT. Aber sie bilden Reminiszenzen aus dem gleichen Jesaiabuche, aus dem schon V. 19 entnommen war. Paulus nahm sie auf und fügte so dem Verheißungswort aus Jes 29, 14 alsbald als einen neuen Ausdruck dessen, was Gott mit den Größten dieser Welt vorhabe, jene den kommenden Sieg Gottes vorauskündigenden Fragen an. Den Willen Gottes, die intellektuellen Größen dieser Welt überhaupt abzutun, findet Paulus in diesen Triumphfragen des prophetischen Geistes und ergänzt durch sie den Schriftbeweis, den er schon durch V. 19 seinem Hauptgedanken gegeben hatte"[2]. Paulus meint dabei nicht, daß es Männer dieser Art nicht gäbe. Es gibt sie in Scharen. Paulus traf sie überall unter Juden und Griechen. Aber wo „sind" sie, wenn Gott selbst mit seiner rettenden Kraft im Kreuz auf den Plan tritt? **„Hat nicht Gott die Weisheit der Welt als Torheit erwiesen?"** Er hat es schon im Alten Bund getan, als „Ratschläge, die von ihren Urhebern als höchste Weisheit ersonnen waren, durch den tatsächlichen gottgeordneten Gang der Dinge sich als das erweisen, was sie schon ursprünglich waren, aber nicht zu sein schienen, als verfehlt und als Torheit"[3]. So hat es Gott in Jes 19, 11—15 aufgezeigt. Was aber schon immer von Gott her geschehen ist, das erfährt nun in dem Handeln Gottes am Kreuz Jesu seine Vollendung. Darum sieht Paulus mit Recht in den atst Sätzen dargestellt, was Gott heute in dem Wort vom Kreuz in der Welt des Judentums wie des Griechentums ausrichtet. Wo das Kreuz des Christus mächtig wird, da versinkt alle bisherige Weisheit der Menschen. „Weise, Schriftgelehrte, Wortfechter dieses Äons" haben ihre Rolle ausgespielt. Sie können keinem Menschen Rettung bringen. Sie können den wahren lebendigen Gott nicht zeigen. Alle ihre „Weisheit", wie tiefsinnig sie erscheinen mag und wie glänzend sie dargeboten wird, ist nur „Weisheit der Welt" und darum im Blick auf das einzig wahrhaft Wissenswerte, im Blick auf Gott, „Torheit", die in die Irre führt. Darum sieht es Paulus mit großer Sorge, daß die Gemeinde in Korinth die echten Boten des Kreuzes gering zu schätzen beginnt und sich dem Einfluß von Männern öffnet, die ihr Weisheit anstelle der Kreuzesbotschaft bringen[4].

[2] So Ph. Bachmann in seiner Auslegung des 1. Korintherbriefes 1921[3], S. 83.
[3] Ph. Bachmann a. a. O. S. 85.
[4] Dieser Vorgang ist nicht auf die Gemeinde in Korinth beschränkt geblieben! Auch für die evangelische Christenheit war immer wieder eine geistvolle, einleuchtende, „moderne" Theologie und Verkündigung verlockend. Der Torheit des Wortes vom Kreuz wurde oft genug auf Kanzel und Katheder wenig Raum gelassen. Die Christenheit wurde gerade dadurch ohnmächtig und wirkungslos.

Nun gibt Paulus die eigentliche Begründung für seine knappen 21
Aussagen. Er stellt uns vor einen erschütternden Tatbestand: **„Die Welt erkannte mittels der Weisheit Gott nicht."** Die „Philosophie", das Streben nach „Weisheit", ist wahrlich nichts Verächtliches. Es gehört zur Größe des Menschen, daß er nicht wie alle andern Kreaturen fraglos zu leben vermag, sondern nach sich selbst, nach seinem eigentlichen Wesen, nach dem Sinn seines Lebens und darum auch nach dem Grund und dem Ziel der Welt und in diesem allen nach „Gott" fragen muß. Es ist ergreifend zu sehen, wie der Mensch in allen Rassen und Völkern in Mythen und Sagen, in religiösen Vorstellungen und philosophischen Systemen um Antwort auf seine Fragen ringt. Aber es ist so bewegend, erkennen zu müssen, daß er nicht zu finden vermag, was er so brennend sucht. Allein schon die Vielzahl und Vielfalt „der Weltanschauungen", der Religionen und Gottesbilder ist der Beweis dafür. Findet eine Frage hundert verschiedene Antworten, so hat sie in Wahrheit keine Antwort gefunden. Darum fehlt auch den Menschen überall eine wirkliche letzte Gewißheit[5].

Woran liegt das? Ist Gott daran schuld? Ist er der „Rätselhaft-Unerkennbare", so daß wir ihn als den Unerforschlichen nur schweigend verehren können?[6] Nein, Gott hätte **„in seiner Weisheit"**, deren Tiefe Paulus in Rö 11, 23 anbetet, von uns gefunden werden sollen. Aber tatsächlich hat **„an der Weisheit Gottes die Welt mittels der Weisheit Gott nicht erkannt"**.

Hier wird unsere Trennung von Gott offenbar, die unser Tod ist und uns zu verlorenen Leuten macht. Durch den Sündenfall, durch den Losriß von Gott sind wir in jenem Zustand, den Paulus rückblickend den Ephesern vor Augen stellt: „Daher ihr keine Hoffnung hattet und waret ohne Gott in der Welt" (Eph 2, 12). In diesen Zustand ist auch unsere ganze Vernunft und unser ganzes Denken mit hineingezogen. Nicht nur unser Wille, auch unser Denken ist durch den Fall verdorben, verfinstert und blind für Gott[7]. Unsere Vernunft ist nicht eine selbständig für sich bestehende Kraft, sondern ist mit unserer Person verwachsen und von unserem ganzen Wesen bestimmt. Der von Gott wesensmäßig gelöste, ja im tiefsten Herzen gegen Gott feindselige Mensch — das meint ja der biblische Ausdruck „Welt" — kann an der Weisheit Gottes Gott nicht mehr erkennen. Nun muß alle Religion, auch die edelste und höchste, alle Philosophie, auch die gründlichste und tiefste, im Blick auf Gott in die Irre führen[8].

[5] Kein Geringerer als Goethe hat das in seinem „Faust" zum Ausdruck gebracht, wenn er Dr. Faust den Schädel in seinem Studierzimmer anreden läßt: „Was grinsest Du mir, hohler Schädel, her, / als daß dein Hirn, wie meines, einst verwirret / den leichten Tag gesucht und in der Dämmrung schwer, / mit Lust nach Wahrheit, jämmerlich geirret."

[6] So Goethe in einem oft angeführten Wort an Eckermann.

[7] Otto Rodenberg hat in seiner Schrift „Der Sohn", S. 95 ff, auf diese Verderbnis der Vernunft unter Hinweis auf Hamann mit Ernst aufmerksam gemacht (R. Brockhaus Verlag, 1963).

[8] Alle idealistische Religionsphilosophie, an der sich die Christenheit gern erfreut hat, weil sie hier ihren „Glauben" gestützt und bestätigt zu sehen meinte, vernebelt in gefährlicher Weise diese wirkliche Lage des Menschen. Der „Atheismus", über den wir Christen meist so empört und erschrocken sind, ist der biblischen Wahrheit wesentlich näher. „Die Welt erkannte Gott nicht" — der Atheismus bestätigt diesen fundamentalen Satz.

Alle Wege menschlicher Weisheit haben nicht zu Gott geführt. Darum schlägt Gott seinerseits einen ganz andern Weg ein und **„beschloß, durch die Torheit der Verkündigung zu retten die Glaubenden“**. Das ist die totale Umkehrung des ganzen bisherigen Verhältnisses von Gott und Mensch. Bisher war der Mensch in Religion und Philosophie der Aktive, der „Gottsucher“, der das Objekt „Gott“ zu erreichen trachtete. Nun aber liegt alle Aktivität bei Gott; Gott handelt und sucht den verlorengegangenen Menschen. Bisher hielt sich der Mensch im wesentlichen für in Ordnung, nur Gott war sehr fraglich und fragwürdig; Gott mußte sich vor dem Richterstuhl des Menschen verantworten. Jetzt ist der Mensch der vor Gottes Gericht Verlorene und Verdammte, der nur eines nötig hat: Rettung! Bisher ging es in aller Religion, in allen Mythen, aller Philosophie um „Weisheit“, die dem Menschen einleuchten, ihm tief und schön erscheinen wollte, jetzt ergeht von Gott her eine Botschaft, die um der Errettung des verblendeten und verlorenen Menschen willen so herausfordernd und umstürzend sein muß, daß sie für den Menschen zunächst nur „Torheit“ oder „Skandal“ sein kann. Diese Botschaft kann man nur entrüstet abweisen oder „glauben“. Wer dem Ruf Gottes „glaubt“, wer unter diesem Rufen aufschreckend seine Verlorenheit sieht und sich dem für ihn gekreuzigten Christus in die Arme wirft, gehört fortan zu „uns“, den „Erretteten“. Gott geht es nicht um „Weise“, die ihn in tiefen Gedanken „verstehen“, Gott geht es um **„Glaubende“**, die seinem Gericht und seiner Gnade recht geben wider alles eigene Denken und Meinen.

22 In solchem **„Glauben“** wird das rechte Verhältnis zwischen Gott und Mensch wiederhergestellt. Durch den Sündenfall war es in einer unheimlichen und frevelhaften Weise verkehrt worden. Der gefallene Mensch steht als der Fordernde vor Gott. Der Mensch stellt seine Ansprüche an Gott, und der heilige, lebendige Gott soll diesen Ansprüchen des Menschen genügen. Die **„Juden verlangen Zeichen“**. Gott soll sich durch wunderbare Taten vor den Menschen ausweisen. Und wenn einer der „Messias“, der von Gott gesandte König und Helfer sein will, dann hat er erst recht durch „Zeichen vom Himmel“ (Lk 11, 16) seinen Anspruch zu erhärten, ehe ich an ihn „glaube“[9]. Ein Messias und Gottessohn aber, der ohnmächtig und verlassen wie ein Verbrecher am Pfahl[10] endet, ist einfach **„für Juden ein Skandal“**.

Der „Grieche“ steht ebenso fordernd vor Gott. Er „sucht Weisheit“. Vor ihm soll sich Gott nicht so sehr durch Wunder ausweisen, aber er

[9] Wie sehr sind wir alle von Natur aus so eingestellt!

[10] Das Wort, das wir mit „Kreuz“ wiederzugeben pflegen, heißt wörtlich „Pfahl“. Vielleicht sollten wir diesen Ausdruck wieder mehr gebrauchen. Aus einem „Pfahl“ läßt sich nicht so leicht ein harmloses und sinniges Schmuckstück machen. Ein „Pfahl“ ist ein rohes und häßliches Ding, das uns besser als das allzu bekannte „Kreuz“ an die Schrecklichkeit des Endes Jesu erinnert. Es ist eine Frage bis hin zu den Bachschen Passionen, ob dieses Sterben mit seinem Schrei der Gottverlassenheit überhaupt künstlerisch verklärt und damit verharmlost werden darf. Es ist zum Erschrecken, daß die Leidensgeschichte zum ästhetisch-musikalischen Genuß werden konnte.

soll sich seinem Denken beweisen. Gott soll in unser Denksystem passen und innerhalb dieses Denksystems, innerhalb unserer Wissenschaft und Weltanschauung sein Dasein als „denknotwendig" dartun. Ein „Gottessohn", der wirklich von Gott gekommen sein will, muß gerade diesen Beweis für Gott liefern, muß mir alle Fragen beantworten und alle Probleme lösen. Wenn er das tut, werde auch ich mich an ihn anschließen. Ein angeblicher Gottessohn aber, der so gar nichts Überragendes an sich hat, der „mit einem erbärmlichen Tod ein jämmerliches Leben beschloß" (so der griechische Philosoph und Christenbekämpfer Celsus um 177/80), ist eine „Torheit", über die man nur den Kopf schütteln und ironisch lächeln kann. Und hinter diesem überlegenen Lächeln oder der entrüsteten Abwehr steht der Stolz des Menschen, der es leidenschaftlich ablehnt, daß ein anderer zu seiner Rettung bluten und sterben mußte.

„Wir aber herolden Christus als Gekreuzigten", wir verkündigen 23
einen „gekreuzigten Messias". Wenn auch die Empörung der „Juden" gegen diesen „Skandal" emporbrandet und der ablehnende Spott der „Heiden" über diese „Torheit" gröber oder feiner ertönt – wie oft hat Paulus beides erlebt! –, wir bleiben bei diesem Heroldsruf. Denn dieser gekreuzigte Christus ist **„Gottes Kraft und Gottes Weisheit"**. Hier hat Gottes wunderbare Weisheit den Weg gefunden, die von ihm abgefallene, in ihren eigenen „Weisheiten" dahinirrende Menschheit zu erreichen. Hier ist Gottes Kraft wirksam, um Verlorene zu erretten und aus fluchwürdigen Sündern geliebte Kinder Gottes zu machen. Darum muß diese Botschaft unter allen Umständen einer verderbenden Welt gebracht werden. Es trieb einen Paulus und alle Boten Jesu – Paulus schreibt hier ein „Wir", das dem sonst im Brief verwendeten „Ich" gegenüber besonderes Gewicht hat – unermüdlich unter Opfern, Leiden, Entbehrungen dieses Wort von dem gekreuzigten Heiland verlorenen Menschen zu bringen. Mögen sie toben oder lachen, spotten oder verfolgen, dieses Wort mußte ihnen gesagt werden. Und die Boten erlebten dabei auch das andere: dieses Wort öffnete Herzen.

Menschen ließen sich rufen, und **„die Berufenen selbst, Juden wie** 24
auch Griechen", erfaßten und erfuhren diesen **„Christus als Gottes Kraft und Gottes Weisheit"**. Sie lernten damit den wirklichen, lebendigen Gott kennen, den keine menschliche Weisheit erreichen konnte. **„Juden"** genauso wie **„Griechen"** und „Griechen" genau wie „Juden" haben daran Anteil.

Dabei wird in der ganzen Ausdrucksweise dieser Sätze deutlich, daß es nicht „das Kreuz" ist, das errettet, nicht also eine Sache oder ein zu erklärender und zu begründender Vorgang, sondern eine Person. Jesus Christus in Person ist der Retter. Er in seinem Gehorsamsgang zum Kreuz, er, der sich als der Sündlose zur Sünde (2 Ko 5, 21), als der Heilige zum Fluch (Gal 3, 13) machen ließ, hat die Vollmacht zur Errettung der Verlorenen und offenbart darin Gottes Kraft und Gottes Weisheit. Darum gehört die Auferstehung Jesu unmittelbar zu dem „Wort vom Kreuz" hinzu (15, 4; Rö 4, 25). Durch die Auferstehung ist der gekreuzigte Christus der gegenwärtige Erretter, zu dem ich heute und hier in aller Wirklichkeit kommen kann, um die Errettung jetzt zu erfahren.

25 **„Denn das Törichte Gottes ist weiser als die Menschen, und das Schwache Gottes ist stärker als die Menschen."** Am Kreuz ist Gott in der Tat „töricht" nach unsern menschlichen Maßstäben. Wer auf sein Recht verzichtet, wer seine Ehre preisgibt und dies nicht für Gerechte und Gute, sondern für Schuldige und Befleckte, der ist ein Tor. Aber der Herr und König des Weltalls tat dies am Kreuz im äußersten Maß für Feinde und Rebellen. Welche „Torheit" Gottes! Am Kreuz ist Gott in der Tat so „schwach", wie nur irgend jemand sein kann. In völliger Ohnmacht und Wehrlosigkeit läßt er alles mit sich geschehen. Der Kleider beraubt, an Händen und Füßen festgenagelt, verhöhnt, dürstend, sterbend, wie „schwach" ist hier der allmächtige Gott! Aber das Wort von diesem Kreuz hat bis heute wieder und wieder tun können, was keine Weisheit aller Weisen der Welt fertigbrachte und was nicht einmal Gottes zerschmetternde Allmacht erreicht hätte: Menschen von ihrer Sünde und Verlorenheit zu überführen, trotzige Sünder in der Tiefe zu überwinden, klügste Gottesleugner zur seligen Anbetung zu bringen, aus rechtmäßig Verfluchten geliebte Kinder Gottes zu machen. Wahrlich, **„das Törichte Gottes ist weiser als die Menschen, und das Schwache Gottes ist stärker als die Menschen".**
Paulus hat hier nicht von der „Liebe" Gottes gesprochen. Er scheint eine Scheu vor diesem Wort gehabt zu haben, weil es so leicht mißverstanden und entstellt und dadurch geradezu ein gefährliches Wort werden konnte. Wie im Römerbrief nennt er auch in unserem Brief erst ganz spät die Liebe ausdrücklich beim Namen (8, 1; 13). Aber der Sache nach ist sie hier in ihrer ganzen Wahrheit und Herrlichkeit verkündigt. Warum stirbt der Messias am Pfahl? Warum ist Gott so „schwach" und so „töricht"? Aus unergründlicher und unbegreiflicher Liebe zu einer verlorenen Welt, die ihn haßt und verschmäht. Umgekehrt kann nur am Pfahl des Christus erkannt werden, was in Wahrheit „Liebe" ist, Liebe in ihrem heiligen Ernst, weltweit geschieden von aller Gutmütigkeit, Freundlichkeit, Sentimentalität, die wir mit Liebe verwechseln. Gottes „Liebe" bedeutet gerade nicht, daß Gott unsere Sünde leicht nimmt. Gottes Liebe sieht unsere Sünde so tödlich ernst, daß ihr kein anderer Weg zu unserer Rettung bleibt, als sie mit ihrer ganzen Last und Fluchwürdigkeit auf sich selbst zu nehmen und am Kreuz so „schwach", so „töricht" zu werden.

Paulus wird uns in den folgenden Abschnitten zeigen, welche Konsequenzen das „Wort vom Kreuz" für das Leben der Gemeinde und für den Dienst der Verkünder haben muß. Das „Wort vom Kreuz" ist ja nicht eine Theorie, die objektiv für sich selbst als „reine Lehre" verkündigt werden kann. Die Gemeinde selbst und ihre Boten müssen es wagen, im entschlossenen Gegensatz zum Wesen der Welt in der „Schwachheit" und „Torheit" zu leben, die sie an Gott selbst im Kreuz des Christus erkannt haben. Das Kreuz muß das ganze Wesen der Gemeinde prägen. Nur im Wagnis der Schwachheit und Wehrlosigkeit, der leidenden Liebe zu einer verlorenen Welt, die diese Liebe mit Spott, Ablehnung und Haß erwidert, wird die Gemeinde sieghaft sein. Und alle Verkündigung muß in der „Torheit der Botschaft" bleiben, die Gott selbst als den einzigen Weg zur Rettung von Menschen gewählt hat. Immer wieder droht die Gefahr, daß die Gemeinde nun doch wieder mit Weisheit, mit Redekunst, mit irgendwelchen gewinnenden und imponierenden Methoden evangelisieren will[11]. Dann mag sie große Scharen von Menschen anlocken und begeistern, aber wirklich erretten wird sie wenige. Vollmacht der Evangelisation haben nur die Boten der Gemeinde, die es ganz und gar mit der Schwachheit und Torheit Gottes wagen.

Zum Schluß wollen wir noch darauf achten, daß wir in unserem Brief die „griechische" Parallele zu den „israelitisch" bestimmten Darlegungen des Römerbriefes haben. Im Römerbrief ist es die „Gerechtigkeit", um die es geht. Mit den Korinthern spricht Paulus über die „Weisheit". Aber auf beiden, so verschiedenen Gebieten ist es die gleiche Sache. Der „Israelit" sucht „die Gerechtigkeit, die vor Gott gilt" und meint sie in seinem eigenen Tun in der Erfüllung des Gesetzes zu erlangen. Der „Grieche" sucht die „Weisheit", die Gott mit der Erkenntnis erfaßt, und hofft sie in seiner eigenen Weisheit zu finden. Aber beide täuschen sich gründlich. Beide verkennen die wirkliche Lage des Menschen vor Gott, seine totale Verlorenheit. Beide bedürfen der „Kraft Gottes zur Rettung" (Rö 1, 16 wie 1 Ko 1, 18). Für beide ist diese rettende Gotteskraft nur im „Glauben" zu erfassen. Der „Jude" muß der „fremden Gerechtigkeit Christi" glauben, damit er vor Gott wirklich gerecht wird. Der „Grieche" muß der „Torheit der Verkündigung" glauben, damit er zu der wirklichen Erkenntnis Gottes gelangt. In der modernen Welt aber ist der „Jude" und der „Grieche" zugleich im Menschenherzen auf dem Plan. Darum bedürfen wir des Römer- wie des Korintherbriefes und sind voll Dank, daß Gott uns beide Briefe zur Grundlage unseres Glaubens und unserer Verkündigung geschenkt hat.

DAS BILD DER GEMEINDE ENTSPRICHT DEM WORT VOM KREUZ

1. Korinther 1, 26—31

26 **Ihr seht ja eure Berufung, Brüder, daß nicht viele Weise nach dem**
Fleisch, nicht viele Starke, nicht viele von vornehmer Herkunft
27 (da sind). * **Nein, das Törichte der Welt hat Gott sich auserwählt,**
damit er die Weisen beschäme, und das Schwache der Welt hat sich

zu Vers 26:
Mt 11, 25
Lk 14, 21 f
Jak 2, 5
zu Vers 27:
Mt 5, 3

[11] Hier liegt die stete Gefahr aller Theologie. Darum ist es bedenklich, daß die Kirche der Reformation so einseitig dem akademisch ausgebildeten Theologen die maßgebende Stelle in der Gemeinde gegeben hat. Gott tut das Beste vielfach durch einfache „Laien", in deren „Torheit" seine Kraft und Weisheit zur Wirkung kommt.

zu Vers 28:
Mt 19, 30
Gal 6, 3
zu Vers 29:
Rö 3, 27
Eph 2, 9
zu Vers 30:
Jer 23, 5 f
Jo 17, 19
2 Ko 5, 18. 21
Eph 1, 7
zu Vers 31:
Jer 9, 22 f
2 Ko 10, 17
Gal 6, 14

28 **Gott auserwählt, damit er das Starke beschäme; • und das Unedle**
der Welt und das Geringgeschätzte hat sich Gott auserwählt, das
29 **Nicht-Seiende, damit er das Seiende zunichte mache, • damit sich**
30 **nicht rühme irgendwelches Fleisch vor Gott. • Aus ihm aber seid**
ihr in Christus Jesus, der zur Weisheit für uns wurde von Gott her,
31 **zur Gerechtigkeit und Heiligung und Erlösung, • damit, wie ge-**
schrieben steht: der Rühmende rühme sich des Herrn.

Was Paulus den Korinthern grundsätzlich dargelegt hat, das können sie widergespiegelt sehen in dem eigentümlichen Bild, das ihre Gemeinde darbietet. **„Ihr seht ja[1] eure Berufung.“** Die Gemeinde hat sich nicht aus eigenen Entschlüssen gebildet, sondern ist ins Dasein „gerufen“ worden. Sie besteht aus „berufenen Heiligen“ (V. 2). Aber
26 wie seltsam sieht sie aus: **„Nicht viele Weise, nicht viele Starke, nicht viele von vornehmer Herkunft“** waren in ihr zu finden.

Menschlichen Wünschen und Interessen entspricht diese Zusammensetzung der Gemeinde nicht. Wer gehörte nicht lieber einer großartigen und imponierenden Gemeinde an, in der man auf allerlei an-
27/28 sehnliche Leute hinweisen kann. Aber „Gottes Ruf“ hat hier eine ganz andere, befremdende „Auswahl“ getroffen. Der Gott, dessen Torheit und Schwachheit stärker ist als die Menschen, hat sich entsprechend dieser seiner Art[2] das **„Törichte der Welt, das Schwache der Welt, das Unedle der Welt und das Geringgeschätzte“** erwählt, alles das, was Paulus in dem Ausdruck **„das Nicht-Seiende“** zusammenfaßt. Und Gott hat dabei einen ganz klaren und bestimmten Zweck. Er will dadurch die Weisen und die Starken **„beschämen“** und das Seiende **„zunichte machen“**.

29 Aber warum will Gott das? Ist er damit nicht hart und völlig ungerecht gegen die Weisen, Starken und Vornehmen? Wer von ihnen seine Gaben und Kräfte dankbar aus Gottes Hand nimmt, wird von Gott sicher nicht „beschämt“ werden. Aber Paulus denkt ja an die **„Weisen nach dem Fleisch“** und an die Starken und Vornehmen der **„Welt“**. **„Fleisch“** aber ist der Mensch nach seinem von Gott gelösten, selbstherrlichen und ichhaften Wesen; davon ist das geprägt und bestimmt, was Paulus **„die Welt“** nennt. Das **„Fleisch“** aber will nicht „empfangen“ und „danken“, sondern will etwas sein und will „sich rühmen“. Das ist die Wesenssünde des gefallenen Menschen, daß er nicht mehr „Gott als Gott ehrt, noch ihm dankt“ (Rö 1, 21), sondern angesichts Gottes in sich selbst groß sein und sich rühmen will. Das kann und will Gott nicht dulden. Darüber ergeht sein Gericht. Gott

[1] Das grie Wort „blepete“ wird von den meisten Übersetzern als Imperativ gefaßt: „Sehet an!“ Dazu paßt aber nicht das begründende „gar“ = „denn, ja“, das dem „blepete“ folgt. Paulus will das vorher Ausgeführte erläutern mit dem, was die Korinther selber sehen können. Zu dieser Absicht paßt ein „ihr seht ja“ am besten.

[2] Da Gott zu allen Zeiten der gleiche ist, hat er schon im Alten Bund in der Erwählung Israels und in der Erwählung seiner Werkzeuge genauso gehandelt. Wir denken an die gewaltige Schilderung in Hes 16, 2—6 und 5 Mo 7, 6—8, aber auch an Stellen wie Ri 6, 15; 1 Sam 9, 21; 15, 17; 16, 7. 11; Jes 41, 14; Ze 3, 12; Sach 9, 9.

vollzieht es darin, daß er bei seinem „Ruf“ an den Weisen, Starken, Vornehmen vorbeigeht und sie dadurch „beschämt“ und „zunichte macht“, **„damit sich nicht rühme irgendwelches Fleisch vor Gott“.** Würden sie von Gott erwählt, dann würden sie diese Wahl ihrem Verdienst und ihrem eigenen Wert zuschreiben und so in ihrem **„Rühmen vor Gott“** bestärkt werden. Aber alles „Nicht-Seiende“ kann in dem Ruf Gottes nur seine freie, grundlose Gnade sehen und dankend über sie staunen. Dazu aber hilft die „Torheit der Verkündigung“, die von den Weisen, Starken und Vornehmen verächtlich abgelehnt und von den in sich selbst „Frommen“ empörend gefunden wird[3].

In diesem Abschnitt hören wir es dreimal hintereinander: **„Gott hat auserwählt.“** Wir begegnen dem Geheimnis der Erwählung. Ein Geheimnis ist sie, nicht eine rationale Theorie, gegen die man dann andere Stellen der Bibel ausspielen könnte. Die Tatsache liegt unübersehbar vor Augen. Gott hat aus der ganzen Bevölkerung der Küstenstadt diese kleine Schar meist unbedeutender Menschen herausgerufen und ist an vielen anderen vorbeigegangen. Hat Gott nicht ein Recht dazu? Ist Gott irgendeinem Menschen „verpflichtet“, ihn mit seiner Gnade zu beschenken, wenn Gnade noch wirklich „Gnade“ sein soll? Hat ein todeswürdiger Rebell irgendeinen Anspruch auf die Gnade seines Königs? Wer sich erwählt und errettet sieht, kann nur staunen und anbetend danken. Und wer sich von Gottes Erwählen bisher übergangen sieht, darf erschrecken und die Gnade Gottes umso heißer suchen. Er wird sie gewiß in Christus finden und nun darin seiner Erwählung staunend und dankend innewerden.

Die Menschen in der Gemeinde in Korinth hatten aber den erwäh- **30**
lenden Ruf Gottes gehört und sind ihm gefolgt, indem sie an den gekreuzigten Messias gläubig wurden und sich aus der Verlorenheit erretten ließen. Nun gilt von ihnen: **„Aus Gott seid ihr in Christus Jesus.“** Sie, die „Nicht-Seienden“, „sind“ nun etwas, freilich nicht in sich selbst, sondern nur „in Christus Jesus“. Das „Sein in Christus Jesus“ ist das einzig wahre Sein, welches „Nichtse“ haben können. Sie haben es **„aus Gott“**, aus dem wunderbaren Gott, der „das Nicht-Seiende ruft, daß es sei“ (Rö 4, 17), und die ganze ungeheure Welt aus dem Nichts geschaffen hat. An ihnen ist die neue Schöpfung geschehen (2 Ko 5, 17). In dieser reichen, üppigen und lasterhaften Hafenstadt sind sie, die Törichten, die Schwachen und Unedlen, die Geringgeschätzten[4], die „Nichtse“, nun die Gemeinde des lebendigen Gottes,

[3] Gewiß wird sich die Botschaft auch immer wieder um die „Weisen, Starken und Vornehmen“ bemühen. Und es wird sich auch unter ihnen immer wieder ereignen, daß Menschen aus ihren Reihen demütiger und hörbereiter sind als mancher „Schwache“, der sich selbstgefällig als einen Liebling Gottes betrachtet. Es gibt bei Gott kein allgemein gültiges Schema. Aber es wird sich im Bild der Gemeinde Jesu immer wieder als Tatsache zeigen: „Nicht viele Weise, nicht viele Starke, nicht viele von vornehmer Herkunft.“ Es wird nun einmal mit der Gemeinde des Gekreuzigten kein Staat zu machen sein. Es darf und soll das auch nie anders werden.

[4] Paulus hat mit feinem Takt des Heiligen Geistes „das“ Törichte, „das“ Schwache usw. geschrieben, um nicht die einzelnen Gemeindeglieder als „schwach“ und „töricht“ zu bezeichnen und so zu verletzen.

die Erben ewiger Herrlichkeit. In sich selbst sind sie nichts und haben sie nichts aufzuweisen. Aber sie sind ja **„in Christus Jesus"**. Er ist ihr eigentlicher Lebensraum, ihr Lebenselement, und er selbst ist von Gott her die **„Weisheit für uns"**, ja auch **„die Gerechtigkeit und Heiligung und die Erlösung"**.

So sind sie „töricht, unedel, geringgeschätzt" wirklich nur von der „Welt" her betrachtet. „In Jesus" und „von Gott her" sind sie dagegen wahrhaft weise, stark, edel und hochgeachtet. Und das sind sie nicht etwa nur in einer freundlichen Beurteilung, die sie von Gott erfahren, sondern in einer Wirklichkeit, die sich jetzt schon in ihrem Leben zeigt. Es ist eine wunderbare Tatsache, die wir immer wieder wahrnehmen können, wie in Jesus einfachste Menschen, die in der Welt gar nichts bedeuten, eine erstaunliche **„Weisheit"** besitzen und in ihrem Wissen von Gott die größten Denker der Menschheit überragen.

Aber solche **„Weisheit"**, solche wahrhaftige Erkenntnis des lebendigen Gottes ist nicht Sache des Kopfes, sondern erfaßt und bestimmt den ganzen Menschen. Darum fügt Paulus sofort **„Gerechtigkeit"** und **„Heiligung"** erklärend zu der **„Weisheit"** hinzu. Der gekreuzigte Herr, der unsere Schuld trug, verleiht uns die Gerechtigkeit, ja mehr, er selber ist unsere **„Gerechtigkeit"** vor Gott. Darum haben wir die Gerechtigkeit, dieses notwendige Fundament für jedes Stehen vor Gott, für jedes Gebet, für jedes Rechnen mit Gott, so unangreifbar und gewiß, weil wir sie nicht in uns selber haben, sondern in Jesus selbst. Jesus ist aber auch unsere **„Heiligung"** oder, wie wir auch übersetzen können, „unsere Heiligkeit". Wir hörten es sofort im 2. Vers: Wir sind „Geheiligte in Christus Jesus". Auch unsere Heiligung und ihr Ergebnis, die Heiligkeit, ist nicht unsere Leistung. Wie schlecht wäre es dann mit ihr bestellt. Nun aber sind wir fort und fort in der Heiligung, wenn wir nur fort und fort in Christus Jesus sind. V. 30 ist darum eine wichtige Grundlage für eine wirklich „evangelische" Lehre von der Heiligung. Hier wie in Rö 6 ist es nicht ein neues „Gesetz", sondern die Person Jesu selbst und unsere Verbundenheit mit ihr, worauf sich die Möglichkeit und Wirklichkeit eines neuen Lebens gründet.

Jesus ist aber auch unsere **„Erlösung"**. Jesus hat der Schlange den Kopf zertreten und dem Tode die Macht genommen. Dieser sein Sieg ist unser Sieg, weil und wenn wir „in ihm" sind. Schon jetzt wird Jesus mannigfach als unsere „Erlösung" offenbar. Wieviel Erlösung, wieviel Freiheit, wieviel Sieg liegt in jedem Christenleben. Noch freilich sind wir zugleich „Wartende" (V. 7). Aber in der neuen „Offenbarung unseres Herrn Jesus Christus" (V. 7) wird es an uns die sichtbare und alles erfüllende Wirklichkeit sein, daß wir völlig gerecht, völlig heilig, völlig erlöst von jedem Verderben als „Unbescholtene" (V. 8) vor ihm stehen.

31 Wer das erfaßt hat, der kann nicht schweigen, der muß davon singen[5] und sagen, der muß ein **„Rühmender"** sein. Es gibt kein wirk-

[5] I. H. Schröder hat in seinem bekannten Lied „Eins ist Not ..." unsern V. 30 benutzt und lebendig ausgelegt.

liches Glaubensleben ohne „Rühmen“[6]. Von dem, „was Gott an uns gewendet hat und seiner süßen Wundertat“ kann man nicht stille sein, kann man nicht mit vornehmer Zurückhaltung sprechen. Solche unendlichen Herrlichkeiten treiben zum „Rühmen“. Aber dieses Rühmen ist etwas total anderes als das „sich rühmen“ des Fleisches. Hier ist das Wort erfüllt, das Gott einst durch Jeremia (9, 22) sagen und schreiben ließ: **„Der Rühmende rühme sich des Herrn.“** Jetzt ist Gott allein groß! Jetzt ist der rechte, der ursprüngliche Zustand wieder hergestellt, daß Gott in der Mitte steht, Gottes Name erklingt, Gott „als Gott gepriesen und ihm gedankt wird“, ja Gott schon „alles in allen“ (15, 28) zu werden beginnt. Dahin aber hat es nur das „Törichte Gottes“ und das „Schwache Gottes“ im „Wort vom Kreuz“ gebracht.

DEM WORT VOM KREUZ ENTSPRICHT AUCH DIE HALTUNG DES RECHTEN BOTEN

1. Korinther 2, 1–5

1 **Und auch ich, als ich zu euch kam, Brüder, kam nicht hervorragend**
in Rede oder Weisheit, euch das Zeugnis Gottes verkündigend.
2 *** Denn ich entschied mich dafür, nichts unter euch zu wissen als nur**
3 **Jesus Christus und diesen als Gekreuzigten. * Und ich meinerseits**
kam in Schwachheit und in Furcht und in vielem Zittern zu euch,
4 *** und meine Rede und meine Verkündigung** (geschah) **nicht in**
überredenden Weisheitsworten, sondern in Erweis von Geist und
5 **Kraft, * damit euer Glaube nicht beruhe auf Weisheit von Menschen, sondern auf Gottes Kraft.**

zu Vers 1: 1 Ko 1, 17; 2 Ko 11, 6; Gal 4, 13; 1 Jo 5, 9
zu Vers 2: 1 Ko 15, 3; Gal 6, 14
zu Vers 3: Apg 18, 9; 2 Ko 10, 10; 11, 30
zu Vers 4: Mt 10, 20; 1 Ko 1, 18. 24; 4, 20; 2 Ko 6, 7; Rö 15, 19; 1 Th 1, 5
zu Vers 5: Eph 1, 17. 19

„Und auch ich“, diese Anknüpfung zeigt, daß Paulus mit diesem Abschnitt seinen Beweisgang fortsetzen will. Wir verstehen den Abschnitt also nur recht, wenn wir ihn nicht isolieren[1], sondern im Zusammenhang der ganzen Erörterung von Kap. 1, 17 an sehen. Die mächtige Eigenart des rettenden Handelns Gottes in der „Torheit“ und „Schwachheit“ des Kreuzes spiegelte sich deutlich wider in dem eigenartigen Bild, das die Gemeinde bot. Sie bestimmte aber auch die ganze Haltung des Paulus bei seiner Wirksamkeit in Korinth und war an ihr deutlich zu sehen. Die Korinther können von ihr aus erken-
nen, wie es mit dem „Wort vom Kreuz“ steht, und dürfen umgekehrt 1
von dem Wesen der Botschaft her ihren Apostel besser verstehen.

[6] Darum sind alle lebendigen Zeiten der Christenheit, vor allem alle Erweckungszeiten, rühmende und singende Zeiten gewesen. Eine stumme und einsilbige Christenheit verrät ihren inneren Tod.

[1] Unser „Perikopen-System“ bei den Predigttexten und bei unseren Bibelleseplänen verleitet uns dazu, die Schrift zu zerstückeln und die Einheitlichkeit der Schrift und ihre großen zusammenhängenden Linien zu wenig zu beachten.

„Als ich zu euch kam, Brüder, kam ich nicht hervorragend in Rede oder Weisheit.“ Das war es ja, was die Korinther an Paulus vermißten. „Denn seine Briefe sind stark und wiegen schwer, aber wenn er selbst anwesend ist, ist er schwach und seine Rede ohne Gewicht“ (2 Ko 10, 10). Wir haben von den Briefen her ein falsches Bild des Paulus, wenn wir ihn uns irgendwie „imponierend“ und als gewaltigen und hinreißenden Redner denken. Das gerade war er nicht und wollte es auch nicht sein. Denn er sieht darin nicht einen Mangel, den er bedauert, sondern eine heilige Notwendigkeit. Er will gar nicht **„hervorragend in Rede oder Weisheit“** sein[2]. So hat er es schon 1,17 gesagt.

Er **„verkündigte ja das Zeugnis Gottes“**. Wieder ist dies wie in Kap. 1, 6 das Zeugnis über Gottes Taten und zugleich das Zeugnis, das Gott von sich selbst in seinen Boten ablegt. Wo es aber um „Gott“ geht, da zerbricht alle Redekunst und alle Weisheit an diesem ungeheuren Gegenstand und wird vor ihm in ihrer ganzen „Eitelkeit“ offenbar.

2 Und dies wird vollends klar durch den Inhalt des „Zeugnisses Gottes“. Paulus spricht davon in der Form eines persönlichen „Entschlusses“. **„Denn ich entschied mich dafür, nichts unter euch zu wissen als nur Jesus Christus und diesen als Gekreuzigten.“** Das „Zeugnis Gottes“ ist dem Menschen so fremd, es schlägt seinem natürlichen Selbstbewußtsein so ins Gesicht, es enttäuscht so sehr alle Wünsche, die er auch im Hören auf die Botschaft von Gott zunächst hat, daß schon ein „Entschluß“ dazu gehört, nur dieses Zeugnis auszurichten und nichts zu kennen als dieses „Wort vom Kreuz“.

Es regte sich wohl damals schon etwas von der Geistesbewegung, die wir später als die „Gnosis“ kennen. „Gnosis“ heißt „Erkenntnis“. Wie Paulus die Erkenntnis zu schätzen wußte, haben wir in Kap. 1, 5 gesehen. Aber nun wird aus der „Erkenntnis“ das selbstische Streben des gefallenen Menschen, der nicht als ein Verlorener glaubend von der Gnade Gottes leben, sondern seinerseits im „Erkennen“ Gott beherrschen und Gott in sein Gedankensystem einfangen will. Der heilige, lebendige Gott wird zum „Objekt“ des menschlichen Denkens und Verstehens. Tief sitzt dieses Verlangen im Menschen nach dem Sündenfall. Darum sucht der Mensch instinktiv eine Theologie und eine Verkündigung, die dieses Verlangen erfüllt, die ihm über Gott alles „beweist“ und „erklärt“ und ihm den Zusammenbruch vor Gott und das glaubende Ergreifen der Rettung erspart.

Paulus hat diesem Verlangen, das in Korinth aufbrach, mit Unerbittlichkeit widerstanden. Das Kreuz des Christus ist der harte, schroffe Fels, an dem es scheitert. Darum **„entschied ich mich dafür, nichts unter euch zu wissen als nur Jesus Christus und diesen als**

[2] Von hier aus ist zu fragen, wie es eigentlich um unsere ganze Verkündigung in den Kirchen steht. Schätzen wir nicht genau wie die Korinther Redegabe und „Weisheit“? Suchen wir nicht den „bedeutenden Kanzelredner“? Und hat sich nicht unsere Verkündigung weitgehend nach diesem Verlangen gerichtet? Sind unsere Predigten gerade darum so unwirksam, weil sie viel zu „gut“ sind?

Gekreuzigten". Daß der Sohn Gottes, der in die Welt kam, als ein Verfluchter am Fluchholz endete, das ist in kein System zu bringen. Das kann der Mensch nicht mehr mit seinem Denken erklären und „beherrschen". Darüber kann man auch nicht glänzend und geistvoll reden. Vor dieser Tatsache gibt es nur Empörung und Spott oder den totalen Zusammenbruch, der uns hinfort glaubend von der unbegreiflichen Gnade Gottes leben läßt und allen adamitischen Versuchen, Gott zu „begreifen", ein Ende macht[3].

Selbstverständlich hat Paulus genauso gewußt und bezeugt, daß Jesus Christus auferstanden ist. Das ganze gewaltige Kap. 15 unseres Briefes zeigt das. Aber auferstanden ist der Gekreuzigte! Und auch in seiner Auferstehungsherrlichkeit bleibt er der, der um unserer Sünden willen dahingegeben wurde[4]. Es kann hier nicht quantitativ gedacht und nicht in isolierten Teilen nebeneinander gestellt werden, was in dem einen Jesus Christus untrennbar zusammengehört. In Jesus Christus verkündigte Paulus stets den Auferstandenen, den Wiederkommenden, aber aller menschlichen „Weisheit" entgegen **„diesen als Gekreuzigten".**

Wie aber sieht eine Verkündigung aus, die diese törichte Botschaft 3
zum Inhalt hat? Wie sieht ein Bote aus, der diese Botschaft in ihrer ganzen „Torheit" und rettenden „Gotteskraft" verantwortlich zu verkündigen hat? Paulus zeigt es der Gemeinde in Korinth und uns an seinem eigenen Beispiel. **„Und ich meinerseits kam in Schwachheit und in Furcht und in vielem Zittern zu euch."** So hatten wir uns einen Paulus nicht gedacht! Deshalb hat man auch versucht, diesen „schwachen, furchtsamen und zitternden" Paulus zu entschuldigen. Man „erklärt" sein Verhalten in Korinth aus dem „Mißerfolg" in Athen. Dort habe er sich allzusehr auf allerlei „Weisheit" eingelassen, das Kreuz viel zu sehr zurückgestellt und gerade darum nichts erreicht. So sei er geschlagen und bedrückt nach Korinth gekommen und habe sich entschlossen, dort nur das Wort vom Kreuz zu bringen[5]. Mit solchen „Erklärungen" verderben wir das ganze Verständnis der mächtigen Aussagen des Paulus. Er sagt gerade nicht: Bei euch in Korinth war ich (durch meinen Mißerfolg in Athen) ausnahmsweise einmal schwach und zitternd, sonst aber bin ich ein starker Mann und imponierender Redner, wie ihr ihn euch wünscht. Nein, im Zusammenhang der ganzen Darlegung von Kap. 1, 17 an sagt Paulus im Gegenteil: das „Wort vom Kreuz" kann man überhaupt nur **„in Schwach-**

[3] Von hier aus wird das ruheloses Suchen nach „neuen Wegen" der Volksmission und der Verkündigung überhaupt fraglich. Gewiß muß uns die offenbare Erfolglosigkeit unserer Verkündigung heute, die nicht einmal mehr zum Widerspruch reizt, sehr betroffen machen. Aber ist ihr mit „neuen Methoden" abzuhelfen? Liegt sie nicht vielmehr darin begründet, daß wir mehr und anderes wissen wollen als nur Jesus Christus und diesen als Gekreuzigten?

[4] Darum ist Jesus auch noch auf dem Thron Gottes, „wie ein Lamm, das geschlachtet ist" (Offb 5, 6).

[5] Äußerungen des Apostels wie Gal 3, 1 und 6, 14 zeigen, wie er nicht erst in Korinth, sondern stets und überall in dem gekreuzigten Christus, im Wort vom Kreuz, das Zentrum seiner Verkündigung hatte. Das war, wie wir oben S. 39 sahen, in seiner eigenen Geschichte mit Gott begründet.

heit und in Furcht und in vielem Zittern" verkündigen. „Schwachheit, Furcht und Zittern" ist die notwendige Weise für das Verkündigen dieser Botschaft[6].

Warum ist das so? Hier ist Menschen das Größte zu bezeugen, was ihnen überhaupt gesagt werden kann. Es geht um das Handeln des lebendigen Gottes zur Rettung der Menschen. Sie aus dem ewigen Verderben zu reißen und ihnen im Kreuz Jesu Gottes rettende Weisheit und Kraft zu zeigen, dazu ist Paulus gesandt. Aber dieser ungeheure Auftrag übersteigt alle menschlichen Möglichkeiten. Diese Bot-
4 schaft kann man keinem Menschen erklären und beweisen. Für sie kann man niemand durch Überredungskunst und rednerischen Einsatz gewinnen. Die Wirksamkeit des Paulus mußte von dieser Botschaft her so sein, wie er sie selbst hier beschreibt: **„Meine Rede und meine Verkündigung** (geschah) **nicht in überredenden Weisheitsworten."** Gerade hier, wo noch ganz anders als bei jeder anderen Rede alles auf den „Erfolg" ankäme, ist der Redner zugleich grundsätzlich und total unfähig zu diesem Erfolg. Diese seine „Schwachheit" treibt ihn in eine tiefe Furcht und läßt ihn immer neu erzittern.

Das von Menschen nicht zu erreichende, aber von Gottes freier Gnade geschenkte Ergebnis dieser „Schwachheit" aber ist der „Erweis von Geist und Kraft". Hier waltet ein unlöslicher Zusammenhang. Weil Paulus „nicht in überredenden Weisheitsworten" evangelisierte, eben darum geschah seine Verkündigung **„in Erweis von Geist und Kraft".** Aber das bedeutet keine verfügbare Entsprechung und führt auch nicht aus dem Zittern und aus der Furcht heraus, sondern erhält darin. Der **„Erweis von Geist und Kraft"** macht Paulus nicht nachträglich doch noch zu einem gewaltigen Redner. Seine Rede blieb für viele in Korinth nach wie vor verächtlich (2 Ko 10, 10). Aber eines geschah: diese Verkündigung schaffte „Glauben". Unter ihr erkannten Menschen ihre Verlorenheit. Vor dem Gottessohn am Fluchholz sahen sie sich als zu recht verfluchte Feinde Gottes und ergriffen mit staunendem Dank die rettende Gotteskraft.

5 Und nun ist gerade durch eine solche „verächtliche" und „schwache" Rede ein unentbehrliches Ergebnis erreicht. Der Glaube der Korinther **„beruht nicht auf Weisheit von Menschen, sondern auf Kraft Gottes".** Sie müssen nicht fürchten, nur von der Redegewalt eines begeisternden Mannes fortgerissen zu sein oder dem großartigen Gedankensystem eines überragenden Kopfes zugestimmt zu haben. Das würde nicht standhalten, wenn ein anderer Denker entgegengesetzte Anschauungen noch überzeugender entwickelt oder ein neuer Redner noch hinreißender für andere Ziele wirbt. Menschliche, seelische Einflüsse können immer nur menschliche und darum rasch vergehende Resultate erbringen. Mit **„Geist und Kraft"** meint Paulus aber nicht derartige Dinge, sondern den Geist Gottes, den Heiligen Geist, und die

[6] Welch eine „Homiletik" (Lehre von der Predigt) bekämen wir, wenn diese Erkenntnis ihr leitender Grundsatz wäre! Jeder zitternde Bote Jesu darf es jedenfalls wissen, daß es gerade so recht um ihn bestellt ist. Jeder sichere Prediger aber sollte erschrecken.

Kraft Gottes, die von völlig anderer Art ist als alle Kräfte, über die der Mensch verfügt. Dieser „Geist“ und diese „Kraft“ kann gerade in einer sehr einfachen, stillen und „verächtlichen“ Rede das Wunder des Glaubens wirken.

DIE WEISHEIT DES HEILIGEN GEISTES

1. Korinther 2, 6—16

6 **Weisheit aber reden wir unter den Vollkommenen, Weisheit aber**
nicht dieses Äons und auch nicht der Herrscher dieses Äons, die
7 **zunichte werden. * Sondern wir reden Gottes Weisheit im Geheim-**
nis, die verborgene, die Gott vorherbestimmt hat vor den Äonen
8 **zu unserer Herrlichkeit; * welche keiner der Herrscher dieses**
Äons erkannt hat. Denn wenn sie (sie) **erkannt hätten, hätten sie**
9 **den Herrn der Herrlichkeit wohl nicht gekreuzigt. * Nein,** (es ist
so) **wie geschrieben steht: Was ein Auge nicht sah und ein Ohr**
nicht hörte und auf ein Menschenherz nicht hinaufkam, alles, was
10 **Gott bereitet hat denen, die ihn lieben. * Uns hat es Gott ja offen-**
bart durch den Geist. Denn der Geist erforscht alles, auch die Tie-
11 **fen Gottes. * Denn wer von den Menschen weiß von den Dingen**
des Menschen als nur der Geist des Menschen, der in ihm (ist)? **So**
hat auch die Dinge Gottes niemand erkannt als nur der Geist Got-
12 **tes. * Wir aber haben nicht den Geist der Welt empfangen, sondern**
den Geist aus Gott, damit wir wissen können, was uns von Gott
13 **gnädig geschenkt ist. * Davon sprechen wir auch, nicht in von**
menschlicher Weisheit gelehrten Worten, sondern in vom Geist ge-
lehrten, indem wir Geistliches mit Geistlichem vergleichend deu-
14 **ten** (oder: indem wir Geistesmenschen Geistesdinge deuten). *** Der**
seelische Mensch aber nimmt nicht an die Dinge des Geistes Got-
tes. Torheit ist es ja für ihn, und er ist nicht imstande (es) **zu er-**
15 **kennen, weil es geistlich beurteilt wird. * Aber der Geistesmensch**
16 **beurteilt alles, er selbst aber wird von niemand beurteilt. * Denn**
wer erkannte den Sinn des Herrn, der ihn unterweisen könnte?
Wir aber besitzen den Sinn Christi.

zu Vers 6: Mt 20, 25 f; Rö 11, 33; 1 Ko 3, 18; Phil 3, 15
zu Vers 7: Lk 10, 21 f; Rö 16, 25; Eph 3, 4—9; Kol 1, 26
zu Vers 8: Lk 23, 34; Jo 1, 10; Apg 3, 17; 13, 27
zu Vers 9: Jes 52, 15; 64, 3 f; Jer 3, 16 f
zu Vers 10: Spr 20, 27; Da 2, 22; Mt 13, 11; Rö 11, 33
zu Vers 11: Mt 16, 23; Jo 8, 14; 16, 13 f
zu Vers 12: Rö 8, 15. 32; 1 Jo 5, 20
zu Vers 13: Jo 14, 26; 1 Ko 2, 1. 4; 2 Pt 1, 21
zu Vers 14: Jo 8, 47; 3, 11; 1 Ko 1, 23; Jak 3, 15; Jud 19
zu Vers 15: 1 Ko 14, 24

Das Verlangen nach „Weisheit“ bei den Korinthern hat Paulus in den drei zusammengehörenden Abschnitten Kap. 1, 18—25; 1, 26—31; 2, 1—5 mit tiefem Ernst abgewiesen. Aber Paulus weiß es wohl: es ist kein Verlangen in uns hineingelegt, für das nicht Gott auch die Stillung bereit hätte. Nur die ichhafte und eigenmächtige Befriedigung wird uns verwehrt, weil sie nur eine scheinbare ist und uns in Wirklichkeit verdirbt. So kann Paulus die Forderung nach „Weisheit“ mit aller Entschlossenheit ablehnen und nun doch nach dieser ganzen Klarstellung schreiben: **„Weisheit aber reden wir unter den Voll-**

zu Vers 16: Jes 40, 13; Jer 23, 18; Rö 11, 34

kommenen"[1]. Wenn in allen Völkern der Erde in Mythen, Religionen, Dichtungen und Philosophien darum gerungen wird, ein Gesamtbild der Wirklichkeit zu gewinnen und vor allem das Wesen des Menschen und den Sinn seines Lebens zu erfassen, sollte Gott dies einfach
6 nur abweisen und verurteilen? Nein, Gott sättigt diesen Hunger des Menschenherzens. Aber freilich, nur Er selbst „in der Weisheit Gottes" kann es tun.

Aber wie tut er es? Was ist diese „Weisheit Gottes"? Es kommt für das Verständnis unseres Briefes, ja des ganzen Christentums überhaupt viel darauf an, wie wir den ersten Satz unseres Abschnittes hören: **„Weisheit aber reden wir unter den Vollkommenen."** Meint Paulus, bisher habe er freilich nur von dem „Wort vom Kreuz" gesprochen als von einer Botschaft, die die Fernstehenden und die Anfänger im Christentum brauchen; die Korinther sollen aber wissen, daß er für die reifen Christen eine Lehre habe, die weit darüber hinausgehe und ihnen eine „Weisheit" vermittle, wie sie sie wünschen? Oder haben wir den Satz so zu fassen: „Weisheit ist es aber doch, was wir in der törichten Botschaft vom Kreuz sagen"? Also gerade das Wort vom Kreuz ist die tiefste Weisheit Gottes. Freilich nur die „Vollkommenen" können das erkennen. Ist es so gemeint? Der Schluß des 3. Kapitels wie auch der ganze Zusammenhang der Ausführungen von Kap. 1, 18 an beweist eindeutig, daß nur dieses Verständnis des ersten Satzes das rechte und von Paulus gemeinte ist.

Hier fallen für uns Entscheidungen, die unsere ganze Theologie und unser ganzes Christsein bestimmen. Immer wieder hat man in der Gemeinde das Wort vom Kreuz, die Botschaft von der Rechtfertigung der Gottlosen, als eine bloße „Anfangsstufe" des Christentums angesehen, die der „vollkommene" Christ zugunsten von etwas „Höherem" überschreiten muß. Paulus aber hat in seinen Briefen dieses angeblich „Höhere" als die schwere Bedrohung des wirklichen Christseins bekämpft (Galaterbrief, Kolosserbrief) und sucht den Korinthern (wie in anderer Weise den Römern) zu zeigen, daß alles Höchste und Tiefste, die vollkommene „Gerechtigkeit" wie die wahrhafte „Weisheit", gerade in der Tatsache liegt, daß der Christus Gottes für uns Gottlose am Fluchholz stirbt. Die Entscheidung dafür, daß wir wirklich nichts anderes mehr wissen als allein Jesus Christus und diesen als Gekreuzigten, fällt im Personenzentrum unseres Wesens und ist die Entscheidung gegen unser Ich für die Liebe. Das wird Paulus im Fortgang seines Briefes zeigen.

Freilich, dieses rechte Verständnis erfassen gerade nur die **„Vollkommenen"**. Das Wort befremdet uns. Wir sind empfindlich gegen jeden „Perfektionismus", gegen jede Einbildung und Anmaßung von „Vollkommenheit". Wir denken sofort zu Phil 3, 12 hinüber, wo selbst ein Paulus alles „Fertigsein" von sich weist. Aber gerade in Phil 3

[1] Hier setzt Paulus wieder das „Wir" an die Stelle des „Ich": er ist nicht der einzige, der „Weisheit redet". Ja, gerade da will er nicht der Überragende sein, der allein eine einzigartige Weisheit hat. Das wäre bestimmt wieder jene ichhafte Weisheit, vor der er die Korinther schützen wollte.

verwendet er selbst wenige Zeilen später das Wort „vollkommen" für bestimmte Gemeindeglieder (Phil 3, 15). Es hat also mit „Perfektionismus" nichts zu tun, macht aber Ernst mit der Tatsache, daß es im Leben der Wiedergeborenen ein Wachstum und Reifen gibt. In Kap. 3, 1 f wird Paulus es gerade den selbstsicheren und auf die Höhe ihres Christenstandes stolzen Korinthern sagen, daß sie in seinen Augen noch „Unmündige" sind, denen man „feste Speise" noch gar nicht zumuten kann. Es gibt aber auch „Mündige", „erwachsene" Christen, Herangereifte. Sie werden im Gegensatz zu den Anfängern die „teleioi"[2] genannt. Sie sind Christen, wie sie sein sollen, und in diesem Sinn „vollkommen" (vgl. Kap. 14, 20; Eph 4, 13; Kol 1, 28; 4, 12; Hbr 5, 14).

Unter diesen **„Vollkommenen"** redet Paulus Weisheit, **„Weisheit aber nicht dieses Äons"**. Das Wort „Äon" bedeutet „Weltzeitalter". Es ist hier (wie auch Gal 1, 4) umfassend gebraucht und meint die ganze Weltzeit seit dem Sündenfall. Diese ganze Weltzeit hat ihr eindeutiges Gepräge eben durch den Sündenfall, durch die „Entfremdung" von Gott (Eph 4, 17 f). Darum ist auch alle „Weisheit" dieses Äons, wie großartig und klug sie in sich selber immer sein mag, zur Erkenntnis der göttlichen Wahrheit notwendig unbrauchbar. Paulus kann und will darum mit dieser „Weisheit" nichts zu tun haben und sich in keiner Weise auf sie einlassen. Wir sahen ja schon (vgl. o. S. 38), daß **„an der Weisheit Gottes die Welt mittels der Weisheit Gott nicht erkannte"** und wesensmäßig nicht erkennen konnte. Wie sollte ein Bote des gekreuzigten Christus sich irgendwie dieser Weisheit bedienen können!

Paulus sieht dabei aber „diesen Äon" nicht nur als eine Sache der Menschen an. Schon das Judentum wußte von Engelmächten, die die Welt und die Geschicke der Völker in ihr beherrschen (vgl. Da 10, 8—21). Paulus nimmt diese Überzeugung auf, die seinem Volk geschenkt worden war. Er spricht von den **„Herrschern dieses Äons"** und meint damit nicht den Kaiser in Rom und die Fürsten der größeren und kleineren Völker. Er denkt an die Engel, die er anderweitig als „Throne, Herrschaften, Fürstentümer und Gewalten" bezeichnet (Rö 8, 28; Kol 1, 16; Eph 6, 12). Es sind aber „Engel", die in den Losriß von Gott sich hineinziehen ließen, die darum zu „diesem Äon" gehören und dem Gericht Gottes entgegengehen, das von der Gemeinde Jesu mit gehalten werden wird (6, 3; 2 Pt 2, 4). Sicherlich haben solche Engelwesen eine „Weisheit", die noch größer und umfassender ist als alle menschliche Weisheit. Aber die Weisheit gottfeindlicher Engel ist von einem widergöttlichen Grund her geprägt und darum im tief-

[2] Das Wort „teleioi" kommt auch in der Sprache der Mysterienkulte vor, um hier die voll Eingeweihten zu bezeichnen. Es wäre möglich, daß Paulus auf griechischem Boden den Ausdruck so aufgegriffen hat. Das Wort meint aber auch ganz allgemein die ausgewachsenen Lebewesen und kann so auch von erwachsenen Tieren im Gegensatz zu ihren Jungen gebraucht werden. Dieser allgemeine Sinn des Erwachsenen, Reifen, Mündigen gibt gerade das wieder, was Paulus hier wie ebenso Kap. 14, 20 und Eph 4, 13 sagen will. Der Rückgriff auf die Mysteriensprache ist also überflüssig und bei einem Israeliten wie Paulus unwahrscheinlich.

sten lieblos und zersetzend. Die Weisheit, die Paulus als der Bote Jesu bringt, kann nur in vollem Gegensatz zu solcher **„Weisheit der Herrscher dieses Äons“** stehen[3].

7 Die Weisheit, die Paulus den Vollkommenen bringt, ist völlig anders. **„Wir reden Gottes Weisheit im Geheimnis, die verborgene, die Gott vorherbestimmt hat vor den Äonen zu unserer Herrlichkeit.“** Was der Mensch so heiß ersehnt und in seinen Weltanschauungen doch verfehlt, den Einblick in den Sinn und das Ziel dieser ganzen rätselhaften Schöpfung und in ihr des rätselhaften Wesens „Mensch“, das gerade kann **„Gottes Weisheit“** uns geben. Freilich, sie bleibt dabei **„im Geheimnis“**. Sie ist **„die verborgene“** Weisheit. Ein **„Geheimnis“** ist etwas, was nicht einfach alle wissen, weil es allgemein bekannt und einsichtig ist. So können Menschen ein Geheimnis miteinander haben, und es ist ihre Sache, ob und wem sie etwas davon mitteilen wollen. Noch ganz anders hat Gott in seinem Herzen ein kostbares Geheimnis. Es ist sein wunderbarer Liebesplan, den er schon **„vor den Äonen“**, vor der Weltschöpfung, **„vorherbestimmt hat zu unserer Herrlichkeit“**. Niemand wußte etwas von diesem Plan. Darum ist es dann im V. 10 ein staunender Jubel der Gemeinde: „Uns hat es Gott offenbart durch seinen Geist.“ Wir dürfen nun das Geheimnis kennen. Ein „Geheimnis“ ist aber nicht ein „Rätsel“. Ein Rätsel ist völlig unverständlich, bis man es „gelöst“ hat, dann aber ist es auch völlig klar. Ein „Geheimnis“ dagegen ist wohl mitteilbar und erfahrbar, bleibt aber auch als ein vernommenes und erkanntes von unausschöpfbarer Tiefe und überragt alle Berechenbarkeit und Einsichtigkeit. So spricht Paulus von dem „Geheimnis“ in der Führung Israels (Rö 11, 25), vom „Geheimnis“ der Gemeinde (Eph 3, 3; 5, 32; Kol 1, 26 ff), vom „Geheimnis“ der Gesetzlosigkeit (2 Th 2, 7) und dann auch von den „Geheimnissen“ Gottes, über die die Apostel als Haushalter gesetzt sind (Kap. 4, 1). So ist auch der große Plan Gottes mit der Schöpfung und vor allem mit dem Menschen ein solches „Geheimnis“, keineswegs einfach unerkennbar, aber so groß und so wunderbar, daß man ihn nicht mit den „Weisen, Schriftgelehrten und Wortfechtern dieses Äons“ durchschauen und geistig beherrschen kann, wie die Korinther es wollten. Des Menschen stolze Überlegenheit, mit der er sogar Gott und seinen Schöpfungsplan in die Hand zu bekommen wünscht, muß jener staunenden Anbetung weichen, mit der Paulus das 11. Kapitel des Römerbriefes beschließt: „O welch eine Tiefe des Reichtums, beides, der Weisheit und der Erkenntnis Gottes! Wie gar unbegreiflich sind seine Gerichte und unerforschlich seine Wege!“ (V. 33). Aber gerade, wenn der Mensch anbetend aller ichhaften Größe entsagt, verliert er nichts, sondern gewinnt über alles Erwarten hinaus eine Hoheit, die Gottes wunderbare Liebe ihm bestimmt hat. Gottes geheimnisvoller Weltplan zielt auf **„unsere Herrlichkeit“**. Was schon im Entwurf der Schöpfung des Menschen angelegt war,

[3] Auch hier ist Paulus mit Jakobus ganz einer Meinung, es gibt eine „Weisheit“, die „irdisch, sinnlich, dämonisch“ ist (Jak 3, 15).

Schöpfung zum Bilde Gottes, das wird am Endziel verwirklicht. Darum hat es Jesus in seinem letzten Gespräch mit dem Vater sagen können: „Vater, ich will, daß, wo ich bin, die bei mir seien, die du mir gegeben hast, daß sie meine Herrlichkeit sehen" (Jo 17). Denn eben im Sehen des „Herrn der Herrlichkeit", „wie er ist" (1 Jo 3, 3), werden wir „ihm gleich sein", endgültig selber „herrliche" Menschen bis in den „Leib der Herrlichkeit" hinein (Phil 3, 21). Unaussprechliches hat Gott für den Menschen bereit. So unsagbar groß ist der Mensch[4].

Die „Weisheit" Gottes steht nicht nur hinter dem hohen Ziel, das er sich mit der Schöpfung und mit dem Menschen gesteckt hat, sondern gilt vor allem von dem erstaunlichen, von niemand geahnten Weg, den Gott geht, um dieses Ziel trotz Sündenfall und Verlorenheit des Menschen und trotz aller Macht und List Satans zu erreichen. Dadurch wird deutlich, daß die Weisheit Gottes nicht eine Weisheit ist, die über die Torheit der Kreuzesbotschaft hinausführt. Nein, gerade das Kreuz steht im Mittelpunkt des Weltplanes Gottes. Auf das Kreuz laufen alle Wege Gottes zu von dem „ersten Evangelium" in 1 Mo 3, 15 an über die Berufung Abrahams, die Erwählung Israels, die Sendung der Propheten bis zu dem Kommen Jesu in die Welt. Und vom Kreuz her geschehen alle rettenden Taten Gottes in der Welt bis zur Wiederkunft des Herrn und der Erneuerung der ganzen Schöpfung. Und noch in der Vollendung gilt aller anbetender Jubel „dem Lamm, das erwürgt ist" (Offb 5, 12); „die Leuchte der ewigen Gottesstadt ist das Lamm" (Offb 21, 23). Ein Geheimnis unergründlicher, anbetungswürdiger Weisheit Gottes liegt darin, daß die ganze Preisgabe des heiligen Gottessohnes, sein völliges Opfer im Gehorsam, zur Rettung der Verlorenen, der Feinde Gottes, wird.

Wenn wir diese Weisheit Gottes als reife Christen erkennen, dann wissen wir nicht eigentlich quantitativ mehr als das Wort vom Kreuz, aber wir wissen und erfassen es qualitativ anders, tiefer, umfassender, staunender[5].

Diese Weisheit Gottes hat **„keiner der Herrscher dieses Äons er-** 8
kannt". Nicht weil sie nicht klug genug dazu gewesen waren, sondern weil sie in ihrer Feindschaft gegen Gott blind waren. Seine opfernde Liebe, die den heiligen und reinen Sohn dahingibt für Gottlose, Sünder und Feinde (Rö 5, 5 ff), können sie in ihrer Ichhaftigkeit und Lieblosigkeit nicht fassen. Gottes „Torheit" und „Schwachheit" am Kreuz vermochten sie nicht zu verstehen. Sie meinten, der Herrschaft Gottes

[4] Darum war es ein schwerer, das ganze Christentum entstellender Verlust, als wir uns daran gewöhnten, im „Seligwerden" das Ziel zu erblicken. „Selig" (wörtlich: „errettet") werden wir jetzt und hier. Das Ziel aber ist nicht „Seligkeit", ungestörter persönlicher Glücksgenuß, ein sicherer Platz im Himmel, sondern volle und ganze Herrlichkeit! Wie anders werden wir leben, loben, lieben, wenn wir dieses Ziel erfaßt haben!

[5] Spurgeon, dieser mächtige und innerlich unerhört reiche Prediger, sagte auf seinem letzten Krankenlager: „Meine Theologie wird immer einfacher, sie besteht nur noch aus vier Worten: Jesus starb für mich." Genau dies hatte der 16jährige bei seiner Bekehrung erfaßt. „Mehr" wußte nun der alte, gereifte Gottesmann auch nicht. Aber wie anders, wie erfüllter sagte sein Herz jetzt diese vier Worte!

durch die Kreuzigung Jesu einen entscheidenden Schlag versetzen zu können. So stehen sie als die letzten Verantwortlichen hinter der Kreuzigung Jesu (ohne die Verantwortlichkeit der Menschen aufzuheben). Aber wie die Führer Israels mit ihren Maßnahmen gegen Jesus nichtsahnend und wider Willen gerade Gottes Plan zum Ziel bringen müssen (vgl. Apg 13, 27), so haben auch die überirdischen gottfeindlichen Gewalten mit der Kreuzigung Jesu gerade das erreicht, was sie nicht wollten, und damit auch ihren eigenen Untergang herbeigeführt. Sie sind nun die, **„die zunichte werden"**. Darum stellt Paulus fest: **„Wenn sie** (Gottes Weisheit) **erkannt hätten, hätten sie den Herrn der Herrlichkeit wohl nicht gekreuzigt."**

9 Wieder ist es Paulus wichtig, daß er dies alles nicht nur selber sieht, sondern daß es so schon die Schrift ausgesprochen hat. **„Nein,** (es ist so) **wie geschrieben steht: Was ein Auge nicht sah und ein Ohr nicht hörte und auf ein Menschenherz nicht hinaufkam, alles, was Gott bereitet hat denen, die ihn lieben."** Wir finden freilich das angeführte Schriftwort Jes 64, 4 nicht einfach im gleichen Wortlaut in unsern Bibeln. Die ersten Christen waren nicht „historisch" ängstlich im Gebrauch der Schrift. Sie hatten ja auch nicht das gedruckte Bibelbuch neben sich liegen, sondern trugen das Wort der Schrift im Gedächtnis. Es verbinden sich ihnen dabei auch verschiedene Stellen der Schrift miteinander. So denkt Paulus hier vielleicht mit an das in Israel viel zitierte Wort Ri 5, 31. Aber gerade so ist Paulus mit Recht überzeugt **„es steht geschrieben"**, die Schrift spricht es schon aus. Die „Herrlichkeit", die Gott uns bereitet, geht über alles hinaus, was wir selber sahen und hörten oder was als Denken und Hoffen in unserem Herzen aufstieg. Dieses, alle Vorstellungsmöglichkeiten überragende Geschenk gibt Gott **„denen, die ihn lieben"**. Die stolzen Weisen, die alles geistig zu beherrschen suchen, „lieben" nicht. Jedoch nur die Liebenden werden Erben der Herrlichkeit sein. Paulus wird im Verlauf seines Schreibens immer wieder auf diese entscheidende Wahrheit zurückkommen und ihr durch die Stellung des 13. Kapitels zwischen Kap. 12 u. 14 einen gewaltigen Ausdruck geben.

Aber Paulus meint auch hier nicht nur, und im Zusammenhang unseres Abschnittes nicht einmal in erster Linie, die zukünftige Herrlichkeit. **„Was ein Auge nicht sah"**, das ist der Messias am Schandpfahl. Was **„ein Ohr nicht hörte"**, das ist Kunde von dem König, der selber die Strafe für die Rebellen erlitt. Was **„auf ein Menschenherz nicht hinaufkam"**, was ein Menschenherz sich nie erdenken konnte, ist die Liebe Gottes, die für eine Welt der Sünde und Gottlosigkeit den geliebten Sohn hingab. Das **„alles hat Gott bereitet denen, die ihn lieben"**. Und diese Menschen, die ihn lieben, schafft Gott gerade erst durch das Kreuz, durch seine „Schwachheit und Torheit".

10 Freilich, damit solche Menschen zustandekommen, die Gott lieben und seine Weisheit im Kreuz verstehen, dazu bedurfte es eines weiteren Handelns und Gebens von Gottes Seite, von dem Paulus nun spricht. Warum können wir erfassen, was auch die größten Geister dieser Welt, ja selbst die „Herrscher dieses Äons" nicht erkannten?

Das ist nicht etwa das Verdienst unserer Frömmigkeit. Nein, **„uns hat es Gott ja offenbart durch den Geist“.**

Was das bedeutet, legt Paulus nun den Korinthern dar. Gerade sie, 11
die einzelne, auffallende Wirkungen des Geistes überschätzen, haben es nötig zu sehen, worin das grundlegende, anbetungswürdige Werk des Geistes Gottes besteht. Wir nehmen dabei den V. 11 voraus. Paulus knüpft an unser menschliches Leben an, wie es jeder bei sich selbst beobachten kann. **„Wer von den Menschen weiß von den Dingen des Menschen als nur der Geist des Menschen, der in ihm** (ist)?“ Wir Menschen tragen einen „Geist“ in uns, durch den wir unser selbst bewußt sind. Darum sehe und höre, fühle und will ich nicht nur, sondern bin mir auch bewußt, daß ich sehe, höre, fühle, will und weiß, was dabei in mir vor sich geht[6]. Aber freilich, nur je unser eigener Geist in uns weiß darum. Wir können es einem andern nie wirklich mitteilen. Darum gibt es ständig die schmerzlichen Mißverständnisse zwischen uns, trotz aller intensiven Gespräche. Erst wenn wir unseren Geist in die anderen hineinlegen könnten, würden sie uns sofort ganz und gar verstehen und **„von den Dingen des Menschen“** wissen. Aber das können wir nicht.

Was hat dieses „Gleichnis“ nun im Blick auf Gott zu sagen? Es ist 10
mehr als ein „Gleichnis“. Es ist ernst damit, daß wir nach dem Bilde Gottes geschaffen sind. Unser menschliches Innenleben spiegelt tatsächlich das innere Leben Gottes wider, auch wenn jetzt bei uns alles durch die Sünde entstellt und verfinstert ist. Darum müssen wir es in aller Ehrfurcht aussprechen: wie wir als Menschen den „Geist“ in uns haben, durch den allein wir wissen, was in uns vor sich geht, so gibt es auch in Gott den „Geist“, durch den Gott um sich selbst weiß. **„Denn der Geist erforscht alles, auch die Tiefen Gottes.“** Wie staunen wir schon über den Geist des Menschen, der so viel erforscht, der von der winzigen Erde aus in die Tiefen des Weltalls vorstößt und von Sternenmeeren weiß, die in einer Entfernung von vielen Millionen Lichtjahren ihre Bahn ziehen, und der zugleich in das Allerkleinste, in die Welt der Atome, eindringt und ihren Aufbau zu ergründen sucht. Wie staunen wir über die „Tiefen des Menschen“, wie sie uns die großen Dichter sehen lassen. Wie bewegt und erschrocken stehen wir vor den Abgründen unseres eigenen Herzens. Aber was ist dann erst der Geist Gottes, der „alle Dinge“ erforscht! Welche unerhörten, geheimnisvollen **„Tiefen“** sind erst in Gottes Wesen[7]! Aber Gott selbst weiß um die ungeheuren Tiefen Gottes und sieht in seinem Geist in die Gründe seines eigenen Herzens.

[6] Daß diese unsere Selbsterkenntnis eine verdorbene und begrenzte ist, daß erst in schwierigen „Analysen“ die eigentlichen Tiefen unseres Wesens aus dem „Unterbewußten“ ans Licht gehoben werden müssen, ja daß nur Gott uns wirklich kennt (Ps 139!), das alles kann jetzt unberücksichtigt bleiben. Die unleugbare Tatsache unseres Wissens um uns selbst genügt an unserer Stelle.

[7] Wie jämmerlich klein und arm ist meist unser Denken über Gott. Wie einfach meinen wir den „lieben Gott“ erkennen zu können. Wie selbstverständlich maßen wir uns an, ihn zu „verstehen“. Das Wort von den „Tiefen Gottes“ ist uns sehr nötig, und wir sollten lange vor ihm stehen bleiben.

11 Aber gibt es dann überhaupt Erkenntnis Gottes für uns Menschen? Hier bricht wirklich das ganze Problem der Gotteserkenntnis auf. Wenn es schon von uns Menschen gilt, daß kein Mensch den andern wirklich kennen und verstehen kann, gilt das nicht noch in ganz anderem Maße für das Verhältnis von Mensch und Gott? Bleibt es hier nicht ganz und gar bei dem Satz: **„So hat auch die Dinge Gottes niemand erkannt als nur der Geist Gottes"?** Keine genaue Beobachtung eines Menschen, kein Umgang mit ihm, kein Gespräch läßt uns wirklich in sein Herz schauen. Erst recht führen uns alle Hinweise auf Gott in Natur und Geschichte nur ganz von außen an Gott heran, ohne uns sein Inneres, sein Herz zu erschließen[8]. Ja, sogar das Wort, das Gott spricht, läßt uns als solches Gott noch nicht wirklich kennen. Wir mißverstehen es genauso, wie wir sogar das Wort des uns doch so nahestehenden Menschen falsch auffassen. Darum ist auch die Bibel als solche nicht ausreichend zur eigentlichen Kenntnis Gottes[9].

Es ist uns sehr nötig, daß wir so radikal vor die Frage der Erkenntnis Gottes gestellt werden[10]. Denn nur so ermessen wir die ganze Notwendigkeit des Geistes Gottes für uns und ahnen die ganze Größe und Herrlichkeit dessen, was Gott uns mit der Gabe seines Geistes geschenkt hat.

Wir Menschen können nicht unsern Geist, mit dem wir uns selber kennen, in eines andern Menschen Herz tun, damit der andere an unserer Selbsterkenntnis teilhat und uns wahrhaft versteht. Aber Gott hat gerade dies getan und seinen eigenen Geist – denn das ist der „Heilige Geist" – in Menschenherzen hineingelegt, so daß er nur in Menschenherzen „wohnt". Wie ungeheuer ist das: Gottes eigner Geist in den Herzen von „Gottlosen, Sündern, Feinden" (Rö 5, 5 ff)! Gottes Gnade ist nicht auszudenken, die das geplant, in der Hingabe des eigenen Sohnes vorbereitet und ermöglicht und dann am Pfingsttag erfüllt hat. Auch das gehört mit zu der „Weisheit Gottes im Geheimnis, der verborgenen, die Gott vorherbestimmt hat vor den Äonen zu unserer Herrlichkeit".

12 Die Größe dieser Gabe ermessen wir an ihrer Wirkung. Denn den Geist Gottes besitzen, das heißt nichts Geringeres als teilhaben an der

[8] Hier liegt die Grenze aller „Gottesbeweise". Es bleiben aber die Aussagen von Rö 1, 19 f und Apg 14, 17 in Kraft. Wie ich eines Menschen Existenz und mancherlei von seiner Art erfassen kann, wenn ich sein Haus, seinen Garten, sein Arbeiten sehe, ohne ihn aber damit schon wirklich persönlich zu „kennen", so ist auch Gottes Dasein an seinen „Werken" und Gaben soweit zu erkennen, daß ich ihn als Gott ehren und ihm danken könnte und müßte.

[9] Hier liegt der Grund, warum der „Schriftbeweis" für sich noch keinen Menschen zu überzeugen und keine theologischen Streitfragen wirklich zu entscheiden vermag. Hier erklärt es sich, warum man die Bibel von klein auf kennen und doch Gott wesenhaft fern sein kann.

[10] Unsere ganze Zeit tut uns dabei einen heilsamen Dienst. Es ist in der Welt, wie wir sie in diesen Jahrzehnten erlebt haben, alles andere als selbstverständlich, daß es Gott gibt und daß Gott Liebe ist. Die Religionskritik des Marxismus sagt uns im Verfolg von Gedanken Feuerbachs, daß der Mensch der Schöpfer der „Götter" ist und in seinen Gottesbildern nur seine eigenen Wünsche und Sehnsüchte in den Himmel projiziert. Haben wir dagegen etwas Reelles zu sagen? Es ist immerhin wichtig, daß die Bibel selber die schärfste „Religions-Kritik" übt und in aller Klarheit feststellt, daß es wahre Erkenntnis Gottes vom Menschen aus nicht gibt.

Selbsterkenntnis Gottes. Es ist ja der Geist, der auch die Tiefen Gottes erforscht. Nun gibt es wahrhaftige Erkenntnis Gottes, nicht nur Rückschlüsse auf Gottes Existenz und Wesen von seinen „Werken" her, sondern Erkenntnis Gottes von innen her, von dem Blick in die Tiefen des Herzens Gottes[11].

Für Paulus ist es im Blick auf sich selbst und auf die ganze bluterkaufte und geistgetaufte Gemeinde gewiß: **„Wir aber haben nicht den Geist der Welt empfangen, sondern den Geist aus Gott."** Noch einmal weist Paulus darauf hin, daß die einzelnen Menschen nicht so selbständig sind, wie sie meinen. Es gibt einen **„Geist der Welt"**, der „den Geist des Menschen, der in ihm ist" bestimmt und formt. Darum die überraschende Ähnlichkeit im Denken und Leben aller Menschen über alle Unterschiede und Gegensätze hinweg. Und dieser „Geist der Welt" ist blind und taub und tot für Gott. Mitten in dieser Welt aber gibt es Menschen, die nicht mehr unter diesem Geist der Welt stehen, sondern „den Geist aus Gott empfangen haben"[12]. Bei ihnen formt und bestimmt dieser Geist aus Gott das ganze Denken und Leben. Darum sind sie bei aller Verschiedenheit ihrer völkischen und persönlichen Art, bei aller weiten Trennung von Raum und Zeit einander im Innersten gleich, „allzumal einer in Christus (Gal 3, 28), und verstehen sich sofort in einer wunderbaren Einheit über alle Unterschiede hinweg, der Schwarze mit dem Weißen, der Arbeiter mit dem Professor, der moderne Mensch mit dem Mann des Altertums.

Durch den Geist Gottes haben wir Anteil an dem Blick in die Tiefen Gottes. Nun brauchen wir nicht mehr zu fürchten, daß wir nur ein menschliches Bild von Gott haben, das Gottes wirkliches Wesen gar nicht erreicht. So wie wir Gott im Heiligen Geist erkennen, so ist Gott tatsächlich und bis in die Tiefe seines Wesens hinein. Aber dieses Erkennen Gottes bleibt an die Offenbarung Gottes gebunden. Durch den Heiligen Geist **„können wir wissen, was uns von Gott gnädig geschenkt ist".** Wir erfassen das Herz und Wesen Gottes in Christus, sehen den Vater im Sohn (Jo 14, 9), die Klarheit Gottes in dem Angesicht Jesu Christi (2 Ko 4, 6). Aber der Geist Gottes ist es, der „Jesus verklärt" und uns Gottes Wesen in dem Menschen Jesus von Nazareth schauen läßt (Jo 16, 14). Erst im Heiligen Geist erfassen wir, daß Gott unendlich ernster und heiliger ist, als wir es je denken konnten, und die Sünde haßt, wie wir Sünder es nicht ahnen konnten. Der Geist schafft das erschrockene Gewissen in den vorher so sicheren Menschen. Und nur durch den Geist erkennen wir, daß dieser heilige Gott zugleich die Sünder mit einer bedingungslosen Gewalt liebt, die alles Denken übersteigt. Der Heilige Geist zeigt uns im

[11] Zinzendorf rühmt das: „Halleluja! Welche Höhen, welche Tiefen reicher Gnad, daß wir dem ins Herze sehen, der uns so geliebet hat, daß der Vater aller Geister, der der Wunder Abgrund ist, daß Du, unsichtbarer Meister, uns so fühlbar nahe bist!"

[12] Es ist eine der entscheidenden Fragen an die Christen von heute, ob sie das noch bekennen können. Wie unbekannt ist der 3. Artikel in weiten Teilen der Christenheit. Wie fremd und unverstanden bleibt das Pfingstfest. Hier liegt die eigentliche Wurzel der ganzen Not und Ohnmacht der Christenheit heute. Man hat geradezu Angst, hier ein klares Bekenntnis abzulegen wie Paulus.

Kreuzesgeschehen die Einheit dieser Heiligkeit und dieser Liebe Gottes. Er zeigt uns dies alles im Wort der Schrift. Er öffnet uns die Schrift, daß unsere Herzen brennen. Nun erst verstehen wir die Bibel und finden in ihr das geistgewirkte und geisterfüllte Zeugnis der Wahrheit und Gnade Gottes. Vor allem aber tut der Heilige Geist das Wunder, daß ein Mensch im Blick auf das Kreuz unmittelbar das „Für mich! Für mich!" erfaßt, das er mit keinen eigenen Bemühungen und Anstrengungen je erfassen konnte. Nun können wir wirklich in aller Bestimmtheit und Gewißheit wissen, was uns (wirklich uns selbst) von Gott geschenkt worden ist. Wie unentbehrlich zum tatsächlichen Christsein ist die Gabe des Heiligen Geistes[13].

13 Weil wir in Klarheit **„wissen können, was uns von Gott gnädig geschenkt ist"**, vermögen wir davon auch zu **„sprechen"**. Freilich **„nicht in von menschlicher Weisheit gelehrten Worten"**, die hier völlig versagen müssen. Wir brauchen dazu **„vom Geist gelehrte Worte"**. Aber was sind das für Worte? Denkt Paulus hier an die Worte der „Zungenrede"? Handelt es sich um eine Art „Fachsprache" für göttliche Dinge, so wie der Arzt für die Krankheitsvorgänge seine besondere Fachsprache entwickelt hat, die der Laie nicht versteht? So könnten wir meinen, wenn Paulus erläuternd hinzufügt: **„Indem wir Geistliches mit Geistlichem vergleichend deuten"**, oder „indem wir geistliche Inhalte in geistgewirkte Formen kleiden"[14]. Wir könnten auf Kap. 14, 2 vorausblicken, wo Paulus vom Zungenredner sagt: „Im Geist redet er Geheimnisse." Aber das tut der Zungenredner nur für sich selbst. Darum ist für Paulus nicht das Reden mit der „Zunge", sondern das „prophetische Reden" die notwendigste Geistesgabe. Im „propheteuein" erfolgt das von Gott erfüllte und bevollmächtigte Reden in ganz einfachen und verständlichen Worten, so daß die Gemeinde dadurch gebaut und gerade auch der Fernstehende ins Herz getroffen und überwunden werden kann (14, 4; 14, 24 f). Das wird Paulus auch an unserer Stelle mit dem **„Sprechen in vom Geist gelehrten Worten"** meinen[15].

[13] Diese eindeutige, klare, in allen Zeiten und an allen Orten übereinstimmende Gewißheit Gottes durch Gottes eigenen Geist steht der Feuerbachschen Religions-Kritik entgegen. Diese Gewißheit ist nicht das Produkt unserer „Furcht" oder die Projektion unserer „Wünsche". Hier ist etwas an uns geschehen, was wir selber nicht gewünscht haben. Wir wurden von einer Wirklichkeit bezwungen, von der wir zuvor nichts ahnten. Wirklich, „was ein Auge nicht sah, ein Ohr nicht hörte, was auf eines Menschen Herzen nicht hinaufkam", das ist uns erschlossen worden. Daher geht es zu dieser Gewißheit auch nicht auf geradem Wege von unserem natürlichen Menschenwesen aus, sondern immer nur durch ein Geschehen, das einen Bruch mit unserem Wesen und eine radikale Wende unseres ganzen Daseins bedeutet.

[14] Es läßt sich freilich das erste Wort auch als Maskulinum fassen und dann übersetzen: „Indem wir Geistesmenschen Geistesdinge vergleichend deuten." Dann würde der nächste Satz besonders kräftiges Profil gewinnen: der nur seelische Mensch nimmt diese geistlichen Inhalte nicht an: es müssen schon selber Geistesmenschen sein, zu denen wir sprechen. Aber dann wäre gerade die „Evangelisation" von Paulus hier ausgeschlossen worden, die sich doch an solche wendet, die noch nicht „Geistesmenschen" sind und zu denen Paulus sich doch besonders gesendet wußte.

[15] So entspricht der Aussage des Paulus auch unsere eigene Erfahrung: gerade die geistgesalbten Zeugen Jesu sprechen sehr einfach; ein Kind kann sie verstehen. Aber sie haben sich ihre Worte nicht selber erdacht oder erarbeitet. Wirklich der Geist Gottes hat sie ihnen gegeben.

Freilich, es muß nicht so gehen, wie Paulus es in Kap. 14, 24 f schildert. Von Natur ist es vielmehr so: **„Der seelische Mensch aber nimmt nicht an die Dinge des Geistes Gottes. Torheit ist es ja für ihn, und er ist nicht imstande,** (es) **zu erkennen.** Hier taucht wieder das Wort „Torheit" auf und weist uns erneut auf das „Wort vom Kreuz" zurück. Dieses ist „Torheit", nicht weil es intellektuell dumm ist, sondern weil es der selbstsüchtigen Klugheit des Ichmenschen widerspricht. Der **„seelische Mensch"** ist wirklich, wie Luther übersetzt, der „natürliche" Mensch, der nur das hat, was er in sich selbst, in seiner „Seele" besitzt und was der „Geist der Welt" ihm zuträgt. Für ihn ist die Schwachheit und Torheit Gottes in seiner rettenden Liebe ebenso unbegreiflich, wie seinem Stolz die Behauptung seiner Verlorenheit und Sündhaftigkeit empörend bleibt. Darum also, aus so tiefen Wesensgründen heraus, ist er **„nicht imstande zu erkennen"**, was Gottes Geist in der Kreuzesbotschaft ihm zeigen will. **„Auf Geistesweise wird beurteilt."** Damit ist nicht eine besonders hohe intellektuelle oder theologische Kunst gemeint. Wir haben vielmehr daran zu denken, daß die Liebe die eigentliche Frucht des Geistes ist (Gal 5, 22; vgl. W.Stb. Galaterbrief S. 121 f). Das „Beurteilen auf Geistesweise" geschieht aus der Liebe heraus und ist genauso wie das Ablehnen beim seelischen Menschen eine Sache der ganzen Person. Zum Verwundern ist es also nicht, wenn die Botschaft nicht verstanden und mit Empörung oder mit Spott abgelehnt wird. Es ist natürlicherweise so. Zum Staunen ist es immer nur, wenn sie dennoch in ein Herz eindringt, weil Gottes Geist in diesem Herzen Raum gewinnt[16]. Da kommt dann die „geistliche Beurteilung" zustande, die Gottes Wahrheit erfaßt. 14

Paulus fügt hinzu: **„Aber der Geistesmensch beurteilt alles, er selbst aber wird von niemand beurteilt."** Solch eine geheimnisvolle Größe ist jeder wirkliche „Geistesmensch". Dieses Wort „pneumatikos = Geistesmensch" sagt aus, daß hier das ganze innere Leben eines Menschen vom Geist Gottes erfaßt und bestimmt ist. Hier liegt der Unterschied zwischen den Gliedern des Alten und Neuen Bundes. Hier ist wirklich „der Kleinste im Himmelreich größer" als der größte Prophet (Mt 11, 11). Den Propheten besucht der Geist Gottes von Mal zu Mal und gibt ihm die einzelnen prophetischen Erleuchtungen und Worte. Aber seit Pfingsten „wohnt" der Geist Gottes in Menschen und macht sie zu „Geistesmenschen" dauernd und ganz und gar[17]. Aber wenn „der Geist alles erforscht", dann muß ja der vom Geist Erfüllte tatsächlich **„alles beurteilen"** können. Wieder ist der Ausdruck „alles" nicht statistisch zu fassen: er bezieht sich zurück auf **„die Dinge des Geistes Gottes".** Sie „alle" beurteilt der Geistesmensch, während der „seelische Mensch" ratlos vor ihnen steht. Gewiß ver- 15

[16] Dazu hilft keine Methode, keine moderne Sprache, keine Anschaulichkeit, keine Zeitgemäßheit, keine noch so gute Exegese, keine existentielle Interpretation. Dazu hilft aber eins: das Ringen um Menschen im Gebet.

[17] Und eben nicht nur die „großen" Männer und Frauen der Christenheit, sondern jeden, der überhaupt Glied am Leibe Christi ist.

stehen und beurteilen Geistesmenschen sich auch gegenseitig. Für alle anderen aber bilden sie ein Rätsel, das sich jeder Beurteilung entzieht. **„Er selbst aber wird von niemand beurteilt."** Warum ist das
16 so? Paulus begründet es noch einmal abschließend: **„Denn wer erkannte den Sinn des Herrn, der ihn unterweisen könnte? Wir aber besitzen den Sinn Christi."** Wieder beruft sich Paulus auf die Schrift, auf Jes 40, 13. Hier hat es Gott selbst festgestellt, daß niemand den Geist des Herrn bestimmt und daß es keinen Ratgeber gibt, der Gott unterweisen könnte. Diese absolute Überlegenheit Gottes ist mit dem Geiste Gottes auch dem Geistesmenschen mitgeteilt worden. Darum wird auch der, genauso wie Gott selbst, von niemand beurteilt. So real meint Paulus die Einwohnung des Geistes Gottes in uns. **„Wir aber besitzen den Sinn Christi."** Dieser Abschluß des Satzes zeigt, in welche Richtung wir bei der geheimnisvollen Art der „Geistesmenschen" zu denken haben. Sie entziehen sich nicht darum aller Beurteilung, weil sie seltsame und bizarre Dinge sagen oder tun, sondern weil sie in der Liebe („Christi Sinn"!) in der Tat Ungewöhnliches denken, wider alle natürliche Art reagieren und überraschende Taten tun und die nur „seelischen", und also ichhaften Menschen immer neu in Erstaunen versetzen. So „beurteilen sie alles", nicht als die ständigen Besserwisser, die überall kritisieren, aber als die Liebenden, die auf den Grund der Dinge sehen, wo andere bei allem besten Willen vergeblich an der Oberfläche herumkritisieren.

DIE ROLLE DER BOTEN IN DER GEMEINDEARBEIT

1. Korinther 3, 1—9

zu Vers 1: Mk 4, 33; Jo 16, 12; 1 Ko 2, 15
zu Vers 2: Gal 5, 19—21; 1 Th 2, 7; 1 Pt 2, 2; Hbr 5, 12—14
zu Vers 3: 1 Ko 1, 10 f; 11, 18; Jak 3, 14—16
zu Vers 4: 1 Ko 1, 12
zu Vers 5: Apg 18, 24. 27; 19, 1
zu Vers 6: Apg 18, 4. 11

1 **Und ich meinerseits, Brüder, war nicht imstande zu sprechen zu**
euch als zu Geistesmenschen, sondern als zu Fleischesmenschen, als
2 **zu Unmündigen in Christus. * Milch gab ich euch zu trinken, nicht**
3 **Speise; denn ihr vertrugt** (das) **noch nicht. * Aber ihr vertragt** (es)
auch jetzt noch nicht; noch seid ihr ja Fleischesmenschen. Denn wo
unter euch Eifersucht und Streit (ist), **seid ihr da nicht Fleisches-**
4 **menschen und wandelt nach Menschenart? * Denn wenn einer sagt:**
„Ich gehöre zu Paulus", ein anderer: „Ich zu Apollos", seid ihr nicht
5 (rechte) **„Menschen"? * Was ist denn Apollos? Was ist Paulus?**
Diener, durch welche ihr zum Glauben kamt, und (zwar so) **wie es**
6 **jedem der Herr gegeben hat. * Ich meinerseits habe gepflanzt, Apol-**
7 **los hat begossen, aber Gott hat wachsen lassen. * Daher ist weder**
der Pflanzende etwas noch der Begießende, sondern der wachsen-
8 **lassende Gott. * Der Pflanzende und der Begießende sind eins; je-**
der aber wird seinen eigenen Lohn empfangen nach seiner eigenen
9 **Arbeitsmühe. * Denn Gottes Mitarbeiter sind wir; Gottes Acker-**
feld, Gottes Bau seid ihr.

zu Vers 7:
Rö 9, 16
zu Vers 8:
1 Ko 3, 14; 4, 5
zu Vers 9:
Mt 13, 3—9. 38
2 Ko 1, 24
Eph 2, 20

Auch Paulus kennt echte, göttliche Weisheit, nach der die Korinther
verlangen. Aber gerade ihnen hat er sie bisher nicht geben können.
Wenn sie hier einen Mangel in der Arbeit des Paulus unter ihnen
spüren, dann liegt der Grund dieses Mangels nicht in Paulus, sondern
in ihnen selbst. Nur „unter den Vollkommenen" konnte und wollte
Paulus „Weisheit reden" (2, 6). Aber solche „Vollkommenen" waren
sie im Anfang bei der Gründung der Gemeinde nicht und konnten es
auch gar nicht sein. Sie waren damals noch „Fleischesmenschen".
Paulus wählt dabei des Wort „sarkinos" im Unterschied zu dem nach- 1
her und sonst durchgängig gebrauchten „sarkikos", um rein sachlich
und ohne Aburteilung die faktische Fleischesnatur ihres Wesens zu
kennzeichnen. „Fleischern" waren sie damals, nicht „fleischlich", aber
in diesem Sinn doch auch „Fleischesmenschen". Danach mußte sich
die Verkündigung des Paulus in der Anfangszeit richten. **„Und ich
meinerseits, Brüder, war nicht imstande zu sprechen zu euch als zu
Geistesmenschen, sondern als zu Fleischesmenschen."**

Sie kamen unter der Verkündigung zum Glauben. Sie wurden dadurch Menschen „in Christus". Die ganze Wirklichkeit des Christseins in seinem unabsehbaren Reichtum war ihnen geschenkt[1]. Paulus nimmt nicht zurück, was er im Dank des Eingangsgrußes von der Gemeinde gesagt hat. Aber noch waren sie dabei innerlich unmündig, unreif, noch gar nicht „vollkommen"[2]. Sie waren „in Christus", aber **„Unmündige in Christus"**.

Danach mußte sich die Arbeit und Verkündigung des Paulus rich- 2
ten. **„Milch gab ich euch zu trinken, nicht Speise."** Paulus mußte beim
Abc der Botschaft stehen bleiben[3].

Das alles ist in der Form der Vergangenheit ausgesprochen. Da- 3
mals, im Anfang des Gemeindelebens, war es völlig normal und ver-
ständlich. Leider aber blieb es nicht „Vergangenheit". Dieser Zustand,
der Vergangenheit sein sollte, dauert bis heute an und wird als „Ge-
genwart" ein unnormaler und bedenklicher. Die „Unmündigen" soll-
ten inzwischen „Erwachsene" geworden sein und „Speise" vertragen
können. **„Aber ihr vertragt** (es) **auch jetzt noch nicht; noch seid ihr ja
Fleischesmenschen"**[4]. Jetzt wird der schroffe Ausdruck „sarkikoi =

[1] Das ist der Tatbestand, wie wir ihn alle aus der ersten Zeit unseres Christseins kennen. Glückselig und dankbar nahmen wir die Errettung durch das Kreuz Jesu an und lebten darin. Aber wir verstanden alles noch nicht und erfaßten die Weisheit Gottes in seinem großen Heilsplan in keiner Weise. Wir waren noch kleine Kinder.

[2] Wie wichtig ist das für uns. Wir leben so leicht in falschen Systematisierungen und von daher in einem falschen Entweder-Oder: ganze Christen oder noch gar nichts. Aber es gibt das, was in Korinth uns vor Augen gestellt ist: eine wirkliche Gemeinde, berufene Heilige, reich an Wort und Erkenntnis, und doch zugleich noch „fleischern" und „unmündig" mit schweren Schäden und Entstellungen. In solchen Fällen müssen wir beides zusammen festhalten: den ganzen Dank für Gottes Werk in Menschen und die unerbittliche Klarheit für die kranken Zustände.

[3] Wie lebendig bleibt das NT in seiner Ausdrucksweise. Das „Milchtrinken", das für Paulus und den Hebräerbrief (5, 11—14) ein bloßer Anfangszustand ist, ist für Petrus die Kennzeichnung der „Ernährung" des Christen überhaupt: 1 Pt 2,1 f.

[4] Das ist genau die Not auch unserer Gemeinden, die in Jahren und Jahrzehnten immer gleich „unmündig" in den Kinderschuhen und in den Kinderkrankheiten bleiben.

Fleischliche", also „Fleischesmenschen" im eigentlichen Sinn, gebraucht.

Wie kommt Paulus zu diesem harten Urteil über eine Gemeinde, die so hoch von sich denkt, die auch von Paulus als eine echte Gemeinde, als eine Schar von „berufenen Heiligen" (1, 1) angesehen wird und in deren Mitte sich tatsächlich ein so reiches und bewegtes Gemeindeleben entfaltet, wie Paulus es in Kap. 14, 26 schildern kann? Nun bestätigt sich, was wir eben als den eigentlichen Wesenszug des „Geistesmenschen" feststellten, der „alles beurteilt". Der Geistesmangel der Korinther zeigte sich nicht im Fehlen hoher Gedanken oder auffallender Gaben und Kräfte. An „allem Wort" und „aller Erkenntnis" waren sie reich, und an „irgendeiner Gnadengabe" standen sie hinter keiner Gemeinde zurück (1, 5. 7). Aber es ist höchst kennzeichnend für Paulus, daß er in diesem allen gerade nicht das Wesentliche einer geisterfüllten Existenz sieht, sondern eine Gemeinde mit einem lebhaften Gemeindeleben (14, 26), mit Zungenrede und Heilungsgabe doch für „fleischlich" und „unmündig" erklärt, weil „Eifersucht und Streit" in ihrer Mitte ist. **„Denn wo unter euch Eifersucht und Streit** (ist), **seid ihr da nicht Fleischesmenschen und wandelt nach Menschenart?"** Hier tragen sie ganz die alte Menschennatur an sich, denn gerade dies kennzeichnet „den Menschen", wie er von Natur ist. Das ist das Gegenteil zu „dem Sinn Christi".

Wir haben gelernt, uns gegen die „Vermoralisierung" des Christentums zu wehren. Wir haben neu begriffen, daß es zuerst auf die „Erste Tafel" der Gebote ankommt. Was „Sünde" ist, ermißt sich am 1. Gebot, und das neue Leben des Erretteten und Wiedergeborenen zeigt sich im Kindesschrei „Abba Vater", in der Liebe zu Gott, im Beten-Können, im Leben aus dem Wort. Aber nun haben wir nicht zu übersehen, daß Jesus selbst der Nennung des 1. Gebotes als des größten und vornehmsten hinzugefügt hat: „Das andere ist ihm gleich, du sollst deinen Nächsten lieben wie dich selbst." Paulus erweist sich in unserm Brief als der echte Jünger und Bote Jesu. Eifersucht und Streit in der Gemeinde sind ihm nicht geringe Dinge neben den großen Herrlichkeiten des Zungenbetens und anderer Geistesgaben, sondern werden zum Gericht über die Gemeinde und erweisen sie trotz ihres sprühenden Geisteslebens als „fleischlich"[5] und ungöttlich. So ernst ist es um unser Zusammenleben miteinander und um die Dinge der „Zweiten Tafel"!

4 **„Denn wenn einer sagt: ‚Ich gehöre zu Paulus', ein anderer: ‚Ich zu Apollos', seid ihr nicht** (rechte) **‚Menschen'?"** Noch einmal kommt Paulus auf die Streitigkeiten in der Gemeinde zurück. Jetzt wird erst ihr ganzes Gewicht deutlich. Jetzt kann er ihren tieferen Grund aufdecken. Es zeigt sich in ihnen, daß die Korinther bei aller scheinba-

[5] Wir haben zugleich zu lernen, daß das Wort „fleischlich" keineswegs nur oder in erster Linie das geschlechtliche Gebiet meint. Wir sehen sehr einseitig die „Sünde" und das „Fleisch" immer nur auf diesem Gebiet und richten sehr streng alles, was dort geschieht. Paulus aber sah in „Eifersucht und Streit" das „fleischliche" Wesen der Korinther, also in Dingen, die wir leider viel zu leicht hinnehmen, gerade auch in unseren gläubigen Kreisen.

ren Höhe und Größe ihres Gemeindelebens doch „rechte Menschen" geblieben waren. Und dadurch wurden sie aus „fleischernen" Menschen erst wirklich „fleischliche" Menschen. Denn nun wandeln sie nach „Menschenart". Sie halten ihre natürliche Menschenart auch als Christen noch fest und verfestigen sie dadurch in gefährlicher Weise.

Dadurch ist auch ihr Streben nach Weisheit gerichtet. Sie wollen jene imponierende Weisheit, bei der man innerlich der alte Mensch bleiben und unbeschwert in Eifersucht und Streit leben kann. Nicht um Irrlehre handelt es sich in Korinth, die man darum auch vergeblich hinter den „Parteien" in Korinth aufzuspüren versucht hat. Von Irrlehre könnte höchstens in Kap. 15 bei den Leugnern der Auferstehung die Rede sein. In allen anderen Kapiteln ist es immer wieder die Fleischesart, die zu den verschiedenen Nöten in Korinth geführt hat[6].

So „menschlich" wäre auch Paulus, wenn er jetzt reagierte, wie der 5
Mensch von Natur in solchem Falle zu reagieren pflegt, wenn er sich an seinen Anhängern freute, mit Wohlgefallen das „Ich gehöre zu Paulus" vernähme und mit Eifersucht auf die blickte, die sich zu Apollos rechnen. Aber er sieht es durch den Heiligen Geist und den „Sinn Christi" ganz anders. Paulus und Apollos – von Kephas spricht er jetzt nicht mehr, weil dieser nicht in dauernder Verbindung mit der korinthischen Gemeinde stand – sind nicht „Herren", denen Menschen „gehören", sondern sind **„Diener, durch welche ihr zum Glauben kamt"** und damit in die rettende Gemeinschaft mit Christus. Und selbst diesen ihren „Dienst" taten sie nicht von sich aus, sondern waren völlig auf das Geben des Herrn angewiesen. Sie taten ihn so, **„wie es jedem der Herr gegeben hat".**

Wie ist in diesem Satz des Paulus Demut und Größe vereint. Nur „Diener" zu sein und sein zu wollen, das ist der volle Gegensatz zur Art des „Menschen", das ist der „Sinn Christi" (2, 16), der Sinn dessen, der „nicht gekommen ist, sich dienen zu lassen, sondern zu dienen und sein Leben zu geben zur Erlösung für viele" (Mt 20, 28). Wieder, wie oft in den Briefen, sehen wir, wie Paulus in dem Wort des „historischen Jesus" lebt. Er tut es so tief und ganz, daß er es nicht einmal ausdrücklich anzuführen braucht, sondern unmittelbar in seiner ganzen Haltung wiedergibt. Aber wie groß wird zugleich ein Leben durch solchen Dienst. Menschen kommen dadurch zum Glauben, Frucht für die Ewigkeit entsteht[7].

Weil der Dienst aber immer nur so gelingt, **„wie es jedem der Herr** 6
gegeben hat", ist der Dienst und sein Erfolg unterschiedlich. **„Ich habe gepflanzt, Apollos hat begossen."** Paulus meint mit diesem Bild nicht,

[6] So lebenswichtig der Gegensatz von „reiner Lehre" und „Irrlehre" ist, es war doch ein schwerer Schade für die Kirchen der Reformation, daß sie fast völlig in dem Eifer für die rechte Lehre und in der Bekämpfung der Irrlehren aufgingen. Das, worum es einem Paulus im Blick auf das Gemeindeleben in Korinth ging, den Gegensatz von fleischlicher und geistlicher Art, sah und beachtete man überhaupt nicht. Und doch entscheidet sich an unserem Zusammenleben die Wirklichkeit und Echtheit unseres Geistesbesitzes.

[7] Auch wir sind gewürdigt zu solchem Dienst, auch durch uns sollen Menschen zum Glauben kommen. Wie leer bleibt das Leben eines Predigers, wenn dies nicht in seinem Dienst geschieht.

daß nur er Menschen für Jesus gewonnen und Apollos diese Gewonnenen nur gepflegt und gefördert habe. Als „Diener, durch den ihr zum Glauben kamt“ hatte Paulus soeben auch Apollos ausdrücklich bezeichnet. Der Blick des Paulus geht auf die Gemeinde als ganze, nicht auf die einzelnen, die zum Glauben kamen. Für die Gemeinde als solche war und blieb Paulus der, der sie erstmalig „gepflanzt“ hat. Danach kam Apollos und „begoß“, wobei die Gemeinde sichtlich wuchs und größer wurde durch den Hinzutritt neugewonnener Glieder. Aber Paulus wählte die Ausdrücke mit großem Bedacht. Nicht nur um die Verschiedenheit des Dienstes zu kennzeichnen, sondern um vor allem hervorzuheben: wenn es durch unsern Dienst zum Glauben kam,
dann konnten w i r dabei immer nur „pflanzen“ und „begießen“,
7 **„aber Gott hat wachsen lassen“.** Denn Leben schaffen und gar Glaubensleben, göttliches Leben, das vermag kein Mensch, das kann nur Gott. **„Daher ist weder der Pflanzende etwas noch der Begießende, sondern der wachsenlassende Gott.“** Wieder wie in Kap. 1, 26 ff werden wir auf die Frage des „Seins“ gewiesen. Nicht nur die geringen Gemeindeglieder in Korinth, sondern auch die großen Boten Jesu, ein Paulus und ein Apollos, „sind nichts“ (vgl. o. S. 22 f). Sie vermögen nichts Entscheidendes auszurichten. Nur der wachsenlassende Gott „ist“ etwas. Aber in diesem Gott haben auch die Boten ihre Bedeutung, die als in Gott allein begründet ein- und dieselbe für die „Pflan-
8 zenden“ wie für die „Begießenden“ ist. So fährt Paulus fort: **„Der Pflanzende und der Begießende sind eins“**, jeder gleich nötig, jeder auf das Geben und Wirken des Herrn angewiesen. Keiner kann sagen, welches das größere Werk sei: eine Gemeinde an einem Ort wie Korinth erstmalig gründen oder sie gerade in einer Stadt wie Korinth am Leben erhalten und mehren. Gott selbst muß das eine wie das andere tun. Eifersucht zwischen dem „Pflanzenden“ und „Begießenden“ und Eifersucht in der Gemeinde für den einen und für den andern ist völlig fehl am Platz und verkennt die eigentliche Wirklichkeit. Beide **„sind eins“** und dürfen darum auch miteinander und für die Gemeinde **„eins“** sein.

Freilich gibt es für die Diener „Lohn“. Das ganze NT zweifelt nicht daran, daß der Herr seinen Dienern „Lohn“ zahlt[8]. Aber das ist nun ganz wichtig: dieser „Lohn“ richtet sich nicht nach dem „Erfolg“ der Arbeit, sondern nach ihrer „Mühe“. Der „Erfolg“ ist ja immer „Frucht“, die wir überhaupt nicht schaffen können, sondern nur der „wachsenlassende Gott“. Dafür können wir darum auch nicht belohnt werden, sondern **„jeder aber wird seinen eigenen Lohn empfangen nach seiner eigenen Arbeitsmühe“.** Das Wort „Arbeit“ hat hier – wie in der ganzen, so realistischen Bibel – den Sinn der „Mühsal“. Wirkliche Arbeit ist nie einfach Vergnügen, auch gerade die „geistliche“ Arbeit, der Dienst an der Gemeinde Gottes, ist es nicht. Sie ist harter und ermüdender Einsatz der Kraft. Die Briefe der Apostel zeigen uns sehr an-

[8] Wer den „Lohngedanken“ als unterwertig ablehnt, versteigt sich auf idealistische Höhen und wird irgendwann zu spüren bekommen, daß er sich tatsächlich „verstiegen“ hat.

schaulich, wie diese „Arbeitsmühe" aussieht, welche Fülle von Kampf, Kummer, Enttäuschungen und Rückschlägen neben aller Freude mit dem Dienst an der Gemeinde verbunden ist. Paulus ist überzeugt: „Ich habe mehr gearbeitet als sie alle" (15, 10). Er wird gerade den Korinthern, die den geistlichen Genuß liebten, sehr ernstlich schildern, was apostolische „Arbeit" heißt (4, 6–13). An dem Maß solcher Arbeit bemißt sich der Lohn. Den Lohn zahlt aber nicht die Gemeinde nach ihrer Gunst und Ungunst, sondern der Herr.

„Denn Gottes Mitarbeiter sind wir." Es ist hier tatsächlich so wie 9
draußen im Garten. „Wachsen lassen" können wir dort nichts. Und doch wächst es auch wieder nicht ohne uns. Gott ist der große „Arbeiter". Aber in seiner Liebe hat er von der Schöpfung her (vgl. 1 Mo 1, 28; 2, 15) den Menschen zum „Mitarbeiter" haben wollen. Er will ihn zum Mitarbeiter auch bei dem größten, was er schafft, bei dem Werden und Wachsen der „Gemeinde Gottes".

Hier ist eine lebendige Wahrheit ausgesprochen, die als „lebendige" notwendig widerspruchsvoll ist und sich nicht in ein einliniges System einfangen läßt. Darum sind wir ständig in der Gefahr, sie nach der einen oder anderen Seite zu verkehren. Mächtig tönt es durch den kurzen Satz des Paulus: „G o t t e s Mitarbeiter, G o t t e s Ackerfeld, G o t t e s Bau." Wehe, wenn der Mensch meint, mit seinem Einsatz und mit seinen alten und modernen Mitteln hier selber etwas „schaffen" zu können. Es straft sich das durch die Ohnmacht und Fruchtlosigkeit aller Bemühungen. Nur in Gottes Hand sind die Werkzeuge etwas. In seiner Hand dürfen auch die kümmerlichsten und – menschlich gesehen – unbrauchbarsten Werkzeuge Großes vollbringen[9]. Aber ebenso falsch ist eine Lehre von der „Alleinwirksamkeit Gottes", die das Wort „Mitarbeiter" nicht mehr ernst nimmt. Wieviel Not und Ohnmacht liegt in der Christenheit vor, weil Gott sich vergeblich nach „Mitarbeitern" umsieht. Unsere treffliche Dogmatik mit ihrem Hinweis auf die „Alleinwirksamkeit Gottes" kann unbewußt oder sogar bewußt ein „Unterstand" sein, in dem wir uns gegen Gottes Ruf und Zugriff sichern. „G o t t e s Ackerfeld, G o t t e s Bau" – gerade darum, weil wir hier an Gottes Eigentum unsern Dienst tun, ziemt uns der äußerste Einsatz und die willige Arbeitsmühe.

[9] Es ist immer wieder zum Anbeten und sehr tröstlich für uns, wie Gottes Treue die „Mitarbeiter" auch bei so vielem Versagen nicht wegwirft, sondern in seinem Dienst behält und seine göttliche Macht gerade dadurch verherrlicht, daß er mit ihnen trotz ihres Versagens zum Ziel kommt.

DAS GERICHT ÜBER DIE MITARBEIT AM GEMEINDEAUFBAU

1. Korinther 3, 10–17

zu Vers 10:
Rö 15, 20
1 Ko 15, 10
Eph 3, 2. 7
Hbr 6, 1
zu Vers 11:
Mt 16, 18
Apg 4, 11 f
Eph 2, 20
1 Pt 2, 4–6
Hbr 13, 8
zu Vers 13:
1 Ko 4, 5
2 Ko 5, 10
zu Vers 16:
1 Ko 6, 19
2 Ko 6, 16
Rö 8, 9

10 **Nach der Gnade Gottes, die mir gegeben ist, habe ich als ein wei-**
ser Baumeister das Fundament gelegt; ein anderer aber baut dar-
11 **auf. Ein jeder aber sehe zu, wie er darauf baut. * Denn ein anderes**
Fundament ist niemand imstande zu legen außer (oder: neben)
12 **dem** (bereits) **gelegten, welches ist Jesus Christus. * Wenn aber**
einer aufbaut auf das Fundament Gold, Silber, kostbare Steine,
13 **Holz, Heu, Rohr, * so wird eines jeden Werk offenbar werden.**
Denn der Tag wird es kundtun, weil er mit Feuer offenbart wird,
und eines jeden Werk, wie beschaffen es ist, das Feuer wird es er-
14 **proben. * Wenn jemandes Werk bleiben wird, das er darauf ge-**
15 **baut hat, wird er Lohn empfangen; * wird jemandes Werk ver-**
brennen, wird er Schaden leiden. Er selbst aber wird gerettet
16 **werden, jedoch so wie durchs Feuer. * Wißt ihr nicht, daß ihr Got-**
17 **tes Tempel seid und der Geist Gottes in euch wohnt? * Wenn einer**
den Tempel Gottes verdirbt, verderben wird diesen Gott, denn der
Tempel Gottes ist heilig, der ja ihr seid.

10 Gott teilt jedem seinen Dienst zu, hatte Paulus gesagt. So kann er ohne Eitelkeit feststellen: **„Nach der Gnade Gottes, die mir gegeben ist, habe ich als ein weiser Baumeister das Fundament gelegt."** Wieder ist hier beides völlig geeint, die Gnade Gottes, die uns geschenkt sein muß, wenn wir überhaupt etwas wirken wollen und der eigene verantwortliche Einsatz. Das „Fundament" entsteht nicht von selbst. Wir können auch nicht einfach darafloswirken, weil Gott es schon richtig machen wird. Wer das Fundament haltbar legen will, muß ein **„weiser Baumeister"** sein. Wenn die Korinther an Paulus die rechte „Weisheit" vermissen, so sind sie blind. Das Fundament einer Gemeinde recht zu legen, dazu gehörte mehr Weisheit als zu dem Auftürmen der luftigen Gedankengebilde, mit denen manche in Korinth der Gemeinde imponierten.

Als das Fundament gelegt war, verließ Paulus Korinth, weil sein apostolischer Dienst ihn an neue Orte rief. Bleibt nun der Bau stekken? Nein, **„ein anderer baut darauf"**. Darüber aber steht der Ernst der Verantwortung. Es ist freilich „Gottes Bau" (3, 9), und doch wächst dieser Bau nur, indem wir selber tatkräftig bauen. Wir sind dabei frei und selbständig an der Arbeit, keineswegs bloß tote Werkzeuge, die nur passiv von Gott gebraucht werden. Aber gerade, weil es dabei um Gottes Bau geht, ist unsere Verantwortung so groß.

11 Das Fundament der Gemeinde steht freilich einwandfrei fest. **„Denn ein anderes Fundament ist niemand imstande zu legen außer** (oder: neben) **dem** (bereits) **gelegten, welches ist Jesus Christus."** Paulus verschiebt mit diesem Satz – wie er es auch sonst gern tut, z. B. 2 Ko

2, 14 ff; 3, 2 ff; 3, 14 ff — das Bild, um einen sehr wesentlichen Fortschritt des Gedankens zu gewinnen. Wohl hat Paulus das Fundament der Gemeinde gelegt, als er die Gemeinde in Korinth gründete. Aber nicht dieser Anfang der Gemeinde ist ihr eigentliches **„Fundament"**. Der „Grundstein" und „Eckstein" auf dem die Gemeinde ruht, ist Jesus Christus. Achten wir wohl darauf: nicht die Lehre von Jesus Christus, nicht die „Christologie", das Christus-Dogma sah Paulus als das Fundament der Gemeinde an, sondern Jesus selbst, Jesus Christus, den Gekreuzigten und Auferstandenen in Person[1]. Dieses Fundament aber konnte nicht Paulus legen, sondern nur Gott selbst, der den Sohn in die Welt sandte. Dadurch gewinnt die Aussage von dem bereits gelegten Fundament ihre ganze Größe und Wucht. Das Fundament liegt fest, ein für allemal, von dem ewigen Gott selbst gegeben. Nun ist es freilich unmöglich, dem Bau der Gemeinde ein anderes Fundament zugrunde zu legen. Es entstände dann überhaupt keine wirkliche „Gemeinde Gottes". Aller Gemeindebau ist „Aufbau" auf diesem Fundament. Durch diese Wendung des Bildes schließt sich Paulus nun ganz mit ein unter die, die **„aufbauen auf das Fundament"**, und unterstellt sich und sein Tun genauso wie das aller andern „Mitarbeiter Gottes" der Feuerprobe des Tages Gottes.

Auf diesem einen Fundament, außer dem es gar kein anderes geben 12
kann, wird „aufgebaut". Was ist damit konkret gemeint? Nun eben der „Aufbau" von „Gemeinde". Da das „Fundament" nicht eine „Lehre" über Christus ist, sondern die lebendige Person Jesus Christus selbst, ist auch das, was darauf gebaut wird, nicht eine gute oder schlechte Theologie, sondern eine Fülle von Personen, durch deren Zugliederung die Gemeinde wächst[2]. Die Gemeinde baut sich auf aus „lebendigen Steinen". Dieses „Bauen" geht fort und fort weiter. Immer „baut einer den andern" (1 Th 5, 11). Jeder ist mit seiner Gabe am Bau der Gemeinde beteiligt (14, 4). Die Heiligen werden „zugerüstet zum Werk des Dienstes, dadurch der Leib Christi gebaut wird" (Eph 4, 12). Apostel, Propheten, Evangelisten, Hirten und Lehrer haben dabei ihre besondere Aufgabe und Verantwortung. Manche Gemeindeglieder haben „sich selbst verordnet zum Dienst der Heiligen" (Kap. 16, 15; 1 Th 5, 12). An die ganze Arbeitsmühe eines Paulus bei solcher „Bauarbeit" wurden wir eben schon erinnert.

Es kann aber beim Gemeindebau „echt" oder „unecht" gebaut werden, mit **„Gold, Silber, kostbaren Steinen"**, oder mit **„Holz, Heu, Rohr"**. Denn es kann der Zugang zur Gemeinde allzuleicht gemacht werden. Wenn in der Verkündigung die „Weisheit" einzog und das „Wort vom Kreuz" in ihr zurücktrat, dann mochten viele diese Ver-

[1] Hier hat im Lauf der Kirchengeschichte eine verhängnisvolle Verschiebung stattgefunden. Nicht mehr der lebendige Christus selbst in seiner wirksamen Gegenwart, sondern nur noch eine Lehre über ihn wurde das Fundament der Kirche. Konnte sie darauf wirklich „leben"?

[2] Es entspricht der in Anmerkung 1 gekennzeichneten Verschiebung, wenn man in dem „Gold" oder dem „Heu" die guten oder die schlechten Theologien sieht, die auf dem Fundament der richtigen Christologie aufgebaut werden. Vom wirklichen „Bauen" echter „Gemeinde" weiß man dann nichts mehr.

kündigung gern hören und sich davon angezogen fühlen. Wenn es nicht mehr zu dem letzten Zusammenbruch vor dem Gericht des Kreuzes kommen mußte und zu dem Verzicht auf alle eigene Gerechtigkeit, wenn das Christentum eine einsichtige Weltanschauung wurde, zu der man ohne Bruch im Leben gelangte, war die Tür zur Gemeinde für viele weit offen. Es konnte aber in Fortsetzung dieser Linie auch im Weiterbau der Gemeinde der heilige Ernst und die eigentliche Tiefe eines wirklichen Lebens im Heiligen Geist fehlen und das Gemeindeleben in eine falsche Richtung gelenkt werden. Wie sehr war das für den Blick des Paulus gerade in Korinth der Fall. Wenn es wirklich galt: „alles steht mir frei" (Kap. 6, 12; 10, 23), auch das freie geschlechtliche Verhältnis (Kap. 6), auch die Teilnahme an den Mahlzeiten im heidnischen Tempel (Kap. 8), wenn auf die anstößige Botschaft von der Auferstehung kein Wert mehr gelegt wurde (Kap. 15), wenn die Gemeinde das Leiden vermied und äußerlich groß dastand (4, 8), wenn sie mit auffallenden und interessanten Geistesgaben glänzte (Kap. 12 u. 14), dann konnte sie für viele Menschen in der Stadt anziehend sein und scheinbar aufs beste gedeihen und wachsen. Aber für den Blick des Paulus wurde dann „Holz, Heu, Rohr" mit hineingebaut. Mit solchem Material baut man schnell und billig. Es lassen sich aus Holz und Rohr auch größere Bauten aufführen als aus Gold, Silber und Edelsteinen. Aber der Bau ist minderwertig. Er ist nicht „feuerfest" gebaut worden. Wehe, wenn der Bau ins Feuer hineingerät. „Holz, Heu und Rohr" verbrennen. Nur „Gold, Silber, kostbare Steine" halten das Feuer aus und bleiben bestehen.

13 Dem Feuer aber geht die Gemeinde mit allen ihren Mitarbeitern entgegen. Denn sie geht dem „Tag unseres Herrn Jesus Christus" entgegen, wie es Paulus schon am Anfang des Briefes gesagt hat (1, 8). Es ist der Tag, den sie selbst erwartet und ersehnt. Aber die Gemeinde muß es zugleich wissen, daß dieser Tag „mit Feuer offenbart wird"[3]. Wohl ist er nicht zu verwechseln mit dem Tag des Weltgerichtes, des Gerichtes vor dem großen weißen Thron (Offb 20). Dieses abschließende „Jüngste Gericht" findet erst nach der Entrückung der Gemeinde und nach dem tausendjährigen Reich statt. Bei diesem Weltgericht ist die Gemeinde bereits mit ihrem Haupt völlig und für immer vereint (1 Th 4, 17) und nimmt daher auf seiten des Richters an dem Gericht teil und richtet Welt und Engel mit, wie Paulus es den Korinthern noch ausdrücklich schreiben wird (6, 2 f). Aber vorher geht sie selbst durch ein Gericht hindurch (2 Ko 5, 10), und dieses Gericht ist ernst genug. Es betrifft ausdrücklich „uns" und nicht die Welt. „W i r müssen offenbar werden vor dem Richterstuhl Christi." Der erhöhte Christus aber hat Augen wie eine Feuerflamme (Offb 1, 14). Zu ihm entrückt werden, heißt notwendig in diese Flammen

[3] So haben auch die Propheten des Alten Bundes Israel vor einem flachen und leichtfertigen Verlangen nach dem Tag „Jahwes" gewarnt und den erschreckenden Ernst dieses Tages gekennzeichnet (Am 5, 18; Joe 2, 11; Mal 3, 2. 19).

seiner Augen hineinkommen[4]. Dann **„wird eines jeden Werk offenbar werden“.** Jetzt kann man noch über die Mitarbeiter und ihre Leistungen streiten. In Korinth meinten viele, daß es in der Gemeinde vortrefflich stehe und daß die neuen Wege des Gemeindeaufbaus in „Weisheit“ und „Freiheit“ glänzendes Gold und Silber seien. Paulus aber sah darin mit Sorgen die ernste Gefährdung der Gemeinde. Wer hat recht? Paulus oder seine Gegner, die seinen Einfluß in Korinth zu verdrängen suchten, gerade weil sie meinten, daß mit ihm die Gemeinde nicht richtig vorankomme? **„Der Tag wird es kundtun, weil er mit Feuer offenbart wird, und eines jeden Werk, wie beschaffen es ist, das Feuer wird es erproben.“** Paulus nimmt das Ergebnis nicht vorweg. Er stellt seinen Gegnern in Korinth gegenüber nicht von sich aus fest: euer Werk ist nur Holz und verbrennt. Nicht er, Paulus, hat die Augen wie eine Feuerflamme. Aber er stellt seine Gegner wie sich selbst vor den ganzen Ernst jenes Tages.

Ganz gewiß, **„wenn jemandes Werk bleiben wird, das er darauf ge- 14
baut hat, wird er Lohn empfangen“.** Wenn durch unsern Dienst wirklich Menschen errettet wurden und nun vor dem Angesicht Jesu als ewig Errettete stehen, wie werden sie dann „unsere Hoffnung oder Freude oder Ruhmeskranz vor unserm Herrn Jesus bei seiner Parusie“ sein (1 Th 2, 19). Das ist schon herrlicher „Lohn“, dem der Herr noch seinen Lohn hinzufügen wird[5]. Aber es kann auch anders kommen, wenn wir zu schnell und zu billig mit„bauten“. Dann verwirklicht
sich die andere Möglichkeit: **„Wird jemandes Werk verbrennen, wird 15
er Schaden leiden.“** Paulus spricht hier von Mitarbeitern in der Gemeinde, die zwar ungenügend und wertlos bauten, aber doch als Männer redlichen Willens. Darum trifft sie das „Verbrennen“ ihres Werkes, die Vergeblichkeit ihrer Lebensarbeit schmerzhaft und schwer. Sie meinten es gut, wenn sie Menschen die gründliche Bekehrung, die ganze geschlechtliche Reinheit, den Bruch mit allem heidnischen Leben, die Leiden um Jesu willen ersparten. Jetzt müssen sie sehen: sie haben damit diese Menschen um das Heil betrogen. Welch ein heißer Schmerz!

Freilich, dies Feuergericht über den Bau der Gemeinde ist mit aller Deutlichkeit nicht das „Weltgericht“, bei dem es um Tod und Leben geht. Diese Frage ist für alle entschieden, die zum wirklichen Glauben kamen. Ihr Todesgericht ist für sie von Jesus Christus durchlitten, ihre Gerechtigkeit ist ihnen am Gnadenthron geschenkt und von ihnen im Glauben ergriffen. Und das hat Bestand, auch wenn das ganze Lebenswerk eines Mannes verbrennt. **„Er selbst aber wird gerettet werden.“** Paulus fügt aber noch einmal mit Ernst hinzu: **„jedoch so wie**

[4] Warum betonen wir so einseitig, daß die Glaubenden nicht in das „Jüngste Gericht“ kommen, und sprechen nur selten, nur flüchtig von dem Feuer des Tages Jesu, das gerade uns, und nicht die Welt angeht?

[5] Von diesem „Lohn“ hat Paulus hier nicht näher gesprochen. Er wird aber auch hier im Wort Jesu leben und auch von der Gemeinde erwarten, daß sie wohl weiß, was der Herr selbst vom Lohn gesagt hat. Der Lohn ist erhöhter Dienst, vermehrter Einfluß, größere Wirksamkeit Lk 19, 15—19; Offb 22, 3 f.

durchs Feuer"[6]. Wie einer aus dem brennenden Haus nur das nackte Leben rettet, so geht es mit solch einem kirchlichen Mitarbeiter, der in falscher Weise baute[7].

16 Von diesen Männern, die falsch, aber doch redlich bauten, unterscheidet Paulus andere, mit denen es anders steht. Um das Schreckliche ihres Tuns klar zu machen, kennzeichnet er den „Bau" noch näher. Dieser „Bau" der Gemeinde ist **„Gottes Tempel"**. Mit diesem „Tempel" hat Gott ein Verlangen erfüllt, das seit dem Sündenfall durch die ganze Menschheit geht. Wir leben nicht mehr im „Paradies", in der fraglosen Gemeinschaft mit Gott. Wir sind von Gott getrennt und sind einsam unserem Leben und Sterben preisgegeben. Aber wir sehnen uns nach Gott. Wir wollen in dieser notvollen Welt Stätten haben, in denen wir der Nähe Gottes gewiß sein können. Darum baut man in aller Welt unter allen Völkern „Tempel", heilige Gebäude, in denen die Gottheit für den bedürftigen und geängsteten Menschen zu finden sein soll. Aber wie großartig und geheimnisvoll diese Bauten sein mögen, wie tief die Kultakte und Gottesdienste in ihnen die Seelen erregen, die Menschen merken, daß ihr Hunger nach der Gegenwart Gottes nicht gestillt wird[8]. Nun aber, nach dem vollbrachten Heilswerk ist Gott dabei, selber einen „Tempel" zu bauen, der das verwirklicht, was alle Religionen der Welt ersehnten. In diesem ungeheuren Tempel, der durch die ganze Welt reicht, der nicht aus totem Material, sondern aus „lebendigen Steinen" besteht, wohnt der heilige, lebendige Gott tatsächlich im Heiligen Geist[9]. Dieser Tempel ist konkret und wirklich da, wo Menschen durch das Wort vom Kreuz errettet und mit dem Heiligen Geist beschenkt wurden. So steht dieser Tempel auch in Korinth: **„Wißt ihr nicht, daß ihr Gottes Tempel seid und der Geist Gottes in euch wohnt?"**[10]

17 Und nun sieht Paulus Männer am Werk, die diesem Tempel nicht nur unzulängliches Material einbauen, sondern diesen **„Tempel Gottes**

[6] Paulus kennt dieses Bild des „Brandscheites, das aus dem Feuer gerettet ist" aus dem AT (Sach 3, 2). Unsere Stelle ist kein Beleg für das „Fegefeuer" und hat mit einer Läuterung von Verstorbenen im Jenseits nicht das Geringste zu tun. Nur das dürfen wir erwarten, daß dieses „Verbrennen" untauglicher Werke von uns selbst ganz bejaht werden wird. Im heißen Schmerz wird auch eine Freude liegen, wenn in Gottes Flammen vernichtet wird, was wir im Licht der Ewigkeit selber als nichtig und häßlich an unserer Lebensarbeit erkennen.

[7] Wohl trifft in besonderer Weise die Verantwortung die ausdrücklichen „Mitarbeiter". Darum besteht die Warnung des Jakobus (3, 1) zu Recht. Aber am Aufbau des Leibes Christi sind alle Glieder beteiligt. Jeder muß es sich darum als die mächtige Regel seines Tuns ins Herz schreiben lassen: „Gold! Silber! Kostbare Steine!"

[8] Nur mit der Stiftshütte und dem Tempel in Jerusalem war es anders, weil hier bereits Gott selbst der Bauherr war und selber seine Gegenwart, wenn auch als eine streng begrenzte, zugesagt hatte.

[9] Auch christliche Kirchen sind in sich selber keine „Gotteshäuser", so alt-ehrwürdig sie immer sein mögen. Die einzige wirkliche Wohnstätte Gottes ist auch bei uns die Gemeinde der wahrhaft Wiedergeborenen. Wo sie sich versammelt in größerer oder kleinerer Zahl, da wird auch eine Baracke, ein Zimmer, ein Stall zu einem „Tempel", der in Wirklichkeit und Herrlichkeit alle Heiligtümer und Dome der Welt übertrifft. Wir müssen diese Würde und Größe der „Gemeinde" ganz anders neu begreifen.

[10] Selbst der Ungläubige oder Fernstehende kann das sehr real erfahren, wie es Paulus Kap. 14, 24 f. schildert.

verderben". Paulus sagt nichts Näheres darüber. Aber wir können zu Gal 1, 6—9 hinüberblicken. Viele Irrtümer, Schwächen und Fehler hat Paulus in den Gemeinden, auch in Korinth, getragen und dabei mit liebevoller Geduld versucht, den Gemeinden aus ihnen herauszuhelfen. Aber wenn ein „anderes Evangelium" gebracht wurde, das ertrug Paulus nicht. Da sprach er sein „Anathema". Denn hier wird, um in der Sprache unseres Briefes zu reden, nun doch versucht, ein anderes Fundament zu legen und die Gemeinde nicht einzig und klar auf Jesus Christus, den Gekreuzigten, zu gründen, sondern auf menschliche „Weisheit", menschliche Leistungen, menschliche Größe. Damit aber wird der Tempel Gottes nicht nur durch minderwertiges Material entstellt, sondern im Fundament verdorben. Merken die Korinther nicht, was das heißt, wenn es so deutlich beim Namen genannt wird? Selbst für sie als Heiden war „Tempelfrevel" etwas furchtbares, obwohl es doch dabei nicht um echte Tempel ging. Nun aber hat Gott der sehnenden Menschheit eine Stätte seiner wirklichen lebendigen Gegenwart geschenkt, und diesen wahrhaften Tempel zerstören Menschen! Das straft Gott, der zum Fundament des Tempels den eigenen Sohn als dahingegebenen und gekreuzigten geschenkt hat. **„Wenn einer den Tempel Gottes verdirbt, verderben wird diesen Gott."** Für solche Männer gibt es keine „Rettung wie durchs Feuer". Wenn Gott verdirbt, dann ist das ewiges Verderben. Wieder nimmt Paulus dieses Gericht nicht in die eigene Hand. Solche Männer „verderben" kann nur Gott. Aber Paulus warnt und sagt dieses Verderben voraus. Er warnt die neuen Lehrer in Korinth, die mit ihren „Weisheitsreden" das Kreuz des Christus entleeren (1, 17) und der Gemeinde das einzige, von Gott selbst gelegte Fundament entziehen. Er warnt vor allem die Gemeinde, die bedenken muß, was sie ihrem Wesen nach ist, und die sich das Fundament nicht nehmen lassen darf, auf welchem allein sie das sein kann, wozu sie Gott bestimmt hat. **„Denn der Tempel Gottes ist heilig, der ja ihr seid"**[11].

DIE GEMEINDE UND DIE BOTEN

1. Korinther 3, 18—23

18 **Keiner täusche sich selbst! Wenn einer meint, ein Weiser unter
euch zu sein in diesem Äon, ein Tor werde er, damit er ein Weiser
19 werde. * Denn die Weisheit dieser Welt ist Torheit bei Gott. Es
steht ja geschrieben: „Der da fängt die Weisen in ihrer Schlauheit."**

zu Vers 18:
1 Ko 1, 19—25
2, 6; 4, 10
Offb 3, 17 f

[11] Wer Gottes heiliges Eigentum antastet, für den haben darum auch wir kein „Verständnis", keine Schonung zu haben, auch wenn uns das als „Fanatismus" oder „Engherzigkeit" ausgelegt wird. Es geht auch bei uns nicht um einzelne Lehren und Anschauungen, sondern um das Fundament. Es geht immer aufs neue um die Frage: Torheit der Kreuzesbotschaft oder Weisheiten irgendwelcher Art? Wirklich und allein Gnade oder eigene Leistungen und eigene Größe?

zu Vers 19:
Hio 5, 12 f
Rö 1, 22
zu Vers 20:
Ps 94, 11
zu Vers 22:
Rö 8, 38 f
1 Ko 1, 12
3, 4; 7, 23

20 * Und wiederum: „Der Herr kennt die Gedankengänge der Wei-
21 sen, daß sie nichtig sind." * Daher rühme sich niemand an Men-
22 schen. Denn alles gehört euch – * es sei Paulus, es sei Apollos, es
sei Kephas, es sei die Welt, es sei Leben, es sei Tod, es sei Gegen-
23 wärtiges, es sei Zukünftiges – alles gehört euch, * ihr aber gehört
Christus, Christus aber Gott.

Paulus schließt nun die Erörterung über die „Weisheit" ab, die er
18 mit dem Stichwort in Kap. 1, 17 „nicht in Weisheit der Rede" begonnen hat. Auch wenn die Botschaft von dem König, der am Verbrecherpfahl starb, bei den „Vollkommenen" „Weisheit Gottes" ist, so ist und bleibt sie doch zugleich „Torheit" für alle Weisheit dieser Welt. Darum muß es unerbittlich als Ergebnis der ganzen Klarlegung dabei bleiben: **„Wenn einer meint, ein Weiser unter euch zu sein in diesem Äon, ein Tor werde er, damit er ein Weiser werde"**[1]. Hier **„täusche sich keiner"**. Die Korinther wollen „weise" sein, und die führenden Männer in ihren Reihen wollen erst recht als „Weise" gelten. „Täuscht euch nicht", warnt Paulus. Die wirkliche, göttliche Weisheit gibt es nur um den einen Preis, in dieser Welt ein Narr zu sein[2]. Diese Welt und Gottes Welt stehen unter entgegengesetzten Vorzeichen. Was in Gottes ewiger Welt leuchtende Weisheit ist, das Kreuz des Christus, das ist in dieser Welt Torheit, gerade unter den „Weisen". Und umgekehrt: **„Die Weisheit dieser Welt ist Torheit bei Gott"**[3].

19 Wieder legt Paulus Wert darauf, dies nicht nur von sich selbst aus zu sagen, sondern es in der Schrift zu finden. Hio 5, 13 dient ihm als „Schriftbeweis". **„Es steht ja geschrieben: ‚Der da fängt die Weisen in ihrer Schlauheit'."** Dabei wird hier die „Weisheit" der Menschen ein Stück „moralisch" abgewertet. Die „Panourgia", in der Gott die Weisen fängt, ist die **„Schlauheit"**, mit der man seine eigensüchtigen Ziele zu erreichen versteht. Der grie Ausdruck ist zusammengesetzt aus den Worten „alles" und „wirken, fertigbringen". Alles managen, schlau alles erreichen, sich in allem durchschlängeln, das ist die Kunst des gerissenen Menschen. Paulus sah etwas davon an den Männern in Korinth, deren Versuch, mit ihrer Weisheit eine Rolle zu spielen und die Gemeinde zu beherrschen, nur zu deutlich ihre Ichhaftigkeit ver-

[1] Es bleibt fraglich, wozu wir die Worte „in diesem Äon" zu ziehen und dementsprechend das Komma zu setzen haben. Statt der oben gegebenen Verbindung könnten wir ebenso gut lesen: „Wenn einer meint, ein Weiser unter euch zu sein, der werde in diesem Äon ein Tor, damit er ein Weiser werde." Am Sinn des Satzes ändert sich dadurch nichts.

[2] Etwas von dieser Wahrheit hat Sokrates geahnt und in seinem Kampf gegen die Weisen seiner Zeit, gegen die „Sophisten", vertreten. Er hat ihren Ansprüchen auf „Weisheit" sein Zeugnis entgegengesetzt: „Ich weiß, daß ich nichts weiß."

[3] Es ist von grundlegender Bedeutung für uns, daß wir den Gegensatz zwischen der „Welt Gottes" und „dieser Welt" recht erkennen. Er ist von einer alles umfassenden Größe. Alles erscheint in der einen und in der andern Welt unter entgegengesetzten Vorzeichen. Alle Weisheit bei Gott kann in dieser Welt nur als Torheit erscheinen, aber auch alle göttliche Herrlichkeit nur als Schmach, alle Kraft Gottes nur als Schwachheit, alles ewige Herrschen nur als Dulden, alles Leben aus Gott nur als Sterben. Vgl. 2 Tim 2, 11 f. und aus Paul Gerhardts Osterlied: „Wer dort wird mit verhöhnt, wird hier auch mit gekrönt; wer dort mit sterben geht, wird hier auch mit erhöht."

riet. Gott aber läßt sich von solchen „Weisen" nicht einfangen, obwohl Menschen sich manchmal einbilden, auch Gott in das Netz ihrer schlauen Pläne hineinbekommen zu können. Gott bleibt der Überlegene, **„der da fängt die Weisen in ihrer Schlauheit"**. Mögen sie eine Zeitlang ihre ichhaften Ziele zu erreichen scheinen, zuletzt scheitern sie doch und müssen gerade an ihrer eigenen Schlauheit zu Fall kommen.

Zu dem Wort des Hiob (5, 13) stellt Paulus Ps 94, 11: **„Der Herr** 20
kennt die Gedankengänge der Weisen, daß sie nichtig sind." Das hier verwendete Wort „mataios" hat den Sinn von „eitel, nichtig, ohne Wahrheit, ohne Nutzen, ohne Erfolg, ohne Kraft". Wir werden es in Kap. 15, 17 mit „vergeblich" übersetzen. Die „Weisen" haben ihre Gedankengänge, ihre Überlegungen, die sie immer wieder verfolgen und zum Ausdruck bringen, und von denen sie selbst ebenso wie ihre Hörer sehr erfüllt sein können. Paulus sah das in Korinth mit Sorge. Denn Gott weiß, wie diesen Gedankengängen die letzte Wahrheit und Gültigkeit fehlt, wie nichtig alle diese Überlegungen bleiben. Darum wird auch im Laufe der Geistesgeschichte eine Weisheit von der andern immer wieder verdrängt und widerlegt, und keine führt zum Ziel wirklicher Weisheit. Dieser „Nichtigkeit" des Denkens entgeht man nur um den Preis, daß man es wagt, ein „Tor" zu sein, der Gottes eigenen „Gedankengängen" folgt[4]. Wer sich dem Wort vom Kreuz öffnet, verfällt nicht „nichtigen" Gedanken. Sein Denken ist nicht mehr anmaßend und leer.

„Daher rühme sich niemand an Menschen." Noch einmal kommt 21
Paulus auf die Streitigkeiten in Korinth zurück, von denen er in Kap. 1, 10 ausgegangen war. Sie hat er in der ganzen mächtigen Darlegung von Kap. 1, 18—3, 20 immer mit vor Augen gehabt. So sehr sie nur eine einzelne Not und ein einzelner Fehler zu sein schienen, so tief liegt ihr letzter und wahrer Grund. Sie sind das äußere Zeichen für die Verkennung der Kreuzesbotschaft und für die Verkennung des Menschen vor Gott. Darum nun auch umgekehrt: Das Rühmen an Menschen hört auf, wenn vor dem sterbenden Christus am Kreuz erkannt ist, wer der Mensch ist. Das Rühmen an Menschen hört auf, wenn alle echte Weisheit nur geschenkte Gabe des Heiligen Geistes ist; „gerühmt" darf auch dann noch werden; gerühmt aber wird nur der Herr allein, der seine Gemeinde mit seinen Boten und Dienern so reich beschenkt. Es bleibt bei dem, was Paulus in Kap. 1, 31 sagte.

Paulus liegt daran, daß die Gemeinde sieht, in welche unwürdige 22
Abhängigkeit sie sich mit den Parteiungen bringt, während sie doch in Wahrheit die königliche Stellung haben darf: **„Alles gehört euch."** Soll sie daraus das klägliche: „Ich gehöre Paulus, ich gehöre Apollos" machen? Nein, es ist gerade umgekehrt: Paulus, Apollos, Kephas ge-

[4] Wagen wir es wirklich, wagen wir es auch als Theologen und als Inhaber führender Stellungen in der Gemeinde? Wagen wir es als Christen in unserer Umgebung und an unserem Arbeitsplatz? Wir haben die Mahnung des Paulus „keiner täusche sich selbst" alle miteinander nötig.

hören ihr! Für die Gemeinde, zu ihrer Erbauung sind sie da[5]. Jeder von ihnen hat dabei seine besondere Gabe, die nicht geleugnet oder verkleinert werden muß. Jeder hat seine Aufträge, die gerade er erfüllen darf. Aber alle sind „Diener" (V. 5), und das Ziel sind nicht sie und ihr Ruhm, sondern der Bau der Gemeinde zur Verherrlichung dessen, der die Gemeinde mit seinem Blut erworben hat. Und nun wird Paulus noch kühner und gewaltiger. Nicht nur die Boten Gottes gehören der Gemeinde, nein, sogar **„die Welt"** gehört ihr. Das ist die volle Umkehrung aller Gebundenheit an die Welt und aller Angst vor der Welt. Wie wenig ist in der Gemeinde von dieser ihrer königlichen Freiheit und Hoheit zu merken. Ihr gehört **„Leben"** wie **„Tod"**. Also sowohl von der Lebensangst wie von der Todesfurcht ist sie befreit. Paulus wird in Kap. 15, 26 den Tod „den letzten Feind" nennen und ihn in seinem ganzen tödlichen Ernst sehen. Darum ist es eine mächtige Aussage, wenn er hier der Gemeinde zuspricht: auch der Tod gehört euch! Das übersteigt noch den Triumph von Rö 8, 38 f. Dort ist nur bezeugt, daß der Tod uns nicht von der Liebe Gottes in Christus trennen kann. Hier wird darüber hinaus gesagt, daß er uns sogar „gehört", uns also dienen muß, so hart und bitter er als letzter Feind für uns bleibt. Die „Gegenwart" ist unser, wie dunkel und schwierig sie sein mag. Wir müssen nicht mit der eigenen „Schlauheit" durch alles hindurchzukommen suchen, sondern dürfen dieses **„Gegenwärtige"**, wie es ist, für uns und unser Leben in Christus in Anspruch nehmen. Aber auch auf die noch unbekannte „Zukunft" legen wir die Hand des Glaubens. Was immer dieses **„Zukünftige"** sein mag, es muß uns dienen.

Ihr Korinther findet die Verkündigung des Paulus dürftig und schaut nach Höherem aus? Gibt es noch Größeres als dieses? Ist das, was das Wort vom Kreuz bringt, nicht so gewaltig, daß ihr leider noch gar nicht angefangen habt, die ganze Herrlichkeit eures Besitzes in Anspruch zu nehmen?

23 Denn wieso ist das alles wahr? Wieso sind das nicht nur großartige Worte und rednerische Phrasen? Es hängt an dem einen Tatbestand: **„Ihr aber gehört Christus."** Wenn das nicht stimmt, dann gilt auch alles andere nicht. Denn nur der gekreuzigte Christus hat uns erkauft aus der Welt, aus der Schuld, aus dem Tod. Ihm „gehört" alles, das „Gegenwärtige" und das „Zukünftige". Weil es ihm gehört, gehört es auch uns, sofern wir selber sein Eigentum, seine Erretteten, seine Glaubenden sind. Und ihm wiederum gehört alles, weil er selbst vollständig **„Gott gehört"** und im Gehorsam bis zum Tode, ja zum Tode des Kreuzes diese Sohnesstellung zum Vater bewährt und bewahrt hat.

Es ist eine wunderbare Kette, die Paulus der Gemeinde zeigt. Gott

[5] Das gilt genauso für die Gemeinden der Gläubigen heute und alle „namhaften" Männer und Frauen, die Gott in der Geschichte der Christenheit geschenkt hat. Auch uns gehört Paulus, gehört Luther, gehört Calvin, gehört Wesley, gehört eine kaum abschließbare Reihe von Namen. Wie reich sind wir! Warum freuen wir uns dieses Reichtums nicht viel mehr?

gehört alles, das bedarf keines Wortes. Aber „alle Dinge sind mir übergeben von meinem Vater“, kann Jesus (Mt 11, 27) sagen. „Mir ist gegeben alle Gewalt im Himmel und auf Erden“, bezeugt der zur Rechten Gottes Erhöhte (Mt 28, 26). Aber als das Haupt seines Leibes gibt er in seiner Liebe seine Herrlichkeit weiter an die Seinen, die er um den Preis seines Lebens sich erwarb. Darum **„alles gehört euch“**. Aber diese Kette des Gebens hat auch die entsprechende umgekehrte Richtung. Ihr Anfang bei uns heißt „Glauben“, das eigene Ja zu unserem teuren Erkauftsein durch das Opfer am Kreuz, die Übergabe des Herzens und Lebens an Jesus. In ihm und mit ihm gehören wir dann Gott und sind seine Kinder und so auch Gottes Erben und Miterben des Christus.

Auf eines wollen wir noch achten, wenn wir V. 23 f mit der ersten Aussage über die Parteiungen in Korinth in Kap. 1, 12 vergleichen. Die ersten drei Aussagen von Kap. 1, 12 stellt Paulus betont um. Aus dem „Ich gehöre Paulus“ wird ein „Paulus gehört mir“ oder richtiger: „Paulus gehört uns“, weil er ja nicht dem einzelnen als solchem gehört, sondern der Gemeinde. Das vierte Bekenntnis „Ich gehöre Christus“ wird so gelassen, wie es lautet, es muß so gelassen werden. Aber hier erst recht muß das parteiisch betonte „Ich“ fort, das die Aussage vergiftet. Denn Christus gehöre nicht „ich“, nicht „meine Gruppe“, ihm gehört die Gemeinde. Wenn die Korinther dies begreifen und bejahen: „Des Christus“ sind wir alle in gleicher Weise, und Paulus, Apollos, Kephas gehören uns allen in gleicher Weise, dann ist es gut, dann ist Eintracht und Frieden in der Gemeinde da.

KEIN VOREILIGES BEURTEILEN DER BOTEN

1. Korinther 4, 1–5

1 **So beurteile man** (wörtlich: ein Mensch) **uns: als Diener Christi und**
2 **Verwalter von Geheimnissen Gottes. * Hierbei nun sucht man an**
3 **den Verwaltern, daß einer treu erfunden werde. * Für mich aber**
hat es nicht die geringste Bedeutung, daß ich von euch beurteilt
werde oder von einem menschlichen Tage. Nein ich beurteile mich
4 **auch nicht selbst. * Ich bin mir ja selbst nichts bewußt; aber da-**
durch bin ich nicht gerechtfertigt. Der aber mich beurteilt, ist der
5 **Herr. * Deshalb richtet nicht etwas vor der Zeit, bis der Herr**
kommt, der auch erhellen wird die verborgenen Dinge der Finster-
nis und offenbar machen wird die Absichten der Herzen; und dann
wird das Lob zuteil jedem von Gott her.

zu Vers 1: Mt 13, 52 Eph 3, 2 1 Ko 3, 5 Kol 1, 25
zu Vers 2: Lk 12, 42
zu Vers 3: 2 Ko 1, 12; 5, 10 1 Pt 4, 10
zu Vers 4: Ps 143, 2 Jo 5, 22
zu Vers 5: Mt 7, 1 Lk 8, 17 f Rö 2, 16. 29 8, 27 1 Th 2, 4; Jo 5, 44 2 Ko 10, 18

Wie auch aus den Sätzen des Paulus 2 Ko 1, 24 und 4, 5 sichtbar wird, warfen die Korinther ihrem Apostel Herrschsucht vor. Er wolle allzu sehr das Gemeindeleben bestimmen und lasse anderen nicht den nötigen freien Raum zur Wirkung auf die Gemeinde. Die Gemeinde müsse von Paulus befreit werden. Darum geht der Kampf, der sich

1 in den beiden uns erhaltenen Briefen an die Korinther widerspiegelt. Wie tief mußte sich Paulus hier mißverstanden fühlen. Wenn er mit Entschlossenheit einen Teil der neuen Lehrer in Korinth mit ihrer „Weisheit" bekämpfte, dann ging es ihm ausschließlich um die Sache, um die Alleingeltung des „Wortes vom Kreuz", nicht um die Geltung seiner Person. Darum gibt er der Gemeinde erneut eine Weisung, wie „man" ihn und alle seine Mitarbeiter „beurteilen" müsse: **„So beurteile man uns: als Diener Christi."** Schon Kap. 3, 5 hatte er von Apollos und sich geschrieben: „Diener, durch welche ihr zum Glauben kamt." Dort hatte er das Wort „diakonos" verwendet, das den Dienst nach dem Nutzen benennt, den er für denjenigen hat, dem gedient wird. Jetzt gebraucht er ein Wort, das vor allem die Unterordnung und Abhängigkeit des Dieners dem Herrn gegenüber bezeichnet. Beides hält er damit den Korinthern vor Augen: Er will ganz und gar kein „Herr" der Gemeinde sein, er ist nur „Diener"; aber er ist Diener eines Herrn und an ihn gebunden und darum unmöglich den Korinthern und ihren Wünschen unterworfen[1]. Das wird verstärkt durch den Zusatz, der etwas vom Inhalt seines Dienstes sagt: **„Verwalter von Geheimnissen Gottes."** Ihm ist das Größte zur Verwaltung anvertraut: Geheimnisse Gottes. Wie sorgfältig muß ein Verwalter mit solchen Kostbarkeiten umgehen! Paulus und seine Mitarbeiter – Paulus spricht ja hier wieder von „uns" – setzen nicht in eigener Machtvollkommenheit fest, was sie der Gemeinde geben. Aber auch die Gemeinde kann hier nicht fordern, was sie zu hören und zu erhalten wünscht. Es geht um **„Geheimnisse"**, um Wirklichkeiten, die sich unserer Beurteilung entziehen und unsere natürlichen Fähigkeiten überragen, für die man vielmehr in Ehrfurcht offen sein muß, um sie zu empfangen. Und diese Geheimnisse hat allein Gott selbst vor den Äonen geplant und allein selbst in der Heilsgeschichte, vor allem am Kreuz Jesu, verwirklicht. (Vgl. Kap. 2, 7 und die Auslegung S. 58). Niemand hat ein Recht, daran etwas zu ändern, weder Paulus noch die Gemeinde.

2 Das wissen doch auch die Korinther: von einem „Verwalter" wird nur das eine, dies aber auch wirklich verlangt: **„daß einer treu erfunden werde"**. Der von Paulus gewählte Wortlaut kann sogar den Gedanken anklingen lassen: Mag sonst auch unter Menschen von einem „Diener" und „Verwalter" noch allerlei an Fähigkeiten und Kenntnissen erwartet werden[2], aber hier, wo es um die Verwaltung von Geheimnissen Gottes geht, sind alle sonstigen Vorzüge ohne Bedeutung. Hier gilt ausschließlich die Treue, die das einzigartige Eigentum des Herrn ohne jede eigenmächtige Veränderung treu bewahrt[3]. Hier

[1] Das ist bis heute die eigentliche Stellung jedes Predigers, jedes Gemeindeleiters. Er ist wirklich nicht „Herr", und alles „Pfarrherrliche" ist widerwärtig. Aber er ist als Sklave Jesu Christi (Phil 1, 1) gerade auch völlig frei und unabhängig der Gemeinde gegenüber.

[2] In Mt 24, 45 wird der Sklave, in Lk 12, 42 der Verwalter nicht nur als „treu", sondern auch als „verständig" bezeichnet.

[3] Sind wir uns als Prediger mit aller Klarheit bewußt, „Verwalter von Geheimnissen Gottes" zu sein? Wie leicht meinen wir, nach unsern eigenen Gedanken und Erkenntnissen oder nach den Wünschen unserer Zeit über den Inhalt der Verkündigung verfügen zu können.

muß der Blick einzig und stetig auf den Herrn gerichtet sein, der uns seine „Geheimnisse" anvertraute. Die Korinther dürfen sich über die Unnachgiebigkeit ihres Apostels nicht wundern: sie ist weder Eigensinn noch Herrschsucht, sie ist einfach solche Treue eines Verwalters.

Paulus hört im Diktieren des Satzes den Widerspruch in Korinth: 3
Das kann jeder sagen! Wir beurteilen deine Haltung ganz anders. Paulus entgegnete mit Schärfe: **„Für mich aber hat es nicht die geringste Bedeutung, daß ich von euch beurteilt werde oder von einem menschlichen Tage."** Das Wort „Tag" hat hier eine ähnliche Bedeutung wie bei uns in den Zusammensetzungen „Landtag", „Reichstag"; es bezeichnet eine Instanz, die zur Entscheidung von bestimmten Fragen zusammenkommt. Aber als **„menschlicher"** ist jeder solcher **„Tag"** radikal verschieden von dem „Tag", von dem Paulus kurz zuvor gesprochen hat, dem „Tag Jesu Christi", dem Tag, der durch Feuer offenbar wird. Weil Paulus sich fort und fort als treuer Verwalter vor diesen „Tag" gestellt sieht, dessen Feuer sein Werk erproben wird, macht keine menschliche Instanz mit ihrem Urteil auf Paulus Eindruck. Das klang schon voraus in seinem Satz „der Geistesmensch beurteilt alles, er selbst aber wird von niemand beurteilt" (2, 15).

Also haben die Korinther doch recht, wenn sie Paulus ein über- 4
mäßiges Geltungsbewußtsein vorwarfen? Er stellt sich keiner Instanz, er will einfach nur selber bestimmen, wie es mit seinem Dienst steht? Im Gegenteil, antwortet Paulus, **„nein, ich beurteile mich auch nicht selbst"**. Zwar **„ich bin mir ja selbst nichts bewußt"**. Das ist wieder nicht „perfektionistisch" und abstrakt zu verstehen, sondern im Rahmen des eben Gesagten. Paulus gibt mit diesem Satz nicht ein Urteil über sein ganzes Leben ab. Der Satz ist nicht aus dem Zusammenhang zu reißen. Es geht um sein Wirken in Korinth, das von den Korinthern kritisch und als unzulänglich oder falsch beurteilt wird. Da weiß Paulus sich gerade in all dem, worin er in Korinth getadelt und angegriffen wird, als treuer „Verwalter der Geheimnisse" seines Herrn. Er vermag nichts zu sehen, worin er diese Treue verletzt hätte. Gerade darum ist es ihm nun aber auch ein tiefer Ernst mit seiner Stellung als „Diener". Das ist das Gegenteil aller Eigenmächtigkeit und Selbstherrlichkeit. Mag er selbst sich auch nichts bewußt sein, **„aber dadurch bin ich nicht gerechtfertigt"**. Für einen „Diener" ist es ohne jeden Abzug klar: **„Der aber mich beurteilt, ist der Herr."** Wieder liegt das Doppelte darin: der volle Verzicht auf jede Selbstrechtfertigung und die volle Freiheit vom Urteil der Gemeinde[4].

Was soll dann aber die Gemeinde ihrerseits tun? Daß wir unsere 5
eigenen Eindrücke und Meinungen über das Verhalten anderer und unser selbst haben, können wir nicht vermeiden. Auch Paulus kann es nicht ändern, daß er über seinen Dienst nachdenkt und sich dabei

[4] Es ist ein ganz schmaler Grat, auf dem jeder Arbeiter Jesu steht. Im Leben eines rechten Boten ist immer beides gleichzeitig Wirklichkeit: das ganz bereite Hören auf das Urteil der Gemeinde und der Brüder und die entschlossene Beiseitesetzung dieses Urteils, sobald es unsere Treue als Verwalter der Geheimnisse Gottes antasten will.

nichts bewußt ist. Aber das weist er von sich, und das sollen nun auch die Korinther mit Ernst ablehnen, daß daraus ein fertiges „Urteil" über irgend etwas wird. Das endgültige „Urteil" spricht erst der Herr bei seinem Kommen. Nur er allein kann es sprechen, weil nur er imstande ist, **„zu erhellen die verborgenen Dinge der Finsternis"** und **„offenbar zu machen die Absichten der Herzen".** Daß der „Geist des Menschen, der in ihm ist", „von den Dingen des Menschen weiß" (2, 11), ist nur begrenzt wahr. Wir unterliegen hier großen Täuschungen. Erst recht können wir keinem andern ins Herz sehen und seine eigentlichen „Absichten" erkennen. Wie vieles liegt da bei uns Menschen in einem undurchdringlichen Dunkel verborgen. Daraus ergibt sich mit vollem Ernst ein Verhalten, wie es Paulus den Korinthern anbefiehlt: **„Deshalb richtet nicht etwas vor der Zeit."** Es ist eine große Befreiung für uns, wenn wir begreifen, wir können nicht **„richten"** und wir brauchen es nicht zu tun. Wir dürfen das Urteil über uns und andere wirklich dem Herrn überlassen.

Aber ist der Gedanke an dieses Gericht dieses Herrn nicht schrecklich? Wird es nicht furchtbar werden, wenn Jesus **„die verborgenen Dinge der Finsternis erhellt"** und **„die Absichten der Herzen offenbar macht"?** Es ist erstaunlich, wie positiv Paulus auch jetzt wieder denkt. Er folgert nicht: „und dann wird das beschämende Urteil zuteil einem jeden von Gott her", sondern er sieht es froh vor sich: **„Und dann wird das Lob zuteil jedem von Gott her."** So ernst und unerweichbar Gottes heiliges Nein, Gottes Zorn gegen „jede Gottlosigkeit und Ungerechtigkeit der Menschen" (Rö 1, 18) steht, so wenig ist Gott ein Gott, der „Gefallen hat am Tode des Gottlosen" (Hes 18, 23), der – so wie wir – mit einer gewissen Freude verurteilt und beschämt und straft. Sicher, eine unbrauchbare Mitarbeit am Bau der Gemeinde muß und wird „verbrennen" (3, 15), und das bringt Schmerz. Aber der eigentliche Wille Gottes ist das „Lohnen" und das „Loben". Nicht das steht einem Paulus vor Augen, wie dann einmal der Herr die jetzt von den Korinthern Bewunderten und Gelobten in sein Licht stellen und zuschanden machen wird, vielmehr das sieht er vor sich, wie Gott dann **„jeden"** – auch die von den Korinthern Verkannten und Kritisierten – mit seinem Lob beschenkt.

Bei diesem ganzen Abschnitt müssen wir bedenken, daß er ein Teil eines Briefes ist, der in eine ganz bestimmte Lage hineinspricht. Wir dürfen die Sätze des Paulus nicht aus dem Zusammenhang herausnehmen und zu allgemeinen Lehrsätzen machen. Es ist heilsam für uns, neben die Warnung in Kap. 4, 5 Sätze wie 2 Ko 11, 13–15; Gal 1, 5–9; Phil 1, 16; 3, 18 f; Rö 16, 17 f zu stellen. Hier „richtet" Paulus selbst sehr entschieden und fordert auch Gemeinden zu wachem und entschlossenem Urteil auf. Wie ist dieser Widerspruch zu verstehen? In unserm Brief geht es um das voreilige Loben und Rühmen neuer Männer in Korinth, deren Art und Wirken Paulus mit Sorge sieht, ohne in unserem Brief schon zu einem letzten Urteil zu kommen. Wir sehen, wie Paulus zwar vor dem Gericht des Tages Jesu Christi warnt, ohne doch dies Gericht in die eigene Hand zu nehmen. Und es geht um die schmerzliche Verkennung seiner Person, seiner Arbeit, seiner ganzen Haltung. Darauf zielt unser ganzer Abschnitt.

Ganz etwas anderes aber ist es, wenn es um die Verkündigung und ihren Inhalt, also um das „Fundament" der Gemeinde als solcher geht. Das Evangelium ist eine klare, eindeutige Größe. Wer hier ändert und verfälscht, der muß allerdings „gebannt", also aus der Gemeinde entfernt werden. Denn hier handelt es sich ja um Leben und Tod von Menschen, deren Errettung nicht durch eine falsche Botschaft gefährdet werden darf.

Anders ist es aber auch da, wo die Unlauterkeit und Eigensucht von „Arbeitern" in der Gemeinde klar hervortritt. Auch hier kann und darf nicht unter Berufung auf Kap. 4, 5 zugedeckt und gehen gelassen werden. Ein richtiger biblischer Satz an falscher Stelle kann großes Unheil anrichten und uns schuldig machen. Unechten Boten, „bösen Arbeitern" (Phil 3, 2) widersteht Paulus in aller Schärfe; ihnen muß auch die Gemeinde widerstehen. Und doch bleibt das, was unser Abschnitt sagt, als eine letzte, in keinem Fall zu vergessende Wahrheit bestehen. So wahr alle Boten und Verkündiger „Diener" und „Verwalter" sind, unterstehen sie zuletzt und endgültig nur dem Urteil ihres Herrn. Selbst da, wo wir in Verantwortung für die Gemeinde klare Irrlehrer und offensichtlich unechte Boten verwerfen und aus der Gemeinde entfernen müssen, haben wir daran zu denken, daß nicht wir, sondern nur der Herr in das Dunkel ihres Lebens mit seinem alles erhellenden Licht hineindringt und die Absichten ihrer Herzen wirklich kennt. Und auch da, wo wir allen Grund haben, uns an Männern und Frauen im Dienst Jesu zu freuen, darf uns die Erinnerung daran nicht verlassen, daß der Herr sie vielleicht ein Stück anders und kritischer sieht als wir. Und auf jeden Fall bleibt uns selber jede Selbstbeurteilung in Stolz oder Verzagtheit verwehrt.

APOSTOLISCHES LEBEN

1. Korinther 4, 6—13

6 **Dieses aber, Brüder, habe ich in Form einer Betrachtung über mich**
selbst und Apollos vorgetragen um euretwillen, damit ihr an uns
lernt das „Nicht über das hinaus, was geschrieben steht", damit ihr
7 **nicht einer für den einen euch aufbläht gegen den andern. * Denn**
wer zeichnet dich aus? Was aber hast du, was du nicht empfingst?
Wenn du es aber auch empfingst, was rühmst du dich wie einer,
8 **der nicht empfangen hat? * Schon seid ihr satt; schon wurdet ihr**
reich; schon wurdet ihr ohne uns Könige! Und wäret ihr nur Könige geworden, damit auch wir zusammen mit euch königlich da-
9 **ständen! * Denn ich meine, Gott hat uns Apostel als Letzte hingestellt, als dem Tode Geweihte; denn ein Schauspiel wurden wir der**
10 **Welt und Engeln und Menschen. * Wir (sind) Narren um Christi**
willen, ihr aber klug in Christus; wir schwach, ihr aber stark; ihr

zu Vers 6:
1 Ko 1, 31
Rö 12, 3
2 Ko 12, 20
zu Vers 7:
Jo 3, 27
Rö 12, 6
Jak 1, 17
zu Vers 8:
Offb 3, 17. 21
zu Vers 9:
Rö 8, 36
2 Kor 4, 7—10
Hbr 10, 32 f

zu Vers 10:
1 Ko 1, 18; 3, 18
zu Vers 11:
2 Ko 11, 23—27
zu Vers 12:
Apg 18, 3
20, 33 f
1 Th 2, 9
2 Th 3, 8
3 Jo 7; Mt 5, 44
Ps 109, 28
Rö 12, 14

11 **berühmt, wir aber entehrt. * Bis zur jetzigen Stunde hungern wir**
und dürsten wir und sind mangelhaft gekleidet und werden ge-
12 **schlagen und sind unstet * und plagen uns ab, arbeitend mit den**
eigenen Händen. Wenn man uns schmäht, segnen wir; wenn man
uns verfolgt, dulden wir; wenn man uns verlästert, reden wir
13 **freundlich. * Wie Kehricht** (oder: Sündenböcke) **der Welt sind wir**
geworden, aller Abschaum bis jetzt.

„Dieses aber, Brüder, habe ich in Form einer Betrachtung über mich selbst und Apollos vorgetragen“, wörtlich: „Ich habe dieses auf mich selbst und Apollos umgeformt.“ Wir erfahren von Paulus selbst, daß
6 er bei den vorigen Ausführungen nicht nur in Kap. 3, 4 von der Paulus-Gruppe und der Apollos-Gruppe ausging, sondern bei allem, was er schrieb, immer wieder Apollos und sich selbst im Blick hatte. Das „uns“ in Kap. 4 vor allem ist so konkret gemeint: So beurteile man uns, Apollos und mich. Wir sehen, wie recht wir taten, auch gerade den letzten Vers des vorigen Abschnittes als konkrete Aussagen in eine sehr bestimmte Situation hineinzufassen, nicht als allgemeine Mahnung. Die einen von euch loben Paulus, die andern rühmen Apollos, das unterlaßt! Das wahre Lob wird erst an jenem Tage von Gott her Apollos und mir widerfahren. Paulus hat von sich und Apollos gesprochen, nicht aus Eitelkeit oder Anzüglichkeit, sondern **„um euretwillen“**. Die Korinther sollten an ihren Boten etwas ganz Wesentliches lernen. Wie völlig klar und brüderlich muß das Verhältnis der beiden Männer zueinander gewesen sein, daß Paulus dieses ihr Verhältnis als Vorbild vor die Gemeinde hinstellen konnte, **„damit ihr an uns lernt“**. Was sollen die Korinther an ihren beiden Boten lernen? Paulus formuliert das ganz seltsam und für uns zunächst wenig verständlich. Die Korinther sollten lernen, was das heißt, **„nicht über das hinaus, was geschrieben steht“**. Was „geschrieben steht“, kam mehrfach vor (1, 19; 1, 31; 2, 9; 2, 16; 3, 19 f). Es lag Paulus immer wieder an dem Wort der Schrift, den Worten des AT. Wir hörten bisher nicht, daß die Korinther das mit einem gewissen Unwillen aufnahmen, weil sie „über die Bibel hinaus“ sein wollten. Aber wir haben ja überhaupt nur wenig von den Zuständen in Korinth erfahren. Wir müssen aus dieser Bemerkung des Paulus jedenfalls schließen, daß in Korinth diese Losung „umging“: „Über die Schrift hinaus!“ Sie paßt zu der Losung „Weisheit!“ oder: „Alles steht mir frei!“ oder: „Auferstehung Toter gibt es nicht!“ Sie paßt zu dem ganzen eifersüchtigen Rühmen und Streiten in Korinth. Das „Kreuz des Christus“ stand für Paulus (und offensichtlich auch für Apollos) mitten in der Schrift. Wer aber dieses Kreuz hinter sich ließ, um zu neuen Höhen eigener „Weisheit“ emporzusteigen, der hält es leicht auch für töricht, sich an die alten Schriften zu binden. Gab der „Geist“ nicht neue und bessere Erkenntnisse?

Aber aus dieser Loslösung von der ursprünglichen, in der Schrift begründeten Botschaft erwuchs jenes praktische Verderben der Gemeinde, das allen vor Augen lag: daß **„einer für den einen sich auf-**

bläht gegen den andern". Der bestimmte Artikel zeigt, daß Paulus auch hier konkret an Apollos als „den einen" und an sich als „den andern" denkt. In dem „Ich gehöre zu Paulus, ich zu Apollos" liegt nicht der stille, warme Dank für diese Männer, sondern die Leidenschaft der Eifersucht und des Streites, mit der jeder nur „seinen Mann" gelten lassen wollte und alles andere herabsetzte. Ja, dieses „Aufblähen" ging noch weiter. Die Anhänger der verschiedenen Gruppen hielten auch sich selbst für besonders ausgezeichnete Leute, eben weil sie zu diesem oder jenem Mann gehörten[1].

So tief wirkten die Spaltungen bereits im gesamten Gemeinde- 7
leben. Darum wendet sich Paulus jetzt auch an alle Gemeindeglieder mit der Frage: **„Wer zeichnet dich aus?"** Besteht deine angebliche Überlegenheit über die andern nicht nur in deiner Einbildung? Und wenn du jetzt auf wirkliche „Vorzüge" und „Gaben" hinweisen kannst, wenn deine Gruppe wirklich etwas besonderes „hat", nun **„was hast du, was du nicht empfingst?"** Du hast es dir doch nicht selbst erworben, und auch dein Meister hat es nicht aus sich selbst. **„Wenn du es aber auch empfingst, was rühmst du dich wie einer, der nicht empfangen hat?"** Hier wird wieder der Mensch sichtbar, der nicht mehr ernsthaft zu Gott emporsieht und Gott allein rühmt. So gefährlich wurden die Spaltungen[2].

Und nun kommen Sätze von tiefer Eindrücklichkeit. Paulus sieht 8
das ganze korinthische Gemeindeleben vor sich und sieht daneben sein apostolisches Leben. Er reißt den ganzen Gegensatz vor den Korinthern auf. Er sieht den Zustand der Gemeinde fast wie der erhöhte Herr die Lage von Laodizea (Offb 3, 17), nur daß er nicht so sprechen kann und darf, wie es allein dem Herrn Jesus zusteht. **„Schon seid ihr satt; schon wurdet ihr reich; schon wurdet ihr ohne uns Könige."** Sollen wir denn als Gemeinde eines solchen Herrn nicht dieses alles haben? Verspricht uns nicht jede Evangelisation in lebhaften Farben, wie reich und froh uns Jesus macht? Hat nicht Paulus selbst eben erst in Kap. 3, 22 den ganzen königlichen Reichtum der Gemeinde geschildert: „Alles gehört euch"? Paulus sagt darum auch kein Wort direkt dagegen. Nur das vorangestellte **„schon"** enthält die kritische Frage: Ist es **„schon"** zu dem allen Zeit? Wird uns das alles „schon" in diesem Äon in dieser Weise zuteil? „Vor der Zeit" richten die Korinther; sind sie nicht auch „vor der Zeit" „schon" Könige? Ein „Sattsein" jetzt und hier ist gefährlich (Laodizea!); hier sind vielmehr die Hungernden selig, weil sie dann im Reiche Gottes wahrhaft satt werden (Lk 6, 21. 25). Die „Armen", nicht die „Reichen", werden glücklich geprie-

[1] Das lag schon in der Formulierung ausgedrückt: „sich an Menschen rühmen" (3, 21). Im Rühmen an Menschen macht man sich selber groß und wichtig.

[2] Wie groß ist diese Gefahr auch bei uns. Wir versichern zwar ständig, daß alle Vollmacht und Wirksamkeit nur von Gott gegeben werden könne, aber wir rühmen und bewundern die bedeutenden Prediger und wirksamen Evangelisten, die Gründer von Gemeinden und Werken (und manchmal heimlich auch uns selbst) oft so, als ob doch eigentlich sie selbst es seien, die alles leisteten. Wie nehmen wir Gott damit die Ehre und gefährden dadurch gerade auch die, an denen wir in falscher Weise hängen!

sen (Lk 6, 20. 24). Und königliche Herrscher werden wir erst im Königreich Gottes sein. Wie hat Paulus auch hier wieder im Wort Jesu gelebt. Zugleich erinnern wir uns an das, was wir über den diametralen Gegensatz der Welt Gottes und dieser Welt sagten (S. 57).

Und eine zweite kritische Bemerkung schiebt Paulus ein: solche großartigen und herrlichen Leute wurdet ihr **„ohne uns"**. Wieder faßt er sich ganz mit Apollos zusammen. Kann der Stand einer Gemeinde in Ordnung sein, wenn sie ihn ohne ihre bevollmächtigten Lehrer und Leiter erreichten? Kann die Herde am rechten Platz sein, wenn sie dort ohne ihre Hirten ist? Paulus fügt hinzu: **„Und wäret ihr nur Könige geworden, damit auch wir zusammen mit euch königlich daständen!"** Gäbe es das wirklich jetzt schon, könnten wir in dieser Weltzeit bereits diese königliche Stellung einnehmen, könnten die Korinther das erweisen, dann würde etwas von dem Glanz auch auf ihn und Apollos fallen; dann würden auch sie als die Diener einer so herrlichen Gemeinde **„mit euch zusammen königlich dastehen"**. Ihr Korinther seid zwar „ohne uns" so weit gekommen; aber nun würden wir Apostel wenigstens mit euch die Höhe erreichen.

9 Jetzt aber sieht ein Apostelleben total anders aus. Apostel sind bevollmächtigte Gesandte des großen Königs[3]. Damit sind sie eigentlich „Erste", es gebührte ihnen etwas wie der erste Platz. Aber davon ist in ihrem äußeren Leben nichts zu sehen. Da erscheinen sie vielmehr als „Letzte". Paulus kann sich dabei mit den andern Aposteln zusammenfassen. Wenn er auch ein besonderes Maß von Leiden aufzuweisen hat (vgl. 2 Ko 11, 23 ff), so zeigt doch auch der Weg der andern Apostel grundsätzlich die gleichen Züge. Paulus wird später mit den Korinthern noch davon reden, wie tief notwendig dieser Charakter apostolischen Lebens ist. Jetzt begnügt er sich damit, als seinen Eindruck festzuhalten: **„Ich meine, Gott hat uns Apostel als Letzte hingestellt."** Darin liegt schon der Hinweis, daß so, wie die wahrhaft Weisen in diesem Äon „Narren" sein müssen, auch die „Ersten" in Gottes Dienst, die Apostel Jesu, in dieser Welt als „Letzte" erscheinen müssen[4].

„Dem Tode Geweihte", vom Tod Gezeichnete sind sie. Das ist der tiefe Gegensatz gegen das satte, reiche, unangefochtene Dasein der Korinther, das ihnen Zeit und Lust läßt zu ihren Parteiungen mit Streit und Eifersucht. Paulus hat bei dem Ausdruck **„dem Tode Geweihte"** die „Gladiatoren" vor Augen, die bei ihrem Einzug in die Arena zum tödlichen Kampf zur Kaiserloge des Theaters hinauf grüßen: „Morituri te salutant = die Todgeweihten grüßen dich." So stehen die Apostel in ihrem Kampf um die Errettung von Menschen als „Todgeweihte" in der Arena der Welt[5].

Der Mensch des Altertums war es gewohnt, daß im Theater Gefangene und Sklaven zur Befriedigung wollüstiger Grausamkeit als

[3] Vgl. dazu das zu „Apostel" S. 19 f Gesagte.
[4] Auch in diesem Sinn gilt das Wort Jesu Mt 19, 30.
[5] Vgl. das schöne Buch der Isobel Kuhn „In der Arena", Brunnen-Verlag, Giessen.

Schauspiel unter Qualen starben. Wir kennen das alles aus den Christenverfolgungen. So sind auch die dem Tode geweihten Apostel **„ein Schauspiel der Welt und Engeln und Menschen“.** Viele Augen sehen auf die kämpfenden und leidenden Apostel, Augen aus der sichtbaren und unsichtbaren Welt. Dabei kann der Ausdruck **„Engel“** sowohl die Geisterwesen der himmlischen wie der dämonischen Welt meinen[6]. Paulus weiß sich von ihnen beiden gespannt beobachtet. Und in den kleinasiatischen Städten wie in Philippi, Thessalonich und in Korinth selbst kamen große Scharen von **„Menschen“** durch das Auftreten des Apostels in Bewegung und sahen sein Wirken und seine Leiden. Aber nicht an diesen „Zuschauern“ bleibt das Auge des Paulus haften. Während die reich beschenkten Korinther Gott vergessen, ist der Blick des leidenden Apostels fest auf Gott gerichtet. Darum beklagt sich Paulus nicht und klagt niemand an. **„Gott“** hat die Apostel so **„hingestellt“.** Paulus kann es nur im Glauben und Gehorsam bejahen.

Und nun wird der ganze Gegensatz zwischen Apostel und Gemeinde 10
noch einmal in kurzen, scharfen Strichen gezeichnet: **„Wir** (sind) **Narren um Christi willen, ihr aber klug in Christus; wir schwach, ihr aber stark; ihr berühmt, wir aber entehrt.“** Man muß das nicht als „Ironie“ hören. Wenn Paulus sofort danach versichert: „Nicht um euch zu beschämen schreibe ich dies, sondern um euch als meine geliebten Kinder zu mahnen“ (V. 14), dann hat er sicher nicht vorher seine geliebten Kinder ironisiert. Die Sache ist ihm viel zu ernst dazu. Er schildert einfach Tatsachen, wie sie gerade vor den Augen der Korinther selbst standen. Sie waren eine in der Stadt angesehene Schar. Sie galten als **„klug“** und meinten auch selbst **„in Christus“** eine Weisheit gefunden zu haben, mit der sie sich unter ihren Mitbürgern sehen lassen konnten. Kraftvoll setzten sie sich durch; von Verfolgung und Bedrängnis war nach dem raschen Scheitern des jüdischen Vorstoßes bei Gallio (Apg 18, 12—17) nichts zu merken. Korinth stand darin einzig da unter den Gemeinden der paulinischen Mission.

Wie anders war das Leben des Paulus und seiner Mitarbeiter: **„Bis** 11
zur jetzigen Stunde hungern wir und dürsten wir und sind mangelhaft gekleidet und werden geschlagen und sind unstet und plagen uns ab, arbeitend mit den eigenen Händen.“ Paulus kannte die ganz brutalen äußeren Nöte: Hunger, Durst, mangelhafte Kleidung, Mißhandlungen, unstete Wanderschaften, aufreibender Dienst am Evangelium bei eigener Handarbeit zum Erwerb des nötigstens Lebens-
unterhaltes. „Satt, reich, königlich“, davon war nichts zu sehen. Und 12
stets wird es von ihnen erwartet und auch wirklich geleistet, das „Sonderliche“ nach dem Willen Jesu (Mt 5, 47 f) zu tun: den Schmähungen mit dem Segnen, den Verfolgungen mit dem Dulden ohne Gegenwehr, dem Lästern mit dem freundlichen Wort zu begegnen
(V. 12). Aber mit dem allen stehen sie nun gerade nicht als die „gro- 13

[6] Es darf auch heute jeder kämpfende und leidende Christ daran denken, daß viele ihn gespannt beobachten, Menschen und gute oder böse Engel. Wird er Glauben halten und damit siegen? Wird er unterliegen?

ßen Heiligen" da, die bewundert und verehrt werden, sondern sind **„wie Kehricht[7] der Welt geworden, aller Abschaum bis jetzt." „Bis jetzt"** ist das so. Bis jetzt hat sich nichts daran geändert. Es wird sich auch in dieser Weltzeit nichts daran ändern. So sieht apostolisches Leben und Dienen aus.

Dieser Abschnitt stellt uns unausweichlich vor die Frage: Wo stehen wir selber? Bei den Korinthern oder bei Paulus? Müssen wir erschrecken, wenn wir daran denken, daß Weisheit, Leben und Herrlichkeit in Gottes Welt jetzt und hier nur als Torheit, Sterben und Schmach in Erscheinungen treten können? Warum ist so wenig von den Kennzeichen des „apostolischen Lebens und Dienens" bei uns zu finden? Liegt nicht hier (und keineswegs da, wo moderne Theologie ihn sucht) der Grund, warum unser Verkündigen keine Vollmacht und Wirkung hat? Aber auch umgekehrt: Fehlen bei uns die Züge apostolischen Leidens, weil wir nicht mehr wirklich das Wort vom Kreuz, das herausfordernde Wort von der Verlorenheit und der Errettung im letzten Ernst verkündigen? Stellen sich nicht Verfolgungen und Leiden sofort da ein, wo wieder die alte Botschaft in voller Realität gesagt wird[8]?

DIE SENDUNG DES TIMOTHEUS NACH KORINTH UND ANKÜNDIGUNG DES EIGENEN BESUCHES

1. Korinther 4, 14—21

zu Vers 14: 2 Ko 6, 13; 1 Th 2, 11 f
zu Vers 15: Gal 3, 24 f; 4, 19; 3 Jo 4

14 **Nicht um euch zu beschämen schreibe ich dies, sondern um euch**
15 **als meine geliebten Kinder zurechtzuweisen. * Denn wenn ihr**
auch zehntausend Zuchtmeister hättet in Christus, so doch nicht
viele Väter: denn in Christus Jesus durch das Evangelium habe
16 **ich** (allein) **euch gezeugt. * Ich fordere euch nun auf, meine Nach-**
17 **ahmer zu werden. * Eben deshalb sandte ich euch Timotheus, der**

[7] Der hier gebrauchte Ausdruck könnte auch aus der religiösen Sprache (vgl. seine Verwendung in der LXX) entnommen sein und dann das kultische Reinigungsmittel, das Sühnopfer bezeichnen. Dann hätte Paulus zum Ausdruck bringen wollen, daß die Apostel so etwas wie „Sündenböcke der Welt" seien. Es ist gut, sich einmal das zeitgeschichtliche Bild zu vergegenwärtigen, das hinter den von Paulus gebrauchten Ausdrücken steht. „Aus verschiedenen Städten des ionischen Gebietes wird uns die Sitte berichtet, am 6. Thargelion die Stadt durch ein Menschenopfer zu entsühnen. Da es zur Wirksamkeit dieser gottesdienstlichen Handlung erforderlich ist, daß das Sühnopfer freiwillig in den Tod geht, so konnte man in der Regel nur solche Menschen bereit finden, denen das Leben selbst eine Qual geworden war, Hungerleider und armselige Krüppel. Die Aussicht auf die gute Verpflegung mit Weißbrot, Feigen und Käse, deren sie wie ein Opfertier der Weide ein Jahr lang sich erfreuen durften, wog ihnen den Rest von Liebe zum Leben auf. Nur der Abschaum der Menschheit ließ sich zum Opfertod führen; es sind die „Mißgestalteten", „denen die Natur eine feindselige Stiefmutter gewesen", „die Elendsten", deren Bild alten Schriftstellern vor die Seele tritt, wenn sie an diese Sühnopfer denken. Und in diesem Sinne sind die Worte, die diesen Begriff ausdrücken, . . . Schimpfwörter geworden, die dem tiefsten Grad der Verachtung Ausdruck geben." So Hans Lietzmann, Handbuch zum NT, Tübingen 1949, S. 21.

[8] Leben und Wirksamkeit von Wesley, Whitefield, Martin Boos und vielen anderen.

mein geliebtes und treues (oder: gläubiges) **Kind ist im Herrn, der
euch erinnern wird an meine Wege in Christus Jesus, wie ich
18 überall in jeder Gemeinde lehre. * Als ob ich aber meinerseits
19 nicht zu euch komme, blähen sich einige auf. * Ich werde aber
schnell zu euch kommen, wenn der Herr will, und werde erkennen nicht das Reden der Aufgeblasenen, sondern ihre Kraft.
20 * Denn nicht im Reden** (besteht) **die Königsherrschaft Gottes, son-
21 dern in Kraft. * Was wollt ihr? Soll ich mit dem Stock zu euch
kommen oder in Liebe und im Geist der Sanftmut?**

zu Vers 16: 1 Ko 11, 1 Phil 3, 17
zu Vers 17: Apg 16, 1 1 Ko 7, 17 Jak 4, 15 Phil 2, 19—23
zu Vers 19: Apg 18, 21 1 Ko 16, 5—7
zu Vers 20: Mk 9, 1 Lk 17, 20 f 1 Ko 2, 4
zu Vers 21: 2 Ko 10, 2 13, 10; Gal 6, 1

Welch einen Gegensatz hat Paulus vor die Korinther hingestellt! Hier ihr unangefochtenes, großartiges und sattes Dasein mit der schmerzlichen Zerrissenheit der Gemeinde, dort sein apostolisches Leben voller Entbehrungen und Leiden, aber auch voll Kraft und Wirksamkeit. Müssen sie sich nicht davor schämen? Der Fortgang des Verhältnisses zwischen Apostel und Gemeinde hat freilich gezeigt, daß sie sich keineswegs schämten, sondern Paulus einfach nicht verstanden und seine ständigen Leiden als unnötig und irgendwie falsch und für sie anstößig empfanden. So dürfte doch das Leben eines echten Gesandten Gottes nicht aussehen! Paulus mußte selber schuld sein an seinen ständigen Schwierigkeiten und Nöten. Er war offenbar doch kein wirklich „Bevollmächtigter". Paulus wird auch in dem zweiten uns erhaltenen Brief an die Korinther immer wieder gerade auf diese Sache eingehen müssen. Aber jetzt kann er es sich gar nicht anders denken, als daß seine Korinther diese Gegenüberstellung ihres sicheren Lebens mit seinem Leiden nur mit einem Gefühl beschämter Verlegenheit lesen können. Aber das war nicht das Ziel bei seinem Schreiben. **„Nicht um euch zu beschämen schreibe ich dies."** Er will nicht, daß sie beschämt vor ihm stehen. Das ginge schon wieder in die falsche Richtung des Vergleichens. Aber freilich **„zurechtweisen"** will er sie. Ihr gesamter Zustand zeigt, wie „fleischlich" sie noch sind, wie sehr noch „richtige Menschen" und nicht eine „Neuschöpfung", von dem Christussinn erfüllt (2, 16). So darf es mit ihnen nicht weitergehen. 14

Paulus weist sie gerade deshalb zurecht[1], weil sie **„seine geliebten Kinder"** sind. Beides ist hier unlöslich verbunden. Sie sind und bleiben seine geliebten Kinder, auch wenn er ihnen dies alles vorhalten muß. Und umgekehrt: gerade weil er sie liebhat, kann er sie nicht auf ihren falschen, verderblichen Wegen gehen lassen, sondern muß sie so hart anfassen und auf den rechten Weg bringen.

Seine geliebten Kinder sind sie nicht nur bildlich, sondern in einem sehr realen Sinn. **„Denn in Christus Jesus durch das Evangelium habe ich** (allein) **euch gezeugt."** Hier wird deutlich, daß das „Evangelisieren" etwas wesenhaft anderes ist als das „Lehren". Das „Lehren" betrifft den „Wandel" der Glaubenden, wie wir gleich in V. 17 sehen 15b

[1] Es steht hier das Wort „nouthetein", wörtlich: den „nous", den Sinn „zurechtrücken", das stärker als das bekannte „parakalein" die Bedeutung eines ernsten Warnens in sich schließt. Es entspricht unserem „den Kopf zurechtsetzen".

werden. Das „Evangelisieren“ aber führt zu einem Lebensvorgang, den man nur mit dem Bild der „Zeugung“ und „Geburt“ beschreiben kann. Hier wird Menschen eine neue Existenz geschenkt **„durch das Evangelium“.** Freilich muß das Evangelium dabei „nicht im Wort allein, sondern auch in der Kraft und in dem Heiligen Geist“ zu Menschen kommen (1 Th 1, 5)[2]. Das Zeugen geschieht durch das Mittel des Evangeliums, aber **„in Christus Jesus“**, also so, daß Jesus dabei der eigentlich Handelnde und Wirkende ist, der in der Vollmacht seines Kreuzes und seiner Auferstehung Menschen ihrem verlorenen Leben entreißt und sie in die Gotteskindschaft hineinstellt.

15a Darum entsteht zwischen dem, der Menschen in Christus Jesus durch das Evangelium **„zeugen“** durfte, und den Menschen, die durch ihn zum Glauben kamen, ein einzigartiges und unzerreißbares Band. Es gibt „geistliche Vaterschaft“, die ebenso unaufhebbar ist wie die natürliche. Die Tatsache, daß ich der Vater dieses Kindes oder das Kind dieses Vaters bin, ist nicht auszulöschen. Auch dann nicht, wenn Kinder erwachsen und mündig werden. Die Korinther sollen es bedenken, daß solch ein Band sie mit Paulus verknüpft. **„Denn wenn ihr auch zehntausend Zuchtmeister hättet in Christus, so doch nicht viele Väter.“** Ein Wiedergeborener findet im Gang seines Lebens mit Recht, wirklich „in Christus“ und unter seiner Leitung, mancherlei Menschen, die ihn „erziehen“[3] und fördern; aber die „zeugende“ Tat dessen, der ihn zu Jesus brachte und aus dem Tode ins Leben rief, hebt sich als einmalige grundlegend davon ab. Darum steht im folgenden Satz das betonte „ego“: **„Ich allein“** habe euch durch das Evangelium gezeugt, **„ich allein“** bin für euch der „Vater“[4].

16 Dem harten „Warnen“ folgt das „parakalein“, das „Zusprechen“ oder „Auffordern“. **„Ich fordere euch nun auf, meine Nachahmer zu werden.“** Paulus wiederholt dies in Kap. 11, 1 und hat es genauso auch den Philippern (3, 17), den Galatern (4, 12) und im Blick auf die Thessalonicher (1 Th 1, 6) gesagt. Wiedergeborene stehen nicht mehr unter dem Gesetz. Es ist ihnen nicht, wie bei der rabbinischen Unterweisung, eine Fülle genauer Einzelvorschriften zu geben, die sie zu befolgen haben. Wonach sollen sie sich dann aber in ihrem neuen Leben richten? Nach lebendigen Personen, die ihnen das Glaubensleben vorleben! Sie dürfen auch darin die „Kinder“ sein, die unwillkürlich die Eltern „nachahmen“ und dadurch in das rechte Leben hineinwachsen.

[2] Die Taufe ist kein Ersatz für diesen wesenhaften Vorgang. Paulus schreibt nicht: „Denn in Christus Jesus habe ich euch durch die Taufe gezeugt.“ Tatsächlich hat er selber ja nur ganz wenige in Korinth getauft. Aber zu Kindern Gottes gezeugt hat er sie alle durch seine Evangelisation.

[3] Das hier stehende Wort „paidagogos“ bezeichnet freilich nicht den Erzieher in unserem Sinn. Der „paidagogos“ war meistens ein Sklave, der den jungen Söhnen wesentlich den äußeren Schliff beizubringen hatte. Aber darauf wird Paulus jetzt nicht achten. Ihm liegt an dem Gegensatz „Erzieher — Vater“.

[4] „Zehntausend Erzieher“ haben auch wir in den heutigen Kirchen und Gemeinden, da die meisten Pastoren und Prediger ihr Amt als ein „erziehendes“ auffassen. Wo aber sind die „Väter“ und „Mütter“ der Gemeinde bei uns?

Das geht aber nicht so gut aus der Ferne. Die Gemeinde brauchte 17
das lebendige und gegenwärtige Vorbild. **„Eben deshalb sandte ich euch Timotheus."** Die Vergangenheitsform „ich sandte euch Timotheus" könnte Paulus gewählt haben, weil der Briefschreiber des Altertums sich in den Augenblick hineinversetzt, in dem der Empfänger den Brief liest. Wenn der Brief des Paulus in der Gemeindeversammlung in Korinth verlesen wird, dann „hat" Paulus den Timotheus bereits gesandt. Hier aber wird es einfach so sein, daß Timotheus bei der Abfassung des Briefes tatsächlich schon abgereist ist, um zunächst noch Dienste in den makedonischen Gemeinden zu tun (Apg 19, 22). Auf diesem Umweg gelangt er nach Korinth und wird erst einige Zeit nach dem Eintreffen des Briefes dort ankommen. Darum ist er auch nicht der Mitunterzeichner des Briefes.

Die Korinther sollen aber nicht meinen, der junge Timotheus sei ein spärlicher Ersatz für Paulus selbst, sondern sollen in seiner Sendung die ganze sorgende Liebe ihres Apostels spüren. Darum empfiehlt Paulus den Timotheus mit einer ganz warmen Herzlichkeit als **„sein geliebtes und treues** (oder: gläubiges) **Kind im Herrn"**[5].

In Timotheus haben die Korinther den lebendigen Richtungspunkt. **„Der euch erinnern wird an meine Wege in Christus Jesus, wie ich überall in jeder Gemeinde lehre."** Der Ausdruck „Weg" spielt in der jungen Christenheit eine ebenso große Rolle wie der ihm entsprechende Ausdruck „Wandel". Das Christentum kann als „dieser Weg" bezeichnet werden (vgl. Apg 9, 2; 22, 4; 24, 14; 24, 22). Beide Ausdrücke „Weg" und „Wandel" zeigen, daß das Christentum nicht im ruhigen Besitz einer bestimmten „Lehre" besteht, sondern im „Gehen" eines sehr bestimmten „Weges", in einer zielgerichteten Bewegung des ganzen Lebens, die zum leidenschaftlichen „Lauf" werden kann (Phil 3, 14). Die sehr eindeutigen **„Wege"** des rechten „Wandels" können im Vorbild aufgezeigt, an sie kann eine unsicher gewordene und zerfahrene Gemeinde **„erinnert"** werden. Dabei hat dann auch die **„Lehre"** ihre wichtige Stelle. Der Zusammenhang zeigt, daß Paulus unter „Lehre" gerade nicht das verstand, was wir heute darunter verstehen, nämlich eine Art „Dogmatik", sondern eher das, was wir heute „Ethik" nennen. Es ist „Lehre von den Wegen", die der Christ, die eine Gemeinde Jesu zu gehen hat. Dabei denkt Paulus an die wirkliche, konkrete Lebensgestaltung auf den verschiedensten Gebieten. Er blickt an dieser Stelle nicht so sehr zurück auf das, was er den Korinthern bisher schon von dem richtigen „Weg" des Gemeindelebens geschrieben hat. Er sieht vor allem die Fragen vor sich, über die er nun in den folgenden Kapiteln mit der Gemeinde sprechen muß. Unser Abschnitt ist der Übergang von dem ersten großen Thema

[5] Über Timotheus orientieren uns Apg 16, 1; 17, 14; 2 Ko 1, 19; Phil 2, 20. Timotheus hat sich immer wieder bewährt. In dem viel späteren Brief an die Philipper (2, 20) kann Paulus noch stärker sagen: „Denn keinen habe ich von gleicher Gesinnung, der so echt für eure Anliegen besorgt sein wird." Wieviel kann doch die Bekehrung eines einzigen jungen Mannes für die Sache des Herrn bedeuten.

„Kreuzesbotschaft und Weisheitsrede" zu den vielfältigen Problemen und Schwierigkeiten, die er jetzt vornehmen will[6].

„Vorbild" und „Lehre" gehören dabei eng zusammen. Das gute Vorbild bedarf der Erläuterung in einer Lehre, und die Lehre muß im Vorbild anschaulich werden[7]. Diese „Lehre", diese „Wegweisung", ist **„in jeder Gemeinde"** die gleiche, so verschieden auch die Lage in den verschiedenen Gegenden und Orten sein mag. Darin lag ein festes Einheitsband bei aller Selbständigkeit, die jede Gemeinde damals besaß. Von einer „Gesamtkirche", von der Einrichtung übergeordneter Instanzen in ganzen Gemeindeverbänden wird in den Briefen des Paulus nichts sichtbar. Daran lag ihm offenbar nichts[8]. Aber freilich, alle Gemeinden können nur den einen gleichen „Weg" gehen, der dem „Weg" des Apostels selbst entspricht. Diese Wege sind seine **„Wege in Christus Jesus"**. Paulus hat sie sich nicht selber erdacht. Jesus ist selber der eigentliche „Weg" (Jo 14, 6). „In Ihm" liegen alle Wege, die der Apostel geht und auf die er alle Gemeinden unermüdlich ruft. Darum kann er es an späterer Stellen seines Briefes sagen: „Seid Nachahmer von mir, wie auch ich von Christus" (Kap. 11, 1).

18 Die Sendung des Timotheus verstärkt bei „einigen" sofort den Eindruck, den sie schon vorher hatten: **„Als ob ich aber meinerseits nicht zu euch komme, blähen sich einige auf."** Paulus wagt sich nicht mehr selber zu uns, er weiß, daß seine Rolle bei uns ausgespielt ist. Der Ausdruck sie **„blähen sich auf"** zeigt, daß es nicht eine bedauernde, sondern eine triumphierende Feststellung war: „Paulus selbst kommt nicht mehr nach Korinth." Wir merken, wie ernsthaft die Ablehnung des Paulus und das Bestreben, die Gemeinde ganz von ihm zu lösen, bei „einigen" war. Diese **„einige"** (oder auch in der Einzahl „jemand", vgl. schon 3, 18) werden immer wieder vorkommen. Paulus nennt keine Namen. Aber wir werden diese seine Gegner sowohl in der „Christuspartei" (s. o. S. 35) wie auch unter denen zu suchen haben, die Petrus, Johannes, Jakobus als die „wahren" und „großen" Apostel über den zweifelhaften Paulus stellen (vgl. 2 Ko 10, 2; 10, 11; 11, 5).

19 Aber seine Gegner in Korinth irren sich. Die Sendung des Timotheus soll seinen eigenen Besuch nicht ersetzen, sondern nur vorbereiten. **„Ich werde aber schnell zu euch kommen, wenn der Herr will."**

6 Dieser neutestamentliche Sinn von „Lehre" ist gerade in den Kirchen der Reformation lange Zeit völlig vergessen worden. Darum gab es in ihnen auch keinen klaren christlichen „Wandel" nach neutestamentlichem „Vorbild", sondern der Christ ging im tatsächlichen Leben einfach den „Weg" bürgerlich-religiöser Anständigkeit mit. Es ist darum gut, daß diese bürgerliche „Christlichkeit" heute fast völlig vergangen ist. Es wird wieder zu einer besonderen und einzigartigen Sache, ein „Christ" zu sein. Und der „Christ" muß ganz neu fragen, wie er denn tatsächlich in dieser Welt zu leben hat, auch auf die Gefahr hin, vielem Kopfschütteln über seine „Torheit" zu begegnen. Es ist eine wesentliche Aufgabe der Gemeinde Jesu, ihren Gliedern konkret in der Welt von heute den „Weg" in Jesus Christus zu zeigen.

7 Es ist das hier nicht anders wie bei jeder praktischen Kunst. Für eine alpine Bergtour kann und muß vielerlei gelehrt und gelernt werden. Aber auf den Berg kommt doch nur der hinauf, der Schritt für Schritt und Griff um Griff dem Bergführer nachklettert.

8 Nur in jener Gruppe von Brüdern, die die große Sammlung aus den Heidengemeinden zur Urgemeinde in Jerusalem brachte, könnte der Anfang einer solchen Instanz gesehen werden.

Paulus ist nicht selbst der Herr seiner Reisen[9]; er ist „Diener", dem Willen seines Herrn unterworfen. So kann er auch keine bindende Zusage von sich aus geben. Aber die Korinther sollen es wissen, Freunde wie Gegner, daß er seinerseits rasch bei ihnen sein möchte und den Besuch nicht scheut. Da wird er seine Gegner **„erkennen"**. Das Wort hat für einen Israeliten immer einen wesenhaften Klang. Ist es doch der hebräische Ausdruck für die letzte Gemeinschaft zwischen Mann und Frau (1 Mo 4, 1). Eben darum wird Paulus in diesem „Erkennen" sich nicht von dem **„Reden der Aufgeblasenen"**, von starken oder tiefsinnigen Worten imponieren lassen, sondern die **„Kraft"** erproben, die hinter ihrem „Wort"[10] steht.

20 Paulus weiß um die entscheidende Wichtigkeit des „Wortes" und kann gelegentlich das „Wort" wie eine selbständige Größe von eigener Lebenskraft behandeln, z. B. 2 Th 3, 1. Aber er weiß ebenso, daß es „bloße Worte" gibt ohne „Kraft" und ohne „Heiligen Geist" (1 Th 1, 5), die keinen Wert haben. Er kennt das von der „Weisheit" bestimmte Wort, das irreführt und ebenfalls „der Kraft Gottes zur Rettung" entbehrt. Darum kann er im Gedenken an die neuen korinthischen Lehrer und ihre Systeme und Wortgebilde nun die berühmt gewordene Aussage prägen: **„Denn nicht im Reden** (besteht) **die Königsherrschaft Gottes, sondern in Kraft."** Solche mächtigen Sätze sind bei Paulus nie das Ergebnis dogmatischer Untersuchungen, sondern erwachsen aus der gegebenen Situation und Not. Sie sprechen dann aber Wahrheiten aus, die zu allen Zeiten gelten und wesentliche Tatbestände vor uns hinstellen. Wir werden auch hier auf ein untrennbares Miteinander zu achten haben. Alles „Wort" ohne „Kraft" hat mit der **„Königsherrschaft Gottes"**[11] nichts zu tun. Wo Gott königlich herrscht, da kann es nicht bei bloßen Worten und Gedanken bleiben, da geschieht etwas, da ist Gottes Kraft am Werk. Aber es darf dabei nicht vergessen werden, daß alle „Kraft" an sich ebenfalls noch kein sicheres Zeichen der „Königsherrschaft Gottes" ist. Gerade erst in der „Schwachheit Gottes" am Kreuz und im törichten „Wort vom Kreuz" kommt Gottes Kraft als rettende zur Wirkung. „Kraft" darf nicht vom „Wort" getrennt werden. In diesem Sinne will Paulus bei seinen Gegnern wahrlich nicht „Kraftleistungen" sehen, die sie vielleicht nachzuweisen haben. Aber das will und wird er sehen, ob sie die Korinther nur mit ihren Reden begeistern oder ob ihr Wort rettendes Wort ist, das zum Leben führt.

21 Er denkt an seinen Besuch voraus. Wie wird dieser Besuch verlaufen? In einem kurzen Satz und knappen Bild sagt Paulus hier schon, was er am Ende des 2. Korintherbriefes eingehend ausführen wird: **„Soll ich mit dem Stock zu euch kommen oder in Liebe und im Geist der Sanftmut?"** Es hängt von den Korinthern selbst ab, wie es wer-

[9] Vgl. die Ausführungen zu Kap. 16, 5 ff und vgl. Rö 1, 10; 15, 32; 1 Th 3, 11.

[10] Paulus gebraucht hier — wie auch in 1 Ko 5 — für das „Reden" den Ausdruck „logos = Wort".

[11] Paulus gebraucht diesen Ausdruck nicht zu häufig in seinen Briefen. Wo er ihn aber braucht, ist er von grundsätzlicher und umfassender Bedeutung für ihn. Vgl. Rö 14, 17; 1 Ko 6, 9; 15; Gal 5, 21; Kol 4, 11; Eph 5, 5; 1 Th 2, 12; 1 Th 1, 5.

den wird. Er gebraucht nicht etwa mit Freude den „Stock" gegen seine „geliebten Kinder". Viel lieber kommt er in **„Liebe und im Geist der Sanftmut".** Aber das hängt nicht von ihm ab. Wenn die Korinther ihn zwingen, wird er auch zuzuschlagen wissen.

DAS URTEIL ÜBER DEN MANN, DER SEINE STIEFMUTTER HEIRATETE

1. Korinther 5, 1—5

zu Vers 1:
3 Mo 18, 7 f
1 Th 4, 3—5
zu Vers 3:
Kol 2, 5
zu Vers 4:
Mt 18, 20
2 Ko 13, 10
zu Vers 5:
1 Tim 1, 20
1 Pt 4, 5 f

1 Jedenfalls hört man bei euch von Unzucht, und zwar von einer
derartigen Unzucht, wie sie nicht einmal unter den Heiden vor-
2 kommt, daß einer die Frau des Vaters habe. * Und ihr seid aufge-
blasen und habt nicht vielmehr Leid getragen, damit hinweggetan
3 würde aus eurer Mitte, der diese Tat begangen hat? * Denn ich mei-
nerseits, abwesend dem Leibe nach, anwesend aber dem Geiste
nach, habe bereits das Urteil gefällt, als wäre ich anwesend, den,
4 der so dieses vollbracht hat, * in dem Namen des Herrn Jesus, wäh-
rend ihr versammelt seid und mein Geist zusammen mit der Kraft
5 unseres Herrn Jesus, — * zu übergeben einen solchen dem Satan
zum Verderben des Fleisches, damit der Geist gerettet werde am
Tage des Herrn.

1 Paulus hat die Korinther gefragt, ob er mit dem Stock kommen solle oder in Liebe und im Geist der Sanftmut. Aber warum war überhaupt der „Stock", also die harte Strafe, vielleicht nötig? Nicht der bisher dargelegten Notstände wegen. Falsche Weisheit vertreibt man nicht mit dem Stock, und Parteiungen und falsches Ansehen bestimmter Prediger prügelt man nicht aus einer Gemeinde heraus. Nein, Paulus denkt an Dinge, die sein Strafen nötig machen, wenn sie nicht sofort von der Gemeinde bereinigt werden. Denn nicht nur von den Streitigkeiten hat er „gehört". Es gab noch Schlimmeres zu hören. **„Jedenfalls hört man bei euch von Unzucht, und zwar von einer derartigen Unzucht, wie sie nicht einmal unter den Heiden vorkommt, daß einer die Frau des Vaters habe."** Was ist geschehen? Hat Paulus das Entsetzliche nur nicht aussprechen wollen, daß ein Gemeindeglied die eigene Mutter heiratete? Der Hinweis, daß selbst bei den Heiden so etwas unerhört sei, könnte daran denken lassen. Aber wahrscheinlicher ist es doch, daß er die Stiefmutter meint, die auch altersmäßig dem Sohn des (verstorbenen) Vaters näher stehen konnte.

Es handelt sich bei dem ganzen Vorgang nicht um eine Sünde im erotischen Rausch. Von diesem ganzen Gebiet wird Paulus erst im Kap. 6 und dort dann auch in sehr anderer Weise reden. Hier ist bewußt und überlegt gehandelt worden, als ein Mann mit seiner Stiefmutter die Ehe schloß. Denn das wird unter „Haben" der Frau zu verstehen sein. Eben darum konnte er meinen, eine „Sünde" nicht getan, wohl aber die „Freiheit“ des Christen bewiesen zu haben, und weder an das mosaische Gesetz (3 Mo 18, 8; 5 Mo 22, 30; 27, 20) noch an die veraltete „Moral“ gebunden zu sein.

Aber nun liegt Paulus nicht an dem Fall als solchem. Von der Frau 2
wird überhaupt nicht gesprochen; man kann daraus schließen, daß sie nicht zur Gemeinde gehörte. Aber auch von dem Mann ist zunächst nicht die Rede, sondern von der Gemeinde und ihrem Verhalten. Eine „Gemeinde“ ist nicht, wie so oft bei uns, eine Schar von Menschen, die zu bestimmten kirchlichen Veranstaltungen zusammenkommen, im übrigen aber isoliert ihr eigenes Leben führen. Eine „Gemeinde“ ist das, was Paulus in Kap. 12 noch ausdrücklich schildern wird, ein „Organismus“, ein „Leib“. Die Schädigung und Vergiftung eines Gliedes bedroht sofort den ganzen Leib und muß daher die Reaktion dieses Leibes hervorrufen. „Wenn ein Glied leidet, so leiden alle Glieder mit“ (12, 26). Aber eben das ist das Erschütternde und Erschreckende für Paulus, daß diese notwendige Reaktion der Gemeinde in Korinth ausgeblieben ist. **„Und ihr seid aufgeblasen und habt nicht vielmehr Leid getragen, damit hinweggetan würde aus eurer Mitte, der diese Tat begangen hat?“**

Wir wissen nicht, ob der Vorwurf des Paulus **„ihr seid aufgeblasen“** nur die allgemeine Selbstzufriedenheit der Gemeinde trotz eines solchen Ereignisses treffen sollte, oder ob die Gemeinde selber in dieser Ehe mit der Stiefmutter einen Erweis „evangelischer Freiheit“ gesehen hat. Die in Korinth umgehende Losung „Alles steht mir frei“ (6, 10; 10, 23) konnte auch einen solchen Fall mit umfaßt haben. Jedenfalls haben sie nicht **„Leid getragen“**, wie bei einem Todesfall. Die Gemeinde sieht und empfindet die Tödlichkeit der Sünde nicht mehr. Paulus aber sieht sie. Darum schreibt er nicht, was wir von einem „Christen“ erwarten könnten: „Und habt nicht vielmehr Leid getragen, damit in sich gehe und Buße tue, der diese Tat begangen hat.“ Hier ist nicht ein Gemeindeglied von „einem Fall übereilt“, so daß man ihm „zurechthelfen“ könnte und müßte (Gal 6, 1). Nicht einmal Mt 18, 15–17 ist hier anzuwenden. Hier ist der Leib der Gemeinde durch die tödliche Vergiftung eines seiner Glieder so bedroht, daß nur die sofortige Amputation in Frage kommt, **„damit hinweggetan würde aus eurer Mitte, der diese Tat begangen hat“**. Daß es Paulus nicht an der persönlichen Barmherzigkeit gegen diesen Schuldiggewordenen fehlt, wird der Schluß des Abschnittes in überraschender Stärke zeigen.

Jetzt aber geht es um die Gemeinde und ihre Haltung. Da gibt es 3
im Blick auf dieses ihr Glied nur eins: das Todesurteil. Paulus bringt die fraglose Notwendigkeit dieses Urteils dadurch zum Ausdruck, daß er den Korinthern sagt: **„Ich habe bereits das Urteil gefällt!“** Hier ist nichts mehr zu untersuchen, nichts mehr zu verhandeln. Das Urteil ist schon gesprochen.

Freilich nur **„ich meinerseits habe bereits das Urteil gefällt“**. Wenn die Gemeinde angesichts solcher Tat — Paulus kann ihre Furchtbarkeit nicht noch einmal nennen, sondern nur umschreiben — völlig versagt, dann muß ihr Apostel für sie handeln. Wohl ist er **„abwesend dem Leibe nach“**, aber er ist **„anwesend dem Geiste nach“**. Das heißt nicht: „In Gedanken bin ich bei euch.“ So dünn und abstrakt meint Paulus es nicht. Für den Heiligen Geist, von dem er erfüllt ist, bedeuten räumliche Trennungen nichts. Durch den Geist ist er sehr real gegenwärtig.

4/5 Der Inhalt des Urteils steht für Paulus fest: **„zu übergeben einen solchen dem Satan zum Verderben des Fleisches.“** Aber er kann dieses Urteil nun doch nicht nur „seinerseits“ fällen. Die Gemeinde muß es mit ihm zusammen tun. Darum unterbricht Paulus seinen Satz und schaltet, ausgehend von seiner „Anwesenheit im Geist“, ein: **„während ihr versammelt seid und mein Geist zusammen mit der Kraft unseres Herrn Jesus.“**

Es ist sehr beachtlich, daß sich Paulus in dieser schwerwiegenden Sache nicht an das „Amt“ in der Gemeinde wendet, sondern an die Gemeinde als ganze und als solche. Wir haben heute in den „Lebensordnungen“ der Kirche die Kirchenzucht fast völlig in die Hand des Pastors gelegt. Doch einen „Pastor“ kannte die Gemeinde in Korinth nicht. Aber Paulus will sich auch nicht nur mit ihren „Ältesten“, mit den „Bischöfen“ und „Diakonen“ versammeln, die es in Korinth wie in Philippi (1, 2) gegeben haben mag. Er will mit der ganzen Gemeinde zusammenkommen[1]. Ein Todesurteil über eines ihrer Glieder muß sie selber mit fällen. Paulus meint, daß eine wirkliche Gemeinde zu solchem Handeln verpflichtet und fähig ist[2]. Ein Urteil ist immer Feststellung einer Schuld. Darauf verwendet hier Paulus keine Mühe. Wohl zeigte sich in dieser Ehe mit der Stiefmutter und in der Unbewegtheit der Gemeinde diesem Fall gegenüber, wie die Losung „Über die Schrift hinaus“ (4, 6) in der Gemeinde wirkte. Die klaren Verbote des atst Gesetzes gelten nichts. Aber Paulus holt jetzt nicht das Gesetz herbei, um den Korinthern die Unmöglichkeit und Sündhaftigkeit einer solchen Ehe zu zeigen. Er macht überhaupt keinen Versuch, die Sündhaftigkeit des Geschehenen irgendwie zu „beweisen“ oder zu erörtern. Der offenbaren Sünde gegenüber wäre jede Erörterung und jede Beibringung von „Beweisen“ schon die Erweichung eines absoluten, fraglosen Nein. Aber ein Urteil legt auch immer dem Betroffenen eine Strafe auf. Im gewöhnlichen menschlichen Bereich sorgt die Staatsgewalt für die Vollstreckung dieser Strafe. Wer aber soll an jenem Schuldigen in Korinth die Strafe vollziehen? Das ist im Urteil selbst ausgesprochen: Satan soll es tun. Er hat „des Todes Gewalt“ (Hbr 2, 14); er kann das „Fleisch“, die ganze irdische Existenz des Mannes, „verderben“. Aber er kann es erst, wenn dieser Mann aus der Gemeinde Jesu ausgestoßen und ihm übergeben[3]

[1] Wieder wird deutlich, daß die Gemeinde zahlenmäßig nicht groß gewesen sein kann.
[2] Weil die Kirchenzucht bei uns Sache des Pastors geworden ist, schafft sie in den meisten Fällen auch nichts anderes als Verärgerung gegen den ungerechten und hartherzigen Pastor. Das fehlsame Gemeindeglied sieht sich überhaupt nicht mehr als „Glied“ einer klar ausgerichteten Gemeinde gegenüber.
[3] Es steht hier das eine, gleiche Wort „übergeben, ausliefern“, das wir auch für die Tat des

wird. Ein errettetes Glied der Gemeinde Jesu ist (wenn es sich nicht selber durch Zauberei in die Macht der Finsternis begeben hat) für den Satan unantastbar. Jetzt aber geschieht ein wirksamer Akt, der den Schuldigen von der Gemeinde trennt und Satan überantwortet. Dieser Akt kann nur **„in dem Namen des Herrn Jesus"** geschehen, unter der Erlaubnis Jesu, ja in der Ermächtigung durch Jesus selbst. Daher müssen bei dem Gericht, zu dem Paulus die Gemeinde aufruft, die Korinther und sein eigener Geist versammelt sein, **„zusammen mit der Kraft unseres Herrn Jesus".**

Paulus hat erwartet, daß die Korinther nach dem Verlesen des Briefes zu einer solchen Handlung unter Anrufung des Namens Jesu schreiten. Paulus ist dann „im Geist anwesend" und mit ihnen versammelt. Und Paulus ist gewiß, daß Jesus selbst gerade auch bei einem so ernsten Gericht in der Gemeinde mit seiner wirksamen Macht dabei ist. Darum bleibt dieses Urteil nicht ein „Wort", das der Betroffene überlegen abschütteln könnte. Auch hier besteht die „Königsherrschaft Gottes nicht im Reden, sondern in Kraft" (4, 20). Dieses Urteil vollzieht sich. Das Verderben wird dieses bisherige Gemeindeglied plötzlich überfallen oder langsam vernichten.

Aber selbst hier bei diesem schweren Ernst des richterlichen Han- 5
delns bleibt der Blick eines Paulus positiv. Nur **„zum Verderben des Fleisches"** bekommt Satan die Macht. Denn dieser Mann ist „Christ". Er hat Furchtbares getan, aber er hat sich seinerseits nicht von Jesus losgesagt. Der Opfertod Jesu bleibt für ihn gültig. Zwar muß eine solche öffentliche Sünde, die bei Juden und Heiden dem Evangelium schwersten Schaden zufügte und Schande auf den Namen des Herrn brachte, ihre klare Strafe finden. Aber gerade wenn diese Strafe durchlitten ist — und dem Satan verfallen sein zum Verderben des Fleisches ist schrecklich —, kann **„der Geist gerettet werden am Tage des Herrn".** So fest und wirksam ist das für Paulus einmal im Glauben ergriffene Heil, daß er hier kein „vielleicht" einschiebt, sondern von dieser Errettung mit großer Zuversicht spricht. So stark ist die „Heilsgewißheit", wenn wir auf Jesus und sein vollbrachtes Werk sehen.

So sieht das praktisch aus, was Paulus unter dem „Anathema", unter dem „Bann" (Gal 1, 5—9) versteht. Es geht dabei nicht in erster Linie um die „Bestrafung" von Sündern, sondern um die Reinerhaltung der Gemeinde. Unser Abschnitt ist darin eine Parallele zu Apg 5, 1—11, nur daß sich dort Gottes Gericht unmittelbar im Wort des Apostels vollzieht, weil die eigentliche, unerträgliche Sünde von Ananias und Saphira gerade erst in ihrer Lüge vor Petrus geschieht. Es ereignet sich aber in beiden Fällen jenes tiefernste „Binden", von dem Jesus Mt 16, 19; 18, 18; Jo 20, 23 gesprochen hat, das wir vor

Judas, für die Tat Gottes an seinem Sohn und im Abendmahlsbericht finden (Mt 26, 15; 26, 21; Rö 8, 32; 1 Ko 11, 23). Judas hat nicht das geheime Versteck Jesu „verraten", sondern Jesus seinen Feinden in die Hand gespielt und „ausgeliefert". Darüber aber steht jenes Dahingeben, „Preisgeben" des Vaters, der den geliebten gehorsamen Sohn allen Mächten des Verderbens „ausliefert".

lauter bloßem „Lösen“ nicht mehr kennen[4]. Die Kirche hat freilich lange Zeit mit ihrem „Bann“ etwas ähnliches zu tun versucht und zu tun gemeint. Aber drei Züge im Kirchenbann sind anders als die Grundlinie im Handeln des Paulus und entstellen das, was Paulus uns hier vor Augen führt. 1. Der Bann der Kirche galt wesentlich den „Ketzern“, also denen, die anders dachten und lehrten als die Großkirche. 2. Die politisch mächtig gewordene Kirche verließ sich nicht mehr auf die Vollmacht ihres Wortes, sondern erreichte das „Verderben“ des Gebannten mit Hilfe staatlicher Maßnahmen. 3. In der „Auslieferung an Satan“ durch die Kirche lag nicht mehr der heilsgewisse Retterwille, der zwar Sünde strafen und die Gemeinde von schweren Befleckungen reinigen muß, aber für den schuldigen Bruder der Errettung am Tage des Herrn gewiß ist. Ein Handeln, wie es hier von Paulus vollzogen wird, kann nicht von „Instanzen“, auch nicht von kirchlichen Instanzen, sondern nur von „Geistesmenschen“ geübt werden, die wissen, was sie tun, und die im Rahmen rein geistlicher Vollmacht bleiben, diese Vollmacht aber auch wirklich und wirksam besitzen[5].

DIE NOTWENDIGE REINIGUNG DER GEMEINDE

1. Korinther 5, 6–13

zu Vers 6: Mt 16, 6
zu Vers 7: Jes 53, 7; Jo 1, 29; 1 Pt 1, 18 f
zu Vers 9: Eph 5, 5; 2 Th 3, 14
zu Vers 10: 1 Ko 6, 9 f; Tit 3, 10
zu Vers 11: Apg 19, 9; 2 Th 3, 6
zu Vers 12: Mt 4, 11; 7, 1

6 **Nicht gut ist euer Ruhm. Wißt ihr nicht, daß ein wenig Sauerteig**
7 **den ganzen Tag durchsäuert? * Fegt aus den alten Sauerteig, da-**
mit ihr seid ein frischer Teig, entsprechend wie ihr Ungesäuerte
8 **seid. Es wurde ja auch unser Passa geschlachtet, Christus. * Daher**
laßt uns das Fest feiern nicht im alten Sauerteig, auch nicht im
Sauerteig der Bosheit und Schlechtigkeit, sondern in ungesäuerten
9 **(Broten) der Lauterkeit und Wahrheit. * Ich hatte euch in dem**
Brief geschrieben, keinen Umgang zu haben mit Unzüchtigen,
10 *** nicht überhaupt mit den Unzüchtigen dieser Welt oder mit den**
Habgierigen und Räubern oder Götzendienern, da ihr dann ja
11 **aus der Welt ausziehen müßtet. * Nun aber habe ich euch geschrie-**
ben, keinen Umgang zu haben, wenn einer, der sich Bruder nennen
läßt, ein Unzüchtiger ist oder ein Habgieriger oder ein Götzen-
diener oder ein Schmähsüchtiger oder ein Trinker oder ein Räu-
12 **ber, mit einem solchen nicht einmal zusammen zu essen. * Wie**
käme es denn mir zu, die draußen zu richten? Richtet ihr nicht

[4] Das hängt mit dem Verlust des eigentlichen „Wortes vom Kreuz“ bei uns zusammen. Wir sind einerseits rasch zu moralischer Entrüstung bereit, wissen aber sonst nur noch von Gnade zu reden und „lösen“ bei unsern allgemeinen Beichten ohne jede Nachprüfung.

[5] Darum ist heute echte „Kirchenzucht“ in den meisten Gemeinden gar nicht mehr möglich. Alle ernstlichen Versuche, sie auf diese oder jene Weise zu beleben, müssen scheitern. Martin Luther sah recht, daß Kirchenzucht im Sinne des NT nur im Kreise derer geübt werden kann, die „mit Ernst Christen sein wollen“ (Vorrede zur „Deutschen Messe“).

13 eurerseits die drinnen? * Die draußen aber wird Gott richten. Entfernt den Bösen aus eurer Mitte.

zu Vers 13: 1 Pt 4, 17; Hbr 13, 4

Paulus sah in der Ehe mit der Stiefmutter nicht einen einzelnen „Fall", wie er überhaupt nicht den isolierten Einzelchristen kennt. Immer sieht er „Gemeinde" und den einzelnen als ihr Glied. Erst der Gesamtzustand der Gemeinde in Korinth, ihre falsche „Weisheit" und „Freiheit", ihre Zurückstellung des Wortes vom Kreuz machte solchen Fall möglich. Er geht darum die Gemeinde als ganze an und zeigt ihr: **„Nicht gut ist euer Ruhm."** Ihr ganzer Stolz auf die Höhe ihres Gemeindelebens und auf seinen Reichtum ist eine ungute und unwahre Sache. Oder wollen sie in Korinth jetzt sagen: „Ein Einzelfall — er kann den hellen Glanz unseres Gemeindelebens nicht trüben"? Paulus entgegnet: **„Wißt ihr nicht, daß ein wenig Sauerteig den ganzen Teig durchsäuert?"** Das Bild vom Sauerteig ist damals viel gebraucht worden. Wir kennen es aus dem Evangelium (etwa Mt 16, 6; Mk 8, 15; Lk 12, 1; auch Gal 5, 9). Das Bild zeigt sehr eindrücklich, wie etwas ganz Geringfügiges doch schließlich das Große und Ganze durchdringen und beeinflusseen kann. Mag jene Ehe mit der Stiefmutter auch nur ein „Einzelfall", „ein wenig Sauerteig" sein, es gehen von ihr doch unberechenbare Einflüsse auf das ganze Gemeindeleben aus. Paulus muß gar nicht meinen, daß noch mehr solcher Ehen zustande kommen könnten. Es ist viel gefährlicher. Die ganze falsche Grundhaltung, die mißverstandene Freiheit, die Unterschätzung der Sünde, die Verkehrung des Christentums zu einer bloßen Weltanschauung, alles das wurde gestärkt, wenn solch ein Fall in der Gemeinde geduldet wurde. 6

Darum war es auch nicht damit getan, wenn die Gemeinde dem von Paulus gefällten Urteil zustimmte und jenen Mann mit Entrüstung verwürfe. Als erstes hatte Paulus in der Gemeinde nicht „Entrüstung", sondern „Trauer" erwartet. Entrüstung kann sehr ichhaft und überheblich sein; echte Trauer ist von der Liebe bestimmt und beugt sich unter die Schuld des andern. Es wäre nach dem Willen des Paulus zugleich eine Trauer der Gemeinde über sich selbst gewesen. Wie konnte es in unserer Gemeinde überhaupt zu einem solchen Fall kommen? Was ist in dem ganzen Zustand der Gemeinde schon lange und in der Tiefe nicht in Ordnung? An die Stelle des „Ruhmes" wäre eine echte gemeinsame Buße und Reinigung getreten. Dazu möchte Paulus die Gemeinde jetzt leiten. Dabei macht er es auch hier wieder so, daß er das genommene Bild ein Stück wendet, um von ihm aus das sagen zu können, woran ihm liegt. Er lenkt mit dem Wort Sauerteig den Blick der Korinther zum Passafest hinüber, das sie von ihren israelitischen Geschwistern in der Gemeinde gut kannten. Wie sorgfältig wurde nach 2 Mo 13, 7 am 14. Nisan jede Spur von Gesäuertem beseitigt. Das Passa ist ja das Fest der „Mazzen", der „süßen Brote" (Mt 26, 17; Lk 22, 1). Das wird nun zum Bild des Christseins, des christlichen Lebens und Handelns.

Es war nicht nur in dem bösen Unzuchtsfall „ein wenig Sauerteig" 7 in der Gemeinde da. Paulus wird in den folgenden Kapiteln noch genug **„Sauerteig der Bosheit und Schlechtigkeit“** aufzuzeigen haben. Darum fordert er nun zu einer umfassenden und gründlichen Reinigung der Gemeinde auf: **„Fegt aus den alten Sauerteig, damit ihr seid ein frischer Teig, entsprechend wie ihr Ungesäuerte seid.“** Der Gemeinde wird ein ernsthaftes und beharrliches Tun zugemutet. Paulus hat schwerlich gemeint, daß die Gemeinde in einer einzigen Anstrengung für immer mit dem „Sauerteig“ fertigwerden und kampflos dauernd ein „frischer Teig“ sein könne. Dem widerspricht das Wort an die Galater in Kap. 5, 16 f. Das Fleisch mit seinem „Begehren“ bleibt; der „Wandel im Geist“ muß immer neu erreichen, daß dieses Begehren nicht zu seinem Ziel kommt. Der **„alte Sauerteig“** wird sich immer wieder zeigen und muß immer wieder „ausgefegt“ werden. Aber nun formuliert Paulus in kennzeichnender Weise nicht „damit ihr ein frischer Teig werdet“. Das wäre „Idealismus“, der nur scheitern kann. Nein, er schreibt: **„damit ihr seid ein frischer Teig, entsprechend wie ihr Ungesäuerte seid.“** Paulus unterstreicht das „Sein“. Das geschenkte „Sein“ ist der Grund des gelingenden „Tuns“; aber es macht dieses „Tun“ nicht überflüssig, sondern nötig. Wir sehen hier anschaulich das Wesen der christlichen Ethik, des christlichen Lebensvollzuges. Der Grundsatz, die Grundregel lautet: „Sei, was du bist“ oder „Werde ganz das, was du bist.“ Das ist freilich höchst „unlogisch“. Das logische Denken wird immer sagen: Entweder bin ich etwas, dann brauche ich es nicht erst zu werden; oder ich soll etwas werden, dann bin ich es noch nicht. So schwankt auch die christliche Lebenshaltung oft genug zwischen glaubensloser Aktivität, die alles selber erringen will, und „gläubiger“ Passivität, die im Glauben alles „hat“ und darum nicht mehr handeln zu müssen meint. Paulus aber faßt beides unlogisch-lebenswahr zusammen.

Aber wieso haben die Korinther schon das „Neue Sein“? Wieso sind sie bereits **„Ungesäuerte“, „frischer Teig“**? Sie können es nicht in sich selbst sein. Ihr faktischer Zustand ist ja gerade so, daß sie mit dringendem Ernst ermahnt werden müssen, den alten Sauerteig auszufegen. Sie sind es nur „in Christus“, von dem Opfer Jesu her. **„Es wurde ja auch unser Passa geschlachtet, Christus.“** In der Nacht vor dem Auszug der Kinder Israel aus Ägypten ging der Zorn des heiligen Gottes im Gericht durch das Land und schlug seine Erstgeburt. Die Häuser der Israeliten waren von dem Gericht nicht „von selbst“ verschont. Es gibt kein Ansehen der Person vor Gottes Gerechtigkeit. Der Tod ist die Strafe der Sünde, auch für Israel. Aber nun durfte bei den Israeliten ein Lamm stellvertretend für sie bluten und sterben, und das Blut des Passalammes an der Tür deckte das Haus und die darin waren vor dem Gericht. Die Gemeinde Jesu steht nicht hinter Israel zurück. Nein, es wurde „auch ihr Passa geschlachtet, Christus“. Ja, Christus ist überhaupt erst das wahre Lamm Gottes. Alle damals in Ägypten und bis heute in Israel geschlachteten Passalämmer sind nur ein vorausgeworfener „Schatten“ des Eigentlichen (Hbr 10, 1; Kol 2, 17), ein vorläufiger Hinweis auf das wahrhaft gültige Opfer, das wirklich reinigende Blut, die tatsächlich befreiende Kreuzestat. In Christus sind alle, die an ihn glauben, **„Ungesäuerte"**, ein **„frischer Teig"**, „süße Brote", trotz alles alten Sauerteiges, der noch an ihnen haftet.

Darum folgt aus diesem geschenkten Sein unmittelbar das Tun. 8
Nicht als ein künstlicher Zusatz, den man besonders begründen müßte, sondern aus dem Wesen der Sache erwachsend. Paulus bringt das unter der Leitung des Heiligen Geistes wunderbar zum Ausdruck, indem er dieses Tun ein „Festfeiern" nennt. **„Daher laßt uns das Fest feiern nicht im alten Sauerteig, auch nicht im Sauerteig der Bosheit und Schlechtigkeit, sondern in ungesäuerten** (Broten) **der Lauterkeit und Wahrheit."**

„Daher laßt uns das Fest feiern." Wenn Paulus „bis Pfingsten in Ephesus bleiben wollte" (16, 8), kann es gut sein, daß unser Brief von ihm in der Zeit vor dem Passa geschrieben wurde und daß Paulus dadurch zu dem Bild der Passafeier kam. Aber dadurch ist nicht erwiesen, daß die Gemeinde Jesu damals etwas wie ein „christliches Passafest" hatte oder ein „Osterfest" beging. Paulus, der den jüdischen Festkalender so entschieden verneinte (Rö 14, 5; Gal 4, 10; Kol 2, 16), wird schwerlich in den von ihm geleiteten Gemeinden christliche Feiertage und Festzeiten eingerichtet haben. Damit war die Gefahr vermieden, die uns von unserem „Kirchenjahr" bedroht — als ob wir nur in der Adventszeit auf das Kommen des Herrn warten, nur zu Pfingsten den Heiligen Geist einladen und nur zu Ostern den alten Sauerteig ausfegen! Was Paulus von den Korinthern verlangt, gilt an jedem Tag in gleicher Weise.

Dann aber ist auch jeder Tag „ein Fest". Paulus denkt auch jetzt durch und durch „evangelisch", wenn er von der christlichen Ethik spricht und seinen Korinthern den ernsten Kampf gegen das Böse zumutet. **„Nicht im alten Sauerteig der Bosheit und Schlechtigkeit, sondern in ungesäuerten** (Broten) **der Lauterkeit und Wahrheit"** leben, ist denn das etwas Schreckliches und Bedrückendes? Wird dann nicht wirklich das Leben „ein Fest", wenn wir so zu leben vermögen, weil wir durch das Opfer Jesu „süße Brote" geworden sind? So sagt es Martin Luther: „Das ganze Christenleben ist ein einzig, stetig und ewig Osterfest" (nach der Sommerpostille). So klingt es in allen unsern Osterliedern[1].

**„Ich hatte euch in dem Brief geschrieben, keinen Umgang zu haben 9
mit Unzüchtigen."** Nun merken wir, daß Paulus nicht zum ersten Mal diese Frage mit den Korinthern schriftlich bespricht und daß unser Brief nicht der eigentlich „erste" Korintherbrief ist. Der Brief, auf den Paulus hinweist, war aber offenbar der erste, den er überhaupt an die Korinther schrieb, denn er kann ihn „den" Brief nen-

[1] Als ein Beispiel für viele sei hier nur die Strophe genannt: „So feiern wir das hoh Fest mit Herzensfreud und Wonne, das uns der Herr scheinen läßt. Er ist selber die Sonne, der durch seiner Gnaden Glanz erleucht' unsre Herzen ganz; der Sünden Nacht ist vergangen. Halleluja" (EKG 76, 6).

nen. Schon in ihm hat er den Korinthern ans Herz gelegt, **„keinen
Umgang zu haben mit Unzüchtigen“.** Diese Mahnung des Paulus war
mißverstanden und darum kritisch besprochen und als Überforde-
rung abgelehnt worden. Aber solches „Mißverstehen“ ist nicht ein
Zufall. Es entsteht daraus, daß schon voreingenommen und mißver-
ständlich gehört wird. Paulus klärt das Mißverständnis unverärgert
10 mit ruhiger Sachlichkeit. Er hat bei seiner Warnung in dem Brief
natürlich **„nicht überhaupt die Unzüchtigen dieser Welt“** gemeint. So
töricht und lebensfremd war Paulus nicht, daß er eine absolute Tren-
nung der Gemeinde von der Welt für möglich hielt, **„da ihr dann ja
aus der Welt ausziehen müßtet“.** Gerade Korinth war völlig ver-
seucht mit sexueller Zügellosigkeit. Darum hatte Paulus in seinem
früheren Brief vor allem vor dem Umgang mit Unzüchtigen gewarnt.
Aber jetzt fügt er den „Unzüchtigen“ sofort die **„Habgierigen und
Räuber oder Götzendiener“** hinzu, weil es ihm nicht einseitig an den
geschlechtlichen Versündigungen liegt und weil einfach tatsächlich
das Bild der „Welt“ so bunt ist.

11 Nicht um den Verkehr mit Weltmenschen geht es dem Apostel, ob-
gleich die hier auftauchenden Fragen im Verlauf des Briefes gestreift
werden (s. besonders zu Kap. 8). Aber da liegen nicht zuerst die Ge-
fahren. Sie liegen im Zustand der Gemeinde als solcher. Es kommt
vor, daß sich einer **„Bruder nennen läßt“** und dabei **„ein Unzüchtiger
ist oder ein Habgieriger oder ein Götzendiener oder ein Schmähsüch-
tiger oder ein Trinker oder ein Räuber“.** Paulus erweitert hier die
Aufzählung nochmals, vermutlich, weil er konkreten Anlaß dazu
hatte. Unkeuschheit und Habgier werden im NT mehrfach in einem
Zusammenhang genannt (Eph 4, 19; 5, 3; 5, 5; Kol 3, 5; 1 Th 4, 3–6)[2].
Die **„Habgier“** macht Menschen zu **„Räubern“.** Und der heidnische
Kult mit all seinen magischen und abergläubischen Formen war ein
festes Netz, das auch Gemeindeglieder in irgendeiner Weise noch ge-
fangen halten und zu **„Götzendienern“** machen konnte. Die Zungen-
sünden sind bis heute unter den Gläubigen erschreckend weit ver-
breitet; wenigstens ihre gröbste Form, die **„Schmähsucht“,** ist nicht
zu dulden. Auch die Verfallenheit an den Alkohol konnte in einer
Stadt wie Korinth von dem früheren Leben her Gemeindeglieder als
„Trinker“ in ihrem Bann halten[3]. In allen diesen Fällen fordert Pau-
lus den Abbruch der Beziehungen, bis dahin, **„mit einem solchen nicht
einmal zusammen zu essen“.** Die Tischgemeinschaft ist auch für uns
ein Ausdruck der Zusammengehörigkeit. Auch wir verstehen noch
die Redewendung „das Tischtuch zwischen uns entzweischneiden“,
also die Tischgemeinschaft aufheben. Im Altertum und im Orient
wurde dies noch tiefer empfunden. Es ist im Vorwurf der Pharisäer

[2] Es ist eine häufige Beobachtung in der Seelsorge, daß bei Menschen, die in Unreinheit gefangen sind, auch die Gelddinge in Unordnung sind und umgekehrt.

[3] Während in Israel der Alkohol keine Gefahr bedeutet zu haben scheint (weshalb Jesus dort auch das Weinwunder auf der Hochzeit zu Kana ohne Sorge tun konnte), nehmen im Blick auf die Gemeinden in der griechischen Welt die Warnungen vor dem Alkohol einen breiten Raum ein: neben unserer Stelle 1 Ko 6, 10; Gal 5, 21; Rö 13, 13; Eph 5, 18; 1 Tim 3, 3; Tit 1, 7.

gegen Jesus eine Steigerung: „Dieser nimmt die Sünder an und isset sogar mit ihnen." Aus Kap. 11, 17 ff unseres Briefes erfahren wir, daß die korinthische Gemeinde gemeinsame Mahlzeiten hielt, in deren Verlauf dann das Herrenmahl gefeiert wurde. Von diesen Mahlzeiten sind solche „Brüder" auszuschließen. Aber die Weisung, **„mit einem solchen nicht einmal zu essen"**, wird umfassender und grundsätzlicher gemeint sein. Ein Mann, der den Brudernamen trägt und dabei in offenkundigen Sünden lebt, darf nicht in der Gemeinde geduldet werden. Vor allem deshalb nicht, weil schon „ein wenig Sauerteig den ganzen Teig durchsäuert" und mit der Duldung solcher Brüder der Ernst der Sünde in der ganzen Gemeinde verharmlost würde. Aber auch solche Brüder selbst müssen durch die Aufkündigung aller Gemeinschaft auf die Schwere ihrer Sünde hingewiesen werden. So hat es Paulus wenigstens den Thessalonichern 2 Th 3, 14 f gesagt.

Abschließend stellt Paulus fest: **„Wie käme es denn mir zu, die draußen zu richten? Richtet ihr nicht eurerseits die drinnen?"** Klar 12/13
und bestimmt wird zwischen „drinnen" und „draußen", zwischen „Gemeinde" und „Welt" geschieden, wie in Kap. 1, 18 zwischen „Verlorenen" und „Erretteten" eindeutig unterschieden wurde. Mischformen und Zwischengebiete gibt es für das NT nicht. Gerade darum sollen solche Gemeindeglieder entfernt werden, damit es nicht zu verhängnisvollen Mischformen kommt. Um die „draußen" und ihre Sünden brauchen sich die Gemeindeglieder nicht aufzuregen. Hier sollen sie das Richten wirklich ganz und gar Gott überlassen[4]. **„Die draußen aber wird Gott richten."** Aber um die Reinhaltung der Gemeinde geht es mit tiefem Ernst: **„Richtet ihr nicht eurerseits die drinnen?"** Das **„Ihr"** im grie Text ist betont. Wieder mutet der Apostel der Gemeinde zu, daß sie als solche die Pflicht zur Gemeindezucht hat. Er kleidet seine Mahnung in die Form der Frage, weil die Übung dieser Pflicht in Korinth fraglich wurde. In der Frage liegt schmerzliche Verwunderung darüber, daß die Gemeinde ihre notwendige Aufgabe nicht begreift. Zugleich klingt eine Erwartung an: Nicht wahr, das tut ihr doch, wenn ihr es freilich auch nicht deutlich und entschieden genug tut. Darum spricht es Paulus zuletzt noch einmal mit einer klaren Forderung aus: **„Entfernt den Bösen aus eurer Mitte."** Paulus sagt dies abschließende Wort mit einem Zitat aus 5 Mo 17, 7 (auch 24, 7), hinter dem wir die heilige Entschiedenheit des ganzen Abschnittes 5 Mo 17, 2—7 sehen müssen. Auch wenn eine Gemeinde Jesu nicht mehr unter dem Gesetz, sondern unter der Gnade steht (Rö 6), ist dennoch der Böse und das Böse „aus ihrer Mitte zu entfernen". Ja, bei ihr ist das erst recht nötig, weil ihre Heiligkeit durch das kostbare teure Blut ihres „Passalammes" Christus erworben ist. Daraus erwächst die Notwendigkeit ntst Kirchenzucht[5]. Es

[4] Wir verwenden viel zu viel Kraft auf das erregte Urteilen über das, was von Menschen „draußen" getan wird. Das ist allzu billig und meist recht ichhaft.

[5] Freilich ist hier alles von der Grundstruktur der Gemeinde abhängig. Im volkskirchlichen Raum „Kirchenzucht" üben zu wollen, ist ein mißliches Ding, das nur zur Heuchelei und Ver-

handelt sich dabei aber um „Böse“, die das Böse nicht lassen, sondern die Zugehörigkeit zu der Gemeinde Jesu mit dem Verharren in offenbaren Sünden verbinden wollen.

RECHTSHÄNDEL IN DER GEMEINDE

1. Korinther 6, 1—11

zu Vers 2: Dan 7, 22 · Mt 19, 28 · Offb 3, 21
zu Vers 3: 2 Pt 2, 4
zu Vers 5: Lk 12, 57
zu Vers 6: 2 Ko 6, 15
zu Vers 7: Mt 5, 39 f · 1 Th 5, 15 · 1 Pt 3, 9
zu Vers 9/10: Mt 13, 41 · 1 Ko 15, 50 · Gal 5, 19—21 · Eph 5, 5 · 1 Th 4, 6 f · Offb 21, 8 · 22, 15
zu Vers 11: 1 Ko 1, 30 · 2 Th 2, 13 · Tit 3, 3—7 · Hbr 9, 14 · Offb 1, 5

1 **Wagt jemand von euch, der eine Sache gegen den andern hat, eine**
rechtliche Entscheidung bei den Ungerechten zu suchen und nicht
2 **bei den Heiligen? * Oder wißt ihr nicht, daß die Heiligen die Welt**
richten werden? Und wenn durch euch gerichtet wird die Welt,
seid ihr dann unwürdig für die geringfügigsten Rechtshändel?
3 *** Wißt ihr nicht, daß wir Engel richten werden, geschweige denn**
4 **Dinge des alltäglichen Lebens? * Alltägliche Rechtshändel nun,**
wenn ihr die habt, dann setzt ihr gerade die in der Gemeinde Ge-
5 **ringgeschätzten** (zu Richtern) **ein? * Zur Beschämung sage ich es**
euch. So gibt es tatsächlich unter euch keinen einzigen Weisen,
der imstande sein wird, zu entscheiden zwischen seinem Bruder?
6 *** Nein, Bruder mit Bruder rechtet, und dies vor Ungläubigen.**
7 *** Es ist nun schon überhaupt eine Niederlage für euch, daß ihr**
Rechtshändel miteinander habt. Warum laßt ihr euch nicht lieber
8 **Unrecht tun? Warum laßt ihr euch nicht lieber berauben? * Nein,**
9 **ihr selbst tut Unrecht und beraubt, und das an Brüdern! * Oder**
wißt ihr nicht, daß Ungerechte Gottes Königsherrschaft nicht er-
erben werden? Täuscht euch nicht! Weder Unzüchtige noch Göt-
zendiener noch Ehebrecher noch Weichlinge noch Knabenschänder
10 *** noch Diebe noch Habgierige, nicht Trinker, nicht Schmähsüch-**
tige, nicht Räuber werden die Königsherrschaft Gottes ererben.
11 *** Und derlei wart ihr, manche. Aber ihr wurdet abgewaschen,**
aber ihr wurdet geheiligt, aber ihr wurdet gerechtgemacht durch
den Namen des Herrn Jesus Christus und durch den Geist unse-
res Gottes.

1 Zug um Zug enthüllt sich uns das Bild der korinthischen Gemeinde, und Zug um Zug gehört dabei zusammen. Ist das Wort vom Kreuz zugunsten höherer „Weisheit“ aus der Mitte gerückt, wird ein Paulus gegenüber großartigeren Lehrern verachtet, dann läßt man die Gemeinde von eifersüchtigen Parteiungen zerreißen, fühlt sich satt und reich und versteht die Leiden der Apostel nicht mehr, duldet eine Ehe mit der Stiefmutter und bleibt ruhig im Umgang mit zuchtlos sündigenden Brüdern. Dazu paßt es genau, daß **„jemand von euch wagt, der eine Sache gegen den andern hat, eine rechtliche Entscheidung bei den Ungerechten zu suchen“**, und daß weder dieser „je-

bitterung führen kann. Wo man auf Grund der Kindertaufe die volkskirchlichen Scharen zu „Gemeinden“ im Sinne des NT erklärt und ntst Maßstäbe auf sie anwendet, gerät man in unlösbare Schwierigkeiten.

mand" noch die Gemeinde als ganze ein „Wagnis" darin sieht. War es nicht selbstverständlich, bei Rechtsstreitigkeiten den weltlichen Richter anzugehen? War dieser nicht rechtskundig und für solche Dinge da? Eben weil es den Korinthern für „selbstverständlich" galt, wird es nicht nur in seltenen Einzelfällen, sondern häufiger vorgekommen sein, daß **„jemand"** den Gang zum heidnischen Richter **„wagte"**.

Es ist bezeichnend, wie Paulus jetzt dagegen Einspruch erhebt. 2
Nicht von irgendeinem „Gesetz" oder einer „christlichen Moral", sondern von der Eschatologie[1] her! Auch jetzt heißt die einfache Regel wieder: Seid doch wirklich, was ihr grundmäßig seid. Was sind die korinthischen Christen denn? Richter im Weltgericht! **„Oder wißt ihr nicht, daß die Heiligen die Welt richten werden?"** Es wird völlig deutlich, daß die Glieder der Gemeinde nicht mit den zu richtenden Toten vor dem großen weißen Thron des „Jüngsten Gerichtes" (Offb 20, 11—15) stehen, sondern ihnen allen gegenüber auf Seiten des Richters[2]. „Leib" und „Haupt" sind von der Entrückung der Gemeinde an unlöslich für immer verbunden (1 Th 4, 17). Die Gemeinde nimmt darum notwendig an allem teil, was ihr Haupt in seinem alles vollendenden Wirken tun wird, an dem Sturz des Antichristen, an der königlichen Friedensherrschaft Jesu auf dieser Erde und am Weltgericht[3]. So groß, so realistisch und lebendig war das Hoffen und Erwarten der ersten Christenheit. Aber weil das so ist, darum gilt es nun nach 1 Th 2, 12 „würdig zu wandeln des Gottes, der euch berufen hat zu seinem Reich und seiner eigenen Herrlichkeit", und zwar ganz konkret in den Fragen des Alltagslebens. Es wäre ein völliger Widerspruch, wenn **„durch uns gerichtet wird die Welt"**, daß wir **„dann unwürdig für die geringfügigsten Rechtshändel"** wären. Hier ist das gleiche Wort „würdig", wenn auch in der Verneinung, verwendet wie in 1 Th 2, 12. „Würdig Gottes und seines Reiches" und „unwürdig der geringfügigsten Rechtshändel" in der Gemeinde, das paßt nicht zusammen.

Paulus verstärkt den Widerspruch noch: **„Wißt ihr nicht, daß wir** 3
Engel richten werden?" — Wie fremd und unverständlich mutet uns das an, wovon Paulus bei den Korinthern einfach voraussetzt, daß sie es „wissen". Für das Wissen des NT sind die „Engel" trotz ihrer Hoheit jetzt schon den „Heiligen" in gewisser Weise untergeordnet, sie sind „allzumal dienstbare Geister, ausgesandt zum Dienst um derer

[1] Zu dem Begriff Eschatologie s. o. S. 20 Anm. 11.

[2] Das Verständnis des Völkergerichtes in Mt 25, 31 ff ist eine Sache für sich. Aber auch dort sind die „geringsten Brüder" Jesu offensichtlich nicht unter der Riesenschar der Völker verstreut gedacht; es erfolgt ja ein Hinweis auf sie, der sie allen deutlich zeigen muß: „Diese meine Brüder" (vgl. dazu W.Stb. Matth).

[3] Es wäre daher auch nicht abwegig, den Begriff des „Richtens" in seiner ganzen atst Weite zu fassen und das „Regieren" mit in ihn einzuschließen. Gerade in Offb 20, 4 wird die Tätigkeit der mit Christus Regierenden auch als „Gericht" bezeichnet. Vgl. dazu auch das Wort Jesu an seine Jünger Lk 22, 30; und aus dem AT die Bezeichnung „Richter" für die Führer des Volkes im Richterbuch oder Stellen wie Ps 72, 1—15. So muß das „Richten der Welt" durch die Heiligen nicht auf das Weltgericht beschränkt bleiben. Die Gemeinde nimmt teil an der ganzen heiligen Regierung ihres Herrn.

willen, die das Heil ererben sollen" (Hbr 1, 14). Nun wird die Gemeinde auch über sie **„richten"**. Das gilt zunächst im Blick auf die von Gott abgefallenen Engel, die dem Gericht entgegengehen (2 Pt 2, 4). Da aber Paulus an unserer Stelle die Engel nicht ausdrücklich als „böse" bezeichnet, mag er den Ausdruck **„richten"** gerade hier in seinem weiteren Sinn[4] verwendet und daran gedacht haben, daß die Gemeinde mit Jesus zusammen auch über der ganzen Engelwelt königlich walten wird. Und nun weist Paulus die Gemeinde mit dem hinzugefügten **„geschweige denn Dinge des alltäglichen Lebens"** auf den ganzen Widerspruch in ihrem Verhalten hin. Die künftigen Richter über die Engel wollen nicht die kleinen Streitigkeiten des Tages entscheiden!

4 Und wohin führt das? **„Wenn ihr nun alltägliche Rechtshändel habt, dann setzt ihr gerade die in der Gemeinde Geringgeschätzten** (zu Richtern) **ein."** Die sich an Geist und Weisheit so reich fühlende Gemeinde in Korinth sieht mit Geringschätzung auf die heidnischen Menschen in ihrer Umgebung herab. Sie gerade müßte es verstehen, daß die heidnischen Richter zwar „rechtskundig" sein mögen, aber eben doch nicht „Heilige", nicht mit Gott verbundene Menschen und darum bei aller juristischen Beschlagenheit in ihrem Wesen **„Ungerechte"** (V. 1)[5] sind. Darum sollen sich die Korinther allerdings **„schämen"**, daß sie in Streitigkeiten, die „biotika" sind, die den „bios", das äußere, irdische Leben[6] betreffen, solche Männer zu Richtern einsetzen, anstatt derartige Streitigkeiten unter sich selbst auszumachen. Künftige Richter der Welt und der Engel vor heidnischen Richtern prozessierend – was ist das für ein kläglicher und beschämender Anblick!

5 Gewiß gehört „Weisheit" dazu, Streitigkeiten zu entwirren und die rechte Lösung zu finden. Aber gibt es denn wirklich keinen **„Weisen"** in der Gemeinde, der **„zwischen seinem Bruder entscheiden"** kann, wie Paulus in verkürzter Redewendung für „zwischen Bruder und Bruder entscheiden" sagt? Wo bleibt nun auf einmal die „Weisheit", auf die sie in Korinth sonst so stolz sind? Reicht alle diese hohe Weisheit auf einmal nicht aus, um kleine irdische Streitigkeiten zu schlichten?

6 **„Nein, Bruder mit Bruder rechtet, und dies vor Ungläubigen"**, faßt Paulus noch einmal zusammen. Merken sie gar nicht, wie das auf die „Ungläubigen" wirken muß? Bedenken sie nicht, wie sie damit die Botschaft der Versöhnung, der Errettung, des neuen Lebens unglaub-
7 würdig machen? Und nun geht es mit einer scharfen Wendung zum
Kern der Sache. **„Es ist nun schon überhaupt eine Niederlage für**

[4] Siehe vorige Anmerkung.

[5] Der Ausdruck meint also nicht, daß diese Richter in ihrem Amt „ungerecht" urteilen. Sie können durchaus „gerechte Richter" sein; aber sie sind „Ungerechte", weil ihnen die Gerechtigkeit fehlt, die vor Gott gilt.

[6] Dieses Wort für „Leben" kennen wir aus der „Biologie". Das Leben im tieferen Sinn heißt im Griechischen „zoe". Der bestimmende Zusatz „ewig" kann es verdeutlichen. Aber das Wort „zoe" kann auch allein bezeichnend genug sein. „Ich bin die zoe, das Leben" kann Jesus Jo 11, 25; 14, 6 sagen; und Paulus bestätigt es Phil 1, 21: „Für mich ist to zen, das Leben, Christus."

euch, daß ihr Rechtshändel miteinander habt." Wieder wird deutlich, was Paulus als den tiefen Schaden in der korinthischen Gemeinde sah. Es geht erneut um das große Thema der „Liebe", ohne daß das Wort genannt wird. Nicht „Irrlehre" hat Paulus in Korinth zu bekämpfen. Die Not liegt an anderer Stelle. Den Korinthern mit ihren hohen Gedankengängen christlicher „Weisheit" scheint es ganz belanglos und selbstverständlich, daß Christen miteinander streiten und prozessieren. Paulus sieht von dem Kreuz des Christus her das Christsein völlig anders. Für seinen Blick ist die Tatsache von Rechtsstreitigkeiten unter Gliedern der Gemeinde Jesu eine **„Niederlage"**, eine verlorene Schlacht, ein Sieg des Feindes. Für ihn führt das Errettetsein durch die Torheit und Schwachheit Gottes am Kreuz zu einer sehr bestimmten Lebenshaltung: **„Warum laßt ihr euch nicht lieber Unrecht tun? Warum laßt ihr euch nicht lieber berauben?"** So real und lebensbestimmend ist für ihn das Kreuz.

Damit stehen wir bei der Bergpredigt. Sie wird nicht zitiert, aber Paulus lebt im Wort Jesu auch in der Bergpredigt. Es besteht kein Gegensatz zwischen Jesus und Paulus, wie man immer wieder behauptet hat. „Bergpredigt" und „Rechtfertigung" durch das Kreuz des Christus sind nicht entgegengesetzte Botschaften. Sondern ohne die Errettung am Kreuz Jesu ist gerade die Bergpredigt vernichtendes „Gesetz", „Dienst der Verurteilung und des Todes" (2 Ko 3, 6. 9). Erst von der „Rechtfertigung" aus wird möglich und wirklich, was die Bergpredigt fordert. Denn die „Rechtfertigung" aus freier Gnade, das Kreuz Jesu mit seiner rettenden Liebe bringt uns wirklich zu jenem Lieben, das sich getrost Unrecht tun und sich fröhlich berauben läßt, das nicht um den Rock prozessiert, und dies gar vor heidnischen Richtern, sondern dem, der „mit dir rechten will und den Rock nehmen", auch „den Mantel läßt" (Mt 5, 40).

Wie weit sind die Korinther, die sich für so hervorragende Chri- 8
sten halten, entfernt davon. **„Nein, ihr selbst tut Unrecht und beraubt, und das an Brüdern!"** Das ist nicht ein Schönheitsfehler am Christentum der Korinther, der getragen werden kann. Hier stehen die „Geheiligten in Christus Jesus", die „Erretteten" in der tödlichen Gefahr, alles zu verlieren, was sie durch das Evangelium gewannen. Sie „tun Unrecht" und drohen damit „Ungerechte" zu werden. Darum muß Paulus sie fragen: **„Oder wißt ihr nicht, daß Ungerechte Gottes Königsherrschaft nicht ererben werden?"** Das ist nicht von „denen draußen" gesagt. Von ihnen muß es nicht erst so betont gesagt werden; nein, diese Warnung gilt „denen drinnen". Es gibt ein Verlieren des herrlichen Erbes, des Anteils an der kommenden Königsherrschaft Gottes[7].

[7] Diese Aussage steht in Spannung zu der Gewißheit, die Paulus sogar noch für ein dem Satan übergebenes Gemeindeglied nach Kap. 5, 5 hatte. Aber solche lebendigen Spannungen sind unvermeidlich. Gerade in der Ausübung eines so ernsten Gerichtes durfte die Zuversicht auf die letzte Errettung des Gerichteten festgehalten werden. Gegenüber einer stolzen und oberflächlichen Gemeinde, die bedenkenlos sündigt, muß die andere Seite der Wahrheit hervorgehoben werden, daß es ein Verlieren des Heiles auch für die gibt, die einmal errettet waren.

Wir lehnen uns gegen diese Warnung auf. Paulus weiß das und bittet seine geliebten Kinder in Korinth mit tiefem Ernst: **„Täuscht euch nicht!“** oder „Laßt euch nicht irre führen.“ Dreimal steht in unserm Abschnitt betont die Frage: **„Wißt ihr nicht?“** Ihr Korinther legt auf Weisheit und Wissen so viel Gewicht, aber das, was zu wissen notwendig ist, das beachtet ihr nicht, weil es eurem Ich nicht gefällt. Sie **„wissen“** es wohl, in der Verkündigung des Paulus ist es ihnen gesagt. Aber sie wissen es nicht wirklich und nehmen es nicht ernst. **„Ungerechte ererben Gottes Königsherrschaft nicht.“** Das ist so einfach und klar wie möglich. Nie kann jemand den Satz wagen: „Ungerechte ererben Gottes Reich.“ Aber so gefährlich **„täuscht“** und betrügt uns unsere Ichhaftigkeit, daß wir ruhig dem Bruder Unrecht tun und ihn berauben und dabei unseres ewigen Lebens sicher zu sein meinen.

9/10 Paulus warnt und zählt noch einmal eine ganze Reihe konkreter Sünden auf, die von der Königsherrschaft Gottes unbedingt ausschließen. Paulus weiß wahrhaftig von dem inneren Wesen der Sünde. Er weiß von der „Ursünde“ (wie wir besser statt „Erbsünde“ sagen sollten), die nicht moralisch beurteilt, sondern von der ersten Tafel der Gebote aus gemessen werden muß[8]. Aber er weiß auch, wie diese Sünde konkret zum Ausdruck kommt in ganz konkreten einzelnen Sünden. Auch hier ist wieder beides zugleich festzuhalten. Der weiße Fleck an der Hand ist nicht schon „der Aussatz“, aber der Aussatz wird nicht anders sichtbar als in jenem weißen Fleck. Die „Lasterkataloge“ in den Briefen des Apostels sind nicht bloße Übernahme einer damals häufigen Lehrform, sondern sind für Paulus ein Mittel, um Gemeindeglieder in ihrer gefährlichen Unbekümmertheit konkret zu treffen. Darum bringt Paulus an dieser Stelle die ganze Aufzählung bestimmter Sünden. Die „aufgeblasenen“ und sicheren Korinther haben sich zu fragen, ob solche Sünden nicht bei ihnen zu finden sind, und haben daran zu denken, daß jede dieser Sünden vom Reich Gottes ausschließt. Neben den an erster Stelle genannten **„Unzüchtigen“** stehen hier wieder die **„Götzendiener“**; dabei wird vor allem an die Fülle heidnisch-abergläubischer Bräuche zu denken sein, aber auch an die tatsächliche Beteiligung am „Götzenopfer“, von deren Problematik in Kap. 8 u. 10, 14—22 noch eingehend gesprochen werden wird. Paulus kommt noch einmal auf die Sünden im geschlechtlichen Leben zurück, nennt ausdrücklich die **„Ehebrecher“**, deren Tat mit nichts entschuldigt und beschönigt werden kann, und sieht auf die **„Weichlinge“** und **„Knabenschänder“**. Damit sagt er ein offenes Wort zu jener Form der geschlechtlichen Verkehrung, die in Griechenland nicht selten war und auch unter gebildeten und geistig wertvollen Menschen keinen Anstoß erregte. Man meinte, die inneren Beziehungen zu jungen Menschen des gleichen Geschlechts auch erotisch, ja sexuell ausprägen zu dürfen[9]. Paulus weiß entgegen

[8] Vgl. dazu Rö 1, 18—24 in der Auslegung der W.Stb.

[9] Die griechische „Knabenliebe“ war etwas anderes als das, was man heute unter Homosexualität versteht.

solchen Verirrungen, die es auch in Korinth gegeben haben wird, daß jeder junge Mensch, der sich dazu hergibt, ein **„Weichling“** wird, und jeder, der derartiges an andern tut, ein **„Knabenschänder“** ist. Neben den **„Räubern“** werden jetzt auch die **„Diebe“** genannt. Die **„Habgierigen“**, die **„Trinker“**, die **„Schmähsüchtigen“** werden wie in Kap. 5, 1 f nochmals aufgezählt, und es wird eindeutig festgehalten: sie alle **„werden die Königsherrschaft Gottes nicht ererben“.**

Diese Aussage des Paulus ist von erschreckendem Ernst. Allzu leicht verurteilen wir die moralischen Schäden bei „denen draußen“ recht scharf, halten die gleichen Schäden aber für ungefährlich bei uns, die wir doch im Glauben stehen, die Rechtfertigung im Glauben besitzen und ein geistliches Leben, vielleicht sogar unter Aufweis großer Geistesgaben, führen. Paulus aber, der Verkünder der „Rechtfertigung“, der Bote der freien Gnade, stellt Menschen mit ganz bestimmten Sünden vor uns hin und erklärt rund heraus, daß sie das Reich Gottes nicht ererben werden, obwohl sie zum Glauben gekommene Glieder der Gemeinde sind[10]. Und wir selber müssen es einsehen: Ein Himmel mit solchen Menschen wäre kein „Himmel“ mehr. Menschen der genannten Art können keinen Platz im Himmel haben.

Aber wer kann dann überhaupt in das Reich Gottes kommen? Nun 11
erinnert Paulus die Korinther an das Große, was an ihnen geschehen ist: **„Und derlei wart ihr, manche.“** Der Satzbau zeigt, daß Paulus nicht einfach von allen Gemeindegliedern in Korinth sagen wollte und konnte, daß sie früher Ehebrecher, Diebe, Räuber usw. gewesen sind. **„Manche“** freilich hatten in einer Stadt wie Korinth in schlimmstem Schmutz gelebt, bis hin zu den sexuellen Perversitäten, die Paulus nennt. Und alle **„waren derlei“**, alle hatten in irgendeiner Weise und in irgendeinem Maße an den konkreten Auswirkungen der Sünde teil, zumal sie aus dem zersetzenden Leben der Hafenstadt kamen. Und dann ist das Gewaltige geschehen, dessen wendende Kraft Paulus mit einem dreimaligen **„aber“** unterstreicht: **„Aber ihr wurdet abgewaschen, aber ihr wurdet geheiligt, aber ihr wurdet gerechtgemacht.“** Das gibt es! Das wird gerade auf solch dunklem Hintergrund, wie Korinth ihn bildet, strahlend sichtbar. Kein Wunder, daß Paulus sofort „danken“ mußte, sobald er an Korinth dachte. Was den neuen Lehrern mit ihrer hohen Weisheit etwas Geringes war, das blieb für Paulus das eigentliche göttliche Wunder! Menschen, die einst **„derlei“** waren, durften rein werden, heilig, Gottes Eigentum, ja gerecht vor dem heiligen Gott, hineinpassend in sein Königreich!

Dieses **„Abwaschen“** geschieht in voller Tatsächlichkeit. So wahr die von konkreten Sünden Beschmutzten nicht in das Reich Gottes hineinpassen und es auch darum faktisch nicht ererben können, so wirklich muß auch ihre Reinigung sein, damit der Zugang zu Gottes

[10] Noch einmal wie bei Kap. 3, 1 ff sehen wir, welche Rolle die „moralischen“ Dinge im Glaubensleben spielen; vgl. o. S. 67.

Reich für sie frei wird. Wer zu Jesus kommt, darf es wissen, daß er in Wahrheit weiß und rein vor dem heiligen Gott steht, wie befleckt und verdorben er auch immer war. Nicht, weil er irgendwie sich selbst „gebessert" oder „gereinigt" hätte, sondern einzig und allein durch Jesus und seine Erlösungstat am Kreuz.

Wer zu Jesus kommt, wird aber auch **„geheiligt und gerechtgemacht"**. Was heißt das? Wie ist das zu verstehen? Wir stoßen hier auf einen entscheidenden Punkt in der Auslegung der ntst Botschaft. Die Reformation hat mit nüchterner Wahrhaftigkeit unser Leben gesehen und hat erklärt: Wir bleiben unser Leben lang die gleichen Sünder in unserem ganzen Wesen; aber indem wir an Jesus glauben, wird uns die „fremde Gerechtigkeit Christi" zugerechnet; in diesem Sinne sind wir „geheiligt und gerechtgemacht durch den Namen des Herrn Jesus" und können trotz unserer Sünde das Reich Gottes ererben. Wie tröstlich, wie unentbehrlich ist diese Botschaft für den, der sich selbst gründlich kennengelernt hat. Und doch ist sie so noch nicht die ganze lebendige Wahrheit. Denn wenn es Paulus nur so gemeint hätte, warum warnte er dann in unserem Abschnitt die Gemeindeglieder so ernst: „Täuscht euch nicht"? Warum erinnerte er sie an alle diese konkreten Sünden und betonte mit solchem Nachdruck, mit diesen könnten sie das Reich Gottes nicht ererben? Hätte er nicht vielmehr, wie es die Korinther dachten und wünschten, schreiben müssen: Über eure Sünden macht euch keine Sorgen, sie werden von der zugerechneten Gerechtigkeit Christi bedeckt; ihr „waret" nicht nur, sondern „seid" noch derlei, wie ich eben aufzählte, aber durch die Zurechnung der Glaubensgerechtigkeit seid ihr dennoch „geheiligt und gerecht gemacht"?

Wenn wir es so auffassen, haben wir vergessen, wie wirksam **„der Name des Herrn Jesus Christus"** ist. So frei ist die Schrift in ihren Ausdrucksformen. Es muß an einer solchen Stelle nicht heißen „durch das Blut des Herrn Jesus Christus". Es ist gut, wenn wir uns von jeder Verdinglichung der Erlösung freihalten und nicht einseitig von „dem Kreuz", „dem Blut" sprechen. Der **„Name"** Jesu wäscht ab, heiligt und rechtfertigt. In diesem „Namen"[11] ist alles zusammengefaßt, was er selbst ist und vollbracht hat, auch sein Kreuz, sein Blut, sein Tod und sein Grab, aber auch sein Sieg, seine Auferstehung, sein Leben, seine Vollmacht heute und hier. Wenn nach Kap. 1, 30 unser Sein „in Christus Jesus" ist, und wenn Jesus uns „zur Gerechtigkeit und zur Heiligung gemacht ist", dann ist die Heiligung und Gerechtigkeit uns nicht nur durch eine äußerliche Zurechnung aufgeklebt, wie man das Etikett eines edlen Weines auf eine schmutzige Flasche mit Wasser kleben mag. Dann ist vielmehr Christus Jesus selbst unser neues Sein und wirkt reinigend, heiligend und tatsächlich gerechtmachend auf uns ein. Darum setzt Paulus zu der einen Quelle unserer Reinigung, Heiligung und Gerechtmachung **„durch den Namen des Herrn Jesus Christus"** ausdrücklich die andere hinzu: ihr

[11] Vgl. dazu O. S. von Bibra, „Der Name Jesus", R. Brockhaus Verlag; Union Verlag, Berlin 1964.

bekamt und bekommt das alles **„durch den Geist unseres Gottes"**. Der Geist aber ist Gott in gegenwärtiger und wirksamer Macht in unserm Herzen. Der Geist bringt als Realität den Gläubigen, was durch Jesus Christus für sie erworben ist: Die „Praktiken des Fleisches" können wirklich durch den Heiligen Geist „getötet" werden (Rö 8, 13), und die „Liebe" als Geistesfrucht ändert tatsächlich das Wesen des Menschen. „Die Liebe tut dem Nächsten nichts Böses" (Rö 13, 10). Nun brauchen die Korinther auch faktisch keine „Ungerechten" mehr zu sein, die andern unrecht tun und Brüder berauben, sondern dürfen als „Heilige" leben, die wahrhaft lieben und in solcher Liebe gern und unverbittert Unrecht leiden und nicht mehr zum weltlichen Gericht laufen.

WARUM GESCHLECHTLICHE REINHEIT?

1. Korinther 6, 12—20

12 Alles steht mir frei! Aber nicht alles ist förderlich. Alles steht mir
frei! Aber ich meinerseits will nicht unter die Gewalt von etwas
13 kommen. * Die Speisen dem Bauche und der Bauch den Speisen;
aber Gott wird sowohl diesen wie jene zunichte machen. Aber der
Leib nicht der Unzucht, sondern dem Herrn und der Herr dem
14 Leibe. * Gott aber hat sowohl den Herrn auferweckt, wie er auch
15 uns auferwecken wird durch seine Kraft. * Wißt ihr nicht, daß
eure Leiber Glieder Christi sind? Soll ich nun die Glieder des
Christus nehmen und zu Gliedern einer Dirne machen? Ausge-
16 schlossen. * Oder wißt ihr nicht, daß, wer sich der Dirne verbindet,
ein Leib (mit ihr) **ist? Denn es werden, spricht er, die zwei zu**
17 einem Fleisch. * Wer sich aber dem Herrn verbindet, ist e i n
18 Geist (mit ihm). *** Fliehet die Unzucht! Jede Sünde, die etwa ein**
Mensch begehen mag, ist außerhalb des Leibes; wer aber Unzucht
19 treibt, sündigt gegen den eigenen Leib. * Oder wißt ihr nicht, daß
euer Leib ein Tempel des in euch (wohnenden) **Heiligen Geistes**
ist, den ihr habt von Gott her, und (daß) **ihr nicht euch selbst ge-**
20 hört? * Ihr wurdet ja bar gekauft, verherrlicht also Gott durch
euren Leib!

zu Vers 12: 1 Ko 7, 35; 10, 23
zu Vers 13: Mt 15, 17; 1 Th 4, 3—5
zu Vers 14: Rö 8, 11; 1 Ko 15, 50 f; 15, 20 f; 2 Ko 4, 14
zu Vers 15: Rö 12, 5; 1 Ko 12, 27
zu Vers 16: 1 Mo 2, 24; Mt 19, 5 f
zu Vers 17: Jo 17, 21 f; 2 Ko 3, 17
zu Vers 18: 1 Ko 10, 8; 2 Ko 7, 1
zu Vers 19: Jo 2, 21; 1 Ko 3, 16; 1 Th 4, 8
zu Vers 20: 1 Ko 7, 23; Gal 3, 13; Phil 1, 20; 1 Pt 1, 18 f; Hbr 9, 12

„Alles steht mir frei." Da diese Losung in Kap 10, 23 nochmals in gleicher Weise wiederkommt, stoßen wir in ihr offenbar auf ein Schlagwort. das in der Gemeinde in Korinth eine Rolle spielte. Mindestens gewisse Kreise in der Gemeinde müssen mit Nachdruck für die „evangelische Freiheit" eingetreten sein, die ihnen „alles erlaubt" sein ließ, auch auf dem sexuellen Gebiet. Dürfen sie nicht gerade als Christen in der gleichen „Freiheit" leben, die sie an ihren griechischen Mitbürgern sahen? Hatten sie das nicht gerade im Gegensatz zu aller ängstlichen Gesetzlichkeit von Paulus gelernt? Waren die, die so mit Nachdruck sprachen, nicht die echten Pauliner, die „Starken“ von Rö 14? Paulus entgegnet darauf nicht mit einer einfachen Ablehnung dieses Satzes oder mit einem Rückgriff auf das Gesetz. Hier so wenig wie an der kritischen Stelle in Rö 6, 1 holt Paulus zur Gegenwehr gegen eine falsche Freiheit das Gesetz wieder hervor[1].

Paulus stellt vielmehr bei bleibender Anerkennung des Grundsatzes ihm eine Einschränkung entgegen, die aus dem Leben selbst, nicht aus irgendeinem „Gesetz“ kommt: **„Aber nicht alles ist förderlich.“** Freiheit, die nicht fördert, sondern schädigt, ist damit als Torheit erwiesen. Einer solchen „Freiheit“ werde ich mich nicht bedienen. Aber es kann noch viel ernster liegen. Meine „Freiheit“ kann mich geradezu in Knechtschaft verstricken. Aus der Freiheit wird dann ihr gerades Gegenteil, nämlich „Unfreiheit“. Wenn ich also für die Freiheit eifere, kann ich sie unmöglich so betätigen, daß sie mich in Wirklichkeit zum Sklaven macht. **„Alles steht mir frei, aber ich meinerseits will nicht unter die Gewalt von etwas kommen“**[2].

Paulus hat zunächst ganz allgemein und grundsätzlich gesprochen. Gerade die Knappheit der Sätze macht sie wuchtig und eindrücklich. Wo aber ist es denn der Fall, daß die angebliche Freiheit mich in Wirklichkeit **„unter die Gewalt von etwas“** bringt? Paulus zeigt es an dem konkreten Thema, das er jetzt mit den Korinthern besprechen will, an der Frage des geschlechtlichen Lebens. Der sorgfältig durchgeführte, parallele Aufbau seiner Sätze läßt erkennen, wie sehr ihm daran liegt, die Gemeinde zu einer klaren und fest begründeten Stellung in dieser brennenden Frage zu führen[3]. Das dringliche „Wißt ihr nicht?“ geht auch durch diesen Abschnitt weiter. Was für hohe und tiefsinnige Dinge meinen die Korinther zu wissen. Aber das, was ihr alltägliches, konkretes Leben als Christen angeht, scheinen sie nicht zu wissen oder wollen sie nicht wirklich „wissen“.

13 In Korinth war die Neigung vorhanden, das geschlechtliche Leben einfach dem „Essen“ gleichzusetzen. Es ist Befriedigung eines natürlichen Bedürfnisses und also für mein Leben mit Gott unwesentlich. Ja wohl, sagt Paulus, **„die Speisen dem Bauche und der Bauch den Speisen“**. Aber bedenkt, **„Gott wird sowohl diesen wie jene zunichte machen“**. Hier in diesem Bereich rein naturhafter und darum vergänglicher Gegebenheiten kann sich alles natürlich abspielen[4]. Aber mit unserem **„Leib“** steht es völlig anders. Unser „Leib“ gehört zu

[1] In der Reformationszeit ist das anders gelaufen. Die Kirchen der Reformation griffen zur Abwehr der „Schwärmerei“ und aller kirchlichen Unordnung rasch wieder zum Gesetz. Sehr zu ihrem eigenen tiefen Schaden.

[2] Paulus hat diesen wichtigen Gedanken hier nicht weiter ausgeführt. Für uns aber ist er in vielen Gesprächen über die „Freiheit“ des Christen wegweisend. Jungen Menschen ist mit bloßen Verbotstafeln nicht zu helfen. Aber gerade ihnen kann deutlich werden, wie ihre leidenschaftlich verteidigte „Freiheit“ sie in Wirklichkeit in die Sklaverei führt.

[3] Wie sehr haben wir das in Erziehung, Unterricht und Verkündigung versäumt. Wie sehr haben wir unsere eigene Unsicherheit auf diesem Gebiet verraten. Die Bibel scheut sich nirgends, offen und sachlich davon zu sprechen.

[4] Wenn freilich auch hier die echte Freiheit des Essens und Trinkens verlorengeht, sobald ein „Fressen und Saufen“ daraus wird. Auch hier gerate ich mit meiner angeblichen „Freiheit“ vielmehr in die jammervolle Sklaverei meines Bauches oder meiner Zunge oder des „Königs Alkohol“.

unserer „Person"; er ist nicht wie „der Bauch" eine rein naturhafte und vergängliche Sache. Was wir mit unserem Leib machen, ist darum keineswegs unwichtig. Dieser „Leib" gehört „dem Herrn" und soll ihm gehören. **„Aber der Leib nicht der Unzucht, sondern dem Herrn und der Herr dem Leibe."** Darum kann und darf er folgerichtig **„nicht der Unzucht"** dienen. Und in genau paralleler Gegen- 14
sätzlichkeit zu dem Satz über den Bauch und die Speise gilt es nun: **„Gott aber hat sowohl den Herrn auferweckt, wie er auch uns auferwecken wird durch seine Kraft."** Den „Leib" wird Gott nicht wie den „Bauch" zunichte machen, sondern „auferwecken". Das war an Jesus allen Zeugen seiner Auferstehung sichtbar geworden: Jesus trug als der Auferstandene seinen „Leib", nun freilich als „Herrlichkeitsleib".

Wir sehen, wie tief der ganze Brief zusammenhängt. Unser Abschnitt verliert sofort seine Kraft und Geltung, wenn das 15. Kapitel die Gemeinde nicht überzeugt. Kommt es nur auf die „Seele" an, ist unser ganzer Leib nur so etwas wie ein vergänglicher „Bauch", warum sollen wir dann die geschlechtlichen Bedürfnisse nicht genauso ungehemmt befriedigen, wie wir Hunger und Durst stillen? Aber die tief greifenden Auswirkungen der geschlechtlichen Geschehnisse auf unser ganzes Menschsein beweisen umgekehrt, daß Paulus mit seiner Unterscheidung von „Leib" und „Bauch" recht hat.

Wir verstehen das alles aber nur dann, wenn wir uns von dem 15
griechischen „Idealismus" lösen und wieder biblisch denken und urteilen lernen. Dem Idealismus war nur die „Seele" wichtig. Der „Leib" war nur deren äußere und gleichgültige „Hülle", ja, am Ende sogar ihr „Kerker". Darum war sittlich bedeutungslos, was ein Mensch mit seinem Körper tat. Die Bibel aber denkt „realistisch". Sie kennt alles geschaffene Leben nur als „leibhaftes". Der Leib gehört so sehr zum Leben und Wesen des Menschen, daß eine leiblose Existenz als bloße „Seele" gerade auch für die Vollendung in der Herrlichkeit undenkbar ist (vgl. Kap. 15 des Briefes). Am Ende der Wege Gottes mit seinen Menschen steht nicht ein „Reigen seliger Geister", sondern eine „neue Erde", auf der Menschen in einer neuen Leiblichkeit leben. Darum ist aber der „Leib" auch jetzt schon wesenhafter Bestandteil des ganzen Menschen. Der Mensch ist leibhaftige Person und lebt sein personenhaftes Leben nur im Leib und durch den Leib. Für das biblische Denken gehört darum nicht nur die „Seele" oder das „Herz" dem Herrn, sondern der ganze Mensch und gerade auch sein Leib. Darum kann Paulus hier mit einem Satz fortfahren, der für uns völlig ungewohnt und erstaunlich ist: **„Wißt ihr nicht, daß eure Leiber Glieder Christi sind?"** Es ist ganz **„ausgeschlossen"**, diese **„Glieder des Christus zu nehmen und zu Gliedern einer Dirne zu machen"**.

Hier stehen wir an dem konkreten Punkt, um den es in Korinth geht. Wir müssen dabei das Bild der damaligen Verhältnisse vor Augen haben. Es gab die „kultische Prostitution". Das sexuelle Leben mit seinem Geheimnis der Zeugung und seinem hinreißenden Rausch wurde als etwas „Religiöses“ empfunden. Mädchen weihten sich einer Gottheit und standen so im Tempelbezirk diesem erotisch-religiösen Erleben zur Verfügung. Auch das große Heiligtum der Aphrodite in Korinth war umgeben von Gebäuden, in denen solche Priesterinnen der Liebesgöttin wohnten. Kein Grieche fand an dem Gang zu solchen Mädchen etwas auszusetzen. Für den Israeliten war freilich ein derartiges Mädchen eine „Dirne“ und jeder Verkehr mit ihr „Unzucht“. Paulus erklärt, daß diese Beurteilung der Dinge auch für die Gemeinde Jesu mit aller Entschiedenheit gilt. Dabei fällt aber von Paulus her kein Wort „moralischer“ Verurteilung. Paulus bezeichnet das Geschehen im Aphrodite-Tempel nicht als „häßlich“ oder „gemein“. Vielleicht einfach deshalb nicht, weil seine griechischen Gemeindeglieder dafür gar kein Empfinden gehabt hätten. Paulus bleibt erstaunlich sachlich, nämlich bei der Sache, die er von vornherein sichtbar gemacht hat. **„Glieder des Christus“** können nicht zu **„Gliedern einer Dirne“** gemacht werden. Das aber werden sie beim Gang in das Aphrodite-Heiligtum.

16 Denn nun ist allerdings der „leibliche“ Vorgang unendlich viel wichtiger und folgenreicher als der Grieche meint. **„Oder wißt ihr nicht, daß, wer sich der Dirne verbindet, ein Leib** (mit ihr) **ist? Denn es werden, spricht er, die zwei zu einem Fleisch“**[5]. Die geschlechtliche Vereinigung ist nicht mit dem Verschlucken von Nahrung zu vergleichen, sondern hier vereinigt sich leibhaftig Person mit Person. Da der Leib zur Person des Menschen gehört und umgekehrt die Person nur mittels des Leibes sich selbst zum Ausdruck bringen kann[6], ist die geschlechtliche Vereinigung in ihrer Leibhaftigkeit doch ein personales Geschehen, das nicht nur zwei Körper, sondern zwei Personen miteinander in wesenhafte Verbindung bringt[7]. Diese Verbindung erfolgt tatsächlich, ob wir es wissen und wollen oder nicht. Das meint der biblische Satz, daß die zwei zu einem Fleisch, also geradezu zu „einem Menschen“ werden. „Unrein“ ist darum nicht das geschlechtliche Geschehen als solches. Aber unrein und erniedrigend wird es, wenn ich diese Einung mit dem andern gar nicht wirklich will, weil ich ihn selbst in seiner Person nicht liebe, sondern ihn nur zur vorübergehenden Lust mißbrauche. Hier setze ich den andern und mich selbst einem Widerspruch aus, der notwendig von tiefen Folgen für sein und mein Leben sein muß.

17 Wieder erfolgt der genau parallele Hinweis: **„Wer sich aber dem Herrn verbindet, ist e i n Geist** (mit ihm).“ Dabei ist „Geist“ eine zwar völlig andersartige, aber genauso reale Wirklichkeit wie das „Fleisch“. Wer sich Jesus übereignet, der hat nicht etwa eine „nur

[5] Hier ist jene grundlegende Aussage von 1 Mo 2, 24 zitiert, auf die sich auch Jesus in Mt 19, 3 ff beruft. Der „Er“, der hier „spricht“, ist Gott selbst in der Schrift.

[6] Auch das innerlichste und geistlichste Gespräch bedarf der Lippen und der Zunge, des Ohres und des Auges, so wie umgekehrt ein Gespräch nicht einfach eine Abfolge von ausgesandten und aufgefangenen Tonwellen ist, sondern eine Begegnung von Personen.

[7] Das zeigt sich unwillkürlich noch in unserer Sprache. Wir sagen von einer Frau nicht, sie habe ihren Leib, sondern sie habe „sich“ einem Mann hingegeben.

geistige", das heißt also bloß „gedankliche" Verbundenheit mit ihm, sondern ist mit Jesus in einer solchen Einheit verwachsen, daß eben darum auch sein Leib ein „Glied Christi" ist und einst dem Herrlichkeitsleib Jesu gleichgestaltet werden wird.

Nun kann die klare Aufforderung erfolgen: **„Fliehet die Unzucht!"** 18
Diese Formulierung ist von großer praktischer Bedeutung. Bei Versuchungen auf geschlechtlichem Gebiet fordert Paulus nicht zum „Widerstehen" auf, nicht zum „Kampf", nicht zum Unterdrücken und Niederringen der gefährlichen Neigungen. Hier kann er nur das eine raten: „Fliehet"! Und zwar so rasch und entschieden wie möglich. Hier ist nur die „Flucht" die wahre Tapferkeit[8]. Dieser ernste, harte Rat erfolgt aber nicht von irgendeinem „Gesetz" aus. Es ist bezeichnend, daß in unserm ganzen Abschnitt das 6. Gebot nicht mit einem Wort erwähnt wird. Nicht von einem Gebot her gibt Paulus einzelne gesetzliche Vorschriften, die zu befolgen sind, sondern vom Wesen und der Bedeutung des „Leibes" her wird die geschlechtliche Reinheit notwendig. **„Jede Sünde, die etwa ein Mensch begehen mag, ist außerhalb des Leibes; wer aber Unzucht treibt, sündigt gegen den eigenen Leib."**

Und warum ist das so besonders schwerwiegend: „gegen den 19
eigenen Leib zu sündigen"? Noch einmal wird die ganze Bedeutung des Leibes herausgestellt und nun in vollendeter Klarheit: **„Oder wißt ihr nicht, daß euer Leib ein Tempel des in euch** (wohnenden) **Heiligen Geistes ist, den ihr habt von Gott her?"** Selbstverständlich, so kann es nur der Wiedergeborene sehen. Aber so muß er es auch sehen. Es bleibt nicht bei der Grundbetrachtung: „der Leib dem Herrn und der Herr dem Leibe" und: „unsere Leiber Glieder Christi". Jetzt steht es noch mächtiger da: nicht nur die Gemeinde als ganze, sondern schon der Leib jedes einzelnen Gläubigen ist ein „Tempel", in welchem der lebendige Gott durch den Heiligen Geist in ganzer Realität wohnt. Wie man mit einem Tempel umzugehen hat, das weiß jeder. Entweihung eines Tempels war auch für jeden Griechen ein schauerlicher Frevel. „Reinheit" heißt für den Christen, den Leib so als Tempel des Heiligen Geistes sehen und bewahren.

Wie kann Paulus etwas so gewaltiges vom Christen behaupten? 20
Dahinter steht das ganze teure Erlösungswerk. **„Ihr wurdet ja bar gekauft."** Wörtlich heißt es: „Ihr wurdet um einen Preis gekauft." Es ist aber nicht hinzugesetzt, daß es ein hoher Preis war; der Ausdruck „um einen Preis" bezeichnet in der damaligen Sprache vielmehr die bare Bezahlung. Jesus hat sich nichts geschenkt und um nichts gefeilscht. Er hat uns nicht umsonst für sich haben wollen und uns nicht einfach zum Eigentum an sich gerafft. Bar hat er den Preis für uns hingezahlt: sein eigenes Leben und sein Blut. Wir aber, die die Erlösung im Glauben annehmen, die glückselig darüber sind,

[8] Auch in der Seelsorge kann man nur diesen Rat geben. Jedes Kämpfen verstrickt nur in immer tiefere Bindungen. Diese „Flucht" gilt dann aber auch versuchlichen Büchern, Bildern, Orten und Situationen.

„erworben und gewonnen zu sein von allen Sünden, vom Tode und von der Gewalt des Teufels, nicht mit Gold oder Silber, sondern mit seinem heiligen, teuren Blut und seinem unschuldigen Leiden und Sterben", wir müssen es uns zugleich sagen lassen: als bar Gekaufte **„gehört ihr euch nicht selbst"**. Von der teuren Erlösung und nicht vom Gesetz her gilt es jetzt, daß ihr nicht einfach leben könnt, wie ihr wollt, und mit eurem Leib nicht machen könnt, was eure „Bedürfnisse" euch abverlangen. Wir wollen an dieser Stelle noch einmal darauf achten, wie Paulus hier — ganz entsprechend dem, was er später den Römern in Kap. 6 seines Briefes schreiben wird — vollständig ohne jeden Rückgriff auf das „Gesetz" zu einer klaren und bestimmten „Ethik" kommt. Regelung gerade auch des geschlechtlichen Lebens ohne „Gesetz" und „Gebot", das ist erstaunlich. Auch hier wieder hat die „Ethik" jene Grundstruktur, die wir oben in Kap. 5, 7 f und 6, 11 fanden. Aus einem geschenkten „Sein" heraus ergibt sich das „Tun", damit wir wirklich und im konkreten Leben das werden, was wir aus freier Gnade bereits „sind". Und dieses „Tun" wird auch hier wieder völlig positiv gewendet. Nicht das steht am Schluß des Abschnittes vor den Korinthern, was sie als Erlöste und Erkaufte nun nicht mehr tun dürfen, sondern das, was sie jetzt als Errettete und mit dem Geist Gottes Beschenkte tun können: **„Verherrlicht also Gott durch euren Leib!"** Wie wichtig ist solche positive Ausrichtung der christlichen Ethik. Es ist für junge und lebendige Menschen bedrückend und abschreckend, wenn sie sich nur von Verbotstafeln umgeben sehen und in Unterricht und Verkündigung immer nur hören, was sie als Christen alles nicht tun dürfen. Wohl mußte den Korinthern mit Ernst gesagt werden: den Leib nicht der Unzucht, den Leib nicht der Dirne. Aber Paulus hat ihnen sofort in hilfreicher und befreiender Weise gezeigt, was sie dann mit ihrem Leib und seinen Kräften anfangen können: „Der Leib dem Herrn." Damit ist auch praktisch die entscheidende Hilfe für die Durchführung der christlichen Ethik, für die Wahrung der geschlechtlichen Reinheit gegeben. Das Dunkel kann nie durch seine direkte Bekämpfung vertrieben werden, sondern durch den positiven Hereinbruch des Lichtes. Den unreinen Leidenschaften entgehen wir nur so, daß wir uns der Gewalt einer reinen und heiligen Leidenschaft ergeben. So sagt Paulus es jetzt am Schluß noch einmal seinen Korinthern, daß er sie nicht einengen, berauben und verarmen will, sondern ihnen im Gegenteil die ganze Weite und Freiheit eines rechten Gebrauches des Leibes eröffnen möchte. Nicht in die Gewalt der Triebe oder in die Gewalt eines leichtfertigen Mädchens soll ihr Leib kommen, sondern der „Verherrlichung Gottes" darf er dienen. Welch ein Ziel! Noch einmal wird die ganze Bedeutung des Leibes deutlich[9].

[9] Der Zusatz der Koine-Texte „und durch euren Geist" zeigt schon etwas von der Schwierigkeit für den „idealistischen" Griechen, den „Leib" so hoch zu schätzen. Man fühlte das Bedürfnis, doch auch den Geist zu seinem Recht kommen zu lassen. Paulus ging es aber in diesem Abschnitt um den Leib und seine ganze Bedeutung.

Er ist das einzigartige Mittel, um Gott real zu verherrlichen. Denn der Dienst für Gott kann nicht nur mit der „Seele" geschehen, sondern erfordert den ganzen Leib. Er bedarf der Füße, die die befohlenen Wege gehen, der Hände, die sich mannigfach für Gott regen, der Ohren, die das Wort Gottes und das Wort des Nächsten hören, der Zunge und der Lippen, die das Zeugnis von Gott ausrichten, dem Nächsten das heilsame Wort zusprechen und Gottes Namen preisen. Rö 12, 1 ist hier ebenso in der Nähe wie Hbr 10, 5—10. Aber auch das Wort über die Ehe und das Wort an die Ehelosen im nun einsetzenden Kap. 7 ist dadurch vorbereitet.

Wir aber müssen für uns Menschen von heute noch einen Augenblick einhalten. Es muß ohne weiteres zugegeben werden, daß unsere Verhältnisse nicht einfach die gleichen sind wie die, von denen Paulus redet. Das Mädchen, das sich ihrem Freunde hingibt, den es voraussichtlich heiratet und den es jedenfalls persönlich lieb hat, ist keine „pornae", keine „Dirne", wie sie Paulus im Aphrodite-Tempel in Korinth vor Augen hat. Was hier zwischen jungen Menschen geschieht, ist nicht einfach der „Unzucht" gleichzustellen, von der Paulus spricht. Und doch gilt in seiner Weise unser Abschnitt genauso für die heutigen Verhältnisse.

1. Es muß auch heute mit allem Ernst gesagt werden, daß unser geschlechtliches Leben nicht mit der Nahrungsaufnahme in unseren Bauch gleichgestellt werden darf.

2. Wir haben auch heute wieder die ganze Bedeutung des „Leibes" gerade als Christen und als Gemeinde neu zu lernen, nachdem wir allzu lange einem griechischen Idealismus gefolgt sind, der nur die „Seele" schätzte.

3. Von da aus muß auch im Blick auf die heutigen Formen geschlechtlichen Lebens festgehalten und den jungen Menschen gesagt werden: Geschlechtsverkehr eint zwei Menschen zu „einem Fleisch", zu einer Person. Darum kann diese innige Vereinigung nur da vollzogen werden, wo Menschen wirklich „ein Fleisch", „eine Person" werden wollen, also nur in der Ehe. Und dies nicht aus irgendwelcher „Moral" heraus, sondern von den Wirklichkeiten des Lebens her. Jede andere körperliche Vereinigung ohne diese bedingungslose Zusammengehörigkeit fürs Leben erniedrigt und ist „unkeusch".

4. Wir müssen heraus aus der gefährlichen Sprachverwirrung, die „Liebe" nennt, was mit echter und eigentlicher Liebe nichts zu tun hat, sondern in Wahrheit Selbstsucht ist, weil sie den andern zum eigenen Lustgewinn braucht.

5. Für den glaubenden Christen aber tritt alles noch in ein ganz anderes Licht, weil er als junger Mann, wie als junges Mädchen, wissen darf: „Mein Leib ist ein Tempel des in mir wohnenden Geistes, den ich von Gott her habe." Hier ist jede erotische Spielerei, jede Antastung dieses „Tempels" ausgeschlossen.

EHE UND EHELOSIGKEIT IN DER GEMEINDE JESU

1. Korinther 7, 1–7

zu Vers 1/2:
Mt 19, 10
1 Th 4, 3 f
Hbr 13, 4
zu Vers 5:
Mk 10, 19
zu Vers 7:
Mt 19, 11 f

1 Betreffs dessen, was ihr geschrieben habt: Gut ist es für einen
2 Menschen, eine Frau nicht zu berühren; * aber um der Gefahren
der Unzucht willen habe jeder seine eigene Frau und eine jede
3 habe ihren eigenen Mann. * Der Frau leiste der Mann die (eheliche)
4 Pflicht, ebenso aber auch die Frau dem Manne. * Die Frau hat nicht
die Verfügung über ihren eigenen Leib, sondern der Mann; ebenso
hat aber auch der Mann nicht die Verfügung über seinen eigenen
5 Leib, sondern die Frau. * Beraubt einander nicht, es sei denn etwa
nach Übereinkunft für eine bestimmte Zeit, damit ihr frei seid für
das Gebet und wiederum zusammenkommt, damit euch nicht ver-
suche der Satan wegen eurer Unfähigkeit, euch zu beherrschen.
6 * Dieses aber sage ich als Zugeständnis, nicht als Befehl. * Ich wün-
7 sche aber, daß alle Menschen wären wie auch ich selbst; aber jeder
hat eine eigene Gnadengabe von Gott, der eine so, der andere so.

1 **„Betreffs dessen, was ihr geschrieben habt."** Paulus beginnt nun die Beantwortung von Fragen, die ihm die korinthische Gemeinde schriftlich gestellt hatte. Die großen Nöte in der Gemeinde, denen sein Brief bisher gegolten hatte, waren ihm nur durch mündliche Berichte zur Kenntnis gekommen. Er hatte von ihnen „gehört". Kap. 1, 11 und 5, 1; auch Kap. 6, 1 ff wird auf persönliche Nachrichten zurückgehen. Aber nun hatte die Gemeinde den drei Korinthern, die zu Paulus gereist waren (16, 17), ein Schreiben mit bestimmten Fragen mitgegeben. Es war ein Schreiben der Gemeinde als ganzer. Soweit war sie trotz der Streitigkeiten noch zu einem gemeinsamen Vorgehen fähig und bereit, und soweit sah sie in ihrem Apostel noch eine Autorität, die zu fragen war. Allerdings wissen wir nicht, wieweit in den gestellten Fragen schon ein kritischer oder vorwurfsvoller Ton lag.

Es sind nicht besondere Tiefen oder Geheimnisse seiner Theologie, nach denen die Gemeinde in ihrem Brief ihren Apostel fragt, sondern Dinge der praktischen Lebensführung. Paulus, wie stehst du zur Ehe, der du selbst ehelos lebst? Wie soll es mit den unverheirateten Töchtern in den Christenhäusern werden (V. 25 ff)? Dürfen wir uns als Christen an Mahlzeiten beteiligen, bei denen es Fleisch von Götzenopfern gibt (8, 1 ff)? Wie sind die verschiedenen Geistesgaben einzuschätzen, wie besonders das Zungenreden (12, 1 ff)? Wie ist es mit der Sammlung, die du überall so eifrig betreibst (16, 1 ff)? In bestimmten, für das ganze Gemeindeleben wichtigen Fragen wollen die Korinther die Ansichten des Paulus hören.

Unser Fragen schließt oft den Wunsch ein, eine bestimmte Antwort zu erhalten, die unsere eigenen Gedanken bestätigt. Erwartet man so auch in Korinth eine bestimmte Stellungnahme des Apostels zur Frage der Ehe, etwa von seiner Ehelosigkeit her? Waren verschiedene Gruppen hier verschiedener Auffassung, und war man nun gespannt, welcher Gruppe Paulus recht geben werde? Wir wissen es nicht. Jedenfalls aber dürfen wir unseren Abschnitt nicht als eine objektive und allgemeine Abhandlung über die Ehe lesen, in der alles berücksichtigt ist, was von der Ehe zu sagen wäre. Wir müssen ständig daran denken, daß Paulus unsern Abschnitt in eine sehr konkrete Gemeindesituation hinein und in der Beantwortung an ihn gerichteter Fragen schreibt. Diese Situation war nach allem, was wir bisher aus Korinth hörten, gekennzeichnet durch einen hochgemuten Freiheitsdrang. Man kann ruhig wider die Schrift und wider alles sittliche Empfinden, selbst der Heiden, seine Stiefmutter heiraten; man kann ruhig vor heidnischen Richtern mit seinen Brüdern prozessieren; man kann ohne weiteres zu Dirnen im Aphrodite-Tempel gehen, „alles steht mir frei". So kann auch in Korinth die Freiheit von der Ehe propagiert worden sein. Fort mit der lästigen Gebundenheit an den Partner und an die ehelichen Pflichten! Die sexuellen Bedürfnisse kann man im Aphrodite-Tempel befriedigen, wie man auch seinem Bauch die nötige Speise gibt. Für hohe Geistesmenschen liegt die bürgerliche Ehe tief unter ihnen.

Dann ist es möglich, daß Paulus mit dem Satz **„Gut ist es für einen Menschen, eine Frau nicht zu berühren"** eine Losung aufnimmt, die in Korinth eifrig vertreten wurde. Der Apostel widerspricht ihr ebenso wenig wie der Losung christlicher Freiheit: „Alles steht mir frei" in Kap. 6, 12. Ja, mit dem V. 7 bekennt er sich ganz persönlich zur Ehelosigkeit als zu einem Gut, das er gern allen gönnte. Wie kann er das tun? Klingt sein Satz nicht geradezu wie ein Widerspruch zu Gottes eigenem Urteil: „Es ist n i c h t gut, daß der Mensch allein sei; ich will ihm eine Gehilfin schaffen, die um ihn sei"? Sieht Paulus den Wert und die Schönheit der Ehe nicht? Er hat sie an anderer Stelle mit den höchsten Worten gewürdigt (Eph 5, 22—33). Er hat auch jetzt in unserem Abschnitt — sicher zur Enttäuschung vieler Korinther — die Ehelosigkeit nicht als das „Ideal" für einen Christen hingestellt. Aber er hat allerdings gerade aus seiner eigenen Lebenserfahrung heraus etwas „Gutes"[1] darin gesehen, wenn ein Mensch **„eine Frau nicht berührt"**. Wir müssen seinen Satz sehr genau hören. Er sagt nicht, daß Ehelosigkeit etwas Gutes und die Ehe etwas Schlechtes sei, sondern er stellt nur positiv fest, daß Ehelosigkeit etwas Gutes und nicht etwas Schlechtes ist. Dabei hat ihn der Heilige Geist gerade hier das schlichte Wort „Mensch" wählen lassen, damit jeder Schein vermieden wird, als erfordere das ganz echte und hohe Dasein eines „Heiligen" die Ehelosigkeit. Jedes „Gesetz" und jedes „Ideal" soll hier ausgeschlossen sein. Paulus hat es einfach selbst erfahren, wie frei und ungehindert er sein Leben für den Herrn zu leben vermag,

[1] „Gut" bedeutet hier nicht „sittlich gut", sondern hat den Sinn von „dienlich", „förderlich", den es auch für uns im Deutschen haben kann.

weil er keine Frau und keine Familie besitzt. Das ist etwas „Gutes". Paulus wird in V. 29—34 noch einmal auf diese maßgebende Betrachtungsweise zurückkommen[2]. Wir aber müssen diese späteren Ausführungen jetzt schon im Blick haben, wenn wir Paulus recht verstehen wollen. Nur derjenige, der in der ganzen, lebenserfüllenden Hingabe an Jesus steht und von Herzen durch die Nöte der Zeit dem kommenden Reich Gottes entgegeneilt, kann es im Sinne des Paulus selbst lesen: **„Gut ist es für einen Menschen, eine Frau nicht zu berühren."**

2 Aber Paulus weiß auch, daß dazu eine besondere „Gnadengabe aus Gott" (V. 7) nötig ist. Alle eigenmächtigen und darum auch ichhaften Versuche zum ehelosen Leben führen zu „Hurereien", wie es wörtlich heißt, stürzen in die **„Gefahren der Unzucht"**. Die in Korinth ihren hohen Geistesstand durch ihre Ehelosigkeit beweisen wollten, gingen ohne Bedenken zu den Priesterinnen der Liebesgöttin. Paulus hat darum in seinem Brief mit Bedacht erst Kap. 6, 12—20 geschrieben, ehe er auf den Brief der Korinther mit seinen Fragen nach dem Eheleben der Christen eingeht. Der Ausweg solcher Art ist eindeutig abgeschnitten. Dann aber bleibt als Regel, auch in der vom Heiligen Geist erfüllten Gemeinde, daß **„jeder seine eigene Frau und eine jede ihren eigenen Mann habe"**. Die Unterstreichung des **„eigenen"** Mannes und der **„eigenen"** Frau wehrt noch einmal jede fremde Befriedigung des Triebes ab. Paulus redet auch hier wieder nüchtern von den einfachen Notwendigkeiten und singt nicht ein Loblied auf die Schönheit des Ehestandes, das diejenigen, die ihn hier fragten, gar nicht verstanden hätten.

3 In Korinth drohte eine ganz andere Gefahr: die Scheinehe. Man blieb zwar verheiratet, aber man lehnte die körperliche Bindung aneinander ab, manchmal beiderseitig, manchmal nur von dem einen Teil aus. Wieder ist es bezeichnend, wie Paulus dagegen Stellung nimmt. Es ist für ihn ganz klar: **„Der Frau leiste der Mann die** (eheliche) **Pflicht, ebenso aber auch die Frau dem Manne."** Paulus sagt dabei kein Wort von der Kinderzeugung. Die später in der Kirche (bis heute!) weit verbreitete Meinung, als sei der eheliche Verkehr an sich selbst etwas „Unreines" und werde nur durch die Zeugung von Kindern annehmbar, liegt Paulus völlig fern. Zur Ehe gehört der eheliche Umgang, ohne Rücksicht darauf, ob er zum Werden eines Kindes führt oder nicht. Der Blickpunkt des Paulus ist auch hier wieder ein typisch anderer.

[2] Wir aber, die wir so selbstverständlich die Ehe rühmen, müssen schon still zuhören, wenn der bevollmächtigte Gesandte des Christus so zu uns spricht. Mancher Mann auch der evangelischen Christenheit (Christlieb, Bezzel) und noch mehr manche Frau in ihr würde es von Herzen wiederholen: „Ja, es ist gut!" Etwas ganz anderes ist eine durch die Verhältnisse erzwungene Ehelosigkeit vieler Mädchen. Hier kann Sehnsucht und Not nicht einfach mit dem Satz des Paulus abgefertigt werden. Wohl aber kann das erstaunliche und ganz „evangelische" Wort des Paulus für manches einzelne dieser Mädchen zur aufrichtenden Hilfe werden. In ihrer Lage darf sie es wissen: ihr Leben ist nicht ein zurückgesetztes und minderwertiges, sondern Gott hat für sie eine besondere Aufgabe, er hat Erfüllung für ihr Leben.

Er wendet sich gegen jede Eigenmächtigkeit und Ichhaftigkeit, die selbstverständlich die Verfügung über den eigenen Leib für sich in Anspruch nimmt. Nein! **„Die Frau hat nicht die Verfügung über ihren eigenen Leib, sondern der Mann; ebenso hat aber auch der Mann nicht die Verfügung über seinen eigenen Leib, sondern die Frau."** Wer darum einseitig selber bestimmen will, was er mit seinem Leib tut, der **„beraubt"** den andern. Paulus wählt dieses starke Wort für die Verweigerung der ehelichen Gemeinschaft: **„Beraubt einander nicht"**[3]. Möglich ist nur, daß in einer Ehe zweier Glaubenden beide freiwillig eine **„Übereinkunft"** treffen, **„für eine bestimmte Zeit"** auf den Umgang zu verzichten, **„damit ihr frei seid für das Gebet"**. 4 5

Das hier stehende Wort kann „Muße haben, Zeit haben" bedeuten, aber auch „sich widmen, sich hingeben". In besonderen Zeiten hingegebenen Betens würde die Rücksicht auf eheliche Pflichten ablenkend und hindernd sein[4]. Die völlige Hingabe an das Beten ist nur gewährleistet, wenn alles andere zurücktritt. Dieser Verzicht der Ehegatten gehört dann mit zu dem „Fasten", das vielfach mit dem Beten verbunden sein muß[5]. Aber es ist ernst mit der zeitlichen Begrenzung dieses Verzichtes. Die Ehegatten sollen **„wiederum zusammenkommen, damit sie nicht versuche der Satan wegen ihrer Unfähigkeit, sich zu beherrschen"**. Der Satan, der Feind Gottes und aller derer, die wahrhaft zu Gott gehören, achtet mit Ernst auf uns. Überheben wir uns, muten wir uns eigenmächtig mehr zu, als wir wirklich vermögen, dann greift der Satan ein und „versucht uns". Unter den Versuchungen stellt sich heraus, daß wir die lange Enthaltung nicht durchzuführen vermögen; unsere „Unfähigkeit, uns zu beherrschen", wird schmerzlich aufgedeckt.

Durch den ganzen Abschnitt geht die nüchterne Beurteilung der Dinge durch den erfahrenen Mann, der selber mit Freude und Dank ehelos lebt, aber an andern die Gefahren dieses Gebietes reichlich gesehen hatte. Auch hier, wie in dem ganzen Brief, wendet er sich gegen alle falschen Höhen und Höhenwege. Freilich, „Befehle" hatte er hier auch als Apostel nicht zu geben. **„Dieses aber sage ich als Zugeständnis, nicht als Befehl."** Er gibt seinen nüchternen Rat. Der Satz bezieht sich wohl nicht auf die zeitweilige Enthaltung von ehelichem Umgang, sondern auf das ganze bisher Gesagte, vor allem auf V. 1 f zurück. „Aber um der Gefahren der Unzucht willen habe jeder seine eigene Frau und eine jede habe ihren eigenen Mann", das konnte 6/7

[3] Diese Mahnung ist auch heute noch in mancher christlichen Ehe nötig. Paulus hat sie ganz allgemein gefaßt, ohne Rücksicht auf das Alter der Eheleute. Auch dem älteren Ehepartner ist das Berauben des andern nicht gestattet. So hart muß es offenbar bestimmten „geistlichen" Bestrebungen in Korinth gegenüber gesagt werden.

[4] Von dem im AT (2 Mo 19, 15; 1 Sam 21, 5) vorkommenden und auch im Heidentum sich findenden Gedanken, daß ehelicher Umgang kultisch unrein mache und den Verkehr mit Gott hindere, ist hier nichts zu merken. Paulus war auch darin frei vom Gesetz. Es ist auch zu bedenken, daß der Gebetsumgang mit Gott in der Gemeinde Jesu, ganz anders als in Israel, das Leben jedes Christen dauernd durchzog und durch die Ehe nicht unmöglich wurde. Paulus spricht hier von besonderen, intensiven Gebetszeiten.

[5] Dieser Hinweis ist ebenfalls heute in mancher christlichen Ehe nötig.

wie eine bindende Anordnung der Ehe durch den Apostel klingen, die höchstens in vereinzelten Fällen noch Raum zum ehelosen Leben ließ. Nein, als einen „Befehl" zum Heiraten hat es Paulus nicht gemeint. Er gesteht den natürlichen Lebensnotwendigkeiten der Menschen, auch der Christen, zu, was ihnen zugestanden werden muß. Grundsätzlich **„wünscht er, daß alle Menschen wären wie auch er selbst".** Damit meint er nicht nur die äußere Tatsache des Unverheiratetseins, sondern die innere Freiheit und Fähigkeit dazu. Er gönnte gern allen seine frohe und reiche Lebenshaltung. Aber er weiß, dazu muß dem Menschen eine besondere Gabe von Gott her verliehen sein. **„Aber jeder hat eine eigene Gnadengabe von Gott, der eine so, der andere so."** Ein freies, unverkrampftes Stehen in der Ehelosigkeit ist ein „Charisma", das ist klar. Hat Paulus mit seinem Satz auch die Fähigkeit zur Ehe als eine „Gnadengabe", wenn auch ganz anderer Art, bezeichnen wollen? Das widerspräche der sehr nüchternen Begründung, die er am Anfang unseres Abschnittes der Ehe als Regelfall gegeben hat. Aber auch die Gemeindeglieder, denen die Gabe der Ehelosigkeit nicht geschenkt ist, sind damit nicht von den Gnadengaben Gottes überhaupt ausgeschlossen. Paulus wehrt auch hier alles ab, was eine falsche Einschätzung der Ehelosigkeit als eines „höheren" Standes bedeuten könnte. Nicht erst der Verzicht auf die Ehe macht zum Empfang von Gnadengaben würdig. So mochten manche Kreise in Korinth denken. Nein, auch die einfachen, in der Ehe lebenden Gemeindeglieder haben Gnadengaben, **„der eine so, der andere so".**

DIE FRAGE DER EHESCHEIDUNG

1\. Korinther 7, 8—16

zu Vers 9: 1 Tim 5, 14
zu Vers 10/11: Mt 5, 32; Mk 10, 11 f
zu Vers 14: Rö 14, 19; 1 Tim 2, 15
zu Vers 16: 1 Pt 3, 1 f

8 **Ich sage aber den Unverheirateten und den Witwen: Gut** (ist es)
9 **für sie, wenn sie bleiben wie auch ich selbst. * Wenn sie aber nicht**
enthaltsam sein können, sollen sie heiraten; denn besser ist es zu
10 **heiraten als zu brennen. * Den Verheirateten aber gebiete ich,**
aber nicht ich, sondern der Herr, daß eine Frau vom Manne nicht
11 **sich trenne — * wenn sie sich aber schon trennte, bleibe sie unver-**
heiratet oder versöhne sich mit ihrem Mann — und ein Mann seine
12 **Frau nicht entlasse. * Den übrigen aber sage ich meinerseits, nicht**
der Herr: Wenn ein Bruder eine ungläubige Frau hat, und sie ist
13 **einverstanden, mit ihm zu wohnen, so entlasse er sie nicht. * Und**
eine Frau, welche einen ungläubigen Mann hat, und dieser ist ein-
verstanden, mit ihr zu wohnen, so entlasse sie den Mann nicht.
14 *** Denn geheiligt ist der ungläubige Mann in der Frau, und gehei-**
ligt ist die ungläubige Frau in dem Bruder. Sonst wären ja eure
15 **Kinder unrein; nun aber sind sie heilig. * Wenn aber der Ungläu-**
bige sich trennt, so trenne er sich; es ist nicht gebunden der Bru-
der oder die Schwester in derartigen Fällen; im Frieden hat euch

16 **Gott berufen. * Denn was weißt du, Frau, ob du den Mann retten wirst? Oder was weißt du, Mann, ob du die Frau retten wirst?**

8 Ehelosigkeit, Ehe, Scheinehe ist nicht das einzige Thema, von dem hier gesprochen werden muß. Die Fragen greifen weiter aus. Es geht um die noch Unverheirateten und um die Verwitweten in der Gemeinde. Hier kann Paulus nur wiederholen, was er grundsätzlich im ersten Satz des Kapitels gesagt hat: **„Gut** (ist es) **für sie, wenn sie bleiben wie auch ich selbst."** Noch einmal stellt er sein eigenes Bei-
spiel, seine eigene frohe Erfahrung vor sie hin. Aber er greift sofort 9
praktisch auf, was er über die „Gnadengabe" gesagt hat, die zur Ehelosigkeit gehört. Fehlt diese Gabe, **„können sie nicht enthaltsam sein, sollen sie heiraten."** Es wird deutlich, wie „evangelisch" Paulus alles meint. Einen beständigen asketischen Kampf mit dem brennenden Begehren heißt er nicht gut, sondern sagt ihnen: **„Denn besser ist es**
zu heiraten als zu brennen"[1]. Dies alles ist wieder nicht „Befehl", 10
„Anordnung", sondern das, was er „Zugeständnis" nannte; es ist ein guter Rat von seiner Seite aus. Anders steht es mit den **„Verheirateten"**; ihnen **„gebietet"** der Apostel. Aber er verbessert sich sofort. Nicht er hat irgendwie zu „gebieten" von sich aus. Er gibt hier nur das klare Gebot des Herrn weiter. Wieder wird sichtbar, wie Paulus den „historischen Jesus" und seine Worte nicht nur gekannt, sondern heilig ernst genommen hat. Mt 19, 1–9 stand klar und bindend vor ihm. Eine „Scheidung" der Ehe unter Gläubigen ist ausgeschlossen. Dabei kann Paulus bei der Stellung der Frau in der damaligen Gesellschaft von der „Scheidung" einer Ehe nur in zwei verschiedenen Ausdrücken reden. Der Mann kann die Frau **„entlassen"**, wegschikken. (Vgl. dazu die Auslegung von Mt 19, 1–9 in der W.Stb.) Die Frau kann nur **„sich trennen"**, von dem Mann fortgehen. Beides ist für Glieder der Gemeinde durch ein klares Verbot des Herrn selbst ausgeschlossen.

11 Es kann aber sein, daß eine Frau sich bereits von ihrem Mann getrennt hat. Paulus müssen entsprechende Nachrichten vorgelegen haben. „Entlassungen" der Frau durch den Mann sind offenbar noch nicht geschehen; wohl aber hat sich hier und da eine Frau von ihrem Mann getrennt. Diese Sachlage spiegelt sich auch darin wider, daß Paulus im vorigen Vers ungewöhnlicherweise die Frau zuerst anspricht und ihr die Trennung vom Mann untersagt. Was soll nun werden? **„Wenn sie sich aber schon trennte, bleibe sie unverheiratet oder versöhne sich mit ihrem Mann."** Ist die Scheidung auf Wunsch der Frau bereits erfolgt, so muß die Frau unverheiratet bleiben. Merkt sie, daß sie nun doch ohne Ehe nicht leben kann, suche sie die Aussöhnung mit dem Mann und die Rückkehr zu ihm. Von dem Verhalten des Man-

[1] An diesem Satz scheitert jede erzwungene Ehelosigkeit für ganze Gruppen und Stände. Es wird aber auch die ganze Not deutlich, in der heute nicht wenige Mädchen stehen, die des Paulus Rat „sie sollen heiraten" herzlich gern befolgen würden, aber keinen Partner finden. Die Gemeinde muß um diese Not wissen und Wege zur inneren Hilfe für alleinbleibende Mädchen suchen.

nes, dessen Frau sich von ihm getrennt hatte, schreibt Paulus nichts. Daß er unverheiratet bleiben müsse, wird nicht gesagt. Da aber die Rückkehr der Frau als möglich angesehen wird, rechnet Paulus offenbar damit, daß der Mann keine neue Ehe geschlossen hat. Es muß sich wohl um Vorgänge handeln, die in der noch jungen Gemeinde eben erst geschehen sind. Paulus schreibt kein Lehrbuch der christlichen Ethik, sondern spricht in ganz bestimmte Verhältnisse einer Gemeinde hinein.

12 Nun nimmt wieder er selbst das Wort: **„Den übrigen aber sage ich meinerseits, nicht der Herr."** Mit Sorgfalt und Deutlichkeit unterscheidet er seinen eigenen apostolischen Rat, wie gewichtig er sein mag, von dem absolut bindenden Wort des Herrn. Er sagt dieses sein Wort zu **„den übrigen"**. Der Inhalt des Wortes zeigt zugleich, wer diese „übrigen" waren. Es sind die Ehegatten, von denen nur der eine zum Glauben gekommen war. Wir sehen, daß die Taufe ganzer „Häuser" keineswegs die allgemeine Regel war. Es wird nicht selten geschehen sein, daß unter der Verkündigung des Paulus oder des Apollos nur der eine Teil des Ehepaares zum Glauben an Jesus kam, während der andere Teil die Botschaft abwies, sich gegen Jesus verschloß und in diesem eindeutigen Sinn „ungläubig" blieb. Der Sprachgebrauch zeigt, daß im „Glauben" das Entscheidende des Christseins gesehen wurde. Der Christ war „der Glaubende", und sein „Glaube" bestimmte seine ganze Existenz[2]. Dementsprechend ist der Nichtchrist der „Ungläubige", er sei nun Jude oder religiöser Heide[3].

12/13 Was soll nun geschehen? Ist nun nicht die Trennung geboten? Hier hat Paulus kein Gebot des Herrn. Denn auch Jesus hatte keine gesetzliche Regelung für alle vorkommenden Fälle gegeben, sondern sein Wort zur Ehescheidung in israelitische Verhältnisse hineingesprochen, wo es Mischehen in diesem Sinn gar nicht gab. Paulus muß von sich aus die Regelung einer Ehefrage treffen, die in dieser Weise erst jetzt im Raum der christlichen Gemeinde auftreten konnte. Es ist aber sehr bezeichnend, wie Paulus nun die Regelung trifft. Es wird in Korinth Stimmen gegeben haben, die die Trennung einer „Mischehe" geradezu forderten. Es sei einem „Gläubigen" nicht zuzumuten, mit einem „Ungläubigen" in der engen Gemeinschaft einer Ehe und eines Haushaltes zu leben. Paulus aber bestimmt: **„Wenn ein Bruder eine ungläubige Frau hat, und sie ist einverstanden, mit ihm zu wohnen, so entlasse er sie nicht. Und eine Frau, welche einen ungläubigen Mann hat, und dieser ist einverstanden, mit ihr zu wohnen, so entlasse sie den Mann nicht."** Dem Gebot des Herrn entspre-

[2] Vgl. die Anmerkung zu Kap. 10, 27 S. 174.

[3] Dadurch ist das „Christentum" bestimmt sowohl vom „Judentum" wie von jeder „Religion" unterschieden. Wohl wußte jeder Israelit vom Glauben und besaß auch Glauben. Aber eben, er besaß ihn „auch", hätte aber sein Israelitentum nie als „Gläubigsein" gekennzeichnet. Ebenso gab es in Korinth viele „religiöse" Menschen, die nicht nur gewohnheitsmäßig dem alten klassischen Götterglauben anhingen, sondern in den neuen Mysterienkulten eine intensive Frömmigkeit pflegten. Aber auch sie waren „ungläubig", sie sahen nicht in der glaubenden Hingabe an Jesus, den für sie Gekreuzigten und Auferstandenen, ihre einzige Rettung.

chend kann der Christ nie derjenige sein, der die Scheidung aktiv betreibt oder vollzieht. Darum wird zur Kennzeichnung dieses Tatbestandes der Ausdruck „entlassen“ jetzt auch von der Frau gebraucht, auch wenn sie rechtlich den Mann nicht entlassen konnte. Ist der ungläubige Teil zur Fortführung der Ehe bereit, so bleibt die Ehe bestehen, so schwer sie für den gläubigen Partner sein mag.

Aber geht denn das? Verliert der gläubige Teil dadurch nicht seine 14
„Heiligkeit“? Lebt er dann nicht zu Hause in einer Welt, die von Gott getrennt ist? Kann ihm das zugemutet werden? Paulus hat einen kraftvollen Zuspruch vom Glauben her: **„Denn geheiligt ist der ungläubige Mann in der Frau, und geheiligt ist die ungläubige Frau in dem Bruder.“** Das kann nicht heißen, daß der ungläubige Teil sozusagen doch beinahe als Christ zu rechnen ist. Er ist und bleibt zunächst „ungläubig“, also unerrettet. Aber weil der andere Teil gläubig ist und Gott gehört, ist das Haus und die Ehe auch für den ungläubigen Partner ein Heiligtum, ein Heiligkeitsbereich, ein Raum, der Gott gehört. In diesem Raum lebt er von seinem Segen umfaßt. Er lehnt sich nicht gegen diesen Segen auf, denn er ist ja „einverstanden“, mit dem andern zusammen zu „wohnen“. Nicht zufällig verwendet Paulus in seinem Satz den gleichen Ausdruck „geheiligt in ...“ wie am Anfang des Briefes bei der Bezeichnung der Gemeindeglieder als „Geheiligte in Christus Jesus“. Auch wir haben keine „Heiligkeit“ in uns selber, sondern sind „Geheiligte“ nur „in“ Christus, in unserer Zugehörigkeit zu Jesus. So darf auch die freiwillig aufrechterhaltene Zugehörigkeit zu einem „Heiligen“ in der Ehe ernst genommen werden: Sie macht den andern „geheiligt“, auch wenn sie ihn noch nicht rettet.

Paulus beweist das durch den Blick auf die Kinder der Gemeinde. **„Sonst wären ja eure Kinder unrein; nun aber sind sie heilig.“** Es sind nichtgetaufte Kinder, kleinere oder schon größere. Denn bei getauften Kindern konnte die Frage, ob sie „unrein“ oder „heilig“ sind, überhaupt nicht entstehen. Es handelt sich dabei auch nicht nur um Kinder aus Mischehen. Paulus sagt einfach **„eure Kinder“**. Wo „ihr“ und „euer“ steht, ist immer die ganze Gemeinde gemeint. Wenn also „eure“, d. h. alle Kinder der ganzen Gemeinde „sonst“ unrein wären, nun aber mitgeheiligt, durch die glaubenden Eltern „heilig“ sind, ist es deutlich, daß die Taufe von Kindern in Korinth nicht üblich war. „Eure Kinder“ wären ohne jede Frage „berufene Heilige“, wenn „eure Kinder“ getauft wären. Aber sie sind es nicht. Trotzdem sind sie nicht einfach **„unrein“**, sondern **„heilig“** durch die Zugehörigkeit zum Heiligtum des Hauses. Das ist auch den Korinthern gewiß. Dann können sie von daher gewiß sein, daß ebenso ein ungläubiger Eheteil in der gleichen Weise „geheiligt“ ist durch den glaubenden Ehegatten. So kann der Glaubende in der engen Gemeinschaft der Ehe mit dem ungläubigen Ehegatten bleiben, ohne durch ihn selber „unrein“
zu werden. Anders liegt es für eine Ehe, **„wenn der Ungläubige sich** 15
trennt“. Dann hat der Gläubige nicht etwa von der Weisung des Herrn her die Pflicht, den andern in der Ehe festzuhalten. Nein, **„so**

trenne er sich; es ist nicht gebunden der Bruder oder die Schwester in derartigen Fällen". Warum kann Paulus das sagen? Weil er nicht „gesetzlich" denkt und die Lebenswirklichkeit nicht mit starren, theoretischen Regeln meistern will. Was wird aus einer gewaltsam aufrechterhaltenen Ehe, wenn der Ungläubige ständig dem Glaubenden widerspricht und aus der Ehe heraus will? Solche Ehe wird ein beständiger, zerrüttender Krieg. Das aber ist nicht Gottes Wille. **„Im Frieden hat euch[4] Gott berufen."** Die grie Präposition „en" ist stärker als das ihr entsprechende „in" im Deutschen. Als Gottes Ruf die Korinther traf, stellte er sie in den Frieden mit ihm selbst und in den Frieden untereinander (vgl. Eph 2, 14–18; Rö 5, 1; Kol 3, 15). Dieser Friede wird bedroht und zerstört, wenn der gläubige Ehegatte den Ungläubigen gegen seinen Willen in der Ehe festhalten will.

16 Aber dann geht doch der Ungläubige verloren! Muß ich ihn nicht retten und darum die Ehe mit aller Macht aufrechterhalten? Paulus stellt dem die ernste Frage entgegen: **„Denn was weißt du, Frau, ob du den Mann retten wirst? Oder was weißt du, Mann, ob du die Frau retten wirst?"** Wir sehen, daß wir aus einem Wort wie Apg 16, 31 nicht ein Gesetz machen können, das immer zu gelten hätte, weil die Boten Jesu es einmal einem Mann so zugesagt haben: „Glaube an den Herrn Jesus, so wirst du und dein Haus errettet." Gott zwingt niemand zum Glauben, auch nicht um meines Gebetes willen, einfach weil ein solcher „Glaube" kein wirklicher Glaube mehr wäre. Zum echten Glauben gehört immer auch die Freiheit eigener Entscheidung, so sehr er Gottes Werk in unserm Herzen ist. Die eigenmächtige Entschlossenheit: Ich will und werde meinen Mann, meine Frau retten und zum Glauben bringen, verkennt dieses Geheimnis des Glaubens und ist selber nicht als Glaube zu bewundern[5].

BLEIBE IN DEINEM STANDE!

1. Korinther 7, 17–24

zu Vers 17:
1 Ko 7, 7
7, 20. 24

17 **Vielmehr, wie einem jeden der Herr zugeteilt hat, wie jeden Gott**
berufen hat, so wandle er. Und so will ich es in den Gemeinden
18 **allen gehalten wissen. * Als Beschnittener wurde einer berufen?**
Er ziehe nicht (eine Vorhaut) **darüber. In der Vorhaut ist einer**

[4] Die Lesart „uns" ist ebenfalls sehr gut bezeugt. Es ist schwer zu entscheiden, welches der ursprüngliche Wortlaut ist. Für beide Lesarten kann man gute Gründe beibringen.

[5] Konnte innerhalb einer bereits bestehenden Ehe der gläubige Teil immerhin noch geltend machen, daß er doch vor Gott viel Grund habe, auf die Bekehrung des nun einmal zu ihm gehörenden Partners zu hoffen, so ist es völlig grundloser Leichtsinn, wenn junge Gläubige mit einem Ungläubigen die Ehe schließen in der Erwartung, der andere werde sich dann in der Ehe bekehren. In solchen Fällen hat Jesus nicht mehr im Lebenszentrum des „Gläubigen" gestanden. Sonst hätte den Ungläubigen entweder die Entschiedenheit des Gläubigen abgeschreckt oder ihn vor der Heirat gewonnen. Und Zusagen, den gläubigen Teil auf seinem Wege nicht zu hindern, helfen nichts, selbst wenn sie eingehalten werden.

19 berufen worden? Er lasse sich nicht beschneiden. * Die Beschnei-
dung ist nichts, und die Vorhaut ist nichts, sondern das Halten
20 der Gebote Gottes. * Ein jeder in dem Stand, in dem er beru-
21 fen wurde, in diesem bleibe er. * Als Sklave wurdest du berufen?
Daran soll dir nichts liegen; aber wenn du auch frei werden
22 kannst, mache noch mehr Gebrauch davon. * Denn der im Herrn
berufene Sklave ist ein Freigelassener des Herrn; in gleicher
23 Weise der Freie, wenn er berufen wurde, ein Sklave Christi. * Ihr
24 wurdet bar erkauft, werdet nicht Sklaven von Menschen. * Jeder,
worin er berufen wurde, Brüder, darin bleibe er vor Gott.

zu Vers 19: Rö 2, 25—29 Gal 5, 6; 6, 15
zu Vers 20: 1 Ko 7, 17. 24
zu Vers 22: Eph 6, 6 Phlm 16
zu Vers 23: Jo 8, 36 1 Ko 6, 20
zu Vers 24: 1 Ko 7, 17. 20

Der neue Abschnitt beginnt seltsamerweise mit einem **„Vielmehr“**, das zunächst ohne jede Beziehung zu dem vorher Gesagten zu sein 17
scheint. Aber Paulus blickt von dem, was er jetzt den Korinthern ans Herz legen will, von dem Bleiben im gegenwärtigen Zustand, auf die Erlaubnis zurück, unter bestimmten Bedingungen in die Lösung einer bestehenden Ehe zu willigen. Aber das sollte wirklich nur eine Ausnahme bleiben: **„Vielmehr, wie einem jeden der Herr zugeteilt hat, wie jeden Gott berufen hat, so wandle er.“**

Mit diesem Grundsatz fiel für das Urchristentum eine sehr wesentliche Entscheidung. Mußte nicht aus dem Neuen, was das Evangelium brachte, ein Umsturz aller Verhältnisse hervorgehen? „Hier ist kein Jude noch Grieche, kein Sklave noch Freier, kein Mann noch Frau, denn ihr seid alle einer in Christus Jesus“ (Gal 3, 28). Wenn das wahr ist, mußte nicht die Ehe, wenigstens in ihrer bisherigen Form, enden, die Sklaverei aufhören, jeder religiöse Unterschied verschwinden? Es hat in der Christenheit immer wieder Bewegungen gegeben, die solche Folgerungen mit Energie zogen. Auch in Korinth zeigten sich offenbar Bestrebungen dieser Art. Paulus aber widersteht ihnen im vollen Bewußtsein der Wichtigkeit der Sache, um die es ging. Darum versichert er ausdrücklich: **„Und so will ich es in den Gemeinden allen gehalten wissen.“** Warum? Aus bloßer Rückständigkeit? Aber der ehemalige Pharisäer, der so radikal das Judentum hinter sich ließ, war nicht „rückständig“. Aus Angst vor den Folgen? Ein Paulus hat nie etwas unterlassen aus Sorge vor Leiden. Nein, für Paulus ging der Grundsatz, den er in allen Gemeinden vertrat, aus dem Glauben hervor. Das zeigt sich in aller Klarheit an der Formulierung seines ersten Satzes. Paulus sagt nicht: „Vielmehr in den Verhältnissen, in denen einer nun einmal steht, in denen bleibe er“, sondern: **„Wie einem jeden der Herr zugeteilt hat, wie jeden Gott berufen hat, so wandle er.“** In einer Unbedingtheit, die wir weithin verloren haben, ist für Paulus Gott der Bestimmende und Leitende. Die Lebenslage, in der Gottes Ruf einen Menschen traf, ist nichts „Zufälliges“; Gott hat sie bereitet und hat den Menschen so gewollt, wie er ihn jetzt rief. Darum soll die Gemeinde, und jeder einzelne in ihr, aus den Verhältnissen, die Gott so oder so geordnet hat, nicht eigenmächtig ausbrechen. Und das Neue, das Gott jetzt in Christus schenkt, erweist seine befreiende Macht gerade *in* den alten Ver-

18 hältnissen. **„Als Beschnittener wurde einer berufen?"** So soll er das nicht künstlich ändern[1], sondern rechtschaffen ein Israelit bleiben. Ebenso soll einer aus den Nationen nicht meinen, durch nachträgliche
19 Beschneidung etwas zu gewinnen. **„Die Beschneidung ist nichts, und die Vorhaut ist nichts, sondern das Halten der Gebote Gottes."** Das Neue, das Gott schenkt, ist so gründlich anders, daß eben darum eine Änderung in unserer menschlich-religiösen Zugehörigkeit nichts mehr bedeutet. Dies Neue ist **„das Halten der Gebote Gottes"**, das wirkliche Leben nach dem Willen Gottes. Der Israelit hatte ein solches Leben durch „das Gesetz" zu erreichen versucht und war daran gescheitert. Darum nutzte ihm die Beschneidung nichts (vgl. W.Stb. Rö S. 81/82). Aber der wirkliche Christ, der Wiedergeborene und mit dem Geist Gottes beschenkte, vermag den Willen Gottes zu tun. Gottes große Rettungstat erfolgte ja, „damit die Rechtsforderung des Gesetzes erfüllt würde in uns, die wir nicht nach dem Fleische wandeln, sondern nach dem Geist" (Rö 8, 4). Darum bedarf der Christ der Beschneidung nicht mehr, wenn er aus den Nationen stammt, und gewinnt nichts, wenn er als Israelit sein Judentum möglichst verleugnet. Alles Äußere wird vor der neuen Lebensmöglichkeit un-
20 wichtig. Eben darum kann und soll man in diesem Äußeren ohne Änderung bleiben, damit für alle deutlich wird, wo der wahre und eigentliche Umbruch in einem Christenleben liegt. Paulus wiederholt mit Nachdruck: **„Ein jeder in dem Stand, in dem er berufen wurde, in diesem bleibe er."**

21a Aber gilt das auch für einen „Standesunterschied", der in das Leben viel fühlbarer einschnitt als der Unterschied von „Juden" und „Heiden", nämlich für den Gegensatz der „Sklaven" und der „Freien"? Man rechnet damit, daß in Korinth etwa zwei Drittel der Einwohner Sklaven waren. Nach der Schilderung der Gemeinde in Kap. 1, 26 ff hat man vielfach angenommen, daß der Prozentsatz der Sklaven in der Gemeinde eher noch höher war. Aber die bisherigen Ausführungen des Briefes reden doch wesentlich zu freien Menschen mit eigener Verfügungsgewalt über ihr Leben. Immerhin wird die Zahl der Sklaven in der Gemeinde auch nicht unerheblich gewesen sein. Sollten sie als Söhne des lebendigen Gottes, als künftige Weltrichter und Erben ewiger Herrlichkeit noch Sklaven bleiben? Mußte nicht durch die Gemeinde des Christus eine starke Bewegung auf Abschaffung der Sklaverei, mindestens auf Freilassung aller Sklaven der gläubig gewordenen Herren gehen? Uns scheint das rasch als selbstverständlich. Wir müssen aber sehr nüchtern sehen, daß solche Änderungen einer ganzen gesellschaftlichen Struktur mit weitreichenden Folgen belastet sind und darum nicht einfach privat an einzelnen Stellen vorgenommen werden können. Der Gesichtspunkt für Paulus ist aber noch ein ganz anderer. Wir müssen ihn zu verstehen suchen, auch wenn wir heutigen Christen anders zu denken gewöhnt sind.

[1] Es gab Juden, die durch ärztliche Kunst das Zeichen der Beschneidung rückgängig zu machen suchten. Für den Israeliten, der Christ wurde, konnte das besonders verlockend sein.

Für uns hat die Gestaltung unseres irdischen Lebens eine überragende Wichtigkeit bekommen. Unser Leben in Gott und unser zukünftiges Erbe wollen wir nur neben einer reichen und befriedigenden Erfüllung unseres Daseins jetzt und hier haben[2]. Für Paulus war das ernsthaft anders. Er kann dem Sklaven mit voller Überzeugung
sagen: **„Als Sklave wurdest du berufen? Daran soll dir nichts liegen."** 22
Wieso nicht? **„Denn der im Herrn berufene Sklave ist ein Freigelassener des Herrn; in gleicher Weise der Freie, wenn er berufen wurde, ein Sklave Christi."** Die Existenz in Christus ist für Paulus nicht die religiöse Umrahmung eines Lebens, das von ganz anderen Wirklichkeiten erfüllt und bestimmt ist, sondern diese Existenz in Christus ist das Maßgebende, alles Bestimmende und Erfüllende. Von der Freiheit und Gebundenheit in Christus wird für Paulus alle menschlich-zeitliche „Freiheit" oder „Sklaverei" tatsächlich unbedeutend.
Darum kann er in einem Satz, der wie ein gewagtes Wortspiel klingt, 23/24
gerade den Sklaven in der Gemeinde zurufen: **„Werdet nicht Sklaven von Menschen."** Noch einmal, wie in Kap. 6, 19, und nun in diesem Zusammenhang noch anschaulicher, gebraucht Paulus das Bild: **„Ihr wurdet bar erkauft."** Ihr seid wirklich und gültig das erkaufte Eigentum Jesu. Der Preis für euch ist in bar bezahlt (s. o. zu 6, 19). Gerade darum, um dieser völlig anderen „Hörigkeit" willen, gilt die noch einmal wiederholte Mahnung: **„Jeder, worin er berufen wurde, Brüder, darin bleibe er vor Gott."** Bedeutsam steht gerade in diesem kurzen Satz in der Mitte die Anrede „Brüder". Jude, Grieche, Sklave, Freier, das bleibt und soll ruhig bleiben. Aber das Neue und Unerhörte ist das, was es bisher in der Welt einfach nicht gab: diese so verschiedenen Menschen sind **„Brüder"** in dieser wunderbaren Gleichheit der Liebe. Und mächtig steht in dem Sätzchen am Schluß das **„vor Gott"**. Noch einmal wird deutlich, dies ist der beherrschende Gesichtspunkt für Paulus und dies darf der alles bestimmende Blick auch für die Korinther sein: **„Vor Gott."** Wie Gott es haben will, so soll es sein. Wie Gott das Leben ordnet, so ist es recht. Wie mein Leben „vor Gott" daliegt, ist unendlich wichtiger, als wie es im Urteil der Menschen oder in meinen Augen aussieht. Nicht menschlicher „Konservatismus", sondern dieser alles beherrschende Blick auf Gott führt zu der Regel, die Paulus in dem kurzen Abschnitt dreimal wiederholt: Bleibe in den Lebensumständen, in denen dich Gottes Ruf traf[3].

Wie aber ist der Zusatz in V. 21 zu verstehen: **„Aber wenn du auch** 21b
frei werden kannst, mache noch mehr Gebrauch davon"? Aus dem „auch", das man zu den Worten „aber wenn du" hinzunimmt, hat

[2] Das wird ganz praktisch deutlich an der Nachwuchsnot, besonders in unseren Mutterhäusern. Die Lage einer „Diakonisse" ohne eigenes Einkommen und ohne die volle Freiheit eines privaten Lebens scheint auch den gläubigen jungen Mädchen von heute untragbar. Es darf aber zugleich nicht ungesagt bleiben, wieviel es in manchem Mutterhaus an geistlicher Kraft und wirklicher „Mütterlichkeit" fehlt, so daß auch dienstbereite Mädchen dort nicht finden, was sie zu einem ganzen Diakonissenleben brauchen.

[3] Es sei an Hedwig von Rederns Lied erinnert: „Du stehst am Platz, den Gott dir gab."

man geschlossen, Paulus sagte dem Sklaven: „Selbst wenn du frei werden kannst, mache lieber Gebrauch von deinem bisherigen Sklavenstand.“ So allein entspräche es auch der grundsätzlichen Forderung: „Jeder bleibe in seinem Stand“, die Paulus gleich noch einmal abschließend wiederholt. Aber die Aufforderung **„mache noch mehr Gebrauch davon“** kann der unbefangene Leser (bzw. in der damaligen Zeit der unbefangene Hörer) des Briefes doch nur auf das unmittelbar Vorhergehende, also auf die Möglichkeit des Freiwerdens beziehen. Hätte Paulus im Gegensatz zu dieser eben von ihm genannten Möglichkeit bei dem „Gebrauch davon machen“ an die Sklavenstellung gedacht, hätte er das eindeutig zum Ausdruck bringen müssen[4]. Dem Grundsatz „Bleibe in deinem Stand“ widerspricht insofern nicht der Rat: „Mache Gebrauch von der Möglichkeit der Freilassung“, als hier keine eigenmächtige Durchbrechung der Verhältnisse geschah. Hier wurde tatsächlich nur eine Möglichkeit benutzt, die einwandfrei rechtlich und üblich war. Den „Stand“ der „Freigelassenen“ gab es in erheblichem Umfang. Bei diesem Verständnis des Satzes ist das „auch“ nicht mit den vorangehenden Worten „aber wenn du“ zu verbinden, sondern im Sinne von „sogar“ zu der folgenden Aussage zu ziehen: „Aber wenn du sogar freiwerden kannst, dann mache noch mehr Gebrauch davon.“ Eine eindeutige Entscheidung, wie Paulus selber den Satz gemeint hat, ist nicht möglich.

EHELOSIGKEIT — AUCH FÜR DIE MÄDCHEN DER GEMEINDE?

1. Korinther 7, 25—40

zu Vers 25:
2 Ko 4, 1; 8, 10
1 Tim 1, 12 f. 16
zu Vers 26:
Mt 24, 19 f
1 Ko 7, 29
zu Vers 29:
Lk 14, 26
Rö 13, 11
1 Ko 7, 26

25 **Betreffs der Mädchen aber besitze ich eine Anordnung des Herrn**
nicht, gebe aber meine Meinung ab als einer, der das Erbarmen
26 **vom Herrn empfangen hat, zuverlässig zu sein. * Ich meine nun,**
dieses sei gut wegen der gegenwärtigen Not, daß es gut für einen
27 **Menschen ist, so zu sein. * Du bist an einer Frau gebunden? Suche**
nicht die Lösung. Du bist frei von einer Frau? Suche keine Frau.
Wenn du aber auch heiratest, hast du keine Sünde begangen.
28 *** Und wenn das Mädchen heiratet, hat es keine Sünde begangen.**
Drangsal aber für das Fleisch werden solche bekommen; ich mei-
29 **nerseits aber möchte euch schonen. * Dieses aber sage ich, Brüder:**
die Zeit ist zusammengedrängt, daß fürderhin auch die, die Frauen
30 **haben, seien, als ob sie keine haben, * und die Weinenden, als**
weinten sie nicht, und die sich Freuenden, als freuten sie sich

4 Wir müssen freilich unsererseits bedenken, daß der damalige Sklavenstand auch die volle wirtschaftliche Sicherung eines Menschen bedeutete, da das Gedeihen eines Sklaven der eigenste Vorteil des Herrn war. Der Weg in die Freiheit war nicht so einfach. Das AT rechnet daher ausdrücklich mit dem Fall, daß ein Sklave nicht freigelassen werden, sondern lieber bei seinem Herrn im Sklavenverhältnis bleiben will (2 Mo 15, 16 ff). Unmöglich ist also die uns völlig unverständlich erscheinende Auslegung: „Mache lieber Gebrauch von deinem Sklavenstand“ nicht.

31 **nicht, und die Kaufenden, als besäßen sie nicht, * und die die Welt**
Nutzenden, als benutzten sie sie nicht. Denn es vergeht die Gestalt
32 **dieser Welt. * Ich will aber, daß ihr ohne Sorge seid. Der Unver-**
heiratete sorgt für die Angelegenheiten des Herrn, wie er dem
33 **Herrn gefalle; * der Verheiratete aber sorgt für die Angelegenhei-**
34 **ten der Welt, wie er der Frau gefalle, * und ist geteilt. Und die**
unverheiratete Frau und das Mädchen trägt Sorge für die Ange-
legenheiten des Herrn, damit sie sei heilig sowohl dem Leibe wie
dem Geiste nach. Die Verheiratete aber trägt Sorge für die Dinge
35 **der Welt, wie sie dem Mann gefalle. * Dies aber sage ich zu eurem**
eigenen Nutzen, nicht daß ich euch eine Schlinge überwerfe, son-
dern zur rechten Schicklichkeit und festem Hängen am Herrn ohne
36 **Ablenkung. * Wenn aber einer meint, nicht in Schicklichkeit zu**
handeln gegen sein Mädchen, wenn sie über die Blüte hinausgeht,
und es soll so geschehen, der tue, was er will; er sündigt nicht, sie
37 **mögen heiraten. * Wer aber in seinem Herzen feststeht, ohne eine**
Notwendigkeit zu haben, sondern Verfügung hat betreffs seines
eigenen Willens, und dieses beschlossen hat in seinem Herzen,
38 **sein Mädchen zu bewahren, der wird wohl tun. * Daher, wer sein**
Mädchen verheiratet, tut wohl, und wer sie nicht verheiraten will,
39 **wird noch besser tun. * Eine Frau ist gebunden, solange ihr Mann**
lebt; wenn aber der Mann entschlafen ist, ist sie frei sich zu ver-
40 **heiraten, mit wem sie will, aber nur im Herrn. * Glückseliger aber**
ist sie, wenn sie so bleibt, nach meiner Meinung; ich denke aber
auch meinerseits Gottes Geist zu haben.

zu Vers 31:
1 Ko 9, 18
1 Jo 2, 15—17
zu Vers 33:
Lk 14, 20
Eph 5, 29
zu Vers 34:
1 Tim 5, 5
zu Vers 35:
Lk 10, 39 f
1 Ko 6, 12
zu Vers 39:
Rö 7, 2
zu Vers 40:
2 Ko 10, 7

„Betreffs der Mädchen", die Formulierung zeigt, daß auch hier eine besondere Anfrage im Brief der Gemeinde vorlag. Was soll aus den Töchtern der christlichen Häuser werden? Sie sind „Jungfrauen", „Mädchen", in jenem klaren Sinn, den das Wort auch für uns einmal hatte. Sollen sie ehelos bleiben? Vielleicht erwartete ein Teil der Gemeinde ein bestimmtes Ja von Paulus. Aber der Apostel betont sofort, daß hier eine klare **„Anordnung des Herrn"** nicht vorliege. Er kann hier nur **„seine Meinung abgeben"**. Aber ist eine „apostolische Meinung" nicht höchste Autorität? Paulus denkt nicht so. Freilich, eine innere Autorität hat sie schon. Wohl hat nur das Erbarmen des Herrn ihn zum Apostel gemacht. Paulus hat das nicht nur zugestanden, sondern mit Nachdruck gerühmt: 2 Ko 4, 1; 1 Tim 1, 12 ff. Mochten seine Gegner gern auf seine dunkle Vergangenheit hinweisen, für ihn war es der Grund seines ganzen neuen Lebens und Dienstes, daß das Erbarmen Jesu ihm die große Aufgabe anvertraut hat. Gerade so ist es ihm geschenkt, **„zuverlässig zu sein"**. Darum hat sein Wort Gewicht, auch wenn er nur „seine Meinung" äußert. Man kann sich darauf verlassen. 25

Noch einmal wiederholt er, was er über Ehelosigkeit und Ehe schon ausgesprochen hat. Die umständliche Satzkonstruktion: **„Ich meine nun, dieses sei gut wegen der gegenwärtigen Not, daß es gut für einen Menschen ist, so zu sein"** zeigt, wie Paulus im Diktat an seine grund- 26 legende Aussage in Kap. 7, 1 zurückdenkt. Aber jetzt wird der Hintergrund deutlich, von dem aus er das Urteil „gut", d. h. „dienlich, hilfreich" fällte. Die Ehelosigkeit ist nicht an und für sich oder von religiösen Idealen her „gut", sondern **„wegen der gegenwärtigen Not". „Gegenwärtige Not"** ist nicht „augenblickliche" Not, von der die Korinther wenig spüren. Sie ist vielmehr Not, die aus dem gegenwärtigen Äon entspringt, für die Gemeinde Jesu und ihre Glieder notwendig entspringt, auch wenn die satten, reichen und angesehenen Korinther noch nichts davon gemerkt haben. Auch sie werden dieser Not nicht entgehen, die den Christen als Christen im gegenwärtigen Äon trifft.

27 Ja, noch mehr. Das Denken des Apostels ist auch hier wieder „eschatologisch"[1] bestimmt. Das Wort, das bei Paulus meist „gegenwärtig" bedeutet, kann auch den Sinn von „hereinbrechen", „bevorstehend" haben. Die Not dieser Weltzeit steigert sich gerade dann aufs Höchste, wenn das Ende kommt und die letzte große Entscheidung naht. Davon ist Paulus mit dem ganzen NT überzeugt (Mt 24, 21 f; Offb 13). So sieht er die Lage, und von daher urteilt und rät er auch in der Frage der Ehe und der Verheiratung der gläubigen Mädchen. Es geht den letzten Kämpfen und Leiden entgegen, die von jedem Christen den äußersten Einsatz fordern. „Wer überwindet..." (Offb 2 u. 3), so klingt es auch im Herzen des Paulus. In dieser Lage kann er nur raten: **„Du bist an eine Frau gebunden? Suche nicht die Lösung. Du bist frei von einer Frau? Suche keine Frau."**

28 Wieder stehen wir an einem entscheidenden Punkt für das Verständnis des Kapitels und des ganzen Christseins überhaupt. Die Haltung des Paulus ist uns fremd, weil für uns das Sein in Christus nicht mehr jene Ganzheit und Geschlossenheit, jenen Reichtum und jenen Glanz hat, der in den Augen des Paulus unser ganzes irdisches Los dagegen belanglos macht. Wir kommen mit dem Denken des Apostels aber auch darum nicht zurecht, weil wir von der „Not" und „Drangsal" nichts mehr wissen, die zum Christenleben in diesem argen Äon gehört, und weil wir vollends nicht mehr ahnen, welche Anforderungen die letzte Zeit an die Gemeinde Jesu stellen wird. Heiraten ist nicht an sich etwas Verkehrtes und Sündliches, wie vielleicht mancher in Korinth urteilte, auch nicht für ein Mädchen aus gläubigem Hause. Darum stellt Paulus allen asketischen Idealen gegenüber noch einmal ausdrücklich fest: **„Wenn du aber auch heiratest, hast du keine Sünde begangen. Und wenn das Mädchen heiratet, hat es keine Sünde begangen."** Den Rat zur Ehelosigkeit gibt Paulus nicht aus Mißachtung der Ehe als solcher und aus einer Verdächtigung des geschlechtlichen Lebens, dessen Vollzug auch in der Ehe etwas „Sündliches" wäre. Sein Gesichtspunkt ist ein völlig anderer: **„Drangsal aber für das Fleisch werden solche bekommen; ich meinerseits aber möchte euch schonen."** Hier steht das Wort „thlipsis", das immer wieder das Leiden mannigfaltiger Art bezeichnet, das der

[1] Vgl. o. S. 29 Anm. 11.

an Jesus Glaubende um dieses seines Glaubens willen zu tragen hat und das in der Zeit vor der Wiederkunft Jesu seinen Höhepunkt erreicht. Dieses Leiden wird weit quälender, wenn man verheiratet ist und den Lebensgefährten mit davon betroffen sieht. Wir brauchen uns nur einmal auszumalen, was Frau und Kinder eines Apostels Paulus durchzumachen gehabt hätten. „Es ist gut, nicht verheiratet zu sein", wie oft wird Paulus das mit Recht gedacht haben[2]. Das soll gerade das Mädchen in der Gemeinde wissen, daß das Heiraten ihr in dieser Zeit nicht das „Glück" bringt, sondern **„Drangsal für das Fleisch"**.

Und nun stellt Paulus seinen eschatologischen Blick ausdrücklich 29
vor die sichere und satte Gemeinde hin. **„Dieses aber sage ich, Brüder: die Zeit ist zusammengedrängt."** Der knappe Satz ist schwer zu verdeutschen. Wir haben nicht das besondere Wort für „Zeit" als einer bestimmten entscheidungsvollen Zeit, wie es der Grieche im Wort „kairos" im Unterschied von „chronos", dem allgemeinen Zeitfluß, besaß[3]. Und in dem Wort **„zusammengedrängt"** liegt ein Zweifaches zugleich ausgedrückt. Dieser entscheidungsvolle Zeitraum ist nur kurz, „verkürzt", die Entscheidungen drängen sich zusammen. Wir haben darum keine Zeit für Nebendinge, sondern müssen gesammelt auf das ausgerichtet sein, was diese Zeit fordert. Und es sind Nöte, Kämpfe, Leiden, die diesen Zeitraum erfüllen. Es ist nicht nur eine „zusammengedrängte", sondern auch eine „bedrängnisvolle" Zeit, die nicht so harmlos leben läßt. Nun wird es ganz klar, warum Paulus unser Kapitel nicht mit Ausführungen über die Schönheit der Ehe und ihren Wert beginnen kann. Dafür ist jetzt einfach keine „Zeit". Wer in der Ehe — und Familie — glücklich leben will, wird die Schwere dieser Zeit nicht bestehen und rasch in die Gefahr des Verleugnens geraten und dem Einsatz für die Sache des Herrn sich entziehen. Darum müssen auch die Verheirateten eine ganz neue innere Haltung einnehmen: **„Daß fürderhin auch die, die Frauen haben,
seien, als ob sie keine haben."** Und diese Haltung erstreckt sich auf 30
alle Lebensverhältnisse. Gewiß gibt es auch jetzt **„Weinende"** und sich **„Freuende"**; natürlich muß auch noch weiter „gekauft" und „die Welt genutzt" werden. Allem aufgeregten Wesen von der Zukunftserwartung her hat Paulus immer entschlossen gewehrt (vgl. 1 Th 4, 11; 2 Th 2, 1 f; 3, 11). Bei allem gespannten und sehnenden Warten auf den Tag des Herrn bleibt er völlig nüchtern. Gerade darum weiß er auch, wie in diesem Warten und in den unvermeidbaren Leiden um Jesu willen alle diese Dinge wie Freude und Leid, Kauf und Erwerb, auch Ehe und menschliche Verbundenheit ihre Bedeutung verlieren,

[2] Freilich ist auch hier die lebendige Wahrheit nur durch scheinbar widersprüchliche Aussagen zu erfassen. So manches Lebensbild zeigt uns, wie Frauen im Mittragen der Drangsale und Nöte ihrer Männer dennoch in tieferem Sinn sehr glücklich waren und für ihren Mann unendlich viel bedeuteten. Paulus gibt ja auch bewußt nicht bindende Anordnungen, sondern sagt nur seine Meinung.

[3] „Chronos" ist die „physikalische", „kairos" die „geschichtliche" Zeit.

die sie für den natürlichen Menschen haben[4]. Hier gilt in allem das „Haben, als hätten wir nicht". Es ist das genaue Gegenstück zu der Schilderung der Endzeit, wie sie der Herr Jesus selbst vom Bilde der alten Gerichtszeiten her entwirft: „Sie aßen, sie tranken, sie heirateten, sie wurden geheiratet, bis zu dem Tage, da Noah in die Arche hineinging, und es kam die Flut und brachte alle um. Auf gleiche Weise geschah es in den Tagen Lots: Sie aßen, sie tranken, sie kauften, sie verkauften, sie pflanzten, sie bauten; an dem Tage aber, als Lot aus Sodom ging, da regnete es Feuer und Schwefel vom Himmel und brachte sie alle um" (Lk 17, 27—29). Das alles erfüllte das Denken und Leben der Menschen, während die Wetterwand des vernichtenden Gerichtes schon über ihnen stand. So aber können die „berufenen Heiligen", die mit dem Lebenseinsatz des Herrn Erkauften, die auf seinen Tag warten, nicht leben. Auch wenn sie das alles noch tun und tun müssen, was die Menschen vor der Sintflut, die Leute in Sodom vor der Katastrophe taten, sie tun es in einer völlig anderen Haltung, für die alle diese Dinge ihre erfüllende Wichtigkeit verloren haben:[5] **„Daß fürderhin auch die, die Frauen haben, seien, als ob sie keine haben, und die Weinenden, als weinten sie nicht, und die sich Freuenden, als freuten sie sich nicht, und die Kaufenden, als besäßen sie nicht, und die die Welt Nutzenden, als benutzten sie sie nicht."**

31 **„Denn es vergeht die Gestalt dieser Welt."** Das ist ganz objektiv für jeden sichtbar. Ist es ein nur negativer Eindruck von der Vergänglichkeit alles Irdischen, dann kann es auch zu jener Folgerung führen, der Paulus später entgegentritt: „Lasset uns essen und trinken, denn morgen sind wir tot" (15, 32). Paulus aber meint es ganz positiv. Die ganze Art dieser Todeswelt geht vorüber, die Schöpfung erhält die neue Gestalt, „die Schöpfung erwartet die Offenbarung der Söhne Gottes. Die Schöpfung selbst wird befreit werden von der Sklaverei der Vergänglichkeit zu der Freiheit der Herrlichkeit der Kinder Gottes" (Rö 8, 19. 21). Und wer so positiv, so erwartungsvoll die ganze Vorläufigkeit der gegenwärtigen Weltgestalt sieht, der hat von da aus die Haltung, die Paulus beschreibt, dieses „Haben, als hätten wir nicht"[6].

32/33 Durch diese „zusammengedrängte Zeit" „sorglos" hindurchzugehen, das ist es, was Paulus für die korinthischen Christen wünscht. **„Ich**

[4] Wir können es uns bildhaft etwa an den Stunden eines Schiffsunterganges verdeutlichen. Wie vieles wird jetzt unwichtig, was uns sonst lebhaft bewegte und uns sehr bedeutungsvoll erschien. Wie kommt es nur auf das eine an, mit entschlossenem Einsatz dieser Gefahr zu begegnen!

[5] Diese Haltung kann man nicht künstlich annehmen, weil es hier nun einmal so geschrieben steht. Aber unser Abschnitt ist allerdings eine tief einschneidende Frage an die Gemeinde von heute. Woran liegt es, daß diese Haltung an ihr kaum noch zu merken ist? Sind wir so sicher, daß diese Zeit nicht „zusammengedrängt" ist?

[6] So lebensbestimmend, so das ganze Christsein formend ist die echte Eschatologie. Wer die biblische Eschatologie streicht oder umformt, verliert damit die ntst Ethik. Weil heute in der Verkündigung die echte Eschatologie nicht der Gemeinde vor Augen gestellt und für sie nicht zum Lebensziel wird, darum gibt es solches „Haben, als hätten wir nicht" heute so wenig und ist das „Fremdlingsein" und das Leben als „wanderndes Gottesvolk" so selten.

will aber, daß ihr ohne Sorge seid." Das grie Wort „sorgen" ist so doppeldeutig wie unser deutsches Wort. **„Ohne Sorge"** sollen und dürfen wir sein. Das angstvolle „Sorgen" entspricht einer falschen Bewertung der gegenwärtigen Weltgestalt mit ihren Lockungen und Drohungen. Davon befreit uns die eschatologische Einstellung. Aber echtes Leben ist immer davon erfüllt, daß wir „für etwas sorgen". Und nun ergibt sich im Blick auf die Ehe ein notwendiger Unterschied: **„Der Unverheiratete sorgt für die Angelegenheiten des Herrn, wie er dem Herrn gefalle; der Verheiratete aber sorgt für die Angelegenheiten der Welt, wie er der Frau gefalle, und ist geteilt."** Dieses „Sorgen für die Angelegenheiten der Welt, wie er der Frau gefalle", ist nicht Sünde, sondern ist die Pflicht des Mannes, wenn er in der Ehe lebt. Paulus meint auch nicht, daß der verheiratete Christ nun einfach darin aufgeht und für die Angelegenheiten des Herrn nichts mehr übrig hat. Aber **„er ist geteilt"**[7]. Er muß nach zwei Seiten sehen und die Bedürfnisse seiner Frau und seiner Familie ebenso wahrnehmen wie die Interessen seines Herrn und seiner Sache. Das ist eine schwierige Aufgabe und kann rasch zu notvollen Spannungen führen, schon in ruhigen Zeiten und erst recht in Tagen der Not und Verfolgung. Der verheiratete Mann gerät in innere Zerrissenheit. Das gilt ebenso für die Frau. Die ehelose Frau, also die Witwe oder die vom Mann getrennte Frau und das unverheiratete Mädchen, können ganz für den Herrn da sein. **„Und die unverheiratete Frau und 34
das Mädchen trägt Sorge für die Angelegenheiten des Herrn, damit sie sei heilig sowohl dem Leibe wie dem Geiste nach."** Wir müssen das Wort „heilig" hier wieder so „objektiv" fassen wie Kap. 1, 2. Nicht das meint Paulus, daß die Frau durch das eheliche Leben irgendwie „befleckt" und „unrein" würde. Aber er hatte das allerdings ausgesprochen, daß die Frau in der Ehe nicht mehr „die Verfügung über ihren Leib hat" (V. 4). Sie kann nicht mehr ganz und gar nach Leib und Seele dem Herrn angehören. Sie **„trägt Sorge für die Dinge der Welt, wie sie dem Mann gefalle".** Das ist nicht „Sünde", aber notwendig so.

Darum wünscht Paulus ernstlich die Ehelosigkeit der Mädchen in 35
der Gemeinde. Aber er will bei diesem Wunsch jeden Druck, auch jeden inneren Zwang vermeiden. **„Dies aber sage ich zu eurem eigenen Nutzen, nicht daß ich euch eine Schlinge überwerfe."** Paulus will keinen Menschen in Korinth wie ein gefangenes Wild an der Schlinge in die Ehelosigkeit hineinziehen. Es wird im Hintergrund dieses Satzes das Mißtrauen sichtbar, das in Korinth gegen Paulus bestand und gegen das er sich im 2. Korintherbrief noch viel deutlicher wehren muß. Man warf ihm vor, daß er die Gemeinde beherrschen und in ihr nur seine eigene Meinung gelten lassen wollte (vgl.

[7] Die alte LÜ und die Elberfelder Bibel ziehen auf Grund des ihnen vorliegenden Textes das Wort „er ist geteilt" zu dem folgenden Satz und verstehen es als: „Es ist ein Unterschied" nämlich zwischen der Frau und dem Mädchen. In den verschiedenen Handschriften ist an dieser Stelle geändert und gebessert worden. Aber unsere Übersetzung, die dem Text bei Nestle folgt, ergibt einen guten und klaren Sinn.

o. S. 81 f). Er aber will in Wahrheit die ihm anvertraute Gemeinde gerade zum eigenen Urteil und zum rechten selbständigen Handeln erziehen. Wie müht er sich in unserem ganzen Brief darum. So will er auch jetzt nicht etwa in hinterhältiger Weise der Gemeinde **„eine Schlinge überwerfen“**, um sie dahin zu ziehen, wohin er sie haben will. Es geht ihm um den **„eigenen Nutzen“** der Korinther. Dieser „eigene Nutzen“ ist freilich nicht egoistisch und weltlich gemeint. Was Paulus der Gemeinde rät, soll **„zur rechten Schicklichkeit und festem Hängen am Herrn ohne Ablenkung“** dienen. Es geht Paulus dabei um die rechte Freiheit in den Entschließungen der Gemeinde im Blick auf ihre Mädchen. Diese Freiheit ist von zwei entgegengesetzten Seiten her bedroht. Einerseits lag auf dem unverheirateten Mädchen damals bei Juden und Griechen ein Makel. Es gehörte sich nicht, es war unschicklich, daß ein Mädchen ledig blieb. Hier darf das Empfinden der Gemeinde ein anderes werden. Gerade der Wunsch, ganz für den Herrn zu leben, war **„rechte Schicklichkeit“**, zu der Paulus die Gemeinde zu ihrem eigenen Nutzen leiten wollte. Andererseits darf aber auch nicht das asketische Denken mancher christlichen Kreise in Korinth Mädchen zur Ehelosigkeit zwingen, als ob die Ehe etwas „unreines“ und geistlich minderwertiges sei. Die Ehelosigkeit kann nur in voller Freiheit gewählt werden, wenn es Menschen um **„das feste Hängen am Herrn“** geht, das nur für die Ehelosen in ungestörter Weise **„ohne Ablenkung“** da sein kann.

Die Lage ist freilich heute eine völlig andere als damals. Die unverheiratete Frau ist heute selbstverständlich berufstätig und kann daher nicht so wie die ehelos gebliebene Frau damals „ohne Ablenkung“ „Sorge für die Angelegenheiten des Herrn tragen“. Und doch ist das Wort des Paulus für uns von ganz großer Bedeutung. Die Tatsache, daß Paulus dem unverheirateten Mann trotz seiner Berufstätigkeit zubilligt „er sorgt für die Angelegenheiten des Herrn“, zeigt, daß für den Blick des Paulus die Ehe den Menschen in ganz anderer Weise beansprucht als der Beruf. Die Berufstätigkeit der Frau hindert sie dementsprechend noch nicht an dem **„festen Hängen am Herrn ohne Ablenkung“.** Hier wird die Ehelosigkeit der Frau endlich einmal nicht als „Benachteiligung“ und „Unglück“ gewertet, sondern als eine große positive Möglichkeit im Dienst des Herrn gesehen. Jesus wartet gerade auch auf Frauen, die nicht von Mann und Familie gefordert werden, sondern ihre leiblichen und mütterlichen Gaben und Kräfte ihm ganz zur Verfügung stellen für die Sache seiner rettenden Liebe in dieser Todeswelt. Wie nötig hat es die Gemeinde heute gegenüber der einseitigen Schätzung der Ehe, dieses Stück der Bibel wieder zu lesen und sich anzueignen. Hier allein liegt die innere Hilfe für die alleinbleibenden Mädchen der Gemeinde (vgl. Anmerkung 2 S. 122), die vielfach gerade deshalb nicht geheiratet werden, weil sie wirkliche Christinnen sind.

36 Paulus wünscht für die ganze Gemeinde diese richtige Beurteilung. Aber er wahrt die Freiheit. Es kann einer, der bisher den Gedankengängen des Paulus entsprechend seine Tochter unverheiratet gelas-

sen hatte, nun doch **„meinen, nicht in Schicklichkeit zu handeln gegen sein Mädchen, wenn sie über die Blüte hinausgeht“.** Paulus sagt nicht, wer dieser „jemand“ ist. Er nennt auch nicht ausdrücklich den Vater. Einesteils war das nicht nötig, weil es in den meisten Fällen selbstverständlich der Vater war, der über die unverheirateten Töchter im Hause zu bestimmen hatte. Andererseits konnte es auch einmal der Vormund oder der Herr seines Hausgesindes sein[8]. Jedenfalls **„sündigt“** dieser „jemand“ **„nicht“**, wenn er seiner „Meinung“ folgt und das Mädchen nicht ehelos verblühen lassen will. Ein Bewerber um das Mädchen ist da, **„er tue, was er will; er sündigt nicht, sie mögen heiraten“.** Der für das Mädchen Verantwortliche kann hier tun, was er von seinem Denken aus will.

Es kann aber auch anders sein. Es hat einer **„beschlossen in seinem** 37
Herzen, sein Mädchen zu bewahren“. Und nun wird er darin auch nicht wankend durch allerlei Erwägungen, ob es unschicklich sei, sein Mädchen so verblühen zu lassen. Er **„steht in seinem Herzen fest“.** Es liegt auch keine **„Notwendigkeit“**[9] irgendwelcher Art vor, der Betreffende hat freie **„Verfügung betreffs seines eigenen Willens“.** Dann **„wird er wohl tun“**, wenn er sein Mädchen ehelos bewahrt und es so zu einem Mädchen macht, das „heilig ist sowohl am Leibe wie auch am Geiste“ und das ganz und gar „Sorge trägt für die Angelegenheiten des Herrn“. Paulus kennt dabei für das Verhalten der Christen nicht nur das einfache Entweder-Oder von „sündigen“ und „recht tun“. Es gibt auch im richtigen und guten Handeln noch Unterschiede.
„Daher, wer sein Mädchen verheiratet, tut wohl, und wer sie nicht 38
verheiraten will, wird noch besser tun.“ Paulus bleibt klar bei dem, was er von Anfang an in unserm Kapitel ausgesprochen hat. Er sieht — nicht das „Schwerere“ oder das „Höhere“ — wohl aber das „Bessere“ in der Ehelosigkeit; aber er scheut dabei alles Drängen und unterstreicht es nochmals, daß im Verheiraten einer Tochter so wenig wie im eigenen Heiraten etwas Sündliches liegt.

[8] Man hat aus dieser Ausdrucksweise „einer“ und „sein Mädchen“ den Schluß gezogen, es hätte sich in Korinth bereits um einen Brauch gehandelt, der dann in der Gnosis und später auch in der Kirche nachzuweisen ist, daß ein Asket eine Asketin, eine „Jungfrau“ in sein Haus aufnahm, um ohne Ehe mit ihr eine Gemeinschaft des Lebens und Dienens zu haben. Aber das ist ein kühner Schluß, zu dem die Aussagen des Paulus keinen ausreichenden Grund geben. Hatte die junge Gemeinde schon solche seltsamen Dinge? Hätte der nüchterne Paulus, der V. 5 unseres Kapitels schrieb, sie gebilligt? War in einer freiwilligen Lebensgemeinschaft eines Asketen mit einer Asketin der Mann so einseitig der Bestimmende und Verfügende, daß er nun die Ehe herbeiführte? Der Satz des Paulus versteht sich besser, wenn hier vom Vater, Vormund oder Herrn „seines Mädchens“ die Rede ist. Zu erwägen ist aber der Vorschlag mancher Ausleger, den Satz des Paulus nicht auf Vater und Tochter, sondern auf Bräutigam und Braut zu beziehen. Die betreffenden Ausleger weisen darauf hin, daß die dunklen Andeutungen „ohne eine Notwendigkeit zu haben“ und „er hat Verfügung betreffs seines eigenen Willens“ von einem Verlobten besser zu verstehen wären als von einem Vater (vgl. aber die folgende Anmerkung). Es steht dem freilich eine erhebliche sprachliche Schwierigkeit entgegen, da in V. 38 das „gamizein“ üblicherweise „verheiraten“ und nicht „heiraten“ heißt. Aber die betreffenden Ausleger halten diese Schwierigkeit nicht für unüberwindlich. Im hell Grie hätten auch Verben auf „izein“ eine intransitive Bedeutung annehmen können.

[9] Solche „Notwendigkeiten“ konnte es in vielfacher Weise geben; sie konnten in den Familienverhältnissen ihren Grund haben. Und „freie Verfügung betreffs seines eigenen Willens“ hatte der Vater z. B. dann nicht, wenn er selber Sklave war.

39/40 Paulus hatte bereits in V. 8 den Witwen gesagt, daß „es gut ist, wenn sie bleiben, wie auch ich selbst“. Jetzt schärft er der verheirateten Frau noch einmal ein, daß sie **„gebunden ist, solange ihr Mann lebt“.** Er sichert aber ebenso der Witwe die volle Freiheit der Wiederverheiratung und der Wahl des Gatten zu. **„Wenn aber der Mann entschlafen ist, ist sie frei sich zu verheiraten, mit wem sie will.“** Alle Gedanken an eine Weitergeltung der atst Bestimmungen über die Leviratsehe (vgl. 5 Mo 25, 5—10) sind damit abgewehrt. Selbstverständlich ist aber, daß die neue Ehe **„nur im Herrn“** geschlossen werden kann, daß also der neue Ehegatte ebenfalls Christ ist und daß den beiden Beteiligten die Ehe als vom Herrn geschenkt deutlich wurde. Freilich: **„Glückseliger ist sie, wenn sie so bleibt.“** Noch einmal wählt Paulus ein Wort, das den „evangelischen“ Charakter dieses „so Bleibens“ ausdrückt. Die nicht wieder heiratende Witwe ist nicht „besser“ oder „frömmer“ oder „geistlicher“, aber sie ist einfach „glücklicher“. Das ist wenigstens **„meine Meinung“**, sagt Paulus. Seine Meinung ist aber nicht irgendeine beliebige Ansicht. **„Ich denke aber auch meinerseits Gottes Geist zu haben.“** Seine **„Meinung“** stammt aus einem vom Geist Gottes erfüllten und bestimmten Herzen und hat darum Gewicht. Wir erkennen aber wieder die Lage des Paulus. Er muß so etwas ausdrücklich versichern. Sein Urteil als Apostel ist nicht von selbst und sofort für die Korinther maßgebend. Männer, die anders als Paulus dachten, nahmen für sich selbst betont in Anspruch, den Geist zu haben und aus dem Geist heraus zu reden. Ihnen stellt Paulus hier seinen Satz entgegen.

„ERKENNTNIS“ UND „LIEBE“ IN DER FRAGE DES GENUSSES VON GÖTZENOPFERFLEISCH

1. Korinther 8, 1—13

1 **Betreffs des Götzenopferfleisches — wir wissen, daß wir alle Er-**
kenntnis besitzen. Die Erkenntnis bläht auf, aber die Liebe baut
2 **auf. * Wenn einer denkt, etwas erkannt zu haben, erkannte er noch**
3 **nicht so, wie man erkennen muß. * Wenn aber einer Gott liebt,**
4 **der ist erkannt von ihm. * Betreffs also des Essens von Götzen-**
opferfleisch wissen wir, daß es keinen Götzen in der Welt (gibt)
5 **und daß es keinen Gott** (gibt) **außer dem Einen. * Und selbst wenn**
es sogenannte Götter gibt, sei es im Himmel oder auf der Erde,
6 **wie es ja** (tatsächlich) **viele Götter und viele Herren gibt, * aber für**
uns ist Einer Gott, der Vater, von welchem her das All und wir zu
ihm hin, und ist Einer Herr, Jesus Christus, durch welchen das
7 **All und wir durch ihn. * Aber nicht in allen ist die Erkenntnis;**
sondern einige durch die bis jetzt (fortwirkende) **Gewöhnung an**
den Götzen essen es als Götzenopferfleisch, und ihr Gewissen, da
8 **es schwach ist, wird befleckt. * Eine Speise aber wird uns nicht**
vor Gott darstellen; weder, wenn wir nicht essen, stehen wir zu-

zu Vers 1:
Apg 15, 29
Rö 14, 15. 19
15, 1—3
zu Vers 2/3:
Gal 6, 3; 4, 9
Jo 10, 14 f
zu Vers 4:
5 Mo 6, 4
zu Vers 5:
Jo 10, 34 f
1 Ko 10, 19 f
Ps 136, 2 f
zu Vers 6:
Jo 1, 3
Rö 11, 36
1 Ko 12, 5 f
Eph 4, 5
Kol 1, 16; 2, 10

9 rück, noch, wenn wir essen, haben wir einen Vorzug. * Seht aber
darauf, daß nicht etwa eure Vollmacht selbst ein Anstoß zum Fall
10 werde für die Schwachen. * Denn wenn einer sieht dich, der du
Erkenntnis besitzest, im Götzenhaus zu Tisch liegen, wird nicht
sein Gewissen als eines, der schwach ist, aufgebaut werden zum
11 Essen des Götzenopferfleisches? * Verloren geht also der Schwa-
che durch deine Erkenntnis, der Bruder, um dessentwillen Chri-
12 stus starb. * Wenn ihr so gegen die Brüder sündigt und ihr schwa-
13 ches Gewissen mißhandelt, sündigt ihr gegen Christus. * Darum,
wenn eine Speise meinen Bruder zu Fall bringt, werde ich auf
keinen Fall Fleisch essen für immer, damit ich nicht meinen Bru-
der zu Fall bringe.

zu Vers 7:
Rö 14, 23
1 Ko 10, 27 f
zu Vers 8:
Rö 14, 17
Hbr 13, 9
zu Vers 9:
Rö 14, 1. 13. 20
15, 1
Gal 5, 13
zu Vers 11:
Rö 14, 15
zu Vers 13:
Rö 14, 13. 21

Paulus greift eine weitere Frage der Korinther auf **„betreffs des Götzenopferfleisches“**. Wenn wir diese Frage in ihrem Ernst verstehen wollen, müssen wir daran denken, daß im Altertum alles „Schlachten“ ein religiöser Akt, ein „Opfern“ war. Zum Zeichen dafür wurde irgendein Stück des geschlachteten Tieres ausdrücklich einer Gottheit gebracht und auf ihrem Altar verbrannt: Alles übrige Fleisch diente dann der menschlichen Nahrung. Es entstand die Frage, ob der Christ solches Fleisch essen darf oder nicht. Wie V. 10 zeigt, stand zunächst die Frage im Vordergrund, ob der Christ unmittelbar an Mahlzeiten in den Tempeln teilnehmen kann. Aber an V. 7. 13 merken wir, daß es zugleich um das „Opferfleisch“ in umfassendem Sinn ging und daß Paulus hier schon mit den Grund zu den Regeln von Kap. 10, 23 ff legen will. Die Frage war in der Gemeinde vielleicht dadurch besonders brennend geworden, weil ihren aus Israel stammenden Gliedern die Abscheu vor allem, was mit einem Götzen zu tun hatte, von klein auf so eingeprägt war, daß sie auch jetzt als Christen jeden Genuß von Götzenopferfleisch entschieden ablehnten. Das hieß in einer griechischen Stadt wie Korinth praktisch auf jeden Fleischgenuß zu verzichten. Es waren aber, wie besonders V. 7 zeigt, auch griechische Gemeindeglieder da, die von ihrer Vergangenheit her eine Scheu vor Fleisch hatten, das mit heidnischen Opfern in Zusammenhang stand. Ihnen gegenüber betonte eine Gruppe der „Starken“ und „Freien“, daß nach der christlichen Erkenntnis heidnische Götter doch gar nicht existierten (V. 4), daß darum alle Opferbräuche beim Schlachten völlig ins Leere gingen und das „Götzenopferfleisch“ tatsächlich nur ganz gewöhnliches Fleisch sei, das der Christ aus seiner „Erkenntnis“ heraus ohne jedes Bedenken essen könnte. Vielleicht hielten sie es geradezu für einen Akt christlichen Bekennens, wenn sie ohne Scheu solches Fleisch verzehrten, und freuten sich, wenn ihr gutes Beispiel die zaghaften und ängstlichen Gemeindeglieder mit fortriß. Nun war Paulus von der Gemeinde gefragt worden, wie er dazu stehe. 1

Wir sehen, es geht dabei nicht um eine bloße Einzelfrage. Wieder ist es das Thema der „Freiheit“, das sich uns stellt. Die besondere Sitte von damals ist für uns vergangen. Es gibt bei uns kein „Götzenopferfleisch". Aber die Frage selbst: „Darf ein Christ...?", die Frage nach der „Freiheit" des Christen beschäftigt auch uns in der Gemeinde Jesu immer neu.

Paulus stellt der konkreten Antwort eine kurze, aber mächtige und tiefe Besinnung voran, die seiner Antwort (und damit auch allen unsern Antworten in der Frage der „christlichen Freiheit") die Richtung weist. Er setzt ein mit einer Zustimmung zu dem, was die Korinther ihm schrieben: **„Wir wissen, daß wir alle Erkenntnis besitzen."** An **„Erkenntnis"** fehlt es infolge der christlichen Verkündigung und Unterweisung nicht. Eine Gemeinde wie Korinth war besonders „reich an allem Wort und aller Erkenntnis" (1, 5f). Darum stimmt er mit einem **„Wir wissen"** dem zu, was die Korinther in ihrem anfragenden Brief ausgesprochen haben werden. Die Gruppe der „Freien" wollte das Leben und Verhalten einfach von der „Erkenntnis" her regeln[1]. Die christliche Erkenntnis zeigt, daß es Götzen nicht gibt. Also kann und soll jeder Christ „Götzenopferfleisch" essen. Paulus widerspricht. Die „Erkenntnis" kann und darf diese Rolle nicht spielen. Warum nicht? **„Die Erkenntnis bläht auf, aber die Liebe baut auf."** Zum ersten Mal erscheint das Wort „Liebe", das im Grunde bereits alle Ausführungen des Paulus bestimmt hat. Aber es ist, als ob Paulus die ausdrückliche Nennung des Wortes scheue. Hat auch er schon gesehen, wie mißverständlich das Wort ist? Wollte er es erst aussprechen, wenn er in Kap. 13 gründlich davon reden kann[2]?

Jetzt aber stellt er ausdrücklich der **„Erkenntnis"** die **„Liebe"** entgegen. In allem „Erkennen" liegt die Gefahr, daß es uns ein selbstisches Wohlgefühl bereitet. Im „Erkennen" genießen wir leicht die Kraft unseres eigenen Denkens und sehen auf die herab, die zu ähnlichen Leistungen nicht fähig sind. **„Die Erkenntnis bläht auf."** Ich achte nicht auf den andern, sondern bleibe ganz bei mir selbst und meinem geistigen Reichtum. So kommt keine echte Gemeinschaft zustande. Ganz anders ist die Liebe. Ihr geht es gerade um den andern und sein wahres Wohl. Ihr liegt an der Gemeinschaft und ihrem Aufbau. **„Die Liebe baut auf."** Und darum widerspricht Paulus den Korinthern, die allein von der Erkenntnis aus das Leben bestimmen und das Verhalten in allen Fragen regeln wollen. Nicht schon das Erkennen, sondern erst die Liebe kann das Leben der Gemeinde und unser persönliches Leben in ihr regieren. Paulus wird das sehr deutlich gerade an den Fragen des Götzenopferfleisches zeigen. Er hat damit zugleich eine grundlegende Wahrheit für alle Zeiten und für alle Probleme des Gemeindeaufbaues ausgesprochen. Unser Kapitel über das „Götzenopferfleisch", das uns zunächst ganz fremd anmutet, ist dadurch von höchster Wichtigkeit für uns heute.

[1] Es ist auch unsere Versuchung, der „Erkenntnis" diese entscheidende Stellung zu geben. Wir haben darum besonders ernst auf die Sätze des Paulus zu hören.

[2] Es ist beachtenswert, daß Paulus auch im Brief an die Römer erst in Kap. 5, 5b von Gottes Liebe spricht, obwohl doch die rettende Gotteskraft nichts anderes ist als die „Liebe Gottes". Aber allen gefährlichen Mißverständnissen der „Liebe" gegenüber wollte Paulus erst die „Gerechtigkeit" Gottes klar herausgestellt haben.

Eine zweite Warnung an die Erkenntnisstolzen fügt Paulus hinzu. 2
„Wenn einer denkt, etwas erkannt zu haben, erkannte er noch nicht so, wie man erkennen muß." In jedem Erkennen liegt die Gefahr, „fertig" zu sein und das jetzt Erkannte schon für der Weisheit letzten Schluß zu halten. Es ist die Gefahr des „Dogmatismus", in jeder weltlichen Lehre und Anschauung genauso wie in der Theologie. Aber damit ist das echte Erkennen verleugnet. Das echte Erkennen weiß um seine Unabgeschlossenheit, um sein ständiges Weitergehen, um seinen Stückwerkcharakter (13, 9). Das gilt vollends, wenn sein Gegenstand der ewige, lebendige Gott ist. Wer will hier **„denken, erkannt zu haben"**? Wenn einer so **„denkt", „erkannte er noch nicht so, wie man erkennen muß"**. Wir lernten schon, daß nur Gottes eigener Geist die Tiefen Gottes erforscht (2, 9—12). Von Gott weiß darum nur der etwas, dem Gott seinen Geist schenkte. Dies Geschenk erhält aber wiederum nur der, der am Kreuz Jesu seine wunderbare Rettung glaubend erfaßte und Gottes Liebe erfuhr. Gerade ein solcher aber wird nicht stolz auf seine „Erkenntnisse" sein und nicht meinen, sich Gottes durch sein Erkennen bemächtigt zu haben. Er wird vielmehr Gott lieben und wird es verstehen, wenn Paulus die
zunächst überraschende Folgerung zieht: **„Wenn aber einer Gott** 3
liebt, der ist erkannt von ihm." Gott allein ist der wahrhaft Erkennende, vor dem unser stolzes Erkennen sehr klein wird. „Jetzt erkenne ich stückweise, dann aber werde ich durcherkennen, wie auch ich durcherkannt bin", so wird es uns Paulus in Kap. 13, 12 sagen. Es wird deutlich, wie Paulus im biblischen Verständnis des „Erkennens" lebt. Die Bibel sieht im Erkennen überhaupt nicht so wie die Korinther (und wir mit ihnen) den kalten Vorgang des sich Bemächtigens, sondern die liebende Hingabe an den Gegenstand des Erkennens, sein rechtes Erfassen in der Vereinigung mit ihm. So kann ja die Bibel das Wort „erkennen" für den ehelichen Umgang gebrauchen (1 Mo 4, 1). Von Gott erkannt sein heißt darum von Gott in Liebe erwählt und angesehen sein. Daß es so wunderbar mit mir steht, erkenne ich daran, daß die Liebe zu Gott in meinem Herzen wach geworden ist. Das aber ist unendlich wichtiger als alle meine noch so richtige „Erkenntnis", auf die ich in so gefährlicher Weise stolz sein kann.

Nun kommt Paulus von diesen grundlegenden Sätzen zu der be- 4/5
sonderen Frage unseres Abschnittes zurück. Er stimmt dem Wissen der „Starken" und „Freien" zu: **„Betreffs des Essens von Götzenopferfleisch wissen wir, daß es keinen Götzen in der Welt** (gibt) **und daß es keinen Gott** (gibt) **außer dem Einen."** Er schränkt diese Zustimmung allerdings sofort ein. Ganz so einfach liegt die Sache doch nicht. **„Es gibt doch** (tatsächlich) **viele Götter und viele Herren."** Ist das ein bloßes Wortgespinst, wenn die Völker von allen diesen **„Göttern"** und **„Herren"** sprechen? Steht überhaupt keine Wirklichkeit dahinter? Paulus wird darüber noch etwas sehr Erschreckendes zu sagen haben (vgl. 10, 19—22), um welche Realitäten es sich im heidnischen Kultus handelt. Er hat aber auch schon in Kap. 2, 6. 8 von

den „Herrschern dieses Äons" gesprochen und damit auf Geistermächte hingewiesen, die viel mehr, als wir denken, über und hinter allem Geschehen in der Welt stehen. Sie sind in ihrer Weise wirklich
6 **„Götter"** und **„Herren"**[3]. Doch jetzt läßt Paulus diese Fragen offen und stellt nur fest: **„Und selbst wenn es sogenannte Götter gibt, sei es im Himmel oder auf der Erde, wie es ja** (tatsächlich) **viele Götter und viele Herren gibt, aber für uns ist Einer Gott, der Vater, von welchem her das All und wir zu ihm hin."** Ganz betont steht in diesem Satz das **„aber für uns"**. „Wir", die Christen, sind eine Schar, die aus der übrigen Menschheit einzigartig herausgehoben ist. In allen Völkern der Erde fürchtet man „Götter" und „Herren", die man sich im „Himmel" wohnend denkt oder auf der „Erde", auf Bergen (Olymp!), in Quellen und Bäumen. **„Aber für uns"** ist all diese „Religion", all dieser Wahn vergangen. **„Wir"** wissen, **„daß es keinen Götzen in der Welt** (gibt)". „Wir" leben ohne Furcht. Diese „Wir", die Christen im römischen Reich, müssen es freilich tragen, daß sie dafür als „atheoi", als „Gottlose", geschmäht wurden. Aber für uns ist nur ein einziger, auf den das Wort „Gott" angewendet werden darf, der **„Eine"**, den Israel „Adonaj = Herr" nannte und den „wir" nun **„Vater"** nennen. Er aber ist gerade nicht „in der Welt", **„Von ihm her"** ist das All und **„zu ihm hin"** sind wir. Wie das ganze All sind auch wir von diesem einen Gott geschaffen. Aber in der Schöpfung sind wir unter allen Kreaturen etwas einzigartiges. Es ist das Wesen des Menschen, zu Gott, **„zu ihm hin"** und eben darum „zu seinem Bilde", geschaffen zu sein.

Und für uns ist **„Einer Herr, Jesus Christus, durch welchen das All und wir durch ihn"**. Der „Herr Jesus Christus" – den Ausdruck „Sohn" verwendet Paulus hier nicht, da man in der heidnischen Welt und auch in Korinth vor allen Dingen von den „Herren"[4] sprach – ist der Mittler der Schöpfung (vgl. Jo 1, 3. 10; Kol 1, 16; Hbr 1, 3). Auch für den Menschen als Menschen gilt, daß er durch Christus und für Christus geschaffen ist (vgl. dazu die Auslegung von Kol 1, 15 ff in der W.Stb.) und so in einer Urbeziehung zu Jesus steht, die im Ursprung des Menschen selbst begründet ist und seiner geschichtlichen Begegnung mit Jesus vorausgeht. Aber das **„und wir durch ihn"** wird hier noch etwas anderes meinen. Durch Jesus Christus haben wir

[3] Vgl. auch Eph 6, 12. Auch der moderne Mensch hat mit diesen „Mächten" zu tun, wenn er vom „Schicksal" spricht oder in den mannigfaltigen Formen des Aberglaubens und in okkulten Gebundenheiten lebt, mitten in aller Wissenschaft und Technik.

[4] Das hier verwendete Wort „Kyrios" bezeichnet in seiner Grundbedeutung den „Herrn" als den Eigentümer und Besitzer. Es entspricht damit dem hbr. „Baal". Wie „Baal" dann der Ausdruck für den religiös verehrten „Herrn" und Spender bestimmter Güter und Gaben wie Korn, Obst, Öl usw. wurde, so bezeichnete man auch im Hellenismus mancherlei Göttergestalten als „Herren". Und von daher wiederum wurde der vergöttlichte Kaiser „Herr" im religiösen Sinn genannt. So war das Wort „Kyrios" als religiöser „Herrentitel" den Korinthern völlig vertraut! Nur das mußten sie in einer unerhörten Umstellung ihres Denkens lernen, daß alle diese so selbstverständlich als „Kyrios" Bezeichneten, bis hin zum Kaiser, keine wirklichen „Herren" waren, daß dieser göttliche Hoheitsname allein einem Einzigen zukam: Jesus Christus. Nur er war in Wahrheit „Kyrios, Herr", Weltherr, Allherr. Vgl. dazu das „Lexikon zur Bibel", Sp. 595.

unsere neue und einzigartige Existenz als „Christen". In diesem besonderen Sinn sind gerade „wir" und nur wir **„durch ihn"** geschaffen, durch ihn erwählt, durch ihn errettet, durch ihn Kinder Gottes, durch ihn geleitet und durch ihn einst vollendet. Das „zu Gott hin" erfüllt sich in diesem „durch Jesus Christus". Darum haben wir im prägnantesten und ausnahmelosen Sinn keinen andern „Herrn" mehr und sind allen andern Mächten und Gewalten entnommen.

Aber wenn Paulus das so sieht, muß er dann nicht auch allen die 7
Regel geben: eßt ruhig Götzenopferfleisch und beweist darin eure klare Erkenntnis? Nein, denn nun gibt es Unterschiede in der Gemeinde, die nicht übersehen werden dürfen. Zwar „Erkenntnis besitzen wir alle" (V. 1) und doch: **„nicht in allen ist die Erkenntnis".** Sie ist in ihnen nicht die alles bestimmende Macht. Vielmehr **„einige durch die bis jetzt** (fortwirkende) **Gewöhnung an den Götzen essen es als Götzenopferfleisch, und ihr Gewissen, da es schwach ist, wird befleckt".** Es ist ein auch für uns wichtiger Tatbestand, auf den Paulus hinweist. Unser Wissen, unsere verstandesmäßige — z. B. theologische — Einsicht erreicht nicht immer auch die Tiefe unseres Wesens. Unser **„Gewissen"** sieht die Dinge oft ganz anders als unsere **„Erkenntnis".** Es gab in Korinth Gemeindeglieder, die theoretisch der Lehre von der Nichtigkeit der Götzen selbstverständlich zugestimmt hätten; und doch sieht ihr Gewissen in dem Fleisch immer noch das „Götzenopfer"[5]. Dabei ist es ein „schwaches Gewissen". Nicht, weil es in falscher Weise ein „Götzenopfer" scheut, wo in Wirklichkeit keines vorhanden ist; damit wäre es nur ein „irrendes" Gewissen. Aber es ist **„schwach"**, weil es seinen Anspruch nicht durchsetzt und das Verhalten des Menschen nicht wirklich regiert. Diese Gemeindeglieder essen eben doch das Fleisch, das sie in ihrem Gewissen als Götzenopfer verabscheuen. Dadurch wird ihr Gewissen beschmutzt; ein schwerer und gefährlicher Vorgang[6]!

Darum wendet sich Paulus nun an die Starken und Freien, die ihm 8
erkenntnismäßig ganz nahe stehen. Schon an der Art, wie diese „Starken" ihre Freiheit beim Teilnehmen an den Opfermahlzeiten zur Schau stellen, ist etwas falsch. Sehr nebensächliche Dinge werden hier wichtig gemacht. Die Freiheit, zu der uns Christus mit Hingabe seines Lebens befreit hat, besteht doch nicht in erster Linie in der Ermächtigung zum Fleischgenuß[7]. Mit der „Darstellung" solcher

[5] Das würde im Satz des Paulus noch deutlicher, wenn die Lesart: „einige durch ihr Gewissen bisher den Götzen gegenüber" die ursprüngliche wäre. Viele halten sie dafür.

[6] Die Theologie hat es mit Recht abgelehnt, wenn das Gewissen einfach als „Gottes Stimme" aufgefaßt wurde. Das Gewissen gibt nicht schon als solches Gottes klare Weisung wieder. Es besitzt überhaupt keine unveränderlichen Inhalte in sich selbst, sondern bezieht sich auf unsere anderweitigen Überzeugungen. Von falschen Anschauungen aus kann es — wie Paulus es an unserer Stelle durchaus meint — sachlich irren. Aber es ist das zentrale Organ unserer inneren Leitung und darf darum auch als irrendes Gewissen nicht durch Ungehorsam befleckt oder zerstört werden. Es ist nicht „Gottes Stimme", aber es ist der Ort in uns, an dem Gottes Stimme für uns vernehmlich wird. Vgl. dazu 2 Ko 4, 2 und das treffliche Buch von O. Hallesby, „Vom Gewissen", R. Brockhaus Verlag, 1961.

[7] Hier muß sich jeder prüfen, der auch heute die „evangelische Freiheit" vor allem in dem Genuß bestimmter Dinge gegeben sieht und sie darin eifrig verteidigt.

Freiheit imponieren wir vielleicht Menschen, aber nicht Gott. Wir werden einmal vor Gott „dargestellt werden" (Rö 14, 10; 2 Ko 4, 14; 11, 2). Aber dabei wird es nicht darum gehen, ob wir Fleisch aßen oder nicht. **„Eine Speise aber wird uns nicht vor Gott darstellen; weder, wenn wir nicht essen, stehen wir zurück, noch, wenn wir essen, haben wir einen Vorzug."**

9 Vor Gott ist unser Essen bedeutungslos. Aber für den Bruder kann es von schwerwiegender Bedeutung werden. **„Seht aber darauf, daß nicht etwa eure Vollmacht selbst ein Anstoß zum Fall werde für die Schwachen."** Unsere „Vollmacht", unsere „Freiheit", mit der wir das Fleisch essen, kann den „Schwachen" einen Stoß versetzen, durch den sie zu Fall kommen, eben weil sie zu schwach sind, um bei ihrer eigentlichen gewissensmäßigen Überzeugung zu bleiben. Jedes Handeln aber gegen unser Gewissen bringt uns zu Fall und verdirbt uns.
10 Das schildert nun Paulus anschaulich aus der Praxis. **„Denn wenn einer sieht dich, der du Erkenntnis besitzest, im Götzenhause zu Tisch liegen."** Wie kommt ein Christ überhaupt dazu, in einem Tempel zu Tisch zu liegen? Im Altertum kannte man keine Hotels und Gaststätten. Wer nicht reich genug war an Räumen und Sklaven, um seine Freunde im eigenen Haus zu bewirten, konnte sie zu einem Gastmahl im Tempel einladen[8]. Das dort dargereichte Fleisch ist sicher „Götzenopferfleisch". Aber soll der Christ auf eine Einladung seiner Freunde, auf solchen gesellschaftlichen Verkehr verzichten, während er doch weiß, daß es Götzen gar nicht gibt und das im Tempel aufgetragene Fleischgericht völlig harmlos ist? Paulus bestreitet ihm diese Freiheit für sich selbst in keiner Weise! Aber im Genuß seiner Freiheit vergißt er — den Bruder. Der Bruder „sieht ihn" dort im Tempel ohne Bedenken essen. Das Gewissen des Bruders sagt nein dazu, das darf man doch nicht tun. Aber der Bruder hat nicht die Kraft, bei dieser Überzeugung seines Gewissens zu bleiben, er ist **„schwach"** und so **„wird sein Gewissen als eines, der schwach ist, aufgebaut werden zum Essen des Götzenopferfleisches".** Auch hier zeigt sich die Kraft des Beispiels. Wie positiv sie Paulus werten konnte, haben wir oben zu Kap. 4, 16 f gesehen. Auch jetzt „baut das Beispiel auf". Aber es tut das in gefährlichster Weise. Denn nun ißt der Bruder etwas, was für sein Gewissen „Götzenopferfleisch" ist. Damit tut er eine Sünde, an der er verlorengeht. „Sünde" ist tödlich, „Sünde" bringt den Tod, das war für Paulus eine absolute Gewißheit. Keine
11 „Liebe" kann das ändern oder erweichen[9]. Eben darum mußte der Christus Gottes sterben, damit wir vom Todesurteil über unsere Sünde frei wurden. Aber nun führt die „Freiheit" der „Starken" zu dem schrecklichen Ergebnis: **„Verloren geht also der Schwache durch deine Erkenntnis, der Bruder, um dessentwillen Christus starb."** So

[8] Vgl. dazu die S. 171 zu Kap. 10, 21 mitgeteilte Einladung in den Serapis-Tempel.
[9] Es ist eine gefährliche Verkündigung „der Liebe Gottes", die dies nicht mehr todernst nimmt. Wir machen uns dieser gefährlichen Verkündigung schuldig, wenn unsere Botschaft von Gottes Liebe nicht mehr das Wort vom Kreuz ist.

gefährlich kann unsere Erkenntnis, auch die an sich selbst völlig richtige und zutreffende Erkenntnis, werden. Christus starb in Liebe zur Errettung des Bruders. Und wir mit unserer Erkenntnis bewirken, daß der im Opfer des Sohnes Gottes teuer Errettete dennoch verlorengeht. Wie unheimlich ist das. Welche Verantwortung liegt auf uns. Was können wir anrichten, wenn nicht die Liebe, sondern nur unsere Erkenntnis uns leitet[10]. Die Möglichkeit, daß der schwache Bruder diese seine Sünde erkennt und aufs neue zu Christus kommt
und Vergebung findet, berücksichtigt Paulus jetzt nicht. Sie wird 12
verhindert, wenn die Starken immer weiter ihre „Erkenntnis" als das einzig Richtige preisen und der ganzen Gemeinde als Regel aufzwingen. Dann **„mißhandeln"** sie immer weiter das **„schwache Gewissen"** der Brüder und veranlassen sie immer neu zu Handlungen, gegen die das Gewissen des Bruders sich sträubt. Dann aber tun diese „Freien" nicht nur den Brüdern Unrecht, sondern damit **„sündigen sie gegen Christus"**.

Paulus stellt der so genossenen und zur Schau gestellten Freiheit 13
ein ganz anderes Verhalten entgegen. **„Darum, wenn eine Speise meinen Bruder zu Fall bringt, werde ich auf keinen Fall Fleisch essen für immer, damit ich nicht meinen Bruder zu Fall bringe."** In unsern Luther-Bibeln stand hier bisher „ärgern" und „Ärgernis"[11] und verleitete uns zu einem bedenklichen Mißverständnis dieser Stelle. Nicht das meint Paulus, daß nun umgekehrt die „Schwachen" die Gemeinde beherrschen sollen und daß die „Freien" sich zu fügen haben, wenn sich ein ängstlicher Christ über ihr Verhalten „ärgert" oder „Anstoß daran nimmt". In dem mit „ärgern" wiedergegebenen „skandalizein" steckt das Wort „Skandalon"[12], das das Stellholz in einer Falle bezeichnet. „Skandalizein" bedeutet also: jemand eine Falle stellen. jemand zu Fall bringen. Wenn der Bruder den „jemand" im Götzentempel hätte zu Tisch liegen sehen und hätte sich darüber nur „geärgert" oder hätte Anstoß daran genommen, wäre aber fest bei seiner eigenen Überzeugung geblieben und hätte selber kein solches Fleisch gegessen, dann wäre kein wesentlicher Schaden geschehen. Zur „Falle" wird mein Verhalten nur, wenn der Bruder dadurch verführt wird, mir etwas nachzumachen, was ich zwar tun kann, was aber für ihn vor seinem Gewissen als Sünde gilt und darum auch tatsächlich todbringende Sünde für ihn wird.

Und hier wird die Frage ernst für uns alle, die wir die „christliche Freiheit" lieben und in Anspruch nehmen. Wir können das für uns selbst mit vollem Recht tun. Aber — vergiß nicht den Bruder! Für sein Gewissen kann „Sünde" sein, was du nach deiner Erkenntnis tun kannst. Nun dränge den Bruder nicht durch dein Beispiel zu einem Tun, das sein Gewissen befleckt, weil er nicht stark genug ist, die Stimme seines Gewissens ruhig und fest deinem Beispiel und deinen

[10] Es bleibt aber in Geltung, was Paulus vom Wert und von der Unentbehrlichkeit des Erkennens gesagt hat. Vgl. o. S. 142.

[11] In der revidierten LÜ ist es erfreulicherweise durch „zur Sünde verführen" ersetzt.

[12] Vgl. o. S. 44 f.

überzeugenden Worten entgegenzuhalten. Oder sind wir Wortführer der „Freiheit“ gar nicht so „frei“, sondern so gebunden an bestimmte Dinge, daß wir sie auch im Blick auf den Bruder nicht loszulassen vermögen[13]?

Paulus hat uns an seinem Verhalten vor Augen gestellt, was „Liebe“ ist. Sie ist nicht eine gutmütige Freundlichkeit, die den andern gern hat und ihm alles nachsieht. Sie ist das volle Ernstnehmen des andern. Darum nimmt sie auch das objektiv irrende Gewissen des andern ernst und sieht die Gefahr der Sünde, die den andern in ihrer ganzen Tödlichkeit bedroht. Von da ist die „Liebe“ der Wille, selber fröhlich einen lebenslangen Verzicht auf etwas zu leisten, um den andern nicht zu einem Verhalten zu verführen, das für ihn Sünde sein würde. Die bloße „Erkenntnis“ als solche führt mich zur unbegrenzten Freiheit. „Alles steht mir frei“, wie sie in Korinth sagten. Paulus stellt dem nicht das Gesetz entgegen. Er argumentiert nicht von irgendwelchen „Geboten“ aus. Aber die „Liebe“ begrenzt die „Freiheit“ um des Bruders willen, so wie sie Gottes Macht und Herrlichkeit am Kreuz „begrenzt“ und zur Schwachheit und Torheit gemacht hat. So hat Paulus die Frage nach der „Freiheit“ des Christen an einem für uns vergangenen praktischen Beispiel dennoch beispielhaft für alle Zeiten beantwortet.

DAS RECHT DER BOTEN AUF LEBENSUNTERHALT

1. Korinther 9, 1–14

zu Vers 1: Apg 9, 3 ff 26, 16
zu Vers 2: 2 Ko 3, 2 f 12, 12
zu Vers 4: Lk 10, 7 f
zu Vers 5: Apg 1, 14
zu Vers 6: Apg 4, 36 2 Th 3, 8 f
zu Vers 7: 2 Tim 2, 4. 6
zu Vers 8: Rö 3, 5

1 **Bin ich nicht frei? Bin ich nicht Apostel? Habe ich nicht Jesus, un-**
2 **sern Herrn, gesehen? Seid nicht ihr mein Werk im Herrn? * Wenn**
ich für andere nicht Apostel bin, so bin ich es doch (wenigstens)
für euch; denn das Siegel meines Apostolats seid ihr in dem Herrn.
3 *** Meine Verteidigung denen gegenüber, die über mich zu Gericht**
4 **sitzen, ist diese. * Haben wir etwa nicht ein Recht, zu essen und zu**
5 **trinken? * Haben wir etwa nicht ein Recht, eine Schwester als**
Frau bei uns zu haben, wie auch die übrigen Apostel und die Brü-
6 **der des Herrn und Kephas? * Oder haben allein ich und Barnabas**
7 **nicht das Recht, keine Erwerbsarbeit zu tun? * Wer tut Kriegs-**
dienst auf eigenen Sold jemals? Wer pflanzt einen Weinberg und
ißt nicht dessen Frucht? Oder wer weidet eine Herde und ißt nicht
8 **von der Milch der Herde? * Rede ich dies nach Menschenweise,**
9 **oder sagt nicht dies auch das Gesetz? * Denn im Gesetz Mose steht**

[13] Es hat noch niemand nachweisen können, warum der Genuß von Nikotin „sündiger“ sein soll als der Genuß von Koffein. Aber wenn ein Christ, vielleicht sogar ein „namhafter“ Prediger, durch sein Rauchen anders denkende Brüder dazu bringt, nun auch mit einem geschlagenen Gewissen die Zigarette wieder hervorzuholen, der sie vor Gott entsagt hatten, denn gilt diesem Christen genau das ernste Wort des Paulus in unserem Abschnitt.

geschrieben: „Du sollst einem dreschenden Ochsen nicht das Maul
10 **verbinden." Liegt Gott etwa an den Ochsen? * Oder redet er**
durchweg um unsertwillen? Um unsertwillen wurde es ja ge-
schrieben, daß auf Hoffnung der Pflügende pflügen soll und der
11 **Dreschende auf Hoffnung des Teilhabens** (am Ertrag). *** Wenn wir**
euch die geistlichen Dinge gesät haben, ist es ein Großes, wenn
12 **wir von euch die fleischlichen Dinge ernten? * Wenn andere an**
dem Anrecht an euch teilhaben, nicht vielmehr wir? Aber wir
haben von diesem Recht keinen Gebrauch gemacht, sondern alles
ertragen wir, damit wir nicht irgendeine Hemmung bereiten dem
13 **Evangelium des Christus. * Wißt ihr nicht, daß die, welche die**
heiligen Dienste verrichten, das aus dem Heiligtum Stammende
essen, die an dem Altar Waltenden mit dem Altar (die darzubrin-
14 genden Gaben) **teilen? * So hat auch der Herr den das Evangelium**
Verkündigenden verordnet, von dem Evangelium zu leben.

zu Vers 9:
5 Mo 25, 4
1 Tim 5, 18
zu Vers 10:
Rö 4, 23 f
2 Tim 2, 6
Jak 5, 7
zu Vers 11:
Rö 15, 27
Phil 4, 17
zu Vers 12:
Apg 20, 34 f
2 Ko 11, 7. 9
12, 13
2 Th 3, 8 f
zu Vers 13:
4 Mo 18, 8. 31
5 Mo 18, 1—3
zu Vers 14:
Lk 10, 7
Gal 6, 6

„Bin ich nicht frei?" Auch in dem neuen Kapitel wird das Thema der „Freiheit" von Paulus aufgenommen und weitergeführt. Er ist mit der besonderen Frage der Stellung des Christen zum heidnischen Kult noch nicht zu Ende. Er unterbricht diese in Kap. 10 fortgesetzte Erörterung, um einen anderen Punkt zu besprechen, der ihn mit der korinthischen Gemeinde in Spannung gebracht hatte. Es ist seine Ablehnung jeder persönlichen Unterhaltsleistung seitens der Gemeinde und die Aufbringung seines Lebensunterhaltes durch eigene Handarbeit. Der letzte, ganz persönlich gehaltene Satz des 8. Kapitels mochte Paulus dazu veranlassen, jetzt ein gründliches Wort über diese seine „Freiheit" in seiner Lebensgestaltung zu schreiben. „Ich bin bereit, überhaupt kein Fleisch zu essen für immer" und: „Ich bin willens, überhaupt keine Bezahlung von den Gemeinden anzunehmen für immer", das waren wahrhaft parallele Sätze. 1

Es liegt Paulus daran, daß die Korinther ihn hierin recht verstehen und es begreifen, daß es dabei wirklich um eine „Freiheit" geht. Daher begründet Paulus sehr eingehend, warum er durchaus das volle Recht hätte, sich von den Gemeinden unterhalten zu lassen. Die Gegner in Korinth mochten sein Verhalten zu Verdächtigungen gegen ihn benutzt haben: da sähe man es ja, Paulus wage keine Leistungen von den Gemeinden anzunehmen, weil er gar kein echter Apostel sei; nur so erkläre sich das kümmerliche Leben, das er mit seiner Handarbeit wie ein Sklave führe; ein echter Gesandter des großen Königs würde anders auftreten.

Darum wendet sich Paulus ausdrücklich an die, die **„über ihn zu Gericht sitzen"**, und legt ihnen eine „Apologie", eine „Verteidigungsrede" des „Angeklagten" vor. Dabei ist unsicher, ob wir den kurzen Satz von V. 3 auf V. 1 f zurückzubeziehen haben oder ob er als Einleitung für die ganze folgende Erörterung gedacht ist. Inhaltlich gehört er jedenfalls zu beidem und wird darum auch von Paulus in diesem doppelten Sinn gemeint und so an diesen Platz gestellt worden sein. 3

1 Das echte apostolische Amt des Paulus wird bestritten, da er nicht zu den „Zwölf" gehört und in seinem ganzen Auftreten die Größe und Würde eines Apostels vermissen läßt. Dem gegenüber erinnert Paulus die Korinther an das, was vor Damaskus geschehen ist. Er hat die persönliche, reale Begegnung mit dem Auferstandenen gehabt, die er von den späteren „Gesichtern und Offenbarungen des Herrn" (2 Ko 12, 1) bestimmt unterscheidet[1]. So kann er die Korinther mit voller Überzeugung fragen: **„Bin ich nicht Apostel? Habe ich nicht Jesus, unsern Herrn, gesehen?"** Das grundlegende Erfordernis eines
2 Apostels ist bei ihm erfüllt[2]. Und seinem apostolischen Auftrag fehlt auch nicht das „Siegel": **„Denn das Siegel meines Apostolats seid ihr in dem Herrn"**[3]. Wie können die Korinther an der Echtheit seines Auftrages zweifeln? Sie würden dann notwendig sofort auch die Echtheit ihres Christenstandes und ihr Dasein als Gemeinde Jesu bezweifeln müssen. **„Wenn ich für andere nicht Apostel bin, so bin ich es doch** (wenigstens) **für euch."** Das ist die knappe, schlagende „Verteidigung" seines Apostolats gegen die, die in Korinth über ihn zu Gericht sitzen.
4/5 Dann aber hat er das gleiche **„Recht, zu essen und zu trinken"**, das **„Recht, eine Schwester als Frau bei sich zu haben, wie auch die übrigen Apostel und die Brüder des Herrn und Kephas"**. Wir erfahren interessante Dinge aus der ersten Christenheit, die offensichtlich in Korinth bekannt sind. Kephas, wieder mit seinem aramäischen Namen genannt, der auch den Griechen in Korinth geläufig gewesen sein muß, hat sich von seiner Frau nicht getrennt, sondern nimmt sie auf seine Apostelreisen mit. Auch **„die übrigen Apostel"** sind offenbar verheiratet. „Apostel" führen ihrem Auftrag entsprechend ein Wanderleben und können ihre Frau nicht allein zurücklassen, da es berufstätige Frauen mit eigenem Verdienst damals nicht gab. Sie müssen sie „bei sich haben" oder ganz wörtlich: „mit herumführen". Wir hören hier aber auch, daß nicht nur Jakobus, sondern **„die Brüder des Herrn"** überhaupt eine Rolle neben den Aposteln spielen. Kephas hat aber noch eine besondere Stellung über ihnen allen.
6 In Korinth ist ferner die enge Gemeinschaft zwischen Paulus und Barnabas bekannt. Paulus braucht nur mit einem kurzen Satz darauf

[1] Das ist für unsere heutigen Erörterungen der Auferstehung Jesu wichtig! Die Erklärung der Ostererfahrungen als „Visionen" bestreitet ein Paulus mit Bestimmtheit.

[2] In Apg 1, 21 f ist die wesentliche Aufgabe eines Apostels ebenfalls darin gesehen, daß er „ein Zeuge der Auferstehung" zu sein vermag. Wenn hier die Vorbedingung wesentlich erweitert ist auf das Dabeigewesensein „die ganze Zeit über, welche der Herr Jesus unter uns ein- und ausgegangen ist, von der Taufe des Johannes an bis auf den Tag, da er von uns genommen ist, ein Zeuge mit uns zu werden", so hängt das damit zusammen, daß es sich hier um den Eintritt in den Zwölferkreis handelt. In diesem Kreis konnte nur ein Mann stehen, der genauso wie die andern ein Augenzeuge des ganzen Lebens Jesu gewesen war. Es ist verständlich, wie von daher das Apostolat des Paulus immer wieder bestritten wurde. Ein „Apostel" Jesu und doch nicht einer der „Zwölf", das war für einfache Gemüter eine schwierige Sache.

[3] Auch der heutige Bote Jesu, vor allem der Evangelist, bedarf einer solchen Besiegelung seines Auftrages durch seinen Herrn. Diejenigen Kirchen handeln klug, die erst einmal etwas von diesem „Siegel" sehen wollen, ehe sie Menschen dauernde Aufträge geben. Die bloße Ausbildung mit einer noch so gut bestandenen Prüfung tut es nicht.

hinzuweisen. Die Gemeinde in Korinth weiß, daß beide Boten Jesu auch darin einig waren, keine Besoldung von den Gemeinden anzunehmen. Aber das ist keine Frage des Rechts! **„Oder haben allein ich**
und Barnabas nicht das Recht, keine Erwerbsarbeit zu tun?“ An drei 7
einfachen Beispielen zeigt Paulus, wie selbstverständlich jeder Dienst auch das Recht auf einen entsprechenden Unterhalt einschließt. Niemand wird den harten **„Kriegsdienst“** tun und dann auch noch sich selber den Sold zahlen! **„Wer pflanzt einen Weinberg und ißt nicht dessen Frucht? Oder wer weidet eine Herde und ißt nicht von der**
Milch der Herde?“ Aber es ist Paulus wichtig, daß hier nicht nur aus 8
Beispielen **„nach Menschenweise“** gefolgert wird, sondern daß auch **„das Gesetz“**, also das Alte Testament, es ausdrücklich bestätigt.
„Denn im Gesetz Mose steht geschrieben: ‚Du sollst einem dreschen- 9
den Ochsen nicht das Maul verbinden‘.“ Das Tier soll also bei dieser Arbeit immer wieder ein Maul voll von dem Getreide nehmen können. Und nun meint Paulus: **„Um unsertwillen wurde es ja geschrie-** 10
ben“[4]. Wenn schon das Tier bei seiner Arbeit sich etwas zu seiner Stärkung nehmen darf, dann soll erst recht **„der Pflügende“** und **„Dreschende“** seine Arbeit **„auf Hoffnung des Teilhabens** (am Ertrag)“ tun. Dann aber gilt diese ganz allgemeine und selbstverständliche Regel auch für allen geistlichen Dienst, für die Arbeit der Apo-
stel und Prediger, Evangelisten und Lehrer in der Gemeinde. Sie 11
haben das klare **„Recht, keine Erwerbsarbeit zu tun“**, sondern ihren Unterhalt von der Gemeinde zu empfangen. Dabei steht im Verkündigungsdienst Gabe und Lohn in gar keinem Verhältnis zueinander. Der Verkündiger ist ein „Sämann“. Wieder merken wir die Bekanntschaft des Paulus mit dem „historischen Jesus“ und mit seinem Wort. Der Verkündiger sät **„die geistlichen Dinge“**. Die Frucht aber, die er für sich selbst in den Gaben der Gemeinde erntet, sind **„fleischliche Dinge“**, also das, was man zum äußeren Leben braucht und im äußeren Leben verbraucht.

So liegen die Dinge grundsätzlich. Die Korinther waren aber daran 12
gewöhnt, daß Paulus und seine Mitarbeiter keinen Unterhalt von der Gemeinde empfingen. Warum eigentlich nicht? Paulus liegt es daran, daß die Korinther die ganze „Freiheit“ sehen, die hier zum Ausdruck kommt. Es ist nicht etwa so, wie die Korinther in träger Gewöhnung zu meinen scheinen, daß das Recht auf Unterhalt für alle andern Boten Jesu gelte, aber nicht für Paulus und seine Mitarbeiter. Nein, **„wenn andere an dem Anrecht an euch teilhaben, nicht vielmehr wir?“** Offenbar haben die Korinther andern Predigern und Lehrern gern zu ihrem Lebensunterhalt geholfen. Dann aber hatte den Anspruch darauf erst recht der Mann, dem die Gemeinde in Korinth ihr

[4] Wenn Paulus es dabei ablehnt, daß Gott bei einer solchen Gesetzesbestimmung an den Ochsen liegen könne, so werden wir hier anderer Meinung sein. Doch, Gott liegt auch an den Ochsen, Gott liegt auch an dem Tier. Das hat Jesus selbst eindeutig bestätigt. Wir freuen uns aber, die Freiheit zu haben, jenen Satz über den dreschenden Ochsen vielfältig auch auf uns selber anwenden zu dürfen. Welcher Verkündiger hätte seine Wahrheit nicht voll Freude erlebt. Er wurde bei seinem Dienst selber am reichsten beschenkt.

ganzes Dasein verdankte und der seine ganze Kraft an den Bau der Gemeinde gewendet hatte. Es ist also wirklich eine volle und ganze „Freiheit", wenn Paulus und seine Mitarbeiter — nicht umsonst steht hier wieder das „Wir" statt eines „Ich" — **„von diesem Recht keinen Gebrauch gemacht haben."** Paulus wird über seinen Grund dazu noch eingehend mit den Korinthern sprechen. Jetzt sagt er es vorweg mit einem kurzen Satz: **„Alles ertragen wir, damit wir nicht irgendeine Hemmung bereiten dem Evangelium des Christus."** Wir wissen, wie weit verbreitet auch heute die Meinung ist, der Pastor rede so, „weil er dafür bezahlt wird". Zur Zeit des Paulus war diese Mißdeutung noch viel näherliegend. Eine Fülle von Wanderrednern zog neben den Vertretern fremder Götterkulte und neben „Künstlern" aller Art durch das Land. Mindestens ein Teil von ihnen verstand es, Menschen das Geld aus der Tasche zu locken und so ein bequemes Dasein zu haben. Ein Bote des Evangeliums konnte für den Fernstehenden genauso aussehen wie einer dieser Männer. Paulus aber wollte auf keinen Fall mit ihnen verwechselt werden und das Evangelium nicht dem Verdacht aussetzen, als diene es irgendwie seinem persönlichen Vorteil. In klarer Selbstlosigkeit wollte er vor den Menschen und den Gemeinden stehen. Unübersehbar sollte allen sein: „Ich suche nicht das eure, sondern euch" (2 Ko 12, 14).

13 Ehe Paulus aber diese seine Haltung noch näher vor den Korinthern darstellt, fügt er zum Erweis des grundsätzlichen „Rechts" auf Besoldung noch zwei Hinweise auf die Diener des Alten Bundes an: **„Wißt ihr nicht, daß die, welche die heiligen Dienste verrichten, das aus dem Heiligtum Stammende essen, die an dem Altar Waltenden mit dem Altar** (die darzubringenden Gaben) **teilen?"** Auch schon im Alten Bund gab es den „hauptamtlichen" Dienst für Gott im Heiligtum und am Altar. Wer solchen Dienst tut, ist notwendigerweise von aller Erwerbsarbeit freigestellt, nährt sich von dem **„aus dem Hei-**
14 **ligtum Stammenden"** und **„teilt mit dem Altar"** die Gaben. In dieser gleichen Linie liegt als entscheidende Weisung das eigene Wort des Herrn: **„So hat auch der Herr den das Evangelium Verkündigenden verordnet, von dem Evangelium zu leben."** Paulus, von dem man manchmal behauptet hat, er habe sich um den historischen Jesus nicht gekümmert und nur den sterbenden und auferstehenden Gottessohn gekannt, weiß also genau von der Aussendung der Jünger und den sie begleitenden Worten Jesu, Lk 10, 7; Mt 10, 9—11. Das Wort des historischen Jesus ist ihm auch hier wieder maßgebend. Aber gerade wenn es so ist, warum weicht er dennoch von der Regel ab, die der Herr selbst seinen Boten mitgegeben hat? Dafür ist eine eingehende Begründung nötig, die Paulus im folgenden Abschnitt gibt[5].

[5] Es ist für heute wichtig, daß Paulus diesen ganzen ausführlichen Abschnitt geschrieben hat. Die Unterhaltung der Boten des Evangeliums durch die Gemeinden sah auch ein Paulus als die gültige Regel an, aus deren Befolgung keinem ein Vorwurf zu machen ist. Sein eigenes abweichendes Verhalten aber ist ganz bewußt eine „Ausnahme" und steht unter dem Gesichtspunkt der „Freiheit", nicht der „Regel".

DIE „FREIHEIT" DES PAULUS IN DER VÖLLIGEN HINGABE AN SEINEN DIENST

1. Korinther 9, 15—23

15 **Ich meinerseits aber habe nicht Gebrauch gemacht von irgend et-
was davon. Ich habe dies aber nicht geschrieben, damit es so ge-
schehe mit mir. Denn gut wäre es für mich, lieber zu sterben als —
16 meinen Ruhm wird niemand entleeren. * Denn wenn ich evange-
lisiere, dann ist das wirklich für mich kein Ruhm. Eine Notwen-
digkeit liegt ja auf mir; denn wehe mir, wenn ich nicht evange-
17 lisieren würde. * Denn wenn ich aus eigenem Entschluß dies tue,
habe ich Lohn; wenn aber ohne eigenen Entschluß, so bin ich mit
18 einem Haushalterdienst betraut. * Was ist mein Lohn? Daß ich
bei der Evangelisation kostenfrei mache das Evangelium, so daß
19 ich nicht ausnütze mein Recht am Evangelium. * Denn obwohl ich
frei bin von allen, habe ich mich allen zum Sklaven gemacht, da-
20 mit ich möglichst viele gewinne. * Und ich wurde den Juden wie
ein Jude, damit ich Juden gewinne; denen unter dem Gesetz wie
unter dem Gesetz, obwohl ich selbst nicht unter dem Gesetz bin,
21 damit ich die unter dem Gesetz gewinne; * den Gesetzlosen wie
ein Gesetzloser, obwohl ich nicht ein Gesetzloser Gottes bin, son-
dern einer, der in Christus sein Gesetz hat, damit ich gewinne die
22 Gesetzlosen. * Ich wurde den Schwachen ein Schwacher, damit ich
die Schwachen gewinne. Ihnen allen bin ich alles geworden, damit
23 ich unter allen Umständen einige errette. * Alles aber tue ich um
des Evangeliums willen, damit ich Teilhaber an ihm werde.**

zu Vers 15: Apg 18, 3; 1 Ko 4, 12
zu Vers 16: Jer 20, 9; Lk 17, 10
zu Vers 17: 1 Ko 4, 1 f; Eph 3, 2
zu Vers 18: 1 Ko 7, 31; 2 Ko 11, 7
zu Vers 19: Mt 20, 26 f; 1 Ko 10, 33
zu Vers 20: Apg 16, 3; 21, 20—26; Gal 2, 3
zu Vers 21: Jo 13, 34; Gal 6, 2
zu Vers 22: Rö 11, 14; 14, 1; 15, 1; 2 Ko 11, 29
zu Vers 23: Phil 1, 5

Sehr gründlich hat Paulus „nach Menschenweise" und von Gottes Wort her dargelegt, wie jeder Verkündiger der Botschaft, also auch Paulus und seine Mitarbeiter, das volle Recht hat, „vom Evangelium zu leben". Warum dieser umfangreiche Abschnitt seines Briefes? Er liest sich zunächst so, als wolle Paulus damit die Korinther veranlassen, ihm endlich den notwendigen Lebensunterhalt zu gewähren. Aber das Gegenteil ist der Fall. **„Ich habe dies aber nicht geschrieben, damit es so geschehe mit mir."** Es soll vielmehr die ganze Freiheit seines völlig anderen Verhaltens hell ins Licht gestellt werden. **„Ich meinerseits aber habe nicht Gebrauch gemacht von irgend etwas davon."** Und nun spricht er es mit überraschender Leidenschaftlichkeit aus, daß er und warum er von seiner Haltung nicht abgehen will. Die Erregung seines Herzens beim Diktat dieses Satzes kommt darin zum Ausdruck, daß er den Satz nicht regelrecht durchführt. **„Denn gut wäre es für mich, lieber zu sterben als — meinen Ruhm wird niemand entleeren."** 15

Es geht Paulus um **„seinen Ruhm"**. Wie seltsam, dieser Apostel der Glaubensgerechtigkeit hält mit heißem Verlangen „seinen Ruhm" fest und will lieber sterben als auf diesen Ruhm verzichten. Dabei war dies **„lieber sterben“** nicht einfach ein heftiger Ausdruck. Das Festhalten an diesem Ruhm, keinerlei Unterstützung von den Gemeinden anzunehmen, brachte ihm oft genug das Hungern (vgl. 4, 11) und konnte ihn eines Tages buchstäblich verhungern lassen. So ernst liegt ihm an diesem Ruhm. Vom „Rühmen“ hat Paulus oft gesprochen. Es gehörte ihm zur inneren Kraft und Lebendigkeit eines Menschen, daß er „rühmen“ konnte. Aber immer wies Paulus alles eigene Rühmen ab und ließ nur das frohlockende Preisen des Herrn und seiner Gnade zu (vgl. Rö 2, 23; 3, 27; Phil 3, 3; 1 Ko 1, 31; 4, 7). Und nun kennt er doch auch einen eigenen Ruhm und will ihn um keinen Preis missen.

16 Worin besteht dieser „Ruhm“? Wieder unterscheidet Paulus sich dabei tief von dem in Korinth üblichen Denken. Dort rühmte man auch, und dort rühmten sich allerlei neue Lehrer und Sendboten. Sie rühmen sich ihrer Gaben und Leistungen im Verkündigungsdienst. Das ist für Paulus ganz ausgeschlossen. **„Denn wenn ich evangelisiere, dann ist das wirklich für mich kein Ruhm. Eine Notwendigkeit liegt ja auf mir; denn wehe mir, wenn ich nicht evangelisieren würde.“** Paulus steht mit sachlichem Ernst in der Geschichte seines Lebens. Er ist nicht „freiwillig“ Apostel geworden. Er ist als Verfolger von Jesus gestellt und als ein überwundener und begnadigter Feind zum Apostel gemacht worden. Das Wort des Herrn, das Paulus in seinem Rechenschaftsbericht vor Agrippa anführt: „Es ist schwer für dich, gegen den Stachel auszuschlagen“ (Apg 26, 14), kennzeichnet genau die Lage des Paulus. Er ist wie ein eingespanntes Zugtier, das sich mit jedem Widerstreben und Aufbäumen den Stachel des Treibers tiefer ins Fleisch treibt. So **„liegt eine Notwendigkeit auf ihm“.**

17 Der folgende Satz: **„denn wenn ich aus eigenem Entschluß dies tue, habe ich Lohn; wenn aber ohne eigenen Entschluß, so bin ich mit einem Haushalterdienst betraut“** ist darum nicht etwa so zu verstehen, als ob Paulus wechselweise seinen Dienst bald freiwillig tue und dann Lohn habe, bald unfreiwillig und ihn dann doch auch tun müsse. Paulus meint vielmehr, ein freiwillig übernommener Aposteldienst würde ihm allerdings Lohn einbringen. Aber davon könne bei ihm keine Rede sein. Er wurde Apostel ohne eigene freie Wahl und ist darum in der Lage eines Sklaven, der von seinem Herrn mit einem Dienst betraut wurde (vgl. Kap. 4, 1 f) und nun ohne besonderen „Lohn“ oder „Ruhm“ einfach treu darin zu stehen hat. Sicherlich, auch die anderen Apostel wurden „berufen“; im letzten Sinn tritt keiner einfach **„aus eigenem Entschluß“** in Gottes Dienst, kein Prophet und kein Apostel. Aber es ist doch ein tiefer Unterschied zwischen jenen Jüngern, die sich Jesus schon angeschlossen hatten, ehe er sie zu Aposteln machte, und ihm, der aus der radikalen Auflehnung gegen Jesus in seinen Dienst herumgerissen wurde. Ein berühmter und sich rühmender Evangelist kann Paulus nicht sein.

18 **„Wehe mir, wenn ich nicht evangelisieren würde.“** Aber ihn verlangt nach einer Leistung, die nicht nur verordneter Dienst ist, sondern über alle Pflicht hinausgeht und so „Lohn“ und „Ruhm“ bringen

kann. **„Was ist mein Lohn? Daß ich bei der Evangelisation kostenfrei mache das Evangelium, so daß ich nicht ausnütze mein Recht am Evangelium.“** Dabei braucht Paulus das Wort „Lohn“ hier im Sinne von „Ruhm“. Gerade dadurch bekommt der Satz seine paradoxe Schärfe. Daß Paulus nicht wie jeder andere Arbeiter seinen Lohn nimmt, das gerade ist sein ganz besonderer „Lohn“, sein „Ruhm, den niemand entleeren wird“.

Wieder bleibt die Erörterung hier mit den Darlegungen des ersten Abschnittes parallel, weil es um die gleiche Grundfrage geht. Die Korinther suchen den Lohn und den Ruhm an der falschen Stelle, wie sie die Freiheit in falscher und gefährlicher Weise gebrauchen. Es fehlt ihnen der Sinn Christi, wie ihn Paulus den Philippern in Phil 2, 5—11 vor Augen malt. Die echte „Freiheit“ ist der Verzicht der Liebe auf an sich erlaubte Dinge um der schwachen Brüder willen, und der echte „Ruhm“ liegt nicht in den Leistungen im Verkündigungsdienst, im Zungenreden und in Gesichten und Offenbarungen, sondern im Verzicht auf das Unterhaltsrecht, in der dadurch notwendigen Handarbeit und in den damit verbundenen Entbehrungen. Was die Korinther für „unwürdig“ hielten, die Zeltmacherarbeit eines bevollmächtigten Gesandten des Königs der Ewigkeiten, das gerade ist für Paulus der einzige „Lohn“ und „Ruhm“, den er zu haben vermag. Welch tief verschiedene Gesinnung bei Paulus und den Korinthern! Sie steht jeweils im inneren Zusammenhang mit der Schätzung oder Geringschätzung des Wortes vom Kreuz.

Die Einzelfrage seines Verzichtes auf jede Unterstützung durch die Gemeinde ist geklärt[1]. Nun beschreibt der Apostel weitergreifend seine Haltung in seinem Dienst überhaupt. Noch einmal tritt hervor, was er unter „Freiheit“ versteht und wie er seine „Freiheit“ gebraucht[2].
„Denn obwohl ich frei bin von allen, habe ich mich allen 19
zum Sklaven gemacht[3]. Warum tut Paulus das? Jetzt steht vor Paulus das Ziel seines ganzen Dienstes, und dieser Blick auf das Ziel beherrscht die folgenden Sätze. Während die neuen Lehrer in Korinth und anderswo, die Paulus mit Sorge betrachtet, im Dienst die eigene Größe und den eigenen Ruhm suchen, will Paulus nur das eine: Menschen für Jesus „gewinnen“. Er hat sich allen zum Sklaven gemacht, **„damit ich möglichst viele gewinne“.** Der Evangelist kann nicht vor die Menschen mit der Forderung treten, sie müßten ihm zustimmen und müßten sich nach ihm richten. Er muß seine Hörer im eigent-

[1] Sie wird allerdings im 2. Korintherbrief (12, 13—18) noch einmal aufgenommen werden müssen. Weil es sich nicht um theoretische Grundsätze, sondern um eine innere Haltung handelt, kann man mit noch so richtigen Worten diejenigen nicht überzeugen, die eine andere Haltung einnehmen.

[2] Martin Luther hat gerade von diesen Ausführungen des Paulus aus sein kostbares Büchlein „Von der Freiheit eines Christenmenschen“ geschrieben und damit gezeigt, wie tief er Paulus und das ganze NT verstanden hat. Er sagt darin: „1. Ein Christenmensch ist ein freier Herr aller Dinge und niemand untertan. 2. Ein Christenmensch ist ein dienstbarer Knecht aller Dinge und jedermann untertan.“

[3] Vgl. auch seinen Satz in 2 Ko 4, 5: „Denn wir predigen nicht uns selbst, sondern Jesus Christus, daß er sei der Herr, wir aber eure Knechte um Jesu willen.“

lichsten Sinn des Wortes „gewinnen". Dazu muß er sie erst einmal in ihrer Art verstehen, auf diese ihre Art eingehen und das Positive daran erfassen. Das ist nicht bloße Wendigkeit und Geschicklichkeit, erst recht nicht eine Schauspielerei zum Einfangen von Ahnungslosen. Paulus wollte Menschen im Ernst gewinnen; so ging er im
20/21 Ernst auf sie ein. Er trat vor die Juden nicht mit scheltender Kritik des Judentums; damit hätte er sich jeden jüdischen Hörer von vornherein verschlossen. Er kannte und achtete zeitlebens das Geschenk Gottes im Judentum (vgl. Rö 9, 1—5). Er hat auch nie bestritten, daß das Gesetz heilig und das Gebot heilig, recht und gut sei (Rö 7, 12). So konnte er gerade von da aus den Juden und „denen unter dem Gesetz"[4] das Evangelium bringen, **„obwohl er selbst nicht unter dem Gesetz ist".** Er konnte ihnen zeigen, wie diese seine Stellung nicht der Geringschätzung des Gesetzes entsprang, sondern wie er gerade durch das Gesetz dem Gesetz gestorben war, um für Gott zu leben (Gal 2, 19) und allein in dem gekreuzigten Christus die unentbehrliche Gerechtigkeit vor Gott zu finden. **„Und ich wurde den Juden wie ein Jude, damit ich Juden gewinne; denen unter dem Gesetz wie unter dem Gesetz, obwohl ich selbst nicht unter dem Gesetz bin, damit ich die unter dem Gesetz gewinne."**

21 Paulus fuhr an dieser Stelle nicht fort, wie wir es oftmals falsch zitiert hören: „Den Griechen wurde ich wie ein Grieche." So hätte er als Theoretiker am Schreibtisch vielleicht von seinem „Grundsatz" aus formuliert. Paulus aber stand in dem lebendigen Leben und wußte, daß man nicht künstlich „ein Grieche" werden kann, wenn man nicht als solcher geboren ist. Aber in einem sehr entscheidenden Punkt hat er sich den Griechen gleichgestellt. Sie waren „gesetzlose" Menschen[5]. Paulus hat sie nicht gedrängt, erst unter das Gesetz zu treten, ehe sie Christen werden können. Er hat sich selbst in voller Freiheit unter ihnen bewegt, hat die nach dem Gesetz unmögliche Tischgemeinschaft mit ihnen gehalten und ihre Freiheit vom Gesetz mit aller Kraft auch in Jerusalem verteidigt (Gal 2, 1—10; Apg 15). Dabei ist er doch selber nicht einfach ein **„Gesetzloser Gottes, sondern einer, der in Christus sein Gesetz hat".** Der knappe, mit einem Wortspiel geprägte grie Satz ist im Deutschen schwer wiederzugeben.

[4] Wenn Paulus hier „die unter dem Gesetz" von dem „Juden" unterscheidet und neben den „Juden" noch besonders nennt, dann wird er nicht nur an eigentliche „Proselyten" gedacht haben. An der Lage des Proselyten wird vielmehr klar, daß das Stehen unter dem Gesetz noch etwas anderes ist als die stammesmäßige Zugehörigkeit zum Judentum. Vielleicht sah Paulus im Sinne von Rö 2, 14 f etwas davon, wie auch der Nicht-Jude, ohne Proselyt zu werden, doch „unter dem Gesetz" sein kann. In der Tat ist ja aller Moralismus und Idealismus, auch alle bloße „Christlichkeit" ein Leben unter dem Gesetz.

[5] Der Ausdruck „gesetzlos" ist hier rein sachlich und ohne die Abwertung gebraucht, die wir sofort hineinlegen. Aber auch in dieser Sachlichkeit bedeutet er eine schwerwiegende Frage an uns. Das „Gesetz" ist dem Bundesvolk und nur dem Bundesvolk gegeben. Für die „Nationen" war es nicht da. War es richtig, daß wir es dennoch der Gemeinde aus den Nationen wenigstens zum Teil auferlegt haben? Paulus hat das offenbar nicht getan! Der Gebrauch des Wortes „gesetzlos" an unserer Stelle macht es fraglich, ob die Folgerungen, die in der Auslegung von 2 Th 2, 8 in der W.Stb. aus dem Wort gezogen worden sind, unbedingt gelten. Freilich ist das betonte „der Gesetzlose" noch etwas anderes als die „Gesetzlosen" hier.

Paulus schreibt, er selber sei kein „anomos theou“, sondern ein „ennomos Christou“, er stehe vor Gott nicht einfach ohne jedes Gesetz da, sondern habe in Christus das Gesetz seines Lebens. Das entspricht seiner Aussage in Rö 8, 2, daß „das Gesetz des Geistes“ ihn freigemacht habe vom „Gesetz der Sünde und des Todes“.[6] Nur so, in der Freiheit vom Gesetz, kann er überhaupt **„gewinnen die Gesetzlosen“**[7]. Aber auch nur so, als einer, der im „Gesetz des Christus“ (Gal 6, 2) die lebendige Gestaltung seines Lebens gefunden hat, kann er Menschen zeigen, wie man „ohne Gesetz“ zu klaren Normen für sein Leben zu kommen vermag. In Rö 6 hat Paulus das in klassischer Weise getan. Der Abschnitt Kap. 6, 12—20 unseres Briefes ist ein Beispiel dafür auf dem Gebiet der Sexualethik.

Eine besondere Not bildeten in den Gemeinden die **„Schwachen“**. 22
Sie belasten tatsächlich jedes Gemeindeleben. Soll man sie überhaupt erst „gewinnen“ und in die Gemeinde hereinholen? Ist es nicht lohnender, sich nur um Starke und leistungsfähige Menschen zu bemühen? Die „Starken“ und die „Freien“ waren darum nicht bereit, sich um diese Schwachen ernsthaft zu kümmern. Wir sahen es in Kap. 8 unsres Briefes vor uns. Paulus hat immer wieder darum gekämpft, daß auch die Schwachen ihren vollen Platz in der Gemeinde haben (vgl. 1 Th 5, 14; Rö 14, 1; 15, 1). Er hat auch sie zu gewinnen gesucht und ist dafür **„den Schwachen ein Schwacher“** geworden. Er hat nicht seine Kraft herausgestellt und die Schwachen überfordert, sondern sie in ihrer Schwachheit verstanden und geachtet.

Und nun faßt Paulus alles in einem Satz zusammen, der unvergeßlich in seiner knappen Prägung eine Grundregel alles Evangelisierens ausspricht: **„Ihnen allen bin ich alles geworden, damit ich unter allen Umständen einige errette.“** Der Evangelist fordert nicht, sondern er dient. Er sucht darum den andern dort auf, wo er wirklich steht. Was der Sohn Gottes in seiner Menschwerdung im großen tat, das tut nun sein Bote immer aufs neue all den verschiedenen Menschen gegenüber, zu denen er kommt. Er versteht sie nicht nur gedanklich von einer überlegenen Höhe aus, sondern er „wird“ ihnen alles; er kommt tatsächlich bis zu ihnen hin in ihren Lebensbereich und „lebt“ mit ihnen, wie der heilige Gottessohn das ganze Menschenlos bis in das Leiden und Sterben hinein mit uns teilte[8]. Bei Paulus

[6] Für das Verständnis der Römerbriefstelle ergibt sich daraus die Möglichkeit, ja die Wahrscheinlichkeit, daß Paulus auch dort „mit dem Gesetz der Sünde und des Todes“ nicht eine innere Gesetzlichkeit unseres Wesens oder eine Gesetzmäßigkeit der Sünde gemeint hat, sondern ganz konkret das Sinai-Gesetz, das gerade den Zweck hat, die Sünde übermächtig zu machen und den Sünder zum Tode zu verurteilen.

[7] Damit ist noch nichts über die wichtige Frage gesagt, ob nicht das Gesetz gerade als „Dienst der Verurteilung und des Todes“ (2 Ko 3, 9—11) sein Werk auch an den Menschen aus den Nationen zu tun hat. Es ist die Frage, ob zur vollen Verkündigung auch die „Predigt des Gesetzes“ gehört oder ob allein durch das Wort vom Kreuz Sündenerkenntnis, Zusammenbruch vor Gott und Umkehr gewirkt werden kann. — Übrigens zeigen die Vorgänge in Galatien und anderswo, wie leicht sich auch Menschen aus den Nationen gerade für das Gesetz im „gesetzlichen“ Sinn „gewinnen“ lassen.

[8] Das zeigt uns anschaulich das Leben und Dienen aller echten Missionare. Es ist die Frage an uns, ob wir im Dienst der Kirche in der Heimat auch nur von fern einen entsprechenden Ein-

wurde das besonders deutlich, wenn er, der beschnittene Israelit und ehemalige Pharisäer, völlig das „gesetzlose" Leben der Menschen aus den Nationen[9] teilte. Er hat dabei das Ziel des „Gewinnens". Aber nun wird der ganze Ernst des Gewinnens deutlich. Für den Evangelisten geht es nicht darum, Menschen für eine gute Sache zu werben, wie auch sonst in der Welt viele Bewegungen sich mit ganzem Einsatz um Anhänger mühen. Wo die Evangelisation und Volksmission Menschen nur für das Christentum oder für die Kirche gewinnen will, hat sie noch nicht begriffen, was eigentlich auf dem Spiel steht. Die Verkündigung des Evangelisten unterscheidet sich radikal von allen anderen Bemühungen um Menschen. Für sie ist das „Gewinnen" wesenhaft ein „Erretten". So sieht Paulus alle Menschen als „Verlorene", die durch das Wort vom Kreuz errettet werden müssen. Und vor diesem einzigartig großen und notwendigen Ziel kommt in sein Leben diese Hingabe an seinen Dienst. Paulus ist dabei von großer Nüchternheit. Er meint nicht in dieser Hingabe an die andern das sichere Mittel gefunden zu haben, nun auch „alle" zu erreichen und „alle" zu erretten. Mit dem schmerzvollen Ernst seiner vielfältigen Erfahrungen schreibt er vielmehr: **„damit ich unter allen Umständen einige errette".** Auch hier werden wir von ihm zu lernen haben. Wir suchen immer neu nach erfolgreichen Methoden und messen unsere Arbeit leicht an den großen Zahlen, die wir erreicht haben. Wieviele Menschen wir aber wirklich „errettet" haben, ist eine andere Frage. Wir werden voll Dank sein dürfen, wenn es die „einigen" sind, von denen ein Paulus sprach.

23 Was aber bedeutet der kurze Satz, mit dem Paulus diesen Abschnitt schließt? Paulus, der bevollmächtigte Bote, der „Vater" der korinthischen Christen, steht in bestimmter Weise über ihnen allen. Sie alle empfingen das Leben durch ihn, der ihnen wirksam die rettende Botschaft brachte. Ist damit für Paulus selbst das Evangelium ein selbstverständlicher und sicherer Besitz? Nein. Er muß auch seinerseits **„Teilhaber an ihm werden".** Gewiß wird er das ebenso wie alle andern nur durch den Glauben. Aber „Glaube" war für Paulus nie ein bloßes Gedankengebilde, sondern immer eine Haltung, die seine ganze Existenz bestimmte. Die Korinther sollen es endlich begreifen: an der ganzen Art, wie er unter Gefahren, Leiden und Entbehrungen die Botschaft ausbreitet, ohne sich von den Gemeinden unterhalten zu lassen, hängt sein eigener Anteil am Evangelium. Er droht ihn zu

satz unseres Lebens gewagt haben und heute wagen. Bleibt nicht der „Pfarrer" allzu sehr seiner bürgerlichen Welt verhaftet?

[9] Der uns aus der LÜ vertraute Ausdruck „Heiden" ist mit der Vorstellung des Primitiven belastet. Er ist sprachlich von der „Heide" abgeleitet und ist so die Übersetzung des lateinisch-kirchlichen Wortes „pagani". Auch wenn das Wort nicht Übersetzung, sondern germanischen Ursprungs ist und „wild", „niedrigstehend" bedeutet (RGG³, 1959, Sp 142), ist der Sinn der gleiche. Das „Christentum" beherrschte nach seiner Erhebung zur Staatsreligion die Städte der kultivierten Gegenden, und nur in entlegenen Landstrichen „im Wald und auf der Heide" hielten sich noch die alten Religionen. So wurden ihre Anhänger „Heideleute, Heiden" genannt. Wir ziehen daher den biblischen Ausdruck „Nationen" vor. Die „Nationen" stehen alle dem „Bundesvolk" Israel gegenüber, ohne Rücksicht auf die Höhe ihrer Kultur.

verlieren, wenn er sein Leben und seinen Dienst erweicht. **„Alles aber tue ich um des Evangeliums willen, damit ich Teilhaber an ihm werde.“** Welch eine Mahnung lag darin für die stolzen und sicheren Korinther, die ihrem praktischen Verhalten keine Bedeutung für ihr geistliches Leben beilegten (vgl. 3, 1–15; 5, 1–8; 6, 1–11; 6, 12–20; 8, 1–13)[10]. Paulus ist diese Sache selbst so wichtig, daß er sie noch einmal abschließend an dem Bild des Sportlebens erläutert.

DER SPORTSMANN ALS BILD DES CHRISTEN

1. Korinther 9, 24–27

24 **Wißt ihr nicht, daß die im Stadion Laufenden wohl alle laufen,**
einer aber den Kampfpreis bekommt? So laufet, daß ihr ihn er-
25 **greift. • Jeder aber, der am Wettkampf teilnimmt, lebt in jeder**
Hinsicht enthaltsam; jene freilich, um einen vergänglichen Kranz
26 **zu bekommen, wir aber einen unvergänglichen. • Ich meinerseits**
laufe demnach so, nicht wie aufs Ungewisse; ich führe den Faust-
27 **kampf so, nicht wie einer, der die Luft schlägt. • Sondern ich**
schlage meinem Leib ins Gesicht und behandle ihn als Sklaven,
damit ich nicht andere als Herold zum Kampf gerufen habe und
selber unbewährt werde.

zu Vers 24: Phil 3, 12–14; 2 Tim 4, 7
zu Vers 25: 2 Tim 4, 4 f. 8; 1 Pt 5, 4; Jak 1, 2
zu Vers 27: Rö 8, 13 f; 13, 14

Jedermann in Griechenland kannte die Dinge des Sportes. Korinth 24
war dazu noch die Stadt der berühmten Isthmischen Spiele. Und wenn die Bewohner der Stadt zur Zeit des Paulus nicht mehr die Menschen des klassischen Altertums waren, so hatten sie doch selbstverständlich ihr großes Stadion, und Paulus konnte in der Sprache des Sportes mit ihnen reden. Sie wußten es, **„daß die im Stadion Laufenden wohl alle laufen, einer aber den Kampfpreis bekommt“**. Aber nun sollen sie wirklich **„wissen“**, was das bedeutet! Es liegt darin die Mahnung: „Lauft so, daß ihr den Kampfpreis ergreift.“ Das kann nicht sagen wollen, daß immer nur einige aus der ganzen Schar der Christen den Preis erlangen. Aber darauf macht das Bild aufmerksam, daß das bloße Antreten zum Lauf nicht genügt und den Kampfpreis keineswegs garantiert. Es muß der Lauf mit ganzem Einsatz bis zum Ziel durchgeführt werden. So steht es auch mit dem „Lauf“ der Christen. Sein Beginn, das Christwerden, ist notwendig und entscheidend, und doch genügt es noch nicht, und der Christ ist damit noch nicht am Ziel. Der ganze lebenslange „Lauf“ gehört dazu. So hat es Paulus für seine eigene Person in Phil 3, 12 ff geschildert[1].

[10] Schon das Rabbinat kannte die ernste Sorge um den Lehrer: „damit nicht seine Jünger die kommende Welt ererben und er selbst in den Hades hinuntergehe“. Sind wir Prediger und Verkündiger von heute hier sorglos und selbstsicher geworden und meinen, uns könne es nicht fehlen, weil wir andere zu Jesus führen? Welch eine Richtlinie (oder Gerichtslinie!) ist für uns der ganze Satz des Apostels!

[1] Vgl. dazu W.Stb. Philipper-Kolosser, S. 128 ff.

Dabei besteht auch hier wieder das „Laufen" gerade im „Glauben halten"; aber umgekehrt ist auch das „Glauben" nur Wirklichkeit im steten „Lauf". So hat Paulus in seinem Bekenntnis kurz vor seinem Tode beides zusammengefaßt: „Ich habe den Lauf vollendet, ich habe Glauben gehalten" (2 Tim 4, 2).

25 Dazu gehört ein zweites, das die Korinther ebenfalls aus dem Sportsleben wissen: **„Jeder aber, der am Wettkampf teilnimmt, lebt in jeder Hinsicht enthaltsam."** Am Sportsmann entwickelt Paulus das Verständnis der evangelischen Askese. Der Sportsmann meidet im Training bestimmte Dinge, nicht weil sie an sich „schlecht" oder „verboten" wären. Seine Enthaltsamkeit ist auch weder Selbstzweck noch Selbstwert. Sie dient nur dem einen großen Ziel, den Siegespreis zu erlangen, und gehört einfach sachlich dazu, wenn man den ersehnten Kranz bekommen will. Freilich, er ist im Sport nur ein **„vergänglicher Kranz"**. Vor dem Christen steht der **„unvergängliche Kranz"** ewigen Lebens. Dann darf und muß der Christ erst recht entschlossen alles meiden, was ihn im Lauf zu diesem Ziel hindern könnte. Es geht also nicht um die Frage, ob etwas „sündlich" oder vielleicht doch „erlaubt" oder sogar ganz gut und wertvoll sei. Es geht auch nicht darum, daß die Enthaltsamkeit an sich etwas „Höheres" und „Wertvolleres" wäre. Es handelt sich nicht um irgendwelche Gesetze oder Verbote. Der Vorwurf der „Gesetzlichkeit" ginge hier völlig fehl. Es geht einzig um das ewige Ziel und um den nowendigen, selbstgewollten Verzicht auf alles, was mich um dieses einzigartige Ziel bringen könnte.

Paulus bleibt darum auch bei der ganz allgemeinen Aussage: **„in jeder Hinsicht enthaltsam"**. Was je den einzelnen Christen in seinem Lauf aufzuhalten oder zu hemmen droht, das kann sehr verschieden sein. Was dem einen nichts ausmacht, kann dem andern zur ernstlichen Gefahr werden. Es gibt hier keine allgemeinen Regeln. Aber es muß jeder Christ mit tiefem Ernst und entschlossener Klarheit darauf achten, was gerade ihn am Erreichen des Zieles hindern will. Das muß gelassen werden, wie „harmlos" oder „wertvoll" es an sich sein mag.

26 Dieser Verzicht ist freilich keine Spielerei. Paulus zeigt das an seinem eigenen Leben. **„Ich meinerseits laufe demnach so, nicht wie aufs Ungewisse."** Das Wort, das Paulus benutzt, heißt eigentlich „auf undeutliche Weise". Er läuft nicht so, daß man nicht klar erkennen könnte, wohin sein Lauf eigentlich geht. Er gleicht nicht einem Boxer, der ziellos **„die Luft schlägt"**. Alles ist in seinem Leben gesammelt und zielbestimmt. Bei den Korinthern sah er jene Zweideutigkeit und Halbheit, die unser Christsein heute auch verdirbt. Der Blick geht auf zwei Ziele zugleich. Wohl will man die Ewigkeit nicht verlieren, aber das Verlangen und der Einsatz gilt gleichzeitig und vor allem dem irdischen Gedeihen. Wer aber gleichzeitig nach zwei Zielen läuft, dessen Lauf wird notwendig „undeutlich", **„ungewiß"**. Man sieht dem Christen nicht mehr an, wohin er eigentlich läuft. In seinem Kampf schlägt er nicht mehr mit hartem Ernst zu; er sieht nicht

mehr den Feind, der ihn ums Leben bringen will; so kämpft der Christ wohl noch, aber oft genug **„wie einer, der die Luft schlägt"**.

Von diesem bequemen Christentum hat sich Paulus mit einem **„Ich** 27
meinerseits" scharf unterschieden. Und dieser Unterschied ist unübersehbar deutlich an seiner ganzen Lebenshaltung, die die Korinther so befremdete. Nun formuliert Paulus mit einer uns erschrekkenden Schroffheit: **„Ich schlage meinem Leib ins Gesicht und behandle ihn als Sklaven."** Meldet sich hier bei Paulus doch die Leibfeindlichkeit der ausgehenden Antike? Paulus bleibt aber auch hier im Bilde des Sportes, in dem der Wert des Leibes gerade besonders gewürdigt wird. Doch zum Sport gehört Training und Askese. Da wird nun einmal dem Leib mit seinen Ansprüchen[2] und seinen Weichlichkeiten „ins Gesicht geschlagen"; da wird er zum absolut gefügigen Werkzeug, zum „Sklaven" des Sportsmannes gemacht[3]. Paulus aber ist nicht nur „Sportsmann", er ist als Apostel sogar **„Herold"**, der **„andere zum Kampf ruft"**. Wie, wenn er nun selber versagt und **„selber unbewährt"**, selber „disqualifiziert" wird[4]? Das darf unter keinen Umständen geschehen. Darum übt er Training und Askese in letzter Schärfe. Alles das, was die Korinther an Paulus befremdet, gehört mit dazu. Wenn er anders als andere Apostel ohne Ehe einsam durch die Welt zieht, wenn er von den Gemeinden kein Geld annimmt, sondern sich neben seinem ganzen Apostelдienst den Lebensunterhalt mit seiner Hände Arbeit verdient, dann führt er freilich äußerlich ein armes, rauhes, entbehrungsreiches Leben. Sein Leib lehnt sich manches Mal dagegen auf und stellt seine Ansprüche an Pflege und Ruhe. Aber dann schlägt er diesem lästigen Bettler ins Gesicht und zeigt seinem Leib, daß er nicht „Herr" zu sein hat, sondern dienender Sklave ist. Aber so muß es gerade in seinem Leben sein. Wer andere „zum Kampf ruft", muß als vorbildlicher Kämpfer vor ihnen stehen. Es geht dabei aber zugleich um des Apostels eigenstes Heil. Der Schlußsatz verdeutlicht noch einmal, was Paulus in V. 23 im Blick auf seinen ganzen Dienst ausgesprochen hatte: „Alles aber tue ich um des Evangeliums willen, damit ich Teilhaber an ihm werde"[5].

[2] Es ist erschreckend, wie heute auch in gläubigen Häusern in der Kindererziehung allen solchen „Ansprüchen" einfach nachgegeben wird.

[3] Für uns heute wird dies alles besonders deutlich an der jahrelangen harten Schulung der Kosmonauten. Warum bewundern wir den Einsatz dieser Männer, der doch nur vergänglichen Zielen dient, und entrüsten uns über den Christen, wenn er für die große Ewigkeit mit dem gleichen Einsatz „trainiert"?

[4] Luthers Übersetzung: „Den andern predigen und selbst verwerflich werden" verleitet zu einem moralistischen Mißverständnis. Der Satz des Paulus ist viel sachlicher und tiefer gemeint und trifft gerade so jeden, der im Dienst der Verkündigung und Seelsorge steht.

[5] Uns modernen Christen ist das völlig fremd geworden. Der „Siegespreis der himmlischen Berufung Gottes in Christus Jesus" (Phil 3, 14) ist uns unwirklich und undeutlich. Die vielfältigen, dringenden Ansprüche des Lebens erscheinen uns maßgebend. Warum sollten wir ihnen noch ins Gesicht schlagen? Das himmlische Erbe fällt uns ja sowieso zu, weil wir „gläubig" sind. So unterscheidet sich der Christ in seiner Lebenshaltung und seinem Lebensstil nicht mehr von jedem anderen Menschen. Der „Lauf" des Christen ist „undeutlich" geworden, das Bild des Laufes im Stadion unanwendbar auf den behaglichen Christen der Gegenwart. Was würde ein Paulus, der so ernst mit seinen Korinthern redete, zu uns Christen von heute sagen?

DAS WARNENDE BEISPIEL DES VOLKES ISRAEL

1. Korinther 10, 1–13

1 Denn ich will euch nicht in Unkenntnis lassen, Brüder, daß un-
sere Väter alle unter der Wolke waren und alle durch das Meer
2 hindurchgezogen * und alle auf Mose getauft wurden in der Wolke
3/4 und in dem Meer * und alle dieselbe geistliche Speise aßen * und
alle denselben geistlichen Trank tranken. Sie tranken nämlich aus
einem geistlichen begleitenden Felsen; der Fels aber war der Chri-
5 stus. * Aber nicht hatte Gott an den meisten von ihnen Gefallen;
6 denn sie wurden niedergestreckt in der Wüste. * Diese Dinge aber
sind Vorbilder für uns geworden, damit wir nicht seien begierig
7 nach Bösem, gleichwie auch jene begierig waren. * Werdet auch
nicht Götzendiener, wie einige von ihnen, wie geschrieben steht:
„Es setzte sich das Volk zu essen und zu trinken, und sie standen
8 auf zu spielen." * Laßt uns auch nicht Unzucht treiben, gleichwie
einige von ihnen Unzucht trieben und fielen an einem Tage drei-
9 undzwanzigtausend. * Laßt uns auch nicht den Herrn versuchen,
wie einige von ihnen (ihn) **versuchten und von den Schlangen ge-**
10 tötet wurden. * Murret auch nicht, gleichwie einige von ihnen auch
11 murrten, und wurden umgebracht von dem Verderber. * Diese
Dinge aber widerfuhren vorbildlich jenen; geschrieben aber wur-
den sie zur Zurechtweisung von uns, auf welche die Endziele der
12 Zeitalter gekommen sind. * Daher, wer überzeugt ist zu stehen,
13 sehe zu, daß er nicht falle. * Keine Versuchung hat euch ergriffen
als nur eine menschliche; treu aber ist Gott, der nicht zulassen
wird, daß ihr versucht werdet über das, was ihr vermögt, sondern
der zusammen mit der Versuchung auch den Ausgang schaffen
wird, so daß ihr sie zu ertragen vermögt.

zu Vers 1: 2 Mo 13, 21 / 14, 22. 29 / Ps 78, 13 f / 105, 39
zu Vers 3: 2 Mo 16, 4. 35 / 5 Mo 8, 3 / Ps 78, 24 f / Jo 6, 49
zu Vers 4: 2 Mo 17, 6 / 4 Mo 20, 7–11 / 5 Mo 32, 4. 18 / Ps 78, 15 / 1 Pt 2, 4
zu Vers 5: 4 Mo 14, 16. 22. 23. 30. 32 / Hbr 3, 17
zu Vers 6: Ps 78, 18–20
zu Vers 8: 4 Mo 25, 1–9
zu Vers 9: 4 Mo 21, 5 f
zu Vers 10: 4 Mo 14, 2. 36 f / 17, 6–15 / Hbr 3, 11. 17
zu Vers 11: 1 Pt 4, 7 / Hbr 9, 26 / 1 Jo 2, 18
zu Vers 12: Rö 11, 20 / Gal 6, 1
zu Vers 13: 1 Ko 1, 9 / 1 Th 5, 24 / 2 Th 3, 3 / Hbr 11, 11 / Jak 1, 13

Der neue Abschnitt ist durch ein **„Denn"** mit den vorangehenden Ausführungen verbunden. Paulus beginnt nicht ein neues Thema, sondern verdeutlicht an der Geschichte der Väter Israels in neuer Weise, was er über den Ernst der Lebenshaltung den Korinthern soeben gesagt hatte. Die falsche „Freiheit" verbindet sich in Korinth mit einer falschen „Sicherheit" und Unbekümmertheit. Christen mit so hoher Weisheit und so erstaunlichen Geistesgaben kann es nicht fehlen. Sie brauchen auf ihren Wandel nicht zu achten. Nun zeigt ihnen Paulus an den „Vätern", wie man aus Ägypten errettet, mit Wundern Gottes beschenkt, auf dem Wege ins gelobte Land sein und
1 doch noch umkommen kann. Wie er den Griechen das vertraute Bild des Sportsmannes vor Augen stellte, so mutet er den Christen, auch denen aus den Nationen, ohne weiteres zu, die atst Geschichte als für sie maßgebend zu verstehen. Die Väter Israels sind auch für die Korinther **„unsere Väter"**. Aber sie sollen darin auch wirklich eine wissende Gemeinde sein, die ihr biblisches Wissen ernsthaft anwendet.

Paulus drückt das wieder mit der Formel aus: „Ich will nicht, daß ihr nicht erkennt“ oder: **„Ich will euch nicht in Unkenntnis lassen.“**

Was sollen die Korinther an den „Vätern“ erkennen? Wir müssen annehmen, daß in der Gemeinde neben einem „Subjektivismus“, der in hoher Weisheit und in auffallenden Geistesgaben das Kennzeichen des rechten Christen sah, ein „Objektivismus“ stand, der in den „Sakramenten“ die sichere Garantie des Heiles zu haben meinte[1]. Vielleicht hörte Paulus nach seinen ganzen Ausführungen in Kap. 9 von Korinth her den Einwand: „Aber Paulus, wir sind doch getauft! Wir feiern doch fort und fort das Herrenmahl. Damit ist doch das Erreichen des Zieles gewährleistet. Besondere Anstrengungen sind doch nun nicht mehr nötig!“

Wie haben auch wir aufmerksam zuzuhören, wenn Paulus jetzt zu diesem Einwand Stellung nimmt. Denn auch bei uns entsteht neben oder nach „subjektivistischen“ Überspannungen des Glaubenslebens die Neigung, in dem „objektiven“ Handeln Gottes, besonders im Sakrament, die Heilsgarantie zu finden. Wenn wir die Taufe empfingen, wenn uns im Abendmahl die geistliche Speise zuteil wird, haben wir dann nicht alles, was wir brauchen? Kann neben Gottes mächtigem Tun unser eigenes Verhalten noch von irgendwelcher Bedeutung sein?

Paulus stellt fest: „Getauft“ waren auch die „Väter“, die aus Ägyp- 1/2
ten auszogen. Die Korinther sollen daran denken, **„daß unsere Väter alle unter der Wolke waren und alle durch das Meer hindurchgezogen und alle auf Mose getauft wurden in der Wolke und in dem Meer“.** Wieso kann Paulus in dem Erleben Israels am Schilfmeer eine „Taufe“ sehen? Hier war einerseits das äußere Taufgeschehen, das Eingetauchtwerden in das Wasser da. Das griechische „en“ wird hier nicht örtliche, sondern instrumentale Bedeutung haben; die „Taufe“ an den Vätern geschah mittels der Wolke und mittels des Meeres. Aber hier ereignete sich auch wesenhaft etwas, was der neutestamentlichen Taufe entspricht. „Der Zug durch das Rote Meer bedeutet die Trennung vom Land der Knechtschaft, die endgültige Absage an die Vergangenheit, den Abbruch aller Brücken zum Land der Sünde. Er erfolgte einmal und in einer Richtung und stellte Israel in die unlösbare Schicksalsgemeinschaft mit Mose. Hier wurden sie ‚auf Mose getauft‘ “[2]. Diese Formulierung **„auf Mose getauft“** macht uns besonders deutlich, daß das „Taufen auf jemand oder in jemand“ (Rö 6, 3 ff) entscheidend zur Taufe gehört. Der Täufling wird so an den andern übereignet, ihm überschrieben (vgl. die Ausführungen zu 1, 13—15 o. S. 36) und gewinnt die „Anteilhabe“ (1, 9) an ihm. Israel war schon mit dem von Gott erwählten Befreier verbunden.

[1] Für Christen aus dem Griechentum lag dieses Mißverständnis besonders nahe, weil auch in den verschiedenen „Mysterienkulten“ der bloße Vollzug der Weihen ohne Rücksicht auf die sittliche Haltung den Besitz des ewigen Heiles garantierte. In der „Gnosis“ (vgl. S. 218) finden wir später die gleiche Verbindung von „Weisheit“ und „Freiheit“ und „Sakramentalismus“, wie sie in Korinth sich zu zeigen beginnt.

[2] So F. Laubach zu Hbr 11, 28 in der W.Stb.

3/4 Die Väter hatten aber auch, was dem „Abendmahl" der Gemeinde entspricht. Sie **„aßen alle dieselbe geistliche Speise und tranken alle denselben geistlichen Trank".** Paulus denkt an das Manna, „das Brot vom Himmel", und an das Wasser aus dem Felsen. Dabei gleicht er mit der rabbinischen Schriftauslegung[3], in der er erzogen war, das „Wasser aus dem Felsen" dem „Manna" an. Es wurde wie das Manna dem Volk täglich neu zuteil. Darum **„begleitete"** der Felsen das Volk auf seiner Wanderung, um täglich neu sein Wasser zu spenden. **„Sie tranken nämlich aus einem geistlichen begleitenden Felsen."** Für Paulus war es aber volle Gewißheit, daß Gottes Heilshandeln auch im Alten Bund durch Christus geschah. Darum setzt er hier hinzu: **„Der Fels aber war der Christus."** Paulus will damit nicht sagen, daß Christus sich in einen Felsen verwandelt habe, sondern hinter dem für Israel sichtbaren Felsen stand in Wahrheit der Christus, der aus dem Felsen das Volk mitten in der Wüste tränkte. So liest der Christ im Heiligen Geist das Alte Testament!

Paulus nennt hier die Speise, den Trank und den Felsen **„geistlich".** Den Begriff „Sakrament" und „sakramental" kennt er mit dem ganzen NT nicht. Aber das, was Gott selber schenkt, das stammt aus dem Geist Gottes und ist von Gottes Leben und Geist erfüllt und wird darum mit dem gleichen Wort „geistlich" bezeichnet wie der Mensch, der Gottes Geist empfängt.

5 So besaßen die Väter Israels in Christus im Grunde nicht weniger als die Gemeinde in Korinth. Wie reich waren sie von Gott begnadet und beschenkt. Aber gerade wenn wir das so vor Augen haben, trifft es uns tief, wenn wir weiterlesen: **„Aber nicht hatte Gott an den meisten von ihnen Gefallen; denn sie wurden niedergestreckt in der Wüste."** Paulus hat es betont hervorgehoben: unsere Väter waren „alle" unter der Wolke, „alle" durch das Meer hindurchgezogen, „alle" getauft auf Mose. So standen „alle" unter der Gnade Gottes, und dann kamen doch nicht „alle" ans Ziel, nicht einmal „viele". „Die meisten" von ihnen kamen um, weil „Gott kein Gefallen an ihnen hatte". Wie erschreckend ist das für alle sakramentale Sicherheit! Aber kein Zweifel, das ist die Wirklichkeit. Paulus hat das nicht nur so gedacht, sondern so steht es klar geschrieben. Und es ist wahrlich nicht nur ein einzelner Satz, auf den sich Paulus beruft. Er verweist auf die ganze Geschichte der Wüstenwanderung, wie sie uns im 2.
6 und 4. Buch Mose erzählt ist. Aber ehe er auf die Einzelheiten eingeht, lehnt er einen Einwand ab, den er von den stolzen und sicheren Korinthern erwartet: Ach, das sind alte Geschichten aus fernen Tagen, das war eben dieses Israel, was geht das uns Menschen des

[3] Diese Auslegung „ist in der Tradition der Rabbinen noch nachweisbar. Nachdem nämlich Num 20, 7—13 die Geschichte vom Quellenwunder des Moses erzählt ist, kommt Num 21, 16—18 nach langer Wanderung das Volk zu einem Brunnen, der V. 16 ausdrücklich als der bereits 20, 7 f erwähnte bezeichnet wird. Das Targum Onkelos z. Num 21, 19 f löst die Schwierigkeit durch die Anmerkung ‚der Brunnen ... nachdem er ihnen gegeben war, stieg er mit ihnen in die Bachtäler hinab und aus den Bachtälern stieg er mit ihnen zu den Höhen empor'. Das ist genau der dem Paulus bekannte Midrasch, welchen die rabbinischen Quellen oft und vielfach ausgeschmückt wiederholen" (Lietzmann im „Handbuch z. NT", 1949, S. 45).

Neuen Bundes an? **„Diese Dinge aber sind Vorbilder für uns geworden."** Israels Verhalten ist „typisch"[4], darum droht es, sich immer neu zu wiederholen, auch bei den Christen in Korinth, auch bei uns. So haben wir die Geschichten „der Väter" sehr aufmerksam zu lesen, eben mit dem Blick auf uns selbst. Paulus hilft uns dazu, indem er sofort von „uns" spricht und „die Väter" und ihr Verhalten nur zum Vergleich heranzieht: **„Damit wir nicht seien begierig nach Bösem, gleichwie auch jene begierig waren."**

Gott hatte an den Vätern Großes getan. Aber Menschen sind keine toten Dinge, an denen sich Gottes Handeln mechanisch und darum unfehlbar auswirken könnte. Menschen bleiben auch unter der Gnade Gottes freie und verantwortliche Personen. Der Mensch kann zwar Gottes Gnade und Gottes Gaben nicht erringen und nicht verdienen, aber er kann sie verderben und ihren Segen zunichte machen. Beachten wir, daß Paulus seine Warnungen vor bösen Wegen, vor Götzendienst, vor Unzucht, ebenso wie vor einem Versuchen des Herrn oder vor dem Murren an Christen richtet, die er selber „berufene Heilige" nannte und denen er Reichtum an Wort und Erkenntnis und Geistesgaben dankbar zusprach (1, 2. 5). Aber gerade an diesen seinen Korinthern sah Paulus zumindest die gefährlichen Anfänge der gleichen Wege, die die Väter ins Verderben führten. Waren sie nicht
„begierig nach Bösem", wenn sie um irdischer Güter willen mit Brü- 6—10
dern vor heidnischen Richtern Prozesse führten (6, 1—8)? **„Werdet auch nicht Götzendiener, wie einige von ihnen"** — nahmen sie den Götzendienst nicht allzuleicht, wenn sie in den Tempeln ihrer Stadt mit bei den Opfermahlzeiten (8, 10 f; 10, 20 f) saßen? **„Laßt uns auch nicht Unzucht treiben, gleichwie einige von ihnen"** — mußte Paulus nicht gründlich über die Unmöglichkeit des Verkehrs mit der Dirne sprechen (6, 12—20)? Und das **„Versuchen des Herrn"**? Nur wenige Zeilen später wird er die Gemeinde fragen: „Oder reizen wir den Herrn zur Eifersucht? Sind wir etwa stärker als er" (V. 22)? **„Murret auch nicht, gleichwie einige von ihnen auch murrten"** — mit dem „Murren" der Korinther hatte Paulus reichlich zu tun. Paulus erinnert die Gemeinde an den furchtbaren Ernst der Gerichte Gottes über die Väter: **„niedergestreckt in der Wüste"**, es **„fielen an einem Tag dreiundzwanzigtausend"**, **„von den Schlangen getötet"**, **„umgebracht von dem Verderber"**, und zeigt daran, wie ernst die Gemeinde die Dinge der konkreten Lebensführung zu nehmen hat. Man bleibt „fleischlich" trotz der erstaunlichen Geistesgaben, wenn man Zank und Neid unter sich duldet (3, 1—4), und man verfällt trotz der Taufe und dem heiligen Mahl dem tödlichen Gericht, wenn man in leichtfertiger Sicherheit der Sünde Raum gibt. So gehört auch dieses Stück des Briefes ganz in das Mühen des Paulus hinein, Kapitel um Kapitel die Korinther von ihren stolzen Höhen herunterzuholen und ihnen zu zeigen, wie im wirklich gelebten Leben die Entscheidungen über
unser Christsein fallen. Darum unterstreicht Paulus noch einmal: 11

[4] Wörtlich heißt es: „Diese Dinge sind als Typen von uns geschehen."

„Diese Dinge aber widerfuhren vorbildlich[5] **jenen; geschrieben aber wurden sie zur Zurechtweisung von uns."** Sie sind „typisch". Darum hat sie auch Gott aufschreiben lassen, damit sie jeder neuen Generation aufs neue vor Augen ständen. Und ganz besonders hat Gott dabei schon an „uns" gedacht, **„auf welche die Endziele der Zeitalter gekommen sind".** Gott verfolgt durch die Weltzeitalter hindurch seine großen Ziele. Mit der Sendung des Messias und Welterlösers Jesus ist er seinen Zielen ganz nahe gekommen. Nun ist es „letzte Zeit". Wir leben schon unter den aufragenden **„Endzielen der Zeitalter".** Denn mit der Parusie Jesu, unsers Herrn, werden Gottes Ziele endgültig verwirklicht. Aber zum Ende hin wird der Weg für das wandernde Gottesvolk nicht leichter, sondern schwerer, die Versuchung nicht schwächer, sondern intensiver, der Entscheidungsernst unseres Lebens nicht geringer, sondern vollends groß.

12 Und nun wendet sich Paulus mit dringender Sorge an die vielen
Sicheren und Selbstüberzeugten in Korinth. **„Daher, wer überzeugt ist zu stehen, sehe zu, daß er nicht falle."** Vielleicht ist ihre Meinung, zu „stehen", im Augenblick ganz zutreffend. Aber sie ahnen noch nicht die Wucht der Stöße, die sie treffen und zu Fall bringen können. Sie wenden freilich sofort ein, sie hätten doch allerlei Versuchungen siegreich bestanden und seien wirklich keine Anfänger im
13 Glauben mehr. Aber Paulus warnt: **„Keine Versuchung hat euch ergriffen als nur eine menschliche."** Es gibt aber jenen „Ringkampf", von dem Paulus den Ephesern (6, 12) schreibt, der „nicht gegen Fleisch und Blut, sondern gegen die Mächte, gegen die Gewalten, gegen die Weltherrscher dieser Finsternis, gegen die geisterhaften Wesen der Bosheit in den Himmeln droben" geführt werden muß. Paulus erwartet von der Zukunft das, was er den Thessalonichern (2 Th 2, 1—12) vor Augen stellte: Die Herrschaft des „Gesetzlosen", „dessen Parusie erfolgt nach der wirksamen Kraft Satans mit jeder Machttat und Wundern der Lüge und mit jedem Betrug der Ungerechtigkeit". Dann wird die Versuchung heiß und das „Stehen" kein Kinderspiel. Die Zeichen und Wunder des Antichristen werden nach dem Wort des Herrn sogar für die Auserwählten verführerisch sein. Die aus Ägypten geretteten, im Meer getauften und mit geistlicher Speise und Trank beschenkten Väter fielen; wird die Gemeinde der letzten Zeit unter den unerhörten Bedrängnissen und Versuchungen ans Ziel kommen?

So warnt Paulus die Korinther mit dem aufschreckenden „Vorbild der Väter". Aber nun kommt etwas Überraschendes. Paulus hat fort und fort den Einsatz der Christen so gefordert: Lauft zielklar, übt die notwendige Askese, gelüstet nicht nach Bösem! Werdet nicht Götzendiener! Bewahrt die Reinheit! Versucht nicht den Herrn! Murret nicht! Das waren Imperative genug. Und gerade das Beispiel der Väter sollte zeigen, wie alle Gnade Gottes nicht hilft, wenn Menschen den eigenen Einsatz versäumen. Aber nun schließt Paulus den Ab-

[5] Hier steht im grie Text „typikos = typisch".

schnitt doch nicht mit einem letzten Appell an die Treue der Korinther, sondern wendet den Blick zu der Treue Gottes. **„Treu aber ist Gott."** Das tut Paulus nicht zufällig so. Es ist an ihm immer wieder zu sehen, wie bei ihm nie die einschüchternde Drohung das letzte Wort hat, wie er nie mit dem Negativen endet, sondern immer sein Wort positiv ausklingen läßt. Wir denken noch einmal an Kap. 4, 5; 4, 14; 5, 8; 6, 11. 20; 8, 13. Hier aber hat er von der Sache selbst her noch einen besonderen Grund zu seiner Blickwendung. Was heißt denn „Stehen" und worin besteht die „Versuchung"? So ernstlich es sich in Korinth für Paulus um „moralische" Dinge handelte, das „Stehen" ist aber nicht die feste moralische Haltung, und die „Versuchung" ist nicht eine moralische Verführung[6]. Es geht beim „Stehen" und bei der „Versuchung" immer um unser Verhältnis zu Gott[7]. Darum ging es bei Israel in der Wüstenwanderung. „Stand" es fest zu dem Wort und zu den Verheißungen Gottes, hielt es sich an den Unsichtbaren, als sähe es ihn, rechnete es mit seiner Bundestreue? Oder wandte es sich von dem unerträglich unsichtbaren Gott zu den sichtbaren Götzen, murrte es in den Schwierigkeiten, stellte es Gott auf die Probe, um seiner sicher zu sein, trotzte es seinen Weisungen und Verboten? Dazu sind die „Versuchungen" in den Nöten und in der Verlockungen unseres Weges da, um diese Frage zu beantworten. Gewollt war dabei die Antwort in der Bewährung des Glaubens. Erfolgt war die negative Antwort in immer erneutem Fallen. Die Gemeinde Jesu, auch die Gemeinde in Korinth, wird ebenso und in noch zunehmendem Maße in heißen Erprobungen nach der Echtheit ihres Glaubens gefragt. Es ist viel, was sie von ihrem Glauben weglocken und wegstoßen will. Darum kann sie jetzt nur eines vor dem „Fallen" bewahren und im „Stehen" erhalten: nicht das Sehen auf sich selbst, nicht das eigene Zusammennehmen und der eigene Vorsatz, sondern nur das Wegschauen von sich selber und der Blick auf die Treue Gottes. Wie nötig war das für die „Aufgeblasenen" in Korinth, die gerade an ihrer Selbstzufriedenheit und Selbstsicherheit zu fallen drohten. Aber es ist wohl auch so, daß sich hier Paulus selber in seiner tiefen Sorge um die Gemeinde in Korinth tröstet. Die Gemeinde schwankt schon jetzt in den „menschlichen" Erprobungen in erschreckender Weise. Was wird geschehen, wenn die Versuchungen härter und heißer werden? **„Treu aber ist Gott, der nicht zulassen wird, daß ihr versucht werdet über das, was ihr vermögt, sondern der zusammen mit der Versuchung auch den Ausgang schaffen wird, so daß ihr sie zu ertragen vermögt."** Die Gemeinde darf beides haben, was zum Wesen des Glaubens gehört. Wirklicher Glaube sieht

[6] Martin Luther hat es in seiner Auslegung der sechsten Vaterunser-Bitte genau getroffen: „Gott versucht zwar niemand, aber wir bitten in diesem Gebet, daß uns Gott wolle behüten und erhalten, auf daß uns der Teufel, die Welt und unser Fleisch nicht betrüge und verführe in Mißglauben, Verzweiflung und andere große Schande und Laster; und ob wir damit angefochten würden, daß wir doch endlich gewinnen und den Sieg behalten."

[7] Es sei an Zinzendorfs Vers erinnert: „Halleluja! Ja und Amen! Herr, du wollest auf mich sehn, daß ich mög in deinem Namen fest bei deinem Worte stehn."

den ganzen Ernst des Lebens. Er mißt die Gefahren der Versuchungen und ist zum äußersten Einsatz mit aller Kraft bereit. Das entspricht dem Bild des Sportsmannes, wie Paulus es zeichnete. Aber der Glaube sieht zugleich Gott in seiner Treue über allem stehen und ruht wie ein Kind im Mutterschoß in Gottes Wort und Zusagen und erfährt darum jenen „Ausgang" der Erprobungen, der ihn zuletzt „untadelhaft an dem Tag unseres Herrn Jesus Christus" (1, 8) dastehen läßt, weil „Gott treu ist" (1, 9).

NOCH EINMAL WARNUNG VOR DEM GÖTZENOPFER

1. Korinther 10, 14–22

zu Vers 14: 1 Jo 5, 21
zu Vers 16: Mt 26, 66 ff
zu Vers 17: Rö 12, 5; 1 Ko 12, 27
zu Vers 18: 2 Mo 32, 5 f
zu Vers 20: 3 Mo 17, 7; 5 Mo 32, 17; Ps 107, 37; Offb 9, 20
zu Vers 21: Mal 1, 7. 12; 2 Ko 6, 15 f
zu Vers 22: 5 Mo 32, 21

14 **Eben deshalb, meine Geliebten, flieht vor dem Götzendienst.**
15 *** Als zu Verständigen rede ich; beurteilt ihr selbst, was ich sage.**
16 *** Der Becher der Segnung, den wir segnen, ist er nicht Anteilhabe**
an dem Blut des Christus? Das Brot, das wir brechen, ist es nicht
17 **Anteilhabe an dem Leib des Christus? * Denn e i n Brot** (ist es),
e i n Leib sind wir, die vielen; denn alle nehmen wir teil an dem
18 **e i n e n Brot. * Sehet an das Israel nach dem Fleisch; sind nicht**
19 **die, die die Opfer essen, Genossen des Altars? * Was sage ich nun?**
Daß ein Götzenopfer etwas sei? Oder daß ein Götzenbild etwas
20 **sei? * Nein, aber was sie opfern, opfern sie Dämonen und nicht**
Gott. Ich will aber nicht, daß ihr Genossen der Dämonen werdet.
21 *** Ihr könnt nicht den Becher des Herrn trinken und den Becher**
der Dämonen; ihr könnt nicht den Tisch des Herrn teilen und den
22 **Tisch der Dämonen. * Oder wollen wir den Herrn zur Eifersucht**
reizen? Sind wir etwa stärker als er?

Paulus ist sich wohl bewußt, die Frage nach der Teilnahme an
14 Mahlzeiten in heidnischen Tempeln mit dem Kap. 8 noch nicht vollständig beantwortet zu haben. Dort war es ihm zunächst um den „schwachen Bruder" gegangen, der sich durch die Freiheit der „Starken" zu einem Verhalten verführen läßt, das von seinem eigenen Gewissen als Sünde verurteilt wird. Daran verdirbt ein Mensch. Aber ist die Teilnahme an der Tempelmahlzeit, abgesehen von der Rücksicht auf die Schwachen, dem Christen als solchem möglich? Nach den Ausführungen in Kap. 8 konnte es so scheinen. Nun aber hat Paulus seinen Korinthern vor Augen gestellt, wie Israels Väter trotz aller Gnade Gottes dem Verderben verfallen, wie ernst es also mit der Frage unserer tatsächlichen Lebenshaltung ist. Schon dabei war der „Götzendienst" besonders genannt; es ging in allem um das „Stehen" bei dem Wort des unsichtbaren Gottes statt des „Fallens" durch das Hängen am „Sichtbaren", das immer den Charakter des „Götzen" annimmt (vgl. dazu Rö 1, 23. 25). Nun spricht er mit einem betonten **„eben deshalb"** seine eindeutige Mahnung aus: **„Flieht vor dem Göt-**

zendienst.“ Hier gilt keine falsche Sicherheit und Überlegenheit. Hier
gilt nur die „Flucht“[1], das entschlossene Fernbleiben aus den heid-
nischen Tempeln.

Auch hier wieder will Paulus nicht einfach mit „apostolischer Au- 15
torität“ befehlen. Ihm liegt an der Willensbildung der Gemeinde aus
eigener Erkenntnis heraus. **„Als zu Verständigen rede ich; beurteilt
ihr selbst, was ich sage.“** Er scheut sich nicht, seine bestimmte Auf-
forderung dem eigenen Urteil der Korinther zu unterstellen. Das ist
das Zeichen seiner ganzen Gewißheit und Stärke.

Paulus verweist die Korinther auf das Herrenmahl, das sie täglich 16
feiern. Ist es eine leere Zeremonie? Ist es bloße bildliche Darstellung
allgemeiner Wahrheiten? Ist es eine bloße Erinnerungsfeier? Paulus
hat soeben jedes falsche Vertrauen auf die Sakramente mit dem Hin-
weis auf die Väter zerschlagen. Das hindert ihn aber nicht, das Sa-
krament als solches in seiner ganzen Realität zu bezeugen. Im Her-
renmahl geht es um eine reale Anteilhabe. **„Der Becher der Segnung,
den wir segnen, ist er nicht Anteilhabe an dem Blut des Christus?
Das Brot, das wir brechen, ist es nicht Anteilhabe an dem Leib des
Christus?“** Warum Paulus hier mit dem Becher beginnt, ist nicht er-
kennbar. Vielleicht hebt sich ihm in Erinnerung an das Passamahl
der festliche Becher, den er mit dem israelitischen Ausdruck „Becher
der Segnung“ nennt[2], ganz besonders hervor. Das Wesentliche aber
ist der Realismus der Feier. Der Becher mit dem Wein versinnbild-
licht nicht nur etwas und erinnert nicht nur an das einst vergossene
Blut des Christus, sondern gibt die Anteilhabe an ihm[3]. Dieses „Blut“
ist nicht eine magische „Substanz“, die sich in dem Wein befindet,
sondern es ist das vergossene Blut, mit dem wir erkauft sind und das
uns rein macht von aller Sünde. Mit dem gesegneten Becher erhalten
wir den realen Anteil an diesem Blut und an seiner wirksamen Kraft
und damit an der errettenden Liebe des Christus selbst.

Wenn ebenso das Brot den Anteil **„an dem Leib des Christus“** ge-
währt, dann ist dieser „Leib“ freilich zunächst der am Kreuz für uns
in den Tod gegebene. Das ganze Leiden und Sterben des Herrn ist
damit uns geschenkt. Es wird in seiner ganzen Heilsamkeit mit dem
Brot uns zugeeignet. Aber Paulus hat offensichtlich nicht übersehen,
daß der **„Leib des Christus“** zugleich auch eine gegenwärtige Größe
ist in der „Gemeinde, welche da ist sein Leib“ (Eph 1, 23). Darum 17

[1] Die Aufforderung „fliehe!“ findet sich mehrfach an bedeutsamen Stellen. Vgl. Kap. 6, 18; 1 Tim 6, 11; 2 Tim 2, 22. In ihr liegt die Forderung, einer verlockenden Macht gegenüber sich auf keinerlei Probe, auf keinen Kampf einzulassen, sondern von vornherein ein totales Nein zu sagen. Wir dürfen diese aus schmerzlichen Erfahrungen geborene Klarheit weder für uns selbst noch für unsere Seelsorge verlieren. Vgl. schon oben S. 117 zu Kap. 6, 18.

[2] Über den Becher sprach der Hausvater und Leiter des Mahles den Segen, sobald er vor ihn hingestellt worden war. Dementsprechend wurde offenbar über dem Becher bei der Feier des Herrenmahles ein segnendes Wort gesagt.

[3] Vielleicht dürfen wir daran denken, daß „Anteil am Blut“ nach Mt 23, 35; 27, 25 auch die Schuldverhaftung bezeichnen kann. Es gehört zum Ernst des Herrenmahles, daß die Erkenntnis und das Bekenntnis auch dieser „Anteilhabe“ am Blut des Christus durch unsere Schuld nicht fehlt.

schließt er den Satz an: **„Denn ein Brot** (ist es), **ein Leib sind wir, die vielen; denn alle nehmen wir teil an dem einen Brot.“** Es gehört für Paulus besonders zur Feier des Herrenmahles dazu, daß sie uns, die vielen, zu dem einen Leib des Christus zusammenschließt und so in die feste Gemeinschaft untereinander zusammenfügt. Darum hielt Paulus darauf, daß bei der Feier die eine große Flachbrotscheibe genommen und in Stücke zerbrochen wurde, so daß es wirklich das eine Brot war, das alle miteinander teilten. Das war aber nicht nur „Symbol“! In dem gemeinsamen Essen von dem einen Brot, in dem gemeinsamen Anteil an dem einen geopferten Christusleib
18 vollzieht sich real die Leibwerdung der vielen[4]. Paulus wollte jetzt nicht eine Lehre über das Abendmahl entwickeln. Er berief sich auf das Wissen, das die Korinther bereits über das Abendmahl besaßen. Der Zielpunkt seiner Ausführungen ist ein ganz anderer. Er will den Korinthern deutlich machen: kein Kultus ist einfach leer und gegenstandslos; jeder Kultus bringt uns in reale Gemeinschaft mit dem, dem der Kultus gilt. Darum erinnert Paulus nun an das **„Israel nach dem Fleisch“.** Es ist als dieses aus natürlicher Fortpflanzung entstandene Volk auch nur eine „natürliche“ („fleischliche“) Größe. Und doch gibt es in ihm den von Gott gestifteten Altar mit seiner Sühnkraft. An diesem Altar bekommen wirksam Anteil alle, **„die die Opfer essen“**, sie werden **„Genossen des Altars“.** Auch das ist den Korinthern fraglos klar.

19/20 Nun merken sie den entscheidenden Schritt, den Paulus tun will. Bringt der christliche Kultus und der israelitische Kultus in eine reale Verbindung und Anteilhabe, dann auch der heidnische. Will Paulus das sagen? Widerspricht er sich dann nicht selbst und dem, was er in Kap. 8, 4 ausdrücklich versichert hatte? Nein, dabei bleibt er. **„Was sage ich nun? Daß ein Götzenopfer etwas sei? Oder daß ein Götzenbild etwas sei? Nein.“** Aber damit ist noch nicht alles gesagt. Auch der heidnische Kult gilt nicht einem Nichts; er geht nicht einfach ins Leere. Hinter den heidnischen Religionen und hinter dem heidnischen Kult stehen Wirklichkeiten. Darum hatte Paulus schon in Kap. 8 dem „Wissen“, daß es keine Götzen in der Welt gibt und kein Gott ist außer dem „Einen“, in V. 5 die seltsam schwebende Feststellung hinzugefügt: „Selbst wenn es sogenannte Götter gibt, sei es im Himmel oder auf der Erde, wie es ja tatsächlich viele Götter und viele Herren gibt.“ Jetzt wird deutlich, was er mit diesem Satz meinte. Die sogenannten „Götter“ tragen zwar ihren Namen zu Unrecht. Die Bezeichnung „Gott“ gebührt nur dem Einen, dem Vater Jesu Christi. Aber in den „Göttern“ begegnen uns trotzdem unsichtbare Wesenheiten, „Dämonen und Geistermächte“. Wir haben auch an das zu Kap. 2, 6—8 Gesagte zu denken. So stellt Paulus nun mit dem Schriftwort 5 Mo 32, 17 im Blick auf allen heidnischen Kultus

[4] Vor der gleichen Schuld und der gleichen Errettung in der freien Gnade des Christus verschwinden alle Unterschiede zwischen uns. Vgl. Gal 3, 28; Kol 3. 11. Hier sind wir tatsächlich in der Tiefe eins.

fest: **„Aber was sie opfern, opfern sie Dämonen und nicht Gott“**[5]. Darum ist jede Art der Teilnahme am heidnischen Tempelkult gefährlich[6], nicht nur um des schwachen Bruders willen, den man verleitet, sondern auch für die „Starken“, die sich kein Gewissen daraus machen. Denn auch der heidnische Kult bringt in eine reale Gemeinschaft hinein, genauso wie das Herrenmahl oder der israelitische Opferdienst; nur daß es bei ihm die Gemeinschaft mit den Dämonen ist. Paulus kann hier nur mit aller Bestimmtheit sagen: **„Ich will aber nicht, daß ihr Genossen der Dämonen werdet.“** Hier gibt es gerade vom Herrenmahl her gesehen nur ein klares Entweder-Oder.
Hier sind auch die Starken in der Gemeinde vor die Entscheidung 21
gestellt. **„Ihr könnt nicht den Becher des Herrn trinken und den Becher der Dämonen; ihr könnt nicht den Tisch des Herrn teilen und den Tisch der Dämonen.“** Dabei hat das Wort **„ihr könnt nicht“** hier noch den vollen Klang des sachlich Unmöglichen. Wer am Tisch Jesu und am Tisch der Dämonen sitzen will, versucht etwas, was einfach nicht geht.

Das müssen die Korinther um so mehr verstehen, als auch ihre nicht christlichen Mitbürger selbst alle im Tempel gefeierten Mahlzeiten so „real“ ansehen. So heißt es z. B. in einer privaten Einladung zum Essen: „Chairemon ladet dich zum Mahle ein an die Tafel des Kyrios Serapis im Serapeum, morgen d. h. am 15., von 9 Uhr an.“ Wir sehen den Gebrauch des Wortes „Kyrios = Herr“. Der ägyptische Gott Serapis wird wie Jesus „Kyrios“ genannt. Wir sehen, wie ein Tempel, das Serapeum, tatsächlich zugleich die Gaststätte war, zu der man einen Freund zum Essen einlud. Und vor allem sehen wir, wie dabei der Tisch die „Tafel des Serapis“ war. Sobald erkannt wurde, daß die sogenannten „Götter“ und „Herren“ des Heidentums keine wirklichen Götter, sondern dämonische Mächte sind, mußte aus der „Tafel des Kyrios Serapis“ oder anderer Götter ein **„Tisch der Dämonen“** werden, an dem man als Christ nicht mehr sitzen kann.

Noch einmal geht der Blick zurück zu den nicht umsonst vorher angeführten Geschichten „der Väter“. Sie „haben Gott zur Eifersucht gereizt durch die Götter“ (5 Mo 32, 21). Es ist merkwürdigerweise und doch sachlich notwendig so, daß bei Gott heilig und recht ist, was bei jeder Kreatur häßlich und falsch erscheint. „Gott kann sich selbst nicht verleugnen“ (2 Tim 2, 13), während von uns die Selbstverleugnung gerade gefordert ist. Ebenso wacht Gott mit heiliger „Eifer-

[5] Diese Feststellung befremdet uns zunächst. Die Älteren unter uns sind alle noch ausgiebig in den griechischen und germanischen Göttersagen unterwiesen worden und fanden sie in ihrer Weise ganz tiefsinnig und schön. Und nun sollen dahinter „Dämonen“ stehen? Aber die Wahrheit des paulinischen Urteils wird uns erschreckend deutlich, wenn wir erkennen, wie alles Heidentum, gerade auch das germanische, von Zauberei durchzogen ist. Das eigentlich „Wirksame“ im Heidentum sind nicht die Göttergestalten und die von ihnen berichteten Mythen, sondern die gegenwärtigen Mächte der Finsternis in einem ausgebreiteten Zauberwesen. Darum sind auch die altgermanischen Zaubersprüche heute noch wirksam und können den, der es mit ihnen versucht, in unheimliche Bindungen verstricken.

[6] Ebenso ist jeder, der aus „Interesse“ oder auch nur aus „Spaß“ an okkulten Dingen teilnimmt, gefährdet. Selbst das bloße Dabeisein beim Kartenlegen und dgl. kann schon okkult behaften.

sucht" darüber, daß seine Gottheit in ihrer Alleingeltung geachtet wird, und „gibt seine Ehre keinem andern" (Jes 42, 8; 48, 11). Darum lassen sich die Gemeindeglieder in ein gefährliches Wagnis ein, die am „Tisch des Herrn" und am „Tisch der Dämonen" zu finden sind.
22 **„Wollen wir den Herrn zur Eifersucht reizen?"** Jesus hat von der Schöpfung her (wir sind „durch ihn geschaffen", Kap. 8, 6) und um der Erlösung willen (wir sind von ihm in „bar gekauft", 6, 20) das volle Eigentumsrecht. Dieses sein Recht macht er geltend. Wenn wir es verletzen und mit fremden „Herren" in Verbindung treten, reizen wir seinen Eifer. Wollen die Korinther das wagen? Sind sie auch in ihren Augen die „Starken", meinen sie damit wirklich **„stärker als er"** zu sein?

Wie merkwürdig entgegengesetzte Folgerungen kann man doch aus der gleichen Gewißheit ziehen. Die „Starken" in Korinth gehörten wohl besonders zu der Gruppe, in der man mit Betonung sagte: „Ich gehöre Christus" (1, 12). Sie schlossen daraus, also kann ich ruhig zur Dirne gehen und meine körperlichen Bedürfnisse befriedigen und kann ohne weiteres an den Mahlzeiten im heidnischen Tempel teilnehmen und Götzenopfer genießen; ich gehöre ja Christus, es kann mir nichts schaden. Paulus lebt in der gleichen Gewißheit, ein Eigentum Jesu zu sein, „in bar gekauft" von ihm. Für ihn aber ist die Folgerung eindeutig: Also kann ich in keiner Weise zugleich noch irgend jemand anderem gehören, weder leiblich der Dirne, mein Leib gehört dem Herrn, noch im Tempel den Dämonen, mein Anteil ist das Blut und der Leib des Herrn. Um die Frage der „Freiheit" und „Gebundenheit" ging es in dem ganzen vielfältigen Gespräch des Paulus mit den Korinthern. Um diese Frage geht es immer wieder in der Christenheit bis heute. Es ist bei Paulus keine Rede von irgendeinem Wiederaufrichten des „Gesetzes". Paulus kommt den Korinthern nicht in einem einzigen Satz mit irgendwelchen „Verboten". Genau entsprechend Rö 6 geht es allein um das Verhältnis zum Herrn. Aber um dieses Verhältnis geht es Paulus nun allerdings mit einem letzten Ernst. Die ganze konkrete Gebundenheit an den Herrn auf jedem Lebensgebiet macht frei von jeder andern Bindung. Paulus ist überzeugt, daß dies die wahre Freiheit ist.

UND WIE STEHT ES MIT DEM SONSTIGEN FLEISCHGENUSS?

1. Korinther 10, 23–11, 1

zu Vers 23: 1 Ko 6, 12; 8, 1 f; Rö 14, 19; 15, 2
zu Vers 24: Phil 2, 4

23 **Alles steht frei, aber nicht alles ist förderlich; alles steht frei, aber**
24 **nicht alles baut auf. * Niemand suche das Seine, sondern das des**
25 **andern. * Alles, was auf dem Fleischmarkt verkauft wird, das eßt,**
26 **nichts untersuchend um des Gewissens willen. * Des Herrn ist ja**
27 **die Erde und ihre Fülle. * Wenn einer der Ungläubigen euch einlädt, und ihr wollt hingehen, so eßt alles, was euch vorgesetzt**

28 wird, nichts untersuchend um des Gewissens willen. * Wenn aber
einer zu euch sagen würde: „Dies ist Geopfertes“, dann eßt (es)
nicht um deswillen, der es aufgedeckt hat, und um des Gewissens
29 willen. * Mit Gewissen meine ich aber nicht dein eigenes, sondern
das des andern. Denn warum wird meine Freiheit beurteilt von
30 einem andern Gewissen? * Wenn ich meinerseits mit Danksagung
genieße, warum werde ich verlästert über dem, wofür ich selber
31 danke? * Ob ihr nun eßt oder trinkt oder irgend etwas tut, alles
32 tut zur Ehre Gottes. * Seid unanstößig den Juden und den Grie-
33 chen und der Gemeinde Gottes, * wie auch ich in allen Stücken
allen zu gefallen suche, nicht suchend meinen eigenen Vorteil,
11, 1 sondern den der vielen, damit sie errettet werden. * Seid Nach-
ahmer von mir, wie auch ich von Christus.

zu Vers 25: Rö 14, 2—10. 22
zu Vers 26: Ps 24, 1; 50, 12 Rö 14, 14. 20
zu Vers 28: Lk 10, 8 1 Ko 8, 7
zu Vers 29: Rö 14, 3 f 14, 13
zu Vers 30: Rö 14, 6 1 Tim 4, 3 f
zu Vers 31: Lk 13, 26 Kol 3, 17
zu Vers 32: Rö 15, 2 1 Ko 8, 13
zu Kap. 11, 1: 1 Ko 4, 16 Eph 5, 1 Phil 3, 17 1 Th 1, 6 2 Th 3, 7. 9 Hbr 6, 12; 13, 7

Die Teilnahme an Opfermahlzeiten in heidnischen Tempeln ist unmöglich, nicht nur im Blick auf den schwachen Bruder, sondern für den Christen als solchen. Das ist jetzt klar. Aber es bleibt eine wichtige Frage. Im griechischen Raum war eigentlich jedes Schlachten zugleich ein Opfern[1]. Es war also a l l e s Fleisch irgendwie „Götzenopferfleisch“. Wie sollen sich die Gemeindeglieder nun verhalten?

Ehe Paulus darüber spricht, stellt er noch einmal den Grundsatz seines Urteils heraus. Er tut es ähnlich wie in Kap. 6, 12 und doch mit kennzeichnenden Unterschieden. Sein Wort ist an unserer Stelle noch grundsätzlicher. Daher fehlt bei dem **„alles steht frei“** in den
besten Handschriften hier das „mir“. Paulus mit seinem gesetzes- 23
freien Evangelium stimmt offensichtlich dieser ganzen Freiheit zu. Er schränkt sie auch hier ebenso wenig wie in Kap. 6, 12 durch gesetzliche Zäune ein. Aber wie in Kap. 6, 12 fügt er hinzu: **„Aber nicht alles ist förderlich.“** Freiheit für das, was nicht fördert, sondern schadet, begehrt nur der Tor. Während Paulus angesichts des Themas in Kap. 6, 12 („aber ich meinerseits will nicht unter die Gewalt von etwas kommen“) an die Sklaverei denkt, in die die Triebe uns stürzen können, macht er hier nach der ganzen Erörterung von Kap. 8 einen
anderen Gesichtspunkt geltend: **„Alles steht frei, aber nicht alles** 24
baut auf.“ Schon die ganze Fragestellung ist falsch, wenn ich nur nach meiner eigenen Freiheit, nach meinem eigenen Dürfen und Können frage. Es geht nicht um isolierte Einzelchristen, die nach ihren Erkenntnissen tun können, was sie wollen, es geht um den Aufbau der Gemeinde. Und dieser „Bau“ geschieht keineswegs nur durch die amtliche Tätigkeit bestimmter Mitarbeiter, auch nicht nur durch die Teilnahme aller Gemeindeglieder an Verkündigung und Seelsorge, sondern schon durch den „Wandel“, durch das praktische Ver-

[1] Das spiegelt sich in der Sprache wider. Man benutzt das Wort „opfern“ (grie thyo) einfach auch als Ausdruck für „schlachten“. Auch der berufsmäßige Metzger vollzog irgendeine Opferzeremonie, und wenn er nur einige Stirnhaare des Tieres in die Flammen warf. Die noch in Resten erhaltene Fleischmarkthalle von Pompeji hatte neben dem Schlachtraum eine Kapelle für den Kaiserkult. Der enge Zusammenhang zwischen Opfer und Markt ist augenscheinlich. S. Lietzmann im „Handbuch zum NT“, S. 51/52.

halten, und durch die Liebe, die die Gemeinschaft mit dem andern hält. Paulus unterstreicht mit Nachdruck: **„Niemand suche das Seine, sondern das des andern."** Das ist es, was in Korinth so fehlte und was auch in unserem „Christentum" oft zu vermissen ist.

Von da aus und gerade nicht unter der Leitung von „Gesetzen" bekommen die praktischen Fragen unseres Verhaltens ihre Antwort. So fern die hier zur Besprechung stehenden Probleme uns heutigen Christen liegen, so wichtig ist es für uns zu sehen, wie ein Paulus überhaupt konkrete Einzelfragen des christlichen Lebens regelt. Es waren damals wie heute die Fragen um das „Darf ein Christ ...?"

25 Darf ein ernster Christ überhaupt noch Fleisch essen, wenn doch auch das auf dem Markt feilgebotene irgendwie mit einem Opferritus geschlachtet worden ist? Es gab gewiß in Korinth wie in Rom (Rö 14, 2) Christen aus Israel, die hier ein ganzes Nein sagten. Paulus entscheidet anders. **„Alles, was auf dem Fleischmarkt verkauft wird, das eßt."** Hier ist nicht wie im Tempel ein „Tisch der Dämonen", an den man sich setzt und sich doch nicht setzen darf. Mag beim Schlachten geschehen sein, was da will, den Christen geht es nichts an. Er
26 muß **„nichts untersuchen um des Gewissens willen".** Warum nicht? **„Des Herrn ist ja die Erde und ihre Fülle."** Dazu gehört auch das auf dem Markt einzukaufende Fleisch.

27 Aber wie steht es mit den Einladungen durch „Ungläubige"? Später im Brief (14, 23 f) wird Paulus die im eigentlichen Sinn „Ungläubigen" von den bloß „Ahnungslosen" unterscheiden. Hier meint der Ausdruck einfach Menschen aus dem Heidentum, die nicht Christen wurden[2]. **„Wenn einer der Ungläubigen euch einlädt, und ihr wollt hingehen."** Paulus setzt bei der Befolgung einer derartigen Einladung einen Entschluß voraus, der nicht selbstverständlich ist. Der Christ kann solche Einladungen auch sehr wohl ablehnen und kann seine guten Gründe dafür haben. Aber Paulus verneint auch nicht die Möglichkeit des gesellschaftlichen Verkehrs mit Ungläubigen. Er bestätigt damit sehr positiv, was er in Kap. 5, 9 f geschrieben hatte. Ist ein Christ als Gast im heidnischen Hause, so gilt bei Tisch eine ähnliche Regel wie beim Einkauf auf dem Markt: **„Eßt alles, was euch vorgesetzt wird, nichts untersuchend um des Gewissens willen."** Für den Eingeladenen ist das Vorgesetzte einfach Fleisch, das er mit Danksagung genießt; hier braucht nichts untersucht und erörtert zu werden.

28 Doch es kann eine ganz andere Situation entstehen: **„Wenn aber einer zu euch sagen würde: ‚Dies ist Geopfertes', dann eßt nicht um des Gewissens willen."** Paulus erörtert jetzt nicht, wer dieser Tischgenosse ist und aus welchem Grund er einen solchen Hinweis gibt. Es könnte einer der Heiden sein, der aus Wohlwollen warnt oder der neugierig ist, wie sich ein Christ in dieser Frage verhält. Wir könnten aber auch an einen andern Christen denken, der ausdrücklich war-

[2] Es wird aber auch hier wieder deutlich, wie für Paulus sowohl das „Gläubigsein" wie das „Ungläubigsein" eindeutige, das ganze Sein eines Menschen bestimmende Haltungen waren! Vgl. auch Anmerkung zu Kap. 7, 12 S. 126 und die Anmerkung zu Kap. 14, 23 S. 240.

nen will[3]. Warum ist die Lage jetzt eine andere? Jetzt geht es nicht mehr um den eingeladenen Christen allein und um sein eigenes freies Gewissen. Jetzt geht es um den Mann, der den ausdrücklichen Hinweis gab und — wie Paulus hinzufügt — um dessen Gewissen. **„Mit Gewissen meine ich aber nicht dein eigenes, sondern das des andern."** 29a
Zur Erklärung dessen, was Paulus hier sagen will, werden wir auf Kap. 8 zurückgreifen müssen. Für das Gewissen eines schwachen Bruders wie für das Gewissen des Heiden ist dieses Fleisch nun wirklich und ausdrücklich „Geopfertes". Nun hat der Christ nicht seine persönliche Freiheit herauszustellen und die Stärke seines Glaubens vorzuführen, sondern vom gebundenen Gewissen des andern her[4] dieses Fleisch als Eigentum der Dämonen zu behandeln und nichts davon zu essen. Hier ist der „status confessionis" eingetreten, wie unsere reformatorischen Väter sagten, hier muß dem andern gegenüber „bekannt" werden. Eine an sich unwichtige Sache („ein adiaphoron" sagen die Theologen) bekommt als Ausdruck des Bekenntnisses auf einmal entscheidende Bedeutung, weil jetzt gerade an ihr die grundsätzliche Stellung bezeugt werden muß[5].

Grundsätzlich bleibt dem Christen die Freiheit seines Gewissens. 29b/30
„Denn warum wird meine Freiheit beurteilt von einem anderen Gewissen? Wenn ich meinerseits mit Danksagung genieße, warum werde ich verlästert über dem, wofür ich selber danke?" Diese Sätze unterstreichen erklärend, warum Paulus bei seiner Regel nicht an das eigene Gewissen des gläubigen Christen, sondern nur an das Gewissen des andern dachte[6]. Mein eigenes Gewissen kann und darf niemals von einem fremden Gewissen gerichtet werden, und in der Danksagung[7] habe ich den einfachen, von aller Gesetzlichkeit und Kasuistik freien Maßstab für das, was ich darf. Wofür ich Gott redlich zu danken vermag, das ist nicht „sündlich", auch wenn es ein

[3] Im Text steht an Stelle von „Götzenopfer" das neutrale Wort „Geopfertes". Vielleicht wird auch der andersdenkende Christ als Gast im heidnischen Haus den abfälligen Ausdruck „Götzenopferfleisch" vermeiden und den hier stehenden Ausdruck „Geopfertes" verwenden. Es kann in diesem Ausdruck aber auch der Hinweis liegen, daß es einer der heidnischen Tischgenossen ist, der auf den Tatbestand der Herkunft des Fleisches aufmerksam machte.

[4] In diesem Abschnitt wird uns erneut deutlich, wie absolut ernst Paulus das Gewissen genommen hat. Das ist festzuhalten, weil wir in der theologischen Literatur auf Äußerungen stoßen, die das Gewissen als eine nur menschliche uns subjektive Größe meinen entwerten zu sollen.

[5] So haben später Christen lieber Folter und Tod auf sich genommen, um nicht das Körnchen Weihrauch vor dem Kaiserbild in die Flammen zu werfen. An sich ist ein solches Weihrauchkörnchen „nichts"; aber hier wäre es zum Zeichen der göttlichen Verehrung eines Menschen geworden. Darum mußte durch die Verweigerung dieses Körnchens das Nein zum Kaiserkult unmißverständlich ausgesprochen werden.

[6] A. Schlatter legt die Sätze anders aus: „Würde er auch jetzt dennoch essen, so geschähe, was unbedingt vermieden werden muß. Nun würde das Gewissen des Freien, der zu essen imstande ist, von einem andern Gewissen gerichtet. Dies aber ist ein verwerfliches Verhalten, weil kein fremdes Gewissen das Recht hat, über das des andern zu richten, und da der Richtende den Essenden verurteilen wird, wird er um dessentwillen gelästert und als Sünder gescholten werden, wofür er dankt" (a. a. O. S. 304).

[7] Die junge Christenheit nahm die jüdische Sitte des Dankgebetes beim Essen gern auch in ihr Leben hinein. An dieser kleinen Bemerkung des Paulus sehen wir: Paulus hält es für selbstverständlich, daß der Christ auch am Tisch des heidnischen Hauses sein Tischgebet nicht unterläßt.

„Essen von Götzenopferfleisch" ist. Wenn Paulus an das eigene Gewissen des beim Mahl sitzenden Christen denkt, dann teilt er grundsätzlich die Haltung der „Freien" in der Gemeinde. Der Gefährdung eines schwachen Gewissens durch die Freiheit der „Starken" ist Paulus mit ganzem Ernst entgegengetreten. Wenn aber der „Schwache" sich zum Richter aufwarf über die Freiheit seiner Brüder, dann weist Paulus das ebenso ab. Der ängstliche Christ, der jedes Fleisch als „Götzenopfer" scheut, soll und muß das für sich tun, solange ihn sein Gewissen dazu verpflichtet. Er hat aber nicht das Recht, den andern, der seinerseits „mit Danksagung" Fleisch genießt, zu „verlästern über dem, wofür er Gott dankt".

Es geht dabei um den „Bau" der Gemeinde! Die Einheit der Gemeinde ist bedroht, wenn die „Freien" und die „Ängstlichen" sich gegenseitig zu richten und zu verlästern beginnen. Jeder wirft dann dem andern vor, kein richtiger Christ zu sein und das Evangelium noch gar nicht verstanden zu haben: „Wie kann ein Christ noch Götzenopfer essen!" „Wie kann ein Christ sich noch vor Götzenopfer fürchten!" Nur in der brüderlichen Rücksichtnahme auf das Gewissen des andern kann die Einheit der Gemeinde bewahrt werden. Dabei ist aber die Aufgabe der praktischen Rücksichtnahme durch freiwilligen Verzicht auf die eigene Freiheit vor allem den „Starken" gestellt[8].

31 Nun zeigt Paulus noch einmal abschließend, daß es ihm nicht um ein Netzwerk einzelner Bestimmungen geht, sondern um eine Grundhaltung, aus der bestimmte Einzelentscheidungen fließen. Er gibt dieser Grundhaltung in ihrer Ausrichtung auf Gott einen herrlichen Ausdruck, so wie bei Paulus immer wieder die großen „dogmatischen" und „ethischen" Sätze echte Gelegenheitsworte sind. **„Ob ihr nun eßt oder trinkt oder irgend etwas tut, alles tut zur Ehre Gottes."** Wie wunderbar, nun zerfällt unser Leben nicht mehr in eine „religiöse" (heilige, göttliche) und eine „weltliche" Hälfte. Nun haben auch die äußerlichsten und weltlichsten Dinge wie Essen und Trinken ihre Beziehung zu Gott und dürfen zu Gottes Ehre dienen. Das Tischgebet war also für Paulus keineswegs eine Formsache. Unser ganzes Tun, einschließlich Essen und Trinken, wird durch das Gebet wichtig, aber auch gereinigt und in Zucht genommen. Kein asketischer Klang ist hier zu hören; aber es leuchtet hell die Freiheit von allen Gebundenheiten.

32/33 Aber Paulus ging es in den ganzen Darlegungen immer um den andern. Auch das findet noch einmal seinen starken und lebendigen Ausdruck: **„Seid unanstößig den Juden und den Griechen und der Gemeinde Gottes, wie auch ich in allen Stücken allen zu gefallen suche, nicht suchend meinen eigenen Vorteil, sondern den der vielen,**

[8] Paulus hat wenige Jahre später von Korinth Rö 14, 1—12 geschrieben und dort die gleichen Grundsätze entwickelt. Auch dort geht es um den Fleischgenuß. Auch dort steht Paulus selbst offensichtlich zu den „Starken im Glauben". Auch dort fordert er um einer echten Gemeinschaft willen die gegenseitige Achtung des „Gewissens".

damit sie errettet werden." Die Freiheit des eigenen Gewissens hat Paulus machtvoll geschützt und für unantastbar erklärt. Von neuen Gesetzen ist keine Rede[9]. Aber der Christ in Korinth lebt zwischen Juden und Griechen und steht in der Gemeinde, darum kann er nicht einfach seine eigene Freiheit pflegen, die er grundsätzlich hat, sondern muß sehen, daß er den andern keinen Anstoß gibt. Er kann nicht nur auf seinen eigenen Vorteil bedacht sein, er sucht den Vorteil der andern. Und dieser **„Vorteil"** ist — ihre Errettung. Die Errettung von Menschen geschieht aber nicht durch das verkündigte Wort allein. Sie wird gefördert, wenn die ganze Haltung des Christen anziehend und gewinnend ist. Sie wird erschwert, wenn das Verhalten des Christen befremdend oder abstoßend wirkt. **„Seid unanstößig den Juden und den Griechen."** Das große Ziel des „Errettens" muß unser ganzes Leben bestimmen.

Aber ist es denn möglich, gleichzeitig so grundverschiedenen Menschen **„unanstößig"** zu sein? Erscheine ich nicht den „Griechen" sofort eng und lächerlich, wenn die „Juden" mit mir zufrieden sind? Bin ich den „Juden" nicht verdächtig, wenn ich den „Griechen" mich anpasse? Paulus verweist auf sein eigenes Beispiel. **„Wie auch ich in allen Stücken allen zu gefallen suche."** Er hat tatsächlich den Zugang zu Juden und Griechen gefunden und es erlebt, daß Menschen aus Israel wie Menschen aus den Nationen sich der Botschaft erschlossen. Dabei ist aber hier wie überall bei Paulus das Wort „alle" nicht statistisch, sondern wesensmäßig gemeint. Die Korinther hatten es genügend miterlebt, wieviel Anstoß die Juden ihrer Stadt an Paulus genommen hatten (vgl. Apg 18, 4—6). Sie werden auch von griechischen Bekannten manches verächtliche Wort über diesen „Juden" Paulus gehört haben. **„Seid unanstößig den Juden und den Griechen"** bedeutet also: gebt keinen unnötigen, keinen berechtigten Anstoß durch das übermäßige Herausstellen eurer eigenen „Freiheit". Denkt immer daran: ihr wollt doch gewinnen, erretten! Und seid auch **„unanstößig der Gemeinde Gottes"**. Tut nichts in eurer „Freiheit", was die Gemeinde verwirrt oder ihre herzliche Gemeinschaft stört. Bedenkt, es ist ja nicht „eure" Gemeinde, es ist **„Gottes Gemeinde"**, von Gott teuer erworben. Denkt darum nicht immer nur an euer eigenes Recht, sondern denkt an die Heiligkeit und Herrlichkeit dieses einzigen wirklichen „Tempels", den es in der Welt gibt. Die Sätze des Paulus aus Kap. 6, 17. 19 klingen hier nach.

Der erste kleine Satz des 11. Kapitels gehört als Abschluß der 1
ganzen Erörterung hierher: **„Seid Nachahmer von mir, wie auch ich von Christus."** Gerade weil es sich in allem Verhalten um die konkrete Durchführung einer bestimmten „Haltung" handelt, bedarf der Christ des lebendigen „Vorbildes". Dem noch ungeübten Bergsteiger

[9] Auch nicht vom „tertius usus legis", dem „dritten Gebrauch des Gesetzes". Die Theologie der Reformationszeit sagte: „Gottes Gebote seien 1. nötig zur Regelung des äußeren gesellschaftlichen Lebens, 2. zur Erkenntnis der Sünde, 3. dienten sie aber auch als Lebensregeln für den erlösten und gläubig gewordenen Menschen." Paulus hat aber die Korinther nicht in diesem Sinne erneut an das Gesetz erinnert.

nützen Bücher und allgemeine Anweisungen wenig. Er muß Schritt für Schritt und Griff um Griff den erprobten Bergführer „nachahmen“ können und so das eigene Bewältigen der Aufgabe lernen[10].

Paulus fordert die Christen in Korinth nicht unmittelbar auf: „Werdet Nachahmer Christi.“ Das ist beachtlich für uns, die wir mit der „Imitatio Christi“, der „Nachahmung Christi“, schnell bei der Hand sind. Paulus hielt hier etwas wie eine „Übersetzungsarbeit“ für nötig, die den Christen aus den Nationen zeigte, wie der Weg Jesu heute in einer griechischen Stadt aussieht. Diese „Übersetzung“ vollzog Paulus in seinem eigenen konkreten Leben.

Er selbst aber ist „Nachahmer des Christus“. Paulus hat hier den Korinthern nicht näher erklärt, wie er das meint. Aber an Phil 2, 5 ff können wir sehen, wie er das „Vorbild“ Jesu verstand. Es geht nicht um eine künstliche „Nachahmung“ Jesu, nicht um eine Anpassung an einzelne Worte oder Handlungen von ihm. Das würde nur zu einer Karikatur führen. Es geht vielmehr um den „Sinn des Christus“, den wir im Heiligen Geist „haben“ (2, 16), um jene Grundgesinnung, die nichts festhalten will wie einen Raub, sondern die sich „entäußern“ und die „Sklavengestalt“ annehmen kann, um den andern zu dienen und ihnen zur Rettung zu helfen. Die „Nachahmung des Christus“ ist nichts anderes als das, was Paulus schon in Kap. 4, 9–13, in Kap. 8, 13, in Kap. 9, 19–22 und nun in Kap. 11, 1 den Korinthern vor Augen gestellt hat.

UM DAS KOPFTUCH DER FRAU

1. Korinther 11, 2–16

zu Vers 2: 2 Th 2, 15
zu Vers 3: 1 Mo 3, 16; 1 Ko 3, 23; Eph 4, 15; 5, 23
zu Vers 7: 1 Mo 1, 27; 5, 1
zu Vers 8: 1 Mo 2, 22 f; 1 Tim 2, 13
zu Vers 9: 1 Mo 2, 18
zu Vers 10: 1 Mo 6, 2

2 Ich lobe euch aber, daß ihr in allem meiner gedenkt und die Über-
3 lieferungen, wie ich (sie) **euch gegeben habe, festhaltet. * Ich will**
aber, daß ihr wißt, daß jedes Mannes Haupt der Christus ist, das
Haupt aber der Frau der Mann, das Haupt aber des Christus
4 Gott. * Jeder Mann, der beim Beten oder Weissagen etwas auf
5 dem Haupt hat, verunehrt sein Haupt. * Jede Frau aber, die betet
oder weissagt mit unbedecktem Haupt, verunehrt ihr Haupt; denn
6 sie ist ein und dasselbe wie die Geschorene. * Denn wenn sich eine
Frau nicht bedeckt, so lasse sie sich auch das Haar abschneiden;
wenn es aber für eine Frau entehrend ist, daß ihr das Haar ab-
7 geschnitten oder geschoren wird, so soll sie sich bedecken. * Denn
der Mann freilich ist nicht verpflichtet, sich das Haupt zu bedek-
ken, da er Bild und Herrlichkeit Gottes ist; die Frau aber ist des
8 Mannes Herrlichkeit. * Denn nicht ist der Mann aus der Frau, son-
9 dern die Frau aus dem Mann; * und es wurde ja auch nicht ge-
schaffen der Mann um der Frau willen, sondern die Frau um des
10 Mannes willen. * Darum ist die Frau verpflichtet, eine Macht auf

[10] Vgl. die Auslegung zu Kap. 4, 16 o. S. 92.

11 **dem Haupt zu haben um der Engel willen. * Jedoch ist weder die**
Frau ohne den Mann noch der Mann ohne die Frau im Herrn.
12 *** Denn wie die Frau aus dem Manne, so ist auch der Mann durch**
13 **die Frau; das alles aber aus Gott. * Bei euch selbst urteilt: ist es**
14 **geziemend, daß eine Frau unbedeckt zu Gott betet? * Und lehrt**
euch nicht die Natur selbst, daß, wenn ein Mann langes Haar
15 **trägt, es eine Unehre für ihn ist; * wenn aber eine Frau langes**
Haar hat, es eine Ehre für sie ist? Denn das lange Haar ist ihr als
16 **eine Hülle gegeben. * Wenn aber einer rechthaberisch sein will,**
wir jedenfalls haben eine derartige Sitte nicht und auch nicht die
Gemeinden Gottes.

Von der Frage des Fleischgenusses in einer Welt des Heidentums wendet sich Paulus einer weiteren Einzelfrage zu, die in Korinth offenbar die Gemüter bewegte. Schon in Kap. 7 spürten wir, daß in der Gemeinde, vor allem in einzelnen Frauenkreisen, ein Verlangen lebte, aus den Bindungen der Ehe herauszukommen und sich den ehelichen Pflichten zu entziehen. Paulus selbst hatte es in seiner Verkündigung betont ausgesprochen: „Da ist kein Jude noch Grieche, kein Sklave noch Freier, kein Mann noch Frau, denn ihr seid alle einer in Christus Jesus" (Gal 3, 28). Bedeutete das nicht auch praktisch die Gleichstellung von Mann und Frau? Muß nicht die Frau als Christin die volle „Freiheit" finden, die ihr bisher versagt war? Innere Haltungen werden im einzelnen konkreten Verhalten offenbar. Korinthische Frauen legten beim Beten und Weissagen[1] in der Gemeindeversammlung das Kopftuch[2] ab; sie wollen so „frei" dastehen wie der Mann. Es ging hier also nicht um eine bloße Äußerlichkeit, von der es gar nicht zu reden lohnte. Paulus weiß, warum er so gründlich auf diese Frage des Kopftuches eingeht. Und wir merken, warum der Abschnitt mit seinen uns zunächst recht fremden und unverständlichen Sätzen auch unsere Aufmerksamkeit verdient.

Dabei überrascht Paulus uns am Anfang und am Schluß unseres Ab- 2
schnittes durch den Wert, den er auf „Überlieferungen" und „Sitten" legt. Vor der Sitte in den Gemeinden Gottes haben weitere Erörterungen zu schweigen (V. 16). Und voran steht das Lob, **„daß ihr in allem meiner gedenkt und die Überlieferungen, wie ich** (sie) **euch übergeben habe, festhaltet"**. Paulus hat seine jüdische und pharisäische Vergangenheit bei seinem Christwerden nicht einfach ausradiert. Er weiß aus den jüdischen Gemeinden in der weiten Welt, welche bewahrende

[1] Über das „Weissagen" als besondere Geistesgabe vgl. die Ausführungen zu **Kap. 14, S. 239.** Es handelt sich dabei keineswegs nur oder auch nur in erster Linie um Mitteilungen über die Zukunft, sondern um ein bevollmächtigtes Reden unter der Leitung des Geistes Gottes überhaupt.

[2] Die griechische Frau trug zur Zeit des Paulus je nach der Mode eine Kopfbedeckung oder nicht. Dagegen galt für die Frau im Judentum die Forderung, ihr Haar außerhalb des Hauses zu verhüllen. Ganz strenge Jüdinnen trugen das Kopftuch sogar im Hause. Paulus hat offenbar diese Sitte auch in den Christengemeinden zur Geltung gebracht. Sie gehörte zu den „Überlieferungen", die er auch den Korinthern „übergeben" hat. Nun lehnen sich griechische Frauen der Gemeinde dagegen auf. Paulus ist gefragt, was er dazu sagt.

Macht die gleichmäßige Sitte haben kann (so sehr sie zugleich ein hartes Hindernis für das Evangelium bedeutete). Und er weiß, daß gerade für ein Leben des Glaubens das Empfangen und Weitergeben von „Überlieferungen" unentbehrlich ist. Wir werden darauf noch in Kap. 11, 23 und Kap. 15, 3 sehr ernstlich stoßen. Die Korinther werden selber in ihrem Schreiben an Paulus hervorgehoben haben, daß sie an den Ordnungen **„festhalten"**, die ihnen ihr Apostel von Anfang an überliefert hat. Gerade darum erbitten sie nun seinen Rat in der aufgebrochenen Frage, ob eine Ehefrau – darum handelt es sich im ganzen Abschnitt – unverschleiert beten und weissagen darf oder nicht.

3 Paulus beginnt seine Antwort mit der bekannten Formel: **„Ich will aber, daß ihr wißt."** Paulus möchte auch hier wieder nicht allein die bestehende Sitte oder die apostolische Autorität entscheiden lassen, sondern die Gemeinde zum eigenen Verständnis und dadurch zu einem eigenen Urteil führen. Diejenigen Korinther, die nach unterschiedsloser Gleichheit streben, müssen verstehen, daß die Wirklichkeit anders aussieht. Es hat jeder sein „Haupt", das ihn regiert und dem er mit ganzer Hingabe gehört und dient. **„Ich will aber, daß ihr wißt, daß jedes Mannes Haupt der Christus ist, das Haupt aber der Frau der Mann, das Haupt aber des Christus Gott."** Auch der „freie" Mann steht unter einem „Haupt", unter dem Christus. Wir erinnern uns an Kap. 7, 22: „der als freier Mann Berufene ist ein Sklave Christi". So hat auch die Frau ihr „Haupt" im Mann. Damit aber nicht sofort die Auflehnung gegen diese Zumutung aus dem Herzen mancher Frau aufsteigt, schließt Paulus den Satz mit dem Hinweis: **„Das Haupt aber des Christus ist Gott."** Also auch der, den die Gemeinde als „Herrn" anbetet, der „den Namen über alle Namen" hat, hat ein „Haupt" über sich und gehört und dient diesem Haupt in völliger Hingabe. An ihm kann die unwillige Frau sehen, daß die Unterstellung unter ein Haupt nicht Erniedrigung und Unglück ist, sondern gerade die volle Herrlichkeit des Dienens in sich trägt. Die Frau soll auch nicht der Willkür eines herrschenden Mannes ausgeliefert sein, sondern ihr Haupt in demjenigen Manne haben, der selber völlig der Diener seines Hauptes Christus ist.

4/5 Paulus fügt sofort dieser Grundaussage die Feststellung an: **„Jeder Mann, der beim Beten oder Weissagen etwas auf dem Haupt hat, verunehrt sein Haupt. Jede Frau aber, die betet oder weissagt mit unbedecktem Haupt, verunehrt ihr Haupt; denn sie ist ein und dasselbe wie die Geschorene."** Das Verständnis dieser Sätze ist dadurch erschwert, daß der in ihnen verwendete Ausdruck „Haupt" in einem doppelten Sinn gebraucht wird, teils konkret und teils sinnbildlich. Meint Paulus hier mit dem „Haupt", das jeweils durch das Verhalten von Mann und Frau „verunehrt" wird, ihren eigenen Kopf oder das „Haupt", das die Frau in ihrem Mann und der Mann in Christus besitzt? Nur im zweiten Fall bekommen die Aussagen des Apostels die Wucht und Tiefe, die wir bei einem Mann wie Paulus erwarten müs-
7 sen. Und nur so wird der V. 7 als Erklärung dazu verständlich. **„Denn**

der Mann freilich ist nicht verpflichtet, sich das Haupt zu bedecken, da er Bild und Herrlichkeit Gottes ist." In Christus, seinem Haupt, ist der Mann als „Bild der Herrlichkeit Gottes" geschaffen. Darum „verunehrt" er dieses sein „Haupt", Christus, wenn er seinen Kopf beim Beten bedeckt. Dahinter steht das Empfinden, daß alles „Bedecken" und „Verhüllen" Ausdruck einer Scheu und Unterordnung ist. Der Mann darf und soll frei und ohne diese Art von Scheu vor Gott stehen, weil er in Christus „Bild der Herrlichkeit Gottes" ist.

Anders steht es für die Frau. Sie trägt nach der Sitte der Zeit, die in der jüdischen Gemeinde besonders streng eingehalten wurde, als Ehefrau einen Schleier. Wo diese Sitte herrschte, machte die Frau mit unverhülltem Haar sofort einen lockeren und herausfordernden Eindruck. Daher kann Paulus mit voller Überzeugung von solcher
Frau sagen: **„denn sie ist ein und dasselbe wie die Geschorene."** Daß 6
Paulus bei der „Geschorenen" an die Dirne gedacht habe, wie manche Ausleger, auch A. Schlatter meinen, ist nicht wahrscheinlich. Es fehlen alle zeitgenössischen Belege dafür, daß Dirnen damals ihr Haar scheren ließen oder geschoren bekamen. Dem leichtfertigen Mädchen lag die üppige und künstliche Frisur näher als der kahle Kopf[3]. Aber der Mann trug nach römischer Sitte den kurzgeschorenen oder sogar rasierten Kopf. Legt die Frau das Kopftuch ab, das sie als Frau kennzeichnet, will sie dem Mann möglichst „gleich" sein, nun, so vollende sie diese „Vermännlichung", indem sie sich wie ein Mann den Kopf scheren läßt! Dann hat sie ihr Ziel radikal erreicht. Es wird dann freilich in dieser radikalen Durchführung auch die ganze Unmöglichkeit und Häßlichkeit dieses Versuches offenbar. Paulus will durch diese äußerste Folgerung das Heraustreten aus der festen fraulichen Sitte abschreckend machen. So sagt er es sachlich im folgenden Satz, den er ausdrücklich mit einem „denn" an seine Äußerung in V. 5 anschließt: **„Denn wenn sich eine Frau nicht bedeckt, so lasse sie sich auch das Haar abschneiden; wenn es aber für eine Frau entehrend ist, daß ihr das Haar abgeschnitten oder geschoren wird, so soll sie sich bedecken."** Nun ist es klar, daß sie mit dem Ablegen des Kopftuches **„ihr Haupt"**, nämlich ihren Mann, **„verunehrt"**. Sie hat damit öffentlich die Unterordnung unter ihn aufgegeben und ihre Stellung als Frau verleugnet. Sie will nicht mehr in echtem Sinne Frau ihres Mannes sein, sondern in einer falschen Freiheit neben ihm stehen. Dabei ist sie doch der Schöpfungsordnung nach des Mannes Herrlichkeit. Das hat sie durch ihr unverschleiertes Auftreten verleugnet und so **„ihr Haupt verunehrt"**.

Die grundmäßige Stellung der Frau sieht Paulus im Schöpfungs- 7—9
bericht aufgezeigt. Paulus sieht dabei die beiden Schöpfungsberichte in 1 Mo 1, 27 und 1 Mo 2, 18—24 ganz in eins. „Der Mensch", der „zum Bilde Gottes" geschaffen ist, ist darum zunächst nur der Mann. Er allein stammt unmittelbar von Gott. Das kommt in seinem Beten

[3] Auch eine leichtfertige Frau, wie die „Sünderin" in Lk 7, kann mit ihren Haaren die Füße Jesu trocknen.

mit unbedecktem Haupt zum Ausdruck. **„Denn der Mann freilich ist nicht verpflichtet, sich das Haupt zu bedecken, da er Bild und Herrlichkeit Gottes ist."** Die Frau aber ist nach 1 Mo 2, 28 erst später **„aus dem Mann"** und **„um des Mannes willen"** geschaffen. **„Denn nicht ist der Mann aus der Frau, sondern die Frau aus dem Mann."** So ist die Frau **„des Mannes Herrlichkeit"** und hat im Manne ihr **„Haupt"**.

10 Von hier aus werden wir auch den schwierigen V. 10 verstehen müssen, für den es allerdings keine eindeutige und allgemein anerkannte Auslegung gibt: **„Darum ist die Frau verpflichtet, eine Macht auf dem Haupt zu haben um der Engel willen."** Die Korinther wußten, was Paulus mit diesem ganz kurzen Wort sagen wollte und was er mit dem Ausdruck **„eine Macht"** meinte, die die Frau auf dem Haupt zu haben verpflichtet sei. Wir wissen es leider nicht. Abzuweisen wird die Auslegung sein, die in den **„Engeln"** nach 1 Mo 6, 4 überirdische Wesen sah, gegen deren Begehrlichkeit sich die Frau durch das verhüllende Kopftuch schützen müsse. Paulus hätte dann schwerlich einfach von „den" Engeln gesprochen. Es findet sich in der rabbinischen Literatur nicht die geringste Andeutung, daß man damals den Bericht aus 1 Mo 6 irgendwie mit der Gegenwart in Verbindung gebracht hätte; was in ihm erzählt wird, bleibt für alle Ausleger wirklich ein „vorsintflutliches" Ereignis. Vor allem fiele der Satz dann ganz aus dem Zusammenhang heraus. Das sehr betonte „Darum" am Anfang des Satzes zeigt, daß Paulus ihn aber gerade im Zusammenhang mit der vorhergehenden Aussage verstanden wissen will. Diese Aussage betonte die schöpfungsmäßige Unterstellung der Frau unter den Mann. Ihr gibt die Frau Ausdruck durch das Tragen des Kopftuches. So ist die **„Macht"** entweder die von der Frau anerkannte Vollmacht des Mannes oder sie ist die Vollmacht der Frau zum Beten und Weissagen, die sie eben nur in der Einfügung in die schöpfungsmäßige Ordnung besitzt. Die Engel, die sich im Gottesdienst mit der Gemeinde verbinden, achten darauf und fördern oder hindern die Gebete der Frau, je nachdem sie deren Gehorsam oder Ungehorsam sehen. Die verkürzte Ausdrucksweise, daß die Frau ihre **„Vollmacht"** zum Beten und Weissagen gerade dadurch **„auf dem Haupt"** trage, weil sich dort das Zeichen ihrer willigen Unterstellung unter den Mann findet, erinnert dann an die Paradoxie des Satzes von Kap. 9, 18, wo der besondere „Lohn" des Apostels gerade darin besteht, daß er k e i n e n Lohn für seine apostolische Arbeit annimmt. Die Frau hat ihre „Freiheit" (exousia) zum Beten und Weissagen gerade dadurch, daß sie sich keine „Freiheit" anmaßt. Bei solchen Erklärungen müssen wir freilich darauf gefaßt sein, daß Paulus doch etwas ganz anderes gemeint haben kann, auf das wir nur gar nicht kommen, weil wir die Anschauungswelt einer damaligen Gemeinde nicht genügend kennen.

11 Hat Paulus bei seinen Darlegungen das, was er in Gal 3, 28 schrieb, vergessen? Nein, mit einem betonten „jedoch" stellt er der Schöpfungsordnung gegenüber fest: **„Jedoch ist weder die Frau ohne den Mann noch der Mann ohne die Frau im Herrn."** Paulus will das Miß-

verständnis abwehren, als gelte das Geschaffensein zum Bild und zur Herrlichkeit Gottes der Frau eigentlich nicht und als werde ihr die Beziehung zu Gott nur auf dem Umwege über den Mann zuteil, der für sie „ihre Herrlichkeit" sei. Nein, „im Herrn", in Christus, stehen Mann und Frau fest verbunden nebeneinander. Die Aussage des Schöpfungsberichtes in 1 Mo 1, 27 „und schuf sie als Mann und als Weib" kommt zu ihrem Recht. Weder der Mann noch die Frau für sich allein bildet schon das Ziel Gottes. Das „weder Mann noch Weib" in Gal 3, 28 findet jetzt seine klare Bestätigung auch im Zusammenhang unseres Abschnittes. „Hier ist weder Mann noch Weib, sondern allzumal einer in Christus", das heißt jetzt: Es **„ist weder die Frau ohne den Mann noch der Mann ohne die Frau im Herrn"**.

Ja, selbst die Natur gibt der Frau, die schöpfungsmäßig „aus dem 12
Manne ist", doch auch wieder die Überordnung über den Mann: **„Denn wie die Frau aus dem Manne, so ist auch der Mann durch die Frau."** Zu seiner Mutter, von der er das Leben empfing, hat jeder Mann aufzusehen. **„Das alles aber aus Gott"**, fügt Paulus hinzu. Es geht nicht darum, daß sich der Mann eine überlegene Stellung der Frau gegenüber anmaßt oder daß die Frau darauf pocht, wo denn der Mann ohne ihre Mutterschaft wäre. Gott hat alles so geschaffen und geordnet, wie es ist. Daran endet alles Murren und alle Auflehnung. Hier darf jeder willig und dankbar seine Stelle einnehmen und seinem Wesen gemäß leben und seinen Auftrag erfüllen.

Dabei ist wichtig zu sehen: gegen das Beten und Weissagen der Frauen in der Gemeinde als solches erhebt Paulus keine Bedenken! Hier ist die „Gleichberechtigung der Frau" anerkannt. Nur bleibe sie dabei wirklich „Frau" und werde nicht durch taktlose und häßliche Freiheit ein verzerrtes Abbild des Mannes.

Wir müssen bei unserem ganzen Abschnitt bedenken, daß Paulus 13
hier nicht eine theologische Abhandlung von zeitloser Gültigkeit schrieb, sondern in die Lage einer ganz bestimmten Gemeinde hinein eine Anweisung geben will, einer Gemeinde, die ihr Leben zu einer ganz bestimmten Zeit und in einer bestimmt geprägten Umwelt zu führen hat. Darum ist manches an dieser Anweisung zeitbedingt. So war es ja auch schon im vorigen Abschnitt: „Götzenopferfleisch" gibt es bei uns nicht mehr. Unmittelbar waren die Ausführungen des Paulus nicht auf uns anzuwenden. Und doch sagten sie ganz Wichtiges auch für unser heutiges Christsein. So ist die Stellung der Frau heute ganz allgemein eine andere geworden. Die Frau mit dem unbedeckten Kopf ist für uns ein selbstverständlicher Anblick in der Öffentlichkeit. Wir empfinden die Frau und das Mädchen ohne Kopfbedeckung in gar keiner Weise mehr als „unweiblich" oder „herausfordernd". Das „Empfinden" hat sich hier gewandelt[4]. Wenn Paulus

[4] Wir müssen uns immer der Relativität und der Wandelbarkeit solcher „Empfindungen" bewußt bleiben. Wie schockierend und unmöglich wirkte noch vor einem Menschenalter eine Diakonisse auf dem Fahrrad. Wie „fatal" empfanden wir zunächst die kürzer werdenden Röcke. Heute haben wir uns an solche Dinge gewöhnt.

die Korinther auffordert: **„Bei euch selbst urteilt: ist es geziemend, daß eine Frau unbedeckt zu Gott betet?“**, so konnte er damals damit rechnen, daß die Gemeindeglieder, rein vom Empfinden ihrer Zeit her, ohne daß jetzt Christentum und Glaube dabei eine Rolle spielten, ihm zustimmten und ein solches Verhalten für „nicht geziemend“, für „anstößig“ hielten. Wir heute aber empfinden darin anders und zwar wiederum, ohne daß Christentum und Glaube dabei mitsprechen.
14/15 Wie stark Paulus selber sich bei seinem Urteil gar nicht einfach vom Glauben bestimmt weiß, zeigt sein Hinweis auf die „Natur“[5]. **„Und lehrt euch nicht die Natur selbst, daß, wenn ein Mann langes Haar trägt, es eine Unehre für ihn ist; wenn aber eine Frau langes Haar hat, es eine Ehre für sie ist? Denn das lange Haar ist ihr als eine Hülle gegeben.“** Auch hier ist für uns sofort deutlich, wie unsicher und wandelbar solche „Lehre der Natur“ ist. Für den Griechen der alten Zeit war wie für den Germanen beim Mann das lange Haar durchaus ehrenvoll und das Kurzschneiden des Haares schimpflich! Erst in der Römerzeit kam der Kurzschnitt und die Rasur des Manneskopfes auf. Und es gibt heute noch Indianerstämme, bei denen jeder Mann, auch der Christ gewordene, den langen Zopf trägt und dies mit Stolz tut und eine „Ehre“ darin sieht, recht langes Haar zu haben.

Und doch ist der Hinweis des Apostels auf die „Natur“ nicht falsch, sondern richtig und wesentlich. Die Natur macht einen tiefen und unaustilgbaren Unterschied zwischen den Geschlechtern. Und dieser Unterschied betrifft nicht nur Einzelheiten, sondern bestimmt das ganze körperliche und seelische Sein. Und hinter der „Natur“ steht Gott, der Mann und Frau in dieser ganzen Verschiedenheit gewollt hat, gerade damit ihre Einheit in der Ehe und ihre Einheit in Christus umso reicher und fester werde.

Und damit stehen wir vor dem eigentlichen Nerv in den Ausführungen des Apostels. Die Frau hat in der Gemeinde Jesu eine Stellung bekommen, die sie hoch aus allem heraushob, was der jüdischen wie der heidnischen Frau zugestanden war. Als „Glaubende“ steht sie gleichberechtigt neben dem Mann in Christus; sie darf völlig anders als die Frau in der Synagoge oder die Frau im heidnischen Tempel beten und weissagen. Aber bleibt sie dabei dennoch ganz „Frau“? Oder strebte sie nach einer falschen „Gleichheit“ mit dem Mann, die der Natur und dem Schöpferwillen Gottes zuwider lief? Für Paulus entschied sich das an einer „Äußerlichkeit“: am Ablegen oder am willigen Tragen des Kopftuches als dem Kennzeichen der Ehefrau. Wir haben das „Kopftuch“ in diesem Sinn nicht mehr, so wie wir auch das „Götzenopferfleisch“ nicht mehr kennen. Der Hut der Frau hat mit dem „Kopftuch“ der damaligen Zeit nichts zu tun.

[5] Wir sehen, wie ernsthaft Paulus das Denken der Menschen im griechischen Raum aufgenommen hat, unter denen er arbeitet. Er von sich aus hätte nie von „Natur“ gesprochen und hat es auch sonst nicht getan. Anklänge finden wir nur in Rö 2, 14; 2, 27; 11, 21; Gal 2, 15; 4, 8. Paulus dachte von sich aus in dem biblischen Gedanken „Schöpfung“, nicht in dem griechischen Gedanken „Natur“.

Und selbst wenn Frauen und Mädchen heute ein Kopftuch umbinden, ist es doch in keiner Weise mehr d a s „Kopftuch", um das es Paulus damals ging. Das heutige Kopftuch ist kein „Zeichen" mehr. Mit ihm hat eine Frau heute keine „Macht auf ihrem Haupt". Aber für die Gemeinde Jesu geht es auch heute darum, daß ihre Männer ganze Männer und ihre Frauen echte Frauen bleiben. Und auch für uns wird sich die Wahrung der „Fraulichkeit" der weiblichen Gemeindeglieder in bestimmten „Äußerlichkeiten" entscheiden, wie alle inneren Haltungen in äußeren Verhaltensweisen konkret zum Ausdruck kommen. Ein klares Empfinden für das, was der Frau „geziemend" ist, muß in der Gemeinde Jesu lebendig sein[6]. Und das ist bis heute so: eine echte Frau will gar nicht „männlich" sein, und die Frau will keinen verweichlichten Mann.

Es ist, als ob Paulus selber merkt, wie er hier nicht so wie bei an- 16
deren Fragen objektiv und schlüssig seine Anschauung zu beweisen vermag, weil es sich um Urteile des Schicklichkeitsgefühles handelt. Er hört innerlich, wie beim Verlesen dieses Abschnittes seines Briefes Gemeindeglieder sagen: „Das überzeugt uns nicht; wir bleiben bei unserer Meinung, unsere Frauen dürfen das Kopftuch ablegen." Soll die Diskussion immer weitergehen? Nein. **„Wenn aber einer rechthaberisch sein will, wir jedenfalls haben eine derartige Sitte nicht und auch nicht die Gemeinden Gottes."** Einzelne Gruppen in der Gemeinde können sich nicht einfach eine **„derartige Sitte"** herausnehmen, die weder **„wir"**, also der Apostel und seine Mitarbeiter, noch die **„Gemeinden Gottes"** haben. Hier müssen sich die Andersdenkenden der geltenden und übereinstimmenden Sitte aller Gemeinden fügen.

DIE GEFÄHRDUNG DES HERRENMAHLES IN DER GEMEINDE

1. Korinther 11, 17–34

17 Indem ich aber dieses anordne, lobe ich nicht, daß euer Zusam-
menkommen nicht zur Förderung, sondern zur Schädigung führt.
18 * Denn erstens, wenn ihr zusammenkommt in der Gemeinde, höre
ich, daß Spaltungen unter euch bestehen; und zum Teil glaube
19 ich es. * Denn es muß sogar Parteiungen unter euch geben, damit
20 die Bewährten offenbar werden unter euch. * Wenn ihr nun zu-
sammenkommt am gleichen Ort, so ist das nicht ein (wirkliches)
21 Essen des Herrenmahles; * denn jeder nimmt das eigene Mahl vor-
weg beim Essen, und der eine hungert, der andere ist trunken.
22 * Habt ihr denn nicht Häuser zum Essen und Trinken? Oder ver-
achtet ihr die Gemeinde Gottes und beschämt die, welche nichts
haben? Was soll ich euch sagen? Soll ich euch loben? Darin spreche

zu Vers 17:
1 Ko 11, 2. 22
zu Vers 18:
1 Ko 1, 10–12
3, 3
14, 26 f
zu Vers 19:
5 Mo 13, 4
Mt 18, 7
1 Jo 2, 19
zu Vers 22:
Jk 2, 5 f

[6] Vgl. Anmerkung 2. Es gibt zweifellos modische Dinge, die eine Jüngerin Jesu nicht mitmachen kann, weil sie trotz der Mode häßlich oder herausfordernd sind.

23 **ich kein Lob aus. * Denn ich meinerseits empfing von dem Herrn**
her, was ich auch überliefert habe an euch, daß der Herr Jesus in
24 **der Nacht, in welcher er preisgegeben wurde, Brot nahm * und**
nach dem Dankgebet es brach und sprach: Dies ist mein Leib, der
25 **für euch; dies tut zu meinem Gedächtnis. * Ebenso auch den Becher**
nach dem Mahl, sagend: Dieser Becher ist der neue Bund in mei-
26 **nem Blut, dies tut, so oft ihr trinkt, zu meinem Gedächtnis. * Denn**
so oft ihr eßt dieses Brot und den Kelch trinkt, verkündigt ihr den
27 **Tod des Herrn, bis er kommt. * Also, wer etwa ißt das Brot oder**
trinkt den Becher des Herrn in unwürdiger Art, wird schuldig am
28 **Leibe und am Blute des Herrn. * Es prüfe aber ein Mensch sich**
selbst, und so esse er von dem Brot und trinke von dem Becher.
29 *** Denn der Essende und Trinkende ißt und trinkt sich selbst ein**
30 **Urteil, wenn er den Leib nicht unterscheidet. * Deshalb sind unter**
31 **euch viele schwach und krank, und nicht wenige schlafen. * Wenn**
wir aber uns selbst richtig beurteilten, würden wir nicht gerich-
32 **tet; * gerichtet aber von dem Herrn werden wir gezüchtigt, damit**
33 **wir nicht zusammen mit der Welt verurteilt werden. * Daher,**
meine Brüder, wenn ihr zusammenkommt zum Essen, so wartet
34 **aufeinander. * Wenn einer hungrig ist, der esse zu Hause, damit**
ihr nicht zur Verurteilung zusammenkommt. Das übrige werde
ich anordnen, wenn ich komme[1].

zu Vers 23—25:
Mt 26, 26—28
Mk 14, 22—24
Lk 22, 19—21
zu Vers 24:
2 Mo 12, 14
13, 9; 5 Mo 16, 3
zu Vers 25:
2 Mo 24, 8
Jer 31, 31
Sach 9, 11
2 Ko 3, 6
Hbr 7, 22
zu Vers 26:
Mt 26, 29;
Offb 22, 20
zu Vers 27:
Hbr 6, 6; 10, 29
zu Vers 28:
Mt 26, 22
2 Ko 13, 5
zu Vers 29:
1 Ko 10, 16 f
zu Vers 30:
Rö 13, 11
Eph 5, 14
1 Th 5, 6
zu Vers 31:
Rö 14, 22
zu Vers 32:
1 Pt 4, 17
Hbr 12, 5—7
zu Vers 34:
1 Ko 7, 17; 16, 5

Eine weitere Not des Gemeindelebens in Korinth bewegt Paulus: die Feier des Herrenmahles[2] ist in Unordnung. Hier will Paulus mit Ernst eingreifen. „**Indem ich aber dieses anordne**", wird sich nicht auf den vorigen Abschnitt zurückbeziehen, sondern auf das voraus blikken, was Paulus hier mit Autorität vorzuschreiben gedenkt[3].

Aber auch hier folgen bezeichnenderweise doch nicht einfach „apostolische Verordnungen", sondern Paulus sucht das eigene Verständ-

[1] In dem ganzen Abschnitt ist die Abweichung der Handschriften bemerkenswert, auch wenn es sich nur um einzelne Worte handelt. Es ist die der LÜ zugrundeliegende Gruppe der „Koine" (Kennzeichnung „K"), die im Unterschied von der „ägyptischen" Textgestalt (Kennzeichnung „H") vielfach auszugleichen und den Text zu erleichtern sucht. So stellen D und G am Schluß von V. 22 u. 23 den Artikel vor „Brot": Es ist für den Leser schon „das" bekannte Brot der kirchlichen Feier. K setzt das „Nehmt, esset" in V. 24 vor das Brotwort des Herrn und gleicht es damit an den vertrauten Mt-Text (Kap. 26, 26) an; ebenso erweitert und erklärt K das knappe „für euch" durch ein hinzugefügtes „gebrochen". In V. 26 u. 27 wird von K dem Becher bzw. dem Brot ein „dieses" angleichend beigesetzt. In V. 29 schien der knappe Wortlaut zu wenig verständlich. K fügt schon im Anfang des Satzes ein erklärendes „auf unwürdige Weise" und an seinem Schluß ein verdeutlichendes „des Herrn" ein. Wir verstehen, warum die Theologie heute die „ägyptische" Textform vorzieht und für die ursprünglichere hält. Es ist sehr verständlich, daß Abschreiber solche erklärenden und erleichternden Zusätze in einen älteren und knapperen Text unwillkürlich oder bewußt einfügen, während es wenig Wahrscheinlichkeit hat, daß solche Worte fortgelassen wurden, wenn sie im ursprünglichen Text standen.

[2] Wir sollten von dem Ausdruck „Abendmahl" zu dieser urchristlichen Benennung „Herrenmahl" zurückkehren. Denn nicht der „Abend" gibt diesem Mahl seine besondere Art und Bedeutung, sondern der „Herr", dessen Stiftung und Handlung dieses Mahl ist. So sprach Paulus auch schon Kap. 10, 21 vom „Becher des Herrn" und vom „Tisch des Herrn".

[3] In A, C und in lat und syrischen Übersetzungen lautet der Text umgekehrt: „Ich ordne dieses an, indem ich nicht lobe."

nis und den eigenen Willen der Gemeinde zu gewinnen. Im vorigen 17
Abschnitt hat er zuerst **„loben“** können (11, 2). Hier kann er es nicht, weil **„euer Zusammenkommen nicht zur Förderung, sondern zur Schädigung führt“.** Die Korinther kommen zwar zusammen; über ein Fernbleiben von Gemeindeveranstaltungen ist nicht zu klagen. Umso schmerzlicher ist es, daß die täglichen Zusammenkünfte das Gemeindeleben dennoch nicht fördern, sondern schädigen. Wir sehen, wie es Paulus wieder um den „Aufbau“ der Gemeinde geht.

Worin sieht Paulus diese „Schädigung“ des Gemeindelebens? Paulus hat verschiedene Nöte im Blick und beginnt darum mit einem „erstens“, ohne aber nachher die Mißstände bei der Feier des Herrenmahles mit einem „zweitens“ oder „ferner“ von der allgemeinen Not der Spaltungen abzuheben. **„Denn erstens, wenn ihr zusammenkommt in der Gemeinde, höre ich, daß Spaltungen unter euch bestehen.“** Die Korinther „kommen in der Gemeinde zusammen“, so daß die Gemeinde als solche und als ganze beisammen ist[4]. Aber gerade dann zeigen sich „Spaltungen“ auf Grund der „Streitigkeiten“, von denen gleich am Anfang des Briefes die Rede war. In Kap. 1, 10f waren nur „Streitigkeiten“ als Tatsache festgestellt. Vor „Spaltungen“ schien nur als vor einer möglichen Folge gewarnt zu werden. Jetzt „hört“ Paulus, daß die Streitigkeiten bereits dazu geführt haben, daß man bei Gemeindeversammlungen in gesonderten Gruppen zusammensitzt. Man kann nicht mehr als ganze, einmütige Gemeinde beieinander sein; die Risse in der Gemeinde werden offenbar.

Paulus hat davon „gehört“. Er fügt hinzu: **„Zum Teil glaube ich es.“** 18/19
Er meint damit schwerlich, daß seine Berichterstatter — er nennt hier nicht wie Kap. 1, 11 „die Leute der Chloe“ — am Ende übertrieben haben könnten und daß ihnen nur „zum Teil“ zu glauben ist. Für Paulus ist „glauben“ ein viel wesentlicheres Wort. Ich „glaube“ etwas, wenn ich es in seinem Zusammenhang und in seiner inneren Notwendigkeit erfasse. Darum fährt Paulus auch fort: **„Denn es muß sogar Parteiungen unter euch geben, damit die Bewährten offenbar werden unter euch.“** Es ergibt eine fortschreitende und sich verfestigende Reihe, wenn aus „Streitigkeiten“ zuerst „Spaltungen“ und dann sogar „Parteiungen“ werden[5]. In Korinth hatten sich die Gegensätze der verschiedenen Gruppen so verhärtet, daß sie sich als feste **„Parteiungen“** zusammen- und gegeneinander abschlossen. Das ist ein schmerzliches Geschehen. Aber Paulus sieht darüber jenes „muß“, das in der ganzen biblischen Geschichte eine Rolle spielt. Es ist nicht ein unglücklicher Zufall, sondern es liegt hier eine Notwendigkeit

[4] Wie klein muß selbst die relativ „große“ Gemeinde in Korinth gewesen sein, daß ein solches Zusammenkommen räumlich möglich war, da es eine „Kirche“ oder auch nur einen „Gemeindesaal“ nicht gab. Das „Haus des Proselyten Titus Justus“ (Apg 18, 7) war auch ein Privathaus, dessen Räumlichkeiten mit einem modernen, großen Gemeindesaal nicht konkurrieren konnten.

[5] „Schisma = Spaltung“ und „hairesis = Parteiung“ ist deutlich unterschieden. Die gegeneinander stehenden rabbinischen Schulen sind „Spaltungen“, aber die Sadduzäer sind eine „hairesis“, eine „Partei“.

vor, die ihren positiven Sinn hat: **„damit die Bewährten offenbar werden unter euch.“** Zu solcher Trennung innerhalb einer Gemeinde Jesu können sich nur unbewährte, unreife Christen hinreißen lassen. Nun werden in der Gemeinde die echten und gegründeten Christen offenbar, die sich diesem Treiben widersetzen und um die Einheit der Gläubigen sich mühen[6].

20 Aber nicht nur diese Gegensätze in der Gemeinde stören das Herrenmahl. Sie stören es freilich wirklich. Denn man kann ja nicht am Tisch dessen, der für alle starb, in mißtrauischen und gegeneinander verbitterten Gruppen sitzen[7]. Es kommt aber ein weiteres erschwerend hinzu. Zwar kommt noch die ganze Gemeinde **„am gleichen Ort“**[8] zusammen, das hat trotz allem Streit noch nicht aufgehört. Und doch **„ist das nicht ein** (wirkliches) **Essen des Herrenmahles“.** Warum nicht? Nun ist es doch wichtig, daß Paulus jetzt nicht weiter auf die „Spaltungen“ eingeht. Sie stören nicht speziell das Herrenmahl, sondern alle Zusammenkünfte der Gemeinde. Das Herrenmahl als solches ist bedroht durch etwas, was mit den „Parteiungen“ nichts zu tun hat. Es folgt dem „erstens“ von V. 18 tatsächlich ein „zweites“, das nur nicht direkt als solches bezeichnet wird. Das kann ein Zeichen dafür sein, daß Paulus in einer gewissen Erregung und schmerzlich erschüttert von dem Ernst der Vorgänge den Brief weiter diktiert.
21 Was ist es, was eine wirkliche Feier des Herrenmahles unmöglich macht? **„Denn jeder nimmt das eigene Mahl vorweg beim Essen, und der eine hungert, der andere ist trunken.“** Wie ist das zu verstehen? Wir sehen zunächst, es ist in Korinth noch der gleiche Brauch lebendig, der auch die „Abendmahlsfeier“ der Urgemeinde nach Apg 2, 46 f bestimmt. Es handelt sich nicht um eine feierliche gottesdienstliche Handlung, um ein „Sakrament des Altars“. Man hielt vielmehr die gemeinsame Mahlzeit, wie Jesus es oft mit seinen Jüngern getan hatte, und bei dieser Mahlzeit wurde dann „das Brot gebrochen“. Um den Becher mit Wein täglich zu reichen, war die Urgemeinde zu arm. Das „Brotbrechen“, die Abendmahlsfeier, geschah innerhalb der gemeinsamen Mahlzeit. So war es auch in Korinth: Das Gemeindemahl war zugleich „Herrenmahl“, und das Herrenmahl war „Gemeindemahl“. Beides war in eins das Mahl der Jüngerschaft Jesu in der Gegenwart ihres Herrn. Aber nun trat in Korinth die eine grundlegende Not und Schuld, mit der Paulus in allen Kapiteln des Briefes ringt, in neuer Form sehr sichtbar hervor. Man sah nicht den andern, man sah nur sich selbst und den eigenen Vorteil (10, 24. 33). Die mitgebrachten Lebensmittel wurden nicht verteilt und gemeinsam genossen. Jeder aß selber, was er mitbrachte. So traten die sozialen Unterschiede kraß hervor: **„der eine hungert, der andere ist trun-**

[6] Von dieser ruhigen und positiven Stellung eines Paulus auch zu solch schmerzlichen und gefährlichen Erscheinungen im Gemeindeleben dürfen wir lernen. Im Gemeindeleben muß nicht alles in Ordnung sein, es „muß“ auch Krisen geben, die zu positiven Ergebnissen führen.

[7] Welche Fragen stellen sich hier an die Abendmahlsnöte in der Christenheit heute!

[8] Dieses Zusammenkommen, „epi to auto“, ist geprägter ntst Ausdruck. Vgl. Kap. 14, 23; Apg 1, 15; 2, 1; 2, 44; 2, 47; 4, 26.

ken." Und das sollte noch „Mahl des Herrn Jesus" sein, bei dem „wir, die vielen, ein Leib sind"? (10, 17). Darum urteilt Paulus, es **„ist das nicht ein** (wirkliches) **Essen des Herrenmahles".** Immer ist es die gleiche Linie in Korinth: Neid und Eifersucht untereinander (3, 1—4), auftrumpfendes Abwerfen jeder sittlichen Norm (5, 1 ff), Prozesse untereinander vor heidnischen Richtern (6, 1), Freiheit im Umgang mit der Dirne (6, 12 ff), Freiheit zum Teilnehmen am Götzenopfer ohne Rücksicht auf den schwachen Bruder (8, 1 ff). Immer ist es das gründliche Mißverstehen der „Freiheit" und des geistlichen Lebens, immer das Fehlen der Liebe. Da hinein passen Feiern des Mahles, bei dem die Wohlhabenden lärmend und rücksichtslos genießen, während Brüder um sie her hungern! Jedes auf Goldgrund gemalte Bild der ersten Christenheit muß uns vergehen[9].

Wem es auf das Essen und Trinken als solches und nicht auf das 22
gemeinsame Mahl ankam, der kann und soll dazu in seinem Haus bleiben. **„Habt ihr denn nicht Häuser zum Essen und Trinken?"**, das ist die Frage an die Wohlhabenden in der Gemeinde, die die eigentliche Schuld an den unmöglichen Zuständen tragen. **„Oder verachtet ihr die Gemeinde Gottes und beschämt die, welche nichts haben?"** Im vollen Gegensatz zur Urgemeinde (Apg 2, 44 f; 4, 32—35) gab es in der Gemeinde in Korinth solche, „die nichts haben" und die dementsprechend „hungern". Schon das war ein „Verachten der Gemeinde Gottes". Hier war nicht mehr gesehen, was „Gemeinde Gottes" ist, wie sie zusammengehört und nicht ertragen sollte, daß in ihrer Mitte Menschen hungern, während andere im Überfluß leben. Vollends schlimm aber wurde die Verachtung der Gemeinde, wenn das notleidende Gemeindeglied seine Armut auch noch hilflos zur Schau gestellt sehen mußte und wenn so aus seinem Mangel eine „Beschämung", eine „Schande" wurde. Ihr **„beschämt die, welche nichts haben".**

Paulus, der Israelit, kannte derartiges aus seinen jüdischen Gemeinden nicht. Ratlos steht er davor: **„Was soll ich euch sagen?"** Will die Gemeinde auch etwa hier noch von ihrem Apostel „gelobt" wer-
den? **„Darin spreche ich kein Lob aus."** Wenn Paulus die Gemeinde 23
nicht lobt, sondern mit erschreckendem Ernst über diese Mißstände beim Herrenmahl mit ihr spricht, dann muß die Gemeinde daran denken, Paulus ist in seinem Urteil ein gebundener Mann. Das „Herrenmahl" ist ja nicht seine eigene Erfindung und Einrichtung, über deren Gestaltung er darum auch selber verfügen könnte. Nein, **„denn ich meinerseits empfing von dem Herrn her, was ich euch überliefert habe an euch".**

Paulus gebraucht hier die alten, vertrauten Formeln seiner jüdischen und rabbinischen Vergangenheit. „Empfangen von ..." und „überliefert an ...", darin vollzog sich im Rabbinat aller Unterricht. Und darin lag eine Wahrheit, die auch der bekehrte Paulus nicht wegzuwerfen brauchte. Wer sich nicht sein religiöses Weltbild selbst

[9] Vgl. dazu auch Rö 13, 13 und die Auslegung in der W.Stb.

zurechtmacht, wer auch nicht in subjektiver, mystischer Versenkung der Gottheit begegnet, sondern an den lebendigen Gott glaubt, der seine mächtige Heilsgeschichte durch die Zeiten führt, dem müssen die „Großtaten Gottes" durch „Überlieferung" bekannt werden. Der muß diese Überlieferung „empfangen", der darf sie dann wieder andern „überliefern". Darum haben wir als Christen bis heute die „Geschichtsbücher" des AT und NT, und darum ist die Bibel überhaupt vor allem ein Erzählbuch. Freilich, von der rettenden Botschaft sagt Paulus in Gal 1, 12: „Ich habe es nämlich weder von einem Menschen empfangen noch gelernt, sondern durch eine Offenbarung Jesu Christi." Daß Jesus wahrhaftig der Sohn Gottes und mein Erretter ist, das kann ich überhaupt nicht „lernen", das muß mir im Heiligen Geist offenbar werden. Aber die geschichtlichen Ereignisse im Leben, Leiden, Sterben und Auferstehen Jesu wurden auch einem Paulus nicht von Jesus selbst vor Damaskus mitgeteilt; der Herr sprach damals nur ganz wenige Worte (s. Apg 9, 5f). Hier war Paulus auf die „Überlieferungen" angewiesen. So „empfing" er auch den Bericht über die Einsetzung des Abendmahles zwar „vom Herrn her"[10], der das Mahl selber stiftete, aber doch durch die Kette der Zeugen, so wie er ihn dann auch wieder seinen Gemeinden weitergab[11].

23—25 **„Der Herr Jesus, in der Nacht, in welcher er preisgegeben wurde."** Immer wieder haben wir daran zu denken, daß das für uns abgebrauchte Wort „Herr" ein mächtiger und bedeutungsschwerer Begriff war. Hier handelt der Eine, der in vollem Sinne „Kyrios", **„Herr"** war[12]. Zugleich aber ist er mit seinem Menschennamen **„Jesus"** genannt. Als der Menschgewordene konnte er Leib und Blut hingeben für eine verlorene Welt. Er handelt **„in der Nacht, in welcher er preisgegeben wurde".** Hier verwendet Paulus das gleiche Wort „preisgeben, dahingeben", das er auch in seiner mächtigen Aussage Rö 4, 25; 8, 32 gebraucht. So wird er auch an unserer Stelle nicht den Verrat des Judas besonders hervorheben wollen. Nicht durch solche Einzelheit ist diese Nacht wesentlich gekennzeichnet, sondern das bestimmt das ganze Geschehen, daß nun der „Kyrios", der „Sohn" vom Vater selbst „dahingegeben", an unserer Stelle dem Gericht und darum auch der Welt, dem Teufel, der Gottverlassenheit **„preisgegeben"** wird. Das zeigt uns, daß der Vater nicht passiv das Leiden und Sterben des Sohnes sich gefallen läßt, sondern daß darin die opfernde Liebe des Vaters ebenso unbegreiflich groß ist, wie die Liebe des Sohnes, der sich gehorsam opfern läßt.

[10] Wenn Paulus hier die Präposition „apo" und nicht „para" verwendet, so muß das nicht bedeuten, daß er unmittelbar von Jesus selbst den Bericht über die Einsetzung des Herrenmahles empfing; es weist aber darauf hin, daß Jesus selbst die ursprüngliche Quelle ist, auf die alle Berichte in der Gemeinde zurückgehen.

[11] Es ist hier nicht der Ort, um auf die Unterschiede in den uns vorliegenden schriftlichen Fixierungen des Berichtes bei Mt, Mk, Lk und Paulus einzugehen. Sie sind erstaunlich gering. Rein historisch betrachtet ist aber das, was Paulus den Korinthern schreibt, besonders wichtig. Paulus hat von vornherein diesen unseren Bericht an seine Gemeinden weitergegeben. Er lag also bereits wenige Jahre nach den Ereignissen selbst fest, und zwar so, wie wir ihn jetzt in seinem Text schriftlich vor uns haben. Auf welch festem historischen Boden stehen wir damit!

[12] Zu „Kyrios", „Herr" vgl. Anmerkung o. S. 144.

Der Herr Jesus **„nahm das Brot, und nach dem Dankgebet brach er es und sprach: Dies ist mein Leib, der für euch“.** Auch jetzt, da Jesus im „Brechen“ des Brotes die ganze Wirklichkeit seines Leidens und Sterbens vor sich sieht, „dankt“ er. Nicht Klage oder auch nur Abschiedswehmut erfüllt sein Herz, sondern Dank. Sein gebrochener Leib ist ja **„der für euch“**, wie hier mit der knappsten biblischen Zurückhaltung gesagt wird. In diesem kurzen verhaltenen **„für euch“** liegt alles: die ganze Liebe, die für Verschuldete und Verlorene sich hingibt, und der ganze ungeheure Gewinn, der aus diesem Opfer erwächst, die ewige Errettung der Verlorenen. Darum kann Jesus danken; und darum kann seine Gemeinde dies „Brechen des Brotes“, dieses Gedenken an Preisgabe, Leiden und Tod als heilige Freudenfeier begehen.

Vom Verteilen des Brotes, vom Empfangen und Essen wird nichts gesagt. Die Teilnehmer an jenem Mahl der letzten Nacht bleiben völlig außerhalb des Blickfeldes. Nur der Herr selbst und sein Tun und Sagen füllt alles aus. Aber das Brot wurde „gebrochen“, um den Genossen des Mahles gegeben und von ihnen gegessen zu werden. Jesus vollführte nicht eine sinnbildliche Handlung, um den Jüngern eine Wahrheit bildhaft und faßlich darzustellen, sondern er gab ihnen mit dem gebrochenen Brot seinen Leib. Nicht einen mystischen Leib, eine verklärte, überirdische Substanz, sondern gerade seinen irdischen, für sie gebrochenen Leib. Aber diesen Leib in seiner ganzen Heilsbedeutung empfangen sie nun wirklich und „essen“ ihn, nehmen ihn also in seiner ganzen Realität für sich an.

Jesus wollte nicht nur dieses eine Mahl mit seinen Jüngern halten und nicht nur diesem kleinen Kreise seine Liebe übereignen. Er sah hinaus auf die Gemeinde aller Zeiten und ordnete darum ausdrücklich an: **„Dies tut zu meinem Gedächtnis.“** Dadurch wird das Mahl nicht eine bloße „Gedächtnisfeier“. Echtes „Gedenken“ vergegenwärtigt[13]. Das aber hat die Gemeinde wahrlich immer wieder nötig, daß ihre ganze Verlorenheit und die ganze Größe der rettenden Tat ihres Herrn lebendig vor ihr steht. Immer wieder beginnt auch der Gläubige zu „vergessen“, wer er ist und was der Herr für ihn tat. Indem die Gemeinde im zerbrochenen Brot den Leib ihres Herrn empfängt, nimmt und ißt, „gedenkt“ sie der ganzen Heilsgeschichte Gottes in Christus. Aber dieses „Gedenken“ besteht nicht nur in „Gedanken“ und Erinnerungen, sondern in einem „Tun“, einer Handlung, einem wirklichen Empfangen. Paulus selbst war jedenfalls von der realen „Anteilhabe“ an dem Leibe des Herrn überzeugt, wie wir es schon Kap. 10, 16 erfuhren[14].

[13] Wenn der erhöhte Herr Offb 2, 5 eine Gemeinde mahnt: „Gedenke, wovon du gefallen bist“, dann meinte er gerrade nicht ein bloßes beschauliches Rückwärtsblicken, sondern eine schmerzhafte Vergegenwärtigung, was die Gemeinde besaß und verlor. Ebenso steht es mit den vielen Aufforderungen zum „Gedenken“ im AT.

[14] Eine ganz neue Deutung der Formel „zu meinem Gedächtnis“ hat Joachim Jeremias in seinem Buch „Die Abendmahlsworte Jesu“, EVA, Berlin 1963, S. 229 ff vorgelegt. Gestützt auf ein beachtliches sprachliches Material sucht Jeremias nachzuweisen, daß Jesus mit diesem seinem Wort gemeint habe: „Damit Gott meiner gedenke.“ Gott sollte seiner, des Messias, gedenken,

„Ebenso auch den Becher nach dem Mahl“[15]. **„Ebenso“** wie mit dem Brot verfuhr Jesus also mit dem Becher. Auch ihn „nahm“ er, auch über ihm sprach er das Dankgebet, ihn reichte er wie das Brot den Teilnehmern am Tisch. Es wird aber deutlich, wie sehr das „Abendmahl“ in die ganze Mahlzeit eingegliedert war und nicht wie bei uns eine geschlossene Handlung in sich selbst darstellte. Das Brechen und Austeilen des Brotes durch den Hausvater gehörte in den Anfang einer Mahlzeit hinein. Diese nahm dann ihren Fortgang bis zum Schluß, und nun erst **„nach dem Mahl“**, vom Brechen des Brotes zeitlich weit getrennt, wird der Becher gesegnet und gereicht.

Deutlicher als bei dem Brot wird hier von Jesus die ganze Heilsbedeutung der Gabe ausgesprochen: **„Dieser Becher ist der neue Bund in meinem Blut.“** Hier wird uns besonders erkennbar, daß es bei aller Realität der Gabe doch nicht um irgendwelche heiligen Substanzen geht. In dem Becher ist nach Jesu eigenem Wort nicht eigentlich „das Blut“, sondern in dem Becher ist **„der neue Bund“**, der nur seinerseits wieder „in dem Blut Jesu“, durch sein Blut[16], zustandekommt. Wer diesen Becher empfängt und trinkt, empfängt damit nicht eine himmlische Materie, sondern den Anteil an dem neuen Bund. Gott hatte ihn durch den Propheten Jeremia verheißen (31, 31–34). Nun stiftet und vollzieht er ihn in Jesus. Diese Stiftung ist aber nicht eine einfache Sache, nicht eine bloße Willenserklärung. Die für diesen neuen Bund versprochene und für ihn notwendige Vergebung kann nur dadurch Wirklichkeit werden, daß die ganze Sündenlast fortgetragen wird von dem, der das unbefleckte, heilige Lamm Gottes ist (Jo 1, 29). Die Stiftung dieses Bundes konnte darum nur durch das Blut hindurch geschehen und kostete den hohen Preis des Fluchtodes des Sohnes Gottes.

26 Daran „erinnert“ jede Feier des Herrenmahles[17]. Darum wird jede Abendmahlsfeier ausdrücklich eine Verkündigung des Todes des Herrn. **„Denn so oft ihr eßt dieses Brot und den Kelch trinkt, verkündigt ihr den Tod des Herrn, bis er kommt.“** Dabei müssen wir die zentrale Aussage des Satzes in ihrer ganzen Wucht empfinden. Der

und bald den Tag der Parusie herbeiführen, an dem erst der ganze Ertrag des bitteren Leidens und Sterbens des Messias sichtbar wird. So sei jede Feier des Herrenmahles ein Flehen um dieses Gedenken Gottes. Wesentliche Teile des Buches sind auch für den Nichttheologen gut lesbar.

[15] Ob dieses Mahl ein Passamahl war, geht aus den Worten des Paulus nicht hervor. Das verwendete grie Wort kann auch für ein Passamahl gebraucht werden, bezeichnete aber zunächst das „Speisen“ der Hauptmahlzeit, die am (frühen) Abend stattfand. Paulus legt mindestens keinen Wert darauf, daß es sich um ein Passamahl gehandelt habe, da jeder ausdrückliche Hinweis darauf bei ihm fehlt. Nur der festliche Weinbecher könnte ein gewisses Kennzeichen dafür sein. Aber wenn ihn Jesu Gegner einen „Fresser und Weinsäufer“ nannten (Mt 11, 19), muß es diesen festlichen Becher auch sonst bei seinen Mahlzeiten gegeben haben.

[16] Vgl. die Bemerkung S. 128 über die instrumentale Bedeutung der grie Präposition „en“.

[17] Darum wird auch beim Becher die Anordnung der Wiederholung ausgesprochen: „Dies tut, so oft ihr trinkt, zu meinem Gedächtnis.“ Die vom Brotwort abweichende Formulierung: „So oft ihr trinkt“, weist darauf hin, daß in den armen Gemeinden der Urchristenheit nicht täglich der Wein zur Mahlzeit da sein konnte. Aber wenn der Becher gereicht werden kann, soll es „zu meinem Gedächtnis“ geschehen. „Das Brechen des Brotes“ dagegen war stets möglich; darum fehlt bei der Anordnung die Wiederholung des begrenzenden „so oft“.

„Tod des Herrn“ ist keine Selbstverständlichkeit. Unsere Weihnachtslieder rühmen das Wunder: „Er ist ein Kindlein worden klein, der alle Ding erhält allein.“ Aber noch unerhörter ist es, daß der den Tod schmeckt, der doch der „Kyrios“, der göttliche Herr des Weltalls ist. Der Tod und alles, was mit dem Tode zusammenhängt, steht in solchem Gegensatz zu dem lebendigen Gott, daß der Hohepriester im Alten Bund nicht einmal an der Beerdigung von Vater und Mutter teilnehmen durfte, um nicht mit irgend etwas in Berührung zu kommen, was Tod heißt. Der Tod ist ja „der Sünde Sold“ (Rö 6, 23). Tod und Sünde, Tod und Satan (Hbr 2, 14) stehen in engster Beziehung zueinander. Und nun soll der wahre Hohepriester, der „Herr“, der Sohn Gottes selbst, der Heilige und Sündlose, den Tod nicht nur berühren, sondern selber des Todes sterben! Das ist von unausdenkbarer Furchtbarkeit und ist doch darum unsere Errettung aus dem verdienten Tod. Darum muß gerade der Becher der Festfreude an das unerhörte Geschehen, an das vergossene Blut erinnern. Und umgekehrt wird vergossenes Blut und bitteres Sterben uns zur tiefen, dankenden Freude. Jede Feier des Herrenmahles vereint das Unvereinbare: den Tod des Herrn, und darum Fluch und Segen, Gericht und Gnade, tiefste Beugung und höchste Erhebung.

So ist auch die Feier des Herrenmahles „Wort vom Kreuz“. Und dieses Wort sprechen in der Mahlfeier nicht nur einzelne Boten, nicht nur die Liturgen der Feier, sondern alle Teilnehmer durch ihr „Tun“, durch ihr Essen und Trinken. **„Ihr verkündigt den Tod des Herrn“**, sagt Paulus allen Gemeindegliedern in Korinth[18].

Diese Verkündigung in der Mahlfeier geschieht **„bis er kommt“**. Das soll nicht nur die Selbstverständlichkeit feststellen, daß mit dem Kommen des Herrn diese Feier endet, und auch nicht nur mahnen, bis dahin sie nicht zu unterlassen. Der Zusatz soll vielmehr ausdrücklich darauf hinweisen, daß der „Herr“, dessen Tod hier verkündigt wird, der Lebendige und der Kommende ist. Wieder zeigt sich der durchgehend eschatologische Zug des ganzen Glaubens und Lebens der Urchristenheit (vgl. 1, 7 und das dort Gesagte). Auch beim „Abendmahl“ ist der Blick nicht nur rückwärts gewendet, so sehr es „zum Gedächtnis“ gefeiert wird[19]. Das Mahl blickt vorwärts, dem Tag des Herrn entgegen, da Jesus erfüllend und vollendend das Festmahl des Reiches in unaussprechlicher, ewiger Freude mit den Seinen halten wird.

So hat der Herr selbst das Mahl gestiftet. Weder Paulus noch die 27
Korinther können darüber verfügen. Wenn eine Gemeinde es aber

[18] Weil bei uns der Pastor die Abendmahlsfeier „hält“, ist dieser Tatbestand aus dem Bewußtsein der Gemeinde geschwunden. Sie ist beim Abendmahl nur noch passiv empfangend. Das Mahl ist nicht mehr ihre eigene Sache. Das wird unterstrichen, wenn nur der „ordinierte Geistliche“ die Feier halten kann und darf.

[19] Überzeugen uns die von J. Jeremias vorgetragenen Erkenntnisse, vgl. Anm. 14 S. 191, bedeutet das „Gedächtnis“ vielmehr das „Gedenken Gottes“ an den Messias zur Vollendung seines Werkes, dann würde der Zusatz „bis er kommt“ noch verständlicher. Wenn Jesus „kommt“, dann ist die im Abendmahl liegende Bitte um das Gedenken Gottes erfüllt, das Beten hat sein Ziel erreicht.

feiert, dann muß es der Stiftung entsprechend in würdiger Weise geschehen. Paulus bringt das zum Ausdruck, indem er den folgenden Satz mit einem nachdrücklichen „also" einleitet. **„Also, wer etwa ißt das Brot oder trinkt den Becher des Herrn in unwürdiger Art, wird schuldig am Leibe und am Blute des Herrn."** Wie wichtig kann eine Wortform sein. Die uns vertraute LÜ: „Wer aber unwürdig isset und trinket" zwang fast zu dem Verständnis „wer als ein Unwürdiger ißt und trinkt". Wieviele Menschen haben sich dadurch mit der Frage bitter gequält, ob sie nicht solche „Unwürdigen" seien und sich mit ihrer Teilnahme am Abendmahl an Leib und Blut des Herrn versündigen. Sie haben dadurch die Angst vor dem Abendmahl ins Herz bekommen, so daß sie so selten wie möglich oder gar nicht mehr der Einladung des Herrn Jesus folgten. Der grie Text aber sagt eindeutig: **„Wer in unwürdiger Art"** isset und trinket. So paßt es auch allein in den Zusammenhang des Abschnittes. Nicht das wirft Paulus den Korinthern vor, daß sie als unwürdige Leute zum Herrenmahl kommen, sondern daß sie es durch die unwürdige Weise ihrer Feier zerstören. Wenn am Tisch des Herrn Spaltungen die Gemeinde zerreißen, wenn dort der eine hungert und der andere trunken ist, während der unerhörte Tod des Kyrios für alle verkündigt wird, dann ist das eine „unwürdige Art". Sie ist dann aber nicht ein Schönheitsfehler, sondern hat eine schreckliche Wirkung, die die Korinther sich vor Augen halten müssen. Sie werden dadurch **„schuldig am Leibe und am Blute des Herrn"**. „Teilhabe" am Leib und Blut des Christus ist jede Abendmahlsfeier in vollem Realismus, einerlei, wie sie begangen wird. Das aber steht zur Frage, ob diese Teilhabe eine rettende und begnadende oder eine schuldig machende und richtende ist. Dieses Schuldigwerden am Christus entspricht dem „Verachten der Gemeinde Gottes" (V. 22), vertieft es aber noch. Wer sich beim Mahl des Herrn so verhält, wie manche Korinther es taten, der verachtet damit nicht nur die Gemeinde Gottes, sondern verkennt und verachtet den Herrn selbst und sein ernstes, opferndes Lieben und wird damit „schuldig an seinem Leib und Blut", die doch gerade zu seiner Rettung hingegeben wurden. Wir stehen hier in der Nähe von Hbr 10, 28—31[20].

28 Vor diesem Ernst erwächst die Pflicht der „Prüfung". Paulus hat seine Mahnung **„Es prüfe aber ein Mensch sich selbst"** nicht näher erläutert. An eine dem „Abendmahl" vorangehende „Beichte" ist nirgends im NT gedacht. **„Sich selbst"** soll jeder **„prüfen"**. Da es im folgenden Satz wie im Zusammenhang des ganzen Abschnittes um

[20] Wir können nicht schnell sagen, daß uns das nichts angehe. Zwar die besonderen Mißbräuche der Feier, wie sie in Korinth vorkamen, gibt es bei uns nicht, weil die kirchliche Art der Feier eine völlig andere ist. Aber feiern nicht auch die vielen „in unwürdiger Art", die ohne wirkliche Sündenerkenntnis und ohne einen eigentlichen Christusglauben zur Abendmahlsfeier kommen? Luther hat das in seinem Abendmahlslied sehr klar herausgehoben: „Solch groß Gnad und Barmherzigkeit sucht ein Herz in großer Arbeit. Ist dir wohl, so bleib davon, daß du nicht kriegest bösen Lohn. Hättst du dir was konnt erwerben, was braucht ich für dich zu sterben? Dieser Tisch auch dir nicht gilt, so du selber dir helfen willt" (EKG 154, V. 6 u. 8b). Aber wo wird das zu Herzen genommen?

das „Unterscheiden des Leibes“, um die rechte Einstellung zum Herrenmahl wie zur Bruderschaft der Gemeinde geht, wird auch die Selbstprüfung sich vor allem darauf zu beziehen haben. Gewiß spielt dabei auch die Sündenerkenntnis eine Rolle. Die wahre „Würdigkeit“ für den Tisch des Herrn Jesus liegt ja einzig in der tatsächlichen und von mir selbst bejahten „Unwürdigkeit“. Jesus hielt einst und hält heute noch sein Mahl nur mit „Sündern“. Nur „Verlorene“ brauchen das rettende Opfer des Leibes und Blutes des Herrn[21]. Sie wissen dann aber auch um die ganze heilige Größe des Herrenmahles und entweihen es nicht durch eine unwürdige Feier. Sie sind erfüllt von der Liebe des Christus und darum bereit für die Bruderschaft. Die in Korinth eingerissenen Mißbräuche sind für sie unmöglich. Auf dieses zurechthelfende Ziel des „Prüfens“ weist Paulus durch das dafür gebrauchte Wort „dokimazein“ hin, das im Griechischen das positive Ergebnis mit einschließt, ähnlich, wie es auch bei uns geschieht, wenn wir von einer „geprüften Krankenschwester“ reden. Darum fährt Paulus fort: **„und so esse er von dem Brot und trinke von dem Becher“.** Jetzt, wo er klar weiß, was er beim Mahl des Herrn sucht, nicht „sein eigenes Essen“ (V. 21), sondern wirklich diese große Gabe des Christus und die Bruderschaft der Gemeinde, **„so“** kann und soll er getrost und dankbar an den Tisch des Herrn kommen.

Aber noch einmal unterstreicht Paulus einer leichtfertigen Ge- 29
meinde gegenüber den ganzen Ernst: **„Denn der Essende und Trinkende ißt und trinkt sich selbst ein Urteil, wenn er den Leib nicht unterscheidet.“** Bei dem **„Leib“**, den hier einer **„nicht unterscheidet“**, haben wir wie in Kap. 10, 16f daran zu denken, daß der Gedanke an den „Leib Christi“, an die Gemeinde, immer mitschwingt. Die behaglich und üppig Schmausenden in Korinth „unterschieden“ nicht mehr den für sie hingegebenen Leib des Christus im Brot von allen andern Nahrungsmitteln. Aber sie „unterschieden“ auch nicht den Christusleib der Gemeinde von andern Zusammenkünften, bei denen man dem Hunger von Menschen gleichgültig zusehen und die Armen beschämen mochte. Doch ihr Essen und Trinken bleibt auch jetzt nicht unwirksam, trotz ihrer Gleichgültigkeit gegen den „Leib des Herrn“. Sie essen und trinken nun beim Herrenmahl ihr Urteil in sich hinein. Wie ernst nimmt Paulus überall den Leib und die leiblichen Vorgänge! Der Leib gehört dem Herrn, an unserem Leibe verherrlichen wir Gott (5, 13; 6, 20). Unser Essen und Trinken bringt uns in reale Verbundenheit mit den Dämonen oder mit dem Leib und Blut des Christus (10, 16. 20). Mit Essen und Trinken ehren wir Gott (10, 31). Mit Essen und Trinken bringen wir uns selbst unter Gottes richtendes Urteil. Das sollen die Korinther immer wieder erkennen, die sich in falscher „Geistigkeit“ und „Freiheit“ um die realen, leibhaftigen Vorgänge nicht kümmern zu müssen meinen. Sie haben es selber vor Augen, daß das 30
„Urteil“, welches sie sich essen und trinken, nicht ein bloßes Wort

[21] Vgl. noch einmal Luthers Abendmahlslied in der vorigen Anmerkung.

oder gar nur eine Drohung des Apostels ist. Nein, dieses Urteil vollstreckt sich an ihnen: **„Deshalb sind unter euch viele schwach und krank, und nicht wenige schlafen."** Weil es in der unwürdigen Feier eines Mahles um Essen und Trinken geht, wirkt sich die Verschuldung gerade auch körperlich in Schwäche und Krankheit aus, ja führt sogar zu Todesfällen. Nochmals wird der ganze Realismus im Abendmahlsverständnis des Paulus sichtbar.

31 Sind jetzt Gemeindeglieder in Korinth erschrocken? Fragen sie, was sie tun können? Paulus hat für sie eine klare Antwort: **„Wenn wir aber uns selbst richtig beurteilten, würden wir nicht gerichtet."** Gott handelt nach der gnädigen Regel, daß er nicht mehr sein Gericht geschehen läßt, wenn ein Mensch über sich selbst redlich klar zu
32 werden versucht und sich selbst das Urteil spricht. Aber noch mehr. Bei Paulus beobachten wir auch hier wieder (vgl. o. S. 175) jene eigentümliche Wendung zum Positiven, die aus seinem Durchdrungensein vom Evangelium stammt. Selbst diejenigen, an denen sich ein Gericht schon vollzogen hat, vor allem jene „Schwachen und Kranken", müssen nicht verzweifeln, sondern dürfen es wissen: **„Gerichtet aber von dem Herrn werden wir gezüchtigt, damit wir nicht zusammen mit der Welt verurteilt werden."** Dabei ändert sich der Sinn des Satzes nicht wesentlich, ob wir die Worte „von dem Herrn" mit „gerichtet" oder mit „wir werden gezüchtigt" verbinden. Wichtig ist, daß Gerichte über den Gläubigen eine ernste Hilfe sein wollen, um dem Gericht über die Welt zu entgehen. Dieses Gericht hat Paulus immer erschreckend ernst angesehen, vgl. Rö 2, 5; 5, 9; 1 Th 1, 10. In diesem Gericht über die Welt waltet der Zorn. Wenn Zuchtgerichte Gottes den Glaubenden davor bewahren, **„zusammen mit der Welt verurteilt zu werden"**, dann kann er diese Zuchtgerichte mit dankbarer Beugung auf sich nehmen.

33/34 Paulus schließt ab. **„Daher, meine Brüder, wenn ihr zusammenkommt zum Essen, so wartet aufeinander."** Es wird deutlich, daß die scharfe Frage in V. 22 nicht etwa die ganze alte Weise der Mahlfeier abschaffen will! Es wäre wohl für Paulus wie für eine damalige Gemeinde ganz unvorstellbar gewesen, wie man Herrenmahl halten könne ohne gemeinsame Mahlzeit! Das Nehmen und Brechen des Brotes gehörte ganz einfach an den Anfang einer Mahlzeit; und erst „nach dem Essen" konnte nach dem Vorbild des Mahles Jesu der Becher gereicht werden. Aber die schlimmste Entwürdigung der Feier konnte vermieden werden, wenn wenigstens alle **„aufeinander warteten"**. Es mochte sich das ausgleichende Mitteilen von Lebensmitteln ganz von selbst ergeben, wenn der Wohlhabende nicht schon mit seinem reichlichen Essen fertig war, bis der Arme erst spät von seiner harten Arbeit zur Versammlung kam. Aber wird das Warten nicht schwierig, **„wenn einer hungrig ist"**? Nun, wenn es damit so schlimm steht, daß einer nicht warten kann, dann **„esse er zu Hause, damit ihr nicht zur Verurteilung zusammenkommt"**. Noch einmal klingt das harte Gerichtswort „Verurteilung" auf, das über dem ganzen Abschnitt steht und das in dem Eingangssatz, daß das Zusammenkommen der Korinther „nicht zur Förderung, sondern zur Schädigung führe", eigentlich schon gemeint war. Und noch einmal weist Paulus auf den erschütternden Widersinn hin, wenn das Zusammenkommen einer Gemeinde Jesu überhaupt und nun gar ihr Zusammenkommen zum Empfang des zu ihrer Errettung hingegebenen Leibes und Blutes zu ihrer Verurteilung und zu ihrem Verderben führt.

Es gab im einzelnen noch viele Dinge zu regeln. Aber das will Paulus nicht brieflich aus der Ferne tun. Konkrete Fragen und Schwierigkeiten müssen an Ort und Stelle besprochen und entschieden werden. **„Das übrige werde ich anordnen, wenn ich komme."** In der grie Form des Bedingungssatzes liegt eine gewisse Unbestimmtheit. Paulus kann noch nicht sicher sein baldiges Kommen versprechen. Am Schluß des Briefes sagt er darüber Näheres (16, 5—9).

In unserem Abschnitt über die Abendmahlsfeier fällt uns zweierlei auf. Sogar hier bei der Sakramentsverwaltung fehlt das „Amt". Paulus richtet nicht an den oder die „Amtsträger" die Aufforderung, für die Abstellung der Mißbräuche und die Einhaltung rechter Ordnung zu sorgen. Er wendet sich an die Gemeinde als ganze, weil sie selbst als solche und als ganze die Feier hält. Es fehlt offenbar auch eine feste „Liturgie" mit der Rezitation der Einsetzungsworte als Mittelpunkt. Sonst hätte der Apostel die Einsetzung des Mahles nicht ausführlich niederschreiben müssen, sondern die Gemeinde nur an ihr täglich wiederholtes liturgisches Gut zu erinnern brauchen.

Was dieser ganze Abschnitt für die Gemeinde von heute und für ihre Feier des Herrenmahles bedeutet, kann hier nicht erörtert werden. Das freilich ist gewiß, daß die kirchliche Feier des „Altarsakramentes", das nur von ordinierten oder geweihten Amtsträgern gespendet werden darf, nicht die einzig mögliche oder einzig berechtigte und einsetzungsgemäße Weise der Mahlfeier ist. Und es ist ernstlich zu fragen, ob wir uns nicht allzuweit von dem entfernt haben, was Paulus in unserem Abschnitt vom Mahl des Herrn und seinem rechten Vollzug sagt. Aber die Abendmahlsfeier hängt unlöslich mit der gesamten Art des heutigen „Gemeindelebens" zusammen. Es kann keine Rückkehr zum NT an einem einzelnen Punkt geben. Wenn Gott durch den ungeheuren Umbruch der Zeit die Gemeinde Jesu wieder „urchristlich" werden läßt, wird sich ganz von selbst auch ihre Feier des Herrenmahles dem ntst Bild nähern. So hat es schon Luther in der berühmten Vorrede zur „Deutschen Messe" gesehen. In der Schar derer, „die mit Ernst Christen sein wollen", gäbe es statt „vielen Gesinges" „eine feine kurze Weise, das Sakrament zu halten". Aus dem „Sakrament des Altars" würde wieder Mahlfeier der Gemeinde in der Gegenwart ihres Herrn, bei der alle den Tod des Herrn verkündigen, bis er kommt.

VON DEN WIRKUNGEN DES HEILIGEN GEISTES

1. Die Merkmale der Wirksamkeit des Geistes

1. Korinther 12, 1—11

zu Vers 1: 1 Ko 14, 1
zu Vers 2: Hab 2, 18; Apg 17, 29; Gal 4, 8
zu Vers 3: Mt 7, 21; Mk 9, 39; Jo 13, 13; Rö 8, 9; 10, 9; Phil 2, 11; 1 Jo 4, 2; 5, 1
zu Vers 4: Rö 12, 6; 1 Ko 12, 1; Hebr 2, 4
zu Vers 5: 1 Ko 12, 28; 6, 6; Eph 4, 11
zu Vers 6: Eph 1, 11; 4, 6
zu Vers 7: 1 Ko 14, 26
zu Vers 10: Apg 2, 4; 14, 1. 5. 24. 29; 1 Ko 11, 4; 1 Jo 4, 1
zu Vers 11: Rö 12, 3; 1 Ko 7, 7; Eph 4, 7

1 **Über die Geisteswirkungen** (oder: die Geistbegabten) **aber, Brü-**
2 **der, will ich euch nicht in Unkenntnis lassen. * Ihr wißt, als ihr**
Heiden waret, wurdet ihr zu den stummen Götzenbildern, wie ihr
3 **irgend geleitet wurdet, hingeführt. * Darum tue ich euch kund,**
daß kein im Geiste Gottes Redender sagt: „Fluch über Jesus“,
und keiner ist imstande zu sagen: „Herr ist Jesus“, als nur im
4 **Heiligen Geist. * Es gibt aber Zuteilungen von Gnadengaben,**
5 **doch** (es ist) **derselbe Geist; * und es gibt Zuteilungen von Dien-**
6 **sten, und** (es ist) **derselbe Herr; * und es gibt Zuteilungen von**
Wirkungen, aber (es ist) **derselbe Gott, der da wirkt das alles in**
7 **allen. * Einem jeden aber wird gegeben die Offenbarung des**
8 **Geistes zum Nutzen. * Dem einen wird durch den Geist gegeben**
Wort der Weisheit, einem anderen aber Wort der Erkenntnis
9 **nach demselben Geist; * einem weiteren Glauben in demselben**
10 **Geist; einem andern Heilungsgaben in dem einen Geist, * einem**
andern Wunderwirkungen, einem andern Prophetie, einem an-
dern Unterscheidungen der Geister, einem weiteren Arten von
11 **Zungen, einem andern Auslegung der Zungen. * Alles dieses wirkt**
der eine und selbe Geist, zuteilend einem jeden in eigener Weise,
wie er will.

Wie in Kap. 7, 1 u. 8, 1 geht Paulus auch hier auf eine Anfrage der Korinther ein. Seine Antwort wird sehr ausführlich und füllt die Kap. 12—14, ein Zeichen, daß Paulus hier an einem wesentlichen Punkt der Nöte im Gemeindeleben Korinths zu stehen meint. Auch hier geht es (wie gleich am Anfang des Briefes), um Uneinigkeit und Spaltungen, um „Eifersucht und Streit“, die sich gerade an dem Reichtum und der Mannigfaltigkeit der Geisteswirkungen entzündeten. Darum liegt es Paulus in dem ganzen 12. Kapitel daran, die
1 Einheit der Quelle allen Reichtums an „Gaben“ und die Einheit der
Gemeinde als des einen Leibes mit den vielen Gliedern den Korinthern machtvoll zu zeigen. Dabei weist sofort der Einsatz des Kapitels **„Über die Geisteswirkungen“** darauf hin, daß Paulus nicht nur über die „Charismata, die Geistesgaben“ zu sprechen hat, sondern umfassender nach dem ganzen Wirken des Geistes gefragt worden ist[1]. Auch hier liegt ihm daran, daß die Gemeinde eine wissende und verstehende werde, die alle Vorgänge auf dem Gebiet des geistlichen Lebens selber recht zu beurteilen vermag. **„Über die Geisteswirkungen** (oder: die Geistbegabten) **aber, Brüder, will ich euch nicht in**

[1] Dabei fassen wir das am Anfang stehende Wort als Neutrum, als „Geisteswirkungen“. Es könnte an sich auch ein Maskulinum sein und so die „Geistbegabten“, die „Pneumatiker“, bezeichnen. Aber Paulus wird es hier in Kap. 12, 1 nicht anders gebraucht haben wie in Kap. 14, 1, wo klar das Neutrum steht.

Unkenntnis lassen." Paulus beginnt daher mit einer grundlegenden Aussage, die den Korinthern das wesenhafte Kennzeichen der Wirksamkeit des Geistes überhaupt nennt. Weder das Heidentum noch das Judentum hat Heiligen Geist. Nur in der Gemeinde Jesu, da wo man Jesus als den „Kyrios" bekennt, ist der Geist am Werk.

Der Satz über das Heidentum ist sprachlich schwierig und nicht 2
leicht zu übersetzen. Wir können diese Schwierigkeiten hier nicht im einzelnen erörtern. Die Übersetzung biegt den Satz notgedrungen ein Stück zurecht. **„Ihr wißt, als ihr Heiden waret, wurdet ihr zu den stummen Götzenbildern, wie ihr irgend geleitet wurdet, hingeführt."** Die Korinther kennen die heidnische Religion aus ihrer eigenen Vergangenheit. Sie wissen, daß sie damals nur **„stumme Götzenbilder"** hatten. Obwohl es dort kein lebendiges Wort, keine innere, das ganze Herz erfüllende und bewegende Gewißheit gab, nahmen sie doch eifrig am Kultus teil. Warum? Sie wurden irgendwie **„geleitet"** und **„hingeführt"**. Alle heidnische Religion ist ein unausweichliches Stück des Volkslebens und der festen Volkssitte[2]. Von Gottes Geist, der im Wort wirkt und eigene Überzeugung schafft, war da nichts zu merken. Man folgte gedankenlos der herrschenden Sitte.

Aber war nicht das Judentum etwas ganz anderes? War dort nicht 3
ein lebendiger und redender Gott und darum auch klare Erkenntnis und bewußte Lebensordnung? So mancher in der Gemeinde mochte schon als Heide aufmerksam zum Judentum hinübergeschaut haben. Jetzt war in vielen Gemeinden ein Fragen da, ob man nicht zu Israel gehören müsse, um Jesus, dem Messias Israels, recht gehören zu können. Weil gerade für bisherige „Heiden" das Urteil hier schwierig war, **„darum tue ich euch kund, daß kein im Geiste Gottes Redender sagt: ‚Fluch über Jesus'."** Auch in der Synagoge zu Korinth war es bei der Verkündigung des Paulus zu „Lästerungen" (Apg 18, 6) gekommen. Damals hallten die Rufe „Fluch über Jesus" durch den Raum, wenn Paulus von Jesus sprach. Und auch jetzt steht in den Synagogen überall das Urteil über Jesus fest: Jesus ist der zu Recht am Fluchholz hingerichtete Gotteslästerer. Das aber ist das sichere Kennzeichen, daß hier nicht der Geist Gottes zu finden ist[3].

[2] Andere sehen in dem Satz des Paulus eine Erinnerung an den „Enthusiasmus", den es in manchen Kulten in der Tat gab, und übersetzen dementsprechend: „Ihr wurdet zu den Götzenbildern, wie ihr getrieben wurdet, hingerissen." Aber es ist recht unwahrscheinlich, daß die geringen Leute, die den wesentlichen Teil der Gemeinde bildeten (1, 26 ff), solchen enthusiastischen Kulten angehört haben sollten. Zudem stand in der Mitte der Mysterienkulte gerade nicht das stumme „Götzenbild". Dieses gab es nur in der offiziellen Religion. Vgl. Anm. S. 171.

[3] In der Zeit, da die Theologie einseitig den Hellenismus als wirksame Umwelt des jungen Christentums ansah, meinte man, den Satz des Paulus so verstehen zu sollen, daß in der Gemeinde selber enthusiastische Leute „Fluch über Jesus" gerufen hätten; nun kläre Paulus die Gemeinden darüber auf, daß so etwas nicht aus dem Heiligen Geist stamme. Aber sollten das nicht auch die Korinther selber gewußt haben? Und sollte ein Paulus, der seinerseits den Fluch über alle sprach, die Jesus nicht liebten (16, 22), für eine so furchtbare Verirrung in der Gemeinde nichts anderes gehabt haben als einen ruhig aufklärenden Satz? Zudem ist solcher „Fluch", ein solches „Anathema", eine typisch jüdische Sache, auf die Heiden gar nicht kommen konnten. Ekstatische Gemeindeglieder aus den Heiden mochten alles mögliche schreien, „Anathema Jesus" riefen sie ganz bestimmt nicht.

Denn das Wirken des Geistes geht genau in der entgegengesetzten Richtung und führt zu dem Bekenntnis: **„Herr ist Jesus."** Ja, **„keiner ist imstande zu sagen: ‚Herr ist Jesus', als nur im Heiligen Geist".** Lange Zeit, in den Jahrhunderten christlicher Gewöhnung, schien das freilich nicht zu stimmen. Aber gerade heute beginnen wir es wieder neu zu verstehen. Daß ein jüdischer Handwerker, der verhöhnt von den Menschen und verlassen von Gott hilflos am Kreuz endete, der „Kyrios"[4], der Herr des Weltalls, der Richter aller Milliarden Menschen sein soll, das kann kein „vernünftiger Mensch" erkennen. „Herr ist Jesus" — wer das mit klarer Überzeugung sagt, in dem wirkt es der Heilige Geist[5]. Denn eben dies ist nach Jo 16, 14 das eigenste und eigentliche Werk des Geistes, Jesus zu verherrlichen, Jesus in seiner ganzen Herrlichkeit zu zeigen. Durch den Heiligen Geist kommt es zu dem Urbekenntnis der Christenheit: **„Herr ist Jesus."** Alle weiteren „Bekenntnisse" und „Bekenntnisschriften" in der Christenheit sind nur nähere Ausführungen und Erklärungen dieses Grundbekenntnisses. Zugleich aber darf jeder, der dieses Grundbekenntnis redlich mit sprechen und in dem Menschen Jesus den „Kyrios" sehen kann, mit Dank und Freude wissen, daß der Geist in seinem Herzen wohnt und wirkt. Und die Gemeinde, die in diesem Bekenntnis lebt, ist der Ort der Gegenwart des Heiligen Geistes (3, 16)[6].

4 Aber diese Erkenntnis Jesu als des Kyrios ist nicht die einzige Wirkung des Geistes. Wir dürfen auch hier wieder nicht beim „Erkennen", bei der bloßen Theologie, stehenbleiben[7]. Paulus hat immer die Gemeinde und ihren Aufbau vor Augen. Es geht ihm im ganzen Brief nicht um die richtigen Gedanken bei dem einzelnen, einsamen Christen, sondern um das rechte Leben der Gemeinde Gottes. Dieses Leben aber in seiner ganzen Mannigfaltigkeit und seinem Reichtum
5/6 ist Wirkung und Geschenk des Geistes. Paulus wendet sich dem jetzt zu und zeigt den Korinthern: **„Es gibt Zuteilungen von Diensten, und** (es ist) **derselbe Herr; und es gibt Zuteilungen von Wirkungen, aber** (es ist) **derselbe Gott, der da wirkt das alles in allen."** Wie ist alles hier von Leben und Bewegung erfüllt! Es ist uns damit eine Wirklichkeit vor Augen gestellt, die wir Christen von heute ganz neu erfassen müssen.

Dieser Lebensreichtum der Gemeinde ist Wirkung des lebendigen Gottes. Die drei Sätze des Paulus weisen auf den Dreifaltigen Gott hin und stehen darum auch nicht einfach nebeneinander, sondern gehören eng zusammen. Der Geist gibt die **„Gnadengaben"**, aber er

[4] Vgl. dazu Anm. S. 144.

[5] Darum sagten wir o. S. 126 mit Paulus, daß das Evangelium als solches nicht „gelernt" werden kann.

[6] Hier wird deutlich, daß der Besitz des Heiligen Geistes nicht ein Vorrecht einzelner „Großer" in der Christenheit, sondern unerläßliche Notwendigkeit für jeden einfachen Christen ist. Nur durch den Heiligen Geist kann man wirklich Christ sein. Zur Gemeinde Jesu gehören nur Menschen mit dem Heiligen Geist, die das unerhörte Bekenntnis „Herr ist Jesus" in Wahrheit auszusprechen vermögen.

[7] Vgl. o. S. 19 das gleich am Anfang des Briefes zum Wort „Apostel" Ausgeführte.

gibt sie, weil der Herr „Dienste" verleiht, zu denen wir die charismatische Ausrüstung nötig haben. Die vielfachen **„Wirkungen"** aber in den **„Diensten"** durch die **„Gnadengaben"** gehen zurück auf denselben Gott, **„der da wirkt das alles in allen"**. Der Geist handelt also nicht selbständig für sich, sondern ist mit dem Herrn verbunden und ist der Geist des wirkenden Gottes[8].

Darum kann Paulus die mächtige Einheit bezeugen, die hinter der ganzen Mannigfaltigkeit der **„Zuteilungen"** steht. Hier wird das Anliegen des Apostels sichtbar. Alle Vielfalt bringt die Gefahr mit sich, daß nun das Verschiedene gegeneinander ausgespielt oder abgewertet wird. Eine Gemeinde wie die korinthische mit so viel Neid und Eifersucht und solchem Mangel an Liebe war dieser Gefahr schon ein Stück erlegen. Aus Kap. 14 können wir schließen, daß in Korinth bei vielen die „Zunge" als überragende Geistesgabe galt, in der das Wirken des Geistes am sichersten und mächtigsten zu sehen sei. Andere, weniger auffallende Gaben wurden dagegen gering geschätzt. Vielleicht haben die Kreise der Gemeinde, die besonders zu Paulus hielten, gerade im Blick auf solche Wirrnisse in der Gemeinde den Apostel um Belehrung **„über die Geisteswirkungen"** gebeten. Paulus macht zunächst grundlegend klar, wie es **„der eine und selbe Geist"** ist, der die verschiedensten Gaben verleiht, und **„derselbe Herr"**, der alle Dienste überträgt, und in beiden **„derselbe Gott"**, der da **„wirkt alles in allen"**. Dann kann man Gaben, Dienste und Wirkungen nicht gegeneinander ausspielen. Sie kommen alle von dem Einen. Dabei hat jedes Charisma, jeder Dienst den eigenen unverbrüchlichen Wert und die volle Unentbehrlichkeit an seiner Stelle. Zugleich weist die Formulierung „Gott wirkt alles in all e n" auf die persönlichen Empfänger der verschiedenen Gaben und Dienste hin, auf die **„Geistbegabten"**. Auch sie kann man nicht gegeneinander abwerten und auch hier nicht „einer für den einen sich gegen den andern aufblähen" (4, 6). Wir stoßen immer wieder auf die gleichen Schäden in Korinth. Durch sie wird selbst der Reichtum göttlichen Gebens im Heiligen Geist entstellt und zum Mittel des Zankes und der Uneinigkeit gemacht[9].

Dagegen wendet sich der nächste kurze Satz und stellt grund- 7
legend fest: **„Einem jeden aber wird gegeben die Offenbarung des Geistes zum Nutzen."** Dreierlei ist hier wichtig. **„Jeder"** wird von dem sich erweisenden Geist beschenkt[10]. Der Geist bevorzugt nicht einige „große" Männer, sondern will **„jeden"** in irgendeiner Weise ausrüsten. Darum muß dann allerdings auch für **„jeden"** in der Ge-

[8] Es wird an solchen Stellen deutlich, daß die Trinitätslehre der Kirche nicht die eigenwillige und überflüssige Erfindung ihrer Dogmatiker ist. Gewiß kennt das NT die Formel „Dreieinigkeit" nicht. Aber es bezeugt die wunderbare Wirklichkeit des Dreieinigen Gottes. Das kirchliche Dogma sucht nur lehrhaft zu fassen und gegen Irrtümer abzuschirmen, was im Zeugnis der Schrift tatsächlich vor uns steht.

[9] Welch einen Anschauungsunterricht hat der Herr damit seiner Gemeinde für alle Orte und Zeiten gegeben!

[10] An dieser Tatsache ist die Unterscheidung von „Geistlichen" und „Laien" als unbiblisch erwiesen.

meinde der Raum sein, mit dieser Ausrüstung wirklich tätig zu werden. Wo nur eine kleine Zahl von „Amtsträgern" alle „Dienste" auf sich selbst vereinigt und alles in die eigene Hand nimmt, können die „jedem" geschenkten Gaben sich nicht entfalten[11]. Dabei ist das, was der Geist in seiner Offenbarung gibt, wirklich freies Geschenk. Darum fehlt jeder Anlaß, sich selbst mit einer Gabe großzutun. Kap. 4, 7 steht nun aufs neue und in noch deutlicherer Weise vor uns. Und endlich werden alle Gaben gegeben **„zum Nutzen"**. „Charismata" sind also D i e n s tgaben des Heiligen Geistes, die nicht zur Beglükkung oder Erhöhung einzelner Gemeindeglieder da sind, sondern den andern, der Gemeinde „nützen" sollen. Darum ist jeder einzelne, jeder Kreis, jede Bewegung gerichtet, bei der irgendwelche Geistesgaben zur eigenen Erhöhung herausgestellt werden. Echte Geistesträger d i e n e n und haben damit so viel zu tun, daß keine Zeit bleibt, sich selbst zu beobachten und sich selbst zu rühmen.

Nun gibt Paulus einen ersten Überblick über die **„Gnadengaben"** („Charismata"). Es ist ein reiche Fülle, bei der aber Paulus nicht ängstlich genau registriert. Bei der erneuten Aufzählung am Schluß des Kapitels weicht er von diesem ersten Überblick ruhig ab. Es geht ja um einfache Wirklichkeiten, nicht um ein „System" oder um dogmatische Forderungen. Davon gewinnt man sofort einen lebhaften Eindruck, wenn man das entsprechende Stück des Römerbriefes (12, 4—8) neben unsern Abschnitt stellt. In Rom sieht es mit den Diensten anders aus als in Korinth. Aber Paulus wehrt das, was in Korinth mehr da war als in Rom, nicht als Überschwang ab, schilt aber auch nicht die Römer als arm und rückständig, weil bei ihnen von „Zungen" oder „Heilungsgaben" nicht zu sprechen ist. Es müssen nicht in allen Gemeinden die gleichen Gaben da sein, und es muß durchaus nicht jede Gemeinde alle Gaben haben. Es handelt sich um „Zuteilungen", die in der freien Verfügung des Geistes stehen, und um „Dienste", über die allein der Herr verfügt. Wie sollte da Raum zu Kritik und Murren sein? Nur darauf dringt der Apostel in Rom wie in Korinth, daß die vorhandenen Gaben mit Hingabe gebraucht werden **„zum Nutzen"**.

8 Was Paulus nun nennt, sind alles echte, „übernatürliche" Fähigkeiten. Charismata sind nicht geheiligte Naturgaben. Wohl kann Gott auch natürliche Anlagen und Fähigkeiten in seinen Dienst stellen und sie dafür heiligen[12]. Aber davon ist jetzt nicht die Rede. Es

[11] Es hat hier ein verhängnisvoller Kreislauf eingesetzt. Weil schon sehr früh in der Kirchengeschichte das „Amt" alle Tätigkeiten in der Gemeinde an sich zog, traten die „Gaben" bei den Gemeindegliedern mehr und mehr zurück. Und weil nun scheinbar die „Gaben" nicht mehr da waren, meinte man, alles durch „Amtsträger" ausrichten zu müssen. Das „Gegenüber von Amt und Gemeinde" wirkte sich verhängnisvoll aus. Die Anziehungskraft von Freikirchen und Sekten liegt z. T. darin, daß hier noch oder wieder Raum für die Dienste und Gaben sogenannter „Laien" vorhanden ist.

[12] Ein schönes Beispiel ist der Missionar Jim Fraser, der schon als Student ein leidenschaftlicher Bergsteiger war. Gott führte ihn in das Land der Lisu, in dieses „großartige, struppige, felsige, nasse, wilde" Hochgebirgsland. „Wie wohl ich mich darin fühle", kann Fraser, der Bergsteiger, hinzusetzen.

handelt sich um Gaben des Heiligen Geistes, die mit Naturgaben nichts zu tun haben. Dabei ist bezeichnend, daß Paulus die in Korinth bewunderten „Zungen" nicht an die Spitze stellt. Ihm ist vor allem wichtig, was zum Aufbau der ganzen Gemeinde dient. Die Gemeinde aber braucht **„Weisheit"**, also die Fähigkeit, die praktischen Aufgaben des Lebens zu durchschauen und von Gott her die rechten Wege und Lösungen dafür zu finden. Sie braucht aber auch **„Erkenntnis"**, den gründlichen Einblick in Gottes Wahrheit und Gottes Heilsplan[13]. Und sie braucht nicht nur Weisheit und Erkenntnis als solche, sondern vielmehr das **„Wort der Weisheit"** und das **„Wort der Erkenntnis"**, das in rechter und hilfreicher Weise diese Weisheit und Erkenntnis der Gemeinde vermittelt. Der Geist gibt es: **„Dem einen wird durch den Geist gegeben Wort der Weisheit, einem anderen aber Wort der Erkenntnis nach demselben Geist."** Es ist aber bezeichnend, daß Paulus schon diese beiden so nah beieinander liegenden Gaben verschiedenen Gemeindegliedern zugeteilt sieht[14].

Nun erscheint **„Glaube"** als besonderes Charisma. Es kann damit 9
nicht der Heilsglaube gemeint sein, den jeder besitzt und besitzen muß, der überhaupt Glied der Gemeinde sein will. Hier denkt Paulus an den **„Glauben"**, der einzelnen in besonderer Weise verliehen wird, wenn auch freilich „zum Nutzen" für die ganze Gemeinde. A. H. Franckes oder Georg Müllers „Glauben" hat nicht jedes Gemeindeglied und muß ihn auch nicht haben. Solche Männer (und Frauen!) des Glaubens erweisen in besonderer Art die Treue Gottes in seinen Verheißungen, die Macht des Gebetes, die Herrlichkeit des Rechnens mit Gott und stärken dadurch die Gemeinde als ganze und helfen zu ihrem Bau[15].

„Heilungsgaben" und **„Wunderwirkungen"** stehen im Plural. Das 10
wird darauf hinweisen, daß Paulus nicht an die dauernde Ausrüstung einzelner mit Heilungskraft oder Wundermacht denkt. Immer wieder wird es Christen geschenkt, im Heiligen Geist Kranke zu heilen und in besonderen Notlagen Wunder zu tun. Also nicht „Krankenheiler" und „Wundertäter" schenkt der Geist, sondern „Heilungsgaben" und „Wunderwirkungen"[16]. Paulus rechnet in 2 Ko 12, 12

[13] Paulus verwendet hier den Begriff „Weisheit", den er in den ersten Kapiteln des Briefes umfassend gebrauchte, in der jüdischen Weise in einem engeren Sinn, der sich auf die Lebenspraxis bezieht. Vgl. die „Weisheitsliteratur" der Bibel („Sprüche Salomos" und „Prediger Salomo") und des Spätjudentums („Weisheit Salomos", „Jesus Sirach"). Was in Kap. 2, 6 ff „Gottes Weisheit im Geheimnis zu unserer Herrlichkeit" heißt, ist hier unter den Begriff der „Erkenntnis" gestellt.

[14] Was sollen wir dazu sagen, die wir uns daran gewöhnt haben, einem einzigen „Amtsträger" sämtliche zum Gemeindeaufbau notwendigen Dienste zu übertragen! Wie selbstverständlich erwarten wir, daß bei uns der eine Mann „Wort der Weisheit" und „Wort der Erkenntnis" und noch viele andere Gaben habe und alles in der Gemeinde Notwendige leisten könne.

[15] Darum ist das Studium von „Lebensbildern" so wichtig für uns. Das 11. Kapitel des Hebräerbriefes weist uns den Weg dazu. Aus der großen Fülle der Biographien nennen wir hier nur das zweibändige Werk über Hudson Taylor (Brunnen-Verlag, Gießen), das Lebensbild von Georg Müller „Niemals enttäuscht" (Schweickhart Verlag, 1950) und „Nichts unmöglich", Erinnerungen und Erfahrungen von Schwester Eva von Tiele-Winckler.

[16] Diese Gaben sind freilich eine notwendige Ausrüstung der Gemeinde. Die Gemeinde Jesu hat

„Zeichen und Wunder" zu den Notwendigkeiten seines apostolischen Berufes. „Heilungsgaben" hat er dabei nicht ausdrücklich genannt. Es gibt nach Mk 16, 18 ein heilendes Handauflegen der Boten Jesu, ja aller Glaubenden, das nicht eine Ausrüstung mit „Heilungsgaben" sein muß, sondern ein jeweiliges Handeln im Glauben darstellt. Das führt hinüber zu den Anweisungen von Jak 5, 14. Hier ist ganz deutlich, daß der Kranke nicht an besondere Älteste mit Heilungsgaben verwiesen wird, sondern erwarten darf, daß schlichte „Älteste der Gemeinde" durch das „Gebet des Glaubens" ihm die Hilfe in seiner Krankheitsnot bringen.

Nun werden **„Prophetie"** und **„Arten von Zungen"** genannt. Von beidem werden wir in Kap. 14 ausführlich hören. Wichtig ist aber, daß diesen beiden Gaben eine weitere zur Seite tritt; der „Prophetie" die **„Unterscheidung der Geister"**, den „Arten von Zungen" die **„Auslegung der Zungen"**. Warum ist das nötig? Wer prophetisch redet, beansprucht das Hören und das Gehorchen der Gemeinde. Ist die Gemeinde damit jedem Prophetenspruch einfach ausgeliefert? Den Thessalonichern schrieb Paulus: „Die Weissagungen schätzt nicht gering. Alles aber prüft, das Gute haltet fest" (1 Th 5, 19). Die Gemeinde hat selbst den Geist und kann darum auch beurteilen, ob das, was ein Prophet sagte, wirklich aus Gottes Geist stammt. Jetzt im Blick auf die Korinther sieht Paulus die Lage noch ernster. Neben den „Geistern der Propheten" (Kap. 14, 32) gibt es auch andere, fremde Geister, die sich einmischen können. Darum ist in der Gemeinde die besondere Gabe der **„Unterscheidungen der Geister"** sehr nötig[17]. Wieder steht hier der Plural, um anzudeuten, daß es nicht um eine gleichbleibende Qualität einzelner Gemeindeglieder geht, sondern um immer erneute „Zuteilungen", die immer wieder „einem andern" geschenkt werden können. Solche Gemeindeglieder nehmen der Gemeinde als ganzer die Pflicht der Prüfung des Weissagens nicht ab, geben ihr aber eine besondere Hilfe dazu.

Neben den **„Arten von Zungen"** steht die **„Auslegung der Zungen"**. Was Paulus mit „Arten" von Zungen eigentlich meint, wissen wir nicht, da er auch bei der ausführlichen Besprechung des Zungenredens in Kap. 14 kein anschauliches Bild der „Zungen" und ihrer „Arten" gibt. Es war das nicht nötig, die Korinther kannten es alles aus eigener Erfahrung. Am Anfang von Kap. 13 hören wir immerhin, daß es „Zungen der Menschen" und „Zungen der Engel" gibt. Aber welche „Art" von Zungen auch laut werden mag, die „Zunge"

mit tiefem Ernst zu warnen, wenn Menschen in Krankheit oder sonstiger Not nach den okkulten Hilfen greifen, die in einem dicht verzweigten Netz in hundert Formen über den ganzen Erdball angeboten werden. Aber die Gemeinde kann nicht nur immer „warnen", sie muß dann auch eine andere und echte Hilfe zeigen können. Die Apg gibt uns ein anschauliches Bild davon, wie Heilungsgaben und Heilungen der Botschaft von Jesus den Weg bereiten, Apg 5, 12—16; 9, 32—42; 19, 11 f.

[17] Seit es bei uns von den Erweckungsbewegungen her wieder mehr als früher Geistesgaben und Geisteswirkungen gibt, haben wir unter großen Schmerzen und Nöten zu lernen gehabt, wie nötig auch wir die „Unterscheidungsgaben" brauchen, wenn nicht schweres Unheil über die Gemeinde kommen soll. Vgl. auch die ernste Warnung 1 Jo 4, 1—3.

bleibt für alle andern unverständlich, wenn sie nicht „ausgelegt“ bzw. in die übliche Sprache „übersetzt“ wird. Darum will Paulus das Zungenreden in der Gemeindeversammlung nur haben, wenn auch die **„Auslegung der Zunge“** dazu geschenkt wird (14, 27 f).

Abschließend stellt Paulus noch einmal fest: **„Alles dieses wirkt** 11
der eine und selbe Geist, zuteilend einem jeden in eigener Weise, wie er will.“ Paulus schreibt hier dem Geist das gleiche „Wirken“ zu, wie er es in V. 6 von Gott sagte. Vor allem aber betont er, daß hinter der ganzen großen Mannigfaltigkeit der genannten Gaben der **„eine und selbe Geist“** steht. Das schließt jede falsche Überbewertung und jede falsche Geringschätzung irgendeiner Gabe aus. Dabei ist der Geist der völlig freie Herr im „Zuteilen“[18] der Gaben. Er gibt sie **„einem jeden in eigener Weise“**[19] und **„wie er will“**. In gar keiner Weise werden Gnadengaben verdient, erarbeitet oder errungen. Umso weniger kann sich an sie irgendein „Ruhm“ heften. Zu rühmen ist nur der frei schenkende und begabende Geist[20].

VON DEN WIRKUNGEN DES HEILIGEN GEISTES

2. Die Gemeinde als „Christusleib“

1. Korinther 12, 12—31a

12 Denn gleichwie der Leib *einer* ist und Glieder in Vielzahl hat,
aber alle die Glieder des Leibes, obwohl viele, *ein* Leib sind, so
13 auch der Christus. • Denn es wurden ja in *einem* Geiste wir
alle zu *einem* Leib getauft, ob Juden oder Griechen, ob Skla-
ven oder Freie, und wurden alle mit *einem* Geist getränkt.
14/15 • Denn auch der Leib ist nicht *ein* Glied, sondern viele. • Wenn
der Fuß spräche: Weil ich nicht Hand bin, gehöre ich nicht zum
16 Leibe, so gehört er deswegen doch zum Leibe. • Und wenn das
Ohr spräche: Weil ich nicht Auge bin, gehöre ich nicht zum Leibe,
17 so gehört es deswegen doch zum Leibe. • Wenn der ganze Leib
Auge wäre, wo bliebe das Gehör? Wenn ganz Gehör, wo der Ge-
18 ruch? • Nun aber hat Gott die Glieder gesetzt, jedes einzelne von
19 ihnen am Leibe, wie er gewollt hat. • Wenn aber das alles *ein*
20 Glied wäre, wo (wäre) der Leib? • Nun aber sind der Glieder
21 viele, aber der Leib einer. • Es kann aber nicht das Auge sagen
zur Hand: ich habe dich nicht nötig; oder wiederum der Kopf zu

zu Vers 12: Rö 12, 4 f; 1 Ko 12, 27; 10, 17
zu Vers 13: 1 Ko 10, 2—4; Gal 3, 28
zu Vers 14: 1 Ko 12, 20
zu Vers 18: 1 Ko 15, 38
zu Vers 20: 1 Ko 12, 14

[18] Hier steht das Tätigkeitswort „zuteilen“, von dem in V. 4—6 das Hauptwort „Zuteilungen“ abgeleitet ist.

[19] In Kap. 12, 31; 14, 1; 14, 39 werden wir sehen, wie es in lebendiger Spannung zu dieser Eigenmacht des Geistes dennoch ein „Streben“, ein „eifriges Bemühen um Geistesgaben“ für uns gibt.

[20] Darum kann der Geist in neuen Zeiten für neue Bedürfnisse auch neue „Gaben“ verleihen, die damals noch nicht im Blick des Paulus liegen konnten. Es sei nur an die Gabe der Schriftstellerei und der Schriftleitung erinnert, wie sie Männer wie Wilhelm Busch und andere besaßen.

zu Vers 26: Rö 12, 15
zu Vers 27: Rö 12, 5 Eph 5, 30
zu Vers 28: 1 Ko 12, 5; Eph 4, 11 f
zu Vers 31: 1 Ko 14, 1. 12

22 den Füßen: ich habe euch nicht nötig. * Nein, vielmehr die Glie-
der des Leibes, die schwächer zu sein scheinen, sind notwendig;
23 * und die wir für weniger ehrenvoll am Leibe halten, die um-
geben wir mit besonderer Ehre; und unsere unanständigen (Glie-
24 der) **erhalten besondere Anständigkeit; * unsere anständigen aber**
haben es nicht nötig. Aber Gott hat den Leib zusammengemischt,
25 dem zurückstehenden besondere Ehre gebend, * damit nicht eine
Spaltung in dem Leibe sei, sondern einträchtig füreinander sorg-
26 ten die Glieder. * Und wenn ein Glied leidet, leiden alle die Glie-
der mit; wenn ein Glied geehrt wird, freuen sich alle die Glieder
27 mit. * Ihr aber seid der Leib Christi und Glieder als Teil ange-
28 sehen. * Und die einen hat Gott gesetzt in der Gemeinde erstens
zu Aposteln, zweitens zu Propheten, drittens zu Lehrern, dann
Wunderkräfte, dann Heilungsgaben, Hilfeleistungen, Leitungs-
29 gaben, Arten von Zungen. * Sind etwa alle Apostel? Etwa alle
30 Propheten? Etwa alle Lehrer? Etwa alle Wunderkräfte? * Haben
etwa alle Heilungsgaben? Reden etwa alle in Zungen? Legen
31a etwa alle aus? * Strebet aber nach den größeren Gnadengaben!

12 Das **„denn"** am Anfang des neuen Abschnittes zeigt, daß Paulus bei seinen Darlegungen über das Wirken des Geistes und über die Mannigfaltigkeit und Einheit der Gnadengaben immer schon die Gemeinde und ihr Leben vor Augen gehabt hat. Warum gibt es die vielen verschiedenen Dienste, die doch in dem einen Geist und unter dem einen Herrn in fester Einheit zueinander gehören? Deshalb, weil die Gemeinde der eine Leib mit den vielen verschiedenen Gliedern ist. **„Denn gleichwie der Leib e i n e r ist und Glieder in Vielzahl hat, aber alle die Glieder des Leibes, obwohl viele, e i n Leib sind, so auch der Christus."**

Über das „Geheimnis" der Gemeinde, „das vor den Äonen in Gott, dem Schöpfer des Alls, verborgen war" und „jetzt im Geist offenbar ist seinen heiligen Aposteln und Propheten" (Eph 3, 9. 5) macht Paulus hier keine Aussagen. Es steht aber doch vor den Korinthern da, wenn er seinen Satz nicht so abschließt, wie wir es erwarten würden: „so auch die Gemeinde", sondern die kühne Formulierung wagt: **„so auch der Christus"**. Also die Gemeinde gehört als „Leib" völlig zu dem Christus hinzu, sie ist ein unablösbarer Bestandteil des Christus, und ohne die Gemeinde ist „der Christus" nicht mehr zu denken. Es lebt nicht über den Sternen ein Christus und auf Erden eine selbständige Gemeinde, die zu diesem Christus in gewissen Beziehungen des Glaubens steht. Christus ist auch nicht nur das „Haupt" eine Leibes, dem der Leib in voller Selbständigkeit gegenübersteht. Der Christus verleiblicht sich vielmehr in der Gemeinde, er wohnt im Heiligen Geist in ihr als in seinem Tempel. Der Christus ist nicht nur als „gepredigter" im „Wort" in der Welt, sondern lebt leibhaftig in seiner Gemeinde unter den Menschen, redet durch die Gemeinde, liebt durch sie, rettet durch sie, hilft und heilt durch sie. Welch eine Hoheit, aber auch welche Verantwortung liegt damit auf der Gemeinde. Das müssen gerade die Korinther bedenken, die in ihrem individuellen Freiheitsstreben „die Gemeinde Gottes verachten" (11, 22), Brüder ohne viel Bedenken verderben (8, 11) und „Holz, Heu, Stroh, Rohr" in den Bau der Gemeinde hineinkommen lassen. Auch die Dienstgaben des Heiligen Geistes werten sie nur dann richtig, wenn sie das Wesen der Gemeinde in ihrer ganzen Größe vor Augen haben.

Daß das Bild vom „Leib" für menschliches Gemeinschaftsleben im Altertum viel gebraucht worden ist, läßt sich leicht nachweisen. Aber seine Verwendung durch Paulus ist dennoch einzigartig. Es bleibt bei ihm nicht nur ein hilfreiches „Bild". Der Christusleib ist von Paulus vielmehr als eine volle Wirklichkeit erkannt und so vor die Korinther hingestellt.

Wie im vorigen Abschnitt liegt es Paulus den Spannungen und 13
Spaltungen in Korinth gegenüber vor allem an der Einheit dieses Leibes. Der nun folgende Satz will darum nicht eigentlich auf die Frage antworten, wie wir die Zugehörigkeit zu diesem Leibe erlangen. Betont und hervorgehoben ist vielmehr die Einheit über der ganzen Mannigfaltigkeit der Menschen, aus denen die Gemeinde sich zusammensetzt. Solche Mannigfaltigkeit schafft sonst in der Welt die tiefen Gegensätze und Trennungen. Wie unüberwindlich war damals der „Jude" vom „Griechen" und der „Sklave" vom „Freien" geschieden. Aber diese bisher alles bestimmenden Unterschiede verloren ihre trennende Macht, als aus Juden und Griechen, Sklaven und Freien das Wundergebilde des Leibes Christi entstand. In Christus und in seinem Geist und Leben sind sich jetzt Juden und Griechen, Sklaven und Freie näher, als sich sonst Menschen in irgendwelchen Verbundenheiten der Rasse, der Nation, der Blutsverwandtschaft, der Kultur oder der persönlichen Freundschaft sein können. Wie kam das zustande? Nicht durch ein Streben und Ringen der Menschen, die sich um solche Einheit mühten. Um derartige Mißverständnisse auszuschließen, greift Paulus auf das Taufgeschehen zurück, das ganz allein von Gott her Menschen verschiedenster Art zusammenfügte: **„Denn es wurden ja in *einem* Geiste wir alle zu *einem* Leib getauft, ob Juden oder Griechen, ob Sklaven oder Freie, und wurden alle mit *einem* Geist getränkt."** Das „Getränktwerden mit dem Geist" könnte sich — wir denken an Kap. 10, 4 — auf das Herrenmahl beziehen. Doch wäre dann die Vergangenheitsform **„wir wurden getränkt"** verwunderlich. So wird auch diese Aussage mit zu dem Blick auf das Taufgeschehen gehören. Paulus ist im Verständnis der Taufe so real wie in seiner Auffassung des Herrenmahles. In der Taufe geschieht wirklich etwas, und zwar Entscheidendes. In der Taufe vollzieht sich ein Wirken des Geistes von Leben bestimmender Macht[1]. Es schafft aus den vielen den *einen* Leib, der

[1] Gerade darum wird niemand wagen können, diese Aussagen im Ernst auch auf die Scharen der nur traditionsgemäß als Säuglinge getauften Menschen anzuwenden. Oder man muß zum wenigsten mit den Lutherischen Bekenntnisschriften feststellen, daß „die Getauften wider das Gewissen gehandelt, die Sünden in ihnen herrschen lassen und also den Heiligen Geist in

von dem einen Geist erfüllt ist und alle seine Glieder mit dem einen Geist getränkt sieht[2].

14 Nun wendet sich Paulus der andern Seite der Wirklichkeit zu, die an einem „Leib" sichtbar wird. **„Denn auch der Leib ist nicht ein Glied, sondern viele."** Der Leib lebt nur in der Vielheit seiner Glieder und von der ganzen Mannigfaltigkeit ihrer Funktionen. Die Einheit des Leibes Christi bedeutet also in keiner Weise Uniformierung! Darum hat Paulus auch auf dem Gebiet der Gnadengaben keinen Versuch gemacht, die römischen und die korinthischen Zustände einander anzugleichen, sondern hat jeder Gemeinde gelassen, was Gott ihr gab (vgl. o. S. 201). Darum stehen überhaupt alle Gemeinden, an die er Briefe schrieb, in voller, freier Eigenart vor uns. Und darum hat Paulus — trotz gelegentlicher Berufung auf übereinstimmende „Sitten" Kap. 11, 16 — nichts getan, die von ihm gegründeten Gemeinden organisatorisch zu einer „Kirche" zusammenzuschließen und ihnen eine einheitliche Spitze zu geben. Aber freilich kann die Einheit des Leibes nur gewahrt werden, wenn die Vielheit seiner Glieder recht geordnet ist. Die Lebensfähigkeit des Leibes liegt in dem
15/16 Miteinander der Glieder in ihrer ganzen Unterschiedlichkeit. Dieses rechte Miteinander sieht Paulus zunächst von „Minderwertigkeitskomplexen" bedroht und geht V. 15—18 auf diese Gefahr ein. Gemessen an den Fähigkeiten und Aufgaben eines andern Gliedes kann sich ein Glied gering und bedeutungslos vorkommen, als gehöre es gar nicht recht zum Leib. **„Wenn der Fuß spräche: Weil ich nicht Hand bin, gehöre ich nicht zum Leibe, so gehört er deswegen doch zum Leibe. Und wenn das Ohr spräche: Weil ich nicht Auge bin, gehöre ich nicht zum Leibe, so gehört es deswegen doch zum Leibe."** Man kann diese Sätze auch als Frage fassen: „Gehört er nicht deswegen doch zum Leibe?" Es steht im grie Text hier eine doppelte Verneinung, die man im Deutschen schwer wiedergeben kann. Man müßte etwa sagen: „So ist er deshalb nicht nicht zugehörig zum Leibe"[3]. Was Paulus in die Lage von Korinth hinein sagen will, ist deutlich. Was war dort etwa ein Mann, der „nur" ein „Wort der Erkenntnis" besaß, neben dem bewunderten Zungenredner oder neben dem Bruder mit prophetischen Gesichten? War er überhaupt ein
17/18 echtes Glied des Leibes Christi? Aber der objektive Blick auf einen „Leib" sieht es ganz anders. Der Fuß ist gewiß nicht Hand und das

ihnen selbst betrübt und verloren haben" (Konkordienformel SD II 69). Dann ist aber der Satz des Paulus ebenfalls nicht mehr auf sie anwendbar.

[2] Der Christus kann wesensgemäß nur einen Leib haben. Die Einheit der Gemeinde ist also nicht ein Ziel, nach dem wir streben und das wir durch bestimmte Bemühungen allmählicher oder schneller erreichen können. Die Einheit der Gemeinde ist fort und fort einfach eine Tatsache. Gerade auch durch den einen Geist, mit dem alle getränkt sind. Wir aber sind gefragt, ob wir diese Tatsache in unserm ganzen Verhalten beachten und anerkennen oder nicht. Der Angehörige jeder andern Denomination ist entweder noch kein Glied am Leibe Christi, dann darf ich in herzlicher Liebe helfen, daß er es wird; oder er ist es tatsächlich, dann kann ich in ihm nur voll und ganz den Bruder sehen, mit dem ich wesenhaft in dem einen Leib verbunden bin. Diese einfache und klare Erkenntnis ist die gesunde Grundlage der „Allianz". In diesem Sinne ist „Allianz" nicht Liebhaberei, sondern sachliche Notwendigkeit für jeden Christen.

[3] So Bachmann in seinem Kommentar zum 1. Korintherbrief, 1921³, S. 384.

Ohr nicht Auge; aber unentbehrlich zum Leben des Leibes sind Fuß und Ohr ebenso wie Hand und Auge. **„Wenn der ganze Leib Auge wäre, wo bliebe das Gehör? Wenn ganz Gehör, wo der Geruch?“** Über dem Leibe aber wird Gott sichtbar: **„Nun aber hat Gott die Glieder gesetzt, jedes einzelne von ihnen am Leibe, wie er gewollt hat.“** Kann es vor diesem Willen Gottes noch Minderwertigkeitsgefühle und Verzagtheit geben? Auch die kleine Gabe und der unscheinbare Dienst stammen von Gott. Wir haben nicht nach andern zu sehen, die für unseren Blick reicher begabt sind und viel Größeres leisten. Wir haben erst recht nicht den vergeblichen Versuch zu machen, andere nachzuahmen[4]. Wir dürfen dankbar das sein, was
wir sind, und so mit unserem Einsatz dem Ganzen dienen. **„Wenn** 19/20
aber das alles e i n Glied wäre, wo (wäre) **der Leib? Nun aber sind der Glieder viele, aber der Leib einer.“**

Die Minderwertigkeitsgefühle werden geweckt und vertieft durch 21
die falschen Überlegenheitsgefühle anderer. Es kann sich auch ein Glied für das allein wichtige halten. Der Leib brauchte eigentlich nur aus ihm selbst und aus seinesgleichen zu bestehen. Wenn nur die Zungenredner da sind oder wenn nur die Lehrer der Gemeinde ihre hohe Weisheit vermitteln, dann hat sie alles Nötige für ihr geistliches Leben. So mögen manche Kreise in der korinthischen Gemeinde denken. Paulus wendet sich gegen diese Selbstüberschätzung. Wieder geht es dabei um die wirkliche Einheit, die durch die Selbstüberhebung der „Großen“ bedroht ist. **„Es kann aber nicht das Auge sagen zur Hand: ich habe dich nicht nötig; oder wiederum der Kopf zu den Füßen: ich habe euch nicht nötig.“**

Nun darf und muß jedes Glied, auch das kunstvollste und wichtigste, erkennen, wie es alle andern Glieder absolut nötig hat, das
Auge die Hand, der Kopf die Füße. Ja, es ist dabei noch mehr zu 22/23
sagen: **„Nein, vielmehr die Glieder des Leibes, die schwächer zu sein scheinen, sind notwendig“**[5]. Und in der Behandlung unserer Glieder bringen wir diese Wertung jedes einzelnen Gliedes selber zum Ausdruck: **„Und die wir für weniger ehrenvoll am Leibe halten, die umgeben wir mit besonderer Ehre; und unsere unanständigen** (Glieder) **erhalten besondere Anständigkeit; unsere anständigen aber haben es nicht nötig.“** Paulus wird hier an die Glieder denken, denen wir durch ihre Bekleidung und Umhüllung gegenüber den unbekleideten **„besondere Ehre“** antun. Und deutlich spielt er dann auf die Organe unserer Geschlechtlichkeit an. Sie bleiben völlig verborgen, aber welche hohe und für den Bestand der Menschheit unentbehrliche Funktion ist ihnen verliehen. So kommt es auch im Leib Christi, in der Gemeinde, nicht auf den sichtbaren Platz, auf den hervorragenden Rang an, den wir einnehmen. Die unscheinbare alte Frau, die im

[4] Die Grenze zwischen einem echten Lernen von andern und einem falschen Nachahmen ist immer klar, weil es die Grenze zwischen Sachlichkeit und Ichhaftigkeit ist.

[5] Wir mögen etwa an jene winzigen Drüsen denken, die als „Langenhanssche Inseln“ in der Bauchspeicheldrüse den Zuckerhaushalt des Körpers regeln. So unscheinbar sie sind, ihr Ausfall würde den Tod herbeiführen, während man ohne Auge, Hand und Fuß noch leben kann.

Verborgenen eine vollmächtige Beterin ist, kann wichtiger sein als ein Mann von weithin bekannter, öffentlicher Wirksamkeit[6].

24/25 Wieder geht der Blick zu Gott empor. **„Aber Gott hat den Leib zusammengemischt, dem zurückstehenden besondere Ehre gebend, damit nicht eine Spaltung in dem Leibe sei, sondern einträchtig füreinander sorgten die Glieder." „Eine Spaltung"**, genau das war es, was am Anfang des Briefes (1, 10) als Sorge vor dem Apostel stand und sich in 11, 18f bereits als bedrohliche Wirklichkeit zeigte. Die Korinther hatten es ruhig hingenommen und fanden vielleicht auch beim Hören des Briefes die Sorge ihres Apostels übertrieben. War ihr reiches, bewegtes Gemeindeleben mit seinen Geistesgaben wirklich durch solche Streitigkeiten gefährdet? Aber am Bilde des Leibes muß es ihnen doch klar werden. **„Spaltung"** in einem Leibe — jeder weiß, daß das schwere Entartung und vielleicht den Tod bedeutet. Wie aber kann sie vermieden werden? Nur, wenn wir in der Gemeinde der Art Gottes folgen, der „dem zurückstehenden Gliede besondere Ehre gab"; nur, wenn in dieser Weise **„einträchtig füreinander die Glieder sorgen"**. Das war es, was in Korinth fehlte, wo die Starken rücksichtslos ihre „Freiheit" herausstellten und die besonders Begabten ihrer eigenen Größe lebten. Hier muß die Gemeinde umkehren zur „Liebe", die aufbaut.

26 Der Leib ist eine sehr bunte „Mischung" von großer Mannigfaltigkeit. Aber er ist so aufgebaut, daß alle Glieder zueinander gehören, einander unentbehrlich sind und füreinander sorgen. Darum ist es nicht eine Forderung, sondern die Feststellung einer Tatsache: **„Und wenn ein Glied leidet, leiden alle die Glieder mit; wenn ein Glied geehrt wird, freuen sich alle die Glieder mit."** Wir haben bei diesem Satz nicht ein „sollen" einzuschieben, wie wir es unwillkürlich gern tun[7]. Im menschlichen Körper ist es eine schlichte Tatsache, daß die Erkrankung eines Gliedes die Funktion weit von ihm entfernter Glieder stören und das Wohlbefinden des ganzen Körpers beeinträchtigen kann, wie umgekehrt die Kraft jedes gesunden Gliedes dem Gedeihen aller andern zugute kommt. Ebenso handelt es sich im Zusammenleben der Gemeinde nicht um geforderte Gefühle der Mitfreude oder des Mitleidens, sondern um bedeutsame Tatsachen, die wir zur Kenntnis nehmen müssen. Lähmung und Entartung des geistlichen Lebens in einzelnen Gemeindegliedern wirkt sich unwillkürlich auf den Stand der ganzen Gemeinde aus; und jede Kraft und Belebung von Gliedern der Gemeinde fördert alle andern mit und schenkt der ganzen Gemeinde Freude. Die in Korinth proklamierte „Freiheit", die sich um die andern nicht kümmert und den schwachen Bruder ruhig zugrunde gehen läßt, ist nicht nur ein Un-

[6] In dem Lebensbild des Evangelisten Moody (Oncken-Verlag, 1900) wird es uns erzählt, wie zwei Frauen, die bei seinen Versammlungen meist vorn saßen und beteten, für ihn die Kraft des Heiligen Geistes erbaten und durch ihr Beten das mächtige Verlangen nach geistlicher Kraft in ihm weckten und er dann von dieser Kraft erfüllt wurde (S. 57/8).

[7] Wie viele „evangelische" Aussagen entstellen wir auf diese Weise und machen sie zum drükkenden „Gesetz", z. B. Mt 5, 13 f.

recht, sondern auch ein folgenschwerer Irrtum. Wenn der Kopf sich um die Blutvergiftung des kleinen Fingers nicht kümmert, wird er selber mit sterben müssen. Aber umgekehrt dürfen sich auch die Schwachen und „Unbedeutenden" in der Gemeinde neidlos an den Brüdern und Schwestern mit hoher Begabung und großer Leistungsfähigkeit freuen; sie erhalten selber im Gemeindeleben Anteil daran. Auch hier gilt das „alles gehört euch" (3, 21). Wir sind kein Paulus; aber wir und ungezählte Menschen in allen Gemeinden der Erde leben von dem, was Paulus anvertraut wurde und was er unter heißen Mühen und Kämpfen weitergab.

Es liegt Paulus alles daran, das Leben des Leibes in seinen Glie- 27
dern in ganzer Wirklichkeit zu zeigen. In dieser Wirklichkeit stehen auch die Korinther. **„Ihr aber seid der Leib Christi und Glieder als Teil angesehen."** Auch hier ist das Sein, die gegebene Wirklichkeit das erste. Das freilich weiß Paulus auch, daß eine Gemeinde als „Leib" nicht so von selbst funktioniert wie der menschliche Körper. Wir haben zwar den Leib Christi nicht erst herzustellen und uns nicht erst zu Gliedern zu „machen". Aber wir können das uns Verliehene beeinträchtigen oder sogar zerstören. Darum wird ja Paulus dann das 13. Kapitel schreiben und im 14. Kapitel eingehende Anweisungen für das Gemeindeleben geben. Aber zunächst liegt ihm daran, den Korinthern zu sagen: alles dies, was ich euch jetzt am menschlichen Leib gezeigt habe, das ist wirklich da; ihr *seid* Leib Christi, ihr *seid* Glieder. Also *habt* ihr die Einheit in der Mannigfaltigkeit der Glieder, Gaben, Kräfte und Dienste und *habt* diesen ganzen Reichtum in der Einheit der Gemeinde.

Nun kehrt Paulus noch einmal zu dem zurück, was er in V. 7—11 28
über die Charismata gesagt hatte. Jetzt aber, nach dem Unterricht über die Gemeinde als „Leib", kann es den Korinthern noch anders anschaulich werden. Nun fügt Paulus zu der Fülle der Dienstgaben, die jeweils einzelne in der Gemeinde bekommen, die drei Dienste hinzu, die offensichtlich nicht wechselnde Gaben sind, sondern zum festen „Beruf" bestimmter Menschen werden. Darum nennt er hier nicht Gaben und Kräfte, sondern Personen, und dies mit ausdrücklicher Zählung ihrer Reihenfolge: **„Und die einen hat Gott gesetzt in der Gemeinde erstens zu Aposteln, zweitens zu Propheten, drittens zu Lehrern."**

Hier meint das Wort **„Gemeinde"** nicht die Einzelgemeinde Korinth, sondern die Gemeinde überhaupt, die Gemeinde überall, die aus der Arbeit der Apostel entsteht und in deren Entstehung gerade der Dienst der **„Apostel"**[8] ihr besonderes Ziel hat. Es ist aber bezeichnend, daß für die Gesamtheit aller „Einzelgemeinden" kein neues Wort geprägt wird, wie umgekehrt die Gemeinde in Korinth auch nicht die abschwächende Bezeichnung „Einzel"-Gemeinde erhält. Es ist alles wesenhaft und schlechthin „Gemeinde", die Schar der Glaubenden in Korinth und anderswo und die Summe aller

[8] Über das Wesen des „Apostels" s. o. S. 19.

Glaubenden in der ganzen Welt. Die Gesamtheit aller Gemeinden ist nicht wichtiger und in höherem Sinn „Gemeinde" oder „Kirche" als die „Ortsgemeinde" in Korinth, Philippi oder Ikonion.

Zum gemeindegründenden Dienst der Apostel treten **„Propheten"** und **„Lehrer"**[9]. Wir werden hier schon deutlich darauf hingewiesen, daß „Prophet sein" noch etwas anderes ist als die Dienstgaben des „propheteuein", die Paulus so dringlich allen Gemeindegliedern wünscht. Wir werden in Kap. 14 erneut darauf stoßen. Der **„Prophet"** empfängt Gewißheit über den Willen und die Pläne Gottes, tut sie der Gemeinde kund und leitet dadurch die Gemeinde. Die Gemeinde ist aber keineswegs auf immer neue prophetische Offenbarungen allein angewiesen. Neben dem „Propheten" steht der **„Lehrer"**, der auf Grund des Wortes Gottes der Gemeinde in reicher Weise zeigen kann, was Gott ihr schenkt und was er von ihr will. So steht in unserem Brief Paulus ganz besonders als „Lehrer" vor uns, der der Gemeinde nicht prophetische Sprüche zuruft, sondern sie zu einem Verstehen und Erfassen der göttlichen Wahrheit anleitet.

Im Unterschied zu Eph 4, 11 sind die „Evangelisten" und die „Hirten" hier nicht genannt. Vielleicht denkt Paulus bei den „Aposteln" nicht nur an die Apostel im engeren Sinn, sondern meint hier die Männer mit, die er später als „Evangelisten" besonders aufführen wird. Sie setzen ja die Arbeit der „Apostel" fort, verkünden die rettende Botschaft von Jesus, um aus erretteten Menschen „Gemeinde" entstehen oder durch sie eine schon bestehende Gemeinde wachsen zu lassen. Der „Hirtendienst" geschah mit durch „Apostel, Propheten und Lehrer", aber auch durch den gegenseitigen Dienst der Gemeindeglieder aneinander (Kol. 3, 16; 1 Th 4, 18; 5, 11) und hob sich erst später als eine eigene, bestimmten Gliedern übertragene Tätigkeit heraus. Es können mit den „Hirten" hier aber auch die Männer gemeint sein, die sonst „Älteste" genannt werden und die nach Apg 20, 28 besonders den Dienst des „Weidens" der Gemeinde zu tun haben. Paulus bezeichnet sie dort als „Bischöfe". Es ist in der Urchristenheit alles noch sehr frei und beweglich, ohne satzungsmäßig festgelegte „Ämter".

Zu den in besonderer Weise dauernd berufenen Männern treten die „Gaben", die jeweils Gemeindegliedern für den Dienst zuteil werden. „Wort der Weisheit", „Wort der Erkenntnis" und „Glaube" werden hier nicht noch einmal genannt; dagegen werden den **„Wunderkräften"** und **„Heilungsgaben"** noch **„Hilfeleistungen"** und **„Leitungsgaben"** hinzugefügt, die in V. 8—10 fehlen. Für das Leisten von Hilfe und für das Leiten gibt es freilich auch natürliche Fähigkeiten, die in der Gemeinde nicht zu verachten sind. Aber da eine „Gemeinde" keine weltliche Organisation, sondern ein „pneumatischer = geistlicher" Organismus ist, reicht hier auch das beste natürliche Können wesensgemäß nicht aus. Auch alles „Helfen" und „Leiten" bedarf hier einer

[9] Genauso finden wir es in Apg 13, 1 für Antiochia bezeugt.

„Begabung", wie sie nur der Heilige Geist schenken kann[10]. Es ist aber bezeichnend, daß die **„Leitungsgaben"** nicht unter den ersten, sondern unter den letzten Charismata stehen[11]. Zugleich werden wir darauf hingewiesen, daß wir gerade auch für die notwendigen leitenden Ämter der Gemeinde nicht einseitig nach Menschen mit entsprechenden Naturanlagen zu sehen haben, sondern die Geistesgaben des „Leitens" und „Verwaltens" ernstlich erbitten dürfen. Wie leicht verweltlichen sonst die Gemeinde und ihre Werke durch die geborenen Herrschernaturen. Zu allerletzt werden auch hier die **„Arten von Zungen"** genannt.

Nach dieser Aufzählung der mannigfaltigen Dienste und Gaben, 29/30
die zum Leben der Gemeinde nötig sind, liegt es Paulus wieder daran, der Not in Korinth zu wehren, die — von Minderwertigkeits- und Hochmutskomplexen aus — das rechte Leben der Gemeinde hemmte. Darum nennt er noch einmal die Dienste und Gaben, nun aber mit der Frage, ob **„etwa alle"** in der Gemeinde auch jeden dieser Dienste innehaben und jede dieser Geistesgaben besitzen. Es ist klar, daß die Antwort hier nur lauten kann: „Nein, natürlich nicht." Es müssen nicht alle alles haben und alles können. Es darf jeder an seiner Stelle mit seiner Gabe dienen. Die Gemeinde als Ganze freilich darf und soll reich sein an vielen Kräften und Fähigkeiten, Diensten und Wirkungen; darin liegt ihre Lebendigkeit. Sie ist aber reich, wenn jedes ihrer vielen Glieder etwas aus diesem Reichtum besitzt und in den Dienst des Ganzen stellt.

Es muß überraschen und wie ein Widerspruch zu dem eben Ge- 31a
sagten und zu den Ausführungen in den V. 14—26 erscheinen, wenn Paulus das Kapitel mit der Aufforderung schließt: **„Strebet aber nach den größeren Gnadengaben."** Also gibt es doch „größere" und „geringere" Gaben? Müssen dann nicht doch die „Kleinen" in der Gemeinde verzagen („ich mit meiner geringen Gabe") und die „Großen" stolz werden („wir mit den besonders großen Gaben")? Aber Paulus redet jetzt nicht von den Charismata, die sie bereits besitzen und die alle notwendig sind, sondern von den Gaben des Geistes, nach denen alle sich ausstrecken dürfen. Es geht ja nicht um Naturanlagen und menschliche Begabungen, die einfach festliegen, es geht um Gaben, die der Heilige Geist „zuteilt". Hier darf und muß gefragt werden, was für den Bau der Gemeinde besonders wichtig ist. Und dann darf jeder, auch der Kleine und Schwache, nach dieser Gabe **„streben"**. Dabei wird Paulus in Kap. 14 gründlich und ernstlich zeigen, daß gerade das nicht die **„größeren Gaben"** sind, die in

[10] Dem entspricht genau, daß in Jerusalem für den Tischdienst bei den Witwen „Männer voll Heiligen Geistes und Weisheit" gefordert werden (Apg 6, 3).

[11] Es war eine bedenkliche Übernahme weltlichen und staatlichen Wesens in die Gemeinde, als die „Leitenden" in der Kirche an die erste Stelle traten und das große Ansehen erhielten. Freilich, es ist das Leiten, Ordnen, Verwalten auch in der Gemeinde nötig und soll an seiner Stelle herzlich mit Dank geschätzt sein, aber „Apostel, Propheten, Lehrer", „Wort der Weisheit", „Wort der Erkenntnis", „Glauben" haben für das Leben der Gemeinde eine wesenhaftere Bedeutung.

Korinth dafür gelten: die „Arten von Zungen“, sondern daß das „Weissagen“, das vom Geist geleitete und gestaltete Wort, die „große“ Gabe ist, nach der alle verlangen sollten. Das aber gehört zu den notwendigen und fruchtbaren Spannungen der lebendigen Wahrheit, daß Paulus in V. 11 hervorhob, wie frei der Heilige Geist nach seinem Willen die Gaben zuteilt, und nun hier betont, daß die Gaben von uns **„erstrebt“** werden können und sollen.

Wir tun gut, uns am Schluß dieses Kapitels noch einmal zu vergegenwärtigen, wie Paulus die „Gemeinde“ gesehen hat. In gar keiner Weise ist sie eine Organisation und Institution. Darum kann in ihr auch nichts von Menschen „gemacht“ werden. Das ist eine erschreckende Feststellung für uns, die wir als Menschen des Sündenfalles das eigene Können und Schaffenwollen so tief im Blut tragen. Die Gemeinde ist lebendiger Leib, den nur der Heilige Geist schafft und mit seinem Leben erfüllt. Wie schwer ist es uns, so völlig auf den Geist Gottes angewiesen zu sein! Wohl gibt es auch schon bei Paulus feste „hauptamtliche“ Dienste in der Gemeinde. Aber von den Männern, die die Dienste versehen, sagt Paulus nicht, die Gemeinde habe sie sich ausgesucht und ausgebildet, sondern Gott habe sie **„gesetzt“**. Und erst recht können die Gemeindeglieder (die „Laien“) nicht zu dem „geschult“ werden, was sie in der Gemeinde zu tun haben; sie können ihre Befähigung zum Dienst, wie den Dienst als solchen, nur als Auftrag des Herrn und als Dienstgabe des Geistes geschenkt bekommen[12].

Eine solche Gemeinde ist aber nicht eine ideale „unsichtbare Kirche“, die in den tatsächlichen Gemeinden nur verborgen und unzulänglich in Erscheinung tritt. Die Gemeinde, wie Paulus sie sieht, ist als „Leib“ des Christus, als Schöpfung des Heiligen Geistes stets in der Gemeinde Gottes in Korinth und anderswo leibhaftig und wirklich da. Sie ist „Gottes Bau“, auf dem einen Grund Jesus Christus errichtet. Freilich kann in diesen Bau unechtes Material eingebaut, ja der Bau kann sogar schrecklicherweise „verderbt“ werden (3, 11—13; 3, 17). Aber das bestätigt ja nur, daß die wirkliche konkrete Gemeinde der Gottesbau, der Christusleib, das Geisteswerk ist[13].

[12] Selbstverständlich ist dann auch Ausbildung und Schulung wichtig. Es ist beides wahr: Niemand wird durch Klavierstunden ein Beethoven, aber auch ein Beethoven mußte Klavierstunden haben.

[13] Es war freilich solche Gemeinde des Neuen Testamentes nicht eine sittenmäßige, volkskirchliche Institution, sondern sie bestand aus wirklich zum Glauben gekommenen, durch das Evangelium gezeugten Menschen (4, 15; 15, 1). Alle unsere grundsätzlichen und praktischen Nöte und Probleme um die „Kirche“ und um unsere landeskirchlichen „Gemeinden“ kommen aus der Tatsache, daß die Zugehörigkeit zur „Kirche“ auf wesenhaft andere Weise zustandekommt als damals.

VON DEN WIRKUNGEN DES HEILIGEN GEISTES

3. Das Wesentliche in Zeit und Ewigkeit ist die Liebe

1. Korinther 12, 31b—13, 13

31b **Und einen Weg noch weit darüber hinaus zeige ich euch** (oder:
1 Und noch weit darüber hinaus zeige ich euch einen Weg). * **Wenn**
ich mit den Zungen der Menschen rede und (denen) **der Engel,**
Liebe aber nicht habe, bin ich ein tönendes Erz geworden oder
2 **eine gellende Zymbel.** * **Und wenn ich Prophetengabe habe und**
weiß die Geheimnisse alle und alle Erkenntnis und wenn ich allen
den Glauben habe, so daß ich Berge versetzte, Liebe aber nicht
3 **habe, bin ich nichts.** * **Und wenn ich austeile alle meine Habe und**
wenn ich ausliefere meinen Leib, daß ich verbrannt werde, Liebe
aber nicht habe, so nützt es mir nichts.
4 * **Die Liebe ist langmütig, ist gütig, die Liebe ist nicht eifersüchtig,**
5 **die Liebe prahlt nicht, sie bläht sich nicht auf,** * **sie ist nicht takt-**
los, sie sucht nicht das Ihre, sie läßt sich nicht aufreizen, sie stellt
das Böse nicht in Rechnung (oder: sie sinnt nicht auf Böses; vgl.
6 Sach 8, 17), * **sie freut sich nicht an der Ungerechtigkeit, sie freut**
7 **sich aber mit an der Wahrheit.** * **Alles hält sie aus, alles glaubt**
8 **sie, alles hofft sie, alles duldet sie.** * **Die Liebe hört niemals auf.**
Prophetengaben — sie werden abgetan werden; Zungen — sie
9 **werden aufhören; Erkenntnis — sie wird abgetan werden.** * **Denn**
10 **stückweise erkennen wir, und stückweise weissagen wir;** * **wenn**
aber kommt das Endgültige, wird das Stückweise abgetan wer-
11 **den.** * **Als ich ein Kind war, redete ich wie ein Kind, dachte wie**
ein Kind, überlegte wie ein Kind; als ich ein Mann wurde, tat ich
12 **ab, was zum Kind gehörte.** * **Denn wir sehen jetzt durch einen**
Spiegel in rätselhaftem Umriß, dann aber von Angesicht zu An-
gesicht. Jetzt erkenne ich stückweise, dann aber werde ich ganz
13 **erkennen, wie ich auch ganz erkannt worden bin.** * **Nun aber**
bleibt Glaube, Hoffnung, Liebe, diese drei; die größte aber von
diesen: die Liebe.

zu Vers 1: Ps 150, 5; 1 Ko 14, 6—9
zu Vers 2: Mt 7, 22; 17, 20
zu Vers 3: Dan 3, 27; Mt 6, 2
zu Vers 4: Rö 13, 10; 1 Th 5, 14; Jak 3, 1*
zu Vers 5: Sach 8, 17; Phil 2, 4
zu Vers 6: Rö 12, 9; 2 Ko 13, 8
zu Vers 7: Spr 10, 12; Rö 15, 1; 1 Pt 4, 8
zu Vers 12: 4 Mo 12, 8; Jo 10, 14; 2 Ko 3, 18; 5, 7; 1 Jo 3, 2; Jak 1, 23
zu Vers 13: Kol 3, 14; 1 Th 1, 3; 5, 8; 1 Jo 4, 16; Hbr 10, 22

Paulus hat in Kap. 12, 31a die Korinther aufgefordert, nach den 31b
besonders wertvollen Geistesgaben zu streben. An diese Aufforderung hätte er ohne weiteres die Darlegungen von Kap. 14 anschließen können. In ihnen spricht er ja vom „Wert" der Geistesgaben und zeigt, warum das „Weissagen" wertvoller und wichtiger ist als das Beten mit der Zunge. Aber nun unterbricht er seinen Gedankengang, um seinen Korinthern Entscheidendes zu sagen. **„Und einen Weg noch weit darüber hinaus zeige ich euch."** Wir wissen nicht, ob das „weit darüber hinaus" wie in 2 Ko 1, 8; 4, 17 mit dem Verbum zu verbinden ist oder als eine Eigenschaftsbezeichnung zum „Weg" gehört. Beides ist dem Satzbau nach möglich. Im ersteren Fall würde Paulus selber unter dem Eindruck stehen, daß nun seine Unterwei-

sung der Gemeinde alles bisherige weit überschreitet und ihre eigentliche Höhe erreicht. Im zweiten Fall würden wir daran erinnert, daß der Ausdruck „Weg" – besonders in der Apg – als Bezeichnung des Christentums überhaupt verwendet wird (Apg 9, 2; 24, 14; aber auch 13, 10; 16, 17; 18, 25). Paulus zeigt jetzt den Korinthern, worin das Christentum in seinem Wesen besteht und warum es ein so unerhörter, alles überragender **„Weg"** ist.

Es kommt das „Hohe Lied der Liebe". Aber 1 Ko 13 ist alles andere als ein lyrischer Erguß! Mit einem „Lied" hat dieses Kapitel nichts zu tun. Es ist ernstester Unterricht, genau in die Nöte des korinthischen Gemeindelebens hinein. Es ist ein mächtiges Gerichtswort und zugleich ein Wort über letzte, lebendige Gewißheiten.

Paulus schreibt von der „Liebe". Sie ist wirklich sein zentrales Wort. Aber gerade darum hat Paulus eine spürbare Scheu, davon zu sprechen. Es ist, als sehe er schon, wie leicht dieses Wort mißverstanden und mißbraucht werden kann. Auch im Römerbrief ist „die Liebe Gottes, die in Christus Jesus ist, unserm Herrn" die abschließende und alles tragende Gewißheit. Aber Paulus wählt erst das herbe Wort von der „Gerechtigkeit Gottes" und läßt ganze Kapitel davon beherrscht sein, ehe er in Rö 5, 5 ff und Rö 8, 35—39 die Liebe Gottes vor die Gemeinde hinstellt. Ebenso hat er in unserem Brief die Liebe überhaupt erst Kap. 8, 1 genannt. Und jetzt in Kap. 13 stellt er sie in die Mitte, nun freilich mit einer unvergleichlichen Kraft und Entschiedenheit.

Wie das ganze NT wählt er für „Liebe" das Wort „Agape", das in der Umwelt der Christenheit so gut wie gar nicht gebraucht wurde. Dort kannte man den „Eros", die verlangende Liebe, die freilich bei einem Mann wie Plato auch ein höchstes und edelstes Verlangen in sich tragen konnte, die aber dabei doch eine begehrende, auf das eigene Ich zurückbezogene Liebe bleibt. Mit „Agape" dagegen bezeichnete die erste Christenheit das Wunderbare, das sie von Gott her in Christus erfahren hatte: eine Liebe, die nichts für sich will, sondern alles hingibt und opfert, und dies für Unwerte, Schuldige, Feinde, für solche, die ihr nichts wiedergeben und ihr nicht wirklich danken können. Diese Agape ist darum zuerst und in ihrem Ursprung die Liebe Gottes (2 Ko 13, 13; 1 Jo 4, 16), die Liebe des Christus (2 Ko 5, 14; Gal 2, 20), die Liebe des Geistes (Rö 15, 30). Sie ist keine menschliche Möglichkeit, keine „höchste Tugend". Sie ist erst recht nicht das, was wir für gewöhnlich unter „Liebe", auch unter „christlicher Liebe", verstehen. Ein Stück Freundlichkeit und Hilfsbereitschaft bringt die Welt sehr gut auch ohne Christentum zustande. Die übliche „christliche Liebe" wäre wahrlich noch kein **„Weg weit darüber hinaus"**. Sie ist noch nicht das „Sonderliche", von dem Jesus in Mt 5, 43—48 sprach. Die Agape kann uns nur in Christus durch den Heiligen Geist zuteil werden (Rö 5, 5b) als eine radikal neue, der alten Ichnatur entgegengesetzte Wirklichkeit. Aber so ist sie das Wesentliche des Christseins in Zeit und Ewigkeit.

1 Davon spricht Paulus nun, indem er sie mit dem Höchsten und

Größten vergleicht, was der Christ sonst noch haben mag. Paulus wählt dabei zuerst die in Korinth am meisten geschätzte Geistesgabe, die Zungenrede. **„Wenn ich mit den Zungen der Menschen rede und** (denen) **der Engel**[1]**, Liebe aber nicht habe, bin ich ein tönendes Erz geworden oder eine gellende Zymbel.“** Paulus stellt jetzt nicht allgemein unserem „Reden“ die Liebe gegenüber und meint nicht, daß auch das beste Reden ohne Liebe nur einen blechernen Klang habe. Nein, dieser Anfang geht auf die Lage in Korinth ein, wo man die Geistesgabe der Zungenrede über alle anderen stellt und die Arten von Zungen pries. Paulus aber stellt dem die Möglichkeit entgegen (die er nur zu gut als bittere Wirklichkeit in Korinth kennt!), daß Gemeindeglieder die Gabe der „Zunge“ in reichem Maße haben, aber dabei fehlt ihnen die Liebe. Wie steht es nun? Wir müssen auf jedes Wort achten. Die Männer in Korinth, die das Zungenreden erstrebten, meinten, dadurch etwas **„geworden“** zu sein. Paulus sagt ihnen: **„Geworden“** seid ihr **„ein tönendes Erz oder eine gellende Zymbel“**, wenn ihr keine Agape habt. Paulus entwertet damit nicht die Gabe der „Zunge“ als solche. Er redet ja selber viel in Zungen und will dieses Reden auch nicht in Korinth gehindert haben (14, 5. 18. 31). Aber in sich selbst und für den Bau der Gemeinde sind Zungenredner ohne Liebe nur laut lärmende Instrumente, die nichts wahrhaft nützen. So sehr ist die Liebe der **„Weg weit darüber hinaus“**, auch über die erstaunlichste Geistesgabe. Welch ein Gericht ist dieses Wort!

Aber Paulus führt nicht etwa einseitig einen Angriff nur auf die 2
„Zungenrede“. Er wendet sich sofort den andern, den „größeren“ Geistesgaben zu: **„Prophetengabe, Erkenntnis, Glaube.“** Er nimmt wieder an, Gemeindeglieder hätten diese Gaben in höchstem Maße, so daß die prophetische Schau und die Erkenntnis in alle Geheimnisse hineinreicht und ein herrliches Wissen über die göttlichen Dinge entfaltet und der Glaube ein „Berge versetzender“ ist[2]. Auch jetzt kann es sein, daß diesen Gemeindegliedern dabei die Liebe fehlt. Paulus sah das gerade in Korinth als eine Tatsache vor sich. Diese an Geistesgaben so reiche Gemeinde (15, 7) war zugleich erschreckend arm an Liebe. Was Paulus in den bisherigen Kapiteln des Briefes an schweren Schäden aufzuzeigen hatte, es war alles im letzten Grund das Fehlen der Liebe. Was aber wird aus Menschen mit wertvollsten und höchsten Geistesgaben, wenn sie „Liebe nicht haben“? Ist es ein Schönheitsfehler? Ist es ein erheblicher Mangel? Das Gerichtswort des Apostels ist viel schärfer: **„Und wenn ich Pro-**

[1] Ist hier eine „Sprache des Himmels“ gemeint, die wir alle in der Ewigkeit einmal sprechen werden? Man könnte es denken; in Korinth wurde es vielleicht so gesehen. Aber V. 8 widerlegt diese Annahme: die Zungen „hören auf“.

[2] Wieder merken wir, wie Paulus den historischen Jesus und sein Wort sehr wohl gekannt und ernst genommen hat. Zugleich wird zur Bestätigung des oben S. 203 Gesagten deutlich, daß es sich nicht um den rettenden Heilsglauben, sondern um „Glauben“ als eine besondere und auffallende Geistesgabe handelt. Der Heilsglaube, der nach der Errettung am Kreuz greift, wird immer „der Glaube. der durch die Liebe tätig ist“ (Gal 5, 6) sein. Dieser Glaube war bei der Verachtung des törichten Wortes vom Kreuz in Korinth schwach.

phetengabe habe und weiß die Geheimnisse alle und alle Erkenntnis und wenn ich allen den Glauben habe, so daß ich Berge versetzte, Liebe aber nicht habe, bin ich nichts.“ Hier erst recht kann von Paulus keine Geringschätzung der großen Gaben als solcher gemeint sein. Paulus wird nach diesem 13. Kapitel die Gemeinde in Kap. 14, 1 nochmals auffordern, sich eifrig um Geisteswirkungen zu mühen, und wird dabei den ganzen Wert des „Weissagens“ herausstellen. Darum formuliert er auch hier wieder ganz persönlich. Nicht die hohen und großen Gaben sind „nichts“. Aber **„ich bin nichts“**, wenn ich nur sie, aber nicht die Liebe habe. So einzigartig ist der Wert der Liebe.

Hier sind wir ganz besonders betroffen, weil wir als Menschen des europäischen Raumes alle den „faustischen“ Drang nach Erkenntnis in uns tragen: „daß ich erkenne, was die Welt im Innersten zusammenhält.“ Wenn ich wirklich alle Probleme lösen, alle Geheimnisse wissen und alle Erkenntnis haben könnte, wenn ich als Christ ein unangreifbares Gedankensystem aufbaute mit Gott an der Spitze, eine unwiderlegliche christliche Weltanschauung, in der jede Frage ihre Antwort fände, wäre ich dann nicht am ersehnten Ziel? Wer das in der Christenheit leistete, wäre er nicht der größte und gesegnetste Mann in ihr? Paulus sagt uns, er wäre **„nichts“**, wenn er die Liebe nicht hat! Theologie ist eine gute Sache, das klare theologische Erkennen haben wir nötig, und eine „prophetische“ Theologie ist kostbar. Aber das muß gerade der Theologe wissen, daß er nichts ist, wenn ihm die Liebe fehlt[3].

3 Dann geht es Paulus am Ende um ein „praktisches Christentum“, ein „Christentum der Tat“? Fort mit dem dogmatischen Ballast, fort mit dem vielen Predigen und Reden, hin zur schlichten, helfenden Tat! Ist das etwa mit der „Liebe“ gemeint, die die große Hauptsache sei? Wieder zeichnet Paulus dieses Christentum des praktischen Einsatzes in seiner möglichsten Vollendung: **„Und wenn ich austeile[4] alle meine Habe.“** Paulus stellt sich vor, daß ein Gemeindeglied nicht nur in üblicher Weise manchem Notleidenden hilft, sondern alles, was es überhaupt besitzt, zur Linderung der Not weggibt. Ist das nicht groß und bewundernswert? Das mag es sein. Es mag auch vielen eine wertvolle Hilfe bedeuten. Was aber bedeutet es für „mich“? Wenn ich es nicht aus jener wirklichen „Agape“, aus der selbstlosen, schenkenden Liebe heraus tue, **„so nützt es mir nichts“**. Paulus weiß, daß alles „Tun“ als solches, auch das äußerlich ganz große und bewundernswerte, noch nicht zeigt, aus welchen Beweggründen es hervorgeht. Wieviel „Ich“ kann hinter scheinbarer Aufopferung stehen!

[3] Von dem „faustischen“ Streben aus, das sich in Korinth bereits bemerkbar machte, kam es sehr bald zur „Gnosis“ (vgl. S. 163). Hier wollte man Gott und Welt und Mensch, die Schöpfung und Erlösung in einem großen Erkenntnissystem umfassen und die Gemeinde über das bloße „Glauben“ zur „Gnosis = Erkenntnis“ hinausführen. Die Kirche hat diese Bewegung mit Recht entschlossen abgelehnt. Die Gefahren dieses Erkenntnisstrebens sah Paulus schon in Korinth. Vgl. besonders Kap. 8 und die Ausführungen dazu auf S. 141 f.

[4] Paulus verwendet ein Wort, das in der Grundbedeutung „verfüttern“ heißt.

Paulus kennt das im Blick auf allen Einsatz für Gott nur zu sehr aus seinem eigenen Leben. Welch eine unermüdliche Hingabe für Gottes Ehre schien in seiner Tätigkeit als junger Pharisäer zu liegen. Und doch war das alles im Lichte des Kreuzes Jesu in Wahrheit Selbstsucht und Sünde. Darum kann er nun auch im Blick auf den Einsatz für Gott die erschreckende Möglichkeit vor uns hinstellen: **„Und wenn ich austeile alle meine Habe und wenn ich ausliefere meinen Leib, daß ich verbrannt werde, Liebe aber nicht habe, so nützt es mir nichts.“** Paulus schildert den Märtyrertod in der härtesten Form, den Tod auf dem Scheiterhaufen, der damals[5] praktisch kaum vorkam. Aber sei es selbst das Verbranntwerden, es muß auch dies nicht in lauterer Liebe geschehen. Wieviel ichhafte Gedanken haben tatsächlich später hinter manchem Drang zum Martyrium gestanden. Dann mag ich von Menschen und Gemeinde gefeiert werden, aber **„so nützt es mir nichts“.**

Welch ein Gericht ist dieser ganze Anfang des 13. Kapitels über das reiche, stolze Gemeindeleben (4, 4; 5, 2; 8, 1) in Korinth! Welch ein Gericht über uns! Viele Aussagen des Paulus nahm die Christenheit sehr genau und focht erbittert für die in ihnen liegende „reine Lehre“. Nahm aber die Christenheit je das Urteil dieser drei Verse in seiner ganzen Schwere ebenso ernst: „Gellende Zymbel“, „nichts“, „nichts nütze“? Würde die ganze Kirchengeschichte nicht sehr anders aussehen, wenn die Christenheit es getan und sich nach diesen Aussagen in der doppelten Bedeutung des Wortes „gerichtet“ hätte?

Nun beschreibt Paulus die „Liebe“. Vielleicht sind wir enttäuscht, 4—7
wenn wir seine Sätze in V. 4—7 lesen. Könnte man nicht viel „Tieferes“ über die Liebe sagen? Was hier steht, erscheint doch alles recht „einfach“. Zudem hören wir nach nur zwei positiven Aussagen acht Feststellungen darüber, was die Liebe n i c h t ist. Ist uns damit geholfen? Aber Paulus ist kein Philosoph, der das Wesen der Liebe allgemeingültig bestimmen will. Er weiß, daß solche allgemeinen Begriffsbestimmungen keinen Wert haben, weil die „Agape“, wie wir schon sahen, keine „Tugend“, keine menschliche Möglichkeit ist. Man kann sie nicht eigentlich beschreiben, man kann nur von ihr in Christus, im Wort vom Kreuz ergriffen werden. Und man kann dann nur bezeichnende Hinweise geben: so etwas tut die Liebe, und dies wiederum tut sie nicht. Diese Hinweise richten sich nach der Art und Lage dessen, dem man sie gibt. Paulus schreibt ja kein Buch, er schreibt bestimmten Menschen einen Brief. Er hat auch jetzt seine Korinther und ihre Nöte vor Augen und sagt alles in diese Nöte hinein, so gewiß er zugleich an den Menschen denkt, wie er ihn überall kennengelernt hatte. Und gerade von diesem Blick auf die praktischen Nöte in Korinth sind die verneinenden Aussagen des Paulus bestimmt. Indem sie feststellen, was die Liebe alles nicht tut, zeigen

[5] Das wurde bald anders! Wenige Jahre später brannten Christen als lebendige Fackeln in Neros Parkanlagen. Und in den Christenverfolgungen wurden nicht selten Männer und Frauen auf dem Scheiterhaufen verbrannt.

sie den Korinthern und uns, wovon uns die Liebe erlöst und freimacht.

4 Von Natur werden wir im Verhältnis zu den andern von unsern rasch wechselnden Zuneigungen und Abneigungen bestimmt. Schnell sind wir mit Menschen „fertig". Schnell ist unsere Geduld erschöpft. Die echte Liebe aber **„ist langmütig"**. Sie hat den langen Atem, könnten wir auch übersetzen. Sie **„ist gütig"**, sie lebt nicht vom andern her, sondern aus dem eigenen schenkenden Reichtum. Sie ist nicht „geschöpfte Liebe", die sich an den liebenswerten Eigenschaften des andern entzündet, sondern „quellende Liebe", die den andern auch mit allen seinen Schwierigkeiten und Widerwärtigkeiten umfaßt.

Und nun müssen es gerade die Korinther hören, mit ihrer bitteren Eifersucht untereinander, ihrem Großtun, ihrer Aufgeblasenheit: **„Die Liebe ist nicht eifersüchtig, die Liebe prahlt nicht, sie bläht sich nicht auf"**[6]. Lernen die Korinther lieben, dann werden sie frei von diesen Verkehrtheiten, die ihr Gemeindeleben verderben.

5 Das nächste Wort ist nicht leicht richtig wiederzugeben. Wörtlich heißt es: „Die Liebe benimmt sich nicht unanständig"; aber das muß doch wohl nicht erst ausgesprochen werden. Oder dachte Paulus an die Trunkenen beim Herrenmahl und an die Frauen ohne Kopftuch (11, 21; 11, 13)? Wichtig aber wäre schon die Feststellung, gerade auch im christlichen Raum, die Liebe **„ist nicht taktlos"**. Sie verleiht auch dem einfachsten Menschen einen wunderbaren Takt, der für alles Zusammenleben so wohltuend und für alles Werben um andere so nötig ist. **„Sie sucht nicht das Ihre"**, das hat Paulus auch den geliebten Philippern noch ernstlich einschärfen müssen (Phil 2, 4; 2, 21). Wieviel mehr mußte es in Korinth gesagt werden! (Vgl. 10, 24. 33.) **„Sie läßt sich nicht aufreizen"**, „nicht erregen". Das ist wahr. Und doch haben wir daran zu denken, daß Lukas mit dem gleichen Wort „erregt werden" den inneren Zustand des Paulus beschreibt, als Paulus in Athen die vielen Tempel und Götterbilder sah: es „ergrimmte sein Geist in ihm" (Apg. 17, 16). Lukas hat den Apostel gewiß damit nicht tadeln und als lieblos hinstellen wollen. Nein, gerade von der wirklichen Liebe gilt beides zugleich: sie läßt sich nicht erregen, und sie wird tief erregt. Sie kann das Elend und die Irrwege der Menschen nicht ohne tiefe Erregung ansehen. Es wird an dieser Stelle besonders deutlich, daß es eine objektive und allgemein gültige Beschreibung der „Liebe" nicht gibt. Den Korinthern mit ihrer offensichtlichen Neigung zum erregten Streit und scharfen Urteilen muß gesagt werden: Wenn ihr liebtet, dann würde diese ungute „Erregung" bei euch verschwinden.

Von dem folgenden Satz wissen wir nicht genau, wie Paulus ihn verstanden wissen will. Er ist Zitat aus Sach 8, 17 und spricht dort eindeutig vom „Sinnen auf Böses". So entspräche der Satz der Fest-

[6] Die grie Schrift kennt keine Zeichensetzung. So wissen wir nicht, wie Paulus die einzelnen Worte miteinander verbunden haben wollte. Man kann V. 4 auch so fassen: „Die Liebe ist langmütig, gütig ist die Liebe, nicht eifersüchtig ist die Liebe, sie prahlt nicht, bläht sich nicht auf . . ." Am Sinn ändert sich dadurch nichts.

stellung von Rö 13, 10: „Die Liebe tut dem Nächsten nichts Böses", nur daß Paulus hier auf den inneren Vorgang achtete, der allem „Tun" des Bösen voraufgeht: Die Liebe „sinnt nicht auf Böses". Wieviel verborgenes „Sinnen" auf Böses ist in unserm argen Herzen. Wie nötig ist die frohe Botschaft, daß die Liebe davon frei macht. Vielleicht hat Paulus aber nur die Worte aus Sach 8, 17 genommen und ihnen dann den ganz andern Sinn gegeben: **„Sie stellt das Böse nicht in Rechnung."** Das kann die Liebe: Das Böse, das ihr angetan wird, sehen und empfinden, aber es dann doch einfach nicht in Rechnung stellen, sondern als gar nicht geschehen behandeln.

Liebe verbindet mit den andern und läßt uns ihr Leben herzlich 6
teilen. Aber **„an der Ungerechtigkeit"** bei ihnen kann sich **„Liebe nicht freuen"**. Dagegen **„freut sie sich mit an der Wahrheit"**, an allem, was im Leben der andern wahr und darum heilsam und gut ist. Liebe im Sinn der Agape ist also gerade nicht „blind". Sie hat nichts zu tun mit dem weichlichen Beschönigen und Vertuschen, das bei uns oft als „christliche Liebe" gilt. Weil ihr an dem andern wahrhaft liegt, will sie ihm auch in Wahrheit helfen und ist mit der Wahrheit in festem Bund. So hat die Liebe Gottes in Jesus die Wahrheit des Menschen radikal, also bis in die verborgensten Wünsche des Herzens aufgedeckt, um die rettende Hilfe für den Menschen wirklich bringen zu können. Die schroffen Sätze der Bergpredigt Jesu gehören mit seiner unerhörten Barmherzigkeit gegen den Sünder unlöslich zusammen. „Das Wort vom Kreuz" ist ebenso durchdringende Wahrheit wie völlige Liebe. Darum gilt es auch von der christlichen Liebe in der Gemeinde: **„Sie freut sich mit an der Wahrheit."**

Und nun beschließt Paulus diese Schilderung der Liebe, die uns in 7
manchem fast zu einfach erschien, mit einem gewaltigen Satz. In diesem Satz spricht Paulus seine radikale Sprache mit dem bei ihm so beliebten Wort „alles". Vier Mal ist es betont vorangestellt: **„Alles hält sie aus, alles glaubt sie, alles hofft sie, alles duldet sie."** Nun wird die Liebe gewaltig, völlig verschieden von aller bloßen Nettigkeit und Freundlichkeit und Gutmütigkeit, die wir oft schon „Liebe" nennen und mit Liebe verwechseln[7].

Nicht an den großen Werken, etwa am „Austeilen aller meiner Habe", ist die Liebe sicher zu erkennen. Sichtbar wird sie im **„Aushalten"**. Es ist freilich zu bedenken, ob Paulus hier das Wort „stegein" nicht in seinem ursprünglichen Sinn von „bei sich behalten, mit

[7] Eines der Bücher, die uns in besonderer Weise aus dieser gefährlichen Verwechslung heraushelfen und die Größe der wirklichen Liebe in heutiger Sprache vor Augen stellen, ist das Buch von J. H. Oldham: „Ein Mensch wagt zu lieben", MBK-Verlag. Auch in dem Lebenswerk der Amy Carmichael finden wir lebendigen Anschauungsunterricht. Sie schreibt selbst von der Liebe: „Wenn die Liebe unter uns zu schwinden droht, wenn es möglich wird, den leisesten Schatten eines lieblosen Wortes zu dulden, dann fängt unsere Gemeinschaft an zu sterben. Lieblosigkeit ist tödlich, sie ist gefährlicher als eine Cobra. Gerade so, wie ein winziger Tropfen des Cobragiftes sich schnell in dem ganzen Körper dessen verbreitet, dem es eingespritzt wurde, so genügt ein Tropfen galliger Lieblosigkeit in meinem oder deinem Herzen, daß er sich mit furchtbarer Macht in unserer ganzen Familie (in der Dohnavur-Familie, meint sie) ausbreitet; denn wir sind ein Leib" (R. Brockhaus Taschenbücher Nr. 30, S. 86).

Schweigen bedecken“, gebraucht hat. Dann würde der Unterschied zu dem **„alles duldet sie“** noch viel klarer. Und wenn wir bedenken, wie schlecht wir „schweigen“ können, wie rasch wir gerade von Nöten, Sünden und Schulden der andern reden, dann wird es eine große Sache, daß die Liebe „alles mit Schweigen bedeckt“[8]. Aber auch das „Aushalten“ wäre etwas anderes als das „Dulden“. Das „Dulden“ ist das „Darunterbleiben“ unter den Lasten, die der Liebe auferlegt werden oder die sie selbst sich auferlegt. Das ist eine stille, passive, aber sehr notwendige Haltung. Paulus läßt sie völlig unbegrenzt sein. Liebe duldet nicht „ziemlich viel“, um sich dann der großen Lasten und des langen Tragens zu weigern, grenzenlos **„alles duldet sie“**. Das „Aushalten“ ist ein Stück aktiver. Die Liebe überschlägt die Kosten, sieht klar die Kämpfe, erwägt die Angriffe und Anfechtungen, spricht dann aber in voller Bereitschaft: Das alles nehme ich auf mich, das **„alles halte ich aus“**. Wieder kennt sie dabei keine Grenze und Auswahl[9]. Wie das Kreuz Jesu aus seiner Liebe zu dieser Welt der Sünde notwendig erwuchs, so ist auch bei uns in dieser Welt und Zeit das Lieben vom Leiden unabtrennbar. Lieben kann jetzt und hier nur unter Schmerzen geschehen. Die Liebe hat in dieser Welt immer die Kreuzesform.

In den beiden mittleren Sätzen wird die Liebe mit dem Glauben und der Hoffnung verbunden. Das ist wichtig für das Verständnis des Verses 13, wo mit der Liebe zusammen auch Glaube und Hoffnung als „bleibend“ bezeichnet werden. **„Alles glaubt die Liebe.“** Ist sie also leichtgläubig und vertrauensselig? Paulus hat das große Wort „Glauben“ nie so mißbraucht, wie wir es im Deutschen leider gewohnt sind[10]. Für ihn ist „glauben“ das Rechnen mit Gottes Verheißungen, Gottes Taten, Gottes Herzen[11]. Und ebenso „glaubt“ die Liebe, indem sie für den andern bis in die verzweifeltsten Fälle hinein auf die schrankenlose äußere und innere Hilfe Gottes schaut[12]. Darum kann auch **„alles“** dem fürbittenden, wagenden Glauben zugemutet werden. Es wird hier deutlich, warum der besonders ermächtigte „Glaube“ in Kap. 12, 9 zu den „Dienstgaben“ gehört, deren gerade die Liebe bedarf.

Da sich dieses glaubende Erwarten der Liebe auf die Zukunft richtet, wird es zum „Hoffen“. Das ist aber bei Paulus kein vages Wünschen und Träumen, mit dem man sich über die Schwere der

[8] Mutter Eva sah in H. Taylor den wahrhaft geheiligten Christen, weil sie in wochenlangem Zusammensein mit ihm erlebte, daß er niemals ein günstiges Wort über sich selbst und niemals ein ungünstiges Wort über einen andern sagte, auch da nicht, wo zu beidem sehr viel Veranlassung gewesen wäre. Er konnte „bei sich behalten“, „mit Schweigen bedecken“.

[9] Es ist für den ungesetzlichen, freien Blick in die Wirklichkeit nicht ohne Bedeutung, daß Paulus 1 Th 3, 1 mit der Verwendung des gleichen Wortes schreibt: „Ich hielt es nicht mehr aus.“ Und eben dies tat die Liebe, die in ihrer Freiheit sowohl „aushalten“ wie auch „nicht aushalten“ kann.

[10] Vgl. auch die Auslegung zu Kap. 11, 18 S. 187.

[11] Vgl. die Schilderung des Glaubens Abrahams in Rö 4.

[12] Etwas von diesem Erwarten der glaubenden Liebe spiegelt sich in A. Knapps schönem Passionslied „An dein Bluten und Erbleichen“ wider: „Wenn schon Zornesflammen lodern, darfst du noch Erbarmung fordern, Hilfe, wo die Engel trauern, Leben in des Todes Schauern.“

Gegenwart hinwegtäuscht. Gerade die wirkliche Liebe ist nicht blind und verschmäht alle Täuschungen und unwahren Vertröstungen. Aber sie kennt im Glauben jenes „Hoffen, da nichts zu hoffen ist“, wie Luther Rö 4, 18 wiedergibt. Denn sie kennt den Gott, „der lebendig macht die Toten und ruft dem, was nicht ist, daß es sei“ Rö 4, 17. Weil sie im Ernst liebt und den andern nicht aufgeben will und kann, darum ist auch dieses ihr „Hoffen wider Hoffnung“ ein ganzes, unbedingtes, unablässiges: **„Alles hofft sie.“** Nie kann sie etwas als „hoffnungslos“ aufgeben, solange sie liebt. Jede Last des andern legt sie dabei sich selber auf und bleibt glaubend und hoffend unter ihr. Darum schließt sich das **„alles duldet sie“** so wahr an das **„alles hofft sie“** an. Gerade indem die Liebe die fremde Last zur eigenen macht und sie dadurch in ihrem ganzen Gewicht fühlt, kann sie nicht anders als in einer ganzen Hoffnung das Ende dieser Last erwarten.

Paulus schließt mit dieser Schilderung der Liebe sein Kapitel noch nicht. Er hat von der Liebe noch Erstaunliches zu sagen, um ihre einzigartige, alles überragende Wichtigkeit und Größe deutlich zu machen. Was Paulus jetzt schreibt, gehört zu dem Größten, was er überhaupt ausgesprochen hat. Und es ist schon erschreckend, wie wenig Theologie und Kirche gerade dieses Große aufgenommen und sich angeeignet haben. Verhängnisvoll hat sich ausgewirkt, daß man dieses Kapitel als ein „Hohes Lied“ ansah, dem man immer wieder einmal ergriffen lauschte, das man darum aber in Theologie und Leben auch nicht allzu ernst nahm.

„Die Liebe fällt niemals“, so steht es wörtlich da. Von unserer 8
religiösen und moralischen Sprache her könnten wir aber das „Fallen“ mißverstehen. Doch wenn wir im Morgenlied Paul Gerhardts singen: „Alles in allem muß brechen und fallen“, dann leuchtet der Satz des Paulus in seinem hellen Glanz: „Die Liebe fällt niemals.“ Sie ist im genauen und eigentlichen Sinn das einzig Bleibende. **„Die Liebe hört niemals auf.“** Sie ist die Substanz der Ewigkeit. Willst du in deinem Leben Ewigkeit haben, dann liebe. Wir erinnern uns an das, was wir am Anfang des Kapitels über die „Agape“ sagten. Paulus redet zwar in diesem Abschnitt nicht von Gottes Liebe, sondern von unserer Liebe, die ebenso wie Prophetie, Zungenrede und Erkenntnis in uns selber zu finden sein muß. Aber diese Liebe stammt aus Gott und ist das göttliche Leben selbst. Darum ist sie etwas grundanderes als die ebenfalls von Gott her geschenkten „Gaben“, Gott ist nicht Prophetie, Gott ist nicht Erkenntnis, Gott ist nicht Glaube, aber „Gott ist Liebe“ (1 Jo 4, 16). Darum hört die Liebe so wenig auf wie der ewige Gott selbst.

Alles andere bleibt nicht! Wieder wendet sich Paulus dem Höchsten zu, was die Gaben des Geistes uns schenken. Nicht vom „Irdischen“ sagt er, es vergehe, nicht vom eigenen Denken der Menschen, nicht von den bloßen Formen der Frömmigkeit. Hier stimmten wir ihm rasch und gerne zu. Nein, wie Keulenschläge muß es die Korinther (und uns) treffen, wenn es nun in herbster Knappheit des Ausdruckes heißt: **„Prophetengaben — sie werden abgetan werden;**

Zungen — sie werden aufhören; Erkenntnis — sie wird abgetan werden.“ Prophetengabe, Zungen, Erkenntnis, das stammt doch aus dem Geiste Gottes. Das war doch der herrliche Reichtum der Gemeinde, der sie über alles erhebt, was es in der Welt um sie her, selbst auf den geistigen Höhen der Menschheit gab. Und nun soll auch dies **„abgetan werden — aufhören — abgetan werden“?** Jetzt verstehen wir in neuer Weise, warum ein Mensch mit der vollkommenen Fülle der wertvollsten Dienstgaben des Geistes doch „nichts“ ist, wenn er nicht Liebe hat. Er ist buchstäblich „nichts“, weil ja sein ganzer Besitz einmal zunichte wird.

9/10 Aber warum ist das so? **„Denn stückweise erkennen wir.“** Wie gut, daß ein Mann wie Paulus das sagt, der ebenbürtig neben den großen Denkern der Menschheit steht. Hier ist kein Raum für den Verdacht, die Trauben würden nur darum für sauer erklärt, weil sie einem zu hoch hängen. Welche Fülle der Erkenntnis bei Paulus! Wie hat er sich gemüht, die ihm anvertrauten Gemeinden zu eigener gegründeter Erkenntnis zu führen. Und doch erklärt Paulus nun: **„stückweise erkennen wir.“** Er entwertet nicht das, was unser jetziges Erkennen uns erschloß. Wie hätte er sich auch sonst mit so leidenschaftlichem Ernst um das Erkennen bei sich selbst und in der Gemeinde gemüht. Er kann auch nicht einfach ausstreichen, was er in Kap. 2, 6—16 über das Erkennen Gottes im Heiligen Geist gesagt hat. Wir dürfen wirklich „wissen, was uns von Gott gnädig geschenkt worden ist“. Und wir dürfen und müssen davon reden „nicht in von menschlicher Weisheit gelehrten Worten, sondern in vom Geist gelehrten“ (2, 12 f). Aber das Erkennen, wie wir es jetzt in diesem Weltzeitalter haben, ist ein „stückweises“. Im jetzigen Erkennen ist mein Verhältnis zu dem lebendigen Gott noch unzulänglich. Paulus wird uns das am Bild des „Spiegels“ (V. 12) noch näher erläutern. **„Wir sehen jetzt durch einen Spiegel in rätselhaftem Umriß, dann aber von Angesicht zu Angesicht. Jetzt erkenne ich stückweise, dann aber werde ich ganz erkennen, wie ich auch ganz erkannt worden bin.“** Wenn dieses „ganze Erkennen“ „von Angesicht zu Angesicht“, dieses „Endgültige“ kommt, dann wird unser jetziges „stückweises“ Erkennen trotz seiner Herkunft aus dem Geiste Gottes „abgetan werden“. Die lebendige Spannung müssen wir ertragen, daß unsere Gotteserkenntnis vom Geiste Gottes selbst geschenkte Wahrheit ist, für die wir nur staunend danken können (2, 10—16). Und doch zugleich etwas „Stückweises“, das einem Endgültigen[13] und Ganzen weichen muß[14].

Mit dem **„Weissagen“**, dem von Gottes Geist geleiteten Schauen und Reden, steht es nicht anders. Auch hier kann Paulus nicht abwerten wollen, was die Propheten gesagt haben. Er beruft sich ja

[13] Wir sind an die Übersetzung „das Vollkommene“ gewöhnt, die auch ihr Recht hat, gerade als Gegensatz zum Stückwerk. Aber in dem Wort „teleion“ steckt das Wort „telos“, das „Ende“ heißt, aber „Ende“ nicht als aufhören, sondern als erreichtes Ziel. So ist von diesem „Ende“ her das „teleion“ das „Endgültige“ oder das „Vollendete“. Vgl. o. S. 30.

[14] Vgl. die eigentliche Auslegung von V. 12 auf S. 226 ff.

fort und fort mit ganzer Entschlossenheit auch auf das prophetische Wort. Und die prophetische Rede in der Gemeinde jetzt muß zwar geprüft werden, wird aber von Paulus aufs Höchste geschätzt. Nein, auch hier gilt das Urteil „stückweise“ dem Weissagen als ganzem und als solchem. Es **„wird abgetan“**, nicht weil es irrig ist, sondern weil in dem endgültigen Zustand der Dinge das Schauen der unmittelbaren Gegenwart Gottes und seiner vollendeten Schöpfung alle prophetische Schau überflüssig macht.

Wir achten darauf, daß Paulus von den „Zungen“ nicht in gleicher Weise formulieren konnte: „Stückweise“ reden wir in Zungen. Darum erklärt er auch im Blick auf die **„Zungen“** nur **„sie hören auf“**. Die Zungenrede ist also nicht etwa Vorwegnahme der Sprache der Ewigkeit oder der neuen Welt, wie manche in Korinth meinen mochten. Vielleicht müssen wir von unserer Stelle aus schließen, daß Paulus in V. 1 von „Zungen der Engel“ nur im Sinne der Korinther sprach, selber aber nicht an zungenredende Engel dachte. Sonst gäbe es ja wirklich „Zungen“, die n i c h t aufhören[15]. Aber die echte Sprache der Engel spricht auch der größte Zungenbeter nicht.

Gilt das „Abgetanwerden“ der Weissagung auch von der biblischen Prophetie, etwa von der Offenbarung des Johannes? Wir werden das Wort des Apostels nicht einschränken können. Wenn das Endgültige gekommen sein wird, dann wird es allerdings völlig anders sein als alle Bilder der Offenbarung. Aber das sagt ja gerade die Offenbarung selber mit „Unmöglichkeit“ und „Unvorstellbarkeit“ ihrer Bilder. Wir werden ganz gewiß kein wirkliches „erwürgtes Lamm mit sieben Hörnern und sieben Augen“ auf dem Thron Gottes erblicken, und Gottes neue Stadt wird nicht buchstäblich Tore aus einer einzigen Riesenperle haben. Die ganze Bilderwelt ist dann „abgetan“, nicht weil sie falsch war, sondern weil sie „erfüllt“ ist und wir unmittelbar in der Wirklichkeit stehen, von der die Prophetie in ihren Bildern redete.

Aber verliert dann nicht doch alle prophetische Schau und auch 11
alles Erkennen seinen Wert? Paulus schenkt uns ein sehr hilfreiches Gleichnis. **„Als ich ein Kind war, redete ich wie ein Kind, dachte wie ein Kind, überlegte wie ein Kind; als ich ein Mann wurde, tat ich ab, was zum Kind gehörte.“** Die uns vertraute Übersetzung „was kindisch war“ trifft sprachlich den Text nicht und entwertet in falscher Weise das Leben des Kindes. Paulus will uns gerade im Gegenteil sagen, natürlich redet, plant[16] und überlegt ein Kind so, wie ein Kind es tut und gar nicht anders tun kann. Das ist in keiner Weise falsch oder geringwertig. Der Mensch kann seine Kindheit nicht

[15] 2 Ko 12, 4 kann nicht dagegen eingewendet werden. Die Worte, die Paulus im Paradies hörte, waren nicht „unaussprechbar“, weil sie in „Zungen“ geschahen, sondern weil kein Mensch sie aussprechen „darf“, wie die revidierte LÜ zutreffend sagt. Auch der Seher Johannes hört die Engel zwar mit gewaltigen Stimmen, aber durchaus in verständlichen Worten reden.

[16] Für „Denken“ verwendet Paulus hier das grie Wort „phronein“, das nicht die logische, sondern die strebende und gesinnungsmäßige Seite unserer „Gedanken“ hervorhebt. So ist das Wort auch in Rö 8, 5—7 gebraucht.

überspringen, weil er als Mann einmal ganz anders sein wird. Er darf und soll seine Kinderzeit voll und ganz durchleben. So haben auch wir in dem Maße unseres jetzigen Lebens, beschenkt vom Heiligen Geist, zu erkennen und zu weissagen, auch wenn es nur „Stückwerk" ist. Aber freilich haben wir es dabei zu wissen und zu bedenken, daß ihm der vergängliche Stückwerkcharakter anhaftet, so wie das Kind in aller Intensität und in allem kindlichen Ernst seines Spielens doch zugleich weiß, daß es kein wirklicher Kapitän oder Flugzeugführer ist. Wenn das Kind zum Mann wird, dann wird es erfahren, daß die tatsächliche Leistung und Verantwortung eines Kapitäns auf einem wirklichen Schiff und die tatsächliche Führung eines Flugzeuges etwas unvergleichlich anderes ist, als es auch im hingegebensten Spiel sich vorstellen konnte. Nun muß der Mann **„abtun"** — es ist das gleiche Wort gebraucht wie vorher in dem Ausdruck „abgetan werden" —, was nur in der Kinderzeit sein Recht hatte. So wird die Wirklichkeit der hereinbrechenden Vollendung alles übersteigen, was wir jetzt noch so ernst und mit vorläufiger Notwendigkeit erkennen und prophetisch schauen. Zwischen dem „Endgültigen" und dem jetzigen „Stückwerk" besteht nicht nur ein quantitativer, sondern ein qualitativer Unterschied.

12 Eben dies drückt Paulus mit einem zweiten Bild und Vergleich aus, dem Vergleich zwischen dem „Spiegelbild" und der unmittelbaren Schau von Angesicht zu Angesicht. **„Denn wir sehen jetzt durch einen Spiegel in rätselhaftem Umriß, dann aber von Angesicht zu Angesicht."** Dabei haben wir an den Spiegel des Altertums zu denken, der nur aus einer blanken Metallscheibe bestand und nicht mehr als die Umrisse, und diese dunkel genug, wiedergab[17]. Aber es ist nicht nur ein Unterschied der Deutlichkeit und Helle, sondern ein wesenhafter Unterschied des ganzen Vorgangs, ob ich einen andern nur im **„Spiegel"** sehe oder ihm **„von Angesicht zu Angesicht"** tatsächlich begegne. Denn dann erst, Auge in Auge, habe ich ihn „wirklich". So ist bei unserer jetzigen „Erkenntnis" ihr Stückwerkcharakter als solcher zu merken. Wir stehen Gott noch nicht von Angesicht zu Angesicht gegenüber. Wir sehen Gott nur „im Spiegel" seiner Taten, „im Spiegel" seines Wortes. Schon in 4 Mo 12, 6—8 ist von Gott selbst in ähnlicher Weise ausgesprochen, was die dem Mose einzigartig geschenkte Begegnung mit Gott in aller nur „prophetischen" Gotteserkenntnis unterscheidet. Paulus wird an diese Stelle gedacht haben, die in der grie Übersetzung noch mehr den Worten des Paulus hier entspricht. Aber ist uns im Neuen Bund durch den innewohnenden Geist Gottes nicht ebensoviel oder noch mehr gegeben als einem Mose? Ist unsere Stelle nicht doch ein Widerspruch zu dem, was uns in Kap. 2, 6—16 zugesagt wurde? Das kann nicht sein. Wohl aber zeigt das Wort des Paulus die Grenze dessen, was Kap. 2, 6—16

[17] Paulus erläutert das Sehen im Metallspiegel durch die Hinzufügung „in rätselhaftem Umriß" oder wörtlich einfach: „im Rätsel". Das Altertum kannte genau wie wir den Ausdruck „in Rätseln reden". Paulus bildet dieser häufigen Redewendung seine Formulierung „in Rätseln sehen" nach.

uns gab. Es sind ja nur „des Geistes Erstlinge“, die wir jetzt erhalten. Und auch da, wo der Geist Gottes selber in Gottes Herz blicken läßt, geschieht es immer noch „im Spiegel“ des Kreuzes, wo Gottes Herrlichkeit in „Schwachheit und Torheit“ erscheint. Und das weiß jeder Christ schmerzhaft genug, gerade wenn er ernstlich und wahrhaft im Erkennen steht, wie die gesehenen Umrisse so rätselvoll bleiben können[18]. Daher hatte Paulus auch in dem Abschnitt Kap. 2, 6—16 mit Zurückhaltung formuliert und vom Wirken des Geistes Gottes in unserem Herzen nur gesagt, daß wir „das von Gott uns gnädig Geschenkte“ wissen können. Gott ist nicht etwa „ganz anders“ als unsere Gotteserkenntnis im Heiligen Geist uns zeigt, so wie der Mensch auch nicht „ganz anders“ aussieht, als er im antiken Spiegel erscheint. Aber das „Sehen im Spiegel“ und das „Begegnen von Angesicht zu Angesicht“ ist in sich selbst wesenhaft verschieden. Bei dem „Sehen im Spiegel“ bleibt es dabei, daß wir „wandeln im Glauben und nicht im Schauen“ (2 Ko 5, 7).

Wir merken beim Vergleich der verschiedenen Stellen allerdings auch, wie die lebendige Schilderung des Christenlebens ohne eine gleichzeitige Geltung scheinbar widersprechender Sätze nicht auskommt[19]. Das treibt zum Sehnen nach jenem „dann“, in dem es alles anders wird. **„Dann“** kommt jenes **„von Angesicht zu Angesicht“**, das alles völlig ändert[20]. **„Dann aber werde ich ganz erkennen, wie ich auch ganz erkannt worden bin.“** Von Gott bin ich völlig erkannt. Das zeigt sich daran, daß ich Gott liebe[21]. Im Heiligen Geist hat Gott mir jetzt schon Anteil an diesem seinen Erkennen gegeben. Darum sehe ich meine Verlorenheit vor Gott und sehe das unbegreifliche Geliebtwerden von dem, der sich nicht über mich täuscht, sondern mich bis in die letzten Abgründe meines Herzens durchschaut. Aber es bleibt

[18] Von hier aus kann uns klar werden, wie gefährlich es war, als die Kirchen der Reformation die Einheit der Kirche auf die Einheit der Lehre, also auf die Einheit der Erkenntnis gründeten. Kirche, auf „Stückwerk“ erbaut, mußte notwendig in Stücke gehen in immer neuen Spaltungen auf dem Boden der Erkenntnis. Hätten Theologie und Kirche diesen Satz des Paulus „Wir sehen jetzt in einem Spiegel in rätselhaftem Umriß . . .“ ebenso eifrig festgehalten wie andere seiner Aussagen, wieviel „rabies theologorum“ („Wut der Theologen“) und wieviel spaltendes Gegeneinander der evangelischen Kirchen wäre uns erspart geblieben. „Durch einen Spiegel in rätselhaftem Umriß“ — dieses Motto ergibt eine bescheidene und doch gerade gründliche Theologie. „Durch einen Spiegel in rätselhaftem Umriß“ — dieses Motto würde Kirchen demütig aufeinander hören lassen.

[19] Schon die Fotos eines Bauwerkes von verschiedenen Seiten her sind als solche „widerspruchsvoll“ und geben doch miteinander dem Betrachter ein lebendiges Bild des Ganzen.

[20] In ganz anderer Ausdrucksweise finden wir den gleichen Tatbestand auch bei Johannes. Wie mächtig weiß gerade Johannes den Reichtum dessen zu schildern, was wir bereits jetzt „haben“. Vgl. 1 Jo 1, 1—4. Und doch blickt auch er mit tiefem Verlangen nach dem Endgültigen aus, da wir „ihn sehen werden, wie er ist“ 1 Jo 3, 2. Ständig sind wir von den beiden Abwegen bedroht, entweder über dem Gegenwärtigen das Kommende zu vergessen, oder über dem Kommenden das Gegenwärtige gering zu achten. Paulus wie Johannes haben beides zugleich gekannt, das Gegenwärtige mit allem Einsatz zu durchleben und doch seinen Stückwerkcharakter nicht zu vergessen und darum das „Endgültige“ heiß zu ersehnen. Die Braut freut sich des reichen Briefwechsels mit ihrem Verlobten und schreibt ihre Briefe mit ganzer Hingabe. Aber eben darum wartet ihr ganzes Herz auf den Hochzeitstag. Die „Briefe“ sind „abgetan“, wenn das wirkliche Zusammenleben da ist.

[21] Vgl. o. S. 143 das zu Kap. 8, 3 Ausgeführte.

auch dieses noch etwas „Stückweises". Das merken wir alle deutlich genug. Aber wenn das Unsichtbare, auf das wir jetzt schon „sehen" (2 Ko 4, 18), endgültig sichtbar werden wird, dann wird dem ganzen Erkennen Gottes ein ebenso ganzes Erkennen unsererseits antworten. Dann stehen nicht nur „rätselhafte Umrisse im Spiegel" vor uns, die jetzt freilich ein unschätzbarer Besitz für uns sind und uns Wahrheit, nicht Schein und Trug zeigen. Dann erfüllt sich das Verlangen, das schon einen Mose durchdrang: „Laß mich deine Herrlichkeit sehen" (2 Mo 33, 18). In geheimnisvoller Weise wird Mose als einzigem geschenkt, über das bloße Sehen im Spiegel hinauszukommen und wenigstens ein „Reden von Angesicht zu Angesicht" von Gott her zu erfahren (2 Mo 33, 11; 4 Mo 12, 8). Aber jenes ganze Sehen Gottes, zu dem wir ursprünglich geschaffen sind und das wir im Sündenfall verloren haben, bleibt auch einem Mose noch versagt (2 Mo 33, 20)[22]. Das Verlangen danach aber ist vom Wesen des Menschen her unaustilgbar und wird **„dann"** erfüllt werden. Aber **„dann"** gibt es nicht mehr das, was jetzt „Erkennen" und „Weissagen" ist.

13 Haben wir also nichts „Bleibendes"? Paulus bezeugt es nun am Schluß dieses Kapitels noch einmal: es bleibt Wesentliches unseres Christenlebens. **„Nun aber bleibt Glaube, Hoffnung, Liebe, diese drei."** Vom Erkennen, vom Zungenbeten, vom Weissagen hatte Paulus sagen müssen: es wird abgetan, es hört auf. Vom „Glauben" und vom „Hoffen" hatte er das nicht gesagt! Wohl steht es nicht einfach gleichberechtigt neben der Liebe. Die Liebe ist und bleibt **„die größte von diesen"** oder „größer als diese". Aber wir sahen schon in V. 7, wie fest Glaube und Hoffnung mit der Liebe verbunden sind. Darum „fällt" beides so wenig wie die Liebe selbst. In zweifacher Weise läßt sich das verstehen. Paulus kann einfach meinen: indem das von der Liebe Geglaubte nun in voller Wirklichkeit geschaut und das von ihr Gehoffte in Herrlichkeit erlangt wird, „bleiben" Glaube und Hoffnung, wenn auch als erfüllte. Und es bedeutet für unser Christenleben sehr viel, wenn wir in diesem Sinne wissen dürfen: mag auch alles andere nur eine vorläufige Bedeutung haben und einmal aufhören, mein Glaube und mein Hoffen aber werden nicht so „abgetan", sie „bleiben", und in ihnen habe ich Ewiges wirklich ergriffen. Paulus kann aber auch daran denken, daß mit dem Lieben des „von Angesicht zu Angesicht" erkannten Gottes immer noch ein „Glauben", ein gehorchendes Vertrauen, verbunden bleiben wird.

Es wird auch das Geben und Schaffen des ewig reichen Gottes nie aufhören. So wird auch im „Endgültigen" die Liebe immer wieder zu erwarten und zu „hoffen" haben, was Gott noch für sie bereit hält. Nie wird Gott sagen, daß er jetzt allen seinen Reichtum erschöpft und nun nichts weiter mehr zu geben habe. So wird die Liebe auf ewig mit „Glauben" und „Hoffen" verbunden bleiben. Diese Auffas-

[22] Bezeichnend ist das, was Johannes in Offb 1, 9—17 bezeugt. Obwohl das Sehen des erhöhten Herrn für Johannes noch „im Geist" und noch nicht in völliger Gegenwart erfolgt, stürzt Johannes, der Lieblingsjünger Jesu, wie tot zu Boden. Noch viel weniger „konnte" ein Mose Gott jetzt „sehen".

sung wird auch darum die richtigere Auslegung sein, weil Paulus im ganzen Abschnitt stets von den Tätigkeiten als solchen, also vom „Erkennen“ und „Weissagen“, nicht von ihren Resultaten spricht. So wird er auch hier nicht vom Geglaubten und Gehofften sagen, daß es „bleibe“, sondern vom Glauben und Hoffen als unserem Tun, so wie ja auch nicht das von uns Geliebte, sondern das Lieben selbst „bleibt“.

Aber wenn auch das Glauben und Hoffen zusammen mit dem Lieben „bleibt“, so ist doch die Liebe **„die größte von diesen“**. Schön hat das A. Schlatter begründet: „Das Lieben ist größer als das Glauben, weil es sich zu diesem verhält, wie das Ganze zum Teil, wie die Vollendung zum Anfang, wie die Frucht zur Wurzel. Begründet das Glauben das Empfangen, so erzeugt die Liebe das Geben; ist jenes die Erweckung des Lebens in uns, so ist dieses dessen Betätigung. Durch sie erreicht Gottes Liebe ihr Ziel in uns; mit ihr ist der gute Wille da, der nach dem göttlichen Willen gestaltet ist und uns ihm zum Werkzeug macht. Durch sie ist das Glauben über die Gefahr emporgehoben, daß es die Wahrheit Gottes bloß wisse, aber nicht tue, die Liebe Gottes begehre und doch nutzlos mache. Sie ist die ungeteilte Aufnahme der göttlichen Gnade; denn so durchdringt sie unser ganzes Wollen“ (A. Schlatter, Der Glaube im NT[3], S. 373).

Paulus sah die tödliche Gefahr in Korinth. „Liebe haben sie nicht“, das war sein Schmerz im Blick auf viele Gemeindeglieder. Dennoch sagte er kein Wort darüber, wie wir nun lieben lernen und zur Liebe kommen. In seinem Leben stand das mächtig genug vor allen, die es sehen wollten. Der ernste, fromme, saubere, nach dem Gesetz gerechte Saul von Tarsus hätte nicht eine Zeile dieses Kapitels schreiben können. Es war ihm eine fremde Welt. Es werden so auch bis heute alle Moralisten, alle gesetzlich Frommen ratlos und blind vor diesem Kapitel stehen. Aber nun ist es an Paulus als volle Wirklichkeit zu sehen: „Ist jemand in Christus, so ist er eine neue Kreatur, das Alte ist vergangen, siehe ein Neues ist geworden“ (2 Ko 5, 17). Jetzt schreibt Paulus 1 Ko 13, jetzt ist das sein größtes und entscheidendes Wort, jetzt lebt er in dieser Liebe, von der er Zeugnis gibt. Wie ist das gekommen? Es kam in der Begegnung mit Jesus, und zwar gerade mit dem ihm verhaßten und ihn empörenden Jesus am Fluchholz. Als Gott ihm die Augen auftat und ihm seinen Sohn offenbarte (Gal 1, 13—16), da sah er in dem zerschlagenen, blutenden, ausgestoßenen, sterbenden Jesus nicht mehr den erwiesenen Gotteslästerer, den zu Recht Verfluchten, da sah er in ihm die Liebe, die alles aushält, alles glaubt, alles hofft, alles duldet. Da brach seine ganze eigene, selbstgerechte, kalte, lieblose Frömmigkeit zusammen. Der ganze bisherige Saul von Tarsus hatte aufgehört zu existieren. In ihm lebte nun Christus, der Sohn Gottes, der ihn geliebt und sich selbst für ihn dargegeben hatte. In der Schwachheit und Torheit Gottes am Kreuz sah er Gottes unbegreifliche Liebe, von der ihn nichts mehr scheiden konnte, der er nun aber gehören und dienen mußte mit jedem Atemzug. Nun wußte er es: „Wenn ich mit den Zungen der Menschen rede und denen der Engel, Liebe aber nicht habe, bin ich ein tönendes Erz geworden oder eine gellende Zymbel. Und wenn ich Prophetengabe habe und weiß die Geheimnisse alle und alle Erkenntnis und wenn ich allen den Glauben habe, so daß ich Berge versetzte, Liebe aber nicht habe, bin ich nichts. Und wenn ich austeile alle meine Habe und wenn ich ausliefere meinen Leib, daß ich verbrannt werde, Liebe aber nicht habe, so nützt es mir nichts."

VON DEN WIRKUNGEN DES HEILIGEN GEISTES

4. Vom „Zungenreden" und „Prophetischen Reden"

1. Korinther 14, 1—19

zu Vers 1: 1 Ko 11, 4; 12, 10. 31; 1 Th 5, 20
zu Vers 2: Mk 16, 17; Apg 10, 46
zu Vers 3: Apg 9, 31
zu Vers 5: 4 Mo 11, 29; 1 Ko 13, 2; 12, 10
zu Vers 6: 1 Ko 12, 8
zu Vers 9: 1 Ko 9, 26
zu Vers 12: 1 Ko 12, 31
zu Vers 13: 1 Ko 12, 10
zu Vers 15: Neh 8, 6; 1 Chro 13, 36; Eph 5, 19; Jak 5, 13
zu Vers 16: 2 Ko 1, 20

1 **Jagt der Liebe nach, strebt aber auch eifrig nach Geisteswirkun-**
2 **gen, am meisten aber, daß ihr prophetisch redet. * Denn der Zun-**
genredner redet nicht zu Menschen, sondern zu Gott; denn nie-
3 **mand hört ihn, im Geist aber redet er Geheimnisse. * Der prophe-**
tisch Redende redet zu Menschen Aufbau und Ermahnung und
4 **Zuspruch. * Der Zungenredner baut sich selbst auf; aber der pro-**
5 **phetisch Redende baut Gemeinde auf. * Ich will aber, daß ihr alle**
in Zungen redet, noch mehr aber, daß ihr prophetisch redet. Grö-
ßer aber ist der prophetisch Redende als der Zungenredner, außer
wenn er auch auslegt, damit die Gemeinde Aufbau empfange.
6 *** Jetzt aber, wenn ich zu euch komme in Zungen redend, was**
werde ich euch nützen, wenn ich nicht zu euch reden werde in
Offenbarung oder in Erkenntnis oder in Prophetie oder durch
7 **Lehre? * So auch die leblosen Dinge, die einen Laut von sich**
geben, es sei Flöte oder Harfe, wenn sie den Tönen keinen Unter-
schied geben, wie soll man erkennen, was auf der Flöte oder
8 **Harfe gespielt wird? * Und wenn die Trompete einen undeut-**
9 **lichen Laut gibt, wer wird sich zum Kampfe rüsten? * So auch**
ihr, wenn ihr durch die „Zunge" kein verständliches Wort gebt,
wie soll das Geredete erkannt werden? Ihr werdet in den Wind
10 (wörtlich: in die Luft) **Redende sein. * Es gibt wer weiß wie viele**
11 **Sprachen in der Welt, und nichts ist ohne Sprache. * Wenn ich nun**
die Bedeutung der Sprache nicht kenne, werde ich für den Reden-
den ein Fremdsprachiger (wörtlich: Barbar) **sein und der Redende**
12 **für mich ein Fremdsprachiger** (wörtlich: Barbar). *** So auch ihr,**
da ihr ja Eiferer um Geistesmächte (wörtlich: Geister) **seid, so**
13 **sucht zum Aufbau der Gemeinde, daß ihr die Fülle habt. * Daher**
14 **soll der Zungenredner beten, daß er auch auslegen** (kann). *** Denn**
wenn ich bete mit der „Zunge", so betet mein Geist, aber mein
15 **Verstand ist dabei unfruchtbar. * Wie steht es nun? Ich will beten**
mit dem Geist, ich will beten aber auch mit dem Verstand; ich
will lobsingen mit dem Geist, ich will lobsingen aber auch mit
16 **dem Verstand. * Denn wenn du segnest im Geist, wie kann der,**
der den Platz des Unkundigen einnimmt, das Amen zu deiner

17 **Danksagung sprechen, da er ja nicht weiß, was du sagst? * Denn**
du für deine Person sprichst wohl ein schönes Dankgebet, aber
18 **der andere wird nicht aufgebaut. * Gott sei Dank, ich rede mehr**
19 **als ihr alle in Zungen; * aber in der Gemeinde will ich lieber fünf**
Worte mit meinem Verstand reden, damit ich auch andere unterweise, als unzählige Worte in „Zunge".

zu Vers 18: 1 Ko 1, 14

„Jagt der Liebe nach." Nun denkt Paulus an die, die in Korinth keine Liebe oder allzuwenig Liebe haben. Er meint aber mit diesem seinen Wort auch die ganze Gemeinde. **„Liebe"** ist kein „Besitz", den ich ein für allemal sicher „habe". Gerade wenn ich meine, genug Liebe zu haben, habe ich schon keine rechte Liebe mehr. In der Liebe bleiben wir fort und fort „Schuldner", immer noch mehr und noch wahrer zu lieben (Rö 13, 8). Kennzeichnend ist 1 Th 4, 9f: Weil die Thessalonicher Bruderliebe haben, dürfen und sollen sie darin noch mehr überströmen. So ist der Liebe immer neu **„nachzujagen".** Dieser bildhafte Ausdruck weist ebenso wie das Bild des „Anziehens" (Kol 3, 14) darauf hin, daß wir die Liebe wohl nicht aus uns selbst hervorzubringen vermögen, daß sie uns aber auch nicht einfach in den Schoß fällt, sondern daß wir sie mit eigener voller Aktivität ergreifen und uns aneignen müssen. 1

Das 13. Kapitel zeigt uns die einzigartige Wichtigkeit der Liebe auch den höchsten Geistesgaben gegenüber. Das heißt aber nicht, daß diese Gaben wertlos wären. Nein, **„strebt aber auch eifrig nach Geisteswirkungen".** Indem die Liebe wahrhaft helfen will, braucht sie die Kräfte und Fähigkeiten, mit denen solche Hilfe wirksam geschehen kann. Trotz aller Geistesgaben bin ich ohne Liebe „nichts"; aber ohne Geisteswirkungen bleibe ich in meiner Liebe unwirksam. Es wird dann aber auch der Wert jeder Geistesgabe und die Rangordnung der Gaben von der Liebe bestimmt. Paulus hat mit klarer Absicht Kap. 14 nicht unmittelbar an Kap. 12 angeschlossen. Erst von der „Agape" läßt sich recht über die Geistesgaben urteilen. Hinter den Ausführungen von Kap. 14 steht die Klarheit von Kap. 13; Kap. 14 will von Kap. 13 her verstanden werden.

Paulus hatte am Schluß von Kap. 12 ganz allgemein gesagt: „Strebet nach den größeren Gaben." Das verdeutlicht er jetzt in klarer Bestimmtheit durch die Aufforderung: **„Am meisten aber, daß ihr prophetisch redet."** Damit ist er bei der eigentlichen konkreten Frage, um die es in Korinth geht. Welches ist die „wertvollste", eigentlichste und „größte" Geistesgabe? In Korinth sagten offensichtlich viele. Das ist das Reden mit der „Zunge". Paulus widerspricht mit nachhaltigem Ernst und stellt dem „Zungenreden" das „prophetische Reden" als die besonders wichtige Geisteswirkung entgegen. Darum geht es in unserm ganzen Abschnitt. Wir müssen ihn jetzt als ganzen vor Augen haben, um in ein Gebiet einzudringen, das uns völlig fremd geworden ist.

Paulus stellt zunächst die beiden Gaben in ihrem wesentlichen Unterschied voneinander dar: **„Denn der Zungenredner redet nicht** 2/3

zu Menschen, sondern zu Gott; denn niemand hört ihn, im Geist aber redet er Geheimnisse. Der prophetisch Redende redet zu Menschen Aufbau und Ermahnung und Zuspruch." Er schildert weder das Zungenreden noch das prophetische Reden als solches. Das ist auch nicht nötig. Die Korinther kennen beides zur Genüge. Für uns heute aber liegt es anders.

Wenn sich auch das „Zungenreden" wieder in weiterem Umfang regt und nicht nur in „Sekten", sondern auch in „Kirchen" durchbricht[1], so ist es doch den meisten heutigen Lesern des 1. Korintherbriefes unbekannt. Uns macht schon der Ausdruck „Zunge" Schwierigkeiten. Ganz gewiß ist nicht das körperliche Glied gemeint; das benötigen wir bei allem Sprechen, auch dem allergewöhnlichsten. Das Wort „glossa" kann auch „Sprache" bedeuten. So ist es von Lukas in der Pfingstgeschichte Apg 2, 11 gebraucht: „Wir hören sie in unsern Zungen die Großtaten Gottes reden!" Handelt es sich auch in Korinth um das Reden in fremden Sprachen?[2] Aber schon am Pfingsttage mußte das „Hörwunder", das „Übersetzen" durch den Heiligen Geist, hinzukommen, damit das Zungenreden der Jünger als heimatlicher Dialekt verstanden wurde. Denn diejenigen, die ablehnend blieben, hatten den Eindruck, „Trunkene" zu hören[3]. Erst recht muß es so in Korinth gewesen sein. Vers 23 wird dabei wichtig: Fremde, die in eine Gemeinde von Zungenrednern hineinkommen, würden sie nicht nur für trunken, sondern für wahnsinnig halten. Wir würden aber doch keinen für trunken oder geisteskrank ansehen, der auf einmal türkisch oder japanisch spräche, auch wenn wir kein Wort davon verstehen. Das grie Wort „glossa", das wir als Lehnwort „Glossen" übernommen haben, kann aber auch gerade den unverständlichen Ausdruck bezeichnen; vielleicht ist deshalb das rätselhaft-unverständliche Sprechen eine „Glossolalie", ein „Reden mit Zungen" genannt worden[4]. Es könnte aber auch einfach der Tatbestand festgehalten worden sein, den auch Paulus besonders hervorhebt, daß hier nicht mehr der Verstand die Rede regiert, sondern die „Zunge" des Menschen sich selbst überlassen ist und von einer

[1] Vgl. dazu aus der Schriftenreihe „Oekumenische Texte und Studien", Heft 27, „Die Gabe des Zungenredens in der Lutherischen Kirche" (Verlag R. F. Edel, Marburg).

[2] So hat man auch heute auf Fälle hingewiesen, bei denen schlichte Gemeindeglieder eine unverständliche Sprache redeten, die ein Kundiger dann als Hebräisch oder Griechisch erkannte. Leider bringt auch Pfarrer Christenson in dem genannten Heft über „Die Gabe des Zungenredens in der Lutherischen Kirche" S. 9 einen entsprechenden Bericht: „Ein französischer Dolmetscher von den Vereinten Nationen wohnte einer Zusammenkunft in Los Angeles bei, in der eine Botschaft in Zungen gesprochen und dann ausgelegt wurde. Der Dolmetscher von den Vereinten Nationen bestätigte, daß die Botschaft in Französisch gesprochen worden war und die erfolgte Auslegung richtig war. Weder der Zungenredner noch der Ausleger hatten je französisch gelernt." Macht denn der heilige, lebendige Gott solche Kunststücke, anstatt seine Botschaft sachlich in der Sprache zu senden, die die Anwesenden verstehen?

[3] Vgl. dazu die Auslegung in der W.Stb. zur Apostelgeschichte 2, 5—13.

[4] In den Zauberpapyri des Altertums gibt es zahlreich solche „Glossen", seltsame Ausdrücke, die als „voces mysticae", „geheimnisvolle Stimmen" bezeichnet werden. Manche lassen sich als Entstellung bekannter Worte erkennen. Auch wir gebrauchen solche geheimnisvoll-unsinnigen Worte, wenn wir mit mehr oder weniger Ernst den Zauberer spielen. Wir reden dann etwa von „Abra Kadabra" oder von „Hokuspokus". Dieser Ausdruck ist entstellt aus den

fremden Gewalt bewegt ist. Hier ist nicht Kopf oder Herz des Menschen, sondern nur seine „Zunge“ Organ des Geistes.

Das ist jedenfalls deutlich, daß es sich um ein völlig unverständliches Reden handelt. **„Niemand hört ihn“** im Sinn eines verstehenden Hörens. Der Zungenredner mag das beste Dankgebet halten, aber es kann keiner das Amen dazu sagen, da er nicht weiß, was der Zungenredner sagte (V. 16). Paulus kann es V. 7—9 einer Musik oder einem Trompetensignal ohne klare Tonunterschiede vergleichen, die unverständlich und unwirksam bleiben. V. 10 f verdeutlicht er den gleichen Sachverhalt an einer Fremdsprache, deren Bedeutung ich nicht kenne. Ferner wird aus dem ganzen Abschnitt deutlich, daß es sich im Zungenreden nicht um Mitteilungen an die Menschen handelt, sondern um ein zu Gott hingewandtes Reden, um ein Beten in seinen mannigfaltigen Arten. **„Denn der Zungenredner redet nicht zu Menschen, sondern zu Gott.“** Paulus nennt dann V. 14—17 auch ausdrücklich das Beten, das Lobsingen, das Segnen, das Danken, alles Formen des Gebetes. Wir sollten darum lieber vom „Zungen*beten*“ als vom „Zungen*reden*“ sprechen. Viel Verwirrung, viel Irrtum würde dadurch vermieden[5].

Was ist im Gegensatz zu dem „Zungenreden“ mit dem „prophe- 3
teuein“, dem „prophetischen Reden“ gemeint? **„Der prophetisch Redende redet zu Menschen Aufbau und Ermahnung und Zuspruch.“** Dieser kurze Satz zeigt sofort, daß es sich nicht um ein „Prophezeien“ in dem bei uns üblichen Sinn des Voraussagens der Zukunft handelt, wie wir etwa von „Wetterprophezeiung“ und dergleichen reden. Das Wort als solches weist auf die „Propheten“ des Alten Bundes hin. Wir mißverstehen aber diese Männer, wenn wir in ihnen lediglich die Verkündiger künftiger Ereignisse sehen. Sie hatten in erster Linie dem Volk, der Priesterschaft und dem König deren ganzes Versagen, ihre ganze Schuld vor Augen zu stellen. Sie hatten zur Umkehr zu rufen. Sie hatten an Gottes heiligen Willen zu erinnern, zu lehren, zu mahnen, zu trösten. Und nur innerhalb dieser großen Gesamtaufgabe haben sie dann auch auf die Zukunft hinzuweisen und mit bestimmten Enthüllungen über die Zukunft zu drohen und zu locken. Wer nun in der Gemeinde als „Prophet“ redete, hatte nicht

lateinischen Einsetzungsworten des Abendmahls „hoc est corpus“ („das ist mein Leib“). Hier wird deutlich, wie gefährlich auch solche scheinbar harmlosen Ausdrücke sind. Falls das Zungenreden, die „Glosso-lalie“, formal den Namen von solchen „Glossen“ her bekommen haben sollte, ist es seinem Wesen nach als vom Heiligen Geist gewirktes Reden etwas total anderes! Sprachliche Bezeichnungen sagen noch nichts über die bezeichnete Sache als solche.

[5] Dieser Sachlage entsprechen die Schilderungen in der Apostelgeschichte. Als die Heiden im Hause des Kornelius den Heiligen Geist empfangen und in „Zungenreden“ ausbrechen, da „preisen sie Gott hoch“ (Apg 10, 46). Aber auch das „Reden der Großtaten Gottes“ am Pfingsttag wird nicht ein Mitteilen und Bezeugen gewesen sein; denn das erfolgt ja erst in der einfachen verständlichen Rede des Petrus. Es war auch dies vielmehr ein anbetendes und lobpreisendes Rühmen der Taten Gottes. Von da aus ist alles „Zungenreden“ als unbiblisch erwiesen, das doch wieder „Mitteilung“, „Offenbarung“, „Mahnung“ sein will, selbst wenn es übersetzt und dadurch verständlich wird. Wie sollte der lebendige Gott solche merkwürdigen Umwege gehen, während er doch durch das „prophetische Reden“ seine Mahnungen, Tröstungen, Mitteilungen und Unterweisungen direkt an die Menschen heranbringen kann!

nur wie Agabus eine Hungersnot vorauszusagen, sondern, wie nun auch V. 3 ausdrücklich sagt, für den **„Aufbau“** durch **„Ermahnung und Zuspruch“** zu sorgen[6].

„Prophetisch reden“ meint also ein klares Sprechen in einfachen Worten, geleitet und erfüllt vom Geist Gottes und darum Herz und Gewissen von Menschen treffend. Seinem Inhalt nach kann es je nach Gottes Auftrag ganz verschieden sein. Aber immer ist sein Ziel der Bau der Gemeinde als des Leibes Christi.

4/5 Nun kann Paulus den für ihn entscheidenden Unterschied zwischen „Zungenrede“ und „prophetischer Rede“ klar herausstellen. **„Der Zungenredner baut sich selbst auf; aber der prophetisch Redende baut Gemeinde auf.“** Das Wort „Aufbau“ ist dabei nicht „erbaulich“ gemeint, sondern noch ganz real als jenes „Bauen“ verstanden, von dem Kap. 3 sprach. Es geht nicht um das Gemütsleben, auf das auch die unverständliche Zungenrede einen starken Eindruck machen könnte. Es geht um die Förderung, die Stärkung und Reinigung des tatsächlichen Lebens der Gemeinde[7]. Daraus ergibt sich die Wendung: **„Größer aber ist der prophetisch Redende als der Zungenredner.“** Dem entspricht die Willenserklärung des Apostels an die Gemeinde: **„Ich will aber, daß ihr alle in Zungen redet, noch mehr aber, daß ihr prophetisch redet.“** Auch die Zungenrede bleibt eine gute Gabe des Heiligen Geistes, die Paulus der ganzen Gemeinde wünscht. Er sagt dem bedenklichen Teil der Gemeinde ausdrücklich, daß sie das Reden in Zungen nicht hindern sollen (V. 39). Das ist das Große an diesem ganzen Abschnitt und das Vorbildliche für uns, daß bei Paulus jetzt kein Ton der „Polemik“ hörbar wird, daß er keinen Versuch macht, das Zungenreden irgendwie herabzusetzen, um seine Gegner in Korinth, die das Zungenreden auch gegen ihn selbst ausspielten, mit negativen Äußerungen zu treffen. Paulus bleibt in einer wunderbaren Sachlichkeit. Aber gewiß, weit wichtiger ist die Gabe „prophetischer Rede“. Nur ein Ausnahmefall ist möglich, der auch dem Zungenredner den gleichen Wert in der Gemeinde verleiht: **„Wenn er auch auslegt, damit die Gemeinde Aufbau empfange.“** Wieder wird der entscheidende Gesichtspunkt deutlich: der Aufbau der Gemeinde.

6 Paulus will die Sache sofort an einem praktischen Beispiel deutlich machen. Die Gemeinde erwartet den Besuch ihres Apostels. Paulus malt der Gemeinde diesen Besuch aus. **„Jetzt aber, wenn ich zu euch**

[6] Darum werden auch Apg 13, 1 im Dienst an der Gemeinde „Propheten und Lehrer“ eng verbunden genannt; es ist auch dort sicher nicht gedacht, daß die „Propheten“ nur ab und an einmal einzelne Ereignisse der Zukunft voraussagten. Der Aufbau der Gemeinde war ihr wesentliches Ziel.

[7] Gerade an der Verfälschung des Wortes „Erbauung“ zeigt sich die gefährliche Entstellung des Christentums in der Neuzeit. Während das Bildwort vom „Bauen“ so klar auf die Zusammenfügung der einzelnen Steine zu einem sinnvollen Ganzen hinweist, führt unsere Auffassung vom „Erbauen“ dazu, daß sogar in der Gemeindeversammlung jeder einzelne einsam sich selbst „erbaut“! Was Paulus kritisch vom Zungenredner sagte: „er erbaut sich selbst“, das ist für uns ganz ohne Zungenrede der Normalfall von Erbauung überhaupt geworden. Vgl. dagegen 1 Pt 2, 5.

komme in Zungen redend, was werde ich euch nützen, wenn ich nicht zu euch reden werde in Offenbarung oder in Erkenntnis oder in Prophetie oder durch Lehre?" Von dem Besuch ihres Apostels hat die Gemeinde nichts, wenn er nur als Zungenredner kommt. Die Möglichkeit der „Auslegung" berücksichtigt Paulus dabei nicht; offenbar ist sie eine seltene Sache, mit der nicht gerechnet werden kann. Und selbst wenn sie erfolgte, das, was die Gemeinde bei dem Besuch ihres Apostels bekommen muß: **„Offenbarung, Erkenntnis, Prophetie, Lehre"**, das alles bekäme sie dann nicht, denn das ist nicht Sache der „Zunge", sondern Sache des „prophetischen Redens". Denn so seltsam ist der heilige, lebendige Gott nicht, daß er in unverständlichen Lauten vor die Gemeinde bringt, was er ihr in klaren und deutlichen Worten sagen kann[8].

Paulus liegt es daran, daß die Gemeinde hier zum eigenen Urteil 7—11
kommt. Darum verdeutlicht er die Sachlage an einfachen Bildern. Nur durch den Unterschied der Töne in Tonhöhe und Rhythmus kommt wirkliche Musik zustande (V. 7). Und ein Trompetensignal bringt niemand in Bewegung, wenn es nicht als dieses bestimmte Signal deutlich erkennbar ist (V. 8)[9]. Ebenso steht es mit allem Reden in der Gemeinde: **„So auch ihr, wenn ihr durch die ‚Zunge' kein verständliches Wort gebt, wie soll das Geredete erkannt werden? Ihr werdet in den Wind** (wörtlich: in die Luft) **Redende sein."** Wieder ist eine „Auslegung" der „Zunge" als offenbarer Ausnahmefall nicht berücksichtigt. Vom unverständlichen Zungenreden blickt Paulus hinüber zum Wesen der „Sprache" überhaupt. Ihr Sinn und Ziel ist gerade Verständlichkeit. Den, der eine unverständliche Sprache redete außerhalb des amtlichen Latein oder des gebildeten Griechisch, nannte man im römischen Weltreich einen „Barbaren". Alle Sprache, die der Gemeinschaft dienen will, endet, wenn wir einer des andern Sprache nicht verstehen können, in der hilflosen Feststellung „Barbar". **„Es gibt wer weiß wie viele Sprachen in der Welt, und nichts ist ohne Sprache. Wenn ich nun die Bedeutung der Sprache nicht kenne, werde ich für den Redenden ein Fremdsprachiger** (wörtlich: Barbar) **sein und der Redende für mich ein Fremdsprachiger** (wörtlich: Barbar)." Da ist der ganze Sinn der Sprache verfehlt.

Nun zieht Paulus die Folgerung aus seinen Darlegungen: **„So auch** 12
ihr, da ihr ja Eiferer um Geistesmächte (wörtlich: Geister) **seid, so sucht zum Aufbau der Gemeinde, daß ihr die Fülle habt."** Paulus will in der korinthischen Gemeinde das „Eifern um Geistesmächte" nicht hindern oder auch nur abschwächen. Daß die Korinther **„Eiferer um Geister"**[10] sind, ist gut, Paulus will es von Herzen, daß sie **„die Fülle**

[8] Damit ist — auch im Rückblick auf die „Pfingstbewegung" — alles „Zungenreden" als unbiblisch erwiesen, das an sich reißt, was Gott vielmehr durch die prophetische Rede ohne Übersetzungsumwege der Gemeinde gibt. Auch „Offenbarungen" und „Prophetie" weist Paulus ausdrücklich nicht der Zungenrede, sondern der prophetischen Rede zu.

[9] Mit Recht hat man V. 8 immer wieder auf die Verkündigung als solche angewendet.

[10] Diese Formulierung will sagen, daß der Geist mit seinen Wirkungen und Gaben jedem einzelnen so zuteil wird, daß der eine Geist sich gleichsam in eine Fülle von „Geistern" auseinanderlegt.

haben". Er verwendet hier das bei ihm so geliebte Wort „perisseuein = überfließen". Paulus ist kein Mann der Dürftigkeit im göttlichen Leben der Gemeinde. Aber von der Liebe her muß bei diesem reichen Besitz der eine Gesichtpunkt alles beherrschen **„zum Aufbau der Gemeinde"**. Nicht meiner Befriedigung, meiner Größe, meinem Ansehen hat die mir geschenkte Gabe zu dienen, sondern den andern, den Brüdern, der Gemeinde und ihrem Bau.

13 Noch einmal sieht der Apostel auf den in Korinth so hoch angesehenen Zungenredner. Für ihn hat er den dringenden Rat: **„Daher soll der Zungenredner beten, daß er auch auslegen** (kann)." Im Zungenredner muß der Wille leben, der Gemeinde zu dienen; dieser Wille wird dann zum ernsthaften Beten um die seltene Gabe der Auslegung.

14 Die nächsten Verse machen uns deutlich, wie völlig der Inhalt alles echten Zungenredens ein „Beten" ist. „Beten", „lobsingen", „segnen", „danksagen", davon ist allein die Rede. Aber hier ist die „Auslegung" des Zungenbetens unbedingt nötig, wenn dieses Beten die ganze Gemeinde mit beteiligen und dadurch zu ihrem Aufbau wirksam werden soll. **„Denn wenn ich bete mit der ‚Zunge', so betet mein Geist, aber mein Verstand ist dabei unfruchtbar."** Nicht beim Darlegen einer Erkenntnis oder einer Offenbarung und Prophetie, die ja so verständlich wie möglich sein wollen, sondern beim **„Beten mit der Zunge"** wird der **„Verstand"** des Menschen ausgeschaltet, und es **„betet mein Geist"** in Lauten und Worten, die weder meinem eigenen noch dem Verstehen der andern zugänglich sind. Darum
15 bleibt hier **„mein Verstand unfruchtbar"**. Wie soll es nun in Korinth werden? Beides soll Raum haben: **„Ich will beten mit dem Geist, ich will beten aber auch mit dem Verstand; ich will lobsingen mit dem Geist, ich will lobsingen aber auch mit dem Verstand."** Aber es steht im Blick auf die Gemeinde und ihren Bau dennoch beides nicht gleichberechtigt und gleich wichtig nebeneinander. Da es auf den andern in der Gemeinde ankommt, muß der Zungenbeter bedenken:
16 **„Wenn du segnest im Geist, wie kann der, der den Platz des Unkundigen einnimmt, das Amen zu deiner Danksagung sprechen, da er ja nicht weiß, was du sagst?"** Der andere **„nimmt den Platz des Unkundigen ein"**[11], weil er nicht weiß, was der Zungenbeter sagt, und darum das Amen zum Gebet nicht sprechen kann. Wir sehen, wie Paulus auch hier die Sitte der jüdischen Gemeinde in die Gemeinden Jesu übernommen hat, daß die Versammelten mit einem lauten Amen das Beten der einzelnen Gemeindeglieder bestätigen und zu
17 ihrem eigenen Gebet machen. Nur dadurch baut das Beten des ein-

[11] Das Wort „idiotes = unkundig, uneingeweiht" wurde auch in den Mysterienkulten für die noch nicht geweihten Teilnehmer gebraucht, die dann auch auf bestimmten „Plätzen" saßen. Daraus zu schließen, es hätten so auch in der christlichen Gemeinde die noch nicht Getauften als solche „idiotai" auf bestimmten Plätzen gesessen und sie seien hier an unserer Stelle gemeint, ist völlig abwegig. Die getauften Vollmitglieder der Gemeinde verstanden den Zungenredner ja doch genauso wenig! Das Wort „idiotes" bezeichnet ganz allgemein den „Laien" im Gegensatz zum „Fachmann". Es ist als Lehnwort auch in die rabbinische Literatur übernommen worden.

zelnen die andern mit auf. Sonst **„sprichst du wohl ein schönes Dankgebet, aber der andere wird nicht aufgebaut“.**

Paulus hat für seine Person die Folgerung aus dieser Grundhaltung 18
gezogen. Einerseits stellt er fest: **„Gott sei Dank, ich rede mehr als ihr alle in Zungen.“** Das war für die Korinther eine überraschende Mitteilung! Sie hatten ihren Apostel selten oder nie in Zungen beten gehört. Die vom Zungenbeten erfüllten und bewegten Kreise der Gemeinde mochten darum manches kritische Wort über Paulus und seine Geistesausrüstung gesagt haben, da er ja die größte Gabe, das sicherste Kennzeichen des Geistes, die „Zunge“, nicht oder nur in geringem Maße besitze. Nun müssen sie es hören, daß der von ihnen geringgeschätzte Mann mehr in Zungen redet als sie alle[12].

Doch dann fügt Paulus seiner Feststellung ein mächtiges **„Aber“** 19
hinzu: **„Aber in der Gemeinde will ich lieber fünf Worte mit meinem Verstand reden, damit ich auch andere unterweise, als unzählige Worte in ‚Zungen‘.“** So urteilt, so handelt die „Liebe“, die nicht an sich selbst, sondern an die andern denkt und ihren Gewinn, nicht den eigenen, im Auge hat. Nur von der Liebe her gelangt die Gemeinde zur rechten Wertung der Geisteswirkungen. Die Liebe gönnt jedem die Gabe der „Zunge“ für seinen Gebetsumgang mit Gott. Aber für den Gemeindeaufbau erstrebt sie andere Gaben, vor allem das prophetische Reden.

Hier stehen wir an der entscheidenden Stelle und bei dem, woran es Paulus eigentlich lag. Darum hat er die Auseinandersetzung unseres Kapitels, die er sofort an Kap. 12 hätte anschließen können, so gründlich mit dem 13. Kapitel unterbaut. Das sollen die Korinther begreifen: Es geht um die Gemeinde und ihren Aufbau. In der ganzen Frage um die Zungenrede kommen sie zu keinem klaren Urteil, solange sie nur den Einzelchristen mit seinen Gaben sehen und bewundern. Es geht aber nicht darum, was der einzelne für sich selbst besitzt und was dabei besonders groß und erstaunlich ist. Die Geistesgaben kann man nicht „an sich“ werten und nicht in ihnen selbst Wertunterschiede entdecken[13]. Erst vom Blick auf die Gemeinde ergibt sich eine klare Rangordnung.

Es scheint nur eine Einzelfrage zu sein, die Paulus jetzt für die Gemeinde klärte. In Wirklichkeit fällt hier eine Entscheidung von großer Tragweite und umfassender Bedeutung. Was ist in der Gemeinde

[12] Auch wir haben das für unser Bild des Apostels und für unsere Stellung zum Zungenbeten zur Kenntnis zu nehmen.

[13] Die Korinther hatten die Neigung, gerade in der „Unverständlichkeit“ der „Zunge“ die Gewähr einer echten und besonderen Göttlichkeit zu sehen. War da nicht Gott mit Sicherheit am Werk, wenn der Verstand des Menschen ausgeschaltet wurde? Hier stoßen wir auf eine grundsätzliche und umfassende Frage, die bis in unsere Stellung zur Bibel hineinreicht. Bedeutet Gottes Wirken die Ausschaltung des Menschen? Ist die Bibel nur dann wahrhaft inspiriert, wenn die Schreiber der biblischen Bücher nur Empfänger eines göttlichen Diktates waren? Oder ist es Gottes Meisterwerk, daß er unter voller Einbeziehung der lebendigen Person und des eigenen freien Denkens und Wollens der Menschen seinen Willen vollzieht und sein Werk tut? Unsere Antwort wird davon abhängen, wie wir selber den lebendigen Gott in seiner Gnade erfahren haben und welches Grundbild Gottes wir bei den biblischen Zeugen vor uns sehen. Paulus jedenfalls urteilte anders als die Korinther.

wahrhaft groß? Was ist wahrhaft göttlich? Ist es das „Auffallende, Rätselhafte, Stürmische"? Ist es das, was den Menschen und seinen Verstand ausschaltet? Viele in Korinth dachten so, bestaunten die Zungenbeter in der Gemeindeversammlung, auch wenn sie kein Wort verstanden. Sie meinten, hier sei Gott gegenwärtig. Was wäre aus der Gemeinde, aus dem ganzen Christentum geworden, wenn dieses Denken sich durchgesetzt hätte? Paulus hatte aus dem Kreuz des Christus, aus der rettenden Liebe Gottes in ihrer Torheit und Schwachheit den völlig anderen Maßstab gewonnen. Fort und fort hatte er im Verlauf seines Briefes diesen Maßstab an das Gemeindeleben in Korinth mit seinen schweren Schäden gelegt. In Kap. 13 hatte er den Maßstab selbst in unverhüllter Deutlichkeit den Korinthern gezeigt. Nun wendet er ihn auf die Fragen der Geistesgaben an und schließt so das 14. Kapitel fest mit dem Ganzen des Briefes zusammen. Auch uns ist damit für immer gezeigt, wie wir die Gaben und Kräfte in der Gemeinde zu werten und zu gebrauchen haben und welche Stellung auch heute die Zungenrede, das Zungengebet einnehmen muß. Dann wird es kein „Problem", keine „Not" sein, wenn wir von dem gleichen, von der Liebe geleiteten Willen beseelt sind wie Paulus: **„In der Gemeinde will ich lieber fünf Worte mit meinem Verstand reden, damit ich auch andere unterweise, als unzählige Worte in ‚Zunge'."**

VON DEN WIRKUNGEN DES HEILIGEN GEISTES

5. Die Wirkung der beiden Geistesgaben auf die Ungläubigen

1. Korinther 14, 20–25

zu Vers 20: Jer 4, 22; Mt 5, 48; Rö 16, 19; Eph 4, 14; Phil 3, 12. 15
zu Vers 21: 5 Mo 28, 49; Jes 28, 11; Mk 4, 11
zu Vers 23: Apg 2, 13; 4, 13
zu Vers 24: Jo 16, 8; Eph 5, 13; 2 Ko 2, 15
zu Vers 25: Jes 45, 14; 60, 14; Dan 2, 47; Sach 8, 23; Jo 4, 19; 16, 8; 1 Pt 3, 4

20 **Brüder, seid nicht Kinder dem Verstand nach, sondern der Bos-**
heit gegenüber seid unmündig, dem Verstand nach aber seid reife
21 **Menschen. * In dem Gesetz steht geschrieben: Durch Menschen**
anderer Zungen und durch Lippen Fremder werde ich zu diesem
Volk reden, und nicht einmal so werden sie auf mich hören,
22 **spricht der Herr. * Also sind die Zungen zum Zeichen nicht für die**
Glaubenden, sondern für die Ungläubigen; aber die prophetische
23 **Rede nicht für die Ungläubigen, sondern für die Glaubenden. * Wenn**
nun zusammenkäme die ganze Gemeinde am selben Ort und alle
redeten in Zungen, herein kämen aber Unkundige oder Ungläu-
24 **bige, werden sie nicht sagen, ihr wäret wahnsinnig? * Wenn aber**
alle prophetisch reden, herein aber kommt ein Ungläubiger oder
ein Unkundiger, dann wird er überführt von allen, er wird be-
25 **urteilt von allen, * das Verborgene seines Herzens wird offenbar,**
und so fallend auf sein Angesicht wird er Gott anbeten und be-
kennen, daß wahrhaftig Gott in (oder: unter) **euch ist.**

Paulus hat im ersten Abschnitt den ganzen Wert des Redens und Betens „mit dem Verstand" dem geheimnisvollen, aber unverständ-

lichen Zungenbeten gegenüber herausgestellt. Jetzt aber faßt er alles 20
in einem Grundsatz zusammen, der gerade aus seinem Munde von großer Bedeutung ist: **„Brüder, seid nicht Kinder dem Verstand nach, sondern der Bosheit gegenüber seid unmündig, dem Verstand nach aber seid reife Menschen.“** Paulus hat in Kap. 1 und 2 die „Weisheit der Welt“, den „Verstand der Verständigen“, die „Weisheit dieses Äons“ schroff abgelehnt: Sie erkennt Gott nicht und wird von Gott abgetan. So steht es mit dem Verstand und mit der Weisheit aber nicht, weil sie „Verstand“ und „Weisheit“ sind, sondern weil sie hier fleischliche Art an sich tragen und so Gott nicht erreichen. Damit ist nicht das Denken als solches und der Verstand als solcher entwertet und von dem Christentum ausgeschlossen. Es ist nicht das „Irrationale“, das Rätselhafte, Unverständliche zum eigentlichen Gebiet göttlichen Lebens erhoben. Im Gegenteil! Paulus erwartet von den Christen, daß sie **„dem Verstand nach reife Menschen“** sind. **„Unmündig“**, unfähig sollen sie nur **„der Bosheit gegenüber“** sein. Wie wichtig und maßgebend ist dieser Grundsatz bis heute[1].

Ein merkwürdig widerspruchsvolles Bild bietet sich unseren Augen. Die Korinther verehrten die „Weisheit“ und vermißten sie in der Verkündigung des Paulus, dabei aber begeisterten sie sich für die unverständliche Zungenrede und sahen in ihr am deutlichsten das Wirken des Geistes Gottes und waren zugleich sehr findig und klug in allerlei bösen Dingen. Paulus dagegen lehnte die „Weisheit“ ab und setzte sich für die „Torheit“ der Verkündigung ein, gleichzeitig aber wollte gerade er „lieber fünf Worte mit dem Verstand als unzählige in Zungen“ reden und schätzte den reifen Verstand im Christen ganz hoch ein. Ihm ist Heiliger Geist und Verstand kein Gegensatz. Gerade durch den gereiften Verstand hindurch wirkt der Geist Gottes am Aufbau der Gemeinde.

Vor Paulus steht ein Wort, das Gott durch den Propheten Jesaja 21/22
(28, 11) gesagt hat[2]: **„Durch Menschen anderer Zungen und durch Lippen Fremder werde ich zu diesem Volk reden, und nicht einmal so werden sie auf mich hören, spricht der Herr.“** Wenn Israel das klare, verständliche Wort einer guten Botschaft nicht hören will, dann kann und wird Gott einmal in ganz anderer Weise mit ihm reden. Allerdings wird das nur zu Verstockung führen. Nach dem „historischen“ Sinn des Prophetenwortes fragt Paulus jetzt nicht[3].

[1] Der Christ ist nicht kindisch und exzentrisch. Er erweist sich als nüchtern, verständig und tüchtig im Beruf und Leben. Aller egoistischen oder gar boshaften Gerissenheit gegenüber ist er freilich fremd und läßt sich dabei ruhig als „dumm“ ansehen. Es sei dazu auf die Schilderung des Helden in Dostojewskis „Der Idiot“ hingewiesen.

[2] Paulus sagt hier: „In dem Gesetz steht geschrieben“, obwohl es ein Wort aus den „Propheten“, nicht aus dem „Gesetz“ im engeren Sinn, den 5 Büchern Mose, ist. Es konnte auch das ganze AT „die Thora“, „das Gesetz“ genannt werden.

[3] In Jes 28, 7—13 wird uns geschildert, wie Israel, einschließlich seiner trunkenen Priester und Propheten, den Boten Gottes verspottet und seine Rede in einem sinnlosen Lallen nachmacht. Da droht Jesaja in Gottes Auftrag dem Volk Israel damit, daß die Assyrer mit ihrer unverständlichen Sprache und ihrer fremden Zunge hereinbrechen und das Volk zerschlagen werden, da es Gottes freundliches Mahnen und Locken nicht hören wollte. Wir wissen nicht, woher

Ihm geht es um das Grundsätzliche. Gott kann ein besonderes **„Zeichen"** aufrichten, indem er in unverständlicher Sprache redet. Gott tut das jetzt in der Gemeinde durch die Gabe der Zungenrede. Für die Ungläubigen aber ist dies kein Reden, das zum Glauben bringt, sondern ein „Zeichen" zur Abschreckung und Verstockung[4]. **„Also sind die Zungen zum Zeichen nicht für die Glaubenden, sondern für die Ungläubigen; aber die prophetische Rede nicht für die Ungläubigen, sondern für die Glaubenden."**

23 Was Paulus damit sagen will, zeigt er uns an einem praktischen Beispiel, das für uns von großer Wichtigkeit ist: **„Wenn nun zusammenkäme die ganze Gemeinde am selben Ort[5] und alle redeten in Zungen, herein kämen aber Unkundige oder Ungläubige, werden sie nicht sagen, ihr wäret wahnsinnig?"** Paulus unterscheidet sehr bestimmt die **„Glaubenden"**[6], die **„Unkundigen"**, die **„Ungläubigen"**. Wer das Evangelium noch gar nicht wirklich kennt, wer die Botschaft noch nie so hörte, daß er vor der Entscheidung seines Lebens stand, ist ein „idiotes", ein „Unkundiger", ein „Laie"[7]. Von „Unglauben" kann hier nicht gesprochen werden. Der „Unglaube" im eigentlichen Sinn ist eine aktive, bewußte Haltung; er ist das Nein zur gehörten und verstandenen Botschaft. Erst wenn der **„Unkundige"** die klare Verkündigung hört und ablehnt, wird er zu einem **„Ungläubigen"**[8]. Die Schilderung des Paulus zeigt aber, daß damit die endgültige Entscheidung seines Lebens noch nicht gefallen zu sein braucht. Paulus wird schwerlich eine bloße Konstruktion vor uns hinstellen. Es geschah offenbar öfter, daß Menschen in die Versammlung der Gemeinde kamen, die das Christentum erst kennenlernen wollten, daß aber auch Menschen, die zunächst abgelehnt hatten, von der Botschaft nicht loskamen und aufs neue die Gemeinde aufsuchten. Die Ge-

Paulus den von ihm angeführten Wortlaut des Prophetenspruches hat, der so weder im hebr Text noch in der LXX steht. Das für Paulus wichtige Stichwort „heteroglossai", das er auf die „Glossolalie" in der Gemeinde anwenden kann, kommt in der Übersetzung des AT durch Aquila vor. Aquila kann eine grie Übersetzung benutzt haben, die auch Paulus bekannt war.

4 Das Wort „Zeichen" ist auch von Jesus so gebraucht worden, als er der Zeichenforderung der Pharisäer und Schriftgelehrten entgegenhielt, sie würden kein anderes Zeichen erhalten als das „Zeichen des Jona" (Mt 12, 38 f).

5 Auch diese wohl größte und bedeutendste der paulinischen Gemeinden ist so klein, daß sie als ganze an einem Ort beieinander sein kann. Das sollen wir, die wir aus den großen Volkskirchen kommen, besonders bedenken. Wenn die „jungen Kirchen" in ihren Völkern fast durchweg eine kleine Minderheit bilden, so ist das vom Neuen Testament her gesehen eine normale Sache. Jesus selbst sprach von der „kleinen Herde", wenn er an seine Gemeinde dachte.

6 Der moderne Gedanke, ein Glaubender könne selber nicht wissen, ob er glaube, und erst recht nicht, ob er morgen noch glauben werde, liegt Paulus völlig fern. Der Stand der „Glaubenden" war ihm ein klarer und beständiger. Nur wer „am Glauben Schiffbruch erlitt" (1 Tim 1, 19), verliert diesen Stand.

7 Hier wird deutlich, wie unmöglich es ist, daß wir glaubende und erfahrene Gemeindeglieder als „Laien" bezeichnen! Vgl. auch die Anmerkung zu Kap. 14, 16 auf S. 236.

8 Diesen Sprachgebrauch sollten wir uns wieder aneignen. Die Menschen um uns her sind — trotz Kindertaufe und Christenlehre — zum allergrößten Teil „Unkundige", auf die das Urteil von Mk 16, 16 nicht angewendet werden kann. Es ist aber der tiefe Ernst aller Evangelisation, daß sie einerseits wohl Glauben weckt, andererseits aber auch aus Unkundigen Ungläubige macht, die nun unter das schwere Urteil von Mk 16, 16 fallen.

meinde hatte jedenfalls eine weit offene Tür für alle, die hören wollten, und wies auch „Ungläubige“ nicht ab.

Nun stellt Paulus sich vor, die ganze Gemeinde **„redete in Zungen“**. Was wird die Wirkung auf die Besucher sein? Wird der bisher Ablehnende überwunden und gewonnen? Erkennt der Unkundige, welche Herrlichkeit im Christsein liegt? Nein, er hat den Eindruck, unter eine Schar von Geistesgestörten geraten zu sein[9]. In diesem Sinne sind die Zungen ein „Zeichen“ für „Ungläubige“, nämlich ein zurückstoßendes und erschreckendes Handeln Gottes.

Ganz anders wird es, wenn die ganze Gemeinde **„prophetisch redet“**. Jetzt stellt Paulus bei den hereinkommenden Besuchern den **„Ungläubigen“** betont voran. Denn nun geschieht etwas Kostbares. Sogar der bisher ablehnende Mann **„wird überführt von allen, beurteilt von allen, das Verborgene seines Herzens wird offenbar, und so fallend auf sein Angesicht wird er Gott anbeten und bekennen, daß wahrhaftig Gott in** (oder: unter) **euch ist“**. Paulus denkt sich das „prophetische Reden“ nicht als eine Fülle geheimnisvoller Prophetensprüche und ekstatischer Zukunftsvisionen. Das hätte die Wirkung auf den „Ungläubigen“ nie ausgeübt, die Paulus schildert. Die „prophetisch Redenden“ reden auch hier „mit ihrem Verstand“ und sie reden „Aufbau und Mahnung und Zuspruch“ (V. 3). Sie tun dies „mit“ ihrem Verstand und daher in einfacher, verständlicher Sprache; sie tun es nicht „aus“ ihrem Verstand, sondern aus dem Heiligen Geist und unter der Leitung des Geistes. Darum tun sie es so, daß es den Besucher ins Gewissen trifft und er sein Innerstes erkannt und aufgedeckt sieht und vor der unentrinnbaren Gegenwart Gottes steht. Paulus denkt sich das sicherlich nicht so, daß die ganze weissagende Gemeinde auf die zwei Besucher einredet, sondern die Gemeinde hält ihre Versammlung zu ihrem eigenen Aufbau. Aber indem nun alle „prophetisch reden“, geschieht es ohne ihre Absicht, ohne ihr direktes Wissen und Wollen, daß alles Gesagte die fremden Besucher ins Herz trifft und zum Zusammenbruch vor Gott führt. Nun verstehen wir, warum Paulus dieses „prophetische Reden“ für die wichtigste und wertvollste Dienstgabe des Heiligen Geistes hält[10]. Nur diese Gabe vermag die Unkundigen, sogar auch Ungläubige zu überwinden, für Gott zu gewinnen, zur Gemeinde hinzuzutun und in diesem besonderen Sinn die Gemeinde zu „bauen“. 24/25

[9] Hieraus geht klar hervor, daß wir uns die „Heiden“ in Korinth (12, 2) nicht als Anhänger enthusiastischer und mantischer Kulte (vgl. Einleitung S. 12) zu denken haben. Ihnen wäre sonst das Bild einer zungenredenden Versammlung nicht so fremd und abstoßend gewesen. Unsere oben gegebene Auslegung von Kap. 12, 2 wird bestätigt.

[10] Wie völlig haben wir vergessen, daß auch bei uns für jede Verkündigung, für alle Evangelisation, gerade auch für diejenige „von Mann zu Mann“ am Arbeitsplatz, für alle Seelsorge die Geistesgabe des „prophetischen Redens“ unentbehrlich ist. Über ein allgemeines Bitten um das Wirken des Geistes Gottes kommen wir meistens nicht hinaus. Der Herr hat das freilich oft mit dem Geschenk des „prophetischen Redens“ beantwortet, so daß unter unserer Verkündigung das geschah, was Paulus hier schildert. Aber sollten wir nicht gerade darum zuversichtlich der Aufforderung des Paulus folgen und „eifrig das prophetische Reden erstreben“ (V. 39)?

Und gerade diese Gnadengabe des Geistes ist als die unentbehrliche der Gemeinde auch zu allen Zeiten erhalten geblieben. Mögen andere auffallende Gaben wie Krankenheilung und Zungenrede sehr zurückgetreten oder fast verschwunden gewesen sein, Männer und Frauen mit „prophetischer Rede" hat die Gemeinde immer wieder und überall gehabt. Darum hat sich auch zu allen Zeiten unter den verschiedensten Verhältnissen und in mannigfaltigsten Formen das vollzogen, was Paulus uns in unseren Versen schildert. Unter dem geistgeleiteten Wort sahen sich Menschen bis in die verborgenen Dinge ihres Herzens und Lebens hinein durchschaut und ins Licht gestellt und erfuhren die Gegenwart des allwissenden Gottes im Heiligen Geist und kamen zum Glauben[11].

Bei dem Bekenntnis des innerlich überwundenen Besuchers: **„Wahrhaftig ist Gott in euch, in eurer Mitte"** hat Paulus unwillkürlich oder auch ganz bewußt Schriftstellen wie 1 Kö 18, 39; Da 2, 47; Jes 45, 14; Sach 8, 23 vor Augen gehabt. Was damals in besonderen Ereignissen geschah, das wiederholt sich jetzt, da der Geist mit seinen Gaben da ist, in der Gemeinde Jesu; in ihr wird es geradezu das Normale. Wenn „alle" weissagen, dann geschieht das, was Paulus schildert, und kann so Tag für Tag geschehen.

VON DEN WIRKUNGEN DES HEILIGEN GEISTES

6. Anordnungen für die Gemeindeversammlungen

1. Korinther 14, 26—33a

zu Vers 26:
Rö 14, 19
1 Ko 11, 18. 20
12, 7. 10
Eph 4, 12
zu Vers 29:
Apg 17, 11
1 Ko 12, 10
1 Th 5, 19—21
zu Vers 31:
2 Pt 1, 21
zu Vers 33:
Rö 15, 33
16, 20

26 **Wie ist es nun, Brüder? Wenn ihr zusammenkommt, hat jeder**
einen Psalm, hat eine Lehre, hat eine Offenbarung, hat eine „Zun-
27 **ge", hat eine Auslegung: Alles geschehe zum Aufbau! * Wenn**
einer in Zungen redet, dann jeweils zwei oder höchstens drei, und
28 **nacheinander, und einer lege aus. * Wenn aber kein Ausleger da**
ist, schweige (der Zungenredner) **in der Versammlung, rede aber**
29 **für sich selbst und für Gott. * Propheten sollen zwei oder drei**
30 **reden, und die andern sollen** (es) **beurteilen. * Wenn aber einem**
andern eine Offenbarung zuteil wird, der dabeisitzt, soll der erste
31 **schweigen. * Denn ihr könnt einer nach dem andern alle weis-**
32 **sagen, damit alle lernen und alle ermahnt werden. * Und die Gei-**
33a **ster der Propheten ordnen sich den Propheten unter. * Denn Gott**
ist nicht ein Gott der Unordnung, sondern des Friedens.

[11] Spurgeon sagt in einer Predigt über Lk 5, 17: „Personen sind hierher gekommen, die selbst keinen Gedanken an Kommen gehabt, bis irgendeine besondere Sache sie herzog, und dann hat das gesprochene Wort so augenscheinlich auf ihre Lage gepaßt, daß sie sich gewundert haben. Wenn sie ihr Kommen vorher angezeigt und der Prediger alles über sie gewußt, so hätte er vielleicht nicht gewagt, ganz so persönlich zu sein; denn er ist ohne sein Vorwissen in kleine Einzelheiten und verborgene Umstände eingegangen, die er wissentlich nie enthüllt haben würde. Der Herr, der weiß, was im Kämmerlein getan ist, weiß seinen Diener so zu leiten, daß er das Rechte trifft und daß er zum Herzen spricht" („Neutestamentliche Bilder" — Predigten von C. H. Spurgeon, Heft I, 1890).

Hier erhalten wir das Bild eines „Gemeindegottesdienstes" in Korinth. Er weicht völlig von dem ab, was heute die gottesdienstliche Versammlung einer Gemeinde kennzeichnet. Dazu hebt Schlatter besonders hervor: „Der vom Rhetor[1] unterwiesene Prediger erscheint nicht in der Reihe derer, die den Gottesdienst fruchtbar machen"[2]. Erst recht ist er nicht derjenige, der im wesentlichen allein „den Gottesdienst hält". Es ist vielmehr das Kennzeichen der Gemeindeversammlung, daß „jeder" etwas hat und zum Leben der Gemeinde beiträgt. **„Wenn ihr zusammenkommt, hat jeder einen Psalm, hat eine Lehre, hat eine Offenbarung, hat eine ‚Zunge', hat eine Auslegung: Alles geschehe zum Aufbau!"** Wenn dabei als erstes der **„Psalm"** genannt wird, so ist nicht daran gedacht, daß jemand einen atst Psalm vorträgt. Der Heilige Geist schenkt immer neue Lieder, die von der Gemeinde aufgenommen werden und zum Bau der Gemeinde helfen[3]. Auch die **„Lehre"** ist nicht Sache der einzelnen „Amtsträger"; jeder kann mit einer **„Lehre"** beschenkt werden und sie der Gemeinde weitergeben. Paulus nennt aber auch die **„Offenbarung"**, die **„Zunge"** und ihre **„Auslegung"**[4]. So geht es in Korinth in der Gemeinde zu. Ein so lebhafter Reichtum der Äußerungen in der Gemeindeversammlung ist ein Geschenk. Aber es liegt in ihm die Gefahr, daß er zur Unordnung führt[5]. 26

Darum greift Paulus ordnend ein. Er hebt sofort wieder den Gesichtspunkt hervor, der nicht von einem Ordnungsprinzip als solchem, sondern von der Liebe bestimmt ist. **„Alles geschehe zum Aufbau"**. Daß die Gemeinde aufgebaut wird, darauf allein kommt es an, dazu muß alles dienen, danach muß alles sich richten. Paulus gibt nun dafür einzelne Anweisungen und beginnt mit den **„Zungenrednern"**. Sie hatten sich in Korinth offenbar in größerer Zahl in den Vordergrund gedrängt und dabei auch gleichzeitig gebetet. Paulus schließt sie vom Gemeindegottesdienst nicht aus, wenn ein „Ausleger", ein „Übersetzer" da ist. Aber auch dann sollen es nur **„zwei oder höchstens drei"** sein, und sie sollen nacheinander beten. Ist kein Ausleger da, dann **„schweige** (der Zungenredner) **in der Versammlung"**; dann ist die verborgene Stille seines Gebetslebens der Ort, wo er **„für sich selbst und für Gott redet"** und „sich selbst baut" (V. 4). 27/28

[1] Der Rhetor ist der Fachmann der Redekunst („Rhetorik"), der andere im Reden ausbildet.

[2] A. Schlatter, „Paulus, der Bote Jesu", S. 383.

[3] Wir dürfen an das denken, was wir von den Singegottesdiensten der Brüdergemeine zur Zeit Zinzendorfs hören. Vgl. E. Beyreuther, „Zinzendorf und die sich allhier beisammen finden", Marburg 1959, S. 83 ff. Aber auch sonst. Welche Rolle hat wieder und wieder das geistliche Lied beim Aufbau der Gemeinde gespielt!

[4] Hier sieht es wieder so aus, als sei die „Auslegung" der Zungenrede doch häufiger vorgekommen. Vielleicht aber will Paulus hier wie in Kap. 12, 10 die Auslegungsgabe nicht übergehen und ordnet sie in der Form seines Satzes so an, daß sie wie eine häufig und regelmäßig geschenkte aussieht. V. 28 stellt dann ein etwaiges Mißverständnis richtig.

[5] Darum ist diese Form des Gemeindelebens nicht ein „Ideal" oder gar ein „Gesetz", das wir einfach nachzumachen hätten. Unter anderen Verhältnissen und zu andern Zeiten können andere Formen und Gestaltungen nötig und sachgemäß sein. In der modernen Arbeitswelt werden wir hauptamtliche Mitarbeiter in der Gemeinde, die für die eigene stille Zurüstung Zeit haben, in den Zusammenkünften der Gemeinde nicht entbehren können. Aber freilich, sie dürfen die Gemeindeglieder nicht einfach zum Schweigen bringen.

29/31 Das Verständnis der nächsten Sätze ist nicht einfach. Es scheint ein Widerspruch vorzuliegen zwischen der Anordnung **„Propheten sollen zwei oder drei reden"** und der Zusicherung **„Ihr könnt einer nach dem andern alle prophetisch reden"**. Der Widerspruch löst sich nur, wenn wir in den **„Propheten"** noch etwas anderes sehen als in den „prophetisch redenden" Gemeindegliedern. Im Blick auf dieses „prophetische Reden" hat Paulus es sich als einen erwünschten Zustand vorstellen können, daß **„alle weissagen"**, und hat dementsprechend die Gemeindeglieder ohne Einschränkung aufgefordert, nach der Gabe des „prophetischen Redens" zu streben. Dann kann er jetzt nicht nur zwei oder drei zu Worte kommen lassen. Nein, es gibt offenbar **„Propheten"** in besonderem Sinn, die darum auch in der Aufzählung Kap. 12, 38 als dauernd Beauftragte erscheinen. Aus dieser feststehenden Gruppe sollen in jeder Gemeindeversammlung zwei oder drei zu Wort kommen. Wir beachten den Unterschied zwischen V. 27 u. 29. Vom Zungenredner und seinem Auftreten spricht Paulus nur bedingt: **„Wenn einer in Zungen redet"** und wenn ein Ausleger zur Stelle ist. Solche Bedingungen fallen bei den **„Propheten"** fort. Sie sind der Gemeinde ganz gewiß geschenkt und sind darum zur Stelle und **„sollen"** reden. Freilich auch von ihnen nur zwei oder drei, **„und die andern sollen** (es) **beurteilen"**. Bei den **„andern"** denken wir zunächst an alle anderen „Propheten", außer den jetzt gerade sprechenden; sie sind besonders zu solchem Urteil berufen. 1 Th 5, 20f zeigt aber, daß Paulus grundsätzlich die ganze Gemeinde durch den ihr innewohnenden Heiligen Geist als berechtigt und verpflichtet zur „Prüfung" der Propheten und ihrer Aussprüche ansieht. So kann er auch an unserer Stelle unter den **„andern"** die Gemeindeglieder als solche verstehen. Die besondere Gabe der „Geisterunterscheidung" wird dabei nicht erwähnt. Es ist hier alles ganz frei und lebendig
30 gesehen, ohne systematische Festlegung. Es kann aber auch einem Propheten oder einem Gemeindeglied, das **„dabeisitzt"** und hört, **„eine Offenbarung zuteil werden"**. Dann soll der Betreffende nicht warten, bis der noch redende Prophet fertig ist, sondern es als Zeichen nehmen, daß der Herr, der die Offenbarung gibt, jetzt dieses neue Wort gesagt haben will. Dann **„soll der erste schweigen"**. Kann er das? Wird er nicht so vom Geist „getrieben", daß er willenlos weitersprechen muß? So sieht Paulus das Wirken des Heiligen Gei-
32 stes nicht an. **„Die Geister der Propheten ordnen sich den Propheten unter."** Paulus bildet hier — wie auch schon in V. 12 — den Plural von Geist, ein für uns zunächst seltsamer Klang. Paulus meint nicht, daß der Heilige Geist sich in eine Vielheit von „Geistern" auflöst, wohl aber, daß er sich dem einzelnen Menschen in seinem Wirken so schenkt, daß es jetzt „sein Geist" wird. Umso erstaunlicher wird dann die Aussage, daß der Geist, der nach Kap. 12, 11 seine Gaben souverän austeilt, wie er will, sich jetzt Menschen **„unterordnet"**. Wie kann
33a das sein? Es liegt darin begründet, daß **„Gott nicht ein Gott der Unordnung, sondern des Friedens ist"**. Sein Geist richtet darum auch nicht ein Durcheinander an, indem er in mehreren Propheten gleich-

zeitig gegeneinander redet. Der Geist selbst ist im ersten Redner zum Schweigen willig, wenn er in einem andern seine Stimme erheben will. Darum kann der Prophet auch schweigen und muß nicht hemmungslos weiterreden. Es ist in der Formulierung des begründenden Satzes schön, daß Paulus den lebendigen Gott nicht einen „Gott der Ordnung" nennt, sondern den Gegensatz zur **„Unordnung"** vielmehr im **„Frieden"** sieht. Es liegt Gott nicht an der Ordnung als solcher. Es liegt ihm aber alles an der Gemeinschaft untereinander, an dem Zusammenwirken aller Glieder im vollen Frieden.

Und nun noch einmal der Satz, der im Widerspruch zu V. 29 zu 31
stehen scheint mit dem „denn", mit dem er beginnt: **„Denn ihr könnt einer nach dem andern alle prophetisch reden"**. Dieses **„denn"** ist nur zu verstehen, wenn die Zahl der weissagenden „Propheten" darum gerade so eingeschränkt wird, damit möglichst **„alle"** Gemeindeglieder das so wesentliche „prophetische Reden" ausüben können, und das wieder zu dem Zweck, **„damit alle lernen und alle ermahnt werden"**. Die vom Geist geleitete Rede soll in solcher Fülle und Mannigfaltigkeit ergehen, damit jeder in der Gemeinde das empfängt, was er für sein Glaubensleben an Lehre und Mahnung braucht[6].

DIE FRAUEN SOLLEN IN DER GEMEINDEVERSAMMLUNG SCHWEIGEN

1. Korinther 14, 33b—36

33b/34 **Wie in allen Gemeinden der Heiligen * sollen die Frauen in**
den Gemeinden (Gemeindeversammlungen) **schweigen. Denn es**
ist ihnen nicht erlaubt zu reden, sondern sie sollen sich unterord-
35 **nen, wie auch das Gesetz sagt. * Wenn sie aber etwas lernen wol-**
len, sollen sie zu Hause ihre eigenen Männer fragen. Denn es ist
eine Schande für eine Frau, zu reden in einer Gemeinde (Gemein-
36 deversammlung). *** Oder ist von euch das Wort Gottes ausgegan-**
gen? Oder ist es zu euch allein gelangt?

zu Vers 33: Rö 15, 33; 16, 20
zu Vers 34: 1 Mo 3, 16; 1 Ko 11, 3; Eph 5, 22; 1 Tim 2, 11 f; Tit 2, 5; 1 Pt 3, 1

Hier kommen wir an eine besonders schwierige Stelle unseres Kapitels. Schwierig ist sie ihrem Inhalt nach, weil sie den Aussagen des Abschnittes 11, 2—16 widerspricht. Dort war der Frau befohlen, beim Beten und prophetischen Reden in der Öffentlichkeit das „Kopftuch" zu tragen. Das Beten und Reden als solches war ihr nicht verwehrt.
Jetzt wird der Frau ein absolutes Schweigegebot in der Gemeinde 33b/34
(-versammlung) auferlegt. **„Wie in allen Gemeinden der Heiligen**

[6] Welche Verarmung muß in der Gemeinde eintreten, wenn nur ein einziger Mann das Wort hat! Er kann in der Begrenztheit seines natürlichen Wesens und seiner geistlichen Begabung immer nur einen Teil der Gemeinde ansprechen, und andern hat er nicht zu geben, was sie brauchen. Es ist einfach so, daß jeder Pastor oder Prediger nur bestimmte Gemeindeglieder erreicht. Es werden nicht mehr „alle" so unterwiesen und ermahnt, wie sie es nötig hätten.

sollen die Frauen in den Gemeinden (Gemeindeversammlungen) **schweigen. Denn es ist ihnen nicht erlaubt zu reden, sondern sie sollen sich unterordnen, wie auch das Gesetz sagt."** Die Auskunft, es habe sich in Kap. 11, 2—6 nicht um das Reden der Frau in der Gemeindeversammlung, sondern im häuslichen Glaubensleben oder bei Hausgottesdiensten gehandelt, hilft uns nicht weiter. Das „Beten" mochte allenfalls zu Hause geschehen, das „prophetische Reden" aber bedarf der Hörerschaft, wenn es sinnvoll sein soll. Und sollte sich Paulus dafür ereifert haben, daß die Frau beim Beten in ihrem Hause ein Kopftuch trägt?

35 Inhaltlich schwierig ist auch die positive Anweisung: **„Wenn sie aber etwas lernen wollen, sollen sie zu Hause ihre eigenen Männer fragen."** Hat Paulus vergessen, daß er in Kap. 7, 13 von Frauen sprach, die ungläubige Männer haben? Was sollen diese Frauen tun? Zugleich sehen wir an diesem Satz, wie absolut das Redeverbot gemeint ist: Nicht einmal Fragen dürfen die Frauen in der Versammlung stellen. Aber wenn Paulus eben davon sprach, daß alle durch das prophetische Reden aller lernen sollten, „lernte" dann nicht auch die zuhörende Frau etwas? Mußte sie erst „fragen", um etwas zu „lernen"?

Auffallend ist aber auch der Unterschied in der ganzen Art des Schreibens. Wie weit holt Kap. 11, 2—16 aus, wie gründlich wird alles erörtert. Wie wird um das eigene Verständnis der Korinther geworben, obwohl es hier doch nur um das „Kopftuch" geht. Dagegen jetzt, wo es sich um die ganze Stellung der Frau in dem Gemeindeleben handelt, wird ihr kurz und schroff das völlige Schweigen auferlegt. Und als Begründung wird neben dem Hinweis auf die einheitliche Sitte **„in allen Gemeinden der Heiligen"** nur die Behauptung hingestellt: **„Denn es ist eine Schande für eine Frau, zu reden in einer Gemeinde** (Gemeindeversammlung)." Auch der Hinweis auf das **„Gesetz"** muß uns auffallen bei dem Apostel, der in Rö 6, 14; 7, 4; Gal 5, 18 den Christen mit solcher Entschiedenheit sagt, daß sie nicht mehr unter dem Gesetz stünden.

Dazu kommen formale Schwierigkeiten. Der erste Satz ist in seiner jetzigen Form ungeschickt: **„Wie in allen Gemeinden der Heiligen sollen die Frauen in den Gemeinden schweigen."** Der Satz müßte doch lauten: „Wie in allen Gemeinden der Heiligen sollen auch in eurer Gemeinde die Frauen schweigen." V. 37 aber würde ohne jede Schwierigkeit gut an V. 33a unmittelbar anschließen. So ist aus inhaltlichen und formellen Gründen zu bedenken, ob nicht diese ganze Stelle ein erst später in den Text gekommener Einschub ist, den Paulus nicht selbst schrieb. Auch der Befund bei den Handschriften kann diese Vermutung unterstützen. Eine Reihe von ihnen bringt unseren Abschnitt erst nach V. 40[1]. Ein durchschlagender „Beweis"

[1] Leipold („Die Frau in der antiken Welt und im Urchristentum") schreibt dazu, wenn ein Textstück seine Stellung wechselt, sei das oft „ein Anzeichen dafür, daß der Abschnitt später zugesetzt wurde. (Solche Nachträge, die zuerst am Rande stehen, werden von den späteren Abschreibern leicht an falscher Stelle eingefügt; die Nachfolger suchen dann zu bessern.)"

dafür, daß unsere Verse ein späterer Zusatz sind, läßt sich aber nicht führen. Und gibt es nicht doch auch andere Möglichkeiten, unsere Stelle zu verstehen? Einmal ist in ihr offensichtlich von der Ehefrau, nicht von der Frau im allgemeinen die Rede. War es für Paulus unerträglich, daß eine Ehefrau in Anwesenheit ihres Mannes vor einer Versammlung das Wort nahm und sich damit in einer für die damalige Zeit unmöglichen Weise neben den Mann oder gar über ihn stellte? (Vgl. dazu 1 Tim 2, 12.) Paulus hat soeben mit Sorge an die „Unordnung" im reichen Gemeindeleben der Korinther gedacht. Hatten dabei Frauen in ihrer raschen und leicht gefühlsbedingten Art[2] zu aufgeregten Szenen beigetragen? Bewegte den Apostel jetzt noch einmal das ganze Empfinden seiner Zeit? Vielleicht liegt die Lösung der Schwierigkeit auch darin, daß an unserer Stelle speziell das Lehrgespräch gemeint ist. Das legt der Hinweis auf das „Lernen" nahe. Die Frau mag in der Gemeindeversammlung beten und prophetisch reden, wenn der Geist sie dazu führt. Wie sollte Paulus verbieten, was Wirkung des Geistes Gottes ist. Aber „lehren" und in der überlegenen Weise das Wort ergreifen, das soll sie nicht. Damit würden wir in der Nähe von 1 Tim 2, 12 stehen, wo der Apostel der Frau ausdrücklich das „Lehren" nicht gestattet. Er sieht darin eine „Erhebung über den Mann". Aber über ein „Vielleicht" kommen wir auch so nicht hinaus. Im Text ist der Frau nun einmal das ganze „Schweigen" befohlen. Hier, wie so oft, wissen wir zu wenig, um zu einem abschließenden Urteil darüber zu gelangen, was Paulus in unsern Versen konkret gemeint und wie er seine Aussagen hier mit denen in Kap. 11, 2—16 vereint hat.

Daß Paulus bei dem Redeverbot an die Frau keine andere Begründung bringt als nur die einheitliche Sitte der Gemeinden und das Gefühlsurteil, es sei **„eine Schande für eine Frau, zu reden in einer Gemeinde** (Gemeindeversammlung)", erleichtert uns heute die eigene Stellungnahme. Was Paulus in dieser Frage den Korinthern sagt, hatte sein ganzes Recht und volles Gewicht in der damaligen Zeit. Der große griechische Schriftsteller Plutarch urteilt: „Nicht nur der Arm, sondern nicht einmal das Wort der züchtigen Frau soll öffentlich sein, und sie soll die Stimme wie eine Entblößung scheuen und unter den Menschen draußen behüten." Von der Synagoge her kannte Paulus ebenfalls die schweigende Frau als ganz selbstverständlich. Sollte die junge Christenheit die Sitte der Zeit durchbrechen, das Schicklichkeitsgefühl bei Heiden und Juden verletzen und die Gefahr der Unordnung in ihren Versammlungen steigern? Im Empfinden jener Zeit wäre ganz ebenso auch die Lehrerin, die Ärztin, die Traktoristin, die Ministerin eine Unmöglichkeit, ein unerträglicher Anblick (eine „Schande") gewesen. Nun liegt es Paulus daran, daß dieses starke Empfinden der Zeit in der Gemeinde Jesu nicht verletzt wird. Dem Evangelium darf nicht dadurch der Weg verbaut werden,

[2] Es ist nicht ohne Gewicht, daß die Pfingstbewegung zuerst durch Frauen nach Deutschland getragen worden ist.

daß es in den Kreisen der Bevölkerung heißt: Die christlichen Frauen werden schamlos und ergreifen in aller Öffentlichkeit das Wort und reden mit den Männern um die Wette. Es geht vor allem nicht, daß hier eine einzelne Gemeinde, wie Korinth, eigenmächtig ein Verhalten durchbricht, das in allen Gemeinden der Heiligen mit Bestimmt-
36 heit eingehalten wird. Da muß Paulus die Korinther fragen: **„Oder ist von euch das Wort Gottes ausgegangen? Oder ist es zu euch allein gelangt?“** Der Gesichtspunkt des Apostels, wenn er unseren Abschnitt in seinem Brief schrieb, ist einfach der: Die Gemeinde Jesu kann und darf der Frau nicht eine Stellung geben, die sie sonst in der Öffentlichkeit nicht hat und die dem sittlichen Empfinden der Zeit widerspricht. Dann heißt es aber für uns heute: die Gemeinde Jesu kann und darf der Frau nicht eine Stellung verweigern, die sie sonst in der Öffentlichkeit hat und die dem ganzen selbstverständlichen Empfinden der Zeit entspricht! So wie damals die öffentlich redende Frau, so würde heute die zum Schweigen verurteilte Frau eine befremdende Ausnahme darstellen. Der Satz des Paulus **„Es ist eine Schande für eine Frau, zu reden in einer Gemeinde“** gilt einfach für uns nicht mehr. Keiner von uns wird so empfinden, und ein Paulus würde diesen Satz heute nicht mehr einer Gemeinde schreiben können. Freilich geht es — wie auch in dem Abschnitt von dem „Kopftuch“ — bis heute darum, daß die Frau ganz und echte „Frau“ bleibe. Die Gemeinde der Heiligen wird mit Ernst darauf achten, daß das in ihrem Raum geschieht. Was aber „echt fraulich“ ist und wo die Grenze zum „Unweiblichen“ läuft, das wird in den verschiedenen Zeiten sehr verschieden empfunden und beurteilt werden. Wenn feinste und edelste Frauen von der Parlamentstribüne sprechen, kann die Frau auf der Kanzel nicht auf einmal eine „Schande“ sein[3].

EIN ZUSAMMENFASSENDES WORT ÜBER DIE GEISTESGABEN

1. Korinther 14, 37—40

zu Vers 37—40: Kol 2, 5; 1 Th 5, 20; 1 Jo 4, 6

37 **Wenn einer überzeugt ist, ein Prophet zu sein oder ein Geistesträger, so erkenne er, was ich euch schreibe, daß es des Herrn**
38 (Gebot) **ist; * wenn aber jemand** (es) **nicht erkennt, so wird er** (von Gott) **nicht erkannt** (oder: wenn aber jemand [es] nicht erkennt,
39 so möge er nicht erkennen). *** Daher, Brüder, erstrebt eifrig das prophetische Reden, und das Reden in Zungen hindert nicht.**
40 *** Alles aber geschehe anständig und in guter Ordnung.**

[3] Eine Parallele haben wir auf einem viel weniger heiklen Gebiet. Paulus wird uns sofort zu Beginn des nächsten Kapitels bei der Aufzählung der Zeugen des Auferstandenen die Frauen, die den Herrn als erste sahen, völlig verschweigen; das Zeugnis der Frau hatte in der damaligen Welt keine Geltung. Wir heute werden die Frauen ebenso selbstverständlich mit nennen, weil bei uns vor Gericht und überall das Zeugnis der Frau genauso gilt wie das des Mannes.

Paulus kommt zum Abschluß der ganzen Erörterung und blickt 37
noch einmal auf sie zurück. V. 37 knüpft unmittelbar an die Anweisungen von V. 26–33 an und sagt im Blick auf die dort gegebenen Regeln: **„Wenn einer überzeugt ist, ein Prophet zu sein oder ein Geistesträger, so erkenne er, was ich euch schreibe, daß es des Herrn** (Gebot) **ist."** Paulus hat bei der Erörterung der Ehefragen sehr bestimmt zwischen dem unterschieden, was der Herr selbst gebietet, und dem, was sein apostolischer Rat ist (vgl. Kap. 7, 10.13). Jetzt, bei der Anordnung für die Gemeindeversammlung, ist er überzeugt, das Gebot des Herrn zu vertreten. Wir werden nicht anzunehmen haben, daß Paulus ein diesbezügliches Wort Jesu besaß, das uns verloren gegangen ist. Aber Paulus hat durch die Stellung des 13. Kapitels in der Mitte der ganzen Erörterung die Liebe zum letzten Maßstab gemacht und von da aus die Grundregel „alles zum Aufbau der Gemeinde" geprägt. Die Liebe aber ist eindeutig und bestimmt das Gebot des Herrn. Wahrscheinlich hat aber die Handschriften-Gruppe, die das Wort „Gebot" hier gar nicht bringt, den ursprünglicheren Text. Eine spätere Einfügung des Wortes zu dem bloßen Genitiv „des Herrn" ist weit leichter zu verstehen als seine Fortlassung, wenn es bereits im Text stand. Paulus würde sich dann gar nicht auf ein bestimmtes „Gebot" des Herrn berufen, sondern nur sagen, daß seine Anweisungen nicht eigener Willkür entspringen, sondern vom Herrn stammen und dem ganzen „Sinn Christi" (6, 16) entsprechen. Das muß und wird gerade der Prophet und jeder andere Geistesträger, auch der echte Zungenredner, erkennen und sich darum der Regel des
Apostels fügen. Paulus rechnet aber auch mit Widerspruch von „Gei- 38
stesträgern", die sich das ungezügelte Reden unter dem unwiderstehlichen „Trieb" oder „Zwang" des Geistes nicht nehmen lassen wollen. Dann kann Paulus nur eine Folgerung ziehen: **„Wenn aber jemand** (es) **nicht erkennt, so wird er** (von Gott) **nicht erkannt."** Dieser „jemand" ist trotz seiner Einbildung, ganz besonders vom Geist Gottes erfüllt zu sein, nicht wahrhaft Gottes Eigentum und handelt darum eigenmächtig unter „Trieben", die gerade nicht aus dem Geiste Gottes stammen[1].

Noch einmal wird sichtbar, wie es in Korinth praktisch nur um das 39
Zungenreden und das Weissagen geht. Um die vielen andern „Gaben" ist kein Streit; sie werden in Korinth geschätzt; ohne daß einer von ihnen, etwa dem Heilen, eine überragende Stellung zugewiesen wird[2]. In knappster Formulierung wird alles Dargelegte zusammen-

[1] Die Handschriften der Koine lesen statt „er wird nicht erkannt" vielmehr „so möge er es nicht erkennen". Wir würden modern formulieren: Wenn jemand es nicht erkennt, so lasse er es eben bleiben. Mit ihm weiter diskutieren und verhandeln kann und will Paulus nicht. Belehrt ihn der Geist Gottes nicht vom Liebesgebot des Herrn her, dann wird ihn Paulus auch nicht belehren können.

[2] Heute ist das in manchen Bewegungen anders, wo das Heilen als die entscheidendste Äußerung des im Geist gegenwärtigen Herrn und darum als der sichtlichste Ausweis einer Bewegung gilt. Hier würde entsprechend unserem Kapitel zu zeigen sein, daß das Heilen so wenig wie das Zungenbeten im eigentlichen Sinn „Gemeinde baut" und daß darum ganz anders als die „Heilungsgaben" das „prophetische Reden" zu schätzen und zu erstreben ist.

gefaßt: **„Daher, Brüder, erstrebt eifrig das prophetische Reden, und das Reden in Zungen hindert nicht."** Wir merken, daß es Kreise in der Gemeinde gab, die mit starkem Bedenken vor dem Zungenreden standen und es am liebsten „gehindert" hätten. Vielleicht hatten diese Kreise von Paulus auf ihre Anfrage hin (12, 1) ein apostolisches Verbot des Zungenredens erwartet. Nun müssen sie hören, daß Paulus selbst mehr als alle andern in Zungen betet. Und wie sollte Paulus verbieten, was der Geist Gottes wirkt? Nur soll das Zungenbeten nicht besonders gesucht werden, da es für den Aufbau der Gemeinde keinen Wert hat. Das **„eifrige Streben"** gilt der entscheidenden Gabe
40 des „propheteuein", des **„prophetischen Redens"**. Und unbedingtes Erfordernis ist, daß nichts zügellos durcheinander geht und nicht ichhaft und lieblos gehandelt wird, sondern **„alles geschehe anständig und in guter Ordnung"**. Dies aber ist auch wiederum genügend. Eine bestimmte „Ordnung", die aus dogmatischen oder liturgischen Gründen die einzig richtige wäre, schreibt der Apostel nicht vor. Es geht um das freie Handeln Gottes im Heiligen Geist; wie sollte das in vorgeschriebenen Ordnungen einzufangen sein[3]. Ganz gewiß aber will „der Gott des Friedens" Wohlanständigkeit und gute Ordnung als solche. Alles Zuchtlose, Haltlose, Triebhafte ist von vornherein als ungöttlich gekennzeichnet. In dem Schlußsatz des großen Abschnittes tritt noch einmal hervor, was uns oben S. 244 über die umfassende Bedeutung der Entscheidung des Paulus in der Frage der Geistesgaben klar wurde.

DER GRUNDBESTAND DES EVANGELIUMS

1. Korinther 15, 1—11

zu Vers 1: 1 Ko 16, 13; 2 Ko 1, 24; Rö 11, 20
zu Vers 2: 1 Ko 15, 14. 17
zu Vers 3: Jes 53, 3—12; Jo 1, 29; Rö 4, 25; 1 Pt 2, 24

1 **Ich tue euch aber kund, Brüder, das Evangelium, das ich euch**
evangelisiert habe, das ihr auch angenommen habt, in welchem
2 **ihr auch steht, * durch welches ihr auch errettet werdet, — mit**
welchem Wort habe ich (es) **euch evangelisiert, wenn ihr es behalten habt, es sei denn, daß ihr vergeblich zum Glauben kamt?**
3 *** Ich habe euch nämlich vor allem überliefert, was ich auch überkommen habe, daß Christus gestorben ist für unsere Sünden ge-**
4 **mäß den Schriften * und daß er begraben wurde und daß er auf-**
5 **erweckt wurde am dritten Tage gemäß den Schriften * und daß**
6 **er gesehen wurde von Kephas, dann von den Zwölf. * Danach**

[3] Luther hat zu den Formen und Ordnungen im Gemeindeleben in ähnlicher Freiheit gestanden. Er schreibt in der „Deutschen Messe" (1526): „Vor allen Dingen will ich gar freundlich gebeten haben, auch um Gottes Willen, alle diejenigen, so diese unsere Ordnung im Gottesdienst sehen oder befolgen wollen, daß sie ja kein notwendig Gesetz daraus machen, noch jemands Gewissen darein verstricken oder damit fangen; sondern sie, der christlichen Freiheit entsprechend, nach ihrem Gefallen gebrauchen, wie, wo, wann und wie lange es die Sache mit sich bringt und fordert" (Luther deutsch, Band 6, EVA).

wurde er gesehen von über fünfhundert Brüdern auf einmal, von
denen die meisten bis jetzt (am Leben) **geblieben sind, einige aber**
7 **sind entschlafen. * Danach wurde er gesehen von Jakobus, dann**
8 **von den Aposteln allen. * Am letzten aber von allen, wie von der**
9 **Fehlgeburt, wurde er gesehen auch von mir. * Denn ich bin der**
geringste der Apostel, der ich nicht tauglich bin, ein Apostel ge-
nannt zu werden, weil ich verfolgt habe die Gemeinde Gottes.
10 *** Aber durch Gottes Gnade bin ich, was ich bin, und seine Gnade**
gegen mich ist nicht vergeblich gewesen, sondern viel mehr als sie
alle habe ich gearbeitet, nicht ich aber, sondern die Gnade Gottes
11 **mit mir. * Sei nun ich es oder jene, so verkündigen wir, und so**
habt ihr es glaubend angenommen.

zu Vers 4: Mt 16, 21 Mk 16, 14
zu Vers 5: Lk 24, 34 Jo 21, 15 ff
zu Vers 7: Lk 24, 50 f Apg 12, 17
zu Vers 8: 1 Ko 9, 1
zu Vers 9: Apg 8, 3 26, 9—11 Gal 1, 13 Eph 3, 8 1 Tim 1, 15
zu Vers 10: Apg 14, 26 1 Ko 3, 10 2 Ko 6, 1; 11, 23 Gal 1, 15 1 Tim 1, 13 f

Hat Paulus nun alles mit den Korinthern durchgesprochen, was nötig war? Auf alle ihre Fragen ist er eingegangen, alle Nöte des Gemeindelebens hat er berührt. Aber nun steht vor ihm eine Sache, die in die Grundlage des Glaubens hineinreicht und das Zentrum der Botschaft selbst antastet[1]. Paulus hat erfahren: „Es sagen unter euch einige, eine Auferstehung Toter gibt es nicht" (V. 12). Hier ist der Apostel gefordert, dazu muß er Stellung nehmen. Und wenn er schon bei Einzelfragen des Gemeindelebens weit ausholte, um der Gemeinde zu einem begründeten Urteil zu helfen, so muß er in dieser Sache erst recht eine gründliche und umfassende Unterweisung erteilen. So kommt es in unserm Brief zu dem gewaltigen 15. Kapitel. Auch dieses Kapitel von der Totenauferstehung ist nicht das Kapitel eines Lehrbuches der Dogmatik, sondern ist der Abschnitt eines Briefes, der auf bestimmte Gedanken, Vorstellungen und Einwände der Briefempfänger eingeht. Aber gerade dieses Kapitel zeigt zugleich, warum sich Paulus „den Lehrer der Völker im Glauben und in der Wahrheit" nennt (1 Tim 2, 7).

Paulus legt gerade hier ganz festen Grund. Es liegt ihm daran, den 1
Korinthern zu zeigen, daß es sich in dieser Frage der Auferstehung nicht um „Auffassungen" handelt, die verschieden sein können, nicht um einen einzelnen Lehrpunkt, in dem man ruhig auch anders denken kann. Hier steht das Evangelium als solches auf dem Spiel. Darum beginnt Paulus mit diesem Evangelium selbst: **„Ich tue euch aber kund, Brüder, das Evangelium, das ich euch evangelisiert habe."** Wieviel Lehre es auch enthalten mag, das Evangelium als solches ist nicht eine zu lernende Lehre, sondern „Kraft Gottes zur Rettung" (Rö 1, 16), „Torheit Gottes" zur Rettung der „Glaubenden" (1, 21).
Darum hat es sofort den vollen subjektiven Bezug auf die Korinther: 2
„das ihr auch angenommen habt, in welchem ihr auch steht, durch welches ihr auch errettet werdet"[2]. Das Evangelium wird nicht nur

[1] Daß eine Umdeutung der Auferstehung von tödlicher Wirkung ist, das ist auch für uns heute gut und notwendig zu sehen.

[2] Paulus kann bei der Gemeinde, an die er schreibt, dies alles als Grundlage des brieflichen Gespräches voraussetzen. Wie anders steht es vielfach mit unseren heutigen Gemeinden. Wie schwer ist darum der Dienst der Verkündigung und der Seelsorge bei denen, die gerade das eigentliche Evangelium nicht „angenommen haben" und nicht „in ihm stehen".

gelernt und gewußt, sondern persönlich **„angenommen"**. Es ist ein Lebensfundament, auf oder in welchem man **„steht"**, und es ist nicht ein Gegenstand interessanten Wissens, sondern das einzige Mittel der **„Errettung"** aus ewigem Verderben. Kann man dann an diesem Evangelium etwas ändern, von ihm etwas abstreichen?[3] Aber es geht nicht um irgend „etwas", das am Evangelium gestrichen werden sollte, und auch nicht um das Evangelium im allgemeinen und als ganzes. Paulus will mit den Korinthern nicht über das Evangelium überhaupt sprechen, sondern wendet sich einem ganz bestimmten Punkt zu, der in Korinth fraglich geworden ist oder sogar geleugnet wird. Das kommt in der Satzkonstruktion zum Ausdruck, die schon von früh an zu Änderungen und Glättungen verlockt hat. Paulus stellt das Evangelium vor die Korinther hin und spricht ihnen zu, daß sie es angenommen haben, daß sie darin stehen und dadurch errettet werden. Jetzt aber richtet er die Frage an sie: **„Mit welchem Wort habe ich** (es) **euch evangelisiert?"** Habt ihr **„behalten"**, w a s ich euch da bezeugt habe? Habt ihr nicht gemerkt, daß ich euch im Evangelium gerade die Auferstehung der Toten verkündigte, die ihr jetzt zu leugnen beginnt? Oder seid ihr am Ende doch **„vergeblich zum Glauben gekommen"**, obwohl ich euch eben zusprach, daß ihr in diesem Evangelium steht? Dann wäre etwas eingetreten, dessen ganzen Ernst sich die Korinther deutlich machen müssen. Vergeblich zum Glauben gekommen zu sein, das Evangelium nicht in seinem vollen Wortlaut behalten zu haben, das hieße: nicht errettet zu sein! Paulus wird das den Korinthern V. 14—19 mit Nachdruck sachlich klar machen.

3 Jetzt aber stellt er noch einmal das Evangelium selbst vor die Korinther hin, wobei auf die „Auferstehung" mehr und mehr das ganze Gewicht fällt. **„Ich habe euch nämlich vor allem überliefert, was ich auch überkommen habe."** Das Evangelium ist eine reiche Botschaft; aber es gibt in ihm ein „vor allem", ein alles beherrschendes Zentrum[4]. Dieses „vor allem" ist gerade nicht ein „centrum Paulinum"! Paulus, der im Galaterbrief (1, 12) betonen kann, daß er das Evangelium „weder von einem Menschen empfangen noch gelernt hat, sondern durch eine Offenbarung Jesu Christi", gebraucht hier mit voller Absicht die Fachausdrücke des Rabbinats, die ihm von Jugend auf für das Lernen von andern vertraut sind: **„überkommen — überliefern"**. Die Korinther sollen sich seinen Darlegungen nicht mit der Ausrede entziehen können, es handele sich nur um Sondermeinungen des Paulus. Nein, der Apostel steht hier voll und ganz im Strom der Gesamtüberlieferung und gibt nicht eigene Gedanken weiter. Das

[3] Weil wir diesen rettenden Charakter der Botschaft nicht mehr wirklich sehen, darum gibt es bei uns diese Leichtigkeit und Behendigkeit, am Evangelium nach unseren Gedanken und nach den angeblichen Erfordernissen des „modernen Menschen" zu ändern und zu streichen.

[4] Es ist eine wesentliche Tat der Reformation, dieses „Zentrum" wieder zur klaren Mitte des gesamten Schriftverständnisses und aller Verkündigung gemacht zu haben. Die Reformation sprach mit Recht von dem „articulus stantis et cadentis ecclesia", von „dem Artikel, mit dem die Kirche steht und fällt". Wo aber ist das heute im uferlosen Fluten der „Meinungen" in Theologie und Kirche geblieben?

ist kein Widerspruch zu Gal 1, 12. Das Wort des auferstandenen Herrn zu Saul von Tarsus vor Damaskus ist so knapp wie nur möglich: „Ich bin Jesus, den du verfolgst." Nur diese eine Tatsache, daß der ans Kreuz geschlagene Jesus wahrhaftig der Lebendige und der Kyrios ist, wurde dem bisherigen Verfolger unmittelbar durch die Offenbarung Jesu gewiß. Alles andere, alle Einzelheiten, alle Zusammenhänge der Geschichte Jesu mußte er von denen lernen, die von Anfang an mit dem Jesus gewesen waren[5].

Jesus hatte bei seiner Begegnung mit Paulus nicht einmal von dem Sinn und dem Ziel seines Leidens und Sterbens gesprochen. Wohl wird dem bekehrten Paulus die grundlegende Lösung des anstößigen Rätsels, warum der Messias Jesus, von Israel ausgestoßen, als Verfluchter (Gal 3, 13) am Pfahl sterben mußte, im Heiligen Geist selber aufgeleuchtet sein: **„daß Christus gestorben ist für unsere Sünden."** Denn er hat sofort Jesus verkündigt und erst drei Jahre später Petrus in Jerusalem besucht. Zugleich aber war es für ihn von größter Wichtigkeit, daß er es von Petrus und der Urgemeinde genauso hörte: **„Christus ist gestorben für unsere Sünden, gemäß den Schriften."**

Wir sind an den kurzen Satz so gewöhnt, daß wir ihn ohne besondere Erschütterung hören können. Aber was ist uns mit ihm gesagt! Wie schrecklich müssen unsere Sünden sein, wenn sie diesen furchtbaren Fluchtod des Messias zu unserer Rettung nötig machten[6]. Wie gewiß aber ist unsere Errettung, unsere klare Stellung vor Gott, wenn Gott dieses Äußerste für uns getan hat! Paulus ist hier ganz eins mit der Überlieferung der Urchristenheit. Bei allem Reichtum an Worten und Taten Jesu, die sie berichten, sind die Evangelien vor allem „Passionsgeschichte" und eilen auf das Kreuz zu[7]. Was Jesus getan hat an Heilungen von Kranken, an Befreiung dämonisch Gebundener, an Zurechtbringen von Menschenleben, es ist alles von vornherein gegründet in seinem Sterben für unsere Sünden und wird mit diesem Sterben besiegelt. Paulus war darum mit vollem Recht und mit ganzer Überzeugung entschlossen, „nichts zu wissen, als nur Jesus Christus und diesen als Gekreuzigten" (2, 2). Auch dabei war er sich der Übereinstimmung mit **„den Schriften"** gewiß. Er hat den Korinthern jetzt nicht einzelne Schriftbeweise geben müssen. Wir wissen aus seinen Briefen, wie er in seinen Darlegungen fort und fort auf das verweist, was geschrieben steht. Dabei geht es ihm nicht

[5] Vgl. das zu Kap. 11, 23 Ausgeführte S. 109 f.

[6] Die Erkenntnis der Sünde ist der entscheidende Punkt der Theologie. Das Augsburgische Bekenntnis sagt es treffend: „Diese ganze Lehre muß auf diesen Kampf des erschrockenen Gewissens bezogen werden und ist ohne jenen Kampf überhaupt nicht zu verstehen" (Augsburgisches Bekenntnis XX, 17 lat Text). Die Leugnung der wahren Gottessohnschaft Jesu, die Gleichgültigkeit gegen die Heilstatsachen ist immer nur da möglich, wo man das ganze Gewicht der Sünde noch nicht oder nicht mehr erkennt.

[7] In diesem Sinn hat das Apostolikum recht, wenn es an das „geboren" sofort das „gelitten und gekreuzigt" anschließt. Wir haben es schon mehrfach bemerkt, daß einem Paulus der „historische Jesus" sehr wohl bekannt und als der „Herr" mit seinem Wort wichtig war. Aber die eigentliche Tat Jesu ist und bleibt sein Sterben am Kreuz für unsere Sünden. Alle Verkündigung ist daran zu messen, ob das in ihr deutlich wird.

um ein System atst Theologie, sondern immer um einzelne entscheidende Worte, die ihm die überzeugende Stimme der **„Schriften"** sind[8].

4 **„Daß er begraben wurde",** fügt Paulus ausdrücklich hinzu. In diesem **„Begraben"** liegt die volle Wirklichkeit und der ganze Ernst des Todes. Die Frauen, die Jünger, die Freunde müssen die Schrecklichkeit des Todes durchleiden, als dieser „Lebendige", der unter ihnen so mächtig wirksam gewesen war, nun mit gebrochenem Auge als starrer Leichnam vor ihnen lag. Das war Paulus aber auch von Bedeutung im Blick auf den ebenso wirklichen Tod des alten Menschen mit seinen Sünden. „Wir wurden mit ihm zusammen begraben durch die Taufe in den Tod" (Rö 6, 4). „Mit ihm wurdet ihr begraben durch die Taufe" (Kol 2, 12). Zugleich war dieser Punkt in der Verkündigung wichtig, um von vornherein alle Gerüchte abzuschneiden, die die Auferstehungsbotschaft mit Hinweisen auf einen etwaigen Scheintod entkräften wollen. Jesus war wirklich tot und in ein bestimmtes und bekanntes Grab gelegt[9]. Aber sein Grab war auch wirklich leer.

Aber nun endet die Kunde von Jesus nicht mit dem „gestorben, begraben". Sonst gäbe es kein „Christentum". Nun kam die Botschaft **„und daß er auferweckt wurde am dritten Tage gemäß den Schriften".** Ist damit Kap. 1, 18 und 2, 2 als Verkürzung des Evangeliums erwiesen? Ist das Christentum nicht vielmehr „Wort der Auferstehung" als „Wort vom Kreuz"? Mußte Paulus nicht entschlossen sein, gerade in Korinth „allein Jesus Christus und ihn als den Auferstandenen" zu kennen und zu predigen? Paulus wird es im nächsten Abschnitt noch ausführen, wie in der Tat das Kreuz seine ganze Bedeutung für uns verlöre, wenn Christus nicht auferstanden ist. Und doch fügt die Auferweckung Jesu dem entscheidenden, rettenden Wort vom Kreuz **„gestorben für unsere Sünden"** nichts Neues und Höheres hinzu, sondern macht nur dieses Wort zu einem gültigen und wirksamen[10]. Auch diese Auferweckung des Messias ist in den „Schriften" vorausbezeugt. Paulus gibt auch hier nicht bestimmte Stellen an[11]. Um diese Vorausbezeugung der Auferstehung Jesu in den Schriften

[8] Wir könnten dabei vor allem an Jes 53; Sach 13, 7 denken. Der Gebrauch der Mehrzahl „die Schriften" legte sich deshalb nahe, weil man damals tatsächlich nicht ein einheitliches Buch „Die Bibel" hatte, sondern eine Sammlung von Schriftrollen.

[9] Das Grab Jesu ist darum bis heute für unsere Gewißheit seiner Auferstehung wichtig. Da Jesus begraben worden ist und seine Freunde und Angehörigen sein Grab kannten, wäre die Verkündigung seiner Auferstehung für den Hohen Rat sehr einfach zu widerlegen gewesen, indem er jeden den toten Jesus in seinem Grab sehen ließ. Auch bei den Jüngern selbst hätten alle „Ostererlebnisse" nicht das Geringste bewirken können, wenn sie sich jeden Tag davon überzeugen konnten, daß der Leichnam ihres Meisters sichtbar dort im Grabe lag. Vgl. Künneth, „Theologie der Auferstehung", 1951[4], und P. Althaus, „Die Wahrheit des kirchlichen Osterglaubens", 1941[2], S. 30 ff.

[10] Auch in der Vollendung mitten auf dem Thron Gottes ist Jesus nicht anders zu sehen denn als das „Lamm mit der Todeswunde" (Offb 5, 12).

[11] Wir sehen aus seiner Verkündigung im pisidischen Antiochia im Blick auf die Auferweckung Jesu deutlicher als im Blick auf sein Kreuz, wie Paulus den „Schriftbeweis" dafür führte (Apg 13, 33—37).

zu sehen, gehörte der neue, von Gott geöffnete Blick dazu. „Denn sie verstanden die Schrift noch nicht, daß er von den Toten auferstehen müßte", sagt Johannes von den Jüngern (Jo 20, 9). Für den Israeliten Paulus war es aber von entscheidender Bedeutung, daß er sich bei dieser Botschaft in der Übereinstimmung mit den Schriften wissen konnte.

Doch die Auferweckung des Herrn Jesus ist keine „Lehre", die man 5
aus den Schriften „beweisen" könnte oder müßte. Sie ist die Botschaft von einer Wirklichkeit, die **„gesehen"** worden ist und darum bezeugt werden kann. Darum klingt nun das „gesehen, gesehen, gesehen" durch alle folgenden Verse[12]. Nicht die Auferweckung als solche wurde gesehen, wohl aber der auferweckte Herr. Es geht in seiner Auferweckung wie in seinem Sterben für unsere Sünden schlechterdings um Tatsachen. Hier ist etwas geschehen, was die Lage zwischen Gott und uns Menschen total veränderte. Nicht Gedanken und Ansichten über Gott haben sich gewandelt, sondern das ungeheure Gewicht der Menschheitsschuld und meiner Schuld ist weggehoben. Nicht „gedanklich", sondern „tat-sächlich". Gottes Tat in der Auferweckung des Gekreuzigten bestätigt die Tat Jesu in seinem Sterben und schenkt uns unsern Erretter für immer in lebendiger Gegenwart. Taten aber und aus den Taten entstandene Tatsachen können und müssen „gesehen" und als solche bezeugt werden von bestimmten Zeugen. Darum gibt Paulus den Korinthern diese genaue Liste der Zeugen, die das „sahen"[13].

Die Zeugenreihe, die Paulus vor uns auftreten läßt, ist so in den Osterberichten der Evangelien nicht zu finden. Die Nichterwähnung der Frauen, die Jesus zuerst sahen (Mt 28, 9 f; Mk 16, 9; Jo 20, 11)[14], besagt keineswegs, daß Paulus diese ersten Zeugen der Auferstehung nicht gekannt habe. Aber sie sind in der damaligen Zeit als „amtliche" Zeugen nicht brauchbar[15]. Aber, **„daß er gesehen wurde von Kephas, dann von den Zwölf"** würden wir aus den Ostergeschichten so nicht entnehmen. **Petrus** steht in den Berichten der Evangelien

[12] Die Übersetzungen bieten statt diesem „gesehen" vielfach ein „ist erschienen". Das ist bedenklich! Denn für unser Sprachgefühl ist eine „Erscheinung" etwas Ungewisses, was sich dann auch als „Schein" herausstellen kann. Paulus liegt es aber an „Zeugen", die sagen können, was sie wirklich „sahen".

[13] Es ist seltsam zu sehen, wie die Theologie sich manchmal bemüht (sogar auch bei Karl Barth), Paulus auf keinen Fall sagen zu lassen, was er für jeden unbefangenen Leser zweifellos sagt und sagen will. Es geht ihm den Korinthern gegenüber, die die Auferstehung leugnen, gerade um den „historischen Beweis" für die Tatsächlichkeit der Auferweckung Jesu. Paulus weiß wohl, daß die Auferstehung „das Ende der Geschichte" und der Anbruch der neuen Welt und dementsprechend nicht ein vorfindbares Stück dieser Welt ist. Aber der Auferstandene kann uns in dieser Welt erreichen, uns begegnen und sich sichtbar machen, für wen er will. Christus lebt und wirkt in voller Tatsächlichkeit. Darum geht es in diesem geschichtlichen Zeugenbeweis. Vgl. dazu die ausgezeichneten Schriften von W. Künneth, „Theologie der Auferstehung", München 1951², und „Glauben an Jesus", Hamburg 1963², S. 149 ff.

[14] Daß Jesus den Frauen die erste Begegnung mit ihm als dem Auferstandenen schenkt, ist sein Bekenntnis zu ihrer Treue und Liebe bis unter das Kreuz hin (Mt 27, 55 ff; Mk 15, 40 f; Lk 23, 49; Jo 19, 25). Es ist schon beachtlich, welche Rolle die Frau im NT spielt.

[15] Darum ist ihre Weglassung eine Bestätigung dafür, daß es Paulus hier tatsächlich um einen „Beweis" ging, der volle Gültigkeit haben sollte.

keineswegs deutlich als der Mann vor uns, der zuerst den Herrn sah. Bei Matthäus (28, 16 f) ist nach den Frauen sofort von den „Elf" die Rede, bei Markus (16, 12) kommen noch die beiden Emmaus-Jünger zuvor. Nur bei Lukas (24, 34) wird den Emmaus-Jüngern gegenüber ausgesagt, „daß der Herr wirklich auferweckt und dem Simon erschienen sei". Auch bei Johannes wird Petrus erst bei den späteren Offenbarungen am See Tiberias besonders hervorgehoben. Die **„Zwölf"** — die Evangelien sagen nach dem Verrat des Judas genauer die „Elf" — sind dann aber auch in den Evangelien der Kreis, der vor allem die wunderbare Gegenwart des Auferstandenen (durch die verschlossenen Türen hindurch, Jo 20, 14) erfährt.

6 In den Evangelien nicht unterzubringen ist das Ereignis, das Paulus als das dritte nennt: **„Danach wurde er gesehen von über fünfhundert Brüdern auf einmal, von denen die meisten bis jetzt** (am Leben) **geblieben sind, einige aber sind entschlafen."** Wir werden dieses Ereignis in Galiläa zu suchen haben, da in Jerusalem schwerlich der Raum für eine solche Versammlung zu finden war[16]. An der Tatsächlichkeit dieses Ereignisses ist nicht zu zweifeln. Paulus bemerkt gerade hier, daß von diesen fünfhundert die meisten noch leben und nach diesem Ereignis gefragt werden können. Die Beweiskraft einer solchen Begegnung mit dem Auferstandenen, die einer so erheblichen Schar von Menschen auf einmal zuteil wurde, ist besonders groß.

7 **„Danach wurde er gesehen von Jakobus."** Von diesem Wiedersehen zwischen Jesus und seinem Bruder Jakobus erzählen uns die Evangelien nichts. Und doch muß es für Jakobus nach seiner früheren Stellung zu Jesus (vgl. Jo 7, 3—5; Mk 3, 21. 31) ein erschütterndes Erleben gewesen sein. Zugleich hatte es weitreichende Folgen für die Geschichte der Urgemeinde. Jakobus wurde schließlich der eigentlich führende Mann in Jerusalem (vgl. Apg 12, 17; 15, 13 bestätigt durch Gal 2, 9). Wenn Paulus danach noch hinzufügt: **„dann von den Aposteln allen"**, unterscheidet er offenbar einen weiteren Kreis der Sendboten Jesu von den „Zwölf", der für ihn jedoch auch eine bestimmte und abgegrenzte Größe war. Eine heidenchristliche Gemeinde wie Korinth kannte diese **„Apostel alle"** in weiterem Sinn, so daß Paulus — leider! — keinen Anlaß hatte, ihre Zahl zu nennen und die Grundlage ihrer Berufung zu kennzeichnen. Man hat an die „Siebzig" (Lk 10, 1) gedacht. Daß gerade der mit Paulus verbundene Lukas sie in seinem Evangelium erwähnt, ist beachtlich. Aber würde Paulus dann nicht ebenfalls in Parallele zu den „Zwölf" von den „Siebzig" gesprochen haben?

So bleiben viele wichtige Fragen für uns offen. Wir sind nicht in der Lage, ein vollständiges und eindeutiges Bild der Osterereignisse

[16] Manche Theologen haben angenommen, in dieser Aussage des Paulus sei das Pfingstereignis gemeint. Aber der Bericht über Pfingsten enthält nicht die leiseste Andeutung, daß damals der Auferstandene gesehen worden sei. Lukas spricht auch nicht von mehr als fünfhundert, sondern nur von einhundertundzwanzig Brüdern, sogar einschließlich der Frauen. Es ist besser, Fragen offen zu lassen, als in solcher Weise zu konstruieren.

zu rekonstruieren. Das liegt mit daran, daß die erste Christenheit dies typisch moderne Bedürfnis nach einem solchen Bild hier so wenig wie an anderer Stelle kannte[17]. Es ist das ein Zeichen ihrer völligen und mächtigen Gewißheit in der Sache selbst. Sie besitzt eine Fülle der Zeugnisse, das ist ihr genug. Wir dürfen aber für das Wort des Paulus an unserer Stelle besonders dankbar sein. Es ist auch „historisch" sehr wertvoll. Hier stellt ein Mann, der sehr kurz nach den Ereignissen Christ wurde, mit dem sichtlichen Bestreben der Gründlichkeit die wesentlichen Zeugen des Auferstandenen fest.

Nun nennt Paulus zum Schluß auch sich selbst als „Zeugen der 8/9
Auferstehung" (Apg 1, 22). **„Am letzten aber von allen, wie von der Fehlgeburt, wurde er gesehen auch von mir. Denn ich bin der geringste der Apostel, der ich nicht tauglich bin, ein Apostel genannt zu werden, weil ich verfolgt habe die Gemeinde Gottes."** Er muß mit in der Zeugenreihe stehen, wenn er überhaupt ein wirklicher „Apostel" ist. Aber er ist darin nur so etwas wie „die Fehlgeburt"[18] oder „die Mißgeburt" eines Apostels. Denn die Aufgabe eines Apostels ist der grundlegende Aufbau der „Gemeinde Gottes". Paulus aber hat vielmehr **„die Gemeinde Gottes verfolgt"** und sie zu vernichten gesucht (Gal 1, 13). So war er — völlig anders als alle anderen „Apostel" bei all ihrem Versagen — in sich selbst das genaue Gegenteil eines Apostels. Er ist **„nicht tauglich, ein Apostel genannt zu werden"**, und so **„der geringste der Apostel"**.

Wenn er dennoch Apostel ist, dann ist darin die freie Gnade Got- 10
tes in ihrer ganzen Mächtigkeit zu sehen. **„Aber durch Gottes Gnade bin ich, was ich bin."** Daß Gott gerade diese „Fehlgeburt", diesen Verfolger, diesen unmöglichen Mann zum Apostel beruft, das ist **„Gnade Gottes"** in ihrer ganzen Freiheit und Herrlichkeit. Paulus mag an das denken, was Gott über Israels Erwählung in Hes 16, 4—6 gesagt hat. Darin ist Gnade immer wieder „Gnade", daß sie sich gerade des Elendesten und Schlechtesten annimmt. Paulus hat das in Kap. 1, 26ff der korinthischen Gemeinde an ihrer eigenen Zusammensetzung gezeigt. Es trifft aber in besonderer Weise auch auf ihn selber zu. **„Gnade"** des lebendigen Gottes aber ist zugleich das Wirksamste, was es gibt, und ist auch gegen Paulus **„nicht vergeblich gewesen"**. Und warum nicht? In seiner Antwort nennt Paulus nicht seine innere Glückseligkeit, nicht seine Offenbarungen und Geistesgaben, nicht einmal die Erfolge seines Wirkens. Er nennt nur das eine: **„Viel mehr als sie alle habe ich gearbeitet."** Gnade macht tätig,

[17] Man sehe nur, wie sorglos nach dieser Richtung ein Historiker wie Lukas in ein und demselben Buch die drei verschiedenen Berichte über die Bekehrung des Paulus nebenenanderstellte (Apg 9; 22; 26).

[18] „Ektroma" ist nicht „Frühgeburt", sondern bezeichnet den lebensunfähigen, durch einen Abort aus dem Mutterschoß hervorgegangenen Embryo. So steht es im LXX-Text von Hio 3, 16; Ps 58, 9; 4 Mo 12, 12. Das Wort kann aber auch so wie unser Ausdruck „Mißgeburt" als Schimpfwort verwendet werden und das „Scheusal von Geburt an" bedeuten. Der erste Sinn des Wortes liegt näher, weil er von biblischen Stellen bestätigt wird. Saul von Tarsus, der Verfolger der Gemeinde, war als Apostel an und für sich gar nicht „lebensfähig".

Gnade ermächtigt und befähigt zu Einsatz, Hingabe, Arbeit und Leiden. Für Paulus war sein „Dienst" nicht ein bitterer Zusatz zur süßen Gnade, die er genießen wollte, sondern gerade Höhe der Gnade selbst und letzte Tiefe des ihm erwiesenen Erbarmens (vgl. 2 Ko 4, 1; 1 Tim 1, 12—14). Darum gehört für ihn das ganz zusammen, was wir so leicht auseinanderreißen und gegeneinander kehren: „Gnade" und „Arbeit", reine Demut und sachliches Selbstbewußtsein. Mit voller Überzeugung weiß er sich als den geringsten der Apostel und bricht doch nichts von der Tatsache ab, daß sein Einsatz als Apostel die Arbeit aller andern übertrifft. Denn auch diese Tatsache ist lauter „Gnade". Wieder werden wir darauf hingewiesen, daß Gottes Größe und Herrlichkeit gerade darin besteht, daß sein Wirken die eigene Wirksamkeit des Menschen nicht verdrängt, sondern schafft und stärkt (vgl. o. S. 80). Echte Demut setzt sich nicht künstlich selbst herunter, sie würde damit auch die Gnade Gottes herabsetzen, sondern bekennt es in dieser eigentümlichen Verbindung von Demut und wahrhaftigem Sehen auf das eigene Lebenswerk: **„Durch Gottes Gnade bin ich, was ich bin."** Paulus wird hier schon unwillkürlich denen antworten, die in Korinth sein Apostolat verdächtigen und ihn tief unter die andern, die echten und wahren Apostel stellen. Im 11. Kapitel des 2. Briefes geht er ausführlich darauf ein. 2 Ko 11, 21—33 ist die mächtige Illustration zu dem kurzen Satz unseres Textes: **„viel mehr als sie alle habe ich gearbeitet."** Er gibt es seinen Gegnern in Korinth völlig zu: „Am letzten von allen" sah er Jesus; nur eine „Fehlgeburt von Apostel" ist er, der geringste von allen, nicht tauglich, ein Apostel zu heißen. Sie haben recht, die ihn gar nicht als Apostel anerkennen wollen und einen Petrus hoch über ihn erheben. Paulus hat alle seine Aussagen in der Zeitform der Gegenwart gemacht und von seiner Untauglichkeit zum Apostel nicht als von einer überholten Vergangenheit gesprochen. Aber nun sollen sich die Korinther hüten, gegen Gottes Gnade zu streiten, die ihn dennoch zum Apostel berufen hat. Wenn sie den Einsatz, die Arbeit, das Leiden seines apostolischen Lebens mit dem der andern vergleichen, werden sie das Übergewicht bei Paulus darin nicht leugnen können.

Will Paulus sich selbst rühmen? Nein, er setzt sofort hinzu: **„nicht ich aber, sondern die Gnade Gottes mit mir."** Paulus unterstreicht noch einmal das Verhältnis der Wirksamkeit Gottes zur Wirksamkeit des Menschen, das mit üblicher menschlicher Logik nicht zu fassen ist. Logisch konnte nur entweder Paulus oder die Gnade Gottes soviel gearbeitet haben. Paulus gibt hier den lebendigen, geheimnisvollen Tatbestand wieder: er, wirklich er selbst, hat gearbeitet, geleistet, gelitten, und ohne seinen totalen Einsatz wäre alles nicht geworden, was nun als apostolisches Werk vor den Korinthern steht. Und doch war zugleich alles Gnade. Paulus kann nichts sich selbst zuschreiben und hat keinen prozentualen Anteil am Werk der Gnade, den er für sich in Anspruch nehmen könnte.

11 Paulus schließt diese ganze Grundlegung für sein Gespräch mit den Korinthern über die Auferstehungsfrage ab mit der Feststellung:

„Sei nun ich es oder jene, so verkündigen wir, und so habt ihr es glaubend angenommen.“ Mag es wichtige Unterschiede im Verständnis des Evangeliums zwischen ihm und den Jerusalemer Aposteln geben, in der Verkündigung des Evangeliums selbst weiß er sich mit allen einig. Er hat kein eigenes „paulinisches“ Evangelium und will es nicht haben. „Herold“[19] ist er, der die Botschaft des Königs in strenger Treue ausruft. Darum sagt er grundmäßig das gleiche wie Petrus, Johannes und Jakobus. Die Korinther können sich nicht durch Berufung auf andere Apostel seiner Botschaft entziehen. Auch für uns ist es wichtig zu wissen, daß es das eine, eindeutige Evangelium gibt, vor dem alle Unterschiede der Boten unwichtig werden. Die Gemeinde Jesu ist schwer gefährdet, wenn ihre Prediger nicht mehr einmütig sagen können: „Sei nun ich es oder jene, so verkündigen wir, und so habt ihr es glaubend angenommen!“

DIE KONSEQUENZEN DER LEUGNUNG DER AUFERSTEHUNG JESU

1. Korinther 15, 12—19

12 **Wenn aber Christus verkündigt wird, daß er aus den Toten auf-**
erweckt worden ist, wie sagen unter euch einige, Auferstehung
13 **Toter gibt es nicht? * Wenn es aber eine Auferstehung Toter nicht**
14 **gibt, dann ist auch Christus nicht auferweckt; * wenn aber Chri-**
stus nicht auferweckt ist, dann ist leer unsere Verkündigung, leer
15 **auch euer Glaube; * wir werden aber auch erfunden als falsche**
Zeugen Gottes, weil wir bezeugt haben gegen Gott, daß er den
Christus auferweckte, den er nicht auferweckt hat, wenn ja doch
16 **Tote nicht auferweckt werden. * Denn wenn Tote nicht auferweckt**
17 **werden, dann ist auch Christus nicht auferweckt; * wenn aber**
Christus nicht auferweckt ist, vergeblich ist dann euer Glaube,
18 **noch seid ihr dann in euren Sünden. * Folglich sind auch die in**
19 **Christus Entschlafenen verloren. * Wenn wir weiter nichts sind**
als solche, die in diesem Leben auf Christus gehofft haben, dann
sind wir bemitleidenswerter als alle (andern) Menschen.

zu Vers 12:
Mt 22, 23 f
Apg 4, 2
2 Tim 2, 18
zu Vers 15:
Apg 1, 21 f
1 Jo 5, 10
zu Vers 17:
1 Th 4, 14

Paulus hat vor die Gemeinde die grundlegende Botschaft gestellt, 12
die alle Apostel einmütig verkündigen und die auch die Korinther selbst angenommen haben und glauben. Von da aus geht er gegen die Zweifel an, die in Korinth im Blick auf die Auferstehung der Toten aufgebrochen sind. Er richtet von der festen und klaren Position der Verkündigung und des Glaubens aus die Frage an die Korinther: **„Wenn aber Christus verkündigt wird, daß er aus den Toten auf-**

[19] Für „verkündigen“ steht hier das Wort „herolden“, das stärker als das Wort „evangelisieren“ die unbedingte Bindung an den bestimmten Auftrag hervorhebt.

erweckt worden ist, wie sagen unter euch einige, Auferstehung Toter gibt es nicht?"[1]

In welchem Sinn und mit welcher Begründung diese Leugnung der Auferstehung in Korinth vertreten wurde, läßt Paulus nicht erkennen. Er hält sich nicht damit auf, Gründe der Gegner zu erörtern und zu widerlegen. Es wird aber deutlich, daß es sich erst um Anfänge einer gefährlichen Verirrung handelt. Nur **„einige unter euch"** sagen: **„Auferstehung Toter gibt es nicht."** Und die, die es sagten, schritten nicht zur Leugnung der Auferstehung Jesu fort und zogen überhaupt keine klaren Folgerungen aus ihrer Behauptung. Paulus bekämpft die beginnende Verirrung mit dem Aufweis der notwendigen Folgerungen und mit dem Hinweis auf die Tatsache der Auferweckung des Herrn. Paulus fürchtet offensichtlich, daß die Verirrung weiter in die Gemeinde eindringen und schweren Schaden anrichten kann. Aus all dem geht hervor, daß die betreffenden Korinther ohne besondere „Gründe" und tiefere Überlegungen einfach dem „griechischen" Denken und Empfinden folgten, für das die „Auferstehung Toter" eine peinliche oder lächerliche Sache war. Vgl. Apg 17, 32. War es nötig, das Christentum mit einem solchen Anstoß für seine Umgebung zu belasten, während man doch in den großen gegenwärtigen Erlebnissen wie etwa dem „Zungenreden" oder den tiefsinnigen Gedanken christlicher „Weisheit" etwas hatte, was einem selbst und zugleich auch der Umwelt imponieren konnte? Angesichts einer inneren Haltung, wie Kap. 4, 8 sie schilderte, konnte die Auferstehungshoffnung preisgegeben werden. Wer die harte Grenze des gegenwärtigen Heilsbesitzes nicht tief erleidet, wird das sehnliche „Erwarten" des kommenden Heiles (1, 7; Phil 3, 20; 1 Th 1, 10) leicht verlieren. Für uns ist es wichtig, die nun folgenden Ausführungen des Paulus zu hören im Blick auf die Bestreitung oder Umdeutung der Auferstehungsbotschaft in unserer eigenen Zeit. Wir merken dann, wie die Ablehnung der Auferstehung hinter ihren vielfältigen, wechselnden „Begründungen" zuletzt immer den gleichen eigentlichen Grund hat. Die Botschaft von der Auferstehung der Toten ist der schärfste Angriff auf unsere ganze irdische Selbstsicherheit, gerade auch in ihrer religiösen Verbrämung. Sie ist auch die Durchbrechung und Aufhebung jedes geschlossenen natürlichen Weltbildes, sei dieses nun ein „griechisches" oder „gnostisches" oder „modernes".

13 Es liegt Paulus vor allem daran, daß die Korinther den Widerspruch sehen, in den sie hier zu ihrem eigenen Glauben und zu der ihn tragenden Botschaft geraten. Man kann nicht die Auferstehung Toter bestreiten und zugleich die Auferweckung Jesu Christi fest-

[1] Es ist beachtlich, daß das Neue Testament niemals sagt: Christus sei „aus dem Tode" auferweckt, sondern stets formuliert „auferweckt aus den Toten". Daran wird deutlich, daß das Neue Testament nicht an ein Versinken im „Tod", in einem Nichtsein, denkt, sondern mit dem Reich der Toten rechnet, in das auch Jesus bei seinem Sterben eingegangen ist. Aus der unendlichen Schar der Toten wird er nun als „Erstling" herausgerufen zum neuen Leben in einem Herrlichkeitsleib und zur neuen Wirksamkeit in göttlicher Macht. Das ist bedeutsam auch für unser Denken im Blick auf unser eigenes Sterben.

halten[2]. Die Männer in Korinth, die heute die Auferstehung als solche ablehnen, werden morgen auch die Auferstehung Jesu von den Toten aus der Botschaft streichen müssen. **„Wenn es aber eine Auferstehung Toter nicht gibt, dann ist auch Christus nicht auferweckt."** Paulus erwartet, daß die Gegner diese Folgerung einsehen. Aber er erwartet auch, daß sie erklären: Und wenn schon folgerichtig dieser einzelne Punkt der Botschaft gestrichen oder umgedeutet werden muß, ändert das etwas am Christsein als solchem? Hier setzt der ganze Widerspruch des Apostels ein. Es liegt ihm alles daran, der Gemeinde die ganze Kette der unvermeidlichen Konsequenzen zu zeigen, die sich aus der Leugnung der Auferstehung ergeben. Es ist nicht ein einzelner Stein aus dem Gebäude ausgebrochen, den man ganz gut entbehren kann, ja, der einem sogar störend für das Gebäude erscheinen
mochte. Hier stürzt vielmehr das gesamte Gebäude ein. Paulus weist 14
das zunächst an den beiden grundlegenden Tatbeständen nach, die in Korinth noch gelten (V. 11): an der **„Verkündigung"** und dem **„Glauben"**. Merken die Korinther – und wir mit ihnen! – denn nicht, wie beides der Form nach noch da sein mag, aber **„leer"** wird, nur noch leere Hülsen, leere Formen, wenn man die Auferstehung streicht? **„Wenn aber Christus nicht auferweckt ist, dann ist leer unsere Verkündigung, leer auch euer Glaube."** Die Verkündigung hat zuletzt nur einen einzigen Inhalt: Jesus, den Christus. Wenn aber dieser Jesus „tot" ist und heute nicht mehr lebt und handelt, dann ist die Botschaft von ihm gegenstandslos und alles Reden von ihm sinnlos. Damit endet aber auch aller Christenglaube. Denn „Glaube" ist nicht ein System von Gedanken über Gott, sondern das personhafte Verhältnis zu Jesus, das vertrauende und gehorsame Halten an ihm, das Rechnen mit seiner wirksamen Macht und Gnade. Was bleibt davon übrig, wenn Jesus nicht auferstanden ist?[3] „Glaube" an einen Toten ist gegenstandslos und darum sinnlos.

Die Korinther müssen aber auch bedenken, welches Urteil sie dabei 15
nicht nur über Paulus, sondern über alle Sendboten des Evangeliums fällen. **„Wir werden aber auch erfunden als falsche Zeugen Gottes, weil wir bezeugt haben gegen Gott, daß er den Christus auferweckte, den er nicht auferweckt hat, wenn ja doch Tote nicht auferweckt werden."** Hier verwendet Paulus das gleiche **„Wir"** wie in V. 11, durch welches er sich bei allen Unterschieden im einzelnen doch für das Grundzeugnis des Evangeliums mit allen Aposteln zusammenfaßt. Petrus, Johannes, Jakobus sind dann ebenso „Lügenzeugen" wie er.

[2] Das wäre etwa so, als ob um die Jahrhundertwende jemand die Tatsachen der Luftfahrten des Grafen Zeppelin anerkannt und gleichzeitig die Möglichkeit lenkbarer Luftschiffe grundsätzlich bestritten hätte.

[3] Man darf der Härte und der Anstößigkeit der biblischen Auferstehungsbotschaft für den heutigen Menschen nicht dadurch ausweichen wollen, daß man Jesus nur „ins Wort auferstanden" sein läßt. Denn dieses Wort wird zum leeren Wort, wenn die Wirklichkeit fehlt, von der es redet. Eine verhängnisvolle Verkehrung von 180 Grad hat hier stattgefunden. Denn nicht das Wort trägt und schafft die Auferstehung, sondern die faktische Auferstehung schafft und trägt das sie bezeugende Wort. Der entscheidende Sieg geschieht nicht in der Siegesnachricht, sondern die Siegesnachricht ist nur möglich, weil der Sieg tatsächlich errungen wurde.

Hier wird in besonderer Weise deutlich, wie sehr das Evangelium Verkündigung von „Tatsachen" ist, die durch Gottes „Taten" entstanden sind. Es geht nicht um Gedanken über Gott, bei denen sich der Denker irren könnte und dürfte, denn Irren ist menschlich. Es geht um die Bezeugung dessen, was Gott getan hat. Und hier **„gegen Gott"** Handlungen Gottes zu bezeugen, die Gott niemals ausgeführt hat, das wäre nicht entschuldbarer Irrtum, sondern höchster Frevel[4]. Angesichts solcher Sätze des Paulus ist es erstaunlich, wie rasch und leichthin man immer wieder den Aposteln unterstellt hat, eigene Erfindungen, grundlose Behauptungen, billige Märchen verbreitet zu haben.

16 Und noch einmal leitet Paulus die Korinther an, zu erfassen, welche Folgen die Leugnung der Auferstehung für das ganze Glaubensleben haben muß. Er unterstreicht die unabweisbare Folgerung von V. 13: **„Denn wenn Tote nicht auferweckt werden, dann ist auch Christus nicht auferweckt."** Man kann einfach nicht in einem Atemzug die Auferstehung Toter leugnen und die Auferstehung Jesu be-
17 kennen. Fällt aber die Auferstehung Jesu dahin, **„vergeblich ist dann unser Glaube"**. Paulus wiederholt seine Aussage von V. 14, nur daß er jetzt das Wort **„vergeblich"** an die Stelle des Wortes „leer" setzt. Die Korinther mögen weiter an Jesus zu „glauben" versuchen, aber dieser Versuch ist **„vergeblich"**. Über die Kluft des Todes hinweg erreichen sie Jesus nicht mehr. Nur wenn uns Jesus in seiner Auferweckung durch Gott in neuer Lebendigkeit geschenkt worden ist, kann ihn unser Glaube wirklich erreichen und erfassen.

Paulus zeigt weiter eine aufschreckende Folgerung: **„Noch seid ihr dann in euren Sünden."** Ist nicht „das Wort vom Kreuz" noch da, auch wenn Jesus nicht wirklich von den Toten auferstanden ist? Geschah nicht dort am Kreuz unsere Errettung? Macht das Blut Jesu nicht rein von aller Sünde? Nein, nicht „das Kreuz" errettet uns wie ein sachliches, unpersönliches Instrument, und nicht „das Blut Jesu" als Substanz macht uns rein. Paul Humburg hat es treffend gesagt: „Wir haben kein Heilmittel gegen die Sünde, wir haben einen Heilsmittler. Alles hängt an der Gemeinschaft mit Jesus, dem Versöhner und Erretter. Alles ist ganz persönlich. Man kann nur aus Jesu Hand die ewige Gnade Gottes empfangen!" Die ganze Last unserer Sünde liegt noch auf uns, wenn die erkaltete Hand Jesu mir diese rettende Gnade gar nicht mehr darreichen kann.

18 Diese Sachlage wird schwerwiegend, wenn es um unser ewiges Schicksal geht. Durch ein vorangestelltes und betontes **„folglich"** zeigt Paulus, daß er in V. 18 aus den eben genannten Folgerungen eine letzte und wichtigste Konsequenz zieht: **„Folglich sind auch die in Christus Entschlafenen verloren."** Wieso? Gibt es nicht auch ohne

[4] Auch der heutige Verkünder muß wissen, was er tut. Solange er nur menschliche und religiöse Gedanken und Gefühle pflegen will, mag seine Verantwortung gering sein. Sobald er aber ernsthaft Aussagen über Gott und Gottes Taten macht, steht er in einer höchsten Verantwortung. Hier wiegt jedes Wort schwer, hier hat er nur die Wahl, echter Wahrheitszeuge oder Lügner wider Gott zu sein.

„Auferstehung“ ein „Weiterleben“, dem man die in Christus entschlafenen Geschwister getrost überlassen kann? Paulus behauptet nicht, daß diese Entschlafenen nicht mehr existieren, wenn Jesus nicht auferstanden ist, und daß ohne Jesu Auferstehung alles mit dem Tode aus sei. Aber das allerdings sagt er, und das ist unendlich viel schrecklicher als jedes Erlöschen des Lebens durch den Tod: Diese Entschlafenen **„sind verloren“.** Sie sind es, gerade weil sie fortleben, aber nun als unerlöste, noch mit ihren Sünden belastete, unter dem Zorn Gottes stehende Menschen[5]. Sie entschliefen zwar „in Christus“. Das haben die Korinther an diesen Sterbebetten miterlebt. Aber das war nur eine schreckliche Täuschung. Dieser Christus, auf den sie sich sterbend verließen, existiert in Wirklichkeit nicht. Sie stürzen ins Leere, in das Dunkel des Totenreiches und sind ohne die Vergebung ihrer Sünden verloren unter dem Zorn Gottes.

Paulus faßt zusammen: Was wird ohne die Auferstehung Jesu aus 19
dem ganzen Christsein? Wir sind dann als Christen **„weiter nichts als solche, die in diesem Leben auf Christus gehofft haben.“** Irdische Hoffnungen aber erfüllt Christus gerade nicht. Der in dieser Welt Gekreuzigte hat für die Seinen nur das Kreuz. Sie haben um seinetwillen Mühsal und Entbehrungen, Verfolgung und Leiden auf sich zu nehmen, wie Jesus es ihnen von vornherein gesagt hat. Aber das tun sie nun für nichts und wieder nichts, wenn es keine Auferstehung Toter gibt und auch Christus nicht auferstanden ist. Dann sind sie **„bemitleidenswerter als alle** (andern) **Menschen“.** Viel besser haben es dann die Millionen von Menschen, die diesen Christus gar nicht erst kennen, für ihn nicht leiden und entsagen, sondern ohne ihn, so gut sie es können, ihr irdisches Leben ausschöpfen und sich nicht mit vergeblichen Hoffnungen täuschen.

Es geht eine einheitliche Linie durch unseren Abschnitt Kap. 15, 1—19. Es ist die Linie eines klaren und nüchternen Realismus. Die Korinther drohten einer Gefahr zu erliegen, die auch wir nur zu gut kennen. Das „Christentum“ scheint auch bei uns für viele Gemeindeglieder aus „Gedanken“ und „Anschauungen“ zu bestehen, die man von Kanzel und Katheder in sehr verschiedener Weise hören kann und über die man sich dann seine eigenen Gedanken macht. Manche dieser Anschauungen leuchten ein, man übernimmt sie; andere, wie etwa der Gedanke der „Auferstehung“, bleiben einem fremd, man streicht sie aus. Ein „Christ“ bleibt man trotzdem, weil man andere christliche Gedanken durchaus bejaht. Paulus sah die tödliche Gefahr, die gerade dadurch für die Wirklichkeit unserer ganzen Existenz heraufsteigt. Im Christenleben handelt es sich nicht um An-

[5] Hier liegt der eigentliche und wesentliche Unterschied zum griechischen „Unsterblichkeitsglauben“. Das ist die große Täuschung, wenn man die Unsterblichkeit der Seele, das Fortleben nach dem Tode, ohne weiteres mit „Seligkeit“ gleichsetzt. Hier ist das Gottesverhältnis des Menschen und die ganze Last seiner Sünde verkannt. Die „Unsterblichkeit“ des Menschen, d. h. die Tatsache, daß der Mensch gerade nicht vor Gott in den Tod und in das Nichts fliehen kann, daß er „fortleben“ und seine Verantwortung tragen muß, ist ohne Christus nicht das Glück, sondern die ewige Not des Menschen, seine endgültige „Verlorenheit“.

schauungen, sondern um Tatsachen, von denen unser Leben in Zeit und Ewigkeit bestimmt ist. Streicht man die Auferstehung, dann ist damit nicht ein Gedanke gestrichen, der durch andersartige Gedanken ersetzt werden könnte, sondern es ist unserem ganzen Heil der Boden entzogen. Leere Verkündigung, leerer Glaube, Stempelung der Apostel zu Lügenpropheten, bleibende Sündenlast, verlorene Entschlafene, hoffnungsloses Elend der christlichen Existenz – das ist das Trümmerfeld, das der kluge Mann mit seiner – wie er meint – harmlosen Gedankenoperation an einem ihm unbequemen Punkt der Lehre angerichtet hat.

DIE WELTUMFASSENDE BEDEUTUNG DER AUFERSTEHUNG JESU

1. Korinther 15, 20—28

zu Vers 20:
Apg 26, 23
1 Ko 6, 14
Kol 1, 18
zu Vers 21:
1 Mo 3, 17—19
Rö 5, 12. 18. 21
zu Vers 23:
Rö 8, 9—11
1 Th 4, 15 f
Offb 20, 5
zu Vers 24:
Da 2, 44
Eph 1, 20 f
zu Vers 25:
Ps 110, 1
Mt 22, 44
Lk 19, 27
zu Vers 26:
Offb 20, 14; 21, 4
zu Vers 27/28:
Ps 8, 7
Mt 28, 18
1 Ko 3, 23; 11, 3
Phil 3, 21
Kol 3, 11
Hbr 2, 6—8

20 **Nun aber ist Christus auferweckt aus den Toten, der Erstling der**
21 **Entschlafenen. * Denn da ja durch einen Menschen der Tod** (kam),
(kommt) **auch durch einen Menschen die Auferstehung der Toten.**
22 ***Denn wie in dem Adam alle sterben, so werden auch in dem**
23 **Christus alle lebendig gemacht werden. * Ein jeder aber in seiner**
eigenen Abteilung: der Erstling Christus, sodann die Christus
24 **Gehörenden bei seiner Parusie, * dann das Ende, wenn er die**
Königsherrschaft dem Gott und Vater übergibt, wenn er jede
25 **Herrschaft und jede Macht und Gewalt beseitigt hat. * Denn er**
muß königlich herrschen, „bis er alle Feinde unter seine Füße
26 **gelegt hat“. * Als letzter Feind wird beseitigt der Tod. * Denn**
27 **„alles ordnete er unter seine Füße“. Wenn er aber sagt, daß alles**
(ihm) **untergeordnet sei, so offenbar außer dem, der ihm unter-**
28 **geordnet hat das Alles. * Wenn ihm aber untergeordnet sein wird**
das Alles, dann wird auch er selbst, der Sohn, sich unterordnen
dem, der ihm das Alles untergeordnet hat, damit Gott sei alles in
allem (oder: allen).

Paulus hat das Trümmerfeld gezeigt, das dann entsteht, wenn die Auferstehung geleugnet wird. Nun stellt er gerade angesichts dieser Trümmer allen Fragen, Zweifeln und Leugnungen gegenüber triumphierend die Tatsache fest: **„Nun aber[1] ist Christus auferweckt aus den Toten, der Erstling der Entschlafenen.“** Es geht nicht um die Lösungen von Problemen, nicht um gedankliche Auseinandersetzungen,
20 es geht einzig um die Wirklichkeit: „Christus ist auferweckt.“ Denn die Wirklichkeit wird nicht von unseren Gedanken bestimmt, sondern

[1] Mit diesem gleichen „Nun aber“ kennzeichnet Paulus in Rö 3, 21 die große Wendung. Im Römerbrief ist es, dem Wesenszug jenes Schreibens entsprechend, die Wendung von der Verdammnis zur Gerechtigkeit. Hier im Zuge unseres Kapitels diejenige vom Tod zum Leben. Beide Wendungen laufen nicht nur parallel, sondern sind in der Tiefe verbunden. Das „Nun aber“ von 1 Ko 15, 20 ist nur möglich, weil das „Nun aber“ von Rö 3, 21 gilt.

unsere Gedanken haben sich nach der Wirklichkeit zu richten. Paulus formuliert, unter der Leitung des Heiligen Geistes, die Feststellung dieser Wirklichkeit gleich so, daß sie nicht eine vereinzelte und beziehungslose Tatsache, nicht ein bloßes Stück der Geschichte Jesu als solcher bleibt. Jesus ist in seiner Auferstehung der **„Erstling der Entschlafenen"**. Das Wort **„Erstling"** bezeichnet nicht einfach den zeitlichen Vorrang vor andern, sondern weist auf einen inneren, begründenden Zusammenhang hin. Dem „Erstling" folgt mit Notwendigkeit Weiteres. So ist der „Erstling" etwa die erste Garbe des großen Erntefeldes, die den Beginn der Ernte selbst anzeigt und darum die Fülle der weiteren Garben zur Folge haben muß. Damit wendet sich Paulus in besonderer Weise gegen die Anschauung der Korinther, die die Auferweckung Jesu selbst nicht bestritten, aber in ihr eine einzigartige Ausnahme sahen, ohne Beziehung zu unserem eigenen Todesschicksal. Mochte Jesus, der Sohn Gottes, immerhin aus dem Reich der Toten in neuer Lebendigkeit und Leibhaftigkeit hervorgegangen sein, das bewies noch nichts für die gewöhnlichen Christen, an deren Auferstehen man nicht glauben wollte! Paulus aber zeigt, wie der **„Erstling"** nur der Anfang einer ihm notwendig folgenden Reihe ist und wie darum mit seiner Auferstehung eine immer weiter ausgreifende Bewegung beginnt. So geht dieses Ereignis des Ostermorgens die Korinther (und uns!) unmittelbar an und schließt ihre (und unsere!) eigene Auferstehung ein. Mit dem Glauben an Jesu Auferstehung bejahen sie zugleich ihre Zukunft, ja, die Zukunft der ganzen Schöpfung. Das wird Paulus nun in gedrängter Kürze, aber auch in mächtiger Wucht vor uns entfalten.

Dabei bedürfen wir noch mehr als die Korinther einer inneren Umstellung unseres Denkens. Wir verlangen nach dem „System", nach Vollständigkeit der Darstellung, nach der Beantwortung aller unserer Fragen und Probleme. Paulus aber weiß sich an das gebunden, was er vom Stückwerkcharakter aller Prophetie in Kap. 13, 9 selbst geschrieben hatte. Darum gibt uns Paulus in der nun folgenden, äußerst knappen Darstellung keine Einzelheiten und sagt uns vieles nicht, was wir gern wissen möchten. Nur die großen Linien des Zukunftsbildes zeigt er, diese freilich in voller Klarheit und Gewißheit. Was alles wir jetzt noch nicht wissen können, macht Paulus offensichtlich keine Not und widerlegt und entwertet ihm nicht, was von der Zukunft gesagt werden kann und muß. Diese biblische Art des Denkens haben wir ganz neu zu lernen[2].

Vor allem aber müssen wir los von unserem Individualismus, dem 21
es nur um das „Selig-werden" des einzelnen geht. Davon spricht Paulus in unserem Abschnitt überhaupt nicht. Paulus sieht die

[2] Gerade in der Eschatologie entstehen viele Nöte und Schwierigkeiten dadurch, daß wir mehr wissen wollen, als das biblische Wort uns jetzt zu wissen erlaubt. Dann wollen wir mit eigenen Konstruktionen die Lücken ausfüllen und machen dadurch nur selber den Boden schwankend. Wir haben uns mit dem zu begnügen, was das prophetische Wort uns zeigt; das ist wahrlich reich und herrlich genug. Dieses haben wir allerdings mit aller Gewißheit festzuhalten, wie sehr es unserem natürlichen Denken widersprechen und viele Fragen offen lassen mag.

Menschheit in ihren großen Zusammenhängen vor sich, durch die das Los des einzelnen bestimmt wird. Das erste, was er von diesen bestimmenden Zusammenhängen sagt, ist dies, daß sie nicht durch künstliche Eingriffe Gottes von außen zustandekommen, sondern in der Menschheit selbst je **„durch einen Menschen"** geschaffen werden. Das gilt auch im Blick auf die Frage, mit der es Paulus an dieser Stelle allein zu tun hat im Blick auf das Todesverhängnis der Menschheit und seine Durchbrechung bei der Auferstehung der Toten. **„Denn da ja durch einen Menschen der Tod** (kam), (kommt) **auch durch einen Menschen die Auferstehung der Toten." „Durch einen Menschen"** fallen die großen Entscheidungen. Diese Menschen sind damit „Erstlinge", die als Menschen ganz zur Menschheit gehören, die aber zugleich mit fortwirkender Macht das Geschick Ungezählter zum Tode oder zum Leben bestimmen. Darum ist es so wichtig, daß auch Jesus „ein Mensch" ist und als solcher ganz zur Menschheit gehört,
22 weil er nur so „der Erstling" in ihr werden kann. Und nun zeigt Paulus, wer diese beiden „Menschen" sind, von denen solche gewaltigen Wirkungen ausgehen. **„Denn wie in dem Adam alle sterben, so werden auch in dem Christus alle lebendig gemacht werden."** Der eine Mensch ist **„der Adam"**, also der, der ausdrücklich „Adam = Mensch" heißt. Der Artikel zeigt, daß hier nicht ein einzelner Mensch gemeint ist, der nur gerade diesen Namen trägt, sondern das wirksame Haupt der Menschheit, durch das sie als ganze mit dem unentrinnbaren Sterben beladen worden ist. Paulus formuliert darum, daß **„in dem Adam alle sterben"**. Ihm steht gegenüber **„der Christus"**. Auch er ist Glied der Menschheit; aber wie sein Christustitel zeigt, ist er vollends das bestimmende und schaffende Haupt, welches das Leben in die sterbende Menschheit trägt. **„In dem Christus werden alle lebendig gemacht werden."** Auf die Frage nach der Schuld Adams und der entsprechenden Schuldtilgung durch Christus als Voraussetzung der Lebensverleihung geht Paulus hier nicht wie in Rö 5, 12—21 ein. Er bleibt streng bei dem Thema, das ihm jetzt durch die Leugnung der Auferstehung in Korinth gestellt ist[3]. Und auch darauf fällt jetzt nicht sein Blick, daß die Abhängigkeit der Menschheit von „dem Adam" und von „dem Christus" eine wesenhaft verschiedene ist und das Wort „alle" dementsprechend in den beiden Satzhälften, trotz seiner äußeren Gleichheit, einen verschiedenen Inhalt hat. **„In dem Adam"** sterben tatsächlich **„alle"** Menschen ausnahmslos, denn sie sind von Natur ausnahmslos alle **„in dem Adam"**, Adamssöhne, „Fleisch". **„In dem Christus"** ist freilich auch für **„alle"** ausnahmslos die Möglichkeit geschenkt, zum Leben zu gelangen. Aber tatsächlich

[3] Es ist aber für den Leser wichtig, den Abschnitt Rö 5, 12—21 zu unserem Text zu vergleichen. Beide Abschnitte sind parallel und sind bestimmt von dem Thema des Briefes, in dem sie stehen. Rö 5, 12—21 spricht von Sünde und Gnade und ist dadurch in manchem „tiefer" als 1 Kor 15, 20—28, dafür aber auch wesentlich auf die Gegenwart beschränkt, auch wenn das ewige Leben als Ziel der königlichen Herrschaft der Gnade genannt wird. Unser Abschnitt spricht von Tod und Leben und gibt den gewaltigen Durchblick durch die Zukunft bis zum letzten Ziel.

sind keineswegs **„alle"** Menschen **„in dem Christus"**. Nur die alle sind es, die zum Glauben an Christus kamen und ein Eigentum Jesu wurden. Nur sie werden im eigentlichen Sinn **„in dem Christus lebendig gemacht werden"**[4]. In dem Wort „lebendig gemacht werden" ist jener Ausdruck für „Leben" („zoe") enthalten, der im NT auch ohne ein hinzugefügtes „ewig" in sich selbst schon das eigentliche, echte, dem Tode nicht verfallende Leben bezeichnen kann. Auch die „Verlorenen" müssen nach ihrem leiblichen Tod „fortleben", aber dieses Leben „draußen" (Offb 22, 15) in der „Finsternis" (Mt 8, 12; 22, 13; 25, 30), „fern von dem Angesicht des Herrn und von seiner heiligen Macht" (2 Th 1, 9) ist gerade nicht wirkliches „Leben", sondern ewiger Tod.

Aber das ist wahr und muß von uns wie von den Korinthern wohl 23
beachtet werden: es geht in dem Werk des Christus so wenig wie in dem „Werk" des Adam um vereinzelte Seelen, die als solche zusammenhanglos durch Jesus das Leben erhalten. Es geht vielmehr um die Offenbarung des großen Planes Gottes bis zum letzten, das All umspannenden Ziel. Es geht um ein „Lebendigmachen" großen Ausmaßes, das die Schöpfung selbst von den Todesmächten befreit und zu der herrlichen Freiheit der Söhne Gottes bringt (vgl. Rö 8, 21). Dieser Plan Gottes wird aber in Stufen verwirklicht. Dadurch entstehen „Abteilungen", innerhalb derer die einzelnen den Anteil an dem neuen, von Christus gebrachten Leben erhalten: **„Ein jeder aber in seiner eigenen Abteilung: der Erstling Christus, sodann die Christus Gehörenden bei seiner Parusie."**

Die erste **„Abteilung"**[5] dieser Lebendigmachung und Neuschöpfung ist bereits auf den Plan getreten. Es ist der Christus selbst, der als **„Erstling"** der Anfänger und der Garant alles Folgenden ist. Ihm folgen **„die Christus Gehörenden** (wörtlich: „die des Christus", die „Christusleute") **bei seiner Parusie"**. Paulus kann sich mit dieser kurzen Feststellung begnügen, weil er den Korinthern ebenso wie den Thessalonichern (vgl. 2 Th 2, 5; 1 Th 4, 13—18; 5, 1—11) dies alles schon bei seiner mündlichen Verkündigung eingehend dargestellt hat. Für uns aber ist durch den kurzen Satz auch in diesem „klassischen" Brief des Paulus bestätigt, daß die **„Parusie"** Jesu zunächst nur seiner Gemeinde gilt und ihre Toten auferstehen läßt und die Gemeinde als ganze entrückt und vollendet.

Danach erst kommen die gewaltigen Ereignisse des **„Endes"**, an 24
denen die mit ihrem Haupt für immer vereinigte Gemeinde den

[4] Man könnte freilich auch daran denken, daß tatsächlich „alle" Menschen, die in dem Adam sterben, auch auferstehen und vor das Gericht des Christus kommen müssen. Aber dort wird keineswegs „allen" das Leben zuteil, sondern vielen der „Zweite Tod" (vgl. Offb 20, 14 f, aber auch in unserem Brief das Wort von den „Verlorenen" Kap. 1, 18 und vom Gericht über die Welt in Kap. 6, 2 und 11, 32). Eine Lehre von der „Allversöhnung" läßt sich mit unserm V. 12 auf keinen Fall begründen, wie immer wir das „Lebendiggemachtwerden durch den Christus" verstehen.

[5] Es handelt sich hier in der Tat um ein militärisches Wort. Die Gewalt und Planmäßigkeit im Vollzug der eschatologischen Ereignisse kann Paulus hier wie auch 1 Th 4, 16 f in militärischen Bildern am besten zum Ausdruck bringen.

vollen und unmittelbaren Anteil hat. Es gibt also nach der klaren Verkündigung des Apostels eine Auferstehung und Lebendigmachung der Glaubenden vor den Endereignissen, also auch vor dem Endgericht. **„Dann das Ende."** Um das Bild der Abteilungen streng durchführen, hat man das Wort „to telos" hier mit „der Rest" übersetzen wollen. Aber diese Übersetzung ist nach unserer Kenntnis des damaligen Grie nicht möglich. Sie würde auch inhaltlich zu unmöglichen Folgerungen führen. Sollte Paulus nach der Auferstehung der „kleinen Herde" die ganze übrige Menschheit als „Rest" bezeichnen? Vor allem aber würde er, der so ernst von Verlorenheit und von der notwendigen Errettung durch Christus gesprochen hat, plötzlich mit einem Federstrich diesem „Rest", d. h. der ganzen übrigen Menschheit, in Bausch und Bogen das „Lebendiggemachtwerden in dem Christus" mit zugesprochen haben? Das ist ausgeschlossen. Das Bild der „Abteilungen" ist von Paulus selbst nicht so streng gemeint, sondern soll nur die stufenweise Durchführung des Heilsplanes kennzeichnen. Denn auch der „Erstling", Christus selbst, ist ja nicht eigentlich eine „Abteilung".

Das „Ende" meint auch hier das „Endziel", den letzten krönenden Abschluß des ganzen Werkes Jesu, wie der sofort anschließende, den Schlußvers 28 schon vorausnehmende Satz zeigt: **„Wenn er die Königsherrschaft dem Gott und Vater übergibt."** Der Verwirklichung dieses Zieles aber gehen notwendig königliche Taten Jesu oder auch Gottes selbst vorher, die Paulus nun erst nennt: **„Wenn er jede Herrschaft und jede Macht und Gewalt beseitigt hat."** Es ist für jeden einfachsten Christen, der das Vaterunser mit Ernst betet, sehr deutlich, daß in der Welt jetzt Gottes Namen nicht geheiligt wird, Gottes guter und heiliger Wille nicht geschieht und darum Gottes Reich nicht da ist. Woran liegt das? Luther spricht in seiner Erklärung des Vaterunsers von „allem bösen Rat und Willen, so uns den Namen Gottes nicht heiligen und sein Reich nicht kommen lassen wollen, als da ist des Teufels, der Welt und unseres Fleisches Wille". Im Vaterunser erbitten wir es, daß Gott all diesen bösen Rat und Willen „bricht und hindert". Wir dürfen mancherlei Erhörung dieser Bitte schon jetzt erleben. Aber unser dringendes Sehnen geht dahin, daß alles das, was Gottes völliger Herrschaft im Wege steht, gänzlich **„beseitigt"** wird. Und eben dies wird uns hier zugesagt[6]. Wer unter diesem Weltlauf leidet und die ganze Flut tausendfacher Angst, Not und Qual sieht, die das Leben ungezählter Menschen belastet und zerstört, dem wird es eine unentbehrliche und selige Botschaft, daß Gott in Christus **„jede Herrschaft und jede Macht und Gewalt"** gottfeindlicher Art „beseitigen" wird. Erst ihre Beseitigung macht Bahn für die neue Lebensfülle der Schöpfung in der Königsherrschaft Gottes. So befremdend für uns der Gedanke ist, daß gegenwärtig gar nicht eigent-

[6] A. Schlatter will hier auch an die Engelmächte denken, die in Gottes Dienst stehen und die doch beseitigt werden müssen, wenn Gott selbst unmittelbar regieren und alles in allem sein will. Aber hätte Paulus im Blick auf diese Engel das Wort „beseitigen" gebraucht, und konnte er sie mit den Finsternismächten einfach in eins zusammenfassen?

lich Gott diese seine Welt regiert, sondern ein ganz anderer der „Fürst dieser Welt" (Jo 12, 31), ja „der Gott dieser Welt" (2 Ko 4, 4) ist, es entspricht dies allein ebenso der von uns erlebten Wirklichkeit wie dem Grundzug des Evangeliums selbst. „Das Reich Gottes ist nahe", das ist die Grundverkündigung des Täufers wie des Christus selbst. „Dein Reich komme", ist darum die zentrale Bitte im Gebet der Jünger. Warum sollte so verkündigt und so gebetet werden, wenn Gott bereits immer schon und jetzt schon der königlich in der Welt Regierende wäre?[7]

Und nun erweist sich Paulus als „Chiliast"[8]. Er nennt freilich nicht 25
den Zeitraum von tausend Jahren bei der Herrschaft des Christus. Paulus ist hier wie in allen Einzelheiten von strenger Zurückhaltung, aber er bezeugt eine königliche Herrschaft Jesu „nach" seiner Parusie und nach der Auferweckung und Vollendung der glaubenden Gemeinde. Es ist die Herrschaft Jesu, die die Urchristenheit in Ps 110, 1 geweissagt fand. **„Denn er muß königlich herrschen, ‚bis er alle Feinde unter seine Füße gelegt hat'."** Wer ist dabei das Subjekt der zweiten Aussage? Ist es Christus selbst, der während dieser seiner Königsherrschaft sich alle seine Feinde unterwirft? Der Rückblick auf V. 24 legt zunächst diese Auffassung nahe. Aber es könnte auch schon in V. 24 ein Wechsel des Subjektes stillschweigend mit gedacht sein. Der, der **„jede Herrschaft und jede Macht und jede Gewalt beseitigt hat"** könnte eben der Gott und Vater sein, dem Christus die Herrschaft übergibt. So ist jedenfalls in Eph 1, 20 f Gott selbst der Handelnde, der den Christus „zu seiner Rechten im Himmel gesetzt hat über alle Reiche, Gewalt, Macht, Herrschaft". So entspricht es auch allein Ps. 110, 1 selbst. Aber das Handeln Gottes muß den Sohn nicht untätig machen. Auch die Versöhnung ist Gottes eigenes Werk (2 Ko 5, 19) und geschieht doch nur in dem äußersten Einsatz Jesu selbst. So liegt es in der Sache begründet, daß die Frage nach dem Subjekt der Aussagen von V. 25b nicht eindeutig beantwortet werden kann. „Alles legt ihm Gott zu Fuß" bezeugt die Gemeinde in ihrem Lied. Aber zugleich ist Jesus selbst der „königlich Herrschende", der seine Feinde unter seine Füße zwingt und dann erst die Königsherrschaft dem Vater übergibt[9].

[7] Es ist für unser Gespräch mit fragenden oder ablehnenden Menschen von großer Wichtigkeit, das zu beachten. Die Ablehnung des Glaubens an Gott wurzelt zuletzt fast immer in den Nöten und Dunkelheiten der uns umgebenden Welt, die entweder die Allmacht oder die Liebe Gottes zu widerlegen scheinen. Wie kann ein Gott und Vater sein, wenn doch die Welt so aussieht, wie sie es praktisch tut? Hier helfen keine Beschwichtigungsversuche. Der Todescharakter der Welt muß zugegeben werden. Er wird gerade von der biblischen Botschaft mit aller Klarheit gekennzeichnet. Die Bibel sieht den jetzigen Weltzustand als „Nacht" (Rö 13, 12; 1 Th 5, 1—11). Die Welt ist nicht mehr die ursprüngliche Schöpfung und unmittelbare Königsherrschaft Gottes, was eine falsche Theologie des ersten Artikels verkennt. Die Christenheit hätte sich selbst und andern viele Anstöße und Glaubensnöte erspart, wenn sie das immer mit aller Deutlichkeit bezeugt hätte. Hier rächt sich der Verlust der biblischen Eschatologie und des ganzen biblischen Weltbildes.

[8] Von dem grie Wort „chilia = tausend" in Offb 20, 6 her wurden die an das tausendjährige Reich Glaubenden „Chiliasten" genannt und von den Landeskirchen weithin abgelehnt.

[9] Es ist eine bedenkliche Sache, wenn die „Entmythologisierung" dazu führt, der Eschatologie ihren eigentlichen Zukunftscharakter zu nehmen und die Erfüllung der eschatologischen Aus-

26 **„Als letzter Feind wird beseitigt der Tod."** Das muß nicht heißen, daß der Tod als solcher „der letzte Feind", der größte und schlimmste aller Feinde ist. Aber das ist allerdings sehr nötig für uns, daß wir den Feindcharakter des Todes erkennen. Wie wir in der Christenheit die gegenwärtige Welt ohne weiteres als Gottes Welt und Reich anzusehen gewöhnt sind, so haben wir auch den Tod als ein Stück natürlicher Ordnung hingenommen, ja sogar in ausdrücklichem Widerspruch zur Schrift zum „Freund" erklärt[10]. In Wahrheit ist und bleibt er der **„Feind"**, selbst noch für den erlösten Christen, dessen Leib „tot ist um der Sünde willen" (Rö 8, 10) und der darum durch jene „Entkleidung", jenen Abbruch des „Zeltes", hindurch muß, vor dem auch einem Paulus bangte (2 Ko 5, 4). Hinter dem Tod steht nach Hbr 2, 14 als der eigentliche Gewalthaber der Teufel. Sein Sturz in den Feuersee (Offb 20, 10) ist das entscheidendste Ereignis, weil damit das Haupt und der Ursprung aller Auflehnung gegen Gott beseitigt ist. Aber auch nach der Darstellung der Offenbarung folgt dann Kap. 20, 14: „Der Tod und sein Reich wurden geworfen in den feurigen Pfuhl." Der Tod selber hat nun den Tod, den ewigen Tod zu erleiden. Er ist somit die **„letzte"** aller Feindesmächte, die aus Gottes Welt ausgestoßen werden. Paulus will mit dem Ausdruck „als letzter Feind" sagen, daß der Tod erst aufgehoben werden kann, nachdem alle andern Feinde beseitigt sind, in deren Gefolge der Tod seinen Einzug in die Schöpfung Gottes gehalten hat.

27 Darum betont Paulus gerade an dieser Stelle mit Ps 8, 7: **„Denn alles ordnete er unter seine Füße."** Das gesamte Feindesland ist restlos Eigentum des Königs Jesus geworden. Nun ist der Raum frei für eine neue Welt, eine Welt ohne Satan und Sünde und darum auch ohne Tod und Leid, eine Welt, in der das Zelt Gottes unter seinen Menschen stehen kann (Offb 21, 3 f). Aber Paulus bringt nichts von einer solchen Schilderung. Er heftet seinen und unsern Blick einzig auf Gott selbst. Paulus benutzt dabei das Wort „unterordnen", das grundsätzlich das Ziel bezeichnet, das Gott von vornherein ins Auge gefaßt hat. Alles soll dem geliebten Sohn unterstellt sein. **„Denn alles ordnete er unter seine Füße."** Dieses Ziel wird einmal erreicht, weil der allmächtige Gott es erreicht haben will. Alles ist Jesus untergeordnet. Es beugt sich jedes Knie vor ihm, und es bekennt jede Zunge, daß Jesus Christus der Herr sei zur Ehre Gottes des Vaters (Phil 2, 11). Wie nun? Genießt der Sohn diesen Triumph seiner Herrschaft? Hält er es jetzt doch für einen Raub, Gott gleich zu sein? Hält

sagen bereits für die Gegenwart in Anspruch zu nehmen. So hieß es z. B. auf dem Kölner Kirchentag 1965: „Immer wieder vergißt die Kirche, daß Christus den Mächten die Herrschaft genommen und das Gesicht der Welt, in der wir leben, verwandelt hat." Nein! das wird Christus erst in der Zukunft tun. Darum bleibt im ganzen Neuen Testament die „Welt" das Machtgebiet der Finsternis, dem die Gemeinde Jesu mit äußerster Wachsamkeit gegenüberstehen muß. Vgl. Eph 6, 10—17; 1 Jo 2, 15—17; Rö 12, 2; Jo 15, 18 f; 17, 9; Gal 1, 4; 6, 14; Jak 1, 27; 4, 4.

[10] Auch der häufig gebrauchte Ausdruck „Gott, der Herr über Leben und Tod" erweckt den Eindruck, als ob „Leben" und „Tod" zwei gleichberechtigte Gegebenheiten seien, über die Gott verfügt. Bestimmungen des AT wie z. B. 4 Mo 19, 13; 3 Mo 21, 1—4. 10 f können uns zeigen, in welchem heiligen Gegensatz der lebendige Gott gegen den Tod steht.

er jetzt mit gutem Recht die Herrschaft fest, die der Vater selber ihm gab? Nein! Zu **„allem“**, was Gott unter die Füße Jesu geordnet hat, gehört nicht der lebendige Gott selbst. **„Wenn er aber sagt, daß alles** (ihm) **untergeordnet sei, so offenbar außer dem, der ihm untergeordnet hat das Alles.“** Und nun erweist Jesus sich vollends als der 28
„Sohn“, dessen Herz nur eines erfüllt: „Vater, dein Name... dein Reich... dein Wille.“ Nun vollzieht diese glühende Sohnesliebe zum Vater ihren höchsten und letzten Liebesakt: **„Wenn ihm aber untergeordnet sein wird das Alles, dann wird auch er selbst, der Sohn, sich unterordnen dem, der ihm das Alles untergeordnet hat, damit Gott sei alles in allem** (oder: allen).“

Nun wird es endgültig klar, daß Unterwerfung unter Gott nicht Verlust, Beeinträchtigung oder gar „Schande“ ist. So konnte immer nur das satanische Gift in unserm Blut denken. Nein, es ist die Freude und die Ehre, das Leben und das ewige Glück des Sohnes, dem Vater unterworfen zu sein mit allem, was Gott ihm geschenkt hatte. Aber auch die erneuerte und gereinigte Schöpfung und Menschheit hat ihre Wonne und ihr wahres Leben darin, daß **„Gott alles in allem ist“**[11]. Alle ihre „Eitelkeit“, alle ihre Not und all ihr Verderben kamen aus dem Losriß von Gott. Nun aber spiegelt die Schöpfung in reiner Klarheit in allem die Herrlichkeit Gottes wider. Nun ist die Bitte um die Heiligung des Namens Gottes am Ziel. An allem, was da ist und lebt, ist der Name Gottes hell zu lesen. Die ganze Schöpfung rühmt nun einzig seinen Namen. Eine Gottesfrage existiert nicht mehr. Nun ist die Bitte um das Kommen des Reiches erfüllt. Gott herrscht allüberall und verwirklicht so auch die dritte Bitte, daß sein Wille auf Erden wie im Himmel geschehen möge. Gottes Wille geschieht durch und durch im ganzen All, und darum ist nun alles gut.

Wo aber bleibt „mein Seligwerden“? Es ist eingeschlossen in dieses **Gott alles in allem“**. Es ist mir darin garantiert, wenn der Geist des Sohnes in meinem Herzen wohnt und ich durch ihn ein wahrhaft erlöster Mensch geworden bin, der mit dem Sohn in der Herrschaft des Vaters das Ziel seines Wünschens hat und mit dem Sohn in der Unterwerfung unter Gott den Sinn und die Wonne seines Lebens sieht.

Weist dieser Schluß nun doch noch auf eine „Allversöhnung“ hin? **„Gott alles in allen“** — ist nun noch Raum für irgend etwas außer Gott? Aber Paulus sprach nicht von einer endlichen G e w i n n u n g „jeder Herrschaft und jeder Macht und jeder Gewalt“ für Gott, sondern von ihrer B e s e i t i g u n g. Und er nennt den Tod auch bei seiner Beseitigung noch ausdrücklich den „letzten F e i n d“. Wo sich alle diese Feinde nun befinden, wie ihre Existenz jetzt aussieht, darüber sagt Paulus hier nichts. Und wir sollen nicht mehr wissen wollen, als uns im Wort gegeben ist. Erst recht schildert uns Paulus in diesen äußerst knappen Sätzen nichts vom Schicksal der Menschen,

[11] Es ist für uns unvorstellbar, daß es dann kein „Interesse“, kein Gefühl, keinen Gedanken, kein Wort, kein Lob geben wird, das nicht diesem Einen, unserm Gott, gelten wird.

die nicht zum Glauben an Jesus kamen. Aber damit hebt er nicht auf, daß die Heiligen die Welt richten werden (6, 2) und daß das letzte Zorngericht Gottes von furchtbarem Ernst ist (Rö 2, 5; 5, 9; 1 Th 1, 10). Alle Sonderlehren und Irrlehren wie die Lehre von der „Allversöhnung“ entstehen immer aus jenem Mißbrauch der Schrift, der einzelne Stellen aus ihr herausnimmt und zu einem System zusammenfügt, ohne die Fülle ihrer anderen Aussagen zu beachten[12]. Wir wollen unsern Abschnitt in seiner ganzen Größe und in seinem ganzen Reichtum hören und in uns aufnehmen, wie er uns vom Heiligen Geist durch Paulus geschenkt ist. Wir werden ein kraftvolles, klares und zielgerichtetes Christenleben führen, wenn wir in seinen mächtigen Linien bleiben. Er zeigt uns, was es heißt, „wiedergeboren zu sein zu einer lebendigen Hoffnung durch die Auferstehung Jesu Christi von den Toten“ und darum jetzt schon mitten in Tod und Leid im Glauben in einer „unaussprechlichen und verherrlichten Freude“ zu stehen (1 Pt 1, 3. 8). Soweit uns andere Stellen der Schrift Fragen beantworten können, die Paulus hier offenläßt, werden wir dafür dankbar sein. Es werden aber alle Einzelfragen in dem Maße an falschem Interesse für uns verlieren, in dem wir selber in dem Sohnesgeist Jesu die drei ersten Bitten des Vaterunsers ernsthaft zu beten lernen.

DIE BEDEUTUNG DER AUFERSTEHUNG FÜR DIE PERSÖNLICHE LEBENSHALTUNG

1. Korinther 15, 29—34

zu Vers 30/31: Rö 8, 36; 2 Ko 4, 10 f
zu Vers 32: Apg 19, 29; 20, 3; 2 Ko 1, 8
zu Vers 34: Rö 13, 11; 1 Ko 6, 5; Eph 5, 14 f; 1 Th 5, 6—8

29 **Was werden sonst die tun, die sich taufen lassen für die Toten?**
Wenn überhaupt Tote nicht auferweckt werden, warum lassen sie
30 **sich auch taufen für sie? * Warum setzen auch wir uns Gefahren**
31 **aus jede Stunde? * Tag für Tag sterbe ich, so wahr ihr mein Ruhm**
seid, Brüder, den ich besitze in Christus Jesus, unserm Herrn!
32 *** Wenn ich nach Menschenweise den Tierkampf in Ephesus bestanden habe, was nützt es mir? Wenn Tote nicht auferweckt**
werden, so „laßt uns essen und trinken, denn morgen sind wir
33 **tot“. * Laßt euch nicht verführen! „Schlechter Umgang verdirbt**
34 (oder: schlechte Gespräche verderben) **gute Sitten.“ * Werdet**
rechtschaffen nüchtern und sündigt nicht. Denn in Unkenntnis
Gottes sind einige befangen; zur Beschämung sage ich es euch.

29 Von der „Seligkeit“ des einzelnen hat Paulus nicht gesprochen. Aber was die Gewißheit der Auferstehung oder ihre Leugnung für das Leben und den Einsatz des einzelnen bedeutet, davon spricht er nun. Er schreibt darüber als sehr nüchterner Realist, der allen idealistischen Redensarten abhold ist.

[12] Das „wiederum steht auch geschrieben“ von Mt 4, 7 haben wir nicht nur dem Teufel, sondern auch den Neigungen unseres eigenen Herzens gegenüber sehr nötig.

Dabei bietet der erste Satz unserem Verständnis große Schwierigkeiten. **„Was werden sonst die tun, die sich taufen lassen für die Toten? Wenn überhaupt Tote nicht auferweckt werden, warum lassen sie sich auch taufen für sie?“** Hat in Korinth die Sitte bestanden, daß Gemeindeglieder sich für ihre bereits verstorbenen Angehörigen stellvertretend taufen ließen, um auch ihnen dadurch noch das Heil zuzuwenden? So hat die Auslegung dieser Stelle immer wieder angenommen[1]. Aber dagegen erheben sich doch große Bedenken. Sollte Paulus eine derartige Entstellung seiner Botschaft in Korinth geduldet haben? Man sagt, Paulus habe dieser Sitte damit noch keine Billigung erteilt, daß er sich hier auf sie bezieht. Er nehme hier weder positiv noch negativ Stellung zu ihr, sondern benutze sie nur einfach als Beweismittel. Aber der Paulus, den das abgelegte Kopftuch von Frauen in Korinth so bekümmerte, daß er ausführlich darüber redet, sollte ruhig zugesehen haben, wenn in der ihm anvertrauten Gemeinde ein so groteskes Mißverständnis des Evangeliums einriß? Man suchte die Schwierigkeit dadurch zu verringern, daß man erklärte, es habe sich dabei nur um Verstorbene gehandelt, die bereits zum Glauben gekommen, aber durch den Tod am Empfang der Taufe gehindert worden waren. Ein solcher Fall konnte doch aber in der zahlenmäßig nicht großen Gemeinde (vgl. o. S. 240) nur ganz ausnahmsweise einmal eingetreten sein. Paulus konnte dann nicht von denen, „die sich für die Toten taufen lassen“, als von einer ganzen Schar reden.

Doch solche Fragen und Bedenken von der Sache her vermögen nicht den letzten Ausschlag für das Verständnis einer Stelle zu geben. Es könnte doch möglich gewesen sein, was uns innerlich ganz unmöglich erscheint. Entscheiden kann nur der Wortlaut der Stelle selber. Auf ihn haben wir darum sorgfältig zu achten. Bezöge sich der Satz des Paulus auf eine solche Sitte, wie die übliche Auslegung annimmt, dann hätte Paulus schreiben müssen: „Was werden sonst die tun, die sich für Tote taufen lassen?“ Er formuliert aber **„für die Toten“** und kann mit „den“ Toten nicht vereinzelte tote Angehörige von Gemeindegliedern meinen. Unerklärlich wäre auch die Form der Frage, die er an diese Gruppe richtet: **„Was werden sie tun?“**, anstelle eines fragenden: „Was haben sie getan?“ oder: „Was tun sie?“ Und vollends unverständlich wäre die von Paulus vorgenommene Anknüpfung des folgenden Satzes mit einem „auch“: **„Warum setzen auch wir uns Gefahren aus jede Stunde?“** Was hätte die Lebensgefährdung des Paulus mit der Sitte stellvertretender Taufen für Verstorbene zu tun? Der erste Satz stände fremd und zusammenhanglos vor dem Ganzen der folgenden Ausführungen.

Es geht in unserem Abschnitt um die Lebenshaltung der Christen, es geht um ihre Bereitschaft zum Einsatz, zum Leiden und zum Ster-

[1] Eifrig hat die Forschung nach Parallelen in den Mysterienkulten und nach Spuren solcher „Vikariatstaufen“ in der alten Kirche gesucht, ohne etwas wirklich Beweisendes zu finden. Und was hätten schon solche Bräuche in heidnischen Kulten für den Israeliten Paulus und für eine von ihm gegründete und geleitete Gemeinde Jesu bedeutet!

ben. Dann muß auch sofort der erste Satz dieses Abschnittes einen entsprechenden Sinn haben. Und nun hatte ja in der Tat schon Jesus selbst sein Leiden und Sterben als eine „Taufe" bezeichnet: Mt 20, 22; Lk 12, 50. Wie nahe liegt es von daher, daß man nun auch in seiner Gemeinde den Märtyrertod als ein „Getauftwerden" auffaßte und bezeichnete. So sprach man noch lange in der alten Kirche von der „Bluttaufe" der Märtyrer. Paulus seinerseits hob an der Taufe gerade das Sterben und das Begrabenwerden als einen wesentlichen Vorgang hervor (Rö 6, 3–5; Kol 2, 12). So konnte er nun auch umgekehrt das Sterben ein „Getauftwerden für die Toten" nennen. Unser Abschnitt setzt dann sofort mit der entscheidenden Frage ein, was aus dem Martyrium wird, wenn es keine Auferstehung gibt? **„Was werden sonst die tun, die sich taufen lassen für die Toten?"** Noch lebt ja die korinthische Gemeinde in Sicherheit und Großartigkeit[2]. Aber jene „Taufe für die Toten", zu der Jünger Jesu bereit sein müssen, kann sehr rasch auch über sie in Korinth kommen. Was „werden sie dann tun?" Werden sie dann Wohlsein und Leben vergeblich drangeben? Werden sie mit tiefer Enttäuschung erfahren, daß sie rettungslos dem Tode verfallen? Wird alles Märtyrertum damit nicht sinnlos? **„Wenn überhaupt Tote nicht auferweckt werden, warum lassen sie sich auch taufen für sie?"**

Dürfen wir noch einen Schritt weitergehen, wie auch Schlatter es tut[3], und die Formulierung „für die Toten = zugunsten der Toten" ganz wörtlich nehmen? Aus dem Kreise der Zwölf hatte der Apostel Jakobus bereits die Bluttaufe erlitten (Apg 12, 2). Konnte und durfte ein Apostel sterben? War er nicht dringend nötig zu dem Wirken, das Jesus selbst den Zwölf aufgetragen hatte? Aber für den Herrn selbst hatte das Sterben, der Gang in das Reich der Toten, eine mächtige neue Wirksamkeit gebracht (1 Pt 3, 19 f). Durfte es so nicht auch für den Jünger werden, daß sein frühes, gewaltsames Sterben den Toten zugute kam und den ungezählten Scharen im Totenreich, die das Evangelium nie gehört hatten, nun die Botschaft des Lebens brachte? Dann war das Sterben eines Jakobus, das Sterben der Boten Jesu überhaupt wahrhaft ein „Getauftwerden für die Toten".

30 Nun geht der Gedankengang folgerichtig weiter: **„Warum setzen auch wir uns Gefahren aus jede Stunde?"** Paulus hat zwar den Märtyrertod selbst noch nicht erlitten. Aber jede Stunde ist sein Leben bedroht, in jeder Stunde kann auch ihm das „Getauftwerden für die Toten" zuteil werden. Als ein todgeweihter Kämpfer in der Arena der Welt hatte er sich schon in Kap. 4, 9 mit den andern Aposteln zusammen bezeichnet. Wir sehen unsererseits meist nur den „großen

[2] Es paßt zu dieser Auffassung unserer Stelle, daß Paulus nicht formuliert: „Was werden diejenigen unter euch tun, die sich taufen lassen für die Toten?" So hätte er schreiben müssen, wenn er an einzelne Korinther dachte, die an sich eine Vikariatstaufe für verstorbene Angehörige vollziehen ließen. Paulus spricht aber völlig allgemein und ohne Bezug auf Korinth von denen, „die sich taufen lassen für die Toten". Solche Märtyrer gab es in Korinth gerade nicht, wohl aber in andern Gemeinden, von denen die Korinther wußten.

[3] Vgl. zu dieser ganzen Stelle Schlatters gründliche Ausführungen in „Paulus, der Bote Jesu", S. 420 ff.

Apostel", den erfolgreichen Missionar, den Gründer der europäischen Kirche, den Verfasser der gewaltigen Briefe. Wir vergessen darüber allzu leicht, welch ein Leben der Leiden und ständigen Todesgefahr er geführt hat. Darum ist es auch für uns gut, wenn er jetzt den Ko- 31
rinthern versichert: **„Tag für Tag sterbe ich."** Das ist nicht „geistlich" und „erbaulich" gemeint, wie wir es bei dem Fehlen wirklicher Lebensbedrohung in einer staatlich gesicherten Christenheit gern aufgefaßt und angewendet haben. Paulus trug höchst real und praktisch „Die Tötung Jesu allezeit an seinem Leibe" (2 Ko 4, 10) und wollte es auch nicht anders haben (Phil 3, 10). Aber wie sinnlos wurde das, wenn es keine Auferstehung gibt.

Die Korinther hören solche Sätze nicht gern. Sie haben sich immer wieder über die Leiden des Apostels geärgert. Sie mochten jetzt in diesem Satz vom täglichen Sterben eine peinliche Übertreibung sehen. Darum setzt Paulus eine Versicherung hinzu: **„So wahr ihr mein Ruhm seid, Brüder, den ich besitze in Christus Jesus, unserm Herrn!"** Der Satz heißt wörtlich: „Bei eurem Rühmen (unserm Rühmen), Brüder, das ich besitze in Christus Jesus, unserm Herrn." Paulus konnte diesem Wortlaut nach auch gemeint haben, daß sich die Korinther trotz allem seiner rühmten und daß er so auf das Ansehen zurückgreifen darf, das er in Korinth besitzt. Wäre dieses Ansehen zustandegekommen, wenn er nicht dieses Leben des ständigen Einsatzes geführt hätte? Aber die Formulierung, Paulus **„besitze"** dieses Rühmen der Korinther, ist doch sprachlich hart. Und „euer Rühmen" kann in der grie Sprache durchaus auch ein „Rühmen an euch" bedeuten. In jedem Falle aber, ob sich nun Paulus der Korinther oder die Korinther sich ihres Apostels rühmen, **„besitzt"** Paulus das Rühmen nur **„in Christus Jesus, unserm Herrn"**. Nie ist es ein eigener, in ihm selbst ruhender und von ihm selbst erworbener Ruhm. Das „nicht aber ich, sondern Gottes Gnade mit mir" aus V. 10 des Kapitels kehrt hier konkret wieder. Wir sehen, wie umfassend und völlig sich des Paulus ganzes Leben „in" Christus Jesus vollzog, wie alles in seinem Leben von Christus her bestimmt wurde.

Paulus wird in diesem Zusammenhang an ein einzelnes Erlebnis 32
besonders schwerer Gefährdung in Ephesus erinnert. **„Wenn ich nach Menschenweise den Tierkampf in Ephesus bestanden habe, was nützt es mir?"** Dieses Erlebnis mit bestimmten, uns bekannten Vorgängen, etwa mit dem Aufstand der Silberschmiede (Apg 19, 23 ff) zu identifizieren, ist vergeblich. Dieses Bemühen hat auch nur geringen Wert, da selbst sein Gelingen nur unser Wissen vervollständigen, aber zum inneren Verständnis unserer Stelle nichts beitragen würde. Das aber ist sicher, daß das Wort vom „Bestehen des Tierkampfes" bildlich und nicht wörtlich gemeint ist. Wäre Paulus in Ephesus tatsächlich zum Tierkampf in der Arena verurteilt worden, hätte er ein so besonderes Leiden in 2 Ko 11, 33 nicht unerwähnt gelassen. Und sollte er nicht den Versuch einer solchen Verurteilung, ähnlich wie in Jerusalem den Versuch seiner Folterung, mit dem Hinweis auf sein römisches Bürgerrecht vereitelt haben? Zudem erinnert er mit dem

Ausdruck „nach Menschenweise mit Bestien kämpfen" nicht an Verurteilte, sondern an berufsmäßige Gladiatoren, die für Geld und Ruhm den Tierkampf wagen. Mit dieser Blickrichtung gehört dann dieser Satz in besonderer Weise in unsern Abschnitt hinein. O ja, es gibt schon Menschen, die auch ohne Auferstehungsgewißheit ihr Leben einsetzen, wie es die Gladiatoren tun. Aber sie haben dabei **„nach Menschenweise"** ihren reellen irdischen Gewinn vor Augen. So aber kann Paulus seinen Leidensweg gerade nicht gehen. Er erwarb dabei weder Reichtum noch weltliche Ehren. Danach verlangt ihn auch nicht. Was sollten sie ihm „nützen"? **„Nützen"** kann sein ganzer steter Lebenseinsatz nur, wenn es die Auferstehung der Toten gibt.

Daß Paulus eine besondere Lebensgefährdung aus Ephesus erwähnt, hat seinen Grund zunächst darin, daß sein Brief aus Ephesus geschrieben ist. Daß aber der jüdische Haß gegen Paulus in der „Asia", deren Hauptstadt Ephesus ist, besonders leidenschaftlich und gefährlich war, zeigt sowohl die Mitteilung des Paulus in 2 Ko 1, 8 wie die Schilderung der Apg 21, 27—29. Da Trophimus ein Epheser ist, waren offenbar auch die „Juden aus der Asia", die hier in wilder Leidenschaft nach Paulus greifen, in Ephesus zu Hause.

Und nun zieht Paulus mit einem Wort aus Jes 22, 13 die nüchterne Folgerung: **„Wenn Tote nicht auferweckt werden, so ‚laßt uns essen und trinken, denn morgen sind wir tot'."** Darum geht es Paulus in dem ganzen Kapitel, daß die „Denker" in Korinth begreifen, wie folgenschwer ihre leicht vollzogenen Gedankenoperationen in Wirklichkeit sind. Man kann die Auferstehung „gedanklich" leicht streichen und meint, damit unnötige Anstöße für den modernen Menschen in Korinth beseitigt zu haben. Welche Folge aber muß diese Streichung gerade für die praktische Lebenshaltung mit sich bringen! Sind wir wirklich morgen tot und weiter nichts, dann bleibt für jeden nüchtern und real denkenden Menschen nur die Erfüllung dieser kurzen irdischen Lebensspanne übrig. Und sie wird zuletzt im „Essen und Trinken" bestehen, auch wenn die Mahlzeiten mit allerlei „geistigen Genüssen" gewürzt werden mögen. Auch in der Gemeinde Jesu muß sich mit Folgerichtigkeit dieser Sinn durchsetzen, wenn die Gewißheit der Auferstehung zurücktritt oder völlig schwindet[4].

33 Darum warnt Paulus vor der hier vorliegenden Verführung: **„Laßt euch nicht verführen!"** Er spricht die Gefahr, die er für Korinth sieht, in einem Vers des griechischen Dichters Menander aus. Dieser Vers wird als „geflügeltes Wort" in Korinth bekannt gewesen sein, wie auch wir viele Dichterworte als sprichwörtliche Sätze kennen, ohne daß wir den betreffenden Dichter selbst gelesen haben müssen. **„Schlechter Umgang verdirbt** (oder: schlechte Gespräche verderben) **gute Sitten."**

Die „Verführung" in Korinth kam nicht aus der Gemeinde selbst;

[4] Das ist in der Geschichte der Christenheit deutlich genug zu sehen. Welch eine Rolle spielt das Essen und Trinken tatsächlich bis in unsere „gläubigen Kreise" hinein, weil die Auferstehung zwar nicht geleugnet wird, aber weithin keine lebendige und erfüllende Hoffnung mehr ist.

sie kam von einem **„schlechten Umgang"**, wahrscheinlich von einem in falscher Weise festgehaltenen Verkehr mit heidnischen Stadtgenossen. Die Frage eines solchen Umgangs mit ungläubigen und sittlich verdorbenen Menschen ihrer Umgebung hatte die Gemeinde offensichtlich beschäftigt. Wenn Paulus in Kap. 5, 9ff ein Mißverständnis seiner früheren brieflichen Äußerungen richtigstellen muß, so spürt man, wie hier in der Gemeinde ein empfindlicher Punkt lag: man wollte sich alte freundschaftliche Beziehungen in die Stadt hinein nicht verbieten lassen; man wollte „frei" und „weltoffen" bleiben, weil man sich reich und überlegen genug fühlte (4, 8). Aber nun kam von den griechischen Freunden und Bekannten her das ganze Kopfschütteln über diesen unsinnigen Auferstehungsglauben in die Gemeinde hinein. Die Korinther mochten entschuldigend sagen: Aber wir führen da ja nur „Gespräche"; man kann doch solche Gedanken einmal erörtern. Nein, widerspricht Paulus, solche „Gespräche" und Erörterungen bleiben nicht ohne gefährliche Wirkungen. „Gedanken" setzen sich in uns fest und bestimmen dann mehr und mehr unsere innere Einstellung und unsere tatsächliche Lebenshaltung. **„Schlechter Umgang verdirbt** (oder: schlechte Gespräche verderben) **gute Sitten."** Auch hier erfährt unsere grundsätzliche „Freiheit" als Christen eine notwendige Einschränkung[5].

Paulus schließt mit der überraschenden Aufforderung: **„Werdet** 34
rechtschaffen nüchtern." Uns scheint — wie so manchem Christen aus dem echten Griechentum in Korinth — die Auferstehungshoffnung „unnüchtern", und ein Leben ständiger Todesgefahr und täglichen Sterbens „überspannt" und töricht. Paulus sieht es genau umgekehrt. Er geht von den Tatsachen aus, von denen das Evangelium spricht. Tatsache ist die Auferstehung Jesu von den Toten. Tatsache ist der gewaltige Plan Gottes, den Jesus bis zum letzten Ziel durchführen wird. Tatsache ist dann auch unsere Auferstehung von den Toten. Mit diesen mächtigen Tatsachen n i c h t zu rechnen, an ihnen vorbei zu leben und so das eigentliche Leben zu verfehlen, das ist Mangel an „Nüchternheit", das ist unverantwortliche Träumerei. Darum sollen die Korinther aus aller Gedankenspielerei in der Auferstehungsfrage erwachen und nüchtern auf den Boden der Tatsachen treten, die sie doch gehört und angenommen haben (V. 1)[6], sonst „sündigen" sie. Alles Leben außerhalb der großen göttlichen Tatsachen führt zum

[5] Von hier aus ist auch das wahllose Lesen von Büchern nicht leicht zu nehmen. Ein glaubender Christ „muß" durchaus nicht alles gelesen haben! Gerade er sollte die wenige Zeit, die ihm zum Lesen verbleibt, sehr sorgfältig anwenden und nur Wertvolles und Aufbauendes in sich aufnehmen. Wieviel völlig überflüssiges Zweifeln und Problematisieren lassen wir durch unsere Lektüre in unser Herz hinein, was wir dann nur mühsam und unter viel Not wieder los werden können. Den Vorwurf, daß wir „engstirnig" und „rückständig" seien, sollten wir fröhlich tragen.

[6] Unvermeidlich ist auch für uns der Zusammenstoß mit unserer Umwelt, die da „Schwärmerei" und „Mystizismus" sieht, wo wir in den göttlichen Tatsachen leben. Wir haben aber so zu evangelisieren, daß es so deutlich wie möglich wird, daß wir mit der größten Nüchternheit „wahre und vernünftige Worte reden" (Apg 26, 25). Wir haben den Menschen zu sagen, daß sie gerade dann träumen und schwärmen, wenn sie die entscheidenden göttlichen Wirklichkeiten nicht beachten.

Ungehorsam, zum eigenmächtigen und vom Ich bestimmten Wandel und also zur Sünde. Wie tief die Folgen des schlechten Umgangs und des Spielens mit „Gedanken“ entgegen den göttlichen Tatsachen reichen, spricht Paulus mit einem scharfen Satz aus, der unsern Abschnitt beschließt: **„Denn in Unkenntnis Gottes sind einige befangen; zur Beschämung sage ich es euch.“** Dieses Urteil trifft diese „einigen“ und die ganze Gemeinde hart. Denn gerade auf ihre „Erkenntnis“ waren die Korinther stolz (Kap. 8, 1), und Paulus selbst hatte am Anfang des Briefes dafür gedankt, daß sie reich sind an aller Erkenntnis. Und über die ihnen viel zu geringe Weisheit eines Paulus hinaus meinten sie in Korinth noch ganz andere Höhen der Gotteserkenntnis gewonnen zu haben. Nun sagt Paulus ihnen dies Wort von ihrer **„Unkenntnis Gottes“**. Es ist genau der gleiche Vorwurf, den Jesus selbst Mt 22, 29 gegen die Sadduzäer erhebt, und es ist auch genau die gleiche Sache, um die es bei Jesus wie hier bei Paulus geht. Wird nicht auch hier wieder der Einfluß des Wortes Jesu auf Paulus sichtbar? Wer aber die Auferstehung aus rationalen Gründen leugnet, der kennt Gott nicht und will das Handeln des lebendigen Gottes in die engen Grenzen seines kleinen Verstandes einschließen. Gott wird nicht von unseren Meinungen aus erkannt, sondern aus den Tatsachen, die er selbst in der Heilsgeschichte geschaffen hat. Darauf sollen die Korinther sich besinnen, dazu soll der beschämende Vorwurf ihres Apostels sie bringen.

DER GEISTLICHE LEIB

1. Korinther 15, 35—49

zu Vers 36:
1 Mo 1, 11
Jo 12, 24
zu Vers 43:
Phil 3, 20 f
Kol 3, 4
zu Vers 44:
1 Mo 2, 7
1 Pt 3, 18

35 **Aber es wird einer sagen: Wie werden die Toten auferweckt? Mit**
36 **was für einem Leib kommen sie? * Tor, was du selber säst, wird**
37 **nicht lebendig gemacht, wenn es nicht stirbt. * Und was du säst —**
nicht den Leib, der werden soll, säst du, sondern ein nacktes Korn,
zum Beispiel von Weizen oder von einem der andern (Gewächse).
38 *** Gott aber gibt ihm einen Leib, wie er gewollt hat, und einem**
39 **jeden der Samen einen eigenen Leib. * Nicht alles Fleisch ist dasselbe Fleisch, sondern ein anderes ist das der Menschen, ein anderes aber das Fleisch der Herdentiere, ein anderes das Fleisch**
40 **der Vögel, ein anderes das der Fische. * Und** (es gibt) **himmlische**
Leiber und irdische Leiber, aber anders ist die Herrlichkeit der
41 **himmlischen, anders die der irdischen. * Anders ist die Herrlichkeit der Sonne und anders die Herrlichkeit des Mondes und anders die Herrlichkeit der Sterne; denn Stern unterscheidet sich**
42 **von Stern an Herrlichkeit. * So ist's auch mit der Auferstehung**
der Toten. Gesät wird in Vergänglichkeit, auferweckt in Unver-
43 **gänglichkeit; * gesät wird in Unehre, auferweckt in Herrlichkeit;**
44 **gesät wird in Schwachheit, auferweckt wird in Kraft. * Gesät wird**
ein seelischer Leib, auferweckt wird ein geistlicher Leib. Wenn es

45 **einen seelischen Leib gibt, so gibt es auch einen geistlichen. * In**
diesem Sinne steht auch geschrieben: Es wurde der erste Mensch,
Adam, zu einer lebendigen Seele; der letzte Adam zum lebendig-
46 **machenden Geist. * Aber nicht das Geistliche ist das erste, sondern**
das Seelische, danach das Geistliche. (Oder: Aber nicht der geistliche
[Leib] ist der erste, sondern der seelische, danach der geistliche.)
47 *** Der erste Mensch ist von Erde, irden; der zweite Mensch ist vom**
48 **Himmel. * Wie der Irdene, so auch die Irdenen, und wie der Himm-**
49 **lische, so auch die Himmlischen. * Und wie wir getragen haben das**
Bild des Irdenen, so werden wir tragen auch das Bild des Himm-
lischen.

zu Vers 45: Jo 6, 63; 20, 22 2 Ko 3, 6. 17
zu Vers 47: 1 Mo 2, 7
zu Vers 49: 1 Mo 5, 3 Ps 51, 7

Paulus ist ein gründlicher und liebevoller Lehrer. Er begnügt sich 35
nicht damit, die Tatsache der Auferstehung festgestellt und ihre Bedeutung sowohl für die Zukunft der gesamten Schöpfung wie für den Lebenseinsatz jedes einzelnen Christen gezeigt zu haben. Er gibt nun den Fragen Raum, die in der Gemeinde aufgebrochen sind und aus denen die Leugnung der Auferstehung ihre Kraft nimmt. **„Aber es wird einer sagen: Wie werden die Toten auferweckt? Mit was für einem Leib kommen sie?“** Es ist für das ganze Denken des Paulus kennzeichnend und für unser Denken eine wichtige Wegweisung, daß er jetzt erst diese Fragen zuläßt und behandelt. Wenn wir mit unseren Fragen und Problemen *beginnen*, finden wir aus dem Irrgarten der Ungewißheit nicht wieder heraus und verbauen uns selbst den Blick für die Wirklichkeiten. Tatsachen und Wirklichkeiten sind das Erste und Entscheidende. Haben wir sie klar erkannt, dann mögen wir auch unsere Fragen an sie richten. Der „Theologe“ kann nicht anders arbeiten als der Naturforscher. Jeder Physiker beobachtet zuerst genau die tatsächlichen Vorgänge und sucht dann zu ergründen, wie sie zustandekommen und wie sie „möglich“ sind. So stellte auch Paulus zuerst vor die Korinther die Tatsache der Auferstehung. Nun erst nach dieser gründlichen Unterweisung nimmt er ihre *Fragen* auf.

Ist es ein echtes Fragen, das wirklich wissen will? Oder kleidet sich nur die Kritik oder die Ablehnung in die Form einer Frage?[1] Die Anrede **„Tor“** zeigt, daß Paulus zumindest die Einmischung falscher Motive in das Fragen der Korinther empfand. „Wir können uns nicht vorstellen, wie die Auferstehung der Toten vor sich gehen soll, also kann es keine Auferweckung geben. Wir können uns kein Bild der neuen Leiblichkeit machen, die die Auferstandenen haben sollen, folglich vermögen wir auch nicht an die Auferstehung zu glauben.“ Wie sehr wird auch unser Denken immer wieder von solcher „Logik“ beherrscht[2]. Diese „Logik“ aber ist „töricht“. Sie beachtet nicht, daß

[1] Diese Unterscheidung ist auch für uns im Umgang mit Menschen wichtig.

[2] Die moderne Physik ist uns hier weit überlegen. Sie hat es lernen müssen, die Wirklichkeit von lauter „unvorstellbaren“ Dingen anzuerkennen. Es gibt kein anschauliches „Atommodell“. Die Vorgänge im Reich der Atome sind nur noch in mathematischen Gleichungen, nicht mehr in einsichtigen Vorstellungen zu erfassen.

die ganze Wirklichkeit um uns her von sehr erstaunlichen Vorgängen erfüllt ist, die uns das Wunder der Auferweckung der Toten zwar nicht erklären, aber doch verständlich machen können. Dabei handelt es sich bei Paulus nicht um bloße „Gleichnisse“, die uns schwer faßbare Dinge in Bildern verdeutlichen sollen. Paulus will mehr als dies. In jenen erstaunlichen Vorgängen um uns her ist der lebendige Gott am Werk und erweist in ihnen seine unendliche Schaffenskraft. Auf diesen Gott und diese unendliche Schaffenskraft soll der „Tor“ seinen Blick richten, um es dann durchaus verständlich zu finden, daß dieser Gott auch die Toten auferwecken und mit einem neuen und völlig andersartigen Leib beschenken kann.

36 **„Tor, was du selber säst, wird nicht lebendig gemacht, wenn es nicht stirbt.“** Mit dem im Griechischen besonders betonten „du“, „du selber“ erinnert der Apostel die Fragenden in Korinth an ihre eigenen Erfahrungen und Erkenntnisse, die sie besitzen. Der ist ein **„Tor“**, der bei aller seiner kritischen Klugheit solche Erfahrungen und Erkenntnisse nicht verwertet. Bei jedem Säen erleben wir es, daß der Same nicht bleibt, was er ist, sondern als Samenkorn enden und „sterben“ muß, damit etwas Neues, die völlig anders gestaltete
37/38 Pflanze, daraus wird. Wir säen nicht die künftige Pflanze selbst. **„Und was du säst – nicht den Leib, der werden soll, säst du, sondern ein nacktes Korn, zum Beispiel von Weizen oder von einem der andern** (Gewächse).“ Nun geschieht das Wunder: **„Gott aber gibt ihm einen Leib, wie er gewollt hat, und einem jeden der Samen einen eigenen Leib.“** Das ist die immer neue Nachwirkung der grundlegenden Schöpfungsbefehle 1 Mo 1, 11 f.

39 Von da aus sieht Paulus überhaupt in die ganze Fülle und Mannigfaltigkeit der Schöpfung hinein. Menschen, Herdentiere, Vögel, Fische, sie alle sind **„Fleisch“**. Aber wie verschieden ist ihr „Fleisch“. **„Ein anderes ist das der Menschen, ein anderes aber das Fleisch der Herdentiere, ein anderes das Fleisch der Vögel, ein anderes das der Fische.“** Das Wort „Fleisch“ meint dabei gerade nicht das, was wir heute darunter verstehen, die Substanz ihres Körpers, sondern ihre ganze irdische Existenzweise und Wesensart. Die irdische Schöpfung um uns her mit Pflanzen, Tier und Mensch ist nicht arm und eintönig, sondern zeigt einen unfaßlichen Reichtum, eine ungeheure Mannig-
40 faltigkeit der Gestaltung. Dabei endet die Schöpfung Gottes nicht an der Grenze der Sichtbarkeit. Es gibt auch den „Himmel“, d. h. die ganze jenseitige unsichtbare Welt. Das vermehrt noch die wunderbare Vielfalt dessen, was Gott ins Dasein gerufen hat. **„Und** (es gibt) **himmlische Leiber und irdische Leiber, aber anders ist die Herrlichkeit der himmlischen, anders die der irdischen.“** Die himmlische Welt ist kein leerer Raum. Dort leben die Engelheere, aber auch die Scharen der vollendeten Gerechten in der Stadt des lebendigen Gottes (Hbr 12, 22 f). Sie leben nicht „im Fleisch“, aber auch sie haben einen „Leib“, wie auch der Mensch auf Erden einen „Leib“ hat, der nicht einfach der Vergänglichkeit gehört, sondern dem Herrn (6, 13–15).

Doch wie verschieden ist die **„Herrlichkeit"**[3] der himmlischen und der
irdischen Leiber. Und welche Fülle und Mannigfaltigkeit an Glanz 41
und Herrlichkeit zeigt uns jeder Blick zum Firmament: **„Anders ist die Herrlichkeit der Sonne und anders die Herrlichkeit des Mondes und anders die Herrlichkeit der Sterne; denn Stern unterscheidet sich von Stern an Herrlichkeit."**

Paulus zieht aus all dem die Folgerung: **„So ist's auch mit der Auf-** 42
erstehung der Toten." Noch einmal merken wir, es ging Paulus nicht um bloße Bilder oder Sinnbilder. Die Wirklichkeit der Auferstehung der Toten zeigt tatsächlich Züge, die wir schon an Gottes Handeln in der Welt um uns her wahrnehmen können und die uns darum auch die Auferstehung nicht nur als unerklärliches und unglaubhaftes Rätsel ansehen lassen. Gottes Schaffen umspannt auch um uns her schon den mannigfaltigsten Reichtum und mächtige Gegensätze. Nirgends ist Gott arm und eintönig, nirgends begrenzt in seinem unendlichen Schaffen und Tun. Wunder über Wunder stehen in der Natur vor uns. Und diesem Gott wollten wir nicht zutrauen, daß er auch der alten irdischen Existenz des Menschen eine neue überirdische Existenz und Lebendigkeit entgegensetzen kann? Nein, **„so"**, also ganz entsprechend dem Handeln des lebendigen Gottes in seiner ungeheuren Schöpfung, **„ist's auch mit der Auferstehung der Toten"**. In ihr vollzieht sich ein ähnlicher Vorgang wie beim Aussäen des „nackten Korns" und dem Aufsprießen der lebendigen Pflanze. **„Gesät wird** 42/43
in Vergänglichkeit, auferweckt in Unvergänglichkeit; gesät wird in Unehre, auferweckt in Herrlichkeit; gesät wird in Schwachheit, auferweckt wird in Kraft." Mit dem „Säen" hat Paulus nicht das Begraben gemeint. In seiner Umwelt war das „Beerdigen", das wir als ein „Aussäen" empfinden können, nicht so allgemein üblich. Das „Säen" umfaßt vielmehr das ganze Geschenk unserer irdischen Existenz. Nicht erst im Sterben, sondern in unserem ganzen Leben kennzeichnen darum auch **„Vergänglichkeit, Unehre, Schwachheit"** unser Dasein. Uns fehlt ja die Herrlichkeit Gottes (Rö 3, 23), die dem Menschen als dem Bilde Gottes zugedacht war. Paulus reflektiert auch hier wieder nicht auf den Sündenfall und die Sünde, durch die unser Leben die „Unehre" ebenso wie die „Vergänglichkeit" und „Schwachheit" bekommen hat. Er nennt einfach diese Tatsachen unserer Existenz, die jeder kennt und zugeben muß. So gleicht jetzt der Mensch dem „nackten Samenkorn". Aber darum müssen wir auch nicht in diesem Zustand bleiben. Wie das Samenkorn „stirbt" und durch dieses Sterben hindurch zur lebendigen Pflanze wird, der Gott den neuen Leib gibt, so geschieht es auch mit uns. Durch das Sterben hindurch erhalten wir von Gott die neue Existenzweise, die durch **„Unvergänglichkeit, Herrlichkeit, Kraft"** gekennzeichnet ist. Das „Ster-

[3] Das im NT vielfach gebrauchte Wort „doxa" trägt den Sinn von „Lichtglanz" in sich und könnte im folgenden Vers, der von Sonne, Mond und Sternen handelt, auch einfach so übersetzt werden. Auch von den „himmlischen Leibern" könnte gelten, daß sie „strahlen". Aber wir bleiben besser bei dem umfassenden Ausdruck „Herrlichkeit", der mehr meint als nur den Lichtglanz.

ben" widerlegt nicht die Möglichkeit des Auferstehens, sondern ist gerade die Vorbedingung für seine Verwirklichung[4]. Sollten wir uns nicht freuen, anstatt kritisch und ablehnend zu fragen? Sollten wir nicht willig die „Leiden des jetzigen Äons" auf uns nehmen, die doch „nicht wert sind der Herrlichkeit, die an uns soll offenbart werden" (Rö 8, 18), und uns getrost „für die Toten taufen" lassen, wenn Gott so Großes für uns bereit hat?

44 Paulus faßt zusammen: **„Gesät wird ein seelischer Leib, auferweckt wird ein geistlicher Leib."** Es geht um den **„Leib".** Eine leiblose Existenz ist für den realistischen Paulus unvorstellbar[5]. Alles, was lebt, bedarf zum Ausdruck und Organ seiner Lebendigkeit des Leibes und besitzt darum auch einen Leib. Dieser unser Leib ist aber jetzt ein **„seelischer"**, weil der Mensch selbst von Natur ein „seelischer Mensch" (2, 14) ist. **„Seelisch"** ist unser jetziger Leib, weil er von unserer „Seele" beherrscht wird und zur Erfüllung ihrer Bedürfnisse geeignet ist. Nun aber ist uns als den Glaubenden durch Jesus der Geist geschenkt worden. „Wir aber haben nicht den Geist der Welt empfangen, sondern den Geist aus Gott" (2, 12). Dadurch kommt in unser Leben der tiefe Zwiespalt hinein, den ebenso Rö 8, 10 wie besonders Gal 5, 17 schildert. Darum empfinden wir unseren „seelischen" Leib als „Leib der Niedrigkeit" (Phil 3, 21) und sehnen uns gerade als solche, die des Geistes Erstlingsgabe empfingen, nach „der Erlösung unseres Leibes" (Rö 8, 23). Als „Geistesmenschen" bedürfen wir eines völlig anderen Leibes. Paulus nennt ihn den „geistlichen Leib", nicht weil er aus „Geist" wie aus einem feinen Stoff besteht („stofflich" hat sich der Apostel den Heiligen Geist bei aller Realität nicht gedacht), sondern weil er vom Heiligen Geist gestaltet und regiert ist. Dieser Leib ist nicht mehr ein Hindernis für das volle Leben des Geistes, sondern steht seinem Wirken in „Unvergänglichkeit, Herrlichkeit und Kraft" zur Verfügung.

Notwendig braucht der Mensch, in dem der Geist Gottes wohnt, solchen „geistlichen Leib", durch den unsere jetzige zwiespältige Existenz ihr ersehntes Ende findet. Aber werden wir ihn auch ganz gewiß erhalten? **„Wenn es einen seelischen Leib gibt, so gibt es auch einen geistlichen."** Paulus übt mit dieser seiner Schlußfolgerung eine echte „Logik". Die „Seele" des Menschen hat von Gott den Leib erhal-

[4] Wir werden beim Anblick des Sterbens freilich auch immer wieder mit der Anfechtung zu tun haben, von der ein so mächtiger Glaubensmann wie Vilmar schreibt: „Der Tod ist und bleibt etwas geradezu Gräßliches, soll es auch bleiben, sonst wäre er nicht der Sünde Sold, und ich für meinen Teil habe ihn an etwa zwanzig Sterbebetten, an denen ich gestanden habe, ausnahmslos so empfunden. Vorstellen kann man sich nicht, daß auf diesen gräßlichen Kampf und das klägliche Ende desselben — den letzten Hauch und das Lebloswerden — ein neues Leben folgen werde, folgen könne — nur g l a u b e n kann man es, aber es ist auch die schwerste Glaubensprobe, welche uns gestellt wird" (A. Roth, August Vilmar, Christopherus-Verlag, Neumünster 1931).

[5] Auch für uns ist sie das. Die fortlebende Seele eines Menschen stellen wir uns unwillkürlich in leibhafter Gestalt vor, auch wenn wir die Stofflichkeit dieser Gestalt noch so fein und hauchartig denken. Selbst Gott können wir nur in leiblichen Vorstellungen vor Augen haben, indem wir von seiner „rechten Hand", seinem „Auge", seinem „Ohr" sprechen. Vgl. dazu auch die Ausführungen zu Kap. 6, 12 ff.

ten, der zu ihr paßt und ihren Bedürfnissen entspricht. Nun gab Gott seinen Geist in Menschenherzen. Darum wird er auch einen Leib schaffen und schenken, der dem Geist entspricht und seinen Regungen als williges und ebenbürtiges Werkzeug dient. Wie „unlogisch" wäre Gott, wenn er der „Seele" das notwendige Organ schüfe, seinem eigenen Geist aber ein solches Organ versagte! Es ist „Torheit", Gottes Logik nicht anzuerkennen, nur weil unsere jetzigen Vorstellungsmöglichkeiten hier versagen.

Paulus verweist zugleich auf die Schrift. Er weiß dabei selber, daß 45
er seine Darlegungen nicht einfach wörtlich in der Schrift aufzeigen kann. Darum formuliert er: „Auf diese Weise" oder **„in diesem Sinne"** steht geschrieben: **„Es wurde der erste Mensch, Adam, zu einer lebendigen Seele; der letzte Adam zum lebendigmachenden Geist."** Paulus nimmt 1 Mo 2, 7 auf, den Urtext ein wenig erweiternd. Auch ganz abgesehen vom Sündenfall war der **„erste Mensch"** nur eine **„lebendige Seele"**, ein „seelischer Mensch", mehr noch nicht, so groß es auch ist, „Mensch" und „lebendige Seele" zu sein. Diesem Adam steht hier wie in V. 22 der Christus gegenüber, der aber hier nicht mit seinem Messiastitel bezeichnet, sondern als Gegenbild des „ersten Menschen" der **„letzte Adam"** genannt wird. Auch er ist ein „Adam", ein Mensch, und der Anfänger einer Menschheitsreihe. Aber er ist in seinem Wesen etwas ganz anderes als jener Adam, nicht „eine lebendige Seele", sondern **„lebendigmachender Geist"**. Dafür stützt sich Paulus nicht auf eine besondere Schriftstelle wie etwa Jes 11, 2. Die ganze Wirklichkeit dieses „letzten Adam" steht klar vor der Gemeinde, die durch den Heiligen Geist in Jesus den „Kyrios" erkennt (12, 3b) und von ihm selber den Geist mit der Fülle seiner Gaben empfangen hat. Die Gemeinde ist, wie schon jeder einzelne Christ, selbst der lebendige Beweis für den **„letzten Adam"** als einen **„lebendigmachenden Geist"**[6].

Das Rätsel des Menschen, seines Ursprungs, seines Wesens, seines Zieles, hat notwendig von jeher das Denken des Menschen bewegt. In Mythen, Religionen und Philosophien hat man die Lösung des Rätsels finden und aussprechen zu können gemeint. Im Osten weit verbreitet war der Gedanke an einen himmlischen Urmenschen, der einmal aus dem Himmel kommen, sich des entstellten Menschen in der Welt annehmen und ihn wieder zum wahren Menschen machen werde[7].

[6] Paulus hat diese mächtige und in den Tatsachen der Geschichte Jesu begründete Erkenntnis in seinem Verständnis von 1 Mo 2, 7 wiedergefunden. Darum gibt er diese Schriftstelle nicht eigentlich als „Zitat" so, wie wir sie in unserer Bibel finden, sondern legt sie sofort in einer freien Wiedergabe aus. Dabei wäre es „denkbar, daß Paulus etwa von seinem Gedanken aus, Christus sei als der Präexistente der Mittler der Weltschöpfung Kap. 8, 6, die ‚pnoe zoes' (den ‚lebendigen Odem') in 1 Mo 2, 7 als Auswirkung Christi verstanden und so schon dort ihn in der Funktion angedeutet gefunden habe, zu welcher er dann in besonderem Sinn durch seine Auferweckung bestimmt ward. Er hätte dann eine christologisch-messianische Ausdeutung des Bibelwortes vollzogen" (Bachmann, Der 1. Brief des Paulus an die Korinther, 1921³, S. 468).

[7] Alle solchen Vorstellungen können eine Ahnung der Wahrheit enthalten, wie auch die Schöpfungssagen in allen Völkern mehr oder weniger deutliche Erinnerungen an echte Uroffenbarungen bewahren. Im Licht des klaren biblischen Wortes erkennt man freilich ihre Verworrenheit und Dunkelheit.

Jüdische Philosophen verbanden damit die beiden Berichte der Bibel über die Erschaffung des Menschen. In 1 Mo 1, 27 sahen sie dann den Urmenschen in seiner göttlichen Herrlichkeit dargestellt[8] und in 1 Mo 2, 7 den jetzigen Menschen in seiner irdischen Art und Begrenztheit.
46/47 Es ist wohl möglich, daß Paulus solche Spekulationen gekannt hat und sich hier ausdrücklich auf sie bezieht und sich gegen sie wendet, wenn er jetzt feststellt: **„Aber nicht das Geistliche ist das erste, sondern das Seelische, danach das Geistliche.** (Oder: Aber nicht der geistliche [Leib] ist der erste, sondern der seelische, danach der geistliche.) **Der erste Mensch ist von der Erde, irden; der zweite Mensch ist vom Himmel."** Es ist genau umgekehrt, wie die jüdischen Denker lehren.

Für Paulus ist der Mensch von 1 Mo 2, 7 kein anderer als der von 1 Mo 1, 27. In beiden Stellen ist von dem gleichen, wirklichen Menschen die Rede, der zum Bild Gottes bestimmt ist und dieses Bild auch durch Christus erlangen wird (Rö 8, 29), den aber Gott **„von Erde"** gemacht hat, so daß er die „irdische" oder **„irdene"**, erdhafte Art an sich trägt. Gerade als solcher ist er der **„erste Mensch"**, der erdähnliche Mensch, der durch die Jahrtausende der Geschichte in dieser seiner Art lebt, bis dann erst in der Fülle der Zeit der **„zweite Mensch"**, Jesus, kam. Er ist **„vom Himmel"**. Paulus wird mit dieser Aussage an unserer Stelle nicht so sehr an die Präexistenz Jesu im Himmel denken. Er will hier die Wesensverschiedenheit der beiden Menschen kennzeichnen, ihren Erdcharakter oder ihren Himmelscharakter. Darum sagt Paulus wörtlich, daß der zweite Mensch **„aus Himmel"** sei (nicht „vom Himmel"), wie der erste **„aus Erde"**. So hat auch Jesus selbst in Jo 8, 23 mit den Ausdrücken „von oben" und „von unten" nicht so sehr den Ort seiner Herkunft, sondern die Art seines Wesens betonen wollen.

48/49 Die beiden „Adame" bleiben nicht einsame Gestalten, die sich nur als solche in ihrer Wesensverschiedenheit gegenüberstehen. Gerade als „Adame" sind sie dazu da, eine Menschheit hervorzubringen, die in ihnen die Quelle ihres Daseins und die Formung ihres Wesens hat. Darum fährt Paulus fort: **„Wie der Irdene, so auch die Irdenen, und wie der Himmlische, so auch die Himmlischen."** Darum gibt es seit dem Kommen dieses „letzten Adam" zwei tief verschiedene Menschheitsreihen. Zu der ersten, irdenen Menschheit gehören wir alle von Natur und **„tragen"** von Geburt her **„das Bild des irdenen"** Menschen. Aber wenn wir Glaubende sind, dann ist ein Existenzwandel in uns vorgegangen. Das NT häuft die Bilder, um das auszudrükken. Um nur bei Paulus selbst zu bleiben: in Christus sind wir schon „eine neue Schöpfung" (2 Ko 5, 17); wir haben „den neuen Menschen angezogen, der nach Gott geschaffen ist" (Eph 4, 24; Kol 3, 10); wir „sind mit Christus auferstanden" (Kol 3, 1); wir „werden in sein Bild

[8] Das im Urtext stehende „männlich und weiblich" (LÜ „als Mann und Weib") wurde dabei gerade als Überlegenheit über den späteren Geschlechtsunterschied aufgefaßt. Der Urmensch war noch „männlich und weiblich" in einer Person. Erst in Kap. 2, 7 wird der Mensch geschaffen, der in seiner einseitigen Begrenztheit als „Mann" das Gegenüber der „Frau" braucht und in der besonderen Schöpfung des Weibes es auch erhält.

umgestaltet von Herrlichkeit zu Herrlichkeit" (2 Ko 3, 18); wir „sind mit Christus in die Himmelswelt gesetzt" (Eph 2, 6). Darum gilt uns jetzt schon die Aussage: **„Wie der Himmlische, so auch die Himmlischen."** In Christus sind wir bereits „Himmelsmenschen". Freilich, es bleibt zugleich noch bei jener Unfertigkeit und bei dem Zwiespalt, wie wir ihn eben an Rö 8, 10 und Gal 5, 17 vor Augen hatten. Diesen eigentümlichen Zwischenzustand drückt Paulus hier dadurch aus, daß er zwar von unserer Zugehörigkeit zur Erdenmenschheit und unserm Bestimmtsein vom irdischen Adam in der Form der Vergangenheit, nicht in der Form der Gegenwart spricht: **„Wie wir getragen haben das Bild des Irdenen"**, daß er aber von dem Bild des Himmlischen nicht zu sagen vermag, wir trügen es bereits jetzt. Hier muß er formulieren: **„So werden wir tragen auch das Bild des Himmlischen."** Er denkt jetzt in diesem Kapitel nicht wie in jenen andern angeführten Stellen an das, was der Geist heute schon inwendig in uns schafft, sondern an unsern Leib, der noch „tot ist um der Sünde willen" und daher ein „Niedrigkeitsleib" ist und erst in der Auferstehung „gleichgestaltet wird seinem Herrlichkeitsleib" (Phil 3, 21). Erst wenn das geschehen sein wird, **„tragen wir"** voll und ganz und ohne Einschränkung **„das Bild des Himmlischen"**. Aber es ist klar: für Paulus ist das nicht eine bloße unbegründete Behauptung. Die beiden Adame sind ja da! Der „letzte Adam" ist erschienen und muß eine Menschheit haben, die seinem Wesen entspricht. Er hat sein errettendes Werk getan, sein umgestaltendes Werk im Heiligen Geist begonnen. Er muß und wird dieses Werk vollenden. Vor dieser Notwendigkeit und Folgerichtigkeit verlieren die Fragen nach der „Möglichkeit" der Auferstehung und nach der Art der neuen Leiblichkeit ihre hindernde Kraft. Nun ist wirklich ein „Tor", wer in der Gemeinde Jesu stehend das nicht erkennen und in sein Herz aufnehmen will.

DAS GESCHEHEN DER AUFERSTEHUNG DER TOTEN

1. Korinther 15, 50—58

50 **Das aber sage ich, Brüder, daß Fleisch und Blut die Königsherr-**
schaft Gottes zu ererben nicht imstande ist, und auch nicht die
51 **Vergänglichkeit die Unvergänglichkeit ererbt. * Siehe, ein Ge-**
heimnis sage ich euch: nicht alle werden wir entschlafen, alle aber
52 **werden wir verwandelt werden, * in einem Nu, in einem Augen-**
blick, bei der letzten Posaune. Denn posaunen wird es, und die
Toten werden auferweckt werden als Unvergängliche, und wir
53 **unsererseits werden verwandelt werden. * Denn notwendig muß**
dieses Vergängliche anziehen Unvergänglichkeit und dieses Sterb-
54 **liche anziehen Unsterblichkeit. * Wenn aber dieses Vergängliche**

zu Vers 50—52:
Mt 21, 31
1 Ko 6, 9 f
1 Th 4, 15—17

zu Vers 53:
2 Ko 5, 4

zu Vers 55:
Jes 25, 8
Hos 13, 14
2 Tim 1, 10
zu Vers 56:
Rö 5, 12 f. 20
7, 7—13
Hbr 2, 14
zu Vers 57:
Rö 6, 14; 7, 25
8, 1 f; 1 Jo 5, 4
zu Vers 58:
Kol 1, 23
1 Th 3, 5

anzieht Unvergänglichkeit und dieses Sterbliche anzieht Unsterb-
lichkeit, dann wird sich verwirklichen das Wort, das geschrieben
55 **steht: Verschlungen ward der Tod in Sieg. * Wo ist, o Tod, dein**
56 **Sieg? Wo ist, o Tod, dein Stachel? * Der Stachel aber des Todes**
57 (ist) **die Sünde, die Kraft aber der Sünde** (ist) **das Gesetz. * Gott**
aber (sei) **Dank, der uns den Sieg gibt durch unsern Herrn Jesus**
58 **Christus. * Darum, meine geliebten Brüder, seid fest, unbeweglich,**
überfließend in dem Werk des Herrn allezeit, da ihr wisset, daß
eure Arbeit (wirklich) **nicht vergeblich ist im Herrn.**

Paulus ist auf die Fragen und Einwände der Korinther eingegangen. Er mußte es als Lehrer und Vater der Gemeinde tun. Aber er spürt auch die Gefahr, die immer in solchem Eingehen auf Fragen
50 und Bedenken liegt. Indem wir göttliche Dinge verständlich zu machen suchen und sie den andern nahebringen, können sie ihre Fremdheit, Wucht und Größe verlieren und allzu einfach und verständlich werden[1]. Darum liegt es Paulus daran, nun am Schluß dieses Kapitels noch einmal auszusprechen, wie die Botschaft von der Auferstehung der Toten alles erschütternd in unser Leben hineinbricht und alles Irdischgesinntsein zerschlägt. **„Das aber sage ich, Brüder, daß Fleisch und Blut die Königsherrschaft Gottes zu ererben nicht imstande ist.“** Das Auferstehungsleben ist nicht Fortsetzung des irdischen Daseins in alle Ewigkeit. Es gibt keine Bewahrung unserer irdisch-behaglichen Lebensgewohnheiten, an denen wir hängen. Diese ganz ichhafte, irdische Daseinsart nennt Paulus nach dem Sprachgebrauch der Bibel **„Fleisch und Blut“**. Damit ist nicht nur unsere Körperlichkeit als solche gemeint, obwohl auch sie mit dazu gehört, sondern unser ganzes jetziges Wesen bis in unser Denken und in unsere „Geistigkeit“ hinein[2]. Dieses unser allzu bekanntes Ichwesen hat keinen Platz da, wo Gott regiert und „alles in allem“ ist. Es ist wesensmäßig **„nicht imstande“**, Gottes Reich zu ererben. Das ist im grie Text dadurch zum Ausdruck gebracht, daß nicht nur **„Fleisch und Blut“**, sondern auch die **„Königsherrschaft Gottes“** ohne Artikel dasteht. So etwas wie **„Königsherrschaft Gottes“** kann von so etwas wie **„Fleisch und Blut“** unmöglich ererbt werden. **„Fleisch und Blut“** und **„Königsherrschaft Gottes“** sind in sich selbst diametrale Gegensätze. Darum kann niemand in Korinth hoffen, seine natürliche Menschenart in das Reich Gottes mit hineinnehmen zu können. Sind die Korinther trotz hoher Geistesgaben doch noch so sehr „Menschen“ und „fleischlich“, wie Paulus es ihnen in Kap. 3, 1—4 zeigen mußte, dann passen sie nicht in das kommende Reich, in die neue Welt Gottes

[1] Wie sehr hat auch bei uns das redliche Mühen der reformatorischen Kirchen um rechte und verständliche Belehrung der Kinder im Unterricht, der Erwachsenen in der Predigt dazu beigetragen, aus dem gewaltigen, zum totalen Umbruch führenden Evangelium eine harmlose Erbauungssache zu machen. Nichts gab mehr einen Anstoß, und eben darum gab auch nichts mehr einen wirklichen „Anstoß zu einer ewigen Bewegung“.

[2] Das Wort Jesu an Petrus Mt 16, 17 zeigt uns eindeutig diese Bedeutung des Ausdrucks „Fleisch und Blut“.

hinein. Die „Auferstehung" ist nicht die Wiederherstellung des vom Tode leider zerstörten und abgebrochenen Lebens[3]! Paulus fügt hinzu, daß **„auch nicht die Vergänglichkeit die Unvergänglichkeit ererbt"**. Das ist wichtig für unsere eigene Klarheit in dieser Sache. Die Vergänglichkeit „ererbt" nicht die Unvergänglichkeit, es käme sonst das Mißgebilde einer „unvergänglichen Vergänglichkeit" heraus. Und das wäre nicht nur ein logischer Widerspruch, sondern auch eine erlebensmäßige Unerträglichkeit. Wohl haben wir uns als Kinder gewünscht, es „bliebe immer Weihnachten". Aber das war ein kindischer Wunsch, dessen Erfüllung uns sehr bald das Leben verdorben hätte. Wir sehnen uns freilich aus all dem stetigen Wechsel und aller Unbeständigkeit unseres Lebens heraus nach „Unvergänglichkeit", nach dem „unbeweglichen Reich" (Hbr 12, 28). Aber auch das Schönste und Köstlichste unseres Lebens könnte solche „Unbeweglichkeit", solche ewige Dauer nicht ertragen. Es muß eine völlige „Verwandlung" mit uns und unserem Leben geschehen, damit wir die Unvergänglichkeit aushalten können. Wir dürfen aber daran denken, daß Paulus nach Kap. 13, 8 etwas in unserem Leben kannte, das so, wie es ist, in die Ewigkeit hinein bleibt: die Liebe, die in Gottes Wesen liegt und durch den Geist Gottes in uns lebt.

Zugleich antwortet Paulus mit diesen Sätzen denen, die die Auferstehung leugnen, gerade weil sie mit Recht eine ewige Fortsetzung des irdischen Daseins und darum auch eine bloße Wiederbelebung der irdischen Leiber ablehnen. Die jüdische Auferstehungshoffnung konnte im Pharisäismus diese bedenkliche Gestalt annehmen. Die Botschaft des Paulus mochte in ähnlicher Weise von manchen Gemeindegliedern in Korinth mißverstanden worden sein. Schon bei Jesus selbst gab dieses pharisäische Mißverständnis der Auferstehung der spöttischen Kritik der Sadduzäer ein gewisses Recht. Wenn tatsächlich „Fleisch und Blut" das Reich Gottes ererben könnte, dann wäre wirklich die Frage zu stellen, wem dann die Frau gehören solle, die von Brüdern nacheinander in der Leviratsehe geheiratet worden war. Jesus wies diese Frage ab, aber damit auch die ganze Vorstellungswelt, die hinter ihr stand. „In der Auferstehung werden sie weder freien noch sich freien lassen, sondern sie sind gleichwie die Engel im Himmel" (Mt 22, 30). Genauso sieht es Paulus. Gerade die ernsten Christen sollen nicht meinen, er mute ihnen den Glauben an wiederbelebte Leichname und an die Fortsetzung des irdischen Lebens in alle Ewigkeit zu.

Und nun stellt er das positive Gegenstück zu der Abweisung fal- 51
scher Vorstellungen vor die Gemeinde. Es ist dies ein **„Geheimnis"**, das sich trotz aller Verdeutlichungen in V. 35—49 nicht einfach auflösen läßt. Paulus kennt viele solche „Geheimnisse"[4] und weiß, daß der Glaube von Geheimnissen lebt. Das Handeln des lebendigen Got-

[3] Wie völlig verkennt das die bürgerliche Ewigkeitshoffnung, die als Rest des Christentums noch übriggeblieben ist und die sich unter dem „Himmel" nur noch das „Wiedersehen" mit den nächsten Verwandten vorstellt.

[4] Vgl. o. S. 58 u. 82 zu Kap. 2, 7; 4, 1 und W.Stb. zu Rö 11, 25.

tes muß für uns Menschen immer geheimnisvoll sein und bleiben. So hat Paulus auch im Blick auf die Auferstehung der Toten der Gemeinde ein Mysterium mitzuteilen: **„Siehe, ein Geheimnis sage ich euch: nicht alle werden wir entschlafen, alle aber werden wir verwandelt werden."** Das **„Siehe"** findet sich in der Bibel immer wieder da, wo Gottes Eingreifen nahe ist und unsere gespannte Aufmerksamkeit fordert[5]. Bisher hatte Paulus von der Auferstehung der Toten gesprochen und also auch das Sterben der Gemeindeglieder vorausgesetzt. Aber werden denn „alle" sterben? Paulus verneint das[6]. Aber auch, wenn ein (großer) Teil der Gemeinde die Parusie Jesu noch hier auf Erden miterlebt, werden diese Christen nicht einfach so, wie sie sind, in das Reich Gottes einziehen. Nein, **„alle werden verwandelt werden"**. Das also muß jeder, der wirklich Ewigkeitshoffnung hat, ganz klar wissen: es geht nicht um ein „Weiterleben" nach dem Tode oder nach der Parusie, es geht um jene tiefgreifende „Verwandlung", von der Paulus im Blick auf die Gestorbenen schon V. 42 f gesprochen hatte. Erst durch unser Ja zu dieser geheimnisvollen Verwandlung wird unsere Hoffnung echt und lebendig[7].

Denn diese „Verwandlung" ist zwar ein Geheimnis, aber nicht eine rätselhafte Verzauberung in etwas völlig Unbekanntes. Das Wort vom „geistlichen Leib" sagte uns bereits etwas durchaus Verständliches. Durch diese „Verwandlung" werden wir einen Leib haben, der ganz vom Geist Gottes gestaltet und regiert ist und dem Geiste Gottes nicht wie der jetzige „tote" Leib (Rö 8, 10) Widerstand und Grenzen entgegensetzt. Und wenn die „Liebe" bleibt (13, 8), dann wird die neue Existenz eine ganz von der Liebe erfüllte sein. Die letzte, abschließende „Verwandlung" vollendet nur jenes „Umgestaltetwerden in das Bild Jesu", das jetzt schon anfangsweise in uns geschieht (2 Ko 3, 18). Eindeutig und einmütig zeigt uns das ganze ntst Zeugnis als Endziel „die Verwandlung" in die Gleichheit mit Jesus: Rö 8, 29; 1 Jo 3, 2; Phil 3, 21. Das ist zwar unerhört geheimnisvoll und überragt alles, was wir uns ausdenken können, und ist doch für den im Glauben und in der Heiligung stehenden Christen nicht einfach unvorstellbar.

[5] Vgl. Jes 40, 9; 42, 1; Sach 9, 9; Lk 2, 10; Jo 1, 29; Offb 3, 20 u. a.

[6] Der Satz lautet im Text eigentlich: „Alle werden wir nicht entschlafen." Das konnte so klingen, als ob Paulus allen Korinthern versprechen wollte, daß sie nicht sterben, sondern ohne Tod die Parusie des Herrn erleben würden. Das ist aber — allein schon angesichts von Kap. 11, 30 und Kap. 15, 29—32 — unmöglich. Zu seiner mißverständlichen Stellung der Worte kann Paulus einfach dadurch veranlaßt sein, daß im Griechischen ein „nicht" immer zum Verbum gehörte. Ein entsprechendes Beispiel finden wir in 2 Ko 7, 3, wo ebenfalls das „nicht" sinngemäß zu den Worten „zur Verurteilung" gehört, aber zum Verbum gestellt ist. Vielleicht lag dem Apostel aber auch daran, das Wort „alle" betont an die Spitze des Satzes zu stellen.

[7] Erst von da aus sind auch die Einwände zu überwinden, die gerade ernste Menschen gegen unsere Ewigkeitshoffnung erheben. Ist sie nicht ein ichhafter Traum? Ist sie nicht nur das Angstprodukt unseres Ich, das sich in das Sterben nicht schicken will? Kann unser Leben, kann gerade auch unser Zusammenleben mit unsern Nächsten eine Ewigkeit aushalten? Mit vollem Recht treffen diese Fragen sehr viel „Hoffnungen", die sich christlich nennen, aber nicht biblisch sind. Unsere volkskirchliche Beerdigungspraxis und unsere „tröstlichen Worte" an Sarg und Grab haben sich erschreckend ausgewirkt.

Darum können wir es auch mit ganzem Herzen als Ziel ergreifen und uns darauf freuen. Wie bedeutsam sind diese kurzen Aussagen des Apostels für unser ganzes Denken und Leben als Christen. Erschreckend und erschütternd sind sie für alle, die noch an „Fleisch und Blut" hängen und darum den Abbruch ihrer irdischen Existenz fürchten und von der Ewigkeit eigentlich nur deren Sicherung und Verlängerung wünschen. Wer aber unter dem Wort vom Kreuz seine Sündhaftigkeit und Verlorenheit sah und im Kreuz seine Rettung ergriff, wer von da aus sein Leben auf dieser Welt „hassen" gelernt hat (Jo 12, 25), dem wird es in allem Erschrecken zu einer Freude, **„daß Fleisch und Blut die Königsherrschaft Gottes zu ererben nicht imstande ist, und auch nicht die Vergänglichkeit die Unvergänglichkeit ererbt"**. Und wer Jesus über alles liebt, wer den Heiligen Geist empfing und durch den Geist die Liebe und die beginnende Umgestaltung in das Bild Jesu, der sehnt sich nach der völligen Verwandlung, die ihn mit dem Herrn bis in seine Leiblichkeit hinein gleich macht. Für ihn wird es – bei allem Erzittern von Fleisch und Blut, das auch noch in ihm lebt – der Höhepunkt des süßen Evangeliums: **„Alle werden wir verwandelt werden"**[8].

Diese Verwandlung ist dann aber nicht mehr eine allmähliche Um- 52
gestaltung oder ein Wachstumsprozeß, sondern sie geschieht **„in einem Nu, in einem Augenblick"**[9]. Wann geschieht sie? **„Bei der letzten Posaune."** Es ist unvermeidlich, daß wir bei diesem Wort zu den sieben Posaunen der Offenbarung hinüberblicken. Auch dort gibt es eine „letzte Posaune", bei deren Ertönen der Himmel darüber jubelt, daß nun „die Reiche der Welt unseres Herrn und seines Christus geworden sind und er regieren wird von Ewigkeit zu Ewigkeit" (Offb 11, 15). Wir merken hier, was wir auch sonst zu bedenken vielfachen Anlaß haben, daß die Verkündigung des Paulus weit reicher und vielseitiger war, als ihr Niederschlag in den Briefen uns zu zeigen vermag. Darum ist es töricht, aus dem Schweigen der Briefe zu folgern, daß Paulus bestimmte Lehren und Anschauungen nicht gekannt habe. Seine Eschatologie wird derjenigen der Offenbarung viel ähnlicher gewesen sein, als wir in der Theologie oft angenommen haben. Auch an 1 Th 4, 16 haben wir bei dem Wort von der Posaune zu denken. Die dort genannte Posaune, bei deren Schall Jesus aus der Himmelswelt herabkommt, wird ebenfalls die „letzte" sein, auch wenn Paulus an dieser Stelle sie nicht ausdrücklich so nennt.

„Denn posaunen wird es, und die Toten werden auferweckt werden als Unvergängliche, und wir unsererseits werden verwandelt werden." Das ist das mächtige, abschließende Ereignis in der Ge-

[8] „Wie wird uns sein, wenn wir vom hellen Strahle / des ewgen Lichtes übergossen stehn / und — o der Wonne! — dann zum ersten Male / uns frei und rein von aller Sünde sehn; wenn wir, durch keinen Makel ausgeschlossen / und nicht zurückgescheucht von Schuld und Pein, als Himmelsbürger, Gottes Hausgenossen, eintreten dürfen in der Selgen Reihn!" (GL 615, 2)

[9] An dieser klaren Aussage scheitert jede Lehre vom „Fegefeuer", aber auch jede andere, auch in der evangelischen Christenheit beliebte Ausmalung des Jenseits mit „Stufen" und „Erziehungsstätten" für die noch unvollkommenen Gläubigen.

schichte der Gemeinde, von dem auch 1 Th 4, 13—18 und Phil 3, 20 f sprechen und das bereits in V. 22 f unseres Kapitels kurz angedeutet war. Es geht dabei zunächst nur um die Gemeinde, um die, „die Christus gehören". Die Auswirkung dieses Ereignisses in die Welt hinein folgt dann erst in der Beseitigung aller gottfeindlichen Verderbensmächte (V. 24—28); davon spricht Paulus jetzt nicht noch einmal.

53 Dagegen prägt er es der Gemeinde noch einmal ein, damit es ganz klar von ihr ergriffen wird und keine falschen und verkürzten Hoffnungen bei ihr bestehen bleiben: **„Denn notwendig muß dieses Vergängliche anziehen Unvergänglichkeit und dieses Sterbliche anziehen Unsterblichkeit."** Wie groß ist das. Wir kennen jetzt nur das Dasein, dessen Kennzeichen Vergänglichkeit und Sterblichkeit sind. Karl Heim hat in besonderer Weise deutlich gemacht, wie das in der Existenzform der ganzen gegenwärtigen Welt begründet liegt[10]. Es ist eine grundlegende, für uns jetzt unvorstellbare Verwandlung dieser ganzen Existenzform notwendig, damit es Unvergänglichkeit und Unsterblichkeit überhaupt geben kann. Etwas ganz Neues haben wir zu erwarten, das ist erschreckend und beglückend zugleich. Paulus unterstreicht dabei die unbedingte Notwendigkeit dieses Geschehens. Er verwendet dabei jenes Wort „es muß", das bereits in Jesu Mund die Unausweichlichkeit eines von Gott her notwendigen Geschehens bezeichnete und auch von Paulus so gebraucht wurde (Mt
54 16, 21; 24, 6; 26, 54; Jo 3, 14; 20, 9; 1 Ko 11, 19; 15, 25; 2 Ko 5, 10). Vorausgesagt ist das große Ereignis schon im prophetischen Wort. Paulus stellt zunächst Jes 25, 8 vor uns hin: **„Verschlungen ward der Tod in Sieg."** Wir lesen das Wort in unseren Luther-Bibeln und auch im hbr Text anders: „Er wird den Tod verschlingen ewiglich." Wo Paulus den von ihm gebrauchten Wortlaut fand, können wir nicht mehr feststellen. Es kommt auch nicht darauf an. So oder so enthält das Wort die mächtigen Aussagen vom Ende des Todes, die wir schon in V. 26 bedachten. Welch eine Herrlichkeit, daß es dieses Ende des Todes gibt, daß wir uns darauf freuen dürfen.

Wenn dies prophetisch Vorausgesagte Wirklichkeit wird, wenn **„dieses Vergängliche anzieht Unvergänglichkeit und dieses Sterbliche anzieht Unsterblichkeit, dann wird sich verwirklichen das Wort, das geschrieben steht: Verschlungen ward der Tod in Sieg".** Es zeigt unsere Leichtfertigkeit im Umgang mit dem Wort und unsere Eigenmächtigkeit in der Verkündigung der Botschaft, wenn wir in unserer erbaulichen Rede häufig so tun, als sei dieses Wort jetzt schon, etwa durch das Osterereignis erfüllt. Nein, Paulus sagt ausdrücklich, **„dann"** wird es sich verwirklichen, und verweist uns klar auf die Zukunft. Wir sollten das beachten, sonst bekommt unser erbauliches Reden den Charakter der Unwirklichkeit, der ihm für den Hörer auch dann den Ernst nimmt, wenn es echte Wahrheit bezeugt. Der Tod ist wahrlich jetzt noch nicht **„verschlungen in Sieg".** Er hat in

[10] Vgl. K. Heim „Glaubensgewißheit", EVA, Berlin 1949[4]; „Der christliche Gottesglaube und die Naturwissenschaft", Furche Verlag, 1953[2], S. 156 ff.

den Weltkriegen unerhörte Triumphe gefeiert. Und schon existieren Vernichtungsmittel, mit denen er das Leben auf der ganzen Erde auslöschen könnte. Der Sieg Jesu aber in seiner Parusie wird den Triumphator Tod in den Sieg verschlingen und Jes 25, 8 erfüllen.

Paulus verbindet mit der Jesaja-Stelle ein Wort aus Hos 13, 14. 55
Auch dieses Wort lesen wir bei Hosea selbst (im Luthertext, aber auch in der Elberfelder Übersetzung) anders als hier bei Paulus. **„Wo ist, o Tod, dein Sieg? Wo ist, o Tod, dein Stachel?“** schreibt Paulus hier. Wieder können wir nicht feststellen, woher Paulus seine Formulierung des Wortes hat[11], und wieder ist dies vor der Aussage selbst unwichtig.

Paulus liegt es aber nicht nur an dem Triumph, der in diesen her- 56
ausfordernden Fragen an den Tod liegt. Er weist vielmehr auf den ernsten Hintergrund hin, der in diesen Fragen sichtbar wird. Der Tod besitzt tatsächlich einen **„Stachel“**. Es wird hier, wie Apg 5, 5 und in seiner Weise auch Jes 9, 3, der zugespitzte Stecken gemeint sein, mit dem das Zugtier „angestachelt“ wurde und den man auch Gefangenen und Sklaven gegenüber anwendete. Dieser **„Stachel des Todes** (ist) **die Sünde“**. Jetzt sagt Paulus ganz kurz etwas von dem, was er in unserem ganzen Kapitel sonst nicht berührte, um nur streng bei seinem Thema zu bleiben. Der Tod hat seine Macht über uns, weil wir Sünder sind! Unsere Schuld handhabt er als den Stecken, mit dem er uns auf seinen Weg hinein in das Totenreich zwingt, wie heftig wir uns auch dagegen sträuben mögen. Und warum hat wiederum die Sünde diese Gewalt? **„Die Kraft aber der Sünde** (ist) **das Gesetz.“** In diesen wenigen Worten faßt Paulus seine ganze Lehre vom Gesetz zusammen, wie er sie im Römerbrief eingehend dargelegt hat. Paulus kann sich auf diese knappe Bemerkung beschränken. Die Korinther verstehen sie sofort, weil Paulus auch in Korinth das gelehrt hat, was er im Römerbrief, besonders in Kap. 7, ausführt. Es wird darum in diesem kleinen Satz beides liegen, was Paulus im Gesetz gegeben sieht. Es ist der „Dienst der Verurteilung“ und darum „Dienst des Todes“ (2 Ko 3). Es spricht das Todesurteil über die Sünde und den Sünder. Darum allein kann der Tod unsere Sünde als seine Treibstachel zum Sterben benutzen. Aber die Formulierung weist ebenso auf jene andere unheimliche Tatsache hin, daß die Sünde gerade das Gebot als Angriffspunkt bei uns benutzt und die vorher „tote“ Sünde lebendig macht und die Sünde erst zu ihrer vollen Kraft steigert (Rö 5, 20; 7, 13). So dient gerade das Gesetz dem Tode und drückt ihm erst diesen furchtbaren Stachel in die Hand und macht das Sterben für uns zur unentrinnbaren und schrecklichen Notwendig-
keit. Wie aber jubelt nun aus dieser Lage heraus der Dank. **„Gott** 57
aber (sei) **Dank, der uns den Sieg gibt durch unsern Herrn Jesus Chri-**

[11] Die Textgestalt der Koine, die der Übersetzung Luthers zugrundeliegt, kehrt die Reihenfolge der Worte „Sieg“ und „Stachel“ um und ersetzt in der zweiten Anrede das Wort „Tod“ durch das Wort „Hades“. „Hades“ ist aber nicht die Hölle, sondern das Totenreich. Luthers Verwendung des Ausdrucks „Hölle“ ist hier wie an vielen andern Stellen höchst unglücklich und irreführend. Leider hat auch die revidierte Ausgabe den Ausdruck hier stehenlassen.

stus.“ Nicht mit einem einfachen Machtspruch oder Machterweis Gottes kann uns die Rettung zuteil werden. Gottes eigenes Gesetz steht dem im Wege. Gott selbst hat durch das Gesetz dem Tode den Treibstachel gegeben und kann ihn jetzt nicht wieder willkürlich fortnehmen. Nein, es mußte Jesus Christus Mensch werden, geboren vom Weibe und unter das Gesetz getan; er mußte gehorsam werden bis zum Tode, ja zum Tode am Kreuz; noch mehr, er mußte ein Fluch werden für uns und dadurch uns mit heiliger Gerechtigkeit vom Fluch des Gesetzes loskaufen. Nur so, nur **„durch unsern Herrn Jesus Christus“**, und darum auch nur solchen, die in Christus Jesus ihren **„Herrn“** haben, konnte Gott den Sieg über den Tod geben. Welch ein unauslöschlicher Dank liegt darum über jedem Christenleben. Ein Dank, der noch die Ewigkeit mit Anbetung, Lob und Preis erfüllen wird[12].

58 Und nun schließt Paulus dieses gewaltige Kapitel. Dieser Schluß ist überraschend und doch „paulinisch“ und echt biblisch. Nicht beim bloßen Danken als solchem hält Paulus die Gemeinde fest. Nicht zum immer neuen Ausmalen der großen Zukunft leitete er sie an. Seine Folgerung, sein **„darum“**, ist ein ganz anderes. In die Gegenwart stellt er sie gerade von der ungeheuren Zukunft her und weist sie in der Gegenwart in Kampf, Leiden und in die Arbeit hinein. **„Darum, meine geliebten Brüder, seid fest, unbeweglich, überfließend in dem Werk des Herrn allezeit, da ihr wisset, daß unsere Arbeit** (wirklich) **nicht vergeblich ist im Herrn.“**

Paulus hat große und leider berechtigte Sorgen um seine Korinther. Aber nun im Blick auf die alles vollendende Zukunft in ihrer Herrlichkeit wird seine Anrede an sie ganz warm. **„Meine geliebten Brüder“** nennt er sie. Er sieht sie mit sich selbst zusammen am Ziel als die große Bruderschaft um den erstgeborenen Bruder Christus her. Alles Gefährdende und Entstellende ist dann vergangen. So umfaßt er sie alle dort in Korinth mit neuer Liebe.

Liebe ist aber nicht blind. Paulus sieht, wie gerade diese lebhaften Korinther allzuleicht „beweglich“ sind. Was Paulus dann den Ephesern schreibt, gilt auch für die Korinther. Sie sollen nicht mehr „Kinder sein, die sich bewegen und umhertreiben lassen von jeglichem Wind der Lehre durch Bosheit der Menschen und Täuscherei, womit sie uns beschleichen und uns verführen“ (Eph 4, 14). Wollen sie nicht endlich **„fest, unbeweglich“** werden? Paulus bittet sie darum. Und dieses feste, unbewegliche Stehen wurzelt gerade auch in der großen Hoffnung. Ähnlich sagt Paulus es den von Irrlehre bedrohten Kolossern: „Wenn ihr nur bleibet im Glauben, gegründet und fest, und nicht weichet von der Hoffnung des Evangeliums“ (Kol 1, 23). So mahnt auch der Hebräerbrief eine gefährdete und schwankende Gemeinde: „Lasset uns halten an dem Bekenntnis der Hoffnung und

[12] Die scheinbar „trockenen“ und „dogmatischen“ Sätze des V. 56 gehören durchaus an diesen Platz und sind in Wahrheit mächtige und unentbehrliche Aussagen, wenn V. 57 in seiner Tiefe erfaßt werden soll.

nicht wanken; denn er ist treu, der sie verheißen hat" (Hbr 10, 23). Von dem großen Ziel her wird alles bestimmt und gestaltet. Lassen sie sich nur hier „nicht wegbewegen" von der Botschaft, dann wird auch alles andere in Ordnung kommen. **„Fest, unbeweglich"** gilt es aber für die Gemeinde nicht nur den falschen Auffassungen in ihrer eigenen Mitte gegenüber zu bleiben. **„Fest, unbeweglich"** hat sie ebenso in allen Kämpfen und Leiden zu stehen, die früher oder später auch über sie wie über die andern Gemeinden kommen werden. Wenn auch die Korinther jede Stunde Gefahren ausgesetzt sein werden und Tag für Tag zu sterben haben (V. 30 f), dann werden sie das nur können, wenn sie „das Vertrauen und den Ruhm der Hoffnung bis ans Ende fest behalten" (Hbr 3, 6).

Aber diese Festigkeit und Unbeweglichkeit hat nichts mit Erstarrung zu tun. Paulus wünscht die Gemeinde zugleich **„überfließend in dem Werk des Herrn allezeit".** Unser Wort „überfließen" ist darum eine zutreffende Wiedergabe des hier stehenden „perisseuein", weil es die beiden Seiten des grie Begriffes anklingen läßt: die Fülle des Reichtums und das Wachstum darin. Wenn sich ein Gefäß immer wachsend füllt, dann fließt es schließlich über. So will Paulus die Gemeinde **„überfließend in dem Werk des Herrn"** sehen. Von Timotheus wird er in Kap. 16, 10 sagen, er wirke das Werk des Herrn wie auch er, Paulus selbst. Aber der Gedanke liegt Paulus völlig fern, daß nur sie, die „hauptamtlichen" Kräfte mit kirchlichen Titeln, an diesem Werk stünden, während die Gemeinde nur das passive Objekt ihres Dienstes sei. Wohl verkennt er nicht die unersetzbare Aufgabe der von Gott zur Gründung von Gemeinden Berufenen: „Denn Gottes Mitarbeiter sind wir; Gottes Ackerfeld, Gottes Bau seid ihr" (3, 9). Aber wenn die Gemeinde in dieser Weise als „Gottes Bau und Gottes Acker" auch Objekt des apostolischen Dienstes sein kann, so ist sie doch zugleich ganz Subjekt der Arbeit für Gott und am „Werk des Herrn" lebendig beteiligt. Nicht nur gelegentliche Zuhilfe sollen sie den leitenden Männern leisten, sondern in reichem und immer wachsendem Maße am Werk des Herrn teilnehmen. Dabei haben wir den Genitiv wieder als einen solchen des Objektes und des Subjektes zu verstehen. Das „Werk des Herrn" ist das, was wir für den Herrn tun und ihm an Einsatz und Arbeit darbringen. Aber eigentlich ist es das Wirken des Herrn selbst, in das Er uns und seine Gemeinde hineinnimmt. Es ist die fortgehende Arbeit der rettenden Liebe Jesu, die uns zu Werkzeugen nimmt und durch uns zu den andern kommt. Darum braucht Paulus auch nicht den Korinthern im einzelnen zu sagen, was sie nun „in dem Werk des Herrn" als „Mitarbeiter Gottes" zu tun haben. Das werden sie als lebendige Glieder des Leibes Christi fort und fort selber sehen. Und die Männer mit der prophetischen Gabe in ihrer Mitte werden ihnen dabei helfen. Angesichts der gewaltigen Zukunft wird die Gemeinde dann nicht nur mühsam das eine oder andere zu leisten suchen, sondern wird „überfließen" in dem unermüdlichen Einsatz aus brennendem Herzen für Gottes große Sache in Korinth, in Griechenland, in der ganzen Welt.

Freilich, ein bloßer Genuß ist das nicht. Das „Werk des Herrn“ war für Jesus selbst das Tragen schwerster Lasten, war blutiger Schweiß und heiße Kreuzesarbeit. So kostet auch unsere Beteiligung an seinem Werk ganzen Einsatz und harte Arbeit. Es ist nicht eine hübsche Nebenbeschäftigung zur Bereicherung unseres eigenen Lebens. „Kopos“, also Anstrengung, Mühsal, Arbeit ist erforderlich. Es kommt dabei auch die Anfechtung, die schon der Prophet kannte (Jes 49, 4) und die auch Paulus selbst nicht fremd war (Phil 2, 16): Bleibt nicht all unser Einsatz vergeblich? Erleben wir nicht Enttäuschung über Enttäuschung? Nein, die Korinther dürfen es „wissen“, und gerade von der Auferstehung her **„wissen, daß ihre Arbeit** (wirklich) **nicht vergeblich ist im Herrn“.** Die große Ernte kommt, die alle Arbeit lohnt. Denn nicht zeitlichen, vergänglichen Erfolgen gilt ihr Einsatz, wie es bei aller andern Arbeit auf Erden der Fall ist. Weil die Auferstehung Wirklichkeit ist, darf ihr Mühen unvergängliche, ewige Resultate haben. Es ist in diesem tiefsten Sinn **„nicht vergeblich im Herrn“**[13].

ANORDNUNGEN IM BLICK AUF DIE GELDSAMMLUNG FÜR JERUSALEM

1. Korinther 16, 1–4

zu Vers 1: Apg 11, 29; 2 Ko 8, 19; Gal 2, 10
zu Vers 2: Apg 20, 7
zu Vers 3/4: 2 Ko 8, 16. 19 f

1 **Betreffs der Geldsammlung für die Heiligen, wie ich es für die Ge-**
2 **meinden Galatiens angeordnet habe, so macht auch ihr es. * An**
jedem ersten Wochentag lege jeder bei sich zu Hause (etwas) **zu-**
rück, indem er spart, wieviel ihm etwa gelingen mag, damit nicht,
3 **wenn ich komme, dann erst Sammlungen geschehen. * Wenn ich**
aber angekommen bin, will ich die, die ihr tüchtig befindet, mit
Briefen senden, um euer Geschenk nach Jerusalem zu bringen.
4 *** Wenn es sich aber lohnt, daß ich auch selber reise, werden sie mit**
mir zusammen reisen.

1 Das „Werk des Herrn“, in dem die Gemeinde „überfließen“ soll, erinnert Paulus an einen besonderen Dienst, den er von allen seinen Gemeinden und darum nun auch von Korinth erwartet. **„Betreffs der Geldsammlung für die Heiligen, wie ich es für die Gemeinden Galatiens angeordnet habe, so macht auch ihr es.“** Vielleicht weist die Formulierung **„betreffs der Geldsammlung für die Heiligen“** in Parallele zu Kap. 7, 1. 25; 8, 1; 12, 1 darauf hin, daß die Korinther selber nach dieser Sammlung und nach der Möglichkeit ihrer Durchführung gefragt haben. Es geht dabei um die **„Geldsammlung für die Heili-**

[13] Wie beschämend ist für uns der Einsatz von Menschen in den weltlichen Berufen. Welche Opfer an Zeit und Kraft werden hier gebracht, obwohl doch alles hier Erreichte rasch vergeht. Uns aber erscheint im Werk des Herrn so leicht alles zu viel, zu schwer, während es doch dabei um eine ewige Ernte geht.

gen", also für die Urgemeinde in Jerusalem. Zwar sind alle Christen „berufene Heilige" (1, 2); aber **„die Heiligen"** in einem einzigartigen Sinn sind die Glieder der Urgemeinde in Jerusalem. Von der Gemeinde dort ist das Evangelium ausgegangen, das nun in aller Welt, auch in Korinth, Menschen errettet und der Christusgemeinde einleibt. Darum haben alle Gemeinden der Urgemeinde zu danken und sich ihrer notvollen Lage[1] anzunehmen. So war es auf dem Apostelkonzil ausdrücklich vereinbart worden (Gal 2, 10), und so trug es Paulus als Apostel Jesu und als Israelit in seinem Herzen (Rö 15, 25 ff). „Denn so die Heiden sind ihrer geistlichen Güter teilhaftig geworden, ist's billig, daß sie ihnen auch in leiblichen Gütern Dienst erweisen" (Rö 15, 27). Nun will Paulus eine besondere Sammlung in allen Gemeinden durchführen, die aus seiner apostolischen Arbeit entstanden sind. In den **„Gemeinden Galatiens"**[2] hat Paulus dafür bereits „Anordnungen" gegeben, die jetzt auch für Korinth gelten sollen. Was Paulus **„für die Gemeinden Galatiens angeordnet"** hat, wissen wir nicht, können es aber aus V. 2 ohne weiteres schließen. Die Tatsache der Sammlung als solcher ist den Korinthern offenbar schon bekannt. Es ist aber praktisch noch nichts dafür in Korinth geschehen. Paulus wird auch im zweiten Brief noch einmal eingehend und dringlich an diese Sache erinnern müssen.

Nicht in den Zusammenkünften der Gemeinde soll gesammelt 2
werden. „Kollekten" in unserem Sinn gab es offenbar damals noch nicht. Vielmehr, **„an jedem ersten Wochentag lege jeder bei sich zu Hause** (etwas) **zurück"**. Der erste Tag der Woche könnte deshalb genannt sein, weil überhaupt ein bestimmter Tag an das Sammeln erinnern sollte; und das geschah am besten gleich am ersten Tag jeder Woche. Da aber auch sonst der erste Tag der Woche in den Gemeinden sich hervorzuheben begann (vgl. Apg 20, 7), wird auch diese Anordnung des Paulus auf das Werden des „Sonntags" in den Gemeinden hinweisen.

Das Wesentliche aber ist, daß Paulus nicht an eine einmalige, sondern an eine durch lange Zeit fortgesetzte Sammlung denkt. Seinen Grund dafür gibt er nicht an. Wenn wir aber an die Zusammensetzung der Gemeinde nach Kap. 1, 26 ff denken, ist es klar, daß eine solche Gemeinde nicht zu einer einmaligen großen Gabe imstande war. Nur durch die Ansammlung vieler kleiner Beträge Woche für Woche konnte eine lohnende Summe für Jerusalem zusammenkommen. Seine Anordnung will also das Geben der Gemeinde erleichtern.

Das ist um so wichtiger, als Paulus, dem Mann der Freiheit und Echtheit, auch bei dieser Sammlung an wirklich freiem und willigem Geben lag. Das wird er im zweiten Brief noch besonders betonen (2 Ko 8, 28 ff). Aber auch hier gibt er als Maßstab für den einzelnen Geber an: **„indem er spart, wieviel ihm etwa gelingen mag."** Keiner

[1] Vgl. dazu die Auslegung in der W.Stb. zu Apg 4, 32 ff.
[2] Vgl. die Auslegung zu Apg 16, 6; 18, 23, ebenso die Einleitung zur Auslegung des Galaterbriefes in der W.Stb.

soll durch die Sammlung bedrückt werden, jeder aber doch auch sehen, was er für die Not der Urgemeinde erübrigen kann. Freiheit und Ordnung, Freiwilligkeit und Verpflichtung sind bei dieser Anordnung fest miteinander verbunden. Es sollte nicht aus Zwang, aber auch nicht nach Laune gegeben werden[3].

3 Weil eine arme Gemeinde nur nach und nach eine Liebesgabe aufbringen kann, sollen **„nicht, wenn ich komme, dann erst Sammlungen geschehen"**. Dann würde es eine übereilte und schwierige Sache. Paulus möchte das Geld vorfinden, wenn er in Korinth anlangt. Es soll dann nach Jerusalem gebracht werden. Korinthische Gemeindeglieder selbst sollen es sein, die die Gabe begleiten und in Jerusalem übergeben, um in der Gabe die persönliche, dankbare Verbundenheit von Gemeinde zu Gemeinde zum Ausdruck zu bringen. Nicht nur korinthisches Geld soll die Urgemeinde sehen, sondern korinthische Jünger des Messias Jesus. Die Gemeinde soll diese Männer selber betimmen, und Paulus wird dann **„die, die ihr tüchtig befindet, mit Briefen senden, um euer Geschenk nach Jerusalem zu bringen"**. Die **„Briefe"** können jene „Empfehlungsschreiben" (2 Ko 3, 1) gewesen sein, wie sie schon in den jüdischen Gemeinden üblich waren und nun auch in den Gemeinden Jesu gebraucht wurden, weil sie einfach einer Notwendigkeit entsprachen. Die Jerusalemer mußten wissen, wer da zu ihnen kam und daß diese Männer tatsächlich Bevollmächtigte der Gemeinde Gottes in Korinth waren. Das hier eigentlich stehende „durch Briefe" legt diese Auffassung der Briefe besonders nahe. Paulus gab den Männern nicht nur Briefe „mit", die sie abgeben sollten, sondern beglaubigte sie „durch" Briefe in ihrer Sendung. Aber Paulus kann auch die Gelegenheit benutzt haben, der Urgemeinde und den leitenden Brüdern in Jerusalem persönliche Briefe zu übersenden.

4 Die Reisepläne des Apostels selbst, von denen er sogleich sprechen wird, sind noch unbestimmt. Aber er hat doch schon begonnen, an jene Reise zu denken, die dann so schwere Folgen für ihn haben wird. **„Wenn es sich aber lohnt, daß ich auch selber reise, werden sie mit mir zusammen reisen."** Die Gaben aus den andern Gemeinden wurden so bedeutend (2 Ko 8, 1–5), daß es sich „lohnte". Paulus reiste selbst nach Jerusalem. In Korinth blieb die Sammlung so klein, daß wir unter der Abordnung zur Überbringung der Liebesgabe (Apg 20, 4) keinen Korinther finden. Das war nicht zufällig so! Die Unwilligkeit der Korinther, sich an der Hilfe für die Armen in Jerusalem zu beteiligen, steht im festen Zusammenhang mit den Nöten und Schwierigkeiten, von denen unser ganzer Brief sprach. Nie ist unser Geld eine „weltliche" Sache neben unserem „geistlichen" Leben; immer zeigt es unbestechlich den Stand unseres geistlichen Lebens an. Christen, die untereinander um Mein und Dein prozessierten,

[3] Diese Verbindung brauchen wir in allen Dingen unseres geistlichen Lebens. Die „Freiheit", um die es den Korinthern (und uns) so sehr geht, wird von Ordnung und Regelmäßigkeit nicht beeinträchtigt, sondern bewahrt. Denn andernfalls werden wir Knechte unserer Stimmungen und Launen, beim Beten ebenso wie beim Geben.

beim Herrenmahl der Gemeinde sich satt aßen, während neben ihnen andere darbten, sich in Parteiungen gegeneinander ereiferten und in auffallenden Gaben sich selbst bewunderten, hatten natürlich wenig Lust, die Not im fernen Jerusalem auf das eigene Herz zu nehmen. Sie sahen in ihrem geistlichen Reichtum nicht ein, warum sie der Gemeinde in Jerusalem besonders „dankbar" sein sollten. Sie meinten, unmittelbar alles selber zu besitzen, was ihr Gemeindeleben so großartig machte.

DER REISEPLAN DES APOSTELS UND DER BESUCH DES TIMOTHEUS

1. Korinther 16, 5—12

5 **Ich werde aber zu euch kommen, wenn ich Makedonien durchreist**
6 **habe. Denn Makedonien durchreise ich** (nur), * **bei euch aber werde**
ich möglichst bleiben oder sogar überwintern, damit ihr selbst
7 **mich weiterbefördert, wohin immer ich reisen werde. * Denn ich**
will euch nicht jetzt nur auf der Durchreise sehen; denn ich hoffe,
8 **einige Zeit bei euch zu bleiben, wenn es der Herr erlaubt. * Ich**
9 **werde aber in Ephesus bleiben bis zum Pfingstfest. * Denn eine**
Tür hat sich mir geöffnet, eine große und wirksame, und Gegner
10 (sind) **viele. * Wenn aber Timotheus kommt, seht zu, daß er ohne**
Furcht bei euch sein kann; denn das Werk des Herrn wirkt er
11 **ebenso wie ich selbst; * denn niemand soll ihn also gering achten.**
Befördert ihn aber in Frieden weiter, damit er zu mir komme,
12 **denn ich erwarte ihn mit den Brüdern. * Betreffs aber Apollos,**
des Bruders, viel habe ich ihm zugeredet, daß er zu euch komme
mit den Brüdern; und es war durchaus nicht (Gottes) **Wille, daß**
er jetzt komme. Er wird aber kommen, sobald er rechte Zeit haben
wird.

zu Vers 5: Apg 19, 21; 2 Ko 1, 16
zu Vers 6: Rö 15, 24; Tit 3, 12
zu Vers 7: Apg 18, 21; 20, 2 f
zu Vers 8: Apg 19, 1. 10
zu Vers 9: 2 Ko 2, 12; Kol 4, 3; Offb 3, 8
zu Vers 10: 1 Ko 4, 12; 16, 6; Phil 2, 19 f
zu Vers 11: 1 Tim 4, 12
zu Vers 12: Apg 18, 24; 1 Ko 1, 12

Paulus hatte von seinem Kommen nach Korinth gesprochen (11, 34; 16, 2). Er wurde dort erwartet. Wann kommt er? Sein briefliches Antworten auf die Fragen der korinthischen Abordnung zeigt schon, daß es nicht so schnell mit seinem persönlichen Besuch der Gemeinde gehen wird. Warum nicht? Paulus spürt die mißtrauischen Fragen. So wie sein ganzes Verhältnis zur Gemeinde spannungsreich geworden war, so wurden gerade auch seine Reisepläne mit Argwohn betrachtet. Dieser Argwohn liegt im 2. Korintherbrief offen zu Tage, Paulus muß ausführlich darüber sprechen (vgl. 2 Ko 1, 15 ff; 2, 1—4; 2, 13 f). Im Kreise seiner Gegner triumphiert man sogar schon jetzt, er wage sich überhaupt nicht mehr nach Korinth (4, 18). Um so sehnlicher werden seine Freunde seinen baldigen Besuch gewünscht haben. Man hatte darum drei Männer der Gemeinde mit mündlichen und schriftlichen Fragen zu Paulus gesandt (V. 17). Paulus wußte, wieviele Probleme und Schwierigkeiten es in Korinth gab. War seine

Anwesenheit nicht nötig? Mußte er nicht so schnell wie möglich selber kommen?

5–7 Paulus antwortete solchem Fragen: **„Ich werde aber zu euch kommen, wenn ich Makedonien durchreist habe."** Er mußte den makedonischen Gemeinden ebenso wie Korinth den zweiten Besuch gönnen, den er überall in den von ihm gesammelten Gemeinden für nötig hielt (Apg 15, 36). Er konnte freilich von Ephesus aus direkt nach Korinth fahren und von dort nach Makedonien gehen. Aber dann würde er die Korinther **„nur auf der Durchreise sehen"**. Das aber will er nicht. Sie sollen einen langen und gründlichen Besuch erhalten. So kommen sie zwar später an die Reihe als die Makedonier, sind aber in Wahrheit Bevorzugte. **„Denn Makedonien durchreise ich** (nur), **bei euch aber werde ich möglichst bleiben oder sogar überwintern."** Die Korinther sollen ihn dann **„weiterbefördern"**. Das Wort wird hier, wie auch in Rö 15, 24, meist mit „geleiten" übersetzt. Das ist aber irreführend. „Geleiten" sollen ihn weder die Römer noch die Korinther. Paulus reist allein weiter. Aber sie dürfen etwas Wichtiges für ihn tun. Das hier wieder betont stehende persönliche Fürwort **„ihr"** im Sinne von **„ihr selbst"** oder „gerade ihr" zeigt, daß der Apostel den Korinthern auch damit einen Vorzug verleiht. Gerade die korinthische Gemeinde und keine andere soll es sein, die ihn für die Reise ausrüstet und mit allem Notwendigen versieht. Solches **„Weiterbefördern"** war in der damaligen Zeit um so wichtiger, als jede Reise langwierig und beschwerlich war. Sie sollen ihn **„weiterbefördern, wohin immer er reisen wird"**. Wohin die Reise gehen soll, wenn nach dem Winter in Korinth die Schiffahrt wieder eröffnet wird, das kann Paulus jetzt noch nicht sagen. Sein Auge war schon lange nach Westen gerichtet. Rom will er besuchen und dann nach Spanien die Botschaft tragen (Rö 1, 8–12; 15, 23 f). Aber es kann auch sein, daß er die große Liebesgabe seiner Gemeinden persönlich nach Jerusalem bringen muß und von Korinth aus dorthin fährt. So ist es dann tatsächlich geworden (Apg 20, 1–3). Aber jetzt kann es Paulus noch nicht sagen. Sein Plan liegt ja nicht einfach in seiner Hand. Über ihm steht der Herr, dessen gehorsamer Bote er ist. Auch sein Versprechen eines längeren Aufenthaltes in Korinth kann er nur geben unter der Einschränkung **„wenn es der Herr erlaubt"**. Das haben die geistreichen und selbstsicheren Korinther nie verstanden. Sie stellten sich Paulus nach ihrem eigenen Wesen vor und sahen in der Gestaltung seiner Reisepläne herrische Willkür (2 Ko 1, 17)[1].

8/9 Den Reiseweg und seine Begründung hat Paulus mitgeteilt. Aber wann bricht er überhaupt von Ephesus auf? Wann ungefähr können die Korinther ihn nach der Durchreise durch Makedonien erwarten? **„Ich werde aber in Ephesus bleiben bis zum Pfingstfest. Denn eine Tür hat sich mir geöffnet, eine große und wirksame, und Gegner**

[1] Reisepläne und Zusagen von Diensten sind bis heute ein schwieriges Kapitel. Wieviel Empfindlichkeit und Mißtrauen kann sich hier rasch regen. Die Gemeinde ebenso wie die Boten Jesu werden das „Erlauben" und das Leiten dessen, der der „Herr" ist und bleibt, immer neu ernst zu nehmen haben.

(sind) **viele.“** Paulus mag seinen Brief zur Passazeit schreiben (s. o. S. 101 ff, Kap. 5, 6—8). Er kann sich aber nicht sofort aus seiner großen Arbeit in Ephesus (Apg 19) lösen. Auf der einen Seite hat er hier noch reiche Möglichkeiten des Wirkens. Er gebraucht dafür das Bild der **„offenen Tür“**[2], durch die er hindurchgehen kann. Sie ist **„eine große und wirksame“.** Er kann in Ephesus viele Menschen erreichen. Das muß er ausnützen. Sein fruchtbarer Einsatz hat aber auch **„viele Gegner“** auf den Plan gerufen[3]. Wir werden sie besonders in der Judenschaft zu suchen haben. Vor ihnen kann und will Paulus jetzt nicht zurückweichen. Die junge Gemeinde bedarf in dieser Lage noch sehr der Anwesenheit des Apostels[4]. Bis zum Pfingstfest muß Paulus noch bleiben. Diese Zeitspanne war sowieso kurz genug[5]. Wir sehen hier lebendig vor uns, wie bedrängt ein Paulus gewesen ist. Korinth hat ihn nötig, die Makedonier warten auf ihn, und wie hält ihn zugleich Ephesus mit seiner verheißungsvollen Arbeit und seiner angefochtenen jungen Gemeinde fest.

Um so froher ist er, daß er Mitarbeiter hat, die er in solcher Lage 10/11
einsetzen kann. Er selber kann jetzt nicht einfach nach Korinth reisen. Aber Timotheus ist schon unterwegs und wird dort bald eintreffen, wenn auch erst nach dem Brief, den die drei Abgesandten der Gemeinde auf direktem Wege nach Korinth mitnahmen. Aber wenn Paulus gerade am Ende seines Briefes alle Nöte und Spannungen vor sich sieht, mit denen es Timotheus in Korinth zu tun haben wird, ist er in Sorge. Darum begnügt er sich nicht mit der Ankündigung der Sendung des Timotheus in Kap. 4, 17, sondern kommt jetzt noch einmal darauf zurück und bittet die Gemeinde: **„Wenn aber Timotheus kommt, seht zu, daß er ohne Furcht bei euch sein kann; denn das Werk des Herrn wirkt er ebenso wie ich selbst; denn niemand soll ihn also gering achten.“** Paulus rechnet mit einer Welle von Enttäuschungen in Korinth. Paulus kommt nicht selber, sondern schickt uns nur den jungen Timotheus? So besteht die Gefahr, daß man Timotheus mit Geringschätzung begegnet. Man kannte ihn zwar von der grundlegenden Evangelisationsarbeit des Paulus her. Aber damals stand er in der Mannschaft als der Jüngste auch an letzter Stelle (2 Ko 1, 19). Nun soll er die notvollen Dinge in Korinth ordnen? Wenn

[2] Vgl. 1 Ko 16, 9; 2 Ko 2, 12; Kol 4, 3.

[3] Unter dem Einfluß staatskirchlicher und volkskirchlicher Verhältnisse meinen wir ganz selbstverständlich, das Wirken der Verkündiger des Evangeliums müsse in lauter Frieden und Ruhe geschehen. Es ist uns sofort verdächtig, wenn ein Prediger oder Evangelist „viele Gegner“ in der Gemeinde findet. Wir suchen die Schuld zuerst bei dem Ungeschick oder der Überspanntheit des Boten. Luther wußte es noch, daß „Rumor“ in der Gemeinde die unausbleibliche Folge gerade der echten Verkündigung ist. Wir wollen es nicht mehr wissen.

[4] Wir verstehen von hier aus noch besser den dringenden Wunsch des Apostels, die Ältesten von Ephesus auf seiner Reise nach Jerusalem noch einmal zu sehen, und den Inhalt seiner Ansprache an die Ältesten Apg 20, 17—38.

[5] Die Kürze dieser Zeit, wenn ein fast dreijähriger Aufenthalt des Apostels vorausgegangen war, hat manchen Ausleger veranlaßt, die Abfassung des Briefes an den Anfang der Arbeit in Ephesus zu legen, die zunächst nur für eine begrenzte Zeit gedacht war. Dazu würde auch der Ausdruck, daß sich ihm „eine Tür geöffnet habe“, weit besser passen, als an dem Schluß einer Wirksamkeit, die schon lange diese offene Tür gezeigt hatte. Vgl. aber Einleitung S. 17.

schon Paulus selbst Widerspruch und Auflehnung zu gewärtigen hatte, würde Timotheus nicht erst recht auf Widerstand stoßen? Dann würde er in **„Furcht"** in Korinth weilen und Angst vor dem Mißlingen seiner Sendung haben müssen, zumal er offenbar seiner Natur nach ein etwas ängstlicher und kränklicher Mensch gewesen zu sein scheint (1 Ti 5, 23; 2 Ti 1, 6–8; 1 Ti 4, 12). Die Korinther sollen daran denken, daß Timotheus „das Werk des Herrn genauso treibt, wie Paulus selbst". Sie haben es nicht mit Timotheus als solchem zu tun, sondern mit dem Herrn, der seine Sache durch seine Knechte Paulus und Timotheus führt. Des Herrn Reden und Mahnen haben sie zu hören, wenn Timotheus mit ihnen spricht. In diesem Sinne steht Timotheus völlig gleich neben Paulus[6]. Wie nötig war diese dringende Bitte des Paulus gerade in einer Gemeinde, in der sich „einer gegen den andern aufbläht" (4, 6) und sich eifersüchtige Gruppen um einzelne Männer gebildet hatten[7]. Dann soll die Gemeinde für die Rückreise des Timotheus sorgen: **„Befördert ihn aber in Frieden weiter, damit er zu mir komme."** Gerade wenn die Mission des Timotheus erfolgreich war, könnte die Gemeinde wünschen, ihn noch länger bei sich zu haben. Aber Paulus **„erwartet ihn mit den Brüdern"**. Timotheus ist in der Arbeitsgruppe des Apostels[8] unentbehrlich.

12 Die Enttäuschung über Timotheus konnte um so größer sein, weil die Gemeinde selbst noch einen andern Mann erwartet und zu sich gebeten hatte: Apollos. Nicht seine eigene Gruppe hatte ihn gerufen, sondern die Gemeinde als solche hatte ihn durch ihre Abordnung eingeladen und dabei mit der Befürwortung des Paulus gerechnet. Wir sehen daraus, daß die Parteibildung in Korinth erst in den Anfängen stand, so daß noch ein einheitliches Handeln der Gemeinde als ganzer möglich war. Darum wandte sich der Brief des Paulus stets an die Gemeinde als solche. Die Gemeinde hat offenbar auch gewußt, daß trotz der Eifersucht der Parteigänger zwischen Paulus und Apollos selbst keine Spannungen bestanden. Sie erwartet, daß Paulus Einfluß auf Apollos hat und diesen Einfluß selbstverständlich benutzen wird, Apollos zu einem Besuch in Korinth zu veranlassen. Apollos war jetzt bei Paulus in Ephesus und dort mit ihm gemeinsam tätig. Darum konnte auch Paulus selbst auf seine Gemeinschaft mit Apollos verweisen und sie für die Gemeinde zum Vorbild hinstellen (3, 5–7; 4, 6). Vorbildlich ist auch jetzt sein Verhalten. Obwohl er die Gruppe in Korinth kennt, die Apollos viel höher schätzt als ihn, hat

[6] Wie leicht bleiben auch wir im Blick auf die Boten und Diener Gottes an ihnen selbst hängen und überschätzen oder unterschätzen sie und ziehen falsche Vergleiche zwischen ihnen. Wir haben im Ernst durch sie und ihre positive oder negative Menschlichkeit hindurch den Herrn zu vernehmen. Mit ihm und nicht mit seinen Boten haben wir es zu tun.

[7] Der Fortgang der Dinge zeigt, daß die Bitte des Paulus vergeblich blieb und Timotheus der Nöte in der Gemeinde nicht Herr wurde. Erst Titus kam damit ein Stück zurecht (2 Ko 7, 6 f. 13–16).

[8] Paulus war nicht ein großer Einsamer, sondern arbeitete mit einer „Mannschaft" und stand in einer Schar von Mitarbeitern. Die Grußliste Rö 16 gibt uns einen lebendigen Eindruck davon.

er Apollos doch **„viel zugeredet[9], daß er zu euch komme mit den Brüdern“.** Paulus hatte keine Sorge um sein eigenes Ansehen. Er suchte nicht ängstlich jeden andern Einfluß von Korinth fern zu halten. Korinth war nicht „seine“ Gemeinde, sondern „Gemeinde Gottes“ (1, 1) mit voller Selbständigkeit. Er hätte es offenbar auch selbst für richtig und gut gehalten, wenn Apollos jetzt gleich „mit den drei Brüdern“ aus Korinth zusammen dorthin gereist wäre. Er erwartete mit Zuversicht, daß auch Apollos alles unterstützen werde, was Paulus mit seinem Brief zu erreichen suchte, und daß seine Anwesenheit in Korinth eine wesentliche Hilfe für das Zurechtkommen der Gemeinde sein könnte. Des Apollos Autorität in Korinth war von vornherein größer als die des Timotheus.

Aber **„es war durchaus nicht der Wille, daß er jetzt komme“.** Wessen Wille war es nicht? Des Apollos selbst? So lesen wir eigenwilligen Leute den Satz unwillkürlich. Aber dann wäre es der Ausdruck eines reinen Eigenwillens bei Apollos. So haben wir uns die Männer der Urchristenheit nicht zu denken! Paulus hätte dann auch statt „der Wille“ vielmehr klar „sein Wille“ geschrieben. Das absolute Wort **„der Wille“** kann nur den Willen eines einzigen bezeichnen: den Willen Gottes. Es war in den Gesprächen des Paulus mit Apollos (und wahrscheinlich auch mit den Brüdern) allen klar geworden, daß Gott den Apollos jetzt noch in Ephesus brauchte und noch nicht in Korinth haben wollte. Er war bei der Lage in Ephesus dort noch nötiger als in Korinth. Aber sein Kommen ist damit nicht endgültig abgesagt: **„Er wird aber kommen, sobald er rechte Zeit haben wird.“** Auch hier ist die Sache nicht in das Belieben oder fast in die Willkür des Apollos gestellt und heißt nicht: „wenn es ihm paßt.“ Es muß aber von Gott die rechte Zeit für seinen Besuch in Korinth gegeben und gezeigt werden.

Auffallend bleibt, daß Paulus am Schluß des Briefes keinen Gruß von Apollos bestellt, wie er ihn auch nicht zur Mitverantwortung seines Schreibens an der Spitze des Briefes genannt hat. Liegen doch auch zwischen Apollos und Teilen der korinthischen Gemeinde Schwierigkeiten? War die Mitteilung über Apollos ein genügender Gruß? Oder war Apollos bei dem Abschluß und der Absendung des Briefes vorübergehend von Ephesus abwesend? Wie wenig wissen wir!

[9] Hier hat das oft mit „Ermahnen“ übersetzte Wort noch ganz seinen ursprünglichen Sinn des „Zuredens“. „Ermahnen“ konnte Paulus einen selbständigen Mann wie Apollos nicht.

DIE ANERKENNUNG EINSATZBEREITER MITARBEITER

1. Korinther 16, 13–18

zu Vers 13:
Mt 25, 13
Apg 20, 31
1 Ko 15, 1. 34
Gal 5, 1
Eph 6, 10
2 Th 2, 15
zu Vers 14:
Kol 3, 14
zu Vers 15:
Rö 16, 5
1 Ko 1, 16; 16, 17
zu Vers 16:
1 Ko 16, 18
2 Ko 11, 19
Phil 2, 29
1 Th 5, 12
1 Tim 5, 17
zu Vers 17:
1 Ko 16, 15
zu Vers 18:
1 Ko 16, 16
2 Ko 7, 13
1 Th 5, 12 f

13 **Wachet, steht in dem Glauben, seid mannhaft, seid stark!**
14/15 * **Alles bei euch geschehe in Liebe!** * **Ich ermahne euch aber,**
Brüder: Ihr kennt das Haus des Stephanas, daß es der Erstling
von Achaja ist, und daß sie sich selbst zum Dienst für die Hei-
16 **ligen verordnet haben** — * **daß auch ihr eurerseits euch solchen**
17 **unterordnet und jedem, der mitwirkt und sich müht.** * **Ich freue**
mich aber über die Anwesenheit von Stephanas und Fortunatus
und Achaikus, weil diese euren Mangel (oder: den Mangel eurer
18 Gegenwart) **ausgeglichen haben.** * **Denn erquickt haben sie meinen**
Geist und den euren. Erkennt nun solche (Männer) **an.**

Paulus muß sein eigenes Kommen noch weit hinausschieben und hat auch Apollos vergeblich zugeredet, der Einladung der Korinther zu folgen. Wenn auch Timotheus die Gemeinde „an die Wege des Paulus in Christus erinnern“ wird (4, 17), so muß sie doch im ganzen selber fertig werden. Paulus traut ihr das auch zu. Freilich muß sie dazu **„wachen“**. Sorglose Schläfrigkeit oder schwärmerische Träume muß sie abschütteln. Nicht unbedroht und ungefährdet von innen und außen geht sie ihrem großen Ziel der Auferstehung und Verwandlung entgegen. Sie würde dieses Ziel durch Sorglosigkeit verfehlen. Kap. 4, 8 zeigt die falsche Sicherheit gerade der korinthischen Ge-
13/14 meinde. Sie muß „zusehen, daß sie nicht falle“ (10, 12)[1]. Sie darf aber **„stehen im Glauben“**. Das grie „en“ hat hier, wie so oft, einen instrumentalen Sinn. Nicht nur zu ihrem Glauben sollen sie stehen, sondern gerade durch ihren Glauben können sie wirklich **„stehen“**. Nicht aus ihrer eigenen Standhaftigkeit und Treue heraus werden sie fest und klar bleiben. Aber indem sie „glauben“, das heißt im gehorsamen Vertrauen auf Jesus blicken und in jeder Lage mit ihm rechnen, **„stehen“** sie.

Paulus fügt zwei Mahnungen an: **„seid mannhaft, seid stark“**, die im Gegensatz zu dem „Stehen durch den Glauben“ auf ein rein menschliches Heldentum zu verweisen scheinen. Sie stammen aber trotz ihres „griechischen“ Klanges aus dem AT. In 2 Sam 10, 12 richtet Joab, der Feldhauptmann, diese doppelte Aufforderung an seinen Bruder Abisai; und Ps. 27, 14; 31, 25 nimmt sie in seiner Weise auf. Gerade der Glaubende ist nicht weichlich, sondern **„mannhaft“**, nicht schwächlich, sondern **„stark“**. Nicht vorsichtiges Ausweichen oder ängstliches Zurückweichen, sondern mannhafte Kraftentfaltung durch den Glauben ist Sache einer Gemeinde Jesu. Es ist aber kein

[1] So hat schon Jesus selbst seine Jünger mit tiefem Ernst zur Wachsamkeit gerufen. Mt 24, 42; 26, 41; Mk 13, 37. Sein Jünger Petrus hat aus eigener schmerzlicher Erfahrung heraus diese Mahnung weitergegeben (1 Pt 5, 8).

Gegensatz dazu, wenn Paulus hinzufügt: **„Alles bei euch geschehe in Liebe!"** Denn wirkliche **„Liebe"** ist nicht Schwäche, Gutmütigkeit oder feiges Beschwichtigen und Beschönigen. Sie will mit ganzem Ernst und Einsatz das echte Leben des andern. Umgekehrt wäre auch alle Mannhaftigkeit wertlos, wenn nicht die Liebe **„alles"** regierte. Was Paulus in Kap. 13 eingehend klar gemacht hat, klingt hier in seinem kurzen Satz noch einmal an. Eine wache, feststehende, mannhafte und starke Gemeinde sind die Korinther, wenn sie wirklich „alles" bei sich „in Liebe geschehen" lassen.

Paulus hat es von der Gemeinde als ganzer erwartet, daß sie „über- 15/16
fließt in dem Werk des Herrn". Das ist ihr kostbarer Beruf. Sie muß nicht mehr das öde Leben nach der Regel führen: „Laßt uns essen und trinken, denn morgen sind wir tot." Aber Paulus weiß auch, daß sich selbst in einer lebendigen Gemeinde doch Menschen herausheben, die in besonderer Weise **„mitwirken und sich mühen"**. Dabei ist auch hier wieder wie in Kap. 3, 7 der „Erfolg" nicht das Ausschlaggebende. Zu schätzen ist der Einsatz und die Mühe (vgl. 3, 8 f). Die andern, die nicht so entschlossen Hand anlegen, wie es die Aufgaben erfordern, sollen sich solchen **„unterordnen"**. Dabei blickt Paulus besonders auf **„Stephanas"**[2] und auf sein **„Haus"**. Es ist den Korinthern wohl bekannt. **„Ihr kennt das Haus des Stephanas, daß es der Erstling von Achaja ist." „Achaja"** ist der amtliche römische Provinzname für Südgriechenland. Wohl ist Dionysius, das Mitglied des Areopag, der erste Mann dieser Provinz, der nach Apg 17, 34 „zum Glauben kam". Aber es ist nicht einmal sicher, daß Paulus ihn durch die Taufe zum Glied der Gemeinde machte, und sichtbare Folgen hat seine Wendung zum Evangelium jedenfalls nicht gehabt. So nennt Paulus nicht ihn, sondern Stephanas den **„Erstling von Achaja"**. Paulus hat ihn und sein Haus selber getauft (1, 16). Stephanas und sein Haus haben begriffen, daß es im Christwerden nicht nur um die persönliche Errettung geht, sondern um die Berufung zum Dienst (s. o. S. 37). So haben sie im Haus des Stephanas **„sich selbst zum Dienst für die Heiligen verordnet"**[3]. Wie leicht mißdeutet man in einer zerrissenen und eifersüchtigen Gemeinde solche Dienstbereitschaft, als wollten sich hier Menschen der Gemeinde aufdrängen und eine Rolle in ihr spielen. Darum **„ermahnt"** Paulus seine Brüder: **„daß auch ihr eurerseits euch solchen unterordnet."**

Hier wird in einer auch für uns wichtigen Weise deutlich, wie eine echte Gemeindeordnung lebendig zustandekommt. Stephanas und die Seinen werden nicht von Paulus autoritativ mit irgendwelchen „Ämtern" betraut; sie sind auch nicht von der Gemeinde gewählt und berufen worden; sie erhalten keine Titel und keine Rechte, auch keine Dienstanweisung. Sie haben sich **„selbst zum Dienst verord-**

[2] Der Name ist entweder Weiterbildung des einfachen „Stephanos = Kranz" oder Kurzform zu „Stephanophoros = Kranzträger".

[3] An dieser Bemerkung wird deutlich, daß es sich bei dem „Haus" des Stephanas nicht um „Kinder" handelt. Aus der Taufe von „Häusern" ist also nicht schon auf die Übung der Säuglingstaufe bei Paulus zu schließen.

net". Es ist alles in freier, lebendiger Bewegung. Stephanas mit seinem Haus sah, was in der Gemeinde zu tun war, und griff fröhlich die Arbeit an. Nun aber sollen sich die andern ebenso freiwillig ihrem Tun ein- und unterordnen. Es ist hier verwirklicht, was Paulus in Kap. 12 von der Gemeinde als einem „Leib" grundsätzlich gesagt hat. Indem ein „Glied" seine besonderen Gaben und Kräfte besitzt und mit ihnen seine Funktion ausübt, dient es dem Leben des ganzen Körpers und hat damit auch seine Stellung im Ganzen des Leibes. So soll eine Gemeinde Jesu in der Kraft des Heiligen Geistes und durch die Dienstgaben, die der Geist verleiht, sich selbst aufbauen. So geschieht es auch tatsächlich immer neu, wo echte Gemeinde lebt. Der betonte Rückgriff auf Kirchenverfassung und Kirchengesetz ist ein Versuch, das verlorene oder doch verminderte Leben künstlich zu ersetzen. Das echte Leben im Heiligen Geist funktioniert auch in verfaßten Kirchen und Gemeinden in Wirklichkeit so, wie wir es hier im Text vor Augen haben[4].

17 Stephanas weilte zusammen mit Fortunatus und Achaikus[5] bei
Paulus in Ephesus. Die Gemeinde hat diese drei Männer mit einem
Brief (7, 1) und vielleicht auch noch mit mündlichen Fragen zu dem
Apostel gesandt[6]. Über manche Schäden in der Gemeinde haben sie
gerade als solche Abgesandte nicht reden mögen. Über die Spaltungen in der Gemeinde wurde Paulus nicht durch sie, sondern durch
die Leute der Chloe unterrichtet (1, 11). Paulus freut sich über ihre
„Anwesenheit"[7], **„weil diese euren Mangel ausgeglichen haben".** Der
sehr knappe Ausdruck will sagen, daß eigentlich die ganze Gemeinde
ihren Apostel besuchen, ihm berichten und mit ihm reden müßte.
Wie gern hätte er sie alle da! Aber das geht ja nun nicht. Nun glei-
18 chen diese drei Gesandten diesen **„Mangel"** aus. **„Denn erquickt haben
sie meinen Geist und den euren."** Wieder merken wir die kurze und
zusammengeraffte Sprache des Paulus. Erquickt haben sie „seinen
Geist"[8]. Von ihnen hat er Genaues über Korinth gehört, mit ihnen

[4] Freilich, die Mahnung, „sich solchen unterzuordnen", ist auch immer wieder dringend nötig! Wie oft wird der freiwillige Einsatz geistlich begabter Männer und Frauen von den andern nicht mit frohem Dank geachtet, sondern mit Mißtrauen und Mißgunst angesehen und gehindert.

[5] Diese beiden Gemeindeglieder sind uns sonst nicht weiter bekannt.

[6] Das ist im Text nicht gesagt und wird von Auslegern bestritten, weil es bei ausdrücklichen Abgesandten der Gemeinde nicht nötig gewesen wäre zu ermahnen: „Erkennt nun solche Männer an." Aber wenn die drei nur privat und in eigenen Angelegenheiten nach Ephesus gekommen wären, warum sollte die Gemeinde „solche Männer" besonders anerkennen? Es ist durchaus möglich, daß Stephanas sich auch hier selbst angeboten hatte, mit Fortunatus und Achaikus (vielleicht seinen Söhnen?) für die Gemeinde die mühsame Reise zu machen, und daß durchaus nicht allgemein anerkannt wurde, welchen Dienst er damit der Gemeinde leistete. So kommt es zu der verständlichen Mahnung des Apostels. Paulus konnte von einem Privatbesuch alles das nicht sagen, was er mit sichtlicher Freude von der Anwesenheit dieser Männer bei ihm rühmt.

[7] Hier steht das Wort „Parusie", das hier offensichtlich nicht „das Kommen" oder „die Ankunft" bedeutet, da diese drei Männer schon längere Zeit bei Paulus sind. Es ist hier seinem Wortlaut nach als „Dasein", „Anwesenheit" zu fassen.

[8] Paulus kann das Wort „Geist" auch für sein persönliches Innenleben verwenden. Er meint es dann aber immer in seiner Tiefe und denkt nicht nur an seinen Intellekt. Vgl. Rö 8, 16.

hat er alle seine heißen Sorgen um die geliebte Gemeinde durchsprechen können. Welch eine Erleichterung war das für ihn[9]. Aber auch für die Korinther war es innere Hilfe, ihre Abgesandten bei Paulus zu wissen und auf gründliche Klärung aller Fragen hoffen zu können. Darum sollen sie auch solche Männer dankbar **„anerkennen“**, die alle Mühe einer derartigen Reise, alle Opfer an Zeit und Kraft auf sich nahmen, um ihrer Gemeinde wie ihrem Apostel diesen Dienst zu tun.

SCHLUSSGRÜSSE

1. Korinther 16, 19–24

19 Es grüßen euch die Gemeinden der Asia. Es grüßen euch im Herrn
vielmals Aquila und Priskilla zusammen mit ihrer Hausgemeinde.
20 * Es grüßen auch die Brüder alle. Grüßt einander mit dem heiligen
21/22 Kuß. * Der Gruß mit meiner, des Paulus, Hand. * Wenn einer
23 den Herrn nicht liebhat, sei er verflucht. Maranatha. * Die Gnade
24 des Herrn Jesus mit euch! * Meine Liebe mit euch allen in Christus
Jesus.

zu Vers 19: Apg 18, 2. 26; Rö 16, 3. 5; Offb 1, 4. 11
zu Vers 20: Rö 16, 16; 2 Ko 13, 12; 1 Pt 5, 14
zu Vers 21: Gal 6, 11; Kol 4, 18; 2 Th 3, 17; Phlm 19
zu Vers 22: Rö 9, 3; 1 Ko 12, 3; Gal 1, 8 f
zu Vers 23: Rö 16, 24

Wie vielfach am Schluß seiner Briefe richtet Paulus nun auch hier Grüße aus. Es grüßen zuerst **„die Gemeinden der Asia“**. Dabei bezeichnet **„die Asia“** nicht etwa „Asien“ und nicht einmal Kleinasien als ganzes. Die „Asia“ heißt nur die römische Provinz an der Westküste Kleinasiens mit ihren zahlreichen, blühenden Städten. Es ist für uns wichtig, durch diesen Gruß zu erfahren, daß nicht nur in der Hauptstadt Ephesus durch die Arbeit des Paulus eine Gemeinde Jesu entstanden war, sondern auch aus andern Städten bereits Gemeinden grüßen konnten. Namen werden nicht genannt. Wir werden aber vor
allem an Kolossä und Laodizea zu denken haben, von deren Verbin- 19
dung mit Paulus wir wissen (Kol 4, 15 f). Einen besonders herzlichen Gruß richtet das Ehepaar **„Aquila und Priskilla“** aus. „Priska“ hier wie meist bei Paulus mit dieser kurzen Namensform genannt, ist offensichtlich mit ihrem Mann zusammen in der Gemeinde lebhaft tätig. Für Korinth hatte das Ehepaar eine besondere Bedeutung. Es bot dem Paulus bei seiner Ankunft in der fremden Stadt Unterkunft und Arbeitsmöglichkeit (Apg 18, 1–3) und damit die äußere Grundlage für seinen Dienst. Wahrscheinlich waren Aquila und Priskilla schon von Rom her christusgläubig; ihre Bekehrung durch Paulus wäre wohl nicht unerwähnt geblieben. Wie jetzt in Ephesus werden sie auch in Korinth in der Gemeinde eifrig mitgearbeitet haben. So

[9] Das mit „erquicken“ wiedergegebene Wort trägt die Bedeutung „Ruhe geben“, „beruhigen“ in sich. Der von Sorgen um Korinth gepeinigte Apostel ist durch das Zusammensein mit den drei Korinthern beruhigt worden und kann vieles wieder ruhiger ansehen. Wir müssen bedenken, daß Paulus diese Sorge um Korinth während seiner großen und kampfreichen Arbeit in Ephesus in seinem Herzen trug! Was bedeutete es ihm, wenn er sich seinem Wirken in Ephesus wieder ruhiger und gesammelter zuwenden konnte.

sind sie mit den Korinthern besonders verbunden und grüßen **„vielmals“**. Aber die Wärme ihres Grußes ist nicht einfach eine persönliche. Sie **„grüßen im Herrn“**. „In Jesus“, nicht in persönlichen Sympathien ist ihre Verbundenheit mit den Korinthern begründet.

Mit ihnen grüßt **„ihre Hausgemeinde“**. Das „Haus“ hat von Anfang an im Christentum eine Rolle gespielt. „Kirchen“ oder „Gemeindesäle“ besaß die junge Christenheit nicht. Wohl hatte sie in gemieteten Häusern mit großen Räumen oder gar mit einer „Schule“ (Apg 18, 7; 19, 9) besondere Versammlungsstätten. Aber es ergab sich in Jerusalem wie von selbst, daß sie „das Brot brachen hin und her in den Häusern“ (Apg 2, 40 f). Ebenso kam auch in Troas die Gemeinde zur Abschiedsfeier mit Paulus in dem „Obergemach“ eines Hauses zusammen (Apg 20, 7 f). Aquila und Priskilla hatten einen größeren Handwerksbetrieb und sind als relativ wohlhabende Leute zu denken. So bot ihr Haus Raum für Zusammenkünfte, und es sammelte sich eine ganze **„Hausgemeinde“** regelmäßig bei ihnen. Wer durch die beiden zum Glauben kam, suchte besonders gern ihr Haus auf, um dort im Glauben und in seinem Gebetsleben gefördert zu werden. Solche **„Gemeinden“**[1] in verschiedenen Häusern waren keine Spaltungen der einen Gemeinde Gottes in Korinth. In ihnen lebte vielmehr diese eine Gemeinde konkret in enger und lebendiger Gemeinschaft vieler ihrer Glieder. Wir verstehen aber jetzt, warum Paulus vom Zusammensein der „ganzen Gemeinde an einem Ort“ in Kap. 14, 23 besonders spricht. Es war dieses nicht ständig die selbstverständliche Form des Gemeindelebens. Das Zusammenkommen geschah auch in **„Hausgemeinden“**. Eine solche Hausgemeinde im
20 Hause der Aquila und Priskilla gibt ihre Grüße dem Brief mit. Es grüßen aber auch **„die Brüder alle“**. Es werden das die Brüder sein, die Paulus in der großen ephesinischen Arbeit um sich hat. Sie mögen manches bei dem Diktat des Briefes mitgehört haben. Das Ergehen einer so bedeutenden griechischen Gemeinde wie Korinth bewegte sie auf jeden Fall mit. So grüßen sie mit und zeigen dadurch zugleich den Korinthern, daß sie es in diesem Brief nicht mit einem einzelnen Mann und seinen Meinungen zu tun haben, sondern mit einer ganzen Bruderschaft, die zu dem steht, was Paulus schreibt. Vgl. dazu auch Gal 1, 1.

Aber die Gemeinde hat nicht nur Grüße von auswärts zu empfangen. Sie darf sich auch selber **„untereinander grüßen mit dem heiligen Kuß“**. Der Brief wird ja in einer Gemeindeversammlung vorgelesen. Alle haben ihn gehört. Er geht sie alle an. Nun dürfen sie ihre Gemeinschaft untereinander in Christus trotz aller Nöte und Spannungen bekräftigen, indem einer dem andern den Bruderkuß gibt. Es ist ein **„heiliger“** Kuß, weil er einer Zusammengehörigkeit Ausdruck gibt, die allein in dem heiligen Herrn und seiner heiligen Liebe begründet ist. Der Kuß auch unter Männern war in der alten

[1] Wir merken an solchen Stellen, wie frei und lebendig der Gebrauch des Wortes „ekklesia = Gemeinde“ war. Wo immer Menschen sich im Namen des Herrn Jesus versammeln, da waren sie „Gemeinde“. Das entsprach der Zusage des Herrn selbst in Mt 18, 20.

Welt nicht so ungewöhnlich wie bei uns (vgl. Lk 7, 45). Aber im Unterschied von solcher bloßen Sitte der Begrüßung soll in der Gemeinde Jesu der Kuß ein „heiliger", ein von der Liebe des Herrn her erfüllter sein, der die Einheit der Glieder am Leibe des Christus besiegelt.

Paulus hat bisher den Brief diktiert. Wir haben uns Paulus nicht 21
am Tisch sitzend und schreibend vorzustellen. Wohl konnte Paulus schreiben, aber die Niederschrift längerer Briefe war im Altertum Sache besonderer „Schreiber". So hat sich auch hier ein schreibkundiges Gemeindeglied der großen Arbeit unterzogen, nach Diktat des Apostels Buchstabe um Buchstabe den langen Brief aufzumalen. Aber nun fügt Paulus mit eigener Hand seine persönlichen Grüße bei. **„Der Gruß mit meiner, des Paulus, Hand."** Das beglaubigt den Brief als echt (vgl. 2 Th 3, 17 f). Aber es war wohl auch ein inneres Bedürfnis des Apostels, seinen „Grüßen", seiner Verbundenheit mit der Gemeinde diesen Ausdruck zu geben.

Freilich, es ist ein sehr ernstes und hartes Wort, das er jetzt eigen- 22
händig unter seinen Brief setzt. **„Wenn einer den Herrn nicht liebhat, sei er verflucht."** Paulus verflucht nicht die Welt, nicht die, die Jesus noch gar nicht kennen. Aber wenn Männer Christen sind, vielleicht sogar in der Gemeinde eine Rolle spielen, auffallende Geistesgaben besitzen und doch nicht in der dankenden Liebe erretteter Menschen an ihrem Herrn hängen, dann trifft sie das „Anathema", der Fluch.

Dieser Satz ist für uns von ganz großer Bedeutung. Wie leicht achten wir nur auf den „Glauben". Wenn einer nur zum rechten Glauben steht, das Glaubensbekenntnis mitbekennt und die reine Lehre vertritt, dann ist es gut. Ein **„Liebhaben"** des Herrn ist sofort als „Gefühligkeit" verdächtig. Paulus aber redet gerade hier, wo er ein letztes „Anathema" ausspricht, nicht vom Glauben, sondern vom **„Liebhaben"**. Es ist und bleibt ihm ernst mit dem 13. Kapitel seines Briefes als dem Zentrum alles dessen, was er zu sagen hat. So hat der Herr selbst in entscheidender Stunde seinen Petrus nicht examiniert, ob er auch die rechten Vorstellungen von ihm habe und richtig an ihn glaube. Auch da hieß die eine einzige Frage: „Simon Jona, hast du mich lieb?" (Jo 21, 17). Das ist das eine Erfordernis seines Dienstes. So sind auch wir gefragt und sind es mit doppeltem Ernst, wenn wir in einem „Amt" der Gemeinde stehen.

Das „Anathema" aber („er sei verflucht") ist nicht eine Gefühlsaufwallung im Herzen des Apostels. Es ist der Abbruch der Gemeinschaft und die reale Ausstoßung aus der Gemeinde (5, 3—5). Und nun wird der ganze Satz erst recht bedeutsam für uns und wird zu einer beschämenden Kritik der Kirchengeschichte. Oft hat die Kirche das „Anathema" gesagt, in den evangelischen Landeskirchen im Grund nicht weniger als in der Kirche Roms. Viele Männer wurden aus den Gemeinden herausgedrängt. Wurden sie es, weil sie den Herrn nicht liebhatten? Wurde das Anathema damit begründet? Nein, danach wurde nicht einmal gefragt! Immer ging es um das, wovon Paulus hier gerade nicht spricht, um Fragen der „Lehre“[2]. Es ist an der Zeit, daß wir den kurzen Satz des Paulus aus seiner Verborgenheit in dem selten gelesenen Schluß unseres Briefes hervorholen und in allen unseren Kirchen und Gemeinden groß machen: **„Wenn einer den Herrn nicht liebhat, sei er verflucht.“**

Paulus fügt einen Ruf hinzu, der in dieser aramäischen Urform auch in den griechischen Gemeinden bekannt war wie auch das „Talitha kumi“ oder das „Hephata“. Der Ruf kann entweder als „Maran atha“ = „unser Herr ist gekommen“ oder als „Marana tha = „unser Herr komme!“ verstanden werden. Auch im ersten Fall hat es in diesem Zusammenhang seinen guten Sinn. „Unser Herr ist gekommen“; er ist darum eine unausweichliche Wirklichkeit. Jeder muß zu ihm Stellung nehmen, muß ihn lieben oder wird ihn verachten. Wer aber diesen bereits gekommenen Herrn verachtet, steht unter dem Fluch, den Gott selbst verhängt hat und den Paulus nur ausspricht. Aber wahrscheinlicher ist doch die andere Deutung: **„Marana tha“** = **„Unser Herr komme!“** Die Botschaft, daß Jesus kam, mußte in einer griechischen Gemeinde nicht aramäisch gesagt werden. Wohl aber kann ein aramäischer Gebetsruf der Urchristenheit, der dort bei den Zusammenkünften wieder und wieder erklang, seinen Weg auch nach Korinth gefunden haben. Auch die griechische Gemeinde dort wollte mit der Urgemeinde einstimmen in den verlangenden Ruf nach dem Kommen des Herrn, das alle Verderbens- und Todesmächte beseitigen und die neue Welt des wahren Lebens schaffen wird[3].

23 Ein letzter Zuspruch und eine letzte Versicherung beenden den Brief: **„Die Gnade des Herrn Jesus mit euch!“** Es wird hier so wenig ein „sei“ zu ergänzen sein, wie in dem folgenden Vers. Es geht nicht um ein unsicheres Wünschen, sondern um einen klaren Zuspruch. Die Gnade des Herrn Jesus ist mit der Gemeinde. Es könnte hinzugefügt werden, was ein Paulus selbst (2 Ko 12, 8) von Jesus zu hören bekam: „Genug ist für dich meine Gnade!“ Was bedarf eine Gemeinde noch mehr? Wenn sie diese Gnade hat und aus dieser Gnade lebt, dann ist schon alles gut.

24 Weil Paulus das weiß, Jesu Gnade ist unverbrüchlich und unveränderlich mit der Gemeinde in Korinth, darum darf auch er nach

[2] Gal 1, 8 kann nicht dagegen angeführt werden. Denn auch dort handelt es sich nicht um einzelne „Lehren“, sondern um das Evangelium als ganzes, um das Evangelium als Evangelium, als Botschaft der freien Gnade. Die neuen Lehrer in Galatien, die die Gemeinde auf die stolzen Höhen gesetzlicher Heiligung führen wollten, hatten bestimmt Jesus nicht lieb! (Vgl. Gal 5, 4; 4, 19.)

[3] Wir denken daran, wie unser ganzes NT in Offb 20, 20 mit diesem „Marana tha“ schließt. Wenn es doch wieder der Gebetsruf aller Gemeinden und Kirchen heute würde! Wieviel Kraft zum Zeugnis, wieviel Stärkung zum Leiden, wieviel Freude in allem Entbehren würde uns zuteil, wenn es wieder und wieder durch unsere Herzen und durch unsere Reihen ginge: „Marana tha! Amen, komm, Herr Jesus!“ „Stimmet ein insgemein mit der Engel Sehnen nach dem Tag, dem schönen.“ Aber auf diesen Tag freuen kann sich nur der, der den Herrn liebhat. Denn unsere Krönung mit dem Kranz der Gerechtigkeit hängt davon ab, daß wir seine Erscheinung liebhaben (2 Tim 4, 8). Und auch die „Krone des Lebens“ hat Gott denen verheißen, die ihn liebhaben (Jak 1, 12). Aus der Liebe zum Herrn wird auch immer wieder das sehnliche Verlangen nach seinem Kommen, nach der Vollendung seines Werkes erwachsen.

allem, was er geschrieben hat und schreiben mußte, der Gemeinde versichern: **„Meine Liebe mit euch allen in Christus Jesus."** Nur in Christus Jesus ist sie es. Unsere Liebe als solche hat diese unbedingte Kraft nicht in sich. Aber in Christus Jesus dürfen es nun alle in Korinth wissen, auch die, die Paulus hart tadeln und ernst mahnen mußte, und auch die, die ihrerseits kritisch gegen Paulus stehen, daß sie in der Liebe ihres Apostels sind und bleiben. Diese Liebe wird noch harte Proben bestehen müssen. Aber in Christus Jesus ist sie jene Liebe, von der Paulus selbst bezeugt hatte: „Alles hält sie aus, alles glaubt sie, alles hofft sie, alles duldet sie" (13, 7). Wir lesen unseren ganzen Brief recht, wenn wir ihn von diesem Schlußsatz her lesen als ein Ringen um die Gemeinde in solcher Liebe.

LITERATUR-HINWEISE:

Wer sich nach den wissenschaftlichen Kommentaren zum 1. Korintherbrief umsehen will, findet die notwendigen Angaben bei

H. Lietzmann, 1/2 Korintherbrief, Handbuch zum NT Band 9, 1933[3], ergänzt von W. G. Kümmel 1949.

Zugleich vermittelt dieses Buch dem des Griechischen Kundigen eine Fülle von sprachlichem und geschichtlichem Material zu unserm Brief.

Im Zahnschen Kommentar ist der 1. Korintherbrief ausgelegt von Ph. Bachmann, Leipzig 1909[2] (erneut aufgelegt 1936). Das Werk ist gründliche Exegese, auch heute noch lesenswert.

A. Schlatter, „Paulus, der Bote Jesu", Stuttgart 1962[3], wird auch dem „Laien" großen Gewinn bringen trotz der häufigen Anführungen griechischer Worte.

Wer eine ganz knappe Erklärung sucht, um zunächst einmal den Brief als ganzen kennen und verstehen zu lernen, sei auf die Auslegung von D. E. Stange in der „Bibelhilfe für die Gemeinde" (Evangelische Verlagsanstalt, Berlin) hingewiesen.

Im bekannten Werk „Das Neue Testament Deutsch" hat H. D. Wendland im Band 7 den 1. Korintherbrief übersetzt und erklärt.

Schlatters bekannte und hochgeschätzte „Erläuterungen zum Neuen Testament" behandeln die Korintherbriefe in Band 6.

SACHREGISTER

Dieses Sachregister will kein vollständiges Verzeichnis aller wichtigen Worte in diesem Band bieten, sondern nur auf die wichtigsten „Sachen" hinweisen, die in diesem Buch ausgelegt werden.

Der zweite Brief des Paulus an die Korinther

erklärt von

Werner de Boor

R. BROCKHAUS VERLAG

VORWORT

Die biblischen Schriften sind durch Jahrhunderte hindurch von ungezählten Menschen ohne ein besonderes sprachliches oder geschichtliches Wissen gelesen und verstanden worden. Der Geist Gottes hat durch sie an Menschen verschiedenster Rasse und unterschiedlichsten Bildungsgrades tiefgehend gewirkt. Sprachliche und geschichtliche Erklärungen biblischer Bücher können immer nur einen Hilfsdienst tun.

Freilich, bei dem 2. Korintherbrief ist dieser Dienst mehr als bei mancher anderen Schrift des Neuen Testamentes wichtig. Es ist kein Zufall, daß aus diesem Brief zwar einzelne Abschnitte, wie etwa Kapitel 5, 14—21, gern zur Grundlage der Verkündigung genommen wurden, daß aber der Brief als ganzer weithin unbekannt blieb. Er ist in vielen Abschnitten nicht leicht zu verstehen. Der Leser bedarf hier der helfenden Hinweise einer Auslegung. Möchte dieser Band unserer Studienbibel dazu beitragen, daß der besondere Reichtum des 2. Korintherbriefes erkannt und dieses Buch des Neuen Testamentes zum wirksamen inneren Besitz vieler Leser werde.

Schwerin, Januar 1972

Werner de Boor

INHALT

EINLEITUNG

1. Wenn wir vom 1. Korintherbrief herkommend unsern Brief lesen, spüren wir sofort *den großen Unterschied zwischen den beiden Briefen.* Im 1. Korintherbrief ging es um einzelne Sachfragen des Gemeindelebens, die nacheinander in ruhiger Darlegung behandelt werden. Im 2. Korintherbrief aber gibt es – abgesehen von dem Abschnitt über die Sammlung für Jerusalem – im Grund nur ein einziges Thema: die apostolische Autorität des Paulus. Die vielerlei Themen des 1. Briefes sind verschwunden. Vom rechten Verhalten bei Streitigkeiten unter Brüdern, von der Zucht im geschlechtlichen Leben, von der Ehe, vom Götzenopferfleisch, von der Feier des Herrenmahles, vom Verhalten der Frauen, von den Geistesgaben, von der Auferstehung hören wir nichts mehr.

Das wird nicht darin seinen Grund haben, daß alle diese Fragen inzwischen nach dem Wunsch des Apostels geregelt sind. Wir sehen aus dem 2. Brief, wie bedrohlich die Spannungen zwischen Apostel und Gemeinde geworden waren. In dieser Lage sind die Korinther sicher nicht bereit gewesen, auf die Anweisungen des Paulus zu hören! Paulus greift diese Fragen nicht wieder auf. Ihm geht es wie einem Architekten (1 Ko 3, 10!), der nicht mehr über einzelne Fragen eines Baues verhandeln kann, wenn ihm die Vollmacht zur Durchführung des Baues überhaupt bestritten wird. Jetzt mußte erst einmal entschieden werden, ob die Gemeinde Paulus grundsätzlich als ihren Apostel anerkennt und zu neuem Gehorsam gegen ihn bereit sein wird.

Von daher wird verständlich, daß der 2. Korintherbrief der *persönlichste Brief* ist, den Paulus geschrieben hat. Notgedrungen muß er in ihm fort und fort von seiner eigenen Person und von seinem Tun und Leiden sprechen. Der ganze Brief klingt wie eine „Verteidigungsrede", auch wenn Paulus ihn nicht so aufgefaßt und gelesen haben will (Kap. 12, 19). Paulus ist beim Schreiben in stärkstem Maße selbst beteiligt, auch wenn es ihm nicht um seine Person, sondern um Korinth und um die Gemeinde dort geht. Für das Bestehen und Gedeihen dieser Gemeinde ist die Anerkennung seiner Vollmacht und Verkündigung von grundlegender Bedeutung.

Verständlich ist von daher auch *der erregte Ton* des Briefes und *der auffallende Wechsel im Ton.* Lesen wir nur einmal 7, 8–16 und 12, 20 – 13, 4 nebeneinander. Für die Beurteilung der Einheitlichkeit unseres Briefes ist es von Wichtigkeit, daß wir diesen Wechsel im Ton begreifen. Vgl. die Darlegung unter 4.

2. Wir merken zunächst den tiefen Unterschied unseres Briefes gegenüber dem 1. Korintherbrief. Aber zugleich fällt vom *2. Brief ein klärendes Licht auf den 1. Brief* zurück. Viele Sätze und Aussagen des 1. Briefes werden in diesem Licht schärfer und profilierter. Sie bekommen ein ganz anderes Gewicht. Dadurch rücken beide Briefe wieder näher aneinander; ihre Einheit und Zusammengehörigkeit tritt hervor.

Vom 2. Korintherbrief her sehen wir deutlicher, wie ernst die Spannung zwischen Apostel und Gemeinde bereits zur Zeit des 1. Briefes war. Es gab damals schon Männer in Korinth, die des Paulus erklärte Gegner waren, sein Apostelamt bestritten, ihn aus der Gemeinde ganz hinausdrängen wollten und bereits triumphierend sagten, er werde gar nicht mehr nach Korinth zu kommen wagen (1 Ko 4, 18). Gegen sie und gegen das Mißtrauen, das sie säten, mußte Paulus seine einzigartige Bedeutung für die Gemeinde in Korinth betonen: 1 Ko 1, 1; 3, 10; 4, 15–17; 9, 1. 2. Schon damals waren die ständigen Leiden des Paulus und sein wenig imponierendes Auftreten, einschließlich der Ablehnung einer Besoldung von seiten der Gemeinde, ein erheblicher Anstoß in Korinth. Sätze wie 1 Ko 2, 1; 3, 17; 4, 8–13. 18–21; 9, 1–12; 9, 19; 14, 37. 38 lesen wir von den harten Auseinandersetzungen des 2. Briefes her ganz neu. Und auch die scharfen Urteile über die Gemeinde an einzelnen Stellen (1 Ko 3, 1–4; 4, 8; 4, 21; 5, 2; 8, 12; 11, 30–32; 15, 33 f), verraten uns im Rückblick vom 2. Brief her eine bereits sehr tief gehende Sorge um die Gemeinde. Auch das kleine Sätzchen 1 Ko 16, 22 mit seinem Anathema über alle, die den Herrn Jesus nicht liebhaben, erhält vom 2. Korintherbrief her ein ganz anderes Gewicht.

3. Wie aber ist es zum 2. Korintherbrief gekommen? *Welche Ereignisse liegen zwischen den beiden Briefen?* Die Sendung des Timotheus nach Korinth (1 Ko 4, 17; 16, 10 f), vom Apostel nicht ohne Sorge unternommen, hatte offenbar keinen Erfolg gehabt. Die Lage in Korinth und die Auflehnung gegen Paulus zeigte sich noch bedrohlicher, als es der Apostel bei seinem Schreiben angenommen hatte. Timotheus brachte bei seiner Rückkehr aus Korinth so alarmierende Nachrichten mit, daß Paulus sich entschloß, die Arbeit in Ephesus für kurze Zeit zu unterbrechen und selber nach Korinth zu fahren. Er „kam in Traurigkeit" (2 Ko 2, 1) zu diesem „Zwischenbesuch", den er in 13, 1. 2 ausdrücklich als „zweiten Besuch" zählt. Paulus konnte bei der Kürze der Zeit in Korinth die Nöte nicht beseitigen und die Schwierigkeiten nicht lösen. Darum gab er *seinen früheren Reiseplan* (1 Ko 16, 5–8) auf und versprach den Korinthern einen besonders gründlichen Besuch. Er wollte direkt auf dem Seeweg von Ephesus zu den Korinthern kommen, bei ihnen verweilen und dann erst von Korinth aus den Besuch bei den makedonischen Gemeinden machen, um aus Makedonien nochmals nach Korinth zurückzukehren (2 Ko 1, 15 f). Bei solch gründlichem Bemühen um die Gemeinde hoffte der Apostel wohl, sie wieder ganz in die Hand zu bekommen und alte Wunden zu heilen.

Paulus hat *diesen Reiseplan nicht durchgeführt*. Die Gründe nennt er uns in 1, 23; 2, 1–4. In Korinth ist etwas geschehen, was den Apostel tief traf und sein Kommen nach Korinth sehr schwierig für die Gemeinde wie für ihn selbst gemacht hätte. Dieser *notvolle Zwischenfall* kann sich nicht während des „Zwischenbesuches" selbst ereignet haben; denn dann hätte Paulus den Korinthern nicht den großzügigen Doppelbesuch versprochen, bzw. ein in dieser Richtung gegebenes Versprechen sofort zurückgenommen. Der Aufschub des Besuches und die Änderung des Reiseplanes ist sichtlich erst nach der Rückkehr des Apostels nach Ephesus beschlossen worden. Was war in Korinth geschehen? Paulus spricht in unserm Brief von einem Mann in der Gemeinde, der „Betrübnis angerichtet" und „Unrecht getan" hat, und von einem andern, der „betrübt worden ist" und „dem Unrecht geschah" (2, 5; 7, 12). Da sich dies nicht während des „Zwischenbesuches" ereignete, kann es nicht der Apostel selber sein, der von einem Glied der Gemeinde beleidigt worden ist. Aber es wird sich um einen Mann gehandelt haben, der Paulus nahe stand, so daß der Apostel persönlich mitbetroffen war. *Paulus gab seinen Besuch in Korinth vorerst auf* und schrieb „aus großer Trübsal und Angst des Herzens mit viel Tränen" (2, 4) einen harten Brief, in welchem er eine klare Entscheidung der Gemeinde und eine Bestrafung des „Übeltäters" forderte. Diesen Brief — zur Unterscheidung von den anderen Korintherbriefen der „Tränenbrief" genannt — ließ er *durch Titus* in Korinth überbringen. Er beendete seine Arbeit in Ephesus und wanderte über Troas zum Besuch der makedonischen Gemeinden. Er nahm damit seinen früheren Reiseplan (1 Ko 16, 5—8) wieder auf, nur daß jetzt nicht mehr Korinth das klare Ziel seiner Wanderung war. Paulus mußte abwarten, was Titus in Korinth erreicht und was sein eigener Brief dort ausgerichtet hatte. Er hatte offenbar nicht an einen langen Aufenthalt des Titus in Korinth gedacht. Es ging nicht um Verhandlungen und Diskussionen, sondern um eine Entscheidung, die rasch gefällt werden konnte und mußte. Der Apostel hoffte, Titus auf dessen Rückweg von Korinth bereits in Troas zu treffen. Doch Titus kam nicht. Paulus brach in seinen tiefen Sorgen um Korinth eine hoffnungsvolle Evangelisation in Troas ab und reiste nach Makedonien weiter Titus entgegen (2, 12 f). In Makedonien — wir wissen nicht in welcher Stadt, vielleicht schon in Philippi — *traf Titus mit guten Nachrichten aus Korinth* bei Paulus ein. Die Gemeinde hatte in ihrer Mehrheit eine Strafe gegen den Übeltäter verhängt; die Liebe zu dem Apostel Paulus, das Bewußtsein unlösbarer Zugehörigkeit zu ihm war ihnen neu aufgegangen. Paulus war voller Freude (7, 5—16). Nun kann der 2. Korintherbrief geschrieben werden. Der Weg ist frei zu dem Besuch des Apostels in Korinth. Der Brief kündigt diesen 3. Besuch in der Gemeinde an (13, 1—4) und bereitet ihn durch eine Besprechung der gegen Paulus erhobenen Vorwürfe und durch eine entschlossene Kampfansage an die Zerstörer der Gemeinde vor (Kap. 1—7 und 10—13). Titus wird, begleitet von zwei Brüdern, noch einmal nach Korinth kommen, diesen Brief übergeben und der Gemeinde bei der Durchführung der Sammlung für die Urgemeinde in Jerusalem helfen (8, 16—24). Der eigene Besuch des Apostels wird dann folgen.

So können wir den Verlauf der Ereignisse, die von der Absendung des 1. Korintherbriefes bis zum Diktat des 2. Briefes und seiner Überbringung durch Titus führten, in großen Linien nachzeichnen. Wichtige Einzelheiten bleiben freilich offen. In einem Brief wird vielfach in Andeutungen geredet, die der Briefempfänger sofort versteht, die aber für einen späteren Leser des Briefes undeutlich bleiben. Es lag nahe, daß Paulus gerade von solchen Ereignissen, die für die Gemeinde schmerzlich und beschämend waren, jetzt nach der Aussöhnung mit ihr nur in solchen Andeutungen sprach.

4. Es würde das Verständnis der Vorgänge in Korinth und darum auch vieler Sätze und Anspielungen in unserem Brief sehr erleichtern, wenn wir *die Gegner des Paulus* dort genau kennen und ein *klares Bild der Strömungen* haben könnten, von denen die Gemeinde bewegt und innerlich zerklüftet war.

Wer waren die Männer, die zeitweise fast die ganze Gemeinde von Paulus loszumachen und unter ihren Einfluß zu bringen drohten? Wo kamen sie her? Was waren ihre Ziele? Es ist viel darüber nachgedacht und geschrieben worden. Aber die Hinweise und Andeutungen in unserm Brief, bzw. in beiden Korintherbriefen, sind so knapp, daß die Bemühungen der Ausleger nicht zu allgemein anerkannten Ergebnissen geführt haben.

a) Wir werden auch hier an den ersten Brief anzuknüpfen haben. Es ist bezeichnend, daß der Apostel dort nirgends eingehender eine „Irrlehre" darstellt, mit der er sich theologisch auseinandersetzt. Es geht um bestimmte Verhaltensweisen, die Paulus verurteilen muß und die er mit Erschrecken in der Gemeinde um sich greifen sieht. Man meint sehr viele „Freiheiten" zu haben, sogar die Freiheit zur Heirat mit der Stiefmutter (Kap. 5), die Freiheit zum Prozessieren mit Brüdern vor heidnischen Richtern (Kap. 6), Freiheit im sexuellen Leben (Kap. 6, 12 ff), Freiheit zur Teilnahme an Tempelmahlzeiten (Kap. 8), Freiheit zum Aufgeben fraulicher Sitte (Kap. 11, 2—16), Freiheit zum eigenen Genießen bei den Gemeindemahlzeiten (Kap. 11, 17 ff). Was Paulus dabei besonders erschreckt, ist das Beiseitestellen der Liebe zugunsten der eigenen Freiheit und Größe. Man kümmert sich nicht um den Bruder (8, 11—13)! Man verachtet die Gemeinde, den Leib des Christus (11, 22)! Man fühlt sich als überlegener „Geistesmensch" mit großen „Gaben" und ist doch in Wahrheit „fleischlich" (Kap. 3, 1—4). Man will sicher und überlegen leben (Kap. 4, 8) und stößt sich an dem armen und von Leiden gezeichneten Weg des Apostels. Ist er überhaupt ein echter Apostel? Müßte ein Gesandter Gottes nicht ganz anders auftreten? (Kap. 4, 9—13; 9, 1—23).

Offenbar ist die Gemeinde selbst von solcher Freiheitsschwärmerei bedroht und wird darum auch als ganzes angeredet. Immerhin zeigen Stellen wie Kap. 8, 77 ff, daß diese „Freiheit" von einer Gruppe in der Gemeinde besonders in Anspruch genommen wird. Und in Kap. 15, 12. 34 erscheint das Stichwort „etliche", das Männer erkennen läßt, die hier tonangebend waren.

b) Hinter diesen „Freiheiten" in der Lebenspraxis stand eine bestimmte Anschauung vom Christentum, eine gefährliche „Lehre": „Alles ist erlaubt" für wahre Geistesmenschen. Der Apostel sieht in dem ganzen Denken dieser Kreise eine „Entleerung des Kreuzes Christi" zugunsten „hoher Weisheit", auf die man stolz ist (Kap. 1, 17 ff; 2, 1). Es kommt hier zur Leugnung der Auferstehung und im Zusammenhang damit zur Abwendung von der biblischen Hoffnung (Kap. 15). Der Apostel muß „etlichen" geradezu „Unkenntnis Gottes" vorwerfen. So geht es freilich auch in Korinth um „Irrlehre", aber um eine solche, die mit einer Irreführung der Lebenspraxis völlig verwoben ist. „Leben" und „Lehre" liegen untrennbar ineinander.

c) Die führenden Männer dieser Bewegung in der Gemeinde müssen nicht erst nachträglich von außen gekommen sein. Sie können aus der Gemeinde selbst stammen, zumal sie deutlich „griechisch" empfinden und denken. Sie könnten sowohl Anschauungen des Apostels selbst oder auch des Apollos mißverstanden und gefährlich übersteigert haben. Wir werden sie in der vierten der aufgezählten „Gruppen" in Kap. 1, 12 zu suchen haben. Sie meinten offenbar in einer besonderen und unmittelbaren Weise „Christus zu gehören". Sie proklamierten ein freies, von menschlichen Autoritäten unabhängiges „Geistchristentum", „über die Schrift hinaus" (Kap. 4, 6), ohne Unterstellung unter einen Apostel. Sie suchten darum die Gemeinde von Paulus loszumachen, der ihnen viel zu eng und geistig wie geistlich zu unbedeutend erschien. Sie wollten die Gemeinde in die eigene Hand bekommen, um sie erst wirklich auf die „Höhe" geistlichen Lebens zu führen.

d) Diese Gruppe ist auch im zweiten Brief deutlich zu erkennen. Die Losung „Ich gehöre Christus" erklingt immer noch (Kap. 10, 7). In aller Offenheit wird geringschätzig von Paulus gesprochen, dessen Auftreten schwach und dessen Rede ohne Gewicht ist (Kap. 10, 10). Jetzt wird auch seine ganze Lebenshaltung als „fleischlich" bezeichnet und vielleicht auch seine Christusbotschaft mit der zentralen Stellung des Kreuzes als ein „Kennen des Christus nach Fleischesart" abgelehnt (Kap. 10, 2; 5, 16). Der Leidensweg des Apostels, einschließlich seiner Armut, erregt weiter Anstoß; Paulus muß immer wieder von der Notwendigkeit des Leidens sprechen (Kap. 4, 7 ff; 11, 23—33).

Und die „Freiheit", gerade auch auf sexuellem Gebiet, wird von Männern dieser Gruppe so bewußt in Anspruch genommen, daß sie trotz der gründlichen Darlegung des Apostels in 1 Ko 6, 12 ff eine Sinnesänderung ausdrücklich ablehnen und bei ihrem „Recht" auf uneingeschränktes Ausleben beharren (Kap. 12, 12; 13, 2).

e) Wenn wir es im 2. Korintherbrief nur mit dieser einen Richtung zu tun hätten, wäre das Urteil über die Gegner des Apostels relativ einfach. Sie bildeten dann eine einheitliche Gruppe, an der wir leicht Züge dessen entdecken könnten, was später als Bewegung der „Gnosis"[1] die ganze Kirche erschütterte. Aber nun steht in unserem Brief das 3. Kapitel! Die Auseinandersetzung dieses Kapitels mit „Mose" und dem „Alten Bund" ist nicht zu verstehen, wenn nicht inzwischen „judenchristliche" Einflüsse in Korinth hervorgetreten sind, die die Herrlichkeit und bleibende Bedeutung des Mose als eine überragende dem Apostel entgegenstellten. Da im Anfang gerade dieses 3. Kapitels von „Empfehlungsbriefen" gesprochen wird, können sehr leicht nach dem Absenden des 1. Korintherbriefes (1 Ko 1, 10) neue Lehrer mit Empfehlungen der Urgemeinde nach Korinth gekommen sein, die der Gruppe der „Petrus-Anhänger" nahestehen, wie sie auch in anderen Gemeinden (Apg 15, 1), vor allem in Galatien, erschienen waren. Vielleicht gehörte gerade ihr Auftreten in Korinth zu jenen alarmierenden Nachrichten, die Timotheus mitbrachte und die den Apostel nach Korinth eilen ließen. Diese Männer griffen Paulus in anderer Weise an als die Freiheitsschwärmer. Sie bestritten im Blick auf die „Zwölf" in Jerusalem die Echtheit des Apostolats des Paulus. Dazu paßt es dann gut, daß sie die Autorität der Urapostel gegen Paulus anriefen und durch einen Abgesandten aus Jerusalem, vielleicht durch Petrus selbst, den Frieden in der Gemeinde herstellen und alle Fragen entscheiden lassen wollten (vgl. die Auslegung von 11, 4). Wir verstehen, daß Paulus ihnen gegenüber ironisch von den „ganz großen Aposteln" spricht und

[1] Vgl. dazu 1 Ko S. 218 Anmerkung 3, i. d. W. Stb.

nachdrücklich betont, in nichts hinter diesen zurückzustehen, ja in Arbeit und Leiden sie noch zu übertreffen (11, 5; 11, 23). Wie diese beiden Gruppen zueinander standen, wie groß und wie einflußreich jede von ihnen war, können wir nicht mehr erkennen. Es ist aber nicht schwer zu denken, daß sie sich in der gemeinsamen Gegnerschaft gegen Paulus zusammenfanden und unter Zurückstellung ihrer Gegensätze die Verdrängung des Apostels aus der Gemeinde in Korinth gemeinsam betrieben. Jedenfalls hatte Paulus gegen zwei ganz verschiedene Fronten zu gleicher Zeit zu kämpfen und gegen beide die Geltung seines Apostolats und seines Evangeliums zu verteidigen, um die Gemeinde auf dem „Grund" festzuhalten, den er einst als „weiser Baumeister" gelegt hatte (1 Ko 3, 10). Dabei ging es Paulus nicht um sein persönliches Ansehen, sondern um die Wahrheit Gottes und um das Heil der ihm anvertrauten Gemeinde.

f) Wir müssen also nicht entscheiden, ob wir die „Irrlehrer" in Korinth als „Freiheitsschwärmer" oder als „Judaisten" anzusehen haben. Beide Strömungen sind in Korinth am Werk gewesen. Wem galt der schärfste Angriff in Kapitel 11,12–15? Wer sind die „Lügenapostel", die in Wahrheit nicht Diener des Christus, sondern Diener des Satans sind? Sind es die gefährlichen Verfechter schrankenloser Freiheit? Aber wenn unsere Annahme richtig ist, daß die „Christuspartei" unter Ablehnung jeder menschlichen Autorität sich ein unmittelbar durch den Geist vermitteltes Verhältnis zu Christus zuschrieb, dann werden die Männer dieser Gruppe kaum Wert darauf gelegt haben, als „Apostel" aufzutreten. Dagegen lag es den „Judaisten" mit ihren Empfehlungsbriefen aus Jerusalem nahe, auf „apostolische Autorität" zu pochen. Wir haben im 11. Kapitel überhaupt Ausführungen des Apostels vor uns, welche die „Zwölf" in Jerusalem und das Verhältnis des Paulus zu ihnen im Blick haben. So wird sich die schärfste Stelle des Briefes gegen die von außen in die Gemeinde eingedrungenen „Judaisten" richten. Die Parallele zu Phil 3, 2. 17–19 ist deutlich. Auch an Gal 6, 12 f und Rö 16, 17 f haben wir zu denken. Diese Stellen beweisen zugleich, daß es sich bei den Nöten in Korinth nicht um eine speziell „korinthische" Angelegenheit handelt, sondern um eine Bewegung, die durch die ganze Welt ging und vor der jede Gemeinde, die in Rom so gut wie die in Philippi, in Galatien wie in Griechenland, gewarnt werden muß.

g) Diese Bewegung konnte nur darum so bedrohlich werden, weil ihr starke Neigungen in der Gemeinde selbst entgegenkamen. Es waren z. T. allgemein menschliche Neigungen[2]. Dazu kamen in Korinth typisch „griechische" Züge. Der Grieche strebte nach „Erkenntnis" und war schnell von großartigem Auftreten und kunstvoller Rede bewegt. Um „Freiheit" war es ihm schon lange politisch und philosophisch gegangen. So fanden die neuen Männer in Korinth einen empfänglichen Boden. Die Botschaft und die Gemeindeleitung des Paulus aber richtete sich gegen das natür-

[2] Der Mensch wird angelockt von „Höhen", die er erreichen kann. Gern hört er „Neues" und will gern „weiterkommen". Er ist stolz auf „Besonderheiten", die ihn vor andern auszeichnen, die „noch nicht so weit sind". Er wird mißtrauisch und ablehnend gegen den, der ihm so viel „vorenthalten" hat oder selber nicht in der Lage ist, auf diese „Höhen" zu führen.

liche Wesen des Menschen und das „fromme Ich". Wir können uns nicht wundern, daß eine ablehnende Haltung gegen den Apostel, in die Gemeinde tief hineingreift.

5. Die *Echtheit* des 2. Korintherbriefes ist nicht zu bestreiten. So persönlich und so konkret auf Schwierigkeiten, Spannungen und Nöte in Korinth eingehen, konnte nur Paulus selbst. Dagegen ist *die Einheitlichkeit des Briefes* ernsthaft *bestritten* worden. Wir machten schon auf den Wechsel im Ton des Briefes aufmerksam (s. o. S. 11). Dieser Wechsel ist so stark, daß für das Urteil mancher Ausleger seine Einheit daran zerbricht. Die Kapitel 10—13 könnten unmöglich von Paulus nach den freudigen Sätzen in Kapitel 7 geschrieben worden sein. Sie müßten aus einem andern Brief des Apostels, vielleicht aus dem „Tränenbrief", stammen und später dem 2. Korintherbrief hinzugefügt worden sein.

Aber solche Urteile beobachten nicht scharf. Die Kapitel 10—12 setzen deutlich voraus, daß zwischen der Gemeinde als ganzer und dem Apostel der Friede wiederhergestellt ist. Nicht mit der Gemeinde oder um die Gemeinde als ganze wird Paulus kämpfen. Nicht mehr um die Entscheidung, ob die Gemeinde zu Paulus zurückkehrt, den Übeltäter bestraft und dem Apostel folgt, wird es bei diesem dritten Besuch gehen. Es sind nur einzelne Kreise und Gruppen in der Gemeinde, mit denen es vielleicht zum Kampf kommen wird und die nicht geschont werden dürfen (10, 2. 9 f; 11, 13—15; 12, 21; 13, 2). Aber solche Kreise und Gruppen sind auch tatsächlich noch in der Gemeinde vorhanden; mit ihrem Widerstand muß Paulus rechnen. Deshalb hat er seinen Besuch in militärischen Bildern (10, 1—6) geschildert. Die harten Sätze der Kapitel 10—13 zielen auf diese Gegner. So wird es voll verständlich, daß der Apostel bei diesem Vorblick auf seinen kommenden Besuch in Korinth in einem ganz andern Ton schrieb und schreiben mußte, als bei seinem Eingehen auf die frohe und befreiende Nachricht von der Aussöhnung mit der Gemeinde als ganzer[3]. Weiteres zur Frage der Einheit des Briefes findet der Leser in der Auslegung zu Kapitel 10, 1.

Es sei nur noch darauf hingewiesen, daß im Befund der Handschriften kein Anlaß vorliegt, Teile des Briefes als späteren Einschub oder Zusatz anzusehen. Alle Handschriften bieten uns den Brief so dar, wie er jetzt von Kapitel 1 bis Kapitel 13 vor uns liegt.

6. Fraglich ist die *Datierung des Briefes*. Ist der Apostel nach seinem früheren Plan kurz nach Pfingsten von Ephesus aufgebrochen? Reicht die Zeit bis dahin aus, um die Reise des Timotheus nach Korinth und seine Rückkehr, den Zwischenbesuch des Apostels in Korinth und die Sendung des Titus mit dem „Tränenbrief" darin unterzubringen? Oder hat sich die Abreise aus Ephesus durch diese unvorhergesehenen Ereignisse hinausgeschoben?

[3] Ähnlich könnte ein Mensch, nach schwerer Operation aus dem Krankenhaus entlassen, in einem Brief zunächst voller Freude von seiner Rettung aus Todesgefahr und von seiner fortschreitenden Heilung erzählen, um dann doch im Blick auf die Zukunft in einem ganz andern Ton von seinen erheblichen Sorgen zu sprechen. Und doch ist es ein einheitlicher Brief.

Eine solche Verzögerung anzunehmen, scheint auch aus einem andern Grund nötig. Paulus hat nach Kap. 9, 2 den Makedonen versichert, Griechenland sei „schon seit vorigem Jahr" zur Teilnahme an der Sammlung bereit gewesen. Wir dürfen annehmen, daß Paulus, dem damals üblichen Kalender folgend, das neue Jahr im Herbst, um die Zeit der Tag und Nachtgleiche, begann[4]. Er konnte nach dem 1. Oktober des Jahres im Rückblick auf seinen Brief aus dem Frühjahr den makedonischen Gemeinden mit Recht sagen, die Korinther seien schon „seit dem vorigen Jahr" zur Durchführung der Sammlung entschlossen. Aber er konnte es auch wirklich erst nach dem 1. Oktober tun! Ist er aber so spät erst nach Makedonien gekommen, wenn er kurz nach Pfingsten von Ephesus aufbrach? Ist er fast vier Monate, auf Titus wartend, in Troas geblieben? Das ist sehr unwahrscheinlich. Bei einer Verlängerung des Aufenthaltes in Ephesus ist es viel leichter vorzustellen, daß Paulus tatsächlich erst am Anfang eines neuen Jahres, also im Oktober nach dem damaligen Kalender, bei den Makedonen war und ihnen ermunternd von der Bereitschaft Griechenlands „seit dem vorigen Jahr" sagte. Der Chronologie nach stehen wir, wenn Paulus im Sommer 50 nach Europa kam, mit dem Ende seiner Arbeit in Ephesus im Jahre 55 n. Chr. Die Apostelgeschichte berichtet uns in 20, 1–6, daß Paulus in Makedonien zur gründlichen Stärkung der dortigen Gemeinden („mit vielen Worten" ermahnte er sie) sich die Zeit genommen hat und dann seinen versprochenen dritten Besuch in „Griechenland", d. h. praktisch in Korinth durchführte. Lukas spricht von 3 Monaten seines Aufenthaltes dort. Es waren nach unserm Kalender die Wintermonate 55/56. Von Korinth aus ist er – um jüdischen Nachstellungen zu entgehen – wieder auf dem Landweg durch Makedonien zu seiner Reise nach Jerusalem zur Überbringung der großen Sammlung aufgebrochen.

7. *Welche Wirkung hat der 2. Korintherbrief gehabt,* wie ist der Besuch des Apostels in Korinth ausgegangen? Unmittelbar wissen wir nichts darüber. Aber in Korinth hat Paulus den Römerbrief geschrieben. Er ist also wirklich nach Korinth gelangt und lebt inmitten der Gemeinde. Die Bedingung von 10, 15 f ist erfüllt, der Apostel kann von Korinth aus seinen Reiseplan aufs neue aufnehmen: die Fahrt nach Jerusalem zur Ablieferung der großen Sammlung und dann die Reise nach Rom mit dem Blick nach Spanien. Die Prüfung des Glaubens (13, 5) hat das rechte Ergebnis gehabt; Paulus ist der Gemeinde wieder sicher.

Ob die Gegner das Feld geräumt und Korinth verlassen haben oder ob sie blieben und eine eigene Gemeinde zu sammeln versuchten, wissen wir nicht. In dem Schreiben der römischen Gemeinde an die Gemeinde in Korinth, das unter dem Namen des 1. Klemensbriefes erhalten ist, wird eine solche konkurrierende Gemeinde in Korinth nicht sichtbar. An die Schwierigkeiten in Korinth erinnert aber die Tatsache, daß der 1. Klemensbrief durch eine Auflehnung jüngerer Gemeindeglieder gegen die Presbyter veranlaßt ist.

[4] Der jüdische Festkalender zählte freilich den Monat Abib oder Nisan (März/April) als ersten Monat. Das bürgerliche oder Wirtschaftsjahr aber nahm seinen Anfang im Herbst mit dem Monat Tischri (September/Oktober). Vgl. den Artikel „Jahr" im „Lexikon zur Bibel".

Das Ringen des Apostels um seine Korinther ist nicht vergeblich gewesen. Paulus hat im Kampf mit seinen Gegnern gesiegt. Er hat offenbar durchführen können, was er in 10, 1–6 und 13, 1–4 angekündigt hat. Aber diese Feststellung können wir nur treffen, indem wir gleichzeitig sehen, wie schnell die eigentliche Botschaft des Paulus und sein Ziel beim Gemeindeaufbau in der Kirche vergessen worden ist. Schlatter sagt am Schluß der „Einleitung" in seinem großen Kommentar: „Paulus wurde einsam; er blieb der Apostel, aber unverstanden. Seine Briefe wurden heilige Schrift; aber über sie stellte sich die Theologie, und die Kirche sah in ihrer Erkenntnis ihr wesentliches Merkmal. Sie verbot die Ehe nicht, aber sah im Asketen den Heiligen und legte auf das geschlechtliche Verlangen die Schande der Sünde. Sie wurde über alles Herr, was an den Enthusiasmus erinnerte, und machte, daß nicht nur die Zunge, sondern auch die Prophetie verschwand; aber die Wirksamkeit des Christus im Geiste wurde für sie eine dunkle Rede. Damit verschwand die Gemeinde, die dem Leibe gleicht, dessen Glieder einander dienen. An die Stelle der Gemeinde trat die Hierarchie, die die Scharen einzelner regiert. Unaufhaltsam vollzog sich die Einordnung der Kirche in die Welt durch ihre Angleichung an den Staat." (A. Schlatter „Der Bote Jesu", S. 55).

8. *Worin liegt die Bedeutung des 2. Korintherbriefes für uns?* Ist er mit Recht in das NT aufgenommen worden, um in jeder Generation neu zu der Gemeinde Jesu zu reden? Oder ist er eigentlich nur geschichtlich bedeutsam und als Quelle für die Geschichte der ersten Christenheit zu werten?

a) Zweifellos haben wir es besonders mit einem „Brief" zu tun, der zu ganz bestimmten Menschen in ihre Lage hinein spricht. Dieser Brief ist darum in vielen Teilen nicht ohne weiteres verständlich, sondern bedarf der geschichtlichen Auslegung. Wir können nicht jeden Satz einfach auf uns übertragen, sondern müssen erst einmal hören, was er den Korinthern damals zu sagen hatte. Der heutige Leser des Briefes muß schon ein Stück geschichtliches Interesse mitbringen und darf sich die Mühe nicht verdrießen lassen, sich in eine frühere Zeit und Welt hineinzuleben.

b) Wir erhalten dabei sofort einen sehr wesentlichen Gewinn. Der 2. Korintherbrief *zerstört noch stärker als der 1. Brief ein unzutreffendes Idealbild,* das wir uns von der ersten Christenheit gemacht haben. In einer urchristlichen Gemeinde konnte es wenige Jahre nach ihrer Gründung so aussehen, wie es unser Brief zeigt! Erstaunlich aber ist es, daß der Apostel eine solche Schar von Menschen, die derart versagt und ihm viel Not gemacht hat und bei seinem Besuch noch machen wird, dennoch als „Gemeinde Gottes" anredet und behandelt!

c) *Das ist wichtig für uns.* Es ist nicht so, daß erst wir Späteren untauglich sind und solche Nöte in den Gemeinden haben. Gemeinden Jesu sind von Anfang an nicht Versammlungen wunderbarer Menschen von fleckenloser Heiligkeit, sondern Vereinigungen erretteter Sünder, bei denen das alte, verdorbene Wesen noch sehr durchbrechen und das Zusammenleben bedrohen und entstellen kann. Sofort am Anfang der Christenheit gab es entsagungsvolle Arbeit und schmerzvollen Kampf um das rechte Bestehen und Leben der Gemeinde. Von Anfang an mußte auch mit verkehrten und eigensüchtigen Männern gerechnet werden, die in der Gemeinde zur Geltung kommen wollen und die Gemeinde mit ihren neuen Lehren verwirren.

d) Es liegt für uns ein gewisser Trost darin, daß wir sehen: Nöte und Schwierigkeiten gab es von Anfang an in der Gemeinde. Aber das darf uns nicht zu einer falschen Beruhigung dienen. Der 2. Korintherbrief zeigt uns auch, *wie Paulus um die Gemeinden gerungen hat*. Er hat sich in keiner Weise mit ihren Fehlern abgefunden. Mit unnachgiebiger, entschlossener Liebe hat er ihre Umkehr gefordert und sie durch seinen harten Brief zu der „göttlichen Traurigkeit" gebracht, aus der eine echte Sinnesänderung erwächst. Und er wird bei seinem dritten Besuch den Kampf rücksichtslos zu Ende führen und „jeden Gedanken gefangennehmen unter dem Gehorsam Christi" (10, 5). Klare Scheidung von der Welt und volle Reinigung von jeder Befleckung des Fleisches und des Geistes bleibt sein Ziel für die Gemeinde (6, 14 – 7, 1). Wie aber ein solcher Kampf nicht in kühler Überlegenheit, sondern in den Schmerzen einer starken Liebe geführt wird, das lehrt uns gerade der 2. Korintherbrief. Er zeigt uns dabei auch, welchen unschätzbaren Dienst Mitarbeiter leisten können in diesem Ringen. Wäre die Gemeinde in Korinth zurechtgekommen ohne das Wirken des Titus? Der Apostel Paulus aber war einsichtig genug, einem solchen Mitarbeiter freien Raum zum Einsatz zu geben.

e) Unser Brief leistet einen bedeutsamen *Beitrag zur Frage der „Kirchenzucht"*. Schon in 1 Ko 5, 1–5 trafen wir auf eine Handlung ernster Art. Aber dort war es ein besonderer Einzelfall. Jetzt aber wird deutlich, daß die Ausschließung aus der Gemeinde nicht nur bei denen geschehen muß, die als „Lügenapostel" entlarvt sind, sondern auch bei Gemeindegliedern, welche die Buße verweigern (13, 1 f). Eine solche Ausschließung war aber nicht eine bloß organisatorische Maßnahme. Denn die „Gemeinde" war für den Apostel nicht eine Organisation, sondern war der „Leib Christi". Die Entfernung aus der Gemeinde trennt also vom Leib des Christus und liefert an den „Gott dieser Welt" aus. Dazu aber war ein Handeln in geistlicher Vollmacht nötig. In der vom Apostel geübten Kirchenzucht wird die Gemeinde die Wirkungsmacht des in Paulus redenden Christus erfahren (13, 3 f).

Es gibt aber auch eine von der Gemeinde selbst zu übende Zucht durch „Bestrafung" von Gemeindegliedern, die sich vergangen und Unrecht getan haben. Diese „Bestrafung" ist offensichtlich nicht Ausschluß aus der Gemeinde, wenn auch vielleicht der zeitweise Ausschluß von den Gemeindeversammlungen. Die „Strafe" dient hier der Umkehr. Ist diese Umkehr erreicht, dann kann und soll volle Vergebung gewährt und „der Beschluß auf Liebe" gefaßt werden (2, 5–11). Mit dem Satan wird auch hier mit Ernst gerechnet, doch in ganz anderer Weise als 1 Ko 5, 1–5: das Vergeben verwehrt ihm sein böses Eindringen in die Gemeinde.

f) Beachtlich ist, daß der Apostel den inneren Nöten der Gemeinde gegenüber *nicht von neuen „Geistesausgießungen" oder „Geistestaufen" die Hilfe erwartet*. Von den Geistesgaben und dem Zungengebet ist in unserm Brief mit keinem Wort die Rede. Fällt uns schon in 1 Ko 3, 1–3 auf, daß Paulus die korinthische Gemeinde trotz ihres „Reichtums an Gaben" doch unreif und fleischlich nennt, so ist auch jetzt der weiteren Verstörung gegenüber eine ganz andere Wirkung des Geistes nötig: göttliche Traurigkeit, Buße, Reinigung, Frieden miteinander. Wir werden davon zu lernen haben.

g) Für den Apostel Paulus sind die großen Lehraussagen nie Sache eigener, theologisch-dogmatischer Bemühungen, sondern brechen überall aus der praktischen Sorge für das Gemeindeleben unvermutet hervor. So stoßen wir auch im 2. Korintherbrief mitten im Ringen um die Gemeinde auf *grundsätzliche Ausführungen von großer Kraft und Klarheit*. Paulus hat viel über „Gesetz und Evangelium" geschrieben; in Kap. 3 unseres Briefes tut er es in neuer, enthüllender Weise. Von der *Bedeutung des Sterbens Jesu und der Versöhnungstat Gottes in diesem Sterben* spricht Kap. 5, 14—21 in einzigartiger Tiefe. Der Apostel macht dabei deutlich, wie die Verkündigung dieser Tat Gottes in das Heilsgeschehen notwendig hineingehört.

Der Brief gibt uns aber auch wesentliche Beiträge zur „Praktischen Theologie". Wie der Verkündigungsdienst recht und vollmächtig geschehen kann, zeigt uns Kap. 2, 12—17 ebenso wie Kap. 4, 1—12 und Kap. 6, 1—10. Dabei wird deutlich, warum das Leiden der Boten als Auswirkung des Sterbens Jesu zu einem wirksamen und lebenschaffenden Dienst unabdingbar mit dazu gehört.

Der Apostel entfaltet aber auch die große, lebendige Hoffnung der Glaubenden und zeigt, welche Kraft aus dieser Hoffnung für das Leben in der Gegenwart kommt (4, 16 — 5, 10). Die Anleitung zum rechten Geben und zur richtigen Durchführung von Sammlungen in der Gemeinde sind von bleibendem Wert auch für uns (Kap. 8 und 9).

h) Endlich sei noch darauf hingewiesen, daß der 2. Korintherbrief wie kein anderes Buch des NT ein persönliches Bild des Apostels zeichnet. Es wäre eine lohnende Aufgabe, unsern Brief darauf hin zu lesen und durchzuarbeiten. Wir sehen, wie Paulus auf weite Kreise der Gemeinde und auf seine Kritiker an der Gemeinde gewirkt hat. Wir sehen aber auch ihm selber in seinem Ringen um Korinth tief ins Herz. „Wir verstehen, warum dieser Mann so viele Gegner gehabt und auf der andern Seite so viele Menschen und ganze Gemeinden immer wieder an sich zu fesseln vermocht hat. Apostolische Autorität verband sich bei ihm mit brüderlich-seelsorgerlicher Anteilnahme, die ihm die Herzen der Bedrängten und Aufrichtigen gewinnen mußte. Intoleranz, wenn es um das Ev und die Abwehr von Angriffen auf sein Amt ging, stand neben Aufgeschlossenheit und Weichheit, wenn eigene Nöte ihn Anschluß suchen ließen. Schneidende Ironie wechselte bei ihm mit bestrickender Liebenswürdigkeit. Immer aber war er bemüht, die Sache über die Person, auch über die eigene Person zu stellen." (Michaelis „Einleitung in das Neue Testament", S. 179.) „Paulus, der Bote Jesu", so hat Schlatter seine große Auslegung der beiden Korintherbriefe überschrieben. An Paulus können wir lernen, was es heißt, „ein Bote Jesu" zu sein.

EINGANGSGRUSS

2. Korinther 1, 1—2

1 **Paulus, Apostel des Christus Jesus durch den Willensentschluß**
Gottes, und Timotheus, der Bruder, der Gemeinde Gottes, die in
Korinth lebt, zusammen mit den Heiligen allen, die in ganz Achaja
2 **leben: * Gnade euch und Friede von Gott, unserm Vater, und dem**
Herrn Jesus Christus.

Zu Vers 1:
1 Ko 1, 1
Phil 1, 1
Zu Vers 2:
Rö 1, 7
Gal 1, 3

Die Briefeingänge, die Paulus jeweils diktiert, zeigen, wie die Wahrung gewohnter Formen mit Freiheit und Lebendigkeit verbunden werden kann. Paulus beginnt diesen Brief an die Korinther knapper und zurückhaltender als den 1. Korintherbrief. Das entspricht den Kämpfen und Nöten, auf die der Apostel beim Schreiben dieses Briefes zurückblickt. Er erinnert die Empfänger des Briefes daran, daß sie nicht eine „Gemeinde des Paulus" sind, aber auch nicht die Gemeinde irgendwelcher anderer Männer, die sich ihrer zu bemächtigen suchen (11, 20), sondern **„Gemeinde Gottes"**, die nur Gott selbst gehört. Sie **„lebt in Korinth"** und das gibt ihr ihre Eigenart; aber für ihr Wesen ist nicht dieser ihr Wohnort bestimmend, sondern ihre Zugehörigkeit zu Gott. Und eben dieser Gott hat **„Paulus"** zum **„Apostel des Christus Jesus"**, zum bevollmächtigten Gesandten des Königs Jesu berufen **„durch seinen Willensentschluß"**, der keiner weiteren Begründung bedarf, vor dem eine **„Gemeinde Gottes"** sich beugen muß. So betont Paulus am Anfang seines Briefes, in welchem es fort und fort um sein Apostelamt gehen wird[5], seine Autorität, die 1

[5] Darum zeigt uns 2 Ko auch besonders deutlich, wie ein Paulus das apostolische Amt verstand. Während wir von unsern eigenen kirchlichen Zuständen her in einem „Apostel" vor allem den Theologen, den Garanten der reinen Lehre, den „Prediger" sehen, ist für Paulus ein „Apostel" vor allem ein Mann, der vollmächtig im Auftrag Gottes zu handeln hat. Dabei ist interessant, daß der Geschichtsschreiber Thukydides einen Admiral, der mit seinem Kreuzergeschwader eine abgefallene Insel zur Unterwerfung bringen sollte, als „apostolos" der Athener bezeichnen kann. Ein Apostel ist ausgewiesen durch seine ausharrende Arbeit, aber auch durch Wunder und Machttaten (12, 12). Er begründet und erbaut Gemeinde Gottes dort, wo das Evangelium bisher unbekannt war (1 Ko 3, 10; 4, 15; 2 Ko 4, 6; 10, 8; 10, 13—16). Darum hat ein Apostel eine einzigartige Stellung in der Gemeinde und behält diese auch allen späteren Arbeitern gegenüber (1 Ko 4,15; 9, 2; 2 Ko 1, 14; 3, 1—3). Von der Gemeinde wird ihrem Apostel gegenüber williger Gehorsam erwartet (2 Ko 7, 7; 7, 11—13). Für Paulus sind zugleich gerade die unaufhörlichen Leiden in seinem Dienst das besondere Siegel auf die Echtheit seines Apostolats (1 Ko 4, 9-13; 2 Ko 11, 23—33; 12, 9 f). Paulus hat in Korinth um seine Autorität als „Apostel" gekämpft. In Briefen an Gemeinden, mit denen ihn eine ungetrübte Liebe verband, hat er seinen Titel auch ganz fortlassen können (1 Th, Phil). Vgl. zu „Apostel" „Theologisches Begriffslexikon" und „Lexikon zur Bibel" — Brockhaus-Verlag.

keine menschlich-persönliche, sondern höchste Autorität von Gott her ist.

Er schreibt aber diesen Brief nicht als ein einsamer „großer Mann", sondern stellt neben sich einen **„Bruder"**, der den Brief mit verantwortet. Daß er dazu **„Timotheus"** wählt, ist bei der gegebenen Lage wieder bedeutsam[6]. Timotheus war in Korinth gut bekannt; schon an der Evangelisation, aus welcher die Gemeinde hervorging, war er beteiligt gewesen (Apg 18, 5; 2 Ko 1, 19). Als die Spannungen zwischen Paulus und den Korinthern größer wurden, schickte ihn Paulus vor seinem eigenen Kommen mit dem ersten Brief nach Korinth (1 Ko 4, 17; 16, 10 f). Es klingt dabei schon ein Stück Sorge hindurch, welche Aufnahme Timotheus in Korinth finden werde. Wir erfahren in unserm Brief nichts näheres über den Verlauf dieses Besuches. Aber die schlechte Entwicklung des Verhältnisses zwischen Paulus und der Gemeinde läßt darauf schließen, daß Timotheus damals nichts erreicht hat. So ist es sicher auch für die Korinther auffallend, daß Paulus gerade ihn mit an die Spitze des Briefes stellt und ihn auch nach Korinth mitbringen wird. Paulus tritt dadurch deutlich für seinen Mitarbeiter ein und fordert die Gemeinde zu seiner Anerkennung auf[7]. Einen besonderen „Titel" führt Timotheus dabei nicht. Er ist **„Bruder"**, das genügt[8]. Auf Ämter und Titel kommt es nicht an[9].

Schon im 1 Ko hat Paulus nicht nur an die dortige Gemeinde gedacht, sondern einen weiteren Kreis von Hörern seines Briefes[10] vor Augen gehabt. Die Bezeichnung dieses Kreises in 1 Ko 1, 2 bleibt aber verschiedener Deutung fähig[11]. Jetzt werden die weiteren Hörer des Briefes eindeutig bestimmt. Es sind **„die Heiligen[12] alle, die in ganz Achaja leben"**. Nun würden wir gern mehr von ihnen wissen:

6 Daß Paulus nicht wie beim 1. Brief Sosthenes um diesen Dienst bittet, wird auch damit zusammenhängen, daß dieser in Ephesus zurückgeblieben war, während Timotheus den Apostel auf seiner Wanderung durch die makedonischen Gemeinden begleitete.

7 Es hätte geraten scheinen können, Timotheus jetzt lieber zurückzustellen. Aber „Diplomatie" lag Paulus fern (1 Th 2, 3—5); sie vertrug sich nicht mit der „Sonnendurchsichtigkeit" (1, 12; 2, 17), in der Paulus leben und seinen Dienst tun wollte.

8 Paulus hat aber Timotheus vielfach besonders gerühmt (1 Ko 4, 17; Phil 2, 19—22).

9 Das wird auch in Kap. 9, 18. 22 in gleicher Weise deutlich. Die „Brüder", die mit Titus nach Korinth kommen werden, sind bekannte und angesehene Männer, aber „Amt" und „Titel" haben auch sie nicht.

10 Ntst Briefe wandern nicht zum stillen Lesen von Hand zu Hand, sondern werden in der Gemeindeversammlung vorgelesen. Sie sind ihrem Wesen nach „Rede" und nicht „Schreibe".

11 Vgl. die Auslegung in der W. Stb. zu dieser Stelle.

12 Im NT werden alle Glieder der „Gemeinde Gottes" „Heilige" genannt, weil sie klar und bestimmt Gottes Eigentum wurden und nicht mehr der „Welt" angehören. Vgl. Jo 15, 19; 17, 16 f. Sie sind „abgewaschen, geheiligt, gerechtgemacht durch den Namen des Herrn Jesus und durch den Geist unseres Gottes" (1 Ko 6, 11).

Wann und auf welche Weise wurden diese griechischen Männer Christen? Leben sie völlig vereinzelt oder bilden sie hier und da kleine Gemeinden, die nur nicht groß genug sind, um eigens als Gemeinden angeredet zu werden und Briefe zu empfangen? Jedenfalls haben sie an der Gemeinde in Korinth so sehr ihren Mittelpunkt, daß alles, was dort geschieht, sie mitbetrifft. Darum darf und soll der Brief auch ihnen mitgeteilt werden. Die Auseinandersetzung des Paulus mit seinen Gegnern in Korinth und die Sammlung für die Urgemeinde in Jerusalem geht sie mit an.

Der Gruß, der **„Gnade und Friede von Gott, unserm Vater, und** 2
dem Herrn Jesus Christus", den Hörern nicht nur „wünscht", sondern „zuspricht", unterscheidet sich nicht von den Grüßen in Röm, 1 Ko, Eph, Phil, 2 Th[13]. Der Apostel schafft keine neuen Formen. Er nimmt den bekannten und gängigen Gruß der Griechen „chairein" (in Apg 23, 26 in der LÜ „Freude zuvor" oder „Gruß zuvor") und den tausendfach gebrauchten Gruß der Juden „schalom = Friede" und stellt beide zusammen. Aber aus „chairein" wird dabei „charis = Gnade", und „Gnade und Friede" kommen mit lebendiger Realität von Gott, der uns beides als **„unser Vater"** schenkt, und von **„dem Herrn Jesus Christus"**, der selber unser „Friede" und dessen „Gnade" auch einem Apostel Paulus in schwerster Anfechtung genug sein darf (12, 9)[14].

In der Massenkirche seit Konstantin konnte man nicht mehr alle Mitglieder „Heilige" nennen. Dafür wurden Männer und Frauen „heilig gesprochen", die durch ganz besondere Frömmigkeit aus der Masse der gewöhnlichen Christen hervorragten. Dieses Mißverständnis belastet den Begriff „Heilige" auch bei uns noch. Der weite Abstand vom NT wird sichtbar. Vgl. „Theologisches Begriffslexikon" und „Lexikon zur Bibel" — Brockhaus-Verlag.

[13] Vgl. dazu die Auslegung des Grußes in 1 Ko 1, 2 in der W. Stb.

[14] Fritz von Bodelschwingh erzählt von seiner Begegnung mit Mathilda Wrede, dem „Engel der Gefangenen": „Auf der Brosche von Mathilda Wrede standen die Worte ‚Gnade und Friede'. Ich fragte sie nach dem Sinn dieser Worte. Da sagte sie: ‚Ach, sehen Sie, wenn ich zu den Gefangenen in ihre Zelle komme, dann mögen sie nicht gern zuerst einem Menschen ins Angesicht sehen; es ist besser, man hilft ihnen, den Blick auf etwas anderes zu richten. Darum trage ich diese Brosche, damit die armen Leute als erstes von mir diese Botschaft bekommen: Gnade und Friede." Bodelschwingh fügt seinem Bericht hinzu: „Als ich die stille Frau so sagen hörte, da versanken all die großen Worte von sozialer Versöhnung und Völkerfrieden vor der bezwingenden Macht und Tat, die in dieser schlichten Freundin der Ärmsten lebendig war. Das ist schließlich die Lösung aller Fragen des praktischen Christentums: ‚Gnade und Friede von Gott, unserm Vater, und von unserm Herrn Jesus Christus'." W. Brandt, F. v. Bodelschwingh S. 92.

DER DANK AN GOTT
a) den Tröster in Drangsalen

2. Korinther 1, 3–7

Zu Vers 3:
Rö 15, 5
Eph 1, 3
1 Pt 1, 3
Zu Vers 4:
2 Ko 7, 6
Ps 94, 19
Zu Vers 5:
Ps 34, 20
Rö 8, 17
Kol 1, 24
Zu Vers 6:
2 Ko 4, 8–11. 15. 17

3 Gepriesen [sei] der Gott und Vater unseres Herrn Jesus Christus,
4 der Vater der Erbarmungen und Gott alles Trostes, * der uns tröstet
bei aller unserer Drangsal, damit wir imstande sind zu trösten, die
in jeder [denkbaren] Drangsal [sind], durch den Trost, mit dem wir
5 selber getröstet werden von Gott. * Denn wie die Leiden des Chri-
stus überströmen auf uns, so strömt durch den Christus auch
6 unsere Tröstung über. * Aber ob wir bedrängt werden, [so ist es]
um eures Trostes und Heiles willen; oder ob wir getröstet werden,
[so dient das] zu eurem Trost, der sich auswirkt in dem Ertragen
7 derselben Leiden, die auch wir erleiden. * Und unsere Hoffnung ist
fest für euch, weil wir wissen, wie ihr Teilhaber seid der Leiden,
[seid ihr Teilhaber]auch des Trostes.

3 Auch diesen Brief beginnt Paulus mit dem Dank. Aber es ist nicht wie im 1 Ko (und anderen Briefen) der Dank für die Gemeinde, der erst in Kap. 7, 5 ff durchbricht[15]. Paulus blickt auf das Handeln Gottes, das er ganz persönlich erfährt. Darum tritt an die Stelle seines „Dankens“ vielmehr der „Lobpreis“. **„Gepriesen [sei] Gott“**[16], das war eine unzählige Male gebrauchte Formel im israelitischen Lebensraum. Für Paulus aber gewinnt sie im Blick auf seine Erfahrungen mit Gott ihr ganzes inneres Gewicht. Sein Herz preist Gott, auch am Anfang eines Briefes, der von viel Not und Kampf sprechen muß.

Wir stoßen damit sofort auf die Eigenart dieses Briefes, der in besonderer Weise ein persönlicher Brief ist. Die Themen des 1 Ko[17] werden nicht wieder aufgenommen. Es geht jetzt in Korinth um Paulus selbst, um seine Person, seine Vollmacht, sein Verhalten, seine Anerkennung in der Gemeinde. Dies ist das alles beherrschende Thema

[15] Auffallenderweise auch dort mit dem gleichen Wort „Trost“, das hier die ersten Sätze des Briefes bestimmt. Es ist, als ob Paulus bewußt auf den Briefanfang zurückgriffe und zeigen wolle, daß jetzt erst der Dank komme, der sonst am Anfang des Briefes steht.

[16] Wörtlich heißt es „Gesegnet sei Gott“. Vgl. Eph 1, 3 „Gesegnet sei Gott, der uns gesegnet hat ...“ und auch Lk 1, 64. 68; 2, 28; 1 Pt 1, 3; 2 Ko 11, 31.

[17] Es ging im 1. Brief um die Bedeutung des Kreuzes, die Einheit der Gemeinde, die Stellung zur weltlichen Justiz, die Regelung des geschlechtlichen Lebens, Ehe und Ehelosigkeit, die christliche „Freiheit“, das Herrenmahl, die Stellung der Frau, die Geistesgaben, die Auferstehung der Toten und die Vollendung der Heilsgeschichte. Alle diese Fragen sind bis heute in der Gemeinde nicht „erledigt“; darum ist der 1 Ko ein unentbehrlicher Bestandteil des NT.

des neuen Briefes[18]. Dem entspricht auch der Beginn. Nicht bei Fragen des Gemeindelebens setzt Paulus ein, wie er es sonst tut. Paulus schreibt von ganz persönlichen Erfahrungen, von seinen Erfahrungen im Leiden. Warum tut er das? Nicht einfach, weil diese Erfahrungen ihn noch stark bewegen. Nein, der Apostel nimmt damit sofort das eigentliche „Thema" seines Briefes in Angriff. Schon im 1 Ko wird deutlich, wie schwer erträglich und anstößig sein Leidensweg den Korinthern war. Mußte ein wahrer „Apostel", ein „Gesandter Gottes", nicht die ganze Herrlichkeit seines Auftrages in einem Leben voll Glanz und Größe zeigen? Konnte er so arm und gering sein, so von schweren Leiden gezeichnet? Hatte Paulus sich im 1. Brief im Blick auf sein Leiden noch mit den andern Aposteln in eine Linie gestellt (1 Ko 4, 6–13), so war es der Gemeinde inzwischen doch wohl aufgefallen, daß Paulus in einzigartiger Weise den Weg der Armut, der Verachtung, der steten Leiden ging[19]. War das nicht ein deutliches Zeichen, daß er gar nicht von Gott gesandt und beglaubigt war?

Von dem Grund und der Notwendigkeit des Leidens spricht Paulus 3/4
zunächst nicht. Er nimmt es hier, wie auch in seiner mächtigen Darstellung in 11, 23–33, einfach als Tatsache hin, ohne ein „Problem" daraus zu machen. Aber das sagt er sofort den Korinthern, daß das Leiden ihn nicht am Danken hindert. Nein, gerade seine Erfahrungen im Leiden schenken ihm dasjenige Loben und Danken, wovon er am Anfang des Briefes spricht und das er im Blick auf die Gemeinde gar nicht aussprechen kann. Warum kann Paulus im Leiden danken? Weil er darin in einzigartiger Weise Gottes „Trösten" erfährt. „**Gepriesen [sei] der Gott und Vater unseres Herrn Jesus Christus, der Vater der Erbarmungen und Gott alles Trostes, der uns tröstet bei aller unserer Drangsal.**" Die Gemeinde murrt und schilt, aber Gott „**tröstet**". Müssen sich die Korinther als „Gemeinde Gottes" nicht schämen, daß sie so anders handeln als Gott?

Zum rechten Verständnis der Stelle ist zu bedenken, daß der Apostel hier nicht allgemein das Problem des „Leidens" behandelt. Das von ihm gebrauchte Wort „thlipsis" bezeichnet im NT die „Drangsal", die dem Jünger Jesu um dieser seiner Jüngerschaft willen von der Welt her widerfährt[20]. Es geht im Zusammenhang des Briefes um die Leiden, die Paulus in seinem Dienst zu ertragen hat. Gott erspart sie dem Boten der Versöhnung nicht. Aber er „**tröstet bei aller unserer Drangsal**". Für „Trost" und „Trösten" verwendet Paulus das Wort

[18] Vgl. dazu die Einleitung S. 11 f.
[19] Das bestätigt er selber in 2 Ko 11, 20 ff.
[20] Vgl. den Artikel „Trübsal" im „Lexikon zur Bibel".

„parakalein", das wir auch in der LXX (Septuaginta) an so bedeutsamen Stellen wie Jes 40, 1; 49, 13; 51, 3; 61, 2; 66, 10–13 finden. Dieses Wort meint nicht in erster Linie eine lindernde Einwirkung auf unser Gemüt. An allen genannten Stellen wird vielmehr deutlich, wie das „Trösten" Gottes immer sein machtvolles, errettendes Handeln ist. Gott **„tröstet"** sein Volk, indem er sein Geschick wendet und es aus Gefangenschaft und Elend zur Freiheit und zum neuen Leben führt. Das wird dem Apostel vom AT her vor Augen stehen, wenn er das Wort **„trösten"** verwendet. Paulus ist in den **„Drangsalen"**, die er jetzt nicht näher beschreibt, nicht nur im heutigen Sinn des Wortes „getröstet" worden. Er hat vielmehr erfahren, wie Gott für ihn eintrat und sich seiner annahm, wie er hindurchgetragen, ja herausgerettet wurde, wie er den Mut nicht verlor, wie er unter allem Druck zur Ausrichtung seines Dienstes willig und fähig blieb[21]. So beweisen gerade die von ihm durchgestandenen Leiden seine Sendung und Bevollmächtigung von Gott.

So wird Gott und seine Barmherzigkeit durch das Leiden nicht widerlegt, sondern Gott wird gerade in den Drangsalen, Gefahren und Nöten als **„Vater der Erbarmungen"** erfahren. Paulus spricht im Plural von **„den Erbarmungen"**, weil sie sich in reicher Fülle und Mannigfaltigkeit in unserm Leben erweisen. Durch diese „Erbarmungen" bewährt sich Gott recht als **„Vater"**, der sich väterlich um seine Kinder kümmert, mitten in den Leiden. Er ist nicht ein harter und grausamer Gott, wie unsere Vernunft im Blick auf die schweren Nöte gerade auch der Glaubenden so leicht schließt, sondern vielmehr ein **„Gott alles Trostes"**. Aber er ist das nicht so, wie die Korinther es meinten und wünschten. Er entnimmt seine bevollmächtigten Boten nicht dem Leiden, sondern macht die unaufhörlichen Nöte und Drangsale gerade zum Zeichen und Zeugnis des echten Dienstes (11, 23 ff). Aber er schenkt in den Drangsalen die Erfahrungen seines „Trostes"[22].

4 Von seiner eigenen Erfahrung hat Paulus gesprochen. Aber er bleibt nicht bei seinem Leben als solchem stehen. Ihm geht es um seinen Dienst. Und da wird nun seine persönliche Erfahrung für andere

[21] Vgl. dazu seine Aussagen in Kap. 4, 8 u. 9 und 1 Th 2, 2.

[22] Immer ist das Leiden für uns Menschen ein harter Anstoß, der zur Auflehnung gegen Gott, ja zur Leugnung Gottes zu führen droht. Das Leiden, besonders das Leiden des Unschuldigen und „Gerechten" ist darum ein Thema des AT, vor allem in den Psalmen. Darum ist auch das „Getröstetwerden" und Gott als „Tröster" vielfach im AT bezeugt. (Vgl. den Artikel „Trost" im „Lexikon zur Bibel".) In den Aussagen des Paulus wird deutlich, wie im NT nach dem Leidensweg des Sohnes Gottes die Stellung zum Leiden noch ganz anders klar und gewiß sein kann. Die „Drangsale" sind „Christusleiden" (V. 5) und „der Vater der Erbarmungen" ist „der Gott und Vater unseres Herrn Jesus Christus", der den geliebten Sohn den Kelch trinken ließ und gerade darin die Fülle und Tiefe seiner Liebe offenbarte. Nun steht alles Kreuz und Leiden in hellem Licht.

fruchtbar: **„Damit wir imstande sind zu trösten, die in jeder [denkbaren] Drangsal [sind], durch den Trost, mit dem wir selber getröstet werden von Gott."** Selber Getröstete können andere am besten trösten. Die bekannten „trostreichen Worte" sind leicht zu sagen, aber sie bleiben kraftlos und vergeblich. Zum Trösten müssen wir **„imstande sein"** oder, wie wir auch übersetzen können, „Dynamis, Macht haben". In der Erfahrung des eigenen Getröstetwerdens von Gott können wir solche „Macht" zum Trösten gewinnen. Auch im Blick auf die andern sagt Paulus nicht näher, welche Nöte und Bedrängnisse er bei ihnen vor sich sieht; er will in seiner Formulierung **„jede [denkbare] Drangsal"** so umfassend wie möglich berücksichtigen: keine Drangsal muß ohne Trost bleiben[23].

Aber warum gibt es im Leben des Apostels so viel Leiden? Muß 5
das so sein, oder liegt es doch an Fehlern und Verkehrtheiten bei Paulus selbst? Paulus gibt die Antwort mit einem einzigen Satz, der alle Einwände zum Schweigen bringen muß: **„Denn wie die Leiden des Christus überströmen auf uns."** Es sind nicht eigene, am Ende gar selbstverschuldete Nöte, die den Apostel treffen. Es sind die **„Leiden des Christus"**, die er in seinen apostolischen „Drangsalen" trägt. Die Gemeinde weiß es, ihr Herr ist in seinem Erdenleben nicht einen leidlosen, erfolgreichen, glänzenden Weg gegangen! Er ist der Mann „voller Schmerzen und Krankheit" (Jes 53, 3), der bedrängte, zerschlagene, gekreuzigte. Kann es denn Anteil an ihm geben ohne den „Anteil an seinem Leiden", ohne die „Gleichgestalt mit seinem Tode" (Phil 3, 10)? Und ist es nicht notwendig so, daß diese **„Leiden des Christus"** gerade auf seine Bevollmächtigten in besonderem Maß „überströmen"[24]? So hat es Jesus selbst mit aller Bestimmtheit angekündigt. Sie haben wie er das Kreuz zu tragen, den Haß der Welt zu leiden und seinen Kelch zu trinken (Mt 10, 22. 38; 20, 23; Jo 15, 18 f; 16, 2—4). Wenn aber die Leiden des Apostels in Wirklichkeit **„Leiden des Christus"** sind, dann lehnen sich die Korinther gegen ihren Herrn auf, wenn sie sich an den ständigen Drangsalen des Paulus ärgern. Und sie dürfen keinen Augenblick außer acht lassen, daß zugleich **„durch den Christus auch unsere Tröstung überströmt"** und daß sich

[23] Das Wort „thlipsis" weist aber darauf hin, daß es sich auch bei denen, die Paulus seinerseits trösten kann, um Christen handelt, die um des Glaubens willen zu leiden haben. Wie weit diese Aussagen vom Getröstetwerden und Tröstenkönnen auch auf Leiden anzuwenden sind, die der Christ mit allen Menschen teilt und die er doch „in Christus" anders trägt, ist eine Sache, von der Paulus hier nicht spricht.

[24] Über den Zusammenhang von „Leiden" und „Vollmacht" wird Paulus in Kap. 4, 7—12 eingehend sprechen. Was er hier als „Leiden des Christus" bezeichnet, nennt er dort „die Tötung Jesu", die wir „an unserm Leibe umhertragen müssen", „damit auch das Leben Jesu an unserm Leibe offenbar" wird.

darin die Sendung und Bevollmächtigung des Paulus durch Christus erweist. Jesus läßt seinen Boten nicht im Stich. Der Apostel kommt nicht nur gerade so durch. Das „Übersiegen", das Paulus den Römern in Aussicht stellt (Rö 8, 37), ist an ihm selber zu sehen. Ein ganzer Strom von Trost[25] überflutet Paulus von Christus her. Der „Vater der Erbarmungen und Gott alles Trostes" ist in Christus an ihm wirksam und offenbar.

6 Auch hier geht es nicht nur um Paulus selbst. **„Aber ob wir bedrängt werden [so ist es] um eures Trostes und Heiles willen; oder ob wir getröstet werden, [so dient das] zu eurem Trost, der sich auswirkt in dem Ertragen derselben Leiden, die auch wir erleiden."** Beides, des Apostels Drangsale und seine Erfahrungen des Trostes, kommt anderen, kommt gerade auch den Korinthern zugute. Nur auf dem heißen Leidensweg des Paulus gelangte das Heil zu ihnen nach Korinth. Paulus mußte in Philippi mißhandelt und ausgewiesen, aus Thessalonich vertrieben und in Athen weitgehend abgelehnt werden, um den Weg bis zu den Korinthern zu finden. In 10, 13 f sieht Paulus es selber mit Staunen, daß er bis hierher, bis nach Korinth, gekommen ist. Und wenn zu den „Drangsalen" des Paulus gerade auch das gehört, was er während seines Einsatzes in Ephesus unter der Verkehrtheit, Undankbarkeit und Aufsässigkeit der Korinther leiden mußte, dann ist doch ihr **„Trost und Heil"**, wofür er diese Last an Kummer und Herzeleid auf sich genommen hat. Wie können sie darüber noch murren? Wie nötig haben sie aber auch die Erfahrungen seiner „Tröstungen". Wenn im 1 Ko noch zu merken war, daß die Gemeinde in Korinth nach der Abweisung der jüdischen Klage durch Gallio unangefochten leben konnte[26], so scheint sich das geändert zu haben. Paulus spricht vom **„Ertragen derselben Leiden, die auch wir erleiden"**, und meint damit doch wohl nicht nur eine zukünftige Möglichkeit. Wenn die Korinther aber jetzt auch von Anfechtungen und Leiden wissen, dann wird es ihnen zur wirksamen Hilfe, wenn sie an ihrem Apostel das **„Getröstetwerden"** mitten in den Drangsalen miterleben. Das wird für sie selbst schon ein „Trost". Und dieser „Trost", diese Ermutigung, hilft ihnen zum **„Ertragen"** ihrer Bedrängnisse, die keine andern sind als die, die auch Paulus auf sich nimmt. So wird der Trost des Paulus „wirksam" in Korinth.

7 Paulus fügt hinzu: **„Und unsere Hoffnung ist fest für euch, weil wir wissen, wie ihr Teilhaber seid der Leiden, [seid ihr Teilhaber] auch des Trostes."** Es ist, als ob Paulus sich geradezu darüber freut,

[25] Wir müssen dabei daran denken, was wir o. S. 27 f über „Trost" und „Trösten" gesagt haben.

[26] Vgl. die Auslegung zu 1 Ko 4, 10 in der W. Stb.

daß die korinthische Gemeinde auch zu leiden hat. Von der Sorge um Korinth in 1 Ko 4, 8—17 her kann man diese Freude verstehen. Nun sind sie gerade an dieser umstrittenen Stelle seines Lebens und Wirkens seine „Teilhaber", Teilhaber der Leiden und darum gewiß auch Teilhaber des Trostes. Paulus hat für seine Korinther eine **„feste Hoffnung"**, die sich auf ein **„Wissen"** gründet. Dieses Wissen stammt aus seinen eigenen Erfahrungen von der lebendigen Zusammengehörigkeit von Leiden und göttlichem Trost. Diese Zusammengehörigkeit werden auch die Korinther immer neu erfahren, und sie werden von da aus Leiden tragen können.

Bei diesem ganzen Abschnitt fällt auf, wieviel Worte wir einfügen müssen, um einen verständlichen deutschen Text herzustellen. Wie knapp gefaßt und darin sehr sachlich und kraftvoll sind die grie Sätze, die Paulus schreibt! Wir werden noch mehrfach, gerade auch an entscheidenden Stellen des Briefes, auf diesen seinen Stil stoßen.

DER DANK AN GOTT

b) den Retter aus Todesnot

2. Korinther 1, 8—11

8 **Denn wir wollen euch nicht in Unkenntnis lassen, Brüder, über**
unsere Drangsal, die [uns] in der Asia widerfahren ist, daß wir
im Übermaß, über Vermögen, belastet wurden, so daß wir ganz
9 **verzagten — sogar am Leben. * Ja, wir selber hatten bei uns selbst**
den Todesbescheid empfangen, damit wir solche seien, die ihr Ver-
trauen nicht auf sich selbst gesetzt haben, sondern auf den Gott,
10 **der die Toten auferweckt; * der uns aus einer so großen Todesnot**
errettet hat und erretten wird; auf den wir unsere Hoffnung ge-
11 **setzt haben, daß er uns auch ferner erretten wird, * indem auch ihr**
gemeinsam mit für uns wirkt durch das Gebet, damit von vielen
Angesichtern her die auf uns [gekommene] Gnadengabe durch
viele dankend gepriesen werde für uns.

Zu Vers 8: Apg 19, 23—40 Rö 1, 13 1 Ko 15, 32
Zu Vers 9: Phil 2, 27
Zu Vers 10: 2 Tim 4, 18
Zu Vers 11: 2 Ko 4, 15 Rö 15, 30 Phil 1, 19

Vom Getröstet- und Ermutigtwerden bei den Drangsalen hat Pau- 8
lus gesprochen. Die Korinther sollen aber den Ernst und die Wucht nicht verkennen, zu denen sich die Leiden steigern können, damit sie auch die Größe der göttlichen Hilfe sehen, die nicht nur „tröstet", sondern auch „rettet", „herausreißt".

„Denn wir wollen euch nicht in Unkenntnis lassen, Brüder, über unsere Drangsal, die [uns] in der Asia widerfahren ist, daß wir im

Übermaß, über Vermögen, belastet wurden, so daß wir ganz verzagten — sogar am Leben." Es ist möglich, daß die Korinther von der **„Drangsal in der Asia"**[27] bereits gehört haben und daß der Apostel darum nichts Näheres an dieser Stelle berichtet. Jedenfalls sind wir nicht in der Lage, die Vorgänge zu bestimmen, von denen Paulus hier spricht. Vielfältige Vermutungen, die man immer neu angestellt hat, helfen uns nichts. Der Aufstand der Silberschmiede kann nach der Schilderung von Apg 19, 23—40 nicht gemeint sein[28]. Paulus geriet damals nicht in Lebensgefahr. Der ganze Sturm ging aufgrund der Besonnenheit der römischen Beamten überhaupt rasch vorüber. Eher könnte in Rö 16, 4 auf die gleichen Vorgänge angespielt sein, die Paulus in unserer Stelle vor Augen hat. Es ist aber auch gar nicht so wichtig, daß wir den äußeren Verlauf dieser „Drangsal" und den Vorgang der unerwarteten Errettung des Paulus — und seiner Begleiter? — genau kennen. Paulus liegt an dieser Stelle seines Briefes daran, daß die Korinther die innere Seite der Sache sehen und darin nicht **„in Unkenntnis"** und Unverständnis bleiben. Das müssen wir mit den Korinthern wissen: Es gibt auch für den Apostel Leiden, von denen er **„im Übermaß, über Vermögen belastet"** wird. Solche Leiden sind objektiv, in sich selbst übermäßig schwer. Sie gehen aber auch subjektiv über die Kraft eines Paulus hinaus. Sie bringen ihn in ein völliges **„Verzagen"** **„sogar am Leben"**. Paulus vermag für sein bedrohtes Leben nichts mehr zu erhoffen.

Mit solcher Offenheit stellt Paulus sich vor die Gemeinde in Korinth, um ihr Vertrauen zu erwerben. Also auch ein „großer" Paulus, ein leidgewohnter Apostel, kann in Lagen kommen, in denen er sagt: Das geht über meine Kraft, das ist zu schwer! Auch er kann **„ganz verzagen"**[29]. Das erspart ihm „der Vater der Erbarmungen" nicht.
9 **„Ja, wir selber hatten bei uns selbst den Todesbescheid empfangen."** Für den Blick des Paulus lag keine Möglichkeit mehr vor, dem Tode zu entgehen. Oft hatte der Tod ihn bedroht; davon hatte er schon 1 Ko 15, 31 gesprochen. Aber jetzt war ihm, als habe er den endgültigen Bescheid des Todes bekommen.

[27] Die Asia ist die römische Provinz, die das Gebiet der Westküste Kleinasiens umfaßte. Die Hauptstadt dieser Provinz war Ephesus. Aber auch andere bekannte Orte wie Laodicea, Kolossä, Philadelphia, Smyrna, Milet, Troas gehörten zu dieser kulturell und wirtschaftlich reichen Provinz.

[28] Daß „die Asia" und nicht „Ephesus" genannt ist, würde noch nicht dagegen sprechen. Auch in Apg 20, 4; 21, 27 ist von der Asia die Rede, obwohl Ephesus gemeint ist.

[29] In aller gesetzlichen „Religion" droht die Not der frommen Schauspielerei, wie wir sie an den Pharisäern des NT kennen. Daß diese Not im Evangelium wirklich überwunden ist, zeigt uns Paulus, wenn er nicht die Rolle eines sieghaften „Glaubenshelden" spielen muß, sondern so offen von seinem völligen Verzagen sprechen kann. Gerade dadurch kann er den Korinthern und uns zeigen, wie in solcher Lage der Glaube erstarkt.

Warum läßt Gott seine Leute in solche Lage geraten? Paulus weiß es: **„Damit wir solche seien, die ihr Vertrauen nicht auf sich selbst gesetzt haben, sondern auf den Gott, der die Toten auferweckt."** Das „Glauben" ist nicht ein fertiger Besitz, den wir zur Verfügung haben, wenn wir einmal „zum Glauben gekommen sind". Es ist eine innere Lebensbewegung, die viele Glaubensgrade zu durchlaufen hat und in immer neuen Lagen und Erprobungen wächst und reift. Auch in einem Paulus war noch die alte, tief eingewurzelte Neigung, **„sein Vertrauen auf sich selbst zu setzen"**. Auch er mußte angesichts eines endgültigen **„Todesbescheides"** noch gründlicher ein solcher werden, der sein Vertrauen einzig richtet **„auf Gott, der die Toten auferweckt[30]"**.

Diese Bezeichnung Gottes hat einen doppelten Sinn. Da, wo jeder menschliche Ausweg verschlossen und jede menschliche Möglichkeit am Ende ist, da kann dieser Gott Wunder tun und dennoch aus der Todesnot retten[31]. So ist es dann auch bei der Drangsal in der Asia geschehen. Aber es mußte nicht zu dieser Errettung kommen. Paulus mußte zum Sterben bereit sein. Dabei durfte er noch in einem andern Sinn aufblicken zu **„dem Gott, der die Toten auferweckt"**. Auch wenn Paulus jetzt starb, war er nicht dem Tode verfallen. Er wußte, „daß der, der den Herrn Jesus auferweckt hat, uns auch auferwecken wird mit Jesus" (4, 14). Dieser Gott hielt auch für ihn das Leben bereit, selbst im Sterben. In diesem **„Vertrauen"** und allein in ihm wird das „Verzagen" überwunden, von dem Paulus angefochten war[32].

Paulus erfuhr Gott als den, **„der uns aus einer so großen Todesnot errettet hat und erretten wird"**. Gott „tröstet" also nicht nur bei den Drangsalen, sondern kann auch der Retter aus ihnen sein, gerade da,

[30] Mit einer ähnlichen Formulierung hat Paulus auch in Rö 4, 17 von Gott gesprochen. Gottes eigenes Wesen wird gekennzeichnet, wenn von ihm bezeugt wird, daß er „die Toten auferweckt". Biblisches „Glauben" ist das getroste und kühne Rechnen mit diesem Gott, wie es in Abraham lebte und nun auch bei Paulus gerade in der äußersten Todesgefahr durchbrach.

[31] „Tote auferwecken", das ist das Wundertun in seiner äußersten Gestalt (Jo 11!). Der lebendige Gott der biblischen Boten ist notwendig und unaufgebbar ein Gott der Wunder und wäre ohne sie weder wahrhaft „Gott" noch wahrhaft „lebendig".
Eins von den ungezählten Beispielen aus unsern Tagen über das Handeln des Gottes, der Wunder tut, sei aus der Schrift „Koreas Beter" erwähnt. In der Gemeinde, wo sie seit fünf Jahren jeden Morgen zur Gebetsgemeinschaft mit allen 3000 Gliedern zusammenkommen, wird einmal im Monat eine Gebetsstunde für die Kranken gehalten. Da geschieht es: „Ein Junge trat in den Kreis der Gemeinde und bat um Fürbitte. Seine Hand war vertrocknet. Er konnte die Finger nicht bewegen. Er bekannte seine Schuld und lieferte sein Leben Jesus aus. Dann wurde über ihm gebetet. In diesem Augenblick wurde seine verdorrte Hand durchblutet. Man merkte dem Jungen die Freude an, seine Hand gebrauchen zu können. Er spielte mit seinen gesunden Fingern . . . Welch ein Herr, der im 20. Jahrhundert solche Wunder tut."

[32] Darum ist Paulus in unserm Brief in 5, 1—10 noch einmal gründlich auf die Frage des „Sterbens" eingegangen. Es war für ihn ein aktuelles Problem!

wo sie unmittelbar das Leben seiner Boten bedrohen. Das Wort, das
Paulus hier für „erretten" gebraucht: „herausreißen", zeigt die Akti-
vität und Macht, die zu jedem wirklichen Erretten gehört[33]. Die Retter-
10 macht Gottes erweist sich besonders herrlich, wenn es **„eine so große
Todesnot ist"**[34], aus der die Rettung erfolgt. Paulus weiß aber, wie
sein Leben fort und fort bedroht bleibt, und fügt zu dem Blick auf
die Vergangenheit sofort den Vorblick auf die Zukunft: Gott ist der,
der **„errettet hat und erretten wird"**. Er betont diese seine Zuversicht
noch einmal: **„Auf den wir unsere Hoffnung gesetzt haben, daß er uns
auch ferner erretten wird."** Aus dem einmal gewagten und von Gott
bestätigten Glauben erwächst die lebendige **„Hoffnung"**, die sich auf
den Gott gründet, der sich so wunderbar erwiesen hat. Die gehäuften
Formulierungen zeigen, in welch drohendes Meer von Gefahren ein
Paulus blickte. Die Korinther sollten sich klar machen, wie das Leben
des Mannes aussieht, den sie so rasch und leichthin aburteilen.

11 Paulus zieht auch hier wieder die Gemeinde in dieses Geschehen
seines Apostellebens mit hinein. Die Korinther sollen nicht Zuschau-
er ferner Ereignisse sein, sondern sich mitwirkend an allem beteiligt
wissen: **„Indem auch ihr gemeinsam mit für uns wirkt durch das
Gebet[35]"**. So ernst nimmt Paulus die Fürbitte! Sie ist „wirksam", ist
darum aber auch selber ein „Werk", eine Arbeit, die mit Ernst getan
werden will. Paulus hat dabei die „Gemeinde Gottes" vor Augen,
denkt also nicht nur an einzelne Beter in den Häusern, sondern rech-
net mit dem einen Beten der Gemeinde, wie es etwa in Apg 4, 23 ff
geschildert wird[36].

Diese bewußte, betende Beteiligung der Gemeinde ist darum so wichtig, weil nur so die Frucht erreicht wird, die aus diesem ganzen Geschehen erwachsen soll: **„Damit von vielen Angesichtern her die auf uns [gekommene] Gnadengabe durch viele dankend gepriesen werde für uns."** Paulus denkt so „theozentrisch", so auf Gottes Ehre ausgerichtet, daß bei seiner Rettung schon gar nicht sein persönliches Wohl,

[33] Das gleiche Wort „herausreißen" finden wir auch Kol 1, 13 für die Errettung aus der Macht der Finsternis. Vgl. dazu Rö 11, 26; 15, 31; 1 Th 1, 10; 2 Th 3, 2; 2 Tim 3, 11; 4, 17. Auch die grundlegende Errettung aus der Verlorenheit geschieht durch die „Dynamis", die „Macht Gottes" (Rö 1, 16).

[34] Die Lesart, die hier den Plural „aus so großen Todesnöten" hat, kann die ursprüngliche sein. Es kann eine ganze Kette von tödlichen Bedrohungen gewesen sein, auf die Paulus zurückblickt.

[35] Die Präpositionen, die Paulus hier dem Wort „Wirken" anfügt, haben zwar im hellenistischen Griechisch kein zu großes Gewicht. Es kann in dem „syn", aber doch auf ein „gemeinsames" Beten und Wirken der Gemeinde hingewiesen sein. Und in dem „hypo" kann eine Andeutung liegen, daß die Korinther ihr Gebet wie eine „Stütze" ihrem Apostel unterschieben.

[36] In ähnlicher Weise hat Paulus von seiner gefährlichen Reise nach Jerusalem um die Fürbitte der römischen Gemeinde geworben (Rö 15, 30 f).

aber auch nicht einfach seine Bewahrung für den Dienst für ihn das Ziel ist. Nein, Gott muß **„dankend gepriesen werden"**! Und daß dies nicht nur durch Paulus und seine Begleiter[37] geschieht, sondern **„durch viele"**, das ist Paulus wichtig. Der Ausdruck **„von vielen Angesichtern her"**, wird nicht nur im abgeschwächten Sinn des Wortes das Beten „von vielen Personen" meinen, was sprachlich durchaus möglich wäre. Paulus wird vielmehr ganz anschaulich die Gebetsgemeinschaft der Korinther vor Augen haben, wo **„viele Angesichter"** zu Gott emporschauen[38], aus deren Mund nun der dankende Lobpreis ertönt. Dieses Danken geschieht **„für die auf uns gekommene Gnadengabe"**[39]. Wenn auf diese Weise Paulus und seine Mitarbeiter zum Grund des Lobes Gottes in der Gemeinde Gottes werden, dann ist etwas Entscheidendes geschehen, auch für die ganze Konfliktsituation, in die hinein Paulus diesen Brief zu schreiben hat. Darum fügt Paulus dem Satz noch einmal ein **„für uns"** hinzu, das er betont an den Schluß stellt. Dabei kann dieses **„für uns"** auch meinen, daß die Gemeinde mit ihrem Dank ausfüllt, was im eigenen Danken des Paulus noch zu gering bleibt für die Größe der göttlichen „Gnadengabe". Das Wesentliche aber ist, daß die Gemeinde neu lernt, für ihren Apostel zu beten, über den sie so viel klagt und schilt, und daß gerade sein Leidensweg zum Gegenstand des Dankens wird, der ihr bisher nur Anlaß zum murrenden Zweifel an ihrem Apostel bot[40].

DIE LAUTERKEIT DES APOSTELS

2. Korinther 1, 12–14

Zu Vers 12:
2 Ko 2, 17
Hbr 13, 18
1 Ko 1, 17
2 Ko 2, 4

12 **Denn unser Rühmen ist dieses, das Zeugnis unseres Gewissens, daß wir in Einfachheit** (oder: in Heiligkeit) **und Lauterkeit Gottes, nicht in fleischlicher Weisheit, sondern in der Gnade Gottes unsern**

[37] In der ganzen Schilderung der großen Gefahr und der Errettung gebraucht Paulus fortwährend das „wir". Waren seine Begleiter, war besonders auch Timotheus in die tödliche Bedrohung hineingezogen? So eindeutig ist aber der unterschiedliche Gebrauch von „wir" und „ich" in den Briefen des Paulus nicht, daß ein sicherer Schluß daraus gezogen werden könnte.

[38] Wir haben daran zu denken, daß im Altertum entsprechend der grie Gebetssitte auch von Christen stehend mit erhobenen Händen und aufgerichtetem Gesicht gebetet wurde, wie es uns mehrfach die Malereien in den Katakomben zeigen.

[39] Paulus verwendet hier das gleiche Wort „charisma", das wir einseitig nur als Fachausdruck für die „Geistesgaben" kennen. Für Paulus ist auch eine Errettung aus Todesnot ein „charisma", eine „Gnadengabe".

[40] Die praktische Wichtigkeit des „Dankens", auf das die Bibel so großen Wert legt (Ps 50, 23; Eph 5, 20), kann uns hier anschaulich werden.

Zu Vers 13:
Apg 23, 1
24, 16
2 Tim 1, 3
Zu Vers 14:
2 Ko 3, 2 f
5, 12
Phil 2, 16
4, 1

Wandel führten in der Welt, ganz besonders aber euch gegenüber.
13 *** Denn nichts anderes schreiben wir euch, als was ihr lest und auch versteht; ich hoffe aber, daß ihr bis ans Ende verstehen werdet,**
14 **wie ihr uns denn zum Teil auch [wirklich] verstanden habt, * daß wir euer Ruhm sind, ebenso wie auch ihr der unsere, an dem Tage unseres Herrn Jesus.**

Die Gemeinde soll in Fürbitte und Dank an dem Leben, Leiden und Wirken ihres Apostels teilnehmen. Das kann sie aber nur, wenn sie mit einem vollen, klaren Vertrauen auf Paulus blickt. Doch Paulus ist den Korinthern, wenigstens zu einem Teil, unverständlich und befremdlich, gerade in seinen ständigen Drangsalen und Leiden. Wenn wir aber einen andern nicht mehr verstehen und wenn Argwohn und Mißtrauen gegen ihn in unserm Herzen wohnen, ist unser Beten für ihn gehemmt, und das Danken kann nicht so frei und voll aus unserm Mund kommen, wie es Paulus in V. 11 vor sich sah. Darum wendet sich Paulus jetzt dieser Not in Korinth zu.

12 In dem ganzen Briefabschnitt V. 3–11 klang über allem Ernst der Bedrängnis doch ein Ton des „Rühmens". Ist dieses **„Rühmen"**[41] berechtigt, kann es von der Gemeinde ohne Bedenken angehört werden? Paulus stellt sich dieser Frage und bejaht sie. **„Denn unser Rühmen ist dieses, das Zeugnis unseres Gewissens, daß wir in Einfachheit** (oder: Heiligkeit) **und Lauterkeit Gottes, nicht in fleischlicher Weisheit, sondern in der Gnade Gottes unsern Wandel führten in der Welt, ganz besonders aber euch gegenüber."** Maßgebend ist ihm dabei das **„Zeugnis seines Gewissens"**. Das Gewissen ist nicht einfach Gottes Stimme. Paulus hat seine Verkündigung nie aus seinem Gewissen geschöpft oder im Gewissen begründet. Er wußte auch etwas vom „schwachen" und „irrenden" Gewissen (1 Ko 8; 10, 29). Dennoch bleibt das Urteil des Gewissens auch für den Glaubenden maßgebend. Paulus spricht an unserer Stelle ebenso wie in Rö 2, 15; 9, 1 vom **„Zeugnis des Gewissens"**[42]. In unserm Gewissen ergeht ein unbestechliches Urteil über uns selbst, das ein falsches Rühmen aus unserm Mund Lügen straft. Paulus aber freut sich der klaren Zustimmung seines Gewissens zu seinem **„Rühmen"**.

[41] Paulus war sehr kritisch gegen alles Rühmen vor Gott, vgl. Rö 3, 27; 1 Ko 1, 31. Er machte aber daraus nicht ein System, das jedes Rühmen ausschloß. In Rö 5, 2. 3. 11 und in 1 Ko 9, 15; 15, 31 kennt er ein wohlbegründetes „Rühmen", das sein gutes Recht hat, ja, das gar nicht fehlen darf. Wichtig ist auch 2 Ko 10, 13–16; 11, 10. Vgl. den Artikel „Ruhm" im „Lexikon zur Bibel".

[42] Vgl. zu den angeführten Stellen die Auslegung in der W. Stb. Bei der Erklärung zu Rö 2, 15 ist aber ein Druckfehler sehr zu berücksichtigen. Es muß heißen: „Das Urteil unseres Gewissens ist „unheimlich unabhängig von unseren Wünschen". Vgl. auch O. Hallesby „Vom Gewissen", Brockhaus-Verlag.

Sein Gewissen bezeugt ihm, daß er **„in Einfachheit**[43] (oder: in Heiligkeit) **und Lauterkeit Gottes"** seinen Wandel geführt hat. „Verstanden werden" kann ich nur dann, wenn mein Tun und Lassen **„einfach"** ist, wenn sich hier nicht die verschiedensten Linien verwirren und uns undurchsichtig machen. Und Vertrauen kann ich nur erwarten, wenn **„Lauterkeit"**[44] meinen Wandel bestimmt. In Korinth gab es offenbar Gemeindeglieder, die in Paulus einen undurchsichtigen und intriganten Mann sahen (vgl. Kap. 12, 16, auch 1, 17), dem man nicht trauen könne[45]. Paulus darf solchen Verdächtigungen das Zeugnis seines Gewissens entgegenstellen. Es ist aber dabei zu beachten, daß er von der Einfachheit und Lauterkeit **„Gottes"** spricht, in der er lebt. Nicht von Natur wohnt solche Einfachheit und Klarheit in uns Menschen. Und auch im wiedergeborenen Christen, auch in einem Apostel Paulus, ist sie nicht als eigener Besitz und eigene Eigenschaft zu finden. Aber in Gott ist vollkommene „Einfachheit", nie ein Wechsel von Licht und Finsternis (Jak 1, 17). Gott besitzt in vollendeter Weise „sonnenhelle Klarheit" (1 Jo 1, 5). Wer aber ein „Heiliger" wurde, ein Eigentum Gottes, der kann nun auch selber „in" dieser Einfachheit und Lauterkeit Gottes leben und an ihr teilhaben. Paulus lebt vor dem Angesicht und im Licht Gottes und wird dadurch selbst einfach und lauter[46]. Daß es so bei Paulus steht, das bezeugt ihm sein Gewissen.

Paulus fügt eine zweite Erklärung hinzu, die von ganz entscheidender Bedeutung ist. Er hat seinen Wandel **„nicht in fleischlicher Weisheit, sondern in der Gnade Gottes"** geführt. Paulus betont, daß er „in der Welt" zu leben und zu wirken hatte. Er genießt nicht abseits in der Stille ein geborgenes Dasein, bei dem man einfach und lauter bleiben kann. Er steht in der **„Welt"**, mit allen ihren Schwierigkeiten, Nöten und Anfechtungen. Da scheint es unvermeidlich, sich mit einer **„Weisheit"** durch alles hindurchzuschlagen, die **„fleischlich"**, d. h. von unserm natürlichen Ichwesen bestimmt ist. Kommt man denn anders durch die Welt? Ja! Paulus bezeugt es! Nicht weltliche Klugheit, nicht

[43] Wichtige Handschriften haben hier das Wort „hagiotes = Heiligkeit", das im Grie von dem Wort „haplotes = Einfachheit" nur durch zwei Buchstaben unterschieden ist. Von Gottes „Heiligkeit" zu reden liegt weit näher als von Gottes „Einfachheit". Gerade darum ist leichter zu verstehen, daß ein Abschreiber absichtlich oder unabsichtlich die befremdende, ursprüngliche Lesart „Einfachheit" in „Heiligkeit" verbesserte.

[44] Das von Paulus gern gebrauchte Wort ist von den Wörtern „Sonne" und „richten" abgeleitet; man könnte es mit „Sonnendurchsichtigkeit" wiedergeben. Vgl. Artikel „lauter" im „Lexikon zur Bibel".

[45] Paulus, der für uns die selbstverständliche „biblische" Autorität ist, konnte so verkannt werden! Das berichtigt heilsam das oft auf Goldgrund gemalte Bild der ersten Christenheit, an dem wir uns in falscher Weise erbauen. Die Urchristenheit ist in ihren menschlichen Qualitäten nicht von uns unterschieden.

[46] So war schon der Vater des Glaubens, Abraham, angewiesen, „vor Gott" zu wandeln und dadurch „vollkommen" zu sein (1 Mo 17, 1).

die Ausrichtung nach ichhaften Wünschen und Zielen, nicht kluge Sorge für sich selbst bestimmen sein ganzes Verhalten. Darum auch nicht Diplomatie oder Intrigen irgendwelcher Art (vgl. 4, 2). Sein Denken und Leben ist gestaltet von **„der Gnade Gottes"**, die er selbst in ihrer wunderbaren Macht erfahren hat. In freier Güte suchte diese Gnade den Feind Jesu und seiner Gemeinde, suchte seine Rettung und vertraute ihm den höchsten Dienst an. Gott handelte darin total anders, als wir Menschen handeln, die wir unser Recht, unsere Ehre, unsere Größe durchsetzen wollen. Gottes „Torheit" und „Schwachheit" (1 Ko 1, 25) wurde sichtbar, die doch in Wahrheit „weiser" und „stärker" ist als alle Klugheit und Gewalt der Welt. Diese Art Gottes leitet und formt nun den ganzen Wandel des Paulus **„in der Welt"**. Wenn die Korinther das begreifen, dann verstehen sie ihn und halten ihn nicht mehr für hinterhältig und unzuverlässig. Dieses von selbstloser, freier Güte bestimmte Verhalten ihres Apostels müßten gerade die Korinther erkennen; denn er hat es bestätigt: **„besonders euch gegenüber"**. Aller Undankbarkeit und Verkehrtheit der Korinther gegenüber hat er nicht **„fleischlich"**, ichhaft reagiert, sondern mit der selbstlosen Liebe, die nur das wahre Wohl der Korinther suchte[47].

13/14 Die Vorwürfe der Korinther scheinen sich besonders auf die Briefe des Apostels bezogen zu haben. In Kap. 10, 9—11 hören wir noch einmal davon. Sind seine schriftlichen Äußerungen diplomatisch und darum schwer zu verstehen und irreführend? Stehen nicht hinter dem, was Paulus schreibt, in Wirklichkeit ganz andere Gedanken und Ziele? Muß man nicht zwischen den Zeilen lesen, was er eigentlich meint? Nein, **„nichts anderes schreiben wir euch, als was ihr lest und auch versteht"**. Briefe des Paulus sollen ohne Auslegungskünste in ihrem einfachen Wortsinn genommen und verstanden werden. Wenn sein Brief in der Gemeindeversammlung vorgelesen wird, dürfen die Korinther ebenso einfach und offen hören, wie ihr Apostel einfach und offen geschrieben hat.

Paulus ist froh, daß nach den vielen Spannungen und Verdächtigungen dieses „Verstehen" in Korinth ein ganzes Stück wieder da ist: **„Wie ihr uns denn zum Teil auch [wirklich] verstanden habt."** Er hofft, daß dieses Verstehen noch weiter wachsen und schließlich ein vollständiges werden wird. **„Ich hoffe aber, daß ihr bis ans Ende verstehen werdet."** Dem **„zum Teil"** im vorigen Satz gegenüber könnte der Ausdruck **„bis ans Ende"** einfach den Sinn von „vollständig" ha-

[47] Wir werden keine „vollkommene" und „reine" Gemeinde haben. Aber es ist auch heute nötig, daß in der Gemeinde Jesu alles Verhalten nicht mehr von weltlicher, ichhafter Klugheit, sondern von der Art der göttlichen Gnade bestimmt ist. Hier muß der radikale Unterschied von „Gemeinde" und „Welt" sichtbar werden!

ben. Teilweise versteht ihr mich schon; ich hoffe, ihr werdet es noch ganz und gar tun. Aber Paulus legt sofort noch mehr in diesen Ausdruck hinein. Er blickt wirklich bei diesen ganzen Fragen auf das „Ende" und wünscht, daß auch die Korinther dorthin sehen und von dorther urteilen. Dieses **„Ende"** aber ist **„der Tag unseres Herrn Jesus"**, der Tag, an welchem im Licht seines Angesichtes alles offenbar und klar sein wird. Dort gibt es auch zwischen der Gemeinde in Korinth und ihrem Apostel die ganze Klarheit[48]. Und was wird dann für die Gemeinde zu sehen sein? Allem Mißtrauen, aller Undankbarkeit, allen Verdächtigungen gegenüber wird die Tatsache gelten, **„daß wir euer Ruhm sind, ebenso wie auch ihr der unsere, an dem Tage unseres Herrn Jesus."** Jetzt klagen sie über ihren Apostel, nennen ihn undurchsichtig und unverständlich und meinen, sich vor ihm in acht nehmen zu müssen. Dann aber, wenn alles im Licht des Tages Jesu vor ihnen liegen wird, wird einzig das Danken für Paulus ihr Herz erfüllen und das Rühmen dessen, was er in der Gründung der Gemeinde und in der kampfreichen und schmerzvollen Sorge um ihr weiteres Wachstum für sie getan hat. Die ganze Selbstlosigkeit und Liebe im Herzen des Paulus zeigt sich an dieser Stelle darin, daß er nicht nur an seine eigene Rechtfertigung und an seine Anerkennung durch die Gemeinde denkt, sondern gerade jetzt den Korinthern zusichert, daß auch sie am Tage Jesu sein Ruhm sein werden. Alles, was die Gemeinde in Korinth ihm angetan hat, ist dann vergessen. Mit frohem Dank wird es Paulus vor Jesu Angesicht preisen, was diese Gemeinde für sein Leben und seinen Aposteldienst bedeutet hat. Paulus hat auch hier, wie in 1 Ko 4, 5, nicht drohend auf den alles enthüllenden Tag Jesu geblickt, sondern von diesem Tag die positive, frohe Lösung aller Nöte und Spannungen erwartet[49].

[48] Davon hatte Paulus bereits in seinem ersten Brief 4, 5 gesprochen. Der „Tag Jesu" war ihm auch dort die letzte Instanz, an die er appelliert, wie Paulus überhaupt ganz auf die neue Offenbarung Jesu und auf sein alles klärendes und vollendendes Wirken ausgerichtet lebte. Vgl. auch dazu 1 Ko 3, 11—15. Das Kommen Jesu gilt nicht zuerst der Welt und dem „Weltgericht", sondern der Gemeinde und ihrer Durchrichtung und Vollendung.

[49] Das echte eschatologische Denken, lenkt uns nicht von der Gegenwart ab, sondern wirkt als starke Hilfe befreiend in die Gegenwart hinein. Wir werden besser miteinander fertig, wenn wir uns im Geist in den Tag Jesu versetzen und uns dort vor Jesu Angesicht stehen sehen, einer der Ruhm und die Freude des andern.

DIE ORDNUNG DER REISEPLÄNE DES APOSTELS

2. Korinther 1, 15 — 2, 4

Zu Vers 15:
1 Ko 16, 5 f
Zu Vers 16:
1 Ko 16, 5 f
Zu Vers 17:
Mt 5, 37
Jak 5, 12
Zu Vers 18:
1 Ko 1, 9
10, 13
Zu Vers 19:
Apg 18, 5
1 Th 1, 1
Zu Vers 20:
1 Ko 14, 16
Offb 3, 14
Zu Vers 21:
1 Jo 2, 27
Zu Vers 22:
2 Ko 5, 5
Rö 8, 26
Eph 1, 13 f
Zu Vers 23:
2 Ko 12, 20 f
Rö 1, 9
Zu Vers 24:
2 Ko 4, 5
1 Ko 3, 9
15, 1 f
1 Pt 5, 3
1 Jo 1, 3 f

Kapitel 2
Zu Vers 1:
2 Ko 12, 21
1 Ko 4, 21
Zu Vers 3:
2 Ko 13, 10
Zu Vers 4:
2 Ko 7, 8
Apg 20, 31

15 Und in dieser Zuversicht wollte ich früher zu euch kommen, damit
16 ihr eine zweite Gnade erhieltet, * und durch euch hindurch nach
Makedonien weiterreisen, und noch einmal von Makedonien zu
euch kommen und von euch mich nach Judäa auf den Weg bringen
17 lassen. * Indem ich nun diesen Willen hegte, habe ich mich da etwa
der Leichtfertigkeit bedient? Oder was ich mir vornehme, nehme
ich das nach dem Fleisch vor, damit bei mir stehe das Ja Ja und das
18 Nein Nein? * Treu aber ist Gott, daß unser Wort, das an euch
19 [erging], nicht Ja und Nein ist. * Denn der Sohn Gottes, Christus
Jesus, der unter euch durch uns geheroldet worden ist, durch mich
und Silvanós und Timotheus, war nicht Ja und Nein, sondern das
20 Ja ist in ihm ergangen. * Denn wie viele Verheißungen Gottes [es
gibt], in ihm [ist] das Ja [dafür gegeben], darum entsteht auch
21 durch ihn das Amen Gott zur Verherrlichung durch uns. * Der aber
uns mit euch zusammen fest gründet auf Christus und uns ge-
22 salbt hat, ist Gott, * er, der uns auch versiegelt und als das Unter-
pfand den Geist in unsere Herzen gegeben hat.
23 Meinerseits aber rufe ich zum Zeugen Gott an gegen meine Seele,
daß ich aus Schonung für euch nicht mehr nach Korinth kam.
24 Nicht, daß wir Herren sind über euren Glauben, nein, Mithelfer
2, 1 sind wir eurer Freude; denn durch den Glauben steht ihr. * Ich
habe aber für mich das als recht erkannt, nicht noch einmal unter
2 Betrübnis zu euch zu kommen. * Denn wenn ich selber euch betrübe,
ja, wer ist dann, der mich erfreut, wenn nicht der, der von mir in
3 Betrübnis versetzt wird? * Und so schrieb ich denn eben dies, um
nicht bei meinem Kommen Betrübnis zu empfangen von seiten
derer, an welchen ich mich doch freuen sollte, in dem Vertrauen
4 zu euch allen, daß meine Freude die euer aller ist. * Denn aus viel
Bedrängnis und Beklemmung des Herzens schrieb ich euch unter
vielen Tränen, nicht damit ihr betrübt wurdet, sondern damit die
Liebe ihr erkenntet, die ich in besonderem Maße gerade zu euch
habe.

15/16 Vom Mißtrauen gegen seine Briefe hatte Paulus gesprochen. Es war dies ein umfassendes Mißtrauen, das die Lauterkeit und durchsichtige Verständlichkeit im Leben und Dienst des Apostels überhaupt anzweifelte[50]. Ein wesentlicher Punkt, der diesem Mißtrauen der Korinther Nahrung gab, waren befremdende Änderungen in den Besuchsplänen des Apostels. Zwar scheint Paulus jetzt einfach den in 1 Ko 16, 5—9 der Gemeinde mitgeteilten Reiseplan auszuführen und so, wie er es damals schrieb, nach Beendigung der Arbeit in Ephesus durch Makedonien hindurch auf dem Wege zu den Korinthern zu sein. In Wirklichkeit müssen aber dem 1 Ko Ereignisse gefolgt sein, die wir nicht im einzelnen kennen, die sich aber in unserm 2 Ko deutlich widerspiegeln. Paulus spricht von einem Besuch in Korinth, der schon **„früher"** als der jetzt bevorstehende erfolgen sollte. **„Und in dieser Zuversicht wollte ich früher zu euch kommen, damit ihr eine zweite Gnade erhieltet, und durch euch hindurch nach Makedonien weiterreisen, und noch einmal von Makedonien zu euch kommen und von euch mich nach Judäa auf den Weg bringen lassen."** Eine **„zweite Gnade"**, einen erneuten Besuch nach der Gründungsarbeit und nach einer gewissen Zeit der Bewährung hat Paulus allen seinen Gemeinden gegönnt[51]. Eine **„zweite Gnade"** nannte Paulus solchen Besuch, weil er davon durchdrungen war, daß Gottes Gnade durch ihn in der Gemeinde wirksam werde, so wie diese Gnade bei seinem ersten Kommen die Gemeinde ins Leben gerufen hatte. Also nicht etwa in seinem Besuch als solchem sah er eine „Gnade" oder „Freundlichkeit" auf seiner Seite[52]! Diese **„zweite Gnade"** war bereits in 1 Ko 16 den Korinthern versprochen. Daran hielt Paulus fest. Aber den Plan der Durchführung des zweiten Besuches hatte er nach Absendung des 1 Ko geändert. Der Besuch sollte nicht nur „früher" stattfinden, er sollte auch ganz anders verlaufen, als der im 1 Ko 16 angekündigte. Direkt von Ephesus aus zu Schiff wollte Paulus nach Korinth kommen, von Korinth aus dann in die makedonischen Gemeinden gehen und von ihnen noch einmal nach Korinth zurückkehren, um von Korinth aus die Reise nach Judäa zur Überbringung der großen Geldsammlung für die Urgemeinde in Jerusalem anzutreten.

[50] Es ist für uns, denen Paulus die selbstverständliche Autorität ist, ebenso schwierig wie doch zugleich nötig, aus unserm Brief (wie etwa auch aus dem Galaterbrief) zu sehen, in welchem Maße Paulus ein umstrittener und bis in die Tiefe seines Wesens verkannter Mann war.

[51] Vgl. Apg 15, 36. 41; 18, 23; so geschieht auch jetzt der Besuch der makedonischen Gemeinden. Vgl. Apg 20, 1.

[52] Andere Ausleger beziehen „charis" auf die Person des Paulus selbst und übersetzen: „einen zweiten Freundlichkeitserweis". Oder es wird „charis" als „Freude" gefaßt und auf die Korinther bezogen: „Damit ihr eine zweite (oder: neue) Freude erhieltet" (Menge). Aber warum soll hier das Wort „Gnade" nicht in seinem vollen Reichtum und Ernst stehen bleiben? Paulus blickt immer von sich selbst weg auf den Herrn. Vgl. wie in 8, 1 ff auch die willige Sammlung in den makedonischen Gemeinden eine „Gnade" genannt wird.

In 1 Ko 16, 7 ist von seiner Reise nach Jerusalem noch nicht bestimmt die Rede. In 16, 4 ist sie nur als möglich bezeichnet, während die Überbringung der Sammlung zunächst durch Brüder mit entsprechenden Briefen in Aussicht genommen war. Jetzt aber steht die Reise nach Judäa fest. Die Korinther sollen ihn dorthin **„geleiten"**, das heißt aber auch für die Reise ausrüsten und **„auf den Weg bringen"**[53].

Dieses ganze „Wollen" war nicht im Herzen des Paulus verborgen geblieben. Er muß es den Korinthern als seinen Plan mitgeteilt haben. Denn wenn sie gar nichts davon gewußt hätten, müßte er sich jetzt nicht vor ihnen verteidigen. Wann hat Paulus der Gemeinde in Korinth diesen doppelten Besuch versprochen? Wir wissen es nicht mit Sicherheit, weil wir über die Ereignisse, die zwischen dem 1 und 2 Ko liegen, nur kurze Andeutungen hören[54]. Wahrscheinlich ist es bei dem „Zwischenbesuch" geschehen, auf den Paulus Kap. 2, 1 anspielt. Dieser Besuch war in „Betrübnis" erfolgt, auf ungute Nachrichten hin. Er hatte nur kurz sein können, weil der Apostel schnell wieder in Ephesus sein wollte bzw. sein mußte. Zu einer Klärung und vollen Verständigung hatte die kurze Zeit nicht ausgereicht. Darum versprach Paulus der Gemeinde beim Abschied einen ausgiebigen dritten Besuch, der zu einem doppelten Verweilen bei den Korinthern führen sollte. Der Apostel wollte gründlich Zeit für die notvolle Gemeinde mit allen ihren Fragen und Schwierigkeiten haben. Dann aber muß jenes Ereignis eingetreten sein, von dem Paulus in Kap. 2, 5–11 und 7, 11–13 spricht. Ehe hier nicht eine klare Bereinigung durch die Gemeinde geschehen war, wollte und konnte der Apostel nicht nach Korinth kommen. So änderte er seinen Plan. Er fuhr nicht direkt von Ephesus nach Korinth, sondern sandte Titus mit einem ernsten Brief – nach Kap. 2, 4 der „Tränenbrief" genannt – zu der Gemeinde, wartete auf das Ergebnis seiner Forderungen und ging, seinem früheren Plan gemäß, nach dem Abschluß der Arbeit in Ephesus über Troas nach Makedonien.

17 Nun warfen die Korinther aus ihrem ganzen Mißtrauen heraus dem Apostel **„Leichtfertigkeit"** in seinen Versprechungen und im Abändern seiner Pläne vor. **„Indem ich nun diesen Willen hegte, habe ich mich da etwa der Leichtfertigkeit bedient?"** Paulus geht auf diese Frage nicht ein. Er hält es nicht für wert, sich überhaupt mit ihr auseinanderzusetzen. Ein Mann auf solchen Leidens- und Sterbenswegen ist nicht **„leichtfertig"**.

[53] Vgl. zu dem Ausdruck „geleiten" (Rö 15, 24) mit der Erklärung in der W. Stb. – Paulus „erhofft" von ihnen die „Weiterleitung", die eine Ausstattung mit Empfehlungsschreiben und materiellen Mitteln, aber auch ein geistliches „Geleit" unter Fürbitte und Segen und gegebenenfalls auch mit einem Stück tatsächlicher Wegbegleitung (vgl. Apg 20, 4; 21, 5; 21, 16) darstellt (a. a. O. S. 343).

[54] Vgl. dazu die „Einleitung" S. 12.

Weit ernster ist ein anderer Vorwurf, der ihm von den Korinthern gemacht wird, der Vorwurf ichhafter Eigenmächtigkeit und Selbstherrlichkeit. **„Oder was ich mir vornehme, nehme ich das nach dem Fleisch vor, damit bei mir stehe das Ja Ja und das Nein Nein?"** Nicht Doppelzüngigkeit traut man Paulus zu, die ihn „Ja" und „Nein" gleichzeitig sagen und von vornherein ein „Nein" hinter einem „Ja" verstecken läßt. In diesem Falle hätte Paulus ein „und zugleich" zwischen dem Ja Ja und dem Nein Nein betont hervorheben müssen, was er aber nicht tut. Betont ist vielmehr das vorangestellte **„damit bei mir stehe"**. Zu dem Wunsch der Korinther zu einem längeren Besuch bei ihnen, hat er erst sein Ja gesagt und hat dann willkürlich und herrisch das Nein einer Absage daraus gemacht. Das gab den Korinthern den Eindruck, Paulus wolle **„nach dem Fleisch[55]"**, nach seinem eigenen, jeweiligen Interesse, seine Pläne aufstellen und wieder umwerfen. Er will über das Ja wie das Nein eigenmächtig verfügen. Gerade aktive, einsatzfreudige Menschen in führenden Stellungen können teils aus sachlichen Notwendigkeiten und doch zugleich aus dem eigenen Temperament heraus zu dieser herrischen Art kommen, die alle Entschlüsse mit ihrem Ja oder Nein in der eigenen Hand behalten will. War es am Ende auch bei Paulus so? Bei diesem Verständnis des Satzes erklärt sich auch besonders gut die Verdoppelung des Ja und des Nein. Wenn Paulus das Ja will, dann soll es Ja sein, und wenn sein Eigenwille auf einmal das Nein an die Stelle des Ja setzt, dann muß es ohne Rücksicht auf die andern — in diesem Fall ohne Rücksicht auf die Gemeinde in Korinth — Nein heißen. Es wird deutlich, warum Paulus gleich am Beginn der ganzen Auseinandersetzung so betont und umfassend versicherte, daß er „nicht in fleischlicher Weisheit, sondern in der Gnade Gottes" seinen Wandel führte „in der Welt, ganz besonders euch gegenüber" (1, 12). Den Vorwurf „fleischlichen" Verhaltens machte man ihm offenbar vielfach in Korinth, wie 10, 2 zeigt.

Was kann Paulus hier antworten? Soll er Versicherungen über sich 18
selbst angeben? Das widerstrebt ihm und würde auch bei seinen Gegnern in Korinth nicht helfen. So beruft er sich auf den Gott, dessen bevollmächtigter und total abhängiger Bote er ist. Er hat schon in V. 12 gesagt, daß Gottes Gnade sein ganzes Verhalten bestimmt. So richtet er auch jetzt den Blick der Korinther von seiner Person weg auf Gott und auf Gottes Treue und Gnade. **„Treu aber ist Gott, daß unser Wort, das an euch [erging], nicht Ja und Nein ist."** Bei Gott ist ganze, unverbrüchliche Treue, auf die man sich verlassen kann. Dar-

[55] Zu dem Wort „Fleisch" vgl. den Artikel im „Theologischen Begriffslexikon" und im „Lexikon zur Bibel". Auch Anm. 121 in der Auslegung des Römerbriefes in der W. Stb. wäre heranzuziehen.

um ist aber auch die Botschaft, die Paulus nach Korinth brachte und die die Grundlage seines ganzen Umgangs mit der Gemeinde ist, nicht unzuverlässig bald ein Ja, bald ein Nein. Und nun macht es Paulus hier so. Wie er es in seinen Briefen gern tut, daß er von dem vorliegenden Einzelfall auf die ganze, große Linie der Offenbarung Gottes sieht und von daher seine Haltung im konkreten Einzelfall begründet. Die mächtigen „dogmatischen" Ausführungen in den Briefen des Apostels entspringen nirgends einem rein theologisch-lehrhaften Interesse. Von bestimmten praktischen Problemen her wird er zu ihnen geführt und läßt sie darum auch sofort wieder in praktische An-
19 weisungen einmünden[56]. So ist es auch hier. Seine „Willkür", die beliebig Ja oder Nein sagt, wird von den Korinthern getadelt. Da steht das ganze Evangelium vor dem Geist des Apostels, das er verkündigt, in dem er lebt, das seinen ganzen Umgang in den Gemeinden bestimmt und das kein abwechselndes Ja und Nein kennt. **„Denn der Sohn Gottes, Christus Jesus, der unter euch durch uns geheroldet worden ist, durch mich und Silvanós und Timotheus, war nicht Ja und Nein, sondern das Ja ist in ihm ergangen."** Beherrschend ist nicht Paulus, beherrschend und entscheidend ist allein der Sohn Gottes, Jesus Christus. Dieser Jesus ist in Korinth **„geheroldet worden"**, also öffentlich und mit Anspruch auf Gehör und Gehorsam aller bezeugt
20 worden[57]. Nicht von Paulus allein. An dieser Stelle ist das **„durch uns"** wörtlich gemeint. Paulus erläutert es sofort mit **„durch mich und Silvanós und Timotheus"**. Bei der Gründung der Gemeinde war „Mannschaftsarbeit" geschehen, wie es auch in Apg 17, 14—16; 18, 5 angedeutet ist. Dabei bleibt Paulus der erste in der Reihe und der maßgebende Mann[58]. Silvanós, vielfach auch in verkürzter Namensform „Silas" genannt, ist ein Christ aus Jerusalem, der den Beschluß des „Apostelkonzils" nach Antiochien brachte und dann an Stelle des Barnabas mit Paulus auf die zweite Missionsreise (vgl. Apg 15, 27. 40) ging. Timotheus als der Jüngere, ist an letzter Stelle genannt. Bei allen dreien aber ging es nicht um sie selbst, sondern um Jesus als den Inhalt der Heroldsbotschaft. In ihm hat Gott das ganze Ja seiner

[56] Ein klassisches Beispiel ist Phil 2, 5—11 zwischen Kap. 2, 3—4 und 2, 12. Aber auch die gewaltigen Sätze über die Auferstehung Jesu und über die alles vollendenden Ereignisse der Heilsgeschichte in 1 Ko 15 sind nicht eine „dogmatische Vorlesung", sondern wenden sich gegen ganz persönliche Entstellungen des Glaubenslebens und mahnen zum kühnen Einsatz für das Werk des Herrn.

[57] Die Wiedergabe des Wortes mit „predigen" ist nicht glücklich und erweckt von unserer heutigen „Predigt" her falsche Vorstellungen. Das NT spricht entweder vom „Evangelisieren", oder es hat das Bild des kaiserlichen „Herolds" vor Augen, der im höchsten Auftrag öffentlich Mitteilungen macht, die jeden Bürger des Reiches angehen.

[58] Mannschaftsarbeit bedeutet keine Gleichmacherei, sondern läßt jedem Mitarbeiter nach Alter, Erfahrung und Gabe seinen Platz im gemeinsamen Dienst.

rettenden Gnade zu den Menschen gesprochen. Paulus betont es: Christus Jesus „war nicht Ja und Nein". Wir müssen nicht fürchten, neben dem Ja oder anstelle des Ja unversehens auf ein Nein zu stoßen. Das ist mit voller Gewißheit so, weil in der Sendung Jesu das bleibende Nein Gottes zur Sünde und das Ja Gottes zum Sünder gleichzeitig aufgenommen und im Kreuzgericht voll erfüllt ist. Nun kann der heilige Gott das „Unmögliche" tun und zu dem Sünder sein ganzes „Ja" sprechen. Allerdings einzig und allein in Christus Jesus kann er es tun. Außerhalb von Christus Jesus herrscht jenes „Nein", das uns alle zu „Kindern des Zornes von Natur" macht (Eph 2, 3), auch wenn Gott im Bereich seiner Schöpfung manches freundliche Ja zu uns spricht (vgl. Apg 14, 17). Jesus aber ist in seiner Person das große Ja, das Gott zu uns sagt. Das **„Ja ist in ihm ergangen"**. Ich darf es befreiend wissen: Gott sagt Ja zu mir, der ich so viel „Nein" von andern hören und auch selber so viel „Nein" zu mir sagen muß[59].

Dadurch kamen in Jesus alle Verheißungen Gottes, die Gott von 1 Mo 3, 15 an gegeben hatte, zum gültigen Vollzug und zu ihrer herrlichen Erfüllung. **„Denn wie viele Verheißungen Gottes [es gibt], in ihm [ist] das Ja [dafür gegeben]."** So sehr steht „der Sohn" im Mittelpunkt alles göttlichen Handelns, daß Gott ausnahmslos alle seine Verheißungen — **„wie viele Verheißungen Gottes[60] es gibt"** — allein in Jesus erfüllt[61]. Sie sind also alle von vornherein auf Jesus bezogen. Gott hatte den geliebten Sohn und sein ganzes Werk vor Augen, als er diese Verheißungen gab. Das ermächtigt, ja verpflichtet uns, die atst Verheißungen Gottes — unbeschadet ihrer geschichtlichen Vorerfüllung — auf das Werk Jesu hin zu lesen und zu verstehen. Soweit sie aber noch nicht erfüllt sind, haben wir allein von Jesus ihre noch kommende Verwirklichung zu erwarten. Es wird ja

59 Das haben wir in Verkündigung und Seelsorge noch viel zu wenig ausgenützt! Die moderne Psychologie hat uns gezeigt, wie alle „Hemmungen", alle „Minderwertigkeitskomplexe" mit ihren tiefgreifenden Störungen des Lebens aus dem „Nein" kommen, das der Mensch als Kind schmerzlich erfährt. Die frühkindliche Erfahrung wird immer neu bestätigt gesehen in dem mannigfachen „Nein", das dem Menschen in dieser von Angst, Mißtrauen und Ichanspruch beherrschten Welt begegnet. Wie befreiend und ermutigend ist es dann für ihn, wenn ein festes, ausdauerndes Ja zu ihm gesagt wird. Alles Ja, das wir zu Menschen — gerade auch zu „schwierigen Menschen" — sagen können, wurzelt in Gottes großem Ja, das in Christus Jesus unergründlich in seiner ganzen Wirklichkeit vor uns steht. „Gott sagt Ja zu Dir!" Das sollte viel öfter — unmittelbar oder mittelbar — unser Thema in Verkündigung und Seelsorge sein.

60 Spurgeon hat uns in seinen 366 „Kleinoden göttlicher Verheißungen" einen Blick in die Fülle der Zusagen Gottes gegeben.

61 Es wird daran deutlich, wie unmöglich es ist, „an Gott zu glauben" und Jesus abzulehnen.

tatsächlich ein großer Teil der prophetischen Weissagungen erst durch den wiederkommenden Herrn endgültig erfüllt werden.

Die Botschaft von Jesus war auch in Korinth nicht unwirksam geblieben. Menschen in Korinth, Juden und Griechen, kamen zum Glauben und sprachen damit das Amen[62] zu Gottes Ruf und Angebot. **„Darum entsteht auch durch ihn das Amen Gott zur Verherrlichung durch uns."** An der Formung dieses Satzes wird sehr deutlich, wie Paulus auch als Evangelist nicht bei dem Gläubigwerden von Menschen stehen bleibt. Gewiß will Jesus mit ganzem Ernst die Errettung von Menschen durch die glaubende Annahme der Botschaft. Aber gerade Jesus, der Sohn, hat in seinem ganzen Leben und Handeln als letztes Ziel die Ehre und Verherrlichung des Vaters vor Augen[63]. Darum lebt auch in seinem Boten Paulus das „theozentrische Denken", auf das wir schon in V. 11 trafen. Wo zu der Botschaft Amen gesagt wird, da werden nicht nur Menschen errettet, da wird vor allem Gott geehrt und verherrlicht. Das ist für Paulus der höchste Erfolg seines Wirkens, daß erlöste Menschen Gott preisen. Dient die Gemeinde in Korinth der Verherrlichung Gottes oder schwächt sie diese durch ihre Spaltungen und Streitigkeiten? Paulus denkt dabei auch an Nöte, die die Gemeinde ihm selber bereitet. Darum weist er mit einem betont angefügten **„durch uns"** die Gemeinde darauf hin, daß ihr Apostel mit seinen Mitarbeitern in dieses ganze Geschehen unlöslich hineingehört und darum von der Gemeinde nicht mißachtet werden kann. Sein Wirken in Korinth dient der Verherrlichung Gottes. Das muß eine „Gemeinde Gottes" anerkennen!

Aber wieso ist dies alles die Antwort auf die in Korinth gegen Paulus erhobenen Vorwürfe? Die Korinther stehen doch eben tatsächlich nicht vor einem Ja, sondern vor einem Nein des Paulus. Er ist nicht, wie versprochen, nach Korinth gekommen. Was helfen da seine Ausführungen über Gottes ganzes Ja in Jesus? Die Korinther dürfen des vollen Ja gewiß sein, das Paulus, der Bote dieses großen göttlichen Ja, nach wie vor zu ihnen sagt, auch wenn er gerade aus Gründen seiner Liebe zu ihnen seinen Besuch aufschieben mußte. Er stellt auch jetzt nicht ein eigenmächtiges Nein an die Stelle seines früheren Ja. Sein Nein, so weit er es sprechen mußte, ist nur ein vorläufiges, durch die Korinther selbst verursachtes, das von seinem ganzen Ja zu ihnen umschlossen und getragen bleibt.

[62] Das Wort müßte als Amén ausgesprochen werden. Es ist abgeleitet vom hebr Wortstamm „aman = fest sein, gültig sein" und erklärt, wenn es gesagt wird, eine Verheißung Gottes oder auch ein Gebet zu Gott für gültig und gewiß. Vgl. auch 1 Ko 14, 16.

[63] Vgl. dazu W. de Boor „Das ist Jesus" S. 16 ff und die Auslegung von Jo 14, 31 in der W. Stb. Bd. II.

Die Gründe für den Aufschub seines Besuches wird er ihnen sofort 21
in 1,23 — 2,4 nennen. Jetzt liegt ihm daran, die feste Gültigkeit seines Ja zu den Korinthern und die unverbrüchliche Verbundenheit mit ihnen noch einmal deutlich zu machen und dies wiederum mit dem Blick auf Gott. Apostel und Gemeinde gehören untrennbar zusammen, weil sie das gleiche Lebensfundament in Christus haben. **„Der aber uns mit euch zusammen fest gründet auf Christus und uns gesalbt hat, ist Gott."** Paulus und seine Mitarbeiter sind **„fest auf Christus gegründet"**[64]; aber die Korinther sind es auch, trotz alles dessen, was in Korinth notvoll und verkehrt ist. Denn diese Gründung auf Christus wird von Gott immer neu gewirkt und ist nicht eine Leistung menschlicher Entschlüsse und eigener Willenskraft. Wäre sie dies, dann müßte man ihrer Festigkeit und Dauer freilich mißtrauen und sich darum auch gegenseitig mit ständigem Argwohn anschauen. Wenn es aber Gott mit seinem göttlichen Ja ist, der Apostel und Gemeinde zusammen auf Christus gründet, dann ist bei allen Schwierigkeiten und Spannungen in ihrem gegenseitigen Verhältnis ein fester Grund gelegt, der beide miteinander trägt[65].

Gott gibt uns aber nicht nur gemeinsam den festen Stand, er hat uns auch **„gesalbt"**. Die Hörer des Briefes wurden bei diesem Wort an „den Gesalbten" an den „Christus" erinnert. Als der „Gesalbte" hat Jesus die prophetische, priesterliche und königliche Vollmacht von Gott empfangen. An ihr erhält jeder Anteil, der zu Jesus gehört. Die „Heiligen" sind auch **„Gesalbte"**. Wenn Paulus schreibt, daß Gott **„uns"** gesalbt hat, wird er mit dem „uns" nicht nur an sich und seine Mitarbeiter denken; das **„uns mit euch"** wird den ganzen Satz bis zum Schluß bestimmen. Paulus wird bei der „Salbung" entsprechend 1 Jo 2, 20. 27 wesentlich an den Empfang des Geistes und an die Ausrüstung mit Geisteskraft gedacht haben[66].

Wenn Paulus fortfährt: **„Er, der uns auch versiegelt und als das** 22
Unterpfand den Geist in unsere Herzen gegeben hat", muß er mit diesen Worten nicht einen neuen Tatbestand meinen, der über das

[64] Nicht zufällig steht hier die Gegenwartsform „der uns fest gründet". Wohl wird der Apostel auf das zurückblicken, was er in 1 Ko 1, 6 trotz aller Nöte in Korinth dankbar aussprach: das Zeugnis von Christus wurde „befestigt" in der Gemeinde. Aber unsere Gründung auf Christus geschieht nicht ein für allemal bei unserer Bekehrung, sondern ist ein dauerndes Handeln Gottes an uns durch alle Krisen und Anfechtungen hindurch. Dagegen die „Salbung" und die „Versiegelung mit dem Heiligen Geist" ist ein besonderer Vorgang, der geschah, als wir zum Glauben kamen (vgl. Eph. 1, 13).

[65] Vgl. dazu auch 1 Ko 2, 5. Damit ist auch uns der feste Grund gezeigt, auf dem wir bei Spannungen unter uns stehen können. Wissen wir voneinander das, was V. 21 sagt, dann bleiben wir in den Meinungsverschiedenheiten und schmerzlichen Kämpfen doch unerschütterlich im gleichen Grund geeint.

[66] Vgl. den Artikel „Salbung" im „Lexikon zur Bibel".

„Salben mit dem Geist" hinausgeht! Diese Geistessalbung wird vielmehr unter zwei neuen Gesichtspunkten gesehen. Der Geist ist das klare und deutliche **„Siegel"**, das uns als Eigentum Gottes ausweist und unverletzlich macht[67]. Dieses „Siegel" ist uns freilich nicht äußerlich aufgedrückt oder angehängt. Es ist eine lebendige, unser ganzes Leben und Wesen durchdringende und bestimmende Wirklichkeit, die uns als „Heilige", als Gott gehörende Menschen kenntlich macht. So hat es der Apostel auch in Rö 8, 14–16; Gal 4, 6 f und Eph 1, 13 bezeugt, auch wenn er nur an der letzten Stelle den Ausdruck **„versiegeln"** verwendet[68]. Versiegelt ist damit aber auch die wesenhafte Zusammengehörigkeit der Gemeinde mit ihrem Apostel. Gottes Siegel schützt diese Zusammengehörigkeit, auch wenn sie stärksten Zerreißproben ausgesetzt ist.

Mit dem Heiligen Geist kommt die Wirklichkeit göttlichen Lebens in unser Herz. Freilich, jetzt noch nicht so, wie es in unserer völligen Umwandlung einmal geschehen wird, wenn Gottes Geist uns bis in unsere neue Leiblichkeit hinein bestimmen und gestalten wird (Rö 8, 11; 1 Ko 15, 42–55). Aber eine „Anzahlung" darauf haben wir jetzt schon bekommen, die uns als **„Unterpfand"** die kommende Vollendung verbürgt. Daran lag Paulus immer wieder sehr viel, den Gemeinden in aller Nüchternheit klar zu machen, daß das neue Leben uns jetzt nur in begrenztem Maße zuteil wird. Wir sind einem heißen Warten und Hoffen nicht entnommen und seufzen darum mit der ganzen Schöpfung (Rö 8, 23–25). Zugleich ist dieses Warten aber kein ungewisses, menschliches Hoffen. Gott gibt den Geist **„als das Unterpfand"** (Eph 1, 13) und **„versiegelt uns"** damit „auf den Tag der Erlösung" (Eph 4, 30). Denn der Geist Gottes ist das wesentliche Lebenselement der neuen Schöpfung; in ihm „schmecken wir die Kräfte der zukünftigen Welt" (Hbr 6, 5). Wir spielen nicht mit haltlosen Träumen, sondern kennen bereits in einer „ersten Garbe" die wunderbare Ernte, der wir entgegengehen.

23 Aber wenn Paulus den Korinthern so mit dem ganzen Ja verbunden ist und bleibt, warum kam er dann nicht nach Korinth, wie er es versprochen hatte? **„Meinerseits aber rufe ich zum Zeugen Gott an gegen meine Seele, daß ich aus Schonung für euch nicht mehr nach Korinth**

[67] Wir haben eine Fülle von Funden solcher „Königssiegel", die etwa an Kornsäcken oder Weinkrügen angebracht wurden und diese als königliches Eigentum kennzeichneten. Wehe dem, der sich daran vergreifen wollte! Der Besitz des Heiligen Geistes ist also nicht eine Sondergabe für besonders herausgehobene Christen, sondern das unentbehrliche Siegel, das jeder wirkliche Christ besitzen muß. Um diese „Salbung" und „Versiegelung" kann man auch nicht immerfort nur bitten; man muß sie dauernd haben. Gott „hat" uns versiegelt.

[68] Vgl. dazu den Artikel „Siegel" im „Lexikon zur Bibel".

kam." Aus Schonung für euch kam ich nicht! So sehr war der Aufschub seines Besuches kein eigenwilliges Nein des Apostels, sondern erwuchs gerade aus seinem grundlegenden Ja zu ihnen. Paulus weiß, wie schwer es ihm die Korinther glauben, die in seinem Verhalten Ichhaftigkeit und Eigenmächtigkeit sehen. Darum stellt er seine Aussage hier unter einen Eid[69]. Er ruft **„zum Zeugen Gott an gegen seine Seele"**, gegen sein Leben. D. h. Gott soll ihn tödlich treffen und strafen, wenn er jetzt den Korinthern nicht die ganze Wahrheit sagt. Paulus spürt zugleich den erregten Widerspruch, der sich in Korinth erhebt, gerade wenn seine Aussage wahr ist. **„Schonen"** wolltest du uns? Welche Rolle maßest du dir damit an. Du bist doch nicht unser „Herr", vor dem wir zittern und für dessen „Schonung" wir dankbar
sein müßten! Nein, erwidert Paulus, **„Herren"** über euch als „Glau- 24
bende" sind wir nicht. **„Nicht, daß wir Herren sind über euren Glauben, nein, Mithelfer sind wir eurer Freude; denn durch den Glauben steht ihr."** Der Glaube ist Gottes Wirkung und Gabe; darauf hat Paulus eben selber hingewiesen. Wirksame Verkündigung führt den Menschen zu Jesus und gibt ihm in Jesus den neuen „Herrn" seines Lebens. Wie könnte sich dann ein Mensch, und sei es auch ein „Apostel" zum **„Herrn über den Glauben"** dieses Menschen aufwerfen wollen. Das wäre Antastung der Stellung, die nur „dem Herrn" gebührt[70]. Wenn Paulus es aber weit von sich weist, als „Herr" vor den Korinthern zu stehen, was ist er dann für sie? Wieder kommt Paulus von der Situation des Augenblickes her zu einer wunderbaren, umfassenden Aussage. Apostel, Missionare, Evangelisten, Prediger, Seelsorger — was sind sie? Nicht „Herren" über das Innerste von Menschen, über ihren Glauben. Sie sind überhaupt nicht **„Herren"**, sondern **„Mithelfer"**. Und wozu? Wir sind **„Mithelfer eurer Freude"**. Dazu ist der ganze Dienst der Boten Jesu da, daß Menschen zur Freude kommen! So ernst wird im NT die „Freude" genommen, so wesentlich ist sie im Christsein, daß sie geradezu als das Ziel aller Bemühungen um Menschen genannt werden kann. Das „Evangelium" ist in vollem Ernst eine „frohe" und „gute" Botschaft, ein erlösendes

[69] Es wird an dieser Stelle deutlich, wie die Worte und Weisungen Jesu nicht gesetzlich verstanden und angewendet wurden. Mt 5, 33—37 hindert den Apostel Jesu Christi nicht, in besondern Stunden den Eid als Hilfe in Anspruch zu nehmen und nicht bei dem „Zeugnis seines Gewissens" **stehen zu bleiben.**

[70] Für diese „Freiheit" der Glaubenden hat Paulus gekämpft, vor allem in den galatischen Gemeinden (Gal 5, 1), aber auch in Korinth gegen die neuen Lehrer, die sich zu „Herren" der Gemeinde machen wollten (11, 20). Diese „Freiheit" von Menschen in der alleinigen Herrschaft Jesu ist in der Gemeinde immer wieder gegen falsche Herrschaftsansprüche von Menschen zu wahren.

und unerhört reich beschenkendes Wort, das darum froh macht[71]. Mußte diese Kennzeichnung apostolischen Wirkens nicht lösend und befreiend hineinklingen in alle Verkrampfungen und Spannungen in Korinth? Paulus will nur eines: ihre helle, freie Freude, die sie jetzt in Streit, Mißtrauen und Bitterkeit verloren haben. Die neuen Lehrer versprachen den Korinthern, sie auf die Höhe vollkommenen Christentums zu führen; aber die Freude haben sie ihnen weggenommen. **„Mithelfer ihrer Freude"** waren sie jedenfalls nicht. Paulus aber ist es.

„Herr" über den Glauben anderer können wir gar nicht sein; es widerspricht dem Wesen des „Glaubens". Paulus spricht es auch den Korinthern ausdrücklich zu: **„Denn durch den Glauben steht ihr"**. Wirklicher Glaube an Gott in Christus gibt Menschen den festen klaren Stand und die Festigkeit des Bestehens in allen Kämpfen, Leiden und Nöten des Lebens[72]. Aber kann Paulus das denn noch den Korinthern zubilligen, deren ganze Not und Zerrissenheit und Verkehrtheit vor ihm liegt? Er wird die Korinther freilich am Schluß des Briefes auffordern zu prüfen, ob sie noch im Glauben stehen (13, 5). Und er hat sie bereits im ersten Brief (3, 1—3) als kindisch und fleischlich bezeichnet. Aber es ist dennoch ein Kennzeichen des ganzen Briefes von seinen ersten Worten an, daß Paulus trotz allem daran festhält: die Korinther sind „Gemeinde Gottes", sie sind der Ausweis seines Apostelamtes (3, 1—3), sie sind mit Gott Versöhnte, sie sind „Glaubende" und **„stehen durch den Glauben"**[73].

1 Aber diese Zuversicht des Apostels ist kein billiger Trost, der die ganze Not in Korinth zu leicht nimmt. Paulus sieht die Lage in Korinth in aller Klarheit. In der Gemeinde ist Sünde und Unrecht geschehen, und die Gemeinde hat das geduldet und die Umkehr verweigert. Paulus hat schon im ersten Brief fragen müssen: Was wollt ihr? Soll ich mit der Rute zu euch kommen oder mit Liebe und „sanftmütigem Geist" (1 Ko 4, 21)? Wer mit der „Rute" kommt, kann nicht „Mithelfer der Freude" sein. Da gibt es statt Freude viel mehr „Betrübnis". „Unter Betrübnis" war der Apostel zu seinem kurzen „Zwischenbesuch" nach Korinth gekommen. Nach seiner Rückkehr von dort war jener böse Zwischenfall geschehen, von dem Paulus gleich

[71] Darum ist bei jeder Erweckung in aller Welt das jubelnde Lied ein wesentliches Kennzeichen. Wo die Verkündigung nicht zur Freude führt, ist sie nicht volles Evangelium. Daß der Zugang zu dieser „Freude des Heiligen Geistes" (1 Th 1, 6) durch schmerzhafte Selbsterkenntnis und inneren Zusammenbruch geht, gibt der Freude ihre Tiefe.

[72] Diesem Tatbestand wird zu allen Zeiten widersprochen; „Glauben" gilt als unreif, unselbständig, sklavisch. Theoretisch läßt sich darüber nicht streiten. Man muß es selber erfahren, was es um das „Stehen durch den Glauben" ist.

[73] Es ist auch in unserer Seelsorge unter Umständen eine entscheidende Hilfe für Glaubende, die von ihren Schwierigkeiten und ihrem Versagen angefochten sind, wenn wir es ihnen in dieser Weise zusprechen, daß sie dennoch „durch den Glauben stehen".

sprechen wird. Wenn er danach, seinem Plan gemäß, direkt von Ephesus nach Korinth gekommen wäre, dann wäre sein Besuch noch ganz anders „unter Betrübnis" geschehen und hätte in Korinth zu härtesten Auseinandersetzungen und schmerzlichen Vorgängen geführt. Das aber hatte Paulus „aus Schonung für sie" nicht gewollt. So kann er im Rückblick auf die abermalige Änderung seines Reiseplanes schreiben: **„Ich habe aber für mich das als recht erkannt, nicht noch einmal unter Betrübnis zu euch zu kommen."**

Die deutsche Wiedergabe dieses Satzes ist nicht ganz einfach, weil sie zugleich ein Stück „Auslegung" ist. Menge übersetzt: „Ich habe aus Rücksicht auf mich selbst diesen Beschluß gefaßt". Wollte der Apostel nicht nur die Korinther, sondern auch sich selbst „schonen"? Aber das Wort „Rücksicht auf mich selbst" steht so nicht im Text. Und das Wort, das wir freilich mit „sich entschließen, einen Beschluß fassen" übersetzen können, hat doch den Sinn eines „Urteils" in sich; es handelt sich um einen Beschluß von einem berechtigten Urteil aus. So haben wir die Übersetzung vorgezogen: „Ich habe für mich als recht erkannt."

Freilich denkt Paulus bei der „Betrübnis", die er nicht über die 3
Korinther bringen wollte, auch an sich selbst! Das gehört gerade zu seiner echten Liebe zu der Gemeinde. Er kann nicht als kalter Richter in Korinth sein, dem es einerlei ist, wie die Gemeinde auf sein Handeln reagiert. Und er schämt sich nicht zu gestehen, daß auch er als Apostel die „Freude" ebenso dringend braucht wie die Gemeinde. **„Denn wenn ich selber euch betrübe, ja, wer ist dann, der mich erfreut, wenn nicht der, der von mir in Betrübnis versetzt wird?"** Ist er für die Gemeinde der „Mithelfer zur Freude", so sollte das umgekehrt auch die Gemeinde für die Boten sein, die an ihr arbeiten[74]. Darum sagte er damals seinen Besuch mit einem Brief ab, den Titus der Gemeinde zu überbringen hatte[75]. **„Und so schrieb ich denn eben dies, um nicht bei meinem Kommen Betrübnis zu empfangen von seiten derer, an welchen ich mich doch freuen sollte."** Das ist kein Widerspruch zu dem, was er von seiner „Schonung" für die Gemeinde sagte. Er traut es der Gemeinde zu, daß in ihr noch die Liebe lebt, die in so notvoller Situation nicht nur an die eigene Betrübnis denkt, sondern auch an die Rückwirkung ihrer Not auf ihren Apostel und Vater

[74] Auch „große Männer" stehen nicht in Überlegenheit über den andern. Auch sie brauchen den Bruder, brauchen „den, der sie erfreut". Das sollte in der Gemeinde nicht vergessen werden, da sie leicht von denen, die ihr dienen, fort und fort Freude empfangen will, ohne an das zu denken, was auch diese ihre Diener an Freude und Stärkung nötig haben.

[75] Dieser Brief war der dritte nach Korinth, von dem wir wissen, während unser 2 Ko dann der vierte dorthin ist.

(1 Ko 4, 15). Er schrieb seinen Absagebrief **„in dem Vertrauen zu euch allen, daß meine Freude die euer aller ist"**. Echte Liebe traut auch den andern Liebe zu, trotz aller bitteren Erfahrungen, wie sie Paulus mit den Korinthern gemacht hatte und wie sie in unserm Brief immer von neuem sichtbar werden. Er wendet sich nicht enttäuscht und verbittert von den Korinthern ab. Er gibt sie nicht auf. „Meine Freude ist die von euch allen", so tief hält er die Verbundenheit der Gemeinde mit ihm fest. Der „Tränenbrief", der notwendig harte Forderungen an die Gemeinde stellen mußte, hat wohl gerade darum so mächtig in Korinth gewirkt (7, 7. 11), weil in ihm dieses Vertrauen, diese festhaltende Liebe des Apostels zu spüren war[76].

4 Wir kennen jenen Brief nicht, den Paulus damals der Gemeinde anstatt seines persönlichen Erscheinens sandte. Die Gemeinde hat ihn mit Recht nicht aufbewahrt, nachdem durch die geschehene Umkehr der Anlaß dieses Briefes beseitigt war. Aber eben diese gründliche Umkehr verlangte der Brief. Die Gemeinde mußte sehr bestimmte Schritte tun, mußte Gericht halten und Strafen vollstrecken. Erst wenn diese Bereinigung geschehen war, bei der es ohne tiefen Schmerz nicht abging, wollte Paulus die Gemeinde wiedersehen, damit es dann ein Besuch in Freude sein konnte. So war der damalige Brief hart und ernst. Er hatte die Gemeinde schwer getroffen und sollte das auch tun. Aber die Gemeinde muß das recht verstehen! Auch dieser Brief kam nicht von oben herab. **„Denn aus viel Bedrängnis und Beklemmung des Herzens schrieb ich euch unter vielen Tränen, nicht damit ihr betrübt wurdet, sondern damit die Liebe ihr erkenntet, die ich in besonderem Maße gerade zu euch habe."** Schon seine äußere Lage in Ephesus machte es Paulus unmöglich, als der Überlegene ein Strafgericht zu fordern. Er stand in **„viel Bedrängnis"**! Nicht umsonst hat er am Anfang seines Briefes von der überschweren Drangsal in der Asia gesprochen (1, 8–11). Dazu kam die **„Beklemmung des Herzens"** in der heißen Sorge um die Gemeinde in Korinth. Würde Sünde und Unrecht, verbunden mit Irrlehre und Entstellung des Evangeliums, in ihr siegen und die Gemeinde von Paulus trennen? Wäre alle Arbeit in Korinth, alles Wirken des Herrn dort umsonst gewesen? Paulus stand wahrlich der weiteren Entwicklung seiner Gemeinden nicht unbeteiligt und kühl gegenüber. „Nun leben wir, wenn ihr steht im Herrn", schreibt er den Thessalonichern (1 Th 3, 8). So ist entsprechend der Niedergang einer Gemeinde für ihn ein Sterben. Darum schreibt er den harten Brief **„unter vielen Tränen"**[77]. Das sollten die

[76] Für viele Situationen unseres Lebens miteinander, unseres Dienens aneinander ist uns hier ein lebendiges Vorbild gegeben.

[77] Von den Tränen des Apostels ist auch Phil 3, 18; Apg 20, 19; 20, 31 die Rede. Wenn ein leiderprobter, gegen sich selbst harter Mann weint, dann ist das erschütternd.

Korinther wissen: Er schämt sich dieser Tränen nicht. Sein Brief mußte die Korinther in Trauer versetzen. Das war auch die Absicht, mit der er geschrieben wurde. Nur eine mächtige Erschütterung der Gemeinde konnte ihr aus ihren Bindungen und Verkehrtheiten heraushelfen. Aber darum war auch die Betrübnis nicht als solche das Ziel seines Schreibens. Er wollte die Gemeinde nicht aus eigener Gereiztheit heraus verwunden, um dann an ihrem Kummer ein heimliches Wohlgefallen seines gekränkten Herzens zu haben. Er kann mit Wahrheit formulieren: **„Nicht damit ihr betrübt wurdet."** Diese „Betrübnis", so unvermeidlich sie war, war für Paulus nur das Mittel zur Befreiung und Zurechtbringung der Gemeinde, die dann den Apostel und die Gemeinde in neuer Freude verband. Paulus wird das in Kap. 7, 6—11 noch einmal ausführlicher darlegen. Jetzt hebt er nur hervor, daß die Gemeinde gerade an dem Ernst des Briefes und an den Tränen, mit denen er geschrieben wurde, die Liebe erkennen sollte, **„die ich in besonderem Maße gerade zu euch habe"**. Mit allen Gemeinden ist Paulus in „Agape", in geistgewirkter Liebe, nicht in menschlich-seelischer Sympathie, verbunden. Kann er den Korinthern wirklich sagen, daß er diese Liebe ihnen gegenüber **„in besonderem Maße"** besitzt? Wir müssen nicht nach rationalen Gründen dafür suchen. Es wird bei einem liebenden Menschen immer so sein, daß er bei einem Brief oder Gespräch in der herzlichen Aufgeschlossenheit für sein Gegenüber die Liebe zu ihm **„in besonderem Maße"** empfindet und darum auch einen solchen Satz sagen und schreiben kann, ohne unwahr zu sein. Er will nicht objektiv die Stärke seiner Liebe zu den verschiedenen Partnern abmessen. Darauf kommt echte Liebe überhaupt nicht. Der Liebende kann nur dem Ausdruck geben, was sein Herz in diesem Augenblick erfüllt. Und wenn der andere uns das Leben besonders schwer macht durch seine Art und sein Verhalten, dann werden wir uns im erneuten Durchbruch der Liebe zu ihm bewußt, daß wir ihn auch „besonders" lieben. Es ist die Erfahrung der Liebe: „Sorgenkinder", die viel Not machen, wachsen einem besonders ans Herz.

DIE BEHANDLUNG EINES SCHULDIGEN IN DER GEMEINDE ZU KORINTH

2. Korinther 2, 5—11

5 **Wenn aber jemand Betrübnis verursacht hat, so hat er nicht mich**
betrübt, sondern zum Teil — um nicht eine Last dazu aufzulegen
6 (oder: um nicht zu viel zu sagen) — **euch alle. * Genug ist für den**
Betreffenden diese Strafe, die von der Mehrzahl [ihm zuerkannt

Zu Vers 5:
1 Ko 5, 1
Gal 4, 12
Zu Vers 6:
2 Ko 7, 11

Zu Vers 7:
Kol 3, 13
Zu Vers 9:
2 Ko 7, 15
10, 6
Zu Vers 10:
Mt 10, 40 f
Jo 20, 23
Zu Vers 11:
Lk 22, 31
1 Pt 5, 8

7 **ist], * so daß ihr im Gegenteil vielmehr vergeben und zusprechen**
solltet, damit nicht irgendwie durch die übergroße Betrübnis der
8 **Betreffende verschlungen wird. * Darum ermahne ich euch, euch**
9 **zu entscheiden gegen ihn für Liebe. * Zu dem Zweck hatte ich ja**
auch geschrieben, um zu erfahren eure Bewährung, ob ihr in
10 **jeder Hinsicht gehorsam seid. * Wem ihr aber etwas vergebt,**
[dem] auch ich. Denn auch ich meinerseits, was ich vergeben habe,
wenn ich etwas vergeben habe, [habe es getan] um euretwillen
11 **vor dem Angesicht des Christus, * damit wir nicht übervorteilt**
werden vom Satan; denn dessen Gedanken verkennen wir nicht.

5 Von **„Betrübnis"** hat Paulus gesprochen und zwar von einer Betrübnis, die ihn und die Gemeinde in gleicher Weise betroffen hat und bei einem „früheren" Besuch des Apostels in noch stärkerem Maße betroffen hätte. Was konkret in der Zeit zwischen dem 1 und 2 Ko geschehen ist, erfahren wir nicht. Aber das hören wir jetzt doch, daß ein einzelner in der Gemeinde zu dieser **„Betrübnis"** besonders beigetragen hat. **„Wenn aber jemand Betrübnis verursacht hat, so hat er nicht mich betrübt, sondern zum Teil** — (oder: um nicht zu viel zu sagen) — **euch alle."** Wer dieser **„jemand"** war, der **„Betrübnis verursacht hat"**, kommt nicht zu unserer Kenntnis; Paulus nennt aus Schonung seinen Namen nicht[78]. Auch auf den Inhalt seiner betrübenden Tat geht Paulus nicht ein. Böses muß in seiner Häßlichkeit nicht immer neu beschrieben werden, wenn es mit Ernst gestraft und von dem Täter bereut ist (V. 6 u. 7).

An den Schuldigen von 1 Ko 5, 1–5 ist bei diesem **„Jemand"** nicht zu denken. Unmöglich kann Paulus den Mann, den er damals aus der Gemeinde ausgestoßen und dem Satan übergeben hat, jetzt wieder in der Gemeinde dulden und die Gemeinde sogar auffordern, ihm zu vergeben und zuzusprechen. Seine Sünde durch die Eheschließung mit seiner Stiefmutter war nicht gutzumachen. Man müßte im besten Fall eine lange und umständliche Geschichte konstruieren, um auch nur einigermaßen verständlich werden zu lassen, wie die Sätze in unserer Stelle auf den Mann von 1 Ko 5, 1–5 zutreffen könnten[79].

Nein, es muß in der Zwischenzeit, wahrscheinlich bald nach jenem kurzen Besuch des Paulus in Korinth, geschehen sein, was den Apostel

[78] In 1 Ko 5, 1–5 hat er aus Zorn und Abscheu den Namen des Übeltäters nicht genannt.

[79] Die Gemeinde müßte damals dem Urteil des Apostels widersprochen und den Mann nicht ausgeschlossen haben; der Schuldige aber müßte seine Sünde tief bereut und die Vergebung gesucht haben. Daraufhin hätte die Gemeinde eine andere Strafe für ihn festgesetzt. Und nun müßte sich Paulus unter Preisgabe seines damaligen Vorgehens mit diesem Urteil der Gemeinde einverstanden erklären, ja noch zu Milde und Liebe raten. Welch unwahrscheinliche Konstruktion, die im Text selber keinerlei Anhalt hat.

tief getroffen hat. Paulus rechnet aber damit, daß nicht nur er allein von dem Geschehen erschüttert ist, sondern daß es die ganze Gemeinde bewegt und bekümmert hat. Aus Kap. 7, 12 geht soviel hervor, daß ein einzelnes Gemeindeglied „Unrecht getan" hat und daß der, dem Unrecht angetan wurde, ebenfalls ein einzelner ist. Das kann aber nicht, wie wir zunächst denken mögen, der Apostel selbst gewesen sein. Paulus hat am Ende des Zwischenbesuches den Korinthern sein baldiges Wiederkommen versprochen, und er hat seinen Besuch dann erst in dem „Tränenbrief" aus Ephesus aufgrund dieses bösen Zwischenfalles abgesagt. Es kann also Paulus nicht in eigener Person in Korinth beleidigt worden sein. Wir werden das Betroffensein des Apostels am besten verstehen, wenn ein führender Mann des treu zu Paulus haltenden Gemeindeteiles von einem einzelnen Gegner schwer angegriffen worden ist, wobei beleidigende Worte gegen Paulus selbst gefallen sein werden. Dadurch war die Gefahr eines endgültigen Bruches zwischen Apostel und Gemeinde heraufbeschworen. Es lag Paulus dringend daran, daß dies nicht eine „Privatsache" zwischen zwei Männern in der Gemeinde blieb, sondern daß die Gemeinde als ganze darin den Angriff auf ihren Apostel sah, der sie als Gemeinde mitbetraf. Wenn er der Gemeinde zutraut, daß seine Freude ihrer aller Freude sei (V. 3), dann mußte er von dieser Einheit mit der Gemeinde auch verlangen, daß ein ihm angetaner Schimpf **„sie alle"** traf. Paulus fügt eine Einschränkung hinzu, die so knapp gefaßt ist, daß sie verschieden verstanden werden kann. Der Apostel will **„nicht eine Last dazu auflegen"**. Wem nicht? Denkt der Apostel an die Belastung, die der ganze Vorfall für die Gemeinde bedeutete? Will er diese Last nicht noch vergrößern? Oder denkt er an den Schuldigen, der inzwischen in **„übergroße Betrübnis"** zu geraten drohte (V. 7), und will er ihm nicht **„eine Last dazu auferlegen"**? Vielleicht hat aber das Wort **„eine Last dazu auferlegen"** eine abgeblaßte Bedeutung. Der Apostel will nicht **„zu viel sagen"** und nicht „übertreiben"; er will nicht behaupten, daß die ganze Gemeinde tief betrübt an jenes Vorkommnis denkt. Nur **„zum Teil"** sind **„alle"** betrübt worden. **„Zum Teil"** und **„alle"** kann dann ruhig in einem gewissen Widerspruch zueinander stehen, der die Undurchsichtigkeit der Lage widerspiegelt.

Paulus wird in dem Schreiben, das Titus überbrachte, von der Ge- 6
meinde die Bestrafung des Schuldigen als Vorbedingung eines Besuches in Korinth gefordert haben. Diese Bestrafung (7, 11) ist geschehen. Worin sie bestand, erfahren wir nicht. Aber Paulus kann versichern: **„Genug ist für den Betreffenden diese Strafe, die von der Mehrzahl [ihm zuerkannt ist]."** Die **„Mehrzahl"** hat diese Strafe beschlossen, während eine Minderheit ein anderes, wahrscheinlich

noch härteres Vorgehen verlangt zu haben scheint. Paulus schloß sich der Mehrheit an. Die von ihr verfügte Strafe war notwendig; aber
7 sie ist auch **„genug"**. Und nun warnt Paulus die Gemeinde, diese Bestrafung – vielleicht ist es der Ausschluß von den Zusammenkünften der Gemeinde – einfach weitergehen zu lassen. Strafe ist niemals Selbstzweck, vor allem nicht in der Gemeinde Jesu. Strafe will zur Erkenntnis der Schuld und zur Reue führen. Diesen Zweck hat die Bestrafung des Schuldigen in Korinth erreicht. Er, der „Betrübnis verursacht" hat, ist nun selber geängstigt und bedrückt. Wir dürfen vermuten, daß nicht nur die Strafe als solche ihn tief getroffen hat, sondern daß auch eigene Reue über sein Unrecht ihn quälte. Nach den Nachrichten, die Paulus empfangen hat, drohte seine Betrübnis **„übergroß"** zu werden. Paulus weiß, wie ein Mensch in solcher inneren Trauer zur Verzweiflung getrieben und **„verschlungen"** werden kann. Dies darf nicht geschehen. Jetzt ist Zeit für das wirkliche „Vergeben": **„So daß ihr im Gegenteil vielmehr vergeben und zusprechen solltet, damit nicht irgendwie durch die übergroße Betrübnis der Betreffende verschlungen wird."** Das Vergeben ist nicht ein bloßes „die Sache gut sein lassen" oder eine bloße Aufhebung der Strafe, sondern wird zum „parakalein", zum **„Zusprechen"**, das auch hier wieder das „Trösten", „Ermutigen", „Aufrichten" in sich schließt.

8 Paulus fügt einen sehr eigenartig und eindrucksvoll formulierten Satz hinzu: **„Darum ermahne ich euch, euch zu entscheiden gegen ihn für Liebe."** Für **„entscheiden"** wählt er das Wort „kyrosai", das Fachwort für eine amtliche Rechtsentscheidung. Die Gemeinde muß nach vollzogener Bestrafung des Übeltäters über ihre weitere Stellung zu ihm klar werden. Ein neuer „Rechtsentscheid" ist nötig. Aber diese Rechtsentscheidung soll auf **„Liebe"** lauten. Beschließt neue Liebe gegen diesen Bruder!

9/10 Die Gemeinde soll seinen Brief auch hier wieder recht „verstehen" (1, 13 f!). Nicht um die Bestrafung jenes Mannes ging es dem Apostel. Nein, **„zu dem Zweck hatte ich ja auch geschrieben, um zu erfahren eure Bewährung, ob ihr in jeder Hinsicht gehorsam seid"**. Gerade durch den notvollen Vorgang war die Gemeinde auf die Probe gestellt. Würde sie die Beleidigung ihres Apostels hinnehmen oder würde sie zur Besinnung kommen, die Forderung des Apostels nach Bestrafung des Schuldigen als recht anerkennen und **„in jeder Hinsicht gehorsam[80] sein"**? Es stand damit Entscheidendes auf dem Spiel.

[80] Es geht im Verhältnis der Gemeinde zum Apostel tatsächlich um „Gehorsam", so fremd uns das sein mag. Es ist ernst mit dem Grundsatz „Der Gesendete ist gleich dem Sendenden". Im „Apostel" ist der „Herr" selbst auf dem Plan. So hatte es Jesus in Mt 10, 40; Lk 10, 16 gesagt. Darum hat Paulus auch von der ihm so herzlich verbundenen Gemeinde in Philippi „Gehorsam" verlangt (Phil 2, 12).

Es ging um die **„Bewährung"** der Gemeinde. Der Apostel hat diese Bewährung sehen dürfen. Das ist ihm das Wesentliche. Sein eigenes Vergeben ist keine Frage. Er hat die Gemeinde selber aufgefordert, dem Schuldigen jetzt die Vergebung zu schenken. Darin ist notwendig sein eigenes Vergeben eingeschlossen. **„Wem ihr aber etwas vergebt, [dem] auch ich."** Freilich geht es dabei nicht nur um sein persönliches Verzeihen dessen, was ihm selbst an Kränkung zugefügt wurde. Sein persönliches Vergeben ist ihm so selbstverständlich, daß er ihm in seiner Aussage jedes besondere Gewicht nimmt. Darum formuliert er: **„Was ich vergeben habe, wenn ich etwas vergeben habe."** Das **„wenn"** soll nicht sein Vergeben unsicher machen, sondern soll betonen, daß er an diesem Vergeben nicht als an einer besonderen Leistung hängen bleibt. Aber auch in seinem Vergeben bleibt er der Apostel, der verantwortlich für die Gemeinde handelt[81]. Das sagt er nun sehr eindrücklich: **„Wenn ich etwas vergeben habe, [habe ich es getan] um euretwillen vor dem Angesicht des Christus."**

So wie Paulus alles in seinem Leben und Dienst „in Christus" erlebt und getan hat, so geschieht auch sein Vergeben nicht für sich selbst in seinem Herzen, sondern „vor dem Angesicht des Christus". Vor ihm, der unsere Sünden trug und unsere Feindschaft gegen Gott hinwegnahm, ist das ganze Vergeben unsere Pflicht. Im Aufblick zu dem Christus, der für Gottlose, Sünder und Feinde starb, wird unser Vergeben möglich und wird es ein solches, das die Schuld eines Menschen, also jetzt in Korinth auch die des Übeltäters, wirklich ausgelöscht sein läßt. **„Vor dem Angesicht des Christus"** kann ich nur völlig und von ganzem Herzen vergeben[82]. Paulus verwendet hier für **„Vergeben"** ein Wort, das an diese Gnade Gottes in Jesus erinnert und das **„Schenken"** der Schuld meint. Wo wir dem andern die ganze Schuld „schenken", da ist sie völlig aus dem Weg getan. Das kommt in unserm Brief dadurch zum Ausdruck, daß der Apostel das geschehene Unrecht nicht noch einmal beschreibt; er „gedenkt" der Schuld nicht mehr, wie auch der allwissende Gott in seinem Vergeben es tut (Jes 43, 25).

Der Gemeinde aber gilt die Sorge des Paulus bei seinem Vergeben 11
aus einem besonderen Grund, den wir so leicht außer acht lassen.

[81] Vergeben als Privatperson und Vergeben im Amt, ist etwas sehr Verschiedenes. Gerade auch Gott ist bei seinem Vergeben nicht „Privatperson", sondern handelt darin im „höchsten Amt" als Herr und Richter der Welt. Darum ist sein Vergeben keine „einfache" Sache, sondern muß in klarer Gerechtigkeit geschehen und kann nur durch das Gericht von Golgatha hindurch dem Schuldigen zuteil werden.

[82] Wieviel Not und Lähmung ist in Gemeinden, Werken und Häusern der Christenheit, weil wir dieses Vergeben „vor dem Angesicht des Christus" nicht mehr üben. Die Schuld wird nicht wahrhaft ausgelöscht, sondern bleibt unvergessen und schwelt im Verborgenen weiter und vergiftet die Gemeinschaft.

Vergeben werden muß, **„damit wir nicht übervorteilt werden vom Satan; denn dessen Gedanken verkennen wir nicht"**. Die Gemeinde hat einen Todfeind. Wo Unrecht getan, wo gekränkt und Betrübnis angerichtet wird, da ist er auf dem Plan. Diesem Todfeind liegt nichts an dem Unrecht als solchem. Er hat ganz andere **„Gedanken"**, die ein Paulus **„nicht verkennt"**. Satan will das Gemeindeleben selbst angreifen, lähmen und wenn möglich zerstören. Das ist die Gefahr bei solchen Vorkommnissen wie in Korinth, daß böse Dinge nicht durch Vergebung und neue Liebe wirklich ausgeräumt und geheilt werden, sondern in Bitterkeit und Mißtrauen verborgen weiterschwelen und das Gemeindeleben vergiften[83]. Dann findet Satan immer neue Möglichkeiten seines Einwirkens in seinem eigensten, bösen Wesen[84]. Darum lag es Paulus an der gründlichen Bereinigung dieses ganzen Falles und darum war ihm alles persönliche Leid dabei unwichtig.

Zu Vers 12:
Apg 14, 27
20, 6
1 Ko 2, 4
16, 9
Zu Vers 13:
2 Ko 7, 5 f
8, 6
12, 18
16, 23
Apg 20, 1
Zu Vers 14:
1 Ko 15, 57
Eph 3, 8 f
2 Tim 4, 10
Tit 1, 4
Zu Vers 15:
1 Mo 8, 21
2 Mo 29, 18
1 Ko 1, 18
Zu Vers 16:
Lk 2, 34
Rö 1, 16
Zu Vers 17:
2 Ko 1, 12
4, 2
11, 13
12, 19
1 Pt 4, 1

DER APOSTEL IN GOTTES SIEGESZUG

2. Korinther 2, 12–17

12 **Als ich aber nach Troas gekommen war zu dem Evangelium des**
13 **Christus und als sich mir eine Tür öffnete im Herrn, * bekam ich**
keine Ruhe für meinen Geist, weil ich meinen Bruder Titus nicht
fand; ich nahm vielmehr Abschied von ihnen und zog weiter nach
14 **Makedonien. * Gott aber [sei] Dank, der allezeit uns im Triumph-**
zug mit sich führt in dem Christus und den Geruch seiner Er-
15 **kenntnis offenbar macht durch uns an jeden Ort. * Denn ein**
Christusduft sind wir für Gott unter denen, die gerettet werden,
16 **und unter denen, die verloren gehen; * für die einen ein Geruch**
vom Tode her zum Tod, für die andern ein Geruch vom Leben
her zum Leben. Und zu diesen [Wirkungen], wer ist [dazu] tüch-
17 **tig? * Wir sind ja nicht wie die vielen, die mit dem Wort Gottes**
Handel treiben, nein, als aus Lauterkeit, nein, als aus Gott heraus,
vor Gottes Angesicht, in Christus, reden wir.

Der frühere Reiseplan war nicht durchführbar gewesen. Warum er es nicht war, das hat Paulus der Gemeinde mit Ernst und Liebe gezeigt. Er hatte den „Tränenbrief" (V. 4) durch Titus nach Korinth

[83] Vgl. die Warnung in Hbr 12, 14 f.

[84] Es ist gut, wenn wir heute neu auf die okkulten Bindungen achten lernen und auf das weitgreifende Unheil, das durch sie geschieht. Aber wir dürfen nicht vergessen, daß „Hader, Neid, Zorn, Zank, üble Nachrede, Ohrenblasen, Aufblähen, Aufruhr" (12, 20) ebenso gefährliche und zerrüttende Wirkungen Satans sind.

gesandt und mußte nun abwarten, wie die Korinther auf diesen Brief
antworten würden und mit welchen Nachrichten Titus zurückkam. 12
Paulus hatte in seinem Brief offenbar so bestimmte Forderungen an die Gemeinde gestellt, daß Titus ohne längere Verhandlungen die Entscheidung der Korinther erfahren konnte. Der Abschluß der Arbeit des Apostels in Ephesus und sein Aufbruch von dort mußte Titus Zeit genug lassen[85], die Lage in Korinth zu klären und auf dem Landweg über Makedonien Paulus bis Troas entgegenzukommen. Voll gespannter Erwartung traf Paulus in Troas[86] ein. Doch Titus fand er nicht dort vor, wohl aber eine fruchtbare Wirksamkeit: **„Als ich aber nach Troas gekommen war zu dem Evangelium des Christus und als sich mir eine Tür öffnete im Herrn, bekam ich keine Ruhe für meinen Geist, weil ich meinen Bruder Titus nicht fand."**

Evangelisationsarbeit in Troas hatte Paulus offenbar von vornherein eingeplant; er war ausdrücklich **„zu dem Evangelium des Christus"** dort hingekommen. Die Formulierung ist beachtlich. Paulus sagt es nicht so, wie es die LÜ wiedergibt: Ich „kam zu predigen das Evangelium Christi". Nicht auf sein eigenes „Predigen" legt er wert. Wichtig ist ihm die feste, objektive Größe *„das Evangelium des Christus"*. Es ist das Evangelium, daß Christus gehört und in welchem Christus sich selber bezeugt. Dem Wirken dieses Evangeliums in Troas hat Paulus zu dienen[87]. Weil es **„das Evangelium des Christus"** und nicht eine menschliche, religiöse Weltanschauung ist, reicht keine menschliche Kraft und Kunst aus, dieser Botschaft die Tür zu öffnen. In der Formulierung **„es öffnete sich mir eine Tür"**, gibt Paulus anschaulich wieder, wie der Bote Jesu nichts selber machen, sondern nur staunend mit ansehen kann, wie Türen **„sich öffnen"**[88]. Sie tun es **„im Herrn"**. Hier geschieht ein geheimnisvolles Wirken Gottes, über das auch ein Apostel nicht verfügt[89].

85 Zur Frage der Zeitbestimmung im Blick auf unsern Brief vgl. die „Einleitung" S. 17.

86 Dies ist das alte „Troja". Hier war Paulus bereits auf der 2. Missionsreise gewesen. Von dort rief ihn sein Herr durch ein nächtliches Gesicht nach Europa. Daß damals Zeit blieb, in Troas selbst zu arbeiten und den Grund zu einer Gemeinde zu legen, ist unwahrscheinlich. In Apg 16, 8–10 finden wir keine Andeutung davon. Dagegen treffen wir Apg 20, 6 dort eine sehr lebendige Gemeinde, der Paulus einen Besuch von 7 Tagen gönnt. Das wird die Frucht des hier im Brief erzählten Aufenthaltes gewesen sein. 2 Tim 4, 13 wird noch einmal ein Besuch des Paulus in Troas erwähnt.

87 Solche „objektive" Betrachtung der Dinge ist ein großer Trost für jede Verkündigung und weckt doch zugleich die Anspannung aller eigenen Kraft.

88 Gerade einem eifrigen Prediger droht die Gefahr, daß er durch seelische Gewalt, durch das Geschick seiner Sprache oder durch Anpassung an seine Hörer die Tür selber zu öffnen versucht. Solche Versuche können nur vorübergehende, menschliche Wirkung haben.

89 Das entbindet den Hörer der Botschaft nicht von der Verantwortung, „die Tür aufzutun", wenn Jesus bei ihm anklopft (Offb 3, 20)! Immer stellt die Heilige Schrift die Wirksamkeit Gottes und die volle Verantwortung des Menschen ohne Ausgleich nebeneinander. Vgl. Phil 2, 12. 13.

13 Aber mußte Paulus dann nicht länger in Troas bleiben, wenn der Herr selber hier am Werk war? Paulus scheut sich nicht zu sagen, daß er es trotz allem, was er in Troas erlebte, dort nicht aushielt. Er **„bekam keine Ruhe für seinen Geist, weil er seinen Bruder Titus nicht fand"**. Die Wirksamkeit des Paulus wird sicherlich einige Zeit gedauert haben. Täglich wartet er auf das Eintreffen des Titus[90]. Aber Titus erschien nicht. Was war in Korinth geschehen? Paulus hatte keine Ruhe bei der Arbeit in Troas. Er **„nahm vielmehr Abschied von ihnen und zog weiter nach Makedonien"** Titus entgegen. Wie können die Korinther daran erkennen, wie sehr sie ihrem Apostel am Herzen liegen! Auch hier sehen sie die Liebe, die Paulus „in besonderem Maße" gerade zu ihnen hat (2, 4). Eine vom Herrn selbst beglaubigte Arbeit gab Paulus auf, um nur schneller Nachrichten aus Korinth zu erhalten. Auch Korinth gegenüber gilt es, daß er erst wieder „lebt", wenn die Gemeinde dort klar im Herrn steht (1 Th 3, 8)[91]. Es wird zugleich deutlich, wie Paulus nicht einem starren Schema des Dienstes folgt, sondern der lebendige Mensch bleibt, der sich dieser seiner Menschlichkeit nicht schämt.

Es ist für unsern Brief kennzeichnend, daß Paulus an dieser Stelle nicht sofort seine Schilderung von 7, 5 ff anschließt, sondern die langen, grundlegenden Ausführungen über sein Apostelamt einschiebt, die die Kap. 3–6 füllen. Die Klärung dieser Fragen zwischen ihm und der Gemeinde ist ihm wichtig. Andererseits spüren wir daran auch die ganze innere Entlastung des Apostels. Die Not in Korinth ist soweit behoben, daß er Zeit und Ruhe für solche grundsätzlichen Erörterungen hat und daß er auch bei den Korinthern selbst mit Aufmerksamkeit und Verständnis dafür rechnen kann.

Paulus hat eine vom Herrn selbst geschenkte Arbeit abgebrochen
14 und ist „voll Not durch Makedonien weitergewandert", „in allem bedrängt: von außen Kämpfe, von innen Ängste", wie er in 7, 5 sagen wird. Ist das nicht wieder, wie die Korinther urteilen, ein klägliches Bild für einen Gesandten des Königs aller Könige? Mußte

[90] Titus ist nach Gal 3, 1 f reiner Heidenchrist. Er wird in der Apg nicht erwähnt und ist auch sonst nicht als Begleiter des Paulus genannt. Er wird aber von dem Apostel für besonders schwierige Aufgaben eingesetzt (2 Ko 2, 13; 7, 6–15; 8, 6; 8, 16. 23; 12, 18). Er ist der Überbringer unseres Briefes nach Korinth. Nach Gal 2, 3 war er mit auf dem „Apostelkonzil" und hatte das Zustandekommen der Beschlüsse dort miterlebt. Er konnte darum mit besonderer Autorität den Korinthern sagen, wie die Apostel einmütig über die Frage des Verkehrs mit der Dirne und über die Teilnahme an heidnischen Mahlzeiten („Götzenopferfleisch") dachten.

[91] Auch wir dürfen nicht einseitig auf neue Bekehrungen ausgerichtet sein und das Ergehen der früher Bekehrten darüber vergessen. Die Sorge um die Erhaltung und Festigung des Glaubens, die Zurüstung der Glaubenden zum rechten Gemeindeleben und zum Dienst ist eine wesentliche Aufgabe, die oft einen weit größeren Einsatz fordert, als die Gewinnung neuer Menschen.

dessen Weg nicht eigentlich ein „Triumphzug" sein? Das ist er auch, erwidert Paulus, nur freilich völlig anders, als die Korinther denken, weil sie das Verhältnis von Mensch und Gott nicht richtig sehen. Nicht um des Menschen Größe und Sieg geht es[92], sondern ganz und gar um Gottes Triumph. **„Gott aber [sei] Dank, der allezeit uns im Triumphzug mit sich führt in dem Christus."** Also Gott ist es, der in Christus seinen Siegeszug durch die Welt nimmt[93]. Der Apostel aber und seine Mitarbeiter werden in diesem Triumphzug mitgeführt wie gefangene und gekettete Feinde beim Einzug eines siegreichen römischen Feldherrn in die Hauptstadt. Paulus kann sich selbst in voller Wahrheit mit einem besiegten Feind vergleichen. Er hatte Jesus verfolgt, die Gemeinde Gottes nach Kräften zerstört und in dem allen gegen Gott angetobt, der in einem gekreuzigten Messias die Rettung verlorener Menschen wirkte. Nun aber war Paulus überwunden und zum Träger gerade dieser Botschaft von dem gekreuzigten Christus geworden. Mit Staunen und Dank sieht Paulus die totale Wandlung seines Lebens. Als Verfolger war er eigenmächtig und nach eigenem Plan dahingestürmt (Apg 9, 1). Jetzt wird er als ein Gefangener und Leibeigener des Kyrios Jesus von Ort zu Ort **„mitgeführt"**. Sein von Leiden erfülltes Leben (1, 3–11; 11, 23–33), an dem die Korinther sich stießen, ist in Wahrheit Siegeszug Gottes. Der triumphierende Glanz liegt aber nicht auf dem mitgeführten Gefangenen, sondern allein auf dem siegreichen Feldherrn. **„Allezeit"** ist das so, wie immer Leben und Dienst des Apostels im einzelnen aussehen mag. Auch der Weg des Apostels in Sorgen und Bangen von Ephesus nach Makedonien auf Korinth zu gehört in diesen **„Triumph Gottes"** hinein[94].

Wieso triumphiert denn Gott im Leben des Paulus? Nicht in äußerlichen Siegen und Erfolgen. Das entspräche nicht der „Torheit" und „Schwachheit" Gottes am Kreuz des Christus (1 Ko 1, 23–25). Gott siegt dadurch, daß er **„den Geruch seiner Erkenntnis offenbar macht durch uns an jedem Ort"**. Das überraschende und zunächst befremdende Bild vom **„Geruch der Erkenntnis Gottes"** ist dem Apostel hier besonders brauchbar, weil ein **„Geruch"** nichts äußerlich Mächtiges

[92] Die LÜ „der uns allezeit Sieg gibt" kann dieses Mißverständnis leider bestärken.

[93] Paulus hat das gleiche Wort wie hier auch in Kol 2, 15 verwendet. Er bezeugt dort, daß Gott in Christus über die feindlichen, überirdischen Mächte „triumphiert". Der Sieg und Triumph Gottes ist ein wesentliches Stück der biblischen Botschaft.

[94] In irgendeiner Weise gilt uns allen, was Paulus hier von sich selbst sagt. Es geht auch bei uns in unserm Verhältnis zu Gott um Feindschaft gegen Gott in der Tiefe unseres Wesens, nicht um gedankliche Irrtümer, die durch bessere Belehrung zurechtgerückt werden könnten. Unsere Feindschaft wird aufgedeckt, vergeben und überwunden durch die rettende Liebe Gottes in der Hingabe seines Sohnes für uns. Aber auch wir werden dabei nicht nur persönlich errettet, sondern zugleich in den Siegeszug Gottes durch diese Welt mit eingereiht zum Dienst. Auch wir dürfen darum in der Gewißheit leben, daß Nöte, Enttäuschungen, Niederlagen und Leiden dennoch Triumph Gottes sind.

und Großartiges ist und trotzdem eine eigentümliche Siegesmacht besitzt. Ein Geruch dringt überall unaufhaltsam ein; er verbreitet sich weit, und niemand kann ihm eine Grenze setzen. Ein Geruch bedarf keiner Beweise, sondern drängt sich einfach auf. So geht es auch mit der Erkenntnis Gottes überall, wo Paulus hinkommt[95]. Gottes Wirklichkeit, sonst ein „Problem" für die Menschen und ein bloßes Gedankenbild, steht unabweisbar vor Menschen; Gottes Wesen, Gottes Heiligkeit und Liebe, wird Menschen unmittelbar und überwältigend deutlich. Nicht Denker dringen mit schwierigen Spekulationen bis zu „Gott" vor, sondern der wahre lebendige Gott wird gerade auch von einfachen Menschen in ganzer Wirklichkeit erfaßt.

15 Wie Johannes in seinem Evangelium zeigt, daß Jesus zuerst etwas „ist" und dann auch die entsprechenden Wirkungen von ihm ausgehen, so **„ist"** auch ein Paulus in seiner ganzen Person **„ein Christusduft"**, der nun überall wirksam wird, wohin immer der Herr seinen Boten führt. **„Denn ein Christusduft sind wir für Gott."** Paulus schreibt nicht sich selbst eine besondere persönliche Qualität zu. Er faßt sich in einem „Wir" ganz mit seinen Mitarbeitern zusammen und zeigt schon damit, daß es nicht um eigene Fähigkeiten oder Leistungen bei ihm geht. Jesus ist in seinen Boten gegenwärtig. Jesus aber ist selber ein „Wohlgeruch für Gott". Das Wort erinnert an die Opfersprache (1 Mo 8, 21 und dann oft im AT) und wird in Eph 5, 2 ausdrücklich so im Blick auf Jesus gebraucht. Nun macht er seine Boten zu einem **„Christusduft"**, weil er in ihnen wohnt und wirkt. Ganz folgerichtig sind sie darum zuerst ein Christusduft **„für Gott"**. Aber gerade darin offenbart Gott den Geruch seiner Erkenntnis durch diese Christusboten. Der **„Christusduft für Gott"** wird zur Offenbarung Gottes für die Menschen.

Dadurch werden die Boten Jesu unwiderstehlich wirksam. Werden sie es wirklich? Sind sie denn immer erfolgreich? Sieht es nicht auch bei einem Paulus oft sehr anders aus[96]? Mit einer ähnlichen Formulierung wie in 1 Ko 1, 18 spricht Paulus auch hier von einer zweifachen, radikal verschiedenen Wirkung des „Christusduftes". Der Christusduft wirkt **„unter denen, die gerettet werden, und unter denen, die verloren gehen; für die einen ein Geruch vom Tode her**

[95] Das Bild vom Geruch entspricht dem Bild Jesu von „der Stadt auf dem Berge", die niemand übersehen kann. Wenn wir die Geschichte von Erweckungsbewegungen oder von einzelnen Zeugen Jesu betrachten, steht dieses Bild vom Geruch überraschend deutlich vor uns. Es liegt da nicht an den Anstrengungen und Künsten von Menschen. Erkenntnis Gottes, Furcht Gottes, Heil Gottes, Freude an Gott verbreiten sich, wie der Lindenduft an Sommerabenden ganze Straßen erfüllen kann. Ob wir nicht oft viel zu viel „machen" und mit immer neuen Mitteln zu erzwingen suchen und darüber versäumen, so in Gott zu leben, daß „Christusduft" von uns ausgeht?

[96] In Kap. 4, 3 ff wird der Apostel auf diese Frage noch ausdrücklich eingehen!

zum Tod, für die andern ein Geruch vom Leben her zum Leben". Die negative, richtende und tötende Wirkung stellt er hier absichtlich voran, damit sie ja nicht übersehen werde. Gerade da, wo die Erkenntnis Gottes wie ein unwiderstehlicher Duft eindringt, bringt sie die Menschen nicht einfach von selbst zum Glauben, sondern stellt sie in letzte Entscheidungen. Es gibt dann nicht nur solche, **„die errettet werden"**; es gibt auch die, **„die verloren gehen"**, weil sie zu der rettenden Botschaft nein sagen. Dem schweren Geheimnis, das uns hier anblickt, geht Paulus nicht nach. Wenn wir von Natur alle „Feinde Gottes" sind, warum überwindet Gottes Gnade nicht alle zu ihrem Heil? Liegt es nur an den Menschen selbst? Oder waltet hier ein verborgener Wille Gottes in einem grundlegenden „Erwählen"[97]? Auf diese Fragen geht Paulus nicht ein[98]. Er stellt nur die Tatsache in ihrer Herrlichkeit und in ihrem Ernst vor uns hin. Wirksam ist die Bot-
schaft immer. Aber sie kann **„Geruch vom Tode her zum Tod" sein.** 16
Mit dieser Formulierung kann Paulus darauf hinweisen, daß die vollmächtig verkündigte Botschaft „den Unglauben auslöst und ihn zum Bewußtsein und willentlichen Widerspruch erhebt und so eine vorher noch schlummernde Entscheidung aktualisiert"[99]. In der Feindschaft gegen Gott liegt der Tod bereits im Herzen des natürlichen Menschen, nun wird in der negativen Entscheidung gegen die gehörte Botschaft dieser **„Tod"** geweckt und reift jetzt vollends **„zum Tod"** aus. Wir können die Formulierung **„vom Tode her zum Tod"** und **„vom Leben her zum Leben"** aber auch entsprechend der Wendung „aus Glauben in Glauben" (Rö 1, 17) verstehen. Sie zeigt dann den unaufhaltsamen, den ganzen Menschen durchdringenden Fortschritt der Todeslinie wie der Lebenslinie als Wirkung der Christusbotschaft. Wer die Christusbotschaft abwies, geht nun von Tod zu Tode bis in das ewige Verderben hinein; wer sie annahm, geht von Leben zu Leben bis in die ewige Herrlichkeit.

Von so schwerem Ernst ist die Ausrichtung der Botschaft. Jeder Bote Jesu muß das wissen, daß Tod und Leben an seinem Wirken entstehen, ja ewiger Tod und ewiges Leben. Wer zu Gottes Liebe nein sagt, darf nicht meinen, er habe damit seine Überlegenheit über Gott bewiesen. Er hat damit nur für sich selber den Tod gewählt und den

[97] Vgl. dazu 1 Th 1, 4; Rö 9; Jo 6, 44; aber auch 2 Th 1, 8; 1 Pt 2, 8.

[98] Gerade wer selber errettet wurde, steht mit Furcht und Zittern vor diesem Geheimnis. Er weiß es so klar, daß er an seiner Errettung nicht das geringste Verdienst hat! Warum ist dann aber die Errettung nicht bei allen andern ebenso geschehen wie bei ihm? Die Reformatoren haben daran festgehalten, daß der Glaube immer die freie Gabe der grundlosen Barmherzigkeit ist, der Unglaube aber immer auf dem schuldhaften Widerstreben des Menschen beruht.

[99] So Bachmann a. a. O. S. 134. Die sachliche Parallele haben wir in Jo 3, 19–21 und 9, 39 vor uns. Vgl. die Auslegung in der W. Stb.

Gerichtsernst Gottes gegen sich besiegelt[100]. Wunderbar aber ist es, daß das Evangelium im Munde von Menschen **„Geruch vom Leben her zum Leben"** sein kann. In der von Gott geschenkten Lebensregung des „Hörens" und der Öffnung des Herzens für die Botschaft, empfangen Menschen den „Anstoß zu einer ewigen Bewegung"[101], die in letzte Lebenserfüllungen in der neuen Welt Gottes führt.

16/17 Im Blick auf beide Wirkungen aber stellt Paulus die Frage: **„Und zu diesen [Wirkungen], wer ist [dazu] tüchtig?"** Als Antwort formt er eine Aussage, die in ihrer gedrängten Kürze die Grundzüge einer „Homiletik"[102] des Apostels enthält: **„Wir sind ja nicht wie die vielen, die mit dem Wort Gottes Handel treiben, nein, als aus Lauterkeit, nein, als aus Gott heraus, vor Gottes Angesicht, in Christus, reden wir."**

Paulus grenzt sich zunächst gegen eine Art der Verkündigung ab, die er als eine wachsende Gefahr durch die ganze Kirche gehen sieht[103]. Es handelt sich nicht nur um einzelne Fälle verkehrter Verkündigung, sondern es sind **„die vielen"**, die die Verkündigung gründlich entstellen. Wodurch tun sie es? Indem sie **„mit dem Wort Gottes Handel treiben"**. Das von Paulus hier verwendete Wort meint speziell den unredlichen Handel damaliger Schankwirte, die den Gästen minderwertige Speise vorsetzten und den Wein panschten, um zu Geld zu kommen. Es liegt also auch der Vorwurf der Entstellung und „Verwässerung" der Botschaft in dem Wort. In Kap. 4, 2 wird Paulus darum direkt von dem „Verfälschen des Wortes" sprechen. Wie kann es bei **„den vielen"** zu einem solchen Verhalten kommen? Paulus hat in Phil 3, 17–19 in schärfster Weise die inneren Beweggründe solcher Männer enthüllt. Für sie ist „der Bauch ihr Gott" (vgl. Rö 16, 18), sie suchen ihr eigenes Wohlleben; und sie sind darum „Feinde des Kreuzes Christi". Dem Leiden um der Botschaft willen wollen sie aus dem Wege gehen. Ihr ganzer Dienst ist vom Ich und seinen Ansprüchen beherrscht. Das für Paulus Empörende und Schreckliche ist dabei, daß diese Männer das Wort Gottes, die über ewigen Tod und

[100] Vgl. dazu 1 Pt 2, 7 f; Jo 3, 18 f; 12, 37–40. 48.

[101] So Klaus Harms in seinem Rückblick auf sein Leben.

[102] „Homiletik" ist innerhalb der „praktischen Theologie" die „Lehre von der Predigt".

[103] Sein Wort hier ist verwandt mit seiner Warnung Phil 3, 17–19. Wenn Paulus schon „oft" Grund hatte, die Philipper so zu warnen, dann mag er gerade auf seiner jetzigen Wanderung durch die makedonischen Gemeinden dort die gleichen Gefährdungen des christlichen Botendienstes gesehen haben, die er in Korinth in einem erschreckenden Ausmaß vor Augen hatte. Von Korinth aus wird er die Gemeinde in Rom ebenso ernst warnen (Rö 16, 17. 18). An unserer Stelle spricht er wie in Phil 3, 18 von „vielen", die ihm größte Sorge machen. Es handelt sich also nicht um vereinzelte Ausnahmen! Wir müssen ein klares und nüchternes Bild der Urchristenheit haben.

ewiges Leben entscheidende Botschaft, ihren ichhaften Interessen dienstbar machen. Schon der Gastwirt ist verwerflich, der um seines Gewinnes willen die äußeren Nahrungsmittel verfälscht und seine Gäste betrügt; was aber ist erst von Männern zu halten, die mit dem Wort Gottes Handel treiben und ihre Hörer um das ewige Leben betrügen! Kein Wunder, daß Paulus sie in Kap. 11, 13–15 als Diener des Satans bezeichnet[104]. Paulus wird sich in 11, 21 f und 13, 1–4 noch einmal mit aller Schärfe und Entschlossenheit gegen sie wenden. Jetzt sagt er den Korinthern, die sich z. T. von ihnen hatten beeinflussen lassen: Wir sind nicht wie sie! Wir gehen heilig und lauter mit dem Wort Gottes um[105].

So fährt Paulus fort: **„Nein, aus Lauterkeit, nein, als aus Gott heraus, vor Gottes Angesicht, in Christus, reden wir."** Jede dieser vier Bestimmungen ist wichtig. Von dem eigentümlichen Begriff **„Lauterkeit"** sprachen wir schon bei Kap. 1, 12. Lauter ist Paulus in seinen Beweggründen und in seiner Absicht bei seiner Verkündigung; er kann sich durch und durch vom Licht richten lassen. Es wird sich keine versteckte Eigensucht bei ihm zeigen.

Ferner redet er nicht „über Gott", sondern **„aus Gott, von Gott her"**. Paulus weiß, daß der lebendige Gott niemals „Objekt" sein kann, „über" das ein kluger oder frommer Mensch redet. Als „Objekt" wäre Gott ein Stück Welt, über das der Mensch mit seiner Erkenntnis verfügt[106]. Gott aber ist immer „Subjekt", immer selber der Redende und Handelnde. Nur wenn er selbst uns hineinnimmt in sein Tun, können wir „aus ihm heraus", von seiner lebendigen Wirklichkeit her, reden und ihn dadurch bezeugen[107]. Darum ließ Paulus sich mit Freude im Triumphzug Gottes mitführen und konnte und

[104] Wir müssen auch daran denken, daß es damals ein Heer von Wanderrednern gab, die ihre philosophische oder religiöse Lehre an den Mann brachten und dadurch Ansehen und Geld zu erlangen suchten. Es ist denkbar, daß solche Männer, das „Christentum" als eine neue und interessante Sache werteten, mit der sich „etwas machen" ließ. Daß sie dabei die Botschaft entstellten, von der sie selber gar nicht wirklich erfaßt waren, ist nur zu verständlich.

[105] Eine rasche und billige Entrüstung über diese Männer ist fehl am Platze. In uns allen steckt der Hang zu einem angesehenen und behaglichen Leben und die Scheu vor dem „Kreuz", das aus einer klaren und eindeutigen Verkündigung der Kreuzesbotschaft erwachsen könnte. Passen wir uns nicht allzu rasch und gefällig den Wünschen und Bedürfnissen der Hörer an? Liegt nicht gerade darin die Unwirksamkeit der Verkündigung heute begründet? Wir wollen keinen „Anstoß geben" und darum auch keinen „Anstoß zu einer ewigen Bewegung".

[106] Es ist die Gefahr aller Theologie, daß wir Gott zu einem solchen „Objekt" machen.

[107] Hier ist die Frage an unsere Verkündigung bis in die verborgenste Seelsorge hinein gestellt: Sprechen wir „über Gott", oder spricht Gott selber durch uns zu den Menschen? Damit dies letztere geschehen kann, bedarf es freilich des Glaubens und des Gebetes!

wollte nur ein „Christusduft" sein, durch den Gott selber seine Erkenntnis offenbar macht.

Paulus redet **„vor Gottes Angesicht"**. So wie Jesus selbst zuerst für Gott da war, auf Gott blickte und sich von da aus erst den Menschen zuwandte, so steht der Bote Jesu nicht „vor Menschen", sondern **„vor Gott"**. Darum ist nicht das seine erste Frage, was Menschen zu seiner Verkündigung sagen, ob sie einverstanden sind oder nicht und wie sie sich etwa zu seiner Person stellen. Sein großer Zuhörer ist Gott selbst; Gottes Urteil ist ihm allein wichtig[108]. Paulus stand für Menschenaugen allein und wehrlos vor seinen Hörern. Aber er selber sah sich geborgen und eingehüllt in Christus. **„In Christus reden wir."** Auch hier wieder ist Christus nicht der „Gegenstand" seiner Verkündigung, wie könnte Christus ein „Gegenstand" sein! Das **„in Christus"**, mit dem Paulus vielfach sein Verhältnis zu Jesus beschreibt, gilt für den Apostel gerade auch dann, wenn er seinen Dienst tut und redet. Ob Paulus dabei auch an die Bedeckung der Schuld, an das Kleid der „Gerechtigkeit Christi", an die Schutzwehr gegen alle satanischen Gewalten gedacht hat, wissen wir nicht, weil er es hier nicht ausspricht. Es kann aber auch alles dies in seinem Wort liegen.

Paulus hat alle Redekunst verschmäht (1 Ko 2, 1 ff), die damals vor allem in der griechischen und römischen Welt so hoch im Kurs stand. Er kann es sich gefallen lassen, daß er darum in Korinth als Redner geringschätzig beurteilt wurde (10, 10). Empfehlende Zeugnisse brauchte er nicht; die Reihe der von ihm gegründeten Gemeinden, die Schar der durch sein Wort erretteten Menschen bezeugten seine Vollmacht. Diese Vollmacht aber besaß er, weil er **„als aus Lauterkeit, nein, als aus Gott heraus, vor Gottes Angesicht, in Christus"** sprach.

DIE GEMEINDE IN KORINTH — EIN BRIEF CHRISTI

2. Korinther 3, 1—3

Zu Vers 1:
2 Ko 5, 12
Zu Vers 2:
2 Ko 7, 3
1 Ko 9, 2
Zu Vers 3:
2 Mo 24, 12
Jer 31, 33
Hes 11, 19
36, 26

1 **Fangen wir schon wieder an uns selbst zu empfehlen? Oder brau-**
chen wir etwa wie gewisse Leute Empfehlungsbriefe an euch oder
2 **von euch? * Unser Brief seid ihr selber, hineingeschrieben in unser**
Herz, zur Kenntnis genommen und gelesen von allen Menschen,
3 *** indem es offenkundig ist von euch, daß ihr seid ein Brief Christi,**

[108] Wie schnell sind wir bewegt, wenn wir merken, daß der oder jener angesehene Mann unserer Predigt beiwohnt; wie wenig kümmern wir uns darum, daß jedes unserer Worte von Gott gehört wird.

durch unsern Dienst zustande gebracht, eingeschrieben nicht mit Tinte, sondern mit dem Geist des lebendigen Gottes, nicht auf steinerne Tafeln, sondern auf fleischerne Herzenstafeln.

Dem Apostel ist es, als höre er an dieser Stelle beim Verlesen des 1
Briefes in Korinth Zwischenrufe laut werden: Nun fängt er schon wieder an, sich selbst zu empfehlen! Schon in 1 Ko konnten Stellen wie 2, 2–12; 4, 4–13 als Selbstempfehlung empfunden werden. Der Zwischenbrief (2, 4) in seinem heißen Ringen um den Gehorsam der Korinther wird erst recht den Anspruch des Paulus auf sein Amt und auf seine Geltung vertreten haben. Seine Gegner mochten mit Entrüstung geäußert haben: Immer redet Paulus von sich selbst und hebt seine Vorzüge und seine Autorität hervor. Er sollte lieber gültige Zeugnisse, etwa aus Jerusalem von der Urgemeinde vorlegen. Paulus greift diesen Vorwurf auf und begegnet ihm mit einem Gegenangriff. **„Fangen wir schon wieder an uns selbst zu empfehlen? Oder brauchen wir etwa wie gewisse Leute Empfehlungsbriefe an euch oder von euch?"** Kommen die „Zwischenrufe" am Ende von Männern, die selbst Empfehlungsschreiben gebraucht haben, um in Korinth bei der Gemeinde Eingang zu finden, und die sich von den Korinthern wieder solche Schreiben ausstellen ließen?

Solche Empfehlungsschreiben waren an sich nichts Bedenkliches. Wir wurden schon daran erinnert, daß die Boten Jesu damals keineswegs die einzigen waren, die mit Vorträgen und Darbietungen wandernd von Stadt zu Stadt kamen. Es war günstig, wenn solche Wanderredner sich ausweisen und schriftliche Anerkennungen ihrer Leistungen vorzeigen konnten. Auch im Weltjudentum wurde viel gereist. Man gab Gliedern einer jüdischen Gemeinde schriftliche Zeugnisse mit, damit sie in der Ferne willig und ohne Verdacht aufgenommen wurden. In den jungen, vielfach bedrohten Gemeinden der ersten Christenheit mußte man sich erst recht durch **„Empfehlungsbriefe"** davon überzeugen, daß fremde Männer, die in der Gemeinde Aufnahme oder gar eine Wirksamkeit suchten, wirklich bewährte Christen waren. Auch ein Apollos war durch ein Schreiben der ephesinischen Brüder der Gemeinde in Korinth empfohlen worden (Apg 18, 27). Ein Zeugnis der Jerusalemer Apostel für Judas Barsabas und Silas finden wir in Apg 15, 27. Paulus selbst stellt in unserm Brief (8, 18–24) den beiden Männern, die er mit Titus nach Korinth sandte, eine entsprechende Empfehlung aus.

So war es nichts Ungewöhnliches und Unrechtes, wenn neue Pre- 2
diger in Korinth Empfehlungsschreiben an die Gemeinde oder von ihr wünschten. Ungewöhnlich und für die Größe der Arbeit des Paulus kennzeichnend war vielmehr die Tatsache, daß e r solcher Briefe

nicht bedurfte[109]. Er hat einen ganz anderen „Ausweis" seines Apostolates: Dieser Ausweis sind sie selbst, die von Paulus in Korinth gegründete Gemeinde[110]. **„Unser Brief seid ihr selber, hineingeschrieben in unser Herz, zur Kenntnis genommen und gelesen von allen Menschen."**

Paulus ist in der Verwendung von Bildern auffallend lebendig und beweglich. Er bindet sich nicht streng an sein Bild, sondern gewinnt ihm die verschiedensten Seiten ab, wie er es gerade nötig hat. Die korinthische Gemeinde ist „sein Empfehlungsbrief"[111]. Diesen „Brief" hatte der Apostel aber nicht auf Papier geschrieben bei sich. Er ist zuerst einmal **„in sein Herz hineingeschrieben"**. Er braucht den Brief auch zu seiner eigenen Vergewisserung und Stärkung. Wenn er in seinem Herzen alles vor sich sieht, was in Korinth durch ihn geschehen ist, dann ist das eine klare Bestätigung seines apostolischen Auftrages. Aber freilich, das wäre noch nicht genug. Ein „Empfehlungsschreiben" will gerade von andern gelesen werden. Mit froher Kühnheit stellt Paulus die Überlegenheit seines „Briefes" auch in dieser Hinsicht fest. Dieser sein Brief ist **„zur Kenntnis genommen und gelesen von allen Menschen"**. Daß es in Korinth eine Gemeinde des Christus gibt, das wissen alle, die mit dieser weit bekannten Hafen- und Handelsstadt in Berührung kommen. Dabei erfahren sie auch, daß die Gemeinde auf die Wirksamkeit des Paulus zurückgeht[112].

Paulus wendet sogleich das Bild und hebt eine neue Seite hervor, die weiter die ganze Überlegenheit seines „Briefes" zeigt. Selbst wenn Paulus eine schriftliche Anerkennung der Urgemeinde in Jerusalem aufweisen könnte, wäre sie doch nur von Menschen ausgestellt. Der Verfasser seines „Briefes" aber ist nicht eine Gemeinde, sondern Christus selbst. Es ist **„offenkundig von euch, daß ihr seid ein Brief**

[109] Schlatter sieht hinter den Sätzen des Paulus die Einsamkeit und Verlassenheit des Paulus, für den niemand mehr eintrat. Die verschiedensten Gegner, die ihn bekämpften, bestritten die Echtheit seines Apostolats und forderten von ihm den Ausweis, daß die andern Teile der werdenden Kirche ihn als Apostel anerkannten. Solche „Empfehlungsbriefe" aber habe Paulus nicht aufweisen können. Darauf bezögen sich abwehrend seine Sätze an dieser Stelle. Schlatter a. a. O. S. 500 f.

[110] Vgl. auch 12, 11 f und schon 1 Ko 9, 2.

[111] Wir werden darauf zu achten haben, daß einem Paulus nicht einzelne Christen als „Briefe Christi" vor Augen stehen, sondern daß er die Gemeinde als den einen Brief des Christus sieht. Gerade erst ihr gemeinsames Leben — im NT ist „Gemeinde" nie ein Haufe christlicher Individuen, die für sich selbst ihr Privatchristenleben führen — gibt Zeugnis von dem, was der Christus durch seine Boten schafft. Das schließt nicht aus, daß auch ein einzelner Christ ein wirksamer „Brief Christi" sein kann.

[112] Wie so oft bei Paulus ist auch hier das Wort „alle" nicht statistisch gebraucht. Paulus weist darauf hin, daß ein üblicher „Empfehlungsbrief" nur den wenigen bekannt wurde, die ihn gezeigt bekamen; von der Gemeinde in Korinth aber wußte „alle Welt" etwas.

Christi, durch unsern Dienst zustande gebracht". Zur Abwehr falscher, perfektionistischer[113] Vorstellungen von einem **„Brief Christi"** ist es gut, darauf zu achten, wie unbedenklich Paulus eine so schwierige Gemeinde wie die korinthische doch einen **„Brief Christi"** nennt. Nicht eine sittliche oder religiöse Vollkommenheit ist nötig, damit eine Gemeinde als Brief Christi gelten kann. Solange sie im Glauben steht[114], mit aufgedecktem Angesicht die Herrlichkeit des Herrn widerspiegelt und dem Wirken des Geistes Jesu Christi offenbleibt, sind die „Schriftzüge" des Christus an ihr sichtbar. Sie sind es dann vielleicht ganz besonders, wenn sich die Macht der Gnade und Treue Jesu an einer Gemeinde siegreich erweist, die von menschlichen Fehlern und irreführenden Strömungen ernstlich bedroht ist. In Korinth konnte niemand die Gemeinde Jesu kennenlernen, ohne auf die Wirklichkeit und Wirksamkeit des Christus zu stoßen.

Christus schreibt selber diesen „Brief", der von allen Menschen gelesen und zur Kenntnis genommen wird. Aber so sehr Jesus und nur er selber der eigentliche Verfasser dieses Briefes ist, so unentbehrlich ist doch zugleich der menschliche „Schreiber", der mit seinem Dienst den Brief faktisch zustande bringt. Das eigentümliche Zueinander von Christus und seinem Apostel bei der Herstellung dieses „Briefes" war für Menschen der damaligen Zeit ohne weiteres anschaulich. Man „schrieb" damals seine Briefe nicht mit eigener Hand, sondern diktierte sie einem „Schreiber", durch den der Brief erst als solcher faktisch zustande kam. So schreibt auch Christus seinen Brief in Korinth nur durch das Wirken des Apostels dort. Indem Paulus – mit Silvanós und Timotheus zusammen – in Korinth das Evangelium verkündigte und dabei unter Verzicht auf menschliche Weisheit und Redekunst in Erweisung des Geistes und der Kraft Juden und Griechen in ihrem Gewissen traf und überwand (1 Ko 2, 1–5; 2 Ko 4, 2) und zu einer Gemeinde Jesu zusammenschloß, entstand ein Christus-Brief. Der Dienst des Apostels ist dabei unentbehrlich. Darum wird dieser Christusbrief zugleich sein eigener „Empfehlungsbrief"[115].

Nochmals wendet Paulus das Bild, um die Eigenart dieses „Briefes" 3
zu zeigen und zugleich die von V. 4 an folgenden grundsätzlichen

[113] Unter „Perfektionismus" verstehen wir die Auffassung, daß der einzelne Christ und die rechte Gemeinde Jesu zu einer abgeschlossenen Vollkommenheit gelangen können und müssen.

[114] Die Gemeinde in Korinth ist freilich so gefährdet, daß sie ernstlich nachprüfen muß, ob sie das überhaupt noch tut (Kap. 13, 5).

[115] Es ist in der echten Verkündigung bis heute so, daß das Wirken des Herrn untrennbar mit dem Einsatz der menschlichen Boten verbunden ist. Diese Boten sind keineswegs nur mechanische Instrumente, sondern sind in ihrer ganzen Person mit Wissen und Willen tätig; dennoch geschieht darin das Werk des Christus selber.

Ausführungen über die Herrlichkeit des Alten und des Neuen Bundes in ihrem Gegensatz zueinander vorzubereiten. Der Christusbrief ist **„nicht mit Tinte, sondern mit dem Geist des lebendigen Gottes, nicht auf steinerne Tafeln, sondern auf fleischerne Herzenstafeln"** geschrieben. Paulus spricht von **„Tinte"**, weil er das Bild eines eigentlichen Briefes vor Augen hat, der auch damals mit „Tinte" — wörtlich „mit Schwarz" — auf Papyrus oder Pergament geschrieben wurde. Dazu paßt nicht das anschließende Bild, in dem bedeutsam von dem Material dieses Briefes gesprochen wird: **„nicht auf steinerne Tafeln, sondern auf fleischerne Herzenstafeln"**. Auf „Steintafeln" schreibt man nicht mit Tinte, sondern in sie **„gräbt man die Buchstaben ein"**, wie es in V. 7 gesagt wird. Paulus geht aber zu dem Bild der „Steintafeln" über, weil er in seinem Denken schon von dem bewegt wird, was er sogleich über die Herrlichkeit seines Dienstes im Vergleich zu der Wirksamkeit des Mose sagen will. Mose hatte es ja mit den steinernen Tafeln des Gesetzes zu tun. Das Wesentliche für Paulus ist aber zunächst, daß der Christusbrief im Gegensatz zu allen andern Briefen **„auf fleischerne Herzenstafeln"** geschrieben wird. Er besteht aus lebendigen Menschen, die miteinander die Christusgemeinde bilden. Welch ein Schreibmaterial ist dies! Wie aber kann man etwas in Menschenherzen hineinschreiben? Paulus weiß es: Tief in das Herz eindringende und im Herzen bleibende Schrift gibt es nur **„durch den Geist des lebendigen Gottes"**. Als der **„lebendige"** wird Gott hier bezeichnet, weil er nicht fern und starr im Himmel thront, sondern im Heiligen Geist nah und wirksam in Menschenherzen sein Werk tut und diesen Herzen dadurch ein völlig neues, ein göttliches Leben verleiht. Sie werden dadurch eine „neue Schöpfung" (5, 17) und sind als solche der „Brief Christi", den alle Menschen zur Kenntnis nehmen und lesen können[116].

Paulus spricht in Worten des AT und zeigt damit, wie vertraut auch eine „heidenchristliche" Gemeinde mit solchen Worten war. In 2 Mo 24, 12; 31, 18; 34, 1 lesen wir von den „steinernen Tafeln". Für einen „Neuen Bund" aber war von Gott durch Jeremia (31, 31—34) verheißen, daß dann sein Gebot nicht mehr auf Steintafeln stehen, sondern in das Herz gegeben und in den Sinn geschrieben sein werde. Hesekiel wiederum weiß, daß unser Herz von Natur selber „steinern" ist und erst durch ein neues, „fleischernes[117] Herz" ersetzt

[116] Echte Gemeinde als Brief Christi entsteht also noch nicht durch „reine Lehre", die richtig verstanden wird, so wesentlich die Reinheit der Lehre auch ist. Nur wo der lebendige Gott selbst mit seinem Geist seine unauslösliche Schrift in Herzen eingräbt, kommt „Gemeinde Gottes" zustande.

[117] „Fleischern" ist auch im NT etwas anderes als „fleischlich". Vgl. dazu 1 Ko 3, 1; 3, 3. Gegenüber einem „steinernen" ist das „fleischerne" Herz das lebendige und eindrucksfähige, das dem Geist Gottes ein wirksames Schreiben ermöglicht.

werden muß (Hes 11, 19 ff; 36, 26 ff). Das alles klingt mit in den Sätzen des Apostels[118].

DER DIENST DES MOSE UND DER DIENST DES PAULUS

2. Korinther 3, 4—11

4 **Eine derartige Zuversicht aber haben wir durch Christus zu Gott.**
5 *** Nicht, daß wir von uns selber aus tauglich wären, etwas zu er-**
denken als von uns aus; nein, unsere Tauglichkeit stammt von
6 **Gott. * Er ist es, der uns tauglich gemacht hat zu Dienern eines**
Neuen Bundes, nicht des Buchstabens (oder: der Schrift), **sondern**
des Geistes. Denn der Buchstabe (oder: die Schrift) **tötet, aber**
7 **der Geist macht lebendig. * Wenn aber der Dienst des Todes, in**
Buchstaben auf Stein eingegraben, mit Herrlichkeit angetan wur-
de, so daß die Söhne Israels nicht imstande waren, ihren Blick zu
heften auf das Angesicht des Mose wegen der Herrlichkeit seines
8 **Angesichtes, die doch wieder verging, * wie sollte nicht vielmehr**
9 **der Dienst des Geistes in Herrlichkeit sein? * Denn wenn der**
Dienst der Verurteilung Herrlichkeit [ist], weit mehr fließt der
10 **Dienst der Gerechtigkeit über von Herrlichkeit. * Ja, es ist über-**
haupt nicht verherrlicht das Verherrlichte in dieser Hinsicht (oder:
das in diesem Teilmaß Verherrlichte) **wegen der überragenden**
11 **Herrlichkeit [des Neuen Bundes]. * Denn wenn das Vergehende**
durch Herrlichkeit [hindurchging], vielmehr [steht] das Bleibende
in Herrlichkeit.

Zu Vers 5:
2 Ko 2, 16
Phil 2, 13
Zu Vers 6:
2 Ko 5, 18
Jer 31, 31
Jo 6, 63
1 Ko 11, 25
Rö 7, 6
Zu Vers 7:
2 Mo 34, 29—35
Zu Vers 8:
Gal 3, 2. 5
Zu Vers 9:
5 Mo 27, 26
Rö 1, 17
3, 21
Zu Vers 11:
Lk 22, 31
Hbr 7, 22

Wieder hat Paulus, wie bereits in 1, 12 mit großer Zuversicht ge- 4
sprochen. Er bedarf keiner Empfehlungsschreiben; die Gemeinde in Korinth selbst ist sein „Ausweis", weil sie trotz aller Mängel und Gefährdungen ein „Christusbrief" ist. Dem Apostel wird zugleich das vor Augen stehen, was er in Kap. 2, 14—17 von seinem gesamten Dienst „an jedem Ort" gesagt hat. Worauf gründet er eine „**derartige Zuversicht**"? Ist sie der Ausdruck eines großen Selbstvertrauens? Nein, „**eine derartige Zuversicht haben wir durch Christus zu Gott**". In einem kurzen und noch ganz allgemein gehaltenen Satz sagt Paulus hier, daß er bei seiner Zuversicht seinen Blick nicht auf

[118] Paulus geht nicht auf die Tatsache ein, daß unser Herz vor der Begegnung mit Christus kein „unbeschriebenes Blatt" war und daß die tief eingedrungene Schrift von Satan und Sünden ausgelöscht werden muß, ehe die neue Christusschrift in unserem Herzen lesbar werden kann. Paulus hat aber die andere Bilderwelt: „steinerne Tafeln — fleischerne Herzenstafeln", „Tinte — Geist Gottes", „Alter Bund — Neuer Bund" vor Augen.

sich selbst oder auf andere Menschen und ihren Beifall richtet, sondern allein und völlig auf Gott. Aber er fügt sofort hinzu, daß er nur **„durch Christus"** seinen Blick so zu Gott erheben kann, daß Gott für ihn zum Grund solch kühner Zuversicht wird. Das Mißverständnis, als handle es sich bei ihm um eine bedenkliche Selbstüberhebung,
5 weist Paulus nun ausdrücklich ab. **„Nicht, daß wir von uns selber aus tauglich wären, etwas zu erdenken als von uns aus; nein, unsere Tauglichkeit stammt von Gott."** Fraglich ist, was Paulus mit dem Wort „logisasthai = denken, erdenken, urteilen" an dieser Stelle meint. Das Objekt dieses Denkens oder Beurteilens ist das ganz unbestimmte **„etwas"**. So will Paulus diesen Ausdruck offenbar möglichst allgemein und umfassend verstanden haben. Was immer er als Apostel „denkt" oder „plant", was für „Urteile" er abgibt, nie liegt der Grund dafür in ihm selber. Alle **„Tauglichkeit"** für seinen mächtigen Dienst **„stammt von Gott"**. Das ist nicht nur ein demütiges, sondern zugleich auch ein sehr kühnes Wort, das man in Korinth wieder als unerhörten „Hochmut" mißverstehen konnte. Aber das ist überall unvermeidlich, wo immer ein Mensch in Gottes Auftrag redet und handelt[119].

Aber Paulus kann sich nicht damit begnügen, nur von der Vollmacht seines Dienstes zu sprechen, die in seiner völligen Selbstlosigkeit und Gottgebundenheit wurzelt. Er erstrebt das ganze Verstehen der Korinther (1, 13) für seinen Dienst. Darum muß die Gemeinde den Inhalt seines Dienstes in seiner Einzigartigkeit, Neuheit und Herrlichkeit klar erfassen. Die besondere Vollmacht seines Dienstes hängt mit diesem seinem Inhalt unlöslich zusammen. Darum widmet Paulus den ganzen folgenden Teil des Briefes, besonders Kap. 3, 4—18; 5, 11—21, der gründlichen, in die Tiefe gehenden Darlegung dessen, was er zu verkündigen und zu wirken hat. Gerade jetzt, wo die Verbundenheit zwischen ihm und der Gemeinde wieder hergestellt ist, ist ihm die Festigung und Vertiefung durch ein rechtes Verstehen seiner Botschaft wichtig.

Paulus macht die einzigartige Bedeutung seines Dienstes[120] dadurch klar, daß er den Blick der Korinther auf Mose richtet. Das kann seinen Grund darin haben, daß er mit herausfordernder Kühnheit seinen Dienst an dem Größten messen will, was es bisher in der Geschichte Gottes mit den Menschen gegeben hat. Wo überhaupt an den

[119] Darum wurde auch an Jesus die entrüstete Frage gerichtet „Was machst du aus dir selbst", gerade weil er nichts anderes sein wollte als der „Sohn", der völlig vom Reden und Geben des Vaters lebt (Jo 5, 18—20; 8, 55).

[120] Es ist zu beachten, daß Paulus in diesem Abschnitt von „uns" spricht. Er faßt sich mit seinen Mitarbeitern zusammen und betont dadurch, daß Eigenart und Größe des Dienstes nicht in seiner Person liegen, sondern allein in dem Inhalt dieses Dienstes selbst.

lebendigen Gott geglaubt wurde, da stand Mose in unvergleichlicher Hoheit da. Wir können heute kaum noch recht ermessen, wie damals Menschen der Atem stocken mußte, wenn sich hier ein Mann nicht nur neben Mose stellt, sondern zu behaupten wagte: Mein Auftrag von Gott ist unendlich größer und herrlicher als der, den Mose zu erfüllen hatte! Das aber gerade will Paulus mit allem Nachdruck sagen.

Paulus kann auch darum von Mose gesprochen haben, weil es in Korinth in der Gemeinde gewichtige Kreise gab, die von „judenchristlichen" Gedanken bestimmt waren. Schon in seinem ersten Brief erscheint eine Gruppe von Christen, die sich auf Petrus beruft (1 Ko 1, 12). Aus Apg 15 und aus dem Galaterbrief wissen wir, wie stark eine „judenchristliche" Strömung durch die junge Christenheit ging[121]. Es wurde in ihr der Glaube an Jesus als den „Christus" nicht bestritten. Aber Jesus war der „Messias Israels". Menschen aus den „Nationen" können zu Jesus und zum Heil nur kommen, wenn sie sich in das Bundesvolk aufnehmen lassen und das Gesetz halten. Mose bleibt auch für Jesusjünger die überragende und maßgebende Gestalt. Hoch steht er über einem Paulus. Moses „Herrlichkeit" ist am Sinai und im ganzen AT sichtbar. Wo bleibt dagegen die Herrlichkeit eines Paulus, der so groß von sich zu reden weiß und doch eine so klägliche Figur macht? So ist Paulus gezwungen, den Unterschied seines Dienstes von dem Dienst des Mose in scharfen Antithesen herauszustellen. Er tut es nicht so, daß er gegen den Dienst des Mose polemisiert und Mose herabzusetzen sucht. Er erkennt die göttliche Herrlichkeit, die auf Mose liegt, voll an. Aber gerade dadurch tritt klar hervor, wie unendlich viel herrlicher der Dienst eines Apostels Jesu Christi ist. Paulus hilft damit der Christenheit aller Zeiten, in der Frage „Alter und Neuer Bund", „Gesetz und Evangelium", „Mose und Paulus", zu den notwendigen, entscheidenden Einsichten zu kommen.

Paulus stellt in einem kurzen Satz grundlegend die Einzigartigkeit des 6
Dienstes heraus, zu dem Gott ihn berufen und tauglich gemacht hat: **„Er ist es, der uns tauglich gemacht hat zu Dienern eines Neuen Bundes, nicht des Buchstabens** (oder: der Schrift), **sondern des Geistes. Denn der Buchstabe** (oder: die Schrift) **tötet, aber der Geist macht lebendig."** – Auf einem **„Bund"** Gottes ruhte die ganze Existenz des Volkes Israels. Nur durch diesen „Bund" war es aus allen Völkern der Welt herausgehoben, obwohl es in sich selbst ein kleines und geringes Volk war (5 Mo 7, 7). Das wußte jeder Jude; das wußte und bejahte auch Paulus. Das grie Wort für Bund – „diatheke = Testa-

[121] Zu der Frage nach den Gegnern des Paulus in Korinth, vgl. die Einleitung S. 13 ff.

ment" — zeigt dabei, daß es sich nicht um einen Bundesschluß zwischen gleichberechtigten Partnern handelt. Der „Bund" am Sinai ist eine freie, aus grundloser Gnade stammende Verfügung Gottes, die freilich einen verantwortlichen Partner ausdrücklich anerkennt und dessen eigenen Willen und Gehorsam für das von Gott Verfügte beansprucht. Das AT — ganz besonders das 5. Buch Mose — wird nicht müde, das Wunder dieses „Bundes" zu rühmen. Der Paulus, der Rö 9, 3—5 gerade in Korinth schreiben wird, stimmt jedem Juden und Judenchristen von Herzen zu, der staunend und dankend vor Gottes Handeln im Bundesschluß mit Israel steht. Und dennoch hat Gott selber schon durch den Propheten Jeremia von einem **„Neuen Bund"** sprechen müssen (Jer 31, 31—34). Dabei meint das hier verwendete Wort für „neu" zunächst das bisher Unbekannte, noch nicht Vorhandene mit dem Beiklang des Unerhörten, Wunderbaren. Zugleich drückt es den Gegensatz aus zu etwas „Altem", das sich überlebt hat und durch das „Neue" ersetzt werden muß. Diese Ablösung des bisherigen Bundes mit den „Vätern" durch den „Neuen" und ganz andersartigen Bund hat Gott schon lange angekündigt. Jetzt aber ist dieser „Neue Bund" da! Paulus und seine Mitarbeiter sind **„Diener eines N e u e n Bundes"**.

Warum ist ein „Neuer Bund" nötig, wenn doch der alte unzweifelhaft eine Stiftung Gottes war? Was kennzeichnet den **„Neuen Bund"** und macht ihn dem Sinai-Bund gegenüber so unendlich überlegen? Paulus sagt es in einem kurzen Satz mit dem Gegensatzpaar der Begriffe **„Buchstabe"** und **„Geist"**. Hier müssen wir uns von dem üblichen „idealistischen" Verständnis dieser beiden Worte ganz freimachen. Es geht nicht um „Geistigkeit" und „Geistesfreiheit" gegenüber einem engen „Kleben am Buchstaben". Das grie Wort **„gramma"** meint nicht **„Buchstabe"** in diesem besonderen Sinn, sondern bezeichnet ganz allgemein „das Geschriebene", „die Schrift"[122]. Paulus hat sofort **„die Schrift"** und zwar die Schrift als „Gesetz" vor Augen, wenn er den Alten Bund als **„gramma"** kennzeichnet. Es gehört zum Wesen des „Gesetzes", daß es schriftlich genau aufgezeichnet und festgelegt wird. Diese gebietende und fordernde „Schrift" stand in der Mitte des Sinai-Bundes. So sagen es auch seine schriftgelehrten Vertreter mit allem Nachdruck. Den „Neuen Bund" aber kennzeichnet der „Geist"; natürlich nicht der menschliche Geist, sondern der Geist Gottes, jener Geist, mit dem der lebendige Gott in Herzen hinein seine göttliche Schrift schreibt und Gemeinden zu „Christusbriefen" macht.

[122] Vgl. dazu Jo 5, 47; 7, 15, wo das gleiche Wort „grammata" verwendet ist. Von daher heißen die „Schriftgelehrten" in den Evangelien „grammateis".

Mit knappster Formulierung[123] kennzeichnet der Apostel sogleich die beiden Bünde in ihren Auswirkungen. Diese Kennzeichnung ist von herausfordernder Wucht und stellt beide Bünde in den stärksten Gegensatz. **„Denn der Buchstabe** (oder: die Schrift) **tötet, aber der Geist macht lebendig."** Die Schrift als „Gesetz" ist nicht der Weg zum Leben, wie es in allen Synagogen gelehrt wird und wie alles moralisch-religiöse Denken bis heute meint. Freilich war das Gesetz zum Leben gegeben, wie Mose wieder und wieder betont (5 Mo 4, 1–6; 5, 32. 33; 28, 1–14; 30, 15. 16; 32, 44–47). Das hat auch Paulus in Rö 7, 10. 12 eindeutig anerkannt: „Das Gebot ist heilig, recht und gut" und es „war mir zum Leben gegeben". Aber die in uns wohnende Sünde vereitelt dieses Ziel des Gesetzes und macht faktisch aus ihm ein Todeswort. Um der Sünde willen können sich die verheißenen Segnungen des Gesetzes nicht erfüllen; es erfüllt sich aber an jedem Übertreter der Gebote der Fluch, den Mose mit ganzem Ernst ausgesprochen hat (5 Mo 11, 26–32; 27, 11–26; 28, 15. 16. 45). Darum „tötet" die Schrift. So hat es Paulus selber an sich erfahren: „Als aber das Gebot kam, wurde die Sünde lebendig, ich aber starb; und es fand sich, daß das Gebot mir zum Tode gereichte, das mir doch zum Leben gegeben war" (Rö 7, 9. 10). Und den Galatern sagt er, daß es kein Gesetz gibt, das da lebendig machen kann (Gal 3, 21). So mußte von Gott ein ganz neuer Weg beschritten werden, wenn es noch Leben geben sollte. Diesen Weg hat Gott eröffnet im **„Neuen Bund"**. Dabei blickt Paulus jetzt nicht auf die Grundlagen dieses Bundes im Geschehen des Kreuzes. Das wird er in Kap. 5, 11–21 tun. Jetzt liegt ihm an der Feststellung, daß dieser Neue Bund das „Leben" bringt. Das geschieht durch den Geist, der die entscheidende und kennzeichnende Gabe dieses Bundes ist. Er wird darum in V. 8 „Dienst des Geistes" genannt.

Ist damit der Alte Bund, das „Gesetz", entwertet und bekämpft? 7
Ist Paulus ein „Antinomist", ein Feind des „Gesetzes"? Einen solchen sah man in ihm, wie vorher in Stephanus Apg 6, 11–14, mit wachsender Erbitterung (Apg 21, 28). So aber ist das Urteil des Paulus über das Gesetz nicht gemeint. Darum stellt Paulus sofort mit Nachdruck fest, daß **„der Dienst des Todes, in Buchstaben auf Stein eingegraben, mit Herrlichkeit angetan wurde[124]"**. Auch das

[123] Es ist fort und fort auf die gedrängte Sprache des Paulus zu achten, die bei der Übersetzung die vielen Zufügungen in Klammern nötig macht. Man sollte den Text einmal ohne diese zugefügten Worte lesen, um den Eindruck von der männlichen Wucht zu bekommen, mit der Paulus redet.

[124] Der grie Wortlaut legt zunächst die Übersetzung nahe: „in Herrlichkeit geschah". Aber der weitverbreitete Sprachgebrauch zeigt, daß mit diesem Wort auf den „Besitz" von Herrlichkeit hingewiesen ist. Dem entspricht die Formulierung „in Herrlichkeit sein" in V. 8.

Gesetz tut einen heiligen und notwendigen „Dienst". Es ist freilich ein „Dienst des Todes" und nicht des Lebens. Das bringt den Tod über uns. Aber es „dient" der Ehre Gottes, wenn es unser Widerstreben gegen Gottes Willen unter ein tödliches Gericht stellt. Es **„dient"** aber auch uns, indem es uns nicht in unsern Sünden dahingehen läßt, sondern „Erkenntnis der Sünde" (Rö 3, 20) wirkt und die Sünde als todbringend zeigt[125]. Darum ist gerade in diesem tödlichen Ernst sein Dienst **„mit Herrlichkeit angetan"**, so wie über einer Schwurgerichtsverhandlung bei der Fällung eines Todesurteiles eine feierliche Erhabenheit liegen kann. Im „Gesetz" hat Gott selber seinen heiligen Willen ausgesprochen. Ist das nicht **„Herrlichkeit"?** Gott tut hier keine vorübergehende Meinung kund. Im „Gesetz" kommt Gottes heiliger, aus seinem eigenen Wesen stammender Wille zum Ausdruck[126]. Darum ist das Gesetz **„in Buchstaben auf Stein eingegraben"**, um seine Würde und seine Unverbrüchlichkeit zu dokumentieren. An den Geboten Gottes kann und darf nichts verändert, nichts gestrichen werden. Darum flammte auch um den Sinai die ganze Herrlichkeit Gottes. Und darum muß der Mensch sterben, wenn er diesen heiligen Willen Gottes in seinen Geboten antastet. In diesem Tode des Schuldigen wird erschütternd die **„Herrlichkeit"** Gottes offenbar.

Mose wurde zum menschlichen Träger dieses „Dienstes" erwählt, der Gottes Gesetz den Menschen brachte und ihnen die Todesdrohung des Gesetzes kundtat. Die **„Herrlichkeit"** dieses seines Dienstes aber wurde dadurch sichtbar, **„daß die Söhne Israels nicht imstande waren, ihren Blick zu heften auf das Angesicht des Mose wegen der Herrlichkeit seines Angesichtes"**. Im grie Text wird dieser Satz noch unmittelbar verständlich, weil das Wort für „Herrlichkeit = doxa" zunächst geradezu „Lichtglanz" bedeutet. Der „Lichtglanz" von der Begegnung mit Gott her lag auf Moses Angesicht nach 2 Mo 34, 29. 30 so stark, daß die Israeliten in dieses göttliche Strahlen nicht hineinzublicken wagten.

8 Aber Paulus fügt sofort hinzu: **„der doch wieder verging"**. Er will ja an der Würde des alten Bundes die überragende Größe des neuen Bundes klar machen, dem sein Aposteldienst gehört. So weist

[125] Die Gemeinde in Korinth kennt offenbar die Lehre des Paulus vom Gesetz, wie er sie besonders in Rö 7 von Korinth aus den Römern dargestellt hat. So kann sich Paulus an unserer Briefstelle mit kurzen Sätzen begnügen.

[126] Wie wenig wissen wir bei dem Wechselspiel unserer theologischen Ansichten und Meinungen noch, was „Gesetz Gottes" ist! Wie verwechseln wir es mit ethischen Anschauungen, die unsern jeweiligen Auffassungen ausgeliefert sind. Wie unfähig sind wir geworden, wirklich „Gesetz zu predigen". Wie schwer ist uns durch diese Entwertung des Alten Bundes der Zugang zu dem Neuen Bund im Kreuz und Blut des Sohnes Gottes gemacht. Der Apostel Paulus ist an dieser Entwertung nicht schuld!

er darauf hin, daß Moses Herrlichkeit keine bleibende, sondern eine vergehende war. Und nun beachten wir den Satzbau. Paulus hat den Dienst des Mose nicht einfach beschrieben, sondern seine Beschreibung zu einer Schlußfolgerung a minore ad majum, „vom Geringeren auf das Größere", benutzt. Wenn schon der Dienst des Todes mit Herrlichkeit angetan wurde, **„wie sollte nicht vielmehr der Dienst des Geistes in Herrlichkeit sein"**. Paulus setzt dabei dem „Dienst des Todes" auffallender Weise nicht den „Dienst des Lebens" entgegen. Er verdeutlicht sofort, um welches „Leben" es sich handelt: um das wahre, göttliche, „ewige Leben", wie es der Geist Gottes verleiht. Darum spricht Paulus vom **„Dienst des Geistes"**[127]. Dieser Dienst **„ist in Herrlichkeit"**. Das ist am Apostel freilich nicht wie bei Mose äußerlich sichtbar. Paulus ist — zum Kummer und zum Teil zur Entrüstung der Korinther — keine „glänzende Gestalt". Auf seinem Angesicht liegt kein „Lichtglanz", den man nicht anzusehen vermag. „Seine leibliche Gegenwart ist schwach und seine Rede verächtlich", sagte man von ihm in Korinth (10, 10). Nur im wahren Verständnis seines Dienstes als solchem ist diese **„Herrlichkeit"** zu finden. Erst in der Zukunft wird das „Schwergewicht an Herrlichkeit" (4, 17) vor aller Augen erscheinen. Jetzt haben die Korinther sich klar zu machen, daß der **„Dienst des Geistes"** seinem Wesen nach wichtiger, einzigartiger und darum „herrlicher" ist als ein **„Dienst des Todes"**.

Noch einmal setzt Paulus zu einem solchen Schluß an, der die un- 9
endlich überlegene Größe des neuen Dienstes sichtbar werden läßt über alles hinaus, was Mose mit seinem Dienst im Alten Bund wirken konnte. **„Denn wenn der Dienst der Verurteilung Herrlichkeit [ist], weit mehr fließt der Dienst der Gerechtigkeit über von Herrlichkeit."** Paulus erklärt seine vorige Aussage näher. Warum ist das Gesetz „Dienst des Todes"? Darum, weil es zuerst **„Dienst der Verurteilung"** ist. Der Mensch widerstrebt in seinem innersten Wesen und darum auch in seinen einzelnen Handlungen dem Willen Gottes. In keiner Weise fürchtet, liebt und vertraut er Gott über alle Dinge (1. Gebot). Sein ganzes Denken und Streben ist bestimmt von seinem eigenen Ich. Er übertritt ständig alle Gebote Gottes. Dagegen

[127] Paulus verwendet hier ständig das schlichte Wort „Diakonie = Dienst". Luthers Wiedergabe dieses Wortes mit „Amt" — auch in der LÜ beibehalten — hatte nicht nur ein geschichtliches Recht vom Sprachgebrauch der damaligen Zeit her, sondern hebt auch sachlich ein wichtiges Element heraus. Was Mose einerseits und die Diener des Neuen Bundes andererseits tun, ist nicht eine „Privatsache", sondern hat tatsächlich „amtlichen" Charakter, und dies von Gott her. Hinter diesem „Dienst" steht die höchste und unbedingte Autorität, die Macht Gottes selbst. Dagegen ist die Formulierung der LÜ „Amt, das den Geist gibt" eine etwas verengende Auslegung. Sicher vermittelt der Dienst des Neuen Bundes den Geist als seine große Gabe, aber dieser Dienst geschieht auch im Geist und ist selber vom Geist Gottes getragen und erfüllt.

wendet sich notwendig Gottes Gericht. Darum steht Mose als der große Ankläger vor Israel und vor der Welt[128]. Gottes Gesetz mit seinen klaren Forderungen und Verboten **„verurteilt"** unser Tun und Lassen, weil es dem allein guten Willen Gottes widerspricht. So wird der Dienst des Gesetzes zum **„Dienst der Verurteilung"**. Als solcher aber ist er ein unentbehrliches Stück der Offenbarung des heiligen Gottes. Gott selbst vollzieht durch das Gesetz diese Verurteilung, um darin seine Gerechtigkeit zu erweisen, „auf daß aller Mund verstopft werde und alle Welt vor Gott schuldig sei" (Rö 3, 19). Darum hat auch dieser Dienst seine göttliche Herrlichkeit[129].

Aber nun kann der Apostel auch hier, ja noch mächtiger als in den Versen 7 und 8, die weit größere Herrlichkeit des Neuen Bundes ins Licht stellen. Dieser Neue Bund **„fließt über von Herrlichkeit"**, wie Paulus mit einem gern von ihm gebrauchten Wort[130] schreibt. Denn dieser Bund tut einen Dienst, der nach dem „Dienst der Verurteilung" ein unbegreifliches Wunder ist: Er ist **„Dienst der Gerechtigkeit"**. Er gibt dem Menschen, gerade dem schuldigen, von Gottes Gesetz selbst verurteilten Menschen eine **„Gerechtigkeit"**, mit der er vor Gott bestehen kann. Wie das möglich ist, wie diese Gerechtigkeit für Verlorene, für Feinde Gottes zustande kommen kann, welcher Preis dafür von Gott selbst gezahlt werden mußte, darüber spricht Paulus jetzt nicht. Nur die wunderbare Tatsache stellt er vor uns hin: **„Der Dienst der Gerechtigkeit"**[131] ist da. Im Wirken der Apostel Jesu, dieser Diener des Neuen Bundes, kommt er zu den Menschen. Paulus muß nicht ausdrücklich versichern, daß ein solcher **„Dienst der Gerechtigkeit"** nicht gegen Gottes Gerechtigkeit verstoßen kann. In diesem Dienst tut vielmehr gerade Gottes erstaunliche Gerechtigkeit ihr wunderbares Werk. So wird es Paulus in seinem Brief an die Römer vielfältig, besonders an Stellen wie Rö 1, 17 und 3, 26 sagen.

10 Paulus steigert seine Aussagen nochmals in einem Satz, dessen Wortlaut in seiner Kürze schwierig, dessen Sinn aber eindeutig ist. **„Ja, es ist überhaupt nicht verherrlicht das Verherrlichte in dieser**

[128] Vgl. das Wort Jesu in Jo 5, 45. Gerade der fromme und moralische Mensch, der sich des Gesetzes rühmt, fällt unter die Anklage des Gesetzes. Paulus hat das in Rö 2, 17—24 dargelegt.

[129] Die Handschriften weichen hier voneinander ab. Der Nestle-Text formuliert, daß dieser Dienst „Herrlichkeit ist". Andere wertvolle Handschriften sagen, daß dem „Dienst" Herrlichkeit „eignet". Paulus würde dann in V. 7. 8. 9 einen deutlichen Unterschied zwischen den beiden Bünden auch darin machen, daß der Dienst des Evangeliums stärker von Herrlichkeit erfüllt und durchdrungen ist als der Dienst des Todes, dem die Herrlichkeit mehr von außen „angetan" wird.

[130] Rö 5, 15; 15, 13; 1 Ko 14, 12; 15, 58; 2 Ko 1, 5; 4, 15; 8, 7; 9, 8. 12; Phil 1, 9. 26; Kol 2, 7; 1 Th 3, 12.

[131] Die LÜ „Dienst, der die Gerechtigkeit predigt" ist zu schwach. Der Dienst des Neuen Bundes „predigt" nicht nur, sondern gibt wirksam die Gerechtigkeit, die vor Gott gilt.

Hinsicht (oder: das in diesem Teilmaß Verherrlichte) **wegen der überragenden Herrlichkeit [des Neuen Bundes]."** Paulus hat die Herrlichkeit des Alten Bundes und des Gesetzes gepriesen. Wenn man sie aber im vollen Licht der Herrlichkeit des Neuen Bundes und des Evangeliums ansieht, dann verblaßt ihr Glanz. Dann **„ist überhaupt nicht verherrlicht das Verherrlichte"**. Nur in einem solchen Widerspruch kann man von der Herrlichkeit des Alten Bundes reden. Der Zusatz **„in diesem Teil"** gehört entweder zu der Satzaussage und muß dann mit **„in dieser Hinsicht"** wiedergegeben werden. Oder er gehört unmittelbar zu dem Wort „das Verherrlichte" und kennzeichnet es als ein **„nur in diesem Teilmaß Verherrlichtes"**. An den Schluß des Satzes muß jedenfalls in Klammern eine Ergänzung gestellt werden, die angibt, wem die **„überragende Herrlichkeit"** zukommt. Sie eignet dem Neuen, was Gott in Christus schenkt, dem „Neuen Bund", dessen Diener Paulus ist. Sie ist so gewaltig, daß alle Herrlichkeit des Mose und des Sinaibundes, vor der jeder Israelit und Proselyt mit erschauernder Ehrfurcht stand, dagegen verschwindet. Noch einmal müssen wir dabei bedenken, daß an den Aposteln Jesu, an Petrus so wenig wie an Paulus, irgendwelche „Herrlichkeit" zu sehen war. Und im Zentrum dieses Neuen Bundes war seine Herrlichkeit gerade nur im Angesicht eines „Gekreuzigten" zu schauen[132], der von Gott und Menschen verlassen den Verbrechertod stirbt.

Der Schluß vom Geringeren auf das Größere wird noch einmal 11
gezogen, gestützt auf die Tatsache, daß der Lichtglanz auf Moses Angesicht „wieder verging" und dadurch den ganzen Alten Bund als etwas **„Vergehendes"** kennzeichnet, während der Neue Bund das **„Bleibende"** bis in die kommende Vollendung hinein ist. Paulus hat recht: **„Denn wenn das Vergehende durch Herrlichkeit [hindurchging], vielmehr [steht] das Bleibende in Herrlichkeit."** Paulus hat auch hier wieder in Hauptworten gesprochen und keine Verben hinzugesetzt. Wir müssen sie im Deutschen ergänzen und dabei den beiden unterschiedlichen Formulierungen **„durch Herrlichkeit"** und **„in Herrlichkeit"** gerecht werden. **„Durch Herrlichkeit"** weist auf das „Vergehende" hin, das durch Herrlichkeit nur **„hindurchging"**,

[132] Der Hebräerbrief hat in Kap. 12, 18—25 in anschaulichem Vergleich die beiden „Bünde" nebeneinander gestellt und in seiner Weise ebenfalls die „überragende Herrlichkeit" des Neuen Bundes dem Wolkendunkel, den Feuerflammen und den Posaunen des Sinai gegenüber festgestellt.

während **„in Herrlichkeit"** den festen, bleibenden Bestand[133] aussagt. Das Bleibende **„steht"** in Herrlichkeit. Der Apostel hat also das Verhältnis der beiden Bünde zur „Herrlichkeit" bis in die sprachlichen Formulierungen hinein bewußt unterschieden[134].

FOLGERUNGEN FÜR DEN DIENST DES NEUEN BUNDES

2. Korinther 3, 12–18

Zu Vers 13:
2 Mo 34, 33–35
Zu Vers 14:
Jes 6, 10
29, 11 f
Rö 11, 23. 26
Eph 2, 14 f
Apg 28, 27
Zu Vers 16:
Rö 11, 23–26
2 Mo 34, 34
Zu Vers 17:
Rö 8, 2
1 Ko 15, 45
Zu Vers 18:
2 Ko 4, 6
Rö 8, 29

12 **Im Besitz solcher Hoffnung treten wir mit voller Offenheit auf**
13 *** und [machen es] nicht wie Mose, [der] eine Hülle auf sein Ange-**
sicht legte, damit die Söhne Israels nicht ihren Blick hefteten auf
14 **das Ende des Vergehenden. * Aber verhärtet wurden ihre Gedan-**
ken. Denn bis auf den heutigen Tag bleibt dieselbe Hülle auf der
Verlesung des Alten Bundes und wird nicht aufgedeckt, weil sie
[nur] in Christus abgetan wird (oder: ohne daß sich dabei ent-
15 hüllt, daß er in Christus abgetan wird). *** Sondern bis heute liegt,**
16 **sooft Mose vorgelesen wird, eine Hülle auf ihrem Herzen. * So-**
bald es sich aber bekehrt zum Herrn, wird die Hülle weggenom-
17 **men. * Der Herr aber ist der Geist; wo aber der Geist des Herrn**
18 **[ist, da ist] Freiheit. * Wir aber alle, mit enthülltem Angesicht**
die Herrlichkeit des Herrn widerspiegelnd, werden in dasselbe
Bild umgestaltet von Herrlichkeit zu Herrlichkeit, demgemäß
wie vom Herren-Geist (oder: vom Geist des Herren) **her.**

12 Paulus hat in Kap. 3, 4–11 den sachlichen, inhaltlichen Unterschied zwischen dem Neuen und dem Alten Bund dargelegt und dabei die ganze, überragende Herrlichkeit im Wesen des Neuen Bundes hervorgehoben. Jetzt zeigt er den Korinthern, wie sich daraus bestimmte Folgerungen für den Dienst dieses Neuen Bundes ergeben. **„Im Besitz solcher Hoffnung treten wir mit voller Offenheit auf und [machen es] nicht wie Mose, [der] eine Hülle auf sein Angesicht legte, damit die Söhne Israels nicht ihren Blick hefteten auf das**

[133] Der Wille Gottes, der in seinen Geboten zum Ausdruck kommt, ist freilich auch von „bleibender" und ewiger Gültigkeit! Darum bleibt auch das Gesetz als „Dienst der Verurteilung und des Todes" in Kraft und wird im letzten Gericht über alle, die Gottes Versöhnung in Christus nicht annahmen, seine ganze Gültigkeit erweisen. Vergehend und vergangen ist nur der „Alte Bund", der auf die Erfüllung des Gesetzes durch den unmittelbaren Gehorsam von Menschen ausgerichtet war. Solche Gesetzeserfüllung als Weg des Heils und des Lebens ist an der menschlichen Sünde gescheitert. Darum mußte der „Alte Bund" als solcher „vergehen" und einem „Neuen Bund" Platz machen, wenn es Leben für uns geben sollte.

[134] Vgl. dazu Anm. Nr. 129.

Ende des Vergehenden." Den wunderbaren Vorzug des Neuen Bundes nennt Paulus jetzt eine **„Hoffnung"**. Ist das Abschwächung? Wir müssen zunächst daran denken, daß „elpís = Hoffnung" im NT nicht die subjektive Tätigkeit des Hoffens, sondern das objektive Hoffnungs g u t bezeichnet[135]. Paulus sagt ausdrücklich, daß er bereits „im Besitz" dieses Hoffnungsgutes ist. Auf der andern Seite machten wir uns schon klar, daß die „Herrlichkeit" des Neuen Bundes jetzt noch keineswegs sichtbar erstrahlt; sondern erst in der kommenden Welt ihren ganzen Glanz zeigen wird (Kap. 4, 17–18). Es wird in der gesamten Botschaft des Apostels, bis in die Rechtfertigungslehre hinein, überall deutlich, daß der gegenwärtige Besitz des Heils zugleich Hoffnungsgut der großen Zukunft ist[136].

Wenn Paulus den Hoffnungscharakter in der Herrlichkeit des Neuen Bundes hervorhebt, schränkt er die Gewißheit so wenig ein, daß er gerade an dieser Stelle die „parrhesia" seines ganzen Auftretens und seiner Verkündigung betont. „Parrhesia" meint entweder objektiv die „Freiheit", die „Offenheit" im Auftreten, die nichts verbirgt und versteckt, oder mehr subjektiv die innere „Freimütigkeit" und Zuversicht. Beides hängt eng miteinander zusammen; Paulus wird für seinen Dienst beides in Anspruch nehmen.

Und darin tritt wieder die ganze Überlegenheit des Neuen Bundes über den Alten Bund, die Überlegenheit des Paulus über Mose hervor, in scharfem Gegensatz zu den judaistischen und judenchristlichen Stimmen, die Mose hoch über den Apostel erheben. Paulus unterscheidet sich bewußt von Mose. **„Wir machen es nicht wie Mose."** 13
Mose konnte (und durfte vielleicht) diese „volle Offenheit" nicht haben. 2 Mo 34, 33. 35 wird berichtet, daß er „eine Hülle auf sein Angesicht legte". Warum tat er das? Die atst Stelle selbst sagt es nicht ausdrücklich. Aber nach 2 Mo 34, 30 konnte die Absicht Moses zunächst nur die sein, die Furcht der Israeliten vor dem erschreckenden Gotteslicht auf seinem Angesicht zu mildern. Paulus aber versteht es anders und tiefer. Die Erzählung in 2 Mo 34, 34. 35 deutet an, daß der Glanz auf Moses Angesicht bei jedem Umgang mit Gott erneuert wurde, dementsprechend also in der Zwischenzeit verging. Paulus sieht darin den vergänglichen Cha-

[135] Vgl. Kol 1, 5 und die Auslegung in der W. Stb. — Vgl. auch die entsprechenden Artikel im „Lexikon zur Bibel" und im „Theologischen Begriffslexikon".

[136] Besonders sehen wir das in Gal 5, 5: „Wir warten im Geist durch den Glauben auf die Gerechtigkeit, auf die man hoffen muß." Ebenso Rö 8, 23: Wir „haben" des Geistes Erstlingsgabe, aber wir „sehnen uns nach der Kindschaft und warten auf unseres Leibes Erlösung".

rakter des Mose-Dienstes und das Ende des Alten Bundes zeichenhaft ausgesprochen. Das aber sollten die Israeliten wenigsten jetzt noch nicht sehen. Darum legte Mose die Hülle auf sein Angesicht, „damit die Söhne Israels nicht ihren Blick hefteten auf das Ende des Vergehenden". Paulus wird schwerlich meinen, daß Mose eigenmächtig und aus persönlichen Gründen das Schwinden des Glanzes auf seinem Angesicht nicht sehen lassen wollte. Hinter dieser Handlung des Mose sah Paulus den Willen Gottes, der Israel jetzt noch nicht erkennen lassen wollte, daß der eben am Sinai geschlossene Bund nur ein vorläufiger und vorübergehender war. Israel mußte diesem Bund erst einmal vorbehaltlos zugewendet sein. Paulus spricht das aber in seinen kurzen Sätzen nicht aus. Ihm ist jetzt allein die Tatsache dieser „Hülle" auf Moses Angesicht bedeutsam. Diese seine Auslegung der atst Erzählung in V. 13 steht in einer eigentümlichen Spannung zu dem, was er in V. 7 schrieb, und zeigt unter Verwendung der gleichen Worte einen ganz andern Sinn des Vorganges. In beiden Versen geht es um „das Heften des Blickes auf das Angesicht Moses". Nach V. 7 war dieser Blick den Israeliten nicht möglich, weil das Angesicht Moses zu erschreckend strahlte. Aber indem Mose sein Angesicht verhüllte, trat eine ganz andere Wirkung ein: Nun konnte der Blick Israels nicht wahrnehmen, wie der Glanz auf Moses Angesicht ein vergehender war und dadurch auch den Dienst von Mose selbst als einen solchen kennzeichnete, der sein Ende finden soll. Die „Hülle" auf Moses Antlitz unterstreicht im Unterschied zu der Aussage in V. 7 jetzt nicht die Größe des Glanzes seiner Herrlichkeit, sondern weist in eigentümlicher Art auf die Vergänglichkeit dieses Glanzes hin.

So hat es Mose damals vor vielen Jahrhunderten gemacht. Inwiefern hat das Bedeutung und Auswirkung nach Moses Tod in der weiteren Geschichte Israels? Wie verwirklicht sich dort das, was Mose mit der Verhüllung seines Angesichtes zeichenhaft sagen wollte? Der Fortgang der Ausführungen des Apostels zeigt, wie er die „Hülle" von Moses Angesicht gleichsam auf das Herz Israels hinüberwandern und sich dadurch auch auf das AT legen sieht. Paulus sagt das zu-
14 nächst in einem ganz kurzen Satz: **„Aber verhärtet wurden ihre Gedanken."** Das liegt als Tatsache vor aller Augen in den Klagen Gottes durch die Propheten (1 Sam 6, 6; Jes 6, 10; Jer 5, 6; Hes 2, 4; Sach 7, 11 und andere Stellen). Israel selbst kann es nicht leugnen[137]. In dieser „Härte" kann Israel nicht wirklich hören und sich nicht in

[137] Jesus sieht auch bei seinen Jüngern das „erstarrte Herz", das nicht „vernehmen" und „verstehen" kann (Mk 6, 52; 8, 17).

Buße beugen[138]. Gottes Reden bleibt vergeblich. Dadurch liegt bis in die Gegenwart hinein eine „Hülle" über dem, was Gott mit seinem Reden und Handeln im Alten Bund gewollt hat. **„Denn bis auf den heutigen Tag bleibt dieselbe Hülle auf der Verlesung des Alten Bundes und wird nicht aufgedeckt, weil sie [nur] in Christus abgetan wird** (oder: ohne daß sich dabei enthüllt, daß er in Christus abgetan wird)." Daß es so ist, ist Schuld derer, die das harte und verständnislose Herz haben. Aber indem Paulus diese Hülle vorgebildet sieht in der Decke, die Mose auf sein Angesicht legte, versteht er die eigentümliche „Verhärtung" Israels tiefer in einer heilsgeschichtlichen Sicht. Was ist denn den verhärteten Herzen „verhüllt", auch wenn Israel immer wieder die **„Verlesung des Alten Bundes"** hört[139]? Die zweite Satzhälfte, mit der Paulus diese Frage beantwortet, kann sprachlich verschieden aufgefaßt und übersetzt werden. Der Apostel kann bei einer allgemeinen Aussage über die Verhülltheit des AT stehen bleiben und betonen, daß diese **„Hülle"** nur und erst **„in Christus"** beseitigt wird. Gegen diese Fassung des Satzes erheben sich aber mancherlei sprachliche und grammatische Bedenken[140]. So wird ein bestimmteres, das Objekt der „Verhüllung" näher bezeichnendes Verständnis des Satzes vorzuziehen sein. Es bleibt Israel „verhüllt", daß der Alte Bund als solcher etwas „Vergehendes" (V. 7. 11. 13) ist[141], was in Christus abgetan wird. Schon Josua hatte es dem Volk vorgehalten: „Ihr könnt dem Herrn nicht dienen, denn er ist ein heiliger Gott, ein eifernder Gott, der eure Übertretungen und Sünden nicht vergeben wird" (Jos 24, 19). Ein beunruhigendes Geheimnis lag über dem Sinai-Bund. Er wies den Weg zum Leben, den Israel doch nicht zu gehen vermochte. Es sollte sich Israel mehr und mehr „enthüllt" haben, daß es auf dem Wege des „Gesetzes" nicht zum Leben, sondern zur Verurteilung und zum Tode kam. Das Verlangen nach einem ganz neuen, rettenden und erlösenden Handeln Gottes hätte aufbrechen müssen. Aber das ist nicht geschehen. Das

[138] Paulus hat die „Verhärtung" Israels nicht psychologisch erläutert, sondern nur als geschichtliche Tatsache festgestellt. Es ist aber beachtlich, wie gerade moderne Psychologie uns solche „Verhärtung" unter dem „Gesetz" aufzeigt. Das „Gesetz" erzeugt Schuldgefühl; aber dieses Schuldgefühl wird von uns „verdrängt". „Diese Verdrängung des Schuldgefühls aber führt zu einer Verhärtung des Herzens: Weil wir in unserer konventionellen Pflicht gefangen sind, sehen wir nicht mehr, was Gott von uns erwartet." — Tournier „Echtes und falsches Schuldgefühl", Zürich/Stuttgart 1959 S. 79.

[139] Da es zum Wesen des Alten Bundes gehört, „in Buchstaben geschrieben" zu sein, kann der Alte Bund „vorgelesen" werden. Paulus denkt dabei an die Tatsache, daß die „Thora", die 5 Bücher Mose, in einem dreijährigen Zyklus in den Synagogen zur Verlesung kommt. Immer wieder hört Israel auf diese Weise das Gesetz. Vgl. Apg 15, 21.

[140] Der in der grie Sprache geübte Leser sei auf die Ausführungen Bachmanns a. a. O. S. 168 hingewiesen.

[141] Vgl. die Anm. Nr. 133.

in allen Synagogen ständig verlesene AT bleibt bei aller Bekanntschaft mit ihm doch „verhüllt" und wird weiter als Weg zum Leben durch eigene Gesetzeserfüllung mißverstanden.

15/16 Eine von Gott selbst bis zur Christus-Zeit gewollte „Verhüllung" und eine schuldhafte „Verhärtung" Israels wirken hier zusammen, wie ja immer und überall Gottes Wirken und menschliche Freiheit in einer für uns nicht durchschaubaren, geheimnisvollen Weise ineinander greifen. Aber nun ist in Jesus der Christus gekommen, und der Neue Bund ist da. Jetzt mußte Israel doch klar erkennen, was bisher noch „verhüllt" war. Aber Paulus und die anderen Boten Jesu, auch ein gesetzestreuer Mann wie Jakobus, stehen vor der Tatsache, daß Israel als Ganzes nicht hört und nicht zum Glauben an Jesus kommt. Eigene Schuld und Gottes Leitung der Geschichte wirken auch jetzt wieder zusammen. „Blindheit ist Israel zum Teil widerfahren solange, bis die Vollzahl der Heiden eingegangen ist" (Rö 11, 25). So bleibt auch die „Hülle" über dem AT liegen: **„Sondern bis heute liegt, sooft Mose vorgelesen wird, eine Hülle auf ihrem Herzen."** Der Apostel ändert hier notwendig und bezeichnend die Formulierung. Nicht eigentlich auf Mose und dem Alten Bund liegt jetzt die Hülle. Gott selber hat sie dort fortgenommen in der Sendung seines Sohnes. Aber sie liegt auf dem Herzen Israels. Darum hilft alle Lesung der Schrift nichts. Kein eifriges Bibelstudium kann daran etwas ändern[142]. Allein die Bekehrung zu Jesus schafft den freien Blick für die wahre Erkenntnis des Alten Bundes. Wer in Jesus das Leben fand, muß nicht mehr stolz oder verzweifelt versuchen, im Gesetz das Lebenswort und den Lebensweg zu finden. Er kann erkennen und anerkennen, daß das Gesetz uns nicht zu frommen und Gott wohlgefälligen Menschen macht, sondern zu Verfluchten vor Gott (Gal 3, 10). Jesu Sterben am Fluchholz als unser Stellvertreter bekundet das von Gott her mit feierlichem Ernst. Der Alte Bund wird in seiner Herrlichkeit als Dienst der Verurteilung und des Todes bestätigt. Aber er wird in dem Sterben Jesu zugleich erfüllt und aufgehoben und durch den Neuen Bund ersetzt, in welchem jeder, der sich zu Jesus bekehrt, Gerechtigkeit, Heil und Leben findet[143].

[142] Vgl. dazu Jo 5, 39 f; 45–47 und das ganze Ringen Jesu um Israel nach der Darstellung des Johannes bis zu dem Abschluß in Jo 12, 36–41.

[143] Das alles sind entscheidende Ansichten auch für unsern Umgang mit dem AT und für unsere Gespräche mit allen, die noch irgendwie im „Gesetz" das Heil suchen. Wir ehren dankbar alles, was atst Forschung sprachlich und geschichtlich entdeckt hat, aber das wirkliche Verständnis des AT finden nur die Forscher, die zu Jesus bekehrt sind. Mag umgekehrt der an Jesus glaubende, schlichte Bibelleser viele Einzelheiten in den atst Büchern mißverstehen, was diese Schriften von Gott her eigentlich sagen wollen, das erfaßt er klar und richtig!

Auch Israel wird dieses alles finden, „sobald es sich zum Herrn bekehrt"; dann wird „die Hülle weggenommen". Israel erkennt und versteht zugleich Jesus und das AT mit Staunen und Dank. So hat es der Apostel an sich selbst und an manchen Juden erlebt. Es liegt hier eine eigentümliche Dialektik vor. Weil Israel nicht wahrhaft auf Mose hört, erkennt es Jesus nicht und bekehrt sich nicht zu ihm; aber weil es sich nicht zu Jesus bekehrt, kann es Mose nicht wirklich hören und verstehen. Der Durchbruch aus dieser Dialektik, die Israel in der Not des Unglaubens festhält, ist ein Wunder der Gnade Gottes. Dies Wunder geschieht jetzt nur in einzelnen Israeliten. Aber Paulus weiß, daß einmal Israel als ganzes erfahren wird, was er selbst vor Damaskus erlebte. Alle seine Aussagen über das Verhülltsein des AT und die Wegnahme der Hülle bei der Bekehrung zu Jesus sind für Paulus eigenste Erfahrung seines Lebens, auch wenn er hier nicht biographisch davon redet. So wurde Saul von Tarsus selber aus einem verblendeten Schriftgelehrten ein glaubender Jünger und Bote Jesu und las dadurch sein AT ganz neu. Das zeigen uns seine vielfältigen Berufungen auf die Schrift und seine atst Zitate.

Aber es erhebt sich an dieser Stelle sogleich eine Frage, deren dringenden Ernst Paulus spürt. Wenn unser Leben nicht mehr vom Gesetz bestimmt und geleitet wird, ist es dann nicht der Willkür und einer falschen Freiheit ausgeliefert? Wie kann man überhaupt das Leben ordnen und gestalten ohne Gesetz? Wie kann man ohne Gesetz so leben, daß unser Leben dem Willen Gottes entspricht[144]? Hier erweist sich der Neue Bund als ganz neuer Weg. Nicht umsonst hat Paulus den Neuen Bund sogleich in V. 6 den „Dienst des Geistes" genannt. Wie dieser „Dienst des Geistes" unser Leben erneuert und ihm die göttliche Gestalt gibt, das zeigt der Apostel in den mächtigen Aussagen der letzten Verse unseres Abschnittes, die den Korinthern und auch uns die „überragende Herrlichkeit" des Neuen Bundes abschließend vor Augen stellen.

Grundlage und Mitte des Neuen Bundes ist Christus. Wie aber 17
verhält sich „**Christus**" zu dem „**Geist**"? Paulus macht darüber eine überraschende Aussage: „**Der Herr aber ist der Geist; wo aber der Geist des Herrn [ist, da ist] Freiheit.**" Diese Aussage über Jesus kann nicht einfach ein Gleichheitszeichen zwischen „Jesus" und „Geist" setzen wollen. Denn es ist im nächsten Augenblick von „**dem Geist des Herrn**" die Rede, wodurch der Geist als „Besitz" des Herrn bezeichnet ist. Allerdings besitzt der Herr den Geist nicht als eine bloße „Auswirkung" zum Dienst, als eine unpersönliche „Kraft". Dazu ist

[144] Das ist die große Frage, die sich angesichts der „Rechtfertigung allein durch den Glauben" unausweichlich stellt. Das 6. Kap. des Römerbriefes geht von dieser Frage aus und gibt ihr die Antwort. Vgl. die Auslegung von Rö 6 in der W. Stb.

der Geist Gottes zu groß und sein Verhältnis zu Jesus zu personal[145]. Wir sehen, wie ein Paulus das Geheimnis der heiligen Dreieinigkeit zwar nicht dogmatisch lehrt, aber tief kennt und bezeugt. So wie der Geist allein Jesus verherrlicht und alles aus Jesus nimmt (Jo 16, 14)[146], so lebt und wirkt umgekehrt Jesus allein im Heiligen Geist. Jesus und der Geist sind dabei nicht voneinander zu trennen. So meint Paulus die Aussage: **„Der Herr ist Geist[147].“** Darum verleiht die Bekehrung zu Jesus zugleich den Heiligen Geist. Wo Jesus der Herr wird, macht der Geist Wohnung im Menschen[148]; und im Heiligen Geist „wohnt“ wiederum Jesus in unserem Herzen (Jo 14, 23; Eph 3, 17). Darum ist Paulus als Bote Jesu weit über Mose erhöht, der nur „den Buchstaben“, das in Stein geschriebene und den Tod bringende Gesetz, zur Verfügung hatte. Darum ist auch das, was Jesus wirkt und verleiht, etwas völlig anderes als das, was durch Moses Wirken erschreckend sichtbar in Israel entstanden ist. Unter dem Gesetz ist man ein „Sklave“ (Gal 4, 1 f); man lebt in der ständigen, ängstlichen Scheu vor Gesetzesübertretung und Versündigung[149]. Es ist auch nicht zufällig, daß gerade in den strengen Kreisen Israels die „Heuchelei“ entstand, das Gegenteil der freien Offenheit und Sonnendurchsichtigkeit, die Paulus mit Freude rühmen kann. Er kann das, weil gerade er, der ehemalige Pharisäer, die wunderbare Befreiung durch Jesus und den Heiligen Geist erfahren hat. So weiß er: **„Wo aber der Geist des Herrn [ist, da ist] Freiheit.“** Es ist die „Freiheit“ von den Zwängen der Ichhaftigkeit und dem Kreisen um das eigene Ich. Es ist die Freiheit zum Lieben. Die Liebe erfüllt das Gesetz (Rö 13, 10; Gal 5, 14), aber nicht mehr in Leistungen, die sie sich unter dem Druck des

145 Im Zeugnis des NT erscheint der Geist Gottes deutlich als „Person“. Er leitet, er lehrt, er erinnert (Jo 14, 26; 16, 13). Er verherrlicht Jesus und schöpft dabei aus Jesu Eigentum (Jo 16, 14). Man kann ihn anlügen (Apg 5, 3. 9), man kann ihn betrüben (Eph 4, 30). Er spricht und gibt Anweisungen (Apg 13, 2), er hindert Paulus bei der Durchführung eigener Missionspläne (Apg 16, 6), er setzt Menschen zu bestimmten Diensten ein (Apg 20, 28). Er „wohnt“ in den Glaubenden (Rö 8, 9; 1 Ko 3, 16). In allem handelt der Geist personhaft. Die Gemeinde Jesu hatte recht, den Geist lehrhaft als „die dritte Person der Trinität“ zu bezeichnen.

146 Es ist darum irreführend und gefährlich, wenn der „Geist“ in falscher Weise verselbständigt und in seinem Wirken über Jesus erhöht wird. Der Geist führt nicht über Jesus empor zu neuen, eigenen Höhen. Darum gibt es auch nicht über dem „schlichten Glaubensstand“ in Jesus ein „Geistchristentum“ höherer Art. Und darum kennt das NT auch kein Gebet zum Heiligen Geist, sondern nur das Beten im Heiligen Geist (Ju 20).

147 Eine sprachlich und inhaltlich parallele Stelle finden wir in 1 Ko 15, 45. Es ist zugleich zu beachten, wie auch an andern Stellen Christus und der Geist als Subjekt gleicher Wirkungen erscheinen: Gal 4, 4—6; Rö 8, 9—11; 1 Ko 6, 11; 6, 17; 12, 12 f.

148 So lehrt es Petrus am Pfingsttage: Apg 2, 38, so zeigt es Paulus den Ephesern (Eph 1, 13). Darum sind die Apostel überall davon überzeugt, daß Menschen „in Christus“ zugleich den Heiligen Geist haben: Rö 9, 9—11. 15. 16. 23; 1 Ko 3, 16; 6, 19; 1 Jo 2, 27 u. a. Stellen.

149 Auch an die „Sklaverei der Todesfurcht“ (Hbr 2, 16) ist hier zu denken.

Gesetzes abquält, sondern in Freiheit und Freude. Sie ist darin das völlige Gegenteil zu einem Leben unter dem Gesetz, obwohl in ihr gerade zur Erfüllung kommt, was Gott in seinen Geboten wahrhaft gemeint hat. Dieses Lieben ist „Frucht des Geistes" und in der Schilderung Gal 5, 22 nicht zufällig sofort mit „Freude" und „Friede" verbunden[150].

Läßt sich das als Wirklichkeit zeigen? Und wie sieht ein Leben in 18
dieser „Freiheit" konkret aus? Paulus antwortet: **„Wir aber alle, mit enthülltem Angesicht die Herrlichkeit des Herrn widerspiegelnd, werden in dasselbe Bild umgestaltet von Herrlichkeit zu Herrlichkeit, demgemäß wie vom Herren-Geist** (oder: vom Geist des Herren) **her."** In diesem Satz ist sofort das betont hervorgehobene **„wir"** mit dem hinzugefügten **„alle"** besonders zu beachten. Diese „wir" sind die Glieder des Neuen Bundes, die jetzt Mose und Israel entgegengestellt werden. Gegenüber den bedrohlichen Strömungen in Korinth und an andern Orten heißt das sofort: Sollen **„wir"** das vollkommene Christsein, das die neuen Lehrer verheißen, ausgerechnet dadurch gewinnen, daß wir zu Mose, zum Gesetz, zur Unfreiheit, zur Verhüllung zurückkehren? Nein, **„wir"** besitzen etwas ganz anderes! Und zwar **„wir alle"**! Im Alten Bund lag ein Glanz von Herrlichkeit allein auf Mose, vor dem die „Gemeinde" Israels nur erschrak. Jetzt aber hat die „Gemeinde Gottes" mit ihren Aposteln und Mitarbeitern zusammen den vollen Anteil an der Herrlichkeit des Neuen Bundes. Es ist in der neutestamentlichen Gemeinde also nicht wie in Israel[151], aber auch nicht wie in den Mysterien-Religionen der hellenistischen Umwelt, wo nur ein kleiner Kreis besonders erlesener Menschen zur Schau der Gottheit gelangt und die lebenspendende Wirkung erfährt. **„Wir alle"**, diese ganze Gemeinde meist einfacher und in der Welt nicht viel bedeutender Menschen (1 Ko 1, 20 ff), hat Teil an der Herrlichkeit, die Paulus jetzt beschreibt.

Von diesen „wir" sagte der Apostel, daß wir **„mit enthülltem Angesicht die Herrlichkeit des Herrn widerspiegeln**[152]**"**. Auch von Mose ging ein Abglanz göttlicher Herrlichkeit durch seinen Umgang mit Gott aus. Aber Mose mußte diesen Glanz verhüllen, und für Israel

[150] Luther hat eine seiner schönsten Schriften dem Thema der „Freiheit eines Christenmenschen" gewidmet. Luther hat erkannt, daß das Kennzeichen des wahrhaft guten Werkes die „hilaritas", die Fröhlichkeit ist, mit der es in Freiheit getan wird.

[151] Kennzeichnend ist Jo 7, 49. Das „Volk des Landes" „weiß nichts vom Gesetz" und ist darum von den „Pharisäern und Schriftgelehrten" verachtet und „verflucht".

[152] Das Wort „katoptrizomai" nur an dieser Stelle im NT vorkommend, heißt zunächst „einen Spiegel benutzen" oder „eine Spiegelung bilden". Die mediale Form bringt eine Rückbeziehung auf das handelnde Subjekt hinein. Die grie Ausleger verstanden es als „Abspiegeln" (wie Silber die Strahlen der Sonne). Der Gebrauch des Wortes an unserer Stelle muß sich aus dem ganzen Satz mit seinen näheren Bestimmungen ergeben.

bleibt er vollends verhüllt und verdunkelt. Die Gemeinde Jesu aber ist gekennzeichnet durch die „parrhesia"; mit **„unverhülltem Angesicht"** steht sie frei vor dem Herrn und spiegelt so die Herrlichkeit des Herrn wider. Das Bild des „Spiegels" ist also hier völlig anders verwendet, als in 1 Ko 13, 12. Es geht nicht um unser Erkennen des Herrn, das im jetzigen Äon nur unvollkommen wie in einem Metallspiegel erfolgen kann. Es geht um das „Widerspiegeln", das Ausstrahlen des Lichtes, das der Spiegel aufgenommen hat und zurückwirft. An uns ist göttliches Leben und Lieben zu sehen, das aber nicht aus uns selber stammt und nicht durch eigene Bemühungen unter dem Gesetz von uns hervorgebracht wird. Das ergäbe immer nur „Heuchelei". Es ist der zurückgestrahlte Glanz des Lichtes, das vom Herrn her auf uns fällt[153]. Aber Paulus überschreitet die Grenze des Bildes und mutet dem „Spiegel" etwas zu, was er als solcher gar nicht leisten kann: Die Verwandlung in das Bild, das er widerspiegelt. Der Glanz der Herrlichkeit bei uns ist nicht nur ein bleibender und dauernder, im Gegensatz zu dem vergehenden Licht auf Moses Angesicht. Nein, diese Dauer führt zu einer tiefen Einwirkung auf uns, die Empfänger und Träger des Glanzes. Das Hinschauen auf Jesus, wobei wir wie ein Spiegel sein Bild aufnehmen, gestaltet uns um **„in dasselbe Bild"**, eben in das Bild, das wir aufnehmen, und damit in das Bild des Herrn selbst. Das große Ziel Gottes, das er in der Schöpfung des Menschen zu seinem Bilde, zum Bilde Gottes (1 Mo 1, 27), festgesetzt hatte und das vom Sündenfall durchkreuzt war, wird in dieser „Umgestaltung in dasselbe Bild" neu aufgenommen. Diese „Umgestaltung" geschieht nicht mit einem Mal bei unserer Bekehrung und Wiedergeburt. Dort erhalten wir „die Gerechtigkeit, die vor Gott gilt". Dort werden wir voll und ganz „Kinder Gottes" (Jo 1, 12; 1 Jo 3, 1. 2; Rö 8, 15 f). Aber unsere tatsächliche Umwandlung in das Bild Jesu geschieht **„von Herrlichkeit zu Herrlichkeit[154]"** oder „aus Herrlichkeit in Herrlichkeit", also in einer unaufhaltsamen und uner-

153 Damit das in unserm Leben Wirklichkeit wird, bedürfen wir der Stille und Sammlung, in der wir mit aufgedecktem Angesicht die Herrlichkeit des Herrn in uns aufnehmen. Hier liegt die Unentbehrlichkeit ausreichender „Stiller Zeit". Das Wort des Apostels gibt unserer „Andacht" die entscheidende Richtung. Die Herrlichkeit Jesu haben wir im Wort der Schrift zu finden und ihr unser offenes Angesicht zuzuwenden. Aber auch mitten im Getriebe des Alltags dürfen wir Augenblicke des widerspiegelnden „Wegblickens auf Jesus" haben.

154 Wir dürfen dabei nicht vergessen, daß nach Kap. 4, 6 die „Herrlichkeit Gottes" gerade „in dem Angesicht Jesu Christi", also in dem Angesicht des Geschmähten, Angespieenen, am Kreuz Sterbenden zu sehen ist. Jesus selbst sah seine „Erhöhung" in seiner Kreuzigung (Jo 12, 22; 17, 1). So ist auch unsere „Umgestaltung von Herrlichkeit zu Herrlichkeit" unsere Verwandlung in das „Lammesbild", fort von aller ichhaften „Herrlichkeit" und „Größe"! In der Fähigkeit zum leidenden und liebenden Gehorsam wird echte Herrlichkeit nach „demselben Bild" an uns sichtbar.

schöpflichen Bewegung, die in die kommende Vollendung hineinführt[155].

Im Gesetz wird uns freilich auch schon gezeigt, wie der Mensch nach Gottes Willen sein sollte. Glanz Gottes lag darum auch auf Mose, der diese Forderung Gottes zu uns brachte. Aber als „Forderung" hilft uns die Kenntnis des göttlichen Willens nichts. Im Gegenteil, als „Forderung" verurteilt sie uns und überliefert uns dem Tode. Jetzt aber ist es anders. Jetzt ist **„der Herr"** da, der **„der Geist ist"** und im Geist die Schrift Gottes in unser Herz schreibt und das Bild Gottes in uns einprägt. Darum setzt Paulus seiner Schilderung unserer Umwandlung in das Christusbild von Herrlichkeit zu Herrlichkeit einen kurzen Satz hinzu, den wir etwas ausführlicher so wiedergeben können: „Ihr versteht recht: das geschieht von dem Herrn her, der als Geist in euch zu wirken vermag." Der Text lautet in der kurzen Knappheit des Urtextes: **„demgemäß wie vom Herren-Geist her"**. Dabei können im grie Satz die beiden Genitive als voneinander abhängig gemeint sein; Jesus würde dann **„der Herr des Geistes"** genannt. Wahrscheinlich aber stehen sie gleichgeordnet nebeneinander und erläutern sich gegenseitig. Es handelt sich um den **„Herrn"**, der nicht in der Höhe fern über uns bleibt, sondern der im Heiligen Geist in uns zu wohnen und zu wirken vermag. Und es handelt sich umgekehrt um den **„Geist"**, der nichts Unbekanntes und Fremdes ist, sondern der allein den **„Herrn"** verherrlicht, alles aus dem Herrn schöpft. So ist der Geist der „Geist des Herrn", der „Christusgeist" (Rö 8, 9; 1 Ko 2, 16). Und Jesus ist der „Herr im Geist", der uns durch den Geist in sein Bild umgestaltet. So leben die Glieder der Gemeinde Jesu „ohne Gesetz" und gewinnen dennoch göttliches Leben in Wahrheit und Kraft und erreichen „ohne Gesetz" das eigentliche Ziel des Gesetzes.

Es wird in diesen Aussagen erneut der totale Unterschied zu allem Leben unter dem „Gesetz" deutlich. Nicht wir heiligen uns selbst. Nicht wir suchen nach bestimmten Regeln und Gesetzen das Bild Gottes in uns herzustellen. Paulus gebraucht betont das Passiv: **„Wir werden umgestaltet."** Der eigentlich Handelnde dabei ist der Herr, der der Geist ist[156].

[155] Das ist ntst „Heiligung". Hier wird es wachstümlich wahr: „Ihr sollt heilig sein, denn ich bin heilig" (1 Pt 1, 15 f). Hier verwirklicht sich das Wort Jesu im Hohenpriesterlichen Gebet: „Ich heilige mich selbst für sie, auf daß auch sie geheiligt seien in der Wahrheit" (Jo 17, 19). Darum konnte in Hbr 10, 10 bezeugt werden: „In diesem Willen sind wir geheiligt ein für allemal durch das Opfer des Leibes Jesu Christi."

[156] Die Bibel kann darum Gott mit dem Künstler vergleichen, der in ein Stück Ton ein Bild hineinformt: Rö 9, 21; Jer 18, 1—6; Jes 45, 9; 64, 7.

Dieses Handeln Gottes an uns führt schon jetzt **„von Herrlichkeit zu Herrlichkeit"**. Es hat aber seine harte Grenze an unserm Leib, der jetzt noch tot ist und bleibt (Rö 8, 10). Aber es kommt bei der Parusie des Herrn auch die Umwandlung unseres jetzigen „Leibes der Niedrigkeit" in die Gleichgestaltung mit seinem „Leibe der Herrlichkeit" (Phil 3, 21). Dann ist die große Verordnung Gottes erfüllt, daß wir „gleich sein sollen dem Ebenbilde seines Sohnes, auf das derselbe der Erstgeborene sei unter vielen Brüdern" (Rö 8, 29). „Wir wissen aber, wenn es erscheinen wird, daß wir ihm gleich sein werden ..." (1 Jo 3, 2). Mit völliger Zuversicht und voller Offenheit darf Paulus seinen Dienst tun. Das wird Paulus im folgenden noch weiter ausführen.

Exkurs: ALTER UND NEUER BUND

Die „Rechtfertigungsbotschaft" steht im Mittelpunkt alles Denkens und Lehrens des Apostels Paulus. Es ist wichtig, daß Paulus das „verhärtete Herz" Israels seinerseits aus eigener Erfahrung kannte. Er hat das Gesetz keineswegs unmittelbar als „Dienst der Verurteilung und des Todes" erlebt! Rö 7, 14 ff ist nicht Selbstbiographie. Wie er selber sein Leben in seiner pharisäischen Zeit empfand, sagt er in Phil 3, 6: „Nach der Gerechtigkeit im Gesetz gewesen unsträflich." Sein Weg ist also ein ganz anderer als der Martin Luthers. Wenn Paulus in unserm Abschnitt versichert, erst durch die Bekehrung zu Christus werde die Hülle über dem Alten Bund abgetan, so entspricht das genau seiner Erfahrung. Auf dem Weg nach Damaskus mußte Paulus als unausweichliche Wirklichkeit erkennen, der von Israel verworfene und an das Fluchholz ausgelieferte ist der Auferstandene, ist der „Kyrios" und der Messias Israels! Paulus mußte sich vor ihm beugen und sich ihm ausliefern. Aber da brach die Frage auf: Warum wurde „der Herr der Herrlichkeit" (1 Ko 2, 8) zu dem, der von Gott preisgegeben am Kreuz starb? Die Jünger Jesu sagten, „daß Christus gestorben ist für unsere Sünden nach der Schrift" (1 Ko 15, 3). War denn nun auch er, der strenge Pharisäer Saulus, der „unsträfliche" Gerechte, ein „Sünder", für den der Sohn Gottes sterben mußte? Jetzt ging Paulus der volle und tödliche Ernst des Gesetzes auf. „Die mit des Gesetzes Werken umgehen, die sind unter dem Fluch" (Gal 3, 10). Er erfaßte das Gesetz als „geistliche Größe" (Rö 7, 14): Es fordert in allen seinen Geboten die Liebe und wird nur durch die Liebe erfüllt (Rö 13, 8—10; Gal 5, 14). Auch die genaueste Befolgung aller Vorschriften des Gesetzes um der eigenen Gerechtigkeit willen (Rö 10, 3) ist gerade nicht „Liebe". Der Eifer für Gott in der Verfolgung der Gemeinde Jesu enthüllt sich als Feindschaft gegen Gott. Der gerechte

Pharisäer Saul von Tarsus war in Wahrheit ein „Kind des Zornes von Natur" (Eph 2, 3), ein Verfluchter vor Gottes heiligem Gesetz. Nun fiel die Hülle vom Alten Bund und dem Gesetz. Seine erschrekkende Herrlichkeit als „Dienst der Verurteilung und des Todes" wurde sichtbar. Aber zugleich wurde der am Fluchholz Sterbende als der von Gott selbst geschenkte Erretter offenbar. Die Herrlichkeit Gottes im Neuen Bund strahlte in dem Angesicht Jesu Christi (2 Ko 4, 6), in dem Angesicht des Gekreuzigten. Das befreiende Evangelium war das „Wort vom Kreuz", und Paulus war entschlossen, nichts anderes mehr zu wissen als allein Jesus Christus und ihn als Gekreuzigten (1 Ko 1, 18; 2, 2). Es ist das Wort von der „Gerechtigkeit Gottes", die dem Glauben als freies Geschenk der unbegreiflichen Liebe Gottes zuteil wird (Rö 1, 17).

Wir haben aber zu beachten, daß Paulus in unserm Kapitel dem Gesetz und seinem Todesurteil nicht die Botschaft von der rettenden Kraft Gottes im Kreuz seines Sohnes entgegenstellt, sondern das Zeugnis vom Wirken des Geistes, der das neue Leben in Freiheit schafft. Im „Dienst des Geistes" sah der Apostel die überragende Herrlichkeit des Neuen Bundes, während das „Gesetz" nicht „lebendig machen" (Gal 3, 21), sondern nur „töten" kann. Paulus hat auch in Rö 8 gesagt, daß „das Gesetz des Geistes des Lebens mich frei gemacht hat vom Gesetz der Sünde und des Todes". Aber im Römerbrief war das „Wort vom Kreuz" in Kap. 3 und Kap. 5 bereits vorhergegangen. In unserm Brief folgt die mächtige Darlegung über die Versöhnung der Welt mit Gott erst in Kap. 5, 14–21 nach. Aber stets gehört in die Verkündigung des Apostels das Dreifache zusammen: das Todesurteil Gottes über uns alle von seinem Gesetz aus, die Rettung durch den Glauben an den für uns zum Fluch gewordenen Gottessohn und das erneuernde Wirken des Leben schaffenden Geistes. Nur in diesem dreifachen Zeugnis ist die Rechtfertigungsbotschaft in ihrer Ganzheit und Wirkungsmacht da.

DIE BEWÄHRUNG DES APOSTEL-DIENSTES

2. Korinther 4, 1–6

1 **Deswegen, weil wir diesen Dienst haben, wie uns Barmherzigkeit**
2 **widerfahren ist, werden wir nicht müde** (oder: mutlos), *** sondern**
haben uns von aller schändlichen Heimlichtuerei losgesagt, indem
wir nicht in Verschlagenheit wandeln und auch nicht das Wort
Gottes verfälschen, sondern mit der offenen Verkündigung der
Wahrheit bei uns selbst bei jedem Gewissen von Menschen emp-

Zu Vers 1:
2 Ko 3, 6
1 Ko 7, 25
1 Tim 1, 13. 16
Zu Vers 2:
2 Ko 2, 17
5, 11
1 Th 2, 5

Zu Vers 3:
2 Ko 2, 15 f
1 Ko 1, 18
Zu Vers 4:
Jo 12, 31
Eph 2, 2
Kol 1, 15
Hbr 1, 3
Zu Vers 5:
2 Ko 1, 24
Zu Vers 6:
1 Mo 1, 3
Eph 1, 18 f
2 Pt 1, 19

3 **fehlen vor den Augen Gottes. * Wenn aber unser Evangelium tat-**
sächlich verhüllt ist, so ist es bei den Verlorengehenden verhüllt,
4 *** bei welchen der Gott dieser Weltzeit die Gedanken der Ungläu-**
bigen blind gemacht hat, damit sie nicht sehen den Lichtglanz
(oder: damit ihnen nicht aufleuchte der Lichtglanz) **des Evangeli-**
ums von der Herrlichkeit des Christus, welcher ist das Bild Gottes.
5 *** Denn nicht uns selber verkündigen wir, sondern Christus Jesus**
6 **als Herren, uns selber aber als eure Sklaven um Jesu willen. * Denn**
Gott, der da sprach: Aus Finsternis soll Licht aufleuchten, der hat
es in unsern Herzen aufleuchten lassen (oder: der ist aufgeleuchtet
in unsern Herzen) **zum Lichtglanz der Erkenntnis der Herrlichkeit**
Gottes im Angesicht Jesu Christi.

Der Apostel hat das Wesen des „Evangeliums" in seinem ganzen Gegensatz zum Wesen des „Gesetzes" objektiv dargelegt. Er hat sofort gezeigt, wie daraus eine ganz verschiedene Haltung bei Mose, dem großen Diener des Alten Bundes, und bei ihm, dem Apostel Jesu im Neuen Bund, notwendig erwachsen muß. Nun wendet er das unmittelbar auf die Fragen an, die zwischen der korinthischen Gemeinde und ihm trennend sind. Sein Brief wird hier wieder ganz persönlich, weil sein Verhalten von den neuen Lehrern in Korinth und von Kreisen der Gemeinde selbst angegriffen und verdächtigt worden ist. Es kann das wie eine „Verteidigung" gegen bestimmte Vorwürfe klingen (Kap. 12, 19!) und enthält auch tatsächlich solche Verteidigung und ist doch weit mehr „Angriff" auf die Männer, die in Korinth (und anderswo) Verwirrung gestiftet haben und auch jetzt noch ihren Einfluß festhalten möchten. Könnten wir einige Tage im damaligen Korinth zu Gast sein und das Gemeindeleben mit eigenen Augen beobachten, wie anders würden wir unsern Brief lesen und bestimmte Wendungen und Ausdrücke in ihm verstehen! Wir können es leider nicht und sind auf Rückschlüsse aus unserm Brief angewiesen, wenn wir uns die Lage in der Gemeinde und die Art der dort gegen Paulus gerichteten Bewegungen klarmachen wollen. Dabei bleibt notwendig vieles fraglich. Aber wichtig ist es, daß wir die Sätze unseres Briefes als echte, geschichtlich bestimmte Briefsätze lesen und nicht als akademische, neutrale Darlegungen über die Regeln und Normen rechter Verkündigung. Wir brauchen keine Sorge zu haben, daß die Beachtung der geschichtlichen Situation die Ausführungen des Apostels weniger aktuell für uns machen könnte. Gerade wenn wir sie in ihrer lebendigen Bezogenheit auf sehr konkrete Vorgänge in Korinth lesen, werden wir ihre ganze Aktualität auch für uns spüren.

1 **„Deswegen, weil wir diesen Dienst haben, wie uns Barmherzigkeit**

widerfahren ist, werden wir nicht müde (oder: mutlos)." Vom „Rühmen" hatte Paulus gesprochen, von seiner „Zuversicht" und seiner „Hoffnung". Nun bestätigt er dies alles durch die Abweisung und Verneinung des Gegenteiles, des „Müdewerdens" oder „Mutloswerdens[157]", so lange dauerten schon die Spannungen mit Korinth; sie waren nach seinem kurzen Besuch noch schärfer geworden. Der Apostel, der mit ernster Liebe um diese Gemeinde rang, wurde beargwöhnt, mißverstanden, gekränkt und abgelehnt. Mußte nicht der Zeitpunkt kommen, wo er alles dessen „müde wurde", den Mut verlor und Korinth sich selbst überließ? Nein, **„wir werden nicht müde"**. Paulus wird dies Wort in V. 16 im Blick auf sein ganzes Apostelleben und Apostelleiden noch einmal wiederholen und damit unterstreichen.

Aber warum kann er so „unermüdlich" in allen diesen Nöten stehen? **„Deswegen, weil wir diesen Dienst haben, wie uns Barmherzigkeit widerfahren ist." „Diesen Dienst"** – Paulus blickt auf das zurück, was er soeben vom „Dienst des Neuen Bundes" und von seiner einzigartigen Herrlichkeit geschrieben hat. Auch an das, was er in 2, 14–17 von Gottes Wirken bezeugte, wird er noch einmal denken. **„Diesen Dienst"**, diesen einzigartigen und kostbaren Dienst darf er tun; da gibt es kein „Ermüden", keine Mutlosigkeit. Dies umso weniger, als ihm in der Berufung zu diesem Dienst **„Barmherzigkeit widerfahren ist"**. So hat es Paulus immer angesehen (1 Tim 1, 12–17). Dem großen Glück der Errettung folgte nicht die harte Last eines schwierigen Dienstes, die er mit Seufzen auf sich nehmen mußte. Nein, es war die Höhe der freien Gnade Jesu, daß er seinem Feind und Verfolger „diesen Dienst" anvertraute, an dem der Fortgang des eigenen Werkes des Herrn in der Welt und das ewige Leben von Menschen hing[158].

Wie führt der Apostel seinen Dienst aus? Was für ein Verhalten 2
setzt er aller Versuchung zu Ermüdung und Mutlosigkeit entgegen? **„Sondern haben uns von aller schändlichen Heimlichtuerei losgesagt, indem wir nicht in Verschlagenheit wandeln und auch nicht das Wort**

[157] Das grie Wort hat viele Bedeutungsnuancen. Aber auch unser deutsches Wort „müde" kann „Mutlosigkeit", „Überdruß", ein „Nicht-mehr-mögen" einschließen. Wir sagen: „Ich bin einer Sache müde."

[158] Das „Müdewerden" ist die große Gefahr unserer Zeit, bei den Predigern wie bei den Gemeindegliedern. Paulus zeigt uns den Weg zur Überwindung dieser Müdigkeit. Wir müssen neu erfassen, welch ein Dienst es ist, den der Herr auch uns anvertraut hat. Wir müssen neu begreifen, daß nicht die Härte des Herrn, sondern seine wunderbare Barmherzigkeit es ist, die uns an seinem Werk auf Erden Anteil gibt (Vgl. 1 Th 2, 4 und die Auslegung in der W. Stb.). Aber wir müssen auch sehen, ob die Müdigkeit nicht von einer falschen Aktivität auf eigenen Wegen und in eigenmächtigen Bemühungen kommt. Wer viel arbeitet und wenig betet, darf sich nicht wundern, wenn er müde und mutlos wird.

Gottes verfälschen." Der grie Wortlaut „Wir haben uns von den Verborgenheiten der Schande losgesagt" hat vermuten lassen, daß der Apostel von „verborgenen Schändlichkeiten" spreche. Aber mußte ein Paulus sich davon erst „lossagen"? Nein, wir haben hier eine ähnliche Wortbildung vor uns wie in Rö 1, 26 bei dem Wort über die „schändlichen Lüste". Nach seinem hebr Sprachempfinden vermeidet Paulus die Eigenschaftsworte und ersetzt sie durch den Genitiv eines Hauptwortes. Er formuliert in Rö 1, 26 wörtlich „Leidenschaften der Ehrlosigkeit" und meint damit „ehrlose Leidenschaften". Das im Genitiv stehende zweite Hauptwort muß also im deutschen zu einem entsprechenden Eigenschaftswort führen. „Verborgenheiten der Schande" sind dann „schändliche Heimlichtuereien". Das ist das Gegenteil zu der vollen „Offenheit" und „Durchsichtigkeit" im Leben und Wirken des Paulus. Er „schämt sich des Evangeliums nicht" (Rö 1, 16) und arbeitet nicht versteckt und heimlich. Aber seinen Gegnern in Korinth wirft er offenbar gerade diese verborgen wühlende Tätigkeit vor. Paulus und seine Mitarbeiter **„wandeln nicht in Verschlagenheit"**. Das grie Wort meint die üble Schlauheit und Gerissenheit, mit der man einfältige Menschen zu fangen und irrezuführen weiß. Paulus weist das von seinem eigenen Verhalten ab; er hat es schon in 1, 12 versichert, daß sein ganzes Verhalten in der Welt „nicht von fleischlicher Weisheit, sondern von der Gnade Gottes bestimmt sei". Er hat keine selbstsüchtigen Ziele, ihm geht es um die Botschaft, die er zu bringen hat, um das Wort Gottes und das Heil der Menschen. Bei den Männern aber, die in Korinth die große Rolle spielten, sieht er diese **„Verschlagenheit"**, mit der sie sich in das Vertrauen der Gemeinde eingeschlichen haben, um nun die Gemeinde zu beherrschen und auszunützen (Kap. 11, 15; 11, 20). Ihnen hat er schon in 2, 17 vorgeworfen, sie trieben mit dem Wort Gottes Handel. Wir sahen, daß da an den „Weinpanscher" gedacht war, der um des eigenen Gewinnes willen minderwertige Speisen und Getränke lieferte. Nun erhebt der Apostel direkt den Vorwurf gegen sie: **„sie verfälschen das Wort Gottes"**[159]. Er aber tut das nicht, er redet ja „aus Lauterkeit, aus Gott, vor dem Angesicht Gottes, in Christus" (2, 17).

Und nun spricht Paulus positiv dieser gefährlichen Art gegenüber den Grundsatz seiner evangelistischen Arbeit aus. Er macht es nicht wie jene andern, er kann versichern: **„mit der offenen Verkündigung**

[159] Zu solcher Antastung des Wortes Gottes können mancherlei Motive führen. Wir können in falscher Freundlichkeit den Hörern den ganzen Ernst der Botschaft ersparen wollen. Wir möchten den Menschen angenehm sein und uns bei ihnen beliebt machen. Wir mögen nicht „rückständig" und „unmodern" erscheinen. Jede Verfälschung des göttlichen Wortes belädt uns mit schwerster Verantwortung. Denn an der klaren, unverfälschten Ausrichtung der biblischen Botschaft hängt das ewige Heil von Menschen.

der Wahrheit bei uns selbst bei jedem Gewissen von Menschen empfehlen vor den Augen Gottes." Die in 3, 12 genannte „volle Offenheit" wird jetzt als **„offene Verkündigung"** deutlich. Der Bote Jesu weiß, daß er nicht „Wahrheiten" bringt, vielleicht interessante Wahrheiten, wichtige Wahrheiten, sondern **„die Wahrheit", die eine, entscheidende Wahrheit, Gottes Wahrheit**[160]. Wie sollte er diese „Wahrheit" nicht mit voller Überzeugung in aller Klarheit und Offenheit verkündigen[161]. Mit dieser Verkündigung wendet er sich nicht an den Verstand der Hörer, obwohl Paulus auch das Denken der Menschen ernsthaft in Anspruch nahm. Er sucht auch nicht Erregung von Gefühlen, obwohl bei der Verkündigung der Wahrheit Gottes in ihrem Ernst und ihrer Freude kein echter Hörer unbewegt bleiben wird. Aber der Zielpunkt der Verkündigung ist ein anderer: das Gewissen! Wenn Paulus dabei von **„jedem Gewissen von Menschen"** spricht, vermeidet er von vornherein den Schein, als meine er tatsächlich bei „jedem Menschen" das Gewissen treffen zu können. Die Formulierung „jedes Gewissen" denkt an die ganze Verschiedenheit im Stand, in der Wachheit, in der Tiefe der Gewissen. Aber wie immer es mit dem Gewissen in Menschen bestellt sein mag, an das Gewissen wendet sich die Botschaft[162]. Das Gewissen ist nicht „Gottes Stimme"; aber es ist das Organ im Menschen, das Gottes Forderung und Gottes Urteil aufzunehmen vermag. Allein im Gewissen wird der Mensch personhaft von der Verkündigung erreicht und getroffen. Paulus hat sich auch bei einem gewissenlosen Mann wie Felix dennoch an sein Gewissen gewandt und hat es nicht vergeblich getan Apg 24, 24 f. Hier spricht er dieses Zielen auf das Gewissen als Grundsatz seiner ganzen Verkündigung aus.

160 Vgl. dazu die Verwendung des Wortes „Wahrheit" im Johannesevangelium. Vgl. W. Stb. 1. Halbbd. S. 56 und 281.
In der Bibel meint das Wort „Wahrheit" nicht so sehr das subjektive Wahrsein, sondern die objektive „Wirklichkeit". Die grundlegende, entscheidende Wirklichkeit aber ist der lebendige Gott. „Die Wahrheit" ist darum zuletzt Gottes Wirklichkeit.

161 Weil wir nicht Märchen erzählen und auch nicht nur von allerlei interessanten Dingen reden, sondern letzte entscheidende Wahrheit zu sagen haben, ist uns der ganze Einsatz zur Pflicht gemacht, um Menschen unter diese „offene Verkündigung der Wahrheit" zu bringen. Wir werden alle Mittel und Möglichkeiten unserer Zeit ausnützen, wie Paulus die Gegebenheiten seiner Umwelt gebrauchte.

162 Zu dem rechten Verständnis des „Gewissens" vgl. den Artikel im „Lexikon zur Bibel" und die Schrift von Hallesby „Vom Gewissen" R. Brockhaus-Verlag. Siehe auch die Ausführungen zu Kap. 1, 12 S. 36 und die Auslegung zu Rö 2, 15; 9, 1 in der W. Stb. S. 74 heißt es: „Es ist eine tiefe und geheimnisvolle Sache um das Gewissen. Der Grieche nannte es das ‚Mitwissen'. Wir tragen in uns den verborgenen ‚Mitwisser' unseres Lebens, der sein Urteil über unser Leben abgibt. Dieses Urteil ist merkwürdig unabhängig von unseren Wünschen. Es steht nicht in des Menschen Macht, das Gewissen zu wekken. Es steht aber auch nicht in seiner Macht, es zum Schweigen zu bringen. Es bleibt ein unbestechlicher Zeuge, dessen Stimme nicht ungestraft überhört werden darf."

Paulus ist überzeugt, sich mit dieser offenen Verkündigung **„bei jedem Gewissen von Menschen zu empfehlen"**. Er greift noch einmal auf, was er in 3, 1 schrieb. Ohne „Empfehlung", ohne „Ausweis", kann niemand arbeiten und bei den Menschen Zugang finden. Auch die neuen Männer in Korinth waren mit „Empfehlungsschreiben" in die Gemeinde gekommen. Solche „Empfehlungen" braucht Paulus nicht. In der Tat, er **„empfiehlt sich selbst"**, wie man in Korinth murrte, und doch ganz anders, als man dort dachte. Wo der Bote Jesu mit rückhaltloser Verkündigung der Wahrheit Gewissen trifft und zur Erkenntnis der letzten, entscheidenden Wahrheit führt, da wird ihm das Vertrauen der Herzen zuteil, da erweist er sich als echter Bote Gottes. Mit starkem Nachdruck fügt Paulus hinzu: **„Vor den Augen Gottes"**. Nun stehen beide, Verkündiger und Hörer, vor dem lebendigen Gott. Vor seinen durchdringenden Augen schwindet alles, was Heimlichkeit, Schein und Unwahrheit ist. Es wird alles klar und hell. Paulus wird das noch einmal am Schluß dieses Abschnittes mit dem Bild vom „Licht" sagen, das Gott im Herzen aufleuchten läßt zum Lichtglanz der Erkenntnis der Herrlichkeit Gottes im Angesicht Jesu Christi. Geschieht das „in unsern Herzen", so geschieht es im Gewissen. Das gesamte atst Schrifttum kennt den Begriff „Gewissen" nicht, sondern gebraucht stattdessen das Wort „Herz"[163]. Dieses Stehen vor den Augen Gottes ist das volle Gegenteil zu dem ganzen Tun und Treiben der in Korinth eingedrungenen Männer.

3/4 Paulus macht sogleich einen ernsten Einwand. Geschieht es denn immer und überall so, wie er es eben geschrieben hat? War überall in seiner Wirksamkeit dieser wunderbare Erfolg da? Blieb eine „Hülle" nur auf Moses Dienst, nur auf dem Herzen Israels? Muß nicht auch der Bote Jesu erleben, daß sein Evangelium „verhüllt" bleibt? Paulus gibt Antwort. **„Wenn aber unser Evangelium tatsächlich verhüllt ist, so ist es bei den Verlorengehenden verhüllt, bei welchen der Gott dieser Weltzeit die Gedanken der Ungläubigen blind gemacht hat, damit sie nicht sehen den Lichtglanz** (oder: damit ihnen nicht aufleuchte der Lichtglanz) **des Evangeliums von der Herrlichkeit des Christus, welcher ist das Bild Gottes."**

Paulus hatte in 2, 12 vom „Evangelium des Christus" gesprochen und damit gesagt, daß das Evangelium Christus selbst gehöre, der als Subjekt, nicht als Objekt des Evangeliums, selber als der eigentliche „Evangelist" am Werke ist. Jetzt aber nennt er die Botschaft **„unser Evangelium"**, weil er nun auf sein eigenes Wirken blickt. Indem Christus das Evangelium ihm anvertraut (V. 1), wird es „sein"

[163] An der einzigen Stelle, wo in der LÜ im AT das „Gewissen" vorkommt (Hio 27, 6), spricht der hebr Text ebenfalls von „meinem Herzen".

Evangelium. Darum ist die Frage, warum die offene Verkündigung der Wahrheit oft unwirksam bleibt, besonders ernst. Ist es die Schuld des Paulus? Der Apostel hat schon in 2, 15 f auf die doppelte Wirkung gerade vollmächtiger Verkündigung hingewiesen. Sie ist „Geruch vom Leben her zum Leben", aber sie ist auch „vom Tode her zum Tode". Darum gibt es durch das Evangelium nicht nur „Gerettete", sondern auch solche, „die verlorengehen". Diese scheinen die Überlegenen zu sein, die den Boten Jesu die Niederlage bereiten und sogar mit Gott fertig werden. In Wahrheit erweisen sie sich dadurch selber als die **„Verlorengehenden"**. Bei ihnen ist das Evangelium **„tatsächlich verhüllt"**.

Das ist freilich ein erschütterndes Geschehen. Wir stehen hier vor 4
dem Rätsel des Unglaubens. Das Evangelium ist nichts Finsteres und Schweres. Es ist helles Licht und strahlt von der **„Herrlichkeit des Christus, welcher ist das Bild Gottes"**. Wie ist es möglich, daß dieses Licht nicht gesehen wird oder doch nicht lockt und erleuchtet? Wie kann diese Botschaft, die lauter Heil und Leben bringt, zurückgestoßen werden? Liegt das nur am menschlichen Stolz und Trotz? Damit werden wir dem Ernst des Geschehens nicht gerecht. Paulus erklärt das Rätsel des Unglaubens weit tiefer und erschreckender. Was ist geschehen bei denen, die verloren gehen, obwohl es eine so wunderbare und einfache Errettung gibt? Paulus antwortet: **„bei welchen der Gott dieser Weltzeit die Gedanken der Ungläubigen blind gemacht hat, damit sie nicht sehen den Lichtglanz"**. Es ist also ein unheimlicher Feind unserer Errettung auf dem Plan. Paulus will gerade hier die ganze Größe des Feindes hervorheben und nennt ihn darum den **„Gott dieser Weltzeit"**. Auch die, die den lebendigen Gott und seine Liebe in Jesus abweisen, vielleicht sogar leugnen, haben einen „Gott", einen dunklen und harten Gott, den „Fürsten dieser Welt", wie Jesus ihn genannt hat. Satans stolzes Wort bei der Versuchungsgeschichte Jesu: „Alle diese Macht will ich dir geben und ihre Herrlichkeit; denn sie ist mir übergeben und ich gebe sie, welchem ich will" (Lk 4, 6), ist nicht ohne Grund und Recht. Für **„diese Weltzeit"** ist dem Satan tatsächlich eine Macht über die Erde belassen, die er beim Sündenfall des Menschen gewonnen hatte. Und diese „Macht" trägt darin etwas von Gottes Art an sich, daß sie nicht nur äußere Gewalt ist, sondern von innen her im Herzen der Menschen zu wirken vermag. Satans Ziel dabei ist nicht in erster Linie die Verführung zu einzelnen Sünden. Satan weiß, daß dafür die Vergebung in Jesus da ist. Darum liegt ihm alles an dem einen, daß Menschen nicht in Jesus ihren Retter und Herrn finden. So **„macht er die Gedanken der Ungläubigen blind, damit sie nicht sehen den Lichtglanz** (oder: damit ihnen nicht aufleuchte der Lichtglanz) **des Evangeliums von der Herr-**

lichkeit des Christus, welcher ist das Bild Gottes." Die sprachliche Auffassung des Satzes kann verschieden sein, wie die beiden Übersetzungen zeigen. Der Inhalt des Satzes ist eindeutig. Durch Satans Wirkung tritt bei Menschen jener schreckliche Zustand ein, daß das Evangelium im hellen Glanz leuchtet und die Herrlichkeit des Christus in ihrer ganzen Größe strahlt, Menschen aber von alledem nichts sehen. Sie „können" es tatsächlich nicht sehen, sie sind **„blind"**. Da hilft keine Verkündigung mehr, auch nicht Verkündigung mit apostolischer Vollmacht. Das Evangelium ist dann wirklich **„verhüllt"**.

Wir merken, wie der Apostel noch immer von seinen Ausführungen in Kap. 3, 12–18 bestimmt ist. Wieder geht es um **„Lichtglanz"** der **„Herrlichkeit des Christus"**. Während die, die sich retten lassen, mit „enthülltem Angesicht" diesen Lichtglanz widerspiegeln, ist bei den Verlorengehenden wieder eine „Hülle" da, die jetzt nicht das AT, sondern das Evangelium selbst verhüllt. Ja, hier handelt es sich nicht mehr um eine „Hülle", die weggenommen werden könnte, sondern hier ist die „Verhüllung" vielmehr „Verblendung, Blindmachung", die das Sehen radikal verhindert. Die Lage ist in der Zeit des Evangeliums noch ernster als in der Zeit des Alten Bundes für Israel. So meint es auch der Hebräerbrief in 10, 28. 29; 12, 25.

Ist dann aber nicht der Mensch ein Spielball zwischen Gott und Satan? Ist er nicht jeder eigenen Verantwortung entnommen? Und muß nicht hinter solchem Geschehen dann eine „doppelte Prädestination" stehen, da es doch undenkbar ist, daß Satan bei einzelnen Menschen „stärker" sein könnte als Gott?

Die Bibel ist bei ihrer Botschaft nicht so wie wir darauf aus, alles zu „erklären". Ihr sind die Tatsachen selbst das Wichtigste. So stellt auch Paulus hier zunächst nur fest, was vor sich geht, wenn seine Botschaft vergeblich bleibt. Aber nun ist dabei doch zu beachten, daß Paulus das blindmachende Wirken Satans sich vollziehen läßt an **„den Gedanken der Ungläubigen"**. Das AT unterscheidet sehr klar die „Ungläubigen" von den „Unkundigen" (1 Ko 14, 23 f). **„Ungläubig"** kann erst der werden, der die rettende Botschaft hört und versteht, aber sie nun ablehnt und zurückweist, aus welchen Gründen das immer geschehen mag. Hier liegt klare Schuld des Menschen vor. Nun erst kann Satan bei diesen **„Ungläubigen"** sein Werk tun und sie blind und sehunfähig machen. Wenn sie vorher nicht glauben „wollten", so „können" sie jetzt nicht mehr glauben. Blind stehen sie vor dem Lichtglanz des Evangeliums und nehmen nichts mehr von der Herrlichkeit des Christus wahr[164].

[164] Es geschieht hier etwas, was der „Verhärtung des Herzens" in Israel entspricht (vgl. Kap. 3, 14). Aber es ist zugleich der Unterschied deutlich. Die „Blindheit" Israels hat ihren Platz im Heilsplan Gottes (Rö 11, 25); sie liegt vor der Bekehrung zu Jesus, die

Worin besteht die **„Herrlichkeit des Christus"**? Paulus faßt sie in einem einzigen Ausdruck zusammen: Christus ist **„das Bild Gottes"**. Paulus steht hier nahe bei dem, was Jesus selbst von sich gesagt hat: „Wer mich sieht, der sieht den Vater" (Jo 14, 9). Der Mensch, wie er jetzt ist, kann freilich Gott nicht sehen, ohne zu sterben (2 Mo 33, 30). Darum hat Gott sein **„Bild"** geschenkt, den Christus, den Sohn, den Gott-Menschen. Hier darf der suchende Mensch Gott wirklich finden und „sehen"[165] und darin zur Gewißheit kommen. Ja, er wird unter diesem „Sehen" und „Widerspiegeln" selber in dieses Bild umgestaltet von Herrlichkeit zu Herrlichkeit, wie wir eben lasen (3, 18). So gewiß, so mächtig ist das Evangelium! Umso schrecklicher aber, wenn Menschen für dieses alles blind wurden und dadurch notwendig in den Tod gehen. Ein so schweres Geschehen kann man Paulus nicht entgegenhalten, um ihn und seinen Dienst herabzusetzen. Hier tun sich ganz andere Hintergründe auf.

Es geht überhaupt nicht um Paulus! Wie schief wird alles, wenn in 5
Korinth um seine Person gestritten wird. **„Denn nicht uns selber verkündigen wir, sondern Christus Jesus als Herren, uns selber aber als eure Sklaven um Jesu willen."** Paulus spricht von sich; er wird es den ganzen Brief hindurch immer wieder tun. Aber dazu zwingen ihn die Korinther gegen seinen Willen (12, 1. 11). In seiner eigentlichen Verkündigung redet er nicht von sich selbst. Da ist er der Herold des Herrn Jesus Christus. Das Wort **„Herr"** hat dabei wieder seinen vollen Klang[166]. Wie ein neuer römischer Kaiser seinen Herold sandte, um ihn als den Herrn des Reiches, als den Herrn der Welt überall be-

für Israel noch kommen wird (Rö 11, 26 f). An unserer Stelle handelt es sich aber um eine Abweisung der rettenden Botschaft. Diese Abweisung macht Menschen zu Gefangenen Satans und zu Verlorenen. Auf die Frage, ob der Ungläubige in jedem Falle schon ein endgültig Verlorener sein muß, geht der Apostel hier nicht ein. Eine Stelle (1 Ko 14, 25 f) zeigt aber, daß Paulus mit der Möglichkeit rechnet, daß auch „Ungläubige" noch weiter nach der Botschaft fragen und von vollmächtiger Verkündigung in der Gemeinde überwunden werden können.

[165] Welchen Reichtum verschiedener Ausdrücke verwendet Paulus, um die Wirkung des Evangeliums zu beschreiben und das Erfassen der Botschaft zu schildern! Die Botschaft ist dazu da, „gehört" zu werden. Aber Paulus sah in ihr auch einen weithin dringenden „Duft", den wir wahrnehmen. Und jetzt sagt er uns, daß im Evangelium auch etwas zu „sehen" ist. So hell, so klar, so gewiß ist das Evangelium! Haben wir es nicht einseitig akustisch und intellektuell aufgefaßt?

[166] Unser Wort „Herr" ist abgegriffen und entwertet. Die Korinther dachten bei dem Wort „Herr = Kyrios" entweder an ihre grie Übersetzung des AT, die den Gottesnamen mit „Kyrios" wiedergibt, oder an die mancherlei Göttergestalten, die den Ehrentitel „Herr" trugen (vgl. 1 Ko 8, 5 und die Auslegung in der W. Stb.). Auch der Kaiser in Rom wurde als göttergleicher Weltherr „Kyrios" genannt (Apg 25, 26). So ist es eine inhaltlich erfüllte und mächtige Aussage, wenn Jesus von der Gemeinde als „Kyrios, Herr" bezeichnet wird. Wir sollen uns dessen ganz neu bewußt werden, wenn wir „der Herr Jesus" sagen.

kannt zu machen, so sagt Paulus es überall, daß der wahre **„Herr"** im Himmel und auf Erden Jesus ist. Paulus und seine Mitarbeiter sind nur **„Sklaven"**. Aber wie bewegend sagt es Paulus nun den Korinthern, die über seine Geltung als Apostel streiten. Paulus formuliert nicht wie zu erwarten wäre: „Uns selber aber als seine Sklaven", als Sklaven dieses Herrn[167]. Nein, er führt den Satz weiter: **„Uns selber aber als eure Sklaven."** Für die Korinther ist er da, für sie hat er sich drangegeben von seinem ersten Kommen nach Korinth an bis heute. In seinem heißen Sorgen und Ringen um sie ist er gerade ihr **„Sklave"**, nicht ihr „Herr", der sie beaufsichtigte und nach seinem eigenen Willen formte. Ihr „Sklave" ist er freilich **„um Jesu Willen"**! Er steht nicht in einer menschlichen Abhängigkeit von ihnen. Sie können nicht beliebig mit ihm umgehen. **„Wir sind eure Sklaven"** heißt nicht „ihr seid unsere Herren"! Denn **„Herr"** ist Jesus allein. Der hingegebene Dienst des Apostels für die Korinther ist begründet und begrenzt durch Jesu Herrschaft.

6 Und nun rühmt Paulus noch einmal die Herrlichkeit seines Dienstes. Es geht um die „Erleuchtung" der Menschen. Wie kommt es dazu? Wie sehen sie den **„Lichtglanz des Evangeliums"**? Paulus hatte schon gesagt, wie auf Moses Angesicht der Glanz Gottes lag, freilich ein begrenzter und vergehender Glanz. In der viel größeren Herrlichkeit des Neuen Bundes aber leuchtet der Lichtglanz nicht mehr nur auf einem einzelnen Angesicht. Nun strahlt er **„in unsern Herzen"** auf und führt zu der bleibenden **„Erkenntnis der Herrlichkeit Gottes im Angesicht Jesu Christi"**. Dieser Vorgang göttlicher Erleuchtung der Herzen kann nur mit der Gottestat der Erschaffung des Lichtes am Anfang der Schöpfung verglichen werden. **„Denn Gott, der da sprach: Aus Finsternis soll Licht aufleuchten, der hat es in unsern Herzen aufleuchten lassen** (oder: der ist aufgeleuchtet in unsern Herzen) **zum Lichtglanz der Erkenntnis der Herrlichkeit Gottes im Angesicht Jesu Christi."** Es war das Schöpfungswunder Gottes, als auf Gottes Befehlswort aus der Finsternis dieses total andere aufleuchtete: das Licht, die Grundlage aller Weltgestaltung und alles Lebens. Jetzt geschieht aufs neue ein solches Wunder, jetzt nicht draußen in der Welt, sondern **„in unsern Herzen"**. Gott **„hat es in unsern Herzen aufleuchten lassen"**, oder nach anderer Fassung der Textworte: Gott selbst **„ist aufgeleuchtet in unsern Herzen"**. Wie das im einzelnen geschehen ist, deutet Paulus nicht an. Er faßt sich hier mit seinen Mitarbeitern und – entsprechend 1, 21 f – doch wohl auch mit allen Glaubenden zusammen und spricht von **„unseren Herzen"**. Das **„Aufleuchten Gottes"** darin geschieht nicht nach einem Schema und

[167] So kann Paulus ein andermal auch reden: Phil 1, 1!

kann bei jedem Menschen wieder anders erfolgen. Aber es ist das Wunder, das im Menschen sich ereignen muß, wenn es wirklich zur **„Erkenntnis der Herrlichkeit Gottes"** kommen soll. Mit allem eigenmächtigen Erkenntnisstreben der Theologen und Philosophen ist hier nichts zu erreichen. Hier bleibt auch die höchste Vernunft der größten Denker völlig untauglich und verfehlt den lebendigen Gott. Gott wohnt in einem Lichte, da niemand zukommen kann (1 Tim 6, 16); Gott muß dieses Licht in uns aufstrahlen lassen, wenn es zur Erkenntnis Gottes kommen soll.

Welche Fassung des grie Satzes vorzuziehen ist, ist schwer zu sagen. Aber auch dann, wenn die Fassung **„Gott ist aufgeleuchtet in unseren Herzen"** die zutreffende ist, hat dieses „Aufleuchten" nichts mit dem „inneren Licht" der Mystik zu tun. Die Gotteserkenntnis geschieht nicht unmittelbar in den Herzen. Sie geschieht so, daß die Herrlichkeit Gottes **„im Angesicht Jesu Christi"** und dort allein sichtbar wird. Das „subjektive" Geschehen im Herzen und die „objektive" Offenbarung in Christus gehören unlöslich zusammen. Eins kann und darf nicht vom andern getrennt werden. Jesus ist in objektiver Tatsächlichkeit uns als „Bild Gottes" geschenkt worden. Auf seinem Angesicht, gerade auf dem „Haupt voll Blut und Wunden, voll Schmerz und voller Hohn", liegt die Herrlichkeit Gottes. Aber sie wird dort nur erkannt, wenn das Licht Gottes in das Herz des Menschen gefallen ist.

Paulus wird bei seinen Aussagen nicht nur daran gedacht haben, daß er selbst und seine Mitarbeiter auf diese Weise zur Erkenntnis Gottes gekommen sind, wie es bei ihm vor Damaskus geschah[168]. Es geht Paulus in allen seinen Ausführungen um seinen Dienst. Luthers Übersetzung: „Daß durch uns entstünde die Erleuchtung zur Erkenntnis der Herrlichkeit Gottes im Angesicht Jesu Christi" trifft den eigentlichen Sinn des Satzes, wenn der Satz im grie auch kürzer gefaßt ist. Dabei wird Paulus noch einmal das Gegenbild des Mose vor Augen haben. Mose mußte den Widerschein des göttlichen Lichtes verhüllen. Aber das Licht, das Gott in das Herz des Paulus geworfen, das strahlt frei heraus und bringt vielen Menschen den Lichtglanz des Evangeliums, auch wenn der Todfeind Gottes und der Menschen einige blind zu machen vermag. Auch die Korinther müssen es in mächtiger Tatsächlichkeit sehen: Menschen an den ver-

[168] Es ist ganz im Sinn unseres Textes, wenn Paulus in Gal 1, 15 f ebenfalls von einem Offenbaren des Sohnes Gottes „in" ihm spricht. Vor Damaskus sah Paulus nicht nur das blendende Licht vom Himmel her, sondern das Licht brach zugleich in seinem Inneren hervor.

schiedensten Orten, „von Jerusalem an und umher bis Illyrien" (Rö 15, 19) hat der Lichtglanz erreicht, der vor Damaskus in das Herz des Paulus drang und ihm auf dem Angesicht des am Fluchholz Hingerichteten die Herrlichkeit Gottes zeigte.

STERBEN UND LEBEN JESU WIRD AN SEINEN BOTEN OFFENBAR

2. Korinther 4, 7–15

Zu Vers 7:
2 Ko 5, 1
1 Ko 4, 11–13
2 Ko 11, 23–27
Zu Vers 8:
2 Ko 1, 8
6, 4 f
7, 5
Zu Vers 10:
Rö 6, 8
Gal 6, 17
1 Ko 15, 31
Zu Vers 11:
Rö 8, 36
1 Ko 4, 9
Zu Vers 12:
2 Ko 13, 9
Zu Vers 13:
Ps 116, 10
Zu Vers 14:
Rö 8, 11
1 Ko 6, 14 f
Zu Vers 15:
2 Ko 1, 6. 11

7 **Wir haben aber diesen Schatz in tönernen Gefäßen, damit die**
8 **überragende Größe der Kraft sei Gottes und nicht aus uns. * Allent-**
halben bedrängt, aber nicht in die Enge getrieben; in Verlegen-
9 **heit gebracht, aber nicht in Verzweiflung; * verfolgt, aber nicht**
10 **verlassen; niedergeworfen, aber nicht umkommend; * allezeit**
die Tötung Jesu am Leibe herumtragend, damit auch das Leben
11 **Jesu an unserm Leibe offenbar werde. * Denn immer werden wir,**
die Lebenden, in den Tod preisgegeben um Jesu willen, damit
auch das Leben Jesu offenbar werde an unserm sterblichen Fleisch.
12 *** So wirkt sich der Tod in uns aus, das Leben aber in euch.**
13 *** Da wir aber denselben Geist des Glaubens haben gemäß dem**
Schriftwort „Ich glaubte, darum redete ich", so glauben auch wir,
14 **darum reden wir auch, * indem wir wissen, daß der, der den Herrn**
Jesus auferweckt hat, auch uns mit Jesus auferwecken wird und
15 **darstellen wird zusammen mit euch. * Das alles [geschieht] ja**
um euretwillen, damit die Gnade reich wirkend durch eine immer
größere Zahl die Danksagung überströmen lasse zur Verherr-
lichung Gottes.

7 Von der Herrlichkeit seines Dienstes, der das Amt des Mose noch weit überragt, hat Paulus gesprochen. Aber er hört aufs neue die Einwände aus Korinth. Sie wollen dort ihren Apostel recht „herrlich" haben, imponierend, erfolgreich, mächtig. Aber Paulus ging ständig den Leidensweg, er war arm, unansehnlich, machtlos. Wie stimmte das zu seinen großen Behauptungen von seiner „Herrlichkeit"? Paulus will und kann die notvolle Gestalt seines Lebens nicht leugnen. Aber nun hilft er dem Unverstand der Korinther mit einem eindrucksvollen Bild nach. **„Wir haben aber diesen Schatz in tönernen Gefäßen, damit die überragende Größe der Kraft sei Gottes und nicht aus uns."** Dieses Bild vom Schatz im Tongefäß war den Korinthern ganz anders vertraut als uns. Damals wurden tatsächlich äußerst

wertvolle Dinge in Tonkrügen verwahrt, z. B. kostbare Buchrollen[169]. Das Tongefäß ist wertlos, zerbrechlich, vielleicht schon abgeschabt und rissig. Wer es nur von außen sieht, bemerkt nichts von dem Schatz, den es in sich birgt. So sieht auch Paulus mit seinem Leben äußerlich betrachtet wie ein solches Tongefäß aus. Von „Herrlichkeit" ist da nichts zu sehen. Und doch liegt in diesem „Tongefäß" der unermeßliche Schatz des Evangeliums. Das ist aber nicht zufällig so. Es hat seine ganz positive Bedeutung. Jetzt ist keine Verwechslung von **„Schatz"** und **„Gefäß"** möglich! Das Wirken des Paulus zeigte eine **„überragende Größe der Kraft"**. Aber weil zugleich Paulus selbst dieser unansehnliche, von Leiden gezeichnete Mann ist, wird es unübersehbar deutlich: Diese Kraft stammt nicht aus ihm selbst, sie gehört allein Gott und bezeugt darum nur Gottes Herrlichkeit. Die Männer, die in Korinth die Herrschaft an sich zu reißen suchten, stellten ihre eigene Kraft und Größe aus und verdunkelten dadurch Gott. Dagegen Paulus, der in 1, 11. 20; 2, 15; 4, 6 die Verherrlichung Gottes als das letzte und höchste Ziel alles Geschehens ansieht, hat damit auch in seinem eigenen Leben und Wirken ernst gemacht. In der Herrlichkeit seines Dienstes soll nicht seine, sondern Gottes Herrlichkeit offenbar werden.

Darum muß sein Leben und sein Dienst so aussehen, wie er tat- 8/9
sächlich ist. **„Allenthalben bedrängt, aber nicht in die Enge getrieben; in Verlegenheit gebracht, aber nicht in Verzweiflung; verfolgt, aber nicht verlassen; niedergeworfen, aber nicht umkommend."** Jetzt wird uns anschaulich, was Paulus in 1, 5 aussagte. **„Bedrängt, in Verlegenheit gebracht, verfolgt, niedergeworfen"**, das sind die „Leiden", von denen er am Anfang des Briefes nur allgemein gesprochen hatte. Doch da ist auch der „Trost", die „Ermutigung" in dem allen durch das „aber", das Paulus jeder Not entgegensetzen kann: **„Nicht in die Enge getrieben, nicht in Verzweiflung gebracht, nicht verlassen, nicht umkommend."** So real, so wirksam ist der „Trost" gemeint, der nicht nur in einer tröstlichen Beruhigung des Gemütes besteht[170]. Paulus hält dabei das **„nicht in Verzweiflung gebracht"** fest, obwohl er in 1, 8 der Gemeinde erzählte, wie er in der Asia „ganz verzagte, sogar am Leben". Denn auch da wurde er zu einem neuen und völligeren Vertrauen auf den Gott, der die Toten auferweckt, gebracht und erfuhr die „Rettung aus so großer Todesnot".

Wenn er schon am Anfang seines Briefes die unmutigen Korinther 10
darauf hinwies, daß seine Leiden, an denen sie sich stießen, doch „Leiden des Christus" seien (vgl. S. 29 zu 1, 5), so sagt er es ihnen

[169] Vgl. die Funde in den Höhlen von Qumran. Die bekannten Abbildungen zeigen uns sehr anschaulich die Handschriftenrollen in großen Tongefäßen.

[170] Vgl. o. S. 27 f zu 1, 4.

hier noch einmal mit tiefem Ernst. Warum sieht sein Leben so aus, wie es den Korinthern erschreckend vor Augen steht? Paulus geht durch sein Leben, **„allezeit die Tötung Jesu am Leibe herumtragend"**. **„Die Tötung Jesu"!** Dies Wort ist uns ungewohnt. Wir sprechen lieber vom „Sterben Jesu". Aber „sterben" kann ein natürlicher Vorgang sein, der sich von innen her an uns vollzieht. Darum wählte der Apostel das Wort „Tötung", weil in ihm die Gewaltsamkeit zum Ausdruck kommt, mit der von der Feindesmacht des Teufels und der Welt her Jesus, dem „Fürsten des Lebens", der Tod angetan wurde. Dabei kann Paulus nicht nur das unmittelbare Tötungsgeschehen am Kreuz meinen. Ein „Sterben" in diesem äußersten Sinn hatte Paulus noch nicht zu erleiden; aber auch bei Jesus vollzieht sich die „Tötung", das „Sterben", nicht nur in den wenigen Stunden am Kreuz. Auf Golgatha faßt sich nur in äußerster Konzentration zusammen, was dem ganzen Leben Jesu von seiner Krippe an[171] die Todesgestalt gab. Immer war er das Lamm Gottes, das die Sünde der Welt trug. Fort und fort lastete auf ihm die Todesnot der Welt in den Kranken und vom Teufel Geplagten, in den Zöllnern und Sündern. Fort und fort ging es durch ein „Sterben" in dem völligen Verzicht auf alles Eigenleben, in der ständigen Hingabe an sein Werk. Seine **„Tötung"** steht immer drohend über ihm in dem wachsenden Haß seiner Feinde und in der Ablehnung durch die maßgebenden Männer Israels. Ständig ist Jesus der für Gott und die Menschen Geopferte und sich Opfernde. Darum konnte Paulus danach verlangen, seinem Tod gleichgestaltet zu werden (Phil 3, 10), obwohl er mit höchster Aktivität lebte und wirkte. Auch er trägt gerade in seinem Einsatz als Apostel **„die Tötung Jesu am Leibe herum"**. Der Ausdruck **„am Leibe"** will darauf hinweisen, daß seine Leiden nicht nur „innerliche" sind und daß es sich nicht nur um ein „mystisches Sterben" in seiner Seele handelt. Nein, die „Tötung Jesu" wirkt sich in seinem „leibhaftigen", tatsächlichen Leben aus. In Kap. 11, 23—33 wird er uns ein sehr anschauliches Bild davon geben. Darum hat sein Satz auch nichts mit „asketischen" Gedanken, mit irgendwelcher Freude an der „Abtötung seines Leibes" zu tun. Das Leiden widerfuhr ihm, wie es Jesus widerfuhr. Auch ihm wurde das Sterben „angetan", er suchte es nicht selbst. Es ist nicht Selbstzweck, sondern dient einem großen positiven Ziel:
11 **„damit auch das Leben Jesu an unserem Leibe offenbar werde."** Darum betont er, daß es gerade **„wir, die Lebenden"**, die voll im Leben und Wirken stehenden Boten Jesu sind, die um Jesu willen fort und fort diesen Sterbensweg zu gehen haben und die Todesgestalt an sich tragen. **„Denn immer werden wir, die Lebenden, in den Tod preis-**

[171] Maler haben bei der Darstellung der Geburt des Heilandes das Kreuz oft schon erscheinen lassen.

gegeben um Jesu willen." Nicht zufällig stellt sich hier das Wort **„preisgegeben"** ein. Es ist ein schwerwiegendes Wort, das über der **„Tötung Jesu"** steht. Diese „Tötung" konnte nur geschehen, weil Jesus „preisgegeben wurde"; zuerst von Gott selbst (Rö 4, 25; 8, 32), dann aber auch von Menschen (Mt 20, 18; 20, 19; 27, 2. 26; Apg 3, 13) und speziell von dem Jünger, der ihn „verriet, preisgab". Jesus selbst vollzog darin zugleich in eigener Freiheit seine „Preisgabe" (Gal 2, 10; Eph 5, 2)[172]. Und nun darf ein Apostel Paulus seine Leiden so sehr als Anteil an dem Christusleiden (Phil 3, 10; 2 Ko 1, 5) ansehen, daß er dieses Wort „preisgegeben" auch auf sich selbst anwendet. Auch er ist mit seinen Mitarbeitern **„in den Tod preisgegeben um Jesu willen"**. Aber er unterstreicht sofort das mächtige, positive Ziel, dem dieses „Sterben" dient: **„damit auch das Leben Jesu offenbar werde an unserm sterblichen Fleisch."** Hier walten unabdingbare Notwendigkeiten, die dem Apostel an Jesus selbst aufgegangen sind. Gerade diese Tötung Jesu am Fluchholz, gegen die sich Paulus leidenschaftlich empört hatte, war das Heil der Welt und brachte den Verlorenen Rettung und ewiges Leben. Darum kann **„das Leben Jesu"** an unserm sterblichen Fleisch nicht anders offenbar werden als so, daß dieses Fleisch leidet und stirbt. Paulus stellt das einfach als Tatsache vor uns hin. Hier waltet ein inneres Gesetz, das nicht rational einsichtig zu machen, sondern nur im Leben zu erfahren und im Einsatz des Lebens zu bezeugen ist. Jesus selbst hat dieses Gesetz nur im Bild deutlich machen können, wenn er von dem Weizenkorn sprach, das erst Frucht bringt, wenn es in die Erde fällt und erstirbt (Jo 12, 24. 25). Alles Bewahrenwollen unseres „Fleisches" ist vergeblich; das Fleisch ist **„sterblich"** und dem Tode verfallen. Aber welch wunderbare Frucht darf nun dieses **„sterbliche Fleisch"** bringen: An diesem Fleisch, das an sich selbst für Gott völlig untauglich ist, wird jetzt **„das Leben Jesu"**, das Leben Gottes, **„offenbar"**! Wollten die Korinther stattdessen dieses Fleisch schmücken und groß machen, so daß es dem Leben Jesu nicht mehr dienen kann? Paulus hat damit zugleich den ersten Satz dieses Abschnittes in besonderer Weise verdeutlicht. Das **„sterbliche Fleisch"** ist das „Tongefäß"; der „Schatz" darin ist das **„Leben Jesu"**, das im leidenden Einsatz der Boten zur Wirkung kommt.

Das sind keine theoretischen Sätze, das ist lauter Wirklichkeit und Erfahrung. Ein unaufgebbarer Wesenszug echten Dienstes für Jesus wird hier vor die Korinther hingestellt, die sich diesen Dienst ganz

[172] In den Einsetzungsworten des Herrenmahles sollten wir darum auch sagen: „. . . in der Nacht, da er preisgegeben ward." Der „Verrat" ist nur ein einzelner Zug dieser totalen Preisgabe durch Gott und Menschen.

anders dachten[173]. Was an Jesus in seinem ganzen Leben geschah an Ablehnung, Feindschaft, Schmach, an Tragen von Schmerzen, Krankheit und Sünde, das muß auch an seinen Zeugen und Dienern in irgendeinem Maß geschehen, wenn das **„Leben Jesu"**, sein rettendes, helfendes, Gott verherrlichendes Wirken durch seine Zeugen und Boten in die Welt dringen soll.

12 Dabei findet eine seltsame Teilung statt: **„So wirkt sich der Tod in uns aus, das Leben aber in euch."** Wie muß das die unzufriedenen Korinther beschämen! Das Schwere und Harte in diesem Lebensgesetz echten Dienstes trifft nicht sie, das trifft Paulus und seine Mitarbeiter. Die Korinther haben durch die Leiden und Nöte und Kämpfe ihres Apostels das Leben empfangen[174], das Leben Jesu, das ewige Leben. Warum murren sie[175]?

13 Auch an dieser Stelle weist Paulus jedes „mystische" Verständnis dieses „Sterbens und Lebens" ab. Ein solches Mißverständnis konnte damals nahe liegen, weil auch in den Mysterienkulten jener Zeit viel vom „Sterben mit der Gottheit" und von der dadurch erlangten „Gewinnung des Lebens" die Rede war. Um eine mystische oder sakramentale Einung mit einer sterbenden und auferstehenden Gottheit handelt es sich im Evangelium nicht! Nicht im Strom der „Religionen" mit ihrer „Mystik" steht der Apostel Jesu Christi. Er gehört hinein in die Reihe der „Glaubenden", von denen die Schrift auf allen ihren Blättern Zeugnis gibt. Er hat **„denselben Geist des Glaubens gemäß dem Schriftwort"**. Der Geist Gottes hat auch in ihm den Glauben geschaffen und ihn mit dem **„Geist des Glaubens"** erfüllt. Dieser **„Geist des Glaubens"** treibt den Apostel zum Reden und trägt seine ganze Wirksamkeit mitsamt allen Leiden, die daraus erwachsen und Paulus „dem Tode Jesu gleichgestalten". Das spricht der Apostel nun sehr nachdrücklich aus. **„Da wir aber denselben Geist des Glaubens haben gemäß dem Schriftwort ‚Ich glaubte, darum redete ich', so glauben auch wir, darum reden wir auch."**

Wenn Paulus hier ein Wort aus dem 116. Psalm anführt, so meint er nicht nur diesen einzelnen Satz für sich, sondern hat den ganzen

[173] Auch wir sind gefragt, ob nicht in unserem Dienst von dem „Leben Jesu" so wenig zu sehen ist, so wenig wirksam wird, weil wir uns scheuen, die „Tötung Jesu" an uns geschehen zu lassen, und die unlösliche Verbindung von Leiden und Vollmacht nicht erfaßt haben.

[174] Auch dies ist nicht als erbauliche Redewendung, sondern in einfacher Tatsächlichkeit zu verstehen. Der ganze Leidensweg des Paulus mit seinem steten „Sterben" (Philippi, Thessalonich, Athen) war nötig, damit die Botschaft von Jesus nach Korinth kam. Das Ausharren des Apostels unter Druck und Last in Korinth war nötig, damit die Korinther zum Glauben kamen und das Leben fanden.

[175] Wenn wir die Missionsgeschichte studieren oder Lebensbilder von Männern und Frauen lesen, die in gesegnetem Dienst standen, immer steht es erstaunlich vor uns: „Der Tod für uns, das Leben für euch!"

Psalm vor Augen. Dieser Psalm spricht von Leiden und Bedrängnissen, von tödlichen Gefahren und rühmt die Errettung und fordert auf zum Lobpreis Gottes, der den Tod seiner Heiligen wert achtet und der so wunderbar zu helfen weiß. So redet der Psalm von all dem, was auch das Herz des Apostels beim Diktat dieses seines Briefes nach Korinth bewegte. Paulus empfindet das ganze Beten des Psalmisten als sein eigenes Denken und Reden mit Gott. Er hat **„denselben Geist des Glaubens"** wie der, der im 116. Psalm seine Erfahrung mit Gott bezeugt. Darum läßt sich Paulus durch alle Bedrängnisse und Nöte nicht den Mund verschließen: **„So glauben auch wir, darum reden wir auch."** Wirkliches Glauben will aus sich herauskommen. Und das erste und das nächste dabei ist das Herauskommen in Wort und Bekenntnis[176]. **„Glauben"** und **„Reden"** hat einen engen Zusammenhang, den schon der Psalmist erfahren hat und den auch der Apostel kennt. Dieses Redenmüssen aus dem Glauben heraus zeigt seine innere Macht bei Paulus besonders deutlich, weil es diese aus dem Glauben kommende Verkündigung Jesu ist, die den Apostel sehr real in immer neue Todesgefahr stürzt. Aber Paulus hat dabei
gerade in seinem Glauben einen starken Trost. Im Glauben „weiß"
er etwas Entscheidendes für sein Leben und Sterben: **„indem wir** 14
**wissen, daß der, der den Herrn Jesus auferweckt hat, auch uns mit
Jesus auferwecken wird und darstellen wird zusammen mit euch."**
Schon in Kap. 1, 9 hatte Paulus bezeugt, wie der Blick seines Glaubens auf den Gott gelenkt wurde, der die Toten auferweckt. In der Auferweckung Jesu ist dieser Gott ganz konkret und herrlich offenbar geworden. Darum ist für den Glaubenden im Neuen Bund, der Ostern sieht, weit überschritten, was der Glaubende des Alten Bundes, der Beter des 116. Psalms, besaß. Dieser sah Gott wesentlich in der Geschichte seines eigenen Lebens. Paulus aber schaut auf Gottes Taten in Jesus. Diese Taten aber gelten allen denen, die an Jesus glauben. Paulus weiß mit voller Gewißheit, daß der Gott, der Jesus auferweckt hat, **„auch uns mit Jesus auferwecken wird[177]"**. Weil Jesus „für uns" kam und „für uns" dahingegeben wurde, darum gilt dieses verklammernde **„mit Jesus"** für jeden, der sich zum Eigentum Jesu teuer erkaufen ließ. Darum kann Paulus „an seinem sterblichen Fleisch" alles Leiden für Jesus und seine Gemeinde ertragen und sein irdisches Leben in den Tod geben. Vor ihm steht eine unverlierbare

[176] Das stumme Glauben nach Jo 12, 42 ist noch nicht der wirkliche, biblische Glaube.

[177] Auch uns helfen nicht philosophische Beweise für die Unsterblichkeit der Seele, nicht weltanschauliche Begründungen für hoffnungsvolle Gedanken. Auch wir finden Gewißheit angesichts der ganzen Macht und Wirklichkeit des Todes nur im Blick auf den heiligen Gott, der den Herrn Jesus auferweckt hat. Wir hören das Wort der Zeugen Gottes, und der Heilige Geist versiegelt uns die Wahrheit dieses Zeugnisses.

Zukunft in ihrer ganzen Herrlichkeit. Die Auferweckung aus dem Tode führt zu einem wunderbaren Triumph: Gott wird Paulus **„darstellen zusammen mit euch."** Diese **„Darstellung"** ist ein feierlicher Akt, vergleichbar einer Siegesparade nach gewonnenem Krieg. In dieser Darstellung kommt zur Vollendung, was jetzt schon in der Mitführung der zum Glauben Überwundenen im Triumphzug des Christus begonnen hat (Kap. 2, 14). Der Triumph des Christus ist jetzt noch „verborgen" „sub cruce tecta", unter dem Kreuz verborgen, wie Luther oft gesagt hat. Dann aber bei jener **„Darstellung"** wird es vor dem Weltall und vor den himmlischen Mächten offenbar sein. Dann, aber auch erst dann, werden die Korinther die „Herrlichkeit" ihres Apostels sehen, die sie jetzt vermissen und an seinem leidensvollen und zerschlagenen Leben nicht sehen können.

Dabei ist es bewegend und ein Zeugnis für das, was echte Liebe ist,
daß Paulus den Korinthern nicht warnend sagt: Uns leidbewährte
Zeugen wird Gott auferwecken und herrlich darstellen, aber werdet
ihr Korinther überhaupt mit dabei sein, die ihr die Leiden nicht teilt,
ja, mich der Leiden wegen noch tadelt und überhaupt eine so schwie-
rige und vielfach versagende Gemeinde seid? Nein, er weiß es nicht
anders und will es nicht anders wissen: Gott wird uns darstellen
„zusammen mit euch"[178]. Auch hier gilt ein **„zusammen mit"**, das aus
dem unlöslichen **„zusammen mit Jesus"** seine Wahrheit und seine
Kraft empfängt. „Was in dem Herrn sich findet, das währt in ihm
auch fort." Dieses Band zerreißt nicht, nicht einmal durch so viel
Undank und Untreue, wie sie als Schuld auf der Gemeinde lag. Pau-
15 lus unterstreicht das sogleich noch einmal. Sein ganzer Weg der
Leiden und Nöte hat sein Ziel nicht in seiner eigenen Verherrlichung,
sondern im Leben der Gemeinde. **„Das alles geschieht ja um euret-
willen."** So denkt, arbeitet, leidet die Liebe. Aber auch hier bleibt
Paulus nicht bei diesem **„um euretwillen"** stehen. Seine Liebe gehört
nicht nur der Gemeinde. Seine Liebe gehört dankend und anbetend
Gott, der in allem der Schaffende, Wirkende, Gebende ist. Von sei-
ner Gnade in Jesus kommt alles, was den wunderbaren Dienst des
Neuen Bundes füllt. Darum muß auch alles sein letztes Ziel finden
in der Verherrlichung Gottes, **„damit die Gnade reich wirkend durch
eine immer größere Zahl die Danksagung überströmen lasse zur
Verherrlichung Gottes"**. Hier sind Apostel und Gemeinde im Tiefsten
zusammengeschlossen. Arbeit und Leiden des Apostels lassen „Ge-
meinde" entstehen und ständig wachsen. Aber diese Gemeinde ist
nicht für sich selbst da. Sie lebt und wächst, damit **„durch eine immer**

[178] Wie tröstlich ist das auch für uns, die wir uns vor dem Leiden und Leben eines Paulus schämen müssen.

größere Zahl" die Danksagung **„überströmt"** und Gottes unaussprechliche Gnade preist. Diese Gnade hat aus verlorenen Menschen unter „dem Gott dieser Weltzeit" in der Tötung und Auferweckung Jesu und durch die Sendung der Diener des Neuen Bundes errettete Kinder des lebendigen Gottes gemacht. Wie muß nun Gott in dieser seiner reichwirkenden Gnade in wachsendem Maße erkannt und von immer mehr Menschen in anbetendem Dank verherrlicht werden! Wenn die Gemeinde in Korinth dieses große Ziel erfaßt und wirklich von Danksagung überströmt, dann kommt sie auch selber dadurch zurecht. Dann liebt sie ihren Apostel, durch dessen Leidensweg die rettende Gnade Gottes zu ihr kam. Dann will sie auch nicht mehr auf irgendwelchen eigenen „Höhen" stehen und kann nicht mehr in eifersüchtigem Personenkult ihre Gemeinschaft zerreißen. Der Blick auf Gottes Heiligkeit und der dankbare Lobpreis Gottes eint und verbindet. Dahin möchte der Apostel die Gemeinde in Korinth bringen.

IM STERBEN DES ÄUSSEREN MENSCHEN GESCHIEHT DIE ERNEUERUNG DES INNEREN MENSCHEN

2. Korinther 4, 16—18

16 **Darum werden wir nicht müde** (oder: mutlos), **sondern wenn auch**
unser äußerer Mensch aufgerieben wird, so wird doch unser inne-
17 **rer erneuert Tag um Tag. * Denn das augenblickliche Leichtgewicht**
der Drangsal wirkt im Übermaß zum Übermaß ein ewiges Schwer-
18 **gewicht an Herrlichkeit für uns, * die wir unsern Zielblick nicht**
richten auf das Sichtbare, sondern auf das Nicht-Sichtbare. Denn
das Sichtbare ist vorübergehend (zeitlich), **aber das Nicht-Sichtbare**
ist ewig.

Zu Vers 16:
Rö 8, 17. 18
Eph 3, 16
1 Pt 1, 6 f
Zu Vers 18:
Rö 8, 24 f
Hbr 10, 34
11, 1

Paulus sieht auf sein Leben und Wirken, das „die Tötung Jesu" 16
in voller Wirklichkeit an sich trägt. Er weiß, es handelt sich nicht um einzelne Notzeiten, die überwunden werden und dann ruhigen und glücklichen Abschnitten Platz machen; nein, die Kette der Bedrängnisse und Verfolgungen reißt nicht ab. Muß ihn das nicht doch endlich **„müde"** und mürbe machen? Paulus aber wiederholt gerade jetzt nach seinem Blick auf die notwendige Leidensgestalt seines Lebens, was er den Korinthern in 4, 1 versichert hatte: **„Darum werden wir nicht müde** (oder: mutlos)." **„Darum"** werden wir es nicht, weil der Blick auf das Leben, das er führt, zum Blick auf die kommende Herrlichkeit wurde. Im neuen Auferstehungsleben werden sie mit der geliebten Gemeinde zusammen „dargestellt" vor dem Angesicht des lebendigen

Gottes — wie könnte es vor diesem Ziel ein Ermatten und Verzagen geben?

Das macht Paulus noch einmal sich selbst und den Korinthern klar. Es ist schon jetzt seine Erfahrung mitten in allem Leiden: **„Wenn auch unser äußerer Mensch aufgerieben wird, so wird doch unser innerer erneuert Tag um Tag."** Gewiß, es ist bei Paulus und seinen Mitarbeitern deutlich zu sehen, ihr **„äußerer Mensch"** wird **„aufgerieben"**. Dieser ständige Einsatz, diese immer neuen Kämpfe und Bedrängnisse verzehren die Kraft, und wahrlich nicht nur die körperliche, sondern auch die geistige und seelische Kraft. Auch sie gehört mit zu dem, was Paulus den **„äußeren Menschen"** nennt[179]. Aber mitten darin erfährt Paulus, wie sich sein **„innerer Mensch"** Tag um Tag erneuert. Dieser **„innere Mensch"** ist nicht einfach der Mensch nach seiner geistigen Innenseite. Wer selber in anhaltendem Leiden gestanden hat, der weiß, wie gerade auch sein naturgegebenes „Innenleben" mit zermürbt wird und in Verzagtheit, Müdigkeit und Bitterkeit zu versinken droht. Nein, Paulus meint den Menschen, der „denselben Geist des Glaubens hat", den Menschen, der „mit unverhülltem Angesicht die Herrlichkeit des Herrn widerspiegelt und in dasselbe Bild umgestaltet wird" (3, 18; 4, 13). Dieser **„innere Mensch"**[180] wird Tag um Tag **„erneuert"**, so wie er und darum weil er von Tag zu Tag „umgestaltet" wird. Immer neu und immer gründlicher und erprobter ist der Glaube da. Immer neu wird der „Trost" Gottes in Ermutigungen und Errettungen erfahren. Dieser Mensch des Glaubens ermüdet nicht, sondern ist unermüdlich und immer freier und williger bereit zu dienen, zu leiden, zu sterben, damit durch ihn das Leben Jesu in andern wirksam wird.

17/18 Schon in V. 14 wandte sich der Blick zu dem großen Ziel der kommenden Herrlichkeit, zu der Auferweckung und der „Darstellung" zusammen mit der Gemeinde. Nun schildert der Apostel diesen Zielblick noch einmal in einer mächtigen Weise. Die Schau der Zukunft ist dabei ganz auf die Gegenwart bezogen. Und gerade durch diesen Bezug wird das ganze Bild so großartig und läßt Gegenwart und Zu-

179 Es ist wichtig, daß wir hier ebenso wie in Kap. 3, 6 bei den Ausdrücken „Buchstabe" und „Geist" die Worte des Apostels nicht „idealistisch" und „platonisch" mißverstehen. Seine aufreibenden Nöte sind nicht nur „äußerliche", denen ein unangetastetes „Innenleben" geistiger Art gegenübersteht. Er kommt nicht „innerlich überlegen" durch alle „äußere Not" hindurch.

180 Karl Barth hat gern formuliert: das sei der Mensch, „der ich nicht bin." Damit wird scharf ausgesprochen, daß ich in der Tat diesen neuen Menschen nicht als eine vorfindliche Größe mir selbst und andern zeigen kann. Unser „Leben" ist „verborgen mit Christus in Gott" (Kol 3, 3). Barths Formel darf aber nicht dazu führen, daß der „innere Mensch" im Sinne des Paulus eine unsichere und eine unwirkliche Sache wird! Paulus spricht von der Erneuerung des inwendigen Menschen mit großer und froher Bestimmtheit.

kunft in einem völlig neuen Licht und in unerwarteten Größenmaßstäben sehen. **„Denn das augenblickliche Leichtgewicht der Drangsal wirkt im Übermaß zum Übermaß ein ewiges Schwergewicht an Herrlichkeit für uns, die wir unsern Zielblick nicht richten auf das Sichtbare, sondern auf das Nicht-Sichtbare. Denn das Sichtbare ist vorübergehend** (zeitlich), **aber das Nicht-Sichtbare ist ewig."**

„Das augenblickliche Leichtgewicht der Drangsal", das können wir nicht mehr mißverstehen, nachdem wir vom „Überströmen der Christusleiden" (1, 5), vom Belastetwerden „im Übermaß, über Vermögen" (1, 8) und von der konkreten Gestalt und Schwere der Leiden in 4, 8—10 gelesen haben. Nicht ein unerfahrener Neuling macht in unverantwortlicher Weise fromme Worte über die Leichtigkeit der Leiden, die von ernstlich Leidenden nur mit Empörung gelesen werden könnten. Nein, ein Mann, der uns die ganze Last seiner Leiden in 11, 23—33 schildern wird, wagt es auszusprechen, daß alles Leiden doch nur **„leichtes Gewicht"** habe. Das ist schon deshalb so, weil es immer nur **„augenblicklich"** ist, nur jeweils diesen Augenblick erfüllt und mit der ganzen Zeitlichkeit vergeht. Dabei ist das Bild vom **„Gewicht"** so hilfreich. Ein „Gewicht" ist in sich selbst immer etwas Relatives. Ist ein Zentner „leicht" oder „schwer"? Das ist immer nur zu sagen im Vergleich zu andern Gewichten. Gegen ein Pfund ist freilich ein Zentner sehr „schwer"; aber für ein Schiff von 10 000 Tonnen ist ein Zentner eine Kleinigkeit. Gemessen an der eigenen Kraft des Paulus war „die Drangsal in der Asia" unerträglich schwer. Nun aber mißt er sein Leiden für Jesus[181] am **„Schwergewicht der Herrlichkeit"**, das schon darum dem Gewicht der Drangsal unendlich überlegen ist, weil es Ewigkeit besitzt. Gegenüber der Größe von „Unendlich" ist jede noch so große Zahl verschwindend klein. Göttliche „Herrlichkeit" überragt aber auch in sich selbst alles Leiden. „Die Leiden der Jetztzeit sind nicht der Rede wert gegen die Herrlichkeit, die an uns offenbar werden soll", wird der Apostel bald den Römern von Korinth aus schreiben (Rö 8, 18). Jesus hat es am Bild der gebärenden Frau klargemacht: wenn sie das Kind geboren hat, denkt sie nicht mehr an die Angst um der Freude willen, daß ein Mensch zur Welt geboren ist (Jo 16, 21). Wenn das Vollkommene kommt und das Stückwerk aufhört (1 Ko 13, 10), wenn Gott alles neu macht und selber die Tränen von unsern Augen wischt, wenn in einer erneuten Schöpfung ohne Leid und Geschei und Schmerz alles von Gottes Herrlichkeit leuchtet und strahlt (Offb 21), dann werden

[181] Es ist auch hier wieder daran zu erinnern: Paulus spricht von „thlipsis", von der „Drangsal", also vom Leiden um Jesu und der Gemeinde willen! Wie Paulus die „Schwere" langer, qualvoller Krankheit oder seelischer Leiden in einer notvollen Ehe und Familie bewertet hätte, wissen wir nicht.

die Leiden nur noch ein Schatten sein, der das Licht umso heller für uns macht.

Und nun stehen **„Drangsal"** und **„Herrlichkeit"** nicht nur so nebeneinander, daß man ihr Gewicht gegeneinander abwägen kann. Nein, **„Drangsal wirkt Herrlichkeit"**. Paulus hat das an Jesus gesehen. Weil Jesus sich entäußerte und den Leidensweg ging, gehorsam bis zum Tode, ja zum Tode des Kreuzes, „darum" hat Gott ihn „übererhöht und ihm den Namen über jeden Namen gegeben" (Phil 2, 5–11). Die „Tötung Jesu" führte zum wunderbaren „Leben Jesu". Dann aber kann es nicht anders sein bei denen, die Jesus gehören, die ihm dienen und darin an seiner „Tötung" und an seinem „Leben", an seiner „Erniedrigung" und an seiner „Erhöhung" teilhaben. Dabei unterstreicht Paulus noch einmal das unendliche „Übergewicht" der Herrlichkeit. Die Drangsal wirkt Herrlichkeit **„im Übermaß zum Übermaß"**. So steht es vor Paulus: Die wenigen Gramm kurzer Drangsal erwirken uns ganze Zentner ewiger Herrlichkeit.

Worin hat für Paulus dieses **„ewige Schwergewicht an Herrlichkeit"** bestanden? Er sagt es uns nicht. Aber da er in V. 14 auf seine Darstellung zusammen mit den Korinthern wartet und sich ebenso mit den Thessalonichern zusammen vor dem Angesicht Jesu in der Vollendung sah, und darin seine Freude oder Krone des Ruhmes erblickte (1 Th 2, 19), kann er auch hier bei der „Herrlichkeit" mit an die ganze Frucht seiner Arbeit und seiner Leiden im Dienst für Jesus gedacht haben. Die **„Zentner ewiger Herrlichkeit"** wären dann „Ernte" einer mühevollen Sämannsarbeit (vgl. Gal 6, 9).

Aber können auch wir das so sehen? Leben wir in dieser Haltung[182]? Paulus hebt es selbst mit Nachdruck hervor, daß es freilich nicht für jedermann so ist, sondern nur **„für uns"**, die wir eine bestimmte, grundlegende Bedingung erfüllen. Der „natürliche Mensch" kann das, was Paulus sagt, nur für Unsinn, für eine seltsame Überspanntheit halten. Es wird gerade hier deutlich, daß der „Glaubende", der Mensch in Christus, tatsächlich eine „neue Schöpfung" (5, 17) ist und sich radikal vom fleischlichen Menschen unterscheidet. Ein total neues „Sehen" ist ihm geschenkt. Es ist das freilich ein „Sehen" eigenster Art. Der paradoxe Ausdruck: „Sehen auf das Unsichtbare" (LÜ) macht uns das klar. Paulus verwendet hier aber nicht das einfache Wort für „Sehen", sondern den Ausdruck „skopeo". Darin klingt ein Hinweis

[182] Wie vielen „Christen" ist schon die kleinste Schwierigkeit, der geringste Nachteil um Jesu willen zu viel. Gern nehmen wir das Opfer Jesu an, wenn es nur uns kein Opfer kostet. Diese Lage in heutigen Gemeinden weist auf schwere Versäumnisse und Schäden in der Verkündigung der Botschaft hin. Die „billige Gnade" erweckt keinen Willen zu der „Säearbeit", die allein solche „Ernte" bringt, und zu einem Dienst unter Leiden, der „Dank für Golgatha" ist.

auf den „Skopus", auf jene Säule in der antiken Rennbahn, die als „Ziel" umrundet werden mußte und auf die darum der Blick des Läufers oder des Rennfahrers angespannt gerichtet war. Es geht um den **„Zielblick"**. Wohin richten wir ihn? Wo sehen wir das „Ziel" unseres Lebens[183]?

Nun ist Paulus wieder kein „Platoniker", der die Welt in zwei Stockwerken sieht und eine „obere", unsichtbare, geistige und allein wertvolle Sphäre von der sichtbaren, körperlichen, wertlosen Wirklichkeit unterscheidet. Die ganze Bedeutung, die der Leib und die Leibhaftigkeit für Paulus und seinen Lebenseinsatz hat (4, 10 f), macht das ebenso deutlich wie die Zusammenfassung seiner ganzen Hoffnung in dem Wort „Auferstehung". Es ist beachtlich, daß er an unserer Stelle nicht das Wort „ablepomena = Unsichtbares" bildet und auch nicht „ou blepomena" sagt, sondern auch hier die Verneinung durch das Wort „me" ausdrückt[184]. Das **„Nicht-Sichtbare"** ist also nicht seinem Wesen nach einfach „unsichtbar", sondern es ist das, was jetzt aus mancherlei Gründen noch nicht gesehen werden kann und soll. Es ist das, was sich dem Auge jetzt nicht darbietet. Daß die Realität der Ewigkeit nicht einfach „unsichtbar" an und für sich ist, zeigt 4, 4—6, wo Paulus von dem „Lichtglanz" spricht, der die Herrlichkeit Gottes „sehen" läßt. Ja, nach 3, 16 spiegeln wir diese Herrlichkeit so wirksam mit enthülltem Angesicht wieder, daß umwandelnde Kraft davon ausgeht. Aber **„noch nicht zu sehen"** ist die kommende Vollendung[185]. Paulus hat es den Korinthern schon im ersten Brief (13, 12) geschrieben: „Wir sehen jetzt durch einen Spiegel in einem dunklen Wort; dann aber von Angesicht zu Angesicht." Das „Zukünftige", nicht das „Jenseitige" als solches meint Paulus. Aber gerade dort im Zukünftigen liegt für die Glaubenden der „Skopus", das Ziel, gerade dorthin ist ihr Blick gerichtet. Sie können wirklich „durch den Horizont sehen[186]". Ihr Blick bleibt nicht hängen bei alledem, was jetzt für jedermann in Sicht ist und sich den Augen und

[183] Paulus hat in Phil 3, 13 f sein Leben als „Christ" unter diesem Bild des Läufers im Stadion gezeichnet. Nach vorwärts ausgestreckt läuft er um den kostbaren Siegespreis, die Augen auf den „Skopus", auf das Ziel gerichtet. Hat unser Christsein damit überhaupt eine Ähnlichkeit? Es ist doch wohl bezeichnend, daß wir vom „Christenstand" sprechen!

[184] Die grie Sprache kennt für unser deutsches Wort „nicht" zwei Ausdrücke der Verneinung: „ou" und „me". Das „ou" stellt lediglich eine Tatsache verneinend fest. Das „me" aber hat ein Streben der Verneinung in sich; es soll willentlich etwas verneint werden.

[185] Es ist für das rechte Verständnis unserer Stelle wichtig, daß der Apostel selbst diese „unsichtbare" Welt kennen lernte, als er „bis in den dritten Himmel" und „bis in das Paradies" entrückt wurde (12, 2—4). Das „Unsichtbare" ist also nicht im geringsten etwas mehr oder weniger „Unwirkliches"!

[186] Dies anschauliche Wort ergab sich in der Mission in der Südsee als Wiedergabe des Begriffes der „Hoffnung".

den Herzen der Menschen von selbst aufdrängt und sie völlig beschlagnahmen will. Paulus spricht ausdrücklich aus: **„Wir richten unsern Zielblick nicht auf das Sichtbare."** Natürlich „sehen" wir „das Sichtbare"; es ist auch nicht einfach bedeutungslos. Das „Ziel" aber unseres Lebens finden wir nicht darin. Unser **„Zielblick"** geht auf das **„Nicht-Sichtbare"**. Zu solchem Zielblick hilft den Glaubenden die Erkenntnis, daß alles Sichtbare nur für eine kurze Zeit besteht, „zeitweilig" ist und darum **„vorübergehend"**. Das jetzt **„Nicht-Sichtbare"** ist das Bleibende, das **„Ewige"**, das „Äonische", das den neuen Äon erfüllt. Der Glaubende durchschaut die seltsame Täuschung, der die Menschen von Natur unterliegen. Ihnen gilt die sichtbare Welt als das einzig Sichere und Lohnende; Gott und sein Reich erscheinen ihnen nebelhaft und ungewiß; wer dort sein Ziel sucht, ist in ihren Augen ein törichter Träumer. In Wirklichkeit ist es genau umgekehrt. Alles das, worum Menschen in dieser Welt mit allem Einsatz kämpfen, zerfällt und vergeht. So ist gerade der ein Tor, der hier mit Leidenschaft die Erfüllung seines Lebens sucht[187]. Der Glaubende ist der wirkliche Realist, der mit den endgültigen und bleibenden Realitäten rechnet. So steht der Apostel mit diesem Zielblick in seinen Arbeiten, Kämpfen und Leiden. Die Korinther werden ihn verstehen, wenn sie den gleichen realistischen Blick für die eigentliche Wirklichkeit haben.

DIE GEWISSHEIT DES PAULUS IM BLICK AUF SEIN STERBEN

2. Korinther 5, 1–10

Zu Vers 1: 2 Pt 1, 13 f Hbr 9, 11 11, 10
Zu Vers 2: Rö 8, 23
Zu Vers 3: Mt 22, 11 Eph 4, 24 Offb 3, 18
Zu Vers 4: Rö 8, 19–22 1 Ko 15, 51–53
Zu Vers 5: 2 Ko 1, 22 Rö 8, 14–16. 23 Eph 1, 13 f

1 Denn wir wissen, wenn unser irdisches Haus, das Leibeszelt, ab-
gebrochen wird, daß wir einen von Gott [stammenden] Wohnbau
haben, ein nicht mit Händen gemachtes, ewiges Haus in den Him-
2 meln. * Und auch in diesem [Zustand] seufzen wir ja, da wir
unsere Behausung, die aus dem Himmel stammt, darüber anzu-
3 ziehen begehren, * wenn wir auch wirklich als solche, die sich
4 angezogen haben, nicht nackt erfunden werden. * Denn als die
im Leibeszelt Befindlichen seufzen wir voll Beschwernis, um des
willen, weil wir nicht entkleidet, sondern überkleidet werden wol-
len, damit das Sterbliche verschlungen werde von dem Leben.
5 * Der uns aber eben dazu bereitete, ist Gott, der uns das Unter-

[187] Jesus hat diesen „Toren" im Bild des reichen Kornbauern dargestellt, der sich mit seinen großen Neubauten an Vorratshäusern so klug und überlegen vorkommt und der doch ein „Narr" ist. „Diese Nacht wird man deine Seele von dir fordern, und was wird sein, was du bereitet hast" (Lk 12, 13–21).

6 **pfand** (oder: das Angeld) **des Geistes gab. * Da wir nun jederzeit**
guten Mut haben und wissen, daß wir, solange wir unsere Heimat
7 **im Leibe haben, fern vom Herrn in der Fremde sind; * denn durch**
Glauben gehen wir unsern Weg, nicht durch den Anblick der
8 **Gestalt; * so haben wir doch guten Mut und wollen lieber aus-**
wandern aus dem Leibe und einwandern zu dem Herrn (oder:
9 unsere Heimat haben bei dem Herrn). *** Darum setzen wir auch**
unsere Ehre darein, ob wir daheim sind oder in der Fremde, ihm
10 **wohlgefällig zu sein. * Denn wir alle müssen vor dem Richterstuhl**
des Christus offenbar werden, damit ein jeder empfange, was er
durch den Leib gewirkt hat, nach dem, was er tat, es sei etwas
Gutes oder etwas Schlechtes (Untaugliches).

Zu Vers 6: Rö 8, 23 f Hbr 11, 13
Zu Vers 7: 1 Ko 13, 12 1 Pt 1, 8
Zu Vers 8: Phil 1, 23
Zu Vers 9: Ps 39, 13 Kol 1, 10 f
Zu Vers 10: Apg 17, 31 Rö 2, 16 14, 10 1 Ko 4, 5 Eph 6, 8

Wir stehen mit diesem Abschnitt vor Aussagen des Apostels, deren Auslegung und Verständnis sehr umstritten ist. Das hängt damit zusammen, daß wir es auch hier nicht mit einer grundsätzlichen theologischen Abhandlung zu tun haben, die ein Thema nach allen Seiten entfaltet, sondern mit einem Brief, der nur in Kürze andeutet und mancherlei Fragen offenläßt.

Es ist möglich, daß der Apostel jetzt mit auf Fragen eingeht, die in Korinth zu seinen Ausführungen 1 Ko 15 gestellt wurden[188]. Aber nach der ganzen Haltung des Briefes ist es doch wahrscheinlicher, daß unser Text die einfache Fortsetzung der Darlegung ist, die Paulus seinem Dienst widmet. Der Dienst des Neuen Bundes ist voll Herrlichkeit. Aber er ist ebenso voll Leiden und Gefahren. In der Asia sah Paulus sich erst vor kurzem unmittelbar dem Tode gegenüber. Jeden Tag kann ihn ein gewaltsames Sterben vor der Wiederkunft Jesu treffen. Dieses sein Sterben faßt er ins Auge und spricht von ihm als einem „Abbruch des Zeltes", einem „Entkleidetwerden", einem „Auswandern aus dem Leibe". Was wird dann aus ihm? Wie sieht er dem Sterben entgegen?

Der Apostel hat im Blick auf sein Sterben ein ganz festes und siche- 1
res **„Wissen"**. Er teilt es offenbar mit seinen Mitarbeitern, mit denen er auf gefahrvollen Wegen oft über das Sterben gesprochen haben wird **„Denn wir wissen, wenn unser irdisches Haus, das Leibeszelt, abgebrochen wird, daß wir einen von Gott [stammenden] Wohnbau haben, ein nicht mit Händen gemachtes, ewiges Haus in den Himmeln."** Was immer der Tod zerstören und fortnehmen mag, wir **„haben"** weit Besseres und Größeres! War unsere jetzige Wohnung

[188] Vgl. Schlatter in seinen „Erläuterungen" zu dieser Stelle.

nur ein **„Leibeszelt**[189]**"**, leicht zerbrechlich, vergänglich und zerstörenden Gewalten ausgeliefert, so steht vor unserm „Zielblick", der auf das Nicht-Sichtbare gerichtet ist (4, 18!) ein **„von Gott stammender Wohnbau"**. Dieser Bau ist nicht wieder zum Abbruch bestimmt. Hier schafft Gott etwas „Ewiges". Er gehört auch nicht der irdischen, vergänglichen Welt an, sondern ist **„in den Himmeln"**. Wenn Paulus hinzufügt **„nicht mit Händen gemacht"**, dann kann er vielleicht daran gedacht haben, daß wir unsern irdischen Leib nicht ohne menschliche Mitwirkung in Zeugung und Geburt empfangen. Wahrscheinlich aber ist der Ausdruck einfach durch das Bild des Hauses veranlaßt: alle Häuser werden mit „Händen gemacht"; aber dieses **„Haus in den Himmeln"** ist von völlig anderer Art[190].

Dieses Haus, zum ewigen Wohnen bestimmt, befindet sich **„in den Himmeln"**. So wird im NT auch von der neuen Gottesstadt Jerusalem gesprochen (Gal 4, 26; Offb 21, 2). Die neue Stadt und unser neuer Wohnbau werden nicht erst am Ende der Zeit erschaffen, sondern sind schon im „Himmel", also in der ewigen Welt Gottes, vorhanden. Welch eine Gewißheit ist das! Welch ein Trost für das Sterben liegt darin!

In welchem Sinne aber **„haben"** wir das neue **„Haus"**? Anders ausgedrückt: Wann bekommen wir es? Wird es sofort nach dem Sterben, nach dem Abbruch des „Zeltes" unsere dauernde Wohnung? Ist zur Erklärung unserer Stelle Jo 14, 2. 3 das Wort Jesu von dem Vaterhaus mit den vielen Wohnungen heranzuziehen? Der einfache Wortlaut des Satzes scheint es beim unbefangenen Lesen klar zu sagen: „Wenn das Zelt abgebrochen wird, *dann* haben wir ..." Der Apostel schreibt nicht: „Wenn das Zelt abgebrochen wird, trösten wir uns damit, daß wir später einmal haben werden ..." Gestützt wird ein solches Verständnis durch das, was Paulus in 12, 2–4 schreiben wird: Er hat „die Himmel" als volle Realität gesehen und war in das Paradies entrückt. Warum sollte dann eine solche Entrückung in die himmlische Welt nicht auch beim Sterben des Glaubenden geschehen? Und warum sollte er dann nicht dort den neuen **„Wohnbau"**, das **„ewige Haus in den Himmeln"** vorfinden? Hinzu treten Aussagen wie Phil 1, 23, die von einem „Sein bei Christus" sofort nach dem Sterben sprechen.

[189] Paulus nimmt hier einen grie Sprachgebrauch auf, der den Leib so sehr als „Zelt" ansieht, daß das Wort „Zelt" unmittelbar als Wort für „Leib" empfunden wird. Das Bild des „Zeltes" für den Leib findet sich aber auch in Jes 38, 12.

[190] Vgl. dazu aber auch Hbr 9, 11, wo „nicht mit Händen gemacht" bedeutet: nicht dieser vergänglichen Schöpfung zugehörig. Paulus kann das Wort auch an unserer Stelle ähnlich empfunden und gebraucht haben.

Aber wir achten auch auf Aussagen wie 2 Tim 4, 8: Die Krone der Gerechtigkeit liegt für den Apostel „hinfort bereit"; aber der Herr wird sie ihm doch erst „an jenem Tage" geben, wenn er sie auch allen andern verleiht, die seine Erscheinung liebhaben. Können wir so nicht auch das himmlische Haus zwar „haben" und es doch erst an „jenem Tage" wirklich „bekommen", sei es in der „Auferstehung", sei es im „Überkleidetwerden"?

Sehr ernst zu nehmen ist die Frage: Wenn wir sofort nach dem Sterben das neue **„Haus"** erhalten, wo bleibt dann überhaupt die „Auferstehung", die wir sonst immer als Beschenkung mit dem neuen „Herrlichkeitsleib" verstehen? Ist etwa in V. 1 anders als in V. 2 mit dem „Wohnbau" nicht der persönliche Leib gemeint, sondern tatsächlich das „Vaterhaus mit den vielen Wohnungen"? Daß der Apostel seine Bilder rasch wandeln und anders wenden kann, haben wir vielfach beobachtet[191]. Oder hat er im Laufe der Zeit seine ganze Anschauung selber geändert und erwartet jetzt, in der Nähe des eigenen Sterbens, das Geschenk des neuen Leibes nicht erst bei der Parusie, sondern sogleich nach dem Sterben? Hängt das damit zusammen, daß er des „Zusammenseins mit Christus" unmittelbar nach dem leiblichen Tod gewiß ist (Phil 1, 23), sich aber einen „leiblosen" Lebenszustand gar nicht vorstellen kann? Hat er im Paradies Kinder Gottes in ihrem neuen Leibe gesehen? Wir können alle diese Fragen nicht beantworten. Die Aussagen des Apostels sind in unsern Versen und an andern Stellen viel zu knapp. Immer sind es ja „Briefsätze" und keine Abschnitte eines theologischen Lehrbuches, die wir vor uns haben.

Eine „Auferstehung der Toten" wäre jedenfalls dadurch noch nicht ausgeschlossen, daß wir den neuen Leib gleich nach dem Sterben empfingen. Es ist hier bedeutsam, daß Jesus selber den Sadduzäern gegenüber in der Auferstehungsfrage auf das *gegenwärtige* „Leben" der Väter bei Gott hinweist und darin keinen Widerspruch gegen die „Auferstehung" sieht (Lk 20, 37. 38). Die „Auferstehung der Toten" würde dem „Herabkommen" des neuen Jerusalem aus der Himmelswelt entsprechen. Auch diese wunderbare Stadt Gottes ist ja bereits im Himmel vollendet da; aber zur lebendigen Wirksamkeit gelangt sie erst durch ihr Herabkommen auf die neue Erde. Die „Auferstehung der Toten[192]" wäre so das Geschenk einer neuen, lebendigen Anteilnahme an der Vollendung der Gottesgeschichte in den großen Taten des kommenden Herrn.

In keiner Weise zutreffend ist der Einwand, daß eine solche Fassung der Hoffnung die ganze Eschatologie überflüssig mache, auf die der Apostel doch sonst das ganze Gewicht lege. Es wird gesagt: Wenn

[191] Vgl. 1 Ko 3, 10. 11; 2 Ko 3, 2. 3; 5, 2; 5, 3.
[192] Natürlich nur, soweit sie „Tote in Christus" (1 Th 4, 16) sind!

Paulus nach dem Sterben sogleich den neuen Bau im Himmel habe, in dem er wohnen darf, hätte er dann nicht „alles" und kann auf Parusie, Auferweckung, Entrückung verzichten? So könnte Paulus aber nur denken, wenn er „Individualist" wäre, der lediglich nach seinem persönlichen Ergehen und seiner eigenen Seligkeit fragt[193]. Paulus war von solchem Denken völlig getrennt. Er war durch Jesus ein von sich selbst Befreiter geworden, der „für Gott lebte" (Rö 6, 11; 7, 4). Wir sahen, wie sehr auch in unserm Brief die Ehre Gottes für ihn immer wieder das letzte Ziel war, auf das sein Blick gerichtet blieb. „Dein Name werde geheiligt, dein Reich komme, dein Wille geschehe wie im Himmel, so auf Erden", dies Verlangen lebte in ihm. Wenn Paulus nun beim Sterben den neuen Bau im Himmel vorfand, war damit das Reich Gottes hereingebrochen? Waren die gewaltigen Pläne Gottes mit seiner Schöpfung und Menschheit zum Ziele gekommen? War dadurch Jesus verherrlicht und sein in Kreuz und Auferstehung begründetes Werk vollendet[194]? Die persönliche Hoffnung im Sterben macht die große eschatologische Hoffnung nicht im geringsten überflüssig! Darum steht auch im Philipperbrief beides nebeneinander: Phil 1, 23 und Phil 3, 20 f, ohne daß das eine das andere entwertet und verdrängt.

2 Aber wird nicht die „eschatologische Auslegung" des 1. Verses unvermeidlich, wenn wir die nächsten Verse ins Auge fassen? Sogleich in V. 2 bekennt der Apostel ein tiefes „Seufzen" im Blick auf sein etwaiges Sterben vor dem Kommen des Herrn. Könnte er noch „seufzen", wenn er gewiß wäre, durch das Sterben hindurch sofort zu seinem Herrn zu gelangen und dort sogar den neuen Wohnbau vorzufinden? Wird sein „Seufzen" nicht nur dann verständlich, wenn er sich vor einem „nackten", d. h. „leiblosen" und öden Zustand fürchtet, dem er beim Sterben vor der Parusie anheimfallen muß? Sagt das nicht gerade der 2. Vers? Wenden wir uns seiner Auslegung zu.

„Und auch in diesem [Zustand] seufzen wir ja, da wir unsere Behausung, die aus dem Himmel stammt, darüber anzuziehen begehren." Paulus kennt im Blick auf das Sterben ein Seufzen. Wie tröstlich ist das für uns, die wir es wahrlich auch kennen! **„Auch in diesem Zustand"**, auch wenn wir den neuen, ewigen Wohnbau mit Gewißheit vor uns sehen, **„seufzen wir"**. Warum? Paulus antwortet eindeutig: **„da wir unsere Behausung, die aus dem Himmel stammt, dar-**

[193] Freilich ist solcher Individualismus gerade auch in gläubigen Kreisen zur Herrschaft gekommen und hat hier tatsächlich die große biblische Hoffnung verdrängt. In Grabreden kann es so klingen, als habe der gläubig Verstorbene wirklich „alles" und sei im Sterben sofort zur „Herrlichkeit" gelangt.

[194] Es ist in diesem Zusammenhang beachtenswert, daß Jesus selbst, der mit seiner Erhöhung zur Rechten Gottes wirklich „alles hat", dennoch ein „Wartender" ist, weil auch er nicht nach sich selbst fragt. Vgl. Hbr 10, 12 f.

über anzuziehen begehren." Paulus sträubt sich gegen das **„Ausgezogenwerden"** und begehrt statt dessen, das neue Haus **„darüber anzuziehen"**. Er wandelt dabei sein eben gebrauchtes Bild: Aus dem „Haus" wird vielmehr ein „Gewand", das man über eine andere Kleidung anziehen kann, wie aus dem „Zelt" ein „Kleid" wird, das einem — im Sterben — ausgezogen wird. Das ersehnte **„darüber anziehen"** würde an Paulus geschehen, wenn er die Parusie seines Herrn noch auf Erden miterlebte. Danach verlangt er.

Wir lassen den zwischen eingeschobenen, kurzen Satz in V. 3 zu- 4
nächst beiseite. In V. 4 wiederholt und unterstreicht der Apostel noch einmal, was er in V. 2 schrieb. **„Denn als die im Leibeszelt Befindlichen seufzen wir voll Beschwernis, um des willen, weil wir nicht entkleidet, sondern überkleidet werden wollen, damit das Sterbliche verschlungen werde von dem Leben."** Paulus wehrt sich gegen das Sterben als solches! Denn das Sterben ist schwer und hart, ganz einerlei, was danach auf uns wartet. Es geht dabei hindurch durch einen „Abbruch", durch ein „Ausziehen"; es ist ein „Auswandern" aus dem Leibe und damit aus der ganzen gewohnten und vertrauten Existenz. Keine Sorge, daß wir mit der Gewißheit einer neuen, lebendigen Existenz sogleich nach dem Tode dem Sterben seinen Ernst nehmen[195]! Solange wir in diesem vergänglichen Zelt leben, **„seufzen wir voll Beschwernis"**. Der Tod bleibt der **„Feind"**. Wir leiden darunter, daß ein vom Glauben und Heiligen Geist erfülltes Leben nicht „plötzlich in einem Augenblick" (1 Ko 15, 52) unmittelbar in die volle Herrlichkeit einer neuen Existenz übergehen kann, sondern den oft langen und mühsamen Prozeß des Zeltabbaus mit seinen Lasten, Beschwerden, Schmerzen erdulden muß[196]. Wenn wir die Parusie des Herrn erlebten, dann bliebe uns das alles erspart. Das Sterbliche würde **„verschlungen von dem Leben"**. Das „darüber angezogene" neue Gewand ließe das alte einfach verschwinden. Das ersehnen und wünschen wir! Aber es ist ungewiß, ob wir es erlangen. Paulus muß damit rechnen, die Wiederkunft seines Herrn nicht mehr auf Erden zu erleben, sondern schon vorher den Tod zu schmecken. Das ist und bleibt ihm schwer und ein Grund zum Seufzen.

Wie aber ist in diesem Zusammenhang der kurze Satz in V. 3 zu 3
verstehen? Die Vertreter der rein eschatologischen Auslegung unse-

[195] Es haben daher auch die Gläubigen, die in ganzer Hoffnung auf ein sofortiges Daheimsein beim Herrn starben, das Sterben keineswegs verharmlost und als eine leichte Sache empfunden. Der Ernst des Sterbens liegt nicht im Versinken ins „Nicht-sein" oder in einen „nackten" Zustand. Er liegt im Durchleben des Zerbrechens und Ausgezogenwerdens und in den Anfechtungen, „wenn der Feind wird das Leben verklagen".

[196] Man vergesse nicht die oftmals großen Nöte des Alterns, die den kraftvollen Zeugen zu einem Bündel von Schwachheit und Kümmerlichkeit machen und gerade auch seine geistigen Fähigkeiten erschütternd zerstören können.

res Abschnittes finden hier eine entscheidende Bestätigung ihrer Auffassung und übersetzen: „da wir ja nur dann, wenn wir diese (Behausung) angezogen haben, nicht werden nackt erfunden werden[197]." Aber das für solche Auslegung und Übersetzung entscheidende Wort „diese Behausung" steht nicht im Text[198]. Und was soll das gewichtige Wort „erfunden werden", wenn Paulus hier nur von seiner eigenen Scheu vor einem „nackten", „leiblosen" Zustand spräche? Ein „**Erfunden werden**" ist das Ergebnis eines richterlichen Prüfens. Es ist der Herr selbst, der uns bei seiner Parusie „bekleidet" oder „nackt" „**findet**". Paulus hat hier, wie er es gern tut, sein zuerst gebrauchtes Bild vom „Anziehen" anders gewendet[199]. Er denkt an jenes „Anziehen", das für die vom Schlaf Erwachten notwendig ist, das „Anziehen des Herrn Jesus Christus", das er Rö 13, 14 ebenfalls in eschatologischem Zusammenhang nennt, das er Gal 3, 27 zum grundlegenden Kennzeichen des wirklichen Christseins macht und das in Eph 4, 22—24; Kol 3, 9 f die umfassende Grundlage des Existenzwandels beim Gläubigen ist. Die Sehnsucht, bei der Parusie, unsere Behausung vom Himmel „darüber anzuziehen", kann sich nur dann erfüllen, **„wenn wir wirklich als solche, die sich angezogen haben, nicht nackt erfunden werden"**. Würden wir „nackt" und voll Scham und Furcht (1 Mo 3, 10) das Auge des Herrn scheuen müssen, wäre unser Hoffen vergeblich[200].

5 Wir wissen nicht, wie es mit uns und unserm Leben und Sterben wird. Darum hob Paulus noch einmal das Schwere in unserer Lage in V. 4 hervor. Dabei dürfen wir aber wissen, daß unser Sehnen, ohne Sterben in unmittelbarer Verwandlung zum Leben zu gelangen, von Gott selbst in uns hineingelegt und darum unser „Seufzen", unser Bangen vor dem Sterben, nichts Sündliches ist. **„Der uns aber eben dazu bereitete, ist Gott, der uns das Unterpfand** (oder: das Angeld) **des Geistes gab."** Menschen, in denen der Geist Gottes wohnt und die darum Anteil an Gottes Leben haben, empfinden den Tod nicht weniger, sondern noch viel mehr als Feindesmacht. Darum war gerade Jesus, dem Sohn Gottes, der Tod nicht etwas Leichtes, sondern etwas, mit dem er aufs schwerste zu ringen hatte. Es darf doch nicht vergessen werden, daß der Tod nichts „Natürliches" ist, sondern Gericht Gottes, das in die Verfügungsgewalt des Teufels gegeben ist (Hbr

[197] So NTD Band 7 S. 168, 7. Auflage.

[198] Zu beachten ist auch, daß das im Satz stehende „ei ge kai" niemals „da ja", sondern an allen Stellen (Eph 3, 2; 4, 21; Kol 1, 23 und vor allem Gal 3, 4) „wenn anders", „wenn wirklich" bedeutet.

[199] Vgl. Anm. Nr. 191.

[200] A. Pohl erinnert in seiner Auslegung der Offb zu 3, 17 daran, daß im Altertum Verurteilte entkleidet wurden (W. Stb. S. 155). Dem entspräche die Verwendung des Wortes „nackt" an unserer Stelle. Wenn wir „nackt" sind, sind wir Verurteilte.

2, 14). Muß denn ein Kind Gottes diesen Tod noch durchleiden? Schon in Kap. 1, 22 hatte Paulus den Geist in unsern Herzen ein „Unterpfand" oder eine „Anzahlung" genannt. **„Pfand"** und **„Anzahlung"** sind noch nicht die volle Summe, sondern nur ein kleiner Teil davon; aber sie garantieren uns, daß wir die ganze Summe erhalten werden. Der Geist Gottes in unsern Herzen ist schon „ewiges Leben", aber nur in seinem ersten Anfang. Aber „wenn nun der Geist des, der Jesus von den Toten auferweckt hat, in euch wohnt, so wird derselbe, der Jesus Christus von den Toten auferweckt hat, auch eure sterblichen Leiber lebendig machen durch seinen Geist, der in euch wohnt" (Rö 8, 11). So erweckt und bereitet uns Gott selbst zu dem sehnenden Verlangen nach der vollen Erfüllung, nach dem Verschlungenwerden des Sterblichen von dem Leben.

Mit den nächsten Versen nimmt unser Abschnitt eine deutliche und 6
überraschende Wendung. Eben noch lasen wir vom „Seufzen voll Beschwernis". Nun spricht der Apostel auf einmal von **„jederzeit guten Mut haben"**. In V. 2–5 war der Blick des Paulus auf das „Überkleidet-werden" bei der Parusie gerichtet. Ein innerstes Seufzen war in ihm, wenn er an ein Sterben vor dem Kommen Jesu dachte. Jetzt aber beherrscht in V. 6–8 vielmehr das Wort vom **„guten Mut"** die Aussagen des Apostels. Wie kommt es dazu? Wie wird das **„Seufzen"** durch **„guten Mut"** überwunden? Das ist von V. 5 her wohl zu verstehen. Der Blick ging hier zu Gott, der uns **„dazu bereitet"**, das Überkleidetwerden zu begehren. Ist es dann nicht ebenso Gott, der Paulus in das Sterben führt und ihn auch dazu „bereitet"? Und bleibt das „Unterpfand des Geistes" nicht gültig, auch wenn der leibliche Tod durchlitten werden muß? So kann Paulus neu einsetzen: **„Da wir nun jederzeit guten Mut haben."** In diesem guten Mut wird der Blick frei für ganz entscheidende Tatbestände, die den Blick auf den Tod verändern und dem „Seufzen" ein Gegengewicht entgegenstellen. Wir **„wissen, daß wir, solange wir unsere Heimat im Leibe haben, fern vom Herrn in der Fremde sind."** Wie so oft im biblischen Zeugnis stoßen wir auf einen scheinbaren „Widerspruch" in den Aussagen des Apostels. Hat uns Paulus nicht nachdrücklich eingeprägt: „Christus lebt in mir"? Geht nicht der Ausdruck „in Christus" und „zusammen mit Christus" durch seine Briefe vielfältig hindurch? Hat er uns nicht eben (3, 18) gesagt, daß wir mit unverhülltem Angesicht die Herrlichkeit des Herrn so widerspiegeln, daß wir dadurch in dasselbe Bild verwandelt werden? Und nun heißt es auf einmal: **„fern vom Herrn
in der Fremde"**? Aber auch dies ist volle Wahrheit. Paulus erklärt 7
uns das selbst sogleich mit dem hinzugefügten Satz: **„Denn durch Glauben gehen wir unsern Weg, nicht durch den Anblick der Gestalt."** Wohl konnten wir zu Kap. 4, 4–6 feststellen, daß es im Evangelium

nicht nur etwas zu „hören" gibt, sondern daß da auch im hellen Licht etwas zu „sehen" ist. Aber es ist nicht der **„Anblick der Gestalt"**[201]. So real der Herr als der Geist in uns wohnen und wirken mag, so sehr wir alles „in Christus" tun dürfen, wir sehen ihn dennoch jetzt nicht, „wie er ist". Wir haben ihn nicht so, wie wir ihn zu haben verlangen, und erleben das **„in der Fremde sein"**, das **„fern vom Herrn sein"** oft genug in voller Schwere. Darum ist ja die Gemeinde erfüllt von der brennenden Sehnsucht nach der neuen „Anwesenheit" („parusia") ihres Herrn! Jetzt ist sie an das **„Glauben"** gewiesen und muß so existieren, wie es im großen Glaubenskapitel des Hebräerbriefes von den Vätern des Glaubens geschildert ist (Hbr 11, 13). Das Leben im Glauben ist kostbar und reich, und es ist doch zugleich schwer und
8 voll Entbehrung. Darum fährt Paulus fort: **„So haben wir doch guten Mut und wollen lieber auswandern aus dem Leibe und einwandern zu dem Herrn** (oder: unsere Heimat haben bei dem Herrn)." Damit tritt das Sterben in ein neues Licht. Wir gewinnen dadurch einen ganz neuen und **„guten Mut"**. Es ist nicht mehr nur eine Sache des Seufzens, sondern wird etwas, das wir **„lieber wollen"**. Diese Betrachtung des Sterbens entspricht genau dem, was Paulus einige Jahre später den Philippern schreiben wird (Phil 1, 23).

In diesem 8. Vers spricht Paulus unzweifelhaft und klar von einem Kommen zum Herrn sogleich bei seinem Sterben. **„Aus dem Leibe auswandern**[202]**"** ist nicht Beschreibung der „Verwandlung" bei der Parusie, des „Überkleidetwerdens", sondern des Sterbens. Dieses **„Auswandern aus dem Leibe"** führt dazu, daß wir **„unsere Heimat haben bei dem Herrn"**. Diese Aussage entspricht genau der von Phil 1, 23. In beiden Stellen faßt Paulus den „Gewinn" des Sterbens ins Auge und kommt von da aus zu einer Bejahung des Sterbens, die das „Seufzen" überwindet und geradezu ein **„lieber wollen"** des Sterbens begründet. Dabei muß Paulus aber die Aussage der Verse 2–4 nicht zurücknehmen! Was der Apostel in diesen Versen gesagt hat, das ist wahr und bleibt bestehen. Der scheinbare „Widerspruch" zwischen dem ersten und dem zweiten Teil unseres Abschnittes ist nur der Ausdruck für die Lebendigkeit unseres inneren Lebens, der sich nicht logisch und gradlinig aussprechen läßt. Es ist wirklich so, daß wir das Sterben als ein hartes Zerbrechen, Entkleidet-werden, Auswan-

[201] Das hier von Paulus gebrauchte Wort „eidos" heißt zunächst einfach „eine Gestalt"; erst von da aus kann es auch die Bedeutung des „Schauens" annehmen, wobei aber immer das Schauen einer sichtbaren Gestalt hindurchklingt.

[202] Schon die Verwendung des Bildes vom „Zelt" in V. 1 zeigt mit völliger Deutlichkeit, daß der Apostel nicht an den totalen Tod des ganzen Menschen beim leiblichen Sterben dachte. Wenn ein Zelt „abgebrochen wird", sind doch damit die Bewohner des Zeltes nicht vernichtet! Die Schilderung des Sterbens in V. 1 spricht vom Ende des „Leibeszeltes", nicht vom Ende des ganzen Menschen.

dern fürchten und es zugleich dennoch als ein Heimkommen aus der Fremde zu unserem Herrn begrüßen[203]. Es bleibt trotzdem bei dem Sehnen, die Parusie des Herrn zu erleben und ohne Sterben unmittelbar in die Lebensfülle der neuen Existenz einzugehen.

Aber auch hier ist die ganze innere Haltung kennzeichnend, die wir 9
bei allen Aussagen des Paulus über die kommenden Dinge wahrnehmen können. Nie bleibt Paulus bei der Ausmalung der Zukunft als solcher stehen. Nie liegt ihm daran, ein fugenloses System von Anschauungen zu gewinnen, in das wir uns rein theoretisch vertiefen könnten. Immer zeigt uns der Apostel die Bedeutung der Zukunftsgewißheit für unser Handeln in der Gegenwart. Das gewaltige Auferstehungskapitel 1 Ko 15 schließt mit dem Zuruf: „Nehmt immer zu in dem Werk des Herrn!" Und der an unserer Stelle gegebene Ausblick auf das Geschehen bei seinem Sterben erweckt im Apostel einen „Ehrgeiz", den Ehrgeiz, dem Herrn zu gefallen. **„Darum setzen wir auch unsere Ehre darein, ob wir daheim sind oder in der Fremde, ihm wohlgefällig zu sein."** Die eben gebrauchten Worte „Einwandern" und „Auswandern" werden jetzt ohne Objekt verwendet und bezeichnen dadurch stärker den Zustand des **„Daheimseins"** oder des Lebens **„in der Fremde"**. Paulus gibt ja gern einem eben verwendeten Bild sogleich eine andere Richtung[204]. Jedenfalls möchte er beim „Einwandern" nicht vor den Augen seines Herrn sich fürchten müssen, sondern gern mit einem Blick des „Wohlgefallens" willkommen geheißen werden. Dann aber ist es nötig, jetzt schon **„in der Fremde"** nach dem Willen des Herrn zu fragen und die Zufriedenheit des Herrn zu erlangen.

„Denn wir alle müssen vor dem Richterstuhl des Christus offenbar 10
werden, damit ein jeder empfange, was er durch den Leib gewirkt hat, nach dem, was er tat, es sei etwas Gutes oder etwas Schlechtes (Untaugliches)." In den Kirchen wird weithin gelehrt, Paulus spreche hier vom Weltgericht, vor dem auch wir Christen offenbar werden müssen, um nach unsern Werken gerichtet zu werden. Wirklich seltsame theologische Künste sind dann nötig, um dieses Gericht nach den Werken mit der Botschaft von der Rechtfertigung allein durch den Glauben ohne Werke zu vereinen! Der Irrtum stammt aus der Blindheit für den radikalen Unterschied von „Gemeinde" und „Welt". Solange man der Illusion unterlag, alle Welt sei „christlich", weil im „christlichen Abendland" die meisten Menschen irgendwie einer Kirche an-

[203] Dieses eigentümliche Ineinander von Fürchten und Verlangen durchlebt jeder sterbende Christ in seiner Weise, wobei jeweils das eine oder das andere stärker hervortreten kann. Aber kein Christ wird ganz ohne Bangen und keiner ganz ohne Freude dem Sterben entgegengehen.

[204] Vgl. Anm. Nr. 191.

gehörten, solange konnte man auch das Gericht über die Gemeinde mit dem „Weltgericht" zusammenwerfen. Dabei hätte man schon aus 1 Ko 6, 2 f wissen können, daß im „Weltgericht" die „Heiligen" auf seiten des Herrn als Richter mitwirken und darum nicht als „Gerichtete" dort stehen können. Ein Apostel Paulus hätte niemals die „Welt" mit der „Gemeinde" in einem **„wir alle"** zusammengefaßt! Wie klar stellt er in 1 Ko 5, 12 „die draußen" der Gemeinde gegenüber. Nein, **„wir alle"**, das sind gerade nur wir Glaubenden, wir Erretteten, wir, die wir einmal mit Jesus die Welt richten werden. Aber gerade **„wir"** müssen **„offenbar werden vor dem Richterstuhl des Christus"**. Warum denn? Wir sind doch schon gerechtgesprochen und errettet? Bei diesem Gericht über die Gemeinde geht es nicht um Verlorengehen oder Errettetwerden. Das wird bei der Schilderung dieses Gerichtes in 1 Ko 3, 11 ff in V. 15 deutlich. Auch der, dessen Lebenswerk an jenem Tage im Feuer Gottes verbrennt, ist und bleibt selber ein Erretteter. Aber über unser Lebenswerk, über unsere Mitarbeit beim Bau der Gemeinde, ergeht das Gericht mit großem Ernst. Es erfolgt, **„damit ein jeder empfange, was er durch den Leib gewirkt hat, nach dem, was er tat, es sei etwas Gutes oder etwas Schlechtes** (Untaugliches)". Hier empfängt jeder etwas, nicht für das, was er in seinem Herzen wünschte, plante, dachte – obwohl freilich nach 1 Ko 4, 5 gerade die „Ratschläge des Herzens" vom Herrn offenbar gemacht werden –, sondern für das, was er **„durch den Leib gewirkt hat"**, was er also konkret und leibhaftig verwirklichte. Paulus fügt ausdrücklich hinzu, **„es sei Gutes oder etwas Schlechtes** (Untaugliches)". Es geht hier nicht um das moralisch Gute oder Böse, sondern um das im Gemeindeaufbau Gute oder Schlechte, um das, was mit „Gold, Silber, kostbaren Steinen", und das, was mit „Holz, Stroh, Rohr" zu vergleichen ist (1 Ko 3, 12). Darum verwendet der Apostel hier auch nicht das Wort für „böse", das er etwa in Rö 12, 21 gebraucht, und auch nicht jenes Wort, das in Jo 3, 19 die „bösen Werke" als mit „dem Bösen" in Verbindung stehend bezeichnet. Was Glaubende „durch den Leib wirken", ist sicher nichts „Böses"; aber es kann „Untaugliches" und in diesem Sinne „Schlimmes" sein. Wer als Glaubender rühmt und mit Recht rühmt, daß er nicht ins Gericht kommt, sondern einmal die Welt mitrichten wird, der stelle sich doch den Ernst dieses Gerichtes über sein Lebenswerk deutlich vor Augen. Es kann das auch für Errettete durch tiefen Schmerz und Beschämung gehen! Jeder Glaubende muß daher wie ein Paulus „seine Ehre darin suchen", Jesus „wohlgefällig zu sein".

EXKURS: DAS NTST ZEUGNIS ÜBER UNSER STERBEN

Was sagt das ntst Zeugnis über unser Sterben? Der Abschnitt 5, 1—10, den wir recht zu verstehen suchten, ist für uns alle von unmittelbarer Wichtigkeit. Wir alle sind Sterbende. Noch eine kurze Zeit, und wir müssen in das Sterben hinein. Wie wird es dann mit uns?

Wie immer wir den 1. Vers des Abschnittes verstehen mögen, eindeutig ist, daß der Apostel in den Versen 5—8 vom Sterben als einem „Auswandern aus dem Leibe" und „Einwandern zum Herrn" spricht. Ist das aber vielleicht eine vereinzelte Aussage, die wir nicht überbewerten dürfen? Wie steht es mit dem Zeugnis des ganzen NT? Wird von andern, wesentlichen Stellen her bestätigt, was Paulus in unserm Abschnitt positiv von unserm Sterben sagt?

1. Paulus war sicher kein „Platoniker". Aber das Wissen um eine „Seele", die nur für eine Zeit mit dem Leibe verbunden ist, ist nicht nur „platonische Philosophie". Es ist ein Wissen der Menschheit. Aus Kap. 12, 2—4 sehen wir, wie selbstverständlich der Apostel damit rechnet, daß er mit seiner Person und ihrem Erleben „außer dem Leibe" gewesen sein könne. Eine verbreitete Übersteigerung der Verbundenheit von Leib und Seele zur völligen Einheit ist nicht biblisch.

Die nächste Parallele zu unserm Abschnitt haben wir in Phil 1, 21—23. Daß Paulus hier nicht an ein späteres „bei dem Herrn sein" nach der Parusie denkt, sondern an ein sofortiges Kommen zu Jesus, geht aus der Tatsache hervor, daß er das Sterben einen „Gewinn" nennt. Das könnte er niemals tun, wenn das Sterben ihn gänzlich vernichtete. Dann wäre es ein totaler Verlust, der erst bei der Parusie durch eine totale Neuerschaffung wieder wettgemacht würde.

Sehr wesentlich ist Rö 14, 7—9. Es gibt genau so ein „dem Herrn sterben" wie es ein „dem Herrn leben" gibt. Ein „dem Herrn sterben" kann schwerlich in der Katastrophe einer gänzlichen Auslöschung oder einer Versenkung in ein bewußtloses Schattendasein bestehen. Der Apostel zeigt uns darum auch sogleich, daß Jesus durch sein eigenes Sterben und Auferstehen der „Herr über die Lebenden und die Toten" ist. Die „Toten" müssen also so „lebendig" sein, daß Jesus eine „Herrschaft" über sie ausüben kann. Paulus versichert uns, daß wir „dem Herrn gehören", ob wir irdisch leben oder leiblich sterben.

In 1 Ko 12 wird uns gesagt, daß wir als Glaubende „Glieder am Leib des Christus" geworden sind. Ist es denkbar, daß dem Herrn ständig Glieder durch den leiblichen Tod entrissen werden? In Rö 8 hat der Apostel mit tiefem Jubel gerühmt, daß nichts uns von der Liebe Gottes in Christus Jesus trennen kann. Und er hat dabei ausdrücklich den „Tod" genannt als eine Macht, die das auch nicht vermag. In unserm Brief wird Paulus in 12, 4 berichten, wie er in das

Paradies entrückt wurde. Für den Israeliten Paulus war das Paradies der Aufenthaltsort der entschlafenen Gerechten. Mochte das früher für ihn nur eine theoretische Lehre gewesen sein, jetzt war es für ihn volle Realität geworden; und dies Paradies war nicht ein Ort des Schlafes, sondern ein Raum voll heiliger, mächtiger Worte.

2. Aber vielleicht ist das alles nur „paulinisch"? Vielleicht rechtfertigt Jesus selbst eine Theologie, die das Sterben des ganzen Menschen nach Leib, Seele und Geist lehrt, als rechte Lehre?

Das Gegenteil ist der Fall. Jesus hat grundlegend zu unserer Frage Stellung genommen in seinem Gespräch mit den Sadduzäern über die „Auferstehung" (Mt 22, 23—33; Lk 20, 27—40). Merkwürdigerweise spricht Jesus hier gerade nicht von einer kommenden Auferstehung beim Anbruch des Reiches Gottes, sondern zeigt aus 2 Mo 3, 6 die Väter Abraham, Isaak und Jakob als jetzt schon vor Gott Lebende. Er formuliert dabei den Grundsatz, daß Gott nicht ein Gott von Toten, sondern von Lebenden ist. Das unmittelbare „Leben nach dem Tode" steht also für Jesus nicht im Gegensatz zur „Auferstehung", sondern bestätigt diese.

Wir haben darin die volle Parallele zu dem Gespräch Jesu mit Martha in Jo 11, 23—26. Martha „weiß" von der „Auferstehung am jüngsten Tage". Jesus aber bezeugt ihr ein „Leben", das der Glaubende in Christus jetzt schon hat und durch das leibliche Sterben hindurch behält. Wir haben von hier aus alle Stellen zu beachten, in denen dem Glaubenden jetzt schon der Besitz „ewigen Lebens" zugesprochen wird. Kann „ewiges Leben" wieder „sterben", wenn und weil der irdische Körper vergeht? Sollen wir wirklich glauben, daß der, der „aus dem Tode in das Leben durchgedrungen ist" (Jo 5, 24), nun im leiblichen Sterben wieder „aus dem Leben in den Tod" zurücksinkt? Der Gewißheit von Rö 8 entspricht in Jesu eigenem Wort die Zusicherung über die Seinen: „Niemand wird sie mir aus meiner Hand reißen" (Jo 10, 28). „Niemand" — also auch der Tod nicht. Aber auch den Bericht Jesu über den Lazarus und den reichen Mann haben wir nicht als „Gleichnis" abzutun, sondern ernst zu nehmen als das Wort dessen, der alle Dinge weiß, auch die Lage derer, die durch den leiblichen Tod gegangen sind.

Nicht unwesentlich ist es, daß bei den Totenerweckungen, von denen wir hören, diese Toten von der vollmächtigen Stimme ihres Herrn oder seines Apostels erreicht werden, diese Stimme hören und ihr gehorchen können. Sie sind keineswegs total gestorben, sondern ihre Person lebt weiter und kann angerufen werden.

3. Wie verhält sich dieses „Leben bei dem Herrn" zur „Auferstehung"? Wir können wenig darüber sagen, weil die Aussagen des NT über den Zwischenzustand zwar im Grundsätzlichen von eindeutiger

Gewißheit sind, aber uns keine anschauliche Schilderung geben. Das freilich ist gewiß: In der „Herrlichkeit" sind wir nach unserm Sterben noch nicht. Wir werden auch dann im „Wartestand" sein, wie unser Herr selber zur Rechten Gottes „hinfort wartet" (Hbr 10, 13; 1 Ko 15, 25 f). Es geht nicht einfach nur um uns selbst und um unsere Seligkeit! Es geht uns um die großen Dinge Gottes; und sie sind damit in keiner Weise am Ziel, wenn wir ein Leben bei dem Herrn nach unserm leiblichen Sterben finden. Die „Herrlichkeit" kommt erst durch die Parusie, durch das Friedensreich des Herrn im letzten Jahrtausend dieser Erdengeschichte, durch das Weltgericht, durch die Schaffung des neuen Himmels und der neuen Erde, in welchem Gerechtigkeit wohnt. Erst im Miterleben dieser großen Ereignisse erhalten auch wir Teil an der „Herrlichkeit", die uns mit Gewißheit zugesagt ist (Rö 5, 2; 8, 17 f; 2 Ko 4, 17 f; Kol 3, 4; 1 Th 2, 12; Jo 17, 24). Darum warten wir in der Tat nicht eigentlich auf das Sterben und auf unser Weiterleben im Paradies, sondern auf die „Auferstehung", auf „unseres Leibes Erlösung" (Rö 8, 11; 8, 23) und wissen, daß wir bis in eine herrliche Leiblichkeit hinein unserm Herrn gleich sein werden, wenn wir ihn sehen, wie er ist (Phil 3, 21; 1 Jo 3, 2).

ABWEISUNG VON MISSVERSTÄNDNISSEN DER ARBEIT DES PAULUS

2. Korinther 5, 11–13

11 **Da wir also die Furcht des Herrn kennen, suchen wir Menschen zu**
gewinnen; für Gott aber sind wir offenbar. Ich hoffe aber auch in
12 **eurem Gewissen offenbar geworden zu sein. * Nicht empfehlen**
wir uns schon wieder selber bei euch, sondern geben euch einen
Anlaß zum Rühmen über uns, damit ihr [ihn] habt denen gegenüber, die sich ihres Gesichtes rühmen und nicht ihres Herzens.
13 *** Denn waren wir von Sinnen, [so waren wir es] für Gott; und**
sind wir besonnen, [so sind wir es] für euch.

Zu Vers 11: 1 Ko 9, 19–22; Gal 1, 10; 1 Pt 1, 17
Zu Vers 12: 2 Ko 3, 1; 10, 12
Zu Vers 13: Rö 6, 3 f

Das, was Paulus eben vom Gericht über die Glaubenden schreibt, ist 11
nicht ein allgemeiner Lehrsatz, den er als Theologe aufstellt. Es gehört hinein in die Auseinandersetzung, die der Apostel über seine Arbeit in Korinth mindestens mit bestimmten Kreisen der Gemeinde führen muß. Das zeigt sofort der nächste Satz. Offenbar hat man ihm vorgeworfen, „er suche ja nur Menschen zu gewinnen", natürlich für seine Person. Die Gegner des Apostels sehen unwillkürlich bei ihm das, was sie von sich selber kannten. Ja, antwortet Paulus, ich suche

allerdings **„Menschen zu gewinnen"**! Aber nicht für mich selbst und nicht aus den Motiven, die ihr mir unterstellt. Ich weiß doch, daß ich vor dem Gericht meines Herrn mit meiner Arbeit stehen werde. Ich kenne die heilige **„Furcht"** vor dem, der mein Herr ist und der mein Werk mit seinen Flammenaugen prüfen wird. Gerade darum arbeite ich unermüdlich mit ganzem Einsatz an der Gewinnung von Menschen. Gott weiß es; ich stehe dabei in seinem Licht, ich bin **„für Gott offenbar"**, auch wenn ihr mich verkennt. Wenn ihr Korinther euch nicht gegen mich aufwiegeln laßt, sondern nach eurem Gewissen urteilt, erkennt ihr dann nicht auch, worum es mir in meiner Arbeit geht? **„Ich hoffe aber auch in euren Gewissen offenbar geworden zu sein."** Wieder ist das **„Gewissen"** für Paulus eine entscheidende und unbestechliche Instanz[205]. Allerlei ichhafte Wünsche und Stimmungen mögen die Korinther den verleumderischen Angriffen auf Paulus zugänglich machen. Aber ihre Gewissen werden ihnen still und fest sagen, wie unwahr alle diese Angriffe auf ihren Apostel sind und wie klar und redlich sein ganzer Einsatz geschieht.

12 Paulus fürchtet, daß sofort wieder der Einwand kommt, nun preise er sich aufs neue selber an. Aber mit den Feststellungen, die er über seine Arbeit trifft, will er etwas ganz anderes: nicht sich selber loben, sondern die Gemeinde in Korinth veranlassen, sich an ihrem Apostel zu freuen und sich mit Überzeugung zu ihm zu bekennen, und dies gerade den neuen Männern gegenüber, die Paulus in Korinth verdrängen wollen. **„Nicht empfehlen wir uns schon wieder selber bei euch, sondern geben euch einen Anlaß zum Rühmen über uns, damit ihr [ihn] habt denen gegenüber, die sich ihres Gesichtes rühmen und nicht ihres Herzens."** Wir merken, welche Rolle der Vorwurf steter „Selbstempfehlung" in Korinth spielte (vgl. 3, 1; 10, 12). Gerade die neuen Männer waren es, die **„sich rühmten"**, die sich für bedeutende Leute hielten und den Korinthern versicherten, daß erst sie imstande seien, die Gemeinde zur eigentlichen Blüte und zum vollkommenen Christentum zu bringen. Dabei hoben sie hervor, woher sie kämen, wessen Empfehlung sie schriftlich vorweisen könnten, welches Ansehen sie in andern Teilen der Christenheit genössen. Paulus nennt das hier **„sich seines Gesichtes rühmen"**. Das Gegenteil dazu wäre **„sich seines Herzens rühmen"**. Dazu waren nach dem Urteil des Apostels seine Gegner nicht imstande. Aber was ist damit gemeint? Soll ein Mensch sich **„seines Herzens rühmen"**, indem er sein gutes oder frommes Herz hervorhebt? Das wäre doch noch viel fataler als der Hinweis auf das Ansehen, das man bei andern Menschen genießt. So kann es Paulus sicher nicht gemeint haben. Das „Trachten des Herzens", das

[205] Vgl. die Ausführungen auf S. 95 f.

im Gericht des Christus offenbar wird, war dem Apostel schon im ersten Brief (4, 5) wichtig. Es lag ihm in 2 Ko 1, 12 entscheidend an dem „Zeugnis seines Gewissens", daß er in Heiligkeit und Lauterkeit sein Leben geführt habe, gerade auch in Korinth. Dieses Zeugnis seines Gewissens nannte er dabei ausdrücklich „seinen Ruhm". Und an unserer Stelle hatte er davon gesprochen, daß er „für Gott offenbar sei" und auch „im Gewissen der Korinther offenbar geworden sei". Diese innere Gewißheit, vor Gott und Menschen lauter und klar dazustehen, wird er als ein **„Rühmen des Herzens"** im Gegensatz zum Pochen auf äußere Vorzüge bezeichnen. Ein solches Rühmen konnten seine Gegner nicht wagen, weil sie nicht lauter sind, sondern von ichhaften Motiven getrieben werden. Sie flüchten sich darum in das **„Rühmen ihres Gesichtes"**.

Paulus schließt mit einem **„denn"** einen Satz an, in dem er wieder 13
auf Vorwürfe und Anklagen in Korinth eingehen wird. Auch in diesem Satz ist erneut der knappe Ausdruck bemerkenswert, wenn wir ihn ohne die im Deutschen notwendigen Zufügungen lesen. **„Denn waren wir von Sinnen, für Gott; und sind wir besonnen, für euch."** Die **„Besonnenheit"**, die „sophrosýne" war eine im Altertum ganz besonders geschätzte Eigenschaft. In allem besonnen, maßvoll, ruhig, verständig auftreten, alles Extreme, Unnüchterne, Erregte meiden, das machte einen Mann vertrauenswürdig[206]. So können wir verstehen, daß bei der Rede des Paulus vor Festus und Agrippa gerade der hohe römische Beamte sein berühmtes „Paulus, du rasest" dazwischen rief (Apg 26, 24). Was Paulus sagte, schien ihm maßlos, phantastisch, völlig überspannt. Auch in Korinth scheint man dem Apostel vorgeworfen zu haben, er durchbreche die Grenze der „Besonnenheit" und sei in manchen Stunden wie **„von Sinnen"**. Worauf Paulus dabei anspielt, wissen wir nicht. Vielleicht hat man sein heißes Ringen um die Gemeinde und etwaige Ausbrüche seines Kummers und seines Zornes bei seinem kurzen Zwischenbesuch ironisch damit abgetan und als „krankhafte Erregung" bezeichnet. Wir wissen im einzelnen viel zu wenig von den Vorgängen in Korinth, um den kurzen Satz des Textes mit Sicherheit richtig deuten zu können[207]. Paulus muß allerdings bestimmte Vorfälle und Vorwürfe vor Augen haben, da er hier in der Form der Vergangenheit schreibt: **„Waren wir von**

[206] Im NT finden wir das Wort auch Mk 5, 15; Rö 12, 3; Tit 2, 6; 1 Pt 4, 7 gebraucht.
[207] Es ist aber auf jeden Fall bemerkenswert, daß man schon dem Apostel vorwarf, was dann so oft in der Kirchengeschichte die Anklage gegen einzelne Männer und ganze Bewegungen war, überspannt, schwärmerisch, enthusiastisch zu sein. Die Erkenntnis und Unterscheidung wirklichen Schwarmgeistes und Schwärmertums bleibt freilich eine ernste und schwere Aufgabe!

Sinnen . . .[208]". Paulus läßt es unentschieden, ob sein Verhalten, worin immer es bestand, tatsächlich das Maß besonnener Haltung sprengte. Wenn es so war, dann hat er jedenfalls nicht an sich selbst gedacht und nicht um sich selbst geeifert, sondern **„für Gott"** gebrannt.

Aber das andere müssen die Korinther ihm auch zugeben, daß er besonnen, klug und verständig zu handeln und in rechter Weise Gemeinde zu leiten vermag. Freilich, so klug für sich selbst zu sorgen, wie seine Gegner in Korinth es taten (11, 20), nein, so **„besonnen"** und geschickt ist er nicht! Seine Klugheit und Besonnenheit kam allein der Gemeinde zugute. **„Sind wir besonnen, [so sind wir es] für euch."**

Paulus möchte von den Korinthern ganz verstanden werden, nicht nur in einzelnen Zügen seines Lebens und Dienens, darum will er jetzt zusammenfassend vor die Gemeinde hinstellen, was der tragende Grund und die bestimmte Macht in seinem ganzen Wirken ist. Erfassen und verstehen sie das, dann haben sie das volle Verständnis für ihren Apostel, welches alles Mißtrauen überwinden muß. Was also leitet und erfüllt ihn bei allem, was er tut, was ihn bald heiß erregt, überspannt, extrem erscheinen lassen kann, bald wieder maßvoll und verständig? Paulus sagt es den Korinthern in einem Abschnitt, der zu dem Größten und Grundlegendsten gehört, was er überhaupt geschrieben hat.

Zu Vers 14:
Jo 11, 50
1 Pt 4, 1
Zu Vers 15:
Rö 7, 4
14, 7—9
Gal 2, 20
1 Tim 2, 6
Zu Vers 16:
Jo 20, 14
Rö 6, 11
Kol 1, 22
Tit 3, 15
Zu Vers 17:
Jes 43, 18
65, 17
Rö 6, 4
8, 1
Gal 6, 15
Offb 21, 5
Zu Vers 18:
Apg 20, 24
Rö 5, 10

DAS KREUZ JESU ALS QUELLE UND MASSSTAB FÜR DES APOSTELS GANZEN DIENST

2. Korinther 5, 14—21

14 **Denn was uns bestimmt, das ist die Liebe des Christus, indem wir**
dieses Urteil fällten: Einer starb für alle, also sind sie alle gestor-
15 **ben. * Und für alle starb er, damit die Lebenden nicht mehr für**
sich selbst leben, sondern für den, der für sie gestorben und auf-
16 **erweckt worden ist. * Daher kennen wir von jetzt an niemand**
nach Fleischesart; wenn wir auch nach Fleischesart Christus ge-
17 **kannt haben, aber jetzt kennen wir ihn nicht mehr [so]. * Also,**
wenn jemand in Christus [ist, so ist er] neue Schöpfung! Das Alte
18 **verging; siehe, Neues ist geworden. * Das alles aber von Gott her,**
der uns mit sich selbst versöhnte durch Christus und uns den
19 **Dienst der Versöhnung gegeben hat. * Wie denn ja Gott in Chri-**
stus war, die Welt mit sich versöhnend, nicht anrechnend ihnen

208 Das grie Wort bezeichnet seiner Wortbildung nach das „außer sich sein". Es kann darum auch abgeschwächt für ein starkes Erstaunen gebraucht werden. Vgl. Apg 2, 7; 2, 12; 8, 13; 9, 21; 10, 45.

ihre Übertretungen und hinlegend in uns das Wort der Versöh-
20 **nung. * Für Christus also tun wir Botschafterdienst, indem Gott**
durch uns mahnt. Wir bitten für Christus: Werdet versöhnt mit
21 **Gott** (oder: Laßt euch versöhnen mit Gott). *** Den, der Sünde nicht**
kannte, hat er für uns zur Sünde gemacht, damit wir würden Ge-
rechtigkeit Gottes in ihm.

Zu Vers 19: Jo 14, 10; Rö 3, 24 f; Kol 1, 19 f; 1 Jo 3, 20
Zu Vers 20: Jes 52, 7; Jo 20, 21; Eph 6, 20
Zu Vers 21: Jo 8, 46; Rö 1, 17; 8, 3 f; Gal 3, 13; 1 Ko 1, 30; 1 Pt 2, 22—24; 3, 18; Hbr 4, 15

Wie verschieden war Paulus in Korinth beurteilt worden. Was unterschob man ihm alles. Welche Motive argwöhnte man hinter dem, was er tat, sagte oder schrieb. Paulus hat sich gegen diese Verdächtigungen in den bisherigen Teilen des Briefes gewehrt und auf ein volles Verständnis seiner Korinther gehofft (1, 13 f). Jetzt spricht er positiv aus, was es denn ist, was sein gesamtes Verhalten, seinen ganzen Dienst bis in die einzelnen Entschlüsse hinein formt und auch sein Ringen um die Gemeinde in Korinth bestimmt. **„Denn was uns bestimmt, das ist die Liebe des Christus."** Jesus wird hier nicht mit 14
seinem persönlichen Namen genannt. Sein gewaltiger, alle umfassender Christusdienst in seinem Sterben steht vor dem Apostel. Dieser Dienst war die Tat seiner Liebe. Diese Liebe hat Paulus erkannt; sie hat ihn überwältigt; sie ist es, von der er umfangen, gehalten, getrieben[209] ist. Wenn die Korinther das begreifen, dann haben sie den einheitlichen Schlüssel zum Verständnis ihres Apostels in allem. Unser Verstehen eines Menschen hängt sehr davon ab, daß wir eine klare Einheit in seinem ganzen Denken und Reden, seinem Tun und Lassen finden. Diese umfassende Einheit seines Lebens und Wirkens ist vorhanden. Sie liegt in der Liebe des Christus. **„Was uns bestimmt, das ist die Liebe des Christus."** Diese Aussage ist von zentraler Bedeutung, für den Apostel und für uns. Das NT ist zurückhaltend im Reden von „Liebe"[210]. Um so gewichtiger ist ein Zeugnis, welches **„die Liebe des Christus"** so beherrschend in den Mittelpunkt stellt. Paulus wird in unserm Abschnitt die Botschaft entfalten, die wir als „Rechtfertigungslehre" zu bezeichnen pflegen. Er kann — etwa in Rö 3 und 4 — wirklich „lehrhaft" davon reden, ohne ein Wort von „Liebe" zu sagen. Hier aber ordnet er das ganze Geschehen unserer Errettung dem Wort von der „Liebe des Christus" unter und lehrt uns, es als das Werk dieser Liebe zu verstehen[211]. Wohl schließt der Abschnitt mit dem für Paulus kennzeichnenden Begriff der „Gerechtigkeit Gottes". Aber diese „Gerechtigkeit" wird uns zuteil durch die

[209] Alle diese Bedeutungen klingen in dem Wort „synechein" mit.
[210] Vgl. die Auslegung in der W. Stb. Johannesevangelium Bd. II S. 18 und 72.
[211] Wir stehen in der Gefahr, die „Rechtfertigung" nur sachlich und intellektuell, ohne Wirkung auf unser Leben, zu erfassen. Unser Abschnitt ist darum ein besonderes Geschenk an uns.

Liebe des Christus. Was der Apostel hier schreibt, ist Zeugnis seiner eigenen frommen Erfahrung. Das war die totale Wende im Leben des Pharisäers Saulus, des Mannes eiserner Gesetzeserfüllung, als ihm gerade im Fluchtod Jesu am Kreuz, in diesem rätselhaften, empörenden, abschreckenden Geschehen, die „Liebe" aufging und ihm ein völlig neues Dasein erschloß. Da wurde ihm „die überragende Größe der Erkenntnis Christi Jesu, seines Herrn" zuteil, die alles andere in seinem Leben zum „Schaden", ja zum „Kot" werden ließ (Phil 3, 8). Seitdem war es so, wie er es hier den Korinthern schreibt: **„Was uns bestimmt, das ist die Liebe des Christus[212]."**

Paulus schließt sofort seine Mitarbeiter in diese Grundhaltung seines Lebens und Dienens mit ein. „Wir", also Paulus und seine Mitarbeiter, sind von der Liebe des Christus bestimmt. Wieso sind wir es? Worin zeigt es sich? Paulus antwortet: **„Indem wir dieses Urteil fällten: Einer starb für alle, also sind sie alle gestorben[213]."** Für Paulus sind hier wie überall, nicht die Worte und Lehren Jesu das Entscheidende, auch nicht seine helfenden Wunder und Machttaten. Die Liebe des Christus offenbart sich in einer einzigen Tat: Der Christus starb! Wir sahen schon bei 4, 10, daß dieses „Sterben" durch das ganze Leben Jesu hindurchgeht. Aber es faßt sich dann entscheidend zusammen in seinem Sterben am Kreuz. Hier starb aber Jesus nicht als „einer von vielen", hier starb der Eine, Unvergleichliche, der Christus, der Herr der Menschheit[214]. Was aber einer in seinem Amt für andere mit Vollmacht tut, das gilt dann für diese andern, als hätten sie es selbst getan. Wenn ein Schüler sich für die Klasse entschuldigt, dann haben sich damit alle entschuldigt. Wenn der Präsident eines Staates für sein Land Frieden schließt, dann ist der Krieg für alle beendet und der Friedensschluß gilt grundsätzlich allen Bürgern des Landes. So fällte auch Paulus, als er zum Glauben kam, das klare und feste Urteil: Der Eine starb für alle; **„also sind sie alle gestorben"**. Das ist nicht eine Ansicht und eine Meinung, die Paulus hat, nicht ein geistvoller Gedanke, der sich erwägen läßt. Hier ist ein **„Urteil gefällt"**, das wie jedes echte „Urteil" praktisch bestimmende Auswirkungen hat. Dieses Urteil erhält besondere Wucht und tiefen Ernst, weil der Tod, um den es hier geht, Gerichtstod, Hinrichtung war. Nicht ein

212 An allen wirksamen Boten und Botinnen Jesu zu allen Zeiten und unter allen Völkern ist der gleiche, grundlegende Tatbestand zu sehen.

213 Die Handschriften, die der LÜ zugrunde liegen, schieben ein „wenn" in den Satz ein: „wenn einer für alle starb". Das schwächt die Wucht ihrer Aussagen in ihrer ganzen Realität ab.

214 Jesus tritt als der „letzte Adam" (1 Ko 15, 45) dem „ersten Menschen" gegenüber. Wie „Adam" das Wesen und das Geschick einer ganzen Menschheit bestimmte, so tut es nun auch Christus. Sein Handeln und Leiden schließt wesenhaft die Menschen ein, die zu ihm gehören. Vgl. dazu den Abschnitt Rö 5, 12—19.

natürliches Todesverhängnis nahm Jesus auf sich. Hier wurde vielmehr das unabdingbare und gerechte Todesurteil über uns Schuldige ausgesprochen, ja faktisch vollzogen. Das ist der Ernst von Golgatha! Hier wurde der Tod erlitten, der nicht nur Zerfall des irdischen Lebens, sondern Trennung von Gott und ewiger Tod ist[215]. In diesem letzten Sinn sind nun alle „Gestorbene", das heißt Hingerichtete. So sah Paulus sich und alle Menschen im Licht des Kreuzes. Wer konnte sich noch anmaßen, „leben" zu wollen, nachdem er sich in dem sterbenden Christus als einen zum Tode Verurteilten und Hingerichteten erkannt hat?

Aber nun leuchtet die Liebe des Christus auf, weil er, der Heilige, den Tod, diesen furchtbaren Gerichtstod stellvertretend **„für alle"** auf sich nahm[216]. In ihm selbst lag nichts, was Gottes Gericht auf sich gezogen hätte. Denn er war der Sohn, auf den Gott mit vollem Wohlgefallen sah[217]. Es ist ein stellvertretendes Sterben im Gericht und eben darum auch **„für alle"** in solcher Kraft gültig, daß die eigentlichen Schuldigen in Jesus gestorben sind und gerade darum leben dürfen. So gilt es gleichzeitig, daß sie „Gestorbene" und „Lebende" sind.

In welchem Sinne sind sie es? Wie wirkt sich das „Urteil" nun in 15
ihrem Leben aus? Paulus sagt: **„Und für alle starb er, damit die Lebenden nicht mehr für sich selbst leben, sondern für den, der für sie gestorben und auferweckt worden ist."** Wenn Paulus hier von **„den Lebenden"** spricht, denkt er zunächst an die einfache Tatsache, daß sie, die „alle gestorben sind", dennoch faktisch alle leben. Das auf Golgatha stellvertretend durchlittene Gericht wirkt sich darin aus, daß jetzt für alle Welt Gnadenzeit ist, daß wir noch am Leben gelassen sind und darum als **„die Lebenden"** die Botschaft hören und annehmen können. Aber wer die Botschaft annimmt, der wird ein **„Lebender"** in einem ganz neuen Sinne. Er erfaßt, daß er den ewigen Tod verdiente und nur durch die stellvertretende Tat Jesu das Leben hat, das ein ewiges Leben ist. Darin tut sich ihm sofort eine ganz neue Lebensrichtung auf. Ein Leben, das sich einzig dem Sterben eines andern verdankt, kann nicht mehr sich selbst gehören, sondern nur

[215] Darum Mt 27, 46!

[216] Auszudenken ist das nie. Wie entrüstet sind wir, wenn wir nur das kleinste Unrecht anstelle eines Schuldigen leiden sollen! Am Kreuz aber duldet der einzig Unschuldige das ganze Gottesgericht über eine Welt der Sünde.

[217] Darum kommt alles darauf an, daß Jesus tatsächlich nicht ein bloßer Mensch war, sondern der sündlose Gottessohn. Sonst würde auch Jesus unter die Feststellung von Ps 49, 8 f fallen. „Kann doch keiner einen andern auslösen oder für ihn an Gott ein Sühnegeld geben." Die Gottessohnschaft Jesu hat mit „Mythologie" nichts zu tun, sondern ist in ihrer Wirklichkeit das unentbehrliche Fundament der Erlösung von Sündern.

noch dem, der es durch sein Sterben überhaupt ermöglichte. Weil hier grundsätzlich „Gestorbene" leben, können sie nicht mehr sich selbst behaupten und nicht mehr Ansprüche stellen oder angebliche Rechte geltend machen. Das ist für „Gestorbene" vorbei. Aber als „Lebende" brauchen sie einen Inhalt und ein Ziel ihres ganzen Seins und Wirkens. Worin könnte dieses Ziel liegen als allein in dem, **„der für sie starb und auferstand"**? Seinem **„für sie"** antwortet ihr **„für ihn"**. Weil er **„auferweckt wurde"**, ist er als der Lebendige ihnen so gegenwärtig, daß sie für ihn, in der Hingabe an ihn, im Dienst für ihn leben können. Und dieses neue, selbst-lose, an Jesus hingegebene Leben ist das eigentliche Ziel der Liebe des Christus. Errettung aus dem gerechten Gericht Gottes ist freilich die gewaltige Voraussetzung, die mit einem solchen Einsatz geschaffen werden mußte. Aber der Apostel bleibt dabei nicht stehen. Die Beseitigung der Verlorenheit, ist ihm nicht das Letzte und Eigentliche. Er sieht auf das neue Dasein, das die eigentliche Frucht des Wirkens Christi ist[218]. Die Liebe des Christus in seinem rettenden Sterben für uns weckt und entzündet im Herzen der Erretteten die Gegenliebe und schenkt ihnen damit
16 eine neue Existenz (V. 17!), die überhaupt erst den Namen „Leben" verdient. Aus der großen Tatsache, daß „alle gestorben sind", weil der Eine für sie starb, ergibt sich eine grundlegende Folgerung für unsern Umgang miteinander. **„Wir"** wenigstens, wie Paulus mit Betonung hervorhebt, wir vom Kreuz des Christus her „Lebende", „wir" sehen alle Menschen mit einem völlig neuen Blick. **„Daher kennen wir von jetzt an niemand nach Fleischesart."** Mit **„Fleisch"** meint das NT unsere natürliche Wesensart, wie wir sie von Geburt her an uns tragen als ein Denken, Leben, Trachten aus dem Ich und für das Ich. Nach dieser ichhaften Art betrachten wir unwillkürlich und ganz instinktiv unsere Mitmenschen. Sie sind uns sympathisch oder unsympathisch, imponieren uns oder sind uns verächtlich, sind für unsere Interessen wichtig oder unwichtig, sie erfreuen oder ärgern uns. Das ist bei uns so bis zu der Stunde, in der die Liebe des Christus uns erfaßt und sein Sterben uns in seiner Bedeutung aufgeht. „Von jetzt an" betrachten und beurteilen wir die Menschen in völlig neuer und anderer Weise. Auch die Mächtigsten und Edelsten sind doch solche, für die der Christus den Gerichtstod durchleiden mußte. Und auch die Geringsten, Häßlichsten und Schlimmsten sind von der Liebe des Christus

218 Wenn wir es so mit Paulus sehen, dann ist die „Heiligung" neben der „Rechtfertigung" kein Problem mehr. In dem knappen Satz des Paulus ist die „Heiligung" als das Ziel der „Rechtfertigung" unmittelbar mit dieser verbunden. Wir haben uns ernstlich zu fragen, ob wir nicht weithin in der dankbaren Freude an der kostbaren Errettung vom Gericht stehen geblieben sind und das mächtige, zielweisende „damit" in unserm Satz vergessen haben.

Gesuchte, denen in Christus der Zugang zu einem neuen Leben erschlossen ist. Fleischliche Menschenverehrung ist darum für uns ebenso vergangen wie Menschenfurcht und Menschenverachtung[219]. Auch hier haben wir es nicht mit einem allgemeinen theologischen Aufsatz zu tun, sondern mit einem echten Brief. Paulus wird zu diesen Sätzen getrieben, zu diesen Folgerungen aus dem Kreuzesgeschehen, weil er in den Nöten der zerrissenen Gemeinde in Korinth die ganze Gefahr des **„Kennens nach Fleischesart"** vor Augen hatte. Ihm, dem Apostel, warf man einen „Wandel nach Fleischesart" vor (1, 17; 10, 2), während gerade die fleischliche, ichhafte Art der Korinther und vor allem der neuen Lehrer zu dieser Verkennung des Apostels und zu den bösen Streitereien untereinander führte. So hatte es Paulus schon in 1 Ko 3, 3 der Gemeinde vorgehalten; jetzt stellt er ihr das Gegenbild rechten „Kennens" von Menschen vor Augen. Die Korinther werden Paulus in seinem ganzen Verhalten und Handeln nur verstehen, wenn sie diese völlig neue Art des „Kennens" von Menschen unter der bestimmenden Liebestat des Christus am Kreuz erfassen.

Paulus fügt hinzu, daß auch sein ganzes Denken über den Messias ein total anderes geworden sei. **„Wenn wir auch nach Fleischesart Christus gekannt haben, aber jetzt kennen wir ihn nicht mehr [so]."** Warum sagt Paulus das hier? Der Grund dafür wird in Vorgängen oder Anschauungen in Korinth gelegen haben, die wir nicht kennen. Es ist aber klar, daß Paulus hier nichts über ein etwaiges persönliches Kennen des historischen Jesus sagen oder auch ein solches Kennen als überflüssig und wertlos abtun will. Das wird sofort daran deutlich, daß er in dieser Aussage nicht den Eigennamen „Jesus" gebraucht, sondern von „Christus", also von dem „Messias" spricht. Vor allem aber kann in diesem zweiten Satz das „Kennen nach Fleischesart" nicht einen andern Sinn haben als in dem Satz zuvor. Paulus hat sicher nicht sagen wollen, daß er von jetzt an keinen Menschen mehr persönlich kennen lernen wolle. Entsprechend kann dann auch im zweiten Satzteil das „wenn wir auch nach Fleischesart Christus gekannt haben" nicht die persönliche Bekanntschaft mit Jesus im Auge haben. Paulus meint das ganze Denken über den Messias, die ganze Art, wie er sich früher den Messias Israels vorgestellt und ihn erwartet hatte. So streng und fromm und scheinbar schriftgemäß dieses Denken bei Saul von Tarsus gewesen war, es war dennoch blind

[219] Sind sie es wirklich? Paulus konnte es für sich und seine Mitarbeiter mit ruhiger Bestimmtheit feststellen: „Wir kennen niemand mehr nach Fleischesart." Dieses sein Wort wird zum Gericht aber über die Zustände der Christenheit heute, wo man einander so oft „nach Fleischesart" kennt und beurteilt.

und tief verkehrt, weil es von „Fleischesart", von ichhaft-jüdischem Denken regiert war. Darum hatte Saulus in der Botschaft der Christen von Kreuz und Auferstehung Jesu Lüge und Lästerung gesehen und die Christen mit Leidenschaft verfolgt. Aber das ist jetzt völlig anders geworden. Sah Paulus bei den neuen Männern in Korinth, die auf ihre Beziehung zu Jerusalem und zu den Uraposteln stolz waren, sich aufs neue eine „fleischliche Christologie" erheben? War ihm die Christusbotschaft judenchristlicher Kreise seinem eigenen früheren Denken über den Messias ähnlich? Wurde dabei gerade das Kreuz „entleert" (vgl. 1 Ko 1, 17)? Oder geschah dies in Korinth durch gnostische Gedankengänge? Wendet er sich hier gegen die Männer der „Christuspartei" (1 Ko 1, 12; 2 Ko 10, 7), die jede Abhängigkeit von den irdischen Zeugen Jesu, den Aposteln abstreiten und den Christus als Geistwesen auch ohne jede Beziehung zu dem irdischen Jesus und seinen geschichtlichen Worten und Taten unmittelbar im Geist erkennen wollen? Werfen sie Paulus vor, daß er noch viel zu „fleischlich" von Christus denke, viel zu sehr an dem irdischen Leben und Sterben des Christus hängen bleibe und darum der Gemeinde mit seinem „Wort vom Kreuz" ein viel zu dürftiges Evangelium biete? Dann würde Paulus sich hier dagegen verwahren, daß er seinerseits den Christus nur „nach Fleischesart kenne". Wir kennen die Vorgänge in Korinth und die Männer, die dort Einfluß gewonnen haben, zu wenig, um zu einem eindeutigen Urteil zu gelangen. Daß Paulus aber gerade in solchen Sätzen auf bestimmte Meinungen in Korinth anspielt, dürfte sicher sein[220].

17 Der Apostel hat seine neue Haltung zu den Menschen negativ formuliert: **„Nicht mehr nach Fleischesart"** sieht er die Menschen an. Wie sein Blick vom Kreuz Jesu her die Menschen positiv erfaßt, was er an den „Lebenden", an den Gliedern der Gemeinde, an den „Menschen in Christus" sieht, das sagt er nun in einem gewaltigen Satz. **„Also, wenn jemand in Christus [ist, so ist er] neue Schöpfung! Das Alte verging; siehe, Neues ist geworden."** Wir spüren die ganze Größe dieser Aussagen in einer unwillkürlichen Auflehnung gegen sie: Ist das denn wahr? Steht denn in den Gliedern der Gemeinde Jesu wirklich eine **„neue Schöpfung"** vor uns? Ist tatsächlich **„das Alte vergangen"**? Das hieße doch, daß sich hier schon ereignet habe, was wir sonst

[220] Das nimmt seinem Satz nicht die Aktualität für alle Zeiten, auch für uns heute. Immer sind wir in Gefahr, unsere Erkenntnis des Christus von „fleischlichen", eigensüchtigen Interessen mit bestimmen zu lassen. An den wechselnden „Christologien" von Theologen und Laien könnte man die „Fleischesart" aufzeigen, die unvermerkt und mehr oder weniger deutlich das Christusbild so oder so zeichnen läßt. Gerade der Theologe braucht die Leitung des Heiligen Geistes, der allein Jesus wahrhaft verherrlicht (Jo 16, 14).

erst von der Eschatologie, von der neuen Offenbarung Jesu, erwarten! Ist das möglich? Wird es nicht von der Wirklichkeit der Gemeinde, gerade auch der Gemeinde in Korinth, widerlegt?

Paulus selbst hat eine klare Bedingung für die Wahrheit seines Satzes festgestellt: **„Ist jemand in Christus."** Es ist keine bloße Formalität, wenn Paulus jetzt nicht schreibt: „Glaubt jemand an Christus, so ist er eine neue Schöpfung." Wohl gibt wirklicher Glaube dieses „Sein in Christus[221]". Aber es ist, als ob der Apostel schon mit jenen Mißverständnissen und Entleerungen des „Glaubens" rechnet — wohl gerade von seinen Erfahrungen in Korinth her —, die bis heute das evangelische Christentum schwächen und entstellen. „Glaube" wird — von der „reinen Lehre" her — verwechselt mit einem bloßen „gelernt haben", einem Besitz von richtigen Gedanken über Christus. Das kann natürlich nichts „Neues" in uns schaffen und nicht Altes vergehen lassen. Paulus geht es um einen „Glauben", der den Glaubenden mit Christus personal eint und ihm dadurch ein „Sein in Christus" schenkt.

Für die Aussage des Paulus ist es kennzeichnend, daß sie in lauter abgeschlossenen Feststellungen vor sich geht. Paulus stellt nicht in Aussicht, daß für den Glaubenden das alte Wesen mehr und mehr vergehen und eine neue Art des Lebens hervortreten wird. Paulus schildert aber auch nicht ein mystisches Geschehen, das der Mensch, der sich Christus zuwendet, erleben könnte, wenn er bestimmte Schritte einer frommen Praxis tue. Paulus bezeugt vielmehr eine vorhandene Wirklichkeit. Seine Aussagen hier entsprechen den Feststellungen in Kol 3: „Ihr seid gestorben", „ihr seid auferstanden". Aber dort wie nun auch hier ist eine Wirklichkeit gemeint, die ich nicht einfach an mir selber als eine Vorhandene feststellen kann, sondern die von Gott her in Christus und nur in Christus da ist. In seinem Tode ist das Alte vergangen. In seiner Auferstehung ist eine neue Lebenswirklichkeit da. Wer „in Ihm" ist, muß dadurch an dieser von Gott grundlegend geschenkten Wirklichkeit teilhaben. Er darf das Alte, das er noch mächtig genug an sich selber spürt, dennoch im Sterben des Christus als abgetan erfassen. Er darf das neue Leben in der Liebe des lebendigen Herrn als die ihm schon übereignete Lebensmöglichkeit ergreifen. Es wird beides, das Ende des Alten und das Hervorbrechen des Neuen, sich dann auch im faktischen Leben des Glaubenden immer wieder sichtbar realisieren. Und das umso

[221] Vgl. dazu Gal 2, 20. Mit einem ausdrücklichen „denn" wird das „Christus lebt in mir" erklärt durch ein „ich lebe im Glauben".

mehr, je mehr ein Christ das „Sein in Christus" im Glauben ergreift[222].

Jedenfalls aber geht es um **„neue Schöpfung"**. Nach dem Urteil des Paulus ist das „Alte", der alte Mensch und die alte Welt, nicht verbesserungsfähig[223]. Die Botschaft, die Paulus anvertraut ist, handelt nicht davon, wie der natürliche Mensch besser und frommer werden könne. Die Botschaft verkündigt den verdienten Gerichtstod des alten Menschen und das Ende der gesamten alten Schöpfung. Und das Evangelium sieht zugleich in Christus den Beginn einer neuen Schöpfung und einer neuen Menschheit von Gott in die Welt gestellt. Wer im Glauben sich diesem Christus anvertraut, erhält selber Anteil an diesem Vergehen des Alten und ist selbst schon „neue Schöpfung". Das „Angeld" davon, so lasen wir schon, ist der Geist Gottes, der in uns ist und durch dessen Kraft schon jetzt Christus „seinen Brief" auf lebendige Herzenstafeln schreibt. Wo der Geist des Herrn ist, da ist Freiheit, Freiheit von der Sklaverei des alten Wesens, Freiheit zur neuen Existenz in der Liebe. Wir dürfen nicht vergessen, daß das Wort von der „Liebe des Christus" beherrschend über unserm ganzen Abschnitt steht. Die wirkliche „Agape", die „Liebe" ist das „Neue", das geworden ist, so wie umgekehrt die Ichgebundenheit den alten Menschen kennzeichnet. Wo die Liebe des Christus uns „bestimmt", wo wir nicht mehr uns selber leben, sondern dem, der für uns gestorben und auferstanden ist, da ist es wirklich so, daß ein neues Leben begonnen hat.

18 Aber das ist in keiner Weise der Erfolg eigener religiöser oder sittlicher Anstrengungen! Es liegt Paulus alles daran, daß wir das Evangelium nicht in eine Reihe stellen mit den vielen religiösen Weltanschauungen, die den Menschen zu einer Verbesserung seines Wesens anleiten wollen. Paulus stellt es mit Nachdruck fest: **„Das alles aber von Gott her, der uns mit sich selbst versöhnte durch Christus."** Daß dieses „Neue" nicht von uns her, sondern allein **„von Gott her"**

[222] Paulus hat hier nicht beschrieben, wie dieses „Sein in Christus", dieses neue Leben aussieht und sich praktisch verwirklicht und zeigt. Darum ist auch hier in der Auslegung nichts darüber zu sagen. Es ist aber auf andere Ausführungen des Apostels zu verweisen, die konkreter davon sprechen. Grundlegend ist dabei das neue Verhältnis zu Gott, das „Abba Vater"-Schreien statt der Gottesferne (Rö 8, 15; Gal 4, 6). Das „mit Christus gestorben sein" realisiert sich in einem steten „Töten" oder „im Tode halten" der „Glieder auf Erden"; das „neue Sein in Christus" wird ein stetes „Anziehen von herzlichem Erbarmen, Freundlichkeit, Demut, Sanftmut, Geduld", und ein Leben aus der Vergebung und im Vergeben (Kol 3, 5—10; 3, 12 ff). Und dies wiederum ist ein „Anziehen des Christus" (Rö 15).

[223] Genau das gleiche hatte Jesus dem führenden Theologen in Jerusalem, Nikodemus, in harter Klarheit bezeugt (Jo 3, 3—6). Was Paulus „neue Schöpfung" nennt, ist hier von Jesus als „neue Geburt" bezeichnet.

stammt, gibt ihm seine Größe und gibt ihm vor allem seine ganze Gewißheit, seine Dauer und Unverlierbarkeit. Es bestimmt aber auch den Inhalt und die Art der neuen Existenz, die wir von Gott her haben. Wenn wir von einem „Neuen" hören, das da geworden sein soll, dann geht unser Blick unwillkürlich sofort auf das „Moralische". Wir sind von Natur so gott-los, daß wir an unserem Verhältnis zu Gott als an einer Nebensache vorbeisehen. Das „Alte" ist also nicht zuerst durch Unfreundlichkeit, Unwahrhaftigkeit, Unreinheit und dergleichen gekennzeichnet, sondern durch unsere Selbstherrlichkeit seit dem Sündenfall und durch die Feindschaft gegen Gott, zu der diese Selbstherrlichkeit sofort führen muß, sobald uns Gottes Wille und Gebot in seinem unbedingten Ernst begegnet. Damit stehen wir am Kernstück und am Kernproblem der menschlichen Existenz überhaupt. Was immer es an schweren menschlichen Nöten geben mag, sie quellen alle aus dieser letzten Not der Entzweiung des Menschen mit Gott. Was immer an Problemen nach Lösung ruft, es gibt zuletzt doch nur ein einziges Problem von absoluter Wichtigkeit, und das ist das Problem der Versöhnung mit Gott. Alle Religionen der Welt haben dieses Problem gesehen oder doch irgendwie gespürt. Aber sie meinen alle, die Gottheit müsse durch kostbare Gaben und „Opfer" „versöhnt" werden. Der absolute Ernst der Schuld wird nicht erkannt; der Unwille der Götter scheint als ein subjektiver Groll, der durch Einwirkung auf sie besänftigt werden kann. Im AT wird die unbedingte Notwendigkeit sichtbar, mit der der heilige Gott sich gegen die Sünde des Menschen wendet. Das wesentliche Wort für „Versöhnen" ist „kippär = zudecken, reinigen, sühnen". Nicht an Gott muß etwas geschehen; sein Nein gegen die Sünde ist unabänderlich. Vielmehr am Menschen muß die Sünde „bedeckt" oder „abgewaschen" und „gesühnt" werden, damit er vor Gott stehen kann. Dem entspricht die Botschaft der ntst Christuszeugen. Nicht Gott ist mit der Welt oder von der Welt her „versöhnt" worden, als ob er mit seiner bisherigen Unversöhnlichkeit an dem Riß zwischen Gott und Welt mit schuld sei. Nein, nun ist geschehen, was im Alten Bund immer erst andeutend oder unvollkommen durch blutige Tieropfer geschehen konnte. Nun hat Gott **„uns mit sich selbst versöhnt durch Christus"** wirksam und wirklich. Das Kernproblem der menschlichen Existenz ist gelöst, von Gott selbst gelöst, um den Preis der Dahingabe des Christus. Der Grund für diese Versöhnung ist allein die nie zu begreifende Liebe Gottes, die nicht etwa den „Zorn" Gottes, sein Nein gegen die Sünde, aufhebt und ablöst[224] (ein unmöglicher Gedanke!), aber die im Blut des geliebten Sohnes das kostbare Mittel fand, die Sünde

[224] Im Gegenteil! Das Kreuz zeigt die Schrecklichkeit des Zornes Gottes!

wahrhaft und gültig zu „bedecken" und „abzuwaschen", so daß der Zorn nun nicht mehr die so Versöhnten treffen muß. Da ist das „Alte" in aller Tatsächlichkeit „vergangen", die Selbstherrlichkeit gegen Gott, der Unfriede, die Feindschaft, die Einsamkeit. Und wirklich etwas völlig „Neues" ist geworden, was es zuvor nicht gab: Mit Gott versöhnte, geliebte Kinder Gottes stehen in dieser Welt, die den Kindesruf „Vater" im Herzen haben, Menschen, die von der Liebe des Christus bestimmt sind, Menschen die glauben, beten, hoffen und lieben können. Das ist „neue Schöpfung". Paulus hat sie bereits in V. 15 gekennzeichnet. Nun gibt es Menschen, die bei aller Unvollkommenheit und Fehlerhaftigkeit „nicht mehr sich selber leben, sondern dem, der für sie gestorben und auferstanden ist". Aber nicht wir haben dazu etwas getan. Nicht unsere religiöse Bemühung hat uns zu Gott gebracht. Es ist alles einzig **„von Gott her"**. Die Versöhnung mit ihm, auf der alles ruht, ist allein sein Werk, ohne uns, vor unserm Tun, in der Sendung des Sohnes und in der Kreuzestat Jesu geschehen, objektive, unumstößliche Tatsache. Zu uns aber kommt sie durch den **„Dienst der Versöhnung"**. Das ist jener Dienst, von dessen Herrlichkeit Paulus in 3, 4–11 gesprochen hatte. Nun rühmt er es noch einmal, daß Gott **„uns den Dienst der Versöhnung gegeben hat"**. So sollen die Korinther sein ganzes Tun verstehen, da, wo er ihnen „von Sinnen" zu sein scheint, und da, wo er in ruhiger „Besonnenheit" handelt (V. 13). In diesem Dienst „sucht er Menschen zu gewinnen" (V. 11). Und darum kämpft er, daß die Gemeinde in Korinth auf diesem Grund bleibe.

19 Eine „neue Schöpfung" hat begonnen. Nicht Menschen dringen mit ihrer Frömmigkeit zu Gott vor, wie es die frommen Heiden ebenso meinten wie die frommen Israeliten. Nein, Gott kam zu den verlorenen Menschen. **„Wie denn ja Gott in Christus war, die Welt mit sich versöhnend, nicht anrechnend ihnen ihre Übertretungen."** Dieser Satz beginnt mit einer Konjunktion, die in den Briefen des Paulus nur dreimal vorkommt. Dem einfachen „hoti = daß, weil" ist noch ein „hōs" vorangestellt, das an dieser Stelle den Tatbestand besonders hervorhebt, den der Satz bezeugt. V. 19 ist eine begründende Parallele zu V. 18. Er wiederholt unterstreichend und erläuternd, was Paulus eben schrieb. Es liegt dem Apostel offensichtlich daran, seinen Korinthern es noch einmal tief einzuprägen, auf welchem Grunde ihre ganze Existenz als Glaubende und als „neue Schöpfung" ruht. Gottes freies, aber auch nun sehr bestimmtes und einzigartiges Handeln steht vor Paulus. Es war wirklich Gott selbst, der **„in Christus war"**. Wir stoßen auf den lebendigen Gott, wenn wir Christus begegnen. Aber er war nicht in unbestimmter Weise und ganz allgemein als „Gott in Christus" da. Sein Dasein in Christus war von bestimmtester Art,

nämlich **„die Welt mit sich versöhnend"**. Wie aber geschah dies sein Werk des Versöhnens? Paulus hebt hervor, daß Gott das größte Hindernis beseitigt, das einer „Versöhnung" im Wege stand. Da war in unserm Leben die ganze Last der Schuld, die ganze Fülle unzählbarer **„Übertretungen"**. Wenn Gott sie sieht und **„anrechnet"**, dann kann es keine Versöhnung geben. Paulus wird uns sofort sagen, wie denn der heilige Gott, der gerechte Richter der Welt, Übertretung seiner Gebote **„nicht anrechnen"** und sie dadurch als nicht geschehen behandeln kann. Hier stellt er zunächst nur die wunderbare Tatsache fest **„nicht anrechnend ihre Übertretungen"**. Wie ist das immer wieder erstaunlich und unbegreiflich! Wie gibt das vollen Frieden und klare Heilsgewißheit!

Wir haben noch einmal auf die Formung des ganzen Satzes zu achten. Sein Subjekt ist Gott! Es ist betont ausgesprochen: Gott, wirklich Gott, war in Christus. Es klingt in unserer Theologie, in unserer Verkündigung leicht so, als sei Jesus im Versöhnungswerk der einzig Aktive, und Gott läßt sich das Werk Jesu nur gefallen und nimmt es in Gnaden an. Damit wird der Ruhm und der Dank geschmälert, der Gott, dem Vater, gebührt. Gottes Wesen wird verkannt. „So hat Gott die Welt geliebt, daß er den eigenen Sohn gab", das hat Jesus einem Nikodemus bezeugt. Und genauso verkündigt es sein Apostel Paulus: **„Wie denn ja Gott in Christus war, die Welt mit sich versöhnend."** Jesus handelt nicht selbständig auf Gott und die Welt zu. Gott ist niemals „Objekt", auch nicht Objekt des Sohnes! Gott ist immer und unter allen Umständen der Freie, von sich aus Wollende und Handelnde. Er ist vollends hier, wo es um die Versöhnung der Welt geht. Es ist für unsere Verkündigung und für unser theologisches Denken wichtig, daß wir das festhalten. Dann aber muß freilich auch das andere mit aller Klarheit bezeugt werden: Nirgends anders als allein in Jesus begegnet uns dieser versöhnende Gott. Wer Gott außerhalb von Jesus, dem Gekreuzigten, sucht, trifft nur auf den unentrinnbaren Zorn Gottes. Versöhnung des Sünders mit dem heiligen Gott gibt es einzig in Jesus.

Dabei schreibt Paulus, daß Gott in Christus **„war"**. Er spricht in der Form der Vergangenheit, weil es sich um ein einmaliges, historisches Ereignis und dadurch um das völlig vollbrachte und zum Ziel gekommene Werk der Versöhnung handelt. Ein für allemal, wie der Hebräerbrief immer wieder sagt, kam Gott in Christus zur Welt; ein für allemal versöhnte er in dem einmaligen Geschehen von Golgatha die Welt mich sich.

Gottes Handeln durch Christus gilt **„der Welt"** in ihrer umfassenden Weite. Keine Rasse, kein Volk, kein Mensch ist grundsätzlich davon ausgeschlossen[225]. Zugleich dürfen wir im Verzagen unseres Herzens wissen, daß Gott bei dieser Versöhnung sich nicht über uns täuschte, sondern uns als **„Welt"** in unserer ganzen Verlorenheit, Verschuldung und Entstelltheit sah. Gerade die **„Welt"**, diese entsetzliche Welt voll Gottlosigkeit, Haß, Unrecht, Lüge und Ichsucht hat die Versöhnung nötig. Und darum ist das versöhnende Handeln Gottes in Christus auf sie gerichtet.

Noch eines ist zu beachten: Gott versöhnte die Welt **„mit sich"**, also mit ihm, dem lebendigen Gott. Das ist die Schöpfung neuer Gemeinschaft. Gott bleibt nicht stehen bei dem **„nicht anrechnen der Übertretungen"**. Er will mehr und er wirkt mehr: „Versöhnte" haben Frieden miteinander und Zugang zueinander. So gehen wir durch das Werk des Christus am Kreuz nicht nur straffrei aus, erlangen nicht nur für uns selber das Leben, sondern dieses neue Leben besteht gerade in der wunderbaren Gemeinschaft mit Gott, in der Kindschaft Gottes.

Aber nun wird es Paulus noch einmal wichtig, daß diese einmalige, versöhnende Tat Gottes in Christus uns doch nur dadurch erreicht, daß sie in der Botschaft, im Evangelium, zu uns kommt. Daß aber die Botschaft uns Feinde Gottes, uns selbstherrliche, trotzige, gegen Gott verschlossene Menschen trifft und bewegt und überwindet, das ist ganz und gar wieder Gottes Werk. Darum gehört es zum Versöhnungswerk unmittelbar und unbedingt hinzu: **„Hineinlegend in uns das Wort der Versöhnung."** Dabei wird Paulus zunächst daran denken, daß Gott das Wort der Versöhnung in seine Boten hineinlegt, so daß sie es mit Vollmacht Menschen bringen können. Wir dürfen aber auch an den Vorgang denken, der unter der Verkündigung und durch sie geschieht: nun wird das Wort auch in die Herzen der Hörer **„hineingelegt"** und eignet ihnen die Versöhnung zu und macht Menschen zu einer **„neuen Schöpfung**[226]**"**.

20 In dem Gespräch mit der korinthischen Gemeinde ist dem Apostel Paulus gerade diese Fortführung der Versöhnungstat in das Verkündigungsgeschehen hinein das Wichtige. Geht es doch im ganzen Brief um den Dienst des Paulus, um seinen Grund, sein Recht, seine ganze

[225] Eine „Allversöhnung" kann man aber nur daraus folgern, wenn man übersieht, was „wiederum geschrieben steht" in Jo 3, 18—21 ebenso wie in 2 Ko 2, 15 f und an vielen anderen Stellen.

[226] Luther sagt im großen Katechismus zum dritten Artikel Abschnitt 38: „Das Werk ist geschehen und ausgericht; denn Christus hat uns den Schatz erworben und gewonnen durch sein Leiden, Sterben und Auferstehen usw. Aber wenn das Werk verborgen bliebe, daß niemand wüßte, so wäre es umsonst und verloren. Daß nu solcher Schatz nicht begraben bliebe, sondern angelegt und genossen würde, hat Gott das Wort ausgehen und verkünden lassen, darin den Heiligen Geist geben, uns solchen Schatz und Erlösung heimzubringen und zueignen."

Art. Darum setzt Paulus noch einmal ein: **„Für Christus also tun wir Botschafterdienst, indem Gott durch uns mahnt. Wir bitten für Christus: Werdet versöhnt mit Gott** (oder: laßt euch versöhnen mit Gott)." **„Botschafterdienst"** tut Paulus. Damit ist schon von selbst klar, daß dieser sein Dienst von jeder Eigenmächtigkeit, von eigenen Ansprüchen und Zielen frei ist. Ein „Gesandter" handelt im Auftrag und richtet nur aus, was die ihn entsendende Macht gesagt haben will. Allen Mißverständnissen der „Selbstempfehlung", des „Menschengewinnens", des herrischen Gebarens gegenüber (1, 17) unterstreicht er es dreifach ganz ausdrücklich: **„Für Christus"** tun wir den Botschafterdienst; **„für Christus"** bitten wir, und es ist eigentlich **„Gott, der durch uns mahnt"**. Äußerste Selbstlosigkeit, die alles nur für einen andern, für den großen Auftraggeber tut, kennzeichnet den Dienst des Apostels und verleiht ihm gerade dadurch höchste Autorität. Das sollen die Korinther endlich begreifen[227].

Gerade in dieser höchsten Autorität kann Paulus mit seiner Botschaft dastehen als ein – Bittender. Das ist freilich erstaunlich! Hat ein Gesandter Gottes nicht zu befehlen? Muß das Angebot einer Versöhnung mit ihm nicht majestätisch herablassend sein, mit dem Hintergrund schwerer Drohungen, falls diese Gnade nicht sofort angenommen wird? Dieses Hoheitsvolle und Überlegene vermißten die Korinther an Paulus. Kann der Botschafter des Königs aller Könige und des Herrn aller Herren – „bitten"? Kann er darum bitten, daß Empörer gegen Gott die Versöhnung, die sie rettet, annehmen möchten[228]? Paulus versichert, er tue es **„für Christus"**, anstelle von Christus. So ist Paulus gewiß: Sein apostolisches „Bitten" ist völlig im Sinn dessen, der auch in seinem eigenen Verkündigen auf Erden als der Sanftmütige und Demütige, als der Einladende unter den Menschen stand, als der, der nicht sich dienen ließ, sondern diente und sein Leben zur Erlösung gab. Noch einmal klingt das an, was man Paulus in Korinth zum Vorwurf machte: Er suche Menschen zu ge-

[227] Das geht aber auch uns unmittelbar an. Es handelt sich um unser ewiges Heil, um die letzte Frage unseres Lebens und Sterbens. Wie könnten wir uns da bei irgendeiner menschlichen Ansicht, bei irgendeinem menschlichen Wort beruhigen, und wenn es das tiefsinnigste und großartigste wäre! Was immer die größten Denker, die berühmten Dichter gesagt haben, es ist für mich ohne Wert, wenn es um mein Verhältnis zu Gott und um mein ewiges Heil geht. Wirklich, hier muß Gott selber mahnen und in Christus sein Verhältnis zu mir bestimmen. Es müssen Boten zu mir reden, die es „für Christus" an Christi Statt, mit seiner ganzen Autorität tun. Darum ist uns das NT unentbehrlicher Grund der Gewißheit, weil nur hier diejenigen reden, die es in Gewißheit sagen können: Gott mahnt durch uns; wir sind Botschafter des Christus.

[228] Hbr 10, 28 f; 12, 25 f werden davon nicht berührt. Der Hebräerbrief richtet sich an Glaubende und warnt sie vor dem Abfall. Das ist eine völlig andere Lage als die des Apostels, der Menschen zum Glauben ruft.

winnen. Ja, der Apostel tut bittend und werbend seine Arbeit[229]. Er möchte mit herzlichem Bitten „gewinnen"; er will zu dem Kostbarsten, was es gibt, nicht drängen und zwingen. Aber im Inhalt seiner Bitte liegt der ganze Ernst und die ganze Größe der Sache: **„Werdet versöhnt mit Gott."** Es kann keine dringlichere Bitte geben[230].

Dabei zeigt die Form der Bitte: **„Werdet versöhnt mit Gott!"** wie „passiv" der Mensch hier zunächst ist und sein muß. Das aktive Versöhnen ist ganz und gar Gottes eigenes souveränes Werk, schon längst geschehen und vollendet, ehe wir den Blick dafür gewinnen. Darum gilt es für uns: **„Wir werden versöhnt."** Aber zugleich behandelt uns Gott auch hier als verantwortliche Personen. Wir werden nicht mechanisch, ohne unsern eigenen Willen mit Gott versöhnt. Das würde niemals echte Versöhnung sein[231]. Nein, Gott „mahnt" und „bittet" uns, sein Versöhnen anzunehmen, in die von ihm bereitete Versöhnung einzutreten. Uns ist von Gott die Freiheit eigener Entscheidung so ernstlich gelassen, daß wir uns der Bitte Gottes verschließen und sein Versöhnen abweisen können. Es ist unbegreiflich, sich vorzustellen: Der schuldige Mensch will die Versöhnung nicht haben, die Gott um solchen Preis ermöglichte und ihm frei und umsonst anbietet! Aber so unbegreiflich es ist, es geschieht wieder und wieder. Paulus ist im Kap. 4, 1–6 dieser dunklen Tatsache nachgegangen und hat sie nicht erklären können, ohne den „Gott dieser Weltzeit" mit seinem unheimlichen Wirken vor sich zu sehen. Abweisung der Versöhnung mit Gott – das ist teuflisch. Aber es zeigt sich freilich auch, wie gründlich die Verdorbenheit des Menschen ist, wie tief die Feindschaft gegen Gott in seinem Herzen sitzt[232]. Wo aber die Versöhnung angenommen wird, da beugt es den Menschen unter staunendem Lob und Dank aufs tiefste, daß Gott das Äußerste für uns tut und dann noch

[229] In 1 Th 2, 7 hat es Paulus ausdrücklich geschildert, wie er seine apostolische Vollmacht nicht ausnützte: „Aber wir sind bei euch lind gewesen, gleich wie eine Mutter ihre Kinder pflegt."

[230] Auch unsere Verkündigung heute muß beides an sich tragen. Sie kann und soll nicht mehr tun als „bitten"; aber es muß in ihr zugleich der letzte Ernst liegen, der deutlich macht, daß es um Tod und Leben geht. Wir werden beides zugleich nur dann in unserer Verkündigung haben, wenn wir wie ein Paulus davon durchdrungen sind: Gott vermahnt durch uns, wenn wir also „aus Gott, vor Gottes Angesicht, in Christus reden" (2, 17).

[231] Darum wird uns die Versöhnung und die Gotteskindschaft auch nicht sakramental, etwa bei der Taufe als Säuglinge, übergestülpt. Eine solche mechanische Auffassung der Versöhnung durch den bloßen Vollzug einer sakramentalen Handlung widerspricht der gesamten Art des NT.

[232] Diese Feindschaft in der Ablehnung der Versöhnung bleibt meistens hinter vielen geistvollen „Gründen" verborgen. Es gehört zum Dienst vollmächtiger Verkündigung, diese Gründe in ihrer Nichtigkeit zu entlarven und die Feindschaft gegen Gott zu einem offenen Aufbruch zu zwingen. Indem die Boten Jesu wehrlos bittend bleiben, wird die Tiefe des Gotteshasses offenbar, der solchem Bitten ins Gesicht schlägt.

„bittet“, daß wir es doch in Freiheit annehmen möchten. Wie muß in Korinth alle Unzufriedenheit, alle Kritik verstummen, wenn die Gemeinde in dieser Weise den Botendienst ihres Apostels und die Größe der Botschaft verstehen lernt.

Aber noch hat Paulus uns nicht gesagt, wie denn von Gott her die Versöhnung zustande kommt, wie sie überhaupt möglich wurde. Wie konnte Gott „Übertretungen nicht anrechnen“? Wie konnte er bei seinem absoluten Nein gegen jede Sünde die Schuldbeladenen und Sündhaften mit sich versöhnen? Paulus zeigt uns in einem kurzen
Satz die Antwort auf die für uns unlösbare Frage: **„Den, der Sünde** 21
nicht kannte, hat er für uns zur Sünde gemacht, damit wir würden Gerechtigkeit Gottes in ihm.“

Dieser Satz sagt in einer unerhört komprimierten Weise letzte Wirklichkeiten in knappster Form. **„Den, der Sünde nicht kannte“**, damit ist die Sündlosigkeit und Heiligkeit Jesu ausgesprochen. In Jesus steht der eine vor uns, der nicht etwa nur ganz anders als wir Sünde überwand, sondern der Sünde nicht einmal „kannte“, der keinerlei innere Berührung mit ihr hatte. In ihm fand die Sünde nicht ihren Angriffspunkt im Gebot (Rö 7, 8) und konnte nicht das sündliche Begehren in ihm wecken[233]. Er ist „versucht allenthalben gleich wie wir, doch ohne Sünde“ (Hbr 4, 15). Aber gerade ihn hat Gott **„für uns zur Sünde gemacht“**. Achten wir darauf, wie der Apostel unter der Leitung des Heiligen Geistes hier weit über die uns vertraute Aussage: „Jesus trug unsere Sünde“ hinausgeht[234]. Gott behandelt Jesus, den einzig Reinen, wie die Sünde selbst. Das Gericht über die Sünde, das sich auf Golgatha vollzieht, ist unausdenkbar schrecklich. Der Schrei der Gottverlassenheit aus dem Mund des Gottessohnes kann uns eine Ahnung davon geben. Der ganze Zorn des heiligen, lebendigen Gottes ergießt sich über Jesus, der als unser Stellvertreter, ja zu unserer Sünde gemacht, vor Gott steht. Dabei ist auch hier Gott selber der Handelnde. Er, er selber **„hat den, der Sünde nicht kannte, zur Sünde gemacht“**. Jesus ist der Duldende, der es uns zugut an sich geschehen läßt in einem unbegreiflichen Erbarmen mit uns. Aber der am Kreuz das letzte Opfer bringt, ist Gott selbst! Was muß es den Vater gekostet haben, den reinen, sündlosen Sohn, der dem Vater nur den liebenden Gehorsam erwiesen, nun im Gericht wie die grauenhafte Sünde selbst zu behandeln! Begreifen wir es: *„So“* hat Gott die Welt geliebt. Es geschieht dies alles von Vater und Sohn **„für uns“**.

[233] Wer hier „Mythologie“ sieht, nimmt dem Erlösungswerk die Grundlage und macht das Evangelium zunichte.

[234] Die genaue Parallele finden wir dazu in Gal 3, 13. Nach dem Zeugnis dieser Stelle trug Jesus nicht nur den auf uns liegenden Fluch, sondern „wurde zum Fluch für uns“. Nur um diesen Preis konnte er uns rechtmäßig von dem Fluch freikaufen.

Durch das ungeheure Geschehen auf Golgatha ist das „für uns" von unerschütterlicher Gültigkeit. Alle Anklagen des Feindes, des Verklägers, zergehen davor in Nichts. Nun kann Gott „gerecht" sein, wenn er uns die Sünde vergibt (1 Jo 1, 9). Nun kann es triumphierend mit absoluter Gewißheit ausgerufen werden: „Ist Gott für uns, wer mag wider uns sein? Wer will die Auserwählten Gottes beschuldigen? Gott ist hier, der da gerecht macht" (Rö 8, 31. 33). Aber zugleich wird die Schwere unserer Sünde hier so aufgedeckt, wie nirgends sonst. Das also war nötig, damit das „Anrechnen" unserer Sünde aufhören konnte, das uns in die Hölle stürzen mußte! Für uns mußte Jesus zur Sünde werden. So schwer wiegt unsere Sünde!

Darum kann Paulus nun auch die Frucht des Geschehens von Golgatha hier so radikal wie nirgends sonst darstellen: **„Damit wir würden Gerechtigkeit Gottes in ihm."** In genauer Entsprechung dazu, daß Jesus nicht nur unsere Sünde zu tragen hatte, sondern geradezu zur Sünde wurde, ist nun auch die „Gerechtigkeit" nicht nur eine Gabe, die uns zuteil wird, nicht nur ein Kleid, das wir anziehen dürfen, nein, wir **„werden"** selber **„Gerechtigkeit Gottes"**! Ganz gewiß ist es die nie zu begreifende Liebe Gottes, die unsere Versöhnung mit ihm erdacht hat und für sie das äußerste Opfer in der Hingabe des Sohnes bringt. Es ist das unergründliche Erbarmen mit unserem Elend, das Gottes Handeln leitet. Aber es ist die **„Gerechtigkeit"**, die für uns beschafft werden muß. Es bleibt dabei: Nur Gerechte können vor dem gerechten Gott bestehen. Gott weicht nicht um Haaresbreite von seiner Gerechtigkeit. Aber er selber sorgt dafür, daß wir nun vor ihm zur **„Gerechtigkeit Gottes"** selber werden. Nur so ist unsere Stellung vor Gott unangreifbar fest. Nur so sind wir emporgehoben über alle Anschuldigungen des großen Verklägers. Dabei sagt der Ausdruck **„Gerechtigkeit Gottes werden"**, daß diese Gerechtigkeit unser ganzes Sein bestimmt und nicht nur eine einzelne Gabe Gottes an uns bleibt. Nur so wird sie zum „Panzer", der uns fugenlos gegen die Angriffe des Feindes deckt (Eph 6, 14). Die Botschaft von der „Gerechtigkeit" ist also nicht ein Rückfall in eine mindere Gedankenwelt, die hinter dem Evangelium von Gottes Liebe zurückbleibt. Nein, allein diese Botschaft führt auf die Höhe einer völligen, absolut ans Ziel gekommenen Gnade. Die Liebe Gottes ruht nicht, bis sie uns zur **„Gerechtigkeit Gottes"** selbst gemacht hat. Nun kann es an unserm Bestehen vor Gott keinen Zweifel mehr geben. Nur daß wir hier noch einmal an den Preis denken müssen, den es gekostet hat. Wir werden **„Gerechtigkeit Gottes"** nur dadurch, daß Jesus sich willig **„zur Sünde"** machen ließ. Es findet hier ein radikaler „Tausch" statt, der jene „Vertauschung" aufhebt, die das Wesen der Sünde ist. In der Ursünde vertauscht der Mensch die Wahrheit Gottes gegen die

Lüge, die Ehrung des Schöpfers gegen die Verehrung des Geschöpfes (Rö 1, 25). Nun „tauscht" Jesus in Gottes Auftrag mit uns: Er wird unsere Sünde und wir werden in ihm Gottes Gerechtigkeit[235]. Gott sieht auf Golgatha an Jesus nur noch Sünden; Gott sieht an uns nur noch Gerechtigkeit! Aber freilich, nicht in uns selber, nur **„in ihm"**, nur „in Christus" **„werden"** wir diese **„Gerechtigkeit"**. Hier ist die Rechtfertigungsbotschaft in letzter Radikalität ausgesprochen[236].

DIE BEWÄHRUNG DES APOSTELS IN SEINEM DIENST

2. Korinther 6, 1—10

1 **Als Mitwirkende aber ermahnen wir euch, daß ihr eurerseits**
nicht vergeblich (wörtlich: ins Leere) **die Gnade Gottes angenom-**
2 **men habt; * denn er sagt: „Zur willkommenen Zeit erhörte ich**
dich, und am Tage des Heils half ich dir" (Jes 49, 8). Siehe! Jetzt
3 **ist hochwillkommene Zeit; siehe, jetzt ist Tag des Heils — * keiner-**
lei Anstoß gebend in irgendeinem Stück, damit nicht der Dienst
4 **einen Makel erhalte, * sondern in allem uns empfehlend als Got-**
tes Diener: in vieler Standhaftigkeit, in Drangsalen, in Zwangs-
5 **lagen, in Nöten, * in Schlägen, in Gefängnissen, in Unruhen, in**
6 **Mühsalen, in durchwachten Nächten, in Fasttagen, * in Reinheit,**
in Erkenntnis, in Langmut, in Gütigkeit, in Heiligem Geist, in
7 **ungeheuchelter Liebe, * im Wort der Wahrheit, in der Kraft Got-**
tes, durch die Waffen der Gerechtigkeit zur Rechten und zur Lin-
8 **ken, * durch Ehre und Schande, durch bösen Ruf und guten Ruf,**
9 **als Verführer und doch wahr, * als unbekannt und doch wohl be-**
kannt, als Sterbende und siehe wir leben, als Gezüchtigte und doch
10 **nicht ertötet, * als Traurige, aber allezeit voll Freude, als Arme,**
aber viele reich machend, als nichts Habende und doch alles Be-
sitzende.

Zu Vers 1:
2 Ko 1, 24
5, 20
Hbr 12, 15
Zu Vers 2:
Jes 49, 8
Lk 4, 19. 21
Zu Vers 4:
1 Ko 4, 11—13
Zu Vers 5:
Apg 19, 29 f
21, 30
2 Ko
11, 23—27
Zu Vers 6:
Rö 12, 9
Gal 5, 22
1 Tim 1, 5
4, 12
1 Pt 1, 22
Zu Vers 7:
Rö 13, 12
15, 19
1 Ko 2, 4
2 Tim 2, 15
Zu Vers 8:
Mt 27, 63
2 Ko 4, 10 f
Zu Vers 9:
2 Ko 4, 10 f
Ps 118, 18
Apg 14, 19
Zu Vers 10:
2 Ko 8, 9
12, 10
1 Ko 3, 21
Phil 4, 12 f

[235] Luther hat es klassisch 1516 dem bekümmerten Mitmönch Georg Spenlein in Memmingen geschrieben: „Darum, mein lieber Bruder, lerne Christum, und zwar als den Gekreuzigten: Lerne ihm singen und, an dir selbst verzweifelnd, zu ihm sagen: Du, Herr Jesu, bist meine Gerechtigkeit, ich aber bin deine Sünde." (K. Heim: „Jesus der Weltvollender" 1952[3] S. 131 Furche-Verlag).

[236] „Denn es besteht dann die genaueste Korrelation zwischen Hauptsatz und Nebensatz, indem Christus wurde, was er nicht war, und doch der blieb, der er war, umgekehrt aber wir werden, was wir nicht sind, und, indem wir das werden, doch bleiben, was wir waren: er der Sündlose, wir die Sünder; er die Sünde, wir die Gerechtigkeit." Bachmann a. a. O. S. 272/273.

1 Die ganze Größe dessen, was wir **„die Gnade Gottes"** nennen, hat Paulus uns vor Augen gestellt. Diese Gnade haben die Korinther angenommen. Aber wenn Paulus auf die Zustände in Korinth sieht, erfaßt ihn eine tiefe Sorge. War alles das, was sich unter der Verkündigung des Evangeliums in Korinth ereignet hatte, **„vergeblich"** geschehen? War es **„ins Leere"** gegangen? War es ohne wirkliche Auswirkung und Frucht geblieben? Gottes Gnade in ihrer unerhörten Größe – **„vergeblich"**? Der Dienst des Mose hatte nicht zum Ziel geführt. Sollte nun auch der so gerühmte „Dienst des Geistes" nicht wirklich das Leben gebracht haben? Gott ermahnt durch Menschen, die seine Botschafter sind. Paulus und seine Mitarbeiter hatten in Korinth **„mitgewirkt"**, daß dort Gemeinde entstand. So haben sie ein Recht, nach allem bisherigen Mahnen und Bitten nun den Korinthern zu sagen: **„Als Mitwirkende aber ermahnen wir euch, daß ihr eurerseits nicht vergeblich** (wörtlich: ins Leere) **die Gnade Gottes angenommen habt."** Die Formung des Satzes ist eigenartig. Kann ich jemanden ermahnen, etwas nicht vergeblich „angenommen zu haben"? Aber in dieser Formulierung kommt die Zuversicht zum Ausdruck, daß die Annahme der Gnade Gottes durch die Korinther doch gar nicht vergeblich gewesen sein „kann". Die Korinther müssen sich nur wieder darauf besinnen und der Gnade Raum zur vollen Wirksamkeit in der Gemeinde geben.

2 Es handelt sich bei Gottes Gnade nicht um eine ruhende Größe, die uns jederzeit zur Verfügung steht. Es geht um Gottes lebendige Geschichte, die ihre „Zeit" hat und darum unsere Zeit, unser „Jetzt", zu der entscheidenden Zeit macht, in der alles gewonnen oder alles verloren werden kann. Vor Paulus steht dabei ein Wort der Schrift aus Jes 49, 8[237]. Er sieht dieses Wort nicht historisch in seinem damaligen Zusammenhang. Gott **„sagt"** ihm darin etwas für die Korinther heute: **„Denn er sagt: ‚Zur willkommenen Zeit erhörte ich dich, und am Tage des Heils half ich dir.'"** Paulus wendet es sofort auf die Korinther an: **„Siehe! Jetzt ist hochwillkommene Zeit; siehe, jetzt ist der Tag des Heils."** Die Korinther können nichts aufschieben. Sie können sich nicht selber die Zeit aussuchen, in der sie Gottes Gnade sich auswirken lassen wollen. Gott hat in Korinth sein „Jetzt" gesetzt. Darum muß **„jetzt"** in Korinth alles geklärt und der Gnade Gottes

[237] Da der ursprüngliche grie Text keine Satzzeichen enthielt, wissen wir nicht eindeutig, wie Paulus das Gefüge seiner Sätze gemeint hat. Unserem Sprachempfinden nach werden wir den Hinweis auf das AT Wort am besten in Paranthese stellen, weil in V. 3 der Satz von V. 1 einfach in Partizipien weitergeht. Wir folgen darin dem Nestle-Text. Paulus zitiert das Wort übrigens nach der LXX.

„jetzt" der Weg zum völligen Sieg freigemacht werden[238]. Die „willkommene", ja sogar **„hochwillkommene"** Zeit ist das Jetzt, das Gott willkommen ist, auch wenn wir es nicht willkommen heißen. Dieses „Jetzt" ist **„Tag des Heils"**. Gottes rettende Liebe, wie sie der Apostel eben in ihrer ganzen Größe geschildert hat, ist heute in Korinth wirksam. Ob sie es „morgen" noch sein wird, das können die Korinther nicht wissen. Das „Heil" liegt nicht in ihrer, sondern einzig in Gottes Hand. Der **„Tag des Heils"** will ausgekauft sein[239].

Aber nun lenkt Paulus zu dem Thema seines ganzen Briefes zurück. Es geht um seinen Dienst als Apostel, als Botschafter für Christus. Vielleicht hört Paulus bei seiner ernsten Mahnung an die Korinther die Gegenwehr derer, die ihn in Korinth kritisieren, ja bekämpfen: Paulus solle lieber auf sich selber achten und auf das, was die Korinther ihm vorwerfen! Sieht denn sein Leben mit seinen ständigen Schwierigkeiten und Nöten, mit seiner ganzen Armut und Kümmerlichkeit wirklich nach einem **„Diener Gottes"** aus? Es geht noch einmal und noch verstärkt um das, was Paulus bereits in 1 Ko 4, 1–13 und in 4, 7–12 unseres Briefes mit der Gemeinde besprochen hatte.

Mit der Kühnheit, die ihm das Zeugnis des Gewissens verleiht 3
(vgl. 1, 12!), stellt er es allen Anklagen aus Korinth entgegen: **„Keinerlei Anstoß gebend in irgendeinem Stück, damit nicht der Dienst einen Makel erhalte."** Dabei müssen wir das Wort **„Anstoß geben"** in seinem ernsten und eigentlichen Sinn fassen[240]. Es bezeichnet den „Stoß", mit dem ich schuldhaft einen andern auf seinem Wege zum Heil in Christus aufhalte, ihn aus diesem Wege fortstoße in Zweifel oder Unglauben hinein. Mögen die Korinther an Paulus viel zu tadeln haben, solchen **„Anstoß"** hat der Apostel niemand gegeben. Sein Dienst hat **„keinen Makel erhalten"**, nämlich in den Augen seines Herrn und darum auch keinen berechtigten Tadel in den Augen redlicher Menschen. Nochmals klingt das Stichwort auf: „Sich selbst

[238] Es ist für uns von entscheidender Bedeutung, daß auch wir im persönlichen Leben und in unserm Dienst für Gott das jeweilige „jetzt" erkennen. Wir irren verhängnisvoll, wenn wir meinen, über Gottes Zeit verfügen zu können und nach unserm Belieben für alles Zeit zu haben. Unser kirchliches Leben mit seinen regelmäßigen Veranstaltungen verleitet uns zu der Meinung, es sei selbstverständlich immer Gottes Zeit da. In Wirklichkeit stellt Gott uns in Situationen, die so nie wiederkehren; er ordnet uns Möglichkeiten, die morgen schon verschlossen sein können. Wieviel Gnade hat die Gemeinde in ihrer Geschichte unwiderbringlich versäumt!

[239] Vgl. Luthers bekanntes Wort vom „fahrenden Platzregen". Weimarer Ausgabe Bd 15 S. 31/32.

[240] Wir haben das Wort „Anstoß" wie das Wort „Ärgernis" gefährlich entstellt, indem wir den menschlichen „Ärger" über das Verhalten eines Christen oder eines Predigers und den „Anstoß", den wir daran „nehmen", zum Inhalt des Wortes machten. Als ob es darauf ankäme! Ein „Ärgernis" ist in Wahrheit ein „Anstoß" zum Fall eines Menschen in eine Sünde oder in den Unglauben.

empfehlen." Paulus hat den Mut, sich zu diesem Vorwurf zu beken-
4 nen. Ja, er und seine Mitarbeiter **„empfehlen sich als Gottes Diener"**,
aber nicht in leeren Worten, sondern **„in allem"**, in der ganzen Art
ihres Lebens. Dabei stehen die Worte **„als Gottes Diener"** nicht im
Akkusativ, sondern im Nominativ. Paulus rühmt sich und seine Ge-
fährten also nicht als wahre Diener Gottes, sondern Paulus „emp-
fiehlt sich" so, wie rechte Diener Gottes es allein tun können, nämlich
mit der Fülle tatsächlicher Bewährung, wie er sie im folgenden auf-
zählt. Ähnlich wie in 1 Ko 4, 9—13; 2 Ko 4, 7—18 möchte er der mur-
renden Gemeinde in Korinth sagen, daß sein Weg mit der Fülle
seiner Leiden und Nöte der Botschaft entspricht, die er zu verkündigen
hat, der Botschaft vom Kreuz; und daß sein Bestehen in diesen Lei-
den, seine Siege durch alle Schwierigkeiten hindurch von der Kraft
der Auferstehung seines Herrn Zeugnis geben. Gerade auf diese
Weise gibt er **„keinerlei Anstoß in irgendeinem Stück"**, sondern hilft
zum Glauben und macht seine Botschaft glaubwürdig bei denen, die
ihn hören. In dem eigentümlichen Miteinander des Entgegengesetzten
und menschlich Unvereinbaren spiegelt sich wider, daß der Herr, dem
Paulus dient, zugleich der Gekreuzigte und der Erhöhte ist. **„Als die
Sterbenden und siehe wir leben"**, das ist nur eine neue Beschreibung
dessen, was Kap. 4, 10 der Gemeinde als notwendige Gestalt aposto-
lischen Dienstes, ja wahrhaft christlichen Lebens überhaupt, vor
Augen gestellt war.

Paulus spricht zuerst von der Fülle der äußeren Nöte und Schwie-
rigkeiten, durch die er mit seinen Begleitern hindurch muß; darin
haben sie ihre **„viele Standhaftigkeit"** erwiesen. Zu den **„Drangsalen"**,
von denen er gleich am Beginn des Briefes schrieb, stellt er **„Zwangs-
lagen"** und **„Engen"**. Beide Worte weisen darauf hin, daß ein Mensch
5 sich nicht frei nach Wunsch bewegen kann, keinen freien Raum hat,
sondern sich in schwierige Lagen schicken muß. Paulus denkt sofort
an sehr konkrete Dinge, an **„Schläge"** und **„Gefängnisse"**. Wie oft
hat er solche brutalen Leiden durchmachen müssen. In 11, 23 ff wird
er es uns noch genauer sagen. Das nächste Wort im Text kann auf
„Unruhen" gehen, wie wir sie in der Apg vielfach geschildert finden:
Apg 13, 50; 14, 5; 14, 19; 17, 5; 19, 23 ff. Es kann aber auch die
ruhelose Lebensweise des Apostels meinen, das unstete Wanderleben,
das er zu führen hat. Von den **„Mühsalen"**, von seiner „Arbeit mit
den eigenen Händen" neben seinem ganzen Aposteldienst, hat er
schon 1 Th 2, 9 gesprochen. Dadurch kam es zu den **„durchwachten
Nächten"**, besonders wohl, um Zeit für das intensive Beten zu haben
(Kol 4, 2). Vielleicht weist Paulus auch in diesem Zusammenhang auf
die **„Fasttage"** hin; er kann aber auch daran denken, wie oft er ein-
fach faktisch Hunger litt, wie er es den Korinthern schon in 1 Ko 4, 11

schrieb. Aber das ist es ja nun gerade, was in Korinth immer noch Befremden erregte. Sieht denn so das Leben eines Gottesmannes aus? Wie anders traten doch die Männer auf, die für fremde Gottheiten und Kulte warben. Wie anders auch die neuen Lehrer, die Korinth erst auf die wahre Höhe führen wollten! Paulus aber sagt, daß so, gerade so, der Bote Jesu leben müsse. Denn der Menschensohn war nicht gekommen, daß er sich dienen lasse, sondern daß er diene und sein Leben zur Erlösung gebe; er hatte nicht, da er sein Haupt hinlege; seine „Erhöhung von der Erde" geschah in den Stunden, da sein zerschlagener Leib an den Pfahl genagelt hing. So sieht der Apostel in der Kette seiner eigenen Leiden und Nöte gerade eine Fülle von „Empfehlungen", welche die Echtheit seines Dienstes beglaubigten. Gerade so **„empfehlen sich"** wahre **„Diener Gottes"**.

Nun folgen die persönlichen Eigenschaften und Fähigkeiten, die 6
Paulus im Dienst Gottes hat und haben muß. Bei der **„Reinheit"** muß er nicht auf das sexuelle Gebiet blicken, obwohl für ihn als unverheirateter Mann hier eine besondere Aufgabe lag. Paulus kann auch allgemein die Lauterkeit seiner Motive meinen. **„Erkenntnis"** wurde im grie Raum hoch geschätzt. Paulus besitzt sie (vgl. Kap. 11, 6). Er stellt ohne systematische Gliederung seiner Aufzählung die **„Langmut"** daneben, unentbehrlich für den Apostel unter allen Schwierigkeiten und Enttäuschungen bei Mitarbeitern und Gemeinden. Die **„Gütigkeit"** tritt hinzu, die im Umgang mit Fernstehenden, Fragenden und Kritischen so wichtig ist. Wie könnte er in der Fülle und Verschiedenheit der Anforderungen im Dienst stehen, wenn er nicht sagen könnte, er tue diesen Dienst **„im Heiligen Geist"**. Das bevollmächtigte seinen Dienst überall und machte ihn wirksam, daß seine Verkündigung des Evangeliums „nicht allein im Wort, sondern auch in der Kraft und im Heiligen Geist" (1 Th 1, 5) zu den Menschen kam.
Zugleich ist die erste, grundlegende Frucht des Geistes die **„ungeheu-** 7
chelte Liebe". Paulus müht sich nicht, einen liebevollen Eindruck zu machen; Paulus kann wahrhaft lieben. Echte Liebe aber ist von der Wahrheit nicht getrennt. Paulus hat zum Arbeitsmittel das **„Wort der Wahrheit"**, das er überall in Liebe sagen darf. Wir erinnern uns an seinen grundlegenden Satz in 4, 2! Es ist eine große Sache, wenn wir in dieser Welt der Lüge und des Scheins, des Irrtums und der Phrasen das Wort sagen können, das im wahrsten Sinne **„Wort der Wahrheit"**, nämlich der ewigen Wahrheit Gottes, ist. Wer dieses Wort bezeugt, der erfährt „in Schwachheit und Furcht und großem Zittern" die „Kraft Gottes", die allein den echten, beständigen Glauben in Menschen zu schaffen vermag (1 Ko 2, 1–5). Es ist „die Kraft Gottes zur Rettung für jeden Glaubenden", von der Paulus von Korinth aus den Römern schreiben wird. Es ist die „Kraft", die „in der Schwach-

heit zur Vollendung kommt" (12, 9) und den „schwachen" Paulus wunderbar „stark" macht.

Paulus blickt auf sein Wirken, wie es sich tatsächlich vollzieht. Es ist „Kampf", nicht nur und gar nicht wesentlich Kampf mit Menschen, „sondern mit Mächten und Gewalten", nämlich mit den Herren der Welt, die in dieser Finsternis herrschen (Eph 6, 12). Dafür hat er die „Waffenrüstung", **„Waffen der Gerechtigkeit"**. Waffen **„zur Rechten"** sind die Angriffswaffen, die man mit der rechten Hand führt. **„Zur Linken"** trägt man den Schild als Verteidigungswaffe. Paulus ist zu Angriff und Verteidigung gerüstet. Er geht aber bei sei-
8 nem Dienst **„durch Ehre und Schande, durch bösen Ruf und guten Ruf"**. Paulus hat es reichlich erfahren, daß Schande auf ihn gelegt und viel Böses über ihn geredet wurde. Sein Dienst wäre nicht echt, wenn ihm nicht auch dies widerführe[241]. Der Widerstand der Welt gegen die Botschaft zeigt sich auch darin, daß sie die Boten verleumdet und schmäht und ihren Ruf zu zerstören sucht. Aber es stände freilich um den Apostel schlecht, wenn nicht auch das andere da wäre, daß man ihn liebt und schätzt und Gutes von ihm weitersagt. Paulus aber geht wirklich durch beides „hindurch". Er hängt nicht an Ehre und scheut darum die Schande nicht. Wie schwankend der Ruf bei Menschen sein kann, weiß er und kümmert sich nicht zu viel darum. Was auch die Korinther an ihrem Apostel vermissen, das, was er hier aufzählt, das jedenfalls ist in seinem Leben und Dienst zu finden.

Und nun kommen von da aus jene gewaltigen Gegensätze seines Lebens, die er mit einem „aber" fest zusammenhält. Dieses gewichtige „Aber", das viele biblische Aussagen kennzeichnet[242], fanden wir schon in den Sätzen Kap. 4, 7—9. Die Nöte und Schwierigkeiten werden unverhüllt und unbeschönigt ausgesprochen. „Aber" ihnen entgegen wird bezeugt, was sie von Gott her so überwindet, daß sie nicht an ihr zerstörendes Ziel gelangen können. So zeigt es jetzt Paulus noch umfassender und tiefer. Sieben Antithesen stellt er vor die Korinther hin. Ob die Siebenzahl sich dabei zufällig ergibt oder für den Apostel bewußt bedeutsam war, läßt sich nicht feststellen.

Der böse Ruf schilt Paulus einen **„Verführer"**. O ja, er „sucht Menschen zu gewinnen" (5, 11) und führt sie vom Judentum und vom Heidentum weg. Das muß für andere wie „Verführung" aussehen. Aber Paulus weiß dabei mit ruhiger Gewißheit, daß er **„doch wahr"**

[241] Wir sind vom bürgerlich-moralischen Denken her allzu sehr darauf aus, daß Diener der Kirche nur einen guten Ruf haben und nur in Ehren stehen müssen. Schande und böser Ruf scheinen uns ganz unerträglich. Wir müssen Jesu Warnung neu lernen: „Wehe euch, wenn euch jedermann wohl redet" (Lk 6, 26).

[242] Vgl. z. B. Jes 54, 10; 40, 8; 1 Mo 39, 20. 21; 1 Sam 16, 7; Ps 2, 4; 27, 10; 33, 10. 11; 102, 12. 13; 103, 17 u. a. Stellen.

ist. Er führt die, die er gewinnt, nicht irre, sondern hilft ihnen im Gegenteil aus Irrweg und Untergang zur Wahrheit und zum Leben 9
(4, 2). Er ist kein berühmter Mann; er hat nicht Titel und Würden. In den Städten, in die er kommt, ist er einfach ein **„unbekannter"** und unansehnlicher Jude. Und doch, wie **„wohlbekannt"** ist er in der großen Schar seiner Freunde und in den Reihen seiner Gegner. Er konnte es schon den Thessalonichern schreiben: An allen Orten berichten sie selbst von uns, welchen Eingang wir bei euch gefunden haben (1 Th 1, 9).

Aber auch die ganze Gestalt seines Daseins vereint das in sich Unvereinbare in mächtiger Weite und kraftvoller Lebendigkeit. **„Als die Sterbenden"** sieht Paulus sich mit seinen Begleitern. So hat er es schon 1 Ko 15, 31 und jetzt im Brief in 4, 11 ausgesprochen. Es ist das in seinem Munde keine erbauliche Redensart, kein bloßes, frommes Bild, das nicht allzu ernst zu nehmen wäre. Es ist eine volle Realität, die den ganzen Menschen Paulus nach Leib und Seele betrifft[243]. Aber triumphierend kann er hinzusetzen **„und siehe, wir leben"**. Das heißt nicht nur, daß Paulus und seine Mitarbeiter immer wieder mit dem Leben davonkamen und ihr äußeres Dasein durch alle Bedrohung hindurch erhielten. Nein, sie „leben" wahrhaft, während andere, scheinbar sehr lebendige Menschen in Wahrheit „tot" sind, tot vor Gott. Bei den Bedrängnissen und Leiden aber sieht Paulus nicht nur menschliche Bosheit am Werk. Hinter dem Tun der Menschen, die ihm Schmerzen zufügen, sieht er die Hand Gottes. Gott „züchtigt" ihn. Paulus verwendet dabei das Wort „paideuomei", das wir noch im Fremdwort „Pädagogik" kennen. Es geht also um „Erziehung", die freilich im Altertum eine sehr harte war[244]. Gott „erzieht" den Apostel und nimmt ihn in Zucht, wenn Menschen ihm immer neue Leiden und Schwierigkeiten bereiten. Es ist eine harte Erziehung; aber sie führt nicht zum Tode, sondern zum Leben und zu noch vollmächtigerem Dienst. Bei seinem Satz wird Paulus als Mann, der in der Bibel lebt, an Ps 118, 18 denken: „Der Herr züchtigt mich schwer, aber er gibt mich dem Tode nicht preis." So formuliert er im Anklang an die Psalmenstelle die Aussagen über sein eigenes Leben: **„Als Gezüchtigte und doch nicht ertötet."** Aber ist es dann 10
nicht ein leidvolles, bedrücktes Leben, was Paulus führt, ein Leben, das keine Freude aufkommen läßt? Ja, seine Leiden sind ernst. Er kennt Trauer und tiefen Schmerz in reichem Maß. „Große Traurig-

[243] Wir haben daran zu denken, wie ernsthaft Paulus den „Anteil an den Christusleiden" und die „Gleichgestaltung mit dem Tode des Christus" als ein unbedingtes Verlangen in sich trug (Phil 3, 10). Vgl. dazu die Auslegung in der W. Stb.

[244] Vgl. Gal 3, 24. Das Gesetz ist „paidagogós" zu Christus hin. Luther gibt es richtig mit „Zuchtmeister" wieder.

keit und Schmerzen ohne Unterlaß", hat er in seinem Herzen im Denken an Israel (Rö 9, 2). Und an seine geliebte Gemeinde in Korinth mußte er „aus großer Trübsal und Angst des Herzens mit viel Tränen" schreiben (2, 4). Er und seine Mitarbeiter sind oft **„Traurige"**. Aber wir hätten ein falsches Bild vom Leben des Apostels, wenn wir ihn von solchen Briefstellen her, als einen kummervollen und schwermütigen Mann dächten; nein, er ist als **„Trauriger"** doch **„allezeit voll Freude"**. Wie er es sein kann, wo die Quellen seiner Freude fließen, sagt er in der knappen Darstellung nicht ausdrücklich. Aber dieses **„als die Traurigen, aber allezeit voll Freude"** haben wir anschaulich vor Augen, wenn wir Rö 8, 31—39 und Rö 9, 1—2 unmittelbar nebeneinander stehen sehen. Der heiße Schmerz in Rö 9, 1 f zerstört die triumphierende Freude in Rö 8 nicht. Aber diese Freude hebt den Schmerz auch nicht einfach auf. Im Herzen des Apostels hat Freude und Schmerz in starker Lebendigkeit Raum; er ist **„traurig und voll Freude"** zur gleichen Zeit[245]. Es ist „Freude des Heiligen Geistes", wie sie auch die Thessalonicher mitten in vielen Drangsalen hatten (1 Th 1, 6).

Der Apostel ist **„arm"**. Das war in den Augen der Korinther eine Schande. Sie wünschten sich einen reichen Gesandten des großen „Kyrios". Aber sie sollen Augen haben für das Erstaunliche: Der **„arme"** Paulus ist doch **„viele reich machend"**. Was für ein Reichtum ist dem Leben des Paulus und seiner Mitarbeiter entströmt. Wieviele Menschen von Jerusalem bis Korinth danken es seinem Dienst, daß sie „reiche" Leute wurden, weil ihr Leben Inhalt, Sinn und Fülle in Jesus bekam[246]. Aber auch ein materielles „Reichmachen" ist nicht ausgeschlossen. Paulus wird in seinem Brief von der großen Sammlung in Jerusalem sprechen; wieviele „macht er dort reich". Wieviel Helfen und Schenken hat er durch seine Wirksamkeit in einer Welt entbunden, die vorher von einem liebevollen Denken an andere nichts wußte. Nun schließt er mit einer letzten, gewaltigen Paradoxie: **„als nichts Habende und doch alles Besitzende"**. Paulus ist wirklich ein „Habender", wenn er besitzlos durch die Welt wandert, den dürftigsten Lebensunterhalt mit eigenen Händen erarbeitend, ohne feste Stellung, ohne bleibenden Wohnsitz! Aber er hat das kühne Wort den Korinthern geschrieben: „Darum rühme sich niemand eines

[245] So darf es auch bei uns sein! Wir brauchen uns auch als Glaubende des Schmerzes und der Traurigkeit nicht zu schämen. Wir brauchen aber ebensowenig die Freude durch den Schmerz zu verlieren. Das „Halleluja unter Tränen" (Ps 126) ist uns geschenkt. „Des Christen Herz auf Rosen geht, wenn's mitten unter'm Kreuze steht."

[246] Die Gemeinde Jesu heute wagt es nicht mehr „arm" zu sein. Christen müssen alles mithaben, was die reiche Welt hat, sonst fühlen sie sich verlegen und rückständig. Vielleicht tritt darum der wahre Reichtum nicht mehr überzeugend hervor, den gerade nur die Gemeinde Jesu aufzuweisen hat.

Menschen; denn es ist alles euer" (1 Ko 3, 21). Er lebt selber in dieser Gewißheit, daß ihm in Christus alles gehört und alles ihm „zum Guten mitwirken muß" (Rö 8, 28). Er ist „Gottes Erbe und Miterbe des Christus". Dieses „Erbe" ist grundmäßig jetzt schon sein, auch wenn er es in voller Herrlichkeit erst bei dem Kommen seines Herrn erhalten wird. So führt er sein Leben unter der Fülle härtester Nöte (Schläge! Kerker! Hunger!) dennoch voll Freude als der **„alles Besitzende"**. Wenn doch auch die Korinther nicht hängen blieben an der einen Seite der Sache, die sich freilich dem Blick zuerst aufdrängt. Wenn sie doch das erstaunliche „Aber", das „und doch" verständen und sich darum nicht über ihren Apostel ärgerten, sondern mit tiefem Dank an ihm die Art echter Botenexistenz für den gekreuzigten und auferstandenen Herrn erfaßten!

Was Paulus in diesem ganzen Abschnitt schrieb, das bezeugt er als Tatsache in seinem Leben und in seinem Dienst. Er zeichnet nicht das „Ideal" eines christlichen Arbeiters, dem er näher zu kommen strebt. Er stellt nicht Gesetze und Regeln auf, wie das Leben eines Boten Jesu aussehen müßte. Wir haben es auch hier nicht mit einer theologischen Abhandlung, sondern mit einem echten Brief zu tun dessen Verfasser persönlich von seinem Leben Zeugnis gibt. Aber das läßt er die Leser seines Briefes — die damaligen wie die heutigen — allerdings merken, daß sein Dasein nicht zufällig diese Gestalt hat. Darum werden seine Sätze zur Frage an die Korinther, vor allem an die neuen Lehrer, und zur Frage an uns und an alle Diener Jesu Christi heute. Sind bei uns diese Linien zu sehen, können wir von uns und unserm Dienst in entsprechender Weise reden, wie Paulus es hier tut? Und wenn unser Dienst überhaupt nichts von dem erkennen läßt, was der Apostel von sich und seinen Mitarbeitern bezeugt, dann werden wir ernsthaft zu fragen haben, woran das liegt[247].

ABSCHLIESSENDE BITTEN AN DIE GEMEINDE

2. Korinther 6, 11—13

11 **Unser Mund hat sich aufgetan gegen euch, Korinther; unser Herz**
12 **ist weit geworden. * Ihr habt nicht engen Raum in uns; ihr habt**
13 **aber engen Raum in eurem eigenen Innern. * Aber zur entspre-**
chenden Vergeltung — wie zu [meinen] Kindern rede ich — werdet
doch auch ihr weit!

Zu Vers 11:
Ps 118, 18
Mt 12, 34
Apg 14, 19
Zu Vers 13:
1 Ko 4, 14

[247] Grace Irwin hat in ihrem Roman „Der größere Reichtum" sehr anschaulich gezeigt, wie die Aussagen unseres Abschnittes sich heute in Leben und Dienst eines modernen Predigers realisieren können.

11 Paulus kommt zu einem Abschluß seines heißen Mühens, den Korinthern seine Lebensführung und die ganze Art und Herrlichkeit seines Dienstes verständlich zu machen. Dieses Mühen begann sofort im Reden von seinen Drangsalen in 1, 3 ff und ging in immer neuen Ansätzen und unter immer neuen Gesichtspunkten bis zu dieser Stelle des Briefes. Jetzt hält er ein und überschaut das, was er geschrieben hat. **„Unser Mund hat sich aufgetan gegen euch, Korinther; unser Herz ist weit geworden."** O ja, das haben wir im Lesen des Briefes gemerkt. Da war nichts Verhaltenes; da bestimmte keine vorsichtige Diplomatie die Darlegungen. Paulus sprach sich rückhaltlos aus. Die Korinther müssen nicht „zwischen den Zeilen lesen". Und es ging dem Apostel dabei nach dem Wort Jesu: „Wes das Herz voll ist, des geht der Mund über" (Mt 12, 34). Der so freimütig geöffnete Mund zeigt das weit gewordene offene Herz. Undank, Mißverständnisse, Verkennung und Verleumdung haben es nicht verschließen können. Ohne Bitterkeit hat er für die Korinther ein freies, weites Herz.

12 **„Ihr habt nicht engen Raum in uns."** Vielleicht waren auch solche Klagen der Korinther zu Paulus gedrungen, als stehe hinter der Änderung seines Reiseplanes ein Stück Geringschätzung der korinthischen Gemeinde, der nicht mehr das ganze Herz des Apostels gehöre. Oder man sah in dem Ernst, mit dem der Apostel gegen ungute Dinge in Korinth eintritt, „Engherzigkeit". Es ist aber umgekehrt: **„Ihr habt aber engen Raum in eurem eigenen Innern."** Sie sind engherzig in der Beurteilung ihres Apostels. Sie wollen ihn nicht mit einem weiten, dankbaren Herzen verstehen. Sie nehmen nicht Anteil an seinem schweren, leidensreichen Leben. Das schmerzliche Nichtverstehen zwischen Apostel und Gemeinde liegt nicht an einer Verschlossenheit und Lieblosigkeit auf seiner Seite, die kein Herz für die Korinther und ihre Probleme hätte. Aber schwer ist es dem Apostel, wenn man mit Vorurteilen und bestimmten Ansprüchen ihn verkennt und ihm, dem Gründer und Vater der Gemeinde, keinen Raum mehr im Herzen der Gemeinde geben will[248].

13 Darum muß der Apostel die Gemeinde bitten: **„Werdet doch auch ihr weit."** Tut das **„zur entsprechenden Vergeltung"**. Paulus hat sein ganzes, offenes Herz in diesen Brief hineingelegt; das müssen sie doch aus seinem Schreiben merken, daß er sie so sucht und um ihr Verständnis ringt. Nun soll die Gemeinde ebenso dem Apostel entgegenkommen und seine herzliche Offenheit mit der gleichen Bereitschaft erwidern, auf Paulus wirklich zu hören und alles, was er schreibt,

[248] Auch hier teilt der Diener die Leiden seines Herrn! Jesus kam in sein Eigentum, und die Seinen nahmen ihn nicht auf (Jo 1, 11). Er hatte mit seinen Eltern schon bei seiner Geburt „keinen Raum" in der Herberge.

nicht mißmutig abzuweisen, sondern aufzunehmen, mitzudenken, anzuerkennen und den Apostel wieder so zu sehen, wie er von der Liebe des Christus bestimmt in Wirklichkeit ist. Nicht mit apostolischer Autorität fordert er das, nein, **„wie zu [meinen] Kinder rede ich"**. Ganz ähnlich hatte er gerade bei der Erörterung seines apostolischen Lebens, an dem die Korinther sich stießen, schon in seinem ersten Brief (1 Ko 4, 14 f) geschrieben. So herzlich „bitten" kann nur ein „Vater".

DIE FORDERUNG GANZER REINIGUNG DER GEMEINDE

2. Korinther 6, 14 – 7, 1

14 **Laßt euch nicht an ein fremdes Joch spannen mit Ungläubigen**
(wörtlich: seid nicht fremd zusammengejocht mit Ungläubigen).
Denn welche Teilhaberschaft gibt es für Gerechtigkeit und Gesetz-
losigkeit? Oder welche Gemeinschaft gibt es für Licht gegenüber
15 **Finsternis? * Was für eine Übereinkunft hat Christus mit Belial,**
16 **oder welchen Anteil ein Gläubiger mit einem Ungläubigen? * Was**
für eine Vereinbarung hat Gottes Tempel mit Götzen(bildern)?
Denn wir sind der Tempel des lebendigen Gottes, wie Gott gesagt
hat: „Ich werde unter ihnen wohnen und wandeln und werde ihr
Gott sein, und sie werden mein Volk sein" (3 Mo 26, 11. 12).
17 *** Darum „geht aus ihrer Mitte heraus und sondert euch ab",**
spricht der Herr, „und rühret Unreines nicht an; so werde ich euch
18 **annehmen. * Und ich werde euch zum Vater sein, und ihr werdet**
mir zu Söhnen und Töchtern sein" (Jes 52, 11; Jer 31, 9), **spricht**
7, 1 **der Herr, der Allherrscher. * Da wir nun diese Verheißungen**
haben, Geliebte, so wollen wir uns von jeder Befleckung des Flei-
sches und Geistes reinigen, indem wir Heiligkeit vollenden in
Furcht Gottes.

Zu Vers 14:
Eph 5, 7. 11
5 Mo 22, 10
Zu Vers 15:
Mt 11, 29
1 Ko 10, 21
Zu Vers 16:
3 Mo 26, 11 f
1 Kö 18, 21
Jer 31, 33
32, 38
Hes 37, 27
Jo 14, 23
Apg 21, 3
1 Ko 3, 16
Zu Vers 17:
4 Mo 16, 26
Jes 52, 11
Hes 20, 34
Apg 19, 9
Offb 18, 4
Zu Vers 18:
2 Sam 7, 14
Jes 43, 6
Jer 31, 9
Hos 1, 10
2, 1
Offb 11, 17
Zu Vers 1:
2 Pt 1, 4
1 Jo 3, 3

Ein geschlossener Abschnitt eigener Prägung unterbricht das Mühen des Apostels um volles Verstehen und volle Verbundenheit zwischen der Gemeinde und ihm. In 7, 2 geht dieses Mühen weiter, indem Paulus auf die Rückkehr des Titus aus Korinth und auf seinen so erfreulichen Bericht blickt. Man hat darum diesen Abschnitt als einen „Einschub" ansehen wollen, der den Zusammenhang des Briefes störend zerreiße und auch in seinem Inhalt befremdlich sei. Dem steht aber die Tatsache entgegen, daß diese Verse von sämtlichen Handschriften an dieser Stelle gebracht werden. Der „Einschub" müßte also schon sehr früh vorgenommen worden sein. Und gerade, wenn er den Zusammenhang „stört", wer hat ihn dann hier eingefügt und aus welchem Grund? Welchen Zweck hat er damit verbunden? Und woher hat ihn der Redaktor genommen? Alle Versuche, die Herkunft dieses Abschnittes aus dem „Tränenbrief" oder einem anderen, nicht aufbewahrten Brief des Apostels zu bestimmen, sind willkürlich und unsicher. Auch sprachlich läßt sich nicht erweisen, daß die Sätze und Darlegungen „unpaulinisch" seien. Wir werden den Abschnitt stehenlassen müssen, wie wir ihn in den Handschriften finden. So unverständlich es wäre, wenn ein Fremder einen Brief hier störend unterbrochen hätte, um ganz andere Sätze in ihn einzuschieben, so gute Gründe konnte der Briefschreiber selber haben, solche Mahnungen auszusprechen, ehe er den eigentlichen Gang des Briefes weiter verfolgte. Jedenfalls, „wir haben Paulus keine Vorschriften zu geben, wie er das, was er sagen wollte, ordnen müsse"[240].

Es liegt aber auch gar nicht so fern, daß Paulus bei der herzlichen Bitte an seine „Kinder" in Korinth sich mit Kummer die innere Bedrohung der Gemeinde erneut vor Augen stellt und sich zu dringenden Mahnungen getrieben fühlt. Wir erinnern uns, mit welcher Sorge Paulus, der Vertreter der „Freiheit eines Christenmenschen", vor den falschen Freiheitsparolen in Korinth stand. „Alles ist erlaubt", verkündigte man dort triumphierend, auch die Heirat der Stiefmutter, auch der Prozeß mit Brüdern vor heidnischen Richtern und auch der freie Geschlechtsverkehr und die Teilnahme am Festmahl im heidnischen Tempel. Hatten die Darlegungen des Apostels im ersten Korintherbrief die Gemeinde wirklich umgestimmt, wenn die Autorität des Paulus bis zum Eingreifen des Titus und den Wirkungen des „Tränenbriefes" so umstritten geblieben war? Bestand die Gefährdung der Gemeinde durch ein angeblich „überlegenes", in Wirklichkeit aber aushöhlendes Mitmachen mit der Welt nicht weiter fort? Konnte es zum herzlichen Verstehen zwischen Apostel und Gemeinde kommen, wenn die Korinther sich nicht zur klaren Trennung von der Welt rufen ließen? Paulus muß noch einmal davon sprechen, kürzer als im ersten Brief, aber auch schärfer und dringlicher.

14 **„Laßt euch nicht an ein fremdes Joch spannen mit Ungläubigen** (wörtlich: seid nicht fremd zusammengejocht mit Ungläubigen)." Das **„Joch"**, das mehrere Tiere zum gemeinsamen Ziehen zusammenspannt, wurde gern als Bild für das einträchtige Zusammenleben und Zusammenwirken von Menschen gebraucht. So konnten Eheleute als „Jochgenossen" bezeichnet werden oder auch gemeinsam unterrichtende Lehrer. Unter dem gleichen Joch können und sollen aber nur gleiche Tiere miteinander ziehen. Es war von Gott im Gesetz ausdrücklich

[240] Schlatter a. a. O. S. 580.

(3 Mo 19, 19; 5 Mo 22, 9—11) verboten, „zweierlei" Art unter dem Vieh sich paaren zu lassen. Die LXX braucht dabei das Wort „heterozygos", das Paulus in unserem Text für das fremde Joch verwendet, um die „fremde Art" zu bezeichnen, mit dem ein Tier nicht gepaart werden soll. Paulus greift auf diese Gesetzesbestimmung und auf den Willen Gottes zurück, der darin zum Ausdruck kommt. Was in seinem Wesen und in seiner Art nicht zusammengehört, das soll der Mensch nicht künstlich verbinden und in ein Joch spannen; und er soll sich auch nicht seinerseits in ein solches „fremdes Joch" spannen lassen[250]. Das geschieht aber überall, wo Glieder der Gemeinde Jesu sich auf Verbundenheiten mit denen einlassen, die „Ungläubige" sind und den Glauben an Jesus ablehnen. Der Apostel muß klare Trennung fordern. Die Glaubenden stellen sich sonst unter ein Joch, das ihnen fremd ist, und werden Mächten dienstbar, mit denen sie als Glaubende keine Gemeinschaft haben können. Diese Forderung beeinträchtigt in keiner Weise die erbarmende Liebe zu den Menschen und das herzliche und dringende Mühen um sie. Ein Paulus kann hier wohl nicht mißverstanden werden. Es geht in seiner Warnung um das gemeinsame Leben und Wirken unter dem gleichen „Joch"[251].

„Denn welche Teilhaberschaft gibt es für Gerechtigkeit und Gesetz- 14/15
losigkeit?" In der heidnischen Welt herrscht jene „Freiheit", die „Gesetzlosigkeit" ist; die Welt ist dem Gesetz Gottes nicht untertan und kann und will es nicht sein (Rö 8, 7). Der Glaubende aber wurde in Christus „Gottes Gerechtigkeit" (5, 21). Kann diese **„Gerechtigkeit"** irgendwie teilhaben an der **„Gesetzlosigkeit"**? Die „Freiheit eines Christenmenschen" ist von ganz anderer Art. Sie erfüllt gerade in der vom Geist Gottes geschenkten Liebe das Gesetz. Sie lebt im „Christusgesetz"[252]. **„Oder welche Gemeinschaft gibt es für Licht gegenüber Finsternis?"** Der Apostel reißt nicht künstliche Klüfte auf. Es ist in sich selbst klar, daß es zwischen **„Licht"** und **„Finsternis"** keine **„Gemeinschaft"** geben kann. Wo das Licht eindringt, muß das Dunkel weichen. Wo die Finsternis herrscht, erlischt das Licht. Jeder Glaubende aber weiß es, daß er aus der Finsternis zum hellen Licht kam und nun „ein Licht in dem Herrn" ist. Wie könnten nun Glaubende als Kinder des Lichtes doch wieder Gemeinschaft haben mit den un-

[250] Das gilt auch für das Joch der Ehe.

[251] Vgl. dazu das Wort aus H. W. Tiele-Winckler-Verlagsbuchhandlung „Bethel" S. 45, was über ihn ausgesagt wird: „Sein weitgehender Allianzstandpunkt war vielen unverständlich. Er sah in jedem Gotteskinde, welcher Denomination es auch angehören mochte, seinen Bruder oder seine Schwester und handelte dementsprechend. Freilich wollte er Arbeitsgemeinschaft nur mit denen haben, mit denen er auf allen Punkten gleichdenkend war. Er konnte darin bis zur Schroffheit entschieden handeln."

[252] Vgl. dazu 2 Ko 3, 17; 1 Ko 9, 21; Gal 6, 2; 5, 14.

15 fruchtbaren Werken der Finsternis (Eph 5, 11; 5, 8; 1 Pt 2, 9). Beide, der Glaubende wie der Ungläubige, haben einen „Herrn", dem sie gehören und dessen Willen sie tun. Wer sich nicht von Jesus erretten ließ, steht noch unter dem „Fürsten dieser Welt", den Paulus hier „Belial"[253] nennt. Der Gläubige aber gehört Christus. **Gibt es zwischen** diesen beiden „Herren" irgend etwas wie eine „Übereinkunft[254]"? **„Was für eine Übereinkunft hat Christus mit Belial?"** Wie völlig verschieden ist aber auch alles, was der Gläubige und Ungläubige besitzt, was ihn erfüllt und bewegt und was einmal sein ewiges Teil sein wird. **„Welchen Anteil hat ein Gläubiger mit einem Ungläubigen?"** Paulus richtet nicht künstliche Schranken auf. Die Schranken sind im Lebensstand der Gläubigen und Ungläubigen selbst gegeben. Darum haben wir allen Grund, diesen Abschnitt nicht als fremden „Einschub" zu entwerten, sondern uns den wesentlichen Wahrheiten zu stellen, die der Apostel hier vor uns hinstellt, auch wenn diese Wahrheiten uns wenig lieb sind. Paulus führt die Sache auf den letzten, klaren Höhepunkt: **„Was für eine Vereinbarung hat**
16 **Gottes Tempel mit den Götzen**(bildern)**?"** Das war damals und ist heute der entscheidende Vorgang bei der großen Lebenswende aus dem Heidentum heraus: „Bekehrt zu Gott von den Götzen" (1 Th 1, 9)[255]. Dann aber dürfen die Götzen um keinen Preis in den Tempel Gottes einziehen! Gott kann seinem Wesen nach keine fremden Mächte in seinem Tempel dulden. Paulus wird bei diesem Satz besonders an den Leichtsinn denken, mit dem die „Freien" und die „Starken" in Korinth sich ruhig an Mahlzeiten in heidnischen Tempeln meinen beteiligen zu können[256]. „Fliehet den Götzendienst",

[253] Über diese Bezeichnung vgl. das „Lexikon zur Bibel" Sp. 198. Belial oder Beliar ist zunächst das hebr Wort für „Schlechtigkeit", „Bosheit" und wird so etwa in 1 Sam 25, 25; 30, 22 und sonst vielfach gebraucht. Nahum 2, 1 wird der Verderber, der Arge, so genannt. Von daher wird das Wort Name für den Satan. An ihn denkt Paulus in seinem Satz und nicht an den noch gar nicht in Erscheinung getretenen Antichristen.

[254] Dies Wort ist von Paulus auch 1 Ko 7, 5 für die Übereinkunft zwischen Mann und Frau gebraucht.

[255] Das gilt auch für uns, die wir nicht mehr äußerliche „Götzenbilder" haben. Jeder Mensch hat einen „Gott", etwas, worauf er vertraut, wofür er lebt. Und wenn dies nicht der wahre, lebendige Gott ist, hat er einen „Götzen". Das erste Gebot ist und bleibt darum auch für uns heute noch in seinem Wortlaut „nicht andere Götter haben" die grundlegende Forderung Gottes. Wer aber mit Ungläubigen zusammenwirkt, erkennt damit ihre Götzen praktisch an.

[256] Vgl. dazu 1 Ko 8, 4 ff; 10, 14—22. Wir wissen aus der Mission, wie schwer der Kampf mit dem Heidentum ist, das Menschen seit Jahrhunderten im Blut und Wesen steckt. Immer wieder greifen die heidnischen Gedanken, Empfindungen und Ängste nach den Menschen; immer wieder droht der Rückfall. Götzen sind nicht bloße Einbildungen und Gedankengespinste; hinter ihnen stehen jenseitige dämonische Mächte (1 Ko 10, 20). Gleiche Erfahrungen von heute lassen uns besser verstehen, wie angefochten die aus dem Heidentum stammenden Korinther waren, wie gefährlich darunter die falschen „Freiheitsgedanken" in Korinth sich auswirken mußten.

hatte er schon im ersten Brief warnend schreiben müssen (10, 14).

Aber er meint nicht nur solche einzelnen Vorgänge, er meint seine Warnung ganz umfassend im Blick auf alles, was sich mit dem lebendigen Gott und mit unserer Zugehörigkeit zu ihm nicht verträgt. Wir können nicht um so teuren Preis mit Gott versöhnt sein (5, 19—21!) und uns dann doch wieder mit „Götzendienst" im weitesten Sinn beflecken. **„Denn wir sind der Tempel des lebendigen Gottes, wie Gott gesagt hat: ‚Ich werde unter ihnen wohnen und wandeln und werde ihr Gott sein, und sie werden mein Volk sein.'"** Was Gott im Alten Bund dem Volk Israel in 3 Mo 26, 11 f versprochen und durch den Propheten Hesekiel (37, 27) nach der babylonischen Gefangenschaft erneut zugesichert hatte, das ist jetzt zur Erfüllung gekommen. So hatte Paulus in 1 Ko 3, 16 f die Gemeinde Jesu den heiligen Tempel Gottes genannt (vgl. dazu auch Eph 2, 19—22). Welch unerhörter Lebensstand ist dadurch der Gemeinde geschenkt! Tempel Gottes, Volk Gottes sein, den ewigen lebendigen Gott als „unseren" Gott so nahe haben in engster Gemeinschaft, auf welche Höhe sind wir damit gestellt! Aber wenn das nicht nur fromme Worte sein sollen, wenn das 17/18
ganze Wirklichkeit ist, dann hat das Konsequenzen. Der Prophet hat es in Gottes Auftrag den Gefangenen in Babylon gesagt, und Paulus nimmt den Ruf auf[257]: **„Darum ‚geht aus ihrer Mitte heraus und sondert euch ab', spricht der Herr, ‚und rühret Unreines nicht an; so werde ich euch annehmen.'"** Der ganze Ernst einer tief in das praktische Leben einschneidenden Scheidung und Entscheidung steht damit vor uns. Aber Gott zeigt gerade an dieser Stelle in seinem Wort, daß es dennoch um „Evangelium", um frohe Botschaft, um Leben und Freude geht. Gott nimmt angesichts der Schwere der Entscheidung seine große Verheißung noch einmal auf und führt in persönlichster Weise auf ihre Höhe. Nicht nur so allgemein „sein Volk" werden wir sein; Gott verspricht mehr: **„‚Und ich werde euch zum Vater sein, und ihr werdet mir zu Söhnen und Töchtern sein', spricht der Herr, der Allherrscher."** Welch ein Gegensatz ist das: Der **„Allherrscher"**, der Schöpfer und Lenker des Weltalls, und wir kleinen, vergänglichen Menschen! Aber dieser **„Allherrscher"** will uns zum **„Vater"** sein. Ihm dürfen wir das „Abba Vater!" entgegenjubeln. Und wir dürfen als Söhne und Töchter in inniger Verbundenheit mit ihm leben. Was ist das für ein unerhörtes Geschenk[258]. Muß es uns

[257] Er tut es hier wie auch an anderen Stellen mit großer Freiheit dem Text gegenüber. Der Leser wird das beim Nachschlagen und Vergleichen der atst Stellen feststellen. Es geht Paulus um den wesenhaften Willen Gottes, nicht um die einzelne Formulierung.

[258] Wir sind nicht selbstverständlich „Gottes Kinder"! Von Natur sind wir „Gottlose, Sünder, Feinde" (Rö 5, 5—10). Gottes Kinder „werden" wir erst durch das Werk des Sohnes am Kreuz und den Glauben, der dieses Werk annimmt.

nicht ganz und gar willig machen, mit unserer Lebenshaltung dieser Herrlichkeit zu entsprechen und uns von allem zu trennen, was zu solchem Dasein nicht paßt?

7, 1 Darum geht der Apostel in den abschließenden Sätzen dieses Abschnittes ausdrücklich von den **„Verheißungen"** und nicht von den Geboten und Forderungen aus und unterstreicht es: **„Da wir nun diese Verheißungen haben, Geliebte."** Gerade jetzt redet Paulus seine Korinther als **„Geliebte"** an, geliebt von ihm und geliebt von Gott. **„Diese Verheißungen"** nennt er sie um ihrer Größe und Schönheit willen. Sie sind lauter „Evangelium", lauter überströmende Gnade. Darum fordern sie nicht nur folgerichtig eine entsprechende Gestaltung unseres Lebens, sondern wirken in uns den Willen zur völligen Reinigung: **„So wollen wir uns von jeder Befleckung des Fleisches und Geistes reinigen, indem wir Heiligkeit vollenden in Furcht Gottes."** Der Apostel rechnet damit, daß auch die Korinther „wollen", aus eigener, klarer Einsicht und aus der eigenen Freude an dem hohen Lebensstand, den sie als „Söhne" und „Töchter"[259] des Allherrschers haben dürfen. **„Von jeder Befleckung des Fleisches und Geistes"** wollen wir uns reinigen. Die Worte „Fleisch" und „Geist" gebraucht Paulus hier nicht in dem besonderen Sinn, den sie sonst bei ihm haben können, wenn er mit „Fleisch" unser natürliches Ichwesen meint und bei „Geist" an den Geist Gottes denkt. Er verwendet sie jetzt ähnlich, wie er in 1 Ko 7, 34 von „Leib und Geist" und 1 Th 5, 23 von „Leib, Seele und Geist" spricht. Unser äußeres Leben und unser inneres Sein ist von Natur seit dem Sündenfall befleckt und wird immer aufs neue verunreinigt. Es ist wichtig, daß dabei ausdrücklich auch von der **„Befleckung des Geistes"** gesprochen wird. Der Idealismus meint, der „Geist" sei in sich selbst das Edle und Göttliche im Menschen. In Wahrheit aber kann gerade der menschliche Geist gefährlichste und böseste Befleckung an sich tragen, den Stolz, die lieblose Kälte, die Selbstüberhebung. Darum muß gerade auch unser Geist tiefgehend gereinigt werden. Denn vor dem heiligen Gott können nur Reine bestehen. Wer unreiner Lippen ist, kann in der Gegenwart Gottes nur rufen: Weh mir, ich vergehe (Jes 6, 5). Darum bedürfen wir der steten Reinigung[260], die mit unserer Bekehrung nicht schon ein für allemal vollzogen ist. Es geht um die Reinigung von

[259] Hier werden die Frauen als „Töchter Gottes" extra genannt!

[260] Wie diese Reinigung geschieht, hat Paulus hier nicht gesagt. Es ist aber aus 1 Jo 1, 7. 9 und Offb 7, 14 und an anderen Stellen des NT deutlich, daß dieses „Reinigen" nur durch die Macht des Blutes Jesu geschehen kann. Aber sie geschieht nicht ohne unseren Willen. Unsere Sache ist das „Bekennen", das Hineintreten in das Licht des Herrn und das Ausliefern aller Flecken an den, der allein reinigen kann. Der Rat des Jakobus (5, 16) dabei gegenseitige, brüderliche Hilfe zu suchen und zu gewähren, ist wichtig.

„jeder" Befleckung. Wir können hier nicht auswählen und nach unserer eigenen Meinung einzelne Befleckungen als unwichtig bestehen lassen. Der Wille zur Reinigung von **„jeder Befleckung"** wäre aber gelähmt, wenn wir von vornherein damit rechneten, daß die Reinigung nicht gelingt und die „Heiligkeit" nicht erreicht wird. Darum spricht Paulus davon, daß wir **„Heiligkeit vollenden"**[261]. Wir tun es **„in Furcht Gottes"**. Der Neue Bund unter der Gnade, das Leben in der Kindschaft Gottes, schließt die **„Furcht"** nicht aus, sondern ein, wie es uns die Apostelgeschichte gerade aus der ersten Zeit der Gemeinde zeigt (Apg 5, 5; 5, 11; 9, 31). Auch die gnadenvollste Nähe, die Gott als „Vater" seinen „Söhnen" und „Töchtern" schenkt, weckt als Nähe zu dem gegenwärtigen, heiligen Gott die **„Furcht"**[262], die jede Sünde als unverträglich mit Gott scheut und „die Heiligkeit vollendet". Einmütig hat das Petrus mit Paulus der Gemeinde gesagt: „Und da ihr den als Vater anrufet, der ohne Ansehen der Person richtet nach eines jeglichen Werk, so führet euren Wandel, solange ihr hier als Fremdlinge lebt, mit Furcht" (1 Pt 1, 17). Die Erlösung mit dem teuren Blut Christi macht das nicht überflüssig, sondern ist ein erneuter und mächtiger Grund zur Heiligung (1 Pt 1, 18 f), zu einer Heiligung, die mit ihrem Ernst wirklich „die Heiligkeit vollendet" und sich nicht mit bloßen Ansätzen zur Heiligung begnügt.

DIE VERSÖHNUNG MIT DER GEMEINDE IN KORINTH

2. Korinther 7, 2–7

2 **Gebt uns Raum. Niemand haben wir Unrecht getan, niemand ver-**
3 **derbt, niemand übervorteilt. * Zu einer Verurteilung sage ich das**
nicht. Denn ich habe schon vorher gesagt, daß ihr in unseren Herzen
4 **seid zum Mitsterben und Mitleben. * Ich habe volle Offenheit euch**

Zu Vers 2:
2 Ko 12, 17
Apg 20, 33
Zu Vers 3:
2 Ko 6, 11–13
Phil 2, 17
Zu Vers 4:
2 Th 1, 4
Phlm 7

[261] Das entspricht der Entschiedenheit, mit der Johannes das Sündigen aus dem Bleiben in Jesus total entfernt (1 Jo 3, 6). Mit „Perfektionismus" hat das nichts zu tun, da der Apostel die Gemeinde nicht zu einer einmaligen, vollendeten Reinigung aufruft, sondern den Willen zur ständigen neuen Reinigung in ihr erweckt. Die berechtigte Ablehnung des Perfektionismus darf nicht zur Lässigkeit in der Heiligung führen. Sterbende haben es im hereinbrechenden Licht der Ewigkeit mit erschreckendem Ernst erfahren, wie schwer vor Gott auch die „kleinen" Sünden unseres Lebens wiegen.

[262] Die abweichende Aussage des Johannes in 1 Jo 4, 17. 18 muß stehen gelassen werden, ohne daß sie ihrerseits die Stellen von der „Furcht" einfach ausstreichen dürfte. Das Wort, das ein Johannes wagen konnte, würde gefährlich, wenn es ein billiges und selbstverständliches Wort würde und die Anweisung eines Petrus und eines Paulus zur „Furcht Gottes" nicht mehr hörte. Wer von uns steht denn schon in der „völligen Liebe"?

Zu Vers 5:
2 Ko 2, 13
Apg 20, 1. 2
Zu Vers 6:
2 Ko 1, 3 f
2, 13
Jes 49, 13
Apg 28, 15
Zu Vers 7:
1 Th 3, 6–8

gegenüber, ich habe viel Rühmen über euch, ich bin erfüllt von
Tröstung, ich fließe über von Freude bei aller unserer Drangsal.
5 * Denn auch als wir nach Makedonien gekommen waren, gewann
unser Fleisch nicht Ruhe, sondern wir waren in allem bedrängt:
6 von außen Kämpfe, von innen Ängste. * Aber der, der die Nied-
rigen tröstet, Gott, tröstete uns durch die Ankunft des Titus.
7 * Nicht allein aber durch seine Ankunft, sondern auch durch den
Trost, mit dem er bei euch getröstet worden war, indem er uns
berichtete von eurer Sehnsucht, von eurem Wehklagen, von eurem
Eifer für mich, so daß ich mich viel mehr freute.

2 Paulus knüpft an sein Wort in 6, 13 an und bittet aufs neue: **„Gebt uns Raum"**, Raum in euren Herzen. Haben die Korinther Grund, diesen Raum zu verweigern? Nein, Paulus kann es in seinem Brief vor der Gemeinde öffentlich aussprechen: **„Niemand haben wir Unrecht getan, niemand verderbt, niemand übervorteilt."** Bezieht sich der Apostel darin auf konkrete Vorwürfe, die in Korinth laut geworden waren? Hatte man gemeint, mit seinem Vorgehen in 1 Ko 5, 3–5 habe er jenem Mann doch Unrecht getan und ein Glied der Gemeinde durch seine Auslieferung an Satan **„verderbt"**? War es ein allgemeiner Vorwurf seiner Gegner, mit seinem unvollkommenen Evangelium schädige er die Gemeinde und wirke verderblich auf sie ein? Auf den Vorwurf des **„Übervorteilens"** kommt Paulus in 12, 17 f ausdrücklich zurück. In diesem Punkt muß jedenfalls in der Gemeinde über ihn und seine Mitarbeiter geredet worden sein. Auch der nächste Satz setzt voraus, daß Paulus auf bestimmte Kritik mit ihrer ernsten
3 Zurückweisung antwortet. **„Zu einer Verurteilung sage ich das nicht."** Paulus will mit seinem klaren Satz die nicht verurteilen, die gegen ihn gemurrt und unwahre Behauptungen verbreitet haben. Sie haben damit Unrecht getan. Aber Paulus will jetzt nicht darauf eingehen und seine Kritiker nicht verklagen. Es darf das alles erledigt und abgetan sein, wenn die Gemeinde nur sieht, wie unbegründet alle solche Vorwürfe waren, und dem Apostel wieder mit vollem Vertrauen Raum bei sich gibt.

Von ihm aus steht nichts Trennendes zwischen der Gemeinde und ihm. Er kann der Gemeinde die engste und innigste Gemeinschaft zusagen: **„daß ihr in unseren Herzen seid zum Mitsterben und Mitleben."** Die Versicherung unlösbarer Verbundenheit hören wir in diesem Satz ohne weiteres. Aber was meint Paulus mit diesem **„Mitsterben und Mitleben"**? Wo und wie geschieht denn das beides wirklich? Das äußere Schicksal teilen Gemeinde und Apostel keineswegs miteinander. Jeden Tag kann Paulus das Sterben treffen, während

die Korinther noch relativ unangefochten weiterleben[263]. Aber der Apostel hat ja nach seinen Worten **„schon vorher gesagt"**, daß das Mitleben und Mitsterben sie verband. Er könnte sich dabei auf etwas beziehen, was er früher bei seiner mündlichen Verkündigung in Korinth ausgesprochen hat. Aber kann das jetzt so deutlich vor den Korinthern stehen, daß er in dieser kurzen Weise darauf anspielen darf? Müssen wir das „vorher Gesagte" so weit weg suchen? Der Apostel schreibt doch in unserem Brief in 4, 10–12; 14, 15 von einem „Sterben" und einem „Leben", daß beide, Apostel und Gemeinde, gemeinsam angeht. Er sieht nach 5, 14 f die Korinther wie auch sich und seine Mitarbeiter als „Gestorbene", und er begehrt für sie wie für sich selbst jenes echte „Leben", wo keiner mehr sich selber lebt, sondern dem, der für uns starb und auferstand. So denkt der Apostel an die Korinther, so trägt er sie glaubend, betend, hoffend in seinem Herzen, daß er sie mit sich selbst in das Sterben Jesu und in sein Leben hineingestellt sieht. Das ergibt in der Tat eine innerste und unauflösliche Gemeinschaft. Da muß man nicht mehr **„zu einer Verurteilung"** notvolle Vorgänge besprechen, sondern darf sie abgetan sein lassen. Da ist es möglich, den andern so gegenüberzutreten, daß
man sagen kann: **„Ich habe volle Offenheit euch gegenüber, ich habe** 4
viel Rühmen über euch, ich bin erfüllt von Tröstung, ich fließe über von Freude bei aller unserer Drangsal." Das Mißtrauen der Korinther, auf das Paulus schon am Anfang seines Briefes 1, 13 f sah, ist unnötig. Paulus versteckt nichts. Er hat Mund und Herz weit aufgetan. Die Korinther müssen auch nicht fürchten, daß er mit Groll oder Bitternis an sie denkt. Er hat **„viel Rühmen über sie"**. Er ist jetzt nach all den Anklagen und Mißverständnissen so **„erfüllt von Tröstung"**, daß er **„überfließt von Freude"**, obwohl seine Lage schwer und voll Drangsal ist.

[263] A. Schlatter gibt folgende Erklärung zu dieser Stelle in den „Erläuterungen" Bd VI: „Durch seine starke Liebe zu ihnen ist ihr Los und das seine in eins zusammengebunden. Verurteilte er sie, so träfe das ihn selbst. Stürben sie, so stürbe auch er; leben sie, so lebt auch er. Ihr Stand in Gottes Gnade ist auch sein Stand in Gottes Gnade; ihr Verlust derselben brächte auch ihm ihren Verlust. Aber auch das Umgekehrte gilt: Solange Paulus lebt, lebt auch die Gemeinde; fiele er dagegen unter die Verurteilung und wäre er ein toter Mann, dann wäre auch sie tot."
In „Paulus, der Bote Jesu" meint Schlatter: „Daß er nicht nur von ihrem gemeinsamen Leben, sondern auch von ihrem gemeinsamen Sterben spricht, dürfte weit mehr als Rhetorik sein. Da er in der nächsten Zukunft die große Versuchung kommen sah, die der Antichrist bringen wird I 10, 13; 2 Th 2, 8., hatte es tiefen Sinn, wenn er sagte, daß auch das Sterben, das über die Gemeinde kommen wird, sie nicht trennen kann. Sie sterben, wenn die Notzeit kommt, miteinander, wie sie miteinander durch den Christus leben", a. a. O. S. 583.
Man sieht, wie ungewiß die Auslegung selbst bei dem gleichen Ausleger und bei einem Schrifttheologen wie Schlatter bleibt.

5 Warum kann der Apostel jetzt so reden? Was ist geschehen? Wir vermuten schon bei diesen seinen Worten eine wesentliche Wendung der Dinge. Sie ist in der Tat eingetreten. Mit tiefer Freude blickt der Apostel auf diese Wendung, indem er nun seinen Bericht wieder aufnimmt, den er in 2, 12 f unterbrochen hatte. Er hatte sich trotz fruchtbarer Arbeit in Troas voll Sorge um Korinth nach Makedonien aufgemacht, um desto eher Titus zu treffen und Nachricht aus Korinth zu erhalten. Aber er wurde zunächst bitter enttäuscht. **„Denn auch als wir nach Makedonien kamen, gewann unser Fleisch nicht Ruhe."** Paulus weiß wohl, daß es sein **„Fleisch"**, sein ganzer natürlicher Mensch ist, der sich um Korinth ruhelos sorgt. Wieder wie in 1, 8–10 zeigt uns Paulus daran, daß er nicht der vollkommene Geistesmensch ist, der in geistlicher Überlegenheit voll Ruhe durch alles hindurchgeht. Er ist noch **„Fleisch"**, und dieses sein Fleisch grämt und ängstet sich um die Korinther und hätte doch so gern wieder **„Ruhe"** durch gute und befreiende Nachrichten. Aber darauf wartet er auch in Makedonien – in welcher Gemeinde er war, erfahren wir nicht – zunächst vergeblich. Er bleibt auch dort in Unruhe und Not. **„Wir waren in allem bedrängt: von außen Kämpfe, von innen Ängste."** Die Kämpfe hatte er schwerlich in den Gemeinden selber, von denen er in 8, 1 ff mit herzlichstem Lob spricht. Es werden Anfeindungen aus der Umwelt sein, die er mit den Gemeinden zu erleiden hatte. Läßt doch auch der 2 Th erkennen, daß der feindselige Druck, der von Anfang an auf der Gemeinde lag, nur noch mehr zugenommen hatte. Des Apostels Lob der makedonischen Gemeinden in 8, 2 spricht auch von „vieler Bewährung in Drangsal". Die **„inneren Ängste"** aber galten vor allem Korinth! Wie hatte die Gemeinde auf den „Tränenbrief" (2, 4) reagiert? Wie hatte sie Titus aufgenommen? Ging diese Gemeinde nun vollends in die Irre? Es ist gut, daß wir anhand solcher Sätze eine Vorstellung davon gewinnen, wie hart und notvoll nach innen und außen das Leben des Paulus war. Durch welche Tage und Wochen ist er gegangen, Tage und Wochen voll von Ängsten und Kämpfen. Ein falsches, frommes Bild des Apostels wird hier zerstört. Der wirkliche Paulus steht vor uns, sehr zu unserm Trost. Er läßt die Korinther und uns freimütig die Wirklichkeit seines Lebens sehen.

6 Da endlich kam Titus! Welch ein Trost[264] wurde Paulus nach Wochen der Sorge und Ungewißheit zuteil. Er nimmt diesen Trost unmittelbar aus Gottes Hand. Wieder zeigt sich, wie völlig „theozentrisch" Paulus lebt und denkt. **„Aber der, der die Niedrigen tröstet, Gott, tröstete uns durch die Ankunft des Titus."** Gott ist ein „Vater

[264] Wir denken an das, was wir zu 1, 3 über die Worte „Trost", „trösten" sagten. Es steckt ein „ermutigen, stärken, aufrichten" darin.

der Erbarmungen und ein Gott alles Trostes", das hatte Paulus am Anfang seines Briefes gesagt. Nun erfuhr er es aufs neue. Gott tröstet die **„Niedrigen"**. Nur sie, die gebeugt, angefochten, wehrlos dastehen, brauchen Gottes Trost und schauen nach ihm aus. Und sie erfahren ihn, wie Paulus es jetzt mit tiefer Bewegung erlebt hatte. Wer nicht **„niedrig"**, sondern noch „oben auf" ist, hat an anderen Hilfsquellen genug. Paulus zählt sich nicht zu den „Großen", sondern zu den **„Niedrigen"**.

Freilich, die bloße Ankunft des Titus genügte zu solchem Trost 7
noch nicht, auch wenn es Paulus eine große Hilfe war, den bewährten Mitarbeiter wieder an seiner Seite zu haben. Wahrhaft von Gott getröstet wurde er **„nicht allein aber durch seine Ankunft, sondern auch durch den Trost, mit dem er bei euch getröstet worden war"**. Wäre Titus ergebnislos und darum bedrückt aus Korinth zurückgekommen, dann hätte Paulus keine entscheidende Hilfe empfangen. Nun aber war Titus selbst ein **„getrösteter"** Mann. Über Erwarten hinaus hatte er Gutes aus der Gemeinde zu erzählen, **„indem er uns berichtete von eurer Sehnsucht, von eurem Wehklagen, von eurem Eifer für mich, so daß ich mich viel mehr freute."** War die endgültige Entfremdung zwischen der Gemeinde und ihrem Apostel drohend gewesen, so war nun die **„Sehnsucht"** nach dem geistlichen Vater durchgebrochen. Das **„Wehklagen"** über den schweren Kummer, den man Paulus verursacht hatte, war zu hören. Ein neuer **„Eifer"** für den Apostel war entfacht. Es war nicht nur zu einer sachlichen Aussöhnung gekommen, bei der Vorwürfe zurückgenommen und ein freundliches Verhältnis angebahnt wurde. Nein, die Gemeinde als Ganze hatte sich ihrem Apostel wieder von Herzen zugewandt und wollte aufs neue mit Eifer und Einsatz hinter ihm stehen. Nun sind die bitteren Ängste bei Paulus verschwunden. Und er ist nicht nur „getröstet" und beruhigt, er kann der Gemeinde schreiben, daß er sich **„viel mehr freue"**. So hatte er schon in V. 4 von seinem „Rühmen" gesprochen und von dem „Überfließen" seiner Freude. Je ernster Sorge und Not um die geliebte Gemeinde gewesen war, umso heller und befreiender brach jetzt die Freude durch.

DIE WIRKUNG DES TRÄNENBRIEFES

2. Korinther 7, 8–12

8 **Denn wenn ich euch auch betrübt habe in dem Brief, so bereue ich es nicht. Wenn ich es auch bereut habe – (denn) ich sehe, daß jener Brief, wenn auch [nur] für kurze Zeit, euch betrübt hat –**

Zu Vers 8:
2 Ko 2, 4

Zu Vers 10:
Mt 5, 4
26, 75
27, 3—5
Lk 15, 17—24
Hbr 12, 17
Zu Vers 11:
2 Ko 2, 5—11
Zu Vers 12:
2 Ko 2, 9

9 *** jetzt freue ich mich, nicht weil ihr betrübt wurdet, sondern weil**
ihr betrübt wurdet zur Sinnesänderung. Betrübt wurdet ihr nämlich
10 **Gott gemäß, damit ihr in nichts durch uns Schaden erlittet. * Denn**
die Gott gemäße Betrübnis wirkt eine Sinnesänderung zum Heil,
die man nicht bereut. Die Betrübnis der Welt aber wirkt Tod.
11 *** Denn siehe, eben dies Gott gemäße Betrübtwerden, welch eif-**
riges Bemühen hat es bei euch bewirkt, ja Entschuldigung, ja Un-
willen, ja Furcht, ja Sehnsucht, ja Eifer, ja Bestrafung. In jeder Be-
ziehung habt ihr bewiesen, daß ihr rein seid, gegenüber der [be-
12 **wußten] Sache. * Mithin, wenn ich euch auch geschrieben habe,**
so doch nicht wegen dessen, der Unrecht tat, und auch nicht wegen
dessen, dem Unrecht geschah, sondern damit euer Eifer, den ihr für
uns habt, bei euch offenbar werde vor Gottes Angesicht. Deshalb
sind wir getröstet.

8 Voll Freude sieht Paulus auf den Umschwung in Korinth. Wodurch ist er gekommen? Er ist die Auswirkung jenes **„Briefes“**, von dem schon in 2, 4 die Rede war und den wir nach dieser Stelle den „Tränenbrief“ nennen. Er war in tiefer, schmerzlicher Erregung von Paulus geschrieben und hatte auch die Gemeinde schmerzvoll getroffen. Der Apostel hatte offenbar mit rücksichtslosem Ernst geschrieben und eine klare Entscheidung der Gemeinde verlangt. Näheres wissen wir nicht. Zwischen Briefschreiber und Briefempfänger genügen Andeutungen. Sie müssen diesmal umso mehr genügen, als Paulus im Rückblick auf die Geschehnisse in Korinth und auf jenen Tränenbrief alles vermeiden möchte, was die Korinther erneut beschämen und schmerzlich berühren könnte. Wie sehr er dabei selber bewegt ist und nach dem rechten Wort sucht, zeigt sich an dem mehrfach gebrochenen Satzbau. **„Denn wenn ich euch auch betrübt habe in dem Brief, so bereue ich es nicht. Wenn ich es auch bereut habe —** (denn) **ich sehe, daß jener Brief, wenn auch [nur] für kurze Zeit, euch betrübt hat — jetzt freue ich mich.“** Da die grie Handschriften keine Zeichensetzung kennen, wissen wir nicht einmal mit Sicherheit, wie Paulus die einzelnen Satzteile zueinandergeordnet haben wollte. Das in runden Klammern stehende „denn“ vor „ich sehe“ ist zwar vielfältig bezeugt, kann aber doch glättender Einschub sein. Jedenfalls ist aber der Satz **„Ich sehe . . .“** in Parenthese oder in Klammer zu setzen. Der Brief, den Paulus wahrscheinlich durch Titus hatte überbringen lassen, hat die Gemeinde getroffen und **„betrübt“**. Titus hat Paulus auch erzählt, welche Trauer bei der Verlesung des Briefes über die Gemeinde kam. Hatten vielleicht gerade die treuen Anhänger des Paulus gemeint, so hart habe er doch nicht zu schreiben brauchen? Sollte er jetzt etwas mit Bedauern zurücknehmen? Nein, der Brief reut den Apostel nicht.

„Denn wenn ich euch auch betrübt habe in dem Brief, so bereue ich es nicht." Freilich, er muß sofort hinzusetzen: **„Wenn ich es auch bereut habe ..."** Damit kann er nicht den jetzigen Augenblick meinen und nicht sagen wollen: Jetzt, nach der Umkehr der Gemeinde, bereue er, so radikal geschrieben zu haben. Er formuliert ausdrücklich in der Form der Vergangenheit: **„Wenn ich auch bereut habe."** Er kann nicht einen Brief bereuen, der gerade erst jene Umkehr der Gemeinde bewirkt hat. Aber in der Zeit der „Ängste" (7, 5), in den Tagen und Wochen des vergeblichen Wartens auf Titus, mag Paulus sich oft mit dem Gedanken gequält haben, ob sein Brief richtig war, ob er nicht vollends alles zerstöre und in Korinth die letzten Türen zuschlage[265]. Gerade bei diesem Verständnis wird der Text mit seinen abgebrochenen Sätzen deutlich. In der schweren Zeit, die hinter ihm liegt, hatte der Apostel jenen Brief manchmal bereut. Nun aber sieht er, daß jener Brief, mag er die Gemeinde auch für kurze Zeit betrübt haben, doch solch beglückende Wirkung gehabt hat. So etwa wollte Paulus schreiben. Er bricht aber den Satz ab, weil seine Freude alles andere verdrängt. Ihm lebt nur dies im Herzen: **„Wenn ich es auch bereut habe, jetzt freue ich mich."**

Natürlich freut er sich **„nicht weil ihr betrübt wurdet, sondern weil** 9
ihr betrübt wurdet zur Sinnesänderung". Wir kennen das hier stehende Wort „metanoia" meist als „Buße". Es war gewiß auch in der Gemeinde von dem da, was wir mit „Buße" meinen. Das „Wehklagen" bezog sich bei den Korinthern mit auf das, was sie ihrem Apostel angetan und was sie im Gemeindeleben verfehlt hatten. Aber die wörtliche Übersetzung **„Sinnesänderung"** sagt besser aus, was in Korinth geschehen war. Die Gemeinde blieb nicht im Kummer über Vergangenes hängen, sondern kam positiv zu einer neuen Einstellung, zu einer neuen Verbundenheit mit ihrem Apostel. Das gerade ist Paulus so wichtig, weil Betrübnis und Kummer über Ereignisse unseres Lebens und auch über unsere eigenen Fehler in ihrem Wesen und ihren Auswirkungen tief verschieden sein können. **„Betrübt wurdet ihr nämlich Gott gemäß, damit ihr in nichts durch uns Schaden erlittet."** Auch mit Betrübnis und „Reue" kommt der Mensch nicht allein in sich selbst zurecht. Gerade jetzt braucht er Gott. Er muß **„Gott gemäß"** voll Schmerz über sich sein, also so, wie Gott es haben will, und so, daß Gott in diesem Schmerz wirksam ist. Dann bleibt

265 Auch wir wissen an unserem Teil, welche Verantwortung auf unserem Verhalten im Dienst Jesu und ganz besonders auch auf brieflichen Worten liegt. Auch uns bedrängt oft die Frage, ob wir zu hart oder zu weich, zu entschieden oder zu undeutlich geschrieben haben. Welche Befreiung, wenn der Herr unser Wort zur durchgreifenden Hilfe für uns anvertraute Menschen brauchte. Wie nötig aber ist es, Briefe nicht aus eigenen Stimmungen heraus, sondern betend zu schreiben.

er nicht an sich selbst hängen und verzehrt sich nicht fruchtlos in seinem Gram. Solche Betrübnis hätte die Gemeinde tief geschädigt. Darum ist Paulus so froh, daß die Wirkung seines Briefes eine ganz
10 andere war, **„damit ihr in nichts durch uns Schaden erlittet"**. Paulus weiß, wie im seelsorgerlichen Dienst auch unser bestes Wollen doch Schaden bei anderen anrichten kann. Der Brief konnte die Gemeinde in jene falsche „Betrübnis" versetzen, die das Herz verschließt und **„Tod wirkt"**. Aber auch die Scheu, einen solchen Brief zu schreiben und abzusenden, hätte die Gemeinde schweren „Schaden" erleiden lassen und sie um die entscheidende Hilfe der rettenden Sinnesänderung gebracht. **„Denn die Gott gemäße Betrübnis wirkt eine Sinnesänderung zum Heil, die man nicht bereut. Die Betrübnis der Welt aber wirkt Tod."** Eine von Gott gelöste Betrübnis, wie die Welt sie vielfältig kennt, **„wirkt Tod"**. An ihr geht ein Mensch innerlich zugrunde[266]. Aber **„Gott gemäße Betrübnis"** wirkt **„Sinnesänderung"**, und diese wieder dient unserem Heil. Solche Schmerzen, so weh sie uns innerlich tun können, sind für uns in bestimmten Zeiten unseres Lebens das Beste, was uns geschehen kann, und der einzige Weg zu unserem Heil. Darum „bereut" niemand solche „Reue"; sie führt zum Leben.

11 Es ging dem Apostel um das Leben der Gemeinde. In heißen Ängsten hatte er gebangt, sie könne zugrunde gehen. Die Gemeinde soll verstehen, daß er sich an ihrer **„Betrübnis" „freuen"** kann, weil es die **„unbereubare Betrübnis zum Heil"** war. Er kann jetzt nicht bereuen, daß er die Korinther in diese Betrübnis führte, wie die Korinther nicht bedauern können, in solches Erschrecken über sich selbst gebracht worden zu sein. Wie klar können sie die wunderbare Frucht des ganzen Geschehens erkennen! **„Denn siehe, eben dies Gott gemäße Betrübtwerden, welch eifriges Bemühen hat es bei euch bewirkt, ja Entschuldigung, ja Unwillen, ja Furcht, ja Sehnsucht, ja Eifer, ja Bestrafung."** Die Gemeinde ist aus ihrem Dahintreiben und aus ihrer Unentschiedenheit aufgeschreckt; ein neues **„eifriges Bemühen"** hat sie erfaßt. Mit diesem Eifer wurde sie nach verschiedenen Seiten hin aktiv. Sie prüfte ihr Verhalten, und Paulus wertet es positiv, daß sie sich dabei auch in manchem rechtfertigen und **„entschuldigen"** konnte. Es brach zugleich der **„Unwille"** gegen die hervor, die die Gemeinde verwirrt und von Paulus weggezogen hatten, verbunden mit der **„Furcht"**, Paulus zu verlieren und vom wahren Heil abzukommen. **„Sehnsucht"** nach der alten Gemeinschaft mit ihrem Apostel erfüllt

[266] Moralische Selbstbedauerung ist keine Sündenerkenntnis! Es hat aber auch der Todfeind unserer Seele ein Interesse daran, unter dem Schein besonderen „Ernstes" unsere Reue so zu wenden, daß wir verzagen und dadurch gelähmt und leer werden. Darum war Paulus die Vergebung so wichtig, wie er es in 2, 5—11 der Gemeinde sagt.

sie, „Eifer[267]", diese Gemeinschaft wieder herzustellen, auch durch „Bestrafung" der Schuldigen, bzw. jenes Schuldigen, um den es schon in 2, 5—11 gegangen war.

Der ganze Abschnitt ist für uns von erheblicher Bedeutung. Ganz gewiß ergreift der Mensch in der Bekehrung das volle Heil. Er darf nun im Glauben Heilsgewißheit haben. Aber die Geschichte der Gemeinde in Korinth zeigt uns, wie tief unser Glaube durch unsere eigene Schuld geschädigt werden kann. „Prüft nach, ob ihr überhaupt noch im Glauben steht", muß Paulus der Gemeinde Kap. 13, 5 sagen. Glaubende können „am Glauben Schiffbruch erleiden" (1 Tim 1, 19) und dadurch das Heil verlieren. Wie weit verirren sich Glaubende, wenn sie sich – meist durch die Sucht nach Größe und Überlegenheit – auf falsche Wege locken lassen. Da bedarf es auch für Gläubige einer tief einschneidenden „Sinnesänderung", die nur durch eine gottgemäße „Betrübnis" bewirkt werden kann. Sie gewinnt ihnen das bedrohte Heil zurück. Was Paulus hier den Korinthern als ihre eigenste Erfahrung beschreibt, steht als allgemeines Wissen um die Anfechtbarkeit unseres Glaubens hinter dem Satz an die Philipper: „Wirkt euer Heil mit Furcht und Zittern" (Phil 2, 12). In der Seelsorge an den Glaubenden haben wir das mit Ernst zu wissen und so auch unseren Dienst an der glaubenden Gemeinde mit Furcht und Zittern zu tun.

Vor Paulus steht noch einmal **„die bewußte Sache"**, jener besondere Vorfall, den wir nicht kennen, von dem er aber schon in 2, 5—11 schrieb und der die Gefahr eines völligen Bruches zwischen Paulus und den Korinthern heraufbeschworen hatte. Jetzt aber hatten die Korinther eine „Strafe" gegen den Schuldigen beschlossen, der Paulus völlig zustimmte (2, 6). Er kann der Gemeinde versichern: **„In jeder Beziehung habt ihr bewiesen, daß ihr rein seid, gegenüber der [bewußten] Sache."** Paulus will schwerlich sagen, daß die Gemeinde damals bei dem notvollen Geschehen ihrerseits völlig unschuldig sei, denn dann hätte die Entgleisung eines einzelnen Mannes nicht für das ganze Verhältnis zwischen Apostel und Gemeinde bedrohlich sein können. Aber jetzt hat sich die Gemeinde klar auf des Paulus
Seite gestellt und den Übertreter bestraft. Jetzt „ist" sie **„rein gegen-** 12
über der Sache". Offenbar hat Paulus in seinem Zwischenbrief diese **„Sache"** mit Nachdruck behandelt und eine Entscheidung der Gemeinde als unerläßliche Vorbedingung einer weiteren Verbundenheit mit ihr gefordert. Sie soll das aber recht verstehen. Es ging Paulus nicht um diesen einzelnen Fall als solchen, nicht um den Beleidiger

[267] In dem Wort „zaelos = Eifer" liegt immer auch etwas von „Eifersucht" vgl. 11, 2. Die Gemeinde will „eifersüchtig" ihren Apostel wieder für sich haben. Dadurch unterscheidet sich „zaelos" von „spondae = eifriges Bemühen".

und erst recht nicht um den Beleidigten, wie nah er immer dem Apostel gestanden haben mag. **„Mithin, wenn ich euch auch geschrieben habe, so doch nicht wegen dessen, der Unrecht tat, und auch nicht wegen dessen, dem Unrecht geschah."** Es ging ihm um die Gemeinde und ihre klare Stellung zu ihrem Apostel: **„damit euer Eifer, den ihr für uns habt, bei euch offenbar werde vor Gottes Angesicht."** Für uns steht immer wieder der Mensch im Mittelpunkt. Uns erscheint es als wesentlich, daß das Unrecht bekämpft wird und daß der sein Recht bekommt, dem Unrecht geschah. Paulus sah es anders. **„Vor Gottes Angesicht"** sieht er sich selbst und die Korinther. Da ist menschliches Recht und Unrecht nicht mehr das Wichtigste. Daß vor Gott alles in Ordnung kommt, darauf kommt es an. Nach allen Schwankungen und Unsicherheiten soll es vor den eigenen Augen der Korinther und vor Gottes Augen **„offenbar werden"**, daß die Gemeinde Gottes in Korinth mit „eifrigem Bemühen", mit Entschiedenheit und Energie, zu ihrem Apostel stand und ein Ende mit allen Verdächtigungen, allem Mißtrauen, aller Kritik machte. Dies war das eigentliche Ziel jenes harten Briefes. Es ist erreicht und **„deshalb sind wir getröstet"**.

DIE FREUDE DES TITUS

2. Korinther 7, 13–16

Zu Vers 13:
2 Ko 2, 13
1 Ko 16, 18
Zu Vers 14:
2 Ko 8, 21
Zu Vers 15:
2 Ko 2, 9
10, 6
Eph 6, 5
Phil 2, 12
Zu Vers 16:
Gal 5, 10
2 Th 3, 4

13 **Bei unserer Tröstung haben wir uns in besonderer Weise noch**
mehr gefreut an der Freude des Titus, weil sein Geist erquickt
14 **worden ist von euch allen. * Denn wenn ich etwas bei ihm über**
euch gerühmt habe, so wurde ich nicht beschämt, sondern wie wir
alles in Wahrheit zu euch geredet haben, so ist auch unser Rühmen
15 **vor Titus Wahrheit geworden. * Und sein Inneres ist ganz beson-**
ders euch zugewandt, indem er an euer aller Gehorsam gedenkt,
16 **wie ihr mit Furcht und Zittern ihn aufgenommen habt. * Ich freue**
mich, daß ich in allem zu euch guten Mut habe (oder: daß ich mich
in jeder Hinsicht auf euch verlassen kann).

13 „Wir" sind getröstet, hatte Paulus gesagt. Diese „wir" sind zunächst Paulus und Timotheus. Aber dabei hatte Paulus noch eine besondere Freude: Titus war so froh aus Korinth zurückgekommen. **„Bei unserer Tröstung haben wir uns in besonderer Weise noch mehr gefreut an der Freude des Titus, weil sein Geist erquickt worden ist von euch allen."** Wir können uns vorstellen, mit wieviel Sorge und Bangen Titus nach Korinth gefahren war, mit dem Wissen um die bedrohliche Lage in der Gemeinde und mit diesem „Tränenbrief"

des Paulus in seiner Hand. Timotheus war mit der Gemeinde nicht fertig geworden. Wie wird es ihm, Titus, jetzt ergehen? Aber es wurde ganz anders. Die Sorgen wichen, sein Geist wurde **„erquickt"** oder „zur Ruhe gebracht", er konnte aufatmen. Paulus war darüber besonders froh, weil er trotz der notvollen Lage, ja wahrscheinlich gerade in ihr, Gutes über die Korinther gesagt hatte. Er mußte ja Titus zu seinem Auftrag ermutigen. Und Paulus selber erkannte gern alles an, was der Herr in Korinth alles gewirkt hatte und was an der Gemeinde zu rühmen war. Und doch, konnte Titus nicht hart enttäuscht werden durch das, was er in Korinth erleben würde? Wie
froh ist Paulus nun bei der Rückkehr des Titus. **„Denn wenn ich** 14
etwas bei ihm über euch gerühmt habe, so wurde ich nicht beschämt, sondern wie wir alles in Wahrheit zu euch geredet haben, so ist auch unser Rühmen vor Titus Wahrheit geworden." Eine Beschämung vor Titus ist ihm erspart geblieben. Zugleich kann er auch die Korinther dadurch stärken in dem guten Vertrauen, daß seine Verkündigung ihnen Wahrheit gebracht hat. Das Rühmen der Korinther ist Wahrheit geworden, **„wie wir alles in Wahrheit zu euch geredet haben"**. Zugleich ist bei dieser Aktion des Titus etwas zustande gekommen, was bei dem schwierigen Auftrag keineswegs zu erwarten war. Eine herzliche und bleibende Verbundenheit zwischen Titus und der Ge-
meinde ist erwachsen. **„Sein Inneres ist ganz besonders euch zuge-** 15
wandt, indem er an euer aller Gehorsam gedenkt, wie ihr mit Furcht und Zittern ihn aufgenommen habt." „Mit Furcht und Zittern" ist eine Redewendung, die auch in 1 Ko 2, 3; Eph 6, 5; Phil 2, 12 vorkommt und eben als „Redensart" nicht falsch verstanden werden darf[268]. „Gezittert" haben die Korinther vor Titus nicht. Ein herrisches, brutales Auftreten haben wir bei Titus nicht zu vermuten. Aber Titus hatte Autorität. Es gelang ihm, die Korinther so anzusprechen, daß sie in seinem Wort die ernste Wahrheit Gottes erkannten und sich willig beugten. Er war bei allem Ernst ganz von Liebe getragen; sonst hätte sich bei Titus nicht **„sein Inneres"** den Korinthern **„ganz besonders zuwenden"** können. So kann Paulus diesen
ganzen Hauptteil seines Briefes mit dem Satz abschließen: **„Ich freue** 16
mich, daß ich in allem zu euch guten Mut habe (oder: daß ich mich in jeder Hinsicht auf euch verlassen kann)." Das hier stehende grie Wort kann auch diese Bedeutung annehmen: **„Daß ich mich in jeder Hinsicht auf euch verlassen kann."** Wie anders ist alles geworden seit jenen notvollen Wochen, in denen der Apostel sich sorgen mußte, die Gemeinde in Korinth völlig zu verlieren. Statt Angst um sie, hat er nun **„in allem guten Mut zu ihnen"**.

[268] So sagen wir von jemand, er sei „ganz Feuer und Flamme" oder er habe etwas „für sein Leben gern", ohne das doch allzu wörtlich zu meinen.

Titus kam froh aus Korinth zurück. Paulus hebt das besonders hervor, weil Titus sogleich noch einmal nach Korinth reisen will, um den Brief zu überbringen, mit dessen Diktat Paulus beschäftigt ist. Zugleich soll er die Sammlung in Jerusalem endlich in Gang bringen und abschließen, die trotz der Mahnung von 1 Ko 16, 1–4 während der Konfliktzeit liegen geblieben war. Darum spricht Paulus über diese für die Korinther offenbar schwierige Sache jetzt ausführlich.

DER ERFREULICHE ERFOLG DER SAMMLUNG BEI DEN MAKEDONISCHEN GEMEINDEN

2. Korinther 8, 1–6

Zu Vers 1: 2 Ko 9, 1 f Rö 15, 26
Zu Vers 2: Rö 12, 8
Zu Vers 3: 2 Ko 9, 7
Zu Vers 4: Apg 11, 29
Zu Vers 6: 2 Ko 7, 13–15 12, 18

1 Kundtun wir aber euch, Brüder, die Gnade Gottes, die in den Ge-
2 meinden Makedoniens geschenkt worden ist, * da bei vieler Bewäh-
rung in Drangsal der Überfluß ihrer Freude und ihrer tiefgehenden
Armut sich ergossen hat in den Reichtum ihrer einfachen Güte.
3 * Denn nach Vermögen, ich bezeuge es, und über Vermögen, aus
4 eigenem Antrieb * erbaten sie sich mit dringender Aufforderung
von uns die Gnade und die Teilnahme an dem Dienst für die Hei-
5 ligen; * und nicht [nur] wie wir gehofft hatten, nein, sich selber
gaben sie zuerst dem Herrn und dann uns durch den Willen Gottes,
6 so daß wir Titus zuredeten, er möge, wie er schon vorher den An-
fang machte, so nun auch zu Ende führen bei euch auch diese Gnade.

Bei dem „Apostel-Konzil" in Jerusalem[269] waren die von Paulus begründeten, „heidenchristlichen" Gemeinden als echte Kirche in ihrer Selbständigkeit anerkannt worden. Sie sollten nicht unmittelbar der Leitung der Apostel in Jerusalem unterstellt sein; aber die Anerkennung der Urgemeinde dort als Haupt der ganzen Christenheit sollte darin ihren konkreten Ausdruck finden, daß diese Gemeinden für die Armen in Jerusalem[270] mit sorgten. Paulus, der bewußte Israelit (Rö 9–11!), hatte diese Verpflichtung mit ganzem Herzen übernommen und eine Sammlung für Jerusalem in allen seinen Gemeinden in Gang gesetzt. Für ihn sind die Glaubenden in Jerusalem in ganz besonderm Sinn **„die Heiligen"**, deren Wohnort in V. 4 nicht besonders genannt werden muß. Von der Sammlung hatten auch die Korinther schon lange erfahren; 1 Ko 16, 1–4 ist bereits deutlich eine Antwort des Apostels auf eine Frage aus Korinth. Diese Frage zeigte Willigkeit, aber es mögen doch hinter der Anfrage auch schon Bedenken gestan-

[269] Vgl. dazu Apg 15 und Gal 2, 1–10 in der W. Stb.
[270] Vgl. zur wirtschaftlichen Lage in Jerusalem Apg 2 und 6 in der W. Stb.

den haben, die aus einer Unlust zum Geben kamen. Es können von Anfang an die gleichen Bedenken gewesen sein, auf die Paulus jetzt in 8, 12–14 anspielt. Jedenfalls war die Sammlung nach einem Anfang (V. 10) steckengeblieben, sehr verständlich bei dem tiefgehenden Konflikt zwischen Gemeinde und Apostel. Ist aber die Aussöhnung so erfolgt, wie es Paulus eben mit heller Freude geschrieben hat, so darf jetzt auch die Sammlung in Korinth neu aufgenommen und zum Abschluß gebracht werden. Dem Apostel liegt ernstlich daran.

Denn er erlebt jetzt auf seinem Weg durch Makedonien, in welch 1
bewegender Weise die Gemeinden dort die Sammlung durchgeführt haben, unter schwierigsten Umständen. Soll die große und relativ wohlhabende Gemeinde in Korinth dahinter weit zurückbleiben? Was sollen die makedonischen Brüder denken, die mit ihm nach Korinth kommen werden (9, 4; Apg 20, 4)? Es ist kennzeichnend für das ganze „christliche" Denken des Paulus, wie er nun den Korinthern das Vorbild der Makedonier vor Augen stellt. Wie weiß die Liebe im Heiligen Geist alles anzusehen! Wie weiß sie zu formulieren: **„Kundtun wir aber euch, Brüder, die Gnade Gottes, die in den Gemeinden Makedoniens geschenkt worden ist, da bei vieler Bewährung in Drangsal der Überfluß ihrer Freude und ihrer tiefgehenden Armut sich ergossen hat in den Reichtum ihrer einfachen Güte."** Nicht um die menschliche Leistung der Makedonier geht es, die jetzt zur Beschämung und Anstachelung der Korinther gerühmt wurde. Nein, das unerwartete Ergebnis der Sammlung, das in seiner Höhe nicht genannt wird, ist **„Gnade Gottes"**, die in den Gemeinden dort **„geschenkt worden ist"**. Daß wir von unserer Ichhaftigkeit gelöst werden, die nicht geben mag, daß wir von Innen heraus zum Geben und Helfen willig
werden, das ist ein Geschenk! Gottes befreiende Gnade hat das in 2
unserm Herzen gewirkt[271].Das ist bei den makedonischen Gemeinden so hell zu sehen, denn es sind Gemeinden in der Verfolgung und es sind Gemeinden **„tiefgehender Armut"**. Eines hängt mit dem andern zusammen. Waren die Christen in der Stadt unbeliebt, verachtet, verhaßt, dann wurden sie auch wirtschaftlich boykottiert und fanden schwer Arbeit und Verdienst. Angesehenen und wohlhabenden Leuten fiel der Eintritt in solche Gemeinden schwer. Aber es war in diesen Gemeinden offenbar so geblieben, wie es in Thessalonich sofort am Anfang war: Bei vieler Drangsal erfüllte ein **„Überfluß von Freude"** das Gemeindeleben (vgl. 1 Th 1, 6). Bei den Korinthern hörten wir in unserm Brief immer wieder von „Betrübnis". Was immer sie in Ko-

[271] Auch in Rö 12 ist das „Geben" als besonderes „Charisma" genannt. Wie wichtig ist das gegenüber jeder einseitigen Bevorzugung auffallender Gaben. Vom Zungengebet und andern „Gaben" ist in unserm Brief nicht mehr die Rede. Die „Gabe des Gebens" aber wird mit Freude gerühmt.

rinth hatten, „Freude" hatten sie dort offensichtlich nicht. Darum konnten und mochten sie dort nicht „geben", obwohl sie, unverfolgt und vielfach wohlhabend, so viel leichter als die Makedonier hätten geben können. Nur ein von Freude erfülltes Herz ist los von sich selbst. Die Armen und die bedrängten Menschen in Makedonien nahmen verständnisvollen Anteil an den Armen in Jerusalem. Den satten Korinthern ging die Not der Urgemeinde nicht zu Herzen. Es ist bezeichnend für Korinth: Erkenntnis, Redekunst, großartige Freiheit, auffallende Gaben, das haben sie dort; aber geben, helfen, opfern, das können sie nicht. Paulus hatte schon Grund, das 13. Kapitel seines ersten Briefes gerade nach Korinth zu schreiben.

Und nun formuliert Paulus ein paradoxes Bild, um die wunderbare Art des Geschehens bei den Makedoniern zu zeichnen: **„Ihre tiefgehende Armut hat sich ergossen in den Reichtum ihrer einfachen Güte."** **„Armut"** hat sich **„in Reichtum ergossen"**. Das ist natürlicherweise unmöglich. Aber in einer Gemeinde Gottes tut seine Gnade solch ein Wunder, daß aus „Armut" ein „Reichtum des Gebens" fließt. Das hier am Schluß stehende Wort **„einfache Güte"** bedeutet zunächst überhaupt nur **„Einfachheit, Einfalt"**. Es ist aber im ganzen Zusammenhang an das Geben für die Sammlung gedacht. Dieses Geben aber geschah in „Einfalt", ohne ängstliche Berechnung der Möglichkeiten, ohne vorsichtige Betrachtung der eigenen Lage, in einfachem Blick auf die Not der Brüder. Das Wort „Einfalt" kann darum auch mit „Freigebigkeit" übersetzt werden.

3/4 Paulus hat sich mit eigenen Augen davon überzeugt: **„Denn nach Vermögen, ich bezeuge es, und über Vermögen, aus eigenem Antrieb"** trugen sie zu der Sammlung bei. Paulus mußte sie nicht drängen; er hätte das bei ihrer Not auch gar nicht gewagt. Nein, die „Drängenden" waren sie selber. Während Paulus den Korinthern sehr zureden muß, damit die Sammlung vorankommt, war es in den Gemeinden Makedoniens ganz anders. Dort **„erbaten sie sich mit dringender Aufforderung von uns die Gnade und die Teilnahme an dem Dienst für die Heiligen"**. Sie sehen in der Beteiligung an der Sammlung eine **„Gnade"**, um die sie dringend bitten. So hatte Paulus selbst in V. 1 in dem Sammlungsgeschehen in Makedonien „die Gnade Gottes" gesehen. Und als ihnen Paulus diese „Gnade" gewährte, über-
5 traf das, was geschah, seine Erwartungen. **„Und nicht [nur] wie wir gehofft hatten, nein, sich selber gaben sie zuerst dem Herrn und dann uns durch den Willen Gottes."** Sie haben begriffen, worum es bei solchem Geben geht. Sie spendeten nicht nur „etwas", sondern **„gaben sich selber"**, sie setzten ihre ganze Liebe ein und stellten sich völlig zur Verfügung. Das war nicht eine bloße Begeisterung für Paulus, das war Hingabe an Jesus. Sich selber gaben sie **„zuerst dem**

Herrn". Und in dieser Hingabe an den Herrn stellten sie sich dann auch Paulus zur Verfügung, der der verantwortliche Leiter der ganzen Sammlung war. Am Schluß dieses Berichtes ist es Paulus noch einmal wichtig, nicht die Makedonier als solche den Korinthern zum Vorbild hinzustellen; so etwas hätte wahrscheinlich Ärger und Widerstand geweckt. Darum lenkt er den Blick nochmals auf Gott. Dieses beglückende Geschehen in Makedonien kam zustande **„durch den Willen Gottes".** Der gebende Gott, der selbst das große Opfer gebracht hatte in seiner Liebe, gewann die Herzen der Makedonier zum einfachen, vorbehaltlosen Geben. Kann er das nicht auch in Korinth tun?

Die Erfahrungen in Makedonien haben jedenfalls Paulus bewogen, 6
Titus sogleich wieder nach Korinth zu senden, damit nun auch dort die Sammlung zu einem Erfolg kommt, der die Korinther nicht beschämt hinter den makedonischen Gemeinden zurückstehen läßt. Wieder ist die ganze Formulierung des Satzes kennzeichnend. Paulus teilt den Korinthern mit, **„daß wir Titus zuredeten, er möge, wie er schon vorher den Anfang machte, so nun auch zu Ende führen bei euch auch diese Gnade".** Kein Ton des Ärgers oder der Ungeduld ist zu hören. Paulus kommandiert Titus auch nicht, sondern hat ihm nur zu einer erneuten Reise **„zugeredet".** Es steht auch hier wieder jenes Wort, das wir an andern Stellen mit „Trösten" wiedergeben oder mit „Ermutigen". Titus soll bei den Korinthern **„diese Gnade zu Ende führen", „wie er schon vorher den Anfang machte".** Auch in Korinth kann eine frohe und reiche Sammlung für Jerusalem nicht menschliche Leistung, sondern nur **„Gnade Gottes"** sein, die Menschen zum Lieben und Geben befreit. Zu solcher Befreiung hat Titus in umfassender Weite **„schon vorher den Anfang gemacht",** als er in Korinth die Spannungen löste und in der Gemeinde jenen Aufbruch erzielte, von dem Paulus eben gesprochen hatte. Nun darf durch ihn auch dieser wunde Punkt, die Frage der Sammlung, geheilt werden. Der Zusammenhang des Satzes legt nahe, daß Titus bei seinem Besuch in Korinth auch dazu schon **„den Anfang machte"** und mit den Korinthern die Frage der Sammlung besprochen und ihre grundsätzliche Einwilligung erreicht hat. Aber nun geht es um das **„zu Ende führen",** von dem Paulus in V. 11 erneut sprechen wird. Titus soll noch einmal der Helfer der Gemeinde werden. Aber Paulus hat auch selber der Gemeinde ein Wort zur Sammlung zu sagen.

DIE AN KORINTH GERICHTETE ERWARTUNG DES APOSTELS

2. Korinther 8, 7—15

Zu Vers 7:
1 Ko 1, 5
Zu Vers 8:
1 Jo 3, 17 f
Zu Vers 9:
Mt 8, 20
Lk 9, 58
1 Ko 1, 5
2 Ko 6, 10
Phil 2, 7
Zu Vers 10:
Phil 2, 13
Zu Vers 12:
Spr 3, 27 f
Mk 12, 43
Zu Vers 14:
2 Ko 9, 12
Zu Vers 15:
2 Mo 16, 18

7 **Aber wie ihr in allem überströmt, in Glauben und Wort und Er-**
kenntnis und allem Eifer und in der Liebe, die von uns her in euch
8 **[ist], daß ihr auch in dieser Gnade überströmen mögt. * Nicht be-**
fehlsweise spreche ich, sondern durch den Eifer anderer die Echtheit
9 **auch eurer Liebe erprobend. * Denn ihr kennt die Gnade unseres**
Herrn Jesus Christus, daß er um euretwillen arm wurde, während
10 **er doch reich ist, damit ihr durch seine Armut reich würdet. * Und**
[nur meine] Meinung gebe ich darin kund (oder: Und [nur] einen
Rat will ich damit geben)**; denn dies ist für euch förderlich, die**
ihr ja nicht allein das Tun, sondern auch das Wollen vorher be-
11 **gonnen habt seit vorigem Jahr. * Jetzt aber bringt auch das Tun**
zur Vollendung, damit wie die Bereitwilligkeit des Wollens, so
12 **auch das Vollenden aus dem Haben heraus [da sei]. * Denn wenn**
die Bereitwilligkeit vorliegt, ist einer nach dem, was er etwa hat,
willkommen, nicht nach dem, was er nicht hat (oder: ist sie nach
13 dem, was sie etwa hat, willkommen, . . .). *** Denn nicht, daß**
anderen Erleichterung [zuteil werde], euch Bedrängnis, sondern
14 **des Ausgleiches wegen, * ist im gegenwärtigen Zeitpunkt euer**
Überfluß für den Mangel jener da, damit auch der Überfluß jener
15 **für euren Mangel da sei, damit Gleichheit entstehe, * wie geschrie-**
ben ist: Der mit dem Vielen hatte kein Übermaß und der mit dem
Wenigen kein Fehlmaß (2 Mo 16, 18).

7 Wieder dürfen wir lernen, wie ein wahrhaft geistliches Mahnen zum Geben aussieht, das in wunderbarer Weise entscheidenden Ernst mit liebevoller Zartheit verbindet. Paulus weist nicht auf den äußeren Wohlstand der Gemeinde hin, um von da aus einen erheblichen Beitrag zur Sammlung zu fordern. Er weiß, wie sehr das echte Geben eine ganz innerliche Angelegenheit ist. So knüpft er an den inneren Besitz der Gemeinde an und hält ihr mit Freude vor Augen, wie reich sie darin ist. Diesem Reichtum darf und soll nun auch ein **„Überströmen in dieser Gnade“** entsprechen. **„Aber wie ihr in allem überströmt, in Glauben und Wort und Erkenntnis und allem Eifer und in der Liebe, die von uns her in euch [ist], daß ihr auch in dieser Gnade überströmen mögt.“** Wieder ist in den Augen des Apostels das Geben und Helfen eine **„Gnade“**, die nicht kümmerlich neben den ande-

ren „Gaben" der Gemeinde dastehen darf[272]. Die Kennzeichnung der Gemeinde entspricht dem, was Paulus schon in 1 Ko 1, 4–6 mit Dank gerühmt hatte. Nur die „Geistesgaben" werden jetzt nicht mit erwähnt[273]. Dafür darf Paulus jetzt anders als im Eingang des ersten Briefes von der **„Liebe"** in der Gemeinde sprechen. Freilich ist der Ausdruck seltsam geprägt und der Text ebenso wie seine Auslegung unsicher. Die Liebe ist **„von uns her in euch"**. In enger Verbindung mit dem **„Eifer"**, den Paulus in der Gemeinde sieht, wird es die Liebe zum Apostel sein, die in Korinth neu erwacht ist und voll Eifer ihm zu Gefallen sein möchte. Wir denken dabei an 7, 11 zurück. Sachlich liegt das gleiche Verständnis in der von wichtigen Handschriften gebotenen Lesart: „die von euch her an uns haftende" Liebe. Paulus kann auch jetzt der Gemeinde nicht einfach bezeugen, daß sie überhaupt nach 1 Ko 13 von Liebe überströmt und so auch wie die Makedonier die Liebe zu den Darbenden in Jerusalem hat. Dann brauchte er über die Sammlung nichts mehr zu schreiben; sie liefe von selbst. Darum muß Paulus seine Aussagen von der Liebe der Korinther einschränken und begrenzen. Es ist in Korinth nur die Liebe im Verhältnis von Apostel und Gemeinde neu erwacht. Das aber geht nicht an, daß die Gemeinde im lebendigen **„Glauben"** steht, **„Wort"** und **„Erkenntnis"** in reichem Maße besitzt, in eifriger **„Liebe"** zu ihrem Apostel brennt und dann versagt, wenn es um die einfache helfende Tat geht, zu der Paulus sie ruft. Ein **„Überströmen"** in all dem anderen, und ein kärgliches Tröpfeln hier, das wäre ein entstellender Widerspruch. Ein „überfließendes" Gemeindeleben muß auch hier im Eintreten für die Not der Heiligen in Jerusalem reich und voll „strömen".

Es „muß" so sein. Aber dieses „muß" ist nicht als Befehl von außen 8
gemeint. Paulus bleibt auch jetzt der, der die Freiheit der Gemeinde wahrt. Er weiß, daß Liebe nicht zu kommandieren ist. Aber die vorhandene Liebe kann und muß auf ihre Echtheit geprüft werden. **„Nicht befehlsweise spreche ich, sondern durch den Eifer anderer die Echtheit auch eurer Liebe erprobend."** An dem liebevollen Eifer, den Paulus in den makedonischen Gemeinden fand, wird er prüfen, ob Eifer und Liebe in Korinth echt sind und nicht nur eine Stimmung ohne Kraft zum Handeln.

272 Es ist bezeichnend, daß Paulus hier nirgends das Wort „Opfer" gebraucht, das wir so schnell bei der Abkündigung von Kollekten und bei dem Dank für sie verwenden. Er spricht nur schlicht von „Geben" und sieht darin eine „Gnade", die dem Gebenden zuteil wird, gerade wenn sie so geben, wie die Makedonier es taten.

273 Ist das ein bloßer Zufall oder waren die „Gaben" jetzt im Gemeindeleben hinter viel elementareren Notwendigkeiten für den Weiterbestand der Gemeinde ganz zurückgetreten?

9 Wie echte Liebe aussieht, das wissen sie, weil sie die Gnade Jesu kennen. Diese Gnade blieb nicht ein freundliches Denken an uns und unsere Not. Sie teilt uns auch nicht nur einzelne Gaben und Hilfen zu. Diese Gnade wurde Tat und Wahrheit in einem „Geben", das ihn, den in sich selbst so Reichen zum ganz Armen machte. **„Denn ihr kennt die Gnade unseres Herrn Jesus Christus, daß er um euretwillen arm wurde, während er doch reich ist, damit ihr durch seine Armut reich würdet."** Er, der seinem Wesen nach Gottes geliebter Sohn war, gab seine Herrlichkeit, seine Macht, seine Ehre, sein Leben preis, lag als armes Kind in der Krippe, wanderte heimatlos umher, entbehrte alles Behagen des Lebens und endete preisgegeben von Gott, verlassen von den Menschen, verhöhnt und gequält am Kreuz. So **„arm"** wurde er, der den ganzen göttlichen Reichtum besaß! Er wurde es **„um euretwillen"**. Jesu Werk, für die ganze Welt vollbracht, wird von Paulus jetzt ganz konkret auf die Korinther bezogen[274]. Für sie geschah es. Sie kennen auch selber seine mächtige Frucht. Sie wurden **„reich"**. Sie fanden Vergebung aller Sünde, Leben und Seligkeit. Sie wurden aus Feinden Gottes seine geliebten Kinder; vor ihnen liegt „im Übermaß zum Übermaß ein ewiges Schwergewicht von Herrlichkeit" (4, 17). Welch ein Reichtum! Aber er wurde ihnen nur dadurch zuteil, daß Jesus in die tiefste Armut ging. Das ist Liebe, das ist Geben in seinem ganzen Ernst. An dieser **„Gnade unseres Herrn Jesus"**, haben aber die Korinther nicht nur das Vorbild, sondern auch die lebendige Quelle ihres eigenen Gebens. Auch sie dürfen ein Stück ärmer werden, damit andere bekommen, was sie jetzt zum Leben brauchen.

10 **„Und [nur meine] Meinung gebe ich darin kund** (oder: Und nur einen Rat will ich damit geben)." Die Gemeinde soll in eigener Freiheit handeln. Und sie soll sehen, wie es dabei doch um sie selbst und ihre eigene Förderung geht. **„Denn dies ist für euch förderlich, die ihr ja nicht allein das Tun, sondern auch das Wollen vorher begonnen habt seit vorigem Jahr."** Es fällt auf, daß Paulus bei dieser Formulierung **„nicht allein das Tun, sondern auch das Wollen"** das „Wollen" als das Größere und Wichtigere ansieht. Die Gemeinde hat nicht nur etwas für die Sammlung **„getan"**, weil das nun einmal für alle Gemeinden so angeordnet war. Unser „Tun" kann etwas ganz Äußerliches bleiben, an dem wir selber gar nicht wirklich beteiligt sind. Paulus aber freut sich, daß die korinthische Gemeinde die Sammlung mit einem freien Entschluß **„gewollt"** hat. Es ist diese Freiheit und

[274] Darauf kommt es für den lebendigen Glauben an! Darum hat auch Luther in seinen Erklärungen zu den drei Glaubensartikeln überall das „mich" und „mein" und „ich" hineingebracht. Die mächtigen objektiven Aussagen des Apostolikums werden erst dann wirklich „geglaubt", wenn ich sie ganz und gar auf mich selber beziehe.

Selbsttätigkeit, an der dem Apostel liegt. Ist das **„Vorher"** in dem Satz betont? Haben die Korinther **„vor"** den Makedoniern die Sammlung begonnen? Nach 9, 2 ist das möglich. Dieser Beginn der Sammlung datiert **„seit vorigem Jahr"**. Paulus wird nach dem jüdischen Kalender rechnen, dem auch der julianisch-orientalische entsprach. Danach begann das neue Jahr im Herbst um die Tag- und Nachtgleiche. Wenn der Apostel unseren Brief im Lauf des Oktobers diktiert, dann lag die Anfrage der Korinther nach der besten Durchführung der Sammlung (1 Ko 16, 1) wirklich schon weit zurück im **„vorigen Jahr"**[275]. Da der Entschluß zur Beteiligung an der Sammlung schon so lange gefaßt ist, kommt es darauf an, daß er nun auch tatkräftig durchgeführt wird. **„Jetzt aber bringt auch das Tun zur Vollendung, damit wie die Bereitwilligkeit des Wollens, so auch das Vollenden aus dem Haben heraus [da sei]."** Ein bloßes **„Tun"** ohne freies, eigenes **„Wollen"** hatte in den Augen des Paulus wenig Wert. Davon sprach die Formulierung von V. 10. Aber umgekehrt bliebe auch ein bloßes **„Wollen"** fruchtlos, dem das vollendende **„Tun"** fehlt. Die abschließende Durchführung der Sammlung muß jetzt geschehen. 11/12

Und zwar **„aus dem Haben heraus"**. Mit dieser Wendung geht Paulus auf Einwände ein, die in Korinth laut geworden sind. Wer nicht zu lieben und darum auch nicht zu geben vermag, der wird immer feststellen, daß er selber kaum durchkomme und daher leider nicht in der Lage sei, anderen zu helfen. Vielleicht wies man den Apostel auch darauf hin, wieviele „geringe Leute" es in der Gemeinde gebe, wie er selber in 1 Ko 1, 26 ff festgestellt habe. Paulus wehrt ab: Die Korinther sollen nicht überfordert werden. Lediglich **„aus dem Haben heraus"** sollen sie sich an der Sammlung beteiligen. Was die Makedonier in ihrer „tiefgehenden Armut" (V. 2) taten, wird den Korinthern gar nicht zugemutet. Paulus fügt darum sogleich hinzu: **„Denn wenn die Bereitwilligkeit vorliegt, ist einer nach dem, was er etwa hat, willkommen, nicht nach dem, was er nicht hat."** Es geht Paulus nicht um die Höhe der Gaben als solche. Da das Wort **„willkommen"** oder **„wohlgefällig"** auch sonst auf Gott bezogen wird (Rö 15, 16; 2 Ko 6, 2; 1 Pt 2, 5), wird Paulus auch hier daran denken, daß die Gaben bei der Sammlung Gott dargebracht werden. Gott erwartet von uns nicht, was wir nicht zu geben vermögen; wir sind ihm **„willkommen"** mit dem, was wir haben. Aber er weiß allerdings auch, was wir haben und was wir nicht haben! Die Korinther stehen bei der Durchführung der Sammlung vor ihm. Entscheidend kommt es darauf an, daß **„die Bereitwilligkeit vorliegt"**. Das würde noch mehr hervorgehoben, wenn wir die mögliche Übersetzung wählen: **„Wenn**

275 Zu der ganzen Frage der Datierung des zweiten Korintherbriefes vgl. die „Einleitung" S. 17 f.

die Bereitwilligkeit vorliegt, ist sie nach dem, was sie hat, willkommen."

13/14 Paulus hört aus Korinth zugleich noch ein anderes Murren, das typisch ist, wenn uns die Liebe fehlt. Dann wird unser Blick schief. Wir sollen darben, damit die in Jerusalem bequem ein gutes Leben führen, so wurde in Korinth gegen die Sammlung geredet. Nein, sagt Paulus, es geht nicht um eure Benachteiligung zum Vorteil anderer, es geht um **„Gleichheit"** und deshalb um den **„Ausgleich"**. **„Denn nicht, daß anderen Erleichterung [zuteil werde], euch Bedrängnis, sondern des Ausgleiches wegen, ist im gegenwärtigen Zeitpunkt euer Überfluß für den Mangel jener da, damit auch der Überfluß jener für euren Mangel da sei, damit Gleichheit entstehe."** Der Satz wird vielfach so aufgefaßt, daß **„dem gegenwärtigen Zeitpunkt"** im ersten Satzteil ein „später einmal" in seinem zweiten Teil ergänzend entgegenzustellen sei. Jetzt helfen die Korinther den Heiligen in Jerusalem. Später werden dann die Jerusalemer den Korinthern helfen, wenn diese in Not geraten. Aber ist das wirklich die Meinung des Apostels? Kann er als Kenner Jerusalems ernstlich damit rechnen, daß später einmal die Christen dort wohlhabende Leute sein werden, die nach Korinth Geld schicken können? Ein „hernach" oder „später ein-
15 mal" steht denn auch gar nicht im Text. **„Der Ausgleich"** wird doch wohl so gemeint sein, wie in 1 Ko 9, 11 und vor allem in Rö 15, 27. Dort sagt Paulus ausdrücklich im Blick auf die Sammlung: „Denn so die Heiden sind ihrer geistlichen Güter teilhaftig geworden, ist's billig, daß sie ihnen auch in leiblichen Gütern Dienst erweisen." So wird Paulus auch hier die Herstellung eines **„Ausgleiches"** und einer **„Gleichheit"** zwischen Jerusalem und Korinth verstehen.

Dabei weist das eingeschobene **„im gegenwärtigen Zeitpunkt"** die Korinther darauf hin, daß ihre Hilfe für Jerusalem zeitlich begrenzt ist. An eine dauernde Unterstützung ist nicht gedacht. Aber jetzt ist die Gemeinde Korinth verhältnismäßig reich, während die Christen in Jerusalem Mangel leiden. Jetzt soll der **„Ausgleich"** erfolgen, bei dem die Korinther den Vorteil haben, daß die geistlichen Gaben der Urgemeinde ihnen fort und fort zu Gute kommen. Der **„Ausgleich"** ist für den Apostel jedoch nicht einfach eine Sache menschlichen Gerechtigkeitsgefühles. Gottes Wille kommt hier zum Ausdruck. Darum beruft sich Paulus auf die Schrift. Wieder merken wir, wie der Apostel auch in „heidenchristlichen" Gemeinden das AT bekanntgemacht hat. Er kann mit einem kurzen Zitat: **„Wie geschrieben ist: Der mit dem Vielen hatte kein Übermaß und der mit dem Wenigen kein Fehlmaß"** auf die Geschichte des Manna in 2 Mo 16, 18 anspielen und damit rechnen, von den Korinthern sofort verstanden zu werden. Bei der Versorgung mit dem wunderbaren Brot in der Wüste hatte Gott selbst für die „Gleichheit" gesorgt. Es half kein menschliches Verlangen, recht viel und mehr als andere zu erraffen; und die Schwachheit, die nicht so viel sammeln konnte, schadete nicht. So soll auch zwischen den Gemeinden Gottes ein „Ausgleich" erfolgen, dem entsprechend, wie Gott beim Manna seinen Willen zur „Gleichheit" bezeugt hatte[276].

EMPFEHLUNG DES TITUS UND DER MIT IHM REISENDEN BRÜDER

2. Korinther 8, 16–24

16 **Dank aber sei Gott, der denselben Eifer für euch in das Herz des**
17 **Titus gibt, * daß er meine Aufforderung annahm, ja, weil sein**
Eifer noch größer war, mit eigenem Entschluß auszog zu euch.
18 *** Wir sandten aber mit ihm den Bruder, dessen Lob hinsichtlich**
19 **des Evangeliums durch alle Gemeinden [geht]; * doch nicht nur**
dies, sondern er ist auch von den Gemeinden zu unserem Reise-
begleiter gewählt worden bei diesem Gnadenwerk, das durch un-
sern Dienst ausgerichtet wird, indem wir im Blick auf die Ehre des
20 **Herrn selbst und auf unsere Bereitwilligkeit * dieses zu vermeiden**
suchen, daß etwa jemand uns verdächtige bei diesem reichen Er-
21 **trag, der von uns verwaltet wird. * Denn wir sind bedacht auf das**
Lobenswerte nicht allein vor dem Herrn, sondern auch vor Men-
22 **schen. * Wir sandten aber mit ihnen unseren Bruder, den wir in**
vielen [Angelegenheiten] vielmals als eifrig erprobt haben, der
aber jetzt schon viel eifriger ist durch sein großes Vertrauen zu
23 **euch. * Sei es für Titus: er ist mein Gefährte und an euch mein**
Mitarbeiter; seien es unsere Brüder: sie sind Abgesandte (wörtlich:
24 Apostel) **der Gemeinden, ein Abglanz Christi, * den Erweis nun**
eurer Liebe und unseres Rühmens von euch ihnen gegenüber, er-
weist ihr vor den Augen der Gemeinden.

Zu Vers 17: 2 Ko 7, 7. 15
Zu Vers 18: 2 Ko 12, 18
Zu Vers 19: Apg 6, 8; 2 Ko 9; Gal 2, 10
Zu Vers 21: Rö 12, 17
Zu Vers 23: 2 Ko 7, 13; Rö 16, 7
Zu Vers 24: 2 Ko 7, 14 f

[276] „Ausgleich" und „Gleichheit" sind sichtlich nicht mechanisch gemeint. An eine zwangsmäßige Gleichmachung innerhalb der Gemeinden oder innerhalb der einzelnen Gemeinde selbst hat Paulus nicht gedacht. Wo die Liebe fehlt, wäre auch das Weggeben aller Habe ohne Wert. Aber die verletzende Hervorkehrung der großen Unterschiede im Besitz bei den Gemeindemahlzeiten in Korinth fand Paulus unerträglich (1 Ko 11). Daß später die Christenheit die krassen Gegensätze von Überfluß und Mangel in ihren Reihen einfach hinnahm ohne echten „Ausgleich", war schwere Schuld, über der ein Mann wie Bodelschwingh Gottes Gericht heraufziehen sah.

16/17 Paulus kommt auf die Sendung des Titus in der Sache der Sammlung zurück. **„Dank aber sei Gott, der denselben Eifer für euch in das Herz des Titus gibt, daß er meine Aufforderung annahm, ja, weil sein Eifer noch größer war, mit eigenem Entschluß auszog zu euch."** Den **„Eifer"** ihres Apostels haben die Korinther gespürt, auch in dem, was er eben geschrieben. Titus aber hat **„denselben Eifer"** für die Korinther. Der Blick auf Gott bestimmt das ganze Denken des Paulus, so daß er auch in diesem Eifer des Titus nicht eine natürliche Anlage, sondern Gottes Gabe sieht, für die er innig dankbar ist. Sicher, Paulus bleibt der Apostel und Leiter, der Titus zu solcher Reise nach Korinth **„auffordern"** mußte (V. 6). Aber es trieb Titus auch selber nach Korinth, so daß er nicht nur auf die Weisung des Apostels, sondern **„mit eigenem Entschluß auszog zu euch"**. Sein Eifer war **„noch größer"**. Es war keine geringe Sache, nach der glücklichen Erledigung des ersten Auftrages nun noch einmal die Wanderung nach Korinth zu unternehmen und Zeit und Kraft dort einzusetzen. Paulus hatte keine „Angestellten", die er irgendwohin kommandieren konnte. Bei seiner eigenen Armut konnte er sie sich nicht leisten; aber er wollte sie auch innerlich nicht haben. Der römische Staat mit seiner Zwangsgewalt und seinen „Beamten" war ihm kein Vorbild für den Aufbau der Gemeinde Gottes. Er freute sich an der Selbständigkeit seiner freien Mitarbeiter und dankte Gott, daß Titus **„mit eigenem Entschluß"** diesen neuen Dienst in Korinth übernahm. Die Formulierung **„Titus zog aus zu euch"** bedeutet nicht, daß Titus bei der Abfassung des Briefes bereits abgereist war. Es ist antiker Briefstil, daß man sich beim Schreiben in die Lage der Leser versetzt, wenn der Brief bei ihnen eintrifft[277]. Wenn die Korinther in der Gemeindeversammlung das Schreiben des Paulus hören, dann ist Titus, sein Überbringer, „ausgezogen", und die ihn begleitenden Brüder **„hat"** Paulus dann **„abgesandt"**.

18 Paulus läßt Titus auch diesmal (vgl. 12, 18) nicht allein nach Korinth gehen. Während es bei der früheren Reise nur einfach „der Bruder" war, den Paulus mitsandte (12, 18), der darum bei der Rückkehr des Titus in 7, 5 ff nicht mit erwähnt wird, ist es jetzt ein angesehener Mann mit einem besonderen Auftrag der Gemeinden. **„Wir sandten aber mit ihm den Bruder, dessen Lob hinsichtlich des Evangeliums durch alle Gemeinden [geht]."** Wer dieser bei allen Gemeinden durch seinen gesegneten Verkündigungsdienst bekannte und angesehene Bruder war, wissen wir nicht. Die Korinther haben ihn vor Augen. Wir wissen nicht einmal sicher, was Paulus bei dem Ausdruck **„durch alle Gemeinden"** vor Augen hat. Denkt er auch an

[277] Vgl. auch Apg 23, 30 und den Artikel im „Lexikon zur Bibel".

die galatischen Dörfer und die Städte der Asia? Oder sieht er jetzt nur auf die makedonischen Gemeinden, bei denen er weilt? Es ist für unser Bild der ersten Christenheit jedenfalls beachtlich, daß es neben Paulus und seinen unmittelbaren Begleitern solche „Brüder" gab, die man in allen Gemeinden kannte und liebte. Dieser Bruder ist **„von
den Gemeinden"** (von welchen?) ausdrücklich zum Reisebegleiter des 19
Apostels **„bei diesem Gnadenwerk" „gewählt"**[278] worden. Er kommt also nicht nur jetzt mit Titus nach Korinth, sondern wird danach auch zur Überbringung der großen Sammlung Paulus nach Jerusalem begleiten[279].

Wieder wird die große Sammlung für Jerusalem als **„Gnade"**, Gnadenwerk bezeichnet. Gottes Gnade ist darin wirksam; aber das schließt den menschlichen Einsatz nicht aus. Es ist ein Werk, **„das durch unsern Dienst ausgerichtet wird"**. Es folgen im grie Text unmittelbar die Worte: „zur Ehre des Herrn selbst und zu unserer Bereitwilligkeit." Wie hat der Apostel diese Worte gemeint? Verband er sie mit vorangehenden Aussagen? Wollte er also betonen, sein Dienst geschehe „zur Ehre des Herrn selbst und zum Erweis unserer Bereitwilligkeit"? Man müßte dann das Wort **„Bereitwilligkeit"** als „Erweis der Bereitwilligkeit" fassen. Schlatter bezieht die **„Bereitwilligkeit"** auf die Korinther und übersetzt verdeutlichend „zur Mehrung unserer Bereitwilligkeit". Es wird deutlich, wie unsicher solche Auslegungen und Ergänzungen sind. Darum ist es ratsam, die Worte lieber mit dem
folgenden Tätigkeitswort zu verbinden und zu übersetzen: **„Indem** 20
wir im Blick auf die Ehre des Herrn selbst und auf unsere Bereitwilligkeit dieses zu vermeiden suchen, daß etwa jemand uns verdächtige bei diesem reichen Ertrag, der von uns verwaltet wird." Jetzt ist der Sinn klar. Die Sammlung wird, die Paulus jetzt schon sieht, einen **„reichen Ertrag"** bringen. Da wird das Mißtrauen wach, das bei uns Menschen stets auf der Lauer liegt und das in Korinth von den Gegnern des Apostels noch besonders durch hämische Andeutungen ge-

[278] Der grie Ausdruck weist auf das „Handaufheben" hin, durch das die Wahl erfolgte. Hier, wie schon in Apg 6, 1—6 ist die Gemeinde als solche bei der Beauftragung von Männern zu bestimmten Diensten tätig. Paulus hat sich diesen Bruder nicht selber als Begleiter ausgesucht. Es sollte gerade hier der Auftrag der Gemeinde hinter solchen Männern stehen.

[279] In der Apg (20, 4) werden uns sieben Männer genannt, die mit Paulus reisen. In 27, 2 teilt einer aus ihnen, Aristarchus, die Gefangenschaft des Paulus. Darum hat man in ihm den „Bruder" unseres Textes gesehen. Andere denken an Lukas, der 16, 10 mit Paulus in Philippi war (Wir-Bericht), nach 16, 40 offenbar dort blieb und sich nach 20, 5; 20, 7 ff; 21, 1 ff Paulus wieder anschloß und mit ihm nach Jerusalem kam (21, 17). Das Wort für „Reisebegleiter" deutet im Grie an, daß der Betreffende sein bisheriges Arbeitsfeld verläßt und in die Fremde geht. Das könnte auf Lukas anspielen, der solange in Philippi geblieben war und jetzt mit Paulus nach Jerusalem reiste. Aber zu entscheiden ist die Frage nicht.

schürt werden mag. Wer weiß, ob das viele Geld wirklich alles nach Jerusalem gelangt oder wieviel in die eigene Tasche des Paulus fließt? Spielt nicht Paulus am Ende nur den „Bedürfnislosen", der den Unterhalt durch die Gemeinden zurückweist, um hintenherum doch auf seine Rechnung zu kommen? Die Sätze des Apostels in 12, 16 f zeigen, daß solche bösen Redereien in Korinth tatsächlich umliefen. Damit wäre wirklich **„die Ehre des Herrn selbst"** angetastet und die ganze **„Bereitwilligkeit"** des Apostels verdächtigt. Das sucht Paulus von vornherein **„zu vermeiden"**, indem er einen besonders bekannten und angesehenen Bruder von den Gemeinden an seine Seite stellen läßt, der die Sammlung beaufsichtigt bis zur Ablieferung in Jerusalem. Timotheus genügte dazu nicht; er konnte zu sehr als von Paulus abhängig angesehen werden. Mit einem Zitat aus Sprüche 3, 4 in der Fassung der LXX bestätigt Paulus diese Regelung. **„Denn wir sind**
21 **bedacht auf das Lobenswerte nicht allein vor dem Herrn, sondern auch vor Menschen."** „Kalos": also „gut", „schön", **„lobenswert"** soll alles bei dieser großen Sammlung sein und dies **„nicht allein vor dem Herrn"**, vor dem Paulus lauter und klar dasteht (1, 12), **„sondern auch vor Menschen"**[280]. Jedem üblen Gerede muß der Grund entzogen werden[281].

22 Noch einen weiteren Bruder schickte Paulus mit. **„Wir sandten aber mit ihnen unseren Bruder, den wir in vielen [Angelegenheiten] vielmals als eifrig erprobt haben, der aber jetzt schon viel eifriger ist durch sein großes Vertrauen zu euch."** Wieder hören wir den Namen nicht; die Korinther sahen ihn ja vor sich, wenn der Brief verlesen wird. Paulus bezeichnet ihn als **„unseren Bruder"**, er steht also dem Apostel besonders nahe. Er ist schon oft als einsatzbereiter Mann erprobt und wird sich so auch jetzt in Korinth für die Sammlung einsetzen. Er wird das besonders eifrig tun, weil er ein **„großes Vertrauen"** zu den Korinthern hat. Die Korinther müssen das wissen, weil die Entsendung noch weiterer Brüder neben Titus den Eindruck des Mißtrauens machen könnte. Die Gemeinde war empfindlich; der eben hergestellte Friede durfte nicht sofort wieder gefährdet werden. Aber die Korinther dürfen gewiß sein, dieser ihnen noch unbekannte Bruder kommt nicht als mißtrauischer Aufsichtsbeamter, sondern als einer, der sich voll Vertrauen darauf freut, die Gemeinde in Korinth kennenzulernen und ihr bei der raschen und guten Durchführung der Sammlung zu helfen. Es ist dabei für das urchristliche Leben kenn-

[280] Rö 12, 17 ist das Wort „kalos" ähnlich verwendet. Die LÜ gibt es dort mit „ehrbar" wieder.

[281] Darum ist es richtig und nötig, daß auch bei uns in Gelddingen der Gemeinden peinliche Sorgfalt gewahrt und klare Aufsicht geübt wird. Das hat nichts mit Mißtrauen zu tun, sondern soll gegen das Mißtrauen übelwollender Menschen schützen.

zeichnend, daß nicht einzelne „Amtsträger" zu den Gemeinden kommen, sondern in Fortsetzung des Handelns Jesu selbst (Mk 6, 7; Mt 18, 16; 18, 20) mehrere Brüder miteinander, wie auch Paulus selbst gerade in Korinth bei der Gründung der Gemeinde zu dritt evangelisiert hatte (1, 19).

Wir haben in diesem Abschnitt einen typischen „Empfehlungs- 23
brief" vor uns, wie ihn Paulus für sich selbst nicht nötig hatte (3, 1–3), wie er aber bei solcher Entsendung anderer Männer unentbehrlich war. Die Gemeinde, die jetzt sehnsüchtig auf ihren Apostel selbst wartete, konnte nicht einfach vor die Tatsache gestellt werden, daß drei andere Männer in Korinth erscheinen und in die Kollektensache bei ihr eingreifen. Darum stellt Paulus seinen Korinthern noch einmal vor Augen, warum alle drei die Liebe der Gemeinde und ihre Achtung verdienen. **„Sei es für Titus: er ist mein Gefährte und an euch mein Mitarbeiter; seien es unsere Brüder: sie sind Abgesandte** (wörtlich: Apostel) **der Gemeinden, ein Abglanz Christi."** Titus ist des Paulus **„Gefährte"** (wörtlich: Teilhaber) in der großen Sache des Evangeliums und dem Blick auf die Korinther des Paulus direkter **„Mitarbeiter[282]"**. Wie verdient er als solcher das ganze Vertrauen der Gemeinde, wenn er jetzt noch einmal als Vertreter des Apostels in Korinth erscheint. Die beiden mit ihm kommenden Brüder waren **„Abgesandte der Gemeinden"** und müssen als solche gesehen und geachtet werden. Dabei ist hier das Wort **„Apostolos"** verwendet, das – wie viele unserer Worte – einen engeren und einen weiteren Sinn haben kann. Wenn Paulus in unserm ganzen Brief um seine Geltung als „Apostel" kämpft, meint er etwas anderes als hier. Eine allgemeinere Fassung des Wortes finden wir auch Phil 2, 25[283]. Die **„Abgesandten der Gemeinde"** sind zugleich ein **„Abglanz Christi[284]"**. Immer sah Paulus einen lebendigen und wesenhaften Zusammenhang zwischen dem Herrn und seinen Boten, einen Zusammenhang, der den Boten ebenso demütigt, wie erhebt. Auch bei diesen Brüdern, die den Titus nach Korinth begleiten, ist es so: sie haben keine eigene Macht und Größe, sie sind nur **„Abglanz"**; aber als **„Abglanz Christi"** haben sie zugleich eine Würde, die von der Gemeinde in Korinth geachtet werden muß.

[282] Paulus versteht die Boten Jesu gern als „Mitarbeiter Gottes" (1 Ko 3, 9; 2 Ko 6, 1). Hier aber wird das „mein" bei dem Wort „Gefährte" auch noch mit für das Wort „Mitarbeiter" gelten. Titus hat ja in der Tat in der Gemeinde in Korinth einen ganz wesentlichen Dienst für den Apostel getan.

[283] In 1 Ko 15, 7 haben wir einen mittleren Gebrauch des Wortes vor uns; die hier „Apostel" genannten Männer sind ein bestimmter, abgegrenzter Kreis und doch von den „Zwölf" unterschieden. Zu diesem Kreis werden auch die in Rö 16, 7 gegrüßten Männer gehören.

[284] In 1 Ko 11, 7 hatte Paulus vom Mangel gesagt, daß er „Bild und Abglanz Gottes" sei.

Wie das Partizip im abschließenden Satz aufzulösen ist, ob als Imperativ oder als Aussage, steht nicht eindeutig fest. Der Unterschied ist nicht allzu groß. Auch wenn wir es zunächst als eine Aussage fassen, liegt doch eine Mahnung darin, eine Aufforderung: Denkt daran, **„den Erweis nun eurer Liebe und unseres Rühmens von euch ihnen gegenüber, erweist ihr vor den Augen der Gemeinden“.** Paulus ist überzeugt, daß die Gemeinde diese drei Beauftragten recht aufnehmen wird. Sie wird ihnen etwas von der Liebe erweisen, die in ihr als einer Gemeinde Jesu lebt. Sie wird zugleich damit zeigen, daß der Apostel sie nicht ohne Grund gerühmt hat. Aber in beidem sollen die Korinther daran denken, daß es **„vor den Augen der Gemeinden“** geschieht. Die korinthische Gemeinde hatte eine Neigung, sich selbstherrlich von den anderen Gemeinden zu isolieren (1 Ko 11, 16; 14, 34), wie sie sich darum auch wenig interessiert gezeigt hatte für die Nöte der Urgemeinde in Jerusalem. Jetzt aber sind in den drei Brüdern die Augen der andern Gemeinden auf sie gerichtet. Das ist eine Tatsache, der sie nicht ausweichen kann. Überall wird man von dem hören, was die Brüder in Korinth gesehen und erlebt haben.

DER GRUND FÜR DIE VORAUSSENDUNG DER BRÜDER

2. Korinther 9, 1–5

Zu Vers 1: 2 Ko 8, 4. 20
Zu Vers 2: 2 Ko 8, 19
Zu Vers 3: 2 Ko 8, 24
Zu Vers 5: 2 Ko 11, 17

1 Denn über den Dienst, der für die Heiligen [geschieht], halte ich
2 es für überflüssig, euch zu schreiben. * Ich kenne ja eure Bereitwil-
ligkeit, deren ich mich für euch den Makedonen gegenüber rühme,
daß Achaja [schon] vom vorigen Jahr her gerüstet sei; und euer
3 Eifer hat die Mehrzahl von ihnen angespornt. * Ich sandte aber
die Brüder, damit nicht unser Rühmen über euch sich als leer er-
weise in diesem Stück, damit ihr, wie ich sagte, [wirklich] gerüstet
4 seid, * damit nicht etwa, wenn Makedonier mit mir kommen und
finden euch ungerüstet, wir – um nicht zu sagen „ihr“ – beschämt
5 werden in dieser Zuversicht. * Für notwendig hielt ich es deshalb,
die Brüder aufzufordern, vorher zu euch zu kommen und eure
früher angekündigte Segensgabe vorher fertig zu machen, damit
diese bereit sei so wie ein Segen und nicht wie eine Habsucht.

1 **„Denn über den Dienst, der für die Heiligen [geschieht], halte ich es für überflüssig, euch zu schreiben.“** Ein „neues Kapitel“[285] beginnt

[285] Paulus hat seinen Brief nicht in „Kapitel“ eingeteilt! So geben auch alle Handschriften den fortlaufenden Text. Die viel spätere Aufgliederung in Kapitel und Verse ist nicht immer glücklich, kann aber aus naheliegenden Gründen jetzt nicht mehr geändert werden.

mit diesem Satz nicht. Mit seinem **„denn"** knüpft er unmittelbar an das eben ausgesprochene an. Paulus bleibt bei der Sendung der drei Brüder stehen, die in Korinth vielleicht erhebliches Befremden auslöst. Paulus will darum nochmals über den Grund ihrer Entsendung mit der Gemeinde reden. Grundsätzliches über Notwendigkeit und Zweck der Sammlung muß er nicht schreiben. Die Korinther wissen darüber Bescheid und haben ihre Bereitschaft zur Beteiligung an der
Sammlung erklärt. Aber da gerade liegt jetzt die Not. **„Ich kenne ja** 2
eure Bereitwilligkeit, deren ich mich für euch den Makedonen gegenüber rühme, daß Achaja [schon] vom vorigen Jahr her gerüstet sei; und euer Eifer hat die Mehrzahl von ihnen angespornt." Schon im Frühjahr haben die Korinther Ratschläge für die praktische Durchführung der Sammlung erbeten, die der Apostel ihnen in 1 Ko 16, 1–4 erteilt. So konnte Paulus in den makedonischen Gemeinden rühmend sagen: Achaja[286] sei bereits seit dem Frühling des vorigen Jahres[287] für die Durchführung der Sammlung gerüstet. Das hatte viele Gemeindeglieder in Makedonien angespornt, so zu geben, wie es Paulus in 8, 1–4 den Korinthern geschildert hatte. Das wäre alles auch recht gut, wenn nicht Paulus inzwischen erfahren hätte, daß die Sammlung in Korinth unter all den Spannungen und Nöten ins Stocken geraten oder überhaupt noch nicht ernstlich in Angriff genommen sei. Was soll nun werden, wenn mit dem Apostel Brüder aus Makedonien nach Korinth kommen und es ganz anders finden, als Paulus es ihnen gesagt hatte! Wie beschämt würde dann der Apostel vor ihnen dastehen. Freilich nicht nur er, sondern mit ihm auch die Korinther, zu denen die Makedonier aufgeblickt hatten. Das möchte Paulus ver-
hindern. **„Ich sandte aber die Brüder, damit nicht unser Rühmen über** 3/4
euch sich als leer erweise in diesem Stück, damit ihr, wie ich sagte, [wirklich] gerüstet seid, damit nicht etwa, wenn Makedonier mit mir kommen und finden euch ungerüstet, wir — um nicht zu sagen ‚ihr' — beschämt werden in dieser Zuversicht."

Und jetzt erfahren die Korinther auch, warum nicht sogleich ihr 5
Apostel zu ihnen eilt, wie ihre Sehnsucht (7, 7–11) es erwartete, sondern erst Titus mit zwei Begleitern bei ihnen erscheint. Wohl mochte dem Apostel auch das schwerfallen, sich so schnell von den makedonischen Gemeinden loszureißen, die immer noch in Kämpfen und Leiden standen. Aber es war ihm zugleich im Blick auf die Sammlung lieb, daß er noch aufgehalten wurde und erst einmal die Brüder schicken konnte. **„Für notwendig hielt ich es deshalb, die**

[286] Das ist der eigentliche römische Provinzname für den südlichen Teil von Griechenland. Praktisch geht es dabei um Korinth.

[287] Vgl. dazu die Auslegung von 8, 10. Wie wenig weit diese „Zurüstung" in Korinth gekommen war, erfuhr der Apostel offenbar erst aus dem Bericht des Titus.

Brüder aufzufordern, vorher zu euch zu kommen und eure früher angekündigte Segensgabe vorher fertig zu machen, damit diese bereit sei so wie ein Segen und nicht wie eine Habsucht." „Angekündigt" ist die Gabe der Korinther schon lange. Nun soll sie **„vorher"**, nämlich „vor" dem eigenen Kommen des Paulus mit makedonischen Brüdern **„fertig gemacht werden"**. Das Geld soll wirklich **„bereit sein"**, wenn der Apostel erscheint[288]. Keinerlei Schwierigkeiten mit der Sammlung sollen den vollen Segen seines Besuches beeinträchtigen. Die **„früher angekündigte Segensgabe"** der Korinther soll bereit sein **„so wie ein Segen und nicht wie Habsucht"**. Wie ist das gemeint? Man hat übersetzt und damit auch ausgelegt: „Wie eine Gabe des Segens und nicht wie eine Gabe des Geizes." Aber es ist fraglich, ob „pleonexia" einfach „Geiz" bedeuten kann[289]; und „Gabe des Geizes" steht jedenfalls nicht da. Wahrscheinlich denkt Paulus nur bei dem ersten Wort **„Segen"** an die Geber, beim zweiten aber an die Veranstalter der Sammlung. Es soll ein freies, frohes Geben werden, nicht ein erzwungenes, als ob eine **„Habsucht"** ihnen Geld abringen wollte. Immer wieder spüren wir, mit welchen Widerständen Paulus in der Sache der Sammlung rechnen mußte. Auch in Makedonien war nur **„die Mehrzahl"** durch den Eifer der Griechen angesteckt worden; auch dort war manche Ablehnung zum Vorschein gekommen. Es ist aber eine erfreuliche Tatsache, daß nach Rö 15, 26 f die Sammlung auch in Korinth einen vollen Erfolg gehabt hat. Das Mühen des Apostels, durch zwei ganze Kapitel hindurch die Einwände der Korinther zu überwinden und die Gemeinde mit eigenem Verständnis und darum auch mit wirklicher Willigkeit für eine rasche Durchführung der Sammlung zu gewinnen, ist nicht vergeblich geblieben.

REICHES GEBEN BRINGT GOTTES REICHEN SEGEN

2. Korinther 9, 6–15

Zu Vers 6:
Spr 11, 24 f
19, 17
28, 27
Zu Vers 7:
1 Chro 29, 17
Spr 22, 8
Rö 12, 8
2 Ko 8, 3
Phlm 14

6 **Dies aber [möchte ich hervorheben]: Wer spärlich sät, wird auch**
spärlich ernten; und wer auf Segnungen hin sät, wird auch auf
7 **Segnungen hin ernten. * Jeder, wie er es sich im Herzen vorge-**
nommen hat, nicht mit Kummer oder aus Zwang; denn einen

288 Darum hatte der Apostel schon im ersten Brief (16, 2) für die Sammlung angeordnet, es solle jeder an jedem Sonntag Geld dafür zurücklegen und ansammeln, „damit nicht, wenn ich komme, dann erst die Sammlung geschieht." Darauf dringt er auch jetzt.

289 Es war eine tiefe Verderbnis im Judentum und später auch wieder in der Christenheit, als das Geben und Helfen zum Mittel wurde, eine eigene „Gerechtigkeit" vor Gott zu gewinnen und sich einen Platz im Himmel zu sichern. Worte des AT wie Ps 112, 9 konnten dann mißverstanden und mißbraucht werden.

8 **fröhlichen Geber liebt Gott. * Es vermag aber Gott jede Gnade**
überströmen zu lassen, auch euch, damit ihr als solche, die in jedem
jederzeit jedes Genüge haben, überströmen könnt zu jedem guten
9 **Werk, * wie geschrieben steht: „Er streute aus, er gab den Armen,**
10 **seine Gerechtigkeit bleibt in Ewigkeit" (Psalm 112, 9). * Der aber**
darreicht Samen dem Säemann und Brot zur Speise, er wird dar-
reichen und mehren eure Aussaat und wachsen lassen die Früchte
11 **eurer Gerechtigkeit; * in allem werdet ihr reich gemacht zu jeder**
Freigebigkeit (wörtlich: Einfachheit), **die dann durch uns Dank-**
12 **sagung bewirkt gegen Gott. * Denn die Ausrichtung dieser Dienst-**
leistung hilft nicht nur dem Mangel der Heiligen ab, sondern
13 **strömt auch über durch viele Dankgebete für Gott. * Um der**
Bewährung dieses Dienstes willen preisen sie Gott für die Unter-
ordnung eures Bekenntnisses zum Evangelium des Christus und
für die Freigebigkeit (wörtlich: Einfachheit) **der Gemeinschaft mit**
14 **ihnen und mit allen, * indem auch sie mit Beten für euch sich**
nach euch sehnen wegen der überreichen Gnade Gottes an euch.
15 *** Dank sei Gott für seine unbeschreibliche Gabe.**

Zu Vers 8: Phil 4, 19
Zu Vers 9: Ps 112, 9
Zu Vers 10: Jes 55, 10; Hos 10, 12; Jak 3, 18
Zu Vers 11: 2 Ko 1, 11; 4, 15
Zu Vers 12: Rö 15, 27; 2 Ko 8, 14
Zu Vers 15: Rö 6, 23

Über den Sinn und die Notwendigkeit der Sammlung muß der Apostel nicht noch einmal reden. Aber er weiß, wie alle bloße Einsicht nicht genügt, um die Widerstände zu überwinden, die sich in unserem Herzen gegen das einfache, frohe Geben erheben. Diese Widerstände waren in Korinth besonders groß. Darum setzt Paulus in seinem Brief nochmals ein, um die Korinther zu einer rechten Beteiligung an der Sammlung zu ermutigen. **„Dies aber [möchte ich hervorheben]: Wer spärlich sät, wird auch spärlich ernten; und wer auf Segnungen hin sät, wird auch auf Segnungen hin ernten."** Das „Geben" ist wie ein „Säen": Der Same wird jetzt scheinbar „weggeworfen"; darum konnte der Säende darauf aus sein, möglichst „schonsam" und **„spärlich"** zu **„säen"**. Aber dann wird er auch nur **„spärlich ernten"**. Er darf im Gegenteil reich ausstreuen, in der Erwartung von **„Segnungen"**, und die Ernte wird ihn nicht enttäuschen. So sollen auch die Korinther nicht ängstlich sparen; sie müssen nicht fürchten, durch Geben arm zu werden; ihre Beteiligung an der Sammlung wird für sie selbst eine Ernte schaffen, die dem Maße ihres Einsatzes entspricht. Das in „Saat und Ernte" liegende Gesetz kann zum wirksamen Vergleiche dienen, weil es ein lebendiges Gesetz ist und weil in ihm tatsächlich Gottes eigenes Wirken sichtbar wird. Im Sinn von Gal 6, 6–9, wo es ebenfalls um die Bereitschaft zum Mitteilen und Helfen geht, denkt Paulus auch hier an eine Ernte geistlicher Art, wie er sie in den nächsten Sätzen näher beschreibt. Aber wenn er den Korinthern so das Geben mit Ernst wichtig macht, bleibt es doch 6

7 bei der ganzen Freiheit und Freiwilligkeit. **„Jeder, wie er es sich im Herzen vorgenommen hat, nicht mit Kummer oder aus Zwang; denn einen fröhlichen Geber liebt Gott."** Das „Ernten" folgt nicht mechanisch aus der Saat; Gott ist es, der draußen auf dem Feld und drinnen im Leben der Gemeinde durch seine **„Segnungen"** die Ernte gibt. An einem **„Geben mit Kummer"** und **„aus Zwang"** hat Gott keinen Gefallen. Gott liebt den **„fröhlichen Geber"**, wie Paulus in Anlehnung an Spr 22, 8 nach dem Wortlaut der LXX sagt. Ein unwilliges, erzwungenes Geben will Paulus in Korinth nicht haben; das brächte keinen Segen.

8/9 Die Sammlung muß aber auch in Korinth nicht mühsames Menschenwerk sein. In Makedonien war sie „Gnade Gottes"; sie darf es auch in Korinth sein. **„Es vermag aber Gott jede Gnade überströmen zu lassen, auch euch, damit ihr als solche, die in jedem jederzeit jedes Genüge haben, überströmen könnt zu jedem guten Werk."** Unser Geben fließt aus dem Geben Gottes! Gott aber kann seine Gnade **„überströmen lassen"**. Dadurch werden die Korinther zu solchen, die **„in jedem"** und **„jederzeit"** **„jedes Genüge"** haben. Paulus häuft die Ausdrücke um die ganze Fülle in Gottes Gnade zu kennzeichnen. Nun können auch die so reich beschenkten Korinther wieder **„überströmen"**, ohne „Kummer", ohne „Zwang" wie ein überfülltes Brunnenbecken und zwar zu **„jedem"** guten Werk; nochmals erscheint im grie das Wort „pas = alle, jeder". Paulus verweist dabei auf Ps 112, 9: **Wie geschrieben steht: „Er streute aus, er gab den Armen, seine Gerechtigkeit bleibt in Ewigkeit."** Gerade ein Paulus kann in diesem Wort des AT keine „Werkgerechtigkeit" sehen[290]. Aber er hat im Bild von Saat und Ernte gezeigt, wie unser Verhalten – das selber aus Gottes gebender Gnade erwächst – seine Frucht bringt. Gottes Wohlgefallen ruht bleibend auf dem, der so fröhlich auszustreuen und den Armen zu geben weiß.

10 Darum zeichnet der Apostel noch einmal das lebendige Ineinander von göttlichem und menschlichem Tun. **„Der aber darreicht Samen dem Säemann und Brot zur Speise, er wird darreichen und mehren eure Aussaat und wachsen lassen die Früchte eurer Gerechtigkeit."** Unter Verwendung von Jes 55, 10 verweist Paulus auf Gottes Wirken im natürlichen Lebensbereich, wie beim „Saatgut" und beim „Brot" Gottes Gabe das menschliche Handeln nicht ausschließt, sondern gerade erst ermöglicht. So **„beschafft und mehrt"** Gott auch die **„Aussaat"** der Korinther bei ihrem Spenden und läßt die **„Erzeugnisse"**, die **„Früchte"** ihrer **„Gerechtigkeit"** wachsen. Der ganz in sei-

[290] Paulus hat aber wie Jakobus (Jak 2, 20) gewußt, daß echter Glaube „durch die Liebe tätig" ist (Gal 5, 6), und darum vom „Werk des Glaubens" gesprochen (1 Th 1, 3). In diesem „Werk" liegt eine „bleibende Gerechtigkeit", wie auch die Liebe „bleibt".

ner Bibel lebende Apostel hat Hos 10, 12 vor Augen. Worin aber bestehen diese **„Früchte"**? Was heißt das praktisch, daß die „Aussaat" 11
der Korinther eine reiche „Ernte" von „Segnungen" (V. 6) schafft? **„In allem werdet ihr reich gemacht zu jeder Freigebigkeit** (wörtlich: Einfachheit), **die dann durch uns Danksagung bewirkt gegen Gott."** Das ist freilich nichts, was einem natürlichen Menschen verlockend sein könnte. Aber Paulus setzt den „theozentrischen" Herzenssinn, der seit seiner Bekehrung und Wiedergeburt in ihm lebt, auch bei allen anderen Glaubenden voraus. Daß Gott den reichen Dank empfängt, das war Paulus schon in 1, 11 und 4, 15 das ersehnte Ziel in seinem eigenen, die Gemeinde mit ergreifenden Erleben. Es ist das letzte Ziel auch in der ganzen Sache der Sammlung! Bei einer solchen großen Kollekte geht es zwar mit Ernst um die brüderliche Hilfe für Notleidende; aber darin geht es zugleich und zuletzt um die Ehre Gottes. In diesem Losgelöstsein vom Ich und vom eigenen Genuß gibt das **„reich gemacht werden"** die erwünschte Möglichkeit reichen Gebens. Paulus benennt auch hier[291] die **„Freigebigkeit"** mit dem Wort **„Einfachheit**, Schlichtheit". Das kennzeichnet das Geben als ein solches, bei dem wirklich die Linke nicht weiß, was die Rechte tut, weil **„einfach"** ohne Berechnung und ohne viel Fragen gegeben wird. Und gerade dies „einfache", freie, fröhliche Geben[292] weckt und **„bewirkt durch uns Danksagung gegen Gott"**.

Dem Apostel liegt diese Ausrichtung unseres Tuns, auch unseres Gebens bei einer Sammlung, auf Gott hin so sehr am Herzen, daß 12
er noch näher darauf eingeht. Wieso wird die rechte Beteiligung der Korinther an der Sammlung für Jerusalem zur Ehrung Gottes? **„Denn die Ausrichtung dieser Dienstleistung hilft nicht nur dem Mangel der Heiligen ab, sondern strömt auch über durch viele Dankgebete für Gott." „Die Ausrichtung dieser Dienstleistung"** ist wörtlich **„der Dienst an diesem gottesdienstlichen Handeln"**. Es steht hier das grie Wort, das wir in dem Ausdruck „Liturgie" noch heute kennen. In der antiken Literatur wird es vielfach von Dienstleistungen für den Staat gebraucht, aber stets mit religiösem Hintergrund; in Lk 1, 23 bezeichnet es den Priesterdienst des Zacharias. So ist diese Sammlung von vornherein ein „Gottesdienst", der zwar auch dem Mangel der Heiligen abhilft und das auch wesentlich tun soll, der aber dadurch die vielen Dankgebete erweckt und so sein letztes Ziel in der Ehrung Gottes erreicht. Denn die **„Heiligen"** in Jerusalem werden die reiche Hilfe aus den paulinischen Gemeinden nicht einfach hinnehmen. Nein, **„um der Bewährung dieses Dienstes willen preisen sie Gott für die**

[291] Vgl. o. S. 176.

[292] Auch hier bewährt sich Luthers Satz, daß die „hilaritas", die „Heiterkeit", das Kennzeichen des wahrhaft guten Werkes sei.

Unterordnung eures Bekenntnisses zum Evangelium des Christus und für die Freigebigkeit (wörtlich: Einfachheit) **der Gemeinschaft**
13 **mit ihnen und mit allen."** Wieder formt Paulus zwei Sätze in gedrängter Kürze unter Häufung von Hauptworten, die wir in ganze Einzelsätze auseinanderlegen müssen. In diesem Dienst zeigt sich die **„Bewährung"** des Christenstandes bei den Korinthern. Ihr **„Bekenntnis zum Evangelium von Jesus Christus"** erweist sich als echt, denn es hat die Korinther zur **„Unterordnung"** unter Gottes lebendige Gnade gebracht, die diese brüderliche Hilfe wirken will. In der **„Einfachheit"** oder **„Freigebigkeit"** an der Gott Freude hat, schenken die Korinther den notleidenden Christen in Jerusalem ihre tatkräftige **„Gemeinschaft"** und stehen damit zugleich in der Gemeinschaft **„mit allen"** Gemeinden. Die Heiligen in Jerusalem aber werden nicht nur an der Höhe der Gaben sich freuen, die ihrer drückenden Not abhilft. Sie werden vor allem **„Gott preisen"** über dem, was er im Leben der Gemeinde in Korinth gewirkt hat. Sie, die als Israeliten bisher auf die „Heiden" herabblickten, müssen nun mit Staunen und Dank erkennen, was Gott aus solchen „Heiden" machen kann. Aus einem Herabsehen wird ein Verlangen, solche von Gott reich begnadete
14 Gemeinde kennenzulernen: **„indem auch sie mit Beten für euch sich nach euch sehnen wegen der überreichen Gnade Gottes an euch."** Wenn aber Paulus das vor sich sieht, was er mit brennendem Eifer erstrebt hat und wofür ihm die Sammlung in seinen Gemeinden Zeichen und Zeugnis ist: Die eine Gemeinde Jesu in der Welt, Juden und Griechen verbunden in dem gleichen Glauben an Jesus und in der lebendigen Bruderschaft gegenseitiger Hilfe[293], dann kann er nur ausrufen:
15 **„Dank sei Gott für seine unbeschreibliche Gabe."** Denn was Gottes Gnade in dieser Welt geschaffen hat, überschreitet alles, was Menschen erdenken konnten, und läßt sich darum gar nicht in seiner ganzen Größe beschreiben. Wo aber bleiben dann noch Bedenken gegen die Sammlung, die ein solches Ergebnis haben darf? Können die Korinther anders als mit ganzem eigenen Eifer sich an diesem Werk beteiligen[294]?

[293] Hier wird konkrete Wirklichkeit, was der Apostel in Gal 3, 28; 1 Ko 12, 13; Rö 10, 12; Kol 3, 11 grundsätzlich ausgesprochen hat.

[294] In diesem Kap. 8 und 9 lernen wir, wie auch Geld und Geldsammlung wahrhaft geistlich zu betrachten sind und wie von daher mit einem ganz weiten und großen Blick und doch zugleich mit praktischer Energie eine Sammlung in der Gemeinde Gottes betrieben werden kann.

EXKURS: ZUR FRAGE DES „KOLLEKTIERENS"

Es ist bekannt, daß G. Müller, der Waisenhausvater in Bristol, den klaren Grundsatz hatte, niemals Menschen um Gaben für seine großen Waisenhäuser mit ihren vielen Bedürfnissen zu bitten. Auch ganz ernste Notlagen gab er nie bekannt. Er breitete seine Nöte nur vor Gott aus und erwartete alle Hilfe nur von ihm. Er ist damit nicht zuschanden geworden und hat viele Wunder erlebt. Andere haben es ihm nachgetan. Wir können nur mit großer Achtung darauf blicken.

Aber nun wird vielfach in einer Weise davon gesprochen, als ob dieses die einzig rechte und notwendige Haltung jedes „Glaubenswerkes" sei. Es klingt dann manchmal so, als ständen Werke und Gemeinden, die Menschen um Gaben bitten und Sammlungen veranstalten, nicht völlig im Glauben. Da sind dann diese Kapitel des 2 Ko von wesentlicher Bedeutung. Der Apostel Paulus war gewiß ein „Glaubensmann" und seine Arbeit ein „Glaubenswerk". Trotzdem hat Paulus „kollektiert". Ja, er hat sich so um die Gaben in Korinth gemüht, wie wir es eben in einem langen Abschnitt seines Briefes gelesen haben. Er hat die „Freiheit" des Gebens betont und mit Ernst gewahrt. Er hat den unvergeßlichen Satz geprägt, daß Gott den fröhlichen Geber liebt. Er hat falscher innerer Bedrängnis gewehrt, indem er die selbstverständliche Wahrheit hervorhebt, daß wir mit unserer Bereitschaft zu geben Gott willkommen sind nach dem, was wir haben, und nicht nach dem, was wir nicht haben. Aber er hat doch auch mit Ernst Menschen zum Geben willig zu machen gesucht. Für uns heute ist es gut, daß einem Georg Müller ein Glaubensmann wie Vater Bodelschwingh als der große Bettler bei Menschen gegenübersteht, der in seinem Bitten und Kollektieren den Gebern selber eine Wohltat erwies und in seinem Werben zugleich ein brennender „Evangelist" war.

Unmöglich allerdings wäre es dem Apostel gewesen, bei „denen, die draußen sind" zu sammeln. Wesenhaft unmöglich schon aus dem einfachen Grunde, weil die Ehre Gottes für ihn letztes Ziel der Sammlung war. Hier haben wir ernstlich umzulernen ohne falsche Ängstlichkeit, die aus dem Unglauben kommt.

DIE KAMPFANSAGE DES APOSTELS AN SEINE GEGNER

2. Korinther 10, 1–6

Zu Vers 1:
Mt 11, 29
1 Ko 2, 3
Gal 5, 2
Zu Vers 2:
2 Ko 13, 1–10
1 Ko 4, 21
Zu Vers 3:
Gal 2, 20
Zu Vers 4:
Rö 13, 12
2 Ko 13, 10
Eph 6, 10. 13–17
Zu Vers 5:
Rö 15, 18
16, 26
Zu Vers 6:
2 Ko 2, 9
7, 15

1 Ich aber für meine eigene Person, Paulus, ermahne euch durch die
Sanftmut und Milde des Christus, der ich vor Augen gering bin
2 unter euch, aus der Ferne aber kühn gegen euch. * Ich bete aber
darum, daß ich nicht in persönlicher Anwesenheit kühn werden
muß in der Zuversicht, die ich mir herauszunehmen gedenke gegen
gewisse Leute, die von uns denken, daß wir nach Fleischesart wan-
3 deln. * Denn im Fleisch wandeln wir wohl, führen unsern Kampf
4 aber nicht nach Fleischesart. * Denn die Waffen unseres Kampfes
sind nicht fleischlich, sondern mächtig für Gott zur Zerstörung von
5 Bollwerken. Anschauungen (oder: Anschläge) zerstören wir * und
jede Höhe, die sich erhebt gegen die Erkenntnis Gottes, und nehmen
6 gefangen jeden Gedanken zum Gehorsam gegen den Christus * und
halten uns bereit, zu strafen jeden Ungehorsam, wenn euer Gehor-
sam völlig wiederhergestellt ist.

1 **„Ich aber für meine eigene Person, Paulus, ermahne euch ..."** Schroff hebt sich der Schlußteil des Briefes Kap. 10–13 von dem ab, was wir in Kap. 7 an erleichterter Freude aus dem Mund des Apostels hörten. Auch die Besprechung der großen Sammlung in Kap. 8 und 9 klang aus in den bewegten Dank: Dank sei Gott für seine unbeschreibliche Gabe. In dem Abschnitt aber, den wir nun beginnen, klingt es wider von Kampf und Waffen, von Gefangennahme und Strafe. Paßt das zu den Worten wie 7, 4; 7, 7? Oder haben diejenigen recht, die in Kap. 10–13 die Einfügung aus einem anderen Brief des Apostels, vielleicht aus dem „Tränenbrief", sehen? Aber unser Brief kann keinesfalls mit 9, 15 geschlossen haben. Es konnte auch nicht nur ein kurzer Schlußgruß in der Art von 13, 11–13 folgen. Paulus konnte es ja doch nicht bei einer abermaligen Entsendung des Titus belassen. Er mußte den Korinthern von seinem eigenen Kommen schreiben. Der Inhalt einer Fortsetzung der Kap. 1–9 mußte also genau der sein, den wir in Kap. 10–13 vorfinden! Diese Kapitel handeln von dem bevorstehenden Besuch des Apostels und von dem, was dann in Korinth geschehen wird. Es konnte aber auch kein Brief des Apostels mit den Worten **„Ich aber für meine eigene Person, Paulus, ermahne"** beginnen. Es müssen Ausführungen vorausgegangen sein, in denen andere Personen im Vordergrund gestanden haben, also Ausführungen, die genau dem entsprechen, was die Kap. 8 und 9 uns tatsächlich geboten haben. Titus und zwei begleitende Brüder werden die Auf-

gabe in Korinth haben, **„ich aber für meine eigene Person, Paulus, ermahne . . .“**. Somit passen die Kap. 10—13 ganz an die Stelle, an der sie stehen. Sollen wir sie dann dort herausnehmen, für das Kap. 1—9 einen anderen Schlußteil und für Kap. 10—13 einen anderen Briefbeginn vermuten? Aber der schroffe Wechsel des Tones? Kann nach 9, 15 sofort 10, 1 ff geschrieben sein? Nun, in Rö 9, 1 nach 8, 38. 39 haben wir den Beweis, daß bei Paulus ein solcher Wechsel innerhalb eines Briefes möglich ist! In unserem Brief ist dieser Wechsel vom Inhalt her bestimmt und von daher voll verständlich. In Kap. 1—7 blickt Paulus zurück auf die notvolle Spannung zwischen der Gemeinde und ihm, die Spannung, die jetzt ihre beglückende Lösung empfangen hat. In Kap. 10—13 sieht Paulus vorwärts, dem neuen Besuch in Korinth entgegen. Dieser Besuch wird zwar „nicht noch einmal unter Betrübnis“ (2, 1) geschehen, aber voraussichtlich einen letzten Kampf mit denen bringen, die die Gemeinde mißleitet und verwirrt haben. Über die Abrechnung mit ihnen unterrichtet der Apostel die Gemeinde schon jetzt zur Vorbereitung auf das, was sich ereignen mag, wenn er nach Titus dann in eigener Person bei ihr sein wird.

Es war hier auch wirklich ein erhebliches Mißverständnis fortzuräumen, das durch seinen letzten Zwischenbesuch in Korinth entstanden war, und bei seinen Freunden ein Bangen, bei seinen Gegnern eine falsche Sicherheit hervorrufen konnte. Paulus weiß, wie man in Korinth über ihn denkt: **„Der ich vor Augen gering bin unter euch, aus der Ferne aber kühn gegen euch.“** Schon im ersten Brief 4, 18 hatte er sich gegen Männer wenden müssen, die der Gemeinde sagten: Dieser Paulus getraut sich überhaupt nicht mehr hierher! Durch den „Zwischenbesuch“ und durch das, was nun folgte, hatte sich die Meinung verstärkt: Paulus ist zwar **„aus der Ferne kühn“**, „seine Briefe sind gewichtig und stark“ (10, 10); aber er ist **„vor Augen gering“**[295] und in seiner leiblichen Anwesenheit „schwach“ (10, 10). Die Gemeinde soll es recht verstehen! Herrisches, gewaltsames Auftreten ist nicht mehr[296] seine Sache, seit er Jesus gehört. Er ist nun von Ihm her bestimmt und geprägt und kann auch diesen Briefteil nur so beginnen, daß er die Gemeinden **„durch die Sanftmut**

[295] Das hier verwendete Wort „tapeinos“ kann auch eine subjektive Haltung der Niedrigkeit, Unterwürfigkeit, „Demut“ bezeichnen. In seiner Grundbedeutung meint es aber die objektive Lage des „Geringen“, also dessen, der nicht mit äußerer Macht und Größe auftreten und etwas erreichen kann. Das wird hier gemeint sein. „Unterwürfig“ war Paulus keinesfalls!

[296] Welch eine totale Wandlung in Paulus, wenn wir auf Apg 9, 1; 26, 9—11; Gal 1, 13 zurückblicken!

und Milde des Christus" ermahnt[297]. Er hat keinen Gefallen an Kampf und hartem Vorgehen. Es ist sein ernstes Gebet, daß ein solches Vorgehen bei seinem Besuch nicht nötig wird, weil seine Gegner merken,
2 daß ihr Einfluß bei der Gemeinde gebrochen ist. **„Ich bete aber darum, daß ich nicht in persönlicher Anwesenheit kühn werden muß in der Zuversicht, die ich mir herauszunehmen gedenke gegen gewisse Leute, die von uns denken, daß wir nach Fleischesart wandeln."** Dann freilich wären Kap. 10–13 unvereinbar mit dem ganzen bisherigen Brief, wenn es jetzt in Kap. 10 ff um einen etwaigen Kampf mit der Gemeinde ginge! Aber das ist ausdrücklich nicht der Fall. Es geht nur noch um **„gewisse Leute"**, um „einige". Gegen sie muß er vielleicht **„in persönlicher Anwesenheit kühn werden"**. Sie denken von Paulus und seinen Mitarbeitern, daß sie **„nach Fleischesart wandeln"**. Was meinen sie mit diesem abfälligen Urteil? Worin finden sie ausgerechnet bei Paulus **„Fleischesart"**? Sahen die Gegner Paulus ganz allgemein als zu wenig „geistlich" an? Waren es Männer, die „über die Schrift hinaus" gingen (1 Ko 4, 6), das Zungengebet hochspielten und es bei Paulus nicht gehört hatten (1, 14–18), sich der Gesichte und Offenbarungen rühmten und sie bei Paulus vermißten (12, 1) und die von solchen geistlichen Höhen her auf den doch noch recht „fleischlichen" Apostel herabsahen[298]? Hatten sie ihm darum auch vorgeworfen, daß er den Christus noch zu sehr „nach Fleischesart kenne" (5, 16b), während sie viel unmittelbarer und geistgemäßer „Christus gehörten" (1 Ko 1, 12; 2 Ko 10, 7)? Oder hielten sie seinen ganzen Anspruch, Apostel Jesu Christi zu sein, für eine „fleischliche" Anmaßung und Selbstüberschätzung des Paulus, eben weil ihm das alles fehle, worin sie den besonderen Beweis des Geistbesitzes erblickten? Mißverstanden sie die „Schwachheit" und „Demut" des Apostels, der nicht durchzugreifen wage und leicht aus dem Felde zu schlagen sei, als **„Fleischesart"**? Es kann alles zugleich in diesem wegwerfenden Urteil über Paulus gelegen haben[299]. Gegen sie gedenkt Paulus sich **„Zuversicht herauszunehmen"**.

[297] Entgegen der verbreiteten Meinung, der „historische Jesus" sei für den Apostel Paulus bedeutungslos gewesen, wird auch hier wieder deutlich, wie maßgebend Jesus das ganze Leben des Paulus bestimmt. Wenn die Gemeinde in Korinth sich über sein stetes Leiden ärgert — kann der Bote des leidenden und sterbenden Christus anders aussehen? Wenn die Gemeinde ihn enttäuschend und „gering" und „sanftmütig" findet, entsprach darin der Bote nicht genau seinem Herren, der sanftmütig und von Herzen demütig (Mt 11, 29) war? Die Korinther müssen erkennen, daß sie in Wahrheit Christus verachten, wenn sie Paulus verächtlich ansehen (Lk 10, 16).

[298] Solche Fehlurteile sind in der Kirchengeschichte immer wieder vorgekommen. Man denke an Th. Münzers Schrift gegen Luther: „Wider das geistlose sanftlebende Fleisch zu Wittenberg."

[299] Über die Gegner des Paulus vgl. Einleitung S. 13 Nr. 4.

Freilich, Paulus muß es der geistlichen „Höhe" jener Männer gegenüber zugeben: **„Im Fleisch wandeln wir wohl."** Er hat ja den 3
Schatz jenes einzigartigen Dienstes „in einem tönernen Gefäß" (4, 7). So kennt er gründlich das notvolle Leben **„im Fleisch"** und schildert den Dienstweg gerade des echten Apostels so nüchtern, wie er es schon im ersten Brief 4, 8–13 getan hat und nun wieder im zweiten Brief 1, 3–11; 4, 7–12; 6, 3–10 tut. Er kann nicht auf solchen „Höhen" gehen wie seine Gegner in Korinth, sondern weiß, daß er nur des „Geistes Erstlingsgabe hat[300]" und darum mit der ganzen Schöpfung in heißem Sehnen und Warten steht (Rö 8, 23). Aber man soll sich in Korinth nicht täuschen. Wenn er auch **„im Fleisch"** lebt, so wird er doch bei seinem Besuch in Korinth weder schwach und hilflos sein, noch auch die üblichen **„fleischlichen Waffen"** wie List, Diplomatie, Lüge und Gewalt gebrauchen. **„Denn im Fleisch wandeln wir wohl, führen unseren Kampf aber nicht nach Fleischesart. Denn die Waffen unseres Kampfes sind nicht fleischlich, sondern mächtig für Gott zur Zerstörung von Bollwerken."** Schon im ersten Brief (4, 18–21) hatte 4/5
er Schwierigkeiten bei seinem Besuch in Korinth vorausgesehen. Damals waren es Schwierigkeiten mit der ganzen Gemeinde, zu der er vielleicht wie ein zürnender Vater „mit der Rute" kommen muß. Davon ist jetzt nicht mehr die Rede; in der Gemeinde ist die Umkehr geschehen. Aber **„gewisse Leute"** sind noch da, die die Gemeinde zu verführen suchen. Ihnen gilt sein Kampf. Darum erscheint der Apostel in Korinth jetzt nicht als Vater mit der Rute, sondern als „Soldat"; er gebraucht die üblichen Ausdrücke für den Dienst im Heer. Dabei kommt er als Angreifer. Sein Besuch in Korinth wird dem Angriff auf eine Festung gleichen. Bollwerke werden zerstört, Höhenstellungen erobert, Gefangene gemacht, und über die Feinde Gericht gehalten. **„Anschauungen** (oder: Anschläge) **zerstören wir und jede Höhe, die sich erhebt gegen die Erkenntnis Gottes, und nehmen gefangen jeden Gedanken zum Gehorsam gegen den Christus."** Es geht nicht um einen „fleischlichen", äußerlichen Kampf gegen Menschen als solche. Die **„Bollwerke"**, die niedergerissen werden müssen, sind **„logismoi"**, also „Gedanken, Anschauungen, Anschläge"[301]. Die betreffenden Männer in Korinth hatten „Anschauungen" vertreten, mit denen sie die Gemeinde angeblich erst auf die **„Höhe"** des vollkommenen Christentums führen wollten[302]. Nach dem Urteil des Paulus aber erheben sich diese **„Höhen" „gegen die Erkenntnis Gottes"**. Dabei ist nicht an akademisch-theologische Lehrsätze gedacht. Es geht

[300] Rö 8, 23; auch 2 Ko 1, 22; Eph 1, 14. Von solchen Stellen her ist es falsch zu sagen, wir müßten oder könnten die „Fülle des Geistes" haben.
[301] Das Wort hat hier vielleicht auch den Sinn von „Sophismen".
[302] Vgl. in der Einleitung 4 auf S. 14 f.

um eine **„Erkenntnis Gottes"**, die das ganze faktische Leben bestimmt. Der wahre, lebendige Gott, der Heilige, der doch die Welt mit sich versöhnte, ist völlig verkannt, wenn man auf solchen **„Höhen"** lebt. Wir müssen noch einmal vor Augen haben, was Paulus schon im ersten Brief mit Schmerz und Zorn im Gemeindeleben Korinths bekämpfte: die Parteiungen, die Eifersüchteleien, die Prozesse zwischen Gemeindegliedern vor heidnischen Richtern, der Gang zur Tempeldirne, die Teilnahme an Mahlzeiten in heidnischen Tempeln, die Emanzipation der Frau, die Zerrüttung der Herrenmahlfeier, die Überschätzung der „Zunge", die Leugnung der Auferstehung, den Ärger an den Leiden des Apostels. Gott wird in seiner Heiligkeit und in seiner Liebe beleidigt, wo solche **„Anschauungen"** zur praktischen Herrschaft in der Gemeinde kommen. So hatte Paulus schon im ersten Brief 15, 34 die „Unkenntnis Gottes" gerügt, die er bei Gemeindegliedern in Korinth fand. Nicht gegen die Person und das Ansehen des Paulus erhoben sich die Gegner, wie sie meinten, sondern gegen die **„Erkenntnis Gottes"**. Darum können diese **„Bollwerke"** nicht geduldet werden. Sie sind niederzureißen, zu **„zerstören"**. Das kann freilich nicht mit äußerer Gewalt geschehen. „Fleischliche Waffen" sind hier nicht zu brauchen. Paulus hat aber schon in 6, 7 gesagt, daß er Angriffs- und Verteidigungswaffen zu führen wisse. Seine Waffen sind **„mächtig für Gott"**. So wie seine Gegner **„gegen Gott"** sich auflehnen, so wird Paulus mit vollmächtigen Waffen **„für Gott"** streiten. Er wird die **„Höhen"** stürmen und die **„Bollwerke"** verführerischer **„Anschauungen"** niederreißen. Die Gemeinde mache sich darauf gefaßt.

Paulus führt das militärische Bild weiter durch. Wenn eine Festung erobert wird, werden auch Gefangene gemacht. So wird es auch bei dem Apostel in Korinth geschehen. Auch Paulus wird Gefangene machen. Aber wieder sind es nicht Menschen, die er für sich gefangennehmen oder sich unterwerfen will. Jedes „noema", jedes **„Gedankengebilde"**, jede Lehre, jedes Denken wird er **„gefangennehmen zum Gehorsam gegen den Christus"**. Sowohl der, der im Dienst des Mose das Heil sah, und den Dienst des Neuen Bundes verkannte, wie auch der, der in die falsche Freiheit führte, stand gegen Jesus und hatte ihm den Glaubensgehorsam aufgesagt. Paulus rechnet damit, daß es ihm mit Geistesvollmacht gelingen wird, dies hell ins Licht zu stellen und dadurch vieles Denken in Korinth zum **„Gehorsam gegen den Christus"** zurückzugewinnen. Paulus ist kein Feind des Denkens und der Vernunft. Immer wieder müht er sich in seinen Briefen, die Gemeinden zum Denken, zum Verstehen, zum eigenen Urteil zu bringen. „Ich will nicht, daß ihr nicht wißt . . .", das ist eine häufige Formel bei ihm. Aber Paulus wußte, daß unser „Denken" keineswegs die selbständige, freie Funktion ist, die alle Vernunftgläubigkeit darin sieht[303]. Unser Denken wird vielmehr aus verborgenen Tiefen unseres Ich gesteuert. Zuletzt steht hinter ihm der Gott dieses Äons (4, 4), der unser Denken versklavt oder Gott in Christus, der es zu wahrem Denken befreit. Darum will Paulus **„jeden Gedanken zum Gehorsam gegen den Christus gefangennehmen"**, um ihm so gerade zur echten Freiheit zu verhelfen. Wenn Paulus dabei von **„jedem"** Gedanken spricht, so ist das auch hier nicht statistisch gemeint. Paulus kann nicht damit rechnen, alle seine Gegner in Korinth innerlich zu überwinden. Aber grundsätzlich gibt es in Korinth keinen Gedanken, welcher Art er auch sei, „judaistisch" oder „gnostisch", der nicht Jesus unterworfen werden müßte und könnte.

Von einer blinden Unterwerfung und einer gewaltsamen Gefangennahme der menschlichen Vernunft (so die alte LÜ) kann bei einem Paulus keine Rede sein. Das kriegerische Bild ist nur gebraucht im Gegensatz zu der Geringschätzung des Paulus bei den Korinthern, die in ihm einen ohnmächtigen Mann sehen: „vor Augen gering". Paulus war kein Mann äußerlicher Autorität, er war ein Mann der Freiheit. Der **„Gehorsam"**, dessen Vorbild er in dem Gehorsam Jesu selber sah (Phil 2, 5–11), war für ihn der freie, aus der Liebe entspringende Gehorsam. Das Fehlen der Liebe bei den neuen Männern in Korinth machte für Paulus ihren ganzen anderen, geistlichen Besitz wertlos (1 Ko 13, 1–3). Werden sie dem Christus gehorsam, dann werden sie Männer, die mit Paulus sagen können: „Das, was uns bestimmt, ist die Liebe des Christus" (5, 14).

Daß er nicht alle in Korinth gewinnen kann, das weiß Paulus selber. Deshalb **„hält er sich bereit, zu strafen jeden Ungehorsam"**. Er 6
sagt nicht, daß es notwendig zu diesem **„Strafen"** kommen müßte; er hält sich seinerseits nur **„bereit"** dafür. Er führt auch nicht näher aus, worin die **„Strafe"** bestehen wird. Das Äußerste dabei würde der Ausschluß aus der Gemeinde Gottes sein, der freilich zugleich „Preisgabe an Satan zum Verderben des Fleisches" bedeutet (1 Ko 5, 5). Es bestand damals ja nur die eine Gemeinde Jesu in Korinth, „der Leib des Christus". Nur in ihr, als ihr Glied, war ein Mensch dem „Machtbereich der Finsternis" (Kol 1, 13) entnommen. Wurde er von der Gemeinde getrennt, dann stand er schutzlos aufs neue in diesem dunklen Machtbereich, und Satan konnte ihn verderben. Aber die Gemeinde hatte nach der Forderung des Apostels jenen Mann, der „Betrübnis angerichtet" und „Unrecht getan" hatte, bestraft, ohne ihn aus der Gemeinde auszuschließen (2, 6). So kann Paulus bei der Ankündigung einer Strafe für die Widerspenstigen an mancherlei

[303] Uns hat es die moderne Psychologie aufs neue gezeigt.

Möglichkeiten gedacht haben. Unerläßlich aber ist das Strafen; denn **„Ungehorsam"**, der willentlich festgehalten wird, kann nicht straflos bleiben, auch nicht in der Gemeinde Jesu. Wohl lebt sie vom Vergeben. Paulus hat das in 2, 10 f mit großem Ernst selber betont. Aber echtes Vergeben setzt Einsicht und Bekenntnis voraus. Ungehorsam muß Strafe finden. Dieses „Strafen" kann und wird geschehen, **„wenn euer Gehorsam völlig wiederhergestellt ist"**! Paulus formuliert hier nicht so, als ob es sich um eine offene Bedingung handelt, von deren noch ausstehender Erfüllung die Möglichkeit des Strafens abhängt. Die Gemeinde ist zum Gehorsam zurückgekehrt. Aber bei dem Besuch des Apostels wird ihr Gehorsam **„völlig wiederhergestellt"** und jede Unsicherheit überwunden. Und dann kann und wird notfalls Gericht gehalten werden. Was Paulus in Kap. 12, 20. 21 schreiben wird, zeigt sein nüchternes Urteil über die Gemeinde[304]. Es war bei allem willigen „Eifer" der Gemeinde doch noch viel an Gehorsam **„wiederherzustellen"**. Aber gerade der geistesmächtige Angriff auf die verführerischen Lehren und Anschauungen der Gegner wird dazu erfolgreich helfen.

EINE WARNUNG AN DIE GEGNER

2. Korinther 10, 7–11

Zu Vers 7: Mk 9, 41; 1 Ko 1, 12; 7, 40
Zu Vers 8: Jer 1, 10; 11, 16; 12, 6; 1 Ko 5, 4 f
Zu Vers 10: 2 Ko 11, 6; 2 Pt 3, 16
Zu Vers 11: 2 Ko 12, 20; 13, 2. 10

7 **Seht auf das, was vor Augen liegt. Wenn jemand zu sich selbst**
die Zuversicht hat, Christus zu gehören, der soll vor sich selbst
wiederum dies bedenken, daß genauso, wie er Christus gehört,
8 **so auch wir [es tun]. * Ja, wenn ich auch noch etwas Größeres von**
mir rühmen werde über unsere Vollmacht, die der Herr gegeben
hat zu eurem Aufbau und nicht zu eurer Zerstörung, so werde ich
9 **[damit] nicht zuschanden werden, * damit es nicht den Anschein**
10 **gewinnt, als wollte ich euch einschüchtern durch die Briefe. * Denn**
die Briefe freilich, so sagt man, sind wuchtig und kraftvoll, aber
seine leibliche Gegenwart ist schwach und seine Rede verächtlich.
11 *** Dies möge der Betreffende bedenken: wie wir sind durch das**
Wort in den Briefen als Abwesende, so [werden wir sein] auch als
Anwesende durch das Werk.

7 Paulus hat grundsätzlich seinen „Angriff" auf seine Gegner in Korinth angekündigt. Nun will er der Gemeinde diese Gegner noch weiter zeigen, damit sie bei seinem Besuch versteht, weshalb er

[304] Vgl. die Auslegung zu dieser Stelle.

diesmal nicht schonen kann und will. Er stellt alles Folgende unter die Aufforderung: **„Seht auf das, was vor Augen liegt."** Die Gemeinde kann die Gegner des Apostels, die Verderber der Gemeinde, selber in ihrem Wesen erkennen, wenn sie nur die Augen aufmacht und wahrnimmt, was deutlich genug zu sehen ist. Es handelt sich nicht um verborgene Dinge, die Paulus bei diesen Männern nur „argwöhnt". Jeder in der Gemeinde kann erkennen, was hier verdorben und verderblich ist[305].

Die Männer, gegen die Paulus sich wenden muß, nehmen für sich eine besondere Zugehörigkeit zu Christus in Anspruch. Es scheint sich um Kreise zu handeln, die schon nach 1 Ko 1, 12 die Parole ausgaben: „Ich gehöre Christus." Im Unterschied zu den drei anderen Gruppen würden sie damit sagen: Wir brauchen die Apostel nicht, weder Petrus noch Paulus. Wir haben im Geist das unmittelbare Verhältnis zu Christus und stehen darin frei und überlegen denen gegenüber, die noch an die Schrift und an das Apostolat gebunden sind. Wir können darum die Gemeinde auch aus der ärmlichen Enge auf die Höhe geistlichen Lebens und voller Freiheit führen. Paulus fordert demgegenüber: **„Wenn jemand zu sich selbst die Zuversicht hat, Christus zu gehören, der soll vor sich selbst wiederum dies bedenken, daß genauso, wie er Christus gehört, so auch wir [es tun]."** Er spricht ihnen die Zugehörigkeit zu Jesus noch nicht ab und fällt kein Urteil über ihren Glaubensstand. Aber genauso müßten auch sie es machen, wenn ihre Zugehörigkeit zu Jesus echt ist. Sie dürfen sie nicht allein für sich selbst in Anspruch nehmen, sondern müßten sie auch an Paulus und seinen Mitarbeitern erkennen und anerkennen. Wahre Zugehörigkeit zu Jesus führt nicht auf eigene Höhen hinauf, von denen herab man einen Paulus aburteilt und verachtet. „Durch Demut achte einer den anderen höher als sich selbst", das ist das Siegel auf die echte Zugehörigkeit zu Christus. Paulus hat in seinem Satz das **„zu sich selbst"** und **„vor sich selbst"** betont. Die Gegner gründen ihre **„Zuversicht"**, Christus zu gehören, nicht auf das Handeln Jesu, der uns zu seinem Eigentum erkauft hat, sondern haben **„zu sich selbst"** diese kühne Zuversicht. Nun, dann müssen sie ebenso **„vor sich selbst"** anerkennen, daß die Zugehörigkeit zu Christus nicht ihr Monopol sein kann, auch wenn dieses Zugeständnis dem eigenen Ich schwerfällt.

[305] A. Schlatter hat in seinen „Erläuterungen" den Satz als Vorwurf gefaßt: **„Ihr seht auf das, was das Gesicht zeigt."** Die Korinther lassen sich von dem geistreichen Auftreten der neuen Lehrer blenden und können sie darum nicht richtig beurteilen. Rein sprachlich läßt sich der Satz auch so übersetzen und verstehen. Aber dann müßte dieser Vorwurf im Folgenden weiter durchgeführt werden. Das ist nicht der Fall. Schlatter hat selber in seinem großen Kommentar diese Deutung des Satzes aufgegeben.

8 Paulus nimmt zunächst die Zugehörigkeit zu Christus, also den eigentlichen Christenstand für sich in Anspruch, den seine Gegner ihm nicht zuerkennen wollen. Aber er geht nun darüber hinaus und rühmt von sich noch „Größeres", die besondere Vollmacht, die Jesus ihm, dem erwählten Apostel, verliehen hat. **„Ja, wenn ich auch noch etwas Größeres von mir rühmen werde über unsere Vollmacht, die der Herr gegeben hat zu eurem Aufbau und nicht zu eurer Zerstörung, so werde ich [damit] nicht zuschanden werden."** Warum formuliert Paulus hier so seltsam? „Vollmacht zur Zerstörung der Korinther", wie sollte Jesus ihm so etwas gegeben haben? Das braucht er doch nicht erst ausdrücklich zu verneinen! Drei Gründe können ihm dies Wort in die Feder gegeben haben. Paulus hat selber vom „Zerstören" gesprochen, das er bei seinem Kommen nach Korinth vor sich sehe (V. 4)[306]. Nun will er unterstreichen, daß solches **„Zerstören"** niemals der Gemeinde als solcher gelten könne, zu deren **„Aufbau"** allein er bevollmächtigt sei. Es haben aber möglicherweise auch die Gegner des Apostels die Gemeinde gewarnt und ihr gesagt, Paulus werde bei ihr das neue, großartige Leben zerstören, das sie der Gemeinde gebracht haben. Und es kann endlich ein grollender Angriff in dieser Formulierung liegen. Seine Gegner, die die Gemeinde auf die wahre Höhe zu heben behaupten, zerstören sie gerade. Er aber, ihr Apostel, ihr Gründer und Vater, hat von Anfang an nur die eine Vollmacht gehabt, die Vollmacht zum Aufbau[307]. Diese ganze Aussage in ihrem Wortlaut ist dem Apostel so wichtig, daß er sie in 13, 10 noch einmal wiederholt. So werden wir in diese Formulierung **„Vollmacht zu eurem Aufbau und nicht zu eurer Zerstörung"** alles das hineinlegen dürfen, was jetzt vor uns stand.

9/10 Wenn Paulus diese Vollmacht von seinem Herrn zu haben behauptet, wird er **„damit nicht zuschanden werden"**. Diese Vollmacht wird sich bei seinem Besuch als Realität erweisen, **„damit es nicht den Anschein gewinnt, als wollte ich euch einschüchtern durch die Briefe. Denn die Briefe freilich, so sagt man, sind wuchtig und kraftvoll, aber seine leibliche Gegenwart ist schwach und seine Rede verächtlich."** Paulus hatte gleich am Beginn dieses letzten Briefteiles auf das angespielt, was seine Gegner höhnisch über ihn sagten. Aus der Ferne ist dieser Paulus so kühn und redet große Worte, aber wenn er Auge in Auge mit der Gemeinde und mit uns steht, dann ist er „gering" und wagt gar nichts. In Korinth sagte man es auch so, daß

[306] Zugleich kann dem bibelkundigen Apostel im Sinn gelegen haben, wie auch ein Jeremia zum „Zerstören und Verderben" ebenso gerufen worden war, wie zum „Bauen und Pflanzen" (Jer 1, 10).
[307] Wir werden damit an 1 Ko 3 erinnert, auch an die ernste Warnung in 3, 17.

die Briefe des Apostels eindrucksvoll und mächtig seien[308]; aber wenn der Schreiber dieser wuchtigen Briefe leibhaftig vor ihnen stehe, wie schwach wirke er dann. Und reden, gewandt und hinreißend reden, kann er nicht. Sicher trug zu diesem Urteil die grie Schätzung der Redekunst bei. Aber wir müssen doch auch lernen, uns nicht ein falsches Bild des Apostels nach den Wünschen christlicher Heldenverehrung zurecht zu machen. Ein „imponierender Mann", eine Gestalt, wie sie Dürer auf seinem berühmten Apostelbild dargestellt hat, war Paulus offenbar nicht. Daß er bei seinem kommenden Besuch tatsächlich der Mann mit dem Schwert sein wird, steht auf einem anderen Blatt.

Die Gegner meinen, den Besuch des Paulus nicht fürchten zu müssen. Jetzt aus der Ferne schreibe er zwar wieder großartige und kühne
Briefe und versuche die Gemeinde dadurch „einzuschüchtern", aber
wenn er dann dasein wird, ist wieder — wie bei jenem Zwischenbe-
such — leicht mit ihm fertig zu werden. Paulus antwortet: **„Dies möge** 11
**der Betreffende bedenken: wie wir sind durch das Wort in den Brie-
fen als Abwesende, so [werden wir sein] auch als Anwesende durch
das Werk."** Wer so gegen Paulus redet, soll sich hüten. Es ist ja doch kein anderer Paulus, der in Korinth vor ihnen stehen wird, als der, der jetzt im Brief zu ihnen spricht. In den Briefen als „Abwesender" hat er freilich nur das „Wort" zur Verfügung. Bei seiner Anwesenheit kann und wird er durch das „Werk", durch die Tat, durch sein Handeln, in voller Realität seine vom Herrn gegebene Vollmacht beweisen.

DAS BERECHTIGTE SELBSTBEWUSSTSEIN DES PAULUS UND DER FALSCHE RUHM SEINER GEGNER

2. Korinther 10, 12—18

**12 Denn wir wagen nicht, uns selbst zuzurechnen oder gleichzurech-
nen gewissen Leuten, die sich selbst empfehlen. Allein, da sie sich
selbst an sich selbst messen und sich selbst mit sich selbst ver-
13 gleichen, kommen sie nicht zur Einsicht. * Wir aber rühmen uns
nicht ins Maßlose, sondern nach dem Maß der Richtschnur, die
uns Gott als Maß zugeteilt hat, sogar bis zu euch zu gelangen.
14 * Denn nicht als solche, die gar nicht bis zu euch gelangten, über-
dehnen wir uns selber; denn sogar bis hin zu euch sind wir ge-
15 kommen mit dem Evangelium des Christus. * So rühmen wir uns**

Zu Vers 13: Rö 12, 3
Zu Vers 14: 1 Ko 9, 2
Zu Vers 15: Rö 15, 20

[308] Das merken wahrlich wir heutigen Leser deutlich genug!

Zu Vers 16:
Jer 9, 22 f
Apg 19, 21
Zu Vers 17:
Jer 9, 23 f
1 Ko 1, 31
Zu Vers 18:
Spr 27, 2
1 Ko 4, 5

nicht ins Maßlose mit fremden Arbeitsmühen, haben aber die
Hoffnung, wenn euer Glaube wächst, unter euch groß gemacht zu
16 **werden nach unserm Maßstab bis zum Überströmen, * in die**
Gegenden über euch hinaus das Evangelium zu tragen und uns
nicht nach einem fremden Maßstab über das zu rühmen, was schon
17 **fertig ist. * Wer sich aber rühmt, der rühme sich des Herrn.**
18 **Denn nicht, der sich selbst empfiehlt, der ist bewährt, sondern**
den der Herr empfiehlt.

12 Wie steht es mit der „apostolischen Vollmacht" des Paulus, die offenbar von seinen Gegnern bestritten wird, teils so, daß sie ihm absprechen, ein echter Apostel zu sein, teils so, daß sie ihre unmittelbare „Geistesvollmacht" in der Zugehörigkeit zu Christus aller „äußerlichen" Amtsvollmacht der Apostel überhaupt entgegensetzen? Die Korinther sollen die Augen aufmachen und erkennen, was deutlich genug zu sehen ist. Jene Männer haben für ihre hohen Ansprüche auf die Führung der Gemeinde keinen Beweis, sondern behaupten diese Ansprüche nur und **„empfehlen sich selbst"**. Noch einmal erscheint dieses Stichwort, auf das wir schon 3, 1; 5, 12 stießen. Aber gerade nicht Paulus ist es, der „sich selbst empfiehlt"!

Seine Gegner haben es offenbar eifrig getan, weil sie es nötig hatten. Paulus aber will sich dieser ganzen Art nicht zurechnen und sich mit ihnen auch nicht vergleichen. Seine Haltung steht auf einem ganz anderen und wahren Fundament. **„Denn wir wagen nicht, uns selbst zuzurechnen oder gleichzurechnen gewissen Leuten, die sich selbst empfehlen."** Sie verwenden bei ihrer „Empfehlung" von vorn herein einen sehr bequemen, aber falschen Maßstab und kommen daher nie zur rechten Selbsteinschätzung. **„Allein, da sie sich selbst an sich selbst messen und sich selbst mit sich selbst vergleichen, kommen sie nicht zur Einsicht."** Auch Paulus denkt groß von seinem Werk, das er im Auftrag Jesu tun darf, und das in seiner Größe und Weite vor ihm liegt. Von Korinth aus wird er den Römern schreiben, daß er „von Jerusalem an und umher bis Illyrien das Evangelium Christi voll ausgerichtet habe." Aber das sind Tatsachen, die „vor Augen liegen" (V. 1) und von den Korinthern klar gesehen werden können.
13 Dagegen der laute Selbstruhm seiner Gegner in Korinth ist maßlos und ohne wirklichen Grund. **„Wir aber rühmen uns nicht ins Maßlose, sondern nach dem Maß der Richtschnur, die uns Gott als Maß zugeteilt hat, sogar bis zu euch zu gelangen."** Wieder ist der Blick des Paulus fest auf Gott gerichtet. Nicht Paulus selbst bestimmt nach seinen Wünschen und Plänen die Weite seines Werkes. Gott selbst hat einen „Kanon", ein **„Maß"** für die Lebensarbeit seines Dieners festgesetzt. Diese **„Richtschnur** Gottes" reicht weit; sie reicht bis nach

Korinth! Wenn Paulus so von seinem Lebenswerk als Apostel spricht, dann sind das nicht bloße Worte oder phantastische Pläne, sondern Realitäten. **„Denn nicht als solche, die gar nicht bis zu euch gelangten,** 14
überdehnen wir uns selber; denn sogar bis hin zu euch sind wir gekommen mit dem Evangelium des Christus." Paulus **„überdehnt"** und **„vermißt"** sich nicht.

Aber sind seine Gegner nicht auch „nach Korinth gelangt"? Es handelt sich bei den neuen Männern offensichtlich nicht um korinthische Gemeindeglieder, sondern um Leute, die von auswärts mit „Empfehlungsschreiben" (3, 1) in die Gemeinde hineingekommen sind. Es erregt den Zorn des Apostels, daß solche Fremden sich dort eingenistet haben und die Gemeinde, die er in heißer Arbeit gegründet hat, von ihm losreißen wollen. Darum hebt er es jetzt hervor. **„So rüh-** 15
men wir uns nicht ins Maßlose mit fremden Arbeitsmühen." Bei dem Wort **„maßlos"** denkt Paulus nicht nur an die Übertreibungen eines aufgeblähten Selbstlobes. Er meint es realer. Er hat für sein Werk Gottes bestimmtes **„Maß"**. Die Gegner aber haben nicht Gottes klaren Arbeitsplan, den sie erfüllen, sondern reisen eigenmächtig in der Welt umher. Sie sind zwar auch nach Korinth gekommen, aber ohne Auftrag Gottes. Sie haben in Korinth auch nicht selber in hartem Einsatz etwas geschaffen, sondern leben dort von der Arbeit des Mannes, den sie verachten und beiseite zu schieben suchen. Die Korinther brauchen nur die Augen aufzumachen, um zu sehen, wie es wirklich steht. Paulus wollte „noch etwas Größeres von sich rühmen" (V. 8). Das tut er nun. Sein Werk hat in Korinth noch nicht seine Grenze erreicht. Er hat **„die Hoffnung, wenn euer Glaube wächst, unter** 15/16
euch groß gemacht zu werden nach unserm Maßstab bis zum Überströmen, in die Gegenden über euch hinaus das Evangelium zu tragen." Sein Missionswerk wird noch mächtig wachsen. Denn in die Gegenden nach Westen über Korinth hinaus wird er noch das Evangelium tragen. Paulus denkt an die Reise nach Rom und an die Evangelisation in Spanien. Aber auch das sind nicht „maßlose Pläne". Er bleibt bei dem „Maßstab", dem „Kanon" den Gott für ihn aufgestellt hat[309]. Es ist bezeichnend für die echte Liebe des Paulus zu seinen Korinthern, daß er sie auch hier wieder in diese seine Hoffnungen unmittelbar hineinzieht[310] und sie an seinem Arbeitswerk beteiligt. Er kann über

[309] Darum ist es keine Widerlegung des Paulus, daß er zwar noch nach Rom kam, aber wahrscheinlich nicht mehr nach Spanien. Wenn dieses Land nicht mehr zum Arbeitsgebiet des Apostels bestimmt war, so beugte sich Paulus der von Gott gesetzten Grenze in willigem Gehorsam.

[310] Vgl. die Hinweise zu 1, 6 und 1, 11.

Korinth nur dann hinausgreifen, **„wenn euer Glaube wächst[311]"**, wenn Paulus also eine im Glauben gefestigte Gemeinde hinter sich zurücklassen kann. Gibt ihm aber Gott dann die mächtige Ausweitung seiner Arbeit, dann haben seine Korinther den Anteil der Freude daran. Er stellt nicht nur für sich selbst die tatsächliche Größe seines Werkes dem uferlosen und grundlosen Rühmen seiner Gegner gegenüber. Er sieht auf seine Korinther und hofft, **„unter euch großgemacht zu werden nach unserm Maßstab bis zum Überströmen"**. Er ist ja doch „ihr" Apostel, dem Gott ein so unerhört weites Wirken schenkt. Sie werden mit freudigem Dank an der Größe ihres Apostels teilnehmen. Auch dann aber wird es echte, eigene Arbeit **„nach unserm Maßstab"** sein. Er hat es nicht nötig, sich **„nach einem fremden Maßstab über das zu rühmen, was schon fertig ist"**.

Noch einmal wird die peinliche Verlogenheit in dem Großtun der neuen Männer in Korinth gegeißelt. Sie rühmen, was sie alles für Korinth getan haben, und haben sich doch nur in eine fertige Gemeindearbeit hineingesetzt, anstatt Mühe und Gefahr echter Missionsarbeit dort auf sich zu nehmen, wo das Evangelium noch unbekannt war.

17 Vom **„Rühmen[312]"** hat Paulus sprechen müssen. Sein Blick bleibt dabei nicht an sich selbst und an seiner Leistung hängen. Er hält an der Regel der Heiligen Schrift fest, die er schon im ersten Brief den Korinthern vor Augen gestellt hatte (1 Ko 1, 31): **„Wer sich aber rühmt, der rühme sich des Herrn."** Denn es stammt ja alles von Gott: die Erwählung und Sendung, das Ausmaß des Werkes, die Kraft und Vollmacht zu seiner Durchführung. „Was hast du, was du nicht empfangen hast" (1 Ko 4, 7). Die eigene Arbeit und Leistung darf klar gesehen werden gegen die leere Rühmerei anderer. Aber sofort muß der Blick wieder zum Herrn gehen und muß ihm die Ehre geben[313].

18 Aber vom Herrn aus geht der Blick nochmals zurück zu den menschlichen Boten und ihrer Lebensarbeit. Der Herr bestätigt und beglaubigt diese Arbeit mit der Vollmacht, die er verleiht, und mit der Furcht, die er schenkt. Dadurch **„empfiehlt"** der Herr selbst seine Knechte. Darauf kommt es an. Selbstempfehlungen nützen nichts, wenn nicht das göttliche Siegel auf ihrer Arbeit liegt. **„Denn nicht, der sich selbst**

[311] Der Glaube ist nicht eine Sache, die ein für allemal feststeht und nominiert ist, sondern ein lebendiges Geschehen im Personenzentrum des Menschen; er kann darum „wachsen", aber auch verkümmern und erlahmen.

[312] Paulus hat das Rühmen nicht verworfen. Er hat im Gegenteil gewußt, wie notwendig es zur echten Lebendigkeit unseres Herzens gehört. Darum ist es wichtig für uns, zu studieren, was Paulus vom „Rühmen" sagt: Rö 5, 2. 11; 15, 17; 1 Ko 1, 29–31; 3, 21; 4, 7; 9, 15; 15, 31; 2 Ko 1, 12; 5, 12; 7, 4. 14; 10, 8; 11, 16–18; 11, 30; Gal 6, 13; Eph 2, 9; Phil 1, 26; 2, 16; 3, 3; 1 Th 2, 19.

[313] Kennzeichnend für den redlichen Blick auf die eigene Leistung und die sofortige Blickwendung zu Gott ist 1 Ko 15, 10.

empfiehlt, der ist bewährt, sondern den der Herr empfiehlt." Gerade der Apostel, dem die Gegner solche „Selbstempfehlung" vorwerfen, bedarf ihrer nicht, weil die Beglaubigung seiner Arbeit durch Gott seine „Empfehlung" ist. Eine Gemeinde wie Korinth ist sein „Brief" und „Ausweis", der „Christusbrief", der ihn deutlich vor aller Welt empfiehlt (3, 1–3; 5, 12).

DER BERECHTIGTE HINTERGRUND DES TÖRICHTEN SELBSTRUHMES DES PAULUS

2. Korinther 11, 1–6

1 **Möchtet ihr doch an mir ein kleinwenig Unverstand ertragen! Aber**
2 **ihr ertragt mich auch** (oder: Doch wirklich, ertragt mich!). * **Denn**
ich eifere um euch mit Gottes Eifer; denn ich habe euch einem ein-
zigen Mann verlobt, um eine reine Jungfrau dem Christus zuzu-
3 **führen. * Ich fürchte aber, es möchten, wie die Schlange Eva betrog**
durch ihre Arglist, eure Gedanken verdorben werden, weg von der
4 **Einfalt, die auf Christus [gerichtet ist]. * Denn wenn der, der**
kommt, einen anderen Jesus heroldet, den wir nicht geheroldet ha-
ben, oder ihr einen andern Geist empfangt, den ihr nicht empfingt,
oder ein anderes Evangelium, das ihr nicht erhieltet, dann ertragt ihr
5 **[es] mit Recht. * Denn ich denke in nichts zurückgeblieben zu sein,**
hinter den „ganz großen" Aposteln (oder: den „Über-Aposteln").
6 * **Wenn ich aber auch ein Laie in der Redekunst bin, so doch nicht**
in der Erkenntnis, sondern wir haben sie in jedem Punkt offenbar-
gemacht in allen Dingen bei euch.

Zu Vers 1: 2 Ko 11, 16–19; 12, 6
Zu Vers 2: Eph 5, 24–27; Offb 14, 4
Zu Vers 3: 1 Mo 3, 4. 13
Zu Vers 4: Gal 1, 8. 9
Zu Vers 5: 2 Ko 12, 11; 1 Ko 15, 10; Gal 2, 6. 9
Zu Vers 6: 2 Ko 10, 10; 1 Ko 2, 1. 2. 13; Eph 3, 4

In diesem Abschnitt wird das rechte Verständnis der Sätze des Paulus schwierig; die Auslegungen gehen weit auseinander. Wir stehen hier in besonderem Maße vor einem „Brief", dessen Worte für die ursprünglichen Empfänger sofort einen besonderen Klang und Bezug hatten und dessen Andeutungen sie sofort verstanden. Wir Heutigen ohne die wirkliche Kenntnis der ganzen konkreten Situation können nur tastend erwägen, was gemeint ist und was kaum gemeint sein kann. Unsere Urteile bleiben dabei ein ganzes Stück subjektiv.

Die Unsicherheit beginnt sofort beim ersten Satz: **„Möchtet ihr** 1
doch bei mir ein kleinwenig Unverstand ertragen! Aber ihr ertragt
mich auch (oder: Doch wirklich, ertragt mich!)." Rechnet Paulus gleich
damit, daß die Korinther ihn ertragen, wenn er jetzt **„im Unverstand"**
redet, oder wendet er sein leicht klingendes erstes Sätzchen zu einer
ernsthaften Aufforderung, weil er im folgenden tatsächlich in einer

Weise schreiben muß, die er selbst als „Unverstand", ja schließlich als „Wahnsinn" (V. 23) empfindet? Jedenfalls, er muß jetzt von seiner eigenen Person reden, muß sich mit anderen vergleichen und seine eigenen Vorzüge ins Licht stellen – welch ein **„Unverstand"** ist das, nachdem eben festgestellt wurde, daß man sich nur des Herrn rühmen kann und daß nicht die Selbstempfehlung, sondern nur die Empfehlung des Herrn gilt! Aber die Gemeinde muß das **„ertragen"**. Sie muß es tun, weil sie selber mit ihrem Unverstand daran schuld ist, wie er ihr in 12, 11 unverblümt vorwerfen wird.

2 Bei einem törichten Rühmen geht es ihm in keiner Weise um sich selbst. Ja, er ist „eifersüchtig", aber nicht auf andere Männer, die ihm vorgezogen werden. Er wacht eifersüchtig über die Gemeinde. **„Denn ich eifere um euch mit Gottes Eifer; denn ich habe euch einem einzigen Mann verlobt, um eine reine Jungfrau dem Christus zuzuführen."** Gott ist ein „eifriger", ein „eifersüchtiger" Gott, der seine Gemeinde schon im Alten Bund rein und klar und ganz für sich haben wollte (2 Mo 20, 5). Paulus hatte es den Korinthern in 6, 14 bis 7, 1 gezeigt, wie ernst die Zusagen und die Forderungen des lebendigen Gottes an „Söhne und Töchter" ihnen gelten. Er aber ist der Träger dieses **„Eifers Gottes"**, weil er „der Brautwerber ist", der die Gemeinde in Korinth **„Christus verlobt"** hat. Es ist das Kennzeichen der echten Braut, daß sie mit ihrem ganzen Herzen und allen ihren Gedanken dem einen Manne gehört: Darin liegt ihre „Reinheit" und ihre Treue, mit der sie der Hochzeit entgegengeht. Für die Gemeinde ereignet sich diese „Hochzeit", wenn der Christus wiederkommt und sich für immer mit ihr vereinigt. Nicht für sich hat Paulus die Korinther geworben; es ist nicht „seine Gemeinde". Jesus allein gehört sie. Aber er möchte sie als **„eine reine Jungfrau dem Christus zuführen"**.

3 Doch wieso ist diese Reinheit bedroht? Worin sieht Paulus die Gefahr? **„Ich fürchte aber, es möchten, wie die Schlange Eva betrog durch ihre Arglist, eure Gedanken verdorben werden, weg von der Einfalt, die auf Christus [gerichtet ist][314]."** Es geht nicht einfach um menschliche Schwäche und menschliches Versagen. Eva wurde beim Sündenfall mit einer **„Arglist"** betrogen, der sie nicht gewachsen war. Dem Todfeind Gottes und des Menschen geht es aber um die Braut Christi[315] ebenso und noch viel mehr als um Eva. Mit seiner **„Arg-**

[314] Der Nestletext setzt in Klammern hinzu: „Von der Einfalt (und der Reinheit), die auf Christus gerichtet ist." Das Wort „Reinheit" ist im Grie im Wortbild von der „Einfalt" nur wenig unterschieden und lag als erklärende Glosse vom Bild der „Braut" her nahe. Seine spätere Einführung in den Text ist leichter verständlich, als seine Streichung, wenn es im ursprünglichen Text gestanden hätte.

[315] Man hat mit Recht darauf hingewiesen, daß die Bilder „Braut", „Weib", „Hure" in der Bibel überwiegend dem Volke Israel gelten. Umso wichtiger ist es, an unserer Stelle zu sehen, daß doch auch die Gemeinde als „Braut" bezeichnet werden kann.

list" und verführerischen Macht rechnet Paulus ernstlich. Der Feind zwingt nicht von außen, sondern dringt in unsere **„Gedanken"** ein und verdirbt sie. Es geht dabei um „die Einfalt die auf Christus gerichtet ist[316]". Sie wird verdorben, wenn eine Gemeinde durch Parteiungen zerrissen wird, und der Blick an menschlichen Größen hängenbleibt. Eben damit ist ihr Blick nicht mehr „einfältig", klar und ganz auf Jesus gerichtet, und Menschen werden wichtiger als der Herr[317]. Die Gemeinde gleicht dann einer Braut, die nicht mehr einzig an den Bräutigam denkt, sondern sich lebhaft für andere Männer interessiert[318].

In diesem Zusammenhang von V. 3 aus, müssen wir nun auch 4
V. 4 verstehen. Hier ist es besonders so, daß schon die Übersetzung sofort „Auslegung" wird, aus einem bestimmten Verständnis stammt, und wiederum dieses Verständnis unterstützt. Paulus verknüpft V. 4 durch ein „denn" ausdrücklich mit V. 3. **„Denn wenn der, der kommt, einen anderen Jesus heroldet, den wir nicht geheroldet haben, oder ihr einen anderen Geist empfangt, den ihr nicht empfingt oder ein anderes Evangelium, das ihr nicht erhieltet, dann ertragt ihr [es] mit Recht."** Im NTD lautet der Vers: „Denn wenn einer kommt und euch einen andern Jesus verkündigt, den wir nicht verkündigt haben, oder ihr einen andern Geist empfangt, den ihr (von mir) nicht empfangen habt, oder ein anderes Evangelium, das ihr (von mir) nicht erhalten habt, so ertragt ihr das vortrefflich." Bei dieser Auffassung würde Paulus den Korinthern den Vorwurf machen, daß sie offensichtliche Irrlehren dulden, anstatt sie energisch zurückzuweisen. Paulus hätte zugleich damit die neuen Männer in Korinth beschuldigt, „einen anderen Jesus" und „ein anderes Evangelium" gebracht zu haben. Aber wenn das wirklich der Fall gewesen wäre, warum hat dann Paulus nicht den Kampf gegen sie sofort auf diesem entscheidenden Boden geführt? Warum lasen wir bisher mancherlei scharfe Vorwürfe, aber gerade diesen zentralen Vorwurf nicht? Und konnte Paulus dann die Korinther nur so milde in einem einzigen Satz tadeln: „Ihr laßt euch das gern gefallen[319]?"

316 „Einfalt denkt nur an das eine, in dem alles andere steht, Einfalt hängt sich ganz alleine an den ewigen Magnet." Aus Spangenbergs Lied „Heilige Einfalt, Gnadenwunder . . ."

317 Wie sehr ist das die Not in der Gemeinde bis heute. Wie erregt wird für Menschennamen geeifert und dadurch Zwiespalt in die Gemeinde getragen und ihr eigentliches Werk gehindert. Die „Einfalt zu Christus hin" ist das Heilmittel. Wo sie zum Durchbruch kommt und Jesus allein groß wird, werden die Spannungen überwunden, und die Einheit hergestellt.

318 Wenn der Apostel hinter der Bedrohtheit der korinthischen Gemeinde die Schlange am Werk sieht, so ist ihm das tiefer Ernst. Er wird in V. 14 f die Gegner in Korinth geradezu als Diener Satans bezeichnen.

319 Wie anders ist der Brief an die galatischen Gemeinden (Gal 1, 6–9), wo es der Apostel wirklich mit einem „anderen Evangelium" zu tun hatte.

Es ist aber bei dieser Auslegung der Wortlaut dieses Satzes nicht beachtet. Es steht nicht „gern" da, sondern „kalōs", das an allen anderen Stellen im NT „lobenswert, richtig, mit Recht" bedeutet. Und es heißt am Anfang des Satzes nicht: „Wenn einer kommt", sondern: **„Wenn der, der da kommt."** Paulus spricht nicht von den Männern, die schon lange Zeit in Korinth wirken! Die Korinther erwarten vielmehr einen bestimmten Mann, der jetzt erst zu ihnen **„kommt"**. Sollte dieser **„einen anderen Jesus"** einen **„anderen Geist"**, ein **„anderes Evangelium"** bringen? Paulus hält das offenbar für ausgeschlossen. Paulus meint mit seinem Satz gerade das Umgekehrte: „Der Kommende" wird und kann den Korinthern auch nichts anderes bringen als das, was sie bereits von ihrem Apostel Paulus empfangen haben! Aber nur, wenn er etwas anderes bringen könnte, wäre es sinnvoll und „richtig" gewesen, auf ihn zu warten und solange die gegenwärtigen Zustände zu **„ertragen"**.

Wer war **„der, der kommt"**? Auf wen wartete man in Korinth? Ein dem Paulus „Gleichberechtigter" konnte es nicht sein; wie sollte er ausrichten, was Paulus nicht ausrichten konnte. Kreise in Korinth mußten eine „höhere" Autorität angerufen haben, die den Streit in Korinth schlichten und der Gemeinde zur Einheit verhelfen sollte. Diese „höhere Autorität" wird im nächsten Vers sofort genannt und
5 bestätigt dadurch diese Auffassung unseres V. 4 **„Denn ich denke in
nichts zurückgeblieben zu sein, hinter den ‚ganz großen' Aposteln"**. Die neuen Männer in Korinth dachten zwar sehr groß von sich, aber ob sie sich als **„Überapostel"** verehren ließen, ist recht zweifelhaft. Aus V. 12 sehen wir, daß sie gerade nur die Gleichstellung mit Paulus erstrebten, und die gleiche Schätzung wie er von der Gemeinde erwarteten. Sie mußten auch nicht erst **„kommen"**, sie waren da und beunruhigten die Gemeinde schon lange. Mit ihnen war Paulus in seinen bisherigen Ausführungen bereits fertig geworden, auch wenn sein letztes, schärfstes Urteil noch aussteht (V. 13–15). Mit ihnen vergleicht er sich gerade nicht, wie er eben erst in 10, 12 versichert hat. Wie sollte er jetzt den Korinthern schreiben, er stehe hinter ihnen nicht zurück! Sie will und wird er stürmisch angreifen (10, 1–6)! Aber das ist denkbar, daß Kreise in Korinth – wir denken an die Petrusgruppe 1 Ko 1, 12 – für die Schlichtung der Wirren in der Gemeinde nach einem „Apostel" ausschauten, der doch noch anders als Paulus ein „Urapostel" war, von Jesus selber berufen und in der ganzen Kirche anerkannt. Aber Paulus kann einen solchen Schiedsrichter nicht anerkennen, nicht aus persönlichem Stolz, sondern um seines eigenen Apostolats willen. Sind die „Zwölf" in Jerusalem in einem höheren Maße Apostel als er, dann wäre er selber kein wahrer und ganzer Apostel. Die Grundlagen seines Dienstes fielen hin. Darum hat er

beim „Apostelkonzil" in Jerusalem um seine Gleichberechtigung gekämpft und sie nach Apg 15 und Gal 2, 9 auch erreicht. Ist er aber echter und ganzer „Apostel", dann macht man die Zwölf zu „Über-Aposteln", wenn man sie Paulus überordnet. Versuchen das gewisse Kreise in Korinth, dann kann Paulus ihnen nur in ruhiger Festigkeit sagen: **„Denn ich denke in nichts zurückgeblieben zu sein, hinter den ‚ganz großen' Aposteln** (oder: den ‚Über-Aposteln')".

Er denkt freilich sofort an den Vorwurf in Korinth, seine Rede sei 6
verächtlich (10, 10). Er gibt es zu: Im **„Reden"** ist er **„Laie"**, eine Ausbildung als Redner hat er nicht empfangen, die Redekunst beherrscht er nicht. Das mag für Griechen ein großer Mangel sein, aber ihm ist es unwichtig, wenn er nur für den Inhalt des Redens, für die „Erkenntnis", alles Notwendige besaß. **„Wenn ich aber auch ein Laie in der Redekunst bin, so doch nicht in der Erkenntnis, sondern wir haben sie in jedem Punkt offenbar gemacht in allen Dingen bei euch."** Natürlich meint Paulus nicht, daß die Urapostel ihm in der Redekunst überlegen seien. Darauf liegt nicht der Ton; diesen Vorwurf seines „Mangels" greift Paulus nur kurz auf. Aber gerade das mochte man ihm in Korinth entgegenhalten, daß die Urapostel als solche Jesus ganz anders kannten, von Jesus selbst in alle Erkenntnis eingeführt waren und den Willen des Herrn tiefer verstanden als Paulus. Darum hatte er schon in 1 Ko 15, 11 ausdrücklich hervorgehoben, im Inhalt der Botschaft unterschiede er sich nicht von „jenen", von den „Zwölf" und den „anderen Aposteln". Rang und Wertunterschiede zwischen den Aposteln gibt es nicht. Denn sie können alle nur den gleichen Jesus mit dem gleichen Evangelium verkündigen und nur den einen Geist Gottes bringen, neben dem es keinen anderen gibt. Die wahre **„Erkenntnis"**[320] jedenfalls, hat Paulus **„in jedem Punkt"** in **„allen Dingen"**, also in umfassender Weise offenbar gemacht. So ist gerade hier **„nichts"** zu finden, worin er hinter den anderen Aposteln **„zurückgeblieben"** wäre. V. 23 wird er sogar (wenn auch wie im „Wahnsinn") zu sagen wagen, worin er diese Apostel noch übertrifft[321].

[320] Es ist möglich, daß der Begriff „gnosis = Erkenntnis" gerade in Korinth schon zu jenem Schlagwort geworden war, das später einer mächtigen Geistesbewegung den Namen „Gnosis" gab (vgl. Einleitung S. 15). Der Grieche verlange nach „Erkenntnis". Paulus konnte dies Verlangen kritisch sehen (1 Ko 8, 1).
Wenn aber seine Gegner ihre wunderbare „Erkenntnis" rühmen, mit der sie hoch über Paulus ständen, dann stellt Paulus fest, daß er die Kraft seiner Erkenntnis der Gemeinde „in jedem Punkt" vor Augen gestellt habe.

[321] Wenn Paulus das Evangelium nach Johannes schon vor sich gehabt hätte, wäre ihm die Berufung auf das eigenes Wort Jesu in Jo 14, 26 möglich gewesen. Sicherlich hat er viele Einzelheiten über Jesu Worte und Taten erst aus der Überlieferung der Apostel gelernt. In 1 Ko 11, 23 spricht er das unbefangen und klar aus. Aber das geschichtliche Wissen als solches gibt noch keine wahre Erkenntnis. Erst der Geist Gottes erschließt das wahre Verständnis der Person Jesu und seines Wortes und Werkes.

Zu Vers 7:
2 Ko 12, 13
1 Ko 9, 12–18
Zu Vers 8:
Apg 18, 3
Phil 4, 10. 15
Zu Vers 9:
2 Ko 12, 13
1 Ko 9, 12
Phil 4, 10. 15
1 Th 2, 9
Zu Vers 10:
1 Ko 9, 5
Zu Vers 13:
2 Ko 2, 17
Phil 3, 2
Offb 2, 2
3, 2
Zu Vers 14:
Mt 4, 5–7
Apg 16, 16 f
Offb 2, 9
Zu Vers 15:
Mt 16, 27
22, 16
Rö 2, 6
Gal 5, 10
Phil 3, 19
2 Th 4, 14
1 Pt 1, 17
Offb 2, 13

WIDER DEN TRUG DER GEGNER

2. Korinther 11, 7–15

7 Oder habe ich eine Sünde begangen, indem ich mich selbst ernied-
rigte, damit ihr erhöht wurdet, weil ich unentgeltlich das Evange-
8 lium Gottes euch verkündigte? * Andere Gemeinden habe ich be-
raubt, indem ich Sold von ihnen annahm für den Dienst an euch;
9 * und als ich bei euch war und in Mangel geriet, bin ich keinem zur
Last gefallen; denn meinen Mangel füllten die Brüder aus, die aus
Makedonien gekommen waren; und in allem bewahrte ich mich,
10 euch beschwerlich zu werden, und ich werde mich bewahren. * Es
ist Wahrheit Christi in mir: dieser Ruhm wird nicht zum Ver-
stummen gebracht werden an mir in den Gebieten von Achaja.
11/12 * Weshalb? Weil ich euch nicht liebe? Das weiß Gott! * Was
ich aber tue, werde ich auch tun, damit ich denen die Gelegenheit
abschneide, die eine Gelegenheit wollen, um in dem, worin sie
13 sich rühmen, erfunden zu werden wie wir. * Denn solche sind Pseu-
doapostel, unredliche Arbeiter, die sich verstellen zu Aposteln
14 Christi. * Und das ist nicht zum Verwundern; denn der Satan
15 selbst verstellt sich zu einem Engel des Lichtes. * So ist es nun
nichts besonders, wenn seine Diener sich verstellen wie Diener
der Gerechtigkeit. Ihr Ende wird ihren Werken entsprechen.

Aber ist da nicht doch ein erheblicher Unterschied, der ihn in den
7 Augen der Korinther gegenüber den Jerusalemer Aposteln herabsetzt? Er verkündigt die Botschaft **„unentgeltlich"**! So verwunderlich das für uns ist, aber in Korinth wurde ihm das ernsthaft zum Vorwurf gemacht. Schon im ersten Brief mußte er gründlich darauf eingehen (9, 1–18). Auch dort schon wehrt er sich leidenschaftlich für diesen „Ruhm" seines freiwilligen Verzichtes auf jede Bezahlung (1 Ko 9, 15). Für die Korinther aber gehörte diese „Armut" mit zu seiner ganzen, ihnen anstößigen Lebensgestalt. Sie war doch eines wahren Gottesboten nicht würdig! Ein echter „Gesandter" des großen Königs kann doch nicht so niedrig und kümmerlich sein. Offenbar setzen hier seine Gegner in Korinth ein, um seine Vollmacht zu bezweifeln. Paulus wage nicht wie ein rechter Apostel aufzutreten und seinen standesgemäßen Unterhalt von der Gemeinde zu fordern, weil er gar kein wirklicher Apostel sei. Das also ist seine „Sünde"! **„Oder habe ich eine Sünde begangen, indem ich mich selbst erniedrigte, damit ihr erhöht wurdet, weil ich unentgeltlich das Evangelium Gottes euch verkündigte?"** Eine **„Erniedrigung"** ist es freilich, wenn er sich neben seinem ganzen apostolischen Werk mühsam durch eigene Handarbeit

den notdürftigsten Unterhalt verschafft und manches Mal bitteren Mangel leidet (V. 9). Aber wer hat den Gewinn davon? Wer ist durch diese seine Erniedrigung **„erhöht"** worden? Doch gerade die Korinther! In diesem Satz nennt Paulus seine Botschaft besonders feierlich **„das Evangelium Gottes"**. Es ist möglich, daß der Apostel hier das Wort seines Herrn im Gedächtnis hat: „Umsonst habt ihr's empfangen, umsonst gebt es auch" (Mt 10, 8). Gerade zu einer Botschaft, die ganz und gar Gottes Botschaft und Botschaft vor Gott ist, paßt ihre unentgeltliche Darbietung. Geschäfte sind jedenfalls mit ihr nicht zu machen. Vgl 2, 17.

Freilich, ganz ohne Liebesgaben aus Gemeinden ist Paulus nicht 8
ausgekommen. Das war ein erneuter Vorwurf der Korinther, den Paulus aufnimmt, vielleicht bis in die Formulierung hinein. **„Andere Gemeinden habe ich beraubt, indem ich Sold von ihnen annahm für den Dienst an euch."** Nach seiner bestimmten Angabe in Phil 4, 15 ist es freilich nur die Gemeinde in Philippi gewesen, von der er etwas annahm; und ein „Sold" war es auch nicht, wie wiederum Phil 4, 10. 16 f zeigt. Aber bei den Vorwürfen in Korinth heißt es sofort in der Verallgemeinerung und Übertreibung, in die wir beim Schelten so leicht geraten: „Andere Gemeinden beraubt er, von anderen Gemeinden läßt er sich besolden, aber von uns nimmt er nichts an." Es ist
Paulus aber ein großer Ernst mit seiner Haltung. Auch als er in Ko- 9/10
rinth in Not gerät, weicht er nicht davon ab. Die Korinther haben schon recht: Gerade sie will er auf keinen Fall für seine Bedürfnisse in Anspruch nehmen. **„Als ich bei euch war und in Mangel geriet, bin ich keinem zur Last gefallen; denn meinen Mangel füllten die Brüder aus, die aus Makedonien gekommen waren; und in allem bewahrte ich mich, euch beschwerlich zu werden, und ich werde mich bewahren."** Auch in Zukunft wird Paulus dabei bleiben und wird sich so **„bewahren"**. Er sucht auch jetzt wieder wie in 1 Ko 9, 15 darin seinen **„Ruhm"**. Auf ihn legt er ein solches Gewicht, daß er die Zuversicht zur Fortdauer seiner Haltung nicht auf seine eigene Entschlossenheit stützt, sondern auf die **„Wahrheit Christi"**, die in ihm ist. Es ist nicht persönlicher Eigensinn und Stolz, die ihn treiben, es ist auch hier Jesus allein, vor dem er steht, und dessen Wesen sich in der Einstellung seines Boten ausprägt. **„Es ist Wahrheit Christi in mir: dieser Ruhm wird nicht zum Verstummen gebracht werden an mir in den Gebieten von Achaja."**

Aber weshalb denn diese unbeugsame Ablehnung jeder Entschä- 11/12
digung für sein Wirken in Korinth, während er von Philippi Gaben annimmt? **„Weshalb? Weil ich euch nicht liebe? Das weiß Gott!"** Uns Korinther hat er nicht so lieb wie die Philipper, so war in Korinth geredet worden. Liebesbeteuerungen den Korinthern gegenüber waren

Paulus peinlich. Weiß Gott, wie er die Korinther lieb hat! Sollten sie es aus seinem heißen Ringen um sie nicht gemerkt haben? Mangel an Liebe ist es nicht, was ihn Gaben aus Korinth unbeugsam ablehnen läßt. Er hat einen ganz anderen, sehr bestimmten Grund zu seinem Verhalten. Wir haben oben schon darauf hingewiesen[322], daß es in der damaligen Zeit viele wandernde Redner gab, die für irgendwelche Philosophien, Weltanschauungen, Religionen oder Kulte warben. Viele von ihnen suchten dabei nur das Geld ihrer Hörer. Von solchen zweifelhaften Gestalten wollte sich Paulus grundsätzlich und klar unterscheiden. Es sollte unübersehbar vor den Hörern stehen: „Ich suche nicht das Eure, sondern euch" (12, 14). Aber in Korinth gab es noch Schlimmeres. Dort waren Boten Jesu erschienen, die angeblich für die Gemeinde eiferten und in Wirklichkeit nur ihre selbstsüchtigen Zwecke verfolgten. Das sind die Männer, die Paulus zu verdrängen suchen und die Gemeinde gegen ihn aufhetzen. Sie möchten der Gemeinde gern zeigen, daß sie genauso tüchtig und groß sind wie Paulus. Es geht jetzt nicht mehr wie in V. 5 und 6 um den Vergleich des Paulus mit den Aposteln, die hoch über ihn gestellt wurden, als die eigentlichen „großen Apostel". Es geht jetzt wieder um seine Gegner in Korinth, die nun umgekehrt nicht geringer sein wollen als Paulus. Im Blick auf sie hält Paulus streng an dem Grundsatz fest, sich nicht von der Gemeinde erhalten zu lassen. **„Was ich aber tue, werde ich auch tun, damit ich denen die Gelegenheit abschneide, die eine Gelegenheit wollen, um in dem, worin sie sich rühmen, erfunden zu werden wie wir."** Sie mögen sich sonst rühmen, Paulus mindestens ebenbürtig zu sein. Aber an einem Punkt scheitern sie: Selbstlos dienen, ein hartes, entsagungsreiches Leben führen, um des Evangeliums willen darben, das können und wollen sie nicht. Hier scheitern ihre Bemühungen, **„in dem, worin sie sich rühmen, erfunden zu werden wie wir"**. Hier wird der ganze tiefe Gegensatz zwischen ihnen und einem Apostel Paulus sichtbar[323]. Darum wünschen sie so dringend, daß auch Paulus sich von der Gemeinde Korinth beschenken oder sogar regelrecht besolden läßt, damit der mächtige Unterschied verschwindet, den jeder sehen muß, wenn er nur „sieht, was vor Augen ist" (10, 7). Und darum kann Paulus hier nicht nachgeben, sondern muß bei seiner Haltung bleiben, auch wenn er dadurch in bittere Nöte kommt.

322 Vgl. die Auslegung zu 3, 1–3.

323 Paulus hat in 1 Ko 9, 1 ff ausdrücklich das Recht der Apostel auf Unterhalt durch die Gemeinden anerkannt. Einem Petrus oder einem andern echten Apostel hätte er es nicht verübelt, wenn er in Korinth Gaben der Gemeinde angenommen hätte. Aber bei Männern, gegen die er sich jetzt wendet, sah er im Gelderwerb das eigentliche Motiv ihrer ganzen Tätigkeit. Vgl. 2, 17.

Und nun erfolgen von dieser Stelle aus letzte und schärfste Urteile 13
über seine Gegner, die alles übertreffen, was Paulus bisher angedeutet oder ausgesprochen hat. **„Denn solche sind Pseudoapostel, unredliche Arbeiter, die sich verstellen zu Aposteln Christi."** Diese Anklage setzt erneut voraus, daß es über die „Zwölf" hinaus einen weiteren Kreis von Männern gab, die nicht nur wie die in 8, 23 genannten Brüder „Apostel der Gemeinde" sind, sondern ausdrücklich **„Apostel Christi"**, vom Herrn selbst gesandte und bevollmächtigte Boten[324]. Als solche **„Apostel Christi"** hatten sich die Männer ausgegeben, die von auswärts in die korinthische Gemeinde hineingekommen waren; in ihren „Empfehlungsbriefen" werden sie als solche bezeichnet worden sein. Paulus aber spricht ihnen die Echtheit ihrer Sendung ab. Sie sind **„Pseudoapostel"**, sie täuschen nur vor, Apostel zu sein, und sind es in Wahrheit nicht. Sie sind freilich nicht faul. Sie arbeiten eifrig, das kann Paulus nicht leugnen. Aber sie sind **„unredliche Arbeiter[325]"**; denn sie arbeiten gar nicht wirklich für den Herrn, in dessen Dienst sie zu stehen behaupten, sondern für ihren eigenen Vorteil; sie suchen die eigene Ehre und eigenen Gewinn. Es ist wichtig, daß wir beachten: Nicht „Irrlehre" wirft der Apostel diesen seinen Gegnern vor! Das harte Urteil des Paulus trifft nicht ihre Dogmatik, sondern ihre „Unredlichkeit"! Nicht falsche Theologie, sondern Verkehrung ihrer Lebensrichtung, innere Fäulnis, böse Heuchelei, das ist es, was Paulus an ihnen unerträglich findet. Freilich steht unsere Theologie in verborgener Wechselbeziehung zu unserem Leben. Aus der persönlichen Verderbnis der neuen Männer in Korinth entsprang auch eine Irreführung der Gemeinden, eine Verfälschung des Wortes, eine gefährliche „Theologie der Freiheit"[326]. Aber an dieser Stelle des Briefes ist der Blick des Apostels darauf nicht gerichtet. Die Verkehrung im Lebensstand ist ihm jetzt das Entscheidende. Was der Apostel an anderen Stellen auch an Verfälschung des Wortes und gefährlicher Irreführung der Gemeinde durch falsche Gesetzlichkeit oder durch falsche Freiheit bekämpfen muß, hängt mit dieser persönlichen Verderbnis tief zusammen. Unsere Theologie steht in verborgener Wechselwirkung zu unserem Leben!

Ist das nicht erschreckend, daß selbst das Apostelamt nachgeahmt 14/15
und verfälscht werden kann? Ist so etwas überhaupt möglich? Paulus

[324] Solche „Apostel" und nicht die Zwölf werden auch in 1 Ko 12, 28 gemeint sein. Von da aus ist es berechtigt, wenn wir auch unsererseits einen Williams den „Apostel der Südsee" oder einen Nommensen den „Apostel der Batak" nennen.

[325] In Phil 3, 2 wird der Ausdruck für solche Männer noch verschärft: Sie sind „böse Arbeiter". Dabei ist für uns wichtig, daß Einsatz und Eifer noch nicht als solche schon Beweise für die Echtheit eines Boten Jesu sind.

[326] Vgl. Einleitung S. 16.

verwundert sich darüber nicht. Denn er weiß, wer der „Gott dieses Äons" ist, der die rettende Botschaft unwirksam zu machen sucht (4, 4). Er, der Feind Gottes, hat seine „Diener", die Gottes Werk zu zerstören suchen, wie es jetzt sichtlich vor aller Augen in Korinth geschah. Der Teufel hat schon im Paradies sich nicht gezeigt als der, der er ist: Getarnt hinter der klugen Schlange trat er als der Wohltäter vor die Menschen, der ihnen verschaffen will, was Gott ihnen mißgönnt. So greift er auch die Gemeinde Gottes, die Paulus aufbaute, gerade in Korinth nicht von außen mit Verfolgung an, sondern durch seine Boten, die der Gemeinde angeblich die Vollkommenheit bringen, die der geringe und enge Paulus ihr nicht verschaffen konnte, und die sie in Wirklichkeit damit spalten und zerstören. So hatte Paulus schon in V. 3 seine Sorge ausgesprochen. Jetzt sagt er es in aller Klarheit im Blick auf die Pseudoapostel mit ihrer unredlichen Tätigkeit. **„Und das ist nicht zum Verwundern; denn der Satan selbst verstellt sich zu einem Engel des Lichtes. So ist es nun nichts besonderes, wenn seine Diener sich verstellen wie Diener der Gerechtigkeit."**

Wenn wir noch einmal fragen, was diese Männer in Korinth denn gewollt und gelehrt haben[327], dann ist vom ersten Brief und von der ernsten Mahnung in 6, 14 — 7, 1 unseres Briefes her vor allem an die gefährlichen Freiheitsparolen zu denken, die diesen Männern selbst als Höhenweg einer wahrhaft geisterfüllten Gemeinde galten und in denen Paulus das Verderben sah. Hier wurde nach der Überzeugung des Paulus zur Sünde verführt. Aber natürlich sagten jene Männer nicht: „Ihr könnt als Christen ruhig sündigen." **„Diener der Gerechtigkeit"** wollen auch sie sein und das Rechte lehren. Sie dienten aber in Wahrheit Satan und verdarben den Tempel Gottes (1 Ko 3, 17).

Wie in Phil 3 appelliert Paulus auch hier an das „Ende", das sie im Gericht Gottes finden werden, auch wenn Gemeinden ihrem Trug erliegen und sie als geistreiche Leute bewundern. „Ihr Ende ist die Verdammnis", schrieb Paulus den Philippern (3, 19). **„Ihr Ende wird ihren Werken entsprechen[328]"**, sagt er hier.

Damit ist klar, daß Paulus seinen Gegnern die Verantwortung für ihr Tun nicht abnimmt, wenn er hinter ihnen Satan stehen sieht. Das Wirken übermenschlicher Mächte schließt die Entscheidungsfreiheit des Menschen nicht aus, sondern ein. Niemand wird ohne seinen eigenen Willen ein Eigentum Jesu; niemand ohne eigene Entscheidung ein Diener des Satans. Paulus spricht gerade damit das Endurteil aus und zeigt, warum es mit diesen Männern keine Verhandlung mehr

[327] Vgl. dazu die Einleitung S. 16.

[328] Es ist beachtlich, daß der Apostel auch in diesem abschließenden Satz nicht die „falschen Lehren", sondern die „Werke" dieser Männer als den Grund des Gerichtes über sie hervorhebt.

gibt und warum er von der Gemeinde die totale Trennung von ihnen fordert. „Diener Satans" können nicht in der Gemeinde Gottes geduldet werden! Eine Verhandlung mit ihnen ist ausgeschlossen.

NOCHMALIGE BITTE DES APOSTELS SEINEN TÖRICHTEN SELBSTRUHM ZU ERTRAGEN

2. Korinther 11, 16—21a

16 **Nochmals sage ich: Niemand möge mich wirklich für töricht halten.**
Wenn aber doch, so ertragt mich eben auch als einen Toren, damit
17 **auch ich ein bißchen mich rühme. * Was ich rede, rede ich nicht**
nach dem Sinn des Herrn, sondern wie im Unverstand, in diesem
18 **Unternehmen des Rühmens. * Da viele sich rühmen nach Fleisches-**
19 **art, will auch ich mich rühmen. * Mit Vergnügen ertragt ihr ja die**
20 **Unklugen, klug wie ihr seid. * Ihr ertragt es, wenn einer euch ver-**
knechtet, wenn einer [euch] auffrißt, wenn einer [euch] einfängt,
wenn einer sich überhebt, wenn einer euch ins Gesicht schlägt.
21 *** Zur Schande sage ich [es], als wären w i r schwach gewesen**
(oder: zu meiner Schande muß ich sagen: dazu sind w i r zu
schwach gewesen).

Zu Vers 16: 2 Ko 11, 1; 12, 6
Zu Vers 17: 2 Ko 12, 19
Zu Vers 18: Gal 6, 13; Phil 3, 3 f
Zu Vers 19: 1 Ko 4, 10
Zu Vers 20: Mt 23, 14; 1 Ko 7, 23

16 Das abschließende, vernichtende Urteil über die Gegner in Korinth ist gefällt. Kann Paulus jetzt nicht zum Schluß des Briefes kommen, wie er in Kap. 13 vorliegt? Worauf zielt der neue Abschnitt, der 11, 16 beginnt und bis 12, 10 reicht? Paulus wird sich nochmals selber **„rühmen"** und wird sich mit anderen vergleichen. Diese „anderen" von V. 21b an können unmöglich seine Gegner in Korinth sein. Mit „Pseudoaposteln, unredlichen Arbeitern und Satansdienern" vergleicht sich Paulus nicht! Mit ihnen ist er fertig. Aber schon in 11, 4 war die Rede von einem, der „kommt" und der doch keinen andern Jesus, keinen anderen Geist, kein anderes Evangelium bringen kann. Und in V. 5 fiel dann der Blick auf die „ganz großen" Apostel mit der kurzen Versicherung, Paulus glaubte nicht hinter ihnen zurückgeblieben zu sein. Näher begründet war aber diese Zuversicht nicht. Es schob sich die letzte Abrechnung mit den Gegnern in Korinth dazwischen. Nun aber nimmt Paulus den „Vergleich" mit den „Überaposteln" wieder auf.

Dabei wird er notwendig sich selbst rühmen müssen, und das ist und bleibt Unvernunft. Die Gemeinde muß aber doch wissen, daß ihr Apostel nicht wirklich im Unverstand lebt. **„Nochmals sage ich: Niemand möge mich wirklich für töricht halten."** **„Nochmals"** schreibt er im Rückblick auf V. 1. Gibt es aber doch Gemeindeglieder, die ihn wirklich für töricht halten, dann mutet es ihnen der Apostel zu: **„Wenn aber doch, so ertragt mich eben auch als einen Toren, damit auch ich ein bißchen mich rühme."** So wie man in Korinth „rühmte" und „einer wider den andern für jemand sich aufblies" (1 Ko 4, 6), so will und wird Paulus es nicht machen. Nur **„ein bißchen"** will er sich auch rühmen, damit in Korinth nicht in törichter Weise die Urapostel ihm vorgezogen werden.

17 Er ist sich völlig bewußt: **„Was ich rede, rede ich nicht nach dem Sinn des Herrn, sondern wie im Unverstand, in diesem Unternehmen des Rühmens."** Sich selbst rechtfertigen, seine Stellung behaupten, auf seine Leistungen hinweisen, das alles taugt nichts vor Gott und widerspricht der Gesinnung Jesu. Es ist ein törichtes **„Unternehmen"**, sich so zu rühmen. Von sich aus würde er sich nie auf ein solches Unternehmen einlassen; aber die Lage in Korinth erfordert es. Unser Verhalten wird von den anderen mitbestimmt; der Apostel muß einmal auf die ganze Art der Korinther eingehen, um sich ihnen verständlich zu machen. In einer an das „Rühmen" gewohnten Gemeinde muß auch Paulus seinen Weg und Dienst in der Form des „Rühmens" darstellen, damit die Korinther richtig hinhören. Indem er dabei sehr offen ausspricht, wie töricht und ungeistlich solches Rühmen ist, bleibt er bei seiner ernsten Seelsorge an der Gemeinde. Und er wird bei seinem törichten „Unternehmen des Rühmens" die Korinther aufschrecken, wenn sie hören müssen, wie ihres Apostels „Ruhm" die Fülle seiner schweren Leiden für Jesus ist. „Wenn gerühmt werden muß, werde ich mich meiner Schwachheit rühmen", das ist das Endergebnis, das Paulus in V. 30 vor die Korinther hinstellen wird. Jetzt
18 aber geht er auf die Art der Korinther ein. **„Da viele sich rühmen nach Fleischesart, will auch ich mich rühmen."** Alles Rühmen dieser Art stammt aus dem Fleisch, aus dem Ichwesen, und hat die ichhafte Art an sich. Aber in Korinth ist es gang und gäbe. **„Viele"** tun es. Nun will auch Paulus es einmal tun. Übelnehmen können es ihm gerade die Korinther nicht. **„Mit Vergnügen ertragt ihr ja die Unklugen, klug wie ihr seid. Ihr ertragt es, wenn einer euch verknechtet, wenn**
19/20 **einer [euch] auffrißt, wenn einer [euch] einfängt, wenn einer sich überhebt, wenn einer euch ins Gesicht schlägt."** Was haben sich die Korinther alles gefallen lassen von denen, die in Korinth ihre eigene Größe rühmten, und die Gemeinde von Paulus zu trennen und in die eigene Hand zu bekommen suchten! Die „klugen" Korinther ertrugen diese Toren. Sie taten es sogar mit Vergnügen. Paulus sorgte sogar mit ganzem Ernst für die Freiheit der Gemeinde. Seine Gegner **„verknechten"** sie. Das lassen die Korinther sich von diesen Männern gefallen, während sie ihrem Apostel ständig mißtrauen. Ob das folgende Wort vom **„Auffressen"** und **„Einfangen"** auf eine materielle

Aussaugung der Gemeinde geht oder nur die innere Knechtung in einem neuen Bild ausmalt, läßt sich nicht sicher entscheiden. Paulus wird aber jedenfalls auch dies meinen, daß jene Pseudoapostel und unredlichen Arbeiter in unmäßiger Weise ihren äußeren Gewinn suchten. Es ist eine Schande, wie die Gemeinde diese Überheblichkeit in ihrer Mitte geduldet hat, und **„sich ins Gesicht schlagen"** ließ, anstatt das Treiben dieser Männer zu durchschauen und es sich energisch zu verbitten. Es ist aber auch eine Schande für ihn selbst, daß es so aussieht, als sei er, ihr Apostel, zu schwach gewesen, die Gemeinde vor solchen Lügenaposteln zu bewahren oder sich schnell von ihnen zu befreien. Die Gemeinde muß aber jetzt mit ganzer Dankbarkeit zustimmen, wenn Paulus bei seinem baldigen Besuch diese Männer aus
der Gemeinde vertreibt. **„Zur Schande sage ich [es], als wären w i r** 21a
schwach gewesen (oder: zu meiner Schande muß ich sagen: dazu sind w i r zu schwach gewesen)." Beklagen sich die Korinther über seine „Schwäche" (10, 1; 10, 10), so müssen sie überlegen, ob sie ihren Apostel wirklich so „stark" haben wollen wie diese Männer, von denen sie geknechtet, ausgenutzt und ins Gesicht geschlagen werden! Er, Paulus, ist dazu allerdings zu **„schwach"**, das muß er zu seiner Schande eingestehen!

DIE ÜBERRAGENDE GRÖSSE DES APOSTELS IN SEINEM LEIDEN

2. Korinther 11, 21b—33

21b Worin aber einer kühn auftritt, darin kann — im Unverstand
22 rede ich — auch ich kühn auftreten. * Hebräer sind sie? Ich auch!
Israeliten sind sie? Ich auch! Same Abrahams sind sie? Ich auch!
23 * Diener des Christus sind sie? Im Wahnsinn rede ich, ich [bin es]
noch mehr: in Mühen überreichlich, in Gefangenschaft überreich-
24 lich, in Schlägen im Übermaß, in Todesgefahren oft. * Von Juden
empfing ich fünfmal die vierzig [Geißelhiebe] weniger einen,
25 *dreimal wurde ich mit Ruten geschlagen, einmal gesteinigt, drei-
mal erlitt ich Schiffbruch, eine Nacht und einen Tag habe ich auf
26 der Meerestiefe [treibend] zugebracht. * Auf Wanderungen viel-
fach, in Gefahren durch Flüsse, in Gefahren durch Räuber, in Ge-
fahren seitens meiner Stammesgenossenschaft, in Gefahren seitens
der Völker, in Gefahren in der Stadt, in Gefahren in der Einöde,
in Gefahren auf dem Meer, in Gefahren unter falschen Brüdern.
27 * In Mühen und Plagen, in durchwachten Nächten oft, in Hunger

Zu Vers 22:
Apg 22, 3
Rö 11, 1
Phil 3, 5
Zu Vers 23:
Apg 9, 16
1 Ko 4, 10—13
15, 10
Gal 2, 6. 9
Zu Vers 24:
5 Mo 25, 3
Zu Vers 25:
Apg 14, 19
16, 22
Zu Vers 26:
Apg 20, 3
Zu Vers 27:
2 Ko 6, 5
1 Ko 4, 12

Zu Vers 28: Apg 20, 18—21. 31
Zu Vers 29: 1 Ko 9, 22
Zu Vers 30: 2 Ko 12, 5
Zu Vers 32: Apg 9, 24
Zu Vers 33: Mt 10, 23

28 **und Durst, in Fasttagen oft, in Kälte und Blöße. * Abgesehen von**
allem weiteren (oder: abgesehen von dem, was ich unerwähnt
lasse) **der täglich mir widerfahrende Andrang, die Sorge für alle**
29 **die Gemeinden. * Wer ist schwach, und ich bin nicht schwach? Wer**
30 **wird zu Fall gebracht, und ich geriete nicht in Glut? * Wenn ge-**
rühmt werden muß, so will ich mich dessen rühmen, was meine
31 **Schwachheit ausmacht. * Der Gott und Vater des Herrn Jesus**
32 **weiß, er, der in die Äonen gepriesen ist, daß ich nicht lüge. * In**
Damaskus — der Ethnarch des Königs Aretas bewachte die Stadt der
33 **Damaskener, um mich festzunehmen; * und ich wurde durch ein**
Fenster in einem Korb hinabgelassen über die Stadtmauer und
entrann seinen Händen.

In der Gemeinde, der Paulus ihre schmachvolle Duldsamkeit gegen die fremden Lehrer vorgehalten hat, gibt es Kreise, die beeindruckt sind von der Kritik an Paulus: Ein wahrhafter Apostel sei er doch nicht, mit den großen Uraposteln könne er sich nicht messen[329]; die Gemeinde in Korinth sei benachteiligt, weil sie von einem solchen geringeren Boten Jesu aufgebaut sei; es müsse von den Aposteln in Jerusalem jemand kommen (V. 4) und mit voller Autorität alles ordnen und so der Gemeinde Eintracht und Frieden verschaffen. Was hat Paulus zu diesem Vergleich seiner Person und seines Dienstes mit der Person und dem Wirken der „ganz großen Apostel", etwa eines Petrus oder eines Johannes, zu sagen?

21b/22 Im Blick auf das schwache Auftreten des Paulus hatte man wohl in Korinth gesagt: Kein Wunder! ein bevollmächtigter Apostel ist er auch nicht; wie anders würde einer der großen aus Jerusalem auftreten! Paulus erwidert: **„Worin aber einer kühn auftritt, darin kann — im Unverstand rede ich — auch ich kühn auftreten."** Was haben die Apostel in Jerusalem für Vorzüge? Sind sie echte „Hebräer" ganz in jenem geheimnisvollen uralten Volkstum gewurzelt, das auch den Griechen großen Eindruck machte? Paulus aber stammt aus Tarsus, aus der Diaspora; so voll gehört er am Ende dem Volk der Hebräer nicht an? Aber Paulus kann mit einem wuchtigen **„Ich auch!"** bezeugen, daß auch er „Hebräer von Hebräern" ist (Phil 3, 5). **„Israeliten sind sie? Ich auch! Same Abrahams sind sie? Ich auch!"** Rühmen sie sich der Zugehörigkeit zu dem erwählten Bundesvolk „Israel", gehören sie als Söhne Abrahams zu dem Freunde Gottes, dessen Samen

[329] Alles Folgende geht nicht auf die Gegner des Apostels in Korinth, so daß dieser Abschnitt beweise, daß auch sie echte Juden waren. Als „Diener des Christus" (V. 23) hat Paulus die neuen Männer in Korinth niemals anerkannt. Von „Dienern Satans" (V. 15) kann er nicht wenige Zeilen später als von „Dienern des Christus" sprechen! Alles Folgende hat die Urapostel in Jerusalem im Blick.

Gottes große Verheißungen gelten, Paulus kann sich ihnen sofort gleichstellen, und kann in all diesem so kühn auftreten wie sie[330]. Freilich, solch rühmendes Vergleichen ist „Unverstand", das spürt Paulus durch und durch: **„Im Unverstand rede ich."**

Ja, jetzt muß er sogar wie ein Wahnsinniger sprechen. Jetzt geht 23
es um den Dienst, um das apostolische Werk. Und hier kann Paulus nicht dabei bleiben, sich mit einem **„Ich auch"** den großen Aposteln gleichzustellen; hier kommt ein **„Ich noch mehr". „Diener des Christus sind sie? Im Wahnsinn rede ich, ich [bin es] noch mehr."** Ist das nicht wirklich **„Wahnsinn"**, auf die „Säulen" in Jerusalem zu blicken (Gal 2, 9), auf die in der ganzen Christenheit hoch angesehenen und verehrten Männer, auf Jakobus, den Bruder des Herrn, auf Petrus, das Haupt der Zwölf, auf Johannes, den Jünger, den Jesus lieb hatte, und dann zu behaupten, man sei selber **„noch mehr"** ein **„Diener des Christus"** als sie? Rührt das nicht an jenen Streit unter den Zwölf, wer der Größte unter ihnen sei? Ist es nicht **„Wahnsinn"**, wenn ein Diener selbst bestimmen will, ob er besser und mehr als andere seinem Herrn diene? Kann das nicht ganz allein der Herr selber entscheiden?

Paulus hat dieses „mehr" schon im ersten Brief ausgesprochen, und zwar gerade, nachdem er sich den geringsten unter den Aposteln genannt hatte, gar nicht wert, ein Apostel zu heißen. Aber, „ich habe viel mehr gearbeitet als sie alle" (1 Ko 15, 10). Wie wird er jetzt sein **„Ich noch mehr"** begründen? Wird er die ganze Reihe der Gemeinden aufzählen, die er gegründet hat? Wird er rühmen, wieviele Menschen er für Jesus gewann, und wieweit der Kreis seines Wirkens geht? Wird er noch einmal auf die große Sammlung hinweisen und betonen, daß er es ist, der der Urgemeinde aus drückender Not hilft?

Das „Rühmen" des Paulus wird ein völlig anderes, ein seltsames Rühmen. Es wird ein Rühmen seiner Leiden, Lasten und Nöte, nicht seiner Leistungen, Siege und Erfolge. Im Blick auf seine Leiden kann er „kühn auftreten". Hier ist er gewiß, daß keiner der großen Apostel so viel Leiden auf sich gehäuft hat wie er. Er spricht es zunächst umfassend aus: **„In Mühen überreichlich, in Gefangenschaft überreichlich, in Schlägen im Übermaß, in Todesgefahren oft."** Scheint es den Korinthern noch zu ungenau oder übertrieben? Paulus kann es

[330] Es ist bezeichnend, daß Paulus den Namen „Jude" hier nicht verwendet. Er wird dabei einerseits an den damals schon weit verbreiteten Antisemitismus denken, für den der Ausdruck „Jude" negativ belastet war. Andererseits zeigt Gal 1, 13, daß für Paulus das „Judentum" eine religiöse Einstellung bedeutete, der er sich in keiner Weise mehr zugehörig wußte, während er an seinem Israelitentum mit voller Überzeugung und Freude festhielt.

auch genau aufstellen: **„Von den Juden empfing ich fünfmal die**
24/25 **vierzig [Geißelhiebe] weniger einen, dreimal wurde ich mit Ruten geschlagen."** Jüdischen Gemeinden war im römischen Reich ein Stück eigener Gerichtsbarkeit gelassen worden. Die Todesstrafe durften sie nicht vollstrecken (Jo 18, 31); wohl aber durften schuldig gesprochene Gemeindeglieder mit der viergeschwänzten Lederriemenpeitsche geschlagen werden. Nach der Vorschrift in 5 Mo 25, 2. 3 waren im Gesetz als Höchstzahl der Schläge ausdrücklich vierzig Hiebe festgesetzt. Damit diese vorgeschriebene Höchstzahl durch kein Versehen überschritten werde, gab man **„einen weniger"**. Die Strafe blieb aber grausam genug. Fünfmal hat Paulus sie erduldet. In der Apostelgeschichte wird uns nichts davon berichtet. Aber wenn wir mehrfach von tobenden und lästernden Judenschaften lesen, haben wir daran zu denken, daß der sich entladende Haß gegen den Boten eines gekreuzigten Messias zu solch ernsten Folgen führen konnte. Vielleicht hat Paulus schon gleich in Damaskus zum ersten Mal diese Strafe erlitten. Das **„Schlagen mit Ruten"** gehört in die amtliche römische Justiz. Der römische Richter war begleitet von „Liktoren", von Gerichtsdienern, die ein „Rutenbündel" und in der Mitte darin ein Beil trugen. Sie zeigten damit sichtbar den harten Ernst des römischen Gerichts. Von diesen Bestrafungen kennen wir aus Apg 16, 22 den Vorgang in Philippi. Hier wird sofort deutlich, warum das römische Bürgerrecht Paulus nicht immer vor solchen Züchtigungen schützen konnte. Seine Verhaftung geschah hier und wohl auch bei anderen Malen, die Paulus aufzählt, in Tumulten, die den Apostel gar nicht erst zu Wort kommen oder die römische Beamte nicht darauf hören ließen. Welche Narben von den jüdischen und den römischen Strafen her trug des Paulus Rücken! Wie schwer ist es für einen ehrenhaften Menschen, Schmerzen und Schmach von Schlägen zu erdulden.

Schon solche Geißelungen konnten lebensgefährlich werden. Aber die **„Todesgefahren oft"** wurden noch ernster. **„Einmal gesteinigt"**, davon lesen wir Apg 14, 19 bei der Evangelisation in Lystra. Wie eine solche Steinigung nicht zum Tode des Apostels führen konnte, ist nicht zu verstehen. Paulus wurde darum auch als tot aus der Stadt geschleift. **„Dreimal wurde ich mit Ruten geschlagen, einmal gesteinigt, dreimal erlitt ich Schiffbruch, eine Nacht und einen Tag habe ich auf der Meerestiefe [treibend] zugebracht."** Schiffahrt war damals ganz anders gefährlich als heute. Aber natürlich endete nicht jede Schiffsreise mit einer solchen Katastrophe. Wieviele Seereisen muß der Apostel gemacht haben, wenn er dreimal Schiffbruch erlitt. In den Erzählungen der Apostelgeschichte können wir sie nicht alle unterbringen, und die drei Schiffbrüche sind nicht erwähnt. Der Schiffbruch auf der Fahrt nach Rom liegt beim Schreiben dieses Briefes noch vor dem Apostel. Es ist in der Apostelgeschichte aber auch von den vierzehn Jahren der Wirksamkeit des Apostels in Syrien (Gal 1, 21; 2, 1) nichts berichtet; gerade in dieser langen Zeit kann er die Schiffe benutzt haben, die den Verkehr zwischen den an der Küste gelegenen Städten besorgten. Es wird uns aber an der ganzen Aufzählung, die Paulus in unserem Abschnitt gibt, aufs neue klar, wie wenig wir aus der Geschichte des Urchristentums wirklich wissen. Welch eine Nacht und welch ein Tag, an denen der Apostel irgendwo auf den Wellen trieb, ehe er gerettet wurde!

„Auf Wanderungen vielfach." Wir reden leichthin von den „drei 26
Missionsreisen des Apostels Paulus". Aber Paulus „reiste" nicht wie wir heute mit Eisenbahn, Auto oder Flugzeug, sondern legte seine weiten Wege in mühsamen Fußmärschen zurück, nicht in Wanderlust, sondern als der Bote Jesu, getrieben von dem brennenden Eifer, die Kunde von Jesus zu immer neuen Völkern zu tragen. Welche **„Gefahren"** drohten ihm dabei ständig neu. Er zählt sie auf in ihrer ganzen Vielfalt und Gegensätzlichkeit. Quelle von Bedrohungen seines Lebens sind ebenso seine jüdischen Volksgenossen wie die fremden „Völker"[331], ebenso die Städte wie die Einöden, die Flüsse wie das Meer. Eine besonders bittere Gefährdung seines Werkes und seines Lebens geht von den „Pseudobrüdern", den falschen Brüdern aus. Männer stellen ihm, dem Boten des Christus, nach, die sich auch „Christen" nennen und als „Brüder" in den Gemeinden leben oder Eingang bei den Gemeinden finden. Das dunkle Rätsel solcher Gestalten löst sich für Paulus wohl ebenso wie das der „Pseudoapostel". Dahinter steht Satan selbst mit seinem Haß und mit seiner List und Lüge. Hören wir es aus diesem ganzen Vers hervorklingen: „... in Gefahren ... in Gefahren ... in Gefahren ..."! So haben wir uns den Apostel zu denken als einen ständig gefährdeten und von Todesgefahren bedrohten Mann.

Nun folgt der Hinweis auf die Fülle der ganz realen Leiden. **„In 27
Mühen und Plagen, in durchwachten Nächten oft, in Hunger und Durst, in Fasttagen oft, in Kälte und Blöße."** Es sind die ganz primitiven und brutalen Nöte des Lebens, von denen Paulus schon in 6, 4. 5 gesprochen hatte. Er, der von vielen Gemeinden geachtete und geliebte Mann, hatte sich diesen Nöten nicht entzogen, sondern sich bewußt ihnen ausgesetzt. Ja, gerade darin war er „noch mehr" ein wahrer „Diener des Christus" als die „ganz Großen" in Jerusa-

[331] Paulus unterscheidet wie jeder Jude „Israel" und „die Völker". „Israel" ist der „Same Abrahams", das Bundesvolk Gottes. Die „Völker" sind bei allen Unterschieden untereinander — auch Paulus kann von „Griechen" und „Barbaren" sprechen (Rö 1, 14) — zugleich die „Heiden", die von Gott getrennt sind und den wahren, lebendigen Gott nicht kennen. Für den Boten Jesu aber sind beide Teile der Menschheit voller Gefahren.

lem! Ob wir das alles genug vor Augen haben, wenn wir den Namen des Paulus nennen und in ihm selbstverständlich die wesentliche Autorität des NT sehen?[332]

28 Paulus könnte noch manches von dieser Flut äußerer Nöte und Schwierigkeiten sagen. Aber er bricht ab: **„abgesehen von allem weiteren"**. In dem grie Wort, das Paulus gebraucht, kann auch liegen: „abgesehen von dem, was ich draußen lasse". Dieses „draußen lassen" meint dann „auslassen, unerwähnt lassen". Der Apostel wendet sich der inneren Last zu, die auf ihm liegt. Da steht es vor ihm **„der täglich mir widerfahrende Andrang, die Sorge für alle die Gemeinden"**. Wir machen uns wenig konkrete Vorstellungen von dem Leben des Apostels. Wir meinen, er „reise" eben und „predige" und „gründe Gemeinden". Aber wie die Tage und Nächte bei ihm neben all den körperlichen Anstrengungen und Leiden ausgefüllt sind, wie er für so viele Gemeinden Sorge trägt, wie er Nachrichten von ihnen bekommt, die ihn schmerzen und ihm Sorge machen, wie er ihre Probleme zu lösen sucht, wie er vor allem anhaltend für sie betet und dabei eine Fülle einzelner Menschen vor seinen Herrn bringt –
29 das müssen wir uns noch ganz anders vorzustellen suchen. In alle dem ist Paulus kein kühler Mann, der sich die Dinge innerlich ein Stück fernhält. Im Gegenteil, er kennt sich wohl: **„Wer ist schwach, und ich bin nicht schwach? Wer wird zu Fall gebracht, und ich geriete nicht in Glut?"** Er, der so brennend gern vorwärts käme für den Herrn und kraftvolle Gemeinden am Werk sehen möchte zum Zeugnis für Jesus, er trifft auf so viel Schwachheit und Kümmerlichkeit. Aber er verachtet die Schwachen nicht, sondern **„trägt"** sie, wie er es den Thessalonichern vorschrieb (1 Th 5, 14); ja, er wird ihnen selbst ein Schwacher, wie er es den Korinthern schon in 1 Ko 9, 22 sagte. Und er hebt noch das andere hervor: Er muß mit ansehen, wie die Glieder der Gemeinden zu Fall gebracht, zur Sünde oder auf Irrwege verführt werden[333]. Das läßt ihn nicht kalt. Das bringt ihn **„in Glut"**, wohl in die Glut des Jammers um die Verführten und Gestrauchelten und in die Glut der Empörung über die, die teuer erretteten Menschen so etwas antun[334].

[332] Wie fern sind wir Boten Jesu von heute im allgemeinen diesen Dingen, die für einen Paulus notwendig „dazu gehörten" und die sein „Ruhm" waren! Ja, wir stehen eher den Korinthern nahe, denen die steten Leiden ihres Apostels peinlich waren. Wir argwöhnen leicht, solche leidenden Verkündiger seien durch unkluges oder gar verkehrtes Verhalten selber schuld an ihren Nöten.

[333] Das hier stehende Wort kann auch ein „Empörtwerden" bedeuten. Der Satz wäre dann etwa so wiederzugeben: „Wer hat Grund zur Empörung, und ich geriete nicht in Glut." Aber die Bedeutung „zu Fall gebracht werden", „zu Fall kommen", „verführt werden" liegt doch dem Wort näher.

[334] Wir denken an Worte wie 1 Ko 8, 11, wo wir etwas von dieser „Glut" spüren.

Paulus war zum „Rühmen" gezwungen worden, weil gewisse Kreise in Korinth ihn als minderen Apostel den „großen" Männern wie Petrus und Johannes unterordnen wollten. Dagegen mußte er sich um der Gemeinde willen wehren und mußte sein „Ich auch", sogar sein „Ich noch mehr"! sagen. Aber wenn er nun diesen Abschnitt des Briefes mit seinem „Rühmen" überblickt, wahrlich, es ist ein seltsamer „Ruhm". Das stellt er jetzt sehr nachdrücklich fest: **„Wenn gerühmt werden muß, so will ich mich dessen rühmen, was meine Schwachheit ausmacht."** Gerade diese **„Schwachheit"** ihres Apostels war den Korinthern so unverständlich und anstößig. Schon in 1 Ko 4, 9—13 hat er mit der Gemeinde um diesen wahren „Ruhm" der Apostel gerungen. Damals hat er sich einfach mit den andern in einem „wir Apostel" zusammengefaßt. Vielleicht hat die Gemeinde ihrerseits dagegen protestiert und ihn darauf hingewiesen, wie seine Worte doch nur für ihn gelten könnten, weil die anderen Apostel viel besser und unangefochtener lebten. Nun wohl, antwortet er jetzt, eben darin bin ich dann jenen Männern überlegen, die ihr mir vorziehen und die ihr über mich stellen wollt! Die weit größeren Leiden sind das Siegel meines Amtes und meines „Ruhmes", ein Siegel, das man sich freilich nur um so teuren Preis erwerben kann. Darum will sich Paulus gerade nur dieser Dinge rühmen, obwohl er weiß, daß ein hungernder, frierender, geschlagener, von durchwachten und durchbeteten Nächten abgezehrter Mann kein Anblick von Kraft und Größe ist, sondern seine ganze **„Schwachheit"** zeigt. Die Ge- 31
meinde muß wissen, wie ernst es ihm damit ist. Er ruft Gott dafür zum Zeugen an: **„Der Gott und Vater des Herrn Jesus weiß, er, der in die Äonen gepriesen ist, daß ich nicht lüge."** So, wie er es jetzt geschildert hat, so sieht sein Leben aus, und wirklich nur darin sucht er seinen Ruhm. Das ist wahr, obwohl es total gegen alle menschliche Natur geht. Aber gerade so wird Gott allein groß, der auch allein den Lobpreis in alle Äonen verdient. Denn an dieser ganzen Schwachheit des Apostels wird allen sichtbar, „daß die außerordentliche Kraft sei Gottes und nicht aus uns" (4, 7).

Paulus fügt noch die Erinnerung an ein besonderes Erlebnis an. 32/33
„In Damaskus — der Ethnarch des Königs Aretas bewachte die Stadt der Damaskener, um mich festzunehmen; und ich wurde durch ein Fenster in einem Korb hinabgelassen über die Stadtmauer und entrann seinen Händen." In Apg 9, 23—25 ist uns dies ebenfalls berichtet. Wenn dort nur die Juden als Anstifter des Anschlages erscheinen, wie aber **„der Ethnarch des Königs Aretas"**[335] als der genannt

[335] Aretas IV regierte von 9 v. Chr. bis 39 n. Chr. über das Nabatäerreich, ein arabisches

ist, der die Tore von Damaskus bewachte, so muß kein Widerspruch darin liegen. Paulus hatte zuvor drei Jahre in Arabien (Gal 1, 17) gearbeitet. Dabei kann er sich die Feindschaft des arabischen Herrschers zugezogen haben. Nun benutzen die Juden in Damaskus diese Feindschaft, um den gefährlichen Paulus unschädlich zu machen. Der Ethnarch, der in der Stadt selbst keine Befehlsgewalt hat, bewacht von außen die Tore, um Paulus abzufangen, während die Juden in der Stadt nach ihm fahnden. Paulus entrinnt auf eine Weise, die ihn, den Mann der Bibel, an Josua 2, 15 erinnert haben wird. Aus einem Hause, das ein Fenster über der Stadtmauer hatte, wurde er in einem Korb hinabgelassen und konnte entrinnen. Wie wunderbar, daß gerade dieses Haus von Jüngern Jesu oder wenigstens von christenfreundlichen Menschen bewohnt war. Wenn er in seinem Bericht die Worte „in Damaskus" so voranstellt, dann zeigt dies zugleich, warum er diese Erinnerung noch anfügt. Eindrücklich steht es vor ihm: „Damaskus!" Es ist die erste der vielen „Todesgefahren", die er erlebt hat. Solche ersten Erlebnisse prägen sich tief ein. Und gerade dieses Erinnerungsbild zeigt besonders seine „Schwachheit". Auf diese Weise von seinem Arbeitsfeld weichen und dem Tod entrinnen müssen, das legt keinen Glanz auf sein Wirken als Apostel.

TROTZ GESICHTE UND OFFENBARUNGEN BLEIBT DIE SCHWACHHEIT DES APOSTELS RUHM

2. Korinther 12, 1–10

Zu Vers 1: Apg 26, 16; Gal 2, 2
Zu Vers 2: Apg 8, 39; 22, 17
Zu Vers 4: Lk 23, 43; Offb 2, 7
Zu Vers 5: 2 Ko 11, 30

1 Gerühmt muß sein; es nützt freilich nichts, aber ich will doch kom-
2 men zu Gesichten und Offenbarungen des Herrn. * Ich weiß von
einem Menschen in Christus, vor vierzehn Jahren – ob im
Leibe, weiß ich nicht, ob außerhalb des Leibes, weiß ich nicht, Gott
weiß es – entrückt wurde der Betreffende bis zum dritten Himmel.
3 * Und ich weiß von dem betreffenden Menschen – ob im Leibe,
4 ob getrennt vom Leibe [weiß ich nicht], Gott weiß es, – * daß er
entrückt wurde in das Paradies und unaussprechbare Worte
5 hörte, die zu reden einem Menschen nicht gestattet ist. * Für den
Betreffenden will ich mich rühmen; für mich selbst aber will ich

Reich, das sich vom Toten Meer östlich bis an den Euphrat und dem Norden bis in die Gegend von Damaskus erstreckte. Näheres im „Lexikon zur Bibel" unter „Aretas" und „Nebajoth". Der Titel „Ethnarch" kann verschiedene Ämter bezeichnen und wird hier im Sinn von Statthalter zu verstehen sein.

6 **mich nicht rühmen außer meiner Schwachheiten wegen. * Denn**
wenn ich mich entschließen würde, mich zu rühmen, würde ich
nicht töricht sein; denn Wahrheit würde ich sagen. Ich sehe aber
davon ab, damit nicht jemand im Blick auf mich urteilt über das
7 **hinaus, was er an mir sieht oder von mir hört, * und auch wegen**
der außerordentlichen Größe der Offenbarungen. Deswegen, da-
mit ich mich nicht überhebe, wurde mir ein Pfahl für das Fleisch
gegeben, ein Engel (oder: Bote) **Satans, daß er mich mit Fäusten**
8 **schlage, damit ich mich nicht überhebe. * Um dessentwillen habe**
9 **ich dreimal den Herrn angerufen, daß er abstehe von mir. * Und**
er hat zu mir gesagt: Genug ist für dich meine Gnade; denn die
(oder: meine) **Kraft kommt in Schwachheit zur Vollendung. Am**
liebsten nun will ich mich vielmehr meiner Schwachheiten rühmen,
damit sich auf mich niederlasse (oder: bei mir wohne) **die Kraft**
10 **des Christus. * Darum habe ich Gefallen an Schwachheiten, an**
Nöten, an Verfolgungen und Bedrängnissen um des Christus
Willen; denn wenn ich schwach bin, dann bin ich stark.

Zu Vers 6: 2 Ko 10, 8 11, 16
Zu Vers 7: Mt 25, 41
Zu Vers 8: Mt 26, 44
Zu Vers 9: Jes 40, 29 Lk 1, 35 Rö 1, 16
Zu Vers 10: 2 Ko 6, 10 Phil 4, 13

1/2

Der Apostel würde gern an dieser Stelle mit dem „Rühmen" aufhören. Denn sich selbst rühmen ist ein „Unverstand", ja sogar „Wahnsinn" (11, 1. 21—23). Aber die Korinther zwingen ihn beim Thema des „Rühmens" und der „Größe" ihres Apostels im Vergleich mit anderen zu bleiben. **„Gerühmt muß sein; es nützt freilich nichts, aber ich will doch kommen zu Gesichten und Offenbarungen des Herrn."** Bei den Verhandlungen über Paulus ist in Korinth auch gefragt worden, ob er denn „Gesichte" gehabt habe, Schauungen und „Enthüllungen" des Herrn, wie sie von anderen Boten Jesu berichtet wurden. Es kann sein, daß gerade die, die ihre unmittelbare Zugehörigkeit zu Christus betonten[336], von besonderen Erlebnissen erzählten, in denen sich der Herr ihnen gezeigt und ihnen Aufschlüsse und Weisungen gegeben hatte. Von Paulus war dergleichen nicht zu hören gewesen; das mochte das Urteil mancher Kreise in der Gemeinde über Paulus mit begründet haben, daß er ein „fleischlicher" Mann sei (10, 2) und an die neuen Lehrer in Korinth nicht heranreiche. Paulus selbst wird sich nach der schweren Verurteilung dieser seiner Gegner in 11, 13—15 jetzt nicht noch einmal mit ihnen vergleichen. Er hat von 11, 21 an den Blick auf die „ganz großen Apostel" in Jerusalem gerichtet und ihnen gegenüber sein „Ich auch!" und sein „Ich noch mehr!" gesagt. So wird er auch jetzt an Petrus und Johannes denken, von deren Schauungen und Offenbarungen man überall, auch in Korinth, sprach. Konnte sich Paulus neben solche

[336] Vgl. dazu das 10, 7 Gesagte.

Männer stellen? Hatte auch er **„Gesichte und Offenbarungen des Herrn"**?

Wie die Korinther erst aus einer besonderen Situation heraus von Paulus selbst erfuhren, daß er mehr als sie alle in Zungen bete (1 Ko 14, 18), so hören sie jetzt erst etwas von seinen Erlebnissen mit der überirdischen Welt, über die er bisher völlig geschwiegen hatte. Sie ahnen nicht, daß in diesem leidüberhäuften Mann, der ihnen oft so „gering" erschien (10, 1), ein Mensch vor ihnen stand, der in den Himmel hineinversetzt gewesen war und das Paradies kennengelernt hatte! Nun sagt er ihnen davon. Aber er tut es auch jetzt nur in äußerster Zurückhaltung und spricht von sich wie von einem Fremden in der dritten Person: **„Ich weiß von einem Menschen in Christus, vor vierzehn Jahren – ob im Leibe, weiß ich nicht, ob außerhalb des Leibes, weiß ich nicht, Gott weiß es – entrückt wurde der Betreffende bis zum dritten Himmel."** Paulus erinnert sich genau der Zeit, in der ihm dies widerfuhr; es war vor vierzehn Jahren. Ob sein Erleben in Beziehung stand zu besonderen Entscheidungen oder Nöten seines Lebens, wissen wir nicht. Wollte sein Herr ihn besonders stärken? Gab er ihm neue und schwere Aufträge? Der Apostel macht darüber keine Andeutung. Er kennzeichnet sich selbst dabei lediglich als **„einen Menschen in Christus"**. Vielleicht betont er das, weil es **„Gesichte und Offenbarungen"** mannigfacher Art in der damaligen jüdischen und hellenistischen Umwelt gab. Paulus aber ist auch jetzt, als er diese Entrückung erlebt, **„in Christus"**, von seinem Herrn umfaßt und gehalten. Und es waren darum auch **„Gesichte und Offenbarungen des Herrn"**, also Schauungen und Enthüllungen, die Jesus seinem Apostel gewährte.

Paulus wurde **„entrückt"** – wie geschah das? Wurde Paulus ganz und gar, auch mit seinem Leibe, in die himmlische Welt versetzt? Paulus kann es nicht sagen; er weiß es nicht. Das bekümmert ihn aber nicht. **„Gott weiß es"**, und das ist genug. Geschah die Entrückung nur wörtlich **„bis zum dritten Himmel"**, also bis an seine Grenze, oder bis in diesen Himmel selbst hinein? Der Ausdruck des Paulus läßt es nicht mit Bestimmtheit erkennen. Zählte Paulus mit anderen rabbinischen Lehrern sieben Himmel, oder war für ihn der dritte Himmel der letzte und höchste? Diese Fragen können wir nicht beantworten. Und darin zeigt sich schon die kennzeichnende Art, in der der Apostel von seinem Erleben spricht. Nur die Tatsache, daß er „Gesichte und Offenbarungen des Herrn" gehabt hat, wird mit Bestimmtheit aufgewiesen. Von ihrem Inhalt erfahren wir nichts. Jede Ausmalung unterbleibt. Das ist wichtig für uns selbst. Was würden wir darum geben, wenn wir zuverlässige Schilderungen der jenseitigen Welt bekommen könnten! Wie werden Bücher mit Eifer gelesen, die uns davon zu sagen versprechen. Welche gefährlichen Wege gehen Menschen, um in spiritistischen Sitzungen etwas über das Jenseits zu erfahren. Und nun hat Paulus den ersten und zweiten Himmel durcheilen und bis zum dritten Himmel gelangen dürfen[337]. Was hat er gesehen? Wie sieht es im Himmel aus? Hat er den Herrn selbst erblickt, wie der Ausdruck **„Gesichte und Offenbarungen des Herrn"** vermuten lassen kann? Paulus schweigt von alle dem, was die Korinther ebenso wie uns brennend interessiert hätte und woraus man oft ganze Lehrsysteme gemacht hat[338].

Paulus hat noch mehr erlebt. Vollständigkeit der Aufzählung ist 3/4
bei seiner Zurückhaltung nicht sein Ziel; darum steht auch **„Gesichte und Offenbarungen des Herrn"** ohne Artikel. Sein Bericht in Apg 22, 17–21 läßt uns ahnen, wieviel reicher sein Verkehr mit der unsichtbaren Welt war. Jetzt vor den Korinthern nennt er nur noch ein zweites großes Erleben. **„Und ich weiß von dem betreffenden Menschen – ob im Leibe, ob getrennt vom Leibe [weiß ich nicht], Gott weiß es –, daß er entrückt wurde in das Paradies und unaussprechbare Worte hörte, die zu reden einem Menschen nicht gestattet ist."** Den Zeitpunkt dieser Entrückung nennt Paulus nicht. Es ist damit aber nicht gesagt, daß diese Entrückung in das Paradies mit der vorher geschilderten zeitlich zusammenfällt. Der ausdrückliche Neueinsatz der Schilderung **„Und ich weiß von dem betreffenden Menschen"** spricht dagegen. Das **„Paradies"**[339] ist der Ort, an dem die entschlafenen Gerechten weilen. Es ist kein stummer Ort, kein Ort des „Schlafes". Im Paradies wird gesprochen! Das ist dem Apostel wichtiger als aller Glanz der Herrlichkeit, der sicherlich auch über dem Paradies lag. Paulus hört dort reden. Aber es sind **„unaussprechbare Worte, die zu reden einem Menschen nicht gestattet ist"**. Paulus ist von daher gewiß, daß sein Schweigen über alles, was er bei seiner Entrückung sah und hörte, auf einer göttlichen Notwendigkeit beruht. Für den Menschen in seiner irdischen Existenz, auch für den

[337] Es wird an solcher Stelle besonders klar, warum die Bibel so oft von „den Himmeln" in der Mehrzahl spricht. Und es wird klar, daß das Weltbild der biblischen Menschen so eng und naiv nicht war, wie man heute oft behauptet.

[338] Es sei hier an die Schriften Swedenborg und von Sadhu Sunda Singh erinnert. Wohl hat auch der Apostel Johannes den Gemeinden von seinem Blick in den Himmel wiedergegeben; aber er hatte den ausdrücklichen Auftrag dazu. Und es geht ihm dabei gar nicht um die Schilderung der himmlischen Welt als solche. Kap. 4 und 5 der Offenbarung meinen nicht: „Nun wißt ihr, wie es im Himmel aussieht!" Seine Schau der Thronwelt Gottes steht in enger Beziehung zu seiner Sicht der Zukunft und zielt auf sie. Vgl. die Auslegung in der W. Stb.

[339] Vgl. den betreffenden Artikel im „Lexikon zur Bibel"

Gläubigen, ist die heilige Welt des Paradieses noch nicht faßbar; von
ihr darf man daher noch nicht sprechen[340].

5 Wer so hoher Offenbarungen gewürdigt ist, der sah und hörte,
was jetzt ein Mensch nicht aussprechen darf, ist der nicht ein Mann,
der sich rühmen kann, so wie die großen Apostel in Jerusalem ge-
rühmt wurden und die neuen Lehrer in Korinth sich selbst als geist-
liche Größen rühmten? Paulus antwortet: „**Für den Betreffenden
will ich mich rühmen; für mich selbst aber will ich mich nicht rüh-
men außer meiner Schwachheit wegen.**" Jener Mensch, dem solche
Entrückung geschenkt wurde, ist nicht einfach Paulus selbst, wie er
jetzt unter heißem Leiden Jesus und den Gemeinden dient, nicht der
Paulus, den sie alle so kennen, wie sie ihn „sehen" und „von ihm
hören" (V. 6). Paulus will sich mit dem, von dem er nur verhalten
in der dritten Person sprach, nicht einfach identifizieren. Für sich
selbst bleibt er auch jetzt, da er notgedrungen von so großen Erleb-
nissen berichten mußte[341] bei seinem Grundsatz 11, 30. Freilich, er
6 muß es feststellen: „**Denn wenn ich mich entschließen würde, mich
zu rühmen, würde ich nicht töricht sein; denn Wahrheit würde ich
sagen!**" Diejenigen in Korinth, die Paulus mißtrauen und die zu-
gleich für sich selber mit Selbstverständlichkeit hervorkehrten, was
sie vor der Gemeinde groß und angesehen machte, konnten vielleicht
zweifelnd ausrufen: Aber wenn man wirklich so etwas erlebt, dann
schweigt man doch nicht davon! Paulus läßt die Wahrheit und Wirk-
lichkeit seiner wunderbaren Erfahrungen nicht antasten. Aber er hat
seinen klaren Grund warum er trotzdem davon absieht, noch mehr
von seinen Erlebnissen zu sagen. „**Ich sehe aber ab davon, damit nicht
jemand im Blick auf mich urteilt über das hinaus, was er an mir sieht
oder von mir hört?**" Von den Gemeindegliedern will Paulus nur so
gekannt und beurteilt sein, wie er von ihnen selbst im lebendigen
Umgang mit ihnen erfahren wird. Nicht als der Geheimnisvolle, der
in den dritten Himmel und das Paradies schaute, will er vor ihnen
stehen. Denn dann würden sie von ihm Aufschlüsse erwarten, die er
ihnen nicht geben kann, und würden das gering schätzen, was er
ihnen als die einzig notwendige Botschaft für ihre Errettung und ihr

[340] Darum sollten wir alle Ausmalungsversuche unterlassen. Jetzt haben wir mit vollem Einsatz hier im Dienst des Herrn zu leben. Jene Welt werden wir kennenlernen, wenn uns Jesus dort hinbringen wird, wie er es dem Schächer versprach. Darum hat auch Johannes nur in Bildern von ihr gesprochen, die ihre ganze Bildhaftigkeit deutlich verraten.

[341] Wie knapp, wie äußerst zurückhaltend ist sein Bericht. Wie verweilt er so gar nicht wohlgefällig bei dem, was er erlebt hat. Rasch bricht er ab; er will anderen gegenüber nicht groß dastehen. Achten wir darauf, wenn irgendwie in der Gemeinde von besonderen „Erlebnissen" und „geistlichen Erfahrungen" berichtet wird, ob es auch so geschieht, wie wir es hier an dem Apostel sehen.

Leben bringt, das Wort vom Kreuz. Schilderungen der himmlischen Welt zum Gegenstand der Verkündigung zu machen, hat Paulus völlig abgelehnt[342]. Er sah in Korinth deutlich genug, was dabei herausgekommen war, als die neuen Männer die Gemeinde über das einfache Evangelium hinaus auf „Höhen" des Geistes zu führen suchten. Der Ruhm von Menschen, Eifersucht, Zerrissenheit in der Gemeinde, Lieblosigkeit, gefährliche Freiheit, sittliche Entstellungen, das waren die Folgen. Dagegen ging der schwere Kampf des Paulus. So trennte er sich in seinem eigenen Verhalten in tiefem Ernst von der ganzen Art der neuen Größen in Korinth und schwieg bewußt von allem, was über das hinausging, was jeder an ihm sah und hörte[343].

Im folgenden ist der Wortlaut des grie Textes unsicher und ver- 7
mutlich beim Abschreiben entstellt. Die Übersetzungen spiegeln das wider. Ein Teil der Übersetzer zieht die Worte „wegen der außerordentlichen Größe der Offenbarungen" unmittelbar zu „damit ich mich nicht überhebe"[344]. Dann muß aber das „und auch" und vor allem das „deswegen" gestrichen werden. Läßt man mit dem Nestletext **„und auch wegen der außerordentlichen Größe der Offenbarungen"** als Abschluß des vorherigen Satzes stehen, muß man es von dem weit entfernten „Ich sehe aber davon ab" abhängig sein lassen. Er nennt dann aber doch einen verständlichen zweiten Grund, warum Paulus sich seiner Erlebnisse nicht rühmen will. Von so großen und heiligen Dingen redet man nicht; zu leicht könnte es **„wegen der außerordentlichen Größe der Offenbarungen"** doch wieder als ein „Rühmen" mißverstanden werden. Aber wie es auch mit dem Text stehen mag, die Aussage des Paulus ist in sich selbst klar. Gott selbst unterstützt seinen Willen, sich der hohen Offenbarungen nicht zu rühmen, sondern bei dem Rühmen seiner Schwachheit zu bleiben. **„Deswegen, damit ich mich nicht überhebe, wurde mir ein Pfahl für das Fleisch gegeben, ein Engel** (oder: Bote) **Satans, daß er mich mit Fäusten schlage, damit ich mich nicht überhebe."** Der Satansengel tritt nicht aus eigner Macht an Paulus heran; er findet auch nicht in Paulus selbst einen Angriffspunkt für sein Handeln. Er ist **„gegeben"**. Das Passiv kennzeichnet nach jüdischer Weise das Handeln Gottes, ohne

[342] Trotzdem bleibt es für uns wichtig, daß Paulus den Himmel und das Paradies in seiner ganzen Wirklichkeit sah. Damit ist uns für unsern Glauben stärkend bezeugt, daß es diesen besonderen „Raum" Gottes und den „Raum" der entschlafenen Gerechten gibt, allen Einwänden unseres irdisch gebundenen Verstandes gegenüber.

[343] Damit ist uns die heilige Regel gegeben, wie wir es mit besonderen Begnadigungen und geistlichen Erfahrungen zu halten haben. Sie sind nicht zu leugnen und nicht sofort als „Schwärmerei" abzulehnen. Aber von ihnen ist mit äußerster Zurückhaltung zu reden, und sie sind auf keinen Fall zum Gegenstand der Verkündigung zu machen.

[344] „Und damit ich mich nicht wegen der besonderen Größe der Offenbarung überhebe", so Schlatter. Ähnlich die Elberfelder Bibel.

dabei Gott nennen zu müssen. Das Herantreten eines Satansboten an den Apostel ist also „Gabe Gottes" an ihn, freilich eine Gabe, die ein **„Pfahl für das Fleisch"** ist, aber mit einem klaren, für Paulus hilfreichen Ziel: **„Damit ich mich nicht überhebe."** Wir sprechen meist ungenau von dem „Pfahl im Fleisch" und formen damit ein unmögliches Bild. Das Wort „skólops" müßte dann viel mehr als „Dorn" oder als „Stachel" gefaßt werden, was sprachlich nicht unmöglich wäre. Es steht aber an unserer Stelle nicht „in das Fleisch" oder „im Fleisch", sondern ausdrücklich **„für das Fleisch"**. Und „skólops" wird im Grie wechselweise mit „staurós" für den „Pfahl" gebraucht, an dem ein Verurteilter angenagelt wird[345]. So ist auch **„für das Fleisch"**, für das natürliche Leben des Apostels, ein **„Pfahl"** bereitet, an den er gleichsam angeheftet ist. Es ist das sein „Kreuz", das er zu tragen hat. Wir dürfen dabei auf 4, 10 zurückblicken. So real trägt der Apostel „die Tötung des Jesus" an sich, daß auch er, an den Pfahl angeheftet, die Macht der Finsternis erdulden muß. Denn der Pfahl für das Fleisch, von dem Paulus jetzt spricht, besteht in einem **„Satansengel, der ihn mit Fäusten schlägt"**. Ohne jeden Grund im Text hat man dies als eine Krankheit verstanden, etwa als Epilepsie, in der Paulus den Angriff einer satanischen Macht gesehen habe. Aber gerade Paulus hat von Krankheiten sehr schlicht und natürlich gesprochen[346]. Paulus wird auch hier genau das meinen, was er sagt; und wer selber Erfahrungen mit den Angriffen aus der Finsternis besitzt, wird ihn verstehen. Paulus spricht von schweren Anfechtungen, die durchaus auch als „körperliche Schläge" gespürt werden können[347].

8 Diese satanischen Faustschläge waren erlebnismäßig schrecklich; sie waren aber auch hindernd im Dienst und machten Paulus „schwach". Wie soll er den Sieg Jesu verkündigen, wenn er selbst in solcher Weise der Macht der Finsternis ausgeliefert ist? Wie soll er die volle Vergebung und die wunderbare Freiheit in Christus preisen, wenn der Verkläger ihm so zusetzen kann[348]? Darum hat sich der Apostel an

[345] Der scharfe Angreifer des jungen Christentums, Celsus, um 177/80, verwendet für das „Kreuz" Jesu öfter das Wort „skólops" als das Wort „staurós".

[346] Z. B. Phil 2, 26 f; 1 Tim 5, 23; 2 Tim 4, 20.

[347] Erfahrungsberichte über solche körperlichen Schläge von der satanischen Welt her liegen in nicht geringer Zahl vor. Zugleich ist es möglich, daß in diesen Anfechtungen der Verkläger an die schrecklichen Dinge erinnert hat, die Paulus als Verfolger verübte. „Ich zwang sie zu lästern" (Apg 26, 11). Was für Szenen mögen das gewesen sein, die dem Apostel jetzt vorgehalten werden! Aber auch das sind Vermutungen, die im Text selbst keine bestimmten Anhaltspunkte haben.

[348] Ob die Angriffe des Feindes auch für andere am Leiden des Apostels sichtbar wurden, ob sich dann auch Gal 4, 13 f darauf bezieht, bleibt ungewiß. Paulus teilt den Korinthern diese Not seines Lebens ebenso als etwas Neues, ihnen noch Unbekanntes mit wie seine „Gesichte und Offenbarungen des Herrn". Er gibt dabei keinen Hinweis, daß die Korinther schon etwas von dieser Not an ihm gesehen hatten.

seinen Herrn gewandt, der allein über sein Leben und seine Leiden verfügt, auch wenn ein Satansbote dabei tätig ist[349]. **„Um dessentwillen habe ich dreimal den Herrn angerufen, daß er abstehe von mir."** Diese Sache ist dem Apostel um seines Dienstes willen so wichtig, daß er sich nicht mit einem einmaligen Flehen begnügt, sondern **„dreimal"** dem Herrn, also Jesus, seine Bitten vorlegt. Daß der Apostel sich dabei ganz ausdrücklich an Jesus wendet, hat zunächst einfach darin seinen Grund, daß Jesus im besonderen Sinn sein „Herr" und sein eigentlicher Auftraggeber ist. Wird ein „Sklave" von Fremden belästigt, dann sucht er Schutz bei seinem „Herrn". Wird der Dienst des Apostels durch einen Satansboten gestört, dann wendet der Apostel sich an den, der ihn sandte. Paulus sieht das Beten als echtes Gespräch und rechnet mit einer Antwort seines Herrn. Jesus kann ihn in einer so wichtigen Sache nicht im Ungewissen lassen. Darum fährt der Apostel mit seinem Flehen fort, als beim ersten und zweiten Mal kein Eingreifen des Herrn, kein Weichen des Satansengels zu
spüren ist. Auch beim dritten Mal wird das Bitten des großen Beters 9
nicht im üblichen Sinn „erhört"; der Bote aus der Finsternis weicht nicht. Er darf Paulus weiter schlagen. Aber Paulus erhält eine klare Antwort von seinem Herrn. Auf welche Weise er sie bekam, sagt er den Korinthern nicht; es kommt darauf nicht an. Wichtig ist allein die Antwort als solche: **„Und er hat zu mir gesagt: Genug ist für dich meine Gnade; denn die** (oder: meine) **Kraft kommt in Schwachheit zur Vollendung[350]."**

Die Gnade Jesu gehört Paulus; sie gehört ihm auch dann, wenn er die Faustschläge Satans erdulden muß. Eines schließt hier das andere nicht aus, wie wir von uns aus denken möchten[351]. Paulus hat auch in

[349] Von dem Teufel kann immer nur so gesprochen werden, daß er der ernste und mächtige Feind Gottes ist, der „Gott dieser Weltzeit", und zugleich dennoch Gott so unterworfen, daß er ohne den Willen Gottes nichts tun kann. Vgl. dazu die Ausführungen K. Heims in seinem Werk „Jesus der Weltvollender", Hamburg S. 50 ff.

[350] Es wird auch für uns notwendig sein, in wichtigen Fragen unseres Dienstes unser Reden mit unserem Herrn so ernst zu nehmen, daß wir auf eine „Antwort" warten und unser Beten solange fortsetzen, bis wir sie erhalten. Jesus selbst hat uns dieses anhaltende Bitten ans Herz gelegt (Lk 11, 5—8; 18, 1). Dabei kann das „dreimal" eine Rolle spielen, ohne daß wir an bestimmte Zahlen gebunden wären. „Unerhörte Gebete" gibt es dann nicht, auch wenn der lebendige Herr Grund haben kann, uns — wie hier seinem Paulus — das Erbetene als solches nicht zu gewähren.

[351] Es ist für uns persönlich und für unsere Seelsorge an anderen von großer Wichtigkeit, daß wir nicht Systeme von unserer Logik her aufbauen, sondern der Wirklichkeit standhalten, die im Leben des Glaubenden große Gegensätze vereinen kann. Die Gnade Jesu schließt satanische Anfechtungen nicht aus und wird ihrerseits von solchen Anfechtungen nicht verdunkelt. Schläge Satans müssen auch nicht unbedingt von Sünden des Aberglaubens herrühren. Es ist wichtig, daß wir Eph 6, 10—17 beachten. Nach diesen Aussagen des Apostels gehören Angriffe aus der Finsterniswelt zum „normalen Christenleben".

den qualvollsten Stunden nicht daran zu zweifeln, daß Jesus ihm uneingeschränkt gnädig ist. Und diese Gnade Jesu ist alles, was er zum Leben und Wirken braucht. Sie ist **„genug"** für ihn persönlich und für ihn als Apostel[352]. Ja noch mehr! So wie nach 4, 7 gerade das „irdene Gefäß" offenbar macht, „daß die überragende Größe der Kraft sei Gottes und nicht von uns", so **„kommt die Kraft[353] in Schwachheit zur Vollendung"**. Wäre ein von Satans Schlägen befreiter Apostel in sich selbst stärker, so würde er eben damit die Kraft Jesu weniger nötig haben, und sie auch weniger erweisen. Als der in solchem Maß Angegriffene und Geschlagene kann er einzig durch die Kraft seines Herrn etwas ausrichten. So kommt durch die Schwachheit des Apostels die Kraft seines Auftraggebers vollendet zur Geltung. Und gerade darauf kommt es an, daß Jesus selbst sichtbar und groß wird. Es ist ernst damit, daß Paulus sich nicht selber lebt und nicht seine eigene Ehre sucht. Kann er durch seine Schwachheit die Kraft und Herrlichkeit Jesu besonders hervorleuchten lassen, dann ist er völlig damit einverstanden[354].

Darum schließt auch dieser Briefabschnitt, der in seinem Anfang von wunderbaren und großen Erlebnissen des Paulus sprach, mit dem Bekenntnis zu der gleichen Haltung, die der Apostel fort und fort eingenommen hat. Auch jetzt, auch für den Paulus, der im Himmel und im Paradies gewesen war, bleibt es dabei: **„Am liebsten nun will ich mich vielmehr meiner Schwachheit rühmen."** Das ist die Wiederaufnahme von 11, 30. Stand dies Wort dort am Ende der großen Liste seiner unerhörten Leiden, so bleibt es jetzt stehen, nachdem Paulus von wahrhaft rühmenswerten Dingen seines Lebens (V. 6) berichtet hatte. Jetzt aber wird noch deutlicher, warum er dabei beharrt: **„damit sich auf mich niederlasse** (oder: bei mir wohne) **die Kraft des Christus."** Diese **„Kraft des Christus"** will nicht in Konkurrenz treten mit unserer eigenen Kraft; sie will sich auch nicht mit ihr zusammentun. Das würde ihre Ehre verdunkeln. Sie zeigt ihre ganze Herrlichkeit nur in unserer Schwachheit und läßt sich allein

[352] Jesus sagt hier seinem Apostel das gleiche, was er seinen Jüngern nach Lk 10, 20 mit großem Ernst gesagt hat. Die Gnade Jesu ist der entscheidende Besitz in unserm Leben, wichtiger als alles andere, was wir haben oder auch nicht haben mögen.

[353] Die Handschriften der Koine fügen hier ein: „meine" Kraft; es wird dieses aber tatsächlich eine naheliegende Einfügung in den herberen Wortlaut sein. Die Kraft Jesu ist „die" Kraft, die einzig wahre Kraft, die es für den Dienst des Apostels gibt.

[354] Wir haben hier auch daran zu denken, daß für Paulus gerade die „Schwachheit" Gottes im Kreuz des Christus die einzig rettende „Kraft Gottes" war (1 Ko 1, 25; Rö 1, 16). So hatte er in seinem inneren Ringen um die Lösung des großen Rätsels, das der „Messias am Fluchholz" ihm dargeboten hatte, ein völlig neues Verständnis von „Kraft" und „Schwachheit" gewonnen.

auf Menschen nieder, die sich ihrer Schwachheit bewußt sind[355].
„Darum habe ich Gefallen an Schwachheiten" erklärt der Apostel. 10
Er „erträgt" sie also nicht nur und wird nicht nur so eben mit ihnen fertig. Etwas von dem „Übersiegen" von Rö 8, 37 klingt hier auf. Paulus bejaht die **„Schwachheiten"** mit innerem Willen und begrüßt sie! Und er meint das nicht nur allgemein und unverbindlich, sondern ganz real und konkret. Er hat Gefallen **„an Mißhandlungen, an Nöten, an Verfolgungen und Bedrängnissen, um des Christus willen"**. Möchten sich die Korinther mit seinen ständigen Leiden nicht nur „abfinden". Möchten sie das entschlossene Ja dazu sagen, weil gerade nur so die ganze erstaunliche Kraft in das Leben ihres Apostels kommt. Es geht dabei allerdings nicht um irgendwelches Leiden als solches. Es sind alles **„Leiden um des Christus willen[356]"**. Da aber, wo sie um Jesu willen leiden, da macht der Herr solche leidenden und darin „schwachen" Boten zur Wohnstätte seiner Kraft. „Seine Kraft" „läßt sich auf sie nieder", sie „wohnt bei ihnen". Dadurch kommt das Paradoxe zustande, mit dem Paulus diesen Abschnitt schließt: **„Wenn ich schwach bin, dann bin ich stark."**

DER ABSCHLUSS DES TÖRICHTEN SELBSTRUHMES DES APOSTELS

2. Korinther 12, 11–18

11 Ich bin ein Tor geworden; ihr habt mich [dazu] gezwungen, denn
i c h sollte von e u c h empfohlen werden! Denn in nichts bin ich
zurückgeblieben hinter den „ganz großen" Aposteln, wenn ich
12 auch nichts bin. * Wenigstens die Zeichen des Apostels wurden
unter euch vollbracht, in aller Ausdauer, durch Zeichen und Wun-
13 der und Machttaten. * Denn was ist es, worin ihr zu kurz gekom-
men wäret im Vergleich mit den übrigen Gemeinden, außer
darin, daß ich für meine Person euch nicht belastet habe? Ver-
14 gebt mir dieses Unrecht! * Siehe, ich halte mich jetzt zum dritten

Zu Vers 11: 2 Ko 11, 1. 15. 16. 23 Apg 5, 12 Gal 6, 3
Zu Vers 12: Rö 15, 19 Hbr 2, 4
Zu Vers 13: 2 Ko 11, 7–11
Zu Vers 14: 2 Ko 13, 1 Apg 20, 33

[355] Wie wichtig ist das für alles Leben und Wirken der Gemeinde Jesu und ihrer Boten und und Botinnen! Wir suchen, in unausrottbarem Trieb unserer Natur, möglichst stark zu werden und Mittel aller Art zur Verfügung zu haben. Damit aber verschließen wir der Kraft des Christus den Raum. Wir dürfen von Paulus lernen, an Schwachheiten geradezu „Gefallen zu haben" und es in aller Realität zu wissen und zu erfahren: „Wenn ich schwach bin, dann bin ich stark."

[356] Hier wird ausdrücklich von Paulus bestätigt, was wir zu dem Wort „thlipsis = Drangsal" gleich zu Anfang des Briefes 1, 4 sagten. Zugleich nimmt Paulus das auf, was Jesus selbst bei seinen Worten über das Leiden seiner Jünger betont hatte; sie meinen einzig das Leiden „um meinetwillen", „um des Evangeliums willen" (Mt 10, 18. 22. 39; 16, 25).

Zu Vers 15:
Phil 2, 17
1 Th 2, 8
Zu Vers 18:
2 Ko 8, 16—18
1 Ko 16, 10
Rö 4, 12

**Mal bereit, zu euch zu kommen, und werde [euch] nicht belasten.
Denn ich suche nicht das Eure, sondern euch. Denn nicht die Kin-
der sind schuldig, den Eltern Schätze zu sammeln, sondern die Eltern
15 den Kindern. * Ich selbst aber will mit Freude Opfer bringen, ja
mich ganz aufopfern lassen für eure Seelen. Wenn ich in beson-
derem Maße euch liebe, soll ich darum weniger geliebt werden?
16 * Doch gut: ich selbst habe euch nicht beschwert, aber weil ich ein
17 gerissener Mann bin, habe ich euch mit List gefangen. * Habe ich
etwa einen von denen, die ich zu euch sandte, durch ihn euch
18 ausgebeutet? * Ich habe Titus gebeten und den Bruder mitgesandt.
Hat euch etwa Titus ausgebeutet? Wandeln wir nicht in demselben
Geist? Nicht in denselben Fußspuren?**

11 Nun schließt Paulus das „Rühmen" ab, nachdem es auch angesichts so hoher Begnadigungen durch „Gesichte und Offenbarungen" nur ein Rühmen seiner „Schwachheit" geblieben war. Gerade so aber ist es doppelt **„töricht"**. Es ist Unverstand, sich überhaupt auf Selbstruhm einzulassen; und es ist menschlich gesehen, doppelt töricht, sich ausgerechnet seiner Schwachheit zu rühmen. **„Ich bin ein Tor geworden"**, stellt Paulus fest. Warum wurde er es? **„Ihr habt mich [dazu] gezwungen."** Wieso? **„Denn *ich* sollte von *euch* empfohlen werden!"** Aber da ihr diesen Dienst für mich nicht getan habt, mußte ich mich notgedrungen selber empfehlen und mich rühmen. Noch einmal klingt das Wort „Empfehlung" auf, das uns in 3, 1 zuerst entgegentrat. Es muß in der Diskussion in Korinth eine große Rolle gespielt haben. Wohl brauchte und wollte Paulus keine „Empfehlungsbriefe" von der Gemeinde. Sie selbst war in ihrem Bestand als ein von Paulus hergestellter „Christusbrief" sein klarer „Ausweis" als Apostel. Aber eben darum hätte die Gemeinde zu ihm stehen und jede Anzweiflung seiner Vollmacht, jede Herabsetzung seiner Person zurückweisen müssen. Hätte sie sich klar zu Paulus als ihrem Apostel bekannt, hätte sie ihn empfohlen, dann hätte er sich nicht rühmen müssen. Dieser ganze Brief hätte dann im wesentlichen ungeschrieben bleiben können. Jedenfalls aber der Teil des Briefes, den wir in den Kapiteln 10—12 vor uns haben.

Paulus nimmt seine kurze Aussage von 11, 5 noch einmal auf: **„Denn in nichts bin ich zurückgeblieben hinter den ‚ganz großen' Aposteln, wenn ich auch nichts bin."** Der Blick des Paulus ist auf die Urapostel in Jerusalem gerichtet. Daß er in nichts hinter den Männern zurückgeblieben sei, die er „Pseudoapostel" und „Diener des Satans" genannt hat (11, 13—14), kann er unmöglich gemeint haben. Aber daß er als Apostel in nichts hinter einem Petrus und einem Johannes zurückstehe, davon ist er überzeugt; und das muß

die Gemeinde in Korinth anerkennen. Die Wiederholung des Satzes zeigt, wieviel Paulus daran lag. Dieser Kampf um die volle Geltung seines Apostolates hat in Korinth offenbar schon früh begonnen. Rückblickend erkennen wir, wie gewichtig die Sätze in 1 Ko 9, 1. 2 sind. Jetzt aber muß im Zusammenhang mit der gesamten Bereinigung des Verhältnisses zwischen Paulus und den Korinthern dieser Kampf tatsächlich beendet werden. Die Korinther müssen es in froher Dankbarkeit sagen: Paulus ist ein wahrer und ganzer Apostel Jesu Christi, genauso wie Petrus und Johannes. Sie würden aber den Satz ihres Apostels als falsche Selbstüberzeugtheit mißverstehen, wenn sie nicht begriffen, daß es Paulus voller Ernst ist mit der Hinzufügung: **„Wenn ich auch nichts bin."** Die apostolische Berufung und Bevollmächtigung verglich er bei seinem Blick auf die Apostel in Jerusalem, nicht die menschliche Person! In sich selbst findet er **„nichts"**, was ihn zu seinem Wirken als Apostel tauglich machte. Schon in 1 Ko 3, 7 hatte er so von den Dienern und Mitarbeitern Gottes gesprochen: Sie sind weder beim Pflanzen noch beim Begießen „etwas"; es geht bei ihrem Dienst allein um den Gott, der das Gedeihen gibt. Und in unserm Brief hatte er es 2, 16 und 3, 4–6 unterstrichen: Alle Tauglichkeit zum Dienst des Neuen Bundes stammt einzig und völlig aus Gott. Darum ist Paulus — wie auch jeder andere Apostel, auch ein Petrus oder Johannes — in sich selbst **„nichts"**[357]. Aber Gott hat ihn
gebraucht und bestätigt. **„Wenigstens die Zeichen des Apostels wur-** 12
den unter euch vollbracht, in aller Ausdauer, durch Zeichen und Wunder und Machttaten." Es gibt **„Zeichen"**, Kennzeichen, an denen ein Apostel als solcher erkannt werden kann. Paulus wiederholt jetzt nicht, was er schon in 1 Ko 9, 2 und dann in 2 Ko 3, 2 f gesagt hatte. Gemeinden Gottes an Orten, an denen der Name Jesu bisher unbekannt war, sind das „Siegel", das „Zeichen" der Beglaubigung eines Apostels. Jetzt hört er noch einmal auf die Unzufriedenen in Korinth, denen er zu „gering" war, die an ihm das Außerordentliche und Wunderbare vermißten. Darum betont er hier, daß neben der Ausdauer seines mühsamen Wirkens auch die **„Zeichen und Wunder und Macht-**

[357] Vgl. dazu 1 Ko 15, 9 f; Gal 2, 6. In jedem Diener des Herrn finden wir diese einzigartige Verbindung von Hoheit und Demut. Sie ist weder logisch noch psychologisch zu verstehen. Vor der Herrlichkeit und Größe des Herrn und seines Dienstes wird das eigene Nichts durchbohrend gefühlt. Es bedarf dazu keiner künstlichen „Demut". Aber der Dienst als solcher ist voll Hoheit und Vollmacht; dessen ist sich der Bote Jesu bewußt. Darum verlangt er die ganze Anerkennung dieser Hoheit von denen, an denen er den Dienst im Auftrag Gottes tut.

taten" nicht fehlten[358]. Paulus rechnet sie hier durchaus zu seinem Wirken als Apostel hinzu. Wer einen so wunderbaren Herrn, einen mächtigen Erretter, einen Sieger über alle Todesmacht verkündigt, darf und muß damit rechnen, daß es nicht bei bloßen „Worten" bleibt, sondern daß Macht und Sieg Jesu sich in Taten wunderbarer Hilfe manifestiert[359].

Und nun ruft der Apostel das Urteil der Gemeinde selbst an.
13 **„Denn was ist es, worin ihr zu kurz gekommen wäret im Vergleich mit den übrigen Gemeinden."** Paulus ist überzeugt, daß die Korinther nichts nennen können, wenn sie auf Gemeinden blicken, die von andern Aposteln, etwa von Petrus, gegründet worden sind. Es zeigt sich aber, wie wir schon zu 11, 4. 5 richtig vermuteten, daß der Ruhm der „ganz großen" Apostel in Korinth die Stimmung hatte aufkommen lassen: Wenn wir doch einen „richtigen", einen „großen" Apostel gehabt hätten; wie anders sähe es bei uns aus! Was wäre dann anders, was hättet ihr dann mehr als jetzt?, fragt Paulus zurück. Einen andern Jesus, ein anderes Evangelium, einen andern Geist hättet ihr jedenfalls nicht (11, 4); und Zeichen und Wunder und Machttaten habt auch ihr erleben dürfen[360].

Aber da kommt noch einmal der eine Punkt zur Sprache, der offensichtlich in Korinth tiefe Verbitterung erregt hat und auch jetzt noch ein wunder Punkt sein konnte. Die Korinther sind in nichts zu kurz gekommen, **„außer darin, daß ich für meine Person euch nicht belastet habe"**. Paulus kann zunächst nur mit schmerzlicher Ironie sagen:
14 **„Vergebt mir dieses Unrecht!"** Doch dann bestätigt er seinen Entschluß, von der Gemeinde keine Unterstützung anzunehmen. **„Siehe, ich halte mich jetzt zum dritten Mal bereit, zu euch zu kommen, und werde [euch] nicht belasten."** Er kündigt damit ausdrücklich seinen erneuten persönlichen Besuch in Korinth an. Es ist der **„dritte"**, wenn

[358] Es ist gegenüber der historischen Kritik, die in den Wundern Jesu „Legenden" und Erfindungen der Gemeindetheologie sieht, bedeutsam, daß hier der im klaren historischen Licht stehende Apostel von seinen Wundern und Machttaten spricht. Er kann das nur tun, wenn die Korinther selber etwas davon erlebt haben. Wunder und Machttaten waren also durch Paulus wirklich geschehen. Wollen wir dem Jünger und Boten Wunder zubilligen und sie dem Herrn und Meister absprechen?

[359] Von hier aus kann es gar nicht anders sein, als daß auch wir heute im Rahmen unseres Dienstes nach solchen Machttaten des lebendigen und gegenwärtigen Herrn ausschauen und sie auch erleben. Wir haben nicht einzig von Jo 4, 48 her Zeichen und Wunder abzulehnen, sondern das gesamte Zeugnis des NT umfassend zu hören.

[360] Wieder werden von dem zweiten Brief her Sätze des ersten Briefes bedeutungsvoll und gewichtig. Daß die Gemeinde in Korinth keinen Mangel habe an „irgendeiner Gabe" und also hinter keiner andern Gemeinde zurückstehe, darauf hatte Paulus sofort im Eingang seines ersten Briefes (1 Ko 1, 7) hingewiesen.

er den kurzen Zwischenbesuch[361] mitrechnet. Auch bei diesem, jetzt bevorstehenden Besuch wird er die Korinther **„nicht belasten"**. Schon mit diesem Ausdruck weist er erneut darauf hin, daß sein Handeln doch nur zum Vorteil der Korinther geschieht. Die „Last" dabei trägt er. Die Erleichterung haben die Korinther (vgl. 11, 7). Hatte Paulus in 11, 11 nur kurz die Meinung abgewehrt, er wolle aus Mangel an Liebe nichts von der Gemeinde in Korinth annehmen, stellt er jetzt diese mißtrauischen Gedanken gründlicher zurecht. Er zeigt den Korinthern, wie in seinem Verhalten – neben der Bloßstellung seiner Gegner – gerade seine Liebe zu ihnen zum Ausdruck kommt. Hell und klar steht es in dieser Ablehnung jeder Gabe aus der Gemeinde vor den Korinthern, daß es Paulus wirklich um sie selber geht, um sie selber ganz allein. **„Denn ich suche nicht das Eure, sondern euch."** Das ist der Grundsatz echter Liebe[362]. Paulus bewährt sich darin als
rechter „Vater" der Gemeinde. **„Denn nicht die Kinder sind schuldig,** 15
den Eltern Schätze zu sammeln, sondern die Eltern den Kindern." Im natürlichen Lebensbereich wissen Eltern zu verzichten und Opfer zu bringen, damit ihre Kinder vorwärts kommen und es einmal besser als die Eltern haben. Nun aber gibt es in der Gemeinde Jesu „geistliche Väter", die erstaunlicher Weise für fremde Menschen in noch viel größerem Maße sich einsetzen. **„Ich selbst aber will mit Freude Opfer bringen"**, kann Paulus den Korinthern versichern. Sein Verzicht auf jede Unterstützung ist für ihn eine freie und frohe Sache, auch wenn dieser Verzicht ihn in bitteren Mangel führt. Aber das Bringen solcher Opfer ist noch nicht genug. Die Glut seiner Liebe will noch mehr: Ich will Opfer bringen[363], **„ja mich ganz aufopfern lassen für eure Seelen"**. „Seele = psyche" meint im NT den Menschen in seiner inneren Lebendigkeit[364]. Der Apostel ist bereit zu jedem Opfer und setzt seine ganze Person ein für die „Seelen" der Korinther, für ihr wahres Leben in Glauben und Liebe und Hoffen. Ohne solchen

[361] Dieser „Zwischenbesuch", auf den 2, 1 anspielt, wird durch diese Zählung der Besuche bestätigt.

[362] In diesem einen, kurzen Satz ist uns allen mächtig die wahre Haltung eines Boten Jesu gezeigt.

[363] Paulus verwendet hier ein Wort, das zunächst einfach „aufwenden, ausgeben" heißt. Paulus will mit Freuden etwas für die Korinther „aufwenden". Aber seine Liebe will noch etwas ganz anderes. So wie er bei den Korinthern nicht das Ihre sucht, sondern sie selbst, so will auch seine Liebe nicht nur „etwas" aufwenden; der Apostel will selber ganz „aufgewendet", ganz „ausgegeben" werden für die Korinther. Wir suchen das Wortspiel „aufwenden – aufgewendet werden" durch „Opfer bringen – mich aufopfern lassen" wiederzugeben.

[364] Es ist darum unzureichend „psyche" nur mit „Leben" zu übersetzen. Stellen wie 1 Jo 3, 16; Jo 15, 13; Mt 16, 25. 26 können zwar auch das Sterben für andere einschließen; sie meinen dann aber auch darin den Einsatz der ganzen Person, nicht nur das äußere Lebensopfer.

Einsatz kann gerade in der schwierigen Gemeinde der Dienst nicht getan werden. Sehen die Korinther nicht die ganze, große Liebe ihres Apostels, so daß jetzt nicht nur „Gott weiß", wie lieb er sie hat (11, 11), sondern sie es auch selber wissen können? Und nun wollten die Korinther ihrerseits ihn deshalb weniger liebhaben und mißtrauisch darüber murren, daß Paulus sich nicht von ihnen besolden läßt? **„Wenn ich in besonderem Maße euch liebe, soll ich darum weniger geliebt werden?"** Ist das nicht widersinnig und unrecht?

16 Aber das häßliche Mißtrauen, das seine Gegner in die Gemeinde gesät haben, ist noch böser. Paulus muß damit rechnen, daß manche in Korinth zu diesen seinen Sätzen ironisch lächeln. Ja, so schön redet dieser Paulus und spielt den selbstlosen Mann, der von der Gemeinde nichts nimmt. Aber hinten herum weiß er sich schon zu verschaffen, was er braucht. Die von ihrer Ichsucht und Habsucht geleiteten Gegner können es sich einfach nicht vorstellen, daß ein anderer den ganzen Einsatz der Arbeit leistet, ohne dafür auch nur das Nötigste zum Lebensunterhalt zu bekommen. Das kann doch einfach nicht sein. **„Doch gut: ich selbst habe euch nicht beschwert, aber weil ich ein gerissener Mann bin, habe ich euch mit List gefangen."** Wie soll er das getan haben? Nun, wenn er selber nichts nahm, dann haben es seine Mitarbeiter für ihn aus der Gemeinde herausgeholt. Paulus kann diesen Vorwurf mit Gewißheit zurückweisen, wenn auch die kleine Unstimmigkeit im Satzbau zeigt, daß er es nicht ohne Erregung
17/18 tut: **„Habe ich etwa einen von denen, die ich zu euch sandte, durch ihn euch ausgebeutet? Ich habe Titus gebeten und den Bruder mitgesandt. Hat euch etwa Titus ausgebeutet? Wandeln wir nicht in demselben Geist? Nicht in denselben Fußspuren?"** Er ist sicher, daß die Männer, die er nach Korinth gesandt hat, eines Geistes mit ihm sind, denselben Weg mit ihm gehen, die gleiche Uneigennützigkeit beweisen. Besonders des **Titus** ist er in vollem Vertrauen sicher. Titus gehört nicht zu denen, über die der Apostel in Phil 2, 21 schmerzlich sagen muß: „Sie suchen alle das Ihre". Wir erfahren, daß auch bei der ersten, verantwortungsvollen Entsendung des Titus das Prinzip des „zu zweit" gewahrt worden war. Titus war von Paulus um seinen Dienst in Korinth „gebeten" worden; er gehörte nicht zu den Mitarbeitern, über die Paulus verfügen konnte. Es wurde aber ein Bruder **„mitgesandt"**, dessen Namen wir nicht erfahren, da die Korinther ihn ja kennen. Namen sind auch nicht wichtig. Wichtig ist, daß Paulus dieser seiner Brüder gewiß sein kann: **„Wandeln wir nicht in demselben Geist? Nicht in denselben Fußspuren?"** Nur in solcher Gewißheit können Männer gemeinsam im Dienst Gottes stehen. Jede Verdächtigung seiner Mitarbeiter weist der Apostel zurück. Sie ließen sich nicht dazu mißbrauchen, dem Apostel hintenherum in Korinth

Vorteile zu verschaffen. Die Korinther werden keinen Beweis dafür finden.

SORGEN DES APOSTELS IM BLICK AUF SEINEN NEUEN BESUCH IN KORINTH

2. Korinther 12, 19—21

19 **Schon lange meint ihr, daß wir uns vor euch verteidigen. Vor Gott**
in Christus reden wir; das alles aber, Geliebte, zu eurem Aufbau.
20 *** Denn ich fürchte, ich möchte wohl, wenn ich komme, euch nicht**
so finden, wie ich es wünsche, und meinerseits von euch nicht so
gefunden werden, wie ihr es wünscht; es möchten Streit, Eifer-
sucht, Aufregungen, Eigensüchteleien, Verleumdungen, Gezischel,
21 **Aufgeblasenheiten, Ordnungsstörungen [da sein]; * es möchte**
noch einmal, wenn ich komme, mein Gott mich demütigen bei
euch, und ich müsse über viele von denen trauern, die vorher ge-
sündigt hatten und ihren Sinn doch nicht änderten ob der Unrein-
heit und Unzucht und Ausschweifung, die sie begangen hatten
(oder: und doch nicht Buße taten wegen der . . .).

Zu Vers 19:
2 Ko 3, 1
11, 16 f
Zu Vers 20:
2 Ko 10, 2
Rö 1, 28
1 Ko 1, 11
4, 6
Gal 5, 19—21
Zu Vers 21:
2 Ko 2, 1
13, 2
1 Ko 6, 15—20

„Schon lange meint ihr, daß wir uns vor euch verteidigen." So konnten allerdings die Ausführungen des Apostels seit 10, 11, aber auch schon in 1, 15 ff und somit in diesem ganzen 2 Ko klingen. Ist dieser Brief nicht eine „Apologie", eine Verteidigungs- und Rechtfertigungsschrift? Paulus sagt mit Bestimmtheit: nein. **„Vor Gott in Christus reden wir; das alles aber, Geliebte, zu eurem Aufbau."** Wohl ringt er in seinem Brief darum, daß die Korinther ihn endlich ganz verstehen (1, 13). Wohl weist er bestimmte Verdächtigungen und Vorwürfe zurück und greift seine Gegner in Korinth mit Schärfe an. Aber wenn auch sein Brief der Form nach einer „Apologie" gleicht, so ist doch sein Ziel ein völlig anderes als das einer Verteidigungsschrift. Es geht nicht um Paulus, sondern um die Gemeinde! Paulus schreibt nicht, damit seine Person reingewaschen und gerechtfertigt dasteht, sondern damit die Gemeinde in Korinth „gebaut" wird. Was er in 2, 17 als die wesentliche Art echter Verkündigung gekennzeichnet hat, das gilt auch von seinem „Reden" in diesem Brief: **„Vor Gott in Christus reden wir."** Die mißgünstigen und mißtrauischen Gemeindeglieder in Korinth sollen ja nicht denken, sie seien das Forum, vor dem der Apostel sich verteidige. Der Apostel steht nicht vor *ihnen,* sondern **„vor Gott"**! Und er ist nicht von seiner eigenen Natur bewegt, von dem ichhaften Drang, sich zu rechtfertigen; er ist auch beim Diktieren 19 dieses Briefes **„in Christus"**, von der Liebe des Christus bestimmt (5, 14) und darum selbstlos auf den **„Aufbau"** der Korinther gerichtet, die auch jetzt seine **„Geliebten"** sind und bleiben.

20 Und nun folgen überraschende Sätze, die im vollen Gegensatz zu der Freude zu stehen scheinen, die in 7, 4—7 und 7, 13—16 zum lebhaften Ausdruck kam. Gerade diese Sätze sind es, die zu der Annahme geführt haben, daß die Kap. 10—13 nicht mit den Kap. 1—7 einen einheitlichen Brief bilden können, sondern einem andern Brief des Paulus angehören müßten, vielleicht dem in 2, 4 erwähnten „Tränenbrief". Lesen wir noch einmal 7, 4—7 und hören wir nun Paulus sagen: **„Denn ich fürchte, ich möchte wohl, wenn ich komme, euch nicht so finden, wie ich es wünsche, und meinerseits von euch nicht so gefunden werden, wie ihr es wünscht; es möchten Streit, Eifersucht, Aufregungen, Eigensüchteleien, Verleumdungen, Gezischel, Aufgeblasenheiten, Ordnungsstörungen [da sein]."** Kann Paulus zur gleichen Zeit oder wenigstens kurz nacheinander beides gedacht und geschrieben haben? Solche Erwägungen gehen immer von dem Menschenbild aus, das der stille Gelehrte an seinem Schreibtisch von seiner eigenen Existenz her haben mag. Aber dies Bild entspricht nicht dem wirklichen Menschen in seiner spannungsreichen Lebendigkeit. Und es erfaßt schon gar nicht das Herz eines Menschen, der im heißen Ringen um eine geliebte Gemeinde, das Siegel seines Apostolates, steht. Als Paulus den Titus mit dem „Tränenbrief" nach Korinth gesandt hatte, war er voll bedrängender Sorge, ob es nun zum endgültigen Bruch mit der Gemeinde komme. Das Ausbleiben des Titus steigerte seine Angst um Korinth. Nun kam Titus mit der einen, entscheidenden Nachricht: Es ist kein Bruch erfolgt, die Gemeinde als ganze hält an ihrem Apostel fest, es ist viel Sehnsucht nach ihm, viel Eifer für ihn hervorgebrochen. Eine qualvolle Last war Paulus abgenommen. Sollte nun nicht erst einmal stürmisch die Freude in ihm durchbrechen? Aber nur ein Ahnungsloser, der sich selbst und die Menschen nicht kennt, könnte meinen, daß jetzt in Korinth mit einem Schlage alles gut sei und eine Gemeinde dastehe, an der der Apostel nur noch Freude haben könne. So ahnungslos war aber ein Paulus gewiß nicht. Schon die gründlichen Ausführungen zur Frage der Sammlung für Jerusalem zeigen, daß Paulus sich bei all seiner Freude nicht über die Lage in Korinth täuschte. Sofort bei diesem praktischen Punkt rechnet er mit Widerständen und einem Wiederaufflackern von Mißtrauen und Ablehnung. Und es ist jedem Kenner des menschlichen Herzens klar, daß in einer Gemeinde, die durch solche inneren Nöte gegangen ist, wie es schon der 1 Ko und noch viel mehr in unserm Brief die Sätze 1, 23 — 2, 4 zeigen, gerade solche Dinge wie

„Streit, Eifersucht[365]**, Eigensüchteleien**[366]**, Verleumdungen, Gezischel"** tief eingefressen sind und auch nach einer Umkehr und einer Aussöhnung mit dem Apostel noch lange nachwirken. Denn diese Dinge galten ja nicht so sehr dem Apostel, sondern belasten vor allem das Verhältnis der Gemeindeglieder untereinander. Gerade nach der Wiederherstellung der Autorität des Paulus konnten die verschiedenen Gruppen in der Gemeinde sich gegenseitig beschuldigen, an der ganzen Not schuld zu sein, und eifersüchtig darüber wachen, daß sie nicht von andern aus der Gunst des Apostels verdrängt wurden. Auch unter diesem Gesichtspunkt ist 7, 4 ff mit 12, 20 f klar vereinbar[367]. Aber auch die alten **„Aufgeblasenheiten"** (1 Ko 5, 2; 8, 1) sind nicht mit einem Mal verschwunden und können schnell wieder hervorbrechen. In der schon lange zerrissenen Gemeinde (1 Ko 1, 11; 11, 18 f) kann es leicht wieder zu **„Ordnungsstörungen"** kommen. Titus selbst wird in seinem Bericht die Nöte nicht verschwiegen haben, die trotz der gründlichen Wendung in der Gesamthaltung der Gemeinde noch ernst genug blieben.

Darum erwartet Paulus bei seinem Besuch in Korinth nicht nur den 21
Kampf mit seinen ausgesprochenen Gegnern, sondern wird auch in der Gemeinde selbst vieles finden, was ihm Not und Schmerz machen wird. Es ist aber kennzeichnend, wie er diese Sorge formuliert: **„es möchte noch einmal, wenn ich komme, mein Gott mich demütigen bei euch."** Von neuem wird die Liebe sichtbar, die den Apostel mit der Gemeinde eint. Was er an Schäden und Entstellungen in der Gemeinde antreffen wird, das sieht er nicht von oben herab mit Entrüstung und Aburteilung. Er stellt sich selbst ganz darunter und nimmt es als eigene Demütigung auf sich. Zugleich zeigt sich unwillkürlich wieder das „theozentrische" Denken des Paulus. Es ist die Gemeinde und doch nicht die Gemeinde, sondern es ist Gott, der Paulus demütigt und den der Apostel gerade dabei „seinen" Gott nennt. Die Demütigung von den Zuständen der Gemeinde her nimmt der Apostel aus der Hand **„seines Gottes**[368]**"**. Dabei läßt das **„noch ein-**

[365] Die Handschriften von K und manche andere bieten hier den Plural „Streitigkeiten, Eifersüchteleien".

[366] Das hier stehende Wort ist in seiner Bedeutung umstritten. Vgl. dazu die Auslegung von Rö 2,8 und Phil 1,17 in der W. Stb. Die LÜ faßt „eritheia" als „Streitsucht", „Zank". Es erscheint aber wenig wahrscheinlich, daß Paulus nach dem „Streit" am Anfang der Aufzählung noch einmal „Streitsucht" hervorgehoben hat.

[367] Entscheidend für die Zugehörigkeit auch dieser Sätze zum 2. Korintherbrief ist die einfache Tatsache, daß Paulus sie schreibt im Blick auf den unmittelbar bevorstehenden Besuch in Korinth. Im „Tränenbrief" hatte er diesen Besuch vorläufig gerade verweigert.

[368] Auch heute wird kein Seelsorger oder Gemeindeleiter ohne solche Demütigung durchkommen. Es ist dabei tröstlich zu wissen, daß selbst der „große" Paulus in der ersten, „klassischen" Zeit der Christenheit so gedemütigt wurde.

mal" erkennen, wie sehr Paulus auch die früheren, bitteren Erfahrungen mit der Undankbarkeit, dem Mißtrauen und der Zerrüttung der Gemeinde als „Demütigung" empfunden hat. Gerade in seiner größten und bedeutendsten Gemeinde, auf die er hätte stolz sein können, „demütigt" Gott seinen Boten. Aber dieses **„noch einmal"** steht nicht im Widerspruch zu seiner Erklärung in 2, 1 „nicht noch einmal in Betrübnis nach Korinth zu kommen". Nein, in dieser umfassenden Weise „in Betrübnis" wie bei jenem Zwischenbesuch wird er nach der Wendung in der Gemeinde und nach der Bestrafung und Reue jenes Beleidigers nicht wieder in Korinth sein.

Das beweist sogleich die Fortsetzung des Satzes: **„und ich müsse über viele von denen trauern, die vorher gesündigt hatten und ihren Sinn doch nicht änderten ob der Unreinheit und Unzucht und Ausschweifung, die sie begangen hatten** (oder: und doch nicht Buße taten wegen der . . .)." Es geht nicht um die Gemeinde als ganze, sondern um einzelne in der Gemeinde, auch wenn es nicht nur Vereinzelte, sondern „viele" sind, über die der Apostel wird **„trauern"** müssen. Worum handelt es sich dabei? Die grie Gemeindeglieder in Korinth kamen aus einer sexuellen Ungebundenheit, die auch gebildeten Griechen selbstverständlich war[869]. Sie waren an eine Praxis des geschlechtlichen Lebens gewöhnt, die der Apostel nur als **„Unreinheit und Unzucht und Ausschweifung"** ansehen konnte. Sie mußten besonders tief und gründlich ihren ganzen **„Sinn ändern"**, wenn sie wahrhaft frei und ein geheiligtes Eigentum Gottes werden wollten. Aber das hatten sie nicht getan. Ja, sie werden eine solche „Buße" ausdrücklich als unnötig abgelehnt haben, unter Berufung auf die neue Erkenntnis, daß wahren „Geistesmenschen" „alles erlaubt" sei, gerade auch auf dem sexuellen Gebiet. Die gründlichen Darlegungen des Apostels in 1 Ko 6, 12—21 hatten offenbar nichts genutzt. Jetzt muß und wird Paulus durchgreifen; er kann nicht länger „schonen" (13, 2). Hier gibt es keine weiteren „Diskussionen". Diese Männer müssen aus der Gemeinde entfernt werden, auch wenn es **„viele"** sind. Aber Paulus wird diese Reinigung der Gemeinde nicht mit Genugtuung vollziehen, sondern wird über die Ausgestoßenen **„trauern"**, wie man über Tote Leid trägt[870].

[869] Es sei an das Wort eines Mannes wie Demosthenes aus der klassischen Zeit Athens erinnert, der in einer Rede sagen kann: „Wir haben Hetären, um uns mit ihnen zu ergötzen, sodann gekaufte Dirnen, um unseren Körper zu pflegen, endlich Frauen, die uns rechtmäßige Kinder schenken sollen und denen obliegt, alle unsere häuslichen Angelegenheiten zu überwachen." Vgl. die Einleitung zum 1. Korintherbrief in der W. Stb. S. 12.

[870] Wir sehen hier besonders deutlich, wie es dem Apostel fort und fort um das konkrete Verhalten der Männer geht, die er in Korinth bekämpft. Immer wieder — auch in 2, 17; 4, 2; 5, 12; 6, 14; 10, 5; 11, 12—15 — handelt es sich um „Ethik". Aber hinter der falschen

Noch einmal müssen wir darauf achten, daß Paulus in diesem Abschnitt nicht sagt: So muß und wird es kommen, sondern seiner Sorge Ausdruck gibt, es möchte so werden. Noch kann es verhindert werden, wenn die Gemeinde „ihren Gehorsam vollendet" (10, 6); wenn sie selber dafür sorgt, daß die unguten „Aufregungen, Eifersüchteleien, Verleumdungen, Gezischel" ausgeräumt werden, daß „Streit und Eifersucht" schwinden und daß die, „die vorher gesündigt hatten", doch noch vor dem Kommen des Apostels zu einer echten Umkehr bewogen werden. Allerdings „schonen" will und kann der Apostel nicht noch einmal. Durch Schonung dieser Männer würde er die Gemeinde nicht „bauen", sondern zerstören helfen. Es wird aber gerade an dieser Drohung deutlich, daß die Sätze des Apostels hier seinen Ausführungen 7, 4—7 nicht widersprechen. Mit Trauer aus der Gemeinde Menschen ausschließen kann er nur, wenn und weil die Gemeinde als solche wieder fest zu ihm steht. Weil sie es bei seinem Zwischenbesuch noch nicht tat, hatte er damals „schonen" und die Klärung aller Fragen auf den versprochenen Doppelbesuch (1 Ko 15 f) verschieben müssen.

ANKÜNDIGUNG SCHONUNGSLOSEN DURCHGREIFENS BEIM DRITTEN BESUCH DES APOSTELS

2. Korinther 13, 1—10

1 **Das dritte Mal komme ich diesmal zu euch: „Durch zweier oder**
dreier Zeugen Mund soll jede Sache festgestellt werden" (5 Mo
2 **19, 15). * Ich habe vorausgesagt und sage voraus, als zum zweiten-**
mal Anwesender und als Abwesender jetzt, denen, die vorher
gesündigt haben, und den übrigen allen, daß ich, wenn ich komme,
3 **nicht wieder schonen werde, * weil ihr ja eine Bewährung sucht**
des in mir redenden Christus, der gegen euch nicht schwach ist,
4 **sondern Macht hat unter euch. * Denn er wurde freilich gekreuzigt**
aus Schwachheit, aber er lebt aus Kraft Gottes. Denn auch wir sind
freilich schwach in ihm, aber wir werden uns zusammen mit ihm
5 **aus Kraft Gottes lebendig erweisen an euch. * Macht an euch selbst**
die Probe, ob ihr im Glauben seid; prüft euch selbst (oder: macht

Zu Vers 1:
2 Ko 12, 14
5 Mo 19, 15
Mt 18, 16
1 Tim 5, 19
Zu Vers 2:
2 Ko 1, 13
12, 21
Gal 1, 9
Zu Vers 3:
Rö 15, 18
Zu Vers 4:
Mt 26, 64
Rö 6, 9 f
1 Ko 1, 25
Phil 2, 7
Hbr 2, 9
Zu Vers 5:
Rö 8, 9 f
1 Ko 11, 28
Gal 2, 20
6, 4

Lebenspraxis steht falsche Lehre, wie in jeder „Ethik" eine bestimmte „Dogmatik" zum Ausdruck kommt. Das Evangelium war entstellt, wo man sexuelle Zuchtlosigkeit und Ausschweifung meinte ohne Buße beibehalten und sogar rechtfertigen zu können. Es liegt „Irrlehre" vor. Aber der Kampf und das Gericht des Apostels setzt nicht bei Theorien als solchen ein, sondern bei den offenkundigen Sünden. Das ist bei Paulus auch israelitisches Erbe. Vgl. Evangelium des Johannes, Halbbd II S. 38 W. Stb.

Zu Vers 8:
Apg 4, 20
24, 16
1 Ko 13, 6
Zu Vers 9:
Hbr 13, 21
Zu Vers 10:
2 Ko 2, 3
10, 4. 8. 11

euch selbst bewährt). Oder erkennt ihr nicht an euch selbst, daß
Jesus Christus in euch ist? Ihr müßtet denn etwa unbewährt sein.
6 ***Ich hoffe aber, ihr werdet erkennen, daß wir unserseits nicht**
7 **unbewährt sind. * Wir beten aber zu Gott, daß ihr nichts Böses**
tun möget, nicht damit w i r als die Bewährten erscheinen, sondern
damit i h r das Gute tut, w i r aber wie Nichtbewährte dastehen.
8 *** Denn nicht vermögen wir etwas gegen die Wahrheit, sondern für**
9 **die Wahrheit. * Wir freuen uns ja, wenn w i r schwach sind, i h r**
aber stark seid. Dies erbitten wir auch, eure völlige Herstellung.
10 *** Deswegen schreibe ich dieses als Abwesender, damit ich als An-**
wesender nicht streng verfahren muß nach der Vollmacht, die der
Herr mir gegeben hat zum Aufbau und nicht zur Zerstörung.

1 **„Das dritte Mal komme ich diesmal zu euch."** Paulus gewährt den Korinthern mehr als andern Gemeinden, die er nur zweimal besuchte. Aber daran denkt er jetzt nicht so sehr. Vor ihm steht die Möglichkeit, in Korinth durchgreifen und Gericht halten zu müssen. Dabei sind nach der alten Ordnung[871] „zwei oder drei Zeugen" nötig. **„Durch zweier oder dreier Zeugen Mund soll jede Sache festgestellt werden."** Nun seine eigenen drei Besuche in der Gemeinde, bei denen er mit eigenen Augen die Zustände in ihr sah, sind diese erforderlichen „drei Zeugen". Das Gericht kann beginnen, seine Voraussetzungen
2 sind erfüllt. Und dieses Gericht wird schonungslos sein. **„Ich habe vorausgesagt und sage voraus, als zum zweitenmal Anwesender und als Abwesender jetzt, denen, die vorher gesündigt haben, und den übrigen allen, daß ich, wenn ich komme, nicht wieder schonen werde."** Bei dem notvollen Zwischenbesuch (2, 1 ff) war die Lage in der Gemeinde nicht so, daß Paulus durchgreifen konnte. Es fehlte auch die notwendige Zeit, da Paulus nach Ephesus zurück mußte. Aber der Apostel hat es damals vorausgesagt und wiederholt in Abwesenheit schriftlich diese Voraussage, daß ein erneuter Besuch – wenn er nach der Rückkehr der Gemeinde zum Gehorsam möglich wird – die **„nicht wieder schonen werde"**, **„die vorher gesündigt haben"**. Es sind wieder die gleichen Gemeindeglieder gemeint, von denen eben 12, 21 die Rede war. Sie sollen es erneut wissen, daß ihnen die Voraussage des Apostels gilt. Aber auch **„die übrigen alle"**, also die Gemeinde als ganze, müsse sich auf das vorbereiten, was bei dem dritten Besuch ihres Apostels geschehen wird.

3 Ist das erschreckend für die Korinther? Oh, sagt Paulus, damit erfülle ich nur euer eigenes Verlangen, **„weil ihr ja eine Bewährung**

[871] 5 Mo 19, 15 ist in der Gemeinde Jesu schon in Mt 18, 16 nach dem Willen des Herrn selbst aufgenommen.

sucht des in mir redenden Christus". Über die wirkliche Vollmacht des Paulus war in Korinth vielfach verhandelt worden, da Paulus wenig imponierend, sondern **„gering"** (10, 1), „schwach" und nachgiebig erschien (10, 10). Hat dieser Paulus überhaupt Vollmacht? Ist er ein echter Gesandter, in welchem Christus selbst in göttlicher Gewalt redet? Das soll er doch einmal wirklich zeigen und beweisen, werden seine Gegner höhnisch und seine Freunde mit bangendem Wünschen gesagt haben. Nun, jetzt werden sie es selbst erleben, daß Christus in Paulus redet und handelt, der Christus, **„der gegen euch nicht schwach ist, sondern Macht hat unter euch".**

Freilich, in dem Leben des Apostels zeigt sich jene eigentümliche 4
Dialektik von „Schwachheit" und „Kraft", von der Paulus eingehend gesprochen hat und die in dem Satz gipfelte: „Wenn ich schwach bin, dann bin ich stark" (12, 10). Diese Dialektik wurzelt im Wesen des Christus selbst. In Jesus und seinem Kreuz ist die „Torheit" und die „Schwachheit" Gottes aller Welt sichtbar geworden, wie Paulus schon in 1 Ko 1, 25 gesagt hatte. Das gehörte zu Gottes erstaunlichem, rettenden Handeln notwendig dazu. Darum stellt es Paulus auch jetzt wieder fest: **„Denn er wurde freilich gekreuzigt aus Schwachheit."** Aber gerade dadurch gewann er den Sieg und die ganze Erlöservollmacht. Darum wurde er von Gott auferweckt und **„lebt aus Kraft Gottes".** Ist dieses unlösliche Miteinander von Schwachheit und Kraft das Geheimnis des Christus, den Paulus verkündigt, dann muß es auch an dem Gesandten des Christus zu sehen sein, gerade wenn er wahrhaft sein Gesandter ist und wenn dieser Christus selbst in ihm lebt und wirkt. So ist es in der Tat: **„Denn auch wir sind freilich schwach in ihm, aber wir werden uns zusammen mit ihm aus Kraft Gottes lebendig erweisen an euch[372]."** So hatte Paulus es schon 4, 10—12 dargelegt. Er als Diener des Neuen Bundes trägt das Sterben Jesu an seinem Leibe; damit ist er selbst ein Sterbender, ein „Schwacher"; aber so wird auch das Leben Jesu an seinem Leibe offenbar, darin ist er stark und wirksam. „So ist nun der Tod mächtig in uns, aber das Leben in euch" (4, 12). Von diesem Wort aus müssen wir den positiven Klang auch in unserm Vers hören. Wenn Paulus sich **„aus Kraft Gottes lebendig erweisen**

[372] Damit hat Paulus etwas Wesentliches für die Gemeinde aller Zeiten ausgesprochen. Es steht mit der Gemeinde nur recht, wenn sie willig und entschlossen diese „Schwachheit" an sich trägt. Sobald sie nach menschlicher Weise „stark" und „siegreich" sein will, entartet sie und verliert ihre wahre Kraft. Aber freilich, auch die Gemeinde und die einzelnen Boten Jesu können wiederum nicht einfach nur schwach und hilflos in der Welt stehen. Auch sie dürfen und müssen sich in der Lebensgemeinschaft mit Christus „aus Kraft Gottes lebendig erweisen" in Vollmacht über Menschen. Vgl. dazu die Ausführungen Friedrich von Bodelschwinghs im Kirchenkampf. Wilhelm Brandt „Friedrich von Bodelschwingh", Bethel 1967 S. 146/47.

wird an den Korinthern", dann sieht er den „Aufbau" der Gemeinde vor sich (V. 10), für den das Gericht und die etwa notwendige Ausstoßung der Unbußfertigen nur ein schmerzliches Mittel ist. Nicht in seiner persönlichen Überlegenheit und in seinem Sieg über seine Gegner sieht ein Paulus **„die Kraft Gottes"** am Werk, sondern in der Zurechtbringung der Gemeinde. Das wird er uns in V. 7—9 ausdrücklich sagen.

5 Jetzt geht sein Blick auf die Gemeinde zunächst in einer andern Richtung. Er, der Apostel bereitet seinen dritten Besuch in Korinth vor. Auch die Gemeinde soll sich auf diesen Besuch rüsten. Wie kann sie das tun? Durch eine klare Selbstprüfung. **„Macht an euch selbst die Probe, ob ihr im Glauben seid; prüft euch selbst** (oder: macht euch selbst bewährt). **Oder erkennt ihr nicht an euch selbst, daß Jesus Christus in euch ist?"** Es ist kennzeichnend für das, was einem Paulus wesentlich als „Christentum" und „Christsein" galt, daß die „Prüfungsfrage" für die Gemeinde nur die eine ist: **„Ob ihr im Glauben seid."** Paulus hatte mit großem Ernst von den Schäden im Gemeindeleben gesprochen. Und dabei „Streit, Eifersucht, Verleumdung" genannt. Er hatte dann an die Entstellung des geschlechtlichen Lebens erinnert, an „Unreinheit, Unzucht und Ausschweifung". Aber jetzt bei der Selbstprüfung der Gemeinde geht es nicht um diese Dinge; die Selbstprüfung ist keine moralische. Es geht um den **„Glauben"**. Dabei machen aber die Formulierungen des Apostels sofort deutlich, daß er nicht an intellektualistischen kraftlosen „Glauben" denkt, der nur in der Zustimmung zu christlichen Ansichten und Meinungen besteht. Paulus fragt nicht, ob sie „Glauben haben", sondern ob sie **„im Glauben sind"**. Der Glaube ist dadurch als der umfassende Raum gekennzeichnet, in dem sich das ganze Leben eines Menschen abspielt, als die bestimmende und formende Macht, die alles Denken und Reden, Tun und Lassen durchwaltet. Dieser **„Glaube"** ist so wenig eine bloß gedankliche Sache, daß in ihm vielmehr Jesus Christus selber in einem Menschen, in einer Gemeinde anwesend und wirksam ist[873]. Paulus verwendet dabei den vollen Namen **„Jesus Christus"**. Nicht nur ein jenseitiger, geistiger Christus, der nicht viel mehr ist als eine „Christusidee", sondern der wirkliche Christus, der als Jesus von Nazareth unter uns gelebt, gelehrt, geheilt, gelitten und das Kreuz getragen hat, ist in den Glaubenden gegenwärtig. Das freilich muß in seiner Realität an den Glaubenden von ihnen selber zu **„erkennen"** sein! Die Korinther können es bei ihrer Selbstprüfung erfahren: **„Oder erkennt ihr nicht an euch selbst, daß Jesus Christus in euch ist?"**

[873] Dieses „Christus in uns" bezeugt Paulus als wesenhaft für sein eigenes Leben in Gal 2, 20, für die Gemeinde in Eph 3, 17; Kol 1, 27.

Sind die Korinther „im Glauben" und ist darum Jesus Christus in ihnen, dann ist alles gut. Dann müssen sie so wenig wie Paulus vor dem neuen Zusammensein beim dritten Besuch des Apostels in Sorge sein. Denn dann sind sie im wesentlichen geeint und werden sich darum auch in allen einzelnen Fragen zusammenfinden. Gerichtsmaßnahmen und Ausschließung von Gemeindegliedern, die in der Sünde beharren, werden sie als notwendig bejahen. Die Beseitigungen der Spaltungen und der Ordnungsstörungen, das Ausräumen von Eigensüchteleien, Verleumdungen, Gezischel und Aufgeblasenheiten werden sie als befreiend begrüßen. Solche Maßnahmen wären vergeblich, wenn die Gemeinde nicht mehr **„im Glauben"** ist. Darum fügt Paulus den Satz hinzu: **„Ihr müßtet denn etwa unbewährt sein."** Aber Paulus sieht das nur als eine äußerste Möglichkeit, die er in der Formung des Satzes sofort selber ausschließt. Nein, so kann es in Korinth nicht stehen. Das kann und wird nicht das Ergebnis der Prüfung sein. Es ist freilich ernst mit der Selbstprüfung. In einer Täuschung darf gerade in dieser Sache niemand bleiben. Aber die Gemeinde war fähig, sich von ihren Verführern zu lösen und von ihren Irrwegen zu dem Apostel und seiner Botschaft zurückzukehren. Darum wird sie es bei einer Prüfung ihres Glaubens mit beschämtem Dank erkennen, daß die Hand Jesu sie festgehalten hat und daß Jesus Christus in ihnen
ist. In ihrer Umkehr hat sich die Gemeinde als **„bewährt"** erwiesen. 6

Aber Paulus hofft, daß nun auch endlich der lange Streit um ihn und um seine „Bewährtheit" als Apostel zu Ende ist. Es wird eintreten, was er schon am Anfang seines Briefes wünschte, daß die Korinther ihn „völlig verstehen" (1, 13). **„Ich hoffe aber, ihr werdet erkennen, daß wir unserseits nicht unbewährt sind."** Die „Sendung" und Bevollmächtigung des Paulus war grundlegend vor Damaskus und in Damaskus geschehen. Sie ist und bleibt auch voll der „Herrlichkeit", die der Apostel in Kap. 3 geschildert hatte. Paulus denkt aber bei aller Betonung seines Apostolates doch nicht institutionell. Seine Einsetzung in sein „Amt" durch den Herrn ist nicht schon von selbst die Garantie seines richtigen Handelns. Gerade weil der Herr selber ihn erwählt und mit diesem Amt betraut hat, kommt auf seine ständige Bewährung alles an. Als „tüchtig" und „geeignet" (Kap. 2, 16; 3, 4) muß sich Paulus immer neu zeigen in den Nöten und Kämpfen und Aufgaben, in die ihn sein Herr stellt. Doch er ist gewiß, die erneute Bewährung seiner Vollmacht, auch in den Schwierigkeiten in Korinth, wird die Gemeinde dort bei seinem Besuch selbst erkennen, auch wenn Paulus bei seinem Zwischenbesuch schwach und unterlegen erschienen sein mochte.

Paulus aber möchte, daß sein „Bewährtsein" nicht falsch verstanden 7
wird als sein eigener äußerer Sieg und als sein Triumph über alle,

die in Korinth den neuen Lehrern zugeneigt gewesen waren. Nicht im Richten, Verurteilen und Ausstoßen will er seine apostolische Macht zeigen, auch wenn ein solches Vorgehen vielleicht nötig werden wird. Er möchte etwas ganz anderes. Er möchte dieses andere so ernstlich, daß er es zum Gegenstand seines Betens gemacht hat. **„Wir beten aber zu Gott, daß ihr nichts Böses tun möget, nicht damit wir als die Bewährten erscheinen, sondern damit ihr das Gute tut, wir aber wie Nichtbewährte dastehen."** Es geht dem Apostel um die Gemeinde und ihr Leben, um nichts anderes, vor allem nicht um seine persönliche Überlegenheit. Die Gemeinde möge **„nichts Böses tun"**. Bei dieser ganz allgemeinen Formulierung denkt Paulus doch wohl an die konkrete Lage und ihre Erfordernisse. Er hat von sehr bestimmten Dingen gesprochen, die „böse Dinge" sind (12, 20 f). Die Gemeinde, die zu Paulus zurückgekehrt ist und bei ihrer Selbstprüfung erkennen kann, daß sie im Glauben ist, soll und kann sich von all diesen verderblichen Verfehlungen trennen und **„nichts Böses tun"**. Dann wird Paulus nicht oder nur in sehr geringem Ausmaß Gericht halten müssen. Das kann dann so aussehen, als ob er und seine Mitarbeiter **„wie Nichtbewährte dastehen"**. Er hat mit Richten und Strafen gedroht und dann bei seinem Besuch seine Drohungen doch nicht ausgeführt. Es konnte erneut gesagt werden: Der Brief war wieder einmal wuchtig und kraftvoll, aber seine leibliche Gegenwart auch jetzt
8 wieder schwach (10, 10). Paulus scheut das nicht. **„Denn nicht vermögen wir etwas gegen die Wahrheit, sondern für die Wahrheit."** Wer um jeden Preis recht behalten und als Überlegener dastehen will, kann nicht mehr ernsthaft nach der Wahrheit fragen. Paulus aber kann und will in nichts gegen die klare Wahrheit verstoßen. Sind die Korinther wirklich in der Tiefe und umfassend umgekehrt, wie es Paulus in 7, 8—13 zu seinem Trost vor sich sah, vollenden sie ihren Gehorsam, wie er es in 10, 6 erhofft, dann wäre es **„gegen die Wahrheit"**, wenn Paulus noch richten und verurteilen wollte. Sein Satz wird aber nicht nur diesen nächstliegenden, begrenzten Sinn haben. Paulus liebt es, vom konkreten Anlaß aus umfassende Feststellungen zu treffen. So wird er auch hier den Korinthern noch einmal grundsätzlich vor Augen stellen, was sein ganzes Verhalten in seinem langen, schmerzvollen Ringen mit ihnen geleitet hat. Nur um die volle und ganze **„Wahrheit"** eines echten Gemeindelebens ging es ihm, nicht um sein Ansehen als solches und schon gar nicht um persönliche Vorteile. **„Für die Wahrheit!"**, das war seine Losung. Von den neuen Lehrern sah er die lautere, göttliche Wahrheit in der korinthischen Gemeinde bedroht, schon in den ganzen Fragen, die er im ersten Brief mit den Korinthern besprach, und seitdem vollends in allem, was er in diesem zweiten Brief der Gemeinde vorhielt. Gegen Un-

wahrheit und Unwahrhaftigkeit (11, 13—15!) mußte er unnachgiebig für die Wahrheit kämpfen. Aber **„gegen die Wahrheit"** vermag er nichts.

Er vermag auch dann nichts gegen die Wahrheit, wenn eine ge- 9
reinigte und völlig zurechtgebrachte Gemeinde bei seinem Kommen das Bild zu bieten scheint, daß ein „schwacher" Apostel vor einer „starken" Gemeinde steht. Paulus wird das nicht nur still ertragen, er wird sich sogar daran freuen. **„Wir freuen uns ja, wenn w i r schwach sind, i h r aber stark seid. Dies erbitten wir auch, eure völlige Herstellung[374]."**

Paulus hat in diesem ganzen Abschnitt das Wort „Liebe" nicht gebraucht. Er hat der Gemeinde auch keine Liebesversicherungen gegeben. Aber gerade in den letzten Sätzen spricht die Liebe und zeigt ihr wahres Wesen. Die „Liebe sucht nicht das Ihre" (1 Ko 13, 5). Ihr geht es allein um den andern und sein Gedeihen. Wenn des Paulus Beten erhört und die Gemeinde wieder völlig hergestellt ist und als eine starke, einige, glaubende und dienstbereite Gemeinde dasteht, dann will Paulus neben ihr gern als ein schwacher Mann erscheinen, der unnötig gedroht hat und seine Drohungen unerfüllt zurücknehmen muß. Sein Herz ist dabei voll Freude, denn die geliebte Gemeinde (12, 19) lebt und gedeiht.

Wird er diese Freude erleben oder wird er doch seine Drohungen 10
verwirklichen müssen? Die Entscheidung darüber liegt nicht bei ihm selbst, sondern bei den Korinthern. **„Deswegen schreibe ich dieses als Abwesender, damit ich als Anwesender nicht streng verfahren muß nach der Vollmacht, die der Herr mir gegeben hat zum Aufbau und nicht zur Zerstörung."** Paulus sieht mit Sorge seinem Besuch in Korinth entgegen (12, 20 f). Aber noch liegt eine Zeit vor des Apostels tatsächlichem Eintreffen in Korinth. Die Gemeinde kann in dieser Zeit noch vieles in Ordnung bringen, so daß Paulus dann kaum noch etwas zu strafen und zurechtzubringen findet. Und Titus mit den beiden Brüdern ist in Korinth, dem bei seinem vorigen Besuch so viel gelungen ist, und an dem die Korinther erneut eine tatkräftige Hilfe haben. Aber die Gemeinde muß dabei wissen, daß der Apostel sich auf Schonung, auf Kompromisse und auf Duldung verkehrter Einflüsse nicht mehr einläßt. Er hat ihr **„als Abwesender"** diesen ganzen, grundlegenden Brief mit seinem tiefen Ernst geschrieben, damit sie

[374] Es ist hier als Hauptwort der gleiche Wortstamm verwendet, der in 1 Ko 1, 10 als Verb erscheint und in der W. Stb. mit „fertiggemacht" wiedergegeben ist. Dort bezieht sich dieses „Fertiggemachtsein" der Gemeinde vor allem auf ihre geschlossene Einheit. So wird auch an unserer Stelle die „völlige Herstellung" der Gemeinde vor allem in der Überwindung der Spannungen und Spaltungen, des Gegeneinander mit seinen betrüblichen Auswirkungen (12, 20) bestehen.

sich nicht darüber täuscht. Nun kann sie selbst handeln und kann es so tun, daß Paulus **„als Anwesender nicht streng verfahren muß"**. Die Vollmacht dazu hätte er. Dessen ist er völlig gewiß[375]. Aber es bleibt dabei, diese Vollmacht zielt auf den **„Aufbau"** der Gemeinde, selbst wenn es durch „Zerstörung" nach 10, 4 f gehen muß und die Reinigung der Gemeinde von unlauteren Elementen tief in den Gemeindebestand eingreifen konnte. Auch dann bleibt der Auftrag des Apostels, dessen dürfen die Korinther gewiß sein, **„Aufbau und nicht Zerstörung"**. Durch die Wiederholung dieses gewichtigen Wortes aus 10, 8 wird die innere Einheit dieses ganzen Briefteiles Kap. 10–13 besonders deutlich.

Zu Vers 11:
Rö 12, 16. 18
15, 5. 33
Phil 2, 2
4, 4
Zu Vers 12:
Rö 16, 16
1 Ko 16, 20
1 Th 5, 26
Zu Vers 13:
Rö 5, 5
Gal 6, 18
Phil 2, 1

SCHLUSSMAHNUNG UND SEGEN

2. Korinther 13, 11–13

11 **Im übrigen, Brüder, freut euch, laßt euch vollfertig machen, laßt**
euch mahnen, seid eines Sinnes, haltet Frieden, und der Gott der
12 **Liebe und des Friedens wird mit euch sein. * Grüßt einander mit**
13 **heiligem Kuß. Es grüßen euch die Heiligen alle. * Die Gnade des**
Herrn Jesus Christus und die Liebe Gottes und die Gemeinschaft
des Heiligen Geistes mit euch allen.

11 Paulus kommt zum Abschluß seines Briefes, den Titus nach Korinth mitnehmen und der Gemeinde vorlesen soll. Er markiert diesen Abschluß durch ein **„im übrigen"**, das er ähnlich in 1 Th 4, 1; 2 Th 3, 1; Eph 6, 10 verwendet, freilich an diesen Stellen zur Einleitung eines längeren Schlußteiles des betreffenden Briefes. Aber es bedeutet auch dort, daß die eigentlichen Themen des Briefes abgehandelt sind und nur abschließende Mahnungen und Grüße **„übrig"** sind.

Hier kommen noch knappe Mahnungen, die uns aber überraschen können. **„Im Übrigen, Brüder, freut euch."** Also so ernsthaft wichtig bleibt einem Paulus die Freude für das Christsein des einzelnen und für das Leben einer wahrhaft christlichen Gemeinde! Auch in dieser notvollen Gemeinde in Korinth, die aus bitteren Erfahrungen kommt

[375] Gerade zur „Kirchenzucht", zum „Strafen" in der Gemeinde Jesu bedarf es der „Vollmacht" vom Herrn. Auch hier und gerade hier kann sich die Gemeinde „nicht der Welt gleichstellen" (Rö 12, 2). Weltliche Machtmittel zur Durchführung ihrer Strafe fehlen ihr. Es ist ein schrecklicher Anblick, wenn die Kirche seit Konstantin mehr und mehr die staatliche Macht in Anspruch nahm, um ihre Urteile und Wünsche durchzusetzen und abweichende Meinungen zu unterdrücken. Paulus kam äußerlich machtlos nach Korinth; keine staatliche Behörde unterstützte ihn. Er war sich aber seiner „Vollmacht, die der Herr ihm gegeben", gewiß!

und beim Besuch ihres Apostels vielleicht noch einmal harte und schmerzhafte Tage durchleben muß, darf die Freude nicht ersterben. Und Paulus ist gewiß, daß sie in der Gemeinde wach bleiben kann, wie sie in seinem Herzen unter allen Umständen leuchtet[376]. Hört die Freude bei den Korinthern auf, so wäre ihr Glaube erstorben. Die Freude bleibt aber auch nicht einfach von selbst in den Herzen, sie will bewahrt und genährt werden.

„Laßt euch vollfertig machen." Noch einmal verwendet Paulus das Wort, das er eben in V. 9 als Hauptwort brauchte. Die Gemeinde darf nicht erlahmen und in einem halbfertigen Stand stecken bleiben[377]. Gerade jetzt darf sie sich nicht damit begnügen, wenn sie nach allen Spaltungen und Kämpfen einigermaßen wieder hergestellt ist. Eine in sich geschlossene, zum Dienst des Herrn voll brauchbare Gemeinde, soll und darf sie werden. Paulus fordert aber nicht: „*Macht* euch vollfertig." Damit würde er sie überfordern. Die volle Ausgestaltung ihres Gemeindelebens ist Wirkung der Gnade und Treue des Herrn. Sie geschieht aber vom Herrn her durch den Dienst seiner Boten, jetzt also durch Titus und seine Begleiter, dann durch das Kommen des Paulus selbst. Die Gemeinde aber muß ihrerseits bereit sein, dieses ganze Zurechtbringen aufzunehmen und an sich geschehen zu lassen. Darum fügt Paulus sofort hinzu: **„Laßt euch mahnen"**. Wir denken noch einmal daran, daß das hier verwendete Wort auch als „trösten" wiedergegeben werden kann (vgl. 1, 3—7) und nicht moralisch mißverstanden werden darf. „Zuspruch" in „Ermahnung" und in „Ermutigung" braucht die Gemeinde in Korinth; er wird ihr zuteil auch in diesem Brief ihres Apostels; sie soll ihn nur wirklich annehmen.

Die innere Einheit einer Gemeinde war Paulus stets ein ganz wichtiges Anliegen[378]. Im Blick auf Korinth gewann es besondere Bedeutung. Darum hatte schon der erste Brief mit der dringenden Bitte um Einmütigkeit begonnen (1 Ko 1, 10 f). Wie war seitdem die korinthische Gemeinde noch tiefer zerrissen worden und mit Mißtrauen, Bitterkeit, Streit und Eifersucht erfüllt. Mit welcher Sorge hatte Paulus eben noch daran erinnert (12, 20 f). Nun mahnt er **„seid eines Sinnes"**. Das grie Wort des Paulus ist aber willensmäßiger gefaßt, als in dieser Übersetzung zum Ausdruck kommt. Paulus sagt eigentlich: „Dasselbe habt im Sinn" oder „euer strebendes Denken sei auf das

[376] Vgl. Phil 1, 18; 2, 17; 4, 4; Kol 1, 24.

[377] In 2 Tim 3, 17 steht das Grundwort „aritos = in gehörigem Stande, fertig", dem auch dort sogleich ein „exertismenos = vollfertig gemacht" folgt. Auch bei dem einzelnen Gemeindeglied als einem „Menschen Gottes" geht es Paulus um diese ganze „Fertigkeit". In wie bedenklicher Weise begnügen wir uns mit einer christlichen Mittelmäßigkeit oder gar mit dürftigen Anfängen.

[378] Vgl. Phil 2, 1 f.

selbe gerichtet"[379]. Einheitliche Lehrformen oder äußere Ordnungen können die wahre Einheit nicht bringen, die gerade nicht „Uniformität" ist. Nur wenn unser inneres Denken und Streben auf dasselbe gerichtet ist, kommt die echte Einheit zustande.

Es schließt sich die Bitte an: **„Haltet Frieden"**, seid friedsam. Zur Begründung dieser Mahnung und zum Antrieb ihrer Erfüllung verwendet der Apostel das stärkste Motiv: **„Und der Gott der Liebe und des Friedens wird mit euch sein."** Gott ist anders, als wir denken. Wir malen uns sein Wesen unwillkürlich nach unserer eigenen Härte und herrischen Art. Gottes Wesen aber ist gekennzeichnet durch die Liebe, die er schenkt, und durch den Frieden, den er stiftet[380]. Er ist **„der Gott der Liebe und des Friedens[381]."** Darum kann er auch nur mit denen sein, die Frieden halten und in Liebe eines Sinnes sind. An die „Gemeinde Gottes" in Korinth hatte Paulus seinen Brief gerichtet; Gemeinde dieses wahren Gottes ist sie nur, wenn sie sich völlig zurechtbringen läßt, einmütig dasselbe erstrebt und Frieden in ihren Reihen hält.

12 Zum äußeren Ausdruck kommt diese innere Haltung der Gemeinde, wenn die Männer, die der Verlesung des Briefes zugehört haben, jetzt **„einander mit heiligem Kuß grüßen[382]"**. Zugleich darf die Gemeinde in Korinth wissen: **„Es grüßen euch die Heiligen alle."** Wen hat Paulus dabei im Blick? Da diese Grüße sicher konkret gemeint sind, werden **„die Heiligen alle"** die Gemeindeglieder der makedonischen Gemeinden sein, in denen Paulus jetzt weilte und weilt. Sie

[379] Zu dem dabei verwendeten Wort „phronein" vgl. besonders Rö 8, 5—7 und Phil 2, 1 ff in der W. Stb.

[380] „Er ist unser Friede" (Eph 2, 14).

[381] Als „Gott des Friedens" ist Gott von dem Apostel auch in Rö 15, 33; 16, 20; Phil 4, 9; 1 Th 5, 23 bezeichnet; auch 1 Ko 14, 33 klingt daran an. 2 Th 3, 16 ist von dem „Herrn des Friedens" gesprochen. Aber „der Gott der Liebe" wird Gott nur an unserer Stelle von Paulus genannt. Die Majestät Gottes, seine Heiligkeit, seine Gerechtigkeit und Wahrheit stehen dem Apostel so mächtig vor Augen, daß er sonst diese Formulierung nirgends gebraucht hat. Sie könnte in ihrer Direktheit sehr mißverstanden werden! Gott kann seine Liebe nur dadurch erweisen, daß Christus für uns Gottlose, Sünder und Feinde gestorben (Rö 5, 8) ist. Nur „so", durch den an das Fluchholz hingegebenen Sohn, liebt Gott die Welt (Jo 3, 16).

[382] Über die verschiedene Form und Bedeutung des Kusses im Altertum und in der Bibel unterrichtet gut das „Lexikon zur Bibel". Es handelt sich dabei um eine Form der unterwürfigen, der ehrerbietigen oder der herzlichen Begrüßung unter Männern (2 Mo 18, 7; 1 Sam 10, 1; Ps 2, 1; 1 Mo 33, 4; Apg 20, 37). Im „heiligen" Kuß innerhalb der Gemeinde Jesu, wird diese „Form" mit einem neuen Inhalt gefüllt. Der Bruderkuß wird zum Ausdruck der ganzen Verbundenheit in dem Herrn und in der von ihm geschenkten Liebe zueinander. Da in den apostolischen Briefen stets nur die „Brüder" angeredet sind, gilt die Aufforderung zum Grüßen mit dem heiligen Kuß zunächst auch nur ihnen. Ob sich die Frauen in der Gemeinde untereinander ebenfalls so gegrüßt haben, wissen wir nicht; die Wahrscheinlichkeit spricht aber dafür.

und beim Besuch ihres Apostels vielleicht noch einmal harte und schmerzhafte Tage durchleben muß, darf die Freude nicht ersterben. Und Paulus ist gewiß, daß sie in der Gemeinde wach bleiben kann, wie sie in seinem Herzen unter allen Umständen leuchtet[376]. Hört die Freude bei den Korinthern auf, so wäre ihr Glaube erstorben. Die Freude bleibt aber auch nicht einfach von selbst in den Herzen, sie will bewahrt und genährt werden.

„Laßt euch vollfertig machen." Noch einmal verwendet Paulus das Wort, das er eben in V. 9 als Hauptwort brauchte. Die Gemeinde darf nicht erlahmen und in einem halbfertigen Stand stecken bleiben[377]. Gerade jetzt darf sie sich nicht damit begnügen, wenn sie nach allen Spaltungen und Kämpfen einigermaßen wieder hergestellt ist. Eine in sich geschlossene, zum Dienst des Herrn voll brauchbare Gemeinde, soll und darf sie werden. Paulus fordert aber nicht: „*Macht* euch vollfertig." Damit würde er sie überfordern. Die volle Ausgestaltung ihres Gemeindelebens ist Wirkung der Gnade und Treue des Herrn. Sie geschieht aber vom Herrn her durch den Dienst seiner Boten, jetzt also durch Titus und seine Begleiter, dann durch das Kommen des Paulus selbst. Die Gemeinde aber muß ihrerseits bereit sein, dieses ganze Zurechtbringen aufzunehmen und an sich geschehen zu lassen. Darum fügt Paulus sofort hinzu: **„Laßt euch mahnen".** Wir denken noch einmal daran, daß das hier verwendete Wort auch als „trösten" wiedergegeben werden kann (vgl. 1, 3—7) und nicht moralisch mißverstanden werden darf. „Zuspruch" in „Ermahnung" und in „Ermutigung" braucht die Gemeinde in Korinth; er wird ihr zuteil auch in diesem Brief ihres Apostels; sie soll ihn nur wirklich annehmen.

Die innere Einheit einer Gemeinde war Paulus stets ein ganz wichtiges Anliegen[378]. Im Blick auf Korinth gewann es besondere Bedeutung. Darum hatte schon der erste Brief mit der dringenden Bitte um Einmütigkeit begonnen (1 Ko 1, 10 f). Wie war seitdem die korinthische Gemeinde noch tiefer zerrissen worden und mit Mißtrauen, Bitterkeit, Streit und Eifersucht erfüllt. Mit welcher Sorge hatte Paulus eben noch daran erinnert (12, 20 f). Nun mahnt er **„seid eines Sinnes".** Das grie Wort des Paulus ist aber willensmäßiger gefaßt, als in dieser Übersetzung zum Ausdruck kommt. Paulus sagt eigentlich: „Dasselbe habt im Sinn" oder „euer strebendes Denken sei auf das-

376 Vgl. Phil 1, 18; 2, 17; 4, 4; Kol 1, 24.

377 In 2 Tim 3, 17 steht das Grundwort „aritos = in gehörigem Stande, fertig", dem auch dort sogleich ein „exertismenos = vollfertig gemacht" folgt. Auch bei dem einzelnen Gemeindeglied als einem „Menschen Gottes" geht es Paulus um diese ganze „Fertigkeit". In wie bedenklicher Weise begnügen wir uns mit einer christlichen Mittelmäßigkeit oder gar mit dürftigen Anfängen.

378 Vgl. Phil 2, 1 f.

selbe gerichtet"[379]. Einheitliche Lehrformen oder äußere Ordnungen können die wahre Einheit nicht bringen, die gerade nicht „Uniformität" ist. Nur wenn unser inneres Denken und Streben auf dasselbe gerichtet ist, kommt die echte Einheit zustande.

Es schließt sich die Bitte an: **„Haltet Frieden"**, seid friedsam. Zur Begründung dieser Mahnung und zum Antrieb ihrer Erfüllung verwendet der Apostel das stärkste Motiv: **„Und der Gott der Liebe und des Friedens wird mit euch sein."** Gott ist anders, als wir denken. Wir malen uns sein Wesen unwillkürlich nach unserer eigenen Härte und herrischen Art. Gottes Wesen aber ist gekennzeichnet durch die Liebe, die er schenkt, und durch den Frieden, den er stiftet[380]. Er ist **„der Gott der Liebe und des Friedens[381]."** Darum kann er auch nur mit denen sein, die Frieden halten und in Liebe eines Sinnes sind. An die „Gemeinde Gottes" in Korinth hatte Paulus seinen Brief gerichtet; Gemeinde dieses wahren Gottes ist sie nur, wenn sie sich völlig zurechtbringen läßt, einmütig dasselbe erstrebt und Frieden in ihren Reihen hält.

12 Zum äußeren Ausdruck kommt diese innere Haltung der Gemeinde, wenn die Männer, die der Verlesung des Briefes zugehört haben, jetzt **„einander mit heiligem Kuß grüßen[382]"**. Zugleich darf die Gemeinde in Korinth wissen: **„Es grüßen euch die Heiligen alle."** Wen hat Paulus dabei im Blick? Da diese Grüße sicher konkret gemeint sind, werden **„die Heiligen alle"** die Gemeindeglieder der makedonischen Gemeinden sein, in denen Paulus jetzt weilte und weilt. Sie

[379] Zu dem dabei verwendeten Wort „phronein" vgl. besonders Rö 8, 5–7 und Phil 2, 1 ff in der W. Stb.

[380] „Er ist unser Friede" (Eph 2, 14).

[381] Als „Gott des Friedens" ist Gott von dem Apostel auch in Rö 15, 33; 16, 20; Phil 4, 9; 1 Th 5, 23 bezeichnet; auch 1 Ko 14, 33 klingt daran an. 2 Th 3, 16 ist von dem „Herrn des Friedens" gesprochen. Aber „der Gott der Liebe" wird Gott nur an unserer Stelle von Paulus genannt. Die Majestät Gottes, seine Heiligkeit, seine Gerechtigkeit und Wahrheit stehen dem Apostel so mächtig vor Augen, daß er sonst diese Formulierung nirgends gebraucht hat. Sie könnte in ihrer Direktheit sehr mißverstanden werden! Gott kann seine Liebe nur dadurch erweisen, daß Christus für uns Gottlose, Sünder und Feinde gestorben (Rö 5, 8) ist. Nur „so", durch den an das Fluchholz hingegebenen Sohn, liebt Gott die Welt (Jo 3, 16).

[382] Über die verschiedene Form und Bedeutung des Kusses im Altertum und in der Bibel unterrichtet gut das „Lexikon zur Bibel". Es handelt sich dabei um eine Form der unterwürfigen, der ehrerbietigen oder der herzlichen Begrüßung unter Männern (2 Mo 18, 7; 1 Sam 10, 1; Ps 2, 1; 1 Mo 33, 4; Apg 20, 37). Im „heiligen" Kuß innerhalb der Gemeinde Jesu, wird diese „Form" mit einem neuen Inhalt gefüllt. Der Bruderkuß wird zum Ausdruck der ganzen Verbundenheit in dem Herrn und in der von ihm geschenkten Liebe zueinander. Da in den apostolischen Briefen stets nur die „Brüder" angeredet sind, gilt die Aufforderung zum Grüßen mit dem heiligen Kuß zunächst auch nur ihnen. Ob sich die Frauen in der Gemeinde untereinander ebenfalls so gegrüßt haben, wissen wir nicht; die Wahrscheinlichkeit spricht aber dafür.

wissen, daß er auf dem Wege nach Korinth ist und an die Korinther schreibt. Allenfalls könnten auch die Gemeinden der Asia dem Apostel Grüße aufgetragen haben, die er hier schon bestellt, ehe er sie in Korinth selbst mündlich ausrichten kann. Eine organisierte Einheit der Gemeinden in einer alle umfassenden „Kirche" gab es nicht. Aber innerlich bilden die Gemeinden eine Einheit und nehmen aneinander teil. Ja mehr, sie sind wesenseins. Denn alle ihre Glieder, leben sie nun in Ephesus oder in Makedonien, in Jerusalem oder in Korinth, sind **„Heilige[383]"**. Sie sind „nicht von der Welt", sondern Jesus hat sie „aus der Welt erwählt" (Jo 15, 19) und zu Gottes Eigentum gemacht. So grüßen sie einander. Und dieses „Grüßen" ist keine höfliche Formalität. In ihrer unvermeidlichen Fremdlingschaft in der Welt ist es ihnen ein kräftiger Trost und eine Freude, voneinander zu hören und aufeinander zu sehen. Das **„Grüßen"** wird zum inneren Bedürfnis und trägt lebendige Bruderliebe von einer Gemeinde zur andern.

Und nun schreibt der Apostel — sicherlich eigenhändig — den Se- 13
gensgruß als Schlußwort des Briefes. So ist es Sitte in allen seinen Briefen[384]. Aber hier ist dieser Segensgruß „trinitarisch" geformt: **„Die Gnade des Herrn Jesus Christus und die Liebe Gottes und die Gemeinschaft des Heiligen Geistes mit euch allen."** So wird er vielfach in Kirchen als Kanzelgruß verwendet. Ob Paulus gerade bei diesem Brief besondere Gründe hatte, den Segenswunsch reicher als sonst auszusprechen, wissen wir nicht. Es kann sein, daß die Schwere des Briefes auch das segnende Schlußwort so gewichtig machte. „Trinitarisch" gedacht und geglaubt hat Paulus immer, auch wenn er nirgends eine „Trinitätslehre" entfaltet hat. Auch hier ist der trinitarische Segen nicht dogmatisch-lehrhaft geprägt, es hätte sonst „der Vater" ausdrücklich genannt und an die erste Stelle gestellt werden müssen. Aber wie in den Schlußwünschen der andern Briefe stellt Paulus **„die Gnade des Kyrios Jesus Christus"** als das Entscheidende für unser Leben der Gemeinde vor Augen. „Meine Gnade ist genug für dich", so hat er es von seinem Herrn selbst gehört. Diese Gnade kann und wird die Korinther zurechtbringen, wenn sie **„mit ihnen allen"** ist. Aber nun hebt Paulus es ausdrücklich hervor, daß die Sendung Jesu und das Werk seiner Gnade aus Gott stammt (5, 18). In der Gnade Jesu begegnet uns **„die Liebe Gottes"** in ihrer einzigartigen Größe. Paulus ist darin mit Johannes (Jo 3, 16) völlig einig. Gottes Liebe in der Gemeinde Jesu bleibt aber nicht nur eine „Lehre", nicht nur eine theoretisch geglaubte Sache. Nein, „der Herr ist der Geist"

[383] Vgl. die Anmerkung Nr. 12 zu Kap. 1, 1.
[384] Rö 15, 33; 16, 20; V. 24; 1 Ko 16, 21—23; Gal 6, 18; Eph 6, 24; Phil 4, 23; Kol 4, 18; 1 Th 5, 28; 2 Th 3, 17; 1 Tim 6, 21; 2 Tim 4, 22; Tit 3, 15; Philem 25.

(3, 17). Jesus wohnt im Geist in uns. Der Geist Gottes schenkt uns seine Gemeinschaft, gibt uns Anteil am göttlichen Leben und durchwaltet unsere ganze Existenz. **„Die Gemeinschaft des Heiligen Geistes"** wird auch in Korinth **„mit ihnen allen"** sein[385].

So steht der gesamte Reichtum des Evangeliums am Schluß noch einmal vor den Korinthern. Wollen sie neben diesem einfachen und mächtigen Reichtum noch die absonderlichen Dinge begehren, die ihnen die neuen Lehrer verheißen hatten? Wollen sie nicht zur Einheit aller Gemeinden und aller Heiligen zurückkehren, die in der Gnade Jesu, in der Liebe Gottes und in der Gemeinschaft des Heiligen Geistes alles haben, was sie brauchen? Mit Betonung stehen am Schluß die Worte: **„mit euch allen."** Paulus hat dieses „alle" geliebt, weil ihm an der Einheit der Gemeinde lag und weil er niemand aufgab oder auch nur zurücksetzen wollte[386]. Möchten nun auch in Korinth die Spannungen und Absonderungen, die Eifersüchteleien und Streitigkeiten aufhören, weil die Gnade des Herrn Jesus Christus und die Liebe Gottes und die Gemeinschaft des Heiligen Geistes allen, allen gehört.

[385] Vielleicht bezieht sich diese ausdrückliche Hervorhebung der „Gemeinschaft des Heiligen Geistes" mit allen Gemeindegliedern auf die besonderen Nöte in Korinth. Hier haben sich offensichtlich die „Pneumatiker", die „Geistesmenschen" mit den auffallenden „Gaben", über die andern Gemeindeglieder gestellt und eine besondere „Höhe" für sich in Anspruch genommen. Nun unterstreicht es Paulus noch einmal: Der Heilige Geist ist nicht das Sondergut besonderer Pneumatiker, sondern schenkt seine Gemeinschaft, die Teilhabe an seinem Wirken, allen.

[386] Vgl. die dringende Mahnung 1 Th 5, 27, aber auch das betonte „alle" in Phil 1, 1. 4.

SACHREGISTER

Dieses Sachregister will kein vollständiges Verzeichnis aller wichtigen Worte in diesem Band bieten, sondern nur auf die wichtigsten „Sachen" hinweisen, die in diesem Buch ausgelegt werden.